Graf
Strafprozessordnung

Rechtsanwälte
DR. FURMANEK · GOLLAN · KRANE
Karl-Liebknecht-Str. 30 / 30a
16816 Neuruppin
Tel. (03391) 51 90 0, Fax 51 90 29

R9 585

Strafprozessordnung

Mit Gerichtsverfassungsgesetz und Nebengesetzen

Kommentar

Herausgegeben von

Dr. Jürgen Peter Graf

Richter am BGH, Karlsruhe

Bearbeitet von

Dr. Peter Allgayer, Staatsanwalt (z.Zt. Wiss. Mitarbeiter am BVerfG); Lars Bachler, RiOLG; Dr. Johannes Berg, StA GL; Dr. Stephan Beukelmann, Rechtsanwalt; Dr. Alexandra Bücherl, RiAG (z. Zt. BGH, Karlsruhe); Gabriele Cirener, RiLG; Dr. Kai Cornelius, Wiss. Ass., Universität Heidelberg; Dr. Ralf Eschelbach, RiOLG; Dr. Sabine Ferber, RiOLG; Dr. Alexander Ganter, VRiLG; Claudia Gorf, StA (z.Zt. GBA, Karlsruhe); Dr. Jürgen Peter Graf, RiBGH; Sigrid Hegmann, OStA BGH; Prof. Dr. Klaus Hoffmann-Holland, Freie Universität Berlin; Matthias Huber, RiLG; Dieter Inhofer, OStA; Dr. Oliver Klein, StA (z. Zt. Justiziariat der CDU/CSU-Bundestagsfraktion); Dr. Matthias Krauß, OStA BGH; Hanns Larcher, OStA; Christian Monka, OStA BGH; Dr. Lars Niesler, RiAG; Jörn Patzak, StA; Dr. Jens Peglau, RiOLG; Christian Ritscher, OStA BGH; Silke Ritzert, OStA BGH; Dr. Dieter Temming, VRiLG; PD Dr. Brian Valerius, Universität Würzburg; Prof. Dr. Bernhard Weiner, Rechtsanwalt, Polizeiakademie Niedersachsen; Prof. Dr. Jürgen Wessing, Rechtsanwalt; Stefan Wiedner, RiLG (z.Zt. Wiss. Mitarbeiter am BVerfG); Prof. Dr. Petra Wittig, Universität München.

Verlag C. H. Beck München 2010

Verlag C. H. Beck im Internet:
beck.de

ISBN 978 3 406 59788 6

© 2010 Verlag C. H. Beck oHG
Wilhelmstraße 9, 80801 München
Satz, Druck und Bindung: Druckerei C. H. Beck, Nördlingen
(Adresse wie Verlag)

Gedruckt auf säurefreiem, alterungsbeständigem Papier
(hergestellt aus chlorfrei gebleichtem Zellstoff)

Bearbeiterverzeichnis

Dr. Peter Allgayer .... Staatsanwalt (z. Zt. Wiss. Mitarbeiter am BVerfG)
Lars Bachler .... Richter am OLG, Düsseldorf
Dr. Johannes Berg .... Staatsanwalt, Gruppenleiter, Coburg
Dr. Stephan Beukelmann .... Rechtsanwalt, München
Dr. Alexandra Bücherl .... Richterin am AG (z. Zt. am BGH, Karlsruhe)
Gabriele Cirener .... Richterin am LG, Berlin
Dr. Kai Cornelius .... Wiss. Assistent, Universität Heidelberg
Dr. Ralf Eschelbach .... Richter am OLG, Koblenz
Dr. Sabine Ferber .... Richterin am OLG, Celle
Dr. Alexander Ganter .... Vorsitzender Richter am LG, Mosbach
Claudia Gorf .... Staatsanwältin (z. Zt. am BGH, Karlsruhe)
Dr. Jürgen Peter Graf .... Richter am BGH, Karlsruhe
Sigrid Hegmann .... Oberstaatsanwältin am BGH, Karlsruhe
*Prof. Dr. Klaus Hoffmann-
Holland* .... Freie Universität Berlin
Matthias Huber .... Richter am LG, Coburg
Dieter Inhofer .... Oberstaatsanwalt, Lörrach
Dr. Oliver Klein .... Staatsanwalt (z. Zt. Justiziariat der CDU/CSU-
 Bundestagsfraktion)
Dr. Matthias Krauß .... Oberstaatsanwalt am BGH, Karlsruhe
Hanns Larcher .... Oberstaatsanwalt, Mannheim
Christian Monka .... Oberstaatsanwalt am BGH, Karlsruhe
Dr. Lars Niesler .... Richter am AG, Mannheim
Jörn Patzak .... Staatsanwalt, Trier
Dr. Jens Peglau .... Richter am OLG, Hamm
Christian Ritscher .... Oberstaatsanwalt am BGH, Karlsruhe
Silke Ritzert .... Oberstaatsanwältin am BGH, Karlsruhe
Dr. Dieter Temming .... Vorsitzender Richter am LG, Osnabrück
PD Dr. Brian Valerius .... Privatdozent, Universität Würzburg
Prof. Dr. Bernhard Weiner ...... Rechtsanwalt, Polizeiakademie Niedersachsen
Prof. Dr. Jürgen Wessing .... Rechtsanwalt, Lehrbeauftragter Universität Düsseldorf
Stefan Wiedner .... Richter am LG (z. Zt. Wiss. Mitarbeiter am BVerfG)
Prof. Dr. Petra Wittig .... Universität München

Vorwort

Vor etwas mehr als einem Jahr ist der Beck'sche Online-Kommentar StPO zeitgleich mit dem Deutschen Juristentag 2008 erstmals „online gegangen" und konnte dort vorgestellt werden. Seither sind exakt im vierteljährlichen Abstand Aktualisierungen der Kommentierung unter Berücksichtigung von Gesetzesänderungen und von neuer Rechtsprechung und Literatur erfolgt, so dass der Online-Kommentar StPO seinen Nutzern stets die aktuellste Kommentierung zur Verfügung stellte und dies auch für die Zukunft garantiert!

Der mit dem Angebot dieses Kommentars bereits jetzt verbundene Erfolg hat den Verlag veranlasst, die Kommentierung auf dem aktuellen Stand der Edition 6 (Stand der Rechtsprechung 1. 12. 2009, Gesetzesstand 1. 1. 2010) mit einer ersten Printversion auch denjenigen Nutzern zugänglich zu machen, welche lieber „gedruckte Bücher" für ihre Recherche bevorzugen oder diese bei Gericht bzw. unterwegs mit sich führen wollen.

Die nun vorliegende Erstauflage berücksichtigt nicht nur die Vorschriften der Strafprozessordnung, sondern erfasst auch die Kommentierung wesentlicher für die Praxis bedeutsamer Vorschriften des Jugendgerichtsgesetzes, des Gerichtsverfassungsgesetzes, des Gesetzes über die Entschädigung für Strafverfolgungsmaßnahmen (StrEG), des Bundeszentralregistergesetzes, der Abgabenordnung und die prozessualen Vorschriften des Betäubungsmittelgesetzes. Weiterhin sind aber – gerade im Zusammenhang mit Vorschriften zur Telekommunikationsüberwachung, Vorratsdatenspeicherung und Online-Durchsuchung – auch für die strafprozessuale Praxis wesentliche Teile des Telekommunikationsgesetzes kommentiert. Schließlich erfordern die Einflüsse des europäischen und internationalen Rechts die Behandlung von bedeutsamen Vorschriften des Gesetzes über die internationale Rechtshilfe in Strafsachen (IRG), der Europäischen Menschenrechtskonvention, des Europäischen Haftbefehls, des Schengener Durchführungsübereinkommens sowie weiterer Gesetze und Verordnungen, welche teilweise erstmals in einem StPO-Kommentar behandelt werden (bspw Auslieferung in der EU oder Doppelbestrafungsverbot entspr Art 54 ff SDÜ).

Ergänzend ist diesem Kommentar eine kleine Formularsammlung mit Musterentscheidungen angefügt, welche insbesondere Referendaren und Berufseinsteigern Hinweise und Hilfestellungen für die Praxis geben sollen; aber auch der Praktiker kann auf diese Weise feststellen, welche Möglichkeiten es gibt, auch nicht alltägliche Anträge und Beschlüsse zu fassen. Für die Praxis bedeutsam dürfte gerade der aktuelle Beschluss hinsichtlich der Sicherstellung und Beschlagnahme von E-Mails beim Provider sein, wobei die neue Rechtsprechung des BVerfG und des BGH natürlich zugrunde gelegt ist; in gleicher Weise gilt dies für eine kurzfristig eingefügte Vorlage für die Anordnung einer sogenannten Quellen-TKÜ. Ein weiterer Ausbau dieser Formularanträge und -beschlüsse ist für die Zukunft angedacht.

Der Bedarf für einen in kurzen Abständen aktualisierten Online-Kommentar folgt bereits daraus, dass kaum ein deutsches Rechtsgebiet, erst recht kein Bereich des Verfahrensrechts, in den zurückliegenden Jahren so sehr verfassungsgerichtlichen Überprüfungen und Anpassungen unterworfen gewesen ist wie das Strafprozessrecht. Herkömmliche Kommentare sind – kaum auf dem Markt erschienen – durch zeitlich immer schnellere Änderungen des Gesetzgebers vielfach schon nach wenigen Wochen teilweise nicht mehr aktuell.

Verfahrensverzögerungen, Lockspitzeleinsatz, Folterverbot, Grundsätze des fairen Verfahrens, Wohnraumüberwachung oder der durch den Gesetzgeber immer stärker zu berücksichtigende Schutz des Kernbereichs privater Lebensgestaltung seien nur beispielsweise angeführt. Die lange Jahre umstrittene Frage, auf welcher Rechtsgrundlage E-Mails überwacht und beschlagnahmt werden können, ist im ersten Halbjahr 2009 durch zwei Entscheidungen des BVerfG und des BGH nunmehr für die Praxis endlich rechtlich klargestellt worden. Zudem hat sich, nachdem die Frage der Zulässigkeit des „Deals" über den Ausgang eines Verfahrens noch 2005 zu einer Entscheidung des Großen Senats für Strafsachen des Bundesgerichtshofs geführt hatte, nun auch der Gesetzgeber dieser Frage angenommen und gerade

Vorwort

noch zum Ende der 16. Legislaturperiode das Gesetz zur Regelung der Verständigung im Strafverfahren verabschiedet, worauf es am 4. Aug. 2009 in Kraft treten konnte.

Die nunmehr vorliegende Erstauflage berücksichtigt diese Neuregelungen und Entscheidungen in der aktuellen Kommentierung ebenso wie alle weiteren bis zum Ende der 16. Legislaturperiode erfolgten gesetzlichen Änderungen in StPO und Nebengesetzen. Dies beinhaltet beispielsweise auch wichtige Änderungen durch das am 1. Oktober 2009 in Kraft getretene 2. Opferrechtsreformgesetz. Berücksichtigung konnte schließlich auch noch das Gesetz zur Änderung des Untersuchungshaftrechts finden, welches zum 1. Januar 2010 in Kraft getreten ist.

Hervorzuheben ist weiterhin der gesamte Bereich der Telekommunikation. Diese Technik hat nicht nur bislang in grundlegender Weise menschliche Gewohnheiten verändert, sondern bringt fortlaufend neue Kommunikationsmöglichkeiten hervor. Die Ermittlungsbehörden haben daher ein gesteigertes Interesse, auch diese neuen Erkenntnisquellen zu nutzen - zumal in gleicher Weise bisherige Ermittlungsmöglichkeiten an Bedeutung abnehmen. Dem stehen die Interessen von Betroffenen entgegen, solche Eingriffe möglichst zu verhindern. Die andauernden Diskussionen um Online-Durchsuchung und Vorratsdatenspeicherung zeigen, wie tiefgreifend sich hier die einzelnen Meinungen unterscheiden und oftmals einander konträr gegenüber stehen. Hieran hat auch die inzwischen erfolgte Einführung der Möglichkeit einer präventiven Online-Durchsuchung für das Bundeskriminalamt und die bayerische Polizei nichts geändert. Letztlich führen aber nicht nur die in diesem Zusammenhang zu treffenden politischen Grundentscheidungen, sondern auch in zunehmendem Maße Entscheidungen und Grenzziehungen des Bundesverfassungsgerichts zu Änderungen und Ergänzungen von Gesetzen in immer schnellerer Folge, welche vorliegend ausführlich kommentiert und erläutert werden.

Abschließend danke ich allen Autoren, welche durch unermüdliche und stets pünktliche Kommentierungen und Ergänzungen die ständigen und regelmäßigen Aktualisierungen des Online-Kommentars und genauso dieser nun vorliegenden Buchausgabe erst ermöglicht haben. Für die sorgfältige und ausführliche Erstellung des Sach- und Stichwortverzeichnisses danke ich ganz besonders Frau Rechtsreferendarin Catharina Graf.

Karlsruhe, im Winter 2009/2010   *Jürgen-Peter Graf*

Inhaltsübersicht

Bearbeiterverzeichnis	V
Vorwort	VII
Inhaltsverzeichnis	XI
Literaturverzeichnis	XLV
Abgekürzt zitierte Literatur	XLIX
Abkürzungsverzeichnis	LIII

Kommentierungen

Strafprozessordnung (StPO)	1
Gerichtsverfassungsgesetz (GVG) (Auszug)	1974
Nebengesetze und ergänzende Bestimmungen	2073
• Jugendgerichtsgesetz (JGG) (Auszug)	2073
• Gesetz über die Entschädigung für Strafverfolgungsmaßnahmen (StrEG)	2101
• Bundeszentralregistergesetz (BZRG) (Auszug)	2132
• Telekommunikationsgesetz (TKG) (Auszug)	2172
• Betäubunsmittelgesetz (BtMG) (Auszug)	2210
• Abgabenordnung (AO) (Auszug)	2224
• Europäische Menschenrechtskonvention (EMRK) (Auszug)	2233
• Gesetz über die internationale Rechtshilfe in Strafsachen (IRG) (Auszug)	2267
Rahmenbeschluss des Rates vom 19. Juli 2002 zur Bekämpfung des Menschenhandels (RB-EUHb)	2281
• Schengener Durchführungsübereinkommen (SDÜ) (Auszug)	2304
• Gesetz zu dem Wiener Übereinkommen vom 24. April 1963 über konsularische Beziehungen (WÜK) (Auszug)	2316
Anhang	2323
I. Richtlinien für das Strafverfahren und das Bußgeldverfahren (RiStBV)	2323
II. Formulare	2417
Stichwortverzeichnis	2445

Inhaltsverzeichnis

Bearbeiterverzeichnis..	V
Vorwort	VII
Inhaltsübersicht...	IX
Literaturverzeichnis...	XLV
Abgekürzt zitierte Literatur...	XLIX
Abkürzungsverzeichnis	LIII

Kommentierungen

Strafprozessordnung (StPO)

Erstes Buch. Allgemeine Vorschriften

Erster Abschnitt. Sachliche Zuständigkeit der Gerichte

§ 1 [Sachliche Zuständigkeit]	1
§ 2 [Verbindung und Trennung zusammenhängender Sachen]..................	2
§ 3 [Begriff des Zusammenhanges]	4
§ 4 [Verbindung rechtshängiger Sachen]	5
§ 5 [Maßgebendes Verfahren]...	7
§ 6 [Prüfung von Amts wegen]	7
§ 6a [Zuständigkeit besonderer Strafkammern]	8

Zweiter Abschnitt. Gerichtsstand

§ 7 [Gerichtsstand des Tatortes]	9
§ 8 [Gerichtsstand des Wohnsitzes oder Aufenthaltsortes]	10
§ 9 [Gerichtsstand des Ergreifungsortes]..	11
§ 10 [Gerichtsstand bei Straftaten auf Schiffen oder Luftfahrzeugen]	12
§ 10a [Gerichtsstand bei Straftaten gegen die Umwelt]	13
§ 11 [Gerichtsstand für deutsche Beamte im Ausland]..............................	13
§ 12 [Zusammentreffen mehrerer Gerichtsstände]....................................	14
§ 13 [Gerichtsstand des Zusammenhanges]...	15
§ 13a [Zuständigkeitsbestimmung durch den BGH]	17
§ 14 [Bestimmung bei Zuständigkeitsstreit]	19
§ 15 [Verhinderung des zuständigen Gerichts]..	20
§ 16 [Einwand der Unzuständigkeit]	22
§§ 17, 18 (weggefallen)..	23
§ 19 [Bestimmung bei negativem Zuständigkeitsstreit]	23
§ 20 [Handlungen eines unzuständigen Gerichts]	23
§ 21 [Befugnisse bei Gefahr im Verzug]	24

Dritter Abschnitt. Ausschließung und Ablehnung der Gerichtspersonen

§ 22 [Ausschließung eines Richters]	24
§ 23 [Ausschließung bei Mitwirkung in früheren Verfahren]	32
§ 24 [Ablehnung eines Richters]	35
§ 25 [Letzter Ablehnungszeitpunkt]...	42

Inhalt

§ 26 [Ablehnungsverfahren]	44
§ 26a [Unzulässige Ablehnung]	46
§ 27 [Entscheidung über die Ablehnung]	50
§ 28 [Rechtsmittel]	52
§ 29 [Unaufschiebbare Amtshandlungen]	54
§ 30 [Selbstablehnung; Ablehnung von Amts wegen]	56
§ 31 [Schöffen, Urkundsbeamte]	57
§ 32 (weggefallen)	58

Vierter Abschnitt. Gerichtliche Entscheidungen und Kommunikation zwischen den Beteiligten

§ 33 [Anhörung der Beteiligten]	58
§ 33a [Wiedereinsetzung in den vorherigen Stand]	61
§ 34 [Begründung]	63
§ 34a [Rechtskraft durch Beschluss]	64
§ 35 [Bekanntmachung]	65
§ 35a [Rechtsmittelbelehrung]	67
§ 36 [Zustellung und Vollstreckung]	69
§ 37 [Verfahren bei Zustellungen]	71
§ 38 [Unmittelbare Ladung]	76
§ 39 (weggefallen)	77
§ 40 [Öffentliche Zustellung]	77
§ 41 [Zustellungen an die Staatsanwaltschaft]	81
§ 41a [Elektronisches Dokument]	81

Fünfter Abschnitt. Fristen und Wiedereinsetzung in den vorigen Stand

§ 42 [Tagesfristen]	84
§ 43 [Wochen- und Monatsfristen]	88
§ 44 [Wiedereinsetzung in den vorigen Stand]	89
§ 45 [Antrag auf Wiedereinsetzung]	98
§ 46 [Entscheidung und Rechtsmittel]	102
§ 47 [Keine Hemmung der Vollstreckung]	103

Sechster Abschnitt. Zeugen

§ 48 [Ladung der Zeugen]	104
§ 49 [Vernehmung des Bundespräsidenten]	106
§ 50 [Vernehmung von Abgeordneten und Ministern]	106
§ 51 [Folgen des Ausbleibens]	107
§ 52 [Zeugnisverweigerungsrecht aus persönlichen Gründen]	113
§ 53 [Zeugnisverweigerungsrecht aus beruflichen Gründen]	120
§ 53a [Zeugnisverweigerungsrecht der Berufshelfer]	129
§ 54 [Aussagegenehmigung für Richter und Beamte]	132
§ 55 [Auskunftsverweigerungsrecht]	136
§ 56 [Glaubhaftmachung des Verweigerungsgrundes]	139
§ 57 [Zeugenbelehrung]	140
§ 58 [Vernehmung; Gegenüberstellung]	142
§ 58a [Aufzeichnung der Vernehmung]	144
§ 59 [Vereidigung]	148
§ 60 [Verbot der Vereidigung]	150
§ 61 [Eidesverweigerungsrecht]	154
§ 62 [Vereidigung im vorbereitenden Verfahren]	155

§ 63 [Vereidigung bei kommissarischer Vernehmung]	156
§ 64 [Eidesformel]	157
§ 65 [Eidesgleiche Bekräftigung]	158
§ 66 [Eidesleistung hör- oder sprachbehinderter Personen]	159
§§ 66a–66e [aufgehoben]	159
§ 67 [Berufung auf den früheren Eid]	159
§ 68 [Vernehmung zur Person; Beschränkung der Angaben]	161
§ 68a [Fragen nach entehrenden Tatsachen und Vorstrafen]	164
§ 68b [Zeugenbeistand]	166
§ 69 [Vernehmung zur Sache]	169
§ 70 [Grundlose Zeugnis- oder Eidesverweigerung]	170
§ 71 [Zeugenentschädigung]	173

Siebenter Abschnitt. Sachverständige und Augenschein

§ 72 [Anwendung der Vorschriften für Zeugen]	174
§ 73 [Auswahl]	175
§ 74 [Ablehnung]	176
§ 75 [Pflicht zur Erstattung des Gutachtens]	179
§ 76 [Gutachtenverweigerungsrecht]	180
§ 77 [Folgen des Ausbleibens oder der Weigerung]	181
§ 78 [Richterliche Leitung]	182
§ 79 [Sachverständigeneid]	183
§ 80 [Vorbereitung des Gutachtens]	185
§ 80a [Zuziehung im Vorverfahren]	186
§ 81 [Unterbringung zur Beobachtung des Beschuldigten]	186
§ 81a [Körperliche Untersuchung; Blutprobe]	189
§ 81b [Lichtbilder und Fingerabdrücke]	196
§ 81c [Untersuchung anderer Personen]	199
§ 81d [Verletzung des Schamgefühls]	204
§ 81e [Molekulargenetische Untersuchung]	205
§ 81f [Richterliche Anordnung; Durchführung der Untersuchung]	208
§ 81g [DNA-Identitätsfeststellung]	210
§ 81h [DNA-Reihenuntersuchung]	216
§ 82 [Gutachten im Vorverfahren]	219
§ 83 [Neues Gutachten]	219
§ 84 [Sachverständigenvergütung]	221
§ 85 [Sachverständige Zeugen]	221
§ 86 [Richterlicher Augenschein]	222
§ 87 [Leichenschau, Leichenöffnung]	224
§ 88 [Identifizierung]	228
§ 89 [Umfang der Leichenöffnung]	228
§ 90 [Neugeborenes Kind]	228
§ 91 [Verdacht einer Vergiftung]	229
§ 92 [Gutachten bei Geld- oder Wertzeichenfälschung]	229
§ 93 [Schriftgutachten]	229

Achter Abschnitt. Beschlagnahme, Überwachung des Fernmeldeverkehrs, Rasterfahndung, Einsatz technischer Mittel, Einsatz Verdeckter Ermittler und Durchsuchung

§ 94 [Gegenstand der Beschlagnahme]	231
§ 95 [Herausgabepflicht]	236
§ 96 [Amtliche Schriftstücke]	237
§ 97 [Der Beschlagnahme nicht unterliegende Gegenstände]	240

Inhalt

§ 98 [Anordnung der Beschlagnahme] 245
§ 98a [Maschineller Abgleich und Übermittlung personenbezogener Daten] 249
§ 98b [Zuständigkeit; Rückgabe und Löschung der Daten] 251
§ 98c [Datenabgleich zur Aufklärung einer Straftat] 253
§ 99 [Postbeschlagnahme] 254
§ 100 [Zuständigkeit] 260
100a [Überwachung der Telekommunikation] 265
100b [Zuständigkeit für Anordnung der Überwachung der Telekommunikation] 305
§ 100c [Maßnahmen ohne Wissen des Betroffenen] 311
§ 100d [Zuständigkeit] 319
§ 100e [Berichte an die oberste Justizbehörde; Unterrichtung des Bundestages] 323
§ 100f [Akustische Überwachung außerhalb von Wohnungen] 324
§ 100g [Auskunft über Verkehrsdaten] 328
§ 100h [Weitere Maßnahmen außerhalb von Wohnungen] 335
§ 100i [Maßnahmen bei Mobilfunkendgeräten] 338
§ 101 [Personenbezogene Daten; Benachrichtigung von Maßnahmen] 342
§ 102 [Durchsuchung beim Verdächtigen] 353
§ 103 [Durchsuchung bei anderen Personen] 357
§ 104 [Nächtliche Hausdurchsuchung] 360
§ 105 [Anordnung; Ausführung] 362
§ 106 [Zuziehung des Inhabers] 367
§ 107 [Mitteilung, Verzeichnis] 369
§ 108 [Beschlagnahme anderer Gegenstände] 370
§ 109 [Kennzeichnung beschlagnahmter Gegenstände] 372
§ 110 [Durchsicht von Papieren] 372
§ 110a [Verdeckter Ermittler] 375
§ 110b [Zustimmung der Staatsanwaltschaft, des Richters; Geheimhaltung der Identität] 378
§ 110c [Betreten einer Wohnung] 382
§§ 110d, 110e [aufgehoben] 384
§ 111 [Kontrollstellen auf Straßen und Plätzen] 384
§ 111a [Vorläufige Entziehung der Fahrerlaubnis] 388
§ 111b [Sicherstellung von Gegenständen] 392
§ 111c [Sicherstellung durch Beschlagnahme] 395
§ 111d [Sicherstellung durch dinglichen Arrest] 399
§ 111e [Anordnung der Beschlagnahme oder des Arrestes] 403
§ 111f [Zuständigkeit für Durchführung der Beschlagnahme und Vollziehung des Arrestes] 406
§ 111g [Vorrangige Befriedigung von Ansprüchen des Verletzten bei Beschlagnahme] 409
§ 111h [Vorrangige Befriedigung von Ansprüchen des Verletzten bei Arrest] 412
§ 111i [Aufrechterhaltung der Beschlagnahme für befristeten Zeitraum] 413
§ 111k [Rückgabe beweglicher Sachen an den Verletzten] 418
§ 111l [Notveräußerung beschlagnahmter oder gepfändeter Gegenstände] 421
§ 111m [Beschlagnahme eines Druckwerks oder einer sonstigen Schrift] 424
§ 111n [Anordnung und Aufhebung der Beschlagnahme eines Druckwerks] 426
§ 111o [Dinglicher Arrest wegen Vermögensstrafe] 427
§ 111p [Vermögensbeschlagnahme] 428

Neunter Abschnitt. Verhaftung und vorläufige Festnahme

§ 112 [Voraussetzungen der Untersuchungshaft; Haftgründe] 428
§ 112a [Weitere Haftgründe] 439
§ 113 [Voraussetzungen bei leichteren Taten] 441

§ 114 [Haftbefehl] 442
§ 114a [Aushändigung des Haftbefehls] 446
§ 114b [Belehrungspflicht] 447
§ 114c [Benachrichtigung von Angehörigen] 450
§ 114d [Der Vollzugsanstalt mitzuteilende Tatsachen] 452
§ 114e [Übermittlung von Erkenntnissen durch die Vollzugsanstalt] 455
§ 115 [Vorführung vor den zuständigen Richter] 456
§ 115a [Vorführung vor den Richter des nächsten Amtsgerichts] 458
§ 116 [Aussetzung des Vollzugs des Haftbefehls] 460
§ 116a [Aussetzung gegen Sicherheitsleistung] 465
§ 116b [Vorrang der Vollstreckung der Untersuchungshaft] 467
§ 117 [Haftprüfung] 468
§ 118 [Mündliche Verhandlung] 472
§ 118a [Durchführung der mündlichen Verhandlung] 474
§ 118b [Antragsberechtigte] 476
§ 119 [Vollzug der Untersuchungshaft] 476
§ 119a [Gerichtliche Entscheidung im Untersuchungshaftvollzug] 495
§ 120 [Aufhebung des Haftbefehls] 497
§ 121 [Untersuchungshaft über 6 Monate] 504
§ 122 [Besondere Haftprüfung durch das OLG] 511
§ 122a [Untersuchungshaft über ein Jahr] 515
§ 123 [Aufhebung von schonenden Maßnahmen] 515
§ 124 [Verfall der Sicherheit] 517
§ 125 [Zuständigkeit für Erlass des Haftbefehls] 519
§ 126 [Zuständigkeit für die weiteren Entscheidungen] 520
§ 126a [Einstweilige Unterbringung] 524
§ 127 [Vorläufige Festnahme] 526
§ 127a [Absehen von der Anordnung oder Aufrechterhaltung der Festnahme] 530
§ 127b [Hauptverhandlungshaft] 531
§ 128 [Vorführung vor den Richter bei dem Amtsgericht] 534
§ 129 [Vorführung nach Klageerhebung] 535
§ 130 [Haftbefehl bei Antragsstraftaten] 536

9a. Abschnitt. Weitere Maßnahmen zur Sicherstellung der Strafverfolgung und Strafvollstreckung

§ 131 [Ausschreibung zur Festnahme] 537
§ 131a [Ausschreibung zur Aufenthaltsermittlung] 539
§ 131b [Veröffentlichung von Abbildungen] 540
§ 131c [Anordnung und Bestätigung von Fahndungsmaßnahmen] 541
§ 132 [Sonstige Maßnahmen] 542

9b. Abschnitt. Vorläufiges Berufsverbot

§ 132a [Vorläufiges Berufsverbot] 544

Zehnter Abschnitt. Vernehmung des Beschuldigten

§ 133 [Schriftliche Ladung] 546
§ 134 [Vorführung] 547
§ 135 [Sofortige Vernehmung] 548
§ 136 [Erste Vernehmung] 549
§ 136a [Verbotene Vernehmungsmethoden] 554

Elfter Abschnitt. Verteidigung

§ 137 [Wahl eines Verteidigers] 561
§ 138 [Wahlverteidiger] 567
§ 138a [Ausschließung des Verteidigers] 572
§ 138b [Ausschließung bei Gefahr für die Sicherheit der Bundesrepublik] 577
§ 138c [Zuständigkeit für die Ausschließung; Anordnungen des Gerichts] 578
§ 138d [Verfahren bei Ausschließung des Verteidigers] 582
§ 139 [Übertragung auf Referendar] 584
§ 140 [Notwendige Verteidigung] 585
§ 141 [Bestellung eines Verteidigers] 595
§ 142 [Auswahl des Verteidigers] 599
§ 143 [Zurücknahme der Bestellung] 603
§ 144 (weggefallen) 606
§ 145 [Ausbleiben des Verteidigers] 606
§ 145a [Zustellungen an den Verteidiger] 610
§ 146 [Gemeinschaftlicher Verteidiger] 612
§ 146a [Zurückweisung eines Wahlverteidigers] 615
§ 147 [Akteneinsicht des Verteidigers] 616
§ 148 [Verkehr mit dem Beschuldigten] 623
§ 148a [Durchführung von Überwachungsmaßnahmen] 628
§ 149 [Zulassung von Beiständen] 630
§ 150 (weggefallen) 631

Zweites Buch. Verfahren im ersten Rechtszug

Erster Abschnitt. Öffentliche Klage

§ 151 [Anklagegrundsatz] 631
§ 152 [Anklagebehörde, Legalitätsgrundsatz] 632
§ 152a [Strafverfolgung von Abgeordneten] 633
§ 153 [Absehen von Verfolgung wegen Geringfügigkeit] 634
§ 153a [Einstellung des Verfahrens bei Erfüllung von Auflagen und Weisungen] ... 641
§ 153b [Absehen von Klage; Einstellung] 651
§ 153c [Nichtverfolgung von Auslandstaten] 652
§ 153d [Absehen von Strafverfolgung bei politischen Straftaten] 654
§ 153e [Absehen von Strafverfolgung bei tätiger Reue] 655
§ 153f [Absehen von Strafverfolgung bei Straftaten nach dem Völkerstrafgesetzbuch] 656
§ 154 [Unwesentliche Nebenstraftaten] 657
§ 154a [Beschränkung der Strafverfolgung] 662
§ 154b [Auslieferung und Landesverweisung] 664
§ 154c [Opfer einer Nötigung oder Erpressung] 665
§ 154d [Entscheidung einer zivil- oder verwaltungsrechtlichen Vorfrage] 666
§ 154e [Straf- oder Disziplinarverfahren wegen falscher Verdächtigung oder Beleidigung] 667
§ 154f [Vorläufige Einstellung des Verfahrens] 669
§ 155 [Umfang der Untersuchung] 669
§ 155a [Täter-Opfer-Ausgleich] 670
§ 155b [Übermittlung personenbezogener Daten] 671
§ 156 [Keine Zurücknahme der Anklage] 673
§ 157 [Begriff des „Angeschuldigten" und „Angeklagten"] 674

Zweiter Abschnitt. Vorbereitung der öffentlichen Klage

§ 158 [Strafanzeige; Strafantrag] 674
§ 159 [Unnatürlicher Tod; Leichenfund] 679
§ 160 [Ermittlungsverfahren] 680

§ 160a [Ermittlungsmaßnahme bei Zeugnisverweigerungsrecht] 683
§ 160b [Erörterung des Verfahrensstands] 688
§ 161 [Ermittlungen; Verwendung von Daten aus verdeckten Ermittlungen] 689
§ 161a [Vernehmung von Zeugen und Sachverständigen durch die Staatsanwaltschaft] 693
§ 162 [Gerichtliche Untersuchungshandlung] 696
§ 163 [Aufgaben der Polizei] 700
§ 163a [Vernehmung des Beschuldigten] 704
§ 163b [Feststellung der Identität] 708
§ 163c [Freiheitsentziehung zur Feststellung der Identität] 712
§ 163d [Schleppnetzfahndung] 715
§ 163e [Ausschreibung zur polizeilichen Beobachtung] 719
§ 163f [Längerfristige Observation] 722
§ 164 [Festnahme von Störern] 725
§ 165 [Richterliche Nothandlungen] 727
§ 166 [Beweisanträge des Beschuldigten] 729
§ 167 [Weitere Verfügung der Staatsanwaltschaft] 730
§ 168 [Protokoll] 731
§ 168a [Art der Protokollierung] 733
§ 168b [Protokoll über staatsanwaltschaftliche Untersuchungshandlungen] 735
§ 168c [Anwesenheit bei richterlichen Vernehmungen] 736
§ 168d [Teilnahme am richterlichen Augenschein] 739
§ 168e [Getrennte Zeugenvernehmung] 740
§ 169 [Ermittlungsrichter des OLG und des BGH] 742
§ 169a [Vermerk über Abschluss der Ermittlungen] 743
§ 170 [Erhebung der öffentlichen Klage; Einstellung des Verfahrens] 746
§ 171 [Bescheidung des Antragstellers] 752
§ 172 [Klageerzwingungsverfahren] 755
§ 173 [Verfahren des Gerichts] 762
§ 174 [Verwerfung des Antrags] 764
§ 175 [Beschluss auf Anklageerhebung] 766
§ 176 [Sicherheitsleistung] 768
§ 177 [Kosten] 769

Dritter Abschnitt. (weggefallen)

§§ 178–197 (weggefallen) 770

Vierter Abschnitt. Entscheidung über die Eröffnung des Hauptverfahrens

§ 198 (weggefallen) 771
§ 199 [Entscheidung über Eröffnung des Hauptverfahrens] 771
§ 200 [Inhalt der Anklageschrift] 772
§ 201 [Mitteilung der Anklageschrift] 778
§ 202 [Anordnung einzelner Beweiserhebungen] 782
§ 202a [Erörterung des Verfahrensstandes] 784
§ 203 [Beschluss über die Eröffnung] 786
§ 204 [Ablehnung der Eröffnung] 788
§ 205 [Vorläufige Einstellung] 790
§ 206 [Keine Bindung an Anträge] 792
§ 206a [Einstellung bei Verfahrenshindernis] 792
§ 206b [Einstellung wegen Gesetzesänderung] 795
§ 207 [Inhalt des Eröffnungsbeschlusses] 796
§ 208 (weggefallen) 800
§ 209 [Eröffnungszuständigkeit] 801

Inhalt

§ 209a [Besondere funktionelle Zuständigkeiten] 803
§ 210 [Rechtsmittel] 805
§ 211 [Wirkung des Ablehnungsbeschlusses] 808

Fünfter Abschnitt. Vorbereitung der Hauptverhandlung

§ 212 [Erörterung nach der Eröffnung des Hauptverfahrens] 810
§§ 212a, 212b [aufgehoben] 810
§ 213 [Terminsbestimmung] 810
§ 214 [Ladungen durch den Vorsitzenden] 813
§ 215 [Zustellung des Eröffnungsbeschlusses] 815
§ 216 [Ladung des Angeklagten] 816
§ 217 [Ladungsfrist] 819
§ 218 [Ladung des Verteidigers] 821
§ 219 [Beweisanträge des Angeklagten] 824
§ 220 [Ladung durch den Angeklagten] 826
§ 221 [Herbeischaffung von Beweismitteln von Amts wegen] 829
§ 222 [Namhaftmachung der Zeugen und Sachverständigen] 829
§ 222a [Mitteilung der Besetzung des Gerichts] 831
§ 222b [Einwand gegen Besetzung] 835
§ 223 [Zeugenvernehmung durch beauftragten oder ersuchten Richter] ... 839
§ 224 [Benachrichtigung der Beteiligten] 843
§ 225 [Augenschein durch beauftragten oder ersuchten Richter] 846
§ 225a [Zuständigkeitsänderung vor der Hauptverhandlung] 846

Sechster Abschnitt. Hauptverhandlung

§ 226 [Ununterbrochene Gegenwart] 852
§ 227 [Mehrere Staatsanwälte und Verteidiger] 854
§ 228 [Aussetzung und Unterbrechung] 855
§ 229 [Höchstdauer der Unterbrechung] 859
§ 230 [Ausbleiben des Angeklagten] 863
§ 231 [Anwesenheitspflicht des Angeklagten] 867
§ 231a [Hauptverhandlung bei vorsätzlich herbeigeführter Verhandlungsunfähigkeit] 871
§ 231b [Hauptverhandlung nach Entfernung des Angeklagten aus dem Sitzungszimmer] 875
§ 231c [Beurlaubung von Angeklagten] 878
§ 232 [Hauptverhandlung trotz Ausbleibens] 881
§ 233 [Entbindung des Angeklagten von der Pflicht zum Erscheinen] 884
§ 234 [Vertretung des abwesenden Angeklagten] 888
§ 234a [Informations- und Zustimmungsbefugnisse des Verteidigers] 890
§ 235 [Wiedereinsetzung in den vorigen Stand] 891
§ 236 [Anordnung des persönlichen Erscheinens] 893
§ 237 [Verbindung mehrerer Strafsachen] 894
§ 238 [Verhandlungsleitung] 896
§ 239 [Kreuzverhör] 900
§ 240 [Fragerecht] 901
§ 241 [Zurückweisung von Fragen] 903
§ 241a [Vernehmung von Zeugen] 907
§ 242 [Zweifel über Zulässigkeit von Fragen] 909
§ 243 [Gang der Hauptverhandlung] 909
§ 244 [Beweisaufnahme] 917
§ 245 [Umfang der Beweisaufnahme] 954
§ 246 [Verspätete Beweisanträge] 959
§ 246a [Ärztlicher Sachverständiger] 961

§ 247 [Entfernung des Angeklagten] 963
§ 247a [Vernehmung des Zeugen an anderem Ort] 970
§ 248 [Entlassung der Zeugen und Sachverständigen] 975
§ 249 [Verlesung von Schriftstücken] 976
§ 250 [Grundsatz der persönlichen Vernehmung] 983
§ 251 [Verlesung von Protokollen] 987
§ 252 [Unstatthafte Protokollverlesung]... 995
§ 253 [Protokollverlesung zur Gedächtnisunterstützung] 1001
§ 254 [Verlesung von Geständnissen und bei Widersprüchen]...... 1002
§ 255 [Protokollierung der Verlesung] 1004
§ 255a [Vorführung der Aufzeichnung einer Zeugenvernehmung] ... 1005
§ 256 [Verlesung von Behörden- und Ärzteerklärungen] 1009
§ 257 [Befragung des Angeklagten, des Staatsanwalts und des Verteidigers].......... 1013
§ 257a [Schriftliche Anträge und Anregungen zu Verfahrensfragen] 1021
§ 257b [Offenes Rechtsgespräch] 1024
§ 257c [Verständigung zwischen Gericht und Verfahrensbeteiligten] 1032
§ 258 [Schlussvorträge] 1064
§ 259 [Dolmetscher] 1072
§ 260 [Urteil] 1075
§ 261 [Freie Beweiswürdigung] 1086
§ 262 [Zivilrechtliche Vorfragen] 1119
§ 263 [Abstimmung] 1123
§ 264 [Gegenstand des Urteils] 1124
§ 265 [Veränderung des rechtlichen Gesichtspunktes] 1132
§ 265a [Auflagen oder Weisungen] 1148
§ 266 [Nachtragsanklage] 1149
§ 267 [Urteilsgründe] 1157
§ 268 [Urteilsverkündung] 1173
§ 268a [Strafaussetzung oder Aussetzung von Maßregeln zur Bewährung].......... 1177
§ 268b [Fortdauer der Untersuchungshaft] 1179
§ 268c [Belehrung über Beginn des Fahrverbots] 1182
§ 268d [Belehrung bei Vorbehalt der Entscheidung über Sicherungsverwahrung] .. 1183
§ 269 [Sachliche Unzuständigkeit].. 1184
§ 270 [Verweisung an höheres zuständiges Gericht] 1186
§ 271 [Sitzungsprotokoll] 1191
§ 272 [Inhalt des Protokolls] 1196
§ 273 [Beurkundung der Hauptverhandlung] 1198
§ 274 [Beweiskraft des Protokolls] 1205
§ 275 [Frist und Form der Urteilsniederschrift; Ausfertigungen] 1210

Siebenter Abschnitt. Entscheidung über die im Urteil vorbehaltene oder die nachträgliche Anordnung der Sicherungsverwahrung

§ 275a [Entscheidung über die im Urteil vorbehaltene oder die nachträgliche Anordnung der Sicherungsverwahrung]... 1217

Achter Abschnitt. Verfahren gegen Abwesende

§ 276 [Begriff und Verfahren].. 1227
§§ 277–284 (weggefallen) 1228
§ 285 [Beweissicherungszweck] 1228
§ 286 [Verteidiger].. 1228
§ 287 [Benachrichtigung des Abwesenden] 1228
§ 288 [Aufforderung zum Erscheinen] 1229
§ 289 [Kommissarische Beweisaufnahme] 1229

Inhalt

§ 290 [Beschlagnahme statt Haftbefehl]	1229
§ 291 [Bekanntmachung der Beschlagnahme]	1230
§ 292 [Wirkung der Bekanntmachung]	1230
§ 293 [Aufhebung der Beschlagnahme]	1231
§ 294 [Verfahren nach Anklageerhebung]	1231
§ 295 [Sicheres Geleit]	1231

Drittes Buch Rechtsmittel

Erster Abschnitt. Allgemeine Vorschriften

§ 296 [Rechtsmittelberechtigte]	1233
§ 297 [Verteidiger]	1237
§ 298 [Gesetzlicher Vertreter]	1239
§ 299 [Verhafteter Beschuldigter]	1239
§ 300 [Falsche Bezeichnung]	1240
§ 301 [Rechtsmittel der Staatsanwaltschaft]	1241
§ 302 [Zurücknahme; Verzicht]	1243
§ 303 [Zustimmung des Gegners]	1248

Zweiter Abschnitt. Beschwerde

§ 304 [Zulässigkeit]	1249
§ 305 [Ausschluss der Beschwerde]	1255
§ 305a [Beschwerde gegen Strafaussetzungsbeschluss]	1257
§ 306 [Einlegung; Abhilfe oder Vorlegung]	1258
§ 307 [Keine Vollzugshemmung]	1260
§ 308 [Befugnisse des Beschwerdegerichts]	1261
§ 309 [Entscheidung]	1263
§ 310 [Weitere Beschwerde]	1266
§ 311 [Sofortige Beschwerde]	1268
§ 311a [Nachträgliche Anhörung des Gegners]	1269

Dritter Abschnitt. Berufung

§ 312 [Zulässigkeit]	1270
§ 313 [Annahme der Berufung]	1275
§ 314 [Form und Frist]	1280
§ 315 [Berufung und Wiedereinsetzungsantrag]	1284
§ 316 [Hemmung der Rechtskraft]	1285
§ 317 [Berufungsbegründung]	1287
§ 318 [Beschränkung der Berufung]	1288
§ 319 [Verspätete Einlegung]	1298
§ 320 [Aktenvorlage an Staatsanwaltschaft]	1302
§ 321 [Aktenweitergabe an das Berufungsgericht]	1304
§ 322 [Verwerfung ohne Hauptverhandlung]	1308
§ 322a [Entscheidung über Annahme der Berufung]	1311
§ 323 [Vorbereitung der Hauptverhandlung]	1316
§ 324 [Gang der Hauptverhandlung]	1320
§ 325 [Verlesung von Schriftstücken]	1324
§ 326 [Schlussvorträge]	1328
§ 327 [Umfang der Urteilsprüfung]	1329
§ 328 [Inhalt des Berufungsurteils]	1332
§ 329 [Ausbleiben des Angeklagten]	1338
§ 330 [Maßnahmen bei Berufung durch gesetzlichen Vertreter]	1353

§ 331 [Verbot der reformatio in peius] 1355
§ 332 [Verfahrensvorschriften] 1364

Vierter Abschnitt. Revision

§ 333 [Zulässigkeit] 1365
§ 334 (weggefallen) 1371
§ 335 [Sprungrevision] 1371
§ 336 [Vorentscheidungen der Vorinstanz] 1380
§ 337 [Revisionsgründe] 1385
§ 338 [Absolute Revisionsgründe] 1437
§ 339 [Rechtsnormen zugunsten des Angeklagten] 1482
§ 340 (weggefallen) 1484
§ 341 [Form und Frist] 1484
§ 342 [Revision und Wiedereinsetzungsantrag] 1494
§ 343 [Hemmung der Rechtskraft] 1496
§ 344 [Revisionsbegründung] 1497
§ 345 [Revisionsbegründungsfrist] 1516
§ 346 [Verspätete und formwidrige Einlegung] 1527
§ 347 [Zustellung; Gegenerklärung; Aktenvorlage] 1534
§ 348 [Unzuständigkeit des Gerichts] 1537
§ 349 [Verwerfung ohne Hauptverhandlung] 1538
§ 350 [Hauptverhandlung] 1551
§ 351 [Gang der Hauptverhandlung] 1556
§ 352 [Umfang der Urteilsprüfung] 1560
§ 353 [Inhalt des Revisionsurteils] 1563
§ 354 [Eigene Sachentscheidung; Zurückverweisung] 1576
§ 354a [Entscheidung bei Gesetzesänderung] 1605
§ 355 [Verweisung an das zuständige Gericht] 1607
§ 356 [Urteilsverkündung] 1608
§ 356a [Wiedereinsetzung in den vorherigen Stand] 1609
§ 357 [Revisionserstreckung auf Mitverurteilte] 1616
§ 358 [Bindung des Untergerichts; Verbot der reformatio in peius] 1620

Viertes Buch. Wiederaufnahme eines durch rechtskräftiges Urteil abgeschlossenen Verfahrens

§ 359 [Wiederaufnahme zugunsten des Verurteilten] 1628
§ 360 [Keine Hemmung der Vollstreckung] 1637
§ 361 [Vollstreckung und Tod keine Ausschlussgründe] 1639
§ 362 [Wiederaufnahme zuungunsten des Angeklagten] 1640
§ 363 [Unzulässigkeit] 1642
§ 364 [Behauptung einer Straftat] 1644
§ 364a [Verteidiger für Wiederaufnahmeverfahren] 1645
§ 364b [Verteidiger für Vorbereitung des Wiederaufnahmeverfahrens] 1647
§ 365 [Allgemeine Vorschriften für den Antrag] 1649
§ 366 [Inhalt und Form des Antrages] 1652
§ 367 [Entscheidung über die Zulassung und Anträge nach §§ 364a und 364b] ... 1653
§ 368 [Verwerfung wegen Unzulässigkeit] 1655
§ 369 [Beweisaufnahme über das Begründetsein] 1658
§ 370 [Entscheidung über das Begründetsein] 1661
§ 371 [Freisprechung ohne Hauptverhandlung] 1664
§ 372 [Sofortige Beschwerde] 1666
§ 373 [Urteil nach erneuter Hauptverhandlung; Verbot der reformatio in peius] ... 1667
§ 373a [Verfahren bei Strafbefehl] 1669

XXI

Fünftes Buch Beteiligung des Verletzten am Verfahren

Erster Abschnitt. Privatklage

§ 374 [Zulässigkeit; Klageberechtigte]	1670
§ 375 [Mehrere Klageberechtigte]	1675
§ 376 [Erhebung der öffentlichen Klage]	1676
§ 377 [Mitwirkung des Staatsanwalts; Übernahme]	1679
§ 378 [Beistand und Vertreter des Klägers]	1681
§ 379 [Sicherheitsleistung; Prozesskostenhilfe]	1681
§ 379a [Gebührenvorschuss]	1684
§ 380 [Sühneversuch]	1686
§ 381 [Klageerhebung]	1689
§ 382 [Mitteilung der Klage]	1690
§ 383 [Eröffnungsbeschluss; Zurückweisung; Einstellung]	1691
§ 384 [Weiteres Verfahren]	1694
§ 385 [Stellung des Privatklägers; Ladungen; Akteneinsicht]	1697
§ 386 [Ladung von Zeugen und Sachverständigen]	1699
§ 387 [Vertretung in der Hauptverhandlung]	1699
§ 388 [Widerklage]	1700
§ 389 [Einstellungsurteil]	1703
§ 390 [Rechtsmittel des Privatklägers]	1704
§ 391 [Klagerücknahme; Wiedereinsetzung]	1706
§ 392 [Wirkung der Rücknahme]	1710
§ 393 [Tod des Privatklägers]	1710
§ 394 [Bekanntmachung an den Beschuldigten]	1711

Zweiter Abschnitt. Nebenklage

§ 395 [Befugnis zum Anschluss als Nebenkläger]	1711
§ 396 [Anschlusserklärung]	1720
§ 397 [Rechte des Nebenklägers]	1725
§ 397a [Opferanwalt und Prozesskostenhilfe]	1729
§ 398 [Verfahren]	1737
§ 399 [Bekanntmachung früherer Entscheidungen]	1737
§ 400 [Rechtsmittelbefugnis des Nebenklägers]	1738
§ 401 [Rechtsmittel des Nebenklägers]	1741
§ 402 [Widerruf; Tod des Nebenklägers]	1743

Dritter Abschnitt. Entschädigung des Verletzten

§ 403 [Voraussetzungen]	1744
§ 404 [Antrag des Verletzten]	1746
§ 405 [Vergleich]	1748
§ 406 [Entscheidung]	1748
§ 406a [Rechtsmittel]	1750
§ 406b [Vollstreckung]	1751
§ 406c [Wiederaufnahme des Verfahrens]	1751

Vierter Abschnitt. Sonstige Befugnisse des Verletzten

§ 406d [Mitteilungen an den Verletzten]	1752
§ 406e [Akteneinsicht]	1754
§ 406f [Beistand und Vertreter des Verletzten]	1758
§ 406g [Beistand des nebenklageberechtigten Verletzten]	1759
§ 406h [Hinweis auf Befugnisse]	1763

Sechstes Buch. Besondere Arten des Verfahrens

Erster Abschnitt. Verfahren bei Strafbefehlen

§ 407 [Zulässigkeit]	1766
§ 408 [Entscheidungsmöglichkeiten des Richters]	1775
§ 408a [Strafbefehlsantrag nach Eröffnung des Hauptverfahrens]	1778
§ 408b [Verteidigerbestellung durch Richter]	1781
§ 409 [Inhalt des Strafbefehls]	1783
§ 410 [Einspruchsfrist; Rechtskraft]	1787
§ 411 [Verwerfung wegen Unzulässigkeit; Termin zur Hauptverhandlung]	1790
§ 412 [Ausbleiben des Angeklagten]	1793

Zweiter Abschnitt. Sicherungsverfahren

§ 413 [Voraussetzungen des Antrags]	1796
§ 414 [Verfahren]	1798
§ 415 [Hauptverhandlung ohne Beschuldigten]	1800
§ 416 [Übergang zum Strafverfahren]	1802

2a. Abschnitt. Beschleunigtes Verfahren

§ 417 [Voraussetzungen des Antrags]	1804
§ 418 [Durchführung der Hauptverhandlung; Ladung; Anklageschrift]	1806
§ 419 [Entscheidung des Gerichts; Strafmaß]	1809
§ 420 [Beweisaufnahme]	1811
§§ 421–429 (weggefallen)	1813

Dritter Abschnitt. Verfahren bei Einziehungen und Vermögensbeschlagnahmen

§ 430 [Absehen von der Einziehung]	1813
§ 431 [Anordnung der Einziehungsbeteiligung]	1815
§ 432 [Anhörung im vorbereitenden Verfahren]	1819
§ 433 [Stellung des Einziehungsbeteiligten im Hauptverfahren]	1820
§ 434 [Vertretung]	1821
§ 435 [Terminsnachricht über Hauptverhandlung]	1822
§ 436 [Hauptverhandlung]	1823
§ 437 [Rechtsmittelverfahren]	1825
§ 438 [Einziehung durch Strafbefehl]	1827
§ 439 [Nachverfahren]	1828
§ 440 [Selbständiges Einziehungsverfahren]	1832
§ 441 [Verfahren bei nachträglicher und selbständiger Einziehung]	1834
§ 442 [Der Einziehung gleichstehende Rechtsfolgen; Beteiligte]	1836
§ 443 [Vermögensbeschlagnahme]	1837

Vierter Abschnitt. Verfahren bei Festsetzung von Geldbuße gegen juristische Personen und Personenvereinigungen

§ 444 [Verfahren bei Festsetzung von Geldbuße gegen juristische Personen und Personenvereinigungen]	1838
§§ 445–448 (weggefallen)	1842

Siebentes Buch. Strafvollstreckung und Kosten des Verfahrens

Erster Abschnitt. Strafvollstreckung

§ 449 [Vollstreckbarkeit]	1842
§ 450 [Anrechnung von Untersuchungshaft und Führerscheinentziehung]	1844
§ 450a [Anrechnung einer im Ausland erlittenen Freiheitsentziehung]	1845
§ 451 [Vollstreckungsbehörden]	1846
§ 452 [Begnadigungsrecht]	1849
§ 453 [Nachträgliche Entscheidung über Strafaussetzung zur Bewährung oder Verwarnung mit Strafvorbehalt]	1850
§ 453a [Belehrung bei Strafaussetzung oder Verwarnung mit Strafvorbehalt]	1853
§ 453b [Überwachung des Verurteilten]	1854
§ 453c [Vorläufige Maßnahmen vor Widerruf der Aussetzung]	1854
§ 454 [Aussetzung des Strafrestes]	1856
§ 454a [Beginn der Bewährungszeit; Aufhebung der Aussetzung des Strafrestes]	1862
§ 454b [Vollstreckung von Freiheitsstrafen und Ersatzfreiheitsstrafen]	1863
§ 455 [Aufschub der Vollstreckung einer Freiheitsstrafe]	1865
§ 455a [Aufschub oder Unterbrechung aus Gründen der Vollzugsorganisation]	1868
§ 456 [Vorübergehender Aufschub]	1869
§ 456a [Absehen von Vollstreckung bei Auslieferung oder Landesverweisung]	1870
§ 456b (weggefallen)	1873
§ 456c [Aufschub und Aussetzung des Berufsverbotes]	1873
§ 457 [Haftbefehl; Steckbrief]	1874
§ 458 [Gerichtliche Entscheidungen bei Strafvollstreckung]	1876
§ 459 [Vollstreckung der Geldstrafe]	1878
§ 459a [Zahlungserleichterungen]	1878
§ 459b [Verrechnung von Teilbeträgen]	1880
§ 459c [Beitreibung der Geldstrafe]	1881
§ 459d [Absehen von der Vollstreckung der Geldstrafe]	1882
§ 459e [Vollstreckung der Ersatzfreiheitsstrafe]	1883
§ 459f [Absehen von der Vollstreckung der Ersatzfreiheitsstrafe]	1884
§ 459g [Vollstreckung von Nebenfolgen]	1885
§ 459h [Zuständigkeit des Gerichts bei Einwendungen]	1886
§ 459i [Vollstreckung der Vermögensstrafe]	1887
§ 460 [Nachträgliche Gesamtstrafenbildung]	1887
§ 461 [Anrechnung von Krankenhausaufenthalt]	1890
§ 462 [Verfahren bei gerichtlichen Entscheidungen; sofortige Beschwerde]	1891
§ 462a [Zuständigkeit der Strafvollstreckungskammer und des Gerichts des ersten Rechtszuges]	1893
§ 463 [Vollstreckung von Maßregeln der Besserung und Sicherung]	1897
§ 463a [Befugnisse und Zuständigkeit der Aufsichtsstellen]	1900
§ 463b [Beschlagnahme von Führerscheinen]	1902
§ 463c [Öffentliche Bekanntmachung der Verurteilung]	1903
§ 463d [Gerichtshilfe]	1905

Zweiter Abschnitt. Kosten des Verfahrens

§ 464 [Kostenentscheidung]	1906
§ 464a [Kosten des Verfahrens; notwendige Auslagen]	1909
§ 464b [Kostenfestsetzung]	1914
§ 464c [Kosten bei Bestellung eines Dolmetschers oder Übersetzers]	1915
§ 464d [Verteilung der Auslagen nach Bruchteilen]	1916
§ 465 [Kostenpflicht des Verurteilten]	1916
§ 466 [Haftung Mitverurteilter]	1919
§ 467 [Kosten und notwendige Auslagen bei Freispruch]	1919

§ 467a [Kosten der Staatskasse bei Klagerücknahme und Einstellung]................. 1922
§ 468 [Straffreierklärung] 1923
§ 469 [Kostenpflicht des Anzeigenden].. 1923
§ 470 [Kosten bei Zurücknahme des Strafantrags].. 1924
§ 471 [Privatklagekosten].. 1925
§ 472 [Nebenklagekosten]... 1927
§ 472a [Adhäsionsverfahren] 1929
§ 472b [Kosten bei Nebenfolgen] 1931
§ 473 [Kosten bei zurückgenommenem oder erfolglosem Rechtsmittel]............ 1931
§ 473a [Kosten bei gesonderten Entscheidung über die Rechtmäßigkeit einer
   Ermittlungsmaßnahme].. 1936

Achtes Buch. Erteilung von Auskünften und Akteneinsicht, sonstige Verwendung von Daten für verfahrensübergreifende Zwecke, Dateiregelungen, länderübergreifendes staatsanwaltschaftliches Verfahrensregister

Erster Abschnitt. Erteilung von Auskünften und Akteneinsicht, sonstige Verwendung von Daten für verfahrensübergreifende Zwecke

§ 474 [Auskünfte und Akteneinsicht für Justizbehörden und andere öffentliche
   Stellen] 1937
§ 475 [Auskünfte und Akteneinsicht für Privatpersonen].................................... 1942
§ 476 [Übermittlung personenbezogener Daten zu Forschungszwecken]......... 1945
§ 477 [Zulässigkeit der Datenübermittlung]... 1949
§ 478 [Entscheidung über Auskunftserteilung und Akteneinsicht; beigezogene
   Akten].. 1952
§ 479 [Datenübermittlung von Amts wegen]... 1953
§ 480 [Unberührt bleibende Vorschriften].. 1955
§ 481 [Verwendung personenbezogener Daten durch die Polizeibehörden] 1955
§ 482 [Information der befassten Polizeibehörde durch die Staatsanwaltschaft] 1956

Zweiter Abschnitt. Dateiregelungen

§ 483 [Datenverarbeitung für Zwecke des Strafverfahrens]................................ 1957
§ 484 [Datenverarbeitung für Zwecke künftiger Strafverfahren]........................ 1958
§ 485 [Datenverarbeitung für Zwecke der Vorgangsverwaltung]....................... 1960
§ 486 [Gemeinsame Dateien] 1960
§ 487 [Übermittlung gespeicherter Daten] 1961
§ 488 [Automatisierte Datenübermittlung] 1962
§ 489 [Berichtigung, Löschung und Sperrung gespeicherter Daten].................. 1964
§ 490 [Errichtungsanordnung für automatisierte Dateien].................................. 1966
§ 491 [Auskunft an Betroffene]... 1967

Dritter Abschnitt. Länderübergreifendes staatsanwaltschaftliches Verfahrensregister

§ 492 [Umfang des Registers; Verwendung der Daten]...................................... 1968
§ 493 [Automatisierte Abrufverfahren] 1970
§ 494 [Berichtigung der Daten; Löschung; Sperrung; Mitteilung an Empfänger;
   Errichtungsanordnung] 1971
§ 495 [Entscheidung über Auskunftserteilung] 1973

Gerichtsverfassungsgesetz (GVG) (Auszug)

Erster Titel. Gerichtsbarkeit (Auszug)

§ 18 [Exterritorilität von Mitgliedern der diplomatischen Missionen]	1974
§ 19 [Exterritorialität von Mitgliedern der konsularischen Vertretungen]	1978
§ 20 [Weitere Exterritoriale]	1981
§ 21 [Ersuchen eines internationalen Strafgerichtshofes]	1984

Zweiter Titel. Allgemeine Vorschriften über das Präsidium und die Geschäftsverteilung (Auszug)

§ 21e [Aufgaben des Präsidiums]	1985
§ 21f [Vorsitz in den Spruchkörpern]	1989
§ 21g [Geschäftsverteilung innerhalb des Spruchkörpers]	1992

Dritter Titel. Amtsgerichte (Auszug)

§ 24 [Zuständigkeit in Strafsachen]	1994
§ 25 [Zuständigkeit des Strafrichters]	2001
§ 26 [Zuständigkeit in Jugendschutzsachen]	2003
§ 27 [Sonstige Zuständigkeiten und Geschäftskreis]	2005

Vierter Titel. Schöffengerichte (Auszug)

§ 28 [Zuständigkeit]	2005
§ 29 [Zusammensetzung; erweitertes Schöffengericht]	2007

Fünfter Titel. Landgerichte (Auszug)

§ 74 [Zuständigkeit in Strafsachen in 1. und 2. Instanz]	2012
§ 74a [Zuständigkeit der Staatsschutzkammer]	2015
§ 74b [Zuständigkeit in Jugendschutzsachen]	2016
§ 74c [Zuständigkeit der Wirtschaftsstrafkammer]	2017
§ 74d [Strafkammer als gemeinsames Schwurgericht]	2020
§ 74e [Vorrang bei Zuständigkeitsüberschneidungen]	2020
§ 74f [Zuständigkeit bei vorbehaltener oder nachträglicher Anordnung der Sicherungsverwahrung]	2021
§ 76 [Besetzung der Strafkammern]	2022

5a. Titel. Strafvollstreckungskammern (nicht kommentiert)

Sechster Titel. Schwurgerichte (weggefallen)

Siebenter Titel. Kammern für Handelssachen (nicht kommentiert)

Achter Titel. Oberlandesgerichte (Auszug)

§ 120 [Zuständigkeit in Strafsachen in 1. Instanz]	2025
§ 120a [Zuständigkeit bei vorbehaltener oder nachträglicher Anordnung der Sicherungsverwahrung]	2029
§ 121 [Zuständigkeit in Strafsachen in der Rechtsmittelinstanz]	2029

Neunter Titel. Bundesgerichtshof (nicht kommentiert)

9a. Titel. Zuständigkeit für Wiederaufnahmeverfahren in Strafsachen (nicht kommentiert)

Zehnter Titel. Staatsanwaltschaft (Auszug)

§ 142 [Sachliche Zuständigkeit]	2032
§ 142a [Zuständigkeit des Generalbundesanwalts]	2034
§ 143 [Örtliche Zuständigkeit]	2036

Elfter Titel. Geschäftsstelle (nicht kommentiert)

Zwölfter Titel. Zustellungs- und Vollstreckungsbeamte (nicht kommentiert)

Dreizehnter Titel. Rechtshilfe (nicht kommentiert)

Vierzehnter Titel. Öffentlichkeit und Sitzungspolizei (Auszug)

§ 169 [Öffentlichkeit]	2038
§ 171a [Ausschluss der Öffentlichkeit in Unterbringungssachen]	2042
§ 171b [Ausschluss der Öffentlichkeit zum Schutz der Privatsphäre]	2043
§ 172 [Ausschluss der Öffentlichkeit wegen Gefährdung]	2044
§ 173 [Öffentliche Urteilsverkündung]	2047
§ 174 [Verhandlung über Ausschluss der Öffentlichkeit; Schweigepflicht]	2047
§ 175 [Versagung des Zutritts]	2051
§ 176 [Sitzungspolizei]	2052
§ 177 [Maßnahmen zur Aufrechterhaltung der Ordnung]	2057
§ 178 [Ordnungsmittel wegen Ungebühr]	2059
§ 179 [Vollstreckung der Ordnungsmittel]	2062
§ 180 [Befugnisse außerhalb der Sitzung]	2062
§ 181 [Beschwerde gegen Ordnungsmittel]	2062
§ 182 [Protokollierung]	2064
§ 183 [Straftaten in der Sitzung]	2065

Fünfzehnter Titel. Gerichtssprache

§ 184 [Deutsche Sprache]	2065
§ 185 [Dolmetscher]	2066
§ 186 [Hör- oder sprachbehinderte Person]	2068
§ 187 [Dolmetscher für Beschuldigten oder Verurteilten]	2068
§ 188 [Eide Fremdsprachiger]	2069
§ 189 [Dolmetschereid]	2069
§ 190 [Urkundsbeamter als Dolmetscher]	2071
§ 191 [Ausschließung und Ablehnung des Dolmetschers]	2072
§ 191a [Schriftstücke für Blinde und Sehbehinderte]	2072

Nebengesetze und ergänzende Bestimmungen

Jugendgerichtsgesetz (JGG) (Auszug)

Erster Teil. Anwendungsbereich

§ 1 Persönlicher und sachlicher Anwendungsbereich	2073
§ 2 Ziel des Jugendstrafrechts; Anwendung des allgemeinen Strafrechts	2073

Zweiter Teil. Jugendliche (Auszug)

Erstes Hauptstück Verfehlungen Jugendlicher und ihre Folgen (nicht kommentiert)	2074
Zweites Hauptstück Jugendgerichtsverfassung und Jugendstrafverfahren (Auszug)	2074

Erster Abschnitt. Jugendgerichtsverfassung

§ 33 Jugendgerichte	2074
§ 33a [Besetzung des Jugendschöffengerichts]	2076
§ 33b [Besetzung der Jugendkammer]	2076
§ 34 Aufgaben des Jugendrichters	2076
§ 35 Jugendschöffen	2077
§ 36 Jugendstaatsanwalt	2077
§ 37 Auswahl der Jugendrichter und Jugendstaatsanwälte	2078
§ 38 Jugendgerichtshilfe	2078

Zweiter Abschnitt. Zuständigkeit

§ 39 Sachliche Zuständigkeit des Jugendrichters	2079
§ 40 Sachliche Zuständigkeit des Jugendschöffengerichts	2079
§ 41 Sachliche Zuständigkeit der Jugendkammer	2080
§ 42 Örtliche Zuständigkeit	2081

Dritter Abschnitt. Jugendstrafverfahren

Erster Unterabschnitt. Das Vorverfahren (nicht kommentiert)

Zweiter Unterabschnitt. Das Hauptverfahren (Auszug)

§ 47 Einstellung des Verfahrens durch den Richter	2082
§ 47a Vorrang der Jugendgerichte	2083
§ 48 Nichtöffentlichkeit	2083

Dritter Unterabschnitt. Rechtsmittelverfahren (nicht kommentiert)

Vierter Unterabschnitt. Verfahren bei Aussetzung der Jugendstrafe zur Bewährung (nicht kommentiert)

Fünfter Unterabschnitt. Verfahren bei Aussetzung der Verhängung der Jugendstrafe (nicht kommentiert)

Sechster Unterabschnitt. Ergänzende Entscheidungen (nicht kommentiert)

Siebenter Unterabschnitt. Gemeinsame Verfahrensvorschriften (Auszug)

§ 67 Stellung des Erziehungsberechtigten und des gesetzlichen Vertreters	2085
§ 68 Notwendige Verteidigung	2086
§ 69 Beistand	2086
§ 70 Mitteilungen	2086
§ 71 Vorläufige Anordnungen über die Erziehung	2087
§ 72 Untersuchungshaft	2087
§ 72a Heranziehung der Jugendgerichtshilfe in Haftsachen	2088
§ 72b (nicht kommentiert und abgedruckt)	
§ 73 Unterbringung zur Beobachtung	2088
§ 74 Kosten und Auslagen	2089

Achter Unterabschnitt. Vereinfachtes Jugendverfahren

§ 75 (weggefallen)	2089
§ 76 Voraussetzungen des vereinfachten Jugendverfahrens	2089
§ 77 Ablehnung des Antrags	2089
§ 78 Verfahren und Entscheidung	2090

Neunter Unterabschnitt. Ausschluß von Vorschriften des allgemeinen Verfahrensrechts

§ 79 Strafbefehl und beschleunigtes Verfahren	2090
§ 80 Privatklage und Nebenklage	2091
§ 81 Entschädigung des Verletzten	2093

Drittes Hauptstück. Vollstreckung und Vollzug (nicht kommentiert)

2093

Viertes Hauptstück. Beseitigung des Strafmakels (nicht kommentiert)

2093

Fünftes Hauptstück. Jugendliche vor Gerichten, die für allgemeine Strafsachen zuständig sind

§ 102 Zuständigkeit	2093
§ 103 Verbindung mehrerer Strafsachen	2094
§ 104 Verfahren gegen Jugendliche	2095

Dritter Teil. Heranwachsende (Auszug)

Erster Abschnitt. Anwendung des sachlichen Strafrechts

§ 105 Anwendung des Jugendstrafrechts auf Heranwachsende	2096
§ 106 Milderung des allgemeinen Strafrechts für Heranwachsende; Sicherungsverwahrung	2096

Zweiter Abschnitt. Gerichtsverfassung und Verfahren

§ 107 Gerichtsverfassung 2098
§ 108 Zuständigkeit 2098
§ 109 Verfahren 2099

Gesetz über die Entschädigung für Strafverfolgungsmaßnahmen (StrEG)

§ 1 Entschädigung für Urteilsfolgen 2101
§ 2 Entschädigung für andere Strafverfolgungsmaßnahmen 2103
§ 3 Entschädigung bei Einstellung nach Ermessensvorschrift 2105
§ 4 Entschädigung nach Billigkeit 2107
§ 5 Ausschluß der Entschädigung 2108
§ 6 Versagung der Entschädigung 2113
§ 7 Umfang des Entschädigungsanspruchs 2115
§ 8 Entscheidung des Strafgerichts 2118
§ 9 Verfahren nach Einstellung durch die Staatsanwaltschaft 2121
§ 10 Anmeldung des Anspruchs; Frist 2123
§ 11 Ersatzanspruch des kraft Gesetzes Unterhaltsberechtigten 2125
§ 12 Ausschluß der Geltendmachung der Entschädigung 2126
§ 13 Rechtsweg; Beschränkung der Übertragbarkeit 2126
§ 14 Nachträgliche Strafverfolgung 2128
§ 15 Ersatzpflichtige Kasse 2129
§ 16 Übergangsvorschriften 2130
§ 16a Entschädigung für die Folgen einer rechtskräftigen Verurteilung, einer freiheitsentziehenden oder anderen vorläufigen Strafverfolgungsmaßnahme in der Deutschen Demokratischen Republik 2130
§ 17 Aufhebung bisherigen Rechts 2131
§§ 18, 19 (vom Abdruck wurde abgesehen) 2131
§ 20 Berlin-Klausel 2131
§ 21 Inkrafttreten 2131

Bundeszentralregistergesetz (BZRG) (Auszug)

Zweiter Teil. Das Zentralregister (Auszug)

Vierter Abschnitt. Tilgung

§ 45 Tilgung nach Fristablauf 2132
§ 46 Länge der Tilgungsfrist 2134
§ 47 Feststellung der Frist und Ablaufhemmung 2140
§ 48 Anordnung der Tilgung wegen Gesetzesänderung 2143
§ 49 Anordnung der Tilgung in besonderen Fällen 2145
§ 50 Zu Unrecht getilgte Eintragungen 2148

Fünfter Abschnitt. Rechtswirkungen der Tilgung

§ 51 Verwertungsverbot 2150
§ 52 Ausnahmen 2158

Dritter Teil. Das Erziehungsregister

§ 59 Führung des Erziehungsregisters	2161
§ 60 Eintragungen in das Erziehungsregister	2162
§ 61 Auskunft aus dem Erziehungsregister	2166
§ 62 Suchvermerke	2168
§ 63 Entfernung von Eintragungen	2169

Telekommunikationsgesetz (TKG) (Auszug)

Teil 7. Fernmeldegeheimnis, Datenschutz, Öffentliche Sicherheit (Auszug)

Abschnitt 2. Datenschutz (Auszug)

§ 96 Verkehrsdaten	2172
§ 97 Entgeltermittlung und Entgeltabrechnung	2174
§ 98 Standortdaten	2177
§ 99 Einzelverbindungsnachweis	2179
§ 100 Störungen von Telekommunikationsanlagen und Missbrauch von Telekommunikationsdiensten	2180

Abschnitt 3. Öffentliche Sicherheit (Auszug)

§ 110 Umsetzung von Überwachungsmaßnahmen, Erteilung von Auskünften	2181
§ 111 Daten für Auskunftsersuchen der Sicherheitsbehörden	2186
§ 112 Automatisiertes Auskunftsverfahren	2188
§ 113 Manuelles Auskunftsverfahren	2191
§ 113a Speicherungspflichten für Daten	2193
§ 113b Verwendung der nach § 113a gespeicherten Daten	2201

Betäubunsmittelgesetz (BtMG) (Auszug)

Sechster Abschnitt. Straftaten und Ordnungswidrigkeiten (Auszug)

§ 31a Absehen von der Verfolgung	2210

Siebenter Abschnitt. Betäubungsmittelabhängige Straftäter

§ 35 Zurückstellung der Strafvollstreckung	2212
§ 36 Anrechnung und Strafaussetzung zur Bewährung	2218
§ 37 Absehen von der Erhebung der öffentlichen Klage	2220
§ 38 Jugendliche und Heranwachsende	2223

Abgabenordnung (AO) (Auszug)

§ 386 Zuständigkeit der Finanzbehörde bei Steuerstraftaten	2224
§ 392 Verteidigung	2226
§ 393 Verhältnis des Strafverfahrens zum Besteuerungsverfahren	2226
§ 396 Aussetzung des Verfahrens	2229
§ 400 Antrag auf Erlass eines Strafbefehls	2231

Inhalt

Europäische Menschenrechtskonvention (EMRK) (Auszug)

Art. 1 Verpflichtung zur Achtung der Menschenrechte 2233

Abschnitt I. Rechte und Freiheiten (Auszug)

Art. 2 Recht auf Leben 2238
Art. 3 Verbot der Folter 2240
Art. 5 Recht auf Freiheit und Sicherheit 2244
Art. 6 Recht auf ein faires Verfahren 2248

Gesetz über die internationale Rechtshilfe in Strafsachen (IRG) (Auszug)

Achter Teil. Auslieferungs- und Durchlieferungsverkehr mit Mitgliedstaaten der Europäischen Union (Auszug)

Abschnitt 1. Allgemeine Regelungen

§ 78 Vorrang des Achten Teils 2267
§ 79 Grundsätzliche Pflicht zur Bewilligung; Vorabentscheidung 2268

Abschnitt 2. Auslieferung an einen Mitgliedstaat der Europäischen Union (Auszug)

§ 80 Auslieferung deutscher Staatsangehöriger 2270
§ 81 Auslieferung zur Verfolgung oder zur Vollstreckung 2272
§ 82 Nichtanwendung von Vorschriften 2273
§ 83 Ergänzende Zulässigkeitsvoraussetzungen 2273
§ 83a Auslieferungsunterlagen 2275
§ 83b Bewilligungshindernisse 2276

Abschnitt 4. Ausgehende Ersuchen um Auslieferung an einen Mitgliedstaat der Europäischen Union (Auszug)

§ 83h Spezialität 2279

Rahmenbeschluss des Rates der Europäischen Union vom 13. Juni 2002 über den Europäischen Haftbefehl und die Übergabeverfahren zwischen den Mitgliedstaaten (2002/584/JI) (RB-EUHb) (Auszug)

Kapitel I. Allgemeine Grundsätze (Auszug)

Artikel 1 Definition des Europäischen Haftbefehls und Verpflichtung zu seiner Vollstreckung 2281
Artikel 2 Anwendungsbereich des Europäischen Haftbefehls 2285
Artikel 3 Gründe, aus denen die Vollstreckung des Europäischen Haftbefehls abzulehnen ist 2288
Artikel 4 Gründe, aus denen die Vollstreckung des Europäischen Haftbefehls abgelehnt werden kann 2289
Artikel 4a Entscheidungen, die im Anschluss an eine Verhandlung ergangen sind, zu der die Person nicht persönlich erschienen ist (nicht kommentiert) ... 2291

Artikel 5 Vom Ausstellungsmitgliedstaat in bestimmten Fällen zu gewährende
  Garantien 2291
Artikel 6 Bestimmung der zuständigen Behörden.. 2292
Artikel 7 Beteiligung der zentralen Behörde 2292
Artikel 8 Inhalt und Form des Europäischen Haftbefehls 2293

Kapitel II. Übergabeverfahren (Auszug)

Artikel 9 Übermittlung eines Europäischen Haftbefehls................................ 2294
Anhang Europäischer Haftbefehl... 2297

Schengener Durchführungsübereinkommen (SDÜ) (Auszug)

Titel III. Polizei und Sicherheit (Auszug)

Kapitel 3. Verbot der Doppelbestrafung (Auszug)

Art. 54 2304
Art. 55 2313
Art. 56 2315

Gesetz zu dem Wiener Übereinkommen vom 24. April 1963 über konsularische Beziehungen (WÜK) (Auszug)

Art. 36 Verkehr mit Angehörigen des Entsendestaats 2316

Anhang

I. Richtlinien für das Strafverfahren und das Bußgeldverfahren (RiStBV)

Richtlinien für das Strafverfahren

Allgemeiner Teil

I. Abschnitt. Vorverfahren

1. Allgemeines

1 Der Staatsanwalt 2323
2 Zuständigkeit 2323
3 Persönliche Ermittlungen des Staatsanwalts 2323
4 Grundsatz der Verhältnismäßigkeit 2324
4a Keine unnötige Bloßstellung des Beschuldigten 2324
4b Ermittlungen gegen eine Vielzahl von Personen...................................... 2324
4c Rücksichtnahme auf den Verletzten 2324
4d Unterrichtung des Verletzten 2324
5 Beschleunigung 2324
5a Kostenbewußtsein... 2325
5b Vorläufige Aufzeichnung von Protokollen 2325
6 Verfolgung von Antragsdelikten 2325

Inhalt Strafantrag

7 Haftbefehl bei Antragsdelikten 2325
8 Namenlose Anzeigen 2326
9 Benachrichtigung des Anzeigenden... 2326
10 Richterliche Untersuchungshandlungen 2326
11 Ermittlungen durch andere Stellen 2326
12 Versendung der Akten, Hilfs- oder Doppelakten 2326
13 Feststellung der persönlichen Verhältnisse des Beschuldigten 2326
14 Aufklärung der wirtschaftlichen Verhältnisse des Beschuldigten.............. 2327
15 Aufklärung der für die Bestimmung der Rechtsfolgen der Tat bedeutsamen Umstände.. 2327
16 Feststellung von Eintragungen im Bundeszentralregister........................... 2328
16a DNA-Maßnahmen für künftige Strafverfahren 2328
17 Mehrere Strafverfahren gegen denselben Beschuldigten 2328
18 Gegenüberstellung... 2328
19 Vernehmung von Kindern und Jugendlichen... 2329
19a Vernehmung des Verletzten als Zeuge... 2329
19b Widerspruchsrecht des Zeugen im Falle der Bild-Ton-Aufzeichnung 2329
20 Vernehmung von Gefangenen und Verwahrten... 2330
21 Behandlung Schwerhöriger und Taubstummer 2330
22 Unterbrechung der Verjährung... 2330
23 Zusammenarbeit mit Presse und Rundfunk... 2330
24 Verkehr mit ausländischen Vertretungen 2330

2. Sammelverfahren, Fälle des § 18 BKAG und kontrollierte Transporte

25 Sammelverfahren... 2331
26 Zuständigkeit 2331
27 Verfahren bei Abgabe und Übernahme.. 2331
28 Regelung zu § 18 BKAG... 2331
29 Mitteilung an das Bundeskriminalamt 2332
29a Kontrollierter Transport.. 2333
29b Voraussetzungen 2333
29c Zuständigkeit 2333
29d Zusammenarbeit... 2333

3. Fälle des § 4 Abs. 1 bis 3 BKAG

30 Allgemeines 2333
31 Verfahren in den Fällen des § 4 Abs. 1 Satz 1 Nr. 1 BKAG...................... 2334
32 Verfahren in den Fällen des § 4 Abs. 1 Satz 1 Nr. 2 und 3b BKAG 2334

4. Leichenschau und Leichenöffnung

33 Voraussetzungen 2334
34 Exhumierung 2335
35 Entnahme von Leichenteilen.. 2335
36 Beschleunigung.. 2335
37 Leichenöffnung in Krankenhäusern 2335
38 Feuerbestattung.. 2335

5. Fahndung

39 Allgemeines 2336
40 Fahndungshilfsmittel 2336
41 Fahndung nach dem Beschuldigten 2336
42 Fahndung nach einem Zeugen 2337
43 Internationale Fahndung.. 2337

6. Vernehmung des Beschuldigten

44 Ladung und Aussagegenehmigung 2337
45 Form der Vernehmung und Niederschrift 2338

7. Untersuchungshaft, einstweilige Unterbringung und sonstige Maßnahmen zur Sicherstellung der Strafverfolgung und der Strafvollstreckung

46 Begründung der Anträge in Haftsachen	2338
47 [aufgehoben]	2338
48 Abschrift des Haftbefehls für den Beschuldigten	2338
49 Unterrichtung der Vollzugsanstalt	2338
50 Untersuchungshaft bei Soldaten der Bundeswehr	2339
51 Symbolische Vorführung	2339
52 Kennzeichnung der Haftsachen	2339
53 Ausländer	2339
54 Überwachung, Haftprüfung	2339
55 Anordnung der Freilassung des Verhafteten	2339
56 Haft über sechs Monate	2340
57 Aussetzung des Vollzuges	2340
58 Unterbringung von Untersuchungsgefangenen in einem Krankenhaus	2340
59 Einstweilige Unterbringung	2341
60 Besondere Maßnahmen zur Sicherung der Strafverfolgung und Strafvollstreckung	2341

8. Beobachtung in einem psychiatrischen Krankenhaus

61 Allgemeines	2341
62 Dauer und Vorbereitung der Beobachtung	2341
63 Strafverfahren gegen Hirnverletzte	2342

9. Zeugen

64 Ladung	2342
65 Belehrung des Zeugen	2342
66 Vernehmung von Personen des öffentlichen Dienstes	2342
67 Schriftliche Aussage	2343
68 Behördliches Zeugnis	2343

10. Sachverständige

69 Allgemeines	2343
70 Auswahl des Sachverständigen und Belehrung	2343
71 Arbeitsunfälle	2344
72 Beschleunigung	2344

11. Akten über Vorstrafen

73	2344

11a Durchsuchung und Beschlagnahme

73a	2344

12. Behandlung der amtlich verwahrten Gegenstände

74 Sorgfältige Verwahrung	2344
75 Herausgabe	2344
76 Beweissicherung	2345

13. Beschlagnahme von Postsendungen

77 Umfang der Beschlagnahme	2345
78 Inhalt der Beschlagnahmeanordnung	2346
79 Verfahren bei der Beschlagnahme	2346
80 Aufhebung der Beschlagnahme	2346

Inhalt Strafantrag

81 Postsendungen mit staatsgefährdenden Schriften 2346
82 [aufgehoben] 2346
83 [aufgehoben] 2346

14. Auskunft über den Postverkehr und die Telekommunikation

84 Postsendungen 2347
85 Telekommunikation 2347

15. Öffentliches Interesse bei Privatklagesachen

86 Allgemeines 2347
87 Verweisung auf die Privatklage 2347

16. Einstellung des Verfahrens

88 Mitteilung an den Beschuldigten 2347
89 Bescheid an den Antragsteller und Mitteilung an den Verletzten 2348
90 Anhörung von Behörden und Körperschaften des öffentlichen Rechts ... 2348
91 Bekanntgabe 2348
92 Kostenpflicht des Anzeigenden 2349
93 Einstellung nach §§ 153, 153a StPO 2349
93a Gewinnabschöpfung bei Einstellung nach § 153a StPO 2349
94 Einstellung nach § 153c Abs. 1 StPO 2349
95 Einstellung nach § 153c Abs. 3 StPO 2350
96 Einstellung nach § 153c Abs. 4 StPO 2350
97 Einstellung nach § 153c Abs. 5 StPO 2350
98 Einstellung nach § 153d StPO 2350
99 Benachrichtigung der Polizeidienststellen in den Fällen der §§ 153c, 153d StPO 2351
100 Einstellung nach § 153e StPO 2351
101 Einstellung nach § 154 StPO 2351
101a Einstellung nach § 154a StPO 2351
102 Einstellung zugunsten des Opfers einer Nötigung oder Erpressung 2352
103 Mitteilung an den Anzeigenden 2352
104 Vorläufige Einstellung nach § 205 StPO 2352
105 Beschwerde gegen die Einstellungsverfügung 2352

17. Verteidiger

106 Auswahl des Verteidigers 2353
107 Referendare als Verteidiger 2353
108 Unterrichtung des Verteidigers 2353

18. Abschluß der Ermittlungen

109 2353

II. Abschnitt. Anklage

110 Form und Inhalt der Anklageschrift 2353
111 Auswahl der Beweismittel 2354
112 Ermittlungsergebnis 2355
113 Zuständiges Gericht 2355
114 Zusammenhängende Strafsachen 2355

III. Abschnitt. Hauptverfahren

1. Eröffnung des Hauptverfahrens

115 [Eröffnung des Hauptverfahrens] 2355

2. Vorbereitung der Hauptverhandlung

116 Anberaumung der Termine	2356
117 Ladung und Benachrichtigung	2356
118 Unterrichtung über die Beweismittel	2356
119 Beiakten	2357
120 Befreiung des Angeklagten von der Pflicht zum Erscheinen	2357
121 Kommissarische Vernehmung von Zeugen und Sachverständigen	2357
122 Verhandlung in Abwesenheit des Angeklagten bei selbstverschuldeter Verhandlungsunfähigkeit	2357

3. Hauptverhandlung

123 Allgemeines	2358
124 Äußere Gestaltung der Hauptverhandlung	2358
125 Platzzuteilung	2358
126 Schöffen	2358
127 Pflichten des Staatsanwalts in der Hauptverhandlung	2359
128 Wahrung der Ordnung	2359
129 Berichterstattung durch Presse und Rundfunk	2359
130 Belehrung der Zeugen und Sachverständigen	2360
130a Schutz der Zeugen	2360
131 Ausschluß der Öffentlichkeit; Allgemeines	2360
131a Ausschluß der Öffentlichkeit zum Schutz des Verletzten	2360
132 Ausschluß der Öffentlichkeit wegen Gefährdung der Sittlichkeit	2360
133 Ausschluß der Öffentlichkeit wegen Gefährdung der öffentlichen Ordnung	2361
134 Feststellung von Eintragungen im Bundeszentralregister	2361
135 Zeugen und Sachverständige	2361
136 Verdacht strafbarer Falschaussagen	2361
137 Unterbrechung und Aussetzung der Hauptverhandlung	2362
138 Schlußvortrag des Staatsanwalts	2362
139 Anträge zum Freispruch des Angeklagten	2363
140 Mitteilung der Entscheidung und des Standes der Strafvollstreckung	2363
141 Form des Urteils	2363
142 Belehrung über Rechtsmittel und Rechtsbehelfe	2364
143 Beurkundung eines Rechtsmittelverzichts	2364
144 Die Beurkundung der Hauptverhandlung	2364
145 Festsetzung der notwendigen Auslagen des Beschuldigten	2364

4. Beschleunigtes Verfahren

146 [Beschleunigtes Verfahren]	2365

IV. Abschnitt. Rechtsmittel

1. Einlegung

147 Rechtsmittel des Staatsanwalts	2365
148 Vorsorgliche Einlegung von Rechtsmitteln	2366
149 Unterzeichnung der Rechtsmittelschrift	2366
150 Rechtsmittel des Angeklagten zu Protokoll der Geschäftsstelle	2366
151 Empfangsbestätigung	2367

2. Verzicht und Rücknahme

152	2367

3. Verfahren nach der Einlegung

A. Gemeinsame Bestimmungen

153 Beschleunigung	2367

Inhalt

154 Zustellung des Urteils	2368
155 Antrag auf Wiedereinsetzung in den vorigen Stand	2368
156 Rechtsmittelbegründung	2368
157 Urteilsabschrift an den Beschwerdegegner	2368

B. Berufungsverfahren

158 Benennung von Beweismitteln	2368
158a Annahmeberufung	2368

C. Revisionsverfahren

159 Zustellung des Urteils an die Staatsanwaltschaft	2369
160 Akteneinsicht durch den Verteidiger	2369
161 Berichtigung des Verhandlungsprotokolls	2369
162 Gegenerklärung des Staatsanwalts	2369
163 Übersendung der Akten an das Revisionsgericht	2370
164 Form und Inhalt des Übersendungsberichts	2370
165 Anlagen zum Übersendungsbericht	2371
166 Übersendung von Überführungsstücken und Beiakten	2371
167 Beschleunigung	2371
168 Überprüfung durch den Generalstaatsanwalt und Rücknahme der Revision	2371
169 Rückleitung der Akten	2372

V. Abschnitt. Wiederaufnahme des Verfahrens

170 Allgemeines	2372
171 Erneuerung der Hauptverhandlung	2372

VI. Abschnitt. Beteiligung des Verletzten am Verfahren

1. Privatklage

172 Übernahme der Verfolgung durch den Staatsanwalt	2372

2. Entschädigung des Verletzten

173 Unterrichtung des Verletzten über das Entschädigungsverfahren	2373
174 Stellung des Staatsanwalts im Entschädigungsverfahren	2373

VII. Abschnitt. Besondere Verfahrensarten

1. Verfahren bei Strafbefehlen

175 Allgemeines	2373
175a Strafbefehl nach Eröffnung des Hauptverfahrens	2374
176 Anträge	2374
177 Fassung des Strafbefehlsentwurfs	2374
178 Prüfung durch den Richter	2374
179 Zustellung	2375

2. Selbständiges Verfahren bei Verfall und Einziehung

180 [Selbständiges Verfahren bei Verfall und Einziehung]	2375

3. Verfahren bei Festsetzung einer Geldbuße gegen eine juristische Person oder Personenvereinigung

180a [Verfahren bei Festsetzung einer Geldbuße gegen eine juristische Person oder Personenvereinigung]	2375

VIII. Abschnitt. Verfahren gegen sprachunkundige Ausländer

181 [Verfahren gegen sprachunkundige Ausländer].................................. 2376

IX. Abschnitt. Erteilung von Auskünften, Überlassung von Abschriften und Gewährung von Akteneinsicht

182 Geltungsbereich 2376
183 Zuständigkeit für die Erteilung von Auskünften und die Gewährung von Akteneinsicht... 2376
184 Vorrang der Verfahrensbearbeitung, Gefährdung der Ermittlungen 2377
185 Vorrang der Erteilung von Auskünften 2377
186 Umfang der Akteneinsicht.. 2377
187 Überlassung der Akten... 2377
188 Bescheid an den Antragsteller 2378
189 Auskünfte und Akteneinsicht für wissenschaftliche Vorhaben..................... 2378

X. Abschnitt. Einholung der Entscheidung des Bundesverfassungsgerichts

190.. 2378

XI. Abschnitt. Strafsachen gegen Mitglieder des Deutschen Bundestages, der gesetzgebenden Körperschaften der Länder sowie des Europäischen Parlaments

191 Prozeßhindernis der Immunität... 2379
192 Aufhebung der Immunität von Mitgliedern des Deutschen Bundestages und der gesetzgebenden Körperschaften der Länder 2380
192a Allgemeine Genehmigung zur Durchführung von Ermittlungsverfahren (vereinfachte Handhabung).. 2380
192b Aufhebung der Immunität eines Mitglieds des Europäischen Parlaments 2381

XII. Abschnitt. Behandlung der von der deutschen Gerichtsbarkeit befreiten Personen

193 Allgemeines... 2382
194 Ausweise von Diplomaten und der anderen von der inländischen Gerichtsbarkeit befreiten Personen... 2382
195 Verhalten gegenüber Diplomaten und den anderen von der inländischen Gerichtsbarkeit befreiten Personen... 2382
196 Zustellungen... 2383
197 Ladungen... 2383
198 Vernehmungen 2383
199 Amtshandlungen in den Dienst- und Wohnräumen................................... 2384

XIII. Abschnitt. [aufgehoben]

XIV. Abschnitt. Verfahren nach Feststellung der Entschädigungspflicht nach dem Gesetz über die Entschädigung für Strafverfolgungsmaßnahmen

201.. 2384

Besonderer Teil

I. Abschnitt. Strafvorschriften des StGB

1. Staatsschutz und verwandte Strafsachen

202 Strafsachen, die zur Zuständigkeit der Oberlandesgerichte im ersten Rechtszug gehören...	2384
203 Behandlung der nach § 142a Abs. 2 und 4 GVG abgegebenen Strafsachen....	2385
204 Strafsachen, die zur Zuständigkeit der zentralen Strafkammern gehören........	2385
205 Unterrichtung der Behörden für den Verfassungsschutz in Staatsschutz- und anderen Verfahren..	2386
206 Unterrichtung des Militärischen Abschirmdienstes und des Bundesnachrichtendienstes..	2386
207 Benachrichtigung des Bundeskriminalamtes...	2387
208 Verfahren betreffend staatsgefährdende Schriften.....................................	2387
209 Verfahren wegen Verunglimpfung und Beleidigung oberster Staatsorgane......	2388
210 Verfahren wegen Handlungen gegen ausländische Staaten (§§ 102 bis 104a StGB)..	2389
211 Anhörung und Unterrichtung oberster Staatsorgane.................................	2389
212 Verfahren bei weiteren Ermächtigungsdelikten.......................................	2390
213 Geheimhaltung..	2390
214 Verlust oder Preisgabe von Verschlußsachen...	2391

2. Geld- und Wertzeichenfälschung

215 Internationale Abkommen..	2391
216 Zusammenwirken mit anderen Stellen...	2391
217 Nachrichtensammel- und Auswertungsstelle bei dem Bundeskriminalamt.....	2391
218 Verbindung mehrerer Verfahren...	2392
219 Unterrichtung und Ausschluß der Öffentlichkeit....................................	2392

3. Sexualstraftaten

220 Rücksichtnahme auf Verletzte...	2392
221 Beschleunigung in Verfahren mit kindlichen Opfern...............................	2392
222 Vernehmung von Kindern, Ausschluß und Beschränkung der Öffentlichkeit..	2393

4. Bekämpfung gewaltdarstellender, pornographischer und sonstiger jugendgefährdender Schriften

223 Zentralstellen der Länder...	2393
224 Mehrere Strafverfahren..	2393
225 Verwahrung beschlagnahmter Schriften...	2394
226 Veröffentlichung von Entscheidungen...	2394
227 Unterrichtung des Bundeskriminalamts...	2394
228 Unterrichtung der Bundesprüfstelle für jugendgefährdende Medien............	2394

5. Beleidigung

229 Erhebung der öffentlichen Klage...	2394
230 Wahrheitsbeweis...	2395
231 Öffentliche Bekanntgabe der Verurteilung...	2395
232 Beleidigung von Justizangehörigen..	2395

6. Körperverletzung

233 Erhebung der öffentlichen Klage...	2395
234 Besonderes öffentliches Interesse an der Strafverfolgung (§ 230 Abs. 1 StGB) ..	2395
235 Kindesmißhandlung..	2396

7. Betrug

236 Schwindelunternehmen, Vermittlungsschwindel	2396
237 Abzahlungsgeschäfte	2396
238 Betrügerische Bankgeschäfte	2397

8. Mietwucher

239	2397

9. Glücksspiel und Ausspielung

240 Glücksspiel	2397
241 Öffentliche Lotterien und Ausspielungen	2397

10. Straftaten gegen den Wettbewerb

242	2397
242a Besonderes öffentliches Interesse an der Strafverfolgung (§ 301 Abs. 1, §§ 299, 300 StGB)	2398

11. Straßenverkehr

243 Verkehrsstraftaten, Körperverletzungen im Straßenverkehr	2398
244 Internationale Abkommen	2398

12. Bahnenverkehr, Schiffahrt und Luftfahrt

245 Transportgefährdung	2398
246 Unfälle beim Betrieb von Eisenbahnen	2399
247 Schiffahrts- und Luftverkehrssachen	2399

13. Förderung der Prostitution, Menschenhandel und Zuhälterei

248 [Förderung der Prostitution, Menschenhandel und Zuhälterei]	2400

14. Pressestrafsachen

249 Allgemeines	2400
250 Einheitliche Bearbeitung verschiedener, dieselbe Druckschrift betreffender Verfahren	2401
251 Vollstreckung einer Beschlagnahmeanordnung	2401
252 Aufhebung der Beschlagnahme	2402
253 Einziehung, Unbrauchbarmachung und Ablieferung	2402
254 Sachverständige in Presseangelegenheiten	2402

II. Abschnitt Strafvorschriften des Nebenstrafrechts

A. Allgemeines

255 [Allgemeines]	2402

B. Einzelne Strafvorschriften

1. Waffen- und Sprengstoffsachen

256 [Waffen- und Sprengstoffsachen]	2402

2. Straftaten nach dem Betäubungsmittelgesetz

257 [Straftaten nach dem Betäubungsmittelgesetz]	2403

3. Arbeitsschutz

258 [Schutze der Arbeitskraft und der Gesundheit der Arbeitnehmer]	2403
259 Schutz des Arbeitsmarktes	2404

Inhalt

4. Unlauterer Wettbewerb

260 Öffentliches Interesse an der Strafverfolgung	2404
260a Besonderes öffentliches Interesse an der Strafverfolgung	2404
260b Geheimhaltung von Geschäfts- oder Betriebsgeheimnissen	2404
260c Auskünfte	2404

5. Straftaten nach den Gesetzen zum Schutze des geistigen Eigentums

261 Öffentliches Interesse an der Strafverfolgung	2405
261a Besonderes öffentliches Interesse an der Strafverfolgung	2405
261b Öffentliche Bekanntmachung der Verurteilung	2405

6. Verstöße gegen das Lebensmittelrecht

262 [Verstöße gegen das Lebensmittelrecht]	2405

7. Verstöße gegen das Weingesetz

263 [Verstöße gegen das Weingesetz]	2406

8. Verstöße gegen das Futtermittelgesetz

264 [Verstöße gegen das LFGB]	2406

9. Verstöße gegen das Außenwirtschaftsgesetz

265 [Verstöße gegen das Außenwirtschaftsgesetz]

10. Verstöße gegen die Steuergesetze (einschließlich der Gesetze über Eingangsabgaben)

266 Zusammenwirken mit den Finanzbehörden	2406
267 Zuständigkeit	2406

11. Umweltschutz

268 Umwelt und Tierschutz	2407

Richtlinien für das Bußgeldverfahren

I. Abschnitt. Zuständigkeit

269 Abgrenzung der Zuständigkeit zwischen Staatsanwaltschaft und Verwaltungsbehörde	2408
270 Zuständigkeit der Staatsanwaltschaft im vorbereitenden Verfahren	2408
271 Zuständigkeit der Staatsanwaltschaft im gerichtlichen Verfahren	2408

II. Abschnitt. Zusammenarbeit der Staatsanwaltschaft mit den Verwaltungsbehörden

272	2409

III. Abschnitt. Einbeziehung von Ordnungswidrigkeiten in das vorbereitende Verfahren wegen einer Straftat

1. Berücksichtigung des rechtlichen Gesichtspunktes einer Ordnungswidrigkeit

273 Umfang der Ermittlungen	2409
274 Unterbrechung der Verjährung	2410
275 Einstellung des Verfahrens wegen der Ordnungswidrigkeit	2410
276 Einstellung des Verfahrens nur wegen der Straftat	2411

2. Übernahme der Verfolgung einer Ordnungswidrigkeit

277 Übernahme	2411
278 Verfahren nach Übernahme	2411
279 Einstellung des Verfahrens nur wegen der Straftat	2411

IV. Abschnitt. Erstreckung der öffentlichen Klage auf die Ordnungswidrigkeit

280	2412

V. Abschnitt. Verfahren nach Einspruch gegen den Bußgeldbescheid

281 Prüfung der Zulässigkeit des Einspruchs; Wiedereinsetzung in den vorigen Stand	2412
282 Prüfung des Vorwurfs	2412
283 Zustimmung zur Rückgabe der Sache an die Verwaltungsbehörde	2413
284 Stellungnahme des Staatsanwalts bei Vorlage	2413
285 Hauptverhandlung	2413
286 Umfang der Sachaufklärung	2413
287 Teilnahme an der Hauptverhandlung	2413
288 Beteiligung der Verwaltungsbehörde	2414
289 Rücknahme der Klage	2414
290 Übergang vom Bußgeld- zum Strafverfahren	2414

VI. Abschnitt. Rechtsbeschwerdeverfahren

291 Rechtsbeschwerde und Antrag auf deren Zulassung	2414
292 Vorsorgliche Einlegung	2414
293 Verfahren nach Einlegung	2415

VII. Abschnitt. Bußgelderkenntnis im Strafverfahren

294	2415

VIII. Abschnitt. Entschädigung für Verfolgungsmaßnahmen

295	2415

IX. Abschnitt. Akteneinsicht

296	2415

X. Abschnitt. Einholung der Entscheidung des Bundesverfassungsgerichts

297	2415

XI. Abschnitt. Bußgeldsachen gegen Mitglieder der gesetzgebenden Körperschaften

298	2415

Inhalt

XII. Abschnitt. Behandlung der von der deutschen Gerichtsbarkeit befreiten Personen

299 2416

XIII. Abschnitt. Rechtshilfeverkehr mit dem Ausland

300 2416

Anlagen zu den Richtlinien für das Strafverfahren: [hier nicht wiedergegeben]

II. Formulare

Ladung § 133 StPO	2417
Beiordnung Zeugenbeistand nach § 68b StPO	2418
Beugehaftbeschluss nach § 70 Abs. 2 StPO	2419
Ordnungsgeldbeschluss nach § 70 Abs. 1 StPO	2420
Protokoll der Beschuldigtenvernehmung nach § 136 StPO	2421
Vorführungsbefehl nach § 133 StPO	2422
Vorführungsbefehl nach § 134 Abs. 1 StPO	2423
Beschlagnahmebeschluss	2424
Beschluss § 81g StPO	2425
Beschluss DNA	2426
Beschluss körperliche Untersuchung	2427
Beschluss körperliche Untersuchung Zeuge	2428
Beschluss körperliche Untersuchung Zwang	2429
Belehrung Strafaussetzung	2430
StA-Verfügung Strafbefehl	2431
Strafbefehl § 408a StPO	2432
Strafbefehl § 409 StPO	2434
Beerdigungsschein § 159 Abs. 2 StPO	2436
Beschuldigtenvernehmung	2437
Zeugenvernehmung	2438
E-Mail-Beschlagnahme	2439
Sicherungshaftbefehl	2441
Quellen-TKÜ	2442
Stichwortverzeichnis	2445

Literaturverzeichnis

Achterberg/Püttner/
Würtenberger.................. Achterberg/Püttner/Würtenberger, Besonderes Verwaltungsrecht, 2. Aufl. 2000.
Arzt/Weber..................... Strafrecht, Besonderer Teil, 2. Auflage 2009.
Baumann/Weber/Mitsch...... Strafrecht, Allgemeiner Teil, 11. Auflage 2003.
Bruns .... Das Recht der Strafzumessung, 2. Auflage 1993.
Calliess/Müller-Dietz .... Strafvollzugsgesetz, 11. Auflage 2008.
Dölling/Duttge/Rössner ...... Handkommentar zum gesamten Strafrecht, 1. Auflage 2008.
Ebert .... Strafrecht, Allgemeiner Teil, 4. Auflage 2007.
Eisenberg .... Jugendgerichtsgesetz, 13. Auflage 2009.
Erbs/Kohlhaas.................. Strafrechtliche Nebengesetze, Kommentar, Loseblatt.
Fischer .... Strafgesetzbuch und Nebengesetze, 56. Auflage 2009.
Freund .... Strafrecht Allgemeiner Teil, 2. Auflage 2008.
Göhler .... Gesetz über Ordnungswidrigkeiten, 15. Auflage 2009.
Gropp........................... Strafrecht Allgemeiner Teil, 3. Auflage 2005.
Haft .... Strafrecht Allgemeiner Teil, 9. Auflage 2004.
Haft .... Strafrecht Besonderer Teil II, 8. Auflage 2005.
Haft/Hilgendorf .... Strafrecht. Besonderer Teil I, 9. Auflage 2009.
Hannich .... Karlsruher Kommentar zur Strafprozessordnung und zum Gerichtsverfassungsgesetz mit Einführungsgesetz, 6. Auflage 2008.
Heghmanns/Scheffler .... Handbuch zum Strafverfahren, 1. Auflage 2008.
Hentschel .... Straßenverkehrsrecht, 40. Auflage 2009.
Hentschel .... Trunkenheit, Fahrerlaubnisentziehung, Fahrverbot, 10. Auflage 2006.
Hirsch/Nirk/Wolf .... Kommentierte BGH-Rechtsprechung, Lindenmaier-Möhring, 2005.
Hohmann/Sander.............. Strafrecht Besonderer Teil I, 2. Auflage 2000.
Hohmann/Sander.............. Strafrecht Besonderer Teil II, 2000.
Isak/Wagner .... Strafvollstreckung, 7. Auflage 2004 (s. Wetterich/Hamann).
Jagow/Burmann/Heß .... Straßenverkehrsrecht, 20. Auflage 2008.
Jähnke/Laufhütte/Odersky ... Strafgesetzbuch (Leipziger Kommentar), 11. Auflage 2006.
Jakobs .... Strafrecht Allgemeiner Teil, 2. Auflage 1993.
Janiszewski..................... Verkehrsstrafrecht, 5. Auflage 2004.
Jescheck/Weigend............. Lehrbuch des Strafrechts, Allgemeiner Teil, 5. Auflage 1996.
Joecks........................... StGB, Studienkommentar, 8. Auflage 2009.
Joecks/Miebach .... Münchner Kommentar zum Strafgesetzbuch, mehrbändig, 2003 ff.
Kindhäuser..................... Strafgesetzbuch, Lehr- und Praxiskommentar, 4. Auflage 2009.
Kindhäuser..................... Strafrecht Besonderer Teil I, 4. Auflage 2009.
Kindhäuser..................... Strafrecht Besonderer Teil II, 5. Auflage 2008.
Kindhäuser..................... Strafrecht, AT, 4. Auflage 2009.
Kindhäuser/Neumann/
Paeffgen........................ Nomos Kommentar zum Strafgesetzbuch, 2005.
Köhler.......................... Strafrecht Allgemeiner Teil, 1997.
Krekeler/Löffelmann.......... Anwaltskommentar StPO, 2007.
Krey............................ Deutsches Strafrecht, Allgemeiner Teil, Band 1, 3. Auflage 2008.
Krey/Heinrich .... Strafrecht, Besonderer Teil Band 1, 14. Auflage 2008.

Literaturverzeichnis

Krey/Hellmann	Strafrecht, Besonderer Teil Band 2, 15. Auflage 2008.
Kudlich	Strafrecht Allgemeiner Teil, 3. Auflage 2009.
Kudlich	Strafrecht Besonderer Teil I, 2. Auflage 2007.
Kudlich	Strafrecht Besonderer Teil II, 2. Auflage 2009.
Kühl	Strafrecht Allgemeiner Teil, 6. Auflage 2008.
Küper	Strafrecht Besonderer Teil, 7. Auflage 2008.
Lackner/Kühl	Strafgesetzbuch, 26. Auflage 2007.
Lemke/Julius/Krehl	Heidelberger Kommentar zur Strafprozessordnung, 4. Auflage 2001.
Löwe/Rosenberg/Rieß/ Wendisch/Gollwitzer/Gössel	Die Strafprozeßordnung und das Gerichtsverfassungsgesetz mit Nebengesetzen, Großkommentar, 26. Auflage 2007 ff.
Maurach/Gössel/Zipf	Strafrecht Allgemeiner Teil, Teilband 2, 8. Auflage 2008.
Maurach/Schroeder/Maiwald	Strafrecht, Besonderer Teilband 1, 9. Auflage 2003.
Maurach/Schroeder/Maiwald	Strafrecht, Besonderer Teilband 2, 9. Auflage 2005.
Maurach/Zipf	Strafrecht Allgemeiner Teil, Teilband 1, 8. Auflage 1992.
Meyer-Goßner	Strafprozessordnung, 52. Auflage 2009.
Mitsch	Strafrecht, Besonderer Teil II Teilband 1, 2. Auflage 2003.
Mitsch	Strafrecht, Besonderer Teil II Teilband 2, 2001.
Mühlhaus/Janiszewski	Straßenverkehrsordnung mit Erläuterungen, 16. Auflage 2002.
Müller/Wabnitz/Janovsky	Wirtschaftskriminalität, 4. Auflage 1997.
Oehler	Internationales Strafrecht, 2. Auflage 1983.
Otto	Grundkurs Strafrecht, AT Allgemeine Strafrechtslehre, 7. Auflage 2004.
Otto	Grundkurs Strafrecht, BT Die einzelnen Delikte, 7. Auflage 2005.
Palandt/Bassenge/ Brudermüller/Diederichsen/ Edenhofer/Grüneberg/ Heinrichs/Heldrich/Sprau/ Putzo/Weidenkaff	Kommentar zum Bürgerlichen Gesetzbuch, 68. Auflage 2009.
Pfeiffer	Strafprozessordnung und Gerichtsverfassungsgesetz, 5. Auflage 2005.
Pötz/Kreß	Internationaler Rechtshilfeverkehr in Strafsachen, Loseblatt.
Rengier	Strafrecht, Besonderer Teil I, 11. Auflage 2009.
Rengier	Strafrecht, Besonderer Teil II, 10. Auflage 2009.
Roxin	Strafrecht, Allgemeiner Teil, Band I, 4. Auflage 2006.
Roxin	Strafrecht, Allgemeiner Teil, Band II, 2003.
Roxin	Täterschaft und Tatherrschaft, 8. Auflage 2006.
Rudolphi/Frisch/Rogall ua	Systematischer Kommentar zur Strafprozeßordnung und zum Gerichtsverfassungsgesetz, 2007.
Rudolphi/Horn/Samson	Systematischer Kommentar zum Strafgesetzbuch, 2007.
Saage/Göppinger	Freiheitsentziehung und Unterbringung, Kommentar (in Neuauflage jetzt unter Hrsg. Marschner/Volckart erschienen), 4. Auflage 2001.
Sarstedt/Hamm	Die Revision in Strafsachen, 6. Auflage 1998.
Schöch/Satzger/Schäfer	Strafverteidigung, Revision und die gesamten Strafrechtswissenschaften, Festschrift für Gunter Widmaier, 2008.
Schönke/Schröder	Strafgesetzbuch, Kommentar, bearbeitet von Lenckner/Eisele/ Eser/Heine/Perron/Schittenhelm/Stree/Sternberg-Lieben, 27. Auflage 2006.
Senge	Karlsruher Kommentar, Ordnungswidrigkeitengesetz, 3. Auflage 2006.

Literaturverzeichnis

Stratenwerth/Kuhlen .... Strafrecht, Allgemeiner Teil, Band I, 5. Auflage 2004.
v. Heintschel-Heinegg/Stöckel KMR – Kommentar zur Strafprozessordnung, Loseblatt.
Wassermann..................... Kommentar zum Strafgesetzbuch, 1986/1990.
Weiner/Ferber .... Handbuch des Adhäsionsverfahrens, 1. Auflage 2008.
Wessels/Beulke .... Strafrecht Allgemeiner Teil, 39. Auflage 2009.
Wessels/Hettinger .... Strafrecht Besonderer Teil/1, 33. Auflage 2009.
Wessels/Hillenkamp .... Strafrecht Besonderer Teil/2, 32. Auflage 2009.
Wetterich/Hamann .... Strafvollstreckung (in Neuauflage erschienen unter Hrsg. Isak/Wagner).

Abgekürzt zitierte Literatur

AK	Wassermann, Kommentar zum Strafgesetzbuch, 1986/1990.
AnwK-StPO	Krekeler/Löffelmann, Anwaltskommentar StPO, 1. Auflage 2007.
Arzt/Weber	Arzt/Weber, Strafrecht, Besonderer Teil, 2. Auflage 2009.
B/W/M	Baumann/Weber/Mitsch, Strafrecht, Allgemeiner Teil, 11. Auflage 2003.
Bruns	Bruns, Das Recht der Strafzumessung, 2. Auflage 1993.
C/M-D	Calliess/Müller-Dietz, Strafvollzugsgesetz, 11. Auflage 2008.
Ebert	Ebert, Strafrecht, Allgemeiner Teil, 4. Auflage 2007.
Eisenberg JGG	Eisenberg, Jugendgerichtsgesetz, 13. Auflage 2009.
Erbs/Kohlhaas	Erbs/Kohlhaas, Strafrechtliche Nebengesetze, Kommentar, Loseblatt.
Fischer	Fischer, Strafgesetzbuch und Nebengesetze, 56. Auflage 2009.
Freund AT	Freund, Strafrecht Allgemeiner Teil, 2. Auflage 2008.
FS Widmaier	Schöch/Satzger/Schäfer, Strafverteidigung, Revision und die gesamten Strafrechtswissenschaften, Festschrift für Gunter Widmaier, 2008.
G/P/W	Pötz/Kreß, Internationaler Rechtshilfeverkehr in Strafsachen, Loseblatt.
Göhler	Göhler, Gesetz über Ordnungswidrigkeiten, 15. Auflage 2009.
Gropp	Gropp, Strafrecht Allgemeiner Teil, 3. Auflage 2005.
Haft AT	Haft, Strafrecht Allgemeiner Teil, 9. Auflage 2004.
Haft BT	Haft, Strafrecht Besonderer Teil II, 8. Auflage 2005.
Haft/Hilgendorf BT I	Haft/Hilgendorf, Strafrecht. Besonderer Teil I, 9. Auflage 2009.
HdA	Weiner/Ferber, Handbuch des Adhäsionsverfahrens, 1. Auflage 2008.
Hdb-StV	Heghmanns/Scheffler, Handbuch zum Strafverfahren, 1. Auflage 2008.
Hentschel	Hentschel, Straßenverkehrsrecht, 40. Auflage 2009.
Hentschel, Trunkenheit	Hentschel, Trunkenheit, Fahrerlaubnisentziehung, Fahrverbot, 10. Auflage 2006.
HK-GS	Dölling/Duttge/Rössner, Handkommentar zum gesamten Strafrecht, 1. Auflage 2008.
HK-StPO	Lemke/Julius/Krehl, Heidelberger Kommentar zur Strafprozessordnung, 4. Auflage 2009.
Hohmann/Sander BT/I	Hohmann/Sander, Strafrecht Besonderer Teil I, 2. Auflage 2000.
Hohmann/Sander BT/II	Hohmann/Sander, Strafrecht Besonderer Teil II, 2000.
Isak/Wagner	Isak/Wagner, Strafvollstreckung, 7. Auflage 2004 (s. Wetterich/Hamann).
J/B/H	Jagow/Burmann/Heß, Straßenverkehrsrecht, 20. Auflage 2008.
Jakobs	Jakobs, Strafrecht Allgemeiner Teil, 2. Auflage 1993.
Janiszewski	Janiszewski, Verkehrsstrafrecht, 5. Auflage 2004.
Jescheck/Weigend	Jescheck/Weigend, Lehrbuch des Strafrechts, Allgemeiner Teil, 5. Auflage 1996.
Joecks	Joecks, StGB, Studienkommentar, 8. Auflage 2009.
Kindhäuser AT	Kindhäuser, Strafrecht, AT, 4. Auflage 2009.
Kindhäuser BT/I	Kindhäuser, Strafrecht Besonderer Teil I, 4. Auflage 2009.
Kindhäuser BT/II	Kindhäuser, Strafrecht Besonderer Teil II, 5. Auflage 2008.

Abgekürzt zitierte Literatur

Kindhäuser StGB	Kindhäuser, Strafgesetzbuch, Lehr- und Praxiskommentar, 4. Auflage 2009.
KK-OWiG	Senge, Karlsruher Kommentar, Ordnungswidrigkeitengesetz, 3. Auflage 2006.
KK-StPO	Hannich, Karlsruher Kommentar zur Strafprozessordnung und zum Gerichtsverfassungsgesetz mit Einführungsgesetz, 6. Auflage 2008.
KMR	v. Heintschel-Heinegg/Stöckel, KMR - Kommentar zur Strafprozessordnung, Loseblatt.
Köhler AT	Köhler, Strafrecht Allgemeiner Teil, 1997.
Krey AT	Krey, Deutsches Strafrecht, Allgemeiner Teil, Band 1, 3. Auflage 2008.
Krey/Heinrich BT/1	Krey/Heinrich, Strafrecht, Besonderer Teil Band 1, 14. Auflage 2008.
Krey/Hellmann BT/2	Krey/Hellmann, Strafrecht, Besonderer Teil Band 2, 15. Auflage 2008.
Kudlich AT	Kudlich, Strafrecht Allgemeiner Teil, 3. Auflage 2009.
Kudlich BT/I	Kudlich Strafrecht Besonderer Teil I, 2. Auflage 2007.
Kudlich BT/II	Kudlich Strafrecht Besonderer Teil II, 2. Auflage 2009.
Kühl	Kühl, Strafrecht Allgemeiner Teil, 6. Auflage 2008.
Küper	Küper, Strafrecht Besonderer Teil, 7. Auflage 2008.
Lackner/Kühl	Lackner/Kühl, Strafgesetzbuch, 26. Auflage 2007.
LK-StGB	Jähnke/Laufhütte/Odersky, Strafgesetzbuch (Leipziger Kommentar), 11. Auflage 2006.
LMK	Hirsch/Nirk/Wolf, Kommentierte BGH-Rechtsprechung, Lindenmaier-Möhring, 2005.
Löwe/Rosenberg	Löwe/Rosenberg/Rieß/Wendisch/Gollwitzer/Gössel, Die Strafprozeßordnung und das Gerichtsverfassungsgesetz mit Nebengesetzen, Großkommentar, 26. Auflage 2007 ff.
M/G/Z	Maurach/Gössel/Zipf, Strafrecht Allgemeiner Teil, Teilband 2, 8. Auflage 2008.
M/S/M BT/1	Maurach/Schroeder/Maiwald, Strafrecht, Besonderer Teilband 1, 9. Auflage 2003.
M/S/M BT/2	Maurach/Schroeder/Maiwald, Strafrecht, Besonderer Teilband 2, 9. Auflage 2005.
M/W/J	Müller/Wabnitz/Janovsky, Wirtschaftskriminalität, 4. Auflage 1997.
Marschner/Volckart	Marschner/Volckart/Saage/Göppinger, Freiheitsentziehung und Unterbringung, Kommentar, 4. Auflage 2001.
Maurach/Zipf	Maurach/Zipf, Strafrecht Allgemeiner Teil, Teilband 1, 8. Auflage 1992.
Meyer-Goßner	Meyer-Goßner, Strafprozessordnung, 52. Auflage 2009.
Mitsch BT II/1	Mitsch, Strafrecht, Besonderer Teil II Teilband 1, 2. Auflage 2003.
Mitsch BT II/2	Mitsch, Strafrecht, Besonderer Teil II Teilband 2, 2001.
Mülhaus/Janiszewski	Mühlhaus/Janiszewski, Straßenverkehrsordnung mit Erläuterungen, 16. Auflage 2002.
MünchKommStGB	Joecks/Miebach, Münchner Kommentar zum Strafgesetzbuch, mehrbändig, 2003 ff.
NK-StGB	Kindhäuser/Neumann/Paeffgen, Nomos Kommentar zum Strafgesetzbuch, 2005.
Oehler	Oehler, Internationales Strafrecht, 2. Auflage 1983.
Otto AT	Otto, Grundkurs Strafrecht, AT Allgemeine Strafrechtslehre, 7. Auflage 2004.

Abgekürzt zitierte Literatur

Otto BT	Otto, Grundkurs Strafrecht, BT Die einzelnen Delikte, 7. Auflage 2005.
Palandt	Palandt/Bassenge/Brudermüller/Diederichsen/Edenhofer/Grüneberg/Heinrichs/Heldrich/Sprau/Putzo/Weidenkaff, Kommentar zum Bürgerlichen Gesetzbuch, 68. Auflage 2009.
Pfeiffer	Pfeiffer, Strafprozessordnung und Gerichtsverfassungsgesetz, 5. Auflage 2005.
Rengier BT/2	Rengier, Strafrecht, Besonderer Teil II, 10. Auflage 2009.
Rengier BT/I	Rengier, Strafrecht, Besonderer Teil I, 11. Auflage 2009.
Roxin	Roxin, Täterschaft und Tatherrschaft, 8. Auflage 2006.
Roxin AT/I	Roxin, Strafrecht, Allgemeiner Teil, Band I, 4. Auflage 2006.
Roxin AT/II	Roxin, Strafrecht, Allgemeiner Teil, Band II, 2003.
Saage	Saage/ Göppinger, Freiheitsentziehung und Unterbringung, Kommentar (in Neuauflage jetzt unter Hrsg. Marschner/Volckart erschienen), 4. Auflage 2001.
Sarstedt/Hamm	Sarstedt/Hamm, Die Revision in Strafsachen, 6. Auflage 1998.
Schönke/Schröder	Schönke/Schröder, Strafgesetzbuch, Kommentar, bearbeitet von Lenckner/ Eisele/ Eser/ Heine/ Perron/ Schittenhelm/ Stree/ Sternberg-Lieben, 27. Auflage 2006.
SK-StGB	Rudolphi/Horn/Samson, Systematischer Kommentar zum Strafgesetzbuch, 2007.
SK-StPO	Rudolphi/Frisch/Rogall ua, Systematischer Kommentar zur Strafprozeßordnung und zum Gerichtsverfassungsgesetz, 2007.
Stratenwerth/Kuhlen	Stratenwerth/Kuhlen, Strafrecht, Allgemeiner Teil, Band I, 5. Auflage 2004.
Wessels/Beulke	Wessels/Beulke, Strafrecht Allgemeiner Teil, 39. Auflage 2009.
Wessels/Hettinger	Wessels/Hettinger, Strafrecht Besonderer Teil/1, 33. Auflage 2009.
Wessels/Hillenkamp	Wessels/Hillenkamp, Strafrecht Besonderer Teil/2, 32. Auflage 2009.
Wetterich/ Hamann	Wetterich/ Hamann, Strafvollstreckung (in Neuauflage erschienen unter Hrsg. Isak/Wagner).

Abkürzungsverzeichnis

aA	anderer Ansicht
aaO	am angegebenen Ort
AAV	Arbeitsaufenthalteverordnung
ABA	Arbeit, Beruf und Arbeitslosenhilfe
AbfG	Gesetz über die Vermeidung und Entsorgung von Abfällen
ABGB	Österr Allgemeines Bürgerliches Gesetzbuch
A/N/M	Absberg/Nüse/Meyer
abgedr	abgedruckt
AbgG	Gesctz über die Rechtsverhältnisse der Mitglieder des Deutschen Bundestags (Abgeordnetengesetz)
Abk	Abkommen
ABl	Amtsblatt
Abh	Abhandlung
Abk	Abkommen
abl	ablehnend
ABl	Amtsblatt; Amtsblatt der Europäischen Gemeinschaften
Abs	Absatz
Abschn	Abschnitt
ABSpB	Allgemeine Bausparbedingungen
Abt	Abteilung
abw	abweichend
AbwAg	Abwasserabgabengesetz
AcP	Archiv für die civilistische Praxis (Zeitschrift; zitiert nach Band und Seite; in Klammer Erscheinungsjahr des jeweiligen Bandes)
ADB	Allgemeine Deutsche Binnen-Transportbedingungen von 1963
ADG	Antidiskriminierungsgesetz
ADHGB	Allgemeines Deutsches Handelsgesetzbuch von 1861
ADS	Allgemeine Deutsche Seeversicherungsbedingungen – Besondere Bestimmungen für die Güterversicherung 1973/1984
ADSp	Allgemeine Deutsche Spediteur-Bedingungen
AdVermiG	Adoptionsvermittlungsgesetz
aE	am Ende
AEAO	Anwendungserlass zur Abgabenordnung
AEG	Allgemeines Eisenbahngesetz
ÄndG	Änderungsgesetz
AERB	Allgemeine Bedingungen für die Einbruchdiebstahl- und Raubversicherung
Ärztl Lab	Das Ärztliche Laboratorium (Zeitschrift)
ÄrztMitt	Ärztliche Mitteilungen
AEVO	Arbeitserlaubnisverordnung
aF	alte(r) Fassung
AfA	Absetzung für Abnutzungen
AFB	Allgemeine Feuerversicherungsbedingungen
AFG	Arbeitsförderungsgesetz
AFKG	Arbeitsförderungs-Konsolidierungsgesetz
AfP	Archiv für Presserecht (Zeitschrift)
AFWoG	Gesetz zum Abbau der Fehlsubventionierung und Mietverzerrung im Wohnungswesen
AG	Aktiengesellschaft; Die Aktiengesellschaft (Zeitschrift); Amtsgericht (mit Ortsnamen); Ausführungsgesetz
Ag	Antragsgegner(in)
AGB	Allgemeine Geschäftsbedingungen
AGBG	Gesetz zur Regelung des Rechts der Allgemeinen Geschäftsbedingungen, aufgehoben
AGBGB	Ausführungsgesetz zum BGB (Landesrecht)
AGBSpK	Allgemeine Geschäftsbedingungen der Sparkassen
AgrarR	Agrarrecht, Zeitschrift für das gesamte Recht der Landwirtschaft, der Agrarmärkte und des ländlichen Raumes
AGS	Anwaltsgebühren Spezial
AHB	Allgemeine Versicherungsbedingungen für die Haftpflichtversicherung
AHG	Gesetz über Altschuldenhilfen für kommunale Wohnungsunternehmen, Wohnungsgenossenschaften und private Vermieter in dem in

Abkürzungsverzeichnis

	Artikel 3 des Einigungsvertrages genannten Gebiet (Altschuldenhilfe-Gesetz)
AHGB	Allgemeines Handelsgesetzbuch
AHRS	Arzthaftpflicht-Rechtsprechung
AiB	Arbeitsrecht im Betrieb (Zeitschrift)
AIFO	Aids-Forschung
AIG	Auslandsinvestitionsgesetz
AIZ	Allgemeine Immobilien-Zeitung
Akad d Wiss	Akademie der Wissenschaften
AKB	Allgemeine Bedingungen für die Kraftfahrtversicherung
AkDR	Akademie für Deutsches Recht
AktG	Aktiengesetz
ALG	Gesetz über die Alterssicherung der Landwirte
AlhiV	Arbeitslosenhilfe-Verordnung
allg	allgemein
allgM	allgemeine Meinung
ALR	Allgemeines Landrecht für die Preußischen Staaten von 1794 (zitiert nach §, Teil und Titel)
Alt	Alternative
aM	anderer Meinung
AMG	Arzneimittelgesetz
AMRK	Amerikanische Menschenrechtskonvention
amtl	amtlich
Amtl Begr	Amtliche Begründung
ANBA	Amtliche Nachrichten der Bundesanstalt für Arbeit
ÄndG	Gesetz zur Änderung
AnfG	Anfechtungsgesetz
Angekl	Angeklagte(r)
AnglG	Gesetz zur Angleichung der Bestandsrenten an das Nettorentenniveau der BRD und zu weiteren rentenrechtlichen Regelungen
Anh	Anhang
Anm	Anmerkung
AnnSächsOLG	Annalen des Sächsischen OLG Dresden
AnVNG	Gesetz zur Neuregelung des Rechts der Rentenversicherung der Angestellten
AnwBl	Anwaltsblatt (Zeitschrift)
AnwG	Anwaltsgericht
AnwGH	Anwaltsgerichtshof
AnwZV	Anwartschaftszeiten-Verordnung
AO	Abgabenordnung
AöR	Archiv des öffentlichen Rechts (Zeitschrift)
AP	Arbeitsrechtliche Praxis, Nachschlagewerk des Bundesarbeitsgerichts (Nr. ohne Gesetzesstelle bezieht sich auf den gerade kommentierten Paragraphen)
ApG	Gesetz über das Apothekenwesen
AppOA	Approbationsordnung für Apotheker
AppOÄ	Approbationsordnung für Ärzte
ARB	Allgemeine Reisebedingungen, AGB-Empfehlungen des Deutschen Reisebüro-Verband eV
ArbG	Arbeitsgericht (mit Ortsnamen)
ArbGeb	Der Arbeitgeber (Zeitschrift)
ArbGG	Arbeitsgerichtsgesetz
ArbKrankhG	Gesetz zur Verbesserung der wirtschaftlichen Stellung der Arbeiter im Krankheitsfalle
AR-Blattei	Arbeitsrecht-Blattei, Handbuch für die Praxis
ArbMin	Arbeitsministerium
ArbnErfG	Gesetz über Arbeitnehmererfindungen
ArbPlSchG	Gesetz über den Schutz des Arbeitsplatzes bei Einberufung zum Wehrdienst (Arbeitsplatzschutzgesetz)
ArbR	Arbeitsrecht
ArbRGeg	Das Arbeitsrecht der Gegenwart (Jahrbuch)
ArbRspr	Die Rechtsprechung in Arbeitssachen (Entscheidungssammlung)
ArbSG	Gesetz zur Sicherstellung von Arbeitsleistungen für Zwecke der Verteidigung einschließlich des Schutzes der Zivilbevölkerung (Arbeitssicherstellungsgesetz)
ArbuR	Arbeit und Recht (Zeitschrift)
ArbVers	Die Abeiterversorgung

Abkürzungsverzeichnis

ArbZG	Arbeitszeitgesetz
Arch	Archiv
ArchBürgR	Archiv für Bürgerliches Recht (Zeitschrift)
ArchKommWiss	Archiv für Kommunalwissenschaften (Zeitschrift)
ArchLR	Archiv für Luftrecht (Zeitschrift)
ArchPF	Archiv für das Post- und Fernmeldewesen (Zeitschrift)
ArchPR	Archiv Presserechtlicher Entscheidungen
ArchPT	Archiv für Post und Telekommunikation
ArchRWPhil	Archiv für Rechts- und Wirtschaftsphilosophie (Zeitschrift)
ArchSozWiss	Archiv für Sozialwissenschaft und Sozialpolitik (Zeitschrift)
ArchVR	Archiv für Völkerrecht (Zeitschrift)
Arg	argumentum
ArGV	Verordnung über die Arbeitsgenehmigung für ausländische Arbeitnehmer (Arbeitsgenehmigungsverordnung)
ARS	Arbeitsrechts-Sammlung, Entscheidungen des Reichsarbeitsgerichts und der Landesarbeitsgerichte (1928–1944)
ARSP	Archiv für Rechts- und Sozialphilosophie (Zeitschrift; zitiert nach Band und Seite)
ARSt	Arbeitsrecht in Stichworten (Entscheidungssammlung)
Art	Artikel
ArVNG	Arbeiterrentenversicherungs-Neuregelungsgesetz
ArztR	Arztrecht
AS	Sammlung der eidgenössischen Gesetze
ASiG	Gesetz über die Betriebsärzte, Sicherheitsingenieure und andere Fachkräfte für Arbeitssicherheit – Arbeitssicherheitsgesetz
ASRG	Agrarsozialreformgesetz
Ast	Antragsteller(in)
AstBV (St)	Anweisungen für das Straf- und Bußgeldverfahren (Steuer)
AStG	Außensteuergesetz
AsylbLG	Asylbewerberleistungsgesetz
AsylVfG	Asylverfahrensgesetz
AT	Allgemeiner Teil
ATG	Altersteilzeitgesetz
AtG	Gesetz über die friedliche Verwendung der Kernenergie und den Schutz gegen ihre Gefahren (Atomgesetz)
AtVfO	Atomrechtliche Verfahrensverordnung
AtW	Die Atomwirtschaft, Zeitschrift für die wirtschaftlichen Fragen der Kernumwandlung
AuA	Arbeit und Arbeitsrecht (Zeitschrift)
AUB	Allgemeine Unfallversicherungs-Bedingungen
AuB	Arbeit und Beruf
AufenthG	Gesetz über den Aufenthalt, die Erwerbstätigkeit und die Integration von Ausländern im Bundesgebiet (Aufenthaltsgesetz)
Aufl	Auflage
AUG	Gesetz zur Geltendmachung von Unterhaltsansprüchen im Verkehr mit ausländischen Staaten (Auslandsunterhaltsgesetz)
AÜG	Arbeitnehmerüberlassungsgesetz
AuR	Arbeit und Recht, Zeitschrift für die Arbeitsrechtspraxis
ausf	ausführlich
AusfG	Ausführungsgesetz
AusfVO	Ausführungsverordnung
ausl	ausländisch
AuslPflVG	Gesetz über die Haftpflichtversicherung für ausländische Kraftfahrzeuge und Kraftfahrzeuganhänger
AV	Allgemeine Verfügung
AVA	Allgemeine Vertragsbestimmungen zum Einheitsarchitektenvertrag 1979
AVAG	Anerkennungs- und Vollstreckungsausführungsgesetz
AVAVG	Gesetz über Arbeitsvermittlung und Arbeitslosenversicherung
AVB	Allgemeine Versicherungsbedingungen; Allgemeine Vertragsbestimmungen
AVBEltV	Verordnung über allgemeine Bedingungen für die Elektrizitätsversorgung von Tarifkunden
AVermV	Arbeitsvermittlungsverordnung
AVG	Angestelltenversicherungsgesetz
AVO	Ausführungsverordnung
AVV	Allgemeine Verwaltungsvorschrift

Abkürzungsverzeichnis

AWD	Außenwirtschaftsdienst des Betriebsberaters (Zeitschrift, 4. 1958–20. 1974; vorher und anschließend RIW)
AWG	Außenwirtschaftsgesetz
AWV	Außenwirtschaftsverordnung
Az	Aktenzeichen
AZO	Arbeitszeitordnung
B	Bundes-
BA	Blutalkohol
BABl	Bundesarbeitsblatt (Zeitschrift)
Bad, bad	Baden, badisch
BadNotZ	Badische Notar-Zeitschrift
BadRpr	Badische Rechtspraxis
BÄO	Bundesärzteordnung
BAFin	Bundesanstalt für Finanzdienstleistungsaufsicht
BAföG	Bundesgesetz über individuelle Förderung der Ausbildung (Bundesausbildungsförderungsgesetz)
BAG	Bundesarbeitsgericht
BAGE	Entscheidungen des Bundesarbeitsgerichts
BankA	Bank-Archiv (Zeitschrift, 1. 1901–43. 1943; aufgegangen in Bankwirtschaft [1943–1945])
bank und markt	bank und markt (Zeitschrift)
BAnz	Bundesanzeiger
BArchG	Bundesarchivgesetz
BAT	Bundes-Angestellten-Tarifvertrag
BAufsAG	Gesetz über die Errichtung eines Bundesaufsichtsamtes für das Versicherungs- und Bausparwesen
BauGB	Baugesetzbuch
BauGBMaßnG	Maßnahmengesetz zum Baugesetzbuch
BauGO	Baugebührenordnung
BauHSichG	Bauhandwerkersicherungsgesetz
BauNVO	Verordnung über die bauliche Nutzung der Grundstücke
BauO	Bauordnung (der Länder)
BauPG	Bauproduktengesetz
BauR	Baurecht (Zeitschrift 1. 1970 ff)
BauSpkG	Gesetz über Bausparkassen
BAV	Bundesaufsichtsamt für das Versicherungswesen
Bay, bay	Bayern, bayerisch(e)
BayAGBGB	Bayerisches Ausführungsgesetz zum BGB
BayÄrzteBl	Bayerisches Ärzteblatt
BayBgm	Der Bayerische Bürgermeister
BayBS	Bereinigte Sammlung des bayerischen Landesrechts
BayBZ	Bayerische Beamtenzeitung
BayDGH	Bayerischer Dienstgerichtshof
BayDStH	Bayerischer Dienststrafhof
BayGZ	Bayerische Gemeindezeitung
BayJMBl	Bayerisches Justizministerialblatt
BayMABl	Ministerialamtsblatt der bayerischen inneren Verwaltung
BayNotZ	Bayerische Notariats-Zeitung und Zeitschrift für die freiwillige Rechtspflege der Gerichte in Bayern
BayObLG	Bayerisches Oberstes Landesgericht
BayObLGZ	Amtliche Sammlung von Entscheidungen des Bayerischen Obersten Landesgerichts in Zivilsachen
BayObLGSt	Amtliche Sammlung von Entscheidungen des Bayerischen Obersten Landesgerichts in Strafsachen
BayRpflZ	Zeitschrift für Rechtspflege in Bayern
BaySchlG	Bayerisches Schlichtungsgesetz
BayVBl	Bayerische Verwaltungsblätter (Zeitschrift)
BayVerfG	Bayerischer Verfassungsgerichtshof
BayVerfGE	Sammlung von Entscheidungen des Bayerischen Verfassungsgerichtshofes
BayVerfGH	Bayerischer Verfassungsgerichtshof
BayZ	Zeitschrift für Rechtspflege in Bayern
BB	Betriebs-Berater (Zeitschrift)
BBahnG	Bundesbahngesetz
BBankG	Gesetz über die Deutsche Bundesbank
BBauBl	Bundesbaublatt (Zeitschrift)

Abkürzungsverzeichnis

BBauG	Bundesbaugesetz
BBesG	Bundesbesoldungsgesetz
BBG	Bundesbeamtengesetz
Bbg, bbg	Brandenburg; brandenburgisch(e)
BBiG	Berufsbildungsgesetz
BBilRG	Bankbilanzrichtlinie-Gesetz
Bd (Bde)	Band (Bände)
BDA	Bundesvereinigung der Deutschen Arbeitgeberverbände
BDG	Bundesdisziplinargesetz
BDH	Bundesdisziplinarhof
BDHE	Slg. der Entscheidungen des BDH
BDiszG	Bundesdisziplinargericht
BDO	Bundesdisziplinarordnung
BDSG	Bundesdatenschutzgesetz
BeamtVG	Gesetz über die Versorgung der Beamten und Richter in Bund und Ländern (Beamtenversorgungsgesetz)
Bearb	Bearbeiter; Bearbeitung
bearb	bearbeitet
BeckRS	Rechtsprechungssammlung, aabrufbar in Beck-Online
BEG	Bundesgesetz zur Entschädigung für Opfer der nationalsozialistischen Verfolgung (Bundesentschädigungsgesetz)
Begr	Begründung
Beigel	Beigeladene(r)
Beih	Beiheft
Beil	Beilage
Bek	Bekanntmachung
Bekl, bekl	Beklagte(r), beklagte(r)
Bem	Bemerkung
ber	berichtigt
BerGer	Berufungsgericht
BerGesVR	Berichte der Deutschen Gesellschaft für Völkerrecht
BerGH	Berufsgerichtshof
BerHG	Gesetz über Rechtsberatung und Vertretung für Bürger mit geringem Einkommen (Beratungshilfegesetz)
BerlÄrzteBl	Berliner Ärzteblatt
BerlinFG	Berlinförderungsgesetz
BErzGG	Gesetz zum Erziehungsgeld und zur Elternzeit (Bundeserziehungsgeldgesetz)
bes	besonders
Besch	Beschuldigte(r)
BeschFG	Beschäftigungsförderungsgesetz
Beschl	Beschluss
BeschwGer	Beschwerdegericht
bestr	bestritten
Bet	Beteiligte(r)
betr	betreffend; betreffs
Betr	Betroffene(r)
BetrAV	Betriebliche Altersversorgung, Mitteilungsblatt der Arbeitsgemeinschaft für betriebliche Altersversorgung
BetrAVG	Gesetz zur Verbesserung der betrieblichen Altersversorgung
BetrVG	Betriebsverfassungsgesetz
BeurkG	Beurkundungsgesetz
BewG	Bewertungsgesetz
BewH	Bewährungshilfe
bez	bezüglich
BezG	Bezirksgericht
BezO	Bezirksordnung (der Länder)
BezWahlG	Bezirkswahlgesetz (der Länder)
Bf	Beschwerdeführer(in)
BfA	Bundesversicherungsanstalt für Angestellte
BfAI	Bundesstelle für Außenhandelsinformation
BFH	Bundesfinanzhof
BFHE	Sammlung der Entscheidungen und Gutachten des Bundesfinanzhofs
BFH/NV	Sammlung amtlich nicht veröffentlichter Entscheidungen des BFH
BFM	Bundesfinanzministerium
Bg	Beschwerdegegner(in)

Abkürzungsverzeichnis

BG	Die Berufsgenossenschaft; s. auch LBG
BGB	Bürgerliches Gesetzbuch
BGB-InfoV	Verordnung über Informations- und Nachweispflichten nach bürgerlichem Recht (BGB-Informationspflichtenverordnung)
BGBl I, II, III	Bundesgesetzblatt Teil I, Teil II, Teil III
BGE	s. SchweizBGE
BGH	Bundesgerichtshof
BGHR	Rechtsprechung des Bundesgerichtshofs (Band und Seite)
BGHSt	Entscheidungen des Bundesgerichtshofs in Strafsachen
BGHZ	Entscheidungen des Bundesgerichtshofs in Zivilsachen
BHO	Bundeshaushaltsordnung
BImSchG	Gesetz zum Schutz vor schädlichen Umwelteinwirkungen durch Luftverunreinigungen, Geräusche, Erschütterungen und ähnliche Vorgänge (Bundes-Immissionsschutzgesetz)
BImSchV	Bundes-Immissionsschutzverordnung
BinSchG	Gesetz betreffend die privatrechtlichen Verhältnisse der Binnenschiffahrt (Binnenschiffahrtsgesetz)
BJagdG	Bundesjagdgesetz
BKA	Bundeskriminalamt
BKartA	Bundeskartellamt
BKGG	Bundeskindergeldgesetz
BKK	Die Betriebskrankenkasse (Zeitschrift)
BKleinG	Bundeskleingartengesetz
BKR	Bank- und Kapitalmarktrecht (Zeitschrift)
Bl	Blatt
BLG	Bundesleistungsgesetz
BlGBW	Blätter für Grundstücks-, Bau- und Wohnungsrecht
BlGenW	Blätter für Genossenschaftswesen
Bln	Berlin, Berliner
BlPMZ	Blatt für Patent-, Muster- und Zeichenwesen
BlStSozArbR	Blätter für Steuerrecht, Sozialversicherung und Arbeitsrecht
BMA	Bundesminister(ium) für Arbeit und Sozialordnung
BMBau	Bundesminister(ium) für Raumordnung, Bauwesen und Städtebau
BMF	Bundesminister(ium) der Finanzen
BMGS	Bundesminister(ium) für Gesundheit und soziale Sicherung
BMI	Bundesminister(ium) des Innern
BMJ	Bundesminister(ium) der Justiz
BMPT	Bundesministerium für Post und Telekommunikation
BMV	Bundesminister(ium) der Verteidigung
BMV-Ä	Bundesmantelvertrag – Ärzte
BMWA	Bundesminister(ium) für Wirtschaft und Arbeit
BNatSchG	Bundesnaturschutzgesetz
BNotO	Bundesnotarordnung
BöhmsZ	Zeitschrift für internationales Privat- und Strafrecht (ab 12.1903: für internationales Privat- und Öffentliches Recht), begründet von Böhm
BörsG	Börsengesetz
BORA	Berufsordnung für Rechtsanwälte
BoSoG	Gesetz über die Sonderung unvermessener und überbauter Grundstücke nach der Karte (Bodensonderungsgesetz – BoSoG)
BOStB	Berufsordnung für Steuerberater
BPatA	Bundespatentamt
BPatG	Bundespatentgericht
BPersVG	Bundespersonalvertretungsgesetz
BPflV	Bundespflegesatzverordnung
BPolBG	Bundespolizeibeamtengesetz
BPolG	Gesetz über die Bundespolizei
BRAGO	Bundesgebührenordnung für Rechtsanwälte, aufgehoben
BRAK-Mitt	Mitteilungen der Bundesrechtsanwaltskammer
BRAO	Bundesrechtsanwaltsordnung
BR	Bundesrat
BR-Drs	Drucksache des Deutschen Bundesrates
BReg	Bundesregierung
Breithaupt-Slg	Sammlung von Entscheidungen aus dem Gebiet der Sozialversicherung, Versorgung und Arbeitslosenversicherung, herausgegeben von Breithaupt
Brem, brem	Bremen, bremisch(e)
BR-Prot	Sten. Berichte des Bundesrates (zitiert nach Jahr und Seite)

Abkürzungsverzeichnis

BRRG	Rahmengesetz zur Vereinheitlichung des Beamtenrechts (Beamtenrechtsrahmengesetz)
BRS	Baurechtssammlung
BRTV	Bundesrahmentarifvertrag
BrZ	Britische Zone
BSG	Bundessozialgericht
BSGE	Entscheidungen des Bundessozialgerichts
BSHG	Bundessozialhilfegesetz, aufgehoben
BSpkG	Gesetz über Bausparkassen
bspw	beispielsweise
BStatG	Gesetz über die Statistik für Bundeszwecke (Bundesstatistikgesetz)
BStBl	Bundessteuerblatt
BT	Besonderer Teil
BTÄO	Bundes-Tierärzteordnung
BT-Drs	Drucksache des Deutschen Bundestages
BtG	Betreuungsgesetz
BtMG	Gesetz über den Verkehr mit Betäubungsmitteln (Betäubungsmittelgesetz)
BtPrax	Betreuungsrechtliche Praxis (Zeitschrift)
BT-Prot	Sten. Berichte des Bundestages (zitiert nach Legislaturperiode und Seite)
BuB	Bankrecht und Bankpraxis, Loseblattwerk, 3 Bände, 1979 ff
Buchholz	Sammel- und Nachschlagewerk der Rechtsprechung des Bundesverwaltungsgerichts, herausgegeben von Buchholz
Buchst	Buchstabe
BUrlG	Mindesturlaubsgesetz für Arbeitnehmer (Bundesurlaubsgesetz)
BuschsA	Archiv für Theorie und Praxis des Allgemeinen Deutschen Handelsrechts
BuW	Betrieb und Wirtschaft
II. BV	Verordnung über wohnungswirtschaftliche Berechnungen (Zweite Berechnungsverordnung)
BVerfG	Bundesverfassungsgericht
BVerfGE	Entscheidungen des Bundesverfassungsgerichts
BVerfGG	Gesetz über das Bundesverfassungsgericht (Bundesverfassungsgerichtsgesetz)
BVerwG	Bundesverwaltungsgericht
BVerwGE	Entscheidungen des Bundesverwaltungsgerichts
BVFG	Gesetz über die Angelegenheiten der Vertriebenen und Flüchtlinge (Bundesvertriebenengesetz)
BVG	Gesetz über die Versorgung der Opfer des Krieges (Bundesversorgungsgesetz)
BVormVG	Gesetz über die Vergütung von Berufsvormündern (Berufsvormündervergütungsgesetz)
BW	Baden-Württemberg
BWG	Bundeswahlgesetz
BWGZ	Baden-Württembergische Gemeindezeitung
BWNotZ	Mitteilungen aus der Praxis, Zeitschrift für das Notariat in Baden-Württemberg (früher WürttNotV)
BWpVerwG	Gesetz zur Neuordnung des Schuldbuchrechts des Bundes und der Rechtsgrundlagen der Bundesschuldenverwaltung (Bundeswertpapierverwaltungsgesetz)
BWVPr	Baden-Württembergische Verwaltungspraxis
BZRG	Gesetz über das Zentralregister und das Erziehungsregister (Bundeszentralregistergesetz)
bzw	beziehungsweise
ca.	circa
Can	Canon
CC	Code Civil
CCC	Constitutio Criminalis Carolina
ChemG	Chemikaliengesetz
cic	culpa in contrahendo
cif	cost, insurance, freight
CIM	Règles uniformes concernant le contrat de transport international ferroviaire des marchandises (CIM), Einheitliche Rechtsvorschriften für den Vertrag über die internationale Eisenbahnbeförderung von Gütern (CIM)

LIX

Abkürzungsverzeichnis

CISG	Convention on Contracts for the International Sale of Goods, siehe UN-KaufR
CISG-AC	Advisory Council of the CISG
CIV	Règles uniformes concernant le contrat de transport international ferroviaire des voyageurs et des bagages (CIV), Einheitliche Rechtsvorschriften für den Vertrag über die internationale Eisenbahnbeförderung von Personen und Gepäck (CIV)
CJ	Codex Justinianus
CMLR	Common Market Law Review
CMR	Convention relative au Contrat de transport international de marchandises par route, Übereinkommen über den Beförderungsvertrag im internationalen Straßengüterverkehr
COTIF	Convention relative aux transports internationaux ferroviaires (COTIV) Übereinkommen über den internationalen Eisenbahnverkehr (COTIF)
CR	Computer und Recht (Zeitschrift)
Da-Fam-EStG	Dienstanweisung zur Durchführung des steuerlichen Familienleistungsausgleichs
DAngVers	Die Angestelltenversicherung (Zeitschrift)
DAR	Deutsches Autorecht (Zeitschrift)
DAVorm	Der Amtsvormund, Rundbrief des Deutschen Instituts für Vormundschaftswesen (Zeitschrift, zitiert nach Jahrgang und Spalte)
DB	Der Betrieb (Zeitschrift)
DBA	Doppelbesteuerungsabkommen
DDR	Deutsche Demokratische Republik
DEMV	Deutscher Einheits-Mietvertrag
DenkmSchG	Denkmalsschutzgesetz (der Länder)
DepG	Gesetz über die Verwahrung und Anschaffung von Wertpapieren (Depotgesetz)
ders	derselbe
DFG	Zeitschrift für Deutsche Freiwillige Gerichtsbarkeit
DFGT	Deutscher Familiengerichtstag
DGB	Deutscher Gewerkschaftsbund
dgl	desgleichen; dergleichen
DGO	Deutsche Gemeindeordnung von 1935
DGStZ	Deutsche Gemeindesteuerzeitung
DGVZ	Deutsche Gerichtsvollzieher-Zeitung
DGWR	Deutsches Gemein- und Wirtschaftsrecht
dh	das heißt
Die Bank	Die Bank (Zeitschrift)
dies	dieselbe(n)
diff.	differenzierend
DIFU	Deutsches Institut für Urbanistik
Dig	Digesten
DiskE	Diskussionsentwurf
Diss	Dissertation (Universitätsort)
DiszH	Disziplinarhof
DiszO	Disziplinarordnung (der Länder)
DIV	Deutsches Institut für Vormundschaftswesen
DJ	Deutsche Justiz (Zeitschrift)
DJT	Deutscher Juristentag
DJZ	Deutsche Juristenzeitung (Zeitschrift)
DMBilG	D-Markbilanzgesetz
DNotI-Report	Informationsdienst des Deutschen Notarinstituts-Report
DNotV	Zeitschrift des Deutschen Notarvereins (1.1901–33.1933), dann DNotZ
DNotZ	Deutsche Notar-Zeitung (Zeitschrift)
DöD	Der öffentliche Dienst (Zeitschrift)
DogmJ	Jahrbücher für die Dogmatik des heutigen römischen und deutschen Privatrechts
Dok	Dokument
DONot	Dienstordnung für Notare – Bundeseinheitliche Verwaltungsvorschrift der Landesjustizverwaltungen
DÖV	Die Öffentliche Verwaltung (Zeitschrift)
DOK	Die Ortskrankenkasse (Zeitschrift)
DPA	Deutsches Patentamt

Abkürzungsverzeichnis

DR	Deutsches Recht (Zeitschrift)
DRdA	Das Recht der Arbeit (österreichische Zeitschrift)
DRiG	Deutsches Richtergesetz
DrittelbG	Drittelbeteiligungsgesetz
DRiZ	Deutsche Richterzeitung (Zeitschrift)
DRspr	Deutsche Rechtsprechung, Entscheidungssammlung und Aufsatzhinweise
DRV	Deutsche Rentenversicherung (Zeitschrift); Deutscher Reisebüro-Verband eV
DRWiss	Deutsche Rechtswissenschaft (Zeitschrift, 1.1936–8.1943)
DRZ	Deutsche Rechts-Zeitschrift
DSB	Datenschutzberater
DSb.	Der Sozialberater (Zeitschrift)
DStG	Dienststrafgericht
DStH	Dienststrafhof
DStJG	Deutsche Steuerjuristische Gesellschaft e.V.
DStK	Dienststrafkammer
DStO	Dienststrafordnung
DStR	Deutsches Steuerrecht (Zeitschrift)
DStrR	Deutsches Strafrecht (Zeitschrift)
DStrZ	Deutsche Strafrechts-Zeitung
DStZ/A	Deutsche Steuerzeitung Ausgabe A
DSWR	Datenverarbeitung in Steuer, Wirtschaft und Recht (Zeitschrift)
Dt; dt.	deutsch
DtÄrzteBl	Deutsches Ärzteblatt
DtMedWochenschr	Deutsche medizinische Wochenschrift
DtZ	Deutsch-Deutsche Rechts-Zeitschrift
DuD	Datenschutz und Datensicherheit
DuR	Demokratie und Recht (Zeitschrift)
DUZ	Deutsche Universitätszeitung
DV	Deutsche Verwaltung
DVBl	Deutsches Verwaltungsblatt (Zeitschrift)
DVerkStRdsch	Deutsche Verkehrsteuer-Rundschau (Zeitschrift)
DVKSVG	Verordnung zur Durchführung des Künstlersozialversicherungsgesetzes
DVO	Durchführungsverordnung
DVollzO	Dienst- und Vollzugsordnung
DVR	Datenverarbeitung im Recht
DVZ	Deutsche Versicherungs-Zeitschrift für Sozialversicherung und Privatversicherung
DWE	Der Wohnungseigentümer (Zeitschrift)
DWW	Deutsche Wohnungswirtschaft (herausgegeben vom Zentralverband der deutschen Haus-, Wohnungs- und Grundeigentümer; Zeitschrift)
DZWiR	Deutsche Zeitschrift für Wirtschafts- und Insolvenzrecht (Zeitschrift)
E	Entwurf
EA	Vertrag über Gründung der Europäischen Atomgemeinschaft; siehe auch EuArch; Einstweilige Anordnung
EAG	Einheitliches Gesetz über den Abschluss von internationalen Kaufverträgen über bewegliche Sachen
EAGV	Vertrag über die Gründung der Europäischen Atomgemeinschaft
EALG	Entschädigungs- und Ausgleichsleistungsgesetz
ebd	ebenda
EBAO	Einforderungs- und Beitreibungsordnung vom 1. 4. 2007
EBE	Eildienst – Bundesgerichtliche Entscheidungen
EBO	Eisenbahnbau- und -betriebsordnung
Ec J	The Economic Journal (seit 1891)
Ecu	European Currency Unit (Europäische Rechnungseinheit)
EEA	Einheitliche Europäische Akte
EEG	Elektronischer Geschäftsverkehrgesetz
EFG	Entscheidungen der Finanzgerichte; Eigentumsfristengesetz
EFTA	European Free Trade Association (Europ. Freihandelszone)
EFZG	Gesetz über die Zahlung des Arbeitsentgelts an Feiertagen und im Krankheitsfalle (Entgeltfortzahlungsgesetz)
EG	Einführungsgesetz; Europäische Gemeinschaft
EGBGB	Einführungsgesetz zum Bürgerlichen Gesetzbuche

LXI

Abkürzungsverzeichnis

EGH	Ehrengerichtshof der Rechtsanwaltskammer
EGHE	Sammlung der Entscheidungen des EGH
EGKS	Europäische Gemeinschaft für Kohle und Stahl
EGKSV	Vertrag über die Gründung der Europäischen Gemeinschaft für Kohle und Stahl
EGMR	Europäischer Gerichtshof für Menschenrechte
EGV	Vertrag zur Gründung der Europäischen Gemeinschaft (EG-Vertrag)
EheG	Ehegesetz, aufgehoben
EheRG	Eherechtsreformgesetz
EIB	Europäische Investitionsbank
Einf	Einführung
einhM	einhellige Meinung
EVertrag	Einigungsvertrag
Einl	Einleitung
einschr	einschränkend
EisenbE	Eisenbahn- und verkehrsrechtliche Entscheidungen und Abhandlungen. Zeitschrift für Eisenbahn und Verkehrsrecht (Band und Seite)
EJF	Entscheidungen aus dem Jugend- und Familienrecht (Abschnitt und Nummer)
EJIL	European Journal of International Law
EKG	Einheitliches Gesetz über den internationalen Kauf beweglicher Sachen
EKMR	Europäische Kommission für Menschenrechte
EKV-Ärzte	Arzt-/Ersatzkasssenvertrag
ELR	European Law Review
EMRK	Europäische Menschenrechtskonvention
EnSichG	Energiesicherungsgesetz
EntlastG	Entlastungsgesetz
Entsch	Entscheidung
entspr	entsprechend
EnWG	Gesetz über die Elektrizitäts- und Gasversorgung (Energiewirtschaftsgesetz)
EPA	Europäisches Patentamt
EPrHGB	Entwurf eines HGB für die Preußischen Staaten
EPÜ	Europäisches Patentübereinkommen
ErbbauVO	Verordnung über das Erbbaurecht
ErbStG	Erbschaftsteuer- und Schenkungsteuergesetz
Erg	Ergänzung; Ergebnis
Erl	Erlass; Erläuterung
ErstG	Erstattungsgesetz
ErstrG	Erstreckungsgesetz
ESchG	Embryonenschutzgesetz
EStDV	Einkommensteuer-Durchführungsverordnung
EStER	Einkommensteuer-Ergänzungsrichtlinien
EStG	Einkommensteuergesetz
EStH	Amtliches Einkommensteuer-Handbuch
EStR	Einkommensteuer-Richtlinien
ESVGH	Sammlung der Entscheidungen des hessischen und des baden-württembergischen VGH
etc	et cetera
EU	Europäische Union
EuAlÜbk	Europäisches Auslieferungsübereinkommen
EuA	Europa-Archiv
EuG	Europäisches Gericht Erster Instanz
EuGH	Gerichtshof der Europäischen Gemeinschaften
EuGHE	Entscheidungen des Gerichtshofes der Europäischen Gemeinschaften
EuGHMR	Europäischer Gerichtshof für Menschenrechte
EuGRZ	Europäische Grundrechte-Zeitschrift
EuGVO	Verordnung (EG) Nr 44/2001 des Rates über die gerichtliche Zuständigkeit und die Anerkennung und Vollstreckung von Entscheidungen in Zivil- und Handelssachen (Brüssel I)
EuGVÜ	Europäisches Übereinkommen über die gerichtliche Zuständigkeit und die Vollstreckung gerichtlicher Entscheidungen in Zivil- und Handelssachen
EuR	Europarecht (Zeitschrift)
EUR	Euro

Abkürzungsverzeichnis

Euratom	Europäische Atomgemeinschaft
EuRHÜbk	Europäisches Übereinkommen über die Rechtshilfe in Strafsachen
EuroEG	Gesetz zur Einführung des Euro
europ.	europäisch
EuropNiederlAbk	Europäisches Niederlassungsabkommen
EuropStZtg	Europäische Steuerzeitung
EUV	Vertrag über die Europäische Union
EuZW	Europäische Zeitschrift für Wirtschaftsrecht
EV	Eigentumsvorbehalt
eV	eingetragener Verein
EVO	Eisenbahn-Verkehrsordnung
EvStL	Evangelisches Staatslexikon
evtl	eventuell
EVÜ	Übereinkommen über das auf vertragliche Schuldverhältnisse anzuwendende Recht
EWG	Europäische Wirtschaftsgemeinschaft
EWGV	Vertrag zur Gründung einer Europäischen Wirtschaftsgemeinschaft
EWGVO	Verordnung der Europäischen Wirtschaftsgemeinschaft
EWiR	Entscheidungen zum Wirtschaftsrecht (Zeitschrift)
EWIV	Europäische wirtschaftliche Interessenvereinigung
EWR-Abk	Gesetz zu dem Abkommen vom 2. 5. 1992 über den Europäischen Wirtschaftsraum
EWS	Europäisches Währungssystem
EzA	Entscheidungen zum Arbeitsrecht, herausgegeben von Stahlhacke (Nummern ohne Gesetzesstelle bezieht sich auf den gerade kommentierten Paragraphen)
EzFamR	Entscheidungen zum Familienrecht
f, ff.	folgend(e)
FÄndG	Finanzänderungsgesetz
FAG	Gesetz über Fernmeldeanlagen
FamG	Familiengericht
FamNamRG	Familiennamenrechtsgesetz
FamR	Familienrecht
FamRÄndG	Familienrechtsänderungsgesetz
FamRZ	Ehe und Familie im privaten und öffentlichen Recht, Zeitschrift für das gesamte Familienrecht
FAO	Fachanwaltsordnung
FAZ.	Frankfurter Allgemeine Zeitung
FeiertLZG	Feiertagslohnzahlungsgesetz
FernAbsG	Fernabsatzgesetz, aufgehoben
FernmO	Fernmeldeordnung
FernUSG	Gesetz zum Schutz der Teilnehmer am Fernunterricht (Fernunterrichtsschutzgesetz)
FG	Festgabe
FeV	Fahrerlaubnisverordnung
FEVS	Fürsorgerechtliche Entscheidungen der Verwaltungs- und Sozialgerichte
FF	Forum Familien- und Erbrecht
FFG	Filmförderungsgesetz
FG	Finanzgericht
FGB	Familiengesetzbuch
FGG	Gesetz über die Angelegenheit der freiwilligen Gerichtsbarkeit
FGO	Finanzgerichtsordnung
FGPrax	Praxis der Freiwilligen Gerichtsbarkeit (Zeitschrift)
FinA	Finanzarchiv
FinG	Finanzgericht
FinRdsch	siehe FR
FIW	Schriftenreihe des Forschungsinstituts für Wirtschaftsverfassung und Wettbewerb
FKPG	Föderales Konsolidierungsprogrammgesetz
FlaggRG	Gesetz über das Flaggenrecht der Seeschiffe und die Flaggenführung der Binnenschiffe (Flaggenrechtsgesetz)
FLF	Finanzierung-Leasing-Factoring (Zeitschrift)
FluglärmSchG	Gesetz zum Schutz gegen Fluglärm
FlurbG	Flurbereinigungsgesetz
Fn	Fußnote

Abkürzungsverzeichnis

FNA	Fundstellennachweis A, Beilage zum Bundesgesetzblatt Teil I
FNB	Fundstellennachweis B, Beilage zum Bundesgesetzblatt Teil II
FPR	Familie Partnerschaft Recht (Zeitschrift)
FR	Finanz-Rundschau (Zeitschrift)
FrankfRdsch	Rundschau. Sammlung von Entscheidungen in Rechts- und Verwaltungssachen aus dem Bezirke des OLG Frankfurt am Main (ab 1914: Frankfurter Rundschau)
FRES	Entscheidungssammlung zum gesamten Bereich von Ehe und Familie
FRG	Fremdrentengesetz
FriedhO	Friedhofsordnung
FS	Festschrift
FStrG	Bundesfernstraßengesetz
FuR	Familie und Recht (Zeitschrift)
FVE	Sammlung fremdenverkehrsrechtlicher Entscheidungen
FVG	Finanzverwaltungsgesetz
FWW	Die freie Wohnungswirtschaft (Informationsdienst des Verbandes Freier Wohnungsunternehmen; Zeitschrift)
FZR	Freiwillige Zusatzrentenversicherung der Sozialversicherung
G	Gesetz; Gericht
GA	Goltdammers Archiv für Strafrecht (1953 ff; vorher: Dt Strafrecht)
GAL	Gesetz über eine Altershilfe für Landwirte
GaststG	Gaststättengesetz
GB	Grundbuch
GBAmt	Grundbuchamt
GBBerG	Grundbuchbereinigungsgesetz
GBl	Gesetzblatt
GBO	Grundbuchordnung
GBR	Grundbuchrecht
GbR	Gesellschaft bürgerlichen Rechts
GBVfg	Grundbuchverfügung
GE	Gemeinsame Erklärung; Das Grundeigentum (Zeitschrift)
GebO	Gebührenordnung
GebrMG	Gebrauchsmustergesetz
gem	gemäß
GemSOBG	Gemeinsamer Senat der obersten Bundesgerichte
GemT	Gemeindetag
GenBeschlG	Genehmigungsverfahrenbeschleunigungsgesetz
GenfKonv	Genfer Flüchtlings-Konvention
GenG	Gesetz betreffend die Erwerbs- und Wirtschaftsgenossenschaften (Genossenschaftsgesetz)
GenStA	Generalstaatsanwalt
GenTG	Gentechnikgesetz
GeschmMG	Gesetz betreffend das Urheberrecht an Mustern und Modellen (Geschmacksmustergesetz)
GeschO	Geschäftsordnung
Ges d Wiss	Gesellschaft der Wissenschaften
GesRZ	Der Gesellschafter (Zeitschrift, 1.1972 ff)
GewA	Gewerbe-Archiv (Zeitschrift)
GewAufspG	Gewinnaufspürungsgesetz
GewerkMh	Gewerkschaftliche Monatshefte
GewO	Gewerbeordnung
GewStDV	Gewerbesteuer-Durchführungsverordnung
GewStG	Gewerbesteuergesetz
GfG	Geschäftsgebräuche für Gemeinschaftsgeschäfte
GG	Grundgesetz für die Bundesrepublik Deutschland
ggf	gegebenenfalls
GjS	Gesetz über die Verbreitung jugendgefährdender Schriften
GKG	Gerichtskostengesetz
GleichberG	Gleichberechtigungsgesetz
GmbH	Gesellschaft mit beschränkter Haftung
GmbH & Co (KG)	Gesellschaft mit beschränkter Haftung und Compagnie (Kommanditgesellschaft)
GmbHG	Gesetz betreffend die Gesellschaften mit beschränkter Haftung
GmbHR	GmbH-Rundschau (Zeitschrift)
GMBl	Gemeinsames Ministerialblatt
GMH	Gewerkschaftliche Monatshefte

Abkürzungsverzeichnis

GmS-OGB	Gemeinsamer Senat der obersten Gerichte des Bundes
GMV	Gemeinschaftsmarkenverordnung
Gnomon	Gnomon, kritische Zeitschrift für die gesamte klassische Altertumswissenschaft
GNV	DDR-Gesetz über die Zuständigkeit und das Verfahren der Gerichte zur Nachprüfung von Verwaltungsentscheidungen (DDR-GNV)
GO	Gemeindeordnung
GOA	Gebührenordnung für Architekten (ersetzt durch HOAI)
GoA	Geschäftsführung ohne Auftrag
GOÄ	Gebührenordnung für Ärzte
GOZ	Gebührenordnung für Zahnärzte
GrBWoR	Blätter für Grundstücks-, Bau- und Wohnungsrecht
grdlg	grundlegend
grds	grundsätzlich
GrdstVG	Gesetz über Maßnahmen zur Verbesserung der Agrarstruktur und zur Sicherung land- und forstwirtschaftlicher Betriebe (Grundstücksverkehrsgesetz)
GrEStG	Grunderwerbsteuergesetz
GRG	Gesundheitsreformgesetz
GrS	Großer Senat
GrStDV	Grundsteuerdurchführungsverordnung
GrStG	Grundsteuergesetz
GruchB	siehe Gruchot
Gruchot	Beiträge zur Erläuterung des (bis 15.1871: Preußischen) Deutschen Rechts, begründet von Gruchot (1.1857–73.1933)
GrünhutsZ	Zeitschrift für das Privat- und öffentliche Recht der Gegenwart, begründet von Grünhut
GRUR	Gewerblicher Rechtsschutz und Urheberrecht (Zeitschrift)
GRUR Ausl	Gewerblicher Rechtsschutz und Urheberrecht, Auslands- und internationaler Teil (Zeitschrift), 1952–1969
GRUR Int	Gewerblicher Rechtsschutz und Urheberrecht, Internationaler Teil (Zeitschrift, 1970 ff)
GS	Großer Senat
GSB	Gesetz über die Sicherung der Bauforderungen
GSG	Gesundheitsstrukturgesetz
GSNRW	Bereinigte Gesetzessammlung des Landes Nordrhein-Westfalen
GSSt	Großer Senat in Strafsachen
GSZ	Großer Senat in Zivilsachen
GTA	Genfer Tonträger Abkommen
GtA	Gesetz über technische Arbeitsmittel
GüKG	Güterkraftverkehrsgesetz
GVBl	Gesetz- und Verordnungsblatt
GVFG	Gemeindeverkehrsfinanzierungsgesetz
GVG	Gerichtsverfassungsgesetz
GvKostG	Gesetz über Kosten der Gerichtsvollzieher (Gerichtsvollzieherkostengesetz)
GVNW	Gesetz- und Verordnungsblatt des Landes Nordrhein-Westfalen
GVO	Grundstücksverkehrsordnung
GWahlG	Gemeindewahlgesetz
GWB	Gesetz gegen Wettbewerbsbeschränkungen
GWW	Gemeinnütziges Wohnungswesen (Zeitschrift)
H.	Heft
H, h	Hessen, hessisch(e)
hA	herrschende Ansicht
HaagKindEntfÜbk	Haager Kindesentführungsübereinkommen
HaagUntPflÜbk	Haager Übereinkommen über das auf Unterhaltspflichten anwendbare Recht
HaagZPAbk	Haager Abkommen über den Zivilprozess
HaagZPÜbk	Haager Übereinkommen über den Zivilprozess
HABM	Harmonisierungsamt für den Binnenmarkt (Marken, Muster und Modelle)
HPflG	Haftpflichtgesetz
HAG	Heimarbeitsgesetz
Halbbd	Halbband
HandwO	Handwerksordnung
HansGZ	Hanseatische Gerichtzeitung

LXV

Abkürzungsverzeichnis

HansRGZ	Hanseatische Rechts- und Gerichtszeitschrift
HausratsV	Verordnung über die Behandlung der Ehewohnung und des Hausrats
HaustürWG	Gesetz über den Widerruf von Haustürgeschäften und ähnlichen Geschäften, aufgehoben
HBG	Hypothekenbankgesetz
Hdb	Handbuch
HebG	Hebammengesetz
HEG	Hochschulerneuerungsgesetz
HeimG	Heimgesetz
HeizkostenV	Verordnung über die verbrauchsabhängige Abrechnung der Heiz- und Warmwasserkosten
HessVRspr	Rechtsprechung der Hessischen Verwaltungsgerichte
HEZ	Höchstrichterliche Entscheidungen (Entscheidungssammlung)
HFR	Höchstrichterliche Finanzrechtsprechung
HGB	Handelsgesetzbuch
HGrG	Haushaltsgrundsätzegesetz
hins	hinsichtlich
HintO	Hinterlegungsordnung
hL	herrschende Lehre
HLKO	Haager Landkriegsordnung
hM	herrschende Meinung
Hmb, hmb	Hamburg, hamburgisch(e)
HO	Haushaltsordnung
HOAI	Verordnung über die Honorare für Leistungen der Architekten und der Ingenieure (Honorarordnung für Architekten und Ingenieure)
HochschBFG	Hochschulbauförderungsgesetz
HochschG	Hochschulgesetz (der Länder)
HochschLG	Hochschullehrergesetz
HochschZulG	Hochschulzulassungsgesetz
HöfeO	Höfeordnung
HPflG	Haftpflichtgesetz
HRefG	Handelsrechtsreformgesetz
HRG	Hochschulrahmengesetz
HRR	Höchstrichterliche Rechtsprechung (Zeitschrift)
Hrsg; hrsg	Herausgeber; herausgegeben
HS	Halbsatz
HSGZ	Hessische Städte- und Gemeindezeitung
HuW	Haus und Wohnung (Zeitschrift)
HWB	Handwörterbuch
HWG	Gesetz über die Werbung auf dem Gebiete des Heilwesens
HwVG	Handwerkerversicherungsgesetz
HZÜ	Haager Übereinkommen über die Zustellung gerichtlicher und außergerichtlicher Schriftstücke im Ausland in Zivil- und Handelssachen
iA	im Allgemeinen
IAB	Institut für Arbeitsmarkt- und Berufsforschung
IAEA	International Atomic Energy Agency
IC	Codex iuris canonici
idF der Bek	in der Fassung der Bekanntmachung
IDR	Internationales Deliktsrecht
idR	in der Regel
idS	in diesem Sinne
iE	im Einzelnen
IER	Internationales Enteignungsrecht
iErg	im Ergebnis
ieS	im engeren Sinne
IfSG	Gesetz zur Verhütung und Bekämpfung von Infektionskrankheiten beim Menschen (Infektionsschutzgesetz)
IFSt	Institut Finanzen und Steuern e. V.
IGH	Internationaler Gerichtshof
IHK	Industrie- und Handelskammer
IHKG	Gesetz über die Industrie- und Handelskammern
iL	in Liquidation
ILO	International Labour Organization
IMF	International Monetary Fund

Abkürzungsverzeichnis

INF	Information über Steuer und Wirtschaft (Zeitschrift)
InfAuslR	Informationsbrief Ausländerrecht
InfVO	Verordnung über die Informationspflichten von Reiseveranstaltern
insbes.	insbesondere
InsO	Insolvenzordnung
int	international
IntHK	Internationale Handelskammer
IntPatÜbk	Vertrag über die internationale Zusammenarbeit auf dem Gebiet des Patentwesens
IntRDipl	Internationales Recht und Diplomatie (Zeitschrift)
InvErlWoBauLG	Investitionserleichterungs- und Wohnbaulandgesetz
InvG	Investmentgesetz
InVo	Insolvenz und Vollstreckung (Zeitschrift)
InvZulG	Investitionszulagengesetz
IPBPR	Internationaler Pakt über bürgerliche Rechte und politische Rechte
IPG	Gutachten zum internationalen und ausländischen Privatrecht
IPR	Internationales Privatrecht
IPRax	Praxis des internationalen Privat- und Verfahrensrechts (Zeitschrift)
IPRspr	Die deutsche Rechtsprechung auf dem Gebiet des internationalen Privatrechts, 1952 ff
IRG	Gesetz über die internationale Rechtshilfe in Strafsachen
iS(d)	im Sinne (der, des)
ISR	Internationales Sachenrecht
iSv	im Sinne von
IStR	Internationales Steuerrecht (Zeitschrift)
iÜ	im Übrigen
IuKDG	Informations- und Kommunikationsdienstegesetz
IuR	Informatik und Recht
IUR	Informationsdienst Umweltrecht
iVm	in Verbindung mit
IVR	Internationales Vertragsrecht
IWB	Internationale Wirtschaftsbriefe
iwS	im weiteren Sinne
IZPR	Internationales Zivilprozessrecht
iZw	im Zweifel
JA	Juristische Arbeitsblätter (Zeitschrift)
JAO	Juristenausbildungsordnung
JArbSchG	Gesetz zum Schutze der arbeitenden Jugend (Jugendarbeitsschutzgesetz)
Jb	Jahrbuch
JBeitrO	Justizbeitreibungsordnung
JbFSt	Jahrbuch der Fachanwälte für Steuerrecht
JbIntR	Jahrbuch des internationalen Rechts
JBl	Juristische Blätter (österreichische Zeitschrift)
JBlSaar	Justizblatt des Saarlandes
JbOstR	Jahrbuch für Ostrecht
JbPraxSchG	Jahrbuch für die Praxis der Schiedsgerichtsbarkeit
JFG	Jahrbuch für Entscheidungen in Angelegenheiten der freiwilligen Gerichtsbarkeit und des Grundbuchrechts, begründet von Ring (1.1924–23.1943)
Jg	Jahrgang
JGG	Jugendgerichtsgesetz
Jh	Jahrhundert
JherJb	Jherings Jahrbuch für die Dogmatik des bürgerlichen Rechts (Zeitschrift, Band und Seite)
JIR	Jahrbuch für internationales Recht
JM	Justizministerium
JMBl	Justizministerialblatt
JMBlNW	Justizministerialblatt für Nordrhein-Westfalen
JöR	Jahrbuch des öffentlichen Rechts der Gegenwart
JR	Juristische Rundschau (Zeitschrift)
JRfPrV	Juristische Rundschau für die Privatversicherung (Zeitschrift)
JSchÖG	Gesetz zum Schutze der Jugend in der Öffentlichkeit
JStG	Jahressteuergesetz
Jura	Juristische Ausbildung (Zeitschrift)
JurA	Juristische Analysen (Zeitschrift)

Abkürzungsverzeichnis

JurBl	Juristische Blätter (österreichische Zeitschrift)
JurBüro	Das juristische Büro (Zeitschrift)
JurJb	Juristen-Jahrbuch
JuS	Juristische Schulung (Zeitschrift)
Justiz	Die Justiz (Zeitschrift)
JVBl	Justizverwaltungsblatt (Zeitschrift)
JW	Juristische Wochenschrift (Zeitschrift)
JWG	Jugendwohlfahrtsgesetz, aufgehoben
JZ	Juristenzeitung (Zeitschrift)
JZ-GD	Juristenzeitung Gesetzgebungsdienst (monatliche Beilage der Juristenzeitung über die Bundesgesetzgebung)
KAG	Kommunalabgabengesetz
Kap	Kapital; Kapitel
KartGer	Kartellgericht
KartRdsch	Kartell-Rundschau (Zeitschrift)
KartVO	Kartellverordnung
KDVG	Kriegsdienstverweigerungsgesetz
KDVNG	Kriegsdienstverweigerungsneuordnungsgesetz
Kfz	Kraftfahrzeug
KfzHV	Kraftfahrzeughilfe-Verordnung
KfzPflVV	Kraftfahrzeug-Pflichtversicherungsverordnung
KG	Kammergericht (Berlin); Kommanditgesellschaft
KGaA	Kommanditgesellschaft auf Aktien
KGBl	Blätter für Rechtspflege im Bereich des Kammergerichts in Sachen der freiwilligen Gerichtsbarkeit in Kosten-, Stempel- und Strafsachen (Zeitschrift)
KGJ	Jahrbuch für Entscheidungen des Kammergerichts in Sachen der freiwilligen Gerichtsbarkeit, in Kosten-, Stempel- und Strafsachen (bis 19.1899: in Sachen der nichtstreitigen Gerichtsbarkeit), 1.1881 53.1922
KGR	KG Report Berlin
KHG	Gesetz zur wirtschaftlichen Sicherung der Krankenhäuser und zur Regelung der Krankenhauspflegesätze
Kind-Prax	Kindschaftsrechtliche Praxis (Zeitschrift)
KindUG	Kindesunterhaltsgesetz
KirchE	Entscheidungen in Kirchensachen
KiStG	Kirchensteuergesetz
KJ	Kritische Justiz (Zeitschrift)
KJB	Karlsruher Juristische Bibliographie (Zeitschrift)
KJHG	Gesetz zur Neuordnung des Kinder- und Jugendhilferechts, siehe SGB VIII
Kl	Kläger(in)
kl.	klagend(e)
KLG	Kindererziehungsleistungs-Gesetz
KO	Konkursordnung, aufgehoben
KölnZfSoz	Kölner Zeitschrift für Soziologie und Sozialpsychologie
KÖSDI	Kölner Steuerdialog
KOM	Kommissionsdokumente
Kom end	Kommission, endgültig
Komm	Kommentar
KommWahlG	Kommunalwahlgesetz
KommWahlO	Kommunalwahlordnung
KonsG	Gesetz über die Konsularbeamten, ihre Aufgaben und Befugnisse (Konsulargesetz)
KonTraG	Gesetz zur Kontrolle und Transparenz im Unternehmensbereich
Konv	Konvention
KostG	Kostengesetz (der Länder)
KostO	Gesetz über die Kosten in Angelegenheiten der freiwilligen Gerichtsbarkeit (Kostenordnung)
KostRspr	Kostenrechtsprechung Nachschlagewerk
K&R	Kommunikation und Recht (Zeitschrift)
KreisG	Kreisgericht
KreisO	Kreisordnung
KRG	Kontrollratsgesetz
KrimGegfr	Kriminologische Gegenwartsfragen
Kriminalistik	Die Kriminalistik (Zeitschrift)

Abkürzungsverzeichnis

KrimJ	Kriminologisches Journal (Zeitschrift)
krit	kritisch
KritJ	Kritische Justiz (Zeitschrift)
KrVjschr	Kritische Vierteljahresschrift für Gesetzgebung und Rechtswissenschaft
KrW-/AbfG	Kreislaufwirtschafts- und Abfallgesetz
KS	Vertrag zur Gründung einer Europäischen Gemeinschaft für Kohle und Stahl
KSchG	Kündigungsschutzgesetz
KStDVO	Körperschaftsteuer-Durchführungsverordnung
KStG	Körperschaftsteuergesetz
KStR	Körperschaftsteuer-Richtlinien
KStZ	Kommunale Steuer-Zeitschrift
KSV-ÄndG	Künstlersozialversicherungsänderungsgesetz
KSVG	Künstlersozialversicherungsgesetz
KTS	Zeitschrift für Konkurs-, Treuhand- und Schiedsgerichtswesen
KUG	Gesetz betreffend das Urheberrecht an Werken der bildenden Künste und der Photographie, aufgehoben soweit es nicht den Schutz von Bildnissen betrifft
KVG	Gesetz über das Vermögen der Gemeinden, Städte und Landkreise (Kommunalvermögensgesetz – KVG)
KVLG	Gesetz über die Krankenversicherung der Landwirte
KVO	Kraftverkehrsordnung für den Güterfernverkehr mit Kraftfahrzeugen (Beförderungsbedingungen)
KWG	Gesetz über das Kreditwesen
KWKG	Kriegswaffenkontrollgesetz
L	Landes-
LAG	Landesarbeitsgericht (mit Ortsnamen); Gesetz über den Lastenausgleich (Lastenausgleichsgesetz)
LBauO	Bauordnung (der Länder)
LBeschG	Landbeschaffungsgesetz
LBG	Landesbeamtengesetz
LDO	Landesdisziplinarordnung
Lehrb.	Lehrbuch
Lfg.	Lieferung
LFZG	Lohnfortzahlungsgesetz
LG	Landgericht (mit Ortsnamen)
LGebO	Landesgebührenordnung
LGZ	(österreichisches) Landgericht für Zivilrechtssachen
Lit	Literatur
lit.	litera
LKA	Landeskriminalamt
LKO	Landkreisordnung
LKV	Landes- und Kommunalverwaltung (Zeitschrift)
LKWahlG	Landkreiswahlgesetz
LM	Lindenmaier/Möhring, Nachschlagewerk des Bundesgerichtshofs (Nummer ohne Gesetzesstelle bezieht sich auf den gerade kommentierten Paragraphen)
LMFG	Lebensmittel-, Bedarfsgegenstände- und Futtermittelgesetz
LMedienG BW	Landesmediengesetz Baden-Württemberg
LöA	Löschungsanspruch
LöV	Löschungsvormerkung
LPachtVG	Gesetz über die Anzeige und Beanstandung von Landpachtverträgen (Landpachtverkehrsgesetz)
LPartG	Gesetz zur Beendigung der Diskriminierung gleichgeschlechtlicher Gemeinschaften: Lebenspartnerschaften
LPersVG	Landespersonalvertretungsgesetz
LPG	Landwirtschaftliche Produktionsgenossenschaft
LPlanG	Landesplanungsgesetz
LReg.	Landesregierung
LS	Leitsatz
LSA	Sachsen-Anhalt
LSchlG	Ladenschlussgesetz
LSG	Landessozialgericht (mit Ortsnamen)
LStDV	Lohnsteuer-Durchführungsverordnung
LStR	Lohnsteuer-Richtlinien

Abkürzungsverzeichnis

LT-Drucks	Landtags-Drucksache
LuftfzRG	Gesetz über Rechte an Luftfahrzeugen (LuftfzRG)
LuftVG	Luftverkehrsgesetz
LuftVO	Luftverkehrsordnung
LuftVZO	Luftverkehrszulassungsordnung
LUG	Gesetz betreffend das Urheberrecht an Werken der Literatur und Tonkunst
LVA	Landesversicherungsanstalt
LVerf	Landesverfassung
LwAnpG	Landwirtschaftsanpassungsgesetz
LwG	Landwirtschaftsgericht
LwVG	Gesetz über das gerichtliche Verfahren in Landwirtschaftssachen
LZ	Leipziger Zeitschrift für Deutsches Recht
M	Meinung
m Änd	mit Änderung(en)
MA	Der Markenartikel (Zeitschrift, 1.1934 – 11.1944; 12.1950 ff)
m abl Anm	mit ablehnender Anmerkung
MaBV	Verordnung über die Pflichten der Makler, Darlehens- und Anlagenvermittler, Bauträger und Baubetreuer (Makler- und Bauträgerverordnung)
mAnm	mit Anmerkungen
MarkenG	Gesetz über den Schutz von Marken und sonstigen Kennzeichen (Markengesetz)
Mat	Materialien
MB/KK	Allgemeine Versicherungsbedingungen für die Krankheitskosten- und Krankenhaustagegeldversicherung (Musterbedingungen)
MB/KT	Allgemeine Versicherungsbedingungen für die Krankentagegeldversicherung (Musterbedingungen)
MBl	Ministerialblatt
MD	Magazin Dienst
MDR	Monatsschrift für Deutsches Recht (Zeitschrift)
MDStV	Mediendienstestaatsvertrag der Länder
mE	meines Erachtens
MecklZ	Mecklenburgische Zeitschrift für Rechtspflege, Rechtswissenschaft, Verwaltung (Band und Seite)
MedKlinik	Medizinische Klinik
MedR	Medizinrecht (Zeitschrift 1.1983 ff)
MEG	Medienerprobungs- und Entwicklungsgesetz
MeldeAnO	Meldeanordnung
MFG	Mittelstandsförderungsgesetz
MietRRG	Mietrechtsreformgesetz
Mio	Million(en)
MitbestErgG	Mitbestimmungsergänzungsgesetz
MitbestG	Mitbestimmungsgesetz
MitbGespr	Mitbestimmungsgespräch
Mitt	Mitteilung(en)
MittAGJ	Mitteilungen der Arbeitsgemeinschaft für Jugendhilfe (Zeitschrift)
MittBayNot	Mitteilungen des Bayerischen Notarvereins (Zeitschrift)
MittBlBLJA	Mitteilungsblatt des Bayerischen Landesjugendamtes
MittBl Königsteiner Kreis	Mitteilungsblatt des Königsteiner Kreises
MittDStT	Mitteilungen des Deutschen Städtetages
MittHV	Mitteilungen des Hochschulverbandes
MittIKV	Mitteilungen der Internationalen Kriminalistischen Vereinigung (Zeitschrift)
MittPat	Mitteilungen der deutschen Patentanwälte (Zeitschrift)
MittRhNotK	Mitteilungen der Rheinischen Notarkammer (Zeitschrift)
MitbestG	Gesetz über die Mitbestimmung der Arbeitnehmer (Mitbestimmungsgesetz)
MiZi	Allgemeine Verfügung über Mitteilungen in Zivilsachen
MM	MieterMagazin
MMR	Multi-Media und Recht (Zeitschrift)
Montan-MitbestG	Gesetz über die Mitbestimmung der Arbeitnehmer in den Aufsichtsräten und Vorständen der Unternehmen des Bergbaus und der Eisen und Stahl erzeugenden Industrie

Abkürzungsverzeichnis

Montan-MitbestErgG	Gesetz zur Ergänzung des Gesetzes über die Mitbestimmung der Arbeitnehmer in den Aufsichtsräten und Vorständen des Bergbaus und der Eisen und Stahl erzeugenden Industrie
Mot I–V	Motive zu dem Entwurf eines Bürgerlichen Gesetzbuches für das Deutsche Reich (Band I Allgemeiner Teil; Band II Recht der Schuldverhältnisse; Band III Sachenrecht; Band IV Familienrecht; Band V Erbrecht)
MRK	Konvention zum Schutze der Menschenrechte und Grundfreiheiten
MRRG	Melderechtsrahmengesetz
MRS	Mietrechtssammlung, Rechtsprechung des BVerfG, des BGH, des BayObLG, des Kammergerichts und der OLGe zum Mietrecht, herausgegeben von Otto 1980 ff
MRVerbG	Mietrechtsverbesserungsgesetz
MRVO	Militärregierungsverordnung
MSA	Minderjährigenschutzabkommen
MschrKrim	Monatsschrift für Kriminologie und Strafrechtsreform (Zeitschrift)
MschrKrimPsych	Monatsschrift für Kriminalpsychologie und Strafrechtsreform (Zeitschrift)
MTV	Manteltarifvertrag
MuA	Mensch und Arbeit (Zeitschrift)
MünchMedWochenschr	Münchener Medizinische Wochenschrift
Mugdan	Die gesamten Materialien zum Bürgerlichen Gesetzbuch für das deutsche Reich, herausgegeben von Mugdan, Band I–V, 1899
MuSchG	Gesetz zum Schutz der erwerbstätigen Mutter (Mutterschutzgesetz)
MuW	Markenschutz und Wettbewerb (Zeitschrift)
M-V	Mecklenburg-Vorpommern
mwN	mit weiteren Nachweisen
mzN	mit zahlreichen Nachweisen
N, n	Niedersachsen, niedersächsisch(e)
NachbG	Nachbarrechtsgesetz
Nachdr	Nachdruck
Nachw	Nachweis (e, en)
NÄG	Gesetz über die Änderung von Familien- und Vornamen
NaStraG	Gesetz zur Namensaktie und zur Erleichterung der Stimmrechtsausübung
NatSchVO	Naturschutzverordnung
NblLVABa	Nachrichtenblatt, Zeitschrift der Landesversicherungsanstalt Baden
NBV	Verfassung des Norddeutschen Bundes
NDBZ	Neue Deutsche Beamtenzeitung (Zeitschrift)
NdsRpfl	Niedersächsische Rechtspflege (Zeitschrift)
NebVO	Nebentätigkeitsverordnung
NEhelG	Gesetz über die rechtliche Stellung der nichtehelichen Kinder (Nichtehelichengesetz)
Neudr	Neudruck
NeutrA	Neutralitäts-Anordnung
NF	Neue Folge
nF	neue Fassung
NJ	Neue Justiz (Zeitschrift)
NJOZ	Neue Juristische Online-Zeitschrift
NJW	Neue Juristische Wochenschrift (Zeitschrift)
NJW-CoR	NJW-Computerreport (Zeitschrift)
NJWE-FER	NJW-Entscheidungsdienst Familien- und Erbrecht (Zeitschrift, vereinigt mit FPR ab 2002)
NJWE-MietR	NJW-Entscheidungsdienst Miet- und Wohnungsrecht (Zeitschrift)
NJWE-VHR	NJW-Entscheidungsdienst Versicherungs- und Haftungsrecht (Zeitschrift)
NJWE-WettbR	NJW-Entscheidungsdienst Wettbewerbsrecht (Zeitschrift)
NJW-RR	NJW-Rechtsprechungs-Report, Zivilrecht (Zeitschrift)
NMV	Verordnung über die Ermittlung der zulässigen Miete für preisgebundene Wohnungen (Neubaumietenverordnung)
NotBZ	Zeitschrift für die notarielle Beratungs- und Beurkundungspraxis
Nr	Nummer(n)
nr	nicht rechtskräftig
NRW, nrw	Nordrhein-Westfalen, nordrhein-westfälisch(e)
NStE	Neue Entscheidungssammlung für Strafrecht
NStZ	Neue Zeitschrift für Strafrecht

Abkürzungsverzeichnis

NStZ-RR	NStZ-Rechtsprechungs-Report Strafrecht (Zeitschrift)
NTS	Abkommen zwischen den Parteien des Nordatlantik-Pakts über die Rechtsstellung ihrer Truppen (Nato-Truppenstatut)
NuR	Natur und Recht (Zeitschrift)
NVersZ	Neue Zeitschrift für Versicherung und Recht
NVwZ	Neue Zeitschrift für Verwaltungsrecht
NVwZ-RR	Rechtsprechungs-Report Verwaltungsrecht (Zeitschrift)
NWB	Neue Wirtschaftsbriefe (Loseblatt-Sammlung)
NWVBl	Nordrhein-Westfälische Verwaltungsblätter
NZA	Neue Zeitschrift für Arbeits- und Sozialrecht
NZA-RR	NZA-Rechtsprechungs-Report Arbeitsrecht
NZBau	Neue Zeitschrift für Baurecht und Vergaberecht
NZG	Neue Zeitschrift für Gesellschaftsrecht
NZI	Neue Zeitschrift für Insolvenz und Sanierung
NZM	Neue Zeitschrift für Mietrecht
NZS	Neue Zeitschrift für Sozialrecht
NZV	Neue Zeitschrift für Verkehrsrecht
NZWehrR	Neue Zeitschrift für Wehrrecht
o	oben
oÄ	oder Ähnliches
OBG	Ordnungsbehördengesetz
ObG	Obergericht
ÖBl	Österreichische Blätter für gewerblichen Rechtsschutz und Urheberrecht
OECD	Organization of Economic Cooperation and Development
OEEC	Organization for European Economic Cooperation
ÖffGesundheitswesen	Das öffentliche Gesundheitswesen (Zeitschrift)
OEG	Gesetz über die Entschädigung für Opfer von Gewalttaten
ÖJZ	Österreichische Juristenzeitung (Zeitschrift)
ÖNotZ	Österreichische Notariats-Zeitung
österr	österreichisch
ÖstOGH	Österreichischer Oberster Gerichtshof
ÖstVerfGH	Österreichischer Verfassungsgerichtshof
ÖstZÖR	Österreichische Zeitschrift für öffentliches Recht
ÖstZRVgl	Österreichische Zeitschrift für Rechtsvergleichung
ÖstZW	Österreichische Zeitschrift für Wirtschaftsrecht
OEuR	Osteuroparecht
ÖVD	Öffentliche Verwaltung und Datenverarbeitung
OFH	Oberfinanzhof
OG	Oberstes Gericht (der DDR)
OGH	Oberster Gerichtshof (Österreich)
OGHBrZ	Oberster Gerichtshof für die britische Besatzungszone
OGHSt	Amtliche Sammlung der Entscheidungen des OGHBrZ in Strafsachen
OGHZ	Sammlung der Entscheidungen des OGHBrZ in Zivilsachen
OHG	offene Handelsgesellschaft
OLG	Oberlandesgericht
OLGE	s OLGRspr
OLG-NL	OLG-Rechtsprechung Neue Länder (Zeitschrift)
OLGR	OLG-Report
OLGRspr	Die Rechtsprechung der Oberlandesgerichte auf dem Gebiete des Zivilrechts, herausgegeben von Mugdan und Falkmann (1.1900–46.1928; aufgegangen in HRR)
OLGSt	Rechtsprechung der Oberlandesgerichte in Strafsachen, Amtliche Entscheidungssammlung
OLGZ	Rechtsprechung der Oberlandesgerichte in Zivilsachen, Amtliche Entscheidungssammlung
OPD	Oberpostdirektion
OR	Schweizerisches Obligationsrecht
Ordo	Ordo, Jahrbuch für die Ordnung von Wirtschaft und Gesellschaft
OrgKG	Gesetz zur Bekämpfung des illegalen Rauschgifthandels und anderer Erscheinungsformen der organisierten Kriminalität
OVG	Oberverwaltungsgericht
OVGE	Amtliche Sammlung der Entscheidungen der OVGe Lüneburg und Münster

Abkürzungsverzeichnis

OV spezial	Offene Vermögensfragen spezial Informationsdienst zum Vermögens- und Entschädigungsrecht in den neuen Bundesländern
OWiG	Gesetz über Ordnungswidrigkeiten
ÖZöffR	Österreichische Zeitschrift für öffentliches Recht (zitiert nach Band und Seite)
PAG	Polizeiaufgabengesetz
PAngV	Preisangabenverordnung
PaPkG	Preisangaben- und Preisklauselgesetz
ParteiG	Gesetz über die politischen Parteien (Parteiengesetz)
PartG	Partnerschaftsgesellschaft
PartGG	Gesetz über Partnerschaftsgesellschaften Angehöriger Freier Berufe (Partnerschaftsgesellschaftsgesetz)
PassG	Passgesetz
PatAO	Patentanwaltsordnung
PatG	Patentgesetz
PatGer	Patentgericht
PauschGebVO	Pauschgebührenverordnung
PBefG	Personenbeförderungsgesetz
PersStdG	Personenstandsgesetz
PersV	Die Personalvertretung (Zeitschrift)
PersVG	Personalvertretungsgesetz
PfandlVO	Verordnung über den Geschäftsbetrieb der gewerblichen Pfandleiher (Pfandleiherverordnung)
PflegeVG	Gesetz zur sozialen Absicherung des Risikos der Pflegebedürftigkeit (Pflege-Versicherungsgesetz)
PflVG	Gesetz über die Pflichtversicherung für Kraftfahrzeughalter (Pflichtversicherungsgesetz)
PharmZtg	Pharmazeutische Zeitung
PiG	Partner im Gespräch
Pkh	Prozesskostenhilfe
PlVereinfG	Gesetz zur Vereinfachung der Planungsverfahren für Verkehrswege
PolG	Polizeigesetz
PolZustG	Gesetz über die Zuständigkeit der Polizeibehörden
PostG	Postgesetz
PostO	Postordnung
PostVerwG	Postverwaltungsgesetz
Pr; pr	Preußen; preußisch
PrA	Preußisches Archiv
PrAVV	Private Arbeitsvermittlung – Statistik – Verordnung
PresseG	Pressegesetz (Landesrecht)
PrGS	Preußische Gesetzessammlung
PrObTr	Preußisches Obertribunal
PrObTrE	Entscheidungen des Preußischen Obertribunals
ProdHaftG	Gesetz über die Haftung für fehlerhafte Produkte (Produkthaftungsgesetz)
ProstG	Gesetz zur Regelung der Rechtsverhältnisse der Prostituierten (Prostitutionsgesetz)
Prot I–VI	Protokolle der Kommission für die zweite Lesung des Entwurfs des BGB (Bände I und IV 1897; Band II 1898; Bände III, V und VI 1899)
PrOVG	Preußisches Oberverwaltungsgericht
PrOVGE	Amtliche Sammlung der Entscheidungen des PrOVG
PrPG	Produktpiateriebekämpfungsgesetz
PrVBl	Preußisches Verwaltungsblatt
PStG	Personenstandsgesetz
PSVaG	Pensionssicherungsverein auf Gegenseitigkeit
PsychKG	Gesetz über Hilfen und Schutzmaßnahmen bei psychischen Krankheiten
PTC	siehe IntPatÜbk
PucheltsZ	Zeitschrift für französisches Zivilrecht
PUDLV	Post-Universaldienstleistungsverordnung
PVG	Polizeiverwaltungsgesetz
PVS	Politische Vierteljahresschrift
PVÜ	Pariser Verbandsübereinkunft zum Schutz des gewerblichen Eigentums
pVV	positive Vertragsverletzung

LXXIII

Abkürzungsverzeichnis

R.	Recht
RA	Rechtsausschuss
RabelsZ	Zeitschrift für ausländisches und internationales Privatrecht (Band und Seite)
RABl.	Reichsarbeitsblatt
RADG	Rechtsanwaltsdienstleistungsgesetz
RAG	Reichtsarbeitsgericht
RAGE	Amtliche Sammlung der Entscheidungen des RAG
RAnz	Deutscher Reichs-Anzeiger
RAV	Rentenanpassungsverordnung
RB-EUHb	Rahmenbeschluss des Rates der Europäischen Union über den Europäischen Haftbefehl und die Übergabeverfahren zwischen den Mitgliedesstaaten vom 13. 06. 2002
RBerG	Rechtsberatungsgesetz
RbfDJugA	Rundbrief des Deutschen Jugendarchivs
RBÜ	Revidierte Berner Übereinkunft
RdA	Recht der Arbeit (Zeitschrift)
RdE	Recht der Energiewirtschaft (Zeitschrift)
RdErl	Runderlass
RDH.	Reichsdisziplinarhof
RdJ	Recht der Jugend (Zeitschrift)
RdJB	Recht der Jugend und des Bildungswesens (Zeitschrift)
RdK	Das Recht des Kraftfahrers (Zeitschrift, ab 1952: Deutsches Autorecht)
RdL.	Recht der Landwirtschaft (Zeitschrift)
RdM	Recht der Medizin (Zeitschrift)
RdSchr	Rundschreiben
RDV	Recht der Datenverarbeitung (Zeitschrift)
RdW	Recht der Wasserwirtschaft (Zeitschrift)
RE	Rechtsentscheid
Recht	Das Recht (Zeitschrift)
Rechtstheorie	Rechtstheorie (Zeitschrift)
RefE	Referentenentwurf
Reg	Regierung
RegBez	Regierungsbezirk
RegBl	Regierungsblatt
RegE	Regierungsentwurf
RegTP	Regulierungsbehörde für Post und Telekommunikation
RehaAnglG	Rehabilitierungsangleichungsgesetz
RehaG	Rehabilitierungsgesetz
RelKErzG	Gesetz über die religiöse Kindererziehung
REMiet	Rechtsentscheide Mietrecht (Thieler, Frantzioch, Uetzmann)
RentenVers	Die Rentenversicherung (Zeitschrift)
RES	Sammlung der Rechtsentscheide in Wohnraummietsachen, herausgegeben von Landfermann, Herde, Band I Entscheidungen 1980/1981, Band II Entscheidungen 1982, Band III Entscheidungen 1983, Band IV Entscheidungen 1984, Band V Entscheidungen 1985, Band VI Entscheidungen 1986/1987
RevGer	Revisionsgericht
RFH	Reichsfinanzhof, zugleich amtliche Sammlung der Entscheidungen (Band und Seite)
RFHE	Amtliche Sammlung der Entscheidungen des RFH
RfStV	Rundfunkstaatsvertrag
RG	Reichsgericht
RGarO	Reichsgaragenordnung
RGBl	Reichsgesetzblatt
RG-Praxis	Die Reichsgerichtspraxis im deutschen Rechtsleben
RGSt	Amtliche Sammlung von Entscheidungen des Reichsgerichts in Strafsachen
RGZ	Amtliche Sammlung von Entscheidungen des Reichsgerichts in Zivilsachen
RheinZ	Rheinische Zeitschrift für Zivil- und Prozeßrecht
RHO	Reichshaushaltsordnung
RhPf, rhpf.	Rheinland-Pfalz, rheinland-pfälzisch(e)
RiA	Recht im Amt (Zeitschrift), siehe auch AW/RiA
RiM	Rechtsentscheide im Mietrecht (Müller, Oske, Becker, Blümmel)
RiStBV	Richtlinien für das Strafverfahren und das Bußgeldverfahren

Abkürzungsverzeichnis

RIW	Recht der Internationalen Wirtschaft
RJA	Entscheidungen in Angelegenheiten der freiwilligen Gerichtsbarkeit und des Grundbuchrechts, zusammengestellt im Reichsjustizamt (1.1900–17.1922)
RJWG	Reichsgesetz für Jugendwohlfahrt
RKEG	Gesetz über die religiöse Kindererziehung
RKnG	Reichsknappschaftsgesetz
RL	Richtlinie
RLA	Rundschau für den Lastenausgleich (1.1952 ff)
RMBl	Reichsministerialblatt
RMC	Revue du Marché Commun
Rn	Randnummer(n)
RNatSchG	Reichsnaturschutzgesetz
RNotO	Reichsnotarordnung
RNotZ	Rheinische Notar-Zeitschrift
ROG	Raumordnungsgesetz
ROHG	Reichsoberhandelsgericht, auch Entscheidungssammlung (Band und Seite)
ROW	Recht in Ost und West (Zeitschrift)
R&P	Recht und Psychiatrie (Zeitschrift)
RpflAnpG	Rechtspflege-Anpassungsgesetz
Rpfleger	Der Deutsche Rechtspfleger (Zeitschrift)
RpflEntlG	Rechtspflegeentlastungsgesetz
RPflG	Rechtspflegergesetz
RPflJb	Rechtspflegerjahrbuch
RPG	Recht und Politik im Gesundheitswesen (Zeitschrift)
RRa	Reiserecht aktuell
RRG	Rentenreformgesetz
Rs	Rechtssache
RSiedlG	Reichssiedlungsgesetz
Rspr	Rechtsprechung
RsprEinhG	Gesetz zur Wahrung der Einheitlichkeit der Rechtsprechung der obersten Gerichtshöfe des Bundes
RStV	Rundfunkstaatsvertrag
RTDE	Revue Trimestrielle des Droit Européen
RT-Drucks	Reichstags-Drucksache
RÜG	Gesetz zur Herstellung der Rechtseinheit in der gesetzlichen Renten- und Unfallversicherung (Rentenüberleitungsgesetz)
RuF	Rundfunk und Fernsehen
RuG	Recht und Gesellschaft (Zeitschrift)
r+s	Recht und Schaden (Zeitschrift)
RuStAG	Reichs- und Staatsangehörigkeitsgesetz
RuW	Recht und Wirtschaft (Zeitschrift)
RV	Die Rentenversicherung (Zeitschrift)
RVA	Reichsversicherungsamt
RVBl	Reichsverwaltungsblatt
RVG	Rechtsanwaltsvergütungsgesetz
RVO	Reichsversicherungsordnung
RW	Recht der internationalen Wirtschaft (Zeitschrift, 1.1954/55–3.1957 und 21. 1975 ff; früher AWD)
RWP	Rechts- und Wirtschaftspraxis (Loseblatt-Ausgabe)
RWS	Recht und Wirtschaft der Schule
RzW	Rechtsprechung zum Wiedergutmachungsrecht (Zeitschrift)
s	siehe; section oder saarländisch(e)
S	Seite, Satz (bei Rechtsnormen) oder Saarland
SaarlRStZ	Saarländische Rechts- und Steuerzeitschrift
SaBl	Sammelblatt für Rechtsvorschriften des Bundes und der Länder
SaBremR	Sammlung des bremischen Rechts
SachenRBerG	Sachenrechtsbereinigungsgesetz
Sachgeb	Sachgebiet
SachHpflG	Gesetz über die Haftpflicht der Eisenbahnen und Straßenbahnen für Sachschaden
Sachs, sächs	Sachsen, sächsische(e)
SAE	Sammlung arbeitsrechtlicher Entscheidungen (Zeitschrift)
SächsAnn	Annalen des Sächsischen Oberlandesgerichts zu Dresden
SächsA	Sächsisches Archiv für Rechtspflege (Zeitschrift)

Abkürzungsverzeichnis

SächsPRG	Gesetz über den privaten Rundfunk und neue Medien in Sachsen
SavZRG	Zeitschrift der Savigny-Stiftung für Rechtsgeschichte (germanistische, kanonistische, romanistische Abteilung)
ScheckG	Scheckgesetz
SchiffsRegO	Schiffsregisterordnung
SchiffsRG	Gesetz über Rechte an eingetragenen Schiffen und Schiffsbauwerken (Schiffsrechtegesetz)
SchlG	Schlichtungsgesetz
SchlHA	Schleswig-Holsteinische Anzeigen (Zeitschrift)
SchlHLVerwG	Schleswig-Holsteinisches Landesverwaltungsgesetz
SchuldRAnpG	Schuldrechtsanpassungsgesetz
SchwBeschG	Schwerbeschädigtengesetz
SchwbG	Gesetz zur Sicherung der Eingliederung Schwerbehinderter in Arbeit, Beruf und Gesellschaft (Schwerbehindertengesetz), aufgehoben
SchweizAG	Schweizerische Aktiengesellschaft, Société anonyme suisse (Zeitschrift)
SchweizBG	Schweizer Bundesgericht
SchweizBGE	Amtliche Sammlung der Entscheidungen des SchweizBG
SchweizJZ	Schweizer Juristenzeitung
SchweizZStR	Schweizerische Zeitschrift für Strafrecht
SchwurGer	Schwurgericht
SDÜ	Schengener Durchführungsabkommen
SE	Societas Europaea, Europäische Gesellschaft
SED-UnBerG	SED-Unrechtsbereinigungsgesetz
SeelotsG	Gesetz über das Seelotsenwesen
SeemG	Seemannsgesetz
SeuffA	Seufferts Archiv für Entscheidungen der obersten Gerichte in den deutschen Staaten (Zeitschrift, zitiert nach Band und Numer; 1. 1847–98. 1944)
SeuffBl	Seufferts Blätter für Rechtsanwendung (Zeitschrift, zitiert nach Band und Seite)
SFJ	Sammlung aktueller Entscheidungen aus dem Sozial-, Familien- und Jugendrecht
SG	Sozialgericht
SGB	Sozialgesetzbuch – SGB I: (1. Buch) Allgemeiner Teil; SGB III: (3. Buch) Arbeitsförderung; SGB IV: (4. Buch) Gemeinsame Vorschriften für die Sozialversicherung; SGB V: (5. Buch) Gesetzliche Krankenversicherung; SGB VI: (6. Buch) Gesetzliche Rentenversicherung; SGB VII: (7. Buch) Gesetzliche Unfallversicherung; SGB VIII: (8. Buch) Kinder- und Jugendhilfe; SGB IX: (9. Buch) Rehabilitation und Teilhabe behinderter Menschen; SGB X: (10. Buch) Sozialverwaltungsverfahren und Sozialdatenschutz; SGB XI: (11. Buch) Soziale Pflegeversicherung; SGB XII: (12. Buch) Sozialhilfe
SGb	Die Sozialgerichtsbarkeit (Zeitschrift)
SGG	Sozialgerichtsgesetz
SH, sh	Schleswig-Holstein, schleswig-holsteinisch(e)
SigG	Gesetz über Rahmenbedingungen für elektronische Signaturen (Signaturgesetz)
SJZ	Süddeutsche Juristenzeitung (Zeitschrift)
SKV	Staats- und Kommunal-Verwaltung
Slg	Sammlung von Entscheidungen, Gesetzen etc.
SMG	Gesetz zur Modernisierung des Schuldrechts
SoldG	Gesetz über die Rechtsstellung der Soldaten (Soldatengesetz – SG)
SoergRspr	Soergels Rechtsprechung zum gesamten Zivil-, Handels- und Prozeßrecht (Jahr, Paragraf und Nummer)
sog.	sogenannt
SOG	Gesetz über die öffentliche Sicherheit und Ordnung
SoldG	Soldatengesetz
SozR	Sozialrecht, Rechtsprechung und Schrifttum, bearbeitet von den Richtern des Bundessozialgerichts
SozREntschS	Sozialrechtliche Entscheidungssammlung
SozSich	Soziale Sicherheit
SozVers	Die Sozialversicherung (Zeitschrift)
SozVersR	Sozialversicherungsrecht
SozW	Sozialwissenschaft(en)
SP	Schaden-Praxis (Zeitschrift)

Abkürzungsverzeichnis

Sp	Spalte
SprAuG	Gesetz über Sprecherausschüsse der leitenden Angestellten (Sprecherausschußgesetz)
SpuRt	Zeitschrift für Sport und Recht (Zeitschrift)
st	ständig
StA	Staatsangehörigkeit; Staatsanwalt, Staatsanwaltschaft
Staat	Der Staat. Zeitschrift für Staatslehre, öffentliches Recht und Verfassungsgeschichte (Band und Seite)
StÄndG	Steueränderungsgesetz
StAZ	Das Standesamt (Zeitschrift)
StB	Der Steuerberater (Zeitschrift)
StBauFG	Städtebauförderungsgesetz
StBerG	Steuerberatungsgesetz
Stbg.	Die Steuerberatung
StBGebV	Gebührenordnung für Steuerberater, Steuerbevollmächtigte und Steuerberatungsgesellschaften (Steuerberater-Gebührenverordnung)
StBp	Die steuerliche Betriebsprüfung (Zeitschrift)
StEK	Steuererlasse in Karteiform
StenBer	Stenographische Berichte
Steufa	Steuerfahndungsstelle
StFG	Straffreiheitsgesetz
StGB	Strafgesetzbuch
StGH	Staatsgerichtshof
StGHG	Gesetz über den Staatsgerichtshof
StHG	Staatshaftungsgesetz
StJ	Steuerliches Journal
StJb	Steuerberaterjahrbuch
StMBG	Missbrauchs- und Steuerbereinigungsgesetz
StPÄndG	Gesetz zur Änderung der StPO
Stpfl.	Steuerpflichtiger
StPO	Strafprozeßordnung
str	streitig
StrÄndG	Strafrechtsänderungsgesetz
StraGüVStG	Gesetz über die Besteuerung des Straßengüterverkehrs
StrEG	Gesetz über die Entschädigung von Strafverfolgungsmaßnahmen
StrG	Straßengesetz (der Länder)
StRK	Steuerrechtsprechung in Karteiform (Mrozek-Kartei)
StrK	Strafkammer
StrlSchVO	Verordnung über den Schutz vor Schäden durch Strahlen radioaktiver Stoffe
StrReinG	Straßenreinigungsgesetz
StrRG	Strafrechtsreformgesetz
stRspr	ständige Rechtsprechung
StrWG	Straßen- und Wegegesetz (der Länder)
StSäumnG	Steuersäumnisgesetz
StStud	Steuer und Studium (Zeitschrift)
StT	Der Städtetag
StückAG	Stückaktiengesetz
StUG	Stasi-Unterlagengesetz
StuGemB	Städte- und Gemeindebund
StuKommV	Staats- und Kommunalverwaltung
StuP	Studium und Praxis (Zeitschrift)
StuR	Staat und Recht (DDR-Zeitschrift)
StuW	Steuer und Wirtschaft (Zeitschrift)
StV	Strafverteidiger
StVÄG	Entwurf eines Gesetzes zur Änderung und Ergänzung des Strafverfahrensrechts
StVG	Straßenverkehrsgesetz
StVj	Steuerliche Vierteljahresschrift
StVK	Strafvollstreckungskammer
StVO	Straßenverkehrs-Ordnung
StVollstrO	Strafvollstreckungsordnung
StVollzG	Gesetz über den Vollzug der Freiheitsstrafe und der freiheitsentziehenden Maßregeln der Besserung und Sicherung (Strafvollzugsgesetz)
StVZO	Straßenverkehrs-Zulassungs-Ordnung
SV	Sicherungsvertrag

Abkürzungsverzeichnis

SV-Abk	Sozialversicherungsabkommen
SVBG	Gesetz über die Sozialversicherung Behinderter
SVG	Gesetz über die Versorgung für die ehemaligen Soldaten der Bundeswehr und ihre Hinterbliebenen (Soldatenversorgungsgesetz)
SVwG	Gesetz über die Selbstverwaltung auf dem Gebiet der Sozialversicherung
SVWO	Wahlordnung für die Sozialversicherung
SZ	Süddeutsche Zeitung
TA-Lärm	Sechste Allgemeine Verwaltungsvorschrift zum Bundes-Immissionsschutzgesetz (Technische Anleitung zum Schutz gegen Lärm – TA-Lärm)
TA-Luft	Erste Allgemeine Verwaltungsvorschrift zum Bundes-Immissionsschutzgesetz (Technische Anleitung zur Reinhaltung der Luft – TA-Luft)
TDDSG	Teledienste-Datenschutzgesetz
TDG	Gesetz über die Nutzung von Telediensten (Teledienstegesetz)
TDSV	Telekommunikationsdienstunternehmen-Datenschutzverordnung
TelWG	Telegraphenwegegesetz
TEntgV	Telekommunikations-Entgeltregulierungsverordnung
TestG	Gesetz über die Errichtung von Testamenten und Erbverträgen
Thür	Thüringen
TierKBG	Tierkörperbeseitigungsgesetz
TierSchG	Tierschutzgesetz
TierSG	Tierseuchengesetz
TKG	Telekommunikationsgesetz
TKV	Telekommunikations-Kundenschutzverordnung
TOA	Täter-Opfer-Ausgleich
TPG	Gesetz über die Spende, Entnahme und Übertragung von Organen (Transplantationsgesetz)
TranspR	Transport- und Speditionsrecht (Zeitschrift)
TRIPS-Abkommen	Übereinkommen über handelsbezogene Aspekte der Rechte des geistigen Eigentums
TSG	Gesetz über die Änderung der Vornamen und die Feststellung der Geschlechtszugehörigkeit in besonderen Fällen (Transsexuellengesetz)
TUDV	Telekommunikations-Universaldienstleistungsverordnung
TÜV	Technischer Überwachungsverein
TV	Testamentsvollstrecker; Testamentsvollstreckung
TVG	Tarifvertragsgesetz
TWG	Telegraphenwegegesetz
Tz	Textziffer
TzBfG	Gesetz über Teilzeitarbeit und befristete Arbeitsverträge (Teilzeit- und Befristungsgesetz)
TzWrG	Teilzeit-Wohnrechtegesetz, aufgehoben
u	und; unten
UA	Untersuchungsausschuss
ua	unter anderem; und andere
uÄ	und Ähnliche(s)
UÄndG	Gesetz zur Änderung unterhaltsrechtlicher, verfahrensrechtlicher und anderer Vorschriften
UAG	Untersuchungsausschussgesetz
überwM	überwiegende Meinung
Übk	Übereinkommen
ÜG	Überweisungsgesetz
UFITA	Archiv für Urheber-, Film-, Funk- und Theaterrecht (Zeitschrift, zitiert nach Band und Seite)
UIG	Umweltinformationsgesetz
UJ	Unsere Jugend (Zeitschrift)
UKG	Umweltkriminalitätsgesetz
UKlaG	Gesetz über Unterlassungsklagen bei Verbraucherrechts- und anderen Verstößen (Unterlassungsklagengesetz), aufgehoben
umstr	umstritten
UmwG	Umwandlungsgesetz
UmwHG	Umwelthaftungsgesetz
UmwStG	Umwandlungssteuergesetz

Abkürzungsverzeichnis

UN-AMR	UN-Ausschuss für Menschenrechte
UNCTAD	United Nations Congress of Trade and Development
UNIDROIT	Institut International pour l Unification du Droit Privé
UnivG	Universitätsgesetz (der Länder)
UN-KaufR	(Wiener) Übereinkommen der Vereinten Nationen über Verträge über den internationalen Warenkauf, siehe auch CISG
UNO	United Nations Organization
unstr	unstreitig
unveröff	unveröffentlicht
UPR	Umwelt- und Planungsrecht (Zeitschrift)
UR	Umsatzsteuer-Rundschau (Beilage zur Finanz-Rundschau)
UrhG	Gesetz über Urheberrecht und verwandte Schutzrechte (Urheberrechtsgesetz)
Urt	Urteil
USG	Unterhaltssicherungsgesetz
USK	Urteilssammlung für die gesetzliche Krankenversicherung
USt	Umsatzsteuer
UStDV	Umsatzsteuer-Durchführungsverordnung
UStG	Umsatzsteuergesetz
usw	und so weiter
UTR	Umwelt- und Technikrecht (Zeitschrift)
uU	unter Umständen
UVG	Unterhaltsvorschussgesetz
UVollzO	Untersuchungshaftvollzugsordnung
UVPG	Gesetz zur Umweltverträglichkeitsprüfung
UWG	Gesetz gegen den unlauteren Wettbewerb
UZwG	Gesetz über die Anwendung unmittelbaren Zwanges
v	vom; von
VA	Vermittlungsausschuss
VAE	Verkehrsrechtliche Abhandlungen und Entscheidungen (Zeitschrift)
VA(e)	Verwaltungsakt(e)
VAG	Gesetz über die Beaufsichtigung der Versicherungsunternehmen (Versicherungsaufsichtsgesetz)
VAHRG	Gesetz zur Regelung von Härten im Versorgungsausgleich
Var	Variante
VB	Vorlagebeschluss
VBL	Versorgungsanstalt des Bundes und der Länder
VBlBW	Verwaltungsblätter für Baden-Württemberg
VerBAV	Veröffentlichungen des Bundesaufsichtsamtes für das Versicherungs- und Bausparwesen (Zeitschrift)
VerbrKrG	Gesetz über Verbraucherkredite, zur Änderung der Zivilprozeßordnung und anderer Gesetze, aufgehoben
VereinsG	Vereinsgesetz
Verf	Verfassung
VerfGH	Verfassungsgerichtshof
VerfGHG	Gesetz über den Verfassungsgerichtshof
VerfO	Verfahrensordnung
VerfR	Verfassungsrecht
VerfSchG	Verfassungsschutzgesetz (der Länder)
VergnStG	Vergnügungssteuergesetz
Verh	Verhandlung(en)
Verhdlg DJT	Verhandlungen des Deutschen Juristentages
VerjährungsG	Gesetz über das Ruhen der Verjährung bei SED-Unrechtstaten
VerkBl	Verkehrsblatt, Amtsblatt des Bundesministers für Verkehr
VerkehrsfinanzG	Verkehrsfinanzierungsgesetz
VerkMitt	Verkehrsrechtliche Mitteilungen (Zeitschrift)
VerkPBG	Verkehrswegeplanungsbeschleunigungsgesetz
VerkRdsch	Verkehrsrechtliche Rundschau (Zeitschrift)
VerlG	Gesetz über das Verlagsrecht
VermG	Gesetz zur Regelung offener Vermögensfragen (Vermögensgesetz)
VermStG	Vermögensteuergesetz
Veröff	Veröffentlichung
VerpackV	Verpackungsverordnung
VersA	Versicherungswissenschaftliches Archiv (Zeitschrift)

Abkürzungsverzeichnis

VerschG	Verschollenheitsgesetz
VersG	Versammlungsgesetz
VersPrax	Versicherungspraxis
VersR	Versicherungsrecht, Juristische Rundschau für die Individualversicherung (Zeitschrift)
VersRdSch	Versicherungsrundschau (österreichische Zeitschrift)
VersW	Versicherungswirtschaft (Zeitschrift)
Verw	Verwaltung
VerwA	Verwaltungsarchiv (Zeitschrift)
VerwGebG	Verwaltungsgebührengesetz
VerwGebO	Verwaltungsgebührenordnung
VerwGH	Verwaltungsgerichtshof
VerwProzR	Verwaltungsprozessrecht
VerwR	Verwaltungsrecht
VerwRdsch	Verwaltungsrundschau (Zeitschrift)
VerwRspr	Verwaltungsrechtsprechung in Deutschland (Band und Seite)
VerwVerfR	Verwaltungsverfahrensrecht
Vfg	Verfügung
VG	Verwaltungsgericht; Verwertungsgesellschaft
vGA	verdeckte Gewinnausschüttung
VGB	Allgemeine Bedingungen für die Neuwertversicherung von Wohngebäuden gegen Feuer-, Leitungswasser- und Sturmschäden
VGFGEntlG	Entlastungsgesetz für die Verwaltungs- und die Finanzgerichtsbarkeit
VGH	Verfassungsgerichtshof
VGHE	Entscheidungen des VGH München und des BAyVerfGH
vgl	vergleiche
VglO	Vergleichsordnung, aufgehoben
vH	von (vom) Hundert
VHG	Allgemeine Bedingungen für die Neuwertversicherung des Hausrats gegen Feuer-, Einbruchdiebstahl-, Beraubungs-, Leitungswasser-, Sturm- und Glasbruchschäden
VIZ	Zeitschrift für Vermögens- und Investitionsrecht (seit 1997: Immobilienrecht)
VMBl	Ministerialblatt des Bundesministers für (ab 1962: der) Verteidigung
VN	Vereinte Nationen
VNVV	Verordnung über die Vergabe und Zusammensetzung der Versicherungsnummer
VO	Verordnung
VOB	Verdingungsordnung für Bauleistungen
VOBl	Verordnungsblatt
VOL	Verdingungsordnung für Leistungen, ausgenommen Bauleistungen
Voraufl	Vorauflage
Vor	Vorbemerkung
VormG	Vormundschaftsgericht
VPB	Verwaltungspraxis der Bundesbehörden (früher VEB)
VR	Verkehrs-Rundschau
VRG	Vorruhestandsgesetz
VRS	Verkehrsrechts-Sammlung (Zeitschrift; Band und Seite)
VRÜ	Verfassung und Recht in Übersee (Zeitschrift, 1. 1968 ff)
VSSR	Vierteljahresschrift für Sozialrecht
VSt	Vergabestelle
VStR	Vermögen-Steuerrichtlinien
VSV	Verbraucherschutzverband
VuR	Verbraucher und Recht (Zeitschrift)
VVaG	Versicherungsverein auf Gegenseitigkeit
VVDStRL	Veröffentlichungen der Vereinigung Deutscher Staatsrechtslehrer
VVG	Gesetz über den Versicherungsvertrag
VVGE	Entscheidungssammlung zum Versicherungsvertragsrecht
VwGKostO	Verwaltungsgerichtskostenordnung
VwGO	Verwaltungsgerichtsordnung
VwKostG	Verwaltungskostengesetz
VwV	Verwaltungsverordnung; Verwaltungsvorschrift
VwVfG	Verwaltungsverfahrensgesetz
VwVG	Verwaltungsvollstreckungsgesetz
VwZG	Verwaltungszustellungsgesetz
VwZVG	Verwaltungszustellungs- und Vollstreckungsgesetz
VZ	Veranlagungszeitraum

Abkürzungsverzeichnis

VZG	Gesetz über eine Volks-, Berufs-, Gebäude-, Wohnungs- und Arbeitsstättenzählung (Volkszählungsgesetz)
VZOG	Vermögenszuordnungsgesetz
WährG	Währungsgesetz
WaffG	Waffengesetz
WahrnG	Gesetz über die Wahrnehmung von Urheberrechten und verwandten Schutzrechten
WarnJB	Jahrbuch der Entscheidungen zum BGB und den Nebengesetzen
WarnR	Rechtsprechung des Reichsgerichts, herausgegeben von Warneyer (Band und Nummer), ab 1961: Rechtsprechung des Bundesgerichtshofs in Zivilsachen
WassG	Wassergesetz (der Länder)
WaStrG	Wasserstraßengesetz
WBewG	Wohnraumbewirtschaftungsgesetz
WBO	Wehrbeschwerdeordnung
WDO	Wehrdisziplinarordnung
WE	Wohnungseigentum
WEG	Gesetz über das Wohnungseigentum und das Dauerwohnrecht (Wohnungseigentumsgesetz)
WeinWiG	Weinwirtschaftsgesetz
WEZ	Der Wohnungseigentümer
WG	Wechselgesetz
WGG	Wohnungsgemeinnützigkeitsgesetz
WGO	Die wichtigsten Gesetzgebungsakte in den Ländern Ost-, Südosteuropas und in den asiatischen Volksdemokratien (Zeitschrift)
WGSVG	Gesetz zur Wiedergutmachung nationalsozialistischen Unrechts in der Sozialversicherung
WHG	Gesetz zur Ordnung des Wasserhaushalts (Wasserhaushaltsgesetz)
WIB, WiB	Wirtschaftsrechtliche Beratung (Zeitschrift)
WiGBl.	Gesetzblatt der Verwaltung des Vereinigten Wirtschaftsgebiets
WiKG	Gesetz zur Bekämpfung der Wirtschafts-Kriminalität
WIPO	World Intellectual Properry Organization
WiR	Wirtschaftsrecht (Zeitschrift)
WiRO	Wirtschaft und Recht in Osteuropa (Zeitschrift)
wiss	wissenschaftlich
WissR	Wissenschaftsrecht, Wissenschaftsverwaltung, Wissenschaftsförderung
WiSta	Wirtschaft und Statistik (herausgegeben vom Statistischen Bundesamt; Zeitschrift)
WiStG	Gesetz zur weiteren Vereinfachung des Wirtschaftsstrafrechts (Wirtschaftsstrafgesetz)
Wistra	Wirtschaft Steuer Strafrecht
WiVerw	Wirtschaftsverwaltung
WKSchG	Wohnraumkündigungsschutzgesetz
WLVO	Wohnraumlenkungsverordnung
WM	Wertpapiermitteilungen, Zeitschrift für Wirtschaft und Bankrecht (Zeitschrift)
WoBauErlG	Wohnungsbau-Erleichterungsgesetz
WoBauG	Wohnungsbaugesetz
WoBindG	Gesetz zur Sicherung der Zweckbestimmung von Sozialwohnungen (Wohnungsbindungsgesetz)
WoFG	Gesetz über die soziale Wohnraumförderung (Wohnraumförderungsgesetz)
WoGG	Wohngeldgesetz
WoM	Wohnungswirtschaft und Mietrecht (Informationsdienst des Deutschen Mieterbundes; Zeitschrift)
WoVermittG	Gesetz zur Regelung der Wohnungsvermittlung
WP	Wahlperiode
WPflG	Wehrpflichtgesetz
WPg	Die Wirtschaftsprüfung (Zeitschrift)
WpHG	Gesetz über den Wertpapierhandel (Wertpapierhandelsgesetz)
WPK-Mitt	Wirtschaftsprüferkammer-Mitteilungen
WPO	Gesetz über die Berufsordnung der Wirtschaftsprüfer (Wirtschaftsprüferordnung)
WpÜG	Wertpapierübernahmegesetz
WRK	Wiener Vertragsrechtskonvention

Abkürzungsverzeichnis

WRP	Wettbewerb in Recht und Praxis (Zeitschrift)
WRV	Verfassung des Deutschen Reiches
WStG	Wehrstrafgesetz
WuB	Wirtschafts- und Bankrecht (Zeitschrift)
WÜK	Wiener Übereinkommen über konsularische Beziehungen
WürttNV	Mitteilungen aus der Praxis, herausgegeben vom Württembergischen Notarverein (bis 20.1954), dann BWNotZ
WürttRpflZ	Württembergische Zeitschrift für Rechtspflege und Verwaltung
WürttZ	Zeitschrift für die freiwillige Gerichtsbarkeit und Gemeindeverwaltung in Württemberg
WuR	Die Wirtschaft und das Recht (Zeitschrift)
WuV	Wirtschaft und Verwaltung (Zeitschrift)
WuW	Wirtschaft und Wettbewerb (Zeitschrift)
WuW/E	Wirtschaft und Wettbewerb – Entscheidungssammlung
WZG	Warenzeichengesetz, aufgehoben
WzS	Wege zur Sozialversicherung
zahlr	zahlreich
ZAkDR	Zeitschrift der Akademie für Deutsches Recht
ZA-NTS	Zusatzabkommen zum Nato-Truppenstatut
ZaöRV	Zeitschrift für ausländisches öffentliches Recht und Völkerrecht (zitiert nach Band und Seite)
ZAP	Zeitschrift für die Anwaltspraxis Ausgabe Ost
ZAR	Zeitschrift für Ausländerrecht und Ausländerpolitik
ZAS	Zeitschrift für Arbeits- und Sozialrecht (Österreich)
zB	zum Beispiel
ZBB	Zeitschrift für Bankrecht und Bankwirtschaft
ZBergR	Zeitschrift für Bergrecht
ZBinnSch	Zeitschrift für Binnenschifffahrt
ZBlFG	Zentralblatt für freiwillige Gerichtsbarkeit und Notariat (ab 12.1911/12: für freiwillige Gerichtsbarkeit, Notariat und Zwangsversteigerung), 1.1900/01–22.1921/22
ZBlHR	Zentralblatt für Handelsrecht
ZBlJugR	Zentralblatt für Jugendrecht und Jugendwohlfahrt
ZblSozVers	Zentralblatt für Sozialversicherung, Sozialhilfe und -versorgung
ZBR	Zeitschrift für Beamtenrecht
ZDG	Zivildienstgesetz
ZERB	Zeitschrift für Steuer- und Erbrechtspraxis
ZEuP	Zeitschrift für Europäisches Privatrecht (Zeitschrift)
ZEV	Zeitschrift für Erbrecht und Vermögensnachfolge (Zeitschrift)
ZevKR	Zeitschrift für evangelisches Kirchenrecht
ZfA	Zeitschrift für Arbeitsrecht
ZfB	Zeitschrift für Bergrecht
ZfbF	(Schmalenbachs) Zeitschrift für betriebswirtschaftliche Forschung
ZfBR	Zeitschrift für deutsches und internationales Baurecht (1.1978 ff)
ZfF	Zeitschrift für das Fürsorgewesen
ZfgK	Zeitschrift für das gesamte Kreditwesen (Zeitschrift)
ZfIR	Zeitschrift für Immobilienrecht (Zeitschrift)
ZfJ	Zeitschrift für Jugendrecht (Zeitschrift)
ZfP	Zeitschrift für Politik
ZfRV	Zeitschrift für Rechtsvergleichung (Österreich)
ZfS	Zentralblatt für Sozialversicherung
ZfS	Zeitschrift für Schadensrecht (1.1980 ff)
ZfSH	Zeitschrift für Sozialhilfe (1.1962 ff)
ZfSozW	Zeitschrift für Sozialwissenschaft
ZfStrVo	Zeitschrift für Strafvollzug
ZfV	Zeitschrift für Versicherungswesen
ZfW	Zeitschrift für Wasserrecht
ZfZ	Zeitschrift für Zölle und Verbrauchsteuern
ZG	Zeitschrift für Gesetzgebung
ZGB	Schweizerisches Zivilgesetzbuch
ZGeschRW	Zeitschrift für geschichtliche Rechtswissenschaft
ZgesGenW	Zeitschrift für das gesamte Genossenschaftswesen
ZgesStaatsW	Zeitschrift für die gesamte Staatswissenschaft
ZgesStrafW	siehe ZStrW
ZGesVersW	Zeitschrift für die gesamte Versicherungswissenschaft
ZGR	Zeitschrift für Unternehmens- und Gesellschaftsrecht

Abkürzungsverzeichnis

ZHR	Zeitschrift für das gesamte Handelsrecht und Wirtschaftsrecht (früher Zeitschrift für das gesamte Handelsrecht und Konkursrecht)
Ziff.	Ziffer(n)
ZInsO	Zeitschrift für das gesamte Insolvenzrecht (Zeitschrift)
ZIP	Zeitschrift für Wirtschaftsrecht (bis 1982: Zeitschrift für Wirtschaftsrecht und Insolvenzpraxis)
ZIR	Zeitschrift für internationales Recht (früher NiemeyersZ)
zit	zitiert
ZivG	Zivilgericht
ZKF	Zeitschrift für Kommunalfinanzen
ZKredW	Zeitschrift für das gesamte Kreditwesen
ZLR	Zeitschrift für Luftrecht
ZLW	Zeitschrift für Luftrecht und Weltraumrechtsfragen
ZMR	Zeitschrift für Miet- und Raumrecht
ZNR	Zeitschrift für Neuere Rechtsgeschichte
ZöR	Zeitschrift für öffentliches Recht
ZOV	Zeitschrift für offene Vermögensfragen
ZParl	Zeitschrift für Parlamentsfragen
ZPO	Zivilprozessordnung
ZPR	Zivilprozessrecht
ZRechtsmed	Zeitschrift für Rechtsmedizin
ZRG	Zeitschrift der Savigny-Stiftung für Rechtsgeschichte
ZRHO	Rechtshilfeordnung für Zivilsachen
ZRP	Zeitschrift für Rechtspolitik
ZRVgl	Zeitschrift für Rechtsvergleichung
ZS	Zivilsenat
ZSchweizR	Zeitschrift für Schweizer Recht
ZSEG	Gesetz über die Entschädigung von Zeugen und Sachverständigen
ZSR	Zeitschrift für Sozialreform
ZStaatsW	Zeitschrift für die gesamte Staatswissenschaft
ZStW	Zeitschrift für die gesamte Strafrechtswissenschaft (Band und Seite)
zT	zum Teil
ZTR	Zeitschrift für Tarifrecht
Ztschr	Zeitschrift
ZUM	Zeitschrift für Urheber- und Medienrecht/Film und Recht
ZUM-RD	ZUM Rechtsprechungsdienst
ZUR	Zeitschrift für Umweltrecht
zusf	zusammenfassend
zust	zuständig; zustimmend
ZustG	Zustimmungsgesetz
zutr	zutreffend
ZVerkR	Zeitschrift für Verkehrsrecht (Österreich)
ZVersWes	Zeitschrift für Versicherungswesen
ZVersWiss	Zeitschrift für die gesamte Versicherungswissenschaft (1.1901–43.1943; 49.1960 ff)
ZVG	Gesetz über die Zwangsversteigerung und Zwangsverwaltung
ZVglRWiss	Zeitschrift für vergleichende Rechtswissenschaft (Band, Jahr und Seite)
ZVgR	Zeitschrift für Vergaberecht
ZVOBl	Zentralverordnungsblatt
ZVölkR	Zeitschrift für Völkerrecht
ZVP	Zeitschrift für Verbraucherpolitik
ZWE	Zeitschrift für das Wohnungseigentum
ZWehrR	Zeitschrift für Wehrrecht
ZZP	Zeitschrift für Zivilprozess (Band, Jahr und Seite)

Strafprozessordnung

StPO

Erstes Buch. Allgemeine Vorschriften (§§ 1-150)

Erster Abschnitt. Sachliche Zuständigkeit der Gerichte (§§ 1-6 a)

§ 1 [Sachliche Zuständigkeit]

Die sachliche Zuständigkeit der Gerichte wird durch das Gesetz über die Gerichtsverfassung bestimmt.

A. Allgemeines

§ 1 StPO ist eine Verweisungsvorschrift. Die sachliche Zuständigkeit wird im GVG geregelt, ohne dass der Begriff „sachlich" verwendet oder definiert wird. Dafür stehen Synonyme, wie „zuständig" (§ 24 GVG) oder „entscheidet" (§ 25 GVG). Die sachliche Zuständigkeit der Gerichte ist eine ausschließlich **rangordnungsmäßige**. Sie ergibt sich aus der Art und Schwere der (konkreten) verfahrensgegenständlichen Delikte bezogen auf die erstinstanzlichen unterschiedlich besetzten Gerichte im Sinne des § 12 GVG (AG, LG, OLG). Die StPO spricht von „niederer" bzw. „höherer" Ordnung (so zB § 209 StPO). Die Überprüfung der sachlichen Zuständigkeit ist in jeder Lage des Verfahrens von Amts wegen selbst vorzunehmen (§ 6 StPO Rn 1). Der sachlichen Zuständigkeit stehen die örtliche (§ 7 StPO bis § 21 StPO) und die funktionelle Zuständigkeit gegenüber. Den Begriff der funktionellen Zuständigkeit kennt das Gesetz begrifflich nicht, er ist ein **Auffangbegriff**, der alles umfasst, was nicht zur sachlichen bzw. örtlichen Zuständigkeit gehört. 1

B. Erstinstanzliche Gerichte

Amtsgericht § 24 GVG bis § 28 GVG: Die Rangordnung der sachlichen Zuständigkeit betrifft grundsätzlich die Gerichte als Ganzes. Beim AG wird davon abgewichen, da bei diesem unter dem Gesichtspunkt der zu prognostizierenden Rechtsfolge der verfahrensgegenständlichen Deliktsnormen unterschiedliche (sachliche) Zuständigkeiten bestehen. Das **Schöffengericht** (§§ 28 GVG ff) ist ranghöher gegenüber dem **Strafrichter** (§ 24 GVG, § 25 GVG). Das **erweiterte** Schöffengericht (§ 29 Abs 2 GVG) ist jedoch **kein** Gericht höherer Ordnung (OLG Düsseldorf NStZ 1994, 97). 2

Landgericht § 73 GVG bis § 74 d GVG: Strafkammern mit einer besonderen Zuständigkeit gemäß § 209 a StPO stehen Gerichten höherer Ordnung gleich, obwohl es sich hier nicht um eine Frage der sachlichen Zuständigkeit, sondern der funktionellen Zuständigkeit handelt (§ 6 a StPO).

Oberlandesgericht (Bundesland Berlin: Kammergericht. Historisch bedingter Name, erstmals 1468 urkundlich erwähnt) § 120 GVG, § 120 a GVG.

C. Rechtsmittelgerichte

Rechtsmittelgerichte erhalten ihre sachliche Zuständigkeit zwingend aus der erstinstanzlichen sachlichen Zuständigkeit und der Aufgabenzuweisung nach dem GVG. Der Rechts- 3 mittelzug führt von dem erstinstanzlich sachlich zuständigem Gericht zu dem ihm durch die Gerichtsorganisation übergeordneten Gericht. Diese gerichtsverfassungsrechtliche Regelung ist unabänderlich (vgl BGHSt 22, 48 ff, 50). Die Möglichkeit Oberste Landesgerichte (ObLG) zu errichten folgte aus § 9 EGGVG. Hiervon hatte nur der Freistaat Bayern (Art 22 Bay-AGGVG) Gebrauch gemacht. Aus Gründen der Kostenersparnis beschloss der bayerische Landtag am 20. 10. 2004 das Bayerische Oberste Landesgericht zum 30. 6. 2006 abzuschaffen. Die Verfahren, die bisher in dessen Zuständigkeit fielen, verteilen sich heute auf das Oberlandesgericht (Zivilsachen aus dem OLG-Bezirk München, Beschwerdeverfahren gegen Entscheidungen der Vergabekammern Nord- und Südbayern, Strafsachen aus dem OLG-Bezirk München), das Oberlandesgericht Bamberg (Zivil- und Strafsachen aus dem OLG-Bezirk Bamberg und Rechtsbeschwerden nach dem Ordnungswidrigkeitengesetz und dem Wirtschaftsstrafgesetz aus ganz Bayern) sowie auf das Oberlandesgericht Nürnberg (Zivil- und Strafsachen aus dem OLG-Bezirk Nürnberg).

Landgericht:
Beschwerdegericht § 73 GVG;
Berufungsgericht § 74 Abs 3 GVG.
Oberlandesgericht (KG):
Beschwerdegericht § 121 Abs 1 Nr 2 GVG;
Rechtsbeschwerdegericht bei Vollstreckungsentscheidungen der Strafvollstreckungskammern; § 121 Abs 1 Nr 3 GVG;
Rechtsbeschwerdegericht in Bußgeldverfahren § 79 Abs 3 GVG
Revisionsgericht § 121 Abs 1 Nr 1 GVG;
Bundesgerichtshof:
Beschwerdegericht § 135 Abs 2 GVG
Revisionsgericht § 135 Abs 1 GVG.

D. Kompetenzkonflikte

4   Bei einem **positiven Kompetenzkonflikt** (mehrere Gerichte halten sich für sachlich zuständig) hat das Gericht mit der sachlich höheren Zuständigkeit (BGH NJW 1964, 506) Vorrang. Bei einer evtl vorliegenden mehrfachen Rechtshängigkeit (§ 207 StPO) ist jedoch allein entscheidend, bei welchem Gericht das Verfahren zuerst rechtshängig wurde, auch wenn dieses das rangniedrigere Gericht wäre. Wegen eines Verfahrenshindernisses hat dann das ranghöhere Gericht das Verfahren einzustellen (§ 206 a StPO, § 261 Abs 3 StPO; BGH NStZ 1983, 30).

5   Bei einem **negativen Kompetenzkonflikt** (kein Gericht hält sich für sachlich zuständig), entscheidet nach § 14 StPO, § 19 StPO das gemeinsame Obergericht. Bei negativem Kompetenzkonflikt zwischen der Wirtschaftsstrafkammer und der allgemeinen Strafkammer im Berufungsverfahren hat nicht das Oberlandesgericht in entsprechender Anwendung der § 14 StPO, § 19 StPO die zuständige Strafkammer zu bestimmen, sondern aufgrund entsprechender Anwendung der § 209 StPO, § 209 a StPO, § 225 a StPO hat die Wirtschaftsstrafkammer gegenüber der allgemeinen Strafkammer die Kompetenz-Kompetenz (OLG Düsseldorf wistra 1995, 362).

6   Hat ein Landgericht das Verfahren gemäß § 270 Abs 1 StPO an das für Staatsschutzstrafsachen erstinstanzlich zuständige Oberlandesgericht (§ 120 GVG) verwiesen, hält aber dieses den Verweisungsbeschluss wegen objektiver Willkür für unwirksam, ist der Bundesgerichtshof analog § 14 StPO, § 19 StPO zur Bestimmung des sachlich zuständigen Gerichts berufen (BGH NJW 1999, 1876).

§ 2 [Verbindung und Trennung zusammenhängender Sachen]

(1) ¹**Zusammenhängende Strafsachen, die einzeln zur Zuständigkeit von Gerichten verschiedener Ordnung gehören würden, können verbunden bei dem Gericht anhängig gemacht werden, dem die höhere Zuständigkeit beiwohnt.** ²**Zusammenhängende Strafsachen, von denen einzelne zur Zuständigkeit besonderer Strafkammern nach § 74 Abs. 2 sowie den §§ 74a und 74c des Gerichtsverfas-**

sungsgesetzes gehören würden, können verbunden bei der Strafkammer anhängig gemacht werden, der nach § 74 e des Gerichtsverfassungsgesetzes der Vorrang zukommt.

(2) Aus Gründen der Zweckmäßigkeit kann durch Beschluß dieses Gerichts die Trennung der verbundenen Strafsachen angeordnet werden.

§ 2 StPO bezieht sich auf Gerichte erster Instanz, da allein bei diesen eine Strafsache durch Erhebung der öffentlichen Klage anhängig gemacht werden kann (BGH NJW 1964, 506). § 2 StPO betrifft Strafsachen, die **noch nicht rechtshängig** (§ 156 StPO) sind, für **rechtshängige** Strafsachen gilt § 4 StPO. Nr 114 RiStBV und Nr 17 RiStBV sind zu beachten. Die Norm hat primär eine prozessökonomische und damit Ressourcen schonende, effektive Strafrechtspflege der Gerichte zum Ziel (BVerfG NJW 1977, 1767) und soll ausschließen, dass identische Lebenssachverhalte, die nicht unter den Tatbegriff des § 264 StPO fallen, bei einer Nichtverbindung von mehreren Gerichten unterschiedlich beurteilt werden (BGH NJW 1963, 896). Der Begriff des Zusammenhangs ist in § 3 StPO definiert. 1

Abs 1 erfasst Strafsachen bei Gerichten **verschiedener Ordnung** (§ 1 StPO Rn 4) **erster Instanz**. Die Erhebung einer Anklage beim LG allein zum Zwecke der Verbindung dieses Verfahrens mit einem dort anhängigen Berufungsverfahren ist unzulässig, sofern nicht eine Zuständigkeit des LG nach § 74 GVG gegeben ist (BGH NStZ 1992, 397). 2

Die Verbindung von Strafsachen vor **verschiedenen Gerichten gleicher Ordnung** ist eine Frage der örtlichen Zuständigkeit (§ 13 Abs 1 StPO). 3

Die Verbindung von **verschiedenen Strafsachen(-verfahren) vor demselben Gericht gleicher Ordnung** ist gesetzlich nicht ausdrücklich geregelt, deren Möglichkeit ergibt sich jedoch aus § 13 Abs 1 StPO. 4

Verfahren gegen **Erwachsene und Jugendliche** können unter den Voraussetzungen des § 103 Abs 1 JGG verbunden werden. Das Jugendgericht ist für das Gesamtverfahren zuständig (§ 103 Abs 2 S 1 JGG). 5

Die Verbindung von **Strafsachen und Ordnungswidrigkeiten** nach § 46 OWiG, § 42 OWiG, § 64 OWiG ist kein Fall des § 2 StPO, da Voraussetzung ist, dass die Staatsanwaltschaft das Bußgeldverfahren vor Erlass eines Bußgeldbescheides übernommen hat. Auch die Verbindung einer Ordnungswidrigkeit nach zulässigem Einspruch mit einer Strafsache beim Strafrichter ist kein Fall des § 2 StPO, es sei denn, die Strafsache ist bei einem (sachlich) höheren Gericht anhängig, was jedoch kaum praktische Bedeutung hat. 6

Verbindungen erfolgen immer durch Beschluss. Der Beschuldigte hat auf eine Verbindung keinen Anspruch. **Gegen eine Verbindung** können verschiedene sachliche Gründe sprechen, obwohl Gründe für eine Verbindung vorliegen. Dagegen sprechen Erwägungen der Prozessökonomie, aber auch ua der Beschleunigungsgrundsatz in Haftsachen bei unterschiedlichem Verfahrensstand (Nr 114 RiStBV). Zur Gesamtproblematik ausführlich Meyer-Goßner NStZ 2004, 353 ff. 7

Die **Trennung** (Abs 2) von verbundenen Verfahren ist eine endgültige. Es wird wieder der „ursprüngliche" Zustand vor einer Verbindung hergestellt. Zuständig sind dann wieder die Gerichte, die vor der Verbindung zuständig waren oder gewesen wären. Die **Abtrennung im Zeitpunkt des Eröffnungsbeschlusses** erfolgt dadurch, dass die abzutrennende Strafsache zum Gericht niederer Ordnung eröffnet wird (§ 207 Abs 1 StPO, § 209 a Nr 2 StPO; OLG Düsseldorf NStZ 1991, 145). Eine **Abtrennung nach dem Eröffnungsbeschluss** erfolgt mittels gesonderten Beschlusses. Dem Angeklagten ist vorher jedoch rechtliches Gehör zu gewähren (§ 33 Abs 1 StPO). Ein Verstoß hiergegen kann revisionsrechtlich relevant werden (BGH NStZ 1982, 188). 8

Bei **Trennung von verbundenen Verfahren gegen Jugendliche oder Heranwachsende mit Verfahren gegen Erwachsene** (Rn 6) muss das Jugendgericht nach Erhebung der Anklage nicht nur über die Trennung und Abgabe von Verfahren gegen Erwachsene (§ 103 Abs 3 JGG), sondern auch und zugleich über die Eröffnung des Hauptverfahrens in der abgegebenen **und** der behaltenen Sache gemäß § 2 Abs 2 StPO, § 207 Abs 1 StPO, § 209 a Nr 2 StPO entscheiden.

Gegen einen Trennungsbeschluss gemäß Abs 2 kann Beschwerde gemäß § 304 Abs 1 StPO eingelegt werden, sowohl vom Angeklagten, als auch von der Staatsanwaltschaft. Die Entscheidung über eine Verfahrensabtrennung unterliegt im Beschwerdeverfahren der vollen 9

Nachprüfung (OLG Düsseldorf NStZ 1991, 145). Die Ablehnung einer Abtrennung ist nicht anfechtbar (§ 305 S 1 StPO).

10 Revisionsrechtlich kann ein Ermessensfehler nicht gerügt werden, es sei denn, es liegt ein Ermessensmissbrauch oder ein anderer Verfahrensfehler vor.

§ 3 [Begriff des Zusammenhanges]

Ein Zusammenhang ist vorhanden, wenn eine Person mehrerer Straftaten beschuldigt wird oder wenn bei einer Tat mehrere Personen als Täter, Teilnehmer oder der Begünstigung, Strafvereitelung oder Hehlerei beschuldigt werden.

1 Es handelt sich um eine Legaldefinition für die Vorschriften der § 2 StPO, § 4 StPO und § 13 StPO. Der Zusammenhang (Rn 1) ist entweder ein persönlicher (Rn 2) (Alt 1) oder ein sachlicher (Rn 3) (Alt 2). Auch eine Kombination aus beiden Alternativen ist möglich (KK-StPO/Pfeiffer StPO § 3 Rn 4; Meyer-Goßner StPO § 3 Rn 4).

Der **Zusammenhang** iSd § 3 StPO geht begrifflich **weiter** als die **Teilnahme** im Sinne des materiellen Strafrechts. Es genügt eine strafbare, in dieselbe Richtung zielende Mitwirkung an einer Tat (BGH NJW 1993,672; BGH NJW 1988, 150). Dabei entspricht der in dieser Vorschrift verwendete Tatbegriff dem des § 264 Abs 1 StPO, dass nämlich mehrere Straftaten im Sinne des § 53 StGB erst dann mehrere Straftaten gemäß § 3 sind, wenn sie nicht mehr eine Tat im Sinne des § 264 Abs 1 StPO sind, ansonsten sie bereits deswegen (drohender Strafklageverbrauch) zu verbinden wären.

2 **Persönlicher** Zusammenhang liegt dann vor, wenn ein- und demselben Beschuldigten mehrere Straftaten (Verfahren gleicher Art, die nicht mehr eine Tat nach § 264 Abs 1 StPO sind) vorgeworfen werden.

Verfahren verschiedener Art dürfen **nicht** miteinander **verbunden**. So können ein subjektives Strafverfahren und ein objektives Sicherungsverfahren, auch wenn es hierbei um dieselbe Tat und dieselbe Person geht, nicht verbunden werden. Hierfür fehlt jede Rechtsgrundlage. Auch eine entsprechende Anwendung der § 4 StPO, § 5 StPO scheidet aus, da damit dem Angeklagten sein gesetzlicher Richter entzogen werden würde (BGH 1968, 1730; die Staatsanwaltschaft hatte zunächst Anklage zum Schöffengericht erhoben, das die Anklage unter Eröffnung des Hauptverfahrens zuließ. Danach wurde wegen derselben Tat beim LG die Durchführung eines Sicherungsverfahrens beantragt, das dann nach Eröffnung des Sicherungsverfahrens durch einen vor der Hauptverhandlung ergangenen Beschluss das beim SchG anhängige Verfahren mit dem Sicherungsverfahren zur gemeinsamen Verhandlung und Entscheidung gemäß den § 4 StPO, § 5 StPO verband). Hier gilt § 12 StPO.

3 **Sachlicher (eigentlich objektiver) Zusammenhang** liegt vor, wenn mehrere Personen bei einer Tat als Täter im umfassenden Sinne nach § 25 Abs 1 StGB, § 26 StGB, § 27 Abs 1 StGB, § 259 StGB, § 260 StGB, § 257 StGB, § 258 StGB beschuldigt werden, wobei auch hier der Tatbegriff des § 264 Abs 1 StPO gilt.

4 Eine (örtliche) Zuständigkeit, die durch die Verbindung zusammenhängender Strafsachen geschaffen worden ist (Abgabe eines beim Amtsgericht anhängigen Verfahrens und Verbindung mit einem beim Landgericht anhängigen Verfahren gegen einen Mittäter wegen derselben Tat) bleibt auch dann bestehen, wenn der Grund der Verbindung nach Eröffnung des Hauptverfahrens wegfällt (zB teilweise Einstellung des Verfahrens gegen den Mittäter; BGH NStZ 2004, 100; BGH NJW 2003, 412; BGH NStZ-RR 2002, 65).

5 **Kombinierte Zusammenhänge** sind denkbar und möglich, dies aber nur dann, wenn zumindest ein mittelbarer Zusammenhang besteht. In Betracht kommt dies bei verschiedenen Angeklagten, denen völlig rechtlich unterschiedliche Straftaten vorgeworfen werden, die aber einem einheitlichen Lebenssachverhalt im Sinne des § 264 StPO zuzuordnen sind (zB der Beschuldigte, der eine Strafvereitelung für die Tat eines anderen begangen hat).

6 Revisionsrechtlich kann nur ein Ermessensmissbrauch (§ 2 StPO Rn 8), das Fehlen der Voraussetzungen oder ein Verfahrensfehler (jedoch Rn 4) gerügt werden.

§ 4 [Verbindung rechtshängiger Sachen]

(1) Eine Verbindung zusammenhängender oder eine Trennung verbundener Strafsachen kann auch nach Eröffnung des Hauptverfahrens auf Antrag der Staatsanwaltschaft oder des Angeklagten oder von Amts wegen durch gerichtlichen Beschluß angeordnet werden.

(2) ¹Zuständig für den Beschluß ist das Gericht höherer Ordnung, wenn die übrigen Gerichte zu seinem Bezirk gehören. ²Fehlt ein solches Gericht, so entscheidet das gemeinschaftliche obere Gericht.

Was § 2 StPO für **anhängige** Strafverfahren regelt, bestimmt § 4 StPO für **rechts-** 1 **hängige** (§ 156 StPO) Strafsachen, wenn für die einzelnen Strafsachen Gerichte unterschiedlicher (sachlicher) Ordnung (§ 1 StPO Rn 1) zunächst zuständig sind. Verbindungen erfolgen durch Beschluss (Abs 2). Der Verbindungsbeschluss, wie auch die Ablehnung einer Verbindung sind unanfechtbar (§ 305 S 1 StPO). Treffen bei Verbindungen sowohl Gesichtspunkte nach § 4 StPO als auch § 13 StPO zusammen, geht § 4 StPO vor (BGH NStZ 2000, 435). Erhebt die Staatsanwaltschaft gegen einen Angeklagten, gegen den bereits wegen anderer Taten bei Gericht ein Verfahren rechtshängig ist, in laufender Hauptverhandlung wegen neuer Taten, die nicht im Verhältnis zum rechtshängigen Verfahren Tat/Taten iSv § 264 StPO, § 265 StPO sind, Anklage, so darf der Sachverhalt der neuen Anklage nur dann zur gemeinsamen Verhandlung und Entscheidung hinzu verbunden werden, wenn die Voraussetzungen des § 266 StPO erfüllt sind. Andernfalls ist (wenn eine Verbindung außerhalb der Hauptverhandlung durch Beschluss erfolgte) mit der Hauptverhandlung neu zu beginnen, da ansonsten gegen den Grundsatz eines fairen Verfahrens (Art 6 Abs 1 S 1 MRK Verfahrensrüge) verstoßen wird (BGH BeckRS 2009, 04718; Beschl v 11. 12. 2008 – Az 4 StR 318/08). Zwar hat der 1. Senat des BGH in einem gleich gelagerten Fall im Ergebnis kein Verfahrenshindernis bejaht (BGH Beschl v 19. 2. 2008 – Az 1 StR 503/07 – StV 2008 226, 227), jedoch hat der BGH in dieser Entscheidung ausdrücklich offen gelassen, ob mit der Hauptverhandlung neu zu beginnen sei.

Die Verbindung zweier Strafverfahren, von denen eines bei einem Gericht höherer Ord- 2 nung anhängig ist, ist nur dann zulässig, wenn in dem Strafverfahren vor dem Gericht höherer Ordnung das Hauptverfahren bereits eröffnet ist (BGH Beschl v 11. 10. 2006 – Az 2 ARs 405/06; Az 2 ARs 405/06; Az 2 AR 222/06). Es darf aber auch noch kein Urteil ergangen sein. Strafsachen, die bei Gerichten verschiedener (sachlicher) Ordnung anhängig sind, können nach § 2 StPO und § 4 StPO nicht mehr verbunden werden, wenn in einer Sache ein Urteil im ersten Rechtszug ergangen ist (BGH NJW 1964, 506; NStZ 1986, 564; NJW 1997, 331; dagegen noch BGH NJW 1953, 1273).

Ein **Berufungsverfahren** kann aber mit einem **bei demselben Landgericht** anhängi- 3 gen **erstinstanzlichen** Verfahren in entsprechender Anwendung des § 4 Abs 1 StPO verbunden werden, aber nicht, wenn in einer Sache schon ein Urteil ergangen ist (Rn 2). Diese Verbindung führt jedoch (anders als die bloße Verhandlungsverbindung nach § 237 StPO) zur Verschmelzung beider Verfahren, sodass insgesamt erstinstanzlich zu verhandeln ist (BGH NJW 1990, 1490).

Die Staatsanwaltschaft kann eine abschlussreife Strafsache, die an sich zu einem sachlich 4 niederrangigen Gericht gehört, zum höherrangigen mit dem Antrag auf Verbindung anklagen. Die Erhebung einer nachträglichen Anklage beim sachlich höherrangigen Gericht stellt keine unzulässige Ausschaltung des für die zweite Sache örtlich und sachlich zuständigen Gerichts und keine unzulässige Umgehung des förmlichen Verfahrens gemäß § 4 Abs 2 S 2 StPO dar. § 4 StPO, § 13 Abs 2 StPO geben die Möglichkeit der Verbindung von zusammenhängenden Verfahren, obwohl die Staatsanwaltschaft ihre Dispositionsbefugnis (§ 156 StPO) verloren hat (BGH NStZ 1996, 447; Rieß NStZ 1996, 447).

Kein Anwendungsfall des § 4 StPO ist es, wenn wegen **derselben prozessualen Tat** 5 (§ 264 StPO), die bereits Gegenstand eines bei einem Gericht niederer Ordnung rechtshängigen Strafverfahrens ist, ein Strafverfahren bei einem Gericht höherer Ordnung anhängig gemacht wird. Hier kann das höherrangige Gericht infolge seiner umfassenderen Aburteilungsmöglichkeit das seinem Verfahren entgegenstehende Prozesshindernis der anderweitigen Rechtshängigkeit dadurch beseitigen, dass es das bei dem niederrangigen

Gericht schwebende Verfahren durch einen förmlichen Verbindungsbeschluss an sich zieht. Mit dem Erlass dieses Beschlusses wird, ohne dass es zusätzlich eines Einstellungsbeschlusses bedarf, das Verfahren bei dem Gericht niederer Ordnung beendet (BGH NJW 1989, 2403). Eine analoge Anwendung der § 2 StPO, § 3 StPO und § 4 StPO findet nicht statt. Diese Vorschriften regeln nämlich das Zusammentreffen mehrerer nach § 3 StPO „zusammenhängender" Strafsachen, die einzeln zur sachlichen Zuständigkeit von Gerichten verschiedener Ordnung gehören. Eine gerichtliche Verbindung nach § 4 StPO wegen persönlichen Zusammenhangs kommt nur dann in Betracht, wenn mehrere Verfahren wegen mehrerer prozessualer Taten einer Person bei Gerichten verschiedener Ordnung rechtshängig sind.

6   Im Gegensatz zu § 2 StPO ist es für die Verbindung sachlich zusammenhängender Strafsachen gegen Erwachsene (§ 3 StPO, § 264 StPO) unerheblich, ob es sich hierbei um Strafsachen handelt, die bei verschiedenen Spruchkörpern eines und desselben Gerichts oder verschiedenen Gerichten rechtshängig sind (§ 2 Abs 1 S 1 StPO: „... die einzeln zur Zuständigkeit von Gerichten verschiedener Ordnung gehören würden, ...").

7   Verbindungen von (rechtshängigen) Strafsachen gegen Jugendliche, Heranwachsende und Erwachsene erfolgen nach § 103 JGG, § 112 S 1 JGG.

8   Strafsachen, die bei **verschiedenen** Gerichten **gleicher Ordnung** rechtshängig sind, werden nicht von § 4 StPO erfasst. Dies ist nur eine Frage der **örtlichen** Zuständigkeit, für die § 13 Abs 2 StPO gilt.

9   Nach Rechtshängigkeit ist eine Verbindung jederzeit möglich. Verbindungsentscheidungen des Gerichts sind Ermessensentscheidung, bei denen jedoch verfassungsrechtliche Gesichtspunkte wie solche der Rechtsstaatlichkeit, des fairen Verfahrens, der Verfahrensbeschleunigung und der Verhältnismäßigkeit (Übermaßverbot) zu beachten sind. Eine Verbindung wird aber nicht dadurch unzulässig, dass Auskunftspersonen, die sonst als Zeugen gehört werden müssten, infolge der Verbindung zu Mitbeschuldigten werden, denn der Beweiswert einer Aussage hängt nicht maßgeblich davon ab, ob sich die Auskunftsperson als Zeuge oder als (Mitangeklagter) Angeklagter äußert (BGH NJW 1963, 869).

10   Ein Verbindungsbeschluss nach § 4 Abs 1, Abs 2 StPO darf grundsätzlich erst ergehen, nachdem dem Angeklagten **rechtliches Gehör** (§ 33 Abs 2 und Abs 3 StPO) gewährt worden ist (BGH NJW 1989, 2403, 2407). Dem Angeklagten oder seinem Verteidiger müssen der **Sachverhalt** und das Thema der anstehenden Entscheidung richtig und vollständig mitgeteilt werden soweit nicht bereits bekannt. Weder nach § 33 StPO, noch unter dem Gesichtspunkt des fair trial muss das Gericht jedoch den Angeklagten bzw. deren Verteidiger auf die seiner Entscheidung **zugrunde liegenden rechtlichen Erwägungen** hinweisen, wenn die rechtliche Beurteilung im Rahmen dessen liegt, was nach Rechtsprechung und Lehre voraussehbar ist und was ein vernünftiger Angeklagter auf der Grundlage des ihm bereits bekannten oder bekannt gemachten Sachverhalts nicht erwarten kann (BGH NJW 1969, 941). Das Gericht ist nicht verpflichtet, einen rechtskundig vertretenen Angeklagten über die rechtliche Einschätzung seitens des Gerichts und die rechtlichen Folgen der anstehenden gerichtlichen Entscheidung aufzuklären oder gar hierüber in einen rechtlichen Dialog mit dem Angeklagten einzutreten (BGH NJW 1969, 941; BayVerfGH NJW 1964, 2295).

11   Eine **Trennung** ist aus Gründen der Zweckmäßigkeit jederzeit auch nach Rechtshängigkeit möglich, so insbesondere auch noch im Revisonsrechtszug und nach Zurückverweisung (§ 354 Abs 2 StPO) nur eines Teils der Strafsachen. Durch die Trennung wird die Strafsache, die originär zur Zuständigkeit des Gerichts niederer Ordnung gehört, dort rechtshängig; die Wirkung des § 5 StPO wird aufgehoben.

12   Der Trennungsbeschluss, der nicht begründet werden muss (BGH NStZ 2000, 211), ergeht grundsätzlich durch das Gericht, bei dem die verbundenen Strafsachen anhängig sind, nicht jedoch, wenn die Verbindung durch das gemeinschaftlich obere Gericht angeordnet wurde; dann ist auch dieses für die Trennung zuständig. Auch vor Erlass eines Trennungsbeschlusses ist rechtliches Gehör zu gewähren (BGH NJW 1989, 2403, 2407).

13   Gegen den Trennungsbeschluss stehen der Staatsanwaltschaft und dem Angeklagten die Beschwerde nach § 304 Abs 1 StPO zu. Dies steht nicht im Widerspruch zu § 305 S 1 StPO, da der Beschluss nur das Verfahren hemmt und bei der späteren Urteilsfällung nicht erneut geprüft wird (KK-StPO/Pfeiffer StPO § 4 Rn 14). Zur Gesamtproblematik s Meyer-Goßner NStZ 2004, 353 ff.

§ 5 [Maßgebendes Verfahren]

Für die Dauer der Verbindung ist der Straffall, der zur Zuständigkeit des Gerichts höherer Ordnung gehört, für das Verfahren maßgebend.

Die Vorschrift umschreibt die prozessrechtliche Folge der Verbindung. Es findet eine 1 verfahrensmäßige Verschmelzung zu einem Ganzen statt. Für diese Einheit sind dann die verfahrensrechtlichen Bestimmungen maßgeblich, die für das sachlich ranghöchste Verfahren gelten. Waren zB Taten nach §§ 242 StGB ff oder § 315 c StGB mit Verfahren nach § 211 StGB, § 212 StGB verbunden worden, so bedeutet dies, dass zB nicht nur die Besetzungsbestimmungen (zB einer Strafkammer als SchwurG nach § 76 Abs 2 GVG) gelten (zwingend drei Richter), sondern auch andere spezielle Bestimmungen, wie zB die der notwendigen Verteidigung gemäß § 140 Abs 1 Nr 2 StPO. Eine solche „ganzheitliche" Verschmelzung hat aber auch zur Folge, dass Vorschriften über eine Befangenheit nach §§ 22 StPO ff sich auf das Verfahren in seiner (verbundenen) Gesamtheit auswirken (BGH NJW 1960, 301), obwohl die Ausschlusssituation an sich vielleicht nur ein Verfahren des Verbundes betrifft (Ausschluss eines Richters nach § 22 Nr 1 StPO).

Ist ein Strafbefehlsverfahren nach Einlegung des Einspruches zu einer sachlich höherrangigen Strafsache verbunden worden und will der Angeklagte danach seinen Einspruch 2 zurücknehmen (§ 411 Abs 3 StPO), so ist dies nur dann möglich, wenn das hinzuverbundene Strafbefehlsverfahren wieder seine verfahrensrechtliche Selbstständigkeit erhält, was nur durch eine Trennung (§ 4 Abs 1 StPO) erfolgen kann.

Bei Gesamtverfahren von Straftaten gegen Jugendliche/Heranwachsende und Erwachsene 3 gilt § 104 JGG.

Der (verfahrensmäßige) Verbund berührt nicht die Auswirkung von verfahrensrechtlichen 4 Bestimmungen auf die individuelle (materiellrechtliche) Strafsache, da diese insoweit selbstständig bleibt. Daher wirken sich Verfahrenshindernisse (Verjährung, Strafantrag etc.) immer nur auf die materiellrechtlich konkrete (Teil-)Strafsache aus.

§ 6 [Prüfung von Amts wegen]

Das Gericht hat seine sachliche Zuständigkeit in jeder Lage des Verfahrens von Amts wegen zu prüfen.

Der Grund für die Normierung des § 6 StPO ist, dass eine sachliche Unzuständigkeit 1 gegen den gesetzlichen Richter (§ 16 S 2 GVG) verstößt und einen absoluten Revisionsgrund darstellt (§ 338 Nr 4 StPO).

Sachlich ist ein Gericht unzuständig, wenn es in die Strafmaßbefugnis eines sachlich 2 höheren Gerichts übergriffig wird (AG: § 24 Abs 2 GVG), somit in die Strafgewalt eines höherrangigen Gerichts eingreift. Es handelt sich um ein Prozesshindernis. Dem sachlich unzuständigen Gericht ist eine Sachentscheidung untersagt. Ein ergangenes Urteil ist im Falle seiner Rechtskraft trotzdem wirksam.

Die Strafgewalt des AG ist eine einheitliche, dh § 24 Abs 2 GVG gilt insoweit sowohl für 3 den Strafrichter als auch für das Schöffengericht. Die Bestimmung des § 25 GVG betrifft dagegen nur die zwingende Entscheidungszuständigkeit (gesetzlicher Richter) im Sinne rangunterschiedlicher Gerichte gemäß § 6 StPO (BGH NJW 1964, 506).

Die Prüfungspflicht beinhaltet auch die Pflicht zur Vorlage an das sachlich zuständige 4 Gericht. Diese Pflicht gilt für alle Rechtsmittelinstanzen. Stellt ein Rechtsmittelgericht fest, dass das erstinstanzliche Gericht sachlich nicht zuständig war (Prozesshindernis), hat das Berufungsgericht (Kleine Strafkammer), das keine höhere Strafgewalt als das erstinstanzliche Gericht (AG) hat (BGH NJW 1970,155), unter Aufhebung des erstinstanzlichen Urteils die Sache an das LG (Große Strafkammer) zur erstinstanzlichen Entscheidung zu verweisen. In der Revisionsinstanz gilt § 355 StPO, ohne dass es grundsätzlich einer entsprechenden Verfahrensrüge bedürfte (BGH NJW 1970, 155), es sei denn, dass es sich um eine willkürliche Entscheidung (sachfremde oder andere offensichtlich unhaltbare Erwägungen) des sachlich höherrangigen Gerichts handelt (BGH NJW 1997, 2689). Insofern handelt es sich um eine Einschränkung des Grundsatzes von § 269 StPO, weil bei einer willkürlichen

Annahme der Zuständigkeit das Grundrecht auf den gesetzlichen Richter (Art 101 Abs 1 S 2 GG; § 16 GVG) verletzt ist.

5 **Erstinstanzliches Gericht:** Solange die öffentliche Klage nur **anhängig** ist, eröffnet das höherrangige Gericht gemäß § 209 Abs 1 StPO die Sache vor dem niederrangigen. Das niederrangige Gericht legt die Sache dem höherrangigen gemäß § 209 Abs 2 StPO vor. Bei **Rechtshängigkeit** aber **vor** einer Hauptverhandlung darf gemäß § 225 a Abs 1 StPO nur noch eine Vorlage an ein höherrangiges Gericht erfolgen. Nach Beginn der Hauptverhandlung gilt § 270 Abs 1 S 1 StPO.
Berufungsgericht: Verweisung gemäß § 328 Abs 2 StPO.
Revisionsgericht: Verweisung nach § 355 StPO.
Jugendgerichte: Im Verhältnis zu anderen Jugendgerichten gelten § 6 StPO, § 269 StPO; Jugendgerichte sind zu Erwachsenengerichten nicht sachlich höherrangig, dennoch haben sie vor den Erwachsenengerichten Vorrang, der ebenfalls nach § 6 StPO zu beachten ist, aber in der Revision einer formalen Rüge (§ 338 StPO) bedarf.

§ 6 a [Zuständigkeit besonderer Strafkammern]

¹Die Zuständigkeit besonderer Strafkammern nach den Vorschriften des Gerichtsverfassungsgesetzes (§ 74 Abs. 2, §§ 74 a, 74 c des Gerichtsverfassungsgesetzes) prüft das Gericht bis zur Eröffnung des Hauptverfahrens von Amts wegen. ²Danach darf es seine Unzuständigkeit nur auf Einwand des Angeklagten beachten. ³Der Angeklagte kann den Einwand nur bis zum Beginn seiner Vernehmung zur Sache in der Hauptverhandlung geltend machen.

1 § 6 a StPO wie auch § 16 StPO stellen für den Bereich der besonderen Strafkammern eine zweistufige (Anhängigkeit/Rechtshängigkeit) Ausnahmeregelung zur in jedem Verfahrensstadium zu beachtenden sachlichen Zuständigkeit (Grundrecht des gesetzlichen Richters nach Art 101 Abs 1 GG; § 16 Abs 1 GVG; § 338 Nr 4 StPO) dar.

2 Bei **Anhängigkeit** der Strafsache (§ 203 StPO, § 207 StPO) ist die Zuständigkeit gemäß § 6 S 1 StPO immer **von Amts wegen** zu prüfen.

3 Bei **Rechtshängigkeit** (§ 6 a S 2 StPO) erfolgt aus Gründen einer funktionierenden Rechtspflege eine Berücksichtigung **nur nach Einwand** des Angeklagten, aber nur bis zu dem Zeitpunkt, in dem mit der Vernehmung des Angeklagten zur Sache begonnen wurde. Maßgeblich für diesen Zeitpunkt ist, dass nachdem der Angeklagte in der Hauptverhandlung über seine Rechte nach § 243 Abs 4 S 1 StPO belehrt wurde und sich danach erklärt hat, ob er Angaben macht oder nicht (BGH NStZ 1984, 128). Nach dieser Erklärung ist der Einwand unzulässig (Ausschlussfrist), sodass eine Wiedereinsetzung (§ 44 StPO) ausgeschlossen ist. Maßgeblich ist ausschließlich die erste Hauptverhandlung. Ist die erste Hauptverhandlung ausgesetzt worden (§ 228 Abs 1 S 1 StPO) oder die Strafsache (nach Revision) zurückverwiesen worden, bleibt der Einwand verwirkt. Diese Verwirkung gilt auch, wenn erst nach den genannten Zeitpunkten Umstände bekannt werden, die für eine Zuständigkeit besonderer Strafkammer sprechen (Zuständigkeitsperpetuierung). Dies gilt auch für § 74 e GVG, auch wenn die Umstände, die eine besondere Zuständigkeit nach § 74 Abs 2 GVG bzw § 74 c GVG begründen (zB Tod des Opfers), erst nach den eingangs erwähnten Zeitpunkten eingetreten sind (BGH NStZ 1981, 447).

4 Jeder Angeklagte hat für sich das Recht des Einwands. Die Verwirkung durch einen Angeklagten wirkt sich nicht auf die anderen aus, sofern diese selbst von der Erhebung des Einwands noch nicht ausgeschlossen sind. Vor einer Entscheidung sind alle Beteiligten nach § 33 StPO zu hören. Dies bedeutet, dass ein (Mit-)Angeklagter, der sich bei der Anhörung (§ 33 StPO) nicht dem Antrag anschließt, damit mit seinem eigenen Einwand ausgeschlossen ist.

5 Ein wirksam erhobener Einwand nach § 6 a S 2 StPO hindert nicht das ermessensfehlerfreie Ausscheiden der den Einwand begründenden Verfahrensteile nach § 154 StPO (BGH NStZ 1987, 132).

6 Einwandberechtigt ist in Verfahren nach dem JGG neben dem Angeklagten dessen Erziehungsberechtigter und gesetzlicher Vertreter (§ 67 Abs 1 JGG), nicht jedoch dessen Verteidiger, der nur für seinen Angeklagten den Antrag stellen kann. Dem Angeklagten sind

Gerichtsstand § 7 StPO

gleichgestellt die in § 414 Abs 2 S 1 und S 2 StPO, § 433 Abs 1 StPO, § 440 Abs 1 und Abs 3 StPO, § 439 Abs 1 StPO, § 439 Abs 1 StPO genannten Beschuldigten bzw. Beteiligten. Andere Verfahrensbeteiligte können vor Eröffnung des Hauptverfahrens zwar einen Antrag stellen, dieser ist jedoch lediglich eine Anregung, nach Eröffnung sind solche Anträge unzulässig (KK-StPO/Pfeiffer StPO § 6 a Rn 7).

Bei Begründetheit des Einwandes gelten: im **Eröffnungsverfahren** § 209 StPO, § 209 a 7
StPO; **nach Eröffnungsbeschluss** aber **vor** Beginn der Hauptverhandlung § 225 a Abs 4 StPO; **in der Hauptverhandlung** § 270 Abs 1 S 1 StPO.

Alle Entscheidungen ergehen durch Beschluss und nach Anhörung der Beteiligten (§ 33 8
StPO). Eine Beschwerde des Angeklagten gegen eine Zurückweisung seines Antrages ist unzulässig (§ 201 Abs 2 S 2 StPO, § 210 Abs 1 StPO, § 305 S 1 StPO). Die im Hauptverfahren zu Unrecht erfolgte Ablehnung des Antrages ist jedoch nach § 338 Nr 4 StPO mit der Revision anfechtbar, nicht jedoch die Ablehnung im Eröffnungsverfahren. Eine Ablehnung muss daher im Hauptverfahren nochmals nach § 6 a StPO beantragt werden, wenn eine Revision darauf gestützt werden soll.

Zweiter Abschnitt. Gerichtsstand (§§ 7-21)

§ 7 [Gerichtsstand des Tatortes]

(1) Der Gerichtsstand ist bei dem Gericht begründet, in dessen Bezirk die Straftat begangen ist.

(2) ¹Wird die Straftat durch den Inhalt einer im Geltungsbereich dieses Bundesgesetzes erschienenen Druckschrift verwirklicht, so ist als das nach Absatz 1 zuständige Gericht nur das Gericht anzusehen, in dessen Bezirk die Druckschrift erschienen ist. ²Jedoch ist in den Fällen der Beleidigung, sofern die Verfolgung im Wege der Privatklage stattfindet, auch das Gericht, in dessen Bezirk die Druckschrift verbreitet worden ist, zuständig, wenn in diesem Bezirk die beleidigte Person ihren Wohnsitz oder gewöhnlichen Aufenthalt hat.

Überblick

Die §§ 7 StPO ff regeln die örtliche Zuständigkeit der Strafgerichte. § 7 Abs 1 StPO begründet einen Gerichtsstand am Tatort; Abs 2 enthält hierzu eine Sonderregelung für Presseinhaltsdelikte.

A. Gerichtsstand des Tatorts, Abs 1

§ 7 Abs 1 StPO bestimmt, dass die örtliche Zuständigkeit bei dem Gericht begründet ist, 1
in dessen Bezirk die Straftat begangen wurde.

Zweigstellen eines Gerichts sind keine selbständigen Gerichte mit eigenem Gerichtsbezirk, 1.1
sondern nur besondere Spruchabteilungen desselben Gerichts (BGH Urt v 5. 2. 2003 – Az 2 ARs 391/02 = BeckRS 2003, 02371).

Die Bestimmung des Tatorts erfolgt nach § 9 StGB. Nach § 9 Abs 1 StGB ist die Tat an 2
jedem Ort begangen, an dem der **Täter** gehandelt hat oder im Fall des Unterlassens hätte handeln müssen (**Handlungsort**). Entsprechendes gilt nach § 9 Abs 2 StGB für den **Teilnehmer**; Tatort ist für ihn darüber hinaus auch der Ort, an dem die Haupttat begangen ist. Bei **Mittätern** ist Handlungsort nicht nur der Ort des eigenen Tatbeitrags; jedem Mittäter wird darüber hinaus auch der Ort der Handlungen der übrigen Mittäter zugerechnet (BGHR StGB § 9 Abs 1 Tatort 1 = NStZ 1996, 502). Für den **mittelbaren Täter** ist Handlungsort sowohl der Ort seines eigenen Handelns als auch jeder Ort, an dem das Tatwerkzeug tätig geworden ist (Fischer StGB § 9 Rn 3).

Daneben ist Tatort auch der Ort, an dem der zum Tatbestand gehörende Erfolg einge- 3
treten ist oder nach der Vorstellung des Täters hätte eintreten sollen (**Erfolgsort**). Maßgeb-

lich ist allein der zum **gesetzlichen Tatbestand** gehörende Erfolg (BGHSt 44, 52, 56 = NJW 1996, 2620). Es kommt daher nur auf solche Tatfolgen an, die für die Verwirklichung des Tatbestands von Bedeutung sind (BGH NJW 2006, 1984). Bei bloßen Tätigkeitsdelikten scheidet ein Erfolgsort aus (OLG Köln NStZ-RR 2009, 84). Erfolgsort bei konkreten Gefährdungsdelikten ist der Ort, an dem die Gefahr eintritt; inwieweit das auf abstrakte Gefährdungsdelikte übertragen werden kann, ist umstritten (vern Meyer-Goßner StPO § 7 Rn 4; vgl auch Fischer StGB § 9 Rn 4b mwN).

4   Handlungs- und Erfolgsort müssen nicht identisch sein; zudem können bei der Begehung einer Straftat Handlungen der Beteiligten an mehreren Orten erfolgen. In solchen Fällen ist die örtliche Zuständigkeit **jedes** Gerichts begründet, in dessen Bezirk eine der Handlungen stattgefunden hat (Löwe/Rosenberg/Erb StPO § 7 Rn 4).

5   Liegt der Tatort der Straftat im Ausland, kann, da kein Bezirk eines deutschen Gerichts betroffen ist, die Zuständigkeit nicht nach § 7 StPO bestimmt werden.

B. Gerichtsstand für Presseinhaltsdelikte, Abs 2

6   Abs 2 enthält einen besonderen Gerichtsstand für im Inland erschienene Druckschriften. Der Begriff der Druckschrift bestimmt sich nach den Definitionen in den Landespressegesetzen. Nach wohl **hM** sind auch Sendungen von Rundfunkanstalten erfasst (Löwe/Rosenberg/Erb StPO § 7 Rn 12ff; Meyer-Goßner StPO § 7 Rn 7). Eine im Ausland erschienene Druckschrift unterfällt vom Wortlaut her nicht Abs 2, so dass für sie die allgemeine Regelung des Abs 1 – und die übrigen Gerichtsstände der §§ 7 StPO ff – gelten.

7   Abs 2 verdrängt allein die allgemeine Regelung des Abs 1; die übrigen Vorschriften über die Bestimmung der örtlichen Zuständigkeit bleiben unberührt. Der Gerichtsstand des Tatorts besteht für Presseinhaltsdelikte damit ausschließlich am Erscheinungsort der Druckschrift. Erscheinungsort einer Druckschrift ist der Ort, an dem sie mit Willen des Verfügungsberechtigten die Stätte ihrer Herstellung zum Zweck der Verbreitung verlässt (BGHSt 43, 122 = NJW 1997, 2828; vgl auch Meyer-Goßner StPO § 7 Rn 9: idR Geschäftsniederlassung des Verlegers). Voraussetzung für die Anwendbarkeit von Abs 2 S 1 ist jedoch, dass der Erscheinungsort festgestellt werden kann. Ist das nicht der Fall, etwa weil das Impressum fehlt oder falsch ist, bleibt es bei der allgemeinen Regel des Abs 1, sodass ein Gerichtsstand an jedem Ort besteht, an dem das Delikt, etwa durch Verbreiten der Druckschrift, begangen worden ist (BGHSt 43, 122, 123 f).

8   Für eine Privatklage wegen Beleidigung erweitert Abs 2 S 2 die Zuständigkeit um das für den Verbreitungsort zuständige Gericht, wenn dort auch die beleidigte Person ihren Wohnsitz oder gewöhnlichen Aufenthalt hat. Verbreitungsort ist der Ort, an dem die Druckschrift einem größeren Kreis von Personen zugänglich gemacht wird (Meyer-Goßner StPO § 7 Rn 11).

§ 8 [Gerichtsstand des Wohnsitzes oder Aufenthaltsortes]

(1) Der Gerichtsstand ist auch bei dem Gericht begründet, in dessen Bezirk der Angeschuldigte zur Zeit der Erhebung der Klage seinen Wohnsitz hat.

(2) Hat der Angeschuldigte keinen Wohnsitz im Geltungsbereich dieses Bundesgesetzes, so wird der Gerichtsstand auch durch den gewöhnlichen Aufenthaltsort und, wenn ein solcher nicht bekannt ist, durch den letzten Wohnsitz bestimmt.

1   Die Vorschrift begründet einen Gerichtsstand am Wohnsitz oder (subsidiär) am Aufenthaltsort des Angeschuldigten.

Ein Gerichtsstand besteht nach Abs 1 am **Wohnsitz** des Angeschuldigten. Wo der Angeschuldigte seinen Wohnsitz hat, bestimmt sich nach den § 7 BGB bis § 11 BGB. Gem § 7 Abs 1 BGB ist ein Wohnsitz an dem Ort begründet, an dem sich eine Person ständig niederlässt, wo sich also ihr (räumlicher) **Lebensmittelpunkt** befindet. Erforderlich ist ein **längerer** Aufenthalt und ein **Domizilwillen**. Das bedeutet, dass der Betroffene den rechtsgeschäftlichen Willen haben muss, nicht nur vorübergehend zu bleiben, sondern den Ort zum Mittelpunkt oder Schwerpunkt seines Lebens zu machen (BGH NStZ-RR 2009, 84). Ein unfreiwilliger Aufenthalt, etwa infolge der Verbüßung von Strafhaft oder der Unterbringung in einem Flüchtlingslager, reicht nicht aus. Darüber hinaus muss eine **eigene Unterkunft** – nicht aber eine eigene Wohnung, so dass ein Hotelzimmer genügt – unterhalten werden. Ein Obdachloser kann damit keinen eigenen Wohnsitz begründen (Palandt/Heinrichs BGB § 7 Rn 6). Der Angeschuldigte braucht nicht die Absicht zu haben, sich für eine unbegrenzte Zeit an dem Ort, der seinen Lebensmittelpunkt ausmacht, niederzulassen. Er kann vielmehr schon bei der Aufnahme der Unterkunft die Absicht haben, sie später wieder aufzugeben. Hiervon abzugrenzen sind Fälle, in denen die Niederlassung von vorneherein nur zu einem spezifischen, vorübergehenden **Zweck** erfolgt, wie etwa die Aufenthaltsnahme am Studienort oder in einem Internat. In diesen Fällen wird ein Wohnsitz nicht begründet (Palandt/Heinrichs BGB § 7 Rn 7). Ein Wohnsitz wird **aufgehoben**, wenn die Niederlassung mit dem Willen aufgehoben wird, sie aufzugeben. Hierzu ist neben der tatsächlichen Aufgabe ein Willensakt erforderlich, den Ort nicht mehr als Schwerpunkt der Lebensverhältnisse beizubehalten (OLG Frankfurt NJOZ 2001, 1866).

Hat der Angeschuldigte keinen Wohnsitz iSd Abs 1, kann ein Gerichtsstand durch seinen **gewöhnlichen Aufenthalt** begründet werden. Der gewöhnliche Aufenthalt einer Person besteht an dem Ort, an dem sie **freiwillig** (s Rn 1) ständig oder jedenfalls eine längere Zeit über verweilt. Von einem freiwilligen Aufenthalt ist auszugehen, wenn das Verweilen an dem bestimmten Ort maßgeblich vom Willen des Angeschuldigten abhängt, selbst wenn, etwa bei einem längeren Krankenhaus- oder Kuraufenthalt, äußere Umstände die Willensbildung mit beeinflusst haben. 2

Wie sich aus Abs 1 ergibt, ist der maßgebliche Zeitpunkt für die Bestimmung des Wohnsitzes derjenige der **Erhebung der Anklage**. Dies gilt, da Abs 2 die Regelung des Abs 1 lediglich ergänzt, auch für den gewöhnlichen Aufenthalt. Wird, wie etwa im Strafbefehlsverfahren, infolge besonderer Verfahrensbestimmungen keine Anklage erhoben, ist der Zeitpunkt des jeweils an die Stelle der Anklageerhebung tretenden Akts maßgeblich; im Strafbefehlsverfahren somit der Antrag auf Erlass eines Strafbefehls (§ 407 Abs 1 S 4 StPO). 3

Besteht weder ein Wohnsitz noch ist ein gewöhnlicher Aufenthalt des Angeschuldigten bekannt, begründet Abs 2 S 2 einen Gerichtsstand am Ort des letzten Wohnsitzes des Angeschuldigten. Da entscheidend ist, ob nach den vorgenannten Alternativen ein inländischer Gerichtsstand besteht, ist Abs 2 S 2 auch dann anzuwenden, wenn der gewöhnliche Aufenthalt zwar bekannt ist, aber im Ausland liegt (KK-StPO/Fischer StPO § 8 Rn 3). 4

§ 9 [Gerichtsstand des Ergreifungsortes]

Der Gerichtsstand ist auch bei dem Gericht begründet, in dessen Bezirk der Beschuldigte ergriffen worden ist.

Die Vorschrift begründet einen Gerichtsstand am Ergreifungsort des Beschuldigten, der insbesondere Bedeutung in den Fällen erlangt, in denen eine Zuständigkeit nicht aus den § 7 StPO, § 8 StPO hergeleitet werden kann. 1

Ein **Ergreifen** des Beschuldigten liegt vor, wenn gegen ihn polizeiliche Maßnahmen ergriffen werden, die seine Flucht verhindern sollen. Einer förmlichen Festnahme bedarf es nicht, ebenso wenig ist es erforderlich, dass im Anschluss an das Festhalten des Beschuldigten ein Haftbefehl gegen ihn ergeht (BGH NStZ 1999, 255, 256). Dass bereits ein Ermittlungsverfahren geführt wird, ist nicht Voraussetzung; für ein Ergreifen reicht es aus, wenn sich im Rahmen einer polizeilichen Überprüfung zur Aufklärung von strafbaren Handlungen ein Verdacht gegen den Betroffenen ergibt und er daraufhin festgehalten wird. Ist der Beschuldigte zunächst im Ausland aufgrund eines internationalen Haftbefehls verhaftet worden, wird ein Gerichtsstand nach § 9 StPO am Ort seiner Überstellung in die Bundesrepublik begründet, da mit der Überstellung ein erneutes Ergreifen in Vollzug des deutschen Haftbefehls verbunden ist (BGH NStZ-RR 2007, 114). Ein Ergreifen liegt auch vor, wenn sich der

Beschuldigte selbst stellt und daraufhin festgenommen wird oder sonst Maßnahmen durchgeführt werden, die seine Flucht verhindern (BGHSt 44, 347, 348 = NJW 1999, 1412). Die polizeiliche Maßnahme muss sich nach dem Wortlaut der Vorschrift gegen den Betroffenen als **Beschuldigten** richten, so dass etwa ein bloßes Festhalten zur Identitätsfeststellung nicht ausreicht, solange der Betroffene nicht die Stellung eines Beschuldigten erhält (Löwe/Rosenberg/Erb StPO § 9 Rn 7).

2 Der einmal begründete Gerichtsstand entfällt nicht durch eine **nachträgliche Änderung** der Sachlage. So ist es insbesondere für die durch § 9 StPO begründete Zuständigkeit ohne Bedeutung, wenn der Beschuldigte nach seinem Ergreifen wieder freigelassen wird oder flieht. Wird er später erneut ergriffen, führt dies zur Begründung eines weiteren Gerichtsstands iSv § 9 StPO.

3 Die Ergreifung des Beschuldigten begründet nach der Rechtsprechung des BGH (vgl bei Dallinger MDR 1954, 336; s auch BGH NStZ-RR 2007, 114) einen Gerichtsstand auch hinsichtlich anderer Straftaten, die er bis zu dem Zeitpunkt seines Ergreifens begangen hat. Besteht nach § 58 Abs 1 GVG ein gemeinsames Amtsgericht für die Bezirke mehrerer Amtsgerichte, ist dieses Gericht Ergreifungsort iSv § 9 StPO auch dann, wenn der Beschuldigte in dem Bezirk eines der anderen Amtsgerichte festgenommen worden ist.

§ 10 [Gerichtsstand bei Straftaten auf Schiffen oder Luftfahrzeugen]

(1) Ist die Straftat auf einem Schiff, das berechtigt ist, die Bundesflagge zu führen, außerhalb des Geltungsbereichs dieses Gesetzes begangen, so ist das Gericht zuständig, in dessen Bezirk der Heimathafen oder der Hafen im Geltungsbereich dieses Gesetzes liegt, den das Schiff nach der Tat zuerst erreicht.

(2) Absatz 1 gilt entsprechend für Luftfahrzeuge, die berechtigt sind, das Staatszugehörigkeitszeichen der Bundesrepublik Deutschland zu führen.

1 Die Vorschrift begründet einen Gerichtsstand für die Fälle, in denen bei Straftaten auf einem Schiff oder Luftfahrzeug nach § 4 StGB deutsches Strafrecht anwendbar ist.

§ 10 StPO greift nur ein, wenn und soweit die Tat **außerhalb** des Geltungsbereichs der StPO begangen worden ist, aber nach § 4 StGB auf sie deutsches Strafrecht anzuwenden ist. Letzteres ist bei Straftaten auf einem Schiff oder in einem Luftfahrzeug der Fall, wenn dieses berechtigt ist, die deutsche Bundesflagge zu führen. Die Berechtigung zum Führen der Bundesflagge hat zwar die Ausübung deutscher Strafgewalt für die auf dem Schiff begangenen Straftaten zur Folge. Das bedeutet jedoch nicht, dass Straftaten auf diesen Schiffen innerhalb des Geltungsbereichs der StPO verübt wären. Denn in diesem Fall verbliebe für § 10 StPO kein Anwendungsbereich. Der Geltungsbereich der StPO im Sinne der Vorschrift entspricht daher dem räumlichen Hoheitsbereich der Bundesrepublik Deutschland und umfasst das deutsche Staatsgebiet, den Festlandssockel und den Luftraum (BGH NStZ 2009, 464 f). Bei einer Straftat mit mehreren, sowohl innerhalb als auch außerhalb des Geltungsbereichs der StPO liegenden Handlungs- bzw Erfolgsorten (vgl hierzu § 7 StPO Rn 1 f), bestimmt sich der Gerichtsstand sowohl nach § 7 StPO als auch nach § 10 StPO; beide Gerichtsstände treten in diesem Fall nebeneinander (KK-StPO/Fischer StPO § 10 Rn 1).

2 Welches Schiff die **Bundesflagge** zu führen berechtigt ist, richtet sich bei zur Seefahrt bestimmten Schiffen nach dem Flaggenrechtsgesetz und bei den Schiffen der Bundeswehr nach der Anordnung des Bundespräsidenten über die Dienstflagge der Seestreitkräfte der Bundeswehr v 25. 5. 1956 (vgl BGH NStZ 2009, 464). Im ersten Fall handelt es sich um Schiffe deutscher Eigentümer sowie um in der Bundesrepublik gebaute oder gecharterte Schiffe. Zuständig für die Aburteilung einer auf einem solchen Schiff verübten Straftat ist nach Abs 1 das Gericht, in dessen Bezirk der Heimathafen des Schiffes liegt. Als **Heimathafen** eines Schiffes gilt gem § 480 Abs 1 HGB der Hafen, von welchem aus die Seefahrt mit dem Schiff betrieben wird. **Wahlweise** ist das Gericht zuständig, in dessen Bezirk der Hafen liegt, den das Schiff nach der Tat zuerst erreicht.

Abs 2 bestimmt, dass die Regelungen des Abs 1 entsprechend auf **Luftfahrzeuge** anzuwenden sind. Der Begriff des Luftfahrzeugs bestimmt sich nach § 1 Abs 2 LuftVG. Nach der dortigen Aufzählung sind dies neben Flugzeugen (Nr 1), Hubschraubern (Nr 2) und Luftschiffen (Nr 3) auch alle sonstigen für die Benutzung des Luftraums bestimmten Geräte, sofern sie in Höhen von mehr als 30 Metern über Grund oder Wasser betrieben werden können (Nr 8). Da das LuftVG einen dem Heimathafen eines Schiffs vergleichbaren Standort nicht kennt, ist für die Zuständigkeitsbestimmung nach Abs 2 auf den Ort abzustellen, wo das Luftfahrzeug zum Zweck des Betriebs dauernd stationiert ist. Darüber hinaus besteht, wie aus der Analogie zu Abs 1 folgt, ein Gerichtsstand wahlweise auch bei dem Gericht, in dessen Bezirk das Luftfahrzeug nach der Tat zuerst landet. Eine Landung iSd Vorschrift liegt auch bei einer (endgültigen) Notlandung vor. 3

§ 10 a [Gerichtsstand bei Straftaten gegen die Umwelt]

Ist für eine Straftat, die außerhalb des Geltungsbereichs dieses Gesetzes im Bereich des Meeres begangen wird, ein Gerichtsstand nicht begründet, so ist Hamburg Gerichtsstand; zuständiges Amtsgericht ist das Amtsgericht Hamburg.

Die Vorschrift begründet einen Gerichtsstand für im Bereich des Meeres begangene Straftaten. 1

§ 10 a StPO begründet einen Gerichtsstand für Straftaten, die **außerhalb** des Geltungsbereichs der StPO im Bereich des Meeres begangen werden (vgl auch § 10 StPO Rn 1). Eine Beschränkung auf Straftaten gegen die Umwelt besteht nicht (mehr). Der Gerichtsstand ist nach seinem Wortlaut **subsidiär**; ist daher bereits nach anderen Vorschriften ein Gerichtsstand begründet, geht dieser vor.

Der örtliche Gerichtsstand ist stets Hamburg. In den Fällen, in denen das Amtsgericht sachlich zuständig ist, ist es – unter mehreren Hamburger Amtsgerichten – das Amtsgericht Hamburg. 2

§ 11 [Gerichtsstand für deutsche Beamte im Ausland]

(1) ¹Deutsche, die das Recht der Exterritorialität genießen, sowie die im Ausland angestellten Beamten des Bundes oder eines deutschen Landes behalten hinsichtlich des Gerichtsstandes den Wohnsitz, den sie im Inland hatten. ²Wenn sie einen solchen Wohnsitz nicht hatten, so gilt der Sitz der Bundesregierung als ihr Wohnsitz.

(2) Auf Wahlkonsuln sind diese Vorschriften nicht anzuwenden.

Die Vorschrift begründet einen Gerichtsstand für Straftaten exterritorialer Deutscher sowie im Ausland angestellter Beamter. 1

Das Recht der **Exterritorialität** steht Deutschen im Inland nicht zu, so dass von § 11 StPO nur im Ausland lebende Deutsche erfasst werden. Die Exterritorialität bestimmt sich nach Völkerrecht; in ihren Genuss kommen danach deutsche Botschafter und Gesandte sowie ihre jeweiligen Familienangehörigen. Deutsche Konsuln im Ausland genießen nicht das Recht der Exterritorialität, sie sind jedoch im Ausland angestellte Beamte und unterfallen aus diesem Grund der Vorschrift.

Der Begriff des **Beamten** bestimmt sich nicht nach den beamtenrechtlichen Regeln, sondern nach § 11 Abs 1 Nr 2 bis Nr 4 StGB (Löwe/Rosenberg/Erb StPO § 11 Rn 2). Für Familienangehörige eines im Ausland angestellten Beamten gilt § 11 StPO nicht (KK-StPO/Fischer StPO § 11 Rn 2). 2

Der Gerichtsstand ist am letzten Wohnsitz der betroffenen Personen im Inland begründet; falls ein solcher nicht bestand, gilt stattdessen der Sitz der Bundesregierung in Berlin als letzter Wohnsitz. Da es sich um eine Ergänzung zu § 8 StPO handelt, gilt der 3

Gerichtsstand für **alle Taten**, die exterritoriale Deutsche und im Ausland angestellte Beamte begehen.

4   Wahlkonsuln sind nach Abs 2 vom Anwendungsbereich der Vorschrift ausgenommen.

§ 12 [Zusammentreffen mehrerer Gerichtsstände]

(1) Unter mehreren nach den Vorschriften der §§ 7 bis 11 zuständigen Gerichten gebührt dem der Vorzug, das die Untersuchung zuerst eröffnet hat.

(2) Jedoch kann die Untersuchung und Entscheidung einem anderen der zuständigen Gerichte durch das gemeinschaftliche obere Gericht übertragen werden.

1   § 12 StPO regelt das Verfahren, wenn nach den § 7 StPO bis § 11 StPO mehrere Gerichte örtlich zuständig sind.

Die Vorschrift ist nur anwendbar, wenn mehrere Gerichte örtlich zuständig sind; ist dagegen ausschließlich die Frage der sachlichen Zuständigkeit streitig, findet § 12 StPO keine Anwendung (BGHSt 36, 175, 181 = NJW 1989, 2403). Die Vorschrift greift, wie sich aus ihrem Wortlaut ergibt, erst nach der Eröffnung der gerichtlichen Untersuchung ein. Damit ist die Eröffnung des Haupt- bzw Sicherungsverfahrens gemeint. In den besonderen Verfahrensarten gelten die der Eröffnung gleichgestellten Verfahrensakte, im Strafbefehlsverfahren etwa der Beginn der Hauptverhandlung in den Fällen des § 408 Abs 3 StPO sowie nach Einspruchseinlegung in den Fällen des § 411 Abs 1 S 2 StPO (vgl BGH NStZ 2004, 449). Im beschleunigten Verfahren ist der Beginn der Vernehmung des Angeklagten zur Sache entscheidend (Meyer-Goßner StPO § 12 Rn 3).

2   Maßgeblich ist hierbei jeweils der Zeitpunkt, an dem die Möglichkeit der Staatsanwaltschaft endet, die entsprechende Verfahrenshandlung noch zurückzunehmen. Denn bis dahin steht der Staatsanwaltschaft ein **Wahlrecht** zu, bei welchem von mehreren örtlich zuständigen Gerichten sie die Anklage erheben will (BGH NStZ 2004, 449; OLG Karlsruhe NStZ 1991, 602).

2 a   Die Verfassungsmäßigkeit der Wahlmöglichkeit der Staatsanwaltschaft ist im Hinblick auf die Bestimmung des gesetzlichen Richters nach Art 101 Abs 1 S 2 GG umstritten, wird jedoch vom BGH (Az 1 StR 559/74) und der wohl **hM** in der Literatur bejaht (vgl Nachweise bei Meyer-Goßner StPO 10 vor § 7).

3   Eine Grenze findet das Wahlrecht der Staatsanwaltschaft nach allen hierzu vertretenen Ansichten im Willkürverbot (vgl OLG Hamm StV 1999, 240, 241). Die Staatsanwaltschaft darf sich bei ihrer Wahl nicht von sachfremden Erwägungen, etwa im Hinblick auf eine erhoffte strenge oder milde Bestrafung, leiten lassen (Löwe/Rosenberg/Erb StPO Rn 24 vor § 7). Das Willkürverbot gilt bereits bei der Vornahme zuständigkeitsbegründender Handlungen durch die Staatsanwaltschaft. So darf etwa der Ort der Festnahme eines Beschuldigten, wodurch der Gerichtsstand des Ergreifungsorts nach § 9 StPO begründet wird, nicht allein unter sachfremden Gesichtspunkten gewählt werden (OLG Hamm StV 1999, 240: gezielte Festnahme eines von mehreren Beschuldigten am Ort einer Schwerpunkt-Staatsanwaltschaft). Solange die Staatsanwaltschaft ihre Dispositionsbefugnis über das Verfahren behält, kann sie ihre Wahl wieder rückgängig machen und anschließend erneut ausüben. Das Gericht ist zwar an die von der Staatsanwaltschaft getroffene Wahl gebunden, hat jedoch seine Zuständigkeit nach § 16 StPO, der durch die Dispositionsbefugnis der StA nicht eingeschränkt wird, zu überprüfen und sich ggf durch Beschluss für unzuständig zu erklären (OLG Hamm StV 1999, 240).

4   Hat ein örtlich zuständiges Gericht die Untersuchung eröffnet, kommt ihm nach **Abs 1** der Vorrang vor allen anderen örtlich und sachlich zuständigen Gerichten zu. Eine Ausnahme hiervon gilt, wenn der Sachverhalt in einem bei einem anderen Gericht geführten, aber später eröffneten Verfahren umfassender geprüft und abgeurteilt werden kann. Das ist etwa der Fall, wenn das später eröffnende Gericht weitere Taten im prozessualen Sinn mit aburteilen kann, für die das ersteröffnende Gericht sachlich nicht zuständig ist (BGH NStZ 1995, 351, 352). Das später eröffnende Gericht kann dann das Verfahren „an sich ziehen" (BGH NStZ 1995, 351, 352).

Gerichtsstand § 13 StPO

Die durch Abs 1 begründete örtliche Zuständigkeit ist **ausschließlich**. Mit der Eröffnung 5 des gerichtlichen Verfahrens besteht eine anderweitige Rechtshängigkeit, so dass einer weiteren Eröffnung derselben Sache, mit der in Rn 4 dargestellten Ausnahme, ein Prozesshindernis entgegensteht. Hat ein anderes Gericht dieselbe Sache dennoch eröffnet, muss es das Verfahren nach § 206 a StPO oder § 260 Abs 3 StPO einstellen (KK-StPO/Fischer StPO § 12 Rn 5). Entscheidet das eigentlich unzuständige Gericht in der Sache und wird diese Entscheidung rechtskräftig, tritt jedoch die Zuständigkeitsregel hinter die Rechtskraft zurück (BGH NJW 1991, 3227 ff). In diesem Fall hat daher das nach Abs 1 – eigentlich vorrangig – zuständige Gericht das Verfahren einzustellen. Die Vorrangwirkung des Abs 1 endet, sobald das zuständige Gericht das bei sich geführte Verfahren **endgültig** einstellt und durch die Einstellung kein Strafklageverbrauch eingetreten ist.

Abs 2 eröffnet die Möglichkeit, ein anderes Gericht, das nach Abs 1 zurückzutreten hätte, 6 als zuständig zu bestimmen. Die Vorschrift dient zum Ausgleich von Nachteilen, die bei einer Zuständigkeit des zuerst eröffnenden Gerichts für das Verfahren entstehen können. Erfasst sind Hindernisse von einigem Gewicht, die einer zweckmäßigen Verfahrensdurchführung entgegen stehen, etwa der Umstand, dass der Angeklagte nicht reisefähig ist (BGH Beschl v 23. 9. 2009 – Az 2 ARs 405/09 = BeckRS 2009, 26899), die benötigten Zeugen sämtlich in einem anderen Gerichtsbezirk wohnen (vgl etwa BGH NStZ-RR 2009, 1 f [C]). Eine Übertragung der Untersuchung und Entscheidung kann nur erfolgen, wenn bereits ein Gericht nach Abs 1 dadurch, dass es die Untersuchung zuerst eröffnet hat, zuständig geworden ist. Bis zu diesem Zeitpunkt besteht noch die Dispositionsbefugnis der Staatsanwaltschaft, in die das Gericht nicht eingreifen darf (BGH NStZ 2004, 449; vgl Rn 2 ff).

Im beschleunigten Verfahren ist nach BGHSt 15, 314 ff (= NJW 1961, 789) eine Übertra- 6a gung nicht möglich. Dies hat seinen Grund darin, dass nach § 419 Abs 2 S 1 StPO das Gericht die Durchführung des beschleunigten Verfahrens noch in der Hauptverhandlung bis zur Verkündung des Urteils ablehnen kann. Tritt dieser Fall ein und erlässt das Gericht nicht zugleich einen Eröffnungsbeschluss im Normalverfahren, kann die StA die Anklage zurücknehmen; ihre Dispositionsbefugnis bleibt somit erhalten. Auch im **Rechtsmittelverfahren** ist eine Änderung der örtlichen Zuständigkeit durch Übertragung nach Abs 2 nicht statthaft, da dies zu einer Durchbrechung des gesetzlich geordneten Instanzenzugs führte (BGHSt 33, 111 ff).

Eine Übertragung des Verfahrens auf ein anderes Gericht ist nur möglich, wenn dieses 7 selbst bei der Eröffnung des Verfahrens nach den § 7 StPO bis § 11 StPO örtlich zuständig gewesen wäre (BGH NJW 1962, 499, 500).

Ergab sich eine Zuständigkeit aufgrund Sachzusammenhangs nach § 13 StPO, ist der 7a Sachzusammenhang aber inzwischen weggefallen, kommt eine Übertragung daher ebenfalls nicht mehr in Betracht (BGH NJW 1962, 499, 500).

Zuständig für die Übertragung ist das gemeinschaftliche obere Gericht; für den Fall, dass 8 die beteiligten Gericht zu verschiedenen OLG-Bezirken gehören, also der BGH. Durch die Übertragung erlischt die **Rechtshängigkeit** bei dem abgebenden Gericht, bei dem annehmenden Gericht wird die Sache mit Zugang des Übertragungsbeschlusses rechtshängig. Für das annehmende Gericht ist mit der Übertragung die örtliche Zuständigkeit bindend und ausschließlich begründet. Die Übertragung hat keinen Einfluss auf den **Zustand des Verfahrens**; das annehmende Gericht braucht keine Ermittlungs- und Verfahrenshandlungen zu wiederholen. Eine bei dem abgebenden Gericht begonnene Hauptverhandlung ist allerdings wegen § 226 StPO, § 261 StPO erneut zu beginnen (Löwe/Rosenberg/Erb StPO § 12 Rn 30).

§ 13 [Gerichtsstand des Zusammenhanges]

(1) Für zusammenhängende Strafsachen, die einzeln nach den Vorschriften der §§ 7 bis 11 zur Zuständigkeit verschiedener Gerichte gehören würden, ist ein Gerichtsstand bei jedem Gericht begründet, das für eine der Strafsachen zuständig ist.

(2) ¹**Sind mehrere zusammenhängende Strafsachen bei verschiedenen Gerichten anhängig gemacht worden, so können sie sämtlich oder zum Teil durch eine den**

StPO § 13

Anträgen der Staatsanwaltschaft entsprechende Vereinbarung dieser Gerichte bei einem unter ihnen verbunden werden. ²Kommt eine solche Vereinbarung nicht zustande, so entscheidet, wenn die Staatsanwaltschaft oder ein Angeschuldigter hierauf anträgt, das gemeinschaftliche obere Gericht darüber, ob und bei welchem Gericht die Verbindung einzutreten hat.

(3) In gleicher Weise kann die Verbindung wieder aufgehoben werden.

1 § 13 StPO ermöglicht aus Gründen der Verfahrensökonomie die Verbindung mehrerer zusammenhängender Verfahren bei einem zuständigen Gericht.

Abs 1 regelt, dass in Fällen, in denen für mehrere zusammenhängende Verfahren nach den § 7 StPO bis § 11 StPO, § 13 a StPO mehrere Gerichte örtlich zuständig sind, ein Gerichtsstand für alle Verfahren bei einer der zuständigen Gerichte begründet ist. Eine Verbindung ist somit auch möglich in Bezug auf Verfahren, für die nach den genannten Vorschriften kein (erster) Gerichtsstand begründet ist, denn durch § 13 StPO kann allein ein **weiterer** Gerichtsstand begründet werden (vgl BGH NStZ 2009, 221, 222; Beschl v 12. 2. 2009 – Az 3 ARs 3/09 = BeckRS 2009, 08037).

2 Bei welchem der zuständigen Gerichte die zusammenhängenden Verfahren geführt werden, steht im Auswahlermessen der Staatsanwaltschaft (vgl hierzu § 12 StPO Rn 2 ff). Diese kann die verschiedenen Sachen verbunden bei einem Gericht anhängig machen oder, falls bereits eines der zusammenhängenden Verfahren anhängig ist, weitere Sachen (nachträglich, vgl § 266 StPO) dort anklagen. Das ausgewählte Gericht kann die Entscheidung der Staatsanwaltschaft allein auf Ermessensmissbrauch hin überprüfen; ist die Entscheidung nicht ermessensfehlerhaft, ist das Gericht an sie gebunden. Der Gerichtsstand nach § 13 StPO entsteht jedoch nicht erst durch die Handlungen der Staatsanwaltschaft, sondern ist bereits dann begründet, wenn mehrere Strafsachen in einem Zusammenhang stehen.

3 Der Begriff des **Zusammenhangs** ergibt sich aus § 3 StPO (vgl § 3 StPO Rn 1 ff). Er liegt insbes vor, wenn eine Person mehrerer Straftaten beschuldigt wird oder wenn bei einer Tat mehrere Personen als Beteiligte beschuldigt werden. Bei einem späteren Wegfall des ursprünglich gegebenen Zusammenhangs, etwa dadurch, dass ein Verfahren gegen einen früheren Mitbeschuldigten wieder abgetrennt wird (vgl BGH NStZ 2004, 100), ist zu unterscheiden: Ist das Hauptverfahren zu diesem Zeitpunkt noch nicht eröffnet, erlischt der Zusammenhang, so dass die nach § 13 StPO begründete Zuständigkeit endet (Löwe/Rosenberg/Erb StPO § 13 Rn 3; vgl auch BGHR StPO § 13 Abs 1 Zusammenhang 3; BGH NJW 2003, 446, 452); das Gericht ist dann nur noch für die Sache örtlich zuständig, für die nach § 7 bis § 11 StPO, § 13 a StPO bei ihm ein Gerichtsstand besteht.

Ist das Hauptverfahren bereits eröffnet, beeinflusst der Wegfall des Zusammenhangs dagegen nicht mehr den einmal begründeten Gerichtsstand (BGHSt 16, 391, 393 = NJW 1962, 499; BGH NStZ 2004, 100).

4 **Abs 2** ermöglicht für den Fall, dass mehrere zusammenhängende Straftaten bereits bei verschiedenen Gerichten anhängig gemacht sind, deren Verbindung. Voraussetzung ist wie bei Abs 1, dass die verschiedenen Strafsachen in einem Zusammenhang stehen und ihre Verbindung sachdienlich erscheint. Darüber hinaus müssen die zu verbindenden Verfahren jeweils bei Gerichten **gleicher Ordnung** anhängig sein. Eine Verbindung, die nicht nur die örtliche, sondern auch die sachliche Zuständigkeit der Gerichte betrifft, ist unwirksam (BGH NStZ 1996, 47; BGH NStZ-RR 1996, 232; NStZ-RR 2006, 85 f). Eine solche Konstellation ist etwa gegeben, wenn ein Landgericht zu einem bei ihm geführten Strafverfahren ein zwar damit zusammenhängendes, aber bei einem Amtsgericht anhängiges Verfahren „hinzuzuverbinden" beabsichtigt (vgl BGH NStZ-RR 1996, 232). Eine solche Verbindung kann allein nach § 4 StPO durch das gemeinschaftliche obere Gericht angeordnet werden. Die Möglichkeit der Verbindung nach Abs 2 besteht nur, solange in den zu verbindenden Sachen noch **kein Urteil** ergangen ist, da ansonsten der gesetzlich geregelte Instanzenzug beeinträchtigt werden könnte. Ob eine Verbindung auch erfolgen kann, wenn ein ergangenes Urteil durch das Rechtsmittelgericht aufgehoben und die Sache an das Ausgangsgericht zurückverwiesen wird, ist streitig (vgl Meyer-Goßner StPO § 13 Rn 5 a; bejahend KK-StPO/Fischer StPO § 13 Rn 5).

Die Verbindung nach Abs 2 erfolgt durch eine **Vereinbarung** der beteiligten Gerichte, 5
die auf entsprechenden Anträgen der Staatsanwaltschaft (s BGH Beschl v 27. 5. 2009 – Az 2
ARs 237/09, BeckRS 2009, 15990 zum Fall fehlender Anträge) beruht. Die Vereinbarung
der beteiligten Gerichte kann formlos getroffen werden; sie findet ihren Ausdruck in einem
Abgabe- und einem Übernahmebeschluss. Mit der Wirksamkeit beider Beschlüsse geht das
Verfahren in dem Zustand, in dem es sich befindet, auf das übernehmende Gericht über und
wird bei diesem anhängig. Kommt eine Vereinbarung trotz des Vorliegens entsprechender
Anträge der zuständigen Staatsanwaltschaften nicht zustande (vgl. BGH Beschl v 21. 10.
2009 – Az 2 ARs 449/09 = BeckRS 2009, 86666: ohne entsprechende Anträge der
beteiligten StAen ist eine Entscheidung des Obergerichts nicht möglich, da sie nur die
Vereinbarung der Gerichte ersetzen kann), kann das für die beteiligten Gerichte gemeinsame
obere Gericht die Verbindung gleichwohl beschließen, wenn die Staatsanwaltschaft oder ein
Angeschuldigter dies beantragt (S 2); eine Entscheidung des Obergerichts von Amts wegen
kann nicht erfolgen. Neben der Staatsanwaltschaft sind auch der Privat- und der Nebenkläger antragsberechtigt (Löwe/Rosenberg/Erb StPO § 13 Rn 17).

Die Ablehnung der Verbindung durch die beteiligten Gerichte ist nicht mit der Beschwer- 6
de nach § 304 StPO **anfechtbar**, da der Antrag an das gemeinsame obere Gericht nach
Abs 2 S 2 der speziellere Rechtsbehelf ist (Löwe/Rosenberg/Erb StPO § 13 Rn 20). Dessen
Entscheidung ist unanfechtbar. Die aufgrund einer Vereinbarung der Gerichte nach Abs 2
S 1 ergehenden Abgabe- bzw Übernahmebeschlüsse können dagegen in den Grenzen des
§ 305 StPO mit der Beschwerde nach § 304 StPO angegriffen werden (Meyer-Goßner
StPO § 13 Rn 8).

Abs 3 sieht vor, dass eine Verbindung in gleicher Weise wie ihre Herstellung wieder 7
aufgehoben werden kann. Die Möglichkeit der Trennung gilt sowohl für Abs 1 als auch für
Abs 2 (RGSt 31, 171, 174; KK-StPO/Fischer StPO § 13 Rn 7). Sie kann insbes aus Zweckmäßigkeitsgründen erforderlich sein, etwa wenn der die Zuständigkeit begründende Zusammenhang nach Erlass des Eröffnungsbeschlusses – wovon die Verbindung unberührt bleibt
(Rn 3) – wegfällt.

Für den Fall einer Verbindung nach Abs 2 bedarf es grundsätzlich der Rückabwicklung in 8
der gleichen Form, in der die Verbindung herbeigeführt worden ist. Erforderlich ist damit
sowohl ein entsprechender Antrag der beteiligten Staatsanwaltschaften als auch eine Vereinbarung der Gerichte. Kommt eine Vereinbarung der Gerichte nicht zustande, entscheidet auf
Antrag der Staatsanwaltschaft, eines Angeschuldigten oder des Privat- oder Nebenklägers das
gemeinsame obere Gericht (Löwe/Rosenberg/Erb StPO § 13 Rn 26). Eine Trennung durch
eine Vereinbarung der beteiligten Gerichte kann auch dann erfolgen, wenn die Verbindung
auf der Entscheidung des oberen Gerichts beruht. Dies soll allerdings nur dann möglich sein,
wenn sich die der Verbindung zugrunde liegenden Umstände nachträglich verändert haben,
da ansonsten die Entscheidung des Obergerichts unterlaufen würde (Meyer/Goßner StPO
§ 13 Rn 7).

Wie die Verbindung ist auch eine Trennung nur möglich, solange in der Sache noch kein 9
Urteil ergangen ist (s Rn 4). Das abgetrennte Verfahren geht in dem Zustand, in dem es sich
zum Zeitpunkt der Trennung befindet, im Fall des Abs 2 auf das vormals zuständige Gericht
über. Im Fall des Abs 1 kann die Staatsanwaltschaft die Strafsache bei einem anderen nach
den § 7 StPO bis § 11 StPO, § 13 a StPO zuständigen Gericht anhängig machen.

§ 13 a [Zuständigkeitsbestimmung durch den BGH]

**Fehlt es im Geltungsbereich dieses Bundesgesetzes an einem zuständigen Gericht
oder ist dieses nicht ermittelt, so bestimmt der Bundesgerichtshof das zuständige
Gericht.**

Überblick

§ 13 a StPO ermöglicht in den Fällen, in denen ein zuständiges Gericht fehlt oder nicht
ermittelt werden kann, eine Gerichtsstandsbestimmung durch den BGH.

A. Voraussetzungen

1 Die Zuständigkeitsbestimmung muss sich auf eine einzelne, nach Sachverhaltsmerkmalen wie Ort, Zeit, Ausführung und Täter individualisierbare **Straftat** beziehen; ein Gesamtkomplex, der nur nach allgemeinen Merkmalen umschriebene einzelne Taten umfasst, genügt nicht (BGH NStZ 1994, 139; 1998, 25 [K]; NStZ 1999, 577 f). Da § 13 a StPO nicht zur abstrakten Klärung von Zuständigkeitsfragen dient, muss zudem ein konkretes Straf**verfahren** betroffen sein (BGH NStZ 1992, 27 [K]; Az 2 ARs 257/02: Kein Raum für eine Gerichtsstandsbestimmung, wenn sie lediglich der Erwirkung eines „Vorratsbeschlusses" – dort nach § 2 Abs 1 DNA-IFG – dienen soll, von dem ungewiss ist, ob und wann er vollstreckt werden kann). Steht noch nicht fest, ob überhaupt ein Verfahren und ggf welcher Art geführt wird, scheidet eine Zuständigkeitsbestimmung aus. Darüber hinaus muss die Aburteilung der Tat in die Zuständigkeit eines deutschen Gerichts fallen. Es scheiden daher alle Taten aus, die zweifelsfrei nicht der deutschen Gerichtsbarkeit unterliegen (BGHR § 13 a Anwendungsbereich 3; NStZ 1999, 236; NStZ 2007, 534, 535). Der BGH prüft hingegen nicht, ob der Einleitung und Durchführung des Verfahrens ein etwaiges Verfahrenshindernis entgegensteht (BGH NJW 1985, 639).

1.1 Gilt nach dem Weltrechtsprinzip (vgl § 6 StGB) für von Ausländern im Ausland an Ausländern verübten Taten (auch) deutsches Strafrecht, bedarf es zur Begründung der deutschen Gerichtsbarkeit regelmäßig eines legitimierenden inländischen **Anknüpfungspunktes**, da die Strafverfolgung anderenfalls gegen das sog Nichteinmischungsprinzip verstieße (BGHSt 34, 334, 336 = NJW 1987, 2168, 2169; NStZ 1994, 232, 233). Der Aufenthalt des **Tatopfers** in Deutschland ist hierbei kein tauglicher Anknüpfungspunkt, da es sich um ein von Zufälligkeiten geprägtes, mit der Tat und dem Täter nicht zusammenhängendes Merkmal handelt. Etwas anderes gilt dagegen, wenn sich der **Beschuldigte** im Inland aufhält (BGH NStZ 1999, 236).

2 Ein Gerichtsstand nach den §§ 7 StPO ff darf nicht bestehen oder nicht ermittelt sein (vgl auch BGH Beschl v 18. 7. 2007 – Az 2 ARs 231/07 = BeckRS 2007, 12998). Ob ein Gerichtsstand besteht, ist durch Auslegung der Zuständigkeitsvorschriften unter Berücksichtigung ihres Sinns und Zwecks zu entscheiden (BGHSt 20, 157, 158 = NJW 1965, 923; NStZ 1988, 209 [M]).

2.1 **Beispiel:**
Wird ein Beschuldigter aufgrund des Haftbefehls eines deutschen Gerichts im Ausland festgenommen und in die Bundesrepublik überstellt, besteht am Ort der Überstellung ein Gerichtsstand nach § 9 StPO, so dass es einer Gerichtsstandsbestimmung nach § 13 a StPO nicht bedarf (vgl § 9 StPO Rn 1). Denn mit der Überstellung nach Deutschland ist eine erneute Festnahme zur Vollstreckung des gegen den Beschuldigten bestehenden deutschen Haftbefehls verbunden (BGH NStZ-RR 2007, 114).

3 Für die Frage, ob ein Gerichtsstand ermittelt ist, kommt es nicht darauf an, ob eine Ermittlung abstrakt möglich erscheint; entscheidend ist, dass er tatsächlich nicht ermittelt ist. Das ist der Fall, wenn Anhaltspunkte für seine Bestimmung nicht vorliegen und sich auch nicht ohne nähere Erhebung feststellen lassen (BGHSt 10, 255, 257 = NJW 1957, 1160; BGHR § 13 a Anwendungsbereich 4; NStZ 2009, 464).

B. Rechtsfolgen

4 Hat der BGH einen Gerichtsstand nach § 13 a StPO bestimmt, steht dieser denjenigen nach den §§ 7 StPO ff gleich. Da für das Vorliegen der Voraussetzungen der Zeitpunkt der Bestimmung maßgeblich ist (vgl BGHSt 10, 255, 258 = NJW 1957, 1160), bleibt auch dann, wenn nachträglich ein tatsächlich von Anfang an bestehender Gerichtsstand ermittelt wird, der vom BGH bestimmte daneben bestehen. Eine Beseitigung oder Änderung der Bestimmung durch den BGH, etwa durch einen erneuten Beschluss nach § 13 a StPO, ist nicht möglich (BGHSt 10, 255, 257 = NJW 1957, 1160; 32, 159, 160 = NJW 1984, 623; NStZ-RR 2003, 268). Allerdings kommt unter den Voraussetzungen des § 12 Abs 2 StPO eine Übertragung der Zuständigkeit auf ein anderes Gericht in Betracht (BGHSt 10, 255, 257 = NJW 1957, 1160).

5 Die Zuständigkeitsbestimmung bezieht sich ausschließlich auf das im Beschluss des BGH bezeichnete Gericht. Handelt es sich hierbei um ein Landgericht, führt die Bestimmung nicht gleichzeitig auch zur Zuständigkeit sämtlicher Amtsgerichte des betreffenden Bezirks. Für eine Ausdehnung der Zuständigkeitsbestimmung in dieser Hinsicht enthält § 13a StPO keine hinreichende Grundlage. Sind in diesem Fall bestimmte Verfahrenshandlungen von einem Amtsgericht vorzunehmen, ist somit, wenn für dieses ein Gerichtsstand nicht besteht, eine weitere Zuständigkeitsbestimmung durch den BGH nach § 13a StPO erforderlich (BGHSt 32, 159, 160, 161 = NJW 1984, 623, 624). Durch die Bestimmung der Zuständigkeit eines Gerichts ist dagegen nach § 143 Abs 1 GVG zugleich die Zuständigkeit der bei diesem Gericht bestellten Staatsanwaltschaft festgelegt (vgl BGHSt 32, 159, 160 f = NJW 1984, 623, 624; BGHR § 13 a Anwendungsbereich 4). Der die Zuständigkeit bestimmende Beschluss des BGH ist nach § 304 Abs 4 S 1 StPO unanfechtbar.

§ 14 [Bestimmung bei Zuständigkeitsstreit]

Besteht zwischen mehreren Gerichten Streit über die Zuständigkeit, so bestimmt das gemeinschaftliche obere Gericht das Gericht, das sich der Untersuchung und Entscheidung zu unterziehen hat.

Überblick

Die Vorschrift regelt die Bestimmung des zuständigen Gerichts bei einem Streit über die örtliche Zuständigkeit.

A. Voraussetzungen

Zwischen mehreren Gerichten muss die örtliche Zuständigkeit (vgl zur sachlichen Zuständigkeit unten Rn 5) umstritten sein. Das ist der Fall, wenn sich die an dem Streit beteiligten Gerichte entweder alle für zuständig (positiver Kompetenzkonflikt) oder für unzuständig halten (negativer Kompetenzkonflikt; s hierzu auch § 19 StPO, der in diesem Fall Anwendung findet, wenn die beteiligten Gerichte sich durch nicht mehr anfechtbare Entscheidungen für unzuständig erklärt haben; vgl Meyer-Goßner StPO § 14 Rn 1). § 14 StPO regelt ausschließlich einen Streit zwischen **mehreren Gerichten**; auf einen internen Zuständigkeitsstreit zwischen verschiedenen Spruchkörpern eines Gerichts ist die Vorschrift – auch nicht analog – anwendbar (LG Zweibrücken NStZ-RR 2005, 153, 154). Nicht erfasst ist daher ein Streit über die Frage, ob eine Strafsache in die Zuständigkeit einer besonderen Strafkammer (zB nach § 74 Abs 2 GVG, § 74 a GVG, § 74 c GVG) fällt oder ob sie vor dem Jugend- oder einem Erwachsenengericht zu verhandeln ist (KG NJW 1964, 2437; Meyer-Goßner StPO Rn 1 a mwN). Jedes der an dem Streit beteiligten Gerichte sowie die Staatsanwaltschaft (BGHSt 48, 275, 276 = NStZ 2002, 400) kann dem gemeinschaftlichen oberen Gericht die Sache zur Entscheidung und Bestimmung der Zuständigkeit vorlegen. Die Vorlegung erfolgt aufgrund eines förmlichen Beschlusses an das für die streitenden Gerichte gemeinschaftliche obere Gericht. Dies ist bei Gerichten, die nicht dem Bezirk eines OLG angehören, der BGH.

Kein **Streit** über die örtliche Zuständigkeit liegt vor, wenn eines der beteiligten Gerichte die Rechtmäßigkeit einer durch ein anderes Gericht erfolgten Verweisung an sich in Zweifel zieht, weil es das abgebende Gericht hierzu für nicht befugt hält. In diesen Fällen handelt es sich allein um einen Streit über die inhaltliche Richtigkeit der Sachbefassung durch das verweisende Gericht (BGH NStZ 1994, 23 [K]; NStZ-RR 2007, 179; Beschl v 29. 10. 2008 – Az 2 ARs 467/08 = BeckRS 2008, 24109).

Beispiel (nach BGH, NStZ 1994, 23 [K]):
Das OLG verweist im Verfahren über eine sofortige Beschwerde die Sache zur Entscheidung an das LG zurück. Das LG zieht in Zweifel, ob das OLG als Beschwerdegericht hierzu befugt ist und legt die Sache dem BGH zur Klärung der Zuständigkeit vor. Hier steht allein die inhaltliche Richtigkeit der Entscheidung des OLG über die sofortige Beschwerde im Streit.

Ebenfalls kein Streit über die örtliche Zuständigkeit liegt vor, wenn ein Gericht ein anderes im Wege der Rechtshilfe um die Vornahme einer bestimmten Amtshandlung ersucht und dieses ablehnt (BGHR § 14 Bestimmung, abgelehnte 3) oder die förmliche Einleitung der Vollstreckung erfolgen soll (BGHR § 14 Entscheidung 1: keine richterliche Tätigkeit, sondern ein Akt der Justizverwaltung, für den § 14 StPO nicht gilt). Schließlich findet § 14 StPO auch dann keine Anwendung, wenn allein streitig ist, ob § 42 JGG eine gegenüber den allgemeinen Vorschriften über die örtliche Zuständigkeit vorrangige Sonderregel darstellt (BGH NStZ 2008, 695).

B. Rechtsfolgen

4 Das gemeinschaftliche obere Gericht bestimmt eines der an dem Streit **beteiligten** Gerichte als örtlich zuständig. Eine Übertragung der Zuständigkeit auf ein anderes, am Streit nicht beteiligtes Gericht ist nicht möglich (BGHSt 26, 162, 164 = NJW 1975, 1846; NStZ 1997, 255 f; NStZ 2001, 110; NStZ-RR 1996, 56; NStZ-RR 2000, 83). Hält das gemeinsame obere Gericht ein nicht beteiligtes Gericht für zuständig, muss es den Antrag auf Gerichtsstandsbestimmung zurückweisen. Die Entscheidung des Obergerichts ist unanfechtbar.

4.1 Daher ist eine Vorlage an den BGH ausgeschlossen, wenn ein gemeinsames OLG für die streitenden Gerichte besteht und dieses in der Vorlegungssache entschieden hat (BGH Urt v 26. 11. 2003 – Az 2 ARs 361/03 = BeckRS 2004, 00033).

C. Streit über die sachliche Zuständigkeit

5 Ein negativer sachlicher Kompetenzstreit, in dem also Gerichte verschiedener Ordnung sich jeweils für sachlich nicht zuständig halten, unterfällt nach Wortlaut und Systematik an sich nicht der Regelung des § 14 StPO. Gleichwohl wendet der BGH in Fällen, in denen anderenfalls das Verfahren nicht fortgesetzt werden könnte und zum Stillstand käme, § 14 StPO (iVm § 19 StPO) analog an (BGHSt 18, 381, 384 = NJW 1963, 1747; BGHSt 31, 361, 362 = NJW 1983, 1918; BGHSt 45, 26, 28 = NJW 1999, 1876; NStZ 1983, 30; OLG Frankfurt NStZ-RR 2009, 315).

§ 15 [Verhinderung des zuständigen Gerichts]

Ist das an sich zuständige Gericht in einem einzelnen Falle an der Ausübung des Richteramtes rechtlich oder tatsächlich verhindert oder ist von der Verhandlung vor diesem Gericht eine Gefährdung der öffentlichen Sicherheit zu besorgen, so hat das zunächst obere Gericht die Untersuchung und Entscheidung dem gleichstehenden Gericht eines anderen Bezirks zu übertragen.

Überblick

§ 15 StPO regelt die Übertragung der örtlichen Zuständigkeit auf ein anderes Gericht für den Fall, dass das eigentlich zuständige Gericht verhindert ist, das Verfahren durchzuführen.

A. Voraussetzungen

1 Das an sich zuständige Gericht muss in einem einzelnen Fall aus rechtlichen oder tatsächlichen Gründen an der Ausübung des Richteramts gehindert sein oder es muss infolge der Durchführung der Hauptverhandlung eine Gefährdung der öffentlichen Sicherheit zu besorgen sein.

I. Verhinderung aus rechtlichen Gründen

2 Eine Verhinderung des Gerichts aus rechtlichen Gründen ist gegeben, wenn so viele der ihm angehörenden Richter nach § 22 StPO ausgeschlossen oder nach § 24 StPO erfolgreich abgelehnt sind, dass es nicht mehr ordnungsgemäß besetzt werden kann (vgl § 27 Abs 4 StPO; BGH NStZ 2007, 475; Meyer-Goßner StPO § 15 Rn 3). Allein die Gefahr,

dass alle Mitglieder des Gerichts voreingenommen sein könnten, reicht hingegen nicht aus (BGH NStZ 2007, 475; Beschl v 26. 8. 2009 – Az 2 ARs 363/09 = BeckRS 2009, 24895).

II. Verhinderung aus tatsächlichen Gründen

Sind die Richter des an sich zuständigen Gerichts wegen Krankheit oder Dienstunfähigkeit aus anderen Gründen für eine nicht bloß unerhebliche Zeit nicht in der Lage, das Verfahren zu führen, ist das Gericht aus tatsächlichen Gründen an der Ausübung des Richteramts verhindert. 3

Die Befürchtung eines Angeklagten, seine Strafsache werde fehlerhaft oder zögerlich behandelt, kann eine Verhinderung des Gerichts dagegen nicht begründen (BGH Urt v 17. 12. 2004 – Az 2 ARs 445/04 = BeckRS 2005, 00593; Beschl v 5. 3. 2008 – Az 2 StR 445/04 = BeckRS 2008, 05457). 3.1

Gleiches gilt, wenn im Fall einer Zurückverweisung nach § 210 Abs 3 StPO, § 354 Abs 2 StPO ein Auffangspruchkörper nicht besteht und auch nicht gebildet werden kann (Meyer-Goßner StPO § 15 Rn 4). Darüber hinaus sind auch Konstellationen erfasst, in denen der Angeklagte aus tatsächlichen Gründen nicht in der Lage ist, an der Hauptverhandlung vor dem eigentlich örtlich zuständigen Gericht teilzunehmen, etwa weil er wegen Krankheit reiseunfähig ist (BGHSt 16, 84, 87 = NJW 1961, 1484; BGH Beschl v 19. 7. 2006 – Az 2 ARs 286/06 = BeckRS 2006, 09868). In diesem Fall ist allerdings zunächst zu prüfen, ob die Durchführung einer Hauptverhandlung in Abwesenheit des Angeklagten (vgl § 233 StPO) oder an einem Ort außerhalb des Gerichtsbezirks erfolgen kann (vgl BGHR § 15 Verhinderung 1). Dass der Aufenthaltsort des Angeklagten nicht ermittelt werden kann, stellt hingegen keinen tatsächlichen oder rechtlichen Verhinderungsgrund dar (BGH – Az 2 ARs 329/96). 4

III. Gefährdung der öffentlichen Sicherheit

Eine Gefährdung der öffentlichen Sicherheit muss aufgrund ihres Grades und des Ausmaßes der drohenden Schäden eine Situation begründen, die dem Fall einer Verhinderung des Gerichts gleichkommt und eine nachteilige Rückwirkung auf die Unbefangenheit der zur Urteilsfindung berufenen Personen ausüben kann (BGHSt 47, 275 f = NStZ 2002, 442). Es reicht aus, wenn eine Gefahr für die am Verfahren Beteiligten besteht (KK-StPO/Fischer StPO § 15 Rn 4). Darüber hinaus ist erforderlich, dass die Gefährdung gerade aus der Durchführung der Verhandlung vor dem an sich zuständigen Gericht folgt und zudem nicht auf andere Weise als durch einen Eingriff in das gesetzliche Zuständigkeitssystem beseitigt werden kann (BGHSt 47, 275 ff = NStZ 2002, 442). 5

B. Rechtsfolgen

Zuständig für die Entscheidung ist das zunächst obere Gericht. Es ordnet die Übertragung von Amts wegen oder auf Anregung eines – am Verfahren nicht notwendig beteiligten – Dritten an (BGHSt 47, 275, 246 = NStZ 2002, 442). § 15 StPO räumt dem Obergericht bei der Frage, ob eine Übertragung bei Vorliegen der Voraussetzungen zu erfolgen hat, kein Ermessen ein, die Übertragung ist zwingend. Das obere Gericht kann die Sache nur einem dem verhinderten Gericht gleichstehenden Gericht des eigenen Bezirks übertragen; soll ein Gericht außerhalb des Bezirks gewählt werden, ist die Entscheidung des Gerichts einzuholen, dem sowohl das verhinderte wie auch das zu beauftragende angehören (BGHSt 16, 84 ff = NJW 1961, 1484). Dies ist, wenn die betroffenen Gerichte den Bezirken verschiedener Oberlandesgerichte angehören, der BGH (BGH NJW 1961, 1484). Durch die Übertragung wird das beauftragte Gericht örtlich zuständig; ist die Strafsache schon bei dem verhinderten Gericht anhängig gemacht worden, geht die Anhängigkeit über (Meyer-Goßner StPO § 15 Rn 7). Der Übertragungsbeschluss ist unanfechtbar, er behält seine Wirkung auch dann, wenn die Gründe für die Verhinderung des eigentlich zuständigen Gerichts später wegfallen (KK-StPO/Fischer StPO § 15 Rn 6). 6

§ 16 [Einwand der Unzuständigkeit]

¹Das Gericht prüft seine örtliche Zuständigkeit bis zur Eröffnung des Hauptverfahrens von Amts wegen. ²Danach darf es seine Unzuständigkeit nur auf Einwand des Angeklagten aussprechen. ³Der Angeklagte kann den Einwand nur bis zum Beginn seiner Vernehmung zur Sache in der Hauptverhandlung geltend machen.

Überblick

Die Vorschrift regelt die Prüfung der örtlichen Zuständigkeit, die das Gericht bis zur Eröffnung des Hauptverfahrens von Amts wegen und danach nur auf Einwand des Angeklagten vorzunehmen hat.

A. Prüfung der örtlichen Zuständigkeit bis zur Eröffnung des Hauptverfahrens, S 1

1   Das Gericht prüft im Eröffnungsverfahren von Amts wegen, ob es für die Entscheidung über eine angeklagte Straftat örtlich zuständig ist. Kommt es dabei zu dem Ergebnis, nicht zuständig zu sein, erklärt es sich durch Beschluss für unzuständig (str; OLG Hamm NStZ-RR 1999, 16, 17, 18: keine Ablehnung der Eröffnung, da nach Verneinung der örtlichen Zuständigkeit kein Raum mehr für Prüfung des hinreichenden Tatverdachts). Eine Verweisung an das örtlich zuständige Gericht kommt in diesem Fall nicht in Betracht, da es hierfür an einer gesetzlichen Regelung fehlt. Vielmehr muss die Staatsanwaltschaft die Anklage zurücknehmen und bei dem zuständigen Gericht erneut erheben (BGHSt 23, 79, 82 = NJW 1969, 1820). Eine dennoch erfolgte Verweisung entfaltet keine Wirkung (Meyer-Goßner StPO § 16 Rn 5). Der Beschluss, mit dem sich das Gericht für nicht zuständig erklärt, kann mit der Beschwerde nach § 304 StPO angefochten werden (OLG Hamm Beschl v 6. 9. 2001 – Az 5 Ws 237/01 = BeckRS 2001, 30203544).

1.1   Rügt der Angeklagte bereits vor Eröffnung des Hauptverfahrens die örtliche Unzuständigkeit, stellt dies aufgrund der Verpflichtung des Gerichts nach S 1 zur Prüfung von Amts wegen nur eine Anregung dar, über die das Gericht inzident durch Erlass des Eröffnungsbeschlusses oder Unzuständigkeitserklärung entscheiden kann. Auf einen Verfahrensverstoß in diesem Stadium des Verfahrens kann die Revision nach § 336 StPO nicht gestützt werden (BGHR § 16 Örtliche Zuständigkeit 1).

B. Prüfung der örtlichen Zuständigkeit nach Eröffnung des Hauptverfahrens, S 2, S 3

2   Nach Erlass des Eröffnungsbeschlusses kann sich das Gericht, wenn es tatsächlich örtlich unzuständig sein sollte, nur noch auf einen entsprechenden Einwand des Angeklagten für nicht zuständig erklären. Erhebt der Angeklagte bis zum Beginn seiner Vernehmung zur Sache (= der Zeitpunkt, in dem er nach dem Hinweis gem § 243 Abs 4 S 1 StPO erklärt, ob er sich zur Sache einlassen will, vgl BGH NStZ 1984, 128, 129 mwN; OLG Köln Beschl v 18. 11. 2008 – Az 82 Ss 89/08 = BeckRS 2008, 24577) keinen Einwand, verbleibt es bei der Zuständigkeit des Gerichts, die auch im Revisionsverfahren dann nicht mehr gerügt werden kann (BGHR § 16 Örtliche Zuständigkeit 1; NJW 1994, 2369, 2370; Rieß NStZ 1981, 447, 448). Insofern handelt es sich bei § 16 StPO um eine lediglich befristete Prozessvoraussetzung (BGH NStZ 2001, 588).

3   Erfolgt ein in der Sache begründeter Einwand des Angeklagten nach Eröffnung des Verfahrens, aber vor Beginn der Hauptverhandlung, stellt das Gericht das Verfahren nach § 206 a StPO durch Beschluss ein. Der Beschluss kann von der Staatsanwaltschaft nach § 206 a Abs 2 StPO mit der sofortigen Beschwerde angefochten werden. Lehnt das Gericht den Einwand des Angeklagten ab, muss dieser ihn in der Hauptverhandlung wiederholen. Der auf einen in der Hauptverhandlung erhobenen Einwand ergehende ablehnende Beschluss ist nach § 305 StPO unanfechtbar. Erachtet das Gericht einen in der Hauptverhandlung rechtzeitig erhobenen Einwand des Angeklagten dagegen für begründet, stellt es das Verfahren nach § 260 Abs 3 StPO durch Urteil ein. Hinsichtlich der Anfechtung dieses

Urteils bestehen keine Besonderheiten. Legt der Angeklagte Revision ein, kann er die zu Unrecht angenommene Zuständigkeit des Gerichts mit einer auf § 338 Nr 4 StPO gestützten Verfahrensrüge angreifen. Anders als das Gericht erster Instanz ist das Rechtsmittelgericht nach § 328 Abs 2 StPO bzw § 355 StPO befugt und verpflichtet, das Verfahren an das tatsächlich örtlich zuständige Gericht zu verweisen (vgl BGHSt 11, 131 = NJW 1958, 469).

§§ 17, 18 (weggefallen)

§ 19 [Bestimmung bei negativem Zuständigkeitsstreit]

Haben mehrere Gerichte, von denen eines das zuständige ist, durch Entscheidungen, die nicht mehr anfechtbar sind, ihre Unzuständigkeit ausgesprochen, so bezeichnet das gemeinschaftliche obere Gericht das zuständige Gericht.

Überblick

Die Vorschrift regelt die Möglichkeit der Bestimmung des örtlich zuständigen Gerichts im Fall eines negativen Kompetenzstreits.

A. Voraussetzungen

Nach dem Wortlaut ist maßgeblich, dass die an dem negativen Kompetenzstreit beteiligten Gerichte ihre jeweilige örtliche Zuständigkeit durch **unanfechtbare** Entscheidungen verneint haben. 1

§ 19 StPO gilt nur für die örtliche Zuständigkeit von **Gerichten**. Daher ist die Vorschrift zB auf Kompetenzkonflikte zwischen Führungsaufsichtsstellen nicht anwendbar (OLG Zweibrücken NStZ 2002, 279). 1.1

Sind noch keine Entscheidungen ergangen oder sind sie noch anfechtbar, richtet sich die Entscheidung nach § 14 StPO. § 19 StPO ist analog auf den Fall anzuwenden, dass mehrere Gerichte sich durch unanfechtbare Entscheidungen für **sachlich** unzuständig erklärt haben, wenn anderenfalls das Verfahren nicht fortgesetzt werden könnte (BGHSt 18, 381, 384 = NJW 1963, 1747, 1748; BGHSt 39, 162, 163 = NJW 1993, 1808; KG Beschl v 28. 4. 2006 – Az 5 ARs 1/06 = BeckRS 2007, 09944). 2

Nach BGHSt 45, 26, 28 (= NJW 1999, 1876) sind die § 14 StPO, § 19 StPO auch dann analog anwendbar, wenn ein Gericht niederer Ordnung ein Verfahren nach § 270 Abs 1 StPO an ein Gericht höherer Ordnung verwiesen hat, dieses aber den Verweisungsbeschluss für unwirksam hält. 2.1

B. Rechtsfolgen

Zur Entscheidung befugt ist das den streitenden Gerichten gemeinschaftliche obere Gericht. Das ist, wenn die beteiligten Gerichte verschiedenen OLG-Bezirken angehören, der BGH (vgl BGH NStZ-RR 2005, 146). Das Obergericht muss eines der **streitenden** Gerichte als zuständig bezeichnen; die Übertragung auf ein anderes Gericht ist nach dem Wortlaut, wonach eines der streitenden Gerichte das zuständige sein muss, nicht möglich. Hält das Obergericht daher ein nicht am Streit beteiligtes Gericht für zuständig, muss es die Zuständigkeitsbestimmung, wenn einer der am Verfahren Beteiligten diese beantragt hatte, ablehnen (OLG Bamberg NStZ-RR 2005, 377 mwN). Die Entscheidung des Obergerichts ist in keinem Fall anfechtbar (KK-StPO/Fischer StPO § 19 Rn 4). 3

§ 20 [Handlungen eines unzuständigen Gerichts]

Die einzelnen Untersuchungshandlungen eines unzuständigen Gerichts sind nicht schon dieser Unzuständigkeit wegen ungültig.

StPO §§ 21, 22

1 Die Vorschrift regelt die Folgen einer örtlichen Unzuständigkeit des Gerichts für einzelne, von ihm vorgenommene Untersuchungshandlungen.

§ 20 StPO gilt für einzelne Untersuchungshandlungen iSv § 162 Abs 1 StPO, also etwa Durchsuchungen und Beschlagnahmen. Hat das örtlich unzuständige Gericht solche Handlungen vorgenommen, sind diese nicht allein infolge der örtlichen Unzuständigkeit ungültig. Ihre Rechtswidrigkeit – und damit ggf ein Verwertungsverbot hinsichtlich etwaiger erhobener Beweise – kann folglich allein aus der Verletzung anderer Vorschriften abgeleitet werden. § 20 StPO gilt nicht für Verstöße gegen die sachliche Zuständigkeitsordnung (OLG Köln StV 2004, 417, 418).

1.1 Nicht nach § 20 StPO unbeachtlich ist es daher etwa, wenn die Strafkammer statt des eigentlich zuständigen Ermittlungsrichters eine Durchsuchung bei einem zuvor in der Hauptverhandlung vernommenen Zeugen, der sich bei seiner Aussage einer Teilnahme an den dem Angeklagten vorgeworfenen Taten verdächtig gemacht hat, anordnet (OLG Köln StV 2004, 417, 418).

2 In Strafvollstreckungs- und Vollzugssachen ist § 20 StPO analog anwendbar; Verstöße gegen die Vorschriften über die örtliche Zuständigkeit berühren nicht die Wirksamkeit in diesen Verfahren ergangener gerichtlicher Entscheidungen (BGHSt 27, 329, 331 = NJW 1978, 835).

§ 21 [Befugnisse bei Gefahr im Verzug]

Ein unzuständiges Gericht hat sich den innerhalb seines Bezirks vorzunehmenden Untersuchungshandlungen zu unterziehen, bei denen Gefahr im Verzug ist.

1 § 21 StPO regelt eine Notzuständigkeit örtlich unzuständiger Gerichte für Untersuchungshandlungen, die keinen Aufschub dulden.

Die Vorschrift bezieht sich allein auf die örtliche Zuständigkeit; eine Notzuständigkeit eines sachlich unzuständigen Gerichts kann aus § 21 StPO nicht hergeleitet werden (KK-StPO/Fischer StPO § 21 Rn 1). Sie steht im Zusammenhang mit § 165 StPO, der bestimmt, dass im Ermittlungsverfahren der Richter die erforderlichen Untersuchungshandlungen vornehmen kann, wenn ein Staatsanwalt nicht erreichbar ist. Die Notzuständigkeit bezieht sich auf einzelne Untersuchungshandlungen iSd § 162 Abs 1 StPO, wie etwa Durchsuchungen und Beschlagnahmen.

2 Voraussetzung für den Eintritt der Notzuständigkeit ist das Vorliegen von Gefahr im Verzug. **Gefahr im Verzug** ist anzunehmen, wenn die bei einer Vornahme der Untersuchungshandlung durch das eigentlich zuständige Gericht eintretende zeitliche Verzögerung deren Erfolg gefährdete. Eines Antrags etwa der Staatsanwaltschaft auf Vornahme der Untersuchungshandlung bedarf es nicht, das Gericht kann von Amts wegen tätig werden (Meyer-Goßner StPO § 21 Rn 2)."

Dritter Abschnitt. Ausschließung und Ablehnung der Gerichtspersonen (§§ 22-32)

§ 22 [Ausschließung eines Richters]

Ein Richter ist von der Ausübung des Richteramtes kraft Gesetzes ausgeschlossen,
1. wenn er selbst durch die Straftat verletzt ist;
2. wenn er Ehegatte, Lebenspartner, Vormund oder Betreuer des Beschuldigten oder des Verletzten ist oder gewesen ist;
3. wenn er mit dem Beschuldigten oder mit dem Verletzten in gerader Linie verwandt oder verschwägert, in der Seitenlinie bis zum dritten Grad verwandt oder bis zum zweiten Grad verschwägert ist oder war;

4. wenn er in der Sache als Beamter der Staatsanwaltschaft, als Polizeibeamter, als Anwalt des Verletzten oder als Verteidiger tätig gewesen ist;
5. wenn er in der Sache als Zeuge oder Sachverständiger vernommen ist.

Überblick

Zur Wahrung des Rechts auf den gesetzlichen Richter gehört auch, dass kein Richter bei der Entscheidung mitwirkt, der bei der Rechtssache nicht unvoreingenommen sein könnte, da er eine gewisse Nähe zu Beschuldigten, Verletzten (Nr 1 bis Nr 3) oder dem zur Entscheidung unterbreiteten Sachverhalt (Nr 4 und Nr 5) aufweist. Diese auf objektivierbaren Tatsachen beruhenden Gründe sind abschließend aufgezählt und eng auszulegen, sie führen zwingend zum absolut wirkenden Ausschluss des Richters kraft Gesetzes.

Übersicht

	Rn		Rn
A. Gesetzlicher Richter	1	IV. Verwandtschaft oder Schwägerschaft mit Beschuldigten oder Verletzten, Nr 3	21
I. Auslegung	3		
II. Wirkungen	6	**C. Voraussetzungen der Nr 4 und Nr 5**	24
1. Entstehen des Ausschlussgrundes	6	I. Nichtrichterliche Vortätigkeit, Nr 4	24
2. Folgen der Mitwirkung eines ausgeschlossenen Richters	9	1. Sache	24
		2. Tätigkeit	26
B. Voraussetzungen der Nr 1 bis Nr 3	12	II. Vernehmung als Zeuge oder Sachverständiger, Nr 5	30
I. Straftat	12		
II. Verletzter, Nr 1	14	**D. Ausschluss und Befangenheit von Staatsanwälten**	34
III. Näheverhältnis zu Verletzten oder Beschuldigten, Nr 2	17	**E. Revision**	38

A. Gesetzlicher Richter

Der Regelungsgehalt des Art 101 Abs 1 S 2 GG erschöpft sich nicht in der Wahrung **1** gesetzlicher Zuständigkeiten, sondern gewährleistet auch, dass der Angeklagte unvoreingenommenen Richtern gegenübersteht (BVerfG NJW 2005, 3410, 3411 mwN; BGHSt 50, 216, 218 = NJW 2005, 3436). § 22 StPO dient der Umsetzung dieses **Verfassungsprinzips** in das einfache Recht. Das Gesetz zählt abschließend fünf Fallkonstellationen auf, bei denen aufgrund persönlicher Beziehungen des Richters oder seiner nichtrichterlichen Vorbefassung (vgl zur richterlichen Vorbefassung § 23 StPO, § 148 a Abs 2 S 1 StPO), die Möglichkeit einer Voreingenommenheit besteht (BGHSt 31, 358, 359 = NJW 1983, 2711; BGH wistra 2007, 313). Auf die tatsächliche Voreingenommenheit kommt es nicht an, es genügt der **Schein des Verdachts der Parteilichkeit** (BGHSt 14, 219, 221; BGH NStZ 2006, 113 f). Liegt ein Ausschlussgrund vor, ist der Richter **kraft Gesetzes ausgeschlossen**.

Andererseits ist zu beachten, dass ein Ausschluss auch stets einen Eingriff in die gerichtliche **2** Zuständigkeit beinhaltet. Schon allein deswegen sind die **Regelungen eng auszulegen**, da von einem möglichen Ausschluss der Richter betroffen ist, der nach GVG und Geschäftsverteilungsplan zur Entscheidung berufen ist (BGHSt 44, 4, 7 = NJW 1998, 1234; Rissing-van Saan MDR 1993, 310).

I. Auslegung

Während die Regelungen zur Befangenheit gemäß § 24 StPO an persönliche Wertungen **3** anknüpfen, liegen § 22 StPO **objektivierbare Tatsachen und Vorgänge** zugrunde, die jederzeit zuverlässig und eindeutig nachprüfbar sind (BVerfGE 46, 34, 37 = NJW 1978, 37; BGHSt 44, 4, 7 = NStZ 1998, 524 mAnm Bottke). Die **Aufzählung ist erschöpfend**, eine analoge Anwendung auf ähnlich erscheinende Sachverhalte scheidet aus (BVerfGE 46, 34, 38

StPO § 22

= NJW 1978, 37). Lässt sich ein Sachverhalt nicht unter § 22 StPO fassen, ist dem aber ähnlich, kann ein Befangenheitsgrund vorliegen (BGHSt 51, 100, 111 = NJW 2007, 1760).

3.1　Allein die Nähe zu § 22 StPO genügt jedoch hierfür nicht, es bedarf besonderer Umstände, die auf die fehlende Neutralität des vorbefassten Richters schließen lassen (BVerfG v 27. 9. 2006 – Az 2 BvR 1598/06). Denn durch einen generellen Rückgriff auf § 24 StPO würde der Anwendungsbereich des § 22 StPO erweitert und gesetzgeberische Wertungen überspielt (Meyer-Goßner StPO § 22 Rn 3; § 24 StPO Rn 13).

4　Unter die Vorschrift fallen alle **Berufsrichter**, unabhängig von ihrem Status, gem § 31 Abs 1 StPO aber auch **Schöffen** und Protokollführer (vgl § 31 StPO Rn 2).

4.1　Über die Verweisung des § 10 RPflG findet die Vorschrift auch Anwendung für Rechtspfleger, wobei bestimmte Amtsgeschäfte ausgenommen sind, vgl § 32 RPflG. Für Sachverständige (vgl § 74 StPO) und Dolmetscher (vgl § 191 GVG) gilt § 22 StPO nicht. Für Gerichtsvollzieher sieht das Gesetz in § 155 GVG eigene Ausschlussgründe vor, die denen des § 22 Nr 1 bis Nr 3 weitgehend entsprechen. Keine Anwendung findet § 22 StPO auf um Zeugenvernehmung im Wege innerstaatlicher Rechtshilfe ersuchte Konsularbeamte (OLG Düsseldorf NStZ 1983, 469) und den Bezirksrevisor als Vertreter der Staatskasse (OLG Koblenz OLGSt § 22 Nr 1).

5　Der Richter muss in Ausübung seines Richteramtes tätig werden. Justizverwaltung, zB im Rahmen der Geschäftsverteilung oder bei der Auslosung der Schöffen (BGHSt 3, 68 f), kann er trotz eines Ausschlussgrundes ausüben. Im Übrigen aber erfasst der Ausschluss **richterliche Handlungen jeder Art** (BVerfG NJW 1992, 2471, 2472) und nicht nur die eigentliche Entscheidungsfindung.

5.1　Auch vorbereitende Handlungen werden erfasst. So darf der ausgeschlossene Richter nicht kraft seiner Stellung als Vorsitzender auf die Terminierung Einfluss nehmen (BVerfG 4, 412, 416) oder einen Schöffen befreien (BGHSt 31, 3, 5 = NJW 1982, 1655 f). Der Ausschluss erstreckt sich auch auf Nachtragsentscheidungen, zB auf solche, die in die Zuständigkeit der Strafvollstreckungskammer fallen.

II. Wirkungen
1. Entstehen des Ausschlussgrundes

6　Der Ausschluss tritt **kraft Gesetzes** ein, dh mit der Entstehung des Ausschlussgrundes ist der Richter gehindert, eine zu seinem Richteramt gehörende Tätigkeit in der Sache auszuführen (BVerfGE 4, 412, 417 = NJW 1956, 545). Es liegt ein Vertretungsfall vor. Hiervon werden auch unaufschiebbare Amtsgeschäfte erfasst, denn § 29 StPO gilt nur für den abgelehnten, nicht für den ausgeschlossenen Richter.

7　Diese Wirkung ist in dem Sinne absolut, dass sie – anders als die Ablehnung – nicht von der Einstellung der Prozessbeteiligten hierzu abhängig ist. Es bedarf also **keines Antrages**; auf den Ausschluss kann nicht durch die Prozessbeteiligten verzichtet werden (vgl RGSt 2, 209, 211). Auch auf die Kenntnis der Prozessbeteiligten oder des Richters von dem Ausschlussgrund kommt es nicht an (RGSt 33, 309 f). Ob der Richter sich voreingenommen fühlt, ist ebenfalls ohne Belang.

8　Die Wirkung tritt kraft Gesetzes ein, ein **Beschluss ist nicht erforderlich**. In Zweifelsfällen kann ein Gerichtsbeschluss nach § 30 StPO (vgl § 30 StPO Rn 1) herbeigeführt werden, dieser wirkt aber nicht konstitutiv.

8.1　Durch einen die Voraussetzungen des Ausschlusses negierenden Gerichtsbeschluss wird die Mitwirkung des tatsächlich ausgeschlossenen Richters nicht geheilt, so dass das Urteil auf die Revision der Aufhebung unterliegt, § 338 Nr 2 StPO. Nimmt der Gerichtsbeschluss nach § 30 StPO irrtümlich einen Ausschluss an, so ist das Gericht vorschriftswidrig besetzt, die Revision begründet dieser Fehler aber nur, wenn er auf einem offensichtlichen Gesetzesverstoß oder Willkür beruht (Löwe/Rosenberg/Siolek StPO § 22 Rn 64).

2. Folgen der Mitwirkung eines ausgeschlossenen Richters

9　Amtshandlungen, die ein ausgeschlossener, aber dennoch mitwirkender Richter vornimmt, sind **nicht unwirksam**, sondern nur **anfechtbar**. Dies wird belegt durch § 338

Nr 2 StPO, wonach ein solcher Verfahrensfehler für **Urteile** zwar einen absoluten Revisionsgrund (vgl § 338 StPO Rn 1) darstellt, auf diesen muss sich aber mit der Revision form- und fristgerecht berufen werden, sonst erwächst das Urteil trotz des Fehlers in Rechtskraft.

Denn gänzliche Unwirksamkeit mit der Folge rechtlicher Unbeachtlichkeit käme nur in Betracht, wenn die Anerkennung einer vorläufigen rechtlichen Gültigkeit für die Rechtsgemeinschaft geradezu unerträglich und der Fehler offenkundig wäre (BVerfGE 29, 45, 49; BGHSt 29, 351, 352 f = NJW 1981, 133, 134; kritisch dazu, ob in einem Rechtsstaat überhaupt solche Urteile vorstellbar sind, Meyer-Goßner StPO Einl 105 a). Die Nichtigkeit von Entscheidungen steht im Widerstreit mit den Erfordernissen der Rechtssicherheit, der Autorität gerichtlicher Entscheidungen und dem zur Korrektur fehlerhafter Entscheidungen bestimmten Rechtsmittelsystem (vgl BGHSt 29, 351, 352 = NJW 1981, 133, 134). 9.1

Auch **Beschlüsse** entfalten zunächst Wirkung. Werden sie mit einem zulässigen Rechtsmittel angefochten, sind sie aufzuheben und gem § 309 Abs 2 StPO an die untere Instanz zurückzuverweisen. 10

Ein durch einen ausgeschlossenen Richter erlassener Haftbefehl ist Rechtsgrund für die Freiheitsentziehung und von der Untersuchungshaftanstalt zu beachten. Auf einen Haftprüfungsantrag oder eine Beschwerde ist er jedoch aufzuheben und ggf durch einen neuen zu ersetzen. 10.1

Auch ein Eröffnungsbeschluss bleibt wirksam (BGHSt 29, 351, 355 = NJW 1981, 133, 134; BGH NStZ 1998, 93; anders noch RGSt 55, 113), wenn er nach Form und Inhalt fehlerfrei, aber unter Mitwirkung eines ausgeschlossenen Richters zustande gekommen ist (vgl hierzu auch § 207 StPO Rn 13). 10.2

Ob auf Gegenvorstellung (vgl § 296 StPO Rn 3) ein rechtskräftiger Beschluss, der unter Mitwirkung eines ausgeschlossenen Richters zustande gekommen ist, aufgehoben werden kann, ist streitig (zu Unrecht bejahend OLG Düsseldorf MDR 1982, 518; **aA** Meyer-Goßner StPO § 22 Rn 21). 10.3

Die **Hauptverhandlung**, an der ein Richter mitgewirkt hat, der von Beginn an ausgeschlossen war oder es im Laufe des Verfahrens geworden ist, muss mit fehlerfreier Besetzung wiederholt werden, um das Urteil nicht revisibel zu machen. 11

Auch der Eintritt eines Ergänzungsrichters nach § 192 Abs 2 GVG vermag dies nicht stets zu verhindern. Lag der Ausschlussgrund von Beginn an vor und hat der ausgeschlossene Richter dennoch an Zwischenentscheidungen mitgewirkt, so hat er dadurch das Verfahren beeinflusst. Das Urteil kann hierauf beruhen, was die Revision begründet. Um dies zu verhindern, müssen die Entscheidungen durch den ordnungsgemäß besetzten Spruchkörper wiederholt bzw geändert werden. 11.1

Ein von einem ausgeschlossenen Richter aufgenommenes Vernehmungsprotokoll darf nicht verwertet werden (RGSt 30, 70, 71; Löwe/Rosenberg/Siolek StPO § 22 Rn 57 auch zum Eid vor einem ausgeschlossenen Richter). 11.2

B. Voraussetzungen der Nr 1 bis Nr 3

I. Straftat

§ 22 Nr 1 StPO – was auch für Nr 2 u Nr 3 gilt – greift dem Wortlaut nach nur, wenn es um die gleiche Straftat geht. Die Voraussetzungen des Ausschlusses können aber nach dem Zweck der Vorschrift (vgl Rn 1) hier nicht enger sein als bei § 22 Nr 4 oder Nr 5 StPO (Sachgleichheit). Deswegen darf der Ausschluss nicht auf die Aburteilung der den Richter iSd § 22 Nr 1 bis Nr 3 StPO betreffenden Straftat beschränkt sein, sondern muss allgemein für das Strafverfahren gelten, welches eine solche Tat zum Gegenstand hat (BGHSt 14, 219, 222), mithin reicht eine **Tat iSd § 264 StPO** aus. 12

Eine als Unterschlagung zu Lasten eines Schöffen gewertete Tat führt auch dann zum Ausschluss des Schöffen in dem Strafverfahren, wenn die Verfolgung wegen dieser Straftat nach § 153 StPO eingestellt worden ist und die Tat jetzt nur noch als Betrug zu Lasten eines Dritten verfolgt wird (BGHSt 14, 219). 12.1

Werden mehrere selbstständige Straftaten verbunden, entsteht ein **einheitliches Strafverfahren**; alle Ausschlussgründe, die für einzelne Verfahrensteile entstanden sind oder noch entstehen, wirken jetzt für das gesamte neue einheitliche Verfahren. 13

13.1 Dies gilt selbst dann, wenn die Straftat, die den Ausschluss begründet, später nicht mehr verfolgt wird, zB weil insoweit nach § 154 StPO verfahren wurde (KG StV 1981, 13). Auch wenn dies Verfahren später wieder getrennt wird, wirkt der „übernommene" Ausschlussgrund fort (BGHSt 14, 219, 222).

II. Verletzter, Nr 1

14 Ist der Richter Verletzter einer Tat, die den **Verfahrensgegenstand** (Rn 12) bildet, ist er ausgeschlossen. Hierzu muss er durch die Straftat **persönlich unmittelbar in seinen Rechten betroffen** sein (BGHSt 1, 298, 299). Eine nur entfernte oder mittelbare Betroffenheit (vgl BGH NStZ 2009, 342 mAnm Volkmer NStZ 2009, 371) ist zu unbestimmt, kann aber eine Befangenheit auslösen (BGHSt 51, 100, 111 = NJW 2007, 1760). Eine Straftat während der Hauptverhandlung zu Lasten des Richters, zB eine Beleidigung, ist nicht Verfahrensgegenstand.

15 Die strafbare Handlung muss sich als Eingriff in die Rechte des Richters erweisen (BGH NStZ-RR 2002, 66), für den Bereich der **Vermögensdelikte** bedeutet dies, dass nur derjenige Verletzter iSd § 22 Nr 1 StPO ist, der durch die strafbare Handlung einen unmittelbaren Nachteil an seinem Vermögen erleidet (RGSt 69, 127, 128):

- danach ist beim Betrug nicht der Getäuschte, sondern nur der Geschädigte Verletzter (BGH MDR 1971, 363; RGSt 74, 167, 170);
- beim Diebstahl können sowohl Gewahrsamsinhaber als auch Eigentümer verletzt sein (RGSt 50, 46; Meyer-Goßner StPO § 22 Rn 7; zweifelnd KK-StPO/Fischer StPO § 22 Rn 5);
- bei der Erhebung unrichtiger Straßenreinigungsentgelte sind nur die Grundstückseigentümer als unmittelbar Geschädigte angesehen worden, nicht hingegen die Mieter, da sie nicht Adressaten der geltend gemachten Kosten gewesen seien (BGH NStZ 2009, 342, krit Volkmer NStZ 2009, 37 den persönlichen Schadenseinschlag hervorhebend);
- Insolvenzdelikte begründen die Verletzteneigenschaft der Insolvenzgläubiger (vgl KK-StPO/Fischer StPO § 22 Rn 5 mwN);
- betrifft der Schaden ein Gesellschaftsvermögen, so ist nach der Rechtsnatur der Gesellschaft zu differenzieren.

15.1 Ist die Gesellschaft rechtsfähig, also eine juristische Person, wie zB der eingetragene Verein, die GmbH, AG, KGaA, ist die Gesellschaft nur als solche geschädigt (ablehnend auch BGHSt 1, 298 f für den Prokurist einer GmbH, der einen Anteil am Gewinn der Gesellschaft erhält). Die Mitglieder einer BGB-Gesellschaft, OHG oder KG sind hingegen unmittelbar verletzt (RGSt 33, 314, 316; RGSt 69, 127 f). Trotz § 54 BGB gilt für nicht rechtsfähige Vereine, die Großorganisationen sind, etwas anderes. Das einzelne Parteimitglied kann durch einen dem Parteivermögen zugefügten Vermögensschaden nicht unmittelbar in seinen durch § 266 StGB geschützten Rechten verletzt sein, auch wenn dieser Vermögensnachteil der Partei nachträglich durch eine bei den Mitgliedern erhobene Umlage ausgeglichen wird (BGHSt 51, 100, 111 = BGH NJW 2007, 1760, 1763).

15.2 Auch bei Körperschaften des öffentlichen Rechts sind nicht die Mitglieder der Willensorgane verletzt, also nicht der Kreistagsabgeordnete des geschädigten Landkreises (BGH MDR 1955, 145).

16 Bei **Beleidigungsdelikten** und **Bedrohungen** ist derjenige Verletzter iSd § 22 Nr 1 StPO, der persönlich getroffen werden sollte und gegen den die Beleidigung unmittelbar gerichtet ist (BVerfG NJW 1992, 2471, 2472); ob er selbst oder der Vorgesetzte Strafantrag gestellt hat, ist unerheblich.

16.1 Liegt hingegen eine Kollektivbeleidigung vor und stellt ein Richter Strafantrag, so wird er dadurch Verletzter, denn die Antragsstellung belegt, dass er das als beleidigend gewertete Schreiben auch auf sich bezogen hat. Für die Anwendung des § 22 StPO ist dies nicht anders zu beurteilen, als wenn er in dem Schreiben persönlich bezeichnet worden wäre (BVerfG NJW 1992, 2471, 2472).

16.2 Die Androhung einer Sprengstoffexplosion im Gerichtsgebäude betrifft die dort tätigen Richter nur als potentielle Opfer einer gemeingefährlichen Straftat und nicht einer individuell gegen sie gerichteten Tat, sie sind daher nur mittelbar betroffen (BGH NStZ-RR 2002, 66).

III. Näheverhältnis zu Verletzten oder Beschuldigten, Nr 2

Der Anschein einer Parteilichkeit kann auch entstehen, wenn der Richter dem Beschuldigten oder dem Verletzten besonders nahe steht. Deswegen erfasst § 22 StPO einige **durch Rechtsakt begründete Näheverhältnisse**, sowohl zum Verletzten (Rn 14 ff) als auch zum Beschuldigten. Diese sind Ehe, Lebenspartner-, Vormund- und Betreuerschaft. Anders als bei § 52 StPO ist das Verlöbnis nicht erfasst. Eine enge Freundschaft stellt keinen Ausschlussgrund dar, freilich wird dies eine Befangenheit nahe legen.

Ehegatte: Voraussetzung ist, dass eine nach deutschem Recht als gültig anzuerkennende **Ehe besteht oder bestanden hat**. Ob die Ehe nur zum Schein geschlossen wurde (vgl aber zu § 252 StPO BGH NJW 2000, 1274) oder ob Aufhebungsgründe vorliegen, ist demgegenüber ohne Belang. Allein kirchliche Trauungen oder die Verheiratung nach islamischem Recht stellen keine gültige Ehe dar. Geschiedene oder Partner einer aufgehobenen oder für nichtig erklärten Ehe bleiben Ehegatten iSd § 22 Nr 2 StPO (RGSt 56, 427, 428; BGHSt 9, 37, 38 jeweils zu § 52 StPO).

Lebenspartner: Dies sind Personen gleichen Geschlechts, die nach **§ 1 Abs 1 LPartG** wirksam eine Lebenspartnerschaft geschlossen haben.

Vormund oder Betreuer: Erfasst werden sowohl der **Vormund** nach § 1773 BGB als auch die Gegenvormundschaft nach § 1792 BGB. Wer **Betreuer** ist, ergibt sich aus § 1896 BGB bis § 1908 i BGB. Die Pflegschaft nach § 1909 BGB stellt keinen Ausschlussgrund dar.

IV. Verwandtschaft oder Schwägerschaft mit Beschuldigten oder Verletzten, Nr 3

Wer mit dem Richter verwandt oder verschwägert ist, bestimmt sich nach **bürgerlichem Recht, vgl § 52 StPO** (§ 52 StPO Rn 8). Für nichteheliche Kinder gelten keine Besonderheiten. Für Adoptierte sind die § 1755 BGB, § 1756 BGB, § 1770 BGB, § 1772 BGB zu beachten.

Gem § 1589 BGB ist **verwandt**, wer in gerader Linie **voneinander abstammt** (Großeltern – Eltern – Kinder – Enkel) oder in der Seitenlinie von derselben dritten Person abstammt (Geschwister).

Während Verwandtschaft in gerader Linie unbegrenzt zum Ausschluss führt, gilt dies für in der Seitenlinie Verwandte nur bis zu drei die gemeinsame Abstammung vermittelnde Geburten. Danach ist der Richter mit seinen Neffen und Nichten in diesem Sinne verwandt (die gemeinsame Abstammung wird durch drei Geburten vermittelt: Richter – dessen Eltern – Geschwister des Richters – dessen Kinder), nicht aber mit Cousins und Cousinen (Richter – dessen Eltern – deren Großeltern – Geschwister der Eltern des Richters – deren Kinder: Zahl der sie vermittelnden Geburten vier, damit Verwandtschaft vierten Grades).

Schwägerschaft wird durch eine gültige Eheschließung vermittelt, die Verwandten des einen Ehepartners sind mit denen des anderen verschwägert, § 1590 BGB. Zum Ausschluss führt eine Schwägerschaft in gerader Linie, in der Seitenlinie nur bis zum zweiten Grad, also bis zu den Geschwistern des Ehegatten, nicht mehr zu deren Kindern. Es kommt nicht darauf an, ob die Ehe noch besteht. Auch Lebenspartnerschaften vermitteln Schwägerschaft, § 11 Abs 2 LPartG.

C. Voraussetzungen der Nr 4 und Nr 5

I. Nichtrichterliche Vortätigkeit, Nr 4

1. Sache

Unter Sache ist grundsätzlich dasjenige Verfahren zu verstehen, welches die strafrechtliche Verfolgung einer bestimmten Straftat zum Gegenstand hat. Es kommt auf die **Identität des historischen Ereignisses** an, um dessen Aufklärung es ging, als der Richter eine nichtrichterliche Funktion ausübte (BGHSt 49, 29, 30 = NJW 2004, 865). Es werden alle Verfahrensabschnitte von den Vorermittlungen über die Hauptverhandlung bis zum Wiederaufnahmeverfahren erfasst (BGHSt 14, 219, 223; BGHSt 28, 262, 264 = NJW 1979, 2160), nicht mehr hingegen die Verfassungsbeschwerde.

Der Begriff der **Sache** muss **weit ausgelegt** werden (BGHSt 31, 358, 359 = NJW 1983, 2711). Hierunter darf nicht zu eng ausnahmslos Tatgleichheit iSd § 264 StPO verstanden

StPO § 22 Erstes Buch. 3. Abschnitt

werden. Tatmehrheit steht der Sachidentität nicht entgegen. Es entscheidet die Einheit der Hauptverhandlung (Rn 12). Je nach den Umständen des Einzelfalls kann aber auch bei Fehlen von Verfahrenseinheit die Sachidentität zu bejahen sein, wenn ein enger und für die zu treffende Entscheidung bedeutsamer Sachzusammenhang besteht (BGHSt 9, 193, 195; BGHSt 28, 262, 265 = NJW 1979, 2160).

25.1 Sachidentität wird angenommen, wenn der Richter
- als Staatsanwalt Anklage gegen die Söhne des Angeklagten wegen desselben Sachverhalts, einer Körperverletzung, erhoben hatte (BGH StV 2008, 123);
- als Staatsanwalt ein Verfahren nach § 154 StPO eingestellt hat, welches im vorliegenden Verfahren strafschärfend berücksichtigt werden soll (Löwe/Rosenberg/Siolek StPO § 22 Rn 26);
- als Staatsanwalt ein Ermittlungsverfahren gegen den Angeklagten wegen eines veröffentlichten Aufsatzes geführt hatte und dem jetzigen Verfahren der Vorwurf zugrunde liegt, die Behauptungen aus dem Aufsatz in einem Schreiben wiederholt zu haben (BGHSt 9, 193).

25.2 Sachidentität liegt nicht vor, wenn der Richter
- an einer früheren Verurteilung des Angeklagten mitgewirkt hat, und die in jenem Verfahren verhängte Strafe in die zu bildende Gesamtstrafe einbezogen werden muss (BGHSt 28, 262 = NJW 1979, 2160);
- als Staatsanwalt im Rahmen von Todesermittlungen die Obduktion der Leiche eines vor der Hauptverhandlung verstorbenen Zeugen und Tatgeschädigten angeordnet hat, wenn die Obduktion keinen Anhalt für Fremdverschulden erbracht hat (BGHSt 49, 29 = NJW 2004, 865).

2. Tätigkeit

26 Eine vorangegangene **Strafverfolgungstätigkeit** führt zum Ausschluss, wenn sie auf die Erforschung des Sachverhalts oder auf die Beeinflussung des Verfahrensablaufs gerichtet war (BGH wistra 2006, 310). Dabei kommt es nicht darauf an, ob sie wesentlich war.

26.1 Deswegen genügt eine Sachstandsanfrage und die Verfügung einer Wiedervorlagefrist (BGH StV 1982, 51). Ob der Beamte die Sache selbst bearbeitet oder eine von einem anderen Beamten gefertigte Verfügung unterzeichnet hat, ist gleichgültig (BGH NJW 1952, 1149). Auch die aktive Beteiligung an einer Verkehrskontrolle durch die Verkehrspolizei ist als Vortätigkeit ausreichend (OLG Karlsruhe VRS 39, 109).

26.2 Nicht ausreichend ist hingegen die Befassung als Ministerialbeamter, der mit der Dienstaufsicht beschäftigt war, wenn keine das Verfahren betreffende Weisungen ergangen sind (BGHR StPO § 22 Nr 4 Vortätigkeit 2). Die Tätigkeit als leitender Staatsanwalt führt nicht zu einem Ausschluss, wenn keine Befassung mit der Sache selbst erfolgte (RGSt 70, 161, 163). Die Vornahme von Untersuchungshandlungen nach § 165 StPO begründet keinen Ausschluss (BGHSt 9, 233, 235). Auch soll die Beschäftigung mit der Sache im Rahmen der Referendarausbildung und die Verfügung der Akten auf den ordentlichen Dezernenten nicht genügen, wenn dies keine sachliche Prüfung erforderlich machte (RGSt 59, 267).

27 **Beamte der Staatsanwaltschaft** sind Staatsanwälte, gleichgültig ob sie bei GBA, GStA, oder StA beschäftigt sind, aber auch Amtsanwälte oder Referendare, die amtsanwaltliche Aufgaben wahrnehmen.

28 **Polizeibeamte** sind nur dann ausgeschlossen, wenn sie zur Verfolgung von Straftaten tätig werden.

28.1 Die Fertigung wissenschaftlicher oder kriminaltechnischer Gutachten ist kein Ausschließungsgrund (BGH MDR 1958, 785), ebenso hindert eine Tätigkeit beim Gefangenentransport nicht.

29 **Anwalt** kann nur ein Rechtsanwalt sein; eine rechtliche Beratung reicht zum Ausschluss aus. Als **Verteidiger** kommen die in § 138 StPO u § 139 StPO benannten Personen in Betracht.

II. Vernehmung als Zeuge oder Sachverständiger, Nr 5

30 Zum Sachbegriff vgl Rn 12 und Rn 24 f. Dass **Sachgleichheit nicht Verfahrensidentität** (BGH StV 2008, 283) bedeutet, gewinnt vor allem Bedeutung bei umfangreichen Verfahren, die in mehrere Einzelverfahren getrennt werden. Ist der Richter in einem anderen Verfahren als Zeuge zu **demselben Tatgeschehen** vernommen worden, das er jetzt abzuur-

teilen hat, zB über die Angaben des Angeklagten in dem ein anderes Bandenmitglied betreffenden Verfahren, so führt dies zum Ausschluss (BGH NStZ 2007, 711; StV 2008, 283 m krit Anm Leu StV 2009, 507; vgl auch BGH NStZ 2006, 113, 114).

Dies wird zu bedenken sein, wenn ein Gerichtspräsident über die Erteilung einer Aussagegenehmigung für einen während einer laufenden Hauptverhandlung als Zeugen benannten Richter zu befinden hat (BGH NStZ 2007, 711; BGH StV 2008, 283; vgl auch BGH NStZ 2007, 481, 482). 30.1

Erforderlich ist die **Vernehmung als Zeuge zur Sache**, allein die Benennung (BGHSt 11, 206 = NJW 1958, 406), Ladung (BGHSt 14, 219, 220; BGHSt 39, 239, 241 = NJW 1993, 2758) oder die Möglichkeit seiner Vernehmung (BGH NStZ-RR 2009, 85) genügt nicht, ansonsten könnte der Angeklagte einen ihm missliebigen Richter durch Benennung als Zeugen ausschalten. Ob der Aussage des richterlichen Zeugen Bedeutung zukommt, ist ohne Belang. Es bedarf keiner förmlichen Protokollierung (BGH NStZ 1998, 93). Auch **schriftliche Erklärungen** kommen in Betracht, durch die eine persönliche Zeugenvernehmung ersetzt werden soll (BGHSt 44, 4, 9 = NJW 1998, 1234). 31

Dienstliche Erklärungen sind dem nicht ohne weiteres gleichzusetzen. Sie können eine Zeugenvernehmung darstellen, sofern sie tatsächlich Bekundungen zur Schuld- und Straffrage enthalten, die außerhalb des anhängigen Prozesses gemacht wurden (BGHSt 44, 4, 9 = NJW 1998, 1234), nicht aber, wenn sich der Richter dienstlich über Vorgänge äußert, die den Gegenstand des bei ihm anhängigen Verfahrens betreffen und die er im Zusammenhang mit seiner amtlichen Tätigkeit in dieser Sache wahrgenommen hat (BGHSt 44, 4, 10 = NJW 1998, 1234 mit einer insoweit allerdings zweifelhaften Würdigung). 32

Beispiel für dienstlich erlangtes Wissen: Eine Zeugin sucht den Richter in seinem Dienstzimmer auf und macht Angaben, bevor er das Gespräch abbricht. Über den Vorgang fertigt er einen Aktenvermerk, den er in der Hauptverhandlung bekannt macht (BGHSt 39, 239 = NJW 1993, 2758). Hierbei geht es nur um Wahrnehmungen im Zusammenhang mit der laufenden Hauptverhandlung, dies kann nicht zu seinem Ausschluss führen, ansonsten könnte ein Richter beliebig ausgeschaltet werden. 32.1

Es liegt eine Zeugenvernehmung vor, wenn eine Richterin von ihrem als Verwaltungsrichter tätigen Ehemann etwas über die im Zusammenhang mit einem Verwaltungsrechtsstreit stehenden Hintergründe der Tat erfahren haben will, hierüber vernommen wird, sich aber später herausstellt, dass ihrer Wahrnehmung ein Missverständnis zugrunde liegt. Sie hat sich damit als eigene Erkenntnisquelle vom Hörensagen zur Verfügung gestellt (BGH NStZ 1998, 93). 32.2

Dient die dienstliche Erklärung nur der **freibeweislichen Aufklärung** der Frage, ob ein Richter als Zeuge in Betracht kommt, führt dies nicht zum Ausschluss (BGHSt 45, 354, 361 = NJW 2000, 1204; BGH NStZ 2009, 85). Denn eine solche Erklärung ist nicht Gegenstand der Beweiswürdigung, der Richter muss nicht seine eigene Zeugenaussage würdigen, die kritische Distanz bleibt erhalten (BGHSt 47, 270, 273 = NJW 2002, 2401). 33

Erklärt der Richter, zu der Beweisfrage nichts beitragen zu können, dient diese Erklärung allein dem Bedürfnis nach Zurückweisung rechtsmissbräuchlicher Zeugenbenennung, ein dahingehender Beweisantrag kann als unzulässig abgelehnt werden. Enthält die dienstliche Erklärung aber die Schuldfrage betreffende Wahrnehmungen, dürfen diese nicht der Beweiswürdigung zugrunde gelegt werden (BGHSt 47, 270, 274 = NJW 2002, 2401). 33.1

Der beauftragte Richter, dessen Aufzeichnungen über eine kommissarische Zeugenvernehmung verlesen werden, ist nicht ausgeschlossen. Der Gesetzgeber hat durch die Schaffung des Rechtsinstituts des beauftragten Richter zu erkennen gegeben, dass er gegen diese Form eingeschränkter Distanz keine Bedenken hegt (BGHSt 45, 354, 356 = NJW 2000, 1204). 33.2

D. Ausschluss und Befangenheit von Staatsanwälten

Für Staatsanwälte gelten **§§ 22 StPO ff** nicht (BVerfGE 25, 36, 345 = NJW 1969, 1104, 1106), sie finden nach **hM** auch **nicht entsprechende Anwendung** (BGH NJW 1980, 845, 846; Meyer-Goßner StPO vor § 22 Rn 3 mwN). Deswegen können weder das Gericht noch sonstige Prozessbeteiligte den Ausschluss des Staatsanwalts kraft Gesetzes oder durch einen Antrag herbeiführen oder ihn wegen **Befangenheit** ablehnen. Dennoch kann die 34

Mitwirkung eines Staatsanwalts, bei dem Gründe vorliegen, die bei einem Richter zum Ausschluss führen würden, einen Verfahrensfehler darstellen.

34.1 Dies wird aus der Verpflichtung der Staatsanwaltschaft, das Verfahren justizförmig zu gestalten (KK-StPO/Fischer StPO Vor § 22 Rn 1), aus dem Fairnessgebot (Tolksdorf Mitwirkungsverbot für den befangenen Staatsanwalt 1989, 42 ff) oder aus einer Analogie des § 22 StPO (Löwe/Rosenberg/Siolek StPO § 22 Rn 13) hergeleitet.

35 Dieser **Verfahrensfehler** stellt jedoch keinen absoluten, sondern einen relativen Revisionsgrund (vgl § 337 StPO Rn 120) dar; die Revision ist nur begründet, wenn das Urteil auf dem **Fehler beruht** (ausgeschlossen von BGH NJW 1997, 66, 67). Um einen solchen Fehler zu verhindern, kann der Dienstvorgesetzte des Staatsanwalts ihn nach § 145 Abs 1 GVG ersetzen. Das Gericht muss darauf hinwirken, ein Rechtsanspruch besteht nicht.

36 Ob die Mitwirkung eines Staatsanwalts verfahrensfehlerhaft ist, bestimmt sich in **Anlehnung an die Ausschlussgründe** der § 22 StPO, § 23 StPO (KK-StPO/Fischer StPO Vor § 22 Rn 16 a ff). Dabei muss allerdings der unterschiedlichen verfahrensrechtlichen Stellung Rechnung getragen werden, weswegen § 22 Nr 4 Var 1 und Var 2 StPO keine Anwendung finden. Ein Staatsanwalt ist auch weniger schnell **befangen** als der Richter (vgl BGH NStZ-RR 1996, 201).

36.1 Die Mitwirkung des Staatsanwalts aus der ersten Instanz in der Rechtsmittelinstanz begegnet keinen Bedenken, es sei denn, er war in der ersten Instanz als Richter tätig. Ausgeschlossen ist aber der Staatsanwalt, der als Verletzter oder Täter in Betracht kommt und auch derjenige, der mit Verletztem oder Beschuldigten eng verwandt ist oder zuvor als Verteidiger des Beschuldigten tätig war. Leidvolle Erfahrungen eines Staatsanwalts mit der DDR-Justiz führen nicht dazu, dass seine Mitwirkung in einem Rechtsbeugungsverfahren gegen eine DDR-Richterin verfahrensfehlerhaft ist (BGH NStZ-RR 1996, 201).

36.2 Einige Ländergesetze sehen den Ausschluss des zuvor in dieser Sache als Richter tätig gewesenen Staatsanwalts vor, vgl BGH NStZ 1991, 595.

37 Der als **Zeuge vernommene Staatsanwalt** ist ausgeschlossen. Er kann nach seiner Zeugenvernehmung nicht mehr ohne Verlust der gebotenen Objektivität an der Hauptverhandlung teilnehmen, sofern er seine eigene Zeugenaussage würdigen müsste (BGH NJW 1996, 2239, 2241; zur dahingehenden Vortragspflicht bei Revisionsrügen BGHR StPO § 24 Staatsanwalt 7). Ist er weiterhin als Sitzungsvertreter der Staatsanwaltschaft tätig, hat er sich bei der Beweiswürdigung – namentlich beim **Schlussvortrag** – auf diejenigen Teile der Beweisaufnahme zu beschränken, die von seiner zeugenschaftlichen Aussage nicht beeinflusst sein können (BGH NStZ 2007, 419, 420; NStZ-RR 2001, 107). Ist die Würdigung seiner Zeugenaussage zwar relevant, aber trennbar, so kann dies ein anderer Staatsanwalt übernehmen (vgl BGH NStZ 1994, 194). Der erste Strafsenat des BGH hat jedoch deutlich gemacht, in der Mitwirkung eines als Zeugen vernommenen Staatsanwalts keinen Verfahrensverstoß zu sehen (BGH NStZ 2008, 353; vgl hierzu Kelker StV 2008, 381).

E. Revision

38 Die Mitwirkung eines ausgeschlossenen Richters begründet gemäß § 338 Nr 2 StPO die Revision. Da insoweit ein absoluter Revisionsgrund vorliegt, kommt es auf ein Beruhen nicht an; zu den Einzelheiten s § 338 StPO Rn 50. Zu den Wirkungen eines Gerichtsbeschlusses nach § 30 StPO vgl dort Rn 8.1.

§ 23 [Ausschließung bei Mitwirkung in früheren Verfahren]

(1) Ein Richter, der bei einer durch ein Rechtsmittel angefochtenen Entscheidung mitgewirkt hat, ist von der Mitwirkung bei der Entscheidung in einem höheren Rechtszuge kraft Gesetzes ausgeschlossen.

(2) ¹Ein Richter, der bei einer durch einen Antrag auf Wiederaufnahme des Verfahrens angefochtenen Entscheidung mitgewirkt hat, ist von der Mitwirkung bei Entscheidungen im Wiederaufnahmeverfahren kraft Gesetzes ausgeschlossen.

²Ist die angefochtene Entscheidung in einem höheren Rechtszug ergangen, so ist auch der Richter ausgeschlossen, der an der ihr zugrunde liegenden Entscheidung in einem unteren Rechtszug mitgewirkt hat. ³Die Sätze 1 und 2 gelten entsprechend für die Mitwirkung bei Entscheidungen zur Vorbereitung eines Wiederaufnahmeverfahrens.

Überblick

§ 23 StPO enthält zwei Ausnahmen von dem Grundsatz, dass die Vorbefassung als Richter keinen Anschein der Parteilichkeit begründet. Diese begründen die unwiderlegbare Vermutung, dass der Verdacht der Parteilichkeit entsteht, wenn der Richter über ein Rechtsmittel gegen sein eigenes Erkenntnis entscheiden müsste (Abs 1) oder im Wiederaufnahmeverfahren an der ursprünglichen Entscheidung beteiligt war (Abs 2), was jeweils zum Ausschluss des Richters kraft Gesetzes führt.

Übersicht

	Rn		Rn
A. Ausnahmecharakter der Norm	1	II. Wiederaufnahmeverfahren, Abs 2	7
B. Voraussetzungen	5	C. Revision	9
I. Rechtsmittelentscheidungen, Abs 1	5		

A. Ausnahmecharakter der Norm

Die **Vorbefassung** in der Funktion als Richter führt grundsätzlich **nicht zum Ausschluss** 1 und begründet in der Regel auch keine Befangenheit, vgl § 24 StPO (§ 24 StPO Rn 12 ff). Denn der deutsche Strafprozess wird von der Auffassung beherrscht, dass der Richter auch dann unvoreingenommen an die Beurteilung einer Sache herantritt, wenn er sich schon früher über denselben Sachverhalt ein Urteil gebildet hat (BVerfGE 30, 149, 153 = NJW 1971, 1029; BGH NStZ 1991, 595; BGH NStZ 1994, 447). Dies wird belegt durch die im Gesetz angelegte Einheit von eröffnendem und erkennendem Richter. Von diesem Grundsatz gibt es aber die in § 23 StPO und § 148 a Abs 2 S 1 StPO abschließend normierten **Ausnahmen**.

Außerdem ist auf die misslungene Zuständigkeitsvorschrift des § 74 a Abs 4 GVG hinzuweisen, 1.1 die die Vorgaben von BVerfGE 109, 279 = NJW 2004, 999, 1017 umsetzen soll, was jedoch unzureichend gelungen ist. Falls der anordnende Richter durch Versetzung oder Änderung des Geschäftsverteilungsplans doch mit der Hauptsache befasst wird, ist kein persönlicher Ausschluss wie in § 23 StPO geregelt.

Der Richter, der bei dem Urteil mitgewirkt hat, das vom Revisionsgericht unter **Zurück-** 2 **verweisung nach § 354 Abs 2 StPO** aufgehoben worden ist, ist bei der neuen tatrichterlichen Entscheidung nicht ausgeschlossen (zur Verfassungsgemäßheit BVerfGE 30, 149, 155 = NJW 1971, 1029). Dies wird zu Recht heftig kritisiert. So drängt sich für den Angeklagten der Schein der Voreingenommenheit des Richters auf, der ihn rechtsfehlerhaft verurteilt hat und nun erneut entscheiden soll. Die Interessenlage zeigt insoweit keinen Unterschied zu § 23 Abs 2 StPO auf. Dennoch nimmt die Rechtsprechung in diesen Fällen nur ausnahmsweise einen Befangenheitsgrund an (§ 24 StPO Rn 13). Abhilfe kann allerdings durch den Geschäftsverteilungsplan geschaffen werden, in dem dort die Zuständigkeit des auf diese Art vorbefassten Richters aufgehoben wird.

Für den Ausschluss kommt es nicht auf eine tatsächliche Voreingenommenheit an. Bei 3 Vorliegen der Voraussetzungen wird **unwiderlegbar vermutet**, dass **Zweifel an der Unparteilichkeit** des Richters bestehen. Dies führt zum zwingenden **Ausschluss** des Richters **kraft Gesetzes**. Aufgrund des **Ausnahmecharakters** ist die Norm eng auszulegen (BVerfGE 30, 149, 155 = NJW 1971, 1029, 1030; BGHSt 44, 4, 7 = NJW 1998, 1234), eine analoge Anwendung ist ausgeschlossen (BGH NStZ-RR 2004, 18). Zum Entstehen des Ausschlussgrundes und zu den Folgen der Mitwirkung eines ausgeschlossenen Richters vgl § 22 StPO Rn 6 ff.

Anders als bei § 22 StPO sind Protokollführer nicht erfasst, vgl § 31 StPO Rn 5. 4

B. Voraussetzungen

I. Rechtsmittelentscheidungen, Abs 1

5 Ein Richter ist ausgeschlossen, wenn er über ein Rechtsmittel erkennen müsste, welches sich gegen eine Entscheidung richtet, bei der er mitgewirkt hat. Dies kann jede mit einem **Rechtsmittel anfechtbare Willensäußerung** des Gerichts sein. Rechtsmittel sind nur Beschwerde, Berufung und Revision (§ 296 StPO Rn 1).

5.1 Nicht erfasst sind also der Haftprüfungsantrag nach § 117 Abs 1 StPO, der Antrag auf Wiedereinsetzung nach § 44 StPO oder der Einspruch gegen den Strafbefehl nach § 410 StPO und andere Rechtsbehelfe.

6 Der Richter muss die Entscheidung in seiner **richterlichen Funktion mit zu verantworten** haben (BVerfGE 30, 165, 168 = NJW 1971, 1033). Die Entscheidungen in der höheren und unteren Instanz müssen sich zudem decken, dh in der höheren Instanz muss es um die **Überprüfung gerade dieser Entscheidung** gehen. So darf der Richter, der an der Haftentscheidung mitgewirkt hat, über die Revision oder die Berufung gegen das Urteil entscheiden (BGH MDR 1972, 387), nicht jedoch über die Haftbeschwerde (Löwe/Rosenberg/Siolek StPO § 23 Rn 8). Die erneute Befassung in der gleichen Instanz begründet keinen Ausschluss (Rn 2).

6.1 Nicht ausgeschlossen als erkennender Richter sind – wobei sich in einigen Fallkonstellationen das Verfahren nach § 30 StPO empfiehlt:
- an der Vorbereitung der angefochtenen Entscheidung mitwirkende Richter, zB durch die Terminierung, durch Beweiserhebungen nach § 202 StPO (BGHSt 9, 233 = NJW 1956, 1246) oder Erteilung des sicheren Geleits nach § 295 Abs 1 StPO (RGSt 59, 100, 102);
- der Ergänzungsrichter, der nicht iSv § 192 Abs 2 StPO eingetreten ist und daher nicht an dem Urteil mitgewirkt hat, selbst wenn er unzulässigerweise an Beratungen teilgenommen hat (BVerfGE 30, 149, 157 = NJW 1971, 1029, 1030; RGSt 65, 40 f);
- der nur bei der ausgesetzten Hauptverhandlung Mitwirkende (BGH v 5. 2. 1976 – Az 4 StR 389/75; Pfeiffer StPO § 23 Rn 3);
- Ermittlungsrichter (BGHSt 9, 233, 235= NJW 1956, 1246; BGH MDR 1972, 387);
- der Richter, der über die Beschwerde gegen die Nichteröffnung des Hauptverfahrens entschieden hat, bei der Entscheidung über eine Berufung oder Revision gegen das Urteil (RG JW 1933, 444);
- der Richter der höheren Instanz bei der Entscheidung in der unteren Instanz (BGH MDR 1971, 387);
- der Richter, der das amtsrichterliche Urteil gesprochen hat, bei der nach § 27 StPO zu treffenden Entscheidung über den Ablehnungsantrag gegen den Berufungsrichter (RG DRiZ 1927, 326);
- der im anwaltsgerichtlichen Verfahren tätige Strafrichter (BGHSt 15, 372 f = NJW 1961, 931), gleiches gilt für den Revisionsrichter im berufsgerichtlichen Verfahren (BGH NStZ-RR 2004, 18);
- der Haftrichter im Verfahren nach § 121 StPO, § 122 StPO (OLG Bremen NStZ 1990, 96).

6.2 Dagegen ist ausgeschlossen:
- der Richter der ersten Instanz von der Entscheidung in der dritten Instanz, zB darf der Amtsrichter nicht an der Revisionsentscheidung gegen das Berufungsurteil des Landgerichts mitwirken (Meyer-Goßner StPO § 23 Rn 5 mwN);
- der Berufungsrichter bei der Revision gegen ein erneutes Berufungsurteil in der Sache, nachdem das erste Berufungsurteil nach § 349 Abs 2 StPO aufgehoben worden war (OLG Schleswig SchlHA 58, 318), kein Ausschluss hingegen im neuen Berufungsverfahren, vgl Rn 2).

II. Wiederaufnahmeverfahren, Abs 2

7 Gem § 140 a GVG entscheidet zwar im Wiederaufnahmeverfahren ein anderer Spruchkörper, darüberhinaus ordnet § 23 Abs 2 StPO aber den **persönlichen Ausschluss** des vorentscheidenden Richters an. Dieser Ausschluss bezieht sich auf alle im Rahmen des Wiederaufnahmeverfahrens zu treffenden Entscheidungen (zB Beschlüsse nach § 367 StPO, § 370 StPO), gem § 23 Abs 2 S 3 StPO auch auf die Entscheidung zur Vorbereitung eines solchen Verfahrens (Pflichtverteidigerbestellung nach § 364 b StPO).

8 Der Richter ist ausgeschlossen, der gerade die Entscheidung, die durch den Antrag auf Wiederaufnahme angefochten wird, **richterlich mit zu verantworten** hat.

8.1 Hieran fehlt es beim eröffnenden Richter, der an dem Urteil nicht mitgewirkt hat (BVerfGE 30, 149, 157 = NJW 1971, 1029 f) und auch bei dem erkennenden Richter, dessen Urteil vom

Revisionsgericht aufgehoben worden ist und erst das sodann ohne seine Mitwirkung ergangene Urteil in Rechtskraft erwachsen ist (OLG Koblenz NStZ-RR 1997, 111). Wurde ein Urteil in der Revisionsinstanz im Strafausspruch aufgehoben, so ist der Richter, der nur noch über den nicht rechtskräftigen Teil entschieden hat, in dem gegen den Schuldspruch gerichteten Wiederaufnahmeverfahren ebenfalls nicht ausgeschlossen (OLG Nürnberg NStZ-RR 1999, 305; Löwe/Rosenberg/Siolek StPO § 23 Rn 23).

Der Ausschluss ergreift hingegen auch den Amtsrichter, dessen Urteil in der Berufungsinstanz **8.2** keinen Bestand hatte, im Wiederaufnahmeverfahren gegen das in Rechtskraft erwachsene Urteil des Berufungsgerichts. Auch der eine Revision verwerfende Revisionsrichter hat das angefochtene Urteil, welches durch seine Entscheidung in Rechtskraft erwächst, mit zu verantworten (BVerfGE 63, 77, 80 = NJW 1983, 1900), nicht jedoch, wenn die Revision als unzulässig verworfen oder das Urteil aufgehoben wurde (Arzt NJW 1971, 1113).

C. Revision

Die Mitwirkung eines nach § 23 StPO ausgeschlossenen Richters stellt einen absoluten **9** Revisionsgrund nach § 338 Nr 2 StPO dar, so dass es auf ein Beruhen des Urteils auf dem Fehler nicht ankommt; zu den Einzelheiten vgl § 338 StPO Rn 50.

§ 24 [Ablehnung eines Richters]

(1) Ein Richter kann sowohl in den Fällen, in denen er von der Ausübung des Richteramtes kraft Gesetzes ausgeschlossen ist, als auch wegen Besorgnis der Befangenheit abgelehnt werden.
(2) Wegen Besorgnis der Befangenheit findet die Ablehnung statt, wenn ein Grund vorliegt, der geeignet ist, Mißtrauen gegen die Unparteilichkeit eines Richters zu rechtfertigen.
(3) ¹**Das Ablehnungsrecht steht der Staatsanwaltschaft, dem Privatkläger und dem Beschuldigten zu.** ²**Den zur Ablehnung Berechtigten sind auf Verlangen die zur Mitwirkung bei der Entscheidung berufenen Gerichtspersonen namhaft zu machen.**

Überblick

Neben den Ausschlussgründen gibt es noch vielfältige andere Situationen, in denen bei verständiger Würdigung der Umstände der Verdacht aufkommen kann, dass der Richter dem zu entscheidenden Sachverhalt und den daran Beteiligten nicht mit der erforderlichen Distanz und Unvoreingenommenheit gegenübertritt. Wann ein solcher Verdacht begründet ist, ist nach den besonderen Umständen des Einzelfalls zu entscheiden. Die Vorschriften der §§ 24 StPO ff stellen das Verfahren bereit, in dem darüber zu entscheiden ist.

Übersicht

	Rn		Rn
A. Allgemeines	1	4. Sonstiges Prozessverhalten, insbes Äußerungen des Richters	16
B. Befangenheit	5	5. Absprachen	18
I. Begriff und Maßstab	5	C. Verfahren	19
II. Fallgruppen	8	I. Ablehnungsberechtigte	19
1. Verhalten des Ablehnenden	9	II. Namhaftmachung	21
2. Persönliche Verhältnisse des Richters	10	D. Revision	23
3. Vorbefassung	12		

A. Allgemeines

§ 24 Abs 1 Alt 1 StPO enthält noch eine Ergänzung zu § 22 StPO, § 23 StPO. Zwar **1** bedarf es für die kraft Gesetzes wirkenden Ausschlussgründe an sich keines Antrages, vgl § 22

StPO (§ 22 StPO Rn 7). § 24 Abs 1 StPO stellt insoweit nur ein **geordnetes Verfahren** zur Verfügung, um über die Behauptung eines Beteiligten, es liege ein Ausschlussgrund nach § 22 StPO, § 23 StPO vor, zu entscheiden.

2   § 24 Abs 1 Alt 2 StPO betrifft die **Ablehnung wegen Befangenheit**. Denn auch wenn keine Ausschlussgründe vorliegen, kann ein Anschein der Voreingenommenheit gegen den Richter bestehen. Um die Mitwirkung eines solchen Richters verhindern zu können und damit den grundrechtsgleichen Anspruch auf den **gesetzlichen, mithin unbefangenen Richter** (vgl hierzu BVerfGE 89, 28, 36 = NJW 1993, 2229; BVerfG NJW 2007, 1670) umzusetzen, steht die Ablehnungsverfahren nach §§ 24 StPO ff zur Verfügung. Die Ablehnung ist ein Antrag auf gerichtliche Feststellung, ob der Verdacht der Parteilichkeit gerechtfertigt ist. Erst mit einem dem Antrag stattgebenden Beschluss ist der Richter von der weiteren Mitwirkung ausgeschlossen, der Beschluss wirkt – anders als bei den Gründen nach § 22 StPO, § 23 StPO – **konstitutiv**.

3   Die Ablehnung kann nur auf **einzelne bestimmte Dienstgeschäfte** bezogen werden, nicht abstrakt auf eine noch nicht feststehende Beteiligung des Richters (BGHR StPO § 26a Unzulässigkeit 6). Zudem muss sich die Ablehnung gegen den **einzelnen, konkret zu benennenden Richter** und auf sein persönliches Verhältnis zu der zu entscheidenden Strafsache beziehen. Es können nicht ein Kollegialgericht als Ganzes (BVerfGE 11, 1, 3 = MDR 1961, 26; BGH MDR 1955, 271) oder sämtliche Richter eines Gerichts (BGH NStZ 2007, 475; BGH v 17. 5. 1994 – Az 4 StR 181/94) abgelehnt werden. Bevor ein Ablehnungsgesuch aus diesen Gründen als unzulässig verworfen wird, ist durch Auslegung zu ermitteln, ob nicht jedes Mitglied des Spruchkörpers als Einzelperson – wenn auch mit der gleichen Begründung – abgelehnt werden soll (BGHSt 23, 200, 202 = NJW 1970, 478), was zulässig wäre.

4   Gem § 31 StPO kann die Ablehnung nicht nur gegen Berufsrichter, sondern auch gegen **Schöffen** geltend gemacht werden. Dabei gelten bei Schöffen keine anderen Maßgaben für die Unvoreingenommenheit als bei Berufsrichtern (BGHSt 42, 191 = NJW 1996, 3018; BGH wistra 1995, 222), auch wenn es sich um schwierige Beweissituationen handelt, etwa bei Unverwertbarkeit von in der Hauptverhandlung präsentierter Beweismittel (BGHSt 42, 191 = NJW 1996, 3018). Auch **Protokollführer** können abgelehnt werden (§ 31 StPO Rn 4). Zur **Befangenheit des Staatsanwalts** vgl § 22 StPO Rn 34 ff.

B. Befangenheit

I. Begriff und Maßstab

5   § 24 Abs 2 StPO lässt sich entnehmen, dass es keiner tatsächlichen Voreingenommenheit bedarf, vielmehr ausreicht, dass ein dahingehender Verdacht besteht (Roxin Strafverfahrensrecht § 9 II 1). Dabei kommt es auch, aber nicht nur auf die Sicht des Ablehnenden an. Denn es genügt nicht allein das Misstrauen als rein subjektives Empfinden, dieses muss vielmehr gerechtfertigt, also in objektivierbaren Umständen begründet sein (**individuellobjektiver Maßstab**). Würde man allein auf die subjektive Sicht des Ablehnenden abstellen, könnte der gesetzliche Richter beliebig ausgeschaltet werden, was mit dem Gewährleistungsgehalt des Art 101 Abs 1 S 2 GG nicht vereinbar ist (vgl BVerfGE 31, 145, 165 = NJW 1971, 2122; BGHSt 43, 16, 18 = NJW 1998, 550). Die Ablehnung eines Richter ist nach § 24 Abs 2 StPO nur gerechtfertigt, wenn der Ablehnende bei **verständiger Würdigung** des ihm bekannten Sachverhalts Grund zur Annahme hat, der Richter nehme ihm gegenüber eine innere Haltung ein, die seine erforderliche Neutralität, Distanz und Unparteilichkeit störend beeinflussen kann (BVerfGE 21, 139, 146 = NJW 1967, 1123; BGHSt 1, 34, 39 = NJW 1951, 323; BGHSt 45, 353 = NJW 2000, 1274; vgl auch EGMR [Fünfte Sektion Kammer] Urt v 10. 8. 2006 – Az 75737/01 – Schwarzenberger ./. Deutschland).

5.1   Dies wird auch kürzer gefasst: „Besorgnis der Befangenheit besteht, wenn ein am Verfahren Beteiligter bei vernünftiger Würdigung aller Umstände Anlass hat, an der Unvoreingenommenheit des Richters zu zweifeln" (BVerfG NJW 1995, 1277).

6   Die Objektivierung tritt also schon ein, weil auf den vernünftigen (BGHSt 43, 16, 18 = NJW 1998, 550; BGH NStZ-RR 2009, 85), verständigen (BGHSt 41, 69, 71 = NStZ 1995,

393) oder besonnenen (BGH NStZ 2005, 218) Ablehnungsberechtigten abgestellt wird. Zum anderen wird der Maßstab dadurch objektiviert, dass die Besorgnis der Befangenheit nur aus **Tatsachen, nicht aus Vermutungen** hergeleitet werden kann (BGH NJW 1998, 2459). Daraus ergibt sich auch die Verpflichtung des Ablehnenden, mehrdeutige Sachlagen aufzuklären, um den Antrag auf Tatsachen stützen zu können (BGH NJW 1996, 1355, 1358; BGH NJW 1989, 465).

Dieser, die subjektive Sicht objektivierende Maßstab gilt auch für die Rechtsprechung des **EGMR** (EGMR StraFo 2006, 406 Tz 40 mwN). 7

II. Fallgruppen

Bei der Würdigung, ob die Besorgnis der Befangenheit gegeben ist, sind stets die **Umstände des Einzelfalls** zu berücksichtigen. Hierzu gehören vor allem der Geschehensablauf, in dem das beanstandete Verhalten eingebettet war und die **dienstliche Erklärung** des abgelehnten Richters gem § 26 Abs 3 StPO (BGH NStZ-RR 2004, 356). Wegen der besonderen Bedeutung der Umstände des Einzelfalls sind auch kaum verallgemeinernde Aussagen dazu möglich, welches Verhalten die Besorgnis der Befangenheit rechtfertigen könnte (vgl Löwe/Rosenberg/Siolek StPO § 24 Rn 9). Anhand zahlreicher Beispiele aus der Rechtsprechung lassen sich jedoch Sachverhalte nach bestimmten Problemkreisen zusammenfassen. 8

1. Verhalten des Ablehnenden

Der Ablehnende kann allein durch sein eigenes Verhalten, zB durch Beleidigungen oder **Strafanzeigen** gegen den Richter, grundsätzlich keinen Ablehnungsgrund schaffen, da er sonst jeden ihm missliebigen Richter ausschalten könnte. Ein solches Verhalten führt auch nicht zum Ausschlussgrund des § 22 Nr 1 StPO (vgl dort unter Rn 14). Allerdings kann eine grob unsachliche Reaktion des Richters auf ein solches Verhalten die Besorgnis der Befangenheit begründen (BGH NStZ 1992, 290). 9

Bezichtigt der Angeklagte den Richter der Rechtsbeugung, so stellt dies für sich genommen keinen Ablehnungsgrund dar (BGH NJW 1962, 748, 749). Gleiches gilt für den Antrag auf Einleitung eines Disziplinarverfahrens gegen den Richter (BGH NJW 1952, 1425). 9.1

2. Persönliche Verhältnisse des Richters

§ 22 Nr 1 bis Nr 3 StPO belegen, dass die persönlichen Verhältnisse des Richters den Anschein der Parteilichkeit begründen können. Sind die Voraussetzungen der Ausschlussgründe nicht erfüllt, kommt der Sachverhalt dem aber nahe, so kann dies die Befangenheit begründen (BGHSt 51, 100, 111 = NJW 2007, 1760), zB wenn die Verletzte zwar nicht die Ehefrau, aber die Verlobte des Richters ist. Zwischen den persönlichen Verhältnissen des Richters und der Strafsache muss aber ein **besonderer Zusammenhang** bestehen, um die Befangenheit zu begründen, weshalb die bloße Zugehörigkeit des Richters zu einer Religion oder Partei (BVerfGE 2, 295, 297 = NJW 1952, 1097) kein Ablehnungsgrund ist. 10

Dezidierte Ausländerfeindlichkeit des Richters kann gegenüber einem ausländischen Angeklagten die Ablehnung wegen Befangenheit rechtfertigen (OLG Karlsruhe NJW 1995, 2503; AG Köln StV 2007, 127, 128). Gleiches gilt, wenn den Richter eine enge Freundschaft oder Feindschaft mit dem Beschuldigten verbindet (Meyer-Goßner StPO § 24 Rn 11). 10.1

Ein Richter ist im Verfahren gegen einen Grenzsoldaten der DDR wegen einer Tötung an der Mauer nicht deswegen befangen, weil er im Anschluss an den Bau der Mauer die Tätigkeit von Fluchthelfern unterstützt hat (BGHSt 39, 168 = NJW 1993, 1932). 10.2

Dienstliche Beziehungen des Richters lassen ebenfalls keine Voreingenommenheit besorgen (BGH NStZ 2007, 475), sofern nicht besondere Umstände hinzutreten. 11

Der Schöffe, der wie der Angeklagte Lehrer ist, ist nicht befangen, selbst wenn der Anklagevorwurf einen schulischen Bezug aufweist (sexueller Missbrauch von Schutzbefohlenen); die besondere Berufserfahrung des Schöffen ist kein Grund zur Ablehnung (BGHR StPO § 24 Schöffe 1). Ist 11.1

der Schöffe Mitglied der Vertreterversammlung einer Volksbank, deren Vorstandsmitglied der Angeklagte ist, dem Sexualdelikte zum Nachteil einer Bankangestellten zur Last gelegt werden, begründet dies mangels eigenen Interesses des Schöffen am Ausgang des Verfahrens ebenfalls keine Befangenheit (BGHSt 43, 16 = NJW 1998, 550).

11.2 In wissenschaftlichen Fachpublikationen geäußerte Rechtsansichten können bei besonderen Umständen die Befangenheit begründen (BVerfG NJW 1996, 3333), in der Regel wird dies aber nicht der Fall sein (vgl Meyer-Goßner StPO § 24 Rn 11 a). Ein die Ablehnung begründendes Misstrauen in die Unparteilichkeit eines Richters kann nicht darauf gestützt werden, dass dieser in einer anderen Sache mit anderen Verfahrensbeteiligten eine bestimmte Rechtsauffassung vertreten hat (BGH v 9. 1. 1996 – Az 5 StR 533/96).

3. Vorbefassung

12 Die Vorbefassung stellt grundsätzlich keinen Ablehnungsgrund dar (BGHSt 21, 142 f = NJW 1967, 62; BGH NStZ 2000, 419; BGH NStZ 2009, 85). Das deutsche Verfahrensrecht wird von der Auffassung beherrscht, dass der Richter auch dann **unvoreingenommen** an die Beurteilung einer Sache herantritt, wenn er sich schon früher über denselben Sachverhalt ein Urteil gebildet hat (BVerfGE 30, 149, 153 = NJW 1971, 1029). Der Gesetzgeber hat abschließend in § 22 Nr 4, Nr 5 StPO, § 23 StPO, § 148 a Abs 2 S 1 StPO den Ausschluss für einige Arten der Vorbefassung geregelt; dies belegt, dass iÜ Vortätigkeit allein zu keinem Ausschluss des Richters führen soll. Etwas anderes gilt nur dann, wenn **besondere Umstände** hinzutreten, die die Besorgnis rechtfertigen, der Richter sei nicht bereit, sich von seiner bei der Vorentscheidung gefassten Meinung zu lösen, etwa wenn er unnötige und sachlich unbegründete Werturteile über den Angeklagten geäußert hat (BGHSt 24, 336, 338 = NJW 1972, 1288; BGHSt 48, 4, 8 = NJW 2002, 3484; BGH NStZ-RR 2009, 85). Fehlt es am Vortrag solcher besonderer Umstände, führt dies schon zur Unzulässigkeit des Antrags gemäß § 26 a Abs 1 Nr 2 StPO (BGH NStZ 2009, 85; BGH v 15. 5. 2009 – Az 2 StR 164/09).

13 Die Mitwirkung an einer vom Revisionsgericht **aufgehobenen Entscheidung** begründet für sich genommen keine Befangenheit (BGH NStZ 1991, 595), denn anderenfalls würde die bewusste gesetzgeberische Entscheidung (Dahs NJW 1966, 1691, 1693 mwN), an diese Vorbefassung keinen Ausschluss zu knüpfen, überspielt (BVerfG v 27. 9. 2006 – Az 2 BvR 1598/06; **aA** Roxin Strafverfahrensrecht § 9 II 2); vgl auch § 23 StPO (§ 23 StPO Rn 2).

13.1 Dies gilt selbst dann, wenn der Richter sich bei dem aufgehobenen Urteil von der Schuld des Angeklagten überzeugt hat (BGH NStZ 1994, 447) und er vor und nach der Aufhebung als Berichterstatter fungiert (BGH NStZ 1981, 298). Richter des Bundesgerichtshofs, deren Verwerfungsbeschluss nach § 349 Abs 2 StPO vom Bundesverfassungsgericht aufgehoben worden ist, sind für die neue Revisionsentscheidung nicht ausgeschlossen (BGH wistra 2007, 420).

14 Die Vorbefassung mit dem Sachverhalt ergibt grundsätzlich keinen Ablehnungsgrund (BGH NJW 1997, 3034; vgl auch EGMR StraFo 2006, 406). Die Mitwirkung von Revisionsrichtern bei einer früheren aufhebenden Entscheidung mit Zurückverweisung rechtfertigt für sich allein nicht die Ablehnung wegen Besorgnis der Befangenheit bei der neuen revisionsgerichtlichen Entscheidung (BGH NStZ-RR 2009, 85). Dies gilt auch für die **Verurteilung eines Mittäters**, selbst wenn die Schilderung des Tatgeschehens auch Handlungen des Ablehnungsberechtigten einschließt (BGH NStZ 2000, 419). Ein verständiger Angeklagter muss davon ausgehen, dass der Richter sich dadurch nicht für künftige Entscheidungen festgelegt hat (BGHSt 21, 334, 341 = NJW 1968, 710; BGH wistra 1995, 222).

14.1 In dem BGH NStZ 2000, 419 zugrunde liegenden Sachverhalt kam hinzu, dass das Urteil gegen den Mittäter Wertungen enthielt, die zur Darlegung der Überzeugungsbildung des Gerichts nicht erforderlich gewesen wären („fest davon überzeugt", „keinerlei Zweifel"). Aber im Hinblick auf die umfangreiche Beweisaufnahme im Verfahren gegen den Ablehnenden war dies dennoch nicht geeignet, die Annahme zu begründen, die Richter hätten sich bereits eine endgültige Überzeugung verschafft. Auch eine besonders „intensive" Vorbefassung durch die Mitwirkung an mehreren Strafverfahren gegen in einen Bestechungskomplex verwickelte Angeklagte begründet die Besorgnis der Befangenheit selbst dann nicht, wenn die zugelassene Anklage aus Textbestandteilen der früheren Urteile besteht (BGH NJW 1997, 3034). Anders aber, wenn der Richter in einem Parteispendenprozess dienstlich erklärt, er wisse nichts von Verfahren gegen einzelne Spender, obwohl dies objektiv nicht zutrifft (BGH NStZ 1993, 35).

Nach ständiger Rechtsprechung begründet die Mitwirkung an **Zwischenentscheidun-** 15
gen im anhängigen Verfahren grundsätzlich keine Ablehnung des Richters (BGH NStZ
1999, 257; BGH NJW 1997, 3034, 3036), es sei denn aus Art und Weise der Begründung
ergibt sich etwas anderes. Auch vermeintliche **Rechtsfehler** bei der Vorentscheidung können für sich genommen eine Ablehnung nicht rechtfertigen, es sei denn, sie wären so grob,
dass sie völlig abwegig sind (BGH NJW 1984, 1907, 1909) oder den Anschein von Willkür
erwecken (BGH NJW 1990, 1373; BGH v 22. 4. 2006 – Az 2 StR 46/05; BGH NStZ-RR
2009, 85).

Die Eröffnungsentscheidung stellt für die Hauptsache keinen Befangenheitsgrund dar (BVerfGE 15.1
30, 149, 157 = NJW 1971, 1029). Haben sich die abgelehnten Richter bei der Haftentscheidung
auf die Beweiswürdigung eines vom Revisionsgericht aufgehobenen Urteils gestützt, begründet dies
jedenfalls dann keine Befangenheit, wenn sie auch darauf verweisen, dass das Beweisergebnis im
Einklang mit dem sonstigen Akteninhalt steht (BGH v 20. 6. 2007 – Az 1 StR 167/07). Die unter
Verletzung des Anhörungsrechts des Angeklagten erfolgte Pflichtverteidigerbestellung begründet
trotz der Fehlerhaftigkeit nicht die Befangenheit des Vorsitzenden (BGH NJW 1998, 767). Eine
Ablehnung eines Beweisantrags unter vorläufiger Bewertung der Beweislage begründet keine
Befangenheit, jedoch kann der Ablehnungsantrag eine sachliche Auseinandersetzung mit dem
ablehnenden Beschluss erforderlich machen, so dass nicht nach § 26 a StPO verfahren werden darf
(BGH NStZ 2006, 705; § 26 a StPO Rn 6).

Anordnung und Durchführung der Begutachtung der Schuldfähigkeit kann bei rechtlicher 15.2
Unzulässigkeit und Unverhältnismäßigkeit der konkreten Maßnahme Misstrauen in die Unvoreingenommenheit rechtfertigen (BGHSt 48, 4 = NJW 2002, 3484). Der Erlass eines Haftbefehls
kann ausnahmsweise dann die Befangenheit begründen, wenn dieser mit dem Antrag eines Mitangeklagten begründet wird, denn Äußerungen wie „Das haben Sie nun davon, das ist das Resultat
ihrer Anträge", belegen, dass der Haftbefehl aus objektiven Gründen nicht veranlasst war (BGH
NStZ 2001, 372).

Als Rechtsmissbrauch mit der Folge der Verwirkung des Rechts auf Stellung eines Befangen- 15.3
heitsgesuchs ist es angesehen worden, dass die Verteidigerin eine dramatische Gesundheitsverschlechterung des Angeklagten geltend macht und erfolglos eine Untersuchung durch einen Arzt
beantragt, wenn der Angeklagte Rattengift genommen hat und dies verschweigt (BGH NJW
2006, 708).

4. Sonstiges Prozessverhalten, insbes Äußerungen des Richters

Ob ein bestimmtes Verhalten des Richters im Verfahren – mag es auch prozessual fehler- 16
haft gewesen sein – die Besorgnis der Befangenheit rechtfertigt, ist in besonderem Maße von
den Umständen des Einzelfalls abhängig. Daher darf dieses nicht isoliert betrachtet werden,
sondern nur im **Gesamtzusammenhang**, der in der Revision entsprechend vorzutragen ist
(BGH NStZ 2000, 325; BGH NStZ 2009, 85; BGH v 9. 6. 2009 – Az 4 StR 461/08; KG
StV 2009, 177 mAnm Jahn JuS 2009, 268). Bei dieser Wertung wird insbesondere in den
Blick zu nehmen sein, inwieweit die Verfahrensfehler mit einer Einschränkung wesentlicher
Verteidigungsrechte einher gehen (BGH NJW 2009, 3248).

Die Terminierung durch den Vorsitzenden kann jedenfalls dann kein Grund zur Befangenheit 16.1
sein, wenn in gebotenem Umfang auf die Belange der Verteidigung Rücksicht genommen wurde
(BGH NJW 1998, 767), auch wenn er dabei ermessensfehlerfrei der Wahrung des Beschleunigungsgrundsatzes den Vorrang vor der Verteidigung durch den Wahlverteidiger einräumt (BGH NStZ
2007, 163, 164; anders OLG München NJW 2007, 449). Der Vorwurf, die Einlassungsfrist sei zu
kurz bemessen, belegt keine bewusste Missachtung der Verteidigungsrechte und damit keine Voreingenommenheit (BGHSt 42, 170 = NJW 1996, 242)

Das Verheimlichen neuer Aktenbestandteile kann die Befangenheit begründen (BGH StV 1995, 16.2
396), anders wenn über Nachermittlungen durch die Staatsanwaltschaft nicht unterrichtet wird,
neue Aktenbestandteile aber unverzüglich zugänglich gemacht werden (BGH NStZ 2000, 216, s
auch BGH NJW 2006, 854).

Der Umgang mit der Presse begründet nicht die Besorgnis der Befangenheit, selbst wenn das 16.3
Verhalten des Richters persönlich motiviert war; dabei muss sich der Richter gegen übermäßiges
Lob in der Presse nicht wehren (BGH NJW 2006, 3290, vgl auch BGH NStZ 1998, 267).

Die Aufforderung zur Berufungsrücknahme begründet die Befangenheit, wenn sie über einen 16.4
angemessen formulierten Ratschlag hinausgehend einem Einschüchterungsversuch gleicht (OLG

Nürnberg NStZ-RR 2008, 114 mwN); entsprechendes gilt für das Verfahren nach einem Einspruch gegen einen Strafbefehl (OLG Stuttgart StV 2007, 232, 233) oder für das Drängen auf Antragsrücknahme im Verfahren nach dem StVollzG (OLG Köln NStZ 2008, 218).

16.5 Auch der Widerruf der Bestellung des das Vertrauen des Angeklagten genießenden Pflichtverteidigers wegen unbequemen Verteidigungsverhaltens kann die Befangenheit begründen (KG StV 2008, 68 mAnm Dallmeyer).

17 **Unmutsäußerungen** des Richters führen nicht stets zur Befangenheit, diese können verständliche Reaktion auf eine Prozesssituation sein, es sei denn, sie sind grob unsachlich (BGH NStZ-RR 2004, 208). Nach der Rechtsprechung hängt die Bewertung in bedenklich weitem Umfang auch von dem Inhalt der dienstlichen Erklärung des Richters ab, da ein durch ein bestimmtes Verhalten gesetzter Anschein hiermit wieder entkräftet werden kann (vgl BGH NJW 2006, 854; BGH NStZ 2006, 49). Spannungen zwischen dem Richter und dem Verteidiger (BGH StV 1993, 393; BGH NStZ 2009, 581) oder dem Sachverständigen (BGHSt 44, 46 = NJW 1998, 2458) können nur in krassen Fällen die Befangenheit begründen. Zur sachwidrigen, auf Konfrontation, Verfahrenserschwerung und Provokation gerichteten Verfahrensstrategie BGH StraFo 2009, 239.

17.1 Folgende richterliche Äußerungen haben zu begründeten Befangenheitsrügen geführt, wobei die gesamten Umstände des Einzelfalls, die hier nicht wiedergegeben werden können, eine Rolle gespielt haben können:
- die angekündigten, aber noch nicht gestellten Beweisanträge könnten möglicherweise alle abgelehnt werden, der Verteidiger solle doch den wahren Täter präsentieren; dies rechtfertige den Eindruck, der Richter sei nicht mehr unbefangen und ziehe eine schnelle Sacherledigung einer sachgerechten Aufklärung vor (BGH NStZ 2003, 666);
- die Vorsitzende wirft dem Verteidiger vor, er mache „Mätzchen", er benehme sich wie ein Kleinkind und setzt im Affekt hinzu, sie fühle sich befangen (OLG Brandenburg StV 2007, 212, 122);
- auf die Äußerung des Angeklagten, der Geschädigte sei ein Krimineller, erwidert der Vorsitzende: „Das gibt Ihnen kein Recht auf die Leute zu schießen, Ihre Einstellung wird sich im Strafmaß wiederfinden" (BGH NStZ-RR 2001, 372);
- die unsachlich spöttische Befragung einer Belastungszeugin, die deren Aussagen auf eine Stufe mit überzeichneten und völlig unrealistischen Comicfiguren stellt (KG StV 2009, 177, 178 mAnm Jahn JuS 2009, 268: dann müsse wohl „Superman" das Fahrzeug gefahren haben);
- Frage an den eines sexuellen Missbrauchs Angeklagten, wie lange er sich das sichtbare Leiden der Zeugin noch anhören möchte (BGH NStZ 2007, 711, 712), die Grenze zu erlaubten nachdrücklichen Vorhalten und Hinweisen auf die Bedeutung eines Geständnisses für die Strafzumessung ist dabei überschritten (vgl auch BGH NStZ-RR 2004, 208);
- die Vorsitzende erkundigt sich in der Sitzungspause, ob die Zeugin sich wegen der außerordentlich belastenden Tatgeschehnisse einer Therapie unterziehe (BGH NStZ 1999, 629);
- Einwirken auf die Ehefrau des Angeklagten, damit diese von ihrem Zeugnisverweigerungsrecht keinen Gebrauch macht (BGHSt 1, 34 = NJW 1951, 323);
- Verhinderung der Ablehnung durch Nichtgewährung der beantragten Unterbrechung mit dem Bemerken, man wolle nur Sand in das Getriebe streuen (BGH StV 2005, 531).

17.2 Keine gerechtfertigte Besorgnis der Befangenheit wurde hingegen in folgenden Fällen angenommen:
- der Vorsitzende lehnt einen Antrag auf Verlesung des Anklagesatzes in türkischer Sprache gegenüber einem der deutschen Sprache mächtigen Angeklagten ab (BGH NJW 2005, 3434);
- nach Abtrennung des Verfahrens gegen einen Mitangeklagten äußert der Vorsitzende zu dem bisherigen Mitangeklagten, man werde sich wiedersehen, „falls der BGH unsere Rechtsauffassung teilt", hierin sei jedoch keine unverrückbare Festlegung auf eine Rechtsauffassung zum Ausdruck gekommen (BGH NJW 2009, 3248);
- unangemessen kurze Fristsetzung zur Stellung von Beweisanträgen (BGH NJW 2009, 3248);
- der Antrag auf Aufhebung des Haftbefehls wird erst nach der Verhandlung entgegengenommen (BGH NStZ 2006, 463);
- abfällige Äußerungen von Schöffen in der Sitzungspause, die sich jedoch nach der dienstlichen Erklärung trotz Mehrdeutigkeit nicht auf den Angeklagten bezogen haben sollen (BGH NStZ 1998, 267);
- sachgemäße Fesselung des Angeklagten in der Sitzungspause (BGH NStZ 1994, 447);

- Richter entspricht dem Antrag des Staatsanwalts auf Hinzuziehung von Wachtmeistern zur Unterstützung möglicher Maßnahmen gegen Zeugen (BGH NStZ 2002, 429);
- Abschalten des Mikrofons des Verteidigers, nachdem dieser seine Lautstärke so gesteigert hatte, dass er ohne weiteres zu verstehen war (BGHR StPO § 24 Abs 2 Vorsitzender 4);
- Verärgerung über eine Verzögerung durch die vom Angeklagten geladene Sachverständige (BGHSt 44, 46 = NJW 1998, 2458);
- drastisch formulierte Unmutsäußerungen über die durch den vermeidbar späten Zeitpunkt der Beweisantragstellung ausgelösten Kosten, wenn die Strafkammer den Anträgen dennoch nachkommt (BGH NStZ-RR 1996, 200; vgl auch BVerfG v 19. 3. 2008 – Az 2 BvR 2241/07);
- Unmutsäußerung über Zeugenbefragung (BGH NStZ 2000, 325); anders wenn die Äußerungen nicht mehr spontan fallen und ungewöhnlich drastisch und unsachlich sind (BGH NStZ 2005, 218);
- ironische Erwiderung auf ironische Frage des Verteidigers (BGH NStZ 1994, 94); zur Abgrenzung vgl BGH NStZ 2006, 49;
- Vorsitzende hält Verteidiger vor, wohl langsam die Übersicht über die gestellten Beweisanträge verloren zu haben (BGHSt 49, 29 = NJW 2004, 865);
- Vorsitzender lässt die Verlesung einer anwaltlichen Erklärung als Ersatz für die Einlassung nicht zu (BGH StV 2007, 622).

5. Absprachen

Schlägt der Versuch einer **Verständigung im Strafverfahren** fehl, birgt dies in besonderem Maße die Gefahr, dass die Prozessbeteiligten Zweifel an der Unvoreingenommenheit der Richter bekommen. Diese Zweifel sind jedoch unbegründet, wenn der Richter die auf der Grundlage höchstrichterlicher Vorgaben nunmehr gesetzlich festgelegten Zulässigkeitsgrenzen (vgl vor allem § 257 c StPO; BGHSt 50, 40, 49 = NJW 1005, 140) beachtet. So ist es ihm nicht verwehrt, zur Förderung des Verfahrens mit den Prozessbeteiligten auch außerhalb der Hauptverhandlung Kontakt aufzunehmen, er kann dabei auch freilich nicht verbindliche Prognosen über Straferwartungen abgeben, er darf dies aber nicht gezielt an der Staatsanwaltschaft vorbei (BGHSt 42, 46, 50 = NJW 1996, 1763; BGHSt 43, 195, 206). Geheime Absprachen mit einem Mitangeklagten zu Lasten des Angeklagten sind ebenfalls unzulässig (BGH wistra 1996, 145). Die **unfaire Nichtbeteiligung** von Verfahrensbeteiligten an solchen Vorbesprechungen kann gerade bei erkennbar widerstreitenden Interessen die Befangenheit begründen (BGH NStZ 2003, 563; zur Vorgehensweise vgl BGH NStZ 2008, 229). Dies hängt aber letztlich von den Umständen des Einzelfalls ab (BGH NStZ 2008, 116; BGH NStZ 2008, 229), etwa davon, ob der Angeklagte Grund zu der Annahme hat, solche Gespräche könnten sich zu seinen Ungunsten auswirken (BGH StV 2009, 393). Voreingenommenheit kann auch dadurch belegt werden, dass der Unterschied in den genannten Strafobergrenzen mit der strafmildernden Wirkung eines Geständnisses nicht mehr erklärbar ist („**Sanktionsschere**", BGH NStZ 2008, 170, 171).

18

Erweckt das Gericht den Eindruck, sich im Hinblick auf eine vorerörterte Strafobergrenze ohne Rücksicht auf den Umfang des Geständnisses und den weiteren Verlauf der Hauptverhandlung vorbehaltlos und endgültig festgelegt zu haben, kann dies die Besorgnis der Befangenheit begründen (BGHSt 45, 312 = NW 2000, 965). Die Zusage, bei Geständnisbereitschaft Gutachtenaufträge nach § 246 a StPO nicht zu erteilen, lässt besorgen, dass die Maßregel der Sicherungsverwahrung unzulässigerweise „weggedealt" werden solle und begründet damit die Befangenheit (BGH NStZ-RR 2007, 116).

18.1

Zum Verlust der Befangenheitsrüge in der Revision nach einer Absprache vgl BGH StV 2009, 169 mAnm Beulke/Witzigmann StV 2009, 394.

18.2

C. Verfahren

I. Ablehnungsberechtigte

Neben den ausdrücklich Genannten, der Staatsanwaltschaft, dem Privatkläger und dem Beschuldigten (auch im Sicherungsverfahren), gibt es weitere Ablehnungsberechtigte, die als Rechtsuchende anzusehen sind und denen deshalb gem Art 101 Abs 1 S 2 GG die Möglichkeit der Ablehnung des gesetzlichen Richters offen stehen muss (BVerfGE 21, 139, 146 =

19

StPO § 25

NJW 1967, 1123). § 397 Abs 1 S 2 StPO regelt dies für den **Nebenkläger** ausdrücklich, es gilt aber auch für Dritte, die im Ermittlungsverfahren von schwerwiegenden grundrechtsrelevanten Eingriffen, zB der Wohnraumüberwachung, betroffen sind (BGH NStZ 2006, 584), Verfalls- und Einziehungsbeteiligte (Pfeiffer StPO § 24 Rn 4), dem Verletzten im Klageerzwingungsverfahren (Meyer-Goßner StPO § 24 Rn 20 mwN) und im **Adhäsionsverfahren** (BVerfG NJW 2007, 1670, wodurch frühere, anders lautende Entscheidungen überholt sind).

20 Der **Verteidiger** hat kein eigenes Ablehnungsrecht, es ist aber seine Aufgabe, das Ablehnungsrecht des Mandanten wahrzunehmen, wenn dieser mangels Kenntnis oder Fähigkeit dazu nicht in der Lage ist (BGHSt 41, 69 = NStZ 1995, 393). Ein Ablehnungsantrag des Verteidigers wird grundsätzlich auch dahin verstanden werden müssen, dass er im Namen des Mandanten gestellt ist.

II. Namhaftmachung

21 Sinn und Zweck dieser Norm ist es, auch die Richter ablehnen zu können, die nach § 27 StPO berufen sind, ohne Mitwirkung des abgelehnten Richters zu entscheiden (BGH NStZ-RR 2007, 129). Deswegen muss dem Antragsteller eine angemessene Zeit bleiben, um einen **Befangenheitsantrag** anzubringen (BVerfG NJW 1991, 2758). Es sind nur die Namen und Dienstbezeichnung mitzuteilen, persönliche Verhältnisse sind nicht namhaft zu machen. Ist eine Mitteilung erfolgt, so sind Änderungen in der Gerichtsbesetzung von Amts wegen bekannt zu geben (KK-StPO/Pfeiffer StPO § 24 Rn 12). Zur Mitteilungspflicht im **Revisionsverfahren** vgl Jahn FS Fezer, 16 ff mwN.

22 Die höchstrichterliche Rechtsprechung lehnt einen Anspruch auf Namhaftmachung der zur Entscheidung berufenen **Revisionsrichter** ab, sofern gemäß § 26 a Abs 2 S 1 StPO über ein Ablehnungsgesuch ohne Ausscheiden der abgelehnten Richter entschieden werden könnte (BGH wistra 2007, 319; BGH NStZ 2007, 416; Meyer-Goßner StPO § 25 Rn 21; abl. Jahn FS Fezer, 413, 427 unter Hinweis auf BVerfG v 20. 6. 2007 – Az 2 BvR 746/07).

D. Revision

23 Zu den Einzelheiten vgl § 28 StPO Rn 12.

§ 25 [Letzter Ablehnungszeitpunkt]

(1) ¹Die Ablehnung eines erkennenden Richters wegen Besorgnis der Befangenheit ist bis zum Beginn der Vernehmung des ersten Angeklagten über seine persönlichen Verhältnisse, in der Hauptverhandlung über die Berufung oder die Revision bis zum Beginn des Vortrags des Berichterstatters, zulässig. ²Alle Ablehnungsgründe sind gleichzeitig vorzubringen.

(2) ¹Nach diesem Zeitpunkt darf ein Richter nur abgelehnt werden, wenn
1. die Umstände, auf welche die Ablehnung gestützt wird, erst später eingetreten oder dem zur Ablehnung Berechtigten erst später bekanntgeworden sind und
2. die Ablehnung unverzüglich geltend gemacht wird.
²Nach dem letzten Wort des Angeklagten ist die Ablehnung nicht mehr zulässig.

Überblick

§ 25 StPO bestimmt zeitliche Grenzen für die Anbringung von Befangenheitsanträgen in der Hauptverhandlung, die davon abhängig sind, wann der Ablehnungsgrund bekannt geworden ist. Ein in diesem Sinne verspätetes Ablehnungsgesuch ist gem § 26 a Abs 1 Nr 1 StPO als unzulässig zu verwerfen.

A. In der Hauptverhandlung

1 Im Interesse einer **Beschleunigung des Verfahrens** und der Klarheit hinsichtlich der Besetzung der Richterbank sind alle Ablehnungsgesuche zusammen in der Hauptverhand-

lung bis zum Beginn der Vernehmung des ersten Angeklagten zur Person, bzw im Rechtsmittelverfahren bis zum Beginn des Vortrags des Berichterstatters vorzubringen, § 25 Abs 1 StPO. Wird dieser Zeitpunkt verpasst, sind alle vorher bekannt gewordenen **Ablehnungsgründe verwirkt**. § 25 Abs 2 StPO enthält für die Fälle, in denen der Ablehnungsgrund erst nach diesem Zeitpunkt bekannt geworden ist, einen Ausnahmetatbestand, der aber in der Praxis die Regel darstellen dürfte. Statt einer starren zeitlichen Grenze, ist die Verwirkung abhängig von dem Zeitpunkt des Bekanntwerdens („unverzüglich"), freilich begrenzt durch § 25 Abs 2 S 2 StPO. Die verwirkten Gründe können nur noch zur Unterstützung eines nicht verwirkten und glaubhaft gemachten Ablehnungsgrundes herangezogen werden.

I. Bereits bekannte Gründe, Abs 1

Vor dem in § 25 Abs 1 StPO genannten Zeitpunkt müssen Ablehnungsgründe nicht geltend gemacht werden (BGHSt 4, 264, 270 = NJW 1953, 1358). Wird dieser Zeitpunkt nicht abgewartet, müssen jedoch **alle Gründe zusammen** vorgebracht werden. 2

Bei mehreren Angeklagten kommt es auf die **Vernehmung des ersten Angeklagten** an. Dies gilt auch bei Abwesenheit des Ablehnungsberechtigten (Meyer-Goßner StPO § 25 Rn 2). Wird nicht zur Sache verhandelt, § 329 Abs 1 oder § 412 Abs 1 StPO, ist das Ablehnungsgesuch unmittelbar nach Prüfung der Formalien zu stellen (KK-StPO/Pfeiffer StPO § 25 Rn 2). 3

Nach **Aussetzung** oder **Zurückverweisung** lebt die zeitliche Grenze des § 25 Abs 1 StPO wieder auf, in dem alten Verfahren verwirkte Gründe können erneut erklärt werden (BGHSt 23, 277, 278 = NJW 1970, 1513). Bereits in einer ausgesetzten Hauptverhandlung vorgebrachte Gründe müssen nochmals geltend gemacht werden (BGH NJW 2006, 854, nicht tragend; **aA** BGHSt 31, 15 = NJW 1982, 1712). 4

II. Später bekanntgewordene Gründe, Abs 2

Sind die Umstände erst nach dem in § 25 Abs 1 StPO genannten Zeitpunkt bekannt geworden, müssen sie **unverzüglich** geltend gemacht werden. Dabei kommt es nicht auf die Kenntnis des Verteidigers, sondern auf die des Angeklagten an (BGHSt 37, 264, 265 = NJW 1991, 1900; BGH NStZ-RR 2007, 129). Die Ablehnung muss zwar nicht sofort, aber **ohne schuldhaftes Zögern**, also ohne unnötige, nicht durch die Sachlage begründete Verzögerungen geltend gemacht werden. Im Interesse einer zügigen Durchführung des Verfahrens ist ein **strenger Maßstab** anzulegen (BGHSt 21, 334, 339 = NJW 1968, 710; BGH NStZ 1993, 141; BGH NStZ 2009, 224). Der Antragsteller darf also nicht die weitere Entwicklung abwarten, um einen möglichst umfassenden Gesamteindruck zu gewinnen (vgl aber OLG München NJW 2007, 449). Dennoch muss ihm nach Kenntnis vom Ablehnungsgrund eine gewisse Zeit zum Überlegen, zur Konsultation mit seinem Verteidiger und zum Abfassen des Ablehnungsgesuchs eingeräumt werden (BGHSt 45, 312, 315 = NJW 2006, 644), hierzu muss er gegebenenfalls eine Unterbrechung der Hauptverhandlung beantragen (BGH NStZ 2006, 644). Welcher Zeitraum erforderlich ist, hängt von den Umständen des Einzelfalls ab (BGH NStZ 1996, 47). 5

Tritt der Ablehnungsgrund während einer Zeugenvernehmung zu Tage, ist der Ablehnende nicht verpflichtet, die Vernehmung sofort zu unterbrechen, vielmehr kann das Ende der Beweiserhebung abgewartet werden, um das Ablehnungsgesuch anzubringen (BGH StV 1986, 281; BGH NStZ 1996, 47). 5.1

Auch eine **Verhandlungsunterbrechung** unterbindet nicht von der Pflicht, die Ablehnung unverzüglich geltend zu machen (BGH NStZ 1996, 48). Bei kurzen Unterbrechungen kann die **Fortsetzung** abgewartet werden (Meyer-Goßner StPO § 25 Rn 8); anderenfalls muss das Gesuch zwischen zwei Sitzungen außerhalb der Hauptverhandlung schriftlich oder zu Protokoll der Geschäftsstelle angebracht werden (BGH NStZ 1993, 141; BGH NStZ 1996, 47, 48; BGH StV 2008, 562). 6

Ein im Rahmen einer Zeugenvernehmung am Nachmittag auftretender Ablehnungsgrund muss zwar nicht während der Zeugenvernehmung oder noch an diesem, mit anderem Beweisprogramm gefüllten Sitzungstag, aber jedenfalls bis zum Vormittag des folgenden Nichtsitzungstages geltend 6.1

gemacht werden. Wartet die Staatsanwaltschaft wegen Sitzungsverpflichtungen in anderer Sache den nächsten Fortsetzungstag ab, ist das Gesuch verspätet (BGH NStZ 1996, 47, 48). Eine Bearbeitung während des Wochenendes wird nicht verlangt (OLG Düsseldorf NJW 1992, 2243).

7   Gem § 25 Abs 2 S 2 StPO ist die letzte Gelegenheit zur Anbringung eines Befangenheitsantrags das **letzte Wort des Angeklagten** nach § 258 Abs 2 StPO (BGH NStZ 2007, 112). Diese Zäsur ist verfassungsrechtlich unbedenklich (BVerfG NJW 1988, 477).

7.1   Wird ein Gesuch bis zu diesem Zeitpunkt nicht angebracht, bleibt es bei der Verwirkung des bekannten Ablehnungsgrundes auch dann, wenn das Gericht erneut in die Beweisaufnahme eintritt (BGH NStZ 2006, 644; s hierzu auch BVerfG NStZ-RR 2007, 379).

B. Außerhalb der Hauptverhandlung

8   Da § 25 StPO nur für die Ablehnung in der Hauptverhandlung gilt, ist die Ablehnung in Verfahren ohne Hauptverhandlung nicht an diese zeitlichen Grenzen gebunden. Aber in entsprechender Anwendung des § 25 Abs 2 S 2 StPO kann sie auch dort nur solange statthaft vorgebracht werden, **bis die Entscheidung ergangen ist** (BVerfG NStZ 2007, 709, 710; BGH NStZ 2007, 416), denn dann kann eine Mitwirkung des abgelehnten Richters ohnehin nicht mehr verhindert werden. Besondere Praxisrelevanz erlangt diese Thematik für die **Ablehnung in der Revisionsinstanz**. Für eine Entscheidung eines Revisionssenats erkennt die Rechtsprechung einen Anspruch auf Namhaftmachung nicht an (BGH NStZ 2007, 416; krit hierzu Jahn FS Fezer, 413, 427, 428; vgl § 24 StPO Rn 21). Aber auch die analoge Anwendung der Nichtanhörungsrüge nach § 356a StPO auf Vorbringen, dass der Ablehnung von Gerichtspersonen wegen Besorgnis der Befangenheit dient, ist abzulehnen (BGH JR 2007, 172 mAnm Kretschmer; BGH NStZ-RR 2009, 353). Zur Statthaftigkeit der **Gehörsrüge** gegen die Ablehnung eines Befangenheitsantrags im Revisionsverfahren binnen einer Woche nach Kenntnis von der Verletzung des rechtlichen Gehörs BGH NJW 2009, 1092.

8.1   Tritt erst in der Entscheidungsfassung der Ablehnungsgrund zu Tage, bleibt es bei dem Ausschluss der Geltendmachung (BVerfG NStZ 2007, 709, 710). Gegenvorstellungen lassen das bereits untergegangene Ablehnungsrecht nicht wieder aufleben (BGH NStZ 1993, 600); dies gilt auch für den unbegründeten Antrag nach § 356a StPO (BGH NStZ 2007, 416; NStZ 2008, 55), anders aber im Verfahren nach § 33a StPO (BGH NStZ-RR 2005, 173; Löwe/Rosenberg/Siolek StPO § 25 Rn 13 mwN).

§ 26 [Ablehnungsverfahren]

(1) ¹**Das Ablehnungsgesuch ist bei dem Gericht, dem der Richter angehört, anzubringen; es kann vor der Geschäftsstelle zu Protokoll erklärt werden.** ²**§ 257a findet keine Anwendung.**

(2) ¹**Der Ablehnungsgrund und in den Fällen des § 25 Abs 2 die Voraussetzungen des rechtzeitigen Vorbringens sind glaubhaft zu machen.** ²**Der Eid ist als Mittel der Glaubhaftmachung ausgeschlossen.** ³**Zur Glaubhaftmachung kann auf das Zeugnis des abgelehnten Richters Bezug genommen werden.**

(3) **Der abgelehnte Richter hat sich über den Ablehnungsgrund dienstlich zu äußern.**

Überblick

Das Ablehnungsverfahren ist ein selbstständiges Verfahren mit eigenen Regeln. Hierfür enthält § 26 Abs 1 u Abs 2 StPO Vorgaben für Form und Inhalt des Ablehnungsantrags. Durch die Pflicht zur Glaubhaftmachung soll das zur Entscheidung über den Antrag berufene Gericht in die Lage versetzt werden, ohne weitere, eigene Ermittlungen zu entscheiden. Die in § 26 Abs 3 StPO statuierte richterliche Dienstpflicht soll die Erkenntnisgrundlage für das entscheidende Gericht weiter verbessern.

A. Form des Antrags

Das Ablehnungsgesuch ist bei dem Gericht anzubringen, bei dem der abgelehnte Richter die Tätigkeit, für die er abgelehnt werden soll, erbringt. Dabei meint Gericht den **Spruchkörper**, also beim Landgericht in der Regel die Strafkammer. Ist der abgelehnte Richter bei einer auswärtigen Strafkammer nach § 78 Abs 1 GVG tätig, so ist der Ablehnungsantrag an diese Strafkammer zu richten; soll der ersuchte Richter abgelehnt werden, ist der Antrag bei ihm anzubringen und nicht bei dem ersuchten Gericht (KK-StPO/Fischer StPO § 26 Rn 1). 1

In der **Hauptverhandlung** kann das Ablehnungsgesuch mündlich oder schriftlich erklärt werden, dann ist der Antrag gem § 273 Abs 1 StPO zu Protokoll zu nehmen. Auf die Protokollierung der Begründung besteht kein Anspruch (RGSt 32, 241), weswegen die schriftliche Abfassung vorzugswürdig ist. Außerhalb der Hauptverhandlung kann der Antrag schriftlich oder zu Protokoll der Geschäftsstelle angebracht werden. 2

B. Inhalt des Antrags

Die **Glaubhaftmachung** bezieht sich auf alle Umstände, die zur Begründung des Antrags gehören, gegebenenfalls aber auch auf die Umstände, die die Unverzüglichkeit, vgl § 25 StPO (§ 25 StPO Rn 5 ff) belegen. Das nach § 27 StPO entscheidende Gericht soll in die Lage versetzt werden, ohne den Fortgang des Verfahrens verzögernde Ermittlungen über das Ablehnungsgesuch zu entscheiden (BGHSt 21, 334, 347 = NJW 1968, 710). Eine förmliche Beweisaufnahme über das Befangenheitsgesuch findet nicht statt (BGH NStZ 2007, 51). Die bloße Benennung eines **Zeugen** reicht deshalb in der Regel nicht aus, vielmehr muss der Antragsteller mindestens eine schriftliche Erklärung des Zeugen beibringen (BGHSt 21, 334, 347 = NJW 1968, 710). Das Gericht ist nicht verpflichtet, auf weitere Glaubhaftmachung hinzuwirken oder Zeugen zu hören (OLG Düsseldorf NJW 1985, 2207). 3

> Ausnahmsweise kann etwas anders gelten, wenn der Zeuge die schriftliche Erklärung verweigert oder er nicht unverzüglich erreicht werden kann, wobei diese Umstände auch glaubhaft zu machen sind (BGHSt 21, 334, 347 = NJW 1968, 710; vgl aber BGH MDR 1978, 111: Zeitknappheit des Verteidigers reicht nicht aus). Entsprechendes gilt, wenn der beamtete Zeuge keine Aussagegenehmigung hat (KK-StPO/Fischer StPO § 26 Rn 6). Nur in solchen Fällen erhebt das Gericht den Beweis von Amts wegen. Es obliegt seinem pflichtgemäßen Ermessen, mit welchen Mitteln es sich Kenntnis von den maßgeblichen Tatsachen verschaffen will (BGH NStZ 2007, 51). 3.1

Es genügt, dass das Gericht die behaupteten Tatsachen für wahrscheinlich hält, die volle Überzeugung braucht nicht vermittelt zu werden. Bleiben Zweifel an der Zuverlässigkeit der angebotenen Beweismittel, ist der **Wahrscheinlichkeitsnachweis** nicht erbracht (vgl BGH v 20. 8. 2008 – Az 5 StR 336/08). Der Grundsatz in dubio pro reo gilt insoweit nicht (BGHSt 21, 334, 352 = NJW 1968, 710). 4

Die Glaubhaftmachung ist nur ausnahmsweise entbehrlich, wenn sich die Richtigkeit des Vorbringens aus den Akten ergibt oder gerichtsbekannt ist (KK-StPO/Pfeiffer StPO § 25 Rn 4). 5

Mittel der Glaubhaftmachung sind alle Beweismittel, nur der Eid ist ausgeschlossen. Zudem ist die Bezugnahme auf die dienstliche Erklärung des abgelehnten Richters zulässig, § 25 Abs 2 S 3 und Abs 3 StPO. Daneben kommen vor allem **eidesstattliche Versicherungen** von Zeugen und, soweit Wahrnehmungen des Verteidigers in Rede stehen, die **anwaltliche Versicherung,** aber auch die **Gerichtsakte** (OLG Düsseldorf NStZ 2007, 608) in Betracht. Bezeichnet der Rechtsanwalt seine Angaben nicht ausdrücklich als anwaltlich versichert, ist dies unschädlich (BGH NStZ 2007, 161). Der Antragsteller kann keine eidesstattliche Versicherung abgeben, seine Erklärungen sind immer nur als einfache Erklärung zu werten, die als Mittel zur Glaubhaftmachung nicht genügt. 6

C. Dienstliche Erklärung

Ist der Ablehnungsantrag nicht nach § 26 a StPO unzulässig, ist der Richter – auch der Schöffe (BGH NStZ 2008, 117) – verpflichtet, eine **schriftlich abzufassende dienstliche** 7

Äußerung zum Ablehnungsgrund abzugeben. Dem zur Entscheidung berufenen Gericht soll damit die Möglichkeit gegeben werden, die Sichtweise des abgelehnten Richters in die Bescheidung des Antrags einzubeziehen. Tatsächlich kommt der dienstlichen Äußerung großes Gewicht zu, da hiermit der Verdacht der Befangenheit wieder entkräftet werden kann (BGH NJW 2006, 854; BGH NStZ 2006, 49; § 24 StPO Rn 17). Durch die Abgabe der Standarderklärung „Ich fühle mich nicht befangen" wird diese Chance allerdings vergeben.

7.1   Da die dienstliche Äußerung der Sachaufklärung dient, ist sie verzichtbar, wenn der Sachverhalt geklärt ist (BGH NStZ 2008, 117, vgl auch BGHSt 23, 200 = NJW 1978, 478).

8   Die dienstliche Erklärung erfolgt gegenüber dem zur Entscheidung berufenen Spruchkörper. Sie ist – so wenig aussagekräftig sie auch sein mag – zur Gewährung des **rechtlichen Gehörs** dem Antragsteller und den übrigen Verfahrensbeteiligten mitzuteilen. Hat der Verteidiger Kenntnis, ist es unschädlich, wenn der Angeklagte sie nicht kennt (BGH MDR 1974, 467). Dem Antragsteller ist gem § 33 StPO **Gelegenheit zur Stellungnahme** zu geben (BVerfGE 24, 56, 62 = NJW 1968, 1621; BGHSt 23, 200, 203 = NJW 1970, 478). Unterbleibt dies, kann das Urteil im Rahmen der revisionsrechtlichen Überprüfung darauf beruhen, sofern nicht der Antragsteller durch den seinen Antrag ablehnenden Beschluss noch Kenntnis von der Erklärung erlangen und das Gesuch wiederholen konnte (BGHSt 21, 85, 87 = NJW 1966, 2321; BGH NStZ 1983, 354).

§ 26 a [Unzulässige Ablehnung]

(1) Das Gericht verwirft die Ablehnung eines Richters als unzulässig, wenn
1. die Ablehnung verspätet ist,
2. ein Grund zur Ablehnung oder ein Mittel zur Glaubhaftmachung nicht angegeben wird oder
3. durch die Ablehnung offensichtlich das Verfahren nur verschleppt oder nur verfahrensfremde Zwecke verfolgt werden sollen.

(2) ¹Das Gericht entscheidet über die Verwerfung nach Absatz 1, ohne daß der abgelehnte Richter ausscheidet. ²Im Falle des Absatzes 1 Nr. 3 bedarf es eines einstimmigen Beschlusses und der Angabe der Umstände, welche den Verwerfungsgrund ergeben. ³Wird ein beauftragter oder ein ersuchter Richter, ein Richter im vorbereitenden Verfahren oder ein Strafrichter abgelehnt, so entscheidet er selbst darüber, ob die Ablehnung als unzulässig zu verwerfen ist.

Überblick

§ 26 a StPO sieht ein vereinfachtes Verfahren für unzulässige Befangenheitsanträge vor. Anders als im Regelverfahren nach § 27 StPO kann der abgelehnte Richter über den Befangenheitsantrag (mit-)entscheiden, sofern die Unzulässigkeit des Antrags ohne weitere Sachprüfung offen zu Tage tritt. Dadurch lassen sich Verzögerungen der Hauptverhandlung vermeiden. Um nicht den gesetzlichen Richter zu umgehen, ist bei der Anwendung des § 26 a StPO Vorsicht geboten.

Übersicht

	Rn		Rn
A. Unzulässigkeit	1	2. Verspätung	4
I. Ausnahmetatbestand	1	3. Fehlen eines Ablehnungsgrundes oder der Glaubhaftmachung	5
II. Unzulässigkeitsgründe	3	4. Missbrauch des Ablehnungsrechts	9
1. Ungenannte Umstände, die zur Unzulässigkeit führen	3	**B. Verfahren**	11

A. Unzulässigkeit

I. Ausnahmetatbestand

Im Interesse der **Verfahrensbeschleunigung** gestattet § 26 a StPO ausnahmsweise, dass 1
ein abgelehnter Richter selbst über einen gegen ihn gestellten Befangenheitsantrag entscheidet (BGH NStZ 2008, 46). Voraussetzung ist aber, dass **keine Beurteilung des eigenen Verhaltens** erfolgt, die Beteiligung des abgelehnten Richters sich vielmehr auf eine echte **Formalentscheidung** oder die Verhinderung eines offensichtlichen Missbrauchs des Ablehnungsrechts beschränkt (BVerfGK 5, 269, 281 = NJW 2005, 3410). Als Ausnahmevorschrift sind die tatbestandlichen Voraussetzungen **eng auszulegen**. Bestehen Zweifel, ob die Voraussetzungen eines Unzulässigkeitsgrundes vorliegen, ist nach § 27 StPO vorzugehen (BVerfG NJW 2005, 3414; BGHSt 50, 216, 220 = NJW 2005, 3436).

Besondere Brisanz gewinnt die Behandlung eines Befangenheitsantrags als unzulässig dadurch, dass eine fehlerhafte Annahme eines Unzulässigkeitsgrundes einen **Verstoß gegen den gesetzlichen Richter** darstellen kann. Seit einer Grundsatzentscheidung des BVerfG aus dem Jahr 2005 (BVerfGK 5, 269 = NJW 2005, 3410) hat dies wegen des absoluten Revisionsgrundes des § 338 Nr 3 StPO (vgl § 338 StPO Rn 51) besondere Bedeutung erlangt. Der bis dahin geltende Standpunkt der Fachgerichtsrechtsprechung, wonach ein Verfahrensfehler bei der Entscheidung über den Antrag unschädlich sei, solange sich dieser in der Sache als unbegründet erweise (BGHSt 18, 200, 203 = NJW 1963, 964; BGH NStZ 2001, 258), ist damit überholt, was bei der Lektüre älterer Entscheidungen zu beachten ist. Freilich zieht nicht jeder Verfahrensfehler einen Verfassungsverstoß nach sich. Ein solcher liegt nur vor, wenn die Auslegung einer Zuständigkeitsnorm oder ihre Handhabung im Einzelfall willkürlich und offensichtlich unhaltbar ist oder auf einer Verkennung von Bedeutung und Tragweite der Verfassungsgarantie des Art 101 Abs 1 S 2 GG beruht (BVerfGK 5, 269, 280 = NJW 2005, 3410 mwN), nicht hingegen bei einer nur schlicht fehlerhaften Anwendung der Zuständigkeitsvorschriften (BGH NStZ 2009, 223). Soll im Revisionsverfahren eine Verletzung des Art 101 Abs 1 S 2 GG im Ablehnungsverfahren geltend gemacht werden, muss diese Angriffsrichtung deutlich gemacht und vorgetragen werden, dass der abgelehnte Richter mitentschieden hat (BGH NStZ 2009, 581).

Diese Schwelle ist bei Rechtsfehlern im Zusammenhang mit § 26 a StPO aber nicht stets (BGH 2.1
NJW 2006, 2864, bestätigt von BVerfG v 29. 1. 2007 – Az 2 BvR 1743/06; BGH v 9. 1. 2007 – Az 3 StR 465/06, bestätigt von BVerfG v 29. 3. 2007 – Az 2 BvR 412/07; BGH NStZ 2007, 161; BGH NStZ 2009, 223; BGH NStZ-RR 2009, 142; wistra 2009, 446; OLG Köln NStZ-RR 2008, 115) überschritten (Rn 8.1).

Der Verstoß gegen den gesetzlichen Richter ergibt sich daraus, dass ein Richter entgegen dem 2.2
materiellen Gewährleistungshalt des Art 101 Abs 1 Nr 2 GG (vgl § 22 StPO Rn 1) zum Richter in eigener Sache wird, sofern durch den Befangenheitsantrag seine Unparteilichkeit mit jedenfalls nicht von vornherein untauglicher Begründung in Zweifel gezogen worden ist (BVerfGK 5, 269, 281 = NJW 2005, 3410; BVerfGK 7, 325 = NJW 2006, 3126). Das entscheidende Kriterium ist daher, ob eine inhaltliche Prüfung der aus konkret bezeichneten Tatsachen abgeleiteten Ablehnungsgründe erforderlich ist (BVerfG NStZ 2007, 275; BGH NStZ 2008, 46; BGH NStZ 2008, 523). Im Rahmen des § 26 a Abs 1 Nr 3 StPO muss aber die Einbeziehung eigenen richterlichen Verhaltens in die Würdigung in weiterem Umfang möglich sein, da das Gericht nicht umhin kann, zur Begründung der Prozessverschleppungsabsicht eigenes Verhalten zu schildern (BGH NStZ 2008, 473; wistra 2009, 446).

II. Unzulässigkeitsgründe

1. Ungenannte Umstände, die zur Unzulässigkeit führen

Trotz der gebotenen engen Auslegung ist der Katalog des § 26 a Abs 1 StPO nicht 3
abschließend. Von dem vereinfachten Verfahren darf auch Gebrauch gemacht werden, wenn die Ablehnung gegen ein **Gericht als Ganzes** gerichtet ist (§ 24 StPO Rn 3) oder der abgelehnte Richter mit der Sache **noch nicht oder nicht mehr befasst** ist (§ 25 StPO Rn 9), da auch in diesen Fällen ein Eingehen auf die Sache nicht erforderlich ist, vielmehr eine reine Formalentscheidung zu treffen ist (KK-StPO/Fischer StPO § 26 a Rn 1).

2. Verspätung

4 Wann ein Befangenheitsgesuch verspätet ist, ergibt sich aus § 25 StPO. Demnach ist ein Befangenheitsgesuch unzulässig, wenn nicht alle Anträge zusammen, nach der Ausschlussfrist des § 25 Abs 1 StPO, nicht **unverzüglich** nach Entstehen des Befangenheitsgrundes oder nach dem letzten Wort des Angeklagten vorgebracht werden. Die Voraussetzungen für die fristgemäße Geltendmachung des Befangenheitsgrundes überprüft das Gericht.

3. Fehlen eines Ablehnungsgrundes oder der Glaubhaftmachung

5 Ein Ablehnungsantrag ohne Angabe jeglichen Grundes oder ohne die gem § 26 StPO erforderliche **Glaubhaftmachung** (vgl § 26 StPO Rn 3) führt zur Unzulässigkeit. Gleiches gilt, wenn die noch fehlende Begründung für einen späteren Zeitpunkt angekündigt ist; eine Frist zur Antragsbegründung darf nicht gewährt werden (OLG München NJW 1976, 436). Die Wiederholung eines bereits verworfenen Ablehnungsgrundes ohne neuen Vortrag ist ebenfalls unzulässig iSd § 26 a Abs 1 Nr 2 StPO (BGH NStZ-RR 2003, 118; Löwe/Rosenberg/Siolek StPO § 26 a Rn 18 mwN).

6 Zwar darf das vereinfachte Ablehnungsverfahren nicht auf Fälle „offensichtlicher Unbegründetheit" ausgeweitet werden (BVerfGK 5, 269, 282 = NJW 2005, 3410; BVerfGK 7, 325 = NJW 2006, 3126). Es ist aber verfassungsrechtlich nicht zu beanstanden, ein Ablehnungsgesuch, das zwar rein formal betrachtet eine Begründung enthält, die aber aus zwingenden rechtlichen Gründen zur Rechtfertigung des Gesuchs **völlig ungeeignet** ist, einem Gesuch ohne Begründung gleich zu stellen (BVerfGK 7, 325 = NJW 2006, 3126; BVerfG NStZ 2007, 275; BGHSt 50, 216, 220 = NJW 2005, 3436). Bei der Annahme einer völligen Ungeeignetheit in diesem Sinne, sind die in Rn 2 dargelegten verfassungsrechtlichen Vorgaben zu beachten, dementsprechend ist ein **strenger Maßstab** anzulegen. Nur wenn dem Gesuch überhaupt **kein tauglicher Anknüpfungspunkt** für eine Befangenheit zu entnehmen ist, mithin die Entscheidung ohne nähere Prüfung und losgelöst von den konkreten Umständen des Einzelfalls ergehen kann, darf nach § 26 a StPO verfahren werden.

7 Dies liegt vor, wenn sich der Antrag in **Schmähungen** gegen den abgelehnten Richter erschöpft (BGH NStZ 1997, 331) oder nur persönliche Verhältnisse des Richters ohne Bezug zur Sache, zB religiöse Zugehörigkeit (BGH NStZ-RR 2002, 66), beanstandet werden (§ 24 StPO Rn 10).

8 Weiterhin kann die Begründung eines Antrags als völlig ungeeignet und damit als unzulässig angesehen werden, die keine über die bloße **Mitwirkung an Vorentscheidungen** (§ 24 StPO Rn 12 ff) hinausreichenden Umstände oder insoweit nur haltlose Behauptungen und keine Tatsachen enthält (BGH NStZ 2006, 705; BGH NStZ-RR 2009, 85). In Zweifelsfällen gebührt dem Vorgehen nach § 27 StPO der Vorrang. Wird nur das **„Ob" der Mitwirkung** beanstandet, ist der Antrag unzulässig; erfordert das Ablehnungsgesuch hingegen die Prüfung der **Art und Weise der Mitwirkung**, also ein wenn auch nur geringfügiges Eingehen auf den Verfahrensgegenstand, ist nach § 27 StPO zu verfahren (BVerfG NStZ 2007, 275). Dabei ist darauf zu achten, den Antrag vollständig zu erfassen und gegebenenfalls wohlwollend auszulegen (BVerfGK 5, 269, 283 = NJW 2005, 2410; BVerfGK 7, 325 = NJW 2006, 3126; BGHSt 50, 216, 220 = NJW 2005, 3436). Spätestens über das zweite Befangenheitsgesuch, welches auf die sachlich unangebrachte Behandlung des ersten Gesuchs nach § 26 a StPO gestützt ist, ist nach § 27 StPO zu entscheiden (BVerfG NStZ-RR 2007, 275).

8.1 Trägt der Antragsteller neben der Vorbefassung besondere Umstände vor und macht sie glaubhaft, mit denen eine unumstößliche Festlegung der Richter beanstandet wird, hindert dies ein Vorgehen nach § 26 a StPO (BGH NStZ 2006, 705). Die fehlerhafte Annahme der Voraussetzungen des § 26 a StPO führte zB in folgenden Fällen gem § 338 Nr 3 StPO in der Revisionsinstanz zur Aufhebung des Urteils:
- es wurde beanstandet, dass der Vorsitzende bei der Wiedergabe gegenüber der Sachverständigen eine mögliche Alternative in einer Zeugenaussage ausgeschlossen habe (BVerfGK 5, 269, 283 = NJW 2005, 2410);
- die Befangenheit wurde nicht allein auf die Anwendung des § 244 Abs 4 StPO gestützt, sondern gegen die darin zum Ausdruck gekommene Bewertung der Glaubhaftigkeit einer Zeugenaussage (BVerfGK 5, 269, 283 = NJW 2005, 2410);

- neben der Mitwirkung des Richters in einem vorangegangenem Verfahren gegen einen anderen Angeklagten, dem wie dem Ablehnenden die Vergewaltigung desselben Opfers zur Last gelegt wurde, wurde unter Beifügung von Zitaten aus dem früheren Urteil eine Festlegung des Richters hinsichtlich der Glaubwürdigkeit der Zeugin beanstandet (BGHSt 50, 216 = NJW 2005, 3436);
- die Besorgnis der Befangenheit wurde nicht auf die vermeintlich fehlerhafte Behandlung der Beweisanträge gestützt, sondern auf Argumentation und Wortwahl der Beschlussbegründung, die eine endgültige Festlegung der Richter zu Lasten des Ablehnenden nahe lege (BGH NStZ 2006, 705);
- als Ablehnungsgrund wurde geltend gemacht, dass die Versagung einer einstündigen Unterbrechung zur Abfassung von Gegenerklärungen nach einer überraschenden Verfahrensentwicklung ohne Kenntnisnahme der Begründung der Verteidigung durch die bevorstehende Pensionierung des Vorsitzenden und den Willen, das Verfahren um jeden Preis durchzusetzen, motiviert gewesen sei (BGH NStZ 2008, 46);
- die Besorgnis der Befangenheit kann sich aus Inhalt und Umständen einer verfahrensleitenden Anordnung ergeben (BVerfG NStZ-RR 2007, 275; vgl aber auch OLG Köln NStZ 2008, 115); ist diese objektiv rechtsfehlerhaft, sollte der Antrag nicht als völlig ungeeignet angesehen werden (Meyer-Goßner StPO § 26 a Rn 4 a), nach BGH NStZ 2009, 223 und BGH NStZ-RR 2009, 142 soll aber auch dies unschädlich sein.

4. Missbrauch des Ablehnungsrechts

Verfolgt der Antragsteller mit seinem Ablehnungsgesuch ausschließlich eine Verzögerung 9 oder sonstige verfahrensfremde Zwecke, zB Demonstrationszwecke oder die Verunglimpfung des abgelehnten Richters (BGH NStZ 1997, 331), ist der Antrag unzulässig. Eine Behandlung als unzulässig **scheidet aber aus**, wenn mit der Ablehnung neben der Besorgnis der Befangenheit **auch andere Zwecke** erstrebt werden (BT-Drs IV/178, 35). Ein möglicherweise begründeter Antrag kann nicht wegen Unzulässigkeit abgelehnt werden, da kaum auszuschließen ist, dass es dem Antragsteller auch um die Ausschaltung des aus seiner Sicht befangenen Richters geht (vgl BGH NStZ-RR 2008, 246, 247; BGH NStZ 2008, 523).

Der Missbrauch des Ablehnungsrechts muss **offensichtlich** sein, dh er muss ohne weitere 10 Nachforschungen feststellbar sein (zweifelnd KK-StPO/Fischer § 26 a Rn 10). Für den Nachweis der **Verschleppungsabsicht** gelten dieselben Maßstäbe wie für § 244 Abs 3 Var 6 StPO (§ 244 StPO Rn 77 ff). Allein aus der Vielzahl der Anträge kann dies nicht gefolgert werden (KK-StPO/Fischer StPO § 26 a Rn 10). Bei einem Ablehnungsgesuch, welches nicht unter § 26 a Abs 1 Nr 1 oder Nr 2 StPO fällt, dürfte der Nachweis schwer fallen, dass allein verfahrensfremde Zwecke verfolgt werden (vgl aber BGH v 25. 7. 2007 – Az 2 ARs 184/07; BGH wistra 2009, 446), zumeist wird zugleich auch § 26 a Abs 1 Nr 2 StPO anzunehmen sein. Zu insoweit unterschiedlichen Grundsätzen für die Würdigung des eigenen Verhaltens der Richter vgl BGH NStZ 2008, 473; wistra 2009, 446.

B. Verfahren

In der Hauptverhandlung entscheidet das Gericht **mit dem abgelehnten Richter** unter 11 Mitwirkung der Schöffen. Dies gilt auch, wenn die Hauptverhandlung unterbrochen ist (vgl § 30 GVG). Damit entscheidet der Einzelrichter selber über den Befangenheitsantrag, § 26 a Abs 2 S 3 StPO.

Die Verwerfung durch den abgelehnten Richter und weitere Mitglieder der Strafkammer, die 11.1 nicht an der Hauptverhandlung teilnehmen, ist auch bei einer Unterbrechung der Hauptverhandlung mit den Zuständigkeitsregelungen der § 26 a StPO, § 27 StPO unvereinbar (OLG München NJW 2007, 449).

Abweichend von § 196 GVG ist für die Verwerfung nach § 26 a Abs 1 Nr 3 StPO 12 **Einstimmigkeit** erforderlich. Für diesen Unzulässigkeitsgrund ordnet das Gesetz die grundsätzlich erforderliche **Begründung**, § 34 StPO, ausdrücklich an, so dass auch bei Offenkundigkeit eine Begründung zu erfolgen hat (Pfeiffer StPO § 26 a Rn 3).

Im Verfahren nach § 26 a StPO gilt weder die Pflicht zur Namhaftmachung nach § 24 13 Abs 3 S 2 StPO (BGH NStZ-RR 2007, 129) noch die zur Abgabe einer dienstlichen Äußerung nach § 26 Abs 3 StPO.

14   Das **Revisionsgericht** kann die Unzulässigkeitsgründe austauschen, da hiermit keine Verletzung des gesetzlichen Richter verbunden ist (BGH NStZ 2006, 644, bestätigt von BVerfG NStZ-RR 2006, 379; BGH NStZ 2008, 578).

§ 27 [Entscheidung über die Ablehnung]

(1) Wird die Ablehnung nicht als unzulässig verworfen, so entscheidet über das Ablehnungsgesuch das Gericht, dem der Abgelehnte angehört, ohne dessen Mitwirkung.

(2) Wird ein richterliches Mitglied der erkennenden Strafkammer abgelehnt, so entscheidet die Strafkammer in der für Entscheidungen außerhalb der Hauptverhandlung vorgeschriebenen Besetzung.

(3) ¹Wird ein Richter beim Amtsgericht abgelehnt, so entscheidet ein anderer Richter dieses Gerichts. ²Einer Entscheidung bedarf es nicht, wenn der Abgelehnte das Ablehnungsgesuch für begründet hält.

(4) Wird das zur Entscheidung berufene Gericht durch Ausscheiden des abgelehnten Mitglieds beschlußunfähig, so entscheidet das zunächst obere Gericht.

Überblick

Die Zuständigkeitsregelung des § 27 StPO trägt dem Umstand Rechnung, dass es an der völligen inneren Unbefangenheit eines Richters fehlen wird, wenn er über seine angebliche Befangenheit selbst entscheiden müsste. Über das Ablehnungsgesuch wird daher in einem schriftlichen Zwischenverfahren ohne den abgelehnten Richter in Beschlussbesetzung entschieden, die Schöffen wirken nicht mit.

A. Zuständigkeit

1   Ein Richter, dessen Unparteilichkeit mit jedenfalls nicht von vornherein untauglicher Begründung in Zweifel gezogen worden ist, soll nicht an der Entscheidung über das gegen ihn selbst gerichtete Ablehnungsgesuch mitwirken, das sein richterliches Verhalten und die Frage zum Gegenstand hat, ob das beanstandete Verhalten die Befangenheit begründet (BVerfGK 5, 269, 281 = NJW 2005, 3410). Deswegen ordnet § 27 StPO das **alsbaldige Ausscheiden** (§ 29 StPO Rn 2 ff) des abgelehnten Richters an. Es entscheidet dann der **Spruchkörper**, dem der Abgelehnte bei der beanstandeten Tätigkeit angehört hat. Das **Zwischenverfahren** zur Entscheidung über den Befangenheitsantrag ist kein Teil der Hauptverhandlung (BGH NStZ 1996, 398).

2   Gesetzlicher Richter für diese Entscheidung ist nicht der im Zeitpunkt der Antragstellung, sondern der im **Zeitpunkt der Entscheidung berufene Richter**. Da es sich um ein schriftliches Verfahren außerhalb der Hauptverhandlung handelt, besteht nicht die Notwendigkeit einer unveränderten Gerichtsbesetzung (BGHSt 44, 26, 28 = NJW 1998, 2458), sie kann sich somit zwischen Antragstellung und Entscheidung ändern.

I. Strafkammer

3   Richtet sich die Ablehnung gegen ein Mitglied einer Strafkammer, so entscheidet diese gem § 76 S 2 GVG **ohne Schöffen**, aber mit **drei Berufsrichtern**. Für den abgelehnten Richter rückt ein anderes Mitglied der Strafkammer ein, steht kein weiteres Mitglied mehr zur Verfügung, der geschäftsplanmäßige Vertreter.

3.1   Es müssen auch dann drei Berufsrichter entscheiden, wenn der Ablehnungsgrund in der Hauptverhandlung entstanden ist und das Gericht dort gem § 76 Abs 2 S 1 GVG nur mit zwei Berufsrichtern besetzt ist.

3.2   Wird der Vorsitzende einer kleinen Strafkammer nach § 76 Abs 1 S 1 Alt 2 GVG abgelehnt, so muss ein Spruchkörper, der aus drei Berufsrichtern besteht, entscheiden (KK-StPO/Fischer StPO § 27 Rn 5; **aA** Löwe/Rosenberg/Siolek StPO § 27 Rn 13).

Für Besonderheiten bei auswärtigen Strafkammern, denen nur die Tätigkeit als erkennendes 3.3
Gericht zugewiesen ist, vgl KK-StPO/Fischer StPO § 27 Rn 6, s auch RGSt 44, 118, 119.
Senate des Oberlandesgerichtes entscheiden mit drei, § 122 Abs 1 GVG, der Bundesgerichtshof 3.4
mit fünf Richtern, § 139 Abs 1 GVG.

Werden mehrere Mitglieder einer Strafkammer abgelehnt, so gilt für die **Reihenfolge** der 4
Entscheidung über die Gesuche Folgendes:
- betrifft das Ablehnungsgesuch mehrere erkennende Richter, muss einheitlich entschieden werden, wenn die Ablehnungsgründe in Verbindung zueinander stehen (BGHSt 44, 26, 27 = NJW 1998, 2458 mwN; vgl auch BVerfG NJW 2004, 2514);
- in Fällen nacheinander eingehender und unterschiedlich begründeter Ablehnungsgesuche ist eine sukzessive Entscheidung in der Reihenfolge der Ablehnungsgesuche veranlasst (BGH NStZ 1996, 144, 145; bestätigt von BVerfG NJW 2004, 2514);
- werden die erkennenden Richter abgelehnt und sodann der gem § 27 StPO zur Entscheidung über das Ablehnungsgesuch berufene Richter, so ist zunächst über die Ablehnung des Letzteren zu entscheiden (BGHSt 21, 334, 337 = NJW 1968, 710).

II. Amtsrichter

Über die Ablehnung eines am Amtsgericht tätigen Richters – auch des Ermittlungsrichters 5
– entscheidet stets ein Einzelrichter des Amtsgerichts, dessen Zuständigkeit **geschäftsplanmäßig** bestimmt wurde, gegebenenfalls der Vertreter nach § 22 b Abs 1 GVG. Dies gilt auch, wenn der Richter bei der Tätigkeit im erweiterten Schöffengericht, § 29 Abs 2 GVG, abgelehnt wurde.

Über die Ablehnung gegen Ermittlungsrichter beim Oberlandesgericht oder beim Bundes- 5.1
gerichtshof entscheidet nicht der Strafsenat, sondern der hierfür geschäftsplanmäßig zu bestimmende Ermittlungsrichter (BGH MDR 1986, 179). Über die Befangenheit des ersuchten Richters entscheidet ein Richter des Amtsgerichts, dem der Abgelehnte angehört, nicht das ersuchende, wenn auch höhere Gericht.

Die Regelung des § 27 Abs 3 S 2 StPO gilt nur für abgelehnte **Amtsrichter**. 6

III. Beschlussunfähigkeit

Bei Beschlussunfähigkeit infolge Ausscheidens abgelehnter Richter ist das **zunächst obere** 7
Gericht, und nicht das im Instanzenzug übergeordnete Gericht zuständig, dh für das Amtsgericht das Landgericht und für das Landgericht das Oberlandesgericht.

Die Voraussetzungen hierfür sind aber nicht bereits gegeben, wenn vorübergehend, 8
etwa infolge von Hauptverhandlungen (RGSt 40, 436), kein Vertreter zur Verfügung steht, sondern erst dann, wenn bei dem ganzen Gericht auf Dauer nicht mehr so viele **Vertreter** bestellt werden können, wie erforderlich sind, um die abgelehnten Richter zu ersetzen (BGH wistra 2009, 446).

B. Verfahren

Auch im Verfahren nach § 27 StPO kann das Gesuch noch als **unzulässig** abgelehnt 9
werden (BGHSt 21, 334, 337 = NJW 1968, 710). Eine Rückgabe an das nach § 26 a StPO zuständige Gericht kommt nicht in Betracht (Meyer-Goßner StPO § 27 Rn 9; offen gelassen von OLG München NJW 2007, 449, 450 mwN).

Eine förmliche Beweisaufnahme über das Ablehnungsvorbringen findet nicht statt, es liegt 10
im pflichtgemäßen **Ermessen** des Gerichts, ob es im **Freibeweis** Zeugen vernehmen oder andere Beweise erheben will, vgl § 26 StPO (BGH NStZ 2007, 51; § 26 StPO Rn 3).

Vor der Entscheidung ist die gem § 26 Abs 3 StPO einzuholende **dienstliche Stellung-** 11
nahme des abgelehnten Richters den Prozessbeteiligten bekannt zu machen und Gelegenheit zur Stellungnahme zu geben (BGHSt 23, 200, 203 = NJW 1970, 478).

Der das Ablehnungsgesuch zurückweisende Beschluss ist mit einer **Begründung** zu 12
versehen; wird ihm stattgegeben, bedarf es keiner Begründung. Der Beschluss ist den

Prozessbeteiligten bekannt zu machen, im Fall des § 28 Abs 2 S 1 StPO ist er wegen des Fristenlaufs förmlich zuzustellen.

13 Der stattgebende Beschluss hat die **Wirkung**, dass der Richter für das gesamte Verfahren, auch soweit es Mitangeklagte betrifft, ausgeschlossen ist, was auch durch eine Verfahrensabtrennung nicht umgangen werden kann (BGH GA 1979, 311). Der zurückweisende Beschluss führt dazu, dass der Richter wieder mitwirken muss (BGHSt 21, 334, 338 = NJW 1968, 710), eine Hauptverhandlung ist fortzusetzen.

§ 28 [Rechtsmittel]

(1) Der Beschluß, durch den die Ablehnung für begründet erklärt wird, ist nicht anfechtbar.

(2) ¹Gegen den Beschluß, durch den die Ablehnung als unzulässig verworfen oder als unbegründet zurückgewiesen wird, ist sofortige Beschwerde zulässig. ²Betrifft die Entscheidung einen erkennenden Richter, so kann sie nur zusammen mit dem Urteil angefochten werden.

Überblick

§ 28 StPO regelt die Rechtsmittelbefugnis gegen Entscheidungen über Befangenheitsgesuche.

A. Stattgebende Beschlüsse

1 Gegen den einem Befangenheitsgesuch stattgebenden Beschluss gibt es **kein Rechtsmittel**. Dieser Beschluss kann auch nicht widerrufen werden.

2 Der neu eintretende Richter ist dann der **gesetzliche Richter**. Ist der stattgebende Beschluss rechtsfehlerhaft, so ist das Gericht dennoch ordnungsgemäß besetzt, es sei denn, die Entscheidung wäre willkürlich erfolgt (BGH GA 1962, 338). Dies würde die Besetzungsrüge rechtfertigen (§ 338 StPO Rn 8; KK-StPO/Fischer StPO § 28 Rn 1).

B. Ablehnende Beschlüsse

I. Sofortige Beschwerde

3 Gegen ablehnende Beschlüsse ist die sofortige Beschwerde statthaft, sofern der abgelehnte Richter **kein erkennender Richter** war. Beschwerdeberechtigt ist nur derjenige, der die Ablehnung erklärt hat (BGH MDR 1985, 981). Das Rechtsmittel muss innerhalb der Wochenfrist des § 311 Abs 2 S 1 StPO (§ 311 StPO Rn 2) eingelegt werden. Auch im Übrigen gelten die Vorschriften über das **Beschwerdeverfahren**. So ist in den Fällen des § 304 Abs 4 StPO (§ 304 StPO Rn 13 ff) die sofortige Beschwerde ausgeschlossen.

4 In der Beschwerdeinstanz ist das **Nachschieben** eines weiteren Ablehnungsgrundes nicht möglich, hingegen soll eine weitere Glaubhaftmachung, zB durch neue Beweismittel, gestattet sein (Meyer-Goßner StPO § 28 Rn 3 mwN; Löwe/Rosenberg/Siolek StPO § 28 Rn 35).

5 Das Beschwerdegericht überprüft die angefochtene Entscheidung in vollem Umfang. Es kann eine **eigene Sachentscheidung** treffen oder die Sache gemäß § 309 Abs 2 StPO **zurückverweisen**. Ist das Gesuch unter Verstoß gegen Art 101 Abs 1 S 2 GG, vgl § 26a StPO Rn 2 als unzulässig verworfen worden, muss an das gemäß § 27 StPO zuständige Gericht zurückverwiesen werden, um dem Anspruch auf den gesetzlichen Richter zu genügen (BVerfG NStZ 2005, 3414; Meyer-Goßner StPO § 28 Rn 4).

6 Ist über die sofortige Beschwerde entschieden worden, so kann die Revision nicht mehr auf den diesem Beschluss zugrundeliegenden Ablehnungsgrund gestützt werden, **§ 336 S 2 StPO** (BGH NStZ 2005, 265; BGHR StPO § 28 Rechtsmittel 1). Dies gilt auch, wenn der ablehnende Beschluss ohne Anfechtung rechtskräftig geworden ist (BGH NJW 1962, 261).

II. Anfechtung mit dem Urteil

Um Verfahrensverzögerungen zu vermeiden, kann die ablehnende Entscheidung nur mit 7
dem **Urteil** angefochten werden, sofern ein **erkennender Richter** abgelehnt worden ist.
Die Anfechtung muss alle **Formen und Fristen der Rechtsmittel** gegen das Urteil wahren
(BGHSt 21, 340 = NJW 1968, 710). Dabei muss der Wille zur Anfechtung des ablehnenden
Beschlusses zum Ausdruck kommen (Pfeiffer StPO § 28 Rn 4).

Ist das Urteil unanfechtbar, gibt es auch gegen die Ablehnungsentscheidung kein Rechts- 8
mittel. In den Fällen, in denen die sofortige Beschwerde nach § 304 Abs 4 S 2 StPO (§ 304
StPO Rn 13) nicht statthaft ist, bleibt es trotz § 28 Abs 2 S 2 StPO bei dem Ausschluss der
Anfechtungsmöglichkeit eines erstinstanzlichen Urteils des OLG (BGHSt 27, 96, 98; BGH
NStZ 2007, 417).

1. Erkennender Richter

Dies sind alle Richter, die zur **Mitwirkung an der Hauptverhandlung berufen** sind. 9
Die Eigenschaft als erkennender Richter ist nicht vom Beginn der Hauptverhandlung
abhängig (BGHSt 31, 15 = NJW 1982, 1712), sondern tritt mit der **Eröffnung des Hauptverfahrens**
ein (OLG Hamm NStZ-RR 2002, 238) und endet mit der Urteilsfällung (OLG
Düsseldorf StV 1991, 411) oder der Verfahrenseinstellung. Auch im Revisionsverfahren
gemäß § 349 Abs 2 StPO entscheiden erkennende Richter (BGH NJW 2009, 1092; Löwe/
Rosenberg/Siolek StPO § 28 Rn 23), wobei die Verletzung des Anspruchs auf rechtliches
Gehör bei der Entscheidung über den Befangenheitsantrag über § 356a StPO geltend
gemacht werden kann (BGH NJW 2009, 1092). In besonderen Verfahrensarten ohne Eröffnungsbeschluss
bestimmt sich die Eigenschaft als erkennender Richter wie folgt:
- im beschleunigten Verfahren, §§ 417 StPO ff, mit der Terminsbestimmung oder der Anordnung, dass die Hauptverhandlung sofort durchzuführen ist;
- im Strafbefehlsverfahren, §§ 407 StPO ff, mit dem Erlass des Strafbefehls oder der Anberaumung der Hauptverhandlung;
- im Berufungs- und Revisionsverfahren mit der Vorlage der Akten durch die Staatsanwaltschaft (KG JR 1981, 169; OLG Karlsruhe NStZ-RR 1998, 144; Meyer-Goßner StPO § 28 Rn 6; **aA** OLG Bremen NStZ 1991, 95; Löwe/Rosenberg/Siolek StPO § 28 Rn 22 f);
- im selbstständigen Einziehungsverfahren, § 440 StPO, mit der Terminsbestimmung.

> Der Ergänzungsrichter oder -schöffe ist auch dann erkennender Richter, wenn der Ergänzungs- 9.1
> fall erst bevorsteht (OLG Schleswig StV 1994, 642; Pfeiffer StPO § 28 Rn 3; Meyer-Goßner StPO
> § 28 Rn 6; **aA** Löwe/Rosenberg/Siolek StPO § 28 Rn 13; SK-StPO/Rudolphi StPO § 28
> Rn 9).

> Der nach § 27 StPO zuständige Richter ist erkennender Richter, wenn er über ein Ablehnungs- 9.2
> gesuch gegen einen in der Hauptverhandlung mitwirkenden Richter zu entscheiden hat (KG JR
> 1976, 26), nach der Entscheidung dieses Richters über das Ablehnungsgesuch soll das nicht mehr
> gelten (BGH NStZ 2007, 719; OLG Hamburg NStZ 1999, 50; vgl hierzu Meyer-Goßner StraFo
> 2008, 415).

> Der Ausschluss der gesonderten Anfechtungsmöglichkeit wird teilweise auch auf die Ablehnungs- 9.3
> entscheidung im Strafvollzugsverfahren (OLG Frankfurt NStZ-RR 1996, 352; so auch für den
> einstweiligen Rechtsschutz OLG Hamburg StraFo 2008, 520) und im Wiederaufnahmeverfahren
> (OLG Frankfurt NStZ-RR 2007, 148 [2. Strafsenat]) angewandt. Jedenfalls für die letztere Verfahrensart
> ist dies abzulehnen, da für den Ausschluss der Beschwerde keine Veranlassung besteht
> (OLG Frankfurt NStZ-RR 2008, 378 [1. Strafsenat]). Betreffend Mitglieder von Strafvollstreckungskammern
> wird eine Anwendung des § 28 Abs 2 StPO zutreffend abgelehnt (KG NStZ
> 1983, 44; OLG Hamm NStZ 2009, 53; **aA** OLG Brandenburg NStZ 2005, 296).

> Gegen die Ablehnung eines Befangenheitsantrag im Revisionsverfahren kann zur Vermeidung 9.4
> einer Rechtsschutzlücke die Verletzung des Anspruchs auf rechtliches Gehör geltend gemacht
> werden (BGH NJW 2009, 1092).

Es kommt darauf an, dass der Richter im **Zeitpunkt der Entscheidung** über das 10
Ablehnungsgesuch erkennender Richter ist, ob er dies zum Zeitpunkt der Antragstellung
schon war, ist unerheblich (OLG Köln NJW 1993, 608; OLG Düsseldorf NStZ 2003, 448).

2. Anfechtung mit der Berufung

11 Für die Entscheidung des **Berufungsgerichts** spielt es keine Rolle, ob durch den Beschluss das Ablehnungsgesuch zu Recht verworfen wurde, da es grundsätzlich selbst in der Sache zu entscheiden hat. Hat das erstinstanzliche Gericht eine Sachentscheidung getroffen, lässt § 328 Abs 2 StPO eine Zurückverweisung nicht zu (Meyer-Goßner StPO § 28 Rn 9 mwN; **aA** KK-StPO/Fischer StPO § 28 Rn 9); vgl auch § 338 StPO Rn 11.

3. Anfechtung mit der Revision

12 In der Revisionsinstanz gelten die Formerfordernisse des § 344 Abs 2 StPO, deswegen muss die Geltendmachung einer fehlerhaften Entscheidung über ein Ablehnungsgesuch in Form einer **Verfahrensrüge** erfolgen, die den Anforderungen des § 344 Abs 2 S 2 StPO zu genügen hat (BGHSt 21, 340 = NJW 1968, 710; zu den Vortragserfordernissen vgl Sander/Cirener NStZ-RR 2008, 38); vgl auch § 338 StPO Rn 51.

13 In der Revisionsinstanz können **keine Ablehnungsgründe oder Beweismittel** zur Glaubhaftmachung mehr **nachgeschoben** werden (BGHSt 21, 85, 88 = NJW 1966, 2321; BGH NStZ-RR 2009, 85), anders nur wenn das Vorliegen von Ausschlussgründen (vgl § 22 StPO und § 23 StPO) im Rahmen der Rüge nach § 338 Nr 2 StPO (§ 338 StPO Rn 50) geltend gemacht wird.

§ 29 [Unaufschiebbare Amtshandlungen]

(1) Ein abgelehnter Richter hat vor Erledigung des Ablehnungsgesuchs nur solche Handlungen vorzunehmen, die keinen Aufschub gestatten.

(2) ¹Wird ein Richter während der Hauptverhandlung abgelehnt und würde die Entscheidung über die Ablehnung (§§ 26a, 27) eine Unterbrechung der Hauptverhandlung erfordern, so kann diese so lange fortgesetzt werden, bis eine Entscheidung über die Ablehnung ohne Verzögerung der Hauptverhandlung möglich ist; über die Ablehnung ist spätestens bis zum Beginn des übernächsten Verhandlungstages und stets vor Beginn der Schlußvorträge zu entscheiden. ²Wird die Ablehnung für begründet erklärt und muß die Hauptverhandlung nicht deshalb ausgesetzt werden, so ist ihr nach der Anbringung des Ablehnungsgesuchs liegender Teil zu wiederholen; dies gilt nicht für solche Handlungen, die keinen Aufschub gestatten. ³Nach Anbringung des Ablehnungsgesuchs dürfen Entscheidungen, die auch außerhalb der Hauptverhandlung ergehen können, unter Mitwirkung des Abgelehnten nur getroffen werden, wenn sie keinen Aufschub gestatten.

Überblick

Damit nicht durch letztlich unbegründete Ablehnungsanträge gerichtliche Tätigkeit schlechthin blockiert werden kann, andererseits aber ein abgelehnter Richter nicht weiter mitwirkt, als es die Dringlichkeit der Amtsgeschäfte erfordert, enthält § 29 StPO eine differenzierte Regelung dazu, welche Handlungen der Richter in dem Zwischenstadium zwischen Antragsstellung und Entscheidung noch vornehmen darf.

A. Wartepflicht des Abs 1

1 Die Vorschrift trägt der unterschiedlichen Interessenlage bei der Ablehnung des Richters Rechnung. Sie dient primär der **Verfahrensförderung**: Allein die Anbringung des Ablehnungsgesuchs soll nicht dazu führen, dass der Richter sogleich von jeder Mitwirkung ausgeschlossen ist. Andererseits hat der Ablehnende ein Interesse daran, dass der von ihm für befangen erachtete Richter in dem Verfahren nicht weiter mitwirkt: Der Richter soll deshalb nicht länger als unbedingt nötig auf das Prozessgeschehen einwirken können (BGHSt 48, 264 = NJW 2003, 2396; BGH NStZ 1996, 398). Für den kraft Gesetzes ausgeschlossenen Richter gilt die Vorschrift nicht.

Wird ein Richter abgelehnt, hat er grundsätzlich in dieser Sache **keine richterlichen** 2
Aufgaben mehr wahrzunehmen, bis über das Ablehnungsgesuch entschieden ist.

Während die **hM** zutreffend auf die Rechtskraft, mithin auch auf das Ergehen der Beschwer- 2.1
deentscheidung abstellt (OLG München MDR 1982, 773; Meyer-Goßner StPO § 29 Rn 3), sieht
die **aA** (KG JR 1968, 28; Roxin Strafverfahrensrecht § 9 II 5) eine Erledigung schon in der ersten
Entscheidung über den Antrag, offen gelassen hat dies BVerfG NJW 2005, 3414 mwN.

Eine **Ausnahme** von dieser **Wartepflicht** gilt nur für **unaufschiebbare Handlungen**. 3
Der Richter darf und muss tätig werden, wenn die Dienstgeschäfte wegen ihrer Dringlichkeit
nicht warten können, bis ein Ersatzrichter eintritt (BGHSt 48, 264, 266 = NJW 2003, 2396;
BGH NStZ 2002, 429, 430) oder das Gesuch verworfen wird. Dies kann vor allem bei
drohendem Beweisverlust oder Fristenlauf anzunehmen sein (KK-StPO/Fischer StPO § 29
Rn 2), wobei die Gründe für die Annahme der Unaufschiebbarkeit aktenkundig gemacht
werden sollten.

Unaufschiebbar sind folgende Handlungen: 3.1
-Vernehmung eines todkranken Zeugen (KK-StPO/Fischer StPO § 29 Rn 2), nicht hingegen
die Vernehmung von weit angereisten Zeugen, wenn keine Besorgnis eines Beweisverlusts besteht
(BGH NStZ 2002, 429);
-Verhängung eines Ordnungsmittels (Löwe/Rosenberg/Siolek StPO § 29 Rn 12);
-Terminsanberaumung zum Zweck der Verjährungsunterbrechung (OLG Köln VRS 59, 428);
-Bestimmung eines Fortsetzungstermins und Ladung hierzu (Meyer-Goßner StPO § 29 Rn 4);
-Beginn einer aufwändigen Hauptverhandlung, wenn das Gesuch erst in der Nacht zuvor
angebracht worden war, nicht mehr aber Verlesung der Anklage und Feststellung ihrer Zulassung
(BGHSt 48, 264, 265 f = NJW 2003, 2396).

Dem Richter ist bei der Beurteilung des Begriffs der Unaufschiebbarkeit ein Spielraum einzuräu- 3.2
men, es genügt, dass seine Entscheidung vertretbar und ermessensfehlerfrei ist. Daraus folgt, dass dies
auch nur einer eingeschränkten revisionsrechtlichen Kontrolle unterliegt (BGH NStZ 2002, 429
mwN).

Erweist sich der Befangenheitsantrag nach Vornahme einer unaufschiebbaren Handlung 4
als begründet, bleibt die Handlung dennoch **wirksam**, ist aber fehlerhaft (BGHSt 4, 208,
210 = NJW 1953, 114; BGHSt 48, 264, 267 = NJW 2003, 2396); vgl auch § 22 StPO
Rn 9. War der Antrag hingegen unbegründet, so wird der formale Verstoß gegen die Wartepflicht **geheilt** (BVerfG NJW 2005, 3414; BGHSt 4, 208, 210 = NJW 1953, 114 für den
Eröffnungsbeschluss; BGHSt 48, 264, 267 = NJW 2003, 2396).

B. Hauptverhandlung

I. In der Hauptverhandlung

Dem Interesse an einer effektiven Fortführung des Verfahrens (Rn 1) kommt für den 5
Abschnitt der Hauptverhandlung, also auch während Unterbrechungen, ein stärkeres Gewicht zu. Danach zwingt die Anbringung eines Ablehnungsantrags gegen Berufsrichter oder
Schöffen in der Hauptverhandlung trotz der grundsätzlichen Wartepflicht nicht zur sofortigen Verhandlungsunterbrechung. Es obliegt der Verhandlungsleitung des Vorsitzenden, ob
die **Sitzung fortgesetzt** wird, wenn zur Entscheidung über den Antrag eine Unterbrechung
erforderlich wäre.

Diese Entscheidung steht im pflichtgemäßen Ermessen (Rn 3.2). Da es sich um eine Maßnahme 5.1
nach § 238 Abs 2 StPO handelt, kann sie mit der Revision in zulässiger Weise nur beanstandet
werden, wenn hierüber eine Entscheidung des Gerichts herbeigeführt worden ist (BGH NStZ 2002,
429; vgl § 238 Abs 2 StPO (§ 238 StPO Rn 18). Es liegt nahe, dass diese Zulässigkeitsvoraussetzung auch für den umgekehrten Fall, Unterbrechung statt Fortsetzung, gilt (BGH NStZ 2002,
429).

Die Möglichkeit der Fortsetzung der Verhandlung unterliegt **zeitlichen Grenzen**, zwei 6
absoluten – bis zum übernächsten Verhandlungstag und vor den Plädoyers (BGH NStZ 1996,
398) – und einer relativen – keine Verzögerung der Entscheidung über das Ablehnungsgesuch (BGH StV 1997, 113).

StPO § 30

6.1 Angesichts der relativen Grenze sollten insbesondere Entscheidungen nach § 26 a StPO zügig, spätestens bis zum nächsten Verhandlungstag getroffen werden (Meyer-Goßner StPO § 29 Rn 12). Es darf nicht bis zum übernächsten Verhandlungstag gewartet werden, wenn eine vorherige Entscheidung möglich ist (Rieß NJW 1978, 2268).

7 Das **Wiederholungsgebot** des § 29 Abs 2 S 2 StPO betrifft nur die Fälle, in denen ein **Ergänzungsrichter**, § 192 GVG, einrücken kann, da ansonsten die Hauptverhandlung ohnehin auszusetzen ist. Unaufschiebbare Handlungen (Rn 3) müssen nicht wiederholt werden.

II. Entscheidungen, die auch außerhalb der Hauptverhandlung getroffen werden können

8 Sind nach der Anbringung eines Befangenheitsgesuchs Entscheidungen zu treffen, die auch außerhalb der Hauptverhandlung ergehen können, zB **Haftentscheidungen oder die Anordnung von Ermittlungsmaßnahmen**, und nicht unaufschiebbar sind (Rn 3), darf der abgelehnte Richter nicht mitwirken. Es ist zunächst über das Ablehnungsgesuch zu entscheiden.

8.1 Betrifft die Ablehnung einen Schöffen, können solche Entscheidungen vor der Erledigung des Ablehnungsgesuchs außerhalb der Hauptverhandlung getroffen werden, da er daran ohnehin nicht mitwirkt.

§ 30 [Selbstablehnung; Ablehnung von Amts wegen]

Das für die Erledigung eines Ablehnungsgesuchs zuständige Gericht hat auch dann zu entscheiden, wenn ein solches Gesuch nicht angebracht ist, ein Richter aber von einem Verhältnis Anzeige macht, das seine Ablehnung rechtfertigen könnte, oder wenn aus anderer Veranlassung Zweifel darüber entstehen, ob ein Richter kraft Gesetzes ausgeschlossen ist.

Überblick

Um auch dem Richter die Möglichkeit zu geben, Umstände anzuzeigen, die den Anschein einer Parteilichkeit begründen könnten, sieht das Gesetz eine Selbstanzeige, keine Selbstablehnung vor. Die Entscheidung darüber, ob er befangen ist, trifft das Gericht.

A. Selbstanzeige

1 Der Richter kann und muss sowohl solche Umstände anzeigen, die seine Befangenheit rechtfertigen als auch solche, die **zu seinem Ausschluss führen könnten**. Wie er diese Umstände im Hinblick auf § 24 Abs 2 StPO beurteilt und ob er sich selbst befangen fühlt, ist jenseits des § 27 Abs 3 S 2 StPO (vgl § 27 StPO Rn 6) unerheblich. Erst mit dem **Beschluss** wird **festgestellt**, ob er befangen (§ 24 StPO Rn 5 ff) und somit von der weiteren Mitwirkung ausgeschlossen ist. Liegt jedoch ein Ausschlussgrund nach § 22 StPO, § 23 StPO vor, ist er kraft Gesetzes ausgeschlossen (§ 22 StPO Rn 8).

2 Diese **Dienstpflicht** zur Anzeige (BGH MDR 1966, 24) besteht unabhängig von den Fristen des § 25 StPO (BGH GA 1962, 338) und der Kenntnis der Verfahrensbeteiligten von diesen Umständen. Diese Pflicht bezieht sich auch auf die Anzeige von Umständen iS dieser Vorschrift, die andere Richter betreffen (KK-StPO/Fischer StPO § 30 Rn 2).

2.1 Der Ergänzungsrichter, § 192 GVG, hat die Selbstanzeige schon vor seinem Eintreten zu erstatten, denn es wäre nicht sinnvoll, den Eintritt des Ergänzungsfalls abzuwarten und erst dann über Befangenheitsgründe mit der möglichen Folge zu entscheiden, dass der Ergänzungsrichter nicht als Richter mitwirken darf.

3 Über die Selbstanzeige entscheidet das **nach § 27 StPO zuständige Gericht** durch Beschluss (Beispiel: BGH NJW 1999, 1562). Dabei ist den Verfahrensbeteiligten rechtliches

Gehör zu gewähren (BVerfGE 89, 28 = NJW 1993, 2229; wodurch frühere anderslautende Entscheidungen überholt sind).
Bis zur Entscheidung darf der Richter nicht tätig werden (BGHSt 25, 122, 125 = JR 1974, 73 mAnm Arzt), eine Ausnahme gilt nur bei **unaufschiebbaren Handlungen** (BGHSt 31, 3, 6 = NJW 1982, 1952). Hingegen soll § 29 Abs 2 StPO nicht gelten (Meyer-Goßner StPO § 30 Rn 4). 4

B. Anfechtung

Der Richter selbst hat kein Beschwerderecht. Da die Beschwerdebefugnis nur dem Ablehnenden zusteht (§ 28 StPO Rn 3), können die Verfahrensbeteiligten den Beschluss nach § 30 StPO **nicht anfechten**; sie können aber auf die über die Selbstanzeige bekannt gewordenen Umstände ein Ablehnungsgesuch stützen. 5

Die **Revision** kann auf das Unterlassen der Anzeige nicht gestützt werden (BGH MDR 1966, 24). Die Fehlerhaftigkeit des Beschlusses nach § 30 StPO begründet die Revision nur bei Willkür oder bei Verkennung der Verfassungsgarantie des Art 101 Abs 1 S 2 GG. § 338 Nr 1 StPO kann hingegen verletzt sein, wenn über die Selbstanzeige nicht entschieden wurde und statt des anzeigenden Richters sein Vertreter mitgewirkt hat (BGHSt 25, 122 = JR 1974, 73 mAnm Arzt). Zu § 338 Nr 2 StPO vgl auch § 22 StPO Rn 8.1. 6

§ 31 [Schöffen, Urkundsbeamte]

(1) Die Vorschriften dieses Abschnitts gelten für Schöffen sowie für Urkundsbeamte der Geschäftsstelle und andere als Protokollführer zugezogene Personen entsprechend.

(2) ¹Die Entscheidung trifft der Vorsitzende. ²Bei der großen Strafkammer und beim Schwurgericht entscheiden die richterlichen Mitglieder. ³Ist der Protokollführer einem Richter beigegeben, so entscheidet dieser über die Ablehnung oder Ausschließung.

Überblick

Um zu gewährleisten, dass auch Schöffen und Protokollführer unvoreingenommen ihren Pflichten nachkommen, können sie ebenfalls kraft Gesetzes ausgeschlossen sein oder wegen Befangenheit abgelehnt werden.

A. Schöffen

Der Gewährleistungsgehalt des **Art 101 Abs 1 S 2 GG** (vgl § 22 StPO Rn 1) erstreckt sich auch auf Schöffen. Deswegen gelten die Vorschriften über Ausschluss und Ablehnung mit Ausnahme von § 27 StPO, § 29 Abs 1 StPO entsprechend. 1

Die **Ausschlussgründe** der § 22 StPO, § 23 StPO finden uneingeschränkt Anwendung, daneben sind die nur für Schöffen geltenden § 31 S 2 GVG, § 33 GVG, § 77 Abs 1 GVG zu beachten. 2

Für die auch gegen Schöffen mögliche **Besorgnis der Befangenheit** (vgl § 24 StPO Rn 5) gelten keine anderen Maßstäbe als bei Berufsrichtern (§ 24 StPO Rn 4). 3

Bei folgenden Fallgestaltungen sind die Schöffen nicht als befangen angesehen worden: 3.1
- der Schöffe liest Presseveröffentlichungen über das Tatgeschehen (BGHSt 22, 289, 294 = NJW 1969, 703, 704);
- versehentliche Verlesung des wesentlichen Ergebnisses der Ermittlungen (BGH NStZ 1984, 15);
- der Schöffe ist wie der Angeklagte auch Lehrer und die angeklagte Tat weist einen schulischen Bezug auf (BGHR StPO § 24 Abs 2 Schöffe 1);
- die mitwirkenden Schöffen sind Halbbrüder (BGH MDR 1974, 547);
- den Schöffen werden zum besseren Verständnis der Beweisaufnahme aus den Akten stammende Tonbandprotokolle zur Verfügung gestellt (BGHSt 43, 36 = NJW 1997, 1792 mwN, zur Gewährung von Akteneinsicht an Schöffen vgl auch Pfeiffer StPO § 31 Rn 1).

3.2 Hingegen sind Schöffen für befangen erachtet worden, die:
- Bedienstete der geschädigten Behörde sind (BGH MDR 1954, 151, vgl aber BGHSt 43, 16 = NJW 1998, 550);
- die während der Hauptverhandlung bemerken: „Das sieht man ja, dass die mit Drogen zu tun haben" (BGH NStZ 1991, 144).

B. Urkundsbeamte und sonstige Protokollführer

4 § 31 StPO erfasst nicht die selbstständigen Amtshandlungen des Urkundsbeamten, etwa die Aufnahme von Rechtsmittelerklärungen (Meyer-Goßner StPO § 31 Rn 4). Die Vorschrift will vielmehr nur die **Unvoreingenommenheit des Protokollführers** im Hinblick auf die besondere Beweiskraft des Protokolls sichern.

5 § 22 StPO, § 24 StPO, § 25 StPO § 26 StPO, § 26 a StPO, § 30 StPO gelten entsprechend, **nicht aber § 23 StPO**.

6 Zwar kann ein Urteil nicht darauf beruhen, dass ein ausgeschlossener Protokollführer mitgewirkt hat, allerdings entfällt dadurch die **Beweiskraft des Protokolls** (BGHR StPO § 31 Protokollführer 1). Um dies zu vermeiden, sollte ein Protokollführer abgelöst werden, sobald nicht vollkommen aussichtslose Ausschluss- oder Ablehnungsgründe geltend gemacht werden.

6.1 Durch diese Verfahrensweise wäre die Beantwortung der Frage entbehrlich, ob § 29 Abs 2 StPO entsprechend gilt, denn dies ist streitig (dagegen Meyer-Goßner StPO § 31 Rn 3; Pfeiffer StPO § 31 Rn 2; dafür KK-StPO/Fischer StPO § 31 Rn 3; SK-StPO/Rudolphi StPO § 31 Rn 9).

C. Entscheidung

7 § 27 StPO wird durch die **Zuständigkeitsregelung des § 31 Abs 2** StPO ersetzt. Danach entscheidet entweder der Vorsitzende allein oder der Spruchkörper ohne Schöffen. Liegen die Voraussetzungen des § 26 a StPO vor, so kann der abgelehnte Schöffe mitentscheiden.

7.1 Streitig ist, ob das Oberlandesgericht in Dreierbesetzung (Löwe/Rosenberg/Siolek StPO § 31 Rn 11) oder durch fünf Richter (so zutreffend Meyer-Goßner StPO § 31 Rn 5; KK-StPO/Fischer StPO § 31 Rn 8) entscheidet.

8 Für die Anfechtung der Entscheidung über ein Ablehnungsgesuch gegen einen **Schöffen** gilt **§ 28 StPO** entsprechend. Die eine Ablehnung eines **Protokollführers** betreffende Entscheidung ist **unanfechtbar** (Meyer-Goßner StPO § 31 Rn 6; KK-StPO/Fischer StPO § 31 Rn 10; aA Löwe/Rosenberg/Siolek StPO § 31 Rn 11; AK-StPO/Wassermann StPO § 31 Rn 6).

§ 32 (weggefallen)

Vierter Abschnitt. Gerichtliche Entscheidungen und Kommunikation zwischen den Beteiligten (§§ 33-41 a)

§ 33 [Anhörung der Beteiligten]

(1) Eine Entscheidung des Gerichts, die im Laufe einer Hauptverhandlung ergeht, wird nach Anhörung der Beteiligten erlassen.

(2) Eine Entscheidung des Gerichts, die außerhalb einer Hauptverhandlung ergeht, wird nach schriftlicher oder mündlicher Erklärung der Staatsanwaltschaft erlassen.

(3) Bei einer in Absatz 2 bezeichneten Entscheidung ist ein anderer Beteiligter zu hören, bevor zu seinem Nachteil Tatsachen oder Beweisergebnisse, zu denen er noch nicht gehört worden ist, verwertet werden.

(4) ¹Bei Anordnung der Untersuchungshaft, der Beschlagnahme oder anderer Maßnahmen ist Absatz 3 nicht anzuwenden, wenn die vorherige Anhörung den Zweck der Anordnung gefährden würde. ²Vorschriften, welche die Anhörung der Beteiligten besonders regeln, werden durch Absatz 3 nicht berührt.

§ 33 StPO setzt Art 103 Abs 1 GG für das Strafrecht unmittelbar um. Damit soll sichergestellt werden, dass die Gerichte bei ihrer Entscheidung (Rn 1) innerhalb (Rn 2) wie auch außerhalb (Rn 3) einer Hauptverhandlung eine alle Seiten erfassende Beurteilungsgrundlage haben, indem Beteiligte (Rn 5) ihre sachlichen Fakten und rechtlichen Meinungen in den Entscheidungsprozess einbringen können. Deshalb muss das Gericht vor dem Erlass (Rn 4) einer Entscheidung den Verfahrensbeteiligten das rechtliche Gehör grds formfrei (Rn 6) gewähren (BVerfG NJW 1974, 133), was auch schriftlich (Rn 10) erfolgen kann. Hierzu muss das erkennende Gericht den Gegenstand der zu treffenden Entscheidung mitteilen (Rn 7, Rn 8). Ausnahmen vom Grundsatz des rechtlichen Gehörs regelt Abs 4 (Rn 12). Der besonderen Stellung der Staatsanwaltschaft wird durch Abs 2 (Rn 9) ergänzt durch Abs 3 (Rn 11) Rechnung getragen. 1

Eine **Entscheidung** des Gerichts iSd § 33 Abs 1 StPO liegt vor, wenn durch den Tenor der Entscheidung die verfahrensrechtliche oder sachlichrechtliche Rechtsposition eines Beteiligten tangiert wird. § 33 StPO gilt nicht für nur prozessleitende Entscheidungen (§ 238 Abs 1 StPO).

In der Hauptverhandlung ergehen gerichtliche Entscheidungen (§ 33 Abs 1 StPO), mit denen eine Instanz abgeschlossen wird (durch eine Sach- oder Prozessentscheidung), als Urteil (§ 260 Abs 1 StPO) durch mündliche Verlesung der Urteilsformel (Verkündung § 268 StPO), wobei diese bereits mit dem Abschluss der Verlesung der Urteilsformel (§ 268 Abs 2 S 1 StPO) auch erlassen sind. Die mündliche Eröffnung der Urteilsgründe (§ 268 Abs 2 StPO) ist für die Wirksamkeit des Erlasses nicht erforderlich (BGH NStZ-RR 1998, 237; NJW 1961, 419). 2

Außerhalb der Hauptverhandlung (§ 33 Abs 2 StPO) ergehen sie als Beschluss (vgl zB § 206a Abs 1 StPO und § 260 Abs 3 StPO; Haftbefehl, Strafbefehl, Durchsuchungsbefehl, gerichtliche Beschlagnahmeanordnung). Sie können mündlich oder schriftlich ergehen. Dies hängt davon ab, ob der von der Entscheidung Betroffene anwesend ist. Ist er anwesend, ergeht die Entscheidung mündlich (§ 35 Abs 1 S 2 StPO; zB auch ausdrücklich in § 114a StPO), ansonsten schriftlich. Den gesetzlichen Anforderungen an die Schriftlichkeit einer außerhalb einer mündlichen Verhandlung und in Abwesenheit des Betroffenen in Beschlussform getroffenen richterlichen Entscheidung wird nicht dadurch Genüge getan, dass der Richter in ein Formular oder ein von ihm gefertigtes unvollständiges Schriftstück Blattzahlen, Klammern oder Kreuzzeichen einsetzt, mit denen er auf in den Akten befindliche Textpassagen Bezug nimmt. Die Geschäftsstelle ist nicht befugt, erstmals ein Schriftstück herzustellen, das die äußere Form eines richterlichen Beschlusses hat, indem Textpassagen für das „einrücken wie Bl. ..." eingefügt werden. Eine Ausfertigung oder beglaubigte Abschrift hat die Urschrift wortgetreu und richtig, also nur so, wie sie erstellt wurde, wiederzugeben (LG Arnsberg Beschl v 25. 11. 2009 – Az 2 Qs 84/09 – BeckRS 2009, 87770). 3

Erlassen (Vorstufe: Ergangen) außerhalb der Hauptverhandlung ist eine Entscheidung, wenn aus den Akten erkennbar ist, dass die Entscheidung konkret vom Willen der entscheidungsbefugten Richter getragen wird und Außenwirkung erhält. Ob eine Entscheidung von den befugten Richtern getragen wird, wird grundsätzlich durch die Unterschrift/en dokumentiert. Unterschriften sind jedoch nicht zwingend erforderlich (Meyer-Goßner StPO § 33 Rn 6; BayObLG 1989, 102). Die Unterzeichnung eines schriftlichen Eröffnungsbeschlusses ist auch beim Amtsgericht keine unerlässliche Voraussetzung für dessen Wirksamkeit. Dies gilt entsprechend auch für Beschlüsse eines Kollegialgerichts, dh es müssen nicht alle Unterschriften vorhanden sein. Hier muss allerdings sorgsam geprüft werden, ob sich aus den Akten ergibt, dass die konkrete Entscheidung auch von dem/den Richter/n tatsächlich mitgetragen worden ist, die nicht unterschrieben haben (BGH NStZ-RR 1997, 205). Ergibt sich hierbei, dass ein mitentscheidungsbefugter Richter an der Entscheidungsfindung überhaupt nicht beteiligt war, ist keine Entscheidung ergangen (BVerfG NJW 1985, 788). **Außenwirkung** hat eine schriftlich ergangene Entscheidung spätestens dann, wenn sie zum Zwecke der Zustellung oder sonstiger Bekanntmachung abgesandt worden ist (OLG 4

Köln NJW 1993, 608; KK-StPO/Maul StPO § 33 Rn 4), auch wenn dies seitens der zuständigen Serviceeinheit/Geschäftsstelle eigenmächtig erfolgt.

5   Beteiligte sind alle Verfahrensbeteiligten. Verfahrensbeteiligt ist, der handlungsfähig ist und dem nach dem Gesetz eine eigene durch Erklärungen oder Handlungen gestaltende Rolle im Verfahren zukommt. Da die Gerichte Träger des Verfahrens sind, sind sie nicht Beteiligte, wie sich bereits aus § 33 Abs 1 StPO unmittelbar ergibt (auch KK-StPO/Maul StPO § 33 Rn 5).

6   § 33 StPO stellt die Art und Weise (Form) der Anhörung der Verfahrensbeteiligten vor einer gerichtlichen Entscheidung in das Ermessen des Gerichts, sofern sie nicht gesetzlich vorgeschrieben ist (zB § 308 Abs 1 StPO). Die Form muss aber dem Sinn und Zweck des rechtlichen Gehörs gerecht werden, dh durch Art 103 Abs 1 GG soll nicht nur die bloße Gelegenheit zur Äußerung, sondern die Möglichkeit zur rechten und ausreichenden Äußerung gegeben werden (OLG Karlsruhe NJW 1968, 1438).

7   Den Beteiligten müssen die Umstände, die Gegenstand der zu treffenden Entscheidung sein sollen, in geeigneter Weise zur Kenntnis gebracht werden, sofern sie nicht schon (erkennbar) bekannt sind. Es besteht aber keine Äußerungspflicht, sodass zu einer Äußerung auch grundsätzlich – jedenfalls bei einem verteidigten Angeklagten – nicht ausdrücklich aufgefordert werden muss. Es genügt, wenn die Beteiligten erkennbar Gelegenheit zur Äußerung gehabt haben (BGH NStZ 1993, 500). Dies ist auch sachgerecht. Der Grundsatz des rechtlichen Gehörs beherrscht die ganze Hauptverhandlung. Ihm kann in vielfältiger Weise Rechnung getragen werden. Die Anhörung vor einer im Laufe der Hauptverhandlung ergehenden Entscheidung über das weitere Verfahren stellt deshalb grundsätzlich auch keine protokollpflichtige wesentliche Förmlichkeit iSd § 273 StPO, § 274 StPO dar (BGH NStZ 1993, 500). Jedoch kann es im Einzelfall aus Gründen der Fürsorgepflicht geboten sein, Beteiligte dennoch dazu ausdrücklich aufzufordern.

8   Ist der Angeklagte in der Hauptverhandlung mit einem Verteidiger erschienen, so genügt dessen Anhörung. Wird in Gegenwart des Verteidigers nur der Angeklagte gehört, so ist dies grundsätzlich unschädlich, da der Verteidiger grundsätzlich selbst erkennt und weiß, dass er sich selbst für seinen Mandanten äußern kann. Sollen dagegen bei einer außerhalb einer Hauptverhandlung ergehenden Entscheidung Tatsachen oder Beweisergebnisse verwertet werden, zu denen der Betroffene noch nicht gehört worden ist, so bedeutet es einen Verstoß gegen Art 103 Abs 1 GG, wenn nur dem Betroffenen, nicht auch seinem Verteidiger Gelegenheit zur Äußerung gegeben wird (OLG Karlsruhe NJW 1968, 1438).

9   § 33 Abs 2 StPO regelt besondere Anhörungsrechte und Pflichten für die Staatsanwaltschaft, wenn eine Entscheidung außerhalb der Hauptverhandlung ergehen soll. Die Staatsanwaltschaft nimmt jedoch am Schutz des Art 103 Abs 1 GG nicht teil. Sie ist nicht nur zu hören, sondern ist auch zur Stellungnahme verpflichtet (aus § 152 StPO). Mit Ausnahme der gesetzlich geregelten Fälle (§ 118a Abs 3 StPO, § 124 Abs 2 S 3 StPO, § 138d Abs 4 S 1 StPO) hat sie aber keinen Anspruch auf eine mündliche Anhörung. Der Vorschrift des § 33 StPO ist genügt, wenn zB der Staatsanwalt Gelegenheit zur Äußerung gehabt hat; er braucht nicht ausdrücklich zur Äußerung aufgefordert zu werden (BGH NJW 1962, 1873)

10 Im Rahmen der schriftlichen Anhörung werden den Beteiligten die für die Entscheidung erheblichen Fakten mitgeteilt. Bei einem Verteidiger kann dies auch dadurch erfolgen, dass ihm die Akten zur Einsicht übersandt werden. Aus Gründen der Beschleunigung ist die Setzung einer sachangemessenen Erklärungsfrist empfehlenswert.

11 § 33 Abs 3 StPO stellt in Ergänzung des Abs 2 klar, dass bei einer vorangegangenen Anhörung nach Abs 2 Tatsachen iwS und Beweismittel, die das Gericht bei einer für andere Beteiligte negativen Entscheidung für entscheidungserheblich hält, diese davon in Kenntnis zu setzen und zu hören sind. Aber ein Verstoß gegen § 33 StPO liegt nicht vor, wenn die Tatsachen und Beweismittel zwar negativ waren, aber für die Entscheidung letztlich nicht ursächlich sind.

12 § 33 Abs 4 S 1 StPO regelt Ausnahmen von der grundsätzlichen Anhörungspflicht nach § 33 Abs 3 StPO aus faktischen Gründen. So, wenn eine Anhörung vorher nicht umsetzbar ist, (zB unbekannter Aufenthalt) oder durch eine Anhörung der Ermittlungszweck (Aufklärung und Beweissicherung) gefährdet würde, weil ansonsten die generelle oder konkrete Gefahr besteht, dass das Ziel der Maßnahme vereitelt würde (Flucht, Beseitigung von Beweismitteln, Beeinflussung potenzieller Zeugen uä) oder bei einer Anhörung Dritte

gefährdet werden würden. Vorschriften, die durch die Ausnahmeregelung von § 33 Abs 4 S 1 StPO unberührt bleiben (S 2) sind: § 81 Abs 1 StPO, § 122 Abs 2 S 1 StPO, § 175 S 1 StPO, § 201 Abs 1 StPO, § 453 Abs 1 S 2 StPO, § 454 Abs 1 S 2 und 3 StPO, § 462 Abs 2 StPO.

Einzelfälle zur Anhörung: KK-StPO/Maul StPO § 33 Rn 10. 13

§ 33 a [Wiedereinsetzung in den vorigen Stand]

¹**Hat das Gericht in einem Beschluss den Anspruch eines Beteiligten auf rechtliches Gehör in entscheidungserheblicher Weise verletzt und steht ihm gegen den Beschluss keine Beschwerde und kein anderer Rechtsbehelf zu, versetzt es, sofern der Beteiligte dadurch noch beschwert ist, von Amts wegen oder auf Antrag insoweit das Verfahren durch Beschluss in die Lage zurück, die vor dem Erlass der Entscheidung bestand.** ²**§ 47 gilt entsprechend.**

Für Urteile gilt diese Vorschrift nicht. § 33 a StPO soll ausschließlich bei nicht anfecht- 1
baren Beschlüssen den verfassungsrechtlichen Anspruch nach Art 103 Abs 1 GG garantieren. Sie ist ultima ratio sowohl für das Straf- wie auch das Bußgeldverfahren (§ 46 OWiG, § 72 OWiG; BayObLG NJW 1973, 1140: „... ohne dass bei Bußgeldverfahren hierdurch der Rechtsweg nach § 79 Abs 1 Nr 5 OWiG eröffnet würde..."). § 33 a StPO gehört zum Rechtsweg nach § 90 Abs 2 BVerfGG (BVerfG NStZ-RR 2004, 372) und dient damit zur Entlastung des BVerfG, damit aber auch der schnelleren und einfacheren Rechtsgewährung für den Betroffenen. Das Verschlechterungsverbot gilt auch bei § 33 a StPO (BayObLG NJW 1973, 1140). § 356 a StPO geht § 33 a StPO vor (aus § 120 Abs 1 StPO; OLG Frankfurt BeckRS 2008 20512 mwN).

§ 33 a StPO kann nur angewandt werden, wenn eine Nachholung des rechtlichen Gehörs rechtlich nicht mehr möglich ist und ein anderer Rechtsbehelf nicht zur Verfügung steht (OLG Hamm BeckRS 2009, 06765; OLG Koblenz BeckRS 2008, 08774; zB ausdrücklicher Ausschluss der Beschwerde, keine weitere Beschwerde). Gegenüber den Vorschriften nach § 311 a StPO und § 356 a StPO ist § 33 a StPO subsidiär (OLG Jena BeckRS 2008, 06463). Bei einem Antrag auf gerichtliche Entscheidung nach § 346 Abs 2 StPO handelt es sich um eine Revisionsentscheidung iSd § 356 a StPO, sodass für die Zulässigkeit einer Anhörungsrüge nicht § 33 a StPO sondern § 356 a StPO maßgeblich ist (OLG Jena NJW 2008, 534).

Die Staatsanwaltschaft, die gar nicht im Grundrecht des Art 103 Abs 1 GG verletzt werden 2
kann (§ 33 StPO Rn 10), kann die Missachtung ihres Anhörungsrechts nach § 33 Abs 2 StPO nicht im Wege des § 33 a StPO geltend machen.

Da die Vorschrift ausdrücklich das Institut der Wiedereinsetzung in den vorigen Stand zur 3
Verfügung stellt, bedeutet dies, dass ein Anspruch nach § 33 a StPO nur dann zulässig ist, wenn unverschuldet (§ 44 S 1 StPO) kein Rechtsmittel zur Verfügung steht. Das ist nicht der Fall, wenn der durch die Entscheidung Betroffene eine Rechtsmittelfrist versäumt oder auf Rechtsmittel verzichtet hat, sofern dem Betroffenen die fehlerhafte Entscheidung überhaupt zur Kenntnis gelangt ist.

Das rechtliche Gehör muss in **entscheidungserheblicher** und **beschwerender** Weise 4
verletzt sein, sodass bei Beachtung des rechtlichen Gehörs die Entscheidung im Ausspruch anders ausgefallen wäre (BT-Drs 15/3707, 17). Ein solcher Antrag nach § 33 a S 1 StPO ist aber nur dann zulässig, wenn der Antragsteller schlüssig, dass er in seinem Anspruch auf rechtliches Gehör in entscheidungserheblicher und beschwerender Weise verletzt ist und er gegen den Beschluss keine anderen Rechtsbehelfe hat (OLG Hamm BeckRS 2009, 06765; Rn 1). § 33 a StPO rechtfertigt die Durchbrechung der formellen Rechtskraft nur dann, wenn die frühere Entscheidung auf der Verletzung des rechtlichen Gehörs beruht (OLG Karlsruhe Justiz 1985, 319). Daraus ergibt sich, dass die Verletzung nicht kausal war, wenn die Entscheidung trotz Gewährung des rechtlichen Gehörs ebenso ergangen wäre.

Die durch die Verletzung des rechtlichen Gehörs kausal bedingte Entscheidung darf nicht 5
mehr anfechtbar sein, dh es darf kein Rechtsmittel (mehr) zur Verfügung stehen (ausdrücklicher Ausschluss der Beschwerde, keine weitere Beschwerde). Da die Vorschrift ausdrücklich das Institut der Wiedereinsetzung in den vorigen Stand zur Verfügung stellt, bedeutet dies,

dass ein Anspruch nach § 33 a StPO nur dann zulässig ist, wenn unverschuldet (§ 44 S 1 StPO) kein Rechtsmittel zur Verfügung steht. Das ist nicht der Fall, wenn der durch die Entscheidung Betroffene eine Rechtsmittelfrist versäumt oder auf Rechtsmittel verzichtet hat, sofern dem Betroffenen die fehlerhafte Entscheidung überhaupt zur Kenntnis gelangt ist.

6 Durch die entscheidungserhebliche Verletzung des rechtlichen Gehörs muss der Betroffene **noch beschwert** sein. Nachteil iSd § 33 a StPO ist gleichbedeutend mit Beschwer (OLG Hamm BeckRS 2008, 01325). Die Rechtswirkung der Entscheidung muss tatsächlich sich noch negativ auswirken, indem weiterhin in die Rechte des Betroffenen eingegriffen wird. Dies ist dann nicht mehr der Fall, wenn die gerichtliche Entscheidung aufgehoben oder prozessual überholt ist. Demgemäß ist der Antrag auf Nachholung des rechtlichen Gehörs in einem Auslieferungsverfahren unzulässig, wenn das Verfahren durch die rechtsstaatlich unbedenkliche Auslieferung des Verfolgten seinen Abschluss gefunden hat und der Auslieferungshaftbefehl aufgehoben worden ist (OLG Düsseldorf NStE Nr 7 zu § 33 a). Rechtliches Gehör ist nicht in entscheidungserheblicher Weise verletzt, wenn eine Entscheidung nach § 346 Abs 1 StPO dahin gehend zu treffen war, ob die Formvorschriften der § 344 StPO, § 345 Abs 2 StPO eingehalten worden waren (OLG Köln NJOZ 2006, 1334; NStZ 2006, 181).

7 Bei einer schuldhaft (durch den Betroffenen) vereitelten Anhörungsmöglichkeit vor Bewährungswiderruf (unbekannter Aufenthalt) gilt § 33 a StPO entsprechend, nicht jedoch der Weg über die Vorschriften der Wiedereinsetzung gemäß § 44 StPO (OLG Hamm BeckRS 2008, 18096; BGH NJW 1975, 2211; OLG Stuttgart NJW 1974, 284). Unterbleibt vor Anordnung des Widerrufs einer Strafaussetzung zur Bewährung die Anhörung des Verurteilten, weil dessen Aufenthalt trotz Meldepflicht als Bewährungsauflage nicht zu ermitteln ist, und wird der Widerrufsbeschluss wirksam öffentlich zugestellt, so erfordert die Beachtung des Verfassungsgebots des „rechtlichen Gehörs" es nicht, den Verurteilten bei schuldhafter Versäumung der Frist zur Einlegung der sofortigen Beschwerde, sei es unmittelbar, sei es mittelbar über eine Wiedereinsetzung in den vorigen Stand, so zu stellen, als ob er von dem Rechtsmittel fristgerecht Gebrauch gemacht hätte. Vielmehr ist dieser Grundsatz gewahrt, wenn in entsprechender Anwendung des § 33 a StPO dem Verurteilten nachträglich die Anhörung durch das Gericht eröffnet wird, das den Widerruf beschlossen hat. Der Weg des § 33 a StPO ist aber dann versperrt, wenn der Verurteilte sich planmäßig der Bewährungsaufsicht entzogen hatte (OLG Stuttgart NJW 1974, 284) und trotz nachhaltiger Versuche des Gerichts sein Aufenthalt nicht zu ermitteln war (der Adressat handelt in diesem Fall schuldhaft (OLG Hamm BeckRS 2008, 18096; OLG Hamm NStZ-RR 2004, 46; OLG Düsseldorf NStZ 2003, 167).

8 Durch die entscheidungserhebliche Verletzung des rechtlichen Gehörs muss der Betroffene **noch beschwert** sein. Nachteil iSd § 33 a StPO ist gleichbedeutend mit Beschwer (OLG Hamm BeckRS 2008, 01325). Die Rechtswirkung der Entscheidung muss tatsächlich sich noch negativ auswirken, indem weiterhin in die Rechte des Betroffenen eingegriffen wird. Dies ist dann nicht mehr der Fall, wenn die gerichtliche Entscheidung aufgehoben oder prozessual überholt ist. Demgemäß ist der Antrag auf Nachholung des rechtlichen Gehörs in einem Auslieferungsverfahren unzulässig, wenn das Verfahren durch die rechtsstaatlich unbedenkliche Auslieferung des Verfolgten seinen Abschluss gefunden hat und der Auslieferungshaftbefehl aufgehoben worden ist (OLG Düsseldorf NStE Nr 7 zu § 33 a). Rechtliches Gehör ist nicht in entscheidungserheblicher Weise verletzt, wenn eine Entscheidung nach § 346 Abs 1 StPO dahin gehend zu treffen war, ob die Formvorschriften der § 344 StPO, § 345 Abs 2 StPO eingehalten worden waren (OLG Köln NJOZ 2006, 1334; NStZ 2006, 181).

9 Das **Nachholungsverfahren** erfolgt von Amts wegen, sofern das Gericht nicht durch Antrag von dem Verstoß Kenntnis erlangt hat.

10 Erfolgt das Nachholverfahren auf Antrag, so ist der Antragsteller weder an eine Form, noch zeitlich gebunden, jedoch kann eine Verwirkung des Anspruches eintreten (BVerfG NJW 1972, 675). Der Antrag auf Nachholung rechtlichen Gehörs darf, wie auch die unbefristete Beschwerde, nicht beliebig hinausgezögert werden. Er muss in angemessener Frist angebracht werden. Seine verspätete Geltendmachung verstößt gegen Treu und Glauben und bedingt seine Verwirkung, wenn der Antragsteller unter Verhältnissen untätig geblieben ist, unter denen vernünftigerweise etwas unternommen zu werden pflegt (OLG Koblenz

wistra 1987, 357; LG Potsdam NJW 2004, 696: gegen einen vier Jahre zurückliegenden Beschluss, durch welchen eine mehr als fünf Jahre zurückliegende Beschlagnahme bestätigt worden ist). Denn es besteht auch ein öffentliches Interesse an der Erhaltung des Rechtsfriedens, die die Anrufung des Gerichts nach längerer Zeit unzulässig erscheinen lässt (BVerfG NJW 1972, 675).

Da das Überprüfungsverfahren den Prinzipien des Wiedereinsetzungsverfahrens folgt, ist **11** die Sach- und Rechtsbeurteilung so vorzunehmen, wie wenn der Betroffene vor der fehlerhaften Entscheidung hätte Stellung nehmen können. Erfolgt nunmehr eine (nachgeholte) Stellungnahme, so muss das Gericht sich mit dieser auch sachlich auseinandersetzen. Es ist weder mit dem Wesen noch mit der überragenden Bedeutung der Gewährleistung des rechtlichen Gehörs vereinbar, den Vortrag eines Beteiligten im Verfahren nach § 33a StPO zwar zur Kenntnis zu nehmen, den diesem Verfahren zugrundeliegenden Antrag jedoch aufgrund willkürlicher Erwägungen zurückzuweisen (BVerfG NJW 1990, 1391).

Beschwerde (§ 304 StPO) gegen eine Entscheidung nach § 33a StPO ist nur insoweit **12** statthaft, als damit das Nachholverfahren an sich überprüft werden soll, wenn zB das Nachholungsverfahren als solches oder die Zurückversetzung in die frühere Lage aus formellen Gründen abgelehnt wurde oder mit ihr geltend gemacht wird, die Vorinstanz habe mit der Entscheidung ihre in formelle Rechtskraft erwachsene frühere Entscheidung abgeändert, ohne dass die förmlichen Voraussetzungen des § 33a StPO vorgelegen hätten.

§ 33a StPO rechtfertigt die Durchbrechung der formellen Rechtskraft nur dann, wenn die frühere Entscheidung auf der Verletzung des rechtlichen Gehörs beruht (OLG Karlsruhe Justiz 1985, 319). Gegen eine auf § 33a StPO gestützte Entscheidung ist die Beschwerde zur Überprüfung des Verfahrens auch dann statthaft, wenn mit ihr geltend gemacht wird, die Vorinstanz habe mit der Entscheidung ihre in formelle Rechtskraft erwachsene frühere Entscheidung abgeändert, ohne dass die förmlichen Voraussetzungen des § 33a StPO vorgelegen hätten (OLG Karlsruhe Justiz 1985, 319).

Nicht **gerügt** werden kann mit der Beschwerde, dass nach Durchführung des Nachhol- **13** verfahrens das Gericht nach sachlicher Prüfung zum selben Ergebnis gekommen ist (s KG BeckRS 2008, 10344). Würde man dies zulassen, würde dies bedeuten, dass ein vom Gesetzgeber nicht vorgesehener Rechtsweg („weitere" Beschwerde) eröffnet würde. Die nach nachträglicher Gewährung rechtlichen Gehörs nach § 33a StPO ergangene sachliche Überprüfungsentscheidung ist nicht anfechtbar. Das gilt selbst dann, wenn sie nicht (ausreichend) begründet wird und/oder die vom Beschuldigten nachträglich vorgebrachten Umstände in ihr nicht ausreichend „verarbeitet" werden (OLG Frankfurt NStZ-RR 2003, 79), es sei denn, dem Gericht ist in diesem Verfahren erneut ein Verstoß gegen Art 103 Abs 1 GG unterlaufen (OLG Frankfurt NStZ-RR 2005, 238).

Die im Nachholverfahren ergangene Entscheidung ist zu begründen (§ 34 StPO) und **14** bekannt zu machen (§ 35 StPO).

§ 34 [Begründung]

Die durch ein Rechtsmittel anfechtbaren Entscheidungen sowie die, durch welche ein Antrag abgelehnt wird, sind mit Gründen zu versehen.

Sinn und Zweck der Vorschrift ist es zum einen, dass der von einer Entscheidung **1** Betroffene eine ausreichende sachliche Grundlage hat, um prüfen zu können (ggf unter Zuhilfenahme anwaltlichen Rates), ob er den Rechtsweg beschreiten will, zum anderen aber, dass das Rechtsmittelgericht die Entscheidungsgründe und tatsächlich vorgenommene Erwägungen der Vorinstanz nachvollziehen und würdigen kann.

Der Anspruch auf rechtliches Gehör verpflichtet ein Gericht nicht, jedes Vorbringen der **2** Beteiligten in den Gründen der Entscheidung ausdrücklich zu bescheiden (BVerfG NJW 2004, 1519). Der wesentliche, der Rechtsverfolgung und Rechtsverteidigung dienende Vortrag muss aber in den Entscheidungsgründen verarbeitet werden.

Inhalt der Begründung müssen die die Entscheidung tragenden Erwägungen tatsächlicher **3** und rechtlicher Art sein. Das Maß der Erörterungspflicht des Gerichts wird nicht nur durch die Bedeutung des Vortrags der Beteiligten für das Verfahren bestimmt, sondern auch durch die Schwere eines zur Überprüfung gestellten Grundrechtseingriffs (BVerfG NJW 2004, 1519). Dabei kann es uU ausreichend sein, auf andere Entscheidungen Bezug zu nehmen, sofern hierdurch nicht die Verständlichkeit, insbesondere die Schlüssigkeit der Begründung leidet. Liegt im Ergebnis eine bloße Wiederholung eines früheren Antrages vor, genügt regelmäßig eine Bezugnahme auf die frühere Entscheidung (BGH NStZ-RR 2004, 188), wobei diese Bezugnahme erkennen lassen muss, dass die frühere Entscheidung einer eigenen Erwägung unterzogen wurde.

4   Bei **Urteilen ohne Gründe** liegt ein absoluter Revisionsgrund vor (§ 388 Nr 7 StPO).

5   **Beschlüsse ohne Gründe** führen nicht ohne Weiteres zur Aufhebung, sondern es wird zu differenzieren sein, ob mit der angefochtenen unbegründeten Entscheidung gravierende Rechtsfolgen für den Betroffenen angeordnet wurden. So muss zB eine Entscheidung über die Einweisung des Beschuldigten in eine Heil- und Pflegeanstalt zur Vorbereitung eines Gutachtens über den Geisteszustand des Beschuldigten mit sachlichen Gründen versehen sein. Die Notwendigkeit einer Begründung drängt sich bei einer derart einschneidenden Maßnahme ohnehin auf. Deshalb hat der Senat in diesem Falle entgegen § 309 Abs 2 StPO die in der Sache erforderliche Entscheidung als Beschwerdegericht nicht selbst getroffen, sondern unter Aufhebung des angefochtenen Beschlusses die Sache an das Landgericht zurückverwiesen, um dem Beschuldigten in der Sache nicht eine Instanz zu nehmen (OLG Oldenburg NJW 1971, 1098). Im Einzelfall wird aber auch eine Sachentscheidung durch das Beschwerdegericht selbst vertretbar sein (Meyer-Goßner StPO § 34 Rn 7).

6   Teilweise wird der Inhalt der Entscheidung vom Gesetzgeber zumindest vom Rahmen her vor**geschrieben**: § 26a Abs 2 S 2 StPO; § 114 Abs 2 und Abs 3 StPO; § 207 StPO; 225a Abs 3 StPO; § 270 StPO; § 267 StPO. Soweit ein Gericht eine Ermessensentscheidung trifft, müssen die Gründe nur die Fakten, die Grundlage der Entscheidung waren und die Tatsache, dass das Gericht sein Ermessen auch ausgeübt hat, erkennen lassen.

7   **Anfechtbare Entscheidungen** sind nur Sachentscheidungen verfahrensrechtlicher oder sachlich-rechtlicher Art, nicht aber Verfahrensverfügungen oder andere prozessleitende Anordnungen (§ 238 StPO). Entscheidungen, durch die ein Antrag abgelehnt wird, sind nur solche, die einen Antrag im eigentlichen Sinne des Verfahrensrechts zum Tätigwerden voraussetzen, sodass danach Entscheidungen, die von Amts wegen getroffen werden, nicht unter diese Vorschrift fallen, auch wenn im konkreten Fall ein Antrag (eine Anregung oder Gegendarstellung) die Entscheidung ausgelöst hat (BGH NJW 1961, 327). Dennoch ordnet die **hM** auch solche Fälle unter § 34 StPO ein. Dies leitet sie aus der dem Verfahrensrecht immanenten prozessualen Fürsorgepflicht, einer prozessualen Rechtspflicht sowie, dem rechtlichen Gehör her.

§ 34a [Rechtskraft durch Beschluss]

Führt nach rechtzeitiger Einlegung eines Rechtsmittels ein Beschluß unmittelbar die Rechtskraft der angefochtenen Entscheidung herbei, so gilt die Rechtskraft als mit Ablauf des Tages der Beschlußfassung eingetreten.

1   Der Zeitpunkt einer Rechtskraft kann von erheblicher Bedeutung für die weiteren Folgen einer Entscheidung sein. Maßgeblicher Zeitpunkt für die Außenwirkung einer Entscheidung ist der Zeitpunkt des Erlasses (§ 33 StPO Rn 4). Bei einem Urteil, das mündlich verkündet wird (§ 268 StPO), ist dieser Zeitpunkt eindeutig bestimmt. Entsprechendes gilt bei mündlich verkündeten Beschlüssen, wie auch für anfechtbare Beschlüsse, bei denen aber das Rechtsmittel (sofortige Beschwerde, § 311 StPO) verspätet eingelegt wurde. In diesen Fällen tritt Rechtskraft mit dem Ablauf des letzten Rechtsmittelfristtages ein (§ 43 StPO). Ein Beschluss, der ein so verspätetes Rechtsmittel als unzulässig verwirft, hat keine rechtsgestaltende Wirkung, sondern stellt lediglich (deklaratorisch) fest.

2   Bei Rechtsmitteln (gegen Beschlüsse), die rechtzeitig eingelegt wurden, aber aus anderen Gründen erfolglos geblieben sind und gegen die es kein weiteres Rechtsmittel mehr gibt, kann es zu Unsicherheiten über den Zeitpunkt der Rechtskraft kommen. Dies ist aus Gründen der Rechtssicherheit nicht vertretbar, da die Rechtskraft einer Entscheidung für den Betroffenen und den Vollzug der rechtskräftigen Entscheidung wegen der teilweise rechts-

gestaltenden Auswirkungen und der Umsetzung der Folgen erhebliche Bedeutung hat. So zB für das Erlöschen einer Fahrerlaubnis beim Entzug (§ 69 Abs 1 und Abs 3 StGB), bei der Berechnung einer Führerscheinsperre (69 a StGB), für den Beginn der Bewährungszeit (§ 56 a Abs 2 S 1 StGB), für den Verlust der Amtsfähigkeit etc. (§ 45 StGB, § 45 a Abs 1 StGB), beim Berufsverbot (§ 70 Abs 4 S 1 StGB).

Besondere Bedeutung hat diese Vorschrift für die Möglichkeit der Verwerfung einer Revision durch Beschluss (§ 349 StPO; zu unterscheiden von § 346 StPO). Ein solcher Beschluss erlangt Außenwirkung mit seinem Erlass (vgl § 33 StPO Rn 4; § 33 StPO Rn 5). Wann jedoch eine Außenwirkung tatsächlich eintritt, kann streitig sein. Deshalb bestimmt § 34 a StPO, dass bei einem solchen Beschluss die Rechtskraft unmittelbar mit Ablauf des Tages der Beschlussfassung eintritt, dh grundsätzlich mit Ablauf des Tages, dessen Datum der Beschluss trägt. Etwas anderes gilt jedoch dann, wenn sich aus den Akten ergibt, dass ein am Beschluss beteiligter Richter erst nach dem Beschlussdatum unterschrieben hat, weil der Beschluss im Umlaufverfahren zustande kam und er seine Unterschrift mit einem nach dem Beschlussdatum liegenden Datum versehen hat. 3

§ 35 [Bekanntmachung]

(1) ¹**Entscheidungen, die in Anwesenheit der davon betroffenen Person ergehen, werden ihr durch Verkündung bekanntgemacht.** ²**Auf Verlangen ist ihr eine Abschrift zu erteilen.**

(2) ¹**Andere Entscheidungen werden durch Zustellung bekanntgemacht.** ²**Wird durch die Bekanntmachung der Entscheidung keine Frist in Lauf gesetzt, so genügt formlose Mitteilung.**

(3) Dem nicht auf freiem Fuß Befindlichen ist das zugestellte Schriftstück auf Verlangen vorzulesen.

Gerichtliche Entscheidungen (Rn 1) sind betroffenen (Rn 2), anwesenden Personen mittels Verkündigung (Rn 3) seitens des Richters (Rn 6) bekannt zu machen. Hierbei ist der Verkündigungsvorgang zu dokumentieren (Rn 5). Der von der Entscheidung Betroffene kann uU ein sofortiges Recht (Rn 10) auf Aushändigung der Abschrift (Abs 1 S 2) haben. Andere gerichtliche Entscheidungen (Rn 11) werden durch Zustellung bekannt gemacht. Besonderheiten gelten bei laufenden Bewährungen (Rn 4). Zustellungen erfolgen sowohl im Interesse des Veranlassers wie auch der von Entscheidung betroffenen Person (Rn 12). Sofern durch eine Bekanntmachung nicht Fristen in Lauf gesetzt werden (Rn 15) gilt die vereinfachte Form des § 35 **Abs 2 S 2** StPO. Hierbei ist jedoch zu beachten, dass kein Zugangsnachweis erfolgt (Rn 14). Das generelle Zustellungsgebot erfährt bei Revisionsentscheidungen erhebliche Ausnahmen (Rn 13). Betroffene Personen, die sich nicht auf freiem Fuß befinden (Rn 16) haben ein zusätzliches, die Zustellung nicht ersetzendes Recht (Rn 17). 1

Der Entscheidungsbegriff iSv § 35 StPO ist im Gegensatz zu § 33 StPO (§ 33 StPO Rn 2) umfassend zu verstehen. Dazu gehören auch prozessleitende Verfügungen, nicht jedoch Verfügungen der Staatsanwaltschaft.

Betroffene Personen sind Verfahrensbeteiligte (Meyer-Goßner StPO § 35 Einl Rn 70) und Dritte, **wenn** deren Rechte positiv oder negativ tangiert werden. Betroffen ist bei § 35 StPO immer die Staatsanwaltschaft. **Dies gilt nicht** im Privatklageverfahren, da die Staatsanwaltschaft an diesem Verfahren nicht zur Mitwirkung verpflichtet ist (§ 377 Abs 1 S 1 StPO). Übernimmt sie jedoch die Verfolgung (§ 377 Abs 2 S 1 StPO), ist sie auch hier beteiligt. 2

Verkündung ist die Form der gerichtlichen Entscheidung in einer mündlichen Verhandlung (weitergehend als die Hauptverhandlung). Für die Urteilsverkündung ist dies gesetzlich ausdrücklich vorgeschrieben (§ 268 Abs 2 StPO; umfängliche Einschränkung jedoch nach § 54 Abs 2 JGG). Diese Form gilt aber darüber hinaus auch für andere Verfahren, in denen mündlich verhandelt wird, so im Termin vor dem Haftrichter, in dem dieser über den Erlass des beantragten Haftbefehls und die Anordnung oder Außervollzugsetzung der Untersuchungshaft entscheidet. Zwar bestimmt § 114 Abs 1 StPO das der Haftbefehl (als solcher) 3 schriftlich zu erlassen ist, dies ändert jedoch nichts, dass der Erlass des Haftbefehls im Termin dem Betroffenen verkündet wird.

4   Entscheidungen in **laufender** Bewährung ergehen in der Regel schriftlich (§ 453 Abs 1 StPO), jedoch ist auch eine mündliche Anhörung vorgesehen (§ 453 Abs 1 S 2 und S 3 StPO). Die daraufhin ergehende Entscheidung muss nicht zwingend in Gegenwart des Betroffenen ergehen, dann aber gilt § 35 Abs 1 StPO nicht.

5   Verkündungen von Entscheidungen **sind zu dokumentieren**. Während der Hauptverhandlung sind sie im Sitzungsprotokoll festzuhalten (Beurkundung nach § 273 Abs 1 StPO), außerhalb der Hauptverhandlung werden diese in der Akte vermerkt.

6   **Verkündet wird durch** den Richter, bei Kollegialgerichten durch dessen Vorsitzenden.
§ 35 Abs 1 S 2 StPO normiert einen Anspruch auf Aushändigung einer Abschrift der Entscheidung, aber nur dieser. Darüber hat der Vorsitzende zu befinden.

7   Mängel der Bekanntmachung im Sinne von § 35 StPO können durch nachträgliche schriftliche Bekanntmachung geheilt werden, nicht jedoch beim Urteil.

8   Ist ein Angeklagter in der Hauptverhandlung wirksam vertreten und sein Verteidiger von diesem ermächtigt, einen Entbindungsantrag für ihn zu stellen, dann umfasst dessen Vertretungsmacht auch die Befugnis, Erklärungen des Gerichts über diesen Antrag mit Wirkung für und gegen den Angeklagten entgegenzunehmen. Da der vertretene Angeklagte insoweit als anwesend gilt, ist die diesbezügliche Entscheidung des Gerichts gemäß § 35 Abs 1 StPO durch Verkündung bekannt zu machen (BGH NJW 1974, 868).

9   **Wann** dem Betroffenen die Abschrift einer Entscheidung in der Hauptverhandlung auszuhändigen ist, kann von großer Bedeutung sein. Das **RG** hat im Jahre 1910 auf den Zeitpunkt der Fertigstellung (§ 271 Abs 1 S 2 StPO) des Sitzungsprotokolls fixiert. Eine Sitzungsniederschrift ist dann fertig gestellt, wenn sie in allen ihren Teilen von den beiden Urkundspersonen, nämlich dem Richter und dem Protokollführer, unterschrieben (§ 271 Abs 1 S 1 StPO) und zu den Akten gebracht ist. Das Sitzungsprotokoll ist mit der letzten Unterschrift der Urkundspersonen fertig gestellt, auch wenn der Tag der Fertigstellung nicht angegeben wird (BGH NJW 1970, 105; BayObLG NJW 1981, 33).

10 In Anbetracht der Tatsache, dass Prozesse sich heute sehr oft über viele Sitzungstage hinziehen können, ist es nicht mehr sachgerecht, auf den Zeitpunkt des § 271 Abs 1 S 2 StPO abzustellen, da die konkreten Rechtsinteressen eines Betroffenen verletzt werden können. Daher sind Abschriften nach § 35 Abs 1 S 2 StPO unverzüglich auszuhändigen. Wurde zB ein Angeklagter, der einen Beweisantrag gestellt, der mit einer umfangreichen, evtl sogar rechtlich schwierigen Begründung abgelehnt wird, ist ein Angeklagter auf die genaue wörtliche Begründung angewiesen, um sachgerechte Entscheidungen über das weitere prozessuale Vorgehen treffen zu können. Selbst einem vom Verteidiger außerhalb der Hauptverhandlung geäußerten Verlangen auf Aushändigung. Daher sind Abschriften nach § 35 Abs 1 S 2 StPO unverzüglich auszuhändigen. Ggf ist unverzüglich nachzukommen (BGH NStZ 2008, 110). Eine auf eine solche Missachtung gestützte revisionsrechtliche Rüge der „Behinderung der Verteidigung" hat aber andererseits nur Erfolg haben, wenn die gerügte Weigerung des Vorsitzenden, das Urteil bedingt hat (Beruhensfrage). Dabei hat es der BGH offen gelassen, ob sich das Verhalten des Vorsitzenden nach § 338 Nr 8 StPO (vgl Löwe/Rosenberg/Hanack StPO § 338 Rn 129) oder nach dem Grundsatz des fairen Verfahrens beurteilt auszuschließen ist (BGH NJW 1994, 2301). Nr 213 RiStBV ist ggf zu beachten (BGH NJW 1963,1462; Meyer-Goßner StPO § 35 Rn 8; KK-StPO/Maul StPO § 35 Rn 12). Ein Anspruch besteht jedoch nicht, wenn er ohne jeden Zusammenhang mit irgendeinem auch nur entfernt in Betracht kommenden strafrechtlichen Zweck geltend gemacht wird (Meyer-Goßner StPO § 35 Rn 7; **aA** KK-StPO/Maul StPO § 35 StPO Rn 8).

11 **Andere Entscheidungen** (§ 35 Abs 2 StPO) sind solche, die in Abwesenheit des Betroffenen ergehen. Diese sind dem Betroffenen im Wege der förmlichen Zustellung nach § 37 StPO bis § 41 StPO bekannt zu machen. Zustellung ist der in gesetzlicher Form zu bewirkende und zu beurkundende Akt, durch den dem Adressaten Gelegenheit zur Kenntnisnahme eines Schriftstücks verschafft wird (BGH NJW 1978, 1858). Zustellungen dienen generell als **Mittel der Gewährung und der Kontrolle** des **rechtlichen Gehörs** (BGH NJW 1977, 723; BVerfG NJW 1974, 133).

12 **Im** Interesse ihres Veranlassers, erfolgen Zustellungen, damit dieser mittels der Zustellungsurkunde nachweisen kann (§ 190 ZPO, § 191 ZPO), dass der Adressat von dem

zugestellten Schriftstück Kenntnis nehmen konnte. Im Interesse des Adressaten erfolgt eine Zustellung, weil so ihm gegenüber gewährleistet werden soll, dass dieser Kenntnis von dem zuzustellenden Schriftstück nehmen und seine Rechtsverteidigung oder Rechtsverfolgung darauf einrichten kann. Die Vorschriften über die Zustellungen dienen damit auch der Verwirklichung des rechtlichen Gehörs (Rn 1; BGH NJW 1978, 1858; NJW 1977, 723).

Revisionsentscheidungen sind nur dann zuzustellen, wenn es wegen der als Folge der Revisionsentscheidung rechtskräftig werdenden Folgen auf den nachweislichen Zeitpunkt der Kenntnisnahme durch den Angeklagten ankommt (vgl auch § 34 a StPO Rn 3; Folgen wie Fahrerlaubnisentzug, Berufsverbot ua). 13

Die formlose Mitteilung nach § 35 Abs 2 S 2 StPO erfolgt mittels sogen einfachen Briefes. Es gibt aber keine Vermutung für den Zugang der formlos übersandten Entscheidung, da Postsendungen verloren gehen können (vgl BGH NJW 1957, 1230; BAG NJW 61, 2132). 14

Ob Fristen nach § 35 Abs 2 S 2 StPO in Lauf gesetzt werden, beantwortet sich ausschließlich nach den Vorschriften der StPO, nicht danach, ob sonstige Fristen (Verfassungsbeschwerde oder Antrag nach Art 26 MRK) in Lauf gesetzt werden könnten. Eine formlose Mitteilung kann aber durch eine förmliche Verkündung ersetzt werden (BGH NJW 1961, 1077). 15

Nicht auf freiem Fuß befindlich ist jeder Betroffene, dem die Freiheit aufgrund einer hoheitlichen Maßnahme entzogen ist. 16

BGH NJW 1959, 1834: Dass der Begriff „auf freiem Fuße befindlich" nicht eindeutig sei, kann angesichts des schon erwähnten Sprachgebrauchs der StPO nicht anerkannt werden. Die Annahme, dieser Begriff enthalte nur eine Abgrenzung gegenüber den Fällen der gerichtlichen Haft, entbehrt deshalb der Grundlage. Hätte der Gesetzgeber nur den an dem Ausgang des Verfahrens interessierten Strafverfolgungsbehörden den Einfluss auf die gerichtliche Zuständigkeit durch Verlegung des in ihrem Gewahrsam befindlichen Jugendlichen nehmen, der Fürsorgebehörde aber insoweit freie Hand lassen wollen, so hätte nichts näher gelegen, als von dem Beschuldigten zu sprechen, der sich in Haft befindet. 16.1

Der Anspruch auf Vorlesen ersetzt nicht eine Zustellung, umgekehrt wird die Zustellung nicht fehlerhaft, wenn dem Ansinnen nach Abs 3 nicht Folge gegeben wurde. 17

§ 35 a [Rechtsmittelbelehrung]

¹Bei der Bekanntmachung einer Entscheidung, die durch ein befristetes Rechtsmittel angefochten werden kann, ist der Betroffene über die Möglichkeiten der Anfechtung und die dafür vorgeschriebenen Fristen und Formen zu belehren. ²Ist gegen ein Urteil Berufung zulässig, so ist der Angeklagte auch über die Rechtsfolgen des § 40 Abs. 3 und der §§ 329, 330 zu belehren. ³Ist einem Urteil eine Verständigung (§ 257 c) vorausgegangen, ist der Betroffene auch darüber zu belehren, dass er in jedem Fall frei in seiner Entscheidung ist, ein Rechtsmittel einzulegen.

Es sind Nr 142 **RiStBV** ff zu beachten. § 35 a StPO verfolgt den Zweck, den Rechtsschutz bezüglich dieser Rechtsmittel dadurch zu verstärken, dass der potenzielle Rechtsmittelbefugte durch ausreichende Information (Belehrung) vor Rechtsverwirkungen bewahrt werden soll und das Wiedereinsetzungsverfahren auch ultima ratio bleibt (BayObLG NJW 1967, 122). 1

Befristete Rechtsmittel sind: sofortige Beschwerde (§ 311 StPO), Berufung (§ 312 StPO) und Revision (§ 333 StPO). Die Frist zur Einlegung des Rechtsbehelfs des § 44 StPO ist keine Rechtsmittelfrist im Sinne von § 35 a StPO (BGH NStE Nr 24 zu § 44; KK-StPO/Maul StPO § 35 a Rn 4). Jedoch wird in der Literatur dafür plädiert, diese Vorschrift zumindest in den Fällen der § 329 Abs 3 StPO, § 235 StPO, § 412 StPO, § 319 Abs 2 StPO entsprechend heranzuziehen, da in diesen Vorschriften explizit ein Antrag nach § 44 StPO vorgesehen ist (weitgehend Schrader NStZ 1987, 447; zurückhaltender Nöldeke NStZ 1991, 71). 2

Bekanntmachung nach § 35 a StPO meint § 35 Abs 1 und Abs 2 S 1 StPO. Betroffen ist jeder Verfahrensbeteiligte, der durch die Entscheidung beschwert ist und gegen eine Ent- 3 scheidung, die ihm bekannt zu machen ist, ein befristetes Rechtsmittel einlegen kann (Anfechtungsberechtigter). Die Frage der Beschwer ist eine zuweilen nicht ganz einfache Frage der Zulässigkeit eines Rechtsmittels (BGH NJW 1979, 1941: Der Verurteilte ist nicht dadurch beschwert, dass neben der Verhängung einer Freiheitsstrafe nicht auch die Unterbringung in einer Entziehungsanstalt angeordnet worden ist.).

4 Der Betroffene kann auf die Rechtsmittel**belehrung** – ebenso wie auf das Rechtsmittel selbst – verzichten (jedoch jetzt Rn 5). Der Verzicht auf die Einlegung eines Rechtsmittels ist auch dann wirksam, wenn eine Rechtsmittelbelehrung unterblieben ist (BGH NStZ 1984, 329). Erklärt ein Verteidiger, er übernehme die Rechtsmittelbelehrung, ist dies als Verzicht des Angeklagten/Betroffenen auf Rechtsmittelbelehrung durch den Richter anzusehen. Zu einer solchen Erklärung ist der Verteidiger jedenfalls dann ermächtigt, wenn die ihm erteilte Vollmacht den Verzicht auf Rechtsmittel umfasst. Rechtsstaatliche Belange und das gemeine Wohl werden nicht beeinträchtigt, wenn einem Angeklagten keine Rechtsmittelbelehrung erteilt wird, der eindeutig und bewusst darauf verzichtet hat (OLG Hamm NJW 1956, 1330).

5 Eine **Rechtsmittelverzichtserklärung** ist nach der nunmehrigen Gesetzesergänzung (Satz 3) unwirksam, wenn einem Urteil eine **Verständigung** nach § 257c StPO vorangegangen ist und vorher nicht eine sogen qualifizierte Belehrung iSv des BGH (BGH NJW 2005, 440) erfolgte. Ist eine qualifizierte Belehrung unterblieben, ändert dies nichts an der Unwirksamkeit eines (aktiven) Verzichts (aus § 302 Abs 2 S 2 StPO). Insofern ist die gesetzliche Änderung nur eine Übernahme der Rechtsprechung des BGH. Dies gilt wohl aber im Gegensatz zur Rechtsprechung des BGH nur dann, wenn vorher eine Verständigung iSd § 257c StPO erfolgte, nicht aber für heimliche Rechtsmittelverzichtsvereinbarungen (ungenutztes Verstreichenlassen der Rechtsmittelfrist). Die neue Regelung könnte in der Praxis aber auch zu taktischen Rechtsmitteleinlegungen führen, um trotz Verständigung sich noch einen Vorteil zu verschaffen, denn keiner ist gehindert mit dem zulässigen Rechtsmittel eine Korrektur des Urteils auf Verständigungsbasis zu erreichen.

6 Über die Möglichkeiten der Anfechtung und die dafür vorgeschriebenen Fristen und Formen ist umfänglich und für den konkreten Adressaten verständlich zu belehren.

7 Dazu gehört vor allem eine verständliche Erläuterung des Fristbeginns, jedoch keine Berechnung des Fristendes, die vielmehr dem Betroffenen überlassen bleibt (BVerfG NJW 1971, 2217). Der Betroffene muss jedoch unmissverständlich darauf hingewiesen werden, dass das Rechtsmittel innerhalb der Frist bei Gericht eingegangen sein muss.

8 Weiterhin ist über die Frage wo, dh bei welchem Gericht das Rechtsmittel einzulegen ist, zu belehren.

9 Wird über die Revision belehrt, so muss diese auch eine verständliche Darlegung der Begründungsvoraussetzungen und deren Auswirkung im Falle einer Mangelhaftigkeit beinhalten.

10 Ist die Versäumung einer Rechtsmittelfrist Folge einer unzureichenden Belehrung des anwaltlich nicht vertretenen Betroffenen durch das Gericht, verwehrt es der Grundsatz des fairen Verfahrens, diese Säumnis im Wiedereinsetzungsverfahren als Verschulden anzulasten (BVerfG NJW 1996, 1811). Zwar schreibt § 35a StPO für Rechtsmittelbelehrungen keine bestimmte Form vor, jedoch folgt dies aus der richterlichen Fürsorgepflicht (BVerfG NJW 1996, 1811), dass ein nicht anwaltlich vertretener, rechtsunkundiger Angeklagter ergänzend durch Aushändigung eines Merkblatts zu belehren **ist, wenn** es sich um eine **schwierige Belehrung** handelt.

11 Unter welcher **Voraussetzung** ein Merkblatt **ausgehändigt** werden muss, ist streitig. (Meyer-Goßner StPO § 35a Rn 7) meint unter Verweis auf vorgenannte Entscheidung, dass dem Betroffenen stets das Merkblatt auszuhändigen ist. Dies kann in dieser Absolutheit aus dieser Entscheidung (BVerfG NJW 1996, 1811) jedoch nicht hergeleitet werden, vielmehr differenziert das BVerfG (NJW 1996, 1811). Auch Nr 142 Abs 1 S 1 RiStBV (...dabei wird ein Merkblatt ausgehändigt...) kann hierfür nicht herangezogen werden, da die Bestimmung keinen ein Ermessen ausschließenden Imperativ beinhaltet. Aus der Einleitung zu den RiStBV ergibt sich, dass diese Normen für die Gerichte grundsätzlich nur mittelbare Bedeutung haben. Auch das OLG Köln (NStZ 1997, 404) besagt nur das, was das BVerfG beschrieben hat, wenn es zwar auf Nr 142 RiStBV verweist. Gleichzeitig führt es aber auf, dass die nur mündliche Belehrung für den Fall einer zulassungsbedürftigen Beschwerde nicht ausreicht, weil eine ordnungsgemäße Rechtsmittelbelehrung (erg.: über die zulassungsbedürftige Rechtsbeschwerde) notwendigerweise mit einer Vielzahl rechtstechnischer Einzelheiten zu versehen ist, die geeignet erscheinen, auch von einem intelligenten und gutwilligen Betroffenen missverstanden, fehlinterpretiert oder alsbald wieder vergessen zu werden, ohne dass ihm dies zum Schuldvorwurf gereichen darf.

Da die Gerichtssprache deutsch ist, wird einem nicht der Gerichtssprache mächtigen 12 Betroffenen ein Dolmetscher zur Seite gestellt (§ 184 GVG, § 185 GVG). Zur Wahrung einer Rechtsmittelfrist muss die Einreichung einer Rechtsmittelschrift in deutscher Sprache erfolgen. Zu einer ordnungsgemäßen Rechtsmittelbelehrung gehört deshalb auch der Hinweis, dass die schriftliche Rechtsmitteleinlegung in deutscher Sprache erfolgen muss (BGH NJW 1981, 487). Unterbleibt ein solcher Hinweis auf § 184 GVG kann das einen Anspruch des Betroffenen nach § 44 S 2 StPO auf Wiedereinsetzung in den vorigen Stand wegen mangelhafter Rechtsmittelbelehrung begründen. Dies gilt auch dann, wenn die Rechtsmittelbelehrung selbst zwar in einer dem Ausländer verständlichen Sprache erfolgte, die Frist aber deshalb versäumt wurde, weil die Rechtsmittelschrift entgegen § 184 GVG nicht in deutscher Sprache abgefasst war und dies darauf zurückzuführen ist, dass die Belehrung keinen entsprechenden Hinweis enthielt (OLG Rostock BeckRS 2005, 09621).

Unvollständige oder in wesentlichen Teilen falsche Belehrungen sind fehlerhaft und haben 13 § 44 StPO zur Folge (BGH NStZ 1994, 194; LG Saarbrücken NStZ-RR 2002, 334). Entsprechendes gilt, wenn die zunächst korrekt erteilte Rechtsmittelbelehrung durch nachfolgende unrichtige Mitteilungen des Gerichts wieder aufgehoben wird (BGH NStZ 1994, 194). Aber, ist im Hauptverhandlungsprotokoll vermerkt, dass eine Rechtsmittelbelehrung erteilt wurde, so beweist dies auch ihre Vollständigkeit und Richtigkeit. Einer weiteren schriftlichen Rechtsmittelbelehrung bei Urteilszustellung bedarf es dann nicht (OLG Hamm Beschl v 10. 11. 2009 – Az 3 Ss OWi 805/09 – BeckRS 2009, 89368). Nicht fehlerhaft oder unvollständig ist eine Rechtsmittelbelehrung, wenn der Betroffene nicht darauf hingewiesen wurde, dass wegen eines auf das Ende der regulären Frist fallenden gesetzlichen Feiertages sich die Rechtsmittelfrist verlängert (BVerfG NJW 1971, 2217). Wiedereinsetzung kann nicht beanspruchen, wer ungeachtet einer fehlenden oder unzureichenden Rechtsmittelbelehrung die in Rede stehende Frist gekannt, diese jedoch aus anderen verschuldeten Gründen versäumt hat (OLG Rostock BeckRS 2005, 09621).

§ 36 [Zustellung und Vollstreckung]

(1) ¹Die Zustellung von Entscheidungen ordnet der Vorsitzende an. ²Die Geschäftsstelle sorgt dafür, daß die Zustellung bewirkt wird.

(2) ¹Entscheidungen, die der Vollstreckung bedürfen, sind der Staatsanwaltschaft zu übergeben, die das Erforderliche veranlaßt. ²Dies gilt nicht für Entscheidungen, welche die Ordnung in den Sitzungen betreffen.

Zustellung ist die schriftliche Übermittlung von Entscheidungen in förmlicher wie auch 1 formloser Weise.

Die **Anordnung** hat grundsätzlich der Vorsitzende des Gerichts zu treffen, das die 2 zuzustellende Entscheidung getroffen hat (Amtsrichter; Vorsitzender des Kollegialgerichts; beauftragter oder ersuchter Richter). Seit dem 1. StVRG ist klargestellt, dass die **Zustellung** gerichtlicher Entscheidungen dem entscheidenden Gericht obliegt, während die **Vollstreckung** Aufgabe der Staatsanwaltschaft ist (OLG Oldenburg BeckRS 2009, 10138; OLG Saarbrücken NStZ-RR 1986, 470). So kann die Anordnung nicht durch die Übergabe des Beschlusses gem § 36 StPO an die Staatsanwaltschaft ersetzt werden (OLG Oldenburg BeckRS 2009, 10138; Rn5). Keine Zustellungszuständigkeit der Staatsanwaltschaft besteht für solche **Beschlüsse** durch die Zwangsmaßnahmen (zB Haftbefehle; Unterbringungsbefehl nach § 126a StPO; Beschlagnahmebeschlüsse) **aufgehoben** werden oder durch die der Vollzug eines Haftbefehls nach § 116 StPO ausgesetzt wird. Ebenso besteht keine Zustellungszuständigkeit der Staatsanwaltschaft über den Widerruf einer Strafaussetzung zur Bewährung oder die erst nach Rechtskraft der Entscheidung wirksame Aussetzung des Strafrestes nach § 454 StPO iVm § 57 StGB (OLG Oldenburg BeckRS 2009, 10138). § 36 Abs 2

StPO rechtfertigt auch nicht eine „Delegation" der Zustellung an die Staatsanwaltschaft. **Fehlerhafte** Anordnungen können nicht durch nichtrichterliche Mitarbeiter korrigiert werden (§ 40 StPO Rn 17).

3 Umstritten ist, ob entgegen dem eindeutigen Wortlaut der Vorschrift auch ein Beisitzer die Zustellung (wirksam) anordnen kann. Am weitestgehenden OLG Düsseldorf (NStZ 1982, 257, dort jedoch ohne Gründe; JMBl NW 1982, 56, 57, das auch eine Anordnung eines nichtplanmäßigen Richters als wirksam erklärt. Für den ständigen Vertreter des Vorsitzenden, wenn dieser verhindert ist (§ 21f Abs 2 GVG), ist dies ebenso wie bei einem planmäßigen Beisitzer (Richter auf Lebenszeit) zutreffend, da dieser den Vorsitzenden und den ständigen Vertreter nach den Anordnungen der Geschäftsverteilung vertreten kann. Bei einem nicht planmäßigen Beisitzer ist dies wegen § 29 Abs 1 S 2 GVG abzulehnen.

4 Zustellungsart und Zustellungsempfänger sind grundsätzlich eindeutig zu bestimmen. Bei unvollständiger Anordnung, insbesondere fehlender oder nicht feststellbarer Bestimmung von Zustellungsadressat oder Zustellungsart, ist die Zustellung unwirksam (OLG Düsseldorf NStZ-RR 1997, 332). Ausnahmsweise reicht im Einzelfall eine allgemein gehaltene Anordnung dann aus, wenn sich ohne jeden Zweifel feststellen lässt, an wen und in welcher Form zugestellt werden soll. Diese Bestimmungspflicht darf aber weder im Einzelfall noch generell gegenüber der Geschäftsstelle für alle künftigen Fälle überlassen werden (OLG Düsseldorf NStZ-RR 1997, 332). Die Anordnung des Vorsitzenden ist durch die Geschäftsstelle/Serviceeinheit des Gerichts umzusetzen (§ 37 StPO iVm § 209 ZPO).

5 **Zustellungen ohne Anordnung** des Vorsitzenden sind unwirksam (BGH NStZ 1986, 230; OLG München BeckRS 2009, 19552; OLG Oldenburg BeckRS 2009, 10138; Rn 2): Die auf einer Verfügung der Geschäftsstelle beruhende Aktenübersendung an die Staatsanwaltschaft setzt die Rechtsmittelbegründungsfrist nicht in Lauf). Nicht das Original der Entscheidung ist zuzustellen, sondern eine Ausfertigung, dh eine Abschrift mit einem Ausfertigungsvermerk der Geschäftsstelle, der vom Urkundsbeamten unterschrieben und mit einem Dienstsiegel versehen wird (§ 275 Abs 4 StPO) oder eine beglaubigte Abschrift (die somit der Ausfertigung gleich steht). Diese strengen Anforderungen an den Inhalt der Abschrift sind schon deshalb erforderlich, weil der Zustellungsempfänger sich darauf verlassen können muss, dass die ihm übergebene Abschrift in wesentlichen Punkten richtig ist. Es darf ihm nicht zugemutet werden, die Richtigkeit bei der Zustellung nachzuprüfen. Es kommt daher auch nicht darauf an, ob der Zustellungsempfänger aufgrund einer solchen Prüfung die Unrichtigkeit der beglaubigten Abschrift erkannt hat (OLG Hamm NJW 1978, 830). Zustellungen, die im Widerspruch zur richterlichen Anordnung stehen, sind ebenfalls unwirksam (statt, wie angeordnet mit Zustellungsurkunde nur einfach). Ordnet der Vorsitzende die Zustellung des Urteils an den Verteidiger mit Postzustellungsurkunde an und gelangt die Zustellungsurkunde nicht zu den Akten, kann die (unwirksame) Zustellung nicht in eine solche gegen Empfangsbekenntnis nach § 212a ZPO umgedeutet werden, wenn der Verteidiger auf Betreiben der Geschäftsstelle unterschriftlich bescheinigt, das Urteil zu einem bestimmten Zeitpunkt erhalten zu haben (BayObLG NStZ-RR 1999, 243).

6 Mängel der Zustellung können grundsätzlich nur durch eine Wiederholung einer fehlerfreien Zustellung beseitigt werden. Fristen beginnen, erst nach ordnungsgemäß wiederholter Zustellung, zu laufen.

7 Entscheidungen iSd Abs 2 sind zB Haftbefehle, Beschlagnahmen und Durchsuchungsbeschlüsse, Ordnungsmittelbeschlüsse gegen Zeugen und Sachverständige (§ 51 Abs 1 S 2 und 3 StPO; § 70 Abs 2 S 1 StPO; § 77 Abs 1 S 1 StPO),) oder Anordnungen nach § 81a StPO, § 81c Abs 5 StPO, § 98 Abs 1 StPO; § 100 Abs 1 StPO; § 100b Abs 1 S 1 StPO, § 105 Abs 1 StPO. Da Aufhebungen oder Außervollzugsetzungen vorgenannter Entscheidungen keiner Vollstreckung bedürfen, kommt auch § 36 Abs 2 S 1 StPO nicht zur Anwendung. Die Zustellung eines Beschlusses, durch den eine Strafvollstreckungskammer die Strafaussetzung widerrufen hat, darf dagegen nicht von der Staatsanwaltschaft angeordnet werden (Düsseldorf NStZ 1988, 150), eine solche Zustellung des angefochtenen Beschlusses wäre unwirksam.

8 Anfechtung von Maßnahmen nach § 36 Abs 2 S 1 StPO erfolgen nach § 23 EGGVG (KK-StPO/Maul StPO § 36 Rn 18).

§ 37 [Verfahren bei Zustellungen]

(1) Für das Verfahren bei Zustellungen gelten die Vorschriften der Zivilprozeßordnung entsprechend.

(2) Wird die für einen Beteiligten bestimmte Zustellung an mehrere Empfangsberechtigte bewirkt, so richtet sich die Berechnung einer Frist nach der zuletzt bewirkten Zustellung.

Überblick

Für die Zustellung (Rn 1) von Urteilen, Beschlüsse, insbesondere auch Ladungen von Zeugen und Sachverständigen gelten die § 166 ZPO bis § 195 ZPO entsprechend, sofern sie überhaupt für das Strafverfahren geeignet sind und in der StPO keine Spezialvorschriften, wie § 40 StPO, vorhanden sind. Deshalb geht § 40 StPO den § 185 ZPO bis § 188 ZPO für die öffentliche Zustellung vor. § 185 ZPO bis § 188 ZPO kommen aber dann wieder für Privatkläger bzw Nebenkläger sowie Personen, die nach § 124 Abs 2 u Abs 3 StPO Sicherheitsleistungen erbracht haben, zur Anwendung.

Adressat	Rn 2
Alternative Zustellungswege	Rn 5
Angehörige der NATO-Streitkräfte	Rn 28
Arglistige Wohnungstäuschung	Rn 11
Bewirkung der Zustellung	Rn 3
Bewirkung der Ersatzzustellung	Rn 9
Bewirkung mittels EB an Rechtsanwalt	Rn 19
Briefkasten	Rn 21
Desolater Briefkasten	Rn 22
Ersatzzustellung	Rn 6
Ersatzzustellung Voraussetzungen	Rn 8
Ersatzzustellung fehlerhaft an Verteidiger	Rn 30
Erwachsene Familienangehörige	Rn 12
Familienbeschäftigte Personen	Rn 13
Gemeinschaftseinrichtungen	Rn 16
Gleichnamige Personen im selben Anwesen	Rn 23
Nichtsesshafte	Rn 27
Niederlegung	Rn 7
Personen in Geschäftsräumen	Rn 14
Postbegriff § 176 ZPO	Rn 4
Postfach	Rn 24
Rechtsanwälte in EU	Rn 25
Rechtsanwälte und vergleichbare Berufsstände	Rn 18
Seeleute und Binnenschiffer	Rn 26
Standardmäßige Zustellung an Rechtsanwalt	Rn 20
Unzulässige Ersatzzustellung	Rn 10
Vereinsadresse	Rn 17
Zustellungen an Geschäftsführer einer GmbH	Rn 15
Zustellungen im europäischen Ausland	Rn 29
Zustellungsmängel	Rn 30

Der Begriff der Zustellung ist in § 166 ZPO definiert. Zugestellt werden Dokumente in 1 beglaubigter Form (§ 169 Abs 2 S 1 u S 2 ZPO).

Adressat ist, für den die zuzustellende Urkunde bestimmt ist oder dessen Zustellungs- 2 bevollmächtigter. Dem Adressaten ist **persönlich** zuzustellen, wobei das Zustellungsdokument an jedem Ort übergeben werden kann, wo der Adressat angetroffen wird (§ 177 ZPO). Hierzu gehören auch Pflichtverteidiger sowie der Wahlverteidiger mit schriftlicher bei den Akten befindlicher Vollmacht (§ 145 a StPO). Daneben, jedoch sind Zustellungen an einen Beschuldigten trotz Verteidiger immer rechtlich wirksam, da § 145 a StPO zu einer Zustellung an den Verteidiger zwar berechtigt, nicht jedoch verpflichtet. Der Anspruch des

Angeklagten auf ein faires und rechtsstaatliches Strafverfahren gebietet nicht die Zustellung des Urteils an einen Verteidiger (Pflichtverteidiger und/oder Wahlverteidiger), denn der Zweck der förmlichen Zustellung eines angefochtenen tatrichterlichen Urteils besteht allein darin, den Zeitpunkt der Übergabe nachweisen zu können, wenn eine Frist in Lauf gesetzt werden soll. Weiter gehende Folgen sind mit dem förmlichen Akt der Zustellung nicht verbunden (BVerfG NJW 2001, 2532). Wird dem Beschuldigten und seinem/seinen Verteidiger/n zugestellt, gilt § 37 Abs 2 StPO. Bezüglich der Urteilszustellung ist Nr 154 Abs 1 RiStBV zu beachten. Zustellungsadressaten können **auch Minderjährige** sein (Schweckendieck NStZ 1990, 170), jedoch müssen diese prozessfähig sein (170 Abs 1 ZPO).

3   Die **(Regel-)Zustellung nach § 168 Abs 1 S 1 ZPO** wird durch die Geschäftsstelle unter Beachtung des § 176 ZPO realisiert, dh sie **beauftragt** eine der dort genannten drei Institutionen.

4   Der **Begriff der Post** in § 176 ZPO ist heute ein umfassender im Sinne beliehener (lizenzierter) Unternehmer gemäß § 33 Abs 1 PostG nF. Danach ist ein Lizenznehmer, der Briefzustellungsdienstleistungen erbringt, verpflichtet, Schriftstücke nach den Vorschriften der Prozessordnungen unabhängig von ihrem Gewicht förmlich zuzustellen. Auf Antrag kann der Lizenznehmer gemäß § 33 Abs 2 PostG von dieser Verpflichtung befreit werden, sofern er nicht marktbeherrschend ist. Im Umfang dieser Verpflichtung ist der Lizenznehmer von Gesetzes wegen mit Hoheitsbefugnissen ausgestattet (beliehener Unternehmer), um die nach der derzeitigen Rechtslage erforderliche öffentliche Beurkundung vornehmen zu können (Rostock NStZ-RR 2002, 373). Ausweislich der Gesetzesmaterialien (BT-Drs 13/7774, 28) hat der Gesetzgeber bei der Fassung des § 33 Abs 1 PostG nF jeden Lizenznehmer beliehen, der Briefzustelldienstleistungen erbringt. Zur Begründung wird auf die große Bedeutung hingewiesen, die die förmliche Zustellung für eine funktionierende Rechtspflege darstellt. Deshalb ist nicht mehr nur die Deutsche Post AG für Zustellungen lizenziert. Aktuell kann die Liste der im Sinne des § 168 Abs 1 S 2 ZPO lizenzierten Unternehmen der Homepage der Bundesnetzagentur für Elektrizität, Gas, Telekommunikation, Post und Eisenbahnen in Bonn unter www.bundesnetzagentur.de entnommen werden. Der Bundesgesetzgeber hatte der Deutschen Post AG nur noch für eine Übergangszeit bis zum 31. 12. 2007 eine abgestufte befristete gesetzliche Exklusivlizenz eingeräumt (§ 51 Abs 1 S 1 u S 2 PostG).

4 a   Auf **feste Laufzeiten** einer Briefsendung darf der Absender grundsätzlich vertrauen. Wird die Briefsendung, mit der das Rechtsmittels der sofortigen Beschwerde eingelegt werden soll, am Werktag vor Ablauf der einwöchigen Einlegungsfrist gemäß § 311 Abs 2 StPO im Inland bei der Post eingeliefert, so darf der Beschwerdeführer, wenn keine Besonderheiten vorliegen, auf der Grundlage von § 2 Nr 3 S 1 der Post-Universaldienstleistungsverordnung grundsätzlich darauf vertrauen, dass die Briefsendung am folgenden Werktag und damit noch rechtzeitig bei Gericht eingehen wird. Dies gilt auch für ein Einwurf-Einschreiben, da mit dieser Beförderungsart eine längere Postlaufzeit nicht zwangsläufig verbunden ist, und die Post-Universaldienstleistungsverordnung in Bezug auf die einzuhaltenden Postlaufzeiten nicht zwischen gewöhnlichen Briefsendungen und der Briefbeförderung durch Einschreibesendung unterscheidet (OLG Hamm Beschl v 17. 2. 2009 – Az 3 Ws 37 und 38/09 = BeckRS 2009, 09524). Von Amts wegen ist Wiedereinsetzung in den vorigen Stand zu gewähren, wenn die Fristversäumung auf einer überlangen Postlaufzeit beruhen kann. Das gilt wenn die Dauer der Postbeförderung ohne Kenntnis des Poststempels auf dem Briefumschlag nicht feststellbar ist, weil der Briefumschlag, mit dem das Schreiben befördert wurde, nicht zu den Sachakten genommen wurde und sich auch nicht aus anderen Umständen – etwa aus der Datierung der Rechtsbehelfsschrift – ergibt, dass die Fristversäumung nicht auf einer überlangen Postlaufzeit beruht. Die sich aus der Beseitigung des Briefumschlages ergebende Ungewissheit wirkt sich zugunsten des Rechtsbehelfsführers aus, weil diese durch die Aktenbehandlung seitens der Justizbehörden herbeigeführt wurde. Der Angeklagte ist folglich so zu stellen, als wenn der Umstand der überlangen Postlaufzeit aktenkundig wäre (OLG Brandenburg BeckRS 2009, 13529).

5   Alternativ nach den Voraussetzungen des § 168 Abs 2 ZPO ist es auch eine Zustellung mittels Gerichtsvollzieher oder anderer Behörden (Gerichtswachtmeister, Polizei) möglich.

6   **Ersatzzustellung** ist eine Sonderform der Zustellung, wenn der Adressat nicht nach § 177 ZPO bzw § 178 Abs 1 ZPO angetroffen wird und zuvor eine unmittelbare Zustellung versucht wurde (KG BeckRS 2005, 10788). Die Ersatzzustellung besteht aus einem zwei-

aktigen Vorgang, der Niederlegung und Benachrichtigung. Vorgenommen kann sie von jedem lizenzierten Unternehmen (Rn 4). Eine Ersatzzustellung scheidet dann aus, wenn Interessenkonflikte gegeben sind, wie zB bei zivilrechtlichen Streitigkeiten (§ 178 Abs 2 ZPO). Vorher muss aber eine reguläre persönliche Zustellung, eine Ersatzzustellung nach § 178 ZPO oder § 180 ZPO ergebnislos versucht worden sein. Die Möglichkeiten stehen nicht zur freien Auswahl, sondern in einem zwingenden Stufenverhältnis.

Über die **Niederlegung** ist eine schriftliche Mitteilung in der bei gewöhnlichen Briefen 7 üblichen Weise abzuliefern. Dies setzt aber voraus, dass der Briefkasten als eindeutig zuordenbar identifizierbar und gegen Verlust und Zugriff Dritter gesichert ist. Die Benachrichtigung kann ansonsten in geeigneter Weise an der zum Adressaten gehörigen Wohnungstür angebracht oder zB unter dem Türschlitz durchgeschoben werden. Aber auch bei der Ersatzzustellung durch Niederlegung ist Voraussetzung, dass der Adressat dort noch wohnhaft ist (Rn 8).

Voraussetzung für die Ersatzzustellung ist aber, dass der Adressat am Übergabeort eine 8 **Wohnung hat**. Ob eine Wohnung am versuchten Übergabeort existiert, richtet sich nicht danach, ob jemand unter einer bestimmten Adresse polizeilich gemeldet ist (dies ist ggf nur ein Indiz), sondern entscheidend ist, ob der Zustellungsempfänger tatsächlich an der angegebenen Anschrift wohnt und dort schläft (BGH NJW 1978, 1858), also dort seinen Lebensmittelpunkt hat (OLG Karlsruhe BeckRS 2008, 19581; BGH, NJW 1988, 713; NJW-RR 2005, 415; OLG Frankfurt NStZ-RR 2003, 174), für eine gewisse Dauer lebt (LAG Köln LAGReport 2005, 160 LS 1). Ob der Zustellungsempfänger tatsächlich am Zustellungsort im Zeitpunkt der Zustellung wohnhaft war, ist nach herrschender obergerichtlicher Rechtsprechung von Amts wegen zu berücksichtigen (OLG Karlsruhe BeckRS 2008, 19581 mwN).

Mit der ordnungsgemäßen Ersatzzustellung ist die Zustellung bewirkt, unabhän- 9 gig davon, ob der Adressat vom Dokument Kenntnis erhalten hat.

Unzulässig ist eine Ersatzzustellung, wenn die Räume für eine längere Zeit nicht genutzt 10 werden. Was unter **länger** zu verstehen ist, ist unter Abwägung aller Umstände des Einzelfalles und Berücksichtigung der mittlerweile zahlreichen Kasuistik zu entscheiden. Bei mehrmonatiger Strafverbüßung — hier drei Monate — verlieren die bisher vom Inhaftierten bewohnten Räume für die Dauer der Freiheitsentziehung ihren Charakter als Wohnung im Sinne der § 178 ZPO, § 180 ZPO, § 37 Abs 1 StPO, sodass dort eine wirksame Zustellung nicht erfolgen kann (OLG Jena NStZ-RR 2006, 277; BGH NJW 1978, 1858). Auch für einen Untersuchungshaftgefangenen kommt es für den Begriff der Wohnung iSd Zustellungsvorschriften der Zivilprozessordnung entscheidend darauf an, ob der Zustellungsempfänger tatsächlich an der angegebenen Anschrift (noch) wohnt. Bei der Untersuchungshaft ist für die Beurteilung, ob der Untersuchungshaftgefangene dort (noch) seinen Lebensmittelpunkt hat, nicht die bei einer Strafhaft von vorneherein absehbare gesamte Dauer des Zwangsaufenthaltes maßgeblich, sondern die tatsächliche Zeit, die der Zustellungsempfänger bis zur Ersatzzustellung von dem aufrecht erhaltenen Wohnsitz abwesend gewesen ist (OLG Hamm NStZ-RR 2003, 189). Bereits nach nur einmonatiger Dauer einer Haft kann eine bewirkte Zustellung unwirksam sein (BGH NJW 1951, 931). Hält jemand sich beruflich nicht nur vorübergehend im Ausland auf, führt er eine mehrmonatige Reise durch, leistet er den Grundwehrdienst ab oder ist er flüchtig, so wird man keine Wohnung iSd § 178 ZPO bejahen können, wenn der Adressat trotzdem am Zustellungsort Räume gemietet hat. Es reicht nicht aus, dass er dort lediglich eine Kontaktadresse unterhält (OLG Düsseldorf OLGR Düsseldorf 2005, 648).

Aber die **tatsächliche Benutzung** einer Wohnung ist aber dann **keine Voraussetzung** 11 für die Wirksamkeit einer Ersatzzustellung, **wenn** sich der Adressat **arglistig als dort wohnend geriert**, also seinen Schriftwechsel unter dieser Anschrift führt und seine Post dort abholt, um auf diese Weise seine tatsächliche Wohnadresse zu verschleiern und Zustellungen dorthin zu verhindern (OLG Jena NStZ-RR 2006, 238; OLG Karlsruhe, NJW-RR 1992, 700; OVG Lüneburg NVwZ-RR 2005, 760).

Ersatzweise kann an **erwachsene Familienangehörige** zugestellt werden (§ 178 Abs 1 S 1 12 Nr 1 ZPO). **Erwachsensein** bedeutet lediglich eine körperliche und geistige Reife, die die Ersatzperson befähigt, die Bedeutung der Zustellung zu erkennen und sich entsprechend zu verhalten. Volljährigkeit ist nicht erforderlich. Erwachsen ist auch ein Minderjähriger, der nach seiner körperlichen Entwicklung – der äußeren Erscheinung nach aus der Sicht des Postbediensteten – als erwachsen und einsichtsfähig zu gelten hat (FG München BeckRS 2006, 26022732: Ersatzzustellung an einen 17-jährigen Familienangehörigen), weil der Postbedienstete von einer einsichtsfähigen Person ausgehen durfte und der Zusteller regelmäßig nicht über andere Erkenntnismöglichkeiten verfügt. (FG München BeckRS 2006, 26022732). Ein elf Jahre altes Kind ist nach seinem Alter und seiner geistigen Entwicklung nicht in der Lage, den Zweck einer Zustellung und die Verpflichtung, die Sendung dem Adressaten auszuhändigen, zu erkennen (KG NJOZ 2007, 5007). Eine solche Zustellung wird dann nicht nach § 178 Abs 1 Nr 1 ZPO bewirkt. 14-jährige waren in der Vergangenheit nur ausnahmsweise als erwachsen nach § 178 ZPO angesehen worden. **Heute** ist im Allgemeinen von einer früheren körperlichen Reife der Jugend auszugehen, was auch in der zunehmenden Tendenz, Altersgrenzen herabzusetzen, seinen Niederschlag gefunden hat, so vor allem in der bereits 1974 erfolgten Herabsetzung des Volljährigkeitsalters in § 2 BGB (LG Köln NStZ-RR 1999, 368).

13 Ersatzweise kann auch an **in der Familie beschäftigten Personen** zugestellt werden (Au-pair ua). Auch hier gilt der Erwachsenseins-Begriff, jedoch muss die Person sprachlich in der Lage sein, zu verstehen, dass das Schriftstück dem Adressaten weitergeleitet werden muss. Auch an ständige Mitbewohner kann ersatzweise zugestellt werden. Darunter sind Lebenspartnerschaften gleich welchen Geschlechts zu verstehen, wobei eine gemeinsame Haushaltsführung nicht erforderlich ist.

14 An **Personen in Geschäftsräumen kann nach § 178 Abs 1 Nr 2 ZPO zugestellt** werden. Eine Niederlegung in den Geschäftsräumen ist nicht zulässig, wenn der Adressat dort beschäftigt ist, die Zustellung aber eine private Rechtsangelegenheit betrifft. Voraussetzung des § 178 Abs 1 Nr 2 ZPO ist, dass es sich um Geschäftsräume gerade des Zustellungsadressaten handelt. Für in dem Erwerbsgeschäft lediglich tätige Personen kann ein solcher Geschäftsraum nicht Ort einer diese Personen persönlich betreffenden Ersatzzustellung sein (OLG Bamberg NJW 2006, 1078).

15 Ist der Betroffene Geschäftsführer einer GmbH, so ist eine **Niederlegung in den Geschäftsräumen** ebenfalls **nicht zulässig**. Denn der Geschäftsführer einer GmbH ist regelmäßig (nur) Angestellter („Gewerbegehilfe") der Gesellschaft und nicht selbst Gewerbetreibender; als solcher handelt der Geschäftsführer nicht im eigenen Namen und auf eigene Rechnung, sondern im Namen und für Rechnung der GmbH. Die Zustellung ist deshalb unwirksam, wenn sie den gesetzlichen Vertreter persönlich und nicht die juristische Person als solche betrifft (OLG Bamberg NJW 2006, 1078).

16 **Gemeinschaftseinrichtungen § 178 Abs 1 Nr 3 ZPO** sind Wohnheime, Alten- und Pflegeheime, Kasernen, Krankenhäuser; Tageskliniken, Suchtberatungsstellen. Voraussetzung ist für eine Zustellung dort, dass der Zustellungsadressat in der Einrichtung auch wohnt (OLG Köln BeckRS 2008, 13509). In **solchen** Einrichtungen kann aber **nicht an Mitbeschäftigte oder an Mitbewohner** ersatzweise zugestellt werden, sondern nur dem Leiter oder einem (ausdrücklich) ermächtigten Vertreter, es sei denn, dass er gegenüber der Gemeinschaftseinrichtung eine „Einverständniserklärung" abgegeben hat, dass die Post an die Gemeinschaftseinrichtung geschickt werden soll. Eine solche „Einverständniserklärung" ist eine Bevollmächtigung der in der Einrichtung tätigen Personen zur Entgegennahme von Zustellungen gem § 171 ZPO (OLG Köln BeckRS 2008, 13509). **Aber** eine Ersatzzustellung an einen Bewohner einer Einrichtung in der Form einer Niederlegung (§ 181 ZPO) kann dann wirksam erfolgen, wenn eine Mitteilung durch Einlegen des zuzustellenden Schriftstück in den Briefkasten (§ 37 StPO; § 180 ZPO) mangels Bestehens eines solchen nicht möglich ist und das Schriftstück dafür **auf einem Schreibtisch der Einrichtung niedergelegt und abgelegt** wird, **sofern** dies der sonst vom Postzusteller praktizierten und von dem Empfänger jedenfalls hingenommenen Art und Weise entspricht (OLG Köln BeckRS 2009, 15712). Immer muss jedoch zwingend zuvor versucht werden, dem Adressaten die Zustellung persönlich (also in seinem Zimmer) auszuhändigen (LG München InfAuslR 2005, 160, betreffend einen Asylbewerber in einer Asylantenunterkunft), bevor eine Ersatzzustellung an die Leitung der Einrichtung erfolgen kann.

17 **Ersatzzustellung** unter der als Kontaktadresse benannten Anschrift eines **Vereins** setzt voraus, dass der Adressat im Zustellungszeitpunkt unter der fraglichen Anschrift tatsächlich eine Wohnung unterhält (OLG Jena Beschl v 20. 2. 2006 – Az 1 Ws 41/06; NJ 2006, 323; OLGSt StPO § 37 Nr 13).

18 Bei **Zustellungen an Rechtsanwälte und Mitglieder vergleichbarer Berufsstände** (§ 174 Abs 1 ZPO) gelten Besonderheiten, da bei diesen aufgrund ihres Berufes von einer erhöhten Zuverlässigkeit ausgegangen wird.. Hier kann eine Zustellung mittels eines Emp-

fangsbekenntnisses (EB) erfolgen, das aber bereits aus sich heraus unverwechselbar genau erkennen lassen muss, welches Dokument auf diesem Wege zugestellt werden soll.

Eine **Zustellung mittels Empfangsbekenntnis** geht dann aber noch nicht zu, wenn es in den normalen Geschäftsgang einer Kanzlei gelangt ist, sondern erst in dem Moment, wo der Rechtsanwalt positiv Kenntnis vom Schriftstück nimmt und damit seine Annahmebereitschaft erklärt (BGH NStZ-RR 2005, 77; BVerfG NJW 2001, 1563) wozu er im Falle einer Zustellungsbevollmächtigung standesrechtlich verpflichtet ist. Lehnt er standeswidrig eine Annahme ab, so geht es in diesem Zeitpunkt zu. 19

Zustellungen an die Berufsgruppen nach § 174 Abs 1 ZPO müssen nicht („… kann …") im Wege eines Empfangsbekenntnisses erfolgen, sie können auch standardmäßig erfolgen (zB bei bekannter Unzuverlässigkeit). In solchen Fällen gelten dann auch die Bestimmungen der Ersatzzustellung nach § 178 ZPO. Dann ist es unschädlich, dass die Zustellung außerhalb der gewöhnlichen Geschäftszeiten erfolgt ist. Das steht einer Ersatzzustellung nach § 42 Abs 6 S 2 BRAO, § 16 Abs 2 S 1 Hs 1 FGG, § 180 ZPO und dem Eintritt der Zustellungsfiktion nach § 180 S 2 ZPO nicht entgegen. In den Gesetzesmaterialien zur Neufassung des Zustellungsrechts zum 1. 7. 2002 wird zwar nur der Fall angesprochen, dass die Zustellung vor den üblichen Öffnungszeiten erfolgt (Begründung des Entwurfs eines Zustellreformgesetzes in BT-Drs 14/4554, 21). Für den Fall, dass die Zustellung nach Geschäftsschluss erfolgt, gilt aber nichts anderes. Ziel der Änderung war es, den hohen Anteil an Niederlegungen zu reduzieren und dazu den Zustelldiensten eine einfachere Möglichkeit der Ersatzzustellung für den Fall zu eröffnen, dass eine Zustellung in den Geschäftsräumen daran scheitert, dass sie nicht geöffnet haben (BGH NJW 2007, 2186). 20

Das **Einlegen in den Briefkasten** oder in eine ähnliche Vorrichtung, die der Adressat für den Postempfang eingerichtet hat und die in der allgemein üblichen Art für eine sichere Aufbewahrung geeignet ist, ist eine ersatzweise Zustellung nach § 180 ZPO. Für diesen Fall der Ersatzzustellung bedarf es in der Zustellungsurkunde nicht einer konkreten Kennzeichnung der im Einzelfall benutzten Vorrichtung (Köln NJW 2005, 2026), aber nach § 180 ZPO kann ein Schriftstück nur dann eingelegt werden, wenn eine Zustellung nach § 178 Abs 1 Nr 1 oder Nr 2 ZPO nicht ausführbar ist (BFH NV 2007, 1158). Eine wirksame Zustellung wird nur dann bewirkt, wenn im Zustellungszeitpunkt der Adressat auch unter der Zustelladresse wohnhaft ist (OLG Karlsruhe BeckRS 2008, 19581). Eine Ersatzzustellung nach § 180 ZPO durch Einlegen des zuzustellenden Schriftstücks in den Briefkasten ist in analoger Anwendung des § 178 Abs 2 ZPO unwirksam, wenn der Briefkasten vom Zustellungsempfänger und vom Prozessgegner gemeinsam benutzt wird (OLG Nürnberg NJW-RR 2004, 1517, Gedanke des Interessenkonflikts, Rn 6). 21

Ist der **Briefkasten in einem desolaten Zustand,** ist ein Einlegen dann problematisch, wenn erkennbar ist, dass Dritte ohne weiteres auf den Inhalt Zugriff nehmen können. Eine Ersatzzustellung gemäß § 180 S 1 ZPO durch Einlegen in einen Briefkasten ist auch dann wirksam, wenn dieser zwar mangels Verschließbarkeit objektiv unsicher ist, diese objektive Unsicherheit aber dem Postzusteller nicht erkennbar ist (OLG Nürnberg Beschl v 26. 5. 2009 – Az 1 St Ss 76/09 = BeckRS 2009, 14355). Demgegenüber meint das LG Darmstadt (NStZ 2005, 164) es komme darauf, ob der Briefkasten für Dritte nicht erkennbar nicht abschließbar gewesen ist, nicht an. Vielmehr müsse der Briefkasten zum Zeitpunkt der Zustellung in einer für den Zusteller eindeutig erkennbaren Weise in der allgemein üblichen Art für eine sichere Aufbewahrung geeignet sein, d. h. ein Schloss müsse grundsätzlich abgeschlossen vorgefunden werden. Die Auffassung des LG Darmstadt ist realitätsfern und überfordert die Möglichkeiten eines Zustellers, während das OLG Nürnberg (BeckRS 2009, 14355) mit seiner Entscheidung wohl inzidenter auf die Sorgfaltspflicht des Zustellers als maßgebliches Kriterium für eine zulässige Ersatzzustellung durch Einlegen abstellt. Das OLG Nürnberg hat sich mit der Entscheidung des LG Darmstadt erkennbar nicht befasst. 22

Nicht selten kommt es vor, dass gleichnamige Personen in **demselben Gebäude in mehreren** eigenen Wohnungen leben (Familien), ohne dass die einzelnen zu den Wohnungen gehörigen Briefkästen hinreichend genau identifizierbar sind. Selbst wenn die Briefkästen im Einzelnen neben dem Familiennamen Vornamen tragen, kann meist nicht festgestellt werden, welcher Briefkasten zu welchem Adressaten gehört. Wird seitens des Zustellers die zuzustellende Sendung nach „Gutdünken" eingeworfen und ist es nicht der richtige 23

Briefkasten, der zur Wohnung des Adressaten tatsächlich gehört, ist die Ersatzzustellung durch Einlegen in den Briefkasten unwirksam (OLG Hamm VRS 107, 109).

24 Über ein **Postfach** können Zustellungen nicht wirksam erfolgen, da diese Möglichkeit im Gesetz nicht vorgesehen ist und nach dem eindeutigen Wortlaut des § 180 ZPO diese Vorschrift auch nicht analog herangezogen werden kann. Der Grundgedanke der Nichtzustellungsmöglichkeiten gilt nach der Rechtsprechung auch für Fälle, wo eine Person eine Adresse „gleich einem Postfach" benutzt, Briefkastenfirma. (OLG Köln Beschl v 6. 1. 2006 – Az 2 Ws 4-5/06: Der Verurteilte hat sich der Einrichtung wie eines Postfaches bedient.).

25 Zustellung an **Rechtsanwälte in der EU** erfolgen nach §§ 2 EuRAG ff; §§ 25 EuRAG ff.

26 Bei Zustellung an **Seeleute/Binnenschiffer** in den Seehäfen kann sich die Geschäftsstelle kraft Gewohnheitsrechts eines Beamten der Wasserschutzpolizei bedienen, wenn an den Empfänger persönlich zugestellt werden soll (OLG Bremen RPfleger 1965, 48).

27 An **Nichtsesshafte** kann effektiv nur im Wege des § 177 ZPO iVm § 176 ZPO bzw. nach § 181 ZPO zugestellt werden.

28 Bei Angehörigen der **Nato-Streitkräfte** gelten Art 36 NTS-ZA, Art 37 NTS-ZA.

29 Zu Zustellungen im europäischen Ausland siehe Hess NJW 2001, 15 (Die Zustellung von Schriftstücken im europäischen Justizraum).

Als Hinterlegungsorte kommen die Geschäftsstelle des bezirklich zuständigen Amtsgerichts oder einer autorisierten Stelle des lizenzierten Postunternehmens am Ort der Zustellung oder am Ort des Amtsgerichts in Frage (OLG Rostock NStZ-RR 2002, 373: Ottoshop).

30 **Zustellungsmängel** können bewirken, dass die Zustellung unwirksam ist. So, wenn eine Ersatzzustellung bewirkt wird, obwohl die Voraussetzungen nicht erfüllt sind. Dies gilt auch bei Zustellungen an einen Verteidiger. Wenn auf der Postzustellungsurkunde vom Zusteller angekreuzt oder vermerkt ist, dass der Adressat (Verteidiger) in den Geschäftsräumen (Kanzlei) nicht erreicht wurde und deswegen das gerichtliche Schreiben einem dort Beschäftigten übergeben wurde, stellt dies eine **fehlerhafte Ersatzzustellung** dar, wenn der **Verteidiger** tatsächlich in der Kanzlei anwesend war, sich der Zusteller davon jedoch nicht überzeugt hat. Eine solche „Überzeugung" setzt voraus, dass der Zusteller selbst eine Überprüfung der Nichtanwesenheit vorgenommen hat. Diese Prüfung beschränkt sich jedoch auf den Augenschein und die bloße Auskunft einer anwesenden Person, dass der Adressat (Verteidiger) nicht da ist (AG Pirmasens Urteil v 26. 6. 2008 = BeckRS 2009, 06825). Weiterhin, wenn das zuzustellende Dokument inhaltlich falsch oder in wesentlichen Teilen unrichtig ist. Dazu gehört logischerweise auch die Benennung eines falschen Adressaten.

Zweifelhaft ist mittlerweile, ob ein Mangel in der Zustellungsurkunde zur Unwirksamkeit der Zustellung führen kann. Eine solche Unwirksamkeit hat die frühere Rechtsprechung bei schwerwiegenden Mängeln der Zustellungsurkunde angenommen (OLG Hamm NStZ-RR 2002, 340). Seit dem ZustellungsreformG (BGBl I 2001, 1206) wird dies zumindest in Frage gestellt (OLG Köln NStZ 2005, 583), denn nach neuem Recht diene die Beurkundung nach § 182 Abs 1 S 1 ZPO nur noch dem Nachweis der Zustellung; sie sei kein notwendiger und konstitutiver Bestandteil der Zustellung mehr (Begründung zum ZustReformG, BT-Drs 14/4554, 15, 22; AG Neuruppin NJW 2003, 2250, 2251).

§ 38 [Unmittelbare Ladung]

Die bei dem Strafverfahren beteiligten Personen, denen die Befugnis beigelegt ist, Zeugen und Sachverständige unmittelbar zu laden, haben mit der Zustellung der Ladung den Gerichtsvollzieher zu beauftragen.

1 Die Vorschrift regelt, wer unabhängig von Gericht und Staatsanwaltschaft eigene Ladungsberechtigungen hat, um unmittelbar Zeugen und Sachverständige zu laden und wie dies umgesetzt werden muss (Verfahrensbeteiligte § 33 StPO Rn 7).

2 Die Berechtigung ergibt sich aus den einzelnen Normen der StPO: **Angeklagter** nach § 220 Abs 1 StPO; § 323 Abs 1 S 1 StPO; § 386 Abs 2 StPO; **Beschuldigter** im Sicherungsverfahren nach § 414 Abs 1 StPO; **Nebenkläger** nach § 397 StPO; **Privatkläger** nach § 386 Abs 2 StPO; **Verfalls- und Einziehungsbeteiligten** nach § 433 Abs 1 StPO,

§ 440 Abs 3 StPO und § 442 Abs 1 StPO; **juristische Personen und Personenvereinigungen** gemäß § 444 Abs 2 S 2, Abs 3 S 1 StPO.

Die **zwingende Beauftragung des Gerichtsvollziehers** mit der Ladung erfolgt direkt, 3 dh ohne jegliche Beteiligung von Gericht und Geschäftsstelle; dies ergibt sich im Umkehrschluss aus § 161 Abs 1 GVG. Wie der Gerichtsvollzieher die Ladung durchführt, dh selbst oder mittels Beauftragung eines lizenzierten Postunternehmens (§ 37 StPO Rn 3; §§ 166 ZPO ff, § 194 ZPO), entscheidet dieser, wobei der Auftraggeber nach § 38 StPO nicht von sich aus ein Postunternehmen beauftragen darf. Dieses Recht steht ausschließlich dem Gerichtsvollzieher zu, es genügt nicht, dass zB ein Zeuge auf Ersuchen des Angeklagten bei Gericht erscheint (BGH NJW 1952, 836).

Die örtliche Zuständigkeit des Gerichtsvollziehers ergibt sich aus § 160 GVG, sofern der 4 beauftragte Gerichtsvollzieher ein lizenziertes Postunternehmen beauftragen soll. Soll der beauftragte Gerichtsvollzieher selbst die Zustellung vornehmen, ist sachlogisch nur der Gerichtsvollzieher in seinem Dienstbereich zuständig.

Die **Erscheinungspflicht** von Zeugen/Sachverständigen, wie sie bei einer gerichtlicher- 5 seits erfolgten Ladung besteht, gilt bei § 38 StPO **nur unter den Voraussetzungen des § 220 Abs 2 StPO**. Ist der Geldbetrag weder hinterlegt noch dem Gerichtsvollzieher zur Aushändigung an den zu Ladenden übergeben, so wird der Gerichtsvollzieher die Ladung dennoch ausführen, jedoch ohne eine Belehrung nach § 51 StPO, § 77 StPO.

§ 39 (weggefallen)

§ 40 [Öffentliche Zustellung]

(1) ¹Kann eine Zustellung an einen Beschuldigten, dem eine Ladung zur Hauptverhandlung noch nicht zugestellt war, nicht in der vorgeschriebenen Weise im Inland bewirkt werden und erscheint die Befolgung der für Zustellungen im Ausland bestehenden Vorschriften unausführbar oder voraussichtlich erfolglos, so ist die öffentliche Zustellung zulässig. ²Die Zustellung gilt als erfolgt, wenn seit dem Aushang der Benachrichtigung zwei Wochen vergangen sind.

(2) War die Ladung zur Hauptverhandlung dem Angeklagten schon vorher zugestellt, dann ist die öffentliche Zustellung an ihn zulässig, wenn sie nicht in der vorgeschriebenen Weise im Inland bewirkt werden kann.

(3) Die öffentliche Zustellung ist im Verfahren über eine vom Angeklagten eingelegte Berufung bereits zulässig, wenn eine Zustellung nicht unter einer Anschrift möglich ist, unter der letztmals zugestellt wurde oder die der Angeklagte zuletzt angegeben hat.

Überblick

Die öffentliche Zustellung greift in das Grundrecht nach Art 103 Abs 1 GG ein. Die Strafprozessordnung stellt jedoch mit den Vorschriften der § 33a StPO, § 311 Abs 3 StPO und § 311a StPO ein Instrumentarium zur Verfügung, das es ermöglicht, Entscheidungen zu korrigieren, sodass die Vorschrift verfassungskonform ist. Zugestellt werden können sowohl gerichtliche Entscheidungen iSd § 33 StPO als auch Ladungen zur Hauptverhandlung im erstinstanzlichen Verfahren und Berufungsverfahren.

Abschiebung	Rn 8
Angeklagter – Begriff	Rn 1
Ausführung der Zustellung	Rn 17
Auswirkung des 1. JuMoG	Rn 15
Ladung Berufungshauptverhandlung	Rn 4
Ladung erstinstanzliche Hauptverhandlung	Rn 2
Ladung jugendliche Angeklagte	Rn 10

StPO § 40

Mitwirkungspflicht § 40 Abs 3 StPO	Rn 3
Objektiv erschwerte Zustellung	Rn 9
Öffentliche Zustellung als ultima ratio	Rn 1
Untersuchungshaft	Rn 7
Unwirksamer Aushang	Rn 17
Verzug ins Ausland	Rn 5
Wohnsitz im Ausland	Rn 6
Zustellung eines Urteils nach § 329 Abs 1 StPO	Rn 11
Zustellung in laufender Bewährung	Rn 13
Zustellung Strafbefehl	Rn 12

1   Von der Möglichkeit der öffentlichen Zustellung soll wegen ihrer nur fingierten Wirkung und der damit für den Zustellungsempfänger regelmäßig verbundenen Nachteile nur als „ultima ratio" Gebrauch gemacht werden (OLG Köln BeckRS 2008, 13509). § 40 Abs 1 StPO gilt nur bei Angeklagten (Rn 3). Für andere Beteiligte gilt § 185 ZPO. Angeklagter iSd **§ 40** Abs 2 u Abs 3 **StPO** ist auch der Verurteilte. Dies ergibt sich aus § 157 StPO, der die Verwendung der Begriffe Angeschuldigter und Angeklagter lediglich als funktionale Beschreibungen des Beschuldigten im Rahmen des Strafprozesses definiert, sodass eine öffentliche Zustellung auch nach Eintritt der Rechtskraft zur Anwendung kommen kann, was für das gesamte Vollstreckungsverfahren und speziell für das Verfahren eines beabsichtigten Widerrufs einer Strafaussetzung zur Bewährung von Bedeutung ist (OLG Stuttgart NJW 1983, 1987; OLG Hamburg NStZ 1988, 292 und Rn 15). Eine öffentliche Zustellung ist aber unwirksam, wenn die Voraussetzungen für eine öffentliche Bekanntmachung nach § 185 ZPO nicht vorgelegen haben und das die öffentliche Zustellung bewilligende Gericht dies hätte erkennen können (BGH NJW-Spezial 2008, 511; NJW 2007, 303; NJW 2002, 827).

2   Bei einer **Ladung** nach § 40 StPO **zur erstinstanzlichen Hauptverhandlung** (§ 232 Abs 2 StPO) kann grundsätzlich eine Hauptverhandlung **ohne Angeklagten** nicht stattfinden, denn eine solche öffentliche Zustellung ist wegen Verstoßes unwirksam (Verstoß gegen Art 103 Abs 1 GG unwirksam, wenn vor ihrer Anordnung nicht alle zumutbaren Versuche unternommen wurden, den unbekannten Aufenthalt eines Adressaten zu ermitteln, wobei ein strenger Maßstab anzulegen ist (BVerfG NStZ-RR 2005, 205), es sei denn, die Voraussetzungen nach § 40 Abs 2 StPO wären gegeben.

3   Eine **Mitwirkungspflicht** trifft den Angeklagten gemäß § 40 Abs 3 StPO, der Berufung. Bei einer **Ladung zur Berufungshauptverhandlung** wird bei einer vom Angeklagten eingelegten Berufung die öffentliche Zustellung gemäß Abs 3 für den Fall zusätzlich erleichtert, dass eine Zustellung auch unter der Anschrift möglich ist, unter der an ihn letztmals wirksam zugestellt wurde oder die der Angeklagte zuletzt angegeben hat. Dies gilt auch dann, wenn dieser entgegen § 35a S 2 StPO zuvor nicht über die Rechtsfolgen der § 40 Abs 3 StPO, §§ 329 StPO f belehrt worden ist (OLG Hamburg NStZ-RR 2000, 238). Den Angeklagten, der gegen ein Urteil eingelegt hat (OLG Frankfurt NStZ-RR 2004, 48).

4   Eine Zustellung unter der Anschrift eines Geschäftslokals ist dann nicht möglich, wenn Zustellversuche schon mehrfach gescheitert sind, weil weder der Angeklagte noch ein Gewerbegehilfe in dem fortbestehenden Geschäftslokal angetroffen worden sind, und Anhaltspunkte für eine künftige Anwesenheit fehlen; eine Aufgabe des Geschäftslokals ist dabei nicht erforderlich (OLG Hamburg NStZ-RR 2000, 238).

5   Die öffentliche Zustellung der Ladung zur Berufungshauptverhandlung kann bereits dann angeordnet werden, wenn die gewöhnliche Zustellung an den – zum damaligen Zeitpunkt nicht durch einen Verteidiger vertretenen – Angeklagten unter der Anschrift nicht möglich ist, unter der letztmals zugestellt worden ist. Das setzt aber voraus, dass nach der letzten wirksamen Zustellung zunächst ein weiterer Zustellungsversuch seitens des Gerichts erfolgt ist (OLG Hamm NJW 2006, 3511; BVerfG NStZ-RR 2005, 205).

6   Ein in erster Instanz zur Hauptverhandlung wirksam geladener Angeklagter kann nicht nur dann, wenn er nach Einlegung von Rechtsmitteln ins Ausland übersiedelt, sondern auch dann, wenn er seinen Wohnsitz von Anfang an im Ausland hatte und nach Einlegung von

Rechtsmitteln an diesen zurückkehrte, gem § 40 Abs 2 StPO durch öffentliche Zustellung geladen werden. Dies gilt auch dann, wenn der Angeklagte erstinstanzlich nur deswegen geladen werden konnte, weil er sich in Untersuchungshaft befand (OLG Frankfurt NStZ-RR 2004, 48). Wenn er die Rechtsnachteile, insbesondere die Verwerfung seiner Berufung nach § 329 Abs 1 StPO und den Eintritt der Rechtskraft des Berufungsurteils, vermeiden will, muss er dem Berufungsgericht seine neue Anschrift mitteilen. Eine Mitwirkungspflicht trifft auch solche Angeklagten, die sich zwischenzeitlich (freiwillig) im Ausland aufhalten (OLG Stuttgart NStZ-RR 2004, 220). Die eng auszulegende Ausnahmevorschrift des § 40 Abs 3 StPO (BVerfG NStZ-RR 2005, 205) soll es dem Gericht ersparen, zeit- und arbeitsaufwendige Ermittlungen nach einem Angeklagten anzustellen, der die zügige Fortführung des Verfahrens dadurch vereitelt, dass er seinen letzten bekannten Wohnsitz aufgibt und seine neue Anschrift dem Gericht nicht mitteilt. Denn die **öffentliche Zustellung** einer **Ladung zur Berufungshauptverhandlung** wird, **in diesem Fall**, gemäß § 40 Abs 3 StPO für den Fall zusätzlich **erleichtert**, dahin gehend, dass eine Zustellung auch unter der Anschrift möglich ist, unter der an ihn letztmals wirksam zugestellt wurde oder die der Angeklagte zuletzt angegeben hat. Selbst wenn er entgegen § 35 a S 2 StPO zuvor nicht über die Rechtsfolgen der § 40 Abs 3 StPO, §§ 329 StPO f belehrt worden ist, gilt dies (OLG Hamburg NStZ-RR 2000, 238). Eine Zustellung an den Angeklagten ist unter der Anschrift eines Geschäftslokals jedenfalls dann nicht möglich iSd § 40 Abs 3 StPO, wenn Zustellungsversuche schon mehrfach gescheitert sind, weil weder der Angeklagte noch ein Gewerbegehilfe in dem fortbestehenden Geschäftslokal angetroffen worden sind, und Anhaltspunkte für eine künftige Anwesenheit fehlen; eine Aufgabe des Geschäftslokals ist nicht erforderlich

Die **öffentliche Zustellung** der Ladung zur **Berufungshauptverhandlung** kann übrigens bereits dann angeordnet werden, wenn die gewöhnliche Zustellung an den – zum damaligen Zeitpunkt nicht durch einen Verteidiger vertretenen – Angeklagten unter der Anschrift nicht möglich ist, unter der letztmals zugestellt worden ist. Das setzt aber voraus, dass nach der letzten wirksamen Zustellung zunächst ein weiterer Zustellungsversuch seitens des Gerichts erfolgt ist (OLG Hamm NJW 2006, 3511; BVerfG NStZ-RR 2005, 205). 7

Ist der Angeklagte nach Einlegung von Rechtsmitteln ins Ausland übersiedelt, so kann dieser zur Berufungsverhandlung gemäß § 40 Abs 2 StPO durch **öffentliche Zustellung** geladen werden, wenn er in erster Instanz zur Hauptverhandlung wirksam geladen worden ist. Eine **Mitwirkungspflicht** trifft auch solche Angeklagten, die sich zwischenzeitlich (freiwillig) im Ausland aufhalten (OLG Stuttgart NStZ-RR 2004, 220). 8

Hatte der Angeklagte seinen **Wohnsitz von Anfang an im Ausland** und kehrte er nach Einlegung von Rechtsmitteln an diesen zurück, so gilt dasselbe. 9

Befand sich der Angeklagte in erster Instanz in Untersuchungshaft und konnte gerade deshalb geladen werden, so gilt für die Ladung zur Berufungshauptverhandlung ebenfalls § 40 Abs 3 (OLG Frankfurt NStZ-RR 2004, 48). 10

Ist ein Angeklagter ins Ausland abgeschoben worden, kommt § 40 Abs 3 StPO ebenfalls zur Anwendung. Auch Ausländer, die sich nicht freiwillig ins Ausland begeben, sondern in ihr Heimatland abgeschoben worden sind, also ihren Wohnsitz im Inland aufgeben mussten, sind von der vorgenannten Mitwirkungspflicht nicht ausgenommen. Dies gilt jedenfalls dann, wenn der abgeschobene Angeklagte anwaltlich vertreten ist. Denn angesichts der Berufungseinlegung muss ein solcher Angeklagter mit der Fortführung seines Verfahrens und mit der Ladung zu einer Berufungshauptverhandlung rechnen. Demzufolge hat er Vorsorgemaßnahmen zu treffen, dass ihn Ladungen erreichen (OLG Stuttgart NStZ-RR 2004, 220). 11

Demgegenüber ist die Anwendung der Bestimmung des § 40 Abs 3 StPO nicht gerechtfertigt, wenn ein Angeklagter, der seinen Wohnungswechsel korrekt mitteilt, Zustellungen dadurch objektiv erschwert, dass er es versäumt, Klingel und/oder Briefkasten zu beschriften (OLG Koblenz Beschl v 3. 4. 2006 – Az 1 Ws 207/06). Eine öffentliche Zustellung ist dann nicht rechtmäßig, wenn innerhalb der Frist nach § 40 Abs 1 und Abs 2 StPO die neue Anschrift des Berufungsführers bekannt wird und unter dieser Adresse die Ladung ordnungsgemäß zugestellt werden kann (OLG Hamm NStZ-RR 2005, 114). 12

Die öffentliche Zustellung der Ladung eines (zur Tatzeit) jugendlichen Angeklagten zur Berufungshauptverhandlung nach § 40 Abs 3 StPO ist zulässig. Der Grundgedanke des § 48 13

Abs 1 JGG über die Nichtöffentlichkeit der Hauptverhandlung steht dem nicht entgegen. Jugendpsychologische oder jugendpädagogische Gesichtspunkte werden davon nicht berührt, schutzwürdige Belange des Angeklagten nicht verletzt (OLG Koblenz NStZ-RR 2006, 120).

14   Ein **Verwerfungsurteil** nach § 329 Abs 1 StPO kann ebenfalls öffentlich nach § 40 StPO zugestellt werden.

15   **Ob** ein **Strafbefehl** nach § 40 StPO zugestellt werden kann**, ist streitig. Verneinend** OLG Düsseldorf, das eine öffentliche Zustellung des Strafbefehls als mit Art 103 Abs 1 GG nicht für vereinbar hält, weil der Beschuldigte bei dieser Form der Zustellung in der Regel nicht erfährt, dass gegen ihn eine Strafe verhängt worden ist (OLG Düsseldorf NJW 1997, 2964). Ein Verstoß gegen Art 103 Abs 1 GG könne auch nicht mit dem Hinweis verneint werden, dass der Beschuldigte bereits polizeilich vernommen sei, da diese Maßnahme lediglich dem Vorverfahren zugeordnet werden kann. Für das sich dann anschließende Strafbefehlsverfahren, das eine Anhörung des Beschuldigten weder vor Beantragung noch vor Erlass des Strafbefehls vorsehe (§ 407 Abs 3 StPO), werde der Anspruch auf rechtliches Gehör nur dadurch verbürgt, dass der Beschuldigte gegen den Strafbefehl Einspruch einlegen und dadurch eine Hauptverhandlung erzwingen könne. Dem Beschuldigten würde aber diese Möglichkeit genommen, sich rechtliches Gehör durch Einlegen des Einspruchs zu verschaffen, wenn eine öffentliche Zustellung, die bekanntermaßen einen Adressaten in der Regel nicht erreicht, für den Strafbefehl in Betracht käme. **Bejahend Landgericht** LG München I (Beschl v 21. 8. 1980 – Az 14 Qs 99/80) das jedenfalls dann, wenn der Beschuldigte bereits vernommen worden ist, die öffentliche Zustellung eines Strafbefehls gegen ihn für zulässig erachtet, wenn dies dem Erlass eines Haftbefehls aus Gründen der Verhältnismäßigkeit vorzuziehen ist, sofern im Inland eine Zustellung weder an den Beschuldigten noch an den Verteidiger nach § 145 a StPO oder an einen Zustellungsbevollmächtigten möglich gewesen sei.

16   Bei einer laufenden **Bewährung** geht die **Maßnahme der öffentlichen Zustellung nach § 40 StPO geht auch dem Erlass eines Sicherungshaftbefehls** nach § 453 c StPO aus Gründen des rechtlichen Gehörs **vor** (OLG Hamburg NStZ 1988, 292), denn der Grundsatz der Verhältnismäßigkeit gebietet es in aller Regel auch den untergetauchten Verurteilten vor Erlass des Widerrufs der Aussetzung des Strafrestes gemäß § 453 Abs 1 S 2 StPO tatsächlich anzuhören (LG München NJW 1975, 2307). Die Aufforderung an einen Verurteilten, innerhalb einer bestimmten Frist zum beabsichtigten Widerruf der Strafaussetzung Stellung zu nehmen, kann ebenso öffentlich zugestellt werden wie der später ergehende Widerrufsbeschluss selbst.

17   Die **Ausführung einer öffentlichen Zustellung** richtet sich – mit Ausnahme der Dauer des Aushangs – nach den § 186 ZPO, § 187 ZPO (§ 37 Abs 1 StPO). Der Aushang der Benachrichtigung hat an der Gerichtstafel desjenigen Gerichts zu erfolgen, das für die Bewilligung der öffentlichen Zustellung zuständig ist. Das ist das Gericht, bei dem das Straf- oder Strafvollstreckungsverfahren anhängig ist, in dem die öffentliche Zustellung erfolgen soll. Dieses Gericht ist bei öffentlichen Zustellungen an den Beschuldigten bzw. Angeklagten im Strafverfahren Prozessgericht iSd § 186 Abs 1 ZPO (OLG Hamm NJW 2007, 933; OLG Stuttgart NJW 2007, 935). **Unwirksam** ist eine öffentliche Zustellung auch dann, wenn die gerichtliche Anordnung zwar die falsche Gerichtstafel bezeichnet, die angeordnete Benachrichtigung trotzdem an der Gerichtstafel des richtigen Gerichts ausgehängt wird, denn dieser (an sich richtige) Aushang beruht seinerseits nicht auf einem richterlichen Beschluss. Eines solchen Beschlusses hätte es jedoch gemäß § 36 Abs 1 S 1 StPO bedurft; eine richterliche Anordnung, bei der die zutreffende Adressierung von nichtrichterlichen Bediensteten nachgeholt wird, genügt nicht (KG Beschl v 30. 1. 2009 – Az 2 Ws 532/08 = BeckRS 2009, 09028).

18   Gemäß § 186 Abs 2 ZPO (1. JuMoG v 1. 9. 2004; BGBl I Nr 45) wird nicht mehr das zuzustellende Schriftstück selbst an der Gerichtstafel ausgehängt, sondern nur noch eine Benachrichtigung über die Zustellung. Fehlt bei der Benachrichtigung über die öffentliche Zustellung einer Ladung ganz oder teilweise der Hinweis, dass das Schriftstück eine Ladung zu einem Termin erhält, dessen Versäumung Rechtsnachteile zur Folge haben kann (§ 186 Abs 2 S 5 ZPO), so ist die Zustellung unwirksam (OLG Stuttgart NJW 2007, 935).

§ 41 [Zustellungen an die Staatsanwaltschaft]

¹Zustellungen an die Staatsanwaltschaft erfolgen durch Vorlegung der Urschrift des zuzustellenden Schriftstücks. ²Wenn mit der Zustellung der Lauf einer Frist beginnt, so ist der Tag der Vorlegung von der Staatsanwaltschaft auf der Urschrift zu vermerken.

An die Staatsanwaltschaft kann seitens der Gerichte in vereinfachter Form zugestellt werden. Daneben ist aber eine alternative Zustellung nach § 37 StPO (§ 174 ZPO) möglich. Wird entgegen § 41 StPO für eine Zustellung an die Staatsanwaltschaft die Form des § 212 a ZPO gewählt, so ist für die Wirksamkeit des Zustellungsaktes jedenfalls die Unterzeichnung des Empfangsbekenntnisses durch den Behördenleiter oder seinen Vertreter erforderlich (OLG Frankfurt NStZ-RR 1996, 234). 1

Die Zustellungsmöglichkeit nach § 41 StPO ist auf die Staatsanwaltschaft beschränkt. Zustellungen nach § 41 StPO an andere Behörden sind unwirksam (OLG Celle NStZ 1985, 355). 2

Die Zustellung nach § 41 StPO kann ausschließlich durch Vorlegung der Urschrift des Schriftstückes erfolgen, dh der Entscheidung, die im Original unterzeichnet ist (nicht einer Ablichtung, auch nicht einer beglaubigten). Voraussetzung ist, dass der Zustellungswille und auch der Zustellungszweck des die Zustellung veranlassenden Gerichts erkennbar sind, was in der Regel durch eine Zustellungsanordnung des Vorsitzenden (§ 36 Abs 1 S 1 StPO) erfolgt. Der Zustellungszweck muss nicht ausdrücklich aus der Zusendungsverfügung erkennbar sein, ausreichend ist, dass dieser aus dem Kontext mit der Aktenlage erkennbar ist. Die Zustellung wird gemäß § 36 Abs 1 S 2 StPO durch die Geschäftsstelle des Gerichts bewirkt. 3

Die Zustellung nach § 41 StPO ist nicht erst mit dem Eingang bei der Geschäftsstelle/ Serviceeinheit des Dezernats der Staatsanwaltschaft bewirkt, in dem die Sache bearbeitet wird, sondern mit dem durch den mit Datum versehenen Eingangsstempel ausgewiesenen Eingang bei der Staatsanwaltschaft als Behörde (OLG Braunschweig NStZ 1988, 514). Der Zustellungsvermerk der Staatsanwaltschaft nach § 41 StPO (Nr 159 RiStBV) hat lediglich beweismäßige Bedeutung, sodass die Nichtanbringung des Vermerks oder die unterbliebene Unterzeichnung durch den Staatsanwalt (Nr 159 S 2 RiStBV) für das in Lauf Setzen einer Frist unbeachtlich ist. 4

Eine einmal bewirkte Zustellung nach § 41 StPO kann nicht rückgängig gemacht werden, auch nicht einvernehmlich mit dem die Zustellung veranlassenden Verantwortlichen. 5

§ 41 a [Elektronisches Dokument]

(1) ¹An das Gericht oder die Staatsanwaltschaft gerichtete Erklärungen, Anträge oder deren Begründung, die nach diesem Gesetz ausdrücklich schriftlich abzufassen oder zu unterzeichnen sind, können als elektronisches Dokument eingereicht werden, wenn dieses mit einer qualifizierten elektronischen Signatur nach dem Signaturgesetz versehen und für die Bearbeitung durch das Gericht oder die Staatsanwaltschaft geeignet ist. ²In der Rechtsverordnung nach Absatz 2 kann neben der qualifizierten elektronischen Signatur auch ein anderes sicheres Verfahren zugelassen werden, das die Authentizität und die Integrität des übermittelten elektronischen Dokuments sicherstellt. ³Ein elektronisches Dokument ist eingegangen, sobald die für den Empfang bestimmte Einrichtung des Gerichts oder der Staatsanwaltschaft es aufgezeichnet hat. ⁴Ist ein übermitteltes elektronisches Dokument zur Bearbeitung nicht geeignet, ist dies dem Absender unter Angabe der geltenden technischen Rahmenbedingungen unverzüglich mitzuteilen. ⁵Von dem elektronischen Dokument ist unverzüglich ein Aktenausdruck zu fertigen.

(2) ¹Die Bundesregierung und die Landesregierungen bestimmen für ihren Bereich durch Rechtsverordnung den Zeitpunkt, von dem an elektronische Dokumente bei den Gerichten und Staatsanwaltschaften eingereicht werden können, sowie die für die Bearbeitung der Dokumente geeignete Form. ²Die Landesregierungen können die Ermächtigung durch Rechtsverordnung auf die Landesjustizverwaltungen übertragen. ³Die Zulassung der elektronischen Form kann auf einzelne Gerichte oder Staatsanwaltschaften oder Verfahren beschränkt werden.

StPO § 41a

Überblick

Die durch das Justizkommunikationsgesetz (Rn 1) eingefügte Vorschrift soll den Verfahrensbeteiligten (Rn 7) ermöglichen, bestimmte Erklärungen (Rn 5) an das Gericht bzw die Staatsanwaltschaft (Rn 8) auch auf elektronischem Wege zu übermitteln. Erforderlich ist, dass das betreffende Dokument mit einer qualifizierten elektronischen Signatur versehen ist (Rn 9) bzw den Vorgaben eines anderen sicheren Verfahrens genügt (Rn 10) sowie zur Bearbeitung durch den Empfänger geeignet ist (Rn 11). Einzelheiten bleiben dem Verordnungsgeber vorbehalten (Rn 4).

Übersicht

	Rn		Rn
A. Allgemeines	1	II. Formerfordernisse	9
B. Voraussetzungen der Einreichung elektronischer Dokumente	5	**C. Eingang des elektronischen Dokuments**	12
I. Anwendungsbereich	5		

A. Allgemeines

1 Die Vorschrift wurde eingefügt durch das **Justizkommunikationsgesetz** vom 22. 3. 2005 (BGBl I 837; allgemein dazu Viefhues NJW 2005, 1009 ff). Es bildete den vorläufigen Abschluss der gesetzgeberischen Maßnahmen, im Rahmen der E-Government-Initiative „BundOnline 2005" die Justiz für den elektronischen Rechtsverkehr zu öffnen. Das Justizkommunikationsgesetz sollte eine umfassende elektronische Aktenbearbeitung innerhalb der Gerichte ermöglichen und dadurch den Verfahrensbeteiligten gestatten, elektronische Kommunikationsformen gleichberechtigt neben der Schrift- oder der mündlichen Form rechtswirksam zu verwenden (BT-Drs 15/4067, 24). Zu diesem Zweck wurden zahlreiche Änderungen insbes in den Prozessordnungen, vor allem der ZPO, vorgenommen.

2 In der **Strafprozessordnung** beschränkten sich die Neuerungen auf die Einführung des § 41a StPO. Von umfassenden Änderungen, wie der Einführung einer vollständig elektronisch geführten Akte im Strafverfahren, hat der Gesetzgeber aus verschiedenen Gründen abgesehen, nicht zuletzt weil eine verbindliche Festlegung auf eine papierlose Kommunikation mit den Strafverfolgungsbehörden Zugangsschranken errichtete, die sich mit dem Recht der Verfahrensbeteiligten auf rechtliches Gehör kaum vereinbaren ließen (BT-Drs 15/4067, 26; vgl dazu Löwe/Rosenberg/Graalmann-Scheerer StPO § 41a Rn 1).

3 Die Vorschrift des **§ 41a StPO** sollte den Verfahrensbeteiligten jedoch zumindest gestatten, Dokumente auch auf elektronischem Wege zu übermitteln. Damit wurde zugleich eine Korrespondenzvorschrift zu § 37 Abs 1 StPO eingeführt, der (iVm § 174 Abs 3 ZPO) die Zustellung gerichtlicher Entscheidungen als elektronisches Dokument ermöglicht. Während § 37 Abs 1 StPO also den Ausgang elektronischer Dokumente (vom Gericht) regelt, bestimmt § 41a StPO den Eingang elektronischer Dokumente (beim Gericht oder bei der Staatsanwaltschaft).

4 Ab welchem **Zeitpunkt**, in welcher **Form** (zB Dateiformate wie pdf, rtf, xml und tiff; zulässige Adressierung; BT-Drs 15/4067, 44) und in welchem **Umfang** den Verfahrensbeteiligten der zusätzliche Kommunikationsweg eröffnet wird, bestimmt sich nach **Rechtsverordnungen** des Abs 2. Mögliche Verordnungsgeber sind – jeweils für ihren eigenen Zuständigkeitsbereich – die Bundesregierung und Landesregierungen (Abs 2 S 1) bzw nach Übertragung der Ermächtigung die Landesjustizverwaltungen (Abs 2 S 2). Die Verordnung kann vorsehen, die elektronische Form auf einzelne Gerichte oder Staatsanwaltschaften bzw auf einzelne Verfahren zu beschränken (Abs 2 S 3). Ob bis zum Erlass der jeweiligen Rechtsverordnungen unter Anlehnung an den Beschluss des GmS-OGB vom 5. 4. 2000 zur formwirksamen Einreichung eines bestimmenden Schriftsatzes per Computerfax (GmS-OGB BGHZ 144, 160 = NJW 2000, 2340) auch Erklärungen per E-Mail als wirksam anerkannt werden können, hat der Gesetzgeber der Rechtsprechung überlassen (BT-Drs 15/4067, 44; befürwortend Meyer-Goßner StPO § 41a Rn 9; dagegen nunmehr OLG Oldenburg NJW 2009, 536, 537 für die Berufung; LG Magdeburg BeckRS 2008, 22546 für den Einspruch

Gerichtliche Entsch. u. Kommunikation zw. den Beteiligten § 41 a StPO

gegen einen Strafbefehl; LG Heidelberg vom 18. 1. 2008 – Az 11 Qs 2/08 OWi für den Einspruch gegen einen Bußgeldbescheid).

Bislang haben insbes **Hessen** (Verordnung über den elektronischen Rechtsverkehr vom 22. 11. 2006; HGVBl 613), allerdings beschränkt auf bestimmte Gerichte und Staatsanwaltschaften, und **Bremen** (Verordnung über den elektronischen Rechtsverkehr im Land Bremen vom 18. 12. 2006; BremGBl 548) entsprechende Rechtsverordnungen erlassen. Eine aktuelle Übersicht zu den bereits teilnehmenden Gerichten und Staatsanwaltschaften findet sich auf http://www.egvp.de. 4.1

B. Voraussetzungen der Einreichung elektronischer Dokumente

I. Anwendungsbereich

Nach Abs 1 S 1 betrifft die Vorschrift **Erklärungen, Anträge oder deren Begründung**, die nach der StPO ausdrücklich **schriftlich abzufassen oder zu unterzeichnen** sind. In elektronischer Form können daher vornehmlich Rechtsmittel des Beschuldigten (§ 306 Abs 1 StPO, § 314 Abs 1 StPO, § 341 Abs 1 StPO) bzw ihre Begründung (§ 317 StPO, § 345 Abs 2 StPO) eingereicht werden, ferner Rechtsbehelfe (§ 366 Abs 2 StPO, § 410 Abs 1 S 1 StPO) sowie Privat- und Nebenklage (§ 381 StPO, § 396 Abs 1 S 1 StPO). Anträge nach § 23 EGGVG sind nach dem Wortlaut der Norm dagegen nicht erfasst, da sich das Erfordernis der Schriftform hier aus § 26 Abs 1 EGGVG und somit nicht aus der StPO ergibt (Löwe/Rosenberg/Graalmann-Scheerer StPO § 41 a Rn 4). 5

Auf Erklärungen, für welche die StPO kein Schriftformerfordernis für Abfassung oder Unterzeichnung vorsieht, ist § 41 a StPO nicht anwendbar. Dies bedeutet aber nicht den Ausschluss einer elektronischen Einreichung der betreffenden Erklärung, sondern hat lediglich zur Folge, dass dabei die formellen Voraussetzungen des § 41 a StPO (insbes die qualifizierte elektronische Signatur; s Rn 9) keine Beachtung finden müssen; die Vorschrift soll schließlich die Kommunikation zwischen den Verfahrensbeteiligten erleichtern, nicht aber erhöhte Formvorschriften schaffen (BT-Drs 15/4067, 43). Für Anträge der Staatsanwaltschaft kann insoweit allerdings durch innerbehördliche Anweisung eine qualifizierte elektronische Signatur angeordnet werden (BT-Drs 15/4067, 43). 6

Der **Absenderkreis** richtet sich nach den Dokumenten, die in elektronischer Form abgefasst werden können. Mögliche Absender eines elektronischen Dokuments sind daher alle Personen, welche die in Abs 1 S 1 genannten Erklärungen und Anträge einreichen können. Dazu zählen sämtliche **Verfahrensbeteiligte**, dh neben Beschuldigten, Verteidiger und Staatsanwalt auch Privat- und Nebenkläger, Zeugen und Sachverständige. 7

Adressaten der Erklärung sind ausschließlich **Gerichte** und **Staatsanwaltschaften**. Durch Rechtsverordnung kann der potentielle Adressatenkreis auf einzelne Gerichte oder Staatsanwaltschaften beschränkt werden (Abs 2 S 3). Damit bezieht sich die Vorschrift allein auf Erklärungen, die für die hoheitlichen Verfahrensbeteiligten bestimmt sind. Für den umgekehrten Fall eines Dokuments von Gericht oder Staatsanwaltschaft an die übrigen Verfahrensbeteiligten gilt § 41 a StPO hingegen nicht. Den Spezialfall einer gerichtlichen Entscheidung regelt jedoch § 37 Abs 1 StPO (iVm § 174 Abs 3 ZPO; vgl bereits Rn 3). 8

II. Formerfordernisse

Das elektronische Dokument muss zunächst mit einer qualifizierten **elektronischen Signatur** nach dem Signaturgesetz (SigG) versehen sein (Abs 1 S 1 aE). Eine elektronische Signatur ist eine dem jeweiligen elektronischen Dokument angehängte Datei, die der Authentifizierung des Absenders dient (vgl § 2 Nr 1 SigG). Die Anforderungen an eine **qualifizierte** elektronische Signatur ergeben sich aus § 2 Nr 3 SigG. 9

Alternativ kann der Verordnungsgeber (Rn 4) gem Abs 1 S 2 auch ein **anderes sicheres Verfahren** zulassen, das die Authentizität und die Integrität des übermittelten elektronischen Dokuments gewährleistet. Solche Verfahren können aber nur **neben** (dh nur ergänzend, nicht ersetzend) der qualifizierten elektronischen Signatur eingeführt werden, die somit ein bundesweit einheitlich einsetzbares Verfahren darstellt (BT-Drs 15/4067, 43). 10

Ein anderes sicheres Verfahren iSd Abs 1 S 2 muss gewährleisten, dass das elektronische Dokument 10.1
• dem angegebenen Absender **zuzurechnen** ist,

Valerius

- in seiner Integrität **geschützt übermittelt** wird, dh mittels eines kryptographischen Verfahrens, das zumindest die „Standards und Architekturen für eGovernment-Anwendungen (SAGA)" in ihrer jeweils aktuellen Fassung einhält, und
- nach Eingang bei dem Gericht so **gespeichert** wird, dass die **Überprüfbarkeit** der Integrität des Dokuments für die Zeit seiner Speicherung sichergestellt ist (BT-Drs 15/4067, 43 iVm 37).

Als Beispiel für ein solches Verfahren hat der Gesetzgeber die Eröffnung eines elektronischen Gerichtsbriefkastens erwähnt, auf den elektronische Dokumente unter Verwendung bestimmter Protokolle heraufgeladen werden können (BT-Drs 15/4067, 43 iVm 37).

11 Das übermittelte Dokument muss schließlich **für** die **Bearbeitung durch** den Empfänger, dh durch **Gericht oder Staatsanwaltschaft** (s Rn 8) **geeignet** sein (Abs 1 S 1 aE). Die Anforderungen im Einzelnen bestimmt gem Abs 2 S 1 der Verordnungsgeber. Genügt ein eingegangenes elektronisches Dokument nicht diesen Voraussetzungen, so ist dies dem Absender unter Angabe der geltenden technischen Rahmenbedingungen unverzüglich mitzuteilen (Abs 1 S 4; s Rn 14).

C. Eingang des elektronischen Dokuments

12 Der Empfänger ist gem Abs 1 S 5 verpflichtet, von dem elektronischen Dokument unverzüglich, dh ohne schuldhaftes Zögern (Löwe/Rosenberg/Graalmann-Scheerer StPO § 41 a Rn 19), einen **Aktenausdruck** zu fertigen. Eingegangen ist ein elektronisches Dokument bereits zu dem **Zeitpunkt**, an dem es die für den Empfang bestimmte Einrichtung des Gerichts oder der Staatsanwaltschaft auf einem maschinenlesbaren Datenträger **aufgezeichnet** hat (Abs 1 S 3). Dadurch soll der Absender Fristen bis kurz vor ihrem Ablauf nutzen können (BT-Drs 15/4067, 43).

13 Das **Risiko** einer nicht form- oder fristgerechten Übermittlung trägt in der Regel der **Absender**. Allerdings darf er darauf vertrauen, dass die für den Empfang bestimmte Einrichtung fehlerfrei funktioniert. Technische Mängel auf Seiten des Gerichts oder der Staatsanwaltschaft, die eine unverzügliche Aufzeichnung des elektronischen Dokuments verhindern, hat er nicht zu vertreten. Versäumt der Absender infolge eines solchen technischen Mangels die Frist, kann er **Wiedereinsetzung in den vorigen Stand** nach § 44 StPO beantragen (Löwe/Rosenberg/Graalmann-Scheerer StPO § 41 a Rn 10; KK-StPO/Graf StPO § 41 a Rn 14).

14 Zudem ist zu beachten, dass der Absender über die fehlende Geeignetheit des übermittelten elektronischen Dokuments zur Bearbeitung – zB auch bei infolge technischer Probleme fehlgeschlagener Übermittlung – unverzüglich (s Rn 12) unter Hinweis auf die geltenden technischen Rahmenbedingungen zu **informieren** ist (Abs 1 S 4). Führt ein Verstoß gegen diese Fürsorgepflicht durch verzögerte oder völlig unterlassene Mitteilung zum Fristversäumnis des Absenders, kann dies ebenso einen Anspruch auf Wiedereinsetzung in den vorigen Stand begründen (BT-Drs 15/4067, 37; Löwe/Rosenberg/Graalmann-Scheerer StPO § 41 a Rn 13; Meyer-Goßner StPO § 41 a Rn 7).

Fünfter Abschnitt. Fristen und Wiedereinsetzung in den vorigen Stand (§§ 42-47)

§ 42 [Tagesfristen]

Bei der Berechnung einer Frist, die nach Tagen bestimmt ist, wird der Tag nicht mitgerechnet, auf den der Zeitpunkt oder das Ereignis fällt, nach dem der Anfang der Frist sich richten soll.

Überblick

Die Vorschrift beinhaltet den nicht nur für die Tagesfristberechnung beachtlichen Grundsatz, dass der Tag des Fristbeginns nicht mitgerechnet wird. Dies gibt Anlass, die Begriffe der Frist und der Fristwahrung zu erläutern.

Fristen und Wiedereinsetzung in den vorigen Stand § 42 StPO

Übersicht

	Rn		Rn
A. Frist...	1	2. Eingang beim unzuständigen Gericht	12
B. Fristwahrung................................	5	3. Telefax und sonstige Übermittlungsformen..	13
I. Durch mündliche Erklärung............	5	III. Zweifel an der Fristwahrung............	16
II. Durch schriftliche Erklärung...........	7		
1. Briefkasten und Briefannahmestellen	8	C. Tagesfristberechnung.....................	17

A. Frist

Eine Frist ist ein Zeitraum, innerhalb dessen eine bestimmte **Prozesshandlung**, zumeist die Abgabe einer Erklärung, **vorzunehmen** ist. Fristen sind in den meisten Fällen zeitlich eindeutig begrenzt, zB innerhalb von drei Tagen oder binnen einer Woche (§ 45 Abs 1 S 1 StPO), zuweilen aber nur aus den Umständen bestimmbar, zB unverzüglich (§ 25 Abs 2 Nr 2 StPO). Wird die gesetzte Frist nicht eingehalten, führt dies zur **Unzulässigkeit** der Prozesshandlung. Fristen gelten für alle Verfahrensbeteiligten, auch für die Staatsanwaltschaft. 1

Im Gegensatz zu diesen Handlungs- bzw **Erklärungsfristen** handelt es sich bei den sogenannten **Zwischenfristen** um solche, vor deren Ablauf das Gericht oder die Staatsanwaltschaft Handlungen in der Regel nicht vornehmen darf, zB die Ladungsfrist nach § 217 StPO. Fristen, innerhalb derer eine bestimmte richterliche Handlung vorgenommen werden soll, zB die Vorführungsfrist nach § 115 Abs 2 StPO oder die Haftprüfungsfrist nach § 121 Abs 1 StPO, unterfallen nicht dem Regelungsgehalt der §§ 42 StPO ff (Meyer-Goßner StPO Vor § 42 Rn 2; Pfeiffer StPO § 43 Rn 1; **aA** Löwe/Rosenberg/Graalmann-Scheerer StPO Vor § 42 Rn 2). Auch im materiellen Recht gibt es Fristen, zB Verjährungsfristen nach § 78 Abs 3 StGB, für diese gelten §§ 42 StPO ff nicht. 2

Vom Gesetz angeordnete Fristen, zB die Einlegungsfristen für die sofortige Beschwerde, § 311 Abs 2 StPO, die Berufung, § 314 Abs 1 StPO, und die Revision, § 341 Abs 1 StPO, sind nicht verlängerbar (vgl BGH NStZ-RR 2008, 151 zur Frist des § 349 Abs 3 S 2 StPO). Bei Fristversäumnis kann jedoch Wiedereinsetzung nach § 44 StPO beantragt werden. Dies ist nur bei sogenannten Ausschlussfristen unmöglich, zB § 6 a S 3 StPO, § 16 S 2 StPO, § 25 StPO, § 222 b Abs 1 S 1 StPO, § 303 S 1 StPO, § 388 Abs 1 StPO, § 391 Abs 1 S 2 StPO. 3

Richterliche Fristen werden vom Richter hinsichtlich Beginn und Dauer durch eine Verfügung festgesetzt. Hierzu wird er durch Gesetz, zB § 201 Abs 1 StPO, oder im Rahmen der Prozessleitung ermächtigt, die gesetzte Frist muss aber angemessen sein (BVerfG MDR 1988, 553). Richterliche Fristen können auf Antrag oder von Amts wegen verlängert werden). Bei unverschuldeter Versäumung kommt Wiedereinsetzung in Betracht (Meyer-Goßner StPO § 44 Rn 3). Die in § 42 StPO, § 43 StPO enthaltenen Reglungen zur Fristberechnung gelten nur, wenn der Richter nichts anderes bestimmt hat (vgl Rn 19). 4

B. Fristwahrung

I. Durch mündliche Erklärung

Streng genommen kann allein durch eine mündliche Erklärung keine Frist gewahrt werden. Es bedarf vielmehr einer Aufnahme der Erklärung zu Protokoll des Urkundsbeamten des zuständigen Gerichts innerhalb der Frist. Die Erklärung zu Protokoll eines unzuständigen Urkundsbeamten wird wie eine schriftliche Erklärung behandelt, dh sie muss zur Fristwahrung rechtzeitig bei dem zuständigen Gericht eingegangen sein (Meyer-Goßner StPO Vor § 42 Rn 12), sofern eine einfache schriftliche Erklärung den Formerfordernissen genügt, also nicht im Rahmen des § 345 Abs 2 StPO. Es ist aber die Ausnahmeregelung des § 299 Abs 2 StPO (vgl § 299 StPO Rn 4) zu beachten. 5

Telefonische Erklärungen gegenüber Gerichtspersonen sind aus Gründen der Rechtssicherheit grundsätzlich nicht wirksam und damit **nicht fristwahrend** (BGHSt 30, 64 = JR 1982, 21 mAnm Wolter; OLG Stuttgart MDR 1984, 75; KK-StPO/Maul StPO § 43 Rn 11; **aA** Löwe/Rosenberg/Graalmann-Scheerer StPO StPO Vor § 42 Rn 8 ff; SK-StPO/Weßlau StPO § 43 Rn 11). 6

6.1 Der Gegenmeinung ist zuzugeben, dass nicht nachvollziehbar ist, wieso der Einspruch gegen einen Bußgeldbescheid telefonisch erklärt werden kann (BGHSt 29, 173, 175 = BGH NJW 1980, 1290), andere prozessual erhebliche Erklärungen aber nicht. Auch ergibt sich nicht, wieso von der Geschäftsstelle aufgenommene Erklärungen größere Unsicherheiten hinsichtlich der Urheberschaft bergen sollen als dies bei manchen schriftlichen Erklärungen der Fall ist. Dennoch kann von einer fernmündlichen Einlegung auch formloser Erklärungen nur abgeraten werden, da deren Wirksamkeit nicht anerkannt ist.

II. Durch schriftliche Erklärung

7 Es kommt auf den **Eingang** bei dem **zuständigen Gericht** an. Einer Mitwirkung durch Gerichtspersonen, etwa durch Kenntnisnahme, bedarf es nicht (BVerfGE 41, 323, 328 = NJW 1976, 747). Ein Schriftstück ist eingegangen, wenn der zuständige Gerichtsmitarbeiter Kenntnis nehmen könnte (KK-StPO/Maul StPO § 43 Rn 12; zu eng Löwe/Rosenberg/Graalmann-Scheerer StPO Vor § 42 Rn 13), weil es auf einem hierfür bestimmten Weg ordnungsgemäß zu ihm gelangt ist. Ob er es tatsächlich in Empfang nimmt oder ob es außerhalb der Dienstzeit eingeht, ist unerheblich (BVerfGE 52, 203, 209 = NJW 1980, 580; BVerfGE 69, 381, 385 ff = NJW 1986, 244). Zur Wahrung einer Rechtsmittelfrist reicht die Einreichung einer in fremder Sprache gehaltenen Rechtsmittelschrift nicht aus (BGHSt 30, 182, 183 = NStZ 1981, 487).

7.1 Zur Fristwahrung ist nicht ausreichend die Übergabe an die Reinigungskraft, der Einwurf durch ein Fenster (Meyer-Goßner StPO Vor § 42 Rn 13; Pfeiffer StPO § 43 Rn 2), die Zusendung in die Privatwohnung des Richters kurz vor Fristende (RGRspR 2, 369) oder der Einwurf in ein Fach für internen Postaustausch (LG Stuttgart MDR 1986, 689).

7.2 Hingegen ist das Schriftstück wirksam eingegangen, wenn es bei einer Zweigstelle des Gerichts (BayObLG VRS 53, 434), für einen auswärtigen Spruchkörper beim Stammgericht (BGH AnwBl 1967, 25) oder einem zur Empfangnahme Berechtigten auch außerhalb des Gerichtsgebäudes und außerhalb der Dienstzeit (RGSt 31, 6; Meyer-Goßner StPO Vor § 42 Rn 13) abgegeben wird.

1. Briefkasten und Briefannahmestellen

8 Derjenige, der einen Hausbriefkasten aufstellt, gibt damit die Erklärung ab, ein Schriftstück mit Einwurf entgegen nehmen zu wollen (BVerfG NJW 1981, 951; BGH MDR 1981, 576). Dies ist für ein Gericht unabdingbar, um nicht den Zugang zu Gericht von Dienstzeiten abhängig zu machen (KK-StPO/Maul StPO § 43 Rn 13). Wird ein Schriftstück am letzten Tag der Frist eingeworfen, ist es noch rechtzeitig zugegangen, auch wenn der Briefkasten erst am nächsten Tag geleert wird (BVerfGE 41, 128, 131 = NJW 1976, 1255; BGH NJW 1981, 1216; BGH NJW 1984, 1237). Die Beweislast für die Rechtzeitigkeit trägt der Einwerfende (Meyer-Goßner StPO Vor § 42 Rn 14).

9 Gerichte sind daher gehalten, sogenannte Nachtbriefkästen vorzuhalten, bei denen mittels einer Zeitschaltung bis Mitternacht eingehende Sendungen von solchen getrennt werden, die später eingehen (vgl BVerfGE 42, 128, 131 = NJW 1976, 1255). Versagt der Trennmechanismus, was freilich schwer zu beweisen sein wird, ist von einem rechtzeitigen Eingang auszugehen (BayObLG NJW 1969, 202).

10 Gelangt eine schriftliche Erklärung innerhalb der Frist an eine von mehreren Justizbehörden betriebene gemeinsame Briefannahmestelle, ist die Frist gewahrt (Pfeiffer StPO § 43 Rn 2). Dies gilt auch, wenn es in Folge einer falschen Adressierung erst verspätet bei dem zuständigen Gericht ankommt, welches aber auch zu den Betreibern der gemeinsamen Briefannahmestelle zählt. Denn das Schriftstück ist so zu behandeln, als wäre es mit dem Eingang bei der gemeinsamen Briefannahmestelle dem zuständigen Gericht zugegangen (OLG Düsseldorf StV 1991, 248; KK-StPO/Maul StPO § 43 Rn 16; Meyer-Goßner StPO Vor § 42 Rn 17; Löwe/Rosenberg/Graalmann-Scheerer StPO Vor § 42 Rn 22 ff mwN; **aA** BGH NJW 1983, 123; OLG Frankfurt NStZ-RR 2000, 212; OLG Stuttgart NStZ 1987, 185 mAnm Maul).

11 Die Bereitlegung zur Abholung in einem Postschließfach des Gerichts am letzten Tag der Frist wirkt fristwahrend, ohne dass es darauf ankommt, wann es abgeholt wird oder ob noch mit einer Abholung an demselben Tag zu rechnen ist (BGHR ZPO § 577 Abs 2 Postfach 1 mwN; OLG Frankfurt NStZ-RR 2007, 206; **aA** BVerwG NJW 1960, 1587; Pfeiffer StPO § 43 Rn 2; KK-StPO/Maul StPO § 42 Rn 17; Löwe/Rosenberg/Graalmann-Scheerer StPO Vor § 42 Rn 25).

2. Eingang beim unzuständigen Gericht

Geht eine schriftliche Erklärung bei einem unzuständigen Gericht ein, so wirkt dieser Eingang nicht fristwahrend. Es kommt darauf an, dass es dem zuständigen Gericht noch rechtzeitig zugeht (OLG Düsseldorf NStZ 2002, 216; OLG Karlsruhe JR 1992, 302; vgl aber Rn 10). Das unzuständige Gericht ist verpflichtet, das Schriftstück unverzüglich an das zuständige Gericht weiterzuleiten, besondere Anstrengungen (Überbringung durch besonderen Boten oder telefonische Benachrichtigung) muss es hierzu nicht unternehmen (BVerfGE 62, 347, 353 = NJW 1983, 2187; BVerfG NJW 1995, 3173), auch wenn sich dem Schreiben entnehmen lässt, dass Säumnis droht (OLG Hamm NStZ-RR 2008, 283; NStZ-RR 2009, 347). Teilt es den Inhalt der Erklärung dem zuständigen Gericht telefonisch mit und wird dort ein Protokoll darüber erstellt, so wirkt dieser Vorgang fristwahrend (OLG Düsseldorf NStZ 1984, 184 mAnm Maul). 12

3. Telefax und sonstige Übermittlungsformen

Die Übermittlung fristwahrender Schriftsätze per Telefax ist uneingeschränkt möglich (BVerfG NJW 1996, 2857). Für den Zugang kommt es darauf an, ob die Daten noch vor Ablauf des letzten Tages der Frist vom Empfangsgerät vollständig gespeichert worden sind, auch wenn ein Ausdruck nicht erfolgte (BGH NJW 2006, 2263; Löwe/Rosenberg/Graalmann-Scheerer StPO Vor § 42; **aA** Meyer-Goßner StPO Vor § 42 Rn 18; KK-StPO/Maul StPO § 43 Rn 19, die jedoch darauf abstellen, dass es auf den Ausdruck ankomme, nicht darauf, ob das Gerät besetzt sei, vgl auch BGHZ 101, 276 = NJW 1987, 2586). Entscheidend ist insoweit der Uhrzeitaufdruck des Geräts (BGH NJW 1997, 1864; Pfeiffer StPO § 43 Rn 3). Die Beweislast liegt bei dem Erklärenden (Meyer-Goßner StPO Vor § 42 Rn 19). 13

Die Übermittlung per Telegramm, Fernschreiber oder Telebrief ist angesichts moderner Kommunikationsmittel praktisch nicht mehr relevant (vgl hierzu KK-StPO/Maul StPO § 42 Rn 18 f). 13.1

Zum Zugang per elektronischen Rechtsverkehr s § 41 a StPO Rn 4. Auch hier kommt es auf die Speicherung der Daten am Empfangsgerät an (Löwe/Rosenberg/Graalmann-Scheerer Vor § 42 Rn 33). 14

Technische Mängel der Empfangsgeräte – Telefax und Computer – gehen nicht zu Lasten des Erklärenden (BVerfG NJW 1996, 2857; Graalmann-Scheerer FS Nehm 2006, 277, 284; vgl auch BGH NJW 2009, 3248). Dies kann aber im Einzelfall schwierig zu beweisen sein (Meyer-Goßner StPO § 45 Rn 9 a). 15

III. Zweifel an der Fristwahrung

Kann auch nach Ermittlungen die Verspätung einer zugunsten des Beschuldigten eingelegten Erklärung nicht sicher festgestellt werden, so ist sie als fristgerecht zu behandeln (BGHSt 11, 393, 395 = NJW 1958, 1307; vgl auch § 45 StPO Rn 4, so etwa wenn der Eingangsstempel seiner Berufungsschrift unleserlich ist. Ist nicht zu klären, ob ein zu Lasten des Beschuldigten eingelegtes Rechtsmittel rechtzeitig eingegangen ist, so ist es als unzulässig zu verwerfen (BGH StV 1995, 454; Meyer-Goßner StPO § 261 Rn 35; Löwe/Rosenberg/Hanack StPO § 341 Rn 24 mwN; **aA** BGH NJW 1960, 2022; OLG Düsseldorf MDR 1985, 784). 16

C. Tagesfristberechnung

Die Frist wird ab dem Beginn des Tages berechnet, der auf das Ereignis folgt, das den Fristenlauf auslöst, zB Verkündung oder Zustellung einer Entscheidung. Der Anfangstag der Frist wird also nicht mitgezählt. Dies gilt für gesetzliche Fristen, aber auch für richterliche Fristen, sofern der Richter nichts Gegenteiliges angeordnet hat. Für **Wochen- oder Monatsfristen** beansprucht dieser Grundsatz ebenfalls Geltung, vgl § 43 StPO (§ 43 StPO 17

Rn 1). Ist allerdings eine 24-Stunden-Frist angeordnet, § 418 Abs 2 S 3 StPO, so beginnt die Frist mit dem ihren Lauf auslösenden Umstand, § 42 StPO gilt nicht.

17.1 Berechnungsbeispiele: Dem Angeklagten wird zu einem Antrag der Staatsanwaltschaft vom Gericht eine Stellungnahmefrist von drei Tagen eingeräumt. Der Antrag wird ihm am 15. Mai zugestellt. Da dieser Tag nicht mit berechnet wird, beginnt die Frist am 16. Mai, 0 Uhr, und endet am 18. Mai, 24 Uhr. Ordnet der Richter aber an, dass die Frist von drei Tagen mit der am 15. Mai erfolgten Übergabe des Antrags zu laufen beginnt, so läuft die Frist am 17. Mai aus.

18 Schließt sich eine Frist ohne zeitliche Zäsur an das Ende einer anderen Frist an (§ 345 Abs 1 S 1 StPO), so ist der Tag des Beginns der zweiten Frist nach dem Grundsatz des § 42 StPO nicht mitzuzählen (BGHSt 36, 241 = NJW 1990, 460).

19 Trotz der Gesetzessystematik gilt § 43 Abs 2 StPO (§ 43 StPO Rn 2) auch für **Tagesfristen** (RGSt 62, 140; KK-StPO/Maul StPO § 43 Rn 22). Für richterliche Fristen gilt die Vorschrift jedenfalls dann, wenn nicht eindeutig ersichtlich ist, dass der Richter das Fristende **bewusst** auf einen Samstag, Sonntag oder Feiertag gelegt hat (BayObLG JR 1972, 71 mAnm Meyer; Meyer-Goßner StPO § 43 Rn 2; **aA** Löwe/Rosenberg/Graalmann-Scheerer StPO § 42 Rn 4).

19.1 Berechnungsbeispiele: Eine Frist endet am 18. Mai, handelt es sich hierbei um einen Sonntag, verschiebt sich das Fristende auf den 19. Mai, 24 Uhr; ist der 18. Mai aber ein Samstag, ist die Frist erst am 20. Mai, 24 Uhr, abgelaufen. Hat der Richter bei der Fristsetzung nur ausgeführt, dass eine Frist von drei Tage gesetzt werde, so ändert sich an der Fristberechnung nichts, etwas anders gilt aber, wenn er hinzufügt, „ohne Rücksicht auf das Wochenende". Dann bleibt es bei dem Fristablauf am 18. Mai.

§ 43 [Wochen- und Monatsfristen]

(1) Eine Frist, die nach Wochen oder Monaten bestimmt ist, endet mit Ablauf des Tages der letzten Woche oder des letzten Monats, der durch seine Benennung oder Zahl dem Tag entspricht, an dem die Frist begonnen hat; fehlt dieser Tag in dem letzten Monat, so endet die Frist mit dem Ablauf des letzten Tages dieses Monats.

(2) Fällt das Ende einer Frist auf einen Sonntag, einen allgemeinen Feiertag oder einen Sonnabend, so endet die Frist mit Ablauf des nächsten Werktages.

Überblick

Die Vorschrift stellt durch die Bestimmung des Fristendes klar, dass auch bei Wochen- oder Monatsfristen der Anfangstag der Frist nicht mit zählt. Zudem wird für den Fall, dass der letzte Tag der Frist auf einen Nichtwerktag fällt, eine Hemmung des Fristablaufs bis zum nächsten Werktag angeordnet.

A. Nach Wochen und Monaten berechnete Fristen

1 Auch bei der Berechnung von Fristen (§ 42 StPO Rn 1 ff), die nach Wochen oder Monaten bestimmt werden, wird der Tag, an dem sich das die Frist auslösende Ereignis zuträgt, zB die Verkündung oder Zustellung einer Entscheidung, in die Frist nicht mit einberechnet. Eine Wochenfrist, die mit Zugang einer Entscheidung am Mittwoch beginnt, endet am Mittwoch der darauf folgenden Woche. Die Frist beträgt sieben Tage zuzüglich den Anfangstag der Frist. Eine Monatsfrist, die am 15. Mai beginnt, endet am 15. Juni, eine am 31. Mai beginnende endet am 30. Juni. Die Länge der Monatsfristen in Tagen ist also abhängig von kalendarischen Gegebenheiten, wie zB Schaltjahren.

B. Wochenende und Feiertage

2 Während innerhalb der Frist liegende Wochenenden und Feiertage auf die Berechnung keinen Einfluss haben, gilt etwas anderes, wenn das **Fristende** auf einen Nichtwerktag fällt.

Neben den Samstagen und Sonntagen sind nur die staatlich anerkannten Feiertage, die gesetzlich abschließend festgelegt sind, von § 43 Abs 2 StPO erfasst. Dies sind bundesweit Neujahr, Karfreitag, Ostermontag, Christi Himmelfahrt, 1. Mai, Pfingstmontag, Tag der Deutschen Einheit, erster und zweiter Weihnachtstag. Daneben gibt es aber regional zusätzliche Feiertage (Zusammenstellung bei Löwe/Rosenberg/Graalmann-Scheerer StPO § 43 Rn 8 mit den jeweiligen gesetzlichen Grundlagen). Bei regionalen Unterschieden kommt es auf den Sitz des Gerichts an. Silvester oder Heiligabend sind keine Feiertage, liegen sie am Fristende, führt dies zu keiner Fristverlängerung (Meyer-Goßner StPO § 43 Rn 3 zu dienstfreien Tagen).

Berechnungsbeispiele: Eine Monatsfrist beginnt am 31. März. Das Fristende fällt auf Freitag, den 30. April, 24 Uhr. Ist aber dieser 30. April ein Samstag, so verschiebt sich das Fristende bis zum Montag, den 2. Mai, 24 Uhr; handelt es sich bei dem Samstag um den Samstag vor Ostern, so endet die Frist erst am Dienstag, den 3. Mai, 24 Uhr. **2.1**

Gilt für den Sitz des Gerichts kein Feiertag, so kann sich der Erklärende bei Fristversäumung nicht auf einen für seinen Wohnsitz geltenden Feiertag berufen. Gegebenenfalls ist ihm aber im Falle unverschuldeter Verkennung dieser Situation Wiedereinsetzung nach § 44 StPO zu gewähren. **2.2**

Die Fristverlängerung gilt grundsätzlich auch für **richterliche Fristen**, es sei denn, der Richter hätte eindeutig etwas anderes angeordnet (§ 42 StPO Rn 19). Die Belehrung muss die Fristverlängerung nicht umfassen (BVerfGE 31, 388, 390 = NJW 1971, 2217). **3**

§ 44 [Wiedereinsetzung in den vorigen Stand]

¹War jemand ohne Verschulden verhindert, eine Frist einzuhalten, so ist ihm auf Antrag Wiedereinsetzung in den vorigen Stand zu gewähren. ²Die Versäumung einer Rechtsmittelfrist ist als unverschuldet anzusehen, wenn die Belehrung nach den § 35a Satz 1 und 2, § 319 Abs. 2 Satz 3 oder nach § 346 Abs. 2 Satz 3 unterblieben ist.

Überblick

Zur Realisierung des grundrechtsgleichen Anspruchs auf rechtliches Gehör sieht die Vorschrift die Heilung einer unverschuldeten Fristversäumnis durch Wiedereinsetzung vor. Hierdurch wird der Säumige so gestellt, als hätte er die versäumte Prozesshandlung fristgemäß vorgenommen. Dies ist in der Praxis insbesondere für den Bereich der Rechtsmittelfristen sehr relevant.

Übersicht

	Rn		Rn
A. Grundlagen	1	1. Unkenntnis vom Fristbeginn oder -ende	19
I. Versäumung einer Frist	4	2. Unkenntnis von der Zustellung	20
1. Frist	4	III. Verschulden Dritter	21
2. Säumnis	6	1. Verteidiger	21
3. Entsprechende Anwendung	8	2. Rechtsanwälte anderer Verfahrensbeteiligter	23
II. Auf Antrag oder von Amts wegen	9	3. Post	26
III. Verhinderung ohne Verschulden	11	4. Justiz	27
B. Fallgruppen	14	5. Sonstige Dritte	30
I. Wiedereinsetzung zur Nachholung von Verfahrensrügen	15	IV. Verständigung	31
1. Keine Akteneinsicht	17		
2. Weitere Ausnahmen	18	**C. Gesetzliche Vermutung des S 2**	32
II. Unkenntnis	19		

A. Grundlagen

1 Bestimmte Prozesshandlungen sind an eine Frist gebunden (vgl § 42 StPO Rn 1); wird sie versäumt, führt dies zur Unzulässigkeit der Prozesshandlung. Um dennoch den Anspruch auf effektiven Rechtsschutz und rechtliches Gehör zu gewährleisten (vgl BVerfG NJW 1991, 2277), sieht das Gesetz die Wiedereinsetzung vor, die bei Vorliegen der materiellen (§ 44 StPO) und formellen Voraussetzungen (§ 45 StPO) zu gewähren ist. Hierdurch wird das Verfahren in die Lage versetzt, die bestanden hätte, wenn die Prozesshandlung fristgerecht eingelegt worden wäre („Wiedereinsetzung in den vorigen Stand"). Eine infolge der Fristversäumnis eingetretene Rechtskraft wird durchbrochen (vgl § 47 Abs 3 StPO), die Entscheidung, mit der das Rechtsmittel als unzulässig verworfen wurde, fällt ohne weiteres weg (Meyer-Goßner StPO § 44 Rn 25). Die Wiedereinsetzung soll nur die **Versäumung der Frist heilen**, dem Säumigen aber keine Vorteile verschaffen, die er ohne Säumnis nicht gehabt hätte (BGH NStZ 1988, 17).

1.1 Wird nach Versäumung der Frist zur Einlegung eines Rechtsmittels Wiedereinsetzung gewährt, so wird die Frist zur Begründung des Rechtsmittels nicht durch eine bereits vorher bewirkte Zustellung der angefochtenen Entscheidung in Lauf gesetzt, sondern erst durch die Zustellung des Wiedereinsetzungsbeschlusses (BGHSt 30, 335, 338 = NJW 1982, 1110). Nach Wiedereinsetzung in den vorigen Stand gegen die Versäumung der Frist zur Einlegung der Revision beginnt die Frist zur Ergänzung der abgekürzten Urteilsgründe mit dem Eingang der Akten bei dem für die Ergänzung zuständigen Gericht (BGH NJW 2008, 3509).

2 Die Wiedereinsetzung ist in der Regel ausgeschlossen, wenn das Revisionsgericht eine das Verfahren rechtskräftig abschließende Sachentscheidung getroffen hat (BGHSt 17, 94 = NJW 1962, 818; BGH NStZ-RR 1996, 201; vgl aber BGH StV 2008, 568). Bei Entscheidungen nach § 349 Abs 1 StPO bleibt die Wiedereinsetzung zulässig. Zur Wiedereinsetzung zur Nachholung von Verfahrensrügen s Rn 15. Zur Wiedereinsetzung hinsichtlich einer verfristeten Anhörungsrüge nach § 356 a S 2 StPO vgl BGH v 5. 8. 2008 – Az 5 StR 514/04; BGH v 13. 8. 2008 – Az 1 StR 162/08; BGH NJW 2009, 1092).

3 Der Antrag auf Wiedereinsetzung ist kein Rechtsmittel (§ 296 StPO Rn 1 f), da er nicht zur Überprüfung in einer höheren Instanz führt und auch nicht auf Nachprüfung einer bestimmten Entscheidung gerichtet ist. Es handelt sich um einen **außerordentlichen Rechtsbehelf.**

I. Versäumung einer Frist

1. Frist

4 Wiedereinsetzung kann bei der Versäumung **gesetzlicher** (vgl § 42 StPO Rn 3, dort auch zu den Ausnahmen) und **richterlicher Fristen** (vgl § 42 StPO Rn 4) gewährt werden. So kommt auch bei Versäumung der Frist zur Beantragung der Wiedereinsetzung nach § 45 Abs 1 S 1 StPO Wiedereinsetzung in Betracht. Bei den Erklärungsfristen im Ermittlungsverfahren kann keine Wiedereinsetzung gewährt werden (Pfeiffer StPO § 44 Rn 3; Meyer-Goßner StPO § 44 Rn 3). Für die Beschwerdefrist nach § 172 Abs 1 StPO gilt § 44 StPO analog, vgl auch § 172 StPO Rn 4.1. Für Fristen des materiellen Rechts, zB die Strafantragsfrist nach § 77 b Abs 1 S 1 StGB, gibt es keine Wiedereinsetzung (BGH NJW 1994, 1165).

4.1 Abgelehnt worden ist die Wiedereinsetzung für die Frist zur Begründung der Beschwerde (OLG Karlsruhe MDR 1983, 250), für den Anschluss als Nebenkläger (BGH NStZ-RR 1997, 136) und für die Wahlfrist zur Bestimmung eines unbenannten, gegen ein Urteil eingelegten Rechtsmittels (OLG Hamm NStZ 1991, 601).

5 **Termine** sind keine Fristen im Sinne des § 44 StPO. Der Gesetzgeber hat aber in einigen Fällen die Möglichkeit der Wiedereinsetzung in entsprechender Anwendung der Regelungen der § 44 StPO, § 45 StPO vorgesehen.

5.1 Bei der Versäumung von Terminen kann Wiedereinsetzung gewährt werden nach § 235 StPO (Ausbleiben des Angeklagten in der Hauptverhandlung), § 329 Abs 3 StPO (Ausbleiben des rechtsmittelführenden Angeklagten in der Berufungshauptverhandlung), § 391 Abs 4 StPO (Ausbleiben des Privatklägers in der Hauptverhandlung), § 401 Abs 3 StPO (Ausbleiben des rechtsmittelführenden Nebenklägers in der Berufungshauptverhandlung), § 412 StPO (Ausbleiben des Angeklagten in der Hauptverhandlung nach Einspruch gegen einen Strafbefehl).

2. Säumnis

Säumnis kann nur eintreten, wenn die **Frist abgelaufen** ist. Solange dies nicht der Fall ist, ist der Antrag auf Wiedereinsetzung unzulässig (BGHSt 17, 94, 96 = NJW 1962, 818; BGH v 1. 4. 2008 – Az 4 StR 475/07; OLG Karlsruhe NJW 1981, 471). Eine Frist kann nur derjenige versäumen, der sie einhalten wollte, aber nicht eingehalten hat (Meyer-Goßner StPO § 44 Rn 5). Wird von einer befristeten Prozesshandlung, insbesondere einem Rechtsmittel bewusst kein Gebrauch gemacht, ist keine Säumnis eingetreten (BGH NStZ 2001, 160). Ein **Motivirrtum** – auch hinsichtlich der Erfolgsaussichten eines Rechtsmittels – ist daher kein Grund für eine Wiedereinsetzung (vgl OLG Köln NStZ-RR 1996, 212; Wendisch JR 1978, 430). Der wirksame **Verzicht** auf ein Rechtsmittel (§ 302 StPO Rn 21) schließt die Möglichkeit einer Wiedereinsetzung aus (BGH v 11. 5. 2006 – Az 1 StR 175/06). Gleiches gilt für die **Rücknahme** eines Rechtsmittels (BGH NStZ 1995, 357; vgl § 302 StPO Rn 1). 6

Die Wiedereinsetzung ist daher in folgenden Fällen abzulehnen: 6.1
– als unzulässig, wenn der Antrag aufgrund einer irrtümlichen Fristberechnung noch während des Laufs der Frist eingeht (Löwe/Rosenberg/Graalmann-Scheerer StPO § 44 Rn 6);
– als unbegründet, wenn die Rechtsmittelfrist aufgrund unrichtiger, aber nicht bewusst wahrheitswidriger Beratung durch einen Rechtsanwalt bewusst ungenutzt verstrichen ist (OLG Düsseldorf NJW 1982, 60);
– als unbegründet, wenn der Angeklagte während der Rechtsmittelfrist kein Rechtsmittel eingelegt hat und erst danach von einer neuen höchstrichterlichen Entscheidung erfährt, die vermeintlich zum Erfolg einer Verfahrensrüge führen soll (BGH NStZ 1994, 46; vgl auch BGH NStZ-RR 2002, 66).

Eine Fristversäumung liegt auch vor, wenn die Prozesshandlung zwar vorgenommen, dabei aber die erforderliche **Form nicht gewahrt** wurde (BGHSt 26, 335 = NJW 1976, 1414), denn innerhalb der Frist ist dann keine formgerechte Erklärung eingegangen. Deswegen kann auch demjenigen Wiedereinsetzung gewährt werden, für den innerhalb der Frist eine nur vom Sozius des Pflichtverteidigers unterzeichnete Revisionsbegründungsschrift eingereicht worden ist (BGH NStZ 2003, 615). 7

3. Entsprechende Anwendung

Ist keine Frist versäumt worden, ist der Antragsteller aber zu Unrecht so behandelt worden, so kann ihm über den Wortlaut des § 44 StPO hinaus ebenfalls Wiedereinsetzung gewährt werden (BGH NStZ 1998, 210; OLG Hamm MDR 1988, 782; OLG Düsseldorf VRS 96, 27; KK-StPO/Maul StPO § 44 Rn 6; aA KG wistra 2002, 31; JR 2006, 301: solange der Betroffene seine Rechte auf andere Weise wahrnehmen kann). 8

II. Auf Antrag oder von Amts wegen

Antragsberechtigt ist jeder Verfahrensbeteiligte oder Dritter, der eine ihm gesetzte Frist versäumt hat. Dies können zB der Angeklagte, der Nebenkläger (RGSt 76, 179; vgl aber Rn 4.1), Zeugen, Sachverständige und sonstige Betroffene sein. Auch der **Staatsanwaltschaft** kann auf ihren Antrag Wiedereinsetzung gewährt werden, sie kann aber nicht Wiedereinsetzung für den Angeklagten beanspruchen (RGSt 22, 31; KK-StPO/Maul StPO § 44 Rn 3), § 296 StPO gilt nur für Rechtsmittel. Bei einem entsprechenden Antrag wird aber die Wiedereinsetzung von Amts wegen zu prüfen sein. 9

Wiedereinsetzung von Amts wegen wird nur gewährt, wenn die versäumte Handlung nachgeholt ist, § 45 Abs 2 S 3 StPO. Dies kann auch für die Staatsanwaltschaft erfolgen (BGH wistra 2007, 475). 10

III. Verhinderung ohne Verschulden

Weitere Voraussetzung ist, dass den Säumigen an der Fristversäumnis kein Verschulden trifft. Handelte er diesbezüglich vorsätzlich (Rn 6) oder fahrlässig, ist eine Wiedereinsetzung 11 ausgeschlossen. Ob ein fahrlässiges Verschulden an der Fristversäumnis vorliegt, ist anhand der konkreten Eigenschaften und Verhältnisse des Säumigen (Löwe/Rosenberg/Graalmann-Scheerer StPO § 44 Rn 21) zu bewerten. Der Maßstab für die **mögliche und zumutbare Sorgfalt** (OLG Frankfurt NStZ-RR 2003, 204) darf dabei im Interesse der materiellen Gerechtigkeit (Sarstedt JR 1956, 112 zum alten Recht; Meyer-Goßner StPO § 44 Rn 11), vor allem aber zur Gewährleistung des Anspruchs auf rechtliches Gehör (BVerfG NJW 1991, 2076), nicht zu streng sein (BVerfGE 54, 80, 84 = NJW 1981, 1168). Das ist besonders zu beachten, wenn es für den Säumigen um den **ersten Zugang zu Gericht** geht. Deswegen dürfen die Sorgfaltspflichten vor allem im Strafbefehlsverfahren nicht überspannt werden (VerfG Brandenburg NStZ-RR 2002, 239 mwN; KK-StPO/Maul StPO § 44 Rn 18). Hingegen sind an die Voraussetzungen fehlenden Verschuldens im Rahmen der Gehörsrüge des § 356a StPO hohe Anforderungen zu stellen (BGH wistra 2009, 33; BGH NJW 2009, 1092).

11.1   Ein Verschulden an einem Ereignis, welches zu einem Hindernis für die Fristwahrung geführt hat, steht der Wiedereinsetzung nicht entgegen. Deswegen kann Wiedereinsetzung auch bei Fristversäumung aufgrund Verhinderung wegen Selbstmordversuchs (OLG Hamburg MDR 1983, 152), eines selbstverschuldeten Unfalls (KMR/Paulus StPO § 44 Rn 12) oder polizeilicher Festnahme (OLG Düsseldorf VRS 99, 121) gewährt werden.

12   Der Betroffene darf die Frist bis zum letzten Tag ausnutzen. Es kann ihm also kein Vorwurf daraus gemacht werden, dass er bis zum letzten Tag gewartet hat und dann ein unverschuldetes Hindernis eingetreten ist (BVerfGE 41, 323, 328 = NJW 1976, 747; OLG Frankfurt NStZ-RR 2008, 259). Normale **Postlaufzeiten** müssen aber einkalkuliert werden (BGH v 17. 9. 2008 – Az 2 StR 366/08).

12.1   Ein Verschulden ist angenommen worden bei Versendung einer Rechtsmittelerklärung per Telefax wenige Minuten vor Fristablauf, wenn dieses Fax wegen Belegung des Empfangsgeräts verspätet eingeht (BVerfG NJW 2000, 574; BVerfG NJW 2006, 1505), da mit solchen kleineren Verzögerungen gerechnet werden muss. Auch den Gefangenen, der am letzten Tag der Frist ein Rechtsmittel einlegt, indem er dies in den Abteilungsbriefkasten der JVA legt, soll an der Fristversäumung ein Verschulden treffen (BGH NStZ 2006, 54). Nach der Rechtsprechung muss er einen Tag Postlaufzeit zwischen JVA und Gericht einkalkulieren (BGHR StPO § 44 S 1 Verhinderung 4; vgl auch BGH v 17. 9. 2008 – Az 2 StR 366/08) und das Rechtsmittelschreiben spätestens am vorletzten Tag der Frist vor 18 Uhr unter Hinweis auf den drohenden Fristablauf abgeben (OLG Frankfurt NStZ-RR 2008, 259 auch zum Anspruch auf Faxbenutzung). Der Gefangene darf nicht darauf vertrauen, dass ihm zu jeder Zeit die Erklärung eines Rechtsmittels zu Protokoll der Geschäftsstelle nach § 299 StPO ermöglicht wird (KG NStZ-RR 2009, 19).

13   Der Säumige, der die Frist vergessen hat, handelt in der Regel schuldhaft (Meyer-Goßner § 44 Rn 12). Aber auch derjenige, der seinen Verteidiger zu spät (BGH MDR 1956, 11) oder nicht eindeutig (vgl BGH v 26. 4. 2006 – Az 1 StR 154/06; BGHR StPO § 44 S 1 Verhinderung 2 und 9) mit der Rechtsmitteleinlegung beauftragt oder für Rücksprachen mit dem Bevollmächtigten nicht erreichbar ist (BGH NStZ 1997, 95), handelt schuldhaft.

13.1   Beispiele für Wiedereinsetzung wegen fehlenden Verschuldens an der Fristversäumung:
– plötzliche Erkrankung (BGH NJW 1975, 593);
– die Prozesshandlung des Verteidigers ist wegen dessen Zurückweisung nach § 146a StPO unwirksam (BGHSt 26, 353, 358 = NJW 1976, 1646);
– über den Antrag auf Pflichtverteidigerbestellung zur Revisionsbegründung ist nicht innerhalb der Revisionsbegründungsfrist entschieden worden (OLG Koblenz NStZ-RR 2008, 80);
– Überhören des Weckers wegen Übermüdung (BAG NJW 1970, 2079);
– der rechtsunkundige Angeklagte vertraut unzutreffend entgegen der Rechtsmittelbelehrung und dem Rat seines Verteidigers auf einen späteren Fristbeginn (BGHR StPO § 44 S 1 Verhinderung 8);
– zum Verschulden bei Unkenntnis vom Fristbeginn vgl Rn 19 oder von der den Fristenlauf auslösenden Zustellung Rn 20, zum Verschulden bei Einschalten von Dritten Rn 21.

B. Fallgruppen

14   Die Frage des Verschuldens hängt maßgeblich von den Umständen des Einzelfalls ab. Um dennoch in engen Grenzen übergreifende Maßstäbe darstellen zu können, sind die Beispiele

aus der Rechtsprechung im Folgenden nach sich teilweise überschneidenden Fallgruppen geordnet.

I. Wiedereinsetzung zur Nachholung von Verfahrensrügen

Eine Wiedereinsetzung zur Anbringung von Verfahrensrügen kommt grundsätzlich nicht in Betracht, wenn die Revision des Angeklagten bereits form- und fristgerecht begründet worden ist und nur einzelne Angriffe gegen die angefochtene Entscheidung nachgeholt werden sollen (BGHSt 1, 44, 46; BGH NStZ 1996, 201; BGH NStZ-RR 2008, 18). Denn das Institut der Wiedereinsetzung in den vorigen Stand gegen die Revisionsbegründungsfrist darf nicht dazu dienen, die Form- und Fristgebundenheit der Revisionsbegründung nach § 344 Abs 2 S 2 StPO, § 345 StPO zu unterlaufen (BGH NStZ-RR 1996, 140; BGHR StPO § 44 Verfahrensrüge 1; BGH StV 2008, 394). Nur bei **besonderen Verfahrenslagen,** in denen es zur Wahrung des Anspruchs des Angeklagten auf rechtliches Gehör nach Art 103 Abs 1 GG unerlässlich erscheint, kommen Ausnahmen von diesem Grundsatz in Betracht (BGHR StPO § 44 Verfahrensrüge 8; BGH StV 2008, 569). 15

Jedenfalls muss der Beschwerdeführer im Wiedereinsetzungsantrag darlegen, welche Verfahrensrügen erhoben werden sollen und inwieweit er ohne sein Verschulden konkret an der Erhebung dieser Rügen gehindert war (BGH wistra 1995, 347; BGH NStZ-RR 2004, 226). Ob die Revisionsbegründung auch § 344 Abs 2 S 2 StPO entspricht (vgl § 344 StPO Rn 28), ist hingegen nur im Revisions- und nicht im Wiedereinsetzungsverfahren zu prüfen (BGHSt 42, 365 = NJW 1997, 1516; vgl aber BGH v 11. 6. 2008 – Az 2 StR 223/08). 16

1. Keine Akteneinsicht

Eine Wiedereinsetzung in den vorigen Stand zur Nachholung einzelner Verfahrensrügen kann ausnahmsweise dann erfolgen, wenn dem Verteidiger des Beschwerdeführers trotz **angemessener Bemühungen** (BGHR StPO § 44 Verfahrensrüge 5 und 12: einmalige Aktenanforderung genügt nicht) vor Ablauf der Revisionsbegründungsfrist keine Akteneinsicht gewährt wurde und Verfahrensrügen nachgeschoben werden sollen, die ohne Aktenkenntnis nicht begründet werden können (BGH NStZ 1994, 46; BGHR StPO § 44 Verfahrensrüge 2, 4, 7; BGH NStZ 1997, 45; BGH StV 2005, 9; BGH NStZ-RR 2008, 282, 283; BGH NStZ 2009, 173). Liegt ein solcher Wiedereinsetzungsgrund vor, müssen nach Einsicht in das Protokoll die Verfahrensrügen innerhalb der Wiedereinsetzungsfrist von einer Woche erhoben werden (BGH NStZ 2009, 173). 17

Eine Wiedereinsetzung scheidet danach aus für die Rüge, beide Schöffen seien während der Hauptverhandlung eingeschlafen, da dies keinen Einblick in das Hauptverhandlungsprotokoll voraussetzt (BGH NStZ 1997, 45). Wenn aber in der Hauptverhandlung gestellte Anträge und die daraufhin ergangenen Beschlüsse mitgeteilt werden müssen, kommt Wiedereinsetzung in Betracht (BGH NStZ 1984, 418). 17.1

Wiedereinsetzung ist trotz fehlender Akteneinsicht abgelehnt worden:
- wenn die Akteneinsicht zwar gewährt, aber die Mitnahme in das Büro des Rechtsanwalts nicht gestattet worden ist (BGH NStZ 1985, 13; NStZ-RR 1998, 258);
- wenn sich die Verfahrensrüge bereits aufgrund in der Hauptverhandlung überreichter Kopien geltend machen ließ (BGH NStZ 2009, 173);
- wenn es für die Begründung der Besetzungsrüge auf die Einsicht in den Geschäftsverteilungsplan des Landgerichts und nicht auf die Akteneinsicht ankommt (BGHR StPO § 44 Verfahrensrüge 4; BGH v 29. 6. 2006 – Az 4 StR 146/06);
- bei fehlender Darlegung, wieso die nicht gewährte Akteneinsicht an der Erhebung der Verfahrensrüge gehindert hat (BGH wistra 1993, 228).

2. Weitere Ausnahmen

Jedenfalls die **Ergänzung** einer bereits erhobenen Verfahrensrüge nach Kenntnisnahme der Antragsschrift des Generalbundesanwalts ist grundsätzlich ausgeschlossen (BGH NStZ 1985, 101; BGH StV 2008, 394). Zur Frage, wann ausnahmsweise ein Wiedereinsetzungsgrund anzuerkennen ist, hat sich eine wenig übersichtliche Rechtsprechung entwickelt 18 (kritisch zur Kasuistik KK-StPO/Maul StPO § 44 Rn 14 ff; für grundsätzliche Zulässigkeit der Wiedereinsetzung Löwe/Rosenberg/Graalmann-Scheerer StPO § 44 Rn 15).

18.1   Danach ist Wiedereinsetzung zur Nachholung von Verfahrensrügen in folgenden Fällen gewährt worden, wobei dies auch immer von den Umständen des Einzelfalls abhängig gewesen sein kann und deswegen nur bedingt übertragbar ist:
- Krankheit des Verteidigers (BGH NStZ 1984, 204) oder seine sonstige Verhinderung durch äußere Umstände (BGH NStZ 2008, 525);
- Fehlen der Unterschrift des Verteidigers (BGHSt 31, 161 = NStZ 1983, 132);
- verspätete Beiordnung des Verteidigers (BGH StV 1983, 225);
- ein rechtsfehlerhaft zum Verteidiger bestellter Rechtsanwalt hat die Verfahrensrüge betreffend seine eigene verfahrensfehlerhafte Mitwirkung nicht erhoben, der zusätzlich bestellte Verteidiger hat dies nachgeholt (BGHSt 48, 170 = NJW 2003, 1331);
- bei Ausfall oder Empfangsfehlern des die Revisionsbegründung empfangenden Faxgerätes des Gerichts (BGH StV 2008, 568);
- Weigerung des Pflichtverteidigers, mehr als die Sachrüge zu erheben (BayObLG MDR 1974, 247);
- der Rechtspfleger weigert sich, notwendiges Vorbringen aufzunehmen (BGH wistra 1992, 148), anders aber wenn der Rechtspfleger über die richtige Art der Revisionsbegründung belehrt und zutreffend auf die Unwirksamkeit der Verfahrensrügen hinweist und sich erst danach pflichtgemäß weigert, die zahlreichen Rügen des Angeklagten zu protokollieren (BGH NStZ-RR 2008, 18).

II. Unkenntnis

1. Unkenntnis vom Fristbeginn oder -ende

19   Wer eine Rechtsmittelbelehrung nicht versteht, ist gehalten, sich nach dem Fristbeginn zu erkundigen (BGH NStZ 2007, 3). Dies gilt auch für einen **Ausländer**, der die Belehrung nicht versteht; er muss sich bemühen, ihren Inhalt zu erfahren (BVerfG NStZ 1991, 446; BVerfG StV 1995, 394), andernfalls handelt er schuldhaft. Hierbei ist besonderes Augenmerk auf die Umstände des Einzelfalls zu legen (Pfeiffer StPO § 44 Rn 5). Es ist aber nicht geboten, dass das Gericht die schriftliche Rechtsmittelbelehrung dem Betroffenen übersetzt, dies umfasst Art 6 Abs 3 MRK nicht (Pfeiffer StPO § 44 Rn 7).

19.1   Wiedereinsetzung ist gewährt worden:
- dem unverteidigten Ausländer, dem entgegen Nr 142 RiStBV kein Merkblatt ausgehändigt worden ist (OLG Köln NStZ 1997, 404; vgl auch BVerfG NJW 1996, 1811; BGH v 24. 6. 2008 – Az 3 StR 226/08), jedenfalls dann, wenn es eine komplizierte Belehrung ist (KG NZV 1992, 123) und er keinen Anlass hatte, den Verfahrensfehler durch Rückfrage bei Gericht oder Konsultation eines Anwalts zu klären (sehr eng OLG Hamm NJW 2001, 3279);
- bei Vertrauen auf falsche Auskünfte von Rechtspflegern (BGHR StPO § 44 S 1 Verhinderung 13);
- dem Ausländer, der nicht darauf hingewiesen worden ist, dass das Rechtsmittel in deutscher Sprache eingelegt werden muss (BGHSt 30, 182 = NJW 1982, 532);
- wenn sich das Gericht gegenüber einem schwerhörigen Angeklagten auf die Erteilung einer mündlichen Rechtsmittelbelehrung beschränkt hat (OLG Saarbrücken NJW 2003, 2182).

19.2   Die Wiedereinsetzung ist versagt worden:
- für den, der bei einer der korrekten schriftlichen Belehrung widersprechenden mündlichen Belehrung ohne weiteres von der mündlichen Belehrung ausgegangen ist (OLG Dresden NStZ-RR 2002, 171; aA SK-StPO Weßlau StPO § 44 Rn 41), dies führt jedoch zu übermäßig strengen Anforderungen an das Verschulden;
- Nichtzahlen eines Kostenvorschusses an den Wahlverteidiger, von dem dieser ein Tätigwerden abhängig gemacht hat (BGHR StPO § 44 S 1 Verhinderung 15);
- für einen Ausländer, der mit Hilfe eines Dolmetschers ordnungsgemäß belehrt worden ist (BGHR StPO § 44 S 1 Verhinderung 12).

2. Unkenntnis von der Zustellung

20   Die Fälle, in denen die Zustellung nicht durch persönliche Übergabe bewirkt wird (§ 37 StPO Rn 5), sind häufig unter dem Gesichtspunkt der Wiedereinsetzung zu bewerten. Es

gilt der Grundsatz, dass derjenige, der sich vorübergehend nicht an seinem Wohnort aufhält, auch keine Vorkehrungen treffen muss, dass ihn Zustellungen innerhalb der Rechtsmittelfristen erreichen (BVerfGE 26, 315 = NJW 1969, 1531). Etwas anderes gilt dann, wenn er weiß, dass ein Strafverfahren anhängig ist und er mit Zustellungen (KG VRS 87, 131), vor allem mit der Zustellung eines Urteils rechnen muss (OLG Frankfurt MDR 1987, 76). Allein die Kenntnis von laufenden Ermittlungen führt aber noch nicht zu derart gesteigerten Sorgfaltspflichten (BVerfGE 41, 332 = NJW 1976, 747; BVerfG NJW 1993, 847). Die Anforderungen dürfen in diesem Bereich insbesondere dann nicht überspannt werden, wenn es um den **ersten Zugang zu Gericht** geht (BVerfGE 40, 46, 49).

Hat der Säumige den Benachrichtigungsschein über die Zustellung unsorgfältig aufbewahrt und dadurch vergessen oder verloren, ist dies schuldhaft (KG v 25. 5. 2000 – Az 5 Ws (B) 353/00). Hat er keinen Anlass, an der Zuverlässigkeit seiner Hausgenossen zu zweifeln, darf er darauf vertrauen, dass sie ihm keine Zustellungen vorenthalten (OLG Frankfurt NStZ 2001, 85). Die Wiedereinsetzung ist auch nach einer öffentlichen Zustellung grundsätzlich möglich (OLG Frankfurt NStZ-RR 2004, 210; OLG Karlsruhe NJW 1974, 1172), in der Regel wird aber ein Verschulden an der Fristversäumnis vorliegen (BGHR StPO § 44 S 1 Verhinderung 7; KG v 22. 11. 2000 – Az 5 Ws 752/00 mwN). 20.1

III. Verschulden Dritter

1. Verteidiger

Ein wichtiger Grundsatz im Rahmen der Wiedereinsetzung ist, dass dem Beschuldigten das Verschulden seines Verteidigers und dessen Angestellten nicht zuzurechnen ist (BVerfG NJW 1994, 1856 nur Darlegungspflicht, vgl auch BGH v 18. 8. 2009 – Az 1 StR 382/09). Irrt der Verteidiger über eine Frist oder vergisst er sie, hindert dies nicht die Wiedereinsetzung für den Beschuldigten (BGHSt 14, 306, 309 = NJW 1960, 1774; KK-StPO/Maul StPO § 44 Rn 30; zu Ausnahmen vgl Rn 24). Der Angeklagte darf auf die Zuverlässigkeit seines Verteidigers vertrauen, er muss ihn **nicht überwachen** (BGH NStZ 1990, 25; Pfeiffer StPO § 44 Rn 6), jedenfalls solange ihm die Unzuverlässigkeit des Verteidigers nicht aufgrund besonderer Umstände bekannt ist (BGHSt 25, 89, 93 = NJW 1973, 521; BGH NStZ 1995, 352; BGH NJW 1973, 1138). 21

Der Beschuldigte darf aber nicht durch eigenes Verschulden dazu beitragen, dass der Verteidiger die Frist nicht einhält, zB indem er für Rücksprachen nicht zur Verfügung steht (BGH NStZ 1997, 95; BGH v 6. 8. 2009 – Az 3 StR 319/09) oder den erforderten Vorschuss (BGHR StPO § 44 S 1 Verhinderung 15) nicht zahlt. 22

Mitverschulden kann vorliegen, wenn der Verteidiger dem Angeklagten während des Fristenlaufs erklärt, er werde das Rechtsmittel wegen seines Urlaubs nicht mehr fristgemäß einlegen können, er werde dann aber Wiedereinsetzung beantragen (BGHSt 14, 306 = NJW 1960, 1774). Verschulden ist auch angenommen worden, wenn der Beschuldigte den Verteidiger erst am Nachmittag des letzten Fristtages einschaltet (BGH MDR 1956, 11). 22.1

Unterbleibt die nach § 145 a Abs 3 S 2 StPO vorgeschriebene Benachrichtigung des Verteidigers von der Zustellung an den Angeklagten, und wird deshalb die Begründungsfrist versäumt, so ist es unverschuldet, wenn der Beschuldigte nicht seinen Verteidiger von der Zustellung unterrichtet (OLG Frankfurt NJW 1982, 1297; OLG Köln VRS 101, 373; KK-StPO/Maul StPO § 44 Rn 32; **aA** BayObLG NStZ 1982, 171; OLG Düsseldorf VRS 89, 41, die freilich amtliches Verschulden auf den Beschuldigten abwälzen). 22.2

2. Rechtsanwälte anderer Verfahrensbeteiligter

Anders als beim Verteidiger müssen sich Nebenkläger und andere Verfahrensbeteiligte (KK-StPO/Maul StPO § 44 Rn 34 mit einer Aufstellung) das Verschulden ihres Rechtsanwalts zurechnen lassen. Da sie sich nicht gegen einen **Schuldvorwurf** verteidigen, gilt der allgemeine Verfahrensgrundsatz des § 85 Abs 2 ZPO (BGHSt 30, 309, 310 = NJW 1982, 1544; BGH NStZ-RR 2003, 80; Meyer-Goßner StPO § 44 Rn 19; **aA** Löwe/Rosenberg/ Graalmann-Scheerer StPO § 44 Rn). 23

Dieser findet in besonderen Verfahrensarten, die nicht unmittelbar mit der Verteidigung gegen einen Schuldvorwurf verbunden sind, auch für den Beschuldigten Anwendung, so im 24

Kostenverfahren (BGHSt 26, 126), im Beschwerdeverfahren nach StrEG (KG JR 1979, 128) und im Strafvollzugsverfahren (OLG Frankfurt NStZ 1981, 408), wobei das bei der Überprüfung von Disziplinarmaßnahmen zu unangemessenen Ergebnissen führt. Für die Nichtanhörungsrüge nach § 356 a StPO vgl BGH v 17. 7. 2009 – Az 5 StR 353/08, wonach bei Fristversäumung insoweit anwaltliches Verschulden zugerechnet werden soll, da es sich um eine „Vorstufe" der Verfassungsbeschwerde handele.

25 Wurde die Fristversäumung in diesen Fällen durch **Angestellte des Rechtsanwalts** verschuldet, kann Wiedereinsetzung aber dennoch in Betracht kommen. Denn der Rechtsanwalt darf in einfach gelagerten Fällen die Feststellung des Fristbeginns und die Berechnung der Frist gut ausgebildeten und sorgfältig überwachten Büroangestellten überlassen (BGHZ 43, 148, 153 = NJW 1965, 1021). Unterläuft dem Personal ein Fehler, zB falscher Eingangsstempel und darauf beruhende falsche Fristberechnung, so ist dies weder vom Rechtsanwalt noch vom Mandanten zu vertreten (BGH NStZ 2000, 545).

3. Post

26 Verzögerungen der Briefbeförderung sind dem Säumigen nicht zuzurechnen (BVerfGE 44, 302 = NJW 1977, 1233; BGH NJW 1978, 1488), auch wenn dies auf eine vorhersehbare, außergewöhnlich starke Beanspruchung der Postdienste zurückzuführen ist (BVerfG NJW 1992, 1952). Verzögerungen durch Sonn- und Feiertage muss er aber einkalkulieren (OLG Düsseldorf VRS 67, 38), ansonsten darf er die **übliche Postlaufzeit** von einem Tag veranschlagen (BVerfGE 40, 42, 45 = NJW 1975, 1405; BVerfG NJW 1994, 1856; BGH GA 1994, 75), bei einem Einschreibbrief verlängert sich die voraussichtliche Postlaufzeit auf zwei Tage (KG NStZ-RR 2006, 142). Zur Fristwahrung bei schriftlichen Erklärungen vgl § 42 StPO Rn 7 ff, insbesondere zur Adressierung an ein unzuständiges Gericht vgl § 42 StPO Rn 12.

26.1 Hat der Säumige die Verzögerung verursacht, zB durch eine falsche Postleitzahl, so ist die Fristversäumung schuldhaft (OLG Düsseldorf NJW 1994, 2841; OLG Frankfurt NStZ-RR 1997, 137).

26.2 Der Nachweis der rechtzeitigen Absendung lässt sich durch den Poststempel auf dem Briefumschlag führen. Ist dieser von der Poststelle des Gerichts vernichtet worden, darf dies nicht zu Lasten des Säumigen gehen (BVerfG NJW 1997, 1770). Ist der Eingang eines Faxes nicht nachweisbar, belegt der Sendebericht zwar nicht den rechtzeitigen Eingang, kann aber zur Wiedereinsetzung führen (KG NStZ-RR 2007, 24; zur Glaubhaftmachung Meyer-Goßner StPO § 45 Rn 9 a).

4. Justiz

27 Ein **amtliches Verschulden** ist dem Säumigen grundsätzlich nicht zuzurechnen (RGSt 70, 186, 188; Pfeiffer StPO § 44 Rn 6; KK-StPO/Maul StPO § 44 Rn 25). Hat er bei Gericht eine Rechtsauskunft erhalten, darf er darauf **vertrauen**, dass sie richtig und vollständig ist (BGHSt 24, 15, 25; OLG Zweibrücken NStZ-RR 2000, 111). Beruht eine Fristversäumnis auf Fehlern des Gerichts, sind die Anforderungen an eine Wiedereinsetzung mit **besonderer Fairness** zu handhaben (BVerfG NJW 2004, 2887). Es besteht aber kein Anspruch auf Fehlerfreiheit in der Dienstleistung des Urkundsbeamten, zu dessen Protokoll die Revision begründet wird (BGH NStZ-RR 2008, 312). Der Angeklagte hat auch keinen Anspruch darauf, dass seine wenige Tage vor Fristablauf abgegebene Revisionsbegründung vom Rechtspfleger unter Vernachlässigung anderer Dienstgeschäfte noch innerhalb der Frist fertig gestellt wird, wenn der Umfang der Sache eine Bearbeitung innerhalb der normalen Dienstzeiten nicht zulässt (BGH NStZ-RR 2009, 347).

27.1 Wiedereinsetzung ist gewährt worden:
- bei falschen Auskünften von JVA-Bediensteten zur Fristberechnung (BGH NStZ 1993, 27);
- Nichtvorführung zur Rechtsmitteleinlegung nach § 299 StPO, wenn nicht fristgemäße schriftliche Einlegung möglich und zumutbar gewesen wäre (OLG Karlsruhe Justiz 2003, 490);
- Protokollaufnahme durch einen unzuständigen Beamten (BVerfG NStZ-RR 2005, 238);
- Störung des Telefaxanschlusses des Gerichts (BGH StraFo 2005, 27; umfassend hierzu Graalmann-Scheerer FS Nehm 2006, 277, auch zum elektronischen Rechtsverkehr) oder sonstiger Fehler im

Übermittlungsvorgang (BGH StV 2008, 568: Verfälschung des Gefaxten; KG NStZ-RR 2007, 24: Faxeingang kann nicht festgestellt werden, es liegt aber ein Sendebericht vor);
- Unterlassen der Mitteilung nach § 145 a Abs 3 S 2 StPO an den Verteidiger (OLG München StV 2009, 401; vgl auch Rn 22.1);
- wenn entgegen § 145 Abs 3 S 1 StPO dem Beschuldigten nicht die Zustellung an den Verteidiger mitgeteilt wurde und die Fristversäumnis darauf beruht (BGH StV 1983, 283);
- verspätete Beiordnung eines Verteidigers (BGH StV 1983, 225; OLG Koblenz NStZ-RR 2008, 80).

Keine Wiedereinsetzung rechtfertigt es aber, wenn der Säumige die Erklärung an ein unzuständiges Gericht gesandt hatte und sie dort, aber nicht bei dem zuständigen Gericht fristgemäß eingegangen ist und das unzuständige Gericht die Erklärung nicht per Telefax oder telefonische Übermittlung an das zuständige Gericht gesandt hat. Denn hierzu ist es nicht verpflichtet, es genügt die Weitergabe im normalen Geschäftsgang (§ 42 StPO Rn 12). 27.2

Die **Staatsanwaltschaft** (vgl auch Rn 9) muss sich allerdings das Verschulden der von ihr eingeschalteten **Justizwachtmeister** der Behörde zurechnen lassen (BGH wistra 1988, 198; **aA** Löwe/Rosenberg/Graalmann-Scheerer StPO § 44 Rn 21). 28

Jedenfalls dann, wenn der Wiedereinsetzungsgrund in einem den Gerichten zuzurechnenden Fehler liegt, ist eine **ausdrückliche Belehrung** des Betroffenen **über die Möglichkeit der Wiedereinsetzung** aus Fairnessgründen geboten (BVerfG NJW 2005, 3629; BVerfG NStZ 2005, 238). 29

5. Sonstige Dritte

Hat sich der Betroffene zur Erledigung der Prozesshandlung der **Hilfe Dritter** bedient, muss er Vorkehrungen treffen, um die ordnungsgemäße Erledigung zu **kontrollieren** (OLG Hamm NStZ-RR 2009, 242; Meyer-Goßner StPO § 44 Rn 12), zB durch Nachfrage, ob das Rechtsmittel rechtzeitig eingelegt worden ist (BGH NStZ 1996, 50; OLG Zweibrücken StV 1992, 360), es sei denn, dies ist ihm unverschuldet unmöglich. 30

IV. Verständigung

Um den Angeklagten darauf hinzuweisen, dass er auch bei einer Verständigung nach § 257 c StPO in seiner Entscheidung, Rechtsmittel einzulegen, frei ist, ist er für diesen Fall gemäß § 35 a S 3 StPO qualifiziert zu belehren. Ist eine solche Belehrung unterblieben, so gilt die Vermutung des § 44 S 2 StPO (vgl Rn 32) nicht, wie jetzt ausdrücklich gesetzlich durch den Verweis nur auf § 35 a S 1 und S 2 StPO klargestellt ist. Aus zutreffenden Erwägungen – der Betroffene wird das Ergebnis der gefundenen Verständigung als dauerhaft akzeptieren – wollte der Gesetzgeber mit dem Ausschluss der Vermutung für fehlendes Verschulden Rechtsmittelmöglichkeiten nach bloßem späteren **Motivwechsel** verhindern (Drs 16/12310 zu Nr 3). Da allerdings die Möglichkeit des Rechtsmittelverzichts nach einer Verständigung durch das Gesetz zur Regelung der Verständigung im Strafverfahren vom 29. 7. 2009 (BGBl I 2009, 2353) gemäß § 302 S 2 StPO ohnehin ausgeschlossen ist (vgl hierzu § 302 StPO Rn 21 ff), ist die Bedeutung der durch das selbe Gesetz in § 35 a S 3 StPO normierten qualifizierten Belehrungspflicht deutlich gesunken. Beantragt der Rechtsmittelführer nach Verstreichenlassen der Rechtsmitteleinlegungsfrist **Wiedereinsetzung**, muss er glaubhaft machen, dass er irrig davon ausgegangen sei, keine Rechtsmittel einlegen zu dürfen (Meyer-Goßner StPO Ergänzungsheft § 35 Rn 2). Dies wird freilich auch bei unterbliebener qualifizierter Belehrung schwer zu belegen sein. Gelingt dem Angeklagten glaubhaft zu machen, dass er aufgrund unstatthafter Einwirkungen vom Beschreiten eines von ihm gewünschten Rechtswegs abgebracht worden ist, ist Wiedereinsetzung zu gewähren (vgl zur alten Rechtslage BGHSt 50, 40, 62 = NJW 2005, 1440 mAnm Widmaier 1985). 31

C. Gesetzliche Vermutung des S 2

Die Vermutung des § 44 S 2 StPO hat der Gesetzgeber beschränkt auf die Fälle, in denen der Betroffene über die wesentlichen Förmlichkeiten zur Einlegung von Rechtsmitteln nicht informiert wurde. Für die Belehrung nach § 35 a S 3 StPO gilt sie hingegen nicht. Die Vermutung hebt nur das Erfordernis fehlenden Verschuldens des Säumigen auf, ein **ursächlicher Zusammenhang zwischen Belehrungsmangel und Fristversäumnis** ist auch in 32 diesem Fall **erforderlich** (BGH NStZ 2001, 45), insoweit bleibt der Säumige darlegungspflichtig (OLG Karlsruhe NStZ-RR 1997, 157). Die Anforderungen an dieses Kausalitätserfordernis dürfen aber nicht überspannt werden (BVerfG NJW 1991, 2277).

32.1 Die gesetzliche Beschränkung der Vermutung des § 44 S 2 StPO auf die unterbliebene Rechtsmittelbelehrung hat der Gesetzgeber nach den Vorgaben der höchstrichterlichen Rechtsprechung (BGHSt 50, 40, 62 = NJW 2005, 1440) ausgestaltet.

33 **Verzichtet** der Verteidiger für den Angeklagten auf die Rechtsmittelbelehrung, greift die Vermutung des § 44 S 2 StPO nicht (BGH NStZ-RR 2000, 33). Auch auf die qualifizierte Belehrung kann nicht wirksam verzichtet werden (BGH NJW 2007, 1829; BGH NStZ 2008, 647; vgl Rn 31).

33.1 Eine § 44 S 2 StPO entsprechende Beweislage ist in folgendem Fall angenommen worden: Vom Gericht unbemerkt tritt ein Scheinverteidiger als Pflichtverteidiger auf, nach Beratung mit ihm verzichtet die Angeklagte auf Rechtsmittel. Als sie später von der fehlenden Zulassung des Anwalts erfährt, legt sie Revision ein. Sie legt in ihrem Wiedereinsetzungsantrag dar, dass sie auf die Wirksamkeit des Verzichts vertraut habe und daher früher keine Rechtsmittel eingelegt habe. Der Angeklagten ist Wiedereinsetzung gewährt worden, der Rechtsmittelverzicht war unwirksam (BGHSt 47, 238, 241 = NJW 1999, 2448).

34 Ist zwar eine Belehrung erteilt worden, war diese aber **unvollständig oder fehlerhaft**, gilt die Vermutung des § 44 S 2 StPO entsprechend, wenn dieser Fehler einen wesentlichen Punkt betraf (BayObLG wistra 1995, 76; OLG Düsseldorf VRS 92, 21) zB das für die Entgegennahme des Rechtsmittels zuständige Gericht nicht bezeichnet (OLG Hamburg NJW 1962, 602). Auch wenn die Belehrung zwar zunächst richtig erteilt worden ist, aber durch spätere **irreführende Zuschriften** des Gerichts wieder aufgehoben wird, greift die Vermutung, dass den Säumigen an der Fristversäumung kein Verschulden trifft (BGH NStZ 1994, 23; BGH NStZ 1994, 194).

§ 45 [Antrag auf Wiedereinsetzung]

(1) ¹**Der Antrag auf Wiedereinsetzung in den vorigen Stand ist binnen einer Woche nach Wegfall des Hindernisses bei dem Gericht zu stellen, bei dem die Frist wahrzunehmen gewesen wäre.** ²**Zur Wahrung der Frist genügt es, wenn der Antrag rechtzeitig bei dem Gericht gestellt wird, das über den Antrag entscheidet.**

(2) ¹**Die Tatsachen zur Begründung des Antrags sind bei der Antragstellung oder im Verfahren über den Antrag glaubhaft zu machen.** ²**Innerhalb der Antragsfrist ist die versäumte Handlung nachzuholen.** ³**Ist dies geschehen, so kann Wiedereinsetzung auch ohne Antrag gewährt werden.**

Überblick

Während § 44 StPO die materiellen Voraussetzungen für die Wiedereinsetzung beinhaltet, schreibt § 45 StPO die formellen Anforderungen für die Gewährung von Wiedereinsetzung fest. Dies kann nicht nur auf Antrag, sondern bei Vorliegen der sonstigen Voraussetzungen auch von Amts wegen geschehen.

Übersicht

	Rn		Rn
A. Antrag auf Wiedereinsetzung	1	1. Mittel der Glaubhaftmachung	9
I. Form	1	2. Beweisgrad	11
II. Frist	2	VI. Nachholung der versäumten Prozesshandlung	12
III. Zuständiges Gericht	5		
IV. Begründung	6	**B. Von Amts wegen**	13
V. Glaubhaftmachung	7		

A. Antrag auf Wiedereinsetzung

I. Form

Der Antrag kann **schriftlich oder zu Protokoll der Geschäftsstelle** gestellt werden. Da 1
die versäumte Prozesshandlung nachzuholen ist, sind die für diese vorgeschriebenen besonderen Formerfordernisse (vgl Rn 12) einzuhalten.

II. Frist

Ein fristwahrendes Wiedereinsetzungsgesuch muss spätestens innerhalb einer Woche nach 2
dem Wegfall des Grundes, der den Säumigen an der rechtzeitigen Wahrnehmung einer
Prozesshandlung gehindert hat, gestellt werden. Diese **Wochenfrist** beginnt mit dem **Wegfall des Hindernisses**; die Frist berechnet sich nach § 43 StPO. Beruht die Säumnis zB auf
der **Unkenntnis von der Zustellung** einer Entscheidung und dem dadurch ausgelösten
Fristenlauf für ein Rechtsmittel, so beginnt die Frist mit der Kenntnisnahme von der
Zustellung und der Möglichkeit der Kenntnisnahme ihres Gegenstandes (Löwe/Rosenberg/
Graalmann-Scheerer StPO § 45 Rn 7; vgl auch LG Köln MDR 1997, 283). Weiß der
Säumige nichts **von der Verspätung**, so ist diese Unkenntnis der Hinderungsgrund, sie
entfällt mit der Kenntnisnahme der sein Rechtsmittel wegen Verspätung verwerfenden
Entscheidung (BGH NStZ 1988, 210). Bei Unkenntnis über die Fristgebundenheit eines
Rechtsmittels entfällt der Hinderungsgrund mit der Kenntnis hierüber, sei es durch eine
nachgeholte Belehrung oder durch die Rechtsausführungen im Verwerfungsbeschluss.

Für den Zeitpunkt des Wegfalls des Hindernisses kommt es auf die **Kenntnis des** 3
Angeklagten, nicht seines Verteidigers an (BGH NStZ 2006, 54; BGHR StPO § 45 Abs 1
S 1 Frist 2; BGHR StPO § 46 Abs 1 Begründung 23). Anders ist es aber in den Fällen, in
denen dem Säumigen ein Verschulden seines Rechtsanwalts entsprechend § 85 Abs 2 ZPO
zugerechnet wird (§ 44 StPO Rn 23 ff), hier löst bereits die früher erlangte Kenntnis des
Prozessbevollmächtigten den Fristenlauf aus (vgl OLG Frankfurt NStZ-RR 2003, 369).

Verbleiben **Zweifel an der Rechtzeitigkeit** des Antrags, ist grundsätzlich zugunsten des 4
Antragstellers zu entscheiden (BGH NJW 1960, 2202; KK-StPO/Maul StPO § 45 Rn 3;
vgl aber § 42 StPO Rn 16 zu Ausnahmen; **aA** für Anträge nach § 45 StPO Meyer-Goßner
StPO § 45 Rn 3). Wird die Frist zur Einlegung des Wiedereinsetzungsantrags versäumt,
kann auch diesbezüglich **Wiedereinsetzung** gewährt werden (OLG Düsseldorf NJW 1982,
60; Pfeiffer StPO § 45 Rn 1).

III. Zuständiges Gericht

Der Antrag ist innerhalb der Frist bei dem Gericht zu stellen, bei dem die Frist wahr- 5
zunehmen gewesen wäre (iudex a quo). Zur Verfahrensvereinfachung misst das Gesetz aber
auch dem Antrag fristwahrende Wirkung bei, der bei dem zur Entscheidung berufenen
Gericht eingelegt wird (iudex ad quem).

Der Zuständigkeitsregel des § 46 Abs 1 (vgl § 46 StPO Rn 1) StPO folgend, sind diese Gerichte 5.1
bei der Versäumung von Rechtsmittelfristen das Untergericht (iudex a quo) und das Rechtsmittelgericht (iudex ad quem). Geht es aber um die Versäumung eines Einspruchs, ist das Gericht nach
§ 45 Abs 1 S 1 StPO mit dem nach § 45 Abs 1 S 2 StPO identisch.

IV. Begründung

In dem Antrag ist ein **Lebenssachverhalt** darzulegen, der das **fehlende Verschulden** an 6
der **Säumnis** belegt und Alternativen ausschließt, die der Wiedereinsetzung sonst entgegenstehen. Deswegen muss ein Gesuch um Wiedereinsetzung nicht nur Angaben über die
versäumte Frist und den Hinderungsgrund, sondern auch über den **Zeitpunkt des Wegfalls
des Hindernisses** enthalten (BGH NStZ 1996, 149; BGH NStZ 2006, 54; BGH v 1. 7. 2009
– Az 1 StR 150/09). Diese Angaben sind Zulässigkeitsvoraussetzungen für den Antrag und
daher innerhalb der Wochenfrist zu erklären (BGH NStZ-RR 1996, 338), fehlen sie, ist der
Antrag als unzulässig zu verwerfen (BGH NStZ 1991, 215). Nach Ablauf der Frist kann der

Tatsachenvortrag in der Regel nur noch ergänzt werden (BGH NStZ 1996, 149; OLG Düsseldorf VRS 81, 373; Meyer-Goßner StPO § 45 Rn 5; KK-StPO/Maul StPO § 45 Rn 8).

6.1   Hat der Angeklagte die Frist wegen verspäteten Eingangs seiner Rechtsmittelschrift versäumt und erfährt er erst später durch ein Schreiben des Landgerichts, dass er die Frist versäumt hat, so muss er nicht nur die Umstände der Absendung des Schreibens nach Zeit und Ort so genau vortragen, dass das Gericht die Frage des Verschuldens zuverlässig beurteilen kann (BGHR StPO § 45 Abs 2 Tatsachenvortrag 8; OLG Frankfurt NStZ-RR 2002, 12), sondern auch darlegen, wann er das seine Unkenntnis beseitigende Schreiben des Landgerichts erhalten hat, da andernfalls die Zulässigkeit des Antrags nicht überprüft werden kann (BGHR StPO § 45 Abs 2 Tatsachenvortrag 4).

6.2   Behauptet der Angeklagte, er habe die Benachrichtigung über die Zustellung nicht erhalten, so muss er Einzelheiten darlegen, die aufgrund der konkreten Umstände ein Abhandenkommen des Benachrichtigungsscheins möglich erscheinen lassen (BVerfG NStZ-RR 1998, 73). Die Versicherung der Ehefrau, sie habe keine Benachrichtigung vorgefunden, genügt nicht (Pfeiffer StPO § 45 Rn 2).

6.3   Wird ein Verschulden des Verteidigers an der Fristversäumung geltend gemacht, muss dargelegt werden, wann der Angeklagte von der Säumnis seines Verteidigers erfahren hat und somit das Hindernis weggefallen ist. Beruht allerdings die Mangelhaftigkeit des Wiedereinsetzungsantrags ersichtlich auch auf einem Verteidigerverschulden, so ist Wiedereinsetzung von Amts wegen zu gewähren (BGHR StPO § 45 Abs 2 Tatsachenvortrag 9).

6.4   Zur Vortragspflicht bei beantragter Wiedereinsetzung zur Nachholung von Verfahrensrügen vgl § 44 StPO Rn 15.

V. Glaubhaftmachung

7   Die Glaubhaftmachung bezieht sich auf **alle Umstände**, die **zur Begründung des Antrags** gehören. Sie ist ebenfalls Zulässigkeitsvoraussetzung (BGH NStZ 1991, 295), kann aber nach dem Wortlaut des § 45 Abs 2 S 1 StPO im Verfahren, auch noch im Beschwerderechtszug **nachgeholt** werden (BVerfGE 41, 332 = NJW 1976, 1537). Ist die Glaubhaftmachung im Antrag angekündigt, ist die Entscheidung für eine angemessene, nicht zu lang bemessene Dauer zurückzustellen (Meyer-Goßner StPO § 45 Rn 7).

8   Die Glaubhaftmachung ist nur **ausnahmsweise entbehrlich**, wenn sich die behaupteten Tatsachen aus den Akten ergeben oder gerichtsbekannt sind (KK-StPO/Maul StPO § 47 Rn 10). Die Rechtsunkenntnis des Angeklagten bedarf in der Regel keiner Glaubhaftmachung (Meyer-Goßner StPO § 45 Rn 6).

1. Mittel der Glaubhaftmachung

9   Alles, was geeignet ist, die Wahrscheinlichkeit des Vorbringens zu belegen, kann als Mittel zur Glaubhaftmachung genutzt werden (BVerfGE 38, 35, 39 = NJW 1974, 1903). Hierzu gehören zB schriftliche Beweismittel wie Atteste, Stempel, Briefe, Fahrkarten und sonstige **Urkunden** sowie Kopien hiervon, **eidesstattliche Versicherungen** oder schriftliche Erklärungen von **Zeugen**. Die bloße Benennung eines Zeugen reicht grundsätzlich nicht aus, für Amtsträger, zB JVA-Beamte kann etwas anderes gelten, wenn die Erlangung einer schriftlichen Erklärung nicht möglich oder zumutbar ist (Löwe/Rosenberg/Graalmann-Scheerer StPO § 45 Rn 20 ff; vgl aber auch Nr 155 RiStBV). Wahrnehmungen des Verteidigers können als **anwaltliche Versicherung** eingebracht werden vgl hierzu § 26 StPO Rn 6.

10   Die eigene **eidesstattliche Versicherung des Antragstellers** ist **kein zulässiges Mittel** der Glaubhaftmachung (BVerfG StV 1993, 451; BGH NStZ 1985, 493; BGHR StPO § 45 Abs 2 Glaubhaftmachung 1). Sie ist wie eine schlichte Erklärung zu werten, die grundsätzlich zur Glaubhaftmachung nicht ausreicht (BGH NStZ-RR 2002, 66; BGHR StPO § 45 Abs 2 Glaubhaftmachung 3; BGH v 30. 1. 2007 – Az 4 StR 570/06). **Ausnahmsweise** kann die eigene Erklärung des Antragstellers dann genügen, wenn ihm eine anderweitige Glaubhaftmachung ohne eigenes Verschulden nicht möglich ist (BVerfG NJW 1995, 2545; OLG Düsseldorf NStZ 1990, 149). Dies ist insbesondere im Falle der Vereitelung der Beweisführung durch amtliches Verschulden anzunehmen, zB durch die Vernichtung des die rechtzeitige Absendung belegenden Briefumschlags mit Poststempel (BVerfG NJW 1997, 1770).

Zur Glaubhaftmachung einer technischen Störung des Telefaxempfanggerätes oder von Geräten 10.1
für den elektronischen Rechtsverkehr vgl Graalmann-Scheerer FS Nehm 2006, 277, 282 ff. Neben
dem Sendeprotokoll wird es auch einer Erklärung des Absendenden bedürfen.

2. Beweisgrad

Es genügt, dass das Gericht die behaupteten Tatsachen für **wahrscheinlich** hält, die volle 11
Überzeugung braucht es nicht zu gewinnen (BGHSt 21, 334, 352 = NJW 1968, 710). Vor
allem, wenn es bei der Wiedereinsetzung um den ersten Zugang zu Gericht geht, dürfen die
Anforderungen an den Beweisgrad **nicht überspannt** werden (BVerfGE 40, 88, 91 =
NJW 1975, 1355). Finden die Behauptungen zur Fristversäumung durch die Glaubhaftmachung keine hinreichende Bestätigung, gehen Zweifel an der Richtigkeit der behaupteten
Tatsachen zu Lasten des Antragstellers (BGHR StPO § 45 Abs 2 Glaubhaftmachung 2; vgl
auch BGH v 1. 9. 2009 – Az 1 StR 412/09).

VI. Nachholung der versäumten Prozesshandlung

Die innerhalb der Wochenfrist erforderliche **Nachholung der Prozesshandlung** muss 12
die für diese vorgesehenen besonderen Formerfordernisse wahren (BGH NStZ 1989, 15;
OLG Düsseldorf NStZ 1993, 496). Fehlt es hieran, ist der Wiedereinsetzungsantrag unzulässig. Der Angeklagte darf sich nicht darauf beschränken, die bisher versäumte Revisionsbegründung anzukündigen, vielmehr muss er zugleich mit dem Wiedereinsetzungsantrag
eine den Erfordernissen des § 345 Abs 2 StPO genügende Revisionsbegründung abgeben.
Andernfalls ist der Antrag als unzulässig zu verwerfen (BGH StPO § 44 S 1 Verhinderung
11). Eine gesonderte Nachholung ist bei Verspätung der Prozesshandlung, zB der Rechtsmitteleinlegung, überflüssig.

Die Natur der Wiedereinsetzungsgründe kann ausnahmsweise Anlass geben, die Wochenfrist 12.1
des § 45 Abs 1 S 1 StPO durch die Monatsfrist des § 345 Abs 1 StPO zu ersetzen. Dies ist
angenommen worden für die Zurückweisung des Verteidigers nach § 146 a StPO (BGHSt 26, 335,
339) oder wenn der Angeklagte erst verspätet Kenntnis von dem Urteil erlangt hat (BGH StV
2006, 283). Der Wiedereinsetzungsantrag muss aber stets innerhalb der Wochenfrist angebracht
werden.

Ist die Einlegung der Revision versäumt worden, so beginnt die Frist zur Begründung des 12.2
Rechtsmittels erst mit der Zustellung des Wiedereinsetzungsbeschlusses (BGHSt 30, 335 = NJW
1982, 1110). Dies ist nicht überzeugend, da dem Säumigen auf diese Weise der Vorteil der längeren
Begründungsfrist verschafft wird.

Zur Nachholung von Verfahrensrügen vgl § 44 StPO Rn 15 ff. 12.3

B. Von Amts wegen

Ist die **versäumte Prozesshandlung** innerhalb der Frist des § 45 Abs 1 S 1 StPO 13
formgerecht **nachgeholt** worden und ergibt sich aus den vorhandenen Unterlagen ohne
weiteres, dass die **Säumnis unverschuldet** war, kann **Wiedereinsetzung** auch ohne Antrag
gewährt werden (BGH NStZ 1988, 446; BGHR StPO § 45 Abs 2 S 3 Voraussetzungen 1).
Dies wird nahe liegen, wenn der Säumige eine schriftliche Erklärung rechtzeitig abgesandt
hat, diese aber wegen nicht vorhersehbarer Verzögerungen für den Absender unbemerkt zu
spät eintrifft. Hier kann sich zB anhand des Poststempels der Grund für die Versäumung und
das fehlende Verschulden ergeben, ohne dass weitere Darlegungen hierzu erforderlich sind
(vgl OLG Hamburg NStZ 1985, 568). Kann nicht mehr nachgeprüft werden, ob das
Rechtsmittel fristgemäß eingegangen ist, da sich der Briefumschlag mit dem Eingangsstempel
nicht mehr bei den Akten befindet, kommt ebenfalls eine Wiedereinsetzung von Amts
wegen in Betracht (OLG Hamm NStZ-RR 2009, 112). Auch der Staatanwaltschaft kann
ausnahmsweise Wiedereinsetzung von Amts wegen gewährt werden (BGH wistra 2007,
475).

Bei der entsprechenden Anwendbarkeit der Wiedereinsetzungsvorschriften nach **Versäu-** 14
mung eines **Termins** (vgl § 44 StPO Rn 5) gilt § 45 Abs 2 S 3 StPO nicht. Eine Wiedereinsetzung ohne Antrag sieht das Gesetz insoweit nicht vor (KK-StPO/Gmel StPO § 235
Rn 6; **aA** OLG Düsseldorf NJW 1980, 1704; KK-StPO/Maul StPO § 45 Rn 17).

StPO § 46

§ 46 [Entscheidung und Rechtsmittel]

(1) Über den Antrag entscheidet das Gericht, das bei rechtzeitiger Handlung zur Entscheidung in der Sache selbst berufen gewesen wäre.
(2) Die dem Antrag stattgebende Entscheidung unterliegt keiner Anfechtung.
(3) Gegen die den Antrag verwerfende Entscheidung ist sofortige Beschwerde zulässig.

Überblick

Die Vorschrift regelt die Zuständigkeit für die Entscheidung über den Antrag auf Wiedereinsetzung und die Rechtsmittelmöglichkeiten gegen diese Entscheidung.

A. Zuständigkeit

1   Die Zuständigkeit für die Entscheidung über die Wiedereinsetzung ist an die **Zuständigkeit in der Sache selbst gekoppelt.** Demnach ist für die Wiedereinsetzung nach der Versäumung der Einspruchsfrist gegen einen Strafbefehl das Amtsgericht, § 410 Abs 1 StPO, § 411 StPO, nach Versäumung von Rechtsmittelfristen das Berufungs- oder Revisionsgericht zuständig. Wird die Wiedereinsetzung nach Versäumung der Revisionsbegründung nur beantragt, um von der Revision in die Berufung überzugehen, bleibt das Revisionsgericht zuständig (OLG Schleswig MDR 1981, 251), bei unbestimmter Anfechtung ist das Berufungsgericht zuständig (§ 335 StPO Rn 3 ff).

2   Ist eine Entscheidung über die Wiedereinsetzung **beim Amtsgericht übersehen** worden, darf nicht das Rechtsmittelgericht selbst über die Wiedereinsetzung entscheiden (OLG Frankfurt NStZ-RR 2006, 215). Hat das Amtsgericht den Einspruch gegen den Strafbefehl als unzulässig verworfen und wird im Rahmen des Beschwerdevortrags Wiedereinsetzung nach Versäumung der Einspruchsfrist geltend gemacht, darf ebenfalls nicht das Rechtsmittelgericht entscheiden (Meyer-Goßner StPO § 46 Rn 2).

B. Entscheidung

3   Die Entscheidung ergeht durch **Beschluss**, nachdem den Verfahrensbeteiligten zu dem Antrag rechtliches Gehör gewährt worden ist. Es ist aber auch eine stillschweigende Gewährung der Wiedereinsetzung in den vorigen Stand möglich (BGH NStZ 1996, 201), wobei dies jedoch voraussetzt, dass das Gericht die Fristversäumung erkannt hat (OLG Hamburg StraFo 2006, 294; Meyer-Goßner StPO § 46 Rn 4).

4   Sind die formalen Anforderungen des § 45 StPO nicht erfüllt, wird der Antrag als **unzulässig**, fehlt es an den Voraussetzungen des § 44 StPO als **unbegründet** abgelehnt. Wird dem Antrag stattgegeben, ist die **Kostenfolge** des § 473 Abs 7 StPO zu beachten. Zu den Wirkungen einer stattgebenden Entscheidung vgl § 44 StPO Rn 1.

4.1   Bei der Tenorierung ist vielfach – gerade in älteren Entscheidungen – von Wiedereinsetzung „gegen die Versäumung der Frist" die Rede, vorzugswürdig ist es allerdings, „Wiedereinsetzung nach Versäumung" (BGH v 19. 12. 2007 – Az 2 StR 372/07), „hinsichtlich der Versäumung" einer bestimmten Frist oder „Wiedereinsetzung zur Nachholung" einer bestimmten Prozesshandlung (BGH v 18. 6. 2008 – Az 2 StR 485/07) zu gewähren oder abzulehnen.

5   Die **stattgebende Entscheidung** ist **bindend**, dies gilt auch, wenn ein unzuständiges Gericht die Wiedereinsetzung gewährt hat (OLG Düsseldorf NStZ 1988, 238), zB das Amtsgericht bei Versäumung der Frist zur Einlegung der Berufung. An ablehnende Entscheidungen des **unzuständigen Gerichts** hingegen sind die Rechtsmittelgerichte, zB im Rahmen der Befassung nach § 346 Abs 2 StPO, nicht gebunden (BGH MDR 1977, 284; BayObLG VRS 59, 214; **aA** Löwe/Rosenberg/Graalmann-Scheeerer StPO § 46 Rn 28 mwN).

C. Anfechtung

6   Beschlüsse, mit denen **Wiedereinsetzung gewährt** wird, sind **unanfechtbar**, § 46 Abs 2 StPO. Hierfür ist es auch unschädlich, wenn sie vom unzuständigen Gericht erlassen worden

sind. Gegen die Wiedereinsetzung **versagende Entscheidungen** ist das fristgebundene Rechtsmittel der **sofortigen Beschwerde** statthaft, sofern nicht die Beschwerde nach § 304 Abs 4 StPO (§ 304 StPO Rn 13 ff) ausgeschlossen ist. Das Rechtsmittel kann auch die Staatsanwaltschaft einlegen, insoweit gilt § 296 Abs 2 StPO.

§ 47 [Keine Hemmung der Vollstreckung]

(1) Durch den Antrag auf Wiedereinsetzung in den vorigen Stand wird die Vollstreckung einer gerichtlichen Entscheidung nicht gehemmt.

(2) Das Gericht kann jedoch einen Aufschub der Vollstreckung anordnen.

(3) [1]Durchbricht die Wiedereinsetzung die Rechtskraft einer gerichtlichen Entscheidung, werden Haft- und Unterbringungsbefehle sowie sonstige Anordnungen, die zum Zeitpunkt des Eintritts der Rechtskraft bestanden haben, wieder wirksam. [2]Bei einem Haft- oder Unterbringungsbefehl ordnet das die Wiedereinsetzung gewährende Gericht dessen Aufhebung an, wenn sich ohne weiteres ergibt, dass dessen Voraussetzungen nicht mehr vorliegen. [3]Anderenfalls hat das nach § 126 Abs. 2 zuständige Gericht unverzüglich eine Haftprüfung durchzuführen.

Überblick

Der Antrag auf Wiedereinsetzung hat keine Suspensivwirkung, eine solche kann allerdings durch das Gericht angeordnet werden. Der neu eingefügte Abs 3 ordnet das Wiederaufleben vorläufiger Regelungen an, die durch die Rechtskraft zunächst obsolet geworden waren, die aber aufgrund der rechtskraftdurchbrechenden Wirkung der Wiedereinsetzung wieder erforderlich werden.

A. Wirkung des Antrags auf Wiedereinsetzung

Der bloße Antrag auf Wiedereinsetzung hat – wie die Beschwerde (§ 307 StPO Rn 1) – **keine aufschiebende Wirkung**. Während des Verfahrens über die Wiedereinsetzung ist die Entscheidung, bezüglich der eine Prozesshandlung versäumt worden ist, vollstreckbar. Die Vollstreckungshemmung tritt erst mit der Gewährung der Wiedereinsetzung ein (§ 44 StPO Rn 1).   1

> Beispiel: Der Angeklagte wird zu Freiheitsstrafe verurteilt. Unverschuldet versäumt er die Frist zur Einlegung der Berufung, das Urteil wird mit Ablauf der Rechtsmittelfrist rechtskräftig und vollstreckbar. Stellt der Angeklagte jetzt einen Wiedereinsetzungsantrag, bleibt das Urteil dennoch vollstreckbar. Erst mit der Gewährung von Wiedereinsetzung entfällt die Rechtskraft des Urteils, denn das Verfahren ist in die Lage zu versetzen, die bestanden hätte, wenn der Angeklagte fristgerecht Berufung eingelegt hätte. Das Urteil kann zunächst nicht mehr vollstreckt werden.   1.1

> Allein der Antrag auf Wiedereinsetzung beseitigt nicht die Wirksamkeit eines rechtskräftigen Fahrverbots nach § 44 StGB (OLG Köln NJW 1987, 80).   1.2

Das Gericht kann jedoch einen **Aufschub der Vollstreckung** anordnen, um unzumutbare Härten zu vermeiden. Hierfür ist Voraussetzung, dass der Wiedereinsetzungsantrag Erfolg versprechend erscheint (KK-StPO/Maul StPO § 47 Rn 2). Zuständig ist der gesamte Spruchkörper, nicht allein der Vorsitzende (vgl Pfeiffer StPO § 47 Rn 2). Der Vollstreckungsaufschub kann sowohl von dem nach § 46 Abs 1 StPO für die Entscheidung über den Antrag zuständigen Gericht (§ 46 StPO Rn 1), als auch von dem Gericht, bei dem gemäß § 45 Abs 1 S 1 StPO der Antrag zu stellen war (§ 45 StPO Rn 5), bewilligt werden. Das nur zur Entgegennahme des Antrags zuständige Gericht muss das Verfahren aber an das zur Entscheidung berufene Gericht abgeben, dieses kann die Entscheidung nach § 47 Abs 2 StPO abändern (Meyer-Goßner StPO § 47 Rn 2).   2

> Die Entscheidung nach § 47 Abs 2 StPO ist mit der Beschwerde anfechtbar (Meyer-Goßner StPO § 47 Rn 2; Pfeiffer StPO § 47 Rn 2). Dies scheint aber praktisch kaum relevant, denn bis zur Entscheidung über die Beschwerde wird auch über den Wiedereinsetzungsantrag entschieden sein.   2.1

B. Wirkungen der Wiedereinsetzung auf Haft- und sonstige vorläufige Anordnungen

3 Mit der Einfügung des § 47 Abs 3 StPO ist der Rechtsprechung des Bundesverfassungsgerichts Rechnung getragen worden, wonach ein **Wiederaufleben** eines **bereits gegenstandslos gewordenen Haftbefehls** im Wege richterlicher Rechtsfortbildung mit dem Gewährleistungsgehalt des Art 104 Abs 1 GG nicht vereinbar ist (BVerfG NJW 2005, 3131 mAnm Mosbacher 3110). Bis zu dieser Entscheidung entsprach es der strafrichterlichen Praxis, dass bei einer Wiedereinsetzung nach einer versäumten Rechtsmittelfrist eine durch **zwischenzeitliche Rechtskraft** zunächst überholte Haftentscheidung oder eine ähnlich vorläufige Anordnung wieder auflebt. Diese Handhabung ist nun durch § 47 Abs 3 StPO **gesetzlich legitimiert**. Nicht näher begründete rechtsstaatliche Bedenken, die in der Entscheidung des Bundesverfassungsgerichts gegen ein solches gesetzgeberisches Vorhaben anklingen, sind – soweit ersichtlich – gegen die aktuelle Gesetzesfassung bisher nicht konkretisiert worden.

4 § 47 Abs 3 StPO ist aber **nicht auf Haft- oder Unterbringungsbefehle beschränkt**, sondern betrifft auch sonstige, durch die zwischenzeitliche Rechtskraft gegenstandslos gewordene vorläufige Anordnungen, wie zB Beschlagnahme nach § 94 StPO, vorläufige Entziehung der Fahrerlaubnis nach § 111 a StPO und vorläufige Sicherstellungsmaßnahmen nach §§ 111 b StPO ff (vgl Meyer-Goßner StPO § 47 Rn 3 mit weiteren Beispielen). Bestand vor der Rechtskraft nicht nur ein Haftbefehl, sondern auch ein Haftverschonungsbeschluss nach § 116 StPO, so leben beide wieder auf.

5 Für gem § 47 Abs 3 S 1 StPO wieder wirksam gewordene Haft- und Unterbringungsbefehle hat der Gesetzgeber das für die Wiedereinsetzung zuständige Gericht zu einer **Schlüssigkeitsprüfung des Haftbefehls** verpflichtet, § 47 Abs 3 S 2 und S 3 StPO. Hebt dieses Gericht den Haftbefehl daraufhin nicht auf, hat der nach § 126 Abs 1 StPO zuständige Haftrichter **von Amts wegen eine Haftprüfung** durchzuführen (vgl § 117 Abs 5 StPO).

Sechster Abschnitt. Zeugen (§§ 48-71)

§ 48 [Ladung der Zeugen]

(1) ¹Zeugen sind verpflichtet, zu dem zu ihrer Vernehmung bestimmten Termin vor dem Richter zu erscheinen. ²Sie haben die Pflicht auszusagen, wenn keine im Gesetz zugelassene Ausnahme vorliegt.

(2) Die Ladung der Zeugen geschieht unter Hinweis auf verfahrensrechtliche Bestimmungen, die dem Interesse des Zeugen dienen, auf vorhandene Möglichkeiten der Zeugenbetreuung und auf die gesetzlichen Folgen des Ausbleibens.

Überblick

Die Vorschrift des § 48 StPO regelt die Pflicht des Zeugen, auf Ladung bei Gericht zu erscheinen und dort auszusagen (Rn 1). Sie bestimmt weiter den Inhalt und die Form der Ladung (Rn 2 bis Rn 3), die darin enthaltenen Hinweise an den Zeugen (Rn 4 bis Rn 5) und Sonderregelungen zB für Kinder (Rn 6); s auch Nr 64 RiStBV bis Nr 66 RiStBV.

A. Erscheinens- und Aussagepflicht

1 Der mit dem 2. OpferrechtsreformG zum 1. 10. 2009 neu eingeführte § 48 Abs 1 StPO enthält erstmals die gesetzliche Normierung – der bislang zwar nicht geregelten, aber allgemein anerkannten – staatsbürgerlichen Pflicht von Zeugen, zu dem zu ihrer Vernehmung bestimmten Termin vor dem Richter zu erscheinen. Sie sind weiter verpflichtet, zur Sache auszusagen, sofern keine im Gesetz zugelassene Ausnahme vorliegt. Die Neuregelung stellt die gesetzliche Grundlage für den mit der Erscheinens- und Aussagepflicht verbundenen Eingriff in die Grundrechte des Zeugen dar und führt zudem zu Rechtsklarheit.

B. Inhalt und Form der Ladung

Die **Ladung** ist die Aufforderung an einen Zeugen, an einem bestimmten Ort zu einer bestimmten Zeit zur Vernehmung als Zeuge zu erscheinen. Eine bestimmte **Form** für die Ladung, mit Ausnahme der unmittelbaren Ladung durch die Prozessbeteiligten (§ 38 StPO), besteht nicht. Sie erfolgt regelmäßig schriftlich (einfacher Brief genügt); möglich ist aber auch die mündliche oder telefonische Ladung. Eine förmliche Zustellung ist für die Rechtsfolgen des § 51 StPO empfehlenswert. Die **Anordnung** der Ladung trifft der Richter, der die Ladung durchführen will. Die **Ausführung** der Ladung erfolgt regelmäßig durch die Geschäftsstelle des Gerichts (§ 36 Abs 1 S 2 StPO), wenn der Ladende sie nicht selbst (zB mündlich in der Hauptverhandlung) durchführt. Eine **Ladungsfrist** besteht nicht (§ 51 StPO Rn 2). 2

Die Ladung muss von ihrem **Inhalt** her erkennen lassen, dass der Geladene als Zeuge vernommen werden soll. Soweit der Zweck der Untersuchung es nicht verbietet, ist der Name des Beschuldigten anzugeben, der Gegenstand der Untersuchung dagegen nur dann, wenn dies zur Vorbereitung des Zeugen erforderlich ist. Die **Vorlage** von Schriftstücken oder Beweismitteln durch den Zeugen kann angeordnet werden. **Belehrungen** (zB § 52 StPO, § 55 StPO) sind nicht in die Ladung aufzunehmen. Für die Ladung des Sachverständigen (§ 72 StPO) und die Vorladung von Zeugen zur staatsanwaltschaftlichen Vernehmung (§ 161a Abs 1 S 2 StPO) gilt § 48 StPO entsprechend. 3

C. Hinweise an den Zeugen

In jeder Ladung, auch bei mündlicher Ladung in unterbrochener oder ausgesetzter Hauptverhandlung oder bei wiederholter Ladung, ist auf die **gesetzlichen Folgen des Ausbleibens** (§ 51 StPO Rn 2) hinzuweisen. Der Zeuge muss sich durch den Hinweis einen vollständigen Überblick über die Folgen des § 51 StPO verschaffen können. Der bloße Hinweis „auf die gesetzlichen Folgen des Ausbleibens" genügt nicht (Löwe/Rosenberg/Dahs StPO § 48 Rn 7). Befindet sich der Zeuge nicht auf freiem Fuß, tritt an die Stelle des Hinweises der Vorführungsbefehl. 4

Der Zeuge ist mit der Ladung über seine **Zeugenrechte** zu informieren. Er ist auf Möglichkeiten der Zeugenbetreuung (zB Zeugenzimmer, Zeugenbetreuungsstelle) und auf die in seinem Interesse bestehenden Verfahrensvorschriften (zB § 68a StPO, § 68b StPO, § 247 S 2 StPO, § 171b GVG, § 172 GVG) hinzuweisen (hierzu krit Wenske DRiZ 2005, 293). 5

D. Besondere Fälle

Kinder werden, unabhängig davon, ob sie schon genügendes Verständnis von der Bedeutung der Ladung haben, zu Händen ihrer gesetzlichen Vertreter geladen. Jugendliche ab 14 Jahren können persönlich geladen werden (OLG Frankfurt NStZ-RR 2005, 268). Ein Erziehungsberechtigter kann zur Vernehmung als Begleitperson erscheinen (§ 7 Abs 1 S 2 JVEG). **Soldaten** werden wie Zivilpersonen geladen. Für Soldaten ausländischer NATO-Truppen gilt Art 37 NTS-ZA. **Seeleute und Binnenschiffer** können nach Seemannsart (OLG Bremen Rpfleger 1965, 48) durch Vermittlung der Wasserschutzpolizei geladen werden. 6
Zeugen im **Ausland** werden über die ausländische Behörde (Nr 151 RiVASt, Nr 152 RiVASt) oder die deutsche Auslandsvertretung (Nr 172 RiVASt), **Exterritoriale** nach Nr 196 RiVASt ff geladen.

E. Revision und Beschwerde

Dem Zeugen und den anderen Verfahrensbeteiligten steht gegen die Ladung kein Beschwerderecht zu. Verstöße gegen § 48 StPO können nicht die Revision begründen. Die Wirksamkeit der Ladung wird von inhaltlichen Mängeln oder einer Abweichung von der angeordneten Ladungsform nicht berührt. 7

§ 49 [Vernehmung des Bundespräsidenten]

¹Der Bundespräsident ist in seiner Wohnung zu vernehmen. ²Zur Hauptverhandlung wird er nicht geladen. ³Das Protokoll über seine gerichtliche Vernehmung ist in der Hauptverhandlung zu verlesen.

1   Die Vorschrift des § 49 StPO regelt die Vernehmung des Bundespräsidenten außerhalb (Rn 1) und in der Hauptverhandlung (Rn 2).
Vernehmung des Bundespräsidenten:
Der **Bundespräsident** ist in seiner „Wohnung" (nicht nur der Wohnsitz iSd § 7 BGB, sondern auch der Dienstsitz oder vorübergehende Wohnsitz) zu vernehmen. Das Privileg besteht nur für den Bundespräsidenten persönlich (nicht auch für seine verfassungsmäßigen Vertreter) während der Amtszeit und ist verzichtbar (Meyer-Goßner StPO § 49 Rn 1). Wegen § 49 S 3 StPO wird die Vernehmung regelmäßig durch das Gericht erfolgen. Bei dieser haben die anderen Prozessbeteiligten kein Anwesenheitsrecht (Meyer-Goßner StPO § 49 Rn 1), soweit sich der Bundespräsident nicht auf der Gerichtsstelle vernehmen lässt.
Für die Vernehmung gelten die allgemeinen Vorschriften. Zum **besonderen Zeugnisverweigerungsrecht** s § 54 StPO Rn 29.

2   Zur **Hauptverhandlung** wird der noch im Amt befindliche Bundespräsident nicht geladen. Anstelle wird die Vernehmungsniederschrift verlesen; einer besonderen Beschlussfassung bedarf es hierzu nicht.

§ 50 [Vernehmung von Abgeordneten und Ministern]

(1) Die Mitglieder des Bundestages, des Bundesrates, eines Landtages oder einer zweiten Kammer sind während ihres Aufenthaltes am Sitz der Versammlung dort zu vernehmen.

(2) Die Mitglieder der Bundesregierung oder einer Landesregierung sind an ihrem Amtssitz oder, wenn sie sich außerhalb ihres Amtssitzes aufhalten, an ihrem Aufenthaltsort zu vernehmen.

(3) Zu einer Abweichung von den vorstehenden Vorschriften bedarf es
für die Mitglieder eines in Absatz 1 genannten Organs der Genehmigung dieses Organs,
für die Mitglieder der Bundesregierung der Genehmigung der Bundesregierung,
für die Mitglieder einer Landesregierung der Genehmigung der Landesregierung.

(4) ¹Die Mitglieder der in Absatz 1 genannten Organe der Gesetzgebung und die Mitglieder der Bundesregierung oder einer Landesregierung werden, wenn sie außerhalb der Hauptverhandlung vernommen worden sind, zu dieser nicht geladen. ²Das Protokoll über ihre richterliche Vernehmung ist in der Hauptverhandlung zu verlesen.

Überblick

Die Vorschrift des § 50 StPO regelt die Vernehmung von Mitgliedern der Parlamente (Rn 2) und der Regierung (Rn 3) als Zeuge. § 50 Abs 3 StPO ermöglicht es, mit einer Sondergenehmigung von den allgemeinen Vernehmungsbestimmungen abzuweichen (Rn 4).

A. Normzweck

1   Die Sonderregelung des § 50 StPO dient dem Schutz des Parlaments und der Regierung gegen Störungen der Arbeit durch Reisen der Mitglieder an auswärtige Vernehmungsorte. Sie gilt für alle Verfahrensabschnitte und ist unverzichtbar (Meyer-Goßner StPO § 50 Rn 1).

B. Vernehmung von Parlamentsmitgliedern (Abs 1)

Von § 50 StPO werden die Abgeordneten des Bundestages (Art 38 GG), die Mitglieder des Bundesrates (Art 51 GG) sowie die Abgeordneten der Landesparlamente (auch Berliner Abgeordnetenhaus und die Bürgerschaften von Bremen und Hamburg) erfasst. 2

Parlamentsmitglieder sind während der **Sitzungsperiode** am Sitz der Versammlung zu vernehmen, wenn der Abgeordnete sich dort aufhält. In der **sitzungsfreien Zeit** entscheidet das Gericht nach pflichtgemäßem Ermessen, an welchem Aufenthaltsort der Abgeordnete zu vernehmen ist (BGH NStZ 1982, 158). Die **Vernehmung** wird wegen § 50 Abs 4 S 2 StPO regelmäßig durch das Gericht erfolgen. Der Abgeordnete ist in die Gerichtsstelle am Parlamentssitz zu laden. Die Anwesenheitsrechte der anderen Prozessbeteiligten sind nicht eingeschränkt.

C. Vernehmung von Regierungsmitgliedern (Abs 2)

Regierungsmitglieder sind der Bundeskanzler und die Bundesminister (Art 62 GG). Die parlamentarischen und beamteten Staatssekretäre gehören nicht zur Regierung, selbst wenn sie die Bezeichnung Staatsminister führen. Die parlamentarischen Staatssekretäre fallen als Abgeordnete jedoch unter § 50 Abs 1 StPO. Die Zusammensetzung der **Landesregierung** ergibt sich aus der jeweiligen Landesverfassung; in Bayern gehören auch die Staatssekretäre zur Regierung (Art 43 Abs 2 BayVerf). Die **Vernehmung** erfolgt durch das Gericht (§ 50 Abs 4 S 2 StPO) am Amtssitz des Regierungsmitgliedes, bei Abwesenheit vom Amtssitz am Aufenthaltsort, auch wenn sich dort kein Gericht befindet. Für die Vernehmung und die Anwesenheitsrechte gelten die allgemeinen Vorschriften. 3

D. Sondergenehmigung (Abs 3)

Eine **Sondergenehmigung** kann von Amts wegen, auf Antrag eines Prozessbeteiligten oder auf Anregung des Zeugen erteilt werden. Ohne Sondergenehmigung darf der Zeuge nicht vernommen werden, auch wenn er vor Gericht erscheint. Eine Umgehung dadurch, dass der Zeuge sich zum Aufenthalt am Gerichtsort bereit erklärt, ist unzulässig. Liegt der Vernehmungstermin außerhalb der Sitzungswochen des Bundestages, ist eine Sondergenehmigung entbehrlich (s Anl 6 BT-GeschO). 4

E. Hauptverhandlung (Abs 4)

Eine **Ladung** zur Hauptverhandlung erfolgt nicht, wenn der Zeuge bereits außerhalb vernommen worden ist. Anstelle ist das Vernehmungsprotokoll zu verlesen (§ 50 Abs 4 S 2 StPO). Ist der Zeuge noch nicht richterlich vernommen worden, kann er zur Hauptverhandlung geladen werden, wenn diese an dem in § 50 Abs 1 und Abs 2 StPO zulässigen Vernehmungsort stattfindet oder eine Sondergenehmigung erteilt worden ist. 5

F. Revision

Auf Verstöße gegen § 50 Abs 1 bis Abs 3 StPO kann eine Revision nicht gestützt werden, da diese nur den Interessen der Parlaments- und Regierungsarbeit dienen, wohl aber auf die rechtsfehlerhafte Verlesung eines Protokolls nach § 50 Abs 4 S 2 StPO. 6

§ 51 [Folgen des Ausbleibens]

(1) ¹Einem ordnungsgemäß geladenen Zeugen, der nicht erscheint, werden die durch das Ausbleiben verursachten Kosten auferlegt. ²Zugleich wird gegen ihn ein Ordnungsgeld und für den Fall, daß dieses nicht beigetrieben werden kann, Ordnungshaft festgesetzt. ³Auch ist die zwangsweise Vorführung des Zeugen zulässig; § 135 gilt entsprechend. ⁴Im Falle wiederholten Ausbleibens kann das Ordnungsmittel noch einmal festgesetzt werden.

StPO § 51

(2) ¹Die Auferlegung der Kosten und die Festsetzung eines Ordnungsmittels unterbleiben, wenn das Ausbleiben des Zeugen rechtzeitig genügend entschuldigt wird. ²Erfolgt die Entschuldigung nach Satz 1 nicht rechtzeitig, so unterbleibt die Auferlegung der Kosten und die Festsetzung eines Ordnungsmittels nur dann, wenn glaubhaft gemacht wird, daß den Zeugen an der Verspätung der Entschuldigung kein Verschulden trifft. ³Wird der Zeuge nachträglich genügend entschuldigt, so werden die getroffenen Anordnungen unter den Voraussetzungen des Satzes 2 aufgehoben.

(3) Die Befugnis zu diesen Maßregeln steht auch dem Richter im Vorverfahren sowie dem beauftragten und ersuchten Richter zu.

Überblick

Die Vorschrift des § 51 StPO regelt die Folgen des Ausbleibens eines Zeugen (Rn 1). Erforderlich für die Anwendung ist eine ordnungsgemäße Ladung (Rn 2) und ein nicht entschuldigtes Nichterscheinen des Zeugen (Rn 3 bis Rn 11). Als Ungehorsamsfolgen sieht § 51 StPO die Auferlegung der Kosten (Rn 13) und die Festsetzung von Ordnungsmitteln (Rn 14 bis Rn 18) und die Vorführung (Rn 19) vor. Die Anordnung ergeht durch das Gericht (Rn 20 bis Rn 22) und ist ggf bei nachträglicher Entschuldigung wieder aufzuheben (Rn 23 bis Rn 26). Sie unterliegt der Beschwerde (Rn 28 bis Rn 32); s auch Nr 64 Abs 3 RiStBV, Nr 117 Abs 1 RiStBV.

Übersicht

	Rn		Rn
A. Anwendungsbereich	1	3. Wiederholtes Ausbleiben	18
B. Ordnungsgemäße Ladung	2	III. Vorführung	19
C. Nichterscheinen	3	F. Anordnungsverfahren	20
D. Fehlende rechtzeitige und genügende Entschuldigung	6	G. Aufhebung der Anordnung	23
E. Ungehorsamsfolgen	12	H. Vollstreckung	27
I. Auferlegung der Kosten	13	I. Beschwerde	28
II. Ordnungsmittel	14	J. Revision	33
1. Ordnungsgeld	15	K. Abgeordnete und Exterritoriale	34
2. Ordnungshaft	17		

A. Anwendungsbereich

1   Die Vorschrift des § 51 StPO regelt die Folgen, wenn ein **ordnungsgemäß** geladener Zeuge zur Vernehmung nicht erscheint. Dass der Zeuge evtl zur **Zeugnisverweigerung** berechtigt ist, ändert an seiner Erscheinenspflicht nichts. Bleibt er ohne genügende Entschuldigung aus, handelt er ungehorsam iSd § 51 StPO. Von der Bestimmung sind nur Personen betroffen, die tatsächlich als Zeuge geladen worden sind; sie gilt daher nicht für gesetzliche Vertreter und Erziehungsberechtigte, auch wenn sie das Nichterscheinen von kindlichen oder jugendlichen Zeugen verschulden (KG StraFo 1998, 49; OLG Hamm NJW 1965, 1613) oder einen nicht erschienen Dolmetscher (KG StraFo 2008, 89).

B. Ordnungsgemäße Ladung

2   Eine ordnungsgemäße Ladung setzt eine schriftliche oder mündliche Ladungsanordnung voraus, die mit dem Hinweis auf die gesetzlichen Folgen des Ausbleibens verbunden sein muss. Sie muss den Ort und die Zeit der Vernehmung angeben sowie den Hinweis nach § 48 StPO enthalten. Wird ein Zeuge schriftlich geladen, muss ihm diese Ladung nachweislich zugegangen sein (OLG München MDR 1992, 70); eine förmliche Zustellung ist hierfür jedoch nicht zwingend erforderlich (OLG Düsseldorf VRS 79, 20; OLG Koblenz MDR 1981, 1036). Nur im Falle des § 220 StPO ist eine Zustellung (§ 38 StPO) erforder-

C. Nichterscheinen

Ein Zeuge erscheint nicht zur Vernehmung, wenn er zum Vernehmungszeitpunkt am Vernehmungsort (nicht zwingend der Gerichtsort) ausbleibt. Ein verspätetes Erscheinen ist bis zur Beschlussfassung nach § 51 StPO unschädlich. Weigert sich ein Untersuchungsgefangener, sich zum Vernehmungsort transportieren zu lassen, erscheint er nicht (OLG Düsseldorf NJW 1981, 2768). Ist ein Zeuge aufgrund schuldhafter Trunkenheit oder sonstiger berauschender Mittel nicht vernehmungsfähig, ist er ebenfalls nicht erschienen (BGHSt 23, 331, 334). 3

Dem Nichterscheinen steht das Weggehen vor der endgültigen Entlassung gleich. Der Vernehmende kann den Zeugen jedoch festhalten lassen, um eine Vorführung zu ersparen. 4

Für die Anwendung des § 51 StPO genügt es noch nicht, dass der Zeuge vor dem Termin erklärt, er werde nicht erscheinen, sofern seine Weigerung nicht eine Terminsverlegung erzwungen hat (OLG Stuttgart NJW 1956, 840). Erforderlich ist ein bereits begonnener Ungehorsam (OLG Düsseldorf NJW 1981, 2768). 5

D. Fehlende rechtzeitige und genügende Entschuldigung

Die Anwendung des § 51 StPO ist ausgeschlossen, wenn der Zeuge sein Nichterscheinen rechtzeitig und mit genügenden Gründen entschuldigt. Unerheblich ist, ob der Zeuge sich selbst entschuldigt oder die Entschuldigung einem Dritten überlässt, sofern er tatsächlich entschuldigt wird. 6

Eine Entschuldigung erfolgt nur **rechtzeitig**, wenn sie so frühzeitig eingeht, dass eine Terminsverlegung und eine Abladung weiterer Zeugen noch im gewöhnlichen Geschäftsbetrieb möglich ist. 7

Erfolgt die Entschuldigung erst verspätet, ist sie nur zu beachten, wenn der Zeuge vor der Anordnung von Ungehorsamsfolgen glaubhaft macht, dass ihn an der Verspätung kein Verschulden trifft. Die Entscheidung über die Folgen des § 51 StPO ist aufzuschieben, wenn der Zeuge darlegt, dass er seine Entschuldigungsgründe alsbald darlegen werde, weil er zuvor noch Beweismittel beschaffen müsse.

Eine Entschuldigung ist **genügend**, wenn das Gericht keinen Anlass sieht, an den Entschuldigungsgründen zu zweifeln. Eine volle Überzeugung für die Richtigkeit ist nicht erforderlich. Es kann daher auch genügen, wenn der Zeuge sein Vorbringen auf die allgemeine Lebenserfahrung oder gerichtsbekannte Tatsachen stützen kann, auch wenn er seine Entschuldigungsgründe ansonsten nicht nachwiesen kann. Zulässig ist es, dass das Gericht zB die Vorlage eines **amtsärztlichen Attestes** zur Glaubhaftmachung verlangt. Das Gericht kann aber auch eigene Ermittlungen im Freibeweisverfahren anstellen, zB beim Arzt telefonisch rückfragen; die Vorlage einer ärztlichen Bescheinigung stellt idR eine konkludente Schweigepflichtsentbindung dar (OLG Schleswig SchlHA 2007, 490). 8

Ein Zeuge ist auch dann genügend entschuldigt, wenn er unverschuldet keine Kenntnis von einer Ladung erlangt hat. Besteht kein besonderer Anlass, muss ein Zeuge den Erhalt von Ladungen idR nicht sicherstellen (KG Recht 28, 464). Etwas anderes gilt zB, wenn sich der Zeuge über einen langen Zeitraum hinweg nur vorübergehend an seinem ersten Wohnsitz aufhält (OLG Düsseldorf NJW 1980, 2721) oder wenn er von seiner geplanten Vernehmung Kenntnis erlangt hat. Besteht keine Kenntnis von der Ladung aufgrund Verschuldens dritter Personen, entschuldigt dies den Zeugen nicht automatisch (OLG Hamm NJW 1956, 1935). Gleiches gilt für Verzögerungen, mit denen der Zeuge rechnen musste (zB Parkplatzsuche); anders aber zB bei einer plötzlichen Erkrankung oder einem Verkehrsunfall. 9

Nicht als ausreichende Entschuldigung wirkt: 10

- Angst vor Nachteilen durch die Aussage (OLG Hamm MDR 1974, 330; OLG Jena NStZ 2004, 280),
- Verschlafen (OLG Düsseldorf JMBlNW 1990, 58),

- private oder berufliche Pflichten (BVerfG NStZ-RR 2002, 11); diese muss der Zeuge zurückstellen, sofern er dadurch nicht unverhältnismäßige Nachteile erleidet (OLG Koblenz VRS 67, 252),
- Urlaub, dieser ist ggf zu verlegen (OLG Jena NStZ-RR 1997, 333) bzw zu unterbrechen oder vorzeitig abzubrechen (OLG Koblenz OLGSt StPO § 51 Nr 2),
- Verhinderung des Beistandes,
- Irrtum über den Terminstag (OLG München NJW 1957, 306),
- Irrtum über die Erscheinenspflicht,
- Glaube an das Bestehen eines Zeugnis- oder Auskunftsverweigerungsrechts (BGH NStZ 1996, 482),
- Vertrauen auf den Rat eines Rechtsanwalts, nicht erscheinen zu müssen (OLG Jena NStZ-RR 1997, 333; **aA** OLG Oldenburg MDR 1976, 336; OLG Stuttgart Justiz 1973, 180).

Kann der Zeuge dagegen dringende berufliche Gründe geltend machen, kann ihn dies ausnahmsweise entschuldigen (KG JR 1971, 338).

11   Hat ein Zeuge indes rechtzeitig vor dem Termin einen Entschuldigungsgrund bei Gericht vorgebracht, befindet er sich in einem unvermeidbaren Verbotsirrtum, wenn das Gericht ihn nicht unterrichtet, dass dieser vorgebrachte Grund nicht genügt.

E. Ungehorsamsfolgen

12   In § 51 StPO sind verschiedene Ungehorsamsfolgen vorgesehen: Auferlegung der Kosten, Festsetzung von Ordnungsmitteln, Anordnung der Vorführung.

I. Auferlegung der Kosten

13   Für jeden Fall des Ungehorsams ist die Auferlegung der Kosten zwingend vorgeschrieben. Der Zeuge hat die nach dem Ausbleiben entstandenen Kosten zu tragen, sofern er diese durch sein Ausbleiben verursacht hat (OLG Braunschweig NJW 1967, 1381). Hierauf hat der Angeklagte einen Rechtsanspruch (BayVerfGH JR 1966, 195). Der Kostenausspruch hat die Kosten nicht im Einzelnen zu beziffern; diese erfolgt im Rahmen der Kostenfestsetzung. Erfasst werden nur die Kosten, die der Angeklagte bei seiner Verurteilung oder die Staatskasse im Falle des Freispruchs zu tragen hätte (OLG Karlsruhe NJW 1980, 951). Der Zeuge hat aber nicht mehr als die notwendigen Auslagen des Angeklagten zu erstatten (OLG Karlsruhe NJW 1980, 951; LG Hamburg NJW 1974, 509). Der Anspruch des Angeklagten gegen die Staatskasse nach § 467 Abs 1 StPO bleibt hiervon unberührt. Sind mehrere Zeugen unentschuldigt nicht erschienen, tragen sie die Kosten als Gesamtschuldner (LG Berlin NStZ-RR 2005, 288).

II. Ordnungsmittel

14   Eine Festsetzung von Ordnungsmitteln ist nur gegen schuldfähige Zeugen möglich. Kinder (auch nicht deren Eltern anstelle) oder sonstige schuldunfähige Personen können damit nicht belastet werden (OLG Hamm MDR 1980, 322; LG Bremen NJW 1970, 1429). Bei Jugendlichen hängt die Festsetzung vom Reifegrad (§ 3 JGG) ab.

1. Ordnungsgeld

15   Neben die Auferlegung der Kosten tritt zwingend die Auferlegung eines Ordnungsgeldes. Die Anordnung steht nur dann im Ermessen des Gerichts, wenn die Vernehmung vor dem beauftragten oder ersuchten Richter hätte erfolgen sollen. Es ist dabei unerheblich, ob ein nach § 245 Abs 2 StPO gestellter Beweisantrag auf Vernehmung des Zeugen von Erfolg gewesen wäre. Für die Bemessung des Ordnungsgeldes s Art 6 Abs 1 EGStGB (5 bis 1.000 EUR), Zahlungserleichterungen ergeben sich aus Art 7 EGStGB.

16   Von der Verhängung eines Ordnungsgeldes kann entspr § 153 StPO, § 47 Abs 2 OWiG abgesehen werden, wenn das Verschulden des Zeugen nur gering ist (OLG Hamm VRS 41, 283, 285; OLG Koblenz NStZ 1988, 192; LG Berlin NStZ 1995, 508). Ein geringes Verschulden wird anzunehmen sein, wenn die Ladung viele Monate zurückliegt (OLG Düsseldorf NJW 1996, 138), die Verhandlung nur unwesentlich verzögert oder auf die Zeugeneinvernahme verzichtet worden ist. Das Gericht muss hierzu keine Zustimmung der

StA (OLG Düsseldorf MDR 1990, 174) oder des Zeugen erholen (OLG Düsseldorf wistra 1994, 77). Auch bei einer Einstellung bleibt es bei der Kostentragungspflicht des Zeugen (KG JR 1995, 174; OLG Köln MDR 1991, 275).

2. Ordnungshaft

Ist ein angeordnetes Ordnungsgeld nicht einbringbar, kann Ordnungshaft festgesetzt werden. Zum Haftrahmen s Art 6 Abs 2 EGStGB (1 Tag bis 6 Wochen). Nach Art 8 Abs 1 EGStGB ist auch eine erst nachträgliche Festsetzung möglich. Die Vollstreckung kann bei Vorliegen einer unbilligen Härte unterbleiben (Art 8 Abs 2 EGStGB). 17

3. Wiederholtes Ausbleiben

Bleibt ein Zeuge wiederholt bei der Vernehmung im selben Verfahren aus, kann das Ordnungsmittel noch einmal festgesetzt werden. Die Höchstgrenzen des Art 6 EGStGB gelten erneut; eine Anrechnung des ersten Ordnungsmittels findet nicht statt. Die erneute Festsetzung steht im Ermessen des Gerichts. Bei weiteren Wiederholungsfällen kann sie nicht erneut erfolgen. 18

III. Vorführung

Eine Vorführung kann neben der Festsetzung von Ordnungsmitteln erfolgen. Die Anordnung steht im Ermessen des Gerichts. Sie ist auch zulässig, wenn der Zeuge schuldunfähig ist. Allerdings wird die Vorführung eines Kindes idR unverhältnismäßig sein, vor allem wenn eine kommissarische Vernehmung möglich ist. Die Vorführung ist nur zulässig, wenn zu besorgen ist, dass der Zeuge beim nächsten Termin wiederum nicht erscheinen wird. 19

F. Anordnungsverfahren

Das Verfahren ist nicht besonders gesetzlich geregelt. Zuständig für die Anordnung ist das Gericht, vor dem der Zeuge aussagen soll, nicht der Vorsitzende alleine (KG NStZ-RR 2000, 145). Im Vorverfahren entscheidet der Ermittlungsrichter. In der Hauptverhandlung wirken die Schöffen bei der Entscheidung mit. Bei der staatsanwaltschaftlichen Vernehmung entscheidet der StA, der nach § 161 a Abs 2 S 2 StPO jedoch keine Ordnungshaft anordnen kann. 20

Die Entscheidung ergeht durch Beschluss und kann von Amts wegen erfolgen (KG NStZ-RR 2006, 288). Dieser kann auch außerhalb der Hauptverhandlung ergehen, in der Zeuge ausgeblieben ist (LG Zweibrücken NStZ-RR 1998, 112). IdR wird er mit der Feststellung des Ausbleibens verbunden. Er kann aber auch erst nach Rechtskraft ergehen. Zur Verjährung von Ordnungsmitteln s Art 9 Abs 1 EGStGB. 21

Eine vorherige Anhörung des Zeugen ist nicht erforderlich. Dieser kann sich jedoch ggf nachträglich entschuldigen. Auch eine Vorführung wird ohne vorherige Anhörung angeordnet und durchgeführt. Ist die StA bei der Vernehmung anwesend, ist ihr rechtliches Gehör zu gewähren (§ 33 Abs 1 StPO). 22

Der Beschluss ist zu begründen, da er anfechtbar ist (§ 34 StPO).

G. Aufhebung der Anordnung

Erfüllt der Zeuge nachträglich seine Pflichten oder wird auf seine Einvernahme letztendlich verzichtet, führt dies nicht zur Unwirksamkeit der Ungehorsams-Anordnung. Entschuldigt der Zeuge sein Ausbleiben nachträglich genügend und macht er glaubhaft, dass ihm am verspäteten Vorbringen der Entschuldigungsgründe kein Verschulden trifft, hat das Gericht, das die Anordnung getroffen hat, diese wieder aufzuheben. Hierbei sind ggf auch Ausführungen des Zeugen in einer Beschwerdeschrift zu berücksichtigen. Die Aufhebung hat auch zu erfolgen, wenn der Zeuge die Glaubhaftmachung nachholt. Er kann sich dabei auch auf Gründe berufen, die ihm ursprünglich nicht zur Verfügung gestanden haben. 23

Der Aufhebungsantrag ist jedoch als unzulässig zu verwerfen, wenn es an jeglicher Glaubhaftmachung fehlt. Eine sachliche Überprüfung der nachträglich vorgebrachten Entschuldigungsgründe erfolgt nicht (OLG Düsseldorf MDR 1986, 778). 24

25 Auch nach Abschluss des Verfahrens (OLG Hamm NJW 1956, 1935), sogar nach bereits erfolgter Beitreibung eines Ordnungsgeldes (OLG Hamm MDR 1950, 179), kann noch eine Beschlussaufhebung erfolgen. Der Antrag darf nicht wegen Verspätung zurückgewiesen werden.

26 Über den Antrag entscheidet das anordnende Gericht nach Anhörung der StA (§ 33 Abs 2 StPO) durch begründeten Beschluss (§ 34 StPO). Nach Aufhebung darf eine erneute Anordnung nicht ergehen, auch wenn sich der ursprüngliche Beschluss nachträglich als zutreffend herausstellt.

Für die Aufhebung einer staatsanwaltschaftlichen Ordnungsmittelverfügung ist die StA selbst zuständig.

Es kommt auch nur eine Herabsetzung des Ordnungsgeldes statt einer Beschlussaufhebung in Betracht, wenn das nachträgliche Entschuldigungsvorbringen hierzu Anlass gibt.

H. Vollstreckung

27 Regelungen für die Vollstreckung von Ordnungsmitteln ergeben sich aus Art 6 EGStGB. Für die Vollstreckung eines Vorführungsbefehls ist die StA nach § 36 Abs 2 S 1 StPO zuständig. Die Kosten der Vollstreckung trägt der Zeuge. Zur Vollstreckungsverjährung s Art 9 Abs 2 EGStGB.

I. Beschwerde

28 Gegen den Anordnungsbeschluss des Gerichts stehen dem betroffenen Zeugen und der StA die Beschwerde nach § 304 StPO zu. Der Beschuldigte ist nur dann beschwerdeberechtigt, wenn er durch das Unterlassen oder die Aufhebung der Auferlegung der Kosten auf den Zeugen beschwert ist (OLG Düsseldorf VRS 87, 437). Die weitere Beschwerde ist unzulässig, auch wenn Ordnungshaft verhängt worden ist (OLG Frankfurt NStZ-RR 2000, 382).

29 Bringt der Zeuge in seiner Beschwerdebegründung nachträgliche Entschuldigungsgründe vor, hat zunächst der Richter, der den Ordnungsbeschluss erlassen hat, über die Aufhebung zu entscheiden. Erst gegen diese Entscheidung ist die Beschwerde zulässig (OLG Düsseldorf MDR 1983, 690; OLG Hamm VRS 42, 283; OLG Koblenz VRS 67, 252; OLG Köln v 26. 3. 2008 – Az 2 Ws 134/08).

30 Die Beschwerde kann, soweit sie zulässig ist, auch erst nach Vollstreckung des Ordnungsmittels (KG NStZ-RR 2000, 145) oder nach Rechtskraft des Urteils (OLG Hamm NJW 1956, 1935) eingelegt werden. Sie kann auch auf die Höhe des Ordnungsgeldes oder die Bemessung der Ersatzhaft beschränkt werden. Für die Beschwerdeentscheidung gilt das Verschlechterungsverbot entspr § 331 StPO, § 358 Abs 2 StPO (OLG Hamm MDR 1960, 946).

31 Die Staatskasse trägt die Kosten der erfolgreichen Beschwerde des Zeugen und dessen notwendigen Auslagen. Bei einer erfolglosen Beschwerde des Angeklagten hat dieser die notwendigen Auslagen des Zeugen im Beschwerdeverfahren zu tragen (OLG Düsseldorf wistra 1994, 77).

32 Hat die StA über ein Ordnungsmittel entschieden, kann der Zeuge hiergegen nach § 161 a Abs 3 StPO die gerichtliche Entscheidung beantragen.

J. Revision

33 Rechtsverstöße im Ordnungsmittelverfahren können die Revision nicht begründen. Der Angeklagte wird durch das Unterlassen der Festsetzung von Ordnungsmitteln oder der Nicht-Vorführung eines Zeugen nicht beschwert. Hat das Gericht einen Zeugen jedoch nicht zum Erscheinen gezwungen, kann darin eine Verletzung der Aufklärungspflicht (§ 244 Abs 2 StPO) liegen.

K. Abgeordnete und Exterritoriale

34 Die Anwendung des § 51 StPO ist nicht durch die Immunität von Abgeordneten eingeschränkt. Gegen diese darf auch Ersatzordnungshaft angeordnet werden. Allerdings hat das Parlament die Vollstreckung, wie auch die zwangsweise Vorführung eines Abgeordneten, zu genehmigen.

Gegen Exterritoriale ist dagegen die Anordnung von Ordnungsmitteln oder einer Vor- 35
führung unzulässig. Gleiches gilt für andere im Inland lebende Ausländer, wenn sich diese
während der Hauptverhandlung im Ausland aufhalten (OLG Hamburg MDR 1967, 686;
OLG Düsseldorf NJW 1991, 2223; NJW 1999, 1647), sofern ihre Reise nicht der Umgehung der Zeugenpflicht dient.

§ 52 [Zeugnisverweigerungsrecht aus persönlichen Gründen]

(1) Zur Verweigerung des Zeugnisses sind berechtigt
1. der Verlobte des Beschuldigten oder die Person, mit der der Beschuldigte ein Versprechen eingegangen ist, eine Lebenspartnerschaft zu begründen;
2. der Ehegatte des Beschuldigten, auch wenn die Ehe nicht mehr besteht;
2 a. der Lebenspartner des Beschuldigten, auch wenn die Lebenspartnerschaft nicht mehr besteht;
3. wer mit dem Beschuldigten in gerader Linie verwandt oder verschwägert, in der Seitenlinie bis zum dritten Grad verwandt oder bis zum zweiten Grad verschwägert ist oder war.

(2) ¹Haben Minderjährige wegen mangelnder Verstandesreife oder haben Minderjährige oder Betreute wegen einer psychischen Krankheit oder einer geistigen oder seelischen Behinderung von der Bedeutung des Zeugnisverweigerungsrechts keine genügende Vorstellung, so dürfen sie nur vernommen werden, wenn sie zur Aussage bereit sind und auch ihr gesetzlicher Vertreter der Vernehmung zustimmt. ²Ist der gesetzliche Vertreter selbst Beschuldigter, so kann er über die Ausübung des Zeugnisverweigerungsrechts nicht entscheiden; das gleiche gilt für den nicht beschuldigten Elternteil, wenn die gesetzliche Vertretung beiden Eltern zusteht.

(3) ¹Die zur Verweigerung des Zeugnisses berechtigten Personen, in den Fällen des Absatzes 2 auch deren zur Entscheidung über die Ausübung des Zeugnisverweigerungsrechts befugte Vertreter, sind vor jeder Vernehmung über ihr Recht zu belehren. ²Sie können den Verzicht auf dieses Recht auch während der Vernehmung widerrufen.

Überblick

Die Vorschrift des § 52 StPO regelt das Zeugnisverweigerungsrecht von Angehörigen des Beschuldigten (Rn 1 bis Rn 16). Es handelt sich um ein höchstpersönliches Recht des Zeugen, das er ausdrücklich ausüben, aber nicht begründen muss (Rn 17 bis Rn 19). Für Zeugen ohne ausreichende Verstandesreife ist die Einwilligung des gesetzlichen Vertreters erforderlich (Rn 20 bis Rn 25). Der Zeuge kann auf sein Zeugnisverweigerungsrecht verzichten oder den (Nicht-)Gebrauch widerrufen (Rn 26 bis Rn 27). Macht er von seinem Recht Gebrauch, ist seine Vernehmung unzulässig (Rn 28 bis Rn 31). Er ist über sein Recht zu belehren (Rn 32 bis Rn 36). Fehler bei der Anwendung von § 52 StPO können mit der Revision angefochten werden (Rn 37 bis Rn 40); s auch Nr 65 RiStBV.

Übersicht

	Rn		Rn
A. Gesetzeszweck	1	II. Mehrere rechtlich unabhängige Verfahren	15
B. Zeugnisverweigerungsberechtigte (Abs 1)	3	D. Ausübung des Zeugnisverweigerungsrechts	17
I. Verlobte (Nr 1)	3	I. Höchstpersönliches Recht	17
II. Ehegatten (Nr 2)	5	II. Ausdrückliche Erklärung	18
III. Lebenspartner (Nr 2 a)	7	III. Begründung	19
IV. Verwandtschaft und Schwägerschaft (Nr 3)	8	E. Zeugen ohne ausreichende Verstandesreife oder -kraft (Abs 2)	20
C. Angehörige des Beschuldigten	11		
I. Verfahren gegen mehrere Beschuldigte	13	I. Notwendige Verstandesreife	20

	Rn		Rn
II. Entscheidung des gesetzlichen Vertreters	21	I. Belehrung (Abs 3)	32
		I. Heilung des Unterlassens der Belehrung	35
III. Ausschluss des gesetzlichen Vertreters	24	II. Verwertungsverbot	36
F. Verzicht auf das Weigerungsrecht	26	J. Revision	37
G. Widerruf	27	I. Unterlassen der Belehrung	38
H. Folgen der Zeugnisverweigerung	28	II. Unrichtige Belehrung	40

A. Gesetzeszweck

1   Die Vorschrift des § 52 StPO dient dem Schutz des Zeugen, der befürchten muss, einem Angehörigen zu schaden, wenn er eine wahrheitsgemäße Angabe als Zeuge machen muss (BGHSt 2, 351, 354; BGHSt 11, 213, 217). Das Zeugnisverweigerungsrecht ist umfassend und besteht nicht nur für einzelne belastende Fragen. Unerheblich ist, ob der Zeuge tatsächlich eine Zwangslage empfindet (BGHSt 12, 235, 239; NStZ 1982, 168). Es besteht auch unabhängig davon, aus welchen Gründen der Zeuge letztendlich keine Angaben machen will (BGH NStZ 1982, 168).

2   Dem Schutzzweck des § 52 StPO unterliegt dagegen nicht, den Angeklagten vor konfliktbelasteten Aussagen, deren Beweiswert gemindert sein könnte, zu bewahren (BGHSt 11, 213, 215). Dieser kann daher auf die Anwendung des § 52 StPO auch nicht verzichten.

Das Zeugnisverweigerungsrecht berechtigt den Zeugen jedoch nicht zum Ausbleiben zum Termin seiner Zeugenladung. Das Gericht kann einen Beweisantrag auf Vernehmung eines Zeugen nach § 244 Abs 3 S 1 StPO auch nicht mit dem Hinweis auf § 52 StPO ablehnen; dies gilt auch, wenn der Zeuge seine nicht vorhandene Aussagebereitschaft schon gegenüber Dritten geäußert oder bereits im Ermittlungsverfahren Angaben verweigert hat (RGSt 40, 435). Anders ist es nur, wenn er schon bei einer richterlichen Vernehmung von seinem Zeugnisverweigerungsrecht Gebrauch gemacht hat und keine Anhaltspunkte für einen Sinneswandel vorliegen.

B. Zeugnisverweigerungsberechtigte (Abs 1)

I. Verlobte (Nr 1)

3   Beim Verlöbnis handelt es sich um ein gegenseitiges, von beiden Seiten ernsthaft gemeintes Eheversprechen (BGH NJW 1972, 1334) oder Versprechen zur Begründung einer Lebenspartnerschaft, das nicht unbedingt mit Außenwirkung abgegeben werden muss. Fehlt bei einem der Partner der ernsthafte Wille, auch wenn dies dem anderen Partner nicht bekannt ist, liegt kein rechtswirksames Verlöbnis vor (BGH NStZ 1986, 84). Unwirksam sind daher das Versprechen des Heiratsschwindlers (BGHSt 3, 215) oder das gegen die guten Sitten verstoßende Versprechen, zB bei noch bestehender Ehe (BGH NStZ 1983, 564), bis diese rechtskräftig geschieden ist (BayObLG NJW 1983, 831; OLG Celle MDR 1983, 1045) oder bei bestehendem anderweitigen Verlöbnis (RGSt 71, 152).

Das Verlöbnis muss zum Zeitpunkt der Aussage bestehen (BGH NJW 1980, 67); ob es auch schon zum Tatzeitpunkt bestanden hat, ist unerheblich.

4   Bezweifelt das Gericht das Bestehen eines Verlöbnisses, muss es Glaubhaftmachung nach § 56 StPO verlangen (BGH NStZ 1985, 205; NStZ 1986, 84). Der Grundsatz in dubio pro reo gilt insofern nicht (BGH NStZ 1983, 354); das Gericht darf den Angaben des Zeugen jedoch vertrauen, sofern keiner widerspricht. Im Urteil sind Feststellungen zum Bestehen des Verlöbnisses entbehrlich.

II. Ehegatten (Nr 2)

5   Das Zeugnisverweigerungsrecht für Ehegatten erfordert eine im Inland geschlossene Ehe oder eine Ehe, die nach deutschem Recht anzuerkennen ist. Unerheblich ist, ob Aufhebungsgründe nach § 1314 Abs 2 BGB vorliegen (BGHSt 9, 37). Auch eine nur zum

Schein geschlossene Ehe begründet das Verweigerungsrecht (BGH NStZ 1990, 187). Es greift auch, wenn die Ehe erst nach der Tat geschlossen worden ist und wirkt nach Scheidung oder Auflösung der Ehe fort. Verstirbt ein Ehegatte und wird das Verfahren gegen Mitangeklagte fortgesetzt, gilt § 52 StPO nicht mehr.

Die Vorschrift des § 52 StPO greift nicht bei einem Zusammenleben in „eheähnlicher 6 Gemeinschaft" ein. Auch eine freundschaftliche Beziehung außerhalb einer bestehenden Ehe begründet kein Zeugnisverweigerungsrecht (BVerfG NStZ 1999, 255).

III. Lebenspartner (Nr 2 a)

Bei Lebenspartnern handelt es sich um zwei Personen gleichen Geschlechts, die nach § 1 7 Abs 1 LPartG eine Lebenspartnerschaft begründet haben. In Bezug auf die Verwandten des anderen Lebenspartners begründet die Lebenspartnerschaft eine Schwägerschaft (§ 11 Abs 2 LPartG), die nach § 52 Abs 1 Nr 3 StPO zu einem Zeugnisverweigerungsrecht führen kann. Die Bestimmungen für das Verlöbnis gelten entsprechend (§ 1 Abs 3 S 2 LPartG).

IV. Verwandtschaft und Schwägerschaft (Nr 3)

Das Vorliegen von Verwandtschaft oder Schwägerschaft ist nach § 1589 BGB, § 1590 8 BGB zu beurteilen. In gerader Linie sind Personen verwandt, die von einander abstammen (§ 1589 S 1 BGB). Für das Zeugnisverweigerungsrecht ist der Grad der Verwandtschaft unerheblich (Eltern, Kinder, Großeltern, Enkel, Urgroßeltern, Urenkel). In der Seitenlinie (§ 1589 S 2 BGB) steht es nur voll- und halbbürtigen Geschwistern (BGH StV 1988, 89) sowie Kindern der Geschwister (Nichten, Neffen) im Verfahren gegen die eigenen Geschwister oder Geschwister ihrer Eltern zu. Kein Zeugnisverweigerungsrecht besteht für Geschwisterkinder (Basen, Vettern) in Verfahren gegen eines von ihnen.
Keine Besonderheiten bestehen für nichteheliche Kinder.

Eine Schwägerschaft besteht zwischen Verwandten eines Ehegatten mit dem anderen 9 Ehegatten (§ 1590 Abs 1 S 1 BGB). Erforderlich ist eine – auch anfechtbare – gültige Ehe, die nicht mehr bestehen muss (BGHSt 9, 37).
Das Verweigerungsrecht des Ehegatten des Beschuldigten besteht nur gegen dessen Eltern, Großeltern und Urgroßeltern, nicht aber auch gegenüber von diesem abstammende Kinder, Enkel und Urenkel. Im Verfahren gegen Geschwister des Ehegatten (Schwager, Schwägerin) besteht es nicht gegenüber deren Kinder. Keine Schwägerschaft besteht zwischen den Ehegatten zweier Blutsverwandten (zB Ehemänner zweier Schwestern).

Wird ein Kind adoptiert, besteht sein Zeugnisverweigerungsrecht zugunsten der bisheri- 10 gen Verwandten fort; für Kinder gilt dies nur, wenn diese bereits zur Zeit der Adoption geboren waren. Gegenüber den Annehmenden und deren Verwandten gilt § 52 StPO, als wäre das adoptierte Kind ehelich geboren, auch wenn das Adoptionsverhältnis später ausgelöst wird.
Wird ein Volljähriger adoptiert, gilt das Zeugnisverweigerungsrecht nur gegenüber den Adoptierenden, nicht aber auch gegenüber deren Verwandten.
Für Pflegeeltern und Pflegekinder besteht kein Zeugnisverweigerungsrecht.

C. Angehörige des Beschuldigten

Das Zeugnisverweigerungsrecht steht nur Angehörigen des Beschuldigten zu; dieser muss 11 der Tatverdächtige sein, gegen den zum Zeitpunkt der Vernehmung wenigstens ein Ermittlungsverfahren anhängig ist (RGSt 16, 154; RGSt 27, 312; RGSt 32, 72). Alleine verwandtschaftliche Beziehungen zu einem Nebenkläger oder Privatkläger reichen nicht, auch wenn der Privatkläger durch eine Widerklage zugleich Angeklagter ist (BayObLG JW 27, 1495; DRiZ 27, 77).

Wurde ein Zeuge bereits vernommen, bevor er die Angehörigenstellung erlangt hat, muss 12 er nochmals nach Belehrung vernommen werden, weil anderenfalls seine frühere Aussage auch nicht durch Vernehmung der Verhörsperson eingeführt werden kann (BGH NJW 1972, 1334; NJW 1980, 68).

I. Verfahren gegen mehrere Beschuldigte

13 Sind mehrere Personen in einem Ermittlungsverfahren beschuldigt, kann der Angehörige eines Beschuldigten vollumfänglich von § 52 StPO Gebrauch machen, wenn seine Aussage auch seinen Angehörigen betrifft (BGH NStZ 1987, 286; NStZ 1982, 389; NStZ 1984, 176; NStZ 1985, 419). Erforderlich ist, dass in irgendeinem Verfahrensabschnitt ein gegen die mehreren Beschuldigten gerichtetes zusammenhängendes und einheitliches Verfahren anhängig war (BGH NJW 1984, 621; NStZ 1987, 83). Alleine die Gleichzeitigkeit von Ermittlungen begründet noch nicht einen derartigen Zusammenhang (BGH NStZ 1985, 419; NStZ 1987, 83). Ebenso reicht es nicht aus, wenn Ermittlungen bei der StA oder Polizei rein faktisch zusammen in einem Vorgang geführt werden; es bedarf einer ausdrücklichen Willensentscheidung der StA, um eine prozessuale Gemeinsamkeit der Verfahren zu begründen.

14 Scheidet der Angehörige des Zeugen durch Einstellung nach § 170 Abs 2 StPO oder § 205 StPO oder auf andere Weise aus dem Verfahren aus, berührt dies das Zeugnisverweigerungsrecht nicht (BGH MDR 1978, 280; StV 1998, 245; NJW 1977, 1161; NJW 1980, 67; NStZ 1984, 76). Gleiches gilt, wenn das Verfahren abgetrennt worden ist (BGH MDR 1973, 902; NStZ 1988, 18).

Erst der rechtskräftige Abschluss (Verurteilung oder Freispruch) des Verfahrens gegen den Angehörigen führt zum Erlöschen des Zeugnisverweigerungsrechtes (BGH NStZ 1993, 500). Gleiches gilt bei Versterben des Angehörigen (BGH NStZ 1992, 291) oder bei Einstellung des Verfahrens gegen den Angehörigen gemäß § 154 Abs 1 StPO oder § 154 Abs 2 StPO (BGH NJW-Spezial 2009, 488). Ob eine Einstellung nach § 153a StPO ebenfalls dazu führt, ist str (offen gelassen von BGH NStZ 1998, 583).

II. Mehrere rechtlich unabhängige Verfahren

15 Kein umfassendes Zeugnisverweigerungsrecht besteht, wenn ein Verfahren mehrere rechtlich unabhängige Straftaten betrifft, und der Zeuge nur zu einem Fall vernommen werden soll, an dem sein Angehöriger nicht beteiligt war (RGSt 16, 154; RGSt 27, 270). Voraussetzung ist jedoch, dass keine Tatidentität iSd § 264 StPO zwischen den einzelnen Straftaten gegeben ist (BGH NStZ 1983, 564) und jede Beziehung zwischen den Taten ausgeschlossen ist. Anderenfalls kann sich der Zeuge auf ein umfassendes und ungeteiltes Zeugnisverweigerungsrecht berufen (BGH MDR 1979, 952). Ein Zusammenhang besteht bei Hehlerei, Begünstigung, Strafvereitelung und Teilnahme nach §§ 25 StGB ff.

Auch im Privatklageverfahren kann das Zeugnisverweigerungsrecht für Klage und Widerklage nur einheitlich behandelt werden.

16 Kein Zeugnisverweigerungsrecht haben Angehörige, die in einem Verfahren mitbeschuldigt waren, wenn gegen ihren Angehörigen aufgrund eines neuen Tatverdachts und anderer Beweislage ein neues Verfahren wegen des früher bereits bestandenen Tatverdachts eingeleitet wird (BGH NStZ 1998, 3363).

D. Ausübung des Zeugnisverweigerungsrechts

I. Höchstpersönliches Recht

17 Das Recht zur Zeugnisverweigerung nach § 52 StPO ist ein höchstpersönliches Recht (BGH NJW 1967, 2273). Es genügt daher nicht, wenn nur ein Dritter dem Gericht darlegt, dass ein Zeuge keine Angaben machen wolle (BGH MDR 1979, 989). Über die Ausübung des Zeugnisverweigerungsrechts entscheiden auch Minderjährige selbständig und ohne Mitwirkung ihrer gesetzlichen Vertreter, sofern sie nicht verstandesunreif sind. Das Gericht kann im Wege des Freibeweisverfahrens feststellen, ob ein Zeuge von seinem Zeugnisverweigerungsrecht Gebrauch machen wird (BGH NStZ 2001, 48).

II. Ausdrückliche Erklärung

18 Will der Zeuge von § 52 StPO Gebrauch machen, muss er dies ausdrücklich erklären. Es genügt nicht, wenn er ohne eine solche Erklärung einfach wesentliche Tatsachen verschweigt (BGHSt 2, 90; BGHSt 7, 127). Dem Zeugen steht es frei, von seinem Recht nur für einzelne Teile seiner Aussage, auch nur einzelne Fragen von bestimmten Prozessbeteiligten, Gebrauch

Zeugen § 52 StPO

zu machen. Er kann sich auch erst während der Vernehmung auf sein Verweigerungsrecht berufen. Mit der Berufung auf das Zeugnisverweigerungsrecht ist nicht zwingend auch ein Ausschluss der Bereitschaft zur Mitwirkung an der Sachaufklärung auf andere Weise, zB durch Anwesenheit bei einer anderen Zeugenvernehmung, verbunden (BGH NJW 1960, 2156).

III. Begründung

Der Zeuge muss seinen Gebrauch von seinem Zeugnisverweigerungsrecht nicht begründen (BGH NJW 1980, 794; NJW 1984, 136). Ebenso muss er nicht darlegen, ob er seine Aussage zugunsten oder zuungunsten des Angeklagten verweigert (OLG Frankfurt StV 1982, 64, 65). Das Gericht darf den Zeugen daher auch nicht nach seinen Beweggründen fragen (BGH NStZ 1989, 440). Entsprechende Angaben des Zeugen dürfen auch nicht protokolliert werden (BGHSt 6, 279). 19

E. Zeugen ohne ausreichende Verstandesreife oder -kraft (Abs 2)

I. Notwendige Verstandesreife

Das Vorliegen der notwendigen Verstandesreife erfordert, dass der Zeuge erkennen kann, dass der Beschuldigte etwas Unrechtes getan hat und diesem dafür eine Strafe droht. Weiter muss ihm klar sein, dass seine Aussage zu dieser Bestrafung beitragen kann (BGH NJW 1967, 360). Ob die notwendige Verstandesreife vorliegt, hat das Gericht zu beurteilen (BGHSt 13, 394, 397; NJW 1960, 1396; OLG Stuttgart NJW 1971, 2237). Auf das Alter des Zeugen oder eine Betreuung (§ 1896 BGB) kommt es dabei nicht entscheidungserheblich an. Es gibt insbes keine feste Altersgrenze, wenn auch bei einem 7-jährigen die Verstandesreife idR fehlen wird (BGH NJW 1960, 1396); anders dagegen bei einem 14-jährigen (BGH NJW 1965, 1870), bei 15-jährigen (BGH NStZ 1997, 145), bei 16-jährigen (BGH NStZ 1985, 493) und bei 17-jährigen (BGHSt 14, 21, 24). Auch schwachsinnige Zeugen können die notwendige Verstandesreife haben (BGH NJW 1967, 360). Hat das Gericht Zweifel, muss es von einer mangelnden Verstandesreife ausgehen (BGH NJW 1979, 1722). 20

II. Entscheidung des gesetzlichen Vertreters

Hat ein Zeuge von der Bedeutung seines Weigerungsrechtes keine genügende Vorstellung, ist eine Entscheidung des gesetzlichen Vertreters erforderlich (BGH NStZ 1997, 145). Bei Zeugen über 18 Jahren kommt dies nur in Betracht, wenn wegen einer psychischen Erkrankung oder einer geistigen oder seelischen Behinderung eine Betreuung des Zeugen angeordnet ist (§ 1896 BGB). Die Person des gesetzlichen Vertreters bestimmt sich nach dem bürgerlichen Recht. Sind mehrere Vertreter vorhanden (zB Eltern für Kinder), müssen alle einwilligen (BGH MDR 1972, 923), wobei es auch genügt, wenn einer einwilligt und die anderen zustimmen (BGH MDR 1957, 52). Ist ein gesetzlicher Vertreter nicht vorhanden, muss ein Betreuer bestellt werden. 21

Der Zeuge ist nicht gezwungen, Angaben zu machen, auch wenn sein gesetzlicher Vertreter zustimmt (BGH NJW 1960, 1396, NJW 1967, 2273; NJW 1970, 766). Der gesetzliche Vertreter kann lediglich die Aussage verhindern, indem er nicht einwilligt. Willigt er ein, kann der verstandesunreife Zeuge selbst entscheiden, ob er tatsächlich aussagen will (BGH NJW 1979, 1722; NStZ 1991, 295). 22

Die Genehmigung des gesetzlichen Vertreters kann nachgeholt werden, wenn der Zeuge bereits ohne Genehmigung Angaben gemacht hat. Verweigert der gesetzliche Vertreter die nachträgliche Genehmigung, ist die Aussage unverwertbar. 23

III. Ausschluss des gesetzlichen Vertreters

Der gesetzliche Vertreter darf über die Ausübung des Zeugnisverweigerungsrechtes nicht entscheiden, wenn er selbst Beschuldigter im Verfahren ist. Hierbei ist nicht erforderlich, dass der Zeuge Opfer der Tat geworden ist. Bei gemeinschaftlicher elterlicher Sorge ist in diesem Fall auch der andere – nicht beschuldigte – Elternteil ausgeschlossen. Anders jedoch, wenn nur ein Elternteil gesetzlicher Vertreter ist und sich das Verfahren gegen den Ehegatten 24 richtet (Meyer-Goßner StPO § 52 Rn 20). Der gesetzliche Vertreter ist bei der Entscheidung weiter ausgeschlossen, wenn er zugleich gesetzlicher Vertreter des Beschuldigten ist (OLG Düsseldorf NStZ-RR 2001, 303).

25   Ist der gesetzliche Vertreter ausgeschlossen, muss für den Zeugen nach § 1909 Abs 1 S 1 BGB ein Ergänzungspfleger bestellt werden. Zuständig für den Antrag ist das Gericht oder die StA, die den Zeugen vernehmen will; bei der polizeilichen Vernehmung stellt ebenfalls die StA den Antrag. Der Vormundschaftsrichter ist an die rechtliche Auffassung des antragstellenden Gerichts oder der StA gebunden (OLG Stuttgart MDR 1986, 58; LG Memmingen MDR 1982, 145). Auf der anderen Seite ist das Gericht an die vom Vormundschaftsgericht angeordnete Pflegschaft gebunden (BGH NStZ 1988, 17). Eine Anordnung des Vormundschaftsgerichts wird idR nur ergehen, wenn der jugendliche Zeuge bereits seine Aussagebereitschaft erklärt hat (OLG Stuttgart MDR 1986, 58).

F. Verzicht auf das Weigerungsrecht

26   Der Zeuge kann auf sein Zeugnisverweigerungsrecht verzichten; dies kann auch stillschweigend geschehen, indem der Zeuge aussagt oder der gesetzliche Vertreter die Vernehmung widerspruchslos geschehen lässt (BGH NStZ 1997, 145). Erklärt der Zeuge lediglich, er wolle sich nicht selbst belasten, liegt hierin kein Verzicht auf das Zeugnisverweigerungsrecht (BGH NJW 1984, 136).
Zulässig ist es, den Verzicht auf einzelne Fragen oder Tatkomplexe zu beschränken. Macht ein Zeuge allerdings umfassende Angaben, kann er die Verwertbarkeit seiner Aussage nicht bestimmen (BGH NStZ 2003, 612); ihm steht nur frei, das Zeugnis ganz oder teilweise zu verweigern oder auf dieses Recht zu verzichten (BGHSt 17, 324, 328).

G. Widerruf

27   Der Zeuge kann seinen Gebrauch vom Zeugnisverweigerungsrecht jederzeit widerrufen. Dies gilt auch erst in einem späteren Verfahrensabschnitt (BGH NJW 1961, 1484). Auch der Verzicht auf das Weigerungsrecht kann widerrufen werden, solange die Vernehmung noch nicht beendet ist (BGH NStZ 1985, 13). Die Vernehmung ist dann abzubrechen. Hat der Zeuge bereits Angaben gemacht, können diese verwertet werden (BGH NStZ 1988, 35; NStZ 2004, 332). Wird das Zeugnis bei einer neuen Vernehmung verweigert, greift § 252 StPO ein.

H. Folgen der Zeugnisverweigerung

28   Macht der Zeuge von seinem Verweigerungsrecht Gebrauch, ist seine Vernehmung unzulässig iSd § 244 Abs 3 S 1 StPO, § 245 Abs 2 S 2 StPO; zudem entsteht das Verwertungsverbot des § 252 StPO. Unzulässig ist es, das Verfahren nach § 205 StPO vorläufig einzustellen, um abzuwarten, dass der Zeuge die nötige Verstandesreife erlangt (OLG Stuttgart Justiz 2001, 552). Ebenso ist es unzulässig, den Zeugen durch Ordnungs- oder Zwangsmittel zur Aussage zu zwingen. Verweigert der Zeuge dagegen nur aufgrund von Hemmungen die Aussage, will er zwar, aber kann nicht, hat das Gericht durch Maßnahmen nach § 247 StPO oder § 172 Nr 4 GVG zu versuchen, diese Hemmungen zu überwinden (BGH NStZ 1999, 94).

29   Durch das Zeugnisverweigerungsrecht wird eine Augenscheinseinnahme des Zeugen nicht ausgeschlossen. Dieser muss sich auch einer Gegenüberstellung stellen. Nicht zulässig ist es allerdings, sein äußeres Verhalten in der Hauptverhandlung zu verwerten (OLG Köln VRS 57, 425).

30   Der Zeuge kann auch nicht in einem Beweisantrag benannt werden, sofern die Sachlage, aufgrund der sich der Zeuge zur Zeugnisverweigerung entschlossen hat, fortbesteht (BGH NStZ 1982, 126). Etwas anderes gilt im Berufungsverfahren, wenn der Angeklagte in 1. Instanz verurteilt worden ist (BayObLG JR 1967, 346). Ein Beweisantrag ist auch zulässig, wenn konkret dargelegt wird, warum ein Zeuge nunmehr aussagebereit ist.

31   Bei der Bescheidung von Verfahrensanträgen darf die Zeugnisverweigerung nicht berücksichtigt werden (BGH NStZ 1985, 466). Zur Frage der Berücksichtigung der Zeugnisverweigerung bei der Beweiswürdigung s BGH NStZ 2000, 546.

I. Belehrung (Abs 3)

Der Zeuge ist über sein Zeugnisverweigerungsrecht zu belehren. Ihm muss dabei eine genügende Vorstellung von der Bedeutung des Zeugnisverweigerungsrechts vermittelt werden (BGHSt 9, 195, 197; NJW 1984, 621; StV 1984, 405). Unzulässig ist es aber, im Rahmen der Belehrung auf die Entschließungsfreiheit des Zeugen einzuwirken (BGH NStZ 1989, 440). Er darf jedoch auf Rechtstatsachen hingewiesen (BGH DAR 1979, 189; OLG Hamm MDR 1973, 427) und gleichzeitig auch nach § 55 Abs 2 StPO belehrt werden (BGH NStZ 1988, 561). Er wird jedoch nicht darauf hingewiesen, dass er seine Entscheidung widerrufen kann (BGH NJW 1984, 621). 32

Die Belehrung erfolgt durch den Vorsitzenden (BGH StV 1984, 405), der sie nicht auf einen Beisitzer (BGHSt 9, 195) oder einen Sachverständigen (BGH NStZ 1991, 295; NStZ 1996, 95; NStZ 1997, 349) übertragen darf. 33
Der Zeuge selbst ist zu belehren; in Fällen des § 52 Abs 2 StPO jedoch daneben auch der gesetzliche Vertreter. Der Zeuge ist dann aber darauf hinzuweisen, dass er auch bei Zustimmung seines gesetzlichen Vertreters nicht zur Aussage verpflichtet ist (BGH NStZ 1984, 43; NStZ 1991, 295).
Ein bestimmter Wortlaut ist nicht vorgeschrieben. Der Richter entscheidet nach pflichtgemäßem Ermessen (BGH NStZ 1995, 198).

Die Belehrung hat vor jeder Vernehmung zur Sache zu erfolgen (BGH StV 1984, 405), auch wenn der Zeuge bereits bei einer vorhergehenden Vernehmung belehrt worden ist (BGH NStZ 1984, 418) oder er bereits zuvor auf sein Weigerungsrecht verzichtet hatte. Eine rein abstrakte Belehrung vor Feststellung der persönlichen Verhältnisse ist zwar ausreichend (BGH StV 1984, 405), aber nicht zu empfehlen, wenn der Zeuge davon ausgeht, mit dem Angeklagten nicht verwandt oder verschwägert zu sein (BGH NStZ 2006, 647). Wird ein Zeuge an einem Verhandlungstag mehrfach vernommen, ist eine wiederholende Belehrung nicht erforderlich (BGH NStZ 1987, 373; NStZ 1990, 25). Gleiches gilt, wenn er an einem anderen Vernehmungstag nur ergänzend befragt wird (BGH NStZ 1984, 418). 34
Die Belehrung und die dazu abgegebene Erklärung des Zeugen sind im Protokoll zu beurkunden.

I. Heilung des Unterlassens der Belehrung

Eine unterlassene Belehrung kann geheilt werden, wenn das Fehlen vor Urteilserlass bemerkt wird (BGH NStZ 1989, 484). Die bloße Nachholung der Belehrung ist dafür nicht ausreichend. Der Zeuge muss vielmehr erklären, dass er auch nach Belehrung über sein Zeugnisverweigerungsrecht von diesem keinen Gebrauch gemacht hätte (BGHSt 12, 235, 242; NStZ 1996, 95; NStZ 1999, 91). Eine Wiederholung der Zeugenaussage ist nicht erforderlich. 35
Ist eine Heilung zB wegen Todes oder Unerreichbarkeit des Zeugen nicht möglich, muss im Urteil ausdrücklich festgestellt werden, dass die gesetzeswidrig erlangte Aussage nicht verwertet worden ist (BGHSt 13, 394, 399).

II. Verwertungsverbot

Eine ohne Belehrung oder Einholung der Zustimmung des gesetzlichen Vertreters erfolgte Aussage darf nicht verwertet werden. Sie kann auch nicht verlesen werden (BGH NStZ 1990, 25; NStZ-RR 1996, 106). Dies gilt auch, wenn der Zeuge stattdessen nach § 55 Abs 2 StPO belehrt worden ist (BGH NStZ 1982, 389; NStZ 1983, 354; NStZ 1984, 176; NStZ 1988, 210). Steht fest, dass der Zeuge seine Rechte gekannt hat und er auch nach Belehrung ausgesagt hätte, lässt dies das Verwertungsverbot entfallen (BGH NStZ 1995, 198). Ein Rückschluss hierauf ist jedoch nicht alleine aus der Tatsache, dass der Zeuge bei der Polizei ausgesagt hat, zulässig (BGH StraFo 2004, 238; NStZ-RR 2004, 212). Hat ein Zeuge auf sein Verweigerungsrecht verzichtet, dürfen ihm Vorhalte aus einer unter Verstoß gegen die Belehrungspflicht erlangten Aussage gemacht werden (BGH StraFo 2006, 492). 36
Ist der Zeuge verstorben, darf seine Aussage verlesen werden, auch wenn er nicht belehrt worden ist (BGH NJW 1968, 559).

Werden aufgrund einer ohne Belehrung erfolgten Aussage andere Beweismittel oder Tatsachen ermittelt, besteht für diese kein Beweisverwertungsverbot; eine Fernwirkung entsteht insofern nicht (OLG Köln NZV 2001, 137).

J. Revision

37 Mit der Revision können nur Rechtsfehler gerügt werden. Die Feststellung der Tatsachen, die die Verlobung oder Verwandtschaft des Zeugen begründen oder dazu, dass der Zeuge nur eine ungenügende Vorstellung von der Bedeutung des Eides hat, sind damit nicht revisibel.

I. Unterlassen der Belehrung

38 Das Unterlassen der Belehrung des Zeugen oder des gesetzlichen Vertreters (BGHSt 12, 235, 243) begründet die Revision, wenn der Zeuge ausgesagt hat und das Urteil darauf beruht (BGHSt 6, 279; BGHSt 9, 37, 39). Dabei ist es unerheblich, ob dem Gericht das Verwandtschaftsverhältnis überhaupt bekannt war (BGH StV 1988, 89). Das Urteil beruht nicht auf der fehlenden Belehrung, wenn diese geheilt worden ist oder der Zeuge oder gesetzliche Vertreter seine Rechte gekannt hat (BGH NStZ 1990, 549; StraFo 2006, 492). Gleiches gilt, wenn sicher ist, dass er auch nach Belehrung ausgesagt hätte (BGH NStZ 1986, 421; NStZ 1989, 484). Dies kann sich zB daraus ergeben, dass er nach § 55 StPO belehrt worden ist (BGH NStZ 1984, 464; NStZ 1998, 583); hierbei müssen aber nachträglich abgegebene Erklärungen außer Betracht bleiben (BGH StV 2002, 3).

39 Die unterlassene Belehrung können der Anklagte sowie ein Mitangeklagter, wenn zu seinen Ungunsten die Vernehmung verwendet worden ist (BGH NStZ 1982, 389; NStZ 1983, 354) geltend machen. Kein Rügerecht hat dagegen der Nebenkläger (BGH NStZ 2006, 349).

II. Unrichtige Belehrung

40 Eine unrichtige Belehrung kann einen Verstoß gegen § 244 Abs 2 StPO oder § 245 StPO begründen (BGH StV 1993, 235). Hätte der Zeuge nach § 55 Abs 2 StPO und nicht nach § 52 StPO belehrt werden müssen, kann auch dies die Revision begründen; das Urteil wird hierauf idR beruhen (BGH MDR 1983, 92). Der Mangel ist jedoch unschädlich, wenn der Zeuge trotz der falschen Belehrung Angaben macht (BGH MDR 1979, 806).

§ 53 [Zeugnisverweigerungsrecht aus beruflichen Gründen]

(1) ¹Zur Verweigerung des Zeugnisses sind ferner berechtigt
1. **Geistliche** über das, was ihnen in ihrer Eigenschaft als Seelsorger anvertraut worden oder bekanntgeworden ist;
2. **Verteidiger** des Beschuldigten über das, was ihnen in dieser Eigenschaft anvertraut worden oder bekanntgeworden ist;
3. **Rechtsanwälte, Patentanwälte, Notare, Wirtschaftsprüfer, vereidigte Buchprüfer, Steuerberater** und **Steuerbevollmächtigte, Ärzte, Zahnärzte, Psychologische Psychotherapeuten, Kinder- und Jugendlichenpsychotherapeuten, Apotheker** und **Hebammen** über das, was ihnen in dieser Eigenschaft anvertraut worden oder bekanntgeworden ist; Rechtsanwälten stehen dabei sonstige Mitglieder einer Rechtsanwaltskammer gleich;
3 a. **Mitglieder** oder **Beauftragte einer anerkannten Beratungsstelle** nach den §§ 3 und 8 des Schwangerschaftskonfliktgesetzes über das, was ihnen in dieser Eigenschaft anvertraut worden oder bekanntgeworden ist;
3 b. **Berater für Fragen der Betäubungsmittelabhängigkeit in einer Beratungsstelle**, die eine Behörde oder eine Körperschaft, Anstalt oder Stiftung des öffentlichen Rechts anerkannt oder bei sich eingerichtet hat, über das, was ihnen in dieser Eigenschaft anvertraut worden oder bekanntgeworden ist;
4. **Mitglieder des Deutschen Bundestages, der Bundesversammlung, des Europäischen Parlaments aus der Bundesrepublik Deutschland** oder **eines Landtages**

über Personen, die ihnen in ihrer Eigenschaft als Mitglieder dieser Organe oder denen sie in dieser Eigenschaft Tatsachen anvertraut haben sowie über diese Tatsachen selbst;
5. Personen, die bei der Vorbereitung, Herstellung oder Verbreitung von Druckwerken, Rundfunksendungen, Filmberichten oder der Unterrichtung oder Meinungsbildung dienenden Informations- und Kommunikationsdiensten berufsmäßig mitwirken oder mitgewirkt haben.
²Die in Satz 1 Nr. 5 genannten Personen dürfen das Zeugnis verweigern über die Person des Verfassers oder Einsenders von Beiträgen und Unterlagen oder des sonstigen Informanten sowie über die ihnen im Hinblick auf ihre Tätigkeit gemachten Mitteilungen, über deren Inhalt sowie über den Inhalt selbst erarbeiteter Materialien und den Gegenstand berufsbezogener Wahrnehmungen. ³Dies gilt nur, soweit es sich um Beiträge, Unterlagen, Mitteilungen und Materialien für den redaktionellen Teil oder redaktionell aufbereitete Informations- und Kommunikationsdienste handelt.

(2) ¹Die in Absatz 1 Satz 1 Nr. 2 bis 3 b Genannten dürfen das Zeugnis nicht verweigern, wenn sie von der Verpflichtung zur Verschwiegenheit entbunden sind. ²Die Berechtigung zur Zeugnisverweigerung der in Absatz 1 Satz 1 Nr. 5 Genannten über den Inhalt selbst erarbeiteter Materialien und den Gegenstand entsprechender Wahrnehmungen entfällt, wenn die Aussage zur Aufklärung eines Verbrechens beitragen soll oder wenn Gegenstand der Untersuchung
1. eine Straftat des Friedensverrats und der Gefährdung des demokratischen Rechtsstaats oder des Landesverrats und der Gefährdung der äußeren Sicherheit (§§ 80 a, 85, 87, 88, 95, auch in Verbindung mit § 97 b, §§ 97 a, 98 bis 100 a des Strafgesetzbuches),
2. eine Straftat gegen die sexuelle Selbstbestimmung nach den §§ 174 bis 176, 179 des Strafgesetzbuches oder
3. eine Geldwäsche, eine Verschleierung unrechtmäßig erlangter Vermögenswerte nach § 261 Abs. 1 bis 4 des Strafgesetzbuches
ist und die Erforschung des Sachverhalts oder die Ermittlung des Aufenthaltsortes des Beschuldigten auf andere Weise aussichtslos oder wesentlich erschwert wäre. ³Der Zeuge kann jedoch auch in diesen Fällen die Aussage verweigern, soweit sie zur Offenbarung der Person des Verfassers oder Einsenders von Beiträgen und Unterlagen oder des sonstigen Informanten oder der ihm im Hinblick auf seine Tätigkeit nach Absatz 1 Satz 1 Nr. 5 gemachten Mitteilungen oder deren Inhalts führen würde.

Überblick

Die Vorschrift des § 53 StPO regelt das Zeugnisverweigerungsrecht bestimmter Berufsträger (Rn 1 bis Rn 3) und ist weiter als deren Schweigepflicht nach § 203 StGB (Rn 4 bis Rn 5). Es umfasst beruflich anvertraute oder bekannt gewordene Tatsachen (Rn 6 bis Rn 9). Von § 53 StPO werden folgende Berufsgruppen erfasst: Geistliche (Rn 10), Verteidiger (Rn 11), Rechtsanwälte (Rn 12 bis Rn 14), Ärzte (Rn 15 bis Rn 18) und ähnliche Berufe, Schwangerschaftsberater (Rn 19), Suchtberater (Rn 20), Abgeordnete (Rn 21 bis Rn 22) und Mitarbeiter von Presse und Rundfunk (Rn 23 bis Rn 25). Das Zeugnisverweigerungsrecht ist ein höchstpersönliches Recht (Rn 36 bis Rn 37) über das nicht belehrt werden muss (Rn 38). Von der Schweigepflicht kann der Berufsträger entbunden werden (Rn 39 bis Rn 43). Fehler bei Anwendung des § 53 StPO können der Revision unterliegen (Rn 44 bis Rn 46).

Übersicht

	Rn		Rn
A. Gesetzeszweck	1	I. Anvertraute Tatsachen	7
B. Keine erweiternde Auslegung	2	II. Bekannt gewordene Tatsachen	8
C. Verhältnis zu § 203 StGB	4	III. Zeitliche Dauer	9
D. Umfang des Zeugnisverweigerungsrechts	6	E. Zeugnisverweigerungsberechtigte (Abs 1)	10

StPO § 53

	Rn		Rn
I. Geistliche (Nr 1)	10	4. Umfang des Zeugnisverweigerungsrechts	29
II. Verteidiger (Nr 2)	11	5. Person des Informanten	30
III. Rechtsanwälte, Ärzte und ähnliche Berufen (Nr 3)	12	6. Mitteilungen	31
1. Rechtsanwälte	12	7. Selbst erarbeitetes Material	32
2. Ärzte und ähnliche Berufe	15	8. Einschränkungen	33
3. Ärzte als Sachverständige	18	9. Redaktioneller Teil	35
IV. Schwangerschaftsberater (Nr 3 a)	19	F. Ausübung des Zeugnisverweigerungsrechts	36
V. Mitarbeiter von Suchtberatungsstellen (Nr 3 b)	20	G. Belehrungspflicht	38
VI. Abgeordnete (Nr 4)	21	H. Entbindung von der Verschwiegenheitspflicht (Abs 2)	39
VII. Mitarbeiter von Presse und Rundfunk (Nr 5)	23	I. Berechtigte zur Entbindung	40
1. Personenkreis	25	II. Erklärung der Entbindung	42
2. Berufsmäßige Mitwirkung	26	III. Beschränkung und Widerruf	43
3. Vorbereitung, Herstellung oder Verbreitung	28	I. Revision	44

A. Gesetzeszweck

1   Die Vorschrift des § 53 StPO dient dem Schutz des Vertrauensverhältnisses zwischen bestimmten Berufsangehörigen und den Personen, die ihre Hilfe und Sachkunde in Anspruch nehmen (OLG Oldenburg NStZ 1983, 39; OLG Köln NJW 1959, 1598; BVerfG NJW 1975, 588). Nach § 53 Abs 2 StPO ist eine Entbindung von der Schweigepflicht möglich. Auch bei Bestehen des Zeugnisverweigerungsrechts ist der Zeuge zum Erscheinen vor Gericht verpflichtet. Ein Beweisantrag kann mit Hinweis auf das Zeugnisverweigerungsrecht nicht ohne weiteres abgelehnt werden.

B. Keine erweiternde Auslegung

2   Eine erweiternde Auslegung des § 53 StPO ist unzulässig. Zur Zeugnisverweigerung sind nur die in § 53 Abs 1 StPO konkret genannten Berufsgruppen berechtigt. Um eine funktionsfähige Rechtspflege zu gewährleisten, darf der Kreis der Berechtigten nicht ausgedehnt werden (BVerfG NJW 1972, 2214; NJW 1975, 588). Es ist daher nur in absoluten Ausnahmefällen denkbar, ein darüber hinausgehendes Zeugnisverweigerungsrecht für eine Berufsgruppe unmittelbar aus Art 1 Abs 1 GG, Art 2 Abs 1 GG herzuleiten (BVerfG NJW 1979, 1286; NStZ 1988, 418). Ein Recht zur Zeugnisverweigerung begründen private Geheimhaltungsinteressen nur, wenn das Prozessrecht diese als schützenswert anerkennt (BVerfG NStZ 1988, 138). Alleine aus dem Verbot, solche geschützten personenbezogenen Daten unbefugt bekannt zu geben, folgt noch kein Zeugnisverweigerungsrecht (OLG Köln VRS 84, 101).

3   Kein Zeugnisverweigerungsrecht steht daher folgenden Personengruppen zu:
- Bankangestellte mit Rücksicht auf das „Bankgeheimnis" (LG Frankfurt/M NJW 1954, 688, 690; LG Hamburg NJW 1978, 958)
- Betriebsräte (BVerfG NJW 1979, 1286) und Personalräte (LG Hannover NdsRpfl 1962, 40)
- Bewährungshelfer, Gerichtshelfer und Opferhelfer (OLG Schleswig SchlHA 1996, 90)
- private Haftpflichtversicherer (BVerfG ZfS 1982, 13; OLG Celle NJW 1985, 640)
- psychologische Beratungsstellen (LG Freiburg NStZ-RR 1999, 366)
- Rechtsbeistände und Schiedsmänner (BVerwG NJW 1964, 1088)
- Sozialarbeiter und Sozialpädagogen (BVerfG NJW 1972, 2214)
- Tierärzte (BVerfG NJW 1975, 588)
- öffentlich-rechtliche Versicherungen und Verrechnungsstellen
- Mandanten eines Verteidigers (OLG Koblenz NStZ-RR 2008, 283).

C. Verhältnis zu § 203 StGB

Das Zeugnisverweigerungsrecht des § 53 StPO ist weiter als die Schweigepflicht nach § 203 StGB. Es bezieht sich auch auf Tatsachen, die keine Geheimnisse iSd § 203 StGB sind. Allerdings ist der Personenkreis des § 53 StPO enger als der des § 203 StGB gefasst. Aus der Schweigepflicht folgt daher nicht automatisch auch ein Recht zur Zeugnisverweigerung. 4

Die Vorschrift des § 53 StPO begründet keinen Rechtfertigungsgrund für einen Bruch der Schweigepflicht nach § 203 StGB. Ein Zeuge kann sich aber ggf auf § 34 StGB berufen, wenn er zB eigene Interessen schützen muss (BGHSt 1, 366) oder das Interesse an der Geheimhaltung geringer ist, als das Allgemeininteresse an der Offenbarung (BGH NJW 1956, 599; NJW 1963, 723). Der Zeuge kann nach § 53 StPO das Zeugnis jedoch auch dann verweigern, wenn die Voraussetzungen des § 34 StGB eigentlich gegeben sind.

Nicht das Gericht, sondern der Zeuge hat die erforderliche Abwägung vorzunehmen (BGH MDR 1957, 527). Das Gericht darf auf seine Willensbildung nicht einwirken (BGH NStZ 1996, 348), sie hat sie dem Zeugen vielmehr zu ermöglichen (BGHSt 15, 200). Dies gilt auch, wenn durch eine Aussage ein schwerer Schaden von einem Dritten oder der Allgemeinheit abgewendet werden könnte. Nur der Zeuge selbst kann für sich entscheiden, ob er sich der Gefahr einer Strafverfolgung nach § 203 StGB aussetzen will, wenn er entgegen seiner Schweigepflicht Angaben macht (BGH NJW 1956, 599; NJW 1961, 279; NJW 1963, 723). Das Gericht hat einen Zeugen zu vernehmen, wenn dieser auf sein Zeugnisverweigerungsrecht verzichtet. Seine Aussage ist verwertbar, auch wenn er mit dieser gegen § 203 StGB verstößt. 5

D. Umfang des Zeugnisverweigerungsrechts

Der Zeuge ist nur zur Verweigerung von Angaben berechtigt, die sich auf bei seiner Berufsausübung anvertraute oder bekannt gewordene Tatsachen beziehen (BGH DAR 1997, 181). Hierzu zählen auch das Ob und Wie des Kontaktes und die Person des Dritten. Die Beurteilung hat für denselben Vernehmungsgegenstand einheitlich zu erfolgen, dh das Weigerungsrecht als solches ist nicht teilbar und entfällt zB nicht in Bezug auf bestimmte Personen, die an einem Vorgang nur als Dritte beteiligt waren (BGH NStZ 1985, 372). Erforderlich ist jedoch immer, dass das Wissen des Zeugen wenigstens in einem Zusammenhang mit seiner Berufsausübung steht. Hierzu genügt es, wenn er von den Tatsachen aus Akten oder Karteien seines Praxisvorgängers Kenntnis erlangt (BVerfG NJW 1972, 1123). Vom Zeugnisverweigerungsrecht wird auch der Inhalt von beruflichen Gesprächen geschützt; hierzu zählen auch die eigenen Äußerungen des Zeugen (BGH MDR 1978, 281). Über den Umfang entscheidet das Gericht als rechtliche Frage (OLG Bamberg StV 1984, 499). 6

I. Anvertraute Tatsachen

Unter anvertrauten Tatsachen iSd § 53 StPO sind solche Informationen zu verstehen, die dem Berufsträger unter Verlangen oder der stillschweigenden Erwartung der Geheimhaltung mitgeteilt worden sind (OLG Köln NStZ 1983, 412). Es ist hierbei unerheblich, ob ihn die Information auf schriftlichem oder mündlichem Wege erreicht. Es genügt auch, wenn der Berufsträger die Tatsache durch eine Beobachtung oder Untersuchung erlangt (BGH NStZ 1993, 142). Ebenso ist es unerheblich, ob die Tatsachen der Geheimnissphäre des Beschuldigten oder einem Dritten angehören und ob der Beschuldigte oder ein Dritter sie an den Berufsträger übermittelt hat. 7

II. Bekannt gewordene Tatsachen

Neben anvertrauten werden auch bekanntgewordene Tatsachen von § 53 StPO erfasst. Hierbei handelt es sich um Tatsachen, die der Berufsträger vom Beschuldigten oder einem Dritten erfahren hat, ohne dass sie ihm anvertraut worden sind, wobei eine weite Auslegung zu erfolgen hat (BGH MDR 1978, 281). Unerheblich ist, warum und von wem der Berufsträger die Erkenntnis erlangt hat; es reicht daher auch zufällig erhaltenes Wissen, das im 8

Zusammenhang mit dem Vertrauensverhältnis steht (OLG Oldenburg NStZ 1983, 39; LG Karlsruhe StV 1983, 144; OLG Bamberg StV 1984, 499).

III. Zeitliche Dauer

9   Das Zeugnisverweigerungsrecht wirkt über den Abschluss des Auftrages hinaus fort (LG Düsseldorf NJW 1958, 1152). Es gilt auch nach dem Tod desjenigen, dessen Vertrauen geschützt werden soll (OLG Düsseldorf NJW 1959, 821). Es endet auch nicht dadurch, dass der Berufsträger seinen Beruf aufgibt.

E. Zeugnisverweigerungsberechtigte (Abs 1)

I. Geistliche (Nr 1)

10   Zu den Geistlichen iSd § 53 StPO zählen nur Geistliche der christlichen Kirchen und der sonstigen staatlich anerkannten öffentlich-rechtlichen Religionsgemeinschaften (Meyer-Goßner StPO § 53 Rn 12), unabhängig davon, ob dem Geistlichen auch kirchenrechtlich eine Verschwiegenheitspflicht trifft. Zu den Geistlichen gehören auch hauptamtlich tätige Laientheologen (BGH NStZ 2007, 275). Vom Zeugnisverweigerungsrecht werden alle Tatsachen umfasst, die dem Geistlichen in seiner Eigenschaft als Seelsorger anvertraut oder bekannt geworden sind. Hierzu zählt auch die Tatsache des Beichtganges (RG JW 1928, 2142). Nicht unter § 53 StPO fällt dagegen Wissen, das der Geistliche in ausschließlich karitativer, fürsorgerischer, erzieherischer oder verwaltender Tätigkeit erlangt hat; gleiches gilt für Tatsachen, die er nur gelegentlich der Ausübung seines Berufes erfahren hat (BGH NStZ 2007, 275). Entscheidend ist die objektive Sachlage, nicht wie die Beteiligten die Situation beurteilen, wobei die Ansicht des Geistlichen in Grenz- und Zweifelsfällen maßgeblich sein wird.

II. Verteidiger (Nr 2)

11   Hierunter fallen nur die gewählten oder bestellten Verteidiger, die nicht zugleich Rechtsanwälte sind (Nr 3). Es ist nicht erforderlich, dass der Zeuge die Verteidigung tatsächlich geführt hat. Handelt es sich bei dem Beschuldigten, in dessen Verfahren der Verteidiger aussagen soll, um den Mandanten des Verteidigers, wird dieser zur Ausübung des Zeugnisverweigerungsrechtes verpflichtet sein, ohne dass dieses wegen Missbrauchs verwirkt werden könnte. Das Zeugnisverweigerungsrecht umfasst aber auch Erkenntnisse, die der Verteidiger in einem anderen Verfahren oder von einem anderen Beschuldigten erlangt hat. Es gilt jedoch nicht für Tatsachen, die der Verteidiger im Zusammenhang mit einer eigenen kriminellen Betätigung erfahren hat.

III. Rechtsanwälte, Ärzte und ähnliche Berufen (Nr 3)

1. Rechtsanwälte

12   Hierzu zählen alle nach § 12 BRAO zugelassenen Rechtsanwälte, deren amtlich bestellte Vertreter (§ 53 BRAO), Abwickler (§ 55 BRAO) und Kammerbeistände. Nehmen Syndikusanwälte (§ 46 BRAO) typische anwaltliche Aufgaben war, sind sie ebenfalls von § 53 StPO erfasst (LG Berlin NStZ 2006, 470; LG Bonn NStZ 2007, 605). Ausländische Rechtsanwälte können sich auf ein Zeugnisverweigerungsrecht berufen, wenn sie in einem EU-Mitgliedsstaat zugelassen sind (§§ 206, 207 BRAO).

13   Unter § 53 StPO fallen auch Notare (§ 18 BNotO), Notarassessoren (§ 7 BNotO), Patentanwälte (§ 19 PatAO), Wirtschaftsprüfer (§ 1 Abs 1 S 1 WiPrO, § 15 WiPrO; LG Bonn NJW 2002, 2261), vereidigte Buchprüfer (§ 128 Abs 1 WiPrO), Steuerberater und Steuerbevollmächtigte (§ 40 StBerG, § 42 StBerG).

14   Vom Zeugnisverweigerungsrecht werden Erkenntnisse, die der Berufsträger in seiner Eigenschaft als Mitglied eines Aufsichtsrates erlangt hat, nicht umfasst (OLG Celle NJW 1983, 1573). Bei der Beweisfrage, ob ein Auftrag erteilt worden ist oder ob ein Steuerberater mit der Abgabe von Steuererklärungen beauftragt worden ist, ist dagegen § 53 StPO betroffen (OLG Schleswig StB 1982, 163). Wirkt ein Rechtsanwalt bei Verhandlungen über

eine Lösegeldzahlung mit, hat er kein Zeugnisverweigerungsrecht, wenn er nicht das Erpressungsopfer vertritt (BGH NJW 1986, 1183, 1185). Das Zeugnisverweigerungsrecht der Notare ist durch die Anzeigepflicht nach § 11 Abs 1 S 1, Abs 3 GwG beschränkt (BGH NStZ 2005, 577).

2. Ärzte und ähnliche Berufe

Hierzu zählen alle im Inland approbierten Ärzte und Personen, die zur vorübergehenden 15 Ausübung des Arztberufs berechtigt sind (§ 2 BÄO) sowie ausländische Ärzte, die EU-Staatsangehörige sind. § 53 StPO gilt weiter für Zahnärzte (§ 1 ZahnHkG), Psychotherapeuten (Gesetz v 16. 6. 1998, BGBl I 1311) und Apotheker, die approbiert sind oder den Beruf vorübergehend ausüben dürfen (§ 2 Bundes-Apothekerordnung) sowie Hebammen (§ 2 Hebammengesetz).

Das Zeugnisverweigerungsrecht umfasst alle Erkenntnisse, die der Berufsträger bei der 16 Untersuchung oder Heilbehandlung erlangt hat. Hierzu zählen auch der Name des Patienten und die Tatsache der Behandlung (BGH NStZ 1985, 372; OLG Oldenburg NStZ 1982, 2615) sowie auch durch Beobachtungen erlangtes Wissen (LG Karlsruhe StV 1983, 133). Es ist unerheblich, ob dem Patienten die Tatsachen überhaupt selbst bekannt waren. Auch das Bestehen eines Behandlungsverhältnisses und die Anbahnung werden von § 53 StPO erfasst (BGH NStZ 1985, 372; NJW 2000, 1426).

Dem Berufsträger steht das Zeugnisverweigerungsrecht auch zu, wenn er sein Wissen 17 aufgrund einer gesetzlichen Duldungspflicht zwangsweise erlangt hat; die Duldungspflicht ersetzt die sonst erforderliche Zustimmung (BGH NJW 1964, 449). Unter § 53 StPO fallen daher auch Truppenärzte, Amtsärzte und Ärzte im Strafvollzug (BGH NStZ 1993, 405).

3. Ärzte als Sachverständige

Kein Zeugnisverweigerungsrecht haben Ärzte, die als Sachverständige bestellt sind, auch 18 wenn sie daneben privat praktizieren. Dies gilt auch für Zusatztatsachen, wenn der Untersuchte die Untersuchung oder den Eingriff von Gesetzes wegen dulden musste (BGH NStZ 2002, 214). In diesen Fällen wird die sonst erforderliche Zustimmung zur Preisgabe von Geheimnissen durch die mit der gerichtlichen oder behördlichen Auftragerteilung einhergehenden gesetzlichen Duldungspflicht ersetzt, weil das staatliche Interesse an der Aufklärung des Sachverhalts vorgeht (BGH NStZ-RR 2009, 15). Gleiches gilt, wenn der Untersuchte die Untersuchung zwar hätte verweigern können, sie aber dennoch hat vornehmen lassen (BGH NJW 1964, 449, 451; OLG Hamm NJW 1968, 1202). Die Beschränkung des Zeugnisverweigerungsrechtes gilt nur im Rahmen des jeweiligen Verfahrens oder Auftrags des Sachverständigen. Dieser braucht daher Erkenntnisse aus einer früheren Behandlung oder Tatsachen, die ihm ohne Zusammenhang mit der Gutachtenerstellung mitgeteilt worden sind, nicht offenbaren (BGHSt 38, 369). Gleiches gilt für Zufallsbeobachtungen.

IV. Schwangerschaftsberater (Nr 3 a)

Zu den Schwangerschaftsberatern gehören alle Mitarbeiter der bezeichneten Stellen (Leiter, 19 Ärzte, Psychologen, Sozialarbeiter) und alle Beauftragte, die dazu bestellt sind, im Auftrag einer Beratungsstelle deren Aufgaben wahrzunehmen. Vom Zeugnisverweigerungsrecht werden neben der Schwangerschaft als solche auch alle für die Beratung bedeutsamen Lebensumstände mit umfasst. Nicht unter § 53 StPO fallen Betreuer einer „Babyklappe" (LG Köln NStZ 2002, 332).

V. Mitarbeiter von Suchtberatungsstellen (Nr 3 b)

Das Zeugnisverweigerungsrecht gilt nur bei einer Beratung über die im BtMG erfassten 20 Suchtformen und für die bei der Beratung oder Behandlung erlangten Informationen. Es gilt nur für Mitarbeiter von Beratungsstellen, die von einer Behörde oder Körperschaft, Anstalt oder Stiftung des öffentlichen Rechts eingerichtet oder anerkannt worden sind; ehrenamtlich tätige Berater in Selbsthilfegruppen fallen daher nicht hierunter (BVerfG NJW 1996, 1587; LG Freiburg NStZ-RR 1999, 366). Auch Gespräche des Beraters mit Familienangehörigen und Freunden eines Süchtigen werden von § 53 StPO umfasst. Ausgenommen sind Gerichts- und Bewährungshelfer, Strafvollzugsbedienstete und Sozialarbeiter, auch wenn sie in Betäubungsmittelfragen beraten.

VI. Abgeordnete (Nr 4)

21   Hierzu zählen Abgeordnete des Bundestages (Art 47 S 1 GG) und der Länderparlamente sowie die deutschen Mitglieder des Europäischen Parlaments (§ 6 EuAbgG), ferner auch die Mitglieder der Bundesversammlung.
Sie können über Tatsachen, die sie im Zusammenhang mit der Abgeordnetentätigkeit von einem anderen Abgeordneten, Regierungsvertretern oder Privatpersonen anvertraut bekommen haben oder die ihnen bekannt geworden sind, das Zeugnis verweigern. Sie müssen auch keine Angaben zur Person ihrer Gewährsleute machen. Die Abgeordneten entscheiden über die Anwendung des Zeugnisverweigerungsrechts nach eigenem freiem Ermessen; Weisungen hierzu sind unzulässig. Auch ist eine Befreiung von der Schweigepflicht ausgeschlossen.

22   Das Zeugnisverweigerungsrecht steht dem Abgeordneten auch nach Beendigung des Mandats zu, erfasst allerdings nicht Wissen, das der Abgeordnete vor oder nach Ablauf der Wahlperiode erfahren hat.

VII. Mitarbeiter von Presse und Rundfunk (Nr 5)

23   Die Pressefreiheit (Art 5 Abs 1 S 2 GG) bedingt einen Schutz des Vertrauensverhältnisses zwischen Presse und privaten Informanten (BVerfG NJW 1974, 356; NStZ 1982, 253). Dabei dient das Zeugnisverweigerungsrecht in erster Linie dem öffentlichen Interesse an einer funktionsfähigen Presse und Rundfunk (BVerfG NJW 1966, 1603; BGH NJW 1979, 1212), erst in zweiter Linie dem Schutz des Informanten. Daher ist eine Entbindung von der Schweigepflicht nicht möglich, auch wenn der Informant mit einer Aussage einverstanden ist (OLG Bremen JZ 1977, 444). Dies bedeutet aber auch, dass der Informant keinen Rechtsanspruch geltend machen kann, dass ein Journalist von seinem Zeugnisverweigerungsrecht Gebrauch macht (BVerfG NStZ 1982, 253), auch wenn er hierzu standesrechtlich verpflichtet ist.

24   Über den Wortlaut des § 53 Abs 1 S 1 Nr 5 StPO hinaus kann sich ein Zeugnisverweigerungsrecht auch direkt aus Art 5 Abs 1 S 2 GG ergeben (BVerfG NJW 1969, 1019; NJW 1974, 356, 359; NStZ 1983, 515).

1. Personenkreis

25   Das Zeugnisverweigerungsrecht steht allen Personen zu, die bei der Vorbereitung, Herstellung oder Verbreitung von Druckwerken, Rundfunksendungen und Filmberichten, dem wissenschaftlichen Publikationswesen sowie allen der Unterrichtung oder der Meinungsbildung dienenden Informations- und Kommunikationsdiensten berufsmäßig mitwirken. Es sind alle Druckwerke umfasst, auch wenn sie nicht periodisch erscheinen. Unter Rundfunksendungen fallen alle Sendungen des Hör- und Bildfunks, damit auch Fernsehsendungen und die Filmberichterstattung.

2. Berufsmäßige Mitwirkung

26   Ein Zeugnisverweigerungsrecht besteht nur, wenn der Zeuge berufsmäßig an der Herstellung oder Verbreitung des Druckwerks oder der Sendung mitwirkt. Zu diesem Personenkreis gehören:
- Journalisten, auch freiberufliche (BGH NJW 1999, 2051)
- Intendanten
- Sendeleiter
- Archivare
- redaktionelles, kaufmännisches und technisches Personal
- Hilfspersonen, zB Stenotypistinnen, Setzergehilfen, Volontäre
- Justitiare (LG Hamburg AfP 1984, 172)
- sonstige Personen, die aufgrund ihrer beruflichen Stellung von der Person eines Informanten oder dem Inhalt einer Mitteilung Kenntnis erlangen können.

Für die Ausübung des Zeugnisverweigerungsrechts ist es unerheblich, ob die Kenntnis vor oder nach der Veröffentlichung erlangt worden ist. Das Verweigerungsrecht wirkt auch über das Ende der beruflichen Tätigkeit hinaus fort.

Auf eine Gewinnerzielungsabsicht kommt es nicht an. Nebenberuflich Mitwirkende sind allerdings nur dann berufsmäßig tätig, wenn sie in der Absicht handeln, ihre Tätigkeit durch nicht nur einmalige Ausübung zu einer dauernden, wenigstens wiederkehrenden Beschäftigung zu machen. Ausreichend kann dann auch schon die Mitwirkung in einem Einzelfall sein (BGHSt 7, 129). Kein Zeugnisverweigerungsrecht haben aber Personen, die nur gelegentlich Beiträge einsenden oder ohne berufsmäßige Einbindung in den Medienbereich einmal in irgendeiner Weise tätig geworden sind. 27

3. Vorbereitung, Herstellung oder Verbreitung

Die Person muss bei der Vorbereitung, Herstellung oder Verbreitung des Druckwerks oder der Sendung tätig geworden sind. Unter die Vorbereitung fällt auch die eigentliche Informationsbeschaffung (BVerfG NJW 1960, 29; OLG Bremen JZ 1977, 444) und Recherche. Die inhaltliche, sprachliche oder technische Gestaltung stellt die Herstellung dar. Jede Maßnahme, durch die das Druckwerk oder die Sendung dem Publikum zugänglich gemacht wird, fällt unter die Verbreitung (BGHSt 18, 63); eine öffentliche Verbreitung ist dabei nicht erforderlich. 28

4. Umfang des Zeugnisverweigerungsrechts

Das Zeugnisverweigerungsrecht umfasst die Person des Informanten, auch wenn dieser selbst bei einem Presseorgan tätig ist, und die Mitteilung als solche. Bezweckt der Informant, zB durch einen anonymen Bekennerbrief, lediglich, durch eine Presseveröffentlichung auf sich selbst aufmerksam zu machen, kann das Verweigerungsrecht entfallen (BVerfG NStZ 1982, 253). 29

5. Person des Informanten

Unzulässig sind Fragen nach dem Namen oder sonstigen Tatsachen, die ein Aufdecken der Identität, wenn auch nur mittelbar (BGH NStZ 1990, 135), ermöglichen. Kein Zeugnisverweigerungsrecht besteht zu weiteren Einzelheiten (Aufenthaltsort, Aussehen, Zugang zur Information), wenn der Pressemitarbeiter die Identität des Informanten selbst aufgedeckt hat (BGH NJW 1999, 2051). An den Informanten geleistete Zahlungen oder sonstige Umstände der Veröffentlichung dürfen nicht verschwiegen werden; anders aber, wenn diese Angaben Fahndungsmaßnahmen oder Aufenthaltsermittlungen ermöglichen (BVerfG NJW 1969, 1019; BGH NJW 1979, 1212). 30

Zur Definition des Verfassers, Einsenders und sonstigen Informanten s Meyer-Goßner StPO § 53 Rn 35-37.

6. Mitteilungen

Das Zeugnisverweigerungsrecht umfasst alle Mitteilung, die der Pressemitarbeiter in seiner beruflichen Funktion, nicht als Privatmann, erhält, zusätzlich auch bereits die Tatsache, dass eine solche Mitteilung eingegangen ist. Hierunter fällt auch das Ermöglichen gezielter bestimmter Beobachtungen (BGH NW 1979, 1212). Unerheblich ist, ob die Mitteilung tatsächlich veröffentlicht wird oder eine Veröffentlichung beabsichtigt ist; geschützt ist damit auch nur reines Hintergrundmaterial und Archivmaterial. Die Mitteilung muss an das Presseunternehmen von außen herangebracht worden sein. 31

7. Selbst erarbeitetes Material

Auch selbst erarbeitetes Material wird von § 53 StPO erfasst. Keine Auskunftspflicht besteht daher für nicht von Dritten stammende Informationen und eigene Notizen oder Fotos des Mitarbeiters. 32

8. Einschränkungen

33 Im staatlichen Strafverfolgungsinteresse gilt das Zeugnisverweigerungsrecht der Pressemitarbeiter nur eingeschränkt bei der Aufklärung von Straftaten mit besonderem Gewicht (§ 53 Abs 2 S 2 StPO), alle Verbrechen und bestimmte Vergehen. Der Straftatenkatalog, der die erfassten Vergehen enthält, ist abschließend; die Subsidiaritätsklausel gilt nur für die im Katalog aufgeführten Vergehen, nicht aber auch für die Verbrechen. Zur fehlenden Bestimmtheit s Meyer-Goßner StPO § 53 Rn 39 b.

34 Das Zeugnisverweigerungsrecht besteht nach § 53 Abs 2 S 3 StPO jedoch weiter, wenn die Angaben des Zeugen zur Aufdeckung der Person des Informanten oder der dem Zeugen im Hinblick auf seine Tätigkeit nach § 53 Abs 1 S 1 Nr 5 StPO gemachten Mitteilungen oder deren Inhalt führen würde (BGH NJW 1990, 135). Der Zeuge kann mit dieser Behauptung die Aussage verweigern.

9. Redaktioneller Teil

35 Die Beiträge, Unterlagen, Materialien oder Mitteilungen müssen für den redaktionellen Teil des Presseorgans bestimmt sein, wozu auch Leserbriefe gehören (KG NJW 1984, 1133). Handelt es sich dagegen um Materialien für den Anzeigeteil oder das Werbefernsehen, greift das Zeugnisverweigerungsrecht nicht, sofern dem Anzeige- oder Werbeteil nicht eine ähnliche Funktion wie dem redaktionellen Teil zukommt (BVerfG NStZ 1983, 515).

F. Ausübung des Zeugnisverweigerungsrechts

36 Der Zeuge muss sich auf sein Verweigerungsrecht ausdrücklich berufen und kann die Ausübung auch nur auf Teilbereiche oder Einzelfragen beschränken. Er muss die Anwendung nicht begründen. Bei Zweifeln kann das Gericht die eidliche Versicherung nach § 56 StPO verlangen. Die Tatsache der Zeugnisverweigerung darf bei der Beweiswürdigung nicht verwertet werden.

37 **Widerruf:** Bis zum Schluss der Vernehmung kann der Zeuge seinen Verzicht auf sein Verweigerungsrecht widerrufen. Angaben, die er bis zu diesem Zeitpunkt gemacht hat, bleiben verwertbar; eine Vereidigung darf nicht erfolgen.

G. Belehrungspflicht

38 Der Zeuge ist über sein Zeugnisverweigerungsrecht nicht zu belehren (BGH NStZ 1991, 338), da das Gericht davon ausgehen darf, dass er seine Berufsrechte und -pflichten kennt. Die Fürsorgepflicht des Gerichts gebietet es jedoch, einen Zeugen, dessen Unkenntnis offensichtlich ist, zu belehren (BGH MDR 1980, 815; OLG Dresden NStZ-RR 1997, 238).

H. Entbindung von der Verschwiegenheitspflicht (Abs 2)

39 Wird ein Zeuge von seiner Verschwiegenheitspflicht entbunden, ist er zur Aussage verpflichtet, wenn er unter die Berufsgruppen des § 53 Abs 1 Nr 2 bis Nr 3 b StPO fällt. Alle anderen Berufsträger haben eine Entbindung bei ihrer Entscheidung zu berücksichtigen. Bei der Entbindung handelt es sich um eine Prozesserklärung, die Handlungsfähigkeit voraussetzt. Eine Verpflichtung des Gerichts, den Angeklagten nach einer Entbindung zu befragen, besteht nicht. Weigert sich der Angeklagte, einen Zeugen von der Schweigepflicht zu entbinden, hindert dies den Zeugen an einer Aussage nicht. Ihm ist vom Gericht Gelegenheit zu gewähren, sich selbst entscheiden zu können (BGH NJW 1961, 279; OLG Frankfurt StV 1982, 414).

I. Berechtigte zur Entbindung

40 Einen Zeugen von der Schweigepflicht kann jede Person entbinden, zu deren Gunsten die Schweigepflicht gesetzlich begründet ist (OLG Hamburg NJW 1962, 689, 691). Besteht diese gegenüber mehreren Personen, müssen alle die Erklärung abgeben (OLG Celle wistra 1986, 83). Bei der GmbH ist eine Erklärung der rechtlichen und faktischen Geschäftsführer (LG Hamburg wistra 2005, 394), bei der AG oder Genossenschaft des Vorstandes erforder-

lich. Nicht ausreichend ist eine Erklärung des Insolvenzverwalters alleine, auch wenn die Geschäftsführer oder der Vorstand Straftaten zum Nachteil der Gesellschaft begangen haben (OLG Düsseldorf StV 1993, 346; OLG Koblenz NStZ 1985, 426; OLG Schleswig NJW 1981, 294; LG Saarbrücken wistra 1995, 239; **aA** OLG Nürnberg 18. 6. 2009 – Az 1 Ws 289/09). Kommt es zu einem Wechsel in der Geschäftsführung ist eine Erklärung sowohl der gegenwärtigen wie auch der früheren Vertretungsberechtigten erforderlich.

Hat der Zeuge sein Wissen von einer Person erfahren, die selbst nicht geheimnisgeschützt 41 ist, muss der Geheimnisgeschützte die Entbindungserklärung abgeben, nicht aber die anvertrauende Person. Anders nur, wenn der Beschuldigte selbst einem Zeugen Drittgeheimnisse anvertraut hat, hier reicht eine Erklärung des Dritten oder des Beschuldigten (OLG Köln NStZ 1983, 412).

II. Erklärung der Entbindung

Die Erklärung muss nicht ausdrücklich, sondern kann auch durch schlüssiges Verhalten 42 erfolgen. Eine nur mutmaßliche Einwilligung genügt dagegen nicht. Sie wirkt für das gesamte Verfahren, für das sie abgegeben worden ist, nicht aber auch für andere Verfahren. Die Beurteilung der Wirksamkeit der Erklärung obliegt dem Gericht, nicht dem Zeugen (BDiszH NJW 1960, 550). Bei Versterben des Geheimgeschützten kann eine zu Lebzeiten abgegebene Erklärung, zB in einem nachgelassenen Brief, genügen (BGH NJW 1984, 2893).

Bei der Schweigepflichtentbindung handelt es sich um ein höchstpersönliches Recht, bei dem eine Vertretung nicht möglich ist; dies gilt auch, wenn der Geheimgeschützte selbst willensunfähig ist. Ist er bereits verstorben, können daher auch nicht seine Erben oder nächsten Angehörigen an seiner Stelle eine entspr Erklärung abgeben. Kann der mutmaßliche Wille des Vertretenen nicht festgestellt werden, muss der Zeuge selbst entscheiden (BGH NJW 1984, 2893; BayObLG NJW 1987, 1492; OLG Celle NJW 1965, 362; OLG Stuttgart NJW 1983, 1744).

III. Beschränkung und Widerruf

Die Entbindung kann auf einzelne Tatsachenkomplexe beschränkt werden (OLG Hamburg 43 NJW 1962, 689). Sie ist widerrufbar (BGH NJW 1963, 723), wobei ein Widerruf ausdrücklich erklärt werden muss (BGH NStZ 1996, 348). Angaben, die ein Zeuge vor dem Zeitpunkt des Widerrufs bereits gemacht hat, bleiben verwertbar. Eine Niederschrift kann in der Hauptverhandlung verlesen werden, § 252 StPO gilt insoweit nicht (BGH NJW 1963, 723).

I. Revision

Mit der Revision kann nicht gerügt werden, dass sich ein Zeuge zu Unrecht für die 44 Zeugnisverweigerung oder den Verzicht darauf entschieden hat (BGHSt 9, 59). Gleiches gilt für eine unterlassene Belehrung.

Erteilt das Gericht jedoch eine unrichtige Belehrung oder weist es zu Unrecht auf eine 45 tatsächlich nicht erfolgte Entbindung hin, kann dies die Revision begründen (BGH NStZ 1996, 348), sofern der Zeuge ausgesagt hat und das Urteil hierauf beruht.

Rügeberechtigt ist jeder Angeklagte, zu dessen Nachteil die Aussage verwertet worden ist, unabhängig davon, ob er selbst durch das Zeugnisverweigerungsrecht unmittelbar geschützt ist (BGH NStZ 1985, 372).

Eine Verletzung von § 244 Abs 2 StPO, § 245 StPO ist gegeben, wenn ein Zeuge 46 aufgrund einer unrichtigen Belehrung die Aussage verweigert (BGH NStZ 1994, 94).

§ 53 a [Zeugnisverweigerungsrecht der Berufshelfer]

(1) ¹Den in § 53 Abs. 1 Satz 1 Nr. 1 bis 4 Genannten stehen ihre Gehilfen und die Personen gleich, die zur Vorbereitung auf den Beruf an der berufsmäßigen Tätigkeit teilnehmen. ²Über die Ausübung des Rechtes dieser Hilfspersonen, das Zeugnis zu verweigern, entscheiden die in § 53 Abs. 1 Satz 1 Nr. 1 bis 4 Genannten, es sei denn, daß diese Entscheidung in absehbarer Zeit nicht herbeigeführt werden kann.

StPO § 53a

(2) Die Entbindung von der Verpflichtung zur Verschwiegenheit (§ 53 Abs. 2 Satz 1) gilt auch für die Hilfspersonen.

Überblick

Die Vorschrift des § 53a StPO ergänzt das Zeugnisverweigerungsrecht der Berufsträger nach § 53 StPO um deren Berufshelfer (Rn 1 bis Rn 7). Diesen steht ein abgeleitetes Zeugnisverweigerungsrecht zu (Rn 8 bis Rn 10), das jedoch nicht in einem Verfahren gegen den Berufsträger selbst gilt (Rn 11). Auch für sie gilt eine Entbindung von der Schweigepflicht (Rn 12).

Übersicht

	Rn		Rn
A. Normzweck	1	C. Abgeleitetes Weigerungsrecht	8
B. Hilfspersonen	2	D. Verfahren gegen den Berufsträger	11
I. Selbstständige Gewerbetreibende	3		
II. Hilfspersonen von Geistlichen	4	E. Entbindung von der Schweigepflicht (Abs 2)	12
III. Hilfspersonen von Abgeordneten	5		
IV. Hilfspersonen von Rechtsanwälten	6	F. Revision	13
V. Hilfspersonen von Ärzten	7		

A. Normzweck

1   Die Regelung des § 53a StPO soll verhindern, dass das Zeugnisverweigerungsrecht der in § 53 StPO genannten Personen durch **Vernehmung ihrer Hilfspersonen** umgangen wird (s § 203 Abs 3 StGB). § 53a StPO gilt daher nicht für Personen, die selbst ein Zeugnisverweigerungsrecht nach § 53 StPO haben. Hilfspersonen bei Presse und Rundfunk fallen unter § 53 Abs 1 S 1 Nr 5 StPO. Zur Beschlagnahme vgl § 97 StPO Rn 14.

B. Hilfspersonen

2   Zu den Hilfspersonen gehören nicht nur **berufsmäßig tätige Hilfskräfte**, sondern auch ständig oder gelegentlich **Mithelfende**, wie zB Familienangehörige. Ein soziales Abhängigkeitsverhältnis ist nicht erforderlich. Es muss jedoch ein **unmittelbarer Zusammenhang** der Hilfeleistung mit der Berufstätigkeit bestehen. Hieran fehlt es zB beim Hauspersonal, sofern dieses nicht ausnahmsweise bei der Berufstätigkeit hilft, sowie beim technischen Personal (Kraftfahrer, Putzfrauen, Boten). Ein nur mittelbarer Zusammenhang (zB Mitarbeiter von Banken, Krankenkassen, Berufskammern oder privatärztlichen Verrechnungsstellen) genügt nicht.

I. Selbstständige Gewerbetreibende

3   Selbstständige Gewerbetreibende, die vom Berufsträger zur selbstständigen Erledigung bestimmter Einzelaufträge zugezogen worden sind, sind idR keine Hilfspersonen:

- von einem Rechtsanwalt beauftragter Detektiv (KK-StPO/Senge StPO § 53a Rn 3; Meyer-Goßner StPO § 53a Rn 2; **aA** LG Frankfurt NJW 1959, 589).
- von einem Rechtsanwalt zugezogener Gutachter (LG Essen StraFo 1996, 92; Meyer-Goßner StPO § 53a Rn 2; **aA** LG Hannover StraFo 2001, 167).
- für einen Zahnarzt tätiger selbstständiger Zahntechniker (KK-StPO/Senge StPO § 53a Rn 3; Meyer-Goßner StPO § 53a Rn 2).
- der vom Arzt herbeigerufene Krankenwagenfahrer (KK-StPO/Senge StPO § 53a Rn 3; Meyer-Goßner StPO § 53a Rn 2).

II. Hilfspersonen von Geistlichen

4   Zu den Hilfspersonen bei Geistlichen zählen alle bei der **Seelsorge mitwirkenden Personen** (Stromberg MDR 1974, 892), nicht aber zB Messdiener, Kirchenälteste oder Pfarrgemeinderäte.

III. Hilfspersonen von Abgeordneten

Zu den Hilfspersonen bei Abgeordneten gehören die Assistenten und Sekretärinnen, nicht aber zB Wahlhelfer oder Fahrer (KK-StPO/Senge StPO § 53 a Rn 4). 5

IV. Hilfspersonen von Rechtsanwälten

Hilfspersonen von Rechtsanwälten sind alle **juristischen Mitarbeiter** (nicht zugelassene Volljuristen, Referendare, Studenten), das **Büropersonal** sowie **Dolmetscher**, die für ein Beratungsgespräch zugezogen worden sind (LG Verden StV 1996, 371). 6

V. Hilfspersonen von Ärzten

Zu den Hilfspersonen von Ärzten zählen zugezogene **Psychologen** (Hoffmann NJW 1971, 1440), sofern diese nicht über die Approbation als Psychologischer Psychotherapeut, vgl § 53 StPO (§ 53 StPO Rn 15) verfügen, und sonstige zugezogene **Spezialisten** (Kohlhaas NJW 1972, 1502). Weiter gehören hierzu für den Arzt tätige **Hilfskräfte** (zB Krankenpfleger, Krankenschwestern, Masseure, Bademeister, OP-Assistenten, die mit dem Patienten befassten technischen Dienste, Sekretärin), nicht jedoch das gesamte Verwaltungs- und Hilfspersonal eines Krankenhauses (Meyer-Goßner StPO § 53 a Rn 5). Als Hilfsperson ist aber der **Verwaltungsdirektor** anzusehen (OLG Köln VRS 84, 103, OLG Oldenburg NStZ 1983, 39; **aA** KK-StPO/Senge StPO § 53 a Rn 2). 7

C. Abgeleitetes Weigerungsrecht

Den Hilfspersonen steht kein selbstständiges, sondern nur ein vom Berufsherrn **abgeleitetes Zeugnisverweigerungsrecht** zu (BGH NJW 1956, 599; LG Köln NJW 1959, 1598). Der Berufsherr, der alleine in der Lage ist, die Tragweite der Aussage zu beurteilen, entscheidet mit **bindender Wirkung** über die Aussagepflicht seiner Hilfsperson. Kann eine Entscheidung des Berufsherrn in absehbarer Zeit nicht herbeigeführt werden (zB Tod, Erkrankung, längere Abwesenheit), entscheidet die Hilfsperson selbst. Weigert sich die Hilfsperson, trotz Anordnung des Berufsherrn, auszusagen, ist § 70 StPO anwendbar (OLG Köln StV 1991, 506 zum Beschwerderecht des Berufsherrn). Bei einer gemeinsamen Berufsausübung, zB Sozietät, Bürogemeinschaft, Partnerschaft vgl Thielen StraFo 2000, 121. 8

Der Berufsträger ist nicht verpflichtet, **einheitlich** zu entscheiden. So kann er selbst aussagen und trotzdem der Hilfsperson die Aussage untersagen (KK-StPO/Senge StPO § 53 a Rn 7; Meyer-Goßner StPO § 53 a Rn 8; **aA** LG Köln NJW 1959, 1598) oder auch umgekehrt verfahren. Er kann seine Entscheidung auch widerrufen. 9

Sagt die Hilfsperson **entgegen der Entscheidung** des Berufsträgers aus, ist diese Aussage **verwertbar**. Der Verstoß gegen die Weisung betrifft nur das interne Verhältnis zum Berufsträger. 10

D. Verfahren gegen den Berufsträger

Das Zeugnisverweigerungsrecht der Hilfsperson besteht nicht in einem Verfahren gegen den Berufsträger. Ist ein Dritter, dem der Berufsträger zum Schweigen verpflichtet ist, Mitbeschuldigter, gilt § 53 a StPO, soweit sich die Aussage auf den Dritten bezieht (LBerufsG Stuttgart NJW 1975, 2255; Meyer-Goßner StPO § 53 a Rn 9). 11

E. Entbindung von der Schweigepflicht (Abs 2)

Wird der Berufsträger von der Schweigepflicht nach § 53 Abs 2 S 1 StPO entbunden, wirkt diese Entbindung auch für die Hilfsperson. Die Entbindung ist unteilbar und zwingt die Hilfsperson zur Aussage; sie ersetzt die Entscheidungsbefugnis des Berufsträgers. 12

F. Revision

Zur Revision vgl § 53 StPO Rn 44 ff. Die dort aufgezeigten Grundsätze sind auf § 53 a StPO übertragbar. 13

StPO § 54

§ 54 [Aussagegenehmigung für Richter und Beamte]

(1) Für die Vernehmung von Richtern, Beamten und anderen Personen des öffentlichen Dienstes als Zeugen über Umstände, auf die sich ihre Pflicht zur Amtsverschwiegenheit bezieht, und für die Genehmigung zur Aussage gelten die besonderen beamtenrechtlichen Vorschriften.

(2) Für die Mitglieder des Bundestages, eines Landtages, der Bundes- oder einer Landesregierung sowie für die Angestellten einer Fraktion des Bundestages und eines Landtages gelten die für sie maßgebenden besonderen Vorschriften.

(3) Der Bundespräsident kann das Zeugnis verweigern, wenn die Ablegung des Zeugnisses dem Wohl des Bundes oder eines deutschen Landes Nachteile bereiten würde.

(4) Diese Vorschriften gelten auch, wenn die vorgenannten Personen nicht mehr im öffentlichen Dienst oder Angestellte einer Fraktion sind oder ihre Mandate beendet sind, soweit es sich um Tatsachen handelt, die sich während ihrer Dienst-, Beschäftigungs- oder Mandatszeit ereignet haben oder ihnen während ihrer Dienst-, Beschäftigungs- oder Mandatszeit zur Kenntnis gelangt sind.

Überblick

Die Vorschrift des § 54 StPO regelt die Aussagegenehmigung von Beamten und Richtern, die einer Verschwiegenheitspflicht unterliegen (Rn 1 bis Rn 11). Ohne Genehmigung sind sie zur Zeugnisverweigerung berechtigt (Rn 12 bis Rn 13). Die Aussagegenehmigung erholt die vernehmende Person (Rn 14 bis Rn 15), für die Erteilung ist der Dienstvorgesetzte zuständig (Rn 16). Bei Vorliegen von Gründen kann die Erteilung versagt werden (Rn 17 bis Rn 24); diese Entscheidung kann angefochten werden (Rn 25 bis Rn 27); s auch Nr 66 RiStBV.

Übersicht

	Rn		Rn
A. Verschwiegenheitspflicht	1	I. Erholung	14
B. Beweiserhebungsverbot	2	II. Zuständigkeit für Erteilung	16
C. Personenkreis (Abs 1)	4	III. Versagung der Genehmigung	17
I. Beamte	4	1. Begründung	20
II. Richter	5	2. Beschränkung	21
III. Angestellte des öffentlichen Dienstes	6	3. Widerruf	22
IV. Andere Personen des öffentlichen Dienstes	7	IV. Bindende Wirkung	23
V. Soldaten	9	V. Folgen der Versagung	24
VI. EU-Bedienstete	10	F. Anfechtung	25
VII. Ehemalige Bedienstete der Staatsverwaltung der ehemaligen DDR	11	I. Verwaltungsrechtsweg	26
D. Zeugnisverweigerung	12	II. Aussetzung des Verfahrens	27
E. Aussagegenehmigung	14	G. Oberste Bundesorgane	28
		H. Revision	30

A. Verschwiegenheitspflicht

1 Angehörige des öffentlichen Dienstes unterliegen aufgrund Gesetzes oder durch Tarifvertrag einer Verschwiegenheitspflicht, die durch die Vorschrift des § 54 StPO auf das Verfahrensrecht übertragen wird. Sie schützt das öffentliche Geheimhaltungsinteresse, nicht aber auch amtlich bekannt gewordene Privatgeheimnisse. Für das Post-, Steuer- und Sozialgeheimnis gilt § 54 StPO nicht.

B. Beweiserhebungsverbot

Durch § 54 StPO wird ein Beweiserhebungsverbot begründet. Soweit die Amtsverschwiegenheit reicht, entfallen die Aussagepflicht und die Aussagebefugnis des Zeugen (BGH MDR 1952, 659; OLG Hamburg NStZ 1994, 98). Der Zeuge wird über seine Verschwiegenheitspflicht durch das Gericht nicht belehrt. Wird ihm eine Aussagegenehmigung erteilt, ist er zur Aussage verpflichtet. Sagt er ohne Genehmigung aus, bleiben seine Angaben verwertbar.

Die Verschwiegenheitspflicht gilt auch bei Vernehmungen durch die StA und die Polizei und auch bei einer Aussage nach dem Ausscheiden des Zeugen aus dem öffentlichen Dienst. Für Beschuldigte dagegen gilt § 54 StPO nicht.

C. Personenkreis (Abs 1)

I. Beamte

Zu den Beamten zählen alle unmittelbaren und mittelbaren Bundes- und Landesbeamten sowie Ehrenbeamte. Sie müssen unter Berufung in das Beamtenverhältnis in einem öffentlichen Dienst- und Treueverhältnis zum Bund, einem Land, einer Gemeinde, einer Körperschaft, Anstalt oder Stiftung des öffentlichen Rechts stehen (§ 2 BBG). Die Verschwiegenheitspflicht gehört zu den hergebrachten Grundsätzen des Berufsbeamtentums und hat nach Art 33 Abs 5 GG Verfassungsrang (BVerwG NJW 1983, 638). Sie ergibt sich für Bundesbeamte aus den § 61 BBG, § 62 BBG, für Landesbeamte aus § 37 BeamtStG und den Landesbeamtengesetzen.

II. Richter

Für Richter gelten nach § 46 DRiG, § 71 Abs 1 DRiG die beamtenrechtlichen Vorschriften. Von der Genehmigungspflicht werden bei Richtern auch Aussagen über strafprozessuale Untersuchungshandlungen oder Verfahren, in denen der Richter selbst tätig geworden ist, umfasst. Nicht der Verschwiegenheitspflicht unterliegen die ehrenamtlichen Richter, die jedoch das Beratungsgeheimnis zu beachten haben. Eine Ausnahme gilt nur für die landwirtschaftlichen Beisitzer in Landwirtschaftssachen.

Für die Richter des BVerfG ist umstritten, ob der Richter selbst, der Senat oder das Plenum die Aussagegenehmigung erteilen muss (Meyer-Goßner StPO § 54 Rn 8).

III. Angestellte des öffentlichen Dienstes

Die Verschwiegenheitspflicht der Angestellten im öffentlichen Dienst ergibt sich aus § 9 BAT und besteht nur in den durch das Gesetz vorgesehenen oder vom Arbeitgeber angeordneten Fällen (§ 9 Abs 1 BAT). § 62 Abs 1 BBG bzw. § 37 BeamtStG und die Bestimmungen der Landesbeamtengesetze sind auf die Versagung der Aussagegenehmigung anzuwenden.

IV. Andere Personen des öffentlichen Dienstes

Eine Verschwiegenheitspflicht für andere Personen des öffentlichen Dienstes besteht, wenn ihre Tätigkeit mit der einer Behörde im weitesten Sinne zusammenhängt, sofern sie nicht nur mechanischer oder völlig untergeordneter Art ist. Unerheblich ist, ob die Tätigkeit der staatlichen oder kommunalen Verwaltung zugeordnet werden kann. So unterliegen auch Gemeinderatsmitglieder (OVG Münster MDR 1955, 61), Schiedsmänner (BVerwG NJW 1964, 1088; OLG Hamm NJW 1968, 1440), Geistliche und Mitarbeiter kirchlicher Beratungsstellen (OLG Köln StraFo 1999, 90), Mitarbeiter öffentlich-rechtlicher Kreditinstitute oder der Geschäftsführer einer Kreishandwerkerschaft (LG Aachen NJW 1954, 1213) der Schweigepflicht.

Ebenfalls zur Verschwiegenheit verpflichtet sind **V-Personen** der Polizei und der Nachrichtendienste, wenn sie hauptberuflich mit festen Bezügen angestellt sind oder wenn sie nach dem Verpflichtungsgesetz v 2. 3. 1974 (BGBl I 469, 547) zur besonderen Verschwiegenheit verpflichtet worden sind (BGH NStZ 1981, 70; NStZ 1983, 228, 230; NStZ 1984, 31; OLG Celle NStZ 1983, 570; OLG Hamburg NStZ 1994, 98).

Nicht entspr ist § 54 StPO dagegen auf nach § 3 ZSHG, § 10 ZSHG förmlich verpflichtete Zeugen anwendbar (BGH NJW 2006, 785).

V. Soldaten

9   Auf Soldaten, die nicht zu den Personen des öffentlichen Dienstes zählen, ist § 54 StPO entspr anwendbar. Sie sind nach § 14 SoldG zur Verschwiegenheit verpflichtet.

VI. EU-Bedienstete

10   Für EU-Bedienstete besteht ebenfalls eine Verschwiegenheitspflicht. Sie dürfen über Tatsachen, die ihnen anlässlich ihrer amtlichen Tätigkeit bekannt geworden sind, nur mit Zustimmung ihrer Anstellungsbehörde bei Gericht aussagen. Wenn die Interessen der Gemeinschaft es erfordern, darf die Zustimmung versagt werden, es sei denn, den Beamten würden durch die Versagung strafrechtliche Folgen treffen.

VII. Ehemalige Bedienstete der Staatsverwaltung der ehemaligen DDR

11   Dieser Personenkreis kann sich nicht mehr auf eine Verschwiegenheitspflicht berufen. Ihre Verpflichtung ist mit dem Einigungsvertrag weggefallen.

D. Zeugnisverweigerung

12   Der Zeuge entscheidet selbst über den Umfang seines Zeugnisverweigerungsrechts. Er muss beurteilen, ob eine Tatsache bereits offenkundig (allgemein bekannt oder allgemein zugänglich) geworden oder nicht mehr geheimhaltungsbedürftig ist. Bei Zweifeln muss er die Aussage verweigern (RGSt 48, 38). Ist er aussagebereit, darf das Gericht ihn dennoch nicht zu offensichtlich geheimhaltungsbedürftigen Tatsachen vernehmen. Geschieht dies dennoch, entsteht allerdings kein Verwertungsverbot.

13   Stets dürfen Ermittlungspersonen der StA nach § 152 GVG vernommen werden, sofern die Behörde nicht allgemein oder für bestimmte Einzelfälle eine Genehmigungspflicht angeordnet hat. Gleiches gilt für Vertreter der Gerichtshilfe und der Jugendgerichtshilfe.

E. Aussagegenehmigung

I. Erholung

14   Von der Vernehmung eines Zeugen wegen fehlender Aussagegenehmigung darf das Gericht erst dann absehen, wenn es versucht hat, bei der zuständigen Stelle eine Genehmigung zu erreichen (BGH NStZ 2006, 656). Zuständig für die Erholung ist das Gericht, die StA oder Polizeibehörde, die den Zeugen vernehmen will (Nr 66 Abs 1 S 1 RiStBV); sie darf dies nicht dem Zeugen aufgeben. Bestehen Zweifel am Bestehen einer Aussagegenehmigung, ist beim Dienstvorgesetzten anzufragen (Nr 66 Abs 1 S 2 RiStBV). Berufen sich Prozessbeteiligte auf einen Zeugen, können sie auch die Aussagegenehmigung beantragen (BVerwG NJW 1971, 160; VGH München NJW 1980, 198); dies gilt auch für den Nebenkläger, nicht aber den Privatkläger.

15   Mit dem Antrag müssen der erteilenden Behörde die Vorgänge, über die der Zeuge vernommen werden soll, kurz und erschöpfend angegeben werden (Nr 66 Abs 1 S 1 RiStBV). Dies wird idR durch Angabe des Beweisthemas oder der Beweisfragen geschehen.

II. Zuständigkeit für Erteilung

16   Die Aussagegenehmigung erteilt der gegenwärtige Dienstvorgesetzte des Zeugen, bei Beendigung der Tätigkeit der letzte Dienstvorgesetzte. Bei Wechsel des Dienstherrn gilt § 37 Abs 3 S 3 BeamtStG. Untersteht ein Zeuge mehreren staatlichen Stellen, ist der Disziplinarvorgesetzte zuständig. Für Ermittlungspersonen der StA erteilt der polizeiliche Dienstvorgesetzte und nicht der Leiter der StA die Aussagegenehmigung (OLG Hamm JMBlNW 1956, 36). Die Genehmigung kann auch mündlich oder telefonisch ergehen, wird aber idR schriftlich ausgesprochen.

III. Versagung der Genehmigung

Die Genehmigung kann unter den Voraussetzungen der § 62 Abs 1 BBG, § 37 Abs 4 17 BeamtStG versagt werden; der Behörde obliegt insofern kein Ermessen (BVerwG NJW 1971, 160). Wird ein V-Mann im Falle einer Aussage einer Lebens- oder Leibesgefahr ausgesetzt, kann darin ein Nachteil für das Wohl des Bundes liegen (BVerfG NStZ 1981, 357; BGH NJW 1985, 337).

Die versagende Behörde muss sich bei ihrer Entscheidung am Gebot einer rechtsstaatlichen 18 Verfahrensgestaltung orientieren. Dabei muss sie auch die Bedeutung der gerichtlichen Wahrheitsfindung für die Sicherung der Gerechtigkeit und des Freiheitsanspruchs des Beschuldigten angemessen berücksichtigen; sie darf sich nicht auf ihre wahrzunehmenden Aufgaben zurückziehen (BGH NStZ 1984, 36; BVerfG NStZ 1981, 357; BVerwG NJW 1983, 638).

Bei Bundesbeamten entscheidet über die Versagung die oberste Aufsichtsbehörde (§ 62 19 Abs 4 BBG); entspr Regelungen bestehen für Landesbeamte.

1. Begründung

Bei einer Versagung muss die Behörde die Gründe ihrer Weigerung so verständlich 20 machen, dass das Gericht in die Lage versetzt wird, auf die Beseitigung etwaiger Hindernisse hinzuwirken und auf die Bereitstellung des bestmöglichen Beweises drängen zu können (BGH NJW 1980, 464; BVerfG NStZ 1981, 357; BVerwG NJW 1983, 638). Meist wird sich die Behörde auf allgemeine Angaben über die Versagungsgründe beschränken können.

2. Beschränkung

Soweit möglich, ist die Versagung auf einzelne Tatkomplexe oder Fragen zu beschränken 21 (BGH NJW 1962, 1876). Oftmals wird es genügen, Angaben zur Person des Anzeigeerstatters oder eines V-Mannes von der Genehmigung auszunehmen (OLG Hamm 1970, 821; OLG Stuttgart NJW 1972, 66). Ergänzend enthält § 69 Abs 3 StPO Bestimmungen zur Geheimhaltung der Identität von Zeugen.

3. Widerruf

Eine erteilte Aussagegenehmigung kann jederzeit widerrufen werden. Vor dem Widerruf 22 gemachte Aussagen bleiben verwertbar, allerdings nicht Angaben des Zeugen im Vorverfahren (OLG Celle MDR 1959, 414). Wird die Aussagegenehmigung erst nach Abschluss der Aussage widerrufen, bleibt der Widerruf bedeutungslos.

IV. Bindende Wirkung

Der behördlichen Entscheidung kommt Bindungswirkung zu. Der Zeuge muss bei Ertei- 23 lung einer Aussagegenehmigung vernommen werden, auch wenn das Gericht Bedenken gegen die Offenbarung des Wissens hat. Bei nicht erteilter oder nur beschränkter Genehmigung sind Fragen ganz oder bezogen auf den beschränkten Teil nicht zulässig (BGH NJW 1962, 1876; OLG Hamm NJW 1970, 821). Dies gilt auch, wenn das Gericht die Versagungsgründe als gesetzeswidrig ansieht (RGSt 44, 291, 292). Es muss ggf Gegenvorstellung erheben (OLG Hamburg NStZ 1994, 98, 99).

V. Folgen der Versagung

Mit Versagung der Aussagegenehmigung fällt der Zeuge als Beweismittel im Verfahren 24 weg. Seine Vernehmung wird unzulässig, er muss aber dennoch der Ladung folgen. Beweisanträge sind nach § 244 Abs 3 S 1 StPO, § 245 Abs 2 S 2 StPO abzulehnen wegen Unzulässigkeit der Beweiserhebung (BGH NJW 1981, 1052). Werden Fragen an den Zeugen gestellt, die nicht von der Aussagegenehmigung umfasst werden, sind diese nach § 241 Abs 2 StPO zurückzuweisen. Bei der Beweiswürdigung kann die Versagung der Genehmigung gewürdigt werden. Dabei wird allerdings nicht die versagte Beweistatsache als wahr unterstellt.

F. Anfechtung

25   Aus der Aufklärungspflicht kann sich eine Verpflichtung des Gerichts zur Erhebung einer **Gegenvorstellung** gegen eine Versagung der Genehmigung ergeben (BGH NStZ 1981, 70). Dies gilt vor allem, wenn die Versagung ermessensfehlerhaft erscheint oder nicht hinreichend begründet worden ist (BGH NStZ 1984, 36; NStZ 1996, 608; OLG Hamm NJW 1970, 821). Anders jedoch, wenn die Versagung offenbar berechtigt ist (BGH NJW 1981, 770; NStZ 1985, 446). Ggf hat das Gericht auch **Dienstaufsichtsbeschwerde** zu erheben. Hierzu sind auch alle anderen Prozessbeteiligten berechtigt, die an der Vernehmung des Zeugen interessiert sind.

I. Verwaltungsrechtsweg

26   Verfahrensbeteiligte, die ein rechtliches Interesse an der Aussage geltend machen können, können die ganz oder teilweise versagende Entscheidung der Behörde anfechten (BVerwG NJW 1964, 1088; VGH München NJW 1980, 198). Zum klageberechtigten Personenkreis gehören auch der Neben- und Privatkläger, nicht jedoch das Gericht selbst oder die StA. Für die Klage aus dem Beamtenverhältnis (§ 126 BRRG, § 127 BRRG) ist der Verwaltungsrechtsweg eröffnet (BVerwG NJW 1983, 638; OLG Stuttgart NStZ 1985, 136; OVG Berlin StV 1984, 280). Dies gilt auch, wenn eine versagte Genehmigung für einen Richter oder Justizbeamten angefochten werden soll; § 23 EGGVG gilt nicht (OLG Hamm NJW 1968, 1440). Wird die Aussagegenehmigung erteilt, kann der Beamte dagegen nicht gerichtlich vorgehen, auch wenn er sich für gefährdet hält.

II. Aussetzung des Verfahrens

27   Die Prozessbeteiligten können eine Aussetzung des Strafverfahrens bis zur Entscheidung über die Gegenvorstellung, Dienstaufsichtsbeschwerde oder Klage nicht verlangen. Allerdings kann die Aufklärungspflicht des Gerichts eine Aussetzung gebieten. Erscheint die Klage aussichtslos, wird eine Aussetzung idR nicht erfolgen müssen (BGH NJW 1981, 770; NStZ 1985, 466).

G. Oberste Bundesorgane

28   Für Mitglieder der obersten Bundesorgane besteht ebenfalls eine Verschwiegenheitspflicht. Für Bundestagsmitglieder ergibt sich dies aus § 44c AbgG, für Mitglieder der Bundesregierung aus § 6 BMinG, § 7 BMinG. In den Ländern bestehen entspr Vorschriften.

29   Der Bundespräsident kann selbst entscheiden, ob er aussagen möchte oder nicht. Das Gericht hat diese Entscheidung zu akzeptieren, ohne eine Begründung oder Glaubhaftmachung verlangen zu können. Entspr ist der Präsident des Bundesrates zu behandeln, wenn er nach Art 57 GG als Vertreter des Bundespräsidenten tätig geworden ist und hierüber aussagen soll.

H. Revision

30   Ein Verstoß gegen § 54 StPO kann eine Revision nicht begründen. Der Rechtskreis des Angeklagten wird hierdurch nicht verletzt (BGH NJW 1952, 151). Auch die StA kann sich hierauf nicht berufen, weil eine Vernehmung ohne Genehmigung der Aufklärung nicht schaden kann, auf der anderen Seite eine Versagung bindend ist. Denkbar ist eine erfolgreiche Aufklärungsrüge jedoch, wenn das Gericht sich nicht genügend bemüht hat, die Genehmigung zu erlangen.

§ 55 [Auskunftsverweigerungsrecht]

(1) Jeder Zeuge kann die Auskunft auf solche Fragen verweigern, deren Beantwortung ihm selbst oder einem der in § 52 Abs. 1 bezeichneten Angehörigen die Gefahr zuziehen würde, wegen einer Straftat oder einer Ordnungswidrigkeit verfolgt zu werden.

(2) Der Zeuge ist über sein Recht zur Verweigerung der Auskunft zu belehren.

Überblick

Die Vorschrift des § 55 StPO regelt das Auskunftsverweigerungsrecht des Zeugen, der sich durch seine wahrheitsgemäße Aussage selbst oder für einen Angehörigen der strafrechtlichen Verfolgung ausgesetzt sieht (Rn 1 bis Rn 8). Der Zeuge muss die Auskunftsverweigerung eindeutig erklären (Rn 9), seine weitere Befragung zu diesem Thema ist dann unzulässig (Rn 10). Über sein Recht ist er zu belehren (Rn 11). Eine falsche Belehrung kann die Revision begründen (Rn 12 bis Rn 14), s auch Nr 65 RiStBV.

Übersicht

	Rn		Rn
A. Gesetzeszweck	1	D. Entscheidung	8
B. Anwendungsbereich	2	E. Auskunftsverweigerung	9
C. Verfolgungsgefahr	3	F. Folge der Auskunftsverweigerung	10
I. Straftat oder OWi	3	G. Belehrung (Abs 2)	11
II. Erwartung der Verfolgung	4		
III. Zweifellos ausgeschlossene Gefahr	5	H. Revision	12

A. Gesetzeszweck

Die Vorschrift des § 55 StPO dient dem Schutz des Zeugen, nicht aber auch dem Ange- 1 klagten oder anderen Verfahrensbeteiligten (BGHSt 1, 39; BGHSt 17, 245; NJW 1958, 557). Sie soll dem Zeugen eine **seelische Zwangslage** ersparen (BGHSt 9, 34, 36; BGHSt 17, 245), nicht aber diesen von einer falschen Aussage abhalten (OLG Düsseldorf NStZ 1982, 257). Die Vorschrift ergänzt zum einen die Aussagefreiheit des Beschuldigten aber auch das Aussageverweigerungsrecht nach § 52 StPO. § 55 StPO greift nicht ein, wenn es sich bei dem betroffenen Angehörigen des Zeugen um den Beschuldigten handelt; in diesen Fällen gilt nur § 52 StPO.

B. Anwendungsbereich

Das Auskunftsverweigerungsrecht des § 55 StPO gilt umfassend für **alle Einvernahmen** 2 eines Zeugen. Es ist hierbei unerheblich, dass dieser ggf bereits zuvor in einer früheren Vernehmung belastende Angaben gemacht hat oder ob die verlangte Auskunft den Beschuldigten be- oder entlasten würde. § 55 StPO begründet allerdings kein umfassendes Zeugnisverweigerungsrecht, kann zu einem solchen jedoch faktisch führen, wenn der gesamte Inhalt der Aussage von den Voraussetzungen des § 55 Abs 1 StPO umfasst wäre (BGH NStZ 1986, 181; NStZ 1998, 365). Der Zeuge darf nicht in die Situation gebracht werden, dass bereits die Ingebrauchnahme von § 55 StPO einen Verdachtsgrund gegen ihn oder einen Angehörigen begründen kann; das Auskunftsverweigerungsrecht besteht daher bereits dann, wenn schon die Bejahung oder Verneinung einer Frage diese Gefahr mit sich bringen würde (BVerfG NJW 1999, 779; BGH MDR 1993, 722; NJW 1999, 1413).

C. Verfolgungsgefahr

I. Straftat oder OWi

§ 55 StPO kommt nur zur Anwendung, wenn dem Zeugen die Verfolgung wegen einer 3 Straftat oder OWi, die er bereits **vor** der Aussage begangen hat, droht. Hierbei ist nicht erforderlich, dass dem Zeugen tatsächlich eine Strafe oder Geldbuße droht; es genügen auch anzunehmende Sicherungsmaßregeln, Erziehungsmaßregeln oder Zuchtmittel, wie auch die Durchführung eines Verfahrens nach §§ 413 StPO ff. Dass sich der Zeuge alleine durch seine Aussage strafbar machen könnte, reicht hierfür nicht (BGH NJW 2006, 785; OLG Düsseldorf NStZ 1982, 257; BVerfG NStZ 1985, 277). Aber die Gefahr einer strafrechtlichen Verfolgung im Ausland reicht aus (LG Freiburg NJW 1986, 3036). Droht lediglich eine Verfolgung aus **disziplinarrechtlichen** oder **ehrenrechtlichen** Gründen, ist ebenfalls der Anwendungsbereich des § 55 StPO nicht eröffnet (OLG Hamburg MDR 1984, 335).

Gleiches gilt, wenn die Aussage lediglich zur Unehre, einem Vermögensnachteil oder dem Verlust von Geschäftsgeheimnissen führen würde.

II. Erwartung der Verfolgung

4   Es ist ausreichend, wenn dem Zeugen durch seine Angaben die Einleitung eines Ermittlungsverfahrens droht (OLG Hamburg NJW 1984, 1635; OLG Hamm StraFo 1998, 119); eine sichere Erwartung einer Strafverfolgung ist nicht erforderlich. Auf der anderen Seite reicht es auch nicht lediglich aus, dass mit einer bloß theoretischen Möglichkeit zu rechnen ist (BGH NStZ 1994, 499; NStZ 1981, 93). Es genügt jedoch, wenn die Aussage des Zeugen die Strafverfolgung nur mittelbar begründen würde (BVerfG NStZ 2002, 378; NStZ 2003, 666; OLG Köln NStZ-RR 2005, 269).

III. Zweifellos ausgeschlossene Gefahr

5   Ist die Gefahr einer strafrechtlichen Verfolgung zweifellos ausgeschlossen, weil zB Rechtfertigungs- oder Entschuldigungsgründe offensichtlich gegeben sind oder der Gefährdete strafunmündig ist, greift § 55 StPO nicht ein (BGHSt 9, 34; MDR 1981, 632). Gleiches gilt bei Vorliegen eines nicht behebbaren Verfolgungshindernisses, wie Verjährung (BVerfG DB 1975, 1936; BGH MDR 1958, 14), Fristablauf bei Antragsdelikten oder Strafklageverbrauch (BGH NJW 1999, 1413; NStZ 1999, 415) sowie die endgültige Einstellung nach § 153a StPO (BayObLG VRS 78, 49).

6   Der Anwendungsbereich ist weiter nicht eröffnet, wenn der Betroffene wegen der zu offenbarenden Tat bereits rechtskräftig verurteilt worden ist (BVerfG NStZ 1985, 277; OLG Celle NJW 1962, 2315; LG Ravensburg NStZ-RR 2008, 177), auch wenn die Strafe noch nicht vollstreckt ist. Dies gilt jedoch nicht, wenn der Zeuge mit seiner Aussage strafzumessungsrelevante Umstände offenbaren müsste (BGH NStZ 2005, 524).

7   Bei vorläufiger Einstellung nach §§ 153 StPO ff, § 45 JGG oder § 206a StPO ist bei der Beurteilung zu berücksichtigen, ob eine Verfahrensfortsetzung bzw die Einleitung eines neuen Verfahrens aufgrund der Aussage rechtlich möglich wäre (BGH NStZ 1986, 181).

D. Entscheidung

8   Die Beurteilung der Verfolgungsgefahr obliegt nicht dem Zeugen oder Angeklagten, sondern dem Richter (OLG Hamburg NJW 1984, 1635), wobei in der Hauptverhandlung der Vorsitzende alleine entscheidet. Das Gericht kann hiergegen nach § 238 Abs 2 StPO angerufen werden (BGH NStZ 2007, 230). Bei der Entscheidung sind die Umstände des Einzelfalls zu berücksichtigen (BGHSt 1, 39; BGHSt 10, 104). Das Gericht kann Glaubhaftmachung (§ 56 StPO) verlangen (BGH MDR 1971, 188).

E. Auskunftsverweigerung

9   Um von seinem Recht nach § 55 StPO Gebrauch zu machen, muss der Zeuge seine Verweigerung **ausdrücklich erklären**, er darf die belastende Tatsache nicht lediglich verschweigen (BGHSt 7, 127; BGHSt 21, 167; BVerfG NJW 1975, 103). Er kann seine Erklärung bis zum Schluss der Vernehmung abgeben (OLG Celle NJW 1958, 72, 74) und auch bis zu diesem Zeitpunkt evtl falsche Angaben widerrufen (BGH NStZ 1982, 431). Hat sich der Zeuge zur Auskunftsverweigerung entschieden, kann er seinen Entschluss – wie auch einen Verzicht auf sein Recht aus § 55 StPO – jederzeit **widerrufen**. Ob er vom Auskunftsverweigerungsrecht Gebrauch machen will, steht alleine im Entscheidungsbereich des Zeugen, auch wenn dieser verstandsunreif ist. Sind dagegen Angehörige gefährdet, gilt § 52 Abs 2 StPO entspr. Der Zeuge kann sich bei seiner Entscheidung des Beistandes eines Rechtsanwalts bedienen.

F. Folge der Auskunftsverweigerung

10   Hat ein Zeuge von seinem Auskunftsverweigerungsrecht Gebrauch gemacht, ist eine Befragung zu diesem Punkt unzulässig (BGH NStZ 2002, 608). Angaben, die der Zeuge vor

der Erklärung nach § 55 StPO gemacht hat, bleiben dagegen voll verwertbar; dies gilt auch für Angaben vor der Hauptverhandlung (BGHSt 6, 209, 211; BGHSt 17, 245). Danach können Fragen nach § 241 Abs 2 StPO (BGHSt 50, 318), Beweisanträge nach § 244 Abs 3 S 1 StPO, § 245 Abs 2 S 2 StPO als unzulässig abgelehnt werden (Meyer-Goßner StPO § 55 Rn 12). Trotz Auskunftsverweigerung können Verhörspersonen über eine frühere Aussage vernommen (BGH MDR 1968, 202) sowie Vorhalte gemacht werden. Eine Protokollverlesung nach § 251 Abs 1 Nr 1 StPO (BGH NStZ 1982, 342) oder nach § 251 Abs 1 Nr 2 StPO (BGH NStZ 2007, 718) ist dagegen nicht zulässig. Der Zeuge ist auch nach der Auskunftsverweigerung zu einzelnen Fragen zur Eidesleistung verpflichtet (BGHSt 6, 382).

Hat ein Angeklagter als Zeuge in einem anderen, den gleichen Tatkomplex betreffenden Strafverfahren von seinem Recht nach § 55 StPO Gebrauch gemacht, dürfen hieraus keine Schlüsse zum Nachteil des Angeklagten in dessen eigenen Strafverfahren gezogen werden (OLG Brandenburg StRR 2009, 3).

G. Belehrung (Abs 2)

Nach § 55 Abs 2 StPO ist eine Belehrung des Zeugen über sein Auskunftsverweigerungsrecht zwingend vorgeschrieben. Dies gilt auch, wenn der Zeuge bereits nach § 52 Abs 3 S 1 StPO belehrt worden ist; anders nur, wenn nur ein Angehöriger verfolgungsgefährdet ist. 11

Das Unterlassen der Belehrung begründet **kein Verwertungsverbot** (BGH NJW 1958, 557). Gleiches gilt, wenn der Zeuge unzutreffend nach § 55 StPO belehrt worden ist, obwohl die Voraussetzungen des § 55 Abs 1 StPO nicht vorgelegen haben (BGH MDR 1953, 402; OLG Oldenburg NJW 1961, 1225). Ist ein Zeuge nicht offensichtlich tatbeteiligt, sollte die Belehrung jedoch erst dann erfolgen, wenn Grund zur Annahme besteht, dass die Voraussetzungen für eine Verweigerung tatsächlich vorliegen (OLG Frankfurt NJW 1951, 614). Der Zeuge ist unter Hinweis auf § 55 StPO oder in der Weise, dass er bestimmte bezeichnete Fragen nicht zu beantworten braucht, zu belehren; ggf ist er auf sein umfassendes Verweigerungsrecht hinzuweisen. Die Belehrung führt der Vorsitzende durch, im Falle des § 238 Abs 2 StPO entscheidet das Gericht. Die Belehrung ist als wesentliche Förmlichkeit im Protokoll zu beurkunden (BayObLG JZ 1965, 291).

H. Revision

Auf eine berechtigte Auskunftsverweigerung kann eine Revision nicht gestützt werden (RGSt 38, 320). Auch die tatsächliche Beurteilung der Verfolgungsgefahr durch das Gericht steht nicht zur Überprüfung durch das Revisionsgericht (BGH NStZ 2006, 178). Hat das Gericht jedoch aus Rechtsirrtum eine Weigerung zu Unrecht hingenommen, kann ein Verstoß gegen § 244 Abs 2 StPO geltend gemacht werden. 12

Wird der Zeuge nicht nach § 55 Abs 2 StPO belehrt, kann dies eine Revision des Angeklagten nicht begründen, da dieser nicht vom Schutzbereich des § 55 StPO umfasst wird (BGH NJW 1958, 557; NStZ 1983, 354). Auch die StA kann diesen Fehler nicht geltend machen, da hierdurch die Sachaufklärung nicht beeinträchtigt wird. Wird der Verwertung der Angaben des Zeugen in der Hauptverhandlung eines späteren Verfahrens widersprochen, entsteht ein Verwertungsverbot (OLG Celle NStZ 2002, 386; BayObLG NZV 2001, 525). 13

Wurde der Zeuge unrichtig belehrt, kann dies nicht gerügt werden, wenn er die Auskunft daraufhin nicht verweigert (BGH NStZ 1981, 93). Hat er auf die falsche Belehrung hin dagegen von seinem (vermeintlichen) Auskunftsverweigerungsrecht Gebrauch gemacht, ist entweder § 245 StPO beim präsenten Zeugen (BGH MDR 1974, 16; OLG Hamm VRS 45, 123) oder § 244 Abs 2 StPO (BGH MDR 1953, 402) verletzt. Die Zulässigkeit einer Revision erfordert die Anrufung des Gerichts nach § 238 Abs 2 StPO (BGH NStZ 2007, 230). 14

§ 56 [Glaubhaftmachung des Verweigerungsgrundes]

¹Die Tatsache, auf die der Zeuge die Verweigerung des Zeugnisses in den Fällen der §§ 52, 53 und 55 stützt, ist auf Verlangen glaubhaft zu machen. ²Es genügt die eidliche Versicherung des Zeugen.

Überblick

Die Vorschrift des § 56 StPO regelt die Glaubhaftmachung eines Verweigerungsgrundes (Rn 1 bis Rn 2). Das Gericht kann sie nach pflichtgemäßem Ermessen verlangen (Rn 3).

A. Glaubhaftmachung

1   Eine **behauptete Tatsache** ist glaubhaft gemacht, wenn sie soweit bewiesen ist, dass das Gericht sie für wahrscheinlich hält (BGH NStZ 1991, 144). Dem Gericht muss es weiter möglich sein, alleine aufgrund der behaupteten Tatsache und ohne weitere Ermittlungen entscheiden zu können (BGH NStZ 1983, 354). **Zweifel an der Richtigkeit** der behaupteten Tatsache wirken zum Nachteil des Zeugen; der Satz „in dubio pro reo" gilt nicht (BGH NStZ 1983, 354).

B. Gegenstand der Glaubhaftmachung

2   Vom Zeugen sind die Tatsachen glaubhaft zu machen, auf die er sein Weigerungsrecht stützt (BGH NJW 1972, 1334 zum Verlöbnis). Beruft sich der Zeuge auf § 55 StPO, erstreckt sich die Glaubhaftmachung nur auf die für eine Verfolgungsgefahr sprechenden Umstände. Der Zeuge ist dagegen nicht verpflichtet, nähere Angaben über die Tat zu machen, wegen der Verfolgungsgefahr besteht (BGH StV 1987, 328).

C. Verlangen nach Glaubhaftmachung

3   Bei § 56 StPO handelt es sich um eine **Ermessensentscheidung** des Vernehmenden. Nur wenn dieser die Angaben des Zeugen zu den vorgebrachten Verweigerungsgründen bezweifelt, ist eine Glaubhaftmachung geboten (BGH NJW 1972, 1334). Über das Erfordernis der Glaubhaftmachung entscheidet der Vorsitzende (BGH MDR 1971, 188), das Gericht im Fall des § 238 Abs 2 StPO. Die anderen Prozessbeteiligten können eine Glaubhaftmachung nicht verlangen.

D. Eidliche Versicherung

4   Für die eidliche Versicherung nach § 56 S 2 StPO gelten die § 64 StPO, § 65 StPO, § 67 StPO. Das Vereidigungsverbot des § 60 Nr 1 StPO ist zu beachten; § 60 Nr 2 StPO greift dagegen nicht, da sonst im Fall des § 55 StPO eine Glaubhaftmachung ausgeschlossen wäre.

E. Revision

5   Eine Anfechtung des Verlangens nach Glaubhaftmachung ist mangels Beschwer nicht möglich. Hat das Gericht ein Verweigerungsrecht ohne Glaubhaftmachung anerkannt, so kann dies, nach Beanstandung nach § 238 Abs 2 StPO, nur dann gerügt werden, wenn die Entscheidung erkennbar auf einem Rechtsirrtum beruht (BGH NJW 1972, 1334).

§ 57 [Zeugenbelehrung]

¹Vor der Vernehmung werden die Zeugen zur Wahrheit ermahnt und über die strafrechtlichen Folgen einer unrichtigen oder unvollständigen Aussage belehrt. ²Auf die Möglichkeit der Vereidigung werden sie hingewiesen. ³Im Fall der Vereidigung sind sie über die Bedeutung des Eides und darüber zu belehren, dass der Eid mit oder ohne religiöse Beteuerung geleistet werden kann.

Überblick

Die Vorschrift des § 57 StPO regelt den Inhalt (Rn 1) und die Form der Zeugenbelehrung (Rn 2 bis Rn 3). Von der förmlichen Vernehmung ist die informatorische Befragung eines Zeugen zu unterscheiden (Rn 5); s auch Nr 130 RiStBV.

A. Inhalt der Belehrung

Die Belehrung des Zeugen umfasst: 1
- eine **Ermahnung** zur Wahrheit,
- die **Belehrung** über die Möglichkeiten der Vereidigung,
- den **Hinweis** auf die strafrechtlichen Folgen nach § 153 StGB, § 154 StGB, § 163 StGB und ggf auch nach § 257 StGB, § 258 StGB.

Der Zeuge ist daraufhin zu weisen, dass die Wahrheitspflicht auch die **Angaben zur Person** umfasst (BGHSt 4, 154). Die Eidesbelehrung ist entbehrlich, wenn die Voraussetzungen des § 60 StPO von vornherein feststehen (BGH v 26. 3. 1958 – Az 2 StR 20/58).
Bei einer **Vernehmung durch die StA oder die Polizei** erfolgt nur eine Belehrung über die Wahrheitspflicht, ggf erfolgt noch ein Hinweis auf die § 164 StGB, § 257 StGB, § 258 StGB.

B. Form der Belehrung

Die Zeugenbelehrung hat, auch wenn sie schon in der Zeugenladung enthalten war, 2 **mündlich** und **vor der Vernehmung** des Zeugen zu erfolgen. Die **gleichzeitige Belehrung** aller nach Aufruf erschienen Zeugen ist zulässig (RG JW 1900, 710). Die Ausgestaltung der Belehrung steht im Ermessen des Richters (BayObLG 1978, 152, 154; BayObLG NJW 1979, 2624). Sie muss dem Verständnis des Zeugen angepasst werden und die dem Zeugen obliegenden Pflichten deutlich machen. Sie kann bei Rechtskundigen ggf auch ganz entfallen (KK-StPO/Senge StPO § 57 Rn 4). Die Eidesbelehrung (§ 57 S 2 StPO) muss dem Zeugen die Bedeutung und das Wesen des Eides vermitteln.

Die **Protokollierung** der Belehrung ist üblich, sie gehört aber nicht zu den wesentlichen 3 Förmlichkeiten iSd § 168a Abs 1 StPO, § 273 Abs 1 StPO. Die Vermutung des § 274 StPO gilt damit nicht (BGH DAR 1958, 99).

C. Wiederholung der Belehrung

Die Wiederholung der Belehrung während der Vernehmung ist zulässig (BGH StV 1984, 4 99, 101). Sie ist idR geboten bei Widersprüchen zu anderen Aussagen (RGSt 54, 297) oder bei sonstigen Zweifeln an der Richtigkeit der Angaben (BGH NJW 1953, 192). Zulässig ist auch die Niederschrift der Aussage (§ 273 Abs 3 StPO) mit den Hinweis, dass diese zur Grundlage eines Ermittlungsverfahrens gemacht wird.

D. Informatorische Befragung

Die informatorische Befragung eines Zeugen ohne Belehrung ist nicht vorgesehen 5 (BGH MDR 1974, 369; OLG Celle StV 1995, 292; OLG Köln StV 1988, 289). Es ist jedoch zulässig, potentielle Zeugen formlos zu befragen, ob sie überhaupt etwas vom Sachverhalt wissen (RGSt 66, 113, 115; BayObLG NJW 1953, 1524). Auch eine Befragung zur Vorbereitung einer Vernehmung (zB zur Identität des Zeugen oder das Vorliegen eines Zeugnisverweigerungsrechtes) sowie Fragen ohne Verbindung mit der Aussage oder formlose Befragungen im Zusammenhang mit einer Augenscheinseinnahme sind möglich.

E. Revision

Ein Verstoß gegen § 57 StPO begründet nicht die Revision, da es sich bei § 57 StPO 6 um eine nur dem Zeugen dienende **Ordnungsvorschrift** handelt (BGH NStZ 1983, 354). Es ist auch unschädlich, wenn ein Zeuge über ein nicht bestehendes Zeugnisverweigerungsrecht belehrt wird und dennoch aussagt (BGH NStZ 1981, 93). Ein Verstoß gegen § 57 StPO kann auch nicht unter dem Gesichtspunkt der Verletzung der Aufklärungspflicht gerügt werden (Meyer-Goßner StPO § 57 Rn 7; KK-StPO/Senge StPO § 57 Rn 7).

§ 58 [Vernehmung; Gegenüberstellung]

(1) Die Zeugen sind einzeln und in Abwesenheit der später zu hörenden Zeugen zu vernehmen.

(2) Eine Gegenüberstellung mit anderen Zeugen oder mit dem Beschuldigten im Vorverfahren ist zulässig, wenn es für das weitere Verfahren geboten erscheint.

Überblick

Die Vorschrift des § 58 StPO regelt den Ablauf der Zeugenvernehmung sowie die Gegenüberstellung. Gesetzlich vorgesehen ist eine Einzelvernehmung, die in Abwesenheit später zu vernehmender Zeugen erfolgt (Rn 1 bis Rn 5). Eine Gegenüberstehung kann in Form der Identifizierungsgegenüberstellung (Rn 6 bis Rn 8), die idR als Wahlgegenüberstellung durchgeführt wird (Rn 9 bis Rn 10) und als Vernehmungsgegenüberstellung erfolgen (Rn 12). Mit Vorsicht ist ein wiederholtes Wiedererkennen eines Zeugen zu würdigen (Rn 11); s auch Nr 18 RiStBV.

A. Einzelvernehmung (Abs 1)

1   Die Vorschrift des § 58 StPO dient der Erhaltung der Unbefangenheit des Zeugen (BGHSt 3, 386, 388). Dieser ist daher idR einzeln und in Abwesenheit später zu vernehmender Zeugen zu vernehmen. Er soll auch keine Kenntnis erlangen, welche Angaben der Angeklagte gemacht hat. Es verstößt jedoch nicht gegen § 58 Abs 1 StPO, wenn ein noch nicht vernommener Zeuge mit bereits vernommenen Zeugen in Verhandlungspausen Gespräche führt (BGH NJW 1962, 260).

B. Geltungsbereich

2   § 58 Abs 1 StPO gilt für **alle Verfahrensabschnitte** und damit auch für Vernehmungen durch die StA und Polizei. Von ihm werden alle Zeugen umfasst, auch sachverständige Zeugen, der Wahlverteidiger als Zeuge (RGSt 55, 219), der StA (BGH NJW 1987, 3088, 3090), der Beistand nach § 149 StPO (BGH NJW 1953, 1233). Anspruch auf ununterbrochene Anwesenheit in der Verhandlung haben dagegen der Nebenkläger (BGH MDR 1952, 532), auch wenn dieser nicht beigetreten ist, der Antragsteller im Adhäsionsverfahren, der Einziehungs- und Verfallsbeteiligte und die Erziehungsberechtigten und gesetzlichen Vertreter des Jugendlichen; diese jedoch nur, wenn durch ihre Anwesenheit die Ermittlung der Wahrheit nicht beeinträchtigt wird (BGH NJW 1956, 520).

C. Reihenfolge der Vernehmung

3   In welcher Reihenfolge die Einvernahme der Zeugen erfolgt, steht im **pflichtgemäßen Ermessen** des Gerichts (BGH NJW 1952, 556; NJW 1953, 1233; NJW 1962, 260), dem hierbei allerdings eine Fürsorge- und Aufklärungspflicht obliegt. Aus dieser folgt, dass Kinder und Jugendliche vorrangig zu vernehmen sind, ebenso der Beistand (BGHSt 4, 205) und zur Anwesenheit berechtigte Zeugen. Eine Verhörsperson darf über die Vernehmung einer zur Zeugnisverweigerung berechtigten Person erst dann vernommen werden, wenn diese sich zur Aussage bereit erklärt hat (BGHSt 2, 110; BGHSt 7, 194, 197; NJW 1973, 1139), sofern sie nicht unerreichbar ist (BGH NJW 1973, 1139).

D. Abwesenheit im Sitzungssaal

4   Verlässt ein Zeuge bis zu seiner Vernehmung nicht freiwillig den Gerichtssaal, kann das Gericht ihn notfalls mit Gewalt aus dem Saal entfernen (§ 176 GVG, § 177 GVG). Wird die Vernehmung von Zuschauern beantragt oder vom Gericht für erforderlich gehalten, können auch diese ggf zwangsweise ohne Verstoß gegen § 169 GVG aus dem Sitzungssaal verwiesen werden (BGH NStZ 2001, 163). Gegen die Entscheidung des Vorsitzenden kann nach § 238 Abs 2 StPO das Gericht angerufen werden (BGH NJW 2001, 2732). Die Anwesenheit eines Zeugen vor seiner Vernehmung im Saal macht diesen nicht bereits zu einem ungeeigneten

Beweismittel; ein Beweisantrag kann mit dieser Begründung nicht abgelehnt werden (KG VRS 38, 56).

E. Nach der Vernehmung

Nach der Vernehmung steht es im Ermessen des Gerichts, die weitere Anwesenheit des Zeugen im Saal zu dulden oder ihn zu entfernen (BHG NJW 1962, 260). Ist eine ergänzende Vernehmung oder Gegenüberstellung beabsichtigt, bietet sich idR das Entfernen an; gleiches gilt, wenn zu befürchten ist, dass ein anderer Zeuge in Anwesenheit des bereits vernommenen Zeugen nicht die Wahrheit sagen wird.

5

F. Gegenüberstellung (Abs 2)

Bei der Gegenüberstellung handelt es sich um ein Mittel zur **Wahrheitserforschung**. Sie ist schon im Vorverfahren zulässig, wenn sie der Sachaufklärung dient; ein Zeuge ist an der Teilnahme aber nur bei richterlicher Anordnung verpflichtet (LG Hamburg MDR 1985, 72). In der Hauptverhandlung erfolgt die Gegenüberstellung nach pflichtgemäßem Ermessen des Gerichts im Rahmen der **Aufklärungspflicht**; ein Antrag auf Durchführung einer Gegenüberstellung stellt **keinen Beweisantrag** dar. Der Beschuldigte kann eine Gegenüberstellung nicht erzwingen (BGH MDR 1974, 724), auch nicht auf die Art und Weise der Durchführung einwirken (RGSt 48, 201, 202); er muss sie aber dulden (BGH NJW 1986, 2261). Die Gegenüberstellung kann dem Zwecke der Identitätsfeststellung, aber auch der Aufklärung von Widersprüchen in Zeugenaussagen dienen.

6

I. Identifizierungsgegenüberstellung

Die Identifizierungsgegenüberstellung erfolgt im Rahmen der Vernehmung (KG JR 1979, 347). Die zu identifizierende Person wird in Augenschein genommen, die andere Person als Zeuge einvernommen. Der Zeuge ist an der Teilnahme verpflichtet, sofern ihm nicht ein Zeugnisverweigerungsrecht nach § 52 StPO zusteht. Zur Teilnahme am Augenschein ist auch der das Zeugnis verweigernde Zeuge (Meyer-Goßner StPO § 58 Rn 9) und der Beschuldigte, auch wenn dieser eine eigene Einlassung verweigert, verpflichtet (BGH NJW 1986, 2261; KG NJW 1979, 1668).

7

1. Form der Gegenüberstellung

Wann und wie eine Identifizierungsgegenüberstellung erfolgen soll, steht im Ermessen des Gerichts. Dieses kann eine Änderung der Kleidung oder der Haar- und Barttracht der Augenscheinsperson ggf auch zwangsweise anordnen. Diese kann auch durch unmittelbaren Zwang daran gehindert werden, den Vergleich der äußeren Erscheinung mit dem Erinnerungsbild des Zeugen durch zB Grimassen, Schließen der Augen, Verdrehen der Gliedmaßen zu vereiteln (KG NJW 1979, 1668). Zulässig ist es auch die Gegenüberstellung über einen „venezianischen Spiegel" durchzuführen.

8

2. Wahlgegenüberstellung

Aufgrund des geringen Beweiswertes einer Einzelgegenüberstellung (OLG Schleswig SchlHA 1971, 216; OLG Düsseldorf StV 2007, 347; OLG Koblenz NStZ-RR 2008, 81) wird diese idR immer als Wahlgegenüberstellung erfolgen. Hierzu sind dem Zeugen mehrere Personen gleichen Geschlechts, ähnlichen Alters und ähnlichen Erscheinungsbildes gegenüberzustellen (BGH NStZ 1994, 597; OLG Karlsruhe NStZ 1983, 377). Der Ablauf ist im Protokoll genau festzuhalten; hierzu sind auch Videoaufnahmen zulässig (BVerfG NStZ 1983, 84). Unzulänglichkeiten in der Durchführung führen nicht ohne weiteres zum Ausschluss des Beweismittels; auch das Ergebnis einer Einzelgegenüberstellung kann berücksichtigt werden, sofern der geringere Beweiswert gewürdigt wird (BGH DAR 1976, 94; KG NStZ 1982, 215).

9

10 Eine sukzessive Gegenüberstellung, bei der der Zeuge jeweils nur eine Person sieht und ihm nacheinander mehrere Personen gezeigt werden, ist der „klassischen" Wahlgegenüberstellung regelmäßig vorzuziehen (BGH StV 2000, 603).

3. Wiederholtes Wiedererkennen

11 Bei einem wiederholten Wiedererkennen wird das ursprüngliche Erinnerungsbild überlagert, so dass der Zeuge tatsächlich nicht den Angeklagten mit dem Täter, sondern die ihm bei der vorhergehenden Gegenüberstellung als verdächtigte bezeichnete Person vergleicht; dem wiederholten Wiedererkennen kommt daher nur ein geringer Beweiswert zu (BGH NStZ 1997, 335; OLG Düsseldorf NStZ 1990, 506; OLG Frankfurt NStZ 1988, 41). Gleiches gilt, wenn dem Wiedererkennen eine **Lichtbildvorlage** vorausgegangen war (BGH NStZ 1987, 288; NStZ 1998, 266; LG Köln NStZ 1991, 202). Zum Stimmenvergleich s Meyer-Goßner StPO § 58 Rn 14.

II. Vernehmungsgegenüberstellung

12 Die Vernehmungsgegenüberstellung dient der Aufklärung von Widersprüchen zwischen verschiedenen Zeugenaussagen oder zu den Angaben des Beschuldigten. Diese Widersprüche können durch Rede und Gegenrede, Fragen und Vorhalte geklärt werden (KG NJW 1979, 1668). Es handelt sich um eine besondere Art der Vernehmung; hierbei ist auch eine gegenseitige Befragung zulässig.

G. Revision

13 Mit einer Verletzung von § 58 Abs 1 StPO kann eine Revision nicht begründet werden; hierbei handelt es sich nur um eine **Ordnungsvorschrift** (BGH NJW 1962, 260). Allerdings kann eine Verletzung der Aufklärungspflicht vorliegen, wenn begründet werden kann, dass der Zeuge in Abwesenheit eines anderen Zeugen anders ausgesagt hätte (BGH NJW 1987, 3088, 3090; MDR 1955, 396; MDR 1974, 274). Lässt sich aus dem Urteil nicht entnehmen, dass sich das Gericht des geringeren Beweiswertes einer Einzelgegenüberstellung oder eines wiederholten Wiedererkennens bewusst war, kann dies einen sachlich-rechtlichen Mangel begründen (BGH NStZ 1994, 295; NStZ 1982, 342; OLG Düsseldorf NStZ 1990, 506).

§ 58 a [Aufzeichnung der Vernehmung]

(1) ¹Die Vernehmung eines Zeugen kann auf Bild-Ton-Träger aufgezeichnet werden. ²Sie soll aufgezeichnet werden, wenn
1. dies bei Personen unter 18 Jahren, die durch die Straftat verletzt sind, zur Wahrung ihrer schutzwürdigen Interessen geboten ist oder
2. zu besorgen ist, dass der Zeuge in der Hauptverhandlung nicht vernommen werden kann und die Aufzeichnung zur Erforschung der Wahrheit erforderlich ist.

(2) ¹Die Verwendung der Bild-Ton-Aufzeichnung ist nur für Zwecke der Strafverfolgung und nur insoweit zulässig, als dies zur Erforschung der Wahrheit erforderlich ist. ²§ 101 Abs. 8 gilt entsprechend. ³Die §§ 147, 406 e sind entsprechend anzuwenden, mit der Maßgabe, dass den zur Akteneinsicht Berechtigten Kopien der Aufzeichnung überlassen werden können. ⁴Die Kopien dürfen weder vervielfältigt noch weitergegeben werden. ⁵Sie sind an die Staatsanwaltschaft herauszugeben, sobald kein berechtigtes Interesse an der weiteren Verwendung besteht. ⁶Die Überlassung der Aufzeichnung oder die Herausgabe von Kopien an andere als die vorbezeichneten Stellen bedarf der Einwilligung des Zeugen.

(3) ¹Widerspricht der Zeuge der Überlassung einer Kopie der Aufzeichnung seiner Vernehmung nach Absatz 2 Satz 3, so tritt an deren Stelle die Überlassung einer Übertragung der Aufzeichnung in ein schriftliches Protokoll an die zur Akteneinsicht Berechtigten nach Maßgabe der §§ 147, 406 e. ²Wer die Übertragung

hergestellt hat, versieht die eigene Unterschrift mit dem Zusatz, dass die Richtigkeit der Übertragung bestätigt wird. ³Das Recht zur Besichtigung der Aufzeichnung nach Maßgabe der §§ 147, 406 e bleibt unberührt. ⁴Der Zeuge ist auf sein Widerspruchsrecht nach Satz 1 hinzuweisen.

Überblick

Die Vorschrift des § 58 a StPO regelt die Bild-Ton-Aufzeichnung von Vernehmungen (Rn 1 bis Rn 4). Sie gilt für alle Vernehmungen (Rn 5 bis Rn 6) und ist als Soll-Vorschrift ausgestaltet (Rn 7 bis Rn 10). Der Zeuge hat die Aufzeichnung, die vom Vernehmenden angeordnet wird (Rn 13 bis Rn 14), zu dulden (Rn 11 bis Rn 12). Die Aufzeichnung ist grds nur für strafprozessuale Zwecke (Rn 15 bis Rn 16) zu verwenden. Sie unterliegt grds der Akteneinsicht (Rn 18 bis Rn 20); s auch Nr 19, Nr 19 a, Nr 19 b RiStBV.

Übersicht

	Rn		Rn
A. Gesetzeszweck	1	G. Duldung der Aufzeichnung	11
B. Personenkreis	2	H. Anordnungskompetenz	13
C. Beweissicherung	3	I. Verwendung der Aufzeichnung	15
D. Anwendungsbereich	4	J. Vernichtung	17
E. Voraussetzungen (Abs 1)	5	K. Akteneinsicht	18
F. Soll-Vorschrift	7	L. Anfechtung	21

A. Gesetzeszweck

Die Vorschrift des § 58 a StPO ermöglicht es, Bild-Ton-Aufzeichnungen einer einmaligen und frühzeitigen (richterlichen) Vernehmung in späteren Verfahrensstadien zu verwenden. Hierdurch sollen besonders schutzwürdigen Zeugen belastende Mehrfachvernehmungen, insbes auch in der Hauptverhandlung, erspart werden. Da die Aufnahmen in der Hauptverhandlung eingespielt werden können, bleibt der Zeuge auch vor Versuchen der Einschüchterung und vor Repressalien durch Dritte geschützt, wenn auf seine persönliche Vernehmung in der Hauptverhandlung verzichtet werden kann (§ 255 a StPO). 1

B. Personenkreis

Von § 58 a StPO werden nicht nur minderjährige Zeugen erfasst, sondern auch Personen, die alt, krank oder gebrechlich sind, aber auch Opfer von Gewalt- und Sexualtaten. Unter den Schutzbereich fallen weiter besonders gefährdete Ermittlungsbeamte und Personen, die unter einer besonderen Gefährdung leiden, weil sie sich von ihrer kriminellen Vergangenheit losgesagt haben. Zuletzt können auch Zeugen, deren Rückkehr ins Ausland bevorsteht, unter § 58 a StPO fallen. 2

C. Beweissicherung

Die Vorschrift des § 58 a StPO dient nicht nur dem Zeugenschutz, sondern auch der Beweissicherung, insbes bei bedeutsamen Erstaussagen von kindlichen Opferzeugen (BGH NStZ 1994, 297; NStZ 1995, 558; NStZ 1996, 95; NStZ-RR 1998, 16). Hierbei ist allerdings der Unmittelbarkeitsgrundsatz zu beachten, der im Falle des § 58 a StPO im Spannungsfeld zur Pflicht des Gerichts, die Wahrheit zu erforschen, steht. Dabei kann die Bild-Ton-Aufzeichnung durchaus das bestmögliche Beweismittel iSd § 244 Abs 2 StPO darstellen. 3

D. Anwendungsbereich

Eine Bild-Ton-Aufzeichnung ist bei der richterlichen wie auch der staatsanwaltschaftlichen Vernehmung möglich. § 58 a StPO ist über § 168 e S 4 StPO auch bei getrennter Verneh- 4 mung durch den Ermittlungsrichter anwendbar. Für die polizeiliche Vernehmung sind die Regelungen des § 58 a StPO nach § 163 Abs 3 StPO entsprechend anwendbar. Für die Beschuldigtenvernehmung ist sie nicht anwendbar. Die richterliche Vernehmung wird die Regel sein (§ 255 a StPO iVm § 251 Abs 2 StPO, § 255 a Abs 2 S 1 StPO). Für die Hauptverhandlung gilt § 247 a S 4 StPO.

E. Voraussetzungen (Abs 1)

5   Nach § 58 a Abs 1 S 1 StPO kann jede Vernehmung eines Zeugen aufgezeichnet werden. Zur Vernehmung gehören auch alle Verfahrensvorgänge, die mit der eigentlichen Vernehmung in einer engen Verbindung stehen oder die sich aus ihr entwickeln. Unschädlich ist es, wenn es sich dabei um Vorgänge mit einer eigenständigen verfahrensrechtlichen Bedeutung handelt (zB Augenscheinseinnahme, kurze Äußerung von anderen Zeugen, die in Zusammenhang stehen, Verhandlung und Entscheidung über die Vereidigung und die Vereidigung selbst).

6   Von der Möglichkeit zur Bild-Ton-Aufzeichnung ist zurückhaltend Gebrauch zu machen. Mit ihr ist neben einem erheblichen Eingriff in das Persönlichkeitsrecht des Zeugen auch immer eine Durchbrechung des Unmittelbarkeitsgrundsatzes verbunden. Daher ist eine am Einzelfall orientierte Abwägung am Maßstab der Verhältnismäßigkeit erforderlich. Die Bild-Ton-Aufzeichnung kommt daher idR nur in Betracht, wenn es sich um eine umfangreiche und entscheidungserhebliche Aussage handelt, die ein komplexes Tatgeschehen betrifft oder wenn sich die Vernehmung als besonders schwierig gestaltet.

F. Soll-Vorschrift

7   In § 58 a Abs 1 S 2 StPO sind zwei Fallgestaltungen normiert, in denen eine Vernehmung regelmäßig aufgezeichnet werden soll.

8   Hierzu zählen nach § 58 a Abs 1 S 2 Nr 1 StPO alle Vernehmungen von Personen, die durch eine Straftat verletzt worden sind, im Zeitpunkt der Anhörung noch nicht 18 Jahre alt sind und bei denen eine Aufzeichnung zur Wahrung ihrer schutzwürdigen Interessen geboten ist. Hiervon sind nur unmittelbar betroffene Zeugen erfasst, die nicht nur von einem Fall der Alltagskriminalität betroffen worden sind. Hierzu zählen zB Kinder, die Opfer schwerwiegender Sexualstraftaten geworden sind (BGH NStZ-RR 2004, 336). In der Hauptverhandlung können die Aufzeichnungen zum Schutz des Zeugen unter erleichterten Voraussetzungen abgespielt werden (§ 255 a Abs 2 S 1 StPO).

9   Eine Aufzeichnung einer Zeugenaussage soll nach § 58 a Abs 1 S 2 Nr 2 StPO weiter erfolgen, wenn aufgrund bestimmter Anhaltspunkte oder auch nur kriminalistischer Erfahrung die Prognose gerechtfertigt ist, dass der Zeuge in der Hauptverhandlung nicht vernommen werden kann. Die Regelung dient vor allem der Beweissicherung. Von ihr werden zB lebensgefährlich erkrankte, gebrechliche, gefährdete (auch Zeugen, die in ein Zeugenschutzprogramm aufgenommen werden sollen) oder ausländische Zeugen erfasst. Ebenso fallen unter sie kindliche oder jugendliche Zeugen, bei denen zu erwarten ist, dass die Erziehungsberechtigten aus berechtigter Sorge um deren Wohl die Teilnahme in der Hauptverhandlung nicht gestatten werden (BGH NStZ 1996, 95; StV 1996, 162; OLG Saarbrücken NJW 1974, 1959). Sinn der Regelung ist es, es den Eltern kindlicher Opferzeugen zu ermöglichen, ärztliche oder psychologische Ratschläge zu befolgen. Sie greift auch ein, wenn dem Zeugen in der Hauptverhandlung ein Auskunftsverweigerungsrecht zustehen würde.

10   Der vernehmende Richter kann allerdings nicht alleine deshalb von der Bild-Ton-Aufzeichnung Gebrauch machen, weil er davon ausgeht, dass das Gericht in der Hauptverhandlung nach § 255 a Abs 2 S 1 StPO verfahren werde. Es ist darüber hinaus erforderlich, dass die Aufzeichnung zur Erforschung der Wahrheit erforderlich ist. Dies ist der Fall, wenn die Verwendung der Aufzeichnung ergiebiger ist, als die reine Verlesung der Niederschrift der Vernehmung. Der Aufzeichnung muss im konkreten Fall also ein höherer Beweiswert zukommen. Dies wird idR der Fall sein, da die Aufzeichnung die Worte der vernommenen Person und deren Betroffenheit unmittelbar wiedergibt. Dem Vernehmenden ist ein Beurteilungsspielraum einzuräumen.

G. Duldung der Aufzeichnung

Der Zeuge hat die Bild-Ton-Aufzeichnung zu dulden. Eine Einwilligung zum Eingriff in das Recht am eigenen Bild ist nicht erforderlich. Der Vernehmende wird sich aber regelmäßig um ein kooperatives Verhalten des Zeugen bemühen, da nur so eine brauchbare Aussage gewonnen werden kann. Von der Anwendung von Ordnungsmitteln ist daher nur vorsichtig Gebrauch zu machen. Es ist zulässig, einen weigerungsberechtigten Zeugen erst nach Beginn der Aufzeichnung über sein Verweigerungsrecht zu belehren. 11

Die Aufzeichnung darf nicht abgespielt werden (§ 252 StPO, § 255a Abs 1 StPO), wenn ein angehöriger Zeuge in der Hauptverhandlung das Zeugnis verweigert. Auch kann die nichtrichterliche Verhörsperson nicht über den Eindruck befragt werden, den sie bei der früheren Vernehmung vom Zeugen gewonnen hat (BGH NJW 1979, 1722). Der Zeuge bleibt jedoch Gegenstand des Augenscheins. 12

H. Anordungskompetenz

Der Vernehmende entscheidet über die Vornahme einer Bild-Ton-Aufzeichnung. Dem Ermittlungsrichter obliegt nur die Prüfung der Zulässigkeit einer Aufzeichnung; er hat hierbei die Regelungen des § 168c Abs 2, Abs 3 und Abs 4 StPO und des § 406g Abs 2 StPO zu beachten. Er soll eine getrennte Vernehmung durchführen, wenn die Voraussetzungen des § 168e StPO vorliegen. Über die Vernehmung ist ein vollständiges Protokoll (§ 168 StPO, § 168a StPO, § 168b Abs 2 StPO) zu fertigen; dies gilt auch für die polizeiliche Vernehmung (BGH NStZ 1995, 353). Dabei kann die Videoaufzeichnung Grundlage der Protokollierung sein (§ 168a Abs 2 S 1 StPO). 13

Bei der Vernehmung ist zu beachten, dass Fehler im weiteren Verlauf des Verfahrens idR nicht mehr ausgeglichen werden können. Deshalb hat der Erstvernehmende eine möglichst gute, vollständige und nicht suggestive Befragung durchzuführen. Die Justizverwaltung hat die hierzu erforderliche technische Ausstattung bereit zu stellen. 14

I. Verwendung der Aufzeichnung

Im Hinblick auf die Schutzwürdigkeit des Zeugen ist die Verwendung der Aufzeichnungen auf Zwecke der Strafverfolgung beschränkt. Sie kann für jedes Strafverfahren, auch wenn dieses im Zeitpunkt der Aufzeichnung noch nicht eingeleitet war, auch in einem Verfahren gegen den Zeugen als Beschuldigten, verwendet werden. Weitere Voraussetzungen für die Vorführung in der Hauptverhandlung ergeben sich aus § 255a StPO; aus dieser Vorschrift ergibt sich auch, ob die Aufzeichnung der Vernehmung eines nach § 52 StPO zeugnisverweigerungsberechtigten Zeugen abgespielt werden darf. 15

In anderen Verfahren (zB vor dem Familiengericht oder dem Jugendamt) bzw zu anderen Zwecken (zB zur Geltendmachung von Schadensersatzansprüchen) darf die Aufzeichnung nur mit Einverständnis des Zeugen verwendet werden; hierzu können ohne gesonderte Einwilligung Kopien angefertigt werden. 16

J. Vernichtung

Für die Vernichtung der Aufzeichnung gilt § 101 Abs 8 StPO (Verweis über § 58a Abs 2 S 2 StPO). Wenn kein berechtigtes Interesse an der weiteren Verwendung besteht, sind ausgehändigte Kopien nach § 58a Abs 2 S 2 StPO an die StA zurückzugeben. 17

K. Akteneinsicht

Die Bild-Ton-Aufzeichnung ist Teil der Sachakte. Auf sie erstreckt sich daher die Akteneinsicht des Verteidigers (§ 147 StPO), des Nebenkläger-Vertreters (§ 397 Abs 1 S 2 StPO, § 385 Abs 3 StPO) und des Bevollmächtigten des Verletzten (§ 406e StPO). Auch dem Angeklagten kann sie zur Einsicht überlassen werden (§ 147 Abs 7 StPO entspr). Zulässig ist es, den zur Einsicht berechtigten Personen Kopien der Aufzeichnung zu überlassen; eine Einwilligung des Zeugen ist hierfür nicht erforderlich. Widerspricht der Zeuge jedoch der Überlassung, dann beschränkt sich das Einsichtsrecht auf die Besichtigung der Aufzeichnung 18 bei der StA (§ 58a Abs 3 S 3 StPO) oder auf ein zu errichtendes und den Berechtigten zu überlassendes Protokoll, das nicht vernichtet werden muss. Über diese Möglichkeit ist der Zeuge zu belehren (§ 58a Abs 3 S 4 StPO).

19 Eine Weitergabe von Kopien durch den Verteidiger an seinen Mandanten ist unzulässig (§ 58a Abs 2 S 4 StPO).

20 Die Herausgabe von Kopien an andere Personen, die ein Einsichtsrecht nach §§ 474 StPO geltend machen können, darf nur mit Einwilligung des Zeugen erfolgen (§ 58a Abs 2 S 6 StPO).

L. Anfechtung

21 Dem Zeugen steht gegen die Anordnung des Ermittlungsrichters, seine Vernehmung aufzeichnen zu wollen, die Beschwerde zu (§ 304 Abs 2 StPO). Wird von einer Aufzeichnung entgegen den Vorstellungen des Zeugen abgesehen, steht ihm kein Beschwerderecht zu, da er durch die Nichtaufzeichnung nicht in eigenen Rechten betroffen ist.

22 Mit der Revision kann gerügt werden, dass eine vorhandene Bild-Ton-Aufzeichnung zu Unrecht nicht verwertet worden ist (§ 244 Abs 2 StPO).

§ 59 [Vereidigung]

(1) ¹Zeugen werden nur vereidigt, wenn es das Gericht wegen der ausschlaggebenden Bedeutung der Aussage oder zur Herbeiführung einer wahren Aussage nach seinem Ermessen für notwendig hält. ²Der Grund dafür, dass der Zeuge vereidigt wird, braucht im Protokoll nicht angegeben zu werden, es sei denn, der Zeuge wird außerhalb der Hauptverhandlung vernommen.

(2) ¹Die Vereidigung der Zeugen erfolgt einzeln und nach ihrer Vernehmung. ²Soweit nichts anderes bestimmt ist, findet sie in der Hauptverhandlung statt.

Überblick

Die Vorschrift des § 59 StPO ist die Zentralnorm für die Vereidigung des Zeugen. Die Regelvereidigung ist abgeschafft, eine Vereidigung erfolgt daher nur noch bei einer Aussage von ausschlaggebender Bedeutung oder zur Herbeiführung einer wahren Aussage (Rn 1 bis Rn 4). Über die Vereidigung entscheidet das Gericht nach eigenem Ermessen, eine Begründung erfolgt nicht (Rn 5 bis Rn 9). Die Entscheidung ist auch idR nicht revisibel (Rn 10).

A. Nichtvereidigung

1 Mit der Änderung des § 59 StPO durch das 1. JuMoG sind Zeugen regelmäßig nicht mehr zu vereidigen. Bereits zuvor wurde in der Praxis durchgängig nach § 61 Nr 5 StPO aF von der Vereidigung abgesehen. Die Regelvereidigung ist damit – wie auch im Bußgeld- und Zivilverfahren – auch im Strafprozess abgeschafft.

B. Kann-Vorschrift

2 Eine Vereidigung ist weiterhin zulässig, wenn sie wegen der ausschlaggebenden Bedeutung der Aussage oder zur Herbeiführung einer wahrheitsgemäßen Aussage erforderlich ist. Eine besondere Prüfungspflicht besteht für das Gericht bei altersbedingt unreifen Zeugen, beim Verletzten oder dessen Angehörigen sowie bei Angehörigen des Beschuldigten und bei Personen, die bereits wegen Meineides verurteilt worden sind.

I. Ausschlaggebende Bedeutung

3 Eine Aussage hat nur dann ausschlaggebende Bedeutung, wenn sie das alleinige Beweismittel für eine entscheidungserhebliche Tatsache ist, ihr also bei der Beweiswürdigung das „Zünglein an der Waage" zukommt (BGHSt 16, 99, 103; KG VRS 26, 287). Hierbei spielt es keine Rolle, ob die Aussage den Beschuldigten be- oder entlastet. Ist eine Aussage

allerdings offensichtlich unwahr, kann ihr keine ausschlaggebende Bedeutung zukommen (BayObLG DAR 1964, 242). Stehen zwei Aussagen im Widerspruch, kann denkgesetzlich nur eine ausschlaggebend sein; der Zeuge darf daher nur dann vereidigt werden, wenn seine Aussage geeignet ist, die Angaben des anderen Zeugen zu erschüttern (Meyer-Goßner StPO § 59 Rn 3).

II. Herbeiführung einer wahren Aussage

Erforderlich ist, dass bestimmte Tatsachen die Annahme begründen lassen, dass ein Zeuge 4 unter Eid erhebliche Tatsachen bekunden wird (BGHSt 16, 99, 103; OLG Hamm NJW 1973, 1940). Alleine dass ein Zeuge die Wahrheit verfälscht oder verschweigt, lässt noch keine Vereidigung zu.

C. Verfahrensablauf und Eidesumfang

Die Zeugen sind einzeln und nach endgültigem Abschluss ihrer Vernehmung zu vereidi- 5 gen (BGHSt 8, 301, 310). Wird ein Zeuge bei einer späteren Vernehmung erneut einvernommen, werden diese Angaben vom ursprünglichen Eid nicht erfasst (BayObLG 56, 245).

Alle Angaben des Zeugen, auch zur Person und zu § 68 Abs 1 u Abs 4 StPO sowie zu Fragen aus dem Freibeweis-Bereich, werden vom Eid umfasst. Möglich ist eine Teilvereidigung, wenn mehrere Taten iSd § 264 StPO Verfahrensgegenstand sind.

D. Entscheidung

Das Gericht hat von Amts wegen in der Hauptverhandlung eine Entscheidung über die 6 Vereidigung zu treffen (BGH StraFo 2005, 244; NStZ 2005, 340). Sie ergeht nach Abschluss der Vernehmung, spätestens zum Schluss der Beweisaufnahme (BGHSt 1, 346, 348). Das Gericht ist bei seiner Entscheidung an Anträge der Verfahrensbeteiligten nicht gebunden; es entscheidet nach eigenem Ermessen, ob die Voraussetzungen des § 59 Abs 1 StPO vorliegen. Es bedarf einer erneuten Entscheidung über die Vereidigung, wenn ein Zeuge im Laufe des Verfahrens nochmals vernommen wird (BGH NStZ 1982, 188); diese gilt dann für dessen gesamte Aussage (BGH NStZ 2003, 559).

I. Vorabentscheidung und Anrufung des Gerichts

Über die Vereidigung entscheidet zunächst der Vorsitzende ohne Anhörung der Betei- 7 ligten (BGH NStZ 2005, 340), der jedoch auch sogleich eine Entscheidung des Gerichts herbeiführen kann. Gegen die Entscheidung des Vorsitzenden ist nach § 238 Abs 2 StPO die Anrufung des Gerichts zulässig; dies ist Voraussetzung für eine zulässige Revision (BGH NStZ 2005, 340; NStZ-RR 2005, 208). Einer Anrufung bedarf es nicht, wenn sich erst aus den Urteilsgründen ergibt, dass nach der Beurteilung des Gerichts die Voraussetzungen für eine Vereidigung an sich vorlagen (BGH NStZ 2009, 343). Bis zum Urteilserlass kann eine unterlassene Entscheidung über die Vereidigung nachgeholt werden.

II. Begründung der Entscheidung

Die Entscheidung über die Vereidigung in der Hauptverhandlung (Vorabentscheidung 8 oder Beschluss nach § 238 Abs 2 StPO) ist **nicht** zu begründen; anders, wenn außerhalb der Hauptverhandlung zu entscheiden ist. Bei der Nichtvereidigung handelt es sich um den gesetzlichen Regelfall, dessen Anwendung nicht zu begründen ist (BGH NStZ 2005, 340). Auch ein Antrag auf Vereidigung kann ohne Begründung zurückgewiesen werden.

III. Protokoll

Es ist im Protokoll als wesentliche Förmlichkeit zu beurkunden, ob ein Zeuge vereidigt 9 worden ist oder nicht (BGH StraFo 2005, 244; NStZ 2006, 114). Werden mehrere Zeugen in einer Sitzung vernommen, ist für jeden Zeugen ein eigener Protokolleintrag vorzunehmen. Erfolgt nur eine Teilvereidigung, ist im Protokoll zu vermerken, welcher Teil der Aussage beeidet worden ist.

E. Revision

10 Die Entscheidung des Gerichts über die Vereidigung ist nicht revisibel (Meyer-Goßner StPO § 59 Rn 13; KK-StPO/Senge StPO § 59 Rn 14; **aA** BGH NStZ 2009, 343; NStZ 2009, 397). Sie liegt ausschließlich im Ermessen des Gerichts. Es kann damit weder gerügt werden, dass die Vereidigung trotz Vorliegens der Voraussetzungen des § 59 Abs 1 StPO unterlassen worden sie, noch, dass diese trotz Nichtvorliegens der Voraussetzungen erfolgt sei. Hat der Vorsitzende dagegen überhaupt nicht über die Vereidigung entschieden, kann dies – auch ohne Anrufung des Gerichts – mit der Revision geltend gemacht werden (BGH NStZ 2009, 397; NStZ 1986, 231; NStZ 1984, 371; NStZ 1987, 374; OLG Frankfurt NStZ-RR 1999, 336). Es ist dann an den Umständen des Einzelfalls zu prüfen, ob das Urteil trotz Wegfall der Regelvereidigung auf dem Verfahrensfehler beruht (BGH NStZ 2009, 397; NStZ 2006, 114). Wertet das Gericht eine uneidliche Aussage im Urteil als eidliche, wird das Urteil hierauf idR nicht beruhen (OLG Hamm NJW 1972, 1531). Mit der Vereidigung ist kein Rechtsschein verbunden, dass das Gericht die Angaben des vereidigten Zeugen als glaubhaft ansieht (BGH NStZ 1986, 130; NStZ 1994, 227).

§ 60 [Verbot der Vereidigung]

Von der Vereidigung ist abzusehen
1. bei Personen, die zur Zeit der Vernehmung das 18. Lebensjahr noch nicht vollendet haben oder die wegen mangelnder Verstandesreife oder wegen einer psychischen Krankheit oder einer geistigen oder seelischen Behinderung vom Wesen und der Bedeutung des Eides keine genügende Vorstellung haben;
2. bei Personen, die der Tat, welche den Gegenstand der Untersuchung bildet, oder der Beteiligung an ihr oder der Begünstigung, Strafvereitelung oder Hehlerei verdächtig oder deswegen bereits verurteilt sind.

Überblick

Die Vorschrift des § 60 StPO regelt Vereidigungsverbote (Rn 1) bei Eidesunmündigkeit (Rn 2) und Eidesunfähigkeit (Rn 3 bis Rn 4) sowie bei Tat- und Teilnahmeverdacht (Rn 5 bis Rn 18). Die Entscheidung über die Nichtvereidigung ergeht durch das Gericht (Rn 20) und kann mit der Revision überprüft werden (Rn 23 bis Rn 26).

Übersicht

	Rn		Rn
A. Vereidigungsverbot	1	1. Begünstigung und Strafvereitelung	13
B. Eidesunmündigkeit	2	2. Hehlerei	15
C. Eidesunfähigkeit	3	IV. Zeitpunkt des Tatverdachts	16
D. Tat- und Teilnahmeverdacht	5	E. Teilvereidigung	19
I. Tat und Teilnahme	6	F. Entscheidung	20
1. Tat	6		
2. Teilnahme	7	G. Nachholung der Vereidigung	21
II. Beteiligung in strafbarer Weise	8		
III. Beteiligung in derselben Richtung	10	H. Revision	23

A. Vereidigungsverbot

1 Die Vorschrift des § 60 StPO enthält zwingende Vereidigungsverbote. Das Gericht muss sich mit diesen – ggf auch im Freibeweisverfahren – beschäftigten, wenn Anhaltspunkte für deren Vorliegen bestehen (BGH StV 1988, 325). Auf die freie Beweiswürdigung haben die Vereidigungsverbote keinen Einfluss.

B. Eidesunmündigkeit

Nicht zu vereidigen sind Zeugen bis zum Beginn des Tages (§ 187 Abs 2 BGB), an dem sie 18 Jahre alt werden (RGSt 22, 29; RGSt 35, 37). Bei der Beurteilung ist auf den Zeitpunkt der Aussage abzustellen. Wird der Zeuge vor Abschluss seiner Aussage eidesmündig, ist die Vereidigung nachzuholen. Die Nichtvereidigung ist zu begründen, wobei ein Verweis auf die Gesetzesstelle ausreichend ist (BGH VRS 22, 144, 148; VRS 41, 186). 2

C. Eidesunfähigkeit

Zur Eidesunfähigkeit können psychische Krankheiten oder sonstige geistige oder seelische Behinderungen eines Zeugen führen. Nicht ausreichend ist aber eine bloße Unwissenheit, Gedächtnisschwäche oder ein reiner Unglaube eines Zeugen. Ebenso genügt nicht eine Behinderung, die die Vorstellung vom Wesen des Eides nur unwesentlich beeinträchtigt (RGSt 58, 396). Das Gericht ist damit an einer Vereidigung eines Zeugen nicht bereits deshalb gehindert, weil dieser unter Betreuung steht (BGHSt 22, 266) oder wegen Schwachsinns nach § 20 StGB freigesprochen worden ist (OLG Hamm GA 1969, 316). Besteht nur eine vorübergehende Beeinträchtigung (Alkohol- oder Drogenrausch), ist die Vereidigung aufzuschieben (RGSt 34, 283, RGSt 53, 136). 3

Die Entscheidung, ob die Voraussetzungen für ein Vereidigungsverbot gegeben sind, trifft das Gericht nach pflichtgemäßem Ermessen (BGHSt 22, 266). Steht ein Zeuge unter Betreuung oder kommt für ihn die Anwendung des § 20 StGB in Betracht, ist die Nichtprüfung eines Vereidigungsverbotes idR ermessensfehlerhaft. 4

Die Entscheidung ist zu begründen. Hierbei ist anzugeben, ob die Nichtvereidigung auf der fehlenden Verstandesreife oder aus sonstigem Grund erfolgt ist; allgemeine Angaben zum Gesundheitszustand genügen hierfür nicht.

D. Tat- und Teilnahmeverdacht

Das Eidesverbot des § 60 Nr 2 StPO soll den Zeugen aufgrund seiner fehlenden Unbefangenheit vor einem Meineid bewahren (OLG Stuttgart MDR 1970, 163; BGHSt 1, 360, 363; BGHSt 4, 255, 257). Bei tat- und teilnahmeverdächtigen Personen führt eine Vereidigung idR nicht zur Erhöhung des Beweiswertes, vielmehr ist bei ihnen regelmäßig von einem nur geringen Beweiswert der Aussage auszugehen (BGHSt 17, 128, 134), wenn auch bei diesen Zeugen von einer wahrheitsgemäßen Aussage ausgegangen werden darf (BGH NStZ 1983, 354). 5

I. Tat und Teilnahme

1. Tat

Maßgeblich ist der verfahrensrechtliche Tatbegriff (§ 264 StPO); es ist nicht auf den sachen-rechtlichen Begriff (§ 52 StGB, § 53 StGB) abzustellen. Mit umfasst ist der gesamte geschichtliche Vorgang, innerhalb dem der Tatbestand verwirklicht wurde (BGHSt 1, 360, 363; 4, 255; NJW 1970, 255). Erforderlich ist jedoch, dass Anhaltspunkte dafür bestehen, dass der Zeuge und nicht der Angeklagte nach dem Ergebnis der Hauptverhandlung (BGHSt 10, 358, 365) Täter ist (BGH MDR 1961, 1031). Hierbei sind auch Vortaten zu berücksichtigen, wenn diese mit der eigentlichen Tat in einem untrennbaren denknotwendigen Zusammenhang stehen (BGHSt 4, 255, 256). 6

2. Teilnahme

Der Begriff der Teilnahme ist im weitesten Sinne zu verstehen. Tatbeteiligt ist daher jeder, der bei dem zur Aburteilung stehenden Vorgang in strafbarer Weise und in derselben Richtung wie der Beschuldigte mitgewirkt hat (BGHSt 4, 255; NStZ 1983, 516). Hierzu zählt nicht nur der Teilnehmer iSd §§ 25 StGB ff, sondern zB im Verfahren gegen den Begünstigten dessen Mittäter und Gehilfe (BGHSt 4, 255), der Bestechende im Verfahren gegen den Bestochenen (BGH GA 1969, 348), aber auch der Fahrer im Verfahren gegen den 7

Fahrzeughalter wegen Zulassens des Fahrens ohne Fahrerlaubnis (OLG Düsseldorf VRS 70, 141) oder der Dieb im Verfahren gegen den Hehler (BGHSt 1, 360).

II. Beteiligung in strafbarer Weise

8   Erforderlich ist jedoch, dass der Zeuge in strafrechtlicher Weise mitgewirkt hat (BGHSt 9, 71, 73). Handelt dieser zB ohne Gehilfenvorsatz, genügt dies nicht, auch wenn er mit seiner Handlung die Tat objektiv fördert (BGH MDR 1980, 630). Gleiches gilt für den straflosen Lockspitzel (BGH NStZ 1981, 394; NStZ 1982, 127; NStZ 1990, 193). Beteiligt sich ein notwendiger Teilnehmer nicht über die notwendige Teilnahme hinaus, so ist er zu vereidigen (BGHSt 19, 107). Bei einer Handlung durch Unterlassen greift das Vereidigungsverbot nur, wenn der Zeuge rechtlich zum Handeln verpflichtet war (BGH NStZ 1982, 430; NStZ 2000, 494; NStZ-RR 2001, 18).

9   Das Vereidigungsverbot bleibt auch bestehen, wenn Rechtsgründe, wie Verfahrenshindernisse (BGH NJW 1952, 1146; NStZ 1983, 426) oder persönliche Strafaufhebungs- und Strafausschließungsgründe (BGH NStZ 1983, 516), eine Verurteilung des Zeugen im Einzelfall verhindern (BGH NJW 1998, 1723). Etwas anderes gilt jedoch, wenn dessen Strafverfolgung aufgrund eines Rechtfertigungs- (RGSt 22, 99) oder Schuldausschließungsgrundes (OLG Hamm GA 1969, 316) unmöglich ist.

III. Beteiligung in derselben Richtung

10 Der Zeuge muss sich – auch nach seiner eigenen Vorstellung (BGHSt 4, 368, 371) – an der Tat in derselben Richtung wie der Beschuldigte beteiligt haben. Hierbei ist nicht zwingend eine unmittelbare Beteiligung erforderlich (BGHSt 21, 147). Die Tat des Zeugen muss zu der des Beschuldigten auch nicht gleichartig gewesen sein und kann daher auch ein anderes Strafgesetz verletzen (BGH VRS 14, 58, 60). Ausreichend ist auch, wenn sich die Beteiligung alleine auf eine Vortat bezieht (BGHSt 1, 360; OLG Hamm NJW 1969, 2297).

11 Liegt jedoch nur ein bloßer Zusammenhang mit der Tat des Beschuldigten vor, greift das Eidesverbot nicht ein (BGH MDR 1969, 535). Dies gilt zB für die Fälle, in denen der Zeuge unabhängig vom Angeklagten eine gleichartige Tat begangen hat oder für solche Taten, die der Zeuge bei Gelegenheit der Tat des Angeklagten als selbständige andere Tat begangen hat (OLG Hamm NJW 1957, 1411). Die Zulässigkeit einer Vereidigung wird auch nicht durch eine gegen den Zeugen oder einen seiner Angehörigen selbst gerichtete Tat berührt (RGSt 12, 190, 192; RGSt 17, 116, 121; BGH NStZ 1999, 470).

12 Bei Fahrlässigkeitstaten besteht ein Vereidigungsverbot, wenn der Zeuge fahrlässig zur Herbeiführung desselben rechtswidrigen Erfolges beigetragen hat (BGH NStZ 1983, 516). Dies gilt auch dann, wenn der Zeuge selbst verletzt worden ist (BGHSt 10, 65, 66).

1. Begünstigung und Strafvereitelung

13 Der Beteiligung stehen die Begünstigung, die Strafvereitelung und die versuchte Strafvereitelung gleich (BGH NStZ 1992, 1054; OLG Stuttgart MDR 1975, 950). Die Vortat kann eine andere als die dem Beschuldigten zur Last gelegte Tat sein (OLG Hamm MDR 1982, 690); sie muss auch nicht erwiesen sein (OLG Celle MDR 1966, 605). Eine Vereidigung ist auch bei einer gemeinsamen Tat unzulässig (OLG Hamm NJW 1969, 2297).

Es ist erforderlich, dass sich der Zeuge außerhalb der Hauptverhandlung strafbar gemacht hat (BGH NStZ 1989, 583). Besteht lediglich der Verdacht, dass er bei seiner gegenwärtigen Vernehmung falsch aussagt, um den Angeklagten zu begünstigen oder der Bestrafung zu entziehen, begründet dies kein Vereidigungsverbot (BGH NStZ 1981, 268; NStZ 1981, 309; BayObLG NStZ 1991, 203). Hat der Zeuge jedoch schon zuvor, zB bei seiner polizeilichen Vernehmung, eine gleichlautende Aussage gemacht, greift § 60 StPO dagegen ein (BGH NStZ 2004, 97; OLG Stuttgart NJW 1978, 711). Am Vereidigungsverbot ändert es nichts, wenn der Zeuge seine Aussage später richtig gestellt hat (BGH NStZ 1982, 78) oder in der Hauptverhandlung nicht wiederholt bzw erst dort den Angeklagten belastet (BGH MDR 1970, 383).

14 Bei der Begünstigung greift das Vereidigungsverbot schon dann ein, wenn der Zeuge dem Angeklagten die falsche Aussage vor der Hauptverhandlung zugesagt hat (BGH NStZ 1981,

268). Anders ist dies bei der Strafvereitelung; hier reicht eine Zusage als straflose Vorbereitungshandlung nicht aus (BGHSt 31, 10; NStZ 1982, 329), auch wenn die Zusage schriftlich fixiert wird (BGH NStZ 1992, 181). Auch das Versprechen einer eidlichen Falschaussage hindert die Vereidigung nicht (BGH NStZ 1983, 85; KG NStZ 1981, 449; OLG Düsseldorf NJW 1988, 84).

2. Hehlerei

Der Tatbeteiligung steht die Hehlerei gleich. Dies gilt auch, wenn der Zeuge nur der 15 Hehlerei an einer Sache verdächtig ist, die der Beschuldigte von einem Zwischenhehler erworben hat, aber auch der Verdacht des Weiterverkaufs der Sache an einen zweiten Hehler (RGSt 42, 248). Ebenso ist die Vereidigung bei Verdacht der Anstiftung oder Beihilfe zur Hehlerei ausgeschlossen (BGH StV 1990, 484).

IV. Zeitpunkt des Tatverdachts

Für das Bestehen des Vereidigungsverbotes ist es erforderlich, dass der Verdacht der 16 Täterschaft oder Tatbeteiligung des Zeugen zum Zeitpunkt des Urteilserlasses vorliegt (BGH NStZ 1981, 110). Hierbei reicht auch ein einfacher Verdacht; hinreichende oder dringende Gründe müssen nicht vorliegen, sofern das Gericht den Verdacht nicht nur theoretisch für möglich hält (BGH NStZ 1985, 336; NStZ 1983, 516). Dem Zeugen ist keine Möglichkeit zu gewähren, den Verdacht dadurch auszuräumen, dass er unter Eid seine Unschuld versichert (BGH VRS 14, 58; KG VRS 27, 207).

Auch wenn der Angeklagte freigesprochen oder das Ermittlungsverfahren gegen ihn 17 eingestellt wird, kann ein Verdacht gegen einen Zeugen weiter bestehen (BGH NStZ 2000, 45); gleiches gilt, wenn das Verfahren gegen den Zeugen eingestellt worden ist (BGH StV 1994, 412; OLG Stuttgart MDR 1970, 163). Das Gericht kann den Verdacht allerdings auch verneinen, selbst wenn sich der Zeuge der Beteiligung bezichtigt oder ein Ermittlungsverfahren gegen ihn geführt wird (BGH NStZ 1989, 583, 584).

Wurde ein Zeuge wegen seiner Tatbeteiligung bereits verurteilt, ist eine Vereidigung, auch 18 wenn das Urteil noch nicht rechtskräftig ist, unzulässig. Ob ihm die Strafe erlassen worden ist oder bereits Strafvollstreckungsverjährung eingetreten ist, ist dabei unerheblich. Die Verurteilung begründet eine unwiderlegbare Vermutung der Tatbeteiligung, der Verdacht darf vom Gericht nicht mehr geprüft werden. Der Verurteilung steht der Erlass eines Strafbefehls gleich, sofern gegen diesen kein Einspruch eingelegt worden ist.

E. Teilvereidigung

Liegen dem Angeklagten mehrere rechtliche selbständige Taten zur Last, ist der Zeuge 19 aber nur wegen einer Tat teilnahmeverdächtigt, hat eine Teilvereidigung zu erfolgen (BGH NStZ 1987, 516), sofern nicht zwischen den Taten ein innerer Zusammenhang besteht (BGH NStZ 1989, 218) oder der Gegenstand der Aussage sich auf ein nicht oder nur schwer zu trennendes Gesamtgeschehen bezieht (BGH NStZ 1987, 516).

F. Entscheidung

Der Vorsitzende entscheidet über die Nichtvereidigung nach pflichtgemäßem Ermessen, 20 das Gericht nur im Verfahren nach § 238 Abs 2 StPO. Die endgültige Entscheidung erfolgt erst im Zeitpunkt der Urteilsberatung (BGH NStZ 1982, 256).

Eine Begründung der Entscheidung ist nicht erforderlich, sofern die Entscheidung auf den Grundsatz der Nichtvereidigung (§ 59 Abs 1 S 2 StPO) gestützt wird. Wendet der Vorsitzende dagegen die Regelung des § 60 StPO an, so ist der Grund anzugeben, wenn ohne § 60 StPO eine Vereidigung erfolgt wäre. Er hat dabei darzulegen, in welchem Verhältnis der Zeuge zu der dem Angeklagten vorgeworfenen Tat gestanden hat und ob der Verdacht der Täterschaft, der Beteiligung, Begünstigung, Strafvereitelung oder Hehlerei besteht (BGH NJW 1952, 273). Eine Begründung ist entbehrlich, wenn der Grund offensichtlich ist (BGH NJW 1953, 231) oder der Zeuge schon als Mittäter verurteilt ist. Das Gericht muss die

StPO § 61   Erstes Buch. 6. Abschnitt

tatsächlichen Erwägungen, auf die es seinen Verdacht gründet, nicht darlegen (BGH NJW 1952, 273), auch nicht in den Urteilsgründen (BayObLG MDR 1954, 121).

G. Nachholung der Vereidigung

21   Entfällt der Tat- oder Teilnahmeverdacht bei der Urteilsberatung, ist die Vereidigung nachzuholen (BGH NStZ 1981, 110; NStZ 1995, 244), sofern kein anderer Grund für eine Nichtvereidigung besteht (BGH NStZ 1993, 341). Ist der Zeuge verstorben oder unauffindbar, eine Nachholung damit nicht möglich, ist dieser Mangel bei der Beweiswürdigung zu berücksichtigen.

22   Stellt sich bei der Urteilsberatung dagegen heraus, dass ein eigentlich tat- oder teilnahmeverdächtiger Zeuge vereidigt worden ist, ist dessen Aussage als uneidlich zu werten (BGH NStZ 1981, 309). Hierüber sind die Prozessbeteiligten durch Wiedereintritt in die Hauptverhandlung zu informieren (BGH NStZ 1986, 230); dies ist im Protokoll zu vermerken (BGHSt 4, 130).

H. Revision

23   Eine Revision kann wegen einer fehlerhaften Nichtvereidigung nur erfolgreich geführt werden, wenn eine Entscheidung des Gerichts und nicht nur des Vorsitzenden ergangen ist (BGH NStZ 1996, 2242). Anders ist es, wenn gerügt werden soll, dass eine Vereidigung unter Verletzung des § 60 StPO erfolgt sein soll (BGH NJW 1965, 115).

24   Die Revision ist im Falle des § 60 Nr 1 StPO begründet, wenn das Gericht einen Zeugen in Unkenntnis dessen wahren Alters vereidigt hat. Ebenso kann die Revision darauf gestützt werden, dass das Gericht im Falle mangelnden Verstandesreife oder Erkrankung die Vereidigungsfrage nicht geprüft hat.

25   Bei § 60 Nr 2 StPO kann die Rüge darauf gestützt werden, dass das Gericht die Nichtvereidigung trotz Vorliegens von Anhaltspunkten für einen Tat- oder Teilnahmeverdacht des Zeugen nicht erörtert hat (BGHSt 4, 255; BGHSt 21, 147, 148; NStZ 1993, 445; NStZ 1996, 595; NStZ-RR 1998, 258). Hat das Gericht die Voraussetzungen des § 60 Nr 2 StPO geprüft, kann dessen Entscheidung nur bei Verkennung von Rechtsbegriffen mit der Revision angegriffen werden (BGHSt 4, 255; BGHSt 9, 71, 72; BGHSt 21, 147, 148), nicht aber auch bei einer nur unrichtigen tatsächlichen Wertung. Wurde die unbeeidete Aussage bei der Urteilsfindung berücksichtigt, beruht das Urteil hierauf idR (BGHSt 8, 155, 158; StV 1990, 193); dies gilt auch bei der Revision der StA gegen ein freisprechendes Urteil (OLG Koblenz VRS 69, 289). Ein Beruhen wird dagegen ausgeschlossen sein, wenn sich aus dem Urteil ergibt, dass die Aussage im Falle der Beeidigung nicht anders gewürdigt worden wäre (BGH NStZ 2000, 265, 267; NStZ-RR 2003, 97).

26   Hat das Gericht eine Aussage als eidliche gewertet, obwohl die Vereidigung nach § 60 Nr 2 StPO unzulässig gewesen ist, wird das Urteil idR aufzuheben sein, weil das Gericht der Aussage eines vereidigten Zeugen regelmäßig größere Glaubhaftigkeit zumisst, als der eines nicht vereidigten Zeugen (BGHSt 4, 255, 257; NStZ 1982, 430; JR 1991, 246; OLG Köln StV 2001, 224), wobei auch hier Ausnahmen denkbar sind (BGH NStZ-RR 2002, 77).

Fehlt es an der Unterrichtung der Prozessbeteiligten, dass eine eidliche Aussage als uneidliche gewertet werden soll, begründet dieser Fehler zumeist die Revision (BGH MDR 1975, 725; NStZ 1986, 130), wenn die vom Gericht vorgenommene Bewertung nicht auf der Hand lag.

§ 61 [Eidesverweigerungsrecht]

Die in § 52 Abs. 1 bezeichneten Angehörigen des Beschuldigten haben das Recht, die Beeidigung des Zeugnisses zu verweigern; darüber sind sie zu belehren.

Überblick

Die Vorschrift des § 61 StPO regelt das Recht zur Eidesverweigerung (Rn 1), über das zu belehren ist (Rn 2).

A. Eidesverweigerung

Das Recht zur Eidesverweigerung haben nur **Angehörige** des Beschuldigten, vgl § 52 **1** StPO Rn 11, nicht auch des Verletzten. Bei nur teilweisem Zeugnisverweigerungsrecht kann auch nur für diesen Teil der Eid verweigert werden. Ein **Beschluss** über die Eidesverweigerung erfolgt nicht, es ist aber die Verweigerung und der Verzicht auf die Eidesleistung im Protokoll zu dokumentieren (§ 168a Abs 1 StPO, § 273 Abs 1 StPO). Bei der Beweiswürdigung können aus der Eidesverweigerung – anders als bei der Zeugnisverweigerung – für den Angeklagten nachteilige Schlüsse durch das Gericht gezogen werden (KK-StPO/Senge StPO § 63 Rn 4; BGH v 21. 10. 1969 – Az 1 StR 373/69).

B. Belehrung

Es ist eine **ausdrückliche Belehrung** des Zeugen über sein Recht zur Eidesverweige- **2** rung erforderlich. Die Belehrung nach § 52 Abs 3 S 1 StPO genügt nicht (BGH NJW 1953, 1193; BGH MDR 1969, 194; OLG Düsseldorf NStZ 1984, 82; BGH NStZ 2008, 171). Die Belehrung ist erst dann erforderlich, wenn der Richter den Zeugen tatsächlich vereidigen will. Sie muss im **Protokoll** beurkundet werden. Die Belehrung ist bei jeder Vernehmung zu wiederholen, auch wenn der Zeuge zuvor den Eid bereits geleistet hat. Eine **unterlassene Belehrung** kann nachgeholt werden, wenn der Zeuge erklärt, dass er den Eid auch nach Belehrung geleistet hätte (BGH v 5. 9. 1956 – Az 3 StR 218/56). Sie wird geheilt, wenn die Aussage als uneidlich gewertet und die Prozessbeteiligten entsprechend informiert werden.

C. Revision

Das Unterlassen der Belehrung kann mit der Revision gerügt werden, wenn das Urteil auf **3** der Aussage beruht (BGH NJW 1953, 1193; NStZ 2008, 171). Ein Beruhen ist idR ausgeschlossen, wenn das Gericht die Aussage als uneidliche verwertet hat (OLG Düsseldorf NStZ 1984, 182) oder mit Sicherheit davon auszugehen ist, dass der Zeuge auch nach Belehrung über sein Eidesverweigerungsrecht den Eid geleistet hätte (BGH NStZ 2008, 171). Ein Beruhen wird idR gegeben sein, wenn nicht auszuschließen ist, dass das Gericht die Glaubwürdigkeit des Zeugen anders beurteilt hätte, wenn dieser nach Belehrung die Eidesleistung verweigert hätte (BGH NStZ 1987, 84; BGH NStZ 1992, 224; BGH NStZ 2001, 604). Das Rügerecht steht allen Prozessbeteiligten, auch jedem Mitangeklagten (BGH NJW 1953, 1193) und dem Nebenkläger (OLG Düsseldorf NStZ 1984, 182) zu.

§ 62 [Vereidigung im vorbereitenden Verfahren]

Im vorbereitenden Verfahren ist die Vereidigung zulässig, wenn
1. **Gefahr im Verzug ist oder**
2. **der Zeuge voraussichtlich am Erscheinen in der Hauptverhandlung verhindert sein wird**

und die Voraussetzungen des § 59 Abs. 1 vorliegen.

Überblick

Die Vorschrift des § 62 StPO regelt die Vereidigung im vorbereitenden Verfahren (Rn 1). Sie ist nach Ermessen des Gerichts (Rn 4) bei Gefahr in Verzug (Rn 2) oder Verhinderung des Zeugen (Rn 3) möglich.

A. Geltungsbereich

Der § 62 StPO gilt für das **gesamte Ermittlungsverfahren**, auch für richterliche Ver- **1** nehmungen nach § 173 Abs 3 StPO, Beweisanordnungen nach § 202 S 1 StPO sowie die Beweissicherung nach § 205 S 2 StPO. Eine Vereidigung im vorbereitenden Verfahren ist nur ausnahmsweise zulässig. Zusätzlich zu § 62 Nr 1 und Nr 2 StPO müssen auch die Voraussetzungen des § 59 Abs 1 StPO gegeben sein.

B. Gefahr im Verzug (Nr 1)

2   Gefahr im Verzug ist gegeben, wenn zu befürchten ist, dass eine beeidete Aussage vom Zeugen später nicht erlangt werden kann (RGSt 43, 336, 339); zB baldiger Tod, spätere Unauffindbarkeit).

C. Verhinderung des Zeugen (Nr 2)

3   Gründe für eine Verhinderung des Zeugen können sein, zB Krankheit, Gebrechlichkeit, hohes Alter, lange Auslandsreise, Rückkehr in ausländische Heimat. Nicht ausreichend ist die Unzumutbarkeit des Erscheinens in der Hauptverhandlung wegen großer Entfernung zum Gerichtsort (Meyer-Goßner StPO § 62 Rn 5).

D. Entscheidung über Vereidigung

4   Die Entscheidung über das Vorliegen eines Vereidigungsgrundes trifft der Vernehmende nach **pflichtgemäßem Ermessen**. Der Antrag der StA bindet nicht (Meyer-Goßner StPO § 62 Rn 1). Der Richter kann aber auch **ohne Antrag** vereidigen, wenn er vom Vorliegen der Gründe ausgeht. Im **Protokoll** ist zu beurkunden, ob die Vereidigung erfolgt ist. Ggf ist in Abweichung zu § 59 Abs 1 S 2 StPO auch der Grund der Vereidigung anzugeben, wobei der Hinweis auf die Gesetzesstelle genügt (Meyer-Goßner StPO § 62 Rn 6).

E. Verlesung der Niederschrift

5   In der Hauptverhandlung kann die Niederschrift über die Zeugenvernehmung verlesen werden (§ 251 Abs 2 Nr 1 und Nr 2 StPO). Erscheint der Zeuge in der Hauptverhandlung, ist erneut nach § 59 StPO, § 60 StPO über die Vereidigung zu befinden.

F. Revision

6   Mit der Revision kann ein Verstoß gegen § 62 StPO (RGSt 10, 156) oder die Protokollierungspflicht nicht gerügt werden. Sie kann aber auf eine Verletzung der § 60 StPO, § 61 StPO gestützt werden.

§ 63 [Vereidigung bei kommissarischer Vernehmung]

Wird ein Zeuge durch einen beauftragten oder ersuchten Richter vernommen, muss die Vereidigung, soweit sie zulässig ist, erfolgen, wenn es in dem Auftrag oder in dem Ersuchen des Gerichts verlangt wird.

Überblick

Die Vorschrift des § 63 StPO regelt die Vereidigung bei kommissarischer Vernehmung (Rn 1), die ein Vernehmungsersuchen erfordert (Rn 2).

A. Geltungsbereich

1   Der § 63 StPO gilt für alle Vernehmungen durch beauftragte oder ersuchte Richter in allen Verfahrensabschnitten. Hauptanwendungsbereich ist § 223 StPO. Für Vernehmungsersuchen der StA gilt idR § 62 StPO.

B. Vernehmungsersuchen

2   Der Richter muss dem **Ersuchen um eidliche Vernehmung** entsprechen, sofern nicht die § 60 StPO, § 61 StPO entgegenstehen. An ein **Ersuchen um uneidliche Vernehmung** ist er nicht gebunden (Meyer-Goßner StPO § 63 Rn 4).
Verhält sich das Vernehmungsersuchen nicht zur Frage der Vereidigung, dann entscheidet der Vernehmende nach § 59 Abs 1 S 1 StPO über die Vereidigung. An diese Entscheidung ist

das erkennende Gericht nicht gebunden; es kann nachträglich um Vereidigung ersuchen. Hält es die erfolgte Vereidigung für unzulässig, muss es die Aussage als uneidliche werten (Meyer-Goßner StPO § 63 Rn 2).

§ 64 [Eidesformel]

(1) Der Eid mit religiöser Beteuerung wird in der Weise geleistet, dass der Richter an den Zeugen die Worte richtet:
„Sie schwören bei Gott dem Allmächtigen und Allwissenden, dass Sie nach bestem Wissen die reine Wahrheit gesagt und nichts verschwiegen haben"
und der Zeuge hierauf die Worte spricht:
„Ich schwöre es, so wahr mir Gott helfe".
(2) Der Eid ohne religiöse Beteuerung wird in der Weise geleistet, dass der Richter an den Zeugen die Worte richtet:
„Sie schwören, dass Sie nach bestem Wissen die reine Wahrheit gesagt und nichts verschwiegen haben"
und der Zeuge hierauf die Worte spricht:
„Ich schwöre es".
(3) Gibt ein Zeuge an, dass er als Mitglied einer Religions- oder Bekenntnisgemeinschaft eine Beteuerungsformel dieser Gemeinschaft verwenden wolle, so kann er diese dem Eid anfügen.
(4) Der Schwörende soll bei der Eidesleistung die rechte Hand erheben.

Überblick

Die Vorschrift des § 64 StPO regelt die Durchführung der Eidesleistung (Rn 1 bis Rn 2). Hierbei ist auf religiöse Belange des Zeugen Rücksicht zu nehmen (Rn 3). Das Heben der rechten Hand ist nicht zwingend erforderlich (Rn 4).

A. Eidesleistung

Dem Zeugen steht ein **Wahlrecht** zu, ob er den Eid mit oder ohne religiöse Beteuerung 1 ableisten will. Hierüber ist er vor der Eidesleistung zu belehren, § 57 S 2 StPO. Im Protokoll ist nur die Eidesleistung als solche, nicht auch die Belehrung zu vermerken (BGH NStZ 1999, 396, 399). Zur Bekräftigung statt Eidesleistung s § 65 StPO Rn 1.

Der Richter spricht dem Zeugen, ggf auch mehreren Zeugen gemeinsam (OLG Frankfurt 2 NJW 1962, 1834), die **Eidesnorm** vor. Die **Eidesformel** ist von jedem Zeugen einzeln nachzusprechen (OLG Frankfurt NJW 1962, 1834). Für die Vereidigung hör- oder sprachbehinderter Personen s § 66 StPO Rn 1. Ausländer leisten den Eid in ihrer Heimatsprache mit Hilfe eines Dolmetschers (§ 189 GVG).

B. Religions- oder Bekenntnisgemeinschaft

Mitgliedern einer Religions- oder Bekenntnisgemeinschaft steht das Recht zu, dem Eid 3 eine in ihrer Gemeinschaft **übliche Beteuerungsformel** anzufügen (zur Anrufung Allahs bei der Eidesleistung durch Mohammedaner: Jünemann MDR 1970, 725; Leisten MDR 1980, 637). Die Mitgliedschaft und die Üblichkeit prüft das Gericht nicht nach. Mängel der religiösen Beteuerung sind unbeachtlich (BGH NStZ 1999, 396, 399). Unzulässig sind jedoch Beteuerungen, die dem Sinn des Eides widersprechen oder diesen aufheben (RGSt 10, 181; OLG Köln MDR 1969, 501). Die Anfügung der Beteuerungsformel wird im Protokoll nicht vermerkt.

C. Erheben der rechten Hand

Das Erheben der rechten Hand kann nicht erzwungen werden, da es sich hierbei nicht 4 um einen wesentlichen Bestandteil der Eidesleistung handelt (Meyer-Goßner StPO § 64

Rn 4). Dem Zeugen sind auch andere symbolische Handlungen (Niederknien, Handauflegen auf den Koran, Handschlag) nicht verwehrt (RGSt 57, 342, 343; Leisten MDR 1980, 636).

D. Revision

5 Mit der Revision kann die fehlerhafte Formulierung der Eidesnorm oder -formel gerügt werden. Dies macht den Eid jedoch nicht unwirksam (BGHSt 3, 309, 312); das Urteil wird regelmäßig nicht darauf beruhen (Meyer-Goßner StPO § 64 Rn 5).

§ 65 [Eidesgleiche Bekräftigung]

(1) ¹Gibt ein Zeuge an, dass er aus Glaubens- oder Gewissensgründen keinen Eid leisten wolle, so hat er die Wahrheit der Aussage zu bekräftigen. ²Die Bekräftigung steht dem Eid gleich; hierauf ist der Zeuge hinzuweisen.

(2) Die Wahrheit der Aussage wird in der Weise bekräftigt, dass der Richter an den Zeugen die Worte richtet:
„Sie bekräftigen im Bewusstsein Ihrer Verantwortung vor Gericht, dass Sie nach bestem Wissen die reine Wahrheit gesagt und nichts verschwiegen haben"
und der Zeuge hierauf spricht:
„Ja".
(3) § 64 Abs. 3 gilt entsprechend.

Überblick

Die Vorschrift des § 65 StPO regelt die eidesgleiche Bekräftigung (Rn 1-2), bei der der Zeuge Beteuerungsformeln verwenden kann (Rn 3).

A. Anwendungsbereich

1 Der Anwendungsbereich des § 65 StPO (BVerfG NJW 1972, 1183) ist mit der einfachen Erklärung eines Zeugen, er wolle aus Glaubens- oder Gewissensgründen keinen Eid leisten, eröffnet. Eine **Glaubhaftmachung** ist nicht erforderlich. Das Gericht prüft das Vorliegen der vom Zeugen behaupteten Gründe nicht nach. Eine **Belehrung** durch das Gericht erfolgt nur dann, wenn der Zeuge jegliche Eidesleistung abgelehnt hat. Zur Bekräftigungsnorm und -formel s § 64 StPO Rn 1 und § 64 StPO Rn 2.

B. Gleichstellung von Bekräftigung und Eid

2 Der Zeuge ist vor der Bekräftigung ausdrücklich darauf hinzuweisen, dass seine Bekräftigung dem Eid gleichsteht. Es gelten die den Zeugeneid betreffenden Vorschriften (zB § 67 StPO, § 70 StPO). Zur strafrechtlichen Folge einer falschen Bekräftigung s § 155 Nr 1 StGB.

C. Beteuerungsformeln

3 Beteuerungsformeln können vom Zeugen verwendet werden. § 64 Abs 3 StPO gilt entsprechend. Die Wirksamkeit der Bekräftigung wird von Beteuerungsformeln nicht berührt (BGH MDR 1972, 18).

D. Revision

4 Die Revision kann darauf gestützt werden, dass das Gericht sich mit der Bekräftigung begnügt hat, obwohl der Zeuge das Vorliegen der Voraussetzungen des § 65 Abs 1 StPO nicht behauptet hat. Auf einem solchen Verstoß wird das Urteil jedoch regelmäßig nicht beruhen, wenn der Zeuge und das Gericht vom Vorliegen entsprechender Gründe ausgegangen sind (Meyer-Goßner StPO § 65 Rn 4).

§ 66 [Eidesleistung hör- oder sprachbehinderter Personen]

(1) ¹Eine hör- oder sprachbehinderte Person leistet den Eid nach ihrer Wahl mittels Nachsprechens der Eidesformel, mittels Abschreibens und Unterschreibens der Eidesformel oder mit Hilfe einer die Verständigung ermöglichenden Person, die vom Gericht hinzuzuziehen ist. ²Das Gericht hat die geeigneten technischen Hilfsmittel bereitzustellen. ³Die hör- oder sprachbehinderte Person ist auf ihr Wahlrecht hinzuweisen.

(2) Das Gericht kann eine schriftliche Eidesleistung verlangen oder die Hinzuziehung einer die Verständigung ermöglichenden Person anordnen, wenn die hör- oder sprachbehinderte Person von ihrem Wahlrecht nach Absatz 1 keinen Gebrauch gemacht hat oder eine Eidesleistung in der nach Absatz 1 gewählten Form nicht oder nur mit unverhältnismäßigem Aufwand möglich ist.

(3) Die §§ 64 und 65 gelten entsprechend.

Überblick

Die Vorschrift des § 66 StPO regelt die Eidesleistung durch hör- oder sprachbehinderte Personen (Rn 1), denen verschiedene Arten von Eidesmöglichkeiten zur Verfügung stehen (Rn 2). Übt der Betroffene sein Wahlrecht nicht aus, entscheidet das Gericht (Rn 3).

A. Personenkreis

Die Norm stellt eine **Sonderregelung** für die Eidesleistung durch gänzlich sprachlose, 1 sprachbehinderte und hörbehinderte Personen sowie Taubstumme dar. Sie dient der **Integration von Menschen mit Behinderungen** aber auch den Interessen der Rechtspflege. Weitere Regelungen für Menschen mit Behinderungen s § 186 GVG, § 191a GVG.

Das Gericht prüft im Freibeweis, ob ein Zeuge hör- oder sprachbehindert ist.

B. Wahlrecht

Dem behinderten Menschen stehen **drei Möglichkeiten** zur Eidesleistung zur Verfügung: 2
- Nachsprechen der Eidesformel nach § 64 StPO, § 65 StPO
- Abschreibung und Unterschreiben der Eidesformel
- Ablegung des Eides mit Hilfe eines vom Gericht zugezogenen Dritten

Der Zeuge hat das Recht, unter diesen drei Formen frei zu wählen. Auf sein Wahlrecht ist er hinzuweisen. Erforderliche technische Hilfsmittel (zB Höranlagen) hat das Gericht bereitzustellen.

C. Entscheidung des Gerichts

Macht der Zeuge von seinem Wahlrecht keinen Gebrauch, entscheidet das Gericht über 3 die Form der Eidesleistung(schriftliche Eidesleistung oder Hinzuziehung eines Dritten). Gleiches gilt, wenn der Zeuge eine Form der Eidesleistung gewählt hat, die nicht oder nur mit unverhältnismäßigem Aufwand durchzuführen ist. Dies ist für die Hinzuziehung Dritter oder den Einsatz technischer Mittel regelmäßig nicht der Fall (BT-Drs 14/9266, 41).

§§ 66a-66e [aufgehoben]

§ 67 [Berufung auf den früheren Eid]

Wird der Zeuge, nachdem er eidlich vernommen worden ist, in demselben Vorverfahren oder in demselben Hauptverfahren nochmals vernommen, so kann

der Richter statt der nochmaligen Vereidigung den Zeugen die Richtigkeit seiner Aussage unter Berufung auf den früher geleisteten Eid versichern lassen.

Überblick

Die Vorschrift des § 67 StPO regelt die Berufung eines Zeugen auf einen früheren Eid. Sie erfordert eine nochmalige Vernehmung (Rn 1) im selben Verfahren (Rn 2 bis Rn 6). Die Anwendung des § 67 StPO liegt im Ermessen des Gerichts (Rn 7) und ist zu protokollieren (Rn 9).

A. Nochmalige Vernehmung

1   Eine nochmalige Vernehmung eines Zeugen ist gegeben, wenn dieser nach Beeidigung seiner Aussage oder ihrer Bekräftigung **erneut zur Sache** vernommen wird. Um eine nochmalige Vernehmung handelt es sich auch, wenn der Zeuge noch am gleichen Tag oder vor seiner Entlassung erneut vernommen wird (BGH NJW 1953, 996). Die Berufung auf den früheren Eid bezieht sich nicht auf den Inhalt der früheren Aussage, sondern nur auf die Eidesleistung als solche. Die Bezugnahme ist daher auch dann zulässig, wenn die frühere Aussage erweitert, ergänzt oder erläutert wird (OLG Saarbrücken VRS 23, 53), auch dann, wenn sich dabei die frühere Aussage als unrichtig darstellt (BGH v 22. 8. 1978 – Az 1 StR 139/78). Für die Vernehmung des Sachverständigen gilt § 67 StPO nicht (OLG Köln MDR 1955, 183).

B. Im selben Verfahren

2   Für die Anwendbarkeit des § 67 StPO ist es erforderlich, dass die Aussage im selben Verfahren erfolgt, also das Verfahren sich gegen **denselben Beschuldigten** richtet. Wird das Verfahren nach der Eidesleistung mit Verfahren gegen Mitbeschuldigte verbunden, ist § 67 StPO nicht mehr anwendbar, wenn die neue Aussage auch Mitbeschuldigte betrifft (RGSt 49, 251). Bei der Trennung eines Verfahrens nach der Eidesleistung gilt § 67 StPO für jedes der abgetrennten Verfahren (RGSt 44, 352; RGSt 49, 251, 252).

I. Dasselbe Vor- oder Hauptverfahren

3   Die Berufung auf den früheren Eid ist nur im selben **Vor- oder Hauptverfahren** zulässig. Es ist daher nicht möglich, die Vereidigung in der Hauptverhandlung durch die Bezugnahme auf eine Vereidigung im Vorverfahren zu ersetzen (BGH MDR 1953, 722; RGSt 64, 379, 380).

1. Vorverfahren

4   Zum Vorverfahren gehört das staatsanwaltschaftliche Ermittlungsverfahren bis zur Erhebung der Anklage, nicht aber auch das Zwischenverfahren nach § 202 StPO.

2. Hauptverfahren

5   Das Hauptverfahren beginnt mit Erlass des Eröffnungsbeschlusses und endet mit Rechtskraft des Urteils (BGH NJW 1970, 1614; BGH GA 1968, 340). Es umfasst auch mehrere Hauptverhandlungen (BGH GA 1979, 272), zB nach erfolgreichem Rechtsmittel (RGSt 2, 234, 235), nach Unterbrechung über die Frist des § 229 StPO hinaus (BGH MDR 1953, 723) oder nach Aussetzung (RGRspr 6, 29, 30). Zum Hauptverfahren gehört weiter das Zwischenverfahren nach § 202 StPO (Meyer-Goßner StPO § 67 Rn 5) und die kommissarische Vernehmung nach § 223 StPO. Verhandelt die Berufskammer wegen Überschreitung der Strafgewalt des Amtsgerichts im 1. Rechtszug, ist § 67 StPO ebenso anwendbar (BGH NJW 1970, 1614; BGH GA 1968, 340, 341), wie bei einer Verweisung nach § 270 StPO.

II. Wiederaufnahmeverfahren

Beim Wiederaufnahmenverfahren handelt es sich nicht um dasselbe Hauptverfahren, § 67 StPO kommt damit nicht zur Anwendung (RGSt 18, 417, 419). 6

C. Ermessen des Gerichts

Die Anwendung des § 67 StPO steht im **Ermessen** des Gerichts. Es entscheidet der Vorsitzende, bei Beanstandung das Gericht (OLG Braunschweig NJW 1957, 513). Dem Zeugen selbst steht **kein Wahlrecht** zu. Das Gericht kann auch dann nach § 67 StPO vorgehen, wenn der Zeuge sich an seine frühere Vereidigung überhaupt nicht mehr erinnern kann (BGH v 29. 8. 1961 – Az 5 StR 282/61). 7

D. Versicherung unter Berufung auf den früheren Eid

Der Zeuge muss die Richtigkeit seiner Aussage unter Berufung auf den früheren Eid versichern; er muss dabei aber nicht zwingend den Gesetzeswortlaut verwenden (BGH MDR 1972, 198). Der bloße Hinweis des Gerichts auf den früheren Eid genügt dagegen nicht (BGH NJW 1953, 996). Der Zeuge ist über die Bedeutung der Versicherung entspr § 57 S 2 StPO zu belehren. Die Versicherung darf erst nach der Aussage abgegeben werden (BGH MDR 1972, 198; BGH NStZ 1984, 328). Beruft sich der Zeuge auf einen tatsächlich nicht geleisteten Eid, ist diese Versicherung wirkungslos (OLG Köln NJW 1963, 2333; OLG Saarbrücken VRS 23, 53). 8

E. Protokollierung

Die Abgabe der Versicherung ist im Protokoll als **wesentliche Förmlichkeit** („Der Zeuge versichert die Richtigkeit seiner Aussage unter Berufung auf den früher geleisteten Eid") zu beurkunden. Nicht ins Protokoll aufzunehmen ist, wann und wo der Zeuge den früheren Eid geleistet hat. Die Formulierungen, der Zeuge habe seine Aussage „unter Bezugnahme auf den bereits geleisteten Eid" (BGH MDR 1972, 198), oder der Zeuge habe „die Richtigkeit seiner Aussage versichert" (BGH NJW 1953, 996) reicht aus. 9

F. Revision

Die Revision ist hängt nicht davon ab, ob die Entscheidung des Gerichts nach § 238 Abs 2 StPO herbeigeführt worden ist (BGH MDR 1972, 199). Die Ermessensentscheidung des Gerichts ist mit der Revision nicht angreifbar (OLG Dresden StRR 2007, 229); das Revisionsgericht prüft nicht, ob die erneute Vereidigung der Anwendung des § 67 StPO vorzuziehen gewesen wäre. Es können nur Rechtsfehler bei der Annahme der Voraussetzungen des § 67 StPO oder ein Verstoß gegen die Form der Versicherung gerügt werden. Das Urteil beruht auf einem Verstoß gegen § 67 StPO idR nicht, wenn das Gericht und der Zeuge zweifelsfrei von der Wirksamkeit der Versicherung ausgegangen sind (BGH NStZ 1984, 328; BGH MDR 1953, 722; RGSt 64, 379). Erfolgt die Versicherung nicht in der gesetzlich vorgesehenen Form, ist ein Beruhen des Urteils nur dann auszuschließen, wenn die neue Aussage der beeidigten im Wesentlichen entspricht und anzunehmen ist, dass der Zeuge bei Abnahme der gesetzesgemäßen Versicherung gleichlautend ausgesagt hätte (BGHSt 2, 223). 10

§ 68 [Vernehmung zur Person; Beschränkung der Angaben]

(1) ¹Die Vernehmung beginnt damit, dass der Zeuge über Vornamen, Nachnamen, Geburtsnamen, Alter, Beruf und Wohnort befragt wird. ²Ein Zeuge, der Wahrnehmungen in amtlicher Eigenschaft gemacht hat, kann statt des Wohnortes den Dienstort angeben.

(2) ¹Einem Zeugen soll zudem gestattet werden, statt des Wohnortes seinen Geschäfts- oder Dienstort oder eine andere ladungsfähige Anschrift anzugeben,

wenn ein begründeter Anlass zu der Besorgnis besteht, dass durch die Angabe des Wohnortes Rechtsgüter des Zeugen oder einer anderen Person gefährdet werden oder dass auf Zeugen oder eine andere Person in unlauterer Weise eingewirkt werden wird. ²In der Hauptverhandlung soll der Vorsitzende dem Zeugen bei Vorliegen der Voraussetzungen des Satzes 1 gestatten, seinen Wohnort nicht anzugeben.

(3) ¹Besteht ein begründeter Anlass zu der Besorgnis, dass durch die Offenbarung der Identität oder des Wohn- oder Aufenthaltsortes des Zeugen Leben, Leib oder Freiheit des Zeugen oder einer anderen Person gefährdet wird, so kann ihm gestattet werden, Angaben zur Person nicht oder nur über eine frühere Identität zu machen. ²Er hat jedoch in der Hauptverhandlung auf Befragen anzugeben, in welcher Eigenschaft ihm die Tatsachen, die er bekundet, bekannt geworden sind.

(4) ¹Liegen Anhaltspunkte dafür vor, dass die Voraussetzungen der Absätze 2 oder 3 vorliegen, ist der Zeuge auf die dort vorgesehenen Befugnisse hinzuweisen. ²Im Fall des Absatzes 2 soll der Zeuge bei der Benennung einer ladungsfähigen Anschrift unterstützt werden. ³Die Unterlagen, die die Feststellung des Wohnortes oder der Identität des Zeugen gewährleisten, werden bei der Staatsanwaltschaft verwahrt. ⁴Zu den Akten sind sie erst zu nehmen, wenn die Besorgnis der Gefährdung entfällt.

(5) ¹Die Absätze 2 bis 4 gelten auch nach Abschluss der Zeugenvernehmung. ²Soweit dem Zeugen gestattet wurde, Daten nicht anzugeben, ist bei Auskünften aus und Einsichtnahmen in Akten sicherzustellen, dass diese Daten anderen Personen nicht bekannt werden, es sei denn, dass eine Gefährdung im Sinne der Absätze 2 und 3 ausgeschlossen erscheint.

Überblick

Die Feststellung der Personalien eines Zeugen ist ein wesentlicher Bestandteil seiner Vernehmung. Aus Gründen des Zeugenschutzes sind gewisse Einschränkungen geboten. Gefährdete Zeugen sind auf ihre Befugnisse hinzuweisen und bei deren Wahrnehmung zu unterstützen.

A. Allgemeines

1   Die **Feststellung der Personalien** steht am Beginn jeder Zeugenvernehmung und sollte sehr sorgfältig erfolgen. Die Beachtung dieser Formvorschrift schützt nämlich einerseits vor Personenverwechslungen, bietet andererseits aber auch eine belastbare Grundlage für die Beurteilung der Glaubwürdigkeit des Zeugen. Die Verfahrensbeteiligten erhalten dadurch insbesondere die Möglichkeit, Erkundigungen über den Zeugen einzuholen (BGH NJW 1986, 1999).

2   Schon aus dem Wortlaut des Gesetzes (Abs 1 S 1) ergibt sich der Umfang dieser so genannten **Personalfragen**:
• Vornamen
• Nachnamen
• Geburtsnamen
• Alter
• Beruf und
• Wohnort.

Das **2. OpferrechtsreformG** v 29. 7. 2009 (BGBl I 2009, 2280; Gesetz zur Stärkung der Rechte von Verletzten und Zeugen im Strafverfahren; in Kraft seit 1. 10. 2009) hat insoweit den bisherigen Regelungsgegenstand beibehalten, aber sprachlich modernisiert. Statt des veralteten Begriffs „Zuname" wird der zeitgemäße Begriff „Nachname" verwendet. Der „Geburtsname" wurde ausdrücklich aufgenommen. Der überkommene Begriff „Stand oder Gewerbe" wurde durch „Beruf" ersetzt. Eine Harmonisierung der Begrifflichkeiten der Strafprozessordnung mit anderen Gesetzen, insbesondere mit § 111 Abs 1 OWiG, war ebenfalls Ziel der Neuregelung (Einzelheiten siehe BT-Drs 16/12098, 13).

Bei mehreren Vornamen muss mindestens der Rufname genannt werden. Auf Verlangen sind aber auch alle anderen Vor- oder Beinamen zu benennen. Neben dem Familiennamen ist auch der Geburtsname zu erfragen. Künstlernamen sind auf Verlangen ebenfalls anzugeben. Bei ausländischen Zeugen ist auf die richtige Personalienfeststellung und die richtige Namensschreibweise besonderer Wert zu legen. Gegebenenfalls obliegt es dem Vernehmungsleiter, sich einen Ausweis vorlegen zu lassen. Das Alter muss in jedem Fall angegeben werden, auch wenn den Verfahrensbeteiligten eine Relevanz dieser Angabe nicht ersichtlich ist. In der Praxis empfiehlt es sich, durch eine kurze Nachfrage nach dem Geburtsdatum eines Zeugen das Alter selbst richtig zu bestimmen. „Beruf" meint sowohl den erlernten als auch den derzeit ausgeübten Beruf. Aus der Formulierung in Abs 2 („oder eine andere ladungsfähige Anschrift") folgert die überwiegende Praxis, dass für den „Wohnort" die bloße Ortsangabe nicht ausreichend ist (BGH NJW 1990, 1125). Der Zeuge sollte in der Regel nach seiner postalischen Erreichbarkeit gefragt werden.

Bei Amtspersonen (Abs 1 S 2: „Zeugen, die Wahrnehmungen in amtlicher Eigenschaft 3 gemacht haben") besteht die Möglichkeit, statt des Wohnortes den **Dienstort** anzugeben. Diese Ausnahme kommt vor allem bei Polizeibeamten, aber auch bei Staatsanwälten und Richtern zum Tragen. Die Kenntniserlangung muss im Zusammenhang mit einer Diensthandlung stehen oder das Wissen muss in sonstiger Weise dienstlich erlangt worden sein.

B. Zeugengefährdung und Zeugenbeeinflussung

Falls der Zeuge oder eine andere Person durch die Angabe des Wohnorts eines Zeugen **in** 4 **Rechtsgütern gefährdet** wäre, kann dem Zeugen gestattet werden, an Stelle des Wohnorts seinen Geschäfts- oder Dienstort oder eine andere **ladungsfähige Anschrift** anzugeben (Abs 2 S 1 Alt 1). Gleiches gilt für die begründete Besorgnis, auf Zeugen oder andere Personen werde **in unlauterer Weise eingewirkt** (Abs 2 S 1 Alt 2). Die Entscheidung trifft der vernehmende Beamte nach seinem pflichtgemäßen Ermessen (BGH NJW 1989, 1230). Schützenswerte Rechtsgüter sind unter anderem Leib, Leben und Freiheit, die in Abs 3 eine (über Abs 2 hinaus gehende) Spezialregelung erfahren haben, aber auch Eigentum, Vermögen und Besitz. Die Freiheit der Willensbetätigung ist als spezielles Rechtsgut besonders hervorgehoben („Einwirkung auf Zeugen und andere Personen in unlauterer Weise"). Abzuwägen ist zwischen dem Persönlichkeitsschutz des Zeugen einerseits und dem Informationsanspruch der Prozessbeteiligten und der Öffentlichkeit andererseits. Eine Gefährdung ist mehr als eine bloße Belästigung. Eine Rechtsgutsverletzung muss aber nicht unmittelbar bevorstehen (OLG Celle NJW 1988, 2751). Es muss jedoch ein **begründeter Anlass zu der** dargestellten **Besorgnis** bestehen. Eine Gefahrprognose kann sich aber auch auf die Lebenserfahrung oder kriminalistische und kriminologische Erkenntnisse stützen. Die Möglichkeit ist in jeder Lage des Verfahrens eröffnet. Die Entscheidung kann von Amts wegen ergehen, aber auch auf Antrag eines Prozessbeteiligten oder des Zeugen selbst. Die Behandlung der Identitätsunterlagen durch die Staatsanwaltschaft regelt Abs 4 S 3 u S 4. Erst nach Wegfall der Gefährdung sind sie zu den Akten zu nehmen und es besteht das Akteneinsichtsrecht nach § 147 StPO (vgl unten Rn 7).

Speziell in der **Hauptverhandlung** soll der Vorsitzende unter den gleichen Voraussetzun- 5 gen dem Zeugen gestatten, auf die Angabe seines Wohnorts überhaupt zu verzichten (Abs 2 S 2). Auch der Zeuge hat hier gegebenenfalls nach § 238 Abs 2 StPO die Möglichkeit, eine Entscheidung des Gerichts zu beantragen.

C. Absicherung des Zeugenschutzes

Falls der Zeuge oder eine andere Person durch die Offenbarung der Identität oder des 6 Wohn- oder Aufenthaltsorts des Zeugen an **Leben, Leib oder Freiheit** gefährdet wäre, kann dem Zeugen gestattet werden, über Abs 2 S 1 hinaus keine Angaben zur Person oder nur solche über eine frühere Identität zu machen. § 68 Abs 3 und Abs 4 StPO dienen insoweit der **verfahrensmäßigen Absicherung von Zeugenschutzmaßnahmen**. Mit diesem rechtlichen Instrumentarium ist es in allen Lagen des Verfahrens möglich, die Angabe von Wohn- und Aufenthaltsort zu verweigern, im Bedarfsfall die aktuelle Identität des Zeugen geheim zu halten und sogar nötigenfalls die Identität insgesamt abzuschirmen (BGH

StPO § 68 a   Erstes Buch. 6. Abschnitt

NJW 2003, 74). Für den Gefährdungsgrad und die Prognose gilt das zuvor Gesagte entsprechend. Die Behandlung der Identitätsunterlagen durch die Staatsanwaltschaft regelt Abs 4 S 3 u S 4. Erst nach Wegfall der Gefährdung besteht das Akteneinsichtsrecht nach § 147 StPO (vgl unten Rn 7). Nach allgemeiner Meinung hat Abs 3 S 2 nur für die Vernehmung von verdeckten Ermittlern und V-Personen Bedeutung. Nur in diesen Fällen spielt es eine Rolle, in welcher Eigenschaft bestimmte Tatsachen bekannt geworden sind.

6 a   § 68 StPO gilt über die **Verweisungen** in **§ 161 a Abs 1 S 2 StPO** und **§ 163 Abs 3 S 1 StPO** bei jeder Form der Zeugenvernehmung. Bei **staatsanwaltschaftlichen Zeugenvernehmungen** entscheidet über alle Fragen des § 68 StPO der Staatsanwalt selbst. Ein Antrag auf gerichtliche Entscheidung durch das nach § 162 StPO zuständige Gericht (Ermittlungsrichter) ist nicht statthaft (Umkehrschluss aus § 161a Abs 3 S 2 StPO). Im Fall einer **polizeilichen Zeugenvernehmung** entscheidet immer die zuständige Staatsanwaltschaft über die Gestattung nach § 68 Abs 3 S 1 StPO (§ 163 Abs 3 S 2 Alt 1 StPO); alle übrigen Entscheidungen – insbesondere die Gestattungen nach § 68 Abs 1 S 2 StPO und § 68 Abs 2 S 1 StPO – trifft der jeweilige polizeiliche Vernehmungsleiter in eigener Zuständigkeit (§ 163 Abs 3 S 2 Alt 2 StPO).

7   Die **Neuregelung des § 68 Abs 5 StPO** stellt klar, dass der Abschluss der Zeugenvernehmung **nicht** das Ende der Zeugengefährdung markiert. Die Regelungen zum Schutz des Zeugen in den Abs 2 bis Abs 4 gelten auch danach weiter. Insbesondere bei der Akteneinsicht nach § 147 StPO oder bei der Akteneinsicht / -auskunft nach §§ 474 StPO ff ist sicherzustellen, dass unbedachte Bekanntgaben den Zeugenschutz nicht unterlaufen.

Das Sonderproblem der **Glaubwürdigkeitsfragen** (§ 68 Abs 4 StPO aF) ist nun in § 68 a Abs 2 S 1 StPO geregelt (siehe dort unter Rn 4 a).

8   Die Vernehmung des Zeugen zur Person ist eine nach § 168 a Abs 1 StPO, § 273 Abs 1 StPO **protokollierungspflichtige Tatsache**.

9   Dem Grundsatz nach ist § 68 StPO eine reine Ordnungsvorschrift, deren Verletzung als solche nicht mit der **Revision** gerügt werden kann. Eine Missachtung kann aber gegebenenfalls unter dem Gesichtspunkt der Verletzung der gerichtlichen Aufklärungspflicht nach § 244 Abs 2 StPO gerügt werden.

§ 68 a [Fragen nach entehrenden Tatsachen und Vorstrafen]

(1) Fragen nach Tatsachen, die dem Zeugen oder einer Person, die im Sinne des § 52 Abs 1 sein Angehöriger ist, zur Unehre gereichen können oder deren persönlichen Lebensbereich betreffen, sollen nur gestellt werden, wenn es unerlässlich ist.

(2) ¹Fragen nach Umständen, die die Glaubwürdigkeit des Zeugen in der vorliegenden Sache betreffen, insbesondere nach seinen Beziehungen zu dem Beschuldigten oder der verletzten Person, sind zu stellen, soweit dies erforderlich ist. ²Der Zeuge soll nach Vorstrafen nur gefragt werden, wenn ihre Feststellung notwendig ist, um über das Vorliegen der Voraussetzungen des § 60 Nr. 2 zu entscheiden oder um seine Glaubwürdigkeit zu beurteilen.

Überblick

Fragen nach entehrenden Tatsachen und nach Vorstrafen sind nur zuzulassen, wenn die Aufklärungspflicht dies zwingend gebietet. Der Zeuge hat einen Anspruch auf den Schutz seiner Persönlichkeit – auch im Rahmen einer Zeugenvernehmung. Fragen zur Glaubwürdigkeit des Zeugen sind nach pflichtgemäßem Ermessen zuzulassen.

A. Allgemeines

1   Da der Zeuge mit seiner Aussage eine staatsbürgerliche Pflicht erfüllt, zu der er mit Zwangsmittel angehalten werden kann (vgl § 51 StPO, § 70 StPO), hat er im Gegenzug auch einen Anspruch darauf, in seinem **Persönlichkeitsrecht** und in dem seiner nahen Angehörigen geschützt zu werden (BVerfG NJW 1975, 103). Die mit dieser Vorschrift statuierte Beschränkung des Fragerechts der Prozessbeteiligten, ist nur ein Ausfluss des von

Verfassung wegen bestehenden Rechts des Zeugen, im Strafprozess angemessen behandelt und in seiner Ehre weitestgehend geschützt zu werden.

B. Persönlicher Lebensbereich

Zur Unehre gereichen können solche Tatsachen, die nach objektiven Maßstäben die sittliche Bewertung des Zeugen in der Gesellschaft nachhaltig beeinflussen können. Eine im Einzelfall bestehende besondere persönliche Empfindlichkeit des Zeugen kann dabei nicht berücksichtigt werden. 2

Den **persönlichen Lebensbereich** eines Zeugen betreffen Tatsachen wie etwa private Neigungen und Eigenschaften, der Gesundheitszustand, die religiöse und politische Einstellung, aber auch Interna des Familienlebens sowie die Intimsphäre des Zeugen. Besondere Bedeutung hat der Persönlichkeitsschutz im Bereich der Sexualstraftaten: Opferzeugen sollen nicht ohne erkennbaren Zusammenhang mit dem Tatgeschehen ausschweifend über ihr Sexualleben befragt werden können. Verfahrensrechtlich flankierend tritt die Ausschlussmöglichkeit des § 171 b GVG hinzu. 3

Unerlässlich ist die Befragung des Zeugen zu diesen Bereichen nur dann, wenn sonst die Wahrheit nicht aufgeklärt werden könnte (BGHSt 13, 252, 254). Dies gilt sowohl für unmittelbar erhebliche Tatsachen als auch für die so genannten Hilfstatsachen. Die Entscheidung über die Erheblichkeit – und damit die Unerlässlichkeit – trifft der Vorsitzende, auf entsprechende Beanstandung hin nach § 238 Abs 2 StPO das Gericht. Sie kann von Amts wegen oder aber auf Antrag eines Prozessbeteiligten sowie des Zeugen selbst ergehen. Wird eine Frage zugelassen, muss sie beantwortet werden. Nach Abs 1 oder 2 unzulässige Fragen sind nach § 241 Abs 2 StPO zurückzuweisen (BGHSt 21, 334, 360). Dabei sollte der Vernehmende eine klare Position beziehen. Unsicherheiten sollten nicht auf dem Rücken des Zeugen ausgetragen werden. 4

Die **Entscheidung** über die „Erforderlichkeit" von Fragen nach Umständen, die die **Glaubwürdigkeit** des Zeugen betreffen, trifft der Vorsitzende nach pflichtgemäßem Ermessen, ausgerichtet an der gerichtlichen Aufklärungspflicht (Abs 2 S 1). Neben den im Gesetz genannten Beziehungen zu Beschuldigten oder Verletzten kommen hier Fragen nach dem Vorleben, nach etwaigen Gebrechen sowie nach körperlichen oder geistig-seelischen Fähigkeiten in Betracht (vgl BGHSt 23, 1). Schon nach dem Gesetzeswortlaut müssen die erfragten Umstände die Glaubwürdigkeit des Zeugen „in der vorliegenden Sache" betreffen. In der Hauptverhandlung obliegt es dem Vorsitzenden, gegebenenfalls auf eine Erläuterung des Hintergrunds der konkreten Frage hinzuwirken. Die sonstigen Grenzen des § 68 a StPO sind unbedingt zu beachten. In der Praxis hat der Vorsitzende darauf zu achten, dass durch die Art der Befragung Zeugenschutzmaßnahmen nicht unterlaufen werden (vgl hierzu BGHSt 50, 318). 4a

C. Glaubwürdigkeit

Das **2. OpferrechtsreformG** vom 29. 7. 2009 (BGBl I 2009, 2280; Gesetz zur Stärkung der Rechte von Verletzten und Zeugen im Strafverfahren; in Kraft seit 1. 10. 2009) hat den früher in § 68 Abs 4 StPO enthaltenen Regelungsgehalt in § 68 a Abs 2 StPO überführt. Zusammen mit einer Modernisierung der Begrifflichkeiten hat der Gesetzgeber zum Ausdruck gebracht, dass der Zeuge, der mit dem Erscheinen vor Gericht und der Bekundung seiner Wahrnehmung eine staatsbürgerliche Pflicht erfüllt, als Subjekt im Strafverfahren anerkannt ist und dass die Pflicht zur Erforschung der Wahrheit, die oberste Maxime eines jeden Strafprozesses ist, unter Berücksichtigung der Persönlichkeitsrechte von Zeugen zu erfolgen hat. Mit der Neuregelung soll aber weder eine Einschränkung des Umfangs des Fragerechts oder der Fragepflicht noch eine Beeinträchtigung der Rechte des Beschuldigten verbunden sein (Einzelheiten siehe BT-Drs 16/12098, 15). 4a.1

Fragen nach **Vorstrafen** sind über die im Gesetz genannten Fälle hinaus auch dann zulässig, wenn sie im Interesse des Zeugen liegen. Es ist dem Gericht nicht verwehrt, Straf- und Verfahrensregisterauszüge einzuholen, Vorstrafenakten beizuziehen oder frühere Urteile zu verlesen. Fragen nach getilgten oder tilgungsreifen Verurteilungen scheiden aus (§ 53 BZRG, § 64 BZRG). 5

Monka

6 § 68 a StPO ist eine **nicht revisible Ordnungsvorschrift**. Zu Unrecht unter Berufung auf diese Vorschrift durch einen Gerichtsbeschluss abgelehnte Fragen, können aber gemäß § 338 Nr 8 StPO die Revision begründen (BGH NStZ 1990, 400).

§ 68 b [Zeugenbeistand]

(1) [1]Zeugen können sich eines anwaltlichen Beistands bedienen. [2]Einem zur Vernehmung des Zeugen erschienenen anwaltlichen Beistand ist die Anwesenheit gestattet. [3]Er kann von der Vernehmung ausgeschlossen werden, wenn bestimmte Tatsachen die Annahme rechtfertigen, dass seine Anwesenheit die geordnete Beweiserhebung nicht nur unwesentlich beeinträchtigen würde. [4]Dies wird in der Regel der Fall sein, wenn aufgrund bestimmter Tatsachen anzunehmen ist, dass
1. der Beistand an der zu untersuchenden Tat oder an einer mit ihr im Zusammenhang stehenden Begünstigung, Strafvereitelung oder Hehlerei beteiligt ist,
2. das Aussageverhalten des Zeugen dadurch beeinflusst wird, dass der Beistand nicht nur den Interessen des Zeugen verpflichtet erscheint, oder
3. der Beistand die bei der Vernehmung erlangten Erkenntnisse für Verdunkelungshandlungen im Sinne des § 112 Absatz 2 Nummer 3 nutzt oder in einer den Untersuchungszweck gefährdenden Weise weitergibt.

(2) [1]Einem Zeugen, die bei seiner Vernehmung keinen anwaltlichen Beistand hat und dessen schutzwürdigen Interessen nicht auf andere Weise Rechnung getragen werden kann, ist für deren Dauer ein solcher beizuordnen, wenn besondere Umstände vorliegen, aus denen sich ergibt, dass der Zeuge seine Befugnisse bei seiner Vernehmung nicht selbst wahrnehmen kann. [2]§ 142 Absatz 1 gilt entsprechend.

(3) [1]Entscheidungen nach Absatz 1 Satz 3 und Absatz 2 Satz 1 sind unanfechtbar. [2]Ihre Gründe sind aktenkundig zu machen, soweit dies den Untersuchungszweck nicht gefährdet.

Überblick

Zeugen können sich in jeder Lage des Verfahrens der Hilfe eines Anwalts bedienen. Dem selbst gewählten Anwalt ist die Anwesenheit bei der Vernehmung des Mandanten grundsätzlich gestattet. Eine Beschränkung des Anwesenheitsrechts ist nur zur Aufrechterhaltung einer funktionsfähigen Rechtspflege zulässig. Die Beiordnung eines anwaltlichen Zeugenbeistands ist ein flankierendes Instrument des Zeugenschutzes. Wenn den schutzwürdigen Interessen des Zeugen nicht anders Rechnung getragen werden kann, sollte sich auch der Staatsanwalt nicht scheuen, den entsprechenden Antrag zu stellen.

Übersicht

	Rn		Rn
A. Allgemeines............................	1	C. Beiordnung eines Zeugenbeistands...	5
B. Zuziehung eines Zeugenanwalts.......	2		

A. Allgemeines

1 Als praktische **Ausgestaltung des Rechtsstaatsprinzips** stellt die Vorschrift klar, dass Zeugen in jeder Phase des Strafverfahrens berechtigt sind, sich durch einen Anwalt beraten zu lassen (Abs 1 S 1), und dem selbst gewählten und gestellten Anwalt dem Grunde nach das Recht zusteht, den Mandanten bei der Vernehmung zu begleiten (Abs 1 S 2). Ausnahmen vom Anwesenheitsrecht (Abs 1 S 3 und 4) finden ihre Rechtfertigung darin, dass sie zur Aufrechterhaltung einer funktionsfähigen Rechtspflege erforderlich sind (BVerfGE 38, 105 ff = BVerfG NJW 1975, 103, 105). Die Pflicht zur Beiordnung eines Zeugenbeistandes (Abs 2 S 1) knüpft an ein grundsätzlich bestehendes Recht an, ist aber auf besondere Umstände beschränkt. Grundsätzlich geht das Gesetz davon aus, dass ein Zeuge bei sachgerechter

Belehrung durch die vernehmende Person in der Lage ist, seine Befugnisse eigenverantwortlich wahrzunehmen (Meyer-Goßner StPO § 68 b StPO Rn 1).

Das BVerfG hatte schon in seinem Urteil vom 8. 10. 1974 (BVerfGE 38, 105 ff = NJW 1975, 103, 105) festgestellt, dass die StPO keine ausdrückliche Regelung enthalten hatte, nach der sich ein Zeuge des Beistands eines Rechtsanwalts bedienen kann und diesem die Anwesenheit bei der Vernehmung gestattet ist. Das **2. OpferrechtsreformG** v 29. 7. 2009 (BGBl I 2009, 2280; Gesetz zur Stärkung der Rechte von Verletzten und Zeugen im Strafverfahren; in Kraft ab 1. 10. 2009) stellt diesen Grundsatz in § 68 b Abs 1 StPO nun ausdrücklich klar. Der weitere Aufbau der Norm soll einen Gleichklang zwischen dem den Zeugenbeistand regelnden § 68 b StPO und den den Beistand des Verletzten bzw Nebenklagebefugten betreffenden § 406 f StPO, § 406 g StPO herstellen (Einzelheiten siehe BT-Drs 16/12098, 15). **1.1**

B. Zuziehung eines Zeugenanwalts

Grundsatz der Regelung zum **Zeugenanwalt** ist, dass sich auch Zeugen eines anwaltlichen Beistands bedienen können (Abs 1 S 1). Dieses **Grundrecht des Zeugen** gilt in jeder Phase des Strafverfahrens. Speziell in der Zeugenvernehmung räumt Abs 1 S 2 sodann dem zur Vernehmung des Zeugen erschienenen Rechtsanwalt ein **Anwesenheitsrecht** ein, das nur unter bestimmten Voraussetzungen eingeschränkt werden kann (S 3 und S 4). Das Gesetz stellt mit dieser Formulierung klar, dass es Aufgabe des Zeugen ist, die Anwesenheit seines Anwalts selbst zu bewirken. Im Interesse einer fairen und ausgewogenen Verfahrensführung dürften die Strafverfolgungsbehörden jedoch in der Regel gehalten sein, Vernehmungen so zu terminieren, dass ein Zeuge von einer von ihm gewünschten anwaltlichen Begleitung auch Gebrauch machen kann. **2**

Die Anwesenheit des anwaltlichen Beistands darf aber nicht dazu führen, dass die Wahrheitsermittlung in unzumutbarer Weise beeinträchtigt wird. Daher bestimmt Abs 1 S 3, dass der **Zeugenanwalt von der Vernehmung ausgeschlossen** werden kann, wenn bestimmte Tatsachen die Annahme rechtfertigen, dass seine Anwesenheit die geordnete Beweiserhebung nicht nur unwesentlich beeinträchtigen würde. Die Annahme muss sich auf **bestimmte Tatsachen** gründen. Spekulationen, Vermutungen oder vage Verdachtsmomente genügen nicht. Anders als beim Ausschluss des Verteidigers (§ 138 a Abs 1 StPO) reicht aber die bloße **Annahme** aus; ein dringender Verdacht oder eine überwiegende Wahrscheinlichkeit werden nicht vorausgesetzt. Der Ausschluss des anwaltlichen Beistands gilt auch nur für eine Zeugenvernehmung und nicht für das ganze Verfahren. Bei der Frage, ob die **geordnete Beweiserhebung nicht nur unwesentlich beeinträchtigt** würde, sind der Grad der Gefährdung der geordneten Beweiserhebung, das Interesse der Strafverfolgungsbehörden an der Aufklärung des Sachverhalts, das Recht des Zeugen auf eine angemessene anwaltliche Beratung sowie das Interesse des Rechtsanwalts auf uneingeschränkte Ausübung seines Berufes gegeneinander abzuwägen. Die Entscheidung trifft das Gericht **nach pflichtgemäßem Ermessen** („kann"). Zur Dokumentation der Entscheidung s Rn 9. **3**

In den Materialien zum **2. OpferrechtsreformG** v 29. 7. 2009 (BGBl I 2009, 2280; Gesetz zur Stärkung der Rechte von Verletzten und Zeugen im Strafverfahren; in Kraft ab 1. 10. 2009) ist klarstellend angemerkt, dass die durch den anwaltlichen Beistand im Interesse seines Mandanten erfolgende Beratung des Zeugen, etwa zur Frage der Wahrnehmung von Zeugnis- oder Auskunftsverweigerungsrechten, oder die für ihn vorgenommene Beanstandung von unzulässigen Fragen keine Beeinträchtigung der geordneten Beweiserhebung darstellt, auch wenn der Umstand, dass sich der Zeuge auf ein bestehendes Zeugnis- oder Auskunftsverweigerungsrecht beruft, im konkreten Fall die Ermittlung der tatsächlichen Geschehnisse faktisch erschwert. Auch soweit der anwaltliche Beistand bei der Wahrnehmung der Interessen seines Mandanten (zB bei der Beanstandung von Fragen) das Maß des Zulässigen überschreitet, stellt dies in aller Regel jedenfalls keine wesentliche Beeinträchtigung der geordneten Beweiserhebung dar. Eine solche ist erst dann als gegeben anzusehen, wenn das Aussageverhalten des Zeugen von Faktoren beeinträchtigt zu werden droht, die außerhalb der dem Rechtsanwalt obliegenden Beistandsleistung angesiedelt sind, wie dies durch die in S 4 angeführten Fallkonstellationen näher verdeutlicht wird (Einzelheiten siehe BT-Drs 16/12098, 16). **3.1**

Im Sinne von **Regelbeispielen** führt **S 4** drei Sachverhalte auf, in denen regelmäßig die von S 3 vorausgesetzte Annahme der Gefährdung der geordneten Beweiserhebung gegeben **4** sein wird. Damit bringt – wie vom BVerfG gefordert – bereits der Gesetzgeber zum Ausdruck, welche **Fallkonstellationen** typischerweise einen Ausschluss des Zeugenanwalts rechtfertigen sollen. Die Fallgestaltung der Nr 1 orientiert sich an den Verteidigerausschlussgründen des § 138a Abs 1 Nr 1 und Nr 3 StPO (**Tatbeteiligung des Beistands**). Nr 2 schützt die freie Willensentscheidung des Zeugen, wenn der Anwalt nicht nur den Interessen des Zeugen verpflichtet erscheint (**Interessenkollision in der Person des Beistands**). Nr 3 schließlich erfasst Fälle, in denen die Gefahr besteht, dass der anwaltliche Beistand die von ihm bei der Vernehmung erlangten Erkenntnisse im Eigen- oder Fremdinteresse in einer den Untersuchungserfolg gefährdenden Weise verwenden wird, etwa zur Vernichtung der Beweismittel oder zur Warnung der gesuchten Person (**Verdunkelungsgefahr beim Beistand**).

C. Beiordnung eines Zeugenbeistands

5   Flankierend zu den genannten Zeugengrundrechten eröffnet **Abs 2 S 1** subsidiär die Möglichkeit der **Beiordnung eines Zeugenbeistandes**. Einem Zeugen, der bei seiner Vernehmung keinen anwaltlichen Beistand hat und dessen schutzwürdigen Interessen nicht auf andere Weise Rechnung getragen werden kann, ist ein Rechtsanwalt als **Zeugenbeistand** zur Seite zu stellen, wenn **besondere Umstände** vorliegen, aus denen sich ergibt, dass der Zeuge seine Befugnisse und Interessen in der Vernehmungssituation nicht selbst wahrnehmen kann. Das Kostenrisiko wird dabei durch die Übernahme der Anwaltsgebühren durch die Staatskasse auf die Allgemeinheit verlagert. Die tatsächliche Position des Zeugen wird durch diese Maßnahme in der Praxis deutlich gestärkt. Nach dem Willen des Gesetzgebers soll die Bestellung eines Zeugenbeistands **als Ausnahmefall regelmäßig nur in außergewöhnlichen Situationen**, etwa der Vernehmung von besonders unreifen oder psychisch beeinträchtigten Personen, zur Anwendung kommen. Aber auch in diesen Fällen wird zunächst zu prüfen sein, ob sich die vorliegenden Probleme auf die Wahrnehmung der Zeugenbefugnisse auswirken und ob ihnen nicht durch andere Mittel abgeholfen werden kann (Einzelheiten siehe BT-Drs 16/12098, 17, 18). Die nach altem Recht geltende Unterscheidung in zwingende Bestellung und Ermessensbeiordnung je nach Schwere des Delikts entfällt – zu Gunsten des neu eingeführten Kriteriums der „besonderen Umstände". Nach dem eindeutigen Wortlaut gilt die Vorschrift nur, wenn der Zeuge „bei seiner Vernehmung" keinen Anwalt hat. Das Recht des Zeugen, sich auf eigene Kosten der Hilfe eines Anwalts zu versichern, bleibt nämlich unberührt. In der gerichtlichen Praxis wird jedoch – entsprechend der Verfahrensweise bei der Pflichtverteidigerbestellung – die Niederlegung des Wahlmandats für den Fall der Beiordnung mit dem Bestellungsantrag einhergehen.

6   Für die **Auswahl des Rechtsanwalts** gilt § 142 Abs 1 StPO entsprechend (Abs 2 S 2). Die allgemeinen Vorschriften über das Anwesenheitsrecht des Zeugenbeistands und seine Ausschließung (Abs 1 S 2 bis S 4) finden Anwendung. **Zuständig** für die Beiordnung des Zeugenbeistands ist nach den allgemeinen Grundsätzen **das mit der Vernehmung befasste Gericht**. Für die Anhörungspflichten gilt § 33 Abs 1 u Abs 2 StPO. Eine rückwirkende Beiordnung ist nach **hM** nicht zulässig (KG Berlin NStZ-RR 2008, 248).

6.1   In den Materialien zum **2. OpferrechtsreformG** v 29. 7. 2009 (BGBl I 2009, 2280; Gesetz zur Stärkung der Rechte von Verletzten und Zeugen im Strafverfahren; in Kraft ab 1. 10. 2009) ist hierzu Folgendes angemerkt:

S 2 übernimmt die derzeit schon in § 68b S 3 StPO enthaltene Verweisung auf den die Auswahl des Rechtsanwalts betreffenden § 142 Abs 1 StPO, nicht jedoch die auf den die Zuständigkeit für die Pflichtverteidigerbestellung regelnden § 141 Abs 4 StPO. Denn nach dessen erster Alternative ist die Entscheidung über die Beiordnung eines Zeugenbeistands derzeit vor Erhebung der öffentlichen Klage durch das für das Hauptverfahren zuständige Gericht zu treffen. Diese Regelung führt in der Praxis insbesondere dann zu Problemen, wenn eine eilbedürftige Vernehmung eines Zeugen durch den Ermittlungsrichter erfolgen soll. Da Letzterer nicht zur Entscheidung über die Bestellung eines Zeugenbeistands befugt ist, muss erst eine Entscheidung durch den (bis dahin mit der Sache regelmäßig noch nicht befasst gewesenen) Vorsitzenden des für das Hauptverfahren zuständigen Gerichts eingeholt werden, was zu Zeitverzögerungen und nicht unerheblichem Mehraufwand führt. Um das Verfahren zu vereinfachen, entfällt nunmehr die Verweisung auf § 141 Abs 4 StPO mit der Folge, dass die Entscheidung über die Beiordnung eines Zeugenbeistands nach den allgemeinen Grundsätzen, die auch für die übrigen nach dem Sechsten Abschnitt zu treffenden gerichtlichen Entscheidungen gelten, durch das mit der Vernehmung befasste Gericht erfolgt. Die sich daraus ergebende abweichende Zuständigkeitsregelung rechtfertigt sich daraus, dass der Verteidiger nach § 141 Abs 4 StPO für das gesamte Verfahren bestellt wird, der Zeugenbeistand jedoch nur für eine Vernehmung (BT-Drs 16/12098, 18).

Der **Zeugenbeistand** hat grundsätzlich keine eigenen Rechte als Verfahrensbeteiligter und auch nicht mehr Rechte als der Zeuge selbst, da sich seine Rechtsstellung aus der des Zeugen ableitet. Dem Zeugenbeistand ein partielles, auf frühere Vernehmungsprotokolle bezogenes Akteneinsichtsrecht zuzugestehen, dürfte vor dem Schutzzweck der Vorschrift zumindest erwägenswert sein. 7

§ 68 b Abs 1 StPO gilt über die **Verweisungen** in **§ 161 a Abs 1 S 2 StPO** und **§ 163 Abs 3 S 1 StPO** bei jeder Form der Zeugenvernehmung. Bei **staatsanwaltschaftlichen Zeugenvernehmungen** entscheidet über alle Fragen des § 68 b StPO der Staatsanwalt selbst. Gegen dessen Entscheidungen kann gerichtliche Entscheidung durch das nach § 162 StPO zuständige Gericht [Ermittlungsrichter] beantragt werden (§ 161 a Abs 3 S 2 StPO iVm § 161 a Abs 3 S 1 StPO). Im Fall einer **polizeilichen Zeugenvernehmung** entscheidet die zuständige Staatsanwaltschaft lediglich über die Beiordnung eines Zeugenbeistands (§ 163 Abs 3 S 2 Alt 1 StPO – mit der Möglichkeit des Antrags auf gerichtliche Entscheidung); alle übrigen Entscheidungen – auch die Ausschließung eines erschienenen Anwalts – trifft der jeweilige polizeiliche Vernehmungsleiter (§ 163 Abs 3 S 2 Alt 2 StPO). Nur gegen dessen Ausschließungsentscheidungen kann gerichtliche Entscheidung durch das nach § 162 StPO zuständige Gericht [Ermittlungsrichter] beantragt werden (§ 163 Abs 3 S 3 StPO iVm § 161 a Abs 3 S 2 StPO). 8

Die Entscheidungen des Vorsitzenden – sowohl die Ausschließung nach Abs 1 S 3 als auch die Beiordnung nach Abs 2 S 1 – sind **unanfechtbar (Abs 3 S 1)**. Die Unanfechtbarkeit gilt sowohl für die Beiordnungsentscheidung als auch für eine eventuelle Ablehnung einer Beiordnung (OLG Bremen NStZ 2008, 648; HansOLG NStZ-RR 2000, 335). Gleiches muss auch für die Ablehnung eines Anwaltsausschlusses gelten. Die Entscheidung ist damit auch einer revisionsgerichtlichen Kontrolle entzogen. Im Sinne einer Beschleunigung des Verfahrens hat der Gesetzgeber auch bestimmt, dass die gegen staatsanwaltschaftliche oder polizeiliche Entscheidungen beantragten gerichtlichen Entscheidungen nach § 161 a Abs 3 S 2 StPO nicht anfechtbar sind (§ 161 a Abs 3 S 4 StPO). Die Gründe der Entscheidungen nach § 68 b Abs 1 S 3 StPO und § 68 b Abs 2 S 1 StPO sind **aktenkundig** zu machen, soweit dadurch eine Gefährdung des Untersuchungszwecks ausgeschlossen ist (§ 68 b Abs 3 S 2 StPO). 9

Muster/Formular: Beiordnung Zeugenbeistand. 9.1

§ 69 [Vernehmung zur Sache]

(1) ¹Der Zeuge ist zu veranlassen, das, was ihm von dem Gegenstand seiner Vernehmung bekannt ist, im Zusammenhang anzugeben. ²Vor seiner Vernehmung ist dem Zeugen der Gegenstand der Untersuchung und die Person des Beschuldigten, sofern ein solcher vorhanden ist, zu bezeichnen.

(2) Zur Aufklärung und zur Vervollständigung der Aussage sowie zur Erforschung des Grundes, auf dem das Wissen des Zeugen beruht, sind nötigenfalls weitere Fragen zu stellen.

(3) Die Vorschrift des § 136 a gilt für die Vernehmung des Zeugen entsprechend.

Überblick

Den Zeugen mit dem Gegenstand der Untersuchung vertraut zu machen und ihm die Person des Beschuldigten zu nennen, steht am Anfang jeder Vernehmung. Zentraler Teil der Zeugenaussage ist sodann der so genannte „Sachbericht". Das anschließende „Verhör" dient der Vertiefung und Ergänzung, aber auch der Überprüfung des zusammenhängenden Berichts. Verbotene Vernehmungsmethoden dürfen auch beim Zeugen nicht angewendet werden.

A. Allgemeines

1   Um den **Beweiswert einer Zeugenaussage** richtig bemessen zu können, muss aus ihr selbst heraus erkennbar sein, was der Zeuge über einen Vorgang aus lebendiger Erinnerung zu berichten weiß und was er erst bekunden kann, nachdem seinem Gedächtnis in irgendeiner Weise nachgeholfen worden ist. Deshalb bestimmt § 69 Abs 1 StPO das der Zeuge unbeeinflusst und im Zusammenhang schildern soll, was er über den Gegenstand der Vernehmung in Erinnerung hat. Dadurch kann demjenigen, der die Vernehmung durchführt, am besten ein möglichst unverfälschtes Bild des Geschehens vermittelt und die Grundlage für die Beurteilung der Glaubhaftigkeit der Darstellung gegeben werden. Dies schließt jedoch nicht aus, dass sich ein Zeuge – insbesondere ein berufsmäßiger – durch vorheriges Aktenstudium oder durch Einsicht in verfügbare schriftliche Unterlagen auf einen Vernehmungstermin vorbereitet. Nach richtigem Verständnis der allgemeinen Zeugenobliegenheiten ist ein Zeuge hierzu sogar von Gesetz wegen verpflichtet. Nichts ist nämlich der strafprozessualen Wahrheitsfindung abträglicher als ein schlecht vorbereiteter Zeuge, der seine Zeugenpflicht nicht ernst nimmt. „Unverfälscht" darf insoweit nicht mit „unvorbereitet" verwechselt werden.

B. Sachbericht und Verhör

2   Damit ein Zeuge diesen **„Sachbericht"** zutreffend wiedergeben kann, bestimmt Satz 2 folgerichtig, dass der Vernehmende vor der Vernehmung zur Sache den Gegenstand der Untersuchung kurz umreißen muss. Falls es einen Beschuldigten gibt, ist dieser dem Zeugen bekannt zu geben oder – wie es das Gesetz sagt – zu bezeichnen.

3   Ist der „Sachbericht" nicht erschöpfend gewesen oder konnte vom Zeugen trotz Nachhilfe eine zusammenhängende Darstellung nicht erlangt werden, darf und muss der Vernehmungsbeamte zur Vernehmung mittels Fragen, Vorhalten und anderen Vernehmungsbehelfen übergehen. Das **„Verhör"** nach § 69 Abs 2 StPO dient der Vervollständigung und Überprüfung des Berichts. Lücken in der Darstellung sollen geschlossen, Unklarheiten beseitigt, etwaige Widersprüche geklärt und vor allem soll erforscht werden, ob der Zeuge eigenes Wissen oder von Dritten Erfahrenes wiedergegeben oder statt Wahrnehmungen Schlussfolgerungen bekundet hat. Gegebenenfalls wird auch zu erfragen sein, von wem fremdes Wissen erworben wurde. Die Fragen, die vielfach in der Form von Vorhalten gestellt werden, sind erst zulässig, nachdem deutlich geworden ist, was der Zeuge ohne einen solchen Vernehmungsbehelf zu bekunden vermag.

4   Die Vorschrift gilt bei **allen richterlichen Vernehmungen** in und außerhalb der Hauptverhandlung, auch durch den beauftragten und ersuchten Richter, nicht aber für konsularische oder ausländische Vernehmungen. Durch die Verweisungen in § 161 a Abs 1 S 2 StPO und § 163 Abs 3 S 1 StPO findet sie auch bei staatsanwaltschaftlichen und polizeilichen Vernehmungen entsprechende Anwendung.

5   Für die **Befragung eines Zeugen in der Hauptverhandlung** gelten die § 239 StPO bis § 242 StPO. In der Praxis hat sich folgende Reihenfolge durchgesetzt: Vorsitzender, Mitglieder des Spruchkörpers, Staatsanwalt, Nebenkläger, Sachverständiger, Verteidiger und Angeklagter. Es empfiehlt sich eine möglichst umfassende Befragung durch den Vorsitzenden oder die Mitglieder des Spruchkörpers auf der Basis einer guten Aktenkenntnis und nach einer intensiven Sitzungsvorbereitung. Wiederholungsfragen der Prozessbeteiligten sind nach § 241 Abs 2 StPO unzulässig und als solche nicht zuzulassen.

6   § 69 Abs 3 StPO stellt in aller Deutlichkeit klar, dass nach § 136 a StPO **verbotene Vernehmungsmethoden** auch bei einer Zeugenvernehmung unzulässig sind.

§ 70 [Grundlose Zeugnis- oder Eidesverweigerung]

(1) ¹Wird das Zeugnis oder die Eidesleistung ohne gesetzlichen Grund verweigert, so werden dem Zeugen die durch die Weigerung verursachten Kosten auferlegt. ²Zugleich wird gegen ihn ein Ordnungsgeld und für den Fall, daß dieses nicht beigetrieben werden kann, Ordnungshaft festgesetzt.

(2) Auch kann zur Erzwingung des Zeugnisses die Haft angeordnet werden, jedoch nicht über die Zeit der Beendigung des Verfahrens in dem Rechtszug, auch nicht über die Zeit von sechs Monaten hinaus.

(3) Die Befugnis zu diesen Maßregeln steht auch dem Richter im Vorverfahren sowie dem beauftragten und ersuchten Richter zu.

(4) Sind die Maßregeln erschöpft, so können sie in demselben oder in einem anderen Verfahren, das dieselbe Tat zum Gegenstand hat, nicht wiederholt werden.

Überblick

Verweigert ein Zeuge grundlos das Zeugnis oder die Eidesleistung, so werden ihm die Kosten seiner Weigerung auferlegt. Außerdem setzt der Richter Ordnungsgeld und – für den Fall der Uneinbringlichkeit – Ordnungshaft fest. Um das Zeugnis zu erzwingen, kann auch zusätzlich bis zu sechs Monaten Beugehaft angeordnet werden.

Übersicht

	Rn		Rn
A. Anwendbarkeit	1	C. Rechtsfolgen	6
B. Voraussetzungen	2	D. Rechtsschutz	14

A. Anwendbarkeit

Anwendbar ist die Vorschrift bei allen richterlichen Zeugenvernehmungen, auch im Vor- und Zwischenverfahren. Für staatsanwaltschaftliche Zeugenvernehmungen gilt § 161a Abs 2 StPO: die Auferlegung der Kosten und die Verhängung von Ordnungsgeld sind möglich (S 1), Ordnungshaft bleibt dem Richter vorbehalten (S 2). Die Vorschrift ergänzt § 51 StPO. Eine Anrechnung oder ein Stufenverhältnis zwischen beiden Maßnahmen besteht nicht. Bei einer Weigerung, die Personalien anzugeben, greift nur § 111 OWiG.

Ordnungs- und Beugehaft dürfen grundsätzlich auch gegen Abgeordnete festgesetzt werden. Die Vollstreckung bedarf aber nach den Geschäftsordnungen der Parlamente einer Genehmigung des Parlaments. Auf exterritoriale, von der deutschen Gerichtsbarkeit befreite Zeugen ist § 70 StPO nicht anwendbar (§ 18 GVG).

B. Voraussetzungen

Grundvoraussetzung der Ordnungs- und Beugemaßnahmen ist die **Schuldfähigkeit des Zeugen**. Gegen schuldunfähige Zeugen und Kinder, die das 14. Lebensjahr noch nicht vollendet haben (§ 19 StGB), dürfen weder Ordnungsmittel noch Beugehaft angeordnet werden. Auch gegen die Eltern von unter 14-jährigen Kindern darf nicht – auch nicht hilfsweise – vorgegangen werden. Nach einem gerichtlichen Hinweis auf die Grundlosigkeit der Weigerung ist auch ein Rechtsirrtum des Zeugen in aller Regel vermeidbar und damit schuldhaft.

Zeugnisverweigerung ohne gesetzlichen Grund ist eine – von zwei alternativen – Voraussetzungen der Vorschrift. Ordnungs- und Beugemaßnahmen dienen nicht dazu, wahrheitsgemäße Aussagen zu erzwingen. Diesen Zweck erfüllt die Belehrung des Zeugen über die Strafbarkeit falscher Aussagen vor Gericht. § 70 StPO soll vielmehr der **Erfüllung der Zeugnis- und Eidespflicht** als solcher dienen. Das Zeugnis ist auch dann verweigert, wenn der Zeuge nur einzelne Fragen nicht beantwortet oder wenn er bewusst fehlende Erinnerung vortäuscht. Eine offensichtlich unwahre und unvollständige Aussage fällt nicht unter die Vorschrift.

Ohne gesetzlichen Grund ist die **Aussage** dann verweigert, wenn der Zeuge kein Zeugnis- oder Auskunftsverweigerungsrecht nach den §§ 52 StPO ff hat. In extremen Ausnahmefällen (Morddrohungen, akute Lebensgefahr bei Geiselnahmen) erkennt die Rechtsprechung ein Weigerungsrecht nach § 34 StGB an (vgl BGH NStZ 1984, 31). Hilfsweise wird in solchen Fällen teilweise in Betracht gezogen, aus Notstandserwägungen von der

Verhängung von Ordnungsmitteln abzusehen. Ob sich aus der Verfassung selbst weitere Weigerungsrechte ergeben können (etwa Art 5 GG), ist umstritten (zustimmend BVerfGE 64, 108).

5   Ohne gesetzlichen Grund ist die **Eidesleistung** dann verweigert, wenn kein Eidesverbot besteht (§ 60 StPO) und der Zeuge kein Weigerungsrecht hat (§ 61 StPO) hat. Gleiches gilt bei grundloser Verweigerung der Bekräftigung nach § 65 StPO und auch bei der Weigerung, den Eid bei einer erneuten Aussage zu wiederholen oder die in § 67 StPO vorgesehene Versicherung der Richtigkeit der Aussage unter Berufung auf den früheren Eid abzugeben.

C. Rechtsfolgen

6   Zwingende Folge der grundlosen Zeugnis- oder Eidesverweigerung ist die **Auferlegung der Kosten**, die durch die Weigerung verursacht wurden, und zwar in jedem Einzelfall gesondert durch Beschluss. Ein gerichtliches Ermessen besteht hier grundsätzlich nicht. Die Kostenauferlegung ist keine Maßregel im Sinne des Abs 4, so dass das Wiederholungsverbot insoweit nicht gilt. Eine Entscheidung nach § 70 StPO berührt die Kostentragungsregel des § 467 Abs 1 StPO nicht. Hat das Gericht davon abgesehen oder versäumt, dem Zeugen die Kosten der Weigerung aufzuerlegen, gilt § 21 GKG: sie werden – wegen unrichtiger Sachbehandlung – auch vom Verurteilten nicht erhoben.

7   Weitere zwingende Folge, wenn die Voraussetzungen des Satzes 1 vorliegen, ist die **Festsetzung eines Ordnungsgeldes** gegen den betreffenden Zeugen und die Festsetzung von Ordnungshaft für den Fall der Uneinbringlichkeit des Ordnungsgeldes (LG Mainz NJW 1988, 1744). Der Ordnungsgeldrahmen ergibt sich aus Art 6 Abs 1 EGStGB (5 bis 1.000 EUR). Für die Bemessung maßgebend sind die Bedeutung der Straftat, der Grund des Ungehorsams und die wirtschaftlichen Verhältnisse des Zeugen (LG Mainz aaO). Zahlungserleichterungen sind in Art 7 EGStGB geregelt.

8   **Ordnungshaft** beläuft sich auf die Dauer von 1 Tag bis zu 42 Tagen (Art 6 Abs 2 S 1 EGStGB). Zwar darf sie nur für den Fall verhängt werden, dass das Ordnungsgeld nicht beigetrieben werden kann, sie muss aber bereits sofort mit diesem ersatzweise festgesetzt werden. Die gleichzeitige Anordnung von Beugehaft macht diese Festsetzung nicht obsolet. Die nachträgliche Festsetzung ist in Art 8 Abs 1 EGStGB geregelt.

9   Als weiteres Druckmittel zur Erzwingung einer Zeugenaussage – über den Gesetzeswortlaut hinaus aber auch zur Erzwingung der Eidesleistung – hat der Richter die Befugnis, **Beugehaft** gegen den sich weigernden Zeugen zu verhängen. Die Anordnung kann, wie sich mittelbar aus Abs S 2 ergibt, immer nur gleichzeitig mit oder nach der Verhängung von Ordnungsgeld ergehen, dessen Vollstreckung aber nicht abgewartet zu werden braucht. Die zusätzliche Anordnung dieser Maßregel ist in das Ermessen des Gerichts gestellt. Bei der Ermessensausübung hat sich der Richter von der Aufklärungspflicht nach § 244 Abs 2 StPO und dem Verhältnismäßigkeitsgrundsatz leiten zu lassen. Eine sorgfältige Begründung legt dar, dass die Beugehaft nach den Umständen des Falls unerlässlich ist und zur Bedeutung der Strafsache und der Aussage oder ihrer Beeidigung nicht außer Verhältnis steht (BGH NJW 2007, 307, 308; BVerfG NJW 2000, 3775). Von einer Prognose der Erfolgsaussichten der Maßregel darf die Entscheidung nicht abhängig gemacht werden. Da die Maßnahme dem Erhalt einer funktionierenden Strafrechtspflege dient, hat sie auch generalpräventiven Charakter.

10   Die **Länge der Beugehaft** ist durch die Beendigung des Verfahrens im jeweiligen Rechtszug und die Maximaldauer von 6 Monaten begrenzt. Beendet ist das Verfahren durch den Erlass der den jeweiligen Rechtszug beendenden Schlussentscheidung. Bei der Bemessungsentscheidung, die im richterlichen Ermessen steht, ist vor allem wieder die Bedeutung der Aussage für das Verfahren von Bedeutung. Empfehlenswert in der Praxis dürfte sein, den Wortlaut des Absatzes 2 zu übernehmen und die Höchstdauer festzusetzen. Der Angeklagte hat aber keinen Anspruch auf Ausschöpfung dieses Rahmens. Die Beugehaft muss aufgehoben werden, wenn die Anordnungsvoraussetzungen nachträglich weggefallen sind. Ob bereits die ernsthafte Erklärung des Zeugen, nun aussagen oder den Eid leisten zu wollen, genügt, hängt von den Umständen des Einzelfalls ab.

11   Eine **Wiederholung der Maßnahmen** ist nach Abs 4 absolut ausgeschlossen, wenn und soweit sie ausgeschöpft sind. Das Wiederholungsverbot bezieht sich dabei auf dasselbe Ver-

fahren und jedes andere Verfahren, das dieselbe Tat im Sinne des § 264 StGB zum Gegenstand hat, egal, gegen wen es sich richtet. Ordnungsgeld darf dabei immer nur einmal festgesetzt werden. Beugehaft dagegen ist bis zur Ausschöpfung der Maximaldauer mehrmals zulässig. Nach Abschluss der Hauptverhandlung (Verkündung des Urteils) sind Anordnungen nach Abs 1 und Abs 2 nicht mehr zulässig.

Vor einer **Entscheidung des Gerichts** ist der Zeuge auf die Grundlosigkeit der Weigerung und deren Folgen nochmals hinzuweisen; dies ist Ausfluss seines Anspruchs auf rechtliches Gehör (BGHSt 28, 240, 259). Die Entscheidung ergeht durch Beschluss. In der Hauptverhandlung beschließt das Gericht auf Antrag oder nach Anhörung der Staatsanwaltschaft und der übrigen Prozessbeteiligten (§ 33 Abs 1 StPO). Wenn in den Fällen des Abs 3 (Vorverfahren, ersuchter oder beauftragter Richter) kein Staatsanwalt im Termin anwesend ist, erscheint dessen Anhörung entbehrlich. Der Beschluss ist, da anfechtbar, zu begründen (§ 34 StPO). Ein ersuchter Richter hat die Wahl, ob er Maßregeln erlässt oder das ersuchende Gericht informiert. Erlässt er selbst die entsprechenden Anordnungen, so sind diese nur vorläufig und bedürfen der Bestätigung durch das ersuchende Gericht. 12

Die **Vollstreckung der Maßnahmen** nach Abs 1 (Ordnungsmittel) obliegt der Staatsanwaltschaft (§ 36 Abs 2 S 1 StPO). Funktionell zuständig ist der Rechtspfleger (§ 31 Abs 3 RPflG). Die Vollstreckung von Beugehaft obliegt demgegenüber dem Gericht. Die Einzelheiten zu Vollstreckung und Vollzug ergeben sich aus §§ 171 StVollzG ff und § 88 StrVollstrO. 13

D. Rechtsschutz

Gegen die Entscheidung des Gerichts können der betroffene Zeuge und die Staatsanwaltschaft **Beschwerde** nach § 304 StPO einlegen. Eine Beschwer des Angeklagten ist nur dann denkbar, wenn das Gericht davon abgesehen hat, dem Zeugen die Kosten aufzuerlegen. Beschwerden gegen eigene Entscheidungen des ersuchten Richters sind in einen Antrag auf Überprüfung und Bestätigung durch das ersuchende Gericht umzudeuten. Bei Anordnungen der Oberlandesgerichte sowie der Ermittlungsrichter des Bundesgerichtshofs und der Oberlandesgerichte ist immer zu beachten, dass diese nur eingeschränkt anfechtbar sind (vgl § 304 StPO). Für Beschwerden gegen Beugehaftbeschlüsse des erkennenden Gerichts gelten dieselben Einschränkungen wie bei Haftbeschwerden (BGH NJW 2007, 307, 308). Auch bei Beugehaft ist nur eine weitere Beschwerde unzulässig. 14

Gegen die Entscheidung der Staatsanwaltschaft bei einer **staatsanwaltschaftlichen Zeugenvernehmung** kann gerichtliche Entscheidung durch das nach § 162 StPO zuständige Gericht [Ermittlungsrichter] beantragt werden (§ 161a Abs 3 S 1 StPO). Im Fall einer **polizeilichen Zeugenvernehmung** sind keine Zwangsmittel möglich (keine entsprechende Verweisung in § 163 Abs 3 StPO). 14 a

Mit der **Revision** kann der Angeklagte grundsätzlich keine Verletzung des § 70 StPO – weder die Verhängung noch das Unterlassen von Ordnungsmitteln oder Beugehaft – rügen. Er ist davon nicht betroffen (BGH NJW 1966, 211). Mit der Aufklärungsrüge kann er allenfalls rügen, dass das Gericht die Möglichkeiten des § 70 StPO nicht voll ausgeschöpft hat (BGH NStZ 1999, 46, 47). Denkbar ist auch der Fall, dass ein weigerungsberechtigter Zeuge unter dem Zwang fälschlicherweise verhängter Maßregeln aussagt. Hier kommt über § 69 Abs 3 StPO die Verletzung von § 136 a StPO in Betracht. 15

    Muster/Formular: Ordnungsgeldbeschluss nach § 70 I StPO. **15.1**
    Muster/Formular: Beugehaftbeschluss nach § 70 II StPO. **15.2**

§ 71 [Zeugenentschädigung]

Der Zeuge wird nach dem Justizvergütungs- und -entschädigungsgesetz entschädigt.

Ein vom Gericht oder von der Staatsanwaltschaft geladener Zeuge wird aus der Staatskasse entschädigt. Die Entschädigung richtet sich nach dem JVEG. Bei polizeilichen Ladungen zu Zeugenvernehmungen verweisen die landesrechtlichen Vorschriften (zB § 27 Abs 5 PolG 1

BW) regelmäßig auf das JVEG. Zeugen, die im Verfahren der Abgabenordnung geladen werden, werden ebenfalls nach dem JVEG entschädigt (§ 405 AO). Bei Ladungen durch den Angeklagten ist § 220 Abs 2 und Abs 3 StPO zu beachten.

2   Das JVEG unterscheidet nach § 19 JVEG bei der Zeugenentschädigung zwischen Fahrtkostenersatz (§ 5 JVEG), Aufwandsentschädigung (§ 6 JVEG), Ersatz für sonstige Aufwendungen (§ 7 JVEG), Entschädigung für die Zeitversäumnis (§ 20 JVEG), Ersatz für Nachteile bei der Haushaltsführung (§ 21 JVEG) sowie Verdienstausfallentschädigung (§ 22 JVEG).

3   Bei der ausdrücklich vorgesehenen Gewährung eines Vorschusses (§ 3 JVEG) ist zu bedenken, dass das Gericht bei einer richterlichen Ladung dafür Sorge zu tragen hat, auch einem mittellosen oder finanzschwachen Zeugen das Erscheinen zu ermöglichen. Ein Zeuge ist in der schriftlichen Ladung deshalb tunlichst auf die Möglichkeit der Beantragung eines Vorschusses hinzuweisen.

Siebenter Abschnitt. Sachverständige und Augenschein (§§ 72-93)

§ 72 [Anwendung der Vorschriften für Zeugen]

Auf Sachverständige ist der sechste Abschnitt über Zeugen entsprechend anzuwenden, soweit nicht in den nachfolgenden Paragraphen abweichende Vorschriften getroffen sind.

Überblick

Der Sachverständige ist ein weiteres persönliches Beweismittel. Soweit nachfolgend keine Sonderregelungen bestehen, gelten die Zeugenvorschriften entsprechend.

A. Allgemeines

1   Der **Sachverständige** ist wie der Zeuge ein persönliches Beweismittel. Er gibt Auskunft über Tatsachen oder Erfahrungssätze, nimmt bestimmte Verrichtungen vor oder beurteilt einen bestimmten Sachverhalt und erstattet ein Gutachten hierüber. Er wird vom Gericht bestellt oder auf Antrag von Verfahrensbeteiligten vernommen, um dem Gericht auf einem bestimmten Wissensgebiet die nötige Sachkunde, die dem Richter nicht oder nicht vollständig vorliegt, zu vermitteln. Die Sachkunde muss nicht wissenschaftlicher Natur sein; auch kaufmännische oder handwerkliche Sachverständige können das Gericht unterstützen.

Während Gutachten von Behörden eingeholt werden können (§ 83 Abs 3 StPO, § 91 Abs 1 StPO, § 92 Abs 1 S 2 StPO, § 256 Abs 1 Nr 1 a, Abs 2 StPO), können nur natürliche Personen zu Sachverständigen bestellt werden. Private Organisationen, wie etwa TÜV, DEKRA, können als solche nicht ausgewählt werden, wohl aber einzelne kompetente Mitarbeiter.

B. Anwendbare Vorschriften

2   Entsprechend **anwendbar** sind die § 48 StPO bis § 50 StPO, § 51 Abs 2 und Abs 3 StPO, § 52 StPO bis § 53 a StPO, § 55 StPO bis § 57 StPO, § 58 Abs 2 StPO, § 59 StPO bis § 65 StPO, § 67 StPO, § 68 StPO, § 68a StPO, § 69 StPO sowie § 70 Abs 3 und Abs 4 StPO. Die Vorschrift verweist schon nach ihrem Wortlaut nur auf die Paragrafen des Sechsten Abschnitts über Zeugen und daher grundsätzlich nicht auf sonstige Zeugenvorschriften, wie zB § 243 Abs 2 StPO, § 247 StPO oder § 247a StPO. Für die Anwendbarkeit von § 247 S 3 StPO spricht sich KK-StPO/Senge StPO § 72 Rn 1 aus.

3   **Nicht anwendbar** sind damit wegen § 77 StPO die § 51 Abs 1 StPO, § 70 Abs 1 und Abs 2 StPO, wegen § 80 StPO der § 58 Abs 1 StPO und wegen § 84 StPO der § 71 StPO.

4   Werden **Angehörige des öffentlichen Dienstes** als Sachverständige vernommen, so gilt nicht § 54 StPO, sondern die ähnliche Regelung des § 76 Abs 2 StPO mit dem Verweis auf die beamtenrechtlichen (§ 61 Abs 1 BBG, § 39 Abs 2 BRRG) oder soldatenrechtlichen (§ 14 Abs 1 SoldG) Vorschriften.

§ 73 [Auswahl]

(1) ¹Die Auswahl der zuzuziehenden Sachverständigen und die Bestimmung ihrer Anzahl erfolgt durch den Richter. ²Er soll mit diesen eine Absprache treffen, innerhalb welcher Frist die Gutachten erstattet werden können.

(2) Sind für gewisse Arten von Gutachten Sachverständige öffentlich bestellt, so sollen andere Personen nur dann gewählt werden, wenn besondere Umstände es erfordern.

Überblick

Die Auswahl des Sachverständigen ist eine wichtige Tätigkeit, die im gerichtlichen Verfahren in den Händen des Richters liegt. Im Ermittlungsverfahren sind selbstverständlich der Staatsanwalt oder der Ermittlungsbeamte der Polizei hierzu berufen. Öffentlich bestellte Sachverständige nehmen eine Vorrangstellung ein. Näheres regelt die RiStBV.

A. Auswahlentscheidung

Die Vorschrift betrifft nach überwiegender Meinung nur das gerichtliche Verfahren. Während des Ermittlungsverfahrens liegt die **Zuständigkeit zur Bestellung des Sachverständigen** in den Händen des Staatsanwalts (vgl § 161a Abs 1 S 2 StPO und Nr 70 RiStBV) oder der Polizei (§ 163 StPO). Die „Auswahl" ist eine eigene Entscheidung des zuständigen Richters / Staatsanwalts, die nicht auf Private übertragen werden kann. Die Ermessensausübung hat sich dabei immer am Umfang der gerichtlichen Aufklärungspflicht auszurichten. Nr 70 Abs 1 RiStBV stellt klar, dass in der Regel eine Anhörung des Verteidigers zu erfolgen hat. Der Ermittlungsrichter hat kein Abänderungsrecht: er muss den vom Staatsanwalt benannten Sachverständigen auch vernehmen. Das erkennende Gericht kann einen anderen Sachverständigen bestellen, ist aber nicht dazu verpflichtet (BGHSt 44, 26, 32). Im Fall der kommissarischen Vernehmung nach § 223 StPO kann die Auswahl des Sachverständigen dem ersuchten oder beauftragten Richter überlassen werden. 1

Hilfskräfte (Techniker, Laborkräfte, medizinisches Personal) darf der Sachverständige in eigener Verantwortung hinzuziehen. Diese werden aber nicht zu „Hilfssachverständigen", da der Sachverständige nicht aus eigenem Recht weitere Gutachter bestellen darf. Er darf sich jedoch auch der Hilfe anderer Sachverständiger bedienen und deren Befunde nach eigener Prüfung in sein Gutachten einfließen lassen. Es muss dabei immer gewährleistet sein, dass dadurch nicht die eigene Beurteilung und die Gesamtverantwortung des gerichtlich bestellten Sachverständigen in Frage gestellt werden. Bei schwierigen interdisziplinären Beweisthemen ist es in der Praxis geboten, die Problematik bereits im Rahmen der Bestellung des oder der Sachverständigen aufzugreifen und den Gutachtenauftrag entsprechend abzufassen. In diesem Rahmen ist auch die Bildung von so genannten Sachverständigengruppen möglich, jedoch müssen die wissenschaftlichen Verantwortlichkeiten im Auftrag klar und deutlich benannt und abgegrenzt werden. 2

B. Auswahlkriterien

Zulässige **Auswahlkriterien** sind die fachliche und persönliche Eignung des Sachverständigen. Welche Sachkunde bezogen auf ein bestimmtes **Fachgebiet** benötigt wird, hat der Richter/Staatsanwalt selbst zu bestimmen (BGHSt 34, 355, 357). Nicht zulässig ist es, einen Sachverständigen für die Frage zu bestellen, welcher Gutachter vom Gericht für welche Frage zu beauftragen wäre. Das Gericht kann jedoch hierzu freibeweislich Erkundigungen einholen. In der Praxis häufig anzutreffende Felder sind kaufmännische Bewertungen in Wirtschaftsstrafverfahren, Blutalkoholbestimmungen, Glaubwürdigkeitsbeurteilungen von Zeugen oder Schuldfähigkeitsgutachten bei Beschuldigten. Die **persönliche Eignung** des Sachverständigen liegt vor, wenn er Gewähr dafür bietet, das Gutachten nach bestem Wissen und Gewissen sowie unparteilich zu erstatten, wenn er zeitlich zur Verfügung steht und wenn kein Ablehnungsgrund nach § 74 StPO vorliegt. Die Wirtschaftsreferenten der Staatsanwaltschaft und der Polizei sind auf ihrem Fachgebiet auch im gerichtlichen Verfahren geeignete 3

Sachverständige; es muss nur sichergestellt sein, dass sie ihr Gutachten eigenverantwortlich und frei von jeder Beeinflussung erstatten können (BGHSt 28, 381, 384). Nähere Einzelheiten zur Auswahl von Sachverständigen enthält Nr 70 RiStBV.

4   Die **Aufforderung zur Fristabsprache** nach Abs 1 S 2, die eine Sollvorschrift ist, versteht sich eigentlich von selbst. Rechtsfolgen sind an die Nichtbeachtung nicht geknüpft. Ein auf eine gute Sachleitung bedachter Richter oder Staatsanwalt wird auf die Fristabsprache nicht verzichten. Sie kann schriftlich oder mündlich erfolgen. Eine schriftliche Dokumentation einer telefonischen Terminsabrede ist in jedem Fall empfehlenswert. Die Fristabsprache wird in der Praxis häufig damit verbunden, mit dem Sachverständigen die Zielrichtung des Gutachtens zu besprechen und näher zu umreißen. Die Frist zur Erstellung des Gutachtens soll angemessen sein. Eine nachträgliche Anpassung oder Änderung ist bei gewichtigen Gründen möglich.

C. Öffentlich bestellte Sachverständige

5   Öffentlich bestellte Sachverständige (Abs 2) sind diejenigen Gutachter, die auf Grund verwaltungsrechtlicher Vorschriften auf bestimmte Zeit für bestimmte Sachgebiete ernannt sind. Ihre öffentliche Bestellung legt ihre besondere fachliche und persönliche Eignung nahe, so dass es gerechtfertigt ist, sie den anderen Sachverständigen regelmäßig vorzuziehen. Auch diese Vorschrift ist lediglich eine Sollvorschrift, wobei es sinnvoll ist, die Gründe für ein Abweichen von der Regel schriftlich zu dokumentieren.

6   Eine **Beschwerdebefugnis** gegen die Auswahl des Sachverständigen besteht nicht. Die Belange des Beschuldigten sind durch das Ablehnungsrecht nach § 74 StPO und das Beweisantragsrecht hinreichend gewahrt. Für das Gericht folgt dies bereits aus § 305 S 1 StPO. Bedenken gegen eine Gutachterwahl durch die Polizei sind bei der Staatsanwaltschaft geltend zu machen, die im Rahmen der Lenkungsbefugnis eine Abänderung herbeiführen kann.

7   Die **Revision** kann nur auf die Aufklärungsrüge (§ 244 Abs 2 StPO) gestützt werden, wenn sich die Zweifel an der Ungeeignetheit des Gutachters aus dem Urteil selbst ergeben. Eine Sachrüge hätte zum Beispiel nur dann Erfolg, wenn die Ausführungen des Sachverständigen zu Feststellungen geführt hätten, die gegen Denkgesetze oder Erfahrungssätze verstoßen.

§ 74 [Ablehnung]

(1) ¹Ein Sachverständiger kann aus denselben Gründen, die zur Ablehnung eines Richters berechtigen, abgelehnt werden. ²Ein Ablehnungsgrund kann jedoch nicht daraus entnommen werden, daß der Sachverständige als Zeuge vernommen worden ist.

(2) ¹Das Ablehnungsrecht steht der Staatsanwaltschaft, dem Privatkläger und dem Beschuldigten zu. ²Die ernannten Sachverständigen sind den zur Ablehnung Berechtigten namhaft zu machen, wenn nicht besondere Umstände entgegenstehen.

(3) Der Ablehnungsgrund ist glaubhaft zu machen; der Eid ist als Mittel der Glaubhaftmachung ausgeschlossen.

Überblick

Ähnlich wie einen Richter können die Prozessbeteiligten auch einen Sachverständigen ablehnen. Von besonderer Bedeutung ist eine mögliche Befangenheit des Gutachters, die verschiedene Gründe haben kann.

Übersicht

	Rn		Rn
A. Zwingende Ablehnungsgründe	1	C. Ablehnungsgesuch	7
B. Besorgnis der Befangenheit	2		

A. Zwingende Ablehnungsgründe

Die **Ablehnung eines Sachverständigen** ist der Richterablehnung (§ 24 Abs 1 und **1**
Abs 2 StPO) nachgebildet. Dabei sind die **Ausschließungsgründe des § 22 Nr 1 bis Nr 4
StPO** hier als zwingende Ablehnungsgründe ausgestaltet. Eine gesetzliche Inkompatibilität
eines Sachverständigen ist nur im Fall des § 87 Abs 2 S 3 StPO (keine Leichenöffnung durch
den zuletzt behandelnden Arzt) vorgesehen. Ein Sachverständiger kann demnach abgelehnt
werden, wenn er
- Verletzter der Straftat ist (§ 74 Abs 1 S 1 StPO iVm § 22 Nr 1 StPO),
- in einem nahen Verwandtschaftsverhältnis zum Beschuldigten oder zum Verletzten steht (§ 74 Abs 1 S 1 StPO iVm § 22 Nr 2 und Nr 3 StPO) oder
- als Verteidiger, Verletztenanwalt, Polizeibeamter oder Staatsanwalt in derselben Sache tätig war (§ 74 Abs 1 S 1 StPO iVm § 22 Nr 4 StPO).

Staatsanwälte oder Polizeibeamte waren nur in derselben Sache tätig, wenn sie sich in einer Amtsstellung befanden, die der Verfolgung des Beschuldigten diente oder wenn sie an den konkreten Ermittlungen teilgenommen haben. Beamte der Verfassungsschutzämter erfüllen diese Voraussetzungen nicht (BGHSt 18, 214; BGH NJW 1964, 1681), ebenso wenig wie Beamte einer mit Ermittlungsaufgaben nicht befassten und organisatorisch von der ermittelnden Einheit getrennten Dienststelle der Polizei. Hier sind besonders die Beamten der kriminaltechnischen Institute der Polizei zu nennen, die nicht deshalb als Gutachter abgelehnt werden können, weil sie derselben Polizeibehörde angehören.

Der Ausschließungsgrund des § 22 Nr 5 StPO wird durch § 74 Abs 1 S 2 StPO ersetzt und gilt über den Wortlaut hinaus auch dann, wenn der Sachverständige in derselben Sache schon früher (Ermittlungsverfahren, 1. Rechtszug) als Gutachter tätig war. Die sinngemäße Anwendung von § 23 StPO kommt nicht in Betracht.

B. Besorgnis der Befangenheit

Ein **sonstiger Ablehnungsgrund** liegt vor, wenn die Besorgnis der Befangenheit besteht, **2**
wenn also ein Grund vorliegt, der verständigerweise ein Misstrauen gegen die Unparteilichkeit des Sachverständigen rechtfertigt (BGHSt 8, 144, 145). Dabei kommt es auf den Standpunkt des verständigen Ablehnenden an, nicht auf den des Gerichts (BGHSt 8, 226, 233). Es müssen vernünftige Gründe vorgebracht werden, die jedem unbefangenen Dritten einleuchten. Das Gericht muss dabei die Ablehnungsgründe in ihrer Gesamtheit würdigen. Ob sich der Gutachter befangen fühlt, spielt keine Rolle.

Eine **mögliche Befangenheit** des Sachverständigen kann sich aus Fehlern im Vorgehen, **3**
aus Eigeninteressen oder aus Kompetenzüberschreitungen ergeben (Eisenberg NStZ 2006, 372). Eine Ablehnung kann gerechtfertigt sein,
- wenn der Sachverständige bereits ein Privatgutachten für den Verletzten (BGHSt 20, 245) oder den Nebenkläger oder eine am Verfahrensausgang interessierte Versicherungsgesellschaft (BGH NStZ 2002, 215) erstattet hat,
- wenn er das Tatopfer ärztlich oder als Therapeut behandelt hat (BGH StV 1996, 130),
- wenn er den Beschuldigten dadurch bloßstellt, dass er ihn ohne seine Einwilligung vor Studenten exploriert (BGH MDR 80, 456 [H]),
- wenn er am Beschuldigten unberechtigt körperliche Eingriffe vorgenommen hat (BGHSt 8, 144),
- wenn er durch schriftliche oder mündliche Äußerung den Eindruck der Voreingenommenheit hervorgerufen hat (BGHSt 41, 206, 211),
- wenn er unprofessionell und einseitig vorgegangen ist (BGH NJW 1991, 2357) oder
- wenn er bewusst verschweigt, für Gericht oder Staatsanwaltschaft tätig zu sein, um so an eine Aussage zu kommen (BGH NStZ 1997, 349).

Keine Befangenheit liegt vor, **4**
- wenn der Sachverständige im Auftrag der Staatsanwaltschaft oder der Polizei am Ermittlungsverfahren mitgewirkt hat (BGHSt 18, 214, 217; siehe oben Rn 1),
- wenn erst das Gutachten die Einleitung des Ermittlungsverfahrens veranlasst hat (BGHSt 18, 214, 217),

- wenn der Sachverständige selbst die Strafanzeige gegen den Beschuldigten erstattet hat,
- wenn ein Wirtschaftsreferent der Staatsanwaltschaft zu Exekutivmaßnahmen hinzugezogen war, er sein Gutachten aber ersichtlich eigenverantwortlich erstattet hat (OLG Zweibrücken NJW 1979, 1995),
- wenn der Sachverständige an Vernehmungen oder der Befragung des Beschuldigten nach § 80 Abs 2 StPO teilgenommen hat (KK-StPO/Senge StPO § 74 Rn 5),
- wenn der Sachverständige (Polizei-) Beamter ist (BGHSt 18, 214, 217),
- wenn er schon in einem früheren Strafverfahren gegen den Beschuldigten tätig war (BGHSt 8, 226, 235),
- wenn er in seinem Gutachten die Beweisergebnisse zum Nachteil des Beschuldigten gewürdigt, von „Opfer" und „Tat" gesprochen oder auf Schrifttum zur Schuldfrage hingewiesen hat (BGH MDR 1974, 367 [D]),
- wenn er die Ergebnisse seiner Untersuchungen vorab in einer Fachzeitschrift veröffentlicht oder sich sonst wissenschaftlich geäußert hat (BGHSt 41, 206, 211),
- wenn der Sachverständige vom Beschuldigten beleidigt wurde und daraufhin Strafanzeige wegen Beleidigung erstattet hat. Aus eigenem Verhalten während des Verfahrens oder mit Bezug darauf kann der Beschuldigte nämlich grundsätzlich keinen Ablehnungsgrund herleiten; er hätte es sonst in der Hand, den Sachverständigen nach Belieben aus dem Verfahren zu drängen (OLG München NJW 1971, 384).

5   Die **Ablehnungsberechtigten** sind in Abs 2 S 1 aufgezählt: Staatsanwalt, Privatkläger, Beschuldigter. Der Verteidiger hat kein eigenes Ablehnungsrecht, er ist nur im Namen des Mandanten ablehnungsberechtigt. Über diese Aufzählung hinaus ist anerkannt, dass auch Verfalls- und Einziehungsbeteiligte (§ 433 StPO), gesetzliche Vertreter und Erziehungsberechtigte (§ 67 JGG) sowie Nebenkläger (§ 397 Abs 1 S 3 StPO) und Antragsteller im Adhäsionsverfahren (§§ 403 StPO ff) zur Ablehnung berechtigt sind. Kein Ablehnungsrecht hat der Verletzte; er kann den Antrag auf gerichtliche Entscheidung nach § 172 Abs 2 StPO stellen.

6   Die **Namhaftmachung** des Sachverständigen (Abs 2 S 2) hat unmittelbar nach seiner Bestellung zu erfolgen. Nur besondere Umstände (Gefahr im Verzug, Dringlichkeit) lassen diese Pflicht entfallen. Für Polizei und Staatsanwaltschaft gilt diese Verpflichtung nach **hM** nicht. Gleichwohl kann es auch im Ermittlungsverfahren sinnvoll sein, den Namen des oder der Sachverständigen möglichst frühzeitig bekannt zu geben.

C. Ablehnungsgesuch

7   Der **Ablehnungsantrag** kann erst gestellt werden, wenn die Sache gerichtlich anhängig und der Sachverständige bestellt ist. Die von der Polizei oder der Staatsanwaltschaft hinzugezogenen Gutachter können danach erst abgelehnt werden, wenn das Gericht sie vernehmen will. Ein schon vor der Hauptverhandlung gestellter Ablehnungsantrag muss in der Hauptverhandlung wiederholt werden, wobei eine besondere Form nicht vorausgesetzt werden darf. Der Antrag kann auch noch nach der Gutachtenerstattung gestellt werden (§ 83 Abs 2 StPO). Im Übrigen gelten die Grundsätze des Beweisantragsrechts: der Schluss der Beweisaufnahme ist der letztmögliche Zeitpunkt für den Ablehnungsantrag; nach Beginn der Urteilsverkündung braucht das Gericht keine Anträge mehr entgegen zu nehmen.

8   Der **Inhalt des Ablehnungsantrags** ergibt sich aus Abs 3: die Tatsachen, auf die die Ablehnung gestützt wird, müssen angegeben und glaubhaft gemacht werden. Mittel der Glaubhaftmachung ist entsprechend § 26 Abs 3 S 3 StPO auch das uneidliche Zeugnis des abgelehnten Sachverständigen. Die reine Wiederholung eines vor der Hauptverhandlung gestellten Ablehnungsantrags ist in jedem Fall zulässig. Die Wiederholung eines in der Hauptverhandlung gestellten und schon abschlägig beschiedenen Antrags mit derselben Begründung ist dagegen unzulässig, weil rechtsmissbräuchlich. Die Rücknahme eines Ablehnungsantrags ist jederzeit möglich, sie entzieht dem Ablehnungsverfahren die Grundlage.

9   Zuständig für die **Entscheidung über das Ablehnungsgesuch** ist das mit der Sache befasste Gericht. Nach Eröffnung des Hauptverfahrens entscheidet das erkennende Gericht, in der Hauptverhandlung unter Mitwirkung der Schöffen (BGH wistra 1997, 147). Der

ersuchte oder beauftragte Richter führt die Entscheidung des Gerichts herbei, kann aber selbst entscheiden, ob er den abgelehnten Sachverständigen einstweilen vernehmen will. Die Entscheidung ergeht durch Beschluss. Die vorige Anhörung der Prozessbeteiligten regelt § 33 StPO. Die Anhörung des abgelehnten Sachverständigen ist nicht vorgesehen, dürfte sich aber regelmäßig zur Sachverhaltsaufklärung anbieten. Eine etwaige Stellungnahme ist vor der Entscheidung bekannt zu geben. Das Gericht braucht die sichere Überzeugung von der Richtigkeit der Befangenheitsgründe nicht zu gewinnen. Der Beschluss ist nach § 34 StPO so zu begründen, dass die Prozessbeteiligten sich danach ausrichten können und dem Revisionsgericht eine spätere Überprüfung auf Rechtsfehler möglich ist. Die Entscheidung erwächst nicht in Rechtskraft. Sie kann jederzeit aufgehoben oder abgeändert werden – entweder von Amts wegen oder auf Gegenvorstellung der Prozessbeteiligten.

Ein **mit Erfolg abgelehnter Sachverständiger** darf nicht weiter vernommen werden. 10
Ein schon erstattetes Gutachten darf nicht verwertet werden. Der Inhalt des Gutachtens darf auch nicht in anderer Form in die Hauptverhandlung eingeführt werden. Der abgelehnte Zeuge darf jedoch als Zeuge über Tatsachen gehört werden, die Gegenstand seiner Wahrnehmung gewesen sind, und zwar nicht nur über zufällige Beobachtungen und Zusatztatsachen, sondern als sachverständiger Zeuge auch über die bei der Vorbereitung seines Gutachtens ermittelten Befundtatsachen (BGH NStZ 2002, 44). Daran kann dann ein neuer Sachverständiger unmittelbar anknüpfen.

Alle auf den Antrag ergehenden Entscheidungen sind mit der **einfachen Beschwerde** 11
nach § 304 Abs 1 StPO anfechtbar. Ausgenommen sind nach § 305 S 1 StPO die ablehnenden oder stattgebenden Entscheidungen des erkennenden Gerichts, die dem Urteilsspruch vorausgehen. Beschwerdeberechtigt sind alle Antragsberechtigten, nicht aber der abgelehnte Sachverständige selbst. Das Beschwerdegericht prüft nicht nur Rechtsverstöße, es kann vielmehr sein eigenes Ermessen an die Stelle des Ermessens des ersten Richters setzen.

Die **Revision** kann nicht darauf gestützt werden, dass ein Befangenheitsantrag gegen den 12
Sachverständigen vor der Hauptverhandlung abgelehnt wurde, wenn dieser Antrag nicht in der Hauptverhandlung wiederholt worden ist (BGH NStZ-RR 2002, 110). Mögliche Rügen sind die Nichtbescheidung eines Antrags, die unzureichende Begründung einer zurückweisenden Entscheidung oder die falsche Bescheidung des Ablehnungsantrags überhaupt. Insoweit gelten die allgemeinen Regeln des Revisionsrechts (BGHSt 8, 226, 232). Insbesondere muss ein Rechtsfehler dargelegt werden und das Urteil muss darauf beruhen. Was die Rügebegründung anbelangt, so müssen alle Tatsachen vorgetragen werden, die dem Revisionsgericht eine Überprüfung ohne Rücksicht auf weitere Aktenteile ermöglichen. Hierzu gehören insbesondere der Ablehnungsantrag und der ihn zurückweisende Gerichtsbeschluss. Neue Tatsachen oder Beweismittel dürfen nicht nachgeschoben werden. Eine Verletzung der Namhaftmachung (Abs 2 S 2) kann nicht gerügt werden, da das Urteil regelmäßig nicht auf diesem Fehler beruht.

§ 75 [Pflicht zur Erstattung des Gutachtens]

(1) Der zum Sachverständigen Ernannte hat der Ernennung Folge zu leisten, wenn er zur Erstattung von Gutachten der erforderten Art öffentlich bestellt ist oder wenn er die Wissenschaft, die Kunst oder das Gewerbe, deren Kenntnis Voraussetzung der Begutachtung ist, öffentlich zum Erwerb ausübt oder wenn er zu ihrer Ausübung öffentlich bestellt oder ermächtigt ist.

(2) Zur Erstattung des Gutachtens ist auch der verpflichtet, welcher sich hierzu vor Gericht bereiterklärt hat.

Überblick

Insbesondere die öffentlich bestellten Sachverständigen sind zur Erstattung des Gutachtens verpflichtet. Gleiches gilt für denjenigen, der sich vor Gericht zur Gutachtenerstattung bereit erklärt hat.

A. Die Sachverständigenpflicht

1   Die **Sachverständigenpflicht** ist – wie die Zeugenpflicht – dem Grundsatz nach eine staatsbürgerliche Pflicht. Sie besteht gegenüber dem Gericht, auch im Fall der unmittelbaren Ladung nach § 214 Abs 3 StPO, § 220 Abs 1 StPO und im Vorverfahren gegenüber der Staatsanwaltschaft, nicht aber gegenüber der Polizei. Abgesehen von der Grenze der Zumutbarkeit (gesundheitliche Probleme, Terminskollisionen, starke anderweitige Beanspruchung) regelt § 75 StPO, in welchen beiden Fällen eine Verpflichtung besteht, der Bestellung Folge zu leisten und das Gutachten zu erstatten. In der Praxis dürfte die Vorschrift selten zu Anwendung kommen, da eine erzwungene Begutachtung in der Regel wenig brauchbare Ergebnisse liefert. Es hat sich vielmehr eingebürgert, den möglichen Sachverständigen vorab zu fragen, ob er sich eine Beauftragung vorstellen könnte. Die Sachverständigenpflicht ist eine höchstpersönliche Pflicht. Ersatzpersonen darf der Gutachter nicht stellen.

B. Inhalt und Umfang

2   Der **Ernennung Folge zu leisten** haben nach Abs 1 zum einen die öffentlich bestellten Sachverständigen, die nach § 73 Abs 2 StPO bei der Auftragserteilung privilegiert sind, zum anderen diejenigen, die auf einem bestimmten Spezialgebiet aus Wissenschaft, Kunst oder Gewerbe beruflich tätig sind, oder schließlich die Personen, die zwar das Fachgebiet nicht beruflich ausüben, aber sonst dazu öffentlich bestellt oder ermächtigt sind. Zu Letzteren zählen etwa Universitätsprofessoren oder Lehrbeauftragte für ihre jeweiligen Fachgebiete. Fachbehörden sind schon per se zur Gutachtenerstattung verpflichtet (vgl § 83 Abs 3 StPO).

3   Zur Erstattung des Gutachtens verpflichtet auch die **Bereiterklärung vor Gericht** (Abs 2). Nicht ausreichend ist ein allgemeines Angebot, Gutachten bei Bedarf erstatten zu können (KK-StPO/Senge StPO § 75 Rn 5 mwN). Nötig ist vielmehr die in einem bestimmten Strafverfahren gegenüber dem Gericht erklärte Bereitschaft, der Bestellung Folge zu leisten und ein Gutachten zu erstatten. Die Erklärung gegenüber der Staatsanwaltschaft ist nach § 161a Abs 1 S 2 StPO gleichgestellt. Die Bereiterklärung ist an keine Form gebunden, sollte aber vom Richter oder Staatsanwalt schriftlich festgehalten werden.

4   Der **Umfang der Sachverständigenpflicht** beginnt mit den notwendigen Vorarbeiten und endet beim Erscheinen und bei der Gutachtenerstattung vor Gericht, auch im Fall der unmittelbaren Ladung nach § 214 Abs 3 StPO, § 220 Abs 1 StPO. Auf Verlangen des Gerichts, was die Regel sein dürfte, hat der Sachverständige sein Gutachten auch schriftlich vorab dem Gericht zur Verfügung zu stellen, damit es von dort aus zur Vorbereitung der Hauptverhandlung im Wege der Akteneinsicht den Prozessbeteiligten zugeleitet werden kann.

§ 76 [Gutachtenverweigerungsrecht]

(1) [1]**Dieselben Gründe, die einen Zeugen berechtigen, das Zeugnis zu verweigern, berechtigen einen Sachverständigen zur Verweigerung des Gutachtens.** [2]**Auch aus anderen Gründen kann ein Sachverständiger von der Verpflichtung zur Erstattung des Gutachtens entbunden werden.**

(2) [1]**Für die Vernehmung von Richtern, Beamten und anderen Personen des öffentlichen Dienstes als Sachverständige gelten die besonderen beamtenrechtlichen Vorschriften.** [2]**Für die Mitglieder der Bundes- oder einer Landesregierung gelten die für sie maßgebenden besonderen Vorschriften.**

Überblick

Die gesetzlichen Gutachtenverweigerungsrechte sind den Zeugnisverweigerungsrechten nachgebildet. Auch aus „anderen" Gründen kann ein Sachverständiger nach pflichtgemäßem Ermessen wieder entbunden werden.

A. Gutachtenverweigerungsrecht

Das **Gutachtenverweigerungsrecht (Abs 1 S 1)** schränkt die Gutachterpflicht des § 75 1
StPO ein. Es gilt jedoch selbstverständlich nicht nur für die nach dieser Vorschrift besonders verpflichteten, sondern für alle Sachverständigen. Das Gutachtenverweigerungsrecht ist dem Zeugnisverweigerungsrecht nachgebildet. Anwendbar sind die Weigerungsgründe des § 52 StPO (Angehörige), des § 53 StPO (Berufsgeheimnisträger) und des § 53 a StPO (deren berufsmäßige Helfer). § 54 StPO wird durch Abs 2 ersetzt. Über § 72 StPO ist auch § 55 StPO entsprechend anwendbar. Ebenso gelten die Belehrungspflichten der §§ 52 Abs 3 S 1 und 55 Abs 2 StPO sowie die Pflicht zur Glaubhaftmachung nach § 56 StPO. Der BGH hat klargestellt, dass der **ärztliche Sachverständige** wegen der Befundtatsachen in keinem Fall ein Gutachtenverweigerungsrecht hat (BGHZ 40, 288, 294 = NJW 1964, 449, 451). Für die Zusatztatsachen gilt dies, wenn der Untersuchte im Rahmen des jeweiligen Verfahrens und innerhalb des Auftrags die Untersuchung oder den Eingriff kraft Gesetzes dulden musste (BGH StV 2002, 633) oder hätte verweigern können, aber nicht verweigert hat (BGHZ 40, 288, 294 = BGH NJW 1964, 449, 451).

B. Entbindung von der Gutachtenpflicht

Eine **Entbindung von der Gutachterpflicht (Abs 1 S 2)** ist jederzeit – von Amts 2
wegen oder auf Antrag – möglich, auch wenn kein Weigerungsrecht besteht. Das Gericht entscheidet durch Beschluss. „Andere Gründe" sind zum Beispiel Unzumutbarkeit oder besondere Härten (berufliche Überlastung, hohes Alter, Krankheit), aber auch erwiesene Ungeeignetheit, offensichtliche Befangenheit oder zeitliche Schwierigkeiten, das Gutachten zeitnah zu erstatten. Umstritten ist, ob im Fall des § 214 Abs 3 StPO, § 220 Abs 1 StPO ein Antrag des Sachverständigen oder der initiativen Prozesspartei zwingend nötig ist. Ebenso umstritten ist, ob mit Beginn der Hauptverhandlung Abs 1 S 2 durch § 245 StPO verdrängt wird (zu Beidem Löwe/Rosenberg/Krause StPO § 76 Rn 6 und KK-StPO/Senge StPO § 76 Rn 4). Nach der Gutachtenerstattung gilt § 83 Abs 1 StPO (neue Begutachtung).

C. Sonderregelungen

Für **Richter, Beamte, andere Personen des öffentlichen Dienstes sowie Regie- 3
rungsmitglieder (Abs 2)** gelten deren Sondervorschriften (Beamten- und Ministergesetze des Bundes und der Länder).

Für die **Beschwerdebefugnis** gelten die allgemeinen Regeln des Beschwerderechts. Wer 4
durch einen Entscheidung betroffen ist, kann nach den § 304 StPO, § 305 StPO Beschwerde einlegen. Für die Prozessbeteiligten gilt die Schranke des § 305 S 1 StPO. Eine weitere Beschwerde ist ausgeschlossen (§ 310 StPO). Das Beschwerdegericht prüft die Entscheidung in vollem Umfang nach.

Mit der **Revision** kann allenfalls ein Verstoß gegen § 244 Abs 2 StPO durch falsche 5
Anwendung des Abs 1 gerügt werden. Eine Verletzung von Abs 2 berührt den Rechtskreis des Angeklagten in keinem Fall.

§ 77 [Folgen des Ausbleibens oder der Weigerung]

(1) ¹Im Falle des Nichterscheinens oder der Weigerung eines zur Erstattung des Gutachtens verpflichteten Sachverständigen wird diesem auferlegt, die dadurch verursachten Kosten zu ersetzen. ²Zugleich wird gegen ihn ein Ordnungsgeld festgesetzt. ³Im Falle wiederholten Ungehorsams kann neben der Auferlegung der Kosten das Ordnungsgeld noch einmal festgesetzt werden.

(2) ¹Weigert sich ein zur Erstattung des Gutachtens verpflichteter Sachverständiger, nach § 73 Abs. 1 Satz 2 eine angemessene Frist abzusprechen, oder versäumt er die abgesprochene Frist, so kann gegen ihn ein Ordnungsgeld festgesetzt werden. ²Der Festsetzung des Ordnungsgeldes muß eine Androhung unter Setzung einer Nachfrist vorausgehen. ³Im Falle wiederholter Fristversäumnis kann das Ordnungsgeld noch einmal festgesetzt werden.

Überblick

Verweigert ein Sachverständiger grundlos das Gutachten oder erscheint er nicht, so werden ihm die Kosten seiner Weigerung auferlegt. Außerdem setzt der Richter Ordnungsgeld fest. Ersatzweise Ordnungshaft oder gar Beugehaft sind nicht vorgesehen. Die Festsetzung eines Ordnungsgeldes gegen einen unkooperativen oder säumigen Sachverständigen muss erst unter Nachfristsetzung angedroht werden. In der Praxis dürfte die Entpflichtung des Gutachters näher liegen.

A. Allgemeines

1   Die Ungehorsamsfolgen können nur den **zur Erstattung des Gutachtens verpflichteten** Sachverständigen treffen, nämlich den gerichtlich bestellten oder nach § 214 Abs 3 StPO, § 220 Abs 1 StPO unmittelbar geladenen Sachverständigen, der der Ernennung nach § 75 StPO Folge leisten muss und kein Verweigerungsrecht nach § 76 StPO hat. Die § 51 StPO und § 70 StPO werden durch § 77 StPO verdrängt und gelten nicht entsprechend. Auch dem Staatsanwalt stehen wegen § 161 a Abs 2 StPO diese Zwangsbefugnisse zu, nicht aber dem Polizeibeamten. Für Ungehorsamsfolgen des Dolmetschers gelten besondere Regeln: die Kosten können auferlegt werden, während die Verhängung von Ordnungsgeld nach herrschender Meinung nicht möglich ist (vgl § 185 GVG).

2   Das Gesetz unterscheidet **vier Arten von Ungehorsam** des Sachverständigen:
- Nichterscheinen (Abs 1 S 1 Alt 1),
- Gutachtenverweigerung (partiell und vollständig – Abs 1 S 1 Alt 2),
- Weigerung der Fristabsprache (Abs 2 S 1 Alt 1) und
- Versäumung der abgesprochenen Frist (Abs 2 S 1 Alt 2).

Allen vier Fällen des Ungehorsams ist gemein, dass eine ordnungsgemäße Bestellung und Ladung vorliegen muss. Die Säumnis muss schuldhaft, also vom Sachverständigen zu vertreten sein. Bei rechtzeitiger genügender Entschuldigung unterbleiben Ordnungsmittel in entsprechender Anwendung des Rechtsgedankens des § 51 Abs 2 S 1 und S 2 StPO.

B. Ungehorsamsfolgen

3   Für die **Ungehorsamsfolgen** gilt Folgendes:
Die **Kostenauflegung** ist in den Fällen des Nichterscheinens und der (teilweisen oder vollständigen) Gutachtenverweigerung zwingende Folge, und zwar für jeden Fall des Ungehorsams gesondert. In den Fällen des Abs 2 ist keine Kostenauflegung vorgesehen.

4   **Ordnungsgeld** ist in den beiden Fällen des Abs 1 ebenfalls zwingend vorgeschrieben. Die Höhe des Ordnungsgeldes richtet sich nach Art 6 EGStGB. Eine einmalige Wiederholung in demselben Verfahren ermöglicht S 3. Eine ersatzweise Festsetzung von Ordnungshaft ist nicht statthaft.

In den beiden Alternativen des Abs 2 hingegen ist eine Verhängung von Ordnungsgeld in das Ermessen des Richters gestellt. Vor der Ordnungsgeldfestsetzung muss aber unbedingt eine Nachfrist gesetzt werden, in der der Sachverständige nochmals Gelegenheit erhält, entweder zu einer Fristabsprache zu kommen oder das Gutachten nun in dieser Nachfrist zu erstatten. Mit der Nachfrist muss auch die Verhängung von Ordnungsgeld angedroht werden, wobei die Höhe des zu erwartenden Ordnungsgeldes noch nicht bestimmt zu werden braucht. Eine einmalige Wiederholung in demselben Verfahren ist auch hier möglich (Abs 2 S 3).

5   In der **Praxis** dürfte es für den Fortgang des Verfahrens besser sein, den säumigen Sachverständigen möglichst frühzeitig nach § 76 Abs 1 S 2 StPO zu entbinden.

§ 78 [Richterliche Leitung]

Der Richter hat, soweit ihm dies erforderlich erscheint, die Tätigkeit der Sachverständigen zu leiten.

Überblick

Die Leitung der Sachverständigentätigkeit ist eine wichtige Aufgabe des Richters, die nicht gering geschätzt werden darf. Im Vorverfahren obliegt sie auch dem Staatsanwalt oder der Polizei.

A. Anwendungsbereich

§ 78 StPO betrifft nur die **Vorbereitung des Gutachtens**. Das ergibt sich aus dem Gesetzeszusammenhang. Die Gutachtenerstattung selbst ist Teil der Hauptverhandlung; die dortige Leitungsbefugnis des Richters folgt bereits aus § 238 Abs 1 StPO. 1

Die Anleitung des Sachverständigen, die an keine Form gebunden ist, ist eine **wichtige Aufgabe des Richters**, die in der Praxis oft vernachlässigt wird. Für den reibungslosen Ablauf des Strafverfahrens ist es aber unabdingbar, jederzeit eine an den Erfordernissen des Strafprozesses ausgerichtete Gutachterarbeit zu fördern. Dies gilt auch für das Stadium des Ermittlungsverfahrens, in dem diese Obliegenheit naturgemäß vom Staatsanwalt oder von der Polizei wahrzunehmen ist. 2

B. Inhalt der Leitungsfunktion

Praktischer **Inhalt der Leitungsfunktion** ist zu allererst die **klare und eindeutige Beschreibung des Sachverständigenauftrags**. Dazu gehört die unmissverständliche Formulierung der vom Gutachter zu beantwortenden Beweisfrage. Einer Überschreitung des Sachverständigenauftrags sollte möglichst frühzeitig entgegengewirkt werden. Bei der Auftragserteilung empfiehlt es sich, dem Gutachter alle bekannten **Anknüpfungstatsachen** mitzuteilen. Dies wird in der Regel durch einen Sachbericht des Auftraggebers geschehen oder – wenn nötig – durch Zugänglichmachung der entsprechenden Akteninhalte. Die Unterrichtung kann auch außerhalb einer laufenden Hauptverhandlung erfolgen. Drittes Standbein der Leitungsfunktion ist die Vornahme aller gesetzlich vorgeschriebenen **Belehrungen des Sachverständigen**. Dies gilt sowohl im Hinblick auf vom Gutachter zu beachtende verfahrensrechtliche Vorgaben als auch bezüglich möglicher sachlichrechtlicher Besonderheiten des Falles. 3

Von der Leitungsfunktion **nicht umfasst** ist die Frage der **fachlichen Durchführung** der Untersuchungen. Dies ist allein Sache des Sachverständigen. Ihm dürfen daher zum Beispiel keine Anweisungen zur Informationsbeschaffung, zur Methodenwahl oder zum Weg der Gutachtenerarbeitung erteilt werden. 4

Umstritten ist die Frage, ob der Beschuldigte die **Anwesenheit seines Verteidigers** bei der Untersuchung oder Exploration verlangen kann. Der BGH hat dies mit guten Argumenten verneint (BGH StV 2003, 537). Bei einer Befragung des Beschuldigten durch den Sachverständigen sollte letzterer angehalten werden, den Beschuldigten ausdrücklich darüber zu belehren, dass er auch in diesem Zusammenhang keine Angaben zur Sache machen und sich insbesondere nicht selbst belasten muss. 5

§ 78 StPO ist als reine Ordnungsvorschrift nicht revisibel. Mit der **Revision** angreifbar sein können nur eventuelle Verletzungsfolgen (§ 20 StGB, § 21 StGB oder § 136 a StPO, § 252 StPO, § 261 StPO). 6

§ 79 [Sachverständigeneid]

(1) Der Sachverständige kann nach dem Ermessen des Gerichts vereidigt werden.

(2) Der Eid ist nach Erstattung des Gutachtens zu leisten; er geht dahin, daß der Sachverständige das Gutachten unparteiisch und nach bestem Wissen und Gewissen erstattet habe.

(3) Ist der Sachverständige für die Erstattung von Gutachten der betreffenden Art im allgemeinen vereidigt, so genügt die Berufung auf den geleisteten Eid.

Überblick

Eine Vereidigung des Sachverständigen ist die Ausnahme; sie ist in das Ermessen des Gerichts gestellt. Der Eid wird als Nacheid geleistet.

A. Allgemeines

1   Die **Vereidigung des Sachverständigen** ist eine Kann-Vorschrift und in das **Ermessen des Gerichts** gestellt (Abs 1). Besondere Umstände, die eine Vereidigung angezeigt erscheinen lassen, können zum Beispiel Zweifel an der Sachkunde des Gutachters, Zweifel an seiner Gewissenhaftigkeit oder fehlende Prüfungsmöglichkeiten des Gerichts sein. Die besondere, ausschlaggebende Bedeutung eines Gutachtens für den Prozessausgang reduziert für sich genommen noch nicht das gerichtliche Ermessen auf Null. Der **Regelfall** in der Praxis ist damit die **Nichtvereidigung** des Sachverständigen. Hierfür bedarf es keiner ausdrücklichen Entscheidung des Vorsitzenden (BGHSt 21, 227). Ein Antrag der Prozessbeteiligten ist möglich, aber nicht mehr zwingend nötig. Das Gericht entscheidet – wie bei der Zeugenvereidigung (§ 59 Abs 1 StPO) – nach eigenem Ermessen. Die Eidesverbote (§ 60 StPO) und die Eidesverweigerungsrechte (§ 61 StPO) gelten über § 72 StPO entsprechend.

Mitarbeiter einer Fachbehörde (§ 83 Abs 3 StPO) haben nach herrschender Meinung die gleichen Rechte und Pflichten wie jeder andere Sachverständige auch.

2   In der **Praxis** hat sich eingebürgert, dass der Vorsitzende am Ende der Vernehmung die Frage stellt, ob Anträge zur Vereidigung gestellt werden, und sodann die Nichtvereidigung protokollieren lässt („Der Sachverständige bleibt gemäß § 79 Abs 1 StPO unvereidigt"). Wird diese Anordnung von einem Prozessbeteiligten als unzulässig beanstandet, entscheidet nach § 238 Abs 2 StPO das Gericht.

B. Einzelfragen

3   Der **Umfang des Eides** erstreckt sich auf das Gutachten als solches, nicht auf die Personal- und Generalfragen nach § 68 StPO. Im Hinblick auf die Tatsachenwahrnehmung des Gutachters kommen verschiedene Eidesleistungen in Betracht. Die **Befundtatsachen**, also die Anknüpfungstatsachen für das Gutachten, die der Sachverständige auf Grund seiner Sachkunde selbst festgestellt hat, sind Teil des Gutachtens und damit vom Sachverständigeneid umfasst (BGHSt 20, 164). **Zusatztatsachen**, also die das Gutachten lediglich vorbereitenden Anknüpfungstatsachen, zu deren Ermittlung und Wahrnehmung keine besondere Sachkunde erforderlich ist und die beispielsweise auch das Gericht feststellen könnte, sind nicht Teil des Gutachtens und damit nicht dem Sachverständigeneid zugänglich. Hierzu ist der Gutachter als Zeuge zu vernehmen und entsprechend auch zu vereidigen (BGHSt 20, 164, 166). **Zufallsbeobachtungen** schließlich sind nur dem Zeugenbeweis und damit dem Zeugeneid zugänglich.

4   Der Eid des Sachverständigen ist ein **Nacheid**. Die Form regelt Abs 2 in Verbindung mit § 64 StPO, § 65 StPO und § 67 StPO. Mehrere Gutachter leisten den Eid einzeln und nacheinander. Die Vereidigung ist eine nach § 273 Abs 1 StPO protokollierungsbedürftige Förmlichkeit („Der Sachverständige leistete den Sachverständigeneid").

5   Sachverständige, die für die Erstattung von Gutachten der betreffenden Art allgemein vereidigt sind, dürfen sich **auf den allgemein geleisteten Eid berufen** (Abs 3). Die Vorschrift gibt dem Sachverständigen damit eine Art partielles Eidesverweigerungsrecht. Beamte, zu deren Dienstpflichten die Erstattung von Gutachten der betreffenden Art gehört, dürfen sich auf ihren Diensteid berufen. Die Feststellung der allgemeinen Vereidigung erfolgt im Freibeweisverfahren; sie ist keine in der Hauptverhandlung protokollierungsbedürftige Tatsache.

6   Eine Verletzung des § 79 StPO ist grundsätzlich nicht mit der **Revision** angreifbar (BGHSt 21, 227).

§ 80 [Vorbereitung des Gutachtens]

(1) Dem Sachverständigen kann auf sein Verlangen zur Vorbereitung des Gutachtens durch Vernehmung von Zeugen oder des Beschuldigten weitere Aufklärung verschafft werden.

(2) Zu demselben Zweck kann ihm gestattet werden, die Akten einzusehen, der Vernehmung von Zeugen oder des Beschuldigten beizuwohnen und an sie unmittelbar Fragen zu stellen.

Überblick

Zur Vorbereitung des Gutachtens kann der Sachverständige verlangen, dass ihm weitere Aufklärung verschafft wird. Ein eigenes Vernehmungsrecht hat er jedoch nicht.

A. Allgemeines

Auf sein Verlangen hin muss dem Sachverständigen bei der **Vorbereitung des Gutachtens** weitere Aufklärung verschafft werden. Die Vorschrift ergänzt die in § 78 StPO festgelegte Leitungsfunktion des Richters. Mit der Auftragserteilung sind dem Sachverständigen bereits möglichst alle Anknüpfungstatsachen mitzuteilen. Der Gutachter hat die Aufgabe, den Sachverhalt kritisch zu würdigen und auf der Basis seiner Sachkunde zu entscheiden, ob er weitere Informationen benötigt. Bejahendenfalls muss er sich an seinen Auftraggeber wenden und um **weitere Sachaufklärung** bitten. Für das Gericht folgt in der Regel bereits schon aus der Aufklärungspflicht nach § 244 Abs 2 StPO die Notwendigkeit, dem Verlangen des Sachverständigen nachzukommen. Dabei ist der Maßnahmenkatalog des § 80 StPO nicht abschließend. Andere Beweiserhebungen, wie die Augenscheinseinnahme, die Beiziehung von Krankenakten und sonstigen Urkunden, die Einholung von Auskünften oder ähnliche Maßnahmen sind durchaus zulässig. 1

B. Einzelheiten

Die **Vernehmung von Zeugen oder Beschuldigten** ist die im Gesetz vorrangig genannte Aufklärungsmaßnahme. Dabei geht das Gesetz davon aus, dass das Gericht, die Staatsanwaltschaft oder die Polizei die notwendigen Vernehmungen durchführen. Ein eigenes Vernehmungsrecht hat der Sachverständige dabei nicht (BGH JR 1962, 111). Informatorische Befragungen, Anhörungen oder Explorationsgespräche durch psychologische Sachverständige sind keine Vernehmungen in diesem Sinne, da sie keine ermittelnde Zielrichtung haben. Will der Sachverständige eigene Ermittlungen anstellen, muss er ein entsprechendes Vernehmungsverlangen stellen. Auf die Notwendigkeit einer Beschuldigtenbelehrung im Rahmen der Exploration darf gleichwohl nicht verzichtet werden (vgl § 78 StPO Rn 5). Gesetzwidrige Vernehmungen des Sachverständigen sind nicht verwertbar (BGHSt 13, 1, 4), können aber durch gerichtliche Wiederholung geheilt werden. 2

Nach Abs 2 hat der Sachverständige auch das Recht, Vernehmungen von Auskunftspersonen **beizuwohnen und unmittelbar Fragen zu stellen**. In der Praxis sollte dem Sachverständigen jedoch möglichst nicht die gesamte Befragung überlassen werden. Dem Vernehmenden bleibt es dabei unbenommen, sich die Fragen des Gutachters zu Eigen zu machen. 3

Das **Akteneinsichtsrecht** des Sachverständigen (Abs 2) ist in das pflichtgemäße Ermessen des Beauftragenden gestellt. In der Regel erhält der Gutachter bereits mit der Auftragserteilung Einsicht in die notwendigen Akten und Unterlagen. Gegebenfalls kann die Akteneinsicht auch durch einen Sachbericht ersetzt werden. Vor einer pauschalen und routinemäßigen Gewährung von Akteneinsicht ist abzuraten. Sie widerspricht der Leitungsfunktion des § 78 StPO. 4

Die **Anwesenheit des Sachverständigen in der Hauptverhandlung** ist immer eine Frage des jeweiligen Einzelfalls. In der Regel ist es Aufgabe des Gerichts, abzuschätzen, in wie fern das Gutachten eine ständige Anwesenheit des Sachverständigen erfordert. Fehlt eine solche gerichtliche Weisung, entscheidet der Sachverständige nach eigenem Ermessen. Das 5

Gericht kann die Anwesenheit des Gutachters bei einzelnen Beweisaufnahmen gestatten oder anordnen und ihm auch ein direktes Fragerecht einräumen.

6 Die **Revision** kann nur eine Verletzung der gerichtlichen Sachaufklärungspflicht nach § 244 Abs 2 StPO rügen. § 80 StPO ist eine reine Ordnungsvorschrift.

§ 80 a [Zuziehung im Vorverfahren]

Ist damit zu rechnen, daß die Unterbringung des Beschuldigten in einem psychiatrischen Krankenhaus, einer Entziehungsanstalt oder in der Sicherungsverwahrung angeordnet werden wird, so soll schon im Vorverfahren einem Sachverständigen Gelegenheit zur Vorbereitung des in der Hauptverhandlung zu erstattenden Gutachtens gegeben werden.

Überblick

§ 80 a StPO ist eine Sondervorschrift für das Vorverfahren, wenn freiheitsentziehende Maßregeln nach den § 63 StGB, § 64 StGB und § 66 StGB im Raum stehen. In der Hauptverhandlung gilt § 246 a StPO, im Sicherungsverfahren § 414 Abs 3 StPO.

A. Anwendungsbereich

1 Zeigt sich im Rahmen des **Ermittlungsverfahrens**, dass möglicherweise eine Unterbringung in einem psychiatrischen Krankenhaus (§ 63 StGB), in einer Entziehungsanstalt (§ 64 StGB) oder in der Sicherungsverwahrung (§ 66 StGB) in Betracht kommt, so soll schon in einem frühen Stadium des Vorverfahrens ein psychiatrischer Sachverständiger bestellt werden. Das Gutachten erstreckt sich notwendigerweise auf den psychischen und körperlichen Zustand des Beschuldigten sowie auf mögliche Behandlungsaussichten. In der Hauptverhandlung findet § 246 a StPO Anwendung. Im Sicherungsverfahren gilt § 414 Abs 3 StPO.

B. Durchführung

2 Bei einer **Weigerung des Beschuldigten**, sich untersuchen zu lassen, ist er vor die Staatsanwaltschaft oder vor das Gericht zu laden (§ 133 Abs 1 StPO). Nötigenfalls ist die Vorführung anzuordnen (§ 133 Abs 2 StPO). Daran anschließend ist der Beschuldigte im Beisein des Gutachters zu vernehmen (§ 80 StPO). Weitere mögliche Maßnahmen sind die Unterbringung nach § 81 StPO sowie die Anordnung der körperlichen Untersuchung nach § 81 a StPO.

3 Die Zuziehung des Sachverständigen nach § 80 a StPO ist – da reine Ordnungsvorschrift – weder mit der **Beschwerde** noch mit der **Revision** anfechtbar. Beschwerdefähig sind erst konkrete Anordnungen nach § 81 StPO, § 81 a StPO. Revisibel kann später eine Verletzung des § 246 a StPO sein.

§ 81 [Unterbringung zur Beobachtung des Beschuldigten]

(1) Zur Vorbereitung eines Gutachtens über den psychischen Zustand des Beschuldigten kann das Gericht nach Anhörung eines Sachverständigen und des Verteidigers anordnen, daß der Beschuldigte in ein öffentliches psychiatrisches Krankenhaus gebracht und dort beobachtet wird.

(2) ¹Das Gericht trifft die Anordnung nach Absatz 1 nur, wenn der Beschuldigte der Tat dringend verdächtig ist. ²Das Gericht darf diese Anordnung nicht treffen, wenn sie zu der Bedeutung der Sache und der zu erwartenden Strafe oder Maßregel der Besserung und Sicherung außer Verhältnis steht.

(3) Im vorbereitenden Verfahren entscheidet das Gericht, das für die Eröffnung des Hauptverfahrens zuständig wäre.

(4) ¹Gegen den Beschluß ist sofortige Beschwerde zulässig. ²Sie hat aufschiebende Wirkung.

(5) Die Unterbringung in einem psychiatrischen Krankenhaus nach Absatz 1 darf die Dauer von insgesamt sechs Wochen nicht überschreiten.

Überblick

Ein dringend tatverdächtiger Beschuldigter darf durch richterliche Anordnung für die Dauer von bis zu sechs Wochen in einem öffentlichen psychiatrischen Krankenhaus untergebracht werden, um seinen psychischen Zustand zu begutachten.

A. Unterbringungsvoraussetzungen

Zur **Vorbereitung des Gutachtens über den psychischen Zustand eines Beschuldigten** kann dieser in einem psychiatrischen Krankenhaus untergebracht werden (Abs 1). In erster Linie geht es dabei um die Prüfung der Schuldfähigkeit nach den § 20 StGB, § 21 StGB, nicht aber um die Frage der Glaubwürdigkeit des Beschuldigten (BGH JR 1955, 472). Falls die Schuldunfähigkeit schon fest steht, ist eine Unterbringung nach § 81 StPO auch zur Prüfung der Gemeingefährlichkeit im Sinne der § 63 StGB, § 66 StGB statthaft. Zur Klärung einer gegenwärtigen oder früheren Verhandlungsfähigkeit darf die Maßnahme auch angeordnet werden. Ein weiterer möglicher Unterbringungszweck findet sich in § 73 JGG (Begutachtung des Entwicklungsstands des Beschuldigten). Eine Unterbringung zur Rekonstruktion einer vorübergehenden Bewusstseinsstörung infolge Drogen-, Alkohol- oder Medikamentengenusses – etwa zur Durchführung eines Trinkversuches – ist nicht zulässig (BGH/Dallinger MDR 1966, 383). 1

Es muss ein **dringender Tatverdacht** vorliegen (Abs 2 S 1). Dabei gelten dieselben Maßstäbe wie beim Haftbefehl (§ 112 Abs 1 S 1 StPO). Der Verdachtsgrad ist grundsätzlich nach Aktenlage zu beurteilen. Einzelne Beweiserhebungen zur Frage des dringenden Tatverdachts sind möglich. Der Durchführung eines der Hauptverhandlung nahe kommenden öffentlichen Termins bedarf es jedoch nicht. Dringender Tatverdacht hinsichtlich der objektiven Tatbestandsmerkmale indiziert in der Regel den entsprechenden Verdachtsgrad bezüglich der inneren Tatseite. Einer vorherigen Vernehmung des Beschuldigten hierzu bedarf es nicht. 2

Eine Unterbringungsanordnung darf nicht ergehen, wenn sie **unverhältnismäßig** ist (Abs 2 S 2). Prüfungsmaßstab ist die Bedeutung der Sache und die Höhe der Strafe oder Maßregel, die der Beschuldigte zu erwarten hat. Diese besondere Verhältnismäßigkeitsklausel untersagt in aller Regel die Anwendung der Maßnahme in Privatklagesachen und in Bagatellsachen. § 46 Abs 3 S 1 OWiG schließt die Unterbringung im Bußgeldverfahren ausdrücklich aus. 3

Die **Anhörung eines Sachverständigen** ist zwingend vorgeschrieben. Aus dem Unterbringungszweck ergibt sich, dass er Psychiater oder Neurologe sein muss. Es empfiehlt sich, denjenigen Arzt um ein Votum zu ersuchen, der die Beobachtung durchführen soll. Eine Identität mit dem Hauptgutachter, dessen Gutachten vorbereitet werden soll, ist nicht zwingend. Der anzuhörende Sachverständige sollte sich indes immer einen persönlichen Eindruck vom Beschuldigten verschaffen, bevor er sich zur Notwendigkeit der Unterbringung äußert. Reines Aktenstudium wird niemals den persönlichen Eindruck ersetzen können. Notfalls ist der Beschuldigte nach § 133 StPO vorzuladen und im Beisein des Sachverständigen zu vernehmen (§ 80 Abs 2 StPO). Die Stellungnahme, die am besten schriftlich ergehen sollte, muss sich zur Frage der Notwendigkeit der Unterbringung genauso äußern wie zur Frage der voraussichtlichen Dauer der Maßnahme. Das Gericht ist an das Votum des Sachverständigen zwar nicht gebunden. Für eine abweichende Entscheidung wird aber in aller Regel zuvor eine zweite sachverständige Meinung einzuholen sein. 4

Auch die **Anhörung des Verteidigers** des Beschuldigten ist unabdingbar. Die Mitwirkung eines Verteidigers ist nach § 140 Abs 1 Nr 6 StPO notwendig. In der Regel wird dem Beschuldigten zur Sicherung des Fortgangs des Verfahrens ein Pflichtverteidiger beizuordnen sein, sobald eine Maßnahme nach § 81 StPO im Raum steht. Mit der Maßnahme 5 selbst muss er nicht einverstanden sein. Seine Anhörung darf erst erfolgen, nachdem die Stellungnahme des Sachverständigen (oben Rn 4) vorliegt und ihm zugänglich gemacht wurde. Der Verteidiger hat einen Anspruch darauf, dieses Votum in angemessener Zeit prüfen zu dürfen. Der Beschuldigte selbst oder sein gesetzlicher Vertreter braucht nicht angehört zu werden.

6   Die **Anhörung der Staatsanwaltschaft** folgt bereits aus § 33 Abs 2 StPO. Dies erklärt, warum der Gesetzgeber diese Anhörungspflicht nicht besonders erwähnt hat.

B. Unterbringungsbeschluss

7   Die **Zuständigkeit** für den Erlass des Unterbringungsbeschlusses liegt beim Hauptsachegericht (Abs 3). Das ist im Ermittlungsverfahren das Gericht, bei dem die Staatsanwaltschaft die Anklage aller Voraussicht nach zu erheben beabsichtigt. Zu beachten ist dabei § 24 Abs 1 Nr 2 GVG: bei im Einzelfall zu erwartender Unterbringung ist das Amtsgericht nicht mehr zuständig. Das Landgericht als Hauptsachegericht kann aber die Entscheidung entsprechend § 209 StPO dem Amtsgericht übertragen. Nach Anklageerhebung – Eingang der Anklage bei Gericht – entscheidet das mit der Sache befasste Gericht.

8   Aus § 34 StPO folgt, dass der Beschluss mit **Gründen** versehen sein muss. Die Begründung muss erkennen lassen, welche Zweifel das Gericht an der Schuld- oder Verhandlungsfähigkeit hat und warum diese Zweifel nur durch die Unterbringung und Beobachtung geklärt werden können. Nachträgliche **Änderungen** in der Sachlage machen einen neuen Unterbringungsbeschluss erforderlich, der den alten ersetzt und der selbständig anfechtbar ist. Die **Bekanntgabe** des Beschlusses erfolgt in der Hauptverhandlung durch Verkündung (§ 35 Abs 1 StPO), im Übrigen durch Zustellung (§ 35 Abs 2 StPO) an den Verteidiger (§ 145 a Abs 1 StPO). Fehlt im Einzelfall eine Vollmachtsurkunde des Wahlverteidigers bei den Akten, so ist ausnahmsweise dem Beschuldigten zuzustellen.

9   Die **Vollstreckung** des Unterbringungsbeschlusses ist Aufgabe der Staatsanwaltschaft (§ 36 Abs 2 S 1 StPO). Zu diesem Zweck übermittelt das Gericht die Entscheidung an die zuständige Staatsanwaltschaft mit der Bitte, das Erforderliche zu veranlassen. Auch hierbei ist der Grundsatz der Verhältnismäßigkeit zu beachten (Nr 61 Abs 1 RiStBV). Befindet sich der Beschuldigte auf freiem Fuß, so wird er zum mit der Anstalt vereinbarten Termin geladen. Die Ladung ist erforderlichenfalls mit einer Vorführungsandrohung zu verbinden. Den anschließenden Vorführungsbefehl, den der Staatsanwalt erlässt, kann der Beschuldigte nach § 23 EGGVG selbständig anfechten.

C. Sonderfragen

10   Einer Maßnahme nach § 81 StPO bedarf es nicht, wenn und solange sich der Beschuldigte auf Grund eines **Unterbringungsbefehls nach § 126 a StPO** in einem psychiatrischen Krankenhaus (nicht in einer Entziehungsanstalt) befindet. Gleiches gilt, wenn und solange er sich zur **Vollstreckung von Untersuchungs- oder Strafhaft** in einer Justizvollzugsanstalt befindet und dort in der psychiatrischen Abteilung beobachtet werden kann. In diesem Fall genügt eine bloße Verlegungsanordnung. Bei U-Haft ist der Haftrichter zuständig; bei Strafhaft trifft der Anstaltsleiter die Entscheidung. Beobachtungen außerhalb der Vollzugsanstalt machen eine Maßnahme nach § 81 StPO bei gleichzeitiger Unterbrechung der Haft erforderlich.

11   Ein „**Beweisantrag**" von Prozessbeteiligten auf Anordnung der Unterbringung und Beobachtung des Beschuldigten ist lediglich als Beweisanregung im Rahmen der gerichtlichen Sachaufklärungspflicht (§ 244 Abs 2 StPO) zu behandeln und zu bescheiden. Ein solcher Antrag bezieht sich nämlich nicht auf den Umfang der Beweisaufnahme, sondern nur auf die Art und Weise der Begutachtung durch den Sachverständigen („zur Vorbereitung eines Gutachtens"). Die Anstaltsunterbringung des Beschuldigten zum Zwecke seiner Beobachtung ist in diesem Zusammenhang auch kein überlegenes Forschungsmittel iSd § 244 Abs 4 S 2 StPO (BGHSt 8, 76).

12   Bei Abgeordneten („**Immunität**") ist die Unterbringung nach § 81 StPO nur mit Genehmigung des Parlaments zulässig (Nr 191 bis Nr 192 a RiStBV).

D. Rechtsmittel

Der die Unterbringung anordnende Beschluss ist mit der **sofortigen Beschwerde** nach 13
§ 311 StPO anfechtbar (Abs 4 S 1). Dies gilt entgegen § 305 S 1 StPO auch für einen Beschluss des erkennenden Gerichts (OLG Stuttgart NJW 1961, 2077). Das Rechtsmittel kann auch beschränkt werden, etwa auf die Auswahl des Krankenhauses (OLG Stuttgart aaO). Ob der Verteidiger anders, als § 297 StPO dies eigentlich vorsieht, hier auch gegen den erklärten Willen des Beschuldigten sofortige Beschwerde einlegen kann, ist umstritten (bejahend Meyer-Goßner StPO § 81 Rn 28 mwN). Jedenfalls sollte ein Beschluss in jedem Fall auch dem Verteidiger zugestellt werden, um auch ihm gegenüber die Rechtsmittelfrist in Lauf zu setzen.

Die sofortige Beschwerde hat entgegen § 307 Abs 1 StPO **aufschiebende Wirkung** 14
(Abs 4 S 2). Eine weitere Beschwerde ist nicht statthaft, da die Unterbringung nach § 81 StPO keine einstweilige Unterbringung im Sinne von § 310 Abs 1 Nr 2 StPO ist (§ 310 StPO Rn 8).

Grundsätzlich prüft das Beschwerdegericht auch die **Zweckmäßigkeit der Anordnung**. 15
Bei der Frage aber, ob Zweifel an der Schuldfähigkeit des Beschuldigten oder Angeklagten bestehen, darf das Rechtsmittelgericht nicht sein Ermessen an die Stelle des tatrichterlichen Ermessens setzen. Allein der Tatrichter bestimmt den Umfang der Beweisaufnahme.

Bei erheblichen Verfahrensmängeln kann eine Zurückverweisung der Entscheidung an den erstinstanzlich tätigen Richter zweckmäßig und geboten sein, insbesondere dann, wenn die nach § 34 StPO erforderliche Begründung überhaupt fehlt und das Beschwerdebericht keine Möglichkeit hat, das Vorliegen der Eingriffsvoraussetzungen des § 81 StPO zu überprüfen (LG Zweibrücken NJW 1997, 70).

Ein die **Unterbringung ablehnender Beschluss** ist immer mit der **einfachen Be-** 16
schwerde anfechtbar. Ob ein Beschuldigter durch die Ablehnung beschwert ist, muss nach allgemeinen Beschwerdegrundsätzen entschieden werden.

Die Rechtswidrigkeit der Unterbringung kann nicht mit der **Revision** gerügt werden, da 17
nach Abs 4 S 1 sofortige Beschwerde zulässig ist (§ 336 S 2 StPO). Die Ablehnung einer Maßnahme nach § 81 StPO kann nur mit der Aufklärungsrüge (§ 244 Abs 2 StPO) beanstandet werden, etwa wenn die Beurteilungsgrundlage so unsicher ist, dass bereits der Gutachter eine Unterbringung angeregt hat. Nicht angreifbar ist es aber, wenn der Sachverständige den zulässigen Rahmen einer Unterbringung nicht voll ausgeschöpft hat.

§ 81 a [Körperliche Untersuchung; Blutprobe]

(1) ¹Eine körperliche Untersuchung des Beschuldigten darf zur Feststellung von Tatsachen angeordnet werden, die für das Verfahren von Bedeutung sind. ²Zu diesem Zweck sind Entnahmen von Blutproben und andere körperliche Eingriffe, die von einem Arzt nach den Regeln der ärztlichen Kunst zu Untersuchungszwecken vorgenommen werden, ohne Einwilligung des Beschuldigten zulässig, wenn kein Nachteil für seine Gesundheit zu befürchten ist.

(2) Die Anordnung steht dem Richter, bei Gefährdung des Untersuchungserfolges durch Verzögerung auch der Staatsanwaltschaft und ihren Ermittlungspersonen (§ 152 des Gerichtsverfassungsgesetzes) zu.

(3) Dem Beschuldigten entnommene Blutproben oder sonstige Körperzellen dürfen nur für Zwecke des der Entnahme zugrundeliegenden oder eines anderen anhängigen Strafverfahrens verwendet werden; sie sind unverzüglich zu vernichten, sobald sie hierfür nicht mehr erforderlich sind.

Überblick

Die Norm gestattet den Strafverfolgungsbehörden, mittels körperlicher Untersuchungen (Rn 3) den Körper des Beschuldigten (Rn 1) gegen dessen Willen zum Augenscheinsobjekt (und damit zum Beweismittel gegen sich selbst) zu machen. Dies verstößt zwar nicht gegen den nemo-tenetur-Grundsatz, fordert aber eine verfassungskonforme Auslegung in der Weise, dass der Verhältnismäßigkeitsgrundsatz (Rn 12) besonders beachtet wird.

Übersicht

	Rn		Rn
A. Beschuldigter	1	III. Form	16
B. Verfahrenserhebliche Tatsachen	2	IV. Vollziehung	17
C. Körperliche Untersuchung	3	1. Richterliche Anordnungen	17
I. Einfache körperliche Untersuchung (Abs 1 S 1)	5	2. Anordnungen der Staatsanwaltschaft und ihrer Ermittlungspersonen	18
II. Körperliche Eingriffe (Abs 1 S 2)	6	F. Anfechtbarkeit der Maßnahme	19
1. Entnahme von Blutproben	7	I. Richterliche Anordnungen	19
2. Andere körperliche Eingriffe	8	1. Vollzogene Anordnungen	19
3. Arzt	9	2. Noch nicht vollzogene Anordnungen	20
4. Nach den Regeln der ärztlichen Kunst	10	II. Anordnungen der Staatsanwaltschaft und Polizei	21
5. Keine Befürchtung gesundheitlicher Nachteile	11		
6. Verhältnismäßigkeit	12	G. Verwendung, Aufbewahrung und Vernichtung des Materials (Abs 3)	22
D. Einwilligung	13		
E. Anordnung der Maßnahme (Abs 2)	14	H. Verwertungsverbot	25
I. Zuständigkeit	14		
II. Inhalt	15	I. Revision	27

A. Beschuldigter

1   Beschuldigter ist bereits der **Verdächtige**, gegen den hinreichende Anhaltspunkte iSv § 152 Abs 2 StPO für eine Straftat vorliegen. Es genügt, wenn durch die Anordnung einer Maßnahme nach § 81 a StPO ein Ermittlungsverfahren (konkludent) eingeleitet wird (BVerfG NJW 1996, 3071); die körperliche Untersuchung darf jedoch nicht angeordnet werden, um Anhaltspunkte iSv § 152 Abs 2 StPO erst aufzuspüren. Beschuldigter ist auch der **Angeschuldigte** und **Angeklagte** (§ 157 StPO), sowie der **Verurteilte**, der zur Vorbereitung einer Prognoseentscheidung nach § 57 Abs 1 StGB, § 67d Abs 2 S 1 StGB untersucht werden soll (BVerfG NStZ 1993, 482; **aA** OLG Hamm NJW 1974, 914). Die Immunität steht der Anordnung einer Untersuchung nicht entgegen (OLG Bremen NJW 1966, 743; OLG Oldenburg NJW 1966, 1764). Die Verbringung zum Arzt ist keine freiheitsentziehende Maßnahme iSv Nr 192 RiStBV, Nr 192a Abs 2 Buchst c RiStBV. Ausländische Konsularbeamte (§ 19 GVG) dürfen Maßnahmen nach § 81a ebenso unterzogen werden (s Rundschreiben BMJ v 21. 3. 1973 in GMBl 186) wie Beschuldigte, für die das Nato-Truppenstatut und die deutsche Gerichtsbarkeit gilt. Gegen Exterritoriale (§ 18 GVG, § 20 GVG) ist die Maßnahme unzulässig (allgM).

B. Verfahrenserhebliche Tatsachen

2   Verfahrenserheblich sind solche Tatsachen, die **mittelbar** oder **unmittelbar** für die **Schuld-** und/oder **Rechtsfolgenseite** Bedeutung aufweisen, also zum Beispiel das Vorhandensein von Fremdkörpern innerhalb des Körpers (BGHSt 5, 332, 336) wie „BtM-Bömbchen" im Magen/Darm des verdächtigen Kuriers oder die körperliche und geistige Eignung iSv § 69 StGB. Erheblich sind aber auch Tatsachen, die für die Beurteilung des Vorliegens der **Prozessvoraussetzungen** oder **-hindernisse** sowie der **Prozesshandlungsvoraussetzungen** eine Rolle spielen wie zB die Feststellung des Alters für die Frage der Strafmündigkeit iSv § 19 StGB oder die Verhandlungsfähigkeit des Beschuldigten (BVerfGE 27, 211, 219; OLG Düsseldorf NStZ 1990, 430; OLG Schleswig NStZ 1982, 91) und seine Reisefähigkeit (KK-StPO/Senge StPO § 81 a Rn 5).

C. Körperliche Untersuchung

3   Zweck der **Untersuchung** ist die Feststellung der **Beschaffenheit** des Körpers oder einzelner Körperteile des Beschuldigten, auch des Vorhandenseins von Fremdkörpern in den

natürlichen Körperöffnungen, oder des psychischen Zustands des Beschuldigten und der Arbeitsweise des Gehirns sowie der körperbedingten psychischen Funktionen. Hierdurch **unterscheidet** sich die körperliche Untersuchung von der **körperlichen Durchsuchung**, bei der in oder unter der Kleidung sowie auf der Körperoberfläche nach **Beweismitteln** gesucht wird. Aufgrund dieser Vorschrift ist auch eine vorübergehende Unterbringung zur Vorbereitung der Maßnahme zulässig (BayVerfGH NJW 1982, 1583: längstens fünf Tage; offen gelassen in BVerfG NJW 2004, 3697). Bedarf es jedoch einer Wohnungsdurchsuchung zur Ergreifung des Beschuldigten, um die Maßnahme durchzuführen, ist zusätzlich eine Anordnung nach § 102 StPO, § 105 StPO zu treffen, die nur bei Vorliegen der dortigen Voraussetzungen ergehen darf.

Aus dem Gesetzeswortlaut ergibt sich die Verpflichtung des Beschuldigten, die Maßnahme 4 zu **dulden**. Er ist auch verpflichtet, sich für die Untersuchung zu entkleiden (OLG Düsseldorf NJW 1973, 1931) und die erforderliche Körperhaltung einzunehmen. Zu einer **aktiven Beteiligung** (Rn 4.1) an der Untersuchung kann er nicht gezwungen werden (allgM).

Er muss also keine Fragen (zur Prüfung der Hirnleistung) beantworten (OLG Hamm NJW 1974, 4.1 713), muss nicht blasen um einen Atemalkoholtest zu ermöglichen (BGH VRS 39, 185), braucht keinen Alkohol zu sich zu nehmen (BGH VRS 29, 203) oder Kontrastmittel zwecks einer Röntgenuntersuchung einzunehmen, auch nicht bei einem Belastungs-EKG mitzuwirken (OLG Schleswig NStZ 1982, 81) oder sich körperlich zu bewegen – Kniebeugen machen, Arme ausstrecken, sich drehen zur Feststellung des Drehnachnystagmus oä – (OLG Hamm NJW 1967, 1524).

I. Einfache körperliche Untersuchung (Abs 1 S 1)

Bei der **einfachen** körperlichen **Untersuchung** werden die bezweckten Feststellungen 5 durch **sinnliche Wahrnehmung** ohne körperliche Eingriffe getroffen. Die Untersuchung der natürlichen Körperöffnungen (Mund, After, Scheide) stellt keinen Eingriff dar, sondern ist eine einfache körperliche Untersuchung (KK-StPO/Senge StPO § 81a Rn 6).

II. Körperliche Eingriffe (Abs 1 S 2)

Der Unterschied zur einfachen Untersuchung liegt darin, dass beim körperlichen Eingriff 6 natürliche **Körperbestandteile entnommen** oder dem Körper **Stoffe zugeführt** werden oder sonst in das haut- und muskelumschlossene **Innere** des Körpers **eingegriffen** wird. Auch die Veränderung der Bart- oder Haartracht ist – zumindest bei Eingriffen in deren Substanz beim Haareschneiden und beim Stutzen oder Abrasieren des Bartes – ein körperlicher Eingriff (BVerfGE 47, 239, 246).

1. Entnahme von Blutproben

Diese körperlichen Eingriffe gelten als absolut ungefährlich (OLG Köln NStZ 1986, 234). 7 Sie werden idR angeordnet zur Feststellung des Blutalkoholgehalts zur Tatzeit, der Schuldfähigkeit oder zum Zweck einer Analyse nichtcodierender DNA-Teile mit Spurenvergleichsmaterial gemäß § 81 e StPO (BGHSt 37, 258).

2. Andere körperliche Eingriffe

Von praktischer Relevanz sind die Entnahme von natürlichen Körperbestandteilen wie 8 Liquor, Samen, Harn oder Speichel (zur molekulargenetischen Untersuchung nach § 81 e StPO) und der Einsatz von Brechmitteln (s Rn 12.2).

3. Arzt

Körperliche Eingriffe dürfen **nur** durch einen Arzt vorgenommen werden. Das sind 9 Mediziner, die als Arzt approbiert oder zur vorübergehenden Ausübung des Arztberufs berechtigt sind (§ 2 Abs 2 bis Abs 4 BÄO). Bei vorliegender Einwilligung des Beschuldigten oder unter Anleitung und Aufsicht eines approbierten Arztes dürfen auch sonstige Mediziner, Pfleger oder Krankenschwestern den Eingriff vornehmen. Besonders gefährliche Eingriffe sind einem Facharzt vorbehalten (BVerfGE 16, 194; Meyer-Goßner StPO § 81 a Rn 19).

4. Nach den Regeln der ärztlichen Kunst

10 Der Eingriff muss nach den Regeln der ärztlichen Kunst vorgenommen werden (BGHSt 8, 144, 148). Existieren solche Regeln nicht – zB bei neuartigen Untersuchungsmethoden –, ist der Eingriff unzulässig.

5. Keine Befürchtung gesundheitlicher Nachteile

11 Nach der Art des Eingriffs und des Gesundheitszustands des Beschuldigten müssen erheblich über die Untersuchungsdauer fortwirkende Beeinträchtigungen des körperlichen Wohlbefindens mit an Sicherheit grenzender Wahrscheinlichkeit ausgeschlossen sein (OLG Hamm StraFo 2004, 93). Schmerzen und andere vorübergehende Unannehmlichkeiten sind ebenso wenig ein „Nachteil" wie Angstzustände und seelische Belastungen (Meyer-Goßner StPO § 81 a Rn 17). Ggf ist vor dem Eingriff ein Sachverständiger zu der Frage zu hören, ob ein gesundheitlicher Nachteil zu befürchten sei (BGHSt 8, 144, 148).

6. Verhältnismäßigkeit

12 Die Stärke des Tatverdachts muss die Maßnahme rechtfertigen. Je schwerer die Maßnahme wirkt, desto größer Anforderungen sind an den Tatverdacht zu stellen (BVerfGE 16, 200; BVerfGE 17, 117). Die Maßnahme darf nur angeordnet werden, wenn sie unerlässlich ist und in angemessenem Verhältnis zur Schwere der Tat steht (BVerfG NJW 2004, 3697). Zur Zulässigkeit/Unzulässigkeit einzelner Maßnahmen s Rn 12.1 ff.

12.1 Zulässige Untersuchungen und Eingriffe sind Computer-Tomographie, Elektroencephalographie (OLG Koblenz OLGSt § 81 a S 23), Elektrokardiographie (OLG Schleswig NStZ 1982, 81), Magenaushebung, Röntgenaufnahmen und -durchleuchtungen (OLG Karlsruhe NStZ 2005, 399; OLG Schleswig NStZ 1982, 81), Szintographie, Veränderung der Haar- und Barttracht zur Vorbereitung einer Untersuchung oder zu Zwecken der Identifizierung, da in beiden Fällen ein körperlicher Eingriff vorliegt (BVerfGE 47, 239, 246; aA KK-StPO/Senge StPO § 81 a Rn 6, wonach nur Veränderungen zur Vorbereitung einer Untersuchung dieser Norm unterfallen und Veränderungen zu Identifizierungszwecken von § 81 b StPO erfasst werden).

12.2 Zur Aufklärung schwerer Straftaten zulässig sind der Einsatz von Brechmitteln (EGMR NJW 2006, 3117; BVerfG NStZ 2000, 96 mAnm Rixen 381, der zutreffend darauf hinweist, dass diese Feststellung der 2. Kammer des 2. Senats keine Bindungswirkung gemäß § 31 Abs 1 BVerfGG entfaltet) und Abführmitteln (OLG Karlsruhe StV 2005, 376), die Entnahme von Gehirn- und Rückenmarksflüssigkeit (BVerfGE 16, 194), Hirnkammerluftfüllung (BVerfGE 17, 108, 115).

12.3 Unzulässig sind Angiographie, Harnentnahme mittels Katheters, Phallographie (allgM).

D. Einwilligung

13 Bei Vorliegen einer Einwilligung ist eine Anordnung nach § 81 a Abs 2 StPO entbehrlich (OLG Celle NJW 2008, 3079; OLG Hamburg NJW 2008, 2597, 2599; OLG Hamm NJW 2009, 242). Nach Abs 1 S 2 unzulässige Eingriffe sind gestattet, es sei denn, sie verstoßen gegen die guten Sitten. Schwerwiegende Eingriffe dürfen nur auf richterliche Anordnung vorgenommen werden (BVerfGE 16, 201). Die Einwilligung muss **freiwillig** (also nicht bei Drohung, Zwang oder Täuschung s BGH VRS 29, 203; OLG Bremen VRS 36, 182) und **ernstlich** sein sowie **ausdrücklich** erklärt werden. Es genügt nicht, dass der Beschuldigte freiwillig zur Untersuchung erscheint und die Maßnahme hinnimmt. Der Beschuldigte muss über eine ausreichende Verstandesreife verfügen (deren Vorliegen kann bei erheblichem Alkoholeinfluss zweifelhaft sein), um Sinn und Tragweite seiner Erklärung zu verstehen. Erforderlich ist, dass der Beschuldigte die Sachlage und sein Weigerungsrecht kennt (BGH NJW 1964, 1177). Hierüber ist er durch das Strafverfolgungsorgan zu **belehren**, das die Untersuchung angeordnet hat; eine Belehrung durch den Arzt genügt nicht (OLG Karlsruhe NStZ 2005, 399). Dies soll nicht gelten, wenn es sich um eine Mitwirkung handelt, der der Arzt üblicherweise von seinen Patienten zu fordern berechtigt ist (OLG Hamm NJW 1968, 1202; BlAlk 1980, 171; OLG Köln NJW 1962, 664). Eine wirksame Einwilligung liegt auch vor, wenn lediglich eine Belehrung nach § 163 a Abs 4 StPO, § 136 Abs 1 S 2 StPO erfolgt und eine gesonderte förmliche Beleh-

rung über das Weigerungsrecht im Rahmen des § 81 a StPO unterblieben ist (LG Saarbrücken BeckRS 2008, 23730). Die Einwilligung kann sich auch auf die Person beziehen, die den Eingriff vornimmt, zum Beispiel die Blutprobenentnahme durch einen Nichtarzt oder eine Krankenschwester (OLG Bremen VRS 36, 182; OLG Oldenburg NJW 1955, 683). Die Einwilligung kann **widerrufen** werden. Die bis zu diesem Zeitpunkt vorliegenden Ermittlungsergebnisse sind verwertbar (KK-StPO/Senge StPO § 81 a Rn 3; Meyer-Goßner StPO § 81 a Rn 5).

E. Anordnung der Maßnahme (Abs 2)

I. Zuständigkeit

Grundsätzlich ist der **Richter** für die Anordnung der Maßnahme zuständig, im Vorverfahren der Ermittlungsrichter (§ 162 StPO, § 169 StPO), nach Anklageerhebung das mit der Sache befasste Gericht. Die **Staatsanwaltschaft und ihre Ermittlungspersonen** (§ 152 GVG) sind nur bei **Gefahr im Verzug** (§ 105 StPO Rn 6) zu der Anordnung befugt. Wird gleichzeitig eine Anordnung nach § 81 StPO getroffen, so gilt insgesamt die Zuständigkeitsregelung des § 81 Abs 3 StPO (OLG Karlsruhe Justiz 1972, 18). Als Ausfluss des Verhältnismäßigkeitsgrundsatzes gilt, dass schwere Eingriffe immer dem Richter vorbehalten sind (BVerfGE 16, 194). 14

II. Inhalt

Die Anordnung muss die **vorzunehmende Maßnahme** und die **festzustellenden Tatsachen** sowie zumindest bei schwereren Maßnahmen auch **Ausführungen zur Verhältnismäßigkeit** der Maßnahme enthalten (vgl auch den beispielhaften Beschluss unter den Formularen). Nur die technische Ausführung, nicht aber die Art der Maßnahme darf dem Arzt überlassen werden (OLG Düsseldorf StV 2005, 490; OLG Hamm StraFo 2004, 92; OLG Jena StraFo 2007, 24). Erfordert die Maßnahme eine Unterbringung (s Rn 3), ist deren Höchstdauer zu bestimmen (Löwe/Rosenberg/Krause StPO § 81 a Rn 69). 15

III. Form

Ob die Anordnung schriftlich oder mündlich erfolgt, ist ohne Belang. Sie muss aber immer **ausdrücklich** getroffen werden. 16

IV. Vollziehung

1. Richterliche Anordnungen

Richterliche Anordnungen werden nach § 36 Abs 2 S 1 StPO von der Staatsanwaltschaft vollzogen. Der Beschuldigte wird zur Untersuchung oder Vornahme des Eingriffs vor den Arzt geladen. Erscheint er nicht, ist streitig, ob die Staatsanwaltschaft formlos eine Vorführungsanordnung erlassen darf (Meyer-Goßner StPO § 81 a Rn 28) oder ob (entsprechend § 81 c Abs 6 S 2 StPO) ein richterlicher Vorführungsbefehl erforderlich ist (LG Berlin MDR 1958, 861). 17

2. Anordnungen der Staatsanwaltschaft und ihrer Ermittlungspersonen

Diese Anordnungen werden sofort im Wege des unmittelbaren Zwangs vollzogen. Da § 81 a StPO gleichzeitig das förmliche Gesetz iSv Art 104 Abs 1 S 1 GG ist, darf der Beschuldigte bei Verweigerung der Untersuchung auch ohne die Voraussetzungen des § 127 Abs 2 StPO festgenommen oder zur Vorbereitung der Maßnahme vorübergehend untergebracht werden (zur Anrechenbarkeit auf die Strafe s Rn 18.1). Die Wohnungsdurchsuchung zum Zweck der Ergreifung muss stets besonders angeordnet werden (LG Hamburg NStZ-RR 2004, 213). 18

Die Zeit der vorübergehenden Unterbringung (KK-StPO/Senge StPO § 81 a Rn 9), nicht aber die Zeit der zwangsweisen Vorführung (LG Oldenburg Rpfleger 1970, 175; **aA** LG Osnabrück NJW 1973, 2256) ist nach § 51 Abs 1 S 1 StGB auf die Strafe anzurechnen. 18.1

F. Anfechtbarkeit der Maßnahme

I. Richterliche Anordnungen

1. Vollzogene Anordnungen

19 Wenn die Beschwerde erst nach der Untersuchung oder dem Eingriff (zur Feststellung der Rechtswidrigkeit der erledigten Maßnahme) eingelegt wird, ist sie **unzulässig** (BGHSt 28, 58). Aus Art 19 Abs 4 GG folgt jedoch ausnahmsweise die Zulässigkeit der Beschwerde, wenn der Betroffene ein besonderes Interesse an der Feststellung der Rechtswidrigkeit der Maßnahme hat. Nach der neueren verfassungsgerichtlichen Rechtsprechung (BVerfGE 96, 27) gilt dies auch in Fällen tiefgreifender, tatsächlich jedoch nicht mehr fortwirkender Grundrechtseingriffe, wenn sich die Belastung durch die Maßnahme nach dem typischen Geschehensablauf auf eine Zeitspanne beschränkt, in der der Betroffene schwerlich eine gerichtliche Entscheidung im Beschwerdeverfahren erlangen kann. Dies soll auch bei Eingriffen in die körperliche Unversehrtheit gelten (SK-StPO/Rogall StPO § 81 a Rn 116).

2. Noch nicht vollzogene Anordnungen

20 Dagegen ist die **Beschwerde** nach § 304 StPO zulässig, es sei denn, die Anordnung wurde im Zwischenverfahren (§ 202 S 2 StPO) oder durch ein erstinstanzlich tätiges OLG erlassen (§ 304 Abs 4 S 2 StPO). Handelt es sich um Anordnungen des erkennenden Gerichts, gilt § 305 StPO. Danach ist die Beschwerde nur dann zulässig, wenn der Inhalt der Anordnung einem der in § 305 S 2 StPO genannten Eingriffe gleichkommt (OLG Jena StV 2007, 23; OLG Koblenz NStZ 1994, 335), also wenn die Untersuchung mit einer Freiheitsentziehung (OLG Schleswig NStZ 1982, 81) oder mit einem Eingriff verbunden ist. Auf die Erheblichkeit des Eingriffes kommt es grundsätzlich nicht an (OLG Hamburg NStZ-RR 1998, 337), jedoch ist die Entnahme einer Blutprobe nur ein unbedeutender Eingriff und deshalb nicht anfechtbar (OLG Köln NStZ 1986, 234). Die Anordnung einer psychiatrischen Untersuchung erfordert keinen Eingriff und ist daher nicht anfechtbar (OLG Nürnberg NStZ-RR 1998, 242).

II. Anordnungen der Staatsanwaltschaft und Polizei

21 Diese nur bei Gefahr im Verzug zulässigen Maßnahmen werden sofort vollzogen. Wegen ihrer Erledigung kann die Maßnahme deshalb nicht nach § 23 EGGVG angefochten werden. Vielmehr ist eine Überprüfung ihrer Rechtmäßigkeit in entsprechender Anwendung des § 98 Abs 2 S 2 StPO möglich (BGHSt 37, 79, 82). Gleiches gilt bei der Beanstandung der Art und Weise des Vollzugs einer durch die Staatsanwaltschaft oder eine ihrer Ermittlungspersonen angeordneten Maßnahme (BGH NStZ 1999, 200).

G. Verwendung, Aufbewahrung und Vernichtung des Materials (Abs 3)

22 Die entnommenen Blutproben oder sonstigen Körperzellen dürfen nur für das der Anordnung zugrunde liegende oder ein anderes anhängiges Strafverfahren **verwendet** werden. Es ist nicht erforderlich, dass sich das „andere anhängige Strafverfahren" gegen denselben Beschuldigten richtet, es kann auch gegen einen anderen Beschuldigten oder gegen Unbekannt geführt werden.

23 **Aufbewahrt** wird das entnommene Material bis zur Rechtskraft des zugrunde liegenden oder anderen anhängigen Strafverfahrens (LG Berlin NJW 2006, 2713). Wenn eine Wiederaufnahme des Verfahrens mit Sicherheit zu erwarten ist, wird es auch über den Eintritt der Rechtskraft hinaus aufbewahrt.

24 Das gesamte entnommene Material muss anschließend **vernichtet** werden. Die Norm sieht weder eine Vernichtung unter **Aufsicht** der Staatsanwaltschaft vor, noch verlangt sie, dass die Vernichtung **aktenkundig** zu machen ist. Gleichwohl dürfte sich ihre Dokumentation in den Akten empfehlen (KK-StPO/Senge StPO § 81 a Rn 9 c). Die Ergebnisse der Untersuchung bleiben Bestandteil der Akten (allgM). Das durch eine molekulargenetische Untersuchung des entnommenen Materials gewonnene DNA-Identifizierungsmuster kann

in der DNA-Identitätsfeststellungsdatei beim BKA (s § 81 g Abs 5 StPO) gespeichert werden.

H. Verwertungsverbot

Dem Strafverfahrensrecht ist ein allgemein geltender Grundsatz, wonach jeder Verstoß gegen ein Beweiserhebungsverbot ein strafprozessuales Verwertungsverbot nach sich zieht, fremd. Die Frage der Verwertbarkeit verbotswidrig erlangter Erkenntnisse ist jeweils nach den Umständen des Einzelfalls, namentlich nach der Art und dem Gewicht des Verstoßes, unter Abwägung der widerstreitenden Interessen zu entscheiden (BVerfG BeckRS 2008, 37714; BGH NStZ 2007, 601; OLG Jena BeckRS 2009, 04235). Untersuchungsergebnisse sind demnach **unverwertbar** (Rn 25.1), wenn ein körperlicher Eingriff ohne Anordnung und ohne Einwilligung vorgenommen wurde oder zu ihrer Erlangung Methoden angewandt wurden, die gegen die Grundsätze eines an Gerechtigkeit und Billigkeit orientierten Verfahrens verstoßen (BGHSt 24, 125, 131). 25

Dies ist der Fall, wenn bewusst vorgetäuscht wird, dass die Blutprobe von einem Arzt entnommen wird oder wenn unerlaubter Zwang angewendet wurde sowie bei einer unterlassenen oder unvollständigen Belehrung über die Freiwilligkeit der Mitwirkung (Graalmann-Scherer FS Rieß, 161; **aA** hinsichtlich einer unterlassenen Belehrung OLG Hamm NJW 1967, 1524). 25.1

Im Übrigen führen Verstöße gegen § 81 a StPO nicht zu einem Verwertungsverbot. Insbes ist § 136 a StPO im Rahmen des § 81 a StPO aus systematischen Gründen nicht anwendbar, da die Untersuchungsergebnisse stets auch auf gesetzmäßigem Weg erlangt werden können (BGHSt 24, 129). Auch ein Verstoß gegen den Richtervorbehalt führt grundsätzlich nicht zu einem Verwertungsverbot. Vielmehr stellt ein **Beweisverwertungsverbot** nach gefestigter Rechtsprechung eine **Ausnahme** dar, die jeweils nach den Umständen des Einzelfalls, insbesondere nach der Art des Verbots und dem Gewicht des Verfahrensverstoßes sowie der Bedeutung der im Einzelfall betroffenen Rechtsgüter zu bestimmen ist. So können die **willkürliche Annahme** von Gefahr im Verzug oder das Vorliegen eines **besonders schwerwiegenden Fehlers,** nicht jedoch die rechtswidrige Annahme von Gefahr im Verzug allein, ein Verwertungsverbot begründen (BVerfG NJW 2008, 3053; OLG Stuttgart NStZ 2008, 238 f; OLG Hamburg NJW 2008, 2597; OLG Brandenburg BeckRS 2009, 10346; OLG Karlsruhe Beschl v 2. 6. 2009 – Az 1 Ss 183/08; zur Bejahung von Willkür, weil der handelnde Beamte sich keine Gedanken über seine Anordnungskompetenz und deren Voraussetzungen gemacht hat und entsprechend einer langjährigen Praxis selbst die Entnahme der Blutprobe angeordnet hat oder weil ein richterlicher Eildienst nicht eingerichtet war s OLG Hamm BeckRS 2009, 10370). Auch allein das Fehlen der verfassungsgerichtlich vorgeschriebenen Dokumentation der Gründe für die Annahme von Gefahr im Verzug ist kein schwerwiegender Fehler, der ein Verwertungsverbot nach sich zieht (BVerfG BeckRS 2008, 37714; BGH NStZ-RR 2007, 242, 243). Soweit Instanzgerichte bei dem Verdacht von Trunkenheitsfahrten die Einholung einer richterlichen Anordnung generell für entbehrlich halten, weil die hiermit verbundene zeitliche Verzögerung zu Ungenauigkeiten bei der Rückrechnung, ggf bis zu deren Unmöglichkeit, und damit zu Nachweisschwierigkeiten bei der Feststellung der Blutalkoholkonzentration zur Tatzeit führen kann (LG Braunschweig NdsRpfl 2008, 84; LG Hamburg NVZ 2008, 213; LG Ansbach BeckRS 2009, 09541), dürfte diese Ansicht mit der verfassungsgerichtlichen Rspr (BVerfG NJW 2007, 1345) nicht zu vereinbaren sein. Vielmehr können kurzfristige Verzögerungen durch die (telefonische) Einholung einer richterliche Anordnung mittels Rückrechnung ausgeglichen werden (OLG Hamburg NJW 2008, 2597; OLG Stuttgart NStZ 2008, 238 f; OLG Brandenburg BeckRS 2009, 10346; OLG Karlsruhe Beschl v 2. 6. 2009 – Az 1 Ss 183/08). Im konkreten Einzelfall, etwa beim Fehlen alkoholtypischer Ausfallerscheinungen oder bei geringer Alkoholisierung, kann jedoch auch eine nur kurzfristige Verzögerung durchaus zu einer Gefährdung des Ermittlungserfolgs führen, was die Annahme einer Eilanordnungskompetenz zu begründen vermag (OLG Hamburg BeckRS 2009, 04235; OLG Jena BeckRS 2009, 04235; OLG Köln BeckRS 2008, 23570; KG BeckRS 2009, 12841 zur Bejahung von Gefahr im Verzug, wenn innerhalb von eineinhalb Stunden nach Gestellung eines des Führers eines Kraftfahrzeuges unter Wirkung von Cannabis Verdächtigen der 26 zuständige Bereitschaftsrichter nicht erreicht wird). Eine dem Beschuldigten zur Operationsvorbereitung entnommene Blutprobe ist für die Feststellung der Tatzeit-BAK auch ohne Anordnung nach § 81 a StPO verwertbar, wenn die Voraussetzungen dieser Norm vorlagen (OLG Celle NStZ 1989, 385; OLG Zweibrücken NJW 1994, 810). Fehler bei der Untersuchung oder Auswertung begründen kein Verwertungsverbot, sondern sind bei der **Beweiswürdigung** zu berücksichtigen (OLG Stuttgart DAR 1984, 294). Ebenso führt die Entnahme durch einen **Nichtarzt** nicht zu einem Verwertungsverbot (BGHSt 24, 125).

I. Revision

27 Mit der Revision kann gerügt werden, dass ein Urteil auf einem **unverwertbaren** Untersuchungsergebnis beruht. Der Revisionsführer muss, um den Anforderungen des § 344 Abs 2 S 2 StPO zu genügen, die Tatsachen darlegen, aus denen sich die Unverwertbarkeit ergibt (zum notwendigen Revisionsvorbringen Graalmann-Scherer FS Rieß, 161). Die obergerichtliche Rspr verlangt auch den Vortrag, dass der Verwendung des Ergebnisses der Blutprobe bis zu dem durch § 257 StPO bestimmten Zeitpunkt **widersprochen** wurde (OLG Hamburg NVZ 2008, 362, 365; OLG Hamm BeckRS 2008, 21351; aA Meyer-Goßner StPO § 81 a Rn 34). Die Verwertung von Untersuchungsergebnissen, die durch eine fehlerhafte Untersuchung oder Auswertung zustande gekommen sind, kann die Revision begründen, wenn hierdurch die **Beweiswürdigung** mit Grundsätzen der Wissenschaft nicht mehr zu vereinbaren ist und gegen Erfahrungs- und Denkgesetze verstößt. Die Fehlerhaftigkeit muss jedoch mit den Mitteln des Revisionsrechts feststellbar sein (Pfeiffer StPO § 81 a Rn 10).

§ 81 b [Lichtbilder und Fingerabdrücke]

Soweit es für die Zwecke der Durchführung des Strafverfahrens oder für die Zwecke des Erkennungsdienstes notwendig ist, dürfen Lichtbilder und Fingerabdrücke des Beschuldigten auch gegen seinen Willen aufgenommen und Messungen und ähnliche Maßnahmen an ihm vorgenommen werden.

Überblick

Die Norm ist die Eingriffsgrundlage für notwendige Maßnahmen (Rn 3 und Rn 5) zur Identifizierung eines Beschuldigten (Rn 1) gegen dessen Willen. Soweit sie Identifizierungsmaßnahmen für Zwecke der Strafverfolgung erlaubt, handelt es sich um Strafprozessrecht. Soweit sie erkennungsdienstliche Maßnahmen gestattet, liegt materielles Polizeirecht vor. Die Unterscheidung hat Auswirkungen auf die Anordnungszuständigkeit (Rn 6) und den Rechtsbehelf (Rn 10) gegen angeordnete Maßnahmen.

Übersicht

	Rn		Rn
A. Beschuldigter	1	I. Maßnahmen im Strafverfahren	6
I. Maßnahmen im Strafverfahren	1	II. Maßnahmen nach Polizeirecht	7
II. Maßnahmen nach Polizeirecht	2	**E. Durchführung der Maßnahmen**	8
B. Maßnahmen	3	**F. Aufbewahrung und Speicherung von**	
C. Notwendigkeit	5	Unterlagen	9
D. Anordnung der Maßnahme	6	**G. Anfechtbarkeit der Maßnahme**	10

A. Beschuldigter

I. Maßnahmen im Strafverfahren

1 Beschuldigter idS ist nur ein **Tatverdächtiger**, gegen den ein **Verfahren** als Beschuldigter **betrieben** wird. Gegen Verdächtige, die (noch) nicht Beschuldigte sind, können lediglich

die in § 163b Abs 1 StPO vorgesehenen Maßnahmen ergriffen werden. Gegen Unverdächtige dürfen nur unter den Voraussetzungen des § 163b Abs 2 StPO die dort vorgesehenen Maßnahmen getroffen werden. Beschuldigter ist auch der **Verurteilte**. Dies ergibt sich – argumentum a maiore ad minus – daraus, dass sogar eine Durchsuchung nach § 102 StPO zu seiner Ergreifung zulässig ist (§ 102 StPO Rn 4). Der **Schuldunfähige** (§ 20 StGB) im Sicherungsverfahren (§ 414 Abs 1 StPO) ist Beschuldigter iS dieser Norm, nicht jedoch der **Strafunmündige** (§ 19 StGB). Gegen Strafunmündige können lediglich unter den Voraussetzungen des § 163b Abs 2 StPO Maßnahmen angeordnet werden.

II. Maßnahmen nach Polizeirecht

Die Anknüpfung präventivpolizeilicher Maßnahmen an die strafprozessuale Beschuldigteneigenschaft bedeutet, dass diese durch das gegen den Beschuldigten geführte Strafverfahren veranlasst sein und das Ergebnis dieses Verfahrens die Notwendigkeit der erkennungsdienstlichen Behandlung begründen muss (BVerwG NJW 1983, 772; NJW 1983, 1338). Erkennungsdienstliche Maßnahmen sind deshalb nicht (mehr) zulässig, wenn das Ermittlungsverfahren eingestellt oder der Beschuldigte rechtskräftig verurteilt oder freigesprochen worden ist (Meyer-Goßner StPO § 81b Rn 7; **aA** OVG Greifswald BeckRS 2009, 35201; KK-StPO/Senge StPO § 81b Rn 2). 2

Art 72 Abs 1 GG lässt erkennungsdienstliche Maßnahmen über § 81b StPO hinaus zu, soweit die Polizeigesetze der Länder über entsprechende Ermächtigungsgrundlagen verfügen (VGH Mannheim NVwZ-RR 2004, 572 zu § 36 BadWürttPolG; Meyer-Goßner StPO § 81b Rn 4 mit Hinweis auf § 14 Abs 1 Nr 2 PolGNW, der Anordnungen gegen Strafunmündige gestattet, und das NdsMaßregelvollzugsgesetz, der die erkennungsdienstliche Behandlung eines einstweilig Untergebrachten regelt). 2a

B. Maßnahmen

Zulässig (Rn 3.1) sind – außer den aufgezählten Beispielen – alle Maßnahmen, die der Feststellung der körperlichen Beschaffenheit dienen, ohne dass es einer körperlichen Untersuchung iSv § 81a Abs 1 StPO bedarf (BGHSt 34, 39, 44, 45). Die Maßnahmen können den ganzen Körper oder einzelne Körperteile betreffen. 3

Tätowierungen oder Narben können fotografisch oder durch Beschreibung festgehalten werden (Meyer-Goßner StPO § 81b Rn 8), es können Abdrücke und Aufnahmen von den Händen, den Füßen oder einzelnen Fingern gemacht werden, ein Videofilm kann zur Vorführung vor Zeugen angefertigt werden, die den Beschuldigten identifizieren sollen (Görling Kriminalistik 1985, 58; Schmidt Kriminalistik 1985, 239), für eine Gegenüberstellung (Odenthal NStZ 2001, 581) oder von einer Gegenüberstellung (BVerfG NStZ 1983, 84; LG Berlin NStZ 1989, 488) hergestellt werden. Stimmaufnahmen, die mit Zustimmung des Beschuldigten oder nach § 100f StPO erlangt wurden, dürfen für einen Stimmvergleich verwendet werden (BGHSt 34, 39; BGH StV 1985, 397). Gleiches muss für Aufnahmen gelten, die im Rahmen von Telekommunikationsüberwachungsmaßnahmen erlangt wurden. Der Beschuldigte hat die Zwangsmaßnahmen nur zu dulden, zu einer Sprechprobe darf er nicht gezwungen werden (BGHSt 34, 39, 45). 3.1

Zur Vorbereitung von Identifizierungsmaßnahmen kann die Veränderung des äußeren Erscheinungsbildes des Beschuldigten (Rn 4.1) angeordnet und zwangsweise durchgeführt werden (BGH NStZ 1993, 47). 4

In Betracht kommt das Aufsetzen oder Entfernen einer Perücke oder einer Brille, das Aufsetzen einer Strumpfmaske oder das Anziehen eines bestimmten Kleidungsstücks, Entfernen oder Auftragen von Schminke, nicht jedoch – so die Auffassung des BVerfG – eine Veränderung der Haar- und Barttracht mit Eingriffen in deren Substanz, weil es sich hierbei um einen körperlichen Eingriff handelt. Für derartige Maßnahmen soll § 81a StPO die Rechtsgrundlage sein (s § 81a StPO Rn 12.1). 4.1

C. Notwendigkeit

Es handelt sich um eine Ausprägung des Verhältnismäßigkeitsgrundsatzes, der zu beachten ist, weil die erkennungsdienstlichen Maßnahmen in das Persönlichkeitsrecht des Betroffenen eingreifen. Im Strafverfahren orientiert sich die Notwendigkeit und Verhältnismäßigkeit der 5

Maßnahmen an der Sachaufklärungspflicht (§ 244 Abs 2 StPO). Präventivpolizeiliche Maßnahmen sind notwendig, wenn sie geeignet und erforderlich sind sowie der mit ihnen verbundene Eingriff nicht außer Verhältnis zur Bedeutung der Sache und der Stärke des Tatverdachts steht (OVG Lüneburg BeckRS 2005, 20016). Dies ist gegeben, wenn der festgestellte Sachverhalt nach kriminalistischer Erfahrung angesichts aller Umstände des Einzelfalls – insbesondere angesichts der Art, Schwere und Begehungsweise der dem Betroffenen im strafrechtlichen Anlassverfahren zur Last gelegten Straftaten, seiner Persönlichkeit unter Berücksichtigung des Zeitraumes, während dessen er strafrechtlich nicht (mehr) in Erscheinung getreten ist – Anhaltspunkte für die Annahme bietet, dass der Betroffene in ähnlicher oder anderer Weise erneut straffällig werden könnte und die erkennungsdienstlichen Unterlagen die daraufhin einzuleitenden Ermittlungen fördern könnten (BVerwG NJW 1983, 772; NJW 1983, 1338; NJW 2006, 1225, 1226; VGH Mannheim NJW 2008, 3082). Dies ist in der Regel bei **gewerbs-** oder **gewohnheitsmäßig** handelnden Beschuldigten oder **Wiederholungstätern** der Fall. Eine Wiederholungsgefahr kann auch bei einem erstmalig strafrechtlich in Erscheinung getretenen Beschuldigten prognostiziert werden (VG Braunschweig NVwZ-RR 2008, 30, 31).

D. Anordnung der Maßnahme

I. Maßnahmen im Strafverfahren

6   Zuständig für die Anordnung der Maßnahmen sind im **Ermittlungsverfahren** die **Beamten des Polizeidienstes**, auch wenn sie nicht Ermittlungspersonen der Staatsanwaltschaft sind, oder die **Staatsanwaltschaft**, nach **Anklageerhebung** das mit der Sache befasste **Gericht**.

II. Maßnahmen nach Polizeirecht

7   Für die Anordnung präventivpolizeilicher Maßnahmen ist ausschließlich die **Kriminalpolizei** zuständig (VGH Mannheim NVwZ-RR 2004, 572). Deren Beamte werden in eigener Zuständigkeit, nicht als Ermittlungspersonen der Staatsanwaltschaft, tätig.

E. Durchführung der Maßnahmen

8   Die Maßnahmen werden in jedem Fall von der **Polizei** durchgeführt. Falls erforderlich darf hierbei **unmittelbarer Zwang** angewendet werden. **Rechtsgrundlage** hierfür ist **§ 81b StPO**. Eine vorherige Androhung ist nicht notwendig (OLG Naumburg NStZ-RR 2006, 179, 180). Der Beschuldigte darf zwangsweise zur Polizeidienststelle verbracht und dort während der Durchführung der Maßnahmen festgehalten werden. Darin liegt keine Freiheitsentziehung iSv Art 104 Abs 2 S 1 GG und keine vorläufige Festnahme iSv § 127 Abs 2 StPO. Zur Durchführung der Maßnahmen darf der Beschuldigte festgehalten werden. Erforderlichenfalls ist auch seine Fesselung erlaubt. Zur Vornahme von Handflächenabdrücken dürfen Arme und Hände mit Gewalt gestreckt werden. Muss zur Ergreifung des Beschuldigten eine **Wohnung** betreten werden, ist bei strafprozessualen Identifizierungsmaßnahmen ein **Durchsuchungsbeschluss** nach § 102 StPO **notwendig**, bei erkennungsdienstlichen Maßnahmen ein **amtsgerichtlicher Durchsuchungsbefehl** nach den Vorschriften des jeweiligen Polizeigesetzes (OLG Naumburg NStZ-RR 2006, 178, 180).

F. Aufbewahrung und Speicherung von Unterlagen

9   Unterlagen über Maßnahmen, die zu strafprozessualen Zwecken durchgeführt wurden, werden in den Strafakten aufbewahrt. Der Beschuldigte hat kein Recht, vor dem Ende der Aufbewahrungsfrist der Strafakten deren Entfernung oder Vernichtung zu verlangen (§ 489 Abs 2 S 2 Nr 1 StPO). Unterlagen über Maßnahmen für erkennungsdienstliche Maßnahmen gelangen nicht in die Ermittlungsakten, sondern werden in polizeiliche Materialsammlungen aufgenommen (OLG Hamburg MDR 1977, 80, 81). Aufbewahrung, Nutzung und – bei digitaler Erfassung – Speicherung sowie Löschung des erhobenen Materials richtet sich nach § 484 StPO, § 489 StPO.

G. Anfechtbarkeit der Maßnahme

Die Anordnung von **richterlichen Maßnahmen**, die für Zwecke der Durchführung 10 eines Strafverfahrens getroffen wurden, ist mit der **Beschwerde** anfechtbar (§ 304 Abs 1 StPO), sofern sie nicht im Zwischenverfahren (§ 202 Abs 2 StPO), erstinstanzlich durch das OLG (§ 304 Abs 4 StPO) oder im Hauptverfahren (§ 305 S 1 StPO) ergangen sind. Die Beschwerde hat keine aufschiebende Wirkung (§ 307 Abs 1 StPO). Die weitere Beschwerde ist ausgeschlossen (§ 310 Abs 2 StPO). Nach Durchführung der Maßnahme ist die Beschwerde unzulässig (BGHSt 10, 88, 91) oder bei prozessualer Überholung, es sei denn es besteht ein besonderes Feststellungsinteresse bezüglich der Rechtswidrigkeit der Maßnahme (BVerfGE 49, 329, 338; BGH NJW 1978, 1815). Wird die Maßnahme nach Einlegung des Rechtsmittels vollzogen, ist die Beschwerde ohne Kostenentscheidung für erledigt zu erklären (OLG Bremen MDR 1963, 335). Gegen Maßnahmen, die von der **Staatsanwaltschaft** oder der **Polizei** angeordnet wurden, ist nach **§ 98 Abs 2 StPO analog** die Anrufung des Gerichts statthaft (BGH NJW 1999, 730; OLG Koblenz StV 2002, 127). Für Streitigkeiten wegen der Ablehnung, die angefallenen Unterlagen zu vernichten, ist der Rechtsweg nach **§ 23 EGGVG** gegeben (OVG Koblenz NStE Nr 16 zu § 23 EGGVG).

Die Anordnung von Maßnahmen für **erkennungsdienstliche Zwecke** kann nur im 11 **Verwaltungsrechtsweg** angefochten werden. Wenn nicht die sofortige Vollziehung nach § 80 Abs 2 S 1 Nr 4 VwGO angeordnet ist, hat der Widerspruch nach § 68 VwGO aufschiebende Wirkung (BVerwG NJW 1983, 1338). Die **Anfechtungsklage** nach § 42 VwGO ist schon gegen die Aufforderung zulässig, sich zum Zweck der erkennungsdienstlichen Behandlung bei der Polizei einzufinden (BVerwG NJW 1983, 772). Im Verwaltungsrechtsstreit unterliegt der unbestimmte Rechtsbegriff der „Notwendigkeit" der vollen Überprüfung durch die Gerichte. Das der polizeilichen Prognose über das künftige Verhalten des Betroffenen zugrunde liegende Wahrscheinlichkeitsurteil ist einer gerichtlichen Kontrolle lediglich begrenzt zugänglich. Diese beschränkt sich darauf, ob die Prognose auf zutreffender Tatsachengrundlage beruht und ob sie nach gegebenem Erkenntnisstand unter Einbeziehung des kriminalistischen Erfahrungswissens sachgerecht und vertretbar ist (VGH Mannheim NVwZ-RR 2004, 572, 573). Die Ablehnung des Antrags auf **Vernichtung der Unterlagen** ist ein Verwaltungsakt; dagegen ist die **Verpflichtungsklage** vor dem Verwaltungsgericht gegeben (allgM).

§ 81 c [Untersuchung anderer Personen]

(1) Andere Personen als Beschuldigte dürfen, wenn sie als Zeugen in Betracht kommen, ohne ihre Einwilligung nur untersucht werden, soweit zur Erforschung der Wahrheit festgestellt werden muß, ob sich an ihrem Körper eine bestimmte Spur oder Folge einer Straftat befindet.

(2) [1]Bei anderen Personen als Beschuldigten sind Untersuchungen zur Feststellung der Abstammung und die Entnahme von Blutproben ohne Einwilligung des zu Untersuchenden zulässig, wenn kein Nachteil für seine Gesundheit zu befürchten und die Maßnahme zur Erforschung der Wahrheit unerläßlich ist. [2]Die Untersuchungen und die Entnahme von Blutproben dürfen stets nur von einem Arzt vorgenommen werden.

(3) [1]Untersuchungen oder Entnahmen von Blutproben können aus den gleichen Gründen wie das Zeugnis verweigert werden. [2]Haben Minderjährige wegen mangelnder Verstandesreife oder haben Minderjährige oder Betreute wegen einer psychischen Krankheit oder einer geistigen oder seelischen Behinderung von der Bedeutung ihres Weigerungsrechts keine genügende Vorstellung, so entscheidet der gesetzliche Vertreter; § 52 Abs. 2 Satz 2 und Abs. 3 gilt entsprechend. [3]Ist der gesetzliche Vertreter von der Entscheidung ausgeschlossen (§ 52 Abs. 2 Satz 2) oder aus sonstigen Gründen an einer rechtzeitigen Entscheidung gehindert und erscheint die sofortige Untersuchung oder Entnahme von Blutproben zur Beweissicherung erforderlich, so sind diese Maßnahmen nur auf besondere Anordnung des Gerichts und, wenn dieses nicht rechtzeitig erreichbar ist, der Staats-

anwaltschaft zulässig. ⁴Der die Maßnahmen anordnende Beschluß ist unanfechtbar. ⁵Die nach Satz 3 erhobenen Beweise dürfen im weiteren Verfahren nur mit Einwilligung des hierzu befugten gesetzlichen Vertreters verwertet werden.

(4) Maßnahmen nach den Absätzen 1 und 2 sind unzulässig, wenn sie dem Betroffenen bei Würdigung aller Umstände nicht zugemutet werden können.

(5) ¹Die Anordnung steht dem Gericht, bei Gefährdung des Untersuchungserfolges durch Verzögerung auch der Staatsanwaltschaft und ihren Ermittlungspersonen (§ 152 des Gerichtsverfassungsgesetzes) zu; Absatz 3 Satz 3 bleibt unberührt. ²§ 81 a Abs. 3 gilt entsprechend.

(6) ¹Bei Weigerung des Betroffenen gilt die Vorschrift des § 70 entsprechend. ²Unmittelbarer Zwang darf nur auf besondere Anordnung des Richters angewandt werden. ³Die Anordnung setzt voraus, daß der Betroffene trotz Festsetzung eines Ordnungsgeldes bei der Weigerung beharrt oder daß Gefahr im Verzuge ist.

Überblick

Die Norm regelt abschließend eine durch den Gesetzesvorbehalt in Art 2 Abs 2 S 3 GG gedeckte (BVerfGE 5, 13) Duldungspflicht für Nichtbeschuldigte, zumutbare (Rn 8, Rn 15) Untersuchungen zu dulden. Nach der Gesetzessystematik ist zu unterscheiden, ob die Untersuchung – Abs 1 – die Auffindung von Spuren (Rn 2) oder Tatfolgen (Rn 3) bezweckt, in diesem Fall sind Untersuchungen am Körper (Rn 4) einer als Zeuge (Rn 5) in Betracht kommenden Person zulässig, oder – Abs 2 – allgemein die Aufklärung des Sachverhalts (Rn 9), wofür unerlässliche Eingriffe (Rn 10 und Rn 14) durch einen Arzt (Rn 12) erlaubt sind.

Übersicht

	Rn		Rn
A. Untersuchung auf Spuren oder Tatfolgen (Abs 1)	1	IV. Unerlässlichkeit der Maßnahme (Abs 2 S 1)	14
I. Spuren	2	V. Zumutbarkeit (Abs 4)	15
II. Tatfolgen	3	C. Einwilligung	16
III. Art und Umfang der Untersuchung	4	D. Untersuchungsverweigerungsrecht (Abs 3)	18
IV. Personen, die als Zeugen in Betracht kommen	5	I. Umfang (Abs 3 S 1)	18
V. Notwendigkeit der Maßnahme	7	II. Belehrungspflicht	19
VI. Zumutbarkeit (Abs 4)	8		
B. Untersuchung zur Erforschung der Wahrheit (Abs 2)	9	E. Anordnung der Maßnahme (Abs 5 S 1)	20
I. Entnahme von Blutproben und Abstammungsuntersuchungen	10	F. Anfechtbarkeit der Maßnahme	21
II. Arzt (Abs 2 S 2)	12	G. Verwendung und Vernichtung des Materials (Abs 5 S 2)	22
III. Keine Befürchtung gesundheitlicher Nachteile (Abs 2 S 1)	13	H. Revision	23

A. Untersuchung auf Spuren oder Tatfolgen (Abs 1)

1   Die Pflicht, Untersuchungen zu dulden, die die Feststellung von Spuren oder Tatfolgen an ihrem Körper bezwecken, trifft nur Personen, die als Zeugen in Betracht kommen (**Spuren-** und **Zeugengrundsatz**). Ob die Spuren und Tatfolgen dauerhaft sind oder zum gesetzlichen Tatbestand der Straftat gehören, ist ohne Belang. Es genügt, dass sie für die Strafzumessung von Bedeutung sind.

I. Spuren

Spuren sind unmittelbar durch die Tat verursachte **Veränderungen am Körper**, die 2
Rückschlüsse auf den Täter und/oder die Tatausführung **ermöglichen** (Stichwunden, Einschusskanal, Blutspur, Spermienreste, Blut- oder Hautreste unter Fingernägeln oä).

II. Tatfolgen

Tatfolgen sind durch die Tat unmittelbar oder mittelbar eingetretene **Veränderungen am** 3 **Körper** des Betroffenen, die solche **Rückschlüsse nicht zulassen** (Hautabschürfungen, Zahnlücken, Krankheitszustand oä).

III. Art und Umfang der Untersuchung

Die Untersuchung darf nur **am Körper** des Beschuldigten erfolgen (Rn 4.1). Demnach 4 sind körperliche **Eingriffe** nicht zulässig. Die Untersuchung natürlicher Körperöffnungen, deren Inneres ohne ärztliche Hilfe sichtbar gemacht werden kann, ist erlaubt. Von der Duldungspflicht mitumfasst ist nach allgM die Pflicht, sich an den Ort der Untersuchung zu begeben und die zur Untersuchung erforderliche Körperhaltung einzunehmen. Es besteht keine Pflicht zur aktiven Mitwirkung.

Zulässig ist demnach das gewaltsame Öffnen des Mundes zur Besichtigung der Zähne, Scheiden- 4.1
abstriche oä.

Unzulässig sind Eingriffe, insbesondere Magenaushebungen, Röntgenaufnahmen und –durch- 4.2
leuchtungen, Untersuchungen unter Narkose (BGH NStZ 1991, 227) oder die Entnahme von Speichelproben (KK-StPO/Senge StPO § 81 c Rn 4) sowie Untersuchungen nach anderen Merkmalen als Spuren und Tatfolgen, insbesondere Untersuchungen zur Feststellung der Zeugentüchtigkeit wie zB der Merkfähigkeit und Sehtüchtigkeit (OLG Hamm VRS 21, 62, 63), Vernehmungsfähigkeit (LG Frankfurt/M StraFo 2009, 18) oder Glaubwürdigkeit (BGHSt 13, 394, 398; BGHSt 14, 21, 23; BGH BeckRS 2008, 26957). Falls dies als Beurteilungsgrundlage ausreicht, kann jedoch ein Sachverständiger einer Vernehmung des Zeugen beiwohnen und sich anschließend gutachterlich zur Glaubwürdigkeit, Vernehmungsfähigkeit oder Zeugentüchtigkeit äußern (BGH NStZ 1982, 432; KK-StPO/Senge StPO § 81 c Rn 9).

IV. Personen, die als Zeugen in Betracht kommen

Der **Zeugengrundsatz** dient lediglich dazu, Reihenuntersuchungen nach Spurenträgern 5 auszuschließen. Die allgemeine Formulierung, jede tatunverdächtige Person, bei der Spuren oder Tatfolgen zu vermuten seien, dürfe untersucht werden, ist jedoch zu weitgehend. Vielmehr müssen bereits **konkrete Anhaltspunkte** vorliegen, dass bestimmte **Spuren** oder **Tatfolgen** entdeckt werden können. Bezüglich der Bestimmtheit dieser Anhaltspunkte und der Beschaffenheit der zu erwartenden Spuren oder Tatfolgen sollen bei besonders schweren Verbrechen und/oder einem besonders zuverlässigen Beweismittel bereits geringe Anforderungen genügen (Löwe/Rosenberg/Krause StPO § 81 c Rn 16).

Unter den genannten Voraussetzungen dürfen Personen, die nichts beobachtet haben 6 (bewusstlose oder schlafende Tatopfer) oder Tatopfer, die unfähig sind, überhaupt etwas auszusagen, untersucht werden (Säuglinge, Kleinkinder, schwer geistesgestörte Personen oä).

V. Notwendigkeit der Maßnahme

Eine Spur oder Tatfolge muss zur Erforschung der Wahrheit festgestellt werden, wenn 7 Zweifel bestehen, dass andere Beweismittel gefunden werden, die eine körperliche Untersuchung des Betroffenen als überflüssig erscheinen lassen oder wenn die schon vorliegenden Beweismittel die Aufklärung des Sachverhalts nicht mit ausreichender Sicherheit erlauben oder nicht ausgeschlossen werden kann, dass die vorhandenen Beweismittel wieder wegfallen (Widerruf eines Geständnisse oä).

VI. Zumutbarkeit (Abs 4)

8   Der Grundsatz der Zumutbarkeit hebt lediglich das ohnehin geltende verfassungsrechtliche **Gebot der Verhältnismäßigkeit** hervor. Bei dessen Prüfung ist das – gemessen an der Bedeutung der Sache – bestehende **Aufklärungsinteresse** (einschließlich der mutmaßlichen Bedeutung des Beweisergebnisses) mit dem **Persönlichkeitsrecht des Betroffenen** abzuwägen (BGH MDR 1956, 527). An der Zumutbarkeit einer Untersuchung durch einen Arzt – oder im Fall des § 81 d StPO durch die dort genannten Personen – bestehen idR keine Bedenken (KK-StPO/Senge StPO § 81 c Rn 7). In die Abwägung sind die persönlichen Verhältnisse der Beteiligten und die Art und Folgen der Untersuchung einzubeziehen.

B. Untersuchung zur Erforschung der Wahrheit (Abs 2)

9   Im Gegensatz zu Abs 1 gilt nicht der Zeugen- und Spurengrundsatz, sondern der **Aufklärungsgrundsatz**. Es ist deshalb unerheblich, ob der Betroffene als Zeuge in Betracht kommt.

I. Entnahme von Blutproben und Abstammungsuntersuchungen

10   Die Blutprobenentnahme kommt für Abstammungsuntersuchungen in Betracht, kann aber auch in Verkehrsunfallsachen oder zum Nachweis der Infizierung mit einer Krankheit (als Folge einer Straftat) von Bedeutung sein.

11   Die Anordnung von Abstammungsuntersuchungen verpflichtet zur Duldung von Blutprobenentnahmen, Lichtbildaufnahmen, Messungen, Abnahme von Fingerabdrücken (allgM).

II. Arzt (Abs 2 S 2)

12   Die Maßnahmen darf nur ein Arzt (§ 81 a StPO Rn 9) vornehmen.

III. Keine Befürchtung gesundheitlicher Nachteile (Abs 2 S 1)

13   Durch die Maßnahme darf kein Nachteil für die Gesundheit des Betroffenen zu befürchten sein (§ 81 a StPO Rn 8). Bei den zugelassenen Maßnahmen ist dies allgemein auch nicht der Fall. Ausnahmen mögen bei der Blutprobenentnahme gelten, wenn der Betroffene Bluter ist, bei einer „Spritzenphobie" (OLG Koblenz NJW 1976, 379) oder beim genetischen Wirbelsäulenvergleich (Löwe/Rosenberg/Krause StPO § 81 c Rn 25).

IV. Unerlässlichkeit der Maßnahme (Abs 2 S 1)

14   Die Frage nach der Unerlässlichkeit der Maßnahme ist nach der Aufklärungspflicht (§ 244 Abs 2 StPO) zu beantworten. Es ist jedoch nicht notwendig, dass alle anderen Beweismöglichkeiten versagt haben (KK-StPO/Senge StPO § 81 c Rn 5).

V. Zumutbarkeit (Abs 4)

15   Für die Prüfung der Zumutbarkeit sind das Aufklärungsinteresse und die Interessen des Betroffenen gegeneinander abzuwägen. Auf Seiten des Betroffenen können hierbei wirtschaftliche Interessen nicht berücksichtigt werden. Ob der Rechtsgedanke des § 55 StPO zu berücksichtigen ist, ist streitig (hL nein, da der Betroffene ansonsten nach § 81 a StPO untersucht werden könnte, **aA** SK-StPO/Rogall StPO § 81 c Rn 43 ff). Eine Blutentnahme zur Feststellung einer AIDS-Infizierung ist idR ebenso zumutbar (KK-StPO/Senge StPO § 81 c Rn 7; **aA** Mayer JR 1990, 358, 363).

C. Einwilligung

16   Die Einwilligung (zu deren Voraussetzungen § 81 a StPO Rn 13) des Betroffenen macht die Anordnung der Maßnahme entbehrlich und lässt – sofern sie nicht gegen die guten Sitten verstößt – die Beschränkungen des § 81 c StPO entfallen. Eine Einwilligung ermöglicht über

die abschließende Regelung in Abs 1 und Abs 2 hinaus weitergehende Untersuchungen der Betroffenen auf ihren physischen und psychischen Zustand. Von besonderer praktischer Bedeutung sind hierbei Untersuchungen der Glaubwürdigkeit (Rn 16.1).

Zu prüfen ist die Erforderlichkeit der Einholung eines Sachverständigengutachtens zur Glaubwürdigkeit eines Zeugen bei psychischen Auffälligkeiten, etwa Psychosen (BGH StV 1990, 8), Epilepsie als möglicher Vorstufe einer Psychose, Suchtverhalten (BGH StV 1991, 405), Eigentümlichkeiten des Tatgeschehens, Kindern und Jugendlichen (zur Sachkunde der Mitglieder einer Jugendschutzkammer zur Beurteilung der Glaubhaftigkeit der Angaben eines jugendlichen Zeugen vgl BGH BeckRS 2009, 24184). Zur Beurteilung der Glaubwürdigkeit von Zeugen vgl § 261 StPO Rn 7 f. **16.1**

Zu einem Widerruf der Einwilligung und dessen Folgen vgl § 81 a StPO Rn 13. **17**
Die Zeugnisverweigerung als solche stellt keine Versagung der Einwilligung dar, vielmehr ist diese ausdrücklich zu erklären (KK-StPO/Senge StPO § 81 c Rn 9). **17 a**

D. Untersuchungsverweigerungsrecht (Abs 3)

I. Umfang (Abs 3 S 1)

Die Bestimmung knüpft nach ihrem Wortlaut an **§ 52 StPO** an. Ein Weigerungsrecht nach § 53 StPO, § 53 a StPO besteht nach allgemeiner Meinung nicht, auch nicht nach § 55 StPO (**aA** OLG Braunschweig NJW 1954, 1052; OLG Saarbrücken FamRZ 1959, 35). Der Zeugnisverweigerungsberechtigte darf nur die **Untersuchung verweigern**, die Einnahme des **richterlichen Augenscheins** hat er zu **dulden** (OLG Hamm MDR 1974, 1036). In der Verweigerung des Zeugnisses liegt nicht automatisch eine Verweigerung der Untersuchung. Diese ist vielmehr zusätzlich **ausdrücklich** zu erklären. Das Weigerungsrecht besteht auch, wenn sich das Verfahren gegen mehrere Beschuldigte richtet und dem Betroffenen nur bezüglich eines der Beschuldigten ein Weigerungsrecht zusteht, auch nach Verfahrenstrennung (§ 52 StPO Rn 14). Es erlischt mit dem Tod des Angehörigen oder dessen rechtskräftiger Verurteilung. Aus der Weigerung des Angehörigen, sich untersuchen zu lassen, dürfen keine dem Angeklagten nachteiligen Schlüsse gezogen werden. Jedoch kann die Weigerung des Angehörigen bei der Beweiswürdigung berücksichtigt werden, wenn dieser im Übrigen zur Sache aussagt (BGHSt 32, 140). **18**

II. Belehrungspflicht

Grundsätzlich ist der **Betroffene selbst** über sein Untersuchungsverweigerungsrecht zu belehren, auch wenn er minderjährig oder aus sonstigen Gründen nicht geschäftsfähig ist (BGHSt 14, 24) und zwar unabhängig davon, ob er bereits über sein Zeugnisverweigerungsrecht belehrt wurde (BGHSt 13, 394, 399; NStZ 1996, 275 mAnm Dölling NStZ 1997, 77) oder sogar schon nach Belehrung als Zeuge Angaben gemacht hat. Zur Belehrung ist derjenige verpflichtet, der sie angeordnet hat. Der Richter kann die Staatsanwaltschaft nach § 36 Abs 2 S 1 StPO ersuchen, für die Belehrung zu sorgen. Der Sachverständige ist zur Belehrung nicht befugt (BGH StV 1993, 563). Das Unterlassen der Belehrung wird dadurch geheilt, dass das Untersuchungsergebnis nicht berücksichtigt wird oder der Betroffene nach nachgeholter Belehrung der Verwertung zustimmt (BGH NJW 1959, 445) oder der Betroffene später auf sein Zeugnisverweigerungsrecht verzichtet (BGH NJW 1965, 1870). Wenn der **gesetzliche Vertreter** über die Ausübung des Untersuchungsverweigerungsrechts entscheidet, weil der Betroffene keine genügende Vorstellung von dessen Bedeutung hat, so ist allein dieser zu belehren (BGHSt 40, 336). Wird der **Verzicht** auf das Weigerungsrecht vor Abschluss der Untersuchung **widerrufen**, ist deren Fortsetzung unzulässig, jedoch kann das bis dahin erlangte Untersuchungsergebnis verwertet werden (BGHSt 12, 235, 242; BGH NStZ 1997, 296). **19**

E. Anordnung der Maßnahme (Abs 5 S 1)

Zur Zuständigkeit vgl § 81 a StPO Rn 14. Der Betroffene oder sein Vertreter müssen zuvor nicht gehört werden, da § 33 Abs 3 StPO hier nicht anwendbar ist (KK-StPO/Senge **20**

StPO § 81 d Rn 19). **Richterliche** Anordnungen werden ebenso wie **staatsanwaltschaftliche** Anordnungen durch die **Staatsanwaltschaft** vollstreckt (§ 36 Abs 2 S 1 StPO), die **Polizei** vollzieht ihre **eigenen** Anordnungen.

F. Anfechtbarkeit der Maßnahme

21 Gegen richterliche Anordnungen ist nach § 304 Abs 2 StPO die **Beschwerde** gegeben, auch gegen Anordnungen des erkennenden Gerichts (§ 305 S 2 StPO). Der Gerichtsbeschluss nach Abs 3 S 2 ist unanfechtbar (S 4), dessen Ablehnung kann die Staatsanwaltschaft mit der einfachen Beschwerde anfechten (§ 304 Abs 1 StPO). Gegen Anordnungen der Staatsanwaltschaft und Polizei kann der Betroffene entsprechend § 98 Abs 2 StPO eine gerichtliche Entscheidung beantragen (Meyer-Goßner StPO § 81 c Rn 31).

G. Verwendung und Vernichtung des Materials (Abs 5 S 2)

22 Durch den Verweis auf § 81 a Abs 3 StPO ist klargestellt, dass ein Verwertungsverbot für andere Zwecke als die Verwendung im anhängigen Strafverfahren besteht und das entnommene Material vernichtet werden muss (s § 81 a Rn 22 , § 81 a Rn 23, § 81 a Rn 24).

H. Revision

23 Dass die Voraussetzungen der Abs 1 und 2 nicht gegeben sind, kann die Revision des Angeklagten nicht begründen, da diese Vorschriften ausschließlich dem Schutz der Betroffenen dienen (BGH MDR 1953, 148). Entsprechendes gilt für die Unterlassung der Belehrung über die Freiwilligkeit der Duldung einer Untersuchung oder eines Eingriffs (Löwe/Rosenberg/Krause StPO § 81 c Rn 65). Wenn die Belehrung nach Abs 3 S 2 iVm § 52 Abs 3 S 1 StPO nicht erfolgt ist, gelten die Grundsätze zu § 52 StPO (§ 52 StPO Rn 38, § 52 Rn 39) entsprechend. Ist der gesetzliche Vertreter nicht belehrt worden, darf das auf der Untersuchung beruhende Gutachten nur verwertet werden, wenn feststeht, dass der gesetzliche Vertreter in Kenntnis des Rechts, die Untersuchung zu verweigern, in diese eingewilligt hat (BGHSt 40, 336).

§ 81 d [Verletzung des Schamgefühls]

(1) ¹Kann die körperliche Untersuchung das Schamgefühl verletzen, so wird sie von einer Person gleichen Geschlechts oder von einer Ärztin oder einem Arzt vorgenommen. ²Bei berechtigtem Interesse soll dem Wunsch, die Untersuchung einer Person oder einem Arzt bestimmten Geschlechts zu übertragen, entsprochen werden. ³Auf Verlangen der betroffenen Person soll eine Person des Vertrauens zugelassen werden. ⁴Die betroffene Person ist auf die Regelungen der Sätze 2 und 3 hinzuweisen.

(2) Diese Vorschrift gilt auch dann, wenn die betroffene Person in die Untersuchung einwilligt.

Überblick

Die Vorschrift sieht – ungeachtet einer vorliegenden Einwilligung des Betroffenen (Abs 2) – in Abs 1 S 1 vor, dass das Schamgefühl verletzende körperliche Untersuchungen (Rn 1 und Rn 5) entweder von einer ärztlichen Untersuchungsperson oder einer nichtärztlichen Untersuchungsperson desselben Geschlechts vorgenommen werden. Abs 1 S 2 gewährt dem Betroffenen bei berechtigtem Interesse (Rn 4) ein Wahlrecht hinsichtlich des Geschlechts der Untersuchungsperson. Hierauf sowie auf das Recht, eine Vertrauensperson (Rn 6) zuzuziehen, ist der Betroffene hinzuweisen (Abs 1 S 3).

A. Körperliche Untersuchung

Nach allgemeiner Meinung ist § 81 d StPO die einfachrechtliche Ausprägung des auf Art 1 Abs 1 GG basierenden Grundsatzes, dass **körperliche Untersuchungen** und **Durchsuchungen** nur von Angehörigen des eigenen Geschlechts oder einem Arzt durchgeführt werden sollen. Die Norm gilt deshalb über den Wortlaut hinaus auch für Durchsuchungen der Person nach § 102 StPO, § 103 StPO. Eine etwaige **Einwilligung** der betroffenen Person ist **ohne Belang** (Abs 2). 1

§ 81 d regelt lediglich den Fall, dass die Unter-/Durchsuchung zur Wahrung des **Schamgefühls** von einem Arzt (s § 81 a StPO Rn 9) vorgenommen wird. Der Arzt ist in diesem Fall **Zeuge**. Die Norm findet auch auf **Augenscheinseinnahmen** durch das Gericht Anwendung. Die mit der Untersuchung beauftragte Person wird als **Augenscheinsgehilfe** herangezogen und anschließend als **Zeuge** vernommen. Wenn eine körperliche Untersuchung **medizinische Kenntnisse** voraussetzt, ist § 81 d StPO nicht einschlägig, da in diesem Fall ein Arzt als **Sachverständiger** beauftragt werden muss. 2

Bei der Änderung der Norm durch das OpferrechtsreformG hat der Gesetzgeber auf die Angabe einer Altersgrenze verzichtet. Im Gesetzgebungsverfahren bestand Einigkeit, dass die Vorschrift für jeden Betroffenen ab dem **schulpflichtigen Alter** gelten solle (nach KK-StPO/Senge StPO § 81 d Rn 2 fallen Kleinkinder und Säuglinge, bei denen noch kein Schamgefühl vorhanden ist, nicht in den Anwendungsbereich der Norm). 3

Bei **berechtigtem Interesse** besteht nach Abs 1 S 2 ein **Wahlrecht** hinsichtlich des Geschlechts des Untersuchenden. Damit soll den Bedürfnissen derjenigen Personen Rechnung getragen werden, die aus bestimmten Gründen wie zB vorangegangenem Missbrauch durch eine Person des eigenen Geschlechts eine Untersuchung durch eine Person des anderen Geschlechts als weniger schamverletzend betrachten. 4

B. Verletzung des Schamgefühls

Das Schamgefühl, darüber hinaus die allgemeinen Regeln der Schicklichkeit und des Anstands, müssen gewahrt werden. Dies ist nicht nach der eigenen Bewertung des Betroffenen, sondern nach **objektiven Maßstäben** zu beurteilen. Das völlige Entkleiden vor einer Person des anderen Geschlechts, die nicht Arzt oder Ärztin ist, oder das Untersuchen der Geschlechtsorgane verletzt das Schamgefühl auf jeden Fall (Meyer-Goßner StPO § 81 d Rn 3). 5

C. Person des Vertrauens

Bei einem dahingehenden **Verlangen** des Betroffenen kann die Zuziehung einer Person seines Vertrauens lediglich aus **triftigen Gründen** abgelehnt werden (Störung der Untersuchung, Gefahr des Verlorengehens von Tatspuren und Beweismitteln bei Verzögerungen durch Hinzuziehung der Vertrauensperson oä). 6

D. Revision

Auf einen Verstoß gegen § 81 d StPO kann die Revision nach allgemeiner Meinung nicht gestützt werden. Bei einer Untersuchung des **Beschuldigten** bleibt das Untersuchungsergebnis ein **zulässiges Beweismittel** (KK-StPO/Senge StPO § 81 d Rn 5; Bohnert NStZ 1982, 5), bei der Untersuchung eines **Zeugen** berührt ein etwaiger Verstoß den **Rechtskreis** des Angeklagten nicht (allgM). 7

§ 81 e [Molekulargenetische Untersuchung]

(1) ¹An dem durch Maßnahmen nach § 81 a Abs. 1 erlangten Material dürfen auch molekulargenetische Untersuchungen durchgeführt werden, soweit sie zur Feststellung der Abstammung oder der Tatsache, ob aufgefundenes Spurenmaterial von dem Beschuldigten oder dem Verletzten stammt, erforderlich sind; hierbei darf auch das Geschlecht der Person bestimmt werden. ²Untersuchungen nach Satz 1 sind auch zulässig für entsprechende Feststellungen an dem durch Maßnah-

men nach § 81 c erlangten Material. ³Feststellungen über andere als die in Satz 1 bezeichneten Tatsachen dürfen nicht erfolgen; hierauf gerichtete Untersuchungen sind unzulässig.

(2) ¹Nach Absatz 1 zulässige Untersuchungen dürfen auch an aufgefundenem, sichergestelltem oder beschlagnahmtem Spurenmaterial durchgeführt werden. ²Absatz 1 Satz 3 und § 81 a Abs. 3 erster Halbsatz gelten entsprechend.

Überblick

Die Norm regelt die Eingriffsvoraussetzungen und Grenzen für die Zulässigkeit molekulargenetischer Untersuchungen. Erlaubt sind molekulargenetische Untersuchungen (Rn 3) nach Abs 1 an Blutproben oder Körperzellen des Beschuldigten (S 1) und anderer Personen (S 2), nach Abs 2 an aufgefundenem, sichergestelltem oder beschlagnahmten Spurenmaterial zur Feststellung der Abstammung (Rn 5) oder zum Spurenvergleich (Rn 6).

Übersicht

	Rn		Rn
A. Allgemeines	1	D. Verwendungsbeschränkungen	7
B. Molekulargenetische Untersuchungen	3	E. Beweiswert	8
C. Zulässige Feststellungen	4	F. Revision	9

A. Allgemeines

1   Bereits vor Einführung der Norm hatten Rspr und Lit molekulargenetische Untersuchungen an entnommenem Material sowie die Verwertung des Untersuchungsergebnisses zu Beweiszwecken nach § 81 a StPO für zulässig gehalten, soweit sich die Untersuchungen auf den nichtkodierenden (persönlichkeitsneutralen) Bereich der DNA beschränken (BVerfG NStZ 1996, 45; BGHSt 37, 157 ff). Mit Schaffung der Norm wollte der Gesetzgeber deshalb zuvorderst die sachgerechte Verwendung des Untersuchungsmaterials regeln (BT-Drs 13/ 667, 1). Eine (ausdrückliche) **Subsidiaritätsklausel** enthält die Regelung nicht, diese ist auch von Verfassungs wegen **nicht geboten**. Eine **restriktive Anwendung** (etwa die Anknüpfung an eine erhöhte Verdachtsstufe) ist schon deshalb **unzweckmäßig**, weil durch die Untersuchung der Beschuldigte frühzeitig als Täter ausgeschlossen werden kann.

2   Der Auffassung, wonach Material, das in **anderer Art und Weise** als durch eine Entnahme nach § 81 a oder § 81 c StPO gewonnen wurde, **nicht verwertet** werden darf (SK-StPO/Rogall StPO § 81 e Rn 17), ist schon im Hinblick auf die vordringliche Intention des Gesetzgebers, mit der Norm eine Verwendungsregelung zu schaffen, nicht zu folgen. Auch unter dem Gesichtspunkt der Verhältnismäßigkeit dürfte vor der Anordnung eines Eingriffs nach § 81 a oder § 81 c StPO die Untersuchung bereits vorliegenden Materials geboten sein. Deshalb unterfallen auch Körperzellen, die auf sonstige Weise rechtmäßig in den Besitz der Strafverfolgungsbehörden gelangt sind, der Regelung des Abs 1 (BGH ErmR – Az 1 BGs 96/2007).

B. Molekulargenetische Untersuchungen

3   Grundlage der DNA-Analyse ist die Annahme einer Individualspezifität. Im Verlauf der Evolution entstanden Eigentümlichkeiten in diesem Bereich, wie die Abfolgen von sich wiederholenden, fast identischen DNA-Abschnitten oder auch die Variabilität der Anzahl der sich wiederholenden Abschnitte. Bei der DNA-Analyse handelt es sich um ein Verfahren, das die formale Struktur des DNA-Moleküls in einer Art Strichcode sichtbar macht. Diese Struktur ist zwar in allen Körperzellen identisch, sie unterscheidet sich aber von der Struktur anderer Personen. Die Wahrscheinlichkeit einer Übereinstimmung bei mehreren Menschen beträgt 1 zu 30 Milliarden.

3.1   Die DNA-Analyse beruht auf der molekularbiologischen Erkenntnis, dass die gesamte Erbinformation eines Menschen in einem Molekül bestimmt ist, das sich in den 46 Chromosomen jeder kernhaltigen Körperzelle befindet. Diese Desoxyribonucleinsäure (=DNA) wird durch die unterschiedliche Anordnung der vier Basen Adenin, Thymin, Cytosin und Guanin charakterisiert, die über eine Zucker-Phosphatkette zu einer Polynucleotidkette verknüpft sind. Über Wasserstoffbrückenverbindungen sind stets zwei derartige Polynucleotidketten aneinandergelagert, wobei Bindungen nur zwischen den Basen Adenin und Thymin sowie Guanin und Cytosin möglich sind. Dies hat zum einen die Parallelität der Ketten zur Folge, die im Raum in Form eines Schraubengewindes angeordnet sind („Doppelhelix"). Zum anderen führt es dazu, dass sich aus der einen Kette zuverlässig auf die andere schließen lässt. Die kleinste Informationseinheit, die für jeweils eine bestimmte Aminosäure als den Grundbaustein der Proteine verantwortlich ist, wird von jeweils drei Basen gebildet. Der Abschnitt, der die Information für ein Protein enthält, wird als Gen bezeichnet, die Gesamtheit aller Gene eines Menschen als Genom. Die Anzahl der Basenpaare der menschlichen DNA wird auf 3 bis 4 Milliarden geschätzt, wobei jedoch nur etwa 5% dieser Informationsmenge für die Umsetzung in Eiweißverbindungen und damit für die Lebensfunktionen gebraucht werden. Der restliche und damit ganz überwiegende Teil der Nucleinsäuresequenz, der nach gegenwärtigem Verständnis ohne Einfluss auf die Eiweißsynthese zu sein scheint, wird als „nichtkodierender Bereich" bezeichnet.

C. Zulässige Feststellungen

Die Untersuchungen dürfen nur durchgeführt werden, soweit sie **zur Feststellung der** 4 **in Abs 1 S 1 bezeichneten Tatsachen** erforderlich sind. Gesetzlich erlaubt ist die Untersuchung nach dem Geschlecht des Spurenverursachers. Im Umkehrschluss sind daher Untersuchungen auf andere Persönlichkeitsmerkmale ausgeschlossen (äußere Körpermerkmale, Rasse, (Erb-)Krankheiten, etc). Streitig ist, ob bei der Untersuchung zufällig oder unvermeidbar angefallene Informationen über schutzbedürftige Persönlichkeitsmerkmale im Verfahren verwertet werden dürfen (dagegen BT-Drs 13/667, 7; Meyer-Goßner StPO § 81 e Rn 4; **aA** Senge NJW 1997, 2411). **Erforderlich** ist die Feststellung der in Abs 1 S 1 genannten Tatsachen, wenn sie in dem der Entnahme iSv § 81 Abs 3 StPO oder § 81 c Abs 5 S 2 StPO zugrunde liegenden oder einem anderen anhängigen Ermittlungsverfahren **Beweisrelevanz** haben. Andere anhängige Ermittlungsverfahren sind auch Ermittlungsverfahren gegen Unbekannt, bei denen ein Tatverdächtiger noch nicht ermittelt werden konnte (KK-StPO/Senge StPO § 81 e Rn 5). Auch die in Abs 2 geregelte Untersuchung des vorliegenden **Spurenmaterials** ist nur in den vorgenannten Grenzen zulässig (Abs 2 S 2), da sie dem Abgleich des nach § 81 a StPO, § 81 c StPO erhobenen – oder sonst rechtmäßig in den Besitz der Ermittlungsbehörden gelangten – vom Beschuldigten oder einem Zeugen stammenden Materials dient.

Fraglich ist die Zulässigkeit einer molekulargenetischen Untersuchung an Körperzellen, 4a die mit Zustimmung der betroffenen Person in einer **Biobank** gesammelt wurden. KK-StPO/Senge StPO § 81 e Rn 8 verneint dies wegen des Wortlauts des Abs 1 und Abs 2, wonach solche Untersuchungen nur an nach § 81 a Abs 1 StPO und § 81 c Abs 2 StPO erlangtem Material zulässig seien. Allerdings soll ein bei der Biobank bereits niedergelegtes DNA-Identifizierungsmuster nach § 94 StPO beschlagnahmt werden können. Im Hinblick auf die in Rn 2 genannten Erwägungen wird man jedoch – wenn die sonstigen Voraussetzungen der § 81 a StPO, § 81 c StPO vorliegen – auch die Beschlagnahme von Körperzellen in Biobanken nach § 94 StPO und deren anschließende molekulargenetische Untersuchung für zulässig erachten müssen.

I. Feststellung der Abstammung

Untersuchungen zur Feststellung der Abstammung dürfen an Material vorgenommen 5 werden, das dem Beschuldigten nach § 81 a StPO oder einem Dritten nach § 81 c StPO entnommen wurde sowie an aufgefundenem, sichergestelltem oder beschlagnahmtem Spurenmaterial (Abs 2 S 1).

II. Identifizierung oder Ausschluss von Spurenverursachern

Untersuchungen zur Feststellung, ob **vorgefundenes** Spurenmaterial vom Beschuldigten 6 oder Verletzten stammt oder ob diese als Spurenverursacher ausscheiden, sind erlaubt. Daraus ergibt sich, dass die DNA-Analyse an entnommenem Material **unzulässig** ist, solange kein

StPO § 81 f

zu Vergleichszwecken geeignetes Spurenmaterial vorhanden ist (LG Offenburg StV 2003, 153), es sei denn, der Betroffene erklärt sich damit einverstanden (Hilger NStZ 1997, 372 Fn 30).

D. Verwendungsbeschränkungen

7 Das untersuchte Material darf nur in dem der Untersuchung zugrunde liegenden oder einem sonst anhängigen Strafverfahren verwendet werden. Während das nach § 81 a StPO oder § 81 c StPO erhobene Material nur solange aufbewahrt werden darf, wie es für diese(s) Verfahren benötigt wird und anschließend zu vernichten ist (§ 81 a StPO Rn 23 f; § 81 c StPO Rn 22), gilt die **Vernichtungsregelung** für das **Spurenmaterial** iSv Abs 2 S 1 **nicht**. Das DNA-Identifizierungsmuster, das durch die Untersuchung des vom Beschuldigten stammenden Materials oder des Spurenmaterials gewonnen wurde, kann unter den Voraussetzungen des § 81 g StPO gespeichert werden (§ 81 g StPO Rn 9 ff).

E. Beweiswert

8 Das Ergebnis der DNA-Analyse ist eine statistische Wahrscheinlichkeit. Eine Verurteilung kann deshalb nicht allein auf ihr Ergebnis gestützt werden (BGHSt 37, 157, 159; BGHSt 38, 320); jedoch kann bei einem Seltenheitswert im Millionenbereich wegen der inzwischen erreichten Standardisierung der molekulargenetischen Untersuchung das Ergebnis der DNA-Analyse für die Überzeugungsbildung ausreichen, wenn die Berechnungsgrundlage den von der Rspr des Bundesgerichtshofs aufgestellten Anforderungen entspricht (BGH BeckRS 2009, 06278 = NStZ 2009, 285). Zum Beweiswert einer mitochondrialen DNA-Analyse vgl BGH BeckRS 2009, 18173. Im Rahmen der Beweiswürdigung sind mögliche Fehlerquellen der DNA-Analyse zu berücksichtigen (Neuhaus StraFo 2006, 393). Einem Beweisantrag auf Durchführung der DNA-Analyse zum Nachweis, dass der Beschuldigte nicht der Täter sein könne, wird stattzugeben sein (BGH NJW 1990, 2328), so wie auch die Aufklärungspflicht beim Vorhandensein von geeignetem Spurenmaterial die DNA-Analyse gebietet (BGH NStZ 1991, 399).

F. Revision

9 Strittig ist, ob der Verstoß gegen Abs 1 S 3 zu einem Beweisverwertungsverbot führt (hM, weil dadurch die Zweckbindung des Abs 1 S 1 unterlaufen würde; **aA** KK-StPO/Senge StPO § 81 e Rn 7 und NJW 1997, 2411, der mit Verweis auf BGHSt 37, 30, 32 auf die Umstände des Einzelfalls, die Art des Verbots und eine Abwägung der einander widerstreitenden Interessen abstellen will).

§ 81 f [Richterliche Anordnung; Durchführung der Untersuchung]

(1) [1]Untersuchungen nach § 81 e Abs. 1 dürfen ohne schriftliche Einwilligung der betroffenen Person nur durch das Gericht, bei Gefahr im Verzug auch durch die Staatsanwaltschaft und ihre Ermittlungspersonen (§ 152 des Gerichtsverfassungsgesetzes) angeordnet werden. [2]Die einwilligende Person ist darüber zu belehren, für welchen Zweck die zu erhebenden Daten verwendet werden.

(2) [1]Mit der Untersuchung nach § 81 e sind in der schriftlichen Anordnung Sachverständige zu beauftragen, die öffentlich bestellt oder nach dem Verpflichtungsgesetz verpflichtet oder Amtsträger sind, die der ermittlungsführenden Behörde nicht angehören oder einer Organisationseinheit dieser Behörde angehören, die von der ermittlungsführenden Dienststelle organisatorisch und sachlich getrennt ist. [2]Diese haben durch technische und organisatorische Maßnahmen zu gewährleisten, daß unzulässige molekulargenetische Untersuchungen und unbefugte Kenntnisnahme Dritter ausgeschlossen sind. [3]Dem Sachverständigen ist das Untersuchungsmaterial ohne Mitteilung des Namens, der Anschrift und des Geburtstages und -monats des Betroffenen zu übergeben. [4]Ist der Sachverständige eine

nichtöffentliche Stelle, gilt § 38 des Bundesdatenschutzgesetzes mit der Maßgabe, daß die Aufsichtsbehörde die Ausführung der Vorschriften über den Datenschutz auch überwacht, wenn ihr keine hinreichenden Anhaltspunkte für eine Verletzung dieser Vorschriften vorliegen und der Sachverständige die personenbezogenen Daten nicht in Dateien automatisiert verarbeitet.

Überblick

Die Norm sieht in Abs 1 die Zuständigkeit des Gerichts (Rn 3) und eine Notkompetenz der Staatsanwaltschaft und ihrer Ermittlungspersonen für die Anordnung der molekulargenetischen Untersuchung entnommenen Materials (Rn 1) vor. Eine schriftliche Einwilligung (Rn 5) des Betroffenen nach Belehrung macht die Anordnung entbehrlich. Abs 2 regelt besondere Vorkehrungen bei der Durchführung der Maßnahme (Rn 6) zur Gewährleistung des Datenschutzes.

A. Anordnung der Untersuchung

Molekulargenetische Untersuchungen nach § 81 e Abs 1 StPO dürfen nur auf **gericht-** 1 **liche** Anordnung – bei **Gefahr im Verzug** (s § 105 StPO Rn 6) auch auf Anordnung der **Staatsanwaltschaft** oder ihrer **Ermittlungspersonen** – erfolgen, es sei denn der Betroffene hat nach einer qualifizierten **Belehrung schriftlich eingewilligt**. Die Einwilligung lässt allerdings nur den Richtervorbehalt, nicht das Erfordernis der schriftlichen Anordnung entfallen. Diese ist bei Einwilligung durch den Betroffenen von der Staatsanwaltschaft oder Polizei zu treffen (KK-StPO/Senge StPO § 81 f Rn 3). Wegen der ausdrücklichen Bezugnahme auf § 81 e Abs 1 StPO gilt das Erfordernis richterlicher Anordnung grds nur für **entnommenes Material** nach § 81 a StPO oder § 81 c StPO, **nicht** jedoch für **Spurenmaterial** iSv § 81 e Abs 2 StPO. Die Untersuchung von Spurenmaterial kann daher von der (die Ermittlungen leitenden) Staatsanwaltschaft oder der Polizei angeordnet werden (LG Potsdam NJW 2006, 1224). Gefahr im Verzug kann vorliegen, wenn ohne das Ergebnis der DNA-Analyse der für die Anordnung von Untersuchungshaft erforderliche Tatverdacht nicht gegeben ist (BT-Drs 15/5674, 8; krit Senge NJW 2005, 3030).

Die Anordnung muss **schriftlich** erfolgen (Abs 2 S 1). 2

Zuständig für die richterliche Anordnung ist im Ermittlungsverfahren der Ermittlungs- 3 richter (§ 162 StPO), nach Anklageerhebung das mit der Sache befasste Gericht.

In der Anordnung ist der Sachverständige zu bezeichnen, die Angabe der Untersuchungs- 4 einrichtung genügt nicht (**aA** Huber Kriminalistik 1997, 736). Zwar obliegt die Auswahl des Sachverständigen dem anordnenden Organ (**hM** BT-Drs 13/667, 7), aber der Staatsanwaltschaft soll ein Beschwerderecht zustehen, wenn der von ihr benannte Sachverständige nicht bestellt wird (KK-StPO/Senge StPO § 81 f Rn 11). Nach welcher Untersuchungsmethode die Analyse durchgeführt wird, obliegt dem Sachverständigen. Die Anordnung beschränkt sich auf die Vorgabe des Ziels, einen Spurenabgleich vorzunehmen, ohne persönlichkeitsrelevante Daten aufzudecken (BT-Drs 13/667, 7).

B. Einwilligung

Die Einwilligung muss **schriftlich** erteilt werden (Abs 1 S 1). Sie kann nur für die 5 Zukunft widerrufen werden (LG Saarbrücken StV 2001, 265; **aA** Bergemann/Hornung StV 2007, 167) und stellt die Verwertbarkeit zwischenzeitlich aus der Untersuchung erlangter Erkenntnisse und eine bereits erfolgte Datenverarbeitung nach § 81 g StPO nicht in Frage (Meyer-Goßner StPO § 81 g Rn 23). Zu den sonstigen Voraussetzungen einer wirksamen Einwilligung vgl § 81 a StPO Rn 13. Ihr muss eine Belehrung über den Verwendungszweck sowie die weitere Nutzung (§ 81 g StPO) und ihre Dauer vorausgegangen sein (LG Düsseldorf NJW 2003, 1883, 1884; KK-StPO/Senge StPO § 81 f Rn 3; **aA** Meyer-Goßner StPO § 81 f Rn 2: lediglich Hinweis auf die Untersuchungszwecke des § 81 e). Die Versagung der Einwilligung darf nicht als Indiz für seine Schuld gewertet werden, wohl aber wenn der Beschuldigte sich einer rechtmäßig angeordneten Speichelprobe entzieht (BGHSt 49, 56, 59).

C. Durchführung der Untersuchung

6 Für die Durchführung der DNA-Analyse sieht Abs 2 besondere Vorkehrungen zur **Gewährleistung** eines ausreichenden **Datenschutzes** vor. Diese gelten **auch** bei **Einwilligung** durch den Betroffenen (KK-StPO/Senge StPO § 81 f Rn 7). Die **Auswahl** des zu bestellenden **Sachverständigen** ist deshalb **eingeschränkt** (Abs 2 S 1). Er darf der ermittlungsführenden Behörde oder einer organisatorisch und sachlich nicht getrennten Organisationseinheit dieser Behörde nicht angehören. Die Kriminaltechnischen Institute des BKA (BGH – Az 1 BGs 184/97) und der LKÄs sind jedoch idR organisatorisch und sachlich selbständig.

7 Den Sachverständigen persönlich trifft die **Obliegenheit** zu **Vorkehrungen** gegen unzulässige Untersuchungen und Kenntnisnahme durch Dritte (Abs 2 S 2).

8 Dem Sachverständigen wird das Untersuchungsmaterial in **anonymisierter Form** übergeben (Abs 2 S 3). Daraus folgt, dass der Sachverständige in Ausnahme von § 80 StPO kein Akteneinsichtsrecht hat. Ob dem Sachverständigen ein Gutachtenverweigerungsrecht zusteht, stellt sich deshalb erst nach Erstattung des Gutachtens heraus. Streitig ist, ob das Gutachten dann von einem anderen Sachverständigen vertreten werden kann (bejahend Cramer NStZ 1998, 498; **aA** Löwe/Rosenberg/Krause StPO § 81 f Rn 39).

9 Die **datenschutzrechtlichen Regelungen** des § 38 BDSG gelten nach Abs 2 S 4 auch, wenn der Sachverständige eine nichtöffentliche Stelle ist und werden insoweit erweitert, als zum einen anlassunabhängige Kontrollen, zum anderen Kontrollen selbst dann zulässig sind, wenn der Sachverständige die Daten nicht automatisiert in Dateien, sondern nur in Akten verarbeitet.

D. Anfechtbarkeit der Maßnahme

10 Gegen die **Anordnung** der Untersuchung steht dem Betroffenen die **Beschwerde** (§ 304 StPO) zu, und zwar **auch** dann, wenn sie vom **erkennenden Gericht** erlassen wurde (§ 305 S 2 StPO). Die Staatsanwaltschaft kann gegen die **Ablehnung** der beantragten Anordnung **Beschwerde** einlegen. Die Bestimmung des Sachverständigen ist nicht isoliert anfechtbar (vgl § 73 StPO Rn 6; Graalmann-Scheerer Kriminalistik 2000, 331; Meyer-Goßner StPO § 81 f Rn 8; **aA** KK-StPO/Senge StPO § 81 f Rn 11: der Staatsanwaltschaft als Herrin des Ermittlungsverfahrens soll die Beschwerde zustehen, wenn ein anderer als der von ihr benannte Sachverständige bestellt wird).

E. Revision

11 Das Ergebnis einer ohne richterliche Anordnung durchgeführten Analyse von entnommenem Material des Beschuldigten ist **unverwertbar** (Meyer-Goßner StPO § 81 f Rn 9). Eine Analyse des bei einem **Dritten** entnommenen Materials kann die Revision nicht begründen, da die Vorschriften ausschließlich dem Schutz des Dritten dienen (Meyer-Goßner StPO § 81 f Rn 9). Auf Verstöße gegen Abs 2 wird die Revision idR nicht gestützt werden können, da das Urteil hierauf nicht **beruhen** kann (zum Verstoß gegen das Gebot der Anonymisierung BGH NStZ 1999, 209). Gegebenenfalls kann bei einem Verstoß gegen Abs 2 S 1 (fehlende funktionelle Trennung von Strafverfolgung und Durchführung der Untersuchung) eine Besorgnis der Befangenheit gegen den Sachverständigen begründet sein (Graalmann-Scheerer FS Rieß, 165 f). Wird mit der Aufklärungsrüge in der Revision beanstandet, dass keine DNA-Analyse vorgenommen worden sei, muss dargelegt werden, dass das dafür erforderliche Zellmaterial zur Verfügung stand (BGHR StPO § 344 Abs 2 S 2 Aufklärungsrüge 5). Die vom Sachverständigen anzuwendende Untersuchungsmethode muss nicht benannt werden (BGH NStZ-RR 2002, 145).

§ 81 g [DNA-Identitätsfeststellung]

(1) ¹Ist der Beschuldigte einer Straftat von erheblicher Bedeutung oder einer Straftat gegen die sexuelle Selbstbestimmung verdächtig, dürfen ihm zur Identitätsfeststellung in künftigen Strafverfahren Körperzellen entnommen und zur

Feststellung des DNA-Identifizierungsmusters sowie des Geschlechts molekulargenetisch untersucht werden, wenn wegen der Art oder Ausführung der Tat, der Persönlichkeit des Beschuldigten oder sonstiger Erkenntnisse Grund zu der Annahme besteht, dass gegen ihn künftig Strafverfahren wegen einer Straftat von erheblicher Bedeutung zu führen sind. ²Die wiederholte Begehung sonstiger Straftaten kann im Unrechtsgehalt einer Straftat von erheblicher Bedeutung gleichstehen.

(2) ¹Die entnommenen Körperzellen dürfen nur für die in Absatz 1 genannte molekulargenetische Untersuchung verwendet werden; sie sind unverzüglich zu vernichten, sobald sie hierfür nicht mehr erforderlich sind. ²Bei der Untersuchung dürfen andere Feststellungen als diejenigen, die zur Ermittlung des DNA-Identifizierungsmusters sowie des Geschlechts erforderlich sind, nicht getroffen werden; hierauf gerichtete Untersuchungen sind unzulässig.

(3) ¹Die Entnahme der Körperzellen darf ohne schriftliche Einwilligung des Beschuldigten nur durch das Gericht, bei Gefahr im Verzug auch durch die Staatsanwaltschaft und ihre Ermittlungspersonen (§ 152 des Gerichtsverfassungsgesetzes) angeordnet werden. ²Die molekulargenetische Untersuchung der Körperzellen darf ohne schriftliche Einwilligung des Beschuldigten nur durch das Gericht angeordnet werden. ³Die einwilligende Person ist darüber zu belehren, für welchen Zweck die zu erhebenden Daten verwendet werden. ⁴§ 81 f Abs. 2 gilt entsprechend. ⁵In der schriftlichen Begründung des Gerichts sind einzelfallbezogen darzulegen
1. die für die Beurteilung der Erheblichkeit der Straftat bestimmenden Tatsachen,
2. die Erkenntnisse, auf Grund derer Grund zu der Annahme besteht, dass gegen den Beschuldigten künftig Strafverfahren zu führen sein werden, sowie
3. die Abwägung der jeweils maßgeblichen Umstände.

(4) Die Absätze 1 bis 3 gelten entsprechend, wenn die betroffene Person wegen der Tat rechtskräftig verurteilt oder nur wegen
1. erwiesener oder nicht auszuschließender Schuldunfähigkeit,
2. auf Geisteskrankheit beruhender Verhandlungsunfähigkeit oder
3. fehlender oder nicht auszuschließender fehlender Verantwortlichkeit (§ 3 des Jugendgerichtsgesetzes)
nicht verurteilt worden ist und die entsprechende Eintragung im Bundeszentralregister oder Erziehungsregister noch nicht getilgt ist.

(5) ¹Die erhobenen Daten dürfen beim Bundeskriminalamt gespeichert und nach Maßgabe des Bundeskriminalamtgesetzes verwendet werden. ²Das Gleiche gilt
1. unter den in Absatz 1 genannten Voraussetzungen für die nach § 81 e Abs. 1 erhobenen Daten eines Beschuldigten sowie
2. für die nach § 81 e Abs. 2 erhobenen Daten.
³Die Daten dürfen nur für Zwecke eines Strafverfahrens, der Gefahrenabwehr und der internationalen Rechtshilfe hierfür übermittelt werden. ⁴Im Fall des Satzes 2 Nr. 1 ist der Beschuldigte unverzüglich von der Speicherung zu benachrichtigen und darauf hinzuweisen, dass er die gerichtliche Entscheidung beantragen kann.

Überblick

Die Vorschrift stellt die Rechtsgrundlage der beim BKA eingerichteten DNA-Analyse-Datei dar, in der Identifizierungsmuster zur Identitätsfeststellung in künftigen Strafverfahren gespeichert (Rn 18 f) werden (Abs 5 S 1). Die Identifizierungsmuster werden in anhängigen Strafverfahren (Abs 1, Rn 1) und nach rechtskräftiger Verurteilung sowie in gleichgestellten Fällen (Abs 4, Rn 8) durch die Entnahme und molekulargenetische Untersuchung von Zellmaterial des Beschuldigten, im anhängigen Strafverfahren auch durch Umwidmung (Rn 9) untersuchten Zellmaterials des Beschuldigten oder des Spurenmaterials (Abs 5 S 2), erlangt. Die Anordnung der Untersuchung von Zellmaterial (Rn 13) erfolgt nur durch das Gericht (Abs 3 S 2, Rn 14), die Anordnung seiner Entnahme (Rn 13) obliegt dem Gericht und – bei Gefahr in Verzug – der Staatsanwaltschaft und ihren Ermittlungspersonen (Abs 3 S 1).

Übersicht

	Rn		Rn
A. Voraussetzungen	1	**B. Anordnung (Abs 3)**	12
I. Entnahme/Untersuchung im anhängigen Strafverfahren (Abs 1)	1	I. Zuständigkeit	13
		II. Verfahren	15
1. Straftaten von erheblicher Bedeutung	2	III. Entscheidung	16
2. Straftaten gegen die sexuelle Selbstbestimmung	4	**C. Anfechtbarkeit der Maßnahme**	17
3. Sonstige Straftaten	5	**D. Speicherung und Verwendung**	18
4. Annahme der künftigen Führung von Strafverfahren	6	I. Speicherung	18
II. Entnahme/Untersuchung nach rechtskräftiger Verurteilung oder in gleichgelagerten Fällen (Abs 4)	8	II. Verwendung	19
		1. Verwendungszweck	19
		2. Verwendungsbeschränkungen (Abs 5 S 3)	20
III. Umwidmung (Abs 5)	9	3. Vernichtung	21
1. Nach § 81 e Abs 1 StPO erhobene Daten eines Beschuldigten	10	**E. Revision**	22
2. Nach § 81 e Abs 2 StPO erhobene Daten	11		

A. Voraussetzungen

I. Entnahme/Untersuchung im anhängigen Strafverfahren (Abs 1)

1   Die Entnahme und Untersuchung von Körperzellen ist nur beim **Beschuldigten** zulässig, gegen den ein Strafverfahren aus einer der drei genannten Deliktsgruppen geführt wird, wenn bestimmte Tatsachen die Prognose begründen, dass gegen ihn auch künftig Strafverfahren wegen einer Straftat von erheblicher Bedeutung zu führen sind. Beschuldigter iSv § 81 g StPO ist auch der möglicherweise **Schuldunfähige** und der nach § 3 JGG nicht verantwortliche Jugendliche, **nicht** jedoch ein **Kind** (s § 81 b StPO Rn 1). Auf den Verdachtsgrad kommt es nicht an, so dass ein **Anfangsverdacht** ausreicht (KK-StPO/Senge StPO § 81 g Rn 5). Liegt für den Beschuldigten bereits ein DNA-Identifizierungsmuster vor, ist eine nochmalige Entnahme und Untersuchung von Körperzellen **unverhältnismäßig** (KK-StPO/Senge StPO § 81 g Rn 11).

1. Straftaten von erheblicher Bedeutung

2   Dazu zählen **Verbrechen** und **schwerwiegende Vergehen**, bei denen der Beschuldigte Körperzellen absondern könnte (**aA** LG Freiburg NJW 2001, 3720). Zu möglichen Anlasstaten s Rn 2.1.

2.1   Als Anlaßtaten wurden von der Rechtsprechung bisher anerkannt Vergehen nach dem BtMG (OLG Köln StV 2006, 517; LG Waldshut-Tiengen StV 2001, 10; **aA** LG Frankenthal NStZ-RR 2001, 19; StV 2000, 609 mAnm Rittershaus); dem AufenthG (OLG Schleswig SchlHA 2004, 235); Hehlerei, wenn bei der Tatbegehung mit DNA-Spuren zu rechnen ist (OLG Köln StraFO 2004, 317).

3   Der Gesetzgeber hat dem **Grundsatz der Verhältnismäßigkeit** schon dadurch Rechnung getragen, dass er die Zulässigkeit der Maßnahme auf Straftaten von **erheblicher Bedeutung** beschränkt hat. Die Straftat muss deshalb mindestens dem Bereich der mittleren Kriminalität zuzurechnen sein, den Rechtsfrieden empfindlich stören und geeignet sein, das Gefühl der Rechtssicherheit der Bevölkerung erheblich zu beeinträchtigen (BVerfGE 103, 21, 34; LG Mannheim StV 2001, 266). Nicht erforderlich ist, dass der Beschuldigte bei der Anlasstat tatsächlich Körperzellen abgesondert hat, dies ist allenfalls bei der prognostizierten Tat von Bedeutung (LG Leipzig StraFo 2007, 464; Meyer-Goßner StPO § 81 g Rn 7 a; **aA** LG Berlin NJW 2000, 752).

2. Straftaten gegen die sexuelle Selbstbestimmung

Gemeint sind Straftaten nach § 174 StGB bis § 184f StGB, da Sexualstraftaten, die Verbrechenstatbestände darstellen, bereits der ersten Fallgruppe der „Straftaten von erheblicher Bedeutung" unterfallen. In der zweiten Fallgruppe soll es **nicht erforderlich** sein, dass die **Anlasstat** von **erheblicher Bedeutung** ist (Meyer-Goßner StPO § 81 g Rn 7 b; krit Duttge/Hörnle/Renzikowki NJW 2004, 1071). Damit wollte der Gesetzgeber dem Faktum Rechnung tragen, dass exhibitionistische Straftäter mit einer Wahrscheinlichkeit von 1 bis 2% später ein sexuelles oder ein sonstiges Gewaltdelikt begehen. Gleichwohl ist eine Untersuchung unzulässig, wenn die Prognose lediglich weitere exhibitionistische Handlungen erwarten lässt (LG Bremen StraFo 2007, 58).

4

3. Sonstige Straftaten

Die Untersuchung ist auch zulässig bei sonstigen Straftaten, die – für sich allein betrachtet – weder von erheblicher Bedeutung noch gegen die sexuelle Selbstbestimmung gerichtet sind, die jedoch durch ihre **wiederholte Begehung** in ihrem Unrechtsgehalt einer Straftat von erheblicher Bedeutung gleichstehen. Dem Gesetzgeber genügt die wiederholte Begehung von Vergehen des Hausfriedensbruchs oder des Stalking (BT-Drs 15/5674, 11). Es soll auch nicht erforderlich sein, dass die betroffene Person wegen der Begehung dieser Taten bereits verurteilt ist, vielmehr soll der begründete Verdacht der wiederholten Begehung solcher Straftaten genügen (BT-Drs 15/5674, 11). Jedoch ist in der Anordnung einzelfallbezogen darzulegen, warum die wiederholte Begehung sonstiger Straftaten im Unrechtsgehalt einer Straftat von erheblicher Bedeutung gleichsteht (BVerfG Beschl v 14. 8. 2007 – Az 2 BvR 1293/07 = BeckRS 2007, 25630). In der Literatur (Bergemann/Hornung StV 2007, 164, 166) geäußerten Zweifeln an der **Bestimmtheit** der Norm hat das BVerfG eine Absage erteilt (BVerfG Beschl v 14. 8. 2007 – Az 2 BvR 1293/07 = BeckRS 2007, 25630).

5

4. Annahme der künftigen Führung von Strafverfahren

Die **Prognose** künftiger Strafverfahren muss nach den Erkenntnissen bei der vorliegenden Straftat beurteilt werden (OLG Köln NStZ-RR 2002, 306). Weil der Gesetzeswortlaut von **künftigen Strafverfahren** und nicht von künftigen Straftaten spricht, sind die Maßnahmen auch dann zulässig, wenn es um den Nachweis einer bereits begangenen, noch nicht aufgeklärten Straftat geht (BGH Beschl v 23. 7. 2001 – Az 1 BGs 129/2001; LG Frankfurt/M NJW 2000, 692, 694). Neben dem Wortlaut der Norm erfordern nämlich auch die Gesetzesmaterialien (Krause FS Rieß, 268) und die Entscheidungen des BVerfG (BVerfGE 103, 37; BVerfG NStZ 2001, 329) keine Beschränkung der Maßnahme auf den Nachweis künftiger Straftaten. Zur Unbegründetheit der Befürchtung, bei gleichzeitig anhängigen Verfahren könnten durch die Anwendung des § 81 g StPO die Voraussetzungen des § 81 e StPO oder des § 81 c StPO unterlaufen werden, s SK-StPO/Rogall StPO § 81 g Rn 29 ff; **aA** KMR/Bosch StPO § 81 g Rn 15. Die Prognose ist nach dem Gesetzeswortlaut aufgrund der Art oder Ausführung der Tat, der Persönlichkeit des Beschuldigten und sonstiger Erkenntnisse zu treffen (Rn 6.1). Hierzu bedarf es der Darlegung von auf den Einzelfall bezogenen Gründen (BVerfG Beschl v 14. 8. 2007 – Az 2 BvR 1293/07 = BeckRS 2007, 25630; BVerfG Beschl v 22. 5. 2009 – Az 2 BvR 400/09 = BeckRS 2009, 35233).

6

Bei der Art oder Ausführung der Tat spielen die Tatschwere, die kriminelle Energie und das Nachtatverhalten eine Rolle. Bei der Persönlichkeit des Beschuldigten sind seine kriminelle Karriere, seine Vorstrafen, sein soziales Umfeld, seine psychiatrischen Erkrankungen zu berücksichtigen. Bei den sonstigen Erkenntnissen sind kriminalistische oder kriminologisch anerkannte Erfahrungsgrundsätze heranzuziehen (Meyer-Goßner StPO § 81 g Rn 8; SK-StPO/Rogall StPO § 81 g Rn 39 ff).

6.1

Die Prognose nach Abs 1 S 1 darf **nicht** mit der **positiven Sozialprognose** iSv § 56 StGB verwechselt werden (OLG Celle NJW 2006, 3155). Daher steht die Strafaussetzung zur Bewährung einer Anordnung nach § 81 g StPO nicht entgegen (BVerfGE 103, 21 =

7

StPO § 81 g

NStZ 2001, 328; OLG Jena StV 2001, 5; OLG Karlsruhe StraFo 2001, 308), jedoch bestehen in diesen Fällen erhöhte Anforderungen an die Begründung (BVerfGE 103, 21 = NStZ 2001, 328; BVerfG Beschl v 22. 5. 2009 – Az 2 BvR 287/09 und Az 2 BvR 400/09 = BeckRS 2009, 35233).

II. Entnahme/Untersuchung nach rechtskräftiger Verurteilung oder in gleichgelagerten Fällen (Abs 4)

8   Auch bei **rechtskräftig Verurteilten** oder **Betroffenen**, die wegen nicht ausschließbarer Schuldunfähigkeit oder auf Geisteskrankheit beruhender Verhandlungsunfähigkeit (s § 413 StPO) oder nicht auszuschließender fehlender Verantwortlichkeit (§ 3 JGG) **nicht verurteilt** wurden, dürfen molekulargenetische Untersuchungen durchgeführt werden, wenn die entsprechenden Eintragungen im Bundeszentralregister oder im Erziehungsregister noch **nicht getilgt** sind. Die Erwirkung eines „Vorratsbeschlusses" ist jedoch unzulässig (LG Stuttgart NStZ 2001, 336). Da demnach auch sehr lange zurückliegende Straftaten als „Anlasstaten" in Betracht kommen, muss die Prognose künftiger Strafverfahren sehr sorgfältig geprüft werden (BVerfG NJW 2001, 2320). Dabei sind bisherige Rückfallgeschwindigkeit, Zeitablauf, Verhalten des Verurteilten, Lebensumstände und Persönlichkeit des Verurteilten abzuwägen (BVerfGE 103, 21 = NStZ 2001, 328; BVerfG StV 2003, 1; LG Freiburg StraFo 2001, 169; 2001, 205). Dies muss gegebenenfalls im Freibeweisverfahren ermittelt werden (BVerfGE 70, 297, 309). Grundsätzlich ist die Anordnung auch zulässig, wenn der Betroffene sich im Straf- oder Maßregelvollzug befindet, weil Straftaten auch bei Vollzugsunterbrechungen begangen werden können. Eine Strafaussetzung zur Bewährung steht einer Anordnung nicht grundsätzlich entgegen (Meyer-Goßner StPO § 81 g Rn 10; **aA** Eisenberg FS Meyer-Goßner, 300). Zur Unzulässigkeit der Maßnahme s Rn 8.1.

8.1   Eine Negativprognose ist bisher verneint worden bei einer acht Jahre oder länger zurückliegenden Anlasstat bei anschließender im Wesentlichen straffreier Führung (BVerfG NJW 2001, 2320; LG Aurich StV 2000, 609; LG Bremen StV 2000, 303; LG Freiburg StraFo 2001, 314; LG Hannover StV 2000, 302; LG Karlsruhe StV 2003, 609; LG Traunstein StV 2001, 391; AG Stade StV 2000, 304); bei einer Beziehungstat, die lange Jahre zurückliegt (LG Berlin StV 2003, 610); nach einer erfolgreich abgeschlossenen Therapie (LG Bückeburg StV 2001, 8).

III. Umwidmung (Abs 5)

9   Wenn die Voraussetzungen des Abs 1 vorliegen, dürfen in laufenden Ermittlungsverfahren die folgenden Daten umgewidmet werden:

1. Nach § 81 e Abs 1 StPO erhobene Daten eines Beschuldigten

10   Der Beschuldigte ist unverzüglich durch die tätig gewordene Polizeibehörde (§ 11 Abs 2 S 1 BKAG) von der Speicherung zu **benachrichtigen** und auf die Möglichkeit des **Antrags auf gerichtliche Entscheidung** (§ 98 Abs 2 S 2 StPO analog) zur Überprüfung der Rechtmäßigkeit der Maßnahme hinzuweisen (Abs 5 S 4).

2. Nach § 81 e Abs 2 StPO erhobene Daten

11   Die Spur muss nicht aus einer Straftat von erheblicher Bedeutung stammen (anders noch das DNA-IFG).

B. Anordnung (Abs 3)

12   Eine Anordnung ist entbehrlich, wenn der Betroffene **schriftlich** einwilligt (zu den Wirksamkeitsvoraussetzungen einer Einwilligung s § 81 a StPO Rn 13). Dazu muss er zuvor auch darüber **belehrt** worden sein, dass die Daten in die DNA-Analyse-Datei aufgenommen werden (s § 81 f StPO Rn 5). Die Beauftragung des Sachverständigen erfolgt in diesem Fall durch die Staatsanwaltschaft oder die Polizei. Streitig ist, ob die formgebundene Einwilligung – anders als die formlose Einwilligung nach § 81 a StPO – unwiderruflich ist (LG Saarbrü-

cken StV 2001, 265) oder ob sie für die Zukunft widerrufen werden kann, jedoch eine bereits erfolgte Datenverarbeitung nicht in Frage stellt (Meyer-Goßner StPO § 81 g Rn 23).

I. Zuständigkeit

Es ist zu unterscheiden zwischen der Anordnung für die **Entnahme** von Körperzellen und der Anordnung von deren **Untersuchung**. Die Anordnung für die **Entnahme** ist durch das **Gericht**, bei **Gefahr im Verzug** durch die **Staatsanwaltschaft** oder ihre **Ermittlungspersonen** zu treffen (Abs 3 S 1). Die **Untersuchung** der entnommenen Körperzellen ordnet **ausschließlich** das **Gericht** – auf Antrag der Staatsanwaltschaft (Graalmann-Scherer Kriminalistik 2000, 331: ein polizeilicher Antrag genügt nicht) – an. Streitig ist, ob der Betroffene vorher anzuhören ist (dagegen Senge NJW 1997, 2411; dafür Graalmann-Scherer aaO; Volk NStZ 1999, 165, 170). 13

Sachlich zuständig ist im **Ermittlungsverfahren** und nach **rechtskräftiger Verurteilung** (sowie den dieser gleichgestellten Fällen) der **Ermittlungsrichter** (§ 162 StPO), bei Jugendlichen der **Jugendrichter** (Eisenberg NStZ 2003, 131), es sei denn ein verurteilter Jugendlicher ist inzwischen erwachsen (LG Essen StV 2000, 365), nach **Erhebung der Anklage** das mit der Sache befasste **Gericht** (BGH StV 1999, 302; OLG Bremen NStZ 2006, 716; OLG Celle NStZ-RR 2000, 374; OLG Düsseldorf NStZ 2004, 349; aA KG NStZ-RR 2004, 82). Das Gericht entscheidet stets durch Beschluss (BGH NStZ-RR 2002, 67). 14

II. Verfahren

Ob die Bestellung eines Verteidigers notwendig ist, ist im Einzelfall zu prüfen (BVerfGE 103, 21; LG Karlsruhe StV 2001, 390). Hinsichtlich des Sachverständigen, der die Untersuchung vornimmt, gelten über die Verweisung in Abs 3 S 4 die Vorschriften des § 81 f Abs 2 StPO (s § 81 f StPO Rn 6 bis 9). 15

III. Entscheidung

Abs 3 S 5 regelt den **Inhalt** der gerichtlichen Entscheidung. In deren Begründung müssen die Tatsachen, die die Erheblichkeit iSv Abs 1 sowie die Prognose nach Abs 2 begründen, abgewogen werden. Das gilt auch in den Fällen des Abs 4. Auch die Art der Entnahme ist zu bezeichnen (Graalmann-Scherer JR 1999, 453). Die Entnahme wird idR von einem Arzt nach den Regeln der ärztlichen Kunst vorgenommen werden müssen. Diese erfolgt in Form einer Speichelprobe. Ist der Beschuldigte zur Mitwirkung dazu nicht bereit, muss eine Blutprobe entnommen werden (OLG Köln StraFo 2001, 104). Der die Entnahme anordnende Beschluss berechtigt auch zu deren zwangsweiser Durchsetzung (OLG Jena NStZ 1999, 634, 635). Eine Entscheidung über die Kosten und Auslagen wird nicht getroffen (LG Offenburg NStZ-RR 2003, 32). Wenn nicht feststeht, ob der Betroffene jemals für die Entnahme zur Verfügung stehen wird, darf die Anordnung nicht ergehen, da eine „Vorratshaltung" von richterlichen Beschlüssen rechtlich nicht zulässig ist (BGH NStZ 2000, 212). 16

C. Anfechtbarkeit der Maßnahme

Gegen die Anordnung der Entnahme s § 81 a StPO Rn 19 bis 21, gegen die Anordnung der Untersuchung s § 81 f StPO Rn 10. § 305 S 1 StPO steht nicht entgegen (OLG Köln NStZ-RR 2002, 306). Für die nachträgliche Überprüfung der Vollstreckung einer richterlich angeordneten Entnahme von Körperzellen gilt § 98 Abs 2 S 2 StPO entsprechend (OLG Karlsruhe NJW 2002, 3117). 17

D. Speicherung und Verwendung

I. Speicherung

Die DNA-Identifizierungsmuster werden beim Bundeskriminalamt in einer Verbunddatei, die gemeinsam mit den Landeskriminalämtern geführt werden, **gespeichert**. Bezüglich dieser Datei ist Abs 5 S 1 eine Spezialregelung gegenüber § 484 StPO, deshalb gelten im 18

Übrigen § 483 StPO ff. Die näheren Regelungen zu Nutzung, Verarbeitung, Berichtigung und Löschung ergeben sich aus dem BKAG. Wird das Ermittlungsverfahren, in dem die molekulargenetische Untersuchung durchgeführt wurde, nach § 170 Abs 2 StPO eingestellt, das Hauptverfahren nicht eröffnet oder der Beschuldigte freigesprochen, ist der gespeicherte Datensatz nach § 8 Abs 3 BKAG zu **löschen**. Für die Sperrung der Daten gilt § 33 Abs 2 Nr 2 BKAG, für ihre Löschung § 31 Abs 3 BKAG, § 34 Abs 1 S 1 Nr 8 BKAG (OLG Bremen NStZ 2006, 653). Löschungsfristen bestehen nicht.

II. Verwendung

1. Verwendungszweck

19   Das Ergebnis der molekulargenetischen Untersuchung darf ausschließlich zu erkennungsdienstlichen Zwecken (= **Identitätsfeststellung**) in künftigen Strafverfahren verwendet werden (Abs 1 S 1). Die molekulargenetische Untersuchung muss deshalb auf die Feststellungen beschränkt werden, die zur Ermittlung des DNA-Identifizierungsmusters **erforderlich** sind (Abs 2 S 2). Andere Untersuchungen sind unzulässig (BT-Drs 13/10791, 5).

2. Verwendungsbeschränkungen (Abs 5 S 3)

20   Die Regelung gilt auch für Umwidmungsfälle. Sie schränkt die nach S 1 anwendbaren § 10 BKAG, § 14 BKAG ein. Eine Übermittlung setzt daher voraus, dass sie sowohl nach BKAG zulässig ist als auch einem der in S 3 genannten Zwecken dient.

3. Vernichtung

21   Die **entnommenen Körperzellen** sind nach der molekulargenetischen Untersuchung zu **vernichten** (Abs 2 S 1). Die **DNA-Identitätsmuster** dürfen beliebig lang **aufbewahrt** werden, auch noch nach dem Tod des Betroffenen, um damit gegebenenfalls Unschuldige hinsichtlich später aufgefundener Spuren zu entlasten (**aA** Bergemann/Hornung StV 2007, 168).

E. Revision

22   Fehler können nicht im anhängigen, sondern allenfalls im künftigen Strafverfahren von Bedeutung sein. Die unrichtige Beurteilung des Vorliegens der Voraussetzungen der Maßnahme wird idR die Revision nicht begründen können (BGHSt 41, 30, 34 bei der Telefonüberwachung). Schwerwiegende Verstöße bei der Anordnung können zu einem Verwertungsverbot führen und dadurch die Revision begründen (s § 81 a StPO Rn 25).

§ 81 h [DNA-Reihenuntersuchung]

(1) **Begründen bestimmte Tatsachen den Verdacht, dass ein Verbrechen gegen das Leben, die körperliche Unversehrtheit, die persönliche Freiheit oder die sexuelle Selbstbestimmung begangen worden ist, dürfen Personen, die bestimmte, auf den Täter vermutlich zutreffende Prüfungsmerkmale erfüllen, mit ihrer schriftlichen Einwilligung**
1. **Körperzellen entnommen,**
2. **diese zur Feststellung des DNA-Identifizierungsmusters und des Geschlechts molekulargenetisch untersucht und**
3. **die festgestellten DNA-Identifizierungsmuster mit den DNA-Identifizierungsmustern von Spurenmaterial automatisiert abgeglichen werden,**
soweit dies zur Feststellung erforderlich ist, ob das Spurenmaterial von diesen Personen stammt, und die Maßnahme insbesondere im Hinblick auf die Anzahl der von ihr betroffenen Personen nicht außer Verhältnis zur Schwere der Tat steht.

(2) ¹Eine Maßnahme nach Absatz 1 bedarf der gerichtlichen Anordnung. ²Diese ergeht schriftlich. ³Sie muss die betroffenen Personen anhand bestimmter Prü-

fungsmerkmale bezeichnen und ist zu begründen. ⁴Einer vorherigen Anhörung der betroffenen Personen bedarf es nicht. ⁵Die Entscheidung, mit der die Maßnahme angeordnet wird, ist nicht anfechtbar.

(3) ¹Für die Durchführung der Maßnahme gelten § 81 f Abs. 2 und § 81 g Abs. 2 entsprechend. ²Soweit die Aufzeichnungen über die durch die Maßnahme festgestellten DNA-Identifizierungsmuster zur Aufklärung des Verbrechens nicht mehr erforderlich sind, sind sie unverzüglich zu löschen. ³Die Löschung ist zu dokumentieren.

(4) ¹Die betroffenen Personen sind schriftlich darüber zu belehren, dass die Maßnahme nur mit ihrer Einwilligung durchgeführt werden darf. ²Hierbei sind sie auch darauf hinzuweisen, dass
1. die entnommenen Körperzellen ausschließlich für die Untersuchung nach Absatz 1 verwendet und unverzüglich vernichtet werden, sobald sie hierfür nicht mehr erforderlich sind, und
2. die festgestellten DNA-Identifizierungsmuster nicht zur Identitätsfeststellung in künftigen Strafverfahren beim Bundeskriminalamt gespeichert werden.

Überblick

Die Vorschrift ist die Rechtsgrundlage der früher gesetzlich nicht erfassten Reihenuntersuchung, durch die festgestellt werden soll, ob aufgefundenes Spurenmaterial von einer der zur Teilnahme am Gentest aufgeforderten und freiwillig mitwirkenden Personen stammt. Die Maßnahme, die nur durch das Gericht angeordnet (Rn 5) werden kann, ist zur Aufklärung der in Abs 1 genannten Verbrechen (Rn 1) zulässig, wenn sie sich gegen Personen mit bestimmten Prüfungsmerkmalen (Rn 2) richtet, verhältnismäßig (Rn 3) ist und die betroffenen Personen schriftlich einwilligen (Rn 4).

Übersicht

	Rn		Rn
A. Voraussetzungen (Abs 1)	1	B. Anordnung der Maßnahme (Abs 2)	5
I. Verbrechen der in Abs 1 bezeichneten Art	1	C. Durchführung der Maßnahme (Abs 3)	6
II. Personen mit bestimmten Prüfungsmerkmalen	2	D. Anfechtbarkeit der Maßnahme	8
III. Verhältnismäßigkeit	3	E. Revision	9
IV. Einwilligung (Abs 4)	4		

A. Voraussetzungen (Abs 1)

I. Verbrechen der in Abs 1 bezeichneten Art

Die Durchführung eines Reihengentests ist nur bei Vorliegen eines Anfangsverdachts hinsichtlich eines der **genannten Verbrechen** zulässig, insbesondere bei Mord und Totschlag und sonstigen Verbrechen mit Todesfolge, schwerer Körperverletzung, erpresserischem Menschenraub und Geiselnahme, schwerem sexuellen Missbrauch von Kindern und sexueller Nötigung. Der Versuch genügt (BT-Drs 15/5674, 13). 1

II. Personen mit bestimmten Prüfungsmerkmalen

Der Personenkreis, bei dem die Maßnahme durchgeführt werden soll, muss **deutlich umgrenzt** sein (nach Merkmalen wie Alter, Geschlecht, Wohnort, etc.). Die betroffenen Personen müssen bei der Anordnung noch nicht namentlich feststehen. Bei der Auswahl der konkreten Personen können deshalb über die Prüfmerkmale hinaus auch Umstände berücksichtigt werden, die eine Verbindung zur Straftat ausschließen (BT-Drs 15/5674, 13). Beim Verdacht gegen eine Kindsmutter wegen der Tötung eines Neugeborenen kann demgemäß 2

StPO § 81h

der Personenkreis auf Frauen in der für derartige Delikte wahrscheinlichsten Altersgruppe im räumlichen Gebiet des Auffindeorts der Kinderleiche und des Gebiets, in dem sich die Kindsmutter wahrscheinlich aufhält, eingegrenzt werden (LG Dortmund NStZ 2008, 175, 176).

III. Verhältnismäßigkeit

3 Der Reihengentest kommt nur dann in Betracht, wenn **untersuchungsfähiges Spurenmaterial** vorhanden ist. Eine **Vorratshaltung** von DNA-Mustern nach § 81h ist nicht statthaft (KK-StPO/Senge StPO § 81h Rn 3). Wegen der Betroffenheit einer großen Anzahl von unverdächtigen Personen und der mit der Maßnahme verbundenen erheblichen Kosten ist er als **ultima ratio** zulässig, wenn andere Ermittlungsmaßnahmen erfolglos geblieben sind (LG Dortmund NStZ 2008, 175, 176).

IV. Einwilligung (Abs 4)

4 Der Reihengentest ist nur mit **Einwilligung** der Betroffenen zulässig (Abs 4 S 1). Zu den Voraussetzungen einer wirksamen Einwilligung s § 81a StPO Rn 13. Damit die Einwilligung rechtswirksam ist, muss sie **schriftlich** erteilt werden und es muss ihr eine **schriftliche Belehrung** über die ausschließliche Verwendung für eine Untersuchung nach Abs 1, die anschließende Vernichtung und die Unzulässigkeit einer Speicherung in der DNA-Analyse-Datei beim BKA vorausgehen (Abs 4 S 2). Wenn die Einwilligung verweigert wird, ist jeder Zwang ausgeschlossen. Zu den Folgen einer versagten Einwilligung s Rn 4.1.

4.1 Wenn eine Einwilligung versagt wird, dürfen hieraus keine Schlüsse gezogen werden (LG Regensburg StraFo 2003, 131). Eine – zwangsweise – DNA-Analyse nach § 81e StPO, § 81f StPO darf nur dann angeordnet werden, wenn weitere verdachtsbegründende Tatsachen vorliegen, etwa sich der Kreis der Verdächtigen durch die Abgabe einer Vielzahl freiwilliger Speichelproben verdichtet hat (BGHSt 49, 56, 60).

B. Anordnung der Maßnahme (Abs 2)

5 Die Anordnung kann **nur** durch den **Richter** getroffen werden (Abs 2 S 1). Sie muss schriftlich ergehen (Abs 2 S 2). Sie ist auch dann **nicht entbehrlich**, wenn die betroffenen Personen zuvor ihre **Einwilligung** erteilt haben. Sie ist zu begründen und muss die Prüfungsmerkmale so genau bezeichnen, dass über den Umfang der Maßnahme keine Zweifel entstehen können (Abs 2 S 3). Einer vorherigen Anhörung der Betroffenen bedarf es nicht (Abs 2 S 4). Zuständig für die Anordnung ist der **Ermittlungsrichter** (§ 162 StPO).

C. Durchführung der Maßnahme (Abs 3)

6 Die Entnahme von Körperzellen bei den Betroffenen (Abs 1 Nr 1) erfolgt idR durch Abgabe einer **Speichelprobe**. Diese wird anschließend molekulargenetisch untersucht (Abs 1 Nr 2), hierfür gelten die Vorschriften des § 81f Abs 2 StPO entsprechend (Abs 3 S 1), und mit dem vorliegenden Spurenmaterial abgeglichen (Abs 1 Nr 3), wofür die Regelungen des § 81g Abs 2 StPO entsprechend gelten (Abs 3 S 1).

7 Die **Löschung** der DNA-Identifizierungsmuster erfolgt (Abs 3 S 2), wenn der Spurenverursacher festgestellt ist, andernfalls spätestens bei Eintritt der Verjährung des Verbrechens (BT-Drs 15/5674, 14). Die Löschung ist zu **dokumentieren** (Abs 3 S 3).

D. Anfechtbarkeit der Maßnahme

8 Die richterliche **Anordnung** des Reihengentests ist **unanfechtbar** (Abs 2 S 5). Die Staatsanwaltschaft kann die Ablehnung ihres Antrags auf Durchführung eines Reihengentests mit der **Beschwerde** (§ 304 StPO) anfechten, es sei denn, es handelt sich um Entscheidungen iSv § 304 Abs 4 StPO.

E. Revision

Ein Abgleich des DNA-Identifizierungsmusters mit Spurenmaterial aus anderen Straftaten als der Anlasstat ist **unzulässig**. Ein Verstoß macht die daraus gewonnenen Erkenntnisse **unverwertbar** (KK-StPO/Senge StPO § 81h Rn 8) und kann die Revision in dem Strafverfahren begründen, in dem die Erkenntnisse verwertet werden. **Einwilligungsmängel**, die auf **unzulänglichen Belehrungen** nach Abs 4 beruhen, können im Strafverfahren wegen der Anlasstat revisionsrechtlich beachtlich sein, wenn das Urteil auf dem Untersuchungsergebnis beruht (KK-StPO/Senge StPO § 81h Rn 11).

9

§ 82 [Gutachten im Vorverfahren]

Im Vorverfahren hängt es von der Anordnung des Richters ab, ob die Sachverständigen ihr Gutachten schriftlich oder mündlich zu erstatten haben.

Sachverständige können im **Vorverfahren** nicht nur durch den **(Ermittlungs-)Richter** (§ 162 StPO, § 169 StPO), sondern auch von der **Staatsanwaltschaft** (§ 161a Abs 1 StPO) und der **Polizei** (§ 161a StPO Rn 9) bestellt werden. Da das Vorverfahren, wie sich aus § 168b Abs 1 StPO ergibt, ein schriftliches Verfahren ist, müssen die Ermittlungsergebnisse **schriftlich** zu den Akten gebracht werden. Deshalb ist es sachdienlich, wenn das Gutachten **schriftlich** erstattet wird. Andernfalls ist ein **Protokoll** über das **mündliche** Gutachten aufzunehmen (bei der richterlichen Vernehmung des Sachverständigen nach § 168 StPO, § 168a StPO, bei der staatsanwaltschaftlichen Vernehmung nach § 168b Abs 2 StPO, bei der polizeilichen Vernehmung nach § 168b Abs 1, Abs 2 StPO analog (BGH NStZ 1997, 611)).

1

Nach Erhebung der Anklage kann das Gericht zur **Vorbereitung** der Entscheidung nach § 202 StPO oder der Hauptverhandlung die Erstattung eines **schriftlichen** Gutachtens anordnen. In der **Hauptverhandlung** muss das Gutachten **mündlich** erstattet werden (Grundsatz der Mündlichkeit § 261 StPO Rn 20f). Ausnahmen gelten im Freibeweis (§ 244 StPO Rn 8) und nach § 251 Abs 1, Abs 2 StPO und § 256 StPO. Der Sachverständige ist jedoch stets berechtigt, auch ohne gerichtliche Anordnung ein vorläufiges schriftliches Gutachten zu den Akten zu bringen (BGH NStZ 2008, 418 = BeckRS 2008, 05546). Ein Anspruch der Verfahrensbeteiligten auf Überlassung einer schriftlichen Fassung eines mündlich erstatteten Gutachtens besteht nicht (KK-StPO/Senge StPO § 82 Rn 2; offen gelassen in BGH NStZ 2008, 418 = BeckRS 2008, 05546). Dies widerspräche dem Grundsatz der Mündlichkeit, wonach nur der mündlich vorgetragene und erörterte Prozessstoff dem Urteil zugrunde gelegt werden darf und deshalb die „schriftliche Fassung" keine Überprüfung des in der Hauptverhandlung mündlich erstatteten Gutachtens ermöglicht.

2

§ 83 [Neues Gutachten]

(1) Der Richter kann eine neue Begutachtung durch dieselben oder durch andere Sachverständige anordnen, wenn er das Gutachten für ungenügend erachtet.

(2) Der Richter kann die Begutachtung durch einen anderen Sachverständigen anordnen, wenn ein Sachverständiger nach Erstattung des Gutachtens mit Erfolg abgelehnt ist.

(3) In wichtigeren Fällen kann das Gutachten einer Fachbehörde eingeholt werden.

Überblick

Entgegen dem missverständlichen Wortlaut der Norm muss – wenn dies von der Aufklärungspflicht geboten ist – eine erneute Begutachtung (Rn 1) angeordnet werden, wenn das vorliegende Gutachten ungenügend (Rn 2) ist (Abs 1). Ebenso muss idR nach der erfolgreichen Ablehnung eines Sachverständigen (Rn 3) eine erneute Begutachtung durch einen anderen Sachverständigen erfolgen (Abs 2). Es ist stets zulässig, das Gutachten einer Fachbehörde (Rn 4) einzuholen (Abs 3).

StPO § 83 Erstes Buch. 7. Abschnitt

A. Neue Begutachtung

1 Eine erneute Begutachtung **derselben** Beweisfrage unter den Gesichtspunkten desselben Fachgebietes kann durch den **Richter** – im **Vorverfahren** auch durch die **Staatsanwaltschaft** oder die **Polizei** – angeordnet werden. Die Norm hat neben § 73 Abs 1 StPO, der die Hinzuziehung mehrerer Sachverständiger zulässt, kaum praktische Bedeutung. Insbesondere kann sie, da sich der Umfang der Sachaufklärungspflicht aus § 244 Abs 2 StPO ergibt, § 73 Abs 1 StPO **nicht** einschränken.

B. Ungenügendes Gutachten

2 Ungenügend ist ein Gutachten, das nicht genügend **Sachkunde** vermittelt. Dass es den Richter nicht überzeugt, reicht nicht aus, wenn es ihm die erforderliche Sachkunde vermittelt (KK-StPO/Senge StPO § 83 Rn 2; Meyer-Goßner StPO § 83 Rn 2). Kommen mehrere erstattete Gutachten zu **widersprechenden** Ergebnissen, sind sie nur **ungenügend** iSv Abs 1, wenn die Sachverständigen aufgrund gleichen Sachverhalts und derselben wissenschaftlichen Auffassungen zu widersprechenden Ergebnissen gelangt sind (KK-StPO/Senge StPO § 83 Rn 2). Ein neues Gutachten ist nach allgM **erforderlich**, wenn die Voraussetzungen des **§ 244 Abs 4 S 2 StPO** vorliegen (wenn die Sachkunde oder Eignung des Sachverständigen zweifelhaft ist, Bedenken gegen die Richtigkeit der dem Gutachten zugrunde liegenden Tatsachenfeststellungen bestehen, das Gutachten unklar oder widersprüchlich ist). Bestehen **Zweifel** an der Sachkunde des Sachverständigen, ist die Begutachtung durch einen **anderen** Sachverständigen anzuordnen. Wenn der Mangel nicht die Sachkunde betrifft, sondern auf der Berücksichtigung/Nichtberücksichtigung von **Anknüpfungstatsachen** beruht, ist es idR sachdienlich, **denselben** Sachverständigen mit der erneuten Begutachtung zu beauftragen.

C. Abgelehnter Sachverständiger

3 Das Gutachten eines erfolgreich abgelehnten Sachverständigen ist **nicht verwertbar** (§ 74 StPO Rn 10). Deshalb muss idR ein **anderer** Sachverständiger mit der erneuten Begutachtung beauftragt werden. **Ausnahmsweise** ist die Einholung eines neuen Gutachtens **entbehrlich**, wenn das Gericht **nunmehr** erkennt, dass es über **eigene** Sachkunde verfügt, die es sich jedoch nicht aus dem eingeholten Gutachten verschaffen kann, oder dass die Beweisfrage **nicht erheblich** ist (Meyer-Goßner StPO § 83 Rn 3).

D. Fachbehörde

4 Abs 3 begründet nicht die **Pflicht** von Behörden, Gutachten zu erstatten, sondern setzt sie voraus. Eine diesbezügliche Pflicht kann sich aus dem **Gesetz** ergeben (§ 2 Abs 7 BKAG für erkennungsdienstliche oder kriminaltechnische Gutachten) oder aus der **Pflicht zu gegenseitiger Amtshilfe** nach Art 35 GG (Jessnitzer/Ulrich Der gerichtliche Sachverständige 2001, 71 ff). Das Gutachten einer Fachbehörde kann nach § 256 Abs 1 Nr 1 a StPO verlesen werden, hat aber keinen erhöhten Beweiswert (Gössl DRiZ 1980, 363, 369). Die Pflicht zur Gutachtenerstattung umfasst die Pflicht, das Gutachten in der **Hauptverhandlung** durch einen Bediensteten der Behörde **vertreten** zu lassen. Dieser **Bedienstete** übernimmt alle Rechte und Pflichten eines **Sachverständigen**, das heißt er übernimmt die **Verantwortung** für das Gutachten, kann nach § 74 StPO **abgelehnt** und nach § 79 StPO **vereidigt** werden (aA Jessnitzer/Ulrich Der gerichtliche Sachverständige 2001, 88). Wird das Gutachten verlesen, gibt es keine Ablehnung (Meyer-Goßner StPO Rn 1). Das Gutachten einer Fachbehörde kann unabhängig von den Voraussetzungen der Abs 1 und 2 eingeholt werden. Ob ein wichtigerer Fall iSv Abs 3 vorliegt, entscheidet das Gericht (KK-StPO/Senge StPO § 83 Rn 4). Die Zulässigkeit der Befragung der Behörde ist auf solche Fälle **nicht** beschränkt (allgM).

4.1 Fachbehörden sind das BKA (für die Erstattung erkennungsdienstlicher und kriminaltechnischer Gutachten), Industrie- und Handelskammern, Handwerkskammern, Fakultäten oder Fachbereiche der Universitäten, Oberpostdirektionen (KK-StPO/Senge StPO § 83 Rn 5), Bundesbahndirektionen (OLG Hamm GA 71, 116).

§ 84 [Sachverständigenvergütung]

Der Sachverständige erhält eine Vergütung nach dem Justizvergütungs- und -entschädigungsgesetz.

Sachverständiger iSv § 84 StPO ist, wer als Sachverständiger **vernommen** oder **sonst tätig geworden** ist. Maßgeblich ist allein der Inhalt seiner Bekundung. Ob er in der Ladung (BGH Urt v 15. 12. 1955 – Az 2 StR 213/55; BGH NStZ 1985, 182) oder den Urteilsgründen (BGH NStZ 1984, 465) als Sachverständiger bezeichnet wird, ist ohne Belang. Bei einer Vernehmung als Sachverständiger **und** Zeuge wird die höhere **Sachverständigenentschädigung** gewährt (allgM). Ein sachverständiger Zeuge ist **Zeuge** und wird als solcher entschädigt. Die Höhe der Entschädigung ergibt sich aus dem JVEG. Die Vergütung kann **versagt** werden bei schuldhaftem Verstoß gegen seine Pflicht zur Unparteilichkeit (BGH NJW 1976, 1154, 1155), bei unberechtigter Weigerung (§ 77 StPO), bei schuldhafter Vereitelung seiner Vernehmung oder schuldhaft herbeigeführter (teilweiser) Unverwertbarkeit des Gutachtens (KK-StPO/Senge StPO § 83 Rn 3). Auch die Ausübung des Gutachtensverweigerungsrechts dürfte dem Honoraranspruch zumindest dann entgegen stehen, wenn der Sachverständige die Gründe für sein Weigerungsrecht bereits bei der Beauftragung erkennt oder schuldhaft nicht erkennt.

§ 85 [Sachverständige Zeugen]

Soweit zum Beweis vergangener Tatsachen oder Zustände, zu deren Wahrnehmung eine besondere Sachkunde erforderlich war, sachkundige Personen zu vernehmen sind, gelten die Vorschriften über den Zeugenbeweis.

A. Sachkundige Person

Eine „sachkundige Person" iSv § 85 StPO berichtet über die **aufgrund** besonderer Sachkunde gemachte **Wahrnehmung** vergangener oder – über den Wortlaut hinaus – gegenwärtiger **Tatsachen** oder **Zustände**. Er wird als **Zeuge** vernommen, vereidigt und entschädigt und zwar auch dann, wenn seine Wahrnehmungen die Bestellung eines Sachverständigen erspart haben oder er Berufssachverständiger ist. Er kann deshalb nicht wegen Besorgnis der Befangenheit abgelehnt werden (74 StPO) und ein Beweisantrag auf seine Vernehmung kann nur nach § 244 Abs 3 StPO abgelehnt werden. 1

In Abgrenzung zum Sachverständigen sagt der **sachverständige Zeuge** über Wahrnehmungen aus, die er **ohne Auftrag** der **Strafverfolgungsbehörden** (Gericht, Staatsanwaltschaft oder Polizei) gemacht hat, während der **Sachverständige** über Wahrnehmungen berichtet, die er **im Auftrag** der **Strafverfolgungsbehörden** gemacht hat (KK-StPO/Senge StPO § 85 Rn 1; zu Einzelheiten s Rn 2.1). Der sachverständige Zeuge unterscheidet sich vom **Augenscheingehilfen**, der **im Auftrag** der **Strafverfolgungsbehörden** Wahrnehmungen gemacht hat, für die **keine besondere Sachkunde** erforderlich ist (RG JW 1931, 2813). Wenn der sachverständige Zeuge sich auch gutachterlich äußert oder äußern sollte, muss er nicht auch/zusätzlich als Sachverständiger vernommen werden (BGH NJW 2003, 150, 151). Wenn das **Schwergewicht** der Vernehmung auf den **Tatsachenbekundungen** liegt, wird der sachverständige Zeuge durch zusätzliche gutachterliche Äußerungen nicht zum Sachverständigen (BGH NStZ 1984, 465). **Gerichtshelfer** (§ 160 Abs 3 S 2 StPO) werden stets als **Zeugen** vernommen. 2

Sachverständiger ist nach allgemeiner Meinung der Arzt, der nach § 81a Abs 1 S 2 StPO eine Blutprobe entnimmt. Streitig ist, ob er auch hinsichtlich der Wahrnehmungen, die er über den Zustand des Beschuldigten während des Eingriffs gemacht hat, Sachverständiger ist (bejahend Löwe/Rosenberg/Krause StPO § 85 Rn 14; KK-StPO/Senge StPO § 85 Rn 4; Meyer-Goßner StPO § 85 Rn 5; aA (sachverständiger Zeuge) KG VRS 31, 273; OLG Hamburg NJW 1963, 408). Ist ein Arzt ohne Auftrag einer Strafverfolgungsbehörde tätig geworden, wird er als Zeuge vernommen, auch wenn die Tätigkeit (zum Beispiel Obduktion einer Leiche) die Bestellung eines Sachverständigen erspart hat (Löwe/Rosenberg/Krause StPO § 85 Rn 14; Meyer-Goßner StPO § 85 Rn 5). Auch technische Sachverständige, die ihre Wahrnehmungen ohne behördlichen 2.1

StPO § 86 Erstes Buch. 7. Abschnitt

Auftrag gemacht haben, sind nur sachverständige Zeugen (KK-StPO/Senge StPO § 85 Rn 4; Meyer-Goßner StPO § 85 Rn 5).

B. Revision

3 Die Vernehmung des sachverständigen Zeugen zugleich als Sachverständigen ohne entsprechende Belehrung und Entscheidung nach § 79 StPO wird die Revision nicht begründen (BGH DAR 1997, 181; SK-StPO/Rogall StPO § 85 Rn 39). Wenn das Gericht zusätzliche gutachterliche Äußerungen eines sachverständigen Zeugen verwerten will, ist es zu einem Hinweis nicht verpflichtet (BGH GA 76, 79).

§ 86 [Richterlicher Augenschein]

Findet die Einnahme eines richterlichen Augenscheins statt, so ist im Protokoll der vorgefundene Sachbestand festzustellen und darüber Auskunft zu geben, welche Spuren oder Merkmale, deren Vorhandensein nach der besonderen Beschaffenheit des Falles vermutet werden konnte, gefehlt haben.

Überblick

Die Vorschrift gilt nur für den richterlichen Augenschein (Rn 1) außerhalb der Hauptverhandlung und regelt den notwendigen Inhalt (Rn 4) des hierüber aufzunehmenden Protokolls, damit dieses in der Hauptverhandlung verlesen (Rn 6) werden kann.

A. Richterlicher Augenschein

1 **Augenschein** ist jede **sinnliche Wahrnehmung** durch Sehen, Hören, Riechen, Schmecken oder Fühlen (BGHSt 18, 51, 53), die sich auf Sachen, Sachgesamtheiten und Personen bezieht und nicht als Zeugen-, Sachverständigen- oder Urkundenbeweis gesetzlich besonders geregelt ist. Um einen **richterlichen** Augenschein handelt es sich, wenn entweder das **erkennende Gericht** oder ein **beauftragter** bzw **ersuchter Richter** das Augenscheinsobjekt sinnlich wahrnimmt (RGSt 47, 104). § 86 StPO gilt nur für die Augenscheinseinnahme **außerhalb** der Hauptverhandlung und regelt den **sachlichen** Inhalt des Protokolls (während § 168 StPO, § 168 a StPO die **formellen** Anforderungen regeln). Dieses kann in der Hauptverhandlung gemäß § 249 Abs 1 S 2 StPO verlesen werden. Für die Augenscheinseinnahme in der Hauptverhandlung gilt § 86 StPO nicht (OLG Zweibrücken VRS 83, 349). In der Sitzungsniederschrift ist nur die Tatsache der Augenscheinseinnahme, nicht ihr Ergebnis zu beurkunden (§ 273 Abs 2 StPO). **Nichtrichterliche** Besichtigungen sind **keine** Augenscheinseinnahmen. Der Staatsanwalt oder Polizeibeamte, der die Besichtigung vorgenommen hat, ist daher als **Zeuge** zu vernehmen. Die Vernehmung als Zeuge darf **nicht** durch eine **Verlesung** des nach § 168 b StPO angefertigten staatsanwaltschaftlichen Protokolls **ersetzt** werden.

2 Kein Augenschein, sondern ein **Sachverständigenbeweis** liegt vor bei der Beauftragung eines Sachverständigen mit einer Einnahme des Augenscheins nach § 81 a StPO, § 81 c StPO. Ein **Augenschein** unter **Hinzuziehung** eines Sachverständigen (s § 87 Abs 1 StPO) bleibt dagegen ein **richterlicher Augenschein**. Eine „**informatorische**" Besichtigung ist der StPO fremd. Zwar wird angenommen, dass der Richter zur Vorbereitung der Hauptverhandlung Augenscheinsgegenstände oder Tatörtlichkeiten besichtigen kann (BGH MDR 1966, 382), jedoch dürfen die hierbei erlangten Erkenntnisse nur für Vorhalte verwendet werden (BGHSt 2, 1, 3; BGHSt 3, 187, 188; OLG Frankfurt StV 1983, 192). Urteilsgrundlage können ausschließlich die auf diese Vorhalte folgenden Bekundungen sein. Keine Einnahme des Augenscheins ist der Gebrauch von **Vernehmungshilfen**. Diese werden bei der Vernehmung des Angeklagten oder eines Zeugen zur Veranschaulichung seiner Angaben benutzt. Ihr Erklärungsgehalt wird Bestandteil der Einlassung des Angeklagten oder der Angaben des Zeugen (BGHSt 18, 51, 53). Deshalb ist ihre Verwendung auch nicht in das Sitzungsprotokoll aufzunehmen (OLG Hamm VRS 44, 117).

B. Grundsatz der Unmittelbarkeit

Der Grundsatz der Unmittelbarkeit gilt für die Augenscheinseinnahme **nicht**. Die **Einnahme des Augenscheins** kann daher durch andere Beweismittel **ersetzt** werden (Rn 3.1), wenn nicht die Aufklärungspflicht (§ 244 StPO) entgegensteht, und nichtrichterlichen Personen als **Augenscheinsgehilfen** (Rn 3.2) **übertragen** werden (BGHSt 27, 135, 136). 3

Das Gericht kann statt einer Augenscheinseinnahme **Zeugen** über ihre Wahrnehmungen vernehmen (RGSt 47, 100, 106), **statt** einer Besichtigung des Tatorts hierüber angefertigte **Lichtbilder** oder **Skizzen** in Augenschein nehmen, abgehörte und aufgezeichnete Telefonate **nicht** durch das **Abhören von Tonbandaufnahmen**, sondern durch eine **Verlesung** der hierüber erstellten **Niederschriften** einführen (BGHSt 27, 135). 3.1

Augenscheinsgehilfen sind Personen, die im Auftrag des Gerichts sinnliche Wahrnehmungen machen und anschließend in der Hauptverhandlung über ihre Wahrnehmungen als Zeugen berichten. Für die Auswahl von Augenscheinsgehilfen, ihre Ablehnung wegen Befangenheit und ihre Pflicht zum Tätigwerden sind die für **Sachverständige** geltenden Vorschriften (§ 73 Abs 1 StPO, § 74 StPO, § 22 StPO, § 75 StPO) **analog** anwendbar (Meyer-Goßner StPO § 86 Rn 4; Pfeiffer StPO § 86 Rn 3; **aA** Eisenberg Beweisrecht der StPO 2008 Rn 2273 ff mwN). 3.2

C. Augenschein außerhalb der Hauptverhandlung

I. Allgemeines

Da das über den Augenschein aufgenommene Protokoll in der Hauptverhandlung **verlesen** werden kann, muss es alle für die Entscheidung erheblichen Gesichtspunkte aufführen. Es sind deshalb Angaben zum **vorgefundenen Sachbestand** ebenso nötig wie Ausführungen zu erwartungswidrig **nicht** vorgefundenen **Spuren** und **Merkmalen**. Das Protokoll kann durch Lichtbilder, Skizzen oder Zeichnungen **ergänzt** werden, die in der Hauptverhandlung in **Augenschein** genommen werden können, **ohne** dass die **Vernehmung** ihres Verfassers notwendig wäre (RGSt 36, 55). Sie sollten durch die **Unterschrift** des Richters und Protokollführers eindeutig in das Protokoll **einbezogen** werden. **Protokollierte Erklärungen** der beim Augenschein anwesenden Angeklagten, Zeugen oder Sachverständigen können mitverlesen werden, sind aber **kein verwertbarer** Beweisstoff (BGHSt 33, 217, 221). Vielmehr muss die Auskunftsperson insoweit als **Zeuge** vernommen werden (s § 249 StPO Rn 19). 4

II. Beteiligtenrechte

Der Beschuldigte, dessen Verteidiger und die Staatsanwaltschaft haben gemäß § 168 d Abs 1 StPO ein **Anwesenheitsrecht** sowie nach § 168 c Abs 5 StPO einen Anspruch auf **Benachrichtigung** vom Termin. Das Anwesenheitsrecht des **Beschuldigten** kann nach § 168 d Abs 1 StPO iVm § 168 c Abs 3 StPO, § 168 c Abs 4 StPO **beschränkt** werden (s § 168 c StPO Rn 3 f). Die Benachrichtigungspflicht kann nach § 168 c Abs 5 S 2 StPO **entfallen** (s § 168 c StPO Rn 6). 5

III. Verlesbarkeit des Protokolls

Wesentliche Verfahrensmängel bei der Vornahme des Augenscheins, wie zum Beispiel eine Verletzung der § 168 d Abs 1 S 2 StPO, § 168 c Abs 5 StPO, § 224 StPO, § 225 StPO, führen dazu, dass die errichtete Niederschrift **nicht verlesen** werden darf (Meyer-Goßner StPO § 249 Rn 12). Ein Verstoß gegen die **Benachrichtigungspflichten** wird jedoch durch die **Einwilligung** der Beteiligten in die Verlesung **geheilt** (BGH NStZ 1986, 325). 6

D. Einzelne Augenscheinsobjekte

Augenscheinsobjekte sind **sachliche Beweismittel**. Von ihnen sind die **Vernehmungshilfen** zu unterscheiden (BGHR § 247 Abwesenheit 10), die **nicht** als **Beweismittel**, sondern bei der Vernehmung des Angeklagten und der Beweisaufnahme als Mittel zur Veranschaulichung der Aussage bzw zur Erläuterung von Fragen benutzt werden. Soweit diese über einen sachlichen Inhalt verfügen, wird dieser **Bestandteil** der Einlassung des 7

StPO § 87   Erstes Buch. 7. Abschnitt

Angeklagten oder der Bekundung der Beweisperson (BGHSt 18, 51, 53). Als Augenscheinsobjekte kommen in Betracht:

8   **Schallplatten** und **Tonbandaufnahmen** beweisen nicht nur ihre äußere Beschaffenheit, sondern auch den Inhalt der auf ihnen festgehaltenen Gedankenäußerungen (BGHSt 14, 339, 341; 27, 135, 136; KG NJW 1980, 952). Ihr Beweiswert hängt davon ab, ob – und mit welcher Sicherheit – die Identität der sprechenden Person feststellbar ist (BGHSt 14, 341).

9   **Abbildungen**, **Lichtbilder**, **Filme** und **Videoaufnahmen** können ihren eigenen strafbaren Inhalt beweisen (BGH NJW 1975, 2075) oder unmittelbar Beweis über andere Straftaten erbringen (s Kameras an Geldautomaten OLG Celle NJW 1965, 1677, 1679 oder bei der Verkehrsüberwachung OLG Stuttgart VRS 59, 360, 363). Sie können auch der mittelbaren Beweisführung dienen (s Aufzeichnungen von einer Gegenüberstellung BVerfG NStZ 1983, 84). § 255 a StPO regelt die Vorführung der Bild-Ton-Aufzeichnung einer Zeugenvernehmung in der Hauptverhandlung. Dagegen enthalten Landkarten und Stadtpläne **allgemeinkundige** Tatsachen über die örtlichen Verhältnisse (OLG Hamm VRS 14, 454), die als solche keines Beweises bedürfen.

10 **Skizzen** und **Zeichnungen** können nur für ihre Existenz und Herstellung, nicht aber hinsichtlich des in ihnen verkörperten Gedankeninhalts Beweis erbringen (BGH DAR 1969, 152; BGH VRS 36, 189; aA BGH DAR 1977, 176; BGH VRS 27, 119). Insoweit gebietet der Grundsatz der Unmittelbarkeit die Vernehmung ihres Erstellers. Bei dieser können sie als Vernehmungshilfen fungieren.

11 **Urkunden** und **technische Aufzeichnungen** beweisen als Augenscheinsobjekte ihre Beschaffenheit, nicht ihren Inhalt (RGSt 17, 106; OLG Hamm NJW 1953, 839).

12 **Personen** können in Augenschein genommen werden, wenn ihre Körperbeschaffenheit bewiesen werden soll. § 81 a StPO, § 81 c StPO, § 87 Abs 1 StPO stellen besonders geregelte Fälle der Augenscheinseinnahme dar, werden jedoch in den meisten Fällen von einem Sachverständigen vorgenommen. Dagegen ist der äußere Eindruck von Zeugen oder Angeklagten nicht Gegenstand des Augenscheins, sondern kann der Beweiswürdigung auch ohne Einnahme eines Augenscheins zugrunde gelegt werden (BGHSt 5, 354, 356; BGH MDR 1974, 368).

13 Die **Rekonstruktion** von Geschehensabläufen kann Gegenstand des Augenscheinsbeweises sein (s Fahrversuche BGH VRS 16, 170, 173; BGH VRS 35, 264, 266; OLG Koblenz MDR 1971, 507; Bremsversuche; Rekonstruktionen des Tatablaufs BGH NJW 1961, 1486).

E. Revision

14 Mängel des Protokolls über die Durchführung des Augenscheins können die Revision nicht begründen, weil das Urteil nicht darauf beruht. Wenn bei einer Durchführung eines Augenscheins außerhalb der Hauptverhandlung Teilnahmerechte Verfahrensbeteiligter verletzt werden und das Urteil auf einer Verwertung des Protokolls beruht, kann dies die Revision begründen, falls innerhalb der Frist des § 257 StPO Widerspruch erhoben wird (s § 168 c StPO Rn 10).

§ 87 [Leichenschau, Leichenöffnung]

(1) ¹**Die Leichenschau wird von der Staatsanwaltschaft, auf Antrag der Staatsanwaltschaft auch vom Richter, unter Zuziehung eines Arztes vorgenommen.** ²**Ein Arzt wird nicht zugezogen, wenn dies zur Aufklärung des Sachverhalts offensichtlich entbehrlich ist.**

(2) ¹**Die Leichenöffnung wird von zwei Ärzten vorgenommen.** ²**Einer der Ärzte muß Gerichtsarzt oder Leiter eines öffentlichen gerichtsmedizinischen oder pathologischen Instituts oder ein von diesem beauftragter Arzt des Instituts mit gerichtsmedizinischen Fachkenntnissen sein.** ³**Dem Arzt, welcher den Verstorbenen in der dem Tod unmittelbar vorausgegangenen Krankheit behandelt hat, ist die Leichenöffnung nicht zu übertragen.** ⁴**Er kann jedoch aufgefordert werden, der Leichen-**

Sachverständige und Augenschein   § 87 StPO

öffnung beizuwohnen, um aus der Krankheitsgeschichte Aufschlüsse zu geben. ⁵Die Staatsanwaltschaft kann an der Leichenöffnung teilnehmen. ⁶Auf ihren Antrag findet die Leichenöffnung im Beisein des Richters statt.

(3) Zur Besichtigung oder Öffnung einer schon beerdigten Leiche ist ihre Ausgrabung statthaft.

(4) ¹Die Leichenöffnung und die Ausgrabung einer beerdigten Leiche werden vom Richter angeordnet; die Staatsanwaltschaft ist zu der Anordnung befugt, wenn der Untersuchungserfolg durch Verzögerung gefährdet würde. ²Wird die Ausgrabung angeordnet, so ist zugleich die Benachrichtigung eines Angehörigen des Toten anzuordnen, wenn der Angehörige ohne besondere Schwierigkeiten ermittelt werden kann und der Untersuchungszweck durch die Benachrichtigung nicht gefährdet wird.

Überblick

Die Vorschrift regelt in Abs 1 die grundsätzlich vom Staatsanwalt angeordnete und durchgeführte (Rn 3) Besichtigung der Leiche (Leichenschau, Rn 1). Abs 2 und 4 ordnen an, dass die Untersuchung des Körperinneren der Leiche (Leichenöffnung, Rn 5) durch den Richter – bei Gefahr im Verzug durch den Staatsanwalt – angeordnet (Rn 8) und durch zwei Ärzte durchgeführt (Rn 9) wird. Die nach Abs 3 zum Zweck der Leichenschau und -öffnung statthafte Exhumierung (Rn 13), von der nach Abs 4 S 2 idR ein Angehöriger des Toten zu benachrichtigen (Rn 14) ist, wird gemäß Abs 4 S 1 ebenfalls durch den Richter, bei Gefahr im Verzug durch den Staatsanwalt angeordnet (Rn 13).

Übersicht

	Rn		Rn
A. Leichenschau (Abs 1)	1	I. Erforderlichkeit	6
I. Erforderlichkeit	2	II. Anordnung und Durchführung (Abs 2, Abs 4)	8
II. Anordnung und Durchführung	3	**C. Exhumierung (Abs 3)**	13
III. Zuziehung eines Arztes	4	**D. Revision**	15
B. Leichenöffnung (Abs 2)	5		

A. Leichenschau (Abs 1)

Leichenschau ist die Besichtigung der **äußeren Beschaffenheit** einer Leiche.   1

I. Erforderlichkeit

Eine Leichenschau ist **erforderlich**, wenn eine **Straftat** als **Todesursache** nicht von   2
vornherein ausgeschlossen werden kann (s Nr 33 Abs 1 S 2 RiStBV). Sie sollte möglichst am **Tat-** oder **Fundort** der Leiche durchgeführt werden (s Nr 33 Abs 1 S 3 RiStBV).

II. Anordnung und Durchführung

Die Leichenschau wird idR durch den **Staatsanwalt** angeordnet und durchgeführt. Er   3
macht den vorgefundenen **Befund** nach § 168b StPO **aktenkundig**. Bei der staatsanwaltschaftlichen Leichenschau handelt es sich um eine nichtrichterliche Besichtigung. Bei Vorliegen **besonderer Gründe** (besondere Bedeutung der Sache, Notwendigkeit der Erlangung einer nach § 249 Abs 1 S 2 StPO verlesbaren Niederschrift, s Nr 33 Abs 3 S 2 RiStBV) beantragt der Staatsanwalt bei dem nach § 162 StPO zuständigen **Richter** die Vornahme der Leichenschau. Dieser muss dem Antrag entsprechen, wenn die Leichenschau rechtlich **zulässig** ist, die Zweckmäßigkeit und Notwendigkeit der Maßnahme darf er nicht prüfen (§ 162 Abs 2 StPO). Über den **richterlichen Augenschein** wird ein **Protokoll** nach § 86 StPO, § 168 StPO, § 168a StPO angefertigt. Beim richterlichen Augenschein gelten die **Anwesenheitsrechte** nach § 168d StPO (Meyer-Goßner StPO § 87 Rn 3). Das Protokoll

muss auch von dem zugezogenen Arzt, dessen Feststellungen zum Befund protokolliert wurden, unterschrieben werden (§ 168 a Abs 3 S 3 StPO). Fehlt dessen Unterschrift, kann das Protokoll dennoch nach § 249 Abs 1 S 2 StPO verlesen werden, da seine Mitwirkung nicht zwingend vorgeschrieben ist (KK-StPO/Senge StPO § 87 Rn 4).

III. Zuziehung eines Arztes

4   Der hinzugezogene Arzt ist **Sachverständiger** (allgM). Er braucht nicht Gerichts- oder Amtsarzt zu sein. Seine Zuziehung ist entbehrlich, wenn die Todesursache schon ermittelt ist und es auf eine sachverständige Besichtigung der Leiche nicht ankommt (Abs 1 S 2).

B. Leichenöffnung (Abs 2)

5   Die Leichenöffnung gibt Aufschluss über den **Zustand des Inneren** der Leiche, soweit er zur Klärung der Todeszeit und -ursache relevant ist. Ihr soll nach Möglichkeit die **Identifizierung** des Toten vorausgehen (§ 88 StPO).

I. Erforderlichkeit

6   Eine Leichenöffnung ist **erforderlich**, wenn **fremdes Verschulden** am Tod in Betracht kommt und die **Todesursache** und/oder **-zeit** festgestellt werden muss (BVerfG NJW 1994, 783; LG Mainz NStZ-RR 2002, 43; s auch Nr 33 Abs 2 RiStBV). Steht die Todesursache zweifelsfrei fest, ist eine Leichenöffnung nicht erforderlich.

7   **Vor** der Leichenöffnung sind, wenn dies den Untersuchungszweck nicht gefährdet (§ 33 Abs 3, § 33 Abs 4 StPO), die **Angehörigen** zu **hören**. Stellen sie die Leiche nicht freiwillig zur Verfügung, muss sie nach § 94 StPO **beschlagnahmt** werden (BVerfG NJW 1994, 783, 784). Der wegen des Totensorgerechts der Angehörigen zu beachtende Verhältnismäßigkeitsgrundsatz wird idR nicht verletzt sein (LG Waldshut NJW 1972, 1148; KK-StPO/Senge StPO § 87 Rn 2). Entsprechendes gilt für eine Verfügung des Verstorbenen, die eine Obduktion untersagt (LG Mainz NStZ-RR 2002, 43).

II. Anordnung und Durchführung (Abs 2, Abs 4)

8   Die Leichenöffnung wird auf Antrag der Staatsanwaltschaft vom **Richter** (§ 162 StPO) **angeordnet** (Abs 4 S 1). Wenn der Untersuchungserfolg durch **Verzögerungen gefährdet** würde (wegen des Zustands der Leiche oder der Notwendigkeit sofortiger Aufklärung der Todesursache), kann der **Staatsanwalt** die Leichenöffnung anordnen (Abs 4 S 1).

9   Die Leichenöffnung wird durch **zwei Ärzte vorgenommen** (Abs 2 S 1). **Einer** der beiden Ärzte muss **Gerichtsarzt** (Rn 9.1) sein oder **Leiter/beauftragter Arzt** eines der in Abs 2 S 2 genannten Institute (Rn 9.1). Ist ein Arzt nach S 2 **nicht** rechtzeitig **erreichbar**, kann ein **anderer** Arzt mitwirken, falls sonst der Untersuchungszweck **gefährdet** würde (KK-StPO/Senge StPO § 87 Rn 5; Löwe/Rosenberg/Krause StPO § 87 Rn 24).

9.1   Gerichtsarzt ist ein Arzt, der zur Wahrnehmung der in gerichtlichen Angelegenheiten vorkommenden ärztlichen Geschäfte ein für allemal bestellt ist (OVG Berlin NJW 1961, 985). Hierzu zählen gemäß § 42 Abs 1 S 1 BWAGGVG auch die Amtsärzte der Gesundheitsämter für ihren Bezirk (s auch SK-StPO/Rogall StPO § 87 Rn 18). Zu den bezeichneten Instituten gehören Universitätsinstitute, nicht aber die Abteilungen für Pathologie in öffentlichen Krankenhäusern (Meyer-Goßner StPO § 87 Rn 11).

10   Der **behandelnde** Arzt darf nach allgemeiner Meinung **nicht** mitwirken, wenn er den Verstorbenen wegen einer dem Tod unmittelbar vorausgegangenen Krankheit behandelt hat (Abs 2 S 3). Auf eine Ursächlichkeit der Krankheit für den Tod kommt es nicht an (Löwe/Rosenberg/Krause StPO § 87 Rn 25). Die Begriffe „Krankheit" und „Behandlung" sind **im weitesten Sinn** auszulegen. Er kann aber aufgefordert werden, der Leichenöffnung beizuwohnen (Abs 2 S 4). Er ist auf Ladung des Richters oder Staatsanwalts (zur Vernehmung) am Ort der Leichenöffnung zum Erscheinen verpflichtet (Löwe/Rosenberg/Krause StPO § 87 Rn 26; bzgl Staatsanwaltschaft s § 161 a Abs 1 S 1 StPO).

An der Leichenöffnung kann der **Staatsanwalt teilnehmen** (Abs 2 S 5). Er entscheidet 11 hierüber nach **pflichtgemäßem Ermessen** (s Nr 33 Abs 4 RiStBV: bei Kapitalsachen, nach tödlichen Unfällen zur Rekonstruktion des Unfallgeschehens, bei Todesfällen durch Schusswaffengebrauch im Dienst, bei Todesfällen im Vollzug freiheitsentziehender Maßnahmen und in Verfahren, die ärztliche Behandlungsfehler zum Gegenstand haben). Nimmt er teil, so muss er während des gesamten Vorgangs **anwesend** sein und die Untersuchung **leiten** (§ 161a Abs 1 S 2 StPO iVm § 78 StPO). Der **Richter** muss auf einen zulässigen **Antrag** der Staatsanwaltschaft an der Leichenöffnung teilnehmen, die Erforderlichkeit oder Zweckmäßigkeit seiner Teilnahme hat er nicht zu prüfen. Der Beschuldigte und sein Verteidiger haben auch bei Mitwirkung eines Richters **kein Teilnahmerecht** nach § 168d StPO, da es sich nicht um eine richterliche Augenscheinseinnahme handelt (RGSt 2, 153, 159; KK-StPO/Senge StPO § 87 Rn 7). Vielmehr liegt zum Teil ein Augenschein, zum Teil eine Vernehmung vor. Wirkt ein Richter mit, gelten für die Protokollierung § 168 StPO, § 168a StPO. Auch die Ärzte müssen das Protokoll unterschreiben (§ 168a Abs 3 S 3 StPO). Die in dem Protokoll festgestellten ärztlichen Befunde können unter den Voraussetzungen der § 251 StPO, § 253 StPO, § 256 StPO verlesen werden (BGH NStZ-RR 2001, 262; KK-StPO/Senge StPO § 87 Rn 7). Liegen diese nicht vor, können die Ärzte in der Hauptverhandlung als Sachverständige gehört werden (BGH BeckRS 2008, 07343).

Die Untersuchung des Inneren der Leiche erfolgt nach Maßgabe des § 89 StPO, ggf auch 12 des § 90 StPO und des § 91 StPO.

C. Exhumierung (Abs 3)

Die **Anordnung** der Exhumierung erfolgt durch den nach § 162 StPO zuständigen 13 **Richter** oder **nach Anklageerhebung** durch das mit der Sache befasste **Gericht** (Abs 4 S 1). Bei **Gefahr im Verzug** kann der **Staatsanwalt** die Anordnung treffen, gleichwohl dürften in der Praxis kaum Konstellationen vorstellbar sein, in denen es durch die Verzögerung, die eine richterliche Anordnung bedingt, zu einer Gefährdung des Untersuchungserfolgs kommen könnte (Abs 4 S 1 HS 2). (Zur Beweiserheblichkeit medizinischer Befunde trotz fortgeschrittenen Zersetzungszustandes s Breitmeier ua Kriminalistik 2003, 613 ff). Bei der Exhumierung sollte einer der Obduzenten (s Nr 34 S 1 RiStBV), bei Verdacht auf Vergiftung zusätzlich ein chemischer Sachverständiger zugezogen werden (s Nr 34 S 3 RiStBV).

Mit der Anordnung der Exhumierung sind die **Angehörigen** zu **benachrichtigen** 14 (Abs 4 S 2). Eine besondere Form ist nicht vorgeschrieben. Wenn die Angehörigen nicht **bekannt** sind oder **nicht** ohne weiteres **ermittelt** werden können, darf die Benachrichtigung **unterbleiben**. Eine Ausschreibung oder sonstige besondere Maßnahmen zu ihrer Ermittlung sind nicht erforderlich (allgM). Sind **mehrere** Angehörige bekannt, genügt die Benachrichtigung desjenigen, der die **engste Verbindung** zu dem Verstorbenen hatte (Löwe/Rosenberg/Krause StPO § 87 Rn 33). Eine Benachrichtigung der Angehörigen kann auch bei einer **Gefährdung des Untersuchungszwecks** unterbleiben. Dies ist denkbar, wenn der Angehörige selbst tatverdächtig ist oder Anhaltspunkte bestehen, dass er Tatverdächtige unterrichtet. Hat der Staatsanwalt zur Benachrichtigung der Angehörigen keinen bestimmten Antrag gestellt, kann der Richter das Vorliegen einer solchen Annahme nicht selbst beurteilen. In einem solchen Fall kann er bei Gefahr im Verzug seine Anordnung entsprechend § 87 Abs 4 S 2 HS 2 einschränken und das weitere Vorgehen der Staatsanwaltschaft anheim stellen.

D. Revision

Ein Verstoß gegen § 87 StPO begründet die Revision idR nicht. Nur bei Mitwirkung des 15 nach Abs 2 S 3 ausgeschlossenen Arztes ist das Obduktionsergebnis **unverwertbar** (Meyer-Goßner StPO § 87 Rn 19; AK-StPO/Maiwald StPO § 87 Rn 15; **aA** KK-StPO/Senge StPO § 87 Rn 9: der Tatrichter muss diesen Umstand bei der Beweiswürdigung berücksichtigen; KMR/Neubeck StPO § 87 Rn 19).

§ 88 [Identifizierung]

(1) ¹Vor der Leichenöffnung soll die Identität des Verstorbenen festgestellt werden. ²Zu diesem Zweck können insbesondere Personen, die den Verstorbenen gekannt haben, befragt und Maßnahmen erkennungsdienstlicher Art durchgeführt werden. ³Zur Feststellung der Identität und des Geschlechts sind die Entnahme von Körperzellen und deren molekulargenetische Untersuchung zulässig; für die molekulargenetische Untersuchung gilt § 81 f Abs. 2 entsprechend.

(2) Ist ein Beschuldigter vorhanden, so soll ihm die Leiche zur Anerkennung vorgezeigt werden.

1   Die **Identifizierung** des Verstorbenen soll möglichst **vor** der Leichenöffnung erfolgen (Abs 1 S 1). Dazu können alle geeigneten Maßnahmen ergriffen werden: Personen, die den Verstorbenen gekannt haben, können als **Zeugen** befragt werden; es können **erkennungsdienstliche Maßnahmen** nach § 81 b StPO an der Leiche vorgenommen werden, es können Röntgenaufnahmen oder Gebissabdrücke angefertigt oder **molekulargenetische Untersuchungen** (Abs 1 S 3) angeordnet werden. Diese Maßnahmen sind nicht notwendig, wenn die Identität des Verstorbenen zweifelsfrei feststeht.

2   Das Vorzeigen der Leiche zur Anerkennung (Abs 2) kann **unterbleiben**, wenn die **Identität** des Verstorbenen **feststeht** (BGH NStZ 1981, 94; Löwe/Rosenberg/Krause StPO § 88 Rn 2) oder wenn die **Verbringung** des **Beschuldigten** mit **Schwierigkeiten** verbunden wäre (Eisenberg Beweisrecht der StPO 2006 Rn 1960). Entgegen seinem Wortlaut ist Abs 2 lediglich eine Sollvorschrift (BGH NStZ 1981, 94; KK-StPO/Senge StPO § 88 Rn 2).

3   Die **Revision** kann auf einen Verstoß gegen Abs 2 idR nicht gestützt werden. **Ausnahmen** sind denkbar, wenn es hierdurch zu Aufklärungsversäumnissen gekommen ist und es für die **Feststellung** der **Täterschaft** hierauf **ankommt** (Eisenberg Beweisrecht der StPO 2008 Rn 1961) oder wenn durch das Vorzeigen der Leiche Sühnebereitschaft geweckt oder die Ablegung eines Geständnisses **bezweckt** wurde, weil dann ein **Verstoß gegen § 136 a StPO** vorliegt (BGHSt 15, 187, 189). Zu dessen Revisibilität s § 136 a StPO Rn 34.

§ 89 [Umfang der Leichenöffnung]

Die Leichenöffnung muß sich, soweit der Zustand der Leiche dies gestattet, stets auf die Öffnung der Kopf-, Brust- und Bauchhöhle erstrecken.

1   Die Vorschrift ergänzt § 87 Abs 2 StPO. Die Öffnung der genannten Höhlen ist **auch** dann **erforderlich**, wenn die Ärzte schon nach Öffnung **einer** Höhle meinen, die Todesursache gefunden zu haben. Wenn der Sachverhalt hierdurch weiter **aufgeklärt** werden kann, sollen Blut- und Harnproben, Mageninhalt oder Leichenteile entnommen werden (s Nr 35 Abs 1 RiStBV).

2   Die **Revision** kann auf einen Verstoß gegen § 89 StPO nicht gestützt werden (allgM).

§ 90 [Neugeborenes Kind]

Bei Öffnung der Leiche eines neugeborenen Kindes ist die Untersuchung insbesondere auch darauf zu richten, ob es nach oder während der Geburt gelebt hat und ob es reif oder wenigstens fähig gewesen ist, das Leben außerhalb des Mutterleibes fortzusetzen.

Die Vorschrift ergänzt § 87 Abs 2 StPO und hat Bedeutung für die Aufklärung von Tötungsdelikten (§ 211 StGB, § 212 StGB, § 222 StGB), Körperverletzungsdelikten (mit Todesfolge) bei der Geburtshilfe oder Straftaten nach § 218 StGB.

§ 91 [Verdacht einer Vergiftung]

(1) Liegt der Verdacht einer Vergiftung vor, so ist die Untersuchung der in der Leiche oder sonst gefundenen verdächtigen Stoffe durch einen Chemiker oder durch eine für solche Untersuchungen bestehende Fachbehörde vorzunehmen.

(2) Es kann angeordnet werden, daß diese Untersuchung unter Mitwirkung oder Leitung eines Arztes stattzufinden hat.

Die Vorschrift ergänzt § 87 Abs 2 StPO und gilt für alle Fälle der **Vergiftung**, nicht nur für Tötungsdelikte nach § 211 StGB, § 212 StGB, § 222 StGB, sondern auch für Straftaten nach § 224 Abs 1 Nr 1 StGB, § 324 StGB, § 326 StGB, § 330a StGB. Unabhängig von dem Verdacht einer Vergiftung gilt die Norm auch dann, wenn bei den Ermittlungen geklärt werden muss, ob eine **bestimmte Substanz** als **Gift** zu beurteilen ist (Löwe/Rosenberg/Krause StPO § 91 Rn 1). 1

In Fällen eines vollendeten Tötungsdelikts wird die Untersuchung nach § 91 Abs 1 StPO von dem **Staatsanwalt** oder **Richter** angeordnet, der die Leichenöffnung nach § 87 Abs 2 StPO **leitet** (KK-StPO/Senge StPO § 91 Rn 1). Dieser wählt auch den auf dem Gebiet der Giftkunde besonders erfahrenen Chemiker oder die Fachbehörde aus. Dieser wird als **Sachverständiger** tätig. Auch für die **Anordnung** nach § 91 Abs 2 StPO ist der die Leichenöffnung **leitende Staatsanwalt** oder **Richter** zuständig. 2

Der **hinzugezogene Arzt** muss nicht der Obduzent und auch kein Gerichtsarzt sein. Ob dieser **sachkundiger Zeuge** oder **Sachverständiger** ist, hängt von der **Art** seiner Mitwirkung ab. Teilt er dem Chemiker Anknüpfungstatsachen mit, die er festgestellt hat, ist er sachverständiger Zeuge. Bewertet er die Untersuchungsergebnisse in medizinischer Hinsicht oder unterstützt er den Chemiker durch sein Fachwissen, ist er Sachverständiger (KK-StPO/Senge StPO § 91 Rn 2). 3

§ 92 [Gutachten bei Geld- oder Wertzeichenfälschung]

(1) [1]Liegt der Verdacht einer Geld- oder Wertzeichenfälschung vor, so sind das Geld oder die Wertzeichen erforderlichenfalls der Behörde vorzulegen, von der echtes Geld oder echte Wertzeichen dieser Art in Umlauf gesetzt werden. [2]Das Gutachten dieser Behörde ist über die Unechtheit oder Verfälschung sowie darüber einzuholen, in welcher Art die Fälschung mutmaßlich begangen worden ist.

(2) Handelt es sich um Geld oder Wertzeichen eines fremden Währungsgebietes, so kann an Stelle des Gutachtens der Behörde des fremden Währungsgebietes das einer deutschen erfordert werden.

Geld- und Wertzeichenfälschung iSv § 92 StPO sind **Straftaten nach §§ 146 StGB ff** sowie die **Wertpapierfälschung** nach § 151 StGB. Die **Vorlegungspflicht** entfällt, wenn die Fälschung und die Art ihrer Begehung **auf andere Weise**, insbesondere durch **Augenschein**, festgestellt werden können. Andernfalls ist das **Gutachten** der Behörde einzuholen, von der echtes Geld oder echte Wertzeichen dieser Art in Umlauf gesetzt werden. 1

Bei den Ermittlungen sind Nr 215 RiStBV bis Nr 219 RiStBV zu beachten. Zur Zuständigkeit der Behörde s Nr 216 RiStBV. Bei den in § 151 StGB genannten Wertpapieren kann auch ein sachkundiger Mitarbeiter der privaten Ausgabestelle ein Gutachten erstellen. Dies kann nicht nach § 256 StPO verlesen werden, vielmehr ist der Gutachter in der Hauptverhandlung als Sachverständiger mündlich zu vernehmen (KK-StPO/Senge StPO § 92 Rn 2). 2

Fremde Währungsgebiete s BeckOK v. Heintschel-Heinegg/Weidemann StGB § 152 Rn 4. 3

§ 93 [Schriftgutachten]

Zur Ermittlung der Echtheit oder Unechtheit eines Schriftstücks sowie zur Ermittlung seines Urhebers kann eine Schriftvergleichung unter Zuziehung von Sachverständigen vorgenommen werden.

Überblick

Die Vorschrift regelt die von der stoffbezogenen Untersuchung eines Schriftstücks oder des verwendeten Schreibmittels zu unterscheidende Schriftvergleichung (Rn 3) zum Zweck der Urheberidentifizierung. Diese erfolgt durch einen Schriftsachverständigen (Rn 1) mittels Vergleichs der graphischen Grundkomponenten (Rn 4) des vorliegenden Schriftmaterials (Rn 6) mit Vergleichsmaterial (Rn 5), dessen Urheber feststeht.

A. Sachverständiger

1   Bei der **Auswahl** des Sachverständigen ist **Vorsicht** geboten, da es für das einschlägige Fachgebiet (Schriftvergleichung) keine allgemein geregelte Ausbildung/Eignungsprüfung gibt und eine **Vielzahl** von verschiedenen von den jeweiligen Sachverständigen verwandten **Methoden** existiert. Deshalb ist eine Bestellung **mehrerer** Sachverständiger **und** die Heranziehung eines **Experten** des **Bundeskriminalamts** erforderlich, wenn das Gutachten ausschlaggebende Bedeutung hat (BGHSt 10, 116, 119; OLG Düsseldorf StV 1991, 456).

2   Im Gegensatz zu sonstigen Sachverständigen soll der Schriftsachverständige keine Akteneinsicht erhalten. Er soll sein Gutachten **ausschließlich** auf die Schriftvergleichung stützen (OLG Celle NJW 1974, 616; Meyer-Goßner StPO § 93 Rn 1; einschränkend OLG Celle StV 1981, 608).

B. Schriftvergleichung

3   Unter (forensischer) Schriftvergleichung wird die vergleichsanalytische Gegenüberstellung von Schreibleistungen unter Zuhilfenahme physikalisch-technischer Verfahren mit dem Ziel der **Urheberidentifizierung** forensisch relevanter Schriftstücke verstanden. Hierunter fallen sowohl **Authentizitätsprüfungen** von Schriftstücken anhand von Vergleichsmaterial als auch die **Identifikation** eines Schreibers innerhalb einer Sammlung bekannter Schriftproben auf Grund von Merkmalen einer Handschrift (Michel Kriminalistik 1992, 473). Auch eine Maschinenschrift kann Gegenstand einer Schriftvergleichung sein (KK-StPO/Senge StPO § 93 Rn 1).

4   Die Untersuchung sollte auf die neun **graphischen Grundkomponenten** eingehen: **Strichbeschaffenheit** (insbes Sicherheit und Elastizität der Strichführung und der Störungen); **Druckgebung** (etwa erkennbarer Druckverlauf); **Bewegungsfluss** (Häufigkeit und Position der Unterbrechungen des Bewegungsflusses), **Bewegungsrichtung** (Bewegungsabläufe, Neigungswinkel, Verlaufseigentümlichkeiten, Zeilenführung); **vertikale Ausdehnung**; **horizontale Ausdehnung**; **vertikale Flächengliederung** (Ober- und Unterrand, Zeilenabstände usw); **horizontale Flächengliederung** (Links- und Rechtsrand, Wortabstände usw). Zur Erörterungspflicht des Gerichts s OLG Frankfurt StV 1994, 9.

C. Vergleichsmaterial

5   Bezüglich des **Vergleichsmaterials** muss die **Identität** des Urhebers **feststehen**. Grundsätzlich sind **Originale** zu verwenden, Ablichtungen sind zur Begutachtung nur bedingt tauglich und dürfen deshalb einem Gutachten nur zugrunde gelegt werden, wenn keine Originale zur Verfügung stehen (BGH NJW 1982, 2875; OLG Düsseldorf StV 1986, 376). Es sollte sich möglichst um **unbefangenes** Schriftmaterial handeln, das in etwa **zur gleichen Zeit** wie die fragliche Schreibleistung entstanden ist.

6   Weder der Beschuldigte noch Zeugen sind **verpflichtet**, Vergleichsschriften anzufertigen (BGHSt 34, 46; BGHR StPO § 94 Beweismittel 1). Gegebenenfalls müssen solche nach § 94 StPO **beschlagnahmt** werden. Aus der **Weigerung** zur Abgabe einer Schriftprobe dürfen **keine** für den Beschuldigten **nachteiligen Schlüsse** gezogen werden (BGHSt 34, 39, 46; KK-StPO/Senge StPO § 93 Rn 3). Durch Drohung oder Täuschung erlangte Schriftproben sind nicht verwertbar (BGHSt 34, 46). Bei der Beschaffung von Schriftproben müssen die Richtlinien des Bundeskriminalamts beachtet werden (abgedruckt bei Löwe/Rosenberg/Krause StPO § 93 Rn 13).

D. Beweiswert

Nach allgM kann der Schluss des Sachverständigen, der Beschuldigte sei **mit Sicherheit** der Urheber der Schrift, allein **vollen Beweis** erbringen (BGH NJW 1982, 2882). Gleichwohl ist die Gefahr einer Fehlbeurteilung nicht auszuschließen, so dass **äußerste Vorsicht** bei der **Beweiswürdigung** erforderlich ist (BGHSt 10, 116; OLG Düsseldorf NStZ 1987, 137). Die Gefahr ist umso größer, je weniger Vergleichsmöglichkeiten zur Verfügung stehen (OLG Celle StV 1981, 608), etwa bei nur kurzer Niederschrift (BGH NJW 1982, 2882) oder wenn die Vergleichsschriften nicht unbefangen zustande gekommen sind (OLG Düsseldorf StV 1991, 456). Mangelhaft ist ein Gutachten auch, wenn es die angewandte kriminaltechnische Methode oder die Materialvoraussetzungen nicht mitteilt.

Achter Abschnitt. Beschlagnahme, Überwachung des Fernmeldeverkehrs, Rasterfahndung, Einsatz technischer Mittel, Einsatz Verdeckter Ermittler und Durchsuchung (§§ 94-111 p)

§ 94 [Gegenstand der Beschlagnahme]

(1) Gegenstände, die als Beweismittel für die Untersuchung von Bedeutung sein können, sind in Verwahrung zu nehmen oder in anderer Weise sicherzustellen.

(2) Befinden sich die Gegenstände in dem Gewahrsam einer Person und werden sie nicht freiwillig herausgegeben, so bedarf es der Beschlagnahme.

(3) Die Absätze 1 und 2 gelten auch für Führerscheine, die der Einziehung unterliegen.

Überblick

Die Vorschrift regelt in Abs 1 die Sicherstellung (Rn 6) von Gegenständen (Rn 1) mit potentieller Beweisbedeutung (Rn 3) als Beweismittel (Rn 2) im Strafverfahren (Rn 4), die gewahrsamslos (Rn 7) sind oder freiwillig herausgegeben werden (Rn 7), in Abs 2 deren Beschlagnahme (Rn 8), wenn der Gewahrsamsinhaber sie nicht freiwillig zur Verfügung stellt. Die Regelungen gelten nach Abs 3 – systemwidrig, da es sich insoweit um eine Maßnahme des vorläufigen Maßregelvollzugs handelt – auch für Führerscheine (Rn 15).

Übersicht

	Rn		Rn
A. Gegenstände	1	IV. Sicherstellung in sonstiger Weise (Abs 1)	10
B. Beweismittel	2	V. Verhältnismäßigkeitsgrundsatz	11
C. Potentielle Beweisbedeutung	3	VI. Rückgabe sichergestellter Gegenstände	13
D. Untersuchung	4	F. Führerscheine (Abs 3)	15
E. Sicherstellung	6	G. Abgrenzung zur Sicherstellung nach §§ 111 b StPO ff	16
I. Formlose Sicherstellung (Abs 1)	7		
II. Beschlagnahme (Abs 2)	8		
III. Inverwahrnahme (Abs 1)	9	H. Revision	17

A. Gegenstände

Gegenstände iSv § 94 StPO sind **bewegliche und unbewegliche Sachen** jeder Art. In Betracht kommen Leichen (s § 87 StPO Rn 7) und Leichenteile (BVerfG NStZ 1994, 246), vom Körper abgetrennte Teile, Prothesen, vom Körper getrennte Inhalte (Blutspuren,

StPO § 94 Erstes Buch. 8. Abschnitt

erbrochener Mageninhalt etc), Ton- und Bildträger, die nach ihrer Auswertung Beweis erbringen können (KK-StPO/Nack StPO § 94 Rn 3), E-Mails (zumindest vor ihrem Versenden durch den Absender und nach ihrer Ankunft beim Empfänger; ebenso für auf dem Mailserver des Providers gespeicherte Mails – BVerfG BeckRS 2009, 35860; während der jeweiligen Übermittlungsvorgänge kommt eine Aufzeichnung nach § 100a StPO in Betracht; zum Meinungsstand s § 100a StPO Rn 27f und § 99 StPO Rn 9ff), Behördenakten (BGHSt 38, 237, vorbehaltlich einer Sperrerklärung), Schriften, die an einen inhaftierten Beschuldigten gerichtet sind oder von ihm stammen (BVerfGE 57, 170), Grundstücke oder Grundstücksteile, Computerausdrucke, Datenträger (BVerfG NJW 2005, 1920) einschließlich der Hilfsmittel zur ihrer Sichtbarmachung (LG Trier NJW 2004, 869). Zeugen haben die zum Lesen der Daten notwendigen Auskünfte zu erteilen (KK-StPO/Nack StPO § 94 Rn 4). Zur Sicherstellung von Dateien für die Rasterfahndung s § 98a StPO Rn 5.

B. Beweismittel

2   Beweismittel sind alle beweglichen und unbeweglichen Sachen, die **mittelbar** oder **unmittelbar** für die Tat oder die Umstände ihrer Begehung **Beweis erbringen** (OLG Düsseldorf JMBlNW 1979, 226) oder für den **Straffolgenausspruch** Beweisbedeutung haben (OLG München NJW 1978, 601; LG Freiburg wistra 1998, 36: Testament als Anhaltspunkt für die Vermögensverhältnisse). Neben den offensichtlichen Beweismitteln wie der **Tatbeute** oder **Tatwerkzeugen** fallen hierunter auch „**Beweismittelträger**", von denen die eigentlichen Beweismittel nicht oder nur unter Schwierigkeiten getrennt werden können (Kleidungsstücke mit Blut- oder Spermaspuren oder Anhaftungen sonstiger Körperflüssigkeiten).

C. Potentielle Beweisbedeutung

3   Die **Möglichkeit**, dass der Gegenstand für Beweiszwecke verwendet werden kann, ist erforderlich und ausreichend (BGH NStZ 1981, 94; OLG München NJW 1978, 601; BVerfG NJW 1988, 890, 894). Für welche Beweisführung er im Einzelnen in Betracht kommt, braucht noch nicht festzustehen (BGH NStZ 1981, 94). Es kommt auch nicht darauf an, ob der Gegenstand später **tatsächlich** als Beweismittel verwendet wird (OLG Düsseldorf StV 1983, 407). Beweisbedeutung haben nicht nur Gegenstände, die für die Tat- und Schuldfrage von Relevanz sind, sondern auch Gegenstände, die den Rechtsfolgenausspruch – insbesondere die Strafzumessung – beeinflussen können (BVerfG NJW 1995, 385; BGH Beschl v 3. 4. 1996 – Az StB 5/96). Auch Gegenständen, die für verfahrensrechtliche Maßnahmen Relevanz haben – wie Beweisstücken, die bei einem flüchtigen Beschuldigten Anhaltspunkte für dessen Aufenthaltsort geben oder bei einem auf freiem Fuß befindlichen Beschuldigten Anhaltspunkte für das Vorliegen von Flucht- oder Verdunkelungsgefahr liefern -, kommt Beweisbedeutung zu. Bei Vorliegen der potentiellen Beweisbedeutung gebietet der Legalitätsgrundsatz (§ 152 Abs 2 StPO) die Sicherstellung. An der potentiellen Beweisbedeutung fehlt es, wenn die **begründete Annahme** besteht, dass es zu **keinem Gerichtsverfahren** kommen wird (BGHSt 9, 351, 355) oder wenn ein **nicht behebbares Verfahrenshindernis** besteht. Solange noch **Zweifel** an der Behebbarkeit bestehen, ist die Sicherstellung **zulässig** (Löwe/Rosenberg/Schäfer StPO § 94 Rn 31). Wenn feststeht, dass die Verfahrensvoraussetzungen nicht mehr hergestellt werden können, ist die Sicherstellung aufzuheben (KK-StPO/Nack StPO § 94 Rn 10). Bei Immunität ist zu differenzieren: Sind Abgeordnete nach Art 46 Abs 1 GG **nicht verfolgbar**, ist die Beschlagnahme **unzulässig**. In den Räumen des Parlaments bedarf die Beschlagnahme der **Genehmigung** des Präsidenten (Art 40 Abs 2 S 2 GG). Bei **tatverdächtigen** Abgeordneten ist die Beschlagnahme zulässig, wenn die Einleitung eines Ermittlungsverfahrens genehmigt ist, bei **tatunverdächtigen** Abgeordneten ist die Beschlagnahme ohne Einschränkung zulässig. Mangels Beweisbedeutung gilt die Norm nicht für die Sicherstellung von Gegenständen im Wege der Sitzungspolizei (BGH NStZ 1998, 364).

D. Untersuchung

Das Vorliegen eines einfachen **Anfangsverdachts** (s § 152 StPO Rn 4 f) genügt (BGH **4** BGHR StPO § 94 Beweismittel 4, 5). Der Täter muss namentlich noch nicht bekannt sein (Rogall GA 85, 16). Die Untersuchung kann mit der Sicherstellung nach § 94 StPO **beginnen** (BGH BGHR StPO § 94 Beweismittel 2; OLG Celle NJW 1963, 406). Eine Sicherstellung zur Ausforschung ist unzulässig (LG Köln StV 1983, 56). Zur Untersuchung gehört das **laufende Verfahren** bis zum Verfahrensabschluss, so dass die Sicherstellung zulässig ist zur Ermittlung, ob die Voraussetzungen der Untersuchungshaft vorliegen (OLG Hamburg NJW 1967, 166), des Aufenthaltsortes eines (flüchtigen) Beschuldigten, der Ermittlung von Ansätzen für Folgeermittlungen (Sicherstellung von Vergleichsmaterial für einen Schriftvergleich oä) oder zur Sicherstellung von Urkunden wegen Aktenverlustes (OLG Düsseldorf JMBlNW 1979, 226). Bei vorläufiger Einstellung des Verfahrens bleibt die Sicherstellung zulässig bis zur **endgültigen Einstellung** des Verfahrens (SK-StPO/Rudolphi StPO § 94 Rn 9). Auch in der Revisionsinstanz bleibt die Sicherstellung wegen § 354 Abs 2 StPO zulässig (OLG Hamm JMBlNW 1976, 118). Erst **nach** der **Rechtskraft** des Urteils ist eine **Sicherstellung** (etwa zur Überprüfung der Einhaltung von Auflagen bei einer Strafaussetzung zur Bewährung) **unzulässig** (KG NJW 1999, 2979). Ebenfalls zulässig ist die Sicherstellung in einem **Wiederaufnahmeverfahren** und zu dessen Vorbereitung, nicht jedoch, wenn für eine Wiederaufnahme noch keine Anhaltspunkte bestehen (BGH Beschl v 23. 12. 1977 – Az StB 257/77).

Die §§ 94 StPO ff gelten auch im **Sicherungsverfahren** (§§ 413 StPO ff), im **Einzie-** **5** **hungsverfahren** (§§ 440 StPO ff) und im **Privatklageverfahren** (§§ 374 StPO ff).

E. Sicherstellung

Sicherstellung ist die **Herstellung der staatlichen Gewalt** über den Gegenstand durch **6** dessen Inverwahrnahme oder in sonstiger Weise. Dazu muss eine amtliche Handlung **geeignet** und **erkennbar** zum Ausdruck bringen, dass die Sache fortan **amtlicher Obhut** untersteht (BGHSt 3, 395; 15, 149; Hoffmann/Knierim NStZ 2000, 461). Ein **Veräußerungsverbot** entsteht hierdurch nicht (OLG München Rpfleger 1980, 238; **aA** OLG Bremen NJW 1951, 675). Jedoch gilt § 136 StGB; die in Verwahrung genommenen Sachen stehen unter dem Schutz des § 133 StGB. Vor Beendigung der Durchsicht iSv § 110 StPO kann die potentielle Beweisbedeutung nicht beurteilt werden, weshalb eine Sicherstellung oder Beschlagnahme nicht in Betracht kommt (KK-StPO/Nack StPO § 94 Rn 15), sondern allenfalls eine vorläufige Sicherstellung (BGH NStZ 2003, 670 = BeckRS 2003, 07451; NStZ 2008, 643). Zum Rechtsschutz gegen die Mitnahme zur Durchsicht s § 110 StPO Rn 12.

I. Formlose Sicherstellung (Abs 1)

Die Sicherstellung kann **formlos** (durch Realakt) erfolgen, wenn ein Gewahrsamsinhaber **7** **nicht bekannt** ist oder der Gewahrsamsinhaber die Sache (ausdrücklich oder stillschweigend) **freiwillig** zur Verfügung stellt. Nach allgM steht es der Freiwilligkeit der Herausgabe nicht entgegen, wenn der Gewahrsamsinhaber zur **Abwendung** der andernfalls erfolgenden förmlichen **Beschlagnahme** oder in **Befolgung** einer **Herausgabepflicht** nach § 95 Abs 1 StPO handelt. Der **Widerruf** des Einverständnisses stellt einen Antrag nach § 98 Abs 2 S 2 StPO dar (Löwe/Rosenberg/Schäfer StPO § 94 Rn 38). Steht eine Sache im Gewahrsam **mehrerer** Mitgewahrsamsinhaber, müssen **alle** Mitgewahrsamsinhaber mit der Sicherstellung einverstanden sein; ist einer der Mitgewahrsamsinhaber **allein** verfügungsberechtigt, genügt **dessen Einverständnis**. Bei **Minderjährigen** ist das Einverständnis des **gesetzlichen Vertreters** erforderlich.

II. Beschlagnahme (Abs 2)

Ein Gegenstand, der **nicht freiwillig** herausgegeben wird oder dessen **Herausgabe** nach **8** § 95 Abs 2 StPO **erzwungen** werden muss, wird durch eine ausdrückliche Anordnung **beschlagnahmt**. Form, Inhalt, Bekanntgabe und Durchführung der Beschlagnahme sind in § 98 StPO geregelt. Zur Dauer der Beschlagnahme s § 98 StPO Rn 12.

III. Inverwahrnahme (Abs 1)

9   Die Gegenstände sind in Verwahrung zu nehmen, indem sie in den **Besitz** der **Staatsanwaltschaft** oder einer von ihr **beauftragten Stelle** überführt werden. Von dieser sind sie auf der Geschäftsstelle oder in einem Asservatenraum aufzubewahren.

IV. Sicherstellung in sonstiger Weise (Abs 1)

10   Sie ist nur bei der **förmlichen Beschlagnahme** möglich. Sie kommt in Betracht, wenn Gegenstände aufgrund ihrer **Beschaffenheit** nicht in Verwahrung genommen werden können (etwa Grundstücke, Räume etc) oder wenn der **Zweck** auch ohne Verwahrnahme erreicht werden kann. In diesen Fällen können Grundstücke abgesperrt, Räume versiegelt und bei beweglichen Sachen Ge- und Verbote angeordnet werden (BGHSt 15, 149), dem unmittelbaren Besitzer kann aufgegeben werden, den Gegenstand nicht herauszugeben (RGSt 52, 117), ihn nicht zu vernichten und auch sonst nicht über ihn zu verfügen (BGH JZ 1962, 609; OLG Hamburg MDR 1961, 689; OLG Stuttgart MDR 1951, 692). Gespeicherte Daten können durch Übermittlung von dem Datenträger des Betroffenen in den Computer der Staatsanwaltschaft (ohne Beschlagnahme des Datenträgers) beschlagnahmt werden (Möhrenschlager wistra 1991, 329; Kemper NStZ 2005, 538).

V. Verhältnismäßigkeitsgrundsatz

11   Die Sicherstellung muss in **angemessenem Verhältnis** zur **Schwere der Tat** und zur **Stärke des Tatverdachts** stehen und für die Ermittlungen **notwendig** sein (BVerfG NJW 1966, 1603, 1607; BGHSt 43, 300, 303). Der Tatverdacht muss auf **konkreten Tatsachen** beruhen, die eine Tatbegehung durch den Beschuldigten als möglich erscheinen lassen, **Vermutungen** genügen nicht (BVerfG NStZ-RR 2004, 143). Es ist stets zu prüfen, ob **mildere Maßnahmen** ausreichen (Rn 11.1). Wenn ein Auskunftsverlangen (etwa gegenüber Banken oder Behörden) ausreicht, ist die Beschlagnahme unzulässig (OLG Köln StV 1983, 275). Beschlagnahmeverbote ergeben sich aus § 97 StPO.

11.1   Bei Urkunden ist zu prüfen, ob die Anfertigung von Fotokopien genügt (BGH MDR 1990, 105; OLG Hamburg NJW 1967, 166; OLG München NJW 1978, 601; LG Aachen StV 2000, 548). Bei Daten kann die Übergabe von lesbaren Ausdrucken genügen (OLG Oldenburg CR 1988, 679). Es kann die Übergabe von Kopien der Datenträger ausreichen (LG Köln NStZ 1995, 54; LG Bonn wistra 2005, 77). Die Übergabe von – nach konkreten Kriterien gefilterten – Daten auf separaten Datenträgern mag genügen (BVerfG NJW 2005, 1922). Wenn eine Filterung – wie bei der Beschlagnahme von Massenspeichern – nicht möglich ist, muss bei der Durchsicht der Daten berücksichtigt werden, dass die Gewinnung überschießender und vertraulicher, für das Verfahren bedeutungsloser Informationen, im Rahmen des Vertretbaren zu vermeiden ist (BVerfG NJW 2005, 3414). Wenn sich der Tatverdacht gegen unbekannt richtet, soll die Beschlagnahme von Klientenakten einer Suchtberatungsstelle iSv § 203 Abs 1 Nr 4 StGB unzulässig sein (BVerfGE 44, 353). Wenn andere Beweismittel vorhanden sind, ist die Beschlagnahme einer ärztlichen Patientendatei unverhältnismäßig (LG Dortmund NJW 1972, 1533; LG Trier CR 2004, 94). Bei der Beschlagnahme von Schriften genügen einige Exemplare (SK-StPO/Rudolphi StPO § 94 Rn 22), bei Filmen reichen 2 Exemplare (OLG Frankfurt NJW 1973, 2074). Die Beschlagnahme des Bestands einer Buchhandlung kann unzulässig sein (BGH StV 1988, 90); ebenso bei Darlehensverträgen (LG Berlin StV 2002, 67 f); die Beschlagnahme eines Fremdenpasses ist wegen des Eingriffs auch in die Reisefreiheit nur bei erheblichem Tatverdacht und mangels gleichwertiger Beweismittel zulässig (LG Berlin StV 1995, 459 f).

12   Die dem **Beschuldigten** durch die **freiwillige** Herausgabe von Gegenständen, insbes auch herausgefilterten Daten, entstehenden Kosten sind **nicht erstattungsfähig** (BGH NStZ 1982, 118; OLG Nürnberg NJW 1980, 1861; **aA** OLG Düsseldorf wistra 1985, 123; OLG Frankfurt NJW 1981, 168). **Anderen Personen** (iSv § 103 StPO) entstehende Kosten sollen gemäß § 23 JVEG **erstattungsfähig** sein (Löwe/Rosenberg/Schäfer StPO § 95 Rn 30 ff; **aA** KK-StPO/Nack StPO § 94 Rn 13).

VI. Rückgabe sichergestellter Gegenstände

13   Gesetzlich **geregelt** ist nur die Herausgabe eines durch die **Straftat** dem **Verletzten** entzogenen, für das Strafverfahren nicht mehr benötigten Beweisgegenstandes. Dieser ist an

den Verletzten herauszugeben (s § 111k S 1 StPO). Im Übrigen ist die Rückgabe in Nr 75 RiStBV geregelt. Auch sonstige Gegenstände, die der Beschuldigte aus einer **Straftat erlangt** hat, werden **nicht** an diesen **zurückgegeben** (OLG Düsseldorf NStZ 1984, 567; OLG Hamm NStZ 1986, 376). Ist ein Gegenstand **freiwillig** herausgegeben worden, ist er an die Person herauszugeben, die ihn zur Verfügung gestellt hat (OLG Bremen MDR 1960, 603). Wurde der Gegenstand **beschlagnahmt**, wird er an den **letzten Gewahrsamsinhaber** zurückgegeben (BGH NJW 1979, 425; Düsseldorf NStZ 1984, 567; OLG Frankfurt GA 72, 212). Streitig ist, ob es sich um eine Hol- oder eine Bringschuld handelt (BGH NStZ 2005, 391 nimmt unter Hinweis auf § 697 BGB eine Holschuld an; für Bringschuld Kemper NJW 2005, 3679). Wenn das (wiederholte) Bemühen um Herausgabe **erfolglos** blieb, kann der Beweisgegenstand **vernichtet** werden (Schäfer wistra 1984, 136; Dörn wistra 1999, 175 ff; Cremers wistra 2000, 130 ff). Werden die Gegenstände an einen Nichtberechtigten herausgegeben, ist der Eigentümer nach § 2 Abs 2 Nr 4 StrEG zu entschädigen (BGHZ 72, 302). Werden Gegenstände aufgrund einer schuldhaften Verletzung von Obhutspflichten verletzt, hat der Betroffene Schadensersatzansprüche aus dem öffentlich-rechtlichen Verwahrungsverhältnis (KK-StPO/Nack StPO § 94 Rn 24).

Über die Herausgabe entscheidet im **Ermittlungsverfahren** und nach **rechtskräftigem** 14 **Abschluss** des Verfahrens die **Staatsanwaltschaft**, nach **Anklageerhebung** das mit der Sache befasste **Gericht**. Bei einer Beschlagnahme ist diese zuvor aufzuheben, es sei denn, die Beschlagnahme wurde durch den rechtskräftigen Abschluss des Verfahrens ohne Rechtsakt beendet (s § 98 StPO Rn 12).

F. Führerscheine (Abs 3)

Dem Wortlaut nach betrifft Abs 3 nur die **Beschlagnahme** eines Führerscheins zur 15 **Sicherung der Einziehung**. Nach **hM** kann jedoch die Polizei oder Staatsanwaltschaft, denen die vorläufige Entziehung der Fahrerlaubnis nicht erlaubt ist, bei Gefahr im Verzug den Führerschein beschlagnahmen, um weitere Trunkenheitsfahrten zu verhindern (s § 111a StPO Rn 12). Hiervon ist auszugehen, weil § 21 Abs 2 Nr 2 StVG das Führen eines Kraftfahrzeugs trotz Inverwahrnahme, Sicherstellung oder Beschlagnahme des Führerscheins nach § 94 StPO unter Strafe stellt. Faktisch handelt es sich hierbei um eine Maßnahme zur Sicherung der Allgemeinheit.

G. Abgrenzung zur Sicherstellung nach §§ 111 b StPO ff

Wenn ein **Beweisgegenstand** zugleich als **Verfalls-** oder **Einziehungsgegenstand** in 16 Betracht kommt, genügt die **Beschlagnahme** nach § 94 StPO, die jedoch nicht das nur nach § 111 c Abs 5 StPO eintretende **Veräußerungsverbot** auszulösen vermag (LG Lübeck StraFo 2003, 417). Nach § 94 beschlagnahmte Gegenstände stehen demnach für die Sicherung des Verfalls und der Einziehung zur Verfügung. Jeder nach § 111 b StPO ff beschlagnahmte Gegenstand kann als Beweismittel verwertet werden (Meyer-Goßner StPO § 94 Rn 2; **aA** Achenbach NJW 1976, 1070), jedoch ist wegen des Akteneinsichtsrechts des Verteidigers nach § 147 auch die Beschlagnahme nach § 94 StPO erforderlich (Löwe/Rosenberg/Schäfer StPO § 94 Rn 7).

H. Revision

Ist ein Gegenstand auf Grund einer **rechtsfehlerhaften Durchsuchung** erlangt worden, 17 ist seine **Beschlagnahme** und **Verwertung** nur **unzulässig**, wenn es sich um einen **besonders schwerwiegenden Verstoß** handelt (BVerfG NJW 1999, 273; StV 2002, 113; BVerfGE 113, 29; BGH NStZ 2004, 449; BGH NJW 2007, 2269; KG StV 1985, 404). Wenn eine Durchsuchungsanordnung **fehlt**, soll es darauf ankommen, ob sie hätte **erlassen** werden dürfen (BGH NStZ 2004, 449; OLG Hamm StV 2007, 69; OLG München wistra 2006, 472). Gegenstände, die mit legalen Mitteln der Durchsuchung und Beschlagnahme hätten erlangt werden können, sind verwertbar (BVerfG NStZ 2004, 216; BGH StV 2008, 121, 123), es sei denn der Richtervorbehalt wurde in grober Weise verletzt (BGHSt 51, 285, 291). Str ist, ob ein Verwertungsverbot einen **Widerspruch** in der Hauptverhandlung voraussetzt (BGHSt 51, 285, 296).

§ 95 [Herausgabepflicht]

(1) Wer einen Gegenstand der vorbezeichneten Art in seinem Gewahrsam hat, ist verpflichtet, ihn auf Erfordern vorzulegen und auszuliefern.

(2) ¹Im Falle der Weigerung können gegen ihn die in § 70 bestimmten Ordnungs- und Zwangsmittel festgesetzt werden. ²Das gilt nicht bei Personen, die zur Verweigerung des Zeugnisses berechtigt sind.

Überblick

Die Vorschrift ordnet in Abs 1 an, dass der Gewahrsamsinhaber (Rn 4) eines beweglichen Gegenstandes, der nicht Beschuldigter (Rn 4) oder Zeugnis-/Auskunftsverweigerungsberechtigter (Abs 2 S 2, Rn 4) ist, diesen – wenn feststeht, dass er den Gegenstand in Gewahrsam hat – auf Verlangen der Strafverfolgungsbehörden (Rn 1) herausgeben muss. Die Herausgabe kann nach Abs 2 S 1 durch Ordnungs- und Zwangsmittel (Rn 5) erzwungen werden.

A. Herausgabeverlangen (Abs 1)

1 Ein Herausgabeverlangen ist in allen Verfahrensarten und -abschnitten zulässig, in denen die Beschlagnahme nach § 94 StPO angeordnet werden kann (s § 94 StPO Rn 4). Es ist **nicht notwendig**, dass zuvor erfolglos eine **Beschlagnahme** des Beweisgegenstandes **versucht** worden war (LG Stuttgart NJW 1992, 2646). Andererseits ist für den Fall, dass eine Durchsuchung zum Zweck der **Beschlagnahme erfolglos** war, aber aufgrund **konkreter Anhaltspunkte** feststeht, dass ein Beweismittel sich im **Gewahrsam** einer bestimmten Person befindet, ein Herausgabeverlangen **zulässig** (LG Bonn NStZ 1983, 327). Wenn der Gegenstand **freiwillig** herausgegeben wird, wird er **formlos sichergestellt** (s § 94 StPO Rn 7). Wird er nach Einsatz von **Zwangsmitteln** herausgegeben, ist eine **Beschlagnahme** notwendig (s § 94 StPO Rn 8).

2 Das **Herausgabeverlangen** kann nicht nur vom **Gericht**, sondern auch – ohne Gefahr im Verzug – von der **Polizei** und **Staatsanwaltschaft** gestellt werden (LG Gera/LG Halle NStZ 2001, 276; LG Koblenz wistra 2002, 359; LG Lübeck NJW 2000, 3148; **aA** LG Bonn NStZ 1983, 327; LG Düsseldorf wistra 1993, 199; LG Stuttgart NJW 1992, 2646). Auch wenn nur das **Gericht** Ordnungs- und Zwangsmittel **anordnen** darf, können **Polizei** und **Staatsanwaltschaft** diese bei ihren Herausgabeverlangen für den Fall der Weigerung **androhen** (Meyer-Goßner StPO § 94 Rn 2).

B. Vorlegungs- und Herausgabepflicht (Abs 1)

3 Für behördlich verwahrte Gegenstände gilt § 95 StPO nicht; diese werden mittels eines Amtshilfeersuchens erhoben. Die **Herausgabe-** und **Vorlegungspflicht** bezieht sich auf **bewegliche** Beweisgegenstände iSv § 94 Abs 1 StPO und auf **Führerscheine** iSv § 94 Abs 3 StPO.

C. Gewahrsamsinhaber (Abs 1)

4 Der jeweilige **Gewahrsamsinhaber** ist zur Herausgabe **verpflichtet**. Es ist belanglos, ob er den Gegenstand **rechtmäßig** oder **unrechtmäßig** in Gewahrsam hat, ob er **Eigentümer** des Gegenstandes ist bzw ob dieser der Herausgabe **zustimmt**. Der Beschuldigte, der sich von Verfassungs wegen nicht selbst belasten muss, ist ebenso wenig zur Herausgabe verpflichtet wie zeugnis- oder auskunftsverweigerungsberechtigte Personen. Gleichwohl dürfen sie zur Herausgabe aufgefordert werden (OLG Celle NJW 1963, 406), auch wenn diese nicht zwangsweise durchgesetzt werden kann (s Abs 2 S 2; zur analogen Anwendung dieser Vorschrift auf auskunftsverweigerungsberechtigte Personen s KK-StPO/Nack StPO § 95 Rn 6), worüber sie zu belehren sind (Meyer-Goßner StPO § 95 Rn 6). Banken sind verpflichtet einem Herausgabeverlangen nach Bankunterlagen nachzukommen, das Bankgeheimnis steht nicht entgegen (KG NStZ 1989, 192). Der Insolvenzverwalter ist zur Herausgabe der Geschäftsbücher verpflichtet (Meyer-Goßner StPO § 95 Rn 4). Ein Herausgabeverlangen ist auch

gegen einen **tatunverdächtigen** Abgeordneten zulässig (Nr 191 Abs 3 d RiStBV). Die Vollstreckung von Ordnungs- und Beugehaft setzt die Genehmigung des Parlaments voraus (s § 70 StPO Rn 1).

D. Ordnungs- und Zwangsmittel (Abs 2)

Ordnungs- und Zwangsmittel (Meyer-Goßner StPO Rn 9) dürfen nur vom **Gericht**, 5 nicht von der Polizei oder der Staatsanwaltschaft **angeordnet** werden. Es handelt sich um eine Kann-Vorschrift, ihre **Verhängung** ist also **nicht zwingend**. Ordnungsmittel werden nicht dadurch erledigt, dass der Gewahrsamsinhaber den Gegenstand nachträglich herausgibt; Beugehaft ist jedoch für diesen Fall sofort zu beenden (Meyer-Goßner StPO § 95 Rn 9). Gegen **zeugnisverweigerungsberechtigte Personen** darf **kein Zwang** angewendet werden. Soweit keine beschlagnahmefreien Gegenstände iS von § 97 StPO vorliegen, können diese nach § 94 StPO beschlagnahmt werden. Bei dem nach **§ 53 StPO** zur Zeugnisverweigerung berechtigten Personenkreis erfasst das Herausgabeverweigerungsrecht nur die Gegenstände, die aus ihrer **beruflichen Betätigung** entstanden oder erlangt sind. Mit der **Entbindung** von der Verschwiegenheitspflicht entfällt das Herausgabeverweigerungsrecht (KK-StPO/Nack StPO § 95 Rn 5).

E. Anfechtung

Gegen **richterliche** Herausgabeverlangen ist die **Beschwerde** nach § 304 StPO gegeben, 6 **polizeiliche/staatsanwaltschaftliche** Herausgabeverlangen können entsprechend § 98 Abs 2 S 2 StPO, § 161a Abs 3 StPO **gerichtlich überprüft** werden (KK-StPO/Nack StPO § 95 Rn 8).

F. Revision

Die Revision kann darauf gestützt werden, dass Beweisgegenstände trotz **Verwertungs-** 7 **verbots** verwertet wurden. Ein Verwertungsverbot besteht, wenn Gegenstände dadurch erlangt wurden, dass **trotz berechtigter Weigerung** des Beschuldigten oder einer zeugnisverweigerungsberechtigten Person **Zwang** (Abs 2) angewendet wurde (Löwe/Rosenberg/Schäfer StPO § 95 Rn 37; **aA** KMR/Müller StPO vor § 94 Rn 22: nur wenn auch die Beschlagnahme unzulässig gewesen wäre) oder die Belehrung des Zeugnisverweigerungsberechtigten unterlassen wurde (Meyer-Goßner StPO § 95 Rn 11). Die Anwendung von unzulässigem Zwang gegen eine **auskunftsverweigerungsberechtigte** Person begründet kein Verwertungsverbot, da der Rechtskreis des Beschuldigten nicht berührt ist (Löwe/Rosenberg/Schäfer StPO § 95 Rn 16).

§ 96 [Amtliche Schriftstücke]

¹**Die Vorlegung oder Auslieferung von Akten oder anderen in amtlicher Verwahrung befindlichen Schriftstücken durch Behörden und öffentliche Beamte darf nicht gefordert werden, wenn deren oberste Dienstbehörde erklärt, daß das Bekanntwerden des Inhalts dieser Akten oder Schriftstücke dem Wohl des Bundes oder eines deutschen Landes Nachteile bereiten würde. ²Satz 1 gilt entsprechend für Akten und sonstige Schriftstücke, die sich im Gewahrsam eines Mitglieds des Bundestages oder eines Landtages beziehungsweise eines Angestellten einer Fraktion des Bundestages oder eines Landtages befinden, wenn die für die Erteilung einer Aussagegenehmigung zuständige Stelle eine solche Erklärung abgegeben hat.**

Überblick

Die Norm schränkt die Amtshilfepflicht (Art 35 Abs 1 GG) der Behörden, öffentlichen Beamten (S 1) und gesetzgebenden Körperschaften (S 2, Rn 3) gegenüber den Strafverfolgungsbehörden dahingehend ein, dass sie deren Verlangen auf Herausgabe (§ 94 StPO, § 95

StPO) von Schriftstücken (Rn 1), die sich in amtlicher Verwahrung befinden (Rn 2), nicht entsprechen müssen, falls dies Nachteile für das Wohl des Bundes oder eines Landes (Rn 4) hätte.

Übersicht

	Rn		Rn
A. In amtlicher Verwahrung befindliche Schriftstücke	1	C. Sperrerklärung	4
B. Behörden, öffentliche Beamte, gesetzgebende Körperschaften	3	D. Revision	9

A. In amtlicher Verwahrung befindliche Schriftstücke

1 Der Begriff „Schriftstücke" ist der **Oberbegriff**, er ist weit auszulegen. Darunter fallen auch Ton- und Bildträger, Abbildungen, elektronische Daten, einzelne Datensätze (nicht: Datenbanken insgesamt), Dokumente, Ermittlungsakten (OLG Frankfurt NJW 1982, 1408) oder polizeiliche Vorgänge (VGH Kassel StV 1986, 52) betreffend andere Verfahren. Dagegen werden **Aktenbestandteile** oder **Schriftstücke**, die das **anhängige Verfahren** betreffen, **nicht** von § 96 StPO erfasst (OLG Hamburg StV 1984, 11). Die Norm findet auf Gegenstände anderer Art entsprechende Anwendung (KK-StPO/Nack StPO § 96 Rn 6).

2 In „amtlicher Verwahrung" können sich auch **private** Unterlagen befinden, die wegen ihres Inhalts in **behördliche** Verwahrung genommen wurden (KK-StPO/Nack StPO § 96 Rn 3). **Nicht** darunter fallen jedoch **private** Unterlagen, die lediglich **hinterlegt** wurden (wie Testamente) (Meyer-Goßner StPO § 96 Rn 3; **aA** KK-StPO/Nack StPO § 96 Rn 5).

Die Vorschrift ist, soweit nicht § 110 b Abs 3 StPO eingreift, **entsprechend anwendbar**, wenn das Gericht Auskunft über Namen und Anschrift **polizeilich geheim gehaltener Zeugen** (insbes **V-Personen**) verlangt (BGHSt 29, 390, 393; BGHSt 30, 34; BGHSt 32, 32, 37; BGHSt 32, 115, 123; BGHSt 33, 178; BGH StV 1981, 110, 111; BGH NStZ 1988, 563).

B. Behörden, öffentliche Beamte, gesetzgebende Körperschaften

3 Zum Begriff der „**Behörde**" s § 256 StPO Rn 8 f. „**Öffentliche Beamte**" sind solche, die für sich **allein** eine **Behörde** darstellen (KK-StPO/Nack StPO § 96 Rn 3). **Gesetzgebende Körperschaften** sind nur die in S 2 ausdrücklich genannten Körperschaften, nicht jedoch andere Verwaltungsorgane (Gemeinderat, Kreistag öä).

C. Sperrerklärung

I. Zulässigkeit

4 Eine Sperrerklärung darf nur bei der Gefahr von **Nachteilen** für das **Wohl des Bundes** oder eines **deutschen Landes** erfolgen. Das betrifft Staatsgeheimnisse, Beeinträchtigungen verfassungsgemäß legitimierter staatlicher Aufgaben und repressive sowie präventive Belange des Strafrechts (BVerfGE 57, 284; BVerfGE 67, 139; BGHSt 29, 109, 111; BGHSt 31, 155; BGHSt 32, 35). Zu den von § 96 StPO erfassten **öffentlichen Belangen** gehört das **Steuergeheimnis** nach § 30 AO (BVerfG NJW 1984, 2275), die Beeinträchtigung der **Intimsphäre eines Bürgers** (BVerfG NJW 1970, 555), **nicht** jedoch die **Gefährdung** einzelner Personen (BVerfGE 27, 344), es sei denn, es handelt sich um einen **unersetzbaren Geheimnisträger** (BVerfGE 57, 250). Bei **V-Personen** wird eine Sperrerklärung als zulässig angesehen bei **Gefahr** für **Leib**, **Leben** und **Freiheit** der V-Person (BVerfGE 57, 285; BGHSt 33, 90; BGHSt 36, 164), wenn die Behörde eine **Vertraulichkeitszusage** gegeben hat, der kein Vertrauensbruch folgen darf (OLG Frankfurt StV 1983, 54; BayVGH NJW 1980, 199) und bei der Erforderlichkeit des **weiteren Einsatzes** der V-Person (BVerfGE 57, 284; BGHSt 31, 156; OLG Stuttgart NJW 1991, 1071). Akten der Verfassungsschutzbehörden sind nicht per se geheimhaltungsbedürftig (BVerfG NJW 1987, 202).

II. Zuständigkeit

Zuständig für die Sperrerklärung ist die **oberste Dienstbehörde**. Das ist der zuständige **Fachminister** als oberste Aufsichtsbehörde, für **Gemeinden** der **Innenminister** (BGH NJW 1989, 3294), für das **Parlament** dessen **Präsident** (BGHSt 20, 189), bei Auskunft über Namen und Anschrift polizeilich geheim gehaltener **V-Personen** der **Innenminister** (BGHSt 41, 36). Diese müssen die Sperrerklärung nicht persönlich abgeben, sondern können diese Aufgabe an den Beamten **delegieren**, der berechtigt ist, das Ministerium nach außen zu vertreten (BGHSt 35, 82, 86; OLG Stuttgart Justiz 1986, 304). Die Sperrerklärung wird von der grundsätzlich **herausgabepflichtigen** Behörde eingeholt, nicht von den Ermittlungsbehörden oder dem mit der Sache befassten Gericht (LG Darmstadt NStZ 1989, 87).

III. Begründung

Die Sperrerklärung muss so **detailliert begründet** sein, dass es dem Gericht möglich ist, die Gründe für die Sperre nachzuvollziehen und auf ihre **Rechtmäßigkeit** zu **überprüfen** (BVerfGE 57, 250, 290 = NJW 1981, 1719, 1725; BGHSt 29, 109, 112; BGH NStZ 2000, 265, 266; BVerwG NJW 1983, 638). Dabei geht die **hM** davon aus, dass das Gericht nur Fehler hinsichtlich der Auslegung der Vorschrift, der zugrunde gelegten Tatsachen und der Einhaltung der Grenzen des behördlichen Beurteilungsspielraums überprüfen darf (BGH NStZ 1989, 282). Wenn eine solche **Begründung fehlt** oder das Gericht (nach dem eingeschränkten Prüfungsmaßstab) der Überzeugung ist, die **Begründung** sei fehlerhaft, muss es **Gegenvorstellung** erheben (BGHSt 32, 115, 125; BGHSt 33, 178, 180; BGHSt 36, 159, 161).

IV. Rechtsfolgen

Eine **fehlerfreie** Sperrerklärung ist für das Gericht **bindend** (BGHSt 29, 109, 112). Der Beweisgegenstand ist damit **unerreichbar** iSv § 244 Abs 3 S 2 StPO (s § 244 StPO Rn 75). Die hierdurch verkürzten Erkenntnismöglichkeiten des Gerichts und die Beschränkung der Verteidigungsrechte des Angeklagten sind bei der **Beweiswürdigung** zu **berücksichtigen** (BGHSt 49, 112, 120 ff). Eine **fehlerhafte** Sperrerklärung ist **unwirksam**, weshalb der fragliche Beweisgegenstand beschlagnahmt werden kann (Eisenberg Beweisrecht der StPO 2008 Rn 2340). Eine erst **nach Verwertung** des Akteninhalts in der Hauptverhandlung erteilte Sperrerklärung ist **unwirksam**. Ein **Verwertungsverbot** besteht jedoch, wenn die **Sperrerklärung** nach Eingang der Akten, aber **vor Verwertung** in der Hauptverhandlung beim Gericht **eingeht** (Meyer-Goßner StPO § 96 Rn 11; **aA** OLG Hamburg StV 1984, 11, das eine Sperrerklärung dann für unzulässig hält). Dies gilt auch dann, wenn das Gericht bereits Kenntnis vom Akteninhalt erlangt hat.

V. Anfechtung

Nur der **betroffene Prozessbeteiligte**, nicht aber die Staatsanwaltschaft oder das mit der Sache befasste Gericht, kann die Sperrerklärung vor dem Verwaltungsgericht **anfechten** (BGHSt 44, 407; BVerwG NJW 1984, 2233; BVerwG NStZ 1987, 502; KG StV 1996, 531). Im Fall einer Anfechtung besteht **kein Anspruch** auf Aussetzung des Strafverfahrens. Maßgebend ist, ob die **Aufklärungspflicht** eine Aussetzung gebietet, was bei einer aussichtslos erscheinenden Klage nicht der Fall ist.

Das Verwaltungsgericht ist grds auf die Prüfung beschränkt, ob die Verweigerung der Aktenvorlage/Auskunft über Namen und Anschrift einer V-Person rechtmäßig ist (BVerwGE 117, 8, 10). Hat das Strafgericht die Entscheidungserheblichkeit in einem Beschluss bejaht, ist das Verwaltungsgericht grds an dessen Rechtsauffassung gebunden (BVerwGE 130, 236 Rn 13; BVerwG Beschl v 5. 2. 2009 – BVerwG 20 F 3.08 – bei juris). Eine abweichende Beurteilung durch das Verwaltungsgericht kommt nur in Betracht, wenn die Rechtsauffassung des Strafgericht offensichtlich fehlerhaft ist und sich als nicht vertretbar erweist (BVerwG BeckRS 2009, 35992). Grundsätzlich setzt die Entscheidung über die Verweigerung der Aktenvorlage (Sperrerklärung) bei Geheimhaltungsbedarf eine Ermessensausübung voraus. Das Verwaltungsgericht hat nur zu überprüfen, ob die Entscheidung den an die Ermessensausübung gestellten Anforderungen genügt. Grundlage der

Ermessensausübung ist die Einschätzung, dass Gründe vorliegen, aus denen sich die Geheimhaltungsbedürftigkeit der streitigen Unterlagen/des Namens und der Adresse des Zeugen ergibt. Fehlt es am Geheimhaltungsbedarf, erweist sich die Sperrerklärung bereits aus diesem Grund als rechtswidrig. Bereitet das Bekanntwerden des Inhalts zurückgehaltener Dokumente dem Wohl des Bundes oder eines Landes Nachteile, ist ihre Geheimhaltung ein legitimes Anliegen des Gemeinwohls (BVerfGE 101, 106, 127 f). Ein Nachteil in diesem Sinne ist dann gegeben, wenn und soweit die Bekanntgabe des Akteninhalts die künftige Erfüllung der Aufgaben der Sicherheitsbehörden einschließlich deren Zusammenarbeit mit anderen Behörden erschweren oder Leben, Gesundheit oder Freiheit von Personen gefährden würde (Beschl v 25. 2. 2008 – BVerwG 20 F 43.07 – bei juris und vom 5. 11. 2008 – BVerwG 20 F 6.08 – bei juris). Die Geheimhaltungsbedürftigkeit von Auskünften und Angaben von und über Personen, denen im Zuge strafrechtlicher Ermittlungen Vertraulichkeit zugesichert wurde, ist zu bejahen, wenn bei Offenlegung der Akten Leib und Leben oder die Freiheit der V-Personen ernstlich gefährdet wäre. Ob eine solche ernsthafte Gefahr zu besorgen ist, beurteilt sich nach den konkreten Umständen des Einzelfalls. Es genügt nicht, allgemein auf die Bedeutung des Quellenschutzes als Voraussetzung für eine effektive Erfüllung der Aufgaben der Strafverfolgungsbehörden zu verweisen. Daher ist nicht erst im Rahmen der Ermessensausübung, sondern bereits bei der Prüfung, ob die begehrte Information geheimhaltungsbedürftig ist, der Sachverhalt umfassend zu würdigen. Dabei sind insbesondere die Schwere der Straftat, das Ausmaß der dem Beschuldigten drohenden Nachteile und das Gewicht der einer Aktenvorlage entgegenstehenden Umstände zu berücksichtigen. Außerdem ist zu prüfen, ob nicht bereits bestimmte strafverfahrensrechtliche Vorkehrungen zum Schutz der betroffenen V-Person ausreichen (BVerwG BeckRS 2009, 35992).

D. Revision

9   Hat das Gericht versäumt, auf die Vorlage von Behördenakten hinzuwirken, insbesondere eine gebotene Gegenvorstellung zu erheben, kann dies die **Aufklärungsrüge** nach § 244 Abs 2 StPO begründen. Ein trotz bindender Sperrerklärung verwertetes Beweismittel berührt den Rechtskreis des Angeklagten nicht und kann deshalb nach **hM** die Revision nicht begründen (Meyer-Goßner StPO § 96 Rn 15).

§ 97 [Der Beschlagnahme nicht unterliegende Gegenstände]

(1) Der Beschlagnahme unterliegen nicht
1. schriftliche Mitteilungen zwischen dem Beschuldigten und den Personen, die nach § 52 oder § 53 Abs. 1 Satz 1 Nr. 1 bis 3 b das Zeugnis verweigern dürfen;
2. Aufzeichnungen, welche die in § 53 Abs. 1 Satz 1 Nr. 1 bis 3 b Genannten über die ihnen vom Beschuldigten anvertrauten Mitteilungen oder über andere Umstände gemacht haben, auf die sich das Zeugnisverweigerungsrecht erstreckt;
3. andere Gegenstände einschließlich der ärztlichen Untersuchungsbefunde, auf die sich das Zeugnisverweigerungsrecht der in § 53 Abs. 1 Satz 1 Nr. 1 bis 3 b Genannten erstreckt.

(2) ¹Diese Beschränkungen gelten nur, wenn die Gegenstände im Gewahrsam der zur Verweigerung des Zeugnisses Berechtigten sind, es sei denn, es handelt sich um eine elektronische Gesundheitskarte im Sinne des § 291 a des Fünften Buches Sozialgesetzbuch. ²Der Beschlagnahme unterliegen auch nicht Gegenstände, auf die sich das Zeugnisverweigerungsrecht der Ärzte, Zahnärzte, Psychologische Psychotherapeuten, Kinder- und Jugendlichenpsychotherapeuten, Apotheker und Hebammen erstreckt, wenn sie im Gewahrsam einer Krankenanstalt oder eines Dienstleisters, der für die Genannten personenbezogene Daten erhebt, verarbeitet oder nutzt, sind, sowie Gegenstände, auf die sich das Zeugnisverweigerungsrecht der in § 53 Abs. 1 Satz 1 Nr. 3 a und 3 b genannten Personen erstreckt, wenn sie im Gewahrsam der in dieser Vorschrift bezeichneten Beratungsstelle sind. ³Die Beschränkungen der Beschlagnahme gelten nicht, wenn bestimmte Tatsachen den Verdacht begründen, dass die zeugnisverweigerungsberechtigte Person an der Tat oder an einer Begünstigung, Strafvereitelung oder Hehlerei beteiligt ist, oder wenn

es sich um Gegenstände handelt, die durch eine Straftat hervorgebracht oder zur Begehung einer Straftat gebraucht oder bestimmt sind oder die aus einer Straftat herrühren.

(3) Die Absätze 1 und 2 sind entsprechend anzuwenden, soweit die Hilfspersonen (§ 53a) der in § 53 Abs. 1 Satz 1 Nr. 1 bis 3b Genannten das Zeugnis verweigern dürfen.

(4) ¹Soweit das Zeugnisverweigerungsrecht der in § 53 Abs. 1 Satz 1 Nr. 4 genannten Personen reicht, ist die Beschlagnahme von Gegenständen unzulässig. ²Dieser Beschlagnahmeschutz erstreckt sich auch auf Gegenstände, die von den in § 53 Abs. 1 Satz 1 Nr. 4 genannten Personen ihren Hilfspersonen (§ 53a) anvertraut sind. ³Satz 1 gilt entsprechend, soweit die Hilfspersonen (§ 53a) der in § 53 Abs. 1 Satz 1 Nr. 4 genannten Personen das Zeugnis verweigern dürften.

(5) ¹Soweit das Zeugnisverweigerungsrecht der in § 53 Abs. 1 Satz 1 Nr. 5 genannten Personen reicht, ist die Beschlagnahme von Schriftstücken, Ton-, Bild- und Datenträgern, Abbildungen und anderen Darstellungen, die sich im Gewahrsam dieser Personen oder der Redaktion, des Verlages, der Druckerei oder der Rundfunkanstalt befinden, unzulässig. ²Absatz 2 Satz 3 und § 160a Abs. 4 Satz 2 gelten entsprechend; die Beschlagnahme ist jedoch auch in diesen Fällen nur zulässig, wenn sie unter Berücksichtigung der Grundrechte aus Artikel 5 Abs. 1 Satz 2 des Grundgesetzes nicht außer Verhältnis zur Bedeutung der Sache steht und die Erforschung des Sachverhaltes oder die Ermittlung des Aufenthaltsortes des Täters auf andere Weise aussichtslos oder wesentlich erschwert wäre.

Überblick

Die Vorschrift ordnet im Verfahren gegen einen Beschuldigten (Rn 4) ein Beschlagnahmeverbot hinsichtlich der genannten Beweismittel (Rn 10, Rn 16) an, die sich grundsätzlich im Gewahrsam (Rn 6) zeugnisverweigerungsberechtigter Personen (Rn 11) befinden müssen (Ausnahmen: Angehörige von Heilberufen (Rn 7), Beratungsstellen nach § 219b StGB (Rn 8) sowie Presse- und Rundfunkmitarbeiter (Rn 9)), wenn andernfalls das Zeugnisverweigerungsrecht nach § 52 StPO, § 53 StPO, § 53a StPO umgangen würde. Ein Verstoß gegen das Beschlagnahmeverbot zieht ein Verwertungsverbot (Rn 25) nach sich.

Übersicht

	Rn		Rn
A. Beschlagnahmeverbot	1	IV. Beschlagnahmefreie Gegenstände	16
I. Voraussetzungen	4	V. Ausschluss der Beschlagnahmefreiheit	20
1. Verfahren gegen einen Beschuldigten	4	1. Tatverdacht (Abs 2 S 3)	20
2. Kein Tatverdacht gegen den Zeugnisverweigerungsberechtigten	5	2. Deliktsgegenstände (Abs 2 S 3)	21
3. Gewahrsam des Zeugnisverweigerungsberechtigten (Abs 2 S 1)	6	3. Entbindung von der Schweigepflicht	22
4. Sonderregelungen hinsichtlich des Gewahrsams	7	4. Einverständnis des Beschuldigten	23
II. Beweismittel	10	B. Freiwillige Herausgabe	24
III. Zeugnisverweigerungsberechtigte Personen	11	C. Verwertungsverbot	25
		D. Revision	28

A. Beschlagnahmeverbot

Neben dem Beschlagnahmeverbot des § 97 StPO können sich **unmittelbar** aus dem **GG** 1 Beschlagnahmeverbote ergeben, zB wenn die Verwertung gegen Grundrechte verstößt (BVerfG NJW 2005, 1922f) oder wenn unter Verstoß gegen den Grundsatz der Verhältnismäßigkeit in grundrechtlich geschützte Bereiche eingegriffen wird. Hierzu bedarf es jedoch besonderer Gründe (BVerfG NStZ-RR 2004, 83).

2   Das Beschlagnahmeverbot des § 97 StPO will die **Umgehung** der Zeugnisverweigerungsrechte nach § 52 StPO, § 53 StPO, § 53 a StPO **verhindern** (BVerfGE 20, 162, 188; BVerfGE 32, 373, 385; BGH NJW 1998, 840). Deshalb sind auch die **Anordnung** und **Durchführung** einer **Durchsuchung** zur Sicherstellung von Gegenständen, die unter § 97 StPO fallen, sowie die **einstweilige Beschlagnahme** nach § 108 Abs 1 StPO **unzulässig** (allgM).

3   Die Vorschrift kann nicht analog auf Personen angewendet werden, denen kein Zeugnisverweigerungsrecht zusteht (BVerfG ZfS 1982, 13; LG Hamburg MDR 1984, 867; **aA** OLG Celle JR 1982, 475).

I. Voraussetzungen

1. Verfahren gegen einen Beschuldigten

4   Es genügt, wenn das Verfahren gegen **unbekannt** geführt wird (RGSt 50, 241) oder ein **Verdächtiger** vorhanden ist. Ausreichend ist ebenfalls, wenn die Beschlagnahme der **erste Verfolgungsakt** ist und hierdurch das Ermittlungsverfahren eingeleitet wird (OLG Celle NJW 1963, 407). **Beschuldigter** idS ist auch der **Verurteilte** im Wiederaufnahmeverfahren (BGH wistra 2001, 397).

2. Kein Tatverdacht gegen den Zeugnisverweigerungsberechtigten

5   Das Beschlagnahmeverbot gilt nicht, wenn die zeugnisverweigerungsberechtigte Person **selbst verdächtig** ist, an der Tat beteiligt gewesen zu sein. In diesem Fall ist eine **Beschlagnahme von Beweismitteln**, die grundsätzlich durch § 97 StPO geschützt werden, auch bei Rechtsanwälten (LG Berlin NStZ 1993, 146), Verteidigern (BGH BeckRS 2009, 13319 zu einem Schreiben des beschuldigten Verteidigers an seinen Mandanten; in dieser Entscheidung führt der BGH auch aus, dass darüber hinaus § 148 Abs 1 StPO einer Beschlagnahme und Verwertung des Schriftstücks nicht entgegensteht; Krekeler NJW 1977, 1418), Steuerberatern (Quermann wistra 1988, 254), Abgeordneten oder Mitarbeitern von Rundfunk und Presse (BVerfGE 20, 162, 218) und Ärzten (VerfGH Berlin JR 2002, 496; BVerfG NJW 2000, 3557; BGHSt 38, 144, 146) **zulässig**. Die **Verwertbarkeit** ist jedoch auf die Tat **beschränkt**, an der der Geheimnisträger **beteiligt** ist (LG Berlin NStZ 1993, 146). Eine Beschlagnahme ist auch zulässig bei dem Verdacht der Geldwäsche (§ 261 StGB) durch Annahme des Verteidigerhonorars (BVerfG NStZ 2004, 260; BGH NStZ 2001, 535 mit ablehnender Besprechung Nestler StV 2001, 641). Wenn in der Literatur die Rede davon ist, dass – wenn Krankenunterlagen beschlagnahmt werden –, diese nur gegen den Arzt, nicht gegen den Patienten verwendet werden dürfen (Meyer-Goßner StPO § 97 Rn 4a mwN), gilt dies nur, wenn nicht auch gegen den Patienten ein **Anfangsverdacht** bestand. Dies ergibt sich auch aus § 108 Abs 2 StPO, der die Beschlagnahme von Zufallsfunden verbietet.

3. Gewahrsam des Zeugnisverweigerungsberechtigten (Abs 2 S 1)

6   Der Gegenstand muss – mit Ausnahme der elektronischen Gesundheitskarte – im Gewahrsam, dh der **tatsächlichen Verfügungsmacht**, des Zeugnisverweigerungsberechtigten, einer Krankenanstalt bzw einer Beratungsstelle nach § 219 StGB, von Mitarbeitern der Presse und des Rundfunks bzw der Redaktion sein. Es genügt **Mitgewahrsam**, es sei denn der Beschuldigte ist Mitgewahrsamsinhaber (BGHSt 19, 374; LG Aachen MDR 1981, 603). **Endet** der **Gewahrsam** des Zeugnisverweigerungsberechtigten durch **freiwillige Aufgabe** oder **Tod**, entfällt bei **Zeugnisverweigerungsberechtigten nach § 52 StPO** das Beschlagnahmeverbot, auch wenn der Gewahrsamsnachfolger selbst weigerungsberechtigt ist (Meyer-Goßner StPO § 97 Rn 13). Bei **Zeugnisverweigerungsberechtigten nach § 53 StPO** bleibt nach allgM das Beschlagnahmeverbot bestehen, wenn auch der Gewahrsamsnachfolger weigerungsberechtigt ist (für den Fall der Kanzlei- oder Praxisnachfolge BVerfGE 32, 373, 381). Bei **unfreiwilligem Gewahrsamsverlust** fällt das Beschlagnahmeverbot weg (BGH v 15. 12. 1976 – Az 3 StR 432/76).

4. Sonderregelungen hinsichtlich des Gewahrsams

Bei **Angehörigen der Heilberufe** genügt nach Abs 2 S 2 der Gewahrsam der Krankenanstalt oder ihres Dienstleisters, unabhängig davon wie dieser erlangt wurde. Der Begriff „Krankenanstalt" ist weit auszulegen und beinhaltet auch ärztlich geleitete Pflegeanstalten, Genesungsheime, Krankenabteilungen einer JVA, der Polizei oder der Bundeswehr (KK-StPO/Nack StPO § 97 Rn 21). 7

Entsprechendes gilt nach Abs 2 S 2 für **Beratungsstellen nach § 219 Abs 2 StGB**. 8

Bei **Presse- und Rundfunkmitarbeitern** genügt ebenfalls der Gewahrsam der Redaktion oä (Abs 5 S 1), jedoch muss der Gegenstand auf Veranlassung des zeugnisverweigerungsberechtigten Mitarbeiters in diese Räume gelangt sein (allgM). 9

II. Beweismittel

Die Norm statuiert ein Beschlagnahmeverbot für die Beschaffung von **Beweismitteln**. Verfalls- und Einziehungsgegenstände nach §§ 111b StPO ff dürfen bei Zeugnisverweigerungsberechtigten auch dann beschlagnahmt werden, wenn sie zugleich Beweismittel sind (LG Frankfurt/M NJW 1959, 543). 10

III. Zeugnisverweigerungsberechtigte Personen

Angehörige (Abs 1 Nr 1 iVm § 52 StPO): Zum Personenkreis s § 52 StPO Rn 3 ff. Wenn durch die Beendigung des Angehörigenverhältnisses das Zeugnisverweigerungsrecht entfällt, endet auch das Beschlagnahmeverbot (Meyer-Goßner StPO § 97 Rn 34). 11

Berufsgeheimnisträger (Abs 1 Nr 1 iVm § 53 Abs 1 S 1 Nr 1 bis Nr 3b StPO). Dazu zählen Geistliche s § 53 StPO Rn 10, Verteidiger s § 53 StPO Rn 11, Rechtsanwälte, Notare, Steuerberater und ähnliche Berufe s § 53 StPO Rn 12f, Angehörige der Heilberufe s § 53 StPO Rn 15, Schwangerschaftsberater und Berater in Fragen der Betäubungsmittelabhängigkeit s § 53 StPO Rn 19f. 12

Abgeordnete (Abs 3 iVm § 53 Abs 1 S 1 Nr 4 StPO): Für Bundestagsabgeordnete s Art 47 S 2 GG, für Abgeordnete des Europäischen Parlaments ergibt sich das Beschlagnahmeverbot aus § 6 S 2 EuAbgG. 13

Hilfspersonen (Abs 4 iVm § 53a StPO): Zu den hiervon umfassten Personen s § 53a StPO Rn 2ff. 14

Mitarbeiter von Presse und Rundfunk (Abs 5 iVm § 53 Abs 1 S 1 Nr 5 StPO): Zu den hiervon umfassten Personen s § 53 StPO Rn 25ff. 15

IV. Beschlagnahmefreie Gegenstände

Schriftliche Mitteilungen zwischen dem Beschuldigten und den nach § 52 StPO bzw § 53 Abs 1 S 1 Nr 1 bis Nr 3b StPO zeugnisverweigerungsberechtigten Personen (Abs 1 Nr 1) sind alle **Äußerungen**, die die genannten Personen sich zwecks Kenntnisnahme zukommen lassen (Briefe, Karten, schriftliche Anmerkungen in Büchern, Zeichnungen, Skizzen, Mitteilungen auf Bild- und Tonträgern iSv § 11 Abs 3 StGB). Es ist ohne Belang, ob die weigerungsberechtigte Person das **Original** oder eine **Ablichtung** in Gewahrsam hat oder ob ein **Dritter** die Mitteilung geschrieben hat. 16

Dasselbe gilt für **Aufzeichnungen** der nach § 53 Abs 1 S 1 Nr 1 bis 3b StPO zeugnisverweigerungsberechtigten Personen und **andere Gegenstände**, auf die sich das Zeugnisverweigerungsrecht dieser Personen bezieht. Unter „**Aufzeichnungen**" werden auf Papier, Bild-, Ton- oder Datenträger festgehaltene anvertraute Mitteilungen oder Wahrnehmungen der zeugnisverweigerungsberechtigten Person verstanden. Darunter fallen Karteien, Lochstreifen oder -karten, Krankenblätter, Korrespondenz mit Fachkollegen, Handakten, Notizen zur Verfahrensstrategie (LG Hildesheim wistra 1988, 328; LG München I NJW 1989, 537). „**Andere Gegenstände**" umfasst als Auffangtatbestand alle Gegenstände, die im Zusammenhang mit dem Vertrauensverhältnis stehen, zB Fieberkurve (OLG Celle MDR 1965, 225), entfernte Fremdkörper (OLG Nürnberg NJW 1958, 272), Buchhaltungs- und Geschäftsunterlagen (LG Berlin NJW 1977, 725; LG Stade NStZ 1987, 38; **aA** LG Braunschweig NJW 1978, 2108). 17

18 **Schriftstücke** (Abs 3, Abs 5) sind schriftliche Mitteilungen (Rn 16) und Aufzeichnungen (Rn 17) sowie andere festgehaltene Gedankenäußerungen, zB Schriften, Tonträger, Fotografien, Filme, aber nicht Druckschriften (Meyer-Goßner StPO § 97 Rn 31; **aA** Löwe/Rosenberg/Schäfer StPO § 97 Rn 126).

19 **Ton-, Bild-** und **Datenträger, Abbildungen** und **andere Darstellungen** (Abs 5): Die Begriffe entsprechen denjenigen des § 11 Abs 3 StGB, der Begriff **„Datenträger"** ist mit dem dortigen „Datenspeicher" identisch (s BeckOK v. Heintschel-Heinegg/Valerius StGB § 11 Rn 60 ff).

V. Ausschluss der Beschlagnahmefreiheit

1. Tatverdacht (Abs 2 S 3)

20 Der **Tatverdacht** gegen eine zeugnisverweigerungsberechtigte Person wegen einer Teilnahme oder einer Begünstigung, Strafvereitelung oder Hehlerei braucht weder dringend iSv § 112 Abs 1 S 1 StPO noch hinreichend iSv § 203 StPO zu sein. Er muss jedoch auf **konkreten Tatsachen** beruhen, Vermutungen reichen nicht aus. Ein Ermittlungsverfahren braucht – außer bei Abgeordneten – **noch nicht** eingeleitet zu sein (BGH NJW 1973, 2035). Für die Tatbeteiligung, die im weitesten Sinn zu verstehen ist, gilt der Tatbegriff des § 264 StPO (BGHSt 18, 227, 229). Es ist nur eine **rechtswidrige Tat** erforderlich, schuldhaft muss sie nicht notwendigerweise sein (BGHSt 25, 168).

2. Deliktsgegenstände (Abs 2 S 3)

21 **Tatwerkzeuge** und **Gegenstände**, die durch die Tat **hervorgebracht**, zur Tat **gebraucht** oder **bestimmt** sind oder aus der Tat **herrühren**, unterfallen nicht dem Beschlagnahmeverbot. Zur Begehung der Tat „gebraucht" oder „bestimmt" sind auch Gegenstände, die lediglich der **Vorbereitung** der Tat dienen (OLG Hamburg MDR 1981, 603). Dass Gegenstände durch die Tat „hervorgebracht" sind oder aus ihr „herrühren", setzt nicht voraus, dass sie einen Vermögenswert haben (BGH NJW 1996, 532; LG Frankfurt/M NJW 1959, 543).

3. Entbindung von der Schweigepflicht

22 Wenn der Weigerungsberechtigte von der Schweigepflicht **entbunden** wird, **entfällt** – wie bei den Berufshelfern (§ 53a Abs 2 S 1 StPO) – das Zeugnisverweigerungsrecht (§ 53 Abs 2 S 1 StPO) und damit auch das **Beschlagnahmeverbot** (BGHSt 38, 144, 145). Die Entbindungserklärung kann **widerrufen** werden, wodurch das Beschlagnahmeverbot erneut entsteht, aber nicht zurückwirkt (OLG Hamburg NJW 1962, 689; OLG Nürnberg NJW 1958, 272).

4. Einverständnis des Beschuldigten

23 Das **Einverständnis** des Beschuldigten berührt in den Fällen des **§ 52 StPO** die Beschlagnahmefreiheit nicht, da das Beschlagnahmeverbot nicht in seinem Interesse besteht (Fezer JuS 1978, 767). In den Fällen der **§ 53 StPO, § 53a StPO** entfällt das Beschlagnahmeverbot, da mit einer Entbindung von der Schweigepflicht das Zeugnisverweigerungsrecht endet (KK-StPO/Nack StPO § 97 Rn 7; Meyer-Goßner StPO § 97 Rn 26).

B. Freiwillige Herausgabe

24 Die **freiwillige** Herausgabe enthält einen **Verzicht** auf das Beschlagnahme- und Verwertungsverbot (BGHSt 18, 227, 230). Streitig ist, ob die Sicherstellung auch dann zulässig ist, wenn der Gewahrsamsinhaber mit der Einwilligung gegen § 203 StGB verstößt (bejahend Meyer-Goßner StPO § 97 Rn 5, Löwe/Rosenberg/Schäfer StPO § 97 Rn 55; verneinend SK-StPO/Rudolphi StPO § 97 Rn 29; Welp FS-Gallas 409; Michalowski ZStW 109, 543). Der Gewahrsamsinhaber ist darüber zu **belehren**, dass der Gegenstand nicht zwangsweise beschlagnahmt werden kann (allgM). Streitig ist, ob von der Belehrung abgesehen werden kann, wenn der Gewahrsamsinhaber den Gegenstand spontan freiwillig herausgibt (bejahend

Meyer-Goßner StPO § 97 Rn 6; verneinend KK-StPO/Nack StPO § 97 Rn 3; Löwe/Rosenberg/Schäfer StPO § 97 Rn 58; SK-StPO/Rudolphi StPO § 97 Rn 27). Der Gewahrsamsinhaber kann die Verwertbarkeit der Sache auf das Verfahren **beschränken**, in dem sie herausgegeben worden ist, weitere Beschränkungen sind nicht zulässig (Herdegen GA 63, 146).

C. Verwertungsverbot

Ein Verstoß gegen das Beschlagnahmeverbot begründet ein **Verwertungsverbot** (BVerfG NJW 2005, 1923; BGHSt 18, 227). Wenn die Beschlagnahme zum Zeitpunkt ihrer Anordnung **zulässig** war, hindern später eintretende – einer Beschlagnahme entgegenstehende – Umstände eine Verwertung nicht (BGHSt 25, 170 für den Fall, dass der zunächst fehlende Teilnahmeverdacht nachträglich entsteht; wenn der Teilnahmeverdacht sich aus dem unzulässigerweise beschlagnahmten Beweisgegenstand ergibt, bleibt das Beschlagnahmeverbot bestehen BGH NStZ 2001, 604; LG Saarbrücken NStZ 1988, 424 und LG Koblenz StV 1985, 9). War die Beschlagnahme zum Zeitpunkt ihrer Anordnung **unzulässig**, fallen jedoch die das Beschlagnahmeverbot begründenden Umstände später weg, darf der Beweisgegenstand verwertet werden (BGHSt 25, 169; BGH NStZ 1983, 85 bei Wegfall des Teilnahmeverdachts). 25

Ein zulässig beschlagnahmter Gegenstand ist nur in dem **Umfang** verwertbar, in dem die Voraussetzungen der Beschlagnahme vorgelegen haben. Er darf deshalb nicht zum Nachweis einer Tat (§ 264 StPO) verwertet werden, wenn er zu deren Verfolgung nicht hätte beschlagnahmt werden dürfen. Dabei ist unerheblich, ob die Taten in demselben Verfahren verfolgt werden (BGHSt 18, 227). 26

Hat eine zeugnisverweigerungsberechtigte Person den Gegenstand **ohne Belehrung** herausgegeben, ist er **unverwertbar**, es sei denn der Gewahrsamsinhaber **kannte** sein **Recht auf Nichtherausgabe** oder erklärte auf **nachträgliche Belehrung** sein **Einverständnis** oder der Gegenstand hätte **rechtmäßig** auch auf andere Weise, etwa nach § 81a StPO oä, erlangt werden können (Meyer-Goßner StPO § 97 Rn 6 mwN). 27

D. Revision

Wenn ein Beweisgegenstand trotz bestehenden **Verwertungsverbots** bei der Beweiswürdigung verwertet wurde, kann dies die Revision begründen (BGHSt 18, 227; BGHSt 25, 168). In der Revisionsbegründung muss allerdings dargelegt werden, dass die Voraussetzungen des Abs 2 S 3 nicht vorlagen (BGHSt 37, 245; BGHSt 38, 144, 146). 28

§ 98 [Anordnung der Beschlagnahme]

(1) ¹Beschlagnahmen dürfen nur durch das Gericht, bei Gefahr im Verzug auch durch die Staatsanwaltschaft und ihre Ermittlungspersonen (§ 152 des Gerichtsverfassungsgesetzes) angeordnet werden. ²Die Beschlagnahme nach § 97 Abs. 5 Satz 2 in den Räumen einer Redaktion, eines Verlages, einer Druckerei oder einer Rundfunkanstalt darf nur durch das Gericht angeordnet werden.

(2) ¹Der Beamte, der einen Gegenstand ohne richterliche Anordnung beschlagnahmt hat, soll binnen drei Tagen die gerichtliche Bestätigung beantragen, wenn bei der Beschlagnahme weder der davon Betroffene noch ein erwachsener Angehöriger anwesend war oder wenn der Betroffene und im Falle seiner Abwesenheit ein erwachsener Angehöriger des Betroffenen gegen die Beschlagnahme ausdrücklichen Widerspruch erhoben hat. ²Der Betroffene kann jederzeit die gerichtliche Entscheidung beantragen. ³Die Zuständigkeit des Gerichts bestimmt sich nach § 162. ⁴Der Betroffene kann den Antrag auch bei dem Amtsgericht einreichen, in dessen Bezirk die Beschlagnahme stattgefunden hat; dieses leitet den Antrag dem zuständigen Gericht zu. ⁵Der Betroffene ist über seine Rechte zu belehren.

(3) Ist nach erhobener öffentlicher Klage die Beschlagnahme durch die Staatsanwaltschaft oder eine ihrer Ermittlungspersonen erfolgt, so ist binnen drei Tagen

dem Gericht von der Beschlagnahme Anzeige zu machen; die beschlagnahmten Gegenstände sind ihm zur Verfügung zu stellen.

(4) ¹Wird eine Beschlagnahme in einem Dienstgebäude oder einer nicht allgemein zugänglichen Einrichtung oder Anlage der Bundeswehr erforderlich, so wird die vorgesetzte Dienststelle der Bundeswehr um ihre Durchführung ersucht. ²Die ersuchende Stelle ist zur Mitwirkung berechtigt. ³Des Ersuchens bedarf es nicht, wenn die Beschlagnahme in Räumen vorzunehmen ist, die ausschließlich von anderen Personen als Soldaten bewohnt werden.

Überblick

Die Norm regelt in Abs 1 bis Abs 3 die Anordnungsbefugnis für die Beschlagnahme, die grundsätzlich beim Ermittlungsrichter/erkennenden Gericht (Rn 1) liegt. Der Staatsanwaltschaft und ihren Ermittlungspersonen (Rn 2) kommt – mit Ausnahme der Beschlagnahme in einer Redaktion, einem Verlag, einer Druckerei oder einer Rundfunkanstalt – eine Notkompetenz zu. Abs 4 regelt die Durchführung der angeordneten Beschlagnahme in Dienstgebäuden oder sonstigen Anlagen der Bundeswehr (Rn 11).

Übersicht

	Rn		Rn
A. Anordnung der Beschlagnahme (Abs 1)	1	2. Antrag durch den Betroffenen (Abs 2 S 2)	7
I. Zuständigkeit	1	II. Zuständigkeit	8
II. Form	3	III. Prüfungsumfang	9
III. Inhalt	4	**C. Durchführung der Anordnung**	10
IV. Bekanntgabe	5	I. Grundsatz	10
B. Bestätigung nichtrichterlicher Anordnungen (Abs 2)	6	II. Bundeswehr	11
I. Voraussetzungen	6	**D. Beendigung der Beschlagnahme**	12
1. Antrag durch den anordnenden Beamten (Abs 2 S 1)	6	**E. Beschwerde**	13
		F. Revision	14

A. Anordnung der Beschlagnahme (Abs 1)

I. Zuständigkeit

1 Die Beschlagnahme wird durch den **Richter** angeordnet, im Ermittlungsverfahren durch den **Ermittlungsrichter** (§ 162 StPO, § 169 StPO), nach Erhebung der Anklage durch das mit der Sache befasste **Gericht**. In der **Berufungsinstanz** entscheidet nach Vorlegung der Akten nach § 321 S 2 StPO das Berufungsgericht. In der **Revisionsinstanz** entscheidet das Gericht, dessen Urteil angefochten wird (RGSt 54, 165). Die Entscheidung obliegt nicht dem Vorsitzenden allein (Rn 1.1), sondern dem Gericht (BGH NStZ 2000, 609; NStZ 2001, 604; OLG Köln NJW 2003, 2546, 2547). Während der Ermittlungsrichter die Beschlagnahme nur auf Antrag der Staatsanwaltschaft anordnen darf, wenn nicht ein Fall des § 165 StPO vorliegt, und nicht über deren Antrag hinausgehen darf (LG Kaiserslautern NStZ 1981, 438), entscheidet das Gericht nach Anklageerhebung auf Antrag oder von Amts wegen (OLG Hamburg JR 1985, 300).

1.1 Für die Beschlagnahme von Briefen Untersuchungsgefangener für das anhängige Verfahren soll der Vorsitzende allein zuständig sein (OLG Koblenz OLGSt § 94, 13). Ist der Brief für ein anderes Verfahren relevant, kann er ihn entsprechend § 108 Abs 1 StPO vorläufig beschlagnahmen und an die zuständige Staatsanwaltschaft weiterleiten (BGHSt 28, 349; OLG Düsseldorf NJW 1993, 3278; OLG Hamm NStZ 1985, 93).

2 Von den Fällen des Abs 1 S 2 abgesehen, kann die Beschlagnahme bei **Gefahr im Verzug** durch die **Staatsanwaltschaft** und ihre **Ermittlungspersonen** angeordnet werden. Streitig

ist, ob die Ermittlungspersonen neben der Staatsanwaltschaft zuständig sind (KK-StPO/Nack StPO § 98 Rn 12) oder nur bei deren Unerreichbarkeit (Löwe/Rosenberg/Schäfer StPO § 98 Rn 31). Gefahr im Verzug besteht, wenn die richterliche Anordnung nicht eingeholt werden kann, ohne dass der Zweck der Maßnahme gefährdet wird (BVerfGE 103, 142). Die Tatsachen, die Gefahr im Verzug begründen, sind zu **dokumentieren**. Die Notkompetenz der Staatsanwaltschaft und ihrer Ermittlungspersonen bleibt nach Erhebung der Anklage bestehen (Abs 3).

II. Form

Die **richterliche** Anordnung ergeht in Form eines **schriftlichen** Beschlusses, der zu **begründen** (§ 34 StPO) und zu den Akten zu bringen ist. Dem steht nicht entgegen, dass er zunächst der Staatsanwaltschaft mündlich oder fernmündlich zur Vollstreckung bekannt gegeben wird (§ 36 Abs 2 StPO). Anordnungen der **Staatsanwaltschaft** können **mündlich** oder **schriftlich** getroffen werden, müssen aber **aktenkundig** gemacht werden (OLG Karlsruhe Justiz 1981, 482). Führt eine Ermittlungsperson eine Beschlagnahme selbst durch, liegt in deren Vornahme auch ihre Anordnung (LG Frankfurt NJW 1982, 897). 3

III. Inhalt

Die gerichtliche Anordnung muss den **Tatvorwurf** konkretisieren (OLG Köln StV 1983, 276) und die Umstände darlegen, die den **Tatverdacht** sowie die **Annahme** begründen, dass der Gegenstand als **Beweismittel** benötigt wird (OLG Düsseldorf StV 83, 407; **aA** Meyer-Goßner StPO § 98 Rn 9). Der Beweisgegenstand muss so **genau bezeichnet** werden, dass Zweifel über den Umfang der Maßnahme nicht aufkommen (LG Berlin StV 2004, 198; LG Stuttgart StV 1986, 471). Da die Beschlagnahme nur zulässig ist, wenn sie in angemessenem Verhältnis zur Schwere der Tat und der Stärke des Tatverdachts steht und für die Ermittlungen notwendig ist (BVerfGE 20, 186), sind auch Ausführungen zur **Verhältnismäßigkeit** geboten. Soll – was idR der Fall sein wird – die Anhörung des Betroffenen nach § 33 Abs 4 StPO unterbleiben, ist darzulegen, warum dessen vorherige **Anhörung** den **Untersuchungszweck gefährdet**. 4

IV. Bekanntgabe

Die Anordnung ist dem Betroffenen **bekannt** zu geben (§ 33 Abs 2 StPO). Dies kann jedoch bis zum Beginn der Beschlagnahme zurückgestellt werden, um den Zweck der Untersuchung nicht zu gefährden. Der Betroffene ist auch von der Beschlagnahme der in seinem Postfach gelagerten E-Mails zu unterrichten, wenn die Daten aufgrund eines Zugriffs beim Provider auf dessen Mailserver beschlagnahmt wurden (BGH Beschl v 24. 11. 2009 – Az StB 48/09 (a); **aA** Meyer-Goßner StPO § 98 Rn 10: entsprechende Anwendung des § 101 Abs 5 StPO). 5

B. Bestätigung nichtrichterlicher Anordnungen (Abs 2)

I. Voraussetzungen

1. Antrag durch den anordnenden Beamten (Abs 2 S 1)

Ist bei der Beschlagnahme weder der Betroffene noch ein erwachsener Angehöriger anwesend oder widersprechen diese der Beschlagnahme ausdrücklich, so soll der anordnende Staatsanwalt oder die anordnende Ermittlungsperson über den Staatsanwalt innerhalb von drei Tagen die **richterliche Bestätigung** der Anordnung beantragen. **Betroffener** ist jeder, in dessen Gewahrsam oder in dessen Eigentums- bzw Besitzrechte durch die Beschlagnahme eingegriffen würde. **Angehöriger** ist nicht nur eine Person iSd § 52 Abs 1 StPO, sondern jede dem Betroffenen tatsächlich nahe stehende Person. **Erwachsen** ist abweichend von den allgemeinen Vorschriften nicht nur der Volljährige, sondern jeder, der nach seiner körperlichen Entwicklung und dem äußeren Erscheinungsbild „erwachsen" ist (VGH Mannheim MDR 1978, 519; BSozG MDR 1977, 82). Die 3-Tages-Frist beginnt mit dem Ende der 6

Durchführung der Beschlagnahme. Sie gilt nur für den **Antrag**, nicht für die richterliche Entscheidung (KG VRS 42, 210). Streitig ist, ob bei der gleichzeitigen Beschlagnahme einer beweglichen Sache nach § 111e Abs 1 S 2 StPO der Wegfall des Bestätigungserfordernisses nach § 111e Abs 2 S 2 StPO auch für die Beschlagnahme nach § 94 StPO, § 98 StPO gilt (bejahend KMR/Müller StPO § 98 Rn 11; Meyer-Goßner StPO § 98 Rn 13; verneinend Löwe/Rosenberg/Schäfer StPO § 98 Rn 45; SK-StPO/Rudolphi StPO § 98 Rn 30; Achenbach NJW 1976, 1070).

2. Antrag durch den Betroffenen (Abs 2 S 2)

7   Der von der Beschlagnahme betroffene Gewahrsamsinhaber, Eigentümer oder Besitzer kann jederzeit – auch wenn er oder ein erwachsener Angehöriger bei der Beschlagnahme anwesend war oder der Beschlagnahme nicht widersprochen hat – eine **richterliche Entscheidung** beantragen. Eine „Beschwerde" gegen eine **nichtrichterliche** Beschlagnahme ist in einen solchen Antrag umzudeuten (LG Lüneburg JZ 1984, 343). Wird ein Antrag nach Abs 2 S 2 gestellt, obwohl das Gericht bereits nach Abs 2 S 1 die Beschlagnahme bestätigt hat, ist er in eine **Beschwerde** gegen den Bestätigungsbeschluss umzudeuten.

II. Zuständigkeit

8   Bis zur Erhebung der Anklage ist der Ermittlungsrichter (§ 162 StPO, § 169 StPO) zuständig, danach das mit der Sache befasste Gericht. Wenn die Beschlagnahme in mehreren, nicht verbundenen Ermittlungsverfahren erfolgt ist, ist das Amtsgericht am Sitz derjenigen Staatsanwaltschaft zuständig, deren Verfahren die größere/größte Bedeutung hat (BGH NJW 1976, 153).

III. Prüfungsumfang

9   Das Gericht prüft, ob die Beschlagnahme im Zeitpunkt seiner Entscheidung gerechtfertigt ist (Schnarr NStZ 1991, 214; BGH StV 1988, 90 bei Durchsuchungsanordnung), ob Gefahr im Verzug vorlag und deshalb die Anordnungskompetenz der Staatsanwaltschaft oder ihrer Ermittlungspersonen gegeben war (BVerfG NJW 2002, 1333 für den Fall der Durchsuchungsanordnung) und ob der Beamte Ermittlungsperson der Staatsanwaltschaft war. Ist die Durchsicht des sichergestellten Materials, das der Klärung und Entscheidung dient, ob die Unterlagen zurückzugeben sind oder die richterliche Beschlagnahme zu erwirken ist, noch nicht abgeschlossen, ist die vorläufige Sicherstellung der Gegenstände zum Zweck der Durchsicht zu beschließen (s § 110 StPO Rn 12).

C. Durchführung der Anordnung

I. Grundsatz

10   **Richterliche** Anordnungen vollstreckt idR die **Staatsanwaltschaft** (§ 36 Abs 2 StPO). Das Gericht kann seine Anordnungen aber auch selbst – etwa in der Hauptverhandlung – vollstrecken. Bei der Durchführung der Beschlagnahme darf **unmittelbarer Zwang** angewendet werden, insbes umfasst die Anordnung auch die Befugnis zum **Betreten** von **Wohnungen** und **anderen Räumen**. Eine richterliche Beschlagnahmeanordnung darf nicht mehr vollzogen werden, wenn seit ihrer Anordnung mehr als **6 Monate** verstrichen sind (LG Köln StraFo 2004, 239; LG Neuruppin StV 1997, 506; BVerfG NJW 1997, 2165 für die Durchsuchung).

II. Bundeswehr

11   Wenn die Beschlagnahme in Räumen erfolgen soll, die nicht ausschließlich von anderen Personen als Soldaten bewohnt werden (Abs 4 S 3), führt sie die vorgesetzte Dienststelle – gegebenenfalls unter Mitwirkung der ersuchenden Behörde – durch. **Ersuchende Behörde** ist diejenige Behörde, die die Anordnung vollstreckt, also idR die Staatsanwaltschaft oder ihre Ermittlungspersonen, wenn das Gericht seine Anordnung selbst vollstreckt, das Gericht. **Vorgesetzte Dienststelle** ist diejenige Dienststelle, der die dienstliche Gewalt über das

Gebäude, die Einrichtung oder die Anlage zusteht, in der sich die Sache befindet. IdR ist dies der Leiter der Anlage oder der Kommandeur der darin untergebrachten Truppen. **Dienstgebäude** sind Kasernen, Werkstätten oä, nicht jedoch Offizierswohnungen. **Allgemein zugänglich** sind nicht Kasernenhöfe, Übungsplätze, Schießstände, Lazarette oä.; Kriegsschiffe, Panzer, Flugzeuge oä Wehrmittel sind keine **Einrichtungen** oder **Anlagen**.

D. Beendigung der Beschlagnahme

Die Beschlagnahme **erlischt** mit dem **rechtskräftigen** Abschluss des Verfahrens von selbst (OLG Düsseldorf NJW 1995, 2239; OLG Karlsruhe Justiz 1977, 356). Die Gegenstände werden von der Staatsanwaltschaft zurückgegeben (OLG Celle NJW 1973, 863; OLG Karlsruhe Justiz 1977, 356). Eine **Aufhebung** der Anordnung ist nur **erforderlich**, wenn der Beweisgegenstand vor Verfahrensbeendigung nicht mehr zu Beweiszwecken gebraucht wird und eine Beschlagnahme nach § 111 b StPO ff nicht in Betracht kommt (OLG Düsseldorf NStZ 1990, 202). Zuständig ist vor Anklageerhebung die **Staatsanwaltschaft**, auch bei richterlicher Anordnung oder Bestätigung, nach Anklageerhebung das mit der Sache befasste **Gericht** (LG Hildesheim NStZ 1989, 192). **Ermittlungspersonen** dürfen die durch sie bewirkte Beschlagnahme nur solange aufheben, als die Sache noch nicht nach § 163 Abs 2 S 1 StPO der Staatsanwaltschaft vorgelegt ist. Die Aufhebung schließt eine erneute Beschlagnahme nicht aus (OLG Bremen MDR 1960, 425). 12

E. Beschwerde

Die **Beschwerde** ist nach § 304 StPO zulässig gegen die **richterliche** Anordnung der Beschlagnahme, die Bestätigung nach Abs 2 S 1, die Ablehnung des Antrags nach Abs 2 S 2 und die Ablehnung des Antrags auf Erlass einer richterlichen Anordnung. Nach § 305 Abs 2 StPO sind auch die Entscheidungen des **erkennenden** Gerichts anfechtbar. **Beschwerdeberechtigt** sind die **Staatsanwaltschaft**, deren Antrag abgelehnt wurde, der **letzte Gewahrsamsinhaber** (OLG Celle NJW 1965, 300) und der **nicht besitzende Eigentümer**, dessen Rückforderungsrecht beeinträchtigt ist. Auch für eine erledigte Beschlagnahme kann eine Überprüfung in Betracht kommen (BVerfG NJW 1999, 273). 13

F. Revision

Werden **unverwertbare** Beweismittel verwendet, kann dies die Revision begründen. Wenn jedoch die Voraussetzungen der Gefahr im Verzug tatsächlich oder rechtlich irrtümlich angenommen wurden, ist dies ohne Belang. Lediglich bei **willkürlicher Annahme** von Gefahr im Verzug – also bewusster Missachtung des Richtervorbehalts – ist der beschlagnahmte Gegenstand **unverwertbar** (OLG Koblenz NStZ 2002, 660; LG Saarbrücken wistra 2004, 34; AG Berlin StV 2003, 662). 14

Auf Verstöße gegen § 98 StPO kann die Revision nicht gestützt werden. Die Entscheidung des Richters nach Abs 2 S 2 hat für das Revisionsgericht wegen § 336 StPO keine bindende Wirkung. 15

§ 98 a [Maschineller Abgleich und Übermittlung personenbezogener Daten]

(1) ¹Liegen zureichende tatsächliche Anhaltspunkte dafür vor, daß eine Straftat von erheblicher Bedeutung
1. auf dem Gebiet des unerlaubten Betäubungsmittel- oder Waffenverkehrs, der Geld- oder Wertzeichenfälschung,
2. auf dem Gebiet des Staatsschutzes (§§ 74 a, 120 des Gerichtsverfassungsgesetzes),
3. auf dem Gebiet der gemeingefährlichen Straftaten,
4. gegen Leib oder Leben, die sexuelle Selbstbestimmung oder die persönliche Freiheit,
5. gewerbs- oder gewohnheitsmäßig oder
6. von einem Bandenmitglied oder in anderer Weise organisiert

begangen worden ist, so dürfen, unbeschadet §§ 94, 110, 161, personenbezogene Daten von Personen, die bestimmte, auf den Täter vermutlich zutreffende Prüfungsmerkmale erfüllen, mit anderen Daten maschinell abgeglichen werden, um Nichtverdächtige auszuschließen oder Personen festzustellen, die weitere für die Ermittlungen bedeutsame Prüfungsmerkmale erfüllen. ²Die Maßnahme darf nur angeordnet werden, wenn die Erforschung des Sachverhalts oder die Ermittlung des Aufenthaltsortes des Täters auf andere Weise erheblich weniger erfolgversprechend oder wesentlich erschwert wäre.

(2) Zu dem in Absatz 1 bezeichneten Zweck hat die speichernde Stelle die für den Abgleich erforderlichen Daten aus den Datenbeständen auszusondern und den Strafverfolgungsbehörden zu übermitteln.

(3) ¹Soweit die zu übermittelnden Daten von anderen Daten nur mit unverhältnismäßigem Aufwand getrennt werden können, sind auf Anordnung auch die anderen Daten zu übermitteln. ²Ihre Nutzung ist nicht zulässig.

(4) Auf Anforderung der Staatsanwaltschaft hat die speichernde Stelle die Stelle, die den Abgleich durchführt, zu unterstützen.

(5) § 95 Abs. 2 gilt entsprechend.

Überblick

Die Vorschrift stellt die verfassungsrechtlich gebotene Rechtsgrundlage für den Eingriff in das Recht auf informationelle Selbstbestimmung dar und erlaubt bei vorliegendem Verdacht (Rn 2) auf eine der genannten Katalogtaten (Rn 1) einen automatisierten Datenabgleich (Rn 4) (Rasterfahndung), bei dem Daten einer Vielzahl von unbeteiligten Personen unter Anwendung tätertypischer Prüfkriterien (Raster) so miteinander verknüpft werden, dass sich kriminalistisch interessante Informationen herausfiltern lassen.

A. Voraussetzungen (Abs 1)

I. Straftat von erheblicher Bedeutung

1   Die Vorschrift normiert einen generalisierenden **Katalog**, wobei ihre Anwendbarkeit innerhalb des Straftatenkatalogs auf Straftaten von erheblicher Bedeutung beschränkt ist. Wie in § 68 b Abs 2 Nr 3 StPO, § 81 g Abs 1 Nr 1 StPO, § 100 c Nr 1 StPO, § 100 g Abs 1 S 1 StPO, § 100 i Abs 2 S 2 StPO, § 110 a Abs 1 S 1 StPO, §§ 131 StPO ff, § 163 e Abs 1 S 1 StPO und § 163 f Abs 1 S 1 StPO ist dies eine Straftat, die mindestens dem Bereich der mittleren Kriminalität zuzurechnen ist, den Rechtsfrieden empfindlich stört und geeignet ist, das Gefühl der Rechtssicherheit in der Bevölkerung zu beeinträchtigen (Hilger NStZ 1992, 462; Möhrenschlager wistra 1992, 327). Die erhebliche Bedeutung wird bei Verbrechen und bei Vergehen mit einer Strafrahmenobergrenze über 2 Jahren zu bejahen sein (Rieß GA 2004, 623 ff).

II. Zureichende tatsächliche Anhaltspunkte für deren Vorliegen

2   Ein bestimmter Verdachtsgrad ist nicht erforderlich, das Vorliegen eines Anfangsverdachts genügt.

III. Subsidiaritätsgrundsatz

3   Die Subsidiaritätsklausel ist weiter gefasst als in § 100 a StPO. Die Rasterfahndung ist bereits zulässig, wenn die Ermittlungen auf andere Weise **wesentlich erschwert** wären (s § 100 a StPO Rn 40) oder **erheblich weniger Erfolg versprächen**. Die Rasterfahndung ist damit nur unzulässig, wenn andere Ermittlungen im Wesentlichen einen gleichartigen Erfolg erwarten lassen (Rieß GS Meyer, 384). Neben der Subsidiaritätsklausel ist noch der Verhältnismäßigkeitsgrundsatz zu beachten.

IV. Automatisierter Datenabgleich

Die Norm erfasst nur den **automatisierten Datenabgleich**. Eine Fahndungsmaßnahme 4
mit **Handabgleich** ist nach § 161 StPO, § 163 StPO zulässig. Ziel des Datenabgleichs ist es, aus einer Vielzahl überwiegend tatunbeteiligter Personen diejenigen auszuscheiden, die die tätertypischen Prüfungsmerkmale nicht aufweisen (negative Rasterfahndung) oder Personen herausfiltern, die diese Merkmale aufweisen (positive Rasterfahndung). Wenn lediglich Daten abgeglichen werden, die die Ermittlungsbehörden nach § 94 StPO, § 110 StPO, § 161 StPO, § 163 StPO erlangt haben, bedarf es § 98 a StPO nicht (LG Ravensburg NJW 2001, 385; KK-StPO/Nack StPO § 98 a Rn 4 f). Eine Recherche in einer Datenbank oder die Suchabfrage in Dateien derselben Speicherstelle ist keine Rasterfahndung (BVerfG NJW 2009, 1405; BGH NStZ 2002, 107; OLG Stuttgart NStZ 2001, 158; OLG Köln NStZ-RR 2001, 31).

V. Mitwirkungspflicht der speichernden Stelle (Abs 2 bis Abs 4)

Die private oder öffentliche speichernde Stelle ist verpflichtet, die benötigten Daten aus 5
ihren Beständen herauszufiltern und – nur diese – den Strafverfolgungsbehörden zu übermitteln (Abs 2). Lediglich dann, wenn die Trennung mit unverhältnismäßigem Aufwand verbunden wäre, können auch andere Daten übermittelt werden, was jedoch eine besondere Anordnung voraussetzt (Abs 3 S 1). Eine Nutzung dieser anderen Daten ist nicht zulässig (Abs 3 S 2). Die speichernde Stelle hat auf Anforderung der Staatsanwaltschaft die den Datenabgleich durchführende Stelle zu unterstützen (Abs 4). Hierfür kann sie eine Entschädigung nach § 23 Abs 1 S 1 Nr 1, Abs 3, Abs 4 JVEG verlangen. Durch die entsprechende Anwendung des § 95 Abs 2 StPO ist sichergestellt, dass die Mitwirkung der speichernden Stelle zwangsweise durchgesetzt werden kann.

B. Verwertungsverbot

Ein Verwertungsverbot wird bejaht, wenn die Erkenntnisse unter Umgehung des § 98 a 6
StPO erhoben worden sind oder wenn von vornherein keine Anhaltspunkte für das Vorliegen einer Katalogtat von erheblicher Bedeutung gegeben waren oder wenn die Subsidiaritätsklausel missachtet wurde. Kein Verwertungsverbot besteht für die bis zum Außerkrafttreten der Anordnung erlangten Erkenntnisse, falls die richterliche Bestätigung nach § 98 b Abs 1 S 2 StPO nicht erfolgt ist (s § 100 b StPO Rn 14).

C. Revision

Wenn das Urteil auf unverwertbaren Erkenntnissen beruht, kann hierauf die Revision 7
gestützt werden. Ob bei Anordnung des Datenabgleichs zureichende tatsächliche Anhaltspunkte für eine Katalogtat vorlagen, prüft das Revisionsgericht nicht (Meyer-Goßner StPO § 98 a Rn 12)

§ 98 b [Zuständigkeit; Rückgabe und Löschung der Daten]

(1) ¹Der Abgleich und die Übermittlung der Daten dürfen nur durch das Gericht, bei Gefahr im Verzug auch durch die Staatsanwaltschaft angeordnet werden. ²Hat die Staatsanwaltschaft die Anordnung getroffen, so beantragt sie unverzüglich die gerichtliche Bestätigung. ³Die Anordnung tritt außer Kraft, wenn sie nicht binnen drei Werktagen vom Gericht bestätigt wird. ⁴Die Anordnung ergeht schriftlich. ⁵Sie muß den zur Übermittlung Verpflichteten bezeichnen und ist auf die Daten und Prüfungsmerkmale zu beschränken, die für den Einzelfall benötigt werden. ⁶Die Übermittlung von Daten, deren Verwendung besondere bundesgesetzliche oder entsprechende landesgesetzliche Verwendungsregelungen entgegenstehen, darf nicht angeordnet werden. ⁷Die §§ 96, 97, 98 Abs. 1 Satz 2 gelten entsprechend.

(2) Ordnungs- und Zwangsmittel (§ 95 Abs. 2) dürfen nur durch das Gericht, bei Gefahr im Verzug auch durch die Staatsanwaltschaft angeordnet werden; die Festsetzung von Haft bleibt dem Gericht vorbehalten.

(3) ¹Sind die Daten auf Datenträgern übermittelt worden, so sind diese nach Beendigung des Abgleichs unverzüglich zurückzugeben. ²Personenbezogene Daten, die auf andere Datenträger übertragen wurden, sind unverzüglich zu löschen, sobald sie für das Strafverfahren nicht mehr benötigt werden.

(4) ¹Nach Beendigung einer Maßnahme nach § 98a ist die Stelle zu unterrichten, die für die Kontrolle der Einhaltung der Vorschriften über den Datenschutz bei öffentlichen Stellen zuständig ist.

Überblick

Die Vorschrift regelt in Abs 1 die inhaltlichen (Rn 3) und formellen (Rn 2) Anforderungen an die Anordnung einer Rasterfahndung. Die Anordnungskompetenz (Rn 1) liegt beim Gericht, grundsätzlich hat die Staatsanwaltschaft bei Gefahr im Verzug eine Notkompetenz. Die Übermittlung der benötigten Daten kann nach Abs 2 mit Ordnungs- und Zwangsmitteln (Rn 4) durchgesetzt werden. Nach Beendigung der Maßnahme (Rn 5) sind die übermittelten Datenträger zurückzugeben und personenbezogene Daten zu löschen; die zuständige Datenschutzbehörde ist zu informieren (Abs 3 und Abs 4).

A. Anordnung der Maßnahme

I. Zuständigkeit

1 Zuständig ist der **Ermittlungsrichter** (§ 162 StPO, § 169 StPO). Bei **Gefahr im Verzug** (s § 105 StPO Rn 6) kann die **Staatsanwaltschaft** die Anordnung treffen, es sei denn, die Daten befinden sich in den in § 98 Abs 1 S 2 StPO genannten Räumen. Die Anordnung der **Staatsanwaltschaft** tritt jedoch außer Kraft, wenn sie nicht binnen 3 Tagen vom **Richter bestätigt** wird. Die Frist beginnt mit der Anordnung (Schnarr NStZ 1988, 483 für den vergleichbaren Fall der Telekommunikationsüberwachung).

II. Form (Abs 1 S 4)

2 Die Anordnung – auch der Staatsanwaltschaft – muss **schriftlich** erfolgen.

III. Inhalt (Abs 1 S 5)

3 Die Anordnung muss die **mitwirkungspflichtige speichernde Stelle**, die **abzugleichenden Dateien** und die zu **übermittelnden Daten** bezeichnen. Ausführungen zur **Katalogtat**, dem **Tatverdacht** sowie den Tatsachen, die der **Subsidiaritätsklausel** und dem **Verhältnismäßigkeitsgrundsatz** genügen, sind geboten. Im Fall des § 98a Abs 3 StPO ist die Übermittlung der anderen Daten anzuordnen. Daten, die nach § 96 StPO gesperrt oder nach § 97 StPO beschlagnahmefrei sind, dürfen nicht in den Datenabgleich einbezogen werden (Abs 1 S 7). Einer Anordnung **entgegenstehende Verwendungsregelungen** enthalten § 30 Abs 1 AO, § 39 PostG, § 35 SGB I, §§ 67 SGB X ff und § 88 TKG.

B. Ordnungs- und Zwangsmittel (Abs 2)

4 Wenn der Verpflichtete seine Mitwirkung zu Unrecht verweigert, können Ordnungs- und Zwangsmittel verhängt werden. Für ihre Anordnung ist der **Richter**, bei Gefahr im Verzug auch die **Staatsanwaltschaft** zuständig. Ordnungshaft darf nur der Richter anordnen.

C. Maßnahmen nach Durchführung des Datenabgleichs

5 Übermittelte **Datenträger** sind an die speichernde Stelle unverzüglich **zurückzugeben** (Abs 3 S 1). Auf andere Datenträger **übertragene Daten** sind zu **löschen**, wenn sie nicht mehr benötigt werden (Abs 3 S 2). Über die Vernichtung entscheidet vor Erhebung der

Anklage die Staatsanwaltschaft, danach das mit der Sache befasste Gericht. Über die Löschung muss kein Protokoll erstellt werden, da eine dem § 101 Abs 8 S 2 StPO entsprechende Regelung fehlt, jedoch empfiehlt sich dies im Hinblick auf Abs 4. § 101 Abs 4 S 1 Nr 1 StPO sieht die **Benachrichtigung** von Personen vor, gegen die nach Auswertung der Daten weitere Ermittlungen geführt worden sind. Schließlich ist die zuständige Datenschutzbehörde über den Datenabgleich zu **informieren** (Abs 4), die jedoch nur die Einhaltung datenschutzrechtlicher Vorschriften prüfen darf (Hilger NStZ 1992, 461).

D. Beschwerde

Gegen die richterliche Anordnung ist die **Beschwerde** nach § 304 StPO zulässig, ggf auch noch nach Erledigung der Maßnahme. Die **Art** und **Weise** der staatsanwaltschaftlichen **Vollziehung** kann nach § **98 Abs 2 S 2 StPO analog** angefochten werden. Dieser Rechtsbehelf ist nach der Bestätigung durch den Richter prozessual überholt und damit unzulässig (BGH NStZ 2003, 272). Außerdem hat der Betroffene den Rechtsbehelf nach § 101 Abs 7 S 2 bis S 4 StPO. 6

E. Verwertungsverbot

Beantragt die Staatsanwaltschaft wegen **Zweckerreichung** keine richterliche Bestätigung oder lehnt der Richter sie deswegen ab, steht dies einer Verwertung der gewonnenen Erkenntnisse nicht entgegen (Hilger NStZ 1992, 460). Fehler bei der Annahme der Voraussetzungen des § 98a StPO – etwa die irrtümliche Annahme eines Anfangsverdachts oder von Gefahr im Verzug – führen grds nicht zur **Unverwertbarkeit** der erlangten Erkenntnisse. Jedoch unterliegen Beweisergebnisse, die nach Ablauf der 3-Tages-Frist **ohne richterliche Bestätigung** erlangt wurden, einem Beweisverwertungsverbot (KK-StPO/Nack StPO § 98b Rn 5). **Zufallserkenntnisse** können bei anderen prozessualen Taten und bei nicht bestehendem Sachzusammenhang verwertet werden, soweit es sich bei diesen Taten um Katalogtaten iSv § 98a Abs 1 StPO handelt (KK-StPO/Nack StPO § 98b Rn 10). 7

F. Revision

Die Revision kann auf Verstöße gegen § 98b StPO grundsätzlich nicht gestützt werden (vgl aber § 98a StPO Rn 6 und § 98a StPO Rn 7). 8

§ 98 c [Datenabgleich zur Aufklärung einer Straftat]

¹Zur Aufklärung einer Straftat oder zur Ermittlung des Aufenthaltsortes einer Person, nach der für Zwecke eines Strafverfahrens gefahndet wird, dürfen personenbezogene Daten aus einem Strafverfahren mit anderen zur Strafverfolgung oder Strafvollstreckung oder zur Gefahrenabwehr gespeicherten Daten maschinell abgeglichen werden. ²Entgegenstehende besondere bundesgesetzliche oder entsprechende landesgesetzliche Verwendungsregelungen bleiben unberührt.

Die Norm regelt den – verfassungsrechtlich unbedenklichen – Abgleich personenbezogener Daten aus einem Strafverfahren mit Daten, die bei der Gefahrenabwehr (präventivpolizeiliche Dateien), Strafverfolgung oder -vollstreckung angefallen sind. Strafverfahrensdaten iS dieser Norm sind alle aufgrund der Ermittlungen – Zeugen- und Beschuldigtenvernehmungen, strafprozessuale Zwangsmaßnahmen, Auskünfte – erhobenen personenbezogenen Daten. Diese können mit – S 1 Hs 1 – Strafverfolgungsdateien (zB Fahndungsdateien) und – S 1 Hs 2 – präventivpolizeilichen Dateien (INPOL, Zentrales Verkehrsinformationssystem des Kraftfahrtbundesamts, dem Ausländerzentralregister beim Bundesverwaltungsamt, Daten der Meldebehörden und der Kfz-Zulassungsstellen oä) abgeglichen werden. Der **Datenabgleich** ist zulässig zur **Aufklärung** einer **Straftat** oder zur **Ermittlung** des **Aufenthaltsortes** einer Person. Straftat iSd Norm ist **jede Straftat**, der Gesetzgeber sieht – im Gegensatz zu § 98a StPO – weder eine Einschränkung auf einen Straftatenkatalog noch eine Subsidiaritätsklausel 1 vor. Eine Person, nach der für Zwecke eines Strafverfahrens gefahndet wird, kann ein **Beschuldigter**, **Zeuge** oder **Sachverständiger** sein.

2   Die Anordnung kann **mündlich** getroffen werden, § 98 b Abs 1 S 4 und S 5 StPO findet keine Anwendung.

3   Zu bundes- und landesgesetzlichen **Verwendungsregelungen**, die einem Datenabgleich entgegenstehen s § 98 b StPO Rn 3. Auch strafprozessuale **Schutzvorschriften** (§§ 52 StPO ff, § 96 StPO, § 97 StPO, § 136 a StPO, § 148 StPO) können einem Datenabgleich entgegenstehen (Hilger NStZ 1992, 461 Fn 79).

§ 99 [Postbeschlagnahme]

¹Zulässig ist die Beschlagnahme der an den Beschuldigten gerichteten Postsendungen und Telegramme, die sich im Gewahrsam von Personen oder Unternehmen befinden, die geschäftsmäßig Post- oder Telekommunikationsdienste erbringen oder daran mitwirken. ²Ebenso ist eine Beschlagnahme von Postsendungen und Telegrammen zulässig, bei denen aus vorliegenden Tatsachen zu schließen ist, daß sie von dem Beschuldigten herrühren oder für ihn bestimmt sind und daß ihr Inhalt für die Untersuchung Bedeutung hat.

Überblick

§ 99 StPO iVm § 100 StPO regelt das Verfahren, welches zunächst durch Beschlagnahme aller in der entsprechenden Anordnung genannten Postsendungen sicherstellt, dass diese Sendungen von dem Postdiensteleister dem zuständigen Gericht bzw bei Übertragung der Öffnungsbefugnis auf die Staatsanwaltschaft dieser Behörde vorgelegt werden (§ 100 Abs 3 StPO). Sofern das zuständige Gericht eine Beweisbedeutung für das Verfahren feststellt und die Sendung an den Beschuldigten gerichtet (§ 99 S 1 StPO) oder für ihn bestimmt ist oder von ihm herrührt (§ 99 S 2 StPO), ordnet es eine Beschlagnahme an.

Übersicht

	Rn		Rn
A. Grundlagen und Geltungsbereich	1	IV. Gewahrsam des Dienstleisters	12
I. Allgemeines	1	C. Anordnung der Maßnahme	13
II. Geltungsbereich	2		
B. Anordnungsvoraussetzungen	4	D. Beschränkungen	18
I. Beschuldigter	4	E. Beendigung der Maßnahme	21
II. Tatverdacht	6	F. Ordnungs- und Zwangsmittel	23
III. Beschlagnahmeobjekt	7		
1. Postsendungen	7	G. Rechtsmittel	24
2. Telegramme	8		
3. E-Mail	9	H. Revision	29

A. Grundlagen und Geltungsbereich

I. Allgemeines

1   Die Regelung des § 99 StPO ermöglicht die **Beschränkung** des in **Art 10 GG** geschützten **Brief- und Postgeheimnisses**. Sie erlaubt die Beschlagnahme von potentiell beweiserheblichen Sendungen bei Unternehmen, welche geschäftsmäßig Post- oder Telekommunikationsdienste erbringen oder hieran mitwirken. Eine Anordnung nach § 99 StPO rechtfertigt zugleich die Herausgabe von Postsendungen gegenüber dem in § 206 StGB festgelegten Straftatbestand der Verletzung des Post- oder Fernmeldegeheimnisses. Das in § 39 PostG nochmals ausdrücklich formulierte Postgeheimnis enthält in § 39 Abs 3 S 3

PostG dahingehend eine Ausnahme, dass die Weitergabe zulässig ist, sofern diese gesetzlich vorgesehen ist. § 99 StPO fällt hierunter.

II. Geltungsbereich

Nach dem Wortlaut der Vorschrift werden Postsendungen und Telegramme erfasst. Nach der Begriffsbestimmung des § 4 Nr 5 PostG iVm Nr 1 PostG sind Postdienstleistungen die Beförderung von **Briefsendungen, adressierten Paketen** mit einem Einzelgewicht von nicht mehr als 20 Kilogramm sowie von **Büchern, Katalogen, Zeitungen und Zeitschriften**. Die daraus gefolgerte Beschränkung des Postgeheimnisses bei Paketen auf ein Höchstgewicht von 20 Kilogramm (Löwe/Rosenberg/Schäfer StPO § 99 Rn 25) erscheint nicht mehr zeitgemäß und ist daher abzulehnen, zumal inzwischen auch die Deutsche Post AG als Nachfolger der Deutschen Bundespost Pakete mit einem Gesamtgewicht von bis zu 31,5 kg befördert. Daher kann die Anordnung auch solche schwereren Pakete erfassen (und sollte dies auch deklaratorisch aussprechen), um insoweit keine Überwachungslücke entstehen zu lassen; ob dann die spätere Beschlagnahme eines konkreten Pakets nach § 99 StPO oder § 94 StPO, § 98 StPO erfolgt, berührt deren Rechtmäßigkeit nicht, weil insoweit die gesetzlichen Anforderungen identisch sind (vgl auch Rn 7). 2

Nur Postsendungen, welche **im Gewahrsam von Postdiensteleistern** sind, können nach § 99 StPO beschlagnahmt werden. Diesen ist die gerichtliche oder – im Eilfall – eine staatsanwaltschaftliche Anordnung vorzulegen, weil der Diensteleister nur dann entspr § 39 Abs 3 S 3 PostG zur Herausgabe berechtigt ist. Gewahrsam besteht, sobald die Sendung bei dem Unternehmen zur Beförderung eingegangen ist; er dauert solange an, bis die Sendung entweder einem anderen Unternehmen zur Weiterbeförderung übergeben oder an den Adressaten ausgeliefert ist. Auch Sendungen, welche zu diesem Zweck Auslieferungspersonen oder Zustellern übergeben worden sind, befinden sich noch im Gewahrsam des Diensteleisters. 3

B. Anordnungsvoraussetzungen

I. Beschuldigter

Nur Sendungen und Telegramme, welche entweder **an den Beschuldigten gerichtet** (S 1) sind oder bei denen Tatsachen vorliegen, aus denen zu schließen ist, dass die Sendung **für ihn bestimmt ist** oder **von ihm herrührt** (S 2), können nach § 99 StPO beschlagnahmt werden. Daher ist zunächst Voraussetzung, dass sich das zugrunde liegende Verfahren gegen einen Beschuldigten richtet (vgl BGHSt 23, 329, 331), welcher allerdings noch nicht näher bekannt bzw identifiziert sein muss. Jedoch dürfte bei Nichtkenntnis des Beschuldigtennamens oder seiner Person eine Zuordnung von Sendungen nur beim Vorliegen besonderer weiterer Umstände (der Versendung, Verpackung oder des Versandwegs) möglich sein. Im selbstständigen Einziehungsverfahren (§ 440 StPO) ist die Maßnahme nicht zulässig (BGHSt 23, 329, 331). Beschlagnahmefähig sind an die Presse oder andere Institutionen/Personen gerichtete Bekennerschreiben eines Anschlags oder einer Straftat, weil diese regelmäßig von Tätern oder deren Helfern stammen (S 2 Alt 1; ER BGH Beschl v 28. 11. 2007 – Az 1 BGs 519/07). 4

Die Bedeutung und **Art der Anlasstat**, welche dem Beschuldigten vorgeworfen wird, ist in § 99 StPO nicht festgelegt. Jedoch wird bei nur geringfügigen Straftaten mit niedriger Straferwartung aus Gründen der Verhältnismäßigkeit und angesichts der Bedeutung des Grundrechts aus Art 10 GG eine Anordnung nicht in Betracht kommen. Erheblich iSv § 100a StPO oder § 100g StPO muss die Anlasstat aber nicht sein. Bspw wird gerade bei Taten, welche durch ständige Versendung von Briefen mit beleidigenden Äußerungen oder Drohungen begangen werden, eine Postbeschlagnahme jedenfalls dann nicht fern liegen, wenn diese mit keinem (realen) Absender versehen sind und nur unmittelbar nach der Einlieferung oder dem Einwurf in einen Briefkasten einer konkreten Person als Versender zugeordnet werden können. 5

II. Tatverdacht

Ein besonderer **Verdachtsgrad** wird von § 99 StPO nicht gefordert. Insoweit sind die Voraussetzungen dieselben wie bei der Beschlagnahme nach § 94 StPO (vgl dort § 94 StPO 6

Rn 4). Allerdings wird der jeweils vorliegende Verdachtsgrad bei der vorzunehmenden Verhältnismäßigkeitsprüfung zu beachten sein (KK-StPO/Nack StPO § 99 Rn 10; Meyer-Goßner StPO § 99 Rn 12). Zumindest bei einem nur schwächeren Verdacht ist daher immer zusätzlich zu prüfen, ob eine Anordnung zunächst auch nur auf kurze Zeit zu erlassen ist, so dass bei der Frage nach einer Verlängerung berücksichtigt werden kann, ob sich der Verdacht inzwischen mittels festgestellter Postsendungen oder auf andere Art und Weise verfestigt hat.

III. Beschlagnahmeobjekt
1. Postsendungen

7   Nach dem Wortlaut der Ermächtigungsnorm sind beschlagnahmefähig **Postsendungen** und Telegramme. Der Begriff der Postsendung wird für das PostG näher definiert in § 4 Nr 5 PostG iVm Nr 1 PostG, weshalb darunter vor allem Briefsendungen, Postkarten und Pakete, aber auch Druckwerke, wie Kataloge, Zeitungen oder Zeitschriften, fallen (Rn 2). Die ebenfalls in § 4 PostG vorgesehene Beschränkung der Pakete auf nur 20 Kilogramm beruht ersichtlich nur auf ehemals postalischen Erfordernissen, weshalb die Deutsche Post bis vor einigen Jahren jedenfalls im Normalkundenbereich auch nur Pakete bis max 20 Kilogramm zur Weiterbeförderung entgegen genommen hat. Nachdem diese Gewichtsbeschränkung aber inzwischen weggefallen ist, wäre es kaum nachvollziehbar, wenn schwerere Pakete nicht auch von einer entsprechenden Anordnung erfasst würden. Dies gilt erst Recht, wenn man daraus ableitet, dass für solche Pakete das Postgeheimnis nicht gelten soll (so aber Löwe/Rosenberg/Schäfer StPO § 99 Rn 25), was allerdings den Schutzbereich des Art 10 GG selbst kaum einschränken dürfte.

2. Telegramme

8   Aus der Aufnahme der **Telegramme** in diese Vorschrift ergibt sich, dass der Gesetzgeber diese offenbar Briefsendungen gleichsetzen wollte, jedenfalls dann, wenn sie bei der Poststelle eingegangen sind, welche die weitere Zustellung vorzunehmen hat. Im Übrigen wäre sachlich die Beschlagnahme von Telegrammen auch nicht über eine Anordnung nach § 100 a StPO zu regeln (so aber wohl Löwe/Rosenberg/Schäfer StPO § 99 Rn 25), weil mit dem Ausdruck des Telegramms auf Papier der Telekommunikationsvorgang eindeutig beendet ist. In der Praxis hat die Versendung und damit auch die Beschlagnahme von Telegrammen keine besondere Bedeutung mehr.

3. E-Mail

9   Eine Regelung über die **Beschlagnahme von E-Mail-Sendungen** ist weder in § 94 StPO, noch in § 99 StPO oder in § 100 a StPO enthalten. Der Gesetzgeber hat trotz Kenntnis des vorhandenen und seit Jahren bestehenden Streitstandes in Rechtsprechung und Literatur weder eine gesetzliche Klarstellung noch eine eigenständige Regelung vorgenommen und wollte offenbar die Klärung dieser Frage der Rechtsprechung überlassen. Dabei sind von den verschiedenen Entstehungs- und Versendungsphasen bis zur Ankunft (vgl § 100 a StPO Rn 27) nur streitig die Zeiträume, in welchen E-Mail-Sendungen beim E-Mail-Provider (1) bis zum Weiterversand oder (2) zur Abholung durch den Empfänger zwischengespeichert oder (3) nach dem Lesen durch den Empfänger für eventuelle weitere Zugriffe archiviert sind (vgl § 100 a StPO Rn 28 f). Im Übrigen kommt vor Absendung oder nach Ankunft im Rechnersystem des Absenders bzw Empfängers eine Beschlagnahme nach § 94 StPO, während des jeweiligen Übermittlungsvorgangs selbst nach § 100 a StPO in Betracht.

10 Zwar „ruht" die **beim Provider zwischengespeicherte Mail** in dieser Zeit auf dem Speichermedium und ist insoweit einer Briefsendung oder einem Telegramm im Gewahrsam des Postdiensteleiters vergleichbar, so dass auch eine Telekommunikation während diesem Zeitraum – mag er auch nur Bruchteile einer Sekunde andauern – nicht stattfindet (BGH NJW 2009, 1828 = NStZ 2009, 397, 398 m zust Anm Bär 398, 399; vgl § 100 a StPO Rn 28); dennoch ist eine solche E-Mail auch während dieser Zeit vom Fernmeldegeheimnis

geschützt (BVerfG Beschl v 16. 6. 2009 – Az 2 BvR 902/06 Rz 47). E-Mails können während diesen Zeiträumen, auch wenn es sich bei Ihnen nicht um körperliche Gegenstände handelt, nach §§ 94 StPO ff sichergestellt und bei Verfahrensrelevanz beschlagnahmt werden (BVerfG Beschl v 16. 6. 2009 – Az 2 BvR 902/06 Rz 63 ff; vgl hierzu auch Klein NJW 2009, 2996 ff). Das **Post- und Fernmeldegeheimnis** nach Art 10 Abs 1 GG **ist entwicklungsoffen** und soll daher auch neuartige Übertragungstechniken umfassen (BVerfG NJW 1978, 313; NJW 2006, 976, 978). Dementsprechend sind auch die Begriffe der StPO zumindest insoweit ebenfalls entwicklungsoffen anzupassen, als dies der zugrunde liegenden Intention und dem Zweck der Vorschrift sowie dem durch sie gleichermaßen einzuschränkenden wie auch zu schützenden Grundrecht entspricht. Deshalb wäre Telekommunikation auch einer Anordnung nach § 99 StPO nicht unzugänglich, was auch darauf beruht, dass Telegramme im Stadium der Übermittlung in gleicher Weise Telekommunikation sind. Daraus folgt, dass für E-Mails auch eine Sicherstellung und Beschlagnahme nach § 99 StPO eröffnet wäre, zumal Provider Personen und Unternehmen sind, welche geschäftsmäßig (auch) Telekommunikationsdienste erbringen. Nach der nunmehr ergangenen Entscheidung des BVerfG ist davon auszugehen, dass eine **Beschlagnahme nach §§ 94 StPO ff ausreichend** ist (BVerfG Beschl v 16. 6. 2009 – Az 2 BvR 902/06 – Rz 55 ff), wenn es sich nur um eine einmalige Beschlagnahme des Postfachs und der darin befindlichen E-Mails handelt. Für eine länger andauernde Sicherstellung hat das BVerfG in der vorgenannten Entscheidung demgegenüber keine ausdrückliche Festlegung getroffen.

E-Mails sind heute vielfach **an die Stelle herkömmlicher Postsendungen getreten**, so dass eine Maßnahme nach § 99 StPO, § 100 StPO dieser Nachrichtenform eher entsprechen würde als eine Beschlagnahme nach §§ 94 StPO ff; dennoch sind die nach §§ 94 StPO ff erforderlichen Verfahrensvoraussetzungen grundsätzlich ausreichend zum Schutz von Beschuldigten und Betroffenen. Indem der **Beschlagnahme einer konkreten E-Mail**, welche **richterlich bestätigt** werden muss, zunächst einmal eine breiter angelegte – ebenfalls durch den Richter angeordnete – (vorübergehende) Sicherstellung vorausgeht (BVerfG Beschl v 16. 6. 2009 – Az Az 2 BvR 902/06 Rz 82 ff), ist wie bei den Vorschriften der §§ 99 StPO f eine erneute richterliche Kontrolle bei der (regelmäßig länger andauernden) Beschlagnahme einer konkreten E-Mail erforderlich. Dies bedeutet für den Beschuldigten einen erhöhten, dem Grundrecht aus Art 10 GG zumindest angepassten, und verhältnismäßigen Schutz, auch wenn bei der ersten Sicherstellung und Sichtung nach § 94 StPO die **Polizei nach § 110 Abs 1 StPO mit der Durchsicht beauftragt** werden kann (BGH NStZ 2003, 670: auch alle elektronischen Datenträger und Datenspeicher). Hinsichtlich der weiteren Voraussetzungen einer Beschlagnahme nach §§ 94 StPO ff, insbes bezüglich Art und Schwere von Anlasstaten sowie Umfang des erforderlichen Anfangs- und Tatverdachts vgl § 100 a StPO Rn 30 f). Allerdings sollte sich eine über einen längeren Zeitraum erstreckende Sicherstellungsanordnung bzgl E-Mails weiterhin in entsprechender Anwendung von § 99 StPO ergehen, weil insoweit das BVerfG keine Regelung getroffen hat (vgl § 100 a StPO Rn 30 f).

IV. Gewahrsam des Dienstleisters

Eine Beschlagnahme nach § 99 StPO kann nur erfolgen, wenn sich die Postsendung im **Gewahrsam** von **Personen** oder **Unternehmen** befindet, welches **geschäftsmäßig Post- oder Telekommunikationsdienstleistungen erbringt**. Damit beschränkt sich die Anordnungsmöglichkeit nicht auf herkömmliche Postbeförderer, welche – wie die sog Gelbe Post – inzwischen auch privatwirtschaftlich tätig sind, sondern auch auf Unternehmen, die nur räumlich oder sachlich (Beförderung nur von Paketen, nur von Briefen oder nur von Geschäftspost) begrenzt tätig sind, werden erfasst. Der Gewahrsam dauert auch an, soweit andere Transportunternehmen (Bahn, Speditionen) im Auftrag des Diensteleisters die Beförderung bis zum Auslieferungslager oder Postzentrum übernommen haben.

C. Anordnung der Maßnahme

Bei Vorliegen der Voraussetzungen ordnet das Gericht die Beschlagnahme näher bestimmter Postsendungen (vgl Rn 4) an. Dies hat jedoch **zunächst** nur zur Folge, dass das Unternehmen (Rn 12) (ohne Mitwirkung der Ermittlungsbehörden oder des Richters [ER

BGH StV 2008, 225]) die entsprechenden Postsendungen **aussondern** und an die Staatsanwaltschaft übergeben muss, welche diese dann dem Gericht sofort vorzulegen hat (§ 100 Abs S 4 StPO). Die Anordnung kann nicht nur für bereits beim Diensteleister befindliche Postsendungen ausgesprochen werden, sondern auch für künftig zu erwartende Sendungen. Eine zeitliche Begrenzung der Anordnung sieht das Gesetz nicht vor; aus Verhältnismäßigkeitsgründen (vgl auch oben Rn 6) ist der auch nach Nr 80 RiStBV vorgesehene Zeitraum von einem Monat vielfach sachgerecht.

14 Nach Vorlage an das Gericht hat der Richter die Sendung zu prüfen und bei **beweiserheblichem Inhalt** oder sonstiger **Bedeutung für das Verfahren** nach den allgemeinen Beschlagnahmevorschriften der **§ 94 StPO, § 98 StPO zu beschlagnahmen**. Die Beschlagnahme kann, um die Maßnahme nicht vorzeitig bekannt zu machen und zu gefährden, auch dadurch erfolgen, dass das Gericht beglaubigte Kopien der Sendung oder von Teilen der Sendung beschlagnahmt und die Sendung an den Empfänger möglichst ohne merkbare Verzögerung weiterleitet; Voraussetzung ist insoweit natürlich eine fachmännische Öffnung und Wiederverschließung der Sendung, wobei sich das Gericht der Amtshilfe anderer Behörden bedienen kann.

15 Die nach **§ 100 Abs 3 S 2 StPO** bestehende Möglichkeit, die **Öffnung** der Sendungen **auf die Staatsanwaltschaft** zu **übertragen**, kann den entstehenden Eingriff für den Betroffenen abmildern, weil dann eine schnellere Sichtung und ggf Freigabe zur Weiterbeförderung einzelner unverdächtiger Sendungen erfolgen kann, ohne zusätzlich auch noch den Richter einschalten zu müssen.

16 Als **milderer Eingriff** kann statt einer Auslieferung der Sendungen auch nur eine **Auskunft** hierüber vom Diensteleister verlangt werden. Diese kann sich naturgemäß nicht auf den Inhalt sondern auf Aussehen, Herkunft, Adressaten, Art der Verpackung oder Beschriftung usw beziehen. In entsprechender Anwendung des § 99 StPO kann die Anordnung in diesem Fall auch Auskunft über ehemals im Gewahrsam befindliche Sendungen anordnen (KK-StPO/Nack StPO § 99 Rn 11; aA LG Hamburg, Beschl v 12. 2. 09 – Az 628 Qs 05/09). Die Auskunft kann entweder schriftlich erteilt oder (auch bei Weigerung oder Nichtbefolgung) durch eine Ladung der verantwortlichen Mitarbeiter als Zeugen erreicht werden.

17 Einer ausdrücklichen Anordnung bedarf es nicht, falls die **Beteiligten**, also Versender und Empfänger bzw Adressat ihre **Einwilligung** erklären. Sofern sie darüber hinaus auch damit einverstanden sind, dass die Sendung oder eine beweissichere Kopie (bei elektronischen Dokumenten evtl mit Signatur versehen, vgl § 41 a Abs 1 S 1 StPO) zu den Akten genommen wird, kann auch eine förmliche Beschlagnahme nach § 94 StPO unterbleiben. Nicht zustimmen kann demgegenüber der Diensteleister, weil ihm dies regelmäßig wegen des Postgeheimnisses untersagt ist.

D. Beschränkungen

18 Die Beschlagnahmeverbote des **§ 97 StPO** finden regelmäßig deshalb **keine Anwendung**, weil im Gewahrsam des Diensteleisters befindliche Poststücke nicht zugleich im Gewahrsam der dort bezeichneten Personengruppen sein können (§ 97 Abs 2 S 1 StPO).

19 Die absoluten und relativen Beweiserhebungs- und -verwertungsverbote des **§ 160 a StPO** für die dort näher bezeichneten Berufsgeheimnisträger (vgl § 160 a StPO Rn 3 ff) haben auch im Rahmen einer Maßnahme nach § 99 StPO Geltung, soweit es Postsendungen betrifft, welche von diesen Personengruppen stammen oder an diese gerichtet sind – und soweit diese nicht im Verdacht der Beteiligung an der Tat oder der Begünstigung, Strafvereitelung oder Hehlerei stehen (§ 160 a Abs 4 StPO).

20 Sind die Postsendungen vom Beschuldigten an seinen **Verteidiger** gerichtet oder umgekehrt, ergibt sich aus der Rechtsgarantie des unüberwachten Verkehrs zwischen Strafverteidiger und Beschuldigtem (§ 148 StPO) und der nach außen abzuschirmenden und gegen Eingriffe zu schützenden Vertrauensbeziehung zwischen beiden (vgl BGHSt 33, 347, 349), dass dieser Kontakt nicht in irgendeiner Weise beeinträchtigt werden darf, durch welche die Verteidigungsmöglichkeiten des Beschuldigten eingeschränkt werden (vgl auch BVerfG NJW 2002, 1410). Daher kommt eine Postbeschlagnahme für solche Sendungen überhaupt nur dann in Betracht, wenn gewichtige Anhaltspunkte für eine Beteiligung des Verteidigers an der Tat des Beschuldigten vorliegen (BGH NJW 1973, 2035, 2036).

Sind die mit einer Beschlagnahme verfolgten Ziele auch anderweit zu erreichen, dann ist 20a
der mit der Maßnahme verbundene Eingriff möglicherweise nicht mehr **verhältnismäßig**
und hat zu unterbleiben (BGH NStZ-RR 2009, 56: Beschlagnahme eines Briefes als
Vergleichsmaterial für ein Schriftgutachten).

E. Beendigung der Maßnahme

Die Postbeschlagnahme endet mit dem **Ablauf der vom Gericht hierfür gesetzten** 21
Frist. Ab diesem Zeitpunkt darf der Diensteleister keine Postsendungen mehr aussondern
und an die Staatsanwaltschaft ausliefern. Darüber hinaus ist die Maßnahme zu beenden, wenn
sich der Tatverdacht nicht bestätigt hat oder ausreichende Beweismittel beschlagnahmt
worden sind bzw sich die Tat auf andere Art und Weise nachweisen lässt.

Eine Beendigung der Maßnahme ist auch angezeigt, sofern der **Beschuldigte hiervon** 22
Kenntnis erhält und damit davon auszugehen ist, dass er dafür Sorge trägt, dass keine
beweiserheblichen Postsendungen mehr ausgesondert und beschlagnahmt werden können.

F. Ordnungs- und Zwangsmittel

Einer ausdrücklichen Regelung für Ordnungs- oder Zwangsmittel bei Nichtbefolgen 23
einer Anordnung nach § 99 StPO bedurfte es früher nicht; denn bei der ursprünglich mit
hoheitlichen Befugnissen ausgestatteten Bundespost bestand kein Zweifel, dass richterliche
Anordnungen ausgeführt würden. Nachdem aber inzwischen Postbeförderer rein privatrechtlich organisiert sind, kann von einer unbedingten Befolgung solcher Anordnung nicht
mehr zwingend ausgegangen werden. Daher findet in diesem Zusammenhang der in § 95
Abs 1 und Abs 2 StPO seine Ausprägung gefundene allgemeine Grundsatz Anwendung, dass
richterlichen Anordnungen Folge zu leisten ist, weshalb auch zu deren Durchsetzung die in
§ 70 StPO bestimmten Ordnungs- und Zwangsmittel (vgl hierzu § 70 StPO Rn 8 ff) festgesetzt werden können; dies gilt nur dann nicht, falls Verpflichtete zu einer Zeugnisverweigerung berechtigt wären (BGH NJW 2009, 1828 = NStZ 2009, 397, 398).

G. Rechtsmittel

Hinsichtlich der Rechtsmittel ist zu trennen zwischen dem Vorgehen gegen den Beschlag- 24
nahmebeschluss nach § 99 StPO (Rn 24) und gegen die Beschlagnahmeanordnung einzelner, konkreter Postsendungen nach § 94 StPO (Rn 25).

Die gerichtliche Anordnung der **Postbeschlagnahme nach § 99 StPO**, welche inhalt- 25
lich nur die Aussonderung bestimmter Postsendungen und Vorlage an das Gericht zur
Folge hat (vgl Rn 13 f), ist von dem/den Betroffenen (Beschuldigter und Absender bzw
Empfänger) durch einfache Beschwerde (§ 304 Abs 1 u Abs 2 StPO) anfechtbar. Dies
betrifft auch Beschlüsse der Oberlandesgerichte und des Ermittlungsrichters des Bundesgerichtshofs (§ 304 Abs 4 S 2 Nr 1 StPO) sowie ausnahmsweise des erkennenden Gerichts
(§ 305 S 2 StPO). Auch wenn die Anordnung der Sache nach nur einer Sicherstellung
gleichkommt, ist sie im Gesetz als Beschlagnahme bezeichnet, so dass insoweit keine andere
Auslegung in Betracht kommt (ebenso Löwe/Rosenberg/Schäfer StPO § 100 Rn 46). Der
Beschuldigte ist entspr § 101 StPO zu benachrichtigen. Die in § 101 Abs 4 S 1 Nr 2 StPO
genannte Benachrichtigungspflicht des Absenders und Adressaten meint entgegen der
Nennung des § 99 StPO offenbar die Beschlagnahme einzelner Sendungen, welche sich
aber nach § 94 StPO richtet (s u Rn 26); zumindest wird in Fällen, in denen bereits die
Sichtprüfung ergibt, dass eine förmliche Beschlagnahme nicht in Betracht kommt, eine
Benachrichtigung gemäß § 101 Abs 4 S 4 StPO zu unterbleiben haben. Dies dürfte
regelmäßig auch gelten, wenn nach kurzer Öffnung einer Sendung deren fehlende Bedeutung für die Untersuchung ersichtlich ist und sie daraufhin sofort weiterbefördert wird.
Nach Beendigung einer Maßnahme ist für die Entscheidung über Anträge auf nachträglichen Rechtsschutz das nun mit der Sache befasste Gericht zuständig, falls zwischenzeitlich
Anklage erhoben wurde (BGH NStZ 2009, 104), was auch zu einem Zuständigkeitswechsel führen kann, sofern ein Antrag nach § 101 Abs 7 S 2 StPO bereits vor Anklageerhebung gestellt worden ist (BGH aaO).

26 Gegen die **Beschlagnahme einzelner beweiserheblicher Sendungen** ist die Beschwerde gegeben (§ 304 Abs 1 u Abs 2 StPO); soweit zunächst die Staatsanwaltschaft die Beschlagnahme ausgesprochen hat, kann bis zur richterlichen Entscheidung über eine Bestätigung auch ein Antrag nach § 98 Abs 2 S 2 StPO angebracht werden.

27 Die Übertragung der Öffnungsbefugnis auf die Staatsanwaltschaft kann nicht angefochten werden (§ 100 Abs 3 S 3 StPO). Soweit jedoch das Gericht einen entsprechenden Antrag der Staatsanwaltschaft ablehnt, steht dieser ein Beschwerderecht zu; ebenso gegen den Widerruf einer zuvor erteilten Öffnungsbefugnis (Löwe/Rosenberg/Schäfer StPO § 100 Rn 47).

28 Den **betroffenen Postunternehmen/Diensteleistern** steht als Adressaten der gerichtlichen Anordnung **grundsätzlich** eine **Beschwerdeberechtigung** zu. Diese kann sich jedoch nur auf ihre **eigene Sphäre** beziehen, also darauf, wie sie konkret zur Mitwirkung verpflichtet werden bzw ob ihnen die auferlegten Leistungen im Rahmen der Aussonderungsverpflichtung zumutbar sind. Dagegen steht ihnen **keine Beschwerdebefugnis** zu, wenn es um die Anordnung selbst geht. **Keinesfalls** können sie an Stelle des Gerichts eine **eigene rechtliche Wertung** der Zulässigkeit einer Anordnung vorzunehmen (vgl auch § 100a StPO Rn 27). Auch sind sie nicht dazu berufen, quasi in Vertretung des nichts ahnenden Kunden dessen rechtliche Interessen wahrzunehmen.

H. Revision

29 Verstöße gegen § 99 StPO, § 100 StPO betreffen zunächst nicht das Urteil in dem entsprechenden Verfahren, denn dieses kann sich letztlich nur auf nach § 94 StPO beschlagnahmte einzelne Beweismittel stützen (Löwe/Rosenberg/Schäfer StPO § 100 Rn 50). Anderes könnte dann gelten, wenn die Anordnung nach § 99 StPO nicht vom Gericht erlassen bzw bestätigt worden ist. Gerade weil jedoch in diesen Fällen es immer auch eine separat anzugreifende Beschlagnahmeanordnung der einzelnen Sendung geben wird, könnte eine Fernwirkung einer fehlerhaften Anordnung nach § 99 StPO allenfalls bei grober Willkür oder absichtlicher Übergehung des Richtervorbehalts in Betracht zu ziehen sein.

§ 100 [Zuständigkeit]

(1) Zu der Beschlagnahme (§ 99) ist nur das Gericht, bei Gefahr im Verzug auch die Staatsanwaltschaft befugt.

(2) Die von der Staatsanwaltschaft verfügte Beschlagnahme tritt, auch wenn sie eine Auslieferung noch nicht zur Folge gehabt hat, außer Kraft, wenn sie nicht binnen drei Werktagen gerichtlich bestätigt wird.

(3) ¹Die Öffnung der ausgelieferten Postsendungen steht dem Gericht zu. ²Es kann diese Befugnis der Staatsanwaltschaft übertragen, soweit dies erforderlich ist, um den Untersuchungserfolg nicht durch Verzögerung zu gefährden. ³Die Übertragung ist nicht anfechtbar; sie kann jederzeit widerrufen werden. ⁴Solange eine Anordnung nach Satz 2 nicht ergangen ist, legt die Staatsanwaltschaft die ihr ausgelieferten Postsendungen sofort, und zwar verschlossene Postsendungen ungeöffnet, dem Gericht vor.

(4) ¹Über eine von der Staatsanwaltschaft verfügte Beschlagnahme entscheidet das nach § 98 zuständige Gericht. ²Über die Öffnung einer ausgelieferten Postsendung entscheidet das Gericht, das die Beschlagnahme angeordnet oder bestätigt hat.

(5) ¹Postsendungen, deren Öffnung nicht angeordnet worden ist, sind unverzüglich an den vorgesehenen Empfänger weiterzuleiten. ²Dasselbe gilt, soweit nach der Öffnung die Zurückbehaltung nicht erforderlich ist.

(6) Der Teil einer zurückbehaltenen Postsendung, dessen Vorenthaltung nicht mit Rücksicht auf die Untersuchung geboten erscheint, ist dem vorgesehenen Empfänger abschriftlich mitzuteilen.

Überblick

Die Vorschrift regelt (ebenso wie § 100 b StPO für die Telekommunikationsüberwachung) die Anordnungszuständigkeit für die Postbeschlagnahme nach § 99 StPO, welche grundsätzlich dem Gericht, in Eilfällen der Staatsanwaltschaft zusteht (Abs 1). Allerdings muss eine Eilanordnung innerhalb von drei Werktagen vom zuständigen Gericht bestätigt werden (Abs 2). Diesem obliegt grundsätzlich auch die Öffnung der vom Diensteleister ausgesonderten Sendungen, soweit die Befugnis nicht zur Beschleunigung der Kontrolle auf die Staatsanwaltschaft übertragen wurde (Abs 3 S 2). Auch die Entscheidung über eine endgültige Beschlagnahme einer bestimmten einzelnen Postsendung trifft grundsätzlich das zuständige Gericht. Sofern eine Sendung nach einer Sichtprüfung gar nicht geöffnet wurde oder jedenfalls eine Bedeutung für das Verfahren nicht ersichtlich ist, ist diese unverzüglich wieder in den Postgang zu geben und an den Empfänger weiterzuleiten (Abs 5).

Übersicht

	Rn		Rn
A. Allgemeines	1	VII. Ersuchen um Auskunft statt Postbeschlagnahme	18
B. Regelungsgehalt	3	VIII. Zufallsfund	19
I. Richtervorbehalt	3	IX. Zwangsmittel gegen Postunternehmen	20
II. Form und Inhalt der Anordnung	4	C. Rechtsmittel und Revision	21
III. Rechtliches Gehör	8	I. Rechtsmittel des Beschuldigten und weiterer Betroffener	21
IV. Eilanordnungen der Staatsanwaltschaft	9	II. Rechtsmittel des verpflichteten Unternehmens	22
V. Öffnen und Prüfen der Sendungen (Abs 3 u Abs 4 S 2)	14	III. Revision	23
VI. Beendigung der Maßnahme	17		

A. Allgemeines

§ 100 StPO regelt das **Verfahren** im Zusammenhang mit einer Postbeschlagnahme, 1
sichert zugleich aber auch die verfassungsrechtlichen Vorgaben im Zusammenhang mit dem Eingriff ins Post- und Fernmeldegeheimnis des Art 10 GG, insbes den Richtervorbehalt und die der Beschleunigung dienenden Vorgaben über die unverzügliche Weiterleitung von nicht beweiserheblichen Sendungen oder Teilen davon.

Ergänzt wird § 100 StPO durch die Benachrichtigungsvorschriften des § 101 Abs 4 S 1 2
Nr 2 StPO iVm § 101 Abs 4 S 3 bis S 5 StPO sowie die weiteren allgemeinen Regelungen des § 101 StPO.

B. Regelungsgehalt

I. Richtervorbehalt

Zuständig für eine Anordnung nach § 99 StPO ist grundsätzlich das **Gericht**. Nur bei 3
Gefahr im Verzug ist ausnahmsweise auch die Staatsanwaltschaft zur Anordnung einer Postbeschlagnahme, welche der Sache nach nur eine Aussonderung von Postsendungen ist (s dort § 99 StPO Rn 25), berechtigt. **Ermittlungspersonen der Staatsanwaltschaft** (§ 152 GVG) haben insoweit keinerlei Befugnisse. Entsprechende Anordnungen an Postdiensteleister wären rechtswidrig und von diesen wegen des Postgeheimnisses nicht zu befolgen. Allerdings kann die Staatsanwaltschaft zur Beschleunigung der Kontrolle und damit des Verfahrens Ermittlungspersonen damit beauftragen, die ausgesonderten Postsendungen unmittelbar dem Gericht oder, bei Übertragung der Öffnungsbefugnis, auch der Staatsanwaltschaft zu überbringen und nicht beweiserhebliche Postsendungen (§ 99 Abs 5 StPO) unverzüglich wieder dem Diensteleister zur Weiterbeförderung zu übergeben.

II. Form und Inhalt der Anordnung

4 Eine bestimmte **Form** schreibt das Gesetz für die Anordnung nach § 99 StPO nicht vor. Dennoch sollte sie, schon wegen ihrer Außenwirkung und der damit verbundenen Verpflichtung des Postdiensteleisters, als Beschluss ergehen. Ist sie dennoch nur als Verfügung bezeichnet, entfaltet sie trotzdem volle Wirksamkeit. Auf jeden Fall sollte sie – auch wenn in besonders eiligen Fällen zunächst eine mündliche oder telefonische Anordnung ausgesprochen wird, zeitnah in schriftlicher Form zu den Akten gegeben werden, damit auch später unter Berücksichtigung der erforderlichen Begründung (vgl Rn 5) die Entscheidung nachvollzogen werden kann (s § 101 Abs 7 S 2 bis S 4 StPO).

5 Aus dem **Inhalt** der Anordnung muss sich zunächst ergeben, gegen welchen **Beschuldigten** sich diese richtet. Des Weiteren sind die betroffenen Sendungen nach den entsprechenden Merkmalen so genau zu bezeichnen, dass keine Zweifel über den Umfang der Beschlagnahme entstehen können (vgl ER BGH B v 28. 11. 2007 – Az 1 BGs 519/07; vgl auch Nr 77 Abs 1 RiStBV), dh der verpflichtete Postdiensteleister sicher feststellen kann, worauf er bei der vorzunehmenden Aussonderung zu achten hat. Hierzu können die in Betracht zu ziehenden Sendungen ihrer Art nach näher konkretisiert werden (Briefsendungen, Pakete, Bücher, Kataloge usw; vgl Nr 77 Abs 3 RiStBV). Die Adresse des Beschuldigten ist, sofern bekannt, ebenso anzugeben wie ein von ihm verwendetes Postfach oder eine Deckadresse (s Nr 78 Abs 1 RiStBV). Auch wenn, um den Beschuldigten insoweit zu schützen, dem Diensteleister ein möglicherweise in der Begründung verkürzter Beschlusstext ausgehändigt wird, sind die vorstehenden Angaben erforderlich, um die in Beschlag zu nehmenden Sendungen feststellen zu können.

6 Aus der Begründung müssen weiterhin die **Tatsachen** hervorgehen, auf welche sich **Tatvorwurf** und **Tatverdacht** stützen, damit ein mit der Beschwerde angerufenes Gericht (§ 101 Abs 7 S 2 bis S 4 StPO) die Rechtmäßigkeit der Maßnahme überprüfen kann. Hinsichtlich von Sendungen, bei denen auf Grund von Tatsachen darauf geschlossen werden kann, dass die Sendungen vom Beschuldigten herrühren oder für ihn bestimmt sind (§ 99 S 2 StPO), sind auch insoweit die Tatsachen anzuführen.

7 Auf Grund des Tatvorwurfs, des Tatverdachts und der weiteren Umstände der Tat kann eine Anordnung evtl nur dann **verhältnismäßig** sein, wenn sie nur unter **Beschränkungen** erlassen wird. Dabei kann sie bspw nur auf bestimmte Zeit erlassen werden (was ohnehin nahezu zwingend sein sollte: regelmäßig ein Monat, ausnahmsweise höchstens zwei Monate); auch die Art der Sendungen kann, je nach Tatvorwurf, einschränkend festgelegt werden, bspw nur Briefsendungen oder nur kleinere Pakete und Päckchen. Am wenigsten beeinträchtigend für allgemeine Nutzer wirkt sich eine Anordnung dann aus, sofern sie sich auf einen kleinen Kreis von Absendern und Empfängern beschränkt, wenn dies so festgelegt werden kann. Allerdings kann gerade bei der Beschlagnahme ausgehender Post die dadurch entstehende Sortierbelastung für den Diensteleister uU nicht längere Zeit zumutbar und damit auch nicht zu rechtfertigen sein (vgl Löwe/Rosenberg/Schäfer StPO § 100 Rn 12).

III. Rechtliches Gehör

8 Regelmäßig werden weder der Beschuldigte noch die weiteren von der Anordnung betroffenen Personen vor der Anordnung gehört werden können, um den Anordnungszweck nicht zu gefährden (§ 33 Abs 4 StPO). Sie sind jedoch nach § 101 Abs 5 StPO hierüber zu benachrichtigen, sobald dies ohne Gefährdung des Untersuchungszwecks oder weiterer wichtiger Rechtsgüter möglich ist. Dabei sind sie auch auf Möglichkeit nachträglichen Rechtsschutzes hinzuweisen (§ 100 Abs 4 S 2 StPO). Erfährt ein Betroffener jedoch bereits vorher von der Maßnahme, kann er schon dann auf eine gerichtliche Überprüfung antragen.

IV. Eilanordnungen der Staatsanwaltschaft

9 Nur bei **Gefahr im Verzug** ist eine Ausnahme vom Richtervorbehalt dahingehend zugelassen, dass auch die Staatsanwaltschaft zu einer Anordnung nach § 99 StPO befugt ist (§ 100 Abs 1 Hs 2 StPO). Allerdings dürfte das Vorliegen einer solchen Gefahrenlage auf Grund der verschärften verfassungsgerichtlichen Anforderungen (BVerfGE 103, 142, 155, 156) gerade für den Bereich „normaler" Postbeschlagnahme nur noch selten zu bejahen sein;

denn Postsendungen werden regelmäßig nur zu üblichen Dienstzeiten ausgeliefert, zu denen auch ein zuständiger Richter erreichbar sein sollte (BVerfG NJW 2007, 1444). Demgegenüber könnte Gefahr im Verzug eher entstehen, wenn man die Anwendbarkeit der Vorschrift auf die Beschlagnahme des E-Mail-Verkehrs anwendet vgl § 99 StPO, § 100 a StPO (§ 99 StPO Rn 9 ff; § 100 a StPO Rn 26 ff); insoweit wäre aber als geringer beeinträchtigende Maßnahme uU auch daran zu denken, die betreffenden E-Mails zunächst nur durch den Provider kopieren oder sichern zu lassen, bis der zuständige Richter erreicht werden kann.

Eine Anordnung der Staatsanwaltschaft muss aber binnen **drei Werktagen** durch das **Gericht bestätigt** werden (Abs 2), ansonsten sie tritt ohne weiteres außer Kraft. Die Frist berechnet sich nach § 42 StPO, beginnt also nach dem Tag der Anordnung (ebenso KK-StPO/Nack StPO § 100 Rn 4; Meyer-Goßner StPO § 100 Rn 7). Die teilweise vertretene Auffassung, wonach die Frist erst mit dem Eingang beim Postunternehmen zu laufen beginnt (Löwe/Rosenberg/Schäfer StPO § 100 Rn 18), erscheint unter Berücksichtigung der zu beachtenden verfassungsgerichtlichen Grundsätze (vgl Rn 9) nicht länger vertretbar; denn innerhalb von drei Werktagen nach Erlass muss auf jeden Fall ein zuständiger Richter erreichbar sein. 10

Die gerichtliche Bestätigung folgt den gleichen Grundsätzen wie eine gerichtliche Erstanordnung (Rn 5 ff) und betrifft nur die **Rechtmäßigkeit der Maßnahme**; deren Zweckmäßigkeit kann demgegenüber allenfalls im Rahmen der allgemeinen Berücksichtigung des Verhältnismäßigkeitsgrundsatzes nachgeprüft werden. Das Gericht kann mit seiner Bestätigung die Eilanordnung modifizieren und ihren Umfang ändern (KK-StPO/Nack StPO § 100 Rn 5). Ist beim Ergehen der richterlichen Bestätigung die 3-Tage-Frist bereits abgelaufen und die staatsanwaltschaftliche Anordnung damit beendet, stellt sie eine neue, dem Postunternehmen zu übergebende, Anordnung dar. 11

Inhaltlich muss eine Anordnung der Staatsanwaltschaft dieselben Kriterien erfüllen wie eine richterliche Anordnung (vgl Rn 5 ff). Schriftform ist zwar nicht zwingend erforderlich, sollte aber zumindest sehr zeitnah nachgeholt werden, damit im Rahmen des richterlichen Bestätigungsverfahrens die Tatsachen- und Rechtsgrundlagen ersichtlich sind, auch wenn der Richter seine Entscheidung auf Grundlage der Ermittlungsergebnisse am Tag seiner Entscheidung trifft. 12

Beendet die Staatsanwaltschaft die Postbeschlagnahme vor oder mit Ablauf der drei Werktage, ist eine gerichtliche Bestätigung nicht erforderlich. Die beschlagnahmten Postsendungen bleiben jedoch zunächst ausgesondert bis zu einer richterlichen Prüfung (Abs 3 S 1) und der weiteren Entscheidung, ob und in welchem Umfang eine Beschlagnahme nach § 94 StPO durchzuführen ist. 13

V. Öffnen und Prüfen der Sendungen (Abs 3 u Abs 4 S 2)

Die Öffnung der ausgesonderten Sendungen steht grds dem Gericht zu, auch wenn eine staatsanwaltschaftliche Eilanordnung hierfür die Grundlage war (Abs 3 S 1). Jedoch kann der Richter zur Beschleunigung der Maßnahmen die Öffnungsbefugnis auf die Staatsanwaltschaft übertragen (Abs 3 S 2). Diese Entscheidung ist nicht anfechtbar; sie kann jedoch jederzeit widerrufen werden (Abs 3 S 3). 14

Werden die verschlossenen Sendungen dem Richter vorgelegt, nimmt er zunächst eine **Sichtprüfung** vor, um offensichtlich nicht beweiserhebliche Stücke von der weiteren Prüfung auszuscheiden und wieder in den Postgang zu geben. Die verbleibenden Sendungen sind zu öffnen, um an Hand von deren **Inhalt** über eine **Beschlagnahme** entscheiden zu können. Hierbei kann der Staatsanwaltschaft von einzelnen Sendungen Kenntnis gegeben werden, damit diese ggf einen Antrag nach § 94 StPO stellen kann. Sofern daraufhin ein Beschlagnahmebeschluss ergeht, kann mit diesem die **Sendung** selbst beschlagnahmt werden, aber auch nur eine **beglaubigte Kopie** davon, sofern es zur Verdeckung der Maßnahme angezeigt ist, und die Postsendung – ggf unter Benutzung technischer Mittel – ohne verbleibenden Hinweis auf die erfolgte Öffnung wieder verschlossen und dann weitertransportiert werden kann. 15

Wird die **Öffnungsbefugnis** auf die **Staatsanwaltschaft** übertragen, sind von ihr die Sichtprüfung und Entscheidung über eine Öffnung und inhaltliche Kontrolle der einzelnen Sendungen vorzunehmen. Diese Aufgabe kann sie als solche nicht auf Ermittlungspersonen übertragen; allerdings können Ermittlungspersonen die Briefe im Auftrag der Staatsanwalt- 16 schaft beim Postunternehmen entgegennehmen und auch wieder zurückgeben. Auch können bspw kriminaltechnische Beamte damit beauftragt werden, Briefe heimlich zu öffnen, um sie später wieder unbemerkt verschließen zu können. Kenntnis vom jeweiligen Inhalt dürfen diese Personen dann aber nicht nehmen. Sofern die Staatsanwaltschaft einzelne Sendungen für beweiserheblich hält, legt sie diese dem Gericht zusammen mit einem Beschlagnahmeantrag vor; die restlichen Sendungen sind unverzüglich dem Postunternehmen zur Weiterbeförderung zurück zu geben.

VI. Beendigung der Maßnahme

17   Die Maßnahme endet mit dem Ablauf des Anordnungszeitraums. Sie ist aber bereits vorzeitig zu beenden, sofern in ausreichendem Umfang beweisrelevante Sendungen beschlagnahmt sind, keine solchen Sendungen mehr zu erwarten sind oder sonst Gründe der Verhältnismäßigkeit gegen eine Fortführung sprechen. Die Maßnahme ist schließlich auch dann zu beenden, wenn das Verfahren eingestellt oder rechtskräftig abgeschlossen wird.

VII. Ersuchen um Auskunft statt Postbeschlagnahme

18   Als weniger beeinträchtigende Maßnahme kann durch das Gericht, bei Gefahr im Verzug die Staatsanwaltschaft, auch nur eine Auskunft vom Postunternehmen über an den Beschuldigten gerichtete sowie von ihm zur Beförderung übergebene Sendungen verlangt werden. Form und Inhalt der Anordnung sowie deren Ausführung entsprechen einer Beschlagnahmeanordnung nach § 99 StPO.

VIII. Zufallsfund

19   Werden bei der Beschlagnahme Sendungen gefunden, welche zwar mit der Untersuchung nicht in Verbindung stehen, aber Hinweise auf eine andere Straftat geben, sind diese als Zufallsfunde entspr § 108 StPO zu behandeln.

IX. Zwangsmittel gegen Postunternehmen

20   Die in § 99 StPO genannten Unternehmen sind nach § 99 StPO, § 100 StPO zur Mitwirkung verpflichtet. Jedoch fehlt eine § 95 Abs 2 StPO entsprechende ausdrückliche Regelung, wonach Ordnungs- und Zwangsmittel bei Nichtbefolgung der Verpflichtung verhängt werden können. Dies beruht offensichtlich auf dem Umstand, dass bis zur Privatisierung der vormaligen Deutschen Bundespost diese als Monopolunternehmen hoheitlich tätig und eine Mitwirkung daher nicht in Zweifel zu ziehen war. Diese Gewissheit ist bei den nun ausschließlich privatrechtlich organisierten Postdiensteleistern nicht mehr gegeben. Erst Recht gilt dies für Telekommunikationsunternehmen im Rahmen von deren E-Mail-Diensten (vgl hierzu § 99 StPO Rn 11; § 100a StPO Rn 29 f). Jedoch hat in § 95 Abs 1 und 2 StPO der Grundsatz allgemein seine Ausprägung gefunden, dass richterlichen Anordnungen Folge zu leisten ist, weshalb auch zur Durchsetzung einer Anordnung nach § 99 StPO die in § 70 StPO bestimmten Ordnungs- und Zwangsmittel (vgl hierzu § 70 StPO Rn 8 ff) festgesetzt werden können (BGH NJW 2009, 1828); dies gilt nur dann nicht, falls Verpflichtete zu einer Zeugnisverweigerung berechtigt wären (BGH MMR 2009, 391).

Daneben bleibt auch die Möglichkeit, die Mitarbeiter eines eine Anordnung nicht befolgenden Unternehmens, insbes auch Mitglieder der Geschäftsleitung, als Zeugen zu vernehmen und auf diese Weise zumindest eine Auskunft zu erhalten. Die Anordnung einer Durchsuchung der Geschäftsräume scheidet aus, weil § 99 StPO insoweit als speziellere Regelung den allgemeinen Vorschriften vorgeht.

C. Rechtsmittel und Revision
I. Rechtsmittel des Beschuldigten und weiterer Betroffener

21   Der Beschuldigte kann sowohl die allgemeine Postbeschlagnahme als auch die Beschlagnahme einzelner Sendungen angreifen (vgl § 99 StPO, zu den Einzelheiten § 99 StPO

Rn 25 ff). Dies gilt auch für den individuell betroffenen Absender oder Adressaten einer konkreten Sendung. Um insoweit auch die Möglichkeit zu geben, sind Benachrichtigungen gem § 101 StPO vorzunehmen (vgl § 99 StPO Rn 25).

II. Rechtsmittel des verpflichteten Unternehmens

Den **betroffenen Postunternehmen** steht als Adressaten der gerichtlichen Anordnung grundsätzlich eine **Beschwerdeberechtigung** zu, welche jedoch nur deren **eigene Sphäre** betrifft, dh wie sie konkret zur Mitwirkung verpflichtet werden bzw ob ihnen die auferlegten Leistungen im Rahmen der Aussonderungsverpflichtung zumutbar sind. Dagegen steht ihnen **keine Beschwerdebefugnis** zu, wenn es um die Rechtmäßigkeit der Anordnung selbst geht (vgl im Übrigen § 99 StPO, s § 99 StPO Rn 28). 22

III. Revision

Sofern eine Anordnung nach § 99 StPO rechtsfehlerhaft ist, stellt dies für sich noch keinen Rechtsfehler dar, auf welchem ein Urteil beruhen kann. Vgl im Übrigen § 99 StPO Rn 29. 23

§ 100 a [Überwachung der Telekommunikation]

(1) Auch ohne Wissen der Betroffenen darf die Telekommunikation überwacht und aufgezeichnet werden, wenn

1. bestimmte Tatsachen den Verdacht begründen, dass jemand als Täter oder Teilnehmer eine in Absatz 2 bezeichnete schwere Straftat begangen, in Fällen, in denen der Versuch strafbar ist, zu begehen versucht, oder durch eine Straftat vorbereitet hat,

2. die Tat auch im Einzelfall schwer wiegt und

3. die Erforschung des Sachverhalts oder die Ermittlung des Aufenthaltsortes des Beschuldigten auf andere Weise wesentlich erschwert oder aussichtslos wäre.

(2) Schwere Straftaten im Sinne des Absatzes 1 Nr. 1 sind:

1. aus dem Strafgesetzbuch:

a) Straftaten des Friedensverrats, des Hochverrats und der Gefährdung des demokratischen Rechtsstaates sowie des Landesverrats und der Gefährdung der äußeren Sicherheit nach den §§ 80 bis 82, 84 bis 86, 87 bis 89 a, 94 bis 100 a,

b) Abgeordnetenbestechung nach § 108 e,

c) Straftaten gegen die Landesverteidigung nach den §§ 109 d bis 109 h,

d) Straftaten gegen die öffentliche Ordnung nach den §§ 129 bis 130,

e) Geld- und Wertzeichenfälschung nach den §§ 146 und 151, jeweils auch in Verbindung mit § 152, sowie nach § 152 a Abs. 3 und § 152 b Abs. 1 bis 4,

f) Straftaten gegen die sexuelle Selbstbestimmung in den Fällen der §§ 176 a, 176 b, 177 Abs. 2 Nr. 2 und des § 179 Abs. 5 Nr. 2,

g) Verbreitung, Erwerb und Besitz kinder- und jugendpornographischer Schriften nach § 184 b Abs. 1 bis 3, § 184 c Abs. 3,

h) Mord und Totschlag nach den §§ 211 und 212,

i) Straftaten gegen die persönliche Freiheit nach den §§ 232 bis 233 a, 234, 234 a, 239 a und 239 b,

j) Bandendiebstahl nach § 244 Abs. 1 Nr. 2 und schwerer Bandendiebstahl nach § 244 a,

k) Straftaten des Raubes und der Erpressung nach den §§ 249 bis 255,

l) gewerbsmäßige Hehlerei, Bandenhehlerei und gewerbsmäßige Bandenhehlerei nach den §§ 260 und 260 a,

Graf

m) Geldwäsche und Verschleierung unrechtmäßig erlangter Vermögenswerte nach § 261 Abs. 1, 2 und 4,

n) Betrug und Computerbetrug unter den in § 263 Abs. 3 Satz 2 genannten Voraussetzungen und im Falle des § 263 Abs. 5, jeweils auch in Verbindung mit § 263 a Abs. 2,

o) Subventionsbetrug unter den in § 264 Abs. 2 Satz 2 genannten Voraussetzungen und im Falle des § 264 Abs. 3 in Verbindung mit § 263 Abs. 5,

p) Straftaten der Urkundenfälschung unter den in § 267 Abs. 3 Satz 2 genannten Voraussetzungen und im Fall des § 267 Abs. 4, jeweils auch in Verbindung mit § 268 Abs. 5 oder § 269 Abs. 3, sowie nach § 275 Abs. 2 und § 276 Abs. 2,

q) Bankrott unter den in § 283 a Satz 2 genannten Voraussetzungen,

r) Straftaten gegen den Wettbewerb nach § 298 und, unter den in § 300 Satz 2 genannten Voraussetzungen, nach § 299,

s) gemeingefährliche Straftaten in den Fällen der §§ 306 bis 306 c, 307 Abs. 1 bis 3, des § 308 Abs. 1 bis 3, des § 309 Abs. 1 bis 4, des § 310 Abs. 1, der §§ 313, 314, 315 Abs. 3, des § 315 b Abs. 3 sowie der §§ 316 a und 316 c,

t) Bestechlichkeit und Bestechung nach den §§ 332 und 334,

2. aus der Abgabenordnung:

a) Steuerhinterziehung unter den in § 370 Abs. 3 Satz 2 Nr. 5 genannten Voraussetzungen,

b) gewerbsmäßiger, gewaltsamer und bandenmäßiger Schmuggel nach § 373,

c) Steuerhehlerei im Falle des § 374 Abs. 2,

3. aus dem Arzneimittelgesetz:

Straftaten nach § 95 Abs. 1 Nr. 2 a unter den in § 95 Abs. 3 Satz 2 Nr. 2 Buchstabe b genannten Voraussetzungen,

4. aus dem Asylverfahrensgesetz:

a) Verleitung zur missbräuchlichen Asylantragstellung nach § 84 Abs. 3,

b) gewerbs- und bandenmäßige Verleitung zur missbräuchlichen Asylantragstellung nach § 84 a,

5. aus dem Aufenthaltsgesetz:

a) Einschleusen von Ausländern nach § 96 Abs. 2,

b) Einschleusen mit Todesfolge und gewerbs- und bandenmäßiges Einschleusen nach § 97,

6. aus dem Außenwirtschaftsgesetz:

Straftaten nach § 34 Abs. 1 bis 6,

7. aus dem Betäubungsmittelgesetz:

a) Straftaten nach einer in § 29 Abs. 3 Satz 2 Nr. 1 in Bezug genommenen Vorschrift unter den dort genannten Voraussetzungen,

b) Straftaten nach den §§ 29 a, 30 Abs. 1 Nr. 1, 2 und 4 sowie den §§ 30 a und 30 b,

8. aus dem Grundstoffüberwachungsgesetz:

Straftaten nach § 19 Abs. 1 unter den in § 19 Abs. 3 Satz 2 genannten Voraussetzungen,

9. aus dem Gesetz über die Kontrolle von Kriegswaffen:

a) Straftaten nach § 19 Abs. 1 bis 3 und § 20 Abs. 1 und 2 sowie § 20 a Abs. 1 bis 3, jeweils auch in Verbindung mit § 21,

b) Straftaten nach § 22 a Abs. 1 bis 3,

10. aus dem Völkerstrafgesetzbuch:

a) Völkermord nach § 6,

b) Verbrechen gegen die Menschlichkeit nach § 7,

c) Kriegsverbrechen nach den §§ 8 bis 12,

11. aus dem Waffengesetz:
a) Straftaten nach § 51 Abs. 1 bis 3,
b) Straftaten nach § 52 Abs. 1 Nr. 1 und 2 Buchstabe c und d sowie Abs. 5 und 6.

(3) Die Anordnung darf sich nur gegen den Beschuldigten oder gegen Personen richten, von denen auf Grund bestimmter Tatsachen anzunehmen ist, dass sie für den Beschuldigten bestimmte oder von ihm herrührende Mitteilungen entgegennehmen oder weitergeben oder dass der Beschuldigte ihren Anschluss benutzt.

(4) ¹Liegen tatsächliche Anhaltspunkte für die Annahme vor, dass durch eine Maßnahme nach Absatz 1 allein Erkenntnisse aus dem Kernbereich privater Lebensgestaltung erlangt würden, ist die Maßnahme unzulässig. ²Erkenntnisse aus dem Kernbereich privater Lebensgestaltung, die durch eine Maßnahme nach Absatz 1 erlangt wurden, dürfen nicht verwertet werden. ³Aufzeichnungen hierüber sind unverzüglich zu löschen. ⁴Die Tatsache ihrer Erlangung und Löschung ist aktenkundig zu machen.

Überblick

Die mit Wirkung zum 1. 1. 2008 neugefasste Vorschrift regelt allein und abschließend den Zugriff auf Inhaltsdaten von Telekommunikationsvorgängen im Rahmen strafprozessualer Maßnahmen. Der Erlass einer Anordnung nach § 100 a StPO ist nur bei Vorliegen des durch bestimmte Tatsachen begründeten Verdachts (Rn 37) einer Katalogtat nach Abs 2 (Rn 34 ff) zulässig. Zusätzlich muss die Tat nicht nur abstrakt, sondern auch im Einzelfall schwer wiegen (Abs 1 Nr 2; Rn 38). Schließlich darf eine Maßnahme nach § 100 a StPO nur angeordnet werden, wenn die Erforschung des Sachverhalts oder die Ermittlung des Aufenthaltsortes des Beschuldigten auf andere Weise wesentlich erschwert oder aussichtslos wäre (Abs 1 Nr 3; Rn 40). Die Maßnahme ist in erster Line gegen Beschuldigte (Rn 43 ff), unter den Voraussetzungen des Abs 3 aber auch gegen Nichtbeschuldigte (Rn 46 ff) anwendbar. Soweit gewonnene Erkenntnisse den Kernbereich privater Lebensgestaltung betreffen, ist nunmehr ausdrücklich nach Abs 4 ein Erhebungs- bzw Verwertungsverbot statuiert (Rn 51 ff).

Übersicht

	Rn		Rn
A. Grundlagen	1	**D. Betroffene**	42
I. Bedeutung der Vorschrift	1	I. Beschuldigter	43
II. Rechtsentwicklung	4	II. Nichtbeschuldigte (Abs 3)	46
		1. Nachrichtenmittler	47
B. Geltungsbereich	6	2. Benutzung eines (fremden) Anschlusses durch den Beschuldigten	49
I. Telekommunikation	6		
II. Telekommunikationsdaten	12	**E. Beschränkungen**	51
1. Bestandsdaten	13	I. Kernbereichsschutz (Abs 4)	51
2. Verkehrsdaten	16	II. Erkenntnisse über zeugnisverweigerungsberechtigte Personen	58
3. Inhaltsdaten	22		
III. Fallgruppen einer Telekommunikation	23	1. Geistliche, Verteidiger und Abgeordnete (§ 160 a Abs 1 StPO)	59
1. Fernsprechkommunikation	23		
2. Nachrichtenkommunikation	24	2. Weitere Berufsgeheimnisträger (§ 160 a Abs 2 StPO)	66
3. Internet	25		
4. E-Mail	26	3. Verstrickungsregelung (§ 160 a Abs 4 StPO)	74
5. Internet-Telefonie	31		
C. Anordnungsvoraussetzungen	33	4. Vorrangige Regelungen (§ 160 a Abs 5 StPO)	76
I. Anlasstatenkatalog (Abs 2)	34		
II. Tatverdacht	37	**F. Verwertung**	77
III. Abwägungserfordernis: Erheblichkeit im Einzelfall	38	**G. Verwertungsverbote**	81
IV. Subsidiaritätsgrundsatz	40	I. Allgemeines	81
V. Verhältnismäßigkeit	41	II. Formelle Mängel	82

III. Sachliche Mängel der Anordnung 84	H. Fernwirkung von Verwertungsverboten 102
1. Fehlende Katalogtat 84	
2. Mängel des Verdachtsgrades 85	I. Aktuelle Einzelfälle und Problemlagen 107
3. Begründungsfehler 86	I. Online-Durchsuchung und Quellen-TKÜ 108
4. Verstoß gegen Subsidiaritätsgrundsatz 87	1. Online-Durchsuchung 109
IV. Voraussetzung: Widerspruch gegen Verwertung 88	2. Quellen-Telekommunikationsüberwachung (Quellen-TKÜ) 112
V. Verwertung zusätzlicher Erkenntnisse ... 90	II. Vorratsdatenspeicherung 116
1. Sachliche Reichweite der Überwachungsanordnung 90	III. IMEI-Überwachung 121
2. Hintergrund- und Raumgespräche.. 92	IV. Funkzellenabfrage 122
VI. Zufallserkenntnisse 93	V. Roaming 124
VII. Präventiv erlangte Erkenntnisse 95	VI. Auskunft über dynamische IP-Adresse 125
VIII. Heimliche Aufzeichnung der Telekommunikation durch einen Teilnehmer oder mit dessen Hilfe 96	VII. Eigenständiges Beschwerderecht betroffener Provider 126
IX. Gerichtlicher Prüfungsumfang 98	VIII. Auskunftsuchen aus dem Ausland 128
1. Tatrichter 98	IX. Im Ausland abgespeicherte Daten/Datenzugriffe auf ausländische Servernetze... 130
2. Revisionsgericht 101	

A. Grundlagen

I. Bedeutung der Vorschrift

1 Mit der Einführung der Mobiltelefonie und deren Zusatzdiensten SMS (Short Message Service) und MMS (Multimedia Messaging Service), vor allem aber der nahezu flächendeckenden Verbreitung des Internets mit E-Mail, Messengerdiensten (ICQ, Yahoo, AIM, Jabber ua) und Internet-Telefonie (VoIP – Voice over IP) ist Telekommunikation inzwischen Grundlage nahezu jeder zwischenmenschlicher Kommunikation geworden – sowohl hinsichtlich privater als auch geschäftlicher Kontakte.

2 **Telekommunikation** umfasst heute nicht mehr allein den herkömmlichen Fernmeldeverkehr, sondern **alle technischen Vorgänge des Aussendens, Übermittelns und Empfangens von Nachrichten jeglicher Art** in der Form von Zeichen, Sprache, Bildern oder Tönen mittels Telekommunikationsanlagen (§ 3 Nr 22 TKG). Der Gesetzgeber hat demgemäß mit Gesetz v 17. 12. 1997 (BGBl I 1997, 3108) den Begriff der Überwachung des „Fernmeldeverkehrs" durch die umfassendere Bestimmung der Überwachung der „Telekommunikation" ersetzt. Dadurch erweist sich die Bestimmung als system- und entwicklungsoffen. Auch neuere und künftige Techniken der Nachrichtenübermittlung können von einer Anordnung erfasst werden. Die ursprüngliche Bindung an herkömmliche Fernsprechnetze ist aufgehoben (vgl auch § 3 Nr 23 TKG zum Begriff der Telekommunikationsanlage), so dass beispielsweise Satelliten- und Laserkommunikation ebenso erfasst sind wie die Übertragung mittels Breitband- und Kabelnetzen oder unter Benutzung des Stromnetzes.

3 Die Vorschrift ist für den Erlass von Überwachungsanordnungen zwingend erforderlich, da die bei der Inanspruchnahme von Telekommunikationsdiensten entstehenden Daten (vgl BVerfG v 11. 3. 2008 – Az 1 BvR 256/08, Nr 155), insbesondere die Inhaltsdaten einer Kommunikation (st Rspr, vgl BVerfG NJW 2006, 976, 978; NJW 2007, 2752), durch das in **Art 10 Abs 1 GG** verankerte **Fernmeldegeheimnis** und das in Art 2 Abs 1 GG gewährleistete allgemeine Persönlichkeitsrecht geschützt werden und es zur Beschränkung eines Gesetzes bedarf (Art 10 Abs 2 S 1 GG; vgl. auch BGHSt 31, 296, 298). Verfassungsrechtlich unerheblich ist, um welche Inhalte es sich bei der Kommunikation handelt und ob diese privater, geschäftlicher oder politischer Art sind (BVerfG NJW 2002, 3619, 3620). Strafrechtlich geschützt ist das Fernmeldegeheimnis durch § 206 StGB, § 202 a StGB und § 148 TKG; eine Anordnung nach § 100 a StPO rechtfertigt diesbezügliche Eingriffe von Ermittlungsbehörden (MünchKommStGB/Graf StGB § 202 a Rn 56). Daneben gibt es präventiv-

polizeiliche Ermächtigungen insbes in den Polizeigesetzes der Länder und nunmehr auch des Bundes (zum BKAG v 25. 12. 2008 – BGBl I 3083 – vgl Rn 111 ff), für Zollaufgaben in § 23 ZFdG sowie für Verfassungsschutzbehörden und den Bundesnachrichtendienst.

II. Rechtsentwicklung

Die Vorschrift wurde oftmals geändert, zumeist betraf dies aber nur den Anlasstatenkatalog. Eine Anpassung an die neuen technischen Gegebenheiten wurde mit Gesetz v 17. 12. 1997 (BGBl I 1997, 3108) vorgenommen, durch welches der Begriff „Fernmeldeverkehr" durch „Telekommunikation" (vgl Rn 2) ersetzt wurde. 4

Eine völlige Neugestaltung, zugleich mit einer Änderung der Eingriffsvoraussetzungen, erfolgte durch das Gesetz zur Neuregelung der Telekommunikationsüberwachung v 21. 12. 2007 (BGBl I 3198), welches am 1. 1. 2008 in Kraft getreten ist. Entsprechend den verfassungsrechtlichen Erfordernissen (BVerfG NJW 2005, 2603, 2612) wurde hierbei der Schutz des Kernbereichs privater Lebensgestaltung ausdrücklich geregelt (Abs 4; vgl Rn 51 ff). Des Weiteren wurden aus dem Anlasstatenkatalog einige nach der Strafandrohung weniger schwere Straftaten entfernt (vgl Rn 34), andere hinzugefügt und zudem als weitere Anordnungsvoraussetzung neu eingeführt, dass die konkrete Tat – unabhängig von der abstrakten Strafandrohung auch im Einzelfall schwer wiegen muss (Abs 1 Nr 2; vgl Rn 38). 5

B. Geltungsbereich

I. Telekommunikation

Die nach dieser Vorschrift zu erlassende Anordnung ist auf die Überwachung und Aufzeichnung der **Telekommunikation** anderer (vgl hierzu Rn 42) hiervon betroffener Personen gerichtet. Der Begriff Telekommunikation wird in der StPO nicht näher definiert oder erläutert; dafür findet sich aber eine Legaldefinition in § 3 Nr 22 TKG iVm § 3 Nr 23 TKG: Telekommunikation ist danach der technische Vorgang des Aussendens, Übermittelns und Empfangens von elektromagnetischen oder optischen Signalen mittels technischer Einrichtungen oder Systeme. Allerdings ist der Begriff hiermit nicht endgültig festgeschrieben. Weil das Fernmeldegeheimnis nach Art 10 Abs 1 GG entwicklungsoffen ist und auch neuartige Übertragungstechniken umfassen soll (BVerfG NJW 1978, 313; NJW 2006, 976, 978), ist auch der Begriff der Telekommunikation dementsprechend auszulegen und damit gleichfalls **entwicklungsoffen**. Es kommt im Übrigen nicht darauf an, ob die benutzte Telekommunikationsanlage erlaubt betrieben wird (vgl KK-StPO/Nack StPO § 100 a Rn 4) oder die Nachrichtenübermittlung sogar ausdrücklich untersagt ist (Mobilfunknutzung in Flugzeugen, Krankenhäusern oder Vollzugsanstalten). 6

Der Schutz des Art 10 Abs 1 GG umfasst danach **jede Telekommunikation**, unabhängig von der konkret benutzten **Übermittlungsart** (Kabel bzw. Funk, analoge oder digitale Übermittlung; Nachrichtenübermittlung zwischen nicht personengleichen Absendern und Empfängern in Netzwerken, ob drahtgebunden oder drahtlos [sog WLAN]); auch ist der Grundrechtsschutz nicht abhängig von der verwendeten **Ausdrucksform**, Sprache, Bildern, Tönen, Zeichen oder sonstigen Daten (BVerfG NJW 2008, 822, 825; NJW 2002, 3619; Beschl v 16. 6. 2009 – Az 2 BvR 902/06 Rz 43). Der Schutzbereich des Telekommunikationsgeheimnisses erstreckt sich auch auf alle **Kommunikationsdienste des Internets** (BVerfG NJW 2008, 822, 825; NJW 2005, 2603), also E-Mails, Messenger-Systeme (insbes ICQ, AIM, Yahoo, Windows Live Messenger) und sämtliche Arten der Internet-Telefonie. 7

Der **Umfang** der Telekommunikation wird begrenzt vom **Absenden** der Signale **bis zu** deren **Empfang** beim Adressaten, betrifft also nur den eigentlichen technischen Vorgang der Nachrichtenübermittlung. Dem entspricht, dass sich eine Überwachungsanordnung gemäß § 100 b Abs 3 StPO auch nur an diejenigen richtet, welche Telekommunikationsdienstleistungen erbringen oder daran mitwirken. Daraus folgt aber nicht, dass Abhörmaßnahmen unbedingt und unmittelbar auf dem Übertragungsweg stattfinden müssen, vielmehr kann ein Abhörgerät auch an dem Endgerät eines Teilnehmers, also nicht mehr in der Einflusssphäre des Netzbetreibers, angebracht sein (vgl BVerfG NJW 2002, 3619, 3621). Seit dem 1. 1. 2008 sind – im Gegensatz zum Rechtsstand bis dahin – auch die Verantwortlichen für betriebsinterne Anlagen oder Administratoren von nichtgewerblichen Netzwerken zur Mit- 8 wirkung verpflichtet, auch wenn bei ihnen keine geschäftsmäßige Tätigkeit vorliegt (vgl § 100 b StPO Rn 17). Der Grundrechtsschutz erstreckt sich aber nicht auf die außerhalb eines laufenden Kommunikationsvorgangs im Herrschaftsbereich des Kommunikationsteilnehmers gespeicherten Inhalte und Umstände der Kommunikation (BVerfG Beschl v 16. 6. 2009 – Az 2 BvR 902/06 Rz 45)

9   Es handelt sich auch **nicht** um **Telekommunikation**, sofern technische Schwachstellen oder Aussendungen eines Geräts, insbesondere eines Computers, für Abhörmaßnahmen ausgenutzt, zB die **Abstrahlung** eines Monitors, oder das Drücken der Tasten der Tastatur, und aufgezeichnet werden, so dass der Schutzbereich des § 100 a StPO nicht tangiert wird. Weil es sich jedoch in solchen Fällen regelmäßig um verdeckte Maßnahmen handeln wird, wird ein solcher Eingriff wegen der damit verbundenen Heimlichkeit nur in Ausnahmefällen und bei Gefahr für ein überragend wichtiges Rechtsgut verfassungsrechtlich zulässig sein (BVerfG Beschl v 16. 6. 2009 – Az 2 BvR 902/06 Rz 45; NJW 2008, 822, 830, 831).

10 **Nicht unter den Schutz des Fernmeldegeheimnisses fallen** Nachrichten, Daten oder Signale, welche **noch nicht** oder **nicht mehr gesendet**, übermittelt oder empfangen werden, weil diesbezüglich **kein Telekommunikationsvorgang** vorliegt (BVerfG NJW 2008, 822, 825; NJW 2006, 976, 978) und daher nicht in den Herrschaftsbereich des TK-Anbieters eingegriffen wird (vgl Bär, Handbuch zur EDV-Beweissicherung im Strafverfahren Rn 50). Hierbei kann es sich einerseits um erst zum späteren Versand vorbereitete Dateien bzw E-Mails, noch nicht abgesandte Telefaxschreiben oder auch noch um im Absendeordner befindliche SMS-Nachrichten handeln; andererseits können es bereits im Herrschaftsbereich des Empfängers eingegangene Nachrichten und Daten sein, ob schon ausgedruckt, auf dem Faxgerät, der Festplatte eines Rechners oder auf einem anderen Datenträger ab- bzw zwischengespeichert oder aufgezeichnet, gleichgültig ob analog oder digital (BGH NStZ 2006, 650, 652; VG Frankfurt CR 2009, 125, 126 ff mAnm Nolte/Becker 126 ff; vgl hierzu auch KK-StPO/Nack StPO § 100 a Rn 5). Dabei kommt es auch nicht darauf an, ob der Empfänger bereits Kenntnis genommen hat; ausreichend ist, dass Daten oder Nachricht(en) für ihn zur Kenntnisnahme zur Verfügung stehen. Daher werden abgespeicherte Daten, vom Anrufbeantworter aufgezeichnete Gespräche, eingegangene SMS-Nachrichten oder die vom Empfangsgerät automatisch aufgezeichneten Rufnummern entgegengenommener oder auch unbeantworteter Anrufe nicht von § 100 a StPO erfasst (BGH NStZ 2006, 650, 652; KK-StPO/Nack StPO § 100 a Rn 5).

11 Die Beteiligten einer Kommunikation können auf das **Fernmeldegeheimnis verzichten**. Grundsätzlich ist ein solcher Verzicht nur im Einvernehmen beider Gesprächsteilnehmer möglich; faktisch können aber zB bei Verwendung der gesetzlich vorgeschriebenen Freisprecheinrichtung in einem Kfz die weiteren Fahrzeuginsassen sich der Kenntnisnahme eines geführten Telefonats nicht verschließen; zuweilen gilt dies auch für in öffentlichen Bereichen oder Zügen geführte Telefonate. Hierdurch erlangte Erkenntnisse sind auch ohne eine Anordnung nach § 100 a StPO verwertbar. Dies gilt auch für das Mithören des von einem Teilnehmer geführten Telefonats mit dessen Einverständnis, was auch ohne eine Anordnung nach § 100 a StPO möglich ist – selbst wenn der Mithörende ein Polizeibeamter ist und der „arglose" Angerufene oder Anrufer vom Mithören keine Kenntnis hat, denn in die Geheimsphäre des § 100 a StPO wird hierbei nicht eingegriffen (BVerfG NJW 2002, 3619, 3620; KK-StPO/Nack StPO § 100 a Rn 3; KMR/Bär StPO § 100 a Rn 6).

II. Telekommunikationsdaten

12 Im Rahmen eines Telekommunikationsvorgangs, aber auch schon im Vorfeld einer Kommunikation werden unterschiedliche Daten erzeugt, welche auch unterschiedlich zu schützen sind. Vollumfänglich durch das Fernmeldegeheimnis geschützt sind die Inhalte einer Telekommunikation (**Inhaltsdaten**), daneben definiert das TKG die Begriffe **Bestandsdaten** und **Verkehrsdaten**.

1. Bestandsdaten

13 Bestandsdaten sind die Daten eines Teilnehmers, die für die Begründung, inhaltliche Ausgestaltung, Änderung oder Beendigung eines Vertragsverhältnisses über Telekommunika-

tionsdienste erhoben werden (§ 3 Nr 3 TKG), also Name und Adresse des Kunden sowie die von ihm angegebene Bankverbindung. Auskünfte hierzu sind den Strafverfolgungsbehörden durch den Telekommunikationsdiensteerbringer auf Grund eines Auskunftsersuchens nach § 161 Abs 1 S 1 StPO, § 163 Abs 1 StPO (§ 113 Abs 1 S 2 TKG) entweder automatisiert (§ 112 TKG) oder im manuellen Auskunftsverfahren (§ 113 TKG) zu erteilen, ohne dass es einer richterlichen Anordnung bedarf.

Hinsichtlich der sogenannten **IP-Adresse** (= IP = Internet-Protocol-Adresse), welche zur eindeutigen Adressierung von Rechnern und anderen Geräten in einem Netzwerk, insbesondere auch im Internet dient, war bislang umstritten, welcher Datenvariante sie zuzurechnen ist. Sofern dem Nutzer durch den Zugangsprovider für die Vertragsdauer eine **statische** (fest zugewiesene) **IP** zugeordnet wird, ist sie wie eine für den Telekommunikationsanschluss vergebene Rufnummer zu behandeln; es handelt sich daher um ein Bestandsdatum (Bär, Handbuch zur EDV-Beweissicherung im Strafverfahren, Rn 16). 14

Die meisten Nutzer erhalten demgegenüber beim Aufbau einer Internetverbindung eine sog **dynamische IP** zugewiesen, welche dem Adressenpool des jeweiligen Providers entnommen ist. Auch eine solche IP ist im Internet nur jeweils einmal vorhanden, wird aber nach dem Ende einer Verbindung wieder neu vergeben, so dass eine Zuordnung zu einem bestimmten Anschlussinhaber nur unter zusätzlicher Angabe der festgestellten Uhrzeit möglich ist. Weil in Verbindung mit der Uhrzeit nebst verwendeter IP-Nummer auch Informationen über das konkret besuchte oder verwendete Informationsangebot in Erfahrung gebracht werden können, soll es sich nach einer Ansicht hierbei um ein Verkehrsdatum handeln (verfehlt LG Frankenthal MMR 2008, 687 – aufgehoben durch OLG Zweibrücken MMR 2009, 45 = CR 2009, 42; LG Ulm MMR 2004, 187; AG Offenburg MMR 2007, 809; Bär aaO Rn 16; **aA** LG Würzburg NStZ-RR 2006, 47; LG Stuttgart NJW 2005, 614; MMR 2005, 711). Hierbei wird jedoch übersehen, dass die IP regelmäßig gerade erst bei Benutzung eines entsprechenden Angebots protokolliert wird, daher die in Anspruch genommene Information oder Leistung bereits bekannt ist und es nur noch um die Zuordnung hinsichtlich des Anschlussinhabers geht. Letztlich kann dieser bislang obergerichtlich noch nicht entschiedene Streit jedoch dahinstehen, weil sich der Gesetzgeber zwischenzeitlich darauf festgelegt hat, dass auch die dynamische IP entsprechend einem Bestandsdatum zu behandeln und damit gemäß entsprechend § 161 Abs 1 S 1 StPO, § 163 StPO Auskunft zu erteilen ist (LG Köln NStZ 2009, 352; BT-Drs 16/5846, 26, 86, 87); deswegen unterblieb entgegen Vorschlägen bei der Sachverständigenanhörung des Rechtsausschusses des Bundestages (vgl Graf Anhörung v 19. 9. 2007, 11 f) eine ausdrückliche Regelung. 15

2. Verkehrsdaten

Während bis zum Reformgesetz v 21. 12. 2007 (vgl Rn 5) die übrigen Daten, soweit sie nicht den Inhalt einer Kommunikation betreffen, weitgehend als Verbindungsdaten bezeichnet wurden, definiert das Gesetz diese nunmehr als **Verkehrsdaten** (§ 3 Nr 30 TKG). Es handelt sich danach um die Daten, welche bei der Erbringung eines Telekommunikationsdienstes erhoben, verarbeitet oder genutzt werden, also im Zusammenhang mit dem Telekommunikationsvorgang entstehen, ohne aber den Inhalt der Kommunikation selbst zu betreffen. Diese Daten können durch Strafverfolgungsbehörden mittels einer Anordnung nach der hierfür zentralen Ermächtigungsnorm des § 100 g StPO erhoben werden. Eine solche Anordnung kann nicht nur in die Zukunft für zunächst höchstens drei Monate (§ 100 g Abs 2 S 1 StPO iVm § 100 b Abs 1 S 4 StPO) erlassen werden, sondern mittels der mit dem oa Reformgesetz eingeführten **Vorratsdatenspeicherung** (§ 113 a TKG) auch für die vergangenen sechs Monate, soweit diese vom Telekommunikationsdienstanbieter zu speichern sind (vgl hierzu § 113 a TKG Rn 8). Allerdings können nach der Entsch des BVerfG v 11. 3. 2008 – Az 1 BvR 256/08 (NStZ 2008, 290) gespeicherte Daten derzeit nur dann herausverlangt werden, wenn Gegenstand des Ermittlungsverfahrens eine schwere Straftat iSd § 100 a Abs 2 StPO ist, die auch im Einzelfall schwer wiegt; hinsichtlich anderer Straftaten dürfen bis zur Entscheidung des BVerfG in der Hauptsache keine „auf Vorrat gespeicherten" Daten herausgegeben werden. Die mit der Entscheidung erlassene eA wurde zwischenzeitlich mehrfach verlängert und teilweise modifiziert (Beschl v 1. 9. 2008 BGBl I 2008, 1850; Beschl v 28. 10. 2008 MMR 2009, 29; Beschl v 22. 4. 2009; Beschl v 15. 10. 2009). 16

17 Verkehrsdaten sind **Rufnummer oder Kennung der beteiligten Anschlüsse** einer Telekommunikation bzw. der Endeinrichtung, personenbezogene Berechtigungskennungen, bei Verwendung von Kundenkarten auch die Kartennummer (§ 96 Abs 1 Nr 1 TKG).

18 Bei mobilen Anschlüssen sind auch die **Standortdaten** (die jeweilige Funkzelle, über welche die Verbindung hergestellt wird) des anrufenden und des angerufenen Mobiltelefons/Endgeräts zu speichern. Mit dem Reformgesetz v 21. 12. 2007 (vgl Rn 5) wurde die Erhebung von Standortdaten in Echtzeit neu geregelt (§ 100 g Abs 1 S 3 StPO ; vgl § 100 g StPO Rn 7). Bei Straftaten von auch im Einzelfall erheblicher Bedeutung ist die Erhebung auch ohne bestehende Verbindung, dh auch bei nur im sog Stand-by-Betrieb befindlichen Mobiltelefonen zulässig. Im Rahmen des Vorratsdatenspeicherung verbleibt es jedoch dabei, dass Standortdaten nur dann gespeichert werden, wenn es zu einer Verbindung oder einem Verbindungsversuch gekommen ist (§ 113 a Abs 2 Nr 4 c TKG).

19 Weitere Verkehrsdaten sind ua der **Beginn und das Ende der jeweiligen Verbindung** nach **Datum und Uhrzeit** (§ 96 Abs 1 Nr 2 TKG), die Art des vom Nutzer in Anspruch genommenen Telekommunikationsdienstes (§ 96 Abs 1 Nr 3 TKG) sowie sonstige zum Aufbau und zur Aufrechterhaltung der Telekommunikation sowie zur Entgeltabrechnung notwendige Verkehrsdaten (§ 96 Abs 1 Nr 5 TKG).

20 Obgleich diese auch zu den Verkehrsdaten rechnen (§ 96 Abs 1 Nr 1 TKG), bedarf es zur Erhebung von **personenbezogenen Berechtigungskennungen** keiner Anordnung nach § 100 g StPO; vielmehr können diesbezügliche Auskünfte nach der spezielleren Vorschrift des § 113 Abs 1 S 2 TKG nach § 161 Abs 1 S 1 StPO, § 163 Abs 1 StPO eingeholt werden. Hierbei handelt es sich um Daten, mittels derer der Zugriff auf Endgeräte oder in diesen oder im Netz eingesetzte Speichereinrichtungen geschützt wird, insbesondere PIN oder PUK, dh die Sicherheitscodes zum Einschalten von Endgeräten und zum Auslesen der in den Mobiltelefonen und SIM-Karten gespeicherten Daten (Telefonbucheinträge, gespeicherte Sprach- und SMS-Nachrichten, Daten angenommener und nicht angenommener Anrufe, gewählte Rufnummern). Die Möglichkeit, auch ohne eine Anordnung nach § 100 g StPO diese Daten erhalten zu können, beruht letztlich darauf, dass dies bei einem eingeschalteten Mobiltelefon, welches nach § 94 StPO sichergestellt ist, ebenfalls ohne weitere richterliche Anordnung zulässig ist (krit hierzu Bär, Handbuch zur EDV-Beweissicherung im Strafverfahren, Rn 144 ff; vgl auch KK-StPO/Nack StPO § 100 a Rn 9).

21 Ebenfalls nach § 161 StPO, § 163 StPO sind Auskünfte über die Nummer des verwendeten Endgerätes (**IMEI** – International Mobile Equipment Identity) sowie die auf der verwendeten SIM-Karte fest abgespeicherte interne Teilnehmernummer (**IMSI** – International Mobile Subscriber Identity) iVm § 111 Abs 1 S 1 Nr 5 TKG (IMEI) bzw § 111 Abs 1 S 1 Nr 1 TKG (IMSI) sowie §§ 113 TKG f zu erheben. In beiden Fällen handelt es sich um eindeutige 15-stellige Nummern, welche eine Identifizierung des verwendeten Endgerätes und der benutzten Zugangskarte ermöglichen. Beide Daten sind auch im Rahmen der Vorratsdatenspeicherung zu erheben und zu sichern (§ 113 a Abs 2 S 1 Nr 4 a und Nr 4 b TKG).

3. Inhaltsdaten

22 Inhaltsdaten betreffen den durch das Fernmeldegeheimnis geschützten Inhalt einer Telekommunikation. Diese können während des laufenden Kommunikationsvorgangs strafprozessual nur bei einer Anordnung nach § 100 a StPO überwacht und aufgezeichnet werden. Zu den Voraussetzungen für eine solche Überwachung (vgl Rn 33 ff).

III. Fallgruppen einer Telekommunikation
1. Fernsprechkommunikation

23 Weiterhin die Hauptgruppe einer Überwachungsmaßnahme nach § 100 a StPO stellen die herkömmlichen Telefondienste dar: Festnetz- und Mobiltelefongespräche sowie Telefaxübermittlung. Allerdings hat sich in den letzten Jahren eine Verschiebung der Überwachungszahlen hin zu den Mobiltelefongesprächen ergeben, was durch neue Flatrate-Tarife in diesem Bereich sicherlich künftig noch weiter begünstigt werden wird. Zudem haben die Verbreitung der Mobiltelefone zusammen mit dem Trend, einem Festnetzanschluss teilweise

bis zu neun Anschlussnummern zuzuordnen, zu einem erheblichen Anstieg der erforderlichen Überwachungsanordnungen pro Ermittlungs-/Strafverfahren geführt (vgl jährliche Übersichten auf www.bundesjustizamt.de).

2. Nachrichtenkommunikation

Zusammen mit der umfassenden Verbreitung der Mobiltelefone und deren weitergehenden technischen Möglichkeiten sind wichtige Kommunikationsdienste entstanden: **SMS** (Short Message Service) und **MMS** (Multimedia Messaging Service). Die Bedeutung gerade von SMS-Mitteilungen für Ermittlungen in Strafverfahren ist in der Praxis offensichtlich, zumal solche Mitteilungen insbesondere bei Beziehungstaten vielmals die einzigen objektiven Beweismittel sind. 24

3. Internet

Die Kommunikation im und über das Internet, zugleich auch die Informationsbeschaffung über dieses Medium, hat sich beginnend etwa Mitte der neunziger Jahre inzwischen soweit fortentwickelt, dass sie nicht mehr weggedacht werden kann. Mehr als 43 Millionen Deutsche haben inzwischen die Möglichkeit, auf das Internet zuzugreifen (vgl ARD/ZDF-Online-Studie 2009). Dabei besteht das Internet nicht nur aus dem Datenpool des **World Wide Web** (WWW), sondern beinhaltet auch weitere Dienste, wie bspw das **Usenet**, **Chat-Dienste** sowie die vor allem von der jüngeren Generation stark genutzten **Instant-Messaging-Programme** (AIM, ICQ, Jabber, MSN bzw WindowsLiveMessenger, Google Talk, Yahoo Messenger). Dennoch dürften inzwischen für den Informationsaustausch mit am bedeutendsten die nachfolgend erörterten Dienste E-Mail sowie Internet-Telefonie sein. 25

4. E-Mail

Die elektronische Post = **E-Mail** wird – noch vor dem World Wide Web – als wichtigster und meistgenutzter Dienst des Internets angesehen (vgl Wikipedia). Vielfach hat diese Kommunikationsart inzwischen die herkömmliche Post sowie Fernschreiben und Telefaxschreiben abgelöst, jedenfalls soweit es nicht auf besondere Beweisbedürftigkeit der Kommunikationsumstände und des Kommunikationsinhalts ankommt. Sogar Verwaltung und Behörden benutzten untereinander, aber zunehmend auch im Kontakt mit dem Bürger diese Möglichkeiten (E-Government). Selbst die Justiz hat sich zwischenzeitlich dem elektronischen Rechtsverkehr genähert, wenn auch die bestehenden Möglichkeiten noch kaum genutzt werden (vgl § 298a ZPO, §§ 110a OWiG ff) und das Strafverfahren zunächst nur eingeschränkt einbezogen wird (§ 41a StPO – vgl KK-StPO/Graf StPO Vor § 41a Rn 2f). 26

Ob überhaupt und falls ja, nach welchen Voraussetzungen der E-Mail-Verkehr eines Betroffenen überwacht werden kann, war in der wissenschaftlichen Diskussion, aber auch in der Rspr der Amts- und Landgerichte lange umstritten. Dennoch hatte der Gesetzgeber – trotz Kenntnis des Streitstands und entsprechender Hinweise bei der Sachverständigenanhörung des Rechtsausschusses des Bundestages (vgl Graf Anhörung v 19. 9. 2007, 12f) – von einer gesetzlichen Regelung stets abgesehen. Mit der nunmehr erfolgten Entscheidung des BVerfG zur Beschlagnahme auf einem Mailserver eines Providers (BVerfG Beschl v 16. 6. 2009 – Az 2 BvR 902/06 Rz 55 ff = NJW 2009, 2431, 2432 ff), welche der nur wenige Wochen zuvor erfolgten Entscheidung des BGH (BGH NJW 2009, 1828 = NStZ 2009, 397, 398 m zust Anm Bär 398, 399; vgl Rn 29) nachfolgte, steht nunmehr fest, dass E-Mails beschlagnahmefähig sind und unter Berücksichtigung des Verhältnismäßigkeitsgrundsatzes grundsätzlich nach §§ 94 StPO ff bzw entsprechend § 99 StPO beschlagnahmt werden können, soweit sich diese nicht in einem laufenden Kommunikationsvorgang befinden.

Hinsichtlich der „Beschlagnahme" einer E-Mail sind mindestens drei (KK-StPO/Nack StPO § 101a Rn 19), vier (KMR/Bär StPO § 100a Rn 27), zur genaueren technischen Differenzierung besser aber insgesamt **sieben Phasen** (ebenso, wenn auch mit anderer Einteilung: Brodowski, Strafprozessualer Zugriff auf E-Mail-Kommunikation, JR 2009, 402 ff) zu unterscheiden: 27

a) **Erstellung** der E-Mail auf dem Rechner des Absenders
b) **Versendung** der E-Mail

c) Ankunft der Email beim E-Mail-Provider des Absenders, **Überprüfung** des Accounts vor einer Weiterleitung
d) Versendung der E-Mail zum E-Mail-Provider des Empfängers
e) Ankunft beim E-Mail-Provider des Empfängers, **Überprüfung** des zugehörigen Accounts, **Zwischenspeicherung** bis zum Abruf
f) Abholung der E-Mail vom Empfänger bzw **Lesezugriff** auf die E-Mail
g) Speicherung auf dem Rechner des Empfängers zur weiteren Verarbeitung oder **Verbleib der E-Mail auf dem Speicher des E-Mail-Providers** bei webbasiertem E-Mail-Account (vgl für webbasierten E-Mail-Dienst Rn 30 a).

Danach ergibt sich folgende Beurteilung: Während Phase **a)** [Erstellung der E-Mail auf dem Rechner] und Phase **g)** [Speicherung der angekommenen Nachricht auf dem Rechner des Empfängers] gibt es keinen laufenden Kommunikationsvorgang, so dass die Nachricht **nicht** unter dem **Schutz des Fernmeldegeheimnisses** steht (BVerfG Beschl v 16. 6. 2009 – Az 2 BvR 902/06 Rz 45; vgl hierzu auch Klein NJW 2009, 2996 ff), sondern nur (eingeschränkt) durch das Recht auf informationelle Selbstbestimmung (Art 2 Abs 1 GG iVm Art 1 Abs 1 GG) geschützt wird (BVerfG NJW 2006, 976, 978, 979). Somit können E-Mails vor dem Absenden und nach der Ankunft auf herkömmlichem Wege nach **§ 94 StPO, § 98 StPO beschlagnahmt** werden (BVerfG NJW 2005, 1917, 1919; NJW 2006, 976, 980; NJW 2007, 3343).

28 Während der Phasen b), d) und f) werden die Nachrichten auf Telekommunikationswegen übermittelt. Für diese Zeit stehen sie unstreitig unter dem Schutz des Fernmeldegeheimnisses. Eine Überwachung ist daher nur nach den Voraussetzungen des § 100 a StPO zulässig. Strittig waren bisher allein die Phasen c) und e), während der sich die **Nachrichten im Rechnersystem des** jeweiligen **Providers** befinden und dort zumindest kurzzeitig – auch zum Zwecke der Authentifizierung des jeweiligen E-Mail-Zugangs – zwischengespeichert werden. Weil selbst bei Benutzung eines Mailprogramms zum Abruf der E-Mails diese nicht sekündlich abgefragt werden (und nach den gängigen Einstellungen der Provider aus Sicherheitsgründen auch nicht zu oft innerhalb weniger Minuten abgefragt werden dürfen), bleiben ankommende E-Mails zumeist mindestens einige Sekunden oder Minuten abgespeichert, ohne dass ein Übermittlungsvorgang stattfindet. Damit sind die Daten in den genannten beiden Phasen nicht (mehr) Gegenstand eines Telekommunikationsvorgangs (BVerfG Beschl v 16. 6. 2009 – Az 2 BvR 902/06 = NJW 2009, 2431, 2432 Rz 47; BGH NJW 2009, 1828 = NStZ 2009, 397, 398 m zust Anm Bär 398, 399; vgl hierzu auch KK-StPO/Nack StPO § 100 a Rn 8; MünchKommStGB/Graf StGB § 202 a Rn 57 mwN; KMR/Bär § 100 a Rn 29; s a BVerfG NJW 2007, 3343, 3344. Dies bestätigt indirekt auch Gaede, StV 2009, 96, 97, indem er ausführt, dass in diesem Stadium die E-Mail [=Datei] vom Provider „technisch beherrscht" wird; die weiteren Ausführungen, mit denen versucht wird, diese Dateien dennoch auch insoweit dem Schutz des Art 10 GG zu unterwerfen, dass eine Anordnung nach § 100 a StPO erforderlich sein soll, überzeugen nicht; im Übrigen wird von Gaede aaO verkannt, dass herkömmliche E-Mail-Kommunikation inzwischen zwar eine riesige Massen-Kommunikation geworden ist, deren technischer Schutz vor einer Kenntnisnahme durch Nichtbeteiligte jedoch auch auf dem Übertragungsweg selbst im Verhältnis zu einer herkömmlichen Postkarte erheblich geringer ist.), so dass es zur Sicherstellung **keiner Anordnung nach § 100 a** StPO bedarf. Allerdings besteht der Schutz aus Art 10 Abs 1 GG weiter, weil das Fernmeldegeheimnis nicht an dem rein technischen Telekommunikationsbegriff des Telekommunikationsgesetzes anknüpft, sondern darüber hinaus an den Grundrechtsträger und dessen Schutzbedürftigkeit aufgrund der Einschaltung Dritter in den Kommunikationsvorgang (BVerfG Beschl v 16. 6. 2009 – Az 2 BvR 902/06 Rz 47). Dies gilt damit auch für längere Speicherungsphasen, welche zumeist dann gegeben sind, wenn der Anwender die E-Mails nicht mit einem Mailprogramm sondern per **Webmail** abruft. Gerade bei Vorbereitung oder im Zusammenhang mit strafbaren Handlungen dürfte diese Nutzungsart inzwischen sogar vorherrschen, weil die E-Mails dann leicht von überall aus abgerufen werden können.

29 Die Fortgeltung des Fernmeldegeheimnisses für **zwischen- und endgespeicherte E-Mails** beim E-Mail-Diensteleister steht einer Beschlagnahme nach §§ 94 StPO ff nicht entgegen. Die Regelungen nach §§ 94 StPO ff genügen den verfassungsrechtlichen Anforderungen, die an eine gesetzliche Ermächtigung für Eingriffe der genannten Art in das Fernmeldegeheimnis zu stellen sind (BVerfG Beschl v 16. 6. 2009 – Az 2 BvR 902/06 Rz 56 f = NJW

2009, 2431, 2433; vgl hierzu auch Klein NJW 2009, 2996 ff). Zwar sind die Eingriffsbefugnisse gemäß §§ 94 StPO ff sind ursprünglich auf körperliche Gegenstände zugeschnitten; der Wortsinn von § 94 StPO gestattet es jedoch, als „Gegenstand" des Zugriffs auch nichtkörperliche Gegenstände zu verstehen (vgl BVerfGE 113, 29, 50; NJW 2009, 2431, 2434 Rz 63). § 94 StPO erfasst grundsätzlich alle Gegenstände, die als Beweismittel für die Untersuchung von Bedeutung sein können. Eine nähere gesetzliche Eingrenzung ist wegen der Vielgestaltigkeit möglicher Sachverhalte nicht geboten. Die verfahrensbezogenen Konkretisierungen hat von Verfassungs wegen der Ermittlungsrichter im jeweiligen Durchsuchungs- oder Beschlagnahmebeschluss zu leisten (vgl BVerfGE 113, 29, 51; NJW 2009, 2431, 2434 Rz 63).

Soweit bislang hier die Auffassung vertreten wurde, dass die Beschlagnahme von E-Mails allein an den Voraussetzungen der Postbeschlagnahme entsprechend § 99 StPO zu messen sei, beruht dies auf der Feststellung, dass E-Mails heute vielfach an die Stelle von Brief und Postkarte getreten sind, auch wenn E-Mails vom Sicherheitsstandard und der allgemeinen Möglichkeit der Kenntnisnahme im Netz (jedenfalls sofern sie unverschlüsselt sind) eher noch unter dem Standard der Postkarte anzusetzen sind; dessen ist sich der Verwender jedoch vielfach nicht bewusst. Weil aber eine E-Mail im Regelfall persönliche oder geschäftliche Nachrichten enthält und damit üblichen Postsendungen eher entspricht als sonstigen nach § 94 StPO zu beschlagnahmenden Daten und zudem das Fernmeldegeheimnis im Fall einer Beschlagnahme tangiert ist, erschien es geboten, einen Zugriff auf E-Mails an den höheren **Voraussetzungen der Postbeschlagnahme nach § 99 StPO** zu messen (BGH NJW 2009, 1828 = NStZ 2009, 397, 398; ER BGH Beschl v 16. 10. 2001 – Az 2 BGs 410/2001; LG Ravensburg NStZ 2003, 325, 326; ebenso KMR/Bär StPO § 100 a Rn 29; vgl auch § 99 StPO Rn 10 f; für eine Anwendung des § 94 StPO: KK-StPO/Nack StPO § 100 a Rn 22 sowie LG Braunschweig, Beschl v 12. 4. 2006 – Az 6 Qs 88/06, jedenfalls soweit die Mails bereits gelesen sind und danach weiter beim Provider abgespeichert bleiben; **aA** LG Hanau NJW 1999, 3647; LG Hamburg wistra 2008, 116 für Anwendung § 100 a StPO; Brodowski, JR 2009, 402, 411 f). Vgl hierzu den beispielhaften Beschluss für eine E-Mail-Beschlagnahme entspr § 99 StPO. Die bei der **Anwendung des § 99 StPO** gegebene **Berücksichtigung** der damit verbundenen Kenntnisnahme vom Inhalt einer E-Mail entspricht noch stärker der Bedeutung und der Eingriffstiefe (BGH NStZ 2009, 397, 398 m zust Anm Bär 398, 399). Denn nicht zuletzt sind auch die weiteren Eingriffsvoraussetzungen des § 99 StPO erfüllt; denn beim E-Mail-Provider zwischengespeicherte Mails befinden sich im Gewahrsam von Personen oder Unternehmen, welche geschäftsmäßig Post- oder Telekommunikationsdienste erbringen oder daran mitwirken. Soweit daher die Sicherstellung von E-Mails auf die Voraussetzungen des § 99 StPO gestützt wird, sind zugleich auch die Voraussetzungen nach §§ 94 StPO ff erfüllt, weshalb eine solche Sicherstellung ebenso verwertbar ist, zumal das BVerfG in seiner Entscheidung eine Sicherstellung und Beschlagnahme nach § 99 StPO nicht ausdrücklich abgelehnt hat (vgl auch Beschl v 16. 6. 2009 – Az 2 BvR 902/06 Rz 48 = NJW 2009, 2431, 2433). Hiervon unabhängig ist eine Sicherstellung und Beschlagnahme entsprechend § 99 StPO dann erforderlich, wenn es sich dabei nicht nur um eine einmalige, sondern um eine **länger andauernde Sicherstellung des E-Mail-Verkehrs** für einen bestimmten Zeitraum handelt (BGH NJW 2009, 1828 = NStZ 2009, 397); denn das BVerfG hat in seiner Entscheidung vom 16. 6. 2009 nur die einmalige Beschlagnahme entschieden und hierbei darauf abgestellt, dass der Betroffene von einer Maßnahme so früh als möglich (BVerfG NJW 2009, 2431, 2437 Rz 94 ff) zu unterrichten ist. Ist dies aber nicht möglich, weil die Maßnahme aus dringenden Ermittlungsgründen längere Zeit andauern muss, ist aus oa Gründen die Maßnahme weiterhin an den Voraussetzungen des **§ 99 StPO** (BGH aaO) zu messen.

Soweit der Nutzer die E-Mails nur webbasiert abruft (per **Webmail**), scheidet § 100 a StPO erst Recht aus, wenn die E-Mails bereits gelesen sind und nur noch im Postfach beim Anbieter abgespeichert oder gar archiviert sind (Beschl v 16. 6. 2009 – Az 2 BvR 902/06 Rz 58; LG Braunschweig Beschl v 12. 4. 2006 – Az 6 Qs 88/06). Auch insoweit kann eine **Sicherstellung und Beschlagnahme nach §§ 94 StPO ff** erfolgen. Länger dauernde Maßnahmen haben auch in diesen Fällen entsprechend § 99 StPO zu erfolgen (s Rn 30).

Die Sicherstellung und Beschlagnahme von E-Mails beim Provider ist auch unter Berücksichtigung des Verhältnismäßigkeitsgrundsatzes im Gegensatz zu Maßnahmen der Telekommunikationsüberwachung **nicht auf Straftaten von erheblicher Bedeutung beschränkt**; auch sind grundsätzlich keine weiteren Anforderungen an den Tatverdacht zu stellen, die über den **Anfangsverdacht einer Straftat** hinausgehen (BVerfG Beschl v 16. 6. 2009 – Az 2 BvR 902/06 Rz 72 f = NJW 2009, 2431, 2435).

30 b.1 Letztlich beruht dies darauf, dass die vermehrte Nutzung elektronischer und digitaler Kommunikationsmittel und ihr Vordringen in nahezu alle Lebensbereiche die Strafverfolgung erschweren. Moderne Kommunikationstechniken werden im Zusammenhang mit der Begehung unterschiedlichster Straftaten zunehmend eingesetzt. Das Schritthalten der Strafverfolgungsbehörden mit der technischen Entwicklung kann daher nicht lediglich als sinnvolle Abrundung des Arsenals kriminalistischer Ermittlungsmethoden begriffen werden, die weiterhin wirkungsvolle herkömmliche Ermittlungsmaßnahmen ergänzt, sondern ist vor dem Hintergrund der Verlagerung herkömmlicher Kommunikationsformen hin zum elektronischen Nachrichtenverkehr einschließlich der anschließenden digitalen Verarbeitung und Speicherung zu sehen (vgl BVerfGE 115, 166, 193).

30 c Mit dem verfassungsrechtlich anerkannten Strafverfolgungsinteresse wäre es nicht vereinbar, sämtliche E-Mails für derartige Deliktsbereiche generell und ohne Rücksicht auf den Einzelfall von einer Sicherstellung und Beschlagnahme auszunehmen. Andernfalls wäre es für jeden Nutzer ein Leichtes, belastende E-Mails durch eine Auslagerung auf den Mailserver seines Providers dem Zugriff der Strafverfolgungsbehörden zu entziehen. Insoweit ist auch zu berücksichtigen, dass nach dem Willen des Gesetzgebers für die Sicherstellung und Beschlagnahme von Mitteln herkömmlicher Kommunikation gemäß § 94 StPO und § 99 StPO der Anfangsverdacht einer einfachen Straftat genügen kann. Würden im Hinblick auf die Sicherstellung und Beschlagnahme von E-Mails auf dem Mailserver des Providers höhere Anforderungen gestellt, bestünde zudem die Gefahr, dass die Strafrahmen für bestimmte Deliktsgruppen allein deshalb erhöht würden, um bei diesen Delikten einen Zugriff auf Daten und Kommunikationsinhalte zu ermöglichen (BVerfG Beschl v 16. 6. 2009 – Az 2 BvR 902/06 Rz 74 = NJW 2009, 2431, 2435).

30 d Andererseits muss die angeordnete Maßnahme aber auch in angemessenem Verhältnis zu der Schwere der Straftat und der Stärke des Tatverdachts stehen. Hierbei ist nicht nur die Bedeutung des potentiellen Beweismittels für das Strafverfahren, sondern auch der Grad des auf die verfahrenserheblichen Gegenstände oder Daten bezogenen Auffindeverdachts zu bewerten. Auf die E-Mails darf deshalb nur zugegriffen werden, wenn ein konkret zu beschreibender Tatvorwurf vorliegt, also mehr als nur vage Anhaltspunkte oder bloße Vermutungen. Beim Zugriff auf die bei dem Provider gespeicherten E-Mails ist auch die Bedeutung der E-Mails für das Strafverfahren sowie der Grad des Auffindeverdachts zu bewerten. Im Einzelfall können daher die Geringfügigkeit der zu ermittelnden Straftat, eine geringe Beweisbedeutung der zu beschlagnahmenden E-Mails sowie eine Unbestimmtheit des Auffindeverdachts der Maßnahme entgegenstehen. Auch muss bereits in der Durchsuchungsanordnung, soweit die konkreten Umstände dies ohne Gefährdung des Untersuchungszwecks erlauben, durch Vorgaben zur Beschränkung des Beweismaterials auf den tatsächlich erforderlichen Umfang Rechnung getragen werden, etwa durch die zeitliche Eingrenzung oder die Beschränkung auf bestimmte Kommunikationsinhalte. Schließlich ist beim Vollzug von Durchsuchung und Beschlagnahme - insbesondere beim Zugriff auf umfangreiche elektronisch gespeicherte Datenbestände darauf zu achten, dass die Gewinnung überschießender, für das Verfahren bedeutungsloser Daten nach Möglichkeit vermieden wird. Die Beschlagnahme sämtlicher gespeicherter Daten und damit des gesamten E-Mail-Verkehrs wird regelmäßig nicht erforderlich sein (BVerfG Beschl v 16. 6. 2009 – Az 2 BvR 902/06 Rz 80 f = NJW 2009, 2431, 2436).

30 e Entsprechend der Vorschriften der §§ 94 StPO ff ist auch bei der E-Mail-Beschlagnahme zu trennen zwischen dem Stadium der (vorläufigen) Sicherstellung möglicherweise verfahrensrelevanter Daten und der nach einer Durchsicht gem § 110 StPO sich anschließenden endgültigen Entscheidung über die Beschlagnahme der allein verfahrensrelevanten und verwertbaren E-Mails (BVerfG Beschl v 16. 6. 2009 – Az 2 BvR 902/06 Rz 87 f = NJW 2009, 2431, 2436). Kernbereichsinhalte, soweit sie nicht in unmittelbarem Bezug zu strafbaren Handlungen stehen, sind entweder nicht zu erheben oder umgehend zu löschen (BVerfG Beschl v 16. 6. 2009 – Az 2 BvR 902/06 Rz 90 = NJW 2009, 2431, 2436). Schließlich sind Betroffene von den Maßnahmen zu unterrichten, sobald die Verfolgung des Ermittlungszwecks dies erlaubt. Ebenso sind kopierte E-Mails, sobald diese nicht mehr für das Verfahren benötigt werden, zurückzugeben oder zu löschen (BVerfG Beschl v 16. 6. 2009 – Az 2 BvR 902/06 Rz 99 = NJW 2009, 2431, 2438).

5. Internet-Telefonie

Die allgemeine Verbreitung von DSL-Anschlüssen hat zusammen mit der gleichzeitigen Steigerung der Anschlussgeschwindigkeiten die Möglichkeit eröffnet, ohne bemerkbare Qualitätseinbuße unter Benutzung des Internets (Voice over IP = VoIP) zu telefonieren, inzwischen bereits auch ohne das bislang bestehende Erfordernis herkömmlicher Telefonanschlüsse. Telefongespräche über Computernetzwerke mittels des Internet Protokolls (IP) werden durch die neueren DSL-Router zwischenzeitlich direkt an die analogen oder digitalen Telefonanlagen von Wohnungen oder Häusern übergeben, so dass der Nutzer selbst (erst Recht der Anrufer) den Übertragungsweg technisch nicht unterscheiden kann. Auf jeden Fall handelt es sich auch bei solchen Telefonaten um Telekommunikation, so dass Anordnungen nach § 100 a StPO zur Überwachung erforderlich sind (gegen eine Zulässigkeit des Abhörens bei Internet-Telefonie: Sankol, Überwachung von Internet-Telefonie, CR 2008, 13 ff). Sofern daneben auch noch ein analoger oder digitaler Telefonanschluss oder gar ein ISDN-Anschluss vorhanden ist, können pro Haushalt bis zu zehn oder mehr Telefonnummern zu überwachen sein; denn auch die VoIP-Anschlüsse haben regelmäßig eigene Rufnummern. 31

Ursprünglich waren **VoIP-Telefonate** nur unter Benutzung eines Computers und entsprechender Software möglich. Diese Programme sind weiterhin verfügbar und werden gerade von jüngeren Personen häufig genutzt. Einer der wichtigsten Anbieter ist Skype, welcher nicht nur herkömmliche Telefonate ermöglicht, sondern auch Videotelefonie und zusätzliche Messengerdienste, wobei die Telefonate mit einer hohen Verschlüsselung geschützt werden. Außerdem sind Konferenzschaltungen mit bis zu 25 Teilnehmern möglich. Ähnliche Funktionen bieten andere Programme, wie Google Talk, Yahoo!Voice oder Teamspeak. Im Gegensatz zu den von DSL-Anbietern mitverkauften VoIP-Angeboten sind die mittels auf dem Computer installierter Software realisierten Kommunikationsmöglichkeiten schwer einzugrenzen und auch die Gesprächspartner vielfach kaum feststellbar, zumindest soweit diese nicht verifizierte und der Phantasie entsprungene Teilnehmernamen/-kennungen benutzen. Allein bei Feststellung der jeweils benutzten IP könnte – soweit eine Auskunft hinsichtlich der gespeicherten Vorratsdaten zulässig ist (vgl hierzu Rn 16) – diese aufgelöst und einem Teilnehmeranschluss zugeordnet werden und sich erst dann weitere Ermittlungsmöglichkeiten ergeben. 32

C. Anordnungsvoraussetzungen

Die Voraussetzungen einer Überwachungsanordnung sind durch das Gesetz zur Neuregelung der Telekommunikationsüberwachung v 21. 12. 2007 (vgl Rn 5) zusammen mit den die Reichweite einschränkenden Bestimmungen zum Schutz des Kernbereichs privater Lebensgestaltung neu definiert worden. Insofern kommt es nicht mehr allein darauf an, dass die Anlasstat im Straftatenkatalog (vgl Rn 34 ff) enthalten ist, sondern diese muss zusätzlich auch im Einzelfall schwer wiegen (vgl Rn 38). 33

I. Anlasstatenkatalog (Abs 2)

Der Anlasstatenkatalog wurde mit Wirkung zum 1. 1. 2008 neu gefasst. Indem in Abgrenzung zu den Anlasstaten des eingriffsintensiveren § 100 c StPO (besonders schwere Straftaten) für die Anordnung nach § 100 a StPO die Kategorie der **schweren Straftat** geschaffen wurde (vgl. BT-Drs 16/5846, 40), wurden einige nach der Strafandrohung weniger schwere Straftaten (zB § 20 Abs 1 Nr 1 bis Nr 4 VereinsG) aus dem Katalog gestrichen, andere neu aufgenommen. Neu hinzugekommen sind Straftaten der Transaktions- und Wirtschaftskriminalität sowie der organisierten Kriminalität, weil sich die Telekommunikation gerade in diesen Bereichen als effektives und effizientes Aufklärungsmittel erwiesen hat (BT-Drs 16/5846, 40), weiterhin – um einen Wertungswiderspruch zu vermeiden – solche Straftaten, welche auch schon bisher im Anlasstatenkatalog des § 100 c StPO enthalten waren. 34

StPO § 100 a

34.1 UA gegen die Neufassung des § 100 a StPO Abs 2 u 4 sind Verfassungsbeschwerden anhängig; allerdings wurde der Antrag auf Erlass einer einstw Anordnung durch Beschl v 15. 10. 2008 – Az 2 BvR 236-237/08 – zurückgewiesen (Rn 125 f).

35 Nach der Definition des Gesetzgebers sind schwere Straftaten solche Delikte, für welche eine **Mindesthöchststrafe von fünf Jahren** festgelegt ist. Allerdings ist diese Begrenzung nicht durchgehend eingehalten (vgl Abs 2 Nr 1 a: § 86 StGB). Die neu in den Katalog aufgenommenen Taten entsprechen jedoch dieser Kategorie; das gilt insbesondere für die verschiedenen **Bestechungstatbestände** des Abs 2 Nr 1 b, 1 r u 1 t (Abgeordnetenbestechung § 108 e StGB, Bestechung und Bestechlichkeit § 334 StGB, § 332 StGB sowie letztgenannte Taten im geschäftlichen Verkehr § 300 S 2 StGB iVm § 299 StGB), weitere Taten der Geld- und **Wertzeichenfälschung** (Abs 1 Nr 1 e) als Teilbereich der organisierten Kriminalität ebenso wie nach Abs 2 Nr 1 n, 1 o und 1 q besonders **schwere Fälle des Betrugs und Computerbetrugs**, des Subventionsbetrugs und des Bankrotts. Ebenfalls neu aufgenommen wurden verschiedene Tatbestände des **besonders schweren Falls der Steuerhinterziehung** nach § 370 Abs 3 S 2 Nr 5 AO (Abs 2 Nr 2 a), des **organisierten Schmuggels** nach § 373 AO (Abs 2 Nr 2 b) sowie der **gewerbs- oder bandenmäßigen Steuerhehlerei** § 374 Abs 2 AO (Abs 2 Nr 2 c; vgl hierzu ausführlich, teilw krit Wulf wistra 2008, 321 ff). Erwähnenswert ist zudem die Aufnahme der **besonders schweren Dopingstraftaten** nach § 95 Abs 1 Nr 2 a AMG iVm Abs 3 S 2 Nr 2 b AMG (Abs 2 Nr 3).

36 Für die Anordnung einer Telekommunikationsüberwachung (TKÜ) ist neben der Täterschaft auch die **Teilnahme** (Beihilfe oder Anstiftung) an einer Anlasstat gleichgestellt, nach ausdrücklicher Regelung (Abs 1 Nr 1 Hs 1) weiterhin – soweit strafbar – der **Versuch** und die strafbare **Vorbereitung** einer Anlasstat. Nicht strafbare Vorbereitungshandlungen reichen demgegenüber nicht aus, ebenso nicht Begünstigung oder Strafvereitelung (Meyer-Goßner StPO § 100 a Rn 12).

II. Tatverdacht

37 **Bestimmte Tatsachen** müssen den **Tatverdacht** begründen, jedoch muss dieser weder hinreichend iSv § 203, StPO noch dringend iSv § 112 Abs 1 S 1 StPO sein (OLG Hamm NStZ 2003, 279), so dass grundsätzlich auch ein einfacher Tatverdacht ausreichend ist. Ungenügend ist jedoch ein nur unerheblicher Verdacht (BGHSt 41, 30, 33). Ebenso reichen nicht aus bloßes Gerede, nicht überprüfte Gerüchte und Vermutungen. Erforderlich ist, dass auf Grund der Lebenserfahrung oder der kriminalistischen Erfahrung fallbezogen aus Zeugenaussagen, Observationen oder anderen sachlichen Beweisanzeichen auf das Vorliegen einer Katalogtat geschlossen werden kann (BVerfG NJW 2007, 2752, 2753). Es müssen konkrete und in gewissem Umfang verdichtete Umstände als Tatsachenbasis für den Verdacht vorhanden sein (vgl BVerfGE 100, 313, 395; BVerfG NStZ 2003, 441, 443). Allerdings räumt das Gesetz dem zur Entscheidung berufenen Richter oder Staatsanwalt einen Beurteilungsspielraum ein (BGHSt 41, 30, 33), den auch die Rechtsmittelgerichte zu beachten haben. Auf Rechtswidrigkeit und Schuld braucht sich jedoch der Tatverdacht nicht zu erstrecken (Löwe/Rosenberg/Schäfer StPO § 100 a Rn 42). Die **richterliche Entscheidung** muss zwar nicht alle Erwägungen darlegen, jedoch müssen aus ihr die **wesentlichen Entscheidungsgrundlagen** hervorgehen und auch die **notwendige Einzelfallprüfung** zumindest in groben Zügen erkennbar sein (vgl hierzu LG Rostock StV 2008, 461).

III. Abwägungserfordernis: Erheblichkeit im Einzelfall

38 Neu eingeführt durch das Gesetz zur Neuregelung der Telekommunikationsüberwachung v 21. 12. 2007 (Rn 5) wurde die zusätzliche Anordnungsvoraussetzung, dass die zugrunde liegende Anlasstat nicht nur abstrakt, sondern auch **im Einzelfall schwer wiegen** muss (Abs 1 Nr 2). Damit wurde den Anforderungen der neueren verfassungsgerichtlichen Rechtsprechung Rechnung getragen (vgl BVerfG NJW 2006, 976, 982; NJW 2004, 999, 1011). Auf diese Weise sollen jene Sachverhalte ausgeschieden werden, welche zwar dem Anlasstatenkatalog grundsätzlich unterfallen, jedoch mangels hinreichender Schwere im konkreten Einzelfall den mit einer Telekommunikationsüberwachung verbundenen Eingriff in das Fernmeldegeheimnis nicht zu rechtfertigen vermögen.

Allerdings sind bei der danach erforderlichen Prüfung im Einzelfall die im jeweiligen 39
Gesetz benannten minder schweren Fälle nicht quasi automatisch auszuschließen, weil sich
einerseits im Stadium des Ermittlungsverfahrens vielfach noch nicht absehen lässt, ob letztlich
ein minder schwerer Fall anzunehmen sein wird oder nicht; andererseits können gerade die
Auswirkungen der Straftat auf das Opfer so schwer wiegen, dass dies auch auf die
Beurteilung der konkreten Tat durchschlägt (vgl BT-Drs 16/5846, 40).

IV. Subsidiaritätsgrundsatz

Eine Maßnahme nach § 100 a StPO darf nur angeordnet werden, sofern die **Erforschung** 40
des Sachverhalts oder die **Ermittlung des Aufenthaltsortes** des Beschuldigten ansonsten
wesentlich erschwert oder **aussichtslos** wäre (Abs 1 Nr 3). Aussichtslosigkeit ist gegeben,
wenn andere Ermittlungsmöglichkeiten nicht zur Verfügung stehen oder keine Erfolgsaussicht haben. Eine wesentliche Erschwerung liegt vor, wenn andere Ermittlungsmaßnahmen
zeitlich erheblich aufwendiger sind oder schlechtere bzw. nicht für eine schnelle Ermittlung
erforderliche und ausreichende Erkenntnisses erwarten lassen (vgl Meyer-Goßner StPO
§ 100 a Rn 13). Allein ein größerer Ermittlungsaufwand oder damit verbundene höhere
Kosten rechtfertigen eine Maßnahme nach § 100 a StPO nur, sofern diese sich insgesamt als
unvertretbar erweisen, insbesondere wenn dadurch andere Ermittlungsverfahren vernachlässigt werden müssten (KK-StPO/Nack StPO § 100 a Rn 35).

V. Verhältnismäßigkeit

Neben der aus dem Verhältnismäßigkeitsgrundsatz abgeleiteten Subsidiaritätsklausel ist auch 41
im Übrigen die Verhältnismäßigkeit einer Anordnung zu prüfen, sowohl bei deren Erlass, aber
auch fortlaufend während des Andauerns der Maßnahme. Sobald der Eingriff nicht mehr im
Verhältnis zu den erwarteten Ergebnissen oder auch zur Schuld des Beschuldigten (KK-StPO/
Nack StPO § 100 a Rn 35) steht, ist die Maßnahme abzubrechen (§ 100 b Abs 4 S 1 StPO).
Soll der Aufenthaltsort des Beschuldigten ermittelt werden, ist eine Anordnung nur zulässig,
wenn zumindest die Voraussetzungen einer vorläufigen Festnahme (§ 127 Abs 2 StPO, §§ 112
StPO f) gegeben sind (vgl Löwe/Rosenberg/Schäfer StPO § 100 a Rn 44) oder wenn tatsächliche Anhaltspunkte einer konkreten Gefahr für ein überragend wichtiges Rechtsgut bestehen
(vgl hierzu BVerfG NJW 2008, 822, 831). Die Verhaftung des überwachten Beschuldigten
zwingt jedenfalls dann nicht zu einer sofortigen Beendigung der Maßnahme, wenn anzunehmen ist, dass ein Unbeteiligter als Nachrichtmittler Mitteilungen, die für den Beschuldigten
bestimmt sind, entgegennehmen könnte (BGH NJW 1994, 2904, 2907). An einer Verhältnismäßigkeit kann es auch fehlen, falls zwischen Begehung der Katalogtat und der Beantragung einer Maßnahme nach § 100 a StPO so viel Zeit vergangen ist, dass nicht mehr damit
gerechnet werden kann, dass ein Beschuldigter sich überhaupt während einer Telekommunikationsüberwachungsmaßnahme noch zu der zugrunde liegenden Tat äußert; dies kann vor
allem auch dann gelten, wenn der Betroffene der beabsichtigten Maßnahme nicht zugleich der
Beschuldigte ist (LG Hamburg StV 2009, 236).

D. Betroffene

Die Anordnung kann sich gegen den **Beschuldigten** sowie bei Vorliegen der weiteren 42
Voraussetzungen des Abs 3 auch gegen einen **Nichtverdächtigen** richten.

I. Beschuldigter

Beschuldigter ist derjenige, dem die Begehung einer Straftat vorgeworfen wird und 43
gegen den sich daher ein strafrechtliches Ermittlungsverfahren richtet. Dabei reicht es aus,
wenn das Ermittlungsverfahren erst mit der Überwachung beginnt/eingeleitet wird. Die
Identität des Beschuldigten muss noch nicht bekannt sein, so dass die Maßnahme auch die
Aufdeckung der Personendaten oder seine Identifizierung (zB durch Stimmvergleiche)
bezwecken kann (BGHR StPO § 100 a Verwertungsverbot 8).

Die Anordnung kann **in jeder Lage des Verfahrens** ergehen (Löwe/Rosenberg/Schäfer 44
StPO § 100 a Rn 65), also auch noch während eines laufenden Strafverfahrens; allerdings ist

StPO § 100 a

im letztgenannten Fall bei einem auf freiem Fuß befindlichen Angeklagten sicherzustellen, dass die einem absoluten Verwertungsverbot unterliegende **Telekommunikation mit seinem Verteidiger** von der Überwachung ausgeschlossen ist oder eine Aufzeichnung umgehend gelöscht wird (§ 160a Abs 1 S 5 StPO – vgl § 160a StPO Rn 9). Wird der Beschuldigte **festgenommen**, muss eine bestehende Überwachungsmaßnahme jedenfalls dann nicht sofort beendet werden, wenn hinreichende Anhaltspunkte dafür bestehen, dass noch weiterhin an den Beschuldigten gerichtete Telekommunikation eingeht oder von einem Nachrichtenmittler zur Weitergabe entgegengenommen wird.

45 Einer Anordnung steht nicht entgegen, dass der Beschuldigte sich durch seine überwachten Äußerungen selbst belasten kann. Dabei stellt es **keinen Verstoß gegen § 136 StPO, § 136a StPO** dar, wenn ihm die verdeckt durchgeführte Maßnahme unbekannt bleibt oder er zusätzlich durch polizeiliches Handeln zur Telekommunikation verleitet wird (BGHSt 33, 217, 223). Selbst wenn der Beschuldigte von einer anderen Person auf Veranlassung der Ermittlungsbehörden angerufen wird und auf deren Äußerungen bzw Fragen selbstbelastende Mitteilungen macht, verletzt diese Handlungsweise weder das Recht auf informationelle Selbstbestimmung noch den Grundsatz der **Selbstbelastungsfreiheit** (BGHSt 42, 139, 151 ff).

II. Nichtbeschuldigte (Abs 3)

46 Gegen andere Personen als den Beschuldigten darf sich eine Anordnung nur richten, sofern aufgrund bestimmter Tatsachen der Verdacht besteht, dass diese entweder für den Beschuldigten bestimmte oder von ihm herrührende Telekommunikation entgegennehmen bzw weitergeben (Nachrichtenmittler) oder ihr Telekommunikationsanschluss vom Beschuldigten benutzt wird (Abs 3).

1. Nachrichtenmittler

47 Weil ansonsten eine mögliche TKÜ leicht zu unterlaufen wäre, wird durch das Gesetz unter bestimmten Umständen auch die Überwachung Nichtverdächtiger zugelassen. Voraussetzung hierfür ist, dass eine Person zwar nicht Täter oder Teilnehmer und damit Beschuldigter der Anlasstat ist, jedoch – ob freiwillig oder nicht – sich bereit gefunden hat, **Mitteilungen** von dem Beschuldigten **entgegen zu nehmen** oder an ihn **weiterzuleiten**. Hierbei kann es sich um Familienangehörige, Nachbarn oder Freunde handeln, jedoch auch um das Opfer der Katalogtat selbst – etwa einer Erpressung oder Geiselnahme. (LG Ulm StV 2006, 8; KK-StPO/Nack StPO § 100a Rn 37; iE wohl auch BVerfG NJW 2007, 2752, 2753; Meyer-Goßner StPO § 100a Rn 19). Ob ein solcher Geschädigter Nachrichtenmittler ieS ist oder nicht, kann letztlich dahinstehen; jedenfalls kann sein Telekommunikationsanschluss überwacht werden.

48 Weiterhin muss eine **hinreichend sichere Tatsachenbasis für die Annahme** vorliegen, dass der von der Anordnung Betroffene für den Beschuldigten Mitteilungen entgegennimmt oder weiterleitet (BVerfG NJW 2005, 2603, 2610; NJW 2003, 1787). Vage Anhaltspunkte und bloße Vermutungen reichen hierfür nicht hin (BVerfG NJW 2007, 2752, 2753). Grundlage für die Fortführung einer ursprünglich gegen den Beschuldigten gerichteten Überwachungsmaßnahme kann nach dessen Verhaftung auch die Annahme sein, dass ein Unbeteiligter als Nachrichtenmittler für den Beschuldigten bestimmte Telekommunikationsmitteilungen entgegennehmen könnte (BGH NJW 1994, 2904, 2907).

2. Benutzung eines (fremden) Anschlusses durch den Beschuldigten

49 Die Überwachung von nicht auf den Beschuldigten angemeldeten Telekommunikationsanschlüssen ist zulässig, sofern der Beschuldigte diese benutzt, unabhängig davon, ob die Inhaber Kenntnis davon haben oder nicht. Es kann sich um Nachbarn, Freunde oder Unternehmen, auch um den Arbeitsplatz handeln. Während früher Hauptfälle eines nicht autorisierten Zugriffs auf fremde Anschlüsse durch Beschuldigte das „Anzapfen" von Telefonleitungen des Nachbarn waren, betrifft dies heute eher das Hacken von Funknetzen oder von Universitäts- oder Firmennetzen, um als Ausgangspunkt für weitere Straftaten die Herkunft zu verschleiern (vgl Bär Handbuch zur EDV-Beweissicherung im Strafverfahren

Rn 58; ders KMR/Bär StPO § 100 a Rn 39). Dies gilt auch dann, wenn ein Beschuldigter die Internetanbindung über das Funknetz eines Nachbarn realisiert.

Die Überwachung einzelner **öffentlicher Telefonzellen** ist zulässig (KK-StPO/Nack 50 StPO § 100 a Rn 7; Meyer-Goßner StPO § 100 a Rn 20), wenn der Beschuldigte diese voraussichtlich benutzen wird, auch wenn die anderen unverdächtigen Nutzer regelmäßig keine Nachrichtenmittler iSd Vorschrift sind. Allerdings wird unter Beachtung des Verhältnismäßigkeitsgrundsatzes die überwachende Behörde entweder durch Observation, Echtzeit-Überwachung oder jedenfalls sehr zeitnahe Auswertung der Aufzeichnungen sicher stellen müssen, dass Gespräche Unverdächtiger entweder überhaupt nicht aufgezeichnet oder sogleich gelöscht werden. In gleicher Weise gilt dies für die Überwachung von **Internetcafes** und sog **Hotspots** für WLAN-Kommunikation, bei denen die Überwachung des Datenverkehrs Unbeteiligter durch aktive Maßnahmen der Überwachungsbehörde (Beobachtung und Eingrenzung des verwendeten Datenterminals bzw Zugänge) entweder ausgeschlossen oder auf ein Mindestmaß reduziert werden muss.

E. Beschränkungen

I. Kernbereichsschutz (Abs 4)

Mit dem Reformgesetz v 21. 12. 2007 (vgl Rn 5) wurde der Forderung des Bundes- 51 verfassungsgerichts Rechnung getragen, auch bei Überwachung von Telekommunikation Vorkehrungen zum Schutz individueller Entfaltung im **Kernbereich privater Lebensgestaltung** gesetzlich zu treffen (BVerfG NJW 2005, 2603, 2612), dh falls im konkreten Fall tatsächliche Anhaltspunkte für die Annahme bestehen, dass eine TKÜ Inhalte erfasst, die zu diesem Kernbereich zählen, hat sie zu unterbleiben (BVerfG NJW 2005, 2603, 2612). Sofern es aber „ausnahmsweise zu ihrer Erhebung gekommen ist", dürfen Kommunikationsinhalte des höchstpersönlichen Bereichs nicht gespeichert und verwertet werden, sondern sind unverzüglich zu löschen (BVerfG NJW 2005, 2603, 2612). Allerdings hat das Gericht wegen der geringeren Eingriffstiefe gegenüber der Wohnraumüberwachung nach § 100 c StPO keine durch Strafverfolgungsbehörden vorab zu treffende Prognose über eine mögliche Kernbereichrelevanz der zu erwartenden Telekommunikation gefordert (vgl § 100 c Abs 4 u Abs 5 StPO; s a § 100 c StPO Rn 22).

Die Regelung des Abs 4 entspricht den verfassungsrechtlichen Vorgaben (derzeit liegen 52 allerdings zwei Verfassungsbeschwerden vor, vgl Rn 34 a). Wenn anzunehmen ist, dass durch eine Überwachungsmaßnahme **allein Erkenntnisse aus dem Kernbereich** privater Lebensgestaltung erlangt würden, ist eine solche **unzulässig** (Abs 4 S 1). Jedoch wird sich dies bei einer TKÜ kaum vorhersehen lassen, weil es selbst bei geschäftlich genutzten Anschlüssen auch zum Austausch privater bis intimer Details kommen kann und umgekehrt private Anschlüsse regelmäßig für Mitteilungen jeglicher Art genutzt werden. Zudem müssen – anders als bei der Wohnraumüberwachung – keine diesbezüglichen besonders vorausgehenden Ermittlungen getätigt werden (BT-Drs 16/5846, 43).

Sind durch eine Maßnahme **Erkenntnisse aus dem Kernbereich** erlangt worden, 53 dürfen diese **nicht verwertet** werden (Abs 4 S 2) und sind **unverzüglich zu löschen** (Abs 4 S 3). Grundsätzlich könnte der Anfall solcher Kernbereichserkenntnisse durch eine Echtzeit-Überwachung verhindert werden. Weil eine solche jedoch in der Masse aller Fälle weder praktikabel, noch mit vertretbarem personellen und finanziellen Aufwand zu leisten ist (BT-Drs 16/5846, 44) – bei fremdsprachiger Überwachung noch unter zusätzlicher Einschaltung eines Dolmetschers, ist die Entscheidung der Nichtverwertbarkeit und die nachträgliche unverzügliche Löschung eine verfassungsgemäße Lösung. Sofern in besonderen Fällen dennoch eine Echtzeitüberwachung stattfindet, ist die Überwachung und Aufzeichnung vorübergehend abzubrechen, solange die Kommunikation Kernbereichsinhalte betrifft (BT-Drs 16/5846, 44).

Ob ein Sachverhalt dem unantastbaren Kernbereich zuzuordnen ist, hängt davon ab, ob er 54 nach seinem **Inhalt höchstpersönlichen Charakters** ist, also auch in welcher Art und Intensität er aus sich heraus die Sphäre anderer oder Belange der Gemeinschaft berührt, wobei maßgebend die Besonderheiten des jeweiligen Falls sind (vgl BVerfGE 80, 367, 374 = NJW 1990, 563). Dazu gehört die Möglichkeit, **innere Vorgänge** wie Empfindungen und

StPO § 100 a

Gefühle sowie Überlegungen, Ansichten und **Erlebnisse höchstpersönlicher Art** zum Ausdruck zu bringen. Letztlich ist entscheidend, ob eine Situation gegeben ist, in der im Einzelfall der unantastbare Kernbereich privater Lebensgestaltung betroffen wird, etwa im Zuge der Beobachtung von **Äußerungen innerster Gefühle** oder von **Ausdrucksformen der Sexualität** (BVerfGE 109, 279, 313 = NJW 2004, 999, 1002). Vielmals kann eine Zuordnung zum Kernbereich auch nach der konkreten Kommunikationsbeziehung vorgenommen werden: bei Gesprächen mit Seelsorgern, Rechtsanwälten oder evtl auch Ärzten (Baldus JZ 2008, 218, 219). Zwingend ist dies aber nicht, weil ohne weiteres auch ein Kernbereichsbezug fehlen kann, etwa wenn es um begangene oder bevorstehende Straftaten geht (BVerfGE 109, 319).

55 Das Grundgesetz gebietet zwar den Schutz des Kernbereichs privater Lebensgestaltung, gibt aber nicht im Einzelnen vor, wie dieser Schutz zu gewährleisten ist. Im Rahmen des hierbei dem Gesetzgeber eingeräumten Gestaltungsspielraums reicht es aus, sich unbestimmter, auslegungsbedürftiger Rechtsbegriffe zu bedienen. Eine ausdrückliche **Verpflichtung, den Kernbereich** privater Lebensgestaltung durch weitergehende gesetzliche Normierungen **zu konkretisieren, enthält die Verfassung nicht** (BVerfG NJW 2007, 2753, 2755 mwN).

56 Aufzeichnungen über Äußerungen, die dem Kernbereich privater Lebensführung zuzurechnen sind, müssen unverzüglich gelöscht werden (Abs 4 S 3). Gemäß Abs 4 S 4 muss der Umstand der **Erfassung** einer Kernbereichsäußerung und ihrer **Löschung** in den Akten **dokumentiert** werden. Hierdurch soll auch die Möglichkeit der Erlangung von Rechtsschutz gegen den Eingriff sichergestellt werden (BT-Drs 16/5846, 45).

57 Der **Adressat der Löschungsverpflichtung** ist im Gesetz nicht benannt. Regelmäßig wird es daher die mit der Auswertung der Aufzeichnung beauftragte Ermittlungsperson sein. Dennoch kann sich die Staatsanwaltschaft als „Herrin des Ermittlungsverfahrens" im Einzelfall oder generell die endgültige Entscheidung über eine Löschung vorbehalten (BT-Drs 16/5846, 45). Jedoch darf es hierdurch zu keiner erheblichen Verzögerung kommen, dh die Entscheidung muss unverzüglich, also ohne schuldhaftes Zögern, herbeigeführt werden (BT-Drs 16/5846, 45). Zumindest in Zweifelsfällen ist es jedoch geradezu angezeigt, eine Entscheidung der Staatsanwaltschaft herbeizuführen; denn mit der Löschung kann es in einem späteren Strafverfahren durchaus zu Beweisproblemen kommen, wenn zB infolge der durch die Löschung entstandenen „Gesprächslücke" das verwertbare Restgespräch unklar wird oder aus sich heraus nicht mehr verständlich ist (KK-StPO/Nack StPO § 100 a Rn 41); auch kann der Angeklagte einwenden, dass gelöschte Gesprächsteile zu seiner Entlastung hätten führen können. Sofern es zu keiner Löschung gekommen ist, entscheidet über die Verwertbarkeit einer Aufzeichnung das erkennende Gericht bzw. das Rechtsmittelgericht nach üblichen Grundsätzen (KK-StPO/Nack StPO § 100 a Rn 41).

II. Erkenntnisse über zeugnisverweigerungsberechtigte Personen

58 Erkenntnisse aus einer Ermittlungsmaßnahme gegen Berufsgeheimnisträger oder aus einer gegen andere Personen gerichteten Maßnahme, bei welcher Erkenntnisse durch Mitteilungen von Berufsgeheimnisträgern erlangt werden, über welche sie das Zeugnis verweigern dürften, unterliegen einem **Beweiserhebungs- und Verwertungsverbot** nach Maßgabe des **§ 160 a Abs 1 StPO**, abhängig von der Reichweite des jeweiligen Zeugnisverweigerungsrechts (KK-Nack/StPO StPO § 100 a Rn 42). Gegenüber **Angehörigen** ergibt sich aus deren Zeugnisverweigerungsrecht kein solches Verbot; insoweit verbleibt es bei der allgemeinen Kernbereichsschutzregelung des Abs 4 (vgl Rn 51 ff).

1. Geistliche, Verteidiger und Abgeordnete (§ 160 a Abs 1 StPO)

59 Ermittlungshandlungen, die sich **gegen** Angehörige der in § 53 Abs 1 Nr 1, Nr 2 und Nr 4 StPO aufgezählten Berufsgruppen **richten** und wodurch voraussichtlich Erkenntnisse gewonnen würden, über die diese Personen wegen ihrer beruflichen Verbindung zum Beschuldigten das Zeugnis verweigern dürften, sind nach § 160 a Abs 1 StPO **generell unzulässig (absolutes Beweiserhebungsverbot)**. Stellt sich erst später heraus, dass Erkenntnisse entgegen dem Beweiserhebungsverbot nach § 160 a Abs 1 S 1 StPO gewonnen

wurden, unterliegen diese einem **absoluten Verwertungsverbot** (Abs 1 S 2), dh sie dürfen – unabhängig ob belastend oder entlastend – im Strafverfahren nicht verwendet werden, auch nicht durch Vernehmung der Ermittlungsperson als mittelbarem Zeugen (vgl § 160 a StPO Rn 3 ff). Aufzeichnungen über die dem Verwertungsverbot unterliegende Kommunikation sind unverzüglich zu löschen (§ 160 a Abs 1 S 3 StPO), und die Löschung ist in den Akten zu dokumentieren (§ 160 a Abs 1 S 4 StPO).

Geistliche genießen Schutz in Ihrer Kommunikation über das, was Ihnen als Seelsorger anvertraut oder bekannt gemacht worden ist (§ 53 Abs 1 S 1 Nr 1 StPO). Darüber hinaus wird regelmäßig insoweit zugleich der nach Abs 4 geschützte Kernbereich betroffen sein (KK-StPO/Nack StPO § 100 a Rn 45; vgl auch Rn 54). 60

Nur **Verteidiger**, nicht die gesamte Gruppe der Rechtsanwälte (anders aber geplant nach der Koalitionsvereinbarung der CDU/CSU/FDP-Bundesregierung), genießen den unbedingten Schutz der Vertraulichkeit der Kommunikation. Die Rechtsgarantie des unüberwachten mündlichen Verkehrs zwischen dem Strafverteidiger und dem Beschuldigten ergibt sich bereits aus § 148 StPO, wodurch die Vertrauensbeziehung zwischen dem Verteidiger und dem Beschuldigten nach außen abgeschirmt und gegen Eingriffe geschützt wird (vgl BGHSt 33, 347, 349). Dem Gespräch mit dem Strafverteidiger kommt die zur Wahrung der Menschenwürde wichtige Funktion zu, darauf hinwirken zu können, dass der Beschuldigte nicht zum bloßen Objekt im Strafverfahren wird (BVerfG NJW 2004, 999, 1004). Der Kontakt mit dem Verteidiger darf daher nicht in einer Weise beeinträchtigt werden, welche die Verteidigungsmöglichkeiten des Beschuldigten einschränkt; dies gilt ebenso, soweit sich der Beschuldigte selbst Unterlagen zu seiner Verteidigung anfertigt (BVerfG NJW 2002, 1410). Jedoch ist es nicht von vorneherein und in jedem Fall unstatthaft, den Telekommunikationsanschluss eines Rechtsanwalts nach § 100 a StPO zu überwachen, der sich (überwiegend) als Strafverteidiger betätigt; denn es kommt für das Vorliegen einer geschützten Kommunikation allein darauf an, ob ein konkretes Vertrauens- und Verteidigungsverhältnis besteht (BVerfG NJW 2007, 2749, 2750); ansonsten gilt die Regelung des § 160 a Abs 2 StPO (vgl Rn 66, Rn 70). 61

Bereits in Art 47 GG und den entsprechenden Regelungen der Landesverfassungen ist das Zeugnisverweigerungsrecht des **Abgeordneten** und das damit korrespondierende Beschlagnahmeverbot enthalten. Insofern haben die Regelungen in § 53 Abs 1 S 1 Nr 4 StPO und § 97 Abs 3 StPO nur deklaratorischen Charakter. Letztlich erscheint es sachgerecht, diesen Regelungen auch ein umfassendes Erhebungs- und Verwertungsverbot hinzuzufügen (BT-Drs 16/5846, 35). 62

Falls es entgegen dem Erhebungsverbot zu **Erkenntnissen oder Aufzeichnungen** gekommen ist, etwa weil das Recht auf Zeugnisverweigerung der Zielperson zunächst nicht erkannt wurde, **dürfen** diese **nicht verwendet werden** und die Aufzeichnungen sind **unverzüglich zu löschen** (§ 160 a Abs 1 S 2 u 3 StPO). Die näheren Umstände und die Löschung sind aktenkundig zu machen (§ 160 a Abs 1 S 4 StPO). Vgl im Übrigen Rn 56 und Rn 57. 63

Berufshelfer der vorgenannten Berufsgeheimnisträger können sich auf ein von diesen abgeleitetes, gleichartiges Zeugnisverweigerungsrecht (§ 53 a Abs 1 StPO iVm § 160 a Abs 3 StPO) berufen, so dass unter diesen Voraussetzungen gleichfalls ein Erhebungs- und Verwertungsverbot besteht. 64

Richtet sich die **Überwachung** gegen eine **andere Zielperson**, ist diese grundsätzlich zulässig, auch wenn die Möglichkeit der Kommunikation mit einem der vorgenannten Berufsgeheimnisträger besteht (KK-StPO/Nack StPO § 100 a Rn 44). Sofern es dann aber zu einem Kontakt kommt, ist entweder bei einer ausnahmsweise vorgenommenen Überwachung in Echtzeit diese für die Dauer der Kommunikation zu unterbrechen (vgl Rn 53) oder zur Sicherung des Verwertungsverbots andernfalls die Aufzeichnung unverzüglich zu löschen und dies zu dokumentieren (Abs 1 S 5). 65

2. Weitere Berufsgeheimnisträger (§ 160 a Abs 2 StPO)

Ein nur **relatives Beweiserhebungsverbot** gilt nach § 160 a Abs 2 S 1 StPO zugunsten der übrigen von Abs 1 nicht umfassten Berufsgeheimnisträger der **Beratungs- und Heilberufe** (§ 53 Abs 1 Nr 3 bis Nr 3 b StPO) sowie **Medienmitarbeiter** (§ 53 Abs 1 Nr 5 StPO). Ermittlungshandlungen gegen Angehörige dieser Berufsgruppen sind nicht generell 66

StPO § 100 a   Erstes Buch. 8. Abschnitt

unzulässig, sondern es ist entsprechend der von der Rechtsprechung zugrunde gelegten „Abwägungslehre" (BGHSt 44, 243, 248 ff = NStZ 1999, 203, 204; BGH NStZ 2007, 601, 602) eine **Einzelfallprüfung** vorzunehmen. Dabei ist das primär öffentliche Interesse – teilweise aber auch das individuelle Opferinteresse – an einer wirksamen Strafverfolgung gegen das Interesse der Öffentlichkeit an den durch die zeugnisverweigerungsberechtigten Personen wahrgenommenen Aufgaben sowie dem individuellen Interesse an der Geheimhaltung der einem Berufsgeheimnisträger anvertrauten oder bekannt gewordenen Tatsachen abzuwägen (BT-Drs 16/5846, 36). Eine Abwägung zugunsten der Individualinteressen dürfte zumindest dann nahe liegen, wenn kernbereichsnahe, besonders sensible Informationen aus einem Arzt-Patienten-Verhältnis oder der Rechtsanwalts-Mandanten-Kommunikation entnommen werden könnten (BT-Drs 16/5846, 36, 37).

67   Im Rahmen der nach Abs 2 S 1 vorzunehmenden Verhältnismäßigkeitsprüfung bleibt die Schwere der dem Verfahren zugrunde liegenden Straftat nicht unberücksichtigt. Nach der gesetzlichen Regelbestimmung des Abs 2 S 1 Hs 1 ist bei einer **Straftat von nicht erheblicher Bedeutung** ein Überwiegen des Strafverfolgungsinteresses (regelmäßig) nicht anzunehmen. Die **Einzelfallprüfung** kann im konkreten Fall ergeben, dass die Maßnahme entweder in vollem Umfang durchzuführen oder ganz zu unterlassen ist; **möglich** ist aber auch eine **Beschränkung der Maßnahme** (§ 160 a Abs 2 S 2 StPO) nach Umfang oder in zeitlicher Hinsicht.

68   Sind Erkenntnisse von den vorbezeichneten Berufsgeheimnisträgern (vgl Rn 66) erlangt worden, unterliegen diese einem entsprechenden **relativen Beweisverwertungsverbot** (§ 160 a Abs 2 S 3 StPO). Regelmäßig wird die vorzunehmende Abwägung zu denselben Ergebnissen wie bei der Frage des Erhebungsverbots führen. Allerdings kann sich dann eine andere Abwägung ergeben, wenn infolge der **unterschiedlichen Zeitpunkte der Abwägung** (vor Anordnung der Maßnahme – nach Vorliegen der Erkenntnisse aus der Maßnahme) zwischenzeitlich der zugrunde liegende Tatverdacht geändert hat, entweder von erheblicher Straftat zu Bagatelltat oder umgekehrt. So kann uU die Verwertung von ursprünglich rechtswidrig erhobenen Erkenntnissen zulässig sein (BT-Drs 16/5846, 37).

69   Beweiserhebungs- und Beweisverwertungsverbot greifen jedoch nur im Rahmen der Reichweite der jeweiligen Zeugnisverweigerungsrechte ein. Wird ein Berufsgeheimnisträger von seiner **Pflicht zur Verschwiegenheit entbunden** (§ 53 Abs 2 S 1 StPO), **entfällt** auch ein etwaiges **Verwertungsverbot**.

70   **Rechtsanwälte** genießen im Vergleich zu Verteidigern nur den eingeschränkten Schutz des § 160 a Abs 2 StPO, weshalb eine Überwachung nicht von vorneherein unstatthaft ist (BVerfG NJW 2007, 2749, 2750). Allerdings wird gerade bei Rechtsanwälten deren grds mit hohem gesellschaftlichem Wert verbundene Tätigkeit in besonderer Weise bei der Prüfung der Verhältnismäßigkeit zugrunde zu legen sein (BT-Drs 16/5846, 36). Letztlich wird vor allem beim Eingreifen der Verstrickungsregelungen des § 160 a Abs 4 StPO der Schutzstatus entfallen.

71   Gespräche mit einem **Arzt** werden, soweit diese nicht bereits dem absolut geschützten Kernbereich unterfallen (vgl Rn 51 ff), jedenfalls sofern sie das Patientenverhältnis beinhalten, regelmäßig sensible Individualinteressen betreffen, welche zu einem Überwiegen bei der Verhältnismäßigkeitsprüfung und damit zur Unzulässigkeit einer Maßnahme führen (BT-Drs 16/5846, 37).

72   Bei den in § 53 Abs 1 S 1 Nr 5 StPO genannten **Medienmitarbeitern** ist in die erforderliche Einfallabwägung die hohe Bedeutung von deren Tätigkeit unter dem Schutz von Presse- und Rundfunkfreiheit zu berücksichtigen. Jedoch ist ein genereller Vorrang journalistischer Interessen vor dem öffentlichen Strafverfolgungsinteresse verfassungsrechtlich nicht begründbar (BVerfGE 109, 279, 332). Insbesondere weisen deren Zeugnisverweigerungsrechte keinen unmittelbaren Bezug zum Kernbereich privater Lebensgestaltung auf (BT-Drs 16/5846, 37).

73   **Berufshelfer** der vorgenannten Berufsgeheimnisträger können sich auf ein von diesen abgeleitetes, gleichartiges Zeugnisverweigerungsrecht (§ 53 a Abs 1 StPO iVm § 160 a Abs 3 StPO) berufen, so dass unter diesen Voraussetzungen gleichfalls ein Erhebungs- und Verwertungsverbot besteht.

73.1   Inbes gegen die nur eingeschränkte Privilegierung der in § 160 a Abs 2 StPO näher bezeichneten Berufsgruppen sind Verfassungsbeschwerden anhängig; allerdings wurde der Antrag auf Erlass einer einstw Anordnung durch Beschl v 15. 10. 2008 – Az 2 BvR 236-237/08 zurückgewiesen (Rn 125 f). Auf die diese Frage ändern wollende Koalitionsvereinbarung der aktuellen Bundesregierung sei aber hingewiesen.

3. Verstrickungsregelung (§ 160 a Abs 4 StPO)

Die Erhebungs- und Verwertungsbeschränkungen nach § 160 a Abs 1 bis Abs 3 StPO sind nicht anzuwenden, wenn der Berufsgeheimnisträger selbst an der verfahrensgegenständlichen Tat beteiligt oder der Begünstigung, Strafvereitelung oder Hehlerei verdächtig ist (Abs 4 S 1). Im Gegensatz zu der ansonsten vergleichbaren Regelung des § 97 Abs 2 S 3 StPO muss sich zusätzlich der Verstrickungsverdacht **auf bestimmte Tatsachen gründen** (vgl hierzu Rn 37). Das im Regierungsentwurf ursprünglich vorgesehene zusätzliche Erfordernis eines bereits gegen den Berufsgeheimnisträger eingeleiteten Ermittlungsverfahrens wurde nach der Sachverständigenanhörung im Ermittlungsausschuss fallengelassen.

74

Bei Medienmitarbeitern (vgl Rn 72) ist neben der Annahme eines auf Tatsachen begründeten Verstrickungsverdachts weiterhin erforderlich, dass bei Antrags- oder Ermächtigungsdelikten erst Strafantrag gestellt oder die Ermächtigung erteilt ist (Abs 4 S 2).

75

4. Vorrangige Regelungen (§ 160 a Abs 5 StPO)

Die § 97 StPO und § 100 c Abs 6 StPO gehen nach § 160 a Abs 5 StPO als speziellere Regelungen vor (vgl hierzu § 160 a StPO Rn 17).

76

F. Verwertung

Grundsätzlich ist es dem erkennenden Gericht überlassen, wie es die durch die Maßnahme gewonnenen Erkenntnisse einführt und verwertet (§ 244 Abs 2 StPO; BGH NJW 1992, 58, 59). Dennoch werden die unmittelbaren und unverfälschten Nachweise in erster Linie durch die **Inaugenscheinnahme** der **Tonträger** bzw **Datenträger** in der Hauptverhandlung gewonnen (BGH NStZ 2002, 493), welche entweder in den maßgeblichen Passagen abgespielt oder (insbes bei Daten) für die Beteiligten sichtbar (Monitor, Beamer usw) gemacht werden. Daneben kommt aber auch der **Urkundsbeweis** durch Verlesen der gefertigten Niederschriften oder Datenausdrucke in Betracht – auch im Selbstleseverfahren (§ 249 Abs 2 StPO). Den Schöffen können zum besseren Verständnis auch Kopien der in den Akten befindlichen Aufzeichnungsniederschriften zur Verfügung gestellt werden (BGHSt 43, 36, 38). Die **Zeugenvernehmung** des zuständigen Auswertungsbeamten über die festgestellten Erkenntnisse ist gleichfalls möglich, aber mit einem vergleichbar schwächeren Beweiswert (BGHSt 43, 36, 38). Dennoch wird dessen Vernehmung vielfach zusätzlich sinnvoll sein, um gerade bei umfangreichen Überwachungsmaßnahmen die Beweisaufnahme zu beschleunigen und so auf die wesentlichen Erkenntnisse zu beschränken.

77

Bei **Verkehrsdaten** ist, sofern das erkennende Gericht nicht aus anderen Verfahren bereits entsprechende Sachkenntnis hat, die Vernehmung eines Sachverständigen angezeigt, welcher nicht nur die Korrektheit der Daten bestätigen, sondern auch die technik-bedingten Schlüsse hieraus verdeutlichen und dem Gericht eine von ihm zu bildende Überzeugung ermöglichen kann. Dies gilt bspw auch für die Eingrenzung der Reichweite konkreter Funkzellen bei festgestellten Standortdaten eines Mobiltelefons (vgl Rn 18).

78

Bei **fremdsprachigen Aufzeichnungen** sind diese, soweit sie jedenfalls mit den vorgeworfenen Taten in Verbindung stehen, in die deutsche Sprache zu übersetzen (BGH NJW 1992, 58, 59). Sofern begründete Zweifel bestehen, ob eine Äußerung den Verfahrensgegenstand betrifft, ist diese von einem (regelmäßig) vereidigten Dolmetscher übersetzen zu lassen (BGH NStZ 1985, 466); die aus dem eigenen Anhören eines Übersetzers (vorab) getroffene Wertung reicht bei Zweifeln nicht aus (BGH NStZ 1985, 466). Allerdings gibt es weder im Rahmen des Akteneinsichtsrechts der Verteidigung (§ 147 Abs 1 StPO) noch aus Aufklärungsgesichtspunkten eine Verpflichtung des erkennenden Gerichts, sämtliche in einer fremden Sprache aufgezeichneten Gespräche übersetzen zu lassen oder der Verteidigung die Hinzuziehung eines unentgeltlichen Dolmetscher zu gestatten, jedenfalls dann nicht, wenn die Akten zusammenfassende Berichte über den Inhalt der aufgezeichneten Telefonate enthalten (BGH NStZ 2008, 230, 231). Sind in den Akten bereits Übersetzungen vorhan-

79

den, können diese durch Verlesung eingeführt werden; allerdings ist der Tatrichter gehalten, sich die Überzeugung von der Zuverlässigkeit des Übersetzers und der Verlässlichkeit der Übersetzungen zu verschaffen (BGH NStZ 2002, 493, 494).

80 Nach bislang hA ist die Übertragung in die deutsche Sprache keine **Dolmetscher-** sondern **Sachverständigentätigkeit**, wobei allerdings der Dolmetscher eingesetzt werden kann, ohne zuvor von seiner Aufgabe abgelöst zu werden (BGH NStZ 1985, 466 mwN). Gerade bei einer wörtlichen Übersetzung vor dem erkennenden Gericht überzeugt dies jedoch nicht, weil es sich von der Übersetzung anderer Äußerungen in der Hauptverhandlung nicht unterscheidet (iE wohl auch BGH NJW 1992, 58, 59). Ist der üblicherweise mit der Übersetzung der Äußerungen der Hauptverhandlung in die Sprache des Angeklagten befasste Dolmetscher damit beauftragt, in der Hauptverhandlung die in ausländischer Sprache vorliegenden Aufzeichnungen zu übersetzen, braucht das Gericht für diesen Zeitraum keinen weiteren zusätzlichen Dolmetscher mit der zeitgleichen Übersetzung für den Angeklagten zu beauftragen.

G. Verwertungsverbote

I. Allgemeines

81 Mit dem Reformgesetz v 17. 12. 1997 (Rn 4) wurden die speziellen Verwertungsverbote des § 100a Abs 4 StPO (vgl Rn 53) sowie des § 160a Abs 1 bis 3 StPO (Rn 58 ff) geschaffen. Daneben kommen auch Verwertungsverbote und -beschränkungen nach allgemeinen Grundsätzen in Betracht, insbes bei Verstößen gegen die formellen und materiellen Voraussetzungen der Anordnung. Die nachträgliche Feststellung der Rechtswidrigkeit einer Maßnahme obliegt dem anordnenden Gericht, nach Erhebung der Anklage dem erkennenden Gericht (OLG Frankfurt NStZ-RR 2006, 44, 45).

II. Formelle Mängel

82 Grundlegende Mängel bei Anordnung der Maßnahme können zur Unverwertbarkeit von erlangten Erkenntnissen führen. So liegt die Annahme eines Verwertungsverbots nahe bei **Fehlen einer Anordnung durch den Richter** (§ 100b Abs 1 S 1 StPO) oder bei Gefahr im Verzug (§ 100b Abs 1 S 2 StPO) durch die Staatsanwaltschaft (BGHSt 35, 32, 33; BGHSt 44, 243, 248, 249; BGH NStZ-RR 2002, 176) oder einer durch die Polizei unter Verstoß gegen § 201 StGB gefertigten Gesprächsaufzeichnung (BGHSt 31, 304, 305). Wird der richterlich angeordnete Überwachungszeitraum überschritten, kommt es für die Verwertbarkeit auf die Umstände des Einzelfalls an. Jedenfalls bei einer versehentlich entstandenen kurzzeitigen Lücke zwischen Erst- und Verlängerungsanordnung ist ein Verwertungsverbot nicht zwingend (BGHSt 44, 243, 249, 250). Entsprechendes dürfte Geltung erlangen bei einer nur geringfügigen Lücke zwischen staatsanwaltschaftlicher Anordnung und richterlicher Bestätigung.

83 Liegen bei einer **Anordnung der Staatsanwaltschaft** nicht die Voraussetzungen einer Gefahr im Verzug vor, kommt es darauf an, ob diese willkürlich angenommen und damit der auch der Grundrechtssicherung dienende Richtervorbehalt (BVerfGE 103, 142, 151, 152) ausgeschaltet wurde (Verwertungsverbot) oder nur ein Versehen bei der Einschätzung vorlag (verwertbar: so auch KK-StPO/Nack StPO § 100a Rn 54), bzw die Annahme von Gefahr im Verzug vertretbar war (BGH wistra 2006, 311). Einfache formale Fehler, etwa der **Verstoß gegen das Schriftformerfordernis** des § 100b Abs 2 S 1 StPO, begründen kein Verwertungsverbot (BGH NStZ 1996, 48; vgl auch BVerfG Beschl v 18. 11. 1998 – Az 2 BvR 1006/98).

III. Sachliche Mängel der Anordnung

1. Fehlende Katalogtat

84 Hat bei Erlass der Überwachungsanordnung jeglicher durch bestimmte Tatsachen (vgl Rn 37) begründete **Tatverdacht einer Katalogtat gefehlt**, sind die gewonnenen Erkenntnisse grundsätzlich nicht als Beweismittel verwertbar (BGHSt 31, 304, 308, 309; BGHSt 47, 362, 365). Ändern sich jedoch die gesetzlichen Voraussetzungen für eine Anordnung im Verlauf eines anhängigen Strafverfahrens kann eine ursprünglich nicht

mögliche Überwachungsmaßnahme auch noch nach deren Durchführung infolge der erfolgten Änderung verwertbar werden (BGH NJW 2009, 791, 792). Demgegenüber ist bei einer auf Grund eines **Subsumtionsfehlers** fälschlich angenommenen Katalogtat dies dann unschädlich, wenn der zugrunde liegende Sachverhalt den Tatverdacht einer anderen Katalogtat rechtfertigt (BGH NJW 2003, 1880, 1881). Ebenso ergibt sich kein Verwertungsverbot, wenn der anfänglich bestehende und der Anordnung nach § 100 a StPO zugrunde liegende **Verdacht einer Katalogtat später sich nicht** mit der erforderlichen Sicherheit **bestätigt**, aber durch Telefonate Nachweise für erhebliche Straftaten mit engem Bezug zu den (ursprünglich) zugrunde liegenden Tatvorwürfen erbracht werden (BGHSt 28, 122, 127, 128; BGHR StPO § 100 a Verwertungsverbot 4). Bezüglich des Verdachts anderer, nicht mit der Katalogtat in Zusammenhang stehenden Straftaten dürfen Erkenntnisse aus der angeordneten Maßnahme nicht verwertet werden (BGHR StPO § 100 a Verwertungsverbot 10).

2. Mängel des Verdachtsgrades

Bei der Beurteilung des Vorliegens eines auf **bestimmte Tatsachen gestützten Tatverdachts** (Rn 37) räumt das Gesetz dem Ermittlungsrichter einen Beurteilungsspielraum ein. Als rechtswidrig – mit der Folge eines Verwertungsverbots – stellt sich eine Überwachungsanordnung nur dar, wenn dieser Spielraum überschritten wurde und die Entscheidung daher nicht mehr vertretbar ist (BGHSt 47, 362, 366). Die Entscheidung hierüber obliegt dem erkennenden Tatrichter und ggf dem Rechtsmittelgericht (BGHSt aaO), welche hierzu ergänzende Feststellungen im Freibeweisverfahren treffen können (Beschl v 8. 10. 2008 – Az 1 StR 441/08). Ein Verwertungsverbot kommt allerdings überhaupt nur dann in Betracht, soweit einer Verwertung rechtzeitig durch den Angeklagten widersprochen wird (BGH NJW 2006, 1361, 1362 = NStZ 2006, 402; **aA** BGHSt 47, 362, 366, 367: von Amts wegen; vgl auch Rn 88). 85

3. Begründungsfehler

Fehler der Begründung der Anordnung führen allein grundsätzlich nicht zu einer Unverwertbarkeit der gewonnenen Erkenntnisse (BGH NVwZ 2006, 1327, 1328; BGHSt 47, 362, 367; BGH NJW 1986, 390, 391). In diesem Fall hat der erkennende Richter vielmehr den Ermittlungsstand zum Zeitpunkt der Entscheidung über die Anordnung zu rekonstruieren und auf dieser Grundlage die Vertretbarkeit der Anordnung zu untersuchen (BGHSt 47, 362, 367), ggfs auch durch Heranziehung von polizeilichen Ermittlungsberichten (BGH NJW 2009, 791, 792; Beschl v 18. 12. 2008 – Az StB 26/08 – BeckRS 2009, 04727). Ist dies (bspw bei völlig fehlender Begründung oder bloßer Formularanordnung ohne jegliche Darstellung zum konkreten Anordnungsfall) nicht möglich oder bleiben durchgreifende erhebliche Zweifel, so dass der Beschluss insgesamt nicht nachvollziehbar ist, sind die Erkenntnisse nicht verwertbar (LG Kiel StV 2006, 405, 406; LG Rostock StV 2008, 461). 86

4. Verstoß gegen Subsidiaritätsgrundsatz

Bei der Frage, ob andere (weniger beeinträchtigende) Ermittlungsmaßnahmen Erfolg versprechen (vgl Rn 40), hat der Ermittlungsrichter gleichfalls einen **Beurteilungsspielraum**. Wird dieser überschritten, führt dies zur Unverwertbarkeit der erlangten Erkenntnisse (BGHSt 41, 30, 35 f). Die Entscheidung hierüber obliegt dem erkennenden Tatrichter und ggfs dem Rechtsmittelgericht (BGHSt 47, 362, 366), allerdings nur, soweit der Verwertung rechtzeitig durch den Angeklagten widersprochen wird (BGH NJW 2006, 1361, 1362 = NStZ 2006, 402; **aA** BGHSt 47, 362, 366, 367: von Amts wegen; vgl auch Rn 88). 87

IV. Voraussetzung: Widerspruch gegen Verwertung

Soweit es nicht um gesetzlich angeordnete Erhebungs- und Verwertungsverbote geht, insbesondere Erkenntnisse aus dem geschützten Kernbereich, ist grundsätzlich erforderlich, dass der Angeklagte einer **Verwertung** in der Hauptverhandlung **rechtzeitig widerspricht** (BGHSt 51, 1 = NStZ 2006, 402). Dementsprechend kann eine ordnungsgemäß erhobene 88 und begründete Verfahrensrüge (BGHR StPO § 100 a Verwertungsverbot 9; vgl zu den Rügevoraussetzungen im Einzelnen § 344 StPO (§ 344 StPO Rn 36 ff) auch nur unter dieser Voraussetzung Erfolg haben. Soweit teilweise gefordert wird, der Tatrichter habe von Amts wegen die Rechtmäßigkeit einer Anordnung nach § 100 a StPO zu überprüfen (BGHSt 47, 362, 366 f = NStZ 2003, 215 – aber nicht tragend entschieden), ist dem nur insoweit zu folgen, als das erkennende Gericht zwar an einer Prüfung von Amts wegen letztlich nicht gehindert ist (zB Kernbereich, Zeugnisverweigerungsrechte), jedoch ist zu berücksichtigen, dass der **Angeklagte** über ein **Verwertungsverbot disponieren** kann, zumindest insoweit, als seine eigene Sphäre tangiert ist (BGH NJW 2005, 3295, 3298 = NStZ 2005, 700; BGHR StPO § 100 a Verwertungsverbot 11).

89   Erst Recht ist der Tatrichter nicht gezwungen, bei einer **Kette von aufeinander folgenden TKÜ-Anordnungen** alle jeweils vorausgehenden Überwachungsmaßnahmen, deren Ergebnisse zur Anordnung der unmittelbar beweiserheblichen TKÜ geführt haben, in die Prüfung einbeziehen (BGHSt 51, 1 = NStZ 2006, 402, 404; **aA** BGHSt 47, 362, 366).

V. Verwertung zusätzlicher Erkenntnisse

1. Sachliche Reichweite der Überwachungsanordnung

90   Die zu überwachende Telekommunikation umfasst nur die unmittelbar damit verbundenen Vorgänge, beim Telefonieren also das **Gespräch selbst** sowie das **Herstellen und die Beendigung der Verbindung**. Dementsprechend sind Äußerungen verwertbar, welche bereits während des Wählvorgangs oder beim Ertönen des Freizeichens gemacht werden (BGH Beschl v 24. 4. 2008 – Az 1 StR 169/08). Das Hinterlassen einer Nachricht auf dem Anrufbeantworter des Angerufenen ist Telekommunikation.

91   **Keine Telekommunikation** mehr sind Gespräche, welche in einer Wohnung geführt werden und bei denen eine Aufzeichnung nur deswegen erfolgt, weil nach dem letzten Telefonat irrtümlich der Telefonhörer nicht ordnungsgemäß aufgelegt wurde (BGHSt 31, 296, 298 ff). Insoweit gelten die strengeren Voraussetzungen nach § 100 c StPO, wobei eine Verwertung zumeist daran scheitert, dass eine solche Anordnung nicht vorlag. Ob dann von Telekommunikation auszugehen ist, wenn bei einem Mobiltelefon nach Gesprächsende versehentlich nicht die Taste zur Gesprächstrennung gedrückt wird (so BGHR StPO § 100 a Verwertungsverbot 13), mag zweifelhaft sein; weil im vorgenannten Fall das in der Folge vom Beschuldigten geführte Gespräch aber in einem Pkw stattfand und insoweit die Voraussetzungen auch nach § 100 f StPO vorlagen, bestand kein Verwertungsverbot.

2. Hintergrund- und Raumgespräche

92   Spricht der Überwachte während eines von ihm geführten Telefonats neben dem Gesprächspartner auch mit einer bei dem Beschuldigten anwesenden weiteren Person, sind solche durch die Telekommunikationseinrichtung mit übertragenen Gespräche und Geräusche von dieser umfasst und können verwertet werden (BGH NStZ 2003, 668, 669, 670; OLG Düsseldorf NJW 1995, 975, 976). Dies gilt in gleicher Weise, wenn sich andere Personen im Raum unterhalten, während der Beschuldigte telefoniert, denn der Ursprung des übermittelten Gesprächs ist für den Charakter der Übertragung selbst als Telekommunikationsvorgang zunächst ohne Bedeutung (BGH NStZ 2003, 668, 669; Beschl v 24. 4. 2008 – Az 1 StR 169/08). Auch wenn die Verbindung erst aufgebaut wird oder noch das Rufzeichen hörbar ist, handelt es sich um Telekommunikation (vgl Rn 90), so dass Äußerungen des Beschuldigten ohne Weiteres als Beweis erhoben werden können.

VI. Zufallserkenntnisse

93   Werden im Rahmen einer ordnungsgemäß angeordneten Überwachungsmaßnahme Erkenntnisse über andere, mit dem Ausgangsverfahren nicht unmittelbar zusammenhängende Straftaten erlangt, dürfen diese Informationen nach der mit Gesetz v 21. 12. 2007 (Rn 5) eingeführten Verwendungs- und Verwertungsregelung des § 477 Abs 2 StPO (vgl § 477 StPO Rn 5) nur zur Aufklärung anderer Katalogtaten weitergegeben werden. Dieser Regelung, welche auch der bisherigen Rspr (BGHR StPO § 100 a Verwertungsverbot 4, 5, 10)

entspricht, liegt der Gedanke des „**hypothetischen Ersatzeingriffs**" zugrunde (BT-Drs 16/5846, 66 mwN).

Dagegen gelten diese Einschränkungen nicht für **Erkenntnisse im selben (Ausgangs-) Strafverfahren**. Insbesondere steht einer Verwertung nicht entgegen, dass sich der Verdacht einer Katalogstraftat nicht bestätigt hat (BT-Drs 16/5846, 66). In rechtmäßiger Weise erlangte Erkenntnisse sind im Ausgangsverfahren als Spurenansatz und auch zur Gewinnung anderer Beweismittel – sowohl hinsichtlich anderer Begehungsformen der zunächst angenommenen Katalogtat, als auch hinsichtlich sonstiger Straftatbestände und anderer Tatbeteiligten verwertbar, soweit es sich noch um dieselbe Tat im prozessualen Sinn handelt (BT-Drs 16/5846, 66; Meyer-Goßner StPO § 100 a Rn 32; **aA** wohl noch LG Münster StV 2008, 460). 94

VII. Präventiv erlangte Erkenntnisse

Sind Erkenntnisse durch andere – nicht strafprozessuale – hoheitliche Maßnahmen erlangt (etwa nach **Polizeigesetzen** oder den Gesetzen über die Nachrichtendienste), können diese zu Beweiszwecken in einem Strafverfahren nur zur Aufklärung einer Katalogtat nach Abs 2 verwendet werden, wie nunmehr neu in § 161 Abs 2 S 1 StPO geregelt ist (vgl insoweit auch BGHR StPO § 100 a Verwertungsverbot 8). Soweit die Daten jedoch nur als Spurenansatz für weitere Ermittlungen oder zur Feststellung des Aufenthaltsortes des Beschuldigten dienen sollen, gelten die Beschränkungen nicht (BT-Drs 16/5846, 64 unter Verweis auf BVerfG NJW 2005, 2766). Ebenso würde entspr dem Gedanken des „hypothetischen Ersatzeingriffs" (BT-Drs 16/5846, 64) die unmittelbare Verwertung von Erkenntnissen aus einer nach Polizeirecht (auch nach dem BKAG, sofern die Vorschrift des § 20 k BKAG Gesetz würde) durchgeführten **Online-Durchsuchung** in einem **Strafverfahren ausscheiden**, weil es bislang eine vergleichbare Maßnahme in der StPO nicht gibt vgl § 162 StPO (§ 162 StPO Rn 12). Daran ändert auch nichts die nach § 20 v Abs 5 BKAG vorgesehene Mitteilungsmöglichkeit. 95

VIII. Heimliche Aufzeichnung der Telekommunikation durch einen Teilnehmer oder mit dessen Hilfe

Ist ein Gesprächspartner mit der **Aufzeichnung** der Telekommunikation durch die Ermittlungsbehörden **einverstanden**, ist begrifflich keine verdeckte Überwachung mehr gegeben; dennoch wird, sofern nicht der andere Gesprächspartner ebenfalls in eine Aufzeichnung einwilligt, in dessen Grundrecht aus Art 10 GG eingegriffen, weshalb staatliche Stellen in solchen Fällen ebenfalls eine Gestattung nach § 100 a StPO benötigen (BVerfGE 85, 386, 397 ff); zumindest aber muss der Verdacht einer Katalogtat gegeben sein. Hat allerdings ein Gesprächspartner einem Zeugen das **Mithören** eines Gesprächs ermöglicht, ist der Inhalt des Gesprächs durch Vernehmung des Zeugen der Beweisaufnahme zugänglich, wenn es um die Aufklärung einer erheblichen Straftat geht – selbst wenn das Gespräch auf Veranlassung der Polizei geführt wurde (BGHSt 42, 139, 145 ff). 96

Wurde ein Gespräch ohne Mithilfe staatlicher Behörden **durch einen der Gesprächspartner heimlich aufgezeichnet**, wird – bei Fehlen eines Rechtfertigungsgrunds – vielfach ein Vergehen gegen § 201 StGB nicht auszuschließen sein (vgl hierzu MünchKommStGB/Graf StGB § 201 Rn 46 ff); dennoch wird zumindest bei schweren Straftaten das Interesse an der Aufklärung, welches mit dem Erfordernis des staatlichen Schutzes und der Fürsorge für die Opfer konform geht, den Grundrechtseingriff gegenüber dem Partner der aufgezeichneten Telekommunikation überwiegen (iE ebenso KK-StPO/Nack StPO § 100 a Rn 72). 97

IX. Gerichtlicher Prüfungsumfang

1. Tatrichter

Mit der 2006 nochmals bestätigten und tragend entschiedenen Auslegung, wonach der Tatrichter zwar **von Amts wegen** bei entsprechenden Hinweisen die Rechtmäßigkeit der Überwachungsanordnung überprüfen kann, dazu aber **nur verpflichtet ist, sofern** einer Verwertung der Erkenntnisse **rechtzeitig widersprochen** wurde (BGHSt 51, 1 = NStZ 2006, 402; BGHR StPO § 100 a Verwertungsverbot 9; **aA** BGHSt 47, 362, 366, 367 = 98

NStZ 2003, 215 –aber nicht tragend entschieden), steht fest, dass der Angeklagte in solchen Fällen sich zur Frage der Verwertung verhalten muss; die erstmalige Rüge im Revisionsverfahren ist nicht ausreichend. Allerdings ist insoweit zu berücksichtigen, dass für den Angeklagten die Geltendmachung eines Verwertungsverbots disponibel ist, jedenfalls soweit dessen eigene Sphäre tangiert ist (BGH NJW 2005, 3295, 3298 = NStZ 2005, 700; BGHR StPO § 100 a Verwertungsverbot 11). Diese Grundsätze gelten auch für die Frage des Vorliegens des bestimmten Tatverdachts sowie der Einhaltung der Subsidiaritätsklausel.

99 Bei seiner Prüfung der Voraussetzungen hat der anordnende Ermittlungsrichter einen **Beurteilungsspielraum**, so dass sich eine eventuelle Nachprüfung durch den Tatrichter auf den Maßstab der Vertretbarkeit beschränkt (BGHSt 41, 30; BGHR StPO § 100 a Verwertungsverbot 9). Unter Berücksichtigung des weiteren Umstandes, dass sich die Beurteilung rückwirkend auf den Zeitpunkt des Erlasses der Anordnung beziehen muss und vielfach eine verlässliche Rekonstruktion zumindest schwierig ist, werden letztlich nur bei willkürlichen Entscheidungen oder groben (vorzuwerfenden) Fehleinschätzungen diese einer Verwertung entgegenstehen (KK-StPO/Nack StPO § 100 a Rn 7). Zur fehlenden Prüfungsverpflichtung für in einer Kette von TKÜ-Anordnungen ergangene frühere Maßnahmen vgl Rn 89.

100 Bei Entscheidungen der Staatsanwaltschaft bei **Gefahr im Verzug** muss demgegenüber zur Ermöglichung einer wirksamen gerichtlichen Nachprüfung der handelnde Staatsanwalt vor oder jedenfalls unmittelbar nach der Anordnung seine für den Eingriff bedeutsamen Erkenntnisse und Annahmen in den Ermittlungsakten dokumentieren und unter näherer Bezeichnung des Tatverdachts und der erwarteten Erkenntnisse, die Umstände darlegen, auf die er die Gefahr des Beweismittelverlusts stützt (BVerfG NStZ 2001, 382, 385). Insbesondere muss erkennbar sein, ob der Versuch unternommen wurde, den Ermittlungsrichter zu erreichen. Auf der Grundlage dieser Dokumentation kann dann nicht nur der Ermittlungsrichter, sondern in einem späteren gerichtlichen Verfahren auch der Tatrichter die Umstände nachprüfen (BVerfGE 49, 24, 66, 67; BVerfG NStZ 2001, 382, 385). Allerdings wird ein Beweiserhebungsverbot wegen im Ergebnis **fehlender Eilkompetenz** nur bei bewusst fehlerhafter bzw objektiv willkürlicher Annahme der Anordnungsbefugnis der Staatsanwaltschaft zu einem Beweisverwertungsverbot führen (BVerfG NJW 2006, 2684, 2686; NJW 2005, 1917, 1923; OLG Stuttgart NStZ 2008, 238, 239; vgl auch Müller/Trurnit StraFo 2008, 144, 149, 150).

100 a Zur Beweisführung hinsichtlich des Aufenthalts des Angeklagten zu einem bestimmten Zeitpunkt mittels Erkenntnissen aus einer Telkommunikationsüberwachung ist es nicht erforderlich, den die Überwachung leitenden bzw. die Niederschriften fertigenden Kriminalbeamten als Zeugen zu hören. Vielmehr reicht es in solchen Fällen hin, die vom Inhalt der Tonträger hergestellten **Niederschriften** in die Hauptverhandlung durch **Verlesen** einzuführen (BGH NStZ 2009, 280, 281).

2. Revisionsgericht

101 Auch das Revisionsgericht kann den Beurteilungsspielraum des anordnenden Ermittlungsrichters nur begrenzt nachprüfen (BGHR StPO § 100 a Verwertungsverbot 10 = BGH NStZ 1998, 426, 427; BeckRS 2006, 06765). Dabei ist bei der Frage der Verwertbarkeit allein auf die konkrete Anordnung auf der Grundlage der vorgenommenen ermittlungsrichterlichen Prüfung des Tatverdachts abzustellen, nicht dagegen auf einen anderen möglichen, vom Ermittlungsrichter aber nicht angenommenen und nicht geprüften Tatverdacht. Voraussetzung ist jedoch eine ordnungsgemäß erhobene und begründete **Verfahrensrüge** (BGHSt 51, 1, 5 = NStZ 2006, 402, 403), auf welche dann freibeweislich die Verwertbarkeit der gewonnenen Erkenntnisse und das Beruhen der angefochtenen Entscheidung auf diesen zu prüfen ist (BGH NStZ 2006, 402, 403). Betrifft eine Rüge daher die Frage, ob der jeweilige Ermittlungsstand den Erlass einer Überwachungsanordnung rechtfertigte, muss ein Beschwerdeführer die nach § 344 Abs 2 StPO notwendigen Verfahrenstatsachen umfassend vortragen, welche der Senat benötigt, um die Entscheidung des Ermittlungsrichters überprüfen zu können. Dass diese Beschlüsse aktenkundig sind, reicht hierfür nicht aus (BGH NStZ 2007, 117).

H. Fernwirkung von Verwertungsverboten

Die **gesetzlich angeordneten Erhebungs- bzw. Verwertungsverbote** des Abs 4 sowie des § 160a Abs 1 StPO lassen weder eine direkte Verwertung erlangter Erkenntnisse noch eine indirekte durch Weitergabe zur Einleitung weiterer Ermittlungsverfahren oder als Ermittlungsansätze zu. Grundsätzlich könnte es ohnehin nur ausnahmsweise dazu kommen, weil in diesen Fällen bereits die Erhebung von Daten unzulässig ist (Rn 52, Rn 59). 102

In **allen anderen Fällen besteht kein verfassungsrechtliches Hindernis**, Zufallserkenntnisse aus einer rechtmäßig durchgeführten Maßnahme nach § 100a StPO als Grundlage weiterer Ermittlungen zur Gewinnung neuer Beweismittel in einem anderen **gegen den Betroffenen geführten Verfahren** zu nutzen (BVerfG NJW 2005, 2766). Insoweit wird dem Interesse an einer wirksamen Strafrechtspflege Rechnung getragen (BVerfG aaO). Dies gilt auch dann, wenn das konkret nachgewiesene Delikt keine Katalogtat ist (BVerfG aaO; Allgayer NStZ 2006, 603, 604 mwN). Hinsichtlich der Neufassung des § 161 Abs 2 StPO wird in der Gesetzesbegründung ausdrücklich auf die bisherige, vom BVerfG gebilligte Rspr des BGH verwiesen (BT-Drs 16/5846, 64). Demgegenüber dürfen Erkenntnisse aus einer Telefonüberwachung auf der Grundlage von § 100a StPO mangels gesetzlicher Grundlage weder an den Träger der Rentenversicherung weitergegeben werden noch allgemein im Verwaltungsverfahren oder im sozialgerichtlichen Verfahren verwertet werden (Hess LSG Beschl v 26. 3. 2009 – Az L 1 KR 331/08 B ER). 103

Gegenüber anderen Personen und Zeugen können rechtmäßig gewonnen Erkenntnisse wegen der neuen Regelung des § 477 Abs 2 S 2 StPO ebenfalls nicht zu Beweiszwecken, jedoch als weiterer **Ermittlungs- und Spurenansatz** benutzt werden (BT-Drs 16/5846, 66). Dabei ist es jedoch nicht zulässig, die Erkenntnisse aus einer gegen einen anderen gerichteten Überwachungsmaßnahme vorzuhalten, der nicht selbst Beschuldigter einer Katalogtat ist (OLG Karlsruhe NStZ 2004, 643). Auch die auf einen unzulässigen Vorhalt gemachten Aussagen sind unverwertbar (BGHSt 27, 355; vgl aber auch BGHSt 30, 317). Jedoch folgt aus der Unverwertbarkeit einer unter Verstoß gegen § 100a StPO gewonnenen Aussage nicht, dass auch alle weiteren Aussagen einer Person zu demselben Thema unverwertbar sind; denn ein zu einem Verwertungsverbot für ein Beweismittel führender Verfahrensfehler darf nicht ohne weiteres das gesamte Strafverfahren lahm legen (BVerfG Kammerbeschl v 8. 12. 2005 – Az 2 BvR 1686/04). 104

Erkenntnisse, welche als Ermittlungs- und Spurenansatz verwendet werden dürfen (so Rn 103, Rn 104), können als Grundlage für prozessuale Maßnahmen verwendet werden, zB für die Erwirkung einer Durchsuchungsanordnung (OLG München wistra 2006, 472; KK-StPO/Nack StPO § 100a Rn 70). 105

Keine Fernwirkung gibt es auch bei einer Kette von aufeinander folgenden TKÜ-Anordnungen, zumal der Tatrichter nicht zur rückwirkenden Prüfung solcher in anderen Verfahren ergangenen Anordnungen verpflichtet werden kann (vgl Rn 89). Wird eine Eilkompetenz rechtsfehlerhaft in Anspruch genommen (vgl Rn 100), kommt nur dann ein mittelbares Beweisverwertungsverbot in Betracht, wenn die Ausgangsmaßnahme bewusst rechtswidrig oder willkürlich angeordnet wurde, um so an weiterführende Informationen zu kommen (vgl auch Müller/Trurnit StraFo 2008, 144, 150, 151). 106

I. Aktuelle Einzelfälle und Problemlagen

Einzelne aktuelle Problem- und Streitfragen werden nachstehend fallorientiert erörtert, um bereits in einem frühen Stadium Hinweise für die Praxis anzubieten, wie in einem praktischen Fall Anträge gestellt und entschieden werden können oder man diesen entgegentreten kann. 107

I. Online-Durchsuchung und Quellen-TKÜ

In der derzeitigen öffentlichen Diskussion wird der Begriff „Online-Durchsuchung" meist in unscharfer Weise verwendet. Tatsächlich ist der Sache nach zwischen der **einmaligen Durchsuchung eines Rechners** (Rn 109) unter Benutzung der angeschlossenen Datenleitungen und einer **längerfristigen Überwachung der Rechnertätigkeit** zu unterscheiden. Für beide Maßnahmen gibt es aktuell – außer in Bayern ab dem 1. 8. 2008 (vgl hierzu 108

StPO § 100a Erstes Buch. 8. Abschnitt

Rn 111 c) und seit Jahrsbeginn 2009 nach dem BKA-Gesetz (vgl Rn 111 ff) – keine allgemeine gesetzliche Ermächtigungsgrundlage (vgl Rn 109) – insbesondere nicht nach der StPO.

1. Online-Durchsuchung

109 Obgleich ein PC mit komplettem Datenbestand unbestritten nach § 94 StPO beschlagnahmt und in der Folge zu Beweiszwecken ausgewertet werden kann (BVerfG NJW 2006, 976; NJW 2005, 1917), ggf nach einer zugleich durchgeführten Durchsuchung nach § 102 StPO, ist entgegen früher teilweise vertretenen Auffassungen eine solche Maßnahme als verdeckte Online-Durchsuchung **nach den Regelungen der StPO nicht zulässig** (BGH NJW 2007, 930). Der BGH begründet dies damit, dass die allgemeine Durchsuchungsermächtigung des § 102 StPO keine heimliche Ausführung gestattet; eine ebenfalls diskutierte Anwendung des § 100 a StPO auf solche Fälle scheidet zutreffend deswegen aus, weil bei einer Online-Durchsuchung keine Telekommunikation zwischen dem Tatverdächtigen und einem Dritten überwacht (BGH NJW 2007, 930; BVerfG NJW 2008, 822, 825), sondern unter bloßer Nutzung der Telekommunikationsleitung eine Übermittlung der auf dem Zielcomputer gespeicherten Daten an die ermittelnde Stelle veranlasst wird. Auch ist es nicht zulässig, mehrere Maßnahmen dahingehend zu kombinieren, um auf diese Weise neuartige Eingriffsmittel und Ermittlungsmaßnahmen zu erhalten (BGH NJW 2007, 930, 932).

110 Nach der in der Folge ergangenen Entsch des BVerfG v 27. 2. 2008 zum VerfassungsschutzG NRW (BVerfG NJW 2008, 822) hat das Gericht für eine künftige gesetzliche **Ermächtigungsnorm** die **folgenden wesentlichen Voraussetzungen** genannt:

- Die heimliche Infiltration eines informationstechnischen Systems zum Zwecke der Überwachung seiner Nutzung und zur Auslesung seiner Speichermedien ist verfassungsrechtlich nur zulässig bei tatsächlichen Anhaltspunkten für ein überragend wichtiges Rechtsgut (Leib, Leben und Freiheit der Person sowie solche Güter der Allgemeinheit, deren Bedrohung die Grundlagen oder den Bestand des Staates oder die Grundlagen der Existenz der Menschen berührt).
- Vorbehalt richterlicher Anordnung
- Vorkehrungen zum Schutz des Kernbereichs privater Lebensgestaltung

111 Die vorgenannte Entscheidung des BVerfG (vgl hierzu allgemein: Hornung Ein neues Grundrecht CR 2008, 299) hat die bis dahin stark konträre Diskussion beruhigt, weil nun klargestellt ist, dass aus Rechtsgründen eine Online-Durchsuchung unter Beachtung der vorgenannten Kriterien (Rn 110) sowie unter Wahrung des Gebots der Verhältnismäßigkeit und einer daraus folgenden Gesamtabwägung nach Schaffung einer entsprechenden gesetzlichen Ermächtigungsnorm angeordnet werden kann. Nach langen Diskussionen zwischen Innen- und Justizministerium wurde am 17. 6. 2008 der **„Entwurf eines Gesetzes zur Abwehr von Gefahren des internationalen Terrorismus durch das Bundeskriminalamt"** (BT-Drs 16/9588) in den Bundestag eingebracht, welcher Gegenstand einer öffentlichen Sachverständigenanhörung im Innenausschuss des Deutschen Bundestages am 15. 9. 2008 war (vgl hierzu http://www.bundestag.de/ausschuesse/a04/anhoerungen/Anhoerung15/index.html). Nach einigen Änderungen in den Ausschussberatungen wurde der vorgenannte Gesetzentwurf am 12. 11. 2008 im Deutschen Bundestag zwar beschlossen; der Bundesrat hat jedoch am 28. 11. 2008 seine Zustimmung versagt. Allerdings wurde im folgenden Ermittlungsverfahren eine Einigung gefunden, indem die zunächst vorgesehene Eilzuständigkeit des BKA-Präsidenten (§ 20 k Abs 5 S 2 BKAG-E) entfiel. Diesem aus dem Vermittlungsverfahren hervorgegangenen Gesetzesvorschlag stimmten der Bundestag am 18. 12. 2008 und der Bundesrat am 19. 12. 2008 zu. Das Reformgesetz wurde am 25. 12. 2008 (BGBl I 3083) verkündet. Durch die somit Gesetz gewordene Regelung des § 20 k BKAG werden die Voraussetzungen eines **präventiven** verdeckten Eingriffs durch das Bundeskriminalamt in informationstechnische Systeme geregelt.

111.1 **§ 20 k BKAG: Verdeckter Eingriff in informationstechnische Systeme**
(1) ¹Das Bundeskriminalamt darf ohne Wissen des Betroffenen mit technischen Mitteln in vom Betroffenen genutzte informationstechnische Systeme eingreifen und aus ihnen Daten erheben, wenn bestimmte Tatsachen die Annahme rechtfertigen, dass eine Gefahr vorliegt für

1. Leib, Leben oder Freiheit einer Person oder
2. solche Güter der Allgemeinheit, deren Bedrohung die Grundlagen oder den Bestand des Staates oder die Grundlagen der Existenz der Menschen berührt.
²Eine Maßnahme nach Satz 1 ist auch zulässig, wenn sich noch nicht mit hinreichender Wahrscheinlichkeit feststellen lässt, dass ohne Durchführung der Maßnahme in näherer Zukunft ein Schaden eintritt, sofern bestimmte Tatsachen auf eine im Einzelfall durch bestimmte Personen drohende Gefahr für eines der in Satz 1 genannten Rechtsgüter hinweisen. ³Die Maßnahme darf nur durchgeführt werden, wenn sie für die Aufgabenerfüllung nach § 4a erforderlich ist und diese ansonsten aussichtslos oder wesentlich erschwert wäre.
(2) Es ist technisch sicherzustellen, dass
1. an dem informationstechnischen System nur Veränderungen vorgenommen werden, die für die Datenerhebung unerlässlich sind, und
2. die vorgenommenen Veränderungen bei Beendigung der Maßnahme soweit technisch möglich automatisiert rückgängig gemacht werden.
²Das eingesetzte Mittel ist nach dem Stand der Technik gegen unbefugte Nutzung zu schützen. ³Kopierte Daten sind nach dem Stand der Technik gegen Veränderung, unbefugte Löschung und unbefugte Kenntnisnahme zu schützen.
(3) ¹Bei jedem Einsatz des technischen Mittels sind zu protokollieren
1. die Bezeichnung des technischen Mittels und der Zeitpunkt seines Einsatzes,
2. die Angaben zur Identifizierung des informationstechnischen Systems und die daran vorgenommenen nicht nur flüchtigen Veränderungen,
3. die Angaben, die die Feststellung der erhobenen Daten ermöglichen, und
4. die Organisationseinheit, die die Maßnahme durchführt.
²Die Protokolldaten dürfen nur verwendet werden, um dem Betroffenen oder einer dazu befugten öffentlichen Stelle die Prüfung zu ermöglichen, ob die Maßnahme nach Absatz 1 rechtmäßig durchgeführt worden ist. ³Sie sind bis zum Ablauf des auf die Speicherung folgenden Kalenderjahres aufzubewahren und sodann automatisiert zu löschen, es sei denn, dass sie für den in Satz 2 genannten Zweck noch erforderlich sind.
(4) ¹Die Maßnahme darf sich nur gegen eine Person richten, die entsprechend § 17 oder § 18 des Bundespolizeigesetzes verantwortlich ist. ²Die Maßnahme darf auch durchgeführt werden, wenn andere Personen unvermeidbar betroffen werden.
(5) Die Maßnahme nach Absatz 1 darf nur auf Antrag des Präsidenten des Bundeskriminalamtes oder seines Vertreters durch das Gericht angeordnet werden.
(6) ¹Die Anordnung ergeht schriftlich. ²In ihr sind anzugeben
1. die Person, gegen die sich die Maßnahme richtet, soweit möglich, mit Name und Anschrift,
2. eine möglichst genaue Bezeichnung des informationstechnischen Systems, in das zur Datenerhebung eingegriffen werden soll,
3. Art, Umfang und Dauer der Maßnahme unter Benennung des Endzeitpunktes, sowie
4. die wesentlichen Gründe.
³Die Anordnung ist auf höchstens drei Monate zu befristen. ⁴Eine Verlängerung um jeweils nicht mehr als drei weitere Monate ist zulässig, soweit die Anordnungsvoraussetzungen unter Berücksichtigung der gewonnenen Erkenntnisse fortbestehen. ⁵Liegen die Voraussetzungen der Anordnung nicht mehr vor, sind die auf Grund der Anordnung ergriffenen Maßnahmen unverzüglich zu beenden.
(7) ¹Liegen tatsächliche Anhaltspunkte für die Annahme vor, dass durch die Maßnahme allein Erkenntnisse aus dem Kernbereich privater Lebensgestaltung erlangt würden, ist die Maßnahme unzulässig. ²Soweit möglich, ist technisch sicherzustellen, dass Daten, die den Kernbereich privater Lebensgestaltung betreffen, nicht erhoben werden. ³Erhobene Daten sind unter Sachleitung des anordnenden Gerichts nach Absatz 5 unverzüglich vom Datenschutzbeauftragten des Bundeskriminalamtes und zwei weiteren Bediensteten des Bundeskriminalamtes, von denen einer die Befähigung zum Richteramt hat, auf kernbereichsrelevante Inhalte durchzusehen. ⁴Der Datenschutzbeauftragte ist bei Ausübung dieser Aufgabe weisungsfrei und darf deswegen nicht benachteiligt werden (§ 4f Abs. 3 Bundesdatenschutzgesetz). ⁵Daten, die den Kernbereich privater Lebensgestaltung betreffen, dürfen nicht verwertet werden und sind unverzüglich zu löschen. Besteht zwischen den Beteiligten Uneinigkeit, ob Daten dem Kernbereich privater Lebensgestaltung zuzurechnen sind, oder hat einer der Beteiligten Zweifel darüber, sind die Daten, sofern sie nicht gelöscht werden, unverzüglich dem anordnenden Gericht zur Entscheidung über die Verwertbarkeit und Löschung vorzulegen. Bestehen Zweifel, ob Daten dem Kernbereich privater Lebensgestaltung zuzurechnen sind, sind diese zu löschen oder unverzüglich dem anordnenden Gericht zur Entscheidung über die Verwertbarkeit oder Löschung der Daten vorzulegen. ⁶Die Tatsachen der Erfassung der Daten und

der Löschung sind zu dokumentieren. ⁷Die Dokumentation darf ausschließlich für Zwecke der Datenschutzkontrolle verwendet werden. ⁸Sie ist zu löschen, wenn sie für diese Zwecke nicht mehr erforderlich ist, spätestens jedoch am Ende des Kalenderjahres, das dem Jahr der Dokumentation folgt.

111.2 Zusätzlich ist im Gesetz eine Evaluierung der § 20j BKAG u § 20k BKAG fünf Jahre nach dem Inkrafttreten unter Einbeziehung eines wissenschaftlichen Sachverständigen, der im Einvernehmen mit dem Deutschen Bundestag bestellt wird, vorgeschrieben (Art 6 des Änderungsgesetzes). Weiterhin ist festgelegt, dass § 20k BKAG am 31. 12. 2020 außer Kraft tritt (Art. 7 des Änderungsgesetzes).

111a § 20k BKAG dürfte den durch das BVerfG in seiner Entsch v 27. 2. 2008 (vgl Rn 110) aufgestellten Grundsätzen entsprechen. Dabei soll nicht nur die **einmalige Durchsicht** eines informationstechnischen Systems ermöglicht werden, sondern auch die **kontinuierliche Überwachung** des Zielrechners (BT-Drs 16/9588, 74). Protokollierungs-, Zweckbindungs- und Löschungsvorschriften (§ 20k Abs 3 BKAG) sollen einen effektiven Daten- und Rechtsschutz gewährleisten, ebenso wie der in Abs 5 vorgesehene Vorbehalt der gerichtlichen Anordnung (die insoweit von Roggan NJW 2009, 257, 259, geäußerte Kritik ist teilweise überholt, weil im Vermittlungsverfahren die ursprünglich vorgesehene Ausnahme für Eilfälle entfallen ist). Der in Abs 7 geregelte Schutz des Kernbereichs privater Lebensgestaltung erfüllt ebenfalls die verfassungsrechtlichen Vorgaben. – Zusätzlich ist nach **§ 20v Abs 5 BKAG** zwar eine **Mitteilungsmöglichkeit** über erhobene personenbezogene Daten an andere Polizeien des Bundes und der Länder sowie an sonstige öffentliche Stellen vorgesehen. Entspr dem Gedanken des „hypothetischen Ersatzeingriffs" (BT-Drs 16/5846, 64) scheidet jedoch die unmittelbare Verwertung von Erkenntnissen aus einer nach Polizeirecht (auch nach dem BKAG) durchgeführten **Online-Durchsuchung** in einem **Strafverfahren aus**, weil es bislang eine vergleichbare Maßnahme in der StPO nicht gibt vgl § 162 StPO (§ 162 StPO Rn 12).

111b Ein **Betretungsrecht für die Wohnung**, in der sich der Zielrechner befindet, ist weder in § 20k BKAG noch der qualifizierten Vorschrift des § 20t BKAG „Betreten und Durchsuchen von Wohnungen" vorgesehen. Dies entspricht den zusätzlichen Vereinbarungen der damaligen Regierungskoalition, wonach die Installation der erforderlichen Spionagesoftware nicht durch (ebenfalls) heimliches vorheriges Betreten der Wohnung des Rechnerstandortes erfolgen dürfe (vgl Presseberichte in Spiegel Online und Tagesschau). Ob diese Einschränkung sich allerdings als praxistauglich erweist, mag einstweilen bezweifelt werden. Jedenfalls in Verbindung mit anderen Ermächtigungen zum Betreten einer Wohnung dürfte einem „zusätzlichen" manuellen Eingriff in den Zielrechner kein ausdrückliches Verbot entgegenstehen. Zudem würde § 20t Abs 1 Nr 3 BKAG immer ein Betreten zulassen, sofern dies zur Abwehr einer gegenwärtigen Gefahr für den Bestand oder Sicherheit des Staates oder für Leib, Leben oder Freiheit einer Person oder für Sachen von bedeutendem Wert, deren Erhaltung in öffentlichem Interesse geboten ist.

111c Demgegenüber hat Bayern mit Änderungsgesetzen vom 8. 7. 2008 das bayerische Polizeiaufgabengesetz (Bay GVBl 2008, 365; vgl hierzu auch Bay LT-Drs 15/10998) sowie das Bayerische Verfassungsschutzgesetz (Bay GVBl 2008, 357; vgl hierzu auch Bay LT-Drs 15/10999) mit Inkrafttreten ab 1. 8. 2008 dahingehend geändert, dass beim begründeten Verdacht schwerwiegender Straftaten und soweit es zur Abwehr einer dringenden Gefahr für den Bestand oder die Sicherheit des Bundes oder eines Landes oder für Leib, Leben oder Freiheit einer Person erforderlich ist, die Polizei mit technischen Mitteln verdeckt auf informationstechnische Systeme zugreifen kann, um Zugangsdaten und gespeicherte Daten zu erheben (Art 34d Abs 1 Bay PAG, vgl Rn 111c.1; entspr für den Landesverfassungsschutz bei konkreten Gefahren für ein überragend wichtiges Rechtsgut nach Art 6e Bay VSG). Im Gegensatz zur geplanten Regelung des Bundes für das Bundeskriminalamt sind in Bayern als notwendige Begleitmaßnahmen nach Art 34e Bay PAG (vgl Rn 111c.2) auch das Betreten und die Durchsuchung der Wohnung des Betroffenen ohne des Einwilligung möglich (ebenso nach Art 6g Bay VSG).

111c.1 **Art. 34d Bay PAG: Verdeckter Zugriff auf informationstechnische Systeme**
(1) ¹Die Polizei kann mit technischen Mitteln verdeckt auf informationstechnische Systeme zugreifen, um Zugangsdaten und gespeicherte Daten zu erheben von Personen,

1. die für eine Gefahr verantwortlich sind, soweit dies zur Abwehr einer dringenden Gefahr für den Bestand oder die Sicherheit des Bundes oder eines Landes oder für Leib, Leben oder Freiheit einer Person erforderlich ist, oder
2. wenn konkrete Vorbereitungshandlungen für sich oder zusammen mit weiteren bestimmten Tatsachen die begründete Annahme rechtfertigen, dass sie eine schwerwiegende Straftat nach Art. 30 Abs. 5 Satz 1 Nrn. 1, 2 (ohne § 129 Abs. 1 in Verbindung mit Abs. 4 StGB) bis 9 begehen werden, oder
3. soweit bestimmte Tatsachen die begründete Annahme rechtfertigen, dass
   a) sie für Personen nach Nr. 1 oder 2 bestimmte oder von diesen herrührende Mitteilungen entgegennehmen oder entgegengenommen haben, ohne insoweit das Recht zur Verweigerung des Zeugnisses nach §§ 53, 53 a StPO zu haben, oder solche Mitteilungen weitergeben oder weitergegeben haben oder
   b) die unter Nr. 1 oder 2 genannten Personen ihre informationstechnischen Systeme benutzen oder benutzt haben.

²Daten dürfen unter den Voraussetzungen des Satzes 1 auch gelöscht oder verändert werden, andere als Zugangsdaten jedoch nur, wenn dies zur Abwehr einer gegenwärtigen Gefahr für Leib, Leben oder Freiheit einer Person erforderlich ist und eine Erhebung zur Abwehr der Gefahr nicht ausreichend wäre. ³Eine Maßnahme nach den Sätzen 1 und 2 darf nur durchgeführt werden, wenn die Erfüllung einer polizeilichen Aufgabe auf andere Weise aussichtslos oder wesentlich erschwert wäre. ⁴Wird erkennbar, dass in ein durch ein Berufsgeheimnis geschütztes Vertrauensverhältnis im Sinn der §§ 53, 53 a StPO eingegriffen wird, ist die Maßnahme insoweit unzulässig, es sei denn, sie richtet sich gegen den Berufsgeheimnisträger selbst. ⁵Soweit dies informationstechnisch und ermittlungstechnisch möglich ist, hat die Polizei durch geeignete Vorkehrungen sicherzustellen, dass die Erhebung von Daten unterbleibt, die dem Kernbereich der privaten Lebensgestaltung zuzurechnen sind. ⁶Wird erkennbar, dass solche Daten betroffen sind und bestehen keine Anhaltspunkte dafür, dass diese Daten dem Zweck der Herbeiführung eines Erhebungsverbots dienen sollen, ist die Maßnahme insoweit unzulässig. ⁷Maßnahmen nach den Sätzen 1 und 2 sind zu dokumentieren.
(2) ¹Die Polizei kann unter den Voraussetzungen des Abs 1 auch technische Mittel einsetzen, um
1. zur Vorbereitung einer Maßnahme nach Abs 1 spezifische Kennungen sowie
2. den Standort eines informationstechnischen Systems zu ermitteln.

²Personenbezogene Daten Dritter dürfen dabei nur erhoben werden, wenn dies aus technischen Gründen un-vermeidbar ist. ³Nach Beendigung der Maßnahme sind diese unverzüglich zu löschen.
(3) ¹Art. 34 Abs. 4 Sätze 1 und 2 gelten entsprechend. ²Bei Gefahr im Verzug sind bei Maßnahmen nach Abs. 2 und bei der Erhebung von Zugangsdaten auch die in Art. 33 Abs. 5 Satz 2 genannten Stellen anordnungsbefugt. ³Die Anordnung von Maßnahmen nach Abs. 1 und 2 ist schriftlich zu erlassen und zu begründen. ⁴Die Anordnung muss, soweit möglich, Namen und Anschrift des Betroffenen, gegen den sich die Maßnahme richtet, sowie die Bezeichnung des informationstechnischen Systems, auf das zugegriffen werden soll, enthalten. ⁵In der Anordnung sind Art, Umfang und Dauer der Maßnahme zu bestimmen. ⁶Die Anordnung ist auf höchstens drei Monate zu befristen. ⁷Eine Verlängerung um jeweils nicht mehr als einen Monat ist möglich, soweit die Voraussetzungen fortbestehen. ⁸Bestehen die in den Abs. 1 und 2 bezeichneten Voraussetzungen nicht fort, ist die Maßnahme unverzüglich zu beenden; die Beendigung ist dem Richter mitzuteilen.
(4) ¹Bestehen bei der Durchsicht der Daten Anhaltspunkte dafür, dass Daten
1. dem Kernbereich privater Lebensgestaltung zuzuordnen sind oder
2. Inhalte betreffen, über die das Zeugnis als Geistlicher, Verteidiger, Rechtsanwalt, Arzt, Berater für Fragen der Betäubungsmittelabhängigkeit, Psychologischer Psychotherapeut oder Kinder- und Jugendlichenpsychotherapeut nach §§ 53, 53 a StPO verweigert werden könnte, oder
3. einem Vertrauensverhältnis mit anderen Berufsgeheimnisträgern zuzuordnen sind

sind diese unverzüglich zu löschen oder dem für die Anordnung nach Abs. 1 zuständigen Richter zur Entscheidung über ihre weitere Verwendung vorzulegen. ²Bei Gefahr im Verzug kann die Entscheidung auch eine in Art. 33 Abs. 5 Satz 1 genannte Stelle treffen; in diesem Fall ist eine richterliche Entscheidung unverzüglich nachzuholen. ³Die Löschung ist zu dokumentieren.
(5) ¹Die durch eine Maßnahme nach den Abs. 1 und 2 erlangten personenbezogenen Daten sind besonders zu kennzeichnen. ²Sie dürfen nur verwendet werden
1. zu den Zwecken, zu denen sie erhoben wurden, sowie
2. zu Zwecken der Strafverfolgung hinsichtlich solcher Straftaten, zu deren Aufklärung eine solche Maßnahme nach der Strafprozessordnung hätte angeordnet werden dürfen; eine Zweckänderung ist festzustellen und zu dokumentieren.

StPO § 100 a Erstes Buch. 8. Abschnitt

³Daten, bei denen sich nach der Auswertung herausstellt, dass
1. die Voraussetzungen für ihre Erhebung nicht vorgelegen haben oder
2. sie Inhalte betreffen, über die das Zeugnis als Geistlicher, Verteidiger, Rechtsanwalt, Arzt, Berater für Fragen der Betäubungsmittelabhängigkeit, Psychologischer Psychotherapeut oder Kinder- und Jugendlichenpsychotherapeut nach §§ 53, 53 a StPO verweigert werden könnte, oder
3. sie dem Kernbereich privater Lebensgestaltung oder einem Vertrauensverhältnis mit anderen Berufsgeheimnisträgern zuzuordnen sind und keinen unmittelbaren Bezug zu den in Abs. 1 Satz 1 Nrn. 1 und 2 genannten Gefahren oder Straftaten haben,

dürfen nicht verwendet werden. ⁴Dies gilt nicht, wenn ihre Verwendung zur Abwehr einer gegenwärtigen Gefahr für Leib, Leben oder Freiheit einer Person erforderlich ist und Daten im Sinn der Nr. 2 oder 3 nicht betroffen sind. ⁵In diesen Fällen ist eine richterliche Entscheidung über die Zulässigkeit der Verwendung unverzüglich nachzuholen; Art. 34 Abs. 4 Satz 2 findet entsprechende Anwendung.

(6) ¹Daten, die dem Kernbereich privater Lebensgestaltung zuzurechnen sind und nicht verwendet werden dürfen, sind unverzüglich zu löschen; die Löschung ist zu dokumentieren. ²Die durch eine Maßnahme nach den Abs. 1 und 2 erlangten personenbezogenen Daten,
1. deren Verwendung zu den in Abs. 5 Satz 2 genannten Zwecken nicht erforderlich ist oder
2. für die ein Verwendungsverbot besteht,

sind zu sperren, wenn sie zum Zweck der Information der Betroffenen und zur gerichtlichen Überprüfung der Erhebung oder Verwendung der Daten noch benötigt werden; andernfalls sind sie zu löschen. ³Art. 34 Abs. 7 Sätze 3 und 4 gelten entsprechend.

(7) ¹Von Maßnahmen nach den Abs. 1 und 2 sind
1. die Personen zu unterrichten, gegen die die Maßnahme gerichtet war, sowie
2. diejenigen, deren personenbezogene Daten im Rahmen einer solchen Maßnahme erhoben, gelöscht oder verändert und zu den Zwecken des Abs. 5 Satz 2 verwendet wurden.

²Die Unterrichtung erfolgt, sobald dies ohne Gefährdung des Zwecks der Maßnahme, der eingesetzten nicht offen ermittelnden Beamten oder der in Abs. 1 Satz 1 Nrn. 1 und 2 genannten Rechtsgüter geschehen kann. ³Art. 34 Abs. 6 Sätze 2 bis 6 gelten entsprechend.

(8) ¹Die Staatsregierung unterrichtet den Landtag jährlich über die erfolgte Erhebung von Daten nach Abs. 1 Satz 1 mit Ausnahme von Zugangsdaten sowie die Löschung und die Veränderung solcher Daten nach Abs. 1 Satz 2. ²Art. 34 Abs. 9 Satz 2 gilt entsprechend.

111 c.2   **Art. 34 e Bay PAG: Notwendige Begleitmaßnahmen**
¹Zur Durchführung von Maßnahmen nach Art. 34 Abs. 1, Art. 34 a sowie 34 d Abs. 1 und 2 kann die Polizei verdeckt Sachen durchsuchen sowie die Wohnung des Betroffenen ohne Einwilligung betreten und durchsuchen. ²Für die Anordnung der Begleitmaßnahmen und die Unterrichtung der Betroffenen finden die für die Maßnahme nach Art. 34 Abs. 1, Art. 34 a sowie 34 d Abs. 1 und 2 jeweils geltenden Vorschriften entsprechende Anwendung.

2. Quellen-Telekommunikationsüberwachung (Quellen-TKÜ)

112   Die **Echtzeit-Verschlüsselung** von Daten ist mit der inzwischen gewaltigen Leistungsfähigkeit heutiger Rechnerprozessoren nebst ebenso gewachsenem Arbeitsspeicher kaum mehr als Beeinträchtigung der Arbeitsgeschwindigkeit spürbar, so dass sie teilweise schon in Betriebssystemen optional nutzbar ist, überwiegend aber durch spezielle Programme Verwendung findet; der Kommunikationspartner muss dann über eine entsprechende Einrichtung zur Entschlüsselung bzw eine Software-Lösung verfügen, so dass er Kenntnis nehmen kann. Bei üblicher Telekommunikationsüberwachung können in solchen Fällen nur noch **kryptierte Daten auf dem Kommunikationsweg** festgestellt werden, deren zeitnahe Entschlüsselung praktisch unmöglich ist. Besonders häufig und bereits eingebaut findet eine solche Verschlüsselung bei der Voice-over-IP-Kommunikation statt, hier vor allem bei dem derzeit am meisten verwendeten Telefonieanbieter und dessen Programm Skype.

113   Bei einer Verschlüsselung der Daten im Rechner vor dem Kommunikationsvorgang selbst kann daher eine Überwachung nur erfolgreich sein, sofern die **Daten vor der Kryptierung aufgezeichnet** und in der Folge an die Ermittlungsbehörden übertragen oder auf andere Art und Weise ausgeleitet oder ausgelesen werden. Hierzu müssen bei manueller Eingabe entweder die Tastatureingaben aufgezeichnet oder kopiert werden, bei Internet-Telefonie die in Sounddaten umgewandelten Gespräche ebenfalls kopiert und im ausgehenden Datenstrom nochmals unverschlüsselt übertragen werden. Für Tastatur-Eingaben (bspw zur Überwachung eines verschlüsselten Internet-Chats) sind sog Key-Logger als Hardware- oder Software-Lösung möglich, im Übrigen werden sich reine Softwarelösungen empfehlen, welche als speziell entwickeltes Zusatzprogramm oder wie ein „Trojaner" als Spionagesoftware vorher auf dem zu überwachenden Rechner installiert werden müssen (vgl hierzu OLG Hamburg wistra 2008, 157, 159).

Auch wenn zum Zeitpunkt der Verschlüsselung der Kommunikationsvorgang möglicherweise noch nicht begonnen hat, ist diese als Vorstufe dem Kommunikationsvorgang zuzurechnen, weshalb der Weg für eine **(zusätzliche) Anordnung nach § 100 a StPO** eröffnet ist (so nun auch KMR/Bär StPO § 100 a Rn 32). Erst Recht gilt dies für die Internet-Telefonie, bei welcher während des laufenden Gesprächs in Echtzeit verschlüsselt wird (vgl hierzu auch Bär MMR 2008, 215, 218). Im Gegensatz zur verfassungsrechtlich noch nicht endgültig geklärten Online-Durchsuchung (vgl Rn 109 f) steht der Quellen-TKÜ kein verfassungsrechtliches Hindernis entgegen (so wohl auch BVerfG NJW 2008, 822, 826; **aA** LG Hamburg MMR 2009, 423 m abl Anm Bär 425, 426; Buermeyer/Bäcker Zur Rechtswidrigkeit der Quellen-Telekommunikationsüberwachung auf Grundlage des § 100 a StPO HRRS 2009, 433, 439 ff; Sankol Überwachung von Internet-Telefonie CR 2008, 13, 17, 18), weil nur die nach § 100 a StPO überwachungs„fähige" Telekommunikation aufgezeichnet und zuvor entschlüsselt wird (natürlich nur soweit ein entsprechender Beschluss vorliegt). Weitere Rechnerdaten werden durch eine solche Maßnahme nicht erhoben, so dass auch keine weitergehende verdeckte Ausforschung stattfindet (ebenso Bär aaO; vgl hierzu auch Musteranordnung „Quellen-TKÜ" unter Formulare). Dem entspricht die nun in § 201 Abs 2 BKAG (Rn 114.1) (zum Gesetzesbeschluss v 12. 11. 2008 und der Einigung im Vermittlungsverfahren vgl Rn 111) geregelte Eingriffsermächtigung für das Bundeskriminalamt.

§ 201 BKAG: Überwachung der Telekommunikation

(1) ¹Das Bundeskriminalamt kann ohne Wissen des Betroffenen die Telekommunikation einer Person überwachen und aufzeichnen,

1. die entsprechend § 17 oder § 18 des Bundespolizeigesetzes verantwortlich ist, und dies zur Abwehr einer dringenden Gefahr für den Bestand oder die Sicherheit des Staates oder für Leib, Leben oder Freiheit einer Person oder Sachen von bedeutendem Wert, deren Erhaltung im öffentlichen Interesse liegt, geboten ist,

2. bei der bestimmte Tatsachen die Annahme rechtfertigen, dass sie Straftaten gemäß § 4 a Abs. 1 Satz 2 vorbereitet,

3. bei der bestimmte Tatsachen die Annahme rechtfertigen, dass sie für eine Person nach Nummer 1 bestimmte oder von dieser herrührende Mitteilungen entgegennimmt oder weitergibt, oder

4. bei der bestimmte Tatsachen die Annahme rechtfertigen, dass eine Person nach Nummer 1 deren Telekommunikationsanschluss oder Endgerät benutzen wird,

und die Abwehr der Gefahr oder Verhütung der Straftaten auf andere Weise aussichtslos oder wesentlich erschwert wäre. ²Die Maßnahme darf auch durchgeführt werden, wenn andere Personen unvermeidbar betroffen werden.

(2) ¹Die Überwachung und Aufzeichnung der Telekommunikation darf ohne Wissen des Betroffenen in der Weise erfolgen, dass mit technischen Mitteln in vom Betroffenen genutzte informationstechnische Systeme eingegriffen wird, wenn

1. durch technische Maßnahmen sichergestellt ist, dass ausschließlich laufende Telekommunikation überwacht und aufgezeichnet wird, und

2. der Eingriff in das informationstechnische System notwendig ist, um die Überwachung und Aufzeichnung der Telekommunikation insbesondere auch in unverschlüsselter Form zu ermöglichen.

²§ 20 k Abs. 2 und 3 gilt entsprechend. ³§ 20 k bleibt im Übrigen unberührt.

(3) ¹Maßnahmen nach Absatz 1 und 2 dürfen nur auf Antrag des Präsidenten des Bundeskriminalamtes oder seines Vertreters durch das Gericht angeordnet werden. ²Bei Gefahr im Verzuge kann die Anordnung durch den Präsidenten des Bundeskriminalamtes oder seinen Vertreter getroffen werden. ³In diesem Fall ist die gerichtliche Entscheidung unverzüglich nachzuholen. ⁴Soweit diese Anordnung nicht binnen drei Tagen durch das

Gericht bestätigt wird, tritt sie außer Kraft.
(4) ¹Die Anordnung ergeht schriftlich. In ihr sind anzugeben:
1. die Person, gegen die sich die Maßnahme richtet, soweit möglich, mit Name und Anschrift,
2. die Rufnummer oder eine andere Kennung des zu überwachenden Anschlusses oder des Endgerätes, sofern sich nicht aus bestimmten Tatsachen ergibt, dass diese zugleich einem anderen Endgerät zugeordnet ist,
3. Art, Umfang und Dauer der Maßnahme unter Benennung des Endzeitpunktes, und
4. im Falle des Absatzes 2 auch eine möglichst genaue Bezeichnung des informationstechnischen Systems, in das zur Datenerhebung eingegriffen werden soll.
²Die Anordnung ist auf höchstens drei Monate zu befristen. ³Eine Verlängerung um jeweils nicht mehr als drei weitere Monate ist zulässig, soweit die Voraussetzungen der Anordnung unter Berücksichtigung der gewonnen Erkenntnisse fortbestehen. ⁴Liegen die Voraussetzungen der Anordnung nicht mehr vor, sind die auf Grund der Anordnung ergriffenen
Maßnahmen unverzüglich zu beenden.
(5) ¹Aufgrund der Anordnung hat jeder, der Telekommunikationsdienste erbringt oder daran mitwirkt (Diensteanbieter), dem Bundeskriminalamt die Maßnahmen nach Absatz 1 zu ermöglichen und die erforderlichen Auskünfte unverzüglich zu erteilen. ²Ob und in welchem Umfang hierfür Vorkehrungen zu treffen sind, bestimmt sich nach dem Telekommunikationsgesetz und der TelekommunikationsÜberwachungsverordnung. ³Für die Entschädigung der Diensteanbieter ist § 23 des Justizvergütungs- und -entschädigungsgesetzes entsprechend anzuwenden.
(6) ¹Liegen tatsächliche Anhaltspunkte für die Annahme vor, dass durch eine Maßnahme nach Absatz 1 und 2 allein Erkenntnisse aus dem Kernbereich privater Lebensgestaltung erlangt würden, ist die Maßnahme unzulässig. ²Soweit im Rahmen von Maßnahmen nach Absatz 1 und 2 neben einer automatischen Aufzeichnung eine unmittelbare Kenntnisnahme erfolgt, ist die Maßnahme unverzüglich zu unterbrechen, soweit sich während der Überwachung tatsächliche Anhaltspunkte dafür ergeben, dass Inhalte, die dem Kernbereich privater Lebensgestaltung zuzurechnen sind, erfasst werden. ³Bestehen insoweit Zweifel, darf nur eine automatische Aufzeichnung fortgesetzt werden. ⁴Automatische Aufzeichnungen nach Satz 3 sind unverzüglich dem anordnenden Gericht zur Entscheidung über die Verwertbarkeit oder Löschung der Daten vorzulegen. ⁵Ist die Maßnahme nach Satz 2 unterbrochen worden, so darf sie für den Fall, dass sie nicht nach Satz 1 unzulässig ist, fortgeführt werden. ⁶Erkenntnisse aus dem Kernbereich privater Lebensgestaltung, die durch eine Maßnahme nach Absätzen 1 und 2 erlangt worden sind, dürfen nicht verwertet werden. ⁷Aufzeichnungen hierüber sind unverzüglich zu löschen. ⁸Die Tatsachen der Erfassung der Daten und der Löschung sind zu dokumentieren. ⁹Die Dokumentation darf ausschließlich für Zwecke der Datenschutzkontrolle verwendet werden. ¹⁰Sie ist zu löschen, wenn sie für diese Zwecke nicht mehr erforderlich ist, spätestens jedoch am Ende des Kalenderjahres, das dem Jahr der Dokumentation folgt.

115 Hinsichtlich etwaiger **ergänzender Maßnahmen**, zB die manuelle Aufbringung der Entschlüsselungs- und Übertragungssoftware auf dem zu überwachenden Rechner, könnte eine **Annexkompetenz** zu bejahen sein, wie zB beim Einbau von GPS-Empfängern in einen Pkw das heimliche Öffnen des Fahrzeugs sowie die Montage selbst ebenfalls von der entsprechenden Überwachungsanordnung gem § 100 f StPO umfasst wird (BGHSt 46, 266, 273, 274; ebenso Bär aaO). Einer zusätzlichen Anordnung nach § 100 c StPO – wie offenbar das LG Hamburg (MMR 2008, 423, 424, 425; m abl Anm Bär 425 ff) meint (vgl auch die Ausführungen bei OLG Hamburg wistra 2008, 157 ff), bedarf es nicht, weil an Gesprächen allenfalls VoIP-Telefonate überwacht werden; die Rechtsgrundlage hierfür ist § 100 a StPO, nicht § 100 c StPO.

II. Vorratsdatenspeicherung

116 Die ebenfalls mit Gesetz v 21. 12. 2007 (Rn 5) eingeführte und in § 113 a TKG näher geregelte Speicherung von Verkehrsdaten für die Dauer von sechs Monaten war sowohl im Vorfeld des Gesetzgebungsverfahrens als auch bei der Sachverständigenanhörung im Rechtsausschuss des Deutschen Bundestages stark umstritten. Anlass für die Einführung war ua die Umsetzung der Richtlinie 2006/24/EG. Diese konnte, wie nunmehr der **EuGH** mit **Urt v 10. 2. 2009** (ZUM 2009, 398, 403 ff; JZ 2009, 466 m abl Anm Ambos 468 ff) entschieden hat, auf der Grundlage des EG-Vertrages erlassen werden, so dass die Nichtigkeitsklage Irlands ohne Erfolg blieb. Allerdings unterblieb mangels entsprechenden Klageziels eine Überprüfung hinsichtlich eventueller Verletzung von Grundrechten, zumal die Vorratsdaten-

speicherung selbst direkt nur die Tätigkeit der hiervon betroffenen Diensteanbieter betrifft und „nicht den Zugang zu den Daten oder deren Nutzung durch die Polizei- und Justizbehörden der Mitgliedstaaten".

Die praktische Notwendigkeit für eine solche Vorratsdatenspeicherung ergibt sich daraus, dass es den Internet-Providern infolge der bis zum 31. 12. 2007 geltenden strengen Datenschutzbestimmungen – gerade bei den immer häufiger von den Nutzern gewählten Flatrate-Tarifen – gem § 96 Abs 2 S 2 TKG nicht erlaubt war, Verkehrsdaten und insbesondere die dem Nutzer beim Aufbau einer Internetverbindung zugeteilte IP-Nummer auch nur kurzzeitig nach dem Ende der Verbindung weiter zu speichern (vgl LG Darmstadt MMR 2006, 330, 331). Dadurch war es für Ermittlungsbehörden nahezu unmöglich, beim Verdacht auf Straftaten den Täter zu ermitteln, selbst wenn dessen IP-Nummer und der Zeitpunkt der Verwendung bekannt war – es sei denn, diese wurde in Echtzeit festgestellt und konnte dann noch nachgefragt werden oder der Täter hatte die Internetverbindung noch gar nicht beendet. Weil aber bei Flatrate-Tarifen regelmäßig nach 24 Stunden eine kurzfristige Zwangstrennung durch den Provider erfolgt, blieb meist allenfalls dieser Zeitraum für Ermittlungen. **117**

Mit der Einführung der Speicherung der von Providern erhobenen Verkehrsdaten für sechs Monate wird diese sich regelmäßig ergebende Beweislücke geschlossen. Jedoch sind die vom jeweiligen Provider gespeicherten Daten bei strafprozessualen Ermittlungen nach der Gesetzeslage nur unter den Voraussetzungen einer Anordnung nach § 100 g StPO herauszugeben (vgl § 100 g StPO Rn 14). Bis zum 1. 1. 2009 galt für die Anbieter von Internetzugangsdiensten, Diensten der elektronischen Post oder Internettelefondiensten eine Übergangsfrist, in welcher sie der Pflicht zur Vorratsdatenspeicherung noch nicht zwingend nachkommen mussten (§ 150 Abs 12 b TKG). **118**

Allerdings hat das BVerfG in der **einstw Anordnung v 11. 3. 2008** (Az 1 BvR 256/08 – BGBl I 659 = NStZ 2008, 290 = MMR 2008, 303 m Anm Bär 307; vgl zur Problematik dieser Entscheidungsfrage allgemein: Jenny Eile mit Weile – Vorratsdatenspeicherung auf dem Prüfstand CR 2008, 282) entschieden, dass Verkehrsdaten, die auf Grund der Vorschrift des **§ 113a TKG** gespeichert worden sind, vom Diensteanbieter zwar nach Maßgabe des Auskunftsersuchens nach § 100 g StPO erhoben werden müssen; diese sind (vorerst) jedoch nur dann an die abrufende Strafverfolgungsbehörde zu übermitteln, wenn die **Voraussetzungen des § 100a Abs 1 StPO** vorliegen und sich aus der Anordnung nach § 100 g Abs 2 StPO iVm § 100 b Abs 1 u Abs 2 StPO ergibt, dass das Ermittlungsverfahren eine Katalogtat nach § 100 a Abs 2 StPO zum Gegenstand hat. Andernfalls hat der Diensteanbieter die Daten lediglich (bis zur Hauptsacheentscheidung des BVerfG) zu speichern und zugleich sicherzustellen, dass Dritte nicht auf sie zugreifen können. Diese Regelung wurde mit **Beschl des BVerfG v 28. 10. 2008** (Az 1 BvR 256/08) erweitert auf die nach Art 34 b Abs 2 u Abs 3 bay PAG (vgl § 113b TKG Rn 12.1) sowie Art 6 Abs 2 bay VSG (vgl § 113b TKG Rn 12.2) möglichen Auskunftsverlangen bzgl nach § 113 a TKG gespeicherten Vorratsdaten, ebenso auch hinsichtlich der vergleichbaren Regelung des § 34 a Abs 1 Nr 3 u Abs 3 thür PAG (vgl hierzu § 113 b TKG Rn 12.3). **119**

Die einstweilige Anordnung wurde durch Beschl v 1. 9. 2008 (BGBl I 1850) für die Dauer von (weiteren) sechs Monaten, sodann nochmals im Rahmen der einstweiligen Anordnung bezüglich der Vorschriften des bay PAG, des bay VSG sowie des thür PAG (vgl Rn 119 sowie § 113b TKG Rn 12) durch Beschl v 28. 10. 2008 für weitere sechs Monate wiederholt (BGBl I 3198 ff). Die vorerst letzte Verlängerung der einstw Anordnung erfolgte durch Beschl v 15. 10. 2009. Bis zu der frühestens im Laufe des Jahres 2010 zu erwartenden Entscheidung in der Hauptsache hatte das BVerfG der Bundesregierung zunächst zum 1. 9. 2008 umfangreiche Erhebungs- und Mitteilungsverpflichtungen auferlegt, ua zur Anzahl der betroffenen Ermittlungsverfahren und Anordnungen nach § 100 g StPO, die Zahl der Abrufersuchen sowie die zugrunde liegenden Anlassstraftaten. Die Ergebnisse dieser Auskunft sind in dem Beschl des BVerfG v 28. 10. 2008 – Az 1 BvR 256/08 angeführt (vgl Rn 119 a.1). Durch den vorgenannten Verlängerungsbeschluss vom 1. 9. 2008 wurde die Berichtsverpflichtung erneuert, die zunächst gesetzte Frist mit dem Beschl v 28. 10. 2008 jedoch noch um einen Monat nach hinten auf den 1. 4. 2009 verschoben. Durch den neuerlichen Beschl v 15. 10. 2009 wurde für den 1. 4. 2010 nochmals eine Berichtspflicht festgelegt. Die mündl. Hauptverhandlung vor dem BVerfG fand allerdings bereits am 15. 12. 2009 statt. **119a**

StPO § 100 a Erstes Buch. 8. Abschnitt

119 b Nach dem Bericht der Bundesregierung ergingen im Zeitraum vom 1. 5. 2008 bis zum 31. 7. 2008 in 2.186 Ermittlungsverfahren 4.356 Anordnungen nach § 100 g StPO. Die Anzahl der Erst- und Verlängerungsanordnungen, zu deren Bearbeitung die ersuchten Telekommunikationsunternehmen auf allein nach § 113 a TKG gespeicherte Daten zurückgreifen mussten, belief sich dabei auf 1.742. Bei 132 Erst- und Verlängerungsanordnungen blieb das Auskunftsersuchen ganz oder teilweise erfolglos, weil die Speicherungsverpflichtung nach § 113 a TKG von den Telekommunikationsunternehmen ganz oder teilweise noch nicht erfüllt wurde. In 96 Verfahren blieb das Auskunftsersuchen ganz oder teilweise erfolglos, weil es sich nicht auf Straftaten nach § 100 a Abs 1 u Abs 2 StPO bezog. In 63 Verfahren vereitelte die Erfolglosigkeit des Auskunftsersuchens die Aufklärung der Straftat, in 37 Verfahren erschwerte es sie.

120 Demgegenüber sind Verkehrsdaten, welche der Telekommunikationsanbieter nicht auf Grund des § 113 a TKG sondern nach Maßgabe der § 96 TKG, § 97 TKG oder nach § 100 Abs 1 TKG (maximal für die Dauer von 7 Tagen, vgl hierzu AG Bonn MMR 2008, 203, 204) in eigenem Interesse gespeichert hat, von der einstweiligen Anordnung nicht betroffen. Über solche Daten muss auch weiterhin nach § 100 g StPO Auskunft gegeben werden, auch wenn das Verfahren keine Katalogtat nach § 100 a Abs 2 StPO zum Gegenstand hat.

III. IMEI-Überwachung

121 Die bislang teilweise aufgeworfene Streitfrage, ob eine Anordnung nach § 100 a StPO nicht nur auf die Rufnummer des zu überwachenden Anschlusses gerichtet, sondern auch auf die vom jeweiligen Hersteller zugeteilte, insoweit grundsätzlich einzigartige **Gerätekennung (IMEI)** des Mobilfunkgeräts als „andere Kennung" iSd § 100 b Abs 2 S 2 StPO bezogen sein kann (vgl hierzu ER BGH MMR 1999, 99 m zust Anm Bär 101, 102), ist nunmehr durch die Neufassung des § 100 b Abs 2 S 2 Nr 2 StPO positiv dahin entschieden, dass es sich auch um eine andere Kennung des Endgeräts handeln kann (BT-Drs 16/5846, 46), so dass der in der Praxis inzwischen gängigen Methode, statt dem Handy nur die benutzten Mobilfunkkarten (SIM-Karten) ständig auszutauschen, durch die Überwachung der IMEI wirksam begegnet werden kann. Allerdings ist diese Art der Überwachung trotz der seit einigen Jahren bestehenden Möglichkeit und des Umstands, dass einige europäische Nachbarländer die Überwachung überwiegend so durchführen, immer noch nicht in allen Mobilfunknetzen realisiert. Möglich ist auch die Überwachung der auf der Mobilfunkkarte eines Mobiltelefons gespeicherten IMSI (International Mobile Subscriber Identity).

IV. Funkzellenabfrage

122 Die Funkzellenabfrage ist auch nach der Neufassung der Überwachungsregelungen nunmehr nach § 100 g Abs 2 S 2 StPO weiterhin zulässig, wenn zwar die Rufnummer oder andere Kennungen des Täters nicht vorliegen, jedoch Anhaltspunkte dafür vorhanden sind, dass der oder die Täter in einem bestimmten Zeitraum in einem räumlich eingegrenzten Gebiet Mobiltelefone benutzt haben (vgl ER BGH NStZ 2002, 107, 108). Insoweit können die Daten der sich in diesem Bereich (also bestimmten hier befindlichen Sendeanlagen, welche die einzelnen Funkzellen ausmachen) eingeloggten Mobiltelefonen zur Identifizierung des/ der Tatverdächtigen dienen bzw deren Anwesenheit in diesem Bereich nachweisen; denn diese Daten werden beim jeweiligen Netzbetreiber für eine gewisse Zeit gespeichert. Weil jedoch, je nach Funkzellenbereich, eine mehr oder weniger große Zahl an der Straftat unbeteiligter Mobilfunkteilnehmer von einer solchen Maßnahme betroffen werden, ist die Subsidiaritätsklausel in besonderer Weise zu beachten (vgl zB LG Magdeburg StV 2006, 125, 126).

123 Gem § 100 b Abs 2 S 1 StPO iVm § 100 a Abs 3 StPO darf sich eine Funkzellenabfrage jedoch nur gegen den Beschuldigten oder seinen Nachrichtenmittler richten. Außerdem ist sie nur bei Straftaten von erheblicher Bedeutung zulässig (§ 100 g Abs 2 S 2 StPO).

V. Roaming

124 Roaming wird als Begriff üblicherweise im Zusammenhang mit der Nutzung des Mobiltelefons im Ausland und der Benutzung dortiger Mobilfunknetze verwendet, welche ihre

Sende- und Empfangskapazitäten nach Vereinbarung mit dem Netzbetreiber in Deutschland dessen Kunden zur Verfügung stellen und ihre Kosten (meist mit einem nicht unerheblichen Aufschlag) von diesem abrechnen lassen. Allerdings findet, insbesondere durch kleinere Netzbetreiber oder Provider auch in Deutschland teilweise ein vertraglich unter den Unternehmen vereinbartes Roaming statt, was der Mobilfunkkunde zumeist nicht bemerkt. Weil aber eine Überwachungsmaßnahme grundsätzlich auf ein konkretes Mobilfunknetz beschränkt ist, entsteht eine Überwachungslücke, wenn der Nutzer (bewusst oder unbewusst) das Netz wechselt und dieses Roaming den Ermittlungsbehörden unbekannt bleibt. Daher ist der Dienstleister, welcher dem Kunden die Nutzung der Telekommunikationsleistung ermöglicht, nach § 100b Abs 3 S 1 StPO verpflichtet, nach Eingang der Überwachungsanordnung die Ermittlungsbehörden über bestehende Roaming-Vereinbarungen zu unterrichten und zusätzlich auch den Betreibern der entsprechenden Netze die Überwachungsanordnung schriftlich mitzuteilen (ER BGH NStZ 2003, 272).

VI. Auskunft über dynamische IP-Adresse

Die Frage, nach welcher Rechtsgrundlage Auskunft über den Anschlussinhaber erlangt werden kann, welchem bei Herstellung einer Internetverbindung eine bestimmte IP-Nummer zugewiesen wurde, war in den letzten Jahr stark umstritten (vgl im Einzelnen Rn 15). Auch wenn eine zur Klarstellung wünschenswerte gesetzliche Regelung unterblieben ist, hat sich der Gesetzgeber zwischenzeitlich darauf festgelegt, dass die dynamische IP-Nummer als Bestandsdatum anzusehen und damit entsprechend § 161 Abs 1 S 1 StPO, § 163 StPO Auskunft zu erteilen ist (BT-Drs 16/5846, 26, 86, 87 dem folgend LG Köln NStZ 2009, 352; sa Rn 15). **125**

VII. Eigenständiges Beschwerderecht betroffener Provider

Telekommunikationsdiensteleister sind Adressaten der gerichtlichen Anordnungen und nach § 100b Abs 3 S 1 StPO zur Mitwirkung verpflichtet. Daraus folgt, dass ihnen grundsätzlich eine **Beschwerdeberechtigung** nicht abgesprochen werden kann. Diese kann sich jedoch nur auf ihre **eigene Sphäre** beziehen, also darauf, wie sie konkret als Netzbetreiber zur Mitwirkung verpflichtet werden bzw welche technischen Vorgaben und Ausführungen sie im Einzelfall zu erbringen haben (§ 100b StPO Rn 23; vgl auch Bär Handbuch zur EDV-Beweissicherung Rn 112f). Insbesondere muss es ihnen möglich sein, sich gegen technisch unmögliche oder gesetzlich nicht vorgesehene Anordnungen zur Wehr zu setzen (OLG Frankfurt NJW 2007, 3292; LG Kaiserslautern IR 2005, 238; Bär aaO). **126**

Keine Beschwerdebefugnis steht Netzbetreibern demgegenüber zu, wenn es um die Anordnung selbst oder auch deren Rechtsgrundlage geht. **Keinesfalls** können sie an Stelle des Ermittlungsrichters eine **eigene rechtliche Wertung** der Zulässigkeit einer Anordnung vornehmen (ER BGH MMR 1999, 99; OLG Frankfurt NJW 2007, 3292, 3293; LG Kaiserslautern IR 2005, 238; iE **aA** LG Koblenz NStZ 2003, 330, 331). Ob bspw eine E-Mail-Beschlagnahme entspr § 100a StPO oder § 99 StPO (vgl hierzu Rn 29) zu erfolgen hat, entscheidet allein der zuständige Ermittlungsrichter, keinesfalls der zur Umsetzung des Beschlusses verpflichtete Provider. Netzbetreiber sind auch nicht dazu berufen, quasi in Vertretung des nichts ahnenden Kunden dessen rechtliche Interessen wahrzunehmen (LG Bielefeld MMR 2004, 704). Die Rechte des unmittelbar Betroffenen bei einem Eingriff in seine durch Art 10 GG geschützte Rechtsposition können von diesem nach den Vorgaben des § 101 StPO umfassend und abschließend wahrgenommen werden. Soweit sich ein Provider weigert, eine E-Mail-Beschlagnahme entspr § 99 StPO durchzuführen, können nach den Grundsätzen des § 95 Abs 1 u Abs 2 StPO gegen ihn die in § 70 StPO aufgeführten Ordnungs- und Zwangsmittel festgesetzt werden (BGH Beschl v 31. 3. 2009 – Az 1 StR 76/09). **127**

VIII. Auskunftsersuchen aus dem Ausland

Bei den internationalen Beratungen um die CyberCrime-Konvention wurde von anderen Staaten immer wieder der Versuch unternommen, einen Direktanspruch auf Auskunft gegenüber inländischen Providern vorzusehen. Dennoch verblieb es ua aus verfassungsrechtlichen Gründen, und auch um Netzbetreiber und Provider nicht wirtschaftlichem Druck **128** auszusetzen, dabei, dass direkte Anfragen an diese durch ausländische Behörden oder Ermittler nicht zu beantworten sind.

129 Die im Schutzbereich des Art 10 GG entstandenen Telekommunikationsdaten, unabhängig davon, ob es sich um Verkehrs- oder gar Inhaltsdaten handelt, dürfen nur beim Vorliegen von entsprechenden inländischen Anordnungen herausgegeben werden. Anordnungen ausländischer Gerichte oder Behörden können nur auf dem Rechtshilfeweg umgesetzt werden. Dementsprechend sieht auch die CyberCrime-Konvention eine Verbesserung und Beschleunigung der Rechtshilfe (Art 25, Art 31), ggf iVm einer sofortigen, zunächst vorübergehenden Sicherstellung verdächtiger Dateien (Art 29) vor, jedoch **keinen Direktanspruch** an die betroffenen Dienstleister oder Provider.

IX. Im Ausland abgespeicherte Daten/Datenzugriffe auf ausländische Servernetze

130 Mit dem Reformgesetz v 21. 12. 2007 (Rn 5) wurde erstmals explizit geregelt, dass im Rahmen einer (offenen) Durchsuchung und der dabei erfolgten Durchsicht elektronischer Speichermedien und Datenträger (regelmäßig der PC-Anlage(n) des von der Durchsuchung Betroffenen) die Durchsuchung auch auf räumlich getrennte Speichermedien erstreckt werden kann, sofern eine Zugriffsmöglichkeit von dort aus besteht (§ 110 Abs 3 S 1 StPO) und zudem die Gefahr besteht, dass diese in der Folge gelöscht oder dem Zugriff entzogen werden könnten. Diese Regelung soll die immer häufigeren Fälle lösen, in denen insbesondere Firmen, zunehmend aber auch Privatpersonen, externen, von Providern oder gar speziellen Sicherheitsfirmen zur Verfügung gestellten, Speicherplatz nutzen. Die erforderliche Datenverbindung besteht dann entweder dauerhaft – sofern in Echtzeit abgespeichert wird oder eine Datensicherung erfolgt – oder sie wird vom Nutzer nach festgelegten Regeln oder auch nur anlassbezogen hergestellt. Auf jeden Fall sind externe Speicherkapazitäten in besonderer Weise geeignet, ggf belastendes Beweismaterial einem Zugriff am Firmen- oder Wohnsitz zu entziehen.

131 Indem mittels Datenleitungen weltumspannend Informationen transportiert werden können und zudem viele Firmennetze geradezu darauf angelegt sind, die geschäftlichen Informationen für alle Niederlassungen, Zweigstellen und Tochterunternehmen weltweit vorzuhalten, ist vielmals nicht schwer feststellbar, auf welchem Rechner und an welchem Ort die Informationen abgespeichert sind, auf die gerade zugegriffen wird. Genauso gibt es keine technischen Schwierigkeiten, Daten, welcher Art auch immer, auf gemietetem oder frei zur Verfügung gestelltem Speicherplatz abzuspeichern. Sobald allerdings ein deutscher Ermittlungsbeamter solche im Ausland befindlichen Datenspeicher im Rahmen einer Durchsuchung ausliest, beeinträchtigt er die Souveränität des ausländischen Staates, weshalb derartige Ermittlungen nicht zulässig sind.

132 In einem solchen Fall bietet auch die CyberCrime-Konvention des Europarates vom 23. 11. 2001 keine unmittelbare Lösung. Vielmehr verweisen Art 25 sowie Art 29 u Art 30 der Konvention ausdrücklich auf eine zu intensivierende Zusammenarbeit der beteiligten Staaten. Art 31 der Konvention stellt ausdrücklich auf die Rechtshilfe beim Zugriff auf gespeicherte Computerdaten ab und Art 32 lässt darüber hinaus einen Zugriff ohne die Genehmigung des ausländischen Staates nur auf öffentlich zugängliche gespeicherte Computerdaten (offene Quellen) zu oder falls derjenige zustimmt, welcher rechtmäßig zur Weitergabe der Daten befugt ist.

132.1 **Übereinkommen über Computerkriminalität** – Budapest, 23. 11. 2001 (abrufbar unter http://conventions.coe.int/Treaty/GER/Treaties/Html/185.htm)

132.2 **Artikel 25 – Allgemeine Grundsätze der Rechtshilfe**
1. Die Vertragsparteien leisten einander im größtmöglichen Umfang Rechtshilfe für Zwecke der Ermittlungen oder Verfahren in Bezug auf Straftaten in Zusammenhang mit Computersystemen und -daten oder für die Erhebung von Beweismaterial in elektronischer Form für eine Straftat.
2. Jede Vertragspartei trifft ferner die erforderlichen gesetzgeberischen und anderen Maßnahmen, um den in den Artikeln 27 bis 35 bezeichneten Verpflichtungen nachzukommen.
3. In dringenden Fällen kann jede Vertragspartei Rechtshilfeersuchen oder damit in Zusammenhang stehende Mitteilungen durch schnelle Kommunikationsmittel einschließlich Telefax oder elektronischer Post übersenden, soweit diese Mittel einen angemessenen Sicherheits- und Authentisierungsstandard bieten (erforderlichenfalls auch unter Einsatz einer Verschlüsselung) und eine

förmliche Bestätigung folgt, wenn die ersuchte Vertragspartei dies verlangt. Die ersuchte Vertragspartei nimmt das Ersuchen entgegen und beantwortet es mit einem dieser schnellen Kommunikationsmittel.

4. Soweit in den Artikeln dieses Kapitels nicht ausdrücklich etwas anderes vorgesehen ist, unterliegt die Rechtshilfe den im Recht der ersuchten Vertragspartei oder in den anwendbaren Rechtshilfeverträgen vorgesehenen Bedingungen einschließlich der Gründe, aus denen die ersuchte Vertragspartei die Zusammenarbeit ablehnen kann. Die ersuchte Vertragspartei darf das Recht auf Verweigerung der Rechtshilfe in Bezug auf die in den Artikeln 2 bis 11 bezeichneten Straftaten nicht allein mit der Begründung ausüben, dass das Ersuchen eine Straftat betrifft, die von ihr als fiskalische Straftat angesehen wird.

5. Darf die ersuchte Vertragspartei nach diesem Kapitel die Rechtshilfe von der Bedingung abhängig machen, dass die beiderseitige Strafbarkeit gegeben ist, so gilt, gleichviel, ob die Straftat nach ihrem Recht in dieselbe Kategorie von Straftaten fällt oder mit dem gleichen Begriff benannt ist wie nach dem Recht der ersuchenden Vertragspartei, diese Bedingung als erfüllt, wenn die Handlung, die der Straftat, derentwegen um Rechtshilfe ersucht wird, zugrunde liegt, nach ihrem Recht eine Straftat darstellt.

Artikel 29 – Umgehende Sicherung gespeicherter Computerdaten 132.3

1. Eine Vertragspartei kann eine andere Vertragspartei um Anordnung oder anderweitige Bewirkung der umgehenden Sicherung von Daten ersuchen, die mittels eines Computersystems gespeichert sind, das sich im Hoheitsgebiet der anderen Vertragspartei befindet, und derentwegen die ersuchende Vertragspartei beabsichtigt, ein Rechtshilfeersuchen um Durchsuchung oder ähnlichen Zugriff, Beschlagnahme oder ähnliche Sicherstellung oder Weitergabe der Daten zu stellen.

2. Ein Ersuchen um Sicherung nach Absatz 1 hat Folgendes genau zu bezeichnen:
a) die Behörde, die um die Sicherung ersucht;
b) die Straftat, die Gegenstand der strafrechtlichen Ermittlungen oder Verfahren ist, und eine kurze Sachverhaltsdarstellung;
c) die gespeicherten Computerdaten, die zu sichern sind, und der Zusammenhang zwischen ihnen und der Straftat;
d) alle verfügbaren Informationen zur Ermittlung des Verwahrers der gespeicherten Computerdaten oder des Standorts des Computersystems;
e) die Notwendigkeit der Sicherung und
f) die Absicht der Vertragspartei, ein Rechtshilfeersuchen um Durchsuchung oder ähnlichen Zugriff, Beschlagnahme oder ähnliche Sicherstellung oder Weitergabe der gespeicherten Computerdaten zu stellen.

3. Nach Eingang des von einer anderen Vertragspartei gestellten Ersuchens trifft die ersuchte Vertragspartei alle geeigneten Maßnahmen zur umgehenden Sicherung der bezeichneten Daten in Übereinstimmung mit ihrem innerstaatlichen Recht. Für die Zwecke der Erledigung eines Ersuchens wird die beiderseitige Strafbarkeit als Voraussetzung für die Vornahme dieser Sicherung nicht verlangt.

4. Eine Vertragspartei, welche die beiderseitige Strafbarkeit als Voraussetzung für die Erledigung eines Rechtshilfeersuchens um Durchsuchung oder ähnlichen Zugriff, Beschlagnahme oder ähnliche Sicherstellung oder Weitergabe gespeicherter Daten verlangt, kann sich in Bezug auf andere als die nach den Artikeln 2 bis 11 umschriebenen Straftaten das Recht vorbehalten, Ersuchen um Sicherung nach diesem Artikel abzulehnen, wenn sie Grund zu der Annahme hat, dass im Zeitpunkt der Weitergabe die Voraussetzung der beiderseitigen Strafbarkeit nicht erfüllt werden kann.

5. Darüber hinaus kann ein Ersuchen um Sicherung nur abgelehnt werden, wenn
a) das Ersuchen eine Straftat betrifft, die von der ersuchten Vertragspartei als politische oder als mit einer solchen zusammenhängende Straftat angesehen wird, oder
b) die ersuchte Vertragspartei der Ansicht ist, dass die Erledigung des Ersuchens geeignet ist, ihre Souveränität, Sicherheit, öffentliche Ordnung (*ordre public*) oder andere wesentliche Interessen zu beeinträchtigen.

6. Ist durch die Sicherung nach Ansicht der ersuchten Vertragspartei die künftige Verfügbarkeit der Daten nicht gewährleistet oder die Vertraulichkeit der Ermittlungen der ersuchenden Vertragspartei gefährdet oder in anderer Weise beeinträchtigt, so setzt sie die ersuchende Vertragspartei umgehend davon in Kenntnis; diese entscheidet dann, ob das Ersuchen dennoch erledigt werden soll.

7. Jede Sicherung, die in Erledigung des in Absatz 1 bezeichneten Ersuchens vorgenommen wird, erfolgt für mindestens 60 Tage, damit die ersuchende Vertragspartei ein Ersuchen um Durchsuchung oder ähnlichen Zugriff, Beschlagnahme oder ähnliche Sicherstellung oder Weitergabe der

Daten stellen kann. Nach Eingang eines solchen Ersuchens werden die Daten weiterhin gesichert, bis über das Ersuchen entschieden worden ist.

132.4 **Artikel 30 – Umgehende Weitergabe gesicherter Verkehrsdaten**
1. Stellt die ersuchte Vertragspartei bei der Erledigung eines Ersuchens nach Artikel 29 um Sicherung von Verkehrsdaten bezüglich einer bestimmten Kommunikation fest, dass ein Diensteanbieter in einem anderen Staat an der Übermittlung dieser Kommunikation beteiligt war, so gibt die ersuchte Vertragspartei Verkehrsdaten in so ausreichender Menge an die ersuchende Vertragspartei umgehend weiter, dass dieser Diensteanbieter und der Weg, auf dem die Kommunikation übermittelt wurde, festgestellt werden können.
2. Von der Weitergabe von Verkehrsdaten nach Absatz 1 darf nur abgesehen werden, wenn
a) das Ersuchen eine Straftat betrifft, die von der ersuchten Vertragspartei als politische oder als mit einer solchen zusammenhängende Straftat angesehen wird, oder
b) die ersuchte Vertragspartei der Ansicht ist, dass die Erledigung des Ersuchens geeignet ist, ihre Souveränität, Sicherheit, öffentliche Ordnung (*ordre public*) oder andere wesentliche Interessen zu beeinträchtigen.

132.5 **Artikel 31 – Rechtshilfe beim Zugriff auf gespeicherte Computerdaten**
1. Eine Vertragspartei kann eine andere Vertragspartei um Durchsuchung oder ähnlichen Zugriff, um Beschlagnahme oder ähnliche Sicherstellung und um Weitergabe von Daten ersuchen, die mittels eines Computersystems gespeichert sind, das sich im Hoheitsgebiet der ersuchten Vertragspartei befindet, einschließlich Daten, die nach Artikel 29 gesichert worden sind.
2. Die ersuchte Vertragspartei erledigt das Ersuchen, indem sie die in Artikel 23 bezeichneten völkerrechtlichen Übereinkünfte, sonstigen Übereinkünfte und Rechtsvorschriften anwendet und die anderen einschlägigen Bestimmungen dieses Kapitels einhält.
3. Das Ersuchen ist umgehend zu erledigen, wenn
a) Gründe zu der Annahme bestehen, dass bei den einschlägigen Daten eine besondere Gefahr des Verlusts oder der Veränderung besteht oder
b) die in Absatz 2 bezeichneten Übereinkünfte und Rechtsvorschriften eine umgehende Zusammenarbeit vorsehen.

132.6 **Artikel 32 – Grenzüberschreitender Zugriff auf gespeicherte Computerdaten mit Zustimmung oder wenn diese öffentlich zugänglich sind**
Eine Vertragspartei darf ohne die Genehmigung einer anderen Vertragspartei
a) auf öffentlich zugängliche gespeicherte Computerdaten (offene Quellen) zugreifen, gleichviel, wo sich die Daten geographisch befinden, oder
b) auf gespeicherte Computerdaten, die sich im Hoheitsgebiet einer anderen Vertragspartei befinden, mittels eines Computersystems in ihrem Hoheitsgebiet zugreifen oder diese Daten empfangen, wenn sie die rechtmäßige und freiwillige Zustimmung der Person einholt, die rechtmäßig befugt ist, die Daten mittels dieses Computersystems an sie weiterzugeben.

133 Danach ergibt sich, dass von ausländischen Datenspeichern sichergestellte Informationen ohne Zustimmung des hierzu berechtigten Dateninhabers oder Datenverwalters nicht in Übereinstimmung mit internationalem Recht erlangt worden sind (vgl hierzu auch Sankol Verletzung fremdstaatlicher Souveränität durch ermittlungsbehördliche Zugriffe auf E-Mail-Postfächer K&R 2008, 278 ff). Daraus folgt jedoch in Übereinstimmung mit der Rechtsprechung zu anderen Fehlern bei der Erlangung von Erkenntnissen, insbes fehlender Eilkompetenz für eine Anordnung, dass nur willkürliche oder absichtliche Verstöße ein Verwertungsverbot nach sich ziehen (vgl BVerfG NJW 2006, 2684, 2686; NJW 2005, 1917, 1923; OLG Stuttgart NStZ 2008, 238, 239; krit Sankol aaO). Erkennt also die, die Durchsicht eines Rechners vornehmende, Ermittlungsperson nicht, dass die zu sichernden Daten nur auf einem ausländischen Speichermedium verfügbar sind, können hierbei sichergestellte Daten später grundsätzlich als Beweismittel dienen. Letztlich wird es dem erkennenden Gericht obliegen, festzustellen, wie nahe liegend ein Rechtsverstoß war, und insoweit die Umstände der konkreten Sicherstellung von einem absichtlichen und willkürlichen Verstoß abzugrenzen.

134 Hiervon zu unterscheiden ist die sog **Auslandskopfüberwachung** nach § 4 Abs 2 TKÜV, welche zwar Telekommunikation von nicht bekannten Anschlüssen im Inland mit bekannten Anschlussnummern im Ausland betrifft, der Sache nach aber eine an den Auslandskopfstellen (Gateways) im Inland durchgeführte Überwachungsmaßnahme darstellt, wodurch die Souveränität anderer Staaten nicht beeinträchtigt wird (vgl hierzu

allgemein Bär Handbuch zur EDV-Beweissicherung im Strafverfahren Rn 71 ff; krit Reinel wistra 2006, 205 ff). Der umgekehrte Fall, dass von bekannten Anschlussnummern im Ausland Telekommunikation an nicht näher bekannte Teilnehmer im Inland erfasst wird, ist in § 4 TKÜV nicht geregelt, dürfte aber – sofern technisch ausführbar – damit zulässig sein. Eine solche Maßnahme sollte jedenfalls dann auch erheblich weniger beeinträchtigend sein als die dauernde Überwachung eines Telekommunikationsanschlusses, wenn es nur darum geht, zu erwartende Verbindungen eines bestimmten ausländischen Anrufers zu erfassen.

§ 100 b [Anordnung der Überwachung der Telekommunikation; Berichte]

(1) ¹Maßnahmen nach § 100 a dürfen nur auf Antrag der Staatsanwaltschaft durch das Gericht angeordnet werden. ²Bei Gefahr im Verzug kann die Anordnung auch durch die Staatsanwaltschaft getroffen werden. ³Soweit die Anordnung der Staatsanwaltschaft nicht binnen drei Werktagen von dem Gericht bestätigt wird, tritt sie außer Kraft. ⁴Die Anordnung ist auf höchstens drei Monate zu befristen. ⁵Eine Verlängerung um jeweils nicht mehr als drei Monate ist zulässig, soweit die Voraussetzungen der Anordnung unter Berücksichtigung der gewonnenen Ermittlungsergebnisse fortbestehen.

(2) ¹Die Anordnung ergeht schriftlich. ²In ihrer Entscheidungsformel sind anzugeben:

1. soweit möglich, der Name und die Anschrift des Betroffenen, gegen den sich die Maßnahme richtet,

2. die Rufnummer oder eine andere Kennung des zu überwachenden Anschlusses oder des Endgerätes, sofern sich nicht aus bestimmten Tatsachen ergibt, dass diese zugleich einem anderen Endgerät zugeordnet ist,

3. Art, Umfang und Dauer der Maßnahme unter Benennung des Endzeitpunktes.

(3) ¹Auf Grund der Anordnung hat jeder, der Telekommunikationsdienste erbringt oder daran mitwirkt, dem Gericht, der Staatsanwaltschaft und ihren im Polizeidienst tätigen Ermittlungspersonen (§ 152 des Gerichtsverfassungsgesetzes) die Maßnahmen nach § 100 a zu ermöglichen und die erforderlichen Auskünfte unverzüglich zu erteilen. ²Ob und in welchem Umfang hierfür Vorkehrungen zu treffen sind, bestimmt sich nach dem Telekommunikationsgesetz und der Telekommunikations-Überwachungsverordnung. ³§ 95 Abs 2 gilt entsprechend.

(4) ¹Liegen die Voraussetzungen der Anordnung nicht mehr vor, so sind die auf Grund der Anordnung ergriffenen Maßnahmen unverzüglich zu beenden. ²Nach Beendigung der Maßnahme ist das anordnende Gericht über deren Ergebnisse zu unterrichten.

(5) ¹Die Länder und der Generalbundesanwalt berichten dem Bundesamt für Justiz kalenderjährlich jeweils bis zum 30. Juni des dem Berichtsjahr folgenden Jahres über in ihrem Zuständigkeitsbereich angeordnete Maßnahmen nach § 100 a. ²Das Bundesamt für Justiz erstellt eine Übersicht zu den im Berichtsjahr bundesweit angeordneten Maßnahmen und veröffentlicht diese im Internet.

(6) In den Berichten nach Absatz 5 sind anzugeben:

1. die Anzahl der Verfahren, in denen Maßnahmen nach § 100 a Abs. 1 angeordnet worden sind;

2. die Anzahl der Überwachungsanordnungen nach § 100 a Abs. 1, unterschieden nach

  a) Erst- und Verlängerungsanordnungen sowie

  b) Festnetz-, Mobilfunk- und Internettelekommunikation;

3. die jeweils zugrunde liegende Anlassstraftat nach Maßgabe der Unterteilung in § 100 a Abs. 2.

Überblick

Die Vorschrift regelt (ebenso wie § 100 StPO für die Postbeschlagnahme) die Anordnungszuständigkeit für die Telekommunikationsüberwachung nach § 100a StPO, welche grundsätzlich dem Gericht (Abs 1 S 1), in Eilfällen der Staatsanwaltschaft zusteht (Abs 1 S 2). Allerdings muss eine Eilanordnung innerhalb von drei Werktagen vom zuständigen Gericht bestätigt werden (Abs 1 S 3). Die gerichtliche Anordnung ist auf eine Dauer von höchstens drei Monaten zu befristen (Abs 1 S 4), kann aber bei Vorliegen der Voraussetzungen um jeweils drei weitere Monate verlängert werden (Abs 1 S 5). Die Anordnung ist in schriftlicher Form und mit den in Abs 2 aufgeführten weiteren Angaben zu erlassen. Nach der in Abs 3 ausdrücklich geregelten Verpflichtung hat jeder Telekommunikationsdiensteleister bei der Erfüllung der Anordnungen mitzuwirken. Außerdem sehen Abs 5 u Abs 6 genau spezifizierte jährliche Berichtspflichten für die Länder und den Generalbundesanwalt für nach § 100a StPO angeordnete Maßnahmen vor.

Übersicht

	Rn		Rn
A. Allgemeines	1	D. Kennzeichnungs-, Löschungs- und Verwendungsregelungen	20
B. Regelungsgehalt	3	E. Rechtsmittel und Revision	23
I. Richtervorbehalt	3	I. Rechtsmittel des Beschuldigten und weiterer Betroffener	23
II. Form und Inhalt der Anordnung	5	II. Rechtsmittel des verpflichteten Unternehmens	25
III. Rechtliches Gehör	9		
IV. Eilanordnungen der Staatsanwaltschaft	10	III. Revision	26
V. Beendigung der Maßnahme	15		
C. Durchführung der Anordnung	17	F. Berichtspflichten	27

A. Allgemeines

1 § 100b StPO regelt das **Verfahren** im Zusammenhang mit der Maßnahme einer Telekommunikationsüberwachung, sichert zugleich aber auch die verfassungsrechtlichen Vorgaben im Zusammenhang mit dem Eingriff ins Post- und Fernmeldegeheimnis des Art 10 GG, insbes den Richtervorbehalt und die der Einhaltung des Verhältnismäßigkeitsgrundsatzes dienende zeitliche Beschränkung einer Anordnung auf höchstens drei Monate; allerdings zugleich mit Verlängerungsoption um jeweils weitere drei Monate, sofern die Anordnungsvoraussetzungen fortbestehen (Abs 1 S 5).

2 Ergänzt wird § 100b StPO durch die Benachrichtigungsvorschriften des § 101 Abs 4 S 1 Nr 3 StPO iVm S 3 bis S 5 StPO sowie die weiteren allgemeinen Regelungen des § 101 StPO.

B. Regelungsgehalt

I. Richtervorbehalt

3 Zuständig für eine Anordnung nach § 100a StPO ist grundsätzlich das **Gericht**, welches jedoch nur **auf Antrag der Staatsanwaltschaft** entscheiden kann. Nur bei Gefahr im Verzug ist ausnahmsweise auch die Staatsanwaltschaft zur Anordnung einer TKÜ berechtigt. Ermittlungspersonen der Staatsanwaltschaft (§ 152 GVG) haben insoweit keinerlei Befugnisse und keine Eilkompetenz; entsprechende Anordnungen an Provider oder Telekommunikationsunternehmen wären rechtswidrig und von diesen nicht zu befolgen. Eilanordnungen der Staatsanwaltschaft treten automatisch nach drei Werktagen außer Kraft, wenn sie nicht bis zum Fristablauf richterlich bestätigt worden sind.

4 Zuständiges Gericht ist im Ermittlungsverfahren nach der Konzentrationsregelung des § 162 Abs 1 S 1 StPO das Amtsgericht am Sitz der Staatsanwaltschaft.

II. Form und Inhalt der Anordnung

Gesetzlich vorgesehen ist, dass die Anordnung schriftlich als Beschluss zu ergehen hat (Abs 2 S 1). Eine nicht korrekte Bezeichnung als Verfügung steht der vollen Wirksamkeit der Anordnung aber nicht entgegen. Bei Übersendung als E-Mail ist das Formerfordernis jedoch nur gewahrt, wenn dieser das Dokument nebst Unterschrift des Richters oder zusammen mit Dienstsiegel bei Ausfertigungen beigefügt ist, oder aber wenn die E-Mail als elektronisches Dokument (§ 41 a StPO) übermittelt wird (vgl § 12 Abs 2 TKÜV).

Aus dem **Inhalt** der Anordnung soll sich ergeben (Abs 2 S 2):

- Name und Anschrift des Beschuldigten (soweit nach den Ermittlungen möglich), gegen den sich die Maßnahme richtet, oder
- Name und Anschrift des Betroffenen (soweit nach den Ermittlungen möglich), gegen den sich die Maßnahme richtet, weil er entweder Nachrichtenmittler für den Beschuldigten ist, vgl § 100 a StPO (§ 100 a StPO Rn 47) oder der Beschuldigte dessen Anschluss benutzt (§ 100 a StPO Rn 49);
- die Rufnummer oder eine andere Kennung des zu überwachenden Anschlusses (insbes IMSI, vgl § 100 a StPO Rn 21, § 100 a StPO Rn 121) oder Endgerätes (IMEI; § 100 a StPO Rn 21, § 100 a StPO Rn 121);
- Art, Umfang und Dauer der Maßnahme sowie nun zusätzlich auch der genaue Endzeitpunkt, um Ungewissheiten bei der Berechnung zu vermeiden (BT-Drs 16/5846, 47).

Die Anordnung ist zu begründen. Aus der **Begründung** muss die Katalogtat (§ 100 a Abs 2 StPO) hervorgehen, welche die Anordnung erlaubt, sowie Sachverhalt und Tatsachen, auf welche sich dieser Tatvorwurf und der Tatverdacht stützen, damit ein mit der Beschwerde angerufenes Gericht (§ 101 Abs 7 S 2 bis S 4 StPO) die Rechtmäßigkeit der Maßnahme überprüfen kann; ebenso die Erheblichkeit der Tat im Einzelfall (§ 100 a StPO Rn 38 f). Auch die Notwendigkeit der Maßnahme unter Berücksichtigung des Subsidiaritätsgrundsatzes (§ 100 a StPO Rn 40) ist darzulegen. Soweit sich die Maßnahme nicht gegen den Beschuldigten selbst richtet, sind auch die Tatsachen zu benennen, auf Grund derer davon auszugehen ist, dass der Betroffene als Nachrichtenmittler in Betracht kommt oder der Beschuldigte dessen Anschluss benutzt. Dies kann gerade auch dann gelten, wenn die zugrunde liegende Katalogtat bereits längere Zeit zurückliegt (LG Hamburg StV 2009, 236; vgl auch § 100 a StPO Rn 41).

Durch entsprechende Konkretisierungen der Modalitäten der Überwachung sind auch diese dem Richtervorbehalt unterworfen und damit vom Gericht zu prüfen (vgl BT-Drs 16/5846, 47). Dazu gehören evtl Beschränkungen der Maßnahme oder zusätzliche Erfordernisse, wie Echtzeitüberwachung oder zusätzliche visuelle Überwachung des Anschlussgeräts, um eine Überwachung Unbeteiligter auszuschließen (zB bei Telefonzellen). Bei Mobilfunkanschlüssen kann zugleich die Erhebung von Standortdaten angeordnet werden.

III. Rechtliches Gehör

Regelmäßig werden weder der Beschuldigte noch andere von der Anordnung betroffene Personen vor Erlass der Anordnung gehört werden (können), um den Anordnungszweck nicht zu gefährden (§ 33 Abs 4 StPO). Sie sind jedoch nach § 101 Abs 5 StPO iVm Abs 4 S 1 Nr 3 StPO hierüber zu benachrichtigen, sobald dies ohne Gefährdung des Untersuchungszwecks oder weiterer wichtiger Rechtsgüter möglich ist und dabei auch auf die Möglichkeit nachträglichen Rechtsschutzes hinzuweisen (§ 100 Abs 4 S 2 StPO). Erfährt ein Betroffener jedoch schon vorher von der Maßnahme, kann er bereits dann auf eine gerichtliche Überprüfung antragen.

IV. Eilanordnungen der Staatsanwaltschaft

Nur bei **Gefahr im Verzug** ist eine Ausnahme vom Richtervorbehalt dahingehend zugelassen, dass auch die Staatsanwaltschaft zu einer Anordnung nach § 100 a StPO befugt ist

(§ 100b Abs 1 S 2 StPO). Allerdings dürfte das Vorliegen einer solchen Gefahrenlage auf Grund der verschärften verfassungsgerichtlichen Anforderungen (BVerfGE 103, 142, 155, 156) nur noch selten (wohl nur zur Nachtzeit oder in ganz dringlichen Fällen bei erheblichen Gefahren für wichtige Rechtsgüter) zu bejahen sein; denn grds ist durch Errichtung eines Eil- und Notdienstes die ständige Erreichbarkeit eines Ermittlungsrichters von den Gerichten sicherzustellen (BVerfG NJW 2007, 1444).

11 Eine Anordnung der Staatsanwaltschaft muss aber entweder binnen **drei Werktagen** durch das **Gericht bestätigt** werden (Abs 2), oder sie tritt ohne weiteres außer Kraft. Die Frist berechnet sich nach § 42 StPO, beginnt also nach dem Tag der Anordnung. Dadurch ist gewährleistet, dass die Maßnahme nur auf die aktuellsten Erkenntnisse gestützt ist (BT-Drs 16/5846, 46).

12 Die gerichtliche Bestätigung folgt den gleichen Grundsätzen wie eine gerichtliche Erstanordnung (Rn 5 ff). Sie betrifft die **Rechtmäßigkeit der Maßnahme** nach den vorgenannten Grundsätzen, wozu aber auch die Einhaltung der Subsidiaritätsklausel gehört. Das Gericht kann mit seiner Bestätigung die Eilanordnung modifizieren und ihren Umfang ändern; in jedem Fall muss es – abhängig vom Antrag der Staatsanwaltschaft – eine Entscheidung über den Zeitraum der Fortführung der TKÜ treffen. Ist beim Ergehen der richterlichen Bestätigung die 3-Tage-Frist bereits abgelaufen und die staatsanwaltschaftliche Anordnung damit beendet, stellt sie eine neue, dem Telekommunikationsdiensteleister zu übermittelnde, Anordnung dar.

13 **Inhaltlich** muss eine Anordnung der Staatsanwaltschaft dieselben Kriterien erfüllen wie eine richterliche Anordnung (vgl Rn 5 ff). **Schriftform** ist zwingend gesetzlich vorgesehen.

14 Beendet die Staatsanwaltschaft die Überwachungsmaßnahme vor oder mit Ablauf der drei Werktage, ist eine gerichtliche Bestätigung nicht erforderlich. Die bis dahin gewonnenen **Erkenntnisse** bleiben grds **verwertbar**. Der im Reformgesetzentwurf ursprünglich enthaltene Regelungsvorschlag, wonach die aufgrund einer Eilanordnung erlangten personenbezogenen Daten nur dann verwertbar seien, wenn für die Eilanordnung auch tatsächlich Gefahr im Verzug bestanden habe (§ 100b Abs 1 S 2 Hs 2 StPO-E), ist nicht Gesetz geworden. Allerdings obliegt es dennoch dem erkennenden Gericht, bei Widersprüchen gegen eine Verwertung solcher Erkenntnisse, eine Entscheidung hierüber zu treffen. Von Amts wegen ist es dazu jedoch nicht verpflichtet (BGHSt 51, 1, 3), ohne dass weitere Anhaltspunkte für eine willkürliche oder grob rechtswidrige Annahme einer Verzugslage vorliegen.

V. Beendigung der Maßnahme

15 Die Maßnahme endet mit dem Ablauf des Anordnungszeitraums. Sie ist aber bereits vorzeitig und dann unverzüglich zu beenden, wenn die Voraussetzungen der Anordnung nicht mehr vorliegen (Abs 4 S 1). Die Festnahme des Beschuldigten führt dann nicht zwingend zu einer sofortigen Beendigung der Maßnahme, wenn anzunehmen ist, dass ein Unbeteiligter als Nachrichtmittler Mitteilungen, die für den Beschuldigten bestimmt sind, an dem Anschluss entgegennehmen könnte (BGH NJW 1994, 2904, 2907). Von einer „Abschaltung" der Überwachung sind die beteiligten Telekommunikationsdiensteleister zu unterrichten (BT-Drs 16/5846). Das Gericht, welches die Maßnahme angeordnet hatte, ist nach deren Abschluss über die Ergebnisse zu unterrichten (Abs 4 S 2). Der Gesetzgeber wollte mit dieser Verpflichtung eine Erfolgskontrolle ermöglichen (BT-Drs aaO), welche allerdings in ihrer Effizienz fragwürdig erscheint, weil aus Erfolg oder Misserfolg einer Maßnahme kaum auf entsprechende Aussichten einer späteren Maßnahme in einem höchstwahrscheinlich ganz anders gelagerten Sachverhalt geschlossen werden kann.

16 Ergibt es sich, dass die durch die Maßnahme erlangten personenbezogenen Daten zur Strafverfolgung und für eine etwaige gerichtliche Überprüfung der Maßnahme nicht mehr erforderlich sind, sind diese unverzüglich zu löschen (§ 101 Abs 8 S 1 StPO). Vgl hierzu iÜ § 101 StPO Rn 48.

C. Durchführung der Anordnung

17 Der auf Antrag der Staatsanwaltschaft erlassene richterliche oder als staatsanwaltschaftliche Eilanordnung ergangene Überwachungsbeschluss wird den Telekommunikationsdiensteleis-

tern (regelmäßig ohne die Begründung der Anordnung, weil sie zur Prüfung der Rechtmäßigkeit ohnehin nicht berechtigt sind (§ 100a StPO Rn 127), durch die Staatsanwaltschaft oder in deren Auftrag durch Ermittlungspersonen per Telefax oder auf gesichertem elektronischen Weg vorab übermittelt (§ 12 Abs 2 TKÜV) oder sogleich unmittelbar als schriftliches Dokument übergeben. Durch die mit Reformgesetz v 21. 12. 2007 (Näheres § 100a StPO Rn 5) nunmehr **auch** auf **nicht geschäftsmäßige Anbieter von Telekommunikationsdienstleistungen** ausgeweitete Mitwirkungsverpflichtung wird gewährleistet, dass auch in Kommunikationsanlagen in Unternehmen, Behörden und selbst in größeren Hausanlagen mit Unterstützung der jeweiligen Betreiber die Maßnahmen durchgeführt werden können (vgl hierzu BT-Drs 16/5946, 47). Grds muss daher – auch außerhalb der üblichen Geschäftszeiten – der Betreiber oder eine von ihm beauftrage Person zur Entgegennahme der Anordnung zur Verfügung stehen (§ 12 Abs 3 TKÜV). Die weiteren Einzelheiten ergeben sich aus § 110 TKG iVm der Verordnung zur Sicherstellung von Telekommunikationsdienstleistungen sowie zur Einräumung von Vorrechten bei deren Inanspruchnahme (TKÜV).

Technische Einrichtungen zur Umsetzung von Überwachungsanordnungen muss aber nur der geschäftsmäßig handelnde **Telekommunikationsdiensteleister** vorhalten (§ 110 Abs 1 TKG), und insoweit auch nur solche Anbieter, welchen mehr als 10.000 Teilnehmer oder Nutzungsberechtigte angeschlossen sind (§ 3 Abs 2 S 1 Nr 5 TKÜV). Die Mitwirkungsverpflichtung erfordert darüber hinaus die Ausleitung einer Überwachungskopie (§ 9 TKÜV) und deren Übergabe an einem entsprechend der Voraussetzungen des § 8 TKÜV gestalteten Übergabepunkt. Die Überwachung selbst und ggf Aufzeichnung ist demgegenüber von der Polizei oder anderen durch die Staatsanwaltschaft beauftragten Ermittlungspersonen vorzunehmen, welchen auch die Auswertung nach Maßgabe der Anordnungen des Gerichts oder (bei Nichtvorliegen) entsprechend erteilter Anweisungen der Staatsanwaltschaft obliegt. 18

Kommen Diensteleister ihrer Mitwirkungsverpflichtung nicht nach, können Ordnungs- und Zwangsmittel gegen sie festgesetzt werden (Abs 3 S 3 iVm § 95 Abs 2 StPO). 19

D. Kennzeichnungs-, Löschungs- und Verwendungsregelungen

Die nach § 100a StPO erlangten personenbezogenen Daten sind entsprechend zu kennzeichnen (§ 101 Abs 1, Abs 3 S 1 StPO; vgl hierzu § 101 StPO Rn 7 f). 20

Die bis zum 31. 12. 2007 in Abs 5 enthaltene Verwendungsregelung für anlässlich einer Maßnahme erlangte Erkenntnisse ist nunmehr durch die verfahrensübergreifende Regelung des § 477 Abs 2 S 3 u S 4 StPO ersetzt worden. Danach dürfen solchermaßen erlangte personenbezogene Daten ohne Einwilligung der von der Maßnahme betroffenen Personen zu Beweiszwecken in anderen Strafverfahren nur zur Aufklärung solcher Straftaten verwendet werden, zu deren Aufklärung ebenfalls eine solche Maßnahme hätte angeordnet werden dürfen. Darüber hinaus dürfen sie ua auch zur Abwehr einer erheblichen Gefahr für die öffentliche Sicherheit verwendet werden (vgl § 477 StPO, hierzu im Einzelnen § 477 StPO Rn 6). Erkenntnisse aus einer Telefonüberwachung auf der Grundlage von § 100a StPO dürfen mangels gesetzlicher Grundlage weder an den Träger der Rentenversicherung weitergegeben werden noch allgemein im Verwaltungsverfahren oder im sozialgerichtlichen Verfahren verwertet werden (Hess LSG, Beschl v 26. 3. 2009 – Az L 1 KR 331/08 B ER). 21

Soweit durch die Maßnahme erlangte Daten weder für die weitere Strafverfolgung noch für eine etwaige gerichtliche Überprüfung benötigt werden, sind sie nach Maßgabe des § 101 Abs 8 StPO zu löschen (vgl § 101 StPO Rn 48). 22

E. Rechtsmittel und Revision

I. Rechtsmittel des Beschuldigten und weiterer Betroffener

Der Beschuldigte, der überwachte Nachrichtenmittler sowie weitere von der Überwachung betroffene Personen können bei dem für die Anordnung zuständigen Gericht auch noch nach Beendigung der Maßnahme die Überprüfung der Rechtmäßigkeit der 23

Maßnahme sowie der Art und Weise ihres Vollzugs beantragen (§ 101 Abs 7 S 2 StPO iVm Abs 4 S 1 Nr 3 StPO). Gegen die Entscheidung des angerufenen Gerichts ist dann die sofortige Beschwerde statthaft (§ 101 Abs 7 S 3 StPO). Dies gilt seit 1. 1. 2008 nunmehr auch für im ersten Rechtszug erlassene Anordnungen des OLG sowie des Ermittlungsrichters des BGH (§ 304 Abs 4 S 2 Nr 1, Abs 5 StPO). Sofern im Ausgangsverfahren bereits die öffentliche Klage erhoben ist, hat über einen entsprechenden Antrag das mit der Sache befasste Gericht zu entscheiden (§ 101 Abs 7 S 4 StPO; vgl hierzu auch BGH NStZ 2009, 104, 105), was allerdings bei andauernder Hauptverhandlung zu nicht unerheblichen Verzögerungen führen kann, falls etwa Betroffene in größerer Zahl entsprechende Anträge stellen. Jeder Betroffene, auch ein Nichtbeschuldigter, hat im Übrigen das Recht, in direkter oder entsprechender Anwendung von § 24 StPO auf die Entscheidung durch einen unbefangenen Richter hinwirken zu können (ER BGH Beschl v 27. 2. 2006 – Az 1 BGs 25/2006).

24   Um den Betroffenen überhaupt die Möglichkeit für Anträge auf Überprüfung der Rechtmäßigkeit der Maßnahme zu geben, sind **Benachrichtigungen** gem § 101 Abs 4 S 1 Nr 1 StPO vorzunehmen und die Adressaten zugleich über die Rechtsschutzmöglichkeit sowie die hierfür gesetzten Fristen zu belehren (§ 101 Abs 4 S 2 StPO). Eine Benachrichtigung kann nur nach Maßgabe des § 101 Abs 4 S 3 bis S 5 StPO (endgültig) unterbleiben oder unter den Voraussetzungen von § 101 Abs 6 StPO zurückgestellt werden.

II. Rechtsmittel des verpflichteten Unternehmens

25   Den **betroffenen Telekommunikationsdiensteleistern** wird man als Adressaten der gerichtlichen Anordnung eine **Beschwerdeberechtigung** zuerkennen können, welche jedoch nur deren **eigene Sphäre** betrifft, dh wie sie (über die Vorschriften der TKÜV hinaus) konkret zur Mitwirkung verpflichtet werden bzw ob die ihnen abverlangten Leistungen und Verpflichtungen überhaupt technisch möglich und ggfs zumutbar sind (Löwe/Rosenberg/Schäfer StPO § 101 Rn 49; vgl auch § 100 a StPO Rn 126). Soweit es sich um Anordnungen eines OLG im ersten Rechtszug oder des Ermittlungsrichters des BGH handelt, bliebe mangels ausdrücklicher Erwähnung in § 101 StPO nur der Rechtsbehelf der Gegenvorstellung (§ 304 Abs 4 S 2 Nr 1, Abs 5 StPO). Dagegen steht ihnen **keine Beschwerdebefugnis** zu, wenn es um die Rechtmäßigkeit der Anordnung selbst geht (LG Bielefeld MMR 2004, 704; vgl auch § 100 a StPO Rn 127).

III. Revision

26   Will der Angeklagte behauptete Rechtsfehler der Überwachungsanordnung oder deren Durchführung rügen, ist dies nur im Weg einer ordnungsgemäß erhobenen und begründeten Verfahrensrüge möglich (BGHSt 51, 1, 5). Zu den weiteren Voraussetzungen vgl § 100 a StPO Rn 101.

F. Berichtspflichten

27   Die ursprünglich nach § 110 Abs 8 TKG (vgl § 110 TKG Rn 7) von Betreibern von Telekommunikationsanlagen zu erstellenden Jahresstatistiken über durchgeführte Überwachungsmaßnahmen sind nunmehr als hoheitliche Aufgabe von Ländern und Generalbundesanwalt zu erbringen. Nach Abs 5 haben diese kalenderjährlich bis zum 30. 6. des Folgejahres über in ihrem Zuständigkeitsbereich angeordnete Maßnahmen nach § 100 a StPO gegenüber dem Bundesamt für Justiz zu berichten. Diesem obliegt danach die Aufgabe, eine Übersicht über bundesweit angeordnete Maßnahmen zu erstellen und diese im Internet zu veröffentlichen (Abs 5 S 2).

28   Die Einzelheiten des Inhalts der zu erstellenden Berichte sind in Abs 6 aufgeführt. Diese werden regelmäßig aus den einzelnen Anordnungen bzw Verlängerungsanordnungen zu entnehmen sein. Nach Abs 6 ist nicht vorgesehen, dass die genaue Anzahl der der überwachten Telekommunikationsvorgänge mitgeteilt wird (Meyer-Goßner StPO § 100 b Rn 12).

§ 100 c [Maßnahmen ohne Wissen des Betroffenen]

(1) Auch ohne Wissen der Betroffenen darf das in einer Wohnung nichtöffentlich gesprochene Wort mit technischen Mitteln abgehört und aufgezeichnet werden, wenn

1. bestimmte Tatsachen den Verdacht begründen, dass jemand als Täter oder Teilnehmer eine in Absatz 2 bezeichnete besonders schwere Straftat begangen oder in Fällen, in denen der Versuch strafbar ist, zu begehen versucht hat,
2. die Tat auch im Einzelfall besonders schwer wiegt,
3. auf Grund tatsächlicher Anhaltspunkte anzunehmen ist, dass durch die Überwachung Äußerungen des Beschuldigten erfasst werden, die für die Erforschung des Sachverhalts oder die Ermittlung des Aufenthaltsortes eines Mitbeschuldigten von Bedeutung sind, und
4. die Erforschung des Sachverhalts oder die Ermittlung des Aufenthaltsortes eines Mitbeschuldigten auf andere Weise unverhältnismäßig erschwert oder aussichtslos wäre.

(2) Besonders schwere Straftaten im Sinne des Absatzes 1 Nr. 1 sind:
1. aus dem Strafgesetzbuch:
   a) Straftaten des Friedensverrats, des Hochverrats und der Gefährdung des demokratischen Rechtsstaates sowie des Landesverrats und der Gefährdung der äußeren Sicherheit nach den §§ 80, 81, 82, 89 a, nach den §§ 94, 95 Abs. 3 und § 96 Abs. 1, jeweils auch in Verbindung mit § 97 b, sowie nach den §§ 97 a, 98 Abs. 1 Satz 2, § 99 Abs. 2 und den §§ 100, 100 a Abs. 4,
   b) Bildung krimineller Vereinigungen nach § 129 Abs. 1 in Verbindung mit Abs. 4 Halbsatz 2 und Bildung terroristischer Vereinigungen nach § 129 a Abs. 1, 2, 4, 5 Satz 1 Alternative 1, jeweils auch in Verbindung mit § 129 b Abs. 1,
   c) Geld- und Wertzeichenfälschung nach den §§ 146 und 151, jeweils auch in Verbindung mit § 152, sowie nach § 152 a Abs. 3 und § 152 b Abs. 1 bis 4,
   d) Straftaten gegen die sexuelle Selbstbestimmung in den Fällen des § 176 a Abs. 2 Nr. 2 oder Abs. 3, § 177 Abs. 2 Nr. 2 oder § 179 Abs. 5 Nr. 2,
   e) Verbreitung, Erwerb und Besitz kinderpornografischer Schriften in den Fällen des § 184 b Abs. 3,
   f) Mord und Totschlag nach den §§ 211, 212,
   g) Straftaten gegen die persönliche Freiheit in den Fällen der §§ 234, 234 a Abs. 1, 2, §§ 239 a, 239 b und Menschenhandel zum Zweck der sexuellen Ausbeutung und zum Zweck der Ausbeutung der Arbeitskraft nach § 232 Abs. 3, Abs. 4 oder Abs. 5, § 233 Abs. 3, jeweils soweit es sich um Verbrechen handelt,
   h) Bandendiebstahl nach § 244 Abs. 1 Nr. 2 und schwerer Bandendiebstahl nach § 244 a,
   i) schwerer Raub und Raub mit Todesfolge nach § 250 Abs. 1 oder Abs. 2, § 251,
   j) räuberische Erpressung nach § 255 und besonders schwerer Fall einer Erpressung nach § 253 unter den in § 253 Abs. 4 Satz 2 genannten Voraussetzungen,
   k) gewerbsmäßige Hehlerei, Bandenhehlerei und gewerbsmäßige Bandenhehlerei nach den §§ 260, 260 a,
   l) besonders schwerer Fall der Geldwäsche, Verschleierung unrechtmäßig erlangter Vermögenswerte nach § 261 unter den in § 261 Abs. 4 Satz 2 genannten Voraussetzungen,
   m) besonders schwerer Fall der Bestechlichkeit und Bestechung nach § 335 Abs. 1 unter den in § 335 Abs. 2 Nr. 1 bis 3 genannten Voraussetzungen,
2. aus dem Asylverfahrensgesetz:
   a) Verleitung zur missbräuchlichen Asylantragstellung nach § 84 Abs. 3,
   b) gewerbs- und bandenmäßige Verleitung zur missbräuchlichen Asylantragstellung nach § 84 a Abs. 1,
3. aus dem Aufenthaltsgesetz:
   a) Einschleusen von Ausländern nach § 96 Abs. 2,
   b) Einschleusen mit Todesfolge oder gewerbs- und bandenmäßiges Einschleusen nach § 97,

4. aus dem Betäubungsmittelgesetz:
   a) besonders schwerer Fall einer Straftat nach § 29 Abs. 1 Satz 1 Nr. 1, 5, 6, 10, 11 oder 13, Abs. 3 unter der in § 29 Abs. 3 Satz 2 Nr. 1 genannten Voraussetzung,
   b) eine Straftat nach den §§ 29 a, 30 Abs. 1 Nr. 1, 2, 4, § 30 a,
5. aus dem Gesetz über die Kontrolle von Kriegswaffen:
   a) eine Straftat nach § 19 Abs. 2 oder § 20 Abs. 1, jeweils auch in Verbindung mit § 21,
   b) besonders schwerer Fall einer Straftat nach § 22 a Abs. 1 in Verbindung mit Abs. 2,
6. aus dem Völkerstrafgesetzbuch:
   a) Völkermord nach § 6,
   b) Verbrechen gegen die Menschlichkeit nach § 7,
   c) Kriegsverbrechen nach den §§ 8 bis 12,
7. aus dem Waffengesetz:
   a) besonders schwerer Fall einer Straftat nach § 51 Abs. 1 in Verbindung mit Abs. 2,
   b) besonders schwerer Fall einer Straftat nach § 52 Abs. 1 Nr. 1 in Verbindung mit Abs. 5.

(3) ¹Die Maßnahme darf sich nur gegen den Beschuldigten richten und nur in Wohnungen des Beschuldigten durchgeführt werden. ²In Wohnungen anderer Personen ist die Maßnahme nur zulässig, wenn auf Grund bestimmter Tatsachen anzunehmen ist, dass
1. der in der Anordnung nach § 100 d Abs. 2 bezeichnete Beschuldigte sich dort aufhält und
2. die Maßnahme in Wohnungen des Beschuldigten allein nicht zur Erforschung des Sachverhalts oder zur Ermittlung des Aufenthaltsortes eines Mitbeschuldigten führen wird.

³Die Maßnahme darf auch durchgeführt werden, wenn andere Personen unvermeidbar betroffen werden.

(4) ¹Die Maßnahme darf nur angeordnet werden, soweit auf Grund tatsächlicher Anhaltspunkte, insbesondere zu der Art der zu überwachenden Räumlichkeiten und dem Verhältnis der zu überwachenden Personen zueinander, anzunehmen ist, dass durch die Überwachung Äußerungen, die dem Kernbereich privater Lebensgestaltung zuzurechnen sind, nicht erfasst werden. ²Gespräche in Betriebs- oder Geschäftsräumen sind in der Regel nicht dem Kernbereich privater Lebensgestaltung zuzurechnen. ³Das Gleiche gilt für Gespräche über begangene Straftaten und Äußerungen, mittels derer Straftaten begangen werden.

(5) ¹Das Abhören und Aufzeichnen ist unverzüglich zu unterbrechen, soweit sich während der Überwachung Anhaltspunkte dafür ergeben, dass Äußerungen, die dem Kernbereich privater Lebensgestaltung zuzurechnen sind, erfasst werden. ²Aufzeichnungen über solche Äußerungen sind unverzüglich zu löschen. ³Erkenntnisse über solche Äußerungen dürfen nicht verwertet werden. ⁴Die Tatsache der Erfassung der Daten und ihrer Löschung ist zu dokumentieren. ⁵Ist eine Maßnahme nach Satz 1 unterbrochen worden, so darf sie unter den in Absatz 4 genannten Voraussetzungen fortgeführt werden. ⁶Im Zweifel ist über die Unterbrechung oder Fortführung der Maßnahme unverzüglich eine Entscheidung des Gerichts herbeizuführen; § 100 d Abs. 4 gilt entsprechend.

(6) ¹In den Fällen des § 53 ist eine Maßnahme nach Absatz 1 unzulässig; ergibt sich während oder nach Durchführung der Maßnahme, dass ein Fall des § 53 vorliegt, gilt Absatz 5 Satz 2 bis 4 entsprechend. ²In den Fällen der §§ 52 und 53 a dürfen aus einer Maßnahme nach Absatz 1 gewonnene Erkenntnisse nur verwertet werden, wenn dies unter Berücksichtigung der Bedeutung des zugrunde liegenden Vertrauensverhältnisses nicht außer Verhältnis zum Interesse an der Erforschung des Sachverhalts oder der Ermittlung des Aufenthaltsortes eines Beschuldigten steht. ³§ 160 a Abs. 4 gilt entsprechend.

(7) ¹Soweit ein Verwertungsverbot nach Absatz 5 in Betracht kommt, hat die Staatsanwaltschaft unverzüglich eine Entscheidung des anordnenden Gerichts über die Verwertbarkeit der erlangten Erkenntnisse herbeizuführen. ²Soweit das Gericht eine Verwertbarkeit verneint, ist dies für das weitere Verfahren bindend.

Überblick

Die Vorschrift regelt das Abhören und Aufzeichnen des nichtöffentlich gesprochenen Wortes in einer Wohnung. Die vom BVerfG mit Urt v 3. 3. 2004 (BVerfGE 109, 279 = NStZ 2004, 270) im Hinblick auf die Verletzung des unantastbaren Bereichs privater Lebensgestaltung teilweise für verfassungswidrig erklärten § 100 c Abs 1 Nr 3 StPO, § 100 d StPO, § 100 e StPO, § 100 f StPO u § 101 StPO wurden mit Gesetz v 24. 6. 2005 (BGBl I 1841) neu gestaltet und mit einem intensivierten Richtervorbehalt, der Möglichkeit nachträglichen Rechtsschutzes sowie speziellen Regelungen zum Datenschutz versehen. Das Gesetz zur Neuregelung der Telekommunikationsüberwachung und anderer verdeckter Ermittlungsmaßnahmen sowie zur Umsetzung der Richtlinie 2006/24/EG v 21. 12. 2007 (BGBl I 2007, 3198) hat die Kennzeichnungs-, Benachrichtigungs- und Löschungspflichten in § 101 StPO neu geregelt. Auch wurden die weiteren in § 100 f StPO bis § 100 i StPO geregelten verdeckten Maßnahmen umgestaltet, insbes die Vorschriften über das Abhören und Aufzeichnen des nichtöffentlich gesprochenen Wortes außerhalb von Wohnungen (§ 100 f StPO, bisher in § 100 f Abs 2 StPO geregelt), die Anfertigung von Lichtbildern und Bildaufzeichnungen von Personen und Beweismitteln (§ 100 h Abs 1 Nr 1 StPO, bisher § 100 f Abs 1 Nr 1 StPO) und die Benutzung von technischen Mitteln für Observationszwecke (§ 100 h Abs 1 Nr 2 StPO – bisher § 100 f Abs 2 StPO, sowie Abs 1 Nr 2 – jetzt § 100 f Abs 2 StPO).

Übersicht

	Rn		Rn
A. Anwendungsbereich	1	VI. Betroffener	18
B. Voraussetzungen	7	C. Anwendungsbeschränkungen	22
I. Katalogstraftat, § 100 c Abs 2 StPO	7	I. Schutz des Kernbereichs privater Lebensgestaltung	22
II. Verdacht einer Straftat, § 100 c Abs 1 Nr 1 StPO	9	II. Konsequenzen bei Kernbereichsverletzung	28
III. Erforschung des Sachverhalts/Aufenthaltsermittlung, § 100 c Abs 1 Nr 3 StPO	10	III. Schutz von zeugnisverweigerungsberechtigten Personen	32
IV. Subsidiarität, § 100 c Abs 1 Nr 4 StPO	12	D. Verwertbarkeit	35
V. Zielobjekt	14		

A. Anwendungsbereich

Der in § 100 c StPO bis § 100 e StPO normierte sog „große Lauschangriff" ist eines der **technischen Mittel** (zum Begriff vgl bei § 100 h StPO Rn 4), deren Anwendung die StPO speziell geregelt hat. Zulässig ist danach die akustische Überwachung des nichtöffentlich gesprochenen Wortes in **Wohnungen, vgl § 102 StPO** (§ 102 StPO Rn 8 ff). Angesichts der hohen rechtlichen Hürden (nachfolgend Rn 7 ff) verwundert es wenig, dass die Zahl der angeordneten Wohnraumüberwachungen in den letzten Jahren ein Dutzend nie übertroffen hat. 1

Der **präventive Einsatz von technischen Mitteln** zur Wohnraumüberwachung wird nicht von § 100 c StPO erfasst. Dieser richtet sich nach den Polizeigesetzen der Länder, seine Verwertbarkeit im Strafverfahren ist in § 100 d Abs 5 Nr 3 StPO (§ 100 d StPO Rn 14 f) geregelt (BGHR POG-RhPf § 25 b Lausch-Eingriff 1). 2

Nicht ausdrücklich geregelt, aber im Rahmen einer Annexkompetenz zulässig sind das **heimliche Betreten der Wohnung** zum Zwecke der Installation der technischen Mittel oder andere mit der Überwachung notwendigerweise verbundene Maßnahmen sowie der uU erforderliche Stromverbrauch (Meyer/Hetzer NJW 1998, 1017, 1026; KK-StPO/Nack StPO § 100 c Rn 4). 3

4 Beim **gleichzeitigem Einsatz** mehrerer technischen Mittel ist zu beachten, dass eine – jedenfalls längerfristige - zeitliche und räumliche „Rundumüberwachung" vom BVerfG aus der Gefahr heraus für unzulässig erachtet wird, dass dabei höchstpersönliche Gespräche abgehört werden könnten und dass die nahezu lückenlose Registrierung aller Bewegungen und Lebensäußerungen des Betroffenen gegen die Menschenwürde verstößt (BVerfG NJW 2004, 999, 1004; Löwe/Rosenberg/Schäfer StPO § 100 c Rn 68; Steinmetz NStZ 2001, 344). Allein die zeitgleiche Durchführung mehrerer Überwachungsmaßnahmen führt noch nicht zu einer verfassungsrechtlich unzulässigen Rundumüberwachung (BGH NJW 2009, 3448, 3458).

5 **Nichtöffentlich gesprochenes Wort** ist das in dem Schutzbereich des Art 13 GG geführte Gespräch, das nicht für einen größeren, unbestimmten oder durch persönliche oder sachliche Beziehungen miteinander verbundenen Personenkreis wahrnehmbar ist (Schönke/Schröder/Lenckner StGB § 210 Rn 6 ff). Es kann auch ein Selbstgespräch sein (BGH NStZ 2005, 700). Der Begriff ist identisch mit dem Tatbestandsmerkmal in § 201 Abs 1 Nr 1 StGB (Meyer-Goßner StPO § 100 c Rn 3).

6 Die Aufzeichnung des **öffentlich gesprochenen Wortes** ist nach § 161 StPO, § 163 StPO zulässig (Hilger NStZ 1992, 457, 462 Fn 96). Dies gilt auch für faktisch öffentliche Gespräche, zB für Unterhaltungen und Telefonate auf öffentlichen Straßen oder in öffentlichen Verkehrsmitteln.

B. Voraussetzungen

I. Katalogstraftat, § 100 c Abs 2 StPO

7 Den verfassungsgerichtlichen Anforderungen entsprechend (BVerfG NStZ 2004, 270, 272 = NJW 2005, 999) wurden in den Katalog des § 100 c Abs 2 StPO nur solche Straftaten mit einer Mindesthöchststrafe von fünf Jahren Freiheitsstrafe aufgenommen.

8 Darüber hinaus muss die zu verfolgende Tat auch **im Einzelfall schwer wiegen**, § 100 c Abs 1 Nr 2 StPO. Maßgeblich hierfür sind der Rang und die Schutzwürdigkeit des verletzten Rechtsguts und andere tatbestandlich umschriebene Begehungsmerkmale und Tatfolgen. Anhaltspunkte für die Schwere der Tat sind die Folgen der Tat für die betroffenen Rechtsgüter. Bei bestimmten Straftaten – wie Mord und Totschlag – genügt als Indiz für die hinreichende Schwere schon das verletzte Rechtsgut, bei anderen muss diese eigenständig festgestellt werden. Die besondere Schwere der Tat im Einzelfall kann sich auch aus der faktischen Verzahnung mit anderen Katalogstraftaten oder durch das Zusammenwirken mit anderen Straftätern ergeben, wie typischerweise bei dem arbeitsteiligen, vernetzt erfolgenden Zusammenwirken mehrerer Täter im Bereich der Organisierten Kriminalität. Zwar kann sich die Schwere der Straftat nur auf die jeweils begangene Tat beziehen, nicht etwa auf erst zukünftig zu erwartende Taten. Es kann aber der Unrechtsgehalt des gesamten Tatkomplexes auf die Bewertung der Tat als schwer zurückwirken (BVerfG NJW 2004, 999, 1011).

II. Verdacht einer Straftat, § 100 c Abs 1 Nr 1 StPO

9 Die den Verdacht begründende Tatsachenbasis muss aus konkreten und in gewissem Umfang verdichteten Umständen bestehen. Damit ist zwar nicht der für eine Anklageerhebung erforderliche erhöhte Verdachtsgrad eines hinreichenden Tatverdachts gemeint; es muss aber auf Grund der bereits vorliegenden Erkenntnisse eine **erhöhte Wahrscheinlichkeit für die Begehung der Katalogstraftat** vorhanden sein (BVerfG NJW 2004, 999, 2012, insoweit in NStZ 2004, 270 nicht abgedruckt). Insoweit muss der Verdachtsgrad höher als beim bloßen Anfangsverdacht liegen (KK-StPO/Nack StPO § 100 c Rn 9).

III. Erforschung des Sachverhalts/Aufenthaltsermittlung, § 100 c Abs 1 Nr 3 StPO

10 Weitere Voraussetzung für die Überwachung ist das Vorliegen tatsächlicher Anhaltspunkte dafür, dass Äußerungen des Beschuldigten erfasst werden, die zur **Aufklärung des Sachverhalts** oder **Ermittlung des Aufenthalts eines Mitbeschuldigten** beitragen können. Da sich die Maßnahme gem § 100 c Abs 3 S 1 StPO nur gegen den Beschuldigten, nicht auch gegen andere Personen richten darf, ist in der Regel Voraussetzung, dass bekannt ist

oder zumindest vermutet werden kann, dass sich der Beschuldigte **in der Wohnung aufhält**. Allerdings kann die Maßnahme auch dazu dienen, Informationen über den ständigen Aufenthalt des Täters zu gewinnen, soweit dies zur Sachverhaltsermittlung erforderlich ist (BVerfG NJW 2004, 999, 1012).

Daneben ist die Ermittlung des Aufenthalts von **Mittätern** ein zulässiges Ermittlungsziel einer akustischen Wohnraumüberwachung (BVerfG NJW 2004, 999, 1012 unter Hinweis auf BT-Drs 13/8650, 5 sowie BT-Drs 13/8651, 13). 11

IV. Subsidiarität, § 100 c Abs 1 Nr 4 StPO

Die strenge Subsidiaritätsklausel des Abs 1 Nr 4 („unverhältnismäßig erschwert") umschreibt den **Ermittlungsaufwand**, der voraussichtlich benötigt würde, wenn die Strafverfolgungsbehörden auf die akustische Wohnraumüberwachung im konkreten Fall verzichteten und stattdessen andere Ermittlungsmaßnahmen ergriffen. Gegenüber den sonst in der StPO verwendeten Subsidiaritätsklauseln bei Eingriffsbefugnissen („erschwert" oder „wesentlich erschwert") enthält das hier festgelegte Merkmal der unverhältnismäßigen Erschwernis eine weitere Steigerung und bringt damit eine Rangfolge zum Ausdruck, in der die akustische Wohnraumüberwachung als **letztes Mittel** gekennzeichnet ist (BT-Drs 13/8650, 5). Die akustische Wohnraumüberwachung tritt gegenüber sämtlichen anderen Ermittlungsmaßnahmen zurück und soll nur dort zum Einsatz gelangen, wo andere Ermittlungsmaßnahmen versagen. 12

Das BVerfG verlangt bei der Güterabwägung, dass dabei „bis zum Grade der Unverhältnismäßigkeit" Erschwernisse in der Ermittlungsarbeit hinzunehmen sind, ehe auf das Mittel der Wohnraumüberwachung zurückgegriffen werden darf (BVerfG NJW 2004, 999, 1010). Wann eine andere Maßnahme unverhältnismäßig erschwert ist, muss anhand einer Prognose entschieden werden, die sich letztlich an der Prüfung der wesentlichen Erschwerung des Ermittlungserfolgs bei der Anwendung anderer Ermittlungsmethoden messen lassen muss (Löwe/Rosenberg/Schäfer StPO § 100 c Rn 51). Dem Gericht steht bei seiner Prognoseentscheidung stets ein **Beurteilungsspielraum** zur Verfügung (KK-StPO/Nack StPO § 100 c Rn 15). 13

V. Zielobjekt

§ 100 c StPO erlaubt das Abhören und Aufzeichnen des nichtöffentlich gesprochenen Wortes in **Wohnungen**. Der Begriff „Wohnung" des Art 13 GG ist nach der Rechtsprechung des BVerfG nicht im engen Sinne der Umgangssprache zu verstehen, sondern weit auszulegen. Daher wird unter „Wohnung" jeder nicht allgemein zugängliche Raum verstanden, der zur Gewährleistung einer räumlichen Privatsphäre der allgemeinen Zugänglichkeit durch eine Abschottung entzogen zur Stätte des Aufenthalts oder Wirkens von Menschen gemacht wird (BVerfG NJW 1993, 2035). Maßgeblich ist dabei die nach außen erkennbare Zweckbestimmung des Nutzungsberechtigten. **Arbeits-, Betriebs- und Geschäftsräume** werden dazu gezählt (BVerfGE 32, 54 = NJW 1971, 2299). Außer den zu Aufenthalts- oder Arbeitszwecken bestimmten Räumen einschließlich der Nebenräume sind „die nicht allgemein zugänglichen Geschäfts- und Büroräume, Personalaufenthaltszimmer und ähnliche Räume" nach Art 13 GG geschützt (Maunz/Dürig/Herzog GG Art 13 Rn 3 c, 6). 14

Auch in **Vereinshäusern, Clubräumen, Spielsälen** kann eine räumliche Privatsphäre bestehen, so dass sie als „Wohnung" iSd Art 13 GG anzusehen sind. Maßgeblich ist die nach außen erkennbare Zweckbestimmung des Nutzungsberechtigten (Bonner Kommentar/Herdegen GG Art 13 Rn 27; Maunz/Dürig/Herzog GG Art 13 Rn 4). Selbst nicht allgemein zugängliche Geschäftsräume, die erfahrungsgemäß **Treffpunkt Krimineller** sind (Bordelle, Spielclubs, übel beleumundete Hotels), werden als nach Art 13 GG geschützt angesehen (BGH NStZ 1997, 195 mAnm Scholz 196 und Wollweber NStZ 1997, 351; Hilger NStZ 1992, 457, 462 Fn 101). 15

Auch der **Vorgarten** eines Wohnhauses gehört zur Wohnung iSd Art 13 GG (BGH NStZ 1998, 157), ebenso das **Krankenzimmer**, jedenfalls wenn es nicht aufgrund medizinischer Notwendigkeit oder wegen Sicherheitsinteressen dauerhaft überwacht wird (BGH NStZ 16

2005, 700). Daraus wird geschlossen, dass § 100 c StPO auch das von außerhalb der Wohnung hörbare, in der Wohnung gesprochene Wort erfasst (KK-StPO/Nack StPO § 100 c Rn 4).

17 Ein **Kraftfahrzeug** ist dagegen keine Wohnung iSd Art 13 GG, wenn es nur der Fortbewegung dient, nicht der Behausung des Menschen (BGH NStZ 1998, 157). Ebenso werden die **Zelle eines Straf- oder Untersuchungsgefangenen** und der Besucherraum einer Haftanstalt nicht als Wohnung angesehen (BGH NStZ 1999, 145, 146; KK-StPO/ Nack StPO § 102 Rn 8). Den Schutz des Art 13 GG sollen auch **Unterkunftsräume eines Soldaten** oder Polizeibeamten nicht genießen (Maunz/Dürig/Herzog GG Art 13 Rn 3 c).

VI. Betroffener

18 In der Regel ist der **Beschuldigte** selbst der Betroffene, ohne dessen Wissen die Maßnahme angeordnet werden kann. Grundsätzlich darf die Überwachung nur in seiner Wohnung durchgeführt werden, auch wenn er sich nicht darin aufhält. Dabei dürfen aber daneben Erkenntnisse über andere Personen gewonnen und verwertet werden, weshalb die Überwachung auch zur Ermittlung des Aufenthalts eines Mitbeschuldigten angeordnet werden darf (vgl § 100 c Abs 3 S 2 Nr 2 StPO; Meyer-Goßner StPO § 100 c Rn 11).

19 **Wohnungen anderer Personen** dürfen nur unter den Voraussetzungen des § 100 c Abs 3 S 2 StPO überwacht werden. Es muss aufgrund bestimmter Tatsachen (dazu Rn 9) anzunehmen sein, dass die Zielperson sich darin aufhält und dass die Überwachung von Wohnungen des Beschuldigten allein nicht zur Erforschung des Sachverhalts oder zur Ermittlung des Aufenthalts eines Mitbeschuldigten führt.

20 Das **Einverständnis** des Wohnungsinhabers mit dem Einsatz genügt nicht, da dieser nicht über die Grundrechte anderer in der Wohnung aufhältlicher Menschen disponieren kann (BT-Drs 15/4533, 26).

21 Die Maßnahme darf gem § 100 c Abs S 3 StPO auch angeordnet werden, wenn **Dritte unvermeidbar betroffen** werden. Wann es unvermeidbar ist, dass ein nicht verdächtiger Dritter abgehört wird, muss im Einzelfall unter Beachtung des Verhältnismäßigkeitsgrundsatzes geprüft werden (Löwe/Rosenberg/Schäfer StPO § 100 c Rn 64).

C. Anwendungsbeschränkungen

I. Schutz des Kernbereichs privater Lebensgestaltung

22 In der Entsch v 3. 3. 2004 (BVerfGE 109, 279 = NJW 2004, 999 = NStZ 2004, 270) hatte das BVerfG betont, dass Art 13 Abs 3 GG nur zum Erlass von gesetzlichen Regelungen ermächtige, die gewährleisteten, dass die akustische Wohnraumüberwachung den Kernbereich privater Lebensgestaltung unberührt lasse. Die gesetzlichen Regelungen müssten deshalb das Abhören und Aufzeichnen des nichtöffentlich gesprochenen Wortes in Wohnungen untersagen, wenn Anhaltspunkte dafür bestünden, dass absolut geschützte Gespräche erfasst werden. Dabei seien die Anforderungen an die Rechtmäßigkeit der Wohnraumüberwachung umso strenger, je größer die Wahrscheinlichkeit sei, dass mit ihnen **Gespräche höchstpersönlichen Inhalts** erfasst würden. Diesen verfassungsgerichtlichen Vorgaben entspricht § 100 c Abs 4 StPO (BVerfG NJW 2007, 2753; Geis CR 2007, 501). Er enthält ein **Erhebungsverbot**. Das Gericht muss daher bei der Anordnung eine negative Kernbereichsprognose erstellen (KK-StPO/Nack StPO § 100 c Rn 25).

23 Was zum **Kernbereich** gehört, wird vom BVerfG beschrieben als der für die Möglichkeit der Entfaltung notwendige Freiraum, um es möglich zu machen, „innere Vorgänge wie Empfindungen und Gefühle, sowie Überlegungen, Ansichten und Erlebnisse höchstpersönlicher Art zum Ausdruck zu bringen, und zwar ohne Angst, dass staatliche Stellen dies überwachen". Deshalb darf das nichtöffentlich gesprochene Wort in Wohnungen nicht abgehört werden, wenn jemand sich allein oder ausschließlich mit Personen in seiner Wohnung aufhält, zu denen er in einem besonderen, den Kernbereich betreffenden Vertrauensverhältnis steht, etwa mit Familienangehörigen oder sonstigen engsten Vertrauten. Wenn es bei einer Überwachung mit Wahrscheinlichkeit zu einer Verletzung des Kernbereichs kommt, darf nicht abgehört werden. Dafür müssen die Strafverfolgungsbehörden

Beschlagnahme, Überwachung, Durchsuchung § 100 c StPO

vor der Maßnahme eine Prognose treffen und dabei den Ort des Gesprächs und den Kreis der teilnehmenden Personen in den Blick nehmen (BVerfG NJW 2004, 999, 1002; Lindemann JR 2006, 191). So weist die Anwesenheit von Ehepartnern, engen Familienangehörigen und Freunden, aber auch Geistlichen, Verteidigern und Ärzten (s dazu § 100 c Abs 6 StPO, unten Rn 32 f) einen unmittelbaren Bezug zum Kernbereich privater Lebensgestaltung auf (BVerfG NJW 2004, 1004). Die weitere Ausgestaltung im Einzelnen der Gewährleistung des Kernbereichs überlässt das BVerfG dem Gesetzgeber, dem es ausdrücklich einen weiten Beurteilungs- und Gestaltungsspielraum zubilligt (BVerfG NJW 2007, 2753).

Damit wird deutlich, dass der Kernbereich, dessen kennzeichnendes Element vor allem die Vorstellung des Höchstpersönlichen ist, nicht jeder Abwägung widersteht. Der durch die Menschenwürde absolut geschützte Bereich muss stets vom Eingriff her und kann nur in Ansehung des konkreten Falls bestimmt werden. Als unantastbar qualifizieren sich die Gespräche, die zuvor infolge von Abwägungsüberlegungen als zum Kernbereich gehörend bestimmt worden sind. In den vorangeschalteten Abwägungsvorgang sind den höchstpersönlichen Formen menschlicher Freiheitsentfaltung die durch Straftatbestände geschützten Rechtsgüter sowie Individualinteressen gegenüberzustellen. Absolut geschützt ist daher nur das, was den Abwägungsvorgang erfolgreich durchlaufen hat. (Baldus JR 2008, 219, 222) **23.1**

Gespräche in **Betriebs- oder Geschäftsräumen** dürfen in der Regel überwacht werden, Abs 4 S 2. Derartige Gespräche haben zumeist den vom BVerfG geforderten sozialen Bezug und werden nicht im Vertrauen oder auf privater Ebene geführt. **24**

Gibt es konkrete Anhaltspunkte, dass die zu erwartenden Gespräche ihrem Inhalt nach einen **unmittelbaren Bezug zu Straftaten** aufweisen (Abs 4 S 3; BVerfG NJW 2004, 999, 1003), gehören diese nicht zum Kernbereich. Darunter fallen zum einen Gespräche über **begangene Straftaten**. Zum anderen ist der Kernbereich nicht betroffen bei Kommunikation, mittels derer Straftaten begangen oder im Rahmen des § 30 Abs 2 StGB geplant oder vorbereitet werden (BT-Drs 14/4533, 14). **25**

In der Praxis führt die Abgrenzung zu erheblichen Problemen: Wenn sich etwa ein zulässigerweise überwachtes Gespräch in eine Richtung entwickelt, in der die Gefahr einer Kernbereichsverletzung besteht, ist die Maßnahme zu unterbrechen und darf erst – ohne dass hierfür eine neue Anordnung erforderlich wäre (§ 100 c Abs 5 S 5 StPO, vgl dazu unten Rn 29; BT-Drs 15/4533, 28) – weitergeführt werden, wenn konkrete Anhaltspunkte dafür sprechen, dass die Gesprächsteilnehmer den Kernbereich wieder verlassen haben. Doch wie soll der abhörende Polizeibeamte dies feststellen können? Selbst wenn die Überwachung in Echtzeit durchgeführt wird, was bei fremdsprachlich geführten Unterhaltungen schon wegen der durch die Übersetzung notwendigen zeitlichen Verzögerung kaum zu bewerkstelligen sein dürfte, können die Ermittlungsbeamten die Dauer des Kernbereichsgesprächs im Ergebnis häufig nur schätzen. Anders ist die Situation zu beurteilen, wenn belastbare Erkenntnisse vorliegen, dass eine Privatwohnung von einer polizeierfahrenen Personengruppe als konspirativer Treffpunkt genutzt wird. Wenn in einer solchen Fallkonstellation Grund zur Annahme vorhanden ist, dass der **Kernbereich nur vorgetäuscht** oder gar zur **verschlüsselten Nachrichtenübermittlung** benutzt wird, ist eine Unterbrechung nicht erforderlich (Löffelmann NJW 2005, 2033, 2034; Meyer-Wieck NJW 2005, 2037, 2039). **26**

Als Abgrenzungskriterien zum Kernbereich können neben dem Inhalt des Gesprächs und seinen Begleitumständen (etwa dem Ort, an dem es geführt wird) auch Hinweise auf die Beziehung der Gesprächspartner und die ggf bei dem Gespräch geäußerten Emotionen dienen. Bei **religiösen Äußerungen** kommt es vor allem auf die Gepflogenheiten des Kulturkreises der Gesprächspartner und damit auf den Kontext und die Bedeutung entsprechender Formulierungen an. Religiöse Äußerungen dürften jedenfalls dann dem Kernbereich zuzuordnen sein, wenn sie nicht nur gelegentlich des Gesprächs oder lediglich zur Bestärkung einer Meinung abgegeben werden, sondern den Inhalt der Unterredung wesentlich bestimmen. **26 a**

Nicht abgehört werden dürfen **Selbstgespräche** im überwachten Krankenzimmer, auch wenn sie sich mit begangenen Straftaten befassen (BGH NStZ 2005, 700 mAnm Ellbogen NStZ 2006, 180; Kolz NJW 2005, 3248). **27**

II. Konsequenzen bei Kernbereichsverletzung

28 Ergeben sich während der Maßnahme Anhaltspunkte für eine Kernbereichsverletzung, muss das Abhören und Aufzeichnen unverzüglich **unterbrochen** werden, § **100 c Abs 5 S 1**. Unverzüglich heißt zwar nicht sofort, das BVerfG hat aber aus dem Unterbrechungsgebot hergeleitet, dass uU ein Mithören in Echtzeit erforderlich sei (BVerfGE 109, 279, 324 = NJW 2004, 999, 1004). Aufzeichnungen über Äußerungen, die dem Kernbereich privater Lebensführung zuzurechnen sind, müssen unverzüglich **gelöscht** werden, § **100 c Abs 5 S 2**. Dabei gewonnene Erkenntnisse dürfen nicht, auch nicht als Ermittlungsansatz verwendet werden (§ 100 c Abs 5 S 2 StPO; BT-Drs 15/4533, 15; Meyer-Goßner StPO § 100 c Rn 17). Gem § **100 c Abs 5 S 4 StPO** muss der Umstand der Erfassung einer Kernbereichsäußerung (etwa durch eine stichpunktartige Zusammenfassung) und ihrer Löschung in den Akten **dokumentiert** werden.

29 Kann nach einer Unterbrechung wieder eine negative Kernbereichsprognose gestellt werden, darf die Überwachung nach Maßgabe des § 100 c Abs 5 S 5 StPO **fortgeführt** werden. Die Maßnahme wird in diesen Fällen nicht nach § 100 d Abs 4 StPO abgebrochen.

30 Bei Zweifeln über die Unterbrechung oder Fortführung einer Maßnahme entscheidet das **Gericht**, § **100 c Abs 5 S 6 StPO**. Auf jeden Fall ist das Gericht anzurufen, wenn ein Verwertungsverbot in Betracht kommt, und zwar vor Löschung der fraglichen Erkenntnisse, § 100 c Abs 7 S 1 StPO. Geht es nur um die Entscheidung, die Maßnahme abzubrechen, kann der Vorsitzende allein entscheiden, § 100 c Abs 5 S 6 2. HS, § 100 d Abs 4 S 3 StPO. Verneint das Gericht die Verwertbarkeit, ist diese Entscheidung gem § **100 c Abs 7 S 2 StPO** für das gesamte weitere Verfahren **bindend**. Gegen die gerichtliche Entscheidung ist die Beschwerde zum OLG zulässig (Nack FS Nehm, 322).

31 **Zuständiges** Gericht ist nach § 74a Abs 4 GVG eine nicht mit Hauptverfahren in Strafsachen befasste Kammer des Landgerichts, in dessen Bezirk ein OLG seinen Sitz hat vgl § 100 d StPO (§ 100 d StPO Rn 1 ff). Die Kammer ist für alle § 100c-Anordnungen des OLG-Bezirks zuständig. Im Hinblick auf die gesetzliche Forderung der Unverzüglichkeit der Entscheidung (§ 100 c Abs 7 S 1 StPO) sollte bei dem zuständigen Gericht ein entsprechender Bereitschaftsdienst eingerichtet werden (Meyer-Goßner StPO § 100 c Rn 21).

III. Schutz von zeugnisverweigerungsberechtigten Personen

32 Gem § 100 c Abs 6 StPO dürfen sämtliche in § 53 Abs 1 StPO genannten Berufsgeheimnisträger (nicht nur die in § 160a Abs 1 S 1 StPO genannten Gruppe der Seelsorger, Strafverteidiger und Abgeordneten) nicht überwacht werden. Stellt sich erst im Laufe der Maßnahme heraus, dass der bezeichnete Personenkreis an überwachten Gesprächen teilnimmt, ist § 100 c Abs 5 S 2 bis 4 StPO anzuwenden.

33 Weniger stark ist der Schutz der in § 52 StPO u § 53a StPO genannten Zeugnisverweigerungsberechtigten. Für diese gilt kein Beweiserhebungs-, sondern lediglich ein **eingeschränktes Verwertungsverbot** (Morré/Bruns FS BGH 581, 593). Verwertet werden dürfen die Erkenntnisse, wenn der Eingriff in das Vertrauensverhältnis im Vergleich zum Interesse an der Sachverhaltserforschung oder der Aufenthaltsermittlung nicht unverhältnismäßig erscheint. Die Bindungswirkung des § 100 c Abs 7 S 2 StPO gilt hier nicht.

34 § 100 c Abs 6 S 1 u 2 StPO gelten gem § 100 c Abs 6 S 3 iVm § 160a Abs 4 StPO nicht beim Verdacht einer **Beteiligung des Zeugnisverweigerungsberechtigten** an der Tat (KK-StPO/Nack StPO § 100 c Rn 36). Auch wenn der Berufsgeheimnisträger selbst einer Katalogtat verdächtig ist, von seiner Verschwiegenheitspflicht entbunden wurde, oder auf sein Zeugnisverweigerungsrecht verzichtet hat, dürfen die Erkenntnisse verwertet werden (KK-StPO/Nack StPO § 100 c Rn 34).

D. Verwertbarkeit

35 § **100 d Abs 5 StPO** regelt die weitere Verwendung der gewonnenen Informationen (s § 100 d StPO Rn 10 ff).

36 Zur Verwertbarkeit der Erkenntnissen einer Wohnraumüberwachung, die aus Gründen der **Eigensicherung** erfolgte, vgl Meyer-Goßner StPO § 100 c Rn 28 ff.

Bei einem Verstoß gegen das Erhebungsverbot des § 100 c Abs 4 StPO sind die erlangten 37
Erkenntnisse insgesamt unverwertbar (BVerfG NJW 2004, 999). Wurde entgegen § 100 c
Abs 5 StPO die Überwachung und Aufzeichnung nicht unterbrochen, bleiben die außerhalb
des Kernbereichs erlangten Daten verwertbar (KK-StPO/Nack StPO § 100 d Rn 29). In der
Hauptverhandlung gestellte Fragen und Beweisanträge über Inhalte, die dem Kernbereich
zuzurechnen sind, sind mit Blick auf das in § 100 a Abs 4 S 2 StPO enthaltene absolute
Verwertungsverbot unzulässig.

Ein über § 100 c Abs 5 S 3 u Abs 6 S 1 u S 2 StPO hinausgehendes **Verwertungsverbot** 38
kommt nur bei anderen gewichtigen Rechtsverstößen in Betracht, weil im Hinblick auf das
in der Verfassung niedergelegte Gebot einer effektiven Strafrechtspflege Verwertungsverbote,
die stets einen Eingriff in die richterliche Wahrheitsfindung darstellen, auf Ausnahmefälle
beschränkt bleiben müssen (BGH NJW 2009, 3448; Jähnke FS Odersky, 427, 429). Ein
solcher ist etwa bei bewusster Überschreitung der durch die Eingriffsnorm geregelten Befugnisse denkbar (BGH NStZ 1997, 195, 196 mAnm Scholz und Wollweber NStZ 1997, 351).
Maßgeblicher Zeitpunkt ist die Verwertung im Urteil (BGH NJW 2009, 3448, 3457).

Ein Verstoß gegen das Subsidiaritätsprinzip oder den Verhältnismäßigkeitsgrundsatz wird 39
nur bei nicht mehr vertretbaren, den Beurteilungsspielraum des anordnenden Gerichts
erheblich überschreitenden Erwägungen zu einem Verwertungsverbot führen (BGH NStZ
1995, 510; BGH NStZ 1998, 426).

Einer Verwertung eines gesetzlichen Erhebungsverbots nach § 100 c Abs 4 StPO muss der 41
Angeklagte nicht ausdrücklich **widersprechen**; das Tatgericht hat die Verwertbarkeit von
Amts wegen zu prüfen. Im Übrigen kann der Angeklagte darüber disponieren, ob erhobene
Daten zu seiner Entlastung verwertet werden sollen (KK-StPO/Nack StPO § 100 d
Rn 40 ff; aA Meyer-Goßner StPO § 100 d Rn 14). Zur Problematik, wenn bei mehreren
Angeklagten, die überwacht wurden, einer die Verwertung wünscht und ein anderer widerspricht, vgl KK-StPO/Nack StPO § 100 d Rn 43: einheitliche Tatsachenfeststellung führt
zur umfassenden Verwertbarkeit.

§ 100 d [Zuständigkeit]

(1) ¹Maßnahmen nach § 100 c dürfen nur auf Antrag der Staatsanwaltschaft durch die in § 74 a Abs. 4 des Gerichtsverfassungsgesetzes genannte Kammer des Landgerichts angeordnet werden, in dessen Bezirk die Staatsanwaltschaft ihren Sitz hat. ²Bei Gefahr im Verzug kann diese Anordnung auch durch den Vorsitzenden getroffen werden. ³Dessen Anordnung tritt außer Kraft, wenn sie nicht binnen drei Werktagen von der Strafkammer bestätigt wird. ⁴Die Anordnung ist auf höchstens einen Monat zu befristen. ⁵Eine Verlängerung um jeweils nicht mehr als einen Monat ist zulässig, soweit die Voraussetzungen unter Berücksichtigung der gewonnenen Ermittlungsergebnisse fortbestehen. ⁶Ist die Dauer der Anordnung auf insgesamt sechs Monate verlängert worden, so entscheidet über weitere Verlängerungen das Oberlandesgericht.

(2) ¹Die Anordnung ergeht schriftlich. ²In der Anordnung sind anzugeben:
1. **soweit möglich, der Name und die Anschrift des Beschuldigten, gegen den sich die Maßnahme richtet,**
2. **der Tatvorwurf, auf Grund dessen die Maßnahme angeordnet wird,**
3. **die zu überwachende Wohnung oder die zu überwachenden Wohnräume,**
4. **Art, Umfang und Dauer der Maßnahme,**
5. **die Art der durch die Maßnahme zu erhebenden Informationen und ihre Bedeutung für das Verfahren.**

(3) ¹In der Begründung der Anordnung oder Verlängerung sind deren Voraussetzungen und die wesentlichen Abwägungsgesichtspunkte darzulegen. ²Insbesondere sind einzelfallbezogen anzugeben:
1. **die bestimmten Tatsachen, die den Verdacht begründen,**
2. **die wesentlichen Erwägungen zur Erforderlichkeit und Verhältnismäßigkeit der Maßnahme,**
3. **die tatsächlichen Anhaltspunkte im Sinne des § 100 c Abs. 4 Satz 1.**

(4) ¹Das anordnende Gericht ist über den Verlauf und die Ergebnisse der Maßnahme zu unterrichten. ²Liegen die Voraussetzungen der Anordnung nicht mehr vor, so hat das Gericht den Abbruch der Maßnahme anzuordnen, sofern der Abbruch nicht bereits durch die Staatsanwaltschaft veranlasst wurde. ³Die Anordnung des Abbruchs der Maßnahme kann auch durch den Vorsitzenden erfolgen.

(5) Personenbezogene Daten aus einer akustischen Wohnraumüberwachung dürfen für andere Zwecke nach folgenden Maßgaben verwendet werden:

1. Die durch eine Maßnahme nach § 100 c erlangten verwertbaren personenbezogenen Daten dürfen in anderen Strafverfahren ohne Einwilligung der insoweit überwachten Personen nur zur Aufklärung einer Straftat, auf Grund derer die Maßnahme nach § 100 c angeordnet werden könnte, oder zur Ermittlung des Aufenthalts der einer solchen Straftat beschuldigten Person verwendet werden.

2. ¹Die Verwendung der durch eine Maßnahme nach § 100 c erlangten personenbezogenen Daten, auch solcher nach § 100 c Abs. 6 Satz 1 Halbsatz 2, zu Zwecken der Gefahrenabwehr ist nur zur Abwehr einer im Einzelfall bestehenden Lebensgefahr oder einer dringenden Gefahr für Leib oder Freiheit einer Person oder Gegenstände von bedeutendem Wert, die der Versorgung der Bevölkerung dienen, von kulturell herausragendem Wert oder in § 305 des Strafgesetzbuches genannt sind, zulässig. ²Die durch eine Maßnahme nach § 100 c erlangten und verwertbaren personenbezogenen Daten dürfen auch zur Abwehr einer im Einzelfall bestehenden dringenden Gefahr für sonstige bedeutende Vermögenswerte verwendet werden. ³Sind die Daten zur Abwehr der Gefahr oder für eine vorgerichtliche oder gerichtliche Überprüfung der zur Gefahrenabwehr getroffenen Maßnahmen nicht mehr erforderlich, so sind Aufzeichnungen über diese Daten von der für die Gefahrenabwehr zuständigen Stelle unverzüglich zu löschen. ⁴Die Löschung ist aktenkundig zu machen. ⁵Soweit die Löschung lediglich für eine etwaige vorgerichtliche oder gerichtliche Überprüfung zurückgestellt ist, dürfen die Daten nur für diesen Zweck verwendet werden; für eine Verwendung zu anderen Zwecken sind sie zu sperren.

3. Sind verwertbare personenbezogene Daten durch eine entsprechende polizeirechtliche Maßnahme erlangt worden, dürfen sie in einem Strafverfahren ohne Einwilligung der insoweit überwachten Personen nur zur Aufklärung einer Straftat, auf Grund derer die Maßnahme nach § 100 c angeordnet werden könnte, oder zur Ermittlung des Aufenthalts der einer solchen Straftat beschuldigten Person verwendet werden.

Überblick

Die Vorschrift regelt das Verfahren bei der Wohnraumüberwachung und enthält in Abs 5 Regelungen über die Verwendung. § 100 d Abs 2 StPO gilt auch bei der akustischen Wohnraumüberwachung nach § 100 f StPO. Die Benachrichtigungspflichten, bisher in Abs 5 und Abs 7 bis Abs 10 festgelegt, sind jetzt einheitlich in § 101 StPO geregelt.

Übersicht

	Rn		Rn
A. Zuständigkeit	1	**C. Verwendung zu anderen Zwecken**	10
B. Verfahren	4	I. Katalogtat nach § 100 c Abs 2 StPO	11
I. Form und Befristung der Anordnung	4	II. Gefahrenabwehr	13
II. Unterrichtung des Gerichts	6	III. Erkenntnisse aus präventiven Wohnraumüberwachungen	14
III. Abbruch der Maßnahme	7		
IV. Durchführung und Beendigung	9	**D. Verwertbarkeit bei Verstößen**	16

A. Zuständigkeit

Für Maßnahmen der Wohnraumüberwachung ist gem **§ 74 a Abs 4 GVG** eine besondere 1
Kammer beim Landgericht am Ort eines OLG einzurichten (§ 74 a GVG Rn 6). Diese
Kammer ist anstelle des normalerweise gem § 162 StPO, § 169 StPO zuständigen Ermittlungsrichters für den gesamten OLG-Bezirk zuständig. Es bedarf, außer im Fall der Gefahr
im Verzug (§ 100 d Abs 1 S 2 StPO) eines Antrags der Staatsanwaltschaft. Erfolgt bei einer
Eilentscheidung des Vorsitzenden die – nur für die Zukunft wirkende – Bestätigung der
Kammer nicht innerhalb von drei Werktagen (§ 42 StPO), tritt die Anordnung außer Kraft,
bleibt aber für die Vergangenheit wirksam; daraus gewonnene Erkenntnisse sind verwertbar
(BVerfG NJW 2004, 999, 1015).

Die Kammer ist auch für die Entscheidungen nach § 100 c Abs 5 S 6 u Abs 7 StPO sowie 2
über den Abbruch der Maßnahme nach § 100 d Abs 4 S 2 StPO zuständig (§ 100 c StPO
Rn 30). § 100 d Abs 1 StPO gibt jedoch keine Berechtigung zur Entscheidung über andere,
mitbeantragte Maßnahmen (LG Bremen StV 1998, 525). Zu den sich aus den unterschiedlichen Zuständigkeiten für Anordnungen nach § 100 a StPO und § 100 c StPO ergebenden
Schwierigkeiten im Beschwerdeverfahren vgl OLG Hamburg v 12. 11. 2007 – Az 6 Ws 1/
07.

Das Gericht prüft nur, ob die gesetzlichen Voraussetzungen vorliegen, nicht aber, ob die 3
beantragte Maßnahme auch über die Subsidiarität hinaus **zweckmäßig** ist (KK-StPO/Nack
StPO § 100 d Rn 4).

B. Verfahren

I. Form und Befristung der Anordnung

Die Anordnung muss den detaillierten Formerfordernissen der **§ 100 d Abs 2 und Abs 3** 4
StPO genügen. Bei den Angaben zur **Art der Maßnahme** (§ 100 d Abs 2 Nr 4 StPO) muss
das Gericht Bestimmungen dazu treffen, welches technische Mittel zum Einsatz kommen
soll. Daneben kann es anordnen, dass die Maßnahme in Echtzeit durchgeführt werden muss
oder dass nur bei Anwesenheit bestimmter Personen überwacht werden darf (KK-StPO/
Nack StPO § 100 d Rn 8). Dabei sollte das Gericht aber Raum für ermittlungstaktische
Überlegungen der Strafverfolgungsbehörden lassen, da die Zweckmäßigkeit der Maßnahme
grundsätzlich von diesen zu prüfen ist (Rn 3).

Die Anordnung darf auf höchstens einen Monat **befristet** werden, § 100 d Abs 1 S 4 5
StPO, und kann jeweils um einen Monat verlängert werden, § 100 d Abs 1 S 5 StPO. Die
Frist beginnt bereits mit dem Erlass der richterlichen Anordnung (BGH NStZ 1999, 202).
Jede Verlängerung muss den Anforderungen der ersten Anordnung genügen; eine Bezugnahme auf vorangegangene Begründungen ist aber zulässig (Meyer-Goßner StPO § 100 d
Rn 3).

II. Unterrichtung des Gerichts

Die in § 100 d Abs 4 StPO statuierte Unterrichtungspflicht des Gerichts folgt den Forde- 6
rungen des BVerfG (BVerfGE 109, 279 = NJW 2004, 999, 1014) und soll sicherstellen, dass
der unantastbare Kernbereich privater Lebensgestaltung unberührt und die Verhältnismäßigkeit fortlaufend gewahrt bleibt. Die Unterrichtung soll im Einzelfall je nach Eigenart des
Verfahrens und dem damit einhergehenden Informationsbedarf erfolgen (BT-Drs 15/4533,
17). So soll insbes über den Erfolg der Maßnahme berichtet werden, aber auch Bedenken
gegen Art der zu erhebenden Daten, Umfang und Dauer der Maßnahme. Die Staatsanwaltschaft ist dabei zur selbständigen Prüfung des weiteren Vorliegens der Anordnungsvoraussetzungen verpflichtet, was von § 100 d Abs 4 S 2 Hs 2 StPO klargestellt wird.

III. Abbruch der Maßnahme

Vom Abbruch der Maßnahme nach **§ 100 d Abs 4 StPO** – mit der Folge der Notwen- 7
digkeit einer neuen Anordnung – ist die bloße **Unterbrechung**, die keiner gerichtlichen
Entscheidung bedarf, zu unterscheiden (vgl dazu § 100 c StPO Rn 28). Ein Abbruch der

StPO § 100 d

Maßnahme kann nach der Begründung des Gesetzgebers etwa notwendig werden, wenn die Maßnahme wiederholt unterbrochen werden musste, weil die Gefahr eines Eingriffs in den Kernbereich privater Lebensgestaltung bestand und deshalb nicht mehr davon ausgegangen werden kann, dass es zu einem solchen Eingriff nicht kommen wird.

8   Auch bei wegen neuer Beweismittel aufkommenden Zweifeln am Bestehen eines für die Anordnung der Maßnahme ausreichenden Verdachts kann ein Abbruch der Überwachung geboten sein (BT-Drs 15/4533, 17). Die Anordnung des Abbruchs der Maßnahme durch den Vorsitzenden bedarf keiner Bestätigung durch die Kammer, § 100 d Abs 4 S 3 StPO.

IV. Durchführung und Beendigung

9   Mit der Durchführung der Überwachung wird die Staatsanwaltschaft üblicherweise die polizeilichen Ermittlungsbehörden beauftragen. Gem § 101 Abs 3 StPO sind die erhobenen Daten zu kennzeichnen (§ 101 StPO Rn 7). Im Hinblick auf die Möglichkeit der Nichtbenachrichtigung nach § 101 Abs 4 S 3 StPO empfiehlt es sich, bereits bei der Durchführung der Maßnahme auf möglicherweise einer Benachrichtigung entgegenstehende schutzwürdige Belange von Betroffenen zu achten und dies entsprechend aktenkundig zu machen.

C. Verwendung zu anderen Zwecken

10   Die Weiterverwendung von Informationen aus einer Wohnraumüberwachung unterliegt denselben Verwertungsverboten wie im Ausgangsverfahren. Dies gilt auch, soweit im Ausgangsverfahren nur ein relatives Verwertungsverbot nach § 100 c Abs 6 StPO besteht, die Abwägung in einem anderen Strafverfahren aber zu einer zulässigen Verwendung führen würde (BT-Drs 15/4533, 17, 18). Soweit im Ausgangsverfahren Verwertungsverbote nach § 100 c Abs 5 StPO in Betracht kommen, muss vor einer Weiterverwendung zunächst eine positive gerichtliche Entscheidung über die Verwertbarkeit nach § 100 c Abs 7 StPO eingeholt werden. Erkenntnisse aus einer akustischen Wohnraumüberwachung sind im Verfahren gegen – auch noch unbekannte – Mittäter oder Mitbeschuldigte verwertbar, auch wenn diese nicht selbst Zielpersonen der Maßnahme waren (BT-Drs 15/4533, 13).

I. Katalogtat nach § 100 c Abs 2 StPO

11   Mit der in **§ 100 d Abs 5 Nr 1 StPO** gewählten Formulierung, dass die Maßnahme „**zur Aufklärung**" **einer anderen Katalogtat** angeordnet werden könnte, hat der Gesetzgeber klargestellt, dass allein das Vorliegen einer Katalogstraftat nicht hinreicht, um die Weiterverwendung der gewonnenen Erkenntnisse zu rechtfertigen. Vielmehr müssen die gewonnenen Erkenntnisse eine konkretisierte Verdachtslage begründen und es muss die Subsidiaritätsklausel des § 100 c Abs 1 Nr 3 StPO entsprechend beachtet werden (BT-Drs 15/4533, 18; BVerfG NJW 2004, 999, 1019). Der Gesetzgeber hatte bewusst davon abgesehen, die Weiterverwendung nur zu Beweiszwecken zuzulassen, um damit die **Verwendung als Spurenansatz** zu ermöglichen; insoweit ist § 100 d Abs 5 Nr 1 StPO Spezialregelung zu § 477 Abs 2 StPO. Ein Verwertungsverbot im Ausgangsverfahren wirkt fort (KK-StPO/Nack StPO § 100 d Rn 15).

12   Ist die überwachte Person mit der Weiterverwendung **einverstanden**, können die gewonnenen Daten auch in ein anderes Strafverfahren, das keine Anlasstat gem § 100 c Abs 2 StPO zum Gegenstand hat, einfließen (vgl BVerfG NJW 2004, 999, 2005; vgl im Einzelnen KK-StPO/Nack StPO § 100 d Rn 40 ff).

II. Gefahrenabwehr

13   Die Weiterverwendung von Daten aus einer Wohnraumüberwachung zu Zwecken der Gefahrenabwehr ist anders als nach § 477 Abs 2 S 2 StPO iVm § 481 StPO nur zur Abwehr einer Lebensgefahr oder einer in **§ 100 d Abs 5 Nr 2 StPO** näher bezeichneten dringenden Gefahr zulässig. Eine Verwertbarkeit im Ausgangsverfahren ist nicht Voraussetzung (KK-StPO/Nack StPO § 100 d Rn 17). Die Löschungspflicht (vgl § 101 Abs 8 StPO) obliegt der für die Gefahrenabwehr zuständigen Stelle.

III. Erkenntnisse aus präventiven Wohnraumüberwachungen

Der Begriff „verwertbare Daten" in § 100 d Abs 5 Nr 3 StPO bezieht sich auf die 14 gesetzlichen Beweisverwertungsverbote in § 100 c Abs 5 und Abs 6 StPO sowie auf das Beweiserhebungsverbot aus § 100 c Abs 4 StPO. Voraussetzung ist ferner, dass das zur Erhebung der Daten ermächtigende Gesetz deren Umwidmung für Zwecke der Strafverfolgung gestattet und dass die zu verwendenden Daten polizeirechtlich rechtmäßig erhoben wurden (BGH NJW 2009, 3448, 3451 ff). Enthält das der präventiven Überwachung zugrundeliegende Gesetz noch keine Regelung zum Schutz des Kernbereichs privater Lebensgestaltung, sind im Rahmen einer Einzelfallabwägung alle maßgeblichen Gesichtspunkte und die widerstreitenden Interessen zu berücksichtigen und dabei insbesondere die Art des etwaigen Beweiserhebungsverbots ebenso in den Blick zu nehmen wie das Gewicht des in Rede stehenden Verfahrensverstoßes, das seinerseits wesentlich von der Bedeutung der im Einzelfall betroffenen Rechtsgüter bestimmt wird. Ein Beweisverwertungsverbot stellt eine Ausnahme dar, die nur bei ausdrücklicher gesetzlicher Anordnung oder aus übergeordneten wichtigen Gründen im Einzelfall anzuerkennen ist (BGH NJW 2009, 3448, 3453; BGHSt 37, 30, 32).

Sind die Erkenntnisse auf rechtmäßige Weise erlangt worden, dürfen die Daten auch zur 14a Beweisführung von mit der Katalogtat im Zusammenhang stehenden Nichtkatalogtaten verwendet werden (BGH NJW 2009, 3448, 3451). Maßgeblicher Zeitpunkt für die Beurteilung der Subsidiarität ist nicht der Zeitpunkt der Erlangung der Erkenntnisse, sondern der Zeitpunkt der Verwertung (BGH NJW 2009, 3448, 3451).

Zur Verwertbarkeit von Erkenntnissen aus einer länger dauernden polizeilichen Video- 15 überwachung eines Tatverdächtigen nach PAG BY 1978 vgl BGH NStZ 1992, 44.

D. Verwertbarkeit bei Verstößen

Hat ein **unzuständiger Richter** die Anordnung nach § 100 d StPO getroffen, ist sie 16 unverwertbar (KK-StPO/Nack StPO § 100 d Rn 32). Dies gilt auch, wenn der **erhöhte Verdacht** zum Zeitpunkt der Anordnung fehlt (BGH NStZ 1995, 510; BGH NStZ-RR 2005, 207) und grundsätzlich bei Verstößen gegen die **Befristung** (BGH NStZ 1999, 202).

Unerhebliche Mängel in der **Begründung** in der Anordnung oder geringe Versäumnisse 17 bei der **Unterrichtung** des Gerichts werden nicht zu einem Verwertungsverbot führen (KK-StPO/Nack StPO § 100 d Rn 37 f).

Grundsätzlich muss der Angeklagte einer Verwertung bei Verstößen gegen § 100 d StPO 18 widersprechen (KK-StPO/Nack StPO § 100 d Rn 44 ff). In der **Revision** ist eine formgerechte Verfahrensrüge zu erheben.

§ 100 e [Bericht an die oberste Justizbehörde; Unterrichtung des Bundestages]

(1) ¹Für die nach § 100 c angeordneten Maßnahmen gilt § 100 b Abs. 5 entsprechend. ²Vor der Veröffentlichung im Internet berichtet die Bundesregierung dem Deutschen Bundestag über die im jeweils vorangegangenen Kalenderjahr nach § 100 c angeordneten Maßnahmen.

(2) In den Berichten nach Absatz 1 sind anzugeben:
1. die Anzahl der Verfahren, in denen Maßnahmen nach § 100 c Abs. 1 angeordnet worden sind;
2. die jeweils zugrunde liegende Anlassstraftat nach Maßgabe der Unterteilung in § 100 c Abs. 2;
3. ob das Verfahren einen Bezug zur Verfolgung organisierter Kriminalität aufweist;
4. die Anzahl der überwachten Objekte je Verfahren nach Privatwohnungen und sonstigen Wohnungen sowie nach Wohnungen des Beschuldigten und Wohnungen dritter Personen;

5. die Anzahl der überwachten Personen je Verfahren nach Beschuldigten und nichtbeschuldigten Personen;
6. die Dauer der einzelnen Überwachung nach Dauer der Anordnung, Dauer der Verlängerung und Abhördauer;
7. wie häufig eine Maßnahme nach § 100 c Abs. 5, § 100 d Abs. 4 unterbrochen oder abgebrochen worden ist;
8. ob eine Benachrichtigung der Betroffenen (§ 101 Abs. 4 bis 6) erfolgt ist oder aus welchen Gründen von einer Benachrichtigung abgesehen worden ist;
9. ob die Überwachung Ergebnisse erbracht hat, die für das Verfahren relevant sind oder voraussichtlich relevant sein werden;
10. ob die Überwachung Ergebnisse erbracht hat, die für andere Strafverfahren relevant sind oder voraussichtlich relevant sein werden;
11. wenn die Überwachung keine relevanten Ergebnisse erbracht hat: die Gründe hierfür, differenziert nach technischen Gründen und sonstigen Gründen;
12. die Kosten der Maßnahme, differenziert nach Kosten für Übersetzungsdienste und sonstigen Kosten.

1 Die Vorschrift regelt in Umsetzung der Forderungen des Art 13 Abs 6 GG die Berichtspflicht der Exekutive gegenüber dem Bundestag. Sie obliegt in aller Regel den Staatsanwaltschaften.
Den verfassungsrechtlichen Vorgaben in Art 13 Abs 6 GG folgend ist der Bundestag jährlich über Wohnraumüberwachungen nach § 100 c StPO zu unterrichten. Hierfür berichten gemäß § 100 b Abs 5 StPO die Länder und der Generalbundesanwalt dem **Bundesamt für Justiz**, das eine Übersicht zu den angeordneten Maßnahmen erstellt.

2 Welchen Inhalt der Bericht, der vor seiner Veröffentlichung dem Bundestag zu übergeben ist, zu haben hat, ist in einem detaillierten Kriterienkatalog in § 100 e Abs 2 StPO geregelt. Ziel dieses mit Gesetz zur Umsetzung des Urteils des BVerfG v 3. 3. 2004 (BGBl I 2005, 1841) neu geregelten Abs 2 ist, die Aussagefähigkeit der Berichte zu verbessern und damit dem Gesetzgeber die verantwortungsvolle Wahrnehmung seiner Beobachtungspflicht zu ermöglichen (BT-Drs 15/4533, 19).

3 Der Bericht an den Bundestag wird in einer **Bundestagsdrucksache veröffentlicht**. Der Gesetzgeber hat als Option daher einen Link von der Homepage des Bundesamts für Justiz (www.bundesjustizamt.de) auf die Internetseite des Deutschen Bundestages, auf der die Drucksachen eingestellt werden, zugelassen (BT- Drs 16/5846, 49).

§ 100 f [Akustische Überwachung außerhalb von Wohnungen]

(1) Auch ohne Wissen der Betroffenen darf außerhalb von Wohnungen das nichtöffentlich gesprochene Wort mit technischen Mitteln abgehört und aufgezeichnet werden, wenn bestimmte Tatsachen den Verdacht begründen, dass jemand als Täter oder Teilnehmer eine in § 100 a Abs. 2 bezeichnete, auch im Einzelfall schwerwiegende Straftat begangen oder in Fällen, in denen der Versuch strafbar ist, zu begehen versucht hat, und die Erforschung des Sachverhalts oder die Ermittlung des Aufenthaltsortes eines Beschuldigten auf andere Weise aussichtslos oder wesentlich erschwert wäre.

(2) ¹Die Maßnahme darf sich nur gegen einen Beschuldigten richten. ²Gegen andere Personen darf die Maßnahme nur angeordnet werden, wenn auf Grund bestimmter Tatsachen anzunehmen ist, dass sie mit einem Beschuldigten in Verbindung stehen oder eine solche Verbindung hergestellt wird, die Maßnahme zur Erforschung des Sachverhalts oder zur Ermittlung des Aufenthaltsortes eines Beschuldigten führen wird und dies auf andere Weise aussichtslos oder wesentlich erschwert wäre.

(3) Die Maßnahme darf auch durchgeführt werden, wenn Dritte unvermeidbar betroffen werden.

(4) § 100 b Abs. 1, 4 Satz 1 und § 100 d Abs. 2 gelten entsprechend.

Beschlagnahme, Überwachung, Durchsuchung § 100 f StPO

Überblick

§ 100 f StPO regelt jetzt (nur noch) die früher in § 100 f Abs 2 StPO normierte akustische Überwachung außerhalb von Wohnungen. Die Vorschrift wurde durch das Gesetz vom 21. 12. 2007 zur Neuregelung der Telekommunikationsüberwachung und anderer verdeckter Ermittlungsmaßnahmen sowie zur Umsetzung der Richtlinie 2006/24/EG (BGBl I 3201) umgestaltet. Die Regelung des früheren § 100 f Abs 1 StPO über den sonstigen Einsatz technischer Mittel (zB Videoüberwachung) findet sich jetzt in § 100 h StPO.

Übersicht

	Rn		Rn
A. Anwendungsbereich	1	III. Subsidiarität	10
I. Allgemeines	1	IV. Betroffener	11
II. Technische Mittel	5	**C. Verfahren**	16
B. Voraussetzungen	7		
I. Katalogtat	7	**D. Verwertbarkeit und Anfechtung**	21
II. Verdachtsgrad	8		

A. Anwendungsbereich

I. Allgemeines

100 f StPO erlaubt das Abhören **außerhalb** des von Art 13 Abs 1 GG geschützten **1** Bereichs **der Wohnung** (zum Begriff vgl § 102 StPO Rn 8 und § 100 c StPO Rn 14 ff). Da **Hafträume** nicht unter den Begriff der Wohnung fallen, ist auch dort grundsätzlich eine akustische Überwachung zulässig, wenn der Besuch unter den üblichen Kontrollen in einer für die Gesprächsteilnehmer erkennbaren Überwachung stattfindet, der Verdacht einer schweren Straftat gegeben und auch im übrigen der Verhältnismäßigkeitsgrundsatz gewahrt ist (BGH NStZ 1999, 145). Wird allerdings bei einem Untersuchungsgefangenen der Eindruck erweckt, er könne sich mit seinem Ehepartner offen und ohne die Gefahr der Überwachung über die ihm zur Last gelegten Straftaten unterhalten, kann in der heimlichen Gesprächsüberwachung und -aufzeichnung ein Verstoß gegen den nemo-Tenetur-Grundsatz des Art 6 Abs 1 MRK liegen (BGH NStZ 2009, 519; zum Schutz von Angehörigengesprächen vgl auch Rn 22 a).

Überwacht werden darf das **nichtöffentlich gesprochene Wort** (s § 100 c StPO Rn 5). **2**

Die Anordnung ist ein **Rechtfertigungsgrund** für die Verletzung der Vertraulichkeit des **3** Wortes (§ 201 StGB), soweit sich die Maßnahme im Rahmen der von § 100 c StPO gezogenen Grenze bewegt (KK-StPO/Nack StPO § 100 f Rn 2).

§ 100 f StPO enthält neben den mit dem Vollzug der Norm typischerweise unerlässlich **4** verbundenen **Vorbereitungsmaßnahmen** auch eine Ermächtigung zu solchen Rechtsbeeinträchtigungen, die nur geringfügig in den Rechtskreis des Betroffenen eingreifen. Derartige Eingriffe, wie das **Öffnen eines Pkw** zum Einbau einer „Wanze", können dem Betroffenen im Hinblick auf den hohen Rang des staatlichen Strafanspruchs zugemutet werden. Als nicht mehr geringfügig in diesem Sinne hat der BGH allerdings das auch nur kurzzeitige vollständige Entziehen des Pkw durch Verbringen in eine Werkstatt angesehen (NStZ 1998, 157; vgl aber BGH NStZ 2001, 386 zur Zulässigkeit des Einbaus eines GPS-Senders in ein Kfz in einer Werkstatt; § 100 h StPO Rn 8).

II. Technische Mittel

Als technische Mittel zum Abhören des nichtöffentlich gesprochenen Wortes kommen **5** insbes Richtmikrophone, „Wanzen" etc in Betracht.

§ 100 f StPO betrifft nur das Abhören und Aufzeichnen außerhalb von Wohnungen mit **6** technischen Mitteln, nicht die kurz- oder längerfristige **Observation** und nicht das zufällige oder gezielte **Mithören einer Unterredung** durch einen Polizeibeamten. Auch wenn dieser über das Gespräch Aufzeichnungen fertigt, fällt das Mithören nicht unter § 100 f StPO (KK-StPO/Nack StPO § 100 f Rn 2).

B. Voraussetzungen
I. Katalogtat

7   Da die akustische Überwachung außerhalb von Wohnungen der Überwachung von Telekommunikation vergleichbar ist, wird der Verdacht einer in **§ 100 a Abs 2 StPO** (§ 100 a StPO Rn 34 ff) genannten Straftat vorausgesetzt. Es genügt, wenn die Tat versucht oder ihre strafbare Beteiligung vorbereitet wurde (Schoreit MDR 1992, 1015; Löwe/Rosenberg/Schäfer StPO § 100 c Rn 41).

II. Verdachtsgrad

8   Es müssen **bestimmte Tatsachen** (vgl § 100 a StPO Rn 37) vorliegen und in der Anordnung dargestellt werden, um eine akustische Überwachung zu rechtfertigen. Dafür genügt das Vorliegen eines **Anfangsverdachts**, es muss nicht der erhöhte Verdachtsgrad, der zur Anklageerhebung notwendig ist, erreicht werden (§ 102 StPO Rn 1; Löwe/Rosenberg/Schäfer StPO § 100 c Rn 42, 55; strenger KK-StPO/Nack StPO § 100 f Rn 15).

9   Die Tat muss ferner wie bei § 100 a und § 100 c StPO **auch im Einzelfall schwer wiegen**. Hierdurch soll den verfassungsgerichtlichen Vorgaben (BVerfG NStZ 2003, 441; BVerfG NStZ 2004, 270; BVerfG NJW 2005, 2603, 2611) Rechnung getragen werden, wonach eine besonders schwere Straftat bzw. eine Straftat von erheblicher Bedeutung auch im konkreten Fall von erheblicher Bedeutung sein muss, um einen Eingriff in das jeweilige Grundrecht zu verantworten. Damit wollte der Gesetzgeber die Fälle ausscheiden, „die zwar eine Katalogstraftat zum Gegenstand haben, aber mangels hinreichender Schwere im konkreten Einzelfall den mit einer Telekommunikationsüberwachung verbundenen Eingriff in das Fernmeldegeheimnis nicht zu rechtfertigen vermögen. Bei dieser Einzelfallprüfung sind allerdings die im Gesetz als Strafmilderungsgründe benannten minder schweren Fälle nicht von vornherein auszuschließen. Zum einen wird sich im Stadium des Ermittlungsverfahrens meist noch nicht absehen lassen, ob die Voraussetzungen eines – erst die Strafzumessung berührenden – minder schweren Falles vorliegen. Zum anderen kann auch ein minder schwerer Fall insbes in Anbetracht der Auswirkungen der Straftat auf das Opfer im Einzelfall so schwer wiegen, dass die mit einer Telekommunikationsüberwachung verbundenen Eingriffe verhältnismäßig erscheinen." (BT-Drs 16/5846, 40). Es muss sich also im konkreten Fall mindestens um eine Straftat aus dem **Bereich der mittleren Kriminalität** handeln (§ 110 a StPO Rn 15).

III. Subsidiarität

10   Weitere Voraussetzung ist, dass die Erforschung des Sachverhalts oder die Ermittlung des Aufenthaltsortes des Täters auf andere Weise **aussichtslos oder wesentlich erschwert** wäre. Aussichtslos ist die Erforschung des Sachverhalts, wenn andere Ermittlungsmethoden nicht zur Verfügung stehen oder nicht vorhanden sind. Wesentlich erschwert ist der Ermittlungserfolg, wenn er mit anderen Ermittlungsmaßnahmen mit hoher Wahrscheinlichkeit nicht, nicht so schnell oder nicht so umfassend erzielt werden könnte (§ 100 a StPO Rn 40; SK-StPO/Rudolphi StPO § 100 a Rn 13). Zum Zwecke der Erforschung des Sachverhalts erforderlich kann auch die Durchführung eines heimlichen **Stimmenvergleichs** notwendig sein (BGH NStZ 1994, 295; KK-StPO/Nack StPO § 100 f Rn 3).

IV. Betroffener

11   Soll sich die Maßnahme nicht (nur) gegen einen Beschuldigten, sondern gegen **andere Personen** richten, sind die zusätzlichen Voraussetzungen des **§ 100 f Abs 2 S 2 StPO** zu berücksichtigen.

12   Die akustische Überwachung ist danach nur zulässig, wenn „aufgrund bestimmter Tatsachen (Rn 8) anzunehmen ist, dass die andere Person oder Personen mit einem Beschuldig-

ten in Verbindung stehen oder eine solche Verbindung hergestellt wird. Die Art der Verbindung ist unerheblich. Es ist ausreichend, wenn zu erwarten ist, dass es zu einem Kontakt mit dem Beschuldigten kommen wird oder wenn sich aus dem Verhalten der Kontaktperson Rückschlüsse auf die Tat und den Täter ziehen lassen. Ist die **Kontaktperson selbst Tatbeteiligter**, was häufig der Fall sein dürfte, kommt § 100 f Abs 2 S 1 StPO zur Anwendung. Die anderen Zielpersonen müssen nicht namentlich bekannt sein; die Anordnung kann sich daher auch gegen ein bestimmtes Objekt richten (KK-StPO/Nack StPO § 100 f Rn 9).

Bei der Maßnahme gegen Nichtbeschuldigte nach § 100 f Abs 2 S 2 StPO muss außerdem ebenso wie bei § 100 f Abs 1 StPO das Abhören dazu geeignet sein, den auf andere Weise nicht oder nur erschwert herbeizuführenden Ermittlungserfolg zu sichern (Rn 9). Auch insoweit verlangt das Gesetz das Vorliegen bestimmter Tatsachen (KK-StPO/Nack StPO § 100 f Rn 8; **aA** Meyer-Goßner StPO § 100 f Rn 11). 13

Zur Zulässigkeit einer akustischen Überwachung gegen **Geistliche, Strafverteidiger** und **Abgeordnete** vgl § 100 a StPO Rn 59 ff; für andere Berufsgeheimnisträger vgl § 100 a StPO Rn 66 ff, § 160 a StPO Rn 10 ff. Bei Verdacht der Beteiligung an der Straftat gilt § 160 a Abs 4 StPO (§ 160 a StPO Rn 15, § 100 a StPO Rn 74). 14

Dass **unbeteiligte Personen** von der akustischen Überwachung betroffen werden können, lässt sich selten vermeiden. **§ 100 f Abs 3 StPO** stellt klar, dass hierdurch die Maßnahme nicht unzulässig wird. Unvermeidbar betroffene Dritte iSd § 100 f Abs 3 StPO können auch **zeugnisverweigerungsberechtigte Personen** sein (BGH NStZ 1999, 145, 146; Schneider NStZ 2001, 8, 14). § 100 f Abs 3 StPO gilt auch, wenn sich die Maßnahme gegen den Beschuldigten richtet und dabei zugleich Kontaktpersonen betroffen sind; diese sind dann Dritte (Meyer-Goßner StPO § 100 f Rn 13). 15

C. Verfahren

Zuständig ist gem § 100 f Abs 4 StPO, § 100 b Abs 1 StPO der Ermittlungsrichter (§ 162 StPO, § 169 StPO). Die **Eilanordnung der Staatsanwaltschaft** bei Gefahr im Verzug muss infolge des generellen Verweises in Abs 4 auf § 100 b Abs 1 StPO innerhalb von drei Werktagen (§ 42 StPO) **richterlich bestätigt** werden. Bis zu diesem Zeitpunkt gewonnene Erkenntnisse sind verwertbar (KK-StPO/Nack StPO § 100 f Rn 18). Die Ermittlungsbeamten der Staatsanwaltschaft (§ 152 GVG) haben im Gegensatz zur früheren Regelung auch bei Gefahr in Verzug keine Anordnungskompetenz mehr. 16

Die bisher in § 100 f Abs 2 S 2 u S 3 StPO enthaltenen Verfahrensregelungen werden durch einen Verweis im neuen Abs 4 auf § 100 b Abs 1, Abs 4 S 1 StPO u § 100 d Abs 2 StPO ersetzt. Damit hat der Gesetzgeber die hinsichtlich ihrer Eingriffstiefe vergleichbaren Maßnahmen der Telekommunikationsüberwachung und der Überwachung des gesprochenen Worts außerhalb von Wohnungen einander verfahrensmäßig angeglichen. 17

Für die **Form der Anordnung** gelten gem § 100 f Abs 4 StPO die strengen Anforderungen des § 100 d Abs 2 StPO (§ 100 d StPO Rn 4). Pflichtangaben sind daher soweit möglich Name und Anschrift des Beschuldigten, gegen den sich die Maßnahme richtet, der Tatvorwurf, auf Grund dessen die Maßnahme angeordnet wird, die zu überwachende Wohnung oder die zu überwachenden Wohnräume, sowie Angaben zu Art, Umfang und Dauer der Maßnahme und der Art der durch die Überwachung zu erhebenden Informationen und ihre Bedeutung für das Verfahren. Da bei der Anordnung keine Zweckmäßigkeitsprüfung erfolgt, muss die Ausgestaltung im Einzelfall aber den Ermittlungsbehörden überlassen bleiben. 18

Die Überwachung wird für längstens **drei Monate** mit Verlängerungsmöglichkeit angeordnet, § 100 f Abs 4 StPO iVm § 100 b Abs 1 S 4 u S 5 StPO. Fristbeginn ist der Erlass der richterlichen Anordnung (BGH NStZ 1999, 202). Durch den Verweis auf **§ 100 b Abs 4 StPO** ist klargestellt, dass die Maßnahme zu beenden ist, sobald ihre Voraussetzungen nicht mehr gegeben sind. 19

Zur **Aktenführung** vgl § 101 StPO Rn 4 ff, zur **Kennzeichnung** § 101 StPO Rn 7 ff. Die **Benachrichtigung** der betroffenen Personen erfolgt nach Maßgabe des § 101 Abs 4 bis 7 (§ 101 StPO Rn 9 ff). Dabei sollte im Hinblick auf die Frage der „erheblichen Mitbetroffenheit" iSd § 101 Abs 4 S 1 Nr 5 StPO, die Möglichkeit der Nichtbenachrichtigung nach 20

§ 101 Abs 4 S 3 StPO und die Zurückstellungsmöglichkeit nach § 101 Abs 5 bis Abs 7 StPO bereits bei der Durchführung der Maßnahme darauf geachtet werden, welche Personen zu benachrichtigen sind; dies sollte von den Ermittlungsbeamten entsprechend aktenkundig gemacht werden. Die **Löschung** der aus der Maßnahme gewonnenen Daten richtet sich nach § 101 Abs 8 StPO (§ 101 StPO Rn 48).

D. Verwertbarkeit und Anfechtung

21 Zur bisher in § 100 f Abs 5 StPO geregelten Verwendung der erlangten Daten in anderen Strafverfahren vgl nunmehr § 477 Abs 2 S 2 StPO (§ 477 StPO Rn 5 ff).

22 Verwertet werden dürfen die Informationen nicht nur zu Beweiszwecken in dem Verfahren, in dem die Maßnahme angeordnet wurde, sondern auch in anderen Ermittlungsverfahren, die eine Katalogtat zum Gegenstand haben. Die gewonnenen Erkenntnisse dürfen zu Beweiszwecken und als Ermittlungsansatz verwendet werden (Allgayer NStZ 2006, 603, 605; Puschke/Singelnstein NJW 2008, 113, 117).

22 a Gemäß § 100 f StPO überwachte Gespräche von Angehörigen des Bestraften unterliegen nicht dem erweiterten Schutz der Abwägungsregel des § 100 c Abs 6 StPO oder dem Verwertungsverbot des § 160 a Abs 1 S 2 und S 5 StPO, § 160 a Abs 2 S 3 StPO. Der Angehörigenschutz des § 52 StPO setzt eine Vernehmungssituation oder eine bewußte Umgehung des Zeugnisverweigerungsrechts durch gezielte Ausforschung voraus (BVerfG Beschl v 15. 10. 2009 – Az 2 BvR 2438/08).

23 Bei **präventiv-polizeilich** angeordneter Überwachung können die personenbezogenen Daten in einem Strafverfahren nach Maßgabe des § 161 Abs 2 StPO verwendet werden (§ 161 StPO Rn 12 f). § 161 Abs 2 StPO ist auch die Schranke für die Umwidmung von Informationen, die beim Einsatz technischer Mittel zur **Eigensicherung** nach § 16 BKAG, § 22 ZFdG erlangt worden sind (Meyer-Goßner StPO § 100 c Rn 28 ff).

24 Ob bei **Rechtswidrigkeit** der Maßnahme ein **Verwertungsverbot** besteht, richtet sich nach den allgemeinen Grundsätzen, dh durch Abwägung des staatlichen Interesses an der Aufklärung und Verfolgung von Straftaten gegen das individuelle Interesse des Einzelnen an der Bewahrung seiner Rechtsgüter, konkret am Schutz der grundrechtlich geschützten Privatsphäre und des nichtöffentlich gesprochenen Wortes gegen heimliche Eingriffe von außen (Meyer-Goßner StPO Einl Rn 55 ff; vgl § 100 a StPO Rn 84 ff, § 100 c StPO Rn 38).

25 **Nachträglicher Rechtsschutz** wird seit Inkrafttreten des Gesetzes vom 21. 12. 2007 zur Neuregelung der Telekommunikationsüberwachung und anderer verdeckter Ermittlungsmaßnahmen sowie zur Umsetzung der Richtlinie 2006/24/EG (BGBl I 3201) durch **§ 101 Abs 7 S 2 u S 3 StPO** gewährt (vgl § 101 StPO Rn 42 ff).

26 In der **Revision** kann die Verfahrensrüge erhoben werden, das Urteil beruhe auf unverwertbaren Erkenntnissen (BGH NStZ 1999, 202; NStZ 2001, 386). Der BGH hat bei Vorliegen der Voraussetzungen eines hypothetischen Ersatzeingriffs die Verwertbarkeit bejaht (NStZ 2003, 668).

§ 100 g [Auskunft über Verkehrsdaten]

(1) ¹Begründen bestimmte Tatsachen den Verdacht, dass jemand als Täter oder Teilnehmer

1. eine Straftat von auch im Einzelfall erheblicher Bedeutung, insbesondere eine in § 100 a Abs. 2 bezeichnete Straftat, begangen hat, in Fällen, in denen der Versuch strafbar ist, zu begehen versucht hat oder durch eine Straftat vorbereitet hat oder

2. eine Straftat mittels Telekommunikation begangen hat,

so dürfen auch ohne Wissen des Betroffenen Verkehrsdaten (§ 96 Abs. 1, § 113 a des Telekommunikationsgesetzes) erhoben werden, soweit dies für die Erforschung des Sachverhalts oder die Ermittlung des Aufenthaltsortes des Beschuldigten erforderlich ist. ²Im Falle des Satzes 1 Nr. 2 ist die Maßnahme nur zulässig, wenn die Erforschung des Sachverhalts oder die Ermittlung des Aufenthaltsortes des Beschuldigten auf andere Weise aussichtslos wäre und die Erhebung der Daten in einem angemessenen Verhältnis zur Bedeutung der Sache steht. ³Die Erhebung von Standortdaten in Echtzeit ist nur im Falle des Satzes 1 Nr. 1 zulässig.

(2) ¹§ 100a Abs. 3 und § 100b Abs. 1 bis 4 Satz 1 gelten entsprechend. ²Abweichend von § 100b Abs. 2 Satz 2 Nr. 2 genügt im Falle einer Straftat von erheblicher Bedeutung eine räumlich und zeitlich hinreichend bestimmte Bezeichnung der Telekommunikation, wenn die Erforschung des Sachverhalts oder die Ermittlung des Aufenthaltsortes des Beschuldigten auf andere Weise aussichtslos oder wesentlich erschwert wäre.

(3) Erfolgt die Erhebung von Verkehrsdaten nicht beim Telekommunikationsdiensteanbieter, bestimmt sie sich nach Abschluss des Kommunikationsvorgangs nach den allgemeinen Vorschriften.

(4) Über Maßnahmen nach Absatz 1 ist entsprechend § 100b Abs. 5 jährlich eine Übersicht zu erstellen, in der anzugeben sind:
1. die Anzahl der Verfahren, in denen Maßnahmen nach Absatz 1 durchgeführt worden sind;
2. die Anzahl der Anordnungen von Maßnahmen nach Absatz 1, unterschieden nach Erst- und Verlängerungsanordnungen;
3. die jeweils zugrunde liegende Anlassstraftat, unterschieden nach Absatz 1 Satz 1 Nr. 1 und 2;
4. die Anzahl der zurückliegenden Monate, für die Verkehrsdaten nach Absatz 1 abgefragt wurden, bemessen ab dem Zeitpunkt der Anordnung;
5. die Anzahl der Maßnahmen, die ergebnislos geblieben sind, weil die abgefragten Daten ganz oder teilweise nicht verfügbar waren.

Überblick

Die Auskunft über Verkehrsdaten (Telekommunikationsverbindungsdaten) ist mit Gesetz v 21. 12. 2007 zur Neuregelung der Telekommunikationsüberwachung und anderer verdeckter Ermittlungsmaßnahmen sowie zur Umsetzung der Richtlinie 2006/24/EG (BGBl I 3201) umfassend neu gestaltet worden, um den Anforderungen und Konsequenzen aus der Richtlinie des Europäischen Parlaments und des Rates zur Vorratsdatenspeicherung von Daten v 15. 3. 2006 (2006/24/EG – Abl EU Nr L 105, 54 ff), des Übereinkommens des Europarats über Computerkriminalität v 23. 11. 2001 (SEV Nr 185) und Vorgaben des BVerfG Rechnung zu tragen. Gegen die Einführung der Vorratsdatenspeicherung sind Verfassungsbeschwerden zum BVerfG eingelegt worden. Auch gegen die Vorschriften des Telekommunikationsgesetzes (§ 95 Abs 3 TKG, § 111 TKG bis § 113 TKG), die eine Bevorratung von personenbezogenen Daten zum automatisierten Abruf vorsehen, wurde Verfassungsbeschwerde zum BVerfG erhoben (Az 1 BvR 1299/05). Am 11. 3. 2008 hat das BVerfG eine – mehrfach verlängerte – einstweilige Anordnung erlassen (Az 1 BvR 256/08), s dazu Rn 16.

Übersicht

	Rn		Rn
A. Anwendungsbereich	1	II. Zielpersonen	18
I. Verkehrsdaten	1	III. Verhältnismäßigkeit	20
II. Echtzeiterhebung	7	**C. Verfahren**	23
III. Standortdaten	8		
IV. Zielwahlsuche	10	**D. Verwertbarkeit**	29
V. Auskunftspflicht	11	**E. Europäisches Recht**	31
B. Voraussetzungen	13		
I. Verdacht einer Straftat	13	**F. Berichtspflicht**	35

A. Anwendungsbereich
I. Verkehrsdaten

1 Der bisher in § 100 g StPO verwendete Begriff der in § 100 g Abs 3 StPO aF abschließend aufgezählten Telekommunikationsverbindungen wurde durch den umfassenderen Begriff der Verkehrsdaten ersetzt. Die Legaldefinition der Verkehrsdaten findet sich in **§ 3 Nr 30 TKG** und wird in **§ 96 Abs 1 TKG**, auf den § 100 g Abs 1 S 1 StPO verweist, konkretisiert (vgl auch § 100 a StPO, § 100 a StPO Rn 16 ff). Auch Daten, die als Vorratsdaten nach § 113 a TKG gespeichert werden, fallen darunter. Hintergrund ist die Idee des Gesetzgebers, Verkehrsdaten, die der Diensteanbieter für seine Zwecke erheben darf, auch den Strafverfolgungsbehörden nutzbar zu machen (BT-Drs 16/5846, 51).

2 Die Erhebung von personenbezogenen **Berechtigungskennungen** (§ 96 Abs 1 Nr 1 TKG), die ebenfalls unter § 100 g Abs 1 StPO fällt, ist weiterhin ohne richterlichen Beschluss durch ein Auskunftsersuchen nach § 113 Abs 1 S 2 TKG möglich. Gem § 113 Abs 1 TKG können auch Auskünfte über den Namen und Anschrift des **Benutzers einer IP-Adresse** oder E-Mail-Adresse verlangt werden (vgl LG Stuttgart NStZ-RR 2005, 218; NStZ 2005, 285 mAnm Bär MMR 2005, 624 und Gercke, CR 2005, 598; LG Würzburg NStZ-RR 2006, 46).

3 In Erweiterung zur früheren Regelung in § 100 g Abs 3 StPO aF ist es nun auch möglich, abrechnungsrelevante Datenmengen (§ 96 Abs 1 Nr 2 u Nr 4 TKG), die uU einen weitergehenden Rückschluss auf Kommunikationsinhalte ermöglichen, abzufragen.

4 Der Verweis auf § 96 Abs 1 Nr 5 TKG erlaubt die Einbeziehung sonstiger zum Aufbau und zur Aufrechterhaltung der Telekommunikation sowie zur Entgeltabrechnung notwendiger Verkehrsdaten. Damit soll die Aufklärung des Sacherhalts insbes im Fall des Verdachts einer betrügerischen Manipulation der Entgeltabrechnung erleichtert werden. Außerdem hat der Gesetzgeber mit der offenen Formulierung in § 96 Abs 1 Nr 5 TKG die Erhebungsbefugnis in § 100 g Abs 1 StPO weitsichtig „technikoffen" gestalten wollen, um der fortschreitenden technischen Entwicklung im Bereich der Telekommunikation Rechnung zu tragen (BT-Drs 16/5846, 51).

5 Die Verbindungsdaten, die **nach Abschluss des Übertragungsvorgangs** im Herrschaftsbereich des Kommunikationsteilnehmers gespeichert werden, sind von § 100 g StPO nicht erfasst; für die Sicherstellung dieser Daten und ihrer Speichermedien gelten §§ 94 StPO ff und §§ 102 StPO ff (BVerfG NStZ 2006, 641; vgl § 102 StPO Rn 13). Ebenso fallen gem **§ 100 g Abs 3 StPO** Daten, die nicht beim Diensteanbieter erhoben werden, nicht unter § 100 g StPO, sondern unter die allgemeinen Vorschriften.

6 Eine Anordnung nach § 100 StPO ist auch nicht erforderlich beim Auskunftsanspruch auf Mitteilung des **Inhabers einer statischen oder dynamischen IP-Adresse**. Für diese (zur dynamischen IP-Adresse vgl § 100 a StPO, § 100 a StPO Rn 15; BT-Drs 16/5846, 26; LG Offenburg StraFo 2008, 243) ist ein Auskunftsersuchen nach den § 161 StPO, § 163 StPO iVm § 113 TKG ausreichend (LG Köln NStZ 2009, 352; OVG Münster DVBl 2009, 526 mAnm Lampe jurisPR-StrafR 8/2009 Anm 3; LG Stuttgart MMR 2005, 628 ff; MMR 2005, 624 ff; LG Hamburg MMR 2005, 711 mAnm Braun jurisPR-ITR 4/2006 Anm 6; LG Würzburg NStZ-RR 2006, 46; Meyer-Goßner StPO § 100 g Rn 5; Löffelmann AnwBl 2006, 598, 601; Sankol MMR 2006, 361, 365; Seitz, Strafverfolgungsmaßnahmen im Internet, 2004, 96 ff; Spoenle jurisPR-ITR 15/2009 Anm 3; **aA** Bär MMR 2005, 626; Gercke CR 2005, 598; **aA** bei Urheberrechtsverletzungen betr File-Sharing-Fälle LG Frankenthal MMR 2008, 687 mAnm Braun jurisPR-ITR 17/2008 Anm 4; Czychowski/Nordemann NJW 2008, 3095; Hoeren NJW 2008, 3099).

II. Echtzeiterhebung

7 Künftig anfallende Verkehrsdaten können grundsätzlich in Echtzeit, dh „life" vom Diensteanbieter oder in bestimmten Zeiträumen zusammengefasst an die Ermittlungsbehörden ausgeleitet werden. Die bisher nur unter den Voraussetzungen des § 100 a StPO zulässige Erhebung von Verkehrsdaten in Echtzeit setzt **Art 20 Abs 1 des Übereinkommens über Computerkriminalität** um und ist im Vergleich zur früheren Regelung unter erleichterten Bedingungen möglich.

III. Standortdaten

Die früher in § 100 g Abs 3 StPO enthaltene Voraussetzung des Bestehens einer Verbindung ist entfallen. Damit können nun gem § 100 g Abs 1 StPO iVm § 96 Abs 1 Nr 1 TKG die Standortdaten in Vergangenheit und Gegenwart erhoben werden. Die Ermittlung des Aufenthalts des Beschuldigten zB bei Observationen wird dadurch erleichtert, denn die Standortdaten eines – eingeschalteten – Mobiltelefons können auch dann life und ohne die ohnehin umstrittene Übersendung einer „stillen sms" („Ping") erhoben werden, wenn damit gerade nicht telefoniert wird. Die Erhebung von Standortdaten in **Echtzeit** ist allerdings strengeren Voraussetzungen unterworfen und nur bei einer Straftat von erheblicher Bedeutung zulässig, § 100 g Abs 1 S 3 StPO.

Standortdaten aus dem Mauterfassungssystem dürfen nicht an Strafverfolgungsbehörden übermittelt werden, da gem § 4 Abs 2 S 2 ABMG, § 7 Abs 2 S 3 ABMG (BGBl I 2002, 1234) die Verwendung der Daten auf die Zwecke des ABMG beschränkt ist (Meyer-Goßner StPO § 100 g Rn 5; LG Magdeburg NStZ 2006, 304 unter Hinweis auf BT-Drs 14/7013, 13 und entgegen AG Gummersbach NStZ 2004, 168). Wenn der Eigentümer und Verfügungsberechtigte über einen durch das Mautsystem erfassten LKW selbst mit der Ermittlung des Standorts und der Herausgabe der Daten einverstanden ist, ist die Verwendung der Daten zulässig (AG Friedberg NStZ 2006, 517).

IV. Zielwahlsuche

Die bisher in § 100 g Abs 2 StPO geregelte Zielwahlsuche ist entfallen. Die Rufnummer oder andere Kennung des anrufenden Anschlusses ist nun von der Speicherungspflicht gem § 113 a Abs 2 Nr 1 TKG umfasst und kann damit auch ohne Zielwahlsuche ermittelt werden. Sollte im Einzelfall dennoch eine Zielwahlsuche erforderlich sein, kann diese gem § 100 g Abs 1 StPO angeordnet werden (BT-Drs 16/5846, 54).

V. Auskunftspflicht

Die Pflicht der Diensteanbieter zur **Mitwirkung** an der Ausleitung der Verkehrsdaten, die bisher ausdrücklich in § 100 g Abs 1 StPO geregelt war, folgt nunmehr aus dem Verweis in § 100 g Abs 2 S 1 StPO auf § 100 b Abs 3 StPO. Danach kann über gespeicherte Verkehrsdaten, die vergangene Telekommunikationsvorgänge betreffen, unbeschränkt Auskunft verlangt werden. Diese müssen nach Maßgabe des § 113 a TKG und der TKÜV die notwendigen Vorkehrungen zur Speicherung treffen und werden nach § 23 JVEG entschädigt. Bei der Auskunftspflicht hinsichtlich künftig anfallender Verkehrsdaten sind die Anordnungsfristen des § 100 g Abs 2 S 1 StPO iVm § 100 b Abs 1 StPO zu beachten.

Ob der Diensteanbieter die von ihm angebotenen Telekommunikationsdienste **geschäftsmäßig** erbringt oder nicht, ist unerheblich. Gem **§ 113 a TKG** ist jeder zur Datenspeicherung verpflichtet, der öffentlich zugängliche Telekommunikationsdienste für Endnutzer erbringt. Welche Vorkehrungen er für die Ausleitung zu erbringen hat, ergibt sich aus § 110 TKG iVm der Telekommunikations-Überwachungsverordnung. Zur Rechtsmittelbefugnis des verpflichteten Diensteanbieters vgl § 100 b StPO Rn 25.

B. Voraussetzungen

I. Verdacht einer Straftat

Entsprechend der Regelung in § 100 a Abs 1 Nr 1 StPO, § 100 f Abs 1 StPO und § 100 c Abs 1 Nr 1 StPO verlangt § 100 g Abs 1 StPO **bestimmte verdachtsbegründende Tatsachen** für den Verdacht einer erheblichen Straftat (§ 100 a StPO Rn 37); es genügt das Vorliegen eines Anfangsverdachts (Meyer-Goßner StPO § 100 g Rn 14). Nach § 100 g Abs 1 Nr 1 StPO muss der Verdacht einer erheblichen Straftat, ihres Versuchs oder ihrer Vorbereitung vorliegen. Der Katalog des § 100 a Abs 2 StPO ist hier nur exemplarisch, die Tat muss aber in jedem Falle auch im Einzelfall schwer wiegen (BVerfGE 107, 299 = NJW 2003, 1787, 1791; § 100 a StPO Rn 38 f). So soll beispielsweise der einfache Diebstahl eines Mobiltelefons aus einer unbeaufsichtigt abgestellten Handtasche keine Straftat von erheblicher Bedeutung sein (LG Hildesheim NdsRpfl 2008, 148).

StPO § 100 g   Erstes Buch. 8. Abschnitt

14 § 100 g Abs 1 Nr 2 StPO sieht die Erhebung von Verkehrsdaten auch bei Straftaten vor, die **mittels Telekommunikation begangen** worden sind; von erheblicher Bedeutung muss die Straftat in diesem Fall nicht sein, so dass auch bei Verdacht einer Beleidigung, Bedrohung, bei Verdacht des Ausspähens von Daten (202 a StGB), beim Versenden von Schadsoftware (Dialer, Malware, Phishing, Pharming; zu den technischen Grundlagen vgl jurisPK-Internetrecht Kap 8/Heckmann Rn 17 ff), oder bei „Stalking" (§ 238 Abs 1 Nr 2 StGB) durch Anrufe oder E-Mails der Täter über seine Verkehrsdaten ermittelt werden kann. Vgl dazu aber Rn 16.

15 Beim Verdacht einer **versuchten Strafvereitelung**, die mittels eines Anrufs begangen wurde, hat das BVerfG die Verkehrsdatenerhebung gebilligt (BVerfG NJW 2006, 3197), weil sich durch den Einsatz der Telekommunikationsanlage als Tatmittel der Anspruch des Beschuldigten auf Wahrung des Schutzes der Vertraulichkeit des von ihm missbrauchten Mediums mindert. Deshalb muss er es eher hinnehmen, dass die Strafverfolgungsbehörden die dabei entstandenen Verbindungsdaten nutzen, weil diese Art von Straftaten ohne Auskunft über die Nummer des anrufenden Anschlusses in der Regel nicht aufklärbar sind (BVerfG NJW 2006, 3197 mAnm Bär MMR 2007, 232). Aus Verhältnismäßigkeitsgründen ist nach der Neufassung seit 1. 1. 2008 § 100 g Abs 1 Nr 2 StPO nur noch bei Vollendung der mittels Telekommunikation begangenen Straftat anwendbar (BT-Drs 16/5846, 52).

16 Mit **einstweiliger Anordnung vom 11. 3. 2008** (Az 1 BvR 256/08 = NStZ 2008, 290, zuletzt verlängert am 22. 4. 2009, BGBl I 2009, 1139) hat das BVerfG entschieden, dass Verkehrsdaten, die aufgrund der Vorschrift des **§ 113 a TKG** gespeichert worden sind, vom Diensteanbieter zwar nach Maßgabe des Auskunftsersuchens nach § 100 g StPO ausgewertet werden müssen. Eine unverzügliche Mitteilung des Suchergebnisses an die Strafverfolgungsbehörden darf aber nur dann erfolgen, wenn die Voraussetzungen des **§ 100 a Abs 1 StPO** vorliegen. Dabei muss sich aus der Anordnung nach § 100 g Abs 2 StPO iVm § 100 b Abs 1 und 2 StPO selbst ergeben, dass das Ermittlungsverfahren eine Katalogtat nach § 100 a Abs 2 StPO zum Gegenstand hat und dass die Voraussetzungen des § 100 a Abs 1 StPO vorliegen.

17 Andernfalls hat der Diensteanbieter die Daten lediglich bis zur Hauptsacheentscheidung des BVerfG zu speichern und darf sie nicht an die Strafverfolgungsbehörden übermitteln. Verkehrsdaten, die der Diensteanbieter nicht aufgrund des § 113 a TKG gespeichert hat, sondern in eigenem Interesse, sind von der einstweiligen Anordnung nicht betroffen. Über solche Daten muss der Diensteanbieter auch dann weiterhin nach § 100 g StPO Auskunft geben, wenn das Verfahren keine Katalogtat nach § 100 a StPO zum Gegenstand hat.

17 a Mit Beschl v 28. 10. 2008 (Az 1 BvR 256/08) hat das BVerfG die einstweilige Anordnung vom 11. 3. 2008 in unverändertem Umfang verlängert und sie dahingehend erweitert, dass die nach § 113 a TKG auf Vorrat gespeicherten Daten für die **Gefahrenabwehr (§ 113 b S 1 Nr 2 TKG)** von den Telekommunikationsdiensteanbietern nur unter einschränkenden Bedingungen an die ersuchende Behörde übermittelt werden dürfen. Die Weiterverwendung der aufgrund der neuen Abrufnormen in Art 34 b Abs 3 BayPAG und § 34 a Abs 1 S 1 Nr 3 ThürPAG gewonnenen Daten wurde insoweit eingeschränkt, als eine Änderung des Verwendungszwecks mit dem Ziel einer Nutzung der Daten für die Strafverfolgung nur zulässig ist, wenn – neben den Maßgaben entsprechender gesetzlicher Bestimmungen – die Voraussetzungen des § 100 a Abs 1 u Abs 2 StPO vorliegen.

Die Übermittlung für **Aufgaben des Verfassungsschutzes (§ 113 b S 1 Nr 3 TKG)** ist nur zulässig, neben den Voraussetzungen der Abrufnorm (zB Art 6 c Abs 2 BayVSG) auch die Voraussetzungen von § 1 Abs 1 G 10, § 3 G 10 vorliegen. Außerdem dürfen die übermittelten Daten nur zu den Zwecken verwendet werden, zu denen sie abgerufen worden sind. Anderen Behörden dürfen sie nur nach Maßgabe des § 4 Abs 4 G 10 übermittelt werden.

II. Zielpersonen

18 Gem § 100 g Abs 2 S 1 StPO iVm § 100 a Abs 3 StPO darf sich die Anordnung nur gegen den Beschuldigten oder den in § 100 a Abs 3 StPO genannten Personenkreis der Kontaktmittler richten, auch wenn diese noch nicht identifiziert sind (s dazu § 100 a StPO Rn 47 f).

19 Zum Beweiserhebungsverbot bei betroffenen **Berufsgeheimnisträger**n der Gruppe der Seelsorger, Abgeordneten und Strafverteidiger s § 100 a StPO, § 160 a StPO (§ 100 a StPO

Rn 59 ff und § 160 a StPO Rn 3 f). Die Anordnung der Auskunft über Verbindungsdaten eines als **Zeugen** in Betracht kommenden **Journalisten** hat das OLG Dresden unter Berufung auf BVerfG NJW 2007, 1117, 1120 als mit Art 5 Abs 1 S 2 GG unvereinbar und deshalb rechtswidrig erachtet (OLG Dresden NJW 2007, 3511).

III. Verhältnismäßigkeit

Das Erfordernis des Vorliegens einer auch im Einzelfall schwer wiegenden Straftat dient der Wahrung der Verhältnismäßigkeit zwischen Eingriff in das Fernmeldegeheimnis einerseits und Gewicht des Strafverfolgungsinteresses, insbes der Schwere und der Bedeutung der aufzuklärenden Straftat andererseits (BVerfGE 107, 299 = NJW 2003, 1787, 1791 = NStZ 2003, 441).

Gem § 100 g Abs 1 S 2 StPO unterliegt die Erhebung von Verkehrsdaten im Falle der mittels Telekommunikation begangenen Straftat nach § 100 g Abs 1 Nr 2 StPO einer **strengen Subsidiaritätsklausel** (vgl auch BVerfG NJW 2006, 3197). Der Gesetzgeber sah sich zur Aufnahme dieser Klausel aufgefordert, weil die Verkehrsdatenerhebung durch die Ausweitung des mit der Vorratsdatenspeicherung einhergehenden Datenvolumens insgesamt an Eingriffsintensität gewönne und daher bei dieser Fallgruppe nur gerechtfertigt erscheine, wenn andere Ermittlungsmöglichkeiten fehlten oder mit hoher Wahrscheinlichkeit keinen Erfolg versprächen (BT-Drs 16/5846, 52). Gleich geeignete, aber weniger belastende Maßnahmen werden aber in aller Regel nicht möglich sein, wenn außer dem Zeitpunkt des Anrufs oder der E-Mail keine weiteren Ermittlungsansätze ersichtlich sind.

Weitere Zulässigkeitsvoraussetzung für die Erhebung von Verkehrsdaten bei mittels Telekommunikation begangenen Straftaten ist darüber hinaus ein **angemessenes Verhältnis zur Bedeutung der Sache**. Damit wollte der Gesetzgeber allerdings nur den Bereich der leichteren Kriminalität aus dem Anwendungsbereich der Erhebungsbefugnis auch für den Fall ausnehmen, dass die Tat auf andere Weise nicht aufklärbar ist, wie etwa bei nur geringfügigen Beleidigungstaten. Zur Verhältnismäßigkeit einer Maßnahme nach § 100 g StPO zum Zwecke einer Reststrafenvollstreckung vgl KG StraFO 2008, 239.

C. Verfahren

Zuständig ist gem § 100 g Abs 2 S 1 StPO iVm § 100 b Abs 1 S 1 StPO das Gericht (§ 162 StPO, § 169 StPO). Die Eilkompetenz der Staatsanwaltschaft (§ 100 g Abs 2 StPO iVm § 100 b Abs 1 S 2 StPO) ermöglicht es, sehr kurzfristig auf vorhandene Verkehrsdaten zuzugreifen und so deren Löschung durch die Diensteanbieter vorzubeugen, vgl § 100 b StPO (§ 100 b StPO Rn 10 ff).

Für die **Form** der Anordnung gilt gem § 100 g Abs S 1 StPO iVm § 100 b Abs 2 S 1 StPO die Schriftform. Die richterliche Anordnung muss den Tatvorwurf so beschreiben, dass erkennbar ist, welche konkrete Straftat von erheblicher Bedeutung Anlass der Maßnahme sein soll und ob Geeignetheit, Erforderlichkeit und Verhältnismäßigkeit im engeren Sinn geprüft wurden (LG Rostock StV 2008, 461).

Wenn die Rufnummer oder eine andere Kennung des in Rede stehenden Anschlusses nicht benannt werden kann und nur eine **Funkzellenabfrage** erfolgen soll, genügt im Fall des § 100 g Abs 1 S 1 Nr 1 StPO eine räumlich und zeitlich hinreichend bestimmte Bezeichnung der Telekommunikation (§ 100 g Abs S 2 StPO). Auch bei der Funkzellenabfrage ist neben der im Rahmen des Verhältnismäßigkeitsgrundsatzes zu prüfenden Frage, inwieweit dritte Personen von der Maßnahme mit betroffen werden, zu beachten, dass sich die Maßnahme nur gegen den Beschuldigten oder dessen Nachrichtenmittler richten darf. Sie ist nicht zulässig, wenn sie allein der Ermittlung etwa von – im konkreten Fall auch nicht als Nachrichtenmittler in Betracht kommenden – Zeugen dienen soll (BT-Drs 16/5846, 55).

Für die **Dauer** der Maßnahme gelten gem § 100 g Abs 2 S 1 StPO die Fristen des § 100 b Abs 1 S 3 bis S 5 StPO.

Im Falle **vorzeitiger Beendigung** der Maßnahme bei Wegfall der Anordnungsvoraussetzungen muss das Gericht unterrichtet werden, § 100 g Abs 2 StPO iVm § 100 b Abs 4 S 1 StPO. Immerhin hat der Gesetzgeber hier erkannt, dass die für die Telekommunikationsüberwachung vorgeschriebene Ausweitung der Unterrichtung des Gerichts über den Verlauf

StPO § 100 g   Erstes Buch. 8. Abschnitt

und die Ergebnisse einer Überwachungsmaßnahme (§ 100 b Abs 4 S 2 StPO) jedenfalls für die Verkehrsdatenerhebung nicht geboten ist und „mit ganz erheblichen zusätzlichen Belastungen für die Praxis verbunden" wäre (BT-Drs 16/5846, 55).

28   Zur **Kennzeichnung** vgl § 101 StPO (§ 101 StPO Rn 7 f). Die **Benachrichtigung** der betroffenen Personen erfolgt nach Maßgabe des § 101 Abs 4 bis 7 StPO (§ 101 StPO Rn 9 ff). Dabei sollte im Hinblick auf die Möglichkeit der Nichtbenachrichtigung nach § 101 Abs 4 S 3 u S 4 StPO sowie die Zurückstellungsmöglichkeit nach § 101 Abs 5 bis Abs 7 StPO bereits bei der Durchführung der Maßnahme darauf geachtet werden, welche Personen zu benachrichtigen sind; dies sollte von den Ermittlungsbeamten entsprechend aktenkundig gemacht werden. Die **Löschung** der aus der Maßnahme gewonnenen Daten richtet sich nach § 101 Abs 8 StPO (§ 101 StPO Rn 48).

D. Verwertbarkeit

29   Bei Verstößen gegen die materiellen Voraussetzungen des § 100 g StPO gelten die allgemeinen Grundsätze zur Verwertbarkeit vgl § 110 a StPO, § 100 c StPO, § 100 f StPO (§ 100 a StPO Rn 84 ff, § 100 c StPO Rn 38, § 100 f StPO Rn 23).

Zur Verwertbarkeit in anderen Strafverfahren vgl § 477 StPO (§ 477 StPO Rn 5) und zur weiteren präventiven Verwendung § 477 StPO Rn 6. Die Verwertbarkeit von präventiv gewonnenen Erkenntnissen im Strafverfahren regelt § 161 Abs 2 StPO (§ 161 StPO Rn 12).

30   **Nachträglichen Rechtsschutz** gewährt **§ 101 Abs 7 S 2 u S 3 StPO** (vgl § 101 StPO Rn 42 ff).

E. Europäisches Recht

31   Die Ausgestaltung der Erhebungsbefugnis in § 100 g Abs 1 StPO folgt den Vorgaben des Art 1 Abs 1 der Richtlinie zur „Vorratsdatenspeicherung" (2006/24/EG – Abl EU Nr L 105, 54 ff). Nach dieser Regelung haben die Mitgliedstaaten sicherzustellen, dass die auf Vorrat zu speichernden Verkehrsdaten zum Zwecke der Ermittlung, Feststellung und Verfolgung von „schweren", dh „ernsthaften" Straftaten („serious crime"; zum Begriff der „schweren" Straftat im Europarecht vgl BT-Drs 16/5846, 52 f) iSd einzelstaatlichen Rechts jedes Mitgliedstaates zur Verfügung stehen. Richtschnur hierfür sind die im Rahmenbeschluss über den Europäischen Haftbefehl genannten Straftaten (Straftaten, die mit einer Freiheitsstrafe oder einer freiheitsentziehenden Maßregel der Sicherung im Höchstmaß von mindestens drei Jahren bedroht sind). Straftaten unter Einsatz von Telekommunikationseinrichtungen sind angemessen zu berücksichtigen.

32   Die Regelung des § 100 g Abs 1 StPO folgt auch Art 4 der Richtlinie und den Vorgaben des Art 15 Abs 1 des Übereinkommens über Computerkriminalität, (BGBl II 2008, 1242; § 100 a StPO Rn 132 ff), wonach sichergestellt sein muss, dass die Anordnungen notwendig und verhältnismäßig sind.

33   Nicht aufgenommen wurde in § 100 g Abs 1 StPO die von Art 16 Abs 2 des Übereinkommens über Computerkriminalität geforderte Möglichkeit des „Einfrierens" von Verkehrsdaten bei den speichernden Personen und Stellen („Quick Freezing"), da hierfür § 113 a TKG Anwendung findet.

34   Die mit der Begründung einer fehlenden Rechtsgrundlage von der Republik Irland erhobene Nichtigkeitsklage gegen die EU-Richtlinie zur Vorratsdatenspeicherung (2006/24/EG) hat der EuGH abgewiesen, weil sich die Richtlinie 2006/24 auf die Tätigkeiten der Diensteanbieter im Binnenmarkt beziehe und keine Regelung zur Tätigkeit staatlicher Stellen zu Strafverfolgungszwecken enthalte (Rechtssache C-301/06 Rn 91; Petri EuZW 2009, 212; vgl auch Breyer StV 2007, 214).

34 a   Der **Generalanwalt** ist übereinstimmend mit Parlament und Rat der Meinung, dass das auf Art 95 EGV gestützte Tätigwerden des Gemeinschaftsgesetzgebers rechtmäßig war (Schlussantrag vom 14. 10. 2008 – EuGRZ 2008, 644). Art 95 Abs 3 EGV erlaube Maßnahmen zur Angleichung der Rechts- und Verwaltungsvorschriften der Mitgliedstaaten, die die Errichtung und das Funktionieren des Binnenmarkts zum Gegenstand hätten und gleichzeitig ein im Allgemeininteresse liegendes Ziel wie die Gewährleistung eines hohen Sicherheitsniveaus innerhalb der Gemeinschaft verfolgten. Der Umstand allein, dass ein Rechtsakt ein Ziel wie

die Ermittlung, Feststellung und Verfolgung von schweren Straftaten habe, genüge nicht, ihn von der ersten in die dritte Säule zu verschieben (EUGRZ 2008, 644, 652 ff).

F. Berichtspflicht

Die in § 100 g Abs 4 StPO statuierten Regelungen zu statistischen Berichten über die Erhebung von Verkehrsdaten folgen Artikel 10 der Richtlinie 2006/24/EG und ist entsprechend § 100 e StPO zu veröffentlichen (§ 100 e StPO Rn 3). 35

§ 100 h [Weitere Maßnahmen außerhalb von Wohnungen]

(1) ¹Auch ohne Wissen der Betroffenen dürfen außerhalb von Wohnungen
1. Bildaufnahmen hergestellt werden,
2. sonstige besondere für Observationszwecke bestimmte technische Mittel verwendet werden,

wenn die Erforschung des Sachverhalts oder die Ermittlung des Aufenthaltsortes eines Beschuldigten auf andere Weise weniger erfolgversprechend oder erschwert wäre. ²Eine Maßnahme nach Satz 1 Nr. 2 ist nur zulässig, wenn Gegenstand der Untersuchung eine Straftat von erheblicher Bedeutung ist.

(2) ¹Die Maßnahmen dürfen sich nur gegen einen Beschuldigten richten. ²Gegen andere Personen sind
1. Maßnahmen nach Absatz 1 Nr. 1 nur zulässig, wenn die Erforschung des Sachverhalts oder die Ermittlung des Aufenthaltsortes eines Beschuldigten auf andere Weise erheblich weniger erfolgversprechend oder wesentlich erschwert wäre,
2. Maßnahmen nach Absatz 1 Nr. 2 nur zulässig, wenn auf Grund bestimmter Tatsachen anzunehmen ist, dass sie mit einem Beschuldigten in Verbindung stehen oder eine solche Verbindung hergestellt wird, die Maßnahme zur Erforschung des Sachverhalts oder zur Ermittlung des Aufenthaltsortes eines Beschuldigten führen wird und dies auf andere Weise aussichtslos oder wesentlich erschwert wäre.

(3) Die Maßnahmen dürfen auch durchgeführt werden, wenn Dritte unvermeidbar mitbetroffen werden.

Überblick

In der mit Gesetz v 21. 12. 2007 zur Neuregelung der Telekommunikationsüberwachung und anderer verdeckter Ermittlungsmaßnahmen sowie zur Umsetzung der Richtlinie 2006/24/EG (BGBl I 3201) neugefassten Vorschrift findet sich die frühere Regelung des § 100 f Abs 1 StPO zum Einsatz technischer Mittel wieder. Die in § 100 f Abs 5 StPO aF enthaltene Verwendungsregelung ist nun in § 477 Abs 2 StPO niedergelegt.

Der Regelungsgehalt des bisherigen § 100 h StPO (Anordnung zur Auskunftserteilung von Telekommunikationsverbindungen) wurde ersetzt durch § 100 b Abs 1 bis Abs 4 StPO und die Verweisung in § 100 g Abs 2 StPO sowie durch § 160 a StPO u § 477 Abs 2 StPO.

Übersicht

	Rn		Rn
A. Anwendungsbereich	1	II. Subsidiarität	13
I. Regelungsgehalt	1	III. Betroffene	14
II. Technische Mittel	4	**C. Verfahren**	17
B. Voraussetzungen	10		
I. Verdacht einer Straftat	10	**D. Verwertbarkeit und Anfechtung**	21

A. Anwendungsbereich

I. Regelungsgehalt

1   Für **Observationszwecke** und für **Lichtbildvorlagen** an Zeugen zur Sachverhaltsaufklärung oder Fahndung dürfen Bildaufnahmen wie zB Lichtbilder oder Videoaufnahmen hergestellt werden (Löwe/Rosenberg/Schäfer StPO § 100 c Rn 20). Foto- und Videodokumentationen am Tatort zum Zweck der Spurensicherung fallen nicht unter § 100 h StPO, sondern unter § 161 Abs 1 StPO (Hilger NStZ 1992, 457, 462). § 100 h Abs 1 Nr 1 StPO dient iVm § 46 Abs 1 OwiG für die von der bayerischen Polizei iR des sog Brückenmessverfahrens (VAMA) durchgeführten anlassbezogenen Videoaufzeichnungen zur Identifizierung Betroffener eine hinreichende gesetzliche Grundlage (OLG Bamberg BeckRS 2009, 86568 in Abgrenzung zu BVerfG NJW 2009, 3293).

2   Gestattet sind nur Aufnahmen außerhalb von Wohnungen iSd Art 13 GG (§ 102 StPO Rn 8 f). Nach § 100 h StPO ist aber die– auch längerfristige - **Videoüberwachung des Wohnungseingangsbereichs** zum Zwecke des Erkennens von Kontaktpersonen, der Feststellung von Anwesenheitszeiträumen des Beschuldigten sowie zur Identifizierung von Mittätern (BGH NStZ 1998, 629 mAnm Rogall JZ 1998, 796; Gehrlein/Schübel NJW 1999, 104; Amelung NStZ 1998, 631; Eisenberg NStZ 2002, 638) zulässig. Zur Befristung vgl unten Rn 18.

3   Merkt oder weiß der Betroffene, dass er observiert, fotografiert oder gefilmt wird, wird die Maßnahme nicht unzulässig, ihre Voraussetzungen müssen aber weiterhin vorliegen. Nur wenn alle von der Überwachungsmaßnahme Betroffenen in die Maßnahme **einwilligen**, kann diese gegenüber den Einwilligenden aufgrund der allgemeinen Befugnisse nach den §§ 161 StPO, § 163 StPO durchgeführt werden. Von § 100 h StPO zu unterscheiden ist im Übrigen die Herstellung von Bildaufnahmen mit Wissen des Beschuldigten im Rahmen der erkennungsdienstlichen Behandlung nach § 81 b StPO (vgl dazu BGH NStZ 1993, 47).

II. Technische Mittel

4   Sonstige technische Mittel sind zB Peil- und Personenschutzsender, Nachtsichtgeräte, Bewegungsmelder, Alarmkoffer (Hilger NStZ 1992, 457, 461 Fn 89) und Satellitenbilder. Es ist auch zulässig, **GPS-Sender** einzusetzen (BGH NStZ 2001, 386 mAnm Steinmetz NStZ 2001, 344; Meyer-Goßner StPO § 100 h Rn 2 mwN). Das Bestimmtheitsgebot verlangt keine gesetzlichen Formulierungen, die jede Einbeziehung kriminaltechnischer Neuerungen ausschließen (BVerfG NJW 2005, 1338 = BeckRS 2005, 25520).

5   Für neue technische Entwicklungen wie das GPS gilt aber nach der verfassungsgerichtlichen Rechtsprechung, dass wegen des schnellen und für den Grundrechtsschutz riskanten informationstechnischen Wandels der Gesetzgeber die technischen Entwicklungen aufmerksam beobachten und notfalls durch ergänzende Rechtsetzung korrigierend eingreifen muss. Diese Forderung erhebt das BVerfG auch für die Frage, „ob die bestehenden verfahrensrechtlichen Vorkehrungen angesichts zukünftiger Entwicklungen geeignet sind, den Grundrechtsschutz effektiv zu sichern und unkoordinierte Ermittlungsmaßnahmen verschiedener Behörden verlässlich zu verhindern." (BVerfG NJW 2005, 1338 = BeckRS 2005, 25520).

6   Ein **sonstiges technisches Mittel** iSd § 100 h Abs 1 Nr 2 StPO ist ein besonders für Observationszwecke bestimmtes Mittel, wenn es weder Bild- noch Tonaufzeichnungen, aber Observationen ermöglicht und im konkreten Strafverfahren eingesetzt wird, auch wenn es nicht eigens dafür konzipiert wurde, zB Satellitenaufnahmen (Löwe/Rosenberg/Schäfer StPO § 100 c Rn 24).

7   Keine technischen Mittel iSd § 100 h StPO, sondern nach den allgemeinen Regeln des § 161 Abs 1 StPO zulässige Mittel sind gewöhnliche Sehhilfen wie Ferngläser oder Kommunikationsgeräte (Löwe/Rosenberg/Schäfer StPO § 100 c Rn 24), Markierungssysteme oder andere technisch präparierte Gegenstände (KK-StPO/Nack StPO § 100 h Rn 7).

8   Maßnahmen, die die Verwendung des technischen Mittels **vorbereiten oder begleiten,** werden von § 100 h StPO umfasst, wenn die Verhältnismäßigkeit gewahrt bleibt. Diese Annexkompetenz kann daher auch zB die kurzzeitige Verbringung des Pkw des Beschuldigten in eine Werkstatt zum Zweck des Einbaus eines GPS-Senders oä einschließen (BGH

NStZ 2001, 386; Löwe/Rosenberg/Schäfer StPO § 100 c Rn 26) und erlaubt auch die Benutzung von fremden Stromquellen (KK-StPO/Nack StPO § 100 f Rn 9).

Gegen den **gleichzeitigen Einsatz** mehrerer Observationsmaßnahmen oder anderer heimlicher Ermittlungsmethoden bestehen keine Bedenken, wenn und solange keine „Totalüberwachung", mit der ein umfassendes Persönlichkeitsprofil eines Beteiligten erstellt werden könnte, durchgeführt wird, und die Maßnahmen in ihrer Gesamtheit noch verhältnismäßig sind (BGH NStZ 2001, 386; BVerfGE 112, 304 = NJW 2005, 1338; BVerfGE 109, 279, 323 = NStZ 2004, 270). 9

B. Voraussetzungen

I. Verdacht einer Straftat

Die Herstellung von **Bildaufnahmen** ist beim Verdacht **irgendeiner Straftat** zulässig. Ob der dahinterstehende Gedanke, in der Öffentlichkeit sei niemand vor Beobachtungen durch andere geschützt, weshalb ein Grundrechtseingriff insoweit zu verneinen sei (Meyer-Goßner StPO § 100 h Rn 1), auch bei flächendeckender Videoüberwachung öffentlicher Räume gilt, erscheint zweifelhaft (vgl BVerfG NVwZ 2007, 688; Wolter StV 1989, 358, 369; Huff JuS 2005, 896; Wüstenberg KommJur 2007, 13; zur seriellen Erfassung von Informationen in großer Zahl s auch BVerfG v 11. 3. 2008 – Az 1 BvR 2074/05 – automatisierte Kfz-Kennzeichenerfassung, Nr 78; BVerfG NJW 2009, 3293 zur Geschwindigkeitsmessung durch Videoaufzeichnung, mAnm Bull NJW 2009, 3279). Zur Videoüberwachung in einem Kaufhaus BayObLG NJW 2002, 28. 10

Für den **Einsatz technischer Mittel** muss die Anlasstat eine **Straftat von erheblicher Bedeutung** sein, ohne dass sie dem Katalog des § 100 a Abs 2 StPO anzugehören braucht. Nach der verfassungsgerichtlichen Rspr muss die Straftat im Hinblick auf den Verhältnismäßigkeitsgrundsatz mindestens dem Bereich der mittleren Kriminalität zuzurechnen sein, darüberhinaus den Rechtsfrieden empfindlich stören und dazu geeignet sein, das Gefühl der Rechtssicherheit der Bevölkerung erheblich zu beeinträchtigen (BVerfG NStZ 2003, 441; NStZ 2004, 270; BVerfGE 112, 304 = NJW 2005, 1338). 11

Ausreichend ist der **Anfangsverdacht** (§ 102 StPO Rn 1) einer Straftat; auf einen bestimmten Verdachtsgrad und die rechtliche Einordnung der zu verfolgenden Tat kommt es nicht an (Löwe/Rosenberg/Schäfer StPO § 100 c Rn 20). 12

II. Subsidiarität

Soweit sich die Maßnahme gegen den Beschuldigten richtet, begnügt sich § 100 h StPO mit der einfachen Subsidiaritätsklausel des Inhalts, dass die **Erforschung des Sachverhalts** oder die **Ermittlung des Aufenthalts des Beschuldigten** auf andere Weise **weniger erfolgversprechend oder erschwert** wäre. Das ist dann der Fall, wenn mit den Bildaufnahmen etc Informationen gewonnen werden sollen, die unmittelbar oder mittelbar, einzeln oder zusammen mit anderen Erkenntnissen dazu dienen, Rückschlüsse auf die Tat oder den Täter zuzulassen, und wenn die Informationen auf andere Weise nicht, nicht so schnell oder nicht so umfassend zu erlangen wären (Löwe/Rosenberg/Schäfer StPO § 100 c Rn 27, 32). 13

III. Betroffene

Gezielte **Bildaufnahmen von Nichtbeschuldigten** dürfen nach der erhöhten Eingriffsschwelle des **§ 100 h Abs 2 Nr 1 StPO** nur gemacht werden, wenn die Erforschung des Sachverhalts oder die Ermittlung des Aufenthaltsortes eines Beschuldigten auf andere Weise **erheblich weniger erfolgversprechend** oder **wesentlich erschwert** wäre. 14

Der Einsatz von **sonstigen technischen Mitteln gegen Nichtbeschuldigte** ist nach **§ 100 h Abs 2 Nr 2 StPO** nur zulässig, wenn bestimmte Tatsachen (§ 100 a StPO Rn 37) den Verdacht begründen, dass die Zielperson mit einem Beschuldigten in Verbindung steht oder eine Verbindung hergestellt wird. Ferner muss anzunehmen sein, dass die Maßnahme zur Sachverhaltsaufklärung oder Ermittlung des Aufenthalts des Beschuldigten führt, und dass das Ermittlungsziel auf andere Weise **aussichtslos** oder **wesentlich erschwert wäre**. Diese gegenüber § 100 h Abs 2 Nr 1 StPO strengere Subsidiaritätsklausel soll deutlich machen, 15 dass der Eingriff hier schwerer wiegt als durch Fertigung von Bildaufnahmen; diese Unterscheidung ist schwer nachvollziehbar. Der Gesetzgeber hielt die Anfertigung von Lichtbildern und Bildaufzeichnungen für weniger schwer, verlangte aber auch in diesem Fall die Beachtung des Verhältnismäßigkeitsgrundsatzes (BT-Drs 12/989, 39, 40).

16   Zu unvermeidbar betroffenen Dritten vgl § 100 f StPO Rn 14.

C. Verfahren

17   Zuständig für den Einsatz technischer Mittel nach § 100 h StPO ist die Staatsanwaltschaft oder ihre Ermittlungspersonen, § 152 GVG.

18   Der Einsatz sollte – schon im Hinblick auf den nachträglichen Rechtsschutz nach § 101 Abs 7 S 2 StPO – trotz des fehlenden Verweises auf § 100 b Abs 2 StPO in den Akten dokumentiert werden (BVerfGE 112, 304, 320, 321).

19   Eine Befristung enthält § 100 h StPO im Gegensatz zu den anderen Bestimmungen über heimliche Ermittlungsmethoden nicht unmittelbar. Bei **längerfristigen Observationen** ist aber § 163 f StPO zu beachten (BGH NStZ 1998, 629).

20   Zur **Aktenführung** vgl § 101 StPO Rn 4 ff, zur **Kennzeichnung** § 101 StPO Rn 7 f. Die **Benachrichtigung** der betroffenen Personen erfolgt nach Maßgabe des § 101 Abs 4 bis 7 StPO (§ 101 StPO Rn 9 ff). Dabei sollte im Hinblick auf die Frage der „erheblichen Mitbetroffenheit" iSd § 101 Abs 4 S 1 Nr 7 StPO, die Möglichkeit der Nichtbenachrichtigung nach § 101 Abs 4 S 3 StPO und die Zurückstellungsmöglichkeit nach § 101 Abs 5 bis Abs 7 StPO bereits bei der Durchführung der Maßnahme darauf geachtet werden, welche Personen zu benachrichtigen sind; dies sollte von den Ermittlungsbeamten entsprechend aktenkundig gemacht werden. Die **Löschung** der aus der Maßnahme gewonnenen Daten richtet sich nach § 101 Abs 8 StPO (§ 101 StPO Rn 48).

D. Verwertbarkeit und Anfechtung

21   Die Weiterverwendung von Bildaufnahmen unterliegt im Gegensatz zu Daten, die aus dem Einsatz sonstiger für Observationszwecke bestimmter Mittel erlangt wurden, nicht der Verwendungsbeschränkung des § 477 Abs 2 StPO, da die Herstellung von Bildaufnahmen nicht den Verdacht bestimmter Straftaten von erheblicher Bedeutung voraussetzt (KK-StPO/Nack StPO § 100 h Rn 17). Die Weiterverwendung als Spurenansatz ist uneingeschränkt zulässig.

22   Bei präventiv-polizeilichem Einsatz technischer Mittel ist die Verwertung im Strafverfahren nach Maßgabe des § 161 Abs 2 StPO zulässig (§ 161 StPO Rn 12).

23   Bei Erhebung von Verkehrsdaten gegen Berufsgeheimnisträger iSd § 53 Abs 1 Nr 1, Nr 2 u Nr 4 StPO (Seelsorger, Verteidiger, Abgeordnete) hat § 160 a StPO den früheren § 100 h Abs 2 StPO ersetzt (vgl § 160 a StPO Rn 1).

24   Zur Geltendmachung nachträglichen Rechtsschutzes vgl § 101 StPO Rn 42 ff.

25   Zur Frage eines möglichen Beweisverwertungsverbots vgl § 100 a StPO Rn 81 ff; § 100 f StPO Rn 23. Wurden die technischen Mittel zur Observation von Pkws eingesetzt, die sich ins Ausland bewegen, sind die Erkenntnisse auch ohne Rechtshilfeersuchen verwertbar (KK-StPO/Nack StPO § 100 h Rn 7; vgl BVerfG NStZ 1995, 95; NJW 2004, 141).

§ 100 i [Maßnahmen bei Mobilfunkendgeräten]

(1) Begründen bestimmte Tatsachen den Verdacht, dass jemand als Täter oder Teilnehmer eine Straftat von auch im Einzelfall erheblicher Bedeutung, insbesondere eine in § 100 a Abs. 2 bezeichnete Straftat, begangen hat, in Fällen, in denen der Versuch strafbar ist, zu begehen versucht hat oder durch eine Straftat vorbereitet hat, so dürfen durch technische Mittel

1. die Gerätenummer eines Mobilfunkendgerätes und die Kartennummer der darin verwendeten Karte sowie

2. der Standort eines Mobilfunkendgerätes

ermittelt werden, soweit dies für die Erforschung des Sachverhalts oder die Ermittlung des Aufenthaltsortes des Beschuldigten erforderlich ist.

(2) ¹Personenbezogene Daten Dritter dürfen anlässlich solcher Maßnahmen nur erhoben werden, wenn dies aus technischen Gründen zur Erreichung des Zwecks nach Absatz 1 unvermeidbar ist. ²Über den Datenabgleich zur Ermittlung der gesuchten Geräte- und Kartennummer hinaus dürfen sie nicht verwendet werden und sind nach Beendigung der Maßnahme unverzüglich zu löschen.

(3) ¹§ 100a Abs. 3 und § 100b Abs. 1 Satz 1 bis 3, Abs. 2 Satz 1 und Abs. 4 Satz 1 gelten entsprechend. ²Die Anordnung ist auf höchstens sechs Monate zu befristen. ³Eine Verlängerung um jeweils nicht mehr als sechs weitere Monate ist zulässig, soweit die in Absatz 1 bezeichneten Voraussetzungen fortbestehen.

Überblick

Mit Gesetz v 21. 12. 2007 zur Neuregelung der Telekommunikationsüberwachung und anderer verdeckter Ermittlungsmaßnahmen sowie zur Umsetzung der Richtlinie 2006/24/EG (BGBl I 3201) wurden die Voraussetzungen für den Einsatz eines „IMSI-Catchers" neu geregelt. Gesetzgeberisches Anliegen war insbes eine Steigerung der Übersichtlichkeit und Verbesserung der Lesbarkeit der Vorschrift. Neu ist insbes die Geltung der Benachrichtigungspflicht- und Löschungspflichten des § 101 StPO.

Übersicht

	Rn		Rn
A. Anwendungsbereich	1	II. Subsidiarität	9
I. Allgemeines	1	III. Zielperson/Betroffener	11
II. § 100 i Abs 1 Nr 1 StPO	4	C. Verfahren	12
III. § 100 i Abs 1 Nr 2 StPO	5		
B. Voraussetzungen	6	D. Verwertbarkeit, Rechtsbehelf	19
I. Verdacht einer Straftat	6		

A. Anwendungsbereich

I. Allgemeines

IMSI-Catcher (IMSI = International Mobile Subscriber Identity) werden zur Feststellung unbekannter IMEI- oder IMSI-Nummern von Mobilfunkgeräten eingesetzt. **IMEI** (International Mobile Equipment Identity) ist der international verwendete Begriff für die weltweit jeweils einmalige Gerätenummer von Mobilfunkgeräten. **IMSI** (International Mobile Subscriber Identiy) ist die Bezeichnung für die ebenfalls einmalige Kartennummer, die auf den austauschbaren Chipkarten (SIM – Subscriber Identity Module) gespeichert ist. Die Kenntnis von IMEI oder IMSI sind technische Voraussetzungen für eine Überwachungsmaßnahme nach § 100a StPO. 1

Mit Hilfe des IMSI-Catchers – einer speziellen Messtechnik – können die IMEI wie auch die IMSI eines eingeschalteten Mobiltelefons und sein Standort ermittelt werden. 2

Der Einsatz von IMSI-Catchern wurde vom BVerfG mit Urt v 22. 8. 2006 als verfassungsgemäß beurteilt (NJW 2007, 351 mAnm Nachbaur NJW 2007, 335; Vahle DVP 2007, 125; Günther ITRB 2007, 80; Saurer RDV 2007, 100). Die Erhebung der Daten, durch die aufgrund § 100i StPO zugegriffen werden darf, fällt nicht in den Schutzbereich des **Art 10 Abs 1 GG**, da beim Einsatz des IMSI-Catchers ausschließlich technische Geräte miteinander kommunizieren und es an einem menschlich veranlassten Informationsaustausch fehlt, der sich auf Kommunikationsinhalte bezieht (BVerfG NJW 2007, 351, 353). Das BVerfG hat Maßnahmen nach § 100i StPO als geeignet und erforderlich zur Sicherung einer effektiven Strafverfolgung angesehen und einen Verstoß gegen das Recht auf informationelle Selbstbestimmung verneint (BVerfG NJW 2007, 351, 355). 3

II. § 100 i Abs 1 Nr 1 StPO

4   Bei der Ermittlung der Geräte- und Kartennummer nach § 100 i Abs 1 Nr 1 StPO wird der Umstand ausgenutzt, dass jedes eingeschaltete, empfangsbereite Mobiltelefon sich in kurzen Zeitabständen bei der nächstgelegenen Basisstation des in unterschiedlich große Funkzellen eingeteilten Mobilfunknetzes anmeldet, um bei Bedarf eine Verbindung herstellen zu können. Um die IMEI oder IMSI eines bestimmten Teilnehmers zu erfassen, muss sein ungefährer Standort bekannt sein, denn der IMSI-Catcher simuliert die Basisstation einer Funkzelle und veranlasst sämtliche eingeschalteten Mobiltelefone, die sich im Einzugsbereich des IMSI-Catchers befinden, nunmehr ihre Daten an diesen zu senden. Befinden sich in der simulierten Funkzelle neben der Zielperson noch andere Mobilfunkteilnehmer, müssen mehrere Messungen an verschiedenen Orten durchgeführt und eine Schnittmenge ermittelt werden. Zur eindeutigen Bestimmung des gesuchten Endgeräts kann auch ein Abgleich der gemessenen Daten mit den Kundendaten der Mobilfunkbetreiber, ein Stimmenvergleich durch einen Testanruf oder eine Observation der Zielperson nötig sein.

III. § 100 i Abs 1 Nr 2 StPO

5   Die vorstehend beschriebene Messtechnik kann auch dazu genutzt werden, den genauen **Standort eines Mobiltelefons** zu bestimmen, um einen Beschuldigten oder Verurteilten zum Zwecke der vorläufigen Festnahme oder Ergreifung aufgrund eines Haft- oder Unterbringungsbefehls aufzufinden. Voraussetzung hierfür ist neben der ungefähren Kenntnis der Position, dass die IMSI, die IMEI oder die Telefonnummer des gesuchten Mobiltelefons bekannt sind. Diese dürfen zwar nicht mit Hilfe einer Maßnahme nach § 100 i Abs 1 Nr 1 ermittelt werden; sie können aber von den Telekommunikationsdienstleistern abgefragt werden, die nach §§ 111 TKG ff zur Mitteilung von Geräte- und Kartennummern verpflichtet sind (die bisher in § 100 i Abs 5 S 4 StPO aF enthaltene Auskunftspflicht ist daher entfallen). Der Standort wird dadurch festgestellt, dass eine durch den IMSI-Catcher aufgebaute virtuelle Funkzelle nach dem Mobiltelefon der Zielperson durchsucht wird. Wird das gesuchte Mobiltelefon erfasst, sind zur genauen Standortbestimmung weitere Messungen von verschiedenen Punkten aus erforderlich.

B. Voraussetzungen

I. Verdacht einer Straftat

6   Eingriffsvoraussetzung ist der (Anfangs-)Verdacht einer **Straftat von auch im Einzelfall erheblicher Bedeutung**. (dazu im Einzelnen § 100 a StPO Rn 38). Nicht erforderlich ist der Verdacht einer Katalogtat nach § 100 a Abs 2 StPO, wobei im konkreten Fall die in § 100 a aufgelisteten Straftaten ein Indiz für die Erheblichkeitsschwelle darstellen.

7   Die frühere Unterscheidung zwischen Ermittlung von IMEI und IMSI zur Vorbereitung einer Telefonüberwachung nach § 100 a StPO einerseits, der Standortfeststellung zum Zwecke der Festnahme andererseits ist entfallen. Zulässig ist es daher nach der neuen Regelung auch, den IMSI-Catcher zur **Unterstützung einer Observationsmaßnahme** und zur **Vorbereitung einer Verkehrsdatenerhebung nach** § 100 g StPO einzusetzen (BT-Drs 16/5846, 56).

8   Nicht ausdrücklich erwähnt, aber weiterhin zulässig ist der Einsatz eines IMSI-Catchers zur **Eigensicherung** der bei einer Festnahme oder Ergreifung tätigen Beamten (bisher in § 100 i Abs 2 S 3 StPO geregelt), da dieser Einsatzzweck bereits von § 100 i Abs 1 letzter Hs StPO erfasst ist (BT-Drs 16/5846, 56).

II. Subsidiarität

9   Wie bei allen Ermittlungsmaßnahmen mit Eingriffscharakter ist die **Verhältnismäßigkeit** zu wahren. § 100 i StPO knüpft jedoch anders als bei Maßnahmen mit höherer Eingriffsintensität lediglich an die Erforderlichkeit des Einsatzes zur Erforschung des Sachverhalts oder Ermittlung des Aufenthaltsortes des Beschuldigten an.

10 Beim längerfristigen Einsatz eines IMSI-Catchers ist neben der allgemeinen Subsidiarität zu beachten, dass zwar ein **Bewegungsprofil** zur Feststellung des bestmöglichen Einsatzortes erstellt, das Bewegungsprofil aber nicht zum Zwecke von Sachverhaltsermittlungen gefertigt

werden darf; Zufallserkenntnisse sind verwertbar (Löwe/Rosenberg/Schäfer StPO § 100 i Rn 12, § 100 a Rn 51).

III. Zielperson/Betroffener

Die Maßnahme darf sich gem § 100 i Abs 3 StPO iVm § 100 a Abs 3 StPO nur gegen den Beschuldigten oder gegen Personen richten, von denen anzunehmen ist, dass sie für den Beschuldigten bestimmte oder von ihm herrührende Mitteilungen entgegennehmen oder weitergeben, oder dass der Beschuldigte ihren Anschluss benutzt (sog **Nachrichtenmittler**, vgl § 100 a StPO Rn 47 f; Hilger GA 2002, 557, 559). 11

C. Verfahren

Zuständig für die Anordnung des Einsatzes eines IMSI-Catchers ist das Gericht (§ 162 StPO, § 169 StPO), bei Gefahr im Verzug die Staatsanwaltschaft, § 100 i Abs 3 S 1 StPO iVm § 100 b Abs 1 S 1 u S 2 StPO. Wird die Eilanordnung der Staatsanwaltschaft nicht binnen drei Werktagen (§ 42 StPO) bestätigt, bleiben die bis dahin gewonnenen Erkenntnisse verwertbar (§ 100 b Abs 1 S 3 StPO; vgl § 100 b StPO Rn 14). 12

Die Anordnung des Gerichts und der Staatsanwaltschaft ergeht **schriftlich** (§ 100 i Abs 3 S 1 StPO iVm § 100 b Abs 2 S 1 StPO). Die Maßnahme ist gem § 100 i Abs 4 S 2 StPO auf höchstens sechs Monate zu **befristen**; eine Verlängerung ist nach Maßgabe des § 100 i Abs 3 S 3 StPO möglich. 13

Der **Inhalt** der Entscheidungsformel ist anders als bei § 100 b Abs 2 S 2 StPO vom Gesetz nicht vorgegeben. Es ist aber im Hinblick auf § 101 StPO zweckmäßig, das Ziel der Maßnahme, Name und Anschrift des Betroffenen und soweit bekannt die Gerätekennung anzugeben. 14

Gem § 100 i Abs 3 S 1 StPO iVm § 100 b Abs 4 S 1 StPO ist der Einsatz des IMSI-Catchers unverzüglich **zu beenden**, wenn die Einsatzvoraussetzungen nicht mehr vorliegen. 15

Die Durchführung der Maßnahme obliegt der Staatsanwaltschaft, die idR ihre Ermittlungsbeamten (§ 152 GVG) damit beauftragt. Zur Mitwirkungspflicht der Diensteanbieter s oben Rn 5. 16

Mit Gesetz v 21. 12. 2007 zur Neuregelung der Telekommunikationsüberwachung und anderer verdeckter Ermittlungsmaßnahmen sowie zur Umsetzung der Richtlinie 2006/24/EG (BGBl I 3201) wurde die Maßnahme nach § 100 i StPO den für alle verdeckten Maßnahmen geltenden **Kennzeichnungs-, Benachrichtigungs- und Löschungsregeln des § 101 StPO** unterworfen. Obwohl insoweit vom BVerfG (NJW 2007, 351) nicht gefordert, meinte der Gesetzgeber, weitergehende grundrechtssichernde Vorschriften einführen zu müssen. Immerhin betrachtet der Gesetzgeber die Erfassung von Daten unbeteiligter Dritter bei der technischen Verarbeitung nicht ohne weiteres als Grundrechtseingriff (BT-Drs 16/5846, 57). 17

Zur **Kennzeichnung** vgl § 101 StPO Rn 7 f. Die **Benachrichtigung** der Zielpersonen erfolgt nach Maßgabe des § 101 Abs 4 S 1 Nr 8 StPO (§ 101 StPO Rn 9 ff); dabei muss über das Recht auf gerichtliche Entscheidung nach § 101 Abs 7 S 2 StPO belehrt werden. Die **Löschung** der aus der Maßnahme gewonnenen Daten richtet sich nach § 101 Abs 8 StPO (§ 101 StPO Rn 48). 18

D. Verwertbarkeit, Rechtsbehelf

Bei der Frage nach einer Weiterverwendung der gewonnenen Erkenntnisse ist § 477 Abs 2 StPO zu beachten (s § 477 StPO Rn 5). Im Falle einer Einwilligung des Beschuldigten gilt die Verwendungsbeschränkung nicht. 19

Ein Verwertungsverbot kommt in den bei § 100 a StPO Rn 81 ff und § 100 c StPO Rn 38 genannten Fällen in Betracht, was kaum vorstellbar ist, da die gewonnenen Daten idR nur als Ansatz für weitere Ermittlungen dienen (Löwe/Rosenberg/Schäfer StPO § 100 i Rn 40 f). 20

§ **100 i Abs 2 StPO** enthält die Einschränkung, dass personenbezogene Daten nur soweit technisch unvermeidbar erhoben und nur zum Zwecke des Datenabgleichs verwendet werden dürfen. Mit dieser kriminaltaktisch kritikwürdigen Regelung (Löwe/Rosenberg/ 21

Schäfer § 100i Rn 14) hat der Gesetzgeber die verfassungsgerichtliche Forderung vorweggenommen, die Grundrechtspositionen unbeteiligter Dritter nicht über das unbedingt notwendige Maß hinaus zu berühren (BVerfG NJW 2007, 351, 356).

22 Gem § 101 Abs 7 S 2 StPO kann der Beschuldigte eine gerichtliche Entscheidung zur Überprüfung der Rechtmäßigkeit der Anordnung und der Art und Weise des Einsatzes des IMSI-Catchers beantragen (§ 101 StPO Rn 42). Gegen die Entscheidung ist die sofortige Beschwerde statthaft, § 101 Abs 7 S 3 StPO.

§ 101 [Personenbezogene Daten; Benachrichtigung von Maßnahmen]

(1) Für Maßnahmen nach den §§ 98a, 99, 100a, 100c bis 100i, 110a, 163d bis 163f gelten, soweit nichts anderes bestimmt ist, die nachstehenden Regelungen.

(2) ¹Entscheidungen und sonstige Unterlagen über Maßnahmen nach den §§ 100c, 100f, 100h Abs 1 Nr. 2 und § 110a werden bei der Staatsanwaltschaft verwahrt. ²Zu den Akten sind sie erst zu nehmen, wenn die Voraussetzungen für eine Benachrichtigung nach Absatz 5 erfüllt sind.

(3) ¹Personenbezogene Daten, die durch Maßnahmen nach Absatz 1 erhoben wurden, sind entsprechend zu kennzeichnen. ²Nach einer Übermittlung an eine andere Stelle ist die Kennzeichnung durch diese aufrechtzuerhalten.

(4) ¹Von den in Absatz 1 genannten Maßnahmen sind im Falle

1. des § 98a die betroffenen Personen, gegen die nach Auswertung der Daten weitere Ermittlungen geführt wurden,

2. des § 99 der Absender und der Adressat der Postsendung,

3. des § 100a die Beteiligten der überwachten Telekommunikation,

4. des § 100c

a) der Beschuldigte, gegen den sich die Maßnahme richtete,

b) sonstige überwachte Personen,

c) Personen, die die überwachte Wohnung zur Zeit der Durchführung der Maßnahme innehatten oder bewohnten,

5. des § 100f die Zielperson sowie die erheblich mitbetroffenen Personen,

6. des § 100g die Beteiligten der betroffenen Telekommunikation,

7. des § 100h Abs. 1 die Zielperson sowie die erheblich mitbetroffenen Personen,

8. des § 100i die Zielperson,

9. des § 110a

a) die Zielperson,

b) die erheblich mitbetroffenen Personen,

c) die Personen, deren nicht allgemein zugängliche Wohnung der Verdeckte Ermittler betreten hat,

10. des § 163d die betroffenen Personen, gegen die nach Auswertung der Daten weitere Ermittlungen geführt wurden,

11. des § 163e die Zielperson und die Person, deren personenbezogene Daten gemeldet worden sind,

12. des § 163f die Zielperson sowie die erheblich mitbetroffenen Personen

zu benachrichtigen. ²Dabei ist auf die Möglichkeit nachträglichen Rechtsschutzes nach Absatz 7 und die dafür vorgesehene Frist hinzuweisen. ³Die Benachrichtigung unterbleibt, wenn ihr überwiegende schutzwürdige Belange einer betroffenen Person entgegenstehen. ⁴Zudem kann die Benachrichtigung einer in Satz 1 Nr. 2, 3 und 6 bezeichneten Person, gegen die sich die Maßnahme nicht gerichtet hat, unterbleiben, wenn diese von der Maßnahme nur unerheblich betroffen wurde und anzunehmen ist, dass sie kein Interesse an einer Benachrichtigung hat. ⁵Nachforschungen zur Feststellung der Identität einer in Satz 1 bezeichneten Person sind nur vorzunehmen, wenn dies unter Berücksichtigung der Eingriffsintensität der Maßnahme gegenüber dieser Person, des Aufwands für die Feststellung ihrer Identität sowie der daraus für diese oder andere Personen folgenden Beeinträchtigungen geboten ist.

(5) ¹Die Benachrichtigung erfolgt, sobald dies ohne Gefährdung des Untersuchungszwecks, des Lebens, der körperlichen Unversehrtheit und der persönlichen Freiheit einer Person und von bedeutenden Vermögenswerten, im Fall des § 110 a auch der Möglichkeit der weiteren Verwendung des Verdeckten Ermittlers möglich ist. ²Wird die Benachrichtigung nach Satz 1 zurückgestellt, sind die Gründe aktenkundig zu machen.

(6) ¹Erfolgt die nach Absatz 5 zurückgestellte Benachrichtigung nicht binnen zwölf Monaten nach Beendigung der Maßnahme, bedürfen weitere Zurückstellungen der gerichtlichen Zustimmung. ²Das Gericht bestimmt die Dauer weiterer Zurückstellungen. ³Es kann dem endgültigen Absehen von der Benachrichtigung zustimmen, wenn die Voraussetzungen für eine Benachrichtigung mit an Sicherheit grenzender Wahrscheinlichkeit auch in Zukunft nicht eintreten werden. ⁴Sind mehrere Maßnahmen in einem engen zeitlichen Zusammenhang durchgeführt worden, so beginnt die in Satz 1 genannte Frist mit der Beendigung der letzten Maßnahme. ⁵Im Fall des § 100 c beträgt die in Satz 1 genannte Frist sechs Monate.

(7) ¹Gerichtliche Entscheidungen nach Absatz 6 trifft das für die Anordnung der Maßnahme zuständige Gericht, im Übrigen das Gericht am Sitz der zuständigen Staatsanwaltschaft. ²Die in Absatz 4 Satz 1 genannten Personen können bei dem nach Satz 1 zuständigen Gericht auch nach Beendigung der Maßnahme bis zu zwei Wochen nach ihrer Benachrichtigung die Überprüfung der Rechtmäßigkeit der Maßnahme sowie der Art und Weise ihres Vollzugs beantragen. ³Gegen die Entscheidung ist die sofortige Beschwerde statthaft. ⁴Ist die öffentliche Klage erhoben und der Angeklagte benachrichtigt worden, entscheidet über den Antrag das mit der Sache befasste Gericht in der das Verfahren abschließenden Entscheidung.

(8) ¹Sind die durch die Maßnahme erlangten personenbezogenen Daten zur Strafverfolgung und für eine etwaige gerichtliche Überprüfung der Maßnahme nicht mehr erforderlich, so sind sie unverzüglich zu löschen. ²Die Löschung ist aktenkundig zu machen. ³Soweit die Löschung lediglich für eine etwaige gerichtliche Überprüfung der Maßnahme zurückgestellt ist, dürfen die Daten ohne Einwilligung der Betroffenen nur zu diesem Zweck verwendet werden; sie sind entsprechend zu sperren.

Überblick

§ 101 StPO wurde durch das Gesetz zur Neuregelung der Telekommunikationsüberwachung und anderer verdeckter Ermittlungsmaßnahmen sowie zur Umsetzung der Richtlinie 2006/24/EG v 21. 12. 2007 (BGBl I 2007, 3198) zu einer für alle verdeckten, eingriffsintensiven Maßnahmen nach den §§ 98 a StPO ff geltenden abschließenden Vorschrift umgestaltet. Die Vorschrift enthält detaillierte Kennzeichnungs-, Benachrichtigungs- und Löschungsregeln. Mangels zeitlicher Übergangsvorschriften sind die vorgenannten Neuregelungen grundsätzlich auch auf „Altfälle" anwendbar, die im Zeitpunkt des Inkrafttretens des Gesetzes noch nicht abgeschlossen waren (BGH NJW 2009, 791).

Übersicht

	Rn		Rn
A. Anwendungsbereich	1	3. Telekommunikationsüberwachung, § 100 a StPO	13
B. Aktenführung	4	4. Akustische Wohnraumüberwachung, § 100 c StPO	16
C. Kennzeichnung	7		
D. Benachrichtigung	9	5. Akustische Überwachung außerhalb von Wohnungen, § 100 f StPO	18
I. Zu benachrichtigender Personenkreis	9	6. Verkehrsdatenüberwachung, § 100 g StPO	19
1. Rasterfahndung, § 98 a StPO, und Schleppnetzfahndung, § 163 d StPO	9		
2. Postbeschlagnahme, § 99 StPO	10	7. Technische Mittel, § 100 h StPO	20

	Rn		Rn
8. IMSI-Catcher, § 100 i StPO	21	3. Unverhältnismäßiger Identifizierungsaufwand	33
9. Verdeckter Ermittler, § 110 a StPO	22		
10. Ausschreibung zur polizeilichen Beobachtung, § 163 e StPO	23	4. Ausländische juristische Personen und Behörden	35
11. Längerfristige Observation, § 163 f StPO	24	III. Zurückstellung der Benachrichtigung	36
		IV. Verfahren der Benachrichtigung	39
II. Ausnahmen von der Benachrichtigung	25	E. Rechtsschutz	42
1. Schutzwürdige Belange anderer Betroffener	25	F. Sperrung und Löschung	48
2. Geringfügige Betroffenheit	30		

A. Anwendungsbereich

1 § 101 StPO gilt nicht nur bei Telekommunikationsüberwachungen nach § 100 a StPO und akustischen Überwachungsmaßnahmen außerhalb und innerhalb von Wohnungen (§ 100 c StPO, § 100 f StPO), sondern auch bei Rasterfahndung (§ 98 a StPO), Postbeschlagnahme (§ 99 StPO), Erhebung von Verkehrsdaten und Einsatz von IMSI-Catchern (§ 100 g StPO, § 100 i StPO), technischer und langfristiger Observation (§ 100 h StPO, § 163 f StPO), beim Einsatz von Verdeckten Ermittlern (§ 110 a StPO), der Schleppnetzfahndung (§ 163 d StPO) und der Ausschreibung zur polizeilichen Beobachtung (§ 163 e StPO). Nach den Urteilen des BVerfG zur akustischen Wohnraumüberwachung (BVerfGE 109, 279 = BVerfG NJW 2004, 999) und zum Niedersächsischen SOG (BVerfGE 113, 348 = NJW 2005, 2603) sah sich der Gesetzgeber, von der Sorge getrieben, dass die Weitergabe und die weitere Verwendung solcher Daten (erneute) Eingriffe in das Recht auf informationelle Selbstbestimmung der Betroffenen darstellen und den vorangegangenen Eingriff vertiefen könnten, gehalten, mit der neu gestalteten Vorschrift des § 101 StPO einfachgesetzliche Vorkehrungen zu schaffen, um die Zweckbindung der Daten (§ 477 Abs 2 StPO) in angemessener Weise zu gewährleisten und effektiven Rechtsschutz sicherzustellen (BT-Drs 16/5846, 23). Abgeschafft wurde die bislang bestehende Benachrichtigungspflicht bei der DNA-Analyse nach § 81 e StPO, weil diese keine verdeckte Maßnahme ist (vgl Löffelmann ZStW 118 [2006], 358, 367).

2 § 101 StPO enthält neben Regeln zur Aktenführung bei akustischen Wohnraumüberwachungen, der Überwachung außerhalb von Wohnungen sowie beim Einsatz Verdeckter Ermittler und technischer Mittel (§ 101 Abs 2 StPO, Rn 4 ff) einheitliche Kennzeichnungspflichten für alle speziellen verdeckten Maßnahmen (§ 101 Abs 3 StPO, Rn 7 f), Benachrichtigungspflichten (§ 101 Abs 4 StPO, Rn 9 ff), Grundsätze zur Zurückstellung von Benachrichtigungen (§ 101 Abs 5 bis Abs 7 StPO, Rn 36 ff) sowie zur Gewährung nachträglichen Rechtsschutzes (§ 101 Abs 7 S 2 bis S 4 StPO, Rn 42 ff) und zur Löschung der erhobenen Daten (§ 101 Abs 8 StPO, Rn 48).

3 Insbes die **Benachrichtigungspflichten** stellen die Strafverfolgungsbehörden vor erhebliche Probleme. Der Kreis der zu benachrichtigenden Personen wurde durch die Gesetzesänderung erheblich ausgedehnt. Dies gilt vor allem bei Auskünften über Verbindungsdaten nach § 100 g StPO, bei mehrmonatigen Telefonüberwachungen und Maßnahmen nach § 100 f StPO u § 100 h StPO, wo ganz regelmäßig eine Vielzahl von Personen einbezogen wird. Für die Prüfung des zu benachrichtigenden Personenkreises müssen Polizei und Staatsanwaltschaft beträchtlichen Aufwand, insbes bei der zeitaufwändigen Prüfung der Identifizierbarkeit und der Abwägung mit anderweitigen Interessen für jede einzelne in Betracht zu ziehende Person, treiben. Die vom BVerfG zur akustischen Wohnraumüberwachung aufgestellten Grundsätze zur Benachrichtigung der betroffenen Personen (BVerfGE 109, 279, 366, 367 = NJW 2004, 999, 1015) hat der Gesetzgeber (verfassungsrechtlich nicht geboten) auf nahezu alle verdeckten Ermittlungsmaßnahmen erweitert (im Einzelnen Rn 9 ff).

B. Aktenführung

4 Die bisher in § 100 d Abs 9 S 5 StPO (für die akustische Wohnraumüberwachung), in § 101 Abs 4 StPO (für die akustische Überwachung außerhalb von Wohnungen und den Einsatz

technischer Mittel zu Observationszwecken) und in § 110 d Abs 2 StPO (für den Einsatz Verdeckter Ermittler) geregelte Pflicht zur gesonderten Aktenführung („**Sonderhefte**") ist jetzt in § 101 Abs 2 StPO statuiert (vgl auch § 68 Abs 3 S 3 u S 4 StPO). Auf eine Erweiterung der getrennten Aktenführung auf andere verdeckte Maßnahmen hat der Gesetzgeber verzichtet.

Nach Offenlegung der verdeckten Maßnahmen unterliegen die zu den Sonderheften 5 genommenen Erkenntnisse und die zur Speicherung verwendeten Datenträger den allgemeinen Grundsätzen zur **Akteneinsicht** (OLG Frankfurt StV 2001, 611; LG Itzehoe StV 1991, 555; vgl BGH NStZ 1990, 193 für den Fall einer Telefonüberwachung während der Hauptverhandlung). Sind die Voraussetzungen für eine Benachrichtigung nach § 101 Abs 5 StPO noch nicht erfüllt, etwa weil ein Verdeckter Ermittler noch im Einsatz ist, greift bis zur Anklageerhebung § 147 Abs 2 StPO ein. Die Sperrung von Akten im Hauptverfahren zum Zweck der weiteren Verwendung des Verdeckten Ermittlers dürfte aber jedenfalls dann kaum möglich sein, wenn die Erkenntnisse des Verdeckten Ermittlers zu Beweiszwecken in das Verfahren eingeführt werden müssen (Löwe/Rosenberg/Schäfer StPO § 110 d Rn 17).

Im Übrigen gilt nach Maßgabe von BVerfGE 57, 250, 288 und BVerfGE 101, 106, 128 ff 6 = NStZ 2000, 151, dass die Beschränkung der Kenntnisnahme von Informationen auf das Gericht (sog „in-camera-Verfahren") sich nicht mit den besonderen Anforderungen an die Rechtsstaatlichkeit des Strafprozesses verträgt (vgl auch BVerfGE 107, 339, 369 = NJW 2003, 1577; BVerfG NStZ 2007, 274; BGH NStZ 2000, 265; Löwe/Rosenberg/Schäfer StPO § 110 d Rn 15).

C. Kennzeichnung

Die – erheblich ausgeweitete – Kennzeichnungspflicht soll den Vorgaben des BVerfG in 7 BVerfGE 100, 313, 360, 396, 397 (= NJW 2000, 55, 57) und BVerfGE 109, 279, 374, 379 (= NJW 2004, 999, 1020) zur Sicherstellung einer ordnungsgemäßen Datenverwendung entsprechen, wonach fast alle verdeckten Ermittlungsmaßnahmen nur bei Verdacht bestimmter, näher umschriebener Straftaten zulässig sind und einer besonderen **Verwendungsbeschränkung** (§ 477 Abs 2 StPO) unterliegen. Deshalb muss die Kennzeichnung auch nach Übermittlung an eine andere Stelle aufrechterhalten werden. Dann obliegt dieser die Kennzeichnungspflicht. Daten aus **Folgemaßnahmen** sind nur kennzeichnungspflichtig, wenn sie wiederum aus einer verdeckten Maßnahme iSd § 101 Abs 1 StPO resultieren. Werden Erkenntnisse aus verdeckt erhobenen Maßnahmen in **denselben Ermittlungsakten** inhaltlich wiedergegeben oder auf sie Bezug genommen, etwa in Auswertungsvermerken, Zwischen- und Schlussberichten, in der Anklageschrift oder im Urteil, ist eine erneute Kennzeichnung nicht erforderlich. Denn der Verwendungsbeschränkung des § 477 Abs 2 StPO wird dadurch genügt, dass nur Primärschriftstücke zu Beweiszwecken verwendet werden können.

Auf welche Weise die Daten zu kennzeichnen sind, ist im Gesetz nicht geregelt. Vor dem 8 Hintergrund der grundsätzlichen Bindung gewonnener personenbezogener Daten an den Zweck und das Ermittlungsverfahren und der nur unter bestimmten Voraussetzungen zulässigen Zweckänderung (BVerfG NJW 2004, 999, 1018 ff) muss jedenfalls die **Herkunft der Daten erkennbar** sein. Dabei reicht es aus, wenn aus dem Zusammenhang (zB durch Aktendeckel mit der Aufschrift „TKÜ-Sonderheft") ersichtlich ist, dass die Daten aus einer Telefonüberwachung etc stammen. Eine darüber hinaus gehende Pflicht zur Kennzeichnung einzelner Daten, etwa mittels Stempels („100a-Erkenntnis") oder Papierwasserzeichens, ist verfassungsrechtlich nicht geboten.

D. Benachrichtigung

I. Zu benachrichtigender Personenkreis

1. Rasterfahndung, § 98 a StPO, und Schleppnetzfahndung, § 163 d StPO

Wie im bisherigen Recht nach § 98 b Abs 4 S 1 StPO, § 163 d Abs 5 StPO aF sind bei 9 Raster- und Netzfahndungsmaßnahmen (§101 Abs 4 Nr 1, Nr 10 StPO) die Personen zu benachrichtigen, gegen die nach Auswertung der Daten weitere Ermittlungen geführt worden sind, unabhängig davon, ob sich der Tatverdacht bestätigt hat oder ausgeräumt wurde. Nichtverdächtige Personen müssen nicht benachrichtigt werden (Löwe/Rosenberg/ Rieß StPO § 163 d Rn 78).

2. Postbeschlagnahme, § 99 StPO

10 Nach einer Postbeschlagnahme sind gem § 101 Abs 4 Nr 2 StPO **Absender und Adressat** der beschlagnahmten Postsendung zu benachrichtigen. Wer eine der Postbeschlagnahme unterliegende Postsendung nur entgegengenommen hat, ohne Adressat zu sein, zählt ebenso wenig zu dem zu benachrichtigenden Personenkreis wie das befördernde **Postunternehmen**.

11 Wenn ein Brief zwar geöffnet, aber nicht zurückbehalten und beschlagnahmt wurde, ist der Adressat hierüber nicht zu benachrichtigen, da insoweit keine Beschlagnahme nach § 99 StPO erfolgte (BT-Drs 16/5846, 58; Meyer-Goßner StPO § 101 Rn 8).

12 Die bisherigen Regelungen zur Weiterleitung und abschriftlichen Mitteilung (§ 101 Abs 2 u Abs 3 StPO aF) finden sich jetzt in § 100 Abs 5 u Abs 6 StPO. Bei Massenbriefsendungen – sofern sie überhaupt angehalten und geöffnet werden - ist davon auszugehen, dass die nur unerheblich betroffenen Absender kein Interesse an einer Benachrichtigung haben (vgl Rn 30).

3. Telekommunikationsüberwachung, § 100 a StPO

13 Nach § 101 Abs 4 Nr 3 StPO sind bei § 100a-Maßnahmen „die Beteiligten" der überwachten Telekommunikation zu benachrichtigen. Der **Beschuldigte** ist beteiligt, wenn sich die Maßnahme gegen ihn richtet (Löwe/Rosenberg/Schäfer StPO § 101 Rn 3 f; KK-StPO/ Nack StPO § 101 Rn 3). Der **Inhaber** des überwachten Anschlusses ist Beteiligter, wenn er den Anschluss selbst nutzt. Er muss nicht benachrichtigt werden, wenn etwa nur ein Telefonat eines Nachrichtenmittlers mit einem Dritten überwacht wurde (BT-Drucks 16/5846, 58). Der Diensteanbieter ist nicht Beteiligter (Meyer-Goßner StPO § 101 Rn 9).

14 Beteiligt sind ansonsten alle Anrufer und Angerufenen, in deren Rechte aus **Art 10 GG** durch Anordnung oder Durchführung der Maßnahme eingegriffen wurde, auch wenn das Gespräch nicht entscheidungserheblich war (KK-StPO/Nack StPO § 101 Rn 3; Löwe/ Rosenberg/Schäfer StPO § 101 Rn 3).

15 Bei **geschäftlichen Kontakten** ist die juristische Person zu benachrichtigen, wenn der Gesprächsteilnehmer für diese gesprochen und gehandelt hat, da auch diese den Schutz des Art 10 Abs 1 GG genießen (Art 19 Abs 3 GG, Maunz/Dürig GG Art 10 Rn 22). Eine Ausnahme gilt für **ausländische juristische Personen**, s Rn 35.

4. Akustische Wohnraumüberwachung, § 100 c StPO

16 Bei dem Kreis der von einer akustischen Wohnraumüberwachung zu benachrichtigenden Personen ist die Regelung des § 100 d Abs 8 S 3 StPO aF übernommen worden. **Inhaber** kann zB ein Mieter sein, der die von ihm gemietete Wohnung nicht selbst nutzt, aber seine Rechte an der Wohnung nicht aufgegeben hat.

17 Nach Maßgabe der Entscheidung des BVerfG zum „großen Lauschangriff" vom 3. 3. 2004 (BVerfGE 109, 279 = NJW 2004, 999, 1016) werden unter Berücksichtigung des Zwecks der Benachrichtigungspflicht - Gewährleistung effektiven Grundrechtsschutzes - in § 101 Abs 4 Nr 4 StPO alle Personen aufgezählt, in deren Rechte eingegriffen wurde und denen Rechtsschutzmöglichkeiten und Anhörungsrechte offen stehen müssen. Dazu zählen nicht nur die **Inhaber und Bewohner** der überwachten Wohnung, sondern grundsätzlich auch die **Gäste** oder zufällig in der abgehörten Wohnung sich aufhaltenden Personen.

5. Akustische Überwachung außerhalb von Wohnungen, § 100 f StPO

18 Zu benachrichtigen sind bei der Gesprächsüberwachung die **Zielperson** und die „erheblich mit betroffenen" Personen. Das sind jedenfalls die **Gesprächspartner** des Überwachten. Nicht erheblich mit betroffen sind Personen, deren Wortbeiträge nicht gezielt in die Überwachung geraten, weil sie sich vorübergehend zufällig in der Nähe der Zielperson aufhalten. Findet die Maßnahme etwa an einem öffentlichen Ort wie einem Café oder einer Parkanlage statt, werden in der Regel neben dem Gespräch der Zielperson auch Wortfetzen und

Teilgespräche anderer Passanten oder Gäste mit erfasst. Diese unterliegen – abgesehen davon, dass die Ermittlungen zur Identitätsfeststellung kaum zu bewerkstelligen sind – nicht der Benachrichtigungspflicht.

6. Verkehrsdatenüberwachung, § 100 g StPO

Der Kreis der betroffenen Personen – aller **Beteiligten an der Telekommunikation** – ist zwar erschreckend groß; in der Praxis kann hier aber in einer Vielzahl von Fällen eine Benachrichtigung nach § 101 Abs 4 S 3 bis S 5 StPO unterbleiben.

7. Technische Mittel, § 100 h StPO

Wie bei der akustischen Überwachung nach § 100 f StPO sind die **Zielpersonen** und erheblich mit betroffenen Personen zu benachrichten. Auch bei **Bildaufnahmen** sind wegen des Eingriffs in das Recht am eigenen Bild Benachrichtigungen vorzunehmen. Nicht erheblich mit betroffen sind zB zufällig ins Bild geratene Spaziergänger und andere Personen, gegen die sich die Maßnahme nicht richtet und die nur aufgrund der Streubreite der Maßnahme mit erfasst werden.

8. IMSI-Catcher, § 100 i StPO

Durch das Gesetz v 21. 12. 2007 (BGBl I 2007, 3198) neu eingeführt worden ist die Benachrichtigungspflicht beim Einsatz eines IMSI-Catchers, weil auch diese Maßnahme in nicht ganz unerheblicher Weise in das Recht auf informationelle Selbstbestimmung der **Zielperson** eingreift. Nach den vom BVerfG vorgegebenen Grundsätzen (BVerfG NJW 2007, 351) hat der Gesetzgeber die Abwägung, ob eine Benachrichtigung erforderlich ist, nicht auf den Einzelfall bezogen, sondern allgemein getroffen und den zu benachrichtigenden Personenkreis eingeschränkt (BR-Drs 275/1/07, 27, 28). Die Daten aller über diesen Kreis hinausgehenden, vom Einsatz eines IMSI-Catchers betroffenen Personen werden nur erhoben, weil es technisch unvermeidbar ist; ihre Daten dürfen über den Datenabgleich hinaus nicht verwendet werden (§ 100 i Abs 2 S 2 StPO; vgl § 100 i StPO Rn 21).

9. Verdeckter Ermittler, § 110 a StPO

Neben der **Zielperson** und der Person, deren nicht allgemein zugängliche **Wohnung der** Verdeckte Ermittler **betreten hat**, sind die **erheblich Mitbetroffenen** zu benachrichten. Auch hier gilt wie bei § 101 Abs 4 S 1 Nr 5 u Nr 7 StPO (Rn 18, Rn 20), dass Personen, die nicht im Fokus der Maßnahme stehen und nur kurz oder zufällig mit dem Verdeckten Ermittler Kontakt hatten, nicht benachrichtigt werden müssen.

10. Ausschreibung zur polizeilichen Beobachtung, § 163 e StPO

Zu benachrichtigen ist die **Zielperson** – der Beschuldigte und sein Nachrichtenmittler – sowie die Personen, **deren personenbezogene Daten gemeldet** worden sind. Dazu gehören auch die in § 163 e Abs 3 StPO genannten Begleiter. Wurde nach § 163 e Abs 2 StPO ein Kfz-Kennzeichen ausgeschrieben, ist der eingetragene Halter oder Nutzer des Fahrzeugs zu benachrichtigen.

11. Längerfristige Observation, § 163 f StPO

Die **Zielperson** und die **erheblich mitbetroffenen Personen** (s Rn 18, Rn 20) sind zu benachrichtigen. Wie bei § 100 g StPO sind hier zahlreiche Bagatellfälle denkbar, in denen die Benachrichtigung unterbleiben kann (Rn 30 ff).

II. Ausnahmen von der Benachrichtigung

1. Schutzwürdige Belange anderer Betroffener

Mit der Regelung in **§ 101 Abs 4 S 3 StPO** folgt der Gesetzgeber der Regelung des § 100 d Abs 8 S 4 StPO, wonach bereits bisher bei entgegenstehenden schutzwürdigen

Belangen anderer von einer Benachrichtigung abgesehen werden konnte (Löwe/Rosenberg/ Schäfer StPO § 101 Rn 5; KK-StPO/Nack StPO § 101 Rn 3). Auch das BVerfG (BVerfGE 109, 279 = NJW 2004, 999, 1016) hat bei der Prüfung der Benachrichtigungspflichten die Notwendigkeit der Einschränkung von Benachrichtigungspflichten gesehen, wenn hierdurch der **Grundrechtseingriff** bei der in erster Linie betroffenen Zielperson **vertieft** wird. Abzuwägen ist dabei das **Interesse des anderen Betroffenen** an der Information über die ihn berührende Maßnahme mit dem **Interesse der Zielperson** an einer möglichst geringen Publizität. Letzteres dürfte in aller Regel überwiegen bei Kontakten zu mehr oder weniger anonymen Großunternehmen wie Call-Centern, Versicherungen oder Handelshäusern. Entgegenstehende schutzwürdige Interessen sind vor allem der persönliche Lebens- und Intimbereich, die Gefährdung von Leib, Leben oder Gesundheit und von bedeutenden Sachwerten. Unter die schutzwürdigen Interessen betroffener Personen fallen auch die Fälle, in denen durch die Benachrichtigung die Gefahr einer Enttarnung von Vertrauenspersonen, Verdeckten Ermittlern oder im Zeugenschutzprogramm befindlichen Personen zu befürchten wäre.

26 Insbes kann der Beschuldigte, gegen den der **Tatverdacht sich nicht erhärtet** hat, ein schutzwürdiges Interesse daran haben, dass seine Kommunikationspartner nichts von dem gegen ihn geführten Ermittlungsverfahren erfahren. Dies ist etwa in Fällen zu bejahen, in denen der Beschuldigte eine Beschädigung seines Rufs und seines wirtschaftlichen Erfolgs zu befürchten hat, würden seine Geschäftspartner von der gegen ihn gerichteten Telekommunikationsüberwachung Kenntnis erlangen. (vgl auch BT-Drs 15/4533, 19). Auch bei losen Bekanntschaften hat der Beschuldigte häufig einen weiteren Eingriff in seinen sozialen Achtungsanspruch allein schon dadurch zu befürchten, dass der Umstand einer Telefonüberwachung sich herumspricht.

26 a Auch eine zu einer **Bewährungsstrafe** verurteilte Person kann ein überwiegend schutzwürdiges Interesse an der Nichtbenachrichtigung haben; insbesondere wenn in dem Urteil die Erwartung ausgedrückt wird, dass jene sich zukünftig straffrei führt, wenn erst die Auswirkungen des allgemeinen Interesses an ihrer Verfehlung verschwunden sind und sich dadurch ihre beruflichen, wirtschaftlichen und sozialen Lebensumstände stabilisieren. Durch Benachrichtigungen von Überwachungsmaßnahmen würde in solchen Fällen neues Interesse an dem Fall geweckt oder wiederbelebt.

27 Das Interesse der Zielperson an einer Nichtbenachrichtigung dürfte auch überwiegen, wenn die Maßnahme **keine verwertbaren Ergebnisse** erbracht hat.

28 Je privater und vertrauter aber der Kontakt zwischen der Zielperson und dem Mitbetroffenen ist, umso höher ist dessen Interesse an einer Benachrichtigung zu bewerten. Dies gilt zum einen für **private Vertrauensverhältnisse**, bei denen wegen der engen persönlichen Beziehung der Kommunikationspartner in der Regel nicht damit zu rechnen ist, dass sich die Benachrichtigung zum Nachteil der Zielperson auswirkt. Zum anderen wiegen bei **Berufsgeheimnisträgern**, die ohnehin nur unter besonderen Einschränkungen staatlich überwacht werden dürfen, Eingriffe in die Vertraulichkeit der Kommunikation besonders schwer.

29 Der uneingeschränkten Benachrichtigungspflicht unterliegen Eingriffe in den **Kernbereich privater Lebensgestaltung**.

2. Geringfügige Betroffenheit

30 Während der Gesetzgeber bei der Gesprächsüberwachung außerhalb von Wohnungen (§ 100 f StPO), beim Einsatz technischer Mittel (§ 100 h StPO) und eines Verdeckten Ermittlers (§ 110 a StPO StPO) sowie bei der längerfristigen Observation (§ 163 f StPO) erlaubt von einer Benachrichtigung abzusehen, wenn Personen **nicht erheblich mit betroffen** sind (s o Rn 18, Rn 20, Rn 22), kann gem **§ 101 Abs 4 S 4 StPO** bei einer **Postbeschlagnahme**, einer **Telekommunikationsüberwachung** und bei der **Verkehrsdatenerhebung** von einer Benachrichtigung abgesehen werden, wenn die Person von der Maßnahme **nur unerheblich betroffen** wurde und anzunehmen ist, dass kein Interesse an einer Benachrichtigung besteht. Die Differenzierung zwischen „nicht erheblich mit betroffen" und „unerheblich betroffen" in § 101 Abs 4 S 4 StPO wird indes in der Praxis einigermaßen schwer fallen. Das **Interesse an einer Benachrichtigung** ist als rechtliches Interesse an der Möglichkeit der Geltendmachung nachträglichen Rechtsschutzes zu verstehen, nicht als ein der Befriedigung der Neugier dienendes.

Typische Beispiele geringfügiger Betroffenheit sind nicht verfahrensrelevante **Alltags-** 31
gespräche (Telefonate mit Handwerkern oder anderen Diensteleistern), wo wegen der rein zufälligen Betroffenheit ein Interesse des Gesprächsteilnehmers an einer Benachrichtigung nicht anzunehmen ist. Auch bei Gesprächen mit **Vertrauenspersonen** kann die Betroffenheit unerheblich sein, etwa wenn es sich lediglich um eine Terminabsprache oä handelt. Bei **Spam-E-Mails** und anderen **Werbebriefen** erscheint zweifelhaft, ob deren Absender überhaupt grundrechtsbetroffen sind, weil sie sich freiwillig in die Öffentlichkeit begeben, um ihr Anliegen möglichst breit zu publizieren. Ein Bagatellfall ist auch das in einer Fremdsprache geführte, **nicht übersetzte Gespräch**, weil der Gesprächsinhalt nicht zur Kenntnis genommen wurde und der Grundrechtseingriff damit gering blieb.

Auch bei der Frage des **fehlenden Interesses** an einer Benachrichtigung kommt es in 31a erster Linie auf die Art und Intensität an, mit der die fragliche Person von der verdeckten Ermittlungsmaßnahme betroffen ist. Neben Dauer, Umfang und Inhalt des Gesprächs ist dabei auch darauf abzustellen, ob die ggf zu benachrichtigende Person als Berufsgeheimnisträger im Sinne der § 53 StPO, § 53a StPO zu den Zielpersonen in einem besonderen Vertrauensverhältnis steht. In solchen Fällen ist idR von einem Interesse an der Benachrichtigung auszugehen.

Der Gesetzgeber hat die Regelung in § 101 Abs 4 S 4 StPO bewusst als **Ermessens-** 32
vorschrift ausgekleidet. Dabei ist indes vor dem Hintergrund der Unschuldsvermutung und des Rechts auf ein faires Verfahren zu bedenken, dass in laufenden Strafverfahren und bei eingestellten Ermittlungsverfahren in aller Regel das **Interesse des Beschuldigten** auf Verhinderung des Bekanntwerdens der Tatsache, dass gegen ihn ein Ermittlungsverfahren geführt wurde, überwiegt (vgl o Rn 26).

Die gesetzliche Neuregelung zu den Benachrichtigungspflichten darf nicht als Grundlage 32a
dafür herangezogen werden, Eingriffe in das Fernmeldegeheimnis zu perpetuieren oder sogar erst zu schaffen. Wird beispielsweise die Überwachung der Telekommunikation ausschließlich zu dem Zweck durchgeführt, mögliche Kontakte des Beschuldigten zu bestimmten Personen festzustellen, und begnügen sich die mit der Überwachung befassten Polizeibeamten bezüglich der nicht zu den Zielpersonen gehörenden Beteiligten deshalb mit der **Registrierung der einzelnen Kommunikationspartner, ohne den Inhalt der überwachten Gespräche zur Kenntnis zu nehmen**, so liegt bei diesen die Unerheblichkeit der Betroffenheit von der Maßnahme auf der Hand. Die Kenntnisnahme vom Inhalt der aufgezeichneten Telekommunikation **allein zum Zweck der Feststellung des Grades der Betroffenheit** würde den – bis dahin marginalen – Grundrechtseingriff vertiefen und wäre unzulässig. Sie würde auch jeglicher Rechtsgrundlage entbehren, die insbesondere nicht in § 101 Abs 4 StPO gefunden werden kann. Denn die Vorschrift ist gerade Ausfluss der Respektierung des privaten Lebensbereichs und soll nicht dazu dienen, den Verfolgungsbehörden Eingriffe in denselben zu ermöglichen, die nicht zur Aufklärung einer Straftat erforderlich sind. Zwar folgt aus der Unerheblichkeit der Betroffenheit in solchen Fällen nicht ohne weiteres, dass die Beteiligten der überwachten Telekommunikation an einer Benachrichtigung kein Interesse haben. Wegen der Unerheblichkeit der Betroffenheit ist ein solches Interesse gegenüber anderen schutzwürdigen Belangen jedoch möglicherweise nur von geringem Gewicht.

3. Unverhältnismäßiger Identifizierungsaufwand

Mit der Regelung in § 101 Abs 4 S 5 StPO folgte der Gesetzgeber den Hinweisen des 33 BVerfG, weil bei Nachforschungen zur Feststellung der Identität der Betroffenen der Grundrechtseingriff sowohl für die Zielperson wie auch für sonstige Beteiligte sich vertiefen kann und deshalb eine **Abwägung** getroffen werden muss (BVerfGE 109, 279, 364, 365 = NJW 2004, 999, 1016). Dabei sind neben der Intensität des Eingriffs der Aufwand zur Identitätsfeststellung und die weiteren Beeinträchtigungen für die Zielperson und andere Beteiligte zu berücksichtigen.

Anschlussinhaber, deren Identität wegen fehlender Verfahrensrelevanz der Kommunikati- 34
on nicht festgestellt worden ist, müssen in aller Regel nicht identifiziert werden. Insbesondere wenn zur Identifizierung des Betroffenen **Nachforschungen** beim Einwohnermeldeamt oder beim jeweiligen Anschlussinhaber erforderlich sind oder eine Abklärung gar nur mittels

eines Rechtshilfeersuchens möglich wäre, wird, von Ausnahmen abgesehen, eine Benachrichtigung unterbleiben. Wenn eine Benachrichtigung es erforderlich macht, zB beim Einsatz eines IMSI-Catchers, einen bislang unbekannten Personenbezug zu ermitteln und diesen dadurch zu deanonymisieren, wöge dieser Eingriff schwerer als die nur kurzzeitige Feststellung der Gerätekennung (BVerfG NJW 2007, 351). Auch bei unverzüglich gelöschten kernbereichsrelevanten Gesprächen ist infolge der geringen Eingriffsintensität eine Identifizierung und Benachrichtigung regelmäßig nicht veranlasst.

4. Ausländische juristische Personen und Behörden

35 Ausländische juristische Personen genießen ebenso wie juristische Personen des öffentlichen Rechts keinen Grundrechtsschutz und sind daher nicht zu benachrichtigen (Jarass/Pieroth GG Art 10 Rn 10; Mangoldt/Klein/Gusy GG Art 10 Rn 47). Sind **Privatpersonen im Ausland** betroffen, ist zu beachten, dass die Ausübung deutscher Staatsgewalt im Hinblick auf Art 1 Abs 3 GG prinzipiell auch im Ausland grundrechtsgebunden ist, jedenfalls wenn sie von deutschem Boden aus geführt wird (BVerfGE 100, 313, 362 ff = NJW 2000, 55, 58; Sachs/Pagenkopf GG Art 10 Rn 15).

III. Zurückstellung der Benachrichtigung

36 Gem § 101 Abs 5 S 1 StPO kann die Benachrichtigung zurückgestellt werden, solange dadurch der **Untersuchungszweck, Leib, Leben oder die persönliche Freiheit** von Menschen oder bedeutende **Vermögenswerte gefährdet** werden können. Die Zurückstellung ist auch möglich zum Zweck der weiteren Verwendung eines Verdeckten Ermittlers. Die Gefährdung der **öffentlichen Sicherheit** allein und die weitere Verwendung eines **nicht offen ermittelnden Polizeibeamten** allein genügen nicht für eine Zurückstellung der Benachrichtigung (BT-Drs 16/5846, 60). Die Gründe für die Zurückstellung müssen in den (Sonder-)Akten niedergelegt werden, § 101 Abs 5 S 2 StPO.

37 Wenn die Benachrichtigung länger als **zwölf Monate** (bei der akustischen Wohnraumüberwachung sechs Monate, § 101 Abs 6 S 5 StPO) nach Beendigung der Maßnahme zurückgestellt werden soll, ist gem § 101 Abs 6 S 1 StPO eine **gerichtliche Zustimmung** erforderlich. § 101 Abs 6 S 4 StPO sieht vor, dass bei engem zeitlichem Zusammenhang mehrerer Maßnahmen die Frist erst mit der Beendigung der letzten Maßnahme beginnt.

38 **Zuständig** ist nach § 101 Abs 7 S 1 StPO das für die Anordnung der Maßnahme zuständige Gericht (§ 162 Abs 1 StPO; § 74a Abs 4 GVG). Stimmt es dem Antrag der Staatsanwaltschaft auf Zurückstellung zu, entscheidet es zugleich über die Dauer des Innehaltens. Auch schon vor Ablauf der zwölf Monate kann beantragt und entschieden werden, dass von der Benachrichtigung **endgültig abzusehen** ist, § 101 Abs 6 S 3 StPO.

38a Nach Anklageerhebung ist das **Gericht der Hauptsache** für die Entscheidung über die weitere Zurückstellung und das endgültige Absehen von der Benachrichtigung nach § 101 Abs 6 S 3 StPO zuständig. Anderenfalls drohten unter Umständen sich widersprechende Entscheidungen des Ermittlungsrichters und des Hauptsachegerichts bezüglich der Frage der Gefährdung des Untersuchungszwecks (aA Meyer-Goßner StPO § 101 Rn 22). Eine fortbestehende „parallele Zuständigkeit" des Ermittlungsrichters nach Anklageerhebung wäre indes systemwidrig. Die Auffangzuständigkeit in § 101 Abs 7 S 1 Hs 2 StPO („im übrigen das Gericht am Sitz der zuständigen Staatsanwaltschaft") bezieht sich der Beschlussempfehlung des Rechtsausschusses zufolge allein auf die Fälle, in denen eine gerichtliche Entscheidung über eine heimliche Ermittlungsmaßnahme, wie in den Fällen der § 100h StPO und § 100a StPO, nicht erforderlich ist und es ein Gericht der Anordnung der Maßnahme daher nicht gibt (vgl BT-Drs 16/6979, 44). Auch bei der Entscheidung über die Rechtmäßigkeit der Anordnung (s dazu Rn 46) hat der Gesetzgeber das **erkennende Gericht** als zuständiges Gericht bestimmt, § 101 Abs 7 S 4 StPO. Aus den gleichen Gründen erscheint es sachgerecht, die Sechs- bzw Zwölf-Monatsfrist des § 101 Abs 6 StPO ab dem Zeitpunkt der Anklageerhebung **ruhen** zu lassen, da sich andernfalls das Gericht uU zu einer unzulässigen Vorwegnahme der Beweiswürdigung gezwungen sähe.

38b Gegen die Verweigerung der gerichtlichen Zustimmung ist die **Beschwerde** zulässig (KK-StPO/Nack StPO § 101 Rn 27).

IV. Verfahren der Benachrichtigung

Zuständig für die Benachrichtigung ist zunächst die Staatsanwaltschaft (Meyer-Goßner 39 StPO § 101 Rn 5; KK-StPO/Nack StPO § 101 Rn 10; SK-StPO/Rudolphi StPO § 101 Rn 7; Löwe/Rosenberg/Schäfer StPO § 101 Rn 16 und § 163 d Rn 81). Sie kann im Rahmen ihrer Sachleitungsbefugnis die Polizeidienststellen damit beauftragen, die erforderlichen Benachrichtigungen vorzubereiten. Dabei dürfte es hilfreich sein, wenn die Polizei bereits während der Überwachungsmaßnahme vermerkt, ob eine Benachrichtigung (vermutlich) unterbleiben kann oder auf jeden Fall erfolgen muss, ob eine Zurückstellung erforderlich ist oder ob ein Grenz- bzw Zweifelsfall vorliegt. Andernfalls wären Staatsanwaltschaft und/oder Polizei gezwungen, etwa im Falle einer Telefonüberwachung alle aufgezeichneten Gespräche nochmals anzuhören, um dann eine Entscheidung über die Benachrichtigung zu treffen, was eine Erweiterung und Vertiefung des Grundrechtseingriffs zur Folge hätte.

Die Benachrichtigung erfolgt **schriftlich**. Ihr **Inhalt** muss so viele Angaben enthalten, 40 dass die Gewährung rechtlichen Gehörs sichergestellt ist und es dem zu Benachrichtigenden ermöglicht wird, die verdeckte Maßnahme einer gerichtlichen Prüfung zu unterwerfen. Die Benachrichtigungspflicht reicht demnach nur soweit, wie die Beteiligten **tatsächlich** von der Maßnahme **betroffen** sind (BT-Drs 12/989, 41). Um Nachfragen zu vermeiden, sollte die Benachrichtigung jedenfalls die Art der Maßnahme benennen, den überwachten Zeitraum anführen und Angaben darüber enthalten, welcher Anschluss überwacht wurde oder mit wem die Kommunikation geführt wurde oder mit wem der Kontakt stattfand. Die Betroffenen sind gem § 101 Abs 4 S 2 StPO über die Möglichkeit nachträglichen Rechtsschutzes und die Zwei-Wochen-Frist des § 101 Abs 7 S 2 StPO zu **belehren**.

Bei der **Postbeschlagnahme** ist den Absendern und Adressaten der Postsendungen 41 Nachricht zu geben über das Anhalten, die Durchsicht und die Zurückhaltung von Sendungen, ggf über die Dauer der Maßnahme.

E. Rechtsschutz

§ 101 Abs 7 S 2 StPO gibt allen dort genannten Personen, in deren Rechte durch eine 42 verdeckte Maßnahme eingegriffen wurde, die Möglichkeit, die **Rechtmäßigkeit der Anordnung** auch nach ihrer Beendigung und die **Art und Weise ihres Vollzugs** gerichtlich überprüfen zu lassen, ohne dass damit – von den Fällen des § 100 c Abs 7 S 2 StPO abgesehen - eine Aussage über die Verwertbarkeit der aus der Maßnahme gewonnenen Erkenntnisse verbunden ist (BT-Drs 16/5846, 62). § 101 Abs 7 StPO enthält eine abschließende Spezialregelung für alle in § 101 Abs 1 StPO genannten heimlichen Ermittlungsmaßnahmen und verdrängt insoweit die allgemeinen Rechtsbehelfe (BGH NStZ 2009, 104; **aA** Singelnstein NStZ 2009, 481).

Der Betroffene hat auch dann einen Anspruch auf gerichtliche Überprüfung, wenn er **auf** 43 **andere Weise** als durch Benachrichtigung von der Maßnahme erfahren hat. In diesen Fällen hat er weiterhin die Möglichkeit, analog § 98 Abs 2 S 2 StPO Rechtsschutz zu begehren, muss aber, anders als beim Rechtsschutz nach § 101 Abs 7 S 2 StPO, ein konkretes Rechtsschutzbedürfnis **darlegen** (BT-Drs 16/5846, 62; KK-StPO/Nack StPO § 101 Rn 34). Wurde jemand also etwa nicht benachrichtigt, weil schutzwürdige Belange anderer Betroffener überwogen, muss er zur Erlangung nachträglichen Rechtsschutzes im Einzelfall geltend machen, dass er in seinen Rechten verletzt wurde. Um sich in die Lage zu versetzen, seinen Rechtsbehelf fundiert zu begründen, wird der Rechtsuchende in der Regel nicht nur einen Anspruch auf **Auskunft** aus den Akten geltend machen, sondern darüber hinaus auch **Akteneinsicht** begehren. Diese richtet sich nach § 475 StPO. Ein entgegenstehendes schutzwürdiges Interesse iSv § 475 Abs 1 S 2 StPO kann sich daraus ergeben, dass bei Gewährung von Akteneinsicht private oder sonstige persönliche Daten des Beschuldigten oder anderer Personen bekannt gegeben werden müssten. Eine weitere Beschränkung der Akteneinsicht zum Zwecke des nachträglichen Rechtsschutzes ergibt sich aus § 477 Abs 2 StPO, der dem Rechtsuchenden die Einsicht in Überwachungs- und Gesprächsprotokolle, Verkehrsdaten etc verwehrt (§ 477 StPO Rn 5).

Der Antrag muss innerhalb von **zwei Wochen** nach der Benachrichtigung gestellt werden. 44 Hat der Betroffene auf andere Weise als durch Benachrichtigung von der Maßnahme erfahren, hat er nicht etwa eine unbefristete Rechtsbehelfsmöglichkeit. Da die Funktion und praktische Bedeutung des § 101 Abs 7 StPO insgesamt darauf abzielen, ein harmonisches Gesamtsystem der strafprozessualen heimlichen Ermittlungsmaßnahmen und des Rechtsschutzes dagegen zu schaffen (BT-Drs 16/5846, 91), ist der Antrag auch in diesem Fall fristgebunden. Die Frist beginnt mit der Kenntnisnahme von der Maßnahme. Da jede an einen Antrag gebundene gerichtliche Entscheidung ein vorhandenes und fortbestehendes Rechtsschutzbedürfnis voraussetzt, kann die **verspätete Geltendmachung** gegen Treu und Glauben verstoßen und damit das Rechtsschutzbedürfnis entfallen lassen (BVerfG NStZ 2009, 166).

45   Im Ermittlungsverfahren ist der **Ermittlungsrichter** zuständig, § 162 StPO, § 169 StPO, der auch nach Anklageerhebung zuständig bleiben soll für den – unwahrscheinlichen – Fall, dass der Angeklagte selbst nicht von der Maßnahme benachrichtigt wurde (KK-StPO/Nack StPO § 101 Rn 33).

46   Nach Erhebung der öffentlichen Klage entscheidet das **erkennende Gericht**, § 101 Abs 7 S 4 StPO, in der das Verfahren abschließenden Entscheidung. Auch bei fehlender Präjudizwirkung von Entscheidungen des Beschwerdegerichts soll dadurch der Gefahr divergierender Entscheidungen begegnet werden. Wird bereits vor Anklageerhebung ein Antrag auf nachträglichen Rechtsschutz gestellt, geht die gerichtliche Entscheidungszuständigkeit mit Anklageerhebung auf das erkennende Gericht über. Dies gilt auch für Nichtverfahrensbeteiligte; in den Fällen, in denen nur gegen einzelne von mehreren Beschuldigten Anklage erhoben wird, geht die Entscheidungszuständigkeit auf das erkennende Gericht über, wenn ansonsten divergierende Entscheidungen zu befürchten sind (BGH NStZ 2009, 104; NStZ 2009, 399, 400).

46 a   Problematisch ist die Regelung des § 101 Abs 7 StPO in Fällen, in denen ein **Nichtverfahrensbeteiligter** den Antrag nach § 101 Abs 7 S 2 StPO stellt. Von nicht unerheblichen Verfahrensverzögerungen abgesehen ist die prozessrechtliche Situation des Antragstellers ungeklärt. Die Formulierung des Gesetzes legt es nahe, die Entscheidung über den Antrag erst im Urteil (vgl KK-StPO/Nack StPO § 101 Rn 38) oder in einem mit dem Urteil verbundenen Beschluss zu treffen (Singelnstein NJW 2009, 481, 485). Zu den Folgen einer durch den vom Hauptverfahren abgekoppelten Rechtsschutz und einer uU dadurch erfolgenden Vorverlagerung der Hauptverhandlung vgl Morré/Bruns FS BGH, 581, 597, 606.

47   Gegen die Entscheidung ist die **sofortige Beschwerde** gem § 101 Abs 7 S 3 StPO zulässig (§ 311 StPO u dort s § 311 StPO Rn 1). Bei der akustischen Wohnraumüberwachung ist das OLG zuständig, § 120 Abs 4 S 2 GVG. Mit dem Wegfall der Zuständigkeit des Ermittlungsrichters des BGH durch Anklageerhebung des **Generalbundesanwalts** entfällt auch die Zuständigkeit des BGH als Beschwerdegericht; über die Beschwerde hat das erkennende Gericht zu entscheiden (BGH NStZ 2009, 104 = BGHSt 53, 1).

47 a   Wurde die Entscheidung über die Rechtmäßigkeit der angegriffenen Maßnahme gem § 101 Abs 7 S 4 durch das erkennende Gericht (im Urteil) getroffen, entscheidet über das hiergegen eingelegte Rechtsmittel nicht das Revisionsgericht, sondern das gem § 135 Abs 2 GVG, § 121 Abs 1 Nr 2 GVG zuständige Beschwerdegericht, auch wenn sich dadurch divergierende Entscheidungen nicht vermeiden lassen; denn der Prüfungsmaßstab für die Rechtmäßigkeit verdeckter Maßnahmen unterscheidet sich von demjenigen für die der Verwertbarkeit solcher Maßnahmen (BGH NJW 2009, 3177; vgl auch Schmidt NStZ 2009, 243).

F. Sperrung und Löschung

48   Nach § 101 Abs 8 S 1 StPO sind die erlangten Daten zu **löschen**, wenn sie weder für die weitere Strafverfolgung noch für eine etwaige gerichtliche Überprüfung benötigt werden. Von der Löschung kann daher zB abgesehen werden, wenn zeitgleich mit der Einstellung eines Ermittlungsverfahrens ein neues Verfahren gegen einen anderen Beschuldigten eingeleitet wird, in dem die Erkenntnisse aus der verdeckten Maßnahme als Beweismittel verwertet werden können (BGH NJW 2009, 792). Über die Löschung ist ein Aktenvermerk anzufertigen (101 Abs 8 S 2 StPO). Für die in Dateien gespeicherten personenbezogenen Daten gilt daneben § 489 StPO. Der Begriff der Löschung umfasst sowohl die physische Vernichtung von Aufzeichnungsbändern und Protokollen als auch die Formatierung von Festplatten und Löschung elektronischer Datenspeicher (eingehend zu den Vernichtungsregeln in der StPO

Hilger NStZ 1997, 371). Die Verpflichtung zur Vernichtung unter „Aufsicht der Staatsanwaltschaft" ist entfallen. Ist die Löschung nur für den Fall einer gerichtlichen Überprüfung zurückgestellt, bedarf es für eine anderweitige Verwendung der Einwilligung des Betroffenen; in diesem Fall müssen die Daten entsprechend **gesperrt** werden, § 101 Abs 8 S 3 StPO.

§ 102 [Durchsuchung beim Verdächtigen]

Bei dem, welcher als Täter oder Teilnehmer einer Straftat oder der Begünstigung, Strafvereitelung oder Hehlerei verdächtig ist, kann eine Durchsuchung der Wohnung und anderer Räume sowie seiner Person und der ihm gehörenden Sachen sowohl zum Zweck seiner Ergreifung als auch dann vorgenommen werden, wenn zu vermuten ist, daß die Durchsuchung zur Auffindung von Beweismitteln führen werde.

Überblick

§ 102 StPO regelt die Durchsuchung des Verdächtigen und der von ihm benutzten Räume und Sachen. Zweck der Durchsuchung ist das Auffinden von Beweismitteln oder die Ergreifung des Beschuldigten. In Abgrenzung zu bloßen Betretungs-, Besichtigungs- und Kontrollrechten ist kennzeichnend für eine Durchsuchung das ziel- und zweckgerichtete Suchen staatlicher Amtsträger in einer Wohnung, um dort planmäßig etwas aufzuspüren, was der Inhaber der Wohnung nicht von sich aus offen legen oder herausgeben will (vgl BVerfG NJW 1971, 2299; NJW 1979, 1539; NJW 1987, 2499).

Übersicht

	Rn		Rn
A. Voraussetzungen und Zweck der Durchsuchung	1	II. Personen und Sachen	11
B. Gegenstand der Durchsuchung	8	C. Verhältnismäßigkeit	18
I. Wohnungen und Räume	8		

A. Voraussetzungen und Zweck der Durchsuchung

Verdächtiger iSd § 102 StPO ist diejenige Person, von der aufgrund tatsächlicher 1 Anhaltspunkte oder kriminalistischer Erfahrungen angenommen werden kann, dass sie als Täter oder Teilnehmer einer Straftat in Betracht kommt. Als Verdachtsgrad genügt damit ein **Anfangsverdacht** (BGH NStZ 2000, 154; NJW 2000, 84). Ausreichend ist eine gewisse Wahrscheinlichkeit, dass die Straftat bereits begangen oder versucht und nicht nur vorbereitet worden ist. Anders als bei § 103 StPO rechtfertigt bereits die allgemeine Aussicht, irgendwelche relevanten Beweismittel zu finden, die Maßnahme nach § 102 StPO (BGH NStZ 2002, 215, 216). Der **Tatverdacht** darf allerdings nicht ganz vage sein; auch bloße Vermutungen genügen nicht (vgl BVerfGE NJW 2006, 2974; BGH StV 1988, 90). Es muss mindestens im Bereich des Möglichen liegen, dass der Verdächtige durch das ihm vorgeworfene Verhalten eine Straftat begangen hat (BVerfGE 20, 162, 185; BVerfG RS 2009, 362729.

Die Person muss nicht in einem Ermittlungsverfahren **förmlich beschuldigt** sein, da die 2 Beschuldigteneigenschaft eines Tatverdächtigen grundsätzlich erst durch einen Willensakt der zuständigen Strafverfolgungsbehörde begründet wird, die dies nach der Stärke des Tatverdachts pflichtgemäß zu beurteilen hat (BGH NStZ 1987, 83; KK-StPO/Nack StPO § 102 Rn 1; Meyer-Goßner StPO § 102 Rn 3 mwN). Es ist daher auch die Durchsuchung bei zunächst als Zeugen gehörten Personen gem § 102 StPO zulässig (BGH NStZ 1997, 399). Zielt die Durchsuchung erkennbar darauf ab, gegen den Verdächtigen wegen einer Straftat strafrechtlich vorzugehen, ist ein die Beschuldigteneigenschaft des Verdächtigen begründender Verfolgungswille der Strafverfolgungsbehörde zu bejahen (Rechtsgedanke des § 397 AO; BGH NStZ 1997, 399). Damit erlangt der Verdächtige nach Durchführung der Durchsuchung in aller Regel die prozessuale Stellung eines Beschuldigten, und zwar unabhängig von der Einleitung eines förmlichen Ermittlungsverfahrens gegen ihn durch die Strafverfolgungsbehörde (OLG Stuttgart NStZ 1994, 291). Bei einem **Strafunmündigen** kann nicht nach § 102 StPO, sondern nur nach § 103 StPO durchsucht werden (OLG Bamberg NStZ 1989, 40; **aA** KMR/Müller StPO § 102 Rn 4). Der Verdächtige kann **Täter oder** (strafloser oder strafbarer) **Teilnehmer** der Tat sein oder der Begünstigung, Strafvereitelung oder Hehlerei verdächtig sein.

3   **Zweck der Durchsuchung** kann die Ergreifung des Verdächtigen oder das Auffinden von Beweismitteln sein. Sie darf nicht dem Zweck dienen, Verdachtsgründe gegen bisher noch unbekannte Dritte zu finden (BVerfG NJW 1966, 1603, 1608) oder mit Hilfe von Ausforschungen einen Tatverdacht zu begründen.

4   Der Begriff der **Ergreifung** umfasst jede Festnahme mit dem Ziel der Durchführung einer zum Zeitpunkt der Anordnung und Durchführung der Durchsuchung gesetzlich zugelassenen Zwangsmaßnahme. Dies kann neben der vorläufigen Festnahme nach § 127 StPO ein Haftbefehl nach § 112 StPO oder § 230 Abs 2 StPO sein, ein Vorführungsbefehl nach § 134 StPO, § 236 StPO oder § 329 Abs 4 StPO, oder ein Unterbringungsbefehl nach § 126 a StPO. Der Verdächtige kann auch ergriffen werden zum Zwecke der Identitätsfeststellung nach § 163 b StPO oder der Durchführung einer körperlichen Untersuchung nach § 81 a StPO sowie zur erkennungsdienstlichen Behandlung für die Durchführung des Strafverfahrens nach § 81 b StPO. Der Vollzug eines Vollstreckungshaft- oder -vorführungsbefehls nach § 457 Abs 2 StPO oder eines Sicherungshaftbefehls nach § 453 c StPO ist ebenfalls zulässiger Zweck der Durchsuchung (Löwe/Rosenberg/Schäfer StPO § 102 Rn 19).

5   **Beweismittel**, deren Auffindung die Durchsuchung dient, können beschlagnahmefähige Beweismittel (§ 94 StPO Rn 2), aber auch **Spuren** (KK-StPO/Nack StPO § 102 Rn 4) oder Sachen sein, die selbst keine Beweismittel sind, aber aus denen Anhaltspunkte für Beweismittel gewonnen werden können. Auch Personen, die zu Beweiszwecken in Augenschein genommen werden sollen, fallen darunter, nicht aber die Suche nach Zeugen (Meyer-Goßner StPO § 102 Rn 13; KMR/Müller StPO § 102 Rn 10).

6   Die §§ 102 StPO ff gelten auch, wenn die Durchsuchung dem Auffinden von Verfalls- und Einziehungsgegenständen dient, die beschlagnahmt werden sollen (§ 111 b Abs 4 StPO, vgl. § 111 b StPO Rn 12).

7   Keine Durchsuchung ist die bloße **Nachschau**, ein gesetzliches Betretungs- und Besichtigungsrecht (BVerfG NJW 1971, 2299; NVwZ 2007, 1049). Dies ist etwa der Fall, wenn Polizeibeamte im Zuge der Vollstreckung einer Ersatzfreiheitsstrafe eine Wohnung betreten haben und den Widerstand leistenden Wohnungsinhaber festnehmen (KG v 19. 2. 1999 – Az [5] 1 Ss 363/98 [6/99]).

B. Gegenstand der Durchsuchung
I. Wohnungen und Räume

8   **Wohnung** sind die Räumlichkeiten, in denen sich der Verdächtige aufhält oder die er benutzt. Maßgeblich ist die tatsächliche Situation; es ist daher unerheblich, ob der Verdächtige die Wohnung befugt benutzt und ob ihm das Hausrecht zusteht (Meyer-Goßner StPO § 102 Rn 7; KK-StPO/Nack StPO § 102 Rn 9). Gleichgültig ist auch, ob die Räumlichkeiten im Allein- oder Mitbesitz des Verdächtigen stehen (BGH NStZ 1986, 84). Der Begriff der Wohnung ist weit auszulegen und umfasst auch **Arbeits-, Betriebs und Geschäftsräume** (BVerfG NJW 1971, 2299; NJW 2003, 2669), egal ob von privaten oder öffentlichen Einrichtungen (BayObLG NJW 1993, 744). Auch eine nur **zeitweise genutzte** Unterkunft wie ein Hotelzimmer fällt darunter, ebenso Vereinsheime, Clubräume oÄ; maßgeblich ist die nach außen erkennbare Zweckbestimmung des Nutzungsberechtigten als räumliche Privatsphäre (KK-StPO/Nack StPO § 102 Rn 8 mwN). Bei **Mitbenutzung** von Räumen an der Arbeitsstelle, die dem Verdächtigen von seinem Arbeitgeber zur Arbeitsausübung überlassen worden sind, können diese auch dann durchsucht werden, wenn eine genaue Zuordnung der einzelnen Räume nicht möglich ist (BVerfG NJW-Spezial 2007, 521 = BeckRS 2007, 25581; BGH NStZ 1996, 84; BGHR StPO § 102 Geschäftsräume 1). Keine Wohnung, aber andere Räume iSd § 102 StPO sind das umfriedete Besitztum und Räumlichkeiten, die der Verdächtige in anderer Form als zum Darin-Leben nutzt, etwa als Lagerraum oder Büro. Zum Begriff der Wohnung vgl iÜ § 100 c StPO Rn 14 ff.

Dem Schutzbereich des Art 13 GG unterfallen nicht die **Haftäume** von Strafgefangenen (BVerfG NStZ 1996, 511) und der Besucherraum der JVA (BGH NStZ 1999, 145). Der Zugangsbereich zu und der vor der Wohnung liegende Gehweg ist kein Teil der Wohnung (BGH NStZ 1998, 629, 630), wohl aber der durch eine Hecke abgegrenzte Garten (BGH NStZ 1998, 157). Ein **Kraftfahrzeug**– außer es handelt sich um ein Wohnmobil - dient nicht der Behausung des Menschen, sondern seiner Fortbewegung, und ist damit keine Wohnung iSd § 102 StPO (BGH NStZ 1998, 157). 9

Da Art 13 Abs 1 GG auch juristische Personen schützt, kann die Durchsuchung bei verdächtigen Organen **juristischer Personen** sowohl auf § 102 StPO wie auch § 103 StPO gestützt werden (BVerfGE 42, 212; Löwe/Rosenberg/Schäfer StPO § 103 Rn 5; KK-StPO/Nack StPO § 102 Rn 8). 10

II. Personen und Sachen

§ 102 StPO erlaubt die Durchsuchung von **Personen**, worunter die Suche nach Beweismitteln oder Spuren an der Kleidung oder am Körper zu verstehen ist. Von der Durchsuchung der Person des Verdächtigen ist die körperliche Untersuchung nach den §§ 81 a StPO ff (vgl § 81 a StPO Rn 3 ff) zu unterscheiden. Nur die Durchsuchung der am Körper getragenen Kleidungsstücke und die ohne medizinische Hilfsmittel mögliche Einsicht in Körperhöhlen und –öffnungen sind unter Berücksichtigung des § 81 d StPO zulässig (KK-StPO/Nack StPO § 102 Rn 10; § 81 d StPO Rn 1). 11

Zu den **Sachen** des Verdächtigen gehören alle Gegenstände, die er mit sich führt, unabhängig davon, ob sie in seinem Eigentum stehen. Alle Sachen, die im Besitz, Gewahrsam oder Mitgewahrsam des Verdächtigen stehen und sich in seinem Einflussbereich befinden, können durchsucht werden (BGH StV 2007, 60). Nur für Sachen, die eindeutig einem Nichtverdächtigen zuzuordnen sind, gilt § 103 StPO (OLG Saarbrücken NStZ 1988, 424). 12

Zu durchsuchende Sachen sind insbes auch **Computer** und andere EDV-Anlagen sowie Datenträger. Diese dürfen eingeschaltet und aktiviert werden, wenn es der Durchsuchungszweck erfordert (Meyer-Goßner StPO § 102 Rn 10 a). Die Durchsuchung und Sicherstellung von E-Mails auf dem **Mailserver beim Provider** sind ein von der gesetzlichen Ermächtigung des Art 10 Abs 1 GG gedeckter Eingriff in das Fernmeldegeheimnis (BVerfG NJW 2009, 2431, 2432). Bei umfangreichen Datenbeständen muss allerdings versucht werden, die Maßnahmen auf die Gewinnung der beweiserheblichen Daten zu beschränken oder die Daten zum Zweck der Durchsicht vorläufig zu sichern (BVerfGE 113, 29, 52 = NJW 2005, 1917; BVerfG NJW 2009, 2431, 2436). Die **nach Abschluss des Übertragungsvorgangs** im Herrschaftsbereich des Kommunikationsteilnehmers gespeicherten Kommunikationsverbindungsdaten und andere Telekommunikationsinhalte werden nicht mehr durch Art 10 Abs 1 GG, sondern durch das Recht auf informationelle Selbstbestimmung und ggf Art 13 Abs 1 GG geschützt (BVerfG NStZ 2006, 641; BVerfG Beck RS 2007, 25581; BGH NStZ 2009, 397; vgl auch § 100 g StPO Rn 5; § 110 StPO Rn 13 und § 100 a StPO Rn 29). 13

Die **heimliche Online-Durchsuchung**, die durch den Einsatz eines „Trojaners" oder Backdoorprogramms ermöglicht wird (zur technischen Seite vgl Hansen/Pfitzmann DRiZ 2007, 225; Buermeyer HRRS 2007, 154) findet in § 102 StPO als offen durchzuführender Ermittlungsmaßnahme keine Rechtsgrundlage (BGH NStZ 2007, 279 mAnm Fezer NStZ 2007, 535; Bär MMR 2007, 239; Bär MMR 2007, 174; Jahn/Kudlich JR 2007, 57; Kutscha, NJW 2007, 1169; Leipold NJW-Spezial 2007, 135; Beukelmann StraFO 2008, 1; Kemper ZRP 2007, 105; **aA** BGH StV 2007, 60 mAnm Beulke/Meininghaus; Hofmann NStZ 2005, 121). Eine rechtmäßige Durchsuchung nach der StPO erfordert die körperliche Anwesenheit der Ermittlungsbeamten am Ort der Durchsuchung und die Offenlegung der Ermittlungen (vgl § 105 StPO Rn 13). 14

Unter Online-Durchsuchung wird die online erfolgende Ausleitung von solchen elektronischen Speicherinhalten verstanden, die nicht Gegenstand laufender Kommunikation sind. Dies erfolgt durch Durchsuchung von Speichermedien (z B der Festplatte), also das Suchen in vorhandenen Datenbeständen nach dort gespeicherten Inhalten, wie Textdateien, Bildern, empfangenen oder gesendeten E-Mails, vgl § 100 a StPO Rn 109. Keine Online-Durchsuchung im engeren Sinne ist das so genannte „Key-Logging", worunter die fortlaufende Überwachung der Datenverarbeitung am Computer einschließlich des Abgreifens aktueller 15

Tastatureingaben („Online-Überwachung") verstanden wird. Von der Online-Durchsuchung ist auch die so genannte Quellen-Telekommunikationsüberwachung zu unterscheiden, vgl § 100 a StPO Rn 112 ff.

16 Mit dem **Gesetz zur Abwehr von Gefahren des internationalen Terrorismus durch das Bundeskriminalamt** (BGBl I 3083) wird nach § 20 k BKA-G dem Bundeskriminalamt unter bestimmten Voraussetzungen verdeckte Eingriffe in informationstechnische Systeme erlaubt bei Gefahren für Leib, Leben oder Freiheit einer Person oder Gefahren für solche Güter der Allgemeinheit, deren Bedrohung die Grundlagen oder den Bestand des Staates oder die Grundlagen der Existenz der Menschen berührt (§ 100 a StPO Rn 111.1 ff; krit Baum/Schantz ZRP 2008, 137).

17 Das **BVerfG** hat mit Urt v **27. 2. 2008** (NJW 2008, 822) zur Nichtigkeit der Vorschriften zur Online-Durchsuchung im Verfassungsschutzgesetz Nordrhein-Westfalen unter Berufung auf das allgemeine Persönlichkeitsrecht des Art 2 Abs 1 GG „in seiner besonderen Ausprägung als **Grundrecht auf Gewährleistung der Vertraulichkeit und Integrität informationstechnischer Systeme**" die Online-Durchsuchung und –überwachung nur dann für zulässig erachtet, wenn tatsächliche Anhaltspunkte einer konkreten Gefahr für ein überragend wichtiges Rechtsgut bestehen. Solche Rechtsgüter sind Leib, Leben und Freiheit der Person oder Rechtsgüter der Allgemeinheit, deren Bedrohung die Grundlagen oder den Bestand des Staates oder die Grundlagen der Existenz der Menschen bedroht (Nr 219 ff = NJW 2008, 822, 828, Nr 247 f = NJW 2008, 822, 832). Die erforderliche gesetzliche Ermächtigungsgrundlage muss neben Regelungen zur Wahrung des **Verhältnismäßigkeitsgrundsatzes** Vorkehrungen zum Schutz des Kernbereichs privater Lebensgestaltung enthalten (Nr 273 ff = NJW 2008, 822, 833, 834). Die Maßnahme steht grundsätzlich unter dem Vorbehalt **richterlicher Anordnung** (Nr 257 ff = NJW 2008, 822, 832). Als Eingriffsschwelle hat das BVerfG gefordert, dass zumindest **tatsächliche Anhaltspunkte einer konkreten Gefahr** für die wichtigen Schutzgüter vorliegen (Nr 249 ff). Auch wenn sich noch nicht mit hinreichender Wahrscheinlichkeit feststellen lässt, dass die Gefahr schon in näherer Zukunft eintritt, können **bestimmte Tatsachen,** die auf eine im Einzelfall drohende Gefahr für ein überragend wichtiges Rechtsgut hinweisen, es rechtfertigen, eine Online-Durchsuchung oder –überwachung durchzuführen. Voraussetzung sei aber, dass die Tatsachen den Schluss auf ein wenigstens seiner Art nach konkretisiertes und zeitlich absehbares Geschehen zuließen, also eine zeitliche Nähe des Umschlagens einer Gefahr in einen Schaden (Nr 251). Außerdem fordert das BVerfG einen Bezug auf individualisierbare Personen als Verursacher der Gefahr, sodass die Maßnahme gezielt gegen sie eingesetzt und weitgehend auf sie beschränkt werden kann. Art 10 GG ist aber nur berührt, wenn eine staatliche Stelle eine Telekommunikationsbeziehung **von außen überwacht**, ohne selbst Kommunikationsadressat zu sein. Das Grundrecht schützt dagegen nicht davor, dass eine staatliche Stelle selbst eine Telekommunikationsbeziehung zu einem Grundrechtsträger aufnimmt.

C. Verhältnismäßigkeit

18 Bei Durchsuchungen ist nach der ständigen Rspr des BVerfG dem **Verhältnismäßigkeitsgrundsatz** in besonderem Maße Beachtung zu schenken (BVerfG NJW 1966, 1603, 1607; BVerfGE 42, 212; BVerfG NStZ 2006, 641; zusammenfassend Jahn NStZ 2007, 255, 259; Fallbeispiele bei KK-StPO/Nack StPO § 102 Rn 12). Dieser verlangt, dass die jeweilige Maßnahme in verfassungsrechtlich legitimen Zweck verfolgt und zu dessen Erreichung geeignet, erforderlich und verhältnismäßig im engeren Sinne ist. Der Eingriff darf den Betroffenen nicht übermäßig belasten, muss diesem also zumutbar sein (BVerfGE 63, 131, 144). Die Durchsuchung ist nicht zulässig, wenn mit einer weniger einschneidenden Maßnahme der gleiche Zweck erreicht werden kann, weil dann der Eingriff nicht mehr in angemessenem Verhältnis zu der Schwere der Straftat und der Stärke des Tatverdachts steht (EGMR NJW 2006, 1495; BVerfGE 42, 212, 220). Es ist daher zu Beginn der Durchsuchung dem Betroffenen die Möglichkeit der **Abwendung** zu geben, indem beispielsweise gesuchte Bankunterlagen freiwillig herausgegeben werden (vgl Meyer-Goßner StPO § 102 Rn 15). Zur Hinzuziehung des Anzeigeerstatters bei Durchsuchungen vgl OLG Hamm NStZ 1986, 326.

19 Der Verhältnismäßigkeitsgrundsatz gilt insbes bei Durchsuchungen von **Presseorganen** und ihren Angehörigen. Wenn die Durchsuchungen bei diesen ausschließlich oder vorwiegend dem Zweck dienen, die Person des Informanten zu ermitteln (vgl BVerfGE 20, 162, 191 f, 217 = NJW 2007, 1117 „Cicero"), sind sie unzulässig. Auch wenn die betreffenden Presseangehörigen selbst Beschuldigte sind und damit nicht von § 97 Abs 5 StPO geschützt sind, dürfen in gegen sie gerichteten Ermittlungsverfahren wegen Verdachts der Beihilfe zum Dienstgeheimnisverrat Durchsuchungen nach § 102 StPO sowie Beschlagnahmen nach § 94 StPO zwar zur Aufklärung der ihnen zur Last gelegten Straftat angeordnet werden, nicht aber zu dem vorrangigen oder ausschließlichen Zweck, Verdachtsgründe insbes gegen den Informanten zu finden. Andernfalls könnte der von der Pressefreiheit umfasste **Informantenschutz** unterlaufen werden (BVerfGE 117, 244 = NJW 2007, 1117).

Auch bei der Durchsuchung der Kanzleiräume einer Rechtsanwalts- und Steuerkanzlei oder eines **Verteidiger**s gebietet die herausgehobene Bedeutung der unkontrollierten Berufsausübung des Art 12 GG die besonders sorgfältige Beachtung der Eingriffsvoraussetzungen und des Grundsatzes der Verhältnismäßigkeit (BVerfG NJW 2005, 1917; NJW 2006, 29; StraFO 2008, 236). In diesen Fällen muss das Gericht sich nicht nur mit der Schwere des Tatverdachts, sondern auch mit der Schwere der Straftat und der zu erwartenden Strafe auseinandersetzen und prüfen, ob nach dem Stand der Ermittlungen im konkreten Fall die Verurteilung zu einer mehr als nur geringfügigen Sanktion in Betracht zu ziehen ist (BVerfG NJW 2008, 1937). 20

Die besonders sorgfältige Beachtung der Eingriffsvoraussetzungen und des Grundsatzes der Verhältnismäßigkeit ist im Hinblick auf den allgemeinen Schutz von Berufsgeheimnisträgern (§ 53 StPO) auch bei der Anordnung der Durchsuchung einer **Arztpraxis** geboten (BVerfG NStZ-RR 2008, 176; BeckRS 2008, 31921). 21

Zur Verwertbarkeit bei Verstößen vgl § 105 StPO dort s § 105 StPO Rn 26. 22

Zufallsfunde, die Anlass zu weiteren Ermittlungen zur Gewinnung neuer Beweismittel sind, können nach § 108 Abs 1 StPO sichergestellt werden (BGH NStZ 1996, 200; OLG München wistra 2006, 472; vgl § 108 StPO Rn 1). 23

§ 103 [Durchsuchung bei anderen Personen]

(1) ¹Bei anderen Personen sind Durchsuchungen nur zur Ergreifung des Beschuldigten oder zur Verfolgung von Spuren einer Straftat oder zur Beschlagnahme bestimmter Gegenstände und nur dann zulässig, wenn Tatsachen vorliegen, aus denen zu schließen ist, daß die gesuchte Person, Spur oder Sache sich in den zu durchsuchenden Räumen befindet. ²Zum Zwecke der Ergreifung eines Beschuldigten, der dringend verdächtig ist, eine Straftat nach § 89 a des Strafgesetzbuchs oder nach § 129 a, auch in Verbindung mit § 129 b Abs. 1, des Strafgesetzbuches oder eine der in dieser Vorschrift bezeichneten Straftaten begangen zu haben, ist eine Durchsuchung von Wohnungen und anderen Räumen auch zulässig, wenn diese sich in einem Gebäude befinden, von dem auf Grund von Tatsachen anzunehmen ist, daß sich der Beschuldigte in ihm aufhält.

(2) Die Beschränkungen des Absatzes 1 Satz 1 gelten nicht für Räume, in denen der Beschuldigte ergriffen worden ist oder die er während der Verfolgung betreten hat.

Überblick

Die Vorschrift betrifft die Durchsuchung bei Nichtverdächtigen. Diese ist unter engeren Voraussetzungen als bei § 102 StPO zulässig und erlaubt die Durchsuchung nur wenn über den Grad der Vermutung hinaus aufgrund von Tatsachen der Schluss gezogen werden kann, dass der Durchsuchungszweck erreicht wird.

Übersicht

	Rn		Rn
A. Gegenstand der Durchsuchung	1	**B. Durchsuchung nach Abs 1 S 1**	5
I. Andere Personen	1	I. Ergreifung	5
II. Durchsuchungsobjekte	3	II. Verfolgung von Spuren und Beschlagnahme von Beweismitteln	6
III. Verhältnismäßigkeit	4 a		

	Rn		Rn
III. Abwendungsbefugnis	10	II. Voraussetzungen	14
C. Durchsuchung nach Abs 1 S 2	11	III. Zweck	16
I. Gebäude	11	**D. Abs 2**	17

A. Gegenstand der Durchsuchung

I. Andere Personen

1   § 103 StPO gilt für **unverdächtige Personen** und solche, die strafunmündig sind (OLG Bamberg NStZ 1989, 40; **aA** Eisenberg StV 1989, 556; Meyer-Goßner StPO § 103 Rn 1) oder bei denen ein Straf- oder Schuldausschließungsgrund vorliegt. Darunter fallen auch juristische Personen wie etwa Kreditinstitute (vgl dazu KK-StPO/Nack StPO § 103 Rn 1). Ist ein Organ einer juristischen Person selbst verdächtig, kommt eine Durchsuchung nach § 102 StPO in Betracht (§ 102 Rn 9; **aA** SK-StPO/Rudolphi StPO § 103 Rn 3). Der etwaige Umstand, dass auch eine Durchsuchungsanordnung nach § 102 StPO gerechtfertigt gewesen wäre, macht eine dennoch auf § 103 StPO gestützte Anordnung nicht rechtswidrig, wenn deren Voraussetzungen gegeben waren, da die Duldungspflicht des Verdächtigen größer ist als die des Unverdächtigen (BGH NJW 1978, 1815; **aA** Krekeler NStZ 1993, 263, 266).

2   Die Voraussetzungen des § 103 StPO sind enger als die des § 102 StPO (s unten Rn 5 ff); gem **Abs 2** gelten diese Beschränkungen aber nicht für Räume, deren Inhaber selbst zwar unverdächtig ist, in denen der Beschuldigte aber ergriffen oder sich während seiner Flucht aufgehalten hat (s dazu unten Rn 17).

II. Durchsuchungsobjekte

3   Wie bei § 102 StPO können nach § 103 StPO Wohnungen und alle anderen vom Betroffenen genutzten Räume sowie seine Kraftfahrzeuge und Sachen durchsucht werden, vgl § 102 StPO (§ 102 StPO Rn 8 ff). Auch die körperliche Durchsuchung ist wie bei § 102 StPO zulässig (Meyer-Goßner StPO § 103 Rn 3).

4   Die Durchsuchung von **Behördenräumen** soll grundsätzlich nur dann zulässig sein, wenn zuvor die Herausgabe des Schriftgutes erfolglos versucht und keine Sperrerklärung nach § 96 StPO abgegeben worden ist (OLG Jena NJW 2001, 1290; Löwe/Rosenberg/Schäfer StPO § 103 Rn 4; aA: SK-StPO/Rudolphi StPO § 103 Rn 3: nur mit Zustimmung der betroffenen Behörde; vgl auch § 96 StPO Rn 4).

III. Verhältnismäßigkeit

4a   Für die Durchsuchung nach § 103 StPO gilt das Verhältnismäßigkeitsprinzip in mindestens ebenso strengem Maße wie bei Durchsuchungen bei Verdächtigen nach § 102 StPO, s im Einzelnen § 102 StPO Rn 18 ff. Auch hier ist bei der Durchsuchung der Kanzleiräume eines **Rechtsanwalts** (§ 102 StPO Rn 20) dem Verhältnismäßigkeitsgrundsatz besondere Beachtung zu schenken. Das BVerfG hat bereits in dem Betreten einer Rechtsanwaltskanzlei zum Zwecke der Durchsuchung einen tiefgreifenden Grundrechtseingriff bejaht, auch wenn die Durchsuchung infolge spontaner Herausgabe der gesuchten Dokumente abgewendet wird (BVerfG wistra 2008, 463).

B. Durchsuchung nach Abs 1 S 1

I. Ergreifung

5   Die die Durchsuchung stützenden Erkenntnisse müssen den vertretbaren Schluss zulassen, der Beschuldigte könnte sich in den zu durchsuchenden Räumen befinden (BGH NJW 1978, 1815). Die Identität des Beschuldigten muss noch nicht feststehen. Zum Inhalt der Durchsuchungsanordnung vgl § 105 StPO dort s § 105 StPO Rn 10 ff.

II. Verfolgung von Spuren und Beschlagnahme von Beweismitteln

Hinreichender Anlass zu einer Maßnahme nach § 103 StPO besteht, wenn die Annahme 6 begründet erscheint, Spuren oder Beweismittel könnten sich in dem Anwesen befinden (BGH NJW 1978, 1815). Die Aussicht, irgendwelche Beweismittel zu finden, rechtfertigt die - erheblich in Rechte Dritter eingreifende – Durchsuchungsanordnung nach § 103 StPO nicht (BGHR StPO § 103 Gegenstände 3). Vielmehr setzt eine Durchsuchungsanordnung, die gegen einen Unverdächtigen ergeht, voraus, dass hinreichend **individualisierte Beweismittel** für die verfahrensgegenständliche Straftat gesucht werden. Es genügt, dass die Beweismittel der Gattung nach näher bestimmt sind (BVerfG NJW 1981, 971; BVerfG NJW 2003, 2669; BGH NStZ 2000, 154, 155). Nicht erforderlich ist, dass sie in allen Einzelheiten bezeichnet werden (BGH NStZ 2002, 215; Löwe/Rosenberg/Schäfer StPO § 103 Rn 10. Zum **Inhalt der Durchsuchungsanordnung** vgl § 105 StPO Rn 10 ff.

Nach § 103 StPO können auch Räume und Sachen von Personen, denen ein **Zeug-** 7 **nisverweigerungsrecht nach § 52 StPO, § 53 StPO** zusteht, durchsucht werden (Meyer-Goßner StPO § 103 Rn 7). Die Durchsicht und vorläufige Sicherstellung von Unterlagen zum Zwecke der Prüfung, ob sie der Beschlagnahme unterliegen, ist zulässig (KK-StPO/Nack StPO § 103 Rn 7). Wenn allerdings von vornherein anzunehmen ist, dass nur **beschlagnahmefreie Beweismittel** (vgl dazu § 97 StPO Rn 16 ff) aufgefunden werden, ist die Ermittlungsdurchsuchung unzulässig (BGH NJW 1973, 2035; KG JR 1983, 382; KK-StPO/Nack StPO § 103 Rn 7).

Bei der Durchsuchung von Räumen der **Anwaltskanzlei eines Verteidigers** darf 8 wegen der Fernwirkung des § 97 StPO nicht gezielt nur nach beschlagnahmefreien Gegenständen geforscht werden (BVerfG NVwZ-RR 2003, 495). Allgemein gilt bei gegen Berufsgeheimnisträger gerichtete Durchsuchungsmaßnahmen, dass das Ausmaß des Eingriffs in Art 12 Abs 1 GG und der Schutz der Vertrauensbeziehung zwischen Anwalt und Mandat bei der Verhältnismäßigkeitsprüfung zu berücksichtigen sind (BVerfG NJW 2009, 2518).

§ 103 StPO ist für das Auffinden von dem Verfall oder der Einziehung unterliegenden 9 Gegenständen entsprechend anzuwenden, vgl § 102 StPO, § 111 b StPO (§ 102 StPO Rn 6, § 111 b StPO Rn 12).

III. Abwendungsbefugnis

Der Verhältnismäßigkeitsgrundsatz gebietet es in der Regel, dem Betroffenen Gelegenheit 10 zu geben, die gesuchten Beweisgegenstände freiwillig herauszugeben (Löwe/Rosenberg/Schäfer StPO § 103 Rn 8).

C. Durchsuchung nach Abs 1 S 2

I. Gebäude

Die Durchsuchung eines ganzen Gebäudes, nicht nur einzelner Räume, ist **zum** 11 **Zweck der Ergreifung eines Beschuldigten** zulässig, wenn der dringende Verdacht einer Straftat im Zusammenhang mit einer inländischen oder ausländischen terroristischen Vereinigung (§ 129 a StGB, 129 b StGB) oder einer Katalogstraftat iSd § 129 a StGB besteht.

Unter einem **Gebäude** ist eine bauliche Einheit zu verstehen, die räumlich abgegrenzt 12 und selbständig ist, ohne dass es sich um ein einzeln stehendes Haus handeln muss. Gebäudemehrheiten sollen dagegen nicht darunter fallen, auch wenn sie baulich, zB durch eine Tiefgarage, miteinander verbunden sind (Meyer-Goßner StPO § 103 Rn 12, Kurth NJW 1979, 1377, 1383). Ob etwa ein größerer Wohnblock nach dieser Begriffsbestimmung ein oder mehrere Gebäude enthält, dürfte nicht immer auf den ersten Blick ersichtlich sein. Eine praktisch sinnvolle Abgrenzung könnte hier danach vorgenommen werden, ob der Gebäudeteil eine eigene **Hausnummer** hat.

Der **Verhältnismäßigkeitsgrundsatz** gebietet es, nach Möglichkeit die Durchsuchung 13 auf bestimmte Gebäudeteile einzugrenzen.

II. Voraussetzungen

14 Neben dem dringenden Tatverdacht (dazu § 112 StPO Rn 3 ff) muss aufgrund **festgestellter Tatsachen** anzunehmen sein, dass sich der Beschuldigte in dem Gebäude aufhält. Wie in Abs 1 S 1 genügen bloße Vermutungen nicht. Es müssen bestimmte Ermittlungserkenntnisse vorliegen, die den Schluss rechtfertigen, der Beschuldigte könnte sich in dem Gebäude oder einem Teil davon befinden; mit anderen Worten: es muss aus Sicht der Ermittlungsbehörden mehr für als gegen den momentanen Aufenthalt des Beschuldigten in der Wohnung des anderen sprechen (OLG Düsseldorf StraFo 2008, 238).

15 Ist ein Grund zu Annahme vorhanden, dass sich der Beschuldigte **in einem von mehreren Gebäuden** aufhält, darf zwar nicht die gleichzeitige Durchsuchung aller Gebäude angeordnet werden. Das Gericht kann aber die Durchsuchung des Gebäudes anordnen, für das die größte Wahrscheinlichkeit besteht, dass sich der Beschuldigte in ihm befindet, und zugleich für den Fall der Erfolglosigkeit eine Durchsuchungsanordnung für weitere Gebäude erlassen (SK-StPO/Rudolphi StPO § 103 Rn 13; **aA** KK-StPO/Nack StPO § 103 Rn 10). Auf diese Weise ist eine umfassende gerichtliche Kontrolle gewährleistet, da bei sukzessivem Vorgehen (erst erfolgloser Versuch, dann zweiter Versuch in einem weiteren Gebäude) uU die Durchsuchung wegen Gefahr im Verzug ohne richterliche Anordnung erfolgt.

III. Zweck

16 Zweck der Ergreifungsdurchsuchung darf **nicht die Suche nach Beweismitteln oder Spuren** sein. Nur wenn anzunehmen ist, dass sich Unterlagen finden lassen, die weitere Hinweise auf den Aufenthaltsort des Beschuldigten geben, dürfen auch kleinere Behältnisse durchsucht werden (Meyer-Goßner StPO § 103 Rn 14). Zufallsfunde dürfen gem § 94 StPO, § 98 StPO beschlagnahmt werden (SK-StPO/Rudolphi StPO § 103 Rn 14).

D. Abs 2

17 Abs 2 erleichtert die Durchsuchung in den Fällen, in denen der entflohene Beschuldigte oder Verurteilte (OLG Düsseldorf NJW 1981, 2133) in den durchsuchten Räumen **ergriffen** wird oder sich dort während seiner Flucht, wenn auch nur vorübergehend, **aufgehalten** hat. In diesen Fällen genügt es – ohne dass auf das Vorliegen der Voraussetzungen des § 102 StPO verzichtet werden kann -, dass vermutet werden kann, dass der Zweck der Durchsuchung (Ergreifung des Beschuldigten, Auffinden von Zeugen oder Beweismitteln) erreicht wird. Näher bestimmt müssen die vorliegenden Tatsachen nicht sein (LG Köln StV 1993, 574). Auf die Fälle des Abs 1 S 2 ist Abs 2 nicht anwendbar, außer wenn feststeht, dass der Flüchtende einen Raum betreten hat.

§ 104 [Nächtliche Hausdurchsuchung]

(1) Zur Nachtzeit dürfen die Wohnung, die Geschäftsräume und das befriedete Besitztum nur bei Verfolgung auf frischer Tat oder bei Gefahr im Verzug oder dann durchsucht werden, wenn es sich um die Wiederergreifung eines entwichenen Gefangenen handelt.

(2) Diese Beschränkung gilt nicht für Räume, die zur Nachtzeit jedermann zugänglich oder die der Polizei als Herbergen oder Versammlungsorte bestrafter Personen, als Niederlagen von Sachen, die mittels Straftaten erlangt sind, oder als Schlupfwinkel des Glücksspiels, des unerlaubten Betäubungsmittel- und Waffenhandels oder der Prostitution bekannt sind.

(3) Die Nachtzeit umfaßt in dem Zeitraum vom ersten April bis dreißigsten September die Stunden von neun Uhr abends bis vier Uhr morgens und in dem Zeitraum vom ersten Oktober bis einunddreißigsten März die Stunden von neun Uhr abends bis sechs Uhr morgens.

Überblick

Die Vorschrift beschränkt Durchsuchungen zur Nachtzeit (zwischen 1.4. und 30.9. von 21.00 Uhr bis 4.00 Uhr, zwischen 1.10. und 31.3. von 21.00 Uhr bis 6.00 Uhr) auf die Fälle der Verfolgung auf frischer Tat, bei Gefahr im Verzug oder zum Zweck der Ergreifung eines flüchtigen Gefangenen. Von der Beschränkung ausgenommen sind öffentlich zugängliche Räume (Abs 2).

A. Anwendungsbereich

Die Durchsuchung von **Wohn- und Geschäftsräumen** nach § 102 StPO, § 103 StPO 1 wird durch § 104 StPO eingeschränkt. Für **Personen und Sachen** gilt diese Eingrenzung nicht, wenn und solange nicht auch Räumlichkeiten durchsucht werden sollen.

Ob die Voraussetzungen des § 104 StPO vorliegen, entscheidet der die Anordnung voll- 2 streckende Beamte. Die **Durchsuchungsanordnung** (§ 105 StPO) kann bereits mit dem Zusatz versehen werden, dass die Durchsuchung nach Maßgabe des § 104 StPO zur Nachtzeit vollzogen werden darf (BGH JZ 1964, 72).

Ein Verstoß gegen § 104 StPO hat nicht die Unverwertbarkeit der gefundenen Beweis- 3 mittel zur Folge, da der Schutzzweck dieser Vorschrift die Sicherung der Nachtruhe ist, nicht die Verhinderung der Sicherstellung von Beweismitteln (Amelung NJW 1991, 2533, 2538). Unzulässig ist aber eine Umgehung des § 104 StPO, indem mit der Durchsuchung solange zugewartet wird, bis der Durchsuchungsgrund der Gefahr im Verzug vorliegt (§ 105 StPO Rn 5 ff).

Die **Nachtzeit** ist in Abs 3 abschließend definiert. Hat eine Durchsuchung vor 21 Uhr 4 begonnen, darf sie in die Nacht hinein fortgesetzt werden, da bei ihrem Abbruch möglicherweise Beweismittelverlust droht (Löwe/Rosenberg/Schäfer StPO § 104 Rn 5). Liegen in diesen Fällen die Voraussetzungen des § 104 StPO nicht vor, empfiehlt es sich, die Durchsuchung so rechtzeitig zu beginnen, dass mit ihrer Beendigung noch vor Anbruch der Nacht zu rechnen ist (BVerfG NJW 1977, 1489).

B. Voraussetzungen

Bei **Verfolgung auf frischer Tat** (§ 127 StPO Rn 5) ist die nächtliche Haussuchung 5 zulässig. Auf frischer Tat wird der Täter verfolgt, wenn unmittelbar nach Entdeckung der kurz zuvor verübten Tat Maßnahmen getroffen werden, die auf seine Ergreifung gerichtet sind (SK-StPO/Rudolphi StPO § 127 Rn 14) oder der Sicherstellung der Beute oder dem Auffinden sonstiger Beweismittel dienen (Meyer-Goßner StPO § 104 Rn 3).

Eine **Gefahr im Verzug** ist zu bejahen, wenn die Möglichkeit nahe liegt, dass der 6 Aufschub der Durchsuchung bis zum nächsten Morgen ihren Erfolg – die Ergreifung des Verdächtigen oder das Auffinden von Beweismitteln – gefährden würde. Dies muss durch Tatsachen belegbar sein (vgl § 98 StPO Rn 2 StPO u § 105 StPO Rn 5 ff).

Zur **Wiederergreifung eines entwichenen Gefangenen**: Gefangener ist gem § 120 7 Abs 1 u Abs 4 StGB jeder, der auf Grund behördlicher Anordnung in einer Anstalt verwahrt wird (BeckOK v. Heintschel-Heinegg/Dallmeyer StGB § 120 StGB Rn 3).

C. Ausnahmen und Sonderregelungen

Ohne die Beschränkungen des Abs 1 ist eine nächtliche Haussuchung in den Fällen des 8 **Abs 2** zulässig. Dies sind alle Räume, die **zur Nachtzeit jedermann zugänglich** sind. Dazu gehören alle Örtlichkeiten, die ohne oder gegen Entgelt nächtens von jedem betreten werden können. Neben Gaststätten, Theatern und Kinos, Bahnhöfen und Flughäfen zählen dazu auch Clubs oder Diskotheken mit Einlasskontrolle. Schließt die Gaststätte, Diskothek etc zu einer bestimmten Stunde, gilt Abs 2 nur für die Dauer der Öffnungszeit. Dem Betreiber hilft es nichts, wenn er seinen Betrieb vorzeitig schließt, um die Durchsuchung zu verhindern (Meyer-Goßner StPO § 104 Rn 7).

Private Clubs und **Vereinsheime** fallen nicht unter Abs 2, wenn der Zugang zu ihnen 9 einem bestimmten Personenkreis vorbehalten ist und es sich nicht um Räume handelt, die der Polizei als Herberge oder Versammlungsort bestrafter Personen, als Niederlagen von mittels Straftaten erlangter Sachen, oder als Schlupfwinkel des Glücksspiels, des unerlaubten Betäubungsmittel- und Waffenhandels oder der Prostitution bekannt sind. Als **der Polizei bekannt** können solche Orte gelten, wenn sie jedenfalls einmal zu einem der genannten Zwecke aufgefallen sind und keine Anhaltspunkte für eine Änderung ihrer Verwendungsbestimmung vorliegen (Löwe/Rosenberg/Schäfer StPO § 104 Rn 14).

10   Auch nicht allgemein zugängliche **Wohnungen** iSd Art 13 GG des Betreibers (§ 102 StPO Rn 8, § 100 c StPO Rn 14 ff) dürfen bei Vorliegen der Voraussetzungen des Abs 2 durchsucht werden (Meyer-Goßner StPO § 104 Rn 7; Löwe/Rosenberg/Schäfer StPO § 104 Rn 14; **aA** KK-StPO/Nack StPO § 104 Rn 4).

11   Willigt der Betroffene in die nächtliche Hausdurchsuchung ein, ist sie ohne die Beschränkung des Abs 1 zulässig. Voraussetzung für eine wirksame **Einwilligung** ist, dass der Betroffene über die Vorschrift des § 104 StPO belehrt wurde (SK-StPO/Rudolphi StPO § 104 Rn 2).

12   § 104 Abs 2 StPO wird durch § 45 Abs 2 BPolG sowie Einzelbefugnisnormen in den polizeirechtlichen Regelungen der Länder (zB § 31 Abs 1 S 2 PolG BW, Art 23 Abs 2 BayPAG, § 41 Abs PolG NRW) ergänzt.

§ 105 [Anordnung; Ausführung]

(1) ¹**Durchsuchungen dürfen nur durch den Richter, bei Gefahr im Verzug auch durch die Staatsanwaltschaft und ihre Ermittlungspersonen (§ 152 des Gerichtsverfassungsgesetzes) angeordnet werden.** ²Durchsuchungen nach § 103 Abs. 1 Satz 2 ordnet der Richter an; die Staatsanwaltschaft ist hierzu befugt, wenn Gefahr im Verzug ist.

(2) ¹Wenn eine Durchsuchung der Wohnung, der Geschäftsräume oder des befriedeten Besitztums ohne Beisein des Richters oder des Staatsanwalts stattfindet, so sind, wenn möglich, ein Gemeindebeamter oder zwei Mitglieder der Gemeinde, in deren Bezirk die Durchsuchung erfolgt, zuzuziehen. ²Die als Gemeindemitglieder zugezogenen Personen dürfen nicht Polizeibeamte oder Ermittlungspersonen der Staatsanwaltschaft sein.

(3) ¹Wird eine Durchsuchung in einem Dienstgebäude oder einer nicht allgemein zugänglichen Einrichtung oder Anlage der Bundeswehr erforderlich, so wird die vorgesetzte Dienststelle der Bundeswehr um ihre Durchführung ersucht. ²Die ersuchende Stelle ist zur Mitwirkung berechtigt. ³Des Ersuchens bedarf es nicht, wenn die Durchsuchung von Räumen vorzunehmen ist, die ausschließlich von anderen Personen als Soldaten bewohnt werden.

Überblick

§ 105 StPO regelt die Zuständigkeit für die Durchsuchungsanordnung (Abs 1) und ihre Durchführung (Abs 2 u Abs 3).

Übersicht

	Rn		Rn
A. Anordnungskompetenzen	1	II. Inhalt	9
I. Erforderlichkeit	1	C. Vollzug	13
II. Zuständigkeit	4	D. Beendigung der Durchsuchung	21
B. Richterliche Anordnung	8		
I. Form	8	E. Verwertbarkeit und Anfechtung	23

A. Anordnungskompetenzen

I. Erforderlichkeit

1   § 105 StPO gilt für alle nach **§ 102 StPO bis § 104 StPO** durchzuführende Durchsuchungen und entsprechend für Durchsuchungen, die der Auffindung von Verfalls- und Einziehungsgegenständen dienen, § 111 b Abs 2 S 3 StPO (§ 111 b StPO Rn 12).

Eine Anordnung nach § 105 StPO ist **entbehrlich**, wenn der Betroffene (bei mehreren 2
Mitgewahrsamsinhabern: alle) in die Durchsuchung ausdrücklich **einwilligt**. Das bloße
Geschehenlassen ohne Widerspruch genügt zwar nicht (SK-StPO/Rudolphi StPO § 105
Rn 3), ausreichend ist aber eine eindeutige, schweigende Zustimmung. Die Einwilligung ist
unwirksam, wenn die Voraussetzungen des § 102 StPO nicht vorliegen und der betroffene
Gewahrsamsinhaber hierüber nicht belehrt wurde (LG Stuttgart NStE Nr 2 zu StPO § 105;
SK-StPO/Rudolphi StPO § 105 Rn 3).

Einer Anordnung nach § 105 StPO bedarf es ferner dann nicht, wenn die Wohnungs- 3
durchsuchung der **Ergreifung** des Beschuldigten, Vorzuführenden, Unterzubringenden oder
Verurteilten nach § 112 StPO, § 126a StPO, § 230 Abs 2 StPO, § 236 StPO, § 329 Abs 4
StPO, § 453c StPO, § 457 Abs 2 StPO, § 463 StPO dient (OLG Düsseldorf NStZ 1981,
402; Löwe/Rosenberg/Schäfer StPO § 105 Rn 10). In diesen Fällen ist die Anordnung der
Ergreifungsdurchsuchung bereits konkludent mit dem Erlass des Haftbefehls getroffen worden (aA SK-StPO/Rudolphi StPO § 105 Rn 4). Auch das ein Fahrverbot enthaltene Urteil
oder Strafbefehl umfasst die stillschweigende Anordnung der Durchsuchung der Wohnung
des Verurteilten (Meyer-Goßner StPO § 105 Rn 6). Die Durchsuchung von **Räumen
Dritter** bedarf allerdings einer gesonderten Anordnung (OLG Celle StV 1982, 561).

II. Zuständigkeit

Die **richterliche Anordnung** der Durchsuchung ist die Regel, die nichtrichterliche die 4
Ausnahme (BVerfG NStZ 2001, 382). Zuständig ist im Ermittlungsverfahren der Ermittlungsrichter (§ 162 StPO, § 169 StPO).

Nur bei **Gefahr im Verzug, vgl § 98 StPO** (s § 98 StPO Rn 2; BVerfG NVwZ-RR 5
2003, 495) sind die Staatsanwaltschaft und ihre Ermittlungspersonen (letztere nicht in den
Fällen des § 103 Abs 1 S 2 StPO) für die Anordnung der Durchsuchung zuständig. Durchsuchungen zur Durchsetzung von Auskunftsverlangen nach **§ 127 TKG** können bei Gefahr
im Verzug durch Beauftragte der Bundesnetzagentur durchgeführt werden, § 127 Abs 6 S 2
TKG iVm § 127 Abs 5 TKG. Zur Anordnung einer Durchsuchung durch den Untersuchungsführer in einem förmlichen Disziplinarverfahren bei Gefahr im Verzug vgl BGH v
15. 5. 2008 – 2 ARs 452/07 (EBE/BGH 2008, BGH-Ls 621/08). Eine ausschließliche
Zuständigkeit des Gerichts besteht in den Fällen der Durchsuchung von Redaktions-,
Verlags- oder Druckereiräumen oder von Rundfunkanstalten (§ 98 Abs 1 S 2 StPO; BGH
NJW 1999, 2051; § 98 StPO Rn 1).

Grundsätzlich muss nach der Rechtsprechung des BVerfG (NStZ 2001, 382) und des 6
BGH (NStZ 2007, 601) zunächst versucht werden, eine richterliche Anordnung zu erhalten.
Nur wenn die dadurch bedingte **zeitliche Verzögerung** zu einem Beweismittelverlust
führen würde, können Staatsanwaltschaft und Polizei die Durchsuchung anordnen (BGHR
StPO § 105 I Durchsuchung 6; BayObLG NStZ-RR 2003, 142 mAnm Krehl JR 2003,
302). Dabei darf die Strafverfolgungsbehörde die von Verfassungs wegen vorgesehene Regelzuständigkeit des Richters nicht dadurch unterlaufen, dass sie so lange mit dem Antrag an
den Ermittlungsrichter zuwartet, bis etwa die Gefahr eines Beweismittelverlusts tatsächlich
eingetreten ist (BVerfG NJW 2005, 1637). Maßgeblich ist der Zeitpunkt, zu dem Staatsanwaltschaft oder Polizei die Durchsuchung für erforderlich hielten (BGH NStZ 2007, 601,
602). Ob Gefahr im Verzug vorliegt, muss sich aus einzelfallbezogenen **Tatsachen** ergeben;
reine Spekulationen, hypothetische Erwägungen oder lediglich auf kriminalistische Alltagserfahrung gestützte, fallunabhängige Vermutungen reichen nicht aus (BVerfG NStZ 2001,
382; NJW 2004, 3171; StraFo 2006, 369). Der Versuch einer **telefonischen Kontaktaufnahme** genügt (Meyer-Goßner StPO § 105 Rn 2); hierfür müssen die Gerichte einen
funktionierenden **Bereitschaftsdienst** einrichten (BVerfG NStZ 2001, 382; NJW 2007,
1444; OLG Hamm NJW 2009, 3109). Auch für Alltagsfälle haben die Gerichte „im
Rahmen des Möglichen sicherzustellen", dass die in der Verfassung vorgesehene Regelzuständigkeit des Richters gewahrt bleibt (BVerfG NJW 2007, 1444 für eine polizeiliche
Anordnung um 18 Uhr in München). Ist der Ermittlungsrichter der Ansicht, ohne Aktenkenntnis nicht, auch nicht mündlich entscheiden zu können, und droht zeitnah der Verlust
des Beweismittels, liegen die Voraussetzungen für eine rechtmäßige Inanspruchnahme der
Eilkompetenz der Staatsanwaltschaft vor (BGH NStZ 2006, 114).

7 Das Gericht hat den Tatverdacht **nach Aktenlage**, ohne eigene Ermittlungen (diese sind nur nach Maßgabe des § 165 StPO zulässig), selbständig zu prüfen (OLG Düsseldorf MDR 1991, 78; LG Stuttgart NStZ 1983, 520). Der richterliche Durchsuchungsbeschluss muss die rechtliche Grundlage der konkreten Maßnahme schaffen und Rahmen, Grenzen und Ziel der Durchsuchung definieren (BVerfG NJW 1997, 2165). Zum Inhalt der Anordnung vgl iÜ Rn 9 ff.

B. Richterliche Anordnung

I. Form

8 Da eine bestimmte Form der Anordnung nicht vorgeschrieben ist, kann sie auch **mündlich, telefonisch, per Fax oder E-Mail** ergehen (KK-StPO/Nack StPO § 105 Rn 3; Meyer-Goßner StPO § 105 Rn 3). Die sich aus Art 19 Abs 4 GG ergebenden Dokumentations- und Begründungspflichten erfordern es aber, dass die Grundlagen der Entscheidung **in den Akten niedergelegt** werden. Dies gilt auch für das Merkmal der Gefahr im Verzug (BVerfG NStZ 2001, 382). Allerdings führt eine unzureichende Dokumentation der richterlichen Entscheidung nicht zu ihrer Unwirksamkeit und damit nicht zu einem Verwertungsverbot (BGH NStZ 2005, 392; s Rn 25). Hat der anordnende Richter oder Staatsanwalt keine Anhaltspunkte dafür, dass die ihm von der Polizei übermittelten Erkenntnisse unrichtig sind, muss er deren Wahrheitsgehalt nicht selbst prüfen (KK-StPO/Nack StPO § 102 Rn 3). Mit der Durchsuchung kann zugleich eine **Beschlagnahmeanordnung** getroffen werden; darin müssen aber die Beweismittel so konkret bezeichnet werden, dass sie zweifelsfrei identifiziert werden können (OLG Koblenz NStZ 2007, 285; SK-StPO/Rudolphi StPO § 105 Rn 13).

II. Inhalt

9 Zu den notwendigen inhaltlichen Angaben der Durchsuchungsanordnung gehört die **Beschreibung der Straftat**, deren Verfolgung die Maßnahme dient. Die bloße Wiedergabe des Gesetzestextes reicht dafür nicht aus, erforderlich sind vielmehr Angaben über das tatsächliche Geschehen, soweit dies nach dem vorliegenden Ermittlungsergebnis und ohne Gefährdung des Untersuchungszwecks ohne weiteres möglich ist (BVerfG NStZ 2000, 601; NJW 1966, 1603, 1615; BGH NStZ 2004, 275). Dazu muss ein Verhalten oder sonstige Umstände geschildert werden, die einen Anfangsverdacht der zu verfolgenden Straftat belegen (BVerfG NStZ-RR 2004, 143; BVerfG NJW 2007, 1443). Die den Verdacht stützenden Indizien müssen nur dargelegt werden, wenn sie zur Begrenzung der Durchsuchungsanordnung notwendig sind; die Bekanntgabe der Verdachtsgründe kann ansonsten unabhängig von der Vollziehung einer Durchsuchung auch zu einem späteren Zeitpunkt erfolgen (BVerfG NStZ 2004, 160). Die Angabe der wesentlichen Verdachtsmomente darf aber nur dann unterbleiben, wenn die Bekanntgabe den Untersuchungszweck gefährden würde und daher den Zwecken der Strafverfolgung abträglich wäre (BVerfG NJW 2003, 2669; BGH NStZ-RR 2009, 142). Nach der ständigen Rspr des BVerfG muss der Durchsuchungsbeschluss erkennen lassen, dass eine eigenverantwortliche Prüfung zur Erfüllung der Rechtsschutzfunktion des Richtervorbehalts gemäß Art 13 Abs 2 GG stattgefunden hat (zB BVerfG BeckRS 2009, 32489). Eine **verjährungsunterbrechende** Funktion iSd § 78 c Abs 1 Nr 4 StGB (BeckOK v. Heintschel-Heinegg/Dallmeyer StGB § 78 c StGB Rn 13) hat der Durchsuchungsbeschluss nur, wenn der Täter aufgrund von bei den Akten befindlichen Unterlagen bestimmt werden kann und sich die Durchsuchung auch gegen ihn richten sollte (BGH NJW 2007, 2648).

9a Lässt der Durchsuchungsbeschluss in seiner Gesamtheit in ausreichendem Maße erkennen, dass der Ermittlungsrichter die Voraussetzungen für seinen Erlass eigenständig geprüft hat, kann ein evtl Prüfungs- oder Darstellungsmangel geheilt werden, indem das **Beschwerdegericht** die Konkretisierung der den Akten zu entnehmenden, den Anfangsverdacht belegenden Umstände in seiner Beschwerdeentscheidung nachholt (BVerfG NJW 2003, 2669; BGH NStZ-RR 2009, 142).

10 Außerdem muss der **Zweck der Durchsuchung** und ihr **Umfang** (welche Räume sollen durchsucht werden?) möglichst genau bezeichnet werden (BVerfG NStZ 1992, 91). Soll nach

Beweismitteln gesucht werden, sind diese ebenfalls **hinreichend konkretisiert** werden, ggf durch Nennung von Beispielen (BVerfG NJW 1997, 2165; BeckRS 2004 22490 = NJW 2004, 3171). Es sollten keine Zweifel über die zu suchenden und ggf zu beschlagnahmenden Gegenstände entstehen. Diese müssen zwar nicht in allen Einzelheiten beschrieben werden; erforderlich ist es jedoch, dass sie zumindest ihrer Gattung nach bestimmt sind (BVerfG NStZ 2002, 212; BGH NStZ 2002, 215). Dabei genügt es, wenn die zu erwartenden Beweismittel zB beschrieben werden als „Geschäftskorrespondenz, Reiseabrechnungen und -berichte, Kredit- und Buchhaltungsunterlagen und interne Vermerke".

Der Richter darf die Durchsuchung nur anordnen, wenn er sich auf Grund eigenverantwortlicher Prüfung der Ermittlungen überzeugt hat, dass die Maßnahme **verhältnismäßig** ist; insbes darf die Maßnahme nicht außer Verhältnis zur Stärke des in diesem Verfahrensabschnitt vorliegenden Tatverdachts stehen (BVerfG NStZ-RR 2006, 110; NJW 2005, 1707; StraFO 2006, 240; NJW 2006, 3411; § 102 StPO dort s § 102 StPO Rn 18 ff). Zu den Darlegungsanforderungen gehört daher auch die Prüfung der Verhältnismäßigkeit (BVerfG NJW 2008, 1937; Baur wistra 1983, 100; Meyer-Goßner StPO § 105 Rn 5 a). Dennoch bleibt es grundsätzlich Sache der Ermittlungsbehörden, Zweckmäßigkeit und Reihenfolge vorzunehmender Ermittlungshandlungen zu prüfen. **11**

Dem Betroffenen, der vorher nicht angehört zu werden braucht (§ 33 Abs 4 StPO), ist **12** der Anordnungsbeschluss bei Vollziehung der Maßnahme aus Gründen der Rechtsschutzmöglichkeit grundsätzlich **vollständig mitzuteilen**. Ausnahmsweise kann im Einzelfall die Bekanntmachung der Gründe **entsprechend § 101 StPO zurückgestellt** werden, um den Untersuchungszweck nicht zu gefährden (BGH NStZ 2003, 273; KK-StPO/Nack StPO § 105 Rn 5). Dass eine solche Möglichkeit grundsätzlich besteht, ergibt sich aus dem Umkehrschluss aus § 106 Abs 2 S 1 StPO, wonach dem Inhaber oder der in seiner Abwesenheit zugezogenen Person (nur) in den Fällen des § 103 Abs 1 StPO der Zweck der Durchsuchung vor ihrem Beginn bekannt zugeben ist, vgl § 106 StPO Rn 7, § 107 StPO Rn 2.

C. Vollzug

Regelungen über den Vollzug der Durchsuchung finden sich in Abs 2 und in § 106 StPO **13** bis § 110 StPO. Die richterliche Anordnung wird grundsätzlich von der Staatsanwaltschaft vollzogen (§ 36 Abs 2 S 1 StPO), die ihrerseits andere Ermittlungsbehörden (Polizei-, Zoll-, Steuerbehörden) damit beauftragen kann. Das Gericht kann seine Anordnung auch selbst ausführen.

Im Ermittlungsverfahren ist die Staatsanwaltschaft (nicht die Polizei) nicht verpflichtet, den **14** von ihr beantragten Durchsuchungsbeschluss sofort umzusetzen. Die Vollstreckung wird aber unzulässig, wenn sie nicht innerhalb von **sechs Monaten** erfolgt (BVerfG NStZ 1997, 502; KK-StPO/Nack StPO § 105 Rn 9 ff), oder wenn sich die Ermittlungslage so geändert hat, dass sie eine Durchsuchung nicht mehr rechtfertigt (LG Osnabrück NStZ 1987, 522). Nach Anklageerhebung entscheidet das Gericht über Recht- und Zweckmäßigkeit der Durchsuchung; ordnet es eine solche an, ist die Staatsanwaltschaft zum Vollzug verpflichtet (SK-StPO/Rudolphi StPO § 105 Rn 8).

Die Fertigung von **Lichtbildern** während der Durchsuchung kann zulässig und geboten **15** sein, wenn weitere Durchsuchungs- oder Spurensicherungsmaßnahmen erforderlich werden, die nicht sofort durchgeführt werden können, oder wenn wegen der Bedeutung der Straftat und der voraussichtlichen Bedeutung der Bilder als Beweismittel für den gerichtlichen Augenschein das Interesse der Wohnungsinhaber an der Bewahrung ihrer privaten Lebenssphäre überwiegen könnte (OLG Celle StV 1985, 137; LG Hamburg StV 2004, 368).

Die von Abs 2 vorgeschriebene **Anwesenheit von Durchsuchungszeugen** dient dem **16** Schutz des Betroffenen und soll zum einen einem möglichen Fehlverhalten der Durchsuchungsbeamten vorbeugen, diese zum anderen vor unberechtigten Vorwürfen schützen (BGH NJW 1963, 1461). Die Zuziehung von Zeugen ist eine wesentliche Förmlichkeit der Durchsuchung (BGH NStZ 2007, 279), die indes nur „wenn möglich" zu berücksichtigen ist. Die Zeugenzuziehung ist nicht möglich, wenn die Suche nach geeigneten Personen den Erfolg der Maßnahme vereiteln würde (BGH NStZ 1986, 84). Dies ist etwa der Fall, wenn die Durchsuchung mit Einwilligung des Gewahrsamsinhabers begonnen hat, die Einwilligung aber während der Maßnahme widerrufen wird.

17 § 105 Abs 2 StPO und § 106 StPO legen den Kreis derjenigen Personen, die bei einer Durchsuchung zugegen sein dürfen, nicht abschließend fest und erlauben auch die **Anwesenheit von Dritten**, von deren Beteiligung – etwa wegen ihres besonderen Wissens – eine Förderung der sachgerechten Erledigung der Maßnahme zu erwarten ist (OLG Hamm NStZ 1986, 326). Dies gilt auch für **ausländische Ermittlungsbeamte**, die über besondere Sachkunde verfügen oder aufgrund eigener Ermittlungen sachdienliche Hinweise zu Zweck und Durchführung der Durchsuchung geben können (OLG Karlsruhe NStZ 1991, 50, 51).

18 Der Betroffene kann auf die Zuziehung von Zeugen **verzichten** (Meyer-Goßner StPO § 105 Rn 12; **aA** KK-StPO/Nack StPO § 105 Rn 14); der Verzicht ist widerrufbar.

19 Irrt sich der vollziehende Beamte über die Möglichkeit des Hinzuziehens von Zeugen, wird die Maßnahme hierdurch nicht rechtswidrig (BayObLGSt 1979, 183). Die Nichtbeachtung des Abs 2 macht die gewonnenen Erkenntnisse nicht unverwertbar (Meyer-Goßner StPO § 105 Rn 11; s unten Rn 25).

20 Die Durchsuchungsanordnung rechtfertigt auch die **Anwendung unmittelbaren Zwangs**. Davon umfasst sind sowohl körperlicher Zwang gegenüber den angetroffenen Personen als auch Gewalt gegen Sachen wie die gewaltsame Öffnung von Türen oder das Aufbrechen von Behältnissen (Löwe/Rosenberg/Schäfer StPO § 105 Rn 61). Das Festhalten von Personen in den zu durchsuchenden Räumen und das zeitweilige Verbot von Telefongesprächen (außer mit dem Verteidiger) und Computerbenutzung rechtfertigt sich nach den allgemeinen Grundsätzen, vgl § 164 StPO (Rengier NStZ 1981, 372, 375).

D. Beendigung der Durchsuchung

21 Die Durchsuchungsanordnung berechtigt nur zu einer **einmaligen Durchsuchung**; diese kann aber mit Pausen durchgeführt werden. Solange die anlässlich einer Durchsuchung mitgenommenen Papiere und Unterlagen noch gem § 110 Abs 1 StPO durchgesehen werden, ist die Durchsuchung noch nicht beendet (BVerfG NStZ 2002, 377; BGH NStZ 1989, 375; LG Frankfurt/M NStZ 1997, 564). Allerdings ist die Anordnung einer mehrmonatigen Dauerdurchsuchung und Überwachung eines laufenden Geschäftsbetriebs in der Hoffnung, Erkenntnisse über ein Manipulationsschema bei der Kassenabrechnung zu entdecken, unzulässig (LG Hamburg wistra 2004, 36). Die Notwendigkeit der Beendigung der Durchsuchung kann sich daher aus dem **Verhältnismäßigkeitsgrundsatz** (unzumutbar lange Dauer) ergeben, oder wenn keine Anhaltspunkte vorliegen, die die Vermutung begründen, die weitere Durchsicht der Unterlagen werde zum Auffinden von Beweismitteln führen.

22 Das Ende der Durchsuchung wird in der ausdrücklichen Erklärung oder dem konkludenten Verhalten der Durchsuchungsbeamten **dokumentiert**. Wenn die Durchsuchung nur unterbrochen und anderntags fortgesetzt werden soll, muss dies dem Betroffenen bekannt gegeben werden, andernfalls gilt die Durchsuchung als beendet und die Anordnung als „verbraucht" (BVerfGK 2, 310; Rengier NStZ 1981, 372, 377).

E. Verwertbarkeit und Anfechtung

23 Gegen Durchsuchungsanordnungen der **Staatsanwaltschaft und der Polizei** kann, auch noch nach Beendigung der Maßnahme, entsprechend § 98 Abs 2 S 2 StPO die richterliche Bestätigung beantragt werden (BVerfG NStZ 1998, 580; BGHSt 28, 206 = NJW 1979, 882 mAnm Lisken NJW 1979, 1992; OLG Karlsruhe NStZ 1991, 50). Dies gilt auch für die Art und Weise des Vollzugs (BGH NStZ 1999, 200).

24 Der Begriff der **Gefahr im Verzug** unterliegt in seiner Auslegung und Anwendung der uneingeschränkten richterlichen Kontrolle (BVerfG NStZ 2001, 382). Ein **Beweisverwertungsverbot** ist indes nur bei **bewusster oder willkürlicher Missachtung** oder gleichgewichtig grober Verkennung dieser Voraussetzung in Betracht zu ziehen (BVerfG NJW 2009, 3225 mAnm Schwabenbauer NJW 2009, 3210; BGH NStZ 2007, 601, 603 mAnm Brüning HRRS 2007, 250, Roxin NStZ 2007, 616, Ransiek JR 2007, 436, Mosbacher NJW 2007,

3686; vgl auch OLG Dresden BeckRS 2009, 15109 und OLG Köln NStZ 2009, 407 jeweils zu § 81 a StPO; weitergehend OLG Hamm NJW 2009, 3109, 3111).

Ist die Durchsuchung zum Zeitpunkt der gerichtlichen Entscheidung noch nicht beendet, muss sie abgebrochen werden, wenn das Gericht die Voraussetzungen als nicht gegeben ansieht. 25

Eine mangelhaft begründete Durchsuchungsanordnung führt auch sonst grundsätzlich nicht zu einem **Verwertungsverbot** (BGH NStZ 2005, 392). Bei allen Fehlern der Durchsuchung oder der ihr zugrunde liegenden Anordnung ist unter Zugrundelegung des **hypothetischen Ersatzeingriffs** zu prüfen, ob dem Erlass einer ordnungsgemäßen Durchsuchungsanordnung keine rechtlichen Hindernisse entgegen gestanden hätten und die sichergestellten Beweismittel einer Verwertung zugänglich gewesen wären (BGH NStZ-RR 2007, 242; OLG Hamm NStZ 2007, 355; KK-StPO/Nack StPO § 94 Rn 20, § 105 StPO Rn 21). Das BVerfG hat bei schwerwiegenden, bewussten oder willkürlichen Verfahrensverstößen, in denen Beschränkungen auf den Ermittlungszweck einer Datenträgerbeschlagnahme bei einer Durchsuchung planmäßig bzw systematisch außer Acht gelassen wurden, ein Beweisverwertungsverbot für geboten erachtet (BVerfGE 113, 29 = NJW 2005, 1917, 1923). In den Fällen eines nur „fahrlässigen" (auch leichtfertigen) Verstoßes gegen die Darlegungspflichten des § 105 Abs 1 S 1 StPO ist unter Berücksichtigung des hypothetischen Ermittlungsablaufs zu prüfen, ob nach Abwägung der beurteilungsrelevanten Gesichtspunkte ein Beweisverwertungsverbot zu bejahen ist (Schneider NStZ-Sonderheft 2009, 46). 26

Gegen **richterliche Durchsuchungsanordnungen** ist die Beschwerde nach § 304 StPO statthaft. Ist die Durchsuchung beendet, darf die Beschwerde nicht allein deswegen, weil die richterliche Anordnung vollzogen ist und die Maßnahme sich deshalb erledigt hat, unter dem Gesichtspunkt prozessualer Überholung als unzulässig verworfen werden (BVerfG NJW 1999, 273). Hat die Staatsanwaltschaft die Prüfungsphase nach § 110 StPO und damit die Durchsuchung abgeschlossen (§ 110 StPO Rn 8) und die Beschlagnahme von Gegenständen beantragt, entscheidet über die Rechtmäßigkeit der allein verbleibenden, im weiteren Sachentzug bestehenden Eingriffswirkung der für die Beschlagnahmeanordnung zuständige Ermittlungsrichter (BVerfG NStZ 2002, 377; BGH NJW 1995, 3397). 27

§ 106 [Zuziehung des Inhabers]

(1) ¹Der Inhaber der zu durchsuchenden Räume oder Gegenstände darf der Durchsuchung beiwohnen. ²Ist er abwesend, so ist, wenn möglich, sein Vertreter oder ein erwachsener Angehöriger, Hausgenosse oder Nachbar zuzuziehen.

(2) ¹Dem Inhaber oder der in dessen Abwesenheit zugezogenen Person ist in den Fällen des § 103 Abs. 1 der Zweck der Durchsuchung vor deren Beginn bekanntzumachen. ²Diese Vorschrift gilt nicht für die Inhaber der in § 104 Abs. 2 bezeichneten Räume.

Überblick

Die Ordnungsvorschrift des § 106 StPO betrifft die Durchführung der Durchsuchung.

A. Regelungsgehalt

§ 106 StPO trifft Regelungen über den Vollzug der Durchsuchungsanordnung, die als wesentliche Förmlichkeit **zwingendes Recht** darstellen (BGH NStZ 2007, 535). Den einleuchtenden Gründen, die dafür sprechen, in der Durchsuchung keine Maßnahme zu sehen, die nach ihrer Rechtsnatur, nach ihrer Zweckbestimmung oder wegen der Intensität des Eingriffs in Grundrechtspositionen des Betroffenen stets und ausnahmslos offen durchgeführt werden müsste (BGH Ermittlungsrichter wistra 2007, 28 = StV 2007, 60; Hofmann NStZ 2005, 121), ist der BGH nicht gefolgt: Die Befolgung der § 106 StPO, § 197 StPO stehe nicht zur beliebigen Disposition der Ermittlungsbehörden und dürfe nicht aus ermittlungstaktischen Erwägungen unterbleiben, um den Tatverdächtigen über die Durchsuchung sowie die gegen ihn geführten Ermittlungen in Unkenntnis zu halten. 1

2   Das Argument, die heimliche Durchsuchung sei wegen ihrer erhöhten Eingriffsintensität eine Zwangsmaßnahme mit einem neuen, eigenständigen Charakter (BGH NStZ 2007, 535 zur Online-Durchsuchung), überzeugt indes nicht: die heimliche Durchsuchung ist in ihrem Ausmaß und ihrer Wirkung beschränkt und damit weniger belastend als die offene Maßnahme, die in der Regel von einem großen Polizeiaufgebot begleitet wird und die Beschlagnahme von Computern und anderen Arbeitsmitteln des Betroffenen nach sich zieht. Auch sind die Rechtsschutzmöglichkeiten des Betroffenen nicht beeinträchtigt. Er kann auch nach Abschluss der Durchsuchung gegen deren Anordnung Beschwerde einlegen und gegen die Art und Weise ihrer Durchführung einen Antrag entsprechend § 98 Abs 2 StPO stellen (BGH Ermittlungsrichter wistra 2007, 28; Hofmann NStZ 2005, 121, 124).

3   Trotz ihres zwingenden Charakters sind die § 106 StPO, § 107 StPO auch nach der Rechtsprechung des BGH bloße **Ordnungsvorschriften**, aus deren Verletzung **keine Rechtsfolgen**, insbes kein Verwertungsverbot, hergeleitet werden können (Meyer-Goßner StPO § 106 Rn 1; BGH NStZ 1983, 375; in BGH NStZ 2007, 535 unter Hinweis auf BVerfG NJW 2005, 1917 in Frage gestellt).

B. Anwesenheitsrecht

I. Inhaber

4   Das Anwesenheitsrecht des Abs 1 S 1 steht (jedem) **Inhaber** der zu durchsuchenden Räume oder Gegenstände zu. Ist der Inhaber abwesend, muss nicht auf ihn gewartet werden (Löwe/Rosenberg/Schäfer StPO § 106 Rn 3). Kommt er später hinzu, muss die Durchsuchung nicht neu begonnen werden (Meyer-Goßner StPO § 106 Rn 2). Stört er die Durchsuchung, kann nach Maßgabe des § 164 StPO verfahren werden (§ 164 StPO Rn 1).

4a   Wird das **E-Mail-Postfach auf dem Mailserver eines Providers** durchsucht, ist der Postfachinhaber im Hinblick auf Art 10 GG idR vor der Sichtung zu unterrichten, außer wenn seine Kenntnis vom Eingriff in das Fernmeldegeheimnis dazu führen würde, dass dessen Zweck verfehlt wird (BVerfG NJW 2009, 2431, 2437).

5   Ist der Beschuldigte nicht Inhaber der Durchsuchungsobjekte, steht ihm kein Anwesenheitsrecht zu. Ein (Untersuchungs- oder Straf-)**Gefangener** ist nicht Inhaber seiner Haftzelle und des dazugehörigen Inventars (OLG Stuttgart NStZ 1984, 574). Bei der nach § 84 Abs 1 StVollzG durchgeführten Durchsuchung besteht daher weder für ihn noch für seinen **Verteidiger** ein Anwesenheitsrecht. Anders ist dies bei Freigängern, denen erlaubt ist außerhalb der Justizvollzugsanstalt zu wohnen (LG Koblenz NStZ 2004, 231). Gegenstände oder Schriftstücke des Gefangenen, die einer inhaltlichen Kontrolle entzogen sind, wie etwa Verteidigerunterlagen, dürfen zur Abwendung einer Missbrauchsgefahr einer Sichtkontrolle unterzogen werden, bei der aber dem Gefangenen die Möglichkeit zur Beobachtung gegeben werden muss (KG NStZ 2004, 611).

II. Zuziehung anderer Personen

6   Bei **Abwesenheit des Inhabers** sind in der von Abs 1 S 2 vorgegebenen Reihenfolge andere Personen hinzuzuziehen, sofern dies möglich ist. Vertreter ist derjenige, der den Inhaber aufgrund ausdrücklicher Vollmacht, zB als Verteidiger, oder kraft allgemeinen Auftrags, zB als Hausverwalter, oder üblicherweise, zB als Ehegatte, vertritt. Als erwachsen gilt jeder der nach seiner körperlichen Entwicklung und dem äußeren Erscheinungsbild „erwachsen" ist (§ 98 StPO Rn 6). Im Fall der **Störung und Entfernung des Inhabers** (vgl dazu Löwe/Rosenberg/Schäfer StPO § 106 Rn 5) ist eine Zuziehung Dritter nicht erforderlich, denn der Inhaber hat dann seine Rechte aus § 106 StPO verwirkt (Meyer-Goßner StPO § 106 Rn 4; **aA** KK-StPO/Nack StPO § 106 Rn 5).

C. Bekanntmachung

7   Handelt es sich um eine Durchsuchung nach § 103 Abs 1 StPO, ist gem § 106 Abs 2 StPO dem Inhaber oder der nach Abs 1 S 2 hinzugezogenen Person vor Beginn der Durchsuchung der **Zweck der Durchsuchung bekannt zu geben.** Hierzu ist es nicht erforder-

lich, dem Inhaber oder der sonst anwesenden Personen eine Abschrift des Durchsuchungsbeschlusses auszuhändigen. Nach Beendigung der Maßnahme gilt § 107 StPO.

Um den Durchsuchungserfolg nicht zu gefährden, kann die Bekanntgabe ausnahmsweise zurückgestellt werden (§ 105 StPO Rn 12, § 107 StPO Rn 2). 8

D. Rechtsbehelf

Da die Vorschrift die Art und Weise der Durchsuchung betrifft, kann entsprechend § 98 Abs 2 StPO richterliche Entscheidung beantragt werden (OLG Karlsruhe NStZ 1991, 50). 9

§ 107 [Mitteilung, Verzeichnis]

¹Dem von der Durchsuchung Betroffenen ist nach deren Beendigung auf Verlangen eine schriftliche Mitteilung zu machen, die den Grund der Durchsuchung (§§ 102, 103) sowie im Falle des § 102 die Straftat bezeichnen muß. ²Auch ist ihm auf Verlangen ein Verzeichnis der in Verwahrung oder in Beschlag genommenen Gegenstände, falls aber nichts Verdächtiges gefunden wird, eine Bescheinigung hierüber zu geben.

Überblick

Die Ordnungsvorschrift des § 107 StPO hat die Anordnung und den Vollzug der Durchsuchung zum Gegenstand.

A. Regelungsgehalt

§ 107 StPO dient der Sicherung des **rechtlichen Gehörs** der von einer Durchsuchung betroffenen Personen und erweitert die in § 35 StPO geregelte **Pflicht zu Bekanntmachung** richterlicher Entscheidungen auf staatsanwaltschaftliche und polizeiliche Anordnungen sowie die Anordnungen, deren Bekanntgabe nach Maßgabe des § 101 StPO zurückgestellt worden ist (§ 105 StPO Rn 11). Sinn der Vorschrift ist, dem Betroffenen alsbald eine Übersicht und Kontrollmöglichkeit bezüglich der in Verwahrung genommenen Gegenstände zu verschaffen. Gleichwohl handelt es sich um eine **Ordnungsvorschrift**, an deren Verletzung keine Rechtsfolgen geknüpft sind; insbesondere führt ein Verstoß gegen § 107 StPO nicht zu einem **Verwertungsverbot** (OLG Stuttgart MDR 1993, 370). 1

B. Bescheinigung über die Durchsuchung

Die auf Verlangen des Betroffenen auszustellende Bescheinigung über die Durchsuchung muss jedenfalls den **Durchsuchungszweck** angeben, im Fall des § 102 StPO auch die Straftat, deren Verfolgung die Durchsuchung dient. Art 19 Abs 4 GG gebietet es darüber hinaus, dem Betroffenen nach Möglichkeit den **vollständigen Durchsuchungsbeschluss** bekanntzugeben (BGHR StPO § 105 Zustellung 1). Wird hierdurch der Durchsuchungszweck gefährdet, kann im Einzelfall die **Bekanntmachung der Gründe zurückgestellt** werden, um den Untersuchungszweck nicht zu gefährden (BGH NStZ 2003, 273). In solchen Fällen genügt es, wenn die Bescheinigung die abstrakte Angabe des Durchsuchungszwecks enthält (KK-StPO/Nack StPO § 107 Rn 3). 2

C. Beschlagnahmeverzeichnis

Das Verzeichnis über die sichergestellten oder beschlagnahmten Gegenstände, das ebenfalls auf Verlangen des Betroffenen diesem auszuhändigen ist, ist von dem Durchsuchungsbeamten oder der anordnenden Behörde zu erstellen. Ein solches Verzeichnis ist auch anzufertigen, wenn in Wahrung des Grundsatzes der Verhältnismäßigkeit keine Originaldokumente, sondern Kopien sichergestellt werden (LG Stade wistra 2002, 319). Das Verzeichnis sollte nach Möglichkeit an Ort und Stelle angefertigt werden (OLG Stuttgart MDR 1993, 370). Da Sinn der Vorschrift ist, den Verbleib der in Verwahrung genommenen Gegenstände festzustellen 3

StPO § 108   Erstes Buch. 8. Abschnitt

und dem Betroffenen Gelegenheit zu geben, gegen eine bevorstehende oder bereits erfolgte Beschlagnahme alsbald bezüglich einzelner Gegenstände substantiiert Einwendungen zu erheben und schließlich die Vollständigkeit späterer Rückgabe zu kontrollieren, sind die Gegenstände möglichst so zu bezeichnen, dass sie **identifizierbar** sind (Meyer-Goßner StPO § 107 Rn 3). Bei umfangreichem Beschlagnahmematerial genügt es, dass die Gegenstände nach Art und Zahl beschrieben werden. Zur Kennzeichnungspflicht vgl iÜ § 109 StPO Rn 1.

4   Werden keine Gegenstände in behördliche Verwahrung genommen, ist auch darüber dem Gewahrsamsinhaber eine **(Negativ-) Bescheinigung** auszustellen.

D. Rechtsbehelf

5   Solange die Sichtung der beschlagnahmten Unterlagen andauert, ist die Durchsuchung noch nicht vollständig abgeschlossen und entsprechend **§ 98 Abs 2 S 2 StPO** Antrag auf gerichtliche Entscheidung zulässig (OLG Karlsruhe NStZ 1995, 48). Der Antrag nach **§ 23 Abs 2 EGGVG** ist erst statthaft, wenn sich anordnende Behörde nach der Beendigung der Durchsuchung weigert, eine Bescheinigung nach Abs 1 oder ein Verzeichnis nach Abs 2 auszustellen (LG Gießen wistra 2000, 76; **aA** KK-StPO/Nack StPO § 107 Rn 5: § 98 Abs 2 S 2 StPO auch nach vollzogener Durchsuchung).

§ 108 [Beschlagnahme anderer Gegenstände]

(1) [1]Werden bei Gelegenheit einer Durchsuchung Gegenstände gefunden, die zwar in keiner Beziehung zu der Untersuchung stehen, aber auf die Verübung einer anderen Straftat hindeuten, so sind sie einstweilen in Beschlag zu nehmen. [2]Der Staatsanwaltschaft ist hiervon Kenntnis zu geben. [3]Satz 1 findet keine Anwendung, soweit eine Durchsuchung nach § 103 Abs. 1 Satz 2 stattfindet.

(2) Werden bei einem Arzt Gegenstände im Sinne von Absatz 1 Satz 1 gefunden, die den Schwangerschaftsabbruch einer Patientin betreffen, ist ihre Verwertung zu Beweiszwecken in einem Strafverfahren gegen die Patientin wegen einer Straftat nach § 218 des Strafgesetzbuches unzulässig.

(3) Werden bei einer in § 53 Abs. 1 Satz 1 Nr. 5 genannten Person Gegenstände im Sinne von Absatz 1 Satz 1 gefunden, auf die sich das Zeugnisverweigerungsrecht der genannten Person erstreckt, ist die Verwertung des Gegenstandes zu Beweiszwecken in einem Strafverfahren nur insoweit zulässig, als Gegenstand dieses Strafverfahrens eine Straftat ist, die im Höchstmaß mit mindestens fünf Jahren Freiheitsstrafe bedroht ist und bei der es sich nicht um eine Straftat nach § 353 b des Strafgesetzbuches handelt.

Überblick

Die Vorschrift sichert die Verwertbarkeit von zufällig am Durchsuchungsort aufgefundenen Beweismitteln für andere Straftaten als diejenigen, die den Anlass für die Durchsuchung gegeben haben, um der Staatsanwaltschaft Gelegenheit zur Prüfung des (Anfangs-)verdachts hinsichtlich eines weiteren Ermittlungsverfahrens zu geben.

A. Voraussetzungen

1   Nach § 108 StPO können Gegenstände als **Zufallsfunde** beschlagnahmt werden, die wegen ihres **Inhalts oder der Umstände** ihres Auffindens als Beweismittel oder Einziehungsgegenstand (§ 111 b Abs 4 StPO) in einem – neuen oder bereits eingeleiteten – Verfahren wegen einer anderen Straftat in Betracht kommen; der wenn auch ungewisse Verdacht (noch kein Anfangsverdacht) genügt (Meyer-Goßner StPO § 108 Rn 2; Löwe/Rosenberg/Schäfer StPO § 108 Rn 8). Zufallsfunde dürfen auch dann vorläufig beschlagnahmt werden, wenn in einem Durchsuchungs- und Beschlagnahmebeschluss die zu beschlagnahmenden Unterlagen im Einzelnen aufgeführt sind (Meyer-Goßner StPO § 108 Rn 1; **aA** LG Freiburg NStZ 1999, 582).

Besteht für den Zufallsfund ein **Beschlagnahmeverbot** nach § 97 StPO, darf er auch 2 nicht nach § 108 StPO vorläufig beschlagnahmt werden (KK-StPO/Nack StPO § 108 Rn 2; Brüning NStZ 2006, 256).

Wird die Durchsuchung in einem **Zoll-** oder **Steuerstrafverfahren** durchgeführt, ist 3 § 108 StPO uneingeschränkt anwendbar (KK-StPO/Nack StPO § 108 Rn 2 mwN). Gleiches gilt bei der Durchsuchung eines Kreditinstituts wegen Verdachts der Steuerhinterziehung eines Bankkunden (BVerfG NStZ 2002, 371). Zufallsfunde, die auf eine Steuerstraftat hinweisen, werden nach § 116 AO der Steuerfahndung mitgeteilt (OLG Frankfurt NStZ 1996, 196).

Nach Zufallsfunden darf **nicht gezielt gesucht** werden; auch darf die Durchsuchung nicht 4 dazu genutzt werden, systematisch nach nicht von der Anordnung umfassten Gegenständen zu suchen (LG Berlin NStZ 2004, 571; StV 1987, 97; OLG Karlsruhe StV 1986, 109).

Das BVerfG hat in einer Entscheidung im Zusammenhang mit der Beschlagnahme des 5 gesamten Datenbestandes einer **Rechtsanwalts- und Steuerberatungskanzlei** auch der Verwertung von Zufallsfunden Grenzen gesetzt. Da beim Zugriff auf elektronische Datenträger eine Recherche faktisch einer gezielten Suche nach „Zufallsfunden" nahe komme, müsse wegen der besonderen Gefahrenlage für die Integrität der Daten Unbeteiligter der Zugriff auf den Datenbestand nach Möglichkeit auf die verfahrensrelevanten Daten beschränkt werden. Zumindest bei schwerwiegenden, bewussten oder willkürlichen Verfahrensverstößen, in denen der Beschränkung auf den Ermittlungszweck der Datenträgerbeschlagnahme planmäßig oder systematisch außer acht gelassen wird, sei ein **Beweisverwertungsverbot** als Folge einer fehlerhaften Durchsuchung und Beschlagnahme von Datenträgern und der darauf vorhandenen Daten geboten (BVerfG NJW 2005, 1917).

Für bei der **Briefkontrolle** eines Gefangenen gefundene Beweismittel ist § 108 entspre- 6 chend anwendbar (BGH NJW 1979, 1418; OLG Düsseldorf NJW 1993, 3278).

Gemäß **§ 108 Abs 1 S 3 StPO** ist die Vorschrift bei Durchsuchungen von **Gebäuden** 7 nach § 103 Abs 1 S 2 StPO unanwendbar, da diese nur der Ergreifung des Beschuldigten dienen. Unberührt hiervon bleibt aber die Zulässigkeit einer wegen Gefahr im Verzug vorgenommenen Beschlagnahme (Kurth NJW 1979, 1377, 1384; KK-StPO/Nack StPO § 108 Rn 8).

Verboten ist die Verwertung von Zufallsfunden in den Fällen des **Abs 2**, um das Ver- 8 trauensverhältnis zwischen **Arzt und Patienten** in besonderem Maß zu schützen.

Eine weitere Einschränkung der Verwertung von Zufallsfunden enthält der auf Empfeh- 9 lung des Rechtsausschusses (BT-Drs 16/6979) mit dem Gesetz zur Neuregelung der Telekommunikationsüberwachung und anderer verdeckter Ermittlungsmaßnahmen sowie zur Umsetzung der Richtlinie 2006/24/EG v 21. 12. 2007 (BGBl I 2007, 3198) eingefügte **Abs 3**. Er bezieht sich auf bei einem **Medienmitarbeiter** aufgefundene Zufallsfunde und soll den **Informantenschutz** sowie die Pressefreiheit stärken (BT-Drs 16/6979, 65). Sind die Gegenstände nicht ohnehin bereits nach § 97 Abs 5 StPO (vgl § 97 StPO Rn 16) beschlagnahmefrei, dürfen sie zwar beschlagnahmt werden; ihre Verwertung in einem anderen Strafverfahren ist aber nur zulässig, wenn es dort um eine Straftat mit einer Mindesthöchststrafe von fünf Jahren Freiheitsstrafe und nicht um die Verletzung des Dienstgeheimnisses nach § 353 b StGB geht.

Zum Verwertungsverbot von Zufallsfunden im **Besteuerungsverfahren** vgl FG BW StE 9a 2008, 313.

B. Verfahren

Der durchsuchende Richter oder Beamte ordnet die einstweilige Beschlagnahme an. 10 Gefahr im Verzug braucht nicht vorzuliegen (BGHSt 19, 374, 376). Auch wenn die (endgültige) Beschlagnahme gemäß § 98 Abs 1 S 2 StPO dem Richter vorbehalten ist, kann die einstweilige Anordnung nach § 108 StPO durch den Durchsuchungsbeamten vorgenommen werden (Meyer-Goßner StPO § 108 Rn 6; Löwe/Rosenberg/Schäfer StPO § 108 Rn 11; **aA** KK-StPO/Nack StPO § 108 Rn 3).

Der beschlagnahmte Gegenstand ist der Staatsanwaltschaft zur Prüfung und Entscheidung 11 vorzulegen, ob er in einem anderen Ermittlungsverfahren nach § 94 StPO, § 98 StPO beschlagnahmt werden soll. Die Entscheidung hierüber ist in angemessener Frist herbeizuführen (BGHSt 19, 374) und obliegt dem für dieses andere Ermittlungsverfahren zuständigen Richter. Wird die Beschlagnahme nicht rechtzeitig beantragt, ist der Gegenstand **freizugeben** (BGH NJW 1979, 1418).

C. Rechtsbehelf

12 Entsprechend § 98 Abs 2 S 2 StPO kann gegen die vorläufige Beschlagnahme **richterliche Entscheidung** beantragt werden, und zwar bei dem Gericht, das für das andere oder neue Ermittlungsverfahren zuständig ist. Das Gericht kann die Beschlagnahme anordnen oder zunächst nur die vorläufige Maßnahme bestätigen (KK-StPO/Nack StPO § 108 Rn 9). Die Beschwerde gegen die richterliche Bestätigung nach § 108 StPO ist zulässig außer in den Fällen des § 304 Abs 4 u Abs 5 StPO (BGH NJW 1979, 1418).

13 Ist in der Zwischenzeit bereits eine **Beschlagnahmeanordnung** nach § 94 StPO ergangen, ist gegen diese die Beschwerde statthaft (§ 304 StPO Rn 1).

§ 109 [Kennzeichnung beschlagnahmter Gegenstände]

Die in Verwahrung oder in Beschlag genommenen Gegenstände sind genau zu verzeichnen und zur Verhütung von Verwechslungen durch amtliche Siegel oder in sonst geeigneter Weise kenntlich zu machen.

1 § 109 StPO gilt für alle Fälle der Sicherstellung und Beschlagnahme nach §§ 94 StPO ff, § 108 StPO u § 111 b StPO.

Die Kennzeichnungspflicht nach § 109 StPO ist eine **Ordnungsvorschrift**; ein Verstoß hat keinen Einfluss auf die Rechtswirksamkeit und Verwertbarkeit der Beschlagnahme (Löwe/Rosenberg/Schäfer StPO § 109 Rn 4).

2 Bei der Sicherstellung von **Datenträgern** ist schon aus Gründen der Beweisführung, aber auch zur Erleichterung des Ausscheidens nicht verfahrensrelevanter Daten darauf zu achten, dass der Speicherort der zu beschlagnahmenden Dateien genau bezeichnet wird. Dazu gehört auch die Angabe von Zugriffsrechten, Passwörtern und Benutzerprotokollen (KK-StPO/Nack StPO § 109 Rn 1).

3 Weigert sich die beschlagnahmende Behörde, ein detailliertes Verzeichnis der Gegenstände zu erstellen, die sie aufgrund einer richterlichen Beschlagnahmeanordnung oder mit Zustimmung des Beschuldigten in Verwahrung genommen hat, ist der Rechtsweg nach **§ 23 Abs 1 S 1 EGGVG** eröffnet (LG Gießen wistra 2000, 76).

§ 110 [Durchsicht von Papieren]

(1) Die Durchsicht der Papiere des von der Durchsuchung Betroffenen steht der Staatsanwaltschaft und auf deren Anordnung ihren Ermittlungspersonen (§ 152 des Gerichtsverfassungsgesetzes) zu.

(2) ¹Im Übrigen sind Beamte zur Durchsicht der aufgefundenen Papiere nur dann befugt, wenn der Inhaber die Durchsicht genehmigt. ²Andernfalls haben sie die Papiere, deren Durchsicht sie für geboten erachten, in einem Umschlag, der in Gegenwart des Inhabers mit dem Amtssiegel zu verschließen ist, an die Staatsanwaltschaft abzuliefern.

(3) ¹Die Durchsicht eines elektronischen Speichermediums bei dem von der Durchsuchung Betroffenen darf auch auf hiervon räumlich getrennte Speichermedien, soweit auf sie von dem Speichermedium aus zugegriffen werden kann, erstreckt werden, wenn andernfalls der Verlust der gesuchten Daten zu besorgen ist. ²Daten, die für die Untersuchung von Bedeutung sein können, dürfen gesichert werden; § 98 Abs. 2 gilt entsprechend.

Überblick

Das Verfahrensstadium der Durchsicht gem § 110 StPO ist der endgültigen Entscheidung über den Umfang der Beschlagnahme vorgelagert. Zweck des § 110 StPO ist es, im Rahmen des Vertretbaren lediglich diejenigen Informationen der Beschlagnahme zuzuführen, die verfahrensrelevant und verwertbar sind.

Übersicht

	Rn		Rn
A. Papiere	1	C. Rechtsmittel	12
B. Durchsicht	6	D. Onlinesichtung	13

A. Papiere

Der **Begriff** ist weit auszulegen. Jede gedankliche Erklärung, die auf Papier geschrieben ist, fällt darunter, also insbes Dokumente wie private oder geschäftliche Korrespondenz, Buchhaltungsunterlagen, Tagebücher, Konstruktions- und andere Zeichnungen sowie Fertigungsunterlagen, nicht aber Bücher und andere Druckwerke, wenn und sobald sie zur massenhaften Verbreitung bestimmt sind. Manuskripte und Druckfahnen sind Papiere, solange sie noch nicht so vervielfältigt sind, dass sie Verbreitung finden können (Löwe/Rosenberg/Schäfer StPO § 110 Rn 4). 1

Papiere, die nach § 97 StPO **beschlagnahmefrei** sind, müssen sofort – ohne Durchsicht – herausgegeben werden. Kommt ein verfassungsrechtliches Verwertungsverbot in Betracht, ist eine besonders sorgfältige Abwägung geboten (Meyer-Goßner StPO § 110 Rn 2). 2

Als Papiere sind auch solche Unterlagen anzusehen, die **nicht in Papierform** vorhanden, aber auf einem anderen Material (Farbband einer Schreibmaschine, LG Berlin St 1987, 1997) oder in einem elektronischen System gespeichert sind, sei es auf Festplatten, Disketten, CDs, DVDs, Speicherkarten, USB-Sticks oder anderen Datenträgern (BVerfG NStZ 2002, 377; BGH NStZ 2003, 670). Die dafür notwendige (Entschlüsselungs-)Soft- und Hardware gehört ebenfalls dazu, weil ohne sie die Papiere gegebenenfalls nicht lesbar sind (KK/Nack StPO § 110 Rn 2). 3

§ 110 StPO gilt für alle Papiere, die in den **Gewahrsam der Strafverfolgungsbehörden** gelangt sind, nicht nur für sichergestellte oder beschlagnahmte Dokumente. Die Papiere müssen nicht im Eigentum des von der Durchsuchung Betroffenen stehen. 4

Frei verkäufliche **Bücher** und andere Druckwerke sind keine Papiere (Löwe/Rosenberg/Schäfer StPO § 110 Rn 4). 5

B. Durchsicht

Die Durchsicht ist das Mittel, um die als Beweismittel in Betracht kommenden Papiere inhaltlich darauf zu prüfen, ob eine richterliche Beschlagnahme beantragt werden muss oder gegebenenfalls die Rückgabe bereits zur Durchsicht mitgenommener Papiere zu veranlassen ist (BVerfG Beschl v 18. 3. 2009 – Az 2 BvR 1036/08 Rn 50 = WM 2009, 963; BGH NStZ 2003, 670; OLG Frankfurt NStZ-RR 1997, 74). Es empfiehlt sich, zur Vermeidung von Missverständnissen in diesem Zusammenhang nicht von beschlagnahmten, sondern von (vorläufig) sichergestellten Papieren zu sprechen. Von der Durchsuchung betroffen ist jeder **Gewahrsamsinhaber**, auf die zivilrechtliche Eigentümerstellung kommt es nicht an. 6

Die **Befugnis zur Durchsicht** steht der Staatsanwaltschaft (Abs 1) und ihren Ermittlungspersonen (in erster Linie Polizeibeamte, aber auch Zollbeamte und Steuerfahnder, vgl § 37 Abs 2 S 2 AWG, § 16 ZfDG, § 26 Abs 1 S 2 ZfDG, § 404 S 2 AO, § 14 Abs 1 S 2 SchwarzArbG; Jagdaufseher § 25 Abs 2 BJagdG; kritisch Knauer/Wolf NJW 2004, 2932, 2937). Der Staatsanwalt muss nicht am Ort der Durchsuchung selbst anwesend sein, sondern kann seine Sachleitungsbefugnis auch fernmündlich ausüben (Meyer-Goßner StPO § 110 Rn 3). Er kann **andere Personen** hinzuziehen, um die Papiere zu verstehen, wie Dolmetscher, Sachverständige und Augenscheinsgehilfen (BVerfG HRRS 2007 Nr 961; BGHR StPO § 304 Abs 5 Durchsuchung 1; LG München I MDR 1967, 687; Rengier NStZ 1981, 7

372, 377). Beim Einsatz von **Sachverständigen** darf es aber nicht zu einer „Privatisierung des Ermittlungsverfahrens" kommen, bei der Polizei und Staatsanwaltschaft nur noch formal in Erscheinung treten, was etwa der Fall wäre, wenn der Sachverständige bei der Durchsuchung vor Ort selbständig einen Rechner überprüft, alle für die weitere Untersuchung erforderlichen Feststellungen trifft und den weiteren Gang der Untersuchung bestimmt (LG Kiel NStZ 2007, 169). Das **Gericht** ist zur Durchsicht berufen, wenn es diese nach Anklageerhebung angeordnet und durchgeführt hat (OLG Jena NJW 2001, 1290, 1293), ebenso wenn das Gericht bei der Durchsuchung anwesend ist oder sie leitet (Löwe/Rosenberg/Schäfer StPO § 110 Rn 8).

8   Ist die Durchsicht wegen des Umfangs der Papiere **nicht an Ort und Stelle möglich**, können diese auch mitgenommen oder zunächst in einem separaten Raum verwahrt werden (BGH NStZ 2003, 670, 671; OLG Jena NJW 2001, 1290). Vergleichbares gilt für die Durchsicht von **Datenbeständen**: Ist den Strafverfolgungsbehörden im Verfahren der Durchsicht unter zumutbaren Bedingungen eine materielle Zuordnung der beweiserheblichen E-Mails einerseits oder eine Löschung oder Rückgabe der verfahrensunerheblichen E-Mails an den Nutzer andererseits nicht möglich, steht der Grundsatz der Verhältnismäßigkeit jedenfalls unter dem Gesichtspunkt der Erforderlichkeit der Maßnahme einer **Beschlagnahme** des gesamten Datenbestands nicht entgegen. Dem Übermaßverbot ist Rechnung zu tragen (BVerfG NJW 2009, 2431, 2436). Die **Dauer der Durchsicht** muss zwar zügig (BGH NStZ 2003, 670), aber nicht in dem vom BVerfG für die zeitliche Geltung von Durchsuchungsbeschlüssen festgelegten Rahmen erfolgen, da es in der Phase der Durchsicht nach § 110 StPO zu keinem Eingriff in den Schutzbereich des Art 13 GG kommt (BVerfG NStZ 2002, 377 gegen Hoffmann/Wissmann NStZ 1998, 443; vgl. LG Mühlhausen StraFO 2003, 237).

9   Gem **Abs 2 S 1** dürfen andere als die in Abs 1 genannten Beamten die Papiere nur mit **Genehmigung des Gewahrsamsinhabers** selbst, nicht seines Vertreters, durchsehen (OLG Hamm NStZ 1986, 326). Wird die Genehmigung nicht, auch nicht beschränkt, erteilt, dürfen die Beamten die Papiere nur äußerlich (zB bis zum „Betreff" bei Schreiben) durchsehen, jedenfalls keine inhaltliche Grobsichtung vornehmen (OLG Celle StV 1985, 139; Meyer-Goßner StPO § 110 Rn 4 mwN). Die vorläufige Sichtung zur Vorbereitung der Durchsuchung nach Abs 2 S 1 erlaubt bei elektronischen Daten auch das Anschauen derjenigen Ordner und Verzeichnisse, die schon beim ersten Blick relevante Daten enthalten können (KK-StPO/Nack StPO § 110 Rn 7). Die Papiere müssen in Gegenwart des anwesenden Gewahrsamsinhabers, der sein eigenes Siegel beidrücken kann, oder seines Vertreters **versiegelt** werden.

10 **Verteidiger** haben gegen den Willen des Gewahrsamsinhabers kein Recht auf Teilnahme, da sichergestelltes Schriftgut erst mit Erlass der Beschlagnahmeanordnung zum Beweisstück gem § 147 Abs 1 StPO wird (OLG Jena NJW 2001, 1290, 1294).

11 Zwar hat nach dem 1. Justizmodernisierungsgesetz v 24. 8. 2004 (BGBl I 2198) der **Inhaber** der durchzusehenden Papiere und Daten kein Anwesenheitsrecht mehr (vgl § 110 Abs 3 StPO aF). Gleichwohl kann es zur Sicherung der Verhältnismäßigkeit des Eingriffs im Einzelfall geboten sein, den Inhaber des jeweiligen Datenbestands in die Prüfung der Verfahrenserheblichkeit sichergestellter Daten einzubeziehen, zumal nichtverdächtige Mitgewahrsamsinhaber uU konkrete, nachvollziehbare und überprüfbare Angaben zur Relevanz der jeweiligen Daten machen und dadurch deren materielle Zuordnung vereinfachen und den Umfang der sicherzustellenden Daten reduzieren können (BVerfGE 113, 29 = NJW 2005, 1917, 1922; NJW 2009, 2431, 2437).

C. Rechtsmittel

12 Da die Durchsicht noch Teil der Durchsuchung darstellt, kann entsprechend § 98 Abs 2 S 2 StPO die **richterliche Bestätigung** der vorläufigen Sicherstellung beantragt werden (BVerfG Beschl v 18. 3. 2009 – Az 2 BvR 1036/08 Rn 51 = NJW 2009, 2518; BVerfG NStZ-RR 2002, 144; BGH NStZ 2003, 670). Dagegen ist die **Beschwerde** statthaft, § 105 StPO, § 304 StPO (vgl § 105 StPO Rn 27, § 304 StPO Rn 1). Einwände gegen die **Art und Weise der Durchsicht** und die Behauptung des Verstoßes gegen § 110 Abs 2 S 1 StPO sind ebenfalls entsprechend § 98 Abs 2 S 2 StPO überprüfbar.

D. Onlinesichtung

Mit dem Gesetz zur Neuregelung der Telekommunikationsüberwachung und anderer verdeckter Ermittlungsmaßnahmen sowie zur Umsetzung der Richtlinie 2006/24/EG v 21. 12. 2007 (BGBl I 2007, 3198) wurde Abs 3 angefügt. Die Regelung dient dazu, den Verlust beweiserheblicher Daten zu vermeiden, die von dem durchsuchten Computer aus zwar zugänglich sind, sich aber auf einem räumlich getrennten Speichermedium, wie etwa dem Server im Intra- oder Internet befinden. Dazu gehören auch E-Mails, die auf dem Server des Providers gespeichert sind (Schlegel HRRS 2008, 28). Die Durchsicht ist zulässig, wenn ansonsten ein **Daten- und Beweismittelverlust** zu besorgen ist, wenn also das externe Speichermedium nicht rechtzeitig sichergestellt werden kann. Werden verfahrensrelevante Daten gefunden, dürfen diese nach Abs 3 S 2 gesichert werden. **13**

Die im Regierungsentwurf vorgesehene weitere Voraussetzung der Berechtigung des von der Durchsuchung Betroffenen, auf das externe Speichermedium zuzugreifen, wurde durch einen Verweis auf § 98 Abs 2 S StPO ersetzt (BT-Drs 16/5846, 64; BT-Drs 16/6979, 65). Ähnlich wie dort, wo ein Gegenstand ohne richterliche Anordnung und ohne Anwesenheit des Betroffenen beschlagnahmt worden ist, kann hier die richterliche Bestätigung der Sicherung der auf dem externen Speichermedium vorhandenen Daten beantragt werden. **14**

Befinden sich die Daten auf einem **ausländischen Speichermedium**, ist zu ihrer Sicherung die Zustimmung des fremden Staates oder des Berechtigten notwendig. Ein Verstoß hiergegen dürfte indes nur bei willkürlicher Vorgehensweise ein Verwertungsverbot nach sich ziehen (vgl § 100 a StPO Rn 133; weitergehend Meyer-Goßner StPO § 110 Rn 7; Bär MMR 1998, 577, 579; DRiZ 2007, 221). **15**

§ 110 a [Verdeckter Ermittler]

(1) ¹Verdeckte Ermittler dürfen zur Aufklärung von Straftaten eingesetzt werden, wenn zureichende tatsächliche Anhaltspunkte dafür vorliegen, dass eine Straftat von erheblicher Bedeutung
1. auf dem Gebiet des unerlaubten Betäubungsmittel- oder Waffenverkehrs, der Geld- oder Wertzeichenfälschung,
2. auf dem Gebiet des Staatsschutzes (§§ 74 a, 120 des Gerichtsverfassungsgesetzes),
3. gewerbs- oder gewohnheitsmäßig oder
4. von einem Bandenmitglied oder in anderer Weise organisiert

begangen worden ist. ²Zur Aufklärung von Verbrechen dürfen Verdeckte Ermittler auch eingesetzt werden, soweit auf Grund bestimmter Tatsachen die Gefahr der Wiederholung besteht. ³Der Einsatz ist nur zulässig, soweit die Aufklärung auf andere Weise aussichtslos oder wesentlich erschwert wäre. ⁴Zur Aufklärung von Verbrechen dürfen Verdeckte Ermittler außerdem eingesetzt werden, wenn die besondere Bedeutung der Tat den Einsatz gebietet und andere Maßnahmen aussichtslos wären.

(2) ¹Verdeckte Ermittler sind Beamte des Polizeidienstes, die unter einer ihnen verliehenen, auf Dauer angelegten, veränderten Identität (Legende) ermitteln. ²Sie dürfen unter der Legende am Rechtsverkehr teilnehmen.

(3) Soweit es für den Aufbau oder die Aufrechterhaltung der Legende unerläßlich ist, dürfen entsprechende Urkunden hergestellt, verändert und gebraucht werden.

Überblick

§ 110 a StPO wurde durch das OrgKG v 15. 7. 1992 (BGBl I 1302) eingeführt und regelt die Voraussetzungen für den Einsatz von Verdeckten Ermittlern im Bereich der Strafverfolgung.

Übersicht

	Rn		Rn
A. Anwendungsbereich	1	II. Nicht offen ermittelnder Polizeibeamter	5
I. Verdeckter Ermittler	1		

	Rn		Rn
III. V-Personen	7	III. Weitere Voraussetzungen (Abs 1 S 2 bis S 4)	13
B. Voraussetzungen	9		
I. Anfangsverdacht	9	C. Befugnisse	16
II. Straftat	11		

A. Anwendungsbereich

I. Verdeckter Ermittler

1   Verdeckte Ermittler (VE) sind nach der **Legaldefinition** des § 110 a Abs 2 StPO Beamte des Polizeidienstes, die unter einer ihnen verliehenen auf Dauer angelegten veränderten Identität (Legende, s dazu Rn 3) ermitteln (BGH NStZ 1995, 516; ausführlich: Krey, Rechtsprobleme des strafprozessualen Einsatzes Verdeckter Ermittler, BKA-Forschungsreihe Sonderband 1993). Für die Frage der Dauer gibt es keine zeitliche Untergrenze. VE werden hauptsächlich, aber nicht ausschließend im Bereich der Bekämpfung der **Organisierten Kriminalität** eingesetzt (vgl dazu die Gemeinsamen Richtlinien der Justizminister/-senatoren und der Innenminister/-senatoren der Länder über die Zusammenarbeit von Staatsanwaltschaft und Polizei bei der Verfolgung der Organisierten Kriminalität, abgedruckt bei Meyer-Goßner StPO Anh 12 RiStBV Anlage E; KK-StPO/Nack StPO § 110 a Rn 1 ff).

2   Die strengen Regeln des § 110 b StPO haben ihren Grund nicht in dem prinzipiell zulässigen Verwenden eines Decknamens oder dem Verschweigen der Tätigkeit als Ermittlungsbeamter, sondern in der durch die veränderte Identität bewirkten Gefährdung des allgemeinen Rechtsverkehrs und der erheblichen Beeinträchtigung der Rechte von Betroffenen durch schwerwiegende Täuschung (BGHSt 39, 335, 346; für den unter Abtarnung seiner Identität im Internet tätigen Polizeibeamten vgl KK-StPO/Nack StPO § 110 a Rn 7). Maßgeblich ist, ob der Ermittlungsauftrag über einzelne wenige, konkret bestimmte Ermittlungshandlungen hinausgeht, ob es erforderlich werden wird, eine unbestimmte Vielzahl von Personen über die wahre Identität des verdeckt operierenden Polizeibeamten zu täuschen, und ob wegen der Art und des Umfanges des Auftrages von vornherein abzusehen ist, dass die Identität des Beamten in künftigen Strafverfahren auf Dauer geheim zu halten ist. Dabei wird darauf abgestellt, ob der allgemeine Rechtsverkehr oder die Beschuldigtenrechte in künftigen Strafverfahren eine mehr als nur unerhebliche Beeinträchtigung durch den Einsatz des verdeckt operierenden Polizeibeamten erfahren können (BGH NStZ 1995, 516 mAnm Krey/Jaeger NStZ 1995, 517; Weßlau StV 1995, 506; Rogall JZ 1996, 260; Beulke/Rogat JR 1996, 517).

3   Die **Legende**, unter der der VE operiert, ist auf Dauer angelegt, auch wenn ein bestimmter Mindestzeitraum nicht erforderlich ist (BGH NStZ 1995, 516). Zur Tarnung verändert werden dürfen neben Namen, Anschrift und Beruf auch die persönlichen Umstände des Beamten. Dazu dürfen nach Abs 3 auch die für den Aufbau und die Aufrechterhaltung der Legende erforderlichen **Tarnpapiere** hergestellt werden. Personenstandsbücher und Register dürfen allerdings nicht verändert werden (KK-StPO/Nack StPO § 110 a Rn 10, Meyer-Goßner StPO § 110 a Rn 8). Der VE darf unter seiner Legende am Rechtsverkehr teilnehmen, also Rechtsgeschäfte schließen, sonstige Rechtshandlungen vornehmen, als Kläger und Beklagter auftreten, Firmen gründen und sich in öffentliche Bücher und Register eintragen lassen.

4   Zwar hat der Dienstherr des VE die Pflicht dafür Sorge zu tragen, dass hierdurch Dritten kein Schaden entsteht (BT-Drs 12/989, 42). Ob ein dennoch eingetretener Schaden als Amtshaftungsanspruch (§ 839 BGB) oder als Aufopferungsanspruch geltend zu machen ist, ist ungeklärt (vgl KK-StPO/Nack StPO § 110 a Rn 12).

II. Nicht offen ermittelnder Polizeibeamter

5   Sonstige **nicht offen ermittelnde Polizeibeamte**, insbes bei einer Einzelaktion auftretende Scheinaufkäufer und qualifizierte Scheinaufkäufer (vgl Krey Rechtsprobleme des Einsatzes qualifizierter Scheinaufkäufer im Strafverfahrensrecht, in: Schriftenreihe des Zoll-

kriminalamts, Bd 1 1994) sind auch dann keine VE, auch wenn sie innerdienstlich an den Ermittlungen beteiligt sind (BGH NStZ 1996, 450). Auch die längerfristige **Verwendung von Tarnpapieren** (vgl § 5 ZSHG) qualifiziert den verdeckt ermittelnden Polizeibeamten nicht als VE, wenn und solange er nicht dauerhaft unter der Legende am Rechtsverkehr teilnimmt (str, vgl Krey NStZ 1995, 518; Meyer-Goßner StPO § 110 a Rn 4 mzN).

Ein Polizeibeamter, der bei **Internet-Ermittlungen** seine Identität verheimlicht, unterliegt wegen der Beibehaltung der Anonymität seiner Person nicht den strengen Regeln der §§ 110 a StPO ff (KK-StPO/Nack StPO § 110 a Rn 7). Ist beim Einsatz des nicht offen ermittelnden Polizeibeamten beabsichtigt, dass er einsatzbedingt **Wohnungen unter seinem Falschnamen betritt**, gilt der Richtervorbehalt des § 110 b Abs 2 Nr 2 StPO entsprechend (offen gelassen von BGH NStZ 1997, 448). 6

III. V-Personen

Keine VE sind auch Vertrauenspersonen (**V-Personen**) und **Informanten** der Polizei (zur Definition vgl Abs 1 Nr 2 der Gemeinsamen Richtlinien der Justizminister/-senatoren und der Innenminister/-senatoren der Länder über die Inanspruchnahme von Informanten sowie über den Einsatz von Vertrauenspersonen (V-Personen) und Verdeckten Ermittlern im Rahmen der Strafverfolgung – abgedruckt bei Meyer-Goßner StPO Anh 12 RiStBV Anlage D). Der Einsatz von V-Personen ist verfassungsrechtlich zulässig und zur Bekämpfung besonders gefährlicher und schwer aufklärbarer Kriminalität notwendig (BVerfG BeckRS 2005, 22544; BGH NJW 1994, 2904). Sie unterliegen den allgemeinen Beschränkungen der § 161 StPO, § 163 StPO, ohne dass die Regelungen der §§ 110 a StPO ff auf sie Anwendung finden (BGH NStZ 1995, 513 mAnm Lilie/Rudolph; **aA** Schneider NStZ 2004, 362; umfassend zu Rechtsfragen beim Einsatz von V-Leuten: Eschelbach StV 2000, 390). Umgekehrt haben V-Personen auch nicht die Befugnisse des VE nach § 110 c StPO. Zur Tatprovokation vgl § 110 StPO Rn 8. 7

Verdeckt eingesetzte **ausländische Polizeibeamte** sind, solange sie nicht vollständig – also auch beamtenrechtlich – der deutschen Rechtsordnung unterstellt sind, als V-Personen zu behandeln (BGH NStZ 2007, 713; KK-StPO/Nack StPO § 110 a Rn 5; Gleß NStZ 2000, 57). 8

B. Voraussetzungen

I. Anfangsverdacht

Voraussetzung für den Einsatz eines VE nach **§ 110 a Abs 1 S 1 StPO** ist das Vorliegen eines **Anfangsverdachts** iSd § 152 Abs 2 StPO (BGH NStZ 1997, 250; vgl § 102 StPO, § 152 StPO dort s § 102 StPO Rn 1; § 152 StPO Rn 4 ff) einer **Katalogtat** (vgl dazu auch § 98 a Abs 1 StPO). Die Straftat muss **von erheblicher Bedeutung** sein, vgl § 98 a StPO (§ 98 a StPO Rn 1); die Straferwartung (Soiné NStZ 2003, 225) spielt hierbei nur eine indizielle Rolle. Vgl iÜ Rn 15. 9

War der VE ursprünglich rein **präventiv-polizeilich** tätig und ergibt sich im Verlauf seines Einsatzes der Anfangsverdacht einer dem § 110 a StPO unterfallenden Straftat, dem der VE nunmehr nachgehen soll, greift der dem Legalitätsprinzip folgende Verfolgungszwang (§ 152 Abs 2 StPO, § 163 StPO). Damit geht die Sachleitungsbefugnis auf die Staatsanwaltschaft über. Diese ist – schon im Hinblick auf § 110 b StPO – unverzüglich zu unterrichten. Ist der VE, was in der Regel der Fall sein dürfte, weiterhin (auch) präventiv-polizeilich tätig, müssen hierfür die polizeirechtlichen Einsatzvoraussetzungen vorliegen (KK-StPO/Nack StPO § 110 a Rn 14; SK-StPO/Rudolphi StPO § 110 a Rn 2). 10

II. Straftat

Gewerbsmäßig iSd § 110 a Abs 1 S 1 Nr 3 StPO handelt, wer sich aus wiederholter Tatbegehung eine nicht nur vorübergehende Einnahmequelle von einiger Dauer und einigem Umfang verschaffen möchte (BGH NStZ 1995, 85; NStZ 1998, 622). **Gewohnheitsmäßig** handelt derjenige, der mindestens zwei Taten begeht und einen durch Übung erworbenen, ihm aber möglicherweise unbewussten Hang zu wiederholter Tatbegehung besitzt (Fischer StGB vor § 152 Rn 63). 11

StPO § 110 b   Erstes Buch. 8. Abschnitt

12   **In anderer Weise organisiert** (§ 110 a Abs 1 S 1 Nr 4 StPO) wird nach der Definition der OK-Richtlinien (RiStBV Anlage E Nr 2.1, s Rn 1) eine Straftat begangen, wenn mehr als zwei Beteiligte auf längere oder unbestimmte Dauer arbeitsteilig unter Verwendung gewerblicher oder geschäftsähnlicher Strukturen zusammenwirken.

III. Weitere Voraussetzungen (Abs 1 S 2 bis S 4)

13   Gem **§ 110 a Abs 1 S 3 StPO** ist eine weitere Einsatzvoraussetzung, dass die Aufklärung auf andere Weise aussichtslos oder wesentlich erschwert wäre (dazu Rieß NJ 1992, 491, 496). Welche Ermittlungsmethode die mildere oder erfolgversprechendere ist, kann immer nur im Einzelfall entschieden werden; der Staatsanwaltschaft und dem Ermittlungsrichter steht insoweit ein Beurteilungsspielraum zu (BGH NStZ 1995, 510, 511 mAnm Bernsmann). Zur **Subsidiaritätsklausel** vgl iÜ § 100 a StPO (§ 100 a StPO Rn 40) und KK-StPO/Nack StPO § 110 a Rn 22.

14   Der Einsatz eines VE ist gem **§ 110 a Abs 1 S 2 StPO** auch zulässig, wenn es zwar keine Katalogtat nach § 110 a Abs 1 S 1 StPO aufzuklären gilt, die zu verfolgende Straftat aber ein **Verbrechen** ist und die Gefahr der **Wiederholung, § 112 a StPO** (vgl dazu § 112 a StPO Rn 3) besteht und die Aufklärung auf andere Weise aussichtslos oder wesentlich erschwert wäre (§ 110 a Abs 1 S 2 u 3 StPO).

15   Sind andere Maßnahmen aussichtslos, muss keine Gefahr der Wiederholung des – nicht notwendigerweise zu dem Katalog des § 110 a Abs 1 S 1 StPO gehörenden – Verbrechens vorliegen, wenn es sich um eine Tat **von besonderer Bedeutung** handelt, § 110 a Abs 1 S 4 StPO. Die Merkmale „besondere Bedeutung der Tat" und „Straftat von erheblicher Bedeutung" sind inhaltlich gleich auszulegen (Löwe/Rosenberg/Schäfer StPO § 110 a Rn 34; **aA** KK-StPO/Nack StPO § 110 a Rn 21). Die Straftat muss mindestens zum **Bereich der mittleren Kriminalität** gehören, den Rechtsfrieden empfindlich stören und dazu geeignet sein, das Gefühl der Rechtssicherheit der Bevölkerung erheblich zu beeinträchtigen (BT-Drs 16/5846, 40; BVerfG NStZ 2005, 388; BVerfGE 103, 21, 34; BVerfGE 107, 299, 322; BVerfGE 109, 279, 344).

C. Befugnisse

16   Die **Befugnisse** eines VE ergeben sich aus § 110 c StPO, s dort § 110 c StPO Rn 1 ff, § 110 c StPO Rn 4 ff.

17   Der EGMR hat in dem Einsatz von VE keinen grundsätzlichen Verstoß gegen das Recht auf faires Verfahren aus Art 6 EMRK gesehen (EGMR Urt v 5. 2. 2008 – Az 74420/01 = BeckRS 2008, 26886).

§ 110 b [Zustimmung der Staatsanwaltschaft, des Richters; Geheimhaltung der Identität]

(1) ¹Der Einsatz eines Verdeckten Ermittlers ist erst nach Zustimmung der Staatsanwaltschaft zulässig. ²Besteht Gefahr im Verzug und kann die Entscheidung der Staatsanwaltschaft nicht rechtzeitig eingeholt werden, so ist sie unverzüglich herbeizuführen; die Maßnahme ist zu beenden, wenn nicht die Staatsanwaltschaft binnen drei Werktagen zustimmt. ³Die Zustimmung ist schriftlich zu erteilen und zu befristen. ⁴Eine Verlängerung ist zulässig, solange die Voraussetzungen für den Einsatz fortbestehen.

(2) ¹Einsätze,
1. die sich gegen einen bestimmten Beschuldigten richten oder
2. bei denen der Verdeckte Ermittler eine Wohnung betritt, die nicht allgemein zugänglich ist,

bedürfen der Zustimmung des Gerichts. ²Bei Gefahr im Verzug genügt die Zustimmung der Staatsanwaltschaft. ³Kann die Entscheidung der Staatsanwaltschaft nicht rechtzeitig eingeholt werden, so ist sie unverzüglich herbeizuführen. ⁴Die Maßnahme ist zu beenden, wenn nicht das Gericht binnen drei Werktagen zustimmt. ⁵Absatz 1 Satz 3 und 4 gilt entsprechend.

(3) ¹Die Identität des Verdeckten Ermittlers kann auch nach Beendigung des Einsatzes geheimgehalten werden. ²Die Staatsanwaltschaft und das Gericht, die für die Entscheidung über die Zustimmung zu dem Einsatz zuständig sind, können verlangen, dass die Identität ihnen gegenüber offenbart wird. ³Im übrigen ist in einem Strafverfahren die Geheimhaltung der Identität nach Maßgabe des § 96 zulässig, insbesondere dann, wenn Anlass zu der Besorgnis besteht, dass die Offenbarung Leben, Leib oder Freiheit des Verdeckten Ermittlers oder einer anderen Person oder die Möglichkeit der weiteren Verwendung des Verdeckten Ermittlers gefährden würde.

Überblick

Die Vorschrift regelt das Verfahren beim Einsatz eines Verdeckten Ermittlers (VE) und die Frage der Geheimhaltung seiner Identität.

Übersicht

	Rn		Rn
A. Zustimmung der Staatsanwaltschaft	1	D. Geheimhaltung der Identität	10
B. Zustimmung des Gerichts	3	E. Verwertbarkeit	12
C. Form und Frist	6	F. Rechtsmittel	16

A. Zustimmung der Staatsanwaltschaft

Die **Zustimmung der Staatsanwaltschaft** ist immer, auch bei Einsätzen gegen einen 1 bestimmten Beschuldigten oder im Falle des Betretens einer Wohnung (Abs 2 S 3) erforderlich (Meyer-Goßner StPO § 110 b Rn 1). Bei **Gefahr im Verzug** (vgl § 98 StPO Rn 2) muss die Zustimmung der Staatsanwaltschaft unverzüglich nachträglich eingeholt werden, maximal innerhalb von drei Werktagen (Abs 1 S 2) ab dem auf den Zeitpunkt der Anordnung folgenden Tag (§ 42 StPO; KK-StPO/Nack StPO § 110 b Rn 2). Die bis dahin erlangten Erkenntnisse dürfen verwertet werden (BGH NStZ 1995, 516). Stimmt die Staatsanwaltschaft nicht zu, ist die Maßnahme zwar zu beenden, kann aber zu einem späteren Zeitpunkt erneut begonnnen werden.

Die **Initiative** für den Einsatz eines VE geht von der Polizei aus; ihr obliegt auch die 2 **Auswahl** des VE (Hilger NStZ 1992, 524; differenzierend Rogall JZ 1996, 260, 263). Die Staatsanwaltschaft bleibt aber **sachleitungsbefugt** und verantwortlich (KK-StPO/Nack StPO § 110 b Rn 1, **aA** Meyer-Goßner StPO § 110 b Rn 1). Zur Zuständigkeit innerhalb der Staatsanwaltschaft vgl Nr II 2.4 der Gemeinsamen Richtlinien der Justizminister/ -senatoren und der Innenminister und /-senatoren der Länder über die Inanspruchnahme von Informanten sowie über den Einsatz von Vertrauenspersonen (V-Personen) und Verdeckten Ermittlern im Rahmen der Strafverfolgung, abgedruckt bei Meyer-Goßner StPO Anh 12 Anl D. Die Staatsanwaltschaft und die Polizei haben über das Zustandekommen und die Entscheidungen über den VE-Einsatz gesondert zu verwahrende Vermerke anzufertigen, in denen der Name des VE nicht genannt wird (RiStBV Anl D Nr II 2.7).

B. Zustimmung des Gerichts

Richtet sich der VE-Einsatz gegen einen **bestimmten Beschuldigten**, ist die Zustim- 3 mung des Gerichts einzuholen (§ 110 b Abs 2 S 1 Nr 1 StPO). Nicht erforderlich ist, dass der Name des Beschuldigten bekannt ist; er muss aber identifizierbar sein (BGH NStZ 1997, 294; Meyer-Goßner StPO § 110 b Rn 3). Trifft sich die Zielperson einmalig mit zuvor nicht bekannten Tatverdächtigen, so umfasst die Zustimmung des Staatsanwalts oder Richters auch den Einsatz gegen solche Kontaktpersonen. Richtet sich der Einsatz des Verdeckten Ermittlers jedoch darüber hinaus auch gezielt gegen weitere bestimmte Personen iS von § 110 b Abs 2 1 Nr 1 StPO, so ist die Einholung einer Zustimmungserklärung auch hinsichtlich der weiteren Beschuldigten erforderlich (BGH NStZ-RR

StPO § 110 b Erstes Buch. 8. Abschnitt

1999, 340). Aus Abs 2 S 3 ergibt sich, dass auch in den Fällen, in denen die Zustimmung des Gerichts eingeholt werden muss, die Staatsanwaltschaft einzuschalten ist (Hilger NStZ 1992, 524).

4 Die richterliche Zustimmung ist daneben nach **Abs 2 S 1 Nr 2** erforderlich, wenn der VE befugt sein soll, (irgend-) eine nicht allgemein zugängliche **Wohnung zu betreten** (vgl dazu § 110 c StPO). Darunter sind nicht diejenigen Räumlichkeiten zu verstehen, die dem Publikumsverkehr offen stehen. Das Betreten von Wohnungen durch den VE wird indes umso wahrscheinlicher, je länger sein Einsatz dauert, so dass diese Möglichkeit bereits bei der Einsatzplanung mit in Betracht zu ziehen ist. Von der Zustimmung gedeckt ist nur das offene Betreten mit Erlaubnis des Wohnungsinhabers (Meyer-Goßner § 110 b StPO Rn 4). Zur Gefahr im Verzug vgl § 98 StPO Rn 2; § 105 StPO Rn 5 f.

5 Die Zustimmung des Staatsanwalts ist in diesen Fällen unverzüglich, die des Richters binnen drei Tagen (s dazu unten Rn 7) nachzuholen. **Zuständig** ist der Ermittlungsrichter (§ 162 StPO, § 169 StPO). Der Richter darf nur die Rechtmäßigkeit, nicht die Zweckmäßigkeit der Maßnahme überprüfen (Rogall JZ 1996, 264).

C. Form und Frist

6 Die Anordnung des Einsatzes eines VE erfolgt durch die Polizei. Die Anordnung - und bei Notwendigkeit der Einschaltung von Staatsanwalt und Gericht deren schriftliche Zustimmung - muss **sämtliche materiellen und prozessualen Voraussetzungen** der § 110 a StPO und § 110 b StPO einschließlich der in Bezug genommenen Vorschriften enthalten, insbes also Anordnungsgrundlage (§ 110 a Abs 1 S 1, S 2 oder S 4 StPO), Angaben zum Umfang und zur Dauer des Einsatzes und bei einem gegen einen bestimmten Beschuldigten gerichteten Einsatz möglichst dessen Personalien.

7 Die Anordnung ist gem § 34 StPO zu **begründen**; es muss deutlich werden, dass ein richterlicher Abwägungsprozess, eine Einzelfallprüfung auf der Grundlage sämtlicher für den Eingriff relevanter Erkenntnisse stattgefunden hat. Ist das Betreten von Wohnungen von der Anordnung umfasst, ist wegen Art 13 GG auch die verfassungsrechtliche Rechtsprechung zu den Begründungsanforderungen bei Durchsuchungen zu berücksichtigen (BGH NStZ 1997, 249; BVerfGE 42, 212; BVerfGE 103, 142; vgl § 105 StPO Rn 9 ff). Dies gilt insbes bei der Verwendung von **Formularen**.

8 Der Einsatz des VE ist gem Abs 1 S 3, Abs 2 S 5 zu **befristen**. Die Verlängerung ist möglich; eine Höchstdauer ist nicht vorgesehen. Die Dauer des Einsatzes hat jedoch dem Grundsatz der Verhältnismäßigkeit Rechnung zu tragen (BT-Drs 12/989, 42). Wird der Verlängerung des Einsatzes nicht zugestimmt, bleiben die bis dahin gewonnenen Erkenntnisse verwertbar (Meyer-Goßner StPO § 110 b Rn 7).

9 Wird die Zustimmung nicht binnen der **Drei-Tages-Frist** erteilt, dürfen auch die innerhalb dieser Zeit erlangten Erkenntnisse grundsätzlich verwertet werden, weil die Polizei bis dahin für die Anordnung zuständig war (KK-StPO/Nack StPO § 110 b Rn 2). Bei Rechtswidrigkeit der Anordnung kommt allerdings ein Beweisverwertungsverbot in Betracht (vgl unten Rn 12 ff). Die Drei-Tages-Frist beginnt gem § 42 StPO mit dem zweiten Einsatztag (Rn 1). Mit dem Gesetz zur Neuregelung der Telekommunikationsüberwachung und anderer verdeckter Ermittlungsmaßnahmen sowie zur Umsetzung der Richtlinie 2006/24/EG v 21. 12. 2007 (BGBl I 2007, 3198) hat der Gesetzgeber klargestellt, dass bei der Fristberechnung die Werktage zu zählen sind.

D. Geheimhaltung der Identität

10 Die Identität des VE kann auch **über die Dauer seines Einsatzes hinaus** geheim gehalten werden, jedoch nicht gegenüber dem zustimmenden Richter oder Staatsanwalt, die die Offenbarung der Identität verlangen können. **Abs 3 S 3** bestimmt darüber hinaus, dass eine Sperrerklärung der obersten Dienstbehörde (des Innenministers; BGH NStZ 1996, 287 mAnm Gössel) vorliegen muss, wenn der VE im Strafverfahren nicht offen als Zeuge, sondern nur unter seiner Legende aussagen oder über ein mittelbares Beweismittel eingeführt werden soll (BGH NJW 1996, 609 mAnm Geerds; **aA** Lesch StV 1995, 543). Zu den Grundsätzen und Einzelheiten der Sperrerklärung vgl § 96 StPO (§ 96 StPO Rn 4 ff). Auch

beim Einsatz von V-Leuten und nicht offen ermittelnden Polizeibeamten soll Abs 3 S 3 Anwendung finden (BT-Drs 12/989, 42; vgl Meyer-Goßner StPO § 110 b Rn 8; einschränkend EGMR StV 1997, 617), was allerdings im Hinblick auf § 101 Abs 5 StPO kaum umsetzbar ist.

§ 110 b Abs 3 StPO ist eine Spezialregelung nicht nur zum Schutz des VE selbst, sondern auch für seine weitere Verwendung. Er geht daher der Regelung über die Verweigerung der Aussagegenehmigung in § 54 StPO vor (BGHSt 42, 175, insoweit in NStZ 1996, 287 nicht abgedruckt). Maßnahmen zum Schutz des VE nach § 68 StPO können jedoch getroffen werden (BGH NJW 2006, 785). Zur audiovisuellen Vernehmung von gesperrten Zeugen in der Hauptverhandlung vgl BGH NStZ 2003, 274; NStZ 2006, 648; NStZ 2007, 477.

E. Verwertbarkeit

Fehlt die notwendige staatsanwaltschaftliche oder richterliche Zustimmung, kommt hinsichtlich der durch den Einsatz des VE gewonnenen Erkenntnisse ein **Beweisverwertungsverbot** in Betracht (BGH NStZ 1997, 249; Meyer-Goßner StPO § 110 b Rn 11; KK-StPO/Nack StPO § 110 b Rn 12 ff; Hilger NStZ 1992, 457 Fn. 66; Rieß NJ 1992, 491). Ansonsten gilt generell, dass nur bei einem (ex-ante zu betrachtenden) **willkürlichen oder unvertretbaren** Einsatz des VE die daraus gewonnenen Erkenntnisse einem Verwertungsverbot unterliegen (BGH NStZ 1997, 249). Wurde die Zustimmung nur **mündlich** erteilt, ist dies lediglich ein Verstoß gegen eine Formvorschrift (BGH NStZ 1996, 48 m abl Anm Sieg StV 1996, 3; BGH NJW 1997, 1516: Freibeweis). Nimmt die anordnende Stelle irrtümlicherweise Gefahr im Verzug an, folgt daraus kein Verwertungsverbot (KK-StPO/Nack StPO § 110 b Rn 13).

Fehlt die **nachträgliche richterliche** Zustimmung, sind die bis dahin gewonnenen Erkenntnisse verwertbar (BGH NStZ 1995, 516 mAnm Krey/Jaeger; Rogall JZ 1996, 260; Jähnke FS Odersky, 427, 434; vgl aber auch BGH NStZ 1999, 202, 205 für Fälle des § 100 a).

Nicht jeder **Begründungsmangel** führt zu einem Verwertungsverbot; insbes ist die Verwendung von Formularen erlaubt (BGH NStZ 1997, 249). Fehlt es jedoch bereits offensichtlich am **Anfangsverdacht** einer Katalogtat, ist ein Verwertungsverbot in Betracht zu ziehen (AG Koblenz StV 1995, 518). Der Verstoß gegen den nemo-tenetur-Grundsatz bei der Beweisgewinnung hat ein Verwertungsverbot zur Folge (BGH NStZ 2007, 714, vgl § 110 c StPO Rn 6).

Andere Beweismittel, die bei einem unzulässigen Einsatz erlangt wurden, wie DNA-Spuren etc, sind verwertbar (Meyer-Goßner StPO § 110 b Rn 11). Bei rechtmäßiger Maßnahme gegen einen Beschuldigten können die in unmittelbarem Zusammenhang gewonnenen Erkenntnisse über einen **weiteren Beschuldigten** jedenfalls dann verwertet werden, wenn – unter dem Gesichtspunkt eines **hypothetischen Ersatzeingriffs** – auch gegen den anderen die Voraussetzungen für eine richterliche Zustimmung nach § 110 b Abs 2 S 1 Nr 1 StPO vorlagen (BGH NStZ 1997, 294, 295; **aA** KK-StPO/Nack StPO § 110 b Rn 14 und Schneider NStZ 2004, 364). Für die Verwertung von Zufallsfunden gilt § 477 Abs 2 S 2 StPO (vgl § 477 StPO Rn 5).

F. Rechtsmittel

Bis zu ihrer Erledigung kann die richterliche Anordnung im Hinblick auf ihre Rechtmäßigkeit und die Art und Weise ihres Vollzugs angefochten werden (BGH NStZ 1997, 249). Gegen die Zustimmung der Staatsanwaltschaft kann entsprechend **§ 98 Abs 2 S 2 StPO** die richterliche Entscheidung beantragt werden, ebenso nach Beendigung der Maßnahme (Morré/Bruns FS BGH 581, 597).

Die **revisionsrechtliche** Überprüfung der Rechtmäßigkeit der Anordnung ist beschränkt. Rechtswidrig mit einem daraus folgenden Verwertungsverbot ist die Maßnahme nur, wenn sie unvertretbar ist. Prüfungsmaßstab ist deshalb, ob der Betroffene durch den Fehler willkürlich oder unvertretbar in seinen Rechten verletzt wurde (BGH NStZ 1997, 249; BVerfG NJW 1997, 2163; Meyer-Goßner StPO § 110 b Rn 11; KK-StPO/Nack StPO § 110 b Rn 12). Die revisionsrechtliche Verfahrensrüge der fehlenden richterlichen Entscheidung scheitert, wenn weder vorgetragen noch sonst ersichtlich ist, dass in der Hauptverhandlung der Verwertung der Aussagen des Zeugen widersprochen worden ist (BGH StV 1996, 529; BGH NStZ-RR 2001, 260; KK-StPO/Nack StPO § 110 b Rn 15). Zu den Rügevoraussetzungen vgl auch BGH NStZ 1997, 294.

§ 110 c [Betreten einer Wohnung]

¹Verdeckte Ermittler dürfen unter Verwendung ihrer Legende eine Wohnung mit dem Einverständnis des Berechtigten betreten. ²Das Einverständnis darf nicht durch ein über die Nutzung der Legende hinausgehendes Vortäuschen eines Zutrittsrechts herbeigeführt werden. ³Im übrigen richten sich die Befugnisse des Verdeckten Ermittlers nach diesem Gesetz und anderen Rechtsvorschriften.

Überblick

Die Befugnis des Verdeckten Ermittlers zum Betreten fremder Wohnungen ist im Hinblick auf das Grundrecht der Unverletzlichkeit der Wohnung des Art 13 GG besonders geregelt.

A. Betreten einer Wohnung

1 **Wohnung** iSd § 110 c StPO sind alle von Art 13 GG geschützten Räume. Zu diesen gehören nicht nur Privaträume, sondern auch beruflich genutzte Räumlichkeiten (BVerfG NJW 1997, 2165; zum Wohnungsbegriffs bei § 100 c StPO, § 102 StPO u dort § 100 c StPO Rn 14 ff; § 102 StPO Rn 8). Erlaubt ist nur das offene Betreten einer Wohnung, d. h. in Kenntnis und mit Erlaubnis des Berechtigten. Das Betreten unter Verwendung der Legende ist kein Hausfriedensbruch. In der Lit finden sich im Hinblick auf einen möglichen Grundrechtseingriff **Zweifel an der Verfassungsmäßigkeit** des § 110 c StPO (vgl Nachweise bei Löwe/Rosenberg/Schäfer StPO § 110 c Rn 11 ff; Meyer-Goßner StPO § 110 c Rn 1). Vom BGH wurde die Verfassungsmäßigkeit bisher nicht ernsthaft in Zweifel gezogen (vgl NStZ 1997, 249; NStZ 1997, 448 mAnm Hilger). Der mit Erlaubnis des Wohnungsinhabers erfolgte Zutritt zu einer Wohnung ist (noch) kein hoheitlicher Eingriff in die Unverletzlichkeit der Wohnung (Hilger NStZ 1997, 450). Auch hat der Gesetzgeber selbst mit Blick auf den hohen Rang der zu schützenden Rechtsgüter und wegen der Beachtung des Verhältnismäßigkeitsgrundsatzes keine verfassungsrechtlichen Bedenken geäußert (BT-Drs 12/989, 43).

2 **Über seine Legende hinaus** darf der VE gem § 110 c S 2 StPO kein anderes oder weiteres Zutrittsrecht vortäuschen, indem er zB behauptet, Schornsteinfeger oder Mitarbeiter der Stadtwerke zu sein.

3 Ob auch ein **nicht offen ermittelnder Polizeibeamter** (§ 110 a StPO Rn 5) durch Täuschung über seine wahre Identität eine Wohnung betreten darf, ist streitig (offen gelassen in BGH NStZ 1997, 448; Maul StraFO 1997, 38, 39; KK-StPO/Nack StPO § 110 c Rn 4; abl Meyer-Goßner StPO § 110 c Rn 2 mwN). Sind die materiellen Einsatzvoraussetzungen des § 110 a Abs 1 StPO erfüllt und liegt eine richterliche Zustimmung entsprechend § 110 b Abs 2 S 1 Nr 2 StPO vor, sollte dies als Ermächtigungsgrundlage genügen, da in diesem Falle auch ein VE-Einsatz genehmigt werden könnte.

B. Sonstige Befugnisse

4 Vom Recht der Betretung einer Wohnung abgesehen hat der VE die sich aus der StPO und dem jeweiligen Polizeigesetz ergebenden Befugnisse und Pflichten, **§ 110 c S 3 StPO**. Damit ist zum einen klargestellt, dass der VE nicht gehindert ist, im Rahmen seiner strafprozessualen Ermittlungen auch präventivpolizeilich tätig zu werden (BT-Drs 12/2720, 47). Zugleich bedeutet dies, dass der VE von der **Verpflichtung des § 163 StPO**, auch solche Straftaten zu verfolgen, von denen er nur bei Gelegenheit seines Einsatzes Kenntnis erlangt hat, nicht befreit ist (BGH NStZ 1995, 513; vgl dazu RiStBV Anl D II Nr 2.6: „Aus kriminaltaktischen Erwägungen können Ermittlungsmaßnahmen, die in den Auftrag des VE fallen, zurückgestellt werden. Neu hinzukommenden zureichenden Anhaltspunkten für

strafbare Handlungen braucht der VE solange nicht nachzugehen, als dies ohne Gefährdung seiner Ermittlungen nicht möglich ist; dies gilt nicht, wenn sofortige Ermittlungsmaßnahmen wegen der Schwere der neu entdeckten Tat geboten sind."). Von den **strafprozessualen Zwangsbefugnissen** darf der VE nur offen Gebrauch machen (Krey Rechtsprobleme des strafprozessualen Einsatzes Verdeckter Ermittler, BKA-Forschungsreihe Sonderband 1993 Rn 279; Jähnke FS Odersky, 427, 434).

Die Tätigkeit des VE erstreckt sich bei der Verfolgung von Organisierter Kriminalität auch 5 auf **Initiativermittlungen** (vgl RiStBV Anl E Nr 6). Zu seinen Befugnissen gehören auch Befragungen aller Art, wobei der VE nicht zur **Belehrung** nach § 136 Abs 1 StPO, 163 a Abs 4 u Abs 5 StPO verpflichtet ist, da er der Auskunftsperson nicht in amtlicher Funktion gegenüber tritt (KK-StPO/Nack StPO § 110 c Rn 15). § 136 Abs 1 StPO, § 163 a StPO gelten auch nicht entsprechend, da sich eine **verdeckte Befragung** des Beschuldigten mit den in § 136 a StPO aufgeführten Beeinträchtigungen der Willensentschließungsfreiheit nicht vergleichen lässt (BGH NStZ 1996, 502 – GS; vgl KK-StPO/Nack StPO § 110 c Rn 16 ff). Die Vorschrift des **§ 136 a StPO** gilt indes grundsätzlich – soweit nicht seine Legende eine Täuschung erfordert - auch für den VE, da er Beamter des Polizeidienstes ist (Meyer-Goßner StPO § 110 c Rn 3; KK-StPO/Nack StPO § 110 c Rn 22).

Selbstbelastende Äußerungen eines Beschuldigten sind grundsätzlich auch beim **ver-** 6 **nehmungsähnlichen Gespräch** verwertbar, jedenfalls wenn es um die Aufklärung einer Straftat von erheblicher Bedeutung geht und die Erforschung des Sachverhalts unter Einsatz anderer Ermittlungsmethoden erheblich weniger erfolgversprechend oder wesentlich erschwert gewesen wäre (KK-StPO/Nack StPO § 110 c Rn 19; vgl auch BGHSt 42,139, 145 f = NStZ 1998, 95). Hat sich der Beschuldigte aber bereits **auf sein Schweigerecht berufen** und wird er unter Ausnutzung des vom VE geschaffenen Vertrauens **zu einer Aussage gedrängt**, um in einer vernehmungsähnlichen Weise zu Einzelheiten der Tat befragt zu werden, liegt darin ein Verstoß gegen den Nemo-tenetur-Grundsatz (BGH NStZ 2007, 714 mAnm Rogall NStZ 2008, 113; Renzikowski JR 2008, 164). Das gleiche gilt für selbstbelastende Angaben eines Tatverdächtigen, die der VE einem Beschuldigten im Verlauf eines länger dauernden, in der Intensität zunehmenden Einsatzes unter Anwendung verfahrensrechtlich unzulässiger Mittel entlockt hat, wenn der Beschuldigte zuvor schon von seinem Schweigerecht Gebrauch gemacht hatte (BGH StV 2009, 225). Auch in diesen Fällen bleiben aber die **Wahrnehmungen**, die der VE bei Begegnungen mit dem Beschuldigten macht, oder die **Beweismittel**, die er im Rahmen seines Einsatzes findet, verwertbar (BGH NStZ 2007, 714; allg kritisch zur verdeckten Befragung von Beschuldigten Roxin NStZ-Sonderheft zum Eintritt in den Ruhestand für Miebach 2009, 41).

Straftaten, auch „milieubedingte", darf der VE prinzipiell nicht begehen (Meyer-Goßner 7 StPO § 110 c Rn 4; KK-StPO/Nack StPO § 110 c Rn 6, jeweils mwN; zur Frage der Aussagegenehmigung für VE, die sich strafbar gemacht haben: BGH NStZ 2007, 649). Bedingt durch das Wesen des polizeilichen Ermittlungsauftrags wird es allerdings in der Regel bereits an der tatbestandlichen Erfüllung fehlen. Dazu muss aber durch polizeiliche Sicherungsmaßnahmen dafür Sorge getragen werden, dass vom VE selbst verwirklichte oder von ihm initiierte Deliktshandlungen für das geschützte Rechtsgut tatsächlich ungefährlich sind, das Delikt also unvollendet bleibt (Schwarzburg NStZ 1995, 469). Mangels Vollendungswillen ist der VE in diesen Fällen auch nicht wegen Beihilfe oder Anstiftung strafbar. In Ausnahmefällen kann der VE auch nach § 34 StGB, § 35 StGB gerechtfertigt sein (Schwarzburg NStZ 1995, 469 472).

C. Tatprovokation

Tatprovozierendes Verhalten ist innerhalb enger Grenzen **zulässig** (BGH NStZ 2000, 8 269; EGMR NStZ 1999, 47; Löwe/Rosenberg/Rieß StPO § 163 Rn 70 ff; Eschelbach StV 2000, 390). Eine Tatprovokation liegt vor, wenn auf jemanden über dessen Bereitschaft zum bloßen Mitmachen hinaus derart stimulierend eingewirkt wird, dass in ihm überhaupt erst die Bereitschaft zur Tat geweckt wird oder seine Tatplanung erheblich intensiviert wird. Der BGH hat es als zulässig angesehen, dass eine VP (oder ein VE) einen Dritten ohne sonstige Einwirkung lediglich darauf anspricht, ob dieser Betäubungsmittel beschaffen könne, oder wenn die VP nur die offen erkennbare Bereitschaft zur Begehung oder Fortsetzung von Straftaten ausnutzt (BGHR StGB § 46 Abs 1 V-Mann 13; BGH NStZ 2000, 269, 271). Ist die Einwirkung so stark, dass eine Tatprovokation zu bejahen ist, ist diese nur zulässig, wenn die VP/der VE gegen eine Person eingesetzt wird, gegen die ein Anfangsverdacht (§ 152 Abs 2 StPO, § 160 StPO) einer bereits begangenen Straftat besteht oder die verdächtig ist, zu einer zukünftigen Straftat bereit zu sein. Eine im BtM-Milieu sich bewegende Vertrauensperson der Polizei, der es ausschließlich darauf ankommt, durch rechtzeitige Hinweise eine Prämie für die Ergreifung der Täter und Sicherstellung von Drogen zu erlangen, macht sich nicht wegen Handeltreibens mit BtM strafbar (BGH NStZ 2008, 41). Zur Tatprovokation durch eine Privatperson vgl iÜ KK-StPO/Nack StPO § 110 c Rn 10.

8 a Können keine Feststellungen dazu getroffen werden, dass die zur Tat provozierte Person diese auch ohne die Einwirkung der polizeilichen Ermittler begangen hätte, und dass sich Beeinflussung darauf beschränkte, einen wenn auch nur latent vorhandenen kriminellen Entschluss umzusetzen, liegt ein Verstoß gegen Art 6 Abs 1 EMRK vor (EGMR HRRS 2008 Nr 500). Das BVerfG hat kein Verfahrenshindernis gesehen beim Einsatz eines Lockspitzels, um den Täter mit List zur Tatbegehung und zur Einreise nach Deutschland zu veranlassen (NStZ 1995, 95).

9 Die Tatprovokation ist unabhängig von der Schuld im Rahmen der erforderlichen Gesamtwürdigung **strafmildernd** zu berücksichtigen (BGH NStZ 2000, 269; NStZ 2001, 553; NStZ 1994, 335; KK-StPO/Nack StPO § 110 c Rn 11 ff). Eine unzulässige oder nachhaltige Tatprovokation ist wie auch eine Nötigung durch VE/VP in besonderem Maße zugunsten des Angeklagten zu berücksichtigen (BGH NStZ 2009, 405). Wie bei rechtsstaatswidriger Verfahrensverzögerung ist bei unzulässigem staatlichen tatprovozierenden Verhalten der Verstoß gegen **Art 6 Abs EMRK** im Urteil ausdrücklich auszusprechen; das Ausmaß der dadurch bedingten Strafmilderung ist in den Urteilsgründen exakt zu bestimmen (BGH NStZ 2000, 269). In besonders gelagerten Ausnahmefällen – bei Verstößen gegen die Menschenwürde – ist nach der Rechtsprechung des BVerfG auch ein **Verfahrenshindernis** in Betracht zu ziehen (BVerfG v 11. 1. 2005 – Az 2 BvR 1389/2004; BVerfG NStZ 1995, 95; BVerfG v 18. 5. 2001 – Az 2 BvR 693/01).

10 Der EGMR hält zwar den Einsatz von verdeckten Ermittlern für zulässig, wenn er klar eingegrenzt und abgesichert ist, hat jedoch entschieden, dass das öffentliche Interesse die Verwendung von Beweisen, die durch polizeiliche Anstiftung gewonnen wurden, nicht rechtfertigen könne. Solche Beweise zuzulassen, würde dem Angeklagten von Beginn an und endgültig das Recht auf ein faires Verfahren nach Art 6 EMRK nehmen (EGMR NJW 2009, 3565).

§ 110 d (aufgehoben)

§ 110 e (aufgehoben)

§ 111 [Kontrollstellen auf Straßen und Plätzen]

(1) ¹Begründen bestimmte Tatsachen den Verdacht, daß eine Straftat nach § 89 a des Strafgesetzbuchs oder nach § 129 a, auch in Verbindung mit § 129 b Abs. 1, des Strafgesetzbuches, eine der in dieser Vorschrift bezeichneten Straftaten oder eine Straftat nach § 250 Abs. 1 Nr. 1 des Strafgesetzbuches begangen worden ist, so können auf öffentlichen Straßen und Plätzen und an anderen öffentlich zugänglichen Orten Kontrollstellen eingerichtet werden, wenn Tatsachen die Annahme rechtfertigen, daß diese Maßnahme zur Ergreifung des Täters oder zur Sicherstellung von Beweismitteln führen kann, die der Aufklärung der Straftat dienen können. ²An einer Kontrollstelle ist jedermann verpflichtet, seine Identität feststellen und sich sowie mitgeführte Sachen durchsuchen zu lassen.

(2) Die Anordnung, eine Kontrollstelle einzurichten, trifft der Richter; die Staatsanwaltschaft und ihre Ermittlungspersonen (§ 152 des Gerichtsverfassungsgesetzes) sind hierzu befugt, wenn Gefahr im Verzug ist.

(3) Für die Durchsuchung und die Feststellung der Identität nach Absatz 1 gelten § 106 Abs. 2 Satz 1, § 107 Satz 2 erster Halbsatz, die §§ 108, 109, 110 Abs. 1 und 2 sowie die §§ 163 b und 163 c entsprechend.

Überblick

Die Vorschrift des § 111 StPO regelt die Einrichtung von Kontrollzwecken zu strafprozessualen Zwecken (Rn 1 bis Rn 9). An diesen Kontrollstellen stehen den Polizeibehörden verschiedene Befugnisse zu (Rn 10 bis Rn 13), die eigentliche Anordnung der Kontrollstelle geschieht durch den Richter (Rn 14 bis Rn 18).

Übersicht

	Rn		Rn
A. Kontrollstellen	1	I. Jedermann	10
B. Voraussetzung für die Einrichtung (Abs 1 S 1)	2	II. Identitätsfeststellung	11
		III. Durchsuchung	12
I. Bestimmte schwere Straftaten	2	**D. Anordnung der Maßnahme (Abs 2)**	14
II. Bestimmte Tatsachen	3	I. Richterliche Anordnung	14
III. Ziel der Maßnahme	4	II. Vollstreckung der Anordnung	17
IV. Erfolgserwartung	5	III. Aufhebung der Anordnung	18
V. Ort der Kontrollstelle	7		
VI. Mehrzahl von Kontrollstellen	9	**E. Beschwerde und Revision**	19
C. Befugnisse an Kontrollstellen (Abs 1 S 2, Abs 3)	10	I. Beschwerde	19
		II. Revision	20

A. Kontrollstellen

Die Vorschrift des § 111 StPO regelt die Einrichtung von Kontrollstellen zum Zwecke der Fahndung nach Straftätern und der Erlangung von Beweismaterial für begangene Straftaten. Sie dienen ausschließlich der Strafverfolgung und haben strafprozessualen Charakter. Sie können jedoch mit polizeilichen Kontrollen zusammengefasst werden. Neben Maßnahmen nach § 111 StPO sind auf anderen Rechtsgrundlagen beruhende polizeiliche Kontrollstellen (zB Sichtkontrollen, Ringfahndung, Kontrollen zur Gefahrenabwehr) möglich (KK-StPO/Nack StPO § 111 Rn 1-3). 1

B. Voraussetzung für die Einrichtung (Abs 1 S 1)

I. Bestimmte schwere Straftaten

Die Einrichtung einer Kontrollstelle ist nur zur Verfolgung der in § 111 Abs 1 S 1 StPO aufgeführten Katalogtaten zulässig. Hierbei muss es sich nicht zwingend um Taten aus dem terroristischen Bereich handeln (Kurth NJW 1979, 1381 Fn 85). Auch der Versuch einer Katalogtat rechtfertigt die Einrichtung einer Kontrollstelle, nicht aber nur eine strafbare Vorbereitungshandlung nach § 30 StGB (Meyer-Goßner StPO § 111 Rn 3). Neben dem schweren Raub nach § 250 Abs 1 Nr 1 StGB ist wegen § 255 StGB auch bei einer räuberischen Erpressung unter Führung von Schusswaffen die Einrichtung einer Kontrollstelle zulässig. 2

II. Bestimmte Tatsachen

Ein dringender Tatverdacht ist für § 111 StPO nicht erforderlich; es reicht aus, wenn bestimmte Tatsachen den Verdacht einer Katalogtat, die durch einen bekannten oder unbekannten Täter begangen worden ist, begründen. Bloße Vermutungen reichen hierfür nicht aus; es genügt aber, wenn sich der Verdacht aufgrund des vorliegenden Tatsachenmaterials bereits in genügendem Maße konkretisiert hat (Kuhlmann DRiZ 1978, 239). 3

III. Ziel der Maßnahme

4   Die Tatsachen müssen die Annahme rechtfertigen, dass die Einrichtung der Kontrollstelle
- zur **Ergreifung des Täters** (Täter und Teilnehmer) führen wird
- oder der **Sicherstellung von Beweismitteln** dienen kann.

Dient eine Kontrollstelle nur der Sicherstellung von Beweismitteln, ist deren Einrichtung nur dann als verhältnismäßig anzusehen, wenn es sich um ein Beweismittel handelt, von dem ein erheblicher Beitrag zur Tataufklärung zu erwarten ist (Kurt NJW 1979, 1377, 1382).

IV. Erfolgserwartung

5   Eine Kontrollstelle darf nur eingerichtet werden, wenn Anlass für die Annahme besteht, dass der mit ihr bezweckte Erfolg (Ergreifung Täter oder Sicherstellung Beweismittel) in der vorgesehenen Kontrollzeit am vorgesehenen Kontrollort eintreten wird (Vogel NJW 1978, 1217, 1227). Die Erfolgserwartung muss sich nicht auf bestimmten Tatsachen gründen; es genügt die aus kriminalistischer Erfahrung gewonnene Erkenntnis typischer Geschehensabläufe (Achenbach JA 1981, 664; Kuhlmann DRiZ 1978, 239).

6   Nicht zwingend erforderlich ist ein zeitlicher Zusammenhang zwischen der Straftat und der Einrichtung der Kontrollstelle. Eine Anordnung zur Fahndung nach einem rechtskräftig verurteilten Täter ist jedoch unzulässig (Meyer-Goßner StPO § 111 Rn 7; **aA** KK-StPO/Nack StPO § 111 Rn 4).

V. Ort der Kontrollstelle

7   Kontrollstellen können auf allen dem öffentlichen Verkehr gewidmeten öffentlichen Straßen und Plätzen eingerichtet werden, aber auch an sonstigen öffentlich zugänglichen Orten, unabhängig von den privatrechtlichen Verhältnissen, sofern diese Orte einem unbestimmten Personenkreis zur Benutzung freigegeben sind (zB Bahnhöfe, Flugplätze, Sportplätze, öffentliche Gebäude). Dass der Zugang dort ggf nach Zweck oder Zeit beschränkt ist, ist unerheblich. Im privaten befriedeten Besitztum, auch wenn dieses für Besucher zugänglich ist (zB Gaststätte, Kaufhaus, Geschäftsraum), kann eine Kontrollstelle dagegen nicht eingerichtet werden; gleiches gilt für bewegliche Orte (zB Flugzeug, Eisenbahnzug). Zulässig ist es jedoch, solche Orte für die technische Durchführung der Kontrollmaßnahme zu nutzen (zB Abstellen von Dienstfahrzeugen, Einrichtung von Vernehmungsräumen), sofern der Verfügungsberechtigte damit einverstanden ist.

8   Eine räumliche Nähe des Ortes der Kontrollstelle zum Begehungsort der Straftat ist nicht erforderlich (KK-StPO/Nack StPO § 111 Rn 8), wird jedoch aufgrund der erforderlichen Erfolgserwartung idR zu empfehlen sein (Meyer-Goßner StPO § 111 Rn 6).

VI. Mehrzahl von Kontrollstellen

9   Die Einrichtung von mehreren Kontrollstellen ist zulässig, wenn dies zur Ergreifung des Täters oder zur Sicherung der Beweismittel erforderlich ist. So wird ein „Ring" von Kontrollstellen um den Tatort zur Ergreifung eines flüchtigen Täters oftmals geboten sein.

C. Befugnisse an Kontrollstellen (Abs 1 S 2, Abs 3)

I. Jedermann

10   Von Kontrollstellen sind unverdächtige und verdächtige Personen im gleichen Maße betroffen. Beide Personengruppen sind verpflichtet, ihre Identität feststellen und mitgeführte Sachen durchsuchen zu lassen. Eine besondere Anordnung hierzu ist nicht erforderlich; die Polizei hat jedoch den Sinn und Zweck der Kontrollstelle bekannt zu geben (zB Lautsprecherdurchsage, Stelltafeln, Plakate, Einzelhinweis).

II. Identitätsfeststellung

11   Die an einer Kontrollstelle angehaltenen Personen sind verpflichtet, ihre Personalien anzugeben (§ 111 OWiG); eine weitergehende Mitwirkungspflicht besteht nicht (§ 163b

StPO entspr). Eine Verpflichtung zum Vorzeigen von Ausweispapieren besteht nicht. Personen, die sich nicht ausweisen können oder Angaben verweigern, dürfen durchsucht und unter den Voraussetzungen des § 163 b StPO festgehalten oder erkennungsdienstlich behandelt werden. Eine derartige Maßnahme ist jedoch unverhältnismäßig (§ 163 b Abs 2 S 2 Hs 1 StPO), wenn ein Zusammenhang mit den gesuchten Tätern (zB Anhalten von Kindern) oder Beweismitteln offensichtlich fehlt (Meyer-Goßner StPO § 111 Rn 11). Es dürfen jedoch erkennungsdienstliche Maßnahmen auch gegen unverdächtige Personen getroffen werden; § 163 b Abs 2 S 2 Hs 2 StPO ist nicht entspr anzuwenden (Meyer-Goßner StPO § 111 Rn 11; aA KK-StPO/Nack StPO § 111 Rn 14).

III. Durchsuchung

An der Kontrollstelle angehaltene Personen dürfen nach Beweismitteln durchsucht werden, sofern ein Zusammenhang mit den gesuchten Tätern nicht von vorne herein ausgeschlossen ist. Nicht erforderlich ist, dass bestimmte Tatsachen ein Auffinden von Beweismitteln wahrscheinlich machen oder erwarten lassen (Kurth NJW 1979, 1383). Von der Durchsuchung werden auch mitgeführte Sachen (auch Transportmittel wie Pkw) umfasst. Die Voraussetzungen des § 103 StPO müssen nicht vorliegen. Der Umfang der Maßnahme wird vom Zweck der Kontrollstelle und dem Verhältnismäßigkeitsgrundsatz bestimmt. Es ist daher nicht zulässig, eine Kontrollstelle zur allgemeinen Suche nach Straftaten und Beweismitteln zu benutzen. Werden Beweismitteln nicht freiwillig herauszugeben, sind sie nach § 94 StPO, § 98 StPO zu beschlagnahmen. 12

Nach § 111 Abs 3 StPO kommen auf die Durchsuchung im Rahmen einer Kontrollstelle folgende allgemeine Grundsätze zur Anwendung: § 107 S 2 Hs 1 StPO über die Bestätigung der Sicherstellung (keine „Negativbescheinigung", § 107 S 2 Hs 2 StPO), § 108 StPO (mit Ausnahme von § 108 Abs 1 S 3 StPO) über Zufallsfunde, § 109 StPO über die Registrierung und Kennzeichnung der Beschlagnahmegegenstände und § 110 StPO über die Durchsicht von Papieren, wobei die Polizeibeamten Ausweispapiere eigenständig durchsehen können. 13

D. Anordnung der Maßnahme (Abs 2)

I. Richterliche Anordnung

Die Anordnung der Einrichtung einer Kontrollstelle trifft der Ermittlungsrichter auf Antrag der StA. Die StA oder deren Ermittlungspersonen (§ 152 GVG) sind bei Gefahr im Verzug zur eigenständigen Anordnung befugt; eine nachträgliche richterliche Bestätigung ist nicht erforderlich (Meyer-Goßner StPO § 111 Rn 15). 14

Die Anordnung muss den Bezirk, in dem die Kontrollstelle eingerichtet werden soll, genau bezeichnen (zB bestimmter Umkreis um einen Ort); sie kann nicht auf das gesamte Bundesgebiet bezogen werden (BGH NStZ 1989, 81). Den genauen Ort der Kontrollstelle und die Anzahl der Kontrollstellen muss der Beschluss nicht enthalten; die eigentliche Ausführung kann der Polizei überlassen werden (Meyer-Goßner StPO § 111 Rn 16 mwN). 15

Auch der Beginn und die Dauer der Kontrollstelle muss im Beschluss nicht bestimmt werden, wenn sich auch die Angabe einer bestimmten Höchstdauer oder einer bestimmten Kontrollzeit (zB nur zu bestimmten Tageszeiten) idR empfehlen wird.

Die richterliche Anordnung ergeht schriftlich und kann in Eilfällen vorab mündlich oder fernmündlich herausgegeben werden. Anordnungen der StA oder ihrer Ermittlungspersonen können mündlich getroffen werden. Alle mündlichen Anordnungen sind jedoch aktenkundig zu machen. 16

II. Vollstreckung der Anordnung

Richterliche Anordnungen werden nach § 36 Abs 2 StPO von der Polizei, die von der StA beauftragt wird, vollstreckt. Enthält die Anordnung nur Rahmenanweisungen, hat die Polizei über den konkreten Ort der Kontrollstellen eigenständig zu entscheiden und die Maßnahme nach pflichtgemäßem Ermessen im notwendigen Umfang durchzuführen. Sie 17 hat auch die erforderlichen Hilfsmittel (zB Absperrungen, Kraftfahrzeuge) und Beamte zu stellen.

III. Aufhebung der Anordnung

18 Die Anordnung ist aufzuheben, sobald die Voraussetzungen des § 111 StPO weggefallen sind. Der Richter oder der StA, der die Anordnung getroffen hat, muss das weitere Vorliegen der Anordnungsvoraussetzungen ständig überwachen und hat hierzu ggf die Polizei zu regelmäßigen Berichten über die weiteren Erfolgsaussichten anzuhalten. Entfallen die Voraussetzungen des § 111 StPO, hat die Polizei die Kontrollstelle sofort zu beenden und hierüber den anordnenden Richter oder StA unverzüglich zu informieren.

E. Beschwerde und Revision

I. Beschwerde

19 Der StA steht nach § 304 Abs 1 StPO ein Beschwerderecht zu, wenn das Gericht ihren Antrag auf Einrichtung einer Kontrollstelle zurückweist oder die Anordnung aufhebt. Der anordnende Beschluss als solches kann nicht angefochten werden (BGH NStZ 1989, 81; NStZ 1989, 189), allerdings die in Vollzug der Anordnung ergangenen Maßnahmen (BGH NStZ 1989, 81), solange diese andauern. Über derartige Einwände hat der anordnende Richter entspr § 98 Abs 2 S 2 StPO zu entscheiden. Eine nachträgliche richterliche Kontrolle findet statt, falls ein tiefgreifender Grundrechtseingriff zu besorgen ist. Eine „Popularbeschwerde" gibt es nicht; auch kann ein Nichtbetroffener nicht zum Zwecke der Wahrnehmung öffentlicher Interessen handeln.

II. Revision

20 Die Revision kann nicht darauf gestützt werden, dass die Anordnung nach § 111 StPO fehlerhaft getroffen worden ist. Lagen die Voraussetzungen für die Einrichtung einer Kontrollstelle nicht vor, wird hiervon die Zulässigkeit der Festnahme des Verdächtigen oder der Sicherstellung von Beweismitteln nicht berührt; ein Beweisverwertungsverbot entsteht hierdurch idR nicht.

§ 111 a [Vorläufige Entziehung der Fahrerlaubnis]

(1) ¹Sind dringende Gründe für die Annahme vorhanden, daß die Fahrerlaubnis entzogen werden wird (§ 69 des Strafgesetzbuches), so kann der Richter dem Beschuldigten durch Beschluß die Fahrerlaubnis vorläufig entziehen. ²Von der vorläufigen Entziehung können bestimmte Arten von Kraftfahrzeugen ausgenommen werden, wenn besondere Umstände die Annahme rechtfertigen, daß der Zweck der Maßnahme dadurch nicht gefährdet wird.

(2) Die vorläufige Entziehung der Fahrerlaubnis ist aufzuheben, wenn ihr Grund weggefallen ist oder wenn das Gericht im Urteil die Fahrerlaubnis nicht entzieht.

(3) ¹Die vorläufige Entziehung der Fahrerlaubnis wirkt zugleich als Anordnung oder Bestätigung der Beschlagnahme des von einer deutschen Behörde ausgestellten Führerscheins. ²Dies gilt auch, wenn der Führerschein von einer Behörde eines Mitgliedstaates der Europäischen Union oder eines anderen Vertragsstaates des Abkommens über den Europäischen Wirtschaftsraum ausgestellt worden ist, sofern der Inhaber seinen ordentlichen Wohnsitz im Inland hat.

(4) Ist ein Führerschein beschlagnahmt, weil er nach § 69 Abs. 3 Satz 2 des Strafgesetzbuches eingezogen werden kann, und bedarf es einer richterlichen Entscheidung über die Beschlagnahme, so tritt an deren Stelle die Entscheidung über die vorläufige Entziehung der Fahrerlaubnis.

(5) ¹Ein Führerschein, der in Verwahrung genommen, sichergestellt oder beschlagnahmt ist, weil er nach § 69 Abs. 3 Satz 2 des Strafgesetzbuches eingezogen werden kann, ist dem Beschuldigten zurückzugeben, wenn der Richter die vor-

läufige Entziehung der Fahrerlaubnis wegen Fehlens der in Absatz 1 bezeichneten Voraussetzungen ablehnt, wenn er sie aufhebt oder wenn das Gericht im Urteil die Fahrerlaubnis nicht entzieht. ²Wird jedoch im Urteil ein Fahrverbot nach § 44 des Strafgesetzbuches verhängt, so kann die Rückgabe des Führerscheins aufgeschoben werden, wenn der Beschuldigte nicht widerspricht.

(6) ¹In anderen als in Absatz 3 Satz 2 genannten ausländischen Führerscheinen ist die vorläufige Entziehung der Fahrerlaubnis zu vermerken. ²Bis zur Eintragung dieses Vermerkes kann der Führerschein beschlagnahmt werden (§ 94 Abs. 3, § 98).

Überblick

Die Vorschrift des § 111 a StPO regelt die vorläufige Entziehung der Fahrerlaubnis (Rn 1 bis Rn 5). Die Anordnung erfolgt durch das Gericht (Rn 6 bis Rn 8), welches seine Anordnung bei Wegfall der Gründe oder endgültigem Nichtentzug im Urteil wieder aufzuheben hat (Rn 9 bis Rn 11). Die StA oder die Polizei können einen Führerschein bei Gefahr im Verzug beschlagnahmen (Rn 12). Dieser ist bei Nichtbestätigung der Anordnung zurückzugeben (Rn 13). Sonderregelungen bestehen für ausländische Führerscheine (Rn 14 bis Rn 15). Gegen die Entscheidung des Gerichts besteht die Möglichkeit zur Beschwerde (Rn 16).

Übersicht

	Rn		Rn
A. Gesetzeszweck	1	II. Nichtentziehung im Urteil	10
B. Wirkungen	2	III. Zuständigkeit	11
C. Voraussetzungen	3	H. Sicherstellung des Führerscheins	
D. Kannbestimmung	4	(Abs 3, 4)	12
E. Ausnahmen und Beschränkungen	5	I. Rückgabe des Führerscheins (Abs 5)	13
F. Anordnung der Maßnahme	6	J. Ausländische Führerscheine	14
G. Aufhebung der Anordnung (Abs 2)	9		
I. Wegfall der Gründe	9	K. Beschwerde	16

A. Gesetzeszweck

Maßnahmen nach § 111 a StPO dienen in erster Linie der Strafverfolgung und Strafvollstreckung, haben aber, wie auch Maßnahmen nach § 126 a StPO, § 132 a StPO, auch einen präventiven Charakter (BVerfG NJW 2005, 1767; BGH NJW 1969, 1308). Es handelt sich um vorbeugende Maßnahmen, die die Allgemeinheit bereits vor Urteilserlass vor den Gefahren schützen sollen, die von einem ungeeigneten Kraftfahrer ausgehen (OLG München NJW 1980, 1860). Von der Vorschrift wird nur die Sicherung einer Entziehung der Fahrerlaubnis nach § 69 StGB umfasst; sie greift nicht auch für die selbständige Sperre nach § 69 a Abs 1 S 3 StGB (OLG Hamm VRS 51, 43), oder das Fahrverbot nach § 44 StGB. Es entstehen grds Entschädigungsansprüche nach § 2 Abs 2 Nr 5 StrEG, wenn eine endgültige Entziehung im Urteil unterbleibt. Für ein Verfahren, in dem eine vorläufige Anordnung nach § 111 a StPO ergangen ist, gilt der **Beschleunigungsgrundsatz** (OLG Hamm NZV 2002, 380; NStZ-RR 2007, 351). Eine Maßnahme nach § 111 a StPO kann sich auch gegen einen Schuldunfähigen richten. 1

B. Wirkungen

Erfolgt eine vorläufige Entziehung der Fahrerlaubnis, ist der Betroffene nicht mehr im Besitz einer gültigen Berechtigung zum Führen eines Kraftfahrzeuges; führt er dennoch eines, macht er sich nach § 21 Abs 1 Nr 1 StVG strafbar (BGH NJW 2001, 3347). Gleiches gilt bei einer Zuwiderhandlung gegen eine Beschränkung nach § 111 a Abs 1 S 2 StPO (BGH NJW 1978, 2517). 2

C. Voraussetzungen

3   Eine vorläufige Entziehung kann nur erfolgen, wenn **dringende Gründe** für die Annahme vorliegen, dass im späteren Urteil eine Maßregel nach § 69 StGB angeordnet wird. Dies erfordert dringenden Tatverdacht iSd § 69 Abs 1 S 1 StGB und ein in hohem Maße wahrscheinlicher endgültiger Entzug (BVerfG VRS 90, 1; BGH NStZ-RR 2007, 40). Bei der Prognoseentscheidung bleiben Charaktermängel, die erst nach der Tat zu Tage getreten sind, außer Betracht (OLG Frankfurt NStZ-RR 1996, 235). Eine ursprünglich vorliegende Ungeeignetheit kann durch Zeitablauf entfallen (LG Nürnberg DAR 2000, 374; LG Zweibrücken VRS 99, 266). In Verfahren gegen Jugendliche oder Heranwachsende ist grds eine besonders sorgfältige und einzelfallorientierte Prüfung erforderlich (AG Oldenburg Blutalkohol 45, 323; AG Saalfeld DAR 2002, 137). In den Fällen des § 69 Abs 2 StGB ist eine Feststellung von dringenden Gründen nicht erforderlich, sofern sich nicht wichtige Gegengründe (nicht die Teilnahme an einem Aufbauseminar) geradezu aufdrängen.

D. Kannbestimmung

4   Die Anordnung einer Maßnahme nach § 111a StPO steht im **pflichtgemäßen Ermessen** des Richters. Seine Entscheidung wird idR ermessensfehlerhaft sein, wenn er trotz Vorliegens der Voraussetzungen des § 111a Abs 1 S 1 StPO von einer Anordnung absieht. Zulässig ist die Anordnung bis zur Rechtskraft des Urteils (OLG Karlsruhe NStZ 2005, 402; OLG Nürnberg StV 2006, 685; OLG Hamm NStZ-RR 2007, 351): dabei ist es unerheblich, dass die StA sie erst längere Zeit nach der Tat beantragt (Meyer-Goßner StPO § 111a Rn 3). Wird der Führerschein vom Betroffenen freiwillig herausgegeben, ist eine Maßnahmen nach § 111a StPO entbehrlich (Meyer-Goßner StPO § 111a Rn 3; aA KK-StPO/Nack StPO § 111a Rn 4).
Zur Anordnung nach § 111a StPO im Berufungsverfahren s OLG Hamburg, ZfSch 2007, 409; OLG Zweibrücken Blutalkohol 46, 284; Meyer/Goßner StPO § 111a Rn 3.

E. Ausnahmen und Beschränkungen

5   Die vorläufige Entziehung kann nach § 111a Abs 1 S 2 StPO mit Ausnahmen versehen werden, wenn hierdurch der Zweck der Maßnahme nicht gefährdet wird. Eine Einschränkung ist für bestimmte Arten von Kraftfahrzeugen zulässig, nicht aber auch für bestimmte Zeiten, Orte oder Fahrzeuge bestimmter Eigentümer oder Halter. Bei der endgültigen Entziehung der Fahrerlaubnis kann das Gericht diese nach § 69a Abs 2 StGB entsprechend begrenzen.
Eine Ausnahme ist nur bei Vorliegen besonderer Umstände gerechtfertigt (OLG Hamm NJW 1971, 1618; OLG Karlsruhe VRS 55, 122; OLG Koblenz VRS 65, 34). Alleine **wirtschaftliche Gründe** genügen hierfür nicht. Erforderlich ist vielmehr, dass Anhaltspunkte dafür bestehen, dass eine Gefährdung der Allgemeinheit nicht gegeben ist, wenn der Betroffenen nur bestimmte Fahrzeuge benutzt.

F. Anordnung der Maßnahme

6   Die Anordnung ergeht durch richterlichen Beschluss, der zu begründen ist. Eine vorherige Anhörung des Betroffenen ist idR entbehrlich. Ein Antrag der StA ist im Ermittlungsverfahren erforderlich, ansonsten ist sie nach § 33 Abs 2 StPO anzuhören.

7   Zuständig ist:
- im Ermittlungsverfahren der Ermittlungsrichter am Sitz der StA,
- nach Anklageerhebung das mit der Sache befasste Gericht,
- das Berufungsgericht nach Aktenvorlage (OLG Hamburg, ZfSch 2007, 409),
- im Revisionsverfahren der letzte Tatrichter.

In der Hauptverhandlung wirken die Schöffen mit (OLG Karlsruhe VRS 68, 360).

8   Auch wenn eine Zustellung des Beschlusses nicht vorgesehen ist, wird diese wegen der strafrechtlichen Folgen regelmäßig erfolgen. Eine Belehrung des Betroffenen hierüber ist jedoch nicht vorgesehen, sollte aber ebenfalls erfolgen. Der Richter veranlasst die Zustellung

(§ 36 Abs 1 StPO), für die Vollstreckung ist die StA zuständig (§ 36 Abs 2 StPO). Mitteilungspflichten bestehen nach MiStra 45 Abs 1 Nr 1, Abs 3, Abs 4 iVm §§ 12 EGGVG ff. Mit Beschlusserlass wird die Beschlagnahme des inländischen Führerscheins bewirkt. Zugleich tritt ein nach § 21 Abs 1 Nr 1 StVG strafbewehrtes Fahrverbot ein, das jedoch erst mit der Bekanntgabe an den Beschuldigten wirkt (BGH NJW 1962, 2104; OLG Köln VRS 52, 271). Die Anordnung bewirkt dagegen kein Erlöschen der Fahrerlaubnis.

G. Aufhebung der Anordnung (Abs 2)

I. Wegfall der Gründe

Fällt der Grund für die Anordnung weg, ist die Maßnahme von Amts wegen aufzuheben. Dies gilt für das Berufungsgericht bereits vor Urteilserlass (OLG Hamburg NJW 1963, 1215). Alleine der bloße Zeitablauf rechtfertigt dagegen eine Aufhebung nicht (OLG Hamm NStZ-RR 2007, 351; OLG Koblenz NZV 2008, 47). Allerdings kann eine überlange Verfahrensdauer die Aufhebung der Maßnahme erfordern, wenn die Feststellung des Einigungsmangels in der Hauptverhandlung nicht mehr zu erwarten ist (OLG Nürnberg StV 2006, 685; BayObLG NJW 1971, 206; LG Saarbrücken ZfSch 2007, 470).

Im Berufungsverfahren ist das Gericht nicht daran gehindert, die gleiche Sperre wie das Gericht 1. Instanz anzuordnen; dies stellt keinen Verstoß gegen das Verschlechterungsverbot dar. Der Anklagte muss sogar mit einer gewissen Verlängerung der Sperre bei einer Berufungseinlegung rechnen (OLG Düsseldorf VRS 79, 23; OLG Koblenz VRS 68, 41).

Läuft die Sperre während des Revisionsverfahrens ab, führt dies nicht dazu, dass die Maßnahme nach § 111a StPO aufzuheben ist (OLG Frankfurt NStZ-RR 1998, 76; OLG Hamburg NJW 1981, 2590). Wurde die vorläufige Entziehung aufgehoben, kann eine erneute vorläufige Entziehung nur dann erfolgen, wenn sich die zugrunde liegende Sachlage zwischenzeitlich verändert hat (LG Zweibrücken NZV 2008, 259).

II. Nichtentziehung im Urteil

Wird im Urteil die Fahrerlaubnis nicht entzogen, ist die Maßnahme nach § 111a StPO aufzuheben. Dies geschieht durch gesonderten Beschluss, der der Klarstellung dient. Die Aufhebung ist auch bei noch nicht rechtskräftigen Entscheidungen zwingend vorgeschrieben (BVerfG NJW 1995, 124), auch wenn die Entscheidung zu ungunsten des Betroffenen angefochten ist. Die vorläufige Entziehung darf vor Entscheidung über das Rechtsmittel nur wieder angeordnet werden, wenn neue Tatsachen oder Beweismittel bekannt geworden sind, die zur endgültigen Entziehung führen werden (OLG Karlsruhe NJW 1960, 2113).

III. Zuständigkeit

Für die Aufhebung ist bis Anklageerhebung das Gericht zuständig, das die Anordnung getroffen hat, danach das mit der Sache befasste Gericht. Im Revisionsverfahren bleibt es bei der Zuständigkeit des letzten Tatgerichts (BGH NJW 1978, 384; OLG Sachsen-Anhalt DAR 1999, 420), sofern das Revisionsgericht nicht nach § 126 Abs 3 StPO verfährt (BayObLG NZV 1993, 239; OLG Koblenz NZV 2008, 367). Eine Kostenentscheidung ergeht nicht (OLG Frankfurt MDR 1982, 954). Das Gericht ist an einen Aufhebungsantrag der StA nicht gebunden; § 120 Abs 3 S 1 StPO gilt nicht entspr (Meyer-Goßner StPO § 111a Rn 14; **aA** KK-StPO/Nack StPO § 111a Rn 7).

H. Sicherstellung des Führerscheins (Abs 3, 4)

Eine Zuständigkeit der StA oder Polizei zur vorläufigen Entziehung von Fahrerlaubnissen besteht nicht. Diese können bei Gefahr im Verzug einen Führerschein jedoch nach § 98 StPO beschlagnahmen oder sicherstellen (wenn dieser freiwillig herausgegeben wird), sofern die Voraussetzungen des § 111a Abs 1 StPO gegeben sind (OLG Stuttgart NJW 1969, 760). Gefahr im Verzug liegt vor, wenn zu befürchten ist, dass der Betroffene seinen Führerschein vernichten oder beiseite schaffen wird, aber auch, wenn die Annahme begründet ist, dass dieser ohne eine Beschlagnahme weiterhin Verkehrsvorschriften so schwerwiegend verletzen wird, dass zur Sicherung der Allgemeinheit die Wegnahme des Führerscheins erforderlich ist (BGH NJW 1969, 1308). Für die Beschlagnahme zur Gefahrenabwehr s Meyer/Goßner StPO § 111 a Rn 16. Die von der StA oder der Polizei angeordnete Beschlagnahme ist richterlich zu bestätigen (§ 98 Abs 2 S 1 StPO). Zusätzlich kann der Betroffene jederzeit die richterliche Entscheidung beantragen (§ 98 Abs 2 S 2 StPO). Das Gericht entscheidet nicht über die Zulässigkeit der Beschlagnahme, sondern über die vorläufige Entziehung der Fahrerlaubnis (§ 111 a Abs 4 StPO).

I. Rückgabe des Führerscheins (Abs 5)

13   Ein in amtliche Verwahrung genommener Führerschein ist herauszugeben, wenn das Gericht eine vorläufige Entziehung oder später eine endgültige Entziehung im Urteil ablehnt oder die vorläufige Entziehung aufgehoben wird. Zuständig zur Herausgabe ist die StA, nach Anklageerhebung das mit der Sache befasste Gericht, nach Rechtskraft die Vollstreckungsbehörde. Wird im Urteil zwar die Fahrerlaubnis nicht endgültig entzogen, aber ein Fahrverbot verhängt, kann die Rückgabe des Führerscheins aufgeschoben werden, es sei denn, der Betroffene widerspricht. Es erfolgt eine Anrechnung der Zeit bis Rechtskraft des Urteils auf die Dauer des Fahrverbots (§ 450 Abs 2 StPO).

J. Ausländische Führerscheine

14   Inhaber von EU- und EWR-Führerscheinen, die ihren Wohnsitz in der BRD haben, werden den Inhabern deutscher Fahrerlaubnisse gleichgestellt (§ 111 a Abs 3 S 2 StPO). Ihr Führerschein ist in amtliche Verwahrung zu nehmen.

15   Andere ausländische Führerscheine können nach § 69 a StGB, § 69 b StGB mit der Wirkung eines Verbots, während der Sperre im Inland Kraftfahrzeuge zu führen, entzogen werden. Die vorläufige Entziehung ist nach § 111 a Abs 6 S 1 StPO zulässig. Zum Vollzug ist auf dem Führerschein die vorläufige Entziehung zu vermerken (§ 69 b Abs 2 S 2 StGB). Hierzu kann der Führerschein beschlagnahmt werden (§ 111 a Abs 6 S 2 StPO); nach Anbringung des Vermerks ist er aber unverzüglich zurückzugeben. Der Vermerk kann auch auf einem gesonderten Blatt erstellt werden, das mit dem Führerschein verbunden wird.

K. Beschwerde

16   Richterliche Entscheidungen, auch des OLG und des Ermittlungsrichters des BGH (§ 304 Abs 4 S 2 Nr 1 StPO), sind mit der Beschwerde anfechtbar. Die weitere Beschwerde ist nach § 310 StPO nicht zulässig (OLG Stuttgart NStZ 1990, 141). Wurde über die Beschwerde bis zur Anklageerhebung nicht entschieden, ist diese als Antrag auf Aufhebung umzudeuten (OLG Celle StraFo 2001, 134; OLG Düsseldorf VRS 99, 203). Beschwerdeberechtigt sind der Betroffene und die StA, wenn ihrem Antrag nicht gefolgt worden ist (LG Zweibrücken NStZ-RR 1998, 249). Eine Aussetzung der Anordnung (§ 307 Abs 2 StPO) kommt nicht in Betracht (LG Köln ZfS 1984, 29; ZfS 1986, 124). Mit der Beschwerde kann eine isolierte Anfechtung und Rechtmäßigkeitskontrolle der Maßregeln nach § 69 StGB nicht erreicht werden (str, s Meyer/Goßner StPO § 111 a Rn 19).

§ 111 b [Sicherstellung von Gegenständen]

(1) ¹Gegenstände können durch Beschlagnahme nach § 111 c sichergestellt werden, wenn Gründe für die Annahme vorhanden sind, dass die Voraussetzungen für ihren Verfall oder ihre Einziehung vorliegen. ²§ 94 Abs. 3 bleibt unberührt.

(2) Sind Gründe für die Annahme vorhanden, dass die Voraussetzungen des Verfalls von Wertersatz oder der Einziehung von Wertersatz vorliegen, kann zu deren Sicherung nach § 111 d der dingliche Arrest angeordnet werden.

(3) ¹Liegen dringende Gründe nicht vor, so hebt das Gericht die Anordnung der in Absatz 1 Satz 1 und Absatz 2 genannten Maßnahmen spätestens nach sechs Monaten auf. ²Begründen bestimmte Tatsachen den Tatverdacht und reicht die in Satz 1

bezeichnete Frist wegen der besonderen Schwierigkeit oder des besonderen Umfangs der Ermittlungen oder wegen eines anderen wichtigen Grundes nicht aus, so kann das Gericht auf Antrag der Staatsanwaltschaft die Maßnahme verlängern, wenn die genannten Gründe ihre Fortdauer rechtfertigen. ³Ohne Vorliegen dringender Gründe darf die Maßnahme über zwölf Monate hinaus nicht aufrecht erhalten werden.

(4) Die §§ 102 bis 110 gelten entsprechend.

(5) Die Absätze 1 bis 4 gelten entsprechend, soweit der Verfall nur deshalb nicht angeordnet werden kann, weil die Voraussetzungen des § 73 Abs. 1 Satz 2 des Strafgesetzbuches vorliegen.

Überblick

Die Vorschrift des § 111 b StPO ist die Zentralnorm in der StPO für die Vermögensabschöpfung (Rn 1). Sie gibt das Instrumentarium zur Sicherung von Verfall und Einziehung vor, die Beschlagnahme (Rn 12 bis Rn 15) und den dinglichen Arrest. Für alle Maßnahmen der Vermögensabschöpfung gilt das Bruttogewinnprinzip (Rn 2). Die Vermögensabschöpfung ist an besondere Voraussetzungen (Rn 3 bis Rn 8) gebunden; zudem ist für alle Sicherungsmaßnahmen erforderlich, dass Gründe für die Annahme vorliegen, es werde im späteren Urteil eine Anordnung des Verfalls oder Einziehung erfolgen (Rn 8 bis Rn 11). Zur Sicherung von Ansprüchen der aus einer Straftat Verletzten ist eine Rückgewinnungshilfe möglich (Rn 5 bis Rn 6).

Zur Vermögensabschöpfung bei Einstellung nach § 153 a StPO s Nr 93 a RiStBV.

Übersicht

	Rn		Rn
A. Anwendungsbereich	1	II. Gründe für die Annahme	8
B. Bruttogewinnprinzip	2	D. Die Beschlagnahme	12
C. Voraussetzungen für die Sicherstellung	3	I. Sicherstellungsbedürfnis	14
		II. Verhältnismäßigkeitsgrundsatz	15
I. Rückgewinnungshilfe	4	III. Kosten	16

A. Anwendungsbereich

Anders als die Sicherstellung von Beweisgegenständen (§ 94 StPO) richtet sich die Sicherung von Verfalls- und Einziehungsgegenständen nach den §§ 111 b StPO ff. Für die Sicherstellung von Führerscheinen zum Zwecke des Verfalles verbleibt es dagegen bei den allgemeinen Regeln (§ 111 b Abs 1 S 2 StPO iVm § 94 Abs 3 StPO), da hierfür die Eigentumsverhältnisse unerheblich sind. Die Regelung des § 111 b StPO gilt für alle Verfahrensarten. Nach § 111 b Abs 4 StPO gelten für die Suche nach Vermögensgegenständen die Vorschriften über die Durchsuchung (§§ 102 StPO ff) für die Vermögensabschöpfung entspr. Zum weiteren Anwendungsbereich der §§ 111 b StPO ff s Meyer-Goßner StPO § 111 b Rn 1 mwN.

B. Bruttogewinnprinzip

Für die §§ 111 b StPO ff gilt das **Bruttogewinnprinzip** (BGH NStZ 2003, 37). Dies bedeutet, dass die **Gesamtheit des Erlangen** sichergestellt werden kann, unabhängig davon, ob der Täter tatsächlich einen Vermögensvorteil durch die Tat erlangt hat. Diese Vermögensgegenstände werden entweder beschlagnahmt (§ 111 c StPO Rn 1) oder es wird ein dinglicher Arrest angeordnet (§ 111 d StPO Rn 1).

C. Voraussetzungen für die Sicherstellung

Eine Sicherstellung nach den §§ 111 b StPO ff ist nur möglich, wenn der betroffene Gegenstand (bewegliche, unbewegliche Sachen und Rechte) dem **Verfall** oder der **Ein-**

ziehung unterliegt. Zu den Voraussetzungen des Verfalls s § 73 StGB, § 73 d StGB, für die Einziehung s § 74 StGB, § 74 d StGB. Weitere Vorschriften zum Verfall oder der Einziehung finden sich vor allem im Nebenstrafrecht. Die Unbrauchbarmachung nach § 74 d Abs 1 S 2 StGB und die Vernichtung nach § 43 KUG stehen der Einziehung dabei gleich.

I. Rückgewinnungshilfe

4   Nicht dem Verfall unterliegen Gegenstände, die der Schadloshaltung des Verletzten unterliegen (§ 73 Abs 1 S 2 StGB). Es ist dabei nicht erforderlich, dass der Verletzte seine ihm gegenüber dem Täter zustehenden Entschädigungsansprüche tatsächlich geltend macht; es reicht aus, dass solche grundsätzlich bestehen (BGH NStZ 1984, 409; NStZ 2006, 621; NStZ-RR 2006, 138). Ein Verfall ist damit bei jeder Tat, bei der es notwendigerweise einen individuellen Verletzten gibt (zB Diebstahl, Betrug), ausgeschlossen.

5   Nach § 111 b Abs 5 StPO ist aber dennoch eine Sicherstellung durch eine sog **Rückgewinnungshilfe** möglich, auch wenn von vorneherein nur die Sicherung der Interessen von Verletzten in Betracht kommt. Die Durchführung der Rückgewinnungshilfe steht im Ermessen der Beschlagnahmebehörde (Lohse AnwBl 2006, 605; Malitz NStZ 2002, 339; **aA** Webel wistra 2004, 253). Eine Sicherstellung wird idR immer dann erfolgen müssen, wenn der Verletzte seine Ersatz- und Ausgleichsansprüche anderweitig nicht durchsetzen kann (OLG Frankfurt NStZ-RR 2005, 111).

6   Eine erfolgte **Vermischung** von entwendeten Geldbeträgen steht der Rückgewinnungshilfe nicht entgegen (§ 73 Abs 2 S 2 StGB). Hat der Täter mit dem entwendeten Geld andere Gegenstände erworben, können auch diese beschlagnahmt werden, wenn hierfür im Wesentlichen das entwendete Geld verwendet worden ist (BGH NStZ 1986, 165).

Wurde gegen den Beschuldigten das **Insolvenzverfahren** eröffnet, sind Maßnahmen der Rückgewinnungshilfe nach § 89 InsO nicht mehr zulässig (LG Saarbrücken NStZ-RR 2004, 274; LG Köln ZIP 2006, 1059).

7   Im **Beschlagnahmebeschluss** muss nicht dargelegt werden, ob der Verfall nach § 73 StGB zu sichern ist oder ob es sich um eine Maßnahme der Rückgewinnungshilfe handelt (OLG Frankfurt NStZ-RR 2005, 111, 113).

Zur Auswirkung der Rückgewinnungshilfe auf die zivilprozessualen Möglichkeiten des Verletzten s Köper NJW 2004, 2485.

II. Gründe für die Annahme

8   Eine Sicherstellung ist nur dann zulässig, wenn die Voraussetzungen für den Verfall oder die Einziehung vorliegen. Kommt nur der Verfall oder die Einziehung von Wertersatz in Betracht (§ 111 b Abs 2 StPO), ist anstelle der Beschlagnahme der dingliche Arrest nach § 111 d StPO anzuordnen.

Beim Vorliegen von **dringenden Gründen** kann eine Beschlagnahme zeitlich unbegrenzt aufrechterhalten werden, solange die Aufrechterhaltung noch verhältnismäßig bleibt (BVerfG StraFo 2005, 338; OLG Köln StV 2004, 121). Dringende Gründe liegen dann vor, wenn die endgültige Anordnung eines Verfalles oder ein Einziehung in hohem Maße wahrscheinlich ist (KG 11. 6. 2001, 4 Ws 76/01).

9   Auch wenn **keine dringenden Gründe** (§ 111 b Abs 3 StPO) gegeben sind, ist eine Anordnung der Sicherstellung zulässig, soweit ein einfacher Tatverdacht besteht (OLG Celle NStZ-RR 2008, 203; OLG Zweibrücken NStZ 2003, 446), auch wenn dieser sich noch nicht gegen einen bestimmten Beschuldigten richtet (Achenbach NJW 1973, 1068). Das Gericht hat die Anordnung spätestens nach sechs Monaten allerdings wieder aufzuheben, wenn sich bis dahin nicht dringende Gründe ergeben. Fristbeginn ist der Anordnungszeitpunkt (OLG Celle NStZ-RR 2008, 203); eine bloße Sicherstellung zu Beweiszwecken nach § 94 StPO setzt die Frist dagegen nicht in Gang (BGH NStZ 2008, 419). Das Gericht kann auf Antrag der StA die Maßnahme um weitere sechs Monate verlängern, wenn bestimmte Tatsachen (§ 100 a StPO Rn 37) den Tatverdacht begründen und sich die erste Frist aus den in § 111 b Abs 3 S 2 StPO genannten Gründen als zu kurz erwiesen hat. Spätestens nach zwölf Monaten ist die Maßnahme aufzuheben, wenn sich der Verdacht bis dahin nicht zu einem dringenden Verdacht verdichtet hat.

Eine Beschlagnahme zur Einziehung eines im Eigentum des Täters oder Teilnehmers 10
stehenden Gegenstandes (§ 74 Abs 2 Nr 1 StGB) ist nur zulässig, wenn das Eigentum des
Täters oder Teilnehmers mit hoher Wahrscheinlichkeit tatsächlich besteht und die Beschlagnahme auch sonst verhältnismäßig ist (OLG Jena StV 2005, 90).

Eine Sicherstellung ist nicht dadurch ausgeschlossen, dass **Verfahrensvoraussetzungen** 11
(zB Strafantrag) noch fehlen, sofern diese noch geschaffen werden können. Erforderlich ist
jedoch, dass bestimmte tatsächliche Anhaltspunkte vorliegen, dass zB der fehlende Strafantrag
nachgeholt wird.

D. Die Beschlagnahme

Die Sicherstellung von Verfalls- und Einziehungsgegenständen erfordert immer eine 12
förmliche Beschlagnahme; eine formlose Sicherstellung wie bei Beweisgegenständen
genügt nicht. Die Beschlagnahme ist mit Beginn des Ermittlungsverfahrens bis zur Rechtskraft des Urteils möglich. Im Falle des § 74 b Abs 2 StGB kann sie auch noch nach Rechtskraft des Vorbehaltsurteils erfolgen.

Für **Druckerzeugnisse** ist eine allgemeine Beschlagnahme (§ 111 m StPO Rn 1, § 111 n 13
StPO Rn 1 StPO) möglich. Gleiches gilt, wenn Sachen aus einer abgrenzbaren Gattung, die
in der Beschlagnahmeanordnung genau umschrieben sein muss, sichergestellt werden sollen.
Ergibt sich aus der Anordnung keine räumliche Beschränkung, ist die Beschlagnahme im
ganzen Geltungsbereich der StPO vollstreckbar.

I. Sicherstellungsbedürfnis

Eine Maßnahme nach § 111 b StPO ist nur dann geboten, wenn ein **Sicherstellungs-** 14
bedürfnis besteht (BVerfG StraFo 2005, 338; LG Kiel wistra 1998, 363). An diesem fehlt es
idR, wenn die Vollstreckung der endgültigen Maßnahme nicht gefährdet ist.

Im selbstständigen Verfahren (§ 440 StPO, § 442 StPO) ist von einer Sicherstellung
abzusehen, wenn die Durchführung des Verfahrens zweifelhaft erscheint.

II. Verhältnismäßigkeitsgrundsatz

Für Verfallsgegenstände hat der Verhältnismäßigkeitsgrundsatz seine Ausprägung in § 73 c 15
StGB gefunden. Von einer Sicherstellung ist in den dort geregelten **Härtefällen** abzusehen
(BGH NStZ-RR 2000, 365; NStZ 2000, 480; NStZ 2001, 42; NStZ 2001, 381).

Für Einziehungsgegenstände findet sich in § 74 b StGB eine Regelung für die Verhältnismäßigkeit. Liegen die Voraussetzungen des § 74 b StGB vor, so ist eine Sicherstellung
unzulässig (BGH NStZ 1993, 400; LG Lüneburg NJW 1978, 117). Nicht möglich ist eine
entspr Anwendung des § 74 Abs 2 StGB für solche Fälle (Meyer-Goßner StPO § 111 b
Rn 14; **aA** LG München II MDR 1969, 1028).

Der Sicherstellung eines Gegenstandes steht dessen Verderblichkeit oder Pflegebedürftigkeit
nicht entgegen (§ 1111 StPO Rn 1). Es sind jedoch ggf die Ausscheidungsmöglichkeiten
(§ 430 StPO, § 442 StPO) zu beachten.

III. Kosten

Die Kosten der Sicherstellung sind Kosten des Verfahrens (§ 464 a Abs 1 StPO). Dies gilt 16
auch für Maßnahmen im Rahmen der Rückgewinnungshilfe (OLG Düsseldorf StV 2003,
550).

§ 111 c [Sicherstellung durch Beschlagnahme]

(1) Die Beschlagnahme einer beweglichen Sache wird in den Fällen des § 111 b dadurch bewirkt, dass die Sache in Gewahrsam genommen oder die Beschlagnahme durch Siegel oder in anderer Weise kenntlich gemacht wird.

(2) ¹Die Beschlagnahme eines Grundstückes oder eines Rechtes, das den Vorschriften über die Zwangsvollstreckung in das unbewegliche Vermögen unterliegt,

wird dadurch bewirkt, dass ein Vermerk über die Beschlagnahme in das Grundbuch eingetragen wird. ²Die Vorschriften des Gesetzes über die Zwangsversteigerung und die Zwangsverwaltung über den Umfang der Beschlagnahme bei der Zwangsversteigerung gelten entsprechend.

(3) ¹Die Beschlagnahme einer Forderung oder eines anderen Vermögensrechtes, das nicht den Vorschriften über die Zwangsvollstreckung in das unbewegliche Vermögen unterliegt, wird durch Pfändung bewirkt. ²Die Vorschriften der Zivilprozessordnung über die Zwangsvollstreckung in Forderungen und andere Vermögensrechte sind insoweit sinngemäß anzuwenden. ³Mit der Beschlagnahme ist die Aufforderung zur Abgabe der in § 840 Abs. 1 der Zivilprozessordnung bezeichneten Erklärungen zu verbinden.

(4) ¹Die Beschlagnahme von Schiffen, Schiffsbauwerken und Luftfahrzeugen wird nach Absatz 1 bewirkt. ²Bei solchen Schiffen, Schiffsbauwerken und Luftfahrzeugen, die im Schiffsregister, Schiffsbauregister oder Register für Pfandrechte an Luftfahrzeugen eingetragen sind, ist die Beschlagnahme im Register einzutragen. ³Nicht eingetragene, aber eintragungsfähige Schiffsbauwerke oder Luftfahrzeuge können zu diesem Zweck zur Eintragung angemeldet werden; die Vorschriften, die bei der Anmeldung durch eine Person, die auf Grund eines vollstreckbaren Titels eine Eintragung in das Register verlangen kann, anzuwenden sind, gelten hierbei entsprechend.

(5) Die Beschlagnahme eines Gegenstandes nach den Absätzen 1 bis 4 hat die Wirkung eines Veräußerungsverbotes im Sinne des § 136 des Bürgerlichen Gesetzbuches; das Verbot umfasst auch andere Verfügungen als Veräußerungen.

(6) ¹Eine beschlagnahmte bewegliche Sache kann dem Betroffenen
1. gegen sofortige Erlegung des Wertes zurückgegeben oder
2. unter dem Vorbehalt jederzeitigen Widerrufs zur vorläufigen weiteren Benutzung bis zum Abschluss des Verfahrens überlassen

werden. ²Der nach Satz 1 Nr. 1 erlegte Betrag tritt an die Stelle der Sache. ³Die Maßnahme nach Satz 1 Nr. 2 kann davon abhängig gemacht werden, dass der Betroffene Sicherheit leistet oder bestimmte Auflagen erfüllt.

Überblick

Die Vorschrift des § 111 c StPO ist die Grundnorm für die Sicherstellung von Vermögensgegenständen durch Beschlagnahme (Rn 1). Sie bestimmt, wie die Beschlagnahme von beweglichen Sachen (Rn 2), von Grundstücken und grundstücksgleichen Rechten (Rn 3), von Forderungen und anderen Vermögensrechten (Rn 4) sowie von Schiffen, Schiffsbauwerken und Luftfahrzeugen (Rn 5) zu erfolgen hat. Jede Beschlagnahme begründet ein relatives Veräußerungsverbot zugunsten des Staates (Rn 6). Weiter finden sich in § 111 c StPO Regelungen zur Rückgabe beschlagnahmter Sachen an den Betroffenen (Rn 7 bis Rn 9).

Übersicht

	Rn		Rn
A. Geltungsbereich	1	C. Veräußerungsverbot (Abs 5)	6
B. Bewirkung der Beschlagnahme	2	D. Rückgabe beschlagnahmter beweglicher Sachen (Abs 6)	7
I. Bewegliche Sachen (Abs 1)	2		
II. Grundstücke und grundstücksgleiche Rechte (Abs 2)	3	I. Rückgabe gegen Erlegung des Wertes (Nr 1)	7
III. Forderungen und andere Vermögensrechte (Abs 3)	4	II. Überlassung der Benutzung (Nr 2)	8
IV. Schiffe, Schiffsbauwerke und Luftfahrzeuge (Abs 4)	5	III. Herausgabe von Beweisgegenständen	9

A. Geltungsbereich

Die Vorschrift regelt die **Art und Weise** der Beschlagnahme von Vermögensgegenständen 1
im Rahmen der Vermögensabschöpfung. Anders als bei Beweismitteln genügt hierfür eine
formlose Sicherstellung nicht (OLG Düsseldorf wistra 2000, 160; LG Flensburg StV 2004,
644). Kommt ein Gegenstand sowohl als Beweismittel wie auch als Verfalls- oder Einziehungsgegenstand in Betracht, ist dieser idR auch nach § 111 c StPO **förmlich** zu beschlagnahmen, da nur dann die Wirkung des § 111 c Abs 5 StPO eintritt (LG Lübeck StraFo 2003, 417).

B. Bewirkung der Beschlagnahme

I. Bewegliche Sachen (Abs 1)

Für bewegliche Sachen sieht § 111 c Abs 1 StPO zwei Möglichkeiten der Beschlagnahme 2
vor: Entweder wird die Beschlagnahme durch **Ingewahrsamnahme** des Gegenstandes oder
sonstige Kenntlichmachung bewirkt.
Die **Ingewahrsamnahme** erfolgt dadurch, dass sich die Behörde die tatsächliche Gewalt
über die Sache verschafft, durch Beinahme des Gegenstandes zur Ermittlungsakte oder die
Verwahrung als Asservat bei der StA oder Polizei. Möglich ist aber auch eine Aufbewahrung
durch eine Privatperson oder –firma sowie durch eine andere Behörde in Amtshilfe.
Stößt die Begründung amtlichen Gewahrsams durch Verwahrung wegen der Größe oder Art
der Sache oder aus sonstigen Gründen (zB gefährlicher Stoff, kostenintensive Verwahrung)
auf Schwierigkeit, kann die Beschlagnahme auch dadurch bewirkt werden, dass diese als Akt
der symbolischen Besitzergreifung **kenntlich gemacht** wird. Die Kenntlichmachung erfolgt
durch feste Verbindung der Sache mit einem Dienstsiegel (RGSt 61, 101) oder einer mit
dem Siegel versehenen Plombe (OLG Frankfurt MDR 1973, 1033). Nicht ausreichend ist
es, alleine den Raum, in dem sich der Gegenstand befindet, zu versiegeln. Möglich ist jedoch
die Anbringung einer schriftlichen Pfandanzeige in der unmittelbaren Nähe des Gegenstandes. Bei größeren Sachen (zB Maschinenanlage) ist es zudem möglich, nur einen Teilgegenstand in Gewahrsam zu nehmen und die dadurch unbrauchbar gewordene Sache
ansonsten nach Kenntlichmachung am Ort zurückzulassen. Ansonsten gelten die Grundsätze
des § 808 ZPO; die Belassung von Geld, Kostbarkeiten oder Wertpapieren ist daher nicht
zulässig.

II. Grundstücke und grundstücksgleiche Rechte (Abs 2)

Bei Grundstücken und grundstücksgleichen Rechten (s Meyer-Goßner StPO § 111 c 3
Rn 7) wird die Beschlagnahme durch **Eintragung eines Vermerks in das Grundbuch**
bewirkt. Zur Durchführung s § 111 f StPO Rn 2.
Der Umfang der Beschlagnahme folgt den Vorschriften des ZVG (Spieker StraFo 2002,
45). Sie umfasst damit auch die Gegenstände, auf die sich bei einem Grundstück die
Hypothek erstreckt (§ 20 ZVG) und auf land- und forstwirtschaftliche Erzeugnisse (§ 21
ZVG).

III. Forderungen und andere Vermögensrechte (Abs 3)

Für die Beschlagnahme von Forderungen und anderen Vermögensrechten kommen die 4
Vorschriften der ZPO zur Anwendung. Sie sind zu **pfänden** (§ 829 ZPO bis § 834 ZPO,
§§ 846 ZPO ff, § 857 ZPO bis § 859 ZPO). An die Stelle des Gerichtsvollziehers (§ 829
Abs 2 S 2 ZPO) tritt die StA (§ 111 f StPO Rn 3), die die Pfändungsanordnung, die mit der
Aufforderung zur Drittschuldnererklärung (§ 840 Abs 1 ZPO) zu verbinden ist, erlässt. Da
die Maßnahmen zur Vermögensabschöpfung nur der Sicherstellung der voraussichtlichen
Maßnahmen nach den §§ 73 StGB ff dienen, erfolgt keine Überweisung der Forderung nach
§ 835 ZPO.
Bei der **mehrfachen Pfändung** einer Geldforderung ist § 853 ZPO anwendbar, wenn
auch die Hinterlegung nur mit Zustimmung des zuständigen Gerichts erfolgen darf (OLG
Düsseldorf NStZ 1992, 203). Die Gegenstände selbst und nicht der Herausgabeanspruch des

Beschuldigten ist zu pfänden, wenn sich die Pfändungsobjekte bereits im Besitz der StA befinden (OLG Frankfurt NStZ-RR 2005, 144).

IV. Schiffe, Schiffsbauwerke und Luftfahrzeuge (Abs 4)

5   Die Beschlagnahme wird wie bei beweglichen Sachen bewirkt. Bei eingetragenen Schiffen, Schiffsbauwerken und Luftfahrzeugen ist die Beschlagnahme im Register einzutragen. Noch nicht eingetragene Objekte, die an sich eintragungsfähig sind, können zu diesem Zweck ins Register eingetragen werden (§ 66 Schiffsregisterordnung).

C. Veräußerungsverbot (Abs 5)

6   Die Beschlagnahme bewirkt ein relatives (Malitz NStZ 2002, 341; NStZ 2003, 66) **Veräußerungsverbot** zugunsten des Staates nach § 136 BGB, in den Fällen des § 111 g Abs 3 StPO (vgl § 111 g StPO Rn 6) auch zugunsten des Verletzten. Es entsteht mit der vollzogenen Beschlagnahme: Ingewahrsamnahme oder Kenntlichmachung nach Abs 1 (Rn 2), Registereintragung nach Abs 2 (Rn 3), Zustellung des Pfändungsbeschlusses nach Abs 4 (Rn 4). Die Registereintragung nach Abs 4 (Rn 5) ist dagegen keine Voraussetzung für das Entstehen des Veräußerungsverbotes.
Verfügungen, die den Rechtsübergang der beschlagnahmten Sache auf den Staat vereiteln würden, sind nach § 135 BGB unwirksam (OLG Düsseldorf NJW 1995, 2239). Gleiches gilt für Verfügungen, die zu einer Wertminderung führen (Abs 5 Hs 2).
Die Vorschriften über den **Erwerb vom Nichtberechtigten** (§ 892 BGB, §§ 932 BGB ff, § 1058 BGB, § 1138 BGB, § 1155 BGB, § 1207 BGB) sind nach § 135 Abs 2 BGB, § 136 BGB entspr anwendbar; der gute Glaube muss sich auf das Nichtbestehen des Veräußerungsverbotes beziehen (BGH NStZ 1985, 262).
Bei **gemeingefährlichen Gegenständen**, die der Einziehung aus Sicherungsgründen unterliegen, gilt § 134 BGB (OLG Bremen NJW 1951, 675). Im **Insolvenzfall** gehen die Regeln der InsO der strafprozessualen Beschlagnahme vor. Beschlagnahmte Vermögenswerte sind zugunsten der Masse freizugeben (LG Neubrandenburg ZinsO 2000, 676; Malitz NStZ 2002, 341). Das staatliche Veräußerungsverbot wird nach § 80 Abs 2 S 1 InsO wirkungslos (BGH NJW 2007, 3350; LG Köln ZIP 2006, 1059; LG Düsseldorf NZI 2001, 488). Zum **strafrechtlichen Schutz** s § 136 StGB.

D. Rückgabe beschlagnahmter beweglicher Sachen (Abs 6)
I. Rückgabe gegen Erlegung des Wertes (Nr 1)

7   Eine beschlagnahmte bewegliche Sache ist an den Betroffenen, auch wenn er Beschuldigter ist, zurückzugeben, wenn dieser den feststehenden oder vereinbarten Wert der Sache der Behörde in Geld oder geldwerten Papieren übergeben hat. Zug um Zug erhält er dann den beschlagnahmten Gegenstand zurück; der übergebene Geldbetrag wird anstelle der Sache Beschlagnahmegegenstand. Für die zurückgegebene Sache entfällt das Veräußerungsverbot nach § 111 c Abs 5 StPO (Rn 6). Die Regelung des § 111 c Abs 6 S 1 StPO findet vor allem bei verderblichen Sachen, die ansonsten nach § 111l StPO (vgl § 111l StPO Rn 1) der Notveräußerung unterliegen würden, Anwendung.

II. Überlassung der Benutzung (Nr 2)

8   Wird eine beschlagnahmte Sache dem Betroffenen zur Nutzung überlassen, bleibt das Veräußerungsverbot hiervon unberührt; die Sache bleibt trotz der Überlassung weiterhin beschlagnahmt. Auch § 136 StGB bleibt weiter anwendbar. Die Überlassung kann von Sicherheiten und der Erfüllung von Auflagen (zB Verfügungsverbote, Unbrauchbarmachung, Beseitigung von Einrichtungen oder Kennzeichnungen) abhängig gemacht werden. Eine **Sicherheitsleistung** muss dabei nicht zwingend dem Wert der überlassenen Sache entsprechen; die Beschlagnahme ist in einem solchen Fall jedoch ggf durch eine Kombination der Sicherheitsleistung mit Auflagen sicherzustellen.

III. Herausgabe von Beweisgegenständen

Sachen, die auch als Beweismittel beschlagnahmt worden sind, dürfen nicht nach § 111 c **9**
Abs 6 S 1 Nr 1 StPO (Rn 7) zurückgegeben werden. Eine Überlassung zur Benutzung nach
§ 111 c Abs 6 S 1 Nr 2 StPO (Rn 8) dagegen ist möglich, wenn hierdurch der Beweiswert
nicht gefährdet wird.

§ 111 d [Sicherstellung durch dinglichen Arrest]

(1) ¹Wegen des Verfalls oder der Einziehung von Wertersatz, wegen einer Geldstrafe oder der voraussichtlich entstehenden Kosten des Strafverfahrens kann der dingliche Arrest angeordnet werden. ²Wegen einer Geldstrafe und der voraussichtlich entstehenden Kosten darf der Arrest erst angeordnet werden, wenn gegen den Beschuldigten ein auf Strafe lautendes Urteil ergangen ist. ³Zur Sicherung der Vollstreckungskosten sowie geringfügiger Beträge ergeht kein Arrest.

(2) Die §§ 917 und 920 Abs. 1 sowie die §§ 923, 928, 930 bis 932 und 934 Abs. 1 der Zivilprozeßordnung gelten sinngemäß.

(3) Ist der Arrest wegen einer Geldstrafe oder der voraussichtlich entstehenden Kosten angeordnet worden, so ist eine Vollziehungsmaßnahme auf Antrag des Beschuldigten aufzuheben, soweit der Beschuldigte den Pfandgegenstand zur Aufbringung der Kosten seiner Verteidigung, seines Unterhalts oder des Unterhalts seiner Familie benötigt.

Überblick

Die Vorschrift des § 111 d StPO regelt die Anordnung des dinglichen Arrestes (Rn 1) zur Sicherstellung des Verfalls oder der Einziehung von Wertersatz (Rn 2 bis Rn 3) oder der Vollstreckung einer Geldstrafe (Rn 4) und von Verfahrenskosten (Rn 5). Voraussetzung hierfür ist das Vorliegen eines Arrestgrundes (Rn 7), der für nur geringfügige Beträge grds nicht gegeben ist (Rn 6). Wie der Arrest anzuordnen (Rn 8 bis Rn 10) und zu vollziehen (Rn 11) ist, richtet sich weitestgehend nach der ZPO. Entfallen die Voraussetzungen, ist die Arrestanordnung (Rn 12) oder die Arrestvollziehung (Rn 13 bis Rn 16) aufzuheben.

Übersicht

	Rn		Rn
A. Anwendungsbereich	1	E. Vollzug des Arrests	11
B. Arrestforderungen (Abs 1)	2	F. Aufhebung der Arrestanordnung	12
I. Verfall oder Einziehung von Wertersatz (Abs 1 S 1)	2	G. Aufhebung der Arrestvollziehung	13
II. Geldstrafe (Abs 1 S 2)	4	I. Kosten der Verteidigung	14
III. Verfahrenskosten (Abs 1 S 2)	5	II. Kosten des Unterhalts	15
IV. Geringfügige Beträge (Abs 1 S 3)	6	III. Antrag des Betroffenen	16
C. Arrestgrund (Abs 2)	7	IV. Zuständigkeit	17
D. Arrestanordnung (Abs 2)	8		

A. Anwendungsbereich

Die Vorschrift des § 111 d StPO ermöglicht es in den Fällen der § 111 b StPO, § 111 c **1**
StPO für den Verfall oder die Einziehung von Wertersatz einen dinglichen Arrest in das Vermögen des Beschuldigten anzuordnen. Ein solcher Arrest ist weiter zur Sicherung von Zahlungsansprüchen der Staatskasse wegen einer Geldstrafe oder den voraussichtlichen Kosten des Strafverfahrens möglich; ein Arrest nach den Vorschriften der ZPO ist in diesen Fällen ausgeschlossen.

B. Arrestforderungen (Abs 1)

I. Verfall oder Einziehung von Wertersatz (Abs 1 S 1)

2   Ein dinglicher Arrest ist möglich ab Einleitung des Ermittlungsverfahrens zur Sicherung des Verfalls oder der Einziehung von Wertersatz nach § 73 a StGB, § 74 c StGB. In Fällen des § 76 StGB kann auch noch nach Rechtskraft eine Arrestanordnung ergehen.

3   Auch im Rahmen der **Rückgewinnungshilfe** (§ 73 Abs 1 S 2 StGB) kann ein dinglicher Arrest ergehen, wenn ohne den Anspruch des Verletzten eine Verfallserklärung zulässig wäre (LG Berlin NStZ 1991, 437). Die Entscheidung über die Anordnung steht im Ermessen des Gerichts, das hierbei die Belange des Opferschutzes und die tatsächlichen und rechtlichen Möglichkeiten des Verletzten, seine Ansprüche selbst durchzusetzen, mit der Schwere des Eingriffs in das Eigentumsgrundrecht des Beschuldigten, den Verdachtsgrad und die Schadenshöhe sowie die die Strafverfolgungsbehörden treffenden Kosten und den sonstigen Aufwand gegeneinander abzuwägen hat (BVerfG StraFo 2005, 338, 339; AG Hamburg StraFo 2006, 198). Es muss sich bei seiner Entscheidung dabei noch nicht festlegen, ob die Anordnung zum Zwecke des strafrechtlichen Verfalls/Einziehung oder zur Rückgewinnungshilfe erfolgt. Nicht zulässig ist die Anordnung eines dinglichen Arrestes jedoch zur Sicherung von Ausgleichsansprüchen zwischen mehreren Tatbeteiligten (OLG Karlsruhe NJW 2005, 1815).

II. Geldstrafe (Abs 1 S 2)

4   Ein dinglicher Arrest zur Sicherung einer Geldstrafe ist nur möglich, wenn gegen den Betroffenen bereits ein **auf Geldstrafe lautendes Urteil** ergangen ist. Ein Strafbefehl genügt nicht, da dieser dem Urteil nicht gleichsteht (Meyer-Goßner StPO § 111 d Rn 5). Der Arrestbetrag bemisst sich nach der Höhe der erkannten Strafe. Bei einer nur geringfügigen Strafe ist ein Arrest ausgeschlossen (§ 111 d Abs 1 S 3 StPO).

III. Verfahrenskosten (Abs 1 S 2)

5   Ein Arrest zur Sicherung der Verfahrenskosten erfordert ein Urteil, durch das dem Angeklagten ganz oder teilweise die Verfahrenskosten (§ 464 a Abs 1 S 1 StPO) auferlegt worden sind (OLG Frankfurt StV 2005, 541). Mit dem Arrest können alle zum Erlasszeitpunkt bereits entstandenen Kosten und die voraussichtlich in einer Berufungs- und Revisionsinstanz noch anfallenden Kosten gesichert werden, sofern ein Rechtsmittel bereits eingelegt oder zu erwarten ist. Die in den Rechtsmittelinstanzen anfallenden Kosten können hierbei geschätzt werden (KK-StPO/Nack StPO § 111 d Rn 5). Auch die Kosten des Arrestverfahrens können berücksichtigt werden (OLG Oldenburg StV 2006, 29). Der dingliche Arrest ist aufzuheben, wenn ein vollstreckbarer Kostenansatz bei der Gerichtkasse vorliegt (OLG Frankfurt NStZ-RR 1996, 255; OLG Stuttgart NStZ 2005, 401).

IV. Geringfügige Beträge (Abs 1 S 3)

6   Unzulässig ist es, zur Sicherung von nur geringfügigen Beträgen einen dinglichen Arrest anzuordnen. § 111 d Abs 1 S 3 StPO dient nicht dem Schutz des Betroffenen, so dass dessen Vermögensverhältnisse unbeachtlich sind. Ein Betrag ist als geringfügig anzusehen, wenn der Verwaltungsaufwand, den die Erwirkung und Vollziehung des Arrestes erfordern würde, nicht mehr in einem angemessenen Verhältnis zur Bedeutung der Sache steht. IdR ist eine zu sichernde Forderung bis zu **125 EUR** (Meyer-Goßner StPO § 111 d Rn 7; **aA** KK-StPO/Nack StPO § 111 d Rn 5: bis zu 150 EUR) als geringfügig anzusehen.

C. Arrestgrund (Abs 2)

7   Ein dinglicher Arrest kann nur dann angeordnet werden, wenn ein Arrestgrund gegeben ist. § 111 d Abs 2 StPO verweist insofern auf die **Regelungen der ZPO**, insbes § 917 ZPO. Ein Arrestgrund ist danach gegeben, wenn die Besorgnis besteht, die künftige Vollstreckung werde ohne Anordnung eines Arrestes vereitelt oder wesentlich erschwert (LG Hamburg NStZ-RR 2004, 215; OLG Oldenburg StraFo 2009, 283). Alleine schon bestehende **schlechte Vermögensverhältnisse** des Betroffenen begründen keinen Arrestgrund (OLG Frankfurt StV

1994, 234; LG Kiel wistra 2001, 319; LG München I StV 2001, 107). Es muss vielmehr zu erwarten sein, dass die Arrestforderung vom Betroffenen bei einem Zuwarten nicht mehr beigetrieben werden kann (OLG Frankfurt NStZ-RR 2005, 111; OLG Düsseldorf Rpfleger 1991, 216). Zu umfangreichen und zeitaufwändigen Wertermittlungen ist das Gericht nicht verpflichtet (OLG Köln NStZ 2004, 571). Ein Arrestgrund ist weiter gegeben, wenn der Betroffene seine Vermögensverhältnisse **verschleiert**, Vermögenswerte **versteckt** oder gar **verschleudert** (Hellerbrand wistra 2003, 203). Ist die zu sichernde Geldforderung im **Ausland** zu vollstrecken, ist nach § 917 Abs 2 ZPO ebenfalls die Arrestanordnung zulässig (EuGH NJW 1994, 1271; OLG Frankfurt Rpfleger 1995, 468; LG Duisburg NStZ-RR 1999, 221).

Ein dinglicher Arrest kann zugunsten des **Steuerfiskus** nicht angeordnet werden, wenn der Steuerfiskus von der ihm zustehenden Möglichkeit, selbst einen dinglichen Arrest nach § 324 AO zu erlassen, ohne erkennbaren Grund keinen Gebrauch gemacht und dadurch ein fehlendes oder zumindest stark eingeschränktes Sicherungsbedürfnis gezeigt hat (OLG Celle wistra 2008, 359; LG Saarbrücken wistra 2008, 240; NStZ-RR 2008, 284; OLG Oldenburg wistra 2008, 119; LG Bochum wistra 2008, 237; OLG Mannheim StraFo 2007, 115; LG Berlin wistra 2006, 358; OLG Düsseldorf NStZ-RR 2002, 173; **aA** LG Halle wistra 2009, 39; LG Berlin NStZ 1991, 437; LG Hamburg NStZ-RR 2004, 215; KK-StPO/Nack StPO § 111 d Rn 6).

D. Arrestanordnung (Abs 2)

Die Zuständigkeit für den Erlass eines dinglichen Arrestes richtet sich nach der StPO, vgl § 111 e StPO (§ 111 e StPO Rn 1) und nicht der ZPO (BGH NStZ-RR 2005, 146). Die Anordnung erfordert einen **Antrag der StA**, nach Erhebung der öffentlichen Klage kann sie auch von Amts wegen ergehen. Das Gericht entscheidet durch zu **begründenden Beschluss**, § 34 StPO. Ordnet die StA wegen Gefahr im Verzug selbst einen dinglichen Arrest an, vgl § 111 e StPO Abs 1 S 1 StPO (§ 111 e StPO Rn 1), hat sie die Notwendigkeit ihrer Anordnung in den Akten zu begründen. Eine **vorherige Anhörung** des Betroffenen unterbleibt nach § 33 Abs 4 S 1 StPO (BVerfG NStZ 2006, 459).

8

Die Anordnung eines dinglichen Arrestes setzt den **einfachen Verdacht** einer Straftat sowie die **Annahme**, dass im Urteil der Verfall oder die Einziehung von Wertersatz angeordnet wird, voraus. Es müssen **konkrete Anhaltspunkte** für das Bestehen des Arrestanspruchs und des Arrestgrundes vorliegen, eine Glaubhaftmachung ist jedoch nicht erforderlich (Hellerbrand wistra 2003, 202). Der **Verhältnismäßigkeitsgrundsatz** ist zu beachten (BVerfG StV 2004, 409; OLG Köln NStZ 2004, 571). Wird mit einem Arrest das gesamte Vermögen eines Betroffenen entzogen, ist eine besonders sorgfältige Prüfung der Verhältnismäßigkeit erforderlich (BVerfG NStZ 2006, 639).

9

Die Arrestanordnung muss **inhaltlich:**

10

- den Arrestgrund und den zu sichernden Anspruch unter Angabe des Geldbetrages nennen (§ 920 Abs 1 ZPO),
- den Geldbetrag festsetzen, durch dessen Hinterlegung die Vollziehung des Arrestes gehemmt und der Schuldner zum Antrag auf Aufhebung des Arrestes berechtigt wird (§ 923 ZPO); dies kann nachgeholt werden.

Der Betroffene kann auch eine selbstschuldnerische Bürgschaft einer Bank anstelle der Hinterlegung von Geld beibringen.

Nach Vollzug ist die Arrestanordnung dem Beschuldigten oder dem Dritten, gegen den sie sich richtet, bekannt zu machen. Weitere Mitteilungspflichten regelt § 111 e Abs 3 u Abs 4 StPO (§ 111 e StPO Rn 6).

E. Vollzug des Arrests

Der Vollzug des dinglichen Arrestes ist nicht an Fristen gebunden; die **Monatsfrist** des § 929 Abs 2 ZPO gilt nicht (OLG Schleswig Rpfleger 2006, 261). Ansonsten sind die Vorschriften der ZPO, insbes auch die § 811 ZPO, §§ 850 ZPO ff zu beachten.

11

Bewegliches Vermögen (§ 930 Abs 1 S 1 ZPO), Schiffe und Schiffsbauwerke (§ 931 ZPO) und Luftfahrzeuge werden zum Vollzug des dinglichen Arrestes gepfändet, so dass für den Staat ein Pfandrecht entsteht (AG Saarbrücken wistra 2000, 194). Gepfändetes Geld ist zu hinterlegen (§ 930 Abs 2 ZPO).

Bei **Grundstücken** und grundstücksgleichen Rechten ist eine Sicherungshypothek ins Grundbuch für die zu sichernde Forderung einzutragen (§ 932 Abs 1 ZPO).
Forderungen sind zu pfänden (§ 930 Abs 1 S 3 ZPO). Zulässig ist es auch, den Anspruch auf Herausgabe einer freigewordenen Sicherheit (zB Haftkaution) zu pfänden (OLG Frankfurt NJW 2005, 1727, 1728). Die Vollzugskompetenz ergibt sich aus § 111 f StPO (§ 111 f StPO Rn 5).

F. Aufhebung der Arrestanordnung

12   Entfallen die Voraussetzungen der § 111 b Abs 2 StPO (111 b StPO Rn 8), 111 d Abs 2 StPO (vgl Rn 8), so ist die Arrestanordnung **unverzüglich** aufzuheben (BVerfG StraFo 2005, 338, 340; OLG Düsseldorf NStZ-RR 2002, 173; OLG Frankfurt NStZ-RR 1996, 255; LG Halle wistra 2007, 120). Ohne Aufhebung wirkt der Arrest bis zum rechtskräftigen Abschluss des Verfahrens fort (BGH NJW 1979, 769). Wird im Urteil auf Verfall oder Einziehung des Wertersatzes oder auf Geldstrafe erkannt, wird der dingliche Arrest nicht automatisch durch Einleitung oder Beendigung der Vollstreckung gegenstandslos (str, s Meyer-Goßner StPO § 111 d Rn 15 mwN); er muss dann nach Eintritt der Rechtskraft aufgehoben werden (Meyer-Goßner StPO § 111 d Rn 15).

Verzögert sich der rechtskräftige Abschluss des Verfahrens unnötig alleine durch Umstände, die der Betroffene nicht selbst zu vertreten hat, ist die Anordnung aufzuheben (OLG Frankfurt StV 2008, 624; OLG Köln NStZ 2005, 400).

Mit der Aufhebung der Arrestanordnung entfallen auch alle Vollziehungsmaßnahmen; dies ist von Amts wegen auszusprechen.

Wird das **Insolvenzverfahren** gegen den Betroffenen eröffnet, bliebt der dingliche Arrest wirksam, soweit er schon vor Eröffnung vollzogen worden ist und der Staat ein auch nach § 88 InsO wirksames Absonderungsrecht erlangt hat (OLG Köln ZIP 2004, 2013; KG NStZ-RR 2005, 322). Die Neuanordnung eines dinglichen Arrestes ist jedoch wegen § 89 Abs 1 InsO unzulässig (KG NJW 2005, 3734). Eine entspr Anwendung des § 945 ZPO (Schadensersatzpflicht) kommt nicht in Betracht.

G. Aufhebung der Arrestvollziehung

13   Die Arrestvollziehung ist nach § 934 Abs 1 ZPO aufzuheben, wenn der Betroffene die **Lösungssumme hinterlegt** hat; der Arrest selbst bleibt bestehen (AG Hanau NJW 1974, 1662). Die Vollziehung eines Arrests, der nur zur Sicherung der Verfahrenskosten oder wegen einer Geldstrafe angeordnet war, ist weiter auch dann auf Antrag des Betroffenen aufzuheben, wenn dieser durch den Vollzug in eine **Notlage** iSd § 111 d Abs 3 StPO gerät. Sind mehrere Vollziehungsmaßnahmen erfolgt, entscheidet das Gericht nach pflichtgemäßem Ermessen, welche es aufheben oder einschränken will. Die Anordnung des Arrestes hat dagegen zu unterbleiben, wenn das Eintreten der Voraussetzungen des § 111 d Abs 3 StPO von vorne herein abzusehen ist.

I. Kosten der Verteidigung

14   Zu den Kosten der Verteidigung iSd § 111 d Abs 3 StPO gehören die **Gebühren und Auslagen** des Verteidigers, auch wenn diese nach § 4 RVG individuell vereinbart worden sind (Bach StraFo 2005, 486). Weiter zählen hierzu die **Aufwendungen für Reisen** des Betroffenen zu seinem Verteidiger oder zum Gericht. Dieser muss sich nicht auf die „notwendigen" Auslagen (§ 464 a StPO) verweisen lassen (Meyer-Goßner StPO § 111 d Rn 19); völlig unangemessen hohe Auslagen müssen jedoch nicht berücksichtigt werden (KK-StPO/Nack StPO § 111 d Rn 12).

II. Kosten des Unterhalts

15   Zu den Kosten des Unterhalts iSd § 111 d Abs 3 StPO zählen alle notwendigen Beträge, die dem Betroffenen auch bei Vollstreckung des rechtskräftigen Urteils zu belassen wären. Hierzu zählen vor allem die nach §§ 850 ZPO ff pfändungsfreien Beträge.

III. Antrag des Betroffenen

Eine Aufhebung der Arrestvollziehung nach § 111 d Abs 3 StPO erfolgt nur auf **Antrag** des Betroffenen, in dem die Voraussetzungen für die Aufhebung darzulegen und glaubhaft zu machen sind (OLG Karlsruhe StraFo 2002, 84). Eine förmliche Beweisaufnahme über das Vorliegen der Voraussetzungen findet nicht statt (OLG Karlsruhe StraFo 2002, 84). 16

IV. Zuständigkeit

Für die Aufhebung ist zuständig: 17
- das Gericht, das den Arrest angeordnet, zu bestätigen oder bestätigt hat, vgl § 111 e Abs 1 S 1, Abs 2 S 1 StPO (§ 111 e StPO Rn 1, § 111 e StPO Rn 3),
- das Berufungsgericht nach Aktenvorlage (OLG Stuttgart NStZ-RR 2003, 142),
- im Revisionsverfahren der letzte Tatrichter,
- nicht das Beschwerdegericht bei einer Beschwerde gegen die Anordnung (OLG Düsseldorf MDR 1991, 893).

Vor einer Entscheidung ist die StA zu hören (§ 33 Abs 2 StPO). Funktional ist die Entscheidung dem Rechtspfleger übertragen (§ 20 Nr 15 RpflegerG, § 22 Nr 1 RpflegerG).

§ 111 e [Anordnung der Beschlagnahme oder des Arrestes]

(1) ¹Zu der Anordnung der Beschlagnahme (§ 111 c) und des Arrestes (§ 111 d) ist nur das Gericht, bei Gefahr im Verzuge auch die Staatsanwaltschaft befugt. ²Zur Anordnung der Beschlagnahme einer beweglichen Sache (§ 111 c Abs. 1) sind bei Gefahr im Verzuge auch die Ermittlungspersonen der Staatsanwaltschaft (§ 152 des Gerichtsverfassungsgesetzes) befugt.

(2) ¹Hat die Staatsanwaltschaft die Beschlagnahme oder den Arrest angeordnet, so beantragt sie innerhalb einer Woche die gerichtliche Bestätigung der Anordnung. ²Dies gilt nicht, wenn die Beschlagnahme einer beweglichen Sache angeordnet ist. ³Der Betroffene kann in allen Fällen jederzeit die Entscheidung des Gerichts beantragen.

(3) Der Vollzug der Beschlagnahme und des Arrestes ist dem durch die Tat Verletzten, soweit er bekannt ist oder im Verlauf des Verfahrens bekannt wird, unverzüglich durch die Staatsanwaltschaft mitzuteilen.

(4) ¹Die Mitteilung kann durch einmalige Bekanntmachung im elektronischen Bundesanzeiger erfolgen, wenn eine Mitteilung gegenüber jedem einzelnen Verletzten mit unverhältnismäßigem Aufwand verbunden wäre oder wenn zu vermuten ist, dass noch unbekannten Verletzten aus der Tat Ansprüche erwachsen sind. ²Zusätzlich kann die Mitteilung auch in anderer geeigneter Weise veröffentlicht werden. ³Personendaten dürfen nur veröffentlicht werden, soweit ihre Angabe unerlässlich ist, um den Verletzten zur Durchsetzung ihrer Ansprüche den Zugriff auf die gesicherten Vermögenswerte zu ermöglichen. ⁴Nach Beendigung der Sicherungsmaßnahmen veranlasst die Staatsanwaltschaft die Löschung der im elektronischen Bundesanzeiger vorgenommenen Veröffentlichung.

Überblick

Die Vorschrift des § 111 e StPO regelt die Zuständigkeit und das Verfahren bei Anordnung der Beschlagnahme oder des Arrestes. Grundsätzlich ist der Richter zuständig (Rn 1 bis Rn 2), Eilanordnungen der StA oder ihrer Ermittlungspersonen sind richterlich zu bestätigen (Rn 3 bis Rn 5). Um dem Verletzten aus einer Straftat Schadensersatzansprüche zu ermöglichen, ist er über Maßnahmen der Vermögensabschöpfung zu informieren (Rn 6 bis Rn 7); dies kann auch durch einmalige Bekanntgabe im elektronischen Bundesanzeiger erfolgen (Rn 8 bis Rn 9). Ergeht ein rechtskräftiges Urteil (Rn 10) oder fallen die Anordnungsvoraussetzungen im laufenden Verfahren weg (Rn 11), ist die Beschlagnahme durch die StA oder das Gericht aufzuheben (Rn 12). Betroffene können jederzeit den Richter mit dem

Ziel der Aufhebung einer Anordnung anrufen (Rn 13) oder sich mit der Beschwerde gegen richterliche Entscheidungen wenden (Rn 14). Verstöße gegen § 111 e StPO begründen jedoch nicht die Revision (Rn 15).

Übersicht

	Rn		Rn
A. Zuständigkeit (Abs 1)	1	E. Mitteilung im elektronischen Bundesanzeiger (Abs 4)	8
B. Form, Inhalt und Bekanntmachung	2		
C. Richterliche Bestätigung (Abs 2)	3	F. Beendigung der Beschlagnahme	10
D. Mitteilung an den Verletzten (Abs 3)	6	G. Rechtsmittel	13

A. Zuständigkeit (Abs 1)

1 Für die Anordnung der Beschlagnahme oder des dinglichen Arrestes ist das **Gericht** zuständig:
- im Vorverfahren der Ermittlungsrichter,
- nach Anklageerhebung das mit der Sache befasste Gericht, nicht der Vorsitzende alleine (OLG Celle v 17. 7. 2008 – Az 2 Ws 170/08),
- im Berufungsverfahren das Berufsgericht,
- im Revisionsverfahren das Gericht, dessen Urteil angefochten wird.

Bei **Gefahr im Verzug** ist auch die **StA** zur Anordnung befugt (nicht bei periodischen Druckwerken, s § 111 n Abs 1 StPO Rn 1). Ihre Ermittlungspersonen dürfen nur bewegliche Sachen beschlagnahmen.

B. Form, Inhalt und Bekanntmachung

2 Die richterliche Anordnung, die zu **begründen** ist, ergeht **schriftlich**. Sie kann in Eilfällen auch mündlich ergehen und dann später schriftlich zu den Akten gegeben werden. Auch nichtrichterliche Anordnungen sind aktenkundig zu machen (Jung StV 2004, 646).

Aus der Beschlagnahmeanordnung muss sich ergeben, dass die Beschlagnahme nicht nur zu Beweiszwecken, sondern als **Maßnahme der Vermögensabschöpfung** erfolgt (Achenbach NJW 1982, 2809). Über das Verfügungsverbot nach § 111 c Abs 5 StPO (vgl dort Rn 6) muss nicht belehrt werden (Meyer-Goßner StPO § 111 e Rn 4). Die Arrestanordnung muss die in § 111 d StPO (vgl § 111 d StPO Rn 10) bezeichneten Anforderungen erfüllen. Die Anordnung ist dem Betroffenen oder Dritten, gegen den sich die Maßnahme richtet, **bekannt zu machen**. Zuständig hierfür ist die Behörde, die die Vollstreckung durchführt. Wäre der Erfolg der Vollziehung bei einer vorherigen Bekanntgabe gefährdet, kann die Bekanntgabe auch erst nach dem Vollzug erfolgen; dies wird bei einer Arrestvollziehung idR der Fall sein. Entspr § 98 Abs 2 S 7 StPO ist der Betroffene über seine Rechte zu belehren.

C. Richterliche Bestätigung (Abs 2)

3 Eilanordnungen (nicht erst der Vollzug) der StA bedürfen der **richterlichen Bestätigung**, auch wenn der Betroffene keinen Widerspruch erhoben hat. Soweit nur die Beschlagnahme von **beweglichen Sachen** angeordnet worden war, ist – auch im Falle eines Widerspruchs des Betroffenen – eine richterliche Bestätigung nicht erforderlich (§ 111 e Abs 2 S 2 StPO).

Der Betroffene kann jedoch in allen Fällen fristunabhängig die **richterliche Entscheidung** beantragen (§ 111 e Abs 2 S 3 StPO); hierbei ist eine Beschwerde gegen eine nichtrichterliche Anordnung als Antrag auf gerichtliche Entscheidung anzusehen.

4 Die StA hat den Antrag auf richterliche Bestätigung **innerhalb einer Woche** zu stellen (§ 111 e Abs 2 S 2 StPO). Die Frist beginnt mit dem Tag, an dem die nichtrichterliche Anordnung erfolgt ist, unabhängig davon, wann diese dann tatsächlich vollzogen wird (Hellerbrand wistra 2003, 204). Sie wird nach § 43 StPO berechnet. Ein **Fristversäumnis**

führt nicht zur Unwirksamkeit der Maßnahme (KK-StPO/Nack StPO § 111 e Rn 4; Meyer-Goßner StPO § 111 e Rn 7). Die richterliche Bestätigung selbst muss nicht innerhalb der Frist erfolgen.

Zuständig für die richterliche Bestätigung, die begründet werden muss, ist das Gericht, 5 das für die Entscheidung über die Anordnung zuständig gewesen wäre. Das Gericht hat nicht zu überprüfen, ob die Eilanordnung zu Recht ergangen ist, sondern nur, ob die Anordnung zum Zeitpunkt der richterlichen Entscheidung gerechtfertigt ist. Dem Betroffenen ist vor der Entscheidung rechtliches Gehör zu gewähren; ihm und den anderen Prozessbeteiligten ist die Entscheidung bekannt zu geben.

D. Mitteilung an den Verletzten (Abs 3)

Ist der Verletzte bekannt oder wird er dies im Laufe des Verfahren, so ist ihm nach § 111 e 6 Abs 3 StPO der Vollzug von Anordnungen, auch wenn dieser erfolglos geblieben ist, unverzüglich mitzuteilen (zum Inhalt s Schmid/Winter NStZ 2002, 13). Durch diese Mitteilung soll der Verletzte in die Lage versetzt werden, seine Rechte wahrzunehmen. Eine Mitteilung ist damit **entbehrlich**, wenn der Arrest nur zur Sicherung einer Geldstrafe oder von Verfahrenskosten angeordnet war; auch auf die § 111 g Abs 3 StPO, § 111 h Abs 1 S 1 StPO (vgl § 111 g StPO Rn 3 und § 111 h StPO Rn 2) ist nicht hinzuweisen.

Zuständig für die Mitteilung ist – auch nach Anklageerhebung – die StA. Sie ist nicht 7 verpflichtet, nach unbekannten Verletzten zu suchen. Eine unterlassene oder erst verspätete Mitteilung hat keine Auswirkung auf die Wirksamkeit der Maßnahme, kann aber ggf zu Amtshaftungsansprüchen führen.

E. Mitteilung im elektronischen Bundesanzeiger (Abs 4)

Bei einer **Vielzahl** von **bekannten Verletzten** kann die StA die Mitteilung anstelle der 8 individuellen Bekanntgabe auch **einmal** im elektronischen Bundesanzeiger veröffentlichen. Diese Möglichkeit steht ihr weiter offen, um noch unbekannte Verletzte über die erfolgten Maßnahmen zu informieren. Die Anwendung von § 111 e Abs 4 StPO steht im Ermessen der StA. Sie kann hiervon vor allem absehen, wenn die Mitteilung keinen Erfolg verspricht oder ihre Kosten in keinem vernünftigen Verhältnis zum Wert der beschlagnahmten Sachen stehen würden. Sind nur wenige Verletzte bekannt, wird regelmäßig nach § 111 e Abs 3 StPO (Rn 3) zu verfahren sein. Nach § 111 e Abs 4 S 2 StPO steht es der StA frei, auch weitere Veröffentlichungen (Presse, Aushang, Plakate) zu veranlassen.

Zum Schutz des Rechts auf informationelle Selbstbestimmung dürfen Personendaten (§ 5 9 Abs 1 Nr 1 BZRG) nur dann veröffentlicht werden, wenn dies für den Zugriff der Verletzten auf die gesicherten Gegenstände unabweisbar notwendig ist. Nach **Beendigung** der Maßnahme hat die StA für die **Löschung** der Veröffentlichung im elektronischen Bundesanzeiger zu sorgen. Bei nur teilweiser Aufhebung einer Maßnahme besteht indes keine Pflicht zur Berichtigung (BT-Drs 16/700, 12).

F. Beendigung der Beschlagnahme

Ergeht in dem Verfahren, in dem die Anordnung erfolgt ist, ein **rechtskräftiges Urteil**, 10 wird die Beschlagnahme automatisch gegenstandslos. Wird der betroffene Gegenstand durch das Urteil für verfallen erklärt oder eingezogen, dann tritt das Urteil an die Stelle der Anordnung (zur Vollstreckung s § 459 g StPO). Sieht das Urteil von einer Verfallerklärung oder Einziehung ab und wird auch keine Entscheidung nach § 111 i StPO getroffen, wird die Anordnung ebenfalls wirkungslos (OLG Düsseldorf NJW 1995, 2239; OLG Stuttgart NStZ 2005, 401). Einer förmlichen Aufhebung bedarf es in beiden Fällen nicht, auch wenn eine solche tunlich sein wird.

Mit Beendigung der Maßnahme sind Anordnungen nach § 111 g Abs 2 S 1 StPO (vgl § 111 g StPO Rn 3) nicht mehr möglich (OLG Düsseldorf NStZ 1997, 301). Auch Anträge auf Aufhebung von Sicherungsmaßnahmen oder eingelegte Beschwerden werden gegenstandslos. Die Maßnahme lebt bei einer nachträglichen Durchbrechung der Rechtskraft nicht wieder auf.

StPO § 111 f   Erstes Buch. 8. Abschnitt

11   Entfallen **im Laufe des Verfahrens** die Voraussetzungen des § 111 b Abs 1 StPO (vgl § 111 b StPO Rn 3), ist die Anordnung auf Antrag oder von Amts wegen förmlich aufzuheben. Dies ist jedenfalls dann der Fall, wenn ein Freispruch erfolgt ist oder der Angeklagte ohne eine Maßnahme nach § 73 StGB, § 74 StGB verurteilt worden ist. Liegen jedoch die Voraussetzungen des § 73 Abs 1 S 2 StGB (Rückgewinnungshilfe) vor, ist die Anordnung nicht aufzuheben (§ 111 b Abs 5 StPO Rn 5), sondern nur in ihrer Begründung zu ändern (KK-StPO/Nack StPO § 111 e Rn 16). Auch nach Aufhebung einer strafprozessualen Vermögenssicherungsmaßnahme kann weiterhin ein Bedürfnis für die präventive Sicherstellung nach dem Polizeirecht bestehen (VG Braunschweig, 18. 1. 2007, 5 B 332/06).

12   **Zuständig** für die Aufhebung einer Anordnung bei nicht rechtskräftigem Abschluss des Verfahrens ist bis Anklageerhebung die **StA** – auch nach richterlicher Bestätigung – wenn sie oder ihre Ermittlungspersonen die Anordnung getroffen haben. Nach Anklageerhebung oder bei richterlicher Anordnung entscheidet das **Gericht** über die Aufhebung; im Vorfahren ist das Gericht an einen entspr Antrag der StA gebunden. Nach rechtskräftiger Entscheidung ist der letztentscheidende Tatrichter zuständig. Die Aufhebung erfolgt durch Verfügung (StA) oder Beschluss (Gericht), in dem die betroffenen Gegenstände und die Empfangsberechtigten (s § 111 k StPO Rn 5) zu bezeichnen sind. Die Ausführung obliegt der StA.

Der Aufhebungsentscheidung kommt **keine Bindungswirkung** zu. Es kann damit jederzeit nach Aufhebung eine neue Anordnung der Beschlagnahme erfolgen.

G. Rechtsmittel

13   Solange eine Anordnung besteht, kann der für die Anordnung zuständige Richter jederzeit mit dem **Ziel einer Aufhebung** angerufen werden. Er entscheidet auch über **Einwendungen**, die sich gegen die Art und Weise der Vollstreckung der Anordnung richten, auch wenn der Vollzug durch den Rechtspfleger erfolgt ist.

14   Gegen die Entscheidungen des Gerichts ist die **Beschwerde** zulässig, auch wenn das OLG erstinstanzlich oder der Ermittlungsrichter des BGH diese getroffen hat (BGH NStZ 2000, 609). Der Begriff der Beschlagnahme in § 304 Abs 4 Nr 1 StPO umfasst auch den dinglichen Arrest, da dieser in seinen Auswirkungen der Beschlagnahme gleichzustellen ist (BGH NStZ 2002, 274). Beschwerdeberechtigt sind auch Dritte, die selbst von der Maßnahme betroffen sind (zB Eigentümer eines beschlagnahmten oder gepfändeten Gegenstandes). Zur Beschwerde gegen eine abgeschlossene Maßnahme s § 98 StPO Rn 13.

Die **weitere Beschwerde** nach § 310 Abs 1 Nr 3 StPO ist nur bei Anordnung eines dinglichen Arrestes mit einem Betrag von mehr als 20.000 EUR statthaft. Sie kann auch gegen eine einen Arrest aufhebende oder seine Ablehnung bestätigende Entscheidung erhoben werden (OLG Celle wistra 2008, 359; OLG Hamburg StV 2009, 122; **aA** OLG München NStZ 2008, 423; OLG Hamburg NJW 2008, 1830).

15   Auf Verstöße gegen § 111 e StPO kann die **Revision** nicht gestützt werden. Das Revisionsgericht ist an die Entscheidung des Gerichts nach § 111 e Abs 2 S 3 StPO (vgl dort § 111 e StPO Rn 3) nicht gebunden (§ 336 StPO).

§ 111 f [Zuständigkeit für Durchführung der Beschlagnahme und Vollziehung des Arrestes]

(1) ¹Die Durchführung der Beschlagnahme (§ 111 c) obliegt der Staatsanwaltschaft, bei beweglichen Sachen (§ 111 c Abs. 1) auch deren Ermittlungspersonen. ²§ 98 Abs. 4 gilt entsprechend.

(2) ¹Die erforderlichen Eintragungen in das Grundbuch sowie in die in § 111 c Abs. 4 genannten Register werden auf Ersuchen der Staatsanwaltschaft oder des Gerichts bewirkt, welches die Beschlagnahme angeordnet hat. ²Entsprechendes gilt für die in § 111 c Abs. 4 erwähnten Anmeldungen.

(3) ¹Soweit ein Arrest nach den Vorschriften über die Pfändung in bewegliche Sachen zu vollziehen ist, kann dies durch die in § 2 der Justizbeitreibungsordnung bezeichnete Behörde, den Gerichtsvollzieher, die Staatsanwaltschaft oder durch deren Ermittlungspersonen (§ 152 des Gerichtsverfassungsgesetzes) bewirkt wer-

den. ²Absatz 2 gilt entsprechend. ³Für die Anordnung der Pfändung eines eingetragenen Schiffes oder Schiffsbauwerkes sowie für die Pfändung einer Forderung aufgrund des Arrestes gemäß § 111d ist die Staatsanwaltschaft oder auf deren Antrag das Gericht, das den Arrest angeordnet hat, zuständig.

(4) Für die Zustellung gilt § 37 Abs. 1 mit der Maßgabe, dass auch die Ermittlungspersonen der Staatsanwaltschaft (§ 152 des Gerichtsverfassungsgesetzes) mit der Ausführung beauftragt werden können.

(5) Gegen Maßnahmen, die in Vollziehung der Beschlagnahme oder des Arrestes getroffen werden, kann der Betroffene jederzeit die Entscheidung des Gerichts beantragen.

Überblick

Die Vorschrift des § 111f StPO regelt die Durchführung der Beschlagnahme (Rn 1 bis Rn 4) und die Vollziehung des dinglichen Arrestes (Rn 5 bis Rn 10). Dabei erforderlich werdende Zustellungen sind nach den Vorschriften der ZPO durchzuführen (Rn 11). Soweit Maßnahmen der StA oder des Gerichts angefochten werden, richtet sich der Rechtsweg nach der StPO, auch wenn es sich in der Sache eigentlich um einen zwangsvollstreckungsrechtlichen Rechtsbehelf handelt (Rn 12).

Übersicht

	Rn		Rn
A. Durchführung der Beschlagnahme ...	1	2. Arrest zur Sicherung der Verfahrenskosten	6
I. Bewegliche Sachen (Abs 1)	1	II. Grundstücke und grundstücksgleiche Rechte (Abs 3 S 2)	7
II. Grundstücke und grundstücksgleiche Rechte (Abs 2)	2	III. Schiffe und Schiffsbauwerke (Abs 3 S 3)	8
III. Forderungen und andere Vermögensrechte	3	IV. Luftfahrzeuge	9
IV. Schiffe, Schiffsbauwerke und Luftfahrzeuge	4	V. Forderungen und andere Vermögensrechte (Abs 3 S 3)	10
B. Vollziehung des Arrest (Abs 3)	5		
I. Bewegliche Sachen (Abs 3 S 1)	5	**C. Zustellungen (Abs 4)**	11
1. Arrest zur Sicherung der Vollstreckung der Geldstrafe oder der Nebenfolgen	5	**D. Anfechtung (Abs 5)**	12

A. Durchführung der Beschlagnahme

I. Bewegliche Sachen (Abs 1)

Beschlagnahmeanordnungen des Gerichts und der StA nach § 111e Abs 1 S 1 StPO (vgl § 111e StPO Rn 1) werden durch die **StA** mit Hilfe ihrer Ermittlungspersonen (insb Polizeibeamte) vollzogen. Nach § 31 Abs 1 Nr 2 RPflG ist die Durchführung dem **Rechtspfleger** übertragen. Haben Ermittlungspersonen nach § 111e Abs 1 S 2 StPO (vgl § 111e StPO Rn 1) wegen Gefahr im Verzug die Beschlagnahme beweglicher Sachen angeordnet, vollziehen sie diese selbst. Bei Beschlagnahmen in Dienstgebäuden und auf Anlagen der Bundeswehr s § 94 Abs 4 StPO. 1

II. Grundstücke und grundstücksgleiche Rechte (Abs 2)

Die zur Beschlagnahme erforderliche Grundbucheintragung wird von der **StA** oder dem **Gericht**, das die Beschlagnahme angeordnet oder bestätigt hat, veranlasst. Die StA kann auch bereits vor der richterlichen Bestätigung ihrer Anordnung die Eintragung bewirken. Die Durchführung ist jeweils auf den **Rechtspfleger** übertragen (§ 22 Nr 1 RPflG, § 31 Abs 1 Nr 1 RPflG). 2

III. Forderungen und andere Vermögensrechte

3   Für die Beschlagnahme von Forderungen und anderen Vermögensrechten ist die **StA** zuständig (§ 111f Abs 1 S 1 StPO). Die Anordnung umfasst das Zahlungsverbot an den Drittschuldner (OLG Celle NdsRpfl 1997, 163), das Verfügungsverbot an den Schuldner nach § 829 Abs 1 ZPO und die Aufforderung zur Abgabe der Drittschuldnererklärung nach § 840 Abs 1 ZPO (OLG Frankfurt v 27. 4. 2000 – Az 26 W 169/99). Die Durchführung ist auf den **Rechtspfleger** übertragen (§ 31 Abs 1 Nr 2 RPflG).

IV. Schiffe, Schiffsbauwerke und Luftfahrzeuge

4   Die Vornahme der Beschlagnahme richtet sich nach § 111f Abs 1 StPO, für die Registereintragungen und die Registeranmeldungen gilt § 111f Abs 2 StPO. Funktional zuständig ist der **Rechtspfleger** (§ 22 Nr 1 RPflG, § 31 Abs 1 Nr 1 RPflG).

B. Vollziehung des Arrest (Abs 3)

I. Bewegliche Sachen (Abs 3 S 1)

1. Arrest zur Sicherung der Vollstreckung der Geldstrafe oder der Nebenfolgen

5   Zuständig für die Vollziehung des Arrestes ist die **StA als Vollstreckungsbehörde**, § 451 Abs 1 StPO, § 459 StPO, § 459g Abs 2 StPO, § 1 Abs 1 Nr 1 JBeitrO, § 2 Abs 1 JBeitrO (LG Bonn wistra 2001, 119; Brettschneider NStZ 2000, 180). Die Geschäfte sind dem **Rechtspfleger** übertragen (§ 31 Abs 1 Nr 2 RPflG). Dieser beauftragt die Vollziehungsbeamten nach § 6 JBeitrO mit der Durchführung der Pfändung, soweit die StA den Vollzug des Arrestes nicht selbst oder durch ihre Ermittlungspersonen übernimmt. Sie kann auch den **Gerichtsvollzieher** beauftragen (Meyer-Goßner StPO § 111f Rn 8).

2. Arrest zur Sicherung der Verfahrenskosten

6   Zuständig für die Vollziehung des Arrestes ist die **Gerichtskasse** (§ 1 Abs 1 Nr 4 JBeitrO, § 2 Abs 1 S 1 JBeitrO), das **Bundesamt für Justiz** für Kostenansprüche, die beim BGH entstehen (§ 2 Abs 2 JBeitrO). Der StA obliegt die gesamte Vollziehung, wenn der Arrest sowohl eine Geldstrafe oder Nebenfolge als auch die Verfahrenskosten umfasst (§ 1 Abs 4 JBeitrO).

II. Grundstücke und grundstücksgleiche Rechte (Abs 3 S 2)

7   Für den Antrag auf Eintragung einer Sicherungshypothek ist der **Rechtspfleger** der **StA** oder des **Gerichts**, das den Arrest angeordnet oder bestätigt hat, zuständig (§ 111f Abs 2 S 1 StPO, § 22 Nr 1 RPflG, § 31 Abs 1 Nr 1 RPflG).

III. Schiffe und Schiffsbauwerke (Abs 3 S 3)

8   Die Pfändung von eingetragenen Schiffen und Schiffsbauwerken wird von der **StA** oder vom **Gericht**, das den Arrest erlassen oder bestätigt hat, durchgeführt. Diese stellen dann auch das Eintragungsersuchen (§ 931 Abs 3 Hs 2, Abs 6 S 1 ZPO). Bei nicht eingetragenen Schiffen und Schiffsbauwerken richtet sich der Vollzug wie bei beweglichen Sachen nach § 111f Abs 1 StPO. Die Durchführung ist dem **Rechtspfleger** übertragen (§ 20 Nr 16 RPflG, § 22 Nr 2 RPflG, § 31 Abs 1 Nr 1 RPflG).

IV. Luftfahrzeuge

9   Die Pfändung von Luftfahrzeugen richtet sich als bewegliche Sache nach § 111f Abs 1 StPO. Eintragungen und Anmeldungen (§ 99 Abs 2 LuftFzgG) beantragt der **Rechtspfleger** der **StA** oder des **Gerichts**, das den Arrest erlassen oder bestätigt hat (§ 22 Nr 1 RPflG, § 31 Abs 1 Nr 1 RPflG).

V. Forderungen und andere Vermögensrechte (Abs 3 S 3)

Die Durchführung der Pfändung obliegt der **StA** oder dem **Gericht**, das den Arrest angeordnet oder bestätigt hat. Funktional ist der **Rechtspfleger** zuständig (§ 22 Nr 2 RPflG, § 31 Abs 1 Nr 2 RPflG).

C. Zustellungen (Abs 4)

Erforderliche Zustellungen erfolgen nach den Vorschriften der ZPO (§§ 166 ZPO ff, §§ 191 ZPO ff). Es können aber auch die Ermittlungspersonen der StA damit beauftragt werden, § 168 Abs 2 ZPO gilt nicht.

D. Anfechtung (Abs 5)

Für alle Einwendungen, die sich gegen Maßnahmen der Vollziehung der Beschlagnahme oder des Arrestes richten, gilt der **strafprozessuale Rechtsweg**, auch wenn es sich in der Sache nach um einen zwangsvollstreckungsrechtlichen Rechtsbehelf, zB § 766 ZPO, §§ 771 ZPO ff, handelt (Fette PStR 2007, 8). Dies gilt auch, wenn ein Dritter Einwendungen gegen eine Sicherungsmaßnahme geltend macht; eine Drittwiderspruchsklage ist insofern unstatthaft (OLG Hamburg NStZ-RR 2008, 347).
Zuständig ist:

- im Ermittlungsverfahren der **Ermittlungsrichter**,
- mit Klageerhebung das mit der **Hauptsache befasste Gericht**,
- nach Rechtskraft das **Gericht des ersten Rechtszugs**.

Ist der **Rechtspfleger** tätig geworden, entscheidet der für die Anordnung der Beschlagnahme oder des Arrests zuständige Richter nach § 11 Abs 1 RPflG, § 31 Abs 6 S 1 RPflG.
Gegen die Entscheidung des Gerichts ist nur die **Beschwerde** statthaft (OLG Hamm NStZ-RR 2008, 586; OLG Düsseldorf JMBl NW 2009, 52); dies gilt auch, wenn das erkennende Gericht entschieden hat (§ 304 StPO, § 305 S 2 StPO). Bei **Unzulässigkeit** einer Maßnahme ist die Vollstreckung nach § 775 Nr 1 ZPO einzustellen, die Vollstreckungsmaßregeln sind nach § 776 ZPO aufzuheben (Bosch NStZ 2006, 709).

§ 111 g [Vorrangige Befriedigung von Ansprüchen des Verletzten bei Beschlagnahme]

(1) Die Beschlagnahme eines Gegenstandes nach § 111 c und die Vollziehung des Arrestes nach § 111 d wirken nicht gegen eine Verfügung des Verletzten, die auf Grund eines aus der Straftat erwachsenen Anspruches im Wege der Zwangsvollstreckung oder der Arrestvollziehung erfolgt.

(2) ¹Die Zwangsvollstreckung oder Arrestvollziehung nach Absatz 1 bedarf der Zulassung durch das Gericht, das für die Anordnung der Beschlagnahme (§ 111 c) oder des Arrestes (§ 111 d) zuständig ist. ²Die Entscheidung ergeht durch Beschluß, der von der Staatsanwaltschaft, dem Beschuldigten und dem Verletzten mit sofortiger Beschwerde angefochten werden kann. ³Die Zulassung ist zu versagen, wenn der Verletzte nicht glaubhaft macht, daß der Anspruch aus der Straftat erwachsen ist. ⁴§ 294 der Zivilprozeßordnung ist anzuwenden.

(3) ¹Das Veräußerungsverbot nach § 111 c Abs. 5 gilt vom Zeitpunkt der Beschlagnahme an auch zugunsten von Verletzten, die während der Dauer der Beschlagnahme in den beschlagnahmten Gegenstand die Zwangsvollstreckung betreiben oder den Arrest vollziehen. ²Die Eintragung des Veräußerungsverbotes im Grundbuch zugunsten des Staates gilt für die Anwendung des § 892 Abs. 1 Satz 2 des Bürgerlichen Gesetzbuches auch als Eintragung zugunsten solcher Verletzter, die während der Dauer der Beschlagnahme als Begünstigte aus dem Veräußerungsverbot in das Grundbuch eingetragen werden. ³Der Nachweis, daß der Anspruch aus der Straftat erwachsen ist, kann gegenüber dem Grundbuchamt durch Vorlage des Zulassungsbeschlusses geführt werden. ⁴Die Sätze 2 und 3

gelten sinngemäß für das Veräußerungsverbot bei den in § 111 c Abs. 4 genannten Schiffen, Schiffsbauwerken und Luftfahrzeugen. ⁵Die Wirksamkeit des Veräußerungsverbotes zugunsten des Verletzten wird durch die Aufhebung der Beschlagnahme nicht berührt. ⁶Die Sätze 1 und 5 gelten entsprechend für die Wirkung des Pfandrechts, das durch die Vollziehung eines Arrestes (§ 111 d) in das bewegliche Vermögen entstanden ist.

(4) Unterliegt der Gegenstand, der beschlagnahmt oder aufgrund des Arrestes gepfändet worden ist, aus anderen als den in § 73 Abs. 1 Satz 2 des Strafgesetzbuches bezeichneten Gründen nicht dem Verfall oder ist die Zulassung zu Unrecht erfolgt, so ist der Verletzte Dritten zum Ersatz des Schadens verpflichtet, der ihnen dadurch entsteht, daß das Veräußerungsverbot nach Absatz 3 zu seinen Gunsten gilt.

(5) ¹Die Absätze 1 bis 4 gelten entsprechend, wenn der Verfall eines Gegenstandes angeordnet, die Anordnung aber noch nicht rechtskräftig ist. ²Sie gelten nicht, wenn der Gegenstand der Einziehung unterliegt.

Überblick

Die Vorschrift des § 111 g StPO regelt die vorrangige Befriedigung von Ansprüchen des Verletzten bei einer Beschlagnahme (Rn 1 bis Rn 2). Alle Zwangsvollstreckungsmaßnahmen des Verletzten bedürfen der gerichtlichen Zulassung (Rn 3 bis Rn 5). Das zugunsten des Staates bestehende Veräußerungsverbot wirkt sich auch zugunsten des Verletzten aus (Rn 6 bis Rn 9). Für den Fall einer ungerechtfertigen Zulassung trägt der Verletzte gegenüber einem von der Zulassung betroffenen Dritten ein Schadensersatzrisiko (Rn 10).

Übersicht

	Rn		Rn
A. Anwendungsbereich	1	I. Aufhebung der Beschlagnahme	7
B. Zugriff des Verletzten (Abs 1 und Abs 2)	2	II. Grundstücke	8
		III. Pfändung	9
C. Zulassungsverfahren	3	E. Entschädigungspflicht (Abs 4)	10
D. Veräußerungsverbot zugunsten des Verletzten (Abs 3)	6		

A. Anwendungsbereich

1   Die Regelung des § 111 g StPO dient dem Schutz des Verletzten, der nach § 73 Abs 1 S 2 StGB seine aus der Straftat erwachsenden Ansprüche auch im Strafverfahren befriedigen können soll. Er soll dabei durch die vorläufigen Maßnahmen nach §§ 111 b StPO ff bei der Durchsetzung seiner Ansprüche nicht gehindert werden (OLG Karlsruhe MDR 1984, 336). § 111 g StPO gilt nicht für Einziehungsgegenstände, weil die Einziehung in erster Linie dem Schutz der Allgemeinheit dient. Bei Vollzug des Arrests in unbewegliches Vermögen sowie eingetragene Schiffe, Schiffsbauwerke und Luftfahrzeuge wird § 111 g StPO durch § 111 h StPO (vgl § 111 h StPO Rn 1) ergänzt.

B. Zugriff des Verletzten (Abs 1 und Abs 2)

2   Der Verletzte wird bei seiner Durchsetzung von aus einer Straftat erwachsenen Ansprüchen nicht durch Maßnahmen der Beschlagnahme nach § 111 c StPO (vgl § 111 c StPO Rn 1) oder der Vollziehung des dinglichen Arrests in bewegliches Vermögen nach § 111 d StPO (vgl § 111 d StPO Rn 1) beschränkt. Zum Kreis der Verletzten zählt auch der Versicherer des Geschädigten (OLG Hamm, wistra 2008, 38; OLG Schleswig, NStZ 1994, 99; aA OLG Karlsruhe MDR 1984, 336), nicht jedoch der Insolvenzverwalter (OLG Frankfurt NStZ-RR 2006, 342; OLG Frankfurt NStZ 2007, 168, 169; aA OLG Celle, NJW 2007, 3795; LG Hildesheim NStZ-RR 2008, 43). § 111 g StPO greift nur ein, wenn der Verletzte gegen den

Täter einen **mindestens vorläufig vollstreckbaren Titel** (Urteil, einstweilige Verfügung, dinglicher Arrest, s OLG Düsseldorf MDR 1992, 986 und OLG Hamm NStZ 1999, 583 zum Kostenfestsetzungsbeschluss) erwirkt hat.

C. Zulassungsverfahren

Alle Vollstreckungsmaßnahmen des Verletzten bedürfen der **Zulassung** durch das Gericht, das für die Anordnung der Beschlagnahme oder des Arrests zuständig wäre (OLG Köln NJW 2003, 2546, 2547). Dieses prüft, ob der titulierte Anspruch auf der Tat beruht, die der Anordnung zugrunde liegt. Das Gericht hat die Zulassung zu untersagen, wenn der Verletzte dies nicht mit den Mitteln des § 294 ZPO **glaubhaft** machen kann. Die eigene eidesstattliche Versicherung des Verletzten ist zulässig. Eine Beweisaufnahme, die nicht sofort erfolgen kann, ist unstatthaft (§ 294 Abs 2 ZPO). Unbeglaubigte Kopien genügen nicht (OLG Düsseldorf StV 1994, 283). Ergibt sich bereits aus dem zivilrechtlichen Titel, dass der Anspruch auf der gegenständlichen Straftat beruht, bedarf es keiner förmlichen Glaubhaftmachung (OLG Frankfurt NStZ-RR 1996, 301). Überlässt der Beschuldigte **freiwillig** zunächst sichergestellte Geldbeträge oder eine frühere Haftkaution dem Staat zur **unbürokratischen Entschädigung** der Verletzten, kommt eine gerichtliche Zulassung analog § 111 g Abs 2 S 2 StPO nicht in Betracht (OLG Oldenburg NStZ-RR 2008, 116).

Das Gericht entscheidet auf Antrag des Verletzten durch **Beschluss** nach Anhörung der StA, des Beschuldigten und des Verletzten (BGH NJW 2000, 2027; OLG Jena wistra 2005, 77 zum Drittbegünstigten). Eine **mündliche Verhandlung** findet nicht statt. Gegen den Beschluss, der dem Beschwerdeberechtigten zuzustellen ist, ist die **sofortige Beschwerde** statthaft (§ 111 g Abs 2 S 2 StPO).

Mit dem Beschluss wird die Zwangsvollstreckung des Verletzten in den beschlagnahmten oder gepfändeten Gegenstand zugelassen. Der Staat tritt hinter die titulierte Forderung des Verletzten zurück. Die förmliche Aufhebung der staatlichen Maßnahme ist nicht erforderlich.

Vor Zulassung veranlasste Zwangsvollstreckungsmaßnahmen des Verletzten bleiben wirksam, auch wenn das Zulassungsverfahren nicht innerhalb der Monatsfrist des § 929 Abs 2 ZPO abgeschlossen ist (BGH NJW 2000, 2027).

Erfolgt die Zulassung **zugunsten mehrerer Verletzter**, kommt das in § 804 Abs 3 ZPO verankerte vollstreckungsrechtliche Prioritätsprinzip zur Anwendung (BGH NW 2000, 2027, 2028). Die Rangfolge richtet sich nach dem Zeitpunkt, zu dem die Pfändungspfandrechte entstanden sind (OLG Stuttgart ZIP 2001, 484; Malitz NStZ 2002, 340; **aA** Hees/Albeck ZIP 2000, 878). Ist der Gegenstand auch nach § 94 StPO beschlagnahmt, wird die Zwangsvollstreckung durch den Verletzten nur mit der Maßgabe zugelassen, dass der Gegenstand bis zur Aufhebung dieser Beschlagnahme im behördlichen Gewahrsam verbleibt.

D. Veräußerungsverbot zugunsten des Verletzten (Abs 3)

§ 111 g Abs 3 S 1 StPO **erweitert** das für den Staat nach § 111 c Abs 5 StPO (vgl § 111 c StPO Rn 6) bestehende Veräußerungsverbot zugunsten des Verletzten, der während der Dauer der Maßnahme in den beschlagnahmten Gegenstand die Zwangsvollstreckung betreibt oder einen Arrest vollzieht. Das Veräußerungsverbot wirkt zugunsten des Verletzten auf den Zeitpunkt zurück, in dem es zugunsten des Staates entstanden ist; es wird vom Staat an den Verletzten abgetreten (BGH NJW 2000, 2027). Mit der Zulassung verliert die staatliche Beschlagnahme ihre Wirkung gegenüber dem Verletzten. Verfügungen über den staatlich beschlagnahmten Gegenstand sind auch zugunsten des Verletzten unwirksam (OLG Hamm wistra 2002, 398, 399).

I. Aufhebung der Beschlagnahme

Nach § 111 g Abs 3 S 5 StPO wird die Rechtsstellung des Verletzten durch eine **Aufhebung** der staatlichen Beschlagnahme vor der Verwertung des Gegenstandes nicht berührt. Dies gilt unabhängig davon, ob die Beschlagnahme rechtmäßig erfolgt war. Zum Interessensausgleich Dritter s § 111 g Abs 4 StPO (Rn 10).

II. Grundstücke

8 Das Verfügungsverbot wirkt bei **Grundstücken** zugunsten des Verletzten auf den Zeitpunkt der **Eintragung des Vermerks** der Beschlagnahme im Grundbuch zurück. Um einen gutgläubigen Erwerb durch Dritte nach § 892 Abs 1 S 2 BGB zu verhindern, gilt die Eintragung der Beschlagnahme nach § 111 g Abs 3 S 2 StPO auch zugunsten der Verletzten, die während der Dauer der Beschlagnahme als Begünstigte aus dem Veräußerungsverbot in das Grundstück eingetragen werden. Für die Eintragung des Verletzten dient der **Zulassungsbeschluss** als Nachweis gegenüber dem Grundbuchamt.

Für eingetragene Schiffe, Schiffsbauwerke und Luftfahrzeuge ist diese Regelung entspr anzuwenden (§ 111 g Abs 3 S 4 StPO).

III. Pfändung

9 Die mit der Pfändung von beweglichen Vermögen aufgrund eines Arrests nach § 111 d StPO (vgl § 111 d StPO Rn 1) bewirkte Beschlagnahme (Verstrickung) begründet nach § 135 BGB, § 136 BGB ein Veräußerungsverbot zugunsten des Staates. Nach § 111 g Abs 6 StPO wirkt dieses Veräußerungsverbot ab Entstehung auch zugunsten des Verletzten, auch wenn die Pfändung nachträglich aufgehoben wird.

E. Entschädigungspflicht (Abs 4)

10 Der Verletzte trägt gegenüber Dritten das Risiko, dass die Anordnung des Verfalls nicht nur an § 73 Abs 1 S 2 StGB, sondern aus sonstigen Gründen (zB keine Straftat, die die Anordnung des Verfalls rechtfertigen würde; Anspruch des Verletzten ist nicht aus Straftat erwachsen) scheitert oder die Zulassung zu Unrecht erfolgt ist. In diesen Fällen hat der Verletzte dem Dritten **verschuldensunabhängig** den Schaden, der aus der Zulassung und dem darauf beruhenden Veräußerungsverbot entstanden ist, zu ersetzen. Der Anspruch, der § 945 ZPO entspricht, ist vom Dritten auf dem **Zivilrechtswege** zu verfolgen.

§ 111 h [Vorrangige Befriedigung von Ansprüchen des Verletzten bei Arrest]

(1) ¹**Betreibt der Verletzte wegen eines aus der Straftat erwachsenen Anspruches die Zwangsvollstreckung oder vollzieht er einen Arrest in ein Grundstück, in welches ein Arrest nach § 111 d vollzogen ist, so kann er verlangen, daß die durch den Vollzug dieses Arrestes begründete Sicherungshypothek hinter seinem Recht im Rang zurücktritt.** ²**Der dem vortretenden Recht eingeräumte Rang geht nicht dadurch verloren, daß der Arrest aufgehoben wird.** ³**Die Zustimmung des Eigentümers zur Rangänderung ist nicht erforderlich.** ⁴**Im übrigen ist § 880 des Bürgerlichen Gesetzbuches sinngemäß anzuwenden.**

(2) ¹**Die Rangänderung bedarf der Zulassung durch den Richter, der für den Arrest (§ 111 d) zuständig ist.** ²**§ 111 g Abs. 2 Satz 2 bis 4 und Abs. 3 Satz 3 ist entsprechend anzuwenden.**

(3) **Ist die Zulassung zu Unrecht erfolgt, so ist der Verletzte Dritten zum Ersatz des Schadens verpflichtet, der ihnen durch die Rangänderung entsteht.**

(4) **Die Absätze 1 bis 3 gelten entsprechend, wenn der Arrest nach § 111 d in ein Schiff, Schiffsbauwerk oder Luftfahrzeug im Sinne des § 111 c Abs. 4 Satz 2 vollzogen ist.**

Überblick

Die Vorschrift des § 111 h StPO regelt die vorrangige Befriedigung von Ansprüchen des Verletzten im Falle eines dinglichen Arrestes. Dieser kann zu seinen Gunsten eine Rangänderung (Rn 1 bis Rn 6) durch gerichtliche Zulassung herbeiführen (Rn 4). Wie auch bei § 111 g StPO ist er ggf einem von der Rangänderung betroffenen Dritten zum Schadensersatz verpflichtet (Rn 5).

A. Rangänderung (Abs 1)

Die Vorschrift des § 111 h StPO ergänzt die Regelung des § 111 g StPO (vgl § 111 g **1** StPO Rn 1) für die Fälle der Arrestvollziehung in ein Grundstück oder ein grundstücksgleiches Recht (Bach JR 2004, 232). Diese erfolgt nach § 111 d StPO (vgl § 111 d StPO Rn 1) durch Eintragung einer Sicherungshypothek für die zu sichernde Forderung. § 111 h StPO ermöglicht es dem **Verletzten** oder dem Versicherer, auf den der Anspruch nach § 67 VVG übergegangen ist (LG Ulm NStZ-RR 1999, 369), der wegen eines aus der **Straftat erwachsenen Anspruchs** die Zwangsvollstreckung betreibt oder einen Arrest in das betroffene Grundstück vollzieht, Zugriff auf dieses **ohne Rücksicht** auf die zuvor im Rahmen der Vermögensabschöpfung eingetragene Sicherungshypothek nehmen zu müssen.

Er kann dazu die **Rangänderung** nach § 880 BGB verlangen, ohne dass hierfür die **2** Zustimmung des Eigentümers erforderlich wird (§ 111 h Abs 1 S 3 StPO). Ist die Rangänderung erfolgt, wird diese durch eine spätere Aufhebung des Arrestes nach § 111 d StPO (vgl § 111 d StPO Rn 2) nicht berührt (§ 111 h Abs 1 S 2 StPO).

§ 111 h StPO ist anders als § 111 g StPO (vgl § 111 g StPO Rn 1) nicht nur dann **3** anwendbar, wenn der Arrest der Sicherung des Verfalls von Wertersatz dient, sondern auch dann, wenn er die Einziehung von Wertersatz, eine Geldstrafe oder die Verfahrenskosten sichern soll.

B. Zulassung durch den Richter (Abs 2)

Für die Durchführung der Rangänderung ist eine **Zulassung durch den Richter**, der **4** für den Arrest nach § 111 d StPO (vgl § 111 d StPO Rn 8) zuständig ist, erforderlich. Die Zulassung hat zu erfolgen, wenn dem Verletzten ein Anspruch aus der Straftat entstanden ist, der mit der beabsichtigten Zwangsvollstreckung oder Arrestvollziehung durchgesetzt werden kann. Das Vorliegen dieser Voraussetzungen ist vom Verletzten **glaubhaft** zu machen (§ 294 ZPO). Die Entscheidung erfolgt durch Beschluss, der mit der sofortigen Beschwerde anfechtbar ist (§ 111 g StPO Rn 4). **Inhaltlich** lautet der Beschluss auf Zulassung der Rangänderung bzw auf Aufhebung des Arrestes, wenn eine Rangänderung nicht in Frage kommt (§ 111 h StPO entspr).

C. Schadensersatzpflicht (Abs 3)

Die Vorschrift entspricht § 111 g Abs 4 StPO (vgl § 111 g StPO Rn 10). **5**

D. Schiffe und Luftfahrzeuge (Abs 4)

Der dingliche Arrest wird bei Schiffen und Schiffsbauwerken (§ 931 ZPO) und bei **6** Luftfahrzeugen nach § 111 d StPO (vgl § 111 d StPO Rn 11) durch Pfändung vollzogen. Für Rangänderungen des hierdurch erlangten Arrestpfandrechtes ist § 111 h Abs 1 bis Abs 3 StPO entsprechend anzuwenden (§ 26 LuftFzgG und § 26 SchRG).

§ 111 i [Aufrechterhaltung der Beschlagnahme für befristeten Zeitraum]

(1) Das Gericht kann anordnen, dass die Beschlagnahme nach § 111 c oder der Arrest nach § 111 d für die Dauer von höchstens drei Monaten aufrechterhalten wird, soweit das Verfahren nach den §§ 430 und 442 Abs. 1 auf die anderen Rechtsfolgen beschränkt worden ist und die sofortige Aufhebung gegenüber dem Verletzten unbillig wäre.

(2) [1]Hat das Gericht lediglich deshalb nicht auf Verfall erkannt, weil Ansprüche eines Verletzten im Sinne des § 73 Abs. 1 Satz 2 des Strafgesetzbuchs entgegenstehen, kann es dies im Urteil feststellen. [2]In diesem Fall hat es das Erlangte zu bezeichnen. [3]Liegen insoweit die Voraussetzungen des § 73 a des Strafgesetzbuchs vor, stellt es im Urteil den Geldbetrag fest, der dem Wert des Erlangten entspricht. [4]Soweit

1. der Verletzte bereits im Wege der Zwangsvollstreckung oder der Arrestvollziehung verfügt hat,
2. der Verletzte nachweislich aus Vermögen befriedigt wurde, das nicht beschlagnahmt oder im Wege der Arrestvollziehung gepfändet worden ist, oder
3. dem Verletzten die erlangte Sache nach § 111 k herausgegeben worden ist,

ist dies im Rahmen der nach den Sätzen 2 und 3 zu treffenden Feststellungen in Abzug zu bringen.

(3) ¹Soweit das Gericht nach Absatz 2 verfährt, hält es die Beschlagnahme (§ 111 c) des im Sinne des Absatzes 2 Satz 2 und 4 Erlangten sowie den dinglichen Arrest (§ 111 d) bis zur Höhe des nach Absatz 2 Satz 3 und 4 festgestellten Betrages durch Beschluss für drei Jahre aufrecht. ²Die Frist beginnt mit Rechtskraft des Urteils. ³Sichergestellte Vermögenswerte soll es bezeichnen. ⁴§ 917 der Zivilprozessordnung ist nicht anzuwenden. ⁵Soweit der Verletzte innerhalb der Frist nachweislich aus Vermögen befriedigt wird, das nicht beschlagnahmt oder im Wege der Arrestvollziehung gepfändet worden ist, hebt das Gericht die Beschlagnahme (§ 111 c) oder den dinglichen Arrest (§ 111 d) auf Antrag des Betroffenen auf.

(4) ¹Die Anordnung nach Absatz 3 sowie der Eintritt der Rechtskraft sind dem durch die Tat Verletzten unverzüglich durch das Gericht mitzuteilen. ²Die Mitteilung ist zu verbinden mit dem Hinweis auf die in Absatz 5 genannten Folgen und auf die Möglichkeit, Ansprüche im Wege der Zwangsvollstreckung oder Arrestvollziehung durchzusetzen. ³§ 111 e Abs. 4 Satz 1 bis 3 gilt entsprechend.

(5) ¹Mit Ablauf der in Absatz 3 genannten Frist erwirbt der Staat die nach Absatz 2 bezeichneten Vermögenswerte entsprechend § 73 e Abs. 1 des Strafgesetzbuchs sowie einen Zahlungsanspruch in Höhe des nach Absatz 2 festgestellten Betrages, soweit nicht
1. der Verletzte zwischenzeitlich wegen seiner Ansprüche im Wege der Zwangsvollstreckung oder der Arrestvollziehung verfügt hat,
2. der Verletzte nachweislich aus Vermögen befriedigt worden ist, das nicht beschlagnahmt oder im Wege der Arrestvollziehung gepfändet worden war,
3. zwischenzeitlich Sachen nach § 111 k an den Verletzten herausgegeben oder hinterlegt worden sind oder
4. Sachen nach § 111 k an den Verletzten herauszugeben gewesen wären und dieser die Herausgabe vor Ablauf der in Absatz 3 genannten Frist beantragt hat.

²Zugleich kann der Staat das durch die Vollziehung des dinglichen Arrestes begründete Pfandrecht nach den Vorschriften des Achten Buches der Zivilprozessordnung verwerten. ³Der Erlös sowie hinterlegtes Geld fallen dem Staat zu. ⁴Mit der Verwertung erlischt der nach Satz 1 entstandene Zahlungsanspruch auch insoweit, als der Verwertungserlös hinter der Höhe des Anspruchs zurückbleibt.

(6) ¹Das Gericht des ersten Rechtszugs stellt den Eintritt und den Umfang des staatlichen Rechtserwerbs nach Absatz 5 Satz 1 durch Beschluss fest. ²§ 111 l Abs. 4 gilt entsprechend. ³Der Beschluss kann mit der sofortigen Beschwerde angefochten werden. ⁴Nach Rechtskraft des Beschlusses veranlasst das Gericht die Löschung der im elektronischen Bundesanzeiger nach Absatz 4 vorgenommenen Veröffentlichungen.

(7) ¹Soweit der Verurteilte oder der von der Beschlagnahme oder dem dinglichen Arrest Betroffene die hierdurch gesicherten Ansprüche des Verletzten nach Ablauf der in Absatz 3 genannten Frist befriedigt, kann er bis zur Höhe des dem Staat zugeflossenen Verwertungserlöses Ausgleich verlangen. ²Der Ausgleich ist ausgeschlossen,
1. soweit der Zahlungsanspruch des Staates nach Absatz 5 Satz 1 unter Anrechnung des vom Staat vereinnahmten Erlöses entgegensteht oder
2. wenn seit dem Ablauf der in Absatz 3 genannten Frist drei Jahre verstrichen sind.

(8) In den Fällen des § 76 a Abs. 1 oder 3 des Strafgesetzbuchs sind die Absätze 2 bis 7 auf das Verfahren nach den §§ 440 und 441 in Verbindung mit § 442 Abs. 1 entsprechend anzuwenden.

Überblick

Die Vorschrift des § 111 i StPO regelt die Aufrechterhaltung von Sicherungsmaßnahmen. Erfolgt im Urteil wegen einer Verfahrensbeschränkung kein Ausspruch zum Verfall oder der Einziehung, kann das Gericht die Sicherstellung aufrechterhalten (Rn 1 bis Rn 4). Es kann weiter Feststellungen treffen, um Opferansprüche über den Urteilserlass hinaus zu sichern (Rn 5 bis Rn 9). Über seine Anordnungen hat das Gericht den Verletzten – ggf durch Veröffentlichung im elektronischen Bundesanzeiger – Mitteilung zu machen (Rn 10). Ist den Verletzten eine Befriedigung innerhalb der gesetzlichen Frist von drei Jahren nicht möglich, gehen die sichergestellten Vermögenswerte auf den Staat im Rahmen eines Auffangrechts über (Rn 11 bis Rn 14). Der Betroffene ist durch einen Ausgleichsanspruch gegenüber dem Staat vor einer doppelten Inanspruchnahme geschützt (Rn 15).

Übersicht

	Rn		Rn
A. Gesetzeszweck	1	IV. Aufrechterhaltungsbeschluss	9
B. Verfahrensbeschränkung	2	D. Mitteilungspflichten	10
I. Voraussetzungen	2	E. Auffangrechtserwerb	11
II. Höchstfrist	3	F. Beschluss des Gerichts (Abs 6)	14
III. Verfahren	4	G. Ausgleichsanspruch (Abs 7)	15
C. Opferanspruchsbescheidung	5	H. Objektives Verfallsverfahren	16
I. Voraussetzungen	5	I. Verfahrenskosten	17
II. Ermessensentscheidung	6	J. Rechtsmittel	18
III. Urteilsfeststellung	7		

A. Gesetzeszweck

Entfallen die Voraussetzungen des § 111 b StPO sind Maßnahmen der Vermögenssicherung 1 grundsätzlich aufzuheben. Sichergestellte Gegenstände sind damit grundsätzlich an den letzten Gewahrsamsinhaber zurückzugeben. Mit der Vorschrift des § 111 i StPO soll verhindert werden, dass sichergestellte Vermögenswerte an den Täter zurückgegeben werden müssen, wenn ein Verletzter, dem aus der Tat Ansprüche entstanden sind, diese nicht geltend macht bzw. dessen Ansprüche bestritten sind. Dem Verletzten ist es über § 111 i StPO möglich, sich auch noch nach einer Vollstreckungsbeschränkung oder einem Urteilserlass einen Titel zum Nachweis seines Anspruchs zu beschaffen oder in die gesicherten Vermögenswerte zu vollstrecken. Die durch das Gesetz zur Stärkung der Rückgewinnungshilfe und der Vermögensabschöpfung bei Straftaten vom 24. 10. 2006 (BGBl I 2350) neu gefasste und am 1. 1. 2007 in Kraft getretene Regelung des § 111 i Abs 2, Abs 3 und Abs 5 StPO ist auf Altfälle nicht anwendbar (BGH wistra 2008, 193; NStZ 2008, 295; NStZ-RR 2009, 113).

B. Verfahrensbeschränkung

I. Voraussetzungen

Die Vorschrift des § 111 i StPO kommt nur dann zur Anwendung, wenn ein Verfall nicht 2 ausgesprochen werden kann, weil das Verfahren nach den § 430 StPO, § 442 StPO auf andere Rechtsfolgen beschränkt worden ist. Weiter ist erforderlich, dass die sofortige Aufhebung der getroffenen Sicherungsmaßnahmen gegenüber dem bekannten Verletzten unbillig wäre. Dies ist der Fall, wenn dieser zuvor alle ihm möglichen und zumutbaren Anstrengungen unternommen hatte, um sich einen jedenfalls vorläufig vollstreckbaren Titel zu verschaffen (OLG Frankfurt NStZ-RR 2003, 49; OLG Schleswig SchlHA 2003, 187; BGH NStZ 2006, 621).

II. Höchstfrist

Liegen diese Voraussetzungen vor, können die Sicherungsmaßnahmen für höchstens drei 3 Monate verlängert werden (KG StV 2004, 529). Eine zunächst kürzer bestimmte Frist kann nachträglich bis auf die Höchstfrist verlängert werden. Bei der Bemessung sind das Entschädigungsinteresse des Verletzten und dessen bisherige Möglichkeiten, seine Ansprüche selbst sichern zu können, aber auch das wirtschaftliche Interesse des Beschuldigten zu berücksichtigen. Die Frist beginnt mit der Anordnung, nach fruchtlosem Fristablauf sind die aufrechterhaltenen Pfändungen aufzuheben (LG Berlin wistra 2004, 280). Die sichergestellten Sachen können dann aber nach § 983 BGB behandelt werden (BGH NStZ 1984, 409; OLG Düsseldorf NStZ 1984, 567).

III. Verfahren

4   Für die Entscheidung nach § 111 i StPO ist das Gericht zuständig, das in im Entscheidungszeitpunkt die Anordnung nach § 111 c StPO oder § 111 d StPO treffen müsste. Vor der Entscheidung sind der Beschuldigte, die StA und andere Personen, denen Rechte an den sichergestellten Gegenständen zustehen, anzuhören. Das Gericht entscheidet durch Beschluss, der zu begründen ist und die Dauer der Verlängerung enthalten muss.

C. Opferanspruchsbescheidung

I. Voraussetzungen

5   Scheitert die Anordnung des Verfalls in allen seinen Formen im Urteil alleine an entgegenstehenden Ansprüchen von Verletzten (§ 73 Abs 1 S 2 StGB, § 73 d Abs 1 S 3 StGB), kann das Gericht im Urteil von einer Verfallsanordnung absehen, Sicherungsmaßnahmen jedoch trotzdem aufrechterhalten, sofern der verurteilte Täter für die Tat oder aus der Tat einen nachweisbaren Vermögensvorteil erlangt hat. Nimmt der Verletzte innerhalb der Aufrechterhaltsfrist auf die sichergestellten Vermögenswerte keinen Zugriff, entsteht ein staatlicher Auffangrechtserwerb.

II. Ermessensentscheidung

6   Ob das Gericht die für das Verfahren nach § 111 i Abs 2 StPO erforderlichen Feststellungen trifft, steht in dessen pflichtgemäßem Ermessen. Es wird idR nur in Ausnahmefällen absehen, zB wenn es den Verurteilten im Wege einer Bewährungsauflage zur Schadenswiedergutmachung verpflichtet (§ 56 b Abs 2 S 1 Nr 1 StGB). Unterlässt das Gericht Feststellungen nach § 111 i Abs 2 StPO, hat es dann jedoch zu prüfen, ob nicht unter Anwendung der § 430 StPO, § 442 StPO nach § 111 i Abs 1 StPO zu verfahren ist. Der Opferanspruchsbescheidung wird dabei regelmäßig der Vorzug zu geben sein (KK-StPO/Nack StPO § 111 i Rn 3).

III. Urteilsfeststellung

7   Das Gericht hat in der Urteilsformel festzustellen, dass Ansprüche Verletzter einer Verfallsanordnung entgegenstehen. Die Ersatzansprüche müssen dabei nicht näher bezeichnet werden (BGH NStZ 2006, 621, 622); in den Urteilsgründen ist jedoch darzulegen, weshalb Ansprüche der Verletzten entgegenstehen. Weiter sind in der Urteilsformel die an sich dem Verfall unterliegenden Gegenstände so genau zu bezeichnen, dass deren Umfang einwandfrei feststeht. Bei einer Vielzahl von sichergestellten Gegenständen können diese Feststellungen auch nur in den Urteilsgründen erfolgen (KK-StPO/Nack StPO § 111 i Rn 14). Beim Verfall von Wertersatz ist in den Urteilsgründen der Betrag anzugeben, der dem Wertersatzverfall entspricht.

8   Nach § 111 i Abs 2 S 4 StPO hat das Gericht Vermögenswerte, die der Verletzte bereits erlangt hat und in deren Höhe er bereits befriedigt ist, bei seinen Feststellungen in Abzug zu bringen. Leistungen einer Versicherung stellen keine Befriedigung idS dar, denn die Versicherung kann nach § 67 VVG auf die sichergestellten Vermögenswerte Zugriff nehmen. Leistungen Dritter bringen dagegen idR den Opferanspruch zum Erlöschen, soweit kein gesetzlicher Forderungsübergang auf den Dritten erfolgt.

IV. Aufrechterhaltungsbeschluss

9   Trifft das Gericht im Urteil Feststellungen nach § 111 i Abs 2 StPO, muss es die Aufrechterhaltung der Sicherungsmaßnahmen für die Dauer von drei Jahren durch Beschluss, der idR mit dem Urteil verkündet wird, aussprechen (§ 111 i Abs 3 S 1 StPO). Die Frist läuft ab

Rechtskraft des Urteils. Mangels Beschwerdemöglichkeit muss der Beschluss nicht begründet werden. In ihm sind jedoch die sichergestellten Vermögenswerte zu bezeichnen, die von der Aufrechterhaltung betroffen sind. Hierdurch soll der Verletzte über seine Vollstreckungsmöglichkeiten informiert werden. Bei der Aufrechterhaltung eines dinglichen Arrestes ist das Vorliegen eines Arrestgrundes nicht erforderlich; § 917 ZPO ist insoweit nicht anzuwenden. Auf Antrag des Betroffenen hat das Gericht die aufrechterhaltenen Sicherungsmaßnahmen aufzuheben, wenn der Verletzte innerhalb der Frist Befriedigung erlangt hat. Dies gilt auch bei Leistungen Dritter, sofern kein gesetzlicher Forderungsübergang eintritt.

D. Mitteilungspflichten

Das Gericht hat nach § 111i Abs 4 StPO dem Verletzten zum einen die Verlängerungs- 10
anordnung nach § 111i Abs 3 StPO und zum anderen den Eintritt der Rechtskraft (Beginn der Dreijahresfrist) mitzuteilen. Ebenso ist auf das gesetzliche Auffangrecht des Staates nach § 111i Abs 5 StPO und auf die Möglichkeit des Verletzten, zuvor zur Durchsetzung seiner Ansprüche auf die gesicherten Vermögenswerte zugreifen zu können, hinzuweisen. Die Mitteilung kann im elektronischen Bundesanzeiger erfolgen.

E. Auffangrechtserwerb

Kraft Gesetzes tritt nach drei Jahren (§ 111i Abs 3 StPO) das Auffangrecht des Staates ein, 11
sofern keine Ausschlussgründe nach § 111i Abs 4 S 1 StPO entgegenstehen. Der Staat wird Eigentümer der beschlagnahmten Sachen bzw Inhaber der Forderungen. Rechte Dritter, zu denen regelmäßig der Verletzte gehört, bleiben nach § 73e S 2 StGB bestehen, sofern sie nicht erst nach der Beschlagnahme entstanden (§ 111c Abs 5 StPO) und geeignet sind, den Rechtsübergang auf den Staat zu vereiteln (§ 111b Abs 5 StPO iVm § 136 BGB).

Das Auffangrecht des Staates tritt nicht ein, wenn der Verletzte auf das gesicherte Ver- 12
mögen zugegriffen hat oder der Betroffene nachweisen kann, dass der Geschädigte aus seinem „freien" Vermögen bereits befriedigt worden ist. Gleiches gilt, wenn eine beschlagnahmte bewegliche Sache nach § 111k StPO an den Verletzten herausgegeben worden ist. Hierbei reicht es aus, wenn der Verletzte seinen Anspruch auf Herausgabe vor Ablauf der Dreijahresfrist geltend gemacht hat, auch wenn die Entscheidung erst nach Fristablauf erfolgt.

Waren die Ansprüche des Verletzten mit Hilfe eines dinglichen Arrestes nach § 111d 13
StPO gesichert, erwirbt der Staat einen Zahlungsanspruch gegenüber dem Betroffenen in Höhe des in der Urteilsformel festgestellten Betrages. Der dingliche Arrest wandelt sich in ein Vollstreckungspfandrecht, dessen Verwertung der Staat nach den Vorschriften der ZPO (§§ 814 ZPO ff für bewegliche Sachen, §§ 835 ZPO ff, § 857 ZPO für Forderungen) betreiben kann. Der dabei erzielte Erlös fällt dem Staat zu. Bleibt der Verwertungserlös hinter dem im Urteil festgestellten Betrag zurück, kann der Staat einen weiteren Zahlungsanspruch nicht geltend machen (§ 111i Abs 5 S 4 StPO). Der Ausgleichsanspruch nach § 111i Abs 7 StPO reduziert sich jedoch um den nicht realisierten Teil. Ansprüche des Verletzten kommen hierdurch nicht zum Erlöschen. Dieser kann weiterhin seine Ansprüche gegenüber dem Betroffenen verfolgen, der allerdings über § 111i Abs 7 S 2 StPO vor einer doppelten Inanspruchnahme geschützt wird.

F. Beschluss des Gerichts (Abs 6)

Über den Eintritt und den Umfang des staatlichen Auffangrechtserwerbs entscheidet das 14
Gericht des ersten Rechtszugs nach Ablauf der Dreijahresfrist durch deklaratorischen Beschluss. Es kann auf die im Aufrechterhaltungsbeschluss bezeichneten gesicherten Gegenstände Bezug nehmen. Der Zahlungsanspruch ist seiner Höhe nach genau anzugeben; evtl von Ausschlussgegenständen umfasste Gegenstände oder Geldwerte sind zu bezeichnen. Der Verurteilte, der Verletzte und weitere Personen, denen Rechte an den betroffenen Gegenständen zustehen (zB Drittbegünstigter) sind vor Beschlusserlass anzuhören. Diesen Betroffenen, wie auch der StA, steht sofortige Beschwerde gegen den Beschluss zu, in deren Rahmen nur der Umfang des Rechtserwerbs zu überprüfen ist. Mit Bestandskraft erlangt der Staat einen rechtskräftigen Vollstreckungstitel.

G. Ausgleichsanspruch (Abs 7)

15 Der Ausgleichanspruch des § 111 i Abs 7 StPO soll eine doppelte Inanspruchnahme des Betroffenen verhindern, wenn der Betroffene den Verletzten erst nach Ablauf der Dreijahresfrist befriedigt. Er begründet dagegen keinen Direktanspruch des Verletzten gegenüber dem Staat. Der Ausgleichsanspruch ist seiner Höhe nach auf die dem Staat tatsächlich zugeflossenen Vermögenswerte beschränkt. Hat der Staat nach § 111 i Abs 5 S 1 StPO seinen Zahlungsanspruch nicht vollständig realisieren können, weil der Verwertungserlös nicht ausgereicht hat, bleibt für einen Ausgleichsanspruch kein Raum. Sind nach Ablauf der Dreijahresfrist des § 111 i Abs 3 StPO weitere drei Jahre verstrichen, ist der Ausgleichsanspruch ausgeschlossen (§ 111 i Abs 7 S 2 Nr 2 StPO).

H. Objektives Verfallsverfahren

16 Die Vorschriften über den Auffangrechtserwerb sind auch im objektiven Verfallsverfahren anwendbar, ohne dass damit ein Verstoß gegen die Unschuldvermutung verbunden wäre. Nach § 440 Abs 1 StPO, 442 StPO richtet sich der Antrag der StA unmittelbar auf eine Entscheidung nach § 111 i Abs 2 und Abs 3 StPO. IdR wird das Gericht durch einheitlichen Beschluss (§ 441 Abs 2 StPO) und nicht durch Urteil (§ 441 Abs 3 StPO) entscheiden.

I. Verfahrenskosten

17 Entstehen der Staatskasse durch den Verlängerungsbeschluss Auslagen, zählen diese bis zur Rechtskraft zu den Verfahrenskosten und nicht zu den Kosten der Vollstreckung; diese werden erst nach Rechtskraft vom Kostenausspruch erfasst (§ 464 a Abs 1 S 2 StPO).

J. Rechtsmittel

18 Der Betroffene kann die Feststellungen nach § 111 i Abs 2 StPO zusammen mit dem Urteil – ggf durch Teilanfechtung – anfechten. Gegen den Beschluss nach § 111 i Abs 1 und Abs 3 StPO ist Beschwerde zulässig, die einlegen kann, wer zum Herausgabeverlangen berechtigt ist. Lehnt das Gericht die Aufrechterhaltung der Beschlagnahme ab, können die StA und der Verletzte hiergegen mit der Beschwerde vorgehen. Das Beschwerdegericht ist in den Fällen des § 111 i Abs 3 StPO jedoch an die Urteilsvorgaben gebunden. Der Betroffene kann daher idR nur in Irrtumsfällen so eine Korrektur im Beschwerdeweg erreichen. Sofortige Beschwerde ist gegen den Beschluss nach § 111 i Abs 6 StPO zulässig.

§ 111 k [Rückgabe beweglicher Sachen an den Verletzten]

¹Wird eine bewegliche Sache, die nach § 94 beschlagnahmt oder sonst sichergestellt oder nach § 111 c Abs. 1 beschlagnahmt worden ist, für Zwecke des Strafverfahrens nicht mehr benötigt, so soll sie dem Verletzten, dem sie durch die Straftat entzogen worden ist, herausgegeben werden, wenn er bekannt ist und Ansprüche Dritter nicht entgegenstehen. ²§ 111 f Abs. 5 ist anzuwenden. ³Die Staatsanwaltschaft kann die Entscheidung des Gerichts herbeiführen, wenn das Recht des Verletzten nicht offenkundig ist.

Überblick

Die Vorschrift des § 111 k StPO regelt die Rückgabe einer gesicherten beweglichen Sache (Rn 1 bis Rn 4) an den Verletzten (Rn 5), soweit die Sache dem Verletzten durch die Tat entzogen worden ist (Rn 6) und Ansprüche Dritter einer Herausgabe nicht entgegenstehen (Rn 7 bis Rn 8). Zuständig für die Rückgabe ist die StA bzw das Gericht (Rn 9 bis Rn 11), deren Entscheidung angefochten werden kann (Rn 12); s auch Nr 75 RiStBV.

Übersicht

	Rn		Rn
A. Anwendungsbereich	1	III. Ansprüche Dritter	7
B. Gegenstand	3	D. Zuständigkeit	9
C. Voraussetzungen	5	E. Entscheidung	11
I. Bekannter Verletzter	5		
II. Durch die Tat entzogen	6	F. Anfechtung	12

A. Anwendungsbereich

Die Regelung des § 111 k StPO gilt nicht nur für Maßnahmen der Vermögensabschöpfung, sondern auch für bewegliche Sachen, die zu Beweiszwecken sichergestellt oder beschlagnahmt worden sind. Grundsätzlich sind solche Gegenstände an den **letzten Gewahrsamsinhaber** herauszugeben (BGH NJW 2000, 3218; NJW 1979, 425; OLG Stuttgart NStZ 1989, 39; OLG Düsseldorf NStZ 1990, 202), sofern sie für das Verfahren nicht mehr benötigt werden. Handelt es sich um eine Sache, die dem Verletzten durch eine Straftat entzogen worden ist, schafft § 111 k StPO eine **Ausnahmeregelung**. In diesen Fällen ist der Gegenstand an den Verletzten herauszugeben (Schäfer wistra 1984, 136 zu den Kosten der Rückgabe; Gropp NStZ 1989, 337 und Löffler NJW 1991, 1708 zur Rangfolge der Empfänger). 1

Bei § 111 k StPO handelt es sich um eine **Sollvorschrift**, die anzuwenden ist, sofern es sich nicht um eine Sache handelt, deren Besitz allgemein verboten ist (Betäubungsmittel, Waffen, Sprengstoff). § 111 k StPO begründet allerdings nur eine **vorläufige Besitzstandsregelung** (BayObLG 17, 118; OLG Stuttgart Justiz 1987, 79), vergleichbar mit der einstweiligen Verfügung im Zivilverfahren. Der Verletzte muss seine Rechte ggf im Zivilrechtsweg zusätzlich verfolgen (OLG Nürnberg HESt 2, 84). 2

B. Gegenstand

Von § 111 k StPO werden nur beschlagnahmte oder sonst sichergestellte bewegliche Sachen erfasst, die sich noch im **amtlichen Gewahrsam** befinden (OLG Köln NStZ-RR 2005, 541 zu sichergestelltem Bargeld). Eine entspr Anwendung auf in anderer Weise sichergestellte Sachen (zB durch Verbote und Gebote, BGHSt 15, 149) ist nicht zulässig. 3
Ebenso ist eine analoge Anwendung auf Forderungen, die der Beschuldigte aus der Straftat erlangt hat, ausgeschlossen; eine gerichtliche Anordnung, den Betrag einer beschlagnahmten Forderung an den Verletzten auszubezahlen, kann dennoch wirksam sein (BGH NJW 2007, 3352). § 111 k StPO greift auch nicht mehr ein, wenn beschlagnahmtes Geld wegen Unsicherheit des Berechtigten bereits hinterlegt ist (OLG Stuttgart NStZ 1987, 243). Die Sache muss in den Gewahrsam der Strafverfolgungsbehörde durch den Beschuldigten oder einen Dritten (OLG Stuttgart NStZ 1989, 39), der diese wiederum durch eine Straftat erlangt hat (zB Unterschlagung, Hehlerei, Begünstigung), gelangt sein.

Auf **Surrogate** einer durch die Straftat entzogenen Sache findet § 111 k StPO keine Anwendung (Meyer-Goßner StPO § 111 k Rn 7; Pfeiffer StPO § 111 k Rn 3; **aA** OLG Schleswig NStZ 1994, 99; KK-StPO/Nack § 111 k Rn 4), auch nicht bei Verarbeitung oder Vermischung der entzogenen Sache. Dem Verletzten ist in solchen Fällen jedoch Gelegenheit zu geben, innerhalb einer Frist die ansonst erfolgende Rückgabe an den Beschuldigten durch Herbeiführung einer Entscheidung eines Zivilgerichts zu verhindern (LG Mainz MDR 1983, 954; Malitz NStZ 2003, 64). 4

C. Voraussetzungen

I. Bekannter Verletzter

Nach § 111 k StPO darf eine Sache nur an den **bekannten Verletzten** oder dessen Erben herausgegeben werden (OLG Schleswig NStZ 1994, 99 für die Herausgabe an einen Versicherer). Verletzter ist dabei jeder, dem der Besitz an der Sache unmittelbar durch eine Straftat, gleichgültig auf welche Weise, entzogen worden ist (Malitz NStZ 2003, 63). Nicht Verletzter 5

StPO § 111 k

sind damit der Eigentümer, der nicht zugleich unmittelbar Besitzer ist, sowie der Insolvenzverwalter (LG Mannheim NStZ-RR 1998, 113). Ist der Verletzte nicht bekannt, erfolgt **nicht** die Rückgabe an den Täter als letzten Gewahrsaminhaber, auch wenn nicht feststeht, ob der betreffende Gegenstand überhaupt durch die gegenständliche Straftat erlangt worden ist (OLG Düsseldorf NStZ 1984, 567; OLG Hamm NStZ 1986, 376). Es ist vielmehr nach § 983 BGB zu verfahren, wenn die Voraussetzungen des § 111 k StPO zweifelsfrei feststehen; zur Ermittlung des unbekannten Verletzten ist das Gericht oder die StA nicht verpflichtet. Ansonsten besteht die Möglichkeit der Hinterlegung, weiteren Verwahrung oder Vernichtung (OLG Hamm NStZ 1986, 376; Cremers wistra 2000, 130; Dörr wistra 1999, 175).

II. Durch die Tat entzogen

6   Für § 111 k StPO ist es erforderlich, dass die Sache dem Verletzten durch die Tat, die Gegenstand des Verfahrens ist, entzogen worden ist. Es ist dabei unerheblich, ob der Täter tatsächlich wegen dieser Tat verurteilt worden ist (KG JR 1988, 390). Eine **schuldhafte Tatbegehung** ist nicht erforderlich (§ 11 Abs 1 Nr 5 StGB); erfolgt ein **Freispruch** des Täters wegen Schuldunfähigkeit (§ 20 StGB) oder wegen Irrtums nach §§ 16, 17 StGB, bleibt § 111 k StPO anwendbar. Erforderlich ist, dass die Tat erwiesen ist; ist eine Verurteilung erfolgt, ist dieses Urteil maßgebend (OLG Nürnberg HESt 2, 84; LG Mainz MDR 1983, 954). Liegt kein Urteil vor, ist über das Vorliegen einer Straftat ohne Beweisaufnahme nach dem Ermittlungsergebnis in den Akten zu entscheiden (LG Berlin NStZ 1994, 400; KG JR 1988, 390).

III. Ansprüche Dritter

7   Ansprüche Dritter, die **nicht feststehen** müssen (OLG Koblenz MDR 1984, 774), dürfen der Herausgabe nicht entgegenstehen. Dritter kann auch der Beschuldigte sein, wenn dieser Ansprüche unabhängig von der Straftat geltend macht (Hohendorf NStZ 1986, 499). Unerheblich ist es, ob sich der Dritte eines dinglichen Anspruchs (Eigentum) oder eines schuldrechtlichen Anspruchs, der ein Besitzrecht begründet, berühmt. Die Sache ist an die Person herauszugeben, die einen Anspruch auf sie hat; amtsbekannte Ansprüche Dritter sind zu berücksichtigen. Zu **Nachforschungen** sind Gericht und StA nicht verpflichtet; bestehen jedoch Anhaltspunkte für Ansprüche Dritter, ist diesem Gelegenheit zu geben, den Anspruch zu begründen. Erfolgt keine Begründung, ist die Sache an den Verletzen herauszugeben.

8   Sind Ansprüche eines Dritten **zweifelhaft**, ist der Dritte unter Fristsetzung zur Erwirkung eines zivilrechtlichen Titels (OLG Stuttgart NStZ 1989, 39; OLG Schleswig NStZ 1994, 99; LG Berlin NStZ 1999, 636), der seinen Anspruch beweist, aufzufordern. Kommt der Dritte dieser Aufforderung nicht fristgerecht nach, ist die Sache an den Verletzten herauszugeben (OLG Schleswig NStZ 1994, 99; Lohse AnwBl 2006, 608), ohne dass eine Beweisaufnahme im Strafverfahren erfolgen müsste (OLG Düsseldorf NStZ 1990, 202; LG Hildesheim NStZ 1989, 336). Ggf kann eine Hinterlegung der Sache erfolgen (OLG Hamm NStZ 1986, 376; NJW-RR 2000, 286; OLG Stuttgart NStZ 1987, 243).

D. Zuständigkeit

9   Zuständig für die Entscheidung über die Herausgabe ist:
- im Ermittlungsverfahren die StA (LG Berlin NStZ 1994, 400; LG Hamburg, MDR 1995, 625; LG Kaiserslautern wistra 1995, 241),
- nach Klageerhebung das mit der Hauptsache befasste Gericht,
- während des Revisionsverfahrens der letzte Tatrichter,
- nach Rechtskraft die StA (OLG Stuttgart NStZ-RR 2002, 111).

Der Strafrichter entscheidet dabei in Vertretung des Zivilrichters (OLG Hamm JMBlNW 1961, 94).

10   Hat die StA **Zweifel** am Bestehen von Rechten des Verletzten (nicht eines Dritten), kann sie das Gericht anrufen (§ 111 k S 3 StPO). Dies gilt auch, wenn sie selbst die Beschlagnahme angeordnet hat. Zuständig ist der Ermittlungsrichter während des Ermittlungsverfahrens, sonst das Gericht des 1. Rechtszugs (auch nach Rechtskraft). Das Herbeiführen der gerichtlichen Entscheidung steht im **pflichtgemäßen Ermessen** der StA; das Gericht darf diese

nicht überprüfen (LG Berlin v 27. 4. 2007 – Az 511 Qs 24/07). Hat die StA Zweifel, ob die Anlasstat überhaupt begangen worden ist, ist der Antragsteller auf den Zivilrechtsweg zu verweisen (OLG Hamm NStZ 1986, 376).

E. Entscheidung

Die Entscheidung erfolgt nach Aktenlage ohne Beweisaufnahme, bei einer gerichtlichen Entscheidung durch Beschluss, der formlos bekannt gemacht wird. Vor der Entscheidung sind die Verfahrensbeteiligten, insbes der Verletzte und Dritte, die Ansprüche erheben, anzuhören. Die Herausgabe bewirkt das Gericht selbst, sofern es damit nicht die StA beauftragt. 11

F. Anfechtung

Entscheidet die StA über die Herausgabe, kann hiergegen **gerichtliche Entscheidung** beantragt werden (§ 111 k S 2 StPO iVm § 111 f Abs 5 StPO, vgl dort Rn 12). Gerichtliche Entscheidungen, auch des erkennenden Gerichts (§ 305 S 2 StPO) und des OLG im 1. Rechtszug (§ 304 Abs 2 Nr 1 StPO), sind mit der **Beschwerde** anfechtbar. Zur Anfechtung berechtigt ist die StA und jeder, der ein Recht oder einen Anspruch an der Sache behauptet (Löffler NJW 1991, 1711). 12

§ 111 l [Notveräußerung beschlagnahmter oder gepfändeter Gegenstände]

(1) [1]Vermögenswerte, die nach § 111 c beschlagnahmt oder aufgrund eines Arrestes (§ 111 d) gepfändet worden sind, dürfen vor der Rechtskraft des Urteils veräußert werden, wenn ihr Verderb oder eine wesentliche Minderung ihres Wertes droht oder ihre Aufbewahrung, Pflege oder Erhaltung mit unverhältnismäßigen Kosten oder Schwierigkeiten verbunden ist. [2]In den Fällen des § 111 i Abs. 2 können Vermögenswerte, die aufgrund eines Arrestes (§ 111 d) gepfändet worden sind, nach Rechtskraft des Urteils veräußert werden, wenn dies zweckmäßig erscheint. [3]Der Erlös tritt an deren Stelle.

(2) [1]Im vorbereitenden Verfahren und nach Rechtskraft des Urteils wird die Notveräußerung durch die Staatsanwaltschaft angeordnet. [2]Ihren Ermittlungspersonen (§ 152 des Gerichtsverfassungsgesetzes) steht diese Befugnis zu, wenn der Gegenstand zu verderben droht, bevor die Entscheidung der Staatsanwaltschaft herbeigeführt werden kann.

(3) [1]Nach Erhebung der öffentlichen Klage trifft die Anordnung das mit der Hauptsache befaßte Gericht. [2]Der Staatsanwaltschaft steht diese Befugnis zu, wenn der Gegenstand zu verderben droht, bevor die Entscheidung des Gerichts herbeigeführt werden kann; Absatz 2 Satz 2 gilt entsprechend.

(4) [1]Der Beschuldigte, der Eigentümer und andere, denen Rechte an der Sache zustehen, sollen vor der Anordnung gehört werden. [2]Die Anordnung sowie Zeit und Ort der Veräußerung sind ihnen, soweit dies ausführbar erscheint, mitzuteilen.

(5) [1]Die Notveräußerung wird nach den Vorschriften der Zivilprozeßordnung über die Verwertung einer gepfändeten Sache durchgeführt. [2]An die Stelle des Vollstreckungsgerichts (§ 764 der Zivilprozeßordnung) tritt in den Fällen der Absätze 2 und 3 Satz 2 die Staatsanwaltschaft, in den Fällen des Absatzes 3 Satz 1 das mit der Hauptsache befaßte Gericht. [3]Die nach § 825 der Zivilprozeßordnung zulässige Verwertung kann von Amts wegen oder auf Antrag der in Absatz 4 genannten Personen, im Falle des Absatzes 3 Satz 1 auch auf Antrag der Staatsanwaltschaft, gleichzeitig mit der Notveräußerung oder nachträglich angeordnet werden. [4]Wenn dies zweckmäßig erscheint, kann die Notveräußerung auf andere Weise und durch eine andere Person als den Gerichtsvollzieher erfolgen.

(6) [1]Gegen Anordnungen der Staatsanwaltschaft oder ihrer Ermittlungspersonen kann der Betroffene gerichtliche Entscheidung durch das nach § 162 zuständige Gericht beantragen. [2]Die §§ 297 bis 300, 302, 306 bis 309, 311 a und 473 a gelten

entsprechend. ³Das Gericht, in dringenden Fällen der Vorsitzende, kann die Aussetzung der Veräußerung anordnen.

Überblick

Die Vorschrift des § 111l StPO regelt die Notveräußerung beschlagnahmter oder gepfändeter Gegenstände (Rn 1 bis Rn 4). Zuständig ist die StA bzw das Gericht (Rn 5 bis Rn 6). Die Durchführung erfolgt nach den Vorschriften der ZPO (Rn 7). Gegen Anordnungen der StA ist Antrag auf gerichtliche Entscheidung (Rn 8 bis Rn 9), ansonsten Beschwerde möglich (Rn 10), s auch RiStBV Nr 76.

Übersicht

	Rn		Rn
A. Anwendungsbereich (Abs 1)	1	II. Anhörung und Mitteilung (Abs 4)	6
I. Veräußerungsgründe	2	**C. Durchführung (Abs 5)**	7
II. Veräußerungszeitpunkt	3		
III. Wirkung der Veräußerung	4	**D. Antrag auf gerichtliche Entscheidung (Abs 6)**	8
B. Das Notveräußerungsverfahren (Abs 2 bis Abs 4)	6	**E. Beschwerde**	10
I. Zuständigkeit (Abs 2, Abs 3)	5		

A. Anwendungsbereich (Abs 1)

1 Die Vorschrift findet auf alle Vermögenswerte (bewegliche und unbewegliche Sachen, Forderungen, sonstige Vermögensrechte), die nach § 111c StPO beschlagnahmt oder auf Grund eines Arrestes nach § 111d StPO gepfändet worden sind, Anwendung. Auf Sachen, die nur nach § 94 StPO als Beweismittel sichergestellt worden sind, ist § 111l StPO nicht anwendbar. Ihre Beweisaussage muss durch andere Maßnahmen (zB Fotografie, Besichtigung durch Zeugen oder Sachverständige) gesichert werden, wenn ihre weitere Verwahrung nicht möglich ist; sie sind dann freizugeben (Lampe NJW 1975, 175). Sind Gegenstände sowohl nach § 94 StPO wie auch nach § 111c StPO beschlagnahmt, greift § 111l StPO ein.

Gegenstände, die aus rechtlichen Gründen nicht veräußert werden dürfen (zB Betäubungsmittel, verdorbene Lebensmittel) können anstelle der Veräußerung vernichtet werden (KK-StPO/Nack StPO § 111l Rn 3).

I. Veräußerungsgründe

2 Eine Notveräußerung ist möglich, wenn der Verderb einer Sache (Aufhebung des Sachwertes durch Veränderung der Substanz) oder eine wesentliche Minderung ihres Wertes (Marktentwicklung) droht, ferner wenn die Aufbewahrung, Pflege oder Erhaltung im Vergleich zum Wert der Sache (Verkehrswert) mit unverhältnismäßig hohen Kosten oder großen Schwierigkeiten verbunden wäre (OLG Hamm VRS 98, 133).

Die Notveräußerung ist immer dann zulässig, wenn ein **wirtschaftlich denkender Eigentümer** sich zur Veräußerung entschließen würde (OLG Koblenz MDR 1985, 516).

II. Veräußerungszeitpunkt

3 Die Notveräußerung ist in allen Fällen **bis zur Rechtskraft** eines Urteils, das die Einziehung oder den Verfall anordnet, zulässig.

Nach Rechtskraft des Urteils gilt § 111l StPO nur noch für Vermögenswerte, die der Rückgewinnungshilfe nach § 111i Abs 2 StPO unterliegen. Gegenstände, die nach § 111c StPO beschlagnahmt sind, können notveräußert werden, wenn die Veräußerungsgründe vorliegen. Wurden Gegenstände dagegen in Vollziehung eines dinglichen Arrestes gepfändet, so können diese auch aus reinen Zweckmäßigkeitserwägungen veräußert werden; nach pflichtgemäßem Ermessen ist hierbei eine möglichst effektive Verwertung anzustreben.

III. Wirkung der Veräußerung

Mit der Veräußerung tritt der Veräußerungserlös an die Stelle des veräußerten Vermögenswertes. Ist eine Notveräußerung erfolgt, ist im späteren Urteil auf Verfall oder Einziehung des Erlöses zu erkennen (BGHSt 8, 46, 53). Beim Wegfall der Beschlagnahmevoraussetzungen erlangt der bisherige Eigentümer nicht auch automatisch Eigentum am Erlös; ihm steht nur ein Auszahlungsanspruch zu (RGSt 56, 322; RGSt 66, 85).

B. Das Notveräußerungsverfahren (Abs 2 bis Abs 4)
I. Zuständigkeit (Abs 2, Abs 3)

Für die Notveräußerung ist im **Vorverfahren** wie auch **nach Rechtskraft** alleine die StA zuständig. Die Anordnung ist dem Rechtspfleger übertragen (§ 31 Abs 1 Nr 2, Abs 6 RPflG). Kann eine Entscheidung der StA vor dem drohenden Verderb einer Sache oder einer schnell eintretenden wesentlichen Wertminderung nicht herbeigeführt werden, besteht eine Notzuständigkeit der Ermittlungspersonen.

Das mit der Hauptsache befasste Gericht ist für die Notveräußerung **nach Erhebung der öffentlichen Klage** zuständig. Auch hier ist die Tätigkeit dem Rechtspfleger übertragen (§ 22 Nr 2 RPflG). In Eilfällen können die StA und, wenn auch diese nicht zu erreichen ist, deren Ermittlungspersonen eine Entscheidung treffen.

II. Anhörung und Mitteilung (Abs 4)

Vor der Entscheidung ist den Beteiligten rechtliches Gehör zu gewähren, damit diese die Möglichkeit haben, Abwendungsvorschläge zu unterbreiten. Sie sind dabei auf § 111c Abs 6 StPO hinzuweisen. In Eilfällen ist eine Anhörung aufgrund der Eilbedürftigkeit idR entbehrlich. Verstöße gegen § 111l Abs 4 S 1 StPO berühren die Wirksamkeit der Notveräußerung nicht.

Neben dem Beschuldigten sind auch der Eigentümer und andere Personen, die Rechte an der Sache geltend machen können, von der Notveräußerung vorab zu unterrichten (Abs 4 S 2).

C. Durchführung (Abs 5)

Die Notveräußerung wird nach den Vorschriften der ZPO über die Verwertung gepfändeter Sachen (§ 814 ZPO bis § 825 ZPO) vorgenommen. Für die Durchführung ist jedoch nicht das Vollstreckungsgericht, sondern die StA bzw das mit der Hauptsache befasste Gericht zuständig. Funktional ist die Tätigkeit dem Rechtspfleger übertragen (§ 22 Nr 2 RPflG, § 31 Abs 1 Nr 2, Abs 6 RPflG). Auf Antrag oder von Amts wegen kann – auch noch nachträglich – angeordnet werden, dass die Verwertung nicht durch den Gerichtsvollzieher, sondern eine andere Person, sowie in anderer Weise als durch Zwangsvollstreckung (§ 825 ZPO) erfolgen soll (zB freihändiger Verkauf durch gewerbliche Verwerter). Hierüber entscheidet der Rechtspfleger nach pflichtgemäßem Ermessen.

D. Antrag auf gerichtliche Entscheidung (Abs 6)

Gegen die Anordnung der Notveräußerung und Anordnungen zu deren Durchführung, die durch die StA (bzw deren Rechtspfleger) oder ihre Ermittlungspersonen ergangen sind, ist ein Antrag auf gerichtliche Entscheidung zulässig. Ist die Anordnung durch eine Ermittlungsperson erfolgt, entscheidet über den Antrag zunächst die StA, die die Entscheidung der Ermittlungsperson aufheben oder abändern kann. Anderenfalls legt die StA den Antrag dem Gericht zur Entscheidung vor.

Der Antrag ist bei der anordnenden Stelle anzubringen. Hierzu sind der Eigentümer sowie jede andere Person, der ein Recht an der Sache zusteht, wie auch der letzte Gewahrsamsinhaber berechtigt.

Zuständig für die gerichtliche Entscheidung ist:
- im Vorverfahren der Ermittlungsrichter am Sitz der StA,
- nach Erhebung der öffentlichen Klage das mit der Hauptsache befasste Gericht,

StPO § 111 m

- nach Rechtskraft das Gericht des ersten Rechtszuges (ab 1. 1. 2010 der Ermittlungsrichter am Sitz der StA, § 162 Abs 3 StPO nF),
- während des Revisionsverfahrens der letzte Tatrichter.

Die Entscheidung ist mit einer Kostenentscheidung nach § 473 a StPO zu versehen, auch wenn sie durch das mit der Hauptsache befasste Gericht ergeht.

E. Beschwerde

10   Gegen die gerichtliche Entscheidung über die Anordnungen der StA und ihrer Ermittlungspersonen ist die **Beschwerde** statthaft. Gegen die Entscheidungen des Rechtspflegers ist die **Erinnerung** (OLG Celle StV 1992, 459; OLG Köln NStZ 2005, 117) an das Gericht zulässig (§ 11 RPflG), für das der Rechtpfleger gehandelt hat (OLG Koblenz MDR 1985, 516). Bei einer Erinnerung gegen eine Anordnung des Rechtspflegers der StA hat die StA zunächst selbst über die Einwendung zu entscheiden (§ 31 Abs 6 RPflG).

§ 111 m [Beschlagnahme eines Druckwerks oder einer sonstigen Schrift]

(1) Die Beschlagnahme eines Druckwerks, einer sonstigen Schrift oder eines Gegenstandes im Sinne des § 74 d des Strafgesetzbuches darf nach § 111 b Abs. 1 nicht angeordnet werden, wenn ihre nachteiligen Folgen, insbesondere die Gefährdung des öffentlichen Interesses an unverzögerter Verbreitung offenbar außer Verhältnis zu der Bedeutung der Sache stehen.

(2) ¹Ausscheidbare Teile der Schrift, die nichts Strafbares enthalten, sind von der Beschlagnahme auszuschließen. ²Die Beschlagnahme kann in der Anordnung weiter beschränkt werden.

(3) In der Anordnung der Beschlagnahme sind die Stellen der Schrift, die zur Beschlagnahme Anlaß geben, zu bezeichnen.

(4) Die Beschlagnahme kann dadurch abgewendet werden, daß der Betroffene den Teil der Schrift, der zur Beschlagnahme Anlaß gibt, von der Vervielfältigung oder der Verbreitung ausschließt.

Überblick

Die Vorschrift des § 111 m StPO stellt einen besonderen Ausfluss der Pressefreiheit dar (Rn 1). Für Druckwerke und Schriften bestehen besondere Beschlagnahmebeschränkungen (Rn 2 bis Rn 6), eine Beschlagnahme ist besonders zu begründen (Rn 7). Der Betroffene kann die Beschlagnahme durch geeignete Maßnahmen abwenden (Rn 8), s auch Nr 215 RiStBV, Nr 252 RiStBV.

A. Geltungsbereich

1   Die Regelung des § 111 m StPO beschränkt die § 111 b StPO, § 111 c StPO für Druckwerke, Schriften und sonstige Gegenstände im Sinne des § 74 d StGB als Ausfluss der Pressefreiheit. Für die Beschlagnahme zu Beweiszwecken (§ 94 StPO) und die Postbeschlagnahme nach § 99 StPO ist § 111 m StPO nicht anwendbar. Die Vorschrift gilt auch nicht für die Beschlagnahme zugunsten des Verletzten nach § 111 b Abs 5 StPO.
§ 111 m StPO kommt nur zur Anwendung, wenn Gründe für die Annahme bestehen, dass die in ihr genannten Gegenstände eingezogen oder unbrauchbar gemacht werden. Für Fälle des Verfalls von Pressewerken ist § 111 m StPO entspr anzuwenden (Meyer-Goßner StPO § 111 m Rn 1). Die Vorschrift gilt für das subjektive wie auch das objektive Verfahren.
Soweit die Landespressegesetze Vorschriften über die Beschlagnahme von Druckschriften enthalten, sind diese Regelungen unwirksam (Meyer-Goßner StPO § 111 m Rn 2).

B. Beschlagnahmebeschränkungen

2   § 111 m StPO stellt eine besondere Ausprägung des **Verhältnismäßigkeitsgrundsatzes** dar. Es hat eine Interessensabwägung zu erfolgen, bei der auf der einen Seite die nachteiligen

Folgen einer Beschlagnahme, insbes für das öffentliche Interesse an unverzögerter Verbreitung, auf der anderen Seite die Bedeutung der Sache Berücksichtung finden müssen. Die Beschlagnahme bleibt im Zweifel zulässig. Nur bei einem Missverhältnis, das ohne Beweiserhebung offensichtlich ist, ist eine Beschlagnahme ausgeschlossen. Ein krasses Missverhältnis ist nicht erforderlich (Meyer-Goßner StPO § 111 m Rn 4; KK-StPO/Nack StPO § 111 m Rn 5).

Nachteilige Folgen der Beschlagnahme ergeben sich vor allem bei einer Gefährdung des Informationsinteresses, soweit sich der Inhalt der Schrift mit aktuellen Tagesereignissen auseinandersetzt. Unerheblich ist, ob sich die Öffentlichkeit aus anderen Quellen informieren kann, auch ob das Informationsinteresse „legitim" ist oder nur auf Neugier beruht. Ist die zu beschlagnahmende Schrift nur in Teilbereichen strafrechtlich relevant, ist das Vorliegen von nachteiligen Folgen anhand des Informationsinteresses am Gesamtinhalt der Schrift zu beurteilen. Auch die wirtschaftlichen Folgen einer Pressebeschlagnahme für Herausgeber, Verleger, Drucker, Händler, Inserenten oder Abonnenten sind bei der Beurteilung der nachteiligen Folgen zu berücksichtigen. 3

Die **Bedeutung der Sache** hängt vom Gewicht der Straftat, wegen der das Ermittlungsverfahren eingeleitet worden ist, ab. Bei schwerwiegenden Straftaten ist eine Beschlagnahme idR auch bei schwerwiegenden Folgen zulässig; dagegen rechtfertigen Straftaten gegen Einzelpersonen die Beschlagnahme einer ganzen Auflage idR nicht (Meyer-Goßner StPO § 111 m Rn 6). 4

C. Ausscheidbare Teile (Abs 2)

Teile einer Schrift, die keinen strafbaren Inhalt enthalten, sind von einer Beschlagnahme auszunehmen (LG München I AfP 2009, 279), wenn einen Trennung der Teile ohne Mitwirkung des Betroffenen möglich ist (zB Loseblattsammlung, Zeitungsbeilage). Ggf sind technische Werkzeuge zur Trennung anzuwenden. Es ist unerheblich, ob nach der Trennung noch ein in sich geschlossenes selbständiges Druckwerk verbleibt; die Trennung darf aber nicht dazu führen, dass das Werk insgesamt unverwertbar wird (Meyer-Goßner StPO § 111 m Rn 7; KK-StPO/Nack StPO § 111 m Rn 6). Die ausgeschiedenen Teile sind in der Anordnung genau zu bezeichnen. 5

Die Beschlagnahme ist für den Betroffenen möglichst schonend auszugestalten (§ 111 m Abs 2 S 2 StPO). So ist die Beschlagnahme auf einen Teil der Auflage oder bestimmte Verbreitungsformen zu beschränken, wenn auch damit der Zweck der Maßnahme erreicht werden kann. Ggf kann eine Beschlagnahme durch Maßnahmen des Betroffenen (zB Schwärzung) ganz entfallen. Dem Verleger können Archivexemplare belassen werden. 6

D. Anordnung der Beschlagnahme (Abs 3)

Die Regelung des § 111 m Abs 3 StPO ergänzt § 111 e StPO. In der Beschlagnahmeanordnung sind die Stellen der Schrift, deren Inhalt Anlass zur Beschlagnahme gibt, zu bezeichnen. Diese sind inhaltlich wiederzugeben; der allgemeine Hinweis auf das Vorhandensein solcher Stellen genügt nicht. Die Fundstelle ist genau zu bezeichnen (Band, Heft, Seite, Spalte). Zudem sind die verletzte Strafvorschrift und die prozessualen Vorschriften, auf denen die Beschlagnahme beruht, anzugeben (Meyer-Goßner StPO § 111 m Rn 9). Fehler bei der Anordnung führen nicht zur Unwirksamkeit der Beschlagnahme. Sie können ggf im Rahmen der Beschwerde korrigiert werden (KK-StPO/Nack StPO § 111 m Rn 8). 7

E. Abwendung der Beschlagnahme

Der Betroffene kann eine Beschlagnahme dadurch abwenden, dass er den von der Beschlagnahme betroffenen Teil der Schrift von der Vervielfältigung oder der Verbreitung ausschließt. Wie er die beanstandeten Teile entfernt, ist unerheblich. Auf Antrag des Betroffenen, in dem die zur Abwendung geeigneten Maßnahmen dargelegt werden müssen, hebt die für die Beschlagnahme zuständige Behörde sodann die Beschlagnahme auf, wenn die vom Betroffenen vorgeschlagenen Maßnahmen die Beschlagnahme oder deren Vollzug entbehrlich machen. 8

§ 111 n [Anordnung und Aufhebung der Beschlagnahme eines Druckwerks]

(1) ¹Die Beschlagnahme eines periodischen Druckwerks oder eines ihm gleichstehenden Gegenstandes im Sinne des § 74 d des Strafgesetzbuches darf nur durch den Richter angeordnet werden. ²Die Beschlagnahme eines anderen Druckwerks oder eines sonstigen Gegenstandes im Sinne des § 74 d des Strafgesetzbuches kann bei Gefahr im Verzug auch durch die Staatsanwaltschaft angeordnet werden. ³Die Anordnung der Staatsanwaltschaft tritt außer Kraft, wenn sie nicht binnen drei Tagen von dem Richter bestätigt wird.

(2) ¹Die Beschlagnahme ist aufzuheben, wenn nicht binnen zwei Monaten die öffentliche Klage erhoben oder die selbständige Einziehung beantragt ist. ²Reicht die in Satz 1 bezeichnete Frist wegen des besonderen Umfanges der Ermittlungen nicht aus, so kann das Gericht auf Antrag der Staatsanwaltschaft die Frist um weitere zwei Monate verlängern. ³Der Antrag kann einmal wiederholt werden.

(3) Solange weder die öffentliche Klage erhoben noch die selbständige Einziehung beantragt worden ist, ist die Beschlagnahme aufzuheben, wenn die Staatsanwaltschaft es beantragt.

Überblick

Die Vorschrift des § 111 n StPO regelt die Anordnung der Beschlagnahme von periodischen (Rn 1) und nicht periodischen Druckwerken (Rn 2). Der Beschlagnahme ist nur für kurze Fristen möglich, danach aufzuheben (Rn 4 bis Rn 7); s auch Nr 251 RiStBV, Nr 252 RiStBV.

A. Zuständigkeit für Beschlagnahmeanordnung (Abs 1)

1 Die Anordnung der Beschlagnahme von periodischen Druckwerken und von Gegenständen, die zur Herstellung solcher Schriften gebraucht werden oder bestimmt sind, darf nur durch den **Richter** erfolgen. **Periodische Druckwerke** sind nach der Legaldefinition der Pressegesetze der Länder Zeitungen, Zeitschriften und andere Druckwerke jeder Art, die in ständiger, wenn auch unregelmäßiger Folge und im Abstand von nicht mehr als 6 Monaten erscheinen. Nicht unter den Begriff der periodischen Druckwerke fallen Schriften, deren einzelne Ausgabe nicht in sich abgeschlossen ist (zB Fortsetzungslieferungen), oder deren einzelne Ausgaben nicht gleichartig sind (zB Taschenbuchreihe). Die Anzahl der Ausgaben darf nicht von vorne herein begrenzt sein; eine gelegentliche Unterbrechung ist jedoch unschädlich. Von der Beschlagnahme werden alle in der Bundesrepublik befindlichen Exemplare der Auflage, nicht aber Neuauflagen oder unveränderte Nachdrucke erfasst (Gross NStZ 1999, 338).

2 **Nicht periodisch erscheinende Schriften** können bei **Gefahr im Verzug** auch von der **Staatsanwaltschaft**, nicht aber auch von deren Ermittlungsbeamten, beschlagnahmt werden. Die Anordnung hat schriftlich zu erfolgen und ist zu begründen (§ 111 m Abs 3 StPO). Sie tritt außer Kraft, wenn sie nicht innerhalb von drei Tagen nach ihrem Erlass richterlich (Ermittlungsrichter, nach Erhebung der Klage das mit der Sache befasste Gericht) bestätigt wird. Die Frist beginnt am Tag der Anordnung, der nicht mitzuzählen ist (KK-StPO/Nack StPO § 111 m Rn 4). Die Bestätigung erfolgt auf Antrag der StA oder des Betroffenen. Sie ist innerhalb der Frist nur der StA, nicht auch dem Betroffenen bekannt zu geben. Das Gericht hat nur zu prüfen, ob die Beschlagnahme zum Zeitpunkt der gerichtlichen Entscheidung gerechtfertigt ist. Wird die Bestätigung rechtzeitig beantragt, aber erst verspätet verbeschieden, so gilt die verspätete Bestätigung als richterliche Beschlagnahme.

B. Vollzug der Anordnung

3 Für den Vollzug der Beschlagnahmeanordnung ist die **StA** zuständig (§ 36 Abs 2 S 1 StPO), die sich hierzu ihrer **Ermittlungspersonen** oder anderer Polizeibeamter bedienen kann.

C. Aufhebung der Beschlagnahme (Abs 2)

Aufgrund der mit der Pressebeschlagnahme verbundenen besonderen Folgen ist die **4** Beschlagnahme aufzuheben, wenn nicht binnen **zweier Monate** die öffentliche Klage erhoben oder die selbständige Einziehung beantragt wird (AG Weinheim NStZ 1996, 203; LG München I AfP 2009, 279). Die Klageerhebung muss wegen des Sachverhaltes, der zur Beschlagnahme geführt hat, erfolgen; eine evtl abweichende rechtliche Beurteilung ist unschädlich. Die Beschlagnahme endet mit Fristablauf nicht automatisch, das Gericht muss die Anordnung vielmehr aufheben, auch bei nur geringfügiger Fristüberschreitung und auch dann, wenn die Anklage nach Fristablauf aber vor Beschlusserlass zwischenzeitlich vorliegt. Die **Fristberechnung** erfolgt nach § 43 StPO und beginnt am Tag der Anordnung der Beschlagnahme (BGH v 17. 5. 1978 – Az StB 108/78). Entscheidend für die Fristeinhaltung ist der Eingangszeitpunkt bei Gericht (Meyer-Goßner StPO § 111n Rn 9). Erklärt sich dieses für sachlich oder örtlich unzuständig, so muss die StA innerhalb der laufenden Frist eine neue Anklage erheben; anderenfalls ist die Beschlagnahme sofort aufzuheben (KK-StPO/Nack StPO § 111m Rn 6).

Eine **Verlängerung der Frist** ist zweimal jeweils um zwei Monate möglich. Sie erfolgt **5** nur auf Antrag der StA, der vor Fristablauf gestellt werden muss (BGH v 17. 5. 1978 – Az StB 108/78; **aA** LG Freiburg NJW 2001, 313). Die Verlängerung läuft ab dem Tag des ursprünglichen Fristablaufs, auch wenn der Beschluss zuvor oder danach erfolgt.

Eine Verlängerung darf nur erfolgen, wenn die bisher gewährte Frist wegen des **besonde- 6 ren Umfangs der Ermittlungen** nicht ausreichend war (zu zeitlich aufwändigen Ermittlungen s Meyer-Goßner StPO § 111n Rn 10). Rechtliche Schwierigkeiten können eine Fristverlängerung nicht begründen.

Zuständig für Fristverlängerung bzw Aufhebung ist das für die Beschlagnahme zuständige **7** Gericht, auch wenn die Anordnung vom Beschwerdegericht erlassen worden ist. Ab Anklageerhebung entscheidet das mit der Sache befasste Gericht.

D. Erneute Beschlagnahme

Die erneute Beschlagnahme nach Aufhebung einer Anordnung ist nur zulässig, wenn diese **8** auf **neue Tatsachen**, die der früheren Anordnung nicht zugrunde lagen, gestützt werden kann (Meyer-Goßner StPO § 111n Rn 13).

E. Antrag der StA (Abs 3)

Ist die Anklage noch nicht erhoben, muss das Gericht die Beschlagnahme auf Antrag der **9** StA aufheben. Die StA ist in entspr Anwendung von § 120 Abs 3 S 2 StPO zur Freigabe der beschlagnahmten Schriften berechtigt. Nach Anklage ist das Gericht an einen Antrag der StA nicht mehr gebunden, auch wenn dieser schon vorher gestellt worden ist.

F. Anfechtung

Alle richterlichen Entscheidungen (Beschlagnahmeanordnung, Entscheidung über Frist- **10** verlängerungsantrag, Aufhebung der Anordnung) sind mit der **Beschwerde** anfechtbar. Beschlagnahmeanordnungen der StA sind nicht angreifbar (aber § 111n Abs 1 S 3 StPO).

§ 111 o [Dinglicher Arrest wegen Vermögensstrafe]

(1) Sind Gründe für die Annahme vorhanden, daß die Voraussetzungen für die Verhängung einer Vermögensstrafe vorliegen, so kann wegen dieser der dingliche Arrest angeordnet werden.

(2) ¹Die §§ 917, 928, 930 bis 932, 934 Abs. 1 der Zivilprozeßordnung gelten sinngemäß. ²In der Arrestanordnung ist ein Geldbetrag festzustellen, durch dessen Hinterlegung die Vollziehung des Arrestes gehemmt und der Schuldner zu dem Antrag auf Aufhebung des vollzogenen Arrestes berechtigt wird. ³Die Höhe des Betrages bestimmt sich nach den Umständen des Einzelfalles, namentlich nach der

voraussichtlichen Höhe der Vermögensstrafe. ⁴Diese kann geschätzt werden. ⁵Das Gesuch auf Erlaß des Arrestes soll die für die Feststellung des Geldbetrages erforderlichen Tatsachen enthalten.

(3) ¹Zu der Anordnung des Arrestes wegen einer Vermögensstrafe ist nur der Richter, bei Gefahr im Verzuge auch die Staatsanwaltschaft befugt. ²Hat die Staatsanwaltschaft die Anordnung getroffen, so beantragt sie innerhalb einer Woche die richterliche Bestätigung der Anordnung. ³Der Beschuldigte kann jederzeit die richterliche Entscheidung beantragen.

(4) Soweit wegen einer Vermögensstrafe die Vollziehung des Arrestes in bewegliche Sachen zu bewirken ist, gilt § 111 f Abs. 1 entsprechend.

(5) Im übrigen finden § 111 b Abs. 3, § 111 e Abs. 3 und 4, § 111 f Abs. 2 und 3 Satz 2 und 3 sowie die §§ 111 g und 111 h Anwendung.

Es besteht kein Anwendungsbereich, nachdem das BVerfG die Vermögensstrafe nach § 43 a StGB für verfassungswidrig erklärt hat (BVerfG NJW 2002, 1779).

§ 111 p [Vermögensbeschlagnahme]

(1) Unter den Voraussetzungen des § 111 o Abs 1 kann das Vermögen des Beschuldigten mit Beschlag belegt werden, wenn die Vollstreckung der zu erwartenden Vermögensstrafe im Hinblick auf Art oder Umfang des Vermögens oder aus sonstigen Gründen durch eine Arrestanordnung nach § 111 o nicht gesichert erscheint.

(2) Die Beschlagnahme ist auf einzelne Vermögensbestandteile zu beschränken, wenn dies nach den Umständen, namentlich nach der zu erwartenden Höhe der Vermögensstrafe, ausreicht, um deren Vollstreckung sicherzustellen.

(3) ¹Mit der Anordnung der Vermögensbeschlagnahme verliert der Beschuldigte das Recht, das in Beschlag genommene Vermögen zu verwalten und darüber unter Lebenden zu verfügen. ²In der Anordnung ist die Stunde der Beschlagnahme anzugeben.

(4) § 111 b Abs. 3, § 111 o Abs. 3, §§ 291, 292 Abs. 2, § 293 gelten entsprechend.

(5) Der Vermögensverwalter hat der Staatsanwaltschaft und dem Gericht über alle im Rahmen der Verwaltung des Vermögens erlangten Erkenntnisse, die dem Zweck der Beschlagnahme dienen können, Mitteilung zu machen.

Es besteht kein Anwendungsbereich, nachdem das BVerfG die Vermögensstrafe nach § 43 a StGB für verfassungswidrig erklärt hat (BVerfG NJW 2002, 1779).

Neunter Abschnitt. Verhaftung und vorläufige Festnahme (§§ 112-130)

§ 112 [Voraussetzungen der Untersuchungshaft; Haftgründe]

(1) ¹Die Untersuchungshaft darf gegen den Beschuldigten angeordnet werden, wenn er der Tat dringend verdächtig ist und ein Haftgrund besteht. ²Sie darf nicht angeordnet werden, wenn sie zu der Bedeutung der Sache und der zu erwartenden Strafe oder Maßregel der Besserung und Sicherung außer Verhältnis steht.

(2) Ein Haftgrund besteht, wenn auf Grund bestimmter Tatsachen
1. festgestellt wird, daß der Beschuldigte flüchtig ist oder sich verborgen hält,
2. bei Würdigung der Umstände des Einzelfalles die Gefahr besteht, daß der Beschuldigte sich dem Strafverfahren entziehen werde (Fluchtgefahr), oder
3. das Verhalten des Beschuldigten den dringenden Verdacht begründet, er werde
   a) Beweismittel vernichten, verändern, beiseite schaffen, unterdrücken oder fälschen oder

b) auf **Mitbeschuldigte, Zeugen** oder **Sachverständige** in unlauterer Weise einwirken oder

c) andere zu solchem Verhalten veranlassen,

und wenn deshalb die Gefahr droht, daß die Ermittlung der Wahrheit erschwert werde (Verdunkelungsgefahr).

(3) Gegen den Beschuldigten, der einer Straftat nach § 6 Abs. 1 Nr. 1 des Völkerstrafgesetzbuches oder § 129 a Abs. 1 oder Abs. 2, auch in Verbindung mit § 129 b Abs. 1 oder nach den §§ 211, 212, 226, 306 b oder 306 c des Strafgesetzbuches oder, soweit durch die Tat Leib oder Leben eines anderen gefährdet worden ist, nach § 308 Abs. 1 bis 3 des Strafgesetzbuches dringend verdächtig ist, darf die Untersuchungshaft auch angeordnet werden, wenn ein Haftgrund nach Absatz 2 nicht besteht.

Überblick

§ 112 StPO regelt die wesentlichen materiellen Voraussetzungen für den Erlass eines Haftbefehls. Ein solcher kann ergehen beim Vorliegen eines **dringenden Tatverdachts** (Rn 3 ff) sowie eines **Haftgrundes** (Rn 7 ff). § 112 Abs 3 StPO, der eigentlich keinen echten Haftgrund nennt, ist in verfassungskonformer Interpretation so auszulegen, dass bei bestimmten Straftaten der **Schwerkriminalität** lediglich geringere Anforderungen an den Haftgrund vorliegen müssen (Rn 27 f). Wegen des freiheitsverletzenden Eingriffs darf Untersuchungshaft als ultima ratio nur verhängt werden, wenn der **Verhältnismäßigkeitsgrundsatz** gewahrt ist (Rn 29 ff). Dieser Grundsatz hat seine Ausprägung darüber hinaus in § 113 StPO, § 116 StPO, § 120 Abs 1 StPO und § 121 Abs 1 StPO gefunden. § 112 StPO wird ergänzt durch § 112 a StPO, der eine Sicherungshaft bei Wiederholungsgefahr erlaubt.

Übersicht

	Rn		Rn
A. Allgemeines	1	D. Grundsatz der Verhältnismäßigkeit (Abs 1 S 2)	29
B. Dringender Tatverdacht	3	E. Sonstiges	33
C. Haftgründe	7	I. Haftunfähigkeit	33
I. Flucht (Abs 2 Nr 1)	7	II. Überhaft	34
II. Fluchtgefahr (Abs 2 Nr 2)	12	III. Unterbrechung der Untersuchungshaft	35
III. Verdunkelungsgefahr (Abs 2 Nr 3)	18	IV. Organisationshaft	36
1. Verdunkelungsgefahr	18	V. Europäischer Haftbefehl	37
2. Verdunkelungshandlungen	22	VI. Besondere Arten von Untersuchungshaft	38
IV. Schwerkriminalität (Abs 3)	27		

A. Allgemeines

Vor rechtskräftiger Verurteilung gilt die **Unschuldsvermutung** des Art 6 Abs 2 EMRK. Untersuchungshaft ist deshalb Freiheitsberaubung gegenüber einem Unschuldigen. Das Rechtsinstitut der Untersuchungshaft wird durch das Spannungsverhältnis zwischen dem in Art 2 Abs 2 S 2 GG und Art 104 GG gewährleisteten Recht des Einzelnen auf persönliche Freiheit und den unabweisbaren Bedürfnissen einer wirksamen Strafverfolgung beherrscht. Die vollständige Entziehung der Freiheit gegen einen einer Straftat lediglich Verdächtigen ist nur in eng begrenzten Ausnahmefällen zulässig (BVerfG NJW 2006, 1336). Sie darf nur angeordnet werden, wenn die vollständige Aufklärung der Tat und rasche Bestrafung des Täters nicht anders gesichert werden kann (BVerfG NJW 2001, 1341). Dabei ist der Freiheitsanspruch des Beschuldigten den vom Standpunkt der Strafverfolgung aus erforderlichen und zweckmäßigen Freiheitsbeschränkungen ständig als Korrektiv entgegenzuhalten (BVerfG NJW 2006, 668; StV 2008, 421). Der Gefahr einer Entwertung der materiellen Grundrechtsposition des Beschuldigten ist in den Haft- und Haftfortdauerentscheidungen durch erhöhte Anforderungen an die Begründungstiefe zu begegnen (BVerfG NJW 2006, 1336).

2   Die Untersuchungshaft nach § 112 StPO kann **bis zur Rechtskraft** des Urteils angeordnet werden, auch nach Urteilserlass zur Sicherung der Vollstreckung. Nach Anordnung der Wiederaufnahme des Verfahrens (§ 370 Abs 2 StPO) lebt der Haftbefehl nicht wieder auf; er kann aber neu erlassen werden (BVerfG NJW 2005, 3131; Meyer-Goßner StPO § 370 Rn 15). Der Erlass eines Haftbefehls steht im pflichtgemäßen Ermessen des Richters (BVerfG NJW 1966, 243).

B. Dringender Tatverdacht

3   Der Eingriff in die persönliche Freiheit des Beschuldigten ist nur hinzunehmen, wenn wegen dringenden Tatverdachts begründete Zweifel an seiner Unschuld bestehen. Dringender Tatverdacht liegt vor, wenn nach dem bisherigen Ermittlungsergebnis eine **große Wahrscheinlichkeit** dafür besteht, dass der Beschuldigte als Täter oder Teilnehmer eine **Straftat begangen** hat, wobei ein strafbarer Versuch ausreichend ist (BVerfG NJW 1996, 1049; BGH NStZ 1992, 449; OLG Dresden StV 2006, 700). Der Annahme des dringenden Tatverdachts steht die Wahrscheinlichkeit nicht behebbarer Verfahrenshindernisse (OLG München StV 1998, 270; StraFo 1998, 208: keine Geltung deutschen Strafrechts; OLG Dresden StV 2001, 519 mAnm Hübel: zur Zeit nicht behobenes Verfahrenshindernis der Verletzung des Spezialitätsgrundsatzes; LG Bielefeld StV 2006, 642) oder des Vorliegens von Rechtfertigungs-, Schuld- und Strafausschließungsgründen entgegen. Teile der Rspr u Lit fordern darüber hinaus, dass eine Verurteilung mit großer Wahrscheinlichkeit zu erwarten ist (vgl OLG Köln JMBlNW 1968, 235; OLG Koblenz StV 1994, 316; Löwe/Rosenberg/Hilger StPO § 112 Rn 17). Nach BGH NStZ 1981, 94 reicht dagegen die **Möglichkeit der Verurteilung** aus (zust Meyer-Goßner StPO § 112 Rn 5; vgl auch Deckers StV 2001, 116). Die Wahrscheinlichkeitsprognose gilt nur für die Tatfrage; Rechtsfragen muss der Richter entscheiden.

4   Da Abs 1 eine hohe Wahrscheinlichkeit für die Täterschaft voraussetzt, verlangt er **mehr als einen hinreichenden Verdacht**, von dessen Vorliegen nach § 203 StPO die Eröffnung des Hauptverfahrens abhängt. Allerdings ist das Wahrscheinlichkeitsurteil nach § 112 StPO auf Grund des augenblicklichen (evtl unvollständigen) Ermittlungsstandes zu fällen, während der Entscheidung nach § 203 StPO wegen des Abschlusses der Ermittlungen in der Regel eine breitere Beurteilungsbasis zugrunde liegt. Im Zeitpunkt der Anklageerhebung muss der dringende Tatverdacht aber stärker sein als der hinreichende.

5   Der dringende Tatverdacht darf nur auf Grund **bestimmter Tatsachen** angenommen werden. Maßgebend ist bei Haftbefehlen im Ermittlungsverfahren das sich im Zeitpunkt der Haftentscheidung aus den Ermittlungsakten ergebende Ermittlungsergebnis. Bei Haftentscheidungen in der Hauptverhandlung ist auch das Ergebnis der Beweisaufnahme zu berücksichtigen (OLG Frankfurt StV 2000, 374; OLG Jena StV 2005, 559; vgl aber auch BGH NStZ-RR 2003, 368). **Entscheidet das Beschwerdegericht während der Hauptverhandlung**, ist der **dringende Tatverdacht** regelmäßig nur **eingeschränkt überprüfbar** (vgl BGH NStZ 2004, 276; NStZ 2006, 297; OLG Dresden BeckRS 2009, 10684; OLG Hamm NStZ 2008, 649; OLG Karlsruhe StV 2001, 118; BeckRS 2009, 24254). Vor dem Ende der Beweisaufnahme besteht eine Einschätzungsprärogative des sachnäheren Tatrichters, der über die besseren Erkenntnismöglichkeiten verfügt, weshalb die beschwerdegerichtliche Überprüfung auf die Frage der Vollständigkeit und Vertretbarkeit der tatrichterlichen Entscheidung beschränkt ist. Allerdings muss sich das Tatgericht im Beschluss mit dem Ergebnis der bisherigen Beweisaufnahme auseinandersetzen; eine bloß formelhafte Berufung auf das bisherige Ermittlungsergebnis reicht nicht aus. Die Würdigung braucht allerdings noch nicht den Anforderungen an die Beweiswürdigung in einem tatrichterlichen Urteil zu genügen, zumal zu diesem Zeitpunkt die Gefahr besteht, dass durch eine verfrühte Würdigung erhobener Beweise vor vollständiger Beendigung der Hauptverhandlung Ablehnungsgesuche „provoziert" werden. Unterbleibt eine Auseinandersetzung mit dem dringenden Tatverdacht unter Berücksichtigung der wesentlichen Ergebnisse der bisher durchgeführten Beweisaufnahme, führt dieser Mangel im Beschwerdeverfahren zur Aufhebung des betreffenden Beschlusses und zur Zurückverweisung (vgl OLG Jena StV 2005, 559 mAnm Deckers/Lederer StV 2009, 139). Da die Hauptverhand-

lung in der Regel eine bessere Erkenntnisgrundlage vermittelt als der Akteninhalt, ist **nach einer Verurteilung** grundsätzlich auf den **im Urteil festgestellten Sachverhalt** abzustellen, der allerdings daraufhin zu überprüfen ist, ob wesentliche tatsächliche Umstände nicht berücksichtigt oder verkannt wurden (vgl OLG Brandenburg StraFo 2000, 318) und die Entscheidung auf einer vertretbaren Bewertung des Beweisergebnisses beruht (vgl OLG Dresden BeckRS 2009, 10684). Dies setzt allerdings voraus, dass das erstinstanzliche Gericht eine zumindest grobe Beweiswürdigung im Haftbefehl vornimmt (vgl OLG Hamm NStZ 2008, 649).

Ob dringender Verdacht vorliegt, hat der Haftrichter im **Freibeweis** zu prüfen. Auf nicht gerichtsverwertbare Beweise darf der Haftbefehl ebenso wenig gestützt werden (BGHSt 36, 398) wie auf das Ergebnis noch ausstehender Ermittlungen (OLG Koblenz StV 1994, 316; LG Frankfurt/M StV 2009, 477). Beweisverwertungsverbote sind zu beachten. Der Haftrichter muss sich mit dem vorliegenden Beweismaterial und den für und gegen den Beschuldigten sprechenden Umständen auseinandersetzen; Beweismittel mit geringerem Beweiswert (zB Zeuge vom Hörensagen) sind sorgfältig zu würdigen. Eine volle richterliche Überzeugung, wie sie § 261 StPO voraussetzt, ist nicht erforderlich. Aus erwiesenen oder mit hoher Wahrscheinlichkeit vorliegenden Umständen kann auf andere entscheidungserhebliche Tatsachen (zB innerer Tatbestand) geschlossen werden, wobei auch kriminalistische Erfahrungen berücksichtigt werden dürfen. 6

C. Haftgründe

I. Flucht (Abs 2 Nr 1)

Der Haftgrund der Flucht liegt vor, wenn der Beschuldigte flüchtig ist oder sich verborgen hält. 7

Flüchtig ist der Beschuldigte, wenn er sich von seinem bisherigen Lebensmittelpunkt absetzt, um zumindest auch in einem gegen ihn anhängigen Strafverfahren unerreichbar zu sein und dem behördlichen Zugriff zu entgehen (OLG Bremen NStZ-RR 1997, 334; OLG Düsseldorf NJW 1986, 2204). Dabei genügt es, wenn der Beschuldigte erkennt, dass er das Strafverfahren verhindert und dies in Kauf nimmt, beabsichtigen muss er dies nicht (OLG Koblenz NStZ 1985, 88; KK-StPO/Graf StPO § 112 Rn 11; krit Krekeler/Löffelmann/Lammer StPO § 112 Rn 14). Liegen diese Voraussetzungen vor, kommt der Haftgrund der Flucht auch dann in Betracht, wenn den Behörden der Aufenthalt des Beschuldigten bekannt ist (Meyer-Goßner StPO § 112 Rn 13). Fluchtgefahr ist nur dann anzunehmen, wenn ein **aktives Verhalten** des Beschuldigten vorliegt (OLG Bremen NStZ-RR 1997, 334). Dies ist nach **hM** auch zu bejahen, wenn ein deutscher Wehrpflichtiger vor der Einberufung seinen ständigen Aufenthalt ins Ausland verlegt, dort postalisch zwar erreichbar ist, unter dem Eindruck des Ermittlungsverfahrens aber nicht mehr in die Bundesrepublik zurückkehren will (vgl OLG Frankfurt NJW 1974, 1835; OLG Koblenz NStZ 1985, 88; **aA** SK-StPO/Paeffgen StPO § 112 Rn 22). Etwas anderes gilt aber dann, wenn ein Ausländer sich schon immer im Ausland aufgehalten hat und sich nicht freiwillig für das Strafverfahren zur Verfügung stellt (BGH StV 1990, 309; OLG Köln StV 1998, 269; LG Hamburg StV 2002, 205). 8

Eine Flucht ist auch dann zu verneinen, wenn der Beschuldigte **ohne Zusammenhang mit dem Ermittlungsverfahren**, zB zum Zwecke der Arbeitsaufnahme, seinen Wohnsitz ins Ausland verlegt (OLG München StV 2002, 205) oder an seinen bestehenden Auslandswohnsitz zurückreist und während des Ermittlungsverfahrens dort verbleibt (OLG Hamm NStZ-RR 2004, 278; OLG Saarbrücken NStZ 2001, 74; OLG Stuttgart NStZ 1998, 427; OLG Bremen NStZ-RR 1997, 334; LG Offenburg StV 2004, 326). Hat sich ein Beschuldigter über seinen Verteidiger bereit erklärt, einer Hauptverhandlung zu stellen und hat er diesen nach § 145 a Abs 2 StPO ermächtigt, Ladungen für ihn entgegenzunehmen, liegen auch bei unbekanntem Aufenthalt weder der Haftgrund der Flucht noch der der Fluchtgefahr vor (OLG Dresden StV 2007, 587). Flüchtig kann aber sein, wer dauernd seinen Aufenthaltsort wechselt, auch wenn er Meldezettel ausfüllt. Dagegen ist der Seemann oder der Reisende nicht flüchtig, wenn er über seinen Arbeitgeber erreichbar ist (zum Haftbefehl gegen einen Nichtsesshaften vgl auch LG Zweibrücken NJW 2004, 1679). 9

10 **Verborgen** hält sich der Täter, der seinen Aufenthalt den Behörden vorenthält, namentlich unangemeldet oder unter falschem Namen lebt, oder seinen Aufenthalt in sonstiger Weise verschleiert, um sich dem Verfahren dauernd oder auf längere Zeit zu entziehen (OLG Saarbrücken NStZ 2001, 74; OLG Stuttgart NStZ 1998, 427). Wer sich aus anderen Gründen verbirgt, etwa um die Herausgabe des Kindes an den anderen Elternteil zu verhindern oder um sich ausländerpolizeilichen Maßnahmen zu entziehen, ist nicht flüchtig (OLG Schleswig MDR 1980, 1042; LG Hamburg StV 1987, 399).

11 Die Flucht muss auf Grund **bestimmter Tatsachen** feststehen. Bloße Mutmaßungen und Befürchtungen genügen nicht. Es reicht aus, wenn bei einer Gesamtwürdigung eine höhere Wahrscheinlichkeit für die Annahme spricht, der Beschuldigte werde sich dem Verfahren entziehen, als für die Erwartung, er werde sich dem Verfahren stellen (OLG Koblenz BeckRS 2009, 04772; KK-StPO/Graf StPO § 112 Rn 14). Wird der Beschuldigte ergriffen, entfällt der Haftgrund der Flucht (OLG Koblenz BeckRS 2009, 04772).

II. Fluchtgefahr (Abs 2 Nr 2)

12 Fluchtgefahr ist gegeben, wenn bei Würdigung der Umstände des Falles eine **höhere Wahrscheinlichkeit** für die Annahme spricht, der Beschuldigte werde sich dem Strafverfahren entziehen, als für die Erwartung, er werde am Verfahren teilnehmen (OLG Köln StV 1994, 582; OLG Karlsruhe StV 2001, 118; OLG Koblenz NStZ 2004, 77; OLG Hamm StV 2008, 257; **aA** Löwe/Rosenberg/Hilger StPO § 112 Rn 25: hohe Wahrscheinlichkeit eines schädlichen Erfolgs). Ein **Sich-Entziehen** ist bei einem Verhalten anzunehmen, das den Erfolg hat, dass der Fortgang des Strafverfahrens dauernd oder wenigstens vorübergehend durch Aufhebung der Bereitschaft des Beschuldigten verhindert wird, für Ladungen und Vollstreckungsmaßnahmen zur Verfügung zu stehen (BGHSt 23, 380, 384; OLG Düsseldorf NJW 1986, 2204). Es reicht, wenn der Beschuldigte diesen Erfolg in Kauf nimmt. Bloßer Ungehorsam gegenüber Vorladungen und bloße Untätigkeit genügen nicht (BGHSt 23, 380, 384).

13 Die Tatsache, dass der im Inland sich aufhaltende Beschuldigte seinen **Wohnsitz im Ausland** hat, begründet für sich allein noch keine Fluchtgefahr (OLG Dresden StV 2005, 224; OLG Köln StV 2005, 393; 2006, 25; OLG Brandenburg StV 1996, 381). Vielmehr müssen sonstige Anzeichen dafür bestehen, dass der Beschuldigte sich dem Strafverfahren nicht stellen wird (OLG Karlsruhe StV 2005, 33; OLG Köln NStZ 2003, 219; NStZ-RR 2006, 22). Ein bloß **passives Verhalten** eines im Ausland lebenden ausländischen Beschuldigten ohne jeden Hinweis auf eine zukünftig fehlende Bereitschaft, sich dem deutschen Verfahren zu stellen, reicht für eine Fluchtgefahr nicht aus (OLG Köln StV 2006, 25; OLG Dresden StV 2005, 224; Ermittlungsrichter BGH StV 1990, 309). Ebenso wenig liegt Fluchtgefahr vor, wenn der Beschuldigte mit ausländischem Wohnsitz – ohne flüchtig zu sein – an seinen Wohnsitz zurückgereist ist, ohne dass dies mit seiner Straftat im Zusammenhang steht, und er angesichts der gegen ihn anlaufenden Ermittlungen nicht mehr nach Deutschland zurückkehrt (OLG Bremen NStZ-RR 1997, 334; OLG Naumburg wistra 1997, 80; OLG Brandenburg StV 1996, 381 unter Berufung auf BGHSt 23, 380; **aA** Grau NStZ 2007, 10; vgl hierzu auch Böhm NStZ 2001, 633; Hilger StV 2005, 36). Einige Oberlandesgerichte haben ein lediglich passives Verhalten allerdings verneint, wenn der Beschuldigte seine fehlende Bereitschaft, sich dem Verfahren zu stellen, durch entsprechende Äußerungen oder die Weigerung, sich mit deutschen Ermittlern zu treffen, dokumentiert (OLG Hamm NStZ-RR 2004, 278; OLG Stuttgart NStZ 1998, 427; OLG Köln NStZ 2003, 219).

13.1 Zur Fluchtgefahr bei Wohnsitz im Ausland vgl auch OLG Düsseldorf StraFo 2005, 207; LG Frankfurt/M StV 2005, 225; Heidig/Langner StraFo 2002, 156.

14 Dem Verfahren kann sich auch entziehen, wer sich bewusst durch **Einwirkungen auf seinen Körper**, zB durch Rauschgift, verhandlungsunfähig macht (KG JR 1974, 165 mAnm Kohlhaas; OLG Oldenburg NStZ 1990, 431 mAnm Wendisch StV 1990, 166 und Oswald StV 1990, 500; OLG Hamburg JR 1995, 72). Erforderlich ist jedoch eine aktive Verfahrenssabotage; bloße Untätigkeit wie die Verweigerung der Einnahme von Medikamenten reicht nicht aus (Löwe/Rosenberg/Hilger StPO § 112 Rn 38). **Selbstmordgefahr** rechtfertigt die Anordnung von Untersuchungshaft nicht (OLG Oldenburg NJW 1961, 1984; OLG Köln

StraFo 1998, 102 mAnm Münchhalffen; Meyer-Goßner StPO § 112 Rn 18; **aA** OLG Bremen JZ 1956, 375 mAnm Bader; OLG Hamburg JR 1995, 72).

Zur Selbstmordgefahr als Haftgrund vgl auch Seetzen DRiZ 1974, 261; Ostendorf GA 1984, 321; Paeffgen NStZ 1995, 21; JR 1995, 72 ff. **14.1**

Die Prognose der Fluchtgefahr muss sich aus bestimmten Tatsachen ableiten lassen und **15** erfordert eine **Würdigung der Umstände des Einzelfalles** (OLG Hamm StV 2008, 258; OLG Karlsruhe BeckRS 2009, 24254). Dabei sind alle entscheidungserheblichen, für und gegen eine Flucht sprechende Umstände einzubeziehen. Die Tatsachen müssen nicht zur vollen Überzeugung feststehen; vielmehr kann aus erwiesenen oder mit hoher Wahrscheinlichkeit vorliegenden Umständen auf andere entscheidungserhebliche Tatsachen geschlossen werden, wobei auch allgemeine kriminalistische Erfahrungen berücksichtigt werden können. Für die Gesamtabwägung kommen insbesondere in Betracht die persönlichen Verhältnisse (Alter, familiäre und berufliche Bindungen, Einkommen, Vermögen, Wohnsituation, Erkrankungen, charakterliche Labilität, Drogenabhängigkeit), Vorleben, Art und Schwere der vorgeworfenen Tat, Verhalten bei früheren Ermittlungs- und Strafverfahren (bereits in der Vergangenheit vorgenommene Flucht, Beschuldigter hat sich in anderem Strafverfahren der Strafvollstreckung gestellt), Verhalten im bisherigen Ermittlungsverfahren (Mitwirkung bei der Aufklärung, Verhalten während der Außervollzugsetzung des Haftbefehls, Fluchtvorbereitungen), Qualität der Beziehungen ins Ausland (Kontakte, Auslandskonten, Fremdsprachenkenntnisse), Erfahrungen aufgrund der Natur der zur Last gelegten Straftat (zB Landesverrat, Mitgliedschaft in einer terroristischen Vereinigung oder Straftaten aus dem Bereich der organisierten Kriminalität, vgl OLG Stuttgart BeckRS 2008, 22224; KK-StPO/ Graf StPO § 112 Rn 23). Befand sich der Angeklagte bis zu seiner Verurteilung in zweiter Instanz auf freiem Fuß und hatte er die Ladungen zu den Hauptverhandlungen erster und zweiter Instanz befolgt, bedarf der Erlass eines auf Fluchtgefahr gestützten Haftbefehls durch das Berufungsgericht einer besonders sorgfältigen Prüfung und Begründung (OLG Karlsruhe BeckRS 2009, 24254).

Zur Berücksichtigung der **persönlichen Verhältnisse bei der Fluchtgefahr** vgl BGH bei **15.1** Schmidt MDR 1992, 548 (Erkrankung), OLG Brandenburg StV 2002, 147; OLG Celle StV 1989, 253; StV 1991, 266; StV 1991, 473; OLG Hamm StV 2003, 509 (familiäre Bindungen); OLG Hamm StV 2002, 492; OLG Köln StV 1994, 582; StV 1996, 389 (Verwurzelung von Ausländern im Inland); OLG Düsseldorf StraFo 2006, 24 mAnm Paeffgen NStZ 2007, 81 (soziale Integration); OLG Düsseldorf StraFo 2005, 207; OLG Hamburg StV 2002, 490 m abl Anm Meyer; OLG Hamm StV 2001, 685; StraFo 2002, 177; StV 2003, 509; OLG Karlsruhe StV 2006, 312 (Erkrankung); OLG Köln StV 2000, 508, 628; OLG Saarbrücken StV 2000, 208 (familiäre Beziehung ins Ausland).

Zum **Verhalten in früheren Verfahren** vgl BGH bei Schmidt MDR 1994, 240 (Flucht); OLG Hamm StV 2008, 258 (Beschuldigter hat sich in einem weiteren Strafverfahren der Strafvollstreckung gestellt).

Zum **Verhalten im bisherigen Ermittlungsverfahren** OLG Köln StV 1993, 201, 371 (Beschuldigter hat sich dem Verfahren bisher gestellt); OLG Hamm StV 2000, 320 (Verbleiben am Wohnort in Kenntnis laufender Ermittlungen); StV 2008, 258 (Beschuldigter hat die Zeit der Außervollzugsetzung des Haftbefehls nicht zur Flucht genutzt); OLG Bremen StV 1995, 85 (Mitwirkung bei der Aufklärung); OLG Frankfurt StV 1997, 138 (Geständnis); OLG Braunschweig StV 1995, 257 (Selbstgestellung).

Zur Qualität der **Beziehungen ins Ausland** vgl OLG Saarbrücken StV 2000, 489; StV 2002, 499; Böhm NStZ 2001, 635; Gercke StV 2004, 675; Bleckmann StV 1995, 552.

Zu berücksichtigen sind weiterhin die **zu erwartenden Rechtsfolgen**. Die **Straferwar- 16 tung allein** kann aber die Fluchtgefahr grundsätzlich **nicht begründen** (vgl OLG Karlsruhe BeckRS 2009, 24254; OLG Brandenburg StV 2002, 147; OLG Koblenz StV 2004, 491; OLG Köln StV 1997, 642; StV 2000, 152, 628; StV 2006, 313; OLG Hamm NStZ-RR 2000, 188; StV 1999, 216 mAnm Hohmann; BeckRS 2009, 10477; OLG Hamburg NStZ 2004, 77 mAnm Meyer StV 2002, 491). Vielmehr ist sie nur Ausgangspunkt für die Erwägung, ob der in ihr liegende Anreiz zur Flucht unter Berücksichtigung aller sonstigen Umstände so erheblich ist, dass er die Annahme rechtfertigt, der Beschuldigte werde ihm nachgeben und wahrscheinlich flüchten. Je höher aber die Straferwartung ausfällt, desto geriger sind die Anforderungen an die weiteren die Fluchtgefahr begründenden Umstände (OLG Hamm BeckRS 2009, 10477; OLG Karlsruhe NJW 1978, 333; KK-StPO/Graf StPO § 112 Rn 19; aA Löwe/Rosenberg/Hilger StPO § 112 Rn 39). Unzulässig ist aber die pauschale Annahme, ab einer Freiheitsstrafe von mehr als einem Jahr bestehe Fluchtverdacht (OLG Celle NJW 1950, 240; OLG Düsseldorf StV 1991, 305). Da der Anreiz zu fliehen **bei besonders hoher Straferwartung** in der Regel steigt, braucht in diesen Fällen nur geprüft zu werden, ob Umstände vorliegen, die die indizierte Fluchtgefahr ausschließen können (OLG Hamburg NStZ 2004, 77; OLG Hamm NStZ-RR 2000, 188; OLG Karlsruhe NJW 1978, 333; Meyer-Goßner StPO § 112 Rn 25; **aA** Löwe/Rosenberg/Hilger StPO § 112 Rn 39: mit Unschuldsvermutung nicht zu vereinbarende Umkehr der Beweislast).

16.1 Zur **Straferwartung** vgl auch EGMR EuGRZ 1994, 101; OLG Bremen StV 1995, 85; OLG Celle StV 1989, 253; StV 1991, 473; OLG Düsseldorf StV 1991, 305; OLG Frankfurt StV 1985, 374, 463; StV 1991, 27 mAnm Paeffgen NStZ 1991, 422; OLG Koblenz NStZ 2002, 79 f; StraFo 2002, 365; OLG Köln StV 1991, 472; StV 1993, 86 mAnm Paeffgen NStZ 1993, 532; StV 1993, 371; StV 1995, 419, 475; LG München StV 2005, 38. Gegen die Berücksichtigung der Straferwartung: Naujok StraFo 2000, 79. Ausführlich zur Problematik Fröhlich NStZ 1999, 331.

17 Maßgeblich ist der **tatsächlich zu erwartende Freiheitsentzug**. Die voraussichtliche Anrechnung der Untersuchungshaft gem § 51 Abs 1 StGB, eine Strafaussetzung zur Bewährung nach § 56 StGB oder eine Aussetzung des Strafrestes nach § 57 StGB können die Fluchtgefahr mindern (OLG Köln StV 1994, 85; OLG Frankfurt StV 1983, 337; KG StV 1986, 107). Die Fluchtgefahr kann sich dagegen erhöhen, wenn in anderer Sache der Widerruf einer Strafaussetzung zur Bewährung zu befürchten ist, die Einleitung weiterer Ermittlungsverfahren droht oder weitere Strafverfahren bereits anhängig sind (KG StV 1996, 383; OLG Köln StV 1994, 85; OLG Düsseldorf MDR 1993, 371; **aA** OLG Oldenburg StV 1987, 110).

III. Verdunkelungsgefahr (Abs 2 Nr 3)

1. Verdunkelungsgefahr

18 Verdunkelungsgefahr liegt vor, wenn auf Grund **bestimmter Tatsachen** das Verhalten des Beschuldigten den dringenden Verdacht begründet, er werde die **auf Beweisvereitelung abzielende, in Abs 2 Nr 3 abschließend aufgeführten Handlungen vornehmen** und dadurch die Gefahr droht, dass die Ermittlung der Wahrheit erschwert wird (OLG Köln StV 1997, 27; OLG München NStZ 1996, 403). Der Haftgrund bezieht sich nur auf Taten, die Gegenstand des Haftbefehls sind (OLG Karlsruhe StV 2001, 686).

19 **Dringender Verdacht** einer Verdunkelungshandlung setzt voraus, dass die Einwirkung auf sachliche oder persönliche Beweismittel **mit großer Wahrscheinlichkeit** zu erwarten ist; die bloße Möglichkeit solcher Handlungen reicht nicht aus (OLG Köln StV 1994, 582; StV 1999, 37, 323; OLG München NJW 1996, 941; OLG Hamm StraFo 2004, 134).

20 Die **bestimmten Tatsachen**, aus denen sich der dringende Verdacht ergeben muss, brauchen nicht zur vollen Überzeugung des Gerichts festzustehen; vielmehr genügt derselbe hohe Wahrscheinlichkeitsgrad wie beim dringenden Tatverdacht (Meyer-Goßner StPO § 112 Rn 28; Löwe/Rosenberg/Hilger StPO § 112 Rn 41; **aA** Krekeler/Löffelmann/Lammer StPO § 112 Rn 19). Anknüpfungspunkte für die Gefahrenprognose können nur aus der Person und dem Verhalten des Beschuldigten selbst, nicht eines Dritten entnommen werden (OLG Köln StV 1999, 323; OLG Hamm wistra 2002, 238, 240). Noch nicht abgeschlossene Ermittlungen, Flucht von Mittätern oder die bisherige Unmöglichkeit, wichtige Zeugen zu vernehmen, rechtfertigen den Haftgrund der Verdunkelungsgefahr nicht (OLG Hamm StV 1985, 114; OLG München StV 1995, 86; KK-StPO/Graf StPO § 112 Rn 28). Ebenso wenig darf auf prozessordnungsgemäße Verhaltensweisen abgestellt werden wie Schweigen (OLG Hamm StV 1985, 114), ausdrückliches Bestreiten der Tat, Widerruf eines Geständnisses (KG JR 1956, 192) oder die Weigerung, Mittäter zu benennen (LG Verden StV 1982, 374).

21 Der dringende Verdacht der Verdunkelung kann auch aus **Indizien** abgeleitet werden, die sich auf bestimmte Tatsachen gründen, so zB bisherige Bemühungen, Tatspuren zu beseiti-

gen, Beeinflussung von Zeugen unter Anwendung von Gewalt oder Drohungen, Absprachen der Einlassung vor einer Vernehmung. Nicht erforderlich ist, dass Verdunkelungsmaßnahmen bereits vorbereitet, versucht oder begangen wurden (OLG Köln NJW 1961, 1880). Die Mitbenutzung eines Mobilfunktelefons in der Haftanstalt und die Aufnahme eines Briefkontakts zur Lebensgefährtin aus dem Krankenhaus der Justizvollzugsanstalt wurden als Beweisanzeichen bei weitestgehend abgeschlossener Beweisaufnahme noch nicht für ausreichend erachtet (KG StraFo 2009, 21). Als aussagekräftige Beweisanzeichen kommen die auf Verheimlichen, Verbergen und Verdunkeln ausgerichtete **Lebensführung** des Beschuldigten (vgl OLG Köln v 19. 12. 2002 – Az Ws 603/02; StV 1999, 37; OLG Frankfurt NStZ 1997, 200; OLG Hamm wistra 2002, 236; Meyer-Goßner StPO § 112 Rn 30) sowie **frühere Verurteilungen** wegen Taten in Betracht, die auf Irreführung und Verschleierung angelegt waren wie zB Betrug, Bestechung, Urkundenfälschung (Meyer-Goßner StPO § 112 Rn 30; krit Löwe/Rosenberg/Hilger StPO § 112 Rn 43; vgl. hierzu auch OLG Frankfurt NStZ 1997, 200 mAnm Otto; StV 2001, 151; OLG Köln StV 1986, 539; StraFo 1997, 28; StV 1999, 37, 323; StV 2000, 135; OLG München StV 1995, 86; NJW 1996, 941; OLG Saarbrücken StV 2002, 489; OLG Schleswig SchlHA 1999, 174). Auch aus der **Deliktsnatur** und den Umständen der verfolgten Tat können sich Anhaltspunkte für eine Verdunkelungsgefahr ergeben, so etwa bei Berufs- und Bandenverbrechern, Mitgliedern von kriminellen oder terroristischen Vereinigungen oder Landesverrätern, bei denen die gesamte Tatbegehung auf systematische Verheimlichung, Täuschung, Drohung und Gewaltanwendung ausgerichtet ist (Meyer-Goßner StPO § 112 Rn 30; KK-StPO/Graf StPO § 112 Rn 32; Dahs NJW 1965, 889, 893; krit Löwe/Rosenberg/Hilger StPO § 112 Rn 43). Letztlich erforderlich ist immer eine Gesamtwürdigung sämtlicher Umstände des Einzelfalls (vgl OLG Hamm StV 2002, 205).

Zur Problematik der Berücksichtigung von **früheren Straftaten** vgl auch Dahs FS Dünnebier 234; Krekeler wistra 1982, 8; Nix StV 1992, 446; Parigger AnwBl 1983, 423; NStZ 1986, 211, 213; Volk NJW 1996, 879; Böhm NStZ 2001, 634. **21.1**

2. Verdunkelungshandlungen

Nach **hM** muss nicht abschließend festgestellt werden, welche der in Nr 3 a bis c aufgeführten Verdunkelungshandlungen drohen; ausreichend ist, dass überhaupt eine der missbilligten Handlungen droht (Meyer-Goßner StPO § 112 Rn 31). Die Verdunkelungshandlungen müssen zu ihrem Zweck geeignet sein, wobei der Verdunkelungszweck ein zukünftiger sein muss. Im Laufe der Ermittlungen kann die Verdunkelungsgefahr entfallen, etwa wenn Zeugenvernehmungen durchgeführt worden sind oder unumstößliche Beweise vorliegen. 22

Die Verdunkelungshandlungen des Abs 2 Nr 3 a beziehen sich auf sämtliche **sächliche Beweismittel** unabhängig davon, ob der Beschuldigte berechtigt ist, über das Beweismittel zu verfügen, zB ein von ihm gefertigtes Tonband zu löschen. Im Gegensatz zu Abs 2 Nr 3 b muss die Verdunkelungshandlung nicht unlauter sein. Das Vernichten, Beiseiteschaffen und Unterdrücken zielt darauf ab, das Beweismittel gänzlich dem Zugriff der Strafverfolgungsbehörden zu entziehen. Darunter fällt auch die Veräußerung eines Gegenstandes. Fälschen ist das Verändern eines Beweismittels mit dem Erfolg, dass es seinen Beweiswert verliert oder ihm ein anderer Beweisinhalt zukommt, den es vorher nicht hatte. Hierzu zählt auch das Anfertigen eines neuen Beweismittels, das den Eindruck erweckt, es sei vor seiner Anfertigung entstanden (OLG Zweibrücken StV 1992, 476). 23

Eine **unlautere Einwirkung** auf eine der genannten **Beweispersonen** (Abs 2 Nr 3 b) liegt vor bei einer vom Beschuldigten ausgehenden unmittelbaren oder mittelbaren Beeinflussung, die gegen das Gesetz verstößt oder die Ermittlung des Sachverhalts in einer vom Gesetz nicht gebilligten Weise stört (vgl OLG Karlsruhe StV 2001, 686) und die darauf gerichtet ist, die wahre Beweislage zugunsten des Beschuldigten zu verändern. Die Unlauterkeit kann sich aus dem **Ziel** (Herbeiführen einer Falschaussage) oder aus dem **Mittel der Einwirkung** (Drohung, Täuschung) ergeben. Ob die Beweisperson schon am Verfahren beteiligt ist, spielt keine Rolle; es genügt, dass der Beschuldigte mit ihrem Eintritt rechnet. Verhaltensweisen, die nach der StPO zulässig sind, stellen keine unlautere Einwirkung dar, so etwa Besprechungen mit Entlastungszeugen zur Feststellung ihres Wissens, sofern sie nicht 24 unter Druck gesetzt werden und ihnen keine falsche Erinnerung suggeriert wird (OLG Karlsruhe StV 2001, 686), oder die Bitte an den Zeugen, von seinem Zeugnisverweigerungsrecht Gebrauch zu machen, sofern dies nicht unter Anwendung von Drohungen oder Ausnutzung eines Abhängigkeitsverhältnisses erfolgt (OLG Bremen MDR 1951, 55; OLG Karlsruhe StraFo 2000, 423).

25 Die **Veranlassung eines anderen**, Verdunkelungshandlungen zu begehen (Abs 2 Nr 3 c), setzt voraus, dass der Beschuldigte vorsätzlich handelt. Der Dritte, auf den eingewirkt werden soll, kann dagegen gutgläubig sein (Meyer-Goßner StPO § 112 Rn 34).

26 Als Folge des Verhaltens des Beschuldigten muss die **konkrete Gefahr** drohen, dass die Ermittlung der Wahrheit erschwert wird. Ungeeignete Maßnahmen des Beschuldigten begründen den Haftgrund der Verdunkelungsgefahr nicht. Dieser ist insbesondere zu verneinen, wenn der Sachverhalt schon in vollem Umfang aufgeklärt und die Beweise so gesichert sind, dass eine Veränderung der Beweislage nicht zu befürchten ist (OLG Karlsruhe NJW 1993, 1148; StV 2001, 118, 120; OLG Frankfurt StV 1994, 583). Dies kann zB bei einem umfassenden glaubhaften Geständnis (OLG Stuttgart StV 2005, 225) oder beim Vorliegen sonstiger eindeutiger Beweise zu bejahen sein (LG Hamburg StV 2000, 373). Verdunkelungsgefahr kann auch nach Abschluss der Ermittlungen gegeben sein (vgl OLG Bamberg NJW 1995, 1689; OLG Köln StV 1994, 582).

IV. Schwerkriminalität (Abs 3)

27 Abs 3 sieht für die dort aufgeführten Tatbestände die Anordnung der Untersuchungshaft vor, ohne einen echten Haftgrund zu nennen. Da dies auf eine Art Verdachtsstrafe hinausliefe, hat BVerfGE 19, 342 im Wege **verfassungskonformer Interpretation** die Vorschrift so ausgelegt, dass auch für ihre Anwendung stets Umstände vorliegen müssen, „die die Gefahr begründen, dass ohne Festnahme des Beschuldigten die alsbaldige Aufklärung und Ahndung der Tat gefährdet sein könnte." Ausreichend ist der zwar nicht mit bestimmten Tatsachen belegbare, aber nach den Umständen des Falles doch **nicht auszuschließende Flucht- oder Verdunkelungsverdacht** oder die ernstliche Befürchtung, der Beschuldigte werde weitere Straftaten ähnlicher Art begehen (BVerfGE 19, 342, 350). Damit wird der Haftrichter von der Darlegung der strengen Voraussetzungen des Abs 2 befreit; eine widerlegbare Vermutung für Flucht- oder Verdunkelungsgefahr oder eine Umkehr der Beweislast enthält die Vorschrift nicht (Meyer-Goßner StPO § 112 Rn 38).

27.1 Zu Beispielen aus der **Rechtsprechung** vgl OLG Düsseldorf StraFo 2000, 67; OLG Köln NJW 1996, 1686; OLG Schleswig SchlHA 1982, 154; OLG Hamm JZ 1976, 610, 612. Kritisch zur Anwendbarkeit der Norm Löwe/Rosenberg/Hilger StPO § 112 Rn 53; SK-StPO/Paeffgen StPO § 112 Rn 42.

28 Abs 3 gilt auch, wenn die dort aufgeführten Taten nur versucht worden sind, für die Teilnahme nach §§ 25 StGB ff sowie für den Versuch der Teilnahme nach § 30 StGB. Auch bei den unter Abs 3 fallenden Delikten kann der Haftbefehl auf einen Haftgrund nach Abs 2 gestützt werden.

D. Grundsatz der Verhältnismäßigkeit (Abs 1 S 2)

29 Wegen des freiheitsverletzenden Eingriffs der Untersuchungshaft darf sie nur verhängt werden, wenn der Anspruch der staatlichen Gemeinschaft auf vollständige Aufklärung der Tat und rasche Bestrafung des Täters nicht durch weniger einschneidende Maßnahmen gesichert werden kann (vgl Rn 1). Dieser allgemeine verfassungsrechtliche Grundsatz der Verhältnismäßigkeit hat in § 112 Abs 1 S 2 StPO eine besondere gesetzliche Ausformung erfahren. Danach sind insbesondere die Bedeutung der Sache und die Rechtsfolgenerwartung in die Prüfung mit einzubeziehen. Der Gesetzgeber hat die Unverhältnismäßigkeit als **Haftausschließungsgrund** ausgestaltet (KK-StPO/Graf StPO § 112 Rn 46; **aA** Löwe/Rosenberg/Hilger StPO § 112 Rn 60), der positiv festgestellt werden muss. Der Grundsatz in dubio pro reo gilt nicht (OLG Düsseldorf NStZ 1993, 554).

30 Das Übermaßverbot verlangt eine wertende Abwägung zwischen den konkreten Nachteilen und Gefahren des Freiheitsentzugs für den Beschuldigten und der Bedeutung der

Strafsache sowie der zu erwartenden Straffolgen. Nur wenn unter **beiden** letztgenannten Gesichtspunkten die Unverhältnismäßigkeit zu bejahen ist, darf der Haftbefehl nicht erlassen werden (OLG Hamm StraFo 1998, 283). Bei den **Auswirkungen der Untersuchungshaft auf den Beschuldigten** sind insbes die nachteiligen Folgen für seine berufliche und wirtschaftliche Existenz, sein Gesundheitszustand und die Auswirkungen auf die Familie mit zu berücksichtigen. Nach VerfGH Berlin (NJW 1993, 515 und NJW 1994, 436) soll eine schwere und unheilbare Krankheit, die mit Sicherheit vor Abschluss des Verfahrens zum Tode des Beschuldigten führt, wegen der Menschenwürdegarantie einem Haftbefehl entgegenstehen (krit Meyer-Goßner StPO § 112 Rn 11 a).

Für die **Bedeutung der Sache** maßgeblich sind die abstrakte Strafrahmenandrohung, die 31 Art des verletzten Rechtsguts, die konkreten Erscheinungsformen der Tat (Gelegenheits- oder Serientat, sozialschädliche Auswirkungen) sowie tatbezogene Umstände in der Person der Beschuldigten (kriminelle Intensität). Miteinbezogen werden kann nach allerdings umstrittener Auffassung auch das öffentliche Interesse an der Strafverfolgung, etwa unter dem Aspekt des gesteigerten Interesses an einer wirksamen Bekämpfung bestimmter Erscheinungsformen von Kriminalität (Meyer-Goßner StPO § 112 Rn 11; **aA** Krekeler/Löffelmann/Lammer StPO § 112 Rn 38). Für die Beurteilung der zu erwartenden **Rechtsfolgen** ist eine Prognose anzustellen, wobei die Strafzumessungserwägungen einzustellen sind, die auch das Gericht der Hauptverhandlung voraussichtlich zugrunde legen wird. Wie sich aus § 113 ergibt, ist die Untersuchungshaft nicht deshalb ausgeschlossen, weil die Straftat nur mit Freiheitsstrafe bis zu sechs Monaten oder mit Geldstrafe bedroht ist (vgl Seetzen NJW 1973, 2001; LG Hamburg StV 1987, 399). Wird die Freiheitsstrafe voraussichtlich zur Bewährung ausgesetzt, dürfte in der Regel Unverhältnismäßigkeit unter dem Gesichtspunkt der Straferwartung vorliegen. Bei hinreichend wahrscheinlich zu erwartender Strafaussetzung zur Bewährung gem § 57 Abs 1 StGB führt der im Rahmen der gebotenen Abwägung zwischen dem Freiheitsanspruch des Untersuchungsgefangenen und dem Interesse an einer wirksamen Strafverfolgung auch zu beachtende verfassungsrechtliche **Anspruch auf Resozialisierungsmaßnahmen** regelmäßig zu einer Außervollzugsetzung des Haftbefehls, wenn anderenfalls der für die Resozialisierungsbemühungen erforderliche Zeitraum durch die Untersuchungshaft verbraucht würde (OLG Nürnberg StV 2009, 534; vgl auch BVerfG StV 2008, 421). Ob die Verhältnismäßigkeit unter dem Gesichtspunkt der Bedeutung der Sache gewahrt ist, ist eine Frage des Einzelfalls.

Reichen **mildere Mittel** aus, um den Haftzweck zu erreichen, darf Untersuchungshaft 32 nicht verhängt werden. Dies kommt insbes in Betracht, wenn der Beschuldigte sich freiwilligen Beschränkungen unterwirft, die die Haftgründe ausräumen, so wenn er etwa seine Personalpapiere abliefert oder sich einer Anstaltsbehandlung unterzieht (vgl auch § 72 Abs 1 S 1 JGG). Der **Beschleunigungsgrundsatz** ist auch bei Anordnung der Untersuchungshaft zu beachten. Ist schon bei Erlass des Haftbefehls erkennbar, dass die Hauptverhandlung wegen Überlastung des Gerichts nicht innerhalb von sechs Monaten stattfinden kann, so kann dies ein Grund sein, den Haftbefehl abzulehnen (OLG Düsseldorf StV 1988, 390; zum Beschleunigungsgrundsatz vgl § 120 StPO Rn 3 f; 121 StPO Rn 8 ff.

E. Sonstiges

I. Haftunfähigkeit

Eine Haftunfähigkeit steht dem Erlass eines Haftbefehls grundsätzlich nicht entgegen, 33 hindert aber seinen Vollzug. Die Prüfung der Haftunfähigkeit orientiert sich an den Kriterien des § 455 StPO (vgl KG NStZ 1990, 142).

II. Überhaft

Wegen einer Tat im prozessualen Sinne dürfen gegen denselben Beschuldigten nicht 34 **mehrere Haftbefehle** erlassen werden (BGHSt 38, 54). Mehrere Haftbefehle gegen denselben Beschuldigten können nur verhängt werden, wenn mehrere Verfahren anhängig sind. Werden diese verbunden, ist ein neuer Haftbefehl zu erlassen (OLG Karlsruhe NJW 1974, 510). Mehrere Haftbefehle in verschiedenen Verfahren können nicht gleichzeitig vollstreckt werden. Ergeht ein Haftbefehl gegen einen Beschuldigten, der sich schon in anderer Sache

StPO § 112 Erstes Buch. 9. Abschnitt

in Untersuchungshaft, Strafhaft oder sonstigem amtlichem Gewahrsam befindet, wird wegen des nicht vollzogenen Haftbefehls **Überhaft vermerkt** (zum Verhältnis der Vollstreckung des Untersuchungshaftbefehls zur Vollstreckung anderer freiheitsentziehender Maßnahmen vgl § 116 b StPO; zum Beschleunigungsgrundsatz vgl BVerfG StV 2006, 251; OLG Karlsruhe StV 2002, 317). Geht die Vollstreckung anderer freiheitsentziehender Maßnahmen vor, wird der Haftbefehl erst vollzogen, wenn die Freiheitsentziehung in der anderen Sache beendet wird. Erst dann sind § 115 StPO, § 115 a StPO anwendbar. Zur Haftbeschwerde vgl § 117 StPO Rn 4, zur Haftfortdauer § 120 StPO Rn 5.

III. Unterbrechung der Untersuchungshaft

35   Das Verhältnis der Vollstreckung der Untersuchungshaft zur Vollstreckung anderer freiheitsentziehender Maßnahmen regelt der am 1. 1. 2010 in Kraft tretende **§ 116 b StPO**. Danach **tritt** die **Vollstreckung der Untersuchungshaft** im Verhältnis zur Vollstreckung von sonstigen freiheitsentziehenden Maßnahmen (insbes zur Vollstreckung von Strafhaft) im Hinblick auf die Unschuldsvermutung grundsätzlich **zurück**. Dieses Verhältnis war zuvor nur in Teilbereichen geregelt. Danach konnte Untersuchungshaft durch den Haftrichter unterbrochen werden, um Strafhaft oder eine freiheitsentziehende Maßregel der Besserung und Sicherung (§ 122 Abs 1 StVollzG, Nr 92 UVollzO) oder Erzwingungshaft (KG Rpfleger 1995, 269; OLG Hamm StraFo 1999, 174) zu vollstrecken (zur Zulässigkeit der Beschwerde vgl OLG Köln BeckRS 2009, 15711). Zur Vollstreckung von Untersuchungshaft konnte eine andere Freiheitsentziehung durch die Vollstreckungsbehörde unterbrochen werden (§ 455 a StPO, Nr 93 UVollzO). Ausnahmen vom Vorrang anderer freiheitsentziehender Maßnahmen vor der Vollstreckung der Untersuchungshaft sind nach § 116 b StPO nunmehr nur dann zulässig, wenn die Abwehr der die Anordnung der Untersuchungshaft begründenden Gefahren (zB Verdunkelungsgefahr) im organisatorischen Rahmen einer Anstalt, die offener als eine Untersuchungshaftanstalt/-abteilung organisiert ist, auch bei erheblicher Anstrengung mit angemessenen Mitteln nicht zu gewährleisten ist (vgl GesEBReg, BT-Drs 16/11644, 23).

IV. Organisationshaft

36   Mit **Rechtskraft** des Urteils, durch das der Angeklagte zu einer zu vollstreckenden Freiheitsentziehung verurteilt worden ist, wird der nicht außer Vollzug gesetzte **Haftbefehl** nach **hM gegenstandslos** (BVerfG NJW 2005, 3131; OLG Hamm StraFo 2002, 100; OLG Hamm NStZ 2008, 582); er kann, muss aber nicht aufgehoben werden. **Untersuchungshaft wandelt sich automatisch in Strafhaft**, und zwar ohne Rücksicht auf die förmliche Einleitung der Strafvollstreckung (OLG Hamm BeckRS 2009, 10634 mwN; streitig, vgl Löwe/Rosenberg/Hilger StPO vor § 112 Rn 61, Bartmeier NStZ 2006, 544). Auch wenn die Revision des Angeklagten teilweise verworfen wird und Teilrechtskraft des Urteils eintritt, geht die Untersuchungshaft unmittelbar in Strafhaft über, da in diesen Fällen eine Teilvollstreckung grundsätzlich bis zur geringst möglichen Gesamtstrafe möglich ist (OLG Hamm BeckRS 2009, 10634). Da die Aufhebung des Haftbefehls bzw der Haftfortdauerentscheidung nicht mehr erreicht werden kann, ist eine eingelegte Beschwerde damit prozessual überholt und gegenstandslos (OLG Hamm BeckRS 2009, 10634 mit Ausführungen zum Rechtsschutz nach Erledigung des ursprünglichen Rechtsschutzzieles zur Wahrung eines effektiven Rechtsschutzes). Ist der Haftbefehl nach § 116 StPO außer Vollzug gesetzt und waren entsprechende Maßnahmen angeordnet, wird der Haftbefehl mit Rechtskraft des Urteils nicht gegenstandslos, sondern bleibt die Grundlage für die Aufrechterhaltung der festgesetzten Maßnahmen (LG Stuttgart BeckRS 2008, 23088). Als **Organisationshaft** wird der Zeitraum bezeichnet, der zwischen Beendigung der Untersuchungshaft und Aufnahme in den Maßregelvollzug verstreicht. Sie darf nur so lange aufrechterhalten werden, wie die Vollstreckungsbehörde unter Berücksichtigung des Beschleunigungsgebots benötigt, um einen Platz in einer Maßregelvollzugsanstalt zu finden (BVerfG NJW 2006, 427: nicht drei Monate; vgl auch OLG Celle StV 2003, 32; OLG Brandenburg NStZ 2000, 500; Paeffgen FS Fezer 2008, 35).

V. Europäischer Haftbefehl

In Umsetzung des Rahmenbeschlusses 2002/584/JI des EU-Rates v 13. 6. 2002 **37**
(ABl L 190 v 18. 7. 2002) ist das Europäische Haftbefehlsgesetz v 20. 7. 2006 (BGBl I 1721)
ergangen. Die gesetzlichen Regelungen für den Europäischen Haftbefehl enthalten §§ 78
IRG ff (vgl Böhm NJW 2006, 2592; Hackner/Schomburg/Lagodny/Gleß NStZ 2006, 663).

    Das erste Europäische Haftbefehlsgesetz war vom BVerfG für nichtig erklärt worden (BVerfGE **37.1**
113, 273).

VI. Besondere Arten von Untersuchungshaft

    Besondere Arten von Untersuchungshaft sind die **Hauptverhandlungshaft** nach § 127 b **38**
StPO, die **Sicherungshaft** nach § 453 c StPO, die **Vollstreckungshaft** nach § 457 Abs 2
StPO und die **Ungehorsamshaft** nach § 230 Abs 2 StPO, § 236 StPO, § 329 Abs 4 S 1
StPO. Für die Ungehorsamshaft gelten mit Ausnahme der § 121 StPO, § 122 StPO die
§§ 112 StPO ff entsprechend. Steht der Angeklagte wegen Haftverbüßung in anderer Sache
für die Durchführung der Hauptverhandlung über einen längeren Zeitraum (mehrere Monate) ohnehin sicher zur Verfügung, gebietet der Verhältnismäßigkeitsgrundsatz die Aufhebung
auch des nicht vollzogenen Sicherungshaftbefehls nach § 230 Abs 2 StPO (OLG Celle
BeckRS 2009, 04415). Auch bei einem Haftbefehl nach § 230 Abs 2 StPO gilt das besondere Beschleunigungsgebot. Ein Zeitraum von acht Monaten oder mehr bis zu einem Hauptverhandlungstermin ist zu lang und führt zur Aufhebung des Haftbefehls, auch wenn
insoweit nur Überhaft notiert ist (OLG Jena BeckRS 2009, 11616).

    Im **Auslieferungsverfahren** kann ein Haftbefehl zur Sicherung der Auslieferung (§ 15 **39**
IRG), der Durchlieferung (§ 45 IRG) und der Rücklieferung eines Verfolgten (§ 68 Abs 2 u
Abs 3 IRG) erlassen werden.

§ 112 a [Weitere Haftgründe]

(1) ¹Ein Haftgrund besteht auch, wenn der Beschuldigte dringend verdächtig ist,
1. eine Straftat nach den §§ 174, 174 a, 176 bis 179 oder nach § 238 Abs. 2 und 3 des
Strafgesetzbuches oder
2. wiederholt oder fortgesetzt eine die Rechtsordnung schwerwiegend beeinträchtigende Straftat nach § 89 a, nach § 125 a, nach den §§ 224 bis 227, nach den §§ 243,
244, 249 bis 255, 260, nach § 263, nach den §§ 306 bis 306 c oder § 316 a des
Strafgesetzbuches oder nach § 29 Abs. 1 Nr. 1, 4, 10 oder Abs. 3, § 29 a Abs. 1,
§ 30 Abs. 1, § 30 a Abs. 1 des Betäubungsmittelgesetzes
begangen zu haben, und bestimmte Tatsachen die Gefahr begründen, daß er vor
rechtskräftiger Aburteilung weitere erhebliche Straftaten gleicher Art begehen oder
die Straftat fortsetzen werde, die Haft zur Abwendung der drohenden Gefahr erforderlich und in den Fällen der Nummer 2 eine Freiheitsstrafe von mehr als einem Jahr
zu erwarten ist. ²In die Beurteilung des dringenden Verdachts einer Tatbegehung im
Sinne des Satzes 1 Nummer 2 sind auch solche Taten einzubeziehen, die Gegenstand
anderer, auch rechtskräftig abgeschlossener, Verfahren sind oder waren.

(2) Absatz 1 findet keine Anwendung, wenn die Voraussetzungen für den Erlaß
eines Haftbefehls nach § 112 vorliegen und die Voraussetzungen für die Aussetzung
des Vollzugs des Haftbefehls nach § 116 Abs. 1, 2 nicht gegeben sind.

Überblick

    § 112 a StPO normiert den besonderen **Haftgrund der Wiederholungsgefahr** als vor-
beugende Maßnahme zum Schutz der Rechtsgemeinschaft vor weiteren erheblichen Straftaten
des Beschuldigten. Die Vorschrift ist präventiv-polizeilicher Natur. Voraussetzungen der Sicherungshaft sind ein dringender Tatverdacht hinsichtlich einer abschließend bezeichneten Anlasstat (Rn 1), Wiederholungsgefahr (Rn 6) und die Notwendigkeit der Haft, um diese Gefahr
abzuwenden (Rn 8). Der Haftgrund der Wiederholungsgefahr ist subsidiär (Rn 9). Die Vor-

schrift ist mit dem Grundgesetz vereinbar (BVerfGE 19, 342, 349 ff; BVerfGE 35, 185). Art 5 Abs 1 S 2 Buchst c EMRK sieht den Haftgrund der Wiederholungsgefahr ausdrücklich vor.

A. Anlasstat

1   Der Beschuldigte muss **dringend verdächtig** sein, vgl § 112 StPO (§ 112 StPO Rn 3), eine der in § 112a Abs 1 StPO abschließend genannten Anlasstaten rechtswidrig und schuldhaft begangen zu haben. Als Begehungsformen kommen der Versuch, die verschiedenen Formen von Täterschaft und Teilnahme (§§ 25 StGB ff) sowie der Versuch der Beteiligung nach § 30 StGB in Betracht. § 112a StPO ist auch dann einschlägig, wenn der dringende Verdacht besteht, dass die Katalogtat im **Vollrausch** (§ 323a StGB) begangen worden ist (OLG Frankfurt NJW 1965, 1728; OLG Hamm NJW 1974, 1667).

I. Anlasstat nach § 112a Abs 1 Nr 1 StPO

2   Anlasstat nach Nr 1 sind Straftaten gegen die sexuelle Selbstbestimmung. Im Gegensatz zu Nr 2 reicht die einmalige Begehung eines derartigen Sexualdelikts aus, weil sie jedenfalls bei Erwachsenen häufig auf einen Persönlichkeitsdefekt hinweist.

II. Anlasstat nach § 112a Abs 1 Nr 2 StPO

3   Nr 2 enthält Straftaten, die für **Serienkriminalität** charakteristisch sind. Bei Straftaten nach § 243 StGB muss kein Regelbeispiel erfüllt sein. Betrugstaten fallen nur dann unter Nr 2, wenn sie im Hinblick auf Schadenshöhe und Art der Ausführung dem besonders schweren Fall des Diebstahls (§ 243 StGB) vergleichbar sind (OLG Stuttgart Justiz 1973, 254). Die Anlasstat der Nr 2 muss wiederholt oder fortgesetzt begangen worden sein. **Wiederholt** ist eine Straftat dann begangen, wenn der Beschuldigte **mindestens zweimal** durch rechtliche selbstständige Handlungen (§ 53 StGB) dasselbe Strafgesetz verletzt hat. Die Qualifikation ist insoweit dem Grunddelikt gleichzustellen. **Fortgesetzt** ist eine Tat begangen, wenn eine fortgesetzte Handlung iSd materiellen Strafrechts vorliegt, was nach der praktischen Aufgabe der Rechtsfigur der fortgesetzten Handlung durch BGH GrS 40, 138 nur noch in Ausnahmefällen in Betracht kommt. Abs 1 S 2, der durch das 2. OpferrechtsreformG v 29. 7. 2009 (BGBl I 2280) mit Wirkung zum 1. 10. 2009 eingefügt wurde, stellt nunmehr klar, dass es ausreicht, wenn das **Verfahren**, in dem die Haftfrage zu prüfen ist, **nur eine Anlasstat** zum Gegenstand hat und der Beschuldigte wegen mindestens einer weiteren Tat verurteilt worden ist oder anderweitig unter dringendem Tatverdacht verfolgt wird (so bisher schon OLG Karlsruhe NStZ-RR 2006, 210; OLG Schleswig NStZ 2002, 276; OLG Hamm StV 1997, 310; OLG Stuttgart NStZ 1988, 326; OLG Jena BeckRS 2009, 04236). Die Gegenauffassung, nach der es nicht zulässig war, die Annahme der wiederholt begangenen Tat auf eine in einem anderen Verfahren rechtskräftig abgeurteilte Tat zu stützen (OLG Frankfurt StV 1984, 159; StraFo 2008, 240; LG Zweibrücken StraFo 2006, 107; Paeffgen NStZ 2003, 79; Meyer-Goßner StPO § 112a Rn 8), ist damit hinfällig.

4   Jede einzelne der als Anlasstat in Betracht kommenden Taten muss die **Rechtsordnung schwerwiegend beeinträchtigen**. Dabei ist auf das jeweilige Erscheinungsbild der konkreten Anlasstat abzustellen (BVerfGE 35, 185, 192). Erfasst werden nur Taten mit **überdurchschnittlichem Schweregrad** (OLG Frankfurt StV 2000, 209, 210; StV 2008, 365; OLG Karlsruhe StV 2002, 147; OLG Jena BeckRS 2009, 04236). Beurteilungsmaßstab ist insbes der Unrechtsgehalt der Tat (BVerfGE 35, 185, 191) sowie Art und Ausmaß des angerichteten Schadens (OLG Jena StraFo 1999, 212; StV 2009, 251 = BeckRS 2009, 04236). Dabei sind auch frühere Taten mit zu berücksichtigen, durch die ein verfestigtes kriminelles Handlungsmuster ersichtlich wird (KG StV 2009, 83). Darüber hinaus müssen die Taten geeignet sein, in weiten Kreisen der Bevölkerung das Gefühl des Vertrauens in Sicherheit und Rechtsfrieden zu beeinträchtigen (Meyer-Goßner StPO § 112a Rn 9). Den erforderlichen Schweregrad muss bei wiederholter Tatbegehung jede einzelne Tat aufweisen (OLG Frankfurt StV 2000, 209 f); bei fortgesetzten Taten kommt es auf den Gesamtschaden an (OLG Hamburg MDR 1973, 242; **aA** OLG Karlsruhe StV 2002, 147,149). Betrugstaten fallen nur dann unter § 112a Abs 1 Nr 2, wenn sie im Schweregrad etwa dem besonders schweren Fall des Diebstahls (§ 243 StGB) vergleichbar sind, was sich nach der Schadenshöhe

und/oder der Art der Ausführung der Tat beurteilt. Aber selbst eine Straftat nach § 243 StGB darf nur bei überdurchschnittlichem Schweregrad als Anlasstat eingestuft werden (OLG Jena bei Paeffgen NStZ 2009, 136).

§ 112 a Abs 1 Nr 2 StPO verlangt darüber hinaus, dass hinsichtlich der Anlasstat eine **Freiheitsstrafe von mindestens einem Jahr** zu erwarten ist. Der Strafrahmen ist so gewählt, dass die Vollstreckung der Strafe grundsätzlich nicht zur Bewährung ausgesetzt werden kann; der Fall des § 56 Abs 2 StGB wird bei Wiederholungstätern in der Regel ausgeschlossen sein. Freiheitsstrafe iSd § 112 a StPO ist auch die Jugendstrafe nach den § 18 JGG, § 19 JGG. Wird bei einer Einheitsjugendstrafe eine Freiheitsstrafe von mehr als einem Jahr erwartet, in die auch Nichtkatalogtaten einbezogen werden, kommt es darauf an, dass allein schon wegen der Katalogtat(en) eine Straferwartung von mehr als einem Jahr besteht (OLG Braunschweig StV 2009, 84).

B. Wiederholungsgefahr

§ 112 a StPO setzt die mit bestimmten Tatsachen belegte Gefahr voraus, dass der Beschuldigte vor rechtskräftiger Aburteilung der Tat, deren er dringend verdächtig ist, weitere erhebliche Straftaten gleicher Art begehen oder die Straftat fortsetzen werde. Die zu erwartende Wiederholungstat braucht nicht dasselbe Strafgesetz zu erfüllen wie die Anlasstat, vielmehr genügt die rechtsethische und psychologische Vergleichbarkeit der Taten. Die Taten müssen **im Erscheinungsbild übereinstimmen** und sich insgesamt als eine **in sich gleichartige Serie** darstellen (Meyer-Goßner StPO § 112 a Rn 13). Im Regelfall sind diejenigen Straftaten gleichartig, die im Katalog des § 112 a Abs 1 Nr 1 StPO und in dem der Nr 2 jeweils nach dem Wort „nach" aufgeführt sind.

Grundlage der Prognose der Wiederholungsgefahr müssen **bestimmte Tatsachen** sein, die eine so starke innere Neigung des Beschuldigten zu einschlägigen Taten erkennen lassen, dass die Besorgnis begründet ist, er werde die Serie gleichartiger Taten noch vor einer Verurteilung wegen der Anlasstat fortsetzen (HansOLG Bremen StraFo 2008, 72). Diese Gefahrenprognose erfordert eine hohe Wahrscheinlichkeit der Fortsetzung des strafbaren Verhaltens (OLG Jena BeckRS 2009, 04236; KG StV 2009, 83). Als **Indiztatsachen** kommen noch nicht zu lange zurückliegende Vorstrafen des Beschuldigten bezüglich Taten der mindestens mittleren Kriminalität (vgl OLG Jena StraFo 2009, 21; OLG Dresden StV 2006, 534; OLG Bremen StV 2005, 618; OLG Oldenburg StV 2005, 618), seine Lebensverhältnisse, die Persönlichkeitsstruktur, das soziale Umfeld und die Rückfallgeschwindigkeit in Betracht (OLG Bremen NStZ-RR 2001, 220).

C. Erforderlichkeit

Als Ausfluss des **Verhältnismäßigkeitsgrundsatzes** darf die Sicherungshaft nur angeordnet werden, wenn die Gefahr nicht durch andere Maßnahmen abgewendet werden kann. In Betracht kommen behördliche Maßnahmen, Anstaltsbehandlung, freiwillige Drogentherapie (OLG Frankfurt StV 1992, 425), Behandlung in einer Entziehungsanstalt oder Heimunterbringung des sittlich gefährdeten Kindes.

D. Subsidiarität (Abs 2)

Ein Haftbefehl darf nur dann auf § 112 a StPO gestützt werden, wenn ein Haftgrund nach § 112 StPO nicht vorliegt oder der Vollzug eines solchen Haftbefehls nach § 116 StPO ausgesetzt wird. Abs 2 schließt auch aus, den auf § 112 StPO gestützten Haftbefehl hilfsweise auf den Haftgrund der Wiederholungsgefahr zu stützen (OLG Köln NStZ 2004, 79; LG Bonn StV 1988, 439).

§ 113 [Voraussetzungen bei leichteren Taten]

(1) Ist die Tat nur mit Freiheitsstrafe bis zu sechs Monaten oder mit Geldstrafe bis zu einhundertachtzig Tagessätzen bedroht, so darf die Untersuchungshaft wegen Verdunkelungsgefahr nicht angeordnet werden.

(2) In diesen Fällen darf die Untersuchungshaft wegen Fluchtgefahr nur angeordnet werden, wenn der Beschuldigte
1. sich dem Verfahren bereits einmal entzogen hatte oder Anstalten zur Flucht getroffen hat,
2. im Geltungsbereich dieses Gesetzes keinen festen Wohnsitz oder Aufenthalt hat oder
3. sich über seine Person nicht ausweisen kann.

Überblick

Als Konkretisierung des Verhältnismäßigkeitsgrundsatzes enthält die Vorschrift eine Beschränkung der Untersuchungshaft bei Straftaten mit geringer Strafandrohung.

A. Strafandrohung

1   Die Vorschrift findet Anwendung, wenn es um Tatbestände geht, die eine **Freiheitsstrafe bis zu sechs Monaten oder Geldstrafe bis zu 180 Tagessätzen** androhen. Erfasst wird auch der Strafarrest, dessen Höchstmaß sechs Monate ist (§ 9 Abs 1 WStG, § 12 WStG). Auf Jugendarrest findet § 113 StPO dagegen keine Anwendung.

B. Auswirkungen

2   Wegen **Verdunkelungsgefahr** darf die Untersuchungshaft niemals angeordnet werden (Abs 1). Unberührt bleibt der Haftgrund der **Flucht**, jedoch wird ein Haftbefehl häufig aus Verhältnismäßigkeitsgründen nicht in Betracht kommen. Beim Haftgrund der **Fluchtgefahr** müssen zusätzlich zu den Voraussetzungen des § 112 Abs 2 Nr 2 StPO diejenigen des § 113 Abs 2 StPO festgestellt werden:

3   **Besondere Fluchtgefahr nach Nr 1:** Der Beschuldigte muss sich dem Verfahren durch Flucht oder Verbergen bereits einmal entzogen haben. Anstalten zur Flucht trifft, wer Vorbereitungen trifft, sich dem Verfahren zu entziehen, zB durch die Veräußerung von Vermögen, Beschaffung von Reiseunterlagen oder Anmietung einer geheim gehaltenen Wohnung.

4   **Wohnungslosigkeit nach Nr 2:** Ein fester Wohnsitz erfordert die tatsächliche Niederlassung für eine gewisse Dauer; die bloße polizeiliche Anmeldung reicht nicht aus, vgl § 8 StPO Rn 1. Der feste Aufenthalt, der nicht der gewöhnliche zu sein braucht, erfordert einen tatsächlichen Aufenthalt für eine bestimmte Zeit.

5   **Ausweislosigkeit nach Nr 3:** Die Gründe für die Ausweislosigkeit spielen keine Rolle. Unter Nr 3 fallen auch Beschuldigte, die sich nicht ausweisen wollen, ihren Namen verschweigen oder einen falschen Namen angeben. Die Vorschrift ist nicht anwendbar, wenn der sich nicht ausweisende Beschuldigte bekannt ist.

6   Wird ein Haftbefehl nach § 113 StPO angeordnet, ist im Hinblick auf den Grundsatz der Verhältnismäßigkeit und das **Beschleunigungsgebot** insbes zu prüfen, ob das Verfahren durch Strafbefehl oder im beschleunigten Verfahren erledigt werden kann. Ist eine Geldstrafe zu erwarten, darf die Untersuchungshaft nur ausnahmsweise die voraussichtliche Ersatzfreiheitsstrafe übersteigen.

§ 114 [Haftbefehl]

(1) Die Untersuchungshaft wird durch schriftlichen Haftbefehl des Richters angeordnet.
(2) In dem Haftbefehl sind anzuführen
1. der Beschuldigte,
2. die Tat, deren er dringend verdächtig ist, Zeit und Ort ihrer Begehung, die gesetzlichen Merkmale der Straftat und die anzuwendenden Strafvorschriften,
3. der Haftgrund sowie
4. die Tatsachen, aus denen sich der dringende Tatverdacht und der Haftgrund ergibt, soweit nicht dadurch die Staatssicherheit gefährdet wird.

(3) Wenn die Anwendung des § 112 Abs. 1 Satz 2 naheliegt oder der Beschuldigte sich auf diese Vorschrift beruft, sind die Gründe dafür anzugeben, daß sie nicht angewandt wurde.

Überblick

Die Vorschrift regelt Zuständigkeit (Rn 1), Form (Rn 2) und Inhalt (Rn 3) eines Haftbefehls. Der Begründungszwang, der über § 34 StPO hinausgeht, soll den Richter zu besonders sorgfältiger Prüfung veranlassen, es dem Verhafteten erleichtern, sich gegen die Beschuldigungen zu verteidigen und die Prüfung durch das Beschwerdegericht ermöglichen.

Übersicht

	Rn		Rn
A. Zuständigkeit	1	V. Verhältnismäßigkeit (Abs 3)	9
B. Form	2	D. Änderung des Haftbefehls	10
C. Inhalt	3	E. Verfahren	11
I. Beschuldigter (Nr 1)	4		
II. Tat und Strafvorschriften (Nr 2)	5	F. Vollstreckung	12
III. Haftgrund (Nr 3)	6		
IV. Begründung (Nr 4)	7	G. Beschwerde	13

A. Zuständigkeit

Der Erlass eines Haftbefehls ist in Ausführung von Art 104 Abs 2 S 2 GG dem **Richter** vorbehalten (Abs 1). Weitere Zuständigkeitsfragen regelt § 125 StPO. 1

B. Form

Der Haftbefehl muss **schriftlich** erlassen werden (Abs 1). Die Verkündung nach § 114 a StPO kann aber auch erfolgen, wenn der Haftbefehl noch nicht vollständig schriftlich abgefasst ist, sofern dies unverzüglich nachgeholt wird. Sind zahlreiche Beschuldigte gleichartiger Straftaten verdächtig, kann ein vervielfältigtes Schriftstück verwendet werden (BVerfG NJW 1982, 29). Ausreichend ist, wenn der Haftbefehl, der in der Hauptverhandlung erlassen wird, vollständig in das Protokoll aufgenommen wird (vgl OLG Oldenburg StraFo 2006, 282). Da der Beschuldigte eine Abschrift des Haftbefehls erhalten muss (§ 114 a Abs 2 StPO), empfiehlt es sich, den Haftbefehl nach dem Vordruck auszustellen und dem Protokoll als Anlage beizufügen (OLG Celle StV 1998, 385). 2

C. Inhalt

Obwohl in § 114 StPO nicht erwähnt, muss der Haftbefehl zwingend enthalten, dass gegen den Beschuldigten **Untersuchungshaft angeordnet** wird. Darüber hinaus sind nach Abs 2 und Abs 3 folgende Angaben erforderlich: 3

I. Beschuldigter (Nr 1)

Der Beschuldigte muss so genau bezeichnet werden, dass dessen **Identität** bei Vollstreckung des Haftbefehls **zweifelsfrei feststeht**. Anzugeben sind Vor- und Familienname, ggf Aliasname, Beruf, Geburtstag und -ort, letzte Wohnung, Staatsangehörigkeit bei Ausländern. Eine Personenbeschreibung ist nicht erforderlich, es sei denn, maßgebliche Personalangaben sind nicht bekannt. In solchen Fällen kann auch auf ein bei den Akten befindliches Lichtbild Bezug genommen werden. 4

II. Tat und Strafvorschriften (Nr 2)

5   Der **Tatvorgang** ist in seinen bedeutsamen konkreten Erscheinungsformen in ähnlicher Weise **wie in der Anklageschrift** unter Angabe von Ort und Zeit, Art der Durchführung und Person des Verletzten zu beschreiben (OLG Celle StV 2005, 513; OLG Karlsruhe StV 2002, 147; OLG Hamm StV 2000, 153). Eine zusammenfassende Darstellung kann ausreichen, wenn für jedes Tatbestandsmerkmal erkennbar ist, durch welchen Teil des Tatgeschehens es erfüllt ist. Teilnahmeformen, Straferschwerungen und Tatversuch müssen erkennbar werden (OLG Köln StV 1999, 156). Stehen Tatort oder -zeit noch nicht fest, genügen ungefähre Angaben wie zB das Jahr. **Bezugnahmen** auf bei den Akten befindliche, dem Haftbefehl als Anlage aber nicht beigefügte Urkunden oder ein gleichzeitig erlassenes Urteil sind unzulässig (OLG Stuttgart NJW 1992, 1296; OLG Frankfurt StV 2000, 374; OLG Oldenburg StV 2006, 535). Der Haftbefehl muss sich nach **hM** nicht auf sämtliche Taten erstrecken, deren der Beschuldigte dringend verdächtig ist (OLG Stuttgart GA 1980, 193; **aA** OLG Hamm NJW 1971, 1325). Anzugeben sind weiterhin die **Straftat nach ihren gesetzlichen Merkmalen** und die **anzuwendenden Strafvorschriften**. Dies gilt insbesondere für die Art der Teilnahme, das Konkurrenzverhältnis und die Begehungsart, wenn die Strafvorschrift mehrere Begehungsarten vorsieht.

III. Haftgrund (Nr 3)

6   Im Haftbefehl ist anzugeben, ob der Beschuldigte wegen Flucht, Fluchtgefahr, Verdunkelungsgefahr oder wegen Wiederholungsgefahr in Untersuchungshaft genommen wird. Wird der Haftbefehl nach § 112 Abs 3 StPO erlassen, sind die Erwägungen anzuführen, die für die Bejahung des unbenannten Haftgrundes nach BVerfGE 19, 342 vorliegen müssen, vgl § 112 StPO (§ 112 StPO Rn 27). Mehrere Haftgründe brauchen nicht nebeneinander verwendet zu werden (Löwe/Rosenberg/Hilger StPO § 114 Rn 13; **aA** Meyer-Goßner StPO § 114 Rn 14 für das Zusammentreffen von Flucht- und Verdunkelungsgefahr unter Berufung auf BGHSt 34, 34, 36).

IV. Begründung (Nr 4)

7   Die Tatsachen, aus denen sich der dringende Tatverdacht und der Haftgrund ergeben, sind anzugeben. Erforderlich ist zunächst eine kurze Darstellung der **Verdachtsgründe** (OLG Hamm NStZ-RR 2002, 335; OLG Koblenz bei Paeffgen NStZ 2007, 144). Der bloße Hinweis auf die „bisherigen polizeilichen Ermittlungen" verbunden mit der namentlichen Benennung von Sachverständigen und Zeugen ist nicht ausreichend (OLG Koblenz BeckRS 2009, 04772). Handelt es sich um Indizien, sind diese mitzuteilen. Um dem Beschuldigten die Möglichkeit zu geben, die dem Haftbefehl zugrunde liegenden Tatsachen zu entkräften, sind auch die Beweismittel zu benennen, soweit es ohne Gefährdung der Ermittlungen möglich ist (vgl OLG Düsseldorf VRS 1986, 446; MDR 1984, 774; StV 1991, 521; OLG Hamburg MDR 1992, 693). Eine Beweiswürdigung ist nach **hM** nicht erforderlich (OLG Düsseldorf StV 1988, 534 m abl Anm Rudolphi; StV 1991, 521 m abl Anm Schlothauer). Die Begründung des **Haftgrundes** darf sich nicht in formelhaften Hinweisen zB auf die mögliche Straferwartung erschöpfen (vgl BGHSt 42, 343, 349). Mit zunehmender Dauer der Ermittlungen steigen die Anforderungen an die Konkretheit der Begründung (OLG Brandenburg StV 1997, 140; OLG Karlsruhe StV 2002, 147). Das Begründungserfordernis gilt auch für den **Haftfortdauerbeschluss** nach § 268b StPO. Da der Umstand der Verurteilung regelmäßig schon ein wichtiges Indiz für das Vorliegen des dringenden Tatverdachts ist, reicht es aus, wenn die Grundzüge der Überzeugungsbildung in dem Haftfortdauerbeschluss dargelegt werden, so dass dem Beschwerdegericht eine Überprüfung ermöglicht wird (OLG Hamm BeckRS 2009, 04530; vgl auch § 112 StPO Rn 5). Bei einem Haftbefehl gem § 230 Abs 2 StPO reichen Angaben zu den dem Angeklagten zur Last gelegten Taten nebst anzuwendenden Strafvorschriften nicht aus. Der Haftbefehl muss vielmehr die Anordnung der Haft nach § 230 Abs 2 StPO enthalten und den Grund des Ausbleibens ohne genügende Entschuldigung trotz ordnungsgemäßer Ladung bezeichnen, damit eine Überprüfung der Haftanordnung erfolgen kann (LG Zweibrücken BeckRS 2009, 08965).

Ausnahmsweise kann von der Begründung abgesehen werden, wenn dadurch die **Staats-** 8
sicherheit gefährdet wäre. Dies gilt auch für Delikte, die keine Staatsschutzdelikte sind (Meyer-Goßner StPO § 114 Rn 12; **aA** Löwe/Rosenberg/Hilger StPO § 114 Rn 18). Der Haftbefehl muss in diesem Fall einen entsprechenden Hinweis enthalten (vgl Nr 46 Abs 3 RiStBV). Außerdem ist dem Beschuldigten die Begründung mündlich zu eröffnen.

V. Verhältnismäßigkeit (Abs 3)

Auf den Grundsatz der Verhältnismäßigkeit braucht nur eingegangen zu werden, wenn 9
seine Anwendung nahe liegt oder der Beschuldigte sich darauf beruft. Tut er dies nach seiner Verhaftung, muss der Haftbefehl nicht ergänzt werden; vielmehr ist in dem die Haftfortdauer anordnenden Beschluss darauf einzugehen. Bei einem **Haftbefehl gegen einen Jugendlichen** ist die zwingende Regel des § 72 Abs 1 S 3 JGG zu beachten. Der Haftbefehl muss danach eine Begründung zum Nichtausreichen milderer Maßnahmen und zur Verhältnismäßigkeit enthalten (OLG Hamm BeckRS 2009, 10635). Bei einem Verstoß gegen diese Prüfungs- und Begründungspflicht kann das OLG im Verfahren der Haftprüfung nach §§ 121, 122 StPO nur den Haftbefehl aufheben, eine Ergänzung oder Erneuerung des Haftbefehls kommt nicht in Betracht (OLG Hamm BeckRS 2009, 10635).

D. Änderung des Haftbefehls

Ändern sich wesentliche Umstände des Haftbefehls, muss er geändert werden, so etwa 10
wenn der dringende Verdacht bzgl einzelner Taten oder einer von mehreren Haftgründen entfällt oder neue Taten oder ein zusätzlicher Haftgrund bekannt werden. Die Änderung erfolgt von Amts wegen oder auf Antrag; die Einbeziehung neuer Taten im Ermittlungsverfahren erfordert aber stets einen Antrag der Staatsanwaltschaft, vgl § 125 StPO Rn 3. Erfolgt eine Verurteilung, die vom Vorwurf des Haftbefehls abweicht, muss der Haftbefehl der Verurteilung angepasst werden. In diesen Fällen, aber auch dann, wenn der Angeklagte entsprechend dem Haftbefehl verurteilt wird und er die Haftfortdauerentscheidung mit der Beschwerde angreift und noch keine schriftlichen Urteilsgründe vorliegen, muss das erkennende Gericht im Haftfortdauerbeschluss darlegen, warum die Hauptverhandlung den dringenden Tatverdacht bestätigt hat (OLG Jena BeckRS 2009, 00094 vgl auch § 112 StPO Rn 5). Der Haftbefehl kann durch **ergänzenden Beschluss abgeändert** werden, der wie ein neuer Haftbefehl zu behandeln ist (OLG Stuttgart NStZ 2006, 588; OLG Hamburg NStZ-RR 2003, 346). Er erfordert also insbes eine Bekanntmachung nach § 114a StPO und eröffnet die Beschwerde (vgl OLG Köln NStZ 2007, 608). Der alte Haftbefehl kann auch **aufgehoben** und ein **neuer Haftbefehl erlassen** werden. Werden zum Nachteil des Beschuldigten Tatsachen oder Beweisergebnisse verwertet, zu denen er noch nicht gehört worden ist, ist er vor der Abänderung bzw dem Erlass eines neuen Haftbefehls zu hören (§ 33 Abs 3 StPO). Die Ausnahmebestimmung des § 33 Abs 4 StPO wird bei einem bereits in Untersuchungshaft befindlichen Beschuldigten regelmäßig nicht eingreifen. Wegen der Vorschrift des § 120 Abs 1 StPO wird bei jeder Entscheidung über die Haftverhältnisse und auch die Haftverschonungsauflagen inzident zugleich über den Bestand des Haftbefehls entschieden. Derartige Beschlüsse enthalten daher auch ohne ausdrücklichen Ausspruch die Entscheidung, dass die Voraussetzungen des Haftbefehls weiterhin vorliegen, was maßgeblich für eine Unterbrechung der Verjährung iSd § 78c Abs 1 Nr 5 StGB sein kann (vgl BGH BeckRS 2008, 23933).

E. Verfahren

Im Ermittlungsverfahren setzt der Erlass eines Haftbefehls einen **Antrag der Staatsanwalt-** 11
schaft voraus, es sei denn, der Staatsanwalt ist nicht erreichbar und es liegt Gefahr im Verzug vor (§ 125 StPO). **Nach Erhebung der öffentlichen Klage** kann das Gericht den Haftbefehl **von Amts wegen** erlassen, wobei die Staatsanwaltschaft vorher zu hören ist (§ 33 Abs 1 u Abs 2 StPO). Wird die Untersuchungshaft außerhalb der Hauptverhandlung angeordnet, kann unter den Voraussetzungen des § 33 Abs 4 StPO von der vorherigen Anhörung des Beschuldigten abgesehen werden; bei Erlass in der Hauptverhandlung ist der Angeklagte

vorher zu hören (§ 33 Abs 1 StPO). Erlass und Vollzug können von Amts wegen zu beachtende **Mitteilungspflichten** auslösen (vgl Nr 15 Abs 1 Nr 1 MiStra, Nr 19 Abs 1 S 1 Nr 1 MiStra, Nr 23 Abs 1 Nr 1 MiStra, Nr 24 Abs 1 Nr 1 MiStra, Nr 26 Abs 1 Nr 1 MiStra, Nr 32 Nr 3 MiStra, Nr 34 Abs 2 S 1 Nr 2 MiStra, Nr 36 Abs 2 Nr 1 MiStra, Nr 41 MiStra).

F. Vollstreckung

12   Der Haftbefehl wird **durch die Staatsanwaltschaft vollstreckt** (§ 36 Abs 2 S 1 StPO), die sich dazu ihrer Ermittlungspersonen (§ 152 GVG) oder der Polizei (§ 161 StPO) bedient. Bei **Abgeordneten** muss die Verhaftung vom Bundestag genehmigt sein, es sei denn, dass Abgeordnete bei Begehung der Tat oder im Laufe des folgenden Tages festgenommen werden (Art 46 Abs 2 GG; vgl auch Nr 192a Abs 2 Buchst c RiStBV). Muss zur Verhaftung eine **Wohnung betreten** werden, ist eine Anordnung nach § 105 StPO erforderlich (aA für die Durchsuchung der Wohnung des Beschuldigten Meyer-Goßner StPO § 114a Rn 20; KK-StPO/Graf StPO § 114a Rn 22).

G. Beschwerde

13   Zur Beschwerde gegen den Haftbefehl vgl § 117 StPO Rn 4ff.

§ 114a [Aushändigung des Haftbefehls]

[1]Dem Beschuldigten ist bei der Verhaftung eine Abschrift des Haftbefehls auszuhändigen; beherrscht er die deutsche Sprache nicht hinreichend, erhält er zudem eine Übersetzung in einer für ihn verständlichen Sprache. [2]Ist die Aushändigung einer Abschrift und einer etwaigen Übersetzung nicht möglich, ist ihm unverzüglich in einer für ihn verständlichen Sprache mitzuteilen, welches die Gründe für die Verhaftung sind und welche Beschuldigungen gegen ihn erhoben werden. [3]In diesem Fall ist die Aushändigung der Abschrift des Haftbefehls sowie einer etwaigen Übersetzung unverzüglich nachzuholen.

Überblick

§ 114a StPO in der Fassung des Gesetzes zur Änderung des Untersuchungshaftrechts v 29. 7. 2009 (BGBl I 2274) tritt am **1. 1. 2010** in Kraft (vgl § 119 StPO Rn 1). Die Bestimmung regelt die Informationspflichten gegenüber festgenommenen Personen.

§ 114a idF bis 31. 12. 2009 [Bekanntgabe des Haftbefehls]

(1) [1]Der Haftbefehl ist dem Beschuldigten bei der Verhaftung bekanntzugeben. [2]Ist dies nicht möglich, so ist ihm vorläufig mitzuteilen, welcher Tat er verdächtig ist. [3]Die Bekanntgabe des Haftbefehls ist in diesem Fall unverzüglich nachzuholen.

(2) Der Beschuldigte erhält eine Abschrift des Haftbefehls.

A. Geltungsbereich

1   Die Bestimmung gilt nicht nur für Verhaftungen aufgrund eines Haftbefehls nach §§ 112 StPO ff, sondern auch für Verhaftungen aufgrund eines Haftbefehls nach § 230 Abs 2 StPO, nach § 236 StPO, § 329 Abs 4 StPO und § 412 StPO. § 114a StPO ist zudem auf vorläufige Festnahmen nach den § 127 StPO, § 127b StPO sowie auf das Festhalten von Personen zum Zwecke der Identitätsfeststellung nach den § 163b StPO, § 163c StPO entsprechend anzuwenden (§ 127 Abs 4 StPO, § 127b Abs 1 S 2 StPO, § 163c Abs 1 S 3 StPO). Damit wollte der Gesetzgeber die in Art 5 Abs 2 EMRK normierten Informationspflichten in der StPO umfassend regeln. Danach muss jeder festgenommenen Person innerhalb möglichst kurzer Frist mitgeteilt werden, welches die Gründe für ihre Festnahme sind und welche Beschuldigungen gegen sie erhoben werden, wobei es nach der Rspr des EuGH für Menschenrechte ausreichend ist, wenn diese Unterrichtung in einer für den Beschuldigten verständlichen Weise mündlich erfolgt (BT-Drs 16/11644, 15).

B. Bekanntgabe

Im Gegensatz zu § 114a StPO idF bis 31. 12. 2009 erwähnt die Neufassung die Bekanntgabe des Haftbefehls nicht mehr. Vielmehr gilt insoweit die allgemeine Bestimmung des **§ 35 StPO**. Wird der Haftbefehl in Anwesenheit des Beschuldigten erlassen, ist er zu verkünden (§ 35 Abs 1 S 1 StPO). Ist der Haftbefehl dagegen zuvor in Abwesenheit des Beschuldigten erlassen worden, so genügt die formlose Mitteilung (§ 35 Abs 2 S 2 StPO), da durch die Bekanntmachung keine Frist in Lauf gesetzt wird. Dies geschieht durch Aushändigung einer Ausfertigung, einer beglaubigten Abschrift oder einer schriftlichen Mitteilung des Inhalts; sie kann aber auch durch Verkündung etwa im Vorführungstermin erfolgen (OLG Hamburg NStZ-RR 2003, 346).

C. Aushändigung einer Abschrift des Haftbefehls

Unabhängig von der Form der Bekanntmachung ist dem Beschuldigten eine **beglaubigte Abschrift** des Haftbefehls **unverzüglich nach der Verhaftung auszuhändigen**. Bei ausländischen Beschuldigten, die der deutschen Sprache nicht hinreichend mächtig sind, ist der Abschrift eine **Übersetzung** beizufügen (vgl auch Nr 181 Abs 2 RiStBV). § 114a StPO gilt auch für Beschlüsse, die einen Haftbefehl ändern oder ergänzen.

Liegt eine Übersetzung des Haftbefehls zunächst nicht vor, bestimmt § 114a S 2 StPO entsprechend Art 5 Abs 2 EMRK, dass dem Beschuldigten in einer für ihn verständlichen Sprache (mündlich) mitzuteilen ist, welches die Gründe für seine Verhaftung sind und welche Beschuldigungen gegen ihn erhoben werden. Diese Mitteilung muss unverzüglich, dh ohne schuldhaftes Zögern erfolgen. Dadurch ist gewährleistet, dass vor der Mitteilung unaufschiebbare Maßnahmen, etwa die Beiziehung eines Dolmetschers, veranlasst werden können. Die Aushändigung der Abschrift des Haftbefehls sowie ggf der Übersetzung ist dann gem § 114a S 3 StPO unverzüglich nachzuholen.

§ 114 b [Belehrungspflicht]

(1) ¹Der verhaftete Beschuldigte ist unverzüglich und schriftlich in einer für ihn verständlichen Sprache über seine Rechte zu belehren. ²Ist eine schriftliche Belehrung erkennbar nicht ausreichend, hat zudem eine mündliche Belehrung zu erfolgen. ³Entsprechend ist zu verfahren, wenn eine schriftliche Belehrung nicht möglich ist; sie soll jedoch nachgeholt werden, sofern dies in zumutbarer Weise möglich ist. ⁴Der Beschuldigte soll schriftlich bestätigen, dass er belehrt wurde; falls er sich weigert, ist dies zu dokumentieren.

(2) ¹In der Belehrung nach Absatz 1 ist der Beschuldigte darauf hinzuweisen, dass er
1. unverzüglich, spätestens am Tag nach der Ergreifung, dem Gericht vorzuführen ist, das ihn zu vernehmen und über seine weitere Inhaftierung zu entscheiden hat,
2. das Recht hat, sich zur Beschuldigung zu äußern oder nicht zur Sache auszusagen,
3. zu seiner Entlastung einzelne Beweiserhebungen beantragen kann,
4. jederzeit, auch schon vor seiner Vernehmung, einen von ihm zu wählenden Verteidiger befragen kann,
5. das Recht hat, die Untersuchung durch einen Arzt oder eine Ärztin seiner Wahl zu verlangen und
6. einen Angehörigen oder eine Person seines Vertrauens benachrichtigen kann, soweit der Zweck der Untersuchung dadurch nicht gefährdet wird.

²Ein Beschuldigter, der der deutschen Sprache nicht hinreichend mächtig ist, ist darauf hinzuweisen, dass er im Verfahren die unentgeltliche Hinzuziehung eines Dolmetschers verlangen kann. ³Ein ausländischer Staatsangehöriger ist darüber zu belehren, dass er die Unterrichtung der konsularischen Vertretung seines Heimatstaates verlangen und dieser Mitteilungen zukommen lassen kann.

Überblick

§ 114 b StPO idF des Gesetzes zur Änderung des Untersuchungshaftrechts v 29. 7. 2009 (BGBl I 2274) tritt am **1. 1. 2010** in Kraft (vgl § 119 StPO Rn 1). Die Neuregelung bezweckt die Vorverlagerung und Klarstellung der Belehrungspflichten gegenüber Verhafteten und stellt sicher, dass alle Verhafteten bundesweit einheitlich so frühzeitig wie möglich über die ihr zustehenden Rechte belehrt werden (BT-Drs 16/11644, 16). Der Gesetzgeber kommt damit Forderungen des Europäischen Ausschusses zur Verhütung von Folter und unmenschlicher oder erniedrigender Behandlung oder Strafe (European Committee for the Prevention of Torture and Inhuman or Degrading Treatment or Punishment – CPT) nach. Dieser hatte in seinem Bericht an die deutsche Regierung v 28. 7. 2006 moniert, dass das Risiko der Einschüchterung und Misshandlung in dem Zeitraum unmittelbar nach der Freiheitsentziehung am größten sei und deshalb gefordert, dass die festgenommene Person unverzüglich über ihre Rechte belehrt würde (vgl BT-Drs 16/11644, 13).

Übersicht

	Rn		Rn
A. Geltungsbereich	1	II. Belehrung nach § 114 Abs 2 S 2 StPO (Dolmetscher)	6
B. Art und Weise der Belehrung (Abs 1)	2	III. Belehrung nach § 114 Abs 2 S 3 StPO (Konsulat)	7
C. Inhalt der Belehrung (Abs 2)	5		
I. Belehrung nach § 114 b Abs 2 S 1 Nr 1 bis Nr 6	5		

A. Geltungsbereich

1   Die Bestimmung gilt für alle Personen, die aufgrund eines **Haftbefehls** festgenommen wurden. Dazu zählen außer Haftbefehlen nach § 112 StPO auch Haftbefehle nach § 230 Abs 2 StPO, § 236 StPO, § 329 Abs 4 S 1 StPO, § 412 StPO sowie Haftbefehle gem § 127 b Abs 2 StPO. Darüber hinaus gilt die Bestimmung aufgrund der Verweisungen auch für **vorläufige Festnahmen** nach § 127 StPO, § 127 b Abs 1 StPO sowie für das **Festhalten zum Zwecke der Identitätsfeststellung** nach den § 163 b StPO, § 163 c StPO (§ 127 Abs 4 StPO, § 127 b Abs 1 S 2 StPO, § 163 c Abs 1 S 3 StPO).

B. Art und Weise der Belehrung (Abs 1)

2   Aufgrund des gravierenden Eingriffs der Festnahme in das Grundrecht auf die Freiheit der Person sowie der Tatsache, dass Beschuldigte von einer Festnahme häufig überrascht sind und sich noch nie zuvor in einer solchen Lage befunden haben, bestimmt § 114 b Abs 1 StPO, dass der Beschuldigte unverzüglich nach seiner Festnahme über seine Rechte in einer für ihn **verständlichen Sprache zu belehren** ist. Das muss nicht unbedingt die Muttersprache des Beschuldigten sein. Die Belehrung hat **unverzüglich** zu erfolgen, dh ohne schuldhaftes Zögern. Damit ist gewährleistet, dass die Polizei andere Maßnahmen im Zeitpunkt einer Festnahme veranlassen kann, die keinen Aufschub dulden, oder dass ein Dolmetscher beigezogen werden kann. Die Belehrung hat **grundsätzlich schriftlich** zu erfolgen, weshalb es sich empfiehlt, ein entsprechendes Merkblatt – auch in den gebräuchlichsten Fremdsprachen – vorrätig zu halten.

3   Ist die **schriftliche Belehrung** wie etwa bei einer vorläufigen Festnahme **nicht möglich**, ist der Beschuldigte nach § 114 b Abs 1 S 2, S 3 StPO zunächst mündlich mit dem Inhalt des § 114 b Abs 2 StPO zu belehren. Die schriftliche Belehrung soll dann nachgeholt werden, sofern dies in zumutbarer Weise möglich ist. Sie kann etwa entfallen, wenn der Beschuldigte ausschließlich eine exotische Sprache beherrscht und Merkblätter in dieser Sprache nicht vorgehalten werden (BT-Drs 16/11644, 16). In Fällen, in denen eine **schriftliche Belehrung** zwar erfolgt, aber **nicht ausreichend** ist, zB weil der Beschuldigte

Analphabet ist oder einzelne Teile der Belehrung nicht versteht, hat die Belehrung gem § 114 b Abs 1 S 2 StPO im jeweils erforderlichen Umfang vollständig oder ergänzend mündlich zu erfolgen.

Um späteren Unsicherheiten darüber vorzubeugen, wann der Beschuldigte mit welchem Inhalt belehrt worden ist, soll dieser aufgefordert werden, die Erteilung der (mündlichen oder schriftlichen) Belehrung umgehend **schriftlich zu bestätigen**. Eine Weigerung des Beschuldigten ist zu Beweiszwecken in geeigneter Weise zu dokumentieren. 4

C. Inhalt der Belehrung (Abs 2)

I. Belehrung nach § 114 b Abs 2 S 1 Nr 1 bis Nr 6

Nr 1 schreibt die Belehrung über die in den § 115 StPO, § 115 a StPO bestimmte Vorführung vor den Richter vor. **Nr 2 bis Nr 4** bestimmen, dass die bei der ersten polizeilichen, staatsanwaltlichen und richterlichen Vernehmung im Gesetz bereits vorgesehene **Belehrung über die Aussagefreiheit, über das Beweisantragsrecht und das Recht zur Verteidigerkonsultation** (§ 136 Abs 1 S 2, S 3 StPO, § 163 a Abs 3 S 2, Abs 4 StPO) schon dann vorzunehmen ist, wenn der Beschuldigte festgenommen wurde. Dies soll dem Beschuldigten eine angemessene Vorbereitung auf die erste Vernehmung ermöglichen (BT-Drs 16/11644, 17). Die bereits bestehenden Belehrungspflichten vor der ersten Vernehmung bleiben unberührt. **Nr 5** ergänzt die Belehrungspflicht um den Hinweis auf das Recht des Beschuldigten auf **Zugang zu einem Arzt seiner Wahl**. Damit setzt der Gesetzgeber eine Forderung des CPT in seinem Bericht vom 28. 7. 2006 um. **Nr 6** betrifft die Belehrung über das **Benachrichtigungsrecht** des Beschuldigten, das nunmehr in § 114 c StPO geregelt ist. 5

II. Belehrung nach § 114 b Abs 2 S 2 StPO (Dolmetscher)

§ 114 b Abs S 2 StPO betrifft Beschuldigte, die der deutschen Sprache nicht hinreichend mächtig sind. Da nach Art 6 Abs 3 e EMRK Beschuldigte, die die Verhandlungssprache des Gerichts nicht verstehen, ein für das gesamte Strafverfahren einschließlich des Ermittlungsverfahrens bestehendes Recht auf unentgeltliche **Unterstützung durch einen Dolmetscher** haben (vgl BVerfGE 40, 95, 99, 100 = NJW 1975, 1597; NJW 2004, 50; BGH NJW 2001, 309 und Art 6 EMRK Rn 53 ff), normiert § 114 b Abs 2 S 2 StPO eine entsprechende Belehrungspflicht. Damit soll gewährleistet werden, dass die Beschuldigten die gegen sie erhobenen Vorwürfe und die ihnen zustehenden Rechte verstehen und sich gegen die Beschuldigung verteidigen können. 6

III. Belehrung nach § 114 b Abs 2 S 3 StPO (Konsulat)

§ 114 b Abs 2 S 3 StPO übernimmt die sich aus Art 36 Abs 1 Buchst b des Wiener Übereinkommens über konsularische Beziehungen (WÜK) ergebende Pflicht zur Belehrung ausländischer Beschuldigter bei der Festnahme darüber, dass sie die **Unterrichtung der konsularischen Vertretung** ihres Heimatstaates verlangen und dieser auch selbst Nachrichten zukommen lassen können, in die StPO (vgl Art 36 WÜK Rn 1 ff). Bereits das BVerfG hatte betont, dass bereits die Polizei bei der Festnahme und nicht erst das Gericht bei der Haftbefehlsverkündung verpflichtet ist, den Beschuldigten über sein Recht auf Benachrichtigung seiner konsularischen Vertretung zu informieren (NJW 2007, 499, 503). 7

Ausländer ist, wer nicht die deutsche Staatsangehörigkeit besitzt. Auf den Wohnsitz (im In- oder Ausland) oder eine ausländerspezifische Hilfsbedürftigkeit kommt es nach der Rspr hingegen nicht an (BVerfG NJW 2007, 499; BGH NJW 2008, 308, 309; Weigend StV 2008, 40 Fn 15). Keine Belehrungspflicht besteht gegenüber Personen, die neben einer ausländischen auch die deutsche Staatsangehörigkeit besitzen (Kreß GA 2007, 296, 301 Fn 28; Hillgruber JZ 2002, 95 Fn 6). Ist eine Verständigung mit dem Festgenommenen wegen **Sprachschwierigkeiten** im unmittelbaren Anschluss an die Festnahme nicht möglich, ist die Belehrung alsbald, möglichst jedoch vor einer Vernehmung, in einer dem Beschuldigten verständlichen Sprache (schriftlich oder durch einen Dolmetscher) nachzuholen. Entspre- 8 chendes gilt, wenn der Festgenommene zunächst aus anderen Gründen (insbes wegen Trunkenheit) nicht in der Lage ist, die Belehrung zu verstehen.

9 Inhaltlich ist die Belehrungspflicht auf die in Art 36 Abs 1 Buchst b S 1 und S 2 WÜK benannten Rechte beschränkt. Der Festgenommene ist also darauf hinzuweisen, dass man unverzüglich **das Konsulat über die Festnahme unterrichten** werde, so er dies wünsche, und dass man **jede Mitteilung seinerseits unverzüglich an das Konsulat weiterleiten** werde. Eine darüber hinausgehende Belehrung des Inhalts, dass Konsulate regelmäßig bei der Suche nach Verteidigern behilflich seien oder zumindest sein könnten, ist dem festnehmenden Beamten zwar nicht verwehrt, nach geltendem Recht aber nicht geboten (**aA** Walter JR 2007, 99, 101, hiergegen wiederum Weigend StV 2008, 40 Fn 18). Der Wortlaut der Konvention und § 114 b Abs 2 S 3 StPO sehen sie nicht vor. Auch das Gebot des fairen Verfahrens erfordert eine solche Ergänzung der Belehrungspflicht nicht. Denn die Belehrung über die Information des Konsulats hat nicht die Funktion, den Festgenommenen vor (ihn belastenden) Angaben bei einer Beschuldigtenvernehmung zu schützen. Es besteht daher auch keine Pflicht, mit einer Vernehmung zuzuwarten, bis es zu einem Kontakt zwischen Beschuldigtem und Konsulat gekommen ist (Kreß GA 2007 296, 304). Dies lässt sich auch der „Avena"-Entscheidung des IGH entnehmen, in der klargestellt wird, dass die Belehrung nach Art 36 WÜK nicht notwendigerweise einer Vernehmung vorauszugehen habe (IGH HRRS 2004, Nr 342 Tz 87; vgl auch BVerfG NJW 2007, 503).

10 Die **Verletzung der Benachrichtigungspflicht** stellt nach der Rspr des BVerfG einen revisiblen Verfahrensverstoß dar (vgl BVerfG NJW 2007, 499 unter Aufhebung von BGH NStZ-RR 2003, 375 und StV 2003, 57 und Zurückverweisung der Sache; vgl auch Burchard JZ 2007, 891; Schomburg/Schuster NStZ 2008, 593). Ein **Verwertungsverbot** bei einem Verstoß gegen die Belehrungspflicht aus Art 36 WÜK ist zu verneinen (BGH NJW 2007, 309; 2008, 307; Meyer-Goßner StPO § 114b Rn 9 unter Berufung auf BGH NJW 2008, 1090; Esser JR 2008, 274; Weigend StV 2008, 39, 42; aM Strate HRRS 2008, 76). Ob das Urteil auf dem Verstoß gegen die Belehrungspflicht **beruht**, ist nach allgemeinen Grundsätzen im Einzelfall zu klären (BVerfG NJW 2007, 499; BGH NJW 2008, 307, Esser JR 2008, 274; Weigend StV 2008, 43), in der Regel aber zu verneinen (vgl Kreß GA 2007, 307). Eine **Kompensation des Verfahrensverstoßes** wie bei rechtsstaatswidriger Verfahrensverzögerung in der Weise, dass ein Teil der Strafe in entsprechender Anwendung von § 51 Abs 1 S 1 StGB als verbüßt gilt (so BGH NJW 2008, 307, 309), ist abzulehnen (BGH NJW 2008, 1090; Meyer-Goßner StPO § 114b Rn 9, Esser JR 2008, 277; Kraatz JR 2008, 194; **aA** Schomburg/Schuster NStZ 2008, 593, 597). Nach zum Teil vertretener Auffassung ist die Rüge der Verletzung des Art 36 WÜK (hier: fehlende Belehrung sei nicht rechtzeitig erfolgt) nur beachtlich, wenn der (verteidigte) Angeklagte der Verwertung seiner früheren Aussage rechtzeitig, nämlich bis zu dem durch § 257 StPO bestimmten Zeitpunkt, **widersprochen** habe (BGH NStZ 2008, 55; **aA** BGH NStZ 2008, 356; NJW 2008, 1090). BGH NJW 2008, 307 hält einen fehlenden Widerspruch jedenfalls dann für entbehrlich, wenn der Verstoß auch im weiteren Verfahrensgang nicht geheilt wurde (krit zur Widerspruchslösung auch Weigend StV 2008, 39, 43; Esser JR 2008, 278, Gaede HRRS 2007, 405). **Mitbeschuldigte** können aus der Verletzung der Belehrungspflicht, die individuell an fremde Staatsangehörigkeit und Festnahme anknüpft, keine Verletzung eigener Verfahrensrechte herleiten, da ihr Rechtskreis nicht betroffen ist (BGH NJW 2007, 308).

§ 114 c [Benachrichtigung von Angehörigen]

(1) **Einem verhafteten Beschuldigten ist unverzüglich Gelegenheit zu geben, einen Angehörigen oder eine Person seines Vertrauens zu benachrichtigen, sofern der Zweck der Untersuchung dadurch nicht gefährdet wird.**

(2) [1]Wird gegen einen verhafteten Beschuldigten nach der Vorführung vor das Gericht Haft vollzogen, hat das Gericht die unverzügliche Benachrichtigung eines seiner Angehörigen oder einer Person seines Vertrauens anzuordnen. [2]Die gleiche Pflicht besteht bei jeder weiteren Entscheidung über die Fortdauer der Haft.

Überblick

§ 114 c StPO idF des Gesetzes zur Änderung des Untersuchungshaftrechts vom 29. 7. 2009 (BGBl I 2274) tritt am **1. 1. 2010** in Kraft (vgl § 119 StPO Rn 1). Die Vorschrift verschafft Verhafteten ein Recht auf unverzügliche Benachrichtigung eines Angehörigen oder einer Person ihres Vertrauens. Die sich bereits aus Art 104 Abs 4 GG ergebende Benachrichtigungspflicht soll verhindern, dass Menschen ohne Kenntnis Dritter spurlos aus der Öffentlichkeit verschwinden. Die Vorschrift dient damit dem Vertrauen der Allgemeinheit in die Rechtsstaatlichkeit der Strafrechtspflege und somit dem öffentlichem Interesse. Die Neuregelung ersetzt den bis 31. 12. 2009 gültigen § 114 b StPO, der die Benachrichtigungspflichten und -rechte gegenüber Angehörigen oder Vertrauenspersonen von Festgenommenen wie folgt regelte:

§ 114 b idF bis 31. 12. 2009 [Benachrichtigung von Angehörigen]

(1) ¹Von der Verhaftung und jeder weiteren Entscheidung über die Fortdauer der Haft wird ein Angehöriger des Verhafteten oder eine Person seines Vertrauens unverzüglich benachrichtigt. ²Für die Anordnung ist der Richter zuständig.

(2) Außerdem ist dem Verhafteten selbst Gelegenheit zu geben, einen Angehörigen oder eine Person seines Vertrauens von der Verhaftung zu benachrichtigen, sofern der Zweck der Untersuchung dadurch nicht gefährdet wird.

A. Geltungsbereich

Verhaftung iSd § 114 c Abs 1 StPO ist zunächst die **Festnahme aufgrund eines Haftbefehls** nach den § 112 StPO, § 230 Abs 2 StPO, § 236 StPO, § 329 Abs 4 S 1 StPO, § 412 StPO oder § 127 b Abs 2 StPO. Über die Verweise in § 127 Abs 4 StPO, in § 127 b Abs 1 S 2 StPO und in § 163 c Abs 1 S 3 StPO wird das Benachrichtigungsrecht im Gegensatz zu alten Regelung ausdrücklich auf **vorläufig festgenommene bzw festgehaltene Personen** erweitert. Für die Sicherungshaft gilt § 114 c StPO entsprechend (§ 453 c Abs S 2 StPO). Keine Anwendung findet die Norm auf die Ordnungs- und Beugehaft (zB § 70 Abs 1 und Abs 2 StPO).

B. Benachrichtigungsrecht (Abs 1)

Die Neuregelung sieht vor, dass die Möglichkeit zur Benachrichtigung durch die Strafverfolgungsbehörden **unverzüglich nach der Festnahme**, dh ohne schuldhafte Verzögerung, zu gewähren ist. Damit wird im Vergleich mit der bisherigen Rechtslage klargestellt, dass dieses Recht nicht etwa erst nach der Vorführung vor den Richter entsteht (BT-Drs 16/11644, 18). Zum Begriff des Angehörigen und der Vertrauensperson siehe Rn 4. Das Recht auf Benachrichtigung steht unter dem **Vorbehalt**, dass der **Untersuchungszweck** durch die Benachrichtigung nicht **gefährdet** wird. Je nach Gefährdungslage kann die Benachrichtigung ganz untersagt oder die Auswahl der Empfänger oder der Inhalt beschränkt werden.

C. Richterliche Benachrichtigungspflicht (Abs 2)

§ 114 Abs 2 StPO übernimmt inhaltlich die von Art 104 Abs 4 GG vorgegebene und zuvor in § 114 b Abs 1 idF bis 31. 12. 2009 StPO geregelte richterliche Benachrichtigungspflicht nach der Vorführung des verhafteten Beschuldigten. **Weitere** die Fortdauer der Haft anordnende, die Benachrichtigungspflicht auslösende **Entscheidungen** sind **Haftfortdauerbeschlüsse** im Zusammenhang mit dem Eröffnungsbeschluss (§ 207 Abs 4 StPO) und der Urteilsfällung (§ 268 b StPO), Beschlüsse, durch die der Haftbefehl nach der Vorführung (§ 115 Abs 4 StPO) oder im Rahmen der Haftprüfung (§ 117 StPO, § 118 Abs 1 StPO, § 118 a Abs 4 StPO, § 122 StPO) aufrechterhalten wird, sowie Beschlüsse, durch die eine Beschwerde (§ 304 Abs 1 StPO) oder weitere Beschwerde (§ 310 Abs 1 StPO) gegen den Haftbefehl oder gegen eine der vorgenannten Entscheidung verworfen wird (vgl BVerfGE 16, 119, 123; BbgVerfG NStZ-RR 2000, 185).

4 Zu benachrichtigen ist ein Angehöriger oder eine Person des Vertrauens. Da der Begriff des **Angehörigen** hier weiter zu verstehen als in § 11 Abs 1 Nr 1 StGB und in § 52 Abs 1 StPO fallen auch der Ehegatte sowie Adoptiv- und Pflegeeltern darunter. **Personen des Vertrauens** sind zB Freunde, Vereins- und Parteimitglieder, Berufskollegen, Geistliche, der Wahlverteidiger, bei Ausländern auch der Konsul. Die Benachrichtigung des Pflichtverteidigers reicht aus, wenn der Beschuldigte ihn als Vertrauensperson benannt hat (BVerfGE 16, 119, 123; vgl auch BVerfGE 38, 32). Wer zu benachrichtigen ist, entscheidet der Richter, wobei Wünschen des Beschuldigten Rechnung getragen werden soll.

5 Die Benachrichtigungspflicht ist **zwingend**. Sie hat auch im Falle einer Gefährdung der Staatssicherheit, eines Verzichts oder Widerspruchs des Beschuldigten (LG Frankfurt/M NJW 1985, 61; Meyer-Goßner StPO § 114 b Rn 6; SK-StPO/Graf StPO § 114 b Rn 5; **aA** Eckels NJW 1959, 1908; Erdsiek NJW 1959, 232; Gehrlein FS Boujong, 773) oder einer Gefährdung des Untersuchungszwecks zu erfolgen. Die in Abs 1 enthaltene Einschränkung (Gefährdung des Untersuchungszwecks) gilt für Abs 2 nicht. Nach teilweise vertretener Auffassung werden Einschränkungen bei übermäßigen Eingriffen in die grundgesetzlich geschützte Sphäre des Beschuldigten (KK-StPO/Graf StPO § 114 b Rn 5), bei schwerwiegender Gefahr für Angehörige des Beschuldigten oder dritte Personen oder für die Sicherheit des Staates (Löwe/Rosenberg/Hilger StPO § 114 b Rn 14 ff) oder bei notstandsähnlichen Situationen (SK-StPO/Paeffgen StPO § 114 b Rn 4; **aA** Löwe/Rosenberg/Hilger StPO § 114 b Rn 20 im Hinblick auf die unantastbare Sicherung des Verfassungsgebers) zugelassen.

6 **Zuständig** für die Benachrichtigung ist der **Richter**, in den Fällen der § 115 StPO, § 115 a StPO der Richter, dem der Beschuldigte vorgeführt wird; ansonsten der Richter, der die Entscheidung über die Haft trifft.

7 Die Benachrichtigung muss **unverzüglich** erfolgen (vgl BVerfGE 38, 32); eine bestimmte **Form** ist nicht vorgeschrieben, weshalb sie auch mündlich erfolgen kann. Ist dem Gericht, auch nach Befragen des Verhafteten, kein Angehöriger oder keine Vertrauensperson bekannt, unterbleibt die Benachrichtigung; Ermittlungen brauchen nicht angestellt zu werden (Meyer-Goßner StPO § 114 b Rn 4; **aA** Löwe/Rosenberg/Hilger StPO § 114 b Rn 12). Ist die Benachrichtigung bereits durch die Polizei oder Staatsanwaltschaft erfolgt, braucht sie nicht wiederholt zu werden (Maunz/Dürig GG Art 104 Rn 43; Meyer-Goßner StPO § 114 b Rn 7). Die Benachrichtigung durch den Verhafteten nach Abs 1 entbindet nicht von der Benachrichtigungspflicht nach Abs 2 (vgl Meyer-Goßner StPO § 114 b Rn 7).

D. Beschwerde

8 Beschuldigter und Staatsanwalt können gegen die Entscheidung, keine Benachrichtigung zu geben, und gegen das Unterlassen der Benachrichtigung **Beschwerde nach § 304 Abs 1 StPO** einlegen, auch gegen Entscheidungen des erkennenden Gerichts (§ 305 StPO). Weitere Beschwerde ist nach § 310 Abs 2 StPO ausgeschlossen (KK-StPO/Graf StPO § 114 b Rn 11; **aA** Löwe/Rosenberg/Hilger StPO § 114 b Rn 34). Angehörige und Vertrauenspersonen haben kein Beschwerderecht (KK-StPO/Graf StPO § 114 b Rn 11). Umstritten ist, ob das Beschwerderecht des Beschuldigten erlischt, nachdem er selbst einen Angehörigen oder eine Vertrauensperson nach Abs 1 benachrichtigt oder sein Verteidiger Kenntnis erlangt hat (bejaht von Meyer-Goßner StPO § 114 b Rn 10; verneint von KK-StPO/Graf StPO § 114 b Rn 11; Löwe/Rosenberg/Hilger StPO § 114 b Rn 34).

E. Weitere Mitteilungen

9 Nach Art 36 Abs 1 Buchst b WÜK ist die **konsularische Vertretung** des Heimatstaates des Ausländers von der Verhaftung zu benachrichtigen (vgl hierzu § 114 b StPO Rn 7 ff)

§ 114 d [Der Vollzugsanstalt mitzuteilende Tatsachen]

(1) ¹Das Gericht übermittelt der für den Beschuldigten zuständigen Vollzugsanstalt mit dem Aufnahmeersuchen eine Abschrift des Haftbefehls. ²Darüber hinaus teilt es ihr mit

1. die das Verfahren führende Staatsanwaltschaft und das nach § 126 zuständige Gericht,
2. die Personen, die nach § 114 c benachrichtigt worden sind,
3. Entscheidungen und sonstige Maßnahmen nach § 119 Abs. 1 und 2,
4. weitere im Verfahren ergehende Entscheidungen, soweit dies für die Erfüllung der Aufgaben der Vollzugsanstalt erforderlich ist,
5. Hauptverhandlungstermine und sich aus ihnen ergebende Erkenntnisse, die für die Erfüllung der Aufgaben der Vollzugsanstalt erforderlich sind,
6. den Zeitpunkt der Rechtskraft des Urteils sowie
7. andere Daten zur Person des Beschuldigten, die für die Erfüllung der Aufgaben der Vollzugsanstalt erforderlich sind, insbesondere solche über seine Persönlichkeit und weitere relevante Strafverfahren.

³Die Sätze 1 und 2 gelten bei Änderungen der mitgeteilten Tatsachen entsprechend. ⁴Mitteilungen unterbleiben, soweit die Tatsachen der Vollzugsanstalt bereits anderweitig bekannt geworden sind.

(2) ¹Die Staatsanwaltschaft unterstützt das Gericht bei der Erfüllung seiner Aufgaben nach Absatz 1 und teilt der Vollzugsanstalt von Amts wegen insbesondere Daten nach Absatz 1 Satz 2 Nr. 7 sowie von ihr getroffene Entscheidungen und sonstige Maßnahmen nach § 119 Abs. 1 und 2 mit. ²Zudem übermittelt die Staatsanwaltschaft der Vollzugsanstalt eine Ausfertigung der Anklageschrift und teilt dem nach § 126 Abs 1 zuständigen Gericht die Anklageerhebung mit.

Überblick

§ 114 d StPO wurde durch das Gesetzes zur Änderung des Untersuchungshaftrechts v 29. 7. 2009 (BGBl I 2274) eingefügt und tritt am **1. 1. 2010** in Kraft (vgl § 119 StPO Rn 1). Die Vorschrift fasst die gegenüber der Vollzugsanstalt bestehenden Mitteilungspflichten des Gerichts (Abs 1) und der Staatsanwaltschaft (Abs 2) zusammen.

A. Mitteilungspflichten des Gerichts (Abs 1)

I. Aufnahmeersuchen

Nach Abs 1 S 1 sind eine **Abschrift des Haftbefehls** und das **Aufnahmeersuchen** an 1 die Justizvollzugsanstalt zu übermitteln. Damit werden Nr 15 Abs 1 und Abs 3 UVollzO in die StPO übernommen. Das Aufnahmeersuchen ist zwar nicht Voraussetzung für die Aufnahme eines Beschuldigten in den Vollzug – das ist ausschließlich der Haftbefehl -, die Aufnahme in den Katalog des Abs 1 entsprach aber einer Forderung der Praxis (BT-Drs 16/11644, 8). Die Vorschrift enthält keine Vorgaben zur inhaltlichen Ausgestaltung des Aufnahmeersuchens, weshalb sie der Praxis überlassen bleibt. Es empfiehlt sich allerdings, die in Abs 1 S 2 genannten Angaben in das Aufnahmeersuchen aufzunehmen.

II. Einzelne Mitteilungspflichten

Abs 1 **Nr 1** verpflichtet das Gericht, der Vollzugsanstalt die das Verfahren leitende **Staats-** 2 **anwaltschaft** und das für die weiteren gerichtlichen Entscheidungen **nach § 126 StPO zuständige Gericht** mitzuteilen. Damit soll der Vollzugsanstalt ermöglicht werden, ihrer nach § 114 e StPO auferlegten Verpflichtung, Informationen ggf kurzfristig dem Gericht und der Staatsanwaltschaft zu übermitteln, leichter nachzukommen.

Abs 1 **Nr 2** sieht vor, dass der Vollzugsanstalt diejenigen Personen mitzuteilen sind, die 3 durch den Beschuldigten nach § 114 c Abs 1 StPO oder das Gericht nach § 114 c Abs 2 StPO **von der Verhaftung benachrichtigt wurden**. Die Bestimmung entspricht Nr 15 Abs 2 UVollzO. Mit der Mitteilung soll gewährleistet werden, dass der Vollzugsanstalt in Notfällen ein Angehöriger oder eine Vertrauensperson des Beschuldigten bekannt ist und sie die Erforderlichkeit eventueller vom Beschuldigten gewünschter weiterer Benachrichtigungen prüfen kann.

4   Abs 1 **Nr 3** bestimmt, dass der Vollzugsanstalt die dem Beschuldigten **nach § 119 Abs 1 StPO auferlegten Beschränkungen** sowie eine etwaige **Übertragung der Ausführung auf die Staatsanwaltschaft** mitzuteilen sind. Dies ist bereits deshalb erforderlich, weil die Staatsanwaltschaft sich bei der Ausführung der Hilfe der Vollzugsanstalt bedienen kann (§ 119 Abs 2 S 2 StPO). Außerdem hat die Vollzugsanstalt in eigener Zuständigkeit zu prüfen, welche (ergänzenden) Beschränkungen aus vollzuglichen Gründen in Anwendung der (künftigen) Landesuntersuchungshaftvollzugsgesetze ggf erforderlich sind.

5   Nach Abs 1 **Nr 4** gilt die Mitteilungspflicht auch für **weitere im Verfahren ergehende Entscheidungen**, soweit dies für die Erfüllung der Aufgaben der Vollzugsanstalt erforderlich ist, zB wenn ein Antrag auf Aufhebung des Haftbefehls als unbegründet zurückgewiesen wird und die Entscheidung Ausführungen zu den von dem Beschuldigten ausgehenden Gefahren enthält. Zum Begriff der Erforderlichkeit siehe Rn 9.

6   Die Mitteilung der **Hauptverhandlungstermine** nach Abs 1 **Nr 5** entspricht Nr 7 Abs 2 UVollzO. **Aus der Hauptverhandlung sich ergebende Erkenntnisse**, die für die Erfüllung der Aufgaben der Vollzugsanstalt erforderlich sind, sind etwa Umstände, die auf besonderen Fluchtverdacht, auf die Gefahr gewalttätigen Verhaltens, des Selbstmordes oder auf seelische oder geistige Abartigkeiten hindeuten.

7   Da mit der **Rechtskraft des Urteils**, durch das der Angeklagte zu einer zu vollstreckenden Freiheitsentziehung verurteilt worden ist, der nicht außer Vollzug gesetzte Haftbefehl nach **hM gegenstandslos** wird (BVerfG NJW 2005, 3131; OLG Hamm StraFo 2002, 100; OLG Hamm NStZ 2008, 582) und Untersuchungshaft sich automatisch in Strafhaft umwandelt (vgl § 112 StPO Rn 36), schreibt Abs 1 **Nr 6** vor, den Zeitpunkt des Eintritts der Rechtkraft des Urteils unverzüglich mitzuteilen (bislang Nr 7 Abs 2 UVollO).

8   Schließlich hat das Gericht nach Abs 1 **Nr 7** andere **Daten des Beschuldigten** zu übermitteln, die **für die Erfüllung der Aufgaben der Vollzugsanstalt erforderlich** sind, insbesondere solche über seine Persönlichkeit und weitere relevante Strafverfahren. Aufgrund der Vielzahl von möglichen Informationen, die für die Arbeit der Vollzugsanstalt erforderlich sein können, ist die Vorschrift bewusst allgemein gehalten und verzichtet im Gegensatz zu Nr 7 Abs 1 UVollzO auf eine Aufzählung von Beispielsfällen. Nr 7 Abs 1 UVollzO nennt insoweit die Überhaft, Vorstrafen und weitere schwebende Strafverfahren sowie Umstände, die auf besonderen Fluchtverdacht, auf die Gefahr gewalttätigen Verhaltens, des Selbstmordes oder der Selbstbeschädigung, auf gleichgeschlechtliche Neigungen oder auf seelische oder geistige Abartigkeiten sowie ansteckende Krankheiten hindeuten. Der Gesetzentwurf der BReg (BT-Drs 16/11644, 19) nennt darüber hinaus Fälle, in denen dem Gefangenen von anderen Personen, insbesondere Mitgefangenen, Racheakte oder Erpressungsversuche drohen.

9   Ob Daten für die Erfüllung der Aufgaben der Vollzugsanstalt **erforderlich** sind, ist unter Berücksichtigung der Umstände des Einzelfalls zu beurteilen. Erforderlichkeit liegt allerdings nicht erst dann vor, wenn feststeht, dass die für den Empfang der Daten vorgesehene Stelle ihre Aufgaben andernfalls nicht, nicht ordnungsgemäß oder nicht rechtzeitig erfüllen kann. Vielmehr genügt es, wenn die **Aufgabenerfüllung** durch die Datenübermittlung **nicht nur unwesentlich gefördert wird** (BT-Drs 16/11644), etwa durch die Übermittlung früherer Berichte der Bewährungshilfe oder erstellter psychologischer Gutachten über den Beschuldigten.

10 Mitzuteilen sind nach § 114 d Abs 1 S 2 StPO auch **Änderungen der mitgeteilten Tatsachen**, zB des Inhalts des Haftbefehls, einer Zuständigkeit oder der Umstände, die die Persönlichkeit des Beschuldigten betreffen.

11 Die **Mitteilungspflicht entfällt**, soweit bereits die Staatsanwaltschaft die in Abs 1 angeführten Informationen unmittelbar an die Vollzugsanstalt nach § 114 d Abs 2 StPO übermittelt hat oder die Vollzugsanstalt auf sonstigem Wege von bestimmten Inhalten bereits Kenntnis erlangt hat (§ 114 d Abs 1 S 4 StPO).

B. Mitteilungspflichten der Staatsanwaltschaft (Abs 2)

12 Da es je nach Fallgestaltung einfacher oder zeitnäher ist, die Vollzugsanstalt unmittelbar durch die Staatsanwaltschaft zu informieren, fordert § 114 d Abs 2 S 1 StPO die Staats-

anwaltschaft ausdrücklich auf, der Vollzugsanstalt **Mitteilungen unmittelbar zukommen zu lassen**. Dies gilt insbesondere für **Daten zur Person** des Beschuldigten nach Abs 1 S 2 Nr 7, weil die Staatsanwaltschaft nach Erlass und Verkündung des Haftbefehls aus den fortlaufenden Ermittlungen häufig weitergehende vollzugsrelevante Informationen über den Beschuldigten erlangen wird. Außerdem ist die Vollzugsanstalt von der Staatsanwaltschaft über **Entscheidungen und sonstige Maßnahmen nach § 119 Abs 2 StPO** zu informieren, sofern die Ausführung von beschränkenden Anordnungen nach § 119 Abs 1 StPO gem § 119 Abs 2 S 2 StPO vom Gericht auf die Staatsanwaltschaft übertragen worden ist. Dies gilt auch, wenn die Staatsanwaltschaft die Ausführung der beschränkenden Anordnungen ganz oder teilweise auf ihre Ermittlungspersonen delegiert hat.

Nach § 114 d Abs 2 S 2 StPO übermittelt die Staatsanwaltschaft **der Vollzugsanstalt** 13 **und dem Ermittlungsrichter** eine **Ausfertigung der Anklageschrift**. Damit wird die Vollzugsanstalt über eine Veränderung der gerichtlichen Zuständigkeit für die weiteren Entscheidungen im Zusammenhang mit der Untersuchungshaft (§ 126 StPO) und über eine etwaige andere tatsächliche und rechtliche Würdigung in der Anklageschrift informiert.

§ 114 e [Übermittlung von Erkenntnissen durch die Vollzugsanstalt]

¹**Die Vollzugsanstalt übermittelt dem Gericht und der Staatsanwaltschaft von Amts wegen beim Vollzug der Untersuchungshaft erlangte Erkenntnisse, soweit diese aus Sicht der Vollzugsanstalt für die Erfüllung der Aufgaben der Empfänger von Bedeutung sind und diesen nicht bereits anderweitig bekannt geworden sind.** ²**Sonstige Befugnisse der Vollzugsanstalt, dem Gericht und der Staatsanwaltschaft Erkenntnisse mitzuteilen, bleiben unberührt.**

Überblick

§ 114 e StPO wurde durch das Gesetzes zur Änderung des Untersuchungshaftrechts v 29. 7. 2009 (BGBl I 2274) eingefügt und tritt am **1. 1. 2010** in Kraft (vgl § 119 StPO Rn 1). Die Bestimmung regelt die der Vollzugsanstalt obliegenden Mitteilungspflichten.

A. Mitteilungen zur Durchführung des Strafverfahrens (S 1)

Die Mitteilungspflicht nach § 114 e S 1 StPO betrifft Erkenntnisse, die aus Sicht der 1 Vollzugsanstalt für die Erfüllung der Aufgaben des Gerichts und der Staatsanwaltschaft von Bedeutung sind. Dies sind im Hinblick auf die eingeschränkte Regelungskompetenz des Bundes bezüglich des Untersuchungshaftvollzugs nur solche Informationen, die für die **Durchführung des anhängigen Strafverfahrens** von Bedeutung sind, wie etwa Umstände, die die Aufrechterhaltung des Haftbefehls oder die Erforderlichkeit von Beschränkungen nach § 119 Abs 1 StPO betreffen, aber auch Umstände, die für die Frage der strafrechtlichen Schuld bedeutsam sind. Um eine für die Justizvollzugbediensteten verständliche und praxistaugliche Regelung zu schaffen, hat der Gesetzgeber auf die etwa in § 114 d Abs 1 S 2 Nr 7 StPO vorausgesetzte Erforderlichkeit der Übermittlung für die Erfüllung der Aufgaben des Empfängers nach § 114 e StPO verzichtet (BT-Drs 16/11644, 21).

Die Übermittlung der Erkenntnisse hat **an das Gericht und die Staatsanwaltschaft** 2 zu erfolgen, weil die zu übermittelnden Informationen für beide Empfänger von Bedeutung sein können, ohne dass dies aus Sicht der Vollzugsanstalt immer sicher zu beurteilen ist.

B. Sonstige Mitteilungspflichten (S 2)

Anderweitige Mitteilungspflichten der Vollzugsanstalt, etwa nach den Landesgesetzen über 3 den Vollzug von Untersuchungshaft, bleiben unberührt.

§ 115 [Vorführung vor den zuständigen Richter]

(1) Wird der Beschuldigte auf Grund des Haftbefehls ergriffen, so ist er unverzüglich dem zuständigen Gericht vorzuführen.

(2) Das Gericht hat den Beschuldigten unverzüglich nach der Vorführung, spätestens am nächsten Tage, über den Gegenstand der Beschuldigung zu vernehmen.

(3) ¹Bei der Vernehmung ist der Beschuldigte auf die ihn belastenden Umstände und sein Recht hinzuweisen, sich zur Beschuldigung zu äußern oder nicht zur Sache auszusagen. ²Ihm ist Gelegenheit zu geben, die Verdachts- und Haftgründe zu entkräften und die Tatsachen geltend zu machen, die zu seinen Gunsten sprechen.

(4) ¹Wird die Haft aufrechterhalten, so ist der Beschuldigte über das Recht der Beschwerde und die anderen Rechtsbehelfe (§ 117 Abs. 1, 2, § 118 Abs. 1, 2, § 119 Abs. 5, § 119 a Abs. 1) zu belehren. ²§ 304 Abs. 4 und 5 bleibt unberührt.

Überblick

Die Vorschrift regelt die zwingende Vorführung vor den Richter, der den Haftbefehl erlassen hat (Rn 1 f), sowie dessen Verpflichtung, den Beschuldigten zu vernehmen (Rn 3 ff). Die Norm, die durch § 115 a StPO (Vorführung vor den Richter des nächsten Amtsgerichts) ergänzt wird, enthält eine bedeutsame Verfahrensgarantie, deren Beachtung Art 104 Abs 1 S 1 GG fordert und mit grundrechtlichem Schutz versieht. § 115 Abs 4 StPO regelt die Belehrungspflichten (Rn 7 ff), die durch das am **1. 1. 2010** in Kraft tretende Gesetz zur Änderung des Untersuchungshaftrechts v 29. 7. 2009 (BGBl I 2274) erweitert worden sind.

§ 115 Abs 4 StPO idF bis zum 31. 12. 2009 lautet:

(4) Wird die Haft aufrechterhalten, so ist der Beschuldigte über das Recht der Beschwerde und die anderen Rechtsbehelfe (§ 117 Abs. 1, 2, § 118 Abs. 1, 2) zu belehren.

A. Anwendungsbereich

1   Die Vorschrift gilt für **alle richterlichen Haftbefehle** vor oder nach Anklageerhebung, auch für solche nach § 127 b Abs 2 StPO, § 230 Abs 2 StPO, § 236 StPO, § 329 Abs 4 S 1 StPO sowie den Sicherungshaftbefehl (§ 453 c Abs 2 S 2 StPO). Dagegen ist beim Vollstreckungshaftbefehl (§ 457 StPO) nicht nach den § 115 StPO, § 115 a StPO zu verfahren. § 115 StPO gilt auch dann, wenn ein Haftbefehl inhaltlich geändert (zB Austausch des Haftgrundes), erweitert, nach Aufhebung ein neuer Haftbefehl erlassen (BVerfG NStZ 2002, 157; OLG Stuttgart NStZ 2006, 588; OLG Jena BeckRS 2009, 00053; OLG Hamm BeckRS 2009, 07118) oder der Vollzug nach § 116 Abs 4 StPO angeordnet wird. Im Falle der Überhaft (§ 112 StPO Rn 34) ist § 115 StPO erst anwendbar, wenn die Überhaft vollstreckt wird. Der vor Erlass eines Haftbefehls vorläufig Festgenommene ist nach § 128 StPO, § 129 StPO vorzuführen.

B. Vorführung (Abs 1)

2   Die Vorführung hat nach der Ergreifung des Beschuldigten aufgrund des Haftbefehls zu erfolgen. **Ergreifung** ist die Festnahme des Beschuldigten zum Zweck des Vollzugs des Haftbefehls.

3   **Vorführen** bedeutet, den Verhafteten in den Machtbereich des Richters zu bringen, so dass dieser über ihn verfügen kann. Dazu reicht es aus, den Beschuldigten in die für das Gericht zuständige Untersuchungshaftanstalt einzuliefern und dem Richter die Möglichkeit der Kenntnisnahme über die Inhaftierung zu geben (KK-StPO/Graf StPO § 115 Rn 2; enger SK-StPO/Paeffgen § 115 Rn 4: umgehende Benachrichtigung des Richters). Die Zuständigkeit des Richters ergibt sich aus § 125 StPO, § 126 StPO. Die Verkündung eines Haftbefehls ist auch durch einen beauftragten Richter zulässig. Es genügt, wenn das für die Beurteilung der Haftfrage zuständige Kollegialgericht eines seiner Mitglieder mit der Verkündung des Haftbefehls beauftragt und nach dessen Vortrag dann das Kollegialgericht entscheidet, ob es die Untersuchungshaft aufrechterhält (OLG Köln NStZ 2008, 175). Zur Vorführung gehört die

Übermittlung der Vorgänge, die der vorführende Beamte über die Sache besitzt (vgl Schramm/Bernsmann StV 2006, 442). Die Vorführung hat **unverzüglich**, dh ohne jede vermeidbare Verzögerung, zu erfolgen. Zwar darf der Beschuldigte identifiziert und ein Festnahmeprotokoll erstellt werden; weitere Ermittlungen rechtfertigen jedoch keine Verzögerung (BGH JR 1991, 84 mAnm Fezer; Nelles StV 1992, 388). Eine Einwilligung des Beschuldigten, später vorgeführt zu werden, ist unbeachtlich. Der Beschuldigte ist **spätestens** am Tag nach der Ergreifung vorzuführen, auch wenn dies ein Sonnabend, Sonn- oder Feiertag ist. Der Vorführende darf die Frist aber nicht ausnutzen, vielmehr muss er – wenn dies möglich ist – den Verhafteten am Tag der Festnahme vorführen. Nach **hM** soll die Fristüberschreitung nicht zur Freilassung führen (KK-StPO/Graf StPO § 115 Rn 5; Meyer-Goßner StPO § 115 Rn 5).

C. Vernehmung (Abs 2, Abs 3)

Der Richter muss den Vorgeführten **unverzüglich** nach der Vorführung, spätestens am nächsten Tag **vernehmen** (Abs 2). Das gilt in jeder Lage des Verfahrens, auch wenn das Hauptverfahren bereits eröffnet oder sogar schon ein Urteil ergangen ist. Kann der Beschuldigte zB wegen Krankheit nicht vorgeführt werden, muss sich Richter an den Verwahrungsort begeben oder den Richter des nächsten Amtsgerichts (§ 115a StPO) um die unverzügliche Vernehmung ersuchen. Ist der Beschuldigte vernehmungsunfähig, muss die Vernehmung unverzüglich nach Eintritt der Vernehmungsfähigkeit nachgeholt werden. Hat das erkennende Gericht die Vernehmung gem § 115 Abs 2 u 3 StPO vor Erlass der Haftfortdauerentscheidung unterlassen und nach Einlegung einer Beschwerde auch nicht im Rahmen des Abhilfeverfahrens nachgeholt, ist die Abhilfeentscheidung vom Beschwerdegericht aufzuheben und dem erkennenden Gericht Gelegenheit zur Nachholung der Anhörung zu geben (OLG Jena BeckRS 2009, 00053). 4

Der zuständige Richter hat grundsätzlich einen Urkundsbeamten zur Vernehmung zuzuziehen (§ 168 StPO). Über die Vernehmung ist ein **Protokoll** aufzunehmen (§ 168a StPO). Hat ein Kollegialgericht den Haftbefehl erlassen, kann die Vernehmung auf ein Mitglied des Spruchkörpers als beauftragter Richter übertragen werden. Nach § 168c Abs 1 StPO ist der **Staatsanwaltschaft und dem Verteidiger** die **Anwesenheit gestattet** (BGH NStZ 1989, 282); sie sind von dem Termin zu benachrichtigen. Die Hinzuziehung eines Dolmetschers richtet sich nach § 185 GVG, § 186 GVG. 5

Nach Abs 3 sind dem Beschuldigten die Tatsachen, die den dringenden Tatverdacht und die Haftgründe begründen, mitzuteilen (vgl BVerfG NJW 1994, 573; StV 1994, 465; KG StV 1994, 319). Ihm ist Gelegenheit zu geben, alles vorzubringen, was nach seiner Ansicht für die Haftentscheidung von Bedeutung sein könnte. Außerdem ist der Beschuldigte zu **belehren**, dass es ihm freistehe, nicht zur Sache auszusagen. Handelt es sich um die erste Vernehmung des Beschuldigten, gilt zusätzlich § 136 StPO. Danach ist der Beschuldigte unter anderem zu belehren, dass er jederzeit einen vor ihm zu wählenden Verteidiger befragen darf. Wählt der Beschuldigte einen **Verteidiger**, ist die Vernehmung zurückzustellen, um dem Verteidiger die Besprechung mit seinem Mandanten und die Anwesenheit an der Vernehmung zu gestatten (VerfG Brandenburg NJW 2003, 2009; VerfGH Koblenz StV 2006, 315 mAnm Kühne/Haufs-Brusberg; NJW 2006, 3341). Die Frist des § 115 Abs 2 StPO darf deshalb aber nicht überschritten werden. Zur Akteneinsicht des Verteidigers in die Schriftstücke, die für die wirksame Anfechtung der Rechtmäßigkeit einer Freiheitsentziehung wesentlich sind, vgl § 147 StPO und die Rechtsprechung des EGMR (StV 2008, 475). Solange ein bestehender Haftbefehl gegen den untergetauchten Beschuldigten noch nicht vollstreckt ist, hat der Verteidiger weder einen Anspruch auf Gewährung von Akteneinsicht noch auf Mitteilung des Haftbefehls (OLG München BeckRS 2008, 21804). Für Beweisanträge des Beschuldigten gilt § 166 StPO. 6

Nach der Vernehmung hat der Richter zu prüfen, ob die Voraussetzungen eines Haftbefehls vorliegen, und zu entscheiden, ob der **Haftbefehl aufrechtzuerhalten**, nach § 120 StPO **aufzuheben**, zu **ergänzen** oder nach § 116 StPO **außer Vollzug zu setzen** ist. War der Staatsanwalt trotz Benachrichtigung vom Termin bei der Vernehmung nicht anwesend, findet § 33 Abs 2 StPO keine Anwendung. Die Verletzung der für die Vernehmung geltenden Formvorschriften lässt die Wirksamkeit der Haftentscheidung unberührt (OLG Düsseldorf VRS 85, 430). Etwas anderes gilt, wenn das rechtliche Gehör versagt worden ist (vgl BVerfG NStZ 2002, 157). 7

D. Rechtsbehelfsbelehrung (Abs 4)

8   Verbleibt der Beschuldigte in Haft, ist er über das Recht der Beschwerde (§ 304 Abs 1, Abs 4 S 2 Nr 1 StPO) sowie über die anderen Rechtsbehelfe zu belehren.

9   Das **Recht der Beschwerde** umfasst neben der klassischen Haftbeschwerde gegen den Haftbefehl, gegen seine Änderung und jede die Haftortdauer anordnende Entscheidung nach der Neuregelung durch das Gesetz zur Änderung des Untersuchungshaftrechts auch Beschwerden gegen gerichtliche Entscheidungen der Amts- und Landgerichte nach § 119 Abs 1 und Abs 2 StPO. Über die Möglichkeit, weitere Beschwerde einzulegen (§ 310 Abs 1 StPO), ist der Beschuldigte nicht zu belehren.

10 Andere Rechtsbehelfe iS der Norm sind:
- die **Haftprüfung** nach § 117 Abs 1, Abs 2 StPO (§ 117 StPO Rn 1 ff),
- die **mündliche Verhandlung** im Haftprüfungs- und im Beschwerdeverfahren nach § 118 Abs 1, Abs 2 StPO (§ 118 Rn 1 StPO),
- die **gerichtliche Entscheidung** nach **§ 119 Abs 5 StPO** gegen Entscheidungen und sonstige (faktische) Maßnahmen nach § 119 Abs 1 und Abs 2 StPO. Der Antrag auf gerichtliche Entscheidung nach § 119 Abs 5 StPO ist zulässig zum einen gegen alle den Beschuldigten beschwerenden Entscheidungen oder (faktischen) sonstigen Maßnahmen der Staatsanwaltschaft, ihrer Ermittlungspersonen und der Vollzugsanstalt, zum anderen gegen Entscheidungen des Oberlandesgerichts oder der Ermittlungsrichter beim Bundesgerichtshof nach § 119 Abs 1 und Abs 2 StPO. In letzteren Fällen ist das Rechtsmittel der Beschwerde nach §§ 304 StPO ff unzulässig, weil der Begriff „Verhaftung" in § 304 Abs 4 S 2 Nr 1, Abs 5 StPO Beschränkungen des Beschuldigten in der Haft über die Haftanordnung hinaus nicht erfasst (BGHSt 26, 270),
- die **gerichtliche Entscheidung nach § 119a StPO** gegen behördliche Entscheidungen oder Maßnahmen im Untersuchungshaftvollzug in Anwendung der Landesgesetze über den Untersuchungshaftvollzug.

11 Erfolgt eine vorläufige Festnahme und wird sodann ein Haftbefehl erlassen, ist § 115 Abs 4 StPO über § 128 Abs 2 S 3 StPO anwendbar. Gleiches gilt über § 115a Abs 3 S 2 StPO, falls der aufgrund eines Haftbefehls Festgenommene dem „nächsten" Amtsgericht vorzuführen ist und dieses den Haftbefehl aufrechterhält.

12 Zur Belehrung über die Rechte nach **Art 36 WÜK** vgl § 114b Abs 2 S 3 StPO (§ 114b StPO Rn 7).

12.1   Wird der Verhaftete nicht spätestens am Tag nach der Ergreifung vorgeführt, befürwortet eine Mindermeinung die zwingende Freilassung, weil ansonsten die Vorführungsfrist eine bloße Richtlinie für Strafverfolgungsorgane ohne wirkliche Schutzwirkung für den Beschuldigten wäre (Löwe/Rosenberg/Hilger StPO § 115 Rn 9; Sommermeyer NJ 1992, 336).

12.2   Zur Frage, ob eine Rechtsbeugung eines Haftrichters vorliegt, der § 128 Abs 1 StPO, der auf § 115 Abs 3 StPO verweist, dahingehend auslegt, dass er mit der förmlichen Vernehmung ausnahmsweise erst am übernächsten Tag nach der Festnahme beginnt, vgl OLG Frankfurt NJW 2000, 2037 m krit Anm Schaefer NJW 2000, 1996.

§ 115 a [Vorführung vor den Richter des nächsten Amtsgerichts]

(1) Kann der Beschuldigte nicht spätestens am Tage nach der Ergreifung dem zuständigen Gericht vorgeführt werden, so ist er unverzüglich, spätestens am Tage nach der Ergreifung, dem nächsten Amtsgericht vorzuführen.

(2) ¹Das Gericht hat den Beschuldigten unverzüglich nach der Vorführung, spätestens am nächsten Tage, zu vernehmen. ²Bei der Vernehmung wird, soweit möglich, § 115 Abs. 3 angewandt. ³Ergibt sich bei der Vernehmung, dass der Haftbefehl aufgehoben, seine Aufhebung durch die Staatsanwaltschft beantragt (§ 120 Abs. 3) oder der Ergriffene nicht die in dem Haftbefehl bezeichnete Person ist, so ist der Ergriffene freizulassen. ⁴Erhebt dieser sonst gegen den Haftbefehl oder dessen Vollzug Einwendungen, die nicht offensichtlich unbegründet sind, oder hat das Gericht Bedenken gegen die Aufrechterhaltung der Haft, so teilt es diese dem zuständigen Gericht und der zuständigen Staatsanwaltschaft unverzüglich und auf dem nach den

Umständen angezeigten schnellsten Wege mit; das zuständige Gericht prüft unverzüglich, ob der Haftbefehl aufzuheben oder außer Vollzug zu setzen ist.

(3) ¹Wird der Beschuldigte nicht freigelassen, so ist er auf sein Verlangen dem zuständigen Gericht zur Vernehmung nach § 115 vorzuführen. ²Der Beschuldigte ist auf dieses Recht hinzuweisen und gemäß § 115 Abs. 4 zu belehren.

Überblick

Die Vorschrift ergänzt § 115 StPO und regelt eine subsidiäre haftrichterliche Zuständigkeit.

A. Vorführung (Abs 1)

Die Vorführung vor den **Richter des nächsten Amtsgerichts** ist zulässig, wenn der 1 Beschuldigte nicht bis zum Ende des Tages nach seiner Ergreifung vor den zuständigen Richter nach § 115 StPO gebracht werden kann, zB wegen zu großer Entfernung oder Erkrankung des Beschuldigten. Die zur Verfügung stehenden technischen und personellen Mittel müssen ausgenutzt werden, bevor eine Vorführung nach § 115a StPO in Betracht kommt.

Das **nächste Amtsgericht** ist dasjenige, das im Hinblick auf die Verkehrsmittel und 2 -möglichkeiten **am schnellsten erreichbar** ist (OLG Frankfurt NStZ 1988, 471). Sind Strafsachen für mehrere AG-Bezirke einem AG übertragen, so ist dieses Gericht zuständig, es sei denn die Frist des § 115a StPO würde überschritten. Die Vorführung hat unverzüglich zu erfolgen vgl § 115 StPO Rn 3.

B. Vernehmung (Abs 2)

Die Vernehmung durch den Richter des nächsten Amtsgerichts, die **unverzüglich**, 3 spätestens am Tag nach der Festnahme zu erfolgen hat, richtet sich, soweit möglich, nach § 115 Abs 3 StPO, vgl § 115 StPO Rn 4 ff. § 136 StPO und § 168c StPO sind zu beachten. Aufgrund der eingeschränkten Kenntnis ist die **Entscheidungsbefugnis** des Richters des nächsten Amtsgerichts **beschränkt**. Er kann den Beschuldigten nur freilassen, wenn der Haftbefehl inzwischen aufgehoben wurde oder der Ergriffene nicht die im Haftbefehl bezeichnete Person ist. Ansonsten darf er **weder den Haftbefehl aufheben** (vgl BGHSt 42, 343; Löwe/Rosenberg/Hilger StPO § 115a Rn 8 f; Meyer-Goßner StPO § 115a Rn 5; **aA** Heinrich StV 1995, 660) **noch dessen Vollzug** nach § 116 StPO **aussetzen**, bis der zuständige Richter entschieden hat (Meyer-Goßner StPO § 115a Rn 5; **aA** Seetzen NJW 1972, 1889; Schröder NJW 1981, 1425).

Erhebt der Beschuldigte Einwendungen gegen den Haftbefehl oder gegen den Vollzug, 4 die nicht offensichtlich unbegründet sind, oder hat der Richter Bedenken gegen die Aufrechterhaltung des Haftbefehls, so **unterrichtet** er davon **den zuständigen Richter unverzüglich** (vgl BGHSt 42, 343) und führt dessen Entscheidung herbei. Entscheidet der zuständige Richter auf Freilassung, so setzt sie der Richter des nächsten Amtsgerichts im Wege der Rechtshilfe in der Regel um. Kann der zuständige Richter ausnahmsweise nicht erreicht werden, wird in zwei Fällen eine **Ausnahme von der beschränkten Entscheidungskompetenz** des Richters am nächsten Amtsgericht zugelassen: Danach darf der Haftbefehl außer Vollzug gesetzt werden, wenn der Beschuldigte **haftunfähig** ist (LG Frankfurt/M StV 1985, 464) oder wenn der **Tatverdacht zweifelsfrei nicht besteht** und die Aufrechterhaltung des Haftbefehls schlechthin unvertretbar wäre (Meyer-Goßner StPO § 115a Rn 6; Löwe/Rosenberg/Hilger StPO § 115a Rn 12; Schröder StV 2005, 241). Entscheidet der Richter des nächsten Amtsgerichts selbstständig über den Haftbefehl, ist für die Beschwerde das ihm übergeordnete LG zuständig (vgl KG JR 1976, 253; LG Frankfurt/M StV 1985, 464).

C. Vorführung vor das zuständige Gericht (Abs 3)

Hat der Richter des nächsten Amtsgerichts den Beschuldigten nicht freigelassen, kann 5 dieser verlangen, dem **zuständigen Richter** zur Vernehmung nach § 115 StPO vorgeführt zu werden. Darüber ist er zu belehren. Die Vorführung muss **unverzüglich** erfolgen. Die Übertragung der verlangten Vernehmung auf den Richter nach § 115 a StPO als ersuchten Richter ist unzulässig (OLG Köln JMBlNW 1968, 129). Neben dem Antrag gem Abs 3 S 1 ist die Haftbeschwerde wegen § 117 Abs 2 S 1 StPO unzulässig (OLG Hamburg NStZ-RR 2002, 381).

§ 116 [Aussetzung des Vollzugs des Haftbefehls]

(1) ¹Der Richter setzt den Vollzug eines Haftbefehls, der lediglich wegen Fluchtgefahr gerechtfertigt ist, aus, wenn weniger einschneidende Maßnahmen die Erwartung hinreichend begründen, daß der Zweck der Untersuchungshaft auch durch sie erreicht werden kann. ²In Betracht kommen namentlich
1. die Anweisung, sich zu bestimmten Zeiten bei dem Richter, der Strafverfolgungsbehörde oder einer von ihnen bestimmten Dienststelle zu melden,
2. die Anweisung, den Wohn- oder Aufenthaltsort oder einen bestimmten Bereich nicht ohne Erlaubnis des Richters oder der Strafverfolgungsbehörde zu verlassen,
3. die Anweisung, die Wohnung nur unter Aufsicht einer bestimmten Person zu verlassen,
4. die Leistung einer angemessenen Sicherheit durch den Beschuldigten oder einen anderen.

(2) ¹Der Richter kann auch den Vollzug eines Haftbefehls, der wegen Verdunkelungsgefahr gerechtfertigt ist, aussetzen, wenn weniger einschneidende Maßnahmen die Erwartung hinreichend begründen, daß sie die Verdunkelungsgefahr erheblich vermindern werden. ²In Betracht kommt namentlich die Anweisung, mit Mitbeschuldigten, Zeugen oder Sachverständigen keine Verbindung aufzunehmen.

(3) Der Richter kann den Vollzug eines Haftbefehls, der nach § 112 a erlassen worden ist, aussetzen, wenn die Erwartung hinreichend begründet ist, daß der Beschuldigte bestimmte Anweisungen befolgen und daß dadurch der Zweck der Haft erreicht wird.

(4) Der Richter ordnet in den Fällen der Absätze 1 bis 3 den Vollzug des Haftbefehls an, wenn
1. der Beschuldigte den ihm auferlegten Pflichten oder Beschränkungen gröblich zuwiderhandelt,
2. der Beschuldigte Anstalten zur Flucht trifft, auf ordnungsgemäße Ladung ohne genügende Entschuldigung ausbleibt oder sich auf andere Weise zeigt, daß das in ihn gesetzte Vertrauen nicht gerechtfertigt war, oder
3. neu hervorgetretene Umstände die Verhaftung erforderlich machen.

Überblick

Als besondere Ausformung des Grundsatzes der Verhältnismäßigkeit regelt die Vorschrift die Aussetzung des Vollzugs eines Haftbefehls, wenn weniger einschneidende Maßnahmen geeignet erscheinen, den Zweck der Untersuchungshaft zu erreichen. Der Vollzug des Haftbefehls kann – ausgenommen Flucht – bei jedem Haftgrund ausgesetzt werden (Rn 3 ff). Die nähere Ausgestaltung der mit grundrechtlichem Schutz versehenen Verfahrensgarantie, die Aussetzung des Vollzugs nur dann zu widerrufen, wenn sich die Umstände verändert haben, findet sich in Abs 4 (Rn 16).

Übersicht

	Rn		Rn
A. Allgemeines	1	3. Anweisung, die Wohnung nur unter Aufsicht zu verlassen (Nr 3)	7
B. Aussetzung des Vollzugs	3	4. Sicherheitsleistung (Nr 4)	8
I. Vollzugsaussetzung bei Fluchtgefahr (Abs 1)	3	5. Sonstige Maßnahmen	9
1. Meldepflicht (Nr 1)	5	II. Vollzugsaussetzung bei Verdunkelungsgefahr (Abs 2)	10
2. Aufenthaltsbeschränkung (Nr 2)	6		

	Rn		Rn
III. Vollzugsaussetzung bei Wiederholungsgefahr (Abs 3)	11	I. Gröbliches Zuwiderhandeln gegen Pflichten (Nr 1)	16
IV. Vollzugsaussetzung im Fall des § 112 Abs 3	12	II. Entfallen der Vertrauensgrundlage (Nr 2)	17
V. Verfahren	13	III. Neu hervorgetretene Umstände (Nr 3)	18
C. Widerruf der Aussetzung (Abs 4)	15	IV. Verfahren	21

A. Allgemeines

§ 116 StPO, der auch für die Ungehorsamshaft (§ 230 Abs 2 StPO, § 236 StPO, § 329 Abs 4 StPO) und die Hauptverhandlungshaft (§ 127 b StPO) gilt, trägt dem Umstand Rechnung, dass der Vollzug der Untersuchungshaft nicht mehr verhältnismäßig ist, wenn der Zweck der Untersuchungshaft, die Durchsetzung eines geordneten Strafverfahrens zu gewährleisten und die spätere Strafvollstreckung sicherzustellen, mit weniger einschneidenden Maßnahmen erreicht werden kann (BVerfG NJW 1991, 1043). Allerdings stellt auch der außer Vollzug gesetzte Haftbefehl im Hinblick auf freiheitsbeschränkende Auflagen regelmäßig eine schwerwiegende Beeinträchtigung der persönlichen Freiheit des Beschuldigten dar. Aufgrund des Gewichts des Freiheitsanspruches des Beschuldigten, das sich gegenüber dem Interesse an einer wirksamen Strafverfolgung mit zunehmender Dauer der Untersuchungshaft zudem regelmäßig vergrößert, ist stets zu prüfen, ob unter besonderer Berücksichtigung des **Verhältnismäßigkeitsgrundsatzes** der außer Vollzug gesetzte Haftbefehl noch aufrechterhalten werden kann (BVerfG NJW 1980, 1448; OLG Düsseldorf StraFo 2003, 378; OLG Köln StV 2005, 396). Dabei kann sich insbesondere aus dem in Art 2 Abs 2 S 2 GG verankerten **Beschleunigungsgebot** in Haftsachen ergeben, dass ein außer Vollzug gesetzter Haftbefehl unabhängig von der Höhe der zu erwartenden Strafe ganz aufzuheben ist, wenn in Folge einer vom Beschuldigten nicht zu vertretenden Verletzung des Beschleunigungsgebots das Verfahren bereits längere Zeit nicht gefördert wurde und darüber hinaus ungewiss ist, wann das Hauptsacheverfahren eröffnet und Termin zur Hauptverhandlung anberaumt werden kann (vgl BVerfG NStZ-RR 2006, 188). Außerdem kann bei vermeidbaren Verfahrensverzögerungen eine erneute Inhaftierung des Beschuldigten vor Urteilserlass unzulässig sein (vgl OLG Köln StraFo 2007, 155). 1

Umstritten ist, ob der Vollzug **auf eine bestimmte Zeit** ausgesetzt werden kann, etwa um dem Beschuldigten die Wahrnehmung wichtiger Termine zu ermöglichen (vgl LG Verden StV 1996, 387; AG Krefeld NStZ 2002, 559; Neuhaus StraFo 2000, 13). Dies erscheint fraglich, weil das Vorliegen der Voraussetzungen des § 116 StPO nur einheitlich und nicht für einen bestimmten Zeitraum beurteilt werden kann (Meyer-Goßner StPO § 116 Rn 2). Häufig dürfte dem Anliegen des Beschuldigten durch eine Ausführung nach Nr 41 Abs 2 UVollzO Rechnung getragen werden können. 2

B. Aussetzung des Vollzugs

I. Vollzugsaussetzung bei Fluchtgefahr (Abs 1)

Der Haftbefehl ist außer Vollzug zu setzen, wenn eine **hinreichende Erwartung** besteht, dass durch die weniger einschneidenden Maßnahmen der Haftzweck erreicht werden kann. Dies ist dann der Fall, wenn **mit großer Wahrscheinlichkeit** anzunehmen ist, dass der Beschuldigte sich dem Verfahren **nicht entziehen** werde (OLG Koblenz StV 2003, 171; OLG Karlsruhe StraFo 1997, 91). Diese Prognose ist unter Abwägung aller Umstände des Einzelfalles, insbes der persönlichen Verhältnisse, der Straferwartung, der Folgen der Straftat, dem bisherigem Verhalten des Beschuldigten und der Dauer des Untersuchungshaftvollzugs anzustellen. 3

Die Aussetzungsentscheidung ist mit der Anordnung von weniger einschneidenden Maßnahmen zu verbinden. Sind auch diese nicht erforderlich, ist der Haftbefehl aufzuheben. Die **Ersatzmaßnahmen** dürfen **keinen Strafcharakter** haben (vgl BVerfG NStZ 1991, 142), nicht in uneinschränkbare Grundrechte eingreifen, keine unzumutbaren Forderungen an den 4

Beschuldigten stellen (OLG Saarbrücken NJW 1978, 2460), keine Beschränkungen enthalten, die durch den Haftgrund nicht gerechtfertigt sind (OLG Celle StV 1988, 207) und keinen Arbeitszwang enthalten. Die Anordnung eines vorläufigen Berufsverbots ist nur unter den Voraussetzungen des § 132a StPO zulässig (OLG Hamm StraFo 2002, 178). Beispielhaft führt das Gesetz in Abs 1 Nr 1 bis Nr 4 einige Maßnahmen auf, weitere Maßnahmen sind zulässig und können miteinander verbunden werden.

1. Meldepflicht (Nr 1)

5   Als Meldestelle kommen insbesondere die Polizei, aber auch andere Behörden in Betracht. Die Meldung beim Arbeitgeber ist eine sonstige Maßnahme, die nur in Betracht kommt, wenn der Arbeitgeber einverstanden ist. Ort und Zeit der Meldung sind im Haftverschonungsbeschluss anzuführen. Eine zeitweise Aussetzung der Meldeauflage ist zulässig (OLG Hamm StraFo 1998, 423).

2. Aufenthaltsbeschränkung (Nr 2)

6   Mangels Kontrollierbarkeit kommt diese Maßnahme nur in Ausnahmefällen oder allenfalls in Verbindung mit weiteren Maßnahmen (Abgabe des Passes) in Betracht.

3. Anweisung, die Wohnung nur unter Aufsicht zu verlassen (Nr 3)

7   Die Anweisung, die vor allem bei Jugendlichen in Betracht kommt, kann auch dahin ausgestaltet werden, dass der Beschuldigte nur für bestimmte Wege (zur Schule, zur Arbeit) begleitet wird. Die Aufsichtsperson kann auch eine Privatperson sein. Zum Einsatz elektronischer Überwachungsmittel vgl Neuhaus StV 1999, 345; Ostendorf ZRP 1997, 473.

4. Sicherheitsleistung (Nr 4)

8   Die Einzelheiten der Sicherheitsleistung, die nicht gegen den Gleichheitsgrundsatz verstößt (OLG Bamberg MDR 1985, 788), sind in § 116a StPO geregelt.

5. Sonstige Maßnahmen

9   Sonstige Maßnahmen sind insbesondere die Weisung, den Personalausweis (OLG Celle StV 1991, 473) oder – auch bei Ausländern – den Reisepass abzugeben (OLG Saarbrücken NJW 1978, 2460; **aA** AG Frankfurt/M NJW 1977, 1601); sich bei einer privaten Stelle zu melden, eine bestimmte Wohnung zu nehmen, eine Drogentherapie durchzuführen (OLG Hamm StV 1984, 123) oder den Führerschein zu hinterlegen. In Betracht kommt auch die Sperre eines Bankkontos.

II. Vollzugsaussetzung bei Verdunkelungsgefahr (Abs 2)

10   Besteht die hinreichende Erwartung, dass weniger einschneidende Maßnahmen die Verdunkelungsgefahr erheblich vermindern, **ist** der Haftbefehl im Hinblick auf den Grundsatz der Verhältnismäßigkeit **außer Vollzug zu setzen**. Das Gesetz nennt als milderes Mittel insbesondere das **Verbot der Verbindungsaufnahme** zu Beweispersonen. Es umfasst die Kontaktaufnahme durch Briefe, Internet oder durch Mittelspersonen. Es gilt auch für Verbindungen zu Personen, die noch nicht Mitbeschuldigte, Zeugen oder Sachverständige sind, es aber voraussichtlich sein werden. Unzulässig ist ein Verbot, Kontakt zu Angehörigen aufzunehmen, die mit dem Beschuldigten in Hausgemeinschaft leben (OLG Hamburg Rpfleger 1966, 374). Der **Verkehr mit dem Verteidiger** darf nicht verboten werden. Die Auflage, weder unmittelbar noch mittelbar und auch nicht über den Verteidiger den Haftbefehl, Vernehmungen oder sonstige Aktenstücke an Dritte zu übergeben, ohne vorher die ausdrückliche Zustimmung der Staatsanwaltschaft eingeholt zu haben, zielt nicht darauf ab, rechtmäßiges Verteidigerhandeln zu unterbinden (LG München StraFo 1998, 209 m krit Anm Wüllrich). Die Sicherheitsleistung kommt zwar als sonstige Maßnahme des Abs 2 in Betracht (OLG Hamm StV 2001, 688; OLG Nürnberg StraFo 2003, 89; **aA** Meyer-Goßner StPO § 116 Rn 16), dürfte aber als alleinige Maßnahme nicht geeignet sein, die Verdunkelungsgefahr erheblich zu mindern.

III. Vollzugsaussetzung bei Wiederholungsgefahr (Abs 3)

Das Gesetz nennt insoweit keine Beispiele für Verschonungsauflagen. In Betracht kommen 11 insbesondere die Auflage, sich in **ärztliche Behandlung** oder in eine **Krankenanstalt** zu begeben oder mit dem Geschädigten keinen Kontakt aufzunehmen (OLG Celle StV 1995, 644) sowie die Unterstellung unter die **Aufsicht** einer bestimmten Person, etwa eines Bewährungshelfers. Auch die Auferlegung einer Sicherheitsleistung ist möglich (**aA** SK-StPO/Paeffgen § 116 Rn 18).

IV. Vollzugsaussetzung im Fall des § 112 Abs 3

Obwohl § 116 StPO keine Aussetzung des Vollzugs eines nach § 112 Abs 3 StPO 12 ergangenen Haftbefehls vorsieht, ist wegen des Grundsatzes der Verhältnismäßigkeit auch hier eine Haftverschonung in entsprechender Anwendung des § 116 Abs 1 bis Abs 3 StPO möglich (BVerfGE 19, 351; OLG Köln NJW 1996, 1686; OLG Frankfurt StV 2000, 374; OLG Celle StV 2005, 620; OLG Oldenburg StV 2008, 84).

V. Verfahren

Der **nach § 126 StPO zuständige Richter** entscheidet von Amts wegen oder auf Antrag 13 des Beschuldigten oder der Staatsanwaltschaft durch Beschluss, der gem § 34 StPO zu begründen ist (OLG Celle BeckRS 2009, 06748). Die Staatsanwaltschaft ist gem § 33 Abs 2 StPO vor der Entscheidung zu hören, der Beschuldigte, wenn Zweifel bestehen, ob er die in Aussicht genommenen Maßnahmen erfüllen wird. Zur Mitwirkungsbereitschaft bei der Sicherheitsleistung vgl § 116 a StPO Rn 4. Entgegen der zT in der Literatur vertretenen Ansicht (Meyer-Goßner StPO § 120 Rn 13) hat das Gericht einem **Antrag der Staatsanwaltschaft** auf Verschonung vom weiteren Vollzug der Untersuchungshaft **zwingend zu folgen** (BGH NJW 2000, 967 mAnm Rinio NStZ 2000, 547; **aA** OLG Düsseldorf StV 2001, 462; AG Stuttgart NStZ 2002, 391). Der Beschluss ist, wenn er nicht in einer mündlichen Verhandlung verkündet wird, **zuzustellen** (§ 35 Abs 2 S 1 StPO); ist er unanfechtbar, reicht die formlose Mitteilung. Die Auflagen können nachträglich geändert, auch verschärft werden, wenn sich die Umstände ändern.

Gegen die Aussetzung des Vollzugs kann die **Staatsanwaltschaft Beschwerde** nach 14 § 304 Abs 1 StPO einlegen. Das Beschwerdegericht prüft dann das Vorliegen aller Voraussetzungen des Haftbefehls (OLG Stuttgart NJW 1982, 1296). Erfolgt die Aussetzung des Haftbefehls während laufender Hauptverhandlung, ist eine Überprüfung der Entscheidung dem Beschwerdegericht nur eingeschränkt daraufhin möglich, ob das vom Tatrichter gewonnene Ergebnis auf Tatsachen gestützt ist, die diesem im Zeitpunkt seiner Entscheidung zur Verfügung standen und darauf, ob das mitgeteilte Ergebnis auf einer vertretbaren Bewertung dieser zur Zeit für und gegen einen dringenden Tatverdacht sprechenden Umstände beruht (OLG Celle BeckRS 2009, 06748). Weisen weder der Aussetzungsbeschluss noch der Nichtabhilfebeschluss des erkennenden Gerichts eine hinreichende Begründung nach § 34 StPO auf, ist die Sache unter Aufhebung des Nichtabhilfebeschlusses zur Durchführung eines ordnungsgemäßen Abhilfeverfahrens an das erkennende Gericht zurückzuverweisen (OLG Celle BeckRS 2009, 06748). Der **Beschuldigte** kann **Beschwerde** einlegen, wenn ein Antrag auf Haftverschonung abgelehnt wird oder wenn er die Weisungen und Beschränkungen für übermäßig belastend hält (OLG Hamm BeckRS 2009, 21049). Soweit es nur um die Anordnung, Änderung oder Aufhebung von Auflagen geht, soll die **weitere Beschwerde** nach allerdings umstrittener Auffassung unzulässig sein (OLG Bremen StV 2001, 689; OLG Celle NStZ-RR 2006, 222; OLG Hamburg StV 1994, 323; **aA** OLG Nürnberg MDR 1961, 619; vgl hierzu auch BGHSt 25, 120; BGHSt 26, 270; BGHSt 29, 200). Der **Nebenkläger** hat kein Beschwerderecht. Bei erstinstanzlicher Zuständigkeit des OLG und Entscheidungen des Ermittlungsrichters beim BGH ist die Beschwerde ausnahmsweise zulässig, wenn es sich um die Verhaftung iSd § 304 Abs 4 S 2 Nr 1, Abs 5 StPO geht, also um das „Ob" eines Freiheitsentzugs und den Fortbestand eines außer Vollzug gesetzten Haftbefehls (BGH NJW 1973, 664). Nach **hM** ist die Beschwerde in diesen Fällen aber unzulässig, wenn sie sich isoliert gegen Haftersatzmaßnahmen richtet, also das „Wie" angegriffen wird (BGHSt 25, 120; BGHSt 34, 34, 36; BGHSt 37, 347; OLG Hamm wistra 2002, 238, 240; **aA** SK-StPO/Paeffgen § 116 Rn 22).

C. Widerruf der Aussetzung (Abs 4)

15   In § 116 Abs 4 StPO kommt das mit grundrechtlichem Schutz versehene Gebot zum Ausdruck, die Aussetzung des Vollzugs eines Haftbefehls nur dann zu widerrufen, wenn sich die Umstände im Vergleich zu der Beurteilungsgrundlage zur Zeit der Gewährung der Verschonung **wesentlich verändert** haben (BVerfG NJW 2006, 1787; StraFo 2007, 19). Ist ein Haftbefehl einmal unangefochten außer Vollzug gesetzt worden, darf der Vollzug nur unter den einschränkenden Voraussetzungen des § 116 Abs 4 StPO angeordnet werden. Dabei ist das Gericht an seine Beurteilung der Umstände, auf denen die Aussetzung beruht, grundsätzlich gebunden. Eine lediglich andere Beurteilung bei im Übrigen gleich bleibenden Umständen rechtfertigt deshalb einen Widerruf nicht (BVerfG StV 2006, 26; OLG Frankfurt StV 2004, 493; OLG Stuttgart BeckRS 2009, 12893). Angesichts der Bedeutung des Grundrechts der persönlichen Freiheit ist die **Schwelle** für eine Widerrufsentscheidung grundsätzlich sehr **hoch** anzusetzen (BVerfG NJW 2006, 1787). Vor einer Invollzugsetzung ist zu prüfen, ob nicht eine Verschärfung der Auflagen ausreichend ist, um den Haftzweck zu erreichen (BVerfG NJW 2006, 1787). Wird der außer Vollzug gesetzte Haftbefehl aufgehoben und durch einen neuen ersetzt, so liegt darin sachlich eine Anordnung nach Abs 4, die nur unter den dort bezeichneten Voraussetzungen zulässig ist (BVerfG StraFo 2007, 19; OLG Karlsruhe wistra 2005, 316; OLG Köln StraFo 2008, 241).

I. Gröbliches Zuwiderhandeln gegen Pflichten (Nr 1)

16   Erforderlich ist, dass durch ein dem Beschuldigten zurechenbares Verhalten der **Haftgrund wieder bedrohlich erstarkt** ist (OLG Frankfurt StV 1995, 476). Absichtliches Handeln ist nicht erforderlich. Allerdings reichen Nachlässigkeiten oder ein Versehen nicht aus (KG StV 2002, 607); ständige Schlampereien können aber durchaus als gröbliche Pflichtverletzung gewertet werden.

II. Entfallen der Vertrauensgrundlage (Nr 2)

17   Nr 2 greift ein, wenn der Beschuldigte zB durch Flucht, Fluchtanstalten, unentschuldigtes Ausbleiben trotz ordnungsgemäßer Ladung das in ihn gesetzte **Vertrauen erschüttert**. Dabei werden ihm auch Handlungen Dritter, mit denen er einverstanden ist, zugerechnet. Die Anordnung des Vollzugs wegen Fluchtvorbereitungen ist nur möglich, wenn der Haftbefehl diesen Haftgrund auch enthält; ggf ist er entsprechend zu ergänzen. Unter **Ladungen** sind solche Termine zu verstehen, zu denen der Beschuldigte erscheinen muss (§ 133 StPO, § 163a Abs 3 StPO, § 230 Abs 2 StPO, § 236 StPO), wobei die Ladung an den Zustellungsbevollmächtigten genügt. Liegen Entschuldigungsgründe für das Nichterscheinen erkennbar vor, kommt Nr 2 nicht in Betracht. Dies gilt auch dann, wenn der Beschuldigte einer staatsanwaltlichen Ladung keine Folge leistet, aber erklärt, er werde sich auf keinen Fall zur Sache äußern (vgl OLG Frankfurt StV 1992, 583). Die Generalklausel greift ein, wenn sich nachträglich auf Grund neuer oder neu bekannt gewordener Umstände herausstellt, dass die Erwartung des Gerichts, der Beschuldigte wird Pflichten und Beschränkungen erfüllen, ein Irrtum war.

III. Neu hervorgetretene Umstände (Nr 3)

18   „**Neu**" sind nachträglich eingetretene oder nach Erlass des Aussetzungsbeschlusses bekannt gewordene Umstände, wenn sie die Gründe des Haftverschonungsbeschlusses in einem so **wesentlichen Punkt** erschüttern, dass keine Aussetzung bewilligt worden wäre, wenn sie bei der Entscheidung bereits bekannt gewesen wären (BVerfG NJW 2006, 1787 unter Aufhebung von BGH NStZ 2006, 297; BVerfG StraFo 2007, 19; OLG Frankfurt StV 2004, 493; OLG Düsseldorf StV 2002, 207; OLG Karlsruhe wistra 2005, 316; OLG Stuttgart BeckRS 2009, 12893). Das maßgebliche Kriterium für den Widerruf besteht in einem **Wegfall der Vertrauensgrundlage** der Aussetzungsentscheidung, was aufgrund einer Be-

rücksichtigung sämtlicher Umstände des Einzelfalls zu beurteilen ist (BVerfG NJW 2006, 1787). Dabei ist die Schwelle für eine Widerrufsentscheidung grundsätzlich sehr hoch anzusetzen.

Die neu hervorgetretenen Umstände müssen sich auf die **Haftgründe** beziehen. In 19 Betracht kommen vor allem Fälle, in denen ein weiterer Haftgrund zu dem im Haftbefehl angeführten hinzutritt oder sich der dem Haftbefehl zugrunde liegende Haftgrund verschärft. Da der dringende Tatverdacht bereits Grundvoraussetzung für Erlass und Aufrechterhaltung jeden Haftbefehls ist, ist es ohne Bedeutung, dass der dem Haftbefehl zugrunde gelegte Tatverdacht noch dringender geworden ist; neu hervorgetretene Umstände können sich nicht auf den dringenden Tatverdacht beziehen (BVerfG NJW 2006, 1787; OLG Frankfurt StraFo 2001, 144). Etwas anderes gilt, wenn neue Taten bekannt werden (OLG Stuttgart StV 1998, 553).

Grundsätzlich kann zwar ein nach der Haftverschonung ergangenes **Urteil** oder ein 20 **hoher Strafantrag** der Staatsanwaltschaft geeignet sein, den Widerruf einer Haftverschonung zu rechtfertigen. Dies setzt jedoch voraus, dass der Rechtsfolgenausspruch des Tatrichters oder die von der Staatsanwaltschaft beantragte Strafe von der Prognose des Haftrichters bzgl der Straferwartung **erheblich zum Nachteil des Angeklagten abweicht** und sich die Fluchtgefahr dadurch ganz wesentlich erhöht (BVerfG NJW 2006, 1787; StV 2008, 25; OLG Oldenburg StV 2009, 141; OLG Dresden StV 2009, 477). War dagegen schon zum Zeitpunkt der Aussetzungsentscheidung mit der später ausgesprochenen Strafe zu rechnen und hat der Beschuldigte die ihm erteilten Auflagen gleichwohl befolgt, so liegt kein Fall der Nr 3 vor (vgl BGH NStZ 2005, 279; OLG Düsseldorf StV 2000, 211; 2002, 207, OLG Frankfurt StraFo 2001, 144; StV 2004, 493; OLG Hamm StV 2003, 512; 2008, 29 m zust Anm Marquardt/Petri; OLG Köln StraFo 2008, 241; OLG Koblenz BeckRS 2009, 06772).

IV. Verfahren

Es gilt das zu Rn 14 f Gesagte. Gegen die Anordnung des Vollzugs kann der Beschuldigte 21 **Beschwerde** gem § 304 Abs 1 StPO einlegen, es sei denn die Entscheidung ist von einem Strafsenat als Rechtsmittelgericht erlassen worden (§ 304 Abs 4 S 2 Hs 1 StPO). Gegen die Entscheidung des Landgerichts und des erstinstanzlichen Oberlandesgerichts ist weitere Beschwerde zulässig (§ 310 StPO), da Entscheidungen, die den Vollzug anordnen, die Verhaftung betreffen (§ 305 S 2 StPO, § 310 Abs 1 StPO). Wird der Beschuldigte auf Grund der Anordnung festgenommen, ist er erneut dem Richter nach § 115 StPO, § 115 a StPO vorzuführen; § 114 b StPO ist zu beachten.

§ 116 a [Aussetzung gegen Sicherheitsleistung]

(1) [1]Die Sicherheit ist durch Hinterlegung in barem Geld, in Wertpapieren, durch Pfandbestellung oder durch Bürgschaft geeigneter Personen zu leisten. [2]Davon abweichende Regelungen in einer auf Grund des Gesetzes über den Zahlungsverkehr mit Gerichten und Justizbehörden erlassenen Rechtsverordnung bleiben unberührt.

(2) Der Richter setzt Höhe und Art der Sicherheit nach freiem Ermessen fest.

(3) Der Beschuldigte, der die Aussetzung des Vollzugs des Haftbefehls gegen Sicherheitsleistung beantragt und nicht im Geltungsbereich dieses Gesetzes wohnt, ist verpflichtet, eine im Bezirk des zuständigen Gerichts wohnende Person zum Empfang von Zustellungen zu bevollmächtigen.

Überblick

Die Vorschrift regelt die Einzelheiten der in § 116 Abs 1 Nr 4 StPO vorgesehenen Außervollzugsetzung des Haftbefehls gegen Sicherheitsleistung.

A. Art und Höhe der Sicherheitsleistung

1 Abs 1 regelt abschließend die Arten der Sicherheitsleistung. Verrechnungsschecks zählen nicht dazu (BGHSt 42, 343, 350). Die Sicherheit ist nach Art und Höhe so festzulegen, dass auf den Beschuldigten ein **psychischer Zwang** ausgelöst wird, eher am Verfahren teilzunehmen und eine etwa erkannte Freiheitsstrafe anzutreten, als den Verlust der Sicherheit zu riskieren (OLG Karlsruhe StraFo 1997, 91). Dies richtet sich insbesondere nach den Einkommens- und Vermögensverhältnissen des Beschuldigten, nach Intensität des Haftgrundes und der Bedeutung der Sache. Andere Zwecke, als die vollständige Aufklärung der Tat und rasche Bestrafung des Täters dürfen mit der Sicherheitsleistung nicht verfolgt werden. Namentlich darf durch die Sicherheitsleistung und deren Verfall nicht nach Art einer Strafe ein Rechtsgüterschutz vorweggenommen werden, dem das materielle Strafrecht dienen soll (BVerfG NJW 1991, 1043).

2 Die **Hinterlegung von Geld oder Wertpapieren** richtet sich in der Regel nach der Hinterlegungsordnung; sie ist aber auch bei einem Treuhänder möglich. Unter die **Pfandbestellung** fallen alle Arten der Sicherheit an beweglichen (Pfand, Sicherungsübereignung) und unbeweglichen Sachen (Grundschuld) sowie an Forderungen (Sicherungsabtretung). **Bürgschaft**, die nicht im Sinne von §§ 765 BGB ff zu verstehen ist und nicht schriftlich erfolgen muss, ist das Schuldversprechen eines Dritten gegenüber dem Staat, das – ohne Einrede der Vorausklage – zur Zahlung verpflichtet, wenn die Haftverschonung widerrufen wird (OLG Karlsruhe NStZ-RR 2000, 375). Eine Bankbürgschaft oder Hinterlegung von Geld oder Wertpapieren bei einer Bank durch einen Dritten mit der Maßgabe, dass der Staat nach Verfall Herausgabe verlangen kann, sind zulässig. Durch eine nach dem ZahlVGJG v 22. 12. 2006 (BGBl I 3416) erlassene Rechtsverordnung der Landesregierungen bzw des BMJ kann die Möglichkeit eröffnet werden, **unbar** Sicherheit zu leisten, etwa durch EC-Karte oder Kreditkarte.

3 Die **Sicherheitsleistung** kann bei Abs 1 grundsätzlich **von Dritten** erbracht werden. Dies wird allerdings dann nicht in Betracht kommen, wenn aufgrund der Persönlichkeit des Beschuldigten oder aufgrund seiner Beziehung zum Sicherungsgeber davon ausgegangen werden kann, der Beschuldigte werde diesen dadurch schädigen, dass er den Verfall herbeiführt (vgl OLG München StV 2000, 509; OLG Hamm BeckRS 2009, 21049). Ein Indiz für diese Prognose kann insbes sein, dass der Beschuldigte fremde Vermögenswerte gering achtet (vgl OLG Hamm BeckRS 2009, 21049). Leistet ein Dritter die Sicherheit, muss dies im Beschluss ausdrücklich eingeräumt sein (OLG Düsseldorf NStZ 1990, 97; OLG Karlsruhe NStZ-RR 2000, 375; **aA** OLG Hamm StraFo 2002, 338, OLG Köln StraFo 1997, 93).

4 Die Festsetzung der Sicherheit erfolgt durch den Haftrichter (§ 126 StPO), nach Erhebung der öffentlichen Klage durch den Vorsitzenden (§ 126 Abs 2 S 3 StPO). Nach **hM** ist ein **Antrag** des Beschuldigten **nicht erforderlich**, sondern kann der Haftbefehl von Amts wegen gegen Sicherheitsleistung außer Vollzug gesetzt werden (KG GA 1972, 128; vgl auch Art 5 Abs 3 S 3 EMRK). Der Richter entscheidet nach **freiem Ermessen** über Art und Höhe. Der Beschuldigte oder ein Dritter können die geleistete Sicherheit nicht einseitig zurücknehmen. Eine **Aufrechnung** mit der Geldstrafe oder den Verfahrenskosten ist nicht zulässig (OLG Frankfurt StV 2000, 509; LG München StV 1998, 554).

B. Zustellungsbevollmächtigter

5 Das Erfordernis der Bestellung eines **Zustellungsbevollmächtigten** für Beschuldigte, die in der Bundesrepublik keinen Wohnsitz haben, soll die mit Auslandszustellungen verbundenen Schwierigkeiten unterbinden. Die wirksame Bestellung setzt das **Einverständnis des Zustellungsbevollmächtigten** voraus (LG Baden-Baden NStZ-RR 2000, 372), das vom Beschuldigten nachzuweisen ist (OLG Köln VRS 99, 431). Das Gericht kann auch einen **außerhalb seines Bezirks** wohnhaften Zustellungsbevollmächtigten zulassen. Die Vollmacht besteht, solange die Aussetzung Bestand hat, also bis die Sicherheit frei wird (§ 123 Abs 2 StPO) oder verfällt (§ 124 StPO) oder das Strafverfahren endet (BayObLG 21, 98, 100). Sie kann weder vom Beschuldigten noch vom Bevollmächtigten widerrufen werden (OLG Düsseldorf VRS 71, 369, 370). Der Bevollmächtigte kann nur mit Zustimmung des Gerichts ausgewechselt werden (LG Baden-Baden NStZ-RR 2000, 372). Der Bevollmäch-

tigte tritt für alle Zustellungen an die Stelle des Beschuldigten (BGHSt 10, 62, 63; OLG Koblenz NStZ-RR 2004, 373); § 145 a Abs 2 S 1, Abs 3 S 1 StPO gilt nicht.

§ 116 b [Vorrang der Vollstreckung der Untersuchungshaft]

¹**Die Vollstreckung der Untersuchungshaft geht der Vollstreckung der Auslieferungshaft, der vorläufigen Auslieferungshaft, der Abschiebehaft und der Zurückweisungshaft vor.** ²Die Vollstreckung anderer freiheitsentziehender Maßnahmen geht der Vollstreckung von Untersuchungshaft vor, es sei denn, das Gericht trifft eine abweichende Entscheidung, weil der Zweck der Untersuchungshaft dies erfordert.

Überblick

Die Vorschrift wurde durch das Gesetz zur Änderung des Untersuchungshaftrechts v 29. 7. 2009 (BGBl I 2274) eingefügt und tritt am **1. 1. 2010** in Kraft (vgl § 119 StPO Rn 1). Sie regelt das bisher nur in Teilbereichen geregelte Verhältnis der Vollstreckung der Untersuchungshaft zur Vollstreckung anderer freiheitsentziehender Maßnahmen.

A. Geltungsbereich

Als Untersuchungshaft iS des § 116 b StPO gilt nicht nur die Haft aufgrund eines nach 1 den § 112 StPO, § 112 a StPO erlassenen Haftbefehls, sondern auch die Hauptverhandlungshaft nach § 127 b StPO und die Haft aufgrund von Haftbefehlen nach § 230 Abs 2 StPO, § 236 StPO, § 329 Abs 4 StPO und § 412 S 1 StPO.

B. Verhältnis zur Auslieferungs-/Abschiebehaft ua (S 1)

Im Verhältnis zur Vollstreckung von Auslieferungshaft und vorläufiger Auslieferungshaft 2 (§ 15 IRG, § 16 IRG), zur Abschiebehaft (§ 62 AufenthG, auch iVm § 57 Abs 3 AufenthG) und zur Zurückweisungshaft (§ 15 Abs 5 AufenthG) ist **Untersuchungshaft** zur Sicherstellung der innerstaatlichen Strafverfolgung **vorrangig zu vollstrecken**.

C. Verhältnis zu anderen freiheitsentziehenden Maßnahmen (S 2)

I. Grundsatz

Im Verhältnis zur Vollstreckung von sonstigen freiheitsentziehenden Maßnahmen **tritt die** 3 **Vollstreckung der Untersuchungshaft** im Hinblick auf die Unschuldsvermutung grundsätzlich **zurück**.

Als **andere freiheitsentziehende Maßnahmen** iS des § 116 b S 2 StPO kommen vor 4 allem in Betracht: Freiheitsstrafe (§ 38 StGB), Ersatzfreiheitsstrafe (§ 43 StGB), Jugendstrafe (§ 17 JGG), Jugendarrest (§ 16 JGG), Unterbringung in einem psychiatrischen Krankenhaus (§ 63 StGB), Unterbringung in einer Entziehungsanstalt (§ 64 StGB), Unterbringung in der Sicherungsverwahrung (§ 66 StGB), Ordnungshaft (zB § 51 Abs 1 S 2 StPO, § 70 Abs 1 S 2 StPO, § 177 GVG, § 178 GVG), Erzwingungshaft (zB § 70 Abs 2 StPO, § 96 OWiG, § 901 ZPO), zivilrechtliche Sicherungshaft (zB § 918 ZPO), strafrechtliche Sicherungshaft (§ 453 c StPO), Unterbringung zur Beobachtung (§ 81 StPO), einstweilige Unterbringung (§ 126 a StPO), Unterbringung bei zu erwartender Sicherungsverwahrung (§ 275 a Abs 5 StPO), Haft aufgrund einer Anordnung nach § 4 ÜAG.

Die Vorrangstellung der Vollstreckung sonstiger freiheitsentziehender Maßnahmen gilt 5 unabhängig davon, ob es um die Vollstreckung einer bereits laufenden oder gleichzeitig mit der Vollstreckung der Untersuchungshaft anstehenden freiheitsentziehenden Maßnahme geht oder um die Vollstreckung einer sich erst im Laufe der Untersuchungshaft ergebenden Freiheitsentziehung. Der Vorrang der strafrechtlichen Sicherungshaft ergibt sich daraus, dass bei ihr die Wahrscheinlichkeit, dass letztlich Freiheitsstrafe zu verbüßen ist, in der Regel höher als bei der Untersuchungshaft ist. Gesetzgeberischer Grund für den Vorrang der einstweiligen Unterbringung war, dass bei dieser besser auf die in diesen Fällen regelmäßig bestehenden besonderen Bedürfnissen des Beschuldigten eingegangen werden kann (BT-Drs 16/11644, 23).

II. Ausnahmen

6   Ausnahmen vom Vorrang anderer freiheitsentziehender Maßnahmen vor der Vollstreckung der Untersuchungshaft sind nur dann zulässig, wenn die Abwehr der die Anordnung der Untersuchungshaft begründenden Gefahren (zB Verdunkelungsgefahr) im organisatorischen Rahmen einer Anstalt, die offener als eine Untersuchungshaftanstalt/-abteilung organisiert ist, auch bei erheblicher Anstrengung mit angemessenen Mitteln nicht zu gewährleisten ist (BT-Drs 16/11644, 23). Dies wird insbesondere bei einer Jugendarrestanstalt häufig der Fall sein. Vor der Anordnung der Vollstreckung der Untersuchungshaft ist als milderes Mittel stets zu prüfen, ob die Möglichkeit der Vollstreckung der anderen freiheitsentziehenden Maßnahme in einer Untersuchungshaftanstalt besteht.

III. Regelung vor Geltung des § 116 b StPO

7   Auch nach der Rechtslage bis zum Inkrafttreten des § 116 b StPO wird die Vollstreckung einer anderen freiheitsentziehenden Maßnahme in aller Regel fortgesetzt, wenn während dieser Untersuchungshaft angeordnet wird. In diesem Fall bestimmt **§ 122 Abs 1 StVollzG** für die Vollstreckung von Freiheitsstrafe, dass der Gefangene im Strafvollzug zusätzlich den Beschränkungen seiner Freiheit unterliegt, die der Zweck der Untersuchungshaft erfordert. Nur wenn die zur Erreichung des Zwecks der Untersuchungshaft erforderlichen Maßnahmen nach Auffassung der Vollstreckungsbehörde im Rahmen der Organisation des Strafvollzugs nicht sicherzustellen sind, kann diese die Vollstreckung nach **§ 455 a StPO** unterbrechen. Im umgekehrten Fall der Vollstreckung einer anstehenden Freiheitsstrafe oder einer freiheitsentziehenden Maßregel der Besserung und Sicherung bei laufender Untersuchungshaft bestimmt Nr 92 Abs 1 bzw Abs 5 UVollzO, dass eine laufende Untersuchungshaft zum Zwecke der Vollstreckung der Freiheitsstrafe oder einer freiheitsentziehenden Maßregel unterbrochen werden kann. Diese bisher unterschiedlich geregelten Voraussetzungen des Zurücktretens der Vollstreckung der Untersuchungshaft sind nunmehr einheitlich in dem Sinne geregelt, dass Untersuchungshaft nur dann vollstreckt wird, wenn dies unabdingbar ist.

IV. Zuständigkeit

8   Zuständig für die Entscheidung über die Ausnahme vom Vorrang der Vollstreckung der anderen freiheitsentziehenden Maßnahme ist das Haftgericht nach § 126 Abs 1 StPO, weil dieses auch über die Beschränkungen nach § 119 StPO entscheidet und daher am besten beurteilen kann, ob der Zweck der Untersuchungshaft auch im Rahmen der Vollstreckung einer anderen freiheitsentziehenden Maßnahme erreicht werden kann. Im **Verhältnis zu § 455 a StPO ist § 116 b StPO lex specialis**, weshalb die Unterbrechung der Vollstreckung einer Freiheitsstrafe zum Zwecke der Vollstreckung von Untersuchungshaft immer eine richterliche Anordnung voraussetzt.

§ 117 [Haftprüfung]

(1) **Solange der Beschuldigte in Untersuchungshaft ist, kann er jederzeit die gerichtliche Prüfung beantragen, ob der Haftbefehl aufzuheben oder dessen Vollzug nach § 116 auszusetzen ist (Haftprüfung).**

(2) ¹Neben dem Antrag auf Haftprüfung ist die Beschwerde unzulässig. ²Das Recht der Beschwerde gegen die Entscheidung, die auf den Antrag ergeht, wird dadurch nicht berührt.

(3) Der Richter kann einzelne Ermittlungen anordnen, die für die künftige Entscheidung über die Aufrechterhaltung der Untersuchungshaft von Bedeutung sind, und nach Durchführung dieser Ermittlungen eine neue Prüfung vornehmen.

Überblick

Unabhängig von der Verpflichtung von Staatsanwaltschaft und Gericht, jederzeit von Amts wegen zu prüfen, ob der Haftbefehl aufzuheben oder außer Vollzug zu setzen ist, regelt § 117 StPO ein förmliches Haftprüfungsverfahren, das in der Regel auf Antrag (Rn 1), ausnahmsweise auch von Amts wegen (Rn 11) durchgeführt wird. Daneben besteht der Rechtsbehelf der Beschwerde (Rn 4), gegenüber der die Haftprüfung Vorrang hat (Rn 8). § 117 Abs 4 und Abs 5 StPO in der bis 31. 12. 2009 geltenden Fassung entfallen ab 1. 1. 2010 (Gesetz zur Änderung des Untersuchungshaftrechts v 29. 7. 2009, BGBl I 2274) wegen der Ausdehnung der notwendigen Verteidigung gem § 140 Abs 1 Nr 4 StPO (Rn 10).

§ 117 Abs 4 und 5 idF bis 31. 12. 2009 lauten:

(4) ¹Hat der Beschuldigte noch keinen Verteidiger, so wird ihm ein Verteidiger für die Dauer der Untersuchungshaft bestellt, wenn deren Vollzug mindestens drei Monate gedauert hat und die Staatsanwaltschaft oder der Beschuldigte oder sein gesetzlicher Vertreter es beantragt. ²Über das Antragsrecht ist der Beschuldigte zu belehren. ³Die §§ 142, 143 und 145 gelten entsprechend.

(5) Hat die Untersuchungshaft drei Monate gedauert, ohne daß der Beschuldigte die Haftprüfung beantragt oder Haftbeschwerde eingelegt hat, so findet die Haftprüfung von Amts wegen statt, es sei denn, daß der Beschuldigte einen Verteidiger hat.

Übersicht

	Rn		Rn
A. Haftprüfung auf Antrag (Abs 1)	1	C. Ermittlungen zur Vorbereitung künftiger Entscheidungen (Abs 3)	9
B. Beschwerde	4		
I. Zulässigkeit	4	D. Bestellung eines Verteidigers (Abs 4)	10
II. Vorrang der Haftprüfung (Abs 2 S 1)	8	E. Haftprüfung von Amts wegen (Abs 5)	12

A. Haftprüfung auf Antrag (Abs 1)

Das Haftprüfungsverfahren nach Abs 1 ist während der **gesamten Dauer des Verfahrens** 1 zulässig, solange der Beschuldigte in Untersuchungshaft ist. Die Haftprüfung findet auch in Fällen der Ungehorsamshaft gem § 230 Abs 2 StPO, § 236 StPO, § 329 Abs 4 S 1 StPO statt, nicht jedoch bei der Sicherungshaft (§ 453 c Abs 2 S 2 StPO).

Voraussetzung ist, dass sich der Beschuldigte tatsächlich **auf Grund desjenigen Haft-** 2 **befehls in Haft** befindet, der **Gegenstand des Haftprüfungsverfahrens** sein soll. Befindet sich der Beschuldigte in anderer Sache in Haft, ist der Antrag nur zulässig, wenn das Ende dieser Haft in naher Zukunft bevorsteht (OLG Hamburg MDR 1974, 861; OLG Stuttgart Justiz 1977, 103). Gegebenenfalls kommt eine Umdeutung in eine Haftbeschwerde in Betracht. Die förmliche Haftprüfung nach Abs 1 findet nur auf **Antrag des Beschuldigten** statt, der darüber nach § 115 StPO zu belehren ist. Antragsberechtigt sind der Beschuldigte, sein Verteidiger, aber nicht gegen den ausdrücklichen Willen des Beschuldigten, sowie sein gesetzlicher Vertreter (vgl § 118 StPO). Der Antrag kann jederzeit zurückgenommen werden; der Verteidiger bedarf hierzu der ausdrücklichen Ermächtigung des Beschuldigten. Staatsanwaltschaft und Nebenkläger können den Antrag nicht stellen. Der Antrag ist **formfrei** und an keine Frist gebunden. Er kann mündlich, schriftlich oder zu Protokoll des Urkundsbeamten der Geschäftsstelle des zuständigen Gerichts oder des Gerichts, in dessen Bezirk die Haftanstalt liegt, gestellt werden. Der Antrag kann **jederzeit wiederholt** werden. Ein in der Hauptverhandlung gestellter Antrag muss nicht sofort behandelt werden; vielmehr entscheidet der Vorsitzende im Rahmen seiner Verhandlungsleitung (BGH NStZ 2006, 463).

Der Richter entscheidet auf Antrag des Beschuldigten oder – wenn er es für geboten hält 3 – nach mündlicher Verhandlung (§ 118 StPO), ansonsten nach Aktenlage. Die Staatsanwaltschaft ist gem § 33 Abs 2 StPO, der Beschuldigte unter den Voraussetzungen des § 33 Abs 3 StPO zu hören. Wenn dies ohne größeren Zeitverlust möglich ist, kann der Richter einzelne

Beweise erheben. Der Richter kann den Haftbefehl aufheben (§ 120 StPO), außer Vollzug setzen (§ 116 StPO) oder inhaltlich ändern, zB den dringenden Tatverdacht anders begründen oder den Haftgrund auswechseln. **Weitere Taten** darf er nur auf Antrag der Staatsanwaltschaft einbeziehen (§ 125 StPO). Der begründete Beschluss ist dem Beschuldigten und der Staatsanwaltschaft formlos bekannt zu geben (§ 35 Abs 2 S 2 StPO) und mit Beschwerde und weiterer Beschwerde anfechtbar.

B. Beschwerde

I. Zulässigkeit

4   Gegen den Haftbefehl des Haftrichters oder des erkennenden Gerichts kann nach § 304 Abs 1 StPO, § 305 S 2 StPO **Beschwerde** eingelegt werden, auch wenn er noch nicht vollstreckt (OLG Hamm NStZ-RR 2001, 254) oder nach § 116 StPO oder bei Überhaft nicht vollzogen wird. Beschwerde ist auch zulässig gegen die Änderung des Haftbefehls und jede die Haftfortdauer anordnende Entscheidung. **Ziel der Anfechtung** kann der Erlass eines Haftbefehls nach Ablehnung eines Haftbefehlsantrags, die Aufhebung eines Haftbefehls, die inhaltliche Änderung (zB die Gewährung oder Ablehnung von Haftverschonung, die Einbeziehung oder das Ausscheiden von Tatvorwürfen oder Haftgründen) oder die Änderung von Haftverschonungsbeschlüssen sein. Beschwerde ist auch zulässig gegen Haftentscheidungen des erstinstanzlich zuständigen OLG (§ 304 Abs 4 S 2 Nr 1 StPO) und des Ermittlungsrichters beim BGH und OLG (§ 304 Abs 5 StPO Rn 27), wenn die Entscheidung die Verhaftung betrifft. Nach **hM** ist das nur der Fall, wenn die Entscheidung **unmittelbar den Entzug der persönlichen Freiheit bestimmt** (Haftanordnung, auch bei Haftverschonung, Haftfortdauer), während Beschwerden gegen mehrere im Haftbefehl angeordnete Haftgründe, gegen Modalitäten des Freiheitsentzuges (§ 116 StPO), gegen Art und Weise der Haftprüfung oder des Haftvollzuges (§ 119 StPO) unzulässig sind (BGHSt 25, 120; BGHSt 26, 270; BGHSt 29, 200; BGHSt 34, 34; BGHSt 37, 347; krit Löwe/Rosenberg/Hilger StPO § 114 Rn 35). Bei mehreren denselben Gegenstand betreffenden Haftentscheidungen kann nur die jeweils **letzte Entscheidung** angefochten werden (OLG Hamburg StV 1994, 232; OLG Düsseldorf MDR 1995, 950; OLG Hamm BeckRS 2009, 02365). Etwas anderes gilt aber dann, wenn dies lediglich zu einer sachlich nicht gebotenen kurzfristigen erneuten Haftentscheidung desselben Spruchkörpers führen und die erstrebte Anrufung des Beschwerdegerichts dadurch ohne sachlich zwingende Gründe verzögert würde, weil derselbe Spruchkörper erst kurz zuvor eine ausreichend begründete Haftentscheidung als Beschwerdegericht getroffen hat (OLG Hamm BeckRS 2009, 02365). Bei **Aufhebung des Haftbefehls** besteht im Hinblick auf den mit der Inhaftierung verbundenen tief greifenden Grundrechtseingriff ein **Rechtsschutzinteresse**, die Rechtswidrigkeit des Erlasses des Haftbefehls feststellen zu lassen (OLG München StV 2006, 317). Gegen die richterliche Genehmigung, in Unterbrechung der Untersuchungshaft eine Freiheitsstrafe zu vollstrecken (Nr 92 Abs 1 UVollzO), steht dem Gefangenen mangels Beschwer kein Rechtsmittel zu (OLG Jena BeckRS 2009, 00092). **Weitere Beschwerde** ist nach § 310 StPO zulässig. Dies gilt auch, wenn der angefochtene Haftbefehl derzeit nicht vollzogen wird, weil Überhaft notiert ist. Denn ein zum Vollzug vorgemerkter Haftbefehl entfaltet seine Wirkungen sofort und ohne weitere gerichtliche Anordnung, wenn der derzeit vollzogene Haftbefehl aufgehoben oder außer Vollzug gesetzt wird (OLG Hamm BeckRS 2009, 06221).

5   **Beschwerdeberechtigt** sind der Beschuldigte und sein gesetzlicher Vertreter, der Verteidiger sowie die Staatsanwaltschaft. Der Nebenkläger ist nicht beschwerdeberechtigt. Für das **Beschwerdeverfahren** gelten die allgemeinen Vorschriften. Auf Antrag des Beschuldigten oder von Amts wegen kann das Beschwerdegericht mündliche Verhandlung anordnen (§ 118 Abs 2 StPO). Während laufender Hauptverhandlungen ist die **Prüfungskompetenz des Beschwerdegerichts beschränkt** (vgl § 112 StPO Rn 5). Der Beschwerdebeschluss ist zu begründen (§ 34 StPO) und nach § 35 Abs 2 S 2 StPO formlos bekannt zu machen. Bei Fehlerhaftigkeit des Haftbefehls entscheidet das Beschwerdegericht selbst (§ 309 Abs 2 StPO). So kann es zB den Tatvorwurf und die Haftgründe auswechseln (OLG Stuttgart Justiz 1982, 217) oder den alten Haftbefehl aufheben und einen neuen erlassen (OLG Dresden StV

2006, 700; zur Aufhebung und Zurückverweisung vgl OLG Brandenburg NStZ-RR 1997, 108; OLG Hamm StV 2000, 153; OLG Karlsruhe StV 2002, 147).

Mit der **Erhebung der öffentlichen Klage** sind bereits anhängige, aber noch nicht beschiedene **Haftbeschwerden umzudeuten in einen Haftprüfungsantrag**, über den das nun mit dem Verfahren befasste Gericht der Hauptsache entscheidet (OLG Düsseldorf wistra 1999, 318; NStZ-RR 1996, 366; OLG Frankfurt NJW 1985, 1233; NStZ-RR 1996, 302; OLG Karlsruhe StV 1994, 664; KG NStZ 2000, 444). Gegen dessen Entscheidung ist Beschwerde zulässig. Das gleiche gilt, wenn vor der Entscheidung über die weitere Beschwerde Anklage erhoben wird (OLG Karlsruhe Justiz 1979, 444; OLG Düsseldorf NStE Nr 2 zu § 125), auch wenn über die Beschwerde zuvor bereits entschieden worden ist (OLG Düsseldorf wistra 1999, 318; OLG Hamm wistra 1996, 321; **aA** OLG Karlsruhe Justiz 1977, 433). Nach Eingang der Akten beim **Berufungsgericht** (§ 321 S 2 StPO) ist eine noch nicht erledigte Beschwerde als Antrag auf Haftprüfung durch das Berufungsgericht zu behandeln (OLG Düsseldorf StV 1993, 482; StraFo 2002, 142; OLG Hamm BeckRS 2007, 16973), auch wenn das LG schon vorher eine Beschwerdeentscheidung getroffen hatte. Eine trotz Zuständigkeitsübergang zu Unrecht erlassene Beschwerdeentscheidung ist als Haftprüfungsentscheidung anzusehen und als solche anfechtbar (OLG Frankfurt NJW 1973, 478). 6

Mit **Rechtskraft des Urteils** werden nicht erledigte Haftbeschwerden **gegenstandslos**, es sei denn, es besteht wegen der Schwere des Grundrechtseingriffs ein nachwirkendes Rechtsschutzinteresse an der Feststellung der Rechtswidrigkeit (BVerfGE 96, 27, 40). Ein solches Rehabilitierungsinteresse besteht nicht, wenn die Beendigung der Untersuchungshaft darauf beruht, dass die Revision des Angeklagten gegen das Urteil verworfen und das Urteil rechtskräftig wird (OLG Hamm NStZ 2008, 582; BeckRS 2009, 10634). 7

II. Vorrang der Haftprüfung (Abs 2 S 1)

Gegenüber der Beschwerde hat der zulässige Haftprüfungsantrag nach Abs 1 Vorrang (Abs 2 S 1), die **Beschwerde** ist als **unzulässig** zu verwerfen. Dies gilt auch für die weitere Beschwerde (OLG Hamburg MDR 1984, 72). Die Subsidiarität greift nur ein, wenn Beschwerde und weitere Beschwerde auf Aufhebung des Haftbefehls oder dessen Außervollzugsetzung gerichtet sind (vgl OLG Stuttgart NStZ 1994, 401). Der Vorrang der Haftprüfung gilt auch dann, wenn beide Rechtsbehelfe **von verschiedenen Berechtigten** stammen. Die Beschwerde ist immer dann unzulässig, wenn ein Antrag auf Haftprüfung vorliegt, über den noch nicht entschieden ist. Dies gilt auch dann, wenn der Haftprüfungsantrag zu einem Zeitpunkt gestellt wird, in dem das Beschwerdeverfahren bereits anhängig ist (OLG Karlsruhe StV 1994, 325, OLG Stuttgart NStZ 1994, 401) oder der Haftprüfungsantrag später zurückgenommen wird (OLG Stuttgart Justiz 2005, 334). Die eingelegte Beschwerde lebt nach Abschluss des Haftprüfungsverfahrens nicht wieder auf, sondern bleibt unzulässig (OLG Hamburg MDR 1984, 72). Eine in Unkenntnis der Haftprüfung ergangene Beschwerdeentscheidung ist wirksam, aber auf weitere Beschwerde aufzuheben (OLG Schleswig SchlHA 1988, 109; KK-StPO/Graf StPO § 117 Rn 9; **aA** OLG Stuttgart NStZ 1994, 401). Bei widersprüchlichen Entscheidungen des Beschwerdegerichts und des für die Haftprüfung zuständigen Gerichts gilt die dem Beschuldigten günstigere Entscheidung. 8

C. Ermittlungen zur Vorbereitung künftiger Entscheidungen (Abs 3)

Die Vorschrift betrifft nicht Ermittlungen im Rahmen einer Haftprüfung nach Abs 1, sondern Ermittlungen im Hinblick **auf künftige Entscheidungen**. Nach **hM** kann der Richter in Fällen, in denen die Haft fortdauert, einzelne genau zu bezeichnende Ermittlungen direkt anordnen, die **von der Staatsanwaltschaft durchzuführen** sind (KK-StPO/ Graf StPO § 117 Rn 12; **aA** SK-StPO/Paeffgen § 117 Rn 15: Ermittlung durch beauftragten oder ersuchten Richter). Die Staatsanwaltschaft kann sich mit der Beschwerde gegen die Ermittlungsanordnung wenden. Nach Abschluss der angeordneten Ermittlungen kann der Richter eine neue Haftprüfung durchführen. Die neue Prüfung kann zugleich mit den ergänzenden Ermittlungen, aber auch später angeordnet werden, wenn sich eine Entscheidung nach § 120 StPO oder § 116 StPO abzeichnet. Das Verfahren nach Abs 3 kann auch 9 vom Beschwerdegericht und dem mit der Sache nach § 121 StPO, § 122 StPO befassten OLG durchgeführt werden, da ihre Verfahren in der Sache ebenfalls Haftprüfungen sind (OLG Hamburg wistra 2002, 275). Die Beweisanordnung kann in diesem Fall auch im Hinblick auf eine zukünftige Haftprüfung durch den Haftrichter getroffen werden.

D. Bestellung eines Verteidigers (Abs 4)

10   Gem. § 117 Abs 4 StPO in der bis 31. 12. 2009 geltenden Fassung ist nach **dreimonatiger Untersuchungshaft** einem Beschuldigten ohne Verteidiger auf Antrag ein Verteidiger zu bestellen. Für die Frist-Berechnung sind alle in demselben Verfahren erlittenen Haftzeiten zusammenzurechnen. Der Antrag kann von der Staatsanwaltschaft, dem Beschuldigten oder seinem gesetzlichen Vertreter gestellt werden. Der Beschuldigte ist über sein Antragsrecht zu **belehren** (Abs 4 S 2). Zuständig für die Verteidigerbestellung ist der Haftrichter (§ 126 StPO), bei Kollegialgerichten der Vorsitzende (Abs 4 S 2 iVm § 142 Abs 1 S 1 StPO). Auswahl und Zurücknahme der Bestellung richten sich nach § 142 StPO, § 143 StPO, die Folgen eines Ausbleibens des Verteidigers in der mündlichen Verhandlung (§ 118 StPO) nach § 145 StPO. Liegen die Voraussetzungen der **notwendigen Verteidigung** nach § 140 StPO vor oder ist absehbar, dass sie demnächst eintreten, ist der Verteidiger **vorrangig** vor § 117 Abs 4 StPO **nach § 141 Abs 3 u Abs 4 StPO zu bestellen** (BGHSt 46, 93; BGHSt 47, 172, 176). Gem § 140 Abs 3 S 2 StPO bleibt die Bestellung eines Verteidigers nach § 117 Abs 4 StPO unter den in § 140 Abs 1 Nr 5 StPO bezeichneten Voraussetzungen für das weitere Verfahren wirksam, wenn nicht ein anderer Verteidiger bestellt wird.

11   **§ 117 Abs 4 StPO entfällt ab 1. 1. 2010** aufgrund der Ausdehnung der notwendigen Verteidigung. Nach § 140 Abs 1 Nr 4 StPO in der ab 1. 1. 2010 geltenden Fassung ist dem inhaftierten Beschuldigten von Beginn der Inhaftierung an von Amts wegen ein Verteidiger zu bestellen, weshalb die Regelung über die Bestellung eines Verteidigers nach Ablauf von drei Monaten Untersuchungshaft keinen Anwendungsbereich mehr hat.

E. Haftprüfung von Amts wegen (Abs 5)

12   Nach **dreimonatiger Haftdauer** findet nach § 117 Abs 5 StPO in der bis 31. 12. 2009 geltenden Fassung eine Haftprüfung von Amts wegen statt, wenn der Beschuldigte oder ein anderer Antragsberechtigter (§ 118 b StPO) bis dahin **weder Haftprüfung beantragt noch Beschwerde** gegen den Bestand oder den weiteren Vollzug des Haftbefehls **eingelegt** und der Beschuldigte noch **keinen Verteidiger** hat. Für die Dreimonatsfrist kommt es auf die in derselben Sache erlittene Untersuchungshaft an. Nicht mitberechnet werden Zeiten, in denen die Untersuchungshaft unterbrochen war und der Beschuldigte in anderer Sache Straf- oder Untersuchungshaft verbüßt hat. Keine Zusammenrechnung findet nach **hM** statt, wenn der Haftbefehl aufgehoben oder außer Vollzug gesetzt worden war und der Beschuldigte erneut inhaftiert wird (KK-StPO/Graf StPO § 117 Rn 18), weil in diesen Fällen nochmals nach § 115 StPO über die Haftfrage entschieden wird. Das Gericht, das die Frist auch nicht mit Zustimmung des Beschuldigten überschreiten darf, hat mit der Prüfung an dem gemäß § 43 StPO zu ermittelnden Tag zu beginnen, beendet muss das Verfahren zu diesem Zeitpunkt nicht sein.

13   **§ 117 Abs 5 StPO entfällt ab 1. 1. 2010** aufgrund der Ausdehnung der notwendigen Verteidigung. Nach § 140 Abs 1 Nr 4 StPO in der ab 1. 1. 2010 geltenden Fassung ist dem inhaftierten Beschuldigten von Beginn der Inhaftierung an von Amts wegen ein Verteidiger zu bestellen, weshalb die Regelung über die Dreimonatshaftprüfung keinen Anwendungsbereich mehr hat.

§ 118 [Mündliche Verhandlung]

(1) Bei der Haftprüfung wird auf Antrag des Beschuldigten oder nach dem Ermessen des Gerichts von Amts wegen nach mündlicher Verhandlung entschieden.

(2) Ist gegen den Haftbefehl Beschwerde eingelegt, so kann auch im Beschwerdeverfahren auf Antrag des Beschuldigten oder von Amts wegen nach mündlicher Verhandlung entschieden werden.

(3) Ist die Untersuchungshaft nach mündlicher Verhandlung aufrechterhalten worden, so hat der Beschuldigte einen Anspruch auf eine weitere mündliche Verhandlung nur, wenn die Untersuchungshaft mindestens drei Monate und seit der letzten mündlichen Verhandlung mindestens zwei Monate gedauert hat.

(4) Ein Anspruch auf mündliche Verhandlung besteht nicht, solange die Hauptverhandlung andauert oder wenn ein Urteil ergangen ist, das auf eine Freiheitsstrafe oder eine freiheitsentziehende Maßregel der Besserung und Sicherung erkennt.

(5) Die mündliche Verhandlung ist unverzüglich durchzuführen; sie darf ohne Zustimmung des Beschuldigten nicht über zwei Wochen nach dem Eingang des Antrags anberaumt werden.

Überblick

§ 118 StPO regelt den Anspruch des Beschuldigten auf mündliche Verhandlung im Haftprüfungsverfahren und die Möglichkeit – entgegen § 309 Abs 1 StPO – auch im Haftbeschwerdeverfahren nach mündlicher Verhandlung zu entscheiden (Rn 1). Außerdem enthält die Vorschrift Ausnahmen von diesem Anspruch (Rn 2 f) sowie eine Frist zur Durchführung der mündlichen Verhandlung (Rn 4).

A. Mündliche Verhandlung (Abs 1 und Abs 2)

Nach Abs 1 hat der Beschuldigte im Haftprüfungsverfahren nach § 117 Abs 1 und 1 Abs 5 StPO (§ 117 Abs 5 StPO aufgehoben mit Wirkung zum 1. 1. 2010) grundsätzlich einen **Anspruch auf mündliche Verhandlung**. Sie hat stattzufinden, wenn der Beschuldigte, sein Verteidiger (nicht gegen den Willen des Beschuldigten, § 118 b StPO, § 297 StPO) oder sein gesetzlicher Vertreter sie beantragen (Abs 1). Der Antragsberechtigte braucht nicht derselbe zu sein, der den Antrag nach § 117 Abs 1 StPO gestellt hat. Die Staatsanwaltschaft kann eine mündliche Verhandlung nur anregen. Im Haftbeschwerdeverfahren ist das Beschwerdegericht an einen Antrag auf mündliche Verhandlung nicht gebunden, sondern entscheidet nach seinem Ermessen, ob es eine mündliche Verhandlung durchführt (Abs 2).

B. Ausnahmen (Abs 3 und Abs 4)

Ist die Untersuchungshaft nach mündlicher Verhandlung gem Abs 1 im Haftprüfungs- 2 oder Beschwerdeverfahren **aufrechterhalten** worden, kann der Beschuldigte oder ein anderer Antragsberechtigter (§ 118 b StPO) eine weitere mündliche Verhandlung erst verlangen, wenn die Untersuchungshaft **insgesamt** mindestens **drei Monate** und **seit der letzten mündlichen Verhandlung mindestens zwei Monate** gedauert hat (Abs 3). Dabei spielt es keine Rolle, ob die frühere mündliche Verhandlung auf Antrag oder von Amts wegen stattgefunden hat. Von Amts wegen kann das Gericht nach seinem Ermessen aber jederzeit mündliche Verhandlung anberaumen. Die Beschränkung gilt nicht, wenn der Haftbefehl in einer mündlichen Verhandlung aufrechterhalten, später aber außerhalb einer mündlichen Verhandlung aufgehoben oder außer Vollzug gesetzt wurde und der Beschuldigte nun erneut in Haft kommt (KK-StPO/Graf StPO § 118 Rn 3). Ein vor Fristablauf gestellter Antrag wird mit Fristablauf wirksam, wenn bis dahin noch keine gerichtliche Entscheidung erfolgt.

Gem Abs 4 **entfällt** der Anspruch nach Abs 1, solange die **Hauptverhandlung** in der 3 ersten Instanz oder im Berufungsverfahren **andauert**. Dies gilt auch dann, wenn der Antrag vor Beginn der Hauptverhandlung gestellt, aber bis zu diesem Zeitpunkt noch nicht beschieden war. Bei einer **längeren Unterbrechung** (§ 229 Abs 2 StPO) dauert die Hauptverhandlung nicht mehr an (Meyer-Goßner StPO § 118 Rn 3; **aA** OLG Celle NStZ-RR 1996, 171, wenn der Haftprüfungsantrag in zeitlicher Nähe zum letzten Hauptverhandlungstermin gestellt wird und kein neues Vorbringen enthält). Der Anspruch auf mündliche Verhandlung besteht weiterhin dann nicht, wenn ein Urteil ergangen ist, das auf Freiheits- oder Jugendstrafe, Straf- oder Jugendarrest oder eine freiheitsentziehende Maßregel der Besserung und Sicherung (§ 63 f StGB) erkannt hat.

C. Frist (Abs 5)

4   Die mündliche Verhandlung muss **unverzüglich**, dh ohne vermeidbare Verzögerung, durchgeführt werden. Ohne Zustimmung des Beschuldigten darf sie nicht über zwei Wochen nach dem Eingang des Antrags anberaumt werden. Die Frist beginnt mit dem Eingang des Antrags bei dem zuständigen Gericht oder zum Zeitpunkt, in dem der Antrag beim Amtsgericht des Verwahrungsortes zu Protokoll der Geschäftsstelle gegeben wird (§ 118 b, § 299 Abs 2 StPO). Für die **Fristberechnung** gilt § 43 StPO. Die Zustimmung zur Fristverlängerung kann vom Beschuldigten oder vom sonstigen Antragsberechtigten, der den Antrag auf mündliche Verhandlung gestellt hatte, erteilt werden, sie muss auch die Dauer der Fristverlängerung umfassen. Der Verteidiger kann ohne ausdrückliche Ermächtigung des Beschuldigten zustimmen (KK-StPO/Graf StPO § 118 StPO Rn 6; **aA** SK-StPO/Paeffgen StPO § 118 Rn 6: analoge Anwendung des § 302 Abs 2 StPO). Überschreitet der Richter die Frist ohne Zustimmung, führt dies nicht zur Freilassung des Beschuldigten (OLG Hamm NStZ-RR 2006, 17 m krit Anm Paeffgen NStZ 2007, 85; vgl auch OLG Köln BeckRS 2009, 09231; AG Hamburg-Harburg StraFo 2005, 198), kann aber die Besorgnis der Befangenheit begründen (BGH AK 67/76 v 4. 12. 1976). Außerdem kann die Überschreitung der Frist mit der (Untätigkeits-) Beschwerde angefochten werden (OLG Köln BeckRS 2009, 09231).

§ 118 a [Durchführung der mündlichen Verhandlung]

(1) Von Ort und Zeit der mündlichen Verhandlung sind die Staatsanwaltschaft sowie der Beschuldigte und der Verteidiger zu benachrichtigen.

(2) ¹Der Beschuldigte ist zu der Verhandlung vorzuführen, es sei denn, daß er auf die Anwesenheit in der Verhandlung verzichtet hat oder daß der Vorführung weite Entfernung oder Krankheit des Beschuldigten oder andere nicht zu beseitigende Hindernisse entgegenstehen. ²Wird der Beschuldigte zur mündlichen Verhandlung nicht vorgeführt, so muß ein Verteidiger seine Rechte in der Verhandlung wahrnehmen. ³In diesem Falle ist ihm für die mündliche Verhandlung ein Verteidiger zu bestellen, wenn er noch keinen Verteidiger hat. ⁴Die §§ 142, 143 und 145 gelten entsprechend.

(3) ¹In der mündlichen Verhandlung sind die anwesenden Beteiligten zu hören. ²Art und Umfang der Beweisaufnahme bestimmt das Gericht. ³Über die Verhandlung ist eine Niederschrift aufzunehmen; die §§ 271 bis 273 gelten entsprechend.

(4) ¹Die Entscheidung ist am Schluß der mündlichen Verhandlung zu verkünden. ²Ist dies nicht möglich, so ist die Entscheidung spätestens binnen einer Woche zu erlassen.

Überblick

Die Norm regelt die Durchführung der mündlichen Verhandlung nach § 118 StPO.

A. Benachrichtigung (Abs 1)

1   Benachrichtigt werden Beschuldigter, Verteidiger, Staatsanwaltschaft, der Antragsteller (§ 118 b StPO) und bei jugendlichen Beschuldigten gesetzliche Vertreter und die Erziehungsberechtigten (§ 67 Abs 2 JGG), nicht der Nebenkläger und Mitbeschuldigte (OLG Karlsruhe StV 1996, 396; vgl auch BGHSt 42, 391). Die Benachrichtigung kann **formlos**, auch fernmündlich erfolgen.

B. Vorführung (Abs 2)

Die Vorführung kann unterbleiben, wenn der Beschuldigte auf seine Anwesenheit in der mündlichen Verhandlung **verzichtet** oder ihr weite Entfernung, Krankheit oder andere **nicht zu beseitigende Hindernisse entgegenstehen**. Der Richter ist an den Verzicht, der widerruflich ist, nicht gebunden. Die anderen Hinderungsgründe sind eng auszulegen; gegebenenfalls ist zu prüfen, ob die mündliche Verhandlung nicht in der Vollzugsanstalt durchgeführt werden kann. Wird der Beschuldigte nicht vorgeführt, so muss ein **Wahl- oder Pflichtverteidiger** seine Rechte in der mündlichen Verhandlung wahrnehmen (S 2). Hat der Beschuldigte keinen Verteidiger oder ist dieser verhindert, ist ein Verteidiger für die mündliche Verhandlung zu bestellen (S 3). Die Vorschriften der § 142 StPO, § 143 StPO und § 145 StPO finden entsprechende Anwendung (S 4).

C. Mündliche Verhandlung (Abs 3)

Die mündliche Verhandlung findet vor dem nach § 126 StPO zuständigen Gericht in nichtöffentlicher Sitzung statt. Kollegialgerichte verhandeln und entscheiden in Beschlussbesetzung (§ 76 S 2 GVG). Die mündliche Verhandlung darf nicht auf ein Rechtshilfegericht oder auf einen beauftragten oder ersuchten Richter übertragen werden (OLG München MDR 1958, 181). An der Verhandlung nimmt der Richter mit einem Urkundsbeamten teil; die Teilnahme der Staatsanwaltschaft ist nicht zwingend, die eines Verteidigers nur, wenn der Beschuldigte nicht vorgeführt wird.

In der mündlichen Verhandlung sind die anwesenden Beteiligten zu hören (S 1). § 136 Abs 1 StPO findet entsprechende Anwendung. Art und Umfang der Beweisaufnahme bestimmt der Richter nach seinem pflichtgemäßen Ermessen; es gelten die Regeln des **Freibeweisverfahrens**. Beweisanträge des Beschuldigten müssen nicht förmlich beschieden werden; § 244 StPO, § 245 StPO gelten nicht. Der Haftrichter ist grundsätzlich nicht verpflichtet, benannte Beweispersonen zu vernehmen. Etwas anderes kann sich aus der auch im Haftprüfungsverfahren anwendbaren Vorschrift des § 166 Abs 1 StPO ergeben. Danach hat der Haftrichter einem Antrag auf Vernehmung einer entlastenden Beweisperson zu entsprechen, wenn diese zur Freilassung des Beschuldigten (Aufhebung oder Außervollzugsetzung des Haftbefehls) führen kann. Dabei muss es sich um einzelne Beweiserhebungen handeln, die für sich allein oder zumindest in Verbindung mit dem aus der Akte sich ergebenden Sachverhalt geeignet sind, die Freilassung des Beschuldigten zu begründen (OLG Köln BeckRS 2008, 25643). Über die mündliche Verhandlung ist eine **Niederschrift** aufzunehmen; die für das Hauptverhandlungsprotokoll geltenden Vorschriften der § 271 StPO bis § 273 StPO sind entsprechend anzuwenden (S 3).

D. Entscheidung (Abs 4)

Die Entscheidung, die grundsätzlich am Schluss der Verhandlung verkündet wird, ergeht durch **begründeten (§ 34 StPO) Beschluss**, durch den der Haftbefehl aufgehoben (§ 120 StPO), außer Vollzug gesetzt (§ 116 StPO), geändert (vgl § 114 StPO Rn 10) oder aufrechterhalten wird. Der Erlass kann bis zu einer Woche hinausgeschoben werden (S 2), ist dann aber unverzüglich bekanntzumachen. Die Teilnahmeberechtigten (Rn 1) können die Entscheidung gem § 304 StPO, § 310 StPO mit **Beschwerde** und **weiterer Beschwerde** anfechten (vgl § 117 StPO Rn 4 ff). Im Beschwerdeverfahren kann aufgrund mündlicher Verhandlung entschieden werden (vgl § 118 StPO Rn 1). Beruht die Entscheidung auf einem in der Verhandlung unterlaufenen Verfahrensfehler, so darf das Beschwerdegericht eine abschließende Entscheidung nur nach mündlicher Verhandlung (§ 118 Abs 2 StPO) treffen; anderenfalls hat es den angefochtenen Beschluss aufzuheben und die Sache zur Wiederholung der mündlichen Verhandlung an die Vorinstanz zurückzuverweisen (vgl OLG Hamm Rpfleger 1949, 518; BayObLG NJW 1954, 204).

§ 118 b [Antragsberechtigte]

Für den Antrag auf Haftprüfung (§ 117 Abs. 1) und den Antrag auf mündliche Verhandlung gelten die §§ 297 bis 300 und 302 Abs. 2 entsprechend.

1 Die Vorschrift bestimmt, das für den Antrag auf Haftprüfung (§ 117 Abs 1 StPO) und den Antrag auf mündliche Verhandlung (§ 118 Abs 1 StPO) wesentliche Vorschriften über Rechtsmittel entsprechend gelten.
Der **Verteidiger** kann für den Beschuldigten selbstständig die genannten Anträge stellen, aber nicht gegen dessen ausdrücklichen Willen (§ 297 StPO). Zur Zurücknahme der Anträge bedarf es einer ausdrücklichen Ermächtigung (§ 302 Abs 2 StPO). Dies gilt nicht für die Zustimmung des Verteidigers zur Verlängerung der Frist des § 118 Abs 5 StPO (§ 118 StPO Rn 4; **aA** Löwe/Rosenberg/Hilger StPO § 118 Rn 19). Der **gesetzliche Vertreter** hat ein eigenes Recht zur Antragstellung (§ 298 StPO), auch gegen den Willen des Beschuldigten (Meyer-Goßner StPO § 118 b Rn 1). Auch ein Erziehungsberechtigter kann die Anträge stellen (§ 67 Abs 1 JGG).

2 Der nicht auf freiem Fuß befindliche Beschuldigte kann die Anträge auch beim AG des Verwahrungsortes zu Protokoll der Geschäftsstelle geben (§ 299 StPO). Ein Irrtum in der Bezeichnung des Antrags ist unschädlich (§ 300 StPO).

§ 119 [Vollzug der Untersuchungshaft]

(1) ¹Soweit dies zur Abwehr einer Flucht-, Verdunkelungs- oder Wiederholungsgefahr (§§ 112, 112 a) erforderlich ist, können einem inhaftierten Beschuldigten Beschränkungen auferlegt werden. ²Insbesondere kann angeordnet werden, dass

1. der Empfang von Besuchen und die Telekommunikation der Erlaubnis bedürfen,
2. Besuche, Telekommunikation sowie der Schrift- und Paketverkehr zu überwachen sind,
3. die Übergabe von Gegenständen bei Besuchen der Erlaubnis bedarf,
4. der Beschuldigte von einzelnen oder allen anderen Inhaftierten getrennt wird,
5. die gemeinsame Unterbringung und der gemeinsame Aufenthalt mit anderen Inhaftierten eingeschränkt oder ausgeschlossen werden.

³Die Anordnungen trifft das Gericht. ⁴Kann dessen Anordnung nicht rechtzeitig herbeigeführt werden, kann die Staatsanwaltschaft oder die Vollzugsanstalt eine vorläufige Anordnung treffen. ⁵Die Anordnung ist dem Gericht binnen drei Werktagen zur Genehmigung vorzulegen, es sei denn, sie hat sich zwischenzeitlich erledigt. ⁶Der Beschuldigte ist über Anordnungen in Kenntnis zu setzen. ⁷Die Anordnung nach Satz 2 Nr. 2 schließt die Ermächtigung ein, Besuche und Telekommunikation abzubrechen sowie Schreiben und Pakete anzuhalten.

(2) ¹Die Ausführung der Anordnungen obliegt der anordnenden Stelle. ²Das Gericht kann die Ausführung von Anordnungen widerruflich auf die Staatsanwaltschaft übertragen, die sich bei der Ausführung der Hilfe durch ihre Ermittlungspersonen und die Vollzugsanstalt bedienen kann. ³Die Übertragung ist unanfechtbar.

(3) ¹Ist die Überwachung der Telekommunikation nach Absatz 1 Satz 2 Nr. 2 angeordnet, ist die beabsichtigte Überwachung den Gesprächspartnern des Beschuldigten unmittelbar nach Herstellung der Verbindung mitzuteilen. ²Die Mitteilung kann durch den Beschuldigten selbst erfolgen. ³Der Beschuldigte ist rechtzeitig vor Beginn der Telekommunikation über die Mitteilungspflicht zu unterrichten.

(4) ¹Die §§ 148, 148a bleiben unberührt. ²Sie gelten entsprechend für den Verkehr des Beschuldigten mit

1. der für ihn zuständigen Bewährungshilfe,

2. der für ihn zuständigen Führungsaufsichtsstelle,
3. der für ihn zuständigen Gerichtshilfe,
4. den Volksvertretungen des Bundes und der Länder,
5. dem Bundesverfassungsgericht und dem für ihn zuständigen Landesverfassungsgericht,
6. dem für ihn zuständigen Bürgerbeauftragten,
7. dem Bundesbeauftragten für den Datenschutz und die Informationsfreiheit, den für die Kontrolle der Einhaltung der Vorschriften über den Datenschutz in den Ländern zuständigen Stellen der Länder und den Aufsichtsbehörden nach § 38 des Bundesdatenschutzgesetzes,
8. dem Europäischen Parlament,
9. dem Europäischen Gerichtshof für Menschenrechte,
10. dem Europäischen Gerichtshof,
11. dem Europäischen Datenschutzbeauftragten,
12. dem Europäischen Bürgerbeauftragten,
13. dem Europäischen Ausschuss zur Verhütung von Folter und unmenschlicher oder erniedrigender Behandlung oder Strafe,
14. der Europäischen Kommission gegen Rassismus und Intoleranz,
15. dem Menschenrechtsausschuss der Vereinten Nationen,
16. den Ausschüssen der Vereinten Nationen für die Beseitigung der Rassendiskriminierung und für die Beseitigung der Diskriminierung der Frau,
17. dem Ausschuss der Vereinten Nationen gegen Folter, dem zugehörigen Unterausschuss zur Verhütung von Folter und den entsprechenden Nationalen Präventionsmechanismen,
18. den in § 53 Abs. 1 Satz 1 Nr. 1 und 4 genannten Personen in Bezug auf die dort bezeichneten Inhalte,
19. soweit das Gericht nichts anderes anordnet,
a) den Beiräten bei den Justizvollzugsanstalten und
b) der konsularischen Vertretung seines Heimatstaates.

³Die Maßnahmen, die erforderlich sind, um das Vorliegen der Voraussetzungen nach den Sätzen 1 und 2 festzustellen, trifft die nach Absatz 2 zuständige Stelle.

(5) ¹Gegen nach dieser Vorschrift ergangene Entscheidungen oder sonstige Maßnahmen kann gerichtliche Entscheidung beantragt werden, soweit nicht das Rechtsmittel der Beschwerde statthaft ist. ²Der Antrag hat keine aufschiebende Wirkung. ³Das Gericht kann jedoch vorläufige Anordnungen treffen.

(6) ¹Die Absätze 1 bis 5 gelten auch, wenn gegen einen Beschuldigten, gegen den Untersuchungshaft angeordnet ist, eine andere freiheitsentziehende Maßnahme vollstreckt wird (§ 116 b). ²Die Zuständigkeit des Gerichts bestimmt sich auch in diesem Fall nach § 126.

Überblick

Nachdem durch die Föderalismusreform die Gesetzgebungskompetenz für den Untersuchungshaftvollzug in die ausschließliche Gesetzgebungskompetenz der Länder (Art 70 Abs 1 GG) übergegangen ist, war eine Neufassung des § 119 StPO erforderlich, weil der Bund nur noch jenen Bereich regeln darf, der in § 119 Abs 3 Alt 1 StPO idF bis 31. 12. 2009 (Beschränkungen, die der „Zweck der Untersuchungshaft" erfordert) erfasst ist (Rn 1). Die Neufassung des § 119 StPO aufgrund des Gesetzes zur Änderung des Untersuchungshaftrechts v 29. 7. 2009 (BGBl I 2274) tritt zum **1. 1. 2010** in Kraft. Sie regelt vor allem die Beschränkungen, die inhaftierten Beschuldigten zur Umsetzung der Untersuchungshaftzwecke auferlegt werden dürfen (Rn 6 ff), die Anordnungskompetenz für derartige Beschränkungen (Rn 41), die Ausführung der Anordnungen (Rn 43 ff), den geschützten Verkehr des

Beschuldigten mit Verteidiger und anderen Personen und Einrichtungen (Rn 47) sowie den Rechtsschutz gegen beschränkende Anordnungen (Rn 50).

§ 119 StPO idF bis 31. 12. 2009 lautet:

§ 119 [Vollzug der Untersuchungshaft]

(1) ¹Der Verhaftete darf nicht mit anderen Gefangenen in demselben Raum untergebracht werden. ²Er ist auch sonst von Strafgefangenen, soweit möglich, getrennt zu halten.

(2) ¹Mit anderen Untersuchungsgefangenen darf er in demselben Raum untergebracht werden, wenn er es ausdrücklich schriftlich beantragt. ²Der Antrag kann jederzeit in gleicher Weise zurückgenommen werden. ³Der Verhaftete darf auch dann mit anderen Gefangenen in demselben Raum untergebracht werden, wenn sein körperlicher oder geistiger Zustand es erfordert.

(3) Dem Verhafteten dürfen nur solche Beschränkungen auferlegt werden, die der Zweck der Untersuchungshaft oder die Ordnung in der Vollzugsanstalt erfordert.

(4) Bequemlichkeiten und Beschäftigungen darf er sich auf seine Kosten verschaffen, soweit sie mit dem Zweck der Haft vereinbar sind und nicht die Ordnung in der Vollzugsanstalt stören.

(5) ¹Der Verhaftete darf gefesselt werden, wenn
1. die Gefahr besteht, daß er Gewalt gegen Personen oder Sachen anwendet, oder wenn er Widerstand leistet,
2. er zu fliehen versucht oder wenn bei Würdigung der Umstände des Einzelfalles, namentlich der Verhältnisse des Beschuldigten und der Umstände, die einer Flucht entgegenstehen, die Gefahr besteht, daß er sich aus dem Gewahrsam befreien wird,
3. die Gefahr des Selbstmordes oder der Selbstbeschädigung besteht

und wenn die Gefahr durch keine andere, weniger einschneidende Maßnahme abgewendet werden kann. ²Bei der Hauptverhandlung soll er ungefesselt sein.

(6) ¹Die nach diesen Vorschriften erforderlichen Maßnahmen ordnet der Richter an. ²In dringenden Fällen kann der Staatsanwalt, der Anstaltsleiter oder ein anderer Beamter, unter dessen Aufsicht der Verhaftete steht, vorläufige Maßnahmen treffen. ³Sie bedürfen der Genehmigung des Richters.

Übersicht

	Rn
A. Allgemeines	1
I. Gesetzgebungskompetenz	1
1. Bundeskompetenz	1
2. Landeskompetenz	3
B. Anwendungsbereich	5
C. Einzelne Beschränkungen (Abs 1)	6
I. Zweck der Untersuchungshaft	7
II. Erforderlichkeit der Maßnahme	8
III. Erlaubnis zum Besuchsempfang und zur Telekommunikation (Nr 1)	11
1. Besuche	12
2. Telekommunikation	15
IV. Überwachung von Besuchen, der Telekommunikation und des Schrift- und Paketverkehrs (Nr 2)	16
1. Überwachung von Besuchen	16
2. Überwachung der Telekommunikation	21
3. Überwachung von Schriftverkehr	23
4. Überwachung des Paketverkehrs	26
V. Erlaubnis zur Übergabe von Gegenständen (Nr 3)	27
VI. Trennung von anderen Inhaftierten (Nr 4 und Nr 5)	28
VII. Weitere Beschränkungen	29
VIII. Beschränkungen und sonstige Regeln aus vollzuglichen Gründen auf Grundlage des § 119 StPO idF bis 31. 12. 2009	30
1. Allgemeines	30
2. Unterbringung	30a
3. Einschränkungen aus Gründen der Ordnung in der Vollzugsanstalt	31
4. Überwachung des Schriftverkehrs	32
5. Besuchsüberwachung	33
6. Pakete	34
7. Bücher und Zeitschriften	35
8. Rundfunk und Fernsehen	36
9. Verwendung sonstiger Gegenstände	37
10. Disziplinarmaßnahmen	38
11. Bequemlichkeiten und Beschäftigungen (§ 119 Abs 4 StPO idF bis 31. 12. 2009)	39

	Rn		Rn
12. Zuständigkeit (§ 119 Abs 6 StPO idF bis 31. 12. 2009)	40	G. Gerichtliche Entscheidung und Beschwerde (Abs 5)	50
D. Anordnung der Maßnahme (Abs 1 S 3 bis S 6)	41	1. Gerichtliche Entscheidung	50
		2. Beschwerde	52
E. Ausführung der Anordnungen (Abs 2)	43	H. Geltung bei anderen freiheitsentziehenden Maßnahmen (Abs 6)	54
I. Zuständigkeit	43		
II. Prüfungsmaßstab	46		
F. Geschützte Kommunikation mit dem Verteidiger und anderen Personen und Einrichtungen (Abs 4)	47		

A. Allgemeines
I. Gesetzgebungskompetenz
1. Bundeskompetenz

Im Zuge der Föderalismusreform (52. Gesetz zur Änderung des GG v 28. 8. 2006, BGBl I 2034) wurde die Gesetzgebungskompetenz für die Regelung des Untersuchungshaftvollzugs parallel zum Strafvollzug mit Wirkung zum 1. 9. 2006 von der konkurrierenden Gesetzgebungskompetenz ausgenommen (Art 74 Abs 1 Nr 1 GG) und in die **ausschließliche Gesetzgebungskompetenz der Länder** (Art 70 Abs 1 GG) überführt (vgl hierzu Cornel ZfStrVo 2005, 48; Müller-Dietz ZfStrVo 2005, 38 ff u ZRP 2005, 156 ff; Köhne ZRP 2006, 195 f). Die konkurrierende Gesetzgebungskompetenz des Bundes nach Art 74 Abs 1 Nr 1 GG besteht seitdem nur noch für das „gerichtliche Verfahren (ohne das Recht des Untersuchungshaftvollzugs)". Grundlage für Entscheidungen über die Zulässigkeit und Fortdauer der Untersuchungshaft an sich (das **„Ob" der Haft**) bleibt danach weiterhin die StPO, zuständig ist der Haftrichter. Die Regelungskompetenz des Bundes umfasst aber auch Bestimmungen mit dem Ziel, die **ordnungsgemäße Durchführung des Strafverfahrens** zu sichern. Der Bund kann deshalb solche Maßnahmen regeln, die der **Zweck der Untersuchungshaft** erfordert, die mithin der Abwehr von Flucht-, Verdunkelungs- und Wiederholungsgefahren dienen (bislang in § 119 Abs 3 Alt 1 StPO idF bis 31. 12. 2009 erfasst). Außerdem steht dem Bundesgesetzgeber die Gesetzgebungskompetenz im Bereich des Untersuchungshaftvollzugs insoweit zu, als es um den Rechtsweg gegen Entscheidungen der Vollzugsanstalt geht, da diese Frage das gerichtliche Verfahren betrifft (BT-Drs 16/11644, 31). Diese Materie ist nunmehr in **§ 119 a StPO** geregelt. Schließlich hat der Bundesgesetzgeber durch das zum 1. 1. 2010 in Kraft tretende Gesetz zur Änderung des Untersuchungshaftrechts Regelungen zur **Vollstreckung der Untersuchungshaft an Jugendlichen** getroffen (vgl § 89 c JGG, der die Regelungsgegenstände des bisherigen § 93 Abs 1 und Abs 2 JGG sowie des bisherigen § 110 Abs 2 JGG aufgreift). Eine Bundeskompetenz sei insoweit gegeben, weil nicht das „Wie" des Untersuchungshaftvollzugs, sondern die übergeordnete Art des Vollzugs der Untersuchungshaft an jungen Gefangenen im Hinblick auf die gebotene jugendgemäße Ausgestaltung des Strafverfahrens betroffen sei (BT-Drs 16/11644, 36).

Mit der **Neufassung des § 119 StPO** hat der Bundesgesetzgeber die bislang von § 119 Abs 3 Alt 1 StPO idF bis 31. 12. 2009 nur allgemein (ausgenommen § 119 Abs 5 S 1 Nr 2 StPO) angesprochenen und lediglich in der UVollzO näher ausgestalteten Beschränkungen, die aufgrund des Zwecks der Untersuchungshaft angeordnet werden durften, im Text der Strafprozessordnung geregelt (GesE zur Änderung des Untersuchungshaftrechts, BT-Drs 16/11644 u BR-Drs 829/08; Stellungnahme des Bundesrates, BR-Drs 829/08 (Beschluss), Beschlussempfehlung und Bericht des Rechtsausschusses (6. Ausschuss), BT-Drs 16/13097; Empfehlungen des Rechtsausschusses und des Ausschusses für Innere Angelegenheiten, BR-Drs 829/1/08; BR-PlPr 853, 460C-461D (1. Durchgang); BT-PlPr 16/205, 22196A-22202C (1. Beratung); BT-PlPr 16/224, 24546B-24572A (2. Beratung); BT-PlPr 16/224, 24571D (3. Beratung); BR-PlPr 860, 306D-308D (2. Durchgang).

2. Landeskompetenz

3 Das **„Wie"** der **Untersuchungshaft**, dh die allgemeine Ausgestaltung der Untersuchungshaft und die Aufrechterhaltung der Sicherheit und Ordnung in der Justizvollzugsanstalt unabhängig vom konkreten Strafverfahren – bislang in § 119 Abs 3 Alt 2 StPO idF bis 31. 12. 2009 geregelt – fällt, wie der Strafvollzug, in den Kompetenzbereich der Länder. Nach Art 30 GG kommt insoweit eine Zuständigkeit von Gerichten oder Behörden anderer Länder oder des Bundes nicht mehr in Betracht, sofern ein entsprechendes Landesgesetz erlassen worden ist. Dieses ersetzt hinsichtlich des Untersuchungshaftvollzugs die bisherigen Regelungen der § 119 Abs 1 bis Abs 5 S 1 und Abs 6 StPO und die Zuständigkeitsregelungen in § 126 Abs 1 u Abs 2 StPO sowie § 72 Abs 6 JGG (Art 125 a Abs 1 S 2 GG).

4 Bislang hat nur **Niedersachsen** den Untersuchungshaftvollzug durch das am 1. 1. 2008 in Kraft getretene niedersächsische Justizvollzugsgesetz (NJVollzG, GVBl 2007, 720 iVm dem Änderungsgesetz vom 20. 2. 2009, GVBl 2009, 32) normiert. In Niedersachsen ist nach § 134 Abs 1 S 1 NJVollzG die Vollzugsbehörde für alle im Untersuchungshaftvollzug zu treffenden Entscheidungen und sonstigen Maßnahmen zuständig, soweit nicht die Zuständigkeit des Gerichts vorgesehen ist. Zuständiges Gericht ist das für die Haftprüfung (§ 117 StPO) zuständige Gericht (§ 134 a NJVollzG), es sei denn, dieses ist kein Gericht des Landes Niedersachsen. Dann ist das Amtsgericht, in dessen Bezirk die Vollzugsbehörde ihren Sitz hat, zuständig. Soweit das NJVollzG auch von der StPO abweichende Regelungen enthält (vgl § 134 Abs 3 NJVollzG), ist entsprechendes Landesrecht im Hinblick auf die Sperrwirkung des Art 72 Abs 1 GG unwirksam (vgl auch die Vorlage des OLG Oldenburg, das § 146 Abs 3 NJVollzG, § 134 Abs 2 NJVollzG für verfassungswidrig hält, soweit danach auch nach Erhebung der Anklage bei einem anderen Gericht das Gericht am Sitz der Vollzugsbehörde für die Überwachung des Schriftverkehrs zuständig ist, an das BVerfG [StV 2008, 195]; die Vorlage wurde vom BVerfG für unzulässig erklärt, StV 2008, 426; vgl auch BVerfG BeckRS 2008, 41128; Paeffgen StV 2009, 46, 48; Barkemeyer Forum Strafvollzug 2009, 27; Oppenborn/Schäfersküpper Forum Strafvollzug 2009, 21 ff).

4a Mehrere Bundesländer bereiten neue Untersuchungshaftvollzugsgesetze zurzeit vor. Die Länder Berlin, Brandenburg, Bremen, Hamburg, Hessen, Mecklenburg-Vorpommern, Rheinland-Pfalz, Saarland, Sachsen, Sachsen-Anhalt, Schleswig-Holstein und Thüringen haben einen gemeinsamen Musterentwurf für ein Untersuchungshaftvollzugsgesetz erarbeitet (vgl Kirschke/Brune Forum Strafvollzug 2009, 18). Baden-Württemberg (Entwurf eines Justizvollzugsgesetzbuches mit Regelung der Untersuchungshaft im II. Buch), Nordrhein-Westfalen (Entwurf eines Gesetzes zur Regelung des Vollzugs der Untersuchungshaft und zur Verbesserung der Sicherheit in Justizvollzugsanstalten in Nordrhein-Westfalen – GVUVS NRW, Drs 14/863) sowie Thüringen (Entwurf eines Gesetzes über den Vollzug der Untersuchungshaft – ThürUVollzG, Drs 4/4803) und Rheinland-Pfalz – haben Gesetzesentwürfe zur Regelung des Untersuchungshaftvollzugs vorgelegt (vgl Brune/Müller ZRP 2009, 143; zu Nordrhein-Westfalen: Piel ua ZRP 2009, 33).

4b In den Ländern, die bis zum 1. 1. 2010 noch **keine landesgesetzlichen Regelungen** zum Vollzug der Untersuchungshaft getroffen haben, gilt bis zum Inkrafttreten solcher Regelungen, längstens jedoch **bis zum 31. 12. 2011**, § 119 StPO in der bis zum 31. 12. 2009 geltenden Fassung, soweit dort der Vollzug der Untersuchungshaft geregelt ist, neben der ab dem 1. 1. 2010 geltenden Fassung fort (§ 13 EGStPO, Art 1a des Gesetzes zur Änderung des Untersuchungshaftrechts vom 29. 7. 2009).

4c Soweit in Bayern und Hamburg bereits landesrechtliche **Strafvollzugsgesetze** erlassen worden sind, bleiben die bisherigen bundesrechtlichen Regelungen des StVollzG unberührt, da die den Untersuchungshaftvollzug betreffenden Vorschriften des StVollzG nach Art 208 BayStVollzG und § 131 HmbStVollzG weiter Anwendung finden (zur Verfassungsgemäßheit einzelner Bestimmungen des BayStVollzG v 10. 12. 2007, GVBl 866, vgl BayVerfGH BeckRS 2009, 33998).

B. Anwendungsbereich

5 § 119 StPO gilt nicht nur für die Untersuchungshaft aufgrund eines nach § 112 StPO, § 112a StPO erlassenen Haftbefehls, sondern auch für die Hauptverhandlungshaft nach

§ 127 b StPO sowie für die Haft aufgrund von Haftbefehlen nach § 230 Abs 2 StPO, den § 236 StPO, § 329 Abs 4 StPO und § 412 S 1 StPO. Für die vorläufige Unterbringung ergibt sich die Anwendbarkeit der Bestimmung aus § 126 a Abs 2 S 1 StPO, für die Sicherungshaft aus § 453 c Abs 2 S 2 StPO und für die Haft bei erwarteter Unterbringung in der Sicherungsverwahrung aus § 275 a Abs 5 S 4 StPO.

C. Einzelne Beschränkungen (Abs 1)

§ 119 Abs 1 StPO enthält einen **Katalog** der häufig in Betracht kommenden Beschränkungen, der allerdings **nicht abschließend** ist. Vielmehr hat der Haftrichter zu prüfen, ob weitere Maßnahmen im konkreten Einzelfall, etwa die Fesselung des Gefangenen, erforderlich sind. 6

I. Zweck der Untersuchungshaft

Beschränkungen nach § 119 StPO, die über die reine Freiheitsentziehung hinausgehen, können nur auferlegt werden, wenn dies der Zweck der Untersuchungshaft erfordert. Dies ist die **Verhinderung von Flucht, Verdunkelungshandlungen und Wiederholungstaten**. Die Anordnung von Beschränkungen kann nicht nur auf den oder die im Haftbefehl ausdrücklich genannten Haftgründe gestützt werden, sondern kommt auch zur Abwehr aller anderen Gefahren in Betracht, denen durch die Anordnung der Untersuchungshaft begegnet werden soll (BT-Drs 16/11644, 24). Dies entspricht der bisherigen Rechtslage (vgl OLG Hamm StV 1998, 35 mablAnm Paeffgen; OLG Düsseldorf NStZ 1989, 549; vgl auch BVerfG v 29. 10. 1973 – Az 2 BvR 485/73). Der Haftrichter muss nämlich bei Erlass des Haftbefehls nicht alle möglicherweise relevanten Haftgründe im Haftbefehl aufführen. So können etwa Beschränkungen bei einem Haftbefehl wegen Fluchtgefahr auch auf die Verhinderung von Verdunkelungshandlungen gestützt werden. Bei einem Haftbefehl nach § 112 a StPO, der nur in Betracht kommt, wenn ein Haftgrund nach § 112 StPO nicht vorliegt (§ 112 a StPO Rn 9), ist es zulässig, Beschränkungen mit Aspekten der Flucht- oder Verdunkelungsgefahr zu begründen, wenn sich solche Gesichtspunkte später herausstellen. Soweit darüber hinaus Beschränkungen aus vollzuglichen Gründen erforderlich sind, richten sich diese nach den (künftigen) Landesgesetzen über den Vollzug der Untersuchungshaft bzw, sofern noch keine Landesgesetze ergangen sind, bis 31. 12. 2011 nach § 119 StPO idF bis 31. 12. 2009. Eine Überschneidung der Regelung des § 119 StPO mit den Landesgesetzen über den Vollzug der Untersuchungshaft ist unvermeidbare Konsequenz der durch die Föderalismusreform getroffenen Kompetenzzuweisung. So können bestimmte Beschränkungen wie etwa die Besuchsüberwachung, die Überwachung des Schriftverkehrs oder die Fesselung des Gefangenen sowohl aus vollzuglichen Gründen auf der Grundlage der Landesgesetze als auch im Hinblick auf den Haftgrund der Flucht- oder Verdunkelungsgefahr nach § 119 StPO angeordnet werden. 7

II. Erforderlichkeit der Maßnahme

Während die UVollzO in vielen Fällen eine standardmäßige Geltung bestimmter Beschränkungen vorsah, legt § 119 StPO im Hinblick auf die Unschuldsvermutung und die mit den Beschränkungen zum Teil verbundenen erheblichen Einschränkungen der Grundrechte des Beschuldigten fest, dass jede Beschränkung **ausdrücklich angeordnet** und die **Erforderlichkeit der Beschränkung im Einzelfall geprüft und begründet** werden muss (§ 34 StPO). Die vom Bundesministerium der Justiz zunächst angestellte Überlegung, entsprechend der UVollzO bestimmte standardmäßig anzuordnende Beschränkungen (etwa Überwachung der Kommunikation der Gefangenen nach außen) im Gesetz festzulegen, mit der Möglichkeit, davon im Einzelfall abzusehen – was verfassungsrechtlich zulässig gewesen wäre (vgl BVerfG StV 2008, 259; StV 2009, 253) – wurde im Gesetz aus rechtlichen und praktischen Gründen nicht realisiert. Zum einen wurde eine differenzierte Behandlung der Gefangenen aus grundrechtlichen Erwägungen für unabdingbar angesehen, zum anderen wurde die praktische Notwendigkeit einer Standardanordnung des Haftgerichts überwiegend verneint (BT-Drs 16/11644, 24 f). 8

9 Bei der Entscheidung über die Erforderlichkeit der Beschränkung ist § 119 Abs 1 StPO als grundrechtseinschränkende Norm an den durch sie eingeschränkten Grundrechten zu messen. Im Hinblick auf die Unschuldsvermutung darf der Gefangene nur den **unvermeidlichen Beschränkungen** unterworfen werden, wobei der Beachtung des **Grundsatzes der Verhältnismäßigkeit** besondere Bedeutung zukommt (vgl BVerfGE 35, 1, 9 ff; 42, 95, 100; StV 2008, 259; StV 2009, 253 ff, 255 ff). Grundrechtsbeschränkungen sind danach nur zulässig, wenn der **Haftzweck real gefährdet** ist und dieses öffentliche Interesse nicht mit weniger einschneidenden Mitteln geschützt werden kann (vgl BVerfGE 35, 5, 10; StV 2008, 259; StV 2009, 253; OLG Koblenz StV 2003, 514). Für die Annahme einer Gefahr müssen **konkrete Anhaltspunkte** vorliegen (vgl BVerfGE 42, 234, 236; NStZ 1996, 509; StV 2009, 253 ff). Die bloße Möglichkeit, dass ein Untersuchungsgefangener seine Freiheiten missbraucht, reicht nicht aus (vgl BVerfG StV 2009, 253 ff). Dabei kommt es auf den konkreten Einzelfall an, wobei die anordnende Stelle bei der Abwägung auch allgemeine Erfahrungen und Erkenntnisse mit entsprechenden Tätergruppen bzw terroristischen Vereinigungen berücksichtigen kann. In bestimmten Fallgruppen, wie etwa bei dringendem Verdacht der Begehung terroristischer Straftaten oder in Fällen von organisierter Kriminalität kann es deshalb angezeigt sein, eine Vielzahl von Beschränkungen anzuordnen. Die Menschenwürde und der unantastbare Kernbereich privater Lebensgestaltung müssen auf jeden Fall respektiert werden (vgl BGHSt 44, 138, 143). Andererseits darf der Richter die Generalklausel des Abs 1 ausschöpfen (vgl BVerfGE 35, 311, 316; BVerfGE 42, 95, 100). **Verwaltungstechnische Gesichtspunkte** dürfen nur in unerlässlichen Fällen zu Grundrechtseinschränkungen führen (vgl BVerfGE 15, 288, StV 2009, 253); Kontrollschwierigkeiten sind grundsätzlich hinzunehmen (vgl BVerfGE 34, 369, 380 f). Der Hinweis darauf, was an Verwaltungseinrichtungen üblicherweise vorhanden oder an Verwaltungsbrauch vorgegeben ist, entbindet nicht von der Beachtung des Verhältnismäßigkeitsgrundsatzes. Vielmehr ist es grundsätzlich Sache des Staates, im Rahmen des Zumutbaren alle Maßnahmen zu treffen, die geeignet und nötig sind, um Verkürzungen der Rechte von Untersuchungsgefangenen zu vermeiden (vgl BVerfG StV 2008, 260; StV 2009, 258). Handelt es sich aber um einen für die Anstalt mit außerordentlichen Schwierigkeiten verbundenen Aufwand und kann der Gefangene sein Ziel weitgehend auch auf eine Weise erreichen, die für die Anstalt mit wesentlich geringerem Aufwand verbunden ist, spricht dies für die Zulässigkeit einer Einschränkung (vgl BVerfG StV 2008, 260; StV 2009, 255 ff).

10 **Allgemeine Eingriffsbefugnisse** wie § 81 a StPO, § 81 b StPO; §§ 94 StPO ff, § 100 f StPO (BGH NJW 1998, 3284) bleiben unberührt.

III. Erlaubnis zum Besuchsempfang und zur Telekommunikation (Nr 1)

11 Nach § 119 Abs 1 S 2 Nr 1 StPO kann angeordnet werden, dass der Empfang von Besuchen und die Telekommunikation der inhaftierten Beschuldigten einer Erlaubnis bedürfen. Dies wird zur Erreichung der Untersuchungshaftzwecke in den meisten Fällen geboten sein. Dies ergibt sich insbes daraus, dass es aus Kapazitätsgründen nicht möglich ist, in unbegrenztem Maße Außenkontakte in Form von Telekommunikation und Besuchen hinreichend zu überwachen. Ist daher eine Überwachung der Besuche nach Nr 2 geboten, kann es notwendig sein, entsprechende Außenkontakte von vornherein auf einen Umfang zu beschränken, der eine sachgerechte Überwachung ermöglicht.

1. Besuche

12 Die von der Rspr zu § 119 Abs 3 StPO idF bis 31. 12. 2009 aufgestellten Auslegungsregeln gelten sinngemäß fort. Danach kann das grundsätzliche Recht, Besuche zu empfangen, im Hinblick auf den Zweck der Untersuchungshaft zwar grundsätzlich beschränkt werden. Dabei dürfen auch die räumliche und personelle Ausstattung der jeweiligen Anstalt und die sich daraus ergebenden Grenzen für die Besuchsabwicklung berücksichtigt werden (vgl BVerfGE 42, 95, 101; NJW 1993, 3059; OLG Frankfurt StV 2002, 208). Eine generelle Besuchssperre ist aber grundsätzlich unzulässig (vgl OLG Hamm StV 1997, 260; OLG Düsseldorf StV 1994, 324); die Besuchserlaubnis kann nur versagt werden, wenn konkrete Anhaltspunkte vorliegen, dass der Besuch etwa zu Fluchtvorbereitungen oder zu Verdunkelungszwecken wie dem verdeckten Austausch von Informationen missbraucht wird und diese Gefahr mit den Mitteln der Besuchsüberwachung nicht ausgeräumt werden kann (vgl OLG Hamburg StV 1998, 34; OLG Düsseldorf NStZ-RR 2003, 126).

Bei Besuchsanträgen des **Ehegatten und der Kinder** des Beschuldigten ist dem besonderen Schutz des Art 6 Abs 1 GG Rechnung zu tragen (vgl BVerfGE 42, 95; BVerfG NJW 1993, 3059; NStZ 1994, 52, 604; NStZ 1996, 614; StraFo 2006, 490; StraFo 2008, 30, 424; OLG Karlsruhe StraFo 2006, 377; OLG Düsseldorf StV 2001, 122; StV 1996, 323; OLG Köln StV 1995, 259). Besuchsanträge dürfen nur aus schwerwiegenden Gründen abgelehnt werden (OLG Hamm StV 1996, 325; OLG Bremen StV 1998, 33). Die Besuchsregelung ist großzügiger auszugestalten als bei anderen Besuchen (BVerfG NJW 1993, 3059); die zuständigen Behörden haben die erforderlichen und zumutbaren Anstrengungen zu unternehmen, um Besuche zu ermöglichen (vgl hierzu BVerfG StV 2008, 424; OLG Brandenburg BeckRS 2008, 23652). Der Staat kann sich gegenüber dem Untersuchungsgefangenen bzw besuchswilligen Eheleuten und Familienangehörigen nicht darauf berufen, dass er seine Vollzugsanstalten nicht so ausstattet, wie es zur Wahrung des in Art 6 Abs 1 GG normierten Schutzauftrages erforderlich wäre (vgl BVerfG StV 2008, 30). In Ausnahmefällen sind auch am Wochenende Besuchsgelegenheiten außerhalb allgemeiner Besuchszeiten zu schaffen (vgl BVerfGE 42, 95, 100). Die Anordnung, den Besuch auch von Familienangehörigen an einem Trennscheibentisch durchzuführen, dürfte nur bei konkreter Missbrauchsgefahr in der Person des Gefangenen oder des Besuchers im Hinblick auf den Untersuchungshaftzweck zulässig sein (vgl KG BeckRS 2009, 21019 zur Verwendung einer Trennscheibe beim Besuch eines Strafgefangenen gem § 27 Abs 1 S 2 StVollzG). Zu Besuchen von Säuglingen vgl BVerfG StV 2008, 30. Steht der Haftgrund der Verdunkelungsgefahr nicht entgegen, kommt auch eine Zusammenführung von Ehegatten, die in verschiedenen Anstalten inhaftiert sind, in Betracht (vgl OLG Düsseldorf NStZ 1989, 549; OLG Stuttgart StV 2003, 628). Die Gewährung eines Intimkontaktes kann in der Regel aus vollzuglichen Gründen nicht verlangt werden (OLG Jena NStZ 1995, 256 m abl Anm Paeffgen NStZ 1996, 73).

Für Besuche durch **andere Untersuchungsgefangene** gilt Abs 1 Nr 2 im dargelegten Sinne (vgl OLG Hamburg NJW 1965, 364; OLG Koblenz NStZ 1991, 207). Für **Verteidigerbesuche** gilt § 148 StPO.

2. Telekommunikation

Dem (unüberwachten) Führen von Telefonaten dürfte regelmäßig der Zweck der Untersuchungshaft entgegenstehen (vgl OLG Düsseldorf StV 1989, 254; OLG Karlsruhe StraFo 2002, 28). Bei **berechtigtem Interesse** können Telefonate insbes mit Familienangehörigen im Einzelfall erlaubt werden (BGH NStZ 1999, 471; OLG Frankfurt 1992, 281; OLG Hamm NStZ-RR 1996, 303; OLG Stuttgart StV 1995, 260; vgl aber auch OLG Düsseldorf StraFo 2001, 287; OLG Rostock StraFo 2001, 286; AG Cottbus StV 2004, 494). Erlaubnisse können auch mit Weisungen versehen werden, etwa die Weisung bei einem Telefonat nicht über den Gegenstand des Verfahrens zu sprechen.

IV. Überwachung von Besuchen, der Telekommunikation und des Schrift- und Paketverkehrs (Abs 1 Nr 2)

1. Überwachung von Besuchen

Da die Untersuchungshaft im Interesse einer ordnungsgemäßen Durchführung des Strafverfahrens gerade bezweckt, dem Beschuldigten die Möglichkeit zu nehmen, sich dem Verfahren durch Flucht zu entziehen, Verdunkelungshandlungen vorzunehmen oder erneut Straftaten zu begehen, wird die Überwachung der Außenkontakte häufiger geboten sein (vgl auch BVerfGE 42, 95, 100 f). Die Überwachung umfasst in erster Linie den **Inhalt der geführten Gespräche.** Bestehen im Hinblick auf den Haftzweck keine Bedenken, ist der Besuch ohne Überwachung zu genehmigen (vgl hierzu OLG Hamm StV 1997, 258 [zwingend]; StV 1998, 35; BeckRS 2008, 23825; OLG Köln StV 1995, 259; OLG Frankfurt StV 1983, 465; OLG Düsseldorf NStZ-RR 2003, 126). Dies gilt vor allem bei Besuchen von Familienangehörigen; hier ist eine Besuchsüberwachung nur möglich, wenn konkrete Anhaltspunkte vorliegen, dass der Haftzweck gefährdet wird (vgl hierzu BVerfG StV 1997, 257;

OLG Hamm StV 1997, 258; OLG Bremen StV 1995, 645; StV 1998, 33; OLG Hamburg StV 1998, 34; KG StV 2008, 32; LG Göttingen NStZ-RR 2004, 28).

17   Entsprechendes gilt bei Besuchen, die einem **therapeutischen Gespräch** (vgl OLG Frankfurt StV 1983, 289) oder der **Vorbereitung eines Sachverständigengutachtens** dienen (vgl OLG Frankfurt/M StV 2006, 701). Im Hinblick auf das Recht eines Beschuldigten, eigene Beweismittel in der Hauptverhandlung einzuführen (§ 220 StPO, § 245 Abs 2 StPO) ist eine Besuchsbeschränkung für den **Sachverständigen** nur möglich, wenn ausreichende Anhaltspunkte dafür bestehen, dass der Besuch den Haftgründen zuwiderläuft. Bei **ausländischen Beschuldigten** ist ggf unter Hinzuziehung eines Dolmetschers zu überwachen (zu den Kosten vgl OLG Frankfurt StV 1984, 427; 1986, 24; OLG München StV 1996, 491; OLG Düsseldorf StV 1991, 523; OLG Stuttgart StV 1989, 79). Bei konkreten Anhaltspunkten für eine Gefährdung des Haftzwecks kommt auch die Verwendung einer **Trennscheibe** in Betracht (vgl OLG Celle NStZ 1981, 196; OLG Zweibrücken StraFo 2004, 380). Zur Trennscheibenregelung bei Besuchen des Verteidigers vgl die Soll-Vorschrift des § 148 Abs 2 StPO.

18   Eine **heimliche Überwachung** von Ehegattengesprächen in einem eigens dafür zugewiesenen separaten Besuchsraum in der Untersuchungshaft ohne die übliche erkennbare Überwachung kann einen Verstoß gegen das Recht auf ein faires Verfahren (Art 20 Abs 3 GG iVm Art 2 Abs 1 GG) mit der Folge eines Beweisverwertungsverbots darstellen (vgl BGH BeckRS 2009, 18662).

19   Ergibt die Überwachung, dass die Durchführung des Besuchs den Zweck der Untersuchungshaft gefährdet, kann der Besuch abgebrochen werden (Abs 1 S 6).

20   Bei substantiierbaren Anhaltspunkten für eine Fluchtgefahr darf der Besucher auf Waffen oder Ausbruchswerkzeug untersucht werden (vgl BGH NJW 1973, 1656). Dies gilt auch für Verteidiger (vgl BVerfGE 38, 26, 29).

2. Überwachung der Telekommunikation

21   Kann das Telefonat nicht in deutscher Sprache geführt werden, ist das Gespräch ggf unter Hinzuziehung eines Dolmetschers (vgl OLG Stuttgart StV 1990, 79; StV 1995, 260) mitzuhören. Nach § 119 Abs 3 StPO ist die beabsichtigte Überwachung einer Telekommunikation **dem Gesprächspartner des Beschuldigten zu Beginn des Telefonats mitzuteilen**. Der Beschuldigte ist rechtzeitig vor Beginn der Telekommunikation über die Mitteilungspflicht zu unterrichten (Abs 3 S 3). Die Mitteilung kann durch den Inhaftierten selbst erfolgen. Die Mitteilung, mit der die entsprechende Regelung aus § 32 S 3 und 4 StVollzG in das Untersuchungshaftrecht übernommen wird, dient dem Schutz des Rechts des Gesprächspartners des Beschuldigten auf informationelle Selbstbestimmung aus Art 2 Abs 1 iVm Art 1 Abs 1 GG. Auf die Mitteilung kann der Beschuldigte nicht verzichten, weil dessen Interesse, die Inhaftierung nicht offenbaren zu müssen, hinter das Informationsinteresse des Gesprächspartners zurücktritt (BT-Drs 16/11644, 28).

22   Die Telekommunikation ist abzubrechen, wenn der Zweck der Untersuchungshaft durch das Gespräch gefährdet würde (Abs 1 S 6). Eine Aufzeichnung der Telekommunikation ist nach Abs 1 S 2 Nr 2 nicht zulässig. Diese kann nur nach den einschlägigen Vorschriften, etwa nach den § 100 a StPO, § 100 b StPO, angeordnet werden.

3. Überwachung von Schriftverkehr

23   Das Recht des Gefangenen, Schreiben abzusenden und zu empfangen, ist durch Art 2 Abs 1 GG geschützt (BVerfGE 35, 35, 39). Die Kontrolle ausgehender Briefe berührt den Schutzbereich des Briefgeheimnisses (BVerfGE 33, 1, 11). Beschränkungen sind nach § 119 Abs 1 Nr 2 StPO nur möglich, wenn konkrete Anhaltspunkte für die Gefährdung einer der Haftzwecke vorliegt. Der Briefkontrolle unterliegen dann ein- und ausgehende Schreiben. Die Postkontrolle kann auf Stichproben beschränkt werden (vgl BVerfG NJW 2004, 1096). Verteidigerpost und Briefverkehr mit den in Abs 4 genannten Personen und Einrichtungen wird mit Ausnahme der in § 148 Abs 2 StPO bezeichneten Fälle nicht überwacht. Eine Beschränkung der Zahl der Briefe bei Schriftwechsel in Fremdsprachen ist beschränkt zulässig (vgl BVerfG NJW 2004, 1095; Kropp JR 2003, 53). Die Anordnung, den Schriftverkehr in

deutscher Sprache zu führen, ist aber nur möglich, wenn Absender und Empfänger die deutsche Sprache beherrschen (vgl OLG Düsseldorf NStZ 1994, 559; KG StraFo 2004, 168; OLG Hamm BeckRS 2009, 06220).

Aus- und eingehende Briefe werden **angehalten**, wenn sie den Zweck der Untersuchungshaft konkret gefährden (Abs 1 Nr 6; vgl BVerfG NJW 1997, 185). Der Versuch des Gefangenen, die Briefkontrolle zu umgehen, rechtfertigt ein Anhalten noch nicht (OLG Düsseldorf NStZ 1991, 360). Ein Schreiben kann angehalten werden, wenn es ohne zwingenden Grund in einer fremden Sprache abgefasst ist und dadurch den Zweck der Untersuchungshaft gefährdet (OLG Hamm BeckRS 2009, 06220). Eine Gefährdung des Zwecks der Untersuchungshaft liegt in der Regel vor, wenn der **Brief unlesbar** oder in Geheimschrift abgefasst ist oder **unverständliche Passagen** enthält und deshalb die Gefahr besteht, dass verschlüsselte Nachrichten übermittelt werden (OLG Hamburg MDR 1973, 243). Soweit darin kein Verdunkelungsversuch zu sehen ist, darf der Gefangene über das Strafverfahren berichten (vgl OLG Schleswig StV 2001, 465). Die Auslobung einer Belohnung für die Aufklärung der Tat gefährdet den Untersuchungszweck regelmäßig nicht (vgl OLG Hamm wistra 1999, 78). 24

Angehaltene Schreiben sind an den Absender zurückzuleiten, soweit dies ohne Gefährdung des Zwecks der Untersuchungshaft möglich ist (BT-Drs 16/11644, 26). Kommt dem Brief **Beweisbedeutung** für das anhängige oder ein anderes Verfahren zu, kann er nach § 94 StPO, § 98 StPO beschlagnahmt werden, ggf in Form einer Fotokopie (BGH NJW 1961, 2069; NJW 1979, 1418; OLG Düsseldorf NJW 1993, 3278). Der Beschlagnahmebeschluss beinhaltet neben einer Beschlagnahme gem § 94 StPO auch einen Beförderungsausschluss gem § 119 Abs 1 S 6, Abs 2 StPO (vgl OLG Hamburg BeckRS 2009, 18423). Für die **Entscheidung über die Beschlagnahme** entscheidet vor Anklageerhebung das nach § 162 Abs 1 StPO zuständige Gericht, nach Anklageerhebung das mit der Sache befasste Gericht (§ 98 Abs 2 S 4 StPO); innerhalb des Spruchkörpers ist in Ermangelung einer abweichenden gesetzlichen Regelung die für Entscheidungen außerhalb der Hauptverhandlung vorgeschriebene Besetzung zuständig (OLG Hamburg BeckRS 2009, 18423). Begründet die Beweisbedeutung des Briefes einen **Anfangsverdacht für ein neu einzuleitendes Ermittlungsverfahren**, so hat das Haftgericht den Brief analog § 108 StPO vorläufig sicherzustellen und der Staatsanwaltschaft vorzulegen, damit diese beim gem § 98 Abs 2 S 3 StPO, § 162 Abs 1 StPO zuständigen Ermittlungsrichter eine Beschlagnahmeentscheidung erwirken kann (OLG Celle NJW 1974, 805; OLG Hamburg BeckRS 2009, 18423). 25

4. Überwachung des Paketverkehrs

Die Überwachung des Paketverkehrs wird bereits aus vollzuglichen Gründen regelmäßig in Betracht kommen. Unabhängig davon kann sie sowohl aufgrund von Flucht- als auch aufgrund von Verdunkelungsgefahr erforderlich sein. 26

V. Erlaubnis zur Übergabe von Gegenständen (Nr 3)

Der Erlaubnisvorbehalt für die Übergabe von Gegenständen bei Besuchen entspricht inhaltlich der bisherigen Regelung in Nr 27 Abs 2 UVollzO, wonach der Gefangene ohne Erlaubnis des Richters oder Staatsanwalts weder etwas von dem Besucher annehmen noch diesem etwas übergeben darf. 27

VI. Trennung von anderen Inhaftierten (Nr 4 und Nr 5)

Nr 4 und Nr 5 regeln die Anordnung, dass Beschuldigte mit bestimmten anderen Gefangenen nicht in Kontakt treten dürfen. Dies kann dadurch geschehen, dass nach Nr 4 die Trennung von einzelnen oder allen anderen Gefangenen angeordnet bzw nach Nr 5 die gemeinsame Unterbringung oder der Aufenthalt zusammen mit anderen Gefangenen eingeschränkt oder ausgeschlossen wird. Dies kommt vor allem in Betracht, wenn Verdunkelungsgefahr besteht und sich andere Tatbeteiligte oder Personen, die hinsichtlich der Tat der Begünstigung, Strafvereitelung oder Hehlerei beschuldigt werden, in derselben Vollzugsanstalt befinden, aber auch zur Abwehr von Fluchtgefahr, wenn konkrete Anhaltspunkte 28 vorliegen, dass ein Beschuldigter versuchen könnte, mit anderen Gefangenen zusammen ein Entweichen aus dem Vollzug vorzubereiten. In Betracht kommt schließlich unter Beachtung des Grundsatzes der Verhältnismäßigkeit eine Beschränkung des Kontakts zu Personen, die der Mitgliedschaft in derselben kriminellen oder terroristischen Vereinigung wie der Beschuldigte verdächtig sind.

VII. Weitere Beschränkungen

29   Da der Katalog des § 119 Abs 1 S 2 StPO nicht abschließend ist, können weitere Beschränkungen im Hinblick auf den Untersuchungshaftzweck angeordnet werden. In Betracht kommen etwa die Fesselung von Untersuchungsgefangenen bei der Ausführung, die einschränkende Nutzung von Fernsehern oder sonstigen technischen Geräten (s Rn 36) oder die Beschränkung des Bezugs von Zeitschriften oder Büchern. Letzteres kann etwa angeordnet werden bei Zeitschriften mit Darstellungen der Methoden der Gefangenenbefreiung oder mit waffenkundlichen Schilderungen im Falle einer Fluchtgefahr (vgl BGH StB 187/77 v 26. 8. 1977). Die Fesselung muss notwendig sein und darf nur für bestimmte Einzelfälle angeordnet werden; die abzuwendende Gefahr muss mit konkreten Tatsachen belegt sein (vgl OLG Oldenburg NJW 1975, 2219; OLG Koblenz StV 1989, 209).

VIII. Beschränkungen und sonstige Regeln aus vollzuglichen Gründen auf Grundlage des § 119 StPO idF bis 31. 12. 2009

1. Allgemeines

30   Solange keine Landesuntersuchungshaftvollzugsgesetze vorliegen, kommt als Rechtsgrundlage für Beschränkungen aus Gründen der **Anstaltsordnung** und sonstige vollzugliche Regelungen jedenfalls bis 31. 12. 2011 weiterhin allein § 119 Abs 3 StPO idF bis 31. 12. 2009 in Betracht (§ 13 EGStPO). Da § 119 StPO idF bis 31. 12. 2009 insoweit nur einige Grundsätze aufstellt, behält auch die konkrete Ausgestaltung der Beschränkungen in der **Untersuchungshaftvollzugsordnung** (UVollzO) ihre Gültigkeit. Die UVollzO ist eine allgemeine Verwaltungsanordnung, die mangels Rechtssatzqualität für den Richter zwar nicht verbindlich ist (BVerfGE 15, 288, 293; BVerfGE 34, 369, 379). Mit dem Aufnahmeersuchen an die Vollzugsanstalt wird die UVollzO durch richterliche Anordnung nach § 119 Abs 6 S 1 StPO idF bis 31. 12. 2009 für den Verhafteten aber regelmäßig in Kraft gesetzt, es sei denn der Richter modifiziert sie von vornherein oder später durch Lockerungen oder Verschärfungen. Für das Vollzugspersonal und die Staatsanwaltschaft ist die UVollzO bindend, soweit nicht eine abweichende Anordnung des Richters vorliegt (OLG Frankfurt NStZ 1982, 134).

2. Unterbringung

30 a   Die Untersuchungshaft wird in selbstständigen Untersuchungshaftanstalten und soweit diese nicht vorhanden sind, in besonderen Abteilungen der anderen Vollzugsanstalten vollzogen. Als Ausfluss der Unschuldsvermutung des Art 6 Abs 2 EMRK ist als Regelvollzug im Gegensatz zum Strafgefangenen (§ 18 Abs 1 S 1 StVollzG) grundsätzlich die **Einzelhaft** vorgesehen (§ 119 Abs 1 S 1 StPO idF bis 31. 12. 2009). Der Untersuchungsgefangene darf in seiner **Wohnzelle** weder mit anderen Untersuchungsgefangenen noch mit Strafgefangenen untergebracht werden. Eine Überbelegung der JVA rechtfertigt keine Missachtung dieser Vorschrift (LG Frankfurt/M StV 1999, 324). Nach § 119 Abs 1 S 2 StPO idF bis 31. 12. 2009 darf der Untersuchungsgefangene **außerhalb des Haftraums** mit anderen Untersuchungsgefangenen zusammengebracht werden, sofern der Untersuchungszweck nicht entgegensteht (Nr 23 Abs 2 UVollzG, Nr 22 Abs 2 UVollzO). Der Gefangene hat aber keinen Anspruch darauf, während des Freigangs oder sonst mit anderen Untersuchungsgefangenen zu sprechen (OLG Hamburg NJW 1963, 1840); dies kann ihm bei langer Haft aber erlaubt werden. Auf **schriftlichen Antrag**, der jederzeit zurückgenommen werden kann, darf der Verhaftete mit anderen Untersuchungsgefangenen **in demselben Raum** untergebracht werden (§ 119 Abs 2 S 1 StPO idF bis 31. 12. 2009). Einem

entsprechenden Antrag hat der nach § 119 Abs 6 StPO idF bis 31. 12. 2009 zuständige Richter in der Regel stattzugeben, falls nicht besondere Gründe (Spannungen unter den Zellenbewohnern, Gefahr eines Ausbruchsversuchs oder Angriffs auf Vollzugsbeamte, Beteiligte an der Straftat) entgegenstehen (vgl auch VerfGH Berlin NJW 2001, 3181 zur gemeinsamen Unterbringung von Mutter und Kind). Ist der Gefangene aufgrund seines körperlichen oder geistigen Zustands auf Kontakte zu Mitgefangenen angewiesen, kann die gemeinsame Unterbringung unabhängig vom Willen des Gefangenen auch von Amts wegen angeordnet werden (§ 119 Abs 2 S 3 StPO idF bis 31. 12. 2009, vgl OLG Hamm BeckRS 2009, 20873). Aus Sicherheitsgründen (OLG Frankfurt NStZ-RR 2002, 315) oder aus Krankheitsgründen kann der Gefangene in eine andere Anstalt oder in ein Anstaltskrankenhaus verlegt werden.

3. Einschränkungen aus Gründen der Ordnung in der Vollzugsanstalt

Für Einschränkungen der Grundrechte aus Gründen der Anstaltsordnung gelten die 31 obigen Ausführungen zu Einschränkungen aus Gründen des Zwecks der Untersuchungshaft entsprechend (vgl § 119 StPO Rn 9). Der Begriff der **Ordnung in der Vollzugsanstalt** erfasst die Voraussetzungen, die erforderlich sind, um den Betrieb in der Haftanstalt sachgerecht ablaufen zu lassen (OLG Nürnberg MDR 1969, 501). Dies ist nicht auf eine formelle Regelung beschränkt, sondern im materiellen Sinne zu verstehen. Entgegen zT vertretener Auffassung sind darunter nicht nur die unabweisbaren Minimum-Bedingungen zu verstehen, unter denen die zur Zwangsgemeinschaft Verpflichteten zusammenleben können und der Auftrag der Haftanstalt erfüllt wird (SK-StPO/Paeffgen StPO § 119 Rn 12). Vielmehr ist der Begriff **weit auszulegen** (BVerfGE 35, 311, 317; OLG Düsseldorf NStZ 1999, 536). Zur Aufrechterhaltung der Ordnung in der Vollzugsanstalt sind deshalb auch Freiheitsbeschränkungen zulässig, die mit der Sicherheit des Anstaltspersonals, der Vermeidung von Spannungen zwischen den Untersuchungsgefangenen und dem Aufsichtspersonal sowie dem Schutz von Mitgefangenen vor unnötigen Belastungen durch Lärm, Unruhe usw zusammenhängen (BVerfGE 35, 311, 317). Die Ordnung in der Vollzugsanstalt ist auch dann gestört, wenn aus deren Bereich Straftaten von einigem Gewicht geplant oder begangen werden (BGH JZ 1973, 128; OLG Düsseldorf NJW 1996, 3286), ein ungehinderter Kontakt zur Außenwelt besteht oder unerlaubte Kommunikation unter den Gefangenen stattfindet. Eine homologe Insemination kann gegen die Anstaltsordnung verstoßen (vgl OLG Frankfurt NStZ 1991, 405 mAnm Joerden und Paeffgen NStZ 1992, 483; LG Bonn NStZ 1999, 138 für Strafgefangene). Der **psychiatrischen Untersuchung** eines Gefangenen durch einen Arzt seines Vertrauens steht die Anstaltsordnung nicht unbedingt entgegen (vgl OLG Köln NJW 1985, 1408). Die Abgabe einer **Urinprobe** kann nur bei konkretem Anlass verlangt werden (BVerfG NStZ 2008, 292; LG Traunstein StV 2004, 144; OLG Oldenburg StV 2007, 88 m ablAnm Pollähne). Auch wenn das Einbringen verbotener Gegenstände in Justizvollzugsanstalten eine schwerwiegende Gefahr für die Ordnung der jeweiligen Anstalt darstellt, setzt die Untersuchung eines Untersuchungshäftlings im **Intimbereich (Anusinspektion)** konkrete Verdachtsmomente im Einzelfall voraus (BVerfG BeckRS 2009, 31732). Grundsätzlich hat ein Untersuchungsgefangener Anspruch auf umfassende **Einsicht in seine Krankenakte** (OLG Brandenburg StraFo 2008, 154). **Interviews** mit Journalisten oder Film- und Fernsehaufnahmen mit dem Gefangenen dürfen nicht grundsätzlich untersagt werden (BVerfG NStZ 1995, 566; BGH StV 1993, 32; OLG Frankfurt NStZ 2008, 304; OLG Düsseldorf NStZ 1996, 354; vgl aber auch BGH NStZ 1998, 205; OLG Hamm NStZ 1991, 559; Nehm NStZ 1997, 305).

4. Überwachung des Schriftverkehrs

Die **Anstaltsordnung** ist gefährdet, wenn der Gefangene in seinen Briefen strafbare 32 Handlungen plant (BVerfGE 33, 1, 14); wenn Ziele und Methoden terroristischer Vereinigungen propagiert und unterstützt werden (BGH StB 107/78 v 17. 7. 1978), wenn die Briefe grob unrichtige oder verzerrte Darstellungen über die Anstaltsverhältnisse enthalten (vgl OLG Hamm NJW 1966, 1722; NStZ 1981, 454; wenn der Brief grobe Beleidigungen enthält und es nahe liegt, dass dadurch die Ordnung in der Anstalt gestört wird, zB bei groben Beschimpfungen der Justiz oder des Vollzugpersonals; nicht ausreichend sind bloße Unmutsäußerungen und abfällige Werturteile (vgl BVerfGE 33, 1, 16; BVerfGE 35, 311, 318; BGH StB 197/78 v 17. 7. 1978; OLG Bremen JZ 1981, 105; OLG Stuttgart NJW 1973, 70; OLG Hamm JMBlNW 1978, 195; krit SK-StPO/Paeffgen StPO § 119 Rn 30 f). Einschränkungen ergeben sich bei Briefen an **Ehegatten** oder an nahe Angehörige. Diese können im Hinblick auf die grundrechtlich garantierte Privatsphäre nicht schon wegen unsachlicher Äußerungen und massiver Kritik von der Beförderung ausgeschlossen werden (vgl BVerfGE 35, 35, 40; BVerfGE 42, 234, 236; BVerfGE 57, 170; NJW 1997, 185; StV 1991, 306; NStZ 1996, 509; zur Abwägung mit den Grundrechten aus Art 2, 5 und 6 GG unter dem Blickwinkel des grundrechtlichen Schutzes der Vertrauenssphäre vgl auch BVerfG BeckRS 2009, 38648, 38649); OLG Brandenburg StV 1995, 420; OLG Düsseldorf NStZ 1998, 319; StV 1996, 410; OLG München StV 1995, 140; Berndt NStZ 1996, 118, 157 ff).

5. Besuchsüberwachung

33   Die Außenkontakte im Untersuchungshaftvollzug werden durch die Regelungen der UVollzO beschränkt. Nach Nr 24 Abs 1, Nr 25 UVollzO ist eine dreißigminütige Besuchsdauer alle zwei Wochen vorgesehen, wobei gemeinschaftliche Besuche mehrerer Personen nur ausnahmsweise zugelassen werden können (krit zur Dauer und Häufigkeit SK-StPO/Paeffgen § 119 Rn 18: unverhältnismäßig). Die Ausführungen zur Erlaubnis zum Besuchsempfang sowie zur Überwachung von Besuchen zur Erreichung des Untersuchungshaftzwecks (§ 119 StPO Rn 12 ff u § 119 StPO Rn 16 ff) gelten sinngemäß.

6. Pakete

34   Für den Empfang von Paketen verweist Nr 39 Abs 1 S 1 UVollzO auf § 33 Abs 1 StVollzG, wonach der Gefangene dreimal jährlich ein Paket mit Nahrungs- und Genussmitteln empfangen darf. Der Empfang weiterer Pakete bedarf der Erlaubnis. Unter Berufung auf die hohe Belegung und die angespannte Personalsituation der Haftanstalten wäre nach OLG Köln (StV 2006, 537; abl Seebode StV 2006, 552) die Ordnung der Anstalt gefährdet, erhielte der Untersuchungsgefangene mehr als drei Pakete. Der Empfang kann ganz untersagt werden, wenn die nahe liegende Gefahr des Einschmuggelns von Drogen besteht (OLG Koblenz NStZ 1994, 56; NStZ 1999, 215; **aA** OLG Zweibrücken StV 1998, 32).

7. Bücher und Zeitschriften

35   Dem Gefangenen kann aufgegeben werden, Bücher und Zeitschriften nur in bestimmter Zahl und über die Justizvollzugsanstalt zu bestellen (BVerfGE 34, 384, 402; NStZ 1982, 132). Die über den Handel, einen Verlag oder die Post bezogenen Exemplare werden durch die Anstalt kontrolliert, soweit sich der Richter die Durchsicht nicht vorbehalten hat (Nr 45 Abs 3, Abs 4 S 2 UVollzO). Liegen konkrete Anhaltspunkte dafür vor, dass der Zweck der Untersuchungshaft oder die Anstaltsordnung gefährdet sind, kann der Bezug eingeschränkt werden. Ist nur ein kleiner Teil einer Druckschrift zu beanstanden, kann die Schrift nach Entfernung des beanstandeten Teils ausgehändigt werden (OLG Bamberg StV 1982, 174; **aA** KG NJW 1979, 175: keine Rechtspflicht zum Ausschneiden beanstandeter Teile). **Beschränkungen** können sich zB ergeben bei pornographischen Schriften, die ein Jugendlicher oder Heranwachsender bezieht (§ 93 Abs 2 JGG, § 110 JGG idF bis 31. 12. 2009); bei Bezug durch Erwachsene, wenn die konkrete Gefahr der Weitergabe an Jugendliche besteht (OLG Koblenz MDR 1986, 426; vgl auch OLG Düsseldorf MDR 1987, 76); bei Druckschriften, die verzerrte Darstellungen über die Verhältnisse in Haftanstalten enthalten und Vollzugsbedienstete und Strafverfolgungsorgane böswillig verunglimpfen (OLG Hamm JMBlNW 1977, 119; vgl auch BVerfG NStZ-RR 1996, 55); bei Zeitschriften mit Darstellungen der Methoden der Gefangenenbefreiung oder mit waffenkundlichen Schilderungen (BGH StB 187/77 v 26. 8. 1977), bei fremdsprachigen Druckschriften, wenn der Verhaftete mehrere deutsche und fremdsprachige Zeitungen beziehen kann (BGH StB 20-23/78 v 1. 2. 1978). Sind bestimmte Druckschriften über einen längeren Zeitraum angehal-

ten worden, kommt auch der generelle Ausschluss einer Zeitung oder Zeitschrift vom Bezug in Betracht, wenn anzunehmen ist, dass das Blatt seine Zielrichtung künftig nicht ändern wird (OLG Hamm NJW 1977, 594; KG NJW 1979, 175; **aA** OLG Frankfurt MDR 1978, 594).

8. Rundfunk und Fernsehen

Die Benutzung eines eigenen Hörfunk- oder Fernsehgeräts ist grundsätzlich gestattet, 36 soweit der Richter nicht etwas anderes anordnet (vgl BVerfGE 15, 288, 293 zum Rundfunk-Empfang; OLG Düsseldorf NStZ 1985, 44; NStZ-RR 2006, 284 [kein Digitalempfang bei Kabelfernsehen der Anstalt]; OLG Nürnberg StV 1990, 117; Nr 40 Abs 2 UVollzO). Durch die Hausordnung (Nr 18 Abs 4 UVollzO) oder richterliche Anordnung kann die Nutzung batteriebetriebener Geräte angeordnet werden. Eine Verwendung in der Zelle kann nur untersagt werden, wenn **konkrete Anhaltspunkte** für eine Gefährdung der Untersuchungshaftzwecks oder der Anstaltsordnung vorliegen, etwa wenn das Radiogerät zur Herstellung von Außenkontakten missbraucht , als Waffe gegen das Vollzugsperson verwendet wird (vgl OLG Hamburg MDR 1973, 243; OLG Stuttgart MDR 1975, 164; BayObLGSt 1973, 111; OLG Koblenz StV 1989, 210; OLG Zweibrücken NStZ 1990, 46; OLG Düsseldorf StV 1991, 221) oder von der Nutzung Impulse für Ausbruch und Gewalttätigkeit ausgehen können (vgl BVerfG MDR 1974, 204, NStZ 1983, 331). Ggf ist die Nutzung unter Auflagen zu genehmigen (Geräte ohne UKW-Teil, Verplombung des Geräts). Die Benutzung eines **Flachbildschirmgeräts**, das aufgrund seiner technischen Ausstattung Datenübertragungs-, speicherungs- und/oder –übermittlungsfunktionen aufweist, läuft dem Zweck der Untersuchungshaft sowie der Anstaltsordnung zuwider, weil die gespeicherten oder übertragenen Daten in der Anstalt mit zumutbarem zeitlichem Aufwand nicht hinreichend kontrolliert werden können. Die Nutzung eines solchen Geräts kann versagt werden, wenn der Missbrauchsgefahr nicht durch die JVA zumutbare Kontrollmittel im Rahmen der ordnungsgemäßen Aufsicht begegnet werden kann, zB durch Versiegelung oder Verplombung von Schnittstellen oder durch andere technische Maßnahmen (OLG Hamm BeckRS 2009, 06218). Der Besitz eines Videorecorders ist regelmäßig nicht zu gestatten (OLG Hamm NStZ 1995, 102). Die Möglichkeit, Rundfunk zu empfangen und sich bei Licht zu beschäftigen – etwa zu lesen oder zu schreiben – und die Möglichkeit, dies auch **in den Nachtstunden** zu tun, unterfällt dem Schutzbereich der Informationsfreiheit (Art 5 Abs 1 S 1 GG); eine **generelle Stromabschaltung in den Nachtstunden** ist deshalb nur bei konkreter Gefährdung der Schutzgüter des § 119 Abs 3 StPO unter Beachtung des Verhältnismäßigkeitsgrundsatzes zulässig (vgl BVerfG StV 2008, 259 ff).

9. Verwendung sonstiger Gegenstände

Der Besitz sonstiger Gegenstände in der Zelle ist grundsätzlich zu gestatten, soweit sie nach 37 ihrer bestimmungsgemäßen Verwendung keine Gefahr für Haftzweck oder Ordnung in der Anstalt darstellen und keine konkreten Umstände auf eine reale Gefährdung der in § 119 Abs 3 StPO genannte Belange hinweisen (BVerfG NStZ 1994, 604; OLG Zweibrücken StV 1993, 593). Zugelassen worden sind bspw eine mechanische (BVerfGE 35, 5, 10; NStZ 1994, 604; OLG Düsseldorf StV 1993, 374), eine elektrische oder elektronische Schreibmaschine (BVerfG NStZ 1994, 604, OLG Düsseldorf NStZ-RR 1999, 61); ein Walkman (OLG Celle GA 1985, 424); ein Game-Boy (OLG Düsseldorf StV 1992, 477; LG Freiburg StV 1996, 326; **aA** OLG Düsseldorf NStZ 1986, 92). Nicht gestattet worden sind eine Kaffeefiltermaschine (OLG Düsseldorf NStZ 1986, 93); ein Kassettenrekorder (OLG Düsseldorf NStZ 1984, 333; vgl aber StV 1991, 221); eine digitale Fernsehempfangsanlage (OLG Düsseldorf NStZ-RR 2006, 284); ein Computer (OLG Düsseldorf NStZ 1999, 271; NStZ-RR 1999, 61; OLG Hamm StV 1997, 197). Der Besitz eines gesicherten **Laptops** (ohne Disketten- und CD-Laufwerk, Versiegelung der USB-Schnittstellen, Bespielung nur mit Betriebssystem und Software zur Lesbarmachung der amtlichen Ermittlungsakten) kann zulässig sein, wenn die Nutzung zur ordnungsgemäßen Verteidigung erforderlich ist, etwa in umfangreichen Wirtschaftsstrafsachen mit umfangreichem Aktenbestand (OLG Koblenz StV 1995, 86; OLG Stuttgart NStZ-RR 2003, 347; LG Mannheim StraFo 2008, 469).

10. Disziplinarmaßnahmen

38   Bei schuldhaftem Verstoß gegen die Anstaltsordnung kann der Richter (§ 119 Abs 6 StPO idF bis 31. 12. 2009) **Disziplinarmaßnahmen** anordnen (vgl OLG Koblenz GA 1976, 121; OLG Düsseldorf StV 1990, 503; OLG Jena StraFo 2004, 317; Nr 67 UVollzG bis Nr 71 UVollzO).

11. Bequemlichkeiten und Beschäftigungen (§ 119 Abs 4 StPO idF bis 31. 12. 2009)

39   Zu den Bequemlichkeiten, die sich der Untersuchungsgefangene auf eigene Kosten verschaffen kann, fallen zB die Selbstbeköstigung, der Einkauf von Zusatznahrung und Genussmitteln und die Benutzung eigener Kleidung und Wäsche (Nr 50 UVollzO ff). Soweit das nicht die Ordnung in der Anstalt stört, kann sich der Gefangene selbst beschäftigen, also malen, basteln oder sich beruflich fortbilden. Die Ausübung einer Steuerberatertätigkeit ist nicht zulässig (OLG Hamburg MDR 1976, 1038). Der Untersuchungsgefangene ist zur Arbeit nicht verpflichtet (Nr 42 UVollzO, vgl aber § 93 Abs 2 JGG, § 110 Abs 2 JGG idF bis 31. 12. 2009). Auf Verlangen soll ihm eine angemessene Arbeit zugewiesen werden (Nr 43 Abs 1 UVollzO), einen Anspruch auf eine bestimmte Beschäftigung hat der Gefangene nicht (OLG Hamm StraFo 1998, 66). Die Entscheidung trifft der Anstaltsleiter ohne Genehmigung des Richters (OLG Düsseldorf StV 1988, 68), es sei denn, der Haftzweck ist betroffen (OLG Hamburg NStZ 2005, 293). Für seine Arbeit erhält der Gefangene ein Arbeitsentgelt (§ 177 StVollzG, § 200 StVollzG, § 43 StVollzG), über das er frei verfügen kann. Ein Haftkostenbeitrag wird nicht erhoben (**aA** OLG Nürnberg NStZ-RR 1999, 190). Anspruch auf Taschengeld hat der Gefangene nicht (OLG Hamm NStZ 1993, 608; NStZ 2003, 389). Ausführungen werden nur zur Erledigung wichtiger und unaufschiebbarer persönlicher, geschäftlicher oder rechtlicher Angelegenheiten bewilligt (OLG Bremen MDR 1963, 158; OLG Stuttgart MDR 1981, 780; OLG Düsseldorf NJW 1990, 3160; Nr 41 Abs 2 UVollzO).

12. Zuständigkeit (§ 119 Abs 6 StPO idF bis 31. 12. 2009)

40   Der **nach § 126** StPO **zuständige Richter** ordnet die nach § 119 StPO idF bis 31. 12. 2009 erforderlichen Maßnahmen an. Er ist zuständig, wenn es um beschränkende Maßnahmen gegenüber einem bestimmten **einzelnen Gefangenen** geht (BVerfG NStZ 1995, 253; KG StV 1996, 326; OLG Frankfurt NStZ-RR 1996, 365; NStZ-RR 2004, 184; OLG Karlsruhe NStZ 2005, 56; NStZ-RR 2005, 192; OLG Stuttgart NStZ-RR 2003, 191). **Allgemeine Anordnungen**, die ohne Bezug auf bestimmte Gefangene getroffen werden, um Sicherheit und Ordnung in der Anstalt aufrechtzuerhalten, trifft der **Anstaltsleiter** (BGHSt 29, 135, 137; KG StV 1996, 326). Dieser ist auch zuständig für Entscheidungen, die die äußere Ordnung der Vollzugsanstalt betreffen, wie zB die Festsetzung von Besuchszeiten für Verteidiger (KG GA 1977, 148, 149). Der Haftrichter darf die Organisation der Vollzugsanstalt nicht ändern (KG StV 1996, 326). Vor einer Entscheidung des Haftrichters sind entsprechend § 33 Abs 2 StPO die Staatsanwaltschaft (aA Meyer-Goßner StPO § 119 Rn 46) und – wenn die Maßnahme vom Regelvollzug abweicht – der Verhaftete zu hören. Abs 6 S 2 sieht eine **Notkompetenz** der Staatsanwaltschaft, des Anstaltsleiters und der Aufsichtsbeamten in dringenden Fällen vor. Dies ist nur anzunehmen, wenn die Maßnahme nicht ohne Gefahren für den Haftzweck, die Anstaltsordnung oder den Gefangenen aufgeschoben werden kann. Die vorläufige Maßnahme ist nachträglich richterlich zu genehmigen (Abs 6 S 2), was entfällt, wenn sie inzwischen aufgehoben worden ist oder sich anderweitig erledigt hat (vgl aber KG GA 1977, 148: Antrag auf Entscheidung des Haftrichters entsprechend § 28 Abs 1 S 4 EGGVG bei rechtlichem Interesse an der Überprüfung).

D. Anordnung der Maßnahme (Abs 1 S 3 bis S 6)

41   Die Beschränkungen zur Erreichung des Zwecks der Untersuchungshaft nach § 119 Abs 1 S 1 und S 2 StPO ordnet wegen der Grundrechtsrelevanz der beschränkenden

Anordnungen das **nach § 126 StPO zuständige Haftgericht** an, es denn eine richterliche Entscheidung kann nicht rechtzeitig herbeigeführt werden, ohne den Untersuchungshaftzweck zu gefährden. In diesem Fall sieht das Gesetz eine **Eilkompetenz** der Staatsanwaltschaft und der Vollzugsanstalt vor (§ 119 Abs 1 S 4 StPO), die jedoch innerhalb von drei Werktagen die Anordnung dem nach § 126 StPO zuständigen Gericht vorzulegen haben. Eine Vorlage an das Gericht unterbleibt nur, wenn sich die Eilanordnung innerhalb der Frist erledigt hat. Im Erledigungsfall kann der betroffene Beschuldigte die Rechtmäßigkeit der Maßnahme entsprechend den allgemeinen Grundsätzen zur Erledigung durch einen Antrag nach § 119 Abs 5 StPO überprüfen lassen, wenn er ein nachwirkendes berechtigtes Interesse an einer solchen Feststellung hat (vgl § 119 StPO Rn 53; OLG Frankfurt NStZ-RR 2004, 184, 185; KK-StPO/Schultheis StPO § 119 Rn 101). Entsprechendes gilt, wenn sich die Anordnung erst nach erfolgter Vorlage bei dem Gericht erledigt hat (BT-Drs 16/11644, 26).

Die nach Abs 1 S 1 und S 2 getroffenen Anordnungen sind dem Beschuldigten mitzuteilen. Sinn und Zweck der Regelung ist es, klarzustellen, dass § 119 Abs 1 StPO keine Befugnisnorm für die Anordnung einer verdeckten Überwachung von Schriftwechsel oder Telekommunikation darstellt. Die Mitteilung hat deshalb vor Ausführung der Anordnungen zu erfolgen. 42

E. Ausführung der Anordnungen (Abs 2)

I. Zuständigkeit

Die Ausführung der Anordnungen, etwa die Entscheidung, ob ein Brief angehalten wird oder eine Besuchserlaubnis zu erteilen ist, obliegt grundsätzlich der anordnenden Stelle, also regelmäßig dem nach § 126 StPO zuständigen Gericht (S 1). Dieses kann die Ausführung der Anordnungen aber jederzeit ganz oder teilweise auf die **Staatsanwaltschaft übertragen** (S 2), was insbesondere während des Ermittlungsverfahrens sinnvoll sein kann, weil die Staatsanwaltschaft als Herrin des Ermittlungsverfahrens häufig über das größere Wissen zu einem einzelnen Verfahren verfügt, um etwa über das Anhalten eines Briefs oder die Erteilung einer Besuchserlaubnis sachgerecht entscheiden zu können. Die Übertragung endet in diesem Fall nicht automatisch mit der Anklageerhebung, vielmehr hat das nach Anklageerhebung zuständige Gericht (wie auch der Ermittlungsrichter) die Möglichkeit, die Übertragung ganz oder teilweise (zB nur die Briefüberwachung) zu widerrufen und die Ausführung der Anordnung wieder an sich zu ziehen. 43

Im Falle der Übertragung der Ausführung auf die Staatsanwaltschaft kann diese die erforderlichen Ausführungshandlungen je nach den Anforderungen des Falles ganz oder teilweise **auf ihre Ermittlungspersonen bzw die Vollzugsanstalt delegieren**. Dabei nimmt § 119 Abs 2 S 2 StPO keine Unterscheidung danach vor, welche Form von Kommunikation (zB Briefverkehr oder Besuch) zu überwachen ist, weil jede Form gleich sensible Kommunikationsgegenstände beinhalten kann. Die Staatsanwaltschaft kann deshalb je nach den Besonderheiten des Falles sowohl die Besuchsüberwachung als auch die Überwachung des Schriftverkehrs auf ihre Ermittlungspersonen oder die Vollzugsanstalt übertragen. Maßgeblich ist insoweit, ob die beauftragte Stelle in der Lage ist, ihrer Aufgabe im erforderlichen Maße nachzukommen. Da die Ermittlungspersonen der Staatsanwaltschaft mit dem Inhalt der Ermittlungen vertraut sind, ist eine entsprechende Delegation in der Regel sachgerecht. Wurden die Beschränkungen nur wegen Flucht- oder Wiederholungsgefahr angeordnet, wird vor allem die Überwachung der Telekommunikation wie auch die Besuchsüberwachung meistens problemlos auf die Vollzugsanstalt übertragen werden können. Bei bestehender Verdunkelungsgefahr hängt es von der Komplexität des Verfahrens ab, ob eine Übertragung auf die Vollzugsanstalt sinnvoll ist. 44

In Fällen, in denen das Gericht die Ausführung von Anordnungen nicht auf die Staatsanwaltschaft übertragen hat, sieht das Gesetz entgegen der Empfehlung des Rechtsausschusses und des Ausschusses für Innere Angelegenheiten (BR-Drs 829/1/08) nicht vor, dass sich auch das Gericht bei der Ausführung der Anordnung der Hilfe der Vollzugsanstalt bedienen kann, obwohl insbes im Zusammenhang mit der Überwachung der Besuche und Telekommunikation eine Einbindung der Vollzugsanstalt regelmäßig geboten ist. Daraus ist jedoch 45 nicht der Schluss zu ziehen, dass in diesen Fällen das Gericht, will es die Überwachung nicht selbst durchführen, stets die Ausführung von Anordnungen auf die Staatsanwaltschaft übertragen muss. Vielmehr ist davon auszugehen, dass die Vollzugsanstalt entsprechende Anordnungen des Gerichts auch ohne ausdrückliche gesetzliche Regelung auszuführen hat.

II. Prüfungsmaßstab

46 Für die Ausführung einer beschränkenden Anordnung gelten die gleichen Maßstäbe wie für die Anordnung selbst. So ist beispielsweise eine Erlaubnis zum Empfang von Besuchen zu versagen, wenn Gründe der Flucht-, Verdunkelungs- oder Wiederholungsgefahr entgegenstehen und einer solchen Gefahr nicht durch die Überwachung des Besuches entgegengewirkt werden kann. Entsprechendes gilt für die Frage, ob ein Besuch abzubrechen ist oder ein Schreiben oder ein Paket angehalten werden soll.

F. Geschützte Kommunikation mit dem Verteidiger und anderen Personen und Einrichtungen (Abs 4)

47 Abs 4 S 1 stellt sicher, dass der durch § 148 Abs 1 StPO garantierte freie Verkehr zwischen Verteidiger und Beschuldigten als unabdingbare Voraussetzung einer Verteidigung gewährleistet ist. Ausnahmen sind nur beim dringenden Verdacht einer Straftat nach § 129a StGB, § 129b StGB in dem durch § 148 Abs 2 StPO bestimmten Ausmaß (§ 148 StPO Rn 15 ff) nach Maßgabe des § 148a StPO (§ 148a StPO Rn 1 ff) zulässig. Die ausnahmsweise Überwachung des Verkehrs mit dem Verteidiger bedarf nach § 148 Abs 2 StPO der gerichtlichen Anordnung. Um den Besonderheiten des Einzelfalls besser Rechnung tragen zu können, sieht der durch das Gesetz zur Änderung des Untersuchungshaftrechts geänderte § 148 Abs 2 StPO nunmehr vor, dass das zuständige Gericht Ausnahmen von der Überwachungsanordnung zulassen kann.

48 § 119 Abs 4 S 2 StPO stellt den Verkehr des Gefangenen mit bestimmten Personen und Einrichtungen der Kommunikation mit dem Verteidiger gleich. Unüberwacht bleibt der Verkehr mit folgenden Stellen:

- Nr 1 bis Nr 3: den für den Beschuldigten zuständigen Bediensteten der Bewährungshilfe, der Führungsaufsichtsstelle und der Gerichtshilfe;
- Nr 4: den Volksvertretungen in Bund und Ländern. Damit wird dem ua in Art 17 GG normierten Petitionsrecht sowie der in Art 47 S 2 GG geregelten Beschlagnahmefreiheit von Abgeordnetenpost Rechnung getragen;
- Nr 5: dem Bundesverfassungsgericht und den für den Beschuldigten zuständigen Verfassungshöfen der Länder;
- Nr 6: dem Bürgerbeauftragten eines Landes, den verschiedene Länder nach dem Vorbild der skandinavischen Ombudsmänner und -frauen eingerichtet haben;
- Nr 7: den Datenschutzbeauftragten in Bund und Ländern im Hinblick auf das Zeugnisverweigerungsrecht der Datenschutzbeauftragten und der damit einhergehenden Beschlagnahmefreiheit von Schriftstücken (§ 23 Abs 4, § 12 Abs 3 BDSG);
- Nr 8: dem Europäischen Parlament (vgl auch § 29 Abs 2 StVollzG);
- Nr 9: dem Europäischen Gerichtshof für Menschenrechte (vgl auch § 29 Abs 2 S 2 StVollzG);
- Nr 10: dem Europäischen Gerichtshof im Hinblick auf die Möglichkeit des Beschuldigten, Nichtigkeits-, Untätigkeits- oder Amtshaftungsklage vor dem EuGH zu erheben;
- Nr 11: dem Europäischen Datenschutzbeauftragten wegen der Gleichbehandlung von nationalen und europäischen Institutionen;
- Nr 12: dem Europäischen Bürgerbeauftragten im Hinblick auf das Beschwerderecht jedes EU-Bürgers nach Art 195 EGV;
- Nr 13: dem Europäischen Ausschuss zur Verhütung von Folter und unmenschlicher oder erniedrigender Behandlung oder Strafe (vgl auch § 29 Abs 2 S 2 StVollzG);
- Nr 14: der Europäischen Kommission gegen Rassismus und Intoleranz (ECRI) wegen der Nähe zu Nr 13 und dem Recht von Gefangenen, sich direkt an die Kommission zu wenden;
- Nr 15 bis Nr 17: den dort aufgeführten Ausschüssen der Vereinten Nationen;

- Nr 18: den in § 53 Abs 1 S 1 Nr 1 und Nr 4 StPO aufgeführten Geistlichen und Abgeordneten im Hinblick auf das Beichtgeheimnis bzw auf die in Nr 4 angeführten Erwägungen. Damit wird die Wertung von § 160a StPO (Unterscheidung zwischen Verteidigern, Geistlichen und Abgeordneten einerseits und den übrigen Berufsgeheimnisträgern andererseits) übernommen;
- Nr 19: den Anstaltsbeiräten und den für ausländische Beschuldigte zuständigen konsularischen Vertretungen. Die unüberwachte Kommunikation zwischen Anstaltsbeiräten und Strafgefangenen ist derzeit bereits durch § 164 Abs 2 S 2 StVollzG geschützt. Die Erstreckung der Ausnahmebestimmung auf konsularische Vertretungen trägt Art 36 Abs 1 Buchst c WÜK Rechnung. In Abweichung von den Nr 1 bis Nr 18 kann in den Fällen von Nr 19 das Gericht auch dann eine Überwachung anordnen, wenn es nicht um den Verdacht von Straftaten nach § 129a StGB geht.

Die Prüfung, ob die Voraussetzungen für einen unüberwachten Verkehr nach Abs 4 S 1 und S 2 vorliegen, etwa ob ein Schreiben an den Beschuldigten tatsächlich von einer der in S 2 genannten Institutionen stammt oder ob es sich im Fall von S 2 Nr 18 um einen unter das Zeugnisverweigerungsrecht fallenden Inhalt iSv § 53 Abs 1 S 1 Nr 1 und Nr 4 StPO handelt, obliegt der nach Abs 2 für die Überwachung zuständigen Stelle. Die Art der Kontrolle hängt vom konkreten Einzelfall ab. **49**

G. Gerichtliche Entscheidung und Beschwerde (Abs 5)

1. Gerichtliche Entscheidung

Gegen alle nach § 119 StPO ergangenen den Beschuldigten beschwerenden Entscheidungen der Staatsanwaltschaft, ihrer Ermittlungspersonen und der Vollzugsanstalt steht dem Beschuldigten der **Antrag auf gerichtliche Entscheidung** zu. Dies gilt auch, wenn ein Oberlandesgericht oder der Ermittlungsrichter beim Bundesgerichtshof Entscheidungen nach § 119 Abs 1 und Abs 2 StPO getroffen hat, weil in diesen Fällen das Rechtsmittel der Beschwerde im Hinblick auf § 304 Abs 4 S 2 Nr 1, Abs 5 StPO unzulässig ist (§ 304 StPO Rn 17; § 304 StPO Rn 28; vgl BGHSt 26, 270; BGH NStZ-RR 2002, 190). Mit der Zulässigkeit des Antrags auf gerichtliche Entscheidung gegen Entscheidungen der Oberlandesgerichte und des Ermittlungsrichters beim Bundesgerichtshof wollte der Gesetzgeber dem Beschuldigten insbesondere die Möglichkeit einräumen, vorzubringen, dass bestimmte Beschränkungen nicht mehr erforderlich sind, zB weil aufgrund eines Geständnisses die Verdunkelungsgefahr entfallen ist. Dritte, die beschwert sind, zB durch die Verweigerung einer Besuchserlaubnis, können ebenfalls Antrag auf gerichtliche Entscheidung stellen (vgl BGHSt 27, 175 zum Beschwerderecht). Der Antrag auf gerichtliche Entscheidung gegen Entscheidungen der Oberlandesgerichte oder des Ermittlungsrichters beim Bundesgerichtshof steht auch der Staatsanwaltschaft zu. **50**

Zuständig für die Entscheidung über den Antrag auf gerichtliche Entscheidung ist das Gericht nach § 126 StPO, soweit es um Entscheidungen der Staatsanwaltschaft, ihrer Ermittlungspersonen oder der Vollzugsanstalt geht. Über Anträge auf gerichtliche Entscheidung, die Anordnungen und Beschlüsse der Oberlandesgerichte und der Ermittlungsrichter beim BGH zum Gegenstand haben, entscheidet der Bundesgerichtshof. Der Antrag hat – wie die Beschwerde (§ 307 StPO), der strafvollzugsrechtliche Antrag auf gerichtliche Entscheidung (§ 114 Abs 1 StVollzG) und die Anfechtung von Justizverwaltungsakten (§ 29 Abs 2 EGGVG) **keine aufschiebende Wirkung**; das Gericht kann jedoch gem S 3 vorläufige Anordnungen treffen. Zum Rechtsschutzinteresse bei durch Vollzug oder in anderer Weise erledigten Maßnahmen vgl Rn 53. **51**

2. Beschwerde

Gegen Entscheidungen der Amts- und Landgerichte nach § 119 Abs 1 und Abs 2 StPO können der Verhaftete, sein Verteidiger, der gesetzliche Vertreter und die Staatsanwaltschaft Beschwerde nach §§ 304 StPO ff einlegen, auch wenn es sich um Entscheidungen des erkennenden Gerichts iSv § 305 StPO handelt. Denn der Begriff „Verhaftung" in § 305 S 2 StPO wird weitergehend verstanden als in § 304 Abs 4 S 2 Nr 1, Abs 5 StPO (OLG Karlsruhe StV 1997, 312; KK-Engelhardt StPO § 305 Rn 10; Meyer-Goßner StPO § 305 Rn 7; **52**

BT-Drs 16/11644, 30). Ein Antrag auf gerichtliche Entscheidungen ist in diesen Fällen somit ausgeschlossen („soweit das Rechtsmittel der Beschwerde nicht statthaft ist"). Der Nebenkläger und der Anstaltsleiter sind nicht beschwerdebefugt. Dritte, die beschwert sind, können dagegen Beschwerde einlegen (vgl BGHSt 27, 175: Verweigerung der Besuchserlaubnis; **aA** OLG Bremen MDR 1976, 686; OLG Nürnberg MDR 1980, 165: Verbot des Schriftverkehrs). Ist über eine Beschwerde gegen eine Entscheidung des AG als Haftgericht bei Anklageerhebung zum LG noch nicht entschieden, entscheidet gem § 126 Abs 2 S 3 StPO der Strafkammervorsitzende (KG NStZ-RR 1996, 365). Die **weitere Beschwerde** (§ 310 StPO) ist ausgeschlossen, da die Entscheidung nicht die Verhaftung, sondern die Modalitäten des Haftvollzugs betreffen (OLG Hamburg GA 1966, 187; KK-StPO/Schultheis StPO § 119 Rn 102; **aA** SK-StPO/Paeffgen StPO § 119 Rn 82).

53   Mit Ende der Untersuchungshaft und mit Rechtskraft eines Urteils wird die Beschwerde wegen **prozessualer Überholung** unzulässig (OLG Karlsruhe NStZ 1984, 183). Dies gilt grundsätzlich auch bei Maßnahmen, die aus tatsächlichen oder rechtlichen Gründen nicht mehr ungeschehen gemacht werden können, weswegen eine Beschwerde zur Feststellung der Unzulässigkeit einer durch Vollzug oder auf andere Weise erledigten richterlichen Anordnung grundsätzlich nicht zulässig ist (OLG Hamm BeckRS 2009, 06220 = StV 2009, 478). Nach ständiger Rspr des BVerfG gibt es aber im Hinblick auf das Gebot des effektiven Rechtschutzes aus Art 19 Abs 4 S 1 GG Konstellationen, in denen trotz Fortfall der aktuellen Beschwer durch eine gerichtliche Maßnahme ein **fortwirkendes schutzwürdiges Rechtsschutzinteresse** an der Feststellung der Rechtswidrigkeit einer Maßnahme besteht. In diesen Fällen darf die Beschwerde nicht wegen prozessualer Überholung als unzulässig verworfen werden. Dies gilt etwa, wenn die angefochtene Entscheidung in der Strafhaft fortwirkt (OLG München StV 1995, 140), bei Beschwerden gegen Disziplinarmaßnahmen, auch nach ihrem Vollzug (OLG Düsseldorf StV 1987, 255; OLG Stuttgart NStZ-RR 2001, 221; BVerfG NStZ-RR 2007, 92), in Fällen tiefgreifender, tatsächlich jedoch nicht mehr fortwirkender Grundrechtseingriffe, wenn sich die Belastung durch die Maßnahme nach dem typischen Verfahrensablauf auf eine Zeitspanne beschränkt, in welcher der Betroffene eine gerichtliche Entscheidung im Beschwerdeverfahren kaum erlangen kann (vgl BVerfG NJW 2005, 1855; BGHSt 44, 265; BGHSt 45, 183; OLG Hamm BeckRS 2009, 06220) sowie in Fällen, in denen ein gerichtliches Verfahren dazu dienen kann, einer Wiederholungsgefahr zu begegnen oder eine fortwirkende Beeinträchtigung durch einen an sich beendeten Eingriff zu beseitigen (OLG Hamm BeckRS 2009, 06220; allgemein zum Rechtsschutz gegen erledigte strafprozessuale Maßnahmen vgl Kühlewein NStZ 2007, 414, 415).

H. Geltung bei anderen freiheitsentziehenden Maßnahmen (Abs 6)

54   Die Regelung bezieht sich auf die in § 116b StPO ausdrücklich geregelten Fallkonstellationen, in denen die **Vollstreckung einer anderen freiheitsentziehenden Maßnahme derjenigen der Untersuchungshaft vorgeht**. Auch in diesen Fällen, in denen keine Untersuchungshaft vollstreckt wird, kann es erforderlich sein, zur Abwehr von Gefahren, die zum Erlass des Untersuchungshaftbefehls geführt haben, Beschränkungen nach Abs 1 bis 4 anzuordnen. Dies sieht § 119 Abs 6 StPO, durch den der wesentliche Regelungsgehalt des § 122 Abs 1 StVollzG in die Strafprozessordnung übernommen wird, nun ausdrücklich vor (vgl auch OLG Hamm NStZ 1985, 93). Für die Anfechtung dieser Beschränkungen gilt der durch § 119 Abs 5 StPO eröffnete Rechtsweg. Die gerichtliche Zuständigkeit für die Anordnung der Beschränkungen bestimmt sich nach § 126 StPO (§ 119 Abs 6 S 2 StPO). Damit wollte der Gesetzgeber die Entscheidung über die Erforderlichkeit der Beschränkungen – unabhängig davon, welche Art von Freiheitsentziehung gerade vollstreckt wird – dem Gericht zuweisen, das auch für die Entscheidung über den Haftbefehl zuständig ist (BT-Drs 16/11644, 31).

55   Die Vorschrift ist auch dann anzuwenden, wenn **mehrere Haftbefehle** erlassen worden sind und aus diesem Grund (weitere) Beschränkungen geboten sind, die über die Notwendigkeiten des tatsächlich vollzogenen Haftbefehls hinausgehen. Auf diese Konstellation wurde bislang § 122 StVollzG entsprechend angewandt (KK-StPO/Schultheis StPO § 119 Rn 20).

Da es sich bei der Vorschrift nicht um eine strafvollzugsrechtliche Norm handelt, sondern 56
um eine, die die Geltung der nach der StPO angeordneten Beschränkungen im Strafvollzug
betrifft und daher ebenso wie diese Beschränkungen selbst ihre Rechtfertigung aus dem
gerichtlichen Verfahren bezieht, besteht für diese Vorschrift auch nach der Föderalismusreform, durch die die Gesetzgebungskompetenz für das Recht des Strafvollzugs auf die Länder
übergegangen ist, eine Gesetzgebungskompetenz des Bundes aus Art 74 Abs 1 Nr 1 GG
(BT-Drs 16/11644, 30).

§ 119 a [Gerichtliche Entscheidung im Untersuchungshaftvollzug]

(1) ¹Gegen eine behördliche Entscheidung oder Maßnahme im Untersuchungshaftvollzug kann gerichtliche Entscheidung beantragt werden. ²Eine gerichtliche Entscheidung kann zudem beantragt werden, wenn eine im Untersuchungshaftvollzug beantragte behördliche Entscheidung nicht innerhalb von drei Wochen ergangen ist.
(2) ¹Der Antrag auf gerichtliche Entscheidung hat keine aufschiebende Wirkung. ²Das Gericht kann jedoch vorläufige Anordnungen treffen.
(3) Gegen die Entscheidung des Gerichts kann auch die für die vollzugliche Entscheidung oder Maßnahme zuständige Stelle Beschwerde erheben.

Überblick

Die durch das Gesetz zur Änderung des Untersuchungshaftrechts v 29. 7. 2009 (BGBl I 2274) in die StPO eingefügte Vorschrift regelt den Rechtsweg im Zusammenhang mit Beschränkungen, die dem Untersuchungshaftgefangenen aus Zwecken der Sicherheit und Ordnung in der Vollzugsanstalt auferlegt werden. Sie tritt am **1. 1. 2010** in Kraft.

A. Regelung bis 31. 12. 2009

Rechtsgrundlage für Beschränkungen, die dem Untersuchungsgefangenen aus Zwecken 1
der Sicherheit und Ordnung in der Vollzugsanstalt auferlegt werden, ist bis 31. 12. 2009
§ 119 Abs 3 Alt 2 StPO idF bis 31. 12. 2009 iVm der UVollzO (§ 119 StPO Rn 30 ff). Die
Entscheidung über die Anordnung von Beschränkungen obliegt nach § 119 Abs 6 S 1 StPO
idF bis 31. 12. 2009 dem nach § 126 StPO zuständigen Richter, wenn es um beschränkende
Maßnahmen gegenüber einem bestimmten **einzelnen Gefangenen** geht (BVerfG NStZ
1995, 253; KG StV 1996, 326; OLG Frankfurt NStZ-RR 1996, 365; NStZ-RR 2004, 184;
OLG Karlsruhe NStZ 2005, 56; NStZ-RR 2005, 192; OLG Stuttgart NStZ-RR 2003,
191). **Allgemeine Anordnungen**, die ohne Bezug auf bestimmte Gefangene getroffen
werden, um Sicherheit und Ordnung in der Anstalt aufrechtzuerhalten, trifft der **Anstaltsleiter** (BGHSt 29, 135, 137; KG StV 1996, 326). Dieser ist auch zuständig für Entscheidungen, die die **äußere Ordnung der Vollzugsanstalt** betreffen, wie zB die Festsetzung von
Besuchszeiten für Verteidiger (KG GA 1977, 148, 149).

Über **Beschwerden** des Gefangenen **gegen Anordnungen des Anstaltsleiters**, die der 2
Zuständigkeit des Richters nach § 119 Abs 6 StPO idF bis 31. 12. 2009 unterliegen, entscheidet der Richter (OLG Hamm NStZ 1981, 156: zusätzlicher Hofgang; OLG Braunschweig NStZ 1990, 608: Teilnahme an Gemeinschaftsveranstaltungen und Zuweisung einer
Zelle mit längerem Bett; OLG Oldenburg NJW 1979, 731: Einkaufs-Begrenzung; OLG
Frankfurt NStZ-RR 2004, 184: auch nach Aufhebung der Maßnahme bei berechtigtem
Interesse; vgl auch Nr 75 Abs 1 UVollzO). Im Übrigen kann der Gefangene Gegenvorstellung und Dienstaufsichtsbeschwerde erheben (Nr 75 Abs 2 UVollzO).

Gegen Anordnungen und Verfügungen des **Anstaltsleiters, die Justizverwaltungsakte** 3
sind, ist der Antrag auf gerichtliche Entscheidung des OLG nach § 23 Abs 1 EGGVG, § 25
EGGVG zulässig, sofern nicht die Subsidiaritätsklausel des § 23 Abs 3 EGGVG eingreift,
weil der Haftrichter nach § 119 Abs 6 StPO zu entscheiden hat. Dies betrifft insbes Maßnahmen, die zum äußeren Bereich der Anstaltsordnung gehören wie etwa Einteilung des
Tagesablaufs, Zuweisung von Fafträumen, allgemeine Zugangsbeschränkungen usw (vgl

BGHSt 29, 135; OLG Frankfurt NStZ 1982, 134; OLG Düsseldorf StV 1988, 68; OLG Hamm NStZ 1982, 134; OLG Hamburg NJW 1982, 2133; zur Rspr des BVerfG vgl Kruis/Cassardt NStZ 1995, 521 ff, 574 ff; Kruis/Wehowsky NStZ 1998, 593 ff)

B. Gesetzgebungskompetenz

4   Durch die Föderalismusreform ist die Gesetzgebungskompetenz für die bisher nach § 119 Abs 3 Alt 2 StPO geregelten Beschränkungen im Zusammenhang mit der Aufrechterhaltung der Sicherheit und Ordnung in der Vollzugsanstalt auf die Länder übergegangen; die neuen Untersuchungshaftvollzugsgesetze der Länder werden die Befugnisse zur Entscheidung über entsprechende Beschränkungen in aller Regel auf die Vollzugsanstalt übertragen. Nach § 134 Abs 2 S 1 NJVollzG ist grundsätzlich die Vollzugsbehörde für Einschränkungen und Maßnahmen zuständig. Ungeachtet der landesrechtlichen Regelungskompetenz steht dem Bundesgesetzgeber die Gesetzgebungskompetenz insoweit zu, als es um den **Rechtsweg gegen Entscheidungen der Vollzugsanstalt** geht, da diese Frage das gerichtliche Verfahren betrifft (BT-Drs 16/11644, 31).

C. Anwendungsbereich

5   § 119 a StPO gilt nicht nur für die Untersuchungshaft aufgrund eines nach den § 112 StPO, § 112 a StPO erlassenen Haftbefehls, sondern auch für die Hauptverhandlungshaft nach § 127 b StPO sowie für die Haft aufgrund von Haftbefehlen nach § 230 Abs 2 StPO, den § 236 StPO, § 329 Abs 4 StPO und § 412 S 1 StPO. Für die vorläufige Unterbringung ergibt sich die Anwendbarkeit der Bestimmung aus § 126 a Abs 2 S 1 StPO, für die Sicherungshaft aus § 453 c Abs 2 S 2 StPO und für die Haft bei erwarteter Unterbringung in der Sicherungsverwahrung aus § 275 a Abs 5 S 4 StPO.

D. Antrag auf gerichtliche Entscheidung (Abs 1 S 1)

1. Beschwer

6   Der durch eine behördliche Entscheidung oder sonstige Maßnahme (zB faktische Handlung) im Bereich des Untersuchungshaftvollzugs Beschwerte kann einen Antrag auf gerichtliche Entscheidung stellen. **Beschwert** ist, wer durch die Entscheidung oder Maßnahme in seinen Rechten verletzt, dh in seinem Persönlichkeitsrecht, Vermögen oder einem sonstigen Recht in sachlich-rechtlicher oder verfahrensrechtlicher Art beeinträchtigt ist. Dritte, die beschwert sind, zB durch die Verweigerung einer Besuchserlaubnis, können ebenfalls Antrag auf gerichtliche Entscheidung stellen (vgl BGHSt 27, 175 zum Beschwerderecht). Wendet sich der Untersuchungsgefangene dagegen gegen eine nach § 119 Abs 1, Abs 2 StPO auferlegte Beschränkung, richtet sich der Rechtsschutz nach § 119 Abs 5 StPO (§ 119 StPO Rn 50 ff). Hat sich die behördliche Entscheidung oder Maßnahme vor dem Antrag auf gerichtliche Entscheidung oder zwar nach Antragstellung, aber vor der gerichtlichen Entscheidung **erledigt**, gelten die allgemeinen Grundsätze des Rechtsschutzes im Erledigungsfall (vgl BVerfGE 96, 27; § 119 StPO Rn 53). Der Antrag auf gerichtliche Entscheidung hat keine aufschiebende Wirkung (Abs 2 S 1).

2. Zuständigkeit

7   Über den Antrag nach § 119 a Abs 1 S 1 StPO entscheidet das **nach § 126 StPO zuständige Gericht** und nicht etwa das Amtsgericht am Sitz der Vollzugsanstalt. Hintergrund dieser Zuständigkeitsregelung ist, dass dem nach § 126 StPO zuständigen Gericht der Sachverhalt aus der Ermittlungsakte vertraut ist und ein anderes Gericht sich erst neu in die Sache einlesen müsste (BT-Drs 16/11644, 32). Zudem bestünde im Falle der Zuständigkeit eines anderen Gerichts nicht nur die allgemeine Gefahr von Informationsverlusten, sondern in sachlich nahe beieinander liegenden und nicht immer einfach voneinander abzugrenzenden Bereichen vor allem auch die Gefahr sowohl positiver als auch negativer Kompetenzkonflikte. Mit der Regelung des § 119 a Abs 1 S 1 StPO ist auch die nur subsidiär vorgesehene Anfechtungsmöglichkeit nach § 23 Abs 1 S 2 EGGVG ausgeschlossen (§ 23 Abs 3

EGGVG). Konsequenz der Vorschrift ist allerdings, dass das nach § 126 StPO zuständige Gericht, wenn es in einem anderen Bundesland als dem der Vollzugsanstalt gelegen ist, das Recht des anderen Landes anwenden muss. In **Staatsschutzsachen** entscheidet der Ermittlungsrichter beim OLG oder BGH (§ 169 StPO). Von der Zuständigkeitsregelung in § 119a StPO abweichende Landesregelungen bleiben im Hinblick auf die Gesetzgebungskompetenz des Bundes außer Betracht.

E. Antrag auf gerichtliche Entscheidung wegen Untätigkeit (Abs 1 S 2)

Wird über einen im Untersuchungshaftvollzug gestellten Antrag durch die für den Vollzug zuständige Stelle **nicht innerhalb einer Frist von drei Wochen** entschieden, kann der Untersuchungsgefangene gerichtliche Entscheidung beantragen. Die Vorschrift trägt der Unschuldsvermutung Rechnung, nach der dem Untersuchungsgefangenen nur zwingend notwendige Beschränkungen auferlegt werden dürfen und über die Erforderlichkeit einer Beschränkung in angemessener Frist zu entscheiden ist. Ein Rechtsschutzbedürfnis für den Antrag auf gerichtliche Entscheidung kann fehlen, wenn von der zuständigen Stelle über einen identischen Antrag schon einmal entschieden wurde und sich die Sachlage seitdem nicht verändert hat.

F. Vorläufige Anordnungen (Abs 2 S 2)

Da vor einer Entscheidung des Gerichts aufgrund der Aufklärung des Sachverhalts und der den Beteiligten zu gewährenden Möglichkeit zur Stellungnahme geraume Zeit vergehen kann, erlaubt § 119a Abs 2 S 2 StPO dem Gericht, sowohl bei einem Antrag nach § 119a Abs 1 S 1 StPO als auch einem Vorgehen nach § 119a Abs 1 S 2 StPO vorläufige Anordnungen zu treffen, etwa mildere Maßnahmen anzuordnen.

G. Beschwerde (Abs 3)

Gegen die Entscheidung des Gerichts nach § 119a Abs 1 S 1 und S 2 StPO kann Beschwerde eingelegt werden, es sei denn die Entscheidung wurde von einem Oberlandesgericht oder vom Ermittlungsrichter beim Bundesgerichtshof getroffen (vgl § 304 Abs 4 S 2 Nr 1, Abs 5 StPO (§ 304 StPO Rn 17; § 304 StPO Rn 28). Das Beschwerdeverfahren bestimmt sich nach §§ 304 StPO ff. Beschwerdebefugt ist auch die für die vollzugliche Entscheidung oder Maßnahme zuständige Stelle, also in aller Regel die Vollzugsanstalt, da die Entscheidung des Gerichts für diese von erheblicher Bedeutung sein kann. Dies entspricht der bisherigen Regelung des § 116 StVollzG.

§ 120 [Aufhebung des Haftbefehls]

(1) ¹Der Haftbefehl ist aufzuheben, sobald die Voraussetzungen der Untersuchungshaft nicht mehr vorliegen oder sich ergibt, daß die weitere Untersuchungshaft zu der Bedeutung der Sache und der zu erwartenden Strafe oder Maßregel der Besserung und Sicherung außer Verhältnis stehen würde. ²Er ist namentlich aufzuheben, wenn der Beschuldigte freigesprochen oder die Eröffnung des Hauptverfahrens abgelehnt oder das Verfahren nicht bloß vorläufig eingestellt wird.

(2) Durch die Einlegung eines Rechtsmittels darf die Freilassung des Beschuldigten nicht aufgehalten werden.

(3) ¹Der Haftbefehl ist auch aufzuheben, wenn die Staatsanwaltschaft es vor Erhebung der öffentlichen Klage beantragt. ²Gleichzeitig mit dem Antrag kann die Staatsanwaltschaft die Freilassung des Beschuldigten anordnen.

Überblick

Die Vorschrift regelt die Gründe, bei deren Vorliegen ein Haftbefehl aufzuheben ist. Sie wird ergänzt durch § 121 Abs 2 StPO, § 122a StPO.

Übersicht

	Rn		Rn
A. Aufhebung von Amts wegen (Abs 1) .	1	IV. Verfahren	15
I. Wegfall der Haftvoraussetzungen	1	V. Beschwerde	16
II. Unverhältnismäßigkeit	2	VI. Neuer Haftbefehl	17
1. Allgemeines	2		
2. Beschleunigungsgebot	5	**B. Antrag der Staatsanwaltschaft (Abs 3)**	18
III. Freispruch, Einstellung, Nichteröffnung...	14	**C. Rechtskraft**.................................	19

A. Aufhebung von Amts wegen (Abs 1)

I. Wegfall der Haftvoraussetzungen

1   Die Vorschrift gilt sowohl für die Untersuchungshaft nach § 112 StPO, § 112a StPO, § 113 StPO, § 127b StPO als auch für die Ungehorsamshaft gem § 230 Abs 2 StPO, § 236 StPO, § 329 Abs 1 S 1 StPO. Unabhängig von Anträgen ist jederzeit von Amts wegen zu prüfen, ob die **Haftvoraussetzungen** noch vorliegen. Dies ist zu verneinen, wenn der dringende Tatverdacht oder ein Haftgrund bzw die Voraussetzungen des § 112 Abs 3 StPO nicht mehr gegeben sind. Sind an die Stelle der im Haftbefehl bezeichneten Haftvoraussetzungen (zB Verdunkelungsgefahr) andere Gründe (zB Fluchtgefahr) getreten, ist der Haftbefehl zu ändern, vgl § 114 StPO Rn 10. Die Verdunkelungsgefahr entfällt in der Regel, wenn der Sachverhalt aufgeklärt und die Beweise gesichert sind. Ein lediglich wegen Verdunkelungsgefahr erlassener Haftbefehl ist meist nach der Hauptverhandlung in der letzten Tatsacheninstanz aufzuheben.

II. Unverhältnismäßigkeit

1. Allgemeines

2   Der Haftbefehl ist außerdem aufzuheben, wenn der weitere Vollzug der Untersuchungshaft zur Bedeutung der Sache und den zu erwartenden Rechtsfolgen außer Verhältnis stehen würde, vgl § 112 StPO (§ 112 StPO Rn 29 ff). Der **Grundsatz der Verhältnismäßigkeit** verlangt eine wertende Abwägung zwischen den konkreten Nachteilen und Gefahren des Freiheitsentzugs für den Beschuldigten und der Bedeutung der Strafsache sowie den zu erwartenden Straffolgen. Da der Freiheitsentzug eines der Straftat lediglich Verdächtigen wegen der Unschuldsvermutung, die ihre Wurzel im Rechtsstaatsprinzip des Art 20 Abs 3 GG hat und auch in Art 6 Abs 2 EMRK ausdrücklich hervorgehoben ist, nur ausnahmsweise zulässig ist, muss den vom Standpunkt der Strafverfolgung aus erforderlich und zweckmäßig erscheinenden Freiheitsbeschränkungen ständig der Freiheitsanspruch des noch nicht rechtskräftig verurteilten Beschuldigten als Korrektiv entgegengehalten werden, wobei dem Grundsatz der Verhältnismäßigkeit eine maßgebliche Bedeutung zukommt (vgl grundlegend BVerfGE 19, 342, 347; BVerfGE 22, 45, 49 f; BVerfGE 36, 264, 270; BVerfGE 53, 152, 158 f). Mit zunehmender Dauer der Untersuchungshaft vergrößert sich das Gewicht des Freiheitsanspruchs regelmäßig gegenüber dem Interesse an einer wirksamen Strafverfolgung. Daraus folgt zum einen, dass die Anforderungen an die Zügigkeit der Arbeit in einer Haftsache mit der Dauer der Untersuchungshaft zunehmen. Zum anderen steigen auch die Anforderungen an den die Haftfortdauer rechtfertigenden Grund (BVerfG BeckRS 2009, 34595 mwN). Bei dem Abwägungsvorgang sind die voraussichtliche Gesamtdauer des Verfahrens, die für den Fall einer Verurteilung konkret im Raum stehende Straferwartung, die Anrechnung der Untersuchungs- oder Auslieferungshaft (§ 51 StGB), eine zu erwartende Strafaussetzung zur Bewährung (§ 56 StGB) oder die Aussetzung eines Strafrestes (§ 57 StGB) sowie Verzögerungen des Verfahrens zu berücksichtigen (BVerfG NStZ 1996, 156; StV 2008, 421; OLG Hamm NStZ-RR 2001, 123; 2004, 152; BeckRS 2008, 23912: 23 Monate einer gem § 51 StGB anzurechnenden Untersuchungshaft bei einer Straferwartung von fünf Jahren und einer zu erwartenden Zwei-Drittel-Aussetzung nach § 57 StGB unverhältnismäßig; OLG Stuttgart StV 1994, 588). Die Verhältnismäßigkeit ist im Hinblick auf

den **Resozialisierungszweck der Strafhaft** regelmäßig nicht mehr gewahrt, wenn **die Untersuchungshaft die Dauer der zu erwartenden Strafe nahezu erreicht oder gar übersteigt** (vgl BVerfG StV 2008, 421; OLG Nürnberg BeckRS 2009, 20317 = StV 2009, 534; OLG Hamm NStZ-RR 2001, 123; BeckRS 2008, 23912; OLG Frankfurt StV 1993, 594; OLG Bremen NJW 1960, 1265; OLG Bamberg StV 1989, 486). Allerdings gibt es keinen allgemeingültigen Rechtssatz, dass die Untersuchungshaft nicht bis zur Höhe der erkannten Freiheitsstrafe vollzogen werden darf, wenn das notwendig ist, um die drohende Vollstreckung der Strafe zu sichern (KG NStZ-RR 2008, 157; KK-StPO/Schultheis StPO § 120 Rn 6). Neben der Strafweartung ist auch auf die Bedeutung der Sache für die Rechtsgemeinschaft abzustellen. Dies kann in besonders gelagerten Ausnahmefällen dazu führen, dass die Untersuchungshaft aufrecht zu erhalten ist, auch wenn die zu erwartende Strafe nicht mehr im angemessenen Verhältnis zur erlittenen Untersuchungshaft steht (vgl OLG Frankfurt NStZ 1986, 568; StV 1988, 392; OLG Bamberg NJW 1996, 1222; OLG Düsseldorf StV 1994, 85; OLG Stuttgart Justiz 1990, 26). Ein Haftbefehl kann auch deshalb unverhältnismäßig werden, weil er nicht zügig vollstreckt wird (OLG Köln StraFo 2008, 468).

Liegt eine noch nicht rechtskräftige **Verurteilung** vor, ist grundsätzlich die verhängte 3 Strafe zugrunde zu legen (OLG Düsseldorf StV 1996, 552). Ausnahmsweise kann das Ergebnis eines Rechtsmittelverfahrens berücksichtigt werden, etwa wenn die verhängte Strafe an der unteren Grenze des Strafrahmens liegt und auf eine Berufung der Staatsanwaltschaft mit einer Strafrahmenverschärfung zu rechnen ist (OLG Karlsruhe MDR 1977, 775; OLG Koblenz MDR 1974, 596).

Bei dem Abwägungsvorgang dürfen nur **im Haftbefehl aufgeführte Taten** eingestellt 4 werden (BGH StV 1986, 65; OLG Hamm StV 1998, 553).

2. Beschleunigungsgebot

Zu berücksichtigen ist, dass der **Grundsatz der Verhältnismäßigkeit** der Haftdauer auch 5 **unabhängig von der zu erwartenden Strafe** im Hinblick auf das **Beschleunigungsgebot** Grenzen ziehen kann, weil mit zunehmender Dauer der Untersuchungshaft sich das Gewicht des Freiheitsinteresses des Beschuldigten gegenüber dem der Strafverfolgung vergrößert (BVerfG NStZ 2005, 456; NJW 2006, 672 ff; StV 2008, 198, 421; vgl hierzu auch Tepperwien NStZ 2009, 1; Paeffgen NStZ 2008, 135; Pieroth/Hartmann StV 2008, 276). Das Beschleunigungsgebot in Haftsachen verlangt, dass die Strafverfolgungsbehörden und Strafgerichte alle möglichen und zumutbaren Maßnahmen ergreifen, um die notwendigen Ermittlungen mit der gebotenen Schnelligkeit abzuschließen und eine gerichtliche Entscheidung über die einem Beschuldigten vorgeworfenen Taten herbeizuführen (vgl BVerfGE 20, 45, 50; 36, 264, 273). Zur Durchführung eines geordneten Strafverfahrens und einer Sicherstellung der späteren Strafvollstreckung kann die Untersuchungshaft deshalb nicht mehr als notwendig anerkannt werden, wenn ihre Fortdauer durch vermeidbare Verfahrensverzögerungen verursacht ist (vgl BVerfGE 20, 45, 50; BVerfGE 36, 264, 270 ff; BVerfGE 53, 152, 161 f; BVerfG StV 2008, 198; 2009, 479 = BeckRS 2009, 34595). Haftsachen sind deshalb vorrangig und beschleunigt zu bearbeiten; gegebenenfalls müssen bereits angesetzte Termine in Nichthaftsachen aufgehoben werden, um die vorrangige Haftsache zu verhandeln (OLG Hamm StV 2006, 481; BeckRS 2009, 06221). Je länger die Untersuchungshaft dauert, desto strenger sind die Anforderungen an einen zügigen Fortgang des Verfahrens (BVerfG NJW 2006, 677; StV 2008, 198, 421; OLG Hamm StV 2006, 191; OLG Naumburg BeckRS 2009, 01656). Im Rahmen der Abwägung zwischen dem Freiheitsanspruch und dem Strafverfolgungsinteresse kommt es in erster Linie auf die durch objektive Kriterien bestimmte **Angemessenheit der Verfahrensdauer** an, die etwa von der Komplexität der Rechtssache, der Vielzahl der beteiligten Personen oder dem Verhalten der Verteidigung abhängig sein kann (BVerfG StV 2008, 199). Dies bedingt eine auf den Einzelfall bezogene Analyse des Verfahrensablaufs. Entsprechend dem Gewicht der zu ahndenden Tat, das auch in der Höhe der nicht rechtskräftigen Verurteilung zum Ausdruck kommt, kann die Fortdauer der Untersuchungshaft trotz kleinerer Verfahrensverzögerungen gerechtfertigt sein (BVerfG BeckRS 2009, 34595). Bei erheblichen, vermeidbaren und dem Staat zuzurechnenden Verfahrensverzögerungen können aber allein die Schwere der Tat und die sich daraus ergebende

Straferwartung keine Rechtfertigung einer ohnehin schon lange andauernden Untersuchungshaft mehr darstellen (BVerfG NJW 2006, 668, 1336; NStZ-RR 2008, 18; StV 2008, 199, 421; BeckRS 2009, 34595). Dabei kommt es letztlich nur darauf an, ob die Verzögerung den Justizorganen anzulasten ist; lässt die Terminslage der Kammer eine zeitnähere Terminierung nicht zu, so muss sie auf Maßnahmen der Justizverwaltung zur Entlastung oder Umverteilung der Geschäfte drängen. Geschieht dies nicht oder reagiert die Justizverwaltung hierauf nicht entsprechend, sind dies Umstände, die die Verzögerung in die Verantwortung der Strafverfolgungsbehörden fallen lassen (OLG Hamm BeckRS 2009, 19904; vgl auch § 121 StPO Rn 14 f). Je nach Sachlage kann bereits eine Zeitspanne von einigen Wochen zu beanstanden sein (vgl BVerfG NJW 2006, 1336; StV 2008, 421; EGMR StV 2006, 474; OLG Schleswig StV 1992, 525; OLG Koblenz StV 2000, 515). Der Vollzug der **Untersuchungshaft von mehr als einem Jahr bis zum Beginn der Hauptverhandlung** oder dem Erlass des Urteils wird nur in ganz besonderen Ausnahmefällen zu rechtfertigen sein (BVerfG StV 2008, 199, 421). Da die in § 121 Abs 1 StPO bestimmte Sechs-Monats-Frist eine Höchstgrenze darstellt, kann eine Verletzung des Beschleunigungsgebots auch bereits vor Ablauf dieser Frist die Aufhebung des Haftbefehls gebieten, insbesondere dann, wenn der erkennende Richter keine Maßnahmen trifft, um eine alsbaldige Hauptverhandlung zu ermöglichen (vgl BVerfG StV 2006, 251 ff u StV 2007, 366, 367; OLG Hamm BeckRS 2009, 06221; OLG Koblenz StV 2007, 91 f; OLG Brandenburg StV 2007, 363 u 589 ff).

6 Das Beschleunigungsgebot erfasst das gesamte Strafverfahren (BVerfG NJW 2005, 3485; 2006, 672). Im Ermittlungsverfahren etwa hat die **Staatsanwaltschaft** aktiv darauf hinzuwirken, dass eine Verzögerung nicht dadurch eintritt, dass Ermittlungen durchgeführt werden, um vermutete weitere Straftaten zu ermitteln, die selbst nicht Gegenstand des Haftbefehls sind (OLG Oldenburg BeckRS 2009, 01655). Eine Verletzung des Beschleunigungsgebots kann auch gegeben sein, wenn notwendige Ermittlungshandlungen zur Aufklärung des Sachverhalts unterlassen und die Ermittlungsakten über einen Zeitraum von circa zwei Monaten lediglich der Bearbeitung von Haftbeschwerden zugeführt werden. Erforderlichenfalls müssen Aktendoppel angelegt werden, um die Ermittlungen parallel zu der Bearbeitung der Haftbeschwerde vorantreiben zu können (OLG Brandenburg StV 2007, 589; OLG Hamm BeckRS 2009, 19733).

7 Dem verfassungsrechtlich zu beachtenden Beschleunigungsgebot ist, sofern nicht besondere Umstände anderes rechtfertigen, in der Regel nur dann Genüge getan, wenn **innerhalb von drei Monaten nach Eröffnung des Hauptverfahrens mit der Hauptverhandlung begonnen** wird (BVerfG StV 2007, 366; OLG Nürnberg StraFo 2008, 469; BeckRS 2009, 16425 = StV 2009, 367). Die Auslastung mit anderen Haftsachen ist kein solch besonderer Umstand. Eine offenbar nicht nur kurzzeitige Überlastung des zuständigen Gerichts ist nach der Rspr des BVerfG angesichts der wertsetzenden Bedeutung des Art 2 Abs 2 S 2 GG selbst dann kein besonderer Umstand, wenn sie auf einem Geschäftsanfall beruht, der sich trotz Ausschöpfung aller gerichtsorganisatorischen Mittel und Möglichkeiten nicht mehr innerhalb angemessener Fristen bewältigen lässt (BVerfGE 36, 2464; OLG Nürnberg StraFo 2008, 469). Die Ansetzung der Hauptverhandlungstermine erst für einen Zeitpunkt, der sechseinhalb Monate nach der Eröffnung des Hauptverfahrens liegt, ist mit dem Beschleunigungsgebot unvereinbar (OLG Nürnberg StraFo 2008, 469; vgl auch OLG Naumburg BeckRS 2009, 01656 = StV 2008, 589: Beginn der nicht zügig durchgeführten Hauptverhandlung beim Landgericht fünf Monate nach Erlass des Eröffnungsbeschlusses als Verletzung des Beschleunigungsgebots; OLG Naumburg BeckRS 2009, 08620: Eröffnung über drei Monate nach Eingang der Anklageschrift und Terminierung zur Hauptverhandlung über drei Monate nach Eröffnung). Nach OLG Hamm (BeckRS 2009, 06221) stellt die **Terminierung** einer Haftsache beim Schöffengericht erst in knapp zwei Monaten nach Erlass des Eröffnungsbeschlusses keine angemessene Sachbehandlung mehr dar, wenn den Akten nicht zu entnehmen ist, dass ein früherer Hauptverhandlungstermin aufgrund vorrangiger, bereits terminierter Haftsachen nicht möglich war. Die Anberaumung der Hauptverhandlung auf einen zweieinhalb Monate nach der Entscheidung über die Eröffnung des Hauptverfahrens liegenden Termin ist gerechtfertigt, wenn die Verzögerung ihre Ursache nicht in der Verantwortungssphäre der Justiz, sondern darin hat, dass die Pflichtverteidigerin des Angeklagten aus triftigen Gründen nicht zur Verfügung steht (OLG Hamm BeckRS 2009, 21636). Bei

der Beurteilung, innerhalb welcher Zeit nach Eröffnung des Hauptverfahrens mit der Hauptverhandlung begonnen wird, ist zwar in erster Linie auf den förmlichen Zeitpunkt des Eröffnungsbeschlusses abzustellen. Darüber hinaus ist aber zusätzlich zu prüfen, ob bereits zu einem früheren Zeitpunkt die **Eröffnungsreife** gegeben war (OLG Nürnberg BeckRS 2009, 16425). Dabei kann die Eröffnungsreife frühestens mit Ablauf der Einlassungsfrist gem § 201 Abs 1 StPO eintreten und setzt weiter voraus, dass das Gericht den Inhalt der Akten umfassend geprüft hat. Allerdings darf der Eintritt der Eröffnungsreife nicht durch die Bestimmung einer überlangen Einlassungsfrist hinausgeschoben werden. Das Führen von Verständigungsvorgesprächen rechtfertigt es bei Eintritt der Eröffnungsreife regelmäßig nicht, den Eröffnungsbeschluss erst nach Beendigung der Vorgespräche zu erlassen (OLG Nürnberg BeckRS 2009, 16425).

Eine Verletzung des Beschleunigungsgebots kann auch in einer nicht mehr sachgerechten, **zu lang gestreckten Terminierung der Hauptverhandlung** gesehen werden (BGHR MRK Art 6 Abs 1 S 1 Verfahrensverzögerung; BVerfG NJW 2006, 672; OLG Dresden StV 2004, 495). Bei absehbar umfangreichen Verfahren fordert das Beschleunigungsgebot stets eine vorausschauende, auch größere Zeiträume umgreifende Hauptverhandlung mit mehr als einem Hauptverhandlungstag pro Woche (BVerfG NJW 2006, 672, 1336; vgl auch BVerfG StV 2008, 199; BGH NJW 2006, 3077; OLG Düsseldorf StV 2007, 92; OLG Oldenburg StV 2008, 200). Dabei darf das Gericht nicht ausnahmslos auf **Terminkollisionen der Verteidiger** Rücksicht nehmen, sondern muss prüfen, ob andere Pflichtverteidiger zu bestellen sind oder inwieweit die Verteidiger mit Blick auf das Beschleunigungsgebot verpflichtet werden können, andere – weniger dringliche – Termine zu verschieben (BVerfG StV 2008, 199; vgl auch OLG Köln StraFo 2009, 384 zur Erkrankung des Verteidigers). Widerstreiten die Interessen eines Angeklagten auf Beibehaltung der bisherigen Pflichtverteidigerbestellung einerseits und das Gebot einer zügigen Verfahrensdurchführung in Verbindung mit einer möglichst kurzen Dauer der Untersuchungshaft andererseits kann das Beschleunigungsgebot es gebieten, ausnahmsweise die Beiordnung eines bestimmten Verteidigers abzulehnen oder zu widerrufen (OLG Jena BeckRS 2009, 00051). In einem umfangreichen Strafverfahren gegen zahlreiche Angeklagte, von denen sich fünf in Untersuchungshaft befinden, kann der Beachtung des Beschleunigungsgebots ein so großes Gewicht zukommen, dass Einzelinteressen der Angeklagten dahinter zurückzustehen haben und eine Terminierung der Hauptverhandlung ohne vorherige Absprache mit den Verteidigern erfolgen kann (KG BeckRS 2009, 08439). Eine ohne ersichtlichen Grund angeordnete **Aussetzung** des Verfahrens von etwas mehr als zwei Monaten wegen eines nicht erschienenen Zeugen stellt einen Verstoß gegen den Grundsatz der Beschleunigung dar (OLG Hamm BeckRS 2009, 06221). Eine rechtsstaatswidrige Verfahrensverzögerung ist auch dann zu bejahen, wenn die Hauptverhandlung nach Abbruch infolge eines erfolgreichen Befangenheitsantrags erst ein Jahr später erneut beginnt, wenn außerhalb des Verantwortungsbereichs der Justiz liegende und die Verzögerung rechtfertigende Gründe nicht gegeben sind (BGH BeckRS 2009, 11468).

Auch **nach Erlass des erstinstanzlichen Urteils** kann eine Verletzung des Beschleunigungsgebots zur Haftbefehlsaufhebung zwingen, zB bei vermeidbarer Verzögerung der Urteilsabsetzung, verspäteter Urteilszustellung und mehrmonatigen Verzögerungen bei der Erstellung und Zustellung des Hauptverhandlungsprotokolls (vgl OLG Oldenburg StV 2008, 200; OLG Naumburg StV 2008, 201, 202). Dabei ist zu berücksichtigen, dass es sich bei der Urteilsabsetzungsfrist des § 275 Abs 1 StPO um eine Höchstfrist handelt, die in Haftsachen das Gericht nicht von der Verpflichtung entbindet, die Urteilsgründe des bereits verkündeten Urteils unverzüglich, dh ohne vermeidbare justizseitige Verzögerung, schriftlich niederzulegen (vgl OLG Oldenburg StV 2008 202). Schließlich ist das Beschleunigungsgebot auch im **Rechtsmittelverfahren** bei der Prüfung der Anordnung der Fortdauer von Untersuchungshaft zu beachten (BVerfGE 46, 194, 195; BVerfGK 5, 109, 122; BVerfG EuGRZ 2008, 621, 623 f). Allerdings vergrößert sich mit der Verurteilung auch das Gewicht des staatlichen Strafanspruchs, da aufgrund der gerichtlich durchgeführten Beweisaufnahme die Begehung einer Straftat durch den Verurteilten als erwiesen angesehen worden ist (BVerfG BeckRS 2009, 34595 = StV 2009, 479). Vergeht nach Eingang einer ausschließlich auf die Verletzung sachlichen Rechts gestützten Revision beim Tatrichter ein Zeitraum von sechs Monaten bis zur Übersendung der Akten durch die Staatsanwaltschaft an das Revisionsgericht, ist die Fortdauer einer ohnehin schon lange andauernden Untersuchungshaft nicht mehr gerechtfertigt (KG StV 2007, 644; vgl auch KG StV 2006, 644; OLG Oldenburg StraFo 2008, 118 f; OLG Frankfurt StV 2007, 249 ff; StV 2006, 195 ff, 648 ff; OLG Saarbrücken StV 2007, 365, 366; OLG Naumburg StV 2009, 482: vier Monate zwischen Absetzung der schriftlichen Urteilsgründe und Beginn der Berufungshauptverhandlung; BVerfG NStZ 2005, 456). Auch ein Zeitraum von sieben Monaten zwischen Akteneingang beim Berufungsgericht und dem Beginn der Berufungshauptverhandlung ohne sachlichen Grund stellt eine vermeidbare Verfahrensverzögerung dar (vgl BVerfG BeckRS 2009, 34595 m Anm Hagmann StV 2009, 592). Die Zeit zur Durchführung eines Revisionsverfahrens wird bei der Beurteilung, ob die Verfahrensdauer aus Verhältnismäßigkeitsgründen eine Haftbefehlsaufhebung erfordert, grundsätzlich nicht der Dauer des Gesamtverfahrens hinzugerechnet, weil sie Ausprägung einer rechtsstaatlichen Ausgestaltung des Rechtsmittelsystems ist (vgl BVerfG NJW 2003, 2228, NStZ 2006, 47). Etwas anderes kann sich ergeben bei Verfahrensverzögerungen durch Rechtsmittelverfahren, die der Beseitigung von **der Justiz anzulastenden schwerwiegenden Fehlern** dienen (vgl hierzu BVerfG NJW 2006, 668, 672 m krit Anm Jahn 652; StraFo 2005, 456; NJW 2003, 2897; BGH NStZ 2006, 346; NStZ-RR 2006, 177; OLG Koblenz StV 2006, 645 ff).

10   Ist wegen eines identischen Tatvorwurfs der Vollzug eines Haftbefehls gegen einen Mitbeschuldigten im Hinblick auf die Verletzung des Beschleunigungsgebots ausgesetzt worden, erfordert der auch innerhalb eines Strafverfahrens im Verhältnis der Angeschuldigten zueinander zu beachtende **Grundsatz der Gleichbehandlung** aus Art 3 GG die Aufhebung der Untersuchungshaftanordnung gegen einen anderen Mitbeschuldigen, wenn dieser von der Verletzung des Beschleunigungsgebots in gleicher Weise belastet ist (OLG Dresden StV 2007, 591).

11   Ein Verstoß gegen das Beschleunigungsgebot kann trotz Verfahrensverzögerung zu verneinen sein, wenn die Verzögerung – wenn auch berechtigt – **allein vom Beschuldigten oder seinem Verteidiger verursacht** wurde (vgl OLG Naumburg StV 2008, 365). Stellt die Verteidigung **sukzessiv immer neue Beweisanträge**, nachdem das Gericht sein Beweisprogramm schon abgeschlossen hat, führen die durch die sachgerechte Bearbeitung der Anträge auftretenden, der Justiz grundsätzlich nicht zuzurechnenden Verfahrensverzögerungen auch bei einer längeren Zeitdauer nicht zur Unverhältnismäßigkeit der Untersuchungshaft (KG BeckRS 2008, 23683 = StV 2009, 534).

12   Der Haftbefehl muss bei einer gravierenden Verletzung des Beschleunigungsgebots wegen Unverhältnismäßigkeit auch bei **Aussetzung des Vollzugs** nach § 116 StPO (BVerfG NJW 1980, 1448; NJW 2006, 668; BGHSt 39, 233, 236; OLG Naumburg StV 2008, 589; StV 2009, 143 = BeckRS 2009, 08620) und bei **Überhaft** (BVerfG StV 2003, 30; StV 2006, 251 ff; OLG Hamm BeckRS 2009, 06221, 19904; KG StraFo 2007, 27; BeckRS 2009, 07633 = StV 2009, 483; OLG Bremen StV 2005, 445) aufgehoben werden. Denn auch der außer Vollzug gesetzte oder zur Überhaft notierte Haftbefehl bringt Beschränkungen der Freiheit mit sich. Im Rahmen der Prüfung der Verhältnismäßigkeit ist allerdings das Ausmaß der Eingriffsintensität, etwa die Art der erteilten Auflagen bei einem außer Vollzug gesetzten Haftbefehl zu berücksichtigen.

13   Um der Gefahr einer Entwertung der materiellen Grundrechtsposition des Beschuldigten entgegenzuwirken, verlangt das **BVerfG eine verfahrensrechtliche Kompensation** des mit dem Freiheitsentzug verbundenen Grundrechtseingriffs insbesondere durch **erhöhte Anforderungen an die Begründungstiefe** von Haftfortdauerentscheidungen (BVerfG StV 2008, 421; BeckRS 2009, 34595). In der Regel sind in jedem Beschluss über die Anordnung der Fortdauer der Untersuchungshaft aktuelle Ausführungen zu dem weiteren Vorliegen ihrer Voraussetzung, zur Abwägung zwischen dem Freiheitsgrundrecht des Beschuldigten und dem Strafverfolgungsinteresse der Allgemeinheit sowie zur Frage der Verhältnismäßigkeit geboten, weil sich die dafür maßgeblichen Umstände, vor allem angesichts der seit der letzten Entscheidung verstrichenen Zeit, in ihrer Gewichtigkeit verschieben können (BVerfG StV 1999, 40, 162; BeckRS 2009, 34595; BVerfGK 7, 140, 161; BVerfGK 10, 294, 301).

III. Freispruch, Einstellung, Nichteröffnung

14   Bei einem Freispruch, der Ablehnung der Eröffnung des Hauptverfahrens und nicht bloß vorläufiger Einstellung (durch Urteil oder Beschluss gem § 260 Abs 3 StPO, § 206 a Abs 1

StPO zB wegen nicht mehr behebbaren Verfahrenshindernisses oder gem § 154b Abs 4 S 1 StPO) ist der Haftbefehl aufzuheben (Abs 1 S 2). Insoweit stellt das Gesetz eine **gesetzliche Vermutung** auf, dass die Haftvoraussetzungen entfallen oder der Grundsatz der Verhältnismäßigkeit nicht mehr gewahrt sind (OLG Düsseldorf MDR 1974, 686; OLG Karlsruhe NStZ 1981, 192). Auf Richtigkeit und Rechtskraft der Entscheidung kommt es nicht an. Der Freispruch muss die Tat betreffen, die Gegenstand des Haftbefehls ist. Auch die dauernde Verhandlungsunfähigkeit führt zur Aufhebung des Haftbefehls (KG StV 1997, 644), nicht jedoch die vorläufige Einstellung nach § 205 StPO. Stellt die Staatsanwaltschaft das Verfahren nach § 170 Abs 2 StPO ein, ist die Aufhebung des Haftbefehls nach Abs 3 zu beantragen.

IV. Verfahren

Zuständig für die Entscheidung nach § 120 StPO ist der nach § 126 StPO zuständige Richter. Die Entscheidung ergeht nach Anhörung der Staatsanwaltschaft (§ 33 Abs 2 StPO) durch begründeten Beschluss (§ 34 StPO). Mit der Aufhebung des Haftbefehls ordnet das Gericht die Freilassung des Beschuldigten an, falls nicht Überhaft vorgemerkt ist (vgl LG Berlin NStZ 2002, 497). Nach Aufhebung des Haftbefehls in einem gerichtlichen Verfahren darf der Verhaftete nicht zwangsweise in die Anstalt zurück gebracht werden, um dort die Entlassungsmodalitäten zu erledigen (LG Berlin StV 2001, 690; NStZ 2002, 497).

V. Beschwerde

Gegen die Entscheidung des Haftrichters ist Beschwerde und weitere Beschwerde möglich. Die Beschwerde hat keine aufschiebende Wirkung (§ 307 Abs 1 StPO). Eine **Aussetzung der Vollziehung** nach § 307 Abs 2 StPO kommt wegen des vorgehenden § 120 Abs 2 StPO nicht in Betracht, es sei denn, es geht um die Freilassung nach Außervollzugsetzung des Haftbefehls (KK-StPO/Schultheis StPO § 120 Rn 19). Das Beschwerdegericht ist an den Freispruch und die ihm gleichstehenden Entscheidungen gebunden. Wird der Haftbefehl aus anderen Gründen aufgehoben, kann das Beschwerdegericht den angefochtenen Beschluss aufheben und den Haftbefehl wieder in Kraft setzen. Dabei kann es den dringenden Verdacht einer anderen Straftat annehmen oder den Haftgrund auswechseln. Wird der Haftbefehl wegen nicht mehr vorliegenden dringenden Tatverdachts während laufender Hauptverhandlung aufgehoben, ist die Überprüfung des dringenden Tatverdachts durch das Beschwerdegericht nur eingeschränkt möglich, weil dieses keine eigenen unmittelbaren Erkenntnisse über der Verlauf der Beweisaufnahme hat (vgl BGH StV 2004, 143). Allerdings muss sich das Tatgericht im Beschluss mit dem Ergebnis der bisherigen Beweisaufnahme auseinandersetzen; unterbleibt dies, führt dieser Mangel im Beschwerdeverfahren zur Aufhebung des betreffenden Beschlusses und zur Zurückverweisung (vgl OLG Jena StV 2005, 559 mAnm Deckers/Lederer, StV 2009, 139).

VI. Neuer Haftbefehl

Ist Rechtsmittel gegen den Freispruch usw eingelegt, darf ein **neuer Haftbefehl** bis zur Entscheidung des Rechtsmittelgerichts nur erlassen werden, wenn **neue Tatsachen oder Beweismittel** vorliegen, die geeignet sind, die gesetzliche Vermutung zu widerlegen (OLG Düsseldorf MDR 1974, 686; KG JR 1989, 344; OLG Karlsruhe NStZ 1981, 192). Etwas anderes gilt allerdings, wenn **Revision** eingelegt ist, da in diesem Verfahrensstadium neue Tatsachen oder Beweismittel nicht mehr berücksichtigt werden können (OLG Düsseldorf MDR 1974, 686). Wird das freisprechende Urteil usw aufgehoben, ist die gesetzliche Vermutung wieder entkräftet, so dass auch bei unveränderter Sach- und Beweislage ein neuer Haftbefehl erlassen werden kann, wobei die Gründe für die Aufhebung des freisprechenden Urteils zu berücksichtigen sind (OLG Köln StV 1996, 389; OLG Hamm NStZ 1981, 34).

B. Antrag der Staatsanwaltschaft (Abs 3)

Der Haftbefehl ist aufzuheben, wenn die Staatsanwaltschaft es **vor Erhebung der öffentlichen Klage beantragt**. Dies gilt auch für das Beschwerdegericht und das OLG oder den

BGH im Verfahren nach § 121 StPO, § 122 StPO. Die Bindungswirkung gilt auch für den Antrag der Staatsanwaltschaft, den Haftbefehl außer Vollzug zu setzen (BGH Ermittlungsrichter NJW 2000, 967 m zust Anm Rinio NStZ 2000, 547; Nehm FS Meyer-Großner, 291; aA OLG Düsseldorf NStZ-RR 2001, 122). Mit dem Antrag auf Aufhebung des Haftbefehls hat der Staatsanwalt gleichzeitig die Freilassung des Beschuldigten anzuordnen (kein Ermessen; Meyer-Goßner StPO § 120 Rn 14).

C. Rechtskraft

19   Mit Rechtskraft des Urteils, durch das der Angeklagte zu einer zu vollstreckenden Freiheitsentziehung verurteilt worden ist, wird der Haftbefehl nach **hM gegenstandslos** (BVerfG StraFo 2005, 416; OLG Hamm StraFo 2002, 100); er kann, muss aber nicht aufgehoben werden. Untersuchungshaft wandelt sich automatisch in Strafhaft (BGHSt 38, 63; NStZ 1993, 31; OLG Düsseldorf StV 1999, 585; vgl auch Bartmeier NStZ 2006, 544); auf die Einleitung der Vollstreckung kommt es nicht an (OLG Hamburg MDR 1977, 69, 949; **aA** OLG Braunschweig NJW 1966, 116). Die Organisationshaft, also die Haft zwischen Beendigung der Untersuchungshaft und Aufnahme in den Maßregelvollzug, darf nur so lange aufrechterhalten werden, wie die Vollstreckungsbehörde unter Berücksichtigung des Beschleunigungsgebotes benötigt, um einen Platz in einer Maßregelvollzugsanstalt zu finden (BVerfG NJW 2006, 427: nicht drei Monate; vgl auch OLG Celle StV 2003, 32; OLG Brandenburg NStZ 2000, 500).

§ 121 [Untersuchungshaft über 6 Monate]

(1) Solange kein Urteil ergangen ist, das auf Freiheitsstrafe oder eine freiheitsentziehende Maßregel der Besserung und Sicherung erkennt, darf der Vollzug der Untersuchungshaft wegen derselben Tat über sechs Monate hinaus nur aufrechterhalten werden, wenn die besondere Schwierigkeit oder der besondere Umfang der Ermittlungen oder ein anderer wichtiger Grund das Urteil noch nicht zulassen und die Fortdauer der Haft rechtfertigen.

(2) In den Fällen des Absatzes 1 ist der Haftbefehl nach Ablauf der sechs Monate aufzuheben, wenn nicht der Vollzug des Haftbefehls nach § 116 ausgesetzt wird oder das Oberlandesgericht die Fortdauer der Untersuchungshaft anordnet.

(3) [1]Werden die Akten dem Oberlandesgericht vor Ablauf der in Absatz 2 bezeichneten Frist vorgelegt, so ruht der Fristenlauf bis zu dessen Entscheidung. [2]Hat die Hauptverhandlung begonnen, bevor die Frist abgelaufen ist, so ruht der Fristenlauf auch bis zur Verkündung des Urteils. [3]Wird die Hauptverhandlung ausgesetzt und werden die Akten unverzüglich nach der Aussetzung dem Oberlandesgericht vorgelegt, so ruht der Fristenlauf ebenfalls bis zu dessen Entscheidung.

(4) [1]In den Sachen, in denen eine Strafkammer nach § 74a des Gerichtsverfassungsgesetzes zuständig ist, entscheidet das nach § 120 des Gerichtsverfassungsgesetzes zuständige Oberlandesgericht. [2]In den Sachen, in denen ein Oberlandesgericht nach § 120 des Gerichtsverfassungsgesetzes zuständig ist, tritt an dessen Stelle der Bundesgerichtshof.

Überblick

Als Ausformung des Verhältnismäßigkeitsgrundsatzes beschränkt die Vorschrift die Dauer der Untersuchungshaft. Über sechs Monate (Rn 3) darf der Vollzug für dieselbe Tat (Rn 5 ff) nur unter bestimmten Voraussetzungen (Rn 9 ff) und nur durch das OLG (Rn 16) aufrechterhalten werden. Die Norm trägt Art 5 Abs 3 S 2 MRK Rechnung, wonach der in Untersuchungshaft befindliche Beschuldigte Anspruch auf Aburteilung innerhalb einer angemessenen Frist hat.

Übersicht

	Rn		Rn
A. Allgemeines	1	II. Besondere Schwierigkeit und Umfang der Ermittlungen	13
B. Sechs-Monatsfrist	3	III. Andere wichtige Gründe	14
I. Fristberechnung	3	**D. Entscheidung nach Fristablauf (Abs 2)**	16
II. Ende der Beschränkung	4		
III. Tatidentität	5	**E. Ruhen des Fristenlaufs (Abs 3)**	17
C. Verlängerungsgründe	9	**F. Staatsschutzsachen (Abs 4)**	18
I. Allgemeines	9		

A. Allgemeines

Der Vollzug der Untersuchungshaft ist nach § 121 Abs 1 StPO grundsätzlich auf sechs Monate beschränkt. Weder die StPO (mit Ausnahme des § 122 a StPO) noch die EMRK kennen aber eine festgelegte Obergrenze für die Dauer von Untersuchungshaft. Nach ständiger Rechtsprechung des BVerfG und des BGH ist aber im Rahmen der Verhältnismäßigkeitsprüfung den vom Standpunkt der Strafverfolgung aus erforderlichen und zweckmäßigen Freiheitsbeschränkungen als Korrektiv ständig der Freiheitsanspruch des noch nicht verurteilten Beschuldigten entgegenzuhalten, der sich mit zunehmender Dauer der Untersuchungshaft vergrößert (BVerfGE 36, 264, 270; BVerfGE 53, 152, 158). Je länger die Untersuchungshaft dauert, umso strengere Anforderungen sind an ihre Aufrechterhaltung zu stellen (BGHSt 38, 43, 46). Der EGMR hat für eine zwei Jahre übersteigende Untersuchungshaft „sehr zwingende Gründe" und „besondere Sorgfalt beim Betreiben des Verfahrens" gefordert (NJW 2001, 2694); eine nahezu sechs Jahre dauernde Untersuchungshaft hat er trotz Verfahrensschwierigkeiten für unzulässig gehalten (NJW 2003, 1439). Das BVerfG hat eine Untersuchungshaft von mehr als einem Jahr vor Beginn der Hauptverhandlung nur in ganz besonderen Einzelfällen für gerechtfertigt erachtet (NJW 2006, 672); eine achtjährige Untersuchungshaft hält das BVerfG trotz großer Schwere des Tatvorwurfs (mehrfacher Mord) nicht mehr für zulässig (NJW 2005, 3485).

§ 121 StPO, § 122 StPO finden keine Anwendung bei Haftbefehlen nach § 230 Abs 2 StPO, § 236 StPO, § 329 Abs 4 S 1 StPO (KG NStZ-RR 1997, 75), bei der Sicherungshaft (§ 453 c Abs 2 S 2 StPO), der Auslieferungshaft (§ 26 IRG) sowie bei Überhaft. Bei der einstweiligen Unterbringung nach § 126 a StPO gelten § 121 StPO, § 122 StPO entsprechend (§ 126 a Abs 2 S 2 StPO). Beim Vollzug einer einstweiligen Unterbringung nach § 275 a Abs 5 StPO sieht der Gesetzgeber das besondere Haftprüfungsverfahren nach § 121 Abs 1 StPO nicht vor (§ 275 a Abs 5 S 4 StPO; OLG München BeckRS 2008, 21680).

B. Sechs-Monatsfrist

I. Fristberechnung

Die Frist beginnt; wenn der Beschuldigte aufgrund des Haftbefehls ergriffen worden ist oder wenn der Richter gegen den vorläufig Festgenommenen Haftbefehl erlassen hat. Der Tag, an dem die Untersuchungshaft beginnt, wird mitgerechnet (Meyer-Goßner StPO § 121 Rn 4; aA KK-StPO/Schultheis StPO § 121 Rn 6), nicht dagegen die Dauer der vorläufigen Festnahme (OLG Braunschweig NJW 1966, 116). Maßgeblich für die **Berechnung** der Sechs-Monatsfrist ist die Dauer des Vollzugs der Untersuchungshaft in derselben Sache. War die Untersuchungshaft **unterbrochen**, weil der Beschuldigte Strafhaft oder Untersuchungshaft in anderer Sache verbüßt hat oder der Haftbefehl außer Vollzug gesetzt war, zählen diese Zeiten bei der Berechnung nicht mit, vielmehr werden nur die Zeiten der tatsächlichen Vollstreckung in derselben Sache addiert (OLG Düsseldorf StV 1996, 557). Mitgerechnet wird die Zeit einer Unterbringung nach § 81 StPO, wenn die Untersuchungshaft weiter vollzogen wird (OLG Braunschweig OLGSt S 19; **aA** OLG Dresden NStZ-RR 2002, 60: Anrechnung auch, wenn Haftvollzug ausdrücklich unterbrochen war). Angerechnet wird weiterhin die Dauer der Unterbringung in einer geschlossenen Anstalt (zB Krankenhaus), wenn der Beschuldigte nicht aus der Haft entlassen wurde. Zeiten der **einstweiligen Unterbringung** werden mitgerechnet, wenn der Unterbringungsbefehl in einen Haftbefehl umgewandelt wird und sich die Untersuchungshaft unmittelbar an die einstweilige Unterbringung anschließt (vgl OLG Celle MDR 1985, 694; OLG Düsseldorf NStZ 1996, 355; OLG Nürnberg StV 1997, 537; **aA** OLG München NStZ-RR 2003, 366; OLG Schleswig NStZ 2002, 220). Keine Zusammenrechnung erfolgt, wenn sich die Untersuchungshaft nicht unmittelbar an die einstweilige Unterbringung anschließt, sondern der Beschuldigte zwischenzeitlich auf freiem Fuß war (OLG Koblenz MDR 1975, 422; **aA** OLG Celle NStZ 1991, 248), nach dem PsychKG NW untergebracht (OLG Düsseldorf StV 1996, 553) oder gegen ihn eine Freiheitsstrafe vollstreckt war (OLG Düsseldorf MDR 1986, 956). Die gleichen Grundsätze gelten für die einstweilige Unterbringung in einem Erziehungsheim nach § 72 Abs 4 S 1 JGG (OLG Karlsruhe NStZ 1997, 452; OLG Dresden JR 1994, 377), nicht aber für die einstweilige Unterbringung in einem Erziehungsheim nach § 71 Abs 2 JGG (KG JR 1990, 216; OLG Zweibrücken NStZ 1990, 530; **aA** Löwe/Rosenberg/Hilger StPO § 121 Rn 12). Die im Ausland erlittene **Auslieferungshaft** wird nicht eingerechnet (OLG Hamm NJW 1966, 314; OLG Nürnberg GA 1966, 90).

II. Ende der Beschränkung

4   § 121 StPO, § 122 StPO sind nicht mehr anzuwenden, wenn ein **auf Freiheitsstrafe** mit oder ohne Bewährung oder **auf freiheitsentziehende Maßregel lautendes Urteil** ergangen ist (OLG Hamm BeckRS 2009, 12493; OLG Düsseldorf MDR 1992, 1173; NJW 1991, 2656: § 121 StPO nicht einschlägig, auch wenn das BVerfG in Unkenntnis eines Urteils einen nach §122 StPO erlassenen Haftfortdauerbeschluss aufgehoben hat). Die Zuständigkeit des OLG entfällt auch dann, wenn das OLG früher über die Haftverlängerung hätte entscheiden müssen, das mit der Sache befasste Gericht die Akten aber nicht vorgelegt hat (KG JR 1967, 266; OLG Hamm BeckRS 2009, 12493). Unabhängig von der Nichtanwendbarkeit der § 121 StPO, § 122 StPO ab Verkündung des Urteils bleibt die Möglichkeit, Verstöße gegen den Beschleunigungsgrundsatz und die Verhältnismäßigkeit der Haftfortdauer über eine Haftbeschwerde, Haftprüfung oder Verfassungsbeschwerde prüfen zu lassen (vgl BVerfG NStZ 2005, 456; OLG Düsseldorf NStZ-RR 2000, 250; OLG Frankfurt StV 2006, 648). Werden nicht alle angeklagten Taten abgeurteilt und bleibt der Beschuldigte wegen der abgetrennten, nicht abgeurteilten Taten in Haft, bleiben § 121 StPO, § 122 StPO wegen dieses Teils weiter anwendbar (OLG Koblenz StV 1998, 557; vgl auch OLG München NStZ 1986, 423). Betrifft der Vollzug des Haftbefehls dagegen auch die bereits abgeurteilten Taten, so entfällt die Haftprüfung (OLG Koblenz NStZ 1982, 343; OLG Hamm NStZ-RR 2002, 382; **aA** OLG Frankfurt NJW 1966, 2423; OLG Stuttgart StV 1995, 201). Der Wegfall der Haftbeschränkung nach Urteilserlass ist endgültig, auch wenn das Urteil auf ein Rechtsmittel aufgehoben und die Sache zurückverwiesen wird (OLG Karlsruhe Justiz 1986, 144; Meyer-Goßner StPO § 121 Rn 9). Untersuchungshaft, die in vollem Umfang auf eine rechtskräftig verhängte Strafe angerechnet worden ist, wird nicht mit der wegen einer anderen Tat noch vollzogenen Untersuchungshaft zusammengerechnet (OLG Karlsruhe MDR 1994, 191; OLG Koblenz StV 1998, 557).

III. Tatidentität

5   Die Beschränkung der Untersuchungshaft gilt nur für **dieselbe Tat**. Während nach **hM** noch Übereinstimmung besteht, dass – um Umgehungen zu vermeiden – der Begriff weit auszulegen und nicht vom prozessualen Tatbegriff gem § 264 StPO auszugehen ist, werden die Voraussetzungen im Einzelnen unterschiedlich beurteilt.

6   Nach einer Auffassung liegt eine Tat grundsätzlich bei **Verfahrensidentität** der Tatvorwürfe vor (OLG Koblenz StV 2001, 297; NStZ-RR 2001, 125; OLG Köln NStZ-RR 2001, 123), wobei dieser Begriff weit auszulegen ist. Für die Berechnung der Sechs-Monatsfrist werden danach die Haftzeiten zusammengerechnet, wenn mehrere Verfahren verbunden werden oder die Verbindung unmittelbar bevorsteht (OLG Celle MDR 1984, 774). Darüber hinaus soll Verfahrensidentität auch dann vorliegen, wenn eine Verbindung nicht nur theoretisch möglich ist und diese wegen des Ermittlungshintergrundes, des Ermittlungsstandes

oder wegen des inneren Zusammenhangs der Tatvorwürfe sachdienlich erscheint (OLG Köln NStZ-RR 2001, 123; OLG Jena StV 1999 329).

Die weitergehende Auffassung geht zutreffend von einem erweiterten Tatbegriff aus und zählt zur selben Tat iSd § 121 StPO **alle Taten** des Beschuldigten von dem Zeitpunkt an, in dem sie **bekannt** geworden sind und daher **in den Haftbefehl hätten aufgenommen werden können** (OLG Düsseldorf StV 2004, 496; OLG Stuttgart NStZ-RR 1999, 318; OLG Zweibrücken NStZ-RR 1998, 182; OLG Koblenz NStZ-RR 2001, 152; OLG Karlsruhe StV 2000, 514; 2003, 517; OLG Hamm NStZ-RR 2000, 382; OLG Naumburg BeckRS 2008, 25867 = StV 2009, 536; OLG Dresden BeckRS 2009, 10683 = StV 2009, 537). Dies gilt auch, wenn mehrere Ermittlungsverfahren (auch bei verschiedenen Staatsanwaltschaften) anhängig sind und unabhängig davon, ob eine Verbindung der Verfahren in Betracht kommt (restriktiver OLG Köln NStZ-RR 1998, 181; OLG Jena StV 1999, 329). Ob eine Tat Gegenstand eines bereits vollstreckten Haftbefehls hätte sein können, richtet sich danach, ob und wann hinsichtlich dieser Tat dringender Tatverdacht bestand. Dabei kommt es nicht darauf an, ob und wann die Staatsanwaltschaft den dringenden Tatverdacht bejaht hat; entscheidend ist vielmehr der Zeitpunkt, an dem sie ihn hätte bejahen können (OLG Naumburg BeckRS 2008, 25867; OLG Dresden BeckRS 2009, 10683). Entsprechendes gilt, wenn im Laufe der Ermittlungen neue Tatteile, etwa Teilakte einer fortgesetzten Handlung bekannt werden (vgl OLG Bremen NStZ-RR 1997, 334). Waren also schon beim Erlass eines Haftbefehls weitere Tatvorwürfe bekannt, die nicht in den Haftbefehl aufgenommen worden sind, beginnt mit dem Erlass eines zweiten, auf die weiteren Vorwürfe gestützten Haftbefehls keine neue Sechs-Monatsfrist. Ein Aufsparen von Tatvorwürfen für einen weiteren Haftbefehl ist somit nicht zulässig. Bei einer solch unzulässigen Vorratshaltung ist der Haftbefehl aufzuheben (OLG Dresden BeckRS 2009, 10683 = StV 2009, 366). Aus dem **Verbot der Reservehaltung von Tatvorwürfen** iSd § 121 Abs 1 StPO kann allerdings nicht abgeleitet werden, dass in jedem Fall der Erlass eines neuen Haftbefehls ausgeschlossen ist. Die Sperrwirkung für den Erlass einen neuen Haftbefehls greift nur, wenn gegen den Beschuldigten schon aufgrund eines anderen Haftbefehls sechs Monate Untersuchungshaft vollzogen worden ist und das Oberlandesgericht im Verfahren nach § 121 StPO, § 122 StPO wegen Fehlens der Voraussetzungen des § 121 Abs 1 StPO von der Anordnung der Fortdauer der Untersuchungshaft abgesehen hätte. Die Sperrwirkung dient eben nur der Realisierung des Gebots der beschleunigten Durchführung von Verfahren gegen in Untersuchungshaft befindliche Beschuldigte, begründet aber kein generelles Verbot der Reservehaltung von Tatvorwürfen (so zutreffend Schlothauer StV 2009, 264 ff).

Werden **während des Ermittlungsverfahrens neue**, schon **vor dem Erlass** des ersten Haftbefehls begangene Taten bekannt, so beginnt die Sechs-Monatsfrist des Haftbefehls, der wegen der neuen Taten erlassen worden ist, in dem Zeitpunkt, in dem der neue Haftbefehl hätte erlassen oder der erste Haftbefehl hätte erweitert werden können, sich also der Tatverdacht zum dringenden verdichtet hat (vgl OLG Düsseldorf StV 2004, 496; OLG Koblenz NStZ-RR 2001, 152; OLG Zweibrücken StV 2000, 629; OLG Stuttgart StV 1999, 102; **aA** OLG Karlsruhe StV 2003, 517; OLG Koblenz NStZ-RR 2001, 124). Begeht der Beschuldigte während des Vollzugs des ersten Haftbefehls, nach Aufhebung des Haftbefehls oder dessen Außervollzugsetzung **eine neue Tat** und ergeht deshalb ein neuer Haftbefehl oder wird der ursprüngliche Haftbefehl ergänzt, wird die Frist des § 121 Abs 1 StPO erneut in Lauf gesetzt (OLG Köln NStZ-RR 2001, 124; OLG Naumburg NStZ 2005, 585; **aA** OLG Schleswig StV 1983, 466), wobei es ohne Bedeutung ist, ob die Verfahren später verbunden werden oder nicht (KG JR 1967, 231).

C. Verlängerungsgründe

I. Allgemeines

Über sechs Monate darf die Untersuchungshaft nur aufrechterhalten werden, wenn die allgemeinen Haftvoraussetzungen vorliegen und die besondere Schwierigkeit oder der besondere Umfang der Ermittlungen oder ein anderer wichtiger Grund ein Urteil noch nicht zulassen und die Fortdauer der Haft rechtfertigen, wobei die Ausnahmetatbestände **eng auszulegen** sind (BVerfG NJW 1991, 2821; NStZ 1995, 295; BGHSt 38, 43, 46). Grundsätzlich kann die Untersuchungshaft nur verlängert werden, wenn die Schwierigkeiten **unabwendbar** waren. Wären sie durch geeignete Maßnahmen auszuräumen gewesen, kommt eine Haftverlängerung nicht in Betracht. Im Hinblick auf das verfassungsrechtlich geschützte **Beschleunigungsgebot** (vgl § 120 StPO Rn 5 ff) müssen die Strafverfolgungsbehörden alle zumutbaren Maßnahmen treffen, um die Ermittlungen so schnell wie möglich zum Abschluss zu bringen. Dies gilt auch für die erforderlichen organisatorischen und personellen Maßnahmen (vgl BVerfG NJW 2006, 668, 672 ff; BGHSt 38, 43; OLG Brandenburg StV 2000, 37; OLG Celle StV 2002, 150). Je länger die Untersuchungshaft andauert, desto höhere Anforderungen sind an das Beschleunigungsgebot zu stellen (vgl BVerfG NStZ 2000, 153; OLG Düsseldorf NJW 1996, 2587). Deshalb sind bei Haftprüfungen nach § 122 Abs 4 StPO strengere Anforderungen an die zügige Bearbeitung eines Verfahrens zu stellen als bei der Sechs-Monatshaftprüfung (OLG Düsseldorf StV 1992, 586). Sind Verfahrensverzögerungen der Sphäre des Staates zuzurechnen, kommt es auf ein Verschulden nicht an (BVerfG StV 2006, 87, 703).

10 Um dem Beschleunigungsgebot Rechnung zu tragen, sind gegebenenfalls Doppel- oder Mehrfachakten anzulegen (OLG Hamm BeckRS 2009, 19733; OLG Düsseldorf StV 2001, 696; OLG Bremen StV 1993, 377); Wortprotokolle von überwachten Telefongesprächen zu erstellen (OLG Köln StV 1999, 40); Verfahrensabtrennungen vorzunehmen (OLG Zweibrücken StV 2002, 433; KG StraFo 2007, 26); Teilanklagen zu erheben (vgl BVerfG StV 1994, 589; OLG Koblenz StV 2001, 302; siehe aber auch KG NStZ 2006, 524). Bei absehbar umfangreicheren Verfahren fordert das Beschleunigungsgebot eine vorausschauende, auch größere Zeiträume umgreifende Hauptverhandlungsplanung mit mehr als einem Sitzungstag pro Woche (vgl BVerfG NJW 2006, 672, 1336; NStZ 2006, 295 [Urteilsabsetzung]; BGH NJW 2006, 3077).

11 Schwierigkeit und Umfang der Ermittlungen und Verfahrensverzögerungen aus sonstigen Gründen rechtfertigen die Fortdauer der Untersuchungshaft nicht, wenn sie auf **grobe Fehler und Versäumnisse der Strafverfolgungsorgane** zurückzuführen sind (OLG Bremen StV 1992, 181 f; OLG Düsseldorf MDR 1996, 955; KG NJW 1997, 878; vgl auch BVerfG StV 2007, 369; 2003, 30; NJW 2006, 668, 672, 677). Dies ist etwa der Fall, wenn Akten mehrere Monate ohne vertretbaren Grund nicht bearbeitet wurden (OLG Düsseldorf BeckRS 2009, 23700; OLG Köln StV 1992, 524; OLG Bremen StV 1992, 181; OLG Celle StV 1985, 331; OLG Brandenburg StV 2000, 37; OLG Hamm StraFo 2004, 318; vgl auch BVerfG NStZ-RR 2008, 18); wenn zwischen Zeugenvernehmungen längere Zwischenräume liegen (OLG Hamm StV 2000, 90; StraFo 2001, 32; 2004, 663; NStZ-RR 2004, 339); wenn die Anklageerhebung ohne beachtliche Gründe verzögert wird (OLG Hamm wistra 2001, 36; StraFo 2006, 409; KG StraFo 2007, 26; OLG Köln StraFo 2007, 155; OLG Frankfurt StV 1995, 141); wenn die Anklage aus nicht vertretbaren Gründen beim unzuständigen Gericht erhoben wird (BVerfG StV 1992, 522); bei vermeidbarer Verzögerung der Eröffnung des Hauptverfahrens (OLG Nürnberg BeckRS 2009, 16425 = StV 2009, 367; OLG Zweibrücken StV 2002, 152; OLG Koblenz StV 2003, 519; KG StV 1994, 90; vgl hierzu auch § 120 StPO Rn 7); bei vermeidbaren Kompetenzkonflikten zwischen Gerichten (BVerfG StV 2000, 321; OLG Düsseldorf StV 2000, 631; anders wenn die Erhebung der Anklage vor dem Amtsgericht und die Entscheidung des Amtsgerichts, das Verfahren zur Entscheidung über die Eröffnung des Verfahrens dem Landgericht gem § 209 Abs 2 StPO vorzulegen, auf vertretbaren Erwägungen der Staatsanwaltschaft und des Amtsgerichts beruhen, OLG Hamm BeckRS 2009, 02370); wenn die Hauptverhandlung längere Zeit hinausgeschoben oder vertagt wird (BVerfG StV 2003, 30; OLG Hamburg StraFo 2007, 26; OLG Jena StV 2002, 555; OLG Karlsruhe StV 2000, 36, 91; OLG Hamm StV 2000, 515, NStZ-RR 2002, 348); bei ungerechtfertigter Aussetzung (OLG Koblenz StV 2003, 519); wenn notwendige Übersetzungen nicht rechtzeitig veranlasst werden (OLG Karlsruhe NJW 1973, 381); wenn ein Gutachten nicht rechtzeitig eingeholt wird (vgl SächsVerfGH StraFo 2004, 54; OLG Düsseldorf BeckRS 2009, 20236; StraFo 1997, 144; OLG Jena StV 1998, 560; StraFo 2004, 318; OLG Hamm NStZ-RR 2001, 60; StraFo 2006, 409; OLG Koblenz StV 2007, 256;); wenn nicht auf eine zeitnahe Erstellung des Gutachtens hingewirkt wird (OLG Düsseldorf BeckRS 2009, 20236); wenn die Staatsanwaltschaft – ggf in Zusammenarbeit mit der Ausländerbehörde – nicht dafür Sorge trägt, dass ein wichtiger Zeuge zur Verfügung steht (KG NJW 1997, 878); wenn das Gericht im Falle der Erkrankung des Verteidigers nicht für

eine anderweitige Verteidigung sorgt, um die Sache noch vor Ablauf der Sechs-Monatsfrist verhandeln zu können (OLG Köln BeckRS 2009, 19899). **Leichte Fehler und Versäumnisse** bleiben außer Betracht (OLG Düsseldorf Frankfurt/M StV 1988, 439; OLG Schleswig SchlHA 1996, 62). Die **Schwere** der dem Beschuldigten vorgeworfenen **Taten** ist in Fällen der Missachtung des Beschleunigungsgrundsatzes ohne Belang (OLG Düsseldorf MDR 1992, 796; OLG Jena StraFo 2004, 318). Auch wenn keine starren Grenzen aufgestellt werden können, ab welcher Dauer eine Verfahrensverzögerung beachtlich ist, können bereits Verzögerungen von wenigen Monaten mit dem Beschleunigungsgrundsatz unvereinbar sein (vgl OLG Hamburg StV 1985, 189; KG StV 1992, 523; OLG Koblenz StV 2000, 516). Untersuchungshaft von mehr als einem Jahr bis zum Urteil ist nur ganz ausnahmsweise gerechtfertigt (BVerfG StV 2006, 703).

Ob eine Verzögerung dadurch **ausgeglichen** werden kann, dass die Sache später mit besonderem Vorrang bearbeitet worden ist (OLG Düsseldorf StV 1989, 113; OLG Jena NStZ 1997, 452; OLG Stuttgart Justiz 2001, 196) oder ob **hypothetisch berücksichtigt** werden kann, dass auch bei zügiger Sachbehandlung das Verfahren nicht innerhalb der Frist durch Urteil hätte abgeschlossen werden können, erscheint nach der neueren Rechtsprechung des BVerfG fraglich (NJW 2006, 672, 675; vgl auch OLG Hamm StV 2006, 195). 12

II. Besondere Schwierigkeit und Umfang der Ermittlungen

Ob solche Umstände vorliegen, ist aufgrund eines Vergleichs mit durchschnittlichen Verfahren zu ermitteln, die innerhalb von sechs Monaten durch Urteil abgeschlossen werden. Die Umstände können sich ergeben aus Zahl, Art und Umfang der aufzuklärenden Taten, Ausmaß der erforderlichen Ermittlungen (auch aufgrund des Umstandes, dass der Beschuldigte von seiner Aussagefreiheit gem § 136 Abs 1 S 2 StPO Gebrauch macht), Einholung von Gutachten, Übersetzung fremdsprachiger Dokumente, Anzahl der Beschuldigten, Zeugen und Sachverständigen, Notwendigkeit ausländischer Ermittlungen im Rahmen von Rechtshilfeverfahren. 13

III. Andere wichtige Gründe

Ein anderer wichtiger Grund für die Verlängerung der Untersuchungshaft liegt nur vor, wenn er in seiner Bedeutung den beiden genannten Verlängerungsgründen vergleichbar ist. Er muss ein solches Gewicht besitzen, dass es gerechtfertigt ist, den Freiheitsanspruch und das Beschleunigungsinteresse des Beschuldigten hinter den unabweisbaren Bedürfnissen einer wirksamen Strafverfolgung zurücktreten zu lassen (vgl BVerfGE 36, 264, 274; KK-StPO/Schultheis StPO § 121 Rn 15). Dabei muss es sich um Gründe handeln, die nicht den Strafverfolgungsbehörden zurechenbar sind; sie müssen also **unabwendbar** gewesen sein (OLG Hamm NStZ-RR 2002, 124; OLG Bamberg NJW 1996, 1222). In Betracht kommen etwa die krankheitsbedingte Verhinderung unentbehrlicher Verfahrensbeteiligter (BVerfGE 36, 264, 274; OLG Düsseldorf NJW 1993, 1149); die Erkrankung des allein eingearbeiteten Staatsanwalts in einem Großverfahren (OLG Hamm NJW 1972, 550; krit Löwe/Rosenberg/Hilger StPO § 121 Rn 28), die Erkrankung des Angeklagten und die Ungewissheit über die Dauer seiner Verhandlungsunfähigkeit (OLG Hamm BeckRS 2009, 02628), dem Beschuldigten zurechenbare wesentliche Verfahrensverzögerungen zB durch dauernde Beschwerden und Eingaben (OLG Hamm NStZ-RR 1998, 307; OLG Düsseldorf MDR 1987, 1048), häufiger Wechsel der Verteidiger mit jeweiligen Anträgen auf Akteneinsicht (OLG Hamm StV 1996, 497), die Verhinderung eines früheren Hauptverhandlungstermins aufgrund der starken terminlichen Belastung des Verteidigers (vgl OLG Naumburg StraFo 2008, 205), die nicht voraussehbare, unvermeidbare kurzfristige **Überlastung des Gerichts** (OLG Düsseldorf NJW 1993, 1149; NJW 1996, 2587; OLG Frankfurt StV 1983, 379), die Erkrankung des Vorsitzenden während der Hauptverhandlung auch dann, wenn sich die vorangegangene Prognose des Vorsitzenden, keinen Ergänzungsrichter zu benötigen, als unzutreffend erwiesen hat, aber vertretbar war (KG BeckRS 2009, 21013). 14

Kein wichtiger Grund liegt aber vor, wenn bei Überlastung der Spruchkörper eines Gerichts die sachgerechte Erledigung eines Verfahrens durch **organisatorische Maßnahmen** im Rahmen der vorhandenen Gerichtsausstattung mit personellen und sachlichen 15

Mitteln sichergestellt werden kann; dies gilt auch bei Krankheit, Urlaub oder Schwangerschaft (vgl BVerfGE 36, 264, 272; NStZ 1994, 93; StV 1999, 328; BGHSt 38, 43; OLG Düsseldorf StV 2001, 695; OLG Hamm NStZ-RR 2001, 61; OLG Celle StV 2002, 150; OLG Koblenz NStZ 1997, 252; OLG Schleswig SchlHA 1996, 94; OLG Köln StraFo 2008, 241). Bei einer ggf erforderlichen Änderung der Geschäftsverteilung ist auch auf Zivilrichter zurückzugreifen (vgl OLG Celle StV 2002, 151; OLG Dresden BeckRS 2009, 21863; OLG Düsseldorf StV 1990, 168; StV 2001, 696; NJW 1993, 1088; OLG Hamm NStZ-RR 2001, 61; OLG Frankfurt NJW 1996, 1485; vgl auch BVerfGE 36, 264, 273; NJW 2003, 2895; BGHSt 38, 43). Sind solche organisatorischen Maßnahmen ausgeschöpft, stellt auch eine nicht nur kurzfristige Überlastung eines Spruchkörpers keinen wichtigen Grund dar, wenn die Überlastung auf einem Geschäftsanfall beruht, der sich trotz Ausschöpfung aller Mittel und Möglichkeiten nicht mehr innerhalb angemessener Fristen bewältigen lässt (BVerfG StV 2006, 87; OLG Köln BeckRS 2008, 13983). **Personalmangel** ist grundsätzlich kein Grund, die Untersuchungshaft zu verlängern. Vielmehr hat der Staat in Erfüllung der ihm obliegenden Justizgewährungspflicht für eine ausreichende personelle Ausstattung der mit Haftsachen befassten Gerichte Sorge zu tragen (vgl BVerfG NStZ 1994, 93, 553; BGHSt 38, 46; OLG Jena NStZ-RR 1997, 364). Entsprechendes gilt für die **Überlastung der Staatsanwaltschaft oder der Kriminalpolizei** (vgl BVerfG NStZ 1994, 553; OLG Düsseldorf StV 1990, 503; OLG Koblenz NJW 1990, 1375). Kein wichtiger Grund sind Ermittlungen wegen einer Tat, die nicht Gegenstand des Haftbefehls ist (BVerfG NStZ 2002, 100; OLG Frankfurt NStZ-RR 2001 1996, 268; OLG Bamberg StV 2002, 608).

D. Entscheidung nach Fristablauf (Abs 2)

16   Nach Ablauf der Sechs-Monatsfrist ist der Haftbefehl aufzuheben, es sei denn, das zuständige Gericht oder das OLG hat den Vollzug des Haftbefehls nach § 116 StPO ausgesetzt oder das dafür allein zuständige OLG hat die Fortdauer der Untersuchungshaft angeordnet. Zunächst prüft das OLG, ob die allgemeinen Haftvoraussetzungen (dringender Tatverdacht, Haftgrund) vorliegen und der Grundsatz der Verhältnismäßigkeit der Aufrechterhaltung des Haftbefehls nicht entgegensteht. Zum Vorlageverfahren vgl § 122 StPO. Die verspätete Vorlage der Akten beim OLG ist kein Grund, den Haftbefehl aufzuheben (BGH MDR 1988, 357; OLG Hamm NStZ-RR 2003, 143; OLG Karlsruhe StV 2000, 513); sie verpflichtet jedoch, erhöhte Anforderungen bei der Prüfung der Voraussetzungen des § 121 Abs 1 StPO zu stellen (OLG Hamm NStZ-RR 2003, 143; OLG Karlsruhe StV 2000, 513).

E. Ruhen des Fristenlaufs (Abs 3)

17   Die Sechs-Monatsfrist kann sich aus den in Abs 3 genannten Gründen verlängern. Nach Abs 3 S 1 ruht der Fristlauf so lange, **bis das OLG entschieden hat**, wenn ihm die Akten rechtzeitig, also vor Ablauf der Frist vorgelegt wurden. Maßgebend für die Vorlage ist nach **hM** der Tag, an dem die Akten beim OLG eingehen, nicht, wann die Vorlage verfügt worden ist (Meyer-Goßner StPO § 121 Rn 30). Nach Abs 3 S 2 ruht der Lauf der Frist auch **während der Hauptverhandlung**, wenn mit ihr schon vor Fristablauf begonnen worden ist. Nach Sinn und Zweck der Vorschrift entfällt die Prüfungskompetenz des OLG auch dann, wenn die Hauptverhandlung zwar verspätet, aber vor der Entscheidung des OLG beginnt, sofern nur die Aktenvorlage nach § 121 Abs 3 S 1 StPO innerhalb der Sechs-Monatsfrist des § 121 Abs 2 StPO erfolgt ist (vgl OLG Dresden NStZ 2004, 644 m abl Anm Wilhelm; OLG Düsseldorf NStZ 1992, 402 mAnm Keller 604; KG NStZ-RR 2007, 207; OLG Hamm BeckRS 2009, 09612). Nach umstrittener Auffassung ist das OLG zu einer Entscheidung nach § 121 StPO, § 122 StPO mit dem Beginn der Hauptverhandlung in der anhängigen Strafsache auch dann nicht berufen, wenn das BVerfG auf eine Verfassungsbeschwerde einen in diesem Verfahren ergangenen Haftfortdauerbeschluss eines Strafsenats des OLG aufgehoben und die Sache an denselben Senat zurückverwiesen hat (KG StV 2007, 593 m abl Anm Krehl: Flucht unter den vermeintlich schützenden Schirm des § 121 Abs 3 S 2 StPO). Wird die Hauptverhandlung ausgesetzt, läuft die Frist von der Aussetzung an weiter (BGH NStZ 1986, 422). Werden die Akten unverzüglich nach der Aussetzung dem OLG vorgelegt, ruht der Fristenlauf bis zur Entscheidung des OLG.

F. Staatsschutzsachen (Abs 4)

In Staatsschutzsachen, die zur Zuständigkeit des LG gehören (§ 74a GVG), entscheidet 18 das nach § 120 GVG zuständige OLG. In Staatsschutzsachen, in denen ein OLG in erster Instanz zuständig ist, entscheidet der BGH. Für die Zuständigkeit des BGH maßgeblich ist, ob die Ermittlungen eine der im Katalog des § 120 GVG genannten Straftaten zum Gegenstand haben; es kommt nicht darauf an, ob auch der Haftbefehl auf den Verdacht einer solchen Tat gestützt ist (BGHSt 28, 355).

§ 122 [Besondere Haftprüfung durch das OLG]

(1) In den Fällen des § 121 legt das zuständige Gericht die Akten durch Vermittlung der Staatsanwaltschaft dem Oberlandesgericht zur Entscheidung vor, wenn es die Fortdauer der Untersuchungshaft für erforderlich hält oder die Staatsanwaltschaft es beantragt.

(2) ¹Vor der Entscheidung sind der Beschuldigte und der Verteidiger zu hören. ²Das Oberlandesgericht kann über die Fortdauer der Untersuchungshaft nach mündlicher Verhandlung entscheiden; geschieht dies, so gilt § 118a entsprechend.

(3) ¹Ordnet das Oberlandesgericht die Fortdauer der Untersuchungshaft an, so gilt § 114 Abs. 2 Nr. 4 entsprechend. ²Für die weitere Haftprüfung (§ 117 Abs. 1) ist das Oberlandesgericht zuständig, bis ein Urteil ergeht, das auf Freiheitsstrafe oder eine freiheitsentziehende Maßregel der Besserung und Sicherung erkennt. ³Es kann die Haftprüfung dem Gericht, das nach den allgemeinen Vorschriften dafür zuständig ist, für die Zeit von jeweils höchstens drei Monaten übertragen. ⁴In den Fällen des § 118 Abs. 1 entscheidet das Oberlandesgericht über einen Antrag auf mündliche Verhandlung nach seinem Ermessen.

(4) ¹Die Prüfung der Voraussetzungen nach § 121 Abs. 1 ist auch im weiteren Verfahren dem Oberlandesgericht vorbehalten. ²Die Prüfung muß jeweils spätestens nach drei Monaten wiederholt werden.

(5) Das Oberlandesgericht kann den Vollzug des Haftbefehls nach § 116 aussetzen.

(6) Sind in derselben Sache mehrere Beschuldigte in Untersuchungshaft, so kann das Oberlandesgericht über die Fortdauer der Untersuchungshaft auch solcher Beschuldigter entscheiden, für die es nach § 121 und den vorstehenden Vorschriften noch nicht zuständig wäre.

(7) Ist der Bundesgerichtshof zur Entscheidung zuständig, so tritt dieser an die Stelle des Oberlandesgerichts.

Überblick

Die Vorschrift regelt die Vorlage der Akte durch den Haftrichter bei der Sechs-Monatshaftprüfung (Rn 1), das Verfahren und die Entscheidung des OLG (Rn 4f), die Zuständigkeit für die weitere Haftprüfung nach § 117 Abs 1 StPO (Rn 10) und die weitere Haftprüfung nach § 121 Abs 1 StPO (Rn 11).

Übersicht

	Rn		Rn
A. Aktenvorlage des Haftrichters (Abs 1)	1	E. Weitere Haftprüfung nach § 121 Abs 1 (Abs 4)	11
B. Verfahren beim OLG (Abs 2)	4	F. Mehrere Beschuldigte (Abs 6)	12
C. Entscheidung des OLG (Abs 3 S 1, Abs 5)	5	G. Bundesgerichtshof (Abs 7)	13
D. Weitere Haftprüfung nach § 117 Abs 1 (Abs 3 S 2 bis S 4)	10		

A. Aktenvorlage des Haftrichters (Abs 1)

1   Der Haftrichter legt die Akten in den Fällen des § 121 StPO dem OLG vor. Voraussetzung des Haftprüfungsverfahrens ist zunächst, dass sich der Beschuldigte im Zeitpunkt der Vorlage, der Prüfung und Entscheidung durch das OLG tatsächlich noch **in Untersuchungshaft** befindet. Das Verfahren findet deshalb nicht statt, wenn der Vollzug des Haftbefehls nach § 116 StPO ausgesetzt (OLG Hamm NJW 1965, 1730), der Beschuldigte aus der Haft entwichen ist (OLG Hamm JMBlNW 1969, 48), von der Vollstreckung des Haftbefehls nach § 72 Abs 1 JGG abgesehen oder die Untersuchungshaft zur Vollstreckung von Strafhaft unterbrochen wird (OLG Hamm JMBlNW 1982, 33). Etwas anderes soll gelten, wenn auf eine Haftbeschwerde der Vollzug wieder in Betracht kommt (OLG Schleswig MDR 1983, 71) oder feststeht, dass der der erneute Vollzug eines außer Vollzug gesetzten Haftbefehls unmittelbar bevorsteht (OLG Karlsruhe Justiz 1978, 475).

2   Zuständig für die Vorlage ist der **nach § 126 StPO zuständige Haftrichter**. Nach zT vertretener Auffassung wird auch das Beschwerdegericht als verpflichtet angesehen, die Akten dem OLG nach Abs 1 vorzulegen (Löwe/Rosenberg/Hilger StPO § 122 Rn 6; **aA** Meyer-Goßner StPO § 122 Rn 3). Bevor der Haftrichter die Akte vorlegt, prüft er, ob der Haftbefehl nach § 120 Abs 1 S 1 StPO aufzuheben oder nach § 116 StPO außer Vollzug zu setzen ist. Bejaht er dies, findet keine Vorlage statt. Von einer Vorlage kann der Haftrichter außerdem dann absehen, wenn er die Voraussetzungen des § 121 Abs 1 StPO für eine Haftfortdauer nicht für gegeben hält (OLG Braunschweig NJW 1996, 790; OLG Stuttgart NJW 1967, 66; Meyer-Goßner StPO § 121 Rn 27; **aA** KK-StPO/Schultheis StPO § 122 Rn 2). Der Haftrichter verliert aber seine Prüfungskompetenz, wenn die **Staatsanwaltschaft** die Vorlage beim OLG **beantragt** (Abs 1 letzter Halbsatz); dann **muss** der Haftrichter die Akte vorlegen, auch wenn er die Voraussetzungen des § 121 Abs 1 StPO nicht für gegeben hält oder er der Auffassung ist, der Haftbefehl sei nach § 120 Abs 1 StPO aufzuheben oder nach § 116 StPO auszusetzen.

3   Das Gericht legt die Originalakten oder Hilfsakten vor, die aber vollständig sein müssen (OLG Frankfurt NJW 1966, 2076). Ist das Hauptverfahren bereits eröffnet, hat der Haftrichter vor der Vorlage den Haftbefehl dem gegenwärtigen Sach- und Verfahrensstand anzupassen. Die Akte ist so rechtzeitig vorzulegen, dass sie spätestens am letzten Tag der Frist beim OLG eingeht. Die Vorlage erfolgt von Amts wegen auch entgegen einer Stellungnahme der Staatsanwaltschaft, wenn der Haftrichter die Voraussetzungen des Haftbefehls weiterhin für gegeben, den Vollzug für erforderlich und die Haftfortdauer nach § 121 Abs 1 StPO für gerechtfertigt hält. Vorzulegen ist **über die StA** beim LG und den GStA beim OLG. Die Staatsanwaltschaft kann den Haftbefehl nach § 120 Abs 3 S 1 StPO aufheben lassen; ansonsten gibt sie eine Erklärung nach § 33 Abs 2 StPO ab. Kann die Frist des § 121 Abs 1 StPO bei Vorlage über die Staatsanwaltschaft nicht eingehalten werden, sind die Akten dem OLG unmittelbar vorzulegen, das die Staatsanwaltschaft dann nach § 33 Abs 2 StPO anhört. Nach Vorlage der Akten darf der Haftrichter den Haftbefehl grundsätzlich nicht mehr aufheben oder außer Vollzug setzen (KK-StPO/Schultheis StPO § 122 Rn 2; **aA** Löwe/Rosenberg/Hilger StPO § 122 Rn 28).

B. Verfahren beim OLG (Abs 2)

4   Vor einer Entscheidung sind der Beschuldigte und sein Verteidiger zu hören (Abs 2 S 1). Da dem Beschuldigten und dem Verteidiger nicht bekannte Aktenteile nicht verwertet werden dürfen (OLG Hamm StV 2002, 318), muss die Stellungnahme der Staatsanwaltschaft dem Beschuldigten und seinem Verteidiger bekannt gegeben werden, wenn sie neue Tatsachen oder Beweismittel enthält, die das OLG bei seiner Entscheidung verwerten will. Dem OLG ist es freigestellt, nach mündlicher Verhandlung zu entscheiden; an entsprechende Anträge der Verfahrensbeteiligten ist es nicht gebunden. Findet eine Verhandlung statt, gilt § 118a StPO entsprechend. Das OLG kann einzelne Ermittlungen im Freibeweisverfahren anstellen. Beginnt vor Ablauf der Frist (BGH MDR 1988, 357) oder vor der Entscheidung nach § 122 StPO (OLG Dresden NStZ 2004, 644; OLG Düsseldorf NStZ 1992, 402; vgl auch OLG Hamm NStZ-RR 2008, 92, KG StV 2007, 593 m abl Anm Krehl) die Hauptverhandlung vor dem Tatgericht, entfällt eine Entscheidung nach § 122 StPO.

C. Entscheidung des OLG (Abs 3 S 1, Abs 5)

Grundlage der Haftprüfung ist die zuletzt erlassene und prozessordnungsgemäß bekannt 5
gegebene Haftentscheidung (OLG Koblenz NStZ-RR 2008 92). Das OLG prüft zunächst, ob die **allgemeinen Haftvoraussetzungen** (dringender Tatverdacht, Haftgrund; Verhältnismäßigkeitsgrundsatz) vorliegen. Wird dies verneint, hat es den Haftbefehl gem § 120 Abs 1 StPO selbst aufzuheben (OLG Zweibrücken StV 2001, 182; 2002, 433). Entsprechendes gilt, wenn die Staatsanwaltschaft dies vor Erhebung der öffentlichen Klage beantragt (§ 120 Abs 3 StPO). Leidet der Haftbefehl unter einem **wesentlichen Begründungsmangel**, ist er aufzuheben (OLG Celle StV 2005, 313; OLG Oldenburg NStZ 2005, 342). Eine eigene Nachbesserung, Anpassung, die Erweiterung eines bestehenden oder der Erlass eines neuen Haftbefehls auf neuer Tatsachengrundlage kommt nicht in Betracht, hierzu ist nur das nach § 125 StPO, § 126 StPO zuständige Gericht befugt (OLG Celle StV 2005, 513; OLG Koblenz NStZ-RR 2008, 92). Eine andere Verfahrensweise liefe faktisch auf die Schaffung einer unanfechtbaren neuen Haftgrundlage durch ein Gericht hinaus, dem das Gesetz insoweit überhaupt keine Zuständigkeit zuweist. Auch eine Zurückverweisung zur Nachbesserung kommt nicht in Betracht (aA OLG Stuttgart Justiz 2002, 248). Ein Haftbefehl ist deshalb aufzuheben, wenn der Anklagevorwurf auf eine abweichende neue Tatsachengrundlage gestützt wird, es insoweit aber an einer Haftentscheidung des nach § 125 StPO, § 126 StPO zuständigen Gerichts fehlt (OLG Koblenz NStZ-RR 2008, 92). Geprüft wird weiterhin die **ordnungsgemäße Eröffnung** des Haftbefehls (OLG Stuttgart NStZ 2006, 588) und die Subsidiarität nach § 72 Abs 1 JGG (OLG Zweibrücken StV 2002, 433).

Wird der Haftbefehl nicht aufgehoben, prüft das OLG, ob der Haftbefehl **nach § 116** 6
StPO außer Vollzug zu setzen ist (Abs 5). Eine Haftverschonung wegen Fehlens der Voraussetzungen des § 121 Abs 1 StPO ist aber nicht zulässig (OLG Braunschweig MDR 1967, 514). Wird der Haftbefehl außer Vollzug gesetzt, ohne die Fortdauer der Untersuchungshaft nach § 121 Abs 1 StPO anzuordnen, ist die Haftprüfung sofort zu wiederholen, wenn der Haftbefehl nach § 116 Abs 4 StPO wieder in Vollzug gesetzt wird. Da in diesen Fällen die Gefahr besteht, dass die Akten nicht rechtzeitig dem OLG vorgelegt werden können, empfiehlt es sich, die Außervollzugsetzung erst anzuordnen, wenn feststeht, dass die Haftfortdauer an sich nach § 121 Abs 1 StPO gerechtfertigt ist (OLG Hamm wistra 2001, 35). Wird der Haftbefehl mit der Anordnung, dass die Haft fortzudauern habe, außer Vollzug gesetzt, findet die nächste Haftprüfung, wenn der zuständige Richter den Vollzug nach § 116 Abs 4 StPO anordnet, erst drei Monate später statt (Abs 4 S 2).

Wird der Haftbefehl weder nach § 120 StPO aufgehoben noch nach § 116 StPO außer 7
Vollzug gesetzt, prüft das OLG, ob die Voraussetzungen für eine **Haftverlängerung** nach **§ 121 Abs 1 StPO** vorliegen. Ist dies zu verneinen, hebt das OLG den Haftbefehl selbst auf. Das OLG ist nicht befugt, den Haftbefehl um weitere Tatvorwürfe zu erweitern (OLG Celle StV 2005, 513). Liegen die Voraussetzungen des § 121 Abs 1 StPO vor, ordnet das OLG die Fortdauer der Untersuchungshaft bis zu einer Höchstdauer von drei Monaten an und bestimmt den nächsten Haftprüfungstermin. Das OLG kann den Haftbefehl auch schon kurz vor Ablauf der Sechs-Monats-Frist aufheben, falls die Verlängerung der Haft nicht gerechtfertigt ist und ausgeschlossen werden kann, dass die Hauptverhandlung noch vor Fristablauf beginnt (OLG Hamburg NJW 1968, 1535: drei Wochen vor Fristende; OLG Celle NStZ 1988, 517: einige Tage vor Fristende). Dies gilt auch, wenn der Haftbefehl gem § 121 StPO aufgehoben wird (KG StV 2006, 254).

Das OLG entscheidet durch **Beschluss**, der zu **begründen** ist. Der Beschluss muss die 8
Tatsachen anführen, aus denen sich der dringende Tatverdacht und der Haftgrund ergeben (Abs 3 S 1 iVm § 114 Abs 2 Nr 4 StPO, s § 114 StPO Rn 7); über Abs 3 S 1 hinaus muss er auch Ausführungen zur Verhältnismäßigkeit enthalten (vgl BVerfG StraFo 1997, 26; NStZ-RR 1999, 12; NJW 2002, 207; StV 2007, 369). Eine Bezugnahme auf den Haftbefehl oder die Anklageschrift ist insoweit grundsätzlich zulässig. Der Beschluss muss sich darüber hinaus mit der Frage der Einhaltung des Beschleunigungsprinzips, den Umständen einer Verzögerung und den Verlängerungsgründen befassen (vgl BVerfG StV 2007, 369; StV 2003, 30; BVerfG NJW 2006, 672). Floskelhafte Begründungen und Bezugnahmen auf frühere Entscheidungen genügen regelmäßig nicht. Der Beschluss ist formlos bekanntzumachen (§ 35 Abs 2 S 2 StPO). Bei Anordnung der Fortdauer der Untersuchungshaft veranlasst das OLG

StPO § 122 Erstes Buch. 9. Abschnitt

die Benachrichtigung der Angehörigen (§ 114c Abs 2 S 2 StPO). Ein Recht zur **Beschwerde** besteht nicht (§ 304 Abs 4 S 2 StPO). Eine anhängige Haftbeschwerde oder weitere Haftbeschwerde wird durch eine Entscheidung des OLG nach § 122 StPO gegenstandslos (OLG Düsseldorf VRS 82, 193).

9   Hat das OLG den Haftbefehl nach § 121 StPO, § 122 StPO aufgehoben, darf weder das OLG noch der Haftrichter einen **neuen Haftbefehl** wegen derselben Tat gegen den Beschuldigten erlassen (OLG Stuttgart NJW 1975, 1573). Eine teilweise vertretene Auffassung lässt eine Ausnahme zu, wenn sich die **Verfahrenslage wesentlich ändert**, zB neue Tatsachen bzgl des Haftgrunds vorliegen oder die Durchführung des Verfahrens ohne neue Inhaftierung erheblich gefährdet erscheint (vgl BVerfGE 21, 187; OLG Frankfurt NStZ 1985, 282; OLG Hamburg StV 1994, 142; OLG Celle NJW 1973 1988; **aA** OLG Celle StV 2002, 556; OLG Düsseldorf StV 1993, 376; OLG München StV 1996, 676; OLG Zweibrücken NJW 1996, 3222; Meyer-Goßner StPO § 122 Rn 19). Das erkennende Gericht kann aber einen Haftbefehl nach § 230 Abs 2 StPO erlassen (KG StV 1983, 112). Erst nachdem ein Urteil ergangen ist, das auf Freiheitsstrafe oder auf eine freiheitsentziehende Maßregel der Besserung und Sicherung erkennt, kann das zuständige Gericht wieder Untersuchungshaft anordnen.

D. Weitere Haftprüfung nach § 117 Abs 1 (Abs 3 S 2 bis S 4)

10   Für die weitere Haftprüfung nach § 117 Abs 1 StPO ist das OLG zuständig, bis ein auf Freiheitsentziehung lautendes Urteil ergeht (Abs 3 S 2). Einen Anspruch auf mündliche Verhandlung in der Haftprüfung hat der Beschuldigte nicht (Abs 3 S 4). Das OLG kann die Haftprüfung auf die Dauer von drei Monaten auf den nach allgemeinen Regeln zuständigen Richter (§ 126 StPO) übertragen (Abs 3 S 3). In diesem Fall kann der Haftrichter den Haftbefehl gem § 120 StPO aufheben oder außer Vollzug setzen (§ 116 StPO); ob die Verlängerungsvoraussetzungen nach § 121 StPO vorliegen, entscheidet er aber nicht.

E. Weitere Haftprüfung nach § 121 Abs 1 (Abs 4)

11   Dem OLG vorbehalten ist auch die weitere Prüfung, ob die Voraussetzungen des § 121 Abs 1 StPO vorliegen. Diese Prüfung muss **spätestens nach drei Monaten** wiederholt werden (Abs 4 S 2). Das OLG kann jedoch in der Entscheidung nach Abs 3 S 1 einen früheren Prüfungstermin bestimmen. Die Drei-Monatsfrist beginnt mit dem Erlass des Beschlusses bei der vorangegangenen Prüfung. Die Prüfung nach § 122 Abs 4 StPO erfolgt nicht von Amts wegen, sondern erst, wenn die Akten durch den Haftrichter wieder vorgelegt werden (Löwe/Rosenberg/Hilger StPO § 122 Rn 56; **aA** SK-StPO/Paeffgen § 122 Rn 13). Für das Verfahren gelten die Bestimmungen, die auch bei der ersten Prüfung Anwendung finden, insbes § 121 Abs 3 StPO (Ruhen der Frist), § 122 Abs 1 StPO (Vorlegungsverfahren); § 122 Abs 2, Abs 3 S 1 StPO (Verfahren des OLG). Wird die Untersuchungshaft während des Fristenlaufs unterbrochen, verlängert sich die Frist des Abs 4 S 1 ohne weiteres (OLG Zweibrücken MDR 1978, 245).

F. Mehrere Beschuldigte (Abs 6)

12   Abs 6 erlaubt dem OLG bei mehreren Beschuldigten im selben Verfahren über die Haftfortdauer nach § 121 Abs 1 StPO für alle gleichzeitig zu entscheiden, wenn der Ablauf der Sechs-Monatsfrist nur bei einem Beschuldigten bevorsteht und nur insoweit die Akten vorgelegt wurden. Da die Sechs-Monatsfrist des § 121 Abs 1 StPO nicht dadurch verkürzt werden kann, dass vor Ablauf der Frist entschieden wird, kann das OLG nur die Haftfortdauer anordnen. Will das OLG die Voraussetzungen des § 121 StPO verneinen, kann der Haftbefehl erst mit Ablauf der Sechs-Monatsfrist aufgehoben werden (Meyer-Goßner StPO § 122 Rn 24; **aA** OLG Hamburg NJW 1968, 1535).

G. Bundesgerichtshof (Abs 7)

13   Ist für die Sache nach § 120 GVG das OLG im ersten Rechtszug zuständig (§ 121 Abs 4 S 2 StPO, s auch § 121 StPO Rn 18), entscheidet der BGH über die Haftfortdauer.

§ 122 a [Untersuchungshaft über ein Jahr]

In den Fällen des § 121 Abs. 1 darf der Vollzug der Haft nicht länger als ein Jahr aufrechterhalten werden, wenn sie auf den Haftgrund des § 112 a gestützt ist.

§ 122 a StPO modifiziert § 121 Abs 1 StPO, § 122 Abs 4 StPO bei Haftbefehlen, die auf 1 den Haftgrund der Wiederholungsgefahr gestützt sind, insoweit, als die Untersuchungshaft nicht länger als ein Jahr aufrechterhalten werden darf.

Ist der Haftbefehl auf den Haftgrund der **Wiederholungsgefahr** (112 a StPO) gestützt, darf der Vollzug des Haftbefehls wegen derselben Tat nicht länger als ein Jahr dauern. Nach Ablauf der Jahresfrist ist der Haftbefehl durch den Haftrichter oder das OLG aufzuheben; eine Außervollzugsetzung ist nicht ausreichend. Maßnahmen nach § 71 JGG bleiben zulässig. § 122 a StPO ist nur einschlägig, wenn der Haftbefehl **allein** auf den Haftgrund der Wiederholungsgefahr gestützt ist. Die Vorschrift wird auch dann unwendbar, wenn der Haftbefehl vor Ablauf der Jahresfrist auf einen anderen Haftgrund umgestellt wird.

Bei der Berechnung der Jahresfrist werden alle Haftzeiten zusammengerechnet, die der 2 Beschuldigte in Vollzug eines (allein) auf § 112 a StPO gestützten Haftbefehls wegen derselben Tat erlitten hat. Während der Hauptverhandlung ruht der Fristenlauf (§ 121 Abs 3 S 2, S 3 StPO). Begeht der Beschuldigte nach Erlass des Haftbefehls eine neue Straftat, wegen der Untersuchungshaft nach § 112 a StPO angeordnet wird, werden die Haftzeiten nicht zusammengerechnet.

§ 123 [Aufhebung von schonenden Maßnahmen]

(1) Eine Maßnahme, die der Aussetzung des Haftvollzugs dient (§ 116), ist aufzuheben, wenn
1. der Haftbefehl aufgehoben wird oder
2. die Untersuchungshaft oder die erkannte Freiheitsstrafe oder freiheitsentziehende Maßregel der Besserung und Sicherung vollzogen wird.

(2) Unter denselben Voraussetzungen wird eine noch nicht verfallene Sicherheit frei.

(3) Wer für den Beschuldigten Sicherheit geleistet hat, kann deren Freigabe dadurch erlangen, daß er entweder binnen einer vom Gericht zu bestimmenden Frist die Gestellung des Beschuldigten bewirkt oder die Tatsachen, die den Verdacht einer vom Beschuldigten beabsichtigten Flucht begründen, so rechtzeitig mitteilt, daß der Beschuldigte verhaftet werden kann.

Überblick

§ 123 StPO regelt, unter welchen Voraussetzungen Haft-Ersatzmaßnahmen nach § 116 StPO wieder aufzuheben sind (Rn 1) und eine noch nicht verfallene Sicherheit frei wird (Rn 4). Abs 3 bestimmt, wann die Freigabe der Sicherheit eines Dritten in Betracht kommt (Rn 5).

A. Aufhebung der Maßnahmen nach § 116 StPO

Da die Pflichten und Beschränkungen nach § 116 StPO nicht automatisch entfallen, etwa 1 wenn der Haftbefehl aufgehoben wird, sind sie ausdrücklich aufzuheben. Dies schreibt das Gesetz in § 123 Abs 1 StPO vor, wenn der Haftbefehl aufgehoben wird (Nr 1) oder die Untersuchungshaft oder die erkannte Freiheitsstrafe oder freiheitsentziehende Maßregel vollzogen wird (Nr 2).

Nr 1 setzt voraus, dass der Haftbefehl **förmlich aufgehoben** ist (OLG Karlsruhe NStZ 2 1992, 204), auch wenn der Haftbefehl ohne weitere Prüfung aufgehoben werden muss wie im Fall eines Freispruchs nach § 120 Abs 1 S 2 StPO (OLG Frankfurt NStZ-RR 2001, 381; **aA** LG Lüneburg StV 1978, 111 für den Fall der Freigabe einer Kaution). Dasselbe gilt, wenn ein dauerndes Verfahrenshindernis besteht (OLG Karlsruhe NStZ 1992, 204). Mit **rechtskräftiger Verurteilung** des Angeklagten erledigt sich der Haftbefehl, vgl § 120 StPO (§ 120 StPO Rn 10). Wird der Haftbefehl gleichwohl aufgehoben, sind Maßnahmen nach § 116 StPO nicht nach Nr 1 aufzuheben; sie dienen vielmehr dazu, die Vollstreckung der erkannten Freiheitsstrafe oder einer freiheitsentziehenden Maßregel zu sichern und sind erst nach Nr 2 aufzuheben, wenn die verhängte Freiheitsstrafe oder Maßregel vollzogen wird (OLG Hamburg MDR 1977, 949; OLG Karlsruhe MDR 1980, 598; OLG Stuttgart Justiz 1984, 213; **aA** OLG Frankfurt NJW 1979, 665).

3   Der **Vollzug** nach Nr 2 beginnt nach überwiegender Auffassung, die sich auf den Wortlaut des § 123 Abs 2, Abs 1 Nr 2 StPO stützt, mit der **Einlieferung** des Beschuldigten **in die Haftanstalt**, weshalb eine Aufhebung nicht bereits mit der Anordnung nach § 116 Abs 4 StPO oder mit der Verhaftung erfolgt (OLG Frankfurt NStZ-RR 2003, 144; Meyer-Goßner StPO § 123 Rn 4; KK-StPO/Schultheis StPO § 123 Rn 5). Etwas anderes gilt nur, wenn die Maßnahmen zur Sicherung der Vollstreckung nicht mehr erforderlich erscheinen (OLG Bremen NJW 1963, 1024) oder die Staatsanwaltschaft ihre Aufhebung beantragt (OLG Hamburg MDR 1977, 949). Dann können die Maßnahmen bereits bei Urteilsrechtskraft und schon vor Beginn des Vollzugs aufgehoben werden. Nach **gegenteiliger Auffassung** kommt es, wenn der **Haftbefehl** vor der Festnahme gem § 116 Abs 4 StPO wieder **in Vollzug gesetzt** wurde, auf den **Zeitpunkt der Festnahme** an (OLG Jena BeckRS 2009, 11637). Begründet wird dies damit, dass die Festnahme eines Beschuldigten in Vollstreckung eines wieder in Vollzug gesetzten Haftbefehls ihre Rechtfertigung gerade in dem Untersuchungshaftbefehl hat, weshalb mit der dadurch bewirkten Freiheitsentziehung im Sinne des § 123 Abs 1 Nr 2 StPO „Untersuchungshaft vollzogen" werde. Nach dieser Auffassung wird die von einem Dritten nach § 116 Abs 1 Nr 4 StPO geleistete Sicherheit daher gem § 123 Abs 1 Nr 2, Abs 2 StPO mit der Festnahme auch dann frei, wenn dem Beschuldigten unmittelbar danach die Flucht gelingt. Bei Verurteilung zu einer Geldstrafe ist der Haftbefehl grundsätzlich aufzuheben, weshalb auch die Verschonungsmaßnahmen aufzuheben sind. Eine geleistete Sicherheit haftet nicht für die Geldstrafe oder die Verfahrenskosten und verfällt auch nicht, wenn sich der Verurteilte dem Antritt der Ersatzfreiheitsstrafe entzieht (BGH NJW 1985, 2820).

B. Freiwerden der Sicherheit (Abs 2)

4   Liegen die Voraussetzungen des Abs 1 vor, wird eine nach § 116 Abs 1 S 2 Nr 4 StPO geleistete **Sicherheit von selbst frei** (Abs 2), sofern sie noch nicht gem § 124 Abs 1 StPO verfallen ist (OLG Hamm NStZ-RR 1996, 270). Allerdings bedarf es zur Aufhebung der Verstrickung eines Gerichtsbeschlusses (OLG Stuttgart MDR 1984, 164; OLG Frankfurt NJW 1983, 295). Erst dadurch entsteht der Herausgabeanspruch des Sicherheitsleistenden gegenüber der Hinterlegungsstelle nach der HinterlO (LG Berlin NStZ 2002, 278). Ob dem Herausgabeanspruch Rechte Dritter entgegenstehen, prüft nicht das Gericht, sondern die Hinterlegungsstelle (OLG Frankfurt NJW 1983, 295; OLG Celle NdsRpfl 1987, 136). Der Anspruch kann aufgrund eines dinglichen Arrests nach § 111 d StPO gepfändet werden.

C. Sicherheitsleistung eines Dritten (Abs 3)

5   Hat ein **Dritter** Sicherheit geleistet, kann er durch die in **Abs 3** genannten Aktivitäten die Freigabe der Sicherheit erreichen. Dies gilt jedoch nur für den, der die Sicherheit **im eigenen Namen** für den Beschuldigten hinterlegt hat (vgl OLG Stuttgart Justiz 1988, 373). Auch in den Fällen des Abs 3 ist ein deklaratorischer Gerichtsbeschluss erforderlich. Mangels Eingriffsgrundlage darf der Dritte den Beschuldigten nicht zwangsweise zur Untersuchungshaft bringen, vielmehr kann er nur psychisch auf diesen einwirken, sich dem Verfahren zu stellen. Die Gestellung kann der Dritte auch vor einer Fristbestimmung des Gerichts bewirken; möglich ist sie auch, nachdem die Sicherheit gem § 124 Abs 1 StPO infolge Flucht des Beschuldigten verfallen ist (OLG Hamm NJW 1972, 784). Die den Fluchtverdacht begründenden Tatsachen sind dann **rechtzeitig mitgeteilt**, wenn der Beschuldigte bei unverzüglichem Vorgehen der Behörde verhaftet werden kann (OLG Düsseldorf NStZ

1985, 38; OLG Koblenz JBlRP 2004, 199). Eine zögerliche Sachbehandlung durch die Behörden geht nicht zu Lasten des Sicherungsgebers. Kann der Beschuldigte noch fliehen, weil die Strafverfolgungsbehörden zu langsam gearbeitet haben, wird die Sicherheit frei (OLG Düsseldorf NStZ 1985, 38). War die Sicherheit wegen der Flucht des Beschuldigten vor der Mitteilung schon nach § 124 Abs 1 StPO verfallen, kann der Dritte die Freigabe der Sicherheit nur nach Abs 3 Alt 1 erreichen.

D. Anfechtung

Gegen eine Entscheidung des Gerichts nach § 123 StPO ist Beschwerde gem § 304 StPO **6** zulässig, die auch der Sicherungsgeber einlegen kann. Die weitere Beschwerde findet nicht statt (§ 310 Abs 1 StPO).

§ 124 [Verfall der Sicherheit]

(1) Eine noch nicht frei gewordene Sicherheit verfällt der Staatskasse, wenn der Beschuldigte sich der Untersuchung oder dem Antritt der erkannten Freiheitsstrafe oder freiheitsentziehenden Maßregel der Besserung und Sicherung entzieht.

(2) ¹Vor der Entscheidung sind der Beschuldigte sowie derjenige, welcher für den Beschuldigten Sicherheit geleistet hat, zu einer Erklärung aufzufordern. ²Gegen die Entscheidung steht ihnen nur die sofortige Beschwerde zu. ³Vor der Entscheidung über die Beschwerde ist ihnen und der Staatsanwaltschaft Gelegenheit zur mündlichen Begründung ihrer Anträge sowie zur Erörterung über durchgeführte Ermittlungen zu geben.

(3) Die den Verfall aussprechende Entscheidung hat gegen denjenigen, welcher für den Beschuldigten Sicherheit geleistet hat, die Wirkungen eines von dem Zivilrichter erlassenen, für vorläufig vollstreckbar erklärten Endurteils und nach Ablauf der Beschwerdefrist die Wirkungen eines rechtskräftigen Zivilendurteils.

Überblick

Die Vorschrift regelt den Verfall einer nach § 116 StPO, § 116a StPO geleisteten Sicherheit.

A. Verfall der Sicherheit (Abs 1)

Eine wirksam bestellte Sicherheit kann nur verfallen, wenn sie nicht zuvor gem § 123 **1** StPO frei geworden ist. Tritt ein Ereignis nach § 124 Abs 1 StPO ein, nachdem die Sicherheit gem § 123 StPO freigeworden ist, kann sie nicht mehr verfallen. Maßgebend ist das Ereignis, das zeitlich zuerst eintritt. Nur wenn ein Dritter Sicherheit geleistet hat und dieser die Gestellung des Beschuldigten bewirkt, kann die Freigabe einer bereits verfallenen Sicherheit erreicht werden, vgl § 123 StPO (§ 123 StPO Rn 5). Die Vorschrift ist verfassungsgemäß (BVerfG NJW 1991, 1043).

Der Verfall tritt ein, wenn sich der Beschuldigte der Untersuchung oder dem Antritt der **2** erkannten Freiheitsstrafe oder freiheitsentziehenden Maßregel der Besserung und Sicherung entzieht. Die **Untersuchung** umfasst das gesamte Strafverfahren von der Einleitung des Ermittlungsverfahrens bis zur Einstellung nach §§ 153 StPO ff, § 170 Abs 2 StPO, § 206a StPO, § 206b StPO), Nichteröffnung des Hauptverfahrens (§ 204 StPO) oder Rechtskraft des Urteils. Dazu zählen alle notwendigen verfahrensrechtlichen Maßnahmen wie der Widerruf der Haftverschonung (§ 116 Abs 4 StPO) oder der Vollzug des Haftbefehls (OLG Karlsruhe MDR 1985, 694; NStZ 1992, 204). **Freiheitsstrafe** iSv Abs 1 sind auch die Jugendstrafe (§ 17 JGG) und der Strafarrest (§ 9 WStG), nicht aber der Jugendarrest (§ 16 JGG) und die Ersatzfreiheitsstrafe (Meyer-Goßner StPO § 124 Rn 3).

Sich-Entziehen setzt voraus, dass der Beschuldigte zumindest zeitweise den Fortgang **3** des Strafverfahrens verhindert, indem er etwa für erforderliche verfahrensrechtliche Maßnahmen nicht zur Verfügung steht (OLG Hamm NJW 1996, 736; OLG Karlsruhe MDR 1985, 694; NStZ 1992, 204; OLG Düsseldorf NStZ 1990, 97; OLG Frankfurt NStZ-RR 2001, 381). In **subjektiver Hinsicht** reicht es aus, wenn der Beschuldigte den Erfolg bewusst in Kauf nimmt, absichtlich braucht er nicht zu handeln (OLG Bamberg OLGSt Nr 5; OLG Düsseldorf StV 1987, 110). Schuldfähigkeit des Beschuldigten wird nicht vorausgesetzt (BVerfG NJW 1991, 1043). Bloße Fluchtvorbereitungen reichen ebenso wenig aus (OLG Frankfurt NJW 1977, 1976; NStZ-RR 2003, 143) wie die Nichtbefolgung von Auflagen nach § 116 StPO (OLG Düsseldorf NStZ 1990, 98) oder die Nichtbefolgung einer Ladung, sofern die Vorführung möglich bleibt (OLG Düsseldorf NStZ 1996, 404; OLG Frankfurt NStZ-RR 2003, 143). Ein Entziehen ist beispielsweise anzunehmen, wenn der Beschuldigte unter Nichtbeachtung gerichtlicher Mitteilungs- und Meldeauflagen auf unbestimmte Zeit ins Ausland reist, ohne seine neue Anschrift zu hinterlassen (OLG Karlsruhe NStZ 1992, 204); sich unter Aufgabe seiner bisherigen Wohnung ohne Angabe einer neuen Anschrift ins Ausland absetzt (OLG Hamm NStZ-RR 1996, 270; NJW 1996, 736); sich sonst verborgen hält oder die Vollstreckungsbehörden durch Täuschung veranlasst, Vollstreckungsmaßnahmen einzuleiten (OLG Düsseldorf NJW 1978, 1932).

4   Der **Erfolg** des Sich-Entziehens muss zumindest **für eine gewisse Zeit** eingetreten sein. Maßgeblich ist, dass infolge der Flucht neue Verfolgungsmaßnahmen eingeleitet wurden (OLG Hamm NStZ-RR 1996, 270); ob der Beschuldigte während der Zeit seiner Flucht benötigt wurde, spielt keine Rolle (OLG Karlsruhe NStZ 1992, 204). Ein Entziehen kann auch dann vorliegen, wenn die Hauptverhandlung nach § 231 Abs 2 StPO zu Ende geführt werden kann (OLG Celle NJW 1957, 1203). Bei Selbstmord verfällt die Sicherheit nicht (KK-StPO/Schultheis StPO § 124 Rn 4). Ist eine Sicherheitsleistung zur Abwendung von Verdunkelungsgefahr geleistet worden, vgl § 116 StPO (§ 116 StPO Rn 10), verfällt die Kaution in analoger Anwendung des Abs 1, wenn der Beschuldigte gegen die Auflagen verstößt (vgl OLG Hamburg NJW 1966, 1329; **aA** KG JR 1990, 34).

B. Verfahren (Abs 2)

5   Liegen die Voraussetzungen des Abs 1 vor, tritt der **Verfall** der Sicherheit **kraft Gesetzes** ein; die Entscheidung nach Abs 2 hat nur deklaratorische Bedeutung (OLG Hamburg Rpfleger 1962, 221; OLG Karlsruhe NStZ 1992, 204). Mit dem Verfall geht das Eigentum an den zur Sicherheit geleisteten Gegenständen auf das Land über, dessen Gericht zZ des Verfalls die Sachherrschaft über das Verfahren hat (Meyer-Goßner StPO § 124 Rn 14); dieses wird Inhaber einer zur Sicherheit abgetretenen Forderung. Eine Bürgschaft nach § 116a Abs 1 StPO wird fällig. Gehörte die Sache nicht dem Sicherungsgeber, finden die zivilrechtlichen Vorschriften über den Erwerb vom Nichtberechtigten entsprechende Anwendung (KK-StPO/Schultheis StPO § 124 Rn 7).

6   Die Entscheidung nach Abs 2 trifft das **nach § 126 StPO zuständige Gericht**; nach Rechtskraft des Urteils entscheidet das zuletzt mit der Sache befasste Tatsachengericht (OLG Stuttgart Justiz 1984, 213). Vor der Entscheidung sind der Beschuldigte und andere Sicherungsgeber, die im eigenen Namen als Hinterleger aufgetreten sind (OLG Karlsruhe NStZ-RR 2000, 375; OLG Düsseldorf NStZ 1990, 97) zu einer Erklärung aufzufordern. Die Aufforderung wird nach § 35 Abs 2 S 1 StPO oder nach § 40 StPO zugestellt, ggf dem Zustellungsbevollmächtigten (vgl auch § 116a Abs 3 StPO). Die Staatsanwaltschaft ist nach § 33 Abs 2 StPO zu hören. Die Entscheidung ergeht im schriftlichen Verfahren durch begründeten (§ 34 Abs 2 S 1 StPO) Beschluss, der nach § 35 Abs 2 S 1 StPO zuzustellen ist.

7   Gegen die Entscheidung steht dem Beschuldigten, dem Sicherheitsgeber und der Staatsanwaltschaft (OLG Stuttgart Justiz 1984, 213) die **sofortige Beschwerde** zu. Nicht beschwerdebefugt ist derjenige, der dem Beschuldigten das Geld lediglich zur Verfügung gestellt hat, ohne selbst Sicherungsgeber zu sein (OLG Düsseldorf Rpfleger 1986, 275; vgl auch OLG Stuttgart Justiz 1988, 373; OLG Karlsruhe NStZ-RR 2000, 375). Die Entscheidung des Beschwerdegerichts ergeht nach nicht öffentlicher mündlicher Verhandlung, auf die die Beteiligten verzichten können. Ist die Aufforderung nach Abs 2 S 1 unterblieben, verweist das Beschwerdegericht die Sache zurück (OLG Celle NStZ-RR 1999, 178; OLG Düsseldorf

NStZ 1996, 404; **aA** OLG Frankfurt NStZ-RR 1997, 272). In diesen Fällen kann von der mündlichen Verhandlung abgesehen werden. Dies soll auch dann möglich sein, wenn die Entscheidung des Senats durch die Verhandlung nicht beeinflusst werden kann (OLG Hamm NJW 1996, 736; OLG Stuttgart MDR 1987, 867). Die **weitere Beschwerde** ist nicht statthaft (OLG Stuttgart Justiz 1963, 63). §§ 114 ZPO ff (Prozesskostenhilfe) gelten entsprechend (OLG Düsseldorf NStZ 1996, 404).

C. Wirkung (Abs 3)

Der Beschluss, mit dem die Sache für verfallen erklärt wird, hat nach Unanfechtbarkeit 8 gegenüber dem Dritten, der für den Beschuldigten Sicherheit geleistet hat, die Wirkungen eines rechtskräftigen Zivilurteils; ist die Entscheidung noch anfechtbar, steht der Beschluss einem vorläufig vollstreckbar erklärten Endurteil gleich. Der Dritte kann daher keinen Zivilprozess anstrengen; die Amtshaftungsklage nach § 839 BGB bleibt jedoch möglich. Zwischen dem Dritten und dem Beschuldigten gilt Abs 3 nicht (KK-StPO/Schultheis StPO § 124 Rn 14).

§ 125 [Zuständigkeit für Erlass des Haftbefehls]

(1) **Vor Erhebung der öffentlichen Klage erläßt der Richter bei dem Amtsgericht, in dessen Bezirk ein Gerichtsstand begründet ist oder der Beschuldigte sich aufhält, auf Antrag der Staatsanwaltschaft oder, wenn ein Staatsanwalt nicht erreichbar und Gefahr im Verzug ist, von Amts wegen den Haftbefehl.**

(2) ¹**Nach Erhebung der öffentlichen Klage erläßt den Haftbefehl das Gericht, das mit der Sache befaßt ist, und, wenn Revision eingelegt ist, das Gericht, dessen Urteil angefochten ist.** ²**In dringenden Fällen kann auch der Vorsitzende den Haftbefehl erlassen.**

Überblick

Die Norm regelt abweichend von § 162 Abs 1 S 1 StPO die Zuständigkeit für den Erlass des Haftbefehls. Die Zuständigkeit für die weiteren Haftentscheidungen bestimmt sich nach § 126 StPO.

A. Erlass vor Erhebung der öffentlichen Klage (Abs 1)

Vor Anklageerhebung ist für den Erlass und die Ablehnung eines Antrags auf Erlass eines 1 Haftbefehls der **Richter beim Amtsgericht** zuständig, in dessen Bezirk ein **Gerichtsstand** nach den § 7 StPO bis § 13a StPO, § 15 StPO begründet ist oder der Beschuldigte sich zur Zeit des Erlasses des Haftbefehls (OLG Hamm GA 1968, 344) **aufhält**. Es genügt ein kurzfristiger Aufenthalt, zB auf der Durchreise. Wird der Beschuldigte nicht dem Richter des Amtsgerichts, in dessen Bezirk er festgenommen (§ 128 Abs 1 S 1 StPO) wurde, sondern dem Richter bei dem Amtsgericht eines anderen Bezirks vorgeführt, so hält er sich dort auf, weshalb auch Richter bei dem Amtsgericht, dem der Beschuldigte vorgeführt wurde, zuständig ist (BayObLG JW 1930, 2971; OLG Celle NdsRpfl 1956, 39; **aA** Löwe/Rosenberg/Hilger StPO § 125 Rn 7). Ein unzuständiger Richter wird jedoch nicht dadurch zuständig, dass der Beschuldigte auf Grund eines Haftbefehls, den dieser Richter erlassen hat, in dessen Bezirk verbracht wird (OLG Hamm GA 1968, 33). Begeht ein Angeklagter eine Straftat in der Hauptverhandlung vor dem LG oder OLG, darf dieses Gericht keinen Haftbefehl erlassen (OLG Hamm NJW 1949, 191); anders ist es, wenn ein Richter am AG als Strafrichter verhandelt. Das AG ist auch zuständig für die Erstreckung eines Haftbefehls auf neue Straftaten; eine entsprechende Entscheidung kann deshalb das OLG im Verfahren nach § 121 StPO, § 122 StPO nicht treffen (OLG Hamm MDR 1975, 950). Dagegen hat das Beschwerdegericht die Befugnis, den Haftbefehl selbst zu erlassen, wenn es die Beschwerde gegen die Ablehnung eines Antrags auf Erlass eines Haftbefehls für begründet erachtet.

In **Staatsschutzsachen** ist der Ermittlungsrichter des OLG oder des BGH zuständig 2 (§ 169 StPO), in **Jugendsachen** der Jugendrichter (§ 34 Abs 1 JGG; vgl auch BVerfG NStZ

2005, 643 und LG Berlin NStZ 2006, 525). Der Vorrang der **Zuständigkeitskonzentration** gem § 162 Abs 1 S 2 StPO bleibt unberührt (OLG Stuttgart NStZ 1991, 291; StraFo 2004, 97; aA LG Zweibrücken NStZ-RR 2004, 304). Die Übertragung von Wirtschaftsstrafsachen gem § 74c Abs 2 GVG bewirkt keine Änderung der Zuständigkeit nach Abs 1 (OLG Nürnberg StV 2000, 38).

3   Vor Erhebung der öffentlichen Klage darf ein Haftbefehl grundsätzlich nur auf **Antrag der Staatsanwaltschaft** ergehen. Dies gilt auch für die Erweiterung eines Haftbefehls um weitere Taten (OLG Frankfurt StV 1995, 424). Nur wenn der Staatsanwalt nicht erreichbar (§ 128 StPO Rn 5) und Gefahr im Verzug ist, kann der Haftbefehl vor Anklageerhebung ohne Antrag erlassen werden. Gefahr im Verzug liegt vor, wenn ohne sofortige Entscheidung des Richters die Verhaftung des Beschuldigten wegen der Unerreichbarkeit der Staatsanwaltschaft gefährdet wäre.

B. Erlass nach Erhebung der öffentlichen Klage (Abs 2)

4   Nach Anklageerhebung ist das **mit der Sache befasste Tatgericht** zuständig. Das ist das Gericht, bei dem die Anklage erhoben wurde. Mit der Anklageerhebung endet die Zuständigkeit des Richters beim Amtsgericht und damit für das Beschwerdeverfahren die Zuständigkeit der Gerichte, die diesem Gericht übergeordnet sind, es sei denn, sie stehen auch über dem Gericht, bei dem Anklage erhoben worden ist (OLG Karlsruhe wistra 1998, 76; OLG Naumburg NStZ-RR 1997, 307). Entscheidet anstelle des nach Abs 2 zuständigen Gerichts der Richter am Amtsgericht (Abs 1), führt dies nicht zur Unwirksamkeit des Haftbefehls (BGHSt 41, 72, 81). Das **Berufungsgericht** wird zuständig, wenn die Akten bei ihm eingegangen sind. Ist **Revision** eingelegt, bleibt das Gericht, dessen Urteil angefochten wird, für den Erlass des Haftbefehls zuständig (Abs 2 S 1). Mit Aufhebung und Zurückverweisung durch das Revisionsgericht wird das Gericht zuständig, an das zurückverwiesen worden ist (BGH NJW 1996, 2665; KG NStZ 2000, 444).

5   Ein Antrag der Staatsanwaltschaft ist nach Anklageerhebung nicht mehr erforderlich. Die Staatsanwaltschaft ist aber nach § 33 Abs 1, Abs 2 StPO zu hören. In dringenden Fällen entscheidet der Vorsitzende. Ein dringender Fall liegt vor, wenn der Haftbefehl zu spät käme, falls mit seinem Erlass bis zum Zusammentreten des Kollegiums abgewartet würde.

§ 126 [Zuständigkeit für die weiteren Entscheidungen]

(1) ¹Vor Erhebung der öffentlichen Klage ist für die weiteren gerichtlichen Entscheidungen und Maßnahmen, die sich auf die Untersuchungshaft, die Aussetzung ihres Vollzugs (§ 116), ihre Vollstreckung (§ 116b) sowie auf Anträge nach § 119a beziehen, das Gericht zuständig, das den Haftbefehl erlassen hat. ²Hat das Beschwerdegericht den Haftbefehl erlassen, so ist das Gericht zuständig, das die vorangegangene Entscheidung getroffen hat. ³Wird das vorbereitende Verfahren an einem anderen Ort geführt oder die Untersuchungshaft an einem anderen Ort vollzogen, so kann das Gericht seine Zuständigkeit auf Antrag der Staatsanwaltschaft auf das für diesen Ort zuständige Amtsgericht übertragen. ⁴Ist der Ort in mehrere Gerichtsbezirke geteilt, so bestimmt die Landesregierung durch Rechtsverordnung das zuständige Amtsgericht. ⁵Die Landesregierung kann diese Ermächtigung auf die Landesjustizverwaltung übertragen.

(2) ¹Nach Erhebung der öffentlichen Klage ist das Gericht zuständig, das mit der Sache befaßt ist. ²Während des Revisionsverfahrens ist das Gericht zuständig, dessen Urteil angefochten ist. ³Einzelne Maßnahmen, insbesondere nach § 119, ordnet der Vorsitzende an. ⁴In dringenden Fällen kann er auch den Haftbefehl aufheben oder den Vollzug aussetzen (§ 116), wenn die Staatsanwaltschaft zustimmt; andernfalls ist unverzüglich die Entscheidung des Gerichts herbeizuführen.

(3) Das Revisionsgericht kann den Haftbefehl aufheben, wenn es das angefochtene Urteil aufhebt und sich bei dieser Entscheidung ohne weiteres ergibt, daß die Voraussetzungen des § 120 Abs. 1 vorliegen.

(4) Die §§ 121 und 122 bleiben unberührt.

Überblick

Die durch das Gesetz zur Änderung des Untersuchungshaftrechts v 29. 7. 2009 (BGBl I 2274) geänderte Vorschrift regelt die Zuständigkeiten für die weiteren Entscheidungen und Maßnahmen nach Erlass des Haftbefehls. Durch die Änderungen, die am **1. 1. 2010** in Kraft treten, wird in Abs 1 klargestellt, dass das nach § 126 StPO zuständige Haftgericht auch für Entscheidungen nach den neu eingefügten § 116 b StPO und § 119 a StPO zuständig ist. In Abs 2 wird durch die Formulierung „während des Revisionsverfahrens" klargestellt, dass nach Erlass der Entscheidung des Revisionsgerichts wieder der Grundsatz des Abs 2 S 1 auflebt (Zuständigkeit des mit der Sache befassten Gerichts).

Die bis 31. 12. 2009 geltende Fassung des § 126 StPO lautet:

(1) ¹Vor Erhebung der öffentlichen Klage ist für die weiteren richterlichen Entscheidungen und Maßnahmen, die sich auf die Untersuchungshaft oder auf die Aussetzung des Haftvollzugs (§ 116) beziehen, der Richter zuständig, der den Haftbefehl erlassen hat. ²Hat das Beschwerdegericht den Haftbefehl erlassen, so ist der Richter zuständig, der die vorangegangene Entscheidung erlassen hat. ³Wird das vorbereitende Verfahren an einem anderen Ort geführt oder die Untersuchungshaft an einem anderen Ort vollzogen, so kann der Richter, sofern die Staatsanwaltschaft es beantragt, die Zuständigkeit dem Richter bei dem Amtsgericht dieses Ortes übertragen. ⁴Ist der Ort in mehrere Gerichtsbezirke geteilt, so bestimmt die Landesregierung durch Rechtsverordnung das zuständige Amtsgericht. ⁵Die Landesregierung kann diese Ermächtigung auf die Landesjustizverwaltung übertragen.

(2) ¹Nach Erhebung der öffentlichen Klage ist das Gericht zuständig, das mit der Sache befaßt ist. ²Nach Einlegung der Revision ist das Gericht zuständig, dessen Urteil angefochten ist. ³Einzelne Maßnahmen, insbesondere nach § 119, ordnet der Vorsitzende an. ⁴In dringenden Fällen kann er auch den Haftbefehl aufheben oder den Vollzug aussetzen (§ 116), wenn die Staatsanwaltschaft zustimmt; andernfalls ist unverzüglich die Entscheidung des Gerichts herbeizuführen.

(3) Das Revisionsgericht kann den Haftbefehl aufheben, wenn es das angefochtene Urteil aufhebt und sich bei dieser Entscheidung ohne weiteres ergibt, daß die Voraussetzungen des § 120 Abs. 1 vorliegen.

(4) Die §§ 121 und 122 bleiben unberührt.

Übersicht

	Rn		Rn
A. Weitere Entscheidungen	1	**C. Nach Erhebung der öffentlichen Klage (Abs 2, Abs 3)**	5
B. Vor Erhebung der öffentlichen Klage (Abs 1)	2		

A. Weitere Entscheidungen

Die Zuständigkeitsregel betrifft alle Entscheidungen und Maßnahmen nach Erlass des **1** Haftbefehls, die sich auf die Untersuchungshaft beziehen wie die Benachrichtigung der Angehörigen (§ 114 c Abs 2 StPO), die Vernehmung des Beschuldigten nach seiner Ergreifung (§ 115 StPO), die Außervollzugsetzung des Haftbefehls (§ 116 Abs 1 bis Abs 3 StPO), der Widerruf der Außervollzugsetzung (§ 116 Abs 4 StPO), abweichende Entscheidungen nach § 116 b S 2 StPO, das Haftprüfungsverfahren (§ 117 StPO, § 118 StPO, § 118 a StPO), die Auferlegung von Beschränkungen nach § 119 Abs 1 StPO, die Feststellung des Vorliegens der Voraussetzungen nach § 119 Abs 4 StPO (sofern nicht auf die Staatsanwaltschaft übertragen), die gerichtliche Entscheidung nach § 119 a Abs 1 StPO, die vorläufige Anordnung nach § 119 a Abs 2 S 2 StPO, die Aufhebung von Ersatzmaßnahmen (§ 123 StPO), der Verfall der Sicherheit (§ 124 StPO), die Aufhebung des Haftbefehls (§ 120 StPO).

Die Befugnis zu Entscheidungen über bisher nach § 119 Abs 3 Alt 2 StPO idF bis 31. 12. **1 a** 2009 geregelte Beschränkungen im Zusammenhang mit der Aufrechterhaltung der Sicherheit und Ordnung in der Vollzugsanstalt richtet sich nach den neuen Untersuchungshaftvollzugsgesetzen der Länder, die die Befugnisse voraussichtlich auf die Vollzugsanstalt übertragen werden (vgl § 119 StPO Rn 1 f). Solange die Länder von ihrer Regelungskompetenz keinen Gebrauch gemacht haben, gilt die bisherige Regelung des § 119 Abs 6 StPO idF bis 31. 12. 2009 fort (vgl § 119 StPO Rn 4 b). § 126 StPO gilt auch für die Ungehorsamshaft (§ 230 Abs 2 StPO, § 236 StPO).

B. Vor Erhebung der öffentlichen Klage (Abs 1)

2   Vor Erhebung der öffentlichen Klage ist der Richter zuständig, der den Haftbefehl erlassen hat; die Zuständigkeit des § 125 Abs 1 StPO besteht also fort. Ist der Haftbefehl erst auf Beschwerde oder weitere Beschwerde ergangen, ist der Richter zuständig, der die ablehnende Entscheidung getroffen hat (Abs 1 S 2), also der Richter beim Amtsgericht oder der Ermittlungsrichter beim OLG oder BGH (§ 169 StPO).

3   Der Richter am Amtsgericht kann seine **Zuständigkeit** auf Antrag der Staatsanwaltschaft auf ein anderes Amtsgericht **übertragen**, wenn das Ermittlungsverfahren dort geführt oder die Untersuchungshaft dort vollzogen wird (Abs 1 S 3). Die Übertragung ist für das Gericht, dem die Sache übertragen wird, grundsätzlich bindend (OLG Hamburg NJW 1966, 606). Mit dem Übertragungsbeschluss tritt das Gericht, dem die Sache übertragen ist, an die Stelle des Gerichts, das den Haftbefehl erlassen hat. Die bloße Abgabe des Ermittlungsverfahrens an eine andere Staatsanwaltschaft begründet aber keinen Wechsel der gerichtlichen Zuständigkeit, vielmehr ist ein Übertragungsbeschluss erforderlich (OLG Hamburg NJW 1966, 606). Eine Weiter- oder Rückübertragung auf Antrag der Staatsanwaltschaft ist möglich, wenn sich der Ort, wo die Ermittlungen geführt werden, oder der Haftort erneut ändern. Über Beschwerden entscheidet ab dem Übertragungsbeschluss das dem neuen Haftrichter übergeordnete Beschwerdegericht (BGHSt 14, 180; OLG München NJW 1957, 760; OLG Hamburg NJW 1966, 606; OLG Koblenz JBlRP 2005, 140; **aA** OLG Oldenburg NJW 1957, 233; KG JR 1985, 256). Dies gilt auch dann, wenn Beschwerde vor dem Übertragungsbeschluss bereits eingelegt war (OLG Hamburg NJW 1966, 606).

4   Der Ermittlungsrichter beim BGH kann, nachdem der Generalbundesanwalt die Sache nach § 142a Abs 4 GVG an die Landesstaatsanwaltschaft abgegeben hat, die Zuständigkeit für die weiteren Haftentscheidungen auf das Amtsgericht des Ermittlungs- oder Haftorts übertragen (BGH NJW 1973, 475). Auch ohne Übertragung kann der neue Haftrichter auf Antrag der Staatsanwaltschaft die weiteren Haftentscheidungen in entsprechender Anwendung des § 125 Abs 1 StPO übernehmen (BGH NJW 1973, 476).

C. Nach Erhebung der öffentlichen Klage (Abs 2, Abs 3)

5   Nach Erhebung der öffentlichen Klage ist das mit der Strafsache befasste **Tatgericht** für die weiteren Haftentscheidungen zuständig (Abs 2 S 1), auch wenn Anklage an ein unzuständiges Gericht erhoben wurde (OLG Düsseldorf MDR 1981, 691). Das **Berufungsgericht** wird zuständig, wenn ihm die Akten nach § 321 S 2 StPO vorgelegt werden. Während des **Revisionsverfahrens** bleibt grundsätzlich das Gericht zuständig, dessen Urteil angefochten ist (Abs 2 S 2). Nur wenn das Revisionsgericht das angefochtene Urteil aufhebt und sich ohne weiteres ergibt, dass die Voraussetzungen des § 120 Abs 1 StPO vorliegen, kann das Revisionsgericht den Haftbefehl aufheben (Abs 3). Verpflichtet ist es dazu, wenn das Revisionsgericht den Angeklagten freispricht oder das Verfahren wegen eines nicht behebbaren Verfahrenshindernisses einstellt (§ 120 Abs 1 S 2 StPO). Eine vorherige Aufhebung durch das Revisionsgericht kommt nur in Betracht, wenn ein Verfahrenshindernis besteht, das zur Einstellung des Verfahrens führt (BGHSt 41, 16; BGH NStZ 1997, 145). Wird die Sache **vom Revisionsgericht zurückverwiesen**, ist das Gericht zuständig, an das zurückverwiesen worden ist (BGH NJW 1996, 2665), auch wenn ihm die Akten noch nicht zugeleitet worden sind (OLG Zweibrücken StV 1988, 70). Die Verkündung eines Haftbefehls nach § 115 StPO ist auch durch einen beauftragten Richter zulässig (OLG Köln NStZ 2008, 175).

6   Mit der Erhebung der öffentlichen Klage sind bereits anhängige, aber noch nicht beschiedene **Haftbeschwerden** umzudeuten in einen Haftprüfungsantrag, über den das nun mit dem Verfahren befasste Gericht der Hauptsache entscheidet (OLG Düsseldorf wistra 1999, 318; NStZ-RR 1996, 366; OLG Frankfurt NJW 1985, 1233; NStZ-RR 1996, 302; NStZ-RR 2000, 444; OLG Karlsruhe StV 1994, 664; KG NStZ 2000, 444; vgl § 117 StPO).

Umstritten ist, in welcher **Besetzung** Haftentscheidungen **zwischen Beginn und Ende 7 der Hauptverhandlung** zu treffen sind. Nach einer Auffassung ist die Mitwirkung von Schöffen an Haftentscheidungen stets – auch im Falle einer Unterbrechung der Hauptverhandlung – erforderlich (OLG Köln NStZ 1998, 419 m abl Anm Foth und zust Anm Siegert). Begründet wird dies mit der umfassenden Kognitionsmöglichkeit, den Regelungen der § 30 Abs 1 GVG, § 77 Abs 1 GVG und damit, dass der Spruchkörper, der die bisherige Beweisaufnahme durchgeführt hat und später das Urteil treffen wird, auch über die Fortdauer der Haftvoraussetzungen befinden soll. Nach anderer Auffassung hängt es vom Zeitpunkt der Beschlussfassung ab: In der Hauptverhandlung zu treffende Haftentscheidungen ergehen unter Mitwirkung der Schöffen (OLG Düsseldorf StV 1984, 159), außerhalb der Hauptverhandlung ergehen die Haftentscheidungen ohne Laienrichter (OLG Frankfurt NStZ-RR 1996, 302); dies gilt auch, wenn die Hauptverhandlung nicht nur kurzfristig unterbrochen ist (vgl OLG Hamm StV 1998, 388; OLG Hamburg NStZ 1998, 99; OLG Jena StV 1999, 101; OLG Schleswig NStZ 1990, 198; OLG Naumburg NStZ-RR 2001, 347; Meyer-Goßner StPO § 126 Rn 8; **aA** Dehn NStZ 1997, 607; Schlothauer StV 1998, 144; Kunisch StV 1998, 687). Eine dritte Auffassung fordert, dass über Haftfragen – abgesehen von dem gesetzlich geregelten Fall der Haftprüfung bei der Urteilsfällung (§ 268 b StPO, § 120 Abs 1 S 2 StPO) stets außerhalb der mündlichen Verhandlung nur durch die Berufsrichter entschieden wird (OLG Köln BeckRS 2009, 09119; OLG Hamburg NStZ 1998, 99; OLG Jena StV 1998, 101; KK-StPO/Schultheis StPO § 126 Rn 10). Dieser Auffassung ist zuzustimmen. Mit dem Erfordernis des gesetzlichen Richters ist es nicht zu vereinbaren, wenn, je nach dem, ob in oder außerhalb der mündlichen Verhandlung entschieden wird, zwei unterschiedlich besetzte Spruchkörper mit möglicherweise unterschiedlichen Mehrheitsverhältnissen für die Entscheidung der gleichen Haftfragen zuständig sind (vgl BGHSt 43, 91). Insbesondere Praktikabilitätserwägungen – eine Einbindung der Schöffen außerhalb der Hauptverhandlung ist mitunter schwierig, gerade bei längeren Unterbrechungen – sprechen dagegen, die Schöffen an Haftentscheidungen außerhalb der mündlichen Verhandlungen zu beteiligen. Zur Wahrung des Gebots des gesetzlichen Richters (Art 101 Abs 1 S 2 GG) ist es konsequenterweise erforderlich, dass **über Haftfragen stets außerhalb der mündlichen Verhandlung nur durch die Berufsrichter** entschieden wird; ausgenommen sind Entscheidungen gem § 120 Abs 1 S 2 StPO, § 268 b StPO (dieser Standpunkt wurde auch vom BVerfG NJW 1998, 2962 m abl Anm Paeffgen NStZ 1999, 78; NStZ 2000, 134; Sowada NStZ 2001, 171 gebilligt). Das **OLG** entscheidet in erstinstanzlichen Sachen in der für die Hauptverhandlung vorgesehenen Besetzung, auch wenn die Entscheidung außerhalb der Hauptverhandlung getroffen wird (§ 122 Abs 2 S 2 GVG; vgl BGHSt 43, 91).

Einzelne Maßnahmen, insbes nach § 119 StPO, kann der **Vorsitzende alleine** anordnen 8 oder ablehnen (Abs 2 S 3). Dazu gehören neben Entscheidungen, die den Vollzug der Untersuchungshaft betreffen, die Änderung von Verschonungsauflagen nach §§ 116, 116 a StPO, die Benachrichtigung von Angehörigen nach § 114 c StPO; die Genehmigung zur Unterbrechung der Untersuchungshaft zur Strafvollstreckung (OLG Düsseldorf MDR 1985, 603; KK-StPO/Schultheis StPO § 126 Rn 12). Gegen die Entscheidung des Vorsitzenden kann **Beschwerde** (§ 304 StPO) eingelegt werden. Entscheidet an Stelle des funktionell allein zuständigen Vorsitzenden das Kollegialgericht, ist das nicht unschädlich. Eine allgemeine Auffangzuständigkeit des Kollegialgerichts besteht insoweit nicht (OLG Frankfurt StV 1988, 536; OLG München StV 1995, 140; OLG Hamm BeckRS 2009 06220; **aA** OLG Hamburg NJW 1965, 2362; OLG Düsseldorf NJW 1968, 1343). Die Entscheidung wird aber bestandskräftig, wenn sie nicht angefochten wird (Meyer-Goßner StPO § 126 Rn 10). Wird Beschwerde eingelegt, entscheidet das Beschwerdegericht unter Aufhebung des angefochtenen Beschlusses selbst (BayObLG StV 2006, 6; OLG Karlsruhe NJW 1974, 110; OLG Hamm BeckRS 2009, 06220; **aA** OLG Frankfurt StV 1988, 536). Da Zweck der Zuständigkeitsregelung allein die beschleunigte Erledigung ist, kann dem Umstand, dass ein Kollegialgericht entschieden hat, nicht ein derartiges Gewicht zukommen, dass dieser zu einer Aufhebung der Entscheidung zwingt. In **dringenden Fällen** kann der Vorsitzende auch den Haftbefehl aufheben oder seinen Vollzug nach § 116 StPO aussetzen; hierzu bedarf es allerdings der Zustimmung der Staatsanwaltschaft. Wird diese versagt, ist unverzüglich die Entscheidung des Gerichts herbeizuführen (Abs 2 S 4).

§ 126 a [Einstweilige Unterbringung]

(1) Sind dringende Gründe für die Annahme vorhanden, daß jemand eine rechtswidrige Tat im Zustand der Schuldunfähigkeit oder verminderten Schuldfähigkeit (§§ 20, 21 des Strafgesetzbuches) begangen hat und daß seine Unterbringung in einem psychiatrischen Krankenhaus oder einer Entziehungsanstalt angeordnet werden wird, so kann das Gericht durch Unterbringungsbefehl die einstweilige Unterbringung in einer dieser Anstalten anordnen, wenn die öffentliche Sicherheit es erfordert.

(2) ¹Für die einstweilige Unterbringung gelten die §§ 114 bis 115 a, 116 Abs. 3 und 4, §§ 117 bis 119 a, 123, 125 und 126 entsprechend. ²Die §§ 121, 122 gelten entsprechend mit der Maßgabe, dass das Oberlandesgericht prüft, ob die Voraussetzungen der einstweiligen Unterbringung weiterhin vorliegen.

(3) ¹Der Unterbringungsbefehl ist aufzuheben, wenn die Voraussetzungen der einstweiligen Unterbringung nicht mehr vorliegen oder wenn das Gericht im Urteil die Unterbringung in einem psychiatrischen Krankenhaus oder einer Entziehungsanstalt nicht anordnet. ²Durch die Einlegung eines Rechtsmittels darf die Freilassung nicht aufgehalten werden. ³§ 120 Abs. 3 gilt entsprechend.

(4) ¹Hat der Untergebrachte einen gesetzlichen Vertreter oder einen Bevollmächtigten im Sinne des § 1906 Abs. 5 des Bürgerlichen Gesetzbuches, so sind Entscheidungen nach Absatz 1 bis 3 auch diesem bekannt zu geben.

Überblick

Die Vorschrift regelt die Voraussetzungen der einstweiligen Unterbringung (Rn 2 ff), das Verfahren (Rn 4 f) und die Aufhebung des Unterbringungsbefehls (Rn 6).

A. Allgemeines

1 § 126 a StPO ist eine präventiv-polizeiliche Vorschrift. Sie dient nicht unmittelbar der Verfahrenssicherung, sondern dem **Schutz der Allgemeinheit** vor weiteren erheblichen rechtswidrigen Taten eines Schuldunfähigen oder vermindert Schuldfähigen, indem die Unterbringung nach § 63 StGB, § 64 StGB vorweggenommen wird (OLG Frankfurt NStZ 1985, 284). Auch ein Jugendlicher kann einstweilen untergebracht werden (OLG Düsseldorf MDR 1984, 603). Die einstweilige Unterbringung nach § 126 a StPO geht der Unterbringung nach Landesgesetz vor (OLG Düsseldorf MDR 1984, 71). Wegen derselben Tat können Untersuchungshaft, die grundsätzlich auch gegen einen vermindert Schuldfähigen in Betracht kommt, und einstweilige Unterbringung nicht nebeneinander vollzogen werden (KG JR 1989, 476). Gemäß § 116 b S 2 StPO tritt die Vollstreckung der Untersuchungshaft hinter die Vollstreckung eines Unterbringungsbefehls grundsätzlich zurück.

B. Voraussetzungen des Unterbringungsbefehls (Abs 1)

I. Dringende Gründe

2 Der Erlass eines Unterbringungsbefehls setzt **dringende Gründe** für die Annahme voraus, jemand habe eine rechtswidrige Tat (§ 11 Abs 1 Nr 5 StGB) im Zustand der Schuldunfähigkeit oder verminderten Schuldunfähigkeit begangen und werde deswegen in einem psychiatrischen Krankenhaus (§ 63 StGB) oder einer Entziehungsanstalt (§ 64 StGB) untergebracht. Der Begriff der dringenden Gründe entspricht dem des dringenden Tatverdachts in § 112 StPO (§ 112 StPO Rn 3 ff).

II. Erforderlichkeit

3 Die **öffentliche Sicherheit** muss die einstweilige Unterbringung zum Zeitpunkt des Erlasses des Unterbringungsbefehls **erfordern**. Dies ist anzunehmen, wenn künftige Handlungen mit bestimmter Wahrscheinlichkeit zu erwarten sind, durch sie der Bestand der

Rechtsordnung unmittelbar bedroht wird und wegen des Gewichts der Bedrohung eine sofortige Abhilfe für die Zukunft geboten ist (Löwe/Rosenberg/Hilger StPO § 126a Rn 8). Außerdem darf der Schutz der Allgemeinheit nicht durch weniger einschneidende Maßnahmen zu erreichen sein. Bei der Prüfung sind die Schwere der begangenen rechtswidrigen Tat, die Gesamtpersönlichkeit des Beschuldigten einschließlich Erkrankungen und Vorleben sowie seine Lebensverhältnisse zu berücksichtigen.

C. Verfahren (Abs 2, Abs 4)

Die Unterbringung wird in einem **Unterbringungsbefehl** durch das **nach § 125 StPO zuständige Gericht** angeordnet. Im Unterbringungsbefehl sind analog § 114 Abs 2 StPO die dringenden Gründe für die Annahme der Begehung einer rechtswidrigen Tat, für die Unterbringungsprognose und die Annahme, die öffentliche Sicherheit erfordere die einstweilige Unterbringung, anzugeben. Die Art der Anstalt ist zu bezeichnen (vgl auch Nr 14 UVollzO). Die Unterbringung in einer **Justizvollzugsanstalt** ist für höchstens 24 Stunden und nur zulässig, wenn die sofortige Überführung in ein öffentliches psychiatrisches Krankenhaus oder eine öffentliche Entziehungsanstalt nicht möglich ist (vgl Nr 89 Abs 2 S 1 UVollzO; vgl OLG Hamm NStZ-RR 2006, 29; KK-StPO/Schultheis StPO § 126a Rn 6). Kurzzeitige Ausnahmen zur Sicherung der Hauptverhandlung sind aber zulässig, falls auch ein Einzeltransport nicht durchführbar ist (vgl OLG Hamm StV 2005, 446; NStZ-RR 2006, 29). Die Vorschriften über die Aushändigung des Haftbefehls (§ 114a StPO), die Belehrung des Beschuldigten (§ 114b StPO), die Benachrichtigung der Angehörigen (§ 114c StPO) und die Vorführung vor den Richter (§ 115 StPO, § 115a StPO) gelten entsprechend. Eine **Außervollzugsetzung** des Unterbringungsbefehls analog § 116 Abs 1 und Abs 2 StPO ist nicht zulässig (zu § 126a StPO aF vgl LG Zweibrücken VRS 106, 298; OLG Celle NStZ 1978, 524; LG Hildesheim StV 2001, 521). Entsprechend anwendbar ist jedoch § 116 Abs 3 StPO (§ 116 StPO Rn 11) und Abs 4 (§ 116 StPO Rn 16), und zwar unabhängig vom Vorliegen der Voraussetzungen des in Bezug genommenen § 112a StPO. Gem Abs 4 sind alle Entscheidungen dem gesetzlichen Vertreter oder dem Bevollmächtigten nach § 1906 Abs 5 BGB bekannt zu geben.

Die Regeln für die **Haftprüfung** nach **§ 117 StPO bis § 118b StPO** gelten entsprechend; die Zuständigkeit ergibt sich aus § 126 StPO. Außerdem findet eine **Haftprüfung durch das OLG** analog **§ 121 StPO, § 122 StPO** statt (zu Voraussetzungen und Verfahren § 121 StPO Rn 3ff, § 122 StPO Rn 1ff). In die Berechnung der Sechs-Monatsfrist ist die zuvor vollzogene Untersuchungshaft einzubeziehen (OLG Düsseldorf StraFo 2008, 74). Bei der Haftprüfung nach § 121 StPO, § 122 StPO ist allein zu prüfen, ob die Voraussetzungen für die einstweilige Unterbringung gem § 126a Abs 1 StPO weiterhin vorliegen (OLG Bremen NStZ 2008, 650; OLG Celle StraFo 2007, 372; OLG Hamm NJW 2007 3220; BeckRS 2009, 10507). Die in § 126a Abs 2 S 2 StPO eingefügte Neuregelung bindet die Fortdauer der Unterbringung nicht an die zusätzlichen Voraussetzungen des § 121 Abs 1 StPO. Allerdings ist bei der im Rahmen des § 126a Abs 1 StPO durchzuführenden Verhältnismäßigkeitsprüfung auch entscheidend, ob dem **Beschleunigungsgebot** hinreichend Rechnung getragen wurde und inwieweit eventuell aufgetretene Verfahrensverzögerungen noch hinnehmbar sind. Anders aber als bei der Beurteilung der Fortdauer von Untersuchungshaft die vor allem der Verfahrenssicherung dient, ist bei der Prüfung der Verhältnismäßigkeit der einstweiligen Unterbringung gem § 126a StPO zu beachten, dass die Unterbringung dem Schutz der Allgemeinheit vor gefährlichen Straftätern dient. Eine vom Beschuldigten ausgehende erhebliche Gefahr für höchste Rechtsgüter kann daher im Einzelfall dazu führen, dass die Fortdauer der Unterbringung trotz vermeidbarer Verfahrensverzögerungen noch nicht als unverhältnismäßig anzusehen ist (vgl OLG Bremen NStZ 2008, 650, OLG Koblenz NStZ-RR 2007, 207; OLG Hamm BeckRS 2009, 10507).

Der **Vollzug** des Unterbringungsbefehls wird aufgrund des richterlichen Aufnahmeersuchens (Nr 15 UVollzG, Nr 90 Abs 1 UVollzO) von der Staatsanwaltschaft veranlasst (§ 36 Abs 2 S 1 StPO). Für den Vollzug gilt § 119 StPO entsprechend (§ 126a Abs 2, OLG Celle NdsRpfl 1995, 275; LG Kiel StV 2003, 516). Der schriftliche und mündliche Verkehr des Untergebrachten wird wie bei einem Verhafteten kontrolliert. Soweit erforderlich können auch Maßnahmen gegen Flucht- und Verdunkelungsgefahr getroffen werden. Im Übrigen

StPO § 127   Erstes Buch. 9. Abschnitt

richten sich die Beschränkungen gem § 119 Abs 1 StPO nach dem Zweck der einstweiligen Unterbringung.

D. Aufhebung des Unterbringungsbefehls (Abs 3)

6 Der Unterbringungsbefehl ist **zwingend aufzuheben**, wenn die Voraussetzungen des Abs 1 nicht mehr vorliegen, das Gericht im Urteil die Unterbringung nach den § 63 StGB, § 64 StGB nicht anordnet oder die Staatsanwaltschaft vor Erhebung der öffentlichen Klage die Aufhebung beantragt (§ 120 Abs 3 StPO). Die Freilassung darf durch die Einlegung eines Rechtsmittels wie im Fall des § 120 Abs 2 StPO nicht aufgehalten werden (Abs 3 S 2). Mit **Rechtskraft des Urteils**, das die Unterbringung anordnet, endet die einstweilige Unterbringung und beginnt der Vollzug der Sicherungsmaßnahme, auch wenn die Vollstreckung des Urteils noch nicht eingeleitet ist, vgl § 120 StPO (§ 120 StPO Rn 10). Der Unterbringungsbefehl kann in einen Haftbefehl **umgewandelt** werden, wenn sich herausstellt, dass die Voraussetzungen des § 126 a StPO nicht mehr vorliegen, dafür die Voraussetzungen der § 112 StPO, § 112 a StPO gegeben sind. Umgekehrt gilt dasselbe (KG JR 1989, 476; **aA** Bohnert JR 2001, 403: Haftbefehl und Unterbringungsbefehl bestehen nebeneinander). Die Umwandlung ist auch in der Beschwerdeinstanz möglich (OLG Bremen JZ 1951, 465).

E. Anfechtung

7 Der Erlass und die Ablehnung eines Unterbringungsbefehls können mit der **Beschwerde** (§ 304 Abs 1, Abs 4 S 2 Nr 1, Abs 5 StPO) und der **weiteren Beschwerde** (§ 310 Abs 1 StPO) angefochten werden. Auch die Umwandlung eines Unterbringungsbefehls in einen Haftbefehl und die umgekehrte Entscheidung unterliegen der Beschwerde. Gegen Entscheidungen oder sonstige Maßnahmen nach § 119 Abs 1, Abs 2 StPO kann gerichtliche Entscheidung beantragt werden, soweit nicht das Rechtsmittel der Beschwerde statthaft ist (§ 119 Abs 5 StPO). Es gelten die dortigen Ausführungen (§ 119 StPO Rn 50 ff) entsprechend. Gegen behördliche Entscheidungen oder Maßnahmen während des Vollzugs des Unterbringungsbefehls kann gerichtliche Entscheidung beantragt werden (§ 119 a StPO).

§ 127 [Vorläufige Festnahme]

(1) ¹Wird jemand auf frischer Tat betroffen oder verfolgt, so ist, wenn er der **Flucht verdächtig ist oder seine Identität nicht sofort festgestellt werden kann, jedermann befugt, ihn auch ohne richterliche Anordnung vorläufig festzunehmen.** ²Die Feststellung der Identität einer Person durch die Staatsanwaltschaft oder die Beamten des Polizeidienstes bestimmt sich nach § 163 b Abs. 1.

(2) **Die Staatsanwaltschaft und die Beamten des Polizeidienstes sind bei Gefahr im Verzug auch dann zur vorläufigen Festnahme befugt, wenn die Voraussetzungen eines Haftbefehls oder eines Unterbringungsbefehls vorliegen.**

(3) ¹Ist eine Straftat nur auf Antrag verfolgbar, so ist die vorläufige Festnahme auch dann zulässig, wenn ein Antrag noch nicht gestellt ist. ²Dies gilt entsprechend, wenn eine Straftat nur mit Ermächtigung oder auf Strafverlangen verfolgbar ist.

(4) **Für die vorläufige Festnahme durch die Staatsanwaltschaft und die Beamten des Polizeidienstes gelten die §§ 114 a bis 114 c entsprechend.**

Überblick

§ 127 StPO regelt die Voraussetzungen der vorläufigen Festnahme vor Erlass eines Haftbefehls. Zu unterscheiden ist die jedermann zustehende Festnahmebefugnis nach Abs 1 S 1 (Rn 1 ff), die behördliche Festnahme zur Identitätsfeststellung nach Abs 1 S 2 (Rn 9) und die auf Verhaftung abzielende Festnahmebefugnis der Staatsanwaltschaft und der Polizeibeamten nach Abs 2 (Rn 12). Weitere Fälle der vorläufigen Festnahme regeln § 127 b StPO (zur Anordnung der Hauptverhandlungshaft) und § 183 S 2 GVG (im Gerichtssaal). Das Verfahren der vorläufigen Festnahme richtet sich nach § 128 StPO, § 129 StPO. Unberührt bleiben die straf- und zivilrechtlichen Bestimmungen über Notwehr und Notstand (§ 32 StGB, § 34 StGB, § 35 StGB, §§ 228 BGB ff, § 904 BGB; BGHSt 45, 378) und die präventiv-polizeilichen Befugnisse. Abs 4 wurde durch das Gesetz zur Änderung des Untersuchungshaftrechts v 29. 7. 2009 (BGBl I 2274) in die Vorschrift eingefügt und tritt am **1. 1. 2010** in Kraft (Rn 12).

Übersicht

	Rn		Rn
A. Vorläufige Festnahme auf frischer Tat (Abs 1)	1	VII. Festnahme	11
I. Tat	2	**B. Vorläufige Festnahme durch Staatsanwaltschaft und Polizei (Abs 2)**	12
II. Verdachtsgrad	3		
III. Frische Tat	4	**C. Strafantrag, Strafverlangen, Ermächtigung (Abs 3)**	13
IV. Festnahmegründe	6		
V. Festnahmeberechtigte	9		
VI. Festnahmezweck	10	**D. Anfechtung**	14

A. Vorläufige Festnahme auf frischer Tat (Abs 1)

Nach Abs 1 S 1 hat jedermann das Recht zur vorläufigen Festnahme einer Person, wenn 1 diese auf frischer Tat betroffen oder verfolgt wird und der Flucht verdächtig ist oder ihre Identität nicht sofort festgestellt werden kann. Die Vorschrift überträgt dem Bürger eine öffentliche Funktion (RGSt 17, 128), begründet aber keine Verpflichtung der Privaten zur vorläufigen Festnahme.

I. Tat

Tat iS des Abs 1 S 1 ist eine rechtswidrige, schuldhaft begangene Tat, die den Tatbestand 2 eines Strafgesetzes verwirklicht, oder eine rechtswidrige Tat (§ 11 Abs 1 Nr 5 StGB), da gegen den schuldunfähigen Täter ein Unterbringungsbefehl (§ 126a StPO) ergehen kann (KK-StPO/Schultheis StPO § 127 Rn 7; enger Löwe/Rosenberg/Hilger StPO § 127 Rn 8: konkrete Erwartung der Unterbringung). Der Versuch einer Straftat genügt, wenn er strafbar ist (BGH NJW 1981, 745). Die Festnahme von **strafunmündigen Kindern** ist nicht zulässig (Meyer-Goßner StPO § 127 Rn 3a; **aA** KG JR 1971, 30; Verrel NStZ 2001, 287).

II. Verdachtsgrad

Es genügt, wenn die erkennbaren äußeren Umstände einen **dringenden Tatverdacht** 3 **nahe legen** (BGH NJW 1981, 745; BayObLGSt 1986, 52; OLG Stuttgart OLGSt Nr 3; OLG Hamm NStZ 1998, 370; OLG Zweibrücken NJW 1981, 2016). Der dringende Tatverdacht kann aber nur aus dem äußeren Tatgeschehen hergeleitet werden, außerhalb der sichtbaren Tat liegende Indizien müssen unberücksichtigt bleiben (BGH GA 1974, 177; BayObLGSt 1986, 52). Bei Verkehrsstraftaten wird aus dem äußeren Tatgeschehen ein für jedermann erkennbarer dringender Tatverdacht nur ausnahmsweise in Betracht kommen (vgl BGH VRS 44, 437; OLG Zweibrücken NJW 1981, 2016). Rechtfertigungs- und Schuldausschließungsgründe in der Person des Täters lassen das Festnahmerecht unberührt, solange sie dem Festnehmenden unbekannt sind (OLG Stuttgart OLGSt Nr 3). Nach **einschränkender** Auffassung setzt die vorläufige Festnahme im Hinblick auf die schutzwürdigen Interessen des unschuldig Festgenommen voraus, dass eine **Straftat wirklich begangen** ist (OLG Hamm NJW 1972, 1826; NJW 1977, 590; KG VRS 45, 35; Meyer-Goßner StPO § 127 Rn 4). Im Hinblick auf die schwierige situationsbedingte Augenblicksentscheidung erscheint es jedoch unbillig, dem Festnehmenden das Risiko eines schuldlosen Irrtums aufzubürden (vgl KK-StPO/Schultheis StPO § 127 Rn 9; Löwe/Rosenberg/Hilger StPO § 127 Rn 11).

III. Frische Tat

4 **Auf frischer Tat betroffen** ist, wer bei der Begehung einer rechtswidrigen Tat oder unmittelbar danach am Tatort oder in dessen unmittelbarer Nähe gestellt wird. Die Beobachtung braucht nicht sämtliche Teile der Tat zu erfassen, die wahrgenommenen Teile müssen aber ohne weitere Indizien den beobachteten Hergang als rechtswidrige Tat erkennen lassen. Zwischen der Vollendung der Tat und dem Betreffen muss ein enger zeitlicher und räumlicher Zusammenhang bestehen (OLG Stuttgart OLGSt Nr 3), was sich nach den Umständen des Einzelfalles beurteilt.

5 **Verfolgung auf frischer Tat** liegt vor, wenn unmittelbar nach Entdecken der kurz zuvor begangenen Tat die Verfolgung aufgenommen wird. Der Täter braucht zum Zeitpunkt des Entdeckens der Tat nicht mehr am Tatort anwesend zu sein, es genügt, wenn sichere Anhaltspunkte vorhanden sind, die auf eine bestimmte Person als Täter hinweisen (OLG Hamburg GA 1964, 342). Die Verfolgung muss nicht unmittelbar nach der Entdeckung beginnen; der Verfolger, der nicht der Entdecker der Tat zu sein braucht, kann noch Helfer benachrichtigen oder Hilfsmittel beschaffen. Eine Verfolgung auf Sicht und Gehör ist nicht erforderlich, der Verfolger kann dem Täter zum Zweck der Festnahme auch vorauseilen (RGSt 30, 388). Die Verfolgung kann zeitlich unbefristet bis zur Ergreifung des Täters fortgesetzt werden.

IV. Festnahmegründe

6 Die vorläufige Festnahme ist zulässig, wenn der Täter der Flucht verdächtig ist oder seine Identität nicht sofort festgestellt werden kann. **Fluchtverdacht** liegt vor, wenn der Festnehmende nach dem erkennbaren Verhalten des Täters vernünftigerweise davon ausgehen muss, dieser werde sich dem Strafverfahren durch Flucht entziehen, wenn er nicht alsbald festgenommen wird (BGH VRS 38, 115; VRS 40, 104; NStZ 1992, 27; BayObLG NStZ-RR 2002, 336). Die strengeren Voraussetzungen einer Fluchtgefahr iSv § 112 Abs 2 Nr 2 StPO brauchen nicht vorzuliegen.

7 Die **Identität** des Täters kann **nicht sofort festgestellt** werden, wenn er nicht in einer Weise, die ernstliche Zweifel ausschließt, ohne Vernehmung oder weitere Nachforschungen identifiziert werden kann. Dies ist anzunehmen, wenn der Täter Angaben zur Person verweigert oder keine gültigen Ausweispapiere mit sich führt. Die Namensangabe der Täters allein reicht nicht aus, wenn keine Möglichkeit besteht, sie an Ort und Stelle zu überprüfen (RGSt 27, 199). Ist der Name des Betroffenen bekannt, besteht grundsätzlich kein Festnahmerecht (RGSt 67, 353; vgl auch OLG Hamm BeckRS 2009, 14280 zur Berechtigung von Zwangsmaßnahmen zur Identitätsfeststellung nach § 163b Abs 1 StPO), es sei denn die Wohnanschrift ist zur Identitätsfeststellung erforderlich (vgl OLG Hamburg MDR 1964, 778). Die Möglichkeit, das amtliche Kennzeichen des Kraftfahrzeugs des Betroffenen festzustellen, reicht zur Identifizierung in der Regel nicht aus (OLG Schleswig NJW 1953, 275; KG VRS 16, 113). Die Identifizierung durch Dritte ist nur ausreichend, wenn sie zuverlässig ist (vgl RGSt 72, 301).

8 Da der Grundsatz der **Verhältnismäßigkeit** auch für das Festnahmerecht nach § 127 Abs 1 StPO gilt (BGH NStZ 1998, 50), kommt eine Festnahme nicht in Betracht, wenn diese zu der Bedeutung der Sache und einer zu erwartenden Strafe oder Maßregel außer Verhältnis steht, was jedoch wegen der begrenzten Beurteilungsmöglichkeiten des Privaten nur bei einem offensichtlichen Missverhältnis anzunehmen ist.

V. Festnahmeberechtigte

9 Das Festnahmerecht steht jedermann zu. Der Festnehmende muss nicht volljährig und nicht Verletzter der Tat sein. Die Befugnis von Privaten endet, wenn die Polizei selbst einschreitet. Gegen den Willen der Polizei kann ein Privater nicht tätig werden. Auch **Polizeibeamte** haben das Festnahmerecht nach Abs 1 S 1, allerdings nur wegen Fluchtverdachts. Die Festnahme zur Identitätsfeststellung durch Staatsanwaltschaft und Polizeibeamte richtet sich ausschließlich nach § 163b Abs 1 S 2 StPO und § 163c StPO (Meyer-Goßner StPO § 127 Rn 7).

VI. Festnahmezweck

Der Zweck der Festnahme darf nur darin bestehen, den Täter der Strafverfolgung zuzuführen (vgl OLG Düsseldorf NStZ 1991, 599; BayObLG JR 1991, 518). Die Festnahme zu dem Zweck, weitere Straftaten zu verhindern (BGH VRS 40, 106) oder den Täter zur Rede zu stellen (OLG Hamm VRS 4, 446) ist von § 127 Abs 1 StPO nicht mehr gedeckt.

VII. Festnahme

Die vorläufige Festnahme ist ein Realakt, der an **keine bestimmte Form** gebunden ist. Dem Betroffenen muss jedoch erkennbar gemacht werden, dass es sich um eine vorläufige Festnahme handelt (KG StV 2001, 261; BayObLG NJW 1960, 1583). Sie enthält die Befugnis, den Täter festzuhalten, ihm Sachen wegzunehmen, um die Fortbewegung zu verhindern, ihn vorübergehend in der Privatwohnung zu verwahren (KG JR 1971, 30) und ihn zur nächsten Polizeiwache zu bringen (BGH VRS 38, 115). Der Festnehmende darf im Rahmen des Erforderlichen und unter Beachtung des Verhältnismäßigkeitsgrundsatzes **physische Gewalt** anwenden (vgl BGHSt 45, 381; OLG Karlsruhe NJW 1974, 807; OLG Stuttgart NJW 1984, 1694). Die ernsthafte Beschädigung der Gesundheit des Straftäters oder die unmittelbare Gefährdung seines Lebens, etwa ein lebensgefährdendes Würgen, ist nicht erlaubt (BGHSt 45, 381). Die Abgabe von Schüssen auf den fliehenden Täter ist grundsätzlich nicht gerechtfertigt (BGH NJW 1981, 745; BGHR StGB § 32 Abs 1 Putativnotwehr 1); nach umstrittener Auffassung soll etwas anderes gelten, wenn es sich um eine schwerwiegende Straftat handelt (BGH MDR 1979, 985; KK-StPO/Schultheis StPO § 127 Rn 28; **aA** Meyer-Goßner § 127 Rn 15; offen gelassen von BGH NStZ-RR 1998, 50; vgl auch BGH NJW 1999, 2533). Polizeibeamten kann nach den Vorschriften des Polizeirechts im weiteren Umfang der Gebrauch von Schusswaffen erlaubt sein (RGSt 72, 305). Die **Gefährdung des Straßenverkehrs** erlaubt das Festnahmerecht nicht, Belästigungen sind jedoch durch andere Verkehrsteilnehmer hinzunehmen (vgl OLG Hamm VRS 16, 136; VRS 23, 453; OLG Oldenburg VRS 32, 275; BayObLG NStZ 1988, 518; OLG Thüringen VRS 94, 459 [Verfolgungsjagd]; OLG Celle NdsRpfl 1958, 98 [Sperrung der Autobahn]). Die Durchsuchung der Person oder einer Wohnung findet durch § 127 Abs 1 StPO keine Rechtfertigung.

B. Vorläufige Festnahme durch Staatsanwaltschaft und Polizei (Abs 2)

Bei Gefahr im Verzug sind die Staatsanwaltschaft und die Beamten des Polizeidienstes festnahmebefugt, wenn die Voraussetzungen eines Haftbefehls (§ 112 StPO, § 112a StPO, § 113 StPO) oder eines Unterbringungsbefehls (§ 126a StPO) vorliegen. **Gefahr im Verzug** liegt vor, wenn die Festnahme gefährdet wäre, falls zuvor ein richterlicher Haft- oder Unterbringungsbefehl erwirkt werden müsste. Dies beurteilt der Beamte auf Grund pflichtgemäßer Prüfung der Umstände des Falles (RGSt 38, 375). Ist ein Antrag der Staatsanwaltschaft auf Erlass eines Haftbefehls vom Ermittlungsrichter zurückgewiesen worden, schließt dies die vorläufige Festnahme nach § 127 Abs 2 StPO wegen derselben Straftat nur dann nicht aus, wenn die früheren Ablehnungsgründe durch neue Umstände ausgeräumt sind (LG Frankfurt/M StV 2008, 295). Für die Durchführung der Festnahme gelten die obigen Ausführungen (Rn 11). Die Anwendung von Zwangsmitteln richtet sich für Bundesbeamte nach dem UZwG, für Landesbeamte nach den Landespolizeigesetzen oder Gesetzen über die Anwendung unmittelbaren Zwangs (BayObLG NStZ 1988, 518; OLG Karlsruhe NJW 1974, 807). Nach § 127 Abs 4 StPO gelten die Informations-, Belehrungs- und Benachrichtigungspflichten in den § 114a StPO bis § 114c StPO entsprechend.

C. Strafantrag, Strafverlangen, Ermächtigung (Abs 3)

Bei Antragsdelikten und Straftaten, die nur mit Ermächtigung oder auf Strafverlangen verfolgt werden können (§ 77e StGB), ist eine vorläufige Festnahme zulässig, auch wenn noch kein Strafantrag oder Strafverlangen gestellt ist oder keine Ermächtigung vorliegt. Etwas anderes gilt jedoch, wenn der Strafantrag nicht mehr gestellt werden kann oder feststeht bzw sich als sehr wahrscheinlich abzeichnet, dass kein Strafantrag gestellt werden wird (Meyer-Goßner § 127 Rn 21). In **Privatklagesachen**, in denen ein Haftbefehl erst erlassen werden kann, wenn die Staatsanwaltschaft die Verfolgung des Privatklagedelikts nach § 377 StPO übernommen hat, darf eine Privatperson den Täter nach Abs 1 sowohl wegen Fluchtverdachts als auch zur Identitätsfeststellung vorläufig festnehmen (Meyer-Goßner StPO § 127 Rn 22; **aA** Löwe/Rosenberg/Hilger StPO § 127 Rn 8: nur zur Identitätsfeststellung). Entsprechendes gilt für die vorläufige Festnahme nach Abs 2. Bei einem **Abgeordneten** ist die vorläufige Festnahme ohne Genehmigung des Parlaments nur zulässig, wenn er auf frischer Tat betroffen wird oder nach Verfolgung auf frischer Tat im Laufe des folgenden Tages festgenommen wird (Art 46 Abs 2 GG).

D. Anfechtung

14 Soll die vorläufige Festnahme andauern, regelt sich das weitere Verfahren nach § 128 StPO. Wird der Betroffene ohne Vorführung vor den Richter wieder freigelassen, kann er die Rechtmäßigkeit der vorläufigen Festnahme bei fortbestehendem Rechtsschutzinteresse nach Abs 2 analog § 98 Abs 2 StPO überprüfen lassen (BGHSt 44, 171); es entscheidet der mit der Sache befasste Richter. Dies gilt auch, wenn es nur um die Überprüfung der Art und Weise der Durchführung der Maßnahme geht (Löwe/Rosenberg/Hilger StPO § 127 Rn 47).

§ 127 a [Absehen von der Anordnung oder Aufrechterhaltung der Festnahme]

(1) Hat der Beschuldigte im Geltungsbereich dieses Gesetzes keinen festen Wohnsitz oder Aufenthalt und liegen die Voraussetzungen eines Haftbefehls nur wegen Fluchtgefahr vor, so kann davon abgesehen werden, seine Festnahme anzuordnen oder aufrechtzuerhalten, wenn
1. **nicht damit zu rechnen ist, daß wegen der Tat eine Freiheitsstrafe verhängt oder eine freiheitsentziehende Maßregel der Besserung und Sicherung angeordnet wird und**
2. **der Beschuldigte eine angemessene Sicherheit für die zu erwartende Geldstrafe und die Kosten des Verfahrens leistet.**
(2) § 116 a Abs. 1 und 3 gilt entsprechend.

Überblick

Die auf § 127 Abs 2 StPO bezogene Vorschrift ist eine Ausprägung des Verhältnismäßigkeitsgrundsatzes und erlaubt, von der vorläufigen Festnahme gegen Sicherheitsleistung abzusehen.

A. Anwendungsbereich

1 Unter den Voraussetzungen des Abs 1 können der Staatsanwalt oder die Beamten des Polizeidienstes von der vorläufigen Festnahme und der Vorführung vor den Richter (§ 128 StPO) ohne Mitwirkung des Richters absehen, wenn der Täter eine Sicherheit für die zu erwartende Geldstrafe und die Verfahrenskosten leistet. Auch der Richter, dem der Festgenommene vorgeführt wird, kann nach § 127 a StPO verfahren (Löwe/Rosenberg/Hilger StPO § 127 a Rn 11).

B. Voraussetzungen

2 Der Beschuldigte darf **keinen festen Wohnsitz oder Aufenthalt** in Deutschland haben. Wohnsitz ist gekennzeichnet durch eine auf gewisse Dauer angelegte tatsächliche Niederlassung. Ein fester Aufenthalt ist begründet, wenn der Beschuldigte für eine gewisse Dauer oder bestimmte Zeit an einem Ort tatsächlich verweilt, vgl § 113 StPO (§ 113 StPO Rn 4). Der Aufenthalt anlässlich eines Besuchs, einer Urlaubsreise oder aufgrund vorübergehender beruflicher Zwecke reicht nicht aus. Die Vorschrift soll nur für Ausländer gelten (Meyer-Goßner StPO § 127 a Rn 2; Löwe/Rosenberg/Hilger StPO § 127 a Rn 3), was im Hinblick auf den Wortlaut und den allgemein gültigen Grundsatz der Verhältnismäßigkeit nicht überzeugt.

Die Voraussetzungen eines **Haftbefehls** (§ 112 StPO) müssen vorliegen, wobei § 127 a 3
StPO nur zur Anwendung kommt, wenn ausschließlich der **Haftgrund der Fluchtgefahr**
vorliegt. Außerdem darf **keine Freiheitsstrafe** und keine freiheitsentziehende Sicherungsmaßregel zu erwarten sein (Abs 1 Nr 1), auch kein Jugendarrest nach § 16 JGG. Unerheblich
ist, ob neben einer Geldstrafe andere Maßnahmen wie Fahrverbot, Entziehung der Fahrerlaubnis, Verfall oder Einziehung zu erwarten sind.

Der Beschuldigte muss eine **angemessene Sicherheit** leisten (Abs 1 Nr 2). Hinsichtlich 4
der Art der Sicherheit verweist § 127 a Abs 2 StPO auf § 116 a Abs 1 StPO. Ihre Höhe ist so zu
bemessen, dass sie die Geldstrafe und die Kosten des Verfahrens (§ 464 a Abs 1 StPO) abdeckt,
was unter Anwendung der Strafzumessungsgesichtspunkte der Gerichte zu schätzen ist.

Der Beschuldigte hat einen **Zustellungsbevollmächtigten** im Bezirk des zuständigen 5
Gerichts zu bestellen (Abs 2 iVm § 116 a Abs 3 StPO, vgl § 116 a Rn 5). Die Bevollmächtigung ist schriftlich zu erteilen. Entgegen dem Wortlaut des § 116 a Abs 3 StPO wird
von der Rechtsprechung auch die Bestellung eines Zustellungsbevollmächtigten aus einem
anderen Gerichtsbezirk im Inland für zulässig erachtet (OLG Düsseldorf VRS 71, 370; KK-StPO/Schultheis StPO § 127 a Rn 6). Der Bevollmächtigte muss mit dem Auftrag einverstanden sein, was ggf festzustellen und aktenkundig zu machen ist. Entgegen zum Teil
vertretener Auffassung (Löwe/Rosenberg/Hilger StPO § 127 a Rn 10) kann auch der mit
der Sache befasste Polizeibeamte als Zustellungsbevollmächtigter fungieren (Meyer-Goßner
StPO § 127 b Rn 7). § 145 a StPO gilt entsprechend.

C. Weiteres Verfahren

Leistet der Beschuldigte die Sicherheit und bestellt er einen Zustellungsbevollmächtigten, 6
wird er nicht vorläufig festgenommen oder, wenn er bereits festgenommen war, entlassen.
Leistet er sie nicht, ist er unverzüglich dem Richter vorzuführen (§ 128 Abs 1 StPO). Die
Sicherheit wird als Vorschuss auf die in dem Strafbefehl oder Urteil festgesetzte Geldstrafe
und die Verfahrenskosten behandelt; § 123 Abs 2, Abs 3 StPO und § 124 StPO sind nicht
anzuwenden.

§ 127 b [Hauptverhandlungshaft]

(1) ¹**Die Staatsanwaltschaft und die Beamten des Polizeidienstes sind zur vorläufigen Festnahme eines auf frischer Tat Betroffenen oder Verfolgten auch dann
befugt, wenn**
1. **eine unverzügliche Entscheidung im beschleunigten Verfahren wahrscheinlich ist
und**
2. **auf Grund bestimmter Tatsachen zu befürchten ist, daß der Festgenommene der
Hauptverhandlung fernbleiben wird.**

²**Die §§ 114 a bis 114 c gelten entsprechend.**

(2) ¹**Ein Haftbefehl (§ 128 Abs. 2 Satz 2) darf aus den Gründen des Absatzes 1
gegen den der Tat dringend Verdächtigen nur ergehen, wenn die Durchführung
der Hauptverhandlung binnen einer Woche nach der Festnahme zu erwarten ist.**
²**Der Haftbefehl ist auf höchstens eine Woche ab dem Tage der Festnahme zu
befristen.**

(3) **Über den Erlaß des Haftbefehls soll der für die Durchführung des beschleunigten Verfahrens zuständige Richter entscheiden.**

Überblick

Die umstrittene Vorschrift (vgl Meyer-Goßner ZRP 2000, 348) ergänzt die Regeln über
das beschleunigte Verfahren (§§ 417 StPO ff) und enthält in Abs 1 eine über § 127 Abs 1,
Abs 2 StPO hinausgehende Festnahmebefugnis (Rn 1 ff) und in Abs 2 einen neuen Haftgrund zur Sicherung der Hauptverhandlung (Hauptverhandlungshaft, Rn 6 ff). Abs 1 S 2
wurde durch das Gesetz zur Änderung des Untersuchungshaftrechts v 29. 7. 2009
(BGBl I 2274) in die Vorschrift eingefügt und tritt am **1. 1. 2010** in Kraft.

Übersicht

	Rn		Rn
A. Vorläufige Festnahme (Abs 1)	1	B. Haftbefehl (Abs 2)	6
I. Betreffen oder Verfolgung auf frischer Tat	2	I. Haftgrund	7
		II. Grundsatz der Verhältnismäßigkeit	9
II. Wahrscheinlichkeit der Entscheidung im beschleunigten Verfahren (Abs 1 Nr 1)	3	III. Befristung und Außervollzugsetzung des Haftbefehls	10
III. Befürchtung des Fernbleibens in der Hauptverhandlung (Abs 1 Nr 2)	4	IV. Verfahren	11
IV. Durchführung	5	C. Anfechtung	12

A. Vorläufige Festnahme (Abs 1)

1 Abs 1 gewährt die Möglichkeit, einen Täter vorläufig festzunehmen, auch wenn die Voraussetzungen des § 127 Abs 1 oder Abs 2 StPO nicht vorliegen. § 127 Abs 1 und Abs 2 StPO bleibt aber anwendbar, wenn § 127 b Abs 1 StPO nicht eingreift. Da das beschleunigte Verfahren gegen Jugendliche nicht zulässig ist (§ 79 JGG), findet § 127 b Abs 1, Abs 2 StPO auf Jugendliche keine Anwendung. Bei Antragsdelikten ist § 127 Abs 3 StPO entsprechend anzuwenden. Die vorläufige Festnahme nach Abs 1 ist unter folgenden Voraussetzungen zulässig:

I. Betreffen oder Verfolgung auf frischer Tat

2 Der Täter muss **auf frischer Tat betroffen** oder verfolgt sein, vgl § 127 StPO (§ 127 StPO Rn 4 f). Wie bei § 127 StPO muss nach dem äußeren Erscheinungsbild der Tat **dringender Tatverdacht** vorliegen (§ 127 StPO Rn 3) und der Grundsatz der **Verhältnismäßigkeit** gewahrt sein (§ 127 StPO Rn 8). Für die Tat darf keine höhere Strafe als Geldstrafe oder Freiheitsstrafe bis zu einem Jahr zu erwarten sein; außerdem darf die Anordnung einer Maßregel der Besserung und Sicherung – ausgenommen eine Entziehung der Fahrerlaubnis – nicht in Betracht kommen (§ 419 Abs 1 StPO).

II. Wahrscheinlichkeit der Entscheidung im beschleunigten Verfahren (Abs 1 Nr 1)

3 Die Durchführung der Hauptverhandlung im beschleunigten Verfahren (§ 417 StPO ff) muss **innerhalb einer Woche nach der Festnahme wahrscheinlich** sein (zur Fristberechnung s Rn 7). Diese Prognose hat der Festnehmende zum einen aufgrund der tatsächlichen Umstände des Falles zu treffen, insbes ob die Sache auf Grund des einfachen Sachverhalts oder der klaren Beweislage sowie der Einlassung des Beschuldigten zur sofortigen Verhandlung grundsätzlich geeignet ist. Zum anderen sind aber auch die Terminsbelastung des Gerichts und die gerichtsinterne Organisation unter Berücksichtigung vorsorglich getroffener Absprachen mit dem Gericht sowie bisheriger Erfahrungen in gleich gelagerten Fällen in die Prognose mit einzubeziehen. Die bloße Vermutung ohne konkrete Anhaltspunkte, es werde fristgerecht zur Entscheidung kommen, genügt nicht (vgl Löwe/Rosenberg/Hilger StPO § 127 b Rn 19; Meyer-Goßner StPO § 127 b Rn 9). Wegen der Schwierigkeit der Prognose ist dem Festnahmeberechtigten, insbes den Polizeibeamten aber ein Beurteilungsspielraum zuzugestehen; eine Rechtswidrigkeit ist erst dann anzunehmen, wenn dieser Spielraum deutlich überschritten wird. Die Wahrscheinlichkeit einer fristgerechten Entscheidung im beschleunigten Verfahren ist nicht gegeben, wenn anzunehmen ist, dass das Verfahren eingestellt (§§ 153 StPO ff), durch Strafbefehl (§ 407 StPO) erledigt oder in Abwesenheit des Angeklagten nach den § 232 StPO, § 233 StPO beendet werden wird.

III. Befürchtung des Fernbleibens in der Hauptverhandlung (Abs 1 Nr 2)

4 Aufgrund von bei der Festnahme vorliegenden **bestimmten Tatsachen** muss nach prognostischer Einschätzung **ernsthaft in Betracht kommen,** dass der Beschuldigte der Hauptverhandlung unverschuldet fernbleibt (KK-StPO/Schultheis StPO § 127 b Rn 11; aA SK-StPO/Paeffgen StPO § 127 b Rn 21: hohe Wahrscheinlichkeit). Dies kann sich aus

Äußerungen des Beschuldigten oder von Zeugen, Fernbleiben bei früheren Hauptverhandlungen oder daraus ergeben, dass dem Beschuldigten mangels festen Wohnsitzes eine Ladung nicht zugestellt werden kann und auch § 127 a StPO, § 132 StPO unanwendbar sind.

IV. Durchführung

Zur Festnahme berechtigt sind nur die Staatsanwaltschaft und Beamte des Polizeidienstes, die nicht Ermittlungsbeamte der Staatsanwaltschaft zu sein brauchen. Für die Durchführung gelten die Ausführungen zu § 127 StPO entsprechend (§ 127 StPO Rn 11). Die Bestimmungen über die Informations-, Belehrungs- und Benachrichtigungspflichten in den § 114 a StPO bis § 114 c StPO gelten entsprechend. 5

B. Haftbefehl (Abs 2)

Voraussetzung des Erlasses eines Haftbefehls nach § 127 b Abs 2 StPO ist, dass dringender Tatverdacht vorliegt, vgl § 112 StPO (§ 112 StPO Rn 3 ff), der Verhältnismäßigkeitsgrundsatz gewahrt ist und der Haftgrund des § 127 b Abs 2 S 1 StPO, der auf Abs 1 verweist, gegeben ist. 6

I. Haftgrund

Die Entscheidung im beschleunigten Verfahren muss **binnen einer Woche nach Festnahme** zu erwarten sein. Der Haftbefehl darf deshalb nicht erlassen werden, wenn mangels einfachen Sachverhalts oder klarer Beweislage (§ 417 StPO) oder wegen Überlastung des Gerichts die Hauptverhandlung nicht binnen einer Woche durchgeführt werden kann. Die Wochenfrist berechnet sich nach § 43 Abs 1 StPO, der fristauslösende Tag wird also nicht miteinbezogen (Meyer-Goßner StPO § 127 b Rn 18; aA Löwe/Rosenberg/Hilger StPO § 127 b Rn 11). § 43 Abs 2 StPO ist nicht anwendbar. 7

Erforderlich ist weiterhin die begründete Befürchtung, der Beschuldigte werde der **Hauptverhandlung fernbleiben** (Rn 4). Eine Flucht-, Verdunkelungs- oder Wiederholungsgefahr ist nicht erforderlich – die Haftgründe der § 112 StPO, § 112 a StPO gelten nicht, auch § 113 StPO findet keine Anwendung (Hellmann NJW 1997, 2147). 8

II. Grundsatz der Verhältnismäßigkeit

§ 112 Abs 1 S 2 StPO ist anwendbar, vgl § 112 StPO (§ 112 StPO Rn 29 ff). Die auch im beschleunigten Verfahren mögliche zwangsweise Vorführung nach § 230 Abs 2 StPO ist in der Regel nicht als milderes Mittel anzusehen, weil § 230 Abs 2 StPO ein bereits erfolgtes Ausbleiben in der Hauptverhandlung voraussetzt (KK-StPO/Schultheis StPO § 127 b Rn 16). 9

III. Befristung und Außervollzugsetzung des Haftbefehls

Der Haftbefehl ist auf höchstens eine Woche ab dem Tag der Festnahme zu befristen (Abs 2 S 2). Ist bekannt, dass die Hauptverhandlung schon früher durchgeführt werden wird, ist der Haftbefehl bis dahin zu befristen. Eine Verlängerung bis zur Wochenfrist ist möglich. Mit Ablauf der Befristung oder Ende der Hauptverhandlung verliert der Haftbefehl seine Wirkung, der Beschuldigte ist freizulassen. Dasselbe gilt, wenn die Hauptverhandlung unterbrochen oder ausgesetzt und dadurch die Wochenfrist überschritten wird. Einer Aufhebung des Haftbefehls bedarf es nicht (Meyer-Goßner StPO § 127 b Rn 18; **aA** KK-StPO/Schultheis StPO § 127 b Rn 18: deklaratorische Aufhebung). Eine Umstellung auf einen anderen Haftgrund ist möglich. Die Außervollzugsetzung des Haftbefehls nach § 116 StPO ist nach **hM** zulässig, wenn durch Maßnahmen nach den § 123 StPO, § 124 StPO die Anwesenheit des Beschuldigten in der binnen Wochenfrist stattfindenden Hauptverhandlung gesichert werden kann (KK-StPO/Schultheis StPO § 127 b Rn 19). Eine Aufhebung der Außervollzugsetzung nach § 116 Abs 4 StPO kommt nur in Betracht, wenn die Hauptverhandlung innerhalb der Wochenfrist durchgeführt werden kann. 10

IV. Verfahren

11 Erfolgt zuerst die Festnahme nach Abs 1, richtet sich das weitere Verfahren nach § 128 StPO. Die Vorführung soll nach Abs 3 vor den Richter erfolgen, der für die Hauptverhandlung im beschleunigten Verfahren zuständig ist. Die Vernehmung des Beschuldigten richtet sich nach § 128 Abs 1 S 2 StPO, § 115 Abs 3 StPO. Bei Fehlen des Strafantrags gilt § 130 StPO entsprechend.

C. Anfechtung

12 Gegen den Haftbefehl kann Antrag auf Haftprüfung, vgl § 117 StPO (§ 117 StPO Rn 1) und Haftbeschwerde (§ 117 StPO Rn 4) gestellt werden. Hierüber ist der Beschuldigte zu belehren (§ 115 Abs 4 StPO).

§ 128 [Vorführung vor den Richter bei dem Amtsgericht]

(1) ¹Der Festgenommene ist, sofern er nicht wieder in Freiheit gesetzt wird, unverzüglich, spätestens am Tage nach der Festnahme, dem Richter bei dem Amtsgericht, in dessen Bezirk er festgenommen worden ist, vorzuführen. ²Der Richter vernimmt den Vorgeführten gemäß § 115 Abs. 3.

(2) ¹Hält der Richter die Festnahme nicht für gerechtfertigt oder ihre Gründe für beseitigt, so ordnet er die Freilassung an. ²Andernfalls erläßt er auf Antrag der Staatsanwaltschaft oder, wenn ein Staatsanwalt nicht erreichbar ist, von Amts wegen einen Haftbefehl oder einen Unterbringungsbefehl. ³§ 115 Abs. 4 gilt entsprechend.

Überblick

Die Vorschrift regelt das Verfahren nach der vorläufigen Festnahme nach § 127 Abs 1, Abs 2 StPO. Ist die öffentliche Klage schon erhoben, gilt § 129 StPO.

A. Vorführung vor den Richter (Abs 1)

1 Ist der Beschuldigte vorläufig festgenommen und noch kein Haftbefehl erlassen worden oder der Polizei der Erlass eines Haftbefehls unbekannt (ansonsten gelten § 115 StPO, § 115a StPO), ist der Beschuldigte unverzüglich, spätestens am Tag nach der Festnahme dem Richter vorzuführen. Die Vorführung erfolgt vor das **Amtsgericht des Festnahmeortes**. Eine Vorführung vor den **nach § 125 Abs 1 StPO zuständigen Richter** ist jedoch möglich (OLG Celle JZ 1956, 125). In Staatsschutzsachen nach § 120 Abs 1, Abs 2 GVG erfolgt die Vorführung regelmäßig vor den Ermittlungsrichter nach § 169 StPO. Jugendliche und Heranwachsende können dem zuständigen Jugendrichter vorgeführt werden (§ 34 Abs 1 JGG). Wird der Beschuldigte nach der Festnahme zunächst in einer JVA untergebracht, so hat der Anstaltsleiter sicherzustellen, dass der vorläufig Festgenommene spätestens am Tage nach der Festnahme dem zuständigen Richter vorgeführt wird (Nr 86 UVollzO). Kann der Beschuldigte nicht innerhalb der Frist vorgeführt werden oder ist die Polizei oder die Staatsanwaltschaft der Auffassung, dass die Festnahmegründe (zB Fluchtgefahr) zu Unrecht angenommen oder nachträglich weggefallen sind, ist der Beschuldigte freizulassen. Die Befugnis der Polizei zur Beendigung der vorläufigen Festnahme endet, wenn die Staatsanwaltschaft mit der Haftfrage befasst ist.

2 Die **Frist** des Abs 1 S 1 endet mit Ablauf des Tages nach der Festnahme, auch wenn dies ein Sonnabend, Sonn- oder Feiertag ist. Die Dauer einer anderweitigen Freiheitsentziehung ohne richterliche Entscheidung ist einzurechnen (BGHSt 34, 367 f). Die Frist des Abs 1 S 1 ist eine **äußerste Frist**. Sie darf nicht zur Regel gemacht werden. „Unverzüglich" iSv Abs 1 S 1 ist im Lichte von Art 104 Abs 2 S 2 und Abs 3 S 1 GG dahin auszulegen, dass die richterliche Entscheidung über die Fortdauer der Freiheitsentziehung ohne jede Verzögerung, die sich nicht aus sachlichen Gründen rechtfertigen lässt, herbeigeführt werden muss (vgl BVerfGE 105, 239, 249; BeckRS 2009, 39529). Nicht vermeidbar sind zB Verzögerungen, die durch die Länge des Weges, Schwierigkeiten beim Transport, die notwendige

Registrierung und Protokollierung, ein renitentes Verhalten des Festgenommenen oder vergleichbare Umstände bedingt sind. Die Ermittlungsbehörde ist nicht gehindert, vor einer fristgerechten Vorführung notwendige Ermittlungen vorzunehmen, insbesondere um dem Richter eine möglichst umfassende Grundlage für seine Entscheidung über einen Haftbefehl zu unterbreiten (vgl BGH NJW 1990, 1188; LG Hamburg BeckRS 2009, 08966). Die Vorführung eines am Samstag um 0.30 Uhr gem § 127 Abs 2 StPO Festgenommenen ist aber verspätet, wenn sie nach Durchführung der notwendigen Ermittlungsmaßnahmen am Samstag Nachmittag möglich gewesen wäre, im Hinblick auf den regulären Bereitschaftsdienst an Samstagen und Sonntagen in der Zeit zwischen 9.00 und 13.00 Uhr aber erst am Sonntag stattfindet (LG Hamburg BeckRS 2009, 08966 = StV 2009, 485).

Die **richterliche Vernehmung**, die entbehrlich ist, wenn der Staatsanwalt die Freilassung 3 nach § 120 Abs 3 S 1 StPO beantragt, ist nach § 115 Abs 3 StPO durchzuführen; zu den Einzelheiten vgl § 115 StPO (§ 115 StPO Rn 3 ff); Staatsanwaltschaft und Verteidiger müssen vom Termin nach § 168 c Abs 1, Abs 5 StPO benachrichtigt werden.

B. Entscheidung des Gerichts (Abs 2)

Die Entscheidung des Gerichts muss analog § 129 Hs 2 StPO spätestens **am Tage nach** 4 **der Festnahme** erfolgen, auch wenn dies ein Sonnabend, Sonn- oder Feiertag ist (Meyer-Goßner StPO § 128 Rn 13; zweifelnd OLG Frankfurt NJW 2000, 2037; dagegen Schäfer NJW 2000, 1996). Ausreichend ist allerdings, wenn dem Beschuldigten der wesentliche Inhalt eines Haftbefehls mündlich erörtert wird, die schriftliche Abfassung und Übergabe einer Abschrift kann nachgeholt werden. Der Richter entscheidet, ob die Voraussetzungen eines Haft- oder Unterbringungsbefehls vorliegen oder die Freilassung geboten ist; außerdem kann er den Beschuldigten nach § 127 a StPO von der Festnahme verschonen oder einen erlassenen Haftbefehl sogleich außer Vollzug setzen (§ 116 StPO). Vor einer Entscheidung ist die Staatsanwaltschaft – notfalls fernmündlich – zu beteiligen (§ 33 Abs 2 StPO).

Der Erlass eines Haftbefehls setzt grundsätzlich einen **Antrag der Staatsanwaltschaft** 5 voraus (Abs 2 S 2). Nur wenn die Staatsanwaltschaft nicht erreichbar, kann der Haftbefehl von Amts wegen erlassen werden. **Unerreichbarkeit** liegt vor, wenn ein Antrag oder eine Stellungnahme der Staatsanwaltschaft zur Haftfrage nicht rechtzeitig herbeigeführt werden kann. Dies ist auch anzunehmen, wenn die Staatsanwaltschaft zwar erreicht werden kann, sie aufgrund der kurzfristigen Unterrichtung mangels ausreichender Beurteilungsgrundlage aber keine Stellungnahme abgibt. Fehlt ein Antrag der Staatsanwaltschaft, obwohl kein Fall der Unerreichbarkeit vorliegt, ist der Haftbefehl wirksam (KK-StPO/Schultheis StPO § 128 Rn 12), die Staatsanwaltschaft kann aber einen Antrag nach § 120 Abs 3 S 1 StPO stellen.

Erlässt der Richter einen Haft- oder Unterbringungsbefehl, ist der Beschuldigte gem 6 Abs 2 S 3 iVm § 115 Abs 4 StPO über die ihm zustehenden Rechtsbehelfe zu belehren (§ 115 StPO Rn 7). Der Haft- oder Unterbringungsbefehl ist auszuhändigen (§ 114 a StPO) und ein Angehöriger zu informieren (§ 114 c Abs 2 StPO). Lehnt der Richter den Haftbefehlsantrag der Staatsanwaltschaft ab, ergeht ein begründeter Beschluss (§ 34 StPO), der mit der Beschwerde und weiteren Beschwerde nach § 304 StPO, § 310 StPO anfechtbar ist.

§ 129 [Vorführung nach Klageerhebung]

Ist gegen den Festgenommenen bereits die öffentliche Klage erhoben, so ist er entweder sofort oder auf Verfügung des Richters, dem er zunächst vorgeführt worden ist, dem zuständigen Gericht vorzuführen; dieses hat spätestens am Tage nach der Festnahme über Freilassung, Verhaftung oder einstweilige Unterbringung des Festgenommenen zu entscheiden.

Überblick

Die Vorschrift regelt in Ergänzung zu § 128 StPO das Verfahren nach der vorläufigen Festnahme, wenn bereits die öffentliche Klage erhoben ist.

A. Verfahren

1   Wird der Festgenommene von der Polizei oder der Staatsanwaltschaft nicht freigelassen, ist er nach Erhebung der öffentlichen Klage sofort dem mit der Strafsache befassten Gericht vorzuführen. Dies ist so zu verstehen, dass er wie in § 128 StPO **spätestens am Tag nach der Ergreifung** dem Richter vorzuführen ist (Löwe/Rosenberg/Hilger StPO § 129 Rn 3). Der festnehmende Beamte kann nach pflichtgemäßem Ermessen den Festgenommenen auch dem Richter am Amtsgericht des Festnahmeortes (§ 128 Abs 1 S 1 StPO) oder dem nach § 125 Abs 1 StPO zuständigen Amtsgericht vorführen, wenn der Festgenommene dem mit der Strafsache befassten Gericht nicht mehr innerhalb der Frist des § 128 Abs 1 S 1 StPO vorgeführt werden kann (KK-StPO/Schultheis StPO § 129 Rn 2).

B. Entscheidung

2   Das zuständige, also das **mit der Sache befasste Gericht** hat den Festgenommenen zu vernehmen, vgl § 128 StPO (§ 128 StPO Rn 3) und spätestens am Tag nach der Festnahme zu entscheiden, ob Haft- oder Unterbringungsbefehl erlassen wird oder der Angeschuldigte freizulassen ist. In dringenden Fällen entscheidet der Vorsitzende allein (§ 125 Abs 2 S 2 StPO, § 126a Abs 2 S 1 StPO). Wird der Festgenommene einem **anderen als dem mit der Sache befassten Gericht** vorgeführt (§ 128 Abs 1 StPO, § 125 Abs 1 StPO), ist der Festgenommene ebenfalls zu vernehmen, wobei § 115 Abs 3 StPO anwendbar ist. Der Richter des Amtsgerichts, dem der Festgenommene zunächst vorgeführt worden ist, ist befugt, ihn freizulassen, wenn die Voraussetzungen eines Haft- oder Unterbringungsbefehls nicht vorliegen. Dieser Richter hat auch die Kompetenz, einen Haft- oder Unterbringungsbefehl zu erlassen, falls die Entscheidung des mit der Strafsache befassten Gerichts nicht mehr innerhalb der Frist des § 129 StPO herbeigeführt werden kann (KK-StPO/Schultheis StPO § 130 Rn 4; **aA** Meyer-Goßner StPO § 129 Rn 4: nur Anordnung der Vorführung vor das zuständige Gericht, dem die endgültige Entscheidung zukommt). Ergeht ein Haft- oder Unterbringungsbefehl gilt für die Rechtsmittelbelehrung § 115 Abs 4 StPO entsprechend.

§ 130 [Haftbefehl bei Antragsstraftaten]

[1]Wird wegen Verdachts einer Straftat, die nur auf Antrag verfolgbar ist, ein Haftbefehl erlassen, bevor der Antrag gestellt ist, so ist der Antragsberechtigte, von mehreren wenigstens einer, sofort von dem Erlaß des Haftbefehls in Kenntnis zu setzen und davon zu unterrichten, daß der Haftbefehl aufgehoben werden wird, wenn der Antrag nicht innerhalb einer vom Richter zu bestimmenden Frist, die eine Woche nicht überschreiten soll, gestellt wird. [2]Wird innerhalb der Frist Strafantrag nicht gestellt, so ist der Haftbefehl aufzuheben. [3]Dies gilt entsprechend, wenn eine Straftat nur mit Ermächtigung oder auf Strafverlangen verfolgbar ist. [4]§ 120 Abs 3 ist anzuwenden.

Überblick

Die Vorschrift regelt das Verfahren, wenn bestimmte Prozessvoraussetzungen (Strafantrag, Ermächtigung, Strafverlangen) zum Zeitpunkt des Erlasses des Haftbefehls noch nicht vorliegen.

A. Haftbefehl ohne Strafantrag

1   § 130 StPO geht von dem Grundsatz aus, dass ein Haftbefehl auch dann erlassen werden kann, wenn der erforderliche Strafantrag noch nicht gestellt ist. Dies gilt jedoch nur, wenn das Fehlen des Prozesshindernisses voraussichtlich **behoben** werden kann. Ist von vornherein erkennbar, dass kein Strafantrag gestellt wird oder eine Antragstellung unwahrscheinlich ist, hat der Haftbefehl zu unterbleiben (Meyer-Goßner StPO § 130 Rn 1). Die Regelung des § 130 StPO gilt auch, wenn der Vollzug des Haftbefehls gem § 116 StPO ausgesetzt ist. Ist

der Haftbefehl auf ein **Offizialdelikt und ein Antragsdelikt** gestützt, ist ebenfalls nach § 130 StPO zu verfahren, wenn kein Strafantrag vorliegt. Nach § 130 S 3 StPO findet die Regelung auch Anwendung, wenn bei Erlass des Haftbefehls die Prozessvoraussetzungen der Ermächtigung und des Strafverlangens fehlen.

B. Unterrichtung

Sofort nach Erlass des Haftbefehls ist der Antragsberechtigte (§ 77 StGB, § 77 a StGB) 2 vom Richter, der den Haftbefehl erlassen hat, davon zu **unterrichten**, dass ein Haftbefehl wegen einer bestimmten Straftat, deren Verfolgung von seinem Antrag abhängig ist, erlassen worden ist und der Haftbefehl aufgehoben wird, wenn der Strafantrag nicht innerhalb einer bestimmten Frist gestellt wird. Dem Antragsteller sind regelmäßig die Angaben nach § 114 Abs 2 Nr 1, Nr 2 StPO mitzuteilen; die Mitteilung des Haftgrundes ist meist nicht erforderlich, es sei denn, es ist für die Entscheidung des Antragsberechtigten, einen Strafantrag zu stellen, von Bedeutung. Außerdem ist es zweckmäßig, den Antragsberechtigten über die Form des Strafantrags und die zuständigen Stellen, bei denen er gestellt werden kann, zu informieren. Die **Erklärungsfrist** soll eine Woche nicht überschreiten, kann aber länger bemessen werden, wenn sich zB der Antragsberechtigte im Ausland aufhält oder die Einholung einer Ermächtigung voraussichtlich nicht innerhalb der Wochenfrist erteilt werden kann. Die Frist kann auch nach ihrem Ablauf verlängert werden, wenn der Antragsberechtigte während der Frist nicht erreichbar war. Bei mehreren Antragsberechtigten muss mindestens einer unterrichtet werden. Es empfiehlt sich jedoch, alle Antragsberechtigten zu unterrichten.

C. Aufhebung des Haftbefehls

Wird innerhalb der gesetzten Frist kein Strafantrag gestellt, ist der Haftbefehl aufzuheben 3 (S 2). Geht der Strafantrag nach Fristablauf ein, bleibt ein noch nicht aufgehobener Haftbefehl aufrechterhalten; ein aufgehobener Haftbefehl kann bei Vorliegen der sonstigen Voraussetzungen neu erlassen werden. § 120 StPO bleibt unberührt. Der Haftbefehl ist deshalb aufzuheben, wenn alle Antragsberechtigen ihre Strafanträge zurückgenommen haben.

9 a. Abschnitt. Weitere Maßnahmen zur Sicherstellung der Strafverfolgung und Strafvollstreckung (§§ 131-132)

§ 131 [Ausschreibung zur Festnahme]

(1) Auf Grund eines Haftbefehls oder eines Unterbringungsbefehls können der Richter oder die Staatsanwaltschaft und, wenn Gefahr im Verzug ist, ihre Ermittlungspersonen (§ 152 des Gerichtsverfassungsgesetzes) die Ausschreibung zur Festnahme veranlassen.

(2) ¹Liegen die Voraussetzungen eines Haftbefehls oder Unterbringungsbefehls vor, dessen Erlass nicht ohne Gefährdung des Fahndungserfolges abgewartet werden kann, so können die Staatsanwaltschaft und ihre Ermittlungspersonen (§ 152 des Gerichtsverfassungsgesetzes) Maßnahmen nach Absatz 1 veranlassen, wenn dies zur vorläufigen Festnahme erforderlich ist. ²Die Entscheidung über den Erlass des Haft- oder Unterbringungsbefehls ist unverzüglich, spätestens binnen einer Woche herbeizuführen.

(3) ¹Bei einer Straftat von erheblicher Bedeutung können in den Fällen der Absätze 1 und 2 der Richter und die Staatsanwaltschaft auch Öffentlichkeitsfahndungen veranlassen, wenn andere Formen der Aufenthaltsermittlung erheblich weniger Erfolg versprechend oder wesentlich erschwert wären. ²Unter den gleichen Voraussetzungen steht diese Befugnis bei Gefahr im Verzug und wenn der Richter oder die Staatsanwaltschaft nicht rechtzeitig erreichbar ist auch den Ermittlungs-

StPO § 131

personen der Staatsanwaltschaft (§ 152 des Gerichtsverfassungsgesetzes) zu. ³In den Fällen des Satzes 2 ist die Entscheidung der Staatsanwaltschaft unverzüglich herbeizuführen. ⁴Die Anordnung tritt außer Kraft, wenn diese Bestätigung nicht binnen 24 Stunden erfolgt.

(4) ¹Der Beschuldigte ist möglichst genau zu bezeichnen und soweit erforderlich zu beschreiben; eine Abbildung darf beigefügt werden. ²Die Tat, derer er verdächtig ist, Ort und Zeit ihrer Begehung sowie Umstände, die für die Ergreifung von Bedeutung sein können, können angegeben werden.

(5) Die §§ 115 und 115a gelten entsprechend.

Überblick

Eine aufgrund Haftbefehls (Rn 2) gesuchte Person kann zur Festnahme in den polizeilichen Fahndungssystemen ausgeschrieben werden (Rn 1). Bei Straftaten von erheblicher Bedeutung (Rn 6) ist die Öffentlichkeitsfahndung (Rn 5) zulässig. Die Anordnungsbefugnis ist nach der Intensität der Maßnahme abgestuft (Rn 9).

A. Ausschreibung zur Festnahme

1 Die Ausschreibung zur Festnahme bewirkt, dass die Polizei bei Abfrage der Personalien im **aktuellen Fahndungsbestand** feststellen kann, ob eine angehaltene Person festgenommen werden soll.

2 Grundlage der Ausschreibung sind ein Unterbringungsbefehl nach § 126a StPO und alle Haftbefehle außer denen nach § 51 Abs 1 StPO und § 70 StPO (Löwe/Rosenberg/Hilger StPO § 131 Rn 4). Liegt ein **Festhaltebefehl** nicht vor, kann die Ausschreibung erfolgen, wenn dessen Erlass nicht ohne Gefährdung des Fahndungserfolgs abgewartet werden kann, zB wenn der Haftrichter nicht rechtzeitig erreichbar ist, überörtliche Fahndungsmaßnahmen aber sofort zu ergreifen sind (Soiné Kriminalistik 2001, 174).

3 Die Ausschreibung kann nach § 131a StPO analog in allen Fahndungshilfsmitteln der Strafverfolgungsbehörden gemäß Nr 40 RiStBV erfolgen.

4 § 131 StPO gilt auch für die **Fahndung nach Gegenständen**, wenn sie persönlichkeitsbezogene Rückschlüsse zulassen (Löwe/Rosenberg/Hilger StPO Vor § 131 Rn 15).

B. Öffentlichkeitsfahndung

5 Nach einer zur Festnahme ausgeschriebenen Person kann öffentlich gefahndet werden (vgl RiStBV Anl B). Die Öffentlichkeitsfahndung wendet sich an einen nach Zahl und Individualität unbestimmten Kreis von Personen, die nicht durch persönliche Beziehungen miteinander verbunden sind (Pfeiffer StPO § 131 Rn 3). **Mögliche Mittel** sind Presse, Rundfunk, Fernsehen, Internet, Steckbrief, Plakate, Lautsprecherdurchsagen (KK-StPO/Schultheis StPO § 131 Rn 15), nicht aber Fahndungssendungen oder bloße Einstellungen in das polizeiliche Intranet (LG Berlin Beschl v 17. 12. 2008 – Az 501 Qs 208/08). Allerdings sind bei der Herausgabe von Informationen durch Strafverfolgungsbehörden anlässlich solcher Sendungen die Voraussetzungen von § 131 Abs 3 StPO und § 131b StPO zu beachten (Löwe/Rosenberg/Hilger StPO Vor § 131 Rn 20).

6 Erforderlich ist eine Straftat von erheblicher Bedeutung. Maßgebend sind Deliktstypus, Art der Ausführung und Schuldschwere (KMR/Wankel StPO § 131b Rn 2; LG Saarbrücken wistra 2004, 279: einfacher Computerbetrug nicht; anders AG Bonn BeckRS 2008, 18552 bei Diebstahl und Betrug mit einem Schaden von 970 EUR).

7 Ohne die Öffentlichkeitsfahndung muss die Aufenthaltsermittlung erheblich weniger Erfolg versprechend oder wesentlich erschwert sein. Die **Subsidiaritätsklausel** gebietet eine sorgfältige Abwägung, ob eine Fahndung in der Öffentlichkeit wegen der Breitenwirkung intensiver wirkt als eine Befragung im persönlichen Umfeld des Beschuldigten, die sich nach § 161 StPO richtet und den Beschuldigten eventuell stärker belastet.

8 Der Beschuldigte und die Tatumstände sind möglichst genau zu beschreiben, damit eine Verwechslung unterbleibt. Auch sog **Phantombilder** können veröffentlicht wer-

den. Der Angabe eines Haftgrunds oder einer anklagesatzähnlichen Beschreibung bedarf es nicht.

C. Anordnungsbefugnis

Die Anordnung kann stets durch den Ermittlungsrichter, nach § 126 Abs 3 StPO durch den Vorsitzenden oder durch die StA erfolgen. Bei Gefahr in Verzug sind Ermittlungspersonen (§ 152 GVG) ebenfalls anordnungsbefugt, bei der Öffentlichkeitsfahndung jedoch nur, wenn Richter oder StA nicht erreichbar sind. Diese Anordnung gilt längstens 24 Stunden und bedarf der unverzüglichen Bestätigung durch die StA. Eine Ausschreibung nach § 131 Abs 2 StPO und alle veranlassten Maßnahmen sind aufzuheben, wenn nicht unverzüglich, spätestens binnen einer Woche ab der Anordnung, die richterliche Entscheidung herbeigeführt wird (Soiné Kriminalistik 2001, 174). 9

D. Prozessuales

Wird der Beschuldigte festgenommen und besteht ein Festhaltebefehl, richtet sich die Verfahrensweise nach § 115 StPO und § 115 a StPO unmittelbar. Andernfalls muss der zuständige Richter nach § 131 Abs 5 StPO sofort über den Erlass des Festhaltebefehls entscheiden (KMR/Wankel StPO § 131 Rn 18). 10

Gegen die richterliche Entscheidung findet die Beschwerde statt, iÜ ist der Antrag nach § 98 Abs 2 StPO statthaft. 11

Ein rechtswidriger Fahndungserfolg bleibt im Strafverfahren verwertbar (KMR/Wankel StPO § 131 Rn 8, einschr Löwe/Rosenberg/Hilger StPO Vor § 131 Rn 17). 12

§ 131 a [Ausschreibung zur Aufenthaltsermittlung]

(1) Die Ausschreibung zur Aufenthaltsermittlung eines Beschuldigten oder eines Zeugen darf angeordnet werden, wenn sein Aufenthalt nicht bekannt ist.

(2) Absatz 1 gilt auch für Ausschreibungen des Beschuldigten, soweit sie zur Sicherstellung eines Führerscheins, zur erkennungsdienstlichen Behandlung, zur Anfertigung einer DNA-Analyse oder zur Feststellung seiner Identität erforderlich sind.

(3) Auf Grund einer Ausschreibung zur Aufenthaltsermittlung eines Beschuldigten oder Zeugen darf bei einer Straftat von erheblicher Bedeutung auch eine Öffentlichkeitsfahndung angeordnet werden, wenn der Beschuldigte der Begehung der Straftat dringend verdächtig ist und die Aufenthaltsermittlung auf andere Weise erheblich weniger Erfolg versprechend oder wesentlich erschwert wäre.

(4) [1]§ 131 Abs. 4 gilt entsprechend. [2]Bei der Aufenthaltsermittlung eines Zeugen ist erkennbar zu machen, dass die gesuchte Person nicht Beschuldigter ist. [3]Die Öffentlichkeitsfahndung nach einem Zeugen unterbleibt, wenn überwiegende schutzwürdige Interessen des Zeugen entgegenstehen. [4]Abbildungen des Zeugen dürfen nur erfolgen, soweit die Aufenthaltsermittlung auf andere Weise aussichtslos oder wesentlich erschwert wäre.

(5) Ausschreibungen nach den Absätzen 1 und 2 dürfen in allen Fahndungshilfsmitteln der Strafverfolgungsbehörden vorgenommen werden.

Überblick

Ist der Aufenthaltsort eines Beschuldigten oder Zeugen unbekannt, kann dieser zur Aufenthaltsfeststellung ausgeschrieben werden (Rn 1). Die Öffentlichkeitsfahndung ist bei einer Straftat von erheblicher Bedeutung zulässig (Rn 2).

StPO § 131 b

A. Ausschreibung zur Aufenthaltsermittlung

1 Ein Beschuldigter oder Zeuge kann, wenn sein Aufenthalt unbekannt ist, zur Aufenthaltsermittlung ausgeschrieben werden. Die Ausschreibung ist auch zur Sicherstellung des Führerscheins (§ 111 a StPO, § 94 Abs 3 StPO, § 463 StPO), zur erkennungsdienstlichen Behandlung (§ 81 b StPO), zur Anfertigung einer DNA-Analyse (§ 81 g StPO) oder zur Feststellung der Identität (§ 163 b StPO) zulässig. Die Norm findet auch auf Ordnungswidrigkeiten mit großer Gemeinschädlichkeit Anwendung (Brodersen NJW 2000, 2537). **Einfacher Tatverdacht** reicht aus, wenn nicht die § 131 a Abs 2 StPO zugrunde liegenden Normen Abweichendes regeln.

B. Öffentlichkeitsfahndung und -suche

2 Bei **dringendem Tatverdacht** hinsichtlich einer Straftat von erheblicher Bedeutung ist eine Öffentlichkeitsfahndung zulässig (vgl § 131 StPO Rn 6 und RiStBV Anl B), wenn die Aufenthaltsermittlung auf andere Weise erheblich weniger Erfolg versprechend oder wesentlich erschwert wäre. Für eine öffentliche Zeugensuche bedarf es zusätzlich einer sorgfältigen Prüfung anderer Ermittlungsmöglichkeiten, um Verwechslungen zu vermeiden (krit Ranft StV 2002, 43). Bei Entgegenstehen überwiegender schutzwürdiger Interessen des Zeugen unterbleibt sie, § 131 a Abs 4 S 3 StPO.

3 Der **Inhalt der Anordnung** ergibt sich aus § 131 Abs 4 StPO. Zusätzlich ist bei der Zeugenfahndung kenntlich zu machen, dass die gesuchte Person lediglich als Zeuge in Betracht kommt. Die Veröffentlichung einer Abbildung des Zeugen ist nur zulässig, wenn die Suche andernfalls aussichtslos oder wesentlich erschwert wäre.

4 Die Ausschreibung kann nach § 131 Abs 5 StPO **in allen Fahndungshilfsmitteln** der Strafverfolgungsbehörden erfolgen. Diese ergeben sich aus der nicht abschließenden Aufzählung in Nr 40 RiStBV (Brodersen NJW 2000, 2538).

C. Anordnungsbefugnis/Rechtsschutz

5 Die **Anordnungsbefugnis** ergibt sich aus § 131 c Abs 1 StPO. Die Ausschreibung erfolgt durch die StA, bei Gefahr im Verzug auch durch deren Ermittlungspersonen. Die Öffentlichkeitsfahndung steht hingegen unter dem Richtervorbehalt. Zuständig ist der Ermittlungsrichter oder nach § 126 Abs 3 StPO der Vorsitzende. Bei Gefahr im Verzug sind auch die StA und ihre Ermittlungspersonen zuständig (krit Ranft StV 2002, 42).

6 Zum Rechtsschutz s § 131 StPO Rn 11.

§ 131 b [Veröffentlichung von Abbildungen]

(1) Die Veröffentlichung von Abbildungen eines Beschuldigten, der einer Straftat von erheblicher Bedeutung verdächtig ist, ist auch zulässig, wenn die Aufklärung einer Straftat, insbesondere die Feststellung der Identität eines unbekannten Täters auf andere Weise erheblich weniger Erfolg versprechend oder wesentlich erschwert wäre.

(2) ¹Die Veröffentlichung von Abbildungen eines Zeugen und Hinweise auf das der Veröffentlichung zugrunde liegende Strafverfahren sind auch zulässig, wenn die Aufklärung einer Straftat von erheblicher Bedeutung, insbesondere die Feststellung der Identität des Zeugen, auf andere Weise aussichtslos oder wesentlich erschwert wäre. ²Die Veröffentlichung muss erkennbar machen, dass die abgebildete Person nicht Beschuldigter ist.

(3) § 131 Abs. 4 Satz 1 erster Halbsatz und Satz 2 gilt entsprechend.

Überblick

Die Vorschrift regelt die Voraussetzungen für die Veröffentlichung von Abbildungen (Rn 4) eines Beschuldigten und eines Zeugen (Rn 2) zur Aufklärung einer Straftat (Rn 1),

A. Identitäts- und Aufklärungsfahndung

Im Unterschied zur Öffentlichkeitsfahndung nach § 131 Abs 3 StPO und § 131a Abs 3 StPO bedarf es zur Veröffentlichung von Lichtbildern zur Identitäts- und Aufklärungsfahndung nur eines **einfachen Tatverdachts** hinsichtlich einer Straftat von erheblicher Bedeutung (dazu § 131 StPO Rn 6). 1

Bei einer solchen **Tätersuche** muss die Aufklärung der Straftat, insb die Feststellung der Identität eines unbekannten Täters, auf andere Weise erheblich weniger Erfolg versprechend oder wesentlich erschwert, bei der **Zeugensuche** hingegen die Fahndung auf andere Weise aussichtslos oder wesentlich erschwert sein. 2

Die erstrebte Aufklärung muss die Straftat betreffen, die der Veröffentlichung zugrunde liegt (Hilger NStZ 2000, 563; KMR/Wankel StPO § 131b Rn 3). 3

Unter Abbildung ist **jegliches geeignete Bildmaterial**, insb ein Phantombild, zu verstehen (Soiné Kriminalistik 2001, 177). § 131b Abs 4 StPO verweist für die Einzelheiten auf § 131 Abs 4 StPO (dazu § 131 StPO Rn 8). Bei der Suche nach Zeugen muss die Verwechslungsgefahr ausgeschlossen sein. 4

B. Anordnungsbefugnis/Rechtsschutz

Die Anordnungsbefugnis ergibt sich aus § 131c Abs 1 StPO. Zuständig ist der Ermittlungsrichter nach § 162 StPO oder der Vorsitzende nach § 126 Abs 3 StPO, bei Gefahr im Verzug auch die StA und ihre Ermittlungspersonen. 5

Zum Rechtsschutz vgl § 131 StPO Rn 11. 6

§ 131c [Anordnung und Bestätigung von Fahndungsmaßnahmen]

(1) ¹Fahndungen nach § 131a Abs. 3 und § 131b dürfen nur durch den Richter, bei Gefahr im Verzug auch durch die Staatsanwaltschaft und ihre Ermittlungspersonen (§ 152 des Gerichtsverfassungsgesetzes) angeordnet werden. ²Fahndungen nach § 131a Abs. 1 und 2 bedürfen der Anordnung durch die Staatsanwaltschaft; bei Gefahr im Verzug dürfen sie auch durch ihre Ermittlungspersonen (§ 152 des Gerichtsverfassungsgesetzes) angeordnet werden.

(2) ¹In Fällen andauernder Veröffentlichung in elektronischen Medien sowie bei wiederholter Veröffentlichung im Fernsehen oder in periodischen Druckwerken tritt die Anordnung der Staatsanwaltschaft und ihrer Ermittlungspersonen (§ 152 des Gerichtsverfassungsgesetzes) nach Absatz 1 Satz 1 außer Kraft, wenn sie nicht binnen einer Woche von dem Richter bestätigt wird. ²Im Übrigen treten Fahndungsanordnungen der Ermittlungspersonen der Staatsanwaltschaft (§ 152 des Gerichtsverfassungsgesetzes) außer Kraft, wenn sie nicht binnen einer Woche von der Staatsanwaltschaft bestätigt werden.

Zur **Anordnungsbefugnis** vgl § 131a StPO Rn 5 und § 131b StPO Rn 5. 1

Fahndungen nach § 131a Abs 3 StPO und § 131b StPO (Brodersen NJW 2000, 2538; **aA** Ranft StV 2002, 40) durch andauernde Veröffentlichung in elektronischen Medien und bei wiederholter Veröffentlichung im Fernsehen oder in periodischen Druckwerken ohne richterlichen Beschluss bedürfen der Bestätigung durch den Richter innerhalb einer Woche ab Anordnung. Innerhalb derselben Frist sind andere Fahndungsanordnungen, die von Personen iSv § 152 GVG angeordnet wurden, von der StA zu bestätigen. Andernfalls treten sie automatisch außer Kraft. Mit dem **Außerkrafttreten** sind die Maßnahmen zu beenden (Hilger NStZ 2000, 563). 2

§ 132 [Sonstige Maßnahmen]

(1) ¹Hat der Beschuldigte, der einer Straftat dringend verdächtig ist, im Geltungsbereich dieses Gesetzes keinen festen Wohnsitz oder Aufenthalt, liegen aber die Voraussetzungen eines Haftbefehls nicht vor, so kann, um die Durchführung des Strafverfahrens sicherzustellen, angeordnet werden, daß der Beschuldigte
1. eine angemessene Sicherheit für die zu erwartende Geldstrafe und die Kosten des Verfahrens leistet und
2. eine im Bezirk des zuständigen Gerichts wohnende Person zum Empfang von Zustellungen bevollmächtigt.
²§ 116 a Abs 1 gilt entsprechend.

(2) Die Anordnung dürfen nur der Richter, bei Gefahr im Verzuge auch die Staatsanwaltschaft und ihre Ermittlungspersonen (§ 152 des Gerichtsverfassungsgesetzes) treffen.

(3) ¹Befolgt der Beschuldigte die Anordnung nicht, so können Beförderungsmittel und andere Sachen, die der Beschuldigte mit sich führt und die ihm gehören, beschlagnahmt werden. ²Die §§ 94 und 98 gelten entsprechend.

Überblick

Die Norm soll die Durchführung des Strafverfahrens einschließlich der Vollstreckung gegenüber nicht in der Bundesrepublik ansässigen Beschuldigten (Rn 2) sichern, wenn ein Haftbefehl nicht in Betracht kommt (Rn 5) und lediglich die Verhängung einer Geldstrafe zu erwarten ist (Rn 6). Dies geschieht durch Festsetzung einer Sicherheitsleistung und durch Bestellung eines Zustellungsbevollmächtigten (Rn 10). Die Mitwirkung des Beschuldigten kann durch Beschlagnahme seiner mitgeführten Sachen erzwungen werden (Rn 13).

A. Anordnung der Sicherheitsleistung und Bestellung eines Zustellungsbevollmächtigten

I. Dringender Tatverdacht

1   Gegen den Beschuldigten muss ein dringender Tatverdacht bestehen, vgl § 112 StPO Rn 3.

II. Kein fester Wohnsitz oder Aufenthalt im Inland

2   Der Beschuldigte darf in der Bundesrepublik keinen festen Wohnsitz oder Aufenthalt haben (§ 127 a StPO Rn 2).

3   Die Maßnahme kann sich auch gegen einen Beschuldigten richten, der sich im Zeitpunkt deren Erlasses im Ausland aufhält, solange in absehbarer Zeit mit seiner Wiedereinreise in das Bundesgebiet und einer Umsetzung der Anordnung zu rechnen ist (LG Hamburg NStZ 2006, 719; KK-StPO/Schultheis StPO § 132 Rn 1; **aA** SK-StPO/Paeffgen StPO § 132 Rn 2). Erfasst werden **alle Beschuldigten** unabhängig von ihrer Staatsangehörigkeit, der Art der Fortbewegung und vom Tatvorwurf (Löwe/Rosenberg/Hilger StPO § 132 Rn 1).

4   Die Norm verstößt weder gegen Art 6 EGV (LG Erfurt NStZ-RR 1996, 180) noch gegen Art 36 Abs 1 Rheinschifffahrtsakte (Löwe/Rosenberg/Hilger StPO § 132 Rn 1).

III. Verhältnis zum Haftbefehl

5   Die sonstigen Voraussetzungen eines Haftbefehls dürfen nicht vorliegen. Es darf kein Haftgrund bestehen, oder der Erlass eines Haftbefehls wegen Fluchtgefahr muss insb wegen Unverhältnismäßigkeit von vornherein unzulässig sein. Liegt ein anderer Haftgrund außer der Fluchtgefahr vor, ist die Anordnung einer Sicherheitsleistung **ungeeignet**.

IV. Höhe der zu erwartenden Strafe

6   Im Strafverfahren darf lediglich die Verhängung einer **Geldstrafe** in Betracht kommen. Maßgebend ist die Hauptstrafe nach dem bisherigen Ermittlungsstand (SK-StPO/Paeffgen

StPO § 132 Rn 3). Eine daneben zu erwartende Freiheitsstrafe oder freiheitsentziehende Maßregel schließt die Anwendung von § 132 StPO aus (Dünnebier NJW 1968, 1753). Die Erwartung weiterer Sanktionen wie Fahrverbot, Entziehung der Fahrerlaubnis, Verfall oder Einziehung sind ohne Belang (KK-StPO/Schultheis StPO § 132 Rn 4; **aA** Eb. Schmidt Nachtrag II § 132 Rn 4).

Erscheint eine Verfahrenseinstellung nach **§ 153a StPO** gegen Geldauflage möglich, soll der Beschuldigte vorab befragt werden, ob er mit einer Verwertung der Sicherheitsleistung als Auflage einverstanden ist (Löwe/Rosenberg/Hilger StPO § 132 Rn 7). Verweigert der Beschuldigte ausdrücklich sein Einverständnis, ist eine Verrechnung der Sicherheitsleistung mit einer Geldauflage unzulässig. Andernfalls kann das Einverständnis des Beschuldigten mit der weniger belastenden Maßnahme unterstellt werden. 7

Eine nahe liegende Verfahrenseinstellung nach **§ 153 StPO** schließt § 132 StPO aus. 8

Die Vorschrift ist auch auf das **Bußgeldverfahren** anzuwenden, allerdings darf eine Verfahrenseinstellung nach § 47 Abs 3 OWiG nicht von einer Geldzahlung abhängig gemacht werden (KK-StPO/Schultheis StPO § 132 Rn 15). 9

V. Inhalt der Anordnung

Die Anordnung steht im Ermessen der Strafverfolgungsbehörden und wird idR zu treffen sein. Die Ermessensausübung bedarf keiner Begründung (Geppert GA 1979, 299). Die Anordnung besteht aus **2 Teilen**, der Anordnung der Sicherheitsleistung und der Erteilung einer Zustellungsbevollmächtigung (Meyer-Goßner StPO § 132 Rn 7). Ein Festhalterecht zur Identitätsfeststellung ergibt sich hingegen nur aus § 163b StPO. 10

Die **Sicherheitsleistung** soll neben der Geldstrafe auch die Verfahrenskosten abdecken. Zur Art der Sicherheitsleistung gilt § 116a StPO entsprechend. 11

Der **Zustellungsbevollmächtigte** muss, sofern er Justizangehöriger ist, aus dem Geschäftsverteilungsplan der Behörden namentlich bestimmbar sein, andernfalls namentlich bezeichnet werden (LG Baden-Baden NStZ-RR 2000, 372; **aA** LG Trier DAR 1980, 280: namentlich zu bestimmen) und mit seiner Bestellung einverstanden sein (OLG Zweibrücken OLGSt zu § 132). Das Einverständnis ist bei Justizangehörigen iSv Nr 60 Abs 1 S 2 RiStBV zu unterstellen, iÜ zu dokumentieren. Die Bevollmächtigung hat schriftlich zu erfolgen (Greßmann NStZ 1991, 217). Der Bevollmächtigte muss im Bezirk des zuständigen Gerichts wohnen. Die Bevollmächtigung auswärtiger Personen ist unzulässig (**aA** OLG Düsseldorf NStE Nr 1 zu § 132). 12

B. Beschlagnahme

Befolgt der Beschuldigte die Anordnung nicht, wobei die Weigerung, eine Zustellungsvollmacht zu erteilen, ausreicht (KK-StPO/Boujong StPO § 132 Rn 10), können Beförderungsmittel und sonstige Gegenstände beschlagnahmt werden. Die Gegenstände müssen im rechtlichen und nicht lediglich wirtschaftlichen **Eigentum** des Beschuldigten stehen (Löwe/Rosenberg/Hilger StPO § 132 Rn 15; **aA** KMR/Wankel StPO § 132 Rn 5). Außer Betracht bleiben Beweismittel, Sachen, die von § 111b StPO erfasst werden, und Führerscheine (dazu § 111a StPO). § 94 StPO und § 98 StPO gelten entsprechend. 13

Die Beschlagnahme ist **unverhältnismäßig**, wenn dem Beschuldigten dadurch faktisch die Ausreise unmöglich gemacht wird oder der Wert der angeordneten Sicherheit wesentlich überschritten wird. 14

Es ist **kenntlich** zu machen, ob die Beschlagnahme zur Durchsetzung der Anordnung der Sicherheitsleistung oder der Benennung eines Zustellungsbevollmächtigten dient, da die Maßnahmen zu unterschiedlichen Zeitpunkten enden können (KMR/Wankel StPO § 132 Rn 16). 15

Für die Beschlagnahme ist die Anwesenheit des Beschuldigten erforderlich (Meyer-Goßner StPO § 132 Rn 1, 13). 16

Die Beschlagnahmebefugnis umfasst das Recht, den Beschuldigten und dessen Sachen nach Beschlagnahmegegenständen zu **durchsuchen** (Meyer-Goßner StPO § 132 Rn 19). 17

Die Beschlagnahme ist **aufzuheben**, wenn ausreichende Sicherheit geleistet und ein Zustellungsbevollmächtigter benannt wird, wenn das Strafverfahren eingestellt oder der 18

StPO § 132a

Beschuldigte freigesprochen wird. Nach rechtskräftiger Verurteilung wird in die beschlagnahmten Gegenstände vollstreckt (Pfeiffer StPO § 132 Rn 4).

C. Zuständigkeit/Prozessuales

19 Zuständig ist der Richter am Amtsgericht, in dessen Bezirk sich der Beschuldigte aufhält oder die entsprechende Handlung vorzunehmen ist, bei Gefahr im Verzug auch die StA und ihre Ermittlungspersonen.

20 Gegen die Anordnung durch die StA oder deren Ermittlungspersonen (§ 152 GVG) ist Antrag auf gerichtliche Entscheidung zulässig, § 98 Abs 2 S 2 StPO (Löwe/Rosenberg/Hilger StPO § 132 Rn 18; **aA** SK-StPO/Paeffgen StPO § 132 Rn 7: § 23 EGGVG), gegen die richterliche Anordnung die Beschwerde.

9 b. Abschnitt. Vorläufiges Berufsverbot (§ 132 a)

§ 132 a [Vorläufiges Berufsverbot]

(1) ¹Sind dringende Gründe für die Annahme vorhanden, daß ein Berufsverbot angeordnet werden wird (§ 70 des Strafgesetzbuches), so kann der Richter dem Beschuldigten durch Beschluß die Ausübung des Berufs, Berufszweiges, Gewerbes oder Gewerbezweiges vorläufig verbieten. ²§ 70 Abs. 3 des Strafgesetzbuches gilt entsprechend.

(2) Das vorläufige Berufsverbot ist aufzuheben, wenn sein Grund weggefallen ist oder wenn das Gericht im Urteil das Berufsverbot nicht anordnet.

Überblick

Sind dringende Gründe dafür vorhanden, dass der Beschuldigte mit einem Berufsverbot belegt werden wird, kann dieses schon vorläufig angeordnet werden (Rn 2). Das Verbot muss ausreichend bestimmt und verhältnismäßig sein (Rn 4). Das Beschleunigungsgebot ist besonders zu beachten (Rn 9). Zur Aufhebung eines vorläufigen Berufsverbots vgl Rn 8.

A. Voraussetzungen für ein vorläufiges Berufsverbot

1 Neben § 111a StPO und § 126a StPO gestattet die Norm im Vorgriff auf ein Urteil **vorläufige** Maßnahmen im Hinblick auf ein zu erwartendes Berufsverbot nach § 70 StGB.

2 Ein vorläufiges Verbot bedarf **dringender Gründe** für die Annahme, dass ein Berufsverbot angeordnet werden wird. Diese ergeben sich aus einem dringenden Tatverdacht, vgl § 112 StPO (§ 112 StPO Rn 3) und einer hohen Wahrscheinlichkeit, dass ein Berufsverbot ausgesprochen wird (OLG Frankfurt NStZ 2003, 113). Zudem muss die sofortige Unterbindung der weiteren Berufsausübung zur Abwehr konkreter Gefahren für wichtige Gemeinschaftsgüter bis zur rechtskräftigen Entscheidung erforderlich sein (OLG Düsseldorf NStZ 1984, 379; OLG Karlsruhe StV 1985, 49; **aA** BGHSt 28, 84, 86; Meyer-Goßner StPO § 132a Rn 3).

3 Es bleibt ohne Auswirkung, ob der Beschuldigte durch Verwaltungsbehörden (BGH NJW 1975, 2249) oder berufs- oder ehrengerichtliche Verfahren (BGH NJW 1975, 1712) von der Berufsausübung ausgeschlossen wird, seinen Beruf gewechselt hat, nicht mehr **berufstätig** ist (BGH bei Herlan MDR 1954, 529) oder sich in Untersuchungshaft befindet (BGHSt 28, 84 86).

B. Inhalt eines Berufsverbots

4 Bei Vorliegen der Voraussetzungen ist das vorläufige Berufsverbot regelmäßig zu verhängen. Die Untersagung muss dem **Bestimmtheitsgrundsatz** genügen; die genaue Bezeichnung des untersagten Berufs oder Berufszweigs, Gewerbes oder Gewerbezweigs ist erforder-

lich (BGH NJW 1958, 1404; NJW 1965, 1388: Ausübung jedes Handelsgewerbes; OLG Celle NJW 1965, 265: Vertreterberuf im weitesten Sinne). Anderenfalls ist das Verbot unwirksam (BGH MDR 1956, 143 (D): Ausübung des Kaufmannsgewerbes; BGH MDR 1958, 139 (D): Tätigkeit als Manager; BGH MDR 1956, 144 (D): Tätigkeit als Erfinder; OLG Karlsruhe NStZ 1995, 446: jede selbständige Berufsausübung).

Ein zu weit, aber bestimmt gefasstes Verbot kann gegen das **Verhältnismäßigkeitsgebot** 5 verstoßen, das wegen Art 12 GG besonders zu beachten ist. Das Berufsverbot ist ggf auf bestimmte Tätigkeiten im Rahmen eines Berufs oder Gewerbes zu beschränken (BGH bei Herlan MDR 1954, 529: Verbot, weibliche Lehrlinge auszubilden).

C. Prozessuales

I. Verfahren

Die Entscheidung ergeht **nach Aktenlage** durch Beschluss. Das Gericht hört den Be- 6 schuldigten zuvor an (§ 34 StPO), stellt aber keine eigenen Ermittlungen an (OLG Frankfurt StV 2001, 496).

Der Beschluss kann formlos bekannt gemacht werden. Um eine Strafbewehrung durch 7 § 145 c StGB herbeizuführen, ist eine **förmliche Zustellung** unter Verweis auf § 145 c StGB erforderlich. Das vorläufige Berufsverbot beginnt mit der Bekanntgabe.

Das Fortbestehen der Voraussetzungen ist vAw zu prüfen. Das Verbot ist aufzuheben, 8 wenn das erkennende Gericht kein Berufsverbot anordnet. Das Verfahren ist wegen des Eingriffs in die Berufsfreiheit mit einer den Haftsachen vergleichbaren **Beschleunigung** durchzuführen (OLG Bremen StV 1997, 9). Eine lange Verfahrensdauer rechtfertigt die Aufhebung nur dann, wenn zu erwarten ist, dass das Gericht der Hauptsache die Anordnung nicht mehr für erforderlich hält. Dies gilt auch für die Berufung und die Revision (KK-StPO/Schultheis StPO § 132 a Rn 12). Zur Aufhebung des Berufsverbots nach Ablauf der Verbotsfrist während der Berufung und Revision vgl Löwe/Rosenberg/Gleß StPO § 132 a Rn 20).

Die erneute Anordnung eines vorläufigen Berufsverbots, nachdem eine Maßnahme nach 9 § 70 StGB vom Gericht im Hauptverfahren nicht ausgesprochen wurde, ist vor einer Entscheidung über ein Rechtsmittel nur aufgrund neuer Tatsachen oder Beweismittel zulässig (KK-StPO/Schultheis StPO § 132 a Rn 13).

II. Zuständigkeit

Zuständig ist das Amtsgericht nach § 162 StPO, dessen örtliche Zuständigkeit sich nach 10 § 7 StPO ergeben muss. § 162 StPO gilt insoweit nicht (Meyer-Goßner StPO § 132 a Rn 6). Nach Anklageerhebung entscheidet das Gericht, bei dem die Sache anhängig ist, das Berufungsgericht jedoch erst nach Vorlage der Akten gemäß § 321 S 2 StPO. Das Revisionsgericht hebt ein vorläufiges Berufsverbot nur auf, wenn das im Urteil angeordnete Berufsverbot endgültig beseitigt oder das Verfahren eingestellt wird (BGH NStZ-RR 2004, 54), iÜ entscheidet der Tatrichter.

III. Rechtsbehelf

Gegen die Anordnung oder Aufhebung des vorläufigen Berufsverbots oder die Ablehnung 11 eines darauf gerichteten Antrags findet die Beschwerde nach § 304 StPO statt.

IV. Sonstiges

Die Anordnung eines vorläufigen Berufsverbots kann wegen § 2 Abs 2 Nr 6 StrEG 12 **Entschädigungsansprüche** auslösen.

Gegen **Abgeordnete** kann das vorläufige Berufsverbot nicht aufgrund einer vom BT 13 allgemein erteilten Genehmigung verhängt werden, Nr 192 a Abs 2 lit 3 RiStBV.

Zehnter Abschnitt. Vernehmung des Beschuldigten (§§ 133-136 a)

§ 133 [Schriftliche Ladung]

(1) Der Beschuldigte ist zur Vernehmung schriftlich zu laden.

(2) Die Ladung kann unter der Androhung geschehen, daß im Falle des Ausbleibens seine Vorführung erfolgen werde.

Überblick

Die Vorschrift regelt die Ladung des Beschuldigten zu allen richterlichen Vernehmungen im Vor- und Zwischenverfahren. Im Zusammenhang der Hauptverhandlung gilt § 216 StPO. Für staatsanwaltschaftliche Vernehmungen gilt § 133 StPO entsprechend. Mündliche Ladungen bleiben möglich; eine zwangsweise Durchsetzung ist jedoch ausgeschlossen. Die Polizei hat nur ein begrenztes eigenes Vorführrecht.

A. Anwendungsbereich

1 § 133 StPO gilt für **richterliche Beschuldigtenvernehmungen** im Ermittlungs-, im Vor- und im Zwischenverfahren. Für Ladungen zur Hauptverhandlung geht § 216 StPO als Spezialnorm vor. Über § 163 a Abs 3 S 1 StPO ist die Vorschrift bei Vernehmungen durch den Staatsanwalt entsprechend anwendbar. Auch Ladungen der Ermittlungsbeamten der Polizei sollten regelmäßig schriftlich erfolgen. Ein eigenes Vorführungsrecht hat die Polizei jedoch nur in den Fällen der § 127 StPO, § 163 a StPO, § 163 b StPO (BGH NJW 1962, 1020).

B. Schriftliche Ladung

2 Die im Gesetz vorgesehene Form ist die **schriftliche Ladung**. Nach den Nr 44 RiStBV hat die Ladung durch einen Brief zu erfolgen. Eine Ladung per Telefax ist gleichwertig. Die Veranlassung einer förmlichen Zustellung erleichtert den Nachweis der Ladung, der formelle Voraussetzung für eine Vorführung ist. Die Möglichkeit einer mündlichen Ladung ist nicht ausgeschlossen. Weigerungsfolgen dürfen daran jedoch nicht geknüpft werden. Die inhaltlichen Anforderungen sind in Nr 44 RiStBV zusammengefasst: Benennung des Vernehmungsortes, des Vernehmungstermins sowie der Art der Vernehmung. Belehrungen des Beschuldigten über seine Rechte, wie etwa ein Hinweis auf sein Schweigerecht, können in der Ladung enthalten sein, sind aber regelmäßig in diesem Stadium entbehrlich, da überflüssig.

3 Ein formgültig geladener Beschuldigter ist **zum Erscheinen verpflichtet**. Gleichgestellt ist ein nach Vernehmungsunterbrechung im Termin mündlich geladener Beschuldigter. Das Erscheinen kann dann erzwungen werden. Dies gilt selbst dann, wenn der Beschuldigte schon – selbst oder durch seinen Verteidiger – vorab erklärt hat, keine Angaben machen zu wollen. Ob aber in einem solchen Fall auf der Durchführung des Vernehmungstermins beharrt werden sollte, bleibt in das Ermessen der vernehmenden Person gestellt.

C. Vorführungsandrohung

4 Die Verknüpfung der Ladung mit einer **Vorführungsandrohung** ist in das Ermessen des Gerichts oder des Staatsanwalts gestellt. Sie sollte nur erfolgen, wenn die Vorführung später auch wahr gemacht werden soll. Verhältnismäßigkeitserwägungen müssen nicht angestellt werden.

5 Der anschließende Erlass des angedrohten **Vorführungsbefehls** ist ebenfalls Ermessenssache. Sein notwendiger Inhalt kann § 134 Abs 2 StPO entnommen werden. Formelle Voraussetzung ist das Vorliegen einer schriftlichen Ladung, in der die Vorführung für den Fall des Nichterscheinens angedroht ist, sowie der Nachweis des Zugangs dieser Ladung beim

Beschuldigten. Weiterhin muss der Beschuldigte dem Termin unentschuldigt fern geblieben sein. Das ist auch dann der Fall, wenn sich der Beschuldigte selbst schuldhaft in den Zustand der Verhandlungs- oder Vernehmungsunfähigkeit versetzt hat. Das Gericht hat dabei im Freibeweisverfahren alle ihm bekannten – nicht nur die vorgebrachten – Hinderungsgründe zu berücksichtigen. Da auch hier der Verhältnismäßigkeitsgrundsatz nicht entgegensteht, ist auch bei geringfügigem Schuldvorwurf eine Vorführung zulässig.

Für die **Beschwerde nach § 304 Abs 1 StPO** gelten die allgemeinen Regeln. Mangels Beschwer dürfte damit eine bloße Ladung nicht anfechtbar sein. Statthaft wäre ein Rechtsmittel für den Beschuldigten erst dann, wenn in der Ladung die Vorführung angedroht wird. 6

Muster/Formular: Ladung § 133 StPO. 6.1
Muster/Formular: Vorführungsbefehl nach § 133 StPO. 6.2

§ 134 [Vorführung]

(1) Die sofortige Vorführung des Beschuldigten kann verfügt werden, wenn Gründe vorliegen, die den Erlaß eines Haftbefehls rechtfertigen würden.

(2) In dem Vorführungsbefehl ist der Beschuldigte genau zu bezeichnen und die ihm zur Last gelegte Straftat sowie der Grund der Vorführung anzugeben.

Überblick

Die sofortige Vorführung, die von der Vorführung nach missachteter Ladung mit Vorführungsandrohung zu unterscheiden ist, kommt unter den Voraussetzungen eines Haft- oder Unterbringungsbefehls in Betracht. Der Richter erlässt hierzu den Vorführungsbefehl.

A. Anwendungsbereich

Die **sofortige Vorführung** nach § 134 Abs 1 StPO ist die Vorführung des Beschuldigten **ohne** vorangegangene Ladung und Vorführungsandrohung. Sie ist unter den Voraussetzungen der § 112 StPO, § 112 a StPO (Erlass eines Haftbefehls), aber auch des § 126 a StPO (Einstweilige Unterbringung – vgl Meyer-Goßner StPO § 134 Rn 1) zulässig und eröffnet dem Richter einen Mittelweg zwischen sofortiger Verhaftung und Ladung zur Vernehmung. In der Praxis kann § 134 StPO zur Anwendung kommen, wenn der Staatsanwalt den Erlass eines Haftbefehls beantragt hat, der Richter aber noch unschlüssig ist und es einer Vernehmung bedarf, um diese Zweifel auszuräumen. 1

B. Vorführungsbefehl

Der notwendige **Inhalt des schriftlichen Vorführungsbefehls** ist in Abs 2 geregelt. Er findet auch für den in § 133 Abs 2 StPO angesprochenen Vorführungsbefehl Anwendung. Danach muss der Beschuldigte so genau bezeichnet werden, dass Verwechslungen ausgeschlossen sind. Die gesetzliche Bezeichnung der ihm vorgeworfenen Straftat, nicht der tatsächliche Sachverhalt, und der Grund der Vorführung sind anzugeben. Darüber hinaus müssen Ort und Zeit der Vorführung angegeben werden. Der Haftgrund ist ebenso wie in einem Haftbefehl zu bezeichnen, ohne dass hier die Tatsachen angegeben werden müssen, aus denen sich dringender Tatverdacht und Haftgrund ergeben. Im Fall des Vorführungsbefehls nach § 133 StPO müssen die Ladung und das unentschuldigte Ausbleiben ausgeführt werden. 2

Nur der nach § 125 StPO, § 126 StPO, § 162 StPO, § 165 StPO oder § 169 StPO **zuständige Richter** darf den Vorführungsbefehl erlassen. Eine vorherige **Anhörung** unterbleibt (§ 33 Abs 4 StPO). **Schriftform** ist in jedem Fall erforderlich. Die **Bekanntgabe** des Vorführungsbefehls – wenn auch nur direkt vor der Vollstreckung – an den Beschuldigten ist Vollstreckungsvoraussetzung (BGH NStZ 1981, 22). Es empfiehlt sich, dem Beschuldigten den Vorführungsbefehl im Regelfall, mindestens aber auf sein Verlangen, vorzuzeigen. Einen Anspruch auf Aushändigung einer Abschrift hat er nicht. In Eilfällen gilt § 114 a Abs 1 S 2 3

StPO entsprechend. Die **Vollstreckung** richtet sich nach § 36 Abs 2 S 1 StPO. Bei Straf- oder Untersuchungsgefangenen gilt § 36 Abs 2 S 2 StVollzG direkt oder entsprechend. Der Vorführungsbefehl berechtigt die Polizei stillschweigend zum Betreten der Wohnung des Beschuldigten zum Zweck seiner Ergreifung, nicht aber der eines Dritten (vgl § 105 StPO Rn 3), und zur Festnahme des Beschuldigten. Unmittelbarer Zwang darf angewendet werden. Die **Wirksamkeit** des Vorführungsbefehls **endet** mit dem Abschluss der Vernehmung, nicht schon mit ihrem Beginn (aM Enzian NJW 1957, 451). Bis dahin darf der Beschuldigte festgehalten werden. Nach der Vernehmung ist er unverzüglich zu entlassen, wenn kein Haftbefehl ergeht. Für eine neue Vernehmung ist ein neuer Vorführungsbefehl erforderlich.

4   **Beschwerde nach § 304 Abs 1 StPO** ist gegen den Vorführungsbefehl zulässig. Sie hat keine aufschiebende Wirkung (§ 307 Abs 1 StPO) und ist regelmäßig prozessual überholt, wenn sie dem Beschwerdegericht zugeht. Bei schweren Grundrechtsbeeinträchtigungen kann jedoch eine auf Art 19 Abs 4 GG gestützte Beschwerde zur Feststellung der Rechtswidrigkeit der Vorführung in Betracht kommen (BVerfG NJW 2006, 118 – für den Fall der Ordnungshaft nach § 70 Abs 2 StPO).

4.1   Muster/Formular: Vorführungsbefehl nach § 134 Abs 1 StPO.

§ 135 [Sofortige Vernehmung]

¹Der Beschuldigte ist unverzüglich dem Richter vorzuführen und von diesem zu vernehmen. ²Er darf auf Grund des Vorführungsbefehls nicht länger festgehalten werden als bis zum Ende des Tages, der dem Beginn der Vorführung folgt.

Überblick

Der Vorführungsbefehl dient der unverzüglichen Vorführung vor den für die Vernehmung zuständigen Richter. Er berechtigt zum Festhalten des Beschuldigten längstens bis zum Ende des nächsten Tages.

A. Anwendungsbereich

1   Der **Anwendungsbereich der Vorschrift** deckt Vorführungen im Sinne der § 133 StPO, § 134 Abs 1 StPO ab. Die entsprechende Anwendung ist normiert in den Fällen von § 51 Abs 1 S 3 StPO, § 163a Abs 3 S 2 StPO und § 161a Abs 2 S 1 StPO. Im Hauptverfahren gehen die § 230 StPO, § 236 StPO und § 329 Abs 4 StPO vor. § 115 StPO, § 115a StPO sind Sondervorschriften für das Haftbefehlsverfahren und gelten nur dort.

B. Beschleunigungsgebot

2   Das **Beschleunigungsgebot des § 135 S 1 StPO** bezieht sich sowohl auf die Vorführung vor den Richter als auch auf die Vernehmung durch ihn. Der durch den Vorführungsbefehl legitimierte Eingriff stellt nämlich nur eine Freiheitsbeschränkung im Sinne von Art 104 Abs 1 S 1 GG dar, nicht jedoch eine Freiheitsentziehung. **Unverzüglich** ist ein Handeln, das ohne jede nach den Umständen vermeidbare Säumnis erfolgt. **Vorführung** bedeutet das Verbringen des Beschuldigten in das Gerichtsgebäude und das Unterstellen unter die unmittelbare Verfügungsgewalt des Richters. Zur Sicherstellung des Verfahrenszwecks kann auch eine Vorführung am Vorabend oder mehrere Stunden vor einer Vernehmung gerechtfertigt sein. Auch die **Vernehmung durch den Richter** hat unverzüglich zu erfolgen. Zwar können Gründe in der Person des Richters oder des Beschuldigten oder gerichtsorganisatorische Gründe entgegenstehen, jedoch hat der Richter alle möglichen und zumutbaren Maßnahme zu treffen, um S 1 einhalten zu können.

3   Die **zeitliche Grenze von § 135 S 2 StPO** gilt absolut. Die Frist beginnt mit der Ergreifung des Beschuldigten und wird durch einen Samstag, Sonn- oder Feiertag **nicht** verlängert. Selbst wenn ein Beginn der Vernehmung bis zum Ende der Frist nicht möglich war, ist ein längeres Festhalten des Beschuldigten unzulässig. Er ist sofort freizulassen. Die Art

Vernehmung des Beschuldigten § 136 StPO

und Weise des Festhaltens regelt der zuständige Richter. Die für Untersuchungsgefangene geltenden Erleichterungen (§ 119 StPO) gelten auch hier entsprechend.

§ 136 [Erste Vernehmung]

(1) ¹Bei Beginn der ersten Vernehmung ist dem Beschuldigten zu eröffnen, welche Tat ihm zur Last gelegt wird und welche Strafvorschriften in Betracht kommen. ²Er ist darauf hinzuweisen, daß es ihm nach dem Gesetz freistehe, sich zu der Beschuldigung zu äußern oder nicht zur Sache auszusagen und jederzeit, auch schon vor seiner Vernehmung, einen von ihm zu wählenden Verteidiger zu befragen. ³Er ist ferner darüber zu belehren, daß er zu seiner Entlastung einzelne Beweiserhebungen beantragen kann. ⁴In geeigneten Fällen soll der Beschuldigte auch darauf, dass er sich schriftlich äußern kann, sowie auf die Möglichkeit eines Täter-Opfer-Ausgleichs hingewiesen werden.

(2) Die Vernehmung soll dem Beschuldigten Gelegenheit geben, die gegen ihn vorliegenden Verdachtsgründe zu beseitigen und die zu seinen Gunsten sprechenden Tatsachen geltend zu machen.

(3) Bei der ersten Vernehmung des Beschuldigten ist zugleich auf die Ermittlung seiner persönlichen Verhältnisse Bedacht zu nehmen.

Überblick

Als Ausfluss des Rechtsstaatsprinzips sind dem Beschuldigten in seiner ersten Vernehmung der Tatvorwurf und die anwendbaren Strafvorschriften zu eröffnen. Weiterhin ist er umfassend über die ihm zustehenden Rechte und Befugnisse im Strafverfahren zu belehren. Um eine wirksame Verteidigung zu ermöglichen, muss ihm auch die Möglichkeit gegeben werden, schon in diesem frühen Stadium für ihn günstige Gesichtspunkte zur Sprache zu bringen. Schließlich sind schon jetzt nach Möglichkeit die persönlichen Verhältnisse des Beschuldigten zu ermitteln.

Übersicht

	Rn		Rn
A. Anwendungsbereich der Vorschrift...	1	D. Verwertungsverbot...	21
B. Gang der Vernehmung...	5	E. Revision...	26
C. Vernehmung zur Sache...	17		

A. Anwendungsbereich der Vorschrift

Erste Vernehmung im Sinne von § 136 Abs 1 und Abs 3 StPO ist zuallererst einmal die **erste richterliche Vernehmung** vor und außerhalb der Hauptverhandlung, unabhängig davon, ob bereits zuvor eine polizeiliche oder staatsanwaltschaftliche Beschuldigtenvernehmung in gleicher Sache stattgefunden hat. Über den eigentlichen Wortlaut hinaus empfiehlt es sich, bei weiteren richterlichen Vernehmungen im gleichen Verfahren erneut zu belehren oder zumindest deutlich darauf hinzuweisen, dass die früher erteilte Belehrung unverändert weiter gilt. Abs 2 enthält eine allgemein gültige Anweisung für alle Vernehmungen. 1

Beschuldigtenvernehmungen durch den **Haftrichter** richten sich nach den § 115 Abs 3 StPO und § 115a Abs 2 S 2 StPO. In der **Hauptverhandlung** gilt § 243 Abs 2 bis Abs 4 StPO. Für Vernehmungen des Beschuldigten durch den **Staatsanwalt** gilt § 136 StPO ohne Einschränkungen entsprechend (§ 163a Abs 3 S 2 StPO). Bei Vernehmungen durch die **Polizei** kann auf die Bekanntgabe der in Betracht kommenden Strafvorschriften verzichtet werden (§ 163a Abs 4 S 1 und S 2 StPO). 2

Keine eigene Vernehmungsbefugnis haben **Sachverständige** vgl § 80 StPO (§ 80 StPO Rn 2). Im Rahmen von Explorationen oder der Erhebung von anderen Zusatztatsachen 3 empfiehlt es sich jedoch, dem Sachverständigen aufzugeben, den Beschuldigten entsprechend § 136 StPO zu belehren. Soweit die **Gerichtshilfe** (§ 160 Abs S 2 StPO) im Dienst der Staatsanwaltschaft tätig wird, gelten die Belehrungspflichten entsprechend. **Bewährungshelfer** werden zwar erst nach der Verurteilung tätig (§ 56 d StGB), unter gewissen Umständen kann aber eine Belehrungspflicht in Betracht kommen, insbesondere dann, wenn Umstände erörtert werden, die einer Aussage zu Sache gleichkommen und die Rechtskraft der früheren Verurteilung nicht alle Aussagebereiche abdeckt.

4 Die **Vernehmung des Beschuldigten** regelt § 136 StPO, wobei die in der Strafprozessordnung grundlegende Unterscheidung zwischen Beschuldigten und Zeugen maßgeblich ist. Der vernehmende Richter ist an die Entscheidung der Staatsanwaltschaft gebunden, den zu Vernehmenden als Beschuldigten zu behandeln. Ergibt sich im Rahmen einer Zeugenvernehmung ein **konkreter Tatverdacht** gegen den Zeugen, so ist die Zeugenvernehmung zu unterbrechen und als Beschuldigtenvernehmung weiter zu führen. Es genügt dabei nicht, wenn der Zeuge nur auf seine Äußerungsfreiheit nach den § 136 StPO, § 163 a StPO hingewiesen wird. Zusätzlich ist die Verhörsperson auch auf die Unverwertbarkeit der früheren Angaben hinzuweisen (so genannte „qualifizierte" Belehrung, siehe unten Rn27 b). Maßregeln nach § 70 StPO sind dann unzulässig (BGH NStZ 1997, 398). Für strafunmündige Kinder gilt § 136 StPO nicht. Sie können keine Beschuldigten sein.

B. Gang der Vernehmung

5 Am Beginn jeder Vernehmung steht die **Vernehmung zur Person**. Sie stellt die Identität des Beschuldigten sicher. Ein Beschuldigter ist nach § 111 OWiG zu Angaben seiner Personalien verpflichtet (BGHSt 21, 334, 364 sowie BGHSt 25, 13, 17), auch wenn dies tatsächlich auf eine Selbstbelastung hinausläuft. Verfahrensrechtlich lässt sich das jedoch nicht erzwingen. Anzugeben sind folgende Personenstandsdaten: Vornamen, Familien- und Geburtsname, Ort und Tag der Geburt, Familienstand, Beruf, Wohn- / Aufenthaltsort sowie Staatsangehörigkeit (Nr 13 Abs 1 S 1 RiStBV). Nach der Religion wird im Hinblick auf die verfassungsmäßige Religionsfreiheit nur gefragt, wenn es der Sachverhalt erfordert (Nr 13 Abs 5 RiStBV). Gleiches gilt für Fragen nach der Abstammung oder der politischen Gesinnung. Vorstrafen werden im Rahmen des Abs 3 nur erörtert, wenn sie für die Sache von Bedeutung sind.

6 Nach der Personalienfeststellung folgt sofort die **Eröffnung des Tatvorwurfs** (Abs 1 S 1). Der Sachverhalt muss dem Beschuldigten so weit wie nötig dargelegt werden, um ihm eine wirksame Verteidigung zu ermöglichen. Gleichzeitig muss dabei aber auch auf die Belange einer effektiven Strafrechtspflege und wirksamen Verbrechensbekämpfung Rücksicht genommen werden. Nur schlagwortartige Bezeichnungen der Deliktsgruppe (Erpressung, Betrug, Diebstahl) genügen regelmäßig nicht. Die anwendbaren Strafvorschriften werden nur zu Beginn der Vernehmung angegeben; eine Änderung zwingt zu keiner neuen Eröffnung der rechtlichen Gesichtspunkte.

7 Durch die nun folgende **Belehrung über die Aussagefreiheit** soll dem Beschuldigten klar vor Augen geführt werden, dass es ihm freisteht, Angaben zu machen oder nicht zur Sache auszusagen, obwohl er von einer Amtsperson (Richter, Staatsanwalt oder Polizeibeamter) verantwortlich vernommen wird (BGHSt 42, 139, 147). Dieses Recht, zur Sache zu schweigen, ist Ausfluss des verfassungsmäßigen nemo-Tenetur-Grundsatzes: niemand ist verpflichtet, gegen sich selbst auszusagen (BGHSt 14, 358, 364). Es ist auch Kernstück des von Art 6 EMRK garantierten fairen Verfahrens (EGMR NJW 2002, 499). Der Beschuldigte braucht nicht Zeuge gegen sich selbst zu sein, selbst wenn dies objektiv die beste Art der Verteidigung wäre (BGHSt 25, 325, 331).

8 Der **Hinweis nach § 136 Abs 1 S 2 StPO** ist vor jeder ersten richterlichen Vernehmung zu erteilen, auch wenn der Beschuldigte zuvor schon in Vernehmungen der Staatsanwaltschaft oder Polizei ordnungsgemäß belehrt worden war. Bei lange zurückliegenden Vernehmungen kann die Belehrungspflicht unter Umständen wieder aufleben. Unwesentlich ist auch, ob der Beschuldigte seine Rechte kennt oder nicht (BGHSt 47, 172). Der Hinweis ist von dem Vernehmenden an den Beschuldigten selbst zu richten, nicht an den gesetzlichen Vertreter oder den Erziehungsberechtigten. Der Vernehmende darf nicht einen Dritten damit beauftragen, den Hinweis zu erteilen. Für die Belehrung empfiehlt es sich, die Worte des

Gesetzes zu benutzen. Eine andere Fassung des Hinweises ist unschädlich, wenn sie dem Beschuldigten Klarheit über seine Aussagefreiheit verschafft.

Die **Heilung eines Formfehlers** nach § 136 Abs 1 S 2 StPO – wenn der Hinweis auf die Aussagefreiheit versehentlich unterlassen wurde – ist möglich durch erneute Vernehmung nach nun erfolgter Belehrung (BGHSt 22, 129; BGHSt 27, 355, 359). 9

Der Hinweis auf das **Recht der jederzeitigen Verteidigerkonsultation (Abs 1 S 2)** ist zusammen mit der Belehrung über die Aussagefreiheit zu erteilen. Beide Rechte stehen aber eigenständig nebeneinander. Schon die Entscheidung für oder gegen eine Aussage kann eine Befragung des frei zu wählenden Verteidigers nötig machen. Eines Hinweises auf das Recht zur Verteidigerkonsultation bedarf es nicht, wenn der Beschuldigte für dieses Verfahren (und nur für dieses) einen Pflicht- oder Wahlverteidiger hat. Gleichwohl weist die Praxis in diesem Fall regelmäßig darauf hin, dass es dem Beschuldigten freisteht, sich in jeder Lage der Vernehmung mit diesem Verteidiger zu beraten. 10

Es stellt im Übrigen einen **Verstoß gegen Art 6 Abs 1 u Abs 3 c EMRK** dar, wenn dem Beschuldigten das Recht auf Zugang zu einem Verteidiger verweigert oder wesentlich erschwert wird (EGMR EuGRZ 1996, 587, 592). Falls der Beschuldigte erklärt, sich erst mit einem Verteidiger beraten zu wollen, ist diesem Wunsch nachzukommen. Die beabsichtigte Vernehmung muss so lange aufgeschoben und die Entscheidung des Beschuldigten, ob er Angaben machen möchte, muss abgewartet werden (BGHSt 38, 372 und BGH NJW 1992, 2903, 2904). Der Beschuldigte darf auch nicht in der Zwischenzeit zu einer Aussage gedrängt oder überredet werden (BGH NJW 2006, 1008). Ihm ist vielmehr Gelegenheit zu geben, sich telefonisch mit dem Verteidiger in Verbindung zu setzen. Falls der Beschuldigte keinen Anwalt kennt, leisten die mittlerweile fast überall eingerichteten „Anwaltsnotdienste" wertvolle Hilfe. 11

Eine **Fortsetzung der Vernehmung ohne Verteidiger** ist nur zulässig, wenn der Beschuldigte mit dieser Verfahrensweise nach erneuter Belehrung über sein Recht zur Verteidigerkonsultation ausdrücklich einverstanden ist und wenn dem – nötigenfalls – ernsthafte Bemühungen vorausgegangen sind, dem Beschuldigten bei der Herstellung des Kontakts zu einem Verteidiger zu helfen (BGHSt 42, 15). Im Vernehmungsprotokoll sind die Bemühungen möglichst eingehend zu dokumentieren. Die vom BGH gebilligte Fortsetzung der Vernehmung bereits dann, wenn diese Bemühungen „wegen der mitternächtlichen Stunde" erfolglos erscheinen (BGHSt 42, 170), dürfte vor dem Hintergrund eingerichteter „Strafverteidigernotdienste" obsolet sein. Äußert der Beschuldigte aber überhaupt nicht den Wunsch, einen Verteidiger zuziehen zu dürfen, so muss ihm weder ein Anwalt aufgedrängt werden noch muss er auf die Möglichkeit des anwaltlichen Notdienstes hingewiesen werden (BGHSt 42, 233). Im Fall notwendiger Verteidigung sollte ein mittelloser Beschuldigter auf die Möglichkeit der Pflichtverteidigerbestellung hingewiesen werden. 12

Der **Hinweis auf die Möglichkeit, einzelne Beweisanträge zu stellen (Abs 1 S 3)**, findet seine Fortsetzung in § 163a Abs 2 StPO u § 166 Abs 1 StPO. Es handelt sich nicht um einen Beweisantrag im engeren Sinne, der nach § 244 StPO zu bescheiden wäre; eine solche Äußerung des Beschuldigten kann aber durchaus Einfluss auf die Reichweite der gerichtlichen Aufklärungspflicht (§ 244 Abs 2 StPO) haben. Der Hinweis erfolgt tunlichst im Anschluss an die Belehrung zur Aussagefreiheit und zur Verteidigerkonsultation, kann aber noch später im Lauf der Vernehmung nachgeholt werden. Ein Schweigen des Beschuldigten macht den Hinweis nicht entbehrlich, da auch ein die Aussage verweigernder Beschuldigter Beweiserhebungen beantragen kann und darf. 13

In geeigneten Fällen ist der Beschuldigte auf die **Möglichkeit einer schriftlichen Äußerung** hinzuweisen (§ 136 Abs 1 S 4 Alt 1 StPO). Die Geeignetheit ergibt sich sowohl aus der Person des Beschuldigten (Ausdrucksfähigkeit) als auch aus der konkreten Gestaltung des Sachverhalts (etwa bei Wirtschaftsdelikten). Die schriftliche Ergänzung einer mündlichen Aussage ist immer möglich. Die Verlesung von solchen schriftlichen Äußerungen richtet sich nicht nach § 254 StPO, sondern nach den allgemeinen Grundsätzen des § 249 StPO. 14

Gleiches gilt für den Hinweis auf die **Möglichkeit eines Täter-Opfer-Ausgleichs** (Abs 1 S 4 Alt 2). Ungeeignet sind Fälle, in denen der Beschuldigte aller Voraussicht nach nicht gestehen wird oder bei denen anzunehmen ist, dass der Geschädigte nicht zustimmen wird. Die Vorschrift ergänzt die Prüfungspflicht des § 155a StPO. 15

In jeder Vernehmung ist die **Mitteilung der Verdachtsgründe (Abs 2)** insoweit erforderlich, als der Beschuldigte nur diejenigen Momente entkräften kann, die er kennt. Ande- 16 rerseits darf diese Mitteilung im Interesse der Sachaufklärung auch ganz oder teilweise zurückgehalten werden. Die Sollvorschrift zwingt nicht dazu, sämtliches Wissen der Ermittlungsbehörden sofort in der ersten Vernehmung bekannt zu geben.

C. Vernehmung zur Sache

17   Die Vernehmung zur Sache ist eine Form, um dem Beschuldigten **rechtliches Gehör** zu gewähren (BGHSt 25, 325, 332) und ihm Gelegenheit zu geben, die Verdachtsmomente auszuräumen oder Entlastendes geltend zu machen (Abs 2). Damit ist auch die beiden wesentlichen Ziele der Vernehmung vorgegeben: Wahrheitsermittlung und Beweissicherung. Die Angaben des Beschuldigten können nämlich auch für Beweiszwecke herangezogen werden (BGHSt 28, 196, 198).

18   Eine Vernehmung im Sinne von § 136 StPO setzt voraus, dass sich der **Beschuldigte selbst mündlich** äußert. Schriftliche Stellungnahmen oder Angaben des Verteidigers erfüllen genau genommen diese Voraussetzungen nicht. Auch die reine Verlesung von Niederschriften und die Bestätigung ihrer Richtigkeit ist keine „Vernehmung" (BGHSt 3, 368; 7, 73; NStZ 1987, 85). Zwar gibt das Gesetz **keine bestimmte Art der Vernehmung** vor. In der Praxis sollte der Beschuldigte jedoch angehalten werden, zuerst Angaben im Zusammenhang zu machen und gegebenenfalls Frage zu beantworten. Anschließend kann ihm ergänzend der Inhalt einer früheren Vernehmung durch Verlesen der Niederschrift vorgehalten werden. Zur Vereinfachung der Protokollierung ist es sodann zulässig, in der Niederschrift aufzunehmen, dass sich der Beschuldigte die früheren Angaben zu eigen macht und sie als Bestandteil seiner jetzigen Vernehmung betrachtet wissen will (BGHSt 6, 279, 281).

19   Die **Angaben zu den persönlichen Verhältnissen des Beschuldigten (Abs 3)** richten sich nach den Gegebenheiten des Verfahrens. Anhaltspunkte für den Umfang der diesbezüglichen Feststellungen und Ermittlungen ergeben sich aus Nr 13 RiStBV bis Nr 15 RiStBV. Für die Abwägung, inwieweit in die Privatsphäre des Beschuldigten eingedrungen werden darf, sind die Schwere des Tatvorwurfs, der Verdachtsgrad und das Aussageverhalten des Beschuldigten von Bedeutung.

20   Der Beschuldigte unterliegt **nicht** der **Wahrheitspflicht** (BGHSt 3, 149, 152). Er hat aber andererseits **nicht** das **Recht zur Lüge** (BGH NStZ 2005, 517), so dass es zulässig ist, ihn im Rahmen der Vernehmung zur Wahrheit zu ermahnen, ihm Widersprüche seiner Angaben aufzuzeigen und ihm nötigenfalls die negativen Folgen bewusst falscher Angaben oder die strafmildernde Wirkung eines Geständnisses vor Augen zu führen.

D. Verwertungsverbot

21   Liegt ein **Verstoß gegen § 136 Abs 1 S 2 StPO** vor, weil der Hinweis auf die Aussagefreiheit fehlt oder unterblieben ist, so begründet dies grundsätzlich ein **Verwertungsverbot** (BGHSt 38, 214). Damit hat der Bundesgerichtshof seine frühere entgegenstehende Rechtsprechung (BGHSt 31, 395) aufgegeben. Das Verwertungsverbot besteht jedoch nicht, wenn sicher feststeht, dass der Beschuldigte sein **Schweigerecht ohne Belehrung gekannt** hat, oder wenn der anwaltlich verteidigte Beschuldigte in der Hauptverhandlung einer Verwertung ausdrücklich **zugestimmt** oder ihr zumindest **nicht explizit widersprochen** hat.

22   Falls sich **nicht abschließend klären** lässt, ob die Belehrung erfolgt ist oder nicht, und hat der Beschuldigte nicht gewusst, dass es ihm freisteht, zur Sache auszusagen oder zu schweigen, so ist die Aussage nach jüngster Ansicht ebenfalls nicht verwertbar (BGH JR 2007, 125 gegen BGHSt 38, 214, 224). Unverwertbar ist die Aussage auch dann, wenn der Beschuldigte die Belehrung infolge seines **geistig-seelischen Zustands** nicht verstanden hat (BGHSt 39, 349). Ein Verwertungsverbot besteht aber nicht, wenn der Beschuldigte ohne Zutun des Vernehmungsbeamten vor der beabsichtigten Belehrung spontan eine Äußerung abgegeben hat (BGH NJW 1990, 461; so genannte „**Spontanäußerungen**").

23   Das Verwertungsverbot gilt jedoch nur im jeweiligen Verfahren und nur bezüglich des nicht belehrten Beschuldigten; es entfaltet grundsätzlich **keine Drittwirkung**. Es gilt zum Beispiel nicht im Verfahren gegen einen Dritten, in dem der fehlerhaft nicht Belehrte ausschließlich Zeuge ist (BayObLG NJW 1994, 1296). Dass ein Mitbeschuldigter nicht belehrt worden ist, hindert die Verwertung gegen einen anderen Beschuldigten – auch im

selben Verfahren – nicht (BGH NStZ 1994, 595, 596). Ob **ausländische Beschuldigtenvernehmungen** ohne (vollständige) Belehrung (etwa nach schwedischem Recht) einem Verwertungsverbot unterliegen, ist noch nicht abschließend entschieden (BGH NJW 1994, 3364; für eine Verwertbarkeit im Bereich des EuRhÜbk: BGH StV 2001, 663). Dies dürfte vor allem davon abhängen, ob die Vernehmung insgesamt grundlegenden rechtsstaatlichen Anforderungen genügt. In der Praxis empfiehlt es sich jedoch, in einem Rechtshilfeersuchen um eine der deutschen Strafprozessordnung entsprechende Belehrung des Beschuldigten zu bitten.

Ein Verwertungsverbot besteht auch, wenn der Beschuldigte über das **Recht der jederzeitigen Verteidigerkonsultation** nicht oder nur unzureichend belehrt worden ist (BGHSt 47, 172; zuletzt BGH NStZ 2008, 55, 56). Gleiches gilt, wenn ihm nach korrekter Belehrung trotz seiner entsprechenden Bitte die Kontaktaufnahme mit dem Verteidiger verweigert und er stattdessen sofort vernommen wurde (BGHSt 38, 372). 24

Verstöße gegen die **weiteren Belehrungsinhalte** (Abs 1 S 3 und S 4, Abs 2, Abs 3) begründen kein Verwertungsverbot hinsichtlich etwaig gemachter Angaben. Die Annahme einer **Fernwirkung** des Beweisverwertungsverbots dergestalt, dass auch durch die bemakelte Vernehmung gewonnene weitere Beweismittel unverwertbar sind, ist der deutschen Rechtsordnung grundsätzlich fremd (Näheres siehe § 136 a StPO). Das Vorliegen der Voraussetzungen eines Verwertungsverbots ist vom Gericht im **Freibeweisverfahren** festzustellen (BGH NStZ 1997, 609). 25

Ein Sonderproblem stellt die **Belehrung eines Festgenommenen mit fremder Staatsangehörigkeit gemäß Art 36 Abs Ib S 3 WÜK** über sein subjektives Recht dar, die unverzügliche Benachrichtigung seiner konsularischen Vertretung zu verlangen. Hierzu sind bereits die Polizeibeamten nach der Festnahme verpflichtet (BVerfG NStZ 2007, 159 unter Aufhebung von BGH NStZ 2002, 168). Das Unterbleiben der gebotenen Belehrung führt aber **nicht** zu einem Verwertungsverbot (BGH NStZ 2008, 168). Ob jedoch die Rechtsverletzung dadurch zu kompensieren ist, dass ein bestimmter Teil der verhängten Freiheitsstrafe als verbüßt anzurechnen ist, erscheint zweifelhaft (dagegen mit guten Gründen: BGH NStZ 2008, 356 – 3. Strafsenat; dafür noch: BGH NStZ 2008, 168 – 5. Strafsenat; weiterführend: Schomburg/Schuster NStZ 2008, 593). Zur revisionsrechtlichen Behandlung su Rn 27 a. 25 a

E. Revision

Die **Revision** kann darauf gegründet werden, dass die nach Abs 1 S 2 erforderliche Belehrung über die Aussagefreiheit – soweit dieser Fehler nicht geheilt wurde (oben Rn 9) – oder das Recht zur Verteidigerkonsultation fehlerhaft war oder gänzlich unterlassen wurde. Auch kann gerügt werden, dass die Rücksprache mit einem Verteidiger verwehrt oder verhindert wurde. 26

Nach der ständigen und gefestigten Rechtsprechung des BGH muss der anwaltlich vertretene Angeklagte der Verwertung der Aussage aber rechtzeitig widersprochen haben (so genannte **„Widerspruchslösung"**; BGHSt 38, 214; BGHSt 42, 15, 22; zuletzt BGH NStZ 2008, 55). Einem verteidigten Angeklagten steht ein solcher gleich, der vom Gericht über die Möglichkeit des Widerspruchs unterrichtet wurde. Der Widerspruch ist bis zu dem in § 257 StPO genannten Zeitpunkt zulässig (Erklärungsrecht des Angeklagten nach jeder Vernehmung oder Beweiserhebung). Eine Rücknahme des Widerspruchs ist möglich bis zum Schluss der Beweisaufnahme (BGHSt 42, 15, 23). Ein vor der Hauptverhandlung erklärter Widerspruch muss in der Verhandlung wiederholt werden (BGH NStZ 1997, 502). Der Widerspruch muss eindeutig erklärt werden (BGH NStZ 2004, 389). Wird die Widerspruchsfrist versäumt, so kann der Verwertung der Aussage weder im Berufungsverfahren noch – nach Zurückverweisung durch das Revisionsgericht – in einer neuen Hauptverhandlung widersprochen werden. Der Widerspruch eines vom Belehrungsverstoß nicht betroffenen Mitbeschuldigten ist unbeachtlich. 27

Der BGH wendet die „Widerspruchslösung" auch bei Fällen unterbliebener Belehrung eines Festgenommenen mit fremder Staatsangehörigkeit gemäß Art 36 Abs Ib S 3 WÜK an (BGH NStZ 2008, 168, 169; NStZ 2008, 356; vertiefend Schomburg/Schuster NStZ 2008, 593; siehe auch oben Rn 25 a). 27 a

27 b Wird ein Tatverdächtiger zunächst zu Unrecht als Zeuge vernommen, so ist er wegen des Belehrungsverstoßes (§ 136 Abs 1 S 2 StPO) bei Beginn der nachfolgenden Vernehmung als Beschuldigter auf die Unverwertbarkeit der früheren Angaben hinzuweisen (Erfordernis der **„qualifizierten" Belehrung**). Unterbleibt diese „qualifizierte" Belehrung, können nach der Rechtsprechung trotz rechtzeitigen Widerspruchs die nach der Belehrung als Beschuldigter gemachten Angaben nach Maßgabe einer Abwägung im Einzelfall dennoch verwertbar sein (BGH NStZ 2009, 281, 282). Neben dem in die Abwägung einzubeziehenden Gewicht des Verfahrensverstoßes und des Sachaufklärungsinteresses ist maßgeblich darauf abzustellen, ob der Betreffende nach erfolgter Beschuldigtenbelehrung davon ausgegangen ist, von seinen früheren Angaben nicht mehr abrücken zu können (BGH aaO; im Anschluss an BGH StV 2007, 450, 452).

28 Das Urteil muss überdies auf dem Verstoß gegen die Belehrungspflichten **beruhen**. Dies ist nicht der Fall, wenn die Aussage im Urteil nicht verwertet worden ist oder wenn feststeht, dass der Beschuldigte seine Rechte (Aussagefreiheit **und** Recht zur Verteidigerkonsultation) zweifelsfrei auch ohne Belehrung gekannt hat oder der Verwertung der Aussage zugestimmt oder ihr nach Belehrung nicht widersprochen hat.

29 Die **Revisionsbegründung** muss darlegen, dass eine Belehrung unterblieben ist und dass der Verwertung der Aussage nicht zugestimmt oder gar widersprochen worden ist (BGHSt 38, 214, 226, 227). Weiterhin mitzuteilen sind der Inhalt der angeblich zu Unrecht verwerteten Aussage und die Umstände, aus denen sich die Verwertung sowie die Rechtzeitigkeit des Widerspruchs ergeben (BGH NJW 1993, 2125, 2127; NStZ 1997, 614). Entsprechendes gilt für das notwendige Revisionsvorbringen in Bezug auf die Verweigerung der Verteidigerkonsultation (BGH NStZ 1999, 154).

29.1 Muster/Formular: Protokoll der Beschuldigtenvernehmung nach § 135 StPO.

§ 136 a [Verbotene Vernehmungsmethoden]

(1) ¹**Die Freiheit der Willensentschließung und der Willensbetätigung des Beschuldigten darf nicht beeinträchtigt werden durch Mißhandlung, durch Ermüdung, durch körperlichen Eingriff, durch Verabreichung von Mitteln, durch Quälerei, durch Täuschung oder durch Hypnose.** ²**Zwang darf nur angewandt werden, soweit das Strafverfahrensrecht dies zuläßt.** ³**Die Drohung mit einer nach seinen Vorschriften unzulässigen Maßnahme und das Versprechen eines gesetzlich nicht vorgesehenen Vorteils sind verboten.**

(2) **Maßnahmen, die das Erinnerungsvermögen oder die Einsichtsfähigkeit des Beschuldigten beeinträchtigen, sind nicht gestattet.**

(3) ¹**Das Verbot der Absätze 1 und 2 gilt ohne Rücksicht auf die Einwilligung des Beschuldigten.** ²**Aussagen, die unter Verletzung dieses Verbots zustande gekommen sind, dürfen auch dann nicht verwertet werden, wenn der Beschuldigte der Verwertung zustimmt.**

Überblick

Der Beschuldigte ist Beteiligter, nicht Gegenstand des Verfahrens (BGHSt 5, 332). Seinen verfassungsmäßig gewährleisteten Anspruch auf Achtung der Menschenwürde verliert er nicht, auch wenn er einer Straftat verdächtig ist (BGHSt 14, 358, 364). Jede Beeinträchtigung seiner Willensentschließung und -betätigung durch Zwang, Täuschung, Drohung und ähnliche Mittel ist absolut verboten.

Übersicht

	Rn		Rn
A. Vorbemerkung	1	**D. Verbotene Methoden**	9
B. Normadressaten	2	I. Kein abschließender Katalog	9
C. Anwendungsbereich der Vorschrift	4	II. Misshandlung	10

	Rn		Rn
III. Ermüdung	11	XI. Versprechen von gesetzlich nicht vorgesehenen Vorteilen	25
IV. Körperliche Eingriffe	12	XII. Sonderproblem: Lügendetektor (engl.: Polygraph)	27
V. Verabreichung von Mitteln	13		
VI. Quälerei	14	XIII. Sonderproblem: Rettungsfolter	27a
VII. Täuschung	15	E. Absolutes Verwertungsverbot (Abs 3 S 2)	28
VIII. Hypnose	22		
IX. Zwang	23	F. Beweis des Verfahrensverstoßes	33
X. Drohung mit einer unzulässigen Maßnahme	24	G. Revision	34

A. Vorbemerkung

§ 136a StPO enthält eine **strafprozessuale Ausprägung des Art 1 Abs 1 GG**. Der Beschuldigte einer Straftat geht seiner Menschenwürde nicht verlustig. Er ist nicht Objekt des Verfahrens. Jede Art von Beeinträchtigung seiner Willensentschließung und -betätigung durch Zwang, Täuschung, Drohung und ähnliche Mittel ist absolut verboten. Die Vorschrift gilt durch entsprechende Verweisungen auch für Zeugen (§ 69 Abs 3 StPO) und Sachverständige (§ 72 StPO) sowie für Vernehmungen durch Staatsanwaltschaft und Polizei (§ 161a Abs 1 S 2 StPO, § 163a Abs 3 S 2 StPO, § 163a Abs 4 S 2 StPO, § 163a Abs 5 StPO). Aus der Norm lässt sich der allgemeine Grundsatz entnehmen, dass die Wahrheit im Strafverfahren nicht um jeden Preis, sondern nur auf „justizförmige" Weise, also in einem rechtsstaatlich geordneten Verfahren, erforscht und erlangt werden darf (BVerfG NJW 1984, 428; BGHSt 14, 358, 365; BGHSt 31, 304, 309). 1

B. Normadressaten

Die Vorschrift richtet sich in erster Linie an die **Strafverfolgungsorgane des Staates** (BGHSt 17, 14, 19). Sie dürfen die nach § 136a StPO verbotenen Vernehmungsmethoden weder selbst anwenden noch durch andere anwenden lassen. Die Norm gilt aber auch für Sachverständige, amtlich beauftragte Dolmetscher und Augenscheinsgehilfen (BGHSt 11, 211). 2

Die Norm hat grundsätzlich **keine Drittwirkung** (BGHSt 27, 355, 357). Sie hat keine direkte Bedeutung für den Verteidiger (BGHSt 14, 189, 192). Jedoch dürfte aus seiner Stellung als Organ der Rechtspflege folgern, dass ihm die Anwendung der nach § 136a StPO verbotenen Vernehmungsmethoden ebenfalls untersagt ist. Die Methoden von eigenmächtig handelnden Dolmetschern, Privatdetektiven oder Journalisten, die ohne amtlichen Auftrag ermittelnd tätig werden, müssen sich die staatlichen Strafverfolgungsorgane nicht zurechnen lassen. Inwiefern aber die Ergebnisse solcher Nachforschungen Privater wegen besonders krasser Verstöße gegen die **Menschenwürde** im Strafverfahren unverwertbar sind, ist jeweils eine Frage des Einzelfalls. Gleiches gilt für die Methoden ausländischer Verhörspersonen (zu Zusammenfassungen der Aussagen von Guantanamo-Gefangenen: OLG Hamburg NJW 2005, 2326, 2329). Im Zweifel dürfen die Strafverfolgungsbehörden solche unzulässigen Einwirkungen Dritter, insbesondere auch von Behörden fremder Staaten, auch nicht ausnutzen, um von einem Beschuldigten Erklärungen oder Einlassungen zu erlangen. 3

C. Anwendungsbereich der Vorschrift

§ 136a StPO bezieht sich nur auf **Vernehmungen**. Eine solche liegt dann vor, wenn der Vernehmende dem Beschuldigten in amtlicher Funktion gegenübertritt und in dieser Funktion von ihm Auskunft verlangt („**formeller Vernehmungsbegriff**" – BGHSt GrS 42, 139, 145). Die Rechtsprechung lehnt einen „funktionellen Vernehmungsbegriff" ab, der alle Äußerungen des Beschuldigten umfasst, die ein Strafverfolgungsorgan direkt oder indirekt herbeigeführt hat. Nicht geschützt werden daher im Grundsatz Äußerungen des Beschuldigten vor Begründung der Beschuldigteneigenschaft und außerhalb von Vernehmungen 4

(BGHSt 34, 365, 369). So etwa wenn ein Beschuldigter über einen rechtmäßig überwachten Telekommunikationsanschluss ihn selbst belastende Gespräche führt (BGHSt 33, 217), wenn ein Polizeibeamter telefonisch Erkundigungen bei öffentlich zugänglichen Stellen einholt, seine amtliche Eigenschaft aber verschweigt (etwa bei einer Partnervermittlung), oder bei Fragen im Rahmen von Tests zur Glaubwürdigkeitsuntersuchung.

5 Auf den Einsatz eines **Lockspitzels ("agent provocateur")** oder eines **V-Mannes** ist § 136 a StPO – anders als beim Einsatz eines verdeckten Ermittlers (vgl § 110 c S 3 StPO) – nicht anwendbar (Meyer-Goßner StPO § 136 a Rn 4 b). Auch im Rahmen des § 81 a StPO gilt die Vorschrift nicht (BGHSt 24, 125, 129). Die früher kontrovers diskutierte Fallkonstellation der so genannten **„Hörfalle"** (eine Privatperson führt mit einem Tatverdächtigen auf Veranlassung der Ermittlungsbehörden ein überwachtes Gespräch, um ohne Aufdeckung der Ermittlungsabsicht an Informationen zum Untersuchungsgegenstand zu kommen – zum Meinungsstand Meyer-Goßner StPO § 136 a Rn 4 a) hat der Große Senat des BGH (BGHSt 42, 139) dahingehend entschieden, dass der Inhalt des Gesprächs im Zeugenbeweis jedenfalls dann verwertet werden darf, wenn es um die Aufklärung einer Straftat von erheblicher Bedeutung geht und die Erforschung des Sachverhalts unter Einsatz anderer Ermittlungsmethoden erheblich weniger Erfolg versprechend oder wesentlich erschwert gewesen wäre. Anhaltspunkte für eine Straftat von erheblicher Bedeutung lassen sich nach dem BGH aus der – nicht abschließenden – Aufzählung in § 98 a StPO, § 100 c StPO, § 110 a StPO entnehmen. Ein **Verwertungsverbot** ist aber dann anzunehmen, wenn ein solches Gespräch nach erklärter Weigerung, Angaben zur Sache machen zu wollen, mittels einer Täuschung durch die Ermittlungsbeamten herbeigeführt wird (EGMR StV 2003, 257; BGHSt 39, 335, 348; BGHSt 40, 66, 72).

6 Die Norm verbietet nur Beeinträchtigungen der **Willensentschließung und -betätigung** des Beschuldigten (Abs 1). Sie verlangt aber nicht, dass die Ermittlungsbehörden auf jeden Zustand einer körperlichen oder seelischen Beeinträchtigung, der sich nachteilig auf Entschließungen des Beschuldigten auswirkt (Stress, Unwohlsein usw.), Rücksicht nehmen müssen. Die Grenze ist dort erreicht, wo der Beschuldigte nicht mehr frei über seine Aussage, ihren Umfang sowie ihren Inhalt entscheiden kann.

7 In gleichem Maße verboten sind Maßnahmen, die das **Erinnerungsvermögens** und die **Einsichtsfähigkeit** des Beschuldigten beeinträchtigen (Abs 2). Die praktische Bedeutung dieses Verbots ist neben Abs 1 gering. Abs 2 verbietet insbesondere nicht Fang- oder Suggestivfragen.

8 Die **Einwilligung des Beschuldigten** ist in jedem Fall **unbeachtlich**. Die Verbote der Abs 1 und 2 geltend absolut. Auch eine Einwilligung des Verteidigers oder des gesetzlichen Vertreters macht einen Verstoß nicht ungeschehen. Dies betrifft vor allem die Anwendung von Lügendetektoren, der Narkoanalyse – der unter Narkose durchgeführten Psychoanalyse – oder der Hypnose – auch nicht zum Beweis der Unschuld des Beschuldigten. Die Frage, ob Fälle denkbar sind, in denen entgegen dem klaren Wortlaut des § 136 a Abs 3 S 2 StPO aus übergeordneten verfassungs- oder menschenrechtlichen Prinzipien die Verwertung solcher Erkenntnisse dennoch in Betracht kommen könnte (etwa effektive Verteidigung), hat der BGH bislang ausdrücklich offen gelassen (BGH NStZ 2008, 706).

D. Verbotene Methoden

I. Kein abschließender Katalog

9 Die in § 136 a Abs 1 StPO beispielhaft aufgezählten verbotenen Vernehmungsmethoden stellen **keinen abschließenden Katalog** dar (BGHSt 5, 332, 334). Alle anderen Methoden, die ähnlich belastend sind und denselben Zweck erfüllen sollen, sind ebenfalls verboten.

II. Misshandlung

10 **Misshandlung** ist jede erhebliche Beeinträchtigung der körperlichen Unversehrtheit oder des körperlichen Wohlbefindens. Dies entspricht dem Begriff des „körperlichen Misshandelns" in § 223 StGB. Beispiele sind das Verabreichen von Schlägen oder Fußtritten, das Beibringen von Verletzungen, aber auch Schlafentzug, Blendung, Lärmverursachung, Hun-

gern- oder Frierenlassen oder das von amerikanischen Geheimdiensten angewandte „Waterboarding".

III. Ermüdung

Ein Zustand der **Ermüdung** hindert die Vernehmung nur in Extremfällen. Verboten ist es nur, die Willensfreiheit des Beschuldigten dadurch zu beeinträchtigen, dass man die Vernehmung bis zur Erschöpfung der Willenskraft und unter Ausnutzung dieses Zustands durch- und weiterführt (zuletzt BGHSt 38, 291, 293). Dabei kommt es nach der Rechtsprechung auf den objektiven Zustand der Ermüdung an; gleichgültig ist es, ob der Vernehmungsbeamte den Zustand bewusst herbeigeführt oder überhaupt erkannt hat (BGHSt 1, 376, 379; aM SK-StPO/Rogall StPO § 136 a Rn 33). Ermüdungserscheinungen in Vernehmungen an sich stellen sich sehr häufig ein und sind kaum zu vermeiden; sie werden von der Rechtsprechung auch nicht als verbotene Vernehmungsmethode anerkannt (BGHSt 38, 291; BGH NStZ 1999, 630). Auch sachlich gerechtfertigte nächtliche Vernehmungen schließt § 136 a StPO nicht aus (BGHSt 1, 376). In der Hauptverhandlung dürfte die Prüfung der Verhandlungsfähigkeit vorrangig sein (zum Meinungsstand s Meyer-Goßner StPO § 136 a Rn 8).

IV. Körperliche Eingriffe

Körperliche Eingriffe sind Maßnahmen, die sich unmittelbar auf den Körper des zu Vernehmenden auswirken, unabhängig davon, ob sie Schmerzen bereiten und Folgen hinterlassen oder nicht. Die Grenze zu Misshandlungen, Verabreichen von Mitteln oder Quälereien ist fließend.

V. Verabreichung von Mitteln

Verabreichung von Mitteln ist jede Einführung oder jedes Einbringen von festen, flüssigen oder gasförmigen Stoffen in den Körper des Beschuldigten. Es wird nicht danach unterschieden, in welcher Form die Mittel verabreicht werden (Einatmen, Einspritzen, Einführen in die Körperöffnungen, Beimischen in Getränke und Speisen). Denkbar sind betäubende, enthemmende, einschläfernde und aufputschende Mittel, zum Beispiel Alkohol, Rauschgifte oder narkoanalytische Wahrheitsseren, die ausnahmslos verboten sind. Die Verabreichung von Mitteln, die nur der Erfrischung und Stärkung dienen (Traubenzucker, Schokolade) oder die leichte Schmerzen lindern sollen (Kopfschmerztabletten), ist ebenso wenig verboten wie das Angebot von Kaffee, Tee, Zigaretten und anderen Genussmitteln oder aber die Weigerung, sie überhaupt anzubieten (BGHSt 5, 290). Auch hier ist unerheblich, ob der Vernehmungsbeamte die Mittel selbst verabreicht hat oder ob sie vom Beschuldigten vor oder während der Vernehmung eingenommen wurden und ob der Vernehmende die Folgen erkennt und ausnützt. Alkoholisierte Beschuldigte können vernommen werden, solange sie verhandlungsfähig sind und ihre Willensfreiheit nicht ernsthaft beeinträchtigt ist. Dies kann auch unter Umständen bei Blutalkoholwerten zwischen 2 und 4‰ der Fall sein (OLG Köln StV 1989, 520).

VI. Quälerei

Quälerei ist das Zufügen länger andauernder oder sich wiederholender körperlicher oder seelischer Schmerzen oder Leiden. Beispiele sind entwürdigende Behandlung, Dunkelhaft, Erzeugung und Verstärkung von Angst und Hoffnungslosigkeit. Die Abgrenzung zu Misshandlungen oder anderen körperlichen Eingriffen ist im Einzelfall schwierig, kann letztlich aber dahinstehen. Da § 88 Abs 2 StPO dies im Regelfall vorschreibt, ist das Hinführen des Beschuldigten zur Leiche des Opfers nur unter ganz besonderen Umständen als Quälerei zu qualifizieren. Lichtbilder von Opfern dürfen dem Beschuldigten ebenfalls gezeigt werden.

VII. Täuschung

Täuschung ist dem Grundsatz nach die bewusste Einwirkung auf die Vorstellungswelt des Beschuldigten, die einen Irrtum über erhebliche Tatsachen oder Rechtsfragen herbeiführen soll, um diesen Irrtum für Vernehmungszwecke auszunützen. Der zu § 263 StGB entwickelte materiellrechtliche Täuschungsbegriff kann im Ansatz für die Auslegung in diesem Rahmen herangezogen werden. Es herrscht jedoch Einigkeit, dass dieser Rechtsbegriff in § 136 a StPO einschränkend ausgelegt werden muss (BGHSt 42, 139, 149 mwN). Täuschung durch Ermittlungsbeamte ist zwar eines Rechtsstaats unwürdig und damit verboten, aber nicht jede Herbeiführung eines Irrtums berührt die Menschenwürde des Beschuldigten oder die Freiheit seiner Willensentschließung.

16   Nicht unter den Täuschungsbegriff fallen **unbeabsichtigte Irreführungen** des Beschuldigten (BGHSt 31, 395, 400; BGHSt 35, 328, 329; NJW 2005, 517) und lediglich fahrlässige Fehlinformationen über Tatsachen. Ob fahrlässig falsche Rechtserklärungen des Vernehmungsbeamten immer als verbotenen Täuschungen zu qualifizieren sind, ist umstritten (bejahend: OLG Bremen NJW 1967, 2022; eher ablehnend BGH StV 1989, 515).

17   **Kriminalistische List** verbietet § 136 a StPO nicht. Sie darf aber nur so weit gehen, dass Fangfragen gestellt oder doppeldeutige Erklärungen abgegeben werden. Grob fahrlässig falsche Angaben über Rechtsfragen und bewusstes Vorspiegeln oder Entstellen von Tatsachen sind immer untersagt (BGHSt 37, 48). Selbst geringfügige Verdrehungen der Wahrheit sind verboten. Das Vorspiegeln einer freundlichen Gesinnung („bad guy, good guy") ist keine verbotene Vernehmungsmethode (BGH NJW 1953, 1114).

18   **Gegenstand der Täuschung** können tatsächliche Verhältnisse, aber auch Rechtsfragen sein. Eine Täuschung über **Tatsachen** wird angenommen, wenn der Wahrheit zuwider vorgegeben wird, es liege eine erdrückende Beweiskette vor (BGHSt 35, 328), der Mittäter habe schon gestanden, es sei weiterer Beweis gefunden oder man werde aus der Aussage keine nachteiligen Folgen ziehen. Eine Täuschung über **Rechtsfragen** liegt vor, wenn gesagt wird, ein Beschuldigter solle als Zeuge vernommen werden, der Beschuldigte sei zur Aussage verpflichtet, er müsse die Wahrheit sagen oder sein Schweigen könne als Schuldbeweis gewertet werden.

19   Das **Verschweigen von Rechten und Tatsachen** ist keine Täuschung (BGHSt 39, 335, 348; NStZ 1997, 251). Wird eine gesetzlich vorgeschriebene Belehrung unterlassen (etwa § 136 Abs 1 S 2 StPO oder § 243 Abs 4 S 1 StPO), so beurteilt sich die Fehlerfolge nach diesen Vorschriften. Ein Beschuldigter braucht um Beispiel nicht besonders darauf hingewiesen werden, dass Angaben, die er außerhalb der Vernehmung macht, verwertet werden können. Schließlich ist der Vernehmungsbeamte – über § 136 StPO hinaus – nicht verpflichtet, dem Beschuldigten zu offenbaren, was er über den Sachverhalt weiß.

20   Ein **Irrtum des Beschuldigten** über den Kenntnisstand der Ermittlungsbeamten oder die Beweislage muss nicht berichtigt werden. Andererseits darf ein erkannter Irrtum nicht durch weitere Erklärungen ausgeweitet oder vertieft werden. Beseitigt werden muss aber ein erkennbarer Irrtum des Beschuldigten über seine Aussagefreiheit.

21   **Heimliche Tonbandmitschnitte** bei der Vernehmung sind grundsätzlich unzulässig. Die Vernehmung ist nichtöffentlich im Sinne des § 201 StGB und darf daher nicht ohne Einwilligung des Beschuldigten aufgenommen werden, auch wenn er weiß, dass seine Äußerungen in einer Niederschrift festgehalten werden (Meyer-Goßner StPO § 136 a Rn 18 mwN).

VIII. Hypnose

22   Unter **Hypnose** versteht man die Einwirkung auf den Beschuldigten, durch die unter Ausschaltung des Willens eine Einengung des Bewusstseins auf die von dem Hypnotiseur gewünschte Vorstellungsrichtung erreicht wird (KK-StPO/Diemer StPO § 136 a Rn 28 mwN). Sie ist ausnahmslos verboten, selbst wenn sie mit Einwilligung des zu Vernehmenden zur Auffrischung seines Gedächtnisses angewendet werden soll.

IX. Zwang

23   **Zwang** ist nur in den gesetzlich vorgesehenen Fällen (etwa in den § 51 StPO, § 70 StPO, § 77 StPO, §§ 112 StPO ff, § 134 StPO, § 163 a Abs 3 StPO) und nur zu den dort vorgesehenen Zwecken erlaubt. Darüber hinaus ist die Anwendung von Zwang verboten, wobei es auf die objektiven Umstände ankommt. Glaubt der Beschuldigte irrig, er sei in

einer Zwangslage, so ist dies ohne Bedeutung. Ein Verwertungsverbot besteht im Übrigen nur, wenn der Zwang gezielt als Mittel zur Herbeiführung einer Aussage eingesetzt worden ist, also darauf gerichtet war, zu beeinflussen, ob überhaupt oder wie ausgesagt werden sollte (BGH NJW 1995, 2933, 2936). Unangenehme oder bohrende Fragen des Vernehmenden stellen nie eine Zwangslage im Sinne des § 136 a StPO dar. Die erneute polizeiliche Vernehmung eines vorläufig Festgenommenen vor der Vorführung vor den Haftrichter ist ebenfalls nicht zu beanstanden (BGH NStZ 1990, 195).

X. Drohung mit einer unzulässigen Maßnahme

Die **Drohung mit einer nach den Vorschriften des Strafverfahrensrechts unzulässigen Maßnahme** besteht darin, dass der Vernehmungsbeamte eine Maßnahme in Aussicht stellt, auf deren Anordnung der Beamte Einfluss zu haben vorgibt, etwa die Festnahme wegen angeblicher Verdunkelungsgefahr oder die Einleitung einer Entziehungskur. Warnungen, Belehrungen oder Hinweise sind keine Drohungen. Vorhaltungen, die das Prozessverhalten des Beschuldigten vernünftigerweise nicht beeinflussen, sind nicht verboten (BGHSt 1, 387; BGHSt 14, 189, 191). Mit zulässigen Maßnahmen (vorläufige Festnahme, Abschiebung, Einleitung eines Ermittlungsverfahrens) darf gedroht werden, sofern der Vernehmende zugleich zum Ausdruck bringt, dass er seine Entschließung nur von sachlichen Notwendigkeiten abhängig macht. Unzulässig ist aber etwa die Androhung, die homosexuellen Neigungen des Beschuldigten ohne sachliche Rechtfertigung bloßzustellen (OLG Naumburg StV 2004, 529). 24

XI. Versprechen von gesetzlich nicht vorgesehenen Vorteilen

Das **Versprechen von gesetzlich nicht vorgesehenen Vorteilen** besteht darin, dass der Vernehmende als Gegenleistung für eine Aussage oder ihren besonderen Inhalt (BVerfG NJW 1984, 428) eine bindende Zusage auf die Gewährung ungerechtfertigter Vorteile abgibt, auf deren Einhaltung der Beschuldigte vertrauen kann (BGHSt 14, 189, 191). Das bloße In-Aussicht-Stellen des Vorteils genügt nicht. Die Zusage muss sich auch auf mehr als nur einen Bagatell-„Vorteil" beziehen. Versprechen von verfahrensbezogenen Vorteilen sind zulässig, wenn sie nur Hinweise darauf enthalten, welche Änderungen der Verfahrenslage durch die Aussage eintreten werden. So ist es **zulässig**, eine Einstellung des Verfahrens nach § 154 StPO zuzusagen, Vergünstigungen nach § 31 BtMG zu versprechen, einen Verzicht auf die Abschiebung zu erklären oder auf die Strafmilderungsmöglichkeiten nach einem Geständnis (BGH NJW 1990, 1921) hinzuweisen. Die Haftentlassung im Fall eines Geständnisses zu versprechen, ist nur bei dem Haftgrund der Verdunkelungsgefahr statthaft, nicht aber, wenn der Haftbefehl auf Fluchtgefahr gestützt ist. 25

Unzulässig ist es dagegen, eine nicht mehr schuldangemessen niedrige Strafe für den Fall eines Geständnisses oder den Verzicht auf eine Strafanzeige zu versprechen sowie einem Kronzeugen gänzliche Straffreiheit oder sonstige ungerechtfertigte Vergünstigungen anzubieten. Zulässig ist es aber, dem **„Kronzeugen"** die Aufnahme in ein Zeugenschutzprogramm und die damit zusammenhängenden Möglichkeiten (etwa Alimentierung, § 8 ZSHG) als sicher in Aussicht zu stellen. Diese Vorteile sind gesetzliche Folge der Aufnahme in das Programm und damit nicht „ungesetzlich" im Sinne des § 136 a StPO. Sie sind damit nicht „Belohnung" für die Aussage, sondern deren gesetzliche Konsequenz. Dementsprechend hat das BVerfG die Zusage der Übernahme der einem aussagebereiten Zeugen durch einen anwaltlichen Beistand entstehenden Kosten nicht als Versprechen von Vorteilen im Sinne von § 136 a Abs 1 S 3 Alt „ StPO angesehen (BVerfG NJW 1984, 428). 26

XII. Sonderproblem: Lügendetektor (engl.: Polygraph)

Der **Einsatz eines Lügendetektors** beim freiwillig mitwirkenden Beschuldigten verstößt zwar weder gegen § 136 a StPO noch gegen Verfassungsgrundsätze (BGHSt 44, 308). Die polygraphische Untersuchung einer Verhörsperson mittels des „Kontrollfragentests" und – jedenfalls im Zeitpunkt der Hauptverhandlung – des „Tatwissenstests" ist aber nach dieser Grundsatzentscheidung v 17. 12. 1998 ein völlig ungeeignetes Beweismittel im Sinne von § 244 Abs 3 S 2 StPO). Nach Ansicht der Bundesrichter ist es nicht möglich, eine gemessene 27 körperliche Reaktion zweifelsfrei auf eine bestimmte Ursache zurückzuführen. Soweit ersichtlich, spielen seitdem „polygraphische Gutachten" – anders als im US-amerikanischen Recht – in der deutschen Strafgerichtsbarkeit keine Rolle mehr.

XIII. Sonderproblem: Rettungsfolter

27a   Die so genannte **Rettungsfolter**, die Androhung oder gar der Einsatz körperlicher Gewalt gegenüber einer festgehaltenen Person zur Erzwingung von Angaben über den Aufenthaltsort eines Entführten oder von sonstigen Informationen zur Abwehr von Gefahren für Leib oder Leben, ist Folter im Sinne von Art 3 EMRK und verstößt gegen § 136a StPO (Fall Gäfgen vs Deutschland – EGMR NStZ 2008, 699; zustimmend Esser NStZ 2008, 657; allgemein zum Thema auch Scheller NJW 2009, 705).

E. Absolutes Verwertungsverbot (Abs 3 S 2)

28   Verstöße gegen § 136a Abs 1 und Abs 2 StPO bewirken ein **absolutes Verwertungsverbot**. Dies ist im Gesetz (Abs 3 S 2 – anders als bei sonstigen Verboten) ausdrücklich festgelegt. Es besteht bei belastenden und entlastenden, falschen und richtigen Aussagen (BGHSt 5, 290). Auch eine nachträgliche Einwilligung des Beschuldigten in die – möglicherweise günstige – Verwendung der Aussage ist vollkommen unbeachtlich. Es steht dem Beschuldigten ja frei, die Angaben unter prozessordnungsgemäßen Umständen zu wiederholen.

29   Das Verbot setzt aber einen **ursächlichen Zusammenhang** zwischen Verstoß und Aussage voraus. Ein solcher fehlt etwa, wenn der Beschuldigte ausgesagt hat, obwohl er die Täuschung erkannt hatte (BGHSt 22, 170, 175). Es genügt, wenn der Ursachenzusammenhang nicht ausgeschlossen werden kann; erwiesen sein muss er nicht (BGHSt 34, 365, 369). Bezieht sich der Zusammenhang nur auf einen abtrennbaren Teil der Vernehmung, so besteht ein Verwertungsverbot auch nur in diesem Umfang.

30   Verboten ist die **unmittelbare und mittelbare** Verwertung der Aussage. Ein unverwertbares Geständnis darf daher auch nicht im Rahmen der Strafzumessung schuldmindernd in Ansatz gebracht werden. Unzulässig ist es insbesondere, die Vernehmungsniederschrift zu verlesen, Audio- oder Videomitschnitte abzuspielen, Vorhalte aus der Vernehmung zu machen, den Vernehmungsbeamten oder anwesende Dritte als Zeugen zu vernehmen oder ein durch verbotene Methoden entwickeltes Gutachten zu verwerten.

31   Eine **Fortwirkung** hat der Verstoß gegen § 136a StPO grundsätzlich nicht (BGHSt 22, 129, 134 gegen frühere entgegenstehende Entscheidungen). Der Beschuldigte darf daher erneut vernommen werden und die neue Aussage kann verwertet werden (BGHSt 37, 48). Es kommt nur darauf an, dass sich der Beschuldigte bei der zweiten Aussage seiner Entscheidungsmöglichkeit bewusst war (BGH NStZ 1988, 419). Bei Drohung oder Quälerei kommt es darauf an, wie lange der Verstoß zurückliegt. Unerheblich ist, dass möglicherweise die dann bestehende Aussagebereitschaft ohne die unzulässige Vernehmung nicht entstanden wäre. Dem im Schrifttum wiederholt geäußerten Vorschlag, eine „qualifizierte Belehrung" dahin gehend einzuführen, dass der Beschuldigte ausdrücklich darauf hinzuweisen ist, dass die vorangegangenen Angaben nicht verwertet werden dürfen, ist die Rechtsprechung bislang nicht gefolgt. Wer mit der Revision behauptet, der Verstoß habe fortgewirkt, der muss das in der Revisionsbegründung näher darlegen (BGH NStZ 1988, 419, 420).

32   Auch eine **Fernwirkung** dergestalt, dass auch die bei der Vernehmung bekannt gewordenen weiteren Beweismittel nicht genutzt werden dürfen, besteht nach der Rechtsprechung grundsätzlich nicht (BGHSt 32, 362). Eine solche Fernwirkung ist dem deutschen Strafprozessrecht fremd. In der Literatur wird diese Frage unter dem Einfluss des angelsächsischen Rechts äußerst kontrovers diskutiert (einführend zum Meinungsstand Meyer-Goßner StPO § 136a Rn 31). Während die Anhänger einer „fruits of the poisonous tree doctrine" eine Fernwirkung bejahen, prüfen die Verfechter der „hypothetical clean path doctrine", ob im konkreten Fall das Beweismittel auch „auf sauberem Wege" hätte erlangt werden können. Vermittelnd wird die so genannte „Abwägungslehre" vertreten, die zwischen der Schwere des Verstoßes einerseits und der Bedeutung des Tatvorwurfs andererseits abwägt.

F. Beweis des Verfahrensverstoßes

Der **Beweis des Verfahrensverstoßes** muss von Amts wegen geführt werden. Es gelten 33
die Grundsätze des Freibeweises (BGH NJW 1994, 2904, 2905). Der Grundsatz „in dubio
pro reo" gilt hier nicht. Ist der behauptete Verstoß nicht erwiesen, so ist die Aussage
uneingeschränkt verwertbar (BGHSt 16, 164, 166). Zur möglichen Verwertung ausländischer
Vernehmungen im Stadium des Ermittlungsverfahrens trotz Foltervorwürfen: BGH NStZ
2008, 643. Beim ursächlichen Zusammenhang hingegen genügt es, wenn dieser nicht ausgeschlossen werden kann (oben Rn 29).

G. Revision

Ein Verstoß gegen § 136a StPO begründet kein Verfahrenshindernis. Er kann und darf 34
vielmehr nur auf eine zulässig erhobene **Verfahrensrüge** hin berücksichtigt werden
(BGHSt 1, 376; StV 1994, 62). Dazu muss der Revisionsführer in der Regel den vollständigen Inhalt der betreffenden Sitzungsniederschriften (BGH NStZ-RR 2003, 144), die
den Verstoß gegen § 136a StPO enthaltenden Tatsachen sowie diejenigen Tatsachen mitteilen, aus denen sich die nahe liegende Möglichkeit eines Ursachenzusammenhangs mit
der Aussage ergibt (BVerfG NStZ 2002, 487). Gegebenenfalls muss er auch darlegen, wieso
ein Verstoß fortgewirkt habe (BGH NStZ 2001, 551). Ist eine Aussage im Ermittlungsverfahren unter Verstoß gegen § 136a StPO zustande gekommen, so ist ein doppelter
Tatsachenvortrag nötig: zum einen zur Entstehung der Aussage und zum anderen zu ihrer
Verwertung.

Anders als bei § 136 StPO ist es nicht erforderlich, dass der Verwertung der Aussage in der 35
Hauptverhandlung ausdrücklich widersprochen wurde. Das Revisionsgericht stellt den Verstoß im **Freibeweisverfahren** fest. Der Zweifelsgrundsatz gilt nicht (oben Rn 33). Die
„Rechtskreistheorie" findet in diesem Zusammenhang keine Anwendung. Der Angeklagte
kann die Unverwertbarkeit von Aussagen von Zeuge und Sachverständigen ebenso rügen
wie die unzulässige Herbeiführung eines Geständnisses des Mitangeklagten. Falls der Beschwerdeführer der Meinung ist, das Gericht sei zu Unrecht von einem Verwertungsverbot
ausgegangen, so muss er die Verletzung der Aufklärungspflicht (§ 244 Abs 2 StPO, § 245
StPO) rügen. Gegebenenfalls muss er auch darlegen, dass ein Verstoß gegen § 136a StPO
nicht fortgewirkt hat (BGH NJW 1995, 2047).

Elfter Abschnitt. Verteidigung (§§ 137-150)

§ 137 [Wahl eines Verteidigers]

(1) ¹Der Beschuldigte kann sich in jeder Lage des Verfahrens des Beistandes eines
Verteidigers bedienen. ²Die Zahl der gewählten Verteidiger darf drei nicht übersteigen.

(2) ¹Hat der Beschuldigte einen gesetzlichen Vertreter, so kann auch dieser
selbständig einen Verteidiger wählen. ²Absatz 1 Satz 2 gilt entsprechend.

Überblick

§ 137 StPO ist Ausdruck des verfassungsrechtlich und in Art 6 Abs 3c MRK verbürgten
Rechts des Beschuldigten auf ein faires Verfahren und darauf, sich in jeder Lage des
Verfahrens (Ausnahme: § 228 Abs 2 StPO) des Beistands eines Verteidigers seines Vertrauens
zu bedienen. Hierdurch soll der Beschuldigte Defizite in Rechtskenntnis und Erfahrung und
seine daraus resultierende unterlegene Stellung ausgleichen können. § 137 Abs 2 S 1 StPO
konstituiert ein selbständiges Recht des gesetzlichen Vertreters des Angeklagten, für diesen
und unabhängig von seinem Willen einen Verteidiger zu wählen. § 137 Abs 1 S 2 StPO
begrenzt die Anzahl der tätigen Verteidiger.

Übersicht

	Rn		Rn
A. Beschuldigter	1	II. Vollmacht	10
B. In jeder Verfahrenslage	2	1. Form	10
		2. Untervollmacht	12
C. Beistand eines Verteidigers	3	III. Zahl der gewählten Verteidiger	14
I. Begründung, Beendigung und Inhalt des Verteidigungsverhältnisses	5	IV. Sockelverteidigung	17
1. Anbahnung	5	D. Gesetzlicher Vertreter (Abs 2)	18
2. Vertrag	6		
3. Inhalt des Verteidigungsverhältnisses	8	E. Revision	19
4. Beendigung	9		

A. Beschuldigter

1   Der Beschuldigtenbegriff ist gesetzlich nicht definiert. Nach **hM** wird die Beschuldigteneigenschaft angenommen, sobald die Strafverfolgungsbehörden Maßnahmen treffen, die erkennbar darauf abzielen, gegen jemanden strafrechtlich vorzugehen (BGH NStZ 1997, 398; statt vieler Meyer-Goßner StPO Einl Rn 76; SK-StPO/Rogall StPO vor § 133 Rn 21). Das mit der Beschuldigteneigenschaft verbundene Recht auf freie Verteidigerwahl aber auch die aus dem Verteidigungsverhältnis erwachsenden Privilegien (Abhörverbot, etc) hängen damit von der Einleitung eines Strafverfahrens ab.

1.1   Dieses Verständnis wird für § 137 StPO vielfach als zu eng angesehen, da Schutzbedürftigkeit auch bei denjenigen gegeben ist, die sich über die Folgen einer begangenen Tat und einer möglichen Selbstanzeige mit oder über ihren Anwalt bei der Polizei informieren möchten. Das gleiche gilt für den, der in den Fokus polizeilicher Ermittlungen gerät, die noch nicht die Qualität eines Ermittlungsverfahrens haben, sog Vorfeldermittlungen (KMR/Hiebl StPO § 137 Rn 3 ff).

1.2   Dieses Problem erlangt schon seit einiger Zeit besondere Bedeutung. Gerade (Groß)Unternehmen mandatieren vermehrt auf Wirtschaftsstrafrecht spezialisierte Rechtsanwälte als Compliance-Beauftragte und zur präventiven Beratung. Auf diese Weise gelangen strafrechtlich relevante Sachverhalte in komprimierter aber ungeschützter Form an die Oberfläche. Eine gerade auch von den Strafverfolgungsbehörden oftmals gewünschte Aufarbeitung dieser Sachverhalte muss den gleichen Schutz genießen wie auch Verteidigungsverhältnisse im engeren Sinne.

B. In jeder Verfahrenslage

2   § 137 StPO gilt in jeder Lage des Verfahrens. Der Begriff des Verfahrens ist weit zu verstehen und umfasst das vorbereitende Verfahren (s § 136 Abs 1 S 2 StPO, § 163a Abs 3 S 2, Abs 4 S 2 StPO; BGHSt 29, 99, 105) aber auch die Zeit nach Rechtskraft des Urteils (BGHSt 26, 367, 371 = NJW 1976, 1902). Das umfasst das Strafvollstreckungsverfahren (BVerfG StV 1994, 572; NStZ 1993, 409), das Gnaden- und auch das Wiederaufnahmeverfahren (OLG Düsseldorf wistra 1990, 168; Stern NStZ 1993, 409; Meyer-Goßner StPO § 137 Rn 3).

C. Beistand eines Verteidigers

3   Verteidiger ist immer eine **natürliche Person**. Eine Personenvereinigung kann als solche nicht Verteidiger sein (BVerfG NJW 1977, 99; zur Sozietät und Rechtsanwalts GmbH Rn 14). Als **Beistand** ist der Verteidiger **nicht Vertreter** des Beschuldigten, sondern mit eigenen Rechten ausgestattet, so dass er im eigenen Namen und aus eigenen Rechten in ein Strafverfahren eingreifen kann (BGHSt 41, 69 f; OLG Celle StV 1988, 425). Gericht und Staatsanwaltschaft sind zur Objektivität und Unparteilichkeit verpflichtet, der Verteidiger hingegen ist als **einseitiger Interessenvertreter** des Beschuldigten ausschließlich zu dessen Entlastung und als Fürsprecher tätig (BGHSt 38, 111, 115). § 137 Abs 1 S 1 StPO und Art 6 Abs 3 lit c MRK verkörpern das Recht des Angeklagten, sich eines Verteidigers seines **Vertrauens** bedienen zu dürfen (BGH NStZ 1998, 312; BGH

Verteidigung § 137 StPO

StV 1992, 53; OLG Braunschweig StV 2008, 293, 294; OLG Hamburg StV 1995, 11). Die Missachtung des Vertrauensgrundsatzes kann Ermessensentscheidungen des Gerichts zwischen den Interessen der Beteiligten und des Gebots der Verfahrensbeschleunigung (OLG Braunschweig StV 2008, 293, 294; OLG Hamm Beschl v 21. 1. 2008 – Az 4 Ss OWi 741/07) „evident rechtswidrig" machen (OLG Hamburg StV 1995, 11 für den Fall eines Terminverlegungsantrags unter besonderer Hervorhebung des Vertrauens; BGH StV 1989, 89; OLG Braunschweig StV 2008, 293, 294; OLG Frankfurt StV 1997, 403). Jegliche staatliche Kontrolle des Verteidigers und seiner Tätigkeit ist ausgeschlossen (BVerfG NJW 1983, 1536; BVerfGE 34, 293, 302). Hinsichtlich der Art und Weise der Verteidigung ist der Verteidiger nicht der Kontrolle des Gerichts unterworfen (OLG Nürnberg StV 1995, 289; OLG Frankfurt StV 1994, 289; OLG Köln StV 1991, 9). Ganz im Gegenteil muss das Gericht auch in bestimmtem Umfang auf Terminwünsche des Verteidigers oder sein auch für den Angeklagten unerwartetes Ausbleiben (BayObLG NJW 1995, 3134) Rücksicht nehmen. Es kann einen Antrag auf Terminsverlegung nicht pauschal ablehnen, wenn der Angeklagte so auf seinen eingearbeiteten Verteidiger verzichten muss (OLG Hamburg StV 1995, 11; LG Frankfurt/M StV 2004, 420); grundsätzlich ist die Abwägung zwischen dem Recht auf Verteidiger des Vertrauens und der Durchführbarkeit des Strafverfahrens Frage des Einzelfalls (BVerfG NJW 1984, 863). Besonderes Gewicht kommen dem in Hinblick auf Art 2 Abs 2 S 2 u S 3 GG zu beachtenden besonderen Beschleunigungsgebot in Haftsachen und dem aus dem Rechtsstaatsprinzip (Art 20 GG) und aus Art 6 Abs 1 S 1 MRK folgenden Gebot, über eine strafrechtliche Anklage in angemessener Zeit zu verhandeln zu. Im Einzelfall muss der Wunsch des Verteidigers, an einer Fortbildungsveranstaltung teilzunehmen, dahinter zurück stehen (BGH NStZ-RR 2007, 81, 82). Es kann einen Befangenheitsgrund darstellen, wenn ein Richter nicht den Verteidiger des Vertrauens des Angeklagten, sondern einen nicht gewünschten Pflichtverteidiger bestellt (BayObLG StV 1988, 97). Ebenso wenig ist der Verteidiger **Weisungen des Angeklagten** selbst unterworfen, zB derart, dass bestimmte Zeugen zu benennen seien – der Verteidiger muss sich „allseitig unabhängig" halten (BGH – Az 1 StR 59/01; BGHSt 39, 10). Der Beschuldigte kann deshalb auch den Pflichtverteidiger nicht zwingen, entgegen seiner Überzeugung ein Rechtsmittel durchzuführen, das er für aussichtslos hält (BGH NStZ 1985; OLG Koblenz NStZ-RR 2008, 81; NStZ-RR 2008, 493; OLG Düsseldorf StV 1984, 327; dazu auch § 140 StPO Rn 24. Das Recht, sich eines Beistands zu bedienen, besteht unabhängig von den Voraussetzungen der notwendigen Verteidigung gem § 140 StPO (OLG Braunschweig StV 2004, 366 = StraFo 2004, 366).

Erklärungen des Verteidigers zur Sache sind keine Erklärungen des Angeklagten und dürfen deshalb auch nicht als solche verwendet werden (OLG Celle StV 1988, 425). Dies gilt nur dann nicht, wenn der Angeklagte ausdrücklich oder konkludent erklärt, dass Äußerungen seines Verteidigers als seine Einlassung verstanden werden sollen (BGH NStZ 1990, 447; BGH StV 1998, 59; BGH Beschl v 22. 2. 2000 – Az 1 StR 605/99 – zitiert nach KMR/Hiebl StPO Rn 15). Schweigen genügt hierzu nicht (vgl BGH NJW 1993, 607; Park StV 1998, 61). Werden in Ausführungen des Verteidigers Angaben des Angeklagten wiedergegeben, sind diese nicht als schriftliche Erklärungen des Angeklagten verlesbar (BGH StV 1993, 263; OLG Celle StV 1988, 425; OLG Celle NZV 1989, 244). Aus dem Inhalt von Beweisanträgen des Verteidigers kann keine Einlassung des Angeklagten konstruiert werden, wenn dieser vorher von seinem Schweigerecht Gebrauch gemacht hat (BGH NStZ 1990, 447). 4

Der Beschuldigte kann sich durch den Verteidiger aber auch durch einen Dritten **vertreten** lassen. Um den Beschuldigten, in den Fällen, in denen dies zulässig ist, bei dessen Abwesenheit in der Hauptverhandlung zu vertreten, benötigt der Verteidiger gem § 234 StPO eine besondere Vertretungsvollmacht, die auch formularmäßig im Strafprozessvollmacht erteilt werden kann. Auch sonstige Bevollmächtigten können den Beschuldigten vertreten. Außerhalb der Hauptverhandlung können sie für den Beschuldigten Prozesshandlungen (zB Stellung von Anträgen, Einlegen von Rechtsmitteln) vornehmen (BayObLGSt 64, 85 f; OLG Hamburg MDR 1969, 598). Dies gilt auch für **juristische Personen**, da sie lediglich den Willen des Betroffenen weiterleiten (OLG Hamm NJW 1952, 1150, 1151). Die Vollmacht muss sich erkennbar auf die Vertretung im Strafverfahren erstrecken (OLG Jena v 25. 1. 2006 – Az 1 Ws 16/06). 4.1

I. Begründung, Beendigung und Inhalt des Verteidigungsverhältnisses

1. Anbahnung

5   Jegliche Aktivität eines Anwalts mit dem Ziel, ein konkretes Mandatsverhältnis zu erhalten, verstößt gegen § 43b BRAO (Hartung/Römermann BRAO § 43b Rn 16) und ist damit berufsrechtswidrig. Der Verteidiger muss um die Übernahme eines Mandats gebeten werden, selbst wenn die Initiative von Dritten ausgeht. Die Anbahnung eines Mandatsverhältnisses gehört in den von § 137 StPO geschützten Bereich. Möchte zB ein Rechtsanwalt auf Bitte eines Dritten hin einen Untersuchungsgefangenen besuchen, ist die Besuchserlaubnis auch dann zu erteilen, wenn der Gefangene den Wunsch nach dem Besuch nicht zu erkennen gegeben hat (LG Darmstadt StV 2003, 628). § 148 StPO findet beim Anbahnungsgespräch Anwendung (OLG Düsseldorf StV 1984, 106).

2. Vertrag

6   Der Grundsatz der **Vertragsfreiheit** bestimmt auch das Verhältnis von Mandant zu Wahlverteidiger. Die entgeltliche Strafverteidigung durch einen Rechtsanwalt stellt einen Geschäftsbesorgungsvertrag gem § 675 BGB dar (BGH NJW 1964, 2402). Ist die Ausübung unentgeltlich (zB bei § 138 Abs 2 StPO) handelt es sich um ein Auftragsverhältnis gem. § 662 BGB. Eine Ausnahme vom Grundsatz der Vertragsfreiheit ist die Bestellung als Pflichtverteidiger gem § 141 StPO. Sie stellt einen zulässigen Eingriff in die Freiheit der anwaltlichen Berufsausübung dar (BVerfGE 39, 238, 241 f). Eine weitere Beschränkung der Vertragsfreiheit sowie der Berufsfreiheit des Strafverteidigers lag in der vom BGH aufgestellten tatsächlichen (aber entkräftbaren) Vermutung, dass eine über dem Fünffachen der gesetzlichen Höchstgebühr liegende Vergütung „unangemessen hoch" sei (BGH NJW 2005, 2142). Diese Rechtsprechung ist nunmehr verfassungsgerichtlich korrigiert worden (BVerfG BeckRS 2009, 36038; zustimmend Beukelmann NJW-Spezial 2009, 584).

7   Die Wirksamkeit der Verteidigerwahl als solche setzt weder volle noch beschränkte **Geschäftsfähigkeit** des Beschuldigten voraus (OLG Schleswig NJW 1981, 1682). Die Pflicht zur Entrichtung des Honorars hingegen kann in solchen Fällen nur über den gesetzlichen Vertreter begründet werden (OLG Schleswig NJW 1981, 1682).

3. Inhalt des Verteidigungsverhältnisses

8   Die **Rechte und Pflichten** des Verteidigers sind in der StPO nur eingeschränkt definiert. Als einseitiger Interessenvertreter des Beschuldigten (Rn 3) ist der Verteidiger zu allen Handlungen berechtigt, die dem Schutz des Beschuldigten dienen, wobei die Vorschriften des StGB eine Grenze bilden (BGH NJW 2002, 2115). Wird gegen einen Verteidiger wegen Geldwäscheverdachts ermittelt, ist auf seine besondere Stellung von den Strafverfolgungsbehörden und den Gerichten schon während des Ermittlungsverfahrens Rücksicht zu nehmen (vgl BVerfG NStZ 2005, 443). Der Verteidiger muss sich allerdings im Rahmen seiner Rolle als Organ der Rechtspflege bewegen; tritt er heraus, kann er sich auf Privilegierungen nicht mehr berufen (OLG Frankfurt NJW 2005, 1727). Die Grundsätze des anwaltlichen Standesrechts sind zu beachten (vgl dazu Hamm NJW 1993, 289). Der Verteidiger hat ein „Recht zu eigenen Ermittlungen" (OLG Frankfurt NStZ 1981, 145; Kempf StraFo 2003, 79). Er kann Zeugen, Sachverständige und Mitbeschuldigte außerhalb und vor der Hauptverhandlung befragen, auch wenn dies noch nicht durch die staatlichen Organe geschehen ist. Erschweren darf er die Wahrheitserforschung nicht (BGHSt 9, 20). Dieses Verbot gilt nicht, soweit zulässige Mittel gewählt werden (Beispiel: die Bitte an die Verlobte, im Rahmen eines Vergewaltigungsvorwurfes nicht auszusagen). Der Strafverteidiger darf nur standesrechtlich und strafprozessual erlaubte Mittel wählen (Meyer-Goßner StPO vor § 137 Rn 2). Innerhalb des Rahmens einer formal korrekten Vorgehensweise kann dem Verteidiger nicht die Pflicht auferlegt werden, allein auf ein materiell richtiges und prozessordnungsgemäßes Urteil hinzuwirken. Der BGH hat jedoch darauf hingewiesen, dass die Strafjustiz auf Dauer an ihre Grenzen stoße, wenn prozessuale Rechte durch „exzessives Verteidigungsverhalten" zweckwidrig eingesetzt würden (BGH NStZ-RR 2007, 22 mwN). Ein Recht zur Lüge hat der Verteidiger nicht (Meyer-Goßner StPO vor § 137 Rn 3 mwN), doch kann er trotz eines

abgelegten Geständnisses Freispruch beantragen (BGHSt 29, 88, 107; dazu auch Hammerstein NStZ 1997, 12). Zur Problematik Strafverteidigung und Strafvereitelung Fischer StGB § 258 Rn 8 ff.

4. Beendigung

Der Beschuldigte wie der Verteidiger können das Verteidigerverhältnis jederzeit durch Kündigung (§ 627 BGB) beenden. Die Niederlegung des Mandats zur Unzeit (§ 34 Abs 4 RichtlRA), zB kurz vor der Hauptverhandlung, um die Bestellung als Pflichtverteidiger zu erwirken, ist nicht zulässig. Mit dem Tod des Beschuldigten erlischt das Verteidigungsverhältnis nicht (BGHSt 45, 108). Die Beendigung des Mandats durch den Verteidiger muss dem Gericht unverzüglich angezeigt werden, da der Anwalt sonst weiterhin Zustellungen und Ladungen gem § 145 a Abs 1 StPO erhält. **9**

II. Vollmacht

1. Form

Die Bestellung als Verteidiger ist **formfrei** möglich (stRspr BGH NJW 1990, 586, 587; zuletzt KG v 10. 4. 2007 – Az 2 Ss 58/07 – Az 3 Ws (B) 148/07; zur Verteidigervollmacht Meyer-Lohkamp/Venn StraFo 2009, 265 ff; Weiß NJW 1983, 89). Die Wirksamkeit der Bestellung als Verteidiger hängt nicht von der Vorlage einer Vollmachtsurkunde ab (BGHSt 36, 259; LG Schwerin NJW 2006, 1448; Meyer-Lohkamp/Venn StraFo 2009, 265, 267). Es genügt vielmehr, dass der Verteidiger **tatsächlich**, gleich wie, beauftragt ist (BGH NJW 1990, 586, 587; für den Fall, dass eine Vollmacht erst nach Abgabe einer Revisionsbegründung nachgewiesen wird, OLG Nürnberg NJW 2007, 539, 540). Nach außen wird dies regelmäßig dadurch deutlich, dass der Verteidiger sich im Verfahren durch ausdrückliche Erklärung oder durch konkludentes Verhalten (zB durch gemeinsames Auftreten mit dem Beschuldigten, BGH NStZ-RR 1998, 18) als Verteidiger des Beschuldigten meldet (Meyer-Goßner StPO vor § 137 Rn 4). Ein Rechtsmittel kann aber auch durch einen bislang im Verfahren noch nicht aufgetretenen Verteidiger wirksam eingelegt werden; die (gleichzeitige) Vorlage einer Vollmacht ist nicht erforderlich (OLG Hamm VRS 108, 266 f). Die Unterzeichnung einer auf mehrere Rechtsanwälte lautenden Formularvollmacht durch einen Beschuldigten begründet oder beweist also nicht ohne weiteres die Verteidigereigenschaft aller darin bezeichneten Personen (OLG Koblenz 27. 7. 2007 – Az 1 SS 207/07; s dazu auch Rn 15). Für die gesetzliche **Zustellungsermächtigung** verlangt das Gesetz (§ 145a Abs 1 StPO), dass sich „die Vollmacht bei den Akten befindet"; auch die Vertretung im **Einziehungsverfahren**, der Grundlage für firmenbezogene sog „**Unternehmensverteidigung**" (vgl Wessing FS Mehle 2009, 665 ff), bedarf gem § 434 StPO der schriftlichen Vollmacht. Zudem kann ein Nachweis der Vollmacht ausnahmsweise dann verlangt werden, wenn **Zweifel** an einer Bevollmächtigung bestehen (LG Hagen StV 1983, 145, 146). **10**

Bei Beauftragung einer Rechtsanwaltsgesellschaft mbH wird die Verteidigerposition für jeden der GmbH zugehörigen Rechtsanwälte grundsätzlich begründet; Verteidiger ist aber der **im konkreten Fall handelnde (und damit die Wahl annehmende) Rechtsanwalt** (LG Bonn AnwBl 2004, 727, 728). **11**

2. Untervollmacht

Der Verteidiger kann sich durch einen allgemeinen Vertreter (§ 53 Abs 1 BRAO), einen amtlich bestellten Vertreter (§ 53 Abs 2 BRAO) oder durch einen Unterbevollmächtigten vertreten lassen. **12**

Ein Wahlverteidiger kann einen anderen Verteidiger unterbevollmächtigen, wenn er dazu ermächtigt wurde (OLG Hamm NStZ 1986, 92; OLG Hamm MDR 1985, 957; OLG Düsseldorf StraFo 1998, 227). Die in einem Verteidigervollmachtsformular vorgesehene Möglichkeit zur Erteilung von Untervollmachten ist wirksamer Bestandteil der Vollmacht (§ 305 c BGB; BGH StraFo 2006, 454, 455). Die Unterbevollmächtigung ist ebenfalls nicht an eine bestimmte Form gebunden und muss den Vertreter nicht näher bezeichnen. Die **13**

Entsendung eines unterbevollmächtigten Verteidigers ist also auch dann wirksam, wenn die schriftliche Untervollmacht nachgereicht wird (BGH StraFo 2006, 454, 455; OLG Düsseldorf StraFo 1998, 227; OLG Hamm NJW 1963, 1793); Gleiches gilt, wenn die Untervollmachtsurkunde erst im Rahmen des Revisionsverfahrens zu den Akten gelangt (Rspr-Übersicht bei Cierniak NStZ-RR 2009, 5). Die Untervollmacht erlischt durch Widerruf des Hauptbevollmächtigten, des Mandanten oder wenn dem Hauptbevollmächtigten das Mandat entzogen wird oder es auf sonstige Weise endet (BGH MDR 1978, 111).

III. Zahl der gewählten Verteidiger

14 Verteidigermandate sind **Einzelmandate**. Die Strafverteidigung kann nur von einer natürlichen Person, nicht von einer Personenvereinigung übernommen werden (BVerfGE 43, 79, 91; BayObLGSt 1952, 267). Selbst wenn ein Beschuldigter von einer Sozietät oder einer Rechtsanwaltsgesellschaft mbH verteidigt wird, stellt nur der jeweilige Rechtsanwalt, der die Wahl zum Verteidiger ausdrücklich oder schlüssig annimmt, den Verteidiger iSv § 59 Abs 1 BRAO, § 137 Abs 1 StPO dar (BVerfGE 43, 79, 91; BayObLG NJW 1976, 862 für den Fall der Annahme der Wahl durch einen Anwalt für alle Sozien; OLG Karlsruhe AnwBl 1976, 53; LG Bonn AnwBl 2004, 727, 728). Zur auch konkludenten Mandatsbeschränkung auf einen Anwalt einer Sozietät und die Relevanz für den Parteiverrat (§ 356 StGB) BGHSt 40, 188.

15 Das Gesetz **beschränkt** die maximale Anzahl der unmittelbar tätigen (SK-StPO/Wohlers StPO § 137 Rn 27) Wahlverteidiger auf **drei**. Diese Beschränkung der Zahl der Wahlverteidiger eines Beschuldigten ist verfassungsgemäß (BVerfG NJW 1975, 1013). Bei der Berechnung sind **Unterbevollmächtigte** einzubeziehen, wenn diese nicht nur anstelle des Verteidigers tätig werden, sondern neben ihm (BGH MDR 1978, 111; Kaiser NJW 1982, 1367, 1368; **aA** KG NJW 1977, 912 m abl Anm Sieg NJW 1977, 1975). Auch der nach **§ 138 Abs 2 StPO** zugelassene Verteidiger wird einbezogen (BGH MDR 1980, 273; BGH NStZ 1981, 94). Der **gesetzliche Vertreter** (§ 137 Abs 2 StPO) kann aufgrund des Wortlauts und der Gesetzesgeschichte (Dünnebier NJW 1976, 1) zusätzlich drei Vertreter wählen; es können so sechs und mehr Verteidiger für einen Angeklagten tätig werden (Dünnebier NJW 1976, 1; KMR/Hiebl StPO § 137 Rn 44; Löwe/Rosenberg/Lüderssen/Jahn StPO § 137 Rn 77; **aA** KK-StPO/Laufhütte StPO § 137 Rn 5 und Meyer-Goßner StPO § 137 Rn 10, die § 137 Abs 2 S 2 StPO einschränkend teleologisch auslegen). Nicht einbezogen wird der zusätzlich bestellte **Pflichtverteidiger** (BGH MDR 1980, 273; BayObLG StV 1988, 98; zu Recht unter Rückgriff auf Wortlaut und Systematik KK-StPO/Laufhütte StPO § 137 Rn 6; KMR/Hiebl StPO § 137 Rn 22; SK-StPO/Wohlers StPO § 137 Rn 24; **aA** Löwe/Rosenberg/Lüderssen/Jahn StPO § 137 Rn 81 mit dem Argument der Gleichheit der Aufgaben von Pflicht- und Wahlverteidiger). Die Mitglieder einer **Anwaltssozietät** sind Verteidiger (BVerfG NJW 1977, 99). Ihre Zahl darf also (nach den in Rn 14 genannten Voraussetzungen) drei nicht überschreiten. Eine (auch konkludente) Beschränkung ist möglich (Meyer-Goßner StPO § 137 Rn 6). Bei Mandatierung einer **Rechtsanwaltsgesellschaft mbH** ist die Anzahl der gleichzeitig auftretenden Verteidiger auf drei begrenzt (LG Bonn AnwBl 2004, 727 f). Es kommt **zusammenfassend** darauf an, dass sich aus der Bestellungserklärung oder dem Verhalten ausdrücklich oder konkludent entnehmen lässt, wer als natürliche Person die Verteidigung übernommen hat (BVerfG NJW 1977, 99; Schmuck PVR 2002, 352).

16 Jeder überzählige Wahlverteidiger ist gem § 146 a StPO **zurückzuweisen**. Die Prozesshandlungen des überzähligen Verteidigers bleiben aber nach § 146 Abs 2 StPO wirksam.

IV. Sockelverteidigung

17 Grundsätzlich zulässig ist der Zusammenschluss und die Absprache mehrerer Verteidiger unterschiedlicher Beschuldigter über Strategie und Taktik im Verfahren (OLG Düsseldorf NJW 2002, 3267), sei es für das gesamte Verfahren oder auch nur punktuell (sog **Sockelverteidigung**, dazu Widmaier Hdb Strafverteidigung/Richter II/Tsambikakis § 17; Müller StV 2001, 649; Pellkofer Sockelverteidigung und Strafvereitelung 1999; Richter II NJW 1993, 2152; s auch § 146 StPO Rn 5). Der Zusammenschluss hat keine rechtlich bindende

Wirkung, so dass jeder Rechtsanwalt den Sockel (i.e. die gemeinsame Absprache) verlassen kann, wenn dies mit der Wahrnehmung der Interessen des Mandanten nicht mehr vertretbar ist (Richter II NJW 1993, 2156).

D. Gesetzlicher Vertreter (Abs 2)

§ 137 Abs 2 StPO gewährt dem gesetzlichen Vertreter ein **selbständiges Recht** auf Wahl 18
eines Verteidigers für den Beschuldigten. Dieses Recht ist vom Willen und der Verteidigerwahl des Beschuldigten unabhängig (Meyer-Goßner StPO § 137 Rn 9). Zwischen dem Vertreter und dem Verteidiger besteht das gleiche Vertrauensverhältnis wie zu dem vom Beschuldigten selbst gewählten Verteidiger. Der vom gesetzlichen Vertreter gewählte Verteidiger bleibt Verteidiger des Beschuldigten und hat allein dessen Interessen zu wahren. Ausnahmsweise kann der gesetzliche Vertreter Weisungsbefugnisse haben, wenn der Beschuldigte selbst nicht in der Lage ist, eine eigenverantwortliche Entscheidung über Verteidigungsziel und Verteidigungsstrategie zu treffen (SK-StPO/Wohlers § 137 Rn 17).

E. Revision

Die Revision kann nicht darauf gestützt werden, dass im Ausgangsverfahren mehr als drei 19
Verteidiger mitgewirkt haben. Hierauf kann ein Urteil nicht beruhen (BGH – Az 4 StR 7/98 v 26. 2. 1998, mitgeteilt bei Neuhaus StV 2002, 44; KK-StPO/Laufhütte StPO § 137 Rn 9; KMR/Hiebl StPO § 137 Rn 48; Meyer-Goßner StPO § 137 Rn 12; **aA** für Fälle, in denen kein Verteidiger bis auf den überzähligen anwesend ist, Neuhaus StV 2002, 43, 49). In Kombination mit § 136 StPO kann die Verletzung von § 137 StPO zu einem Verwertungsverbot führen, wenn der Beschuldigte während der laufenden Vernehmung erklärt, er wolle sich mit einem Verteidiger beraten und die Vernehmung gleichwohl nicht unterbrochen wird (LG Kiel StV 2005, 600). Solange der Angeklagte ordnungsgemäß verteidigt ist und bleibt, führt die ungerechtfertigte (aber nicht willkürliche) Zurückweisung eines Verteidigers nicht zu einer Beschränkung der Verteidigung (BGHSt 27, 154, 154; vgl BGH NJW 1977, 1208, 1209).

§ 138 [Wahlverteidiger]

(1) Zu Verteidigern können Rechtsanwälte sowie die Rechtslehrer an deutschen Hochschulen im Sinne des Hochschulrahmengesetzes mit Befähigung zum Richteramt gewählt werden.
(2) ¹Andere Personen können nur mit Genehmigung des Gerichts gewählt werden. ²Gehört die gewählte Person im Fall der notwendigen Verteidigung nicht zu den Personen, die zu Verteidigern bestellt werden dürfen, kann sie zudem nur in Gemeinschaft mit einer solchen als Wahlverteidiger zugelassen werden.
(3) Können sich Zeugen, Privatkläger, Nebenkläger, Nebenklagebefugte und Verletzte eines Rechtsanwalts als Beistand bedienen oder sich durch einen solchen vertreten lassen, können sie nach Maßgabe der Absätze 1 und 2 Satz 1 auch die übrigen dort genannten Personen wählen.

Überblick

§ 138 StPO bestimmt den Kreis der möglichen Wahlverteidiger. Die Vorschrift unterscheidet zwischen denjenigen Personen, die originär zu Verteidigern gewählt werden können (Rechtsanwälte und Hochschullehrer) und denen, die dafür der Zustimmung des Gerichts bedürfen (geschäftsfähige natürliche Personen, die keine Rechtsanwälte sind). Im Fall der notwendigen Verteidigung können „andere Personen" nur in Gemeinschaft mit einem Verteidiger nach Abs 1 tätig werden. Abs 3 gibt den dort genannten Personen bei der Auswahl des Beistandes dieselben Möglichkeiten, die der Beschuldigte hat.

Übersicht

	Rn		Rn
A. Originäre Zulässigkeit – Rechtsanwälte und Hochschullehrer	1	I. Andere Personen	9
		II. Genehmigung des Gerichts	11
I. Rechtsanwälte	1	III. Fälle notwendiger Verteidigung	17
II. Rechtslehrer an Hochschulen	4		
III. Angehörige steuerberatender Berufe	5	C. Beistand von Zeugen und Verletzten	18a
IV. Ausnahmen	6	D. Beschwerde	19
B. Abgeleitete Zulässigkeit	9	E. Revision	21

A. Originäre Zulässigkeit – Rechtsanwälte und Hochschullehrer

I. Rechtsanwälte

1   Grundsätzlich kann **jeder** bei einem Gericht in der Bundesrepublik Deutschland zugelassene Rechtsanwalt zum Verteidiger gewählt werden. Er darf bis auf wenige Ausnahmen (Rn 7) vor jedem Gericht als Verteidiger auftreten. Die Einführung der Qualifikationsbezeichnung „**Fachanwalt für Strafrecht**" durch § 1 S 2 FAO (in Kraft getreten am 11. 3. 1997) dient der Qualitätssicherung, da zur Erlangung dieser Bezeichnung besondere theoretische und praktische Kenntnisse erforderlich sind (§ 2 Abs 1 FAO). Bedeutung für die Zulässigkeit des Auftretens vor Gerichten hat sie jedoch nicht.

2   **Europäische Rechtsanwälte** können ebenfalls als Verteidiger in der Bundesrepublik Deutschland auftreten. Dazu müssen sie Staatsangehörige der Mitgliedstaaten der Europäischen Union oder der anderen Vertragsstaaten des Abkommens über den Europäischen Wirtschaftsraum und der Schweiz sein. Sie müssen zudem die Berechtigung haben, als Rechtsanwälte nach dem EuRAG tätig zu werden, § 1EuRAG, § 25 EuRAG, § 28 EuRAG ff. Das Gesetz unterscheidet zwischen den „**niedergelassenen europäischen Rechtsanwälten**" (§§ 2 EuRAG ff) – sie sind den deutschen Anwälten gleichgestellt – und den „**dienstleistenden europäischen Rechtsanwälten**" (§§ 25 EuRAG ff). Letztere können im Fall der notwendigen Verteidigung nur im Einvernehmen mit einem Rechtsanwalt (dem sog. „**Einvernehmensanwalt**") handeln, § 28 Abs 1 EuRAG. Dazu auch Werner StraFo 2001, 221. Das Einvernehmen ist gem § 29 Abs 1 EuRAG bei der ersten Handlung gegenüber dem Gericht oder einer Behörde schriftlich nachzuweisen. Nach § 28 Abs 4 EurAG ist § 52 Abs 2 BRAO für den dienstleistenden europäischen Anwalt entsprechend anwendbar. Dies bedeutet, die Ausführung der Prozessrechte sind nur im „Beistand" des Einvernehmensanwalts möglich. „Beistand" bedeutet die Anwesenheit des Einvernehmensanwalts oder seines Vertreters (Henssler/Prütting/Prütting/Schaich BRAO § 53 Rn 10 f).

3   Ein **Syndikusanwalt**, also ein Rechtsanwalt bei einem nicht anwaltlich tätigen Arbeitgeber, kann nur dann zum Verteidiger gewählt werden, wenn er außerhalb seines Dienstverhältnisses handelt, § 46 BRAO (s auch Kramer AnwBl 2001, 140). Anderes gilt bei einem ständigen anwaltlichen Berater (Meyer-Goßner StPO § 138 Rn 2 b) eines Unternehmens, der arbeitsrechtlich nicht eingegliedert ist.

II. Rechtslehrer an Hochschulen

4   **Hochschullehrer** können, auch wenn sie geschäftsmäßig agieren (VGH München NJW 1987, 460), Wahlverteidiger werden. § 138 Abs 1 StPO stellt eine Durchbrechung des Rechtsberatungsmonopols der Rechtsanwälte dar, Art 1 § 1 RBerG (vgl BVerfG NJW 1988, 2535; s auch Schönberger NJW 2003, 249 ff). Rechtslehrer sind alle hauptberuflichen (auch emeritierten) Professoren, Honorarprofessoren und Privatdozenten, die einer Universität oder gleichrangigen wissenschaftlichen Hochschule der juristischen Fakultät angehören und rechtswissenschaftliche (nicht notwendigerweise strafrechtliche) Vorlesungen halten oder halten dürfen (Meyer-Goßner StPO § 138 Rn 4; BVerwG NJW 1970, 2314). **Fachhochschullehrer** fallen – nach der neuen Gesetzesfassung (§ 1 HRG) – ebenfalls in den Kreis derjenigen, die nach Abs 1 vertreten dürfen. (BGH NJW 2003, 3573; OLG Dresden StraFo 2000, 338; hierzu auch Löwe/Rosenberg/Lüderssen/Jahn StPO § 138 Rn 9; aM OLG

Brandenburg NStZ 2004, 85; Meyer-Goßner StPO § 138 Rn 4). **Wissenschaftliche Assistenten** und **Lehrbeauftragte** sind keine Hochschullehrer iSd HRG (§ 42 HRG; Meyer-Goßner StPO § 138 Rn 4; **aM** bzgl Lehrbeauftragter KMR/Hiebl StPO § 138 Rn 20; OLG Jena StraFO 1999, 350 mzA Deumeland – alle noch zur alten Rechtslage). Sie unterscheiden sich von Hochschullehrern dadurch, dass sie den Nachweis „der besonderen Befähigung zu wissenschaftlicher Arbeit" nicht erbringen müssen (§ 44 Nr 3 HRG, § 47 Nr 3 HRG; vgl OLG Brandenburg NStZ 2004, 85, 86). Die Zulassung nach § 138 Abs 2 StPO ist gleichwohl möglich. Wechselt ein Hochschullehrer nach Übernahme eines Mandats an eine Universität außerhalb der Bundesrepublik Deutschland, bleibt eine bestehende Wahlverteidigerstellung wirksam (OLG Koblenz NStZ 1981, 403), die Annahme neuer Mandate ist hingegen nicht mehr möglich (Meyer-Goßner StPO § 138 Rn 4; **aM** Bergmann MDR 1982, 97, der zur Zulässigkeit die gerichtliche Genehmigung fordert). Die **Vergütung** der Hochschullehrer richtet sich nach der der Rechtsanwälte (SK-StPO/Wohlers StPO § 138 Rn 21).

III. Angehörige steuerberatender Berufe

Nach § 392 AO können Steuerberater, Steuerbevollmächtigte, Wirtschaftsprüfer und vereidigte Buchprüfer Wahlverteidiger werden, wenn die Finanzbehörden das Strafverfahren selbständig durchführen (§ 369 AO, § 386 Abs 2 AO). Ist das nicht der Fall, können sie nur im Verbund mit einem Rechtsanwalt tätig werden. § 138 Abs 2 StPO bleibt nach § 392 Abs 2 AO unberührt. Damit ist das alleinige Auftreten eines Angehörigen eines steuerberatenden Berufs in der Hauptverhandlung immer ausgeschlossen. 5

IV. Ausnahmen

Ist ein Rechtsanwalt oder Hochschullehrer einer Straftat **beschuldigt**, kann er sich nicht selbst bestellen (BVerfG NJW 1980, 1677; BVerfG NJW 1998, 2205). Ebenso wenig kann er für sich nach § 138 Abs 2 StPO tätig werden. 6

Nach § 172 BRAO dürfen die beim **Bundesgerichtshof** zugelassenen Rechtsanwälte lediglich vor dem BGH, den anderen obersten Gerichtshöfen des Bundes, dem Gemeinsamen Senat der obersten Gerichtshöfe und dem Bundesverfassungsgericht auftreten. Die Einlegung der Revision, Revisionsanträge und Revisionsbegründungen gehört, auch wenn die entsprechenden Schriftsätze beim Landgericht einzureichen sind (§ 341 Abs 1 StPO, § 345 Abs 1 StPO), zur Tätigkeit eines beim Bundesgerichtshof zugelassenen Rechtsanwalts (KMR/Hiebl StPO § 138 Rn 3). 7

Ist gegen einen Rechtsanwalt ein **Berufs- oder Vertretungsverbot** verhängt worden (§ 132 a StPO, § 70 StGB, § 11 BRAO, § 113 BRAO, § 114 Abs 1 S 4 BRAO, § 150 BRAO, § 161 a BRAO) darf er nicht als Verteidiger tätig werden. Tritt er trotzdem auf, ist er nach § 146 a Abs 1 StPO zurückzuweisen (OLG Celle NStZ 1989, 41 mAnm Feurich NStZ 1989, 338; Meyer-Goßner StPO § 138 Rn 2). In entsprechender Anwendung von § 146 a Abs 2 StPO sind die bis zur Zurückweisung erfolgten Rechtshandlungen als wirksam anzusehen (OLG Celle NStZ 1989, 41 mAnm Feurich NStZ 1989, 338; Meyer-Goßner StPO § 138 Rn 2). 8

B. Abgeleitete Zulässigkeit

I. Andere Personen

Um dem Vertrauensinteresse des Beschuldigten gerecht zu werden (KMR/Hiebl StPO § 138 Rn 27), können nach § 138 Abs 2 S 1 StPO auch andere (**natürliche**, BayObLG NJW 1953, 354; KMR/Hiebl StPO § 138 Rn 29, vor § 137 Rn 35) Personen zu Verteidigern gewählt werden. § 138 Abs 2 StPO ist durch das 2. OpferrechtsreformG (29. 7. 2009, BGBl I 2280) neugefasst worden. Dabei wurde der Regelungsgehalt zur besseren Verständlichkeit und im Hinblick auf die Bezugnahme im neuen Abs 3 (Rn 18 a) ohne inhaltliche Änderung auf zwei Sätze aufgeteilt (vgl BT-Drs 16/12098, 20). Die Genehmigung des Gerichts ist bei der Wahl einer anderen Person erforderlich (OLG Koblenz NStZ-RR 2008, 179). Die Person muss geschäftsfähig sein (Meyer-Goßner StPO § 138 Rn 8). Es kommen hier 9 zunächst ausländische Rechtsanwälte in Betracht, die nicht nach den Bestimmungen des EuRAG den deutschen Rechtsanwälten gleichgestellt sind (vgl dazu Rn 2). Die Zulassung eines ausländischen Rechtsanwalts erfolgt jedoch nicht, wenn dieser lediglich zur Vorbereitung der Verteidigung Ermittlungen im Ausland durchführen, selbst aber keine Verteidigungstätigkeit ausüben soll (OLG Stuttgart NStZ-RR 2009, 113). Des Weiteren kommen als andere Personen iSd § 138 Abs 2 S 1 StPO in Betracht: Rechtsbeistände, die nach § 209 BRAO Mitglied der RAK sind (BGHSt 32, 326, 329), Familienangehörige, Freunde, Bekannte, Assessoren (BVerfG NJW 2003, 882), Patentanwälte (OLG Düsseldorf StraFo 2001, 270), Angehörige der steuerberatenden Berufe (§ 392 Abs 2 AO), Richter (OLG Hamm MDR 1978, 509), nicht jedoch Mitbeschuldigte oder Mitangeklagte (BayObLG NJW 1953, 755).

10 Der Zulassung einer anderen Person als Wahlverteidiger steht entgegen, wenn die Strafverteidigung **geschäftsmäßig** erfolgt (Art 1 § 1 RBerG, Art 1 § 8 RBerG; OLG Hamm NJW 1998, 92; OLG Dresden NJW 1998, 90). Lässt ein Gericht gleichwohl (zB aus Unkenntnis der Geschäftsmäßigkeit) eine solche Person zu, bleibt die Verteidigung verboten (BayObLG GA 1972, 276).

II. Genehmigung des Gerichts

11 Ein wirksames Verteidigungsverhältnis wird erst durch die Genehmigung des Gerichts begründet (OLG Karlsruhe NJW 1988, 2549; s auch Hilla NJW 1988, 2525). Liegt eine Vollmacht vor, nicht aber die Genehmigung des Gerichts, ist die Person allenfalls zur **Vertretung** berechtigt (Meyer-Goßner StPO vor § 137 Rn 10). Die Genehmigung erfolgt nur auf **Antrag**, doch können Antrag und Genehmigung auch durch konkludente Handlungen vorgenommen werden (OLG Düsseldorf StraFo 2001, 270). Das ist ua dann der Fall, wenn der Gewählte Prozesshandlungen vornimmt, aus denen sich ergibt, dass er als Verteidiger für den Beschuldigten auftreten will; zB Einlegung eines Rechtsmittels (RGSt 55, 213).

Das Gericht entscheidet über die Genehmigung nach Anhörung der StA (§ 33 Abs 2 StPO) durch Beschluss. Ein ablehnender Beschluss muss begründet werden.

12 Eine **stillschweigende Genehmigung** ist ebenfalls möglich, wenn die Handlungen, aus denen sich die Genehmigung ergeben soll, den Willen des Gerichts zur Bestellung (und die erforderliche Ermessensausübung) erkennen lassen (Ladung zur HV und dort Auftreten der Person ohne Einwände OLG Düsseldorf StraFo 2001, 270).

13 Das Gericht entscheidet nach **pflichtgemäßem Ermessen**, ob die Genehmigung zu erteilen ist (OLG Düsseldorf NStZ 1999, 586). Es muss das Interesse des Beschuldigten an der Zulassung einer Vertrauensperson gegen das allgemeine Interesse an der Wahrung der Belange der Rechtspflege abwägen (Düsseldorf NStZ 1999, 586; OLG Hamm NStZ 2007, 238, 239). Die Genehmigung **muss** erteilt werden, „wenn die gewählte Person das Vertrauen des Beschuldigten/Angeklagten hat, sie genügend sachkundig und vertrauenswürdig erscheint und sonst keine Bedenken gegen ihr Auftreten als Verteidiger bestehen" (BVerfG NJW 2006, 1503; OLG Hamm NStZ 2007, 238, 239 BayObLG MDR 1978, 862). Persönliche Nähe zwischen der Person und dem Beschuldigten steht einer Verteidigung nicht entgegen (OLG Hamm MDR 1978, 509). Die Genehmigung darf **nicht nur auf besondere Ausnahmefälle** beschränkt werden (OLG Hamm NStZ 2007, 238; OLG Düsseldorf NStZ 1999, 587; **aA** OLG Karlsruhe StV 1988, 379 m abl Anm Billa NJW 1988, 2525; so auch noch OLG Hamm MDR 1978, 508: „Zulassung ... nur unter engen Voraussetzungen ausnahmsweise"). Abgelegte juristische Staatsexamina sind nicht erforderlich (OLG Hamm NStZ 2007, 238, 239). Bei der Entscheidung kann das Gericht die **persönliche Einstellung** des Betroffenen zu den Strafverfolgungsbehörden ebenso berücksichtigen wie sachliche Distanz und Objektivität. „Wertschätzung" muss er den Justizbehörden aber nicht entgegen bringen (OLG Hamm NStZ 2007, 238, 239). Es muss aber ein hinreichendes Verständnis für den Ablauf eines geordneten Strafverfahrens erkennbar sein. Das ist zB dann nicht der Fall, wenn der Antragsteller das Gericht mit Schmähkritik überzieht und sich vorbehält, dessen Geschäftsunfähigkeit „höhergerichtlich feststellen zu lassen" (OLG Koblenz NStZ-RR 2008, 179).

14 Die Genehmigung erstreckt sich auf das **gesamte Verfahren** (Meyer-Goßner StPO § 138 Rn 14; OLG Neustadt MDR 1956, 437), wobei sie jedoch auf einzelne Verfahrensabschnitte und -handlungen beschränkt werden kann (KMR/Hiebl StPO § 138 Rn 38). Dies muss jedoch unmissverständlich zum Ausdruck kommen, da die Genehmigung sonst bis zum Abschluss des Verfahrens wirkt (OLG Düsseldorf StraFo 2001, 270).

Die gerichtliche Genehmigung kann **rückwirkend** erteilt werden. Sie kann so lange 15 erteilt werden, wie das Gericht mit der Sache befasst ist (Meyer-Goßner StPO § 138 Rn 15). Bis dahin vorgenommene (schwebend unwirksame, KK-StPO/Laufhütte StPO § 138 Rn 8) Prozesshandlungen sind als von Anfang an wirksam anzusehen (RGSt 55, 213; BayObLG MDR 1978, 862; OLG Hamm 1951, 503). Die **Rücknahme** der Genehmigung ist dann zulässig, wenn sich herausstellt, dass die Erteilung rechtsfehlerhaft war, also die Voraussetzungen von vornherein nicht gegeben waren oder später weggefallen sind (BayObLG NJW 1953, 755). Die Rücknahme entfaltet Wirkung ex nunc, dh bereits vorgenommene Prozesshandlungen bleiben wirksam (KMR/Hiebl StPO § 138 Rn 42).

Zuständig ist das Gericht, bei dem das Verfahren anhängig ist (Meyer-Goßner StPO 16 § 138 Rn 16). Im Vorverfahren ist dies ebenfalls das Gericht (nicht nur der Vorsitzende), das für das Hauptverfahren zuständig ist (Löwe/Rosenberg/Lüderssen/Jahn StPO § 138 Rn 30; KMR/Hiebl StPO § 138 Rn 40). Das Rechtsmittelgericht ist dann zuständig, wenn die Akten gem § 322 S 2 StPO, § 347 Abs 2 StPO vorgelegt wurden. Bei besonderer Eilbedürftigkeit kann auch der Ermittlungsrichter über die Genehmigung entscheiden. Diese kann dann allerdings nur beschränkt auf die Mitwirkung bei der richterlichen Untersuchungshandlung (gem § 162 StPO) erteilt werden. (KMR/Hiebl StPO § 138 Rn 41).

III. Fälle notwendiger Verteidigung

Liegt ein Fall notwendiger Verteidigung vor (§ 140 StPO), dürfen nach § 138 Abs 2 S 2 17 StPO Personen, die weder nach § 138 Abs 1 StPO zum Verteidiger gewählt oder gem § 142 Abs 2 StPO bestellt wurden, **nur zusammen mit einem Verteidiger** zugelassen werden. Damit wird rechtskundiger Beistand gewährleistet (BGHSt 3, 398; KG NJW 1974, 916).

Hieraus ergeben sich wesentliche Einschränkungen der Rechte der „anderen Personen". 18 Alle **wesentlichen Prozesshandlungen** sind vom Verteidiger nach § 138 Abs 1 StPO mitzutragen, der Verteidiger muss bei allen relevanten Teilen der Hauptverhandlung anwesend sein (BayObLG NJW 1991, 2434) und er muss Rechtsmittelerklärungen gemeinsam abgeben oder mit unterzeichnen (§ 345 Abs 2 StPO, BGHSt 32, 326). Zwar können auch die nach § 138 Abs 2 StPO zugelassenen Personen Erklärungen abgeben, Akten einsehen, Zeugen und Sachverständige befragen, doch bei widersprüchlichen Erklärungen ist die des Rechtsanwalts oder Hochschullehrers maßgeblich (Meyer-Goßner StPO § 138 Rn 19). Bei der Urteilsverkündung muss der Rechtsanwalt oder Hochschullehrer jedoch nicht anwesend sein.

C. Beistand von Zeugen und Verletzten

Abs 3 ist durch das 2. OpferrechtsreformG (29. 7. 2009, BGBl I 2280) neu eingefügt 18a worden. Zeugen und Verletzte, die sich eines Rechtsanwaltes als Beistand bedienen können (vgl § 68 b StPO, § 378 StPO, § 397 a StPO, § 406 g StPO, § 406 f StPO), erhalten bei der Auswahl ihres Beistandes dieselben Möglichkeiten wie der Beschuldigte nach Abs 1 und Abs 2. Auf diese Weise sollen die Befugnisse der Opfer von Straftaten bei der Wahl eines Beistandes an die der Beschuldigten bei der Wahl eines Verteidigers angeglichen werden (BT-Drs 16/12098). Zeugen und Verletzte können demnach als Beistand neben einem Rechtsanwalt auch einen Rechtslehrer an einer deutschen Hochschule (Rn. 4) und – mit Genehmigung des Gerichts (Rn 11) – andere natürliche Personen (Rn 9) wählen.

D. Beschwerde

Gegen den Beschluss, durch den ein Verteidiger nach Abs 1 von der Verteidigung aus- 19 geschlossen wird, ist Beschwerde nach § 304 StPO zulässig. Zur Beschwerde berechtigt ist auch der Verteidiger (BGHSt 8, 194). Nach § 304 Abs 2, Abs 5 StPO sind Entscheidungen der Oberlandesgerichte und Ermittlungsrichter unanfechtbar.

20 Gegen die Versagung oder Rücknahme der Genehmigung nach § 138 Abs 2 StPO können der Beschuldigte und der Verteidiger Beschwerde einlegen (OLG Düsseldorf StV 1988, 377; Meyer-Goßner StPO § 138 Rn 23; BayObLG NJW 1953, 755; **aM** OLG Hamburg MDR 1969, 598). Das Beschwerdegericht prüft lediglich auf Ermessensfehler (OLG Düsseldorf NStZ 1988, 91, 92; OLG Hamm NStZ 2007, 238, 239).

E. Revision

21 Mit der Revision kann geltend gemacht werden, dass es durch einen Beschluss des Gerichts zu einer unzulässigen Beschränkung der Verteidigung gekommen ist (§ 338 Nr 8 StPO; KK-StPO/Laufhütte StPO § 138 Rn 18; KMR/Hiebl StPO § 138 Rn 55; zu Ausnahmen BGH NJW 1977, 1298). Liegt ein Fall notwendiger Verteidigung vor und ist bei wesentlichen Teilen der Hauptverhandlung lediglich ein nach § 138 Abs 2 StPO zugelassener Anwalt anwesend, kann eine Verletzung von § 338 Nr 5 StPO gerügt werden (KMR/Hiebl StPO § 138 Rn 55).

§ 138 a [Ausschließung des Verteidigers]

(1) Ein Verteidiger ist von der Mitwirkung in einem Verfahren auszuschließen, wenn er dringend oder in einem die Eröffnung des Hauptverfahrens rechtfertigenden Grade verdächtig ist, daß er
1. an der Tat, die den Gegenstand der Untersuchung bildet, beteiligt ist,
2. den Verkehr mit dem nicht auf freiem Fuß befindlichen Beschuldigten dazu mißbraucht, Straftaten zu begehen oder die Sicherheit einer Vollzugsanstalt erheblich zu gefährden, oder
3. eine Handlung begangen hat, die für den Fall der Verurteilung des Beschuldigten Begünstigung, Strafvereitelung oder Hehlerei wäre.

(2) Von der Mitwirkung in einem Verfahren, das eine Straftat nach § 129 a, auch in Verbindung mit § 129 b Abs. 1, des Strafgesetzbuches zum Gegenstand hat, ist ein Verteidiger auch auszuschließen, wenn bestimmte Tatsachen den Verdacht begründen, daß er eine der in Absatz 1 Nr. 1 und 2 bezeichneten Handlungen begangen hat oder begeht.

(3) [1]Die Ausschließung ist aufzuheben,
1. sobald ihre Voraussetzungen nicht mehr vorliegen, jedoch nicht allein deshalb, weil der Beschuldigte auf freien Fuß gesetzt worden ist,
2. wenn der Verteidiger in einem wegen des Sachverhalts, der zur Ausschließung geführt hat, eröffneten Hauptverfahren freigesprochen oder wenn in einem Urteil des Ehren- oder Berufsgerichts eine schuldhafte Verletzung der Berufspflichten im Hinblick auf diesen Sachverhalt nicht festgestellt wird,
3. wenn nicht spätestens ein Jahr nach der Ausschließung wegen des Sachverhalts, der zur Ausschließung geführt hat, das Hauptverfahren im Strafverfahren oder im ehren- oder berufsgerichtlichen Verfahren eröffnet oder ein Strafbefehl erlassen worden ist.

[2]Eine Ausschließung, die nach Nummer 3 aufzuheben ist, kann befristet, längstens jedoch insgesamt für die Dauer eines weiteren Jahres, aufrechterhalten werden, wenn die besondere Schwierigkeit oder der besondere Umfang der Sache oder ein anderer wichtiger Grund die Entscheidung über die Eröffnung des Hauptverfahrens noch nicht zuläßt.

(4) [1]Solange ein Verteidiger ausgeschlossen ist, kann er den Beschuldigten auch in anderen gesetzlich geordneten Verfahren nicht verteidigen. [2]In sonstigen Angelegenheiten darf er den Beschuldigten, der sich nicht auf freiem Fuß befindet, nicht aufsuchen.

(5) [1]Andere Beschuldigte kann ein Verteidiger, solange er ausgeschlossen ist, in demselben Verfahren nicht verteidigen, in anderen Verfahren dann nicht, wenn diese eine Straftat nach § 129 a, auch in Verbindung mit § 129 b Abs. 1, des Strafgesetz-

buches zum Gegenstand haben und die Ausschließung in einem Verfahren erfolgt ist, das ebenfalls eine solche Straftat zum Gegenstand hat. ²Absatz 4 gilt entsprechend.

Überblick

Die §§ 138 a StPO ff stellen die strafprozessualen Ausschließungsgründe von Verteidigern abschließend dar. § 138 a StPO beinhaltet einen Katalog von Taten, derer der Verteidiger verdächtig sein muss. Die Vorschrift regelt aber auch die Umstände, unter denen ein Ausschluss wieder aufzuheben ist.

Übersicht

	Rn		Rn
A. Verdachtsgrad	1	C. Verfahren wegen Straftaten nach § 129 a StGB	9
B. Ausschließungsgründe	3		
I. Beteiligung an der Tat	4	D. Aufhebungsgründe	10
II. Missbrauch des Rechts auf ungehinderten Verkehr mit dem Beschuldigten	5	E. Ausschließungswirkung	13
III. Anschlussdelikte	7		

A. Verdachtsgrad

Ein Verteidiger ist nach § 138 a Abs 1 StPO von einem Verfahren auszuschließen, wenn 1 ein **dringender oder hinreichender Verdacht der Erfüllung** einer der Tatbestände des § 138 a Abs 1 Nr 1 bis Nr 3 StPO besteht (KG NJW 1978, 1538). Ein **dringender Verdacht** ist gegeben, wenn aufgrund der Gesamtwürdigung aller Umstände (BGH NJW 1984, 316) mit großer Wahrscheinlichkeit davon auszugehen ist, dass ein Ausschlussgrund vorliegt (SK-StPO/Wohlers StPO § 138 a Rn 9; Meyer-Goßner StPO § 138 a Rn 12-14). **Hinreichender Verdacht** liegt vor, wenn dem Verteidiger strafbares Verhalten vorgeworfen wird; ein eingeleitetes Ermittlungsverfahren ist nicht erforderlich (BGHSt 36, 133). Es liegt zB solange kein dringender Verdacht vor, wie die Möglichkeit offen bleibt, dass der Verteidiger an Angaben des Angeklagten geglaubt hat und ihm deshalb empfahl, ein Geständnis mit der Begründung zu widerrufen, es sei ihm vom Vernehmungsbeamten in den Mund gelegt worden (OLG Braunschweig StV 1984, 500, 501).

Bei Verfahren, die eine Straftat nach **§ 129 a StGB** iVm § 138 a Abs 1 Nr 1 und Nr 2 2 StPO zum Gegenstand haben, reicht ein geringerer Verdachtsgrad aus. Dem Maßstab des § 100 a StPO entsprechend genügt ein auf bestimmte Tatsachen gestützter Verdacht für ein rechtlich zu missbilligendes Verhalten des Strafverteidigers (KG NJW 1978, 1538, 1539).

B. Ausschließungsgründe

Die folgend erörterten Ausschließungsgründe gelten in **jedem Stadium des Verfahrens** 3 (BGH wistra 1992, 228; KMR/Müller StPO Rn 2). Sie sind auch im **OWi-Verfahren** anwendbar (BGH wistra 1992, 228). Ausgeschlossen werden können **alle Verteidiger** sowie die mit Zustimmung des Beschuldigten unterbevollmächtigten Verteidiger, zu den Verteidigern nach § 392 Abs 1 AO gewählten Angehörigen steuerberatender Berufe, die gem § 138 Abs 2 StPO zugelassenen Verteidiger und **Pflichtverteidiger** nach § 141 StPO (BGH NStZ 1997, 46; Dencker NJW 1979, 2176, 2179, 2180; Meyer-Goßner StPO § 138 a Rn 3, KMR/Müller StPO § 138 a Rn 1; SK-StPO/Wohlers StPO § 138 a Rn 4; anders noch OLG Köln NStZ 1982, 129; OLG Koblenz NJW 1978, 2521 mit Berufung auf BVerfG NJW 1973, 696; dazu auch Dencker NJW 1979, 2176). Die §§ 138 a StPO ff finden auch in anderen Verfahren wie dem Bußgeldverfahren oder dem Steuerverfahren Anwendung. Hier ergeben sich jedoch Einschränkungen aus dem Verhältnismäßigkeitsprinzip (BGH wistra 1992, 228). Die Vorschriften greifen nicht bei privat Bevollmächtigten (Rieß NStZ 1981, 328, 331 mwN) und auch dann nicht, wenn ein Angeklagter gleichzeitig als Verteidiger eines Mitangeklagten tätig werden will (BGH StV 1996, 469).

I. Beteiligung an der Tat

4   Der Ausschließungsgrund der **Tatbeteiligung** ist gegeben, wenn sich der Verteidiger (vorwerfbar BGH NStZ 1986, 37) beteiligt hat, der im Vorverfahren als Straftat qualifiziert wurde. Die Beteiligung ist bei allen strafrechtlichen Formen der Täterschaft und Teilnahme (§ 25 StGB bis § 27 StGB) möglich. Sie ist nicht auf die in § 60 Nr 2 StPO genannten Merkmale auszuweiten (OLG Zweibrücken wistra 1995, 319; Meyer-Goßner StPO § 138 a Rn 5; KMR/Müller StPO § 138 a Rn 5, 6). Bei **Antragsdelikten** muss der Strafantrag nicht gegen den Verteidiger gestellt sein, es genügt wenn die Tat anwaltsgerichtlich geahndet wird (BGH NJW 1984, 316; BGH wistra 2000, 311, 314; OLG Hamburg NStZ 1983, 426). Ebenfalls erfasst sind Konstellationen, in denen der **Verteidiger der Haupttäter** ist und der Mandant bloß sein Gehilfe nach § 27 StGB (SK-StPO/Wohlers StPO § 138 a Rn 10; Meyer-Goßner StPO § 138 a Rn 5; Lampe JZ 1974, 696, 697; Löwe/Rosenberg/Lüderssen/Jahn StPO § 138 a Rn 23). Zum Ausschluss reicht auch ein **strafbarer Versuch der Tatbeteiligung** aus (KK-StPO/Laufhütte StPO § 138 a Rn 6). Bei Dauerdelikten ist auch die Beteiligung nach Anklageerhebung ein Ausschlussgrund (OLG Stuttgart AnwBl 1975, 213, 214; Meyer-Goßner StPO § 138 a Rn 5; SK-StPO/Wohlers StPO § 138 a Rn 10). Die Begründung für den Ausschluss bei einer vermuteten Tatbeteiligung ist der Interessenkonflikt des Verteidigers, der sich zwischen der eigenen Straffreiheit und der des Mandanten entscheiden muss (BGH StV 1996, 469; Löwe/Rosenberg/Lüderssen/Jahn StPO § 138 a Rn 24; SK-StPO/Wohlers StPO § 138 a Rn 11).

II. Missbrauch des Rechts auf ungehinderten Verkehr mit dem Beschuldigten

5   Ein Verteidiger kann auch wegen **Missbrauchs des Rechts auf ungehinderten Verkehr mit dem Beschuldigten** ausgeschlossen werden. Ein solcher Fall liegt dann vor, wenn der Verteidiger dieses Recht zu verfahrensfremden Zwecken verwendet (Löwe/Rosenberg/Lüderssen/Jahn StPO § 138 a Rn 93; Meyer-Goßner StPO § 138 a Rn 6; SK-StPO/Wohlers StPO § 138 a Rn 14). Voraussetzung ist, dass der Mandant sich nicht auf freiem Fuß gem § 148 StPO, auf den sich § 138 a StPO bezieht, befindet (KMR/Müller StPO § 138 a Rn 8; vgl § 148 StPO Rn 4). Unter **Straftat** sind auch Vergehen zu verstehen. Damit der durch den Ausschluss erfolgende Eingriff in das Berufsrecht und das Recht auf Verteidigungsbeistand verhältnismäßig bleibt, scheiden **Bagatelldelikte** als taugliche Anknüpfungstaten ebenso aus wie Antragsdelikte, bei denen kein Strafantrag gestellt wurde (SK-StPO/Wohlers StPO § 138 a Rn 15; KMR/Müller StPO § 138 a Rn 10; KK-StPO/Laufhütte StPO § 138 a Rn 10).

Der Verdacht **zukünftiger Begehung von Straftaten** ist nicht ausreichend, um einen Verteidiger auszuschließen. Zum Ausschluss muss der Verteidiger eine Straftat, zu dessen Begehung das Verkehrsrecht missbraucht wurde, tatbestandsmäßig, rechtswidrig und schuldhaft begangen haben (SK-StPO/Wohlers StPO § 138 a Rn 16; Meyer-Goßner StPO § 138 a Rn 7; KK-StPO/Laufhütte StPO § 138 a Rn 10).

6   Betrifft der Ausschlussgrund den Missbrauch des Verkehrsrechts zur **Gefährdung der Sicherheit einer Vollzugsanstalt**, so muss durch den Verteidiger eine Beeinträchtigung der Freiheit und Gesundheit der Insassen und des Personals stattgefunden haben oder die Gebäude und Einrichtungen versehrt worden sein oder dies nahe liegen (SK-StPO/Wohlers StPO § 138 a Rn 18). Eine tatsächliche Störung der Sicherheit ist nicht erforderlich (SK-StPO/Wohlers StPO § 138 a Rn 18). Eine Gefährdung besteht also beim Vorliegen einer konkreten Gefahr für Personen und Gegenstände in der Anstalt, für einen wesentlichen Teil der Anstalt oder den durch den Freiheitsentzug begründeten Gewahrsam zB durch das Bereitstellen von Ausbruchswerkzeugen (SK-StPO/Wohlers StPO § 138 a Rn 18; Meyer-Goßner StPO § 138 a Rn 8; Löwe/Rosenberg/Lüderssen/Jahn StPO § 138 a Rn 101). Aufgrund der oben genannten Erwägungen über die Verhältnismäßigkeit des Eingriffs darf die Gefährdung nicht bloß unerheblich sein.

III. Anschlussdelikte

7   Ein weiterer Ausschlussgrund ist nach Abs 1 Nr 3 der Verdacht der **Begehung von Anschlussdelikten**. Der Verteidiger muss also im Verdacht stehen, eine **Begünstigung**,

Strafvereitlung oder Hehlerei (§ 257 StGB bis § 260 StGB) bei Verurteilung des Beschuldigten erfüllt zu haben. Dabei ist vom Gericht nicht zu prüfen, ob die Verurteilung des Beschuldigten wegen der Haupttat wahrscheinlich ist, sondern es wird vermutet, dass alle Tatbestandsmerkmale erfüllt sind. Geprüft wird nur, ob bei Unterstellung der Verwirklichung aller Tatbestandsmerkmale der Verteidiger einer Straftat nach §§ 257 StGB ff verdächtig ist. (OLG Bremen NJW 1981, 2711; Meyer-Goßner StPO § 138 a Rn 10; KMR/Müller StPO § 138 a Rn 13). Die Tat, wegen der der Verteidiger verdächtigt wird, muss in Bezug zur der Tat stehen, die den Gegenstand der Untersuchung bildet (SK-StPO/Wohlers StPO § 138 a Rn 20; KK-StPO/Laufhütte StPO § 138 a Rn 12). Erweisen sich die Unterstellungen später als unrichtig, so entfällt der Ausschließungsgrund. Ein strafbarer Versuch reicht als Ausschließungsgrund aus (BGH MDR 1979, 806; OLG Köln StV 2003, 15, 16; KK-StPO/Laufhütte StPO § 138 a Rn 12). Die versuchte Strafvereitelung nach § 258 StGB genügt ebenfalls (OLG Karlsruhe JZ 2006, 1129 ff; KG NStZ 1983, 556; Meyer-Goßner StPO § 138 a Rn 11).

Eine Besonderheit ist bei dem Tatbestand der **Strafvereitelung** gem § 258 StGB zu beachten, er kann durch prozessual zulässiges Verteidigerverhalten nicht erfüllt werden (SK-StPO/Wohlers StPO § 138 a Rn 19; Düsseldorf NJW 1991, 996; s auch Jahn ZRP 1998, 103). Zur Auslegung kann Standesrecht herangezogen werden. Standesrechtlich zulässiges Verhalten wird in der Regel prozessual nicht zu beanstanden sein (OLG Brandenburg StV 2008, 66 f). Ein Fall effektiver Strafverteidigung liegt dann nicht vor, wenn sich die Handlungen eines Verteidigers als verteidigungsfremdes Verhalten erweisen, die nur dem äußeren Anschein nach der Verteidigung dienen, tatsächlich aber weder materiell strafrechtlich noch prozessual zu solcher beizutragen vermögen (BGH NJW 2006, 2421 mAnm Böhm NJW 2006, 2371). Bei Verteidigerhandeln bestehen zudem erhöhte Nachweisanforderungen an das voluntative Element der Strafvereitelung, denn der Verteidiger macht sich nur dann nach § 258 Abs 1 StGB strafbar, wenn er die Tat „absichtlich oder wissentlich" begeht (s OLG Brandenburg StV 2008, 66, 67; OLG Jena NJW 2009, 1894). Wird dem Beschuldigten angeblich zu einer Falschaussage von seinem Verteidiger geraten, muss der Verteidiger unter dringendem Verdacht stehen, vorsätzlich gehandelt zu haben (OLG Braunschweig StV 1984, 502). Die (straflose) erfolglose Anstiftung eines Zeugen zur Falschaussage führt nicht zum Ausschluss des Verteidigers (OLG Bremen NJW 1981, 2711; OLG Frankfurt StV 1992, 360). Diese Ausnahmen basieren auf der Schwierigkeit der Grenzziehung zwischen erlaubtem Verteidigerverhalten und Strafvereitelung.

C. Verfahren wegen Straftaten nach § 129 a StGB

Bei Verfahren nach § 129 a StGB iVm § 129 b Abs 1 StGB sind weder der dringende noch der hinreichende Tatverdacht notwendig, es genügt wie bei § 100 a StPO vielmehr der **auf bestimmte Tatsachen gestützte Verdacht** (§ 100 a StPO Rn 37) für das rechtlich zu missbilligende Verteidigerverhalten. Der Verdacht sollte jedoch stärker als der „einfache Anfangsverdacht" sein, um die Verhältnismäßigkeit zwischen der Stärke des Eingriffs und dem Gemeinwohlnutzen zu rechtfertigen (KG NJW 1978, 1539; Rieß NStZ 1981, 328, 332). Ein Ausschluss des Verteidigers darf nicht auf die willkürliche Annahme der StA gestützt sein, dass die § 129 a StGB, § 129 b StGB vorliegen (BGHSt 28, 355, 356). Wird das Verfahren nicht mehr weiter betrieben (zB nach § 154 a StPO), darf kein Ausschluss nach Abs 2 erfolgen (BGHSt 29, 341 mAnm Dünnebier NStZ 1981, 152). Für die Ausschließung ist es unwichtig, ob sich der Verdacht der Straftat gegen den Mandanten des Verteidigers richtet, es genügt bereits, dass eine solche Straftat in dem Strafverfahren abgehandelt wird (SK-StPO/Wohlers StPO § 138 a Rn 22; **aA** KMR/Müller StPO § 138 a Rn 15). Als materielle Voraussetzung für den Tatbestand kommen die Ausschlussgründe aus Abs 1 Nr 1 bis 3 in Betracht (SK-StPO/Wohlers StPO § 138 a Rn 23; Löwe/Rosenberg/Lüderssen/Jahn StPO § 138 a Rn 109).

D. Aufhebungsgründe

Bei Wegfall des Grunds der Ausschließung des Verteidigers ist die Ausschließung des Verteidigers zwingend aufzuheben (Abs 3, mit der Ausnahme des Abs 3 S 2). Dies gilt ebenfalls für den Wegfall des Verdachts, mit der Ausnahme, wenn ein neuer, gleichwertiger Verdacht besteht. Eine weitere Ausnahme ist bei Abs 1 Nr 2 gegeben, wenn der genannte Beschuldigte wieder auf freiem Fuß ist, denn mit der Haftentlassung entfällt nicht automatisch die oben genannte Gefahr (Meyer-Goßner StPO § 138 a Rn 17; KMR/Müller StPO § 138 a Rn 16; BT-Drs 8/976, 38; SK-StPO/Wohlers StPO § 138 a Rn 32). Ein Wegfall der Ausschließungsgrundlage ist auch gegeben, wenn die Eröffnung des Hauptverfahrens abgelehnt wird oder das Verfahren endgültig eingestellt wird (Meyer-Goßner StPO § 138 a Rn 18).

11 Wird der ausgeschlossene **Verteidiger** in dem Gerichtsverfahren **freigesprochen**, führt dies zwingend zur Aufhebung des Ausschlusses. Die Rechtskraft der Entscheidung spielt für die Aufhebung des Ausschlusses keine Rolle (KK-StPO/Laufhütte StPO § 138 a Rn 18; Meyer-Goßner StPO § 138 a Rn 18; OLG Stuttgart StV 1987, 97).

12 Eine Ausschließung muss auch aufgehoben werden, wenn die **Jahresfrist,** die bei Wirksamwerden der Ausschließung beginnt und beim Erlass des Eröffnungsbeschlusses oder des Strafbefehls endet, nicht eingehalten wird. In Ausnahmefällen, die sich an § 121 StPO orientieren, kann die Frist auf ein weiteres Jahr verlängert werden (Meyer-Goßner StPO § 138 a Rn 19; KMR/Müller StPO § 138 a Rn 20; SK-StPO/Wohlers StPO Rn 34). Bei dem Ablauf der Frist bedarf es aber für das Inkrafttreten der Aufhebung eines Beschlusses. Dieser muss auf Antrag der StA, Gericht, Verteidiger oder Beschuldigten von dem nach Abs 1 zuständigen Gericht erlassen werden (Karlsruhe Justiz 1981; 446, Meyer-Goßner StPO § 138 a Rn 20). Die Anträge der StA und des Gerichts müssen begründet werden.

E. Ausschließungswirkung

13 Die Ausschließung wird **mit der Rechtskraft der Ausschlussentscheidung** wirksam (Meyer-Goßner StPO § 138 a Rn 23; Löwe/Rosenberg/Lüderssen/Jahn StPO § 138 a Rn 146; **aM** KMR/Müller StPO § 138 a Rn 21 mit Zustellung des Ausschließungsbeschlusses). Es besteht jedoch bereits davor die Möglichkeit, die Rechte des Verteidigers aus § 138 c Abs 3 StPO iVm § 147 StPO, § 148 StPO ruhen zu lassen (Löwe/Rosenberg/Lüderssen/Jahn StPO § 138 a Rn 146; Meyer-Goßner StPO § 138 a Rn 23). Der Verteidiger ist von jeder Tätigkeit in dem Strafverfahren ausgeschlossen, sowohl für den Mandanten als auch Mitbeschuldigte in diesem Fall (Löwe/Rosenberg/Lüderssen/Jahn StPO § 138 a Rn 126, 128; SK-StPO/Wohlers StPO § 138 a Rn 25; BGHSt 26, 221, 224). Die Ausschließung betrifft nicht das Verfahren, in dem der Verteidiger ausgeschlossen wurde, sondern ebenso Vollstreckungs-, Vollzugs-, Gnaden- und Wiederaufnahmeverfahren (BGH wistra 1992, 228; BGHSt 37, 395 f; KMR/Müller StPO § 138 a Rn 26; Meyer-Goßner StPO § 138 a Rn 22; SK-StPO/Wohlers StPO § 138 a Rn 25). Der Ausschluss erstreckt sich auch auf Prozessvertretungen ohne Begründung eines Verteidigungsverhältnisses sowie das Tätigwerden aufgrund einer Untervollmacht (KK-StPO/Laufhütte StPO § 138 a Rn 5; OLG Karlsruhe Justiz 1981, 446; SK-StPO/Wohlers StPO § 138 a Rn 25; Meyer-Goßner StPO § 138 a Rn 22). Prozesshandlungen, die nach Ausschluss des Verteidigers von diesem getätigt werden, sind unwirksam (Meyer-Goßner StPO § 138 a Rn 24).

14 Der **ausgeschlossene Verteidiger** darf den Beschuldigten auch **in anderen gerichtlichen Verfahren** (zB auch nach dem DNA-IFG, BVerfG StV 2008, 57) nicht mehr verteidigen (Abs 4), es sei denn (Abs 4 S 2), diese Verfahren sind vor einem Zivilgericht, Verwaltungsgericht oder einem Arbeitsgericht (Meyer-Goßner StPO § 138 a Rn 26; KK-StPO/Laufhütte StPO § 138 a Rn 22; KMR/Müller StPO § 138 a Rn 22).

15 Das in Abs 4 S 2 verankerte **Besuchsverbot** ist absolut und kann nicht durch die Vertretung in einem anderen Verfahren umgangen werden. Das Verbot bezieht sich jedoch nur auf den Besuch und lässt den schriftlichen oder telefonischen Kontakt unberührt (SK-StPO/Wohlers StPO § 138 a Rn 28; KMR/Müller StPO Rn 22; Löwe/Rosenberg/Lüderssen/Jahn StPO § 138 a Rn 137 f). Der Begriff „**sonstige Angelegenheiten**" ist auf den Anwendungsbereich der beruflichen Verbindung zwischen dem Verteidiger und dem Beschuldigten zu beschränken, so dass rein private Besuche zB in einem Trauerfall nicht auch von dem Besuchsverbot erfasst werden (Löwe/Rosenberg/Lüderssen/Jahn StPO § 138 a Rn 139; SK-StPO/Wohlers StPO § 138 a Rn 28).

Für **Mitbeschuldigte** in demselben Strafverfahren besteht für den ausgeschlossenen Verteidiger auch ein Verteidigungsverbot. Anders als bei dem Beschuldigten darf der Verteidiger diese jedoch in einem anderen Verfahren verteidigen. Dies wird nur eingeschränkt, wenn es sich um ein Verfahren nach **§ 129 a StGB iVm § 129 b StGB** handelt. Irrelevant ist hierbei, ob das Verfahren gegen dieselbe terroristische Vereinigung geführt wird. Selbst wenn in dem zweiten Verfahren der Mandant nicht nach § 129 a StGB angeklagt ist, ist der Verteidiger dort ausgeschlossen (Meyer-Goßner StPO § 138 a Rn 27; SK-StPO/Wohlers StPO § 138 a Rn 27). 16

Ist der Verteidiger von einem Verfahren nach den § 129 a StGB, § 129 b StGB ausgeschlossen, darf er auch die Mitbeschuldigten in anderen Verfahren nicht verteidigen (Meyer-Goßner StPO § 138 a Rn 27; Löwe/Rosenberg/Lüderssen/Jahn StPO § 138 a Rn 136; KMR/Müller StPO § 138 a Rn 25; SK-StPO/Wohlers StPO § 138 a Rn 29). 17

§ 138 b [Ausschließung bei Gefahr für die Sicherheit der Bundesrepublik]

¹Von der Mitwirkung in einem Verfahren, das eine der in § 74 a Abs. 1 Nr. 3 und § 120 Abs. 1 Nr. 3 des Gerichtsverfassungsgesetzes genannten Straftaten oder die Nichterfüllung der Pflichten nach § 138 des Strafgesetzbuches hinsichtlich der Straftaten des Landesverrates oder einer Gefährdung der äußeren Sicherheit nach den §§ 94 bis 96, 97 a und 100 des Strafgesetzbuches zum Gegenstand hat, ist ein Verteidiger auch dann auszuschließen, wenn auf Grund bestimmter Tatsachen die Annahme begründet ist, daß seine Mitwirkung eine Gefahr für die Sicherheit der Bundesrepublik Deutschland herbeiführen würde. ²§ 138 a Abs. 3 Satz 1 Nr. 1 gilt entsprechend.

Überblick

§ 138 b StPO stellt einen zusätzlichen Ausschließungsgrund in Staatsschutzsachen dar. Die Ausschließung gründet sich auf den Verdacht, dass die Mitwirkung des Verteidigers zu einer Gefahr für die Sicherheit der Bundesrepublik Deutschland führt.

A. Anwendung der Vorschrift

Die Vorschrift des § 138 b StPO findet nur **Anwendung**, wenn Straftaten nach § 74 a Abs 1 Nr 3 GVG, § 120 Abs 1 Nr 3 GVG oder die Nichtanzeige bestimmter geplanter Staatsschutzstraftaten (§ 138 StGB) den Gegenstand eines Strafverfahren bilden. Dies muss sich aus der Anklageschrift oder dem Umfang der Ermittlungen ergeben. Falls der Mandant des Verteidigers Mitbeschuldigter des Verfahrens ist, ist es unerheblich, ob der Verdacht sich auch gegen den Mandanten richtet (KMR/Müller StPO § 138 b Rn 1). Die Vorschrift ist gleichermaßen auf Wahl- wie Pflichtverteidiger anzuwenden (hM BGH StV 1996, 470 mwN; OLG Düsseldorf NStZ 1988, 519; **aA** OLG Koblenz NJW 1978, 2522; OLG Köln NStZ 1982, 129). 1

B. Gefahr für die Sicherheit der Bundesrepublik Deutschland

Voraussetzung für die Ausschließung ist der auf bestimmten Tatsachen basierende Verdacht, dass die **Mitwirkung des Verteidigers** eine **Gefahr für die Sicherheit der Bundesrepublik Deutschland** herbeiführen werde. Es kommt hier wie in § 92 Abs 3 Nr 2 StGB sowohl eine Bedrohung der inneren als auch der äußeren Sicherheit in Betracht (LK-StGB/Laufhütte StGB § 92 Rn 6; KK-StPO/Laufhütte StPO § 138 b Rn 2; Meyer-Goßner StPO § 138 b Rn 2; Löwe/Rosenberg/Lüderssen/Jahn StPO § 138 b Rn 3). Eine Gefahr für die Sicherheit besteht, wenn nach den konkreten Umständen des Falls die Wahrscheinlichkeit gegeben ist, dass der Eintritt des Schadens ernstlich zu befürchten ist, wobei **Wahrscheinlichkeit** die nahe liegende Möglichkeit bedeutet (KMR/Müller StPO § 138 b Rn 4). Eine auch extreme politische Gesinnung des Anwalts genügt nicht (Löwe/Rosenberg/Lüderssen/Jahn StPO § 138 b Rn 5 mit Hinweis auf die Gesetzesbegründung in BT-Drs 7/2526, 21). 2

C. Die Annahme begründende Tatsachen

3 Die **Annahme begründende bestimmte Tatsachen** entsprechen dem Verdachtsgrad aus § 138a Abs 2 StPO, dh der Verdacht muss gewiss (Löwe/Rosenberg/Lüderssen/Jahn StPO § 138b Rn 5) oder dringend sein (KMR/Müller StPO § 138b Rn 4). Eine Ausnahme besteht nur, wenn hinreichender Verdacht durch die Ermittlungen bereits zur Anklagereife gediehen sind (Rieß NStZ 1981, 332). Bei der Beurteilung des Verdachtsgrads darf nicht allein auf äußerliche Tatsachen abgestellt werden. Anhand dieser muss auf das Innere des Verteidigers, beispielsweise Widerstandskraft, Gehorsamsgefühl und wem sich der Verteidiger verpflichtet fühlt, geschlossen werden (Löwe/Rosenberg/Lüderssen/Jahn StPO § 138b Rn 4). Nach dem Wortlaut der Vorschrift ist eine **Abwägung** hier nicht zulässig. Dies ergibt sich auch aus der Begründung des Gesetzes (Löwe/Rosenberg/Lüderssen/Jahn StPO § 138b Rn 6; BT-Drs 7/2526, 21).

D. Aufhebung der Ausschließung

4 Die **Aufhebung der Ausschließung** (§ 138b S 2 StPO iVm § 138a Abs 3 S 1 Nr 1StPO) ist zwingend vorgeschrieben, wenn ihre Voraussetzungen nach der Überzeugung des Gerichts nicht mehr vorliegen (Meyer-Goßner StPO § 138b Rn 3; Löwe/Rosenberg/ Lüderssen/Jahn StPO § 138b Rn 7).

§ 138c [Zuständigkeit für die Ausschließung; Anordnungen des Gerichts]

(1) ¹Die Entscheidungen nach den §§ 138a und 138b trifft das Oberlandesgericht. ²Werden im vorbereitenden Verfahren die Ermittlungen vom Generalbundesanwalt geführt oder ist das Verfahren vor dem Bundesgerichtshof anhängig, so entscheidet der Bundesgerichtshof. ³Ist das Verfahren vor einem Senat eines Oberlandesgerichtes oder des Bundesgerichtshofes anhängig, so entscheidet ein anderer Senat.

(2) ¹Das nach Absatz 1 zuständige Gericht entscheidet nach Erhebung der öffentlichen Klage bis zum rechtskräftigen Abschluß des Verfahrens auf Vorlage des Gerichts, bei dem das Verfahren anhängig ist, sonst auf Antrag der Staatsanwaltschaft. ²Die Vorlage erfolgt auf Antrag der Staatsanwaltschaft oder von Amts wegen durch Vermittlung der Staatsanwaltschaft. ³Soll ein Verteidiger ausgeschlossen werden, der Mitglied einer Rechtsanwaltskammer ist, so ist eine Abschrift des Antrages der Staatsanwaltschaft nach Satz 1 oder die Vorlage des Gerichts dem Vorstand der zuständigen Rechtsanwaltskammer mitzuteilen. ⁴Dieser kann sich im Verfahren äußern.

(3) ¹Das Gericht, bei dem das Verfahren anhängig ist, kann anordnen, daß die Rechte des Verteidigers aus den §§ 147 und 148 bis zur Entscheidung des nach Absatz 1 zuständigen Gerichts über die Ausschließung ruhen; es kann das Ruhen dieser Rechte auch für die in § 138a Abs. 4 und 5 bezeichneten Fälle anordnen. ²Vor Erhebung der öffentlichen Klage und nach rechtskräftigem Abschluß des Verfahrens trifft die Anordnung nach Satz 1 das Gericht, das über die Ausschließung des Verteidigers zu entscheiden hat. ³Die Anordnung ergeht durch unanfechtbaren Beschluß. ⁴Für die Dauer der Anordnung hat das Gericht zur Wahrnehmung der Rechte aus den §§ 147 und 148 einen anderen Verteidiger zu bestellen. ⁵§ 142 gilt entsprechend.

(4) ¹Legt das Gericht, bei dem das Verfahren anhängig ist, gemäß Absatz 2 während der Hauptverhandlung vor, so hat es zugleich mit der Vorlage die Hauptverhandlung bis zur Entscheidung durch das nach Absatz 1 zuständige Gericht zu unterbrechen oder auszusetzen. ²Die Hauptverhandlung kann bis zu dreißig Tagen unterbrochen werden.

(5) ¹Scheidet der Verteidiger aus eigenem Entschluß oder auf Veranlassung des Beschuldigten von der Mitwirkung in einem Verfahren aus, nachdem gemäß Absatz 2 der Antrag auf Ausschließung gegen ihn gestellt oder die Sache dem zur

Verteidigung   § 138 c StPO

Entscheidung zuständigen Gericht vorgelegt worden ist, so kann dieses Gericht das Ausschließungsverfahren weiterführen mit dem Ziel der Feststellung, ob die Mitwirkung des ausgeschiedenen Verteidigers in dem Verfahren zulässig ist. ²Die Feststellung der Unzulässigkeit steht im Sinne der §§ 138 a, 138 b, 138 d der Ausschließung gleich.

(6) ¹Ist der Verteidiger von der Mitwirkung in dem Verfahren ausgeschlossen worden, so können ihm die durch die Aussetzung verursachten Kosten auferlegt werden. ²Die Entscheidung hierüber trifft das Gericht, bei dem das Verfahren anhängig ist.

Überblick

Diese Vorschrift regelt die Zuständigkeit und das Verfahren über die Ausschließung eines Verteidigers und trifft Bestimmungen über vorläufige Anordnungen.

Übersicht

	Rn		Rn
A. Zuständigkeit (Abs 1)	1	C. Vorläufige Maßnahmen des Gerichts (Abs 3)	8
B. Vorlegungsverfahren	2	D. Beschwerde	14

A. Zuständigkeit (Abs 1)

Die Ausschließung eines Verteidigers richtet sich nach Strafprozessrecht; zuständig ist die 1 ordentliche Gerichtsbarkeit und nicht die Berufsgerichtsbarkeit (BVerfG NJW 1963, 1771; NJW 1973, 696; BGHSt 15, 326, 331). Grundsätzlich entscheidet das Oberlandesgericht (Abs 1 S 1), ausnahmsweise der Bundesgerichtshof (Abs 1 S 2). Gegen einen Verteidiger, der **zugleich Mitbeschuldigter** im selben Ermittlungsverfahren ist, bei dem über die Eröffnung des Hauptverfahrens noch nicht entschieden ist, kommt eine Ausschließung nur nach § 138 a StPO und nicht § 146 StPO, § 146 a StPO in Betracht, so dass es bei der Zuständigkeit des OLG bleibt (OLG Hamm NStZ-RR 2008, 252; **aA** OLG Celle NJW 2001, 3564). **Örtlich zuständig** ist das Oberlandesgericht, das dem für das Hauptverfahren zuständig werdenden Gericht übergeordnet ist. Das OLG entscheidet mit 3 Richtern (§ 122 Abs 1 GVG), der BGH in der Besetzung mit fünf Richtern (§ 139 Abs 1 GVG).

B. Vorlegungsverfahren

Ein Vorlegungsverfahren (Abs 2 S 1 u S 2) hat die Ausschließung zur Voraussetzung; die 2 Entscheidung findet nicht von Amts wegen statt (Meyer-Goßner StPO § 138 c Rn 4).

Ist das Verfahren **noch nicht** oder **nicht mehr anhängig**, so entscheidet das nach Abs 1 zuständige Gericht auf Antrag der Staatsanwaltschaft oder im Fall des § 386 Abs 2 AO auf Antrag der Finanzbehörde (OLG Karlsruhe NJW 1975, 943 bzgl des Ausschlusses eines Steuerbevollmächtigten). Werden die Ermittlungen vom Generalbundesanwalt oder vom Generalstaatsanwalt geführt, so legt dieser die Akten vor; führt die Staatsanwaltschaft beim Landgericht die Ermittlungen, so legt diese die Akten über den Generalstaatsanwalt vor.

Im **gerichtlichen Verfahren** erlässt das Gericht, bei dem das Verfahren anhängig gewor- 3 den ist, auf Antrag der Staatsanwaltschaft oder von Amts wegen einen Vorlegungsbeschluss, den es durch Vermittlung der Staatsanwaltschaft an das für die Ausschließung zuständige Gericht weiterleitet. Dieser kann zurückgenommen werden, solange über den Ausschluss noch nicht entschieden worden ist. Erging er auf Antrag der Staatsanwaltschaft, ist dafür jedoch ihre Zustimmung erforderlich (Meyer-Goßner StPO § 138 c Rn 6).

Die **Staatsanwaltschaft** stellt unter Darlegung der Ausschließungsgründe den **Antrag** 4 auf Vorlegung der Sache beim mit der Sache befassten Gericht (Abs 2 S 1 u 2). Dieses hat keine negative Entscheidungskompetenz. Wie sich aus S 2 ergibt, „erfolgt" die Vorlage auf Antrag der Staatsanwaltschaft. Das Gericht ist daher zum Erlass eines Vorlegungsbeschlusses

Wessing   579

und zur Vorlegung der Akten an das OLG verpflichtet, auch wenn es die Vorlage aus sachlichen Gründen für nicht geboten hält (OLG Düsseldorf StraFo 1997, 333; OLG Karlsruhe NStZ 1983, 281). Aus diesem Grund braucht das Gericht den Vorlegungsbeschluss auch nicht zu begründen, sondern kann auf den Antrag der Staatsanwaltschaft verweisen (Frye NStZ 2005, 50). In der Vorlage selbst sind die Tatsachen mitzuteilen, aus denen sich im Fall ihres Nachweises das Verhalten ergeben soll, das die Ausschließung des Verteidigers rechtfertigt. § 172 Abs 3 S 1 StPO gilt entsprechend (OLG Jena NJW 2009, 1894; s auch § 172 Rn 17 ff).

5   Das Gericht erlässt einen mit Gründen versehenen Vorlegungsbeschluss **von Amts** wegen, wenn es den Ausschluss für erforderlich hält (§ 138 c Abs 2 S 2 StPO). Die Besetzung des Gerichts regelt sich beim Ausschluss **in der Hauptverhandlung** nach § 30 Abs 1 GVG, § 76 Abs 1 S 1 GVG, § 122 GVG, einschließlich der Schöffen). Beim Ausschluss **außerhalb der Hauptverhandlung**, auch bei Unterbrechung dieser, erfolgt die Besetzung und damit die Entscheidung des Gerichts gem § 30 Abs 2 GVG, § 76 Abs 1 S 2 GVG, § 122 Abs 1 GVG ohne Schöffen (KMR/Müller StPO § 138 c Rn 6; Meyer-Goßner StPO § 138 c Rn 8 mwN).

6   Die Vorlage muss inhaltlichen Mindestanforderungen genügen. Sowohl der Antrag der Staatsanwaltschaft als auch der von Amts wegen erlassene Vorlagebeschluss müssen **begründet** werden und die Vorschrift, auf die der Ausschluss gestützt werden soll, angeben (OLG Düsseldorf AnwBl 1997, 567; OLG Düsseldorf StV 1997, 459; OLG Düsseldorf StraFo 1998, 304; OLG Düsseldorf StraFo 1998, 119). Es müssen zudem mit der Vorlage diejenigen **objektiven und subjektiven Tatsachen substantiiert** dargelegt werden, die im Falle ihres Nachweises den gegen den Verteidiger erhobenen Verdacht einer nach § 138 a Abs 1 StPO zur Ausschließung führenden Handlung stützen (KG NJW 2006, 1537; OLG Düsseldorf StraFo 1998, 304; OLG Düsseldorf wistra 1997, 359; OLG Hamm NStZ-RR 1999, 50). Eine Bezugnahme auf andere Schriftstücke wie zB Beiakten ersetzt diese Darlegungspflicht nicht (KG NJW 2006, 1537). Sind diese Voraussetzungen nicht erfüllt, so ist die Vorlage entweder als unzulässig zu verwerfen (KG NJW 2006, 1537) oder vom OLG zur Nachbesserung zurückzugeben (OLG Düsseldorf StraFo 1998, 305). Schon aufgrund der Kürze der zur Verfügung stehenden Zeit ist das OLG nicht verpflichtet, von sich aus nach den Grundlagen für eine etwaige Ausschließung zu forschen (OLG Düsseldorf wistra 1997, 239).

7   Nach § 138 c Abs 2 S 3 StPO ist der Antrag der Staatsanwaltschaft oder die Vorlage des Gerichts, sofern der Verteidiger Mitglied einer Rechtsanwaltskammer ist, dem Vorstand der Rechtsanwaltskammer **mitzuteilen**. Die Mitteilung an den Verteidiger und sonstige Beteiligte ist gesetzlich nicht geregelt, ist aber in der Folge von Art 103 Abs 1 GG (rechtliches Gehör), insbesondere zur Vorbereitung auf die mündliche Verhandlung (§ 138 Abs 1, Abs 5 StPO) erforderlich. Die Mitteilungen werden von dem nach § 138 c Abs 1 StPO zuständigen Gericht angeordnet und in der Regel mit der Ladung oder Terminsnachricht verbunden. Der Vorstand der Rechtsanwaltskammer und der Verteidiger haben das Recht, sich zu dem mitgeteilten Antrag bzw Beschluss zu äußern.

C. Vorläufige Maßnahmen des Gerichts (Abs 3)

8   Wenn es das Gericht für erforderlich hält, kann es gem § 138 c Abs 3 S 1 bis S 3 StPO das **Ruhen der Verteidigerrechte** aus den § 147 StPO, § 148 StPO anordnen. Darunter **fällt** nicht der schriftliche und mündliche Verkehr mit dem nicht inhaftierten Beschuldigten. Das Gericht hat sein Ermessen unter Beachtung des rechtsstaatlichen Übermaßverbots auszuüben, weshalb die Verteidigerrechte nur dann zum Ruhen gebracht werden dürfen, wenn zu befürchten ist, dass der Verteidiger seine angenommen unerlaubten Tätigkeiten fortsetzen wird (OLG Stuttgart AnwBl 1975, 170). Das Gericht kann in die Anordnung auch die Verfahren einbeziehen, auf die sich die Ausschließung nach § 138 a Abs 4, Abs 5 StPO erstreckt. Für die Zeit vor Erhebung der öffentlichen Klage und nach rechtskräftigem Verfahrensabschluss ist das nach Abs 1 zuständige Gericht (Abs 3 S 2) auch hier zuständig. Während des gerichtlichen Verfahrens ist es das Tatgericht (Abs 3 S 1).

9   Die **Bestellung eines Pflichtverteidigers** ist für die Dauer der Anordnung gem § 138 c Abs 3 S 2 StPO zwingend vorgeschrieben. Dies gilt auch, wenn die Verteidigung nicht notwendig ist oder der Beschuldigte noch andere Verteidiger hat (Lampe MDR 1975, 530).

Seine Aufgaben sind auf die Wahrnehmung der ruhenden Verteidigerrechte beschränkt (Meyer-Goßner StPO § 138 c Rn 13). Er arbeitet mit dem in seinen übrigen Verteidigerrechten nicht beschränkten Verteidiger zusammen. Seine Funktion besteht vor allem darin, mit dem Beschuldigten das, was zur ordnungsgemäßen Verteidigung notwendig ist, zu erörtern. Seine Rolle ist die eines Mittelsmanns und Informanten (KMR/Müller StPO § 138 c Rn 13).

Hat das Gericht einen Vorlegungsbeschluss während der Hauptverhandlung erlassen, muss es gleichzeitig die **Hauptverhandlung** gem § 138 c Abs 4 S 1 StPO nicht nur bis zur Entscheidung durch das nach Abs 1 zuständige Gericht, sondern bis zu deren Rechtskraft (Meyer-Goßner StPO § 138 c Rn 14; **aA** KMR/Müller StPO § 138 c Rn 16) **unterbrechen** oder **aussetzen**. Dies gilt **auch**, wenn der Beschuldigte noch andere Verteidiger hat. Dafür spricht auch, dass sich die Verteidiger die Aufgaben in der Regel teilen und in der Kürze der Zeit nicht erwartet werden kann, dass sich ein anderer Verteidiger in den Aufgabenbereich des nicht mehr mitwirkenden Verteidigers einarbeitet. Die Unterbrechung darf höchstens 30 Tage dauern. Bei Ablehnung der Ausschließung des Verteidigers innerhalb dieser Frist kann die Hauptverhandlung fortgesetzt werden. Ist der Ausschluss des Verteidigers rechtskräftig beschlossen, ist Fortsetzung nur möglich, wenn der schon in der Sache befasste Verteidiger die Aufgaben des ausgeschlossenen Verteidigers übernehmen oder ein neuer Verteidiger sich noch innerhalb der verbleibenden Tage in den Fall einarbeiten kann (KK-StPO/Laufhütte StPO § 138 c Rn 22; Meyer-Goßner StPO § 138 c Rn 14). Die Möglichkeit der Einarbeitung wird vor allem in umfangreicheren Verfahren selten gegeben sein, weshalb in diesen Fällen die Aussetzung der Verhandlung öfter notwendig werden wird. 10

Das **Feststellungsverfahren nach § 138 c Abs 5 StPO** hat das Ziel, zu verhindern, dass der Verteidiger durch die Niederlegung des Mandats die Einstellung des Ausschließungsverfahrens erreicht, dann aber erneut die Verteidigung übernimmt. Zudem soll er sich den Verteidigungsverboten aus § 138 a Abs 4 und 5 StPO, die zugleich mit der Ausschließung erlassen werden können, nicht entziehen können (BGH NStZ 1994, 23). Daher kann das Gericht das Ausschließungsverfahren auch dann weiterführen, wenn der Verteidiger erst ausscheidet, nachdem die Staatsanwaltschaft vor Anklagerhebung oder nach Urteilsrechtskraft den Antrag nach Abs 2 S 1 gestellt oder im gerichtlichen Verfahren das Gericht die Sache dem nach Abs 1 zuständigen Gericht vorgelegt, nicht aber dann, wenn der Verteidiger schon vorher das Mandat niedergelegt hat (OLG Düsseldorf NStZ 1994, 450). Beim Zeitpunkt der Vorlegung der Sache ist auf die Verkündung des Vorlegungsbeschlusses in der Hauptverhandlung, oder, außerhalb der Hauptverhandlung auf den Ausgang des Beschlusses aus dem Geschäftsbereich des Gerichts abzustellen. Der Antrag der Staatsanwaltschaft gilt als gestellt, wenn er den Geschäftsbereich der Staatsanwaltschaft verlassen hat. 11

Die **Entscheidung** nach § 138 c Abs 5 StPO steht im Ermessen des Gerichts. Dieses hat zu prüfen, ob Anhaltspunkte dafür vorliegen, dass der Verteidiger in diesem Verfahren erneut tätig werden will oder wenn zwingende Gründe für die Verteidigungsverbote des § 138 a Abs 4, Abs 5 StPO StPO vorliegen (Rieß NStZ 1981, 328, 332). Andernfalls kommt ein Feststellungsverfahren nicht in Betracht (BGH NJW 1992, 3048; OLG Hamm NStZ-RR 2008, 252, 253; OLG Düsseldorf NJW 1995, 739; Rieß NStZ 1981, 328, 332). Das Gericht hat die Staatsanwaltschaft, den Verteidiger und den Beschuldigten zu hören (Meyer-Goßner StPO § 138 c Rn 16). Die Feststellung steht iSd § 138 a StPO, § 138 b StPO, § 138 d StPO der Ausschließung gleich (§ 138 c Abs 5 S 2 StPO). Besteht die begründete Besorgnis, ein Rechtsanwalt legt sein Mandat nur nieder, um die Wirkungen des Ausschließungsverfahrens zu verhindern, rechtfertigt das die Feststellung nach § 138 c Abs 5 StPO (BGH bei Kusch NStZ 1994, 23). 12

Die Belastung des ausgeschlossenen Verteidigers mit den **Kosten** (§ 138 c Abs 6 StPO) des Ausschließungsverfahrens (nicht des Feststellungsverfahrens) setzt voraus, dass er die Ausschließung verschuldet hat, dass die Hauptverhandlung ausgesetzt und nicht nur unterbrochen wurde und dass es unbillig wäre, der Staatskasse oder dem Angeklagten die Kosten aufzuerlegen. Zu den Kosten zählen solche, die für die Abbestellung und Neuladung von Zeugen und Schöffen und für den neuen Verteidiger, soweit die letzteren zweimal angefallen sind, entstanden sind. Die Entscheidung trifft der Tatrichter, bei dem das Verfahren anhängig ist (§ 138 c Abs 6 S 2 StPO). 13

D. Beschwerde

14 Gegen die Ablehnung des Antrags der Staatsanwaltschaft auf Erlass eines Vorlegungsbeschlusses ist die Beschwerde nach § 304 Abs 1, Abs 2 StPO zulässig (OLG Karlsruhe NStZ 1983, 281).

§ 138 d [Verfahren bei Ausschließung des Verteidigers]

(1) Über die Ausschließung des Verteidigers wird nach mündlicher Verhandlung entschieden.

(2) ¹Der Verteidiger ist zu dem Termin der mündlichen Verhandlung zu laden. ²Die Ladungsfrist beträgt eine Woche; sie kann auf drei Tage verkürzt werden. ³Die Staatsanwaltschaft, der Beschuldigte und in den Fällen des § 138 c Abs. 2 Satz 3 der Vorstand der Rechtsanwaltskammer sind von dem Termin zur mündlichen Verhandlung zu benachrichtigen.

(3) Die mündliche Verhandlung kann ohne den Verteidiger durchgeführt werden, wenn er ordnungsgemäß geladen und in der Ladung darauf hingewiesen worden ist, daß in seiner Abwesenheit verhandelt werden kann.

(4) ¹In der mündlichen Verhandlung sind die anwesenden Beteiligten zu hören. ²Den Umfang der Beweisaufnahme bestimmt das Gericht nach pflichtgemäßem Ermessen. ³Über die Verhandlung ist eine Niederschrift aufzunehmen; die §§ 271 bis 273 gelten entsprechend.

(5) ¹Die Entscheidung ist am Schluß der mündlichen Verhandlung zu verkünden. ²Ist dies nicht möglich, so ist die Entscheidung spätestens binnen einer Woche zu erlassen.

(6) ¹Gegen die Entscheidung, durch die ein Verteidiger aus den in § 138 a genannten Gründen ausgeschlossen wird oder die einen Fall des § 138 b betrifft, ist sofortige Beschwerde zulässig. ²Dem Vorstand der Rechtsanwaltskammer steht ein Beschwerderecht nicht zu. ³Eine die Ausschließung des Verteidigers nach § 138 a ablehnende Entscheidung ist nicht anfechtbar.

Überblick

Die Vorschrift regelt die Ordnung der mündlichen Verhandlung, die Entscheidung und die möglichen Rechtsmittel des Ausschlussverfahrens.

A. Mündliche Verhandlung

1 Der Entscheidung über die Ausschließung eines Verteidigers muss eine **mündliche Verhandlung** vorgehen. Die Verhandlung ist **nicht öffentlich**, da es sich nicht um eine Hauptverhandlung vor einem öffentlichen Gericht iSd § 169 GVG handelt (BGH NStZ 1981, 95; Meyer-Goßner StPO § 138 d Rn 2 mwN). Sie ist zwingend vorgeschrieben, um alle am Verfahren Beteiligten und das Gericht zusammenzubringen, damit in ihrer Gegenwart die Beweise erhoben, Behauptungen vorgebracht, gewürdigt und entgegnet werden können. Dies soll zu einer rascheren Entscheidung als im schriftlichen Verfahren führen. Zudem dient die mündliche Verhandlung „den Interessen des Verteidigers, der gegen seine Ausschließung kämpft, weil sie ihm eher als das schriftliche Verfahren Gelegenheit gibt, seine Sicht der Dinge darzulegen" (KG StraFo 2008, 242 mwN). Ausnahmen von der mündlichen Verhandlung bestehen, wenn sich das eingeleitete Verfahren bereits als unwirksam erweist, zB beim Fehlen eines wirksamen Antrags. Die **mündliche Verhandlung** kann auch **ohne den Verteidiger** durchgeführt werden, wenn er in der Ladung auf diese Möglichkeit hingewiesen worden ist (Löwe/Rosenberg/Lüderssen/Jahn StPO § 138 d Rn 2). Die Verhandlung darf nicht ohne den Verteidiger stattfinden, wenn dieser nachweisen kann, dass ihm das Erscheinen unmöglich ist (Meyer-Goßner StPO § 138 d Rn 4). Dies ist gegeben, wenn der Verteidiger nicht unbedeutend erkrankt ist oder bei Abwägung von anderen Verpflichtungen

des Verteidigers sein Interesse gegenüber dem öffentlichen Interesse überwiegt. Das öffentliche Interesse hat ein starkes Gewicht, wenn eine Hauptverhandlung begonnen hat und die Aussicht besteht, das Ausschließungsverfahren innerhalb von dreißig Tagen zu beenden, so dass die Hauptverhandlung fortgesetzt werden kann (Löwe/Rosenberg/Lüderssen/Jahn StPO 138 d Rn 2).

Es ist zulässig, den Ausschließungsantrag ohne mündliche Verhandlung als unzulässig zu 2 verwerfen (OLG Düsseldorf NStZ 1983, 185; OLG Bremen NJW 1981, 2711; KMR/Müller StPO § 138 d Rn 1). Das ist zB dann der Fall, wenn aus dem vollständig mitgeteilten Sachverhalt die Bewertung folgt, dass eine mündliche Verhandlung aus Rechtsgründen schon nicht zur Ausschließung führen kann (KG StraFo 2008 242, 243). Eine mündliche Verhandlung kann als unzulässig abgelehnt werden, wenn der Ausschließungsantrag nicht dem zuständigen Gericht mit dem zu prüfenden Sachverhalt mit allen entscheidungserheblichen Einzelheiten und den entsprechenden Beweismitteln vorliegt (OLG Düsseldorf NStZ 1983, 185).

B. Ladung

Für **die Ladung** des Verteidigers bedarf es der Einhaltung der **Ladungsfrist** von drei 3 Tagen im Ausnahmefall bis zu einer Woche. Weiterhin müssen nach Bedarf Zeugen und Sachverständige geladen werden. In der Ladung sind der Verhandlungstermin, der Staatsanwalt, der Prozessvertreter des Verteidigers, der Mandant des Verteidigers, gegebenenfalls die für den Verteidiger zuständige Rechtsanwaltskammer und der Hinweis auf Abs 3 zu nennen (KMR/Müller StPO § 138 d Rn 4). Beinhaltet die Ladung Mängel oder wird die vorgeschriebene Frist nicht eingehalten und der Verteidiger rügt dies nicht bei Erscheinen, so sind diese unschädlich (Meyer-Goßner StPO § 138 d Rn 3).

Die **Verkürzung der Ladungsfrist** ist nur bei Fällen der besonderen Dringlichkeit der 4 Ausschließung wie in einem Verfahren nach § 138 b StPO möglich (Löwe/Rosenberg/Lüderssen/Jahn StPO § 138 d Rn 5).

C. Verhandlung

In der Verhandlung sind die anwesenden Beteiligten zu hören (§ 138 d Abs 4 S 1 StPO), 5 und der gesamte Tatsachenstoff ist auszubreiten, ohne dass für die Beteiligten eine Einlassungspflicht bestünde.

Für die **Beweisaufnahme**, die nach pflichtgemäßem Ermessen erfolgt (§ 138 d Abs 4 S 2 6 StPO), ist nur die Anhörung der anwesenden Beteiligten vorgeschrieben. Zusätzliche Ermittlungen müssen nicht angestellt werden (BGH NJW 1991, 2780, 2781). Generell erfolgt die Beweisaufnahme nach den Vorschriften des **Freibeweises** (BGH NStZ 1981, 95; BGH NJW 1979, 115; Rieß NStZ 1981, 328, 331; Meyer-Goßner StPO § 138 d Rn 7; aA Löwe/Rosenberg/Lüderssen/Jahn StPO § 138 d Rn 8). Dabei darf jedoch nicht gegen Beweisverbote verstoßen werden (Löwe/Rosenberg/Lüderssen/Jahn StPO § 138 d Rn 8).

Die **Stellung des Verteidigers** bei der Verhandlung gleicht der eines Beschuldigten, 7 weshalb er sich bei entsprechender Anwendung des § 137 Abs 1 StPO des Beistands eines Rechtsanwaltes bedienen kann (BGH AnwBl 1979, 44; Löwe/Rosenberg/Lüderssen/Jahn StPO § 138 d Rn 6). Dem Verteidiger sind, sofern er nicht ausgeschlossen wird, die Kosten des Beistands aus der Staatskasse zu erstatten. Bei Bedarf ist ihm ein Pflichtverteidiger zu stellen (KG JR 1981, 121).

Für das **Verhandlungsprotokoll** gelten die Vorschriften des Hauptverhandlungspro- 8 tokolls gem § 271 StPO bis § 273 StPO entsprechend (KMR/Müller StPO § 138 d Rn 6; Löwe/Rosenberg/Lüderssen/Jahn StPO § 138 d Rn 9; Meyer-Goßner StPO § 138 d Rn 8).

Die **Entscheidung** ergeht durch Beschluss. Der Beschluss ist mit einer Begründung gem 9 § 138 d Abs 5 S 1 StPO am Ende der mündlichen Verhandlung zu verkünden. Ist dies nicht möglich, muss die Entscheidung binnen einer Woche erlassen werden (§ 138 d Abs 5 S 2 StPO). Bei einer Ausschließung sind der Verteidiger und der Beschuldigte bei der Bekanntgabe nach § 35 a StPO über die zulässigen Rechtsmittel zu belehren. Mit dem Beschluss ist das Zwischenverfahren abgeschlossen.

D. Anfechtung

10 **Beschwerdeberechtigt** sind bei einem Ausschließungsbeschluss des OLG alle Beteiligten mit Ausnahme der Rechtsanwaltskammer (§ 138 d Abs 6 S 2 StPO). Der Verteidiger kann sowohl für sich als auch dem Beschuldigten Beschwerde einlegen (BGHSt 26, 291; Löwe/Rosenberg/Lüderssen/Jahn StPO § 138 d Rn 13). Im Fall des § 138 b StPO kann die Staatsanwaltschaft auch Beschwerde gegen die Ablehnung des Ausschlusses einlegen. **Unzulässig** sind Beschwerden gegen die Ablehnung der Ausschließung nach § 138 a StPO und über alle Entscheidungen über die Aufhebung der Ausschließung (BGH NJW 1984, 395; KMR/Müller StPO § 138 d Rn 8). Über die Beschwerde wird in einer nicht öffentlichen Sitzung ohne mündliche Verhandlung entschieden. Bei einer Beschwerde durch die Staatsanwaltschaft sind alle anderen Beteiligten zu hören. Hingegen ist bei einer Beschwerde des Verteidigers oder seines Mandanten nur die Staatsanwaltschaft von dem Beschwerdegericht zu hören (Löwe/Rosenberg/Lüderssen/Jahn StPO § 138 d Rn 16). Das Ergebnis der Beschwerde ist zu begründen und sollte durch eine formlose Mitteilung bekannt gemacht werden. Die **Revisionsrüge** ist bei der sofortigen Beschwerde nach § 336 S 2 StPO ausgeschlossen.

11 **Rechtskraft** tritt ein mit dem Ergehen des Beschlusses. Eine neue Entscheidung über das Ausschließungsverfahren ist nur möglich bei neuen Tatsachen und Beweismitteln. Durch die Entscheidung ist der Ausgeschlossene im Verhältnis zum Gericht sowie der Staatsanwaltschaft und Vollzugsanstalt nicht mehr der Verteidiger des Mandanten. Das vertragliche Verhältnisse zwischen dem Mandanten und dem ausgeschlossenen Verteidiger wird nicht von dem Beschluss beeinflusst (Löwe/Rosenberg/Lüderssen/Jahn StPO § 138 d Rn 19).

E. Aufhebende Entscheidung

12 Die analoge Anwendung des § 138 d StPO bezüglich einer mündlichen Verhandlung nach einem Antrag auf Aufhebung der Ausschließung ist nicht zwingend erforderlich, sondern liegt in dem Ermessen des Gerichts. An einem solchen Verfahren sind der ausgeschlossene Verteidiger, sein Beistand (so vorhanden), der Beschuldigte und sein neuer Verteidiger zu beteiligen. Als Rechtsmittel gelten sinngemäß die Regelungen über die Ausschließung mit Ausnahme der Beschwerde gegen Entscheidungen über die Aufhebung einer Ausschließung (Löwe/Rosenberg/Lüderssen/Jahn StPO § 138 d Rn 24; BGH NJW 1984, 395).

§ 139 [Übertragung auf Referendar]

Der als Verteidiger gewählte Rechtsanwalt kann mit Zustimmung dessen, der ihn gewählt hat, die Verteidigung einem Rechtskundigen, der die erste Prüfung für den Justizdienst bestanden hat und darin seit mindestens einem Jahr und drei Monaten beschäftigt ist, übertragen.

Überblick

Die Vorschrift ermöglicht nur dem als Verteidiger gewählten Rechtsanwalt, die gesamte Verteidigung samt der damit einhergehenden Rechte auf einen Rechtsreferendar zu übertragen.

A. Der als Verteidiger gewählte Rechtsanwalt

1 Nur dem Rechtsanwalt als Wahlverteidiger und **nicht** dem **Hochschullehrer**, dem **Pflichtverteidiger** (BGH NJW 1967, 165) oder dem **Verteidiger nach § 138 Abs 2 S 1 StPO** ist es gestattet, die Verteidigung auf einen Rechtsreferendar zu übertragen. Die Übertragung darf nicht zum Zwecke der Selbstverteidigung erfolgen (OLG Karlsruhe MDR 1971, 320).

B. Der Rechtskundige

Der Rechtsreferendar muss die Prüfung zum Justizdienst **bestanden** haben (= das erste 2 juristische Staatsexamen) und sich seit mindestens einem Jahr und drei Monaten im Vorbereitungsdienst befinden. Der hieraus ausgeschiedene Referendar und folglich auch der **Assessor** fallen nicht unter § 139 StPO (BGH NJW 1976, 1221; BayObLG NJW 1991, 2434). Für beide Personengruppen steht aber § 138 Abs 2 StPO offen. Der Assessor kann zudem nach § 53 BRAO zum Vertreter bestellt werden.

C. Zustimmung des Beschuldigten/Angeklagten

Die Übertragung der Verteidigung erfolgt durch Untervollmacht und bedarf nicht der 3 Zustimmung des Gerichts, wohl aber der des Angeklagten. Die **Zustimmung** kann schon, was üblicherweise geschieht, in der allgemeinen Vollmachtsurkunde erteilt werden (Meyer-Goßner StPO § 139 Rn 2). Ist der Verteidiger durch den gesetzlichen Vertreter gewählt worden (§ 137 Abs 2 StPO), so muss auch dieser zustimmen (Löwe/Rosenberg/Lüderssen/Jahn StPO § 139 Rn 11). Der Beschuldigte kann seine Zustimmung für die Zukunft jederzeit durch ausdrückliche Erklärung widerrufen (KK-StPO/Laufhütte StPO § 139 Rn 2). Der Rechtsanwalt ist zur **Überwachung** der Tätigkeit des Referendars verpflichtet (Meyer-Goßner StPO § 139 Rn 6; KK-StPO/Laufhütte StPO § 139 Rn 4). Aus der Formulierung „dessen, der ihn gewählt hat" lässt sich schließen, dass, anders als nach der alten Rechtslage, die vom „Angeklagten" sprach, die Übertragung und Verteidigung auch schon vor Eröffnung des Hauptverfahrens zulässig ist (KK-StPO/Laufhütte StPO § 139 Rn 5 mwN; zur alten Rechtslage BGH NJW 1973, 64).

D. Verteidigerrechte

Der Referendar hat alle **Rechte des Verteidigers**. Er darf in der Hauptverhandlung 4 anstelle des Rechtsanwalts auftreten (OLG Oldenburg DAR 2005, 701). Er kann wirksam Prozesshandlungen vornehmen, und über die Kanzlei des Verteidigers kann an ihn wirksam zugestellt werden (§ 145a Abs 1 StPO). Wird eine rechtmäßig bevollmächtige Referendarin in einem Verfahren zurückgewiesen, in dem der Betroffene/Beschuldigte von der Pflicht zu erscheinen befreit ist, stellt dies einen Verstoß gegen Art 103 Abs 1 GG (rechtliches Gehör) dar (OLG Oldenburg DAR 2005, 701).

E. Privatklageverfahren

Gem § 387 Abs 2 StPO kann auch der Anwalt im Privatklageverfahren die Verteidigung 5 an einen Rechtsreferendar übertragen. Das gleiche gilt für die Nebenklage (§ 397 StPO).

§ 140 [Notwendige Verteidigung]

(1) Die Mitwirkung eines Verteidigers ist notwendig, wenn
1. die Hauptverhandlung im ersten Rechtszug vor dem Oberlandesgericht oder dem Landgericht stattfindet;
2. dem Beschuldigten ein Verbrechen zur Last gelegt wird;
3. das Verfahren zu einem Berufsverbot führen kann;
4. gegen einen Beschuldigten Untersuchungshaft nach den §§ 112, 112a oder einstweilige Unterbringung nach § 126a oder § 275a Abs. 5 vollstreckt wird,
5. der Beschuldigte sich mindestens drei Monate auf Grund richterlicher Anordnung oder mit richterlicher Genehmigung in einer Anstalt befunden hat und nicht mindestens zwei Wochen vor Beginn der Hauptverhandlung entlassen wird;
6. zur Vorbereitung eines Gutachtens über den psychischen Zustand des Beschuldigten seine Unterbringung nach § 81 in Frage kommt;
7. ein Sicherungsverfahren durchgeführt wird;
8. der bisherige Verteidiger durch eine Entscheidung von der Mitwirkung in dem Verfahren ausgeschlossen ist.

StPO § 140

(2) ¹In anderen Fällen bestellt der Vorsitzende auf Antrag oder von Amts wegen einen Verteidiger, wenn wegen der Schwere der Tat oder wegen der Schwierigkeit der Sach- oder Rechtslage die Mitwirkung eines Verteidigers geboten erscheint oder wenn ersichtlich ist, daß sich der Beschuldigte nicht selbst verteidigen kann, namentlich, weil dem Verletzten nach den §§ 397a und 406g Abs 3 und 4 ein Rechtsanwalt beigeordnet worden ist. ²Dem Antrag eines hör- oder sprachbehinderten Beschuldigten ist zu entsprechen.

(3) ¹Die Bestellung eines Verteidigers nach Absatz 1 Nr. 5 kann aufgehoben werden, wenn der Beschuldigte mindestens zwei Wochen vor Beginn der Hauptverhandlung aus der Anstalt entlassen wird. ²Die Bestellung des Verteidigers nach Absatz 1 Nr. 4 bleibt unter den in Absatz 1 Nr. 5 bezeichneten Voraussetzungen für das weitere Verfahren wirksam, wenn nicht ein anderer Verteidiger bestellt wird.

Überblick

§ 140 StPO regelt die Voraussetzungen, unter denen die enumerative Mitwirkung eines Verteidigers in der Hauptverhandlung zwingend ist. Abs 1 zählt Gründe auf, nach denen ein Verteidiger notwendig ist, Abs 2 formuliert eine Generalklausel, unter deren Geltung die Mitwirkung eines Verteidigers ebenso nötig ist. Abs 3 regelt Spezialfälle der Bestellung des Verteidigers. § 140 StPO ist Ausfluss des Rechtsstaatsprinzips, das in schwierigen und einschneidenden Fällen ohne Ansehung der Vermögensverhältnisse Verteidigung ermöglichen muss und das die Garantie eines prozessordnungsgemäßen Strafverfahrens durch eine funktionierende Verteidigung des Angeklagten herstellt. Die Vorschrift ist aber bei der sog Sicherungsverteidigung zum Teil von der Schutzvorschrift für den Angeklagten zur reinen Verfahrenssicherungsklausel mutiert.

Übersicht

	Rn		Rn
A. Umfang	1	C. Die Generalklausel des § 140 Abs 2 StPO	13
B. Der Katalog des § 140 Abs 1 StPO	3	I. Schwere der Tat	15
I. Hauptverhandlung vor dem OLG oder LG im ersten Rechtszug (Nr 1)	3	II. Schwierigkeit der Sach- und Rechtslage	16
II. Verbrechen (Nr 2)	4	III. Unvermögen der Selbstverteidigung	19
III. Möglichkeit eines Berufsverbots (Nr 3)	5	IV. Hör- und sprachbehinderte Beschuldigte	23
IV. Vollstreckung von Untersuchungshaft (Nr 4)	5a	V. Sonderfälle	24
V. Erschwerung der Verteidigung durch Anstaltsunterbringung (Nr 5)	6	D. Besonderheiten bei Haft (§ 140 Abs 3 StPO)	27
VI. Möglichkeit der Unterbringung nach § 81 StPO (Nr 6)	10	E. Notwendige Verteidigung bei besonderen Verfahrensarten	29
VII. Sicherungsverfahren (Nr 7)	11		
VIII. Ausschluss des Wahlverteidigers (Nr 8)	12	F. Revision	32

A. Umfang

1 Wird die Mitwirkung eines Verteidigers nach § 140 Abs 1 StPO für notwendig erachtet, umfasst sie das **gesamte Verfahren** (OLG Düsseldorf MDR 1984, 669). Das sind die erste Instanz und das Rechtsmittelverfahren einschließlich der Termine vor dem beauftragten und ersuchten Richter (BGH NJW 1952, 1426). Ebenso umfasst sind das **Adhäsionsverfahren** (OLG Hamburg NStZ-RR 2006, 347; OLG Köln StraFo 2005, 394; OLG Schleswig NStZ 1998, 101; LG Görlitz AGS 2006, 502; **aA** jedoch OLG Jena Rpfleger 2008, 529 m Übersicht über den Streitstand; OLG Stuttgart BeckRS 2009, 10521; OLG Bamberg

NStZ-RR 2009, 114; OLG Celle 6. 11. 2007 – 2 Ws 143/07; OLG München StV 2004, 38; LG Bückeburg NStZ-RR 2002, 31; offen gelassen von BGH NJW 2001, 2486) und das **Nachtragsverfahren** zur Bildung einer nachträglichen Gesamtstrafe (OLG Jena StraFO 2007, 96). Die Bestellung entfaltet keine rückwirkende Kraft (OLG Düsseldorf NJW 1952, 1150; s auch § 141 StPO Rn 8). Auch eine nachträgliche Bestellung ist nicht möglich (OLG Hamm NStZ-RR 2009, 113). Stellt sich in einem späteren Verfahrensabschnitt heraus, dass die Voraussetzungen der notwendigen Verteidigung nicht mehr vorliegen, so ist dennoch das gesamte Verfahren von der Bestellung umfasst (RGSt 70, 317, 320). Sie besteht auch fort, wenn die Sache aus der Revisionsinstanz zurückverwiesen wird (RGSt 40, 41). Die Bestellung endet mit **Rechtskraft** des Urteils (BGH NJW 1952, 797; Meyer-Goßner StPO § 140 Rn 33) und dem Tod des Angeschuldigten (OLG Hamburg NStZ-RR 2008, 160). Zum Strafvollstreckungsverfahren s Rn 25. § 140 StPO muss für jeden **Mitangeklagten individuell** geprüft werden (Meyer-Goßner StPO § 140 Rn 5). Bei nach § 2 StPO verbundenen Verfahren kommt es darauf an, ob die Verteidigung insgesamt notwendig ist. Das ist dann der Fall, wenn allein ein Verfahren die Voraussetzungen erfüllt (BGH NJW 1956, 1755, 1767).

Die Bestellung nach § 140 Abs 2 StPO kann einer **Beschränkung** unterworfen werden – 2 zB auf die erste Instanz (**hM** Meyer-Goßner StPO § 140 Rn 6 mwN; **aM** SK-StPO/ Wohlers StPO § 140 Rn 31) oder die Revisionsbegründung (OLG Hamm MDR 1976, 1038).

B. Der Katalog des § 140 Abs 1 StPO

I. Hauptverhandlung vor dem OLG oder LG im ersten Rechtszug (Nr 1)

Ein Fall notwendiger Verteidigung liegt immer dann vor, wenn gegen den Beschuldigten 3 ein Vorwurf erhoben wird, der bei Anklageerhebung und Eröffnung des Hauptverfahrens zu einer Hauptverhandlung vor dem LG oder OLG führen würde (§§ 74 GVG ff iVm § 120 GVG). Die Verteidigung ist aber auch dann notwendig, wenn bei einer Hauptverhandlung vor dem LG oder OLG eigentlich das AG zuständig ist (Meyer-Goßner StPO § 140 Rn 11). Die Beiordnung kann schon vor der Verhandlung selbst erfolgen und schon dann, wenn wegen eines Vorwurfs ermittelt wird, der zur sachlichen Zuständigkeit des LG oder OLG gehört (SK-StPO/Wohlers StPO § 140 Rn 6; § 141 Abs 1, Abs 3 StPO).

II. Verbrechen (Nr 2)

Die Verteidigung ist immer dann notwendig, wenn dem Beschuldigten ein Verbrechen 4 zur Last gelegt wird. Die Qualifikation als Verbrechen richtet sich nach § 12 Abs 1 StGB. **Zur Last** gelegt wird ein Verbrechen, wenn wegen eines Verbrechens **Anklage** (§ 200 StPO) erhoben wird, der Eröffnungsbeschluss eine Tat als Verbrechen einstuft oder Nachtragsklage gem § 266 Abs 1 u Abs 2 StPO erhoben wird (SK-StPO/Wohlers StPO § 140 Rn 7). Das gleiche gilt für den Fall, dass während des Verfahrens (auch innerhalb der **Berufungsinstanz**) ein Hinweis nach § 265 Abs 1 StPO erteilt wird (BayObLG StV 1994, 65; OLG Bremen StV 1984, 13; OLG Düsseldorf StV 1984, 369; s auch Meyer-Goßner StPO § 140 Rn 12; SK-StPO/Wohlers StPO § 140 Rn 7 beide mwN). Darüber hinaus wird ein Verbrechen auch schon dann zur Last gelegt, wenn wegen eines solchen **ermittelt** wird (SK-StPO/Wohlers StPO § 140 Rn 7; Löwe/Rosenberg/Lüderssen/Jahn § 140 Rn 24; laut OLG Bremen StV 1984, 13 genügt die „nahe liegende Möglichkeit", dass die dem Gericht unterbreitete Tat im Lauf des Verfahrens als Verbrechen beurteilt wird, krit Burgard NStZ 2000, 242, 243 ff). War die Verteidigung nach Nr 2 notwendig, bleibt sie es, selbst wenn der Angeklagte nur wegen eines Vergehens verurteilt wird (OLG Düsseldorf StV 1984, 369, 370; OLG Oldenburg StV 1995, 345). Das gilt ebenfalls für den Berufungsrechtszug, es sei denn, der Schuldspruch ist rechtskräftig (BayObLG NZV 1994, 204; Löwe/ Rosenberg/Lüderssen/Jahn StPO § 140 Rn 25; Meyer-Goßner StPO § 140 Rn 12). Aus Vertrauensschutzgründen kann selbst bei ausgeschlossener Verurteilung wegen eines Verbrechens die Aufrechterhaltung der Beiordnung geboten sein (SK-StPO/Wohlers StPO § 140 Rn 8 mwN).

III. Möglichkeit eines Berufsverbots (Nr 3)

5   Die Anordnung eines Berufsverbots (§ 70 StGB) muss mit **einiger Wahrscheinlichkeit** zu erwarten sein (BGHSt 4, 320, 321 f; OLG Celle NJW 1964, 877). Das ist spätestens dann der Fall, wenn die StA ein Berufsverbot in der Anklageschrift erwähnt (RGSt 68, 397 f; RGSt 70, 317 f). Ein Hinweis auf § 70 StGB gem § 265 Abs 2 StPO oder Anträge der StA genügen ebenso (SK-StPO/Wohlers StPO § 140 Rn 9) wie auch Umstände, die ein Berufsverbot nahe legen (SK-StPO/Wohlers StPO § 140 Rn 9 mwN).

IV. Vollstreckung von Untersuchungshaft (Nr 4)

5a   Nach der neuen Nr 4 ist ein Fall notwendiger Verteidigung gegeben, wenn gegen einen Beschuldigten Untersuchungshaft nach den § 112 StPO, § 112 a StPO oder einstweilige Unterbringung nach § 126 a StPO oder § 275 a StPO vollstreckt wird. Die Neuregelung erfolgte im Zuge des zum 1. 1. 2010 in Kraft getretenen **Untersuchungshaftrechtsänderungsgesetzes** (29. 7. 2009, BGBl I 2274; dazu auch Beukelmann NJW-Spezial 2009, 456; Deckers StraFo 2009, 441 ff). Sie war im ursprünglichen Regierungsentwurf (BT-Drs. 16/11644) noch nicht enthalten und wurde erst in die Beschlussfassung des Rechtsausschusses aufgenommen. Dort hat sich die Einsicht durchgesetzt, dass aufgrund des mit der Inhaftierung verbundenen erheblichen Eingriffs in die Grundrechte des Betroffenen eine Pflichtverteidigerbestellung schon ab Beginn der Vollstreckung der freiheitsentziehenden Maßnahme geboten ist (BT-Drs 16/13097, 18). Die Beiordnung nach Nr 4 kommt nur solange in Betracht, wie der Beschuldigte sich tatsächlich im Vollzug einer der genannten freiheitsentziehenden Maßnahmen befindet. Die Beiordnung erfolgt somit nicht, wenn der Haftbefehl zugleich mit der Verkündung außer Vollzug gesetzt wird (BT-Drs 16/13097, 19). Die bislang in § 117 Abs 4 u Abs 5 StPO vorgesehene Pflichtverteidigerbestellung nach dreimonatigem Vollzug der Untersuchungshaft und die Dreimonatshaftprüfung bei nicht verteidigten Inhaftierten sind folgerichtig entfallen.

V. Erschwerung der Verteidigung durch Anstaltsunterbringung (Nr 5)

6   Mit der notwendigen Beiordnung sollen die Nachteile kompensiert werden, die der Beschuldigte aufgrund eingeschränkter Freiheit und der damit einhergehenden eingeschränkten Möglichkeit, seine Verteidigung vorzubereiten, erleidet (SK-StPO/Wohlers StPO § 140 Rn 11). Die Anordnung der Anstaltsunterbringung kann durch ein deutsches oder ausländisches Gericht erfolgt sein (OLG Koblenz NStZ 1984, 522) oder aus einem anderen Verfahren herrühren (OLG Düsseldorf StV 2001, 609). Die Freiheitsentziehung muss **vor der Hauptverhandlung** ununterbrochen drei Monate gedauert haben (Meyer-Goßner StPO § 140 Rn 15). Die Frist zur Berechnung beginnt ab dem Zeitpunkt, in dem der Verwahrte Beschuldigter wird (LG Osnabrück StraFo 2005, 27). Läuft die Frist nach der Haupt- und Berufungsverhandlung aber noch vor der Revisionsbegründungsfrist ab, ist Nr 5 nicht einschlägig (**hM** Meyer-Goßner StPO § 140 Rn 15 mwN; SK-StPO/Wohlers StPO § 140 Rn 19; **aM** OLG Karlsruhe NJW 1969, 2028). Dass § 140 Abs 1 StPO nur auf die Tatsacheninstanz abstellt, ergibt sich schon aus Nr 1. Es kommt aber die Anwendung von § 140 Abs 2 StPO in Betracht sowie § 350 Abs 3 StPO. Eine **Unterbrechung** der Haft ist unschädlich, solange die Zeit außerhalb einer Anstalt nicht ausgereicht hätte, die Verteidigung angemessen vorzubereiten (statt vieler: SK-StPO/Wohlers StPO § 140 Rn 13). Solange das nicht der Fall ist, können Haftzeiten addiert werden. Die Bestellung eines Pflichtverteidigers kommt aber auch schon **vor Ablauf der Drei-Monats-Frist** in Betracht, wenn der Angeklagte zum Zeitpunkt der Hauptverhandlung voraussichtlich länger als drei Monate in Haft sein wird (OLG Nürnberg StV 1987, 191).

7   Unter **Anstaltsunterbringung** ist vorwiegend die (auch im Ausland absolvierte, OLG Koblenz NStZ 1984, 522) Straf-, und U-Haft (§ 117 StPO) zu verstehen. Hierunter fallen auch der Strafarrest, die Auslieferungshaft (§ 15 f IRG, LG Koblenz NJW 1989, 677) und die Unterbringung gem § 63 StGB, § 64 StGB, § 66 StGB, den § 1631 b BGB, § 1800 BGB und den Unterbringungsgesetzen der Länder (OLG Celle NJW 1965, 2069; Meyer-Goßner StPO § 140 Rn 16). Auch der Freigänger befindet sich in Haft nach dieser Vorschrift (KG JR 1980, 348 f; Meyer-Goßner StPO § 140 Rn 16; SK-StPO/Wohlers StPO § 140 Rn 12).

Verteidigung § 140 StPO

Die stationäre Behandlung in einer Einrichtung zur Alkohol- oder Betäubungsmittelentziehung steht der Anstaltsunterbringung gleich. Ist der Beschuldigte dort freiwillig, gilt § 140 Abs 1 Nr 5 StPO analog (LG Duisburg StV 1999, 421; SK-StPO/Wohlers StPO § 140 Rn 14 mwN; **aA** KMR/Müller StPO § 140 Rn 13, der Abs 2 für anwendbar hält).

Die Beiordnung nach § 140 Abs 1 Nr 5 StPO entfällt, wenn der Beschuldigte zwei Wochen vor Beginn der Hauptverhandlung entlassen wird; die Aufhebung erfolgt nach § 140 Abs 3 S 1 StPO. 8

Nr 5 bleibt auch nach Einfügung der neuen Nr 4 unverändert bestehen und behält einen eigenen Anwendungsbereich insbesondere dann, wenn der Betroffene sich nicht in einer freiheitsentziehenden Maßnahme nach Nr 4 befindet, sondern in Straf- oder Abschiebehaft (s auch BT-Drs 16/13097). 9

VI. Möglichkeit der Unterbringung nach § 81 StPO (Nr 6)

Sobald eine Entscheidung nach § 81 StPO zu treffen ist, ist die Verteidigung gem § 140 Abs 1 Nr 6 StPO notwendig (RGSt 67, 259), selbst wenn es nicht zur Unterbringung kommt (BGH NJW 1952, 797; SK-StPO/Wohlers StPO § 140 Rn 16; Meyer-Goßner StPO § 140 Rn 18). 10

VII. Sicherungsverfahren (Nr 7)

Wird ein Sicherungsverfahren nach §§ 413 StPO ff mit dem Ziel der Unterbringung in einer Entziehungsanstalt (§ 64 StGB) oder der Entziehung der Fahrerlaubnis (§ 69 StGB) durchgeführt, ist die Verteidigung stets als notwendig anzusehen. Die Unterbringung in einem psychiatrischen Krankenhaus (§ 63 StGB) wird nicht von einem AG angeordnet (s § 24 Abs 1 Nr 2 GVG), so dass schon § 140 Abs 1 Nr 1 StPO greift. 11

VIII. Ausschluss des Wahlverteidigers (Nr 8)

Wird ein Verteidiger nach §§ 138 a StPO ff ausgeschlossen, begründet dies einen Fall der notwendigen Verteidigung nach § 140 Abs 1 Nr 8 StPO unabhängig davon, ob schon vorher ein solcher Fall nach Nr 1 bis Nr 7 oder Abs 2 vorgelegen hat. Nr 8 gilt nicht, wenn nur einer von mehreren Verteidigern ausgeschlossen wurde (Meyer-Goßner StPO § 140 Rn 20). 12

C. Die Generalklausel des § 140 Abs 2 StPO

Die Generalklausel des § 140 Abs 2 StPO ist dann einschlägig, wenn dem Beschuldigten kein Verbrechen, sondern ein **Vergehen** zur Last gelegt wird (arg e contrario aus § 140 Abs 1 Nr 2 StPO), das in die sachliche Zuständigkeit des AG und nicht der OLG und LG fällt (arg e contrario aus § 140 Abs 1 Nr 1 StPO; vgl BayObLG NStZ 1990, 142). Bedeutung hat die Norm auch, wenn sich das Verfahren in der Rechtmittelinstanz befindet (SK-StPO/Wohlers StPO § 140 Rn 28). Bei der Entscheidung nach Abs 2 hat der Richter nach zutreffender Ansicht einen **Beurteilungsspielraum** und kein Ermessen (heute **hM** vgl SK-StPO/Wohlers StPO § 140 Rn 30; zum Streitstand OLG Frankfurt StV 1995, 628, 629; unklar BayObLG NStZ 1990, 142, 14). Damit ist die Überprüfbarkeit einer Entscheidung nur eingeschränkt gegeben. Ermessen bzgl der Rechtsfolge besteht dem Wortlaut nach („bestellt") nicht. Eine Ausnahme bildet der Fall des § 140 Abs 2 S 2 StPO. Der Beurteilungsspielraum wird zudem durch das Element der Schwere der Tat eingeschränkt (OLG Hamm NStZ 1982, 298; OLG Köln, StV 1991, 151; Meyer-Goßner StPO § 140 Rn 22 mwN). 13

Die Notwendigkeit der Verteidigung ist anhand des **gesamten Verfahrens** zu beurteilen und nicht nur eines Verfahrensabschnitts, für den der Verteidiger fehlt (KG StV 1983, 186; Meyer-Goßner StPO § 140 Rn 22). Ähnliches gilt auch für die inhaltliche Beurteilung: Die Notwendigkeit der Verteidigung kann durch eines der Elemente (Schwere der Tat, Schwierigkeit der Sach- und Rechtslage, fehlende Selbstverteidigungsfähigkeit) ausgelöst werden, aber auch durch eine **Gesamtschau** aller Elemente. Eine für § 140 Abs 2 StPO nicht ausreichend hohe Straferwartung kann zB durch Schwierigkeiten in der Sach- und Rechts- 14 lage (OLG Düsseldorf StV 1990, 487; OLG Frankfurt StV 1992, 220) oder Defizite in der Person des Beschuldigten (OLG Düsseldorf StraFo 1998, 341, 342; OLG Hamm NStZ-RR 1997, 77 f) ausgeglichen werden. Die besondere Verteidigungsfähigkeit des Beschuldigten vermag jedoch nicht das Element der schwierigen Rechtslage aufzuheben (SK-StPO/Wohlers § 140 Rn 29 mwN; **aA** OLG Karlsruhe NStZ 1991, 505, 506). Ein einfach gelagerter Sachverhalt kann auch nicht das Element der Schwere der Tat relativieren (SK-StPO/Wohlers StPO § 140 Rn 29; **aA** wohl OLG Düsseldorf StraFo 1998, 341, 342). Die Entscheidung des Vorsitzenden unterliegt der vollständigen Nachprüfung durch das Beschwerde- und Revisionsgericht (BayObLG NStZ 1990, 142; SK-StPO/Wohlers StPO § 140 Rn 30).

I. Schwere der Tat

15   Ob eine Tat als schwer zu beurteilen ist, bestimmt sich maßgeblich nach der zu erwartenden **Rechtsfolgenentscheidung** (BGH NJW 1954, 1415 mit Verweis auf die Zuständigkeitsregelungen des GVG; Meyer-Goßner StPO § 140 Rn 23 mwN). Nach **hM** ist die Erwartung von **einem Jahr Freiheitsstrafe** die Grenze, ab der ein Fall notwendiger Verteidigung gegeben ist (OLG München NJW 2006, 789; OLG Düsseldorf NStZ 1995, 147; BayObLG NStZ 1990, 142; LG Koblenz StV 2009, 237; Meyer-Goßner StPO § 140 Rn 23 mwN; anders OLG Köln StV 1986, 238 „deutlich mehr als 6 Monate"). Dies gilt auch bei **Gesamtstrafenbildung**, denn maßgeblich ist „der Umfang der Rechtsfolgen, die insgesamt an den Verfahrensgegenstand geknüpft sind, nicht die Höhe der Einzelstrafen." (OLG Hamm NStZ 1982, 298; s auch BayObLG 1990, 142; OLG Jena StraFo 2005, 200; Meyer-Goßner StPO § 140 Rn 23). Gleiches gilt ferner, wenn die Gesamtstrafe aus der verfahrensgegenständlichen Verurteilung und künftigen Verurteilungen aus noch nicht abgeschlossenen Verfahren gebildet werden wird (BbgVerfG BeckRS 2009, 30733). Die Grenze von einem Jahr Freiheitsstrafe gilt ferner bei einer **Einheitsjugendstrafe** (KG StV 1998, 325) und allgemein bei der Jugendstrafe (OLG Hamm StV 2009, 85). Es handelt sich bei der Straferwartung von einem Jahr jedoch nicht um eine starre Grenze. Insbesondere in Verfahren gegen jugendliche und heranwachsende Angeklagte bedarf § 140 Abs 2 StPO einer spezifischen Auslegung, welche die Mitwirkung eines Verteidigers auch bei einer geringeren Strafe geboten erscheinen lässt (OLG Schleswig StV 2009, 86 mAnm Gubitz). Selbst eine Verurteilung zu drei Monaten Freiheitsstrafe kann die Beiordnung begründen, wenn hierdurch ein **Bewährungswiderruf** in anderen Verfahren ausgelöst wird, und die im Raum stehende Freiheitsstrafe ein Jahr übersteigt (LG Magdeburg NStZ-RR 2009, 87; LG München StraFO 2008, 429; OLG Köln StV 1993, 402; OLG Brandenburg StV 2000, 607; OLG Frankfurt StV 1995, 628, 629). Es genügt die Drohung, dass eine Verurteilung zu einer Freiheitsstrafe von einem Jahr möglich ist (OLG Hamm StRR 2008, 347). Nach OLG Hamburg StRR 2008, 428 bestimmt sich die Schwere der Tat nach der Kumulation der in der verfahrensgegenständlichen Sache zu erwartenden Strafe und der nach zu erwartendem Aussetzungswiderruf zu vollstreckenden Strafe. Danach genügt für die Annahme der Schwere der Tat iSd § 140 Abs 2 StPO sogar eine verfahrensgegenständliche Verurteilung zu lediglich einer Gesamtgeldstrafe von 70 Tagessätzen, wenn in einer anderen Sache ein Bewährungswiderruf und eine Freiheitsentziehung von einem Jahr und acht Monaten zu erwarten ist. Die einzubeziehenden Verfahren müssen einen gewissen Konkretisierungsgrad haben. Das (zufällige) Vorliegen weiterer Anklagen bei irgendeinem Gericht − seien sie dem Tatrichter bekannt oder nicht − genügt nicht (OLG Brandenburg 21. 11. 2007 − Az 1 Ss 84/07). **Mittelbare Nachteile**, die der Angeklagte zu gewärtigen hat (hierzu SK-StPO/Wohlers StPO § 140 Rn 34; Meyer-Goßner StPO § 140 Rn 25), können auch in anderen Fällen zu einem Fall notwendiger Verteidigung führen. Hier kommen in Betracht: die Zurückstellung nach § 35 BtMG (OLG Hamburg StV 1999, 420), disziplinarrechtliche Konsequenzen (KG StV 1983, 186), ausländerrechtliche (BayObLG StV 1993, 180) oder haftungsrechtliche Folgen (OLG Hamm StV 1989, 56). OLG Hamburg NStZ 1984, 281 lässt die Berücksichtigung von „Fernwirkungen" der Sanktion nur dann zu, wenn sie durch Gesetz oder ständige Rechtsprechung einen erheblichen weiteren Nachteil mit sich bringt. Durch die **Schwere des Tatvorwurfs** allein kann eine Beiordnung ebenfalls gerechtfertigt sein (LG Bayreuth StV 1993, 181: fahrlässige Tötung; dazu auch Herzig NJW 1980, 164). Ob auch

eine drohende **Bewährungsstrafe** einen Fall notwendiger Verteidigung begründen kann, ist nicht abschließend geklärt. Die **hM** nimmt Schwere dann an, wenn eine Bewährungsstrafe nicht mehr in Betracht kommt (OLG Düsseldorf, StV 2000, 641, 642; OLG Karlsruhe NStZ 1991, 505 mwN). Zur Beurteilung der Tatschwere im **OWi-Verfahren**, für das § 140 Abs 2 StPO gem § 60 S 1 OWiG anwendbar ist, s LG Mainz NZV 2009, 404.

Das OLG Frankfurt (StV 2001, 106, 107) macht zu recht deutlich, dass Fragen der Strafhöhe aufgrund des schwer zu beurteilenden § 56 Abs 2 StGB von denen der Strafaussetzung zur Bewährung zu trennen sind. Es hat § 140 Abs 2 StPO auch bei einer zur Bewährung ausgesetzten Freiheitsstrafe von 2 Jahren angenommen. Ähnlich auch OLG Braunschweig StV 1996, 6, das ebenfalls die Schwere der Tat bejaht hat, obwohl es in der Berufungsverhandlung möglich schien, dass eine Strafe von einem Jahr und acht Monaten zur Bewährung ausgesetzt würde. Bei wortlautorientierter Auslegung muss man zwischen der Strafhöhe und der Frage der Aussetzung zur Bewährung unterscheiden, so dass allein auf das Strafmaß abzustellen ist. 15.1

II. Schwierigkeit der Sach- und Rechtslage

Eine **schwierige Sachlage** kann sich sowohl aus dem zu erwartenden Umfang und der **Komplexität** der Beweisaufnahme ergeben aber auch aus der Notwendigkeit, **Akteneinsicht** zu nehmen (zB auch bei auszuwertenden Videoaufnahmen, LG Kiel zitiert nach Egon Müller/Jens Schmidt NStZ 2008, 324, 325). Der Umfang einer Sache bemisst sich nach der Dauer der Hauptverhandlung (**aA** Meyer-Goßner StPO § 140 Rn 26), der Anzahl der Angeklagten und Zeugen und auch dem Umfang der Akten (BGHSt 15, 306, 307; LG Düsseldorf StraFo 1997, 307). Eine schwierige Sachlage kann vorliegen, wenn zahlreiche Zeugen zu vernehmen sind (Stuttgart StV 1987, 8) oder wenn Unterlagen zur Betriebsführung, Buchhaltung und Bilanzierung untersucht werden müssen (LG Hildesheim wistra 1989, 320). Schwierige Beweise zur inneren Tatseite können ebenfalls die Beiordnung notwendig machen (LG Hamburg StV 1985, 453), so wie auch die Beurteilung der Glaubwürdigkeit kindlicher Zeugen (OLG Zweibrücken StV 2002, 237) und die Würdigung sich widersprechender Aussagen und Einwendungen (NStZ-RR 2000, 176) oder Aussagen, die gegeneinander stehen (OLG Hamm NStZ RR 2001, 107, 108; OLG Koblenz 2000, 176). Nach Ansicht des OLG Celle begründet eine **Aussage-gegen-Aussage-Konstellation** nicht für sich schon die Schwierigkeit der Sachlage. Eine schwierige Sachlage ist aber anzunehmen, wenn zu der Aussage des einzigen Belastungszeugen keine weiteren Indizien hinzukommen, aus denen auf die Richtigkeit der Angaben des Belastungszeugen geschlossen werden kann (OLG Celle StV 2009, 8; NStZ 2009, 175; in dieselbe Richtung auch OLG Frankfurt NStZ-RR 2009, 207 = BeckRS 2009, 10177). Weiterhin ist eine Beiordnung erforderlich, wenn Sachverständigengutachten (zB zur Frage der Schuldfähigkeit) einzuholen und zu würdigen sind (LG Hamm StraFo 2002, 293, 294; OLG Frankfurt StraFo 2003, 420; KG StV 1990, 298). Bei einem der deutschen Sprache nicht ausreichend mächtigen **ausländischen Angeklagten** ist ein Verteidiger dann beizuordnen, wenn seine auf sprachlichen Defiziten beruhende Behinderung der Verteidigungsmöglichkeit auch durch die Hinzuziehung eines Dolmetschers nicht völlig ausgeglichen werden kann (OLG Frankfurt StV 2008, 291 f). **Maßgeblicher Beurteilungszeitpunkt** ist der, in dem das Gericht über den Antrag auf Bestellung eines notwendigen Verteidigers hätte entscheiden müssen (OLG Jena StV 2008, 509). § 140 Abs 2 StPO ist in dem **Verfahren auf Absehen von der Vollstreckung** bei Auslieferung oder Landesverweisung gem § 456 a StPO **entsprechend** anzuwenden, wenn die Voraussetzungen vorliegen. Der Beschuldigte hat ein eigenes Antragsrecht (OLG Nürnberg 14. 10. 2008 – Az 2 Ws 445/08). 16

Die Notwendigkeit der Beiordnung kann auch dann gegeben sein, wenn eine sachgerechte Verteidigung ohne **Akteneinsicht** (die nur der Verteidiger erhält, § 147 Abs 1, 4 StPO) nicht möglich ist (OLG Celle StraFo 2000, 414; OLG Koblenz NStZ-RR 2000, 176; SK-StPO/Wohlers StPO § 140 Rn 39) oder die Hauptverhandlung auch gegen **verteidigte Mitangeklagte** stattfindet (LG Kiel StV 2009, 236). 17

Eine **schwierige Rechtslage** wird dann angenommen, wenn bei Anwendung des materiellen oder formellen Rechts im konkreten Verfahren Rechtsfragen beantwortet werden müssen, die bislang nicht entschieden wurden (BVerfG StV 2006, 426; OLG Stuttgart StV 2002, 298). Das gilt ebenso bei im Raum stehenden Irrtums- oder Rechtfertigungsfragen 18

(KG NJW 2008, 3449: Abgrenzung von Erlaubnistatbestandsirrtum und Verbotsirrtum; LG Essen StV 1987, 310, 311; anders aber für eine Notwehrprüfung LG Halle/Saale Beschl v 16. 4. 2009 – Az 9 Ns 7/09) oder solchen, die um die Problemgebiete Versuch und Rücktritt kreisen (BayObLG StV 1991, 294). Im Bereich des **Wirtschaftsstrafrechts** ist dann von einer schwierigen Rechtslage auszugehen, wenn Fragen der Betriebsführung, Buchhaltung oder Bilanzierung von Relevanz sind (OLG Düsseldorf AnwBl 1984, 261, 262; LG Wiesbaden StraFo 2002, 195, 196). Zu Steuerstrafsachen s OLG Celle StV 1986, 142, 143. Als schwierig wurden die Fragen angesehen, ob es sich bei Aufenthaltsgestattungs- und Duldungs-Dokumenten um öffentliche Urkunden iSd § 274 StGB handelt (LG Stuttgart StV 2007, 631) und ob die Verwertung eines ohne richterliche Anordnung eingeholten Blutalkoholgutachtens zulässig ist (OLG Brandenburg NJW 2009, 1287; LG Schweinfurt StRR 2008, 390; StraFo 2008, 331). Auf die subjektiven Fähigkeiten des Mandanten kommt es an dieser Stelle nicht an (**aA** OLG Celle NJW 1964, 877, das die persönlichen Fähigkeiten eines Angeklagten – vorliegend einem Rechtsanwalt – „nicht gänzlich unberücksichtigt" lassen möchte.) Bei einer Anklage vor dem erweiterten Schöffengericht wird in der Regel davon auszugehen sein, dass die Rechtslage schwierig ist (Meyer-Goßner StPO § 140 Rn 28). Ein Verteidiger ist hier aber schon aufgrund der Schwere der Tat hinzuzuziehen (Rn 15). Bereitet eine **Revisionsbegründung** besondere Schwierigkeiten, kann eine Verteidigerbestellung verlangt werden (KG StraFo 2007, 27). Nicht jede Revisionsbegründung sei derart komplex, dass nur ein Verteidiger sie vornehmen könne (KG StraFo 2007, 27). Begründet wird dies damit, dass das Gesetz auch die Revisionserklärung zu Protokoll der Urkundsbeamten der Geschäftsstelle vorsähe (OLG Hamm NStZ 1982, 345 m abl Anm Dahs). Eine Beiordnung wird aber dann für notwendig erachtet, wenn der als Urkundsbeamte tätige Rechtspfleger überfordert ist (KG zitiert nach Müller/Schmidt NStZ 2008, 324, 325; OLG Koblenz zitiert nach Müller/Schmidt NStZ 2008, 324, 325). In Anbetracht des „extrem hohen" (SK-StPO/Wohlers StPO § 140 Rn 45) Formalisierungsgrads der Verfahrens- und Sachrüge kann effektiver Rechtsschutz allein durch die Beiordnung eines Verteidigers gewährleistet werden (SK-StPO/Wohlers StPO § 140 Rn 45; nur für die Verfahrensrüge OLG Saarbrücken BeckRS 2009, 10738; OLG Düsseldorf StV 1986, 143; OLG Hamburg NJW 1966, 2323, 2324; anders noch OLG Oldenburg NStZ 1984, 52). Die Nichtbeiordnung kann die Wiedereinsetzung in den vorigen Stand rechtfertigen (BayObLG NStZ 1995, 300, 301).

III. Unvermögen der Selbstverteidigung

19 Die Mitwirkung eines Verteidigers ist immer dann erforderlich, wenn Anhaltspunkte dafür bestehen, das der Beschuldigte aus **in seiner Person liegenden Gründen** (geistige Fähigkeiten, Gesundheitszustand, sonstige Umstände, KG StV 1985, 448, 449; OLG Hamburg NStZ 1984, 281; OLG Hamm NJW 2003, 3286) nicht in der Lage sein wird, alle Möglichkeiten einer sachgemäßen Verteidigung zu nutzen (SK-StPO/Wohlers StPO § 140 Rn 46). Die Verteidigungsfähigkeit setzt also mehr voraus als die bloße Verhandlungsfähigkeit (OLG Düsseldorf NJW 1964, 877, 878). Abgeleitet wird die Verteidigungsunfähigkeit bisweilen aus nicht geschicktem (OLG Frankfurt StV 1984, 370) oder wenig sachangemessenem Verhalten des Beschuldigten (OLG Celle StV 1997, 624; OLG Zweibrücken NStZ 1986, 136, 136). Maßstab müssen hierbei stets die eigenen Prozessziele des Beschuldigten sein (SK-StPO/Wohlers StPO § 140 Rn 47). Auch die Schwierigkeit der **Beweiswürdigung** kann eine Beiordnung notwendig machen (OLG Hamm StV 1985, 447). **Absolut verteidigungsunfähig** ist ein Angeklagter dann, wenn die Beweisaufnahme zumindest teilweise ohne ihn durchgeführt wird (§ 247 StPO, OLG Zweibrücken NStZ 1987, 89). Bei **Jugendlichen und Heranwachsenden** ist eine extensive und großzügige Auslegung des Abs 2 geboten (OLG Saarbrücken zitiert nach Müller/Schmidt NStZ 2008, 324, 325; s auch OLG Schleswig StV 2009, 86 mAnm Gubitz). Der Grundsatz des fairen Verfahrens gebietet es, es einem 16-jährigen Jugendlichen dann wegen Unfähigkeit der Selbstverteidigung einen Pflichtverteidiger beizuordnen, wenn alle anderen Verfahrensbeteiligten anwaltliche Hilfe in Anspruch nehmen (OLG Hamm StV 2009, 85).

20 Bei körperlichem und geistigem Unvermögen kommt es auf die Art und den Schweregrad der jeweiligen Einschränkung an (SK-StPO/Wohlers StPO § 140 Rn 49 mwN). Bei starker

Verteidigung § 140 StPO

Sehbehinderung oder Blindheit ist regelmäßig ein Fall der notwendigen Verteidigung anzunehmen (SK-StPO/Wohlers StPO § 140 Rn 50). Das gleiche gilt für einen Beschuldigten, der nur eingeschränkt lesen oder schreiben kann (OLG Celle StV 1983, 187; StV 1994, 8; LG Schweinfurt StraFo 2009, 105) oder an Legasthenie leidet (LG Hildesheim StV 2008, 132). Stehen die § 20 StGB, § 21 StGB im Raum, ist stets von einer notwendigen Verteidigung auszugehen (OLG Hamm StV 1984, 66). Eine fortgeschrittene Schwangerschaft (OLG Düsseldorf NJW 1964, 877) oder eine fortgeschrittene HIV-Erkrankung können das Unvermögen zur Selbstverteidigung ebenfalls begründen.

Bei eingeschränkter oder fehlender **deutscher Sprachkompetenz** eines ausländischen 21 Beklagten ist die Anwendung von § 140 Abs 2 StPO zu prüfen. Die Beiordnung eines Verteidigers ist regelmäßig dann notwendig, wenn nicht ein Dolmetscher Abhilfe schaffen kann (OLG Frankfurt StV 1997, 573), was vom Gewicht des Verfahrensgegenstands und der Schwierigkeit der Sach- und Rechtslage abhängt (OLG Frankfurt StV 1997, 573, 574 f; OLG Hamm NStZ 1990, 143; **aA** OLG Zweibrücken StV 1988, 279). Ein Verteidiger ist auch dann erforderlich, wenn der Angeklagte aus einem fremden **Kulturkreis** stammt und mit dem deutschen Rechtssystem nur wenig vertraut ist (OLG Brandenburg StV 2000, 69, 70; OLG Karlsruhe NStZ 1987, 522; OLG Frankfurt StV 1990, 487; SK-StPO/Wohlers StPO § 140 Rn 51 mwN). Gleiches gilt, wenn dem Angeklagten die Anklageschrift nicht in übersetzter Form vorgelegt wird (Art 6 Abs 3 a MRK).

Ist dem **Verletzten** ein Rechtsanwalt beigeordnet, geht das Gesetz von einer erheblichen 22 Beeinträchtigung der Möglichkeit, sich selbst zu verteidigen, aus. In der Regel ist dann die Beiordnung eines Verteidigers geboten (OLG Hamm NStZ-RR 1997, 78). Dies ist unabhängig davon, ob der Verletzte den Rechtsanwalt beigeordnet bekommen hat (§ 397 a StPO, § 406 g Abs 3, Abs 4 StPO) oder sich auf eigene Kosten eines Anwalts bedient (OLG Hamm StraFo 2004, 242; OLG Köln NStZ 1989, 542; OLG Saarbrücken NStZ 2006, 716; OLG Stuttgart StV 2009, 12; **aA** LG Halle/Saale, Beschl v 16. 4. 2009 – Az 9 Ns 7/09).

IV. Hör- und sprachbehinderte Beschuldigte

Ist der Beschuldigte taub oder stumm und stellt er einen Antrag nach § 140 Abs 2 S 2 23 StPO, ist ein Verteidiger zu bestellen. Bei fehlendem Antrag entscheidet das Gericht nach § 140 Abs 2 StPO.

V. Sonderfälle

Würde die Ablehnung eines Antrags auf Beiordnung den **Anspruch** des Angeklagten auf 24 ein **faires Verfahren** verletzen, ist die Bestellung erforderlich (BVerfG NJW 1981, 1034; NJW 1983, 1599). Dass der Privatkläger anwaltlich vertreten ist, gibt dem Angeklagten keinen Anspruch auf Beiordnung (BVerfG NJW 1983, 1599). Ebenso wenig ergibt sich ein Anspruch aus dem Umstand, dass der beigeordnete Verteidiger ein seiner Ansicht nach aussichtsloses Rechtsmittel nicht durchführen möchte (OLG Koblenz NStZ-RR 2008, 81; OLG Düsseldorf StV 1984, 327). Dazu auch § 137 StPO Rn 3.

Im **Vollstreckungsverfahren** muss nach § 140 Abs 2 StPO (Rspr: analog) ein Verteidiger 25 bestellt werden, wenn die Schwere der Tat, die Schwierigkeit der Sach- und Rechtslage oder das Unvermögen des Verurteilten, sich selbst zu verteidigen, das gebieten (BVerfG NJW 2002, 2773; OLG Hamm BeckRS 2008, 04236; OLG Nürnberg StraFo 2007, 418; NStZ-RR 2009, 125; Meyer-Goßner StPO § 140 Rn 33). Das gilt besonders im Unterbringungsverfahren gem § 63 StGB (OLG Nürnberg StraFo 2007, 418; vgl die Nachweise bei Löwe/Rosenberg/Lüderssen/Jahn StPO § 140 Rn 120). Mit Gesetz v 16. 7. 2007 (BGBl I 1327) ist in § 463 StPO, der Regelungen zur Vollstreckung von Maßregeln enthält, ein neuer vierter Absatz eingefügt worden; siehe auch § 463 Rn 4. § 463 Abs 4 S 5 StPO ordnet für die Überprüfung nach § 67 e StGB und das hierfür in § 463 Abs 4 S 1 StPO vorgesehene Verfahren an, dass der untergebrachten Person, die noch keinen Verteidiger hat, für das Verfahren ein Verteidiger zu bestellen ist. Die Bestellung ist auch schon vor der nach § 463 Abs 4 S 1 StPO vorzunehmenden Bestimmung des Sachverständigen auszusprechen (OLG Braunschweig StV 2008, 690 mAnm Steck-Bromme). Eine Bestellung ist nach Einholung eines **Prognosegutachtens über die Gefährlichkeit** des Verurteilten gem § 454 Abs 2

StPO dann notwendig, wenn das Gutachten Fragestellungen aufwirft, mit deren fachlicher Beurteilung der Verurteilte überfordert ist (OLG Schleswig NStZ-RR 2008, 253; OLG Bremen StRR 2008, 242). Vor Einholung des Gutachtens soll eine Beiordnung nur dann erfolgen müssen, wenn der Verurteilte nicht in der Lage sei, bei den Vorbesprechungen seine Belange selbst zu wahren (OLG Schleswig NStZ-RR 2008, 253). Unter gleichen Umständen ist auch beim **Widerruf der Bewährung** ein Verteidiger beizuordnen (OLG Bamberg NStZ 1985, 39).

26 § 140 Abs 2 StPO ist im **Strafvollzugsverfahren** nicht anwendbar (OLG Bremen NStZ 1984, 91).

D. Besonderheiten bei Haft (§ 140 Abs 3 StPO)

27 Die Bestellung kann aufgehoben werden, wenn der Beschuldigte mindestens 2 Wochen vor Beginn der Hauptverhandlung aus der Anstalt entlassen wird. Bei der Ausübung ihres Ermessens müssen die Richter in Betracht ziehen, ob die dem Beschuldigten in Freiheit verbleibende Zeit auch angesichts der durch die Inhaftierung bewirkten Einschränkungen ausreicht, sich angemessen auf seine Verteidigung vorzubereiten (OLG Bremen StraFo 2002, 231, 232; OLG Frankfurt StV 1983, 497; Meyer-Goßner StPO § 140 Rn 36). Das wird allein schon aufgrund der Schwierigkeit, einen Wahlverteidiger zu finden, selten der Fall sein (vgl Meyer-Goßner StPO § 140 Rn 36).

28 Die Bestellung eines Verteidigers Abs 1 Nr 4 StPO bleibt auch nach Ende der Inhaftierung als solche nach § 140 Abs 1 Nr 5 StPO wirksam, es sei denn, ein anderer Verteidiger wird bestellt. Dies wird in Fällen in Betracht kommen, in denen die Verhandlung an einem anderen Ort stattfindet und die dortige Wahrnehmung dem Verteidiger nicht zugemutet werden kann.

E. Notwendige Verteidigung bei besonderen Verfahrensarten

29 Nach § 407 Abs 2 S 2 StPO, § 408 b S 1 StPO ist dem unverteidigten Beschuldigten ein Verteidiger zu bestellen, wenn das Gericht erwägt, einen **Strafbefehl** zu erlassen, der auf eine Freiheitsstrafe mit Strafaussetzung zur Bewährung lautet. Die Beiordnung wird auf das Verfahren bis zur Entscheidung über den Erlass zu beschränken sein (SK-StPO/Wohlers StPO § 240 Rn 23; OLG Düsseldorf NStZ 2002, 390). Die Beiordnung wirkt nicht in die Hauptverhandlung, wenn gegen den Strafbefehl Einspruch erfolgt. Es gelten dann die §§ 140 StPO ff.

30 Ist im **beschleunigten Verfahren** eine Freiheitsstrafe von mindestens 6 Monaten zu erwarten, wird dem bislang unverteidigten Beschuldigten für das beschleunigte Verfahren ein Verteidiger bestellt (§ 418 Abs 4 StPO). Zeigt sich die Notwendigkeit erst während der Hauptverhandlung, ist ein Verteidiger beizuordnen. Die wesentlichen Teile der Hauptverhandlung sind zu wiederholen (SK-StPO/Wohlers StPO § 140 Rn 24; OLG Frankfurt StV 2001, 342).

31 Im **Revisionsverfahren** gelten § 350 Abs 3 StPO und § 140 Abs 2 StPO ergänzend. § 364 a StPO, § 364 b StPO regeln die Beiordnung für das **Wiederaufnahmeverfahren**. Zur Frage, ob die Pflichtverteidigerbestellung im Ausgangsverfahren sich auch auf das Wiederaufnahmeverfahren erstreckt, abl OLG Oldenburg NStZ-RR 2009, 208.

F. Revision

32 Es stellt einen absoluten Revisionsgrund nach § 338 Nr 5 StPO dar, wenn gegen einen unverteidigten Angeklagten verhandelt wird, obwohl die Mitwirkung eines Verteidigers wegen „Schwere der Tat" gem § 140 Abs 2 StPO geboten gewesen wäre (OLG Hamm NStZ 1982, 298). Wird die Verletzung von § 140 Abs 2 StPO gerügt, weil der Angeklagte in der Hauptverhandlung ohne Verteidiger war, darf sich die Revisionsbegründung nicht allein auf die ausgeurteilte Strafe stützen. Vielmehr muss der Beschwerdeführer in der Revisionsbegründung (ua) auch die übrigen in der Rechtsprechung aufgestellten Voraussetzungen, unter denen bei einer Strafverwartung von einem Jahr ein Pflichtverteidiger zu bestellen ist, darlegen (OLG Hamm NJW-Spezial 2008, 378).

§ 141 [Bestellung eines Verteidigers]

(1) In den Fällen des § 140 Abs. 1 Nr. 1 bis 3, 5 bis 8 und Abs. 2 wird dem Angeschuldigten, der noch keinen Verteidiger hat, ein Verteidiger bestellt, sobald er gemäß § 201 zur Erklärung über die Anklageschrift aufgefordert worden ist.

(2) Ergibt sich erst später, daß ein Verteidiger notwendig ist, so wird er sofort bestellt.

(3) ¹Der Verteidiger kann auch schon während des Vorverfahrens bestellt werden. ²Die Staatsanwaltschaft beantragt dies, wenn nach ihrer Auffassung in dem gerichtlichen Verfahren die Mitwirkung eines Verteidigers nach § 140 Abs. 1 oder 2 notwendig sein wird. ³Nach dem Abschluß der Ermittlungen (§ 169 a) ist er auf Antrag der Staatsanwaltschaft zu bestellen. ⁴Im Fall des § 140 Abs. 1 Nr. 4 wird der Verteidiger unverzüglich nach Beginn der Vollstreckung bestellt.

(4) Über die Bestellung entscheidet der Vorsitzende des Gerichts, das für das Hauptverfahren zuständig oder bei dem das Verfahren anhängig ist, im Fall des § 140 Abs. 1 Nr. 4 entscheidet das nach § 126 oder § 275 a Abs. 5 zuständige Gericht.

Überblick

§ 141 StPO regelt die Bestellung eines Verteidigers von Amts wegen in den Fällen der notwendigen Verteidigung (§ 140 StPO). Auf Antrag der Staatsanwaltschaft kann die Bestellung schon im Vorverfahren erfolgen. Im Fall des § 140 Abs. 1 Nr. 4 muss die Bestellung unverzüglich nach Beginn der Vollstreckung erfolgen, ansonsten spätestens zum Zeitpunkt in dem die Erklärung zur Anklage abgegeben werden muss.

Übersicht

	Rn		Rn
A. Bestellung in Fällen notwendiger Verteidigung (Abs 1)	1	II. „Später" (Abs 2)	4
		III. Im Vorverfahren (Abs 3)	5
B. Zeitpunkt der Bestellung (Abs 2, Abs 3)	3	C. Zuständigkeit (Abs 4)	6
I. Bei Anklagezustellung (Abs 1)	3	D. Revision	13

A. Bestellung in Fällen notwendiger Verteidigung (Abs 1)

§ 141 Abs 1 StPO stellt sicher, dass in Fällen notwendiger Verteidiger der Angeschuldigte 1 bei Inhaftierung unverzüglich und im übrigen spätestens ab Zugang der Anklageschrift (§ 201 StPO) einen Verteidiger hat. Zweck der Pflichtverteidigung ist es, „im öffentlichen Interesse dafür zu sorgen, dass ein Beschuldigter in den vom Gesetz bestimmten Fällen rechtskundigen Beistand erhält und dass ein ordnungsgemäßer Verfahrensablauf gewährleistet ist." (OLG Düsseldorf NStZ 1986, 137). Hat der Angeschuldigte bereits einen Wahlverteidiger, kann trotzdem eine Beiordnung stattfinden (BGHSt 15, 306, 309; NJW 1973, 1985). Eine solche soll dann erforderlich sein, wenn der Wahlverteidiger in der Hauptverhandlung nicht ständig anwesend sein oder die zur ordnungsgemäßen und zügigen Durchführung der Hauptverhandlung notwendigen Maßnahmen nicht durchführen kann oder will (BGH NJW 1973, 1985; OLG Düsseldorf NStZ 1986, 137; OLG Koblenz NStZ 1982, 43); zB wenn der Wahlverteidiger schon früher einmal das Mandat niedergelegt hat (OLG Düsseldorf NStZ 1986, 137) oder ein umfangreiches Großverfahren die Bearbeitung durch einen Verteidiger allein unmöglich macht (OLG Hamm NJW 1978, 1986; OLG Frankfurt StV 1993, 348). Zur Sicherung des Verfahrens ist eine Bestellung ebenfalls möglich (OLG Karlsruhe StV 2001, 557 m abl Anm Braum; LG Koblenz NStZ 1995, 250 m krit Anm Wasserburg). Gründe prozessualer Fürsorge sollen die Bestellung ebenfalls gebieten können (Meyer-Goßner StPO § 141 Rn 1 a). Sie ist unzulässig, wenn sie lediglich der Erleichterung der Durchführung der Hauptverhandlung dienen soll. Beispiele: Vorbeugen des Ausfalls eines Wahlverteidigers bei 4-Tages-Sache (OLG Frankfurt StV 1986, 144), terminliche Verhinderung des Wahlverteidigers (OLG Celle StV

1988, 100; OLG Düsseldorf StraFo 1999, 414), Ablehnung eines auswärtigen Wahlverteidigers (OLG Frankfurt StV 1983, 234), Verteidiger trägt keine weiße Krawatte (OLG Zweibrücken NStZ 1988, 144). Eine Bestellung gegen den Willen des Angeschuldigten („Zwangsverteidigung") ist vom Gesetz nicht ausgeschlossen (BVerfG NStZ 1984, 561; OLG Zweibrücken NStZ 1982, 298) und wird nicht anders behandelt (vgl zum Kostenpunkt OLG Zweibrücken NStZ 1990, 51). Die Befugnisse eines solchen „aufgedrängten" Verteidigers sind nicht eingeschränkt (Meyer-Goßner StPO § 141 Rn 1a aE; **aM** Löwe/Rosenberg/Lüderssen/Jahn StPO § 140 Rn 7; SK-StPO/Wohlers StPO vor § 135 Rn 44 mwN).

2   Grundsätzlich wird dem Angeklagten **ein Verteidiger** bestellt. Kann die Durchführung des Verfahrens – organisatorisch oder gemessen am Umfang – nicht anders sichergestellt werden, können auch mehrere Verteidiger bestellt werden (BGH NJW 1961, 740; OLG Celle StV 1988, 379; OLG Frankfurt NJW 1980, 1703). Allein um die Vertretung der Verteidiger untereinander zu ermöglichen, darf es nicht zu einer doppelten Bestellung kommen (OLG Frankfurt StV 1995, 68). § 137 Abs 1 S 2 StPO findet keine Anwendung. Auch eine angekündigte, einmalige Verhinderung eines Wahlverteidigers ist kein Grund einer Beiordnung (OLG Celle StV 1988, 100) oder die Unfähigkeit, wegen Kopfschmerzen ein Plädoyer zu halten (OLG Frankfurt StV 1994, 288). Allein der Umstand, dass die Anklage durch zwei Staatsanwälte vertreten wird, macht die Beiordnung eines weiteren Pflichtverteidigers nicht erforderlich (OLG Frankfurt zitiert nach Müller/Schmidt NStZ 2008, 324, 325); ebenso wenig der Umstand, dass der bereits bestellte Pflichtverteidiger nicht zusichern kann, an der überwiegenden Zahl der Hauptverhandlungstermine teilnehmen zu können (OLG Celle NStZ 2008, 583).

B. Zeitpunkt der Bestellung (Abs 2, Abs 3)

I. Bei Anklagezustellung (Abs 1)

3   Sobald der Angeschuldigte zur Erklärung nach § 201 StPO aufgefordert wird, ist ein Verteidiger zu bestellen (s Mehle NJW 2007, 969). In der Praxis wird die Auffassung vertreten, dass hierdurch nicht schon mit der Zustellung der Anklageschrift die Beiordnung erfolgen muss. Es soll zulässig sein, mit der Zustellung der Anklage auch die Aufforderung zur Benennung eines Verteidigers zu verbinden und diesen dann nach Ablauf der Frist zur Benennung und vor Ablauf der Stellungnahmefrist zu bestellen (SK-StPO/Wohlers StPO § 141 Rn 9; Meyer-Goßner StPO § 141 Rn 3 beide mwN). Einer darüber hinaus gehenden Auffassung nach soll der Beschuldigte zuerst nur aufgefordert werden, einen Verteidiger zu benennen, um diesem dann nach Beiordnung die Anklageschrift zuzustellen. Dies würde vermeiden, dass der Beschuldigte voreilige Äußerungen zur Anklageschrift macht (SK-StPO/Wohlers StPO § 141 Rn 9). Der Nachteil dieser Ansicht liegt darin, dass der Beschuldigte ohne bestmögliche Kenntnis der Sachlage einen geeigneten Verteidiger suchen muss. Das hilft weder dem potentiellen Verteidiger noch dem Beschuldigten.

II. „Später" (Abs 2)

4   Nach § 141 Abs 2 StPO ist ein Verteidiger sofort zu bestellen, wenn nach Zustellung der Anklageschrift deutlich wird, dass es sich um einen Fall notwendiger Verteidigung handelt. Das kann zB bei einer Nachtragsklage wegen eines Verbrechens der Fall sein (BGHSt 9, 243) oder, wenn sich die Schwierigkeit der Sach- und Rechtslage (§ 140 Abs 2 StPO) erst in der Folge herausstellt. Ein Warten auf den Eröffnungsbeschluss oder den Beginn der Hauptverhandlung ist nicht zulässig (OLG Düsseldorf StV 1992, 100). Hat diese bereits begonnen, sind wesentliche Teile zu wiederholen, wenn der Angeklagte unverteidigt war (BGHSt 9, 243, 244).

III. Im Vorverfahren (Abs 3)

5   Das Gesetz unterscheidet drei Stadien der Beteiligung eines Verteidigers im Ermittlungsverfahren: Vor Abschluss der Ermittlungen (§ 169a StPO) **kann** ein Verteidiger auf Antrag der Staatsanwaltschaft bestellt werden (§ 141 Abs 3 S 2 StPO); nach Abschluss der Ermittlungen führt ein Antrag **zwangsläufig** zur Bestellung (§ 141 Abs 3 S 3 StPO), selbst wenn die Voraussetzungen des § 140 StPO nach Auffassung des Vorsitzenden nicht gegeben sind

(LG Stuttgart StV 2008, 132). Der Antrag eines Beschuldigten ist als bloße Anregung an die Staatsanwaltschaft zu verstehen, einen Antrag zu stellen. Die Ablehnung der Anregung ist als Prozesshandlung nicht der Anfechtung und Überprüfung gem § 23 EGGVG zugänglich (OLG Oldenburg StV 1993, 511; OLG Karlsruhe NStZ 1998, 315). Ob bei **prognostizierter notwendiger Verteidigung** in der Hauptverhandlung das Ermessen der Staatsanwaltschaft und des Gerichts auf Bestellung eines Verteidigers schon im Vorverfahren reduziert ist, ist derzeit auch in der obergerichtlichen Rechtsprechung ungeklärt (vgl die Nachweise bei SK-StPO/Wohlers StPO § 141 Rn 8). Der 1. Strafsenat nimmt dies unter Bezugnahme auf Entstehungsgeschichte, Wortlaut und den Willen des Gesetzgebers an und lässt lediglich dahingestellt, ob es überhaupt Fälle geben kann, in denen bei entsprechender Prognose von der Beteiligung eines Verteidigers im Vorverfahren abgesehen werden kann (BGHSt 46, 93, 98 f m krit Anm Kunert NStZ 2001, 217; s auch OLG Oldenburg NJW 2009, 527). Dann jedenfalls, wenn der Beschuldigte bei der Vernehmung eines wichtigen Belastungszeugen kein Anwesenheitsrecht hat, werde das Ermessen der Staatsanwaltschaft auf Null reduziert (BGH NStZ-RR 2008, 49; BGHSt 46, 93, 99). Ähnlich auch der 1. Senat in BGHSt 47, 172, 177 im Fall, dass ein Haftbefehl wegen eines Verbrechens erlassen wird. Hier sei stets die Stellung des Beiordnungsantrags zu erwägen. In diese Richtung geht auch OLG Köln StRR 2009, 155 mAnm Artkämper, wobei aber vor der ersten polizeilichen Vernehmung des Beschuldigten eine Pflichtverteidigerbestellung noch nicht notwendig sein soll. Der 5. Senat hält die Auffassung des 1. Senats für nicht mit dem Gesetz vereinbar (BGHSt 47, 233, 237 m abl Anm Roxin JZ 2002, 898; dem folgt auch Meyer-Goßner StPO § 141 Rn 5, der jedoch davon ausgeht, dass in der Regel der Antrag nach § 141 Abs 3 StPO zu stellen sein wird). Sind die Ermittlungen abgeschlossen, kann ein Antrag der Staatsanwaltschaft nicht mehr abgelehnt werden. Stellt die Staatsanwaltschaft nach Abschluss der Ermittlungen einen Antrag auf Beiordnung eines Pflichtverteidigers, ist dessen Bestellung nach Abs 3 S 3 obligatorisch, auch wenn die Staatsanwaltschaft später die Notwendigkeit anzweifelt (LG Braunschweig zitiert nach Müller/Schmidt NStZ 2008, 324, 325). Aufgrund der Neuerungen durch das Untersuchungshaftrechtsänderungsgesetz (29. 7. 2009, BGBl I 2274) ist nach § 140 Abs 1 Nr 4 StPO ein Fall notwendiger Verteidigung nunmehr auch dann gegeben, wenn gegen den Beschuldigten **Untersuchungshaft** oder eine andere der genannten freiheitsentziehenden Maßnahmen **vollstreckt** wird (vgl § 140 StPO Rn 5 a). Der ebenfalls neu eingefügte § 141 Abs 3 S 4 StPO regelt, dass in diesen Fällen die Bestellung **unverzüglich** nach Beginn der Vollstreckung zu erfolgen hat. Das Erfordernis der Unverzüglichkeit kann Schwierigkeiten bereiten, wenn der vom Beschuldigten gewünschte Verteidiger nicht sofort erreichbar ist (BT-Drs 13097, 19). Eine Lösung kann darin liegen, zunächst einen verfügbaren Verteidiger zu bestellen und dessen Bestellung später zurückzunehmen, um den Weg für den vom Beschuldigten gewünschten Verteidiger frei zu machen, sobald dieser erreichbar ist (s Deckers StraFo 2009, 441, 443 f).

C. Zuständigkeit (Abs 4)

Zuständig für die Entscheidung über die Verteidigerbestellung ist der **Vorsitzende** des für die Hauptverhandlung zuständigen Gerichts oder das Gericht, bei dem die Sache im Fall des § 141 Abs 2 StPO anhängig ist. Das letzte Tatgericht ist zuständig für die Beiordnung eines Verteidigers im Revisionsverfahren (OLG Hamm NJW 1963, 1513; OLG Stuttgart StV 2000, 413). Auch im Revisionsverfahren kann ein Pflichtverteidiger bestellt werden, wenn dies aufgrund der Besonderheiten notwendig ist (BGH NStZ 1997, 48). Der Vorsitzende entscheidet auch über die Ablehnung eines Antrags (OLG Karlsruhe NJW 1974, 110; OLG Zweibrücken StV 1982, 128) und die Zurücknahme der Bestellung (§ 143 StPO Rn 3). Entscheidet nicht der Vorsitzende allein, sondern das Kollegialgericht, ist dies unschädlich (BGH NStZ 2004, 632). Im Fall des § 140 Abs 1 Nr 4 StPO ist nach Abs 4 Hs 2 nF für die Bestellung das Gericht zuständig, das den Haftbefehl nach § 126 StPO (oder Unterbringungsbefehl nach § 126 d StPO) erlassen hat bzw das in § 275 a Abs 5 StPO genannte Gericht.

Die **Bestellung** wird grundsätzlich durch ausdrückliche Verfügung vorgenommen, kann aber auch **konkludent** erfolgen, wenn ein Rechtsanwalt aufgefordert wird, als Verteidiger tätig zu werden und sein späteres Auftreten in der Hauptverhandlung als Verteidiger geduldet wird (OLG Hamburg NJW 1998, 621). Eine konkludente Bestellung kann auch

StPO § 141

in der Genehmigung einer Dienstfahrt zur Besprechung mit dem Angeklagten liegen (BGH NStZ 2008, 117). Der BGH (StraFo 2006, 455) hält auch eine **stillschweigende** Bestellung für möglich, wenn zB die Terminsnachricht zugestellt wurde und der Verteidiger in der Revisionshauptverhandlung auch als Verteidiger des Angeklagten aufgetreten ist. Das gilt gleichermaßen, wenn in einem „schwerwiegenden Fall" ein Pflichtverteidiger notwendig ist, um das Gebot der fairen Verfahrensführung zu wahren (OLG Düsseldorf NStZ 1984, 43, 44).

8   **Rückwirkend** kann ein Verteidiger nicht bestellt werden (BGH StV 1989, 378; OLG Hamm NStZ-RR 2009, 113; OLG Schleswig Beschl v 24. 01. 2008 – Az 2 Ws 8/08 (9/08); OLG Bamberg NJW 2007, 3796; NJW 1997, 238; KG StraFo 2006, 200; OLG Düsseldorf StraFo 2003, 04; **aM** LG Bremen StV 2004, 126; s auch Wohlers StV 2007, 376). Das gilt auch dann, wenn ein Antrag rechtzeitig gestellt, über ihn aber nicht entschieden wurde (KG StraFo 2006, 200; **aM** Koblenz StV 1995, 537 und die Rspr der LG, zB LG Bonn StraFo 2009, 106; LG Dortmund StraFo 2009, 106 und LG Düsseldorf StraFo 2009, 106; s auch Meyer-Goßner StPO § 141 Rn 8; SK-StPO/Wohlers StPO § 141 Rn 24), nicht aber wenn ein Antrag ohne Begründung abgelehnt wurde (LG Potsdam StraFo 2004, 381). Eine „nachträgliche" Beiordnung ist möglich, wenn die Entscheidung über die Beschwerde gegen die Ablehnung der Beiordnung aussteht, in diesem Zeitraum aber das Verfahren abgeschlossen wird (so für das Strafvollstreckungsverfahren OLG Hamm StraFO 2008, 331).

9   Die Beiordnung endet mit dem **Tod** des Verteidigers und dem des Beschuldigten (OLG Hamburg NStZ-RR 2008, 160; **aA** OLG Karlsruhe NStZ-RR 2003, 286, 287).

10   Mit der **Beschwerde** kann der Angeklagte die Beiordnung eines Verteidigers mangels Beschwer nicht anfechten (OLG Celle NStZ 1988, 39). Wird jedoch zu einem Wahlverteidiger ein Pflichtverteidiger bestellt, steht dem Angeklagten die Beschwerde nach § 304 StPO offen (OLG Düsseldorf StraFo 1999, 276). Das gilt auch, wenn ein Antrag auf Beiordnung eines zweiten Pflichtverteidigers abgelehnt wird (OLG München 1981, 2208). Die Staatsanwaltschaft kann rügen, dass die Beiordnung gesetzeswidrig erfolgte (Meyer-Goßner StPO § 141 Rn 9). § 305 S 1 StPO steht der Zulässigkeit der Beschwerde nicht entgegen (OLG Celle NStZ 2009, 56 mwN; KG StraFo 2009, 66; s auch § 305 StPO Rn 11). Das Beschwerdegericht überprüft die Einhaltung des Beurteilungsspielraums und die ermessensfehlerfreie Auswahl des Verteidigers (OLG Düsseldorf StV 2004, 62; OLG Celle NStZ 2009, 56).

11   Wird ein **Antrag auf Bestellung** eines Verteidigers **abgelehnt**, kann der Angeklagte die Beschwerde nach § 304 Abs 1 StPO erheben (OLG Düsseldorf StV 2001, 609; Meyer-Goßner StPO § 141 Rn 10 mwN). Das gilt auch, wenn die Beiordnung eines zweiten Verteidigers abgelehnt wurde (OLG München NJW 1981, 2208) oder eine Entscheidung über die Beiordnung nicht getroffen wurde („Untätigkeitsbeschwerde" LG Magdeburg StraFo 2008, 429; LG Köln StV 2001, 344). Die Staatsanwaltschaft kann nur zugunsten (§ 339 StPO) des Beschuldigten Beschwerde erheben (SK-StPO/Wohlers StPO § 141 Rn 29). **Umstritten** ist, ob der Angeklagte auch ein Beschwerderecht gegen Entscheidungen des Vorsitzenden des erkennenden Gerichts hat (hierzu Meyer-Goßner StPO § 141 Rn 10; SK-StPO/Wohlers StPO § 141 Rn 30). Nach **hM** handelt es sich um keine der Urteilsfällung vorausgehende Entscheidung, so dass § 304 Abs 1 StPO anwendbar ist (**aM** OLG Karlsruhe NStZ 1988, 287). Der nicht beigeordnete Rechtsanwalt hat kein Beschwerderecht (OLG Düsseldorf StV 2004, 62), ebenso wenig der Wahlverteidiger, der nicht beigeordnet wurde oder dessen Antrag auf Beiordnung eines weiteren Verteidigers abgelehnt wurde (OLG Düsseldorf StraFo 1999, 415; 2000, 414 f; OLG Hamburg NJW 1978, 1172). Entscheidungen eines Vorsitzenden eines Strafsenats eines OLG sind gem § 304 Abs 4 S 2 StPO nicht anfechtbar.

12   Das Beschwerdegericht entscheidet eigenständig in der Sache selbst (§ 309 Abs 2 StPO; BGHSt 43, 153, 155; OLG Koblenz NJW 1969, 2028; SK-StPO/Wohlers StPO § 141 Rn 31).

D. Revision

13   Das Revisionsgericht kann gem § 336 S 1 StPO die Entscheidung über die Bestellung eines Verteidigers auf Rechtsfehler überprüfen (BGHSt 39, 319, 313; NStZ 1992, 292; s

Verteidigung § 142 StPO

auch § 143 StPO Rn 11). Der BGH stellt darauf ab, ob ein schwerwiegender Rechtsverstoß vorliegt und der Beschuldigte schutzbedürftig war (BGHSt 47, 172, 180; **aM** Sowada NStZ 2005, 6). Der Kontrolle des Revisionsgerichts unterliegen auch grobe Pflichtverletzungen (dazu § 143 StPO Rn 7) des Verteidigers (BGH StraFo 2009, 107).

§ 142 [Auswahl des Verteidigers]

(1) ¹Vor der Bestellung eines Verteidigers soll dem Beschuldigten Gelegenheit gegeben werden, innerhalb einer zu bestimmenden Frist einen Verteidiger seiner Wahl zu bezeichnen. ²Der Vorsitzende bestellt diesen, wenn dem kein wichtiger Grund entgegensteht.

(2) In den Fällen des § 140 Abs. 1 Nr. 2 und 5 sowie des § 140 Abs. 2 können auch Rechtskundige, welche die vorgeschriebene erste Prüfung für den Justizdienst bestanden haben und darin seit mindestens einem Jahr und drei Monaten beschäftigt sind, für den ersten Rechtszug als Verteidiger bestellt werden, jedoch nicht bei dem Gericht, dessen Richter sie zur Ausbildung überwiesen sind.

Überblick

§ 142 StPO regelt die Auswahl des zu bestellenden Verteidigers durch den Vorsitzenden. Hierbei soll der Wunsch des Beschuldigten Beachtung finden, sich vom Anwalt seines Vertrauens verteidigen zu lassen, wenn kein wichtiger Grund entgegensteht. Allerdings sind die Entscheidungen, die den Wunsch nach einem bestimmten Verteidiger negieren, recht zahlreich. Abs 2 bestimmt, unter welchen Umständen auch Referendare zu Pflichtverteidigern bestellt werden können.

Übersicht

	Rn		Rn
A. Allgemeines	1	D. Bestellung eines Referendars (Abs 2)	12
B. Bezeichnungsrecht des Beschuldigten (Abs 1 S 1)	7	E. Beschwerde	13
C. Bestellung des bezeichneten Verteidigers (Abs 1 S 2)	10	F. Revision	14

A. Allgemeines

Gem § 141 Abs 4 StPO ist der Vorsitzende des Gerichts zuständig für die Auswahl des Verteidigers. Da der Auswahl des Pflichtverteidigers eine selbständige verfahrensrechtliche Bedeutung zukommt, die nicht in einem inneren Zusammenhang mit der Fällung des Urteils steht, kann auch ein **Beschwerdegericht**, das über die Beschwerde gegen die Ablehnung eines bestimmten Verteidigers entscheidet, diesen bestellen (Meyer-Goßner StPO § 142 Rn 2 mwN). 1

§ 142 Abs 1 StPO, der die Auswahl des Pflichtverteidigers inhaltlich regelt, ist durch das **2. OpferrechtsreformG** (29. 7. 2009, BGBl I 2280) geändert worden. Die Änderung gerade durch dieses Gesetz erklärt sich damit, dass § 142 Abs 1 StPO über Verweisungen auch für die Beiordnung des Beistandes von Zeugen (§ 68b Abs 2 S 2 StPO nF) und von Verletzten (§ 397a Abs 3 2 StPO nF, § 406g Abs 3 S 1 StPO nF) gilt. Weggefallen ist das Erfordernis, dass der zu bestellende Verteidiger möglichst im Gerichtsbezirk niedergelassen sein soll. Die Beschränkung auf im Gerichtsbezirk ansässige Rechtsanwälte wurde als nicht mehr sachgerecht angesehen, da die Rechtsprechung hiervon bislang schon Ausnahmen zugelassen hat und bei der Auswahl des Verteidigers stets weitere Faktoren zu berücksichtigen waren, die dem Kriterium der Gerichtsnähe als gleichwertig erschienen (BT-Drs 16/12098, 20). Die Rechtsprechung hat den Aspekt der Gerichtsnähe auch zuvor zurück- 2 treten lassen etwa bei der Beherrschung einer Fremdsprache, einem besonderen Vertrauensverhältnis und ausgeprägten rechtlichen Kenntnissen im Bereich des Vorwurfs (vgl Meyer-Goßner StPO § 142 Rn 5). Die Streichung des Erfordernisses der Gerichtsnähe wird zudem mit dem Gedanken der Dienstleistungsfreiheit innerhalb der Europäischen Union und der Berufsfreiheit des Art 12 GG erklärt (BT-Drs 16/12098, 20 f). Das hinter der Neuregelung stehende Motiv ist aber ersichtlich nicht – jedenfalls nicht vorrangig – eine Verbesserung der Rechte des Beschuldigten, sondern eine Optimierung des rechtlichen Beistandes für Opfer von Straftaten, für die eine Änderung des in den Vorschriften über die Beiordnung des Zeugen- bzw Verletztenbeistandes in Bezug genommenen § 142 Abs 1 StPO erforderlich war. Der Gesetzesentwurf nennt selbst das Beispiel, dass das in Köln wohnende Opfer einer Vergewaltigung – bei in Hamburg stattfindendem gerichtlichen Verfahren – am Wohn- und nicht am Gerichtsort anwaltlichen Beistand bedarf (BT-Drs 12098, 20).

Einen Anspruch auf die Beiordnung des gewünschten Anwalts hat der Angeklagte nicht (OLG Düsseldorf NStZ 1987, 41 unter Hinweis auf BVerfGE 9, 36, 38), doch kann das Gericht Vertrauensgesichtspunkten bei der Bestellung des Verteidigers und der darauf folgenden Entpflichtung eines bereits bestellten Rechnung tragen (OLG Zweibrücken StV 1981, 288; LG Oldenburg StV 1984, 506). Das Vertrauensverhältnis zwischen auswärtigem Anwalt und Angeklagtem ist regelmäßig schon dann zu vermuten, wenn der im anhängigen Verfahren bislang tätige Wahlverteidiger um seine Bestellung bittet (OLG Rostock NStZ-RR 2008, 348; OLG Koblenz StV 1995, 118; vgl auch OLG Düsseldorf StV 1985, 450). Ein einzelnes Gespräch mit dem auswärtigen Wahlverteidiger begründet kein besonderes Vertrauensverhältnis (LG Regensburg zitiert nach Müller/Schmidt NStZ 2008, 324, 326).

3 Mit der Streichung des Kriteriums der Gerichtsnähe dürfte sich auch die Frage erledigt haben, ob eine Beiordnung unter der Beschränkung auf die Gebühren, die ein ortsansässiger Rechtsanwalt verlangen darf, zulässig ist (OLG Düsseldorf BeckRS 2009, 10739; OLG Braunschweig StraFo 2008, 428; damals Argument aus § 98 Abs 1 BRAGO; OLG Nürnberg NStZ 1997, 358; OLG Karlsruhe JurBüro 1986, 71, 72; OLG Frankfurt StV 1989, 241 Meyer-Goßner StPO § 142 Rn 6 mwN).

4 Die **Beiordnung des bisherigen Wahlverteidigers als Pflichtverteidiger** ist dann zulässig, wenn das Mandat niedergelegt wurde. Anders stellt es sich dar, wenn ein zuvor zum Verteidiger bestellter Rechtsanwalt allein deshalb gem § 143 StPO entpflichtet worden ist, weil sich ein neuer Rechtsanwalt als Wahlverteidiger gemeldet hatte (s § 143 StPO Rn 1). Legt der Wahlverteidiger sein Mandat nieder, ist nicht dieser, sondern regelmäßig wieder der frühere Pflichtverteidiger zu bestellen (BGH StraFo 2008, 505). Der Antrag auf Beiordnung als Pflichtverteidiger muss (auch konkludent) den Willen erkennen lassen, die Wahlverteidigung solle enden. Das ist regelmäßig der Fall (OLG Köln NStZ 1991, 248, 249 m abl Anm Wasserburg; BGH StV 1981, 12). Die Beiordnung des bisherigen Wahlverteidigers ist vornehmlich aus Vertrauensgesichtspunkten (OLG Frankfurt StV 1985, 315) aber auch aus Gründen der Sachkenntnis sinnvoll. Sie ist ebenso zulässig, wenn der Beschuldigte dem Wahlverteidiger aus nicht anzuerkennenden Gründen das Mandat entzogen hat (BGHSt 39, 310). Mit der Beiordnung erlischt mit dem Wahlmandat gleichzeitig auch die Vollmacht (BGH NStZ 1991, 95; **aA** Schnarr NStZ 1986, 488; NStZ 1996, 217).

5 Ein Hochschullehrer kann nur mit seinem Einverständnis zum Pflichtverteidiger bestellt werden (s auch Meyer-Goßner StPO § 142 Rn 4), es sei denn, er ist auch niedergelassener Rechtsanwalt.

6 Der Vorsitzende entscheidet über die Auswahl des Pflichtverteidigers grundsätzlich nach pflichtgemäßem Ermessen (BVerfG NJW 1975, 1015, 1016). Dieses Ermessen wird durch § 142 Abs 1 S 2 StPO dann eingeschränkt, wenn der Beschuldigte einen Verteidiger bezeichnet, es sei denn, es liegen wichtige Gründe hiergegen vor (OLG Düsseldorf StV 1995, 573).

B. Bezeichnungsrecht des Beschuldigten (Abs 1 S 1)

7 § 142 Abs 1 S 1 StPO gibt dem Beschuldigten **keinen Anspruch** auf die Beiordnung des benannten Rechtsanwalts (BVerfG StV 2006, 451 mAnm Hilger; OLG Jena NJW 2006, 1430, 1431). Ebenso wenig hat ein Rechtsanwalt ein Recht, in einer bestimmten Sache zum

Verteidiger bestellt zu werden (BVerfG NJW 1975, 1015, 1016). Aufgrund der Bedeutung des Vertrauensverhältnisses zwischen Verteidiger und Beschuldigtem muss ein Anwalt seines Vertrauens beigeordnet werden (BVerfG NJW 1975, 1013).

Dem Beschuldigten soll **Gelegenheit zur Bezeichnung** eines Verteidigers gegeben 8 werden (§ 142 Abs 1 S 1 StPO). Vor der Neufassung des § 142 Abs 1 StPO durch das 2. OpferrechtsreformF (s Rn 2) war insoweit vom „Rechtsanwalt" die Rede. Die Ersetzung des Wortes „Rechtsanwalt" durch „Verteidiger" soll lediglich klarstellen, dass der Beschuldigte das bislang schon anerkannte Recht hat, auch die Bestellung eines Rechtslehrers an einer deutschen Hochschule (§ 138 StPO Rn 4) zu beantragen (BT-Drs 16/12098).

Trotz der Formulierung „soll" ist die Einbeziehung des Beschuldigten in den Auswahlprozess nicht in das Ermessen des Vorsitzenden gestellt. Abs 1 S 1 begründet eine **Anhörungspflicht** (BVerfG StV 2001, 601, 603; OLG Frankfurt NStZ-RR 1996, 271; **aA** OLG Karlsruhe StV 2001, 557, 558 m abl Anm Braum). Die Anhörung des Wahlverteidigers kann die Anhörung des Beschuldigten nicht ersetzen (OLG Stuttgart StV 1989, 521). Die Pflicht besteht zudem bei der Bestellung weiterer Pflichtverteidiger oder eines Pflichtverteidigers neben einem Wahlverteidiger (BVerfG StV 2001, 601, 603; OLG Frankfurt BeckRS 2009, 12204; OLG Düsseldorf NStZ 1994, 599; OLG Düsseldorf StraFo 1997, 270 f; einschränkend beim „Sicherungsverteidiger" OLG Düsseldorf NStZ 1990, 47, 48). In der Regel wird die Zustellung der Anklageschrift mit der Aufforderung zur Benennung eines Rechtsanwalts zusammen fallen. Die Frist zur Benennung wird aber kürzer zu bemessen sein als die zur Stellungnahme zur Anklage. Der Vorsitzende setzt dem Beschuldigten eine **angemessene Frist** zur Benennung (OLG Düsseldorf StV 2004, 62 mAnm Bockemühl). Die Frist muss so bemessen sein, dass dem Beschuldigten eine ausreichende Überlegungszeit zur Verfügung steht und er seine Entscheidung dem Gericht noch innerhalb der Frist mitteilen kann. Eine Frist von lediglich drei Tagen ist zu kurz (LG Berlin BeckRS 2009, 07590). Verstreicht die Frist ohne Benennung oder ist auch sonst der Wunsch des Beschuldigten nach einem bestimmten Verteidiger nicht ersichtlich (BayObLG StV 1988, 97), ordnet der Vorsitzende einen Verteidiger bei. Die Aufforderung kann auch dann unterbleiben, wenn sofortige Pflichtverteidigerbestellung angezeigt ist (BGH JR 1998, 251; für den Fall andauernder Haft und der Gefahr der Aufhebung des Hauptverhandlungstermins OLG Düsseldorf StV 2001, 606; zu Recht eng BayObLG StV 1988, 97).

Es entspricht der aus § 142 StPO abgeleiteten **Fürsorgepflicht** des Gerichts, dass dem 9 Wunsch eines Angeklagten auf **Wechsel des Pflichtverteidigers** ausnahmsweise dann nachgekommen werden muss, wenn der bisherige Pflichtverteidiger damit einverstanden ist und durch die Beiordnung des neuen Verteidigers weder eine Verfahrensverzögerung noch Mehrkosten für die Staatskasse verursacht werden (OLG Frankfurt NStZ-RR 2008, 47; StV 2008, 128; OLG Braunschweig StraFo 2008, 428; NJW 2005, 377; OLG Brandenburg NStZ-RR 2009, 64; KG NStZ 1993, 201; OLG Düsseldorf StraFo 2007, 156; **aA** OLG Jena NStZ-RR 2009, 114: kein Zwang, sondern lediglich Ermessen).

C. Bestellung des bezeichneten Verteidigers (Abs 1 S 2)

Das Recht auf Verteidigung durch den Anwalt des Vertrauens des Beschuldigten hat 10 **Verfassungsrang** (OLG Frankfurt BeckRS 2009, 12204; LG München StV 2008, 347; beide mit Hinweis auf den Grundsatz des fairen Verfahrens, das Gleichheitsgebot und Art 6 Abs 3 c MRK). Wenn ein besonderes Vertrauensverhältnis besteht, kann das Auswahlermessen des Vorsitzenden eingeschränkt oder sogar auf Null reduziert sein, so dass die Ablehnung der Bestellung des vom Untergebrachten gewünschten (hier 755 km entfernten) Verteidigers ermessensfehlerhaft sein kann (OLG Rostock StraFo 2008, 206). Die Rücksicht auf das Vertrauensverhältnis gilt auch für die Bestellung eines weiteren Verteidigers zur Sicherung der Hauptverhandlung (BVerfG NJW 2001, 3695, 3696). Ob und in welchem Umfang das Vertrauensverhältnis ggf vom Beschuldigten darzulegen ist, wird von den Gerichten nicht einheitlich beurteilt (s OLG Frankfurt StV 1985, 449; OLG Rostock StraFo 2002, 85 sowie einerseits einschränkend OLG Jena NJW 2009, 1430, 1431 und andererseits überzogen OLG Naumburg NStZ-RR 2009, 114 = StRR 2009, 106 mit abl Anm Burhoff).

Der Bestellung des vom Beschuldigten gewählten Rechtsanwalts darf kein **wichtiger** 11 **Grund** entgegenstehen. Dieser Begriff ist restriktiv zu interpretieren (OLG Köln NStZ

1991, 248 mAnm Wassserburg; SK-StPO/Wohlers StPO § 142 Rn 17). Ein wichtiger Grund liegt nur vor, wenn die Bestellung des durch den Beschuldigten bezeichneten Rechtsanwalts dem Sinn und Zweck der Institution der notwendigen Verteidigung zuwiderliefe (SK-StPO/Wohlers StPO § 142 Rn 17). Das ist der Fall, wenn die bezeichnete Person nicht zum Kreis der bestellbaren Verteidiger (§ 138 Abs 1 StPO, § 142 Abs 2 StPO) gehört oder die Bestellung einen Verstoß gegen § 146 StPO zur Folge hätte (OLG Rostock StraFo 2002, 85, 86). Die Beachtung des Beschleunigungsgebots gerade in Haftsachen kann ebenfalls einen wichtigen Grund darstellen (OLG Celle NStZ 2008, 583; OLG Jena NStZ-RR 2009, 114; nicht ausdrücklich BGH NStZ 2007, 163; dazu auch Meyer-Goßner StPO § 142 Rn 9 a). Allein die Möglichkeit, dass es aufgrund der beruflichen Auslastung des Verteidigers zu Terminsschwierigkeiten kommen könnte, begründet aber noch nicht einen der Bestellung entgegen stehenden wichtigen Grund. Erforderlich sind vielmehr konkrete Terminschwierigkeiten (verfehlt daher OLG Naumburg NStZ-RR 2009, 114 = StRR 2009, 106 m abl Anm Burhoff). Weitere wichtige Gründe: das Fehlen von Spezialkenntnissen des Rechtsanwalts (Meyer-Goßner StPO § 142 Rn 13), ein real existierender Interessenkonflikt (dazu SK-StPO/Wohlers StPO § 142 Rn 19 mwN), die Weigerung, die Verteidigung zu übernehmen (SK-StPO/Wohlers StPO § 142 Rn 20), die fehlende Gewähr für eine sachgerechte und ordnungsgemäße Verteidigung (KG JR 1987, 524, 525; SK-StPO/Wohlers StPO § 142 Rn 20). Keinen wichtigen Grund stellt die Bereitschaft eines Anwalts zu „konfliktfreudiger Verteidigung" dar (OLG Köln StraFo 2006, 328; StraFo 2007, 28). Der Gesichtspunkt der **Ortsnähe** ist nur insoweit zu berücksichtigen, als die Ortsferne einer sachdienlichen Verteidigung entgegensteht (so sehr deutlich LG München StV 2008, 347; ebenso OLG Jena NJW 2009, 1430, 1431).

Durch die Beiordnung entsteht die **öffentlich-rechtliche Pflicht** des Verteidigers, bei der ordnungsgemäßen Durchführung des Strafverfahrens und der Hauptverhandlung durch sachdienliche Verteidigung mitzuwirken (OLG Frankfurt NJW 1972, 1964; Meyer-Goßner StPO § 142 Rn 14). Eine **Befreiung** von dieser Pflicht ist nur aus wichtigem Grund gem § 48 Abs 2 BRAO, § 49 BRAO möglich. Die Verpflichtung trägt persönlichen Charakter und ist nicht durch Untervollmacht übertragbar (BGH NStZ 1983, 208; 1995, 356), auch nicht auf einen **Referendar** (dazu auch Rn 12, § 139 Rn 1) Nur bei kurzzeitiger Verhinderung ist die Vertretung mit Zustimmung des Vorsitzenden möglich (KG NStZ-RR 2005, 327; Meyer-Goßner StPO § 142 Rn 15 geht von einer vorübergehenden Beiordnung des Vertreters aus).

D. Bestellung eines Referendars (Abs 2)

12 Die Bestellung eines Referendars ist nach Abs 2 nur in den Verfahren des 1. Rechtszugs möglich. Vor dem LG oder OLG darf der Referendar als bestellter Verteidiger nicht auftreten (BGH StV 1989, 465). Der Richter hat bezüglich der Auswahl des Referendars als Pflichtverteidiger Ermessen. Dieses übt er fehlerfrei aus, wenn er es ablehnt, den Referendar, der bis dahin noch keine Strafverteidigung übernommen hatte, zum Pflichtverteidiger für einen Angeklagten zu bestellen, für den der Widerruf zweier Strafaussetzungen zur Bewährung auf dem Spiel steht (LG Berlin NStZ 2000, 51).

E. Beschwerde

13 Nur der Angeklagte, nicht der nicht beigeordnete Rechtsanwalt (OLG Koblenz GA 1986, 422), kann gegen die Bestellung eines Pflichtverteidigers Beschwerde einlegen (OLG Frankfurt NJW 1972, 2055; LG Cottbus StraFo 2003, 11). Die Bestellung ist aufzuheben, wenn dem Beschuldigten nicht die Möglichkeit der Stellungnahme gegeben wurde (OLG Naumburg StV 2005, 120).

F. Revision

14 Zur Revision ist ein Antrag auf Aussetzung der Hauptverhandlung nicht erforderlich (BGH NJW 1992, 849). Das Urteil kann auf einer Verletzung des § 142 Abs 1 S 1 oder S 2 StPO nur beruhen, wenn der gegen den Wunsch des Angeklagten bestellte Verteidiger nicht

in der Lage oder bereit war, den Angeklagten zu verteidigen (vgl BGH NJW 1992, 850; OLG Köln NJW 2006, 389).

§ 143 [Zurücknahme der Bestellung]

Die Bestellung ist zurückzunehmen, wenn demnächst ein anderer Verteidiger gewählt wird und dieser die Wahl annimmt.

Überblick

Die Vorschrift bringt zum Ausdruck, dass die Verteidigung grundsätzlich durch einen gewählten Verteidiger gewährleistet werden soll. Bei Vorliegen der Voraussetzungen der notwendigen Verteidigung wird die Bestellung dann zurückgenommen, wenn ein Wahlverteidigungsverhältnis entstanden ist.

Übersicht

	Rn		Rn
A. Zurücknahme der Bestellung bei Wahl eines Verteidigers	1	B. Widerruf der Bestellung aus wichtigem Grund	6
I. Wahl eines Verteidigers	2	C. Beschwerde	9
II. Beibehaltung der Beiordnung neben Wahlverteidiger	4	D. Revision	10

A. Zurücknahme der Bestellung bei Wahl eines Verteidigers

§ 143 StPO bestimmt, dass die Bestellung eines Pflichtverteidigers zwingend zurückzunehmen ist, wenn ein Wahlverteidiger beauftragt wurde. **1**

I. Wahl eines Verteidigers

Voraussetzung für die Zurücknahme der Bestellung ist die Wahl eines anderen Verteidigers **2** und dessen Annahme der Wahl. Der Begriff „demnächst" ist insofern missverständlich; es kommt einzig auf das **Zustandekommen des Verteidigungsverhältnisses** an (Hilgendorf NStZ 1996, 1). Die Rücknahme muss auch dann erfolgen, wenn der bisherige Pflichtverteidiger gewählt wird (SK-StPO/Wohlers StPO § 143 Rn 2). Wird ein Rechtskundiger iSd § 142 Abs 2 StPO gewählt, kann die Rücknahme erst dann erfolgen, wenn die Genehmigung des Gerichts vorliegt (SK-StPO/Wohlers StPO § 142 Rn 3). Wird eine zur eigenständigen Verteidigung befugte Person gewählt, entsteht das Verteidigungsverhältnis ebenfalls mit Annahme der Wahl (SK-StPO/Wohlers StPO § 143 Rn 3). Die Wahl von Personen nach § 138 Abs 2 StPO ist nicht genehmigungsfähig, da diese in Fällen notwendiger Verteidigung nicht eigenständig auftreten können (§ 138 Rn 17). Dem Zustandekommen des Verteidigungsverhältnisses muss zur wirksamen Beendigung des Pflichtverteidigerverhältnisses die formale Rücknahme der Beiordnung folgen (BGH bei Kusch NStZ 1996, 323; OLG Zweibrücken NStZ 1982, 298).

Zuständig für die Rücknahme ist wie für die Bestellung (§ 141 Rn 6) und die Auswahl **3** (§ 142 Rn 1) der Vorsitzende und nicht das Gericht (OLG Zweibrücken NStZ 1982, 298). Die Entbindung von den Aufgaben erfolgt ausdrücklich (OLG Hamm NJW 1958, 1934, 1935). Die Zurücknahme ist gem § 34 StPO zu begründen und nach § 35 StPO bekanntzumachen (Meyer-Goßner StPO § 143 Rn 1).

II. Beibehaltung der Beiordnung neben Wahlverteidiger

Entgegen dem Wortlaut von § 143 StPO muss die Zurücknahme dann unterbleiben, **4** wenn ein **unabweisbares Bedürfnis für die Beiordnung eines Pflichtverteidigers** neben dem Wahlverteidiger besteht (BGHSt 15, 306, 109; OLG Karlsruhe NStZ-RR 2000, 337; SK-StPO/Wohlers StPO § 143 Rn 6 mwN). Dies kann der Fall sein, wenn zu befürchten ist, dass der Wahlverteidiger das Mandat bald wegen Mittellosigkeit des Angeklagten niederlegen wird (OLG Düsseldorf StV 1997, 576; OLG Stuttgart NStZ-RR 1996, 207), wenn die Beauftragung nur deshalb vorgenommen wird, damit der bisherige Pflichtverteidiger entbunden wird und der Wahlverteidiger alsbald dessen Stelle einnehmen kann (OLG Köln NJW 2006, 389; dazu auch OLG Oldenburg NStZ-RR 2009, 115) oder wenn der Umfang und die Schwierigkeit des Verfahrens die Mitarbeit mehrerer Verteidiger erforderlich machen (SK-StPO/Wohlers StPO § 143 Rn 6).

5   Sobald deutlich ist, dass ein Grund für die Beiordnung des Pflichtverteidigers nicht mehr gegeben ist, ist diese von Amts wegen zurückzunehmen (OLG Koblenz wistra 1984, 82). Zur Abberufung des Wahlpflichtverteidigers SK-StPO/Wohlers StPO § 143 Rn 8.

B. Widerruf der Bestellung aus wichtigem Grund

6   Unabhängig von den Voraussetzungen des § 143 StPO ist die Rücknahme der Bestellung in engen Grenzen auch dann möglich, wenn ein **wichtiger Grund** vorliegt (BVerfG NStZ 1998, 46; NJW 1975, 1015; OLG Frankfurt NStZ-RR 1997, 77; OLG Düsseldorf StV 1992, 100; hierzu Kett-Straub NStZ 2006, 361, 263 ff). Ein wichtiger Grund ist dann gegeben, wenn Umstände vorliegen, die den Zweck der Pflichtverteidigung gefährden, dem Beschuldigten einen geeigneten Beistand zu sichern und gleichzeitig die ordnungsgemäße Durchführung des Verfahrens zu gewährleisten (BVerfG NStZ 1998, 46; OLG Hamburg NJW 1998, 621, 622 ff m zust Anm Kudlich NStZ 1999, 588 ff; **aM** Weigend NStZ 1997, 48). Es werden personenbezogene, verhaltensbedingte und verfahrensbedingte Gründe sowie das gestörte Vertrauensverhältnis zwischen Verteidiger und Beschuldigtem als wichtige Gründe unterschieden (Meyer-Goßner StPO § 143 Rn 3; Kett-Straub NStZ 2006, 361). In die ersten drei Kategorien gehören Fälle des nachträglichen Interessenkonflikts (BGHSt 48, 170), der langwierigen Erkrankung des Verteidigers (Kett-Straub NStZ 2006, 361, 364), des Verteidigers, der den Beschuldigten nicht mehr verteidigen will (BGH NJW 1993, 441; OLG Frankfurt NStZ-RR 1997, 77), oder eines gegen den Rechtsanwalt verhängten Berufsverbots (KG BeckRS 2009, 19080). Nicht zum Widerruf berechtigt die unvorschriftsmäßige Kleidung (BGH NStZ 1988, 510). Generell ist bei der Prüfung, ob ein zur Rücknahme der Bestellung rechtfertigender wichtiger Grund vorliegt, der Wunsch des Beschuldigten auf Beiordnung eines bestimmten Verteidigers bzw auf Beibehaltung seines Pflichtverteidigers zu berücksichtigen. Dem Gebot der Verfahrensbeschleunigung kann im Einzelfall der Vorrang vor dem Interesse des Beschuldigten an einer wunschgemäßen Verteidigung eingeräumt werden (OLG Jena NStZ-RR 2009, 114; in derselben Sache auch BVerfG 24. 7. 2008 – Az 2 BvR 1146/08).

6a Auch ohne wichtigen Grund ist eine Entpflichtung des bisherigen Verteidigers und Beiordnung des Wahlverteidigers möglich, wenn hierdurch keine zusätzlichen Kosten entstehen und der Fortgang des Verfahrens nicht behindert wird. Erforderlich ist aber die Zustimmung des bisherigen Pflichtverteidigers (OLG Hamm NStZ-RR 2009, 264).

7   Auch **grobe Pflichtverletzungen** erlauben den Widerruf (OLG Frankfurt StV 1985, 225; KGStV 2008, 68: „Fehlverhalten von besonderem Gewicht"). Die Weigerung eines Anwalts, den Schlussvortrag zu halten (BGH StV 1993, 566), lässt sich als solche Pflichtverletzung einordnen (**aA** Kett-Straub NStZ 2006, 365; ferner ein Verstoß gegen das Verbot der Mehrfachverteidigung des § 146 StPO, sofern der Verstoß im Zeitpunkt der Entpflichtung noch vorliegt (OLG Jena NJW 2008, 311). Das KG (das die Rücknahme der Pflichtverteidigerbestellung allerdings auf § 141 StPO stützt) zählt zu einem Fehlverhalten von besonderem Gewicht auch den Fall, dass eine Verteidigerin dem Gericht wiederholt und lautstark ins Wort fällt (KG NStZ-RR 2009, 209 = StRR 2009, 101 mAnm Barton). Nicht jedes unzweckmäßige oder prozessordnungswidrige Verhalten stellt sich als pflichtwidrig dar (OLG Nürnberg StV 1995, 287; OLG Hamburg NStZ 1998, 586 m zust Anm Kudlich), da das Gericht nicht verpflichtet ist, den bestellten Verteidiger auf ordnungsgemäße Verteidigungstätigkeit hin zu überwachen (BGH NStZ 1996, 21; StraFo 2006, 454). ZB muss ein Verteidiger eine vom Angeklagten eingelegte aber augenscheinlich aussichtslose Revision nicht begründen (OLG Düsseldorf StV 1984, 327). Es muss sich um ein Fehlverhalten von besonderem Gewicht handeln (OLG Frankfurt StV 1985, 450, 451 für den Fall, nicht an einigen Hauptverhandlungsterminen teilzunehmen und keinen Vertreter zu benennen). Das

Gericht muss den Verteidiger vor der Entpflichtung wegen grober Pflichtverletzung entgegen der **hM** aufgrund des Verhältnismäßigkeitsprinzips **abmahnen** (OLG Hamburg NJW 1998, 621, 623 = NStZ 1998, 586 m zust Anm Kudlich; dazu auch Meyer-Goßner StPO § 143 Rn 4). Ist erkennbar, dass der Verteidiger offensichtlich nicht in der Lage ist, den Angeklagten adäquat zu verteidigen, kann es die Fürsorgepflicht gebieten, die Bestellung zurückzunehmen (BGH NStZ 1997, 401; Kett-Straub NStZ 2006, 361, 364). Dies ist etwa der Fall, wenn der bestellte Pflichtverteidiger nicht zusichern kann, an der überwiegenden Zahl der Hauptverhandlungstermine teilzunehmen (OLG Celle NStZ 2008, 583). Das gilt auch dann, wenn der Verteidiger die Verteidigung ernsthaft ablehnt (OLG Frankfurt NStZ-RR 1997, 77). Vor Rücknahme der Pflichtverteidigerbestellung ist sowohl dem Beschuldigten als auch dem betroffenen Rechtsanwalt **rechtliches Gehör** zu gewähren. Eine unterbliebene Anhörung kann allerdings im Beschwerdeverfahren nachgeholt werden (KG StRR 2009, 101, 102 mAnm Barton).

Ist das **Vertrauensverhältnis** zwischen Angeklagtem und Verteidiger erschüttert und 8 besteht damit die Gefahr, dass (vom Standpunkt eines vernünftigen und verständigen Beschuldigten aus, OLG Düsseldorf StV 1993, 6) eine **sachgerechte Verteidigung** nicht mehr geführt werden wird, kann die Beiordnung aufgehoben werden (BVerfG NJW 2001, 3695, 3697; BGH NStZ 2004, 632; OLG Hamm NJW 2006, 2502; **aM** Hilgendorf NStZ 1996, 5). Das ist zB dann der Fall, wenn der Pflichtverteidiger nach Zustellung einer Anklage wegen Mordes einen jugendlichen Angeklagten bis zum Abschluss des Zwischenverfahrens nicht in der Haft aufgesucht hat, um mit ihm den Inhalt der Anklageschrift und das weitere Vorgehen zu besprechen (OLG Köln StraFo 2007, 157) oder ein inhaftierter Beschuldigter über Monate nichts von seinem Verteidiger hört (LG Magdeburg StraFo 2008, 428). Ebenso liegt ein Fall des erschütterten Vertrauensverhältnisses vor, wenn der Verteidiger gegenüber dem Beschuldigten eines Sicherungsverfahrens zunächst ankündigt, er werde die Revision ungeachtet bestehender Auffassungsgegensätze noch begründen, kurz vor dem Ablauf der Revisionsbegründungsfrist aber mitteilt, er werde dies unterlassen (KG NJW 2008, 3652). Die Einschätzung des Verhaltens des Verteidigers als grob pflichtwidrig genügt nicht (OLG Jena 5. 4. 2007 – 1 Ws 134/07). Pauschale und nicht weiter belegte Vorwürfe genügen zur Begründung nicht (OLG Bamberg StV 1984, 234; OLG Hamburg NStZ 1985, 518). Es kann aber bereits genügen, dass der Pflichtverteidiger den nicht geständigen Angeklagten in der Hauptverhandlung anherrscht, „endlich mit der Wahrheit herauszurücken" (OLG Düsseldorf StV 1993, 6). **Maßstab** für die Beurteilung des Vertrauensverhältnisses ist, insoweit vergleichbar der Ablehnung eines Richters wegen Besorgnis der Befangenheit, die Sicht eines verständigen Angeklagten (LG Köln StraFo 2006, 329 mit Verweis auf BGH NStZ 2004, 632). Die Beeinträchtigung des Vertrauensverhältnisses muss **substantiiert** mit konkreten Umständen dargelegt werden (BGH NStZ-RR 2005, 240; BGH StV 1997, 565; BGH NStZ 1995, 296; BGH StV 2009, 5; OLG Karlsruhe NStZ 1988, 239; KG StRR 2008, 427; Kett-Straub 2006, 364; **aM** mit Blick auf das Schweigerecht des Angeklagten und der Schweigepflicht des Verteidigers SK-StPO/Wohlers StPO § 143 Rn 16). Unabhängig davon ist dem Wunsch des Angeklagten auf Wechsel des Pflichtverteidigers zwischen erster und zweiter Instanz auch dann zu entsprechen, wenn der bisherige Pflichtverteidiger damit einverstanden ist und durch die Beiordnung eines neuen Verteidigers weder eine Verfahrensverzögerung noch Mehrkosten für die Staatskasse verursacht werden (OLG Bamberg NJW 2006, 1536; OLG Frankfurt NJW 2005, 377; OLG Köln NStZ 2006, 514; **aA** OLG Jena Beschl v 11. 3. 2008 – Ws 87/08). Erzwingen lässt sich der Widerruf auch durch Beschimpfungen oder Bedrohungen nicht (BGH NStZ 1998, 267; BGH StV 2009, 5). Liegen die Ausschließungsgründe der § 138a StPO, § 138b StPO vor, folgt das Verfahren den § 138c StPO, § 138d StPO.

C. Beschwerde

Der Beschuldigte kann mit der Beschwerde die Zurücknahme der Beiordnung (OLG 9 Frankfurt NJW 1999, 1414; OLG Stuttgart NStZ-RR 1996, 207; OLG Düsseldorf StraFo 1998, 228, 229) und die Ablehnung der Rücknahme angreifen (OLG Celle NStZ 1985, 519 m abl Anm Paulus, OLG Frankfurt NStZ 1997, 575; 2001, 610). Das gilt auch noch nach Urteilsrechtskraft OLG Koblenz MDR 1983, 252; **aM** Hilgendorf NStZ 1996, 6). Der **Pflichtverteidiger** selbst hat kein eigenes Beschwerderecht (OLG Hamm NJW 2006, 2712; OLG Hamburg 1998, 621; vgl OLG Düsseldorf NStZ 1986, 138; OLG Köln NStZ 1982, 129).

D. Revision

10 Die Revision kann weder auf die Zurücknahme noch den Widerruf gestützt werden, wenn der Angeklagte einen anderen Pflichtverteidiger hat. Es liegt eine absoluter Revisionsgrund vor, wenn die Hauptverhandlung bei notwendiger Verteidigung in wesentlichen Teilen ohne Verteidiger durchgeführt wurde (BGHSt 15, 306). Ist ein Verteidiger nach der Rücknahme anwesend, kann die Revision nach § 338 Nr 8 StPO begründet sein, wenn der verbleibende Verteidiger die Verteidigung nicht allein führen oder vorbereiten kann (SK-StPO/Wohlers StPO § 143 Rn 27).

11 Das Revisionsgericht überprüft unmittelbar die Entscheidung über die Aufhebung der Beiordnung (§ 336 S 1 StPO; Meyer-Goßner StPO § 141 Rn 11; s auch § 141 StPO Rn 13). Eine Entscheidung nach § 238 Abs 2 StPO ist zur Begründung der Statthaftigkeit nicht erforderlich (BGHSt 39, 310, 311; NStZ 1992, 292; NStZ 1995, 296; Meyer-Goßner StPO § 143 Rn 8; SK-StPO/Wohlers StPO § 143 Rn 28). In der Revisionsbegründung müssen die Äußerungen von Angeklagtem, Verteidiger und auch die dienstlichen Äußerungen des Richters enthalten sein (BGH NStZ 2004, 632).

§ 144 (weggefallen)

§ 145 [Ausbleiben des Verteidigers]

(1) ¹Wenn in einem Falle, in dem die Verteidigung notwendig ist, der Verteidiger in der Hauptverhandlung ausbleibt, sich unzeitig entfernt oder sich weigert, die Verteidigung zu führen, so hat der Vorsitzende dem Angeklagten sogleich einen anderen Verteidiger zu bestellen. ²Das Gericht kann jedoch auch eine Aussetzung der Verhandlung beschließen.

(2) Wird der notwendige Verteidiger gemäß § 141 Abs. 2 erst im Laufe der Hauptverhandlung bestellt, so kann das Gericht eine Aussetzung der Verhandlung beschließen.

(3) Erklärt der neu bestellte Verteidiger, daß ihm die zur Vorbereitung der Verteidigung erforderliche Zeit nicht verbleiben würde, so ist die Verhandlung zu unterbrechen oder auszusetzen.

(4) Wird durch die Schuld des Verteidigers eine Aussetzung erforderlich, so sind ihm die hierdurch verursachten Kosten aufzuerlegen.

Überblick

Der Angeklagte soll in der Hauptverhandlung durch einen ausreichend vorbereiteten Verteidiger vertreten werden. Stehen ihm mehrere Verteidiger zur Seite, reicht die Anwesenheit eines von ihnen aus. Die Vorschrift bringt zum Ausdruck, dass der Verteidiger in den Fällen der notwendigen Verteidigung zu den Personen gehört, deren Anwesenheit in der Hauptverhandlung zwingend erforderlich ist. Ihre Nichtbeachtung stellt den absoluten Revisionsgrund des § 338 Nr 5 StPO dar.

Übersicht

	Rn		Rn
A. Fall notwendiger Verteidigung	1	I. Sich-Entfernen zur Unzeit	3
B. Ausbleiben in der Hauptverhandlung	2	II. Weigerung, die Verteidigung zu führen	4

	Rn		Rn
C. Rechtsfolgen	5	III. Kosten	12
I. Pflichtverteidigerbestellung	5	**D. Rechtsmittel**	16
II. Unterbrechung oder Aussetzung der Verhandlung	7		

A. Fall notwendiger Verteidigung

Es muss sich um einen Fall der notwendigen Verteidigung iSv § 140 StPO handeln. **1**

B. Ausbleiben in der Hauptverhandlung

Der Verteidiger bleibt aus, wenn er trotz ordnungsgemäßer Ladung nicht erscheint (RGSt **2** 53, 264). Fehlt es an einer ordnungsgemäßen Ladung, muss die Hauptverhandlung ausgesetzt werden. Lässt sich der Verteidiger zulässigerweise vertreten, kann verhandelt werden. Das verspätete Erscheinen ist kein Fall des Ausbleibens iSv § 145 Abs 1 StPO (OLG Bamberg StraFo 2003, 419).

I. Sich-Entfernen zur Unzeit

Der Verteidiger entfernt sich zur Unzeit, wenn er die Hauptverhandlung verlässt, obwohl **3** **wesentliche Teile** derselben noch stattfinden sollen (RGSt 38, 216; OLG Koblenz NStZ 1982, 43; OLG Köln NJW 2005 3588). Gleiches gilt für den Fall, dass er nach einer Unterbrechung nicht in den Sitzungssaal zurückkehrt. Seine Abwesenheit ist **unschädlich**, wenn nur Vorgänge erörtert werden, die den **Schuldvorwurf** gegen seinen Mandanten weder unmittelbar noch mittelbar betreffen. Er hat in diesen Fällen die Möglichkeit, sich nach § 231 c StPO beurlauben zu lassen. Umstritten ist, ob der Verteidiger in extremen Ausnahmefällen ein prozessuales Notwehrrecht hat, das ihn zum Verlassen des Sitzungssaals berechtigt, um hierdurch seinen Protest gegen Maßnahmen des Gerichts auszudrücken. Der ein solches Recht verneinenden Ansicht (Meyer-Goßner StPO § 145 Rn 6) ist grundsätzlich beizupflichten. Der Verteidiger verfügt über ausreichende Möglichkeiten, um effektiv gegen rechtswidrige Maßnahmen des Gerichts vorzugehen. Er sollte dem Gericht dessen Kommunikationsverweigerung nicht mit gleicher Münze zurückzahlen. Schließlich erweist er seinem Mandanten damit in der Regel keinen Gefallen. Die Verpflichtung zur Kooperation besteht jedoch nur bis zur Grenze der **Zumutbarkeit** (dazu näher Rn 14 und BGH StV 1981, 133, 135).

II. Weigerung, die Verteidigung zu führen

Eine **ausdrückliche Erklärung** der Verteidigungsverweigerung ist nicht erforderlich. Die **4** Annahme einer **konkludenten Erklärung** setzt ein Verhalten voraus, aus dem sich der Wille, die Verteidigung zu verweigern, unzweifelhaft ergibt (BGH StV 1992, 358 f; OLG Karlsruhe StV 2003, 152). Bestehen hieran ernsthafte Zweifel, sollte der Vorsitzende aktiv feststellen, ob der Verteidiger willens ist, die Verteidigung zu führen oder es sich bei dem Verhalten um eine Verteidigungsstrategie handelt (so auch SK-StPO/Wohlers StPO § 145 Rn 10 mwN; aA Löwe/Rosenberg/Lüderssen/Jahn StPO § 145 Rn 17 aE). **Bloße Untätigkeit** reicht auch dann nicht aus, um von fehlender Verteidigungsbereitschaft auszugehen, wenn Verteidigungshandlungen „nach den Umständen geboten wären." Es ist nicht Sache des Gerichts, zu bewerten, welches Verteidigungshandeln nach den Umständen geboten ist, zumal es hierfür über eine Informationsbasis verfügen müsste, die es mangels eines Vertrauensverhältnisses zu dem Angeklagten nicht haben kann.

C. Rechtsfolgen

I. Pflichtverteidigerbestellung

In den Fällen des § 145 Abs 1 StPO hat der Vorsitzende dem Angeklagten sogleich einen **5** neuen Verteidiger zu bestellen. Praktisch führt dies dazu, dass weitere Prozesshandlungen

StPO § 145

solange zu unterbleiben haben, bis entweder ein neues Mandatsverhältnis begründet ist oder das Verfahren nach Unterbrechung oder Aussetzung mit dem Verteidiger des Vertrauens fortgesetzt werden kann (RGSt 44, 16, 17). Wählt der Angeklagte umgehend einen neuen Verteidiger, ist eine Pflichtverteidigerbestellung durch das Gericht unzulässig (vgl OLG Karlsruhe StV 1991, 199, 200). Das ist Ausdruck des verfassungsrechtlich garantierten Anspruchs auf einen Wahlverteidiger.

6   Vor der Beiordnung eines Verteidigers hat der Vorsitzende dem Angeklagten nach § 142 Abs 1 S 1 StPO Gelegenheit zu geben, einen entsprechenden **Vorschlag** zu machen (Löwe/Rosenberg/Lüderssen/Jahn StPO § 145 Rn 10).

II. Unterbrechung oder Aussetzung der Verhandlung

7   Während das Gericht in den Fällen des Abs 1 S 2 und Abs 2 **Ermessen** hat, ob es die Verhandlung aussetzt, ist es hierzu nach Abs 3 **verpflichtet**, wenn der neu bestellte Verteidiger erklärt, dass ihm die zur Vorbereitung notwendige Zeit fehlt.

8   Auch wenn der Verteidiger eine solche Erklärung nicht abgibt, kann das Gericht verpflichtet sein, eine Aussetzung zu beschließen: etwa dann, wenn abzusehen ist, dass die Hauptverhandlung nicht in den wesentlichen Zügen wiederholt werden kann, obwohl dies nach Abs 2 erforderlich ist (KK-StPO/Laufhütte StPO § 145 Rn 8).

9   Abs 3 gilt seinem Wortlaut nach nur für den bestellten Verteidiger, ist aber auf den neu mandatierten Wahlverteidiger **entsprechend anwendbar**, solange kein Missbrauch betrieben wird (OLG Karlsruhe StV 1991, 199). Die Erklärung nach Abs 3 hat der Verteidiger, nicht der Mandant abzugeben (BGH NJW 1963, 1114). Ersterer hat in eigener Verantwortung zu entscheiden, ob er das Verfahren führen kann oder es einer Aussetzung bedarf. Stellt er keinen Antrag nach Abs 3, ist im Regelfall davon auszugehen, dass der Angeklagte ordnungsgemäß verteidigt wird. Ein Aussetzungsantrag, der auf § 145 StPO gestützt ist und nach erfolgter Verteidigung in der Hauptverhandlung eingereicht wird, wird regelmäßig erfolglos bleiben (vgl BGHSt 13, 337, 339; NJW 1973, 1985). Nur in besonders gelagerten Fällen hat das Gericht aufgrund seiner **Fürsorgepflicht** zu prüfen, ob der Verteidiger tatsächlich angemessen vorbereitet ist (RGSt 77, 153, 155; BGH NJW 1965, 2164). Fällt seine Prüfung negativ aus, hat es die Hauptverhandlung zu unterbrechen oder auszusetzen.

10   Ob die Hauptverhandlung nach Abs 3 zu unterbrechen oder auszusetzen ist, entscheidet das Gericht nach pflichtgemäßem Ermessen (BGHSt 13, 337, 343; Meyer-Goßner StPO § 145 Rn 12; **aA** Löwe/Rosenberg/Lüderssen/Jahn StPO § 145 Rn 26, die von einem Wahlrecht des Verteidigers ausgehen). Den Entscheidungsmaßstab liefert das **strafprozessuale Beschleunigungsgebot**. Die Unterbrechung ist der Aussetzung grundsätzlich vorzuziehen (Meyer-Goßner StPO § 145 Rn 12 aE).

11   Es genügt, die Hauptverhandlung zu unterbrechen, wenn der Verteidiger die Möglichkeit hat, sich zuverlässig über den bisherigen Verlauf des Verfahrens zu unterrichten oder – sollte der vorausgegangene Teil der Hauptverhandlung zu wiederholen sein – er sich ordnungsgemäß auf den Wiederholungstermin vorbereiten kann. Wird eine Hauptverhandlung voraussichtlich länger dauern, kann das Gericht in Rechnung stellen, dass zwischen den Sitzungstagen Gelegenheit zu ergänzender Vorbereitung besteht (vgl BGHSt 13, 337). Dabei sollte jedoch berücksichtigt werden, dass der neu hinzugekommene Verteidiger aufgrund anderweitiger, schon länger bestehender Verpflichtungen tatsächlich nicht in der Lage sein kann, diese Zeiträume zu nutzen.
Eine Aussetzung ist **bei umfangreichen sowie sachlich und rechtlich schwierigen Verfahren** geboten (BGHSt 13, 337).

III. Kosten

12   Muss die Verhandlung aus den in Abs 1 genannten Gründen ausgesetzt werden und ist dies auf die **Schuld des Verteidigers** zurückzuführen, so sind ihm die durch die Aussetzung entstandenen Kosten aufzuerlegen. Schuld trifft den Verteidiger, der sich prozessordnungswidrig und pflichtwidrig verhalten hat (OLG Koblenz NStZ 1982, 43). Er muss sowohl den in Frage stehenden Termin als auch die **Notwendigkeit der Verteidigung**

gekannt haben (ggf durch Bekanntmachung des Gerichts, LG Berlin Beschl v 24. 1. 2008 – Az 510 Qs 1/08; auch eine mündliche Bekanntmachung genügt, OLG Stuttgart NStZ-RR 2009, 243, 244). Diese Kenntnis von der Notwendigkeit liegt bei einem gewählten Verteidiger dann nicht auf der Hand, wenn sich das Erfordernis der Mitwirkung eines Verteidigers nicht aus dem Vorliegen einer der leicht erkennbaren Fallgestaltungen des § 140 Abs 1 StPO ergibt, sondern aus § 140 Abs 2 StPO herleitet. Folgt in den Fällen des § 140 Abs 2 StPO die Notwendigkeit der Verteidigung aus der Schwere der Tat, bedarf es grundsätzlich einer entsprechenden, aktenkundig zu machenden **Erklärung des Vorsitzenden** und deren Mitteilung an den Verteidiger (LG Berlin StV 1995, 295). In Verfahren vor dem Amtsgericht bleibt der Wahlverteidiger nur dann schuldhaft aus, wenn das Gericht ihm zuvor mitgeteilt hat, dass ein Fall der notwendigen Verteidigung vorliegt (LG Bielefeld StV 2004, 32). Dass eine Aussetzung, die auf die Wahrnehmung prozessualer Rechte zurückgeht, nicht zur Auferlegung von Kosten nach Abs 4 führen kann, sollte eine Selbstverständlichkeit sein, ist in der Rechtsprechung aber gleichwohl angezweifelt worden (OLG Hamburg AnwBl 1982, 161).

Fälle, in denen ein **Verschulden** angenommen wurde, sind: verspäteter Hinweis auf ein laufendes Verfahren zum Widerruf der Anwaltszulassung und dadurch bedingte Verhinderung einer früheren Bestellung eines weiteren Pflichtverteidigers zur Vermeidung der Aussetzung (BVerfG NJW 2009, 1582), fehlerhafte Notierung des Hauptverhandlungstermins (OLG Düsseldorf NJW 1982, 2512), Vergessen des Termins, Niederlegung des Mandats während der laufenden Hauptverhandlung ohne Angabe von Gründen (OLG Saarbrücken StV 1989, 5), Vertrauen auf die Aufhebung des Termins, obwohl lediglich der Angeklagte den Verteidiger darüber informiert hat, dass er bei Gericht um Terminsverlegung gebeten hat (OLG Düsseldorf wistra 1990, 79). Ebenso wenig ist ein Vertrauen des Verteidigers auf die Aufhebung eines Termins gerechtfertigt, wenn der Vorsitzende – aus nachvollziehbaren Gründen – erklärt hat, dass an dem Termin festgehalten werden müsse, und der Verteidiger lediglich einen unsubstantiierten Verlegungsantrag gestellt hat (OLG Stuttgart NStZ-RR 2009, 243, 244 f). 13

Keine Schuld liegt unter anderem dann vor, wenn der Verteidiger seine Verhinderung wegen anderer Verpflichtungen rechtzeitig angezeigt und der Vorsitzende daraufhin nichts veranlasst hat, wenn der bisherige Pflichtverteidiger auf das Erscheinen seines Nachfolgers vertrauen konnte (KG StV 2000, 406) und wenn der Verteidiger krankheitsbedingt abwesend war. Hat der Verteidiger nicht sichere Kenntnis von einem Termin, kann ein Verschulden nicht aus gewährter Akteneinsicht abgeleitet werden (OLG Hamm JMBl NW 1978, 57). Auch wenn das Gericht 30 Minuten nach dem festgesetzten Terminsbeginn die Hauptverhandlung aussetzt, obwohl nach den ihm bekannten Umständen das baldige Erscheinen des Verteidigers zu erwarten ist und der Durchführung der Hauptverhandlung keine Hinderungsgründe im Wege stehen, hat der Verteidiger die Aussetzung nicht verschuldet (OLG Düsseldorf StV 1984, 372). Es wird zu Recht Verschulden angenommen, wenn der Verteidiger die Sitzung aus Protest gegen eine **möglicherweise unzulässige** Maßnahme des Gerichts verlässt (für den Fall des § 222 a StPO, OLG Frankfurt StV 1981, 289; Meyer-Goßner StPO § 145 Rn 21; aA RAK Frankfurt StV 1981, 210). Etwas anderes muss gelten, wenn sich der Verteidiger gegen eine „**prozessual in keiner Weise gedeckte Maßnahme des Gerichts**" wendet (Löwe/Rosenberg/Lüderssen/Jahn StPO § 145 Rn 36; **aA** OLG Köln NJW 2005, 3588, 3589 allerdings ohne nähere Begründung), durch die „erheblich in die Rechte des Angeklagten oder der Verteidigung" eingegriffen wird. Dies dient dem Schutz der Rechte des Mandanten (vgl BGH StV 1981, 133, 135, der hier über Standesrecht entscheidet, aber die Maßstäbe des § 154 Abs 4 StPO anlegt; Dahs Rn 796). Dabei muss das Verlassen der Hauptverhandlung als Ultima Ratio anzusehen sein, die nur nach Ausschöpfung aller prozessualen Korrektur- und Einflussmöglichkeiten in der Hauptverhandlung in Betracht zu ziehen ist. 14

Abs 4 gilt nur **für die Aussetzung** der Hauptverhandlung; auf andere Fälle ist die Vorschrift nach mittlerweile ganz herrschender Ansicht nicht anwendbar, auch **nicht entsprechend** (OLG Köln StV 2001, 389; OLG Bamberg StV 1989, 470 f; **aA** OLG Frankfurt NJW 1977, 913). Dies folgt schon aus der systematischen Stellung des Abs 4 innerhalb des § 145 StPO, entspricht aber auch dem Sinn und Zweck der Norm (KG NStZ-RR 2000, 189, 190). 15

15a   Über die Kostenauferlegung wie auch über die Aussetzung entscheidet das Gericht. Die Entscheidung kann auch außerhalb der Hauptverhandlung in der dafür vorgesehenen Besetzung – bei Entscheidungen von Strafkammern ohne Schöffen (vgl § 76 Abs 1 S 2 GVG) – getroffen werden (BVerfG NJW 2009, 1582, 1584; OLG Stuttgart NStZ-RR 2009, 243, 244).

D. Rechtsmittel

16   Mit der **Beschwerde** können Entscheidungen des Gerichts nach § 145 Abs 1 S 2, Abs 3 und Abs 4 StPO angefochten werden. Das gilt nicht für die Ablehnung der Aussetzung oder Unterbrechung (§ 305 StPO). Bei einer Beschwerde, die sich gegen die Anwendung von Abs 4 richtet, ist die Wertgrenze des § 304 Abs 3 StPO zu beachten.

17   Bestellt der Vorsitzende dem Angeklagten einen neuen Verteidiger, ist diese Entscheidung ebenfalls mit der Beschwerde angreifbar, es müssen allerdings die in den § 141 StPO, § 142 StPO statuierten Voraussetzungen vorliegen.

18   Die **Revision** kann auf § 338 Nr 5 StPO gestützt werden, wenn ohne notwendigen Verteidiger weiterverhandelt wird. Verstöße gegen die Pflicht zur Aussetzung nach Abs 3 fallen unter § 337 StPO, können aber auch von § 338 Nr 8 StPO erfasst sein (Löwe/Rosenberg/Lüderssen/Jahn StPO § 145 Rn 41). Indes ist § 338 Nr 8 StPO nach Ansicht des BGH nur dann gegeben, wenn die Möglichkeit eines kausalen Zusammenhangs zwischen dem Verfahrensverstoß und dem Urteil konkret besteht (BGH NStZ 2000, 212, 213). Ist der Verteidiger krankheitsbedingt abwesend und tritt ein anderer Verteidiger für ihn auf, der in der Lage ist, die Verteidigung zu führen, scheidet die Revision aus (BGH NStZ-RR 2000, 289).

§ 145 a [Zustellungen an den Verteidiger]

(1) Der gewählte Verteidiger, dessen Vollmacht sich bei den Akten befindet, sowie der bestellte Verteidiger gelten als ermächtigt, Zustellungen und sonstige Mitteilungen für den Beschuldigten in Empfang zu nehmen.

(2) ¹Eine Ladung des Beschuldigten darf an den Verteidiger nur zugestellt werden, wenn er in einer bei den Akten befindlichen Vollmacht ausdrücklich zur Empfangnahme von Ladungen ermächtigt ist. ²§ 116a Abs. 3 bleibt unberührt.

(3) ¹Wird eine Entscheidung dem Verteidiger nach Absatz 1 zugestellt, so wird der Beschuldigte hiervon unterrichtet; zugleich erhält er formlos eine Abschrift der Entscheidung. ²Wird eine Entscheidung dem Beschuldigten zugestellt, so wird der Verteidiger hiervon zugleich unterrichtet, auch wenn eine schriftliche Vollmacht bei den Akten nicht vorliegt; dabei erhält er formlos eine Abschrift der Entscheidung.

Überblick

Der Primärzweck von Abs 1 besteht darin, die ordnungsgemäße Zustellung von Entscheidungen und sonstigen Schriftstücken zu gewährleisten. Gleichzeitig will der Gesetzgeber erreichen, dass der Verteidiger die für die Führung des Verfahrens notwendigen Informationen erhält. Praktische Bedeutung hat die Vorschrift insbes deshalb, weil sie für die Berechnung von Fristen relevant ist.

A. Zustellung an den Verteidiger

1   Der Verteidiger ist **weder Vertreter noch Prozessbevollmächtigter** des Beschuldigten. Deshalb ist eine Zustellung an ihn nicht zwingend erforderlich; theoretisch kann auch nur an den Beschuldigten zugestellt werden, und zwar auch dann, wenn der Verteidiger zuvor um Zustellungen nur an ihn gebeten hat (Meyer-Goßner StPO § 145a Rn 6; für das OWi-Verfahren OLG Stuttgart BeckRS 2009, 09638). Dennoch sollte – schon im Interesse eines reibungslosen Verfahrensablaufs – (auch) an den Verteidiger zugestellt werden. Kommt es in

Folge einer unterlassenen Zustellung an den Verteidiger zu Unklarheiten bei der Fristberechnung oder einer Fristversäumnis, ist unter Umstände **Wiedereinsetzung in den vorherigen Stand** zu gewähren (KG StV 2003, 343; Meyer-Goßner StPO § 145 a Rn 14).

Die Zustellung eines Kartellbußgeldbescheides richtet sich nicht nach der Zivilprozessordnung, sondern nach der Strafprozessordnung (BGHSt 18, 352). 1.1

I. Gesetzliche Zustellungsvollmacht

Der gewählte Verteidiger, dessen Vollmachtsurkunde sich bei den Akten befindet, ist von Gesetzes wegen empfangsbevollmächtigt. 2

Von mehreren Verteidigern ist jeder zustellungsberechtigt. Es reicht aus, an einen von ihnen zuzustellen (BGH NStZ-RR 1997, 364; BVerfG NJW 2001, 2532). Kommt es zu mehreren Zustellungen, gilt für die Fristberechnung § 37 Abs 2 StPO. Maßgeblich für die Berechnung ist damit der **Zeitpunkt der letzten Zustellung**. Das gilt auch dann, wenn sich die Vollmacht desjenigen Verteidigers, an den zuletzt zugestellt wurde, zum Zeitpunkt der Zustellung noch nicht in den Akten befand. Voraussetzung ist jedoch, dass die Frist, die durch die frühere Zustellung in Gang gesetzt wurde, im Moment der späteren Zustellung noch nicht abgelaufen ist (BGHSt 22, 221, 223; BayObLG NJW 1967, 2124, 2126). § 37 Abs 2 StPO gilt auch für den Fall, dass sowohl an den Beschuldigten als auch an den Verteidiger zugestellt wurde. 3

Nach **Beendigung des Mandats** ist die Zustellungsvollmacht solange wirksam, bis die Anzeige über das Erlöschen des Verteidigungsverhältnisses in die Akte gelangt ist (OLG Hamm NJW 1991, 1317). Danach erlischt die Zustellungsvollmacht, und es gelten dieselben Grundsätze wie vor der Vorlage der erloschenen Vollmacht. Zur Wiederbegründung der Zustellungsermächtigung muss der Verteidiger eine neue Vollmacht zu den Akten reichen; die bloße Anzeige der Wiederaufnahme des Mandats genügt nicht (OLG Hamm NStZ-RR 2009, 144). Die Stellung eines Wiederaufnahmeantrags durch einen neuen Verteidiger wird so interpretiert, dass fortan nur noch dieser zur Verteidigung berechtigt sein soll (OLG Düsseldorf NStZ 1993, 403). In einem solchen Fall wird durch die Zustellung des auf den Wiederaufnahmeantrag ergangenen Beschlusses allein an den früheren Verteidiger die Frist zur Einlegung der sofortigen Beschwerde nicht in Lauf gesetzt (OLG Düsseldorf NStZ 1993, 403). 4

Die **Zustellungsvollmacht** des Pflichtverteidigers erlischt mit der Aufhebung der Beiordnung. 5

II. Wirksamkeit des Verteidigungsverhältnisses

Da Abs 1 ein **wirksames Verteidigungsverhältnis** voraussetzt, gilt die Vorschrift nicht, wenn es an einer Genehmigung nach § 138 Abs 2 StPO fehlt oder der Verteidiger nach § 146 a StPO zurückgewiesen wurde. 6

B. Vollmachtsurkunde in den Akten

Die Bestellung des Pflichtverteidigers ergibt sich aus den Akten. Beim gewählten Verteidiger muss sich die Vollmachtsurkunde (eine Kopie genügt) in den Akten befinden (Meyer-Goßner StPO § 145 a Rn 8). § 145 a StPO kann nicht entnommen werden, dass eine Zustellung an den Wahlverteidiger nur dann wirksam bewirkt werden kann, wenn dessen Vollmacht sich bei den Akten befindet. Wird zB ein Strafurteil an den Wahlverteidiger nach Vollmachtserteilung aber vor Eingang der Vollmacht in die Akte zugestellt, beginnt die Revisionsfrist mit der Zustellung an den Verteidiger zu laufen und nicht zu einem früheren Zeitpunkt (BGH Beschl v 15. 1. 2008 – Az 3 StR 450/07). § 145 a Abs 1 StPO begründet lediglich eine vom Willen des Beschuldigten unabhängige gesetzliche Zustellungsvollmacht. 7

C. Zustellung einer Ladung des Beschuldigten

Ladungen des Beschuldigten dürfen dem Verteidiger nur dann zugestellt werden, wenn dieser hierzu **ausdrücklich ermächtigt** ist, die **Vollmacht** sich also in den Akten befindet oder der Verteidiger vom Angeklagten in der Hauptverhandlung mündlich zu **Protokoll** 8

StPO § 146

des Gerichts bevollmächtigt wird (BGH NJW 1996, 406; OLG Stuttgart NStZ-RR 2001, 24; Kaiser NJW 1982, 1367, 1368). Die Erteilung einer allgemeinen Vollmacht, Zustellungen aller Art entgegen nehmen zu dürfen, genügt den gesetzlichen Anforderungen nicht (OLG Köln NStZ-RR 1998, 240). Das Gesetz verlangt eine **eindeutige und zweifelsfreie** Erklärung des Beschuldigten, die der Vollmachtsurkunde zu entnehmen sein muss (OLG Köln StV 1993, 402). Liegt eine solche nicht vor, ist die Zustellung unwirksam (BayObLG NJW 2004, 532; OLG Düsseldorf StV 1990, 536). Auch das (bloße) Auftreten des Verteidigers in der Hauptverhandlung ersetzt die Urkunde über seine – schriftliche oder zu Protokoll erteilte – Bevollmächtigung als Verteidiger nicht (BGHSt 41, 303; BGH NStZ-RR 2009, 144).

D. Benachrichtigung von der Zustellung

9 Indem das Gericht sicherstellt, dass sowohl der Verteidiger als auch sein Mandant von Entscheidungen Kenntnis erhalten, nimmt es seine **prozessuale Fürsorgepflicht** wahr. Gleichzeitig gewährleistet es einen ausreichenden Informationsstand der Verteidigung. Auch der Verteidiger, dessen Vollmacht noch nicht bei den Akten ist, erhält eine formlose Abschrift der Entscheidung, wenn das Verteidigungsverhältnis dem Gericht anderweitig bekannt geworden ist (Meyer-Goßner StPO § 145a Rn 13).

10 Eine Zustellung ist auch dann wirksam, wenn das Gericht eine Benachrichtigung unterlässt. Hintergrund ist, dass Abs 3 als „bloße **Ordnungsvorschrift**" qualifiziert wird (BGH NJW 1977, 640) – an der Verfassungsmäßigkeit dieser Interpretation bestehen keine Bedenken (BVerfG NJW 2002, 1640). Für die Berechnung von **Fristen** kommt es allein auf die Zustellung an. Auch wenn die Benachrichtigung insoweit unmaßgeblich ist, so hat sie dennoch praktische Bedeutung. Das gilt insbes in Fällen, in denen der Verteidiger in ein bereits laufendes Verfahren involviert wird und noch keinen umfassenden Überblick über den Verfahrensstand hat. Kommt es aufgrund einer unterbliebenen Benachrichtigung zu einem Fristversäumnis, kann ein **Wiedereinsetzungsgrund** nach § 44 StPO vorliegen (OLG München NJW 2008, 3797; OLG Frankfurt NJW 1982, 1297; Meyer-Goßner StPO § 145a Rn 14), nicht jedoch, wenn der Beschuldigte selbst auf die Wahrung der Frist bedacht sein musste (OLG München BeckRS 2009, 18195; OLG Nürnberg NStZ-RR 1999, 114). Unter besonderen Umständen liegt sogar ein **Revisionsgrund** (für das OWi-Verfahren: OLG Frankfurt NStZ 1990, 556) vor. Abs 3 gilt weder für die Ladung des Beschuldigten noch für Mitteilungen der Staatsanwaltschaft.

§ 146 [Gemeinschaftlicher Verteidiger]

¹Ein Verteidiger kann nicht gleichzeitig mehrere derselben Tat Beschuldigte verteidigen. ²In einem Verfahren kann er auch nicht gleichzeitig mehrere verschiedener Taten Beschuldigte verteidigen.

Überblick

Das Verbot der Mehrfachverteidigung soll bereits der abstrakten Gefahr von Interessenkollisionen entgegentreten, die es bei zeitgleicher Verteidigung mehrerer Angeklagter geben kann. Es schützt nicht nur den Angeklagten vor einem innerlich zerrissenen Verteidiger, sondern auch das Allgemeininteresse an einer effektiven Verteidigung. Die Reichweite des Verbots erstreckt sich nicht auf die sukzessive Mehrfachverteidigung, die heute wieder zulässig ist und auch nicht durch eine analoge Anwendung von § 146 StPO untersagt werden kann. Bei Tat- und Verfahrensidentität wird ein Interessenkonflikt unwiderleglich vermutet.

A. Personeller Geltungsbereich: Verteidiger

1 Verteidiger iSd § 146 StPO sind: Wahlverteidiger, Verteidiger, die mit Genehmigung des Gerichts auftreten, Pflichtverteidiger sowie Verteidiger, die mit Untervollmacht oder als

allgemeine Vertreter nach § 53 Abs 1 und Abs 2 BRAO handeln (vgl BVerfG NJW 1976, 231; BGHSt 27, 154, 158).

Die Vorschrift gilt auch für Rechtsanwälte, die untereinander in Sozietät verbunden sind. **2** Gleichwohl kann jeder Rechtsanwalt einer **Sozietät** einen anderen Beschuldigten vertreten (BVerfG NJW 1977, 99, 100). Entscheidend ist, ob jeder Mitbeschuldigte nur einen Verteidiger mandatiert hat. Es ist anerkannt, dass mehrere Rechtsanwälte einer Sozietät gleichzeitig mehrere Beschuldigte verteidigen können, wobei maßgebend ist, dass sich die Anwälte jeweils als Verteidiger nur eines Beschuldigten bestellen (LG Frankfurt/M NStZ-RR 2008, 205). Die Tatsache allein, dass die Vollmachtsurkunde jeweils auf sämtliche Sozien ausgestellt ist, führt nicht zur Anwendbarkeit des § 146 StPO (BVerfG NJW 1977, 99, 100; LG Regensburg NJW 2005, 2245).

Die Verteidigung mehrerer Beschuldigter durch **Wahlverteidiger** einer Sozietät stellt **3** keine unzulässige Mehrfachverteidigung iSd § 146 StPO dar (BVerfG NJW 1977, 99; OLG Karlsruhe NStZ 1999, 212 mAnm Stark; so auch LG Frankfurt NStZ-RR 2008, 205). Die Bestellung von Sozien zu **Pflichtverteidigern** verschiedener Beschuldigter ist grundsätzlich zulässig, solange keine konkreten Anhaltspunkte dafür vorliegen, dass die sachgerechte Verteidigung eines Angeklagten der des anderen zuwiderläuft (OLG Hamm StV 2004, 641; für Fälle der Mittäterschaft wird ein Interessenkonflikt angenommen von OLG Frankfurt NStZ-RR 1999, 333, 334; LG Frankfurt/M StV 1998, 358; für den Fall von Mitangeklagten BVerfG StV 1998, 356 mAnm Lüderssen). Die Bestellung kann zurückgenommen werden, wenn sich im Verlauf des Verfahrens ein Interessenkonflikt konkret abzeichnet (OLG Frankfurt StV 1999, 199; Meyer-Goßner StPO § 146 Rn 8). Sind anfangs alle in einer Sozietät zusammengeschlossenen Anwälte bestellt, kann eine Zurückweisung nach § 146 StPO durch nachträgliche Beschränkung auf einzelne Beschuldigte vermieden werden (OLG Celle StV 1989, 471).

Umstritten ist, ob die strafprozessual zulässige Verteidigung mehrerer Beschuldigter durch **4** verschiedene Anwälte einer Sozietät gegen die berufsrechtlichen Vorschriften der § 43a Abs 4 BRAO, § 3 Abs 1 und Abs 2 BORA verstößt. Davon ist nicht auszugehen. Verteidigung ist anders als ein immer der Gesamtsozietät erteiltes Zivilmandat höchstpersönlich. Letztlich kommt dieser Gedanke in § 137 Abs 1 S 2 StPO zum Ausdruck, der mit der Beschränkung auf drei Verteidiger auch sicherstellt, dass Verteidigung auf Seiten des Anwalts höchstpersönlich bleibt (so auch Kleine-Cosack StraFo 1998, 149; dagegen Eylmann StraFo 1998, 145, 148; vgl Lüderssen StV 1998, 357).

B. Sachliche Reichweite des Verbots

Das Verbot gilt nur für die Fälle der **gleichzeitigen Mehrfachverteidigung**. Es erstreckt **5** sich weder auf die sukzessive Mehrfachverteidigung (BGH NStZ 1998, 263; OLG Jena NJW 2008, 311; LG Dessau-Roßlau StraFo 2008, 74) noch auf die in Großverfahren oftmals unentbehrliche **Sockelverteidigung** (OLG Düsseldorf StV 2002, 533; Richter II NJW 1993, 2152, 2153). Sockelverteidigung meint die Verteidigung mehrer Angeklagter durch mehrere Verteidiger, die sich in den Grenzen des rechtlich Zulässigen (vgl § 258 StGB, § 356 StGB; LG Frankfurt/M NStZ-RR 2008, 205) miteinander abstimmen. Die Teilnahme an dem Mandantengespräch eines Kollegen lässt nicht den Schluss zu, der betreffende Verteidiger würde gegen das Verbot der Mehrfachverteidigung verstoßen (vgl OLG Düsseldorf StV 2002, 533).

Aufgrund der allgemeinen Verweisung in § 46 OWiG gilt das Verbot auch im Bußgeldverfahren **5.1** – es ist auch insoweit mit dem Grundgesetz vereinbar (BVerfG NJW 1977, 1629 ff). Nimmt ein Rechtsanwalt die Rechte eines Einziehungsbeteiligten wahr, so kann er nicht zugleich Verteidiger des Beschuldigten sein (OLG Düsseldorf NStZ 1988, 289).

C. Geltung in allen Verfahrensabschnitten

§ 146 StPO gilt für das gesamte Strafverfahren und erfasst damit bereits die Verteidigung im **6** Ermittlungsverfahren (Meyer-Goßner StPO § 146 Rn 10). Die **Anbahnung** eines Mandats fällt ebenfalls unter den Verteidigungsbegriff (BVerfG NJW 1976, 231; BGH NJW 1978, 1815). Allerdings muss, damit § 146 StPO angewendet werden kann, (zB zur Untersagung von

Gesprächen zur Herstellung eines Mandatsverhältnisses), zumindest zu einem der in Betracht kommenden Beschuldigten ein förmliches Mandatsverhältnis hergestellt worden sein (OLG Düsseldorf StV 1984, 106; s hierzu Nestler-Tremel NStZ 1988, 103, 104; Löwe/Rosenberg/Lüderssen/Jahn StPO § 146 Rn 12). In **Disziplinarverfahren** kommt es darauf an, ob das Verfahren eine Verfehlung betrifft, die einer strafrechtlich zu ahndenden Tat gleich zu stellen ist (BVerwG NJW 1994, 1019). Voraussetzung für die Anwendbarkeit von § 146 StPO in **Strafvollzugssachen** ist, dass eine Disziplinarmaßnahme im Raum steht, die an einen strafrechtlichen Tatvorwurf anknüpft (Löwe/Rosenberg/Lüderssen/Jahn StPO § 146 Rn 37).

6.1 Im Auslieferungsverfahren ist § 146 StPO nicht anwendbar, denn dieses Verfahren ist Teil des Strafverfahrens des (fremden) Staates, der um Auslieferung ersucht (Rebmann NStZ 1981, 41, 45). Im Einlieferungsverfahren (Teil des deutschen Strafverfahrens) gilt hingegen das Verbot der Mehrfachverteidigung.

D. Tatidentität

7 **Tatidentität** setzt das Vorliegen einer Tat iSv § 264 StPO voraus (LG Waldshut-Tiengen NStZ 2002, 156). Sie ist auch dann anzunehmen, wenn in verschiedenen Verfahren gegen unterschiedliche Personen prozessiert wird und sich die Vorwürfe in allen Verfahren auf die gleiche Tat beziehen (BVerfG NJW 1976, 231; OLG Düsseldorf NJW 1975, 2220). Anders ist es, wenn die Beteiligung zweier Beschuldigter nicht dieselbe Tat, sondern lediglich denselben Tatkomplex tangiert (LG Hamburg MDR 1990, 652).

E. Verfahrensidentität

8 Zur Bestimmung von Verfahrensidentität muss jeder Verfahrensabschnitt isoliert beurteilt werden. Im **Ermittlungsverfahren** wird sie erst durch eine nach außen dokumentierte Entscheidung der Staatsanwaltschaft begründet, zwei gegen unterschiedliche Personen gerichtete Ermittlungen miteinander zu verbinden. Die bloße **Gleichzeitigkeit** von Ermittlungen reicht hierfür nicht aus (BGH NStZ 1987, 1955).

9 Verfahrensidentität im **gerichtlichen Verfahren** wird durch eine Verbindung gem § 2 StPO, § 4 StPO, § 13 Abs 2 StPO hergestellt. Werden verschiedene selbständige Verfahren gem § 237 StPO zur gemeinsamen Verhandlung verbunden, gilt § 146 StPO nicht (Meyer-Goßner StPO § 146 Rn 17 mwN; **aA** vgl SK-StPO/Wohlers StPO § 146 Rn 26 mwN).

F. Gleichzeitigkeit der Verteidigung

10 Wenn **keine Beistandspflichten** mehr entstehen können, bei deren Erfüllung es zu Interessenkonflikten kommen kann, fehlt es am Merkmal der Gleichzeitigkeit. Will der Verteidiger die gleichzeitige Verteidigung mehrerer Personen sicher ausschließen, muss er das frühere Mandat wirksam beenden. Erst wenn er rechtlich nicht mehr dazu in der Lage ist, den früheren Mandanten zu verteidigen, ist die Gefahr eines Verstoßes gegen § 146 StPO beseitigt (OLG Karlsruhe NStZ 1988, 567). Der rechtskräftige Abschluss des Verfahrens gegen den früheren Mandanten bietet hierfür keine Gewähr, da Verteidigungshandlungen auch im Nachhinein noch notwendig werden können. Der Wahlverteidiger muss die Beendigung des Mandates eindeutig erklären; beim Pflichtverteidiger ist die Rücknahme der Bestellung erforderlich.

G. Rechtsfolgen

11 Zeichnen sich potentielle Interessenkonflikte ab, sollte der Verteidiger entweder das neu angetragene Mandat ablehnen oder das bereits bestehende Mandat niederlegen. Die Folgen eines Verstoßes gegen § 146 StPO sind **gravierend**. Bei gleichzeitiger Mandatierung durch mehrere Mitbeschuldigte sind alle Verteidigungen unzulässig (OLG Düsseldorf NStZ 1984, 235). Gelingt es nicht, die Daten der Verteidigungsübernahme festzustellen, führt das zur **Unzulässigkeit sämtlicher Verteidigungen** (OLG Koblenz MDR 80, 514). In den Fällen, in denen der Verteidiger erst von einem und dann von einem anderen Mitbeschuldigten

beauftragt wird, ist grundsätzlich nur die **zuletzt übernommene Verteidigung** unzulässig (BGHSt 27, 148, 150; **aA** OLG Hamm NStZ 1985, 327). Die Zurückweisung des Verteidigers ist in § 146 a StPO geregelt. Für den Verteidiger ist ein Verstoß gegen § 146 StPO zudem mit Honorarverlust und uU mit einer Strafbarkeit wegen Parteiverrats gem § 356 StGB (dazu Dahs NStZ 1991, 561, 563) verbunden.

§ 146 a [Zurückweisung eines Wahlverteidigers]

(1) ¹Ist jemand als Verteidiger gewählt worden, obwohl die Voraussetzungen des § 137 Abs. 1 Satz 2 oder des § 146 vorliegen, so ist er als Verteidiger zurückzuweisen, sobald dies erkennbar wird; gleiches gilt, wenn die Voraussetzungen des § 146 nach der Wahl eintreten. ²Zeigen in den Fällen des § 137 Abs. 1 Satz 2 mehrere Verteidiger gleichzeitig ihre Wahl an und wird dadurch die Höchstzahl der wählbaren Verteidiger überschritten, so sind sie alle zurückzuweisen. ³Über die Zurückweisung entscheidet das Gericht, bei dem das Verfahren anhängig ist oder das für das Hauptverfahren zuständig wäre.

(2) Handlungen, die ein Verteidiger vor der Zurückweisung vorgenommen hat, sind nicht deshalb unwirksam, weil die Voraussetzungen des § 137 Abs. 1 Satz 2 oder des § 146 vorlagen.

Überblick

Ein Verteidiger, der gegen § 137 Abs 1 S 2 StPO, § 146 StPO verstößt, verliert seine Befugnisse erst dann, wenn er durch einen unanfechtbaren Beschluss zurückgewiesen worden ist. Das Gericht hat bei der Zurückweisung kein Ermessen.

A. Zurückweisung des Verteidigers

Der **Wahlverteidiger** ist zurückzuweisen, sobald erkennbar ist, dass die Voraussetzungen 1 der § 137 Abs 1 S 2 StPO, § 146 StPO vorliegen (BGHSt 26, 291). Gleiches gilt für den Fall, dass Verfahren gegen mehrere Beschuldigte verbunden werden, die den gleichen Verteidiger gewählt haben. Will letzterer vermeiden, dass beide Verteidigungen unzulässig werden, muss er das Mandatsverhältnis zu einem der Beschuldigten beenden.

Sind bereits **drei Verteidiger** für den Beschuldigten tätig, ist der zusätzlich hinzukom- 2 mende nach Abs 1 S 2 StPO zurückzuweisen (KG NJW 1977, 912, 913). Alle Verteidiger sind zurückzuweisen, wenn sie gleichzeitig ihre Wahl anzeigen und dadurch die Höchstzahl der wählbaren Verteidiger überschritten wird. Über zeitliche Fragen, die sich insoweit stellen, ist anhand des Datums der Vollmachtsanzeige zu entscheiden.

Verstößt die Tätigkeit eines Pflichtverteidigers gegen § 146 StPO, wird seine Bestellung 3 aufgehoben und ein neuer Verteidiger bestellt.

B. Verfahren

Bevor das Gericht im Beschlusswege über die Zurückweisung entscheidet, hat es die 4 Staatsanwaltschaft und den betroffenen Verteidiger zu hören (**§ 33 Abs 2, Abs 3 StPO**). Der Beschluss ist mit Gründen zu versehen (§ 34 StPO). Zuständig ist das Gericht, bei dem das Verfahren anhängig ist oder das für das Hauptverfahren zuständig wäre (Meyer-Goßner § 146 a StPO Rn 5). Im Fall einer Zuständigkeitswahl nach § 24 Abs 1 Nr 2 und Nr 3 GVG entscheidet das Gericht, bei dem die Anklageerhebung beabsichtigt ist.

C. Wirksamkeit der Prozesshandlungen

Prozesshandlungen, die ein Verteidiger vor seiner Zurückweisung vorgenommen hat, 5 **bleiben wirksam** (Meyer-Goßner StPO § 146 a Rn 6; Löwe/Rosenberg/Lüderssen/Jahn StPO § 146 a Rn 12). Das gilt auch für die Entgegennahme von Zustellungen (OLG

Wessing

Bamberg BeckRS 2006, 06656). Die Zurückweisung lässt die Vergangenheit unberührt; sie gilt nach § 146 a Abs 2 StPO nur für die Zukunft.

D. Anfechtungsmöglichkeiten

6   Der Verteidiger kann gegen seine Zurückweisung mit Hilfe der allgemeinen **Beschwerde** vorgehen (BGHSt 26, 291; LG Regensburg NJW 2005, 2245). Der von der Zurückweisung betroffene Beschuldigte verfügt über das gleiche Rechtsmittel. Auch die Staatsanwaltschaft ist beschwerdeberechtigt, wenn ihr Antrag auf Zurückweisung abgelehnt worden ist (Meyer-Goßner StPO § 146 a Rn 8). Weist das OLG den Verteidiger zurück, ist dessen Beschluss gem § 304 Abs 4 S 2 StPO unanfechtbar (BGH NJW 1977, 156).

7   Die unberechtigte Zurückweisung eines Verteidigers führt nur dann zum Erfolg der **Revision**, wenn der Angeklagte nicht ordnungsgemäß verteidigt wurde (BGHSt 27, 22) oder das Gericht willkürlich handelte.

8   Ein Urteil, das auf einer zu Unrecht unterlassenen Zurückweisung beruht, wird aufgehoben, wenn der Revisionsführer Tatsachen darlegt, die belegen, dass die Verteidigung mehrerer Angeklagter der Aufgabe der Verteidigung im Einzelfall tatsächlich widerstritten hat (BGHSt 27, 22). Hier ist § 337 StPO und nicht § 338 Nr 5 StPO einschlägig (Löwe/Rosenberg/Lüderssen/Jahn StPO § 146 a Rn 17).

9   Mit der Rüge, der Verteidiger eines Mitbeschuldigten hätte zurückgewiesen werden müssen, wird der Revisionsführer nicht durchdringen (BGH StV 1984, 493).

§ 147 [Akteneinsicht des Verteidigers]

(1) Der Verteidiger ist befugt, die Akten, die dem Gericht vorliegen oder diesem im Falle der Erhebung der Anklage vorzulegen wären, einzusehen sowie amtlich verwahrte Beweisstücke zu besichtigen.

(2) ¹Ist der Abschluss der Ermittlungen noch nicht in den Akten vermerkt, kann dem Verteidiger die Einsicht in die Akten oder einzelne Aktenteile sowie die Besichtigung von amtlich verwahrten Beweisgegenständen versagt werden, soweit dies den Untersuchungszweck gefährden kann. ²Liegen die Voraussetzungen von Satz 1 vor und befindet sich der Beschuldigte in Untersuchungshaft oder ist diese im Fall der vorläufigen Festnahme beantragt, sind dem Verteidiger die für die Beurteilung der Rechtmäßigkeit der Freiheitsentziehung wesentlichen Informationen in geeigneter Weise zugänglich zu machen; in der Regel ist insoweit Akteneinsicht zu gewähren.

(3) Die Einsicht in die Niederschriften über die Vernehmung des Beschuldigten und über solche richterlichen Untersuchungshandlungen, bei denen dem Verteidiger die Anwesenheit gestattet worden ist oder hätte gestattet werden müssen, sowie in die Gutachten von Sachverständigen darf dem Verteidiger in keiner Lage des Verfahrens versagt werden.

(4) ¹Auf Antrag sollen dem Verteidiger, soweit nicht wichtige Gründe entgegenstehen, die Akten mit Ausnahme der Beweisstücke zur Einsichtnahme in seine Geschäftsräume oder in seine Wohnung mitgegeben werden. ²Die Entscheidung ist nicht anfechtbar.

(5) ¹Über die Gewährung der Akteneinsicht entscheidet im vorbereitenden Verfahren und nach rechtskräftigem Abschluss des Verfahrens die Staatsanwaltschaft, im Übrigen der Vorsitzende des mit der Sache befassten Gerichts. ²Versagt die Staatsanwaltschaft die Akteneinsicht, nachdem sie den Abschluss der Ermittlungen in den Akten vermerkt hat, versagt sie die Einsicht nach Absatz 3 oder befindet sich der Beschuldigte nicht auf freiem Fuß, so kann gerichtliche Entscheidung durch ³das nach § 162 zuständige Gericht beantragt werden. ³Die §§ 297 bis 300, 302, 306 bis 309, 311 a und 473 a gelten entsprechend. ⁴Diese Entscheidungen werden nicht mit Gründen versehen, soweit durch deren Offenlegung der Untersuchungszweck gefährdet werden könnte.

(6) ¹Ist der Grund für die Versagung der Akteneinsicht nicht vorher entfallen, so hebt die Staatsanwaltschaft die Anordnung spätestens mit dem Abschluß der Ermittlungen auf. ²Dem Verteidiger ist Mitteilung zu machen, sobald das Recht zur Akteneinsicht wieder uneingeschränkt besteht.

(7) ¹Dem Beschuldigten, der keinen Verteidiger hat, sind auf seinen Antrag Auskünfte und Abschriften aus den Akten zu erteilen, soweit dies zu einer angemessenen Verteidigung erforderlich ist, der Untersuchungszweck, auch in einem anderen Strafverfahren nicht gefährdet werden kann und nicht überwiegende schutzwürdige Interessen Dritter entgegenstehen. ²Absatz 2 Satz 2 erster Halbsatz, Absatz 5 und § 477 Abs. 5 gelten entsprechend.

Überblick

Für den Verteidiger und seinen Mandanten hat die frühzeitige Durchsetzung des von § 147 StPO verbürgten Rechts auf Akteneinsicht fundamentale Bedeutung. Nur auf diesem Wege können beide diejenigen Informationen erlangen, die sie für eine ordnungsgemäße Verteidigung benötigen. Das Akteneinsichtsrecht konkretisiert den Anspruch auf rechtliches Gehör. Es ist mit Abstand das wichtigste Verfahrensgrundrecht im Ermittlungsverfahren. Die oft reflexhafte Verweigerung durch die Staatsanwaltschaft übersieht, dass die Chance eines beiderseits informierten Dialoges die Gefahr einer Verdunkelung regelmäßig überwiegt.

Übersicht

	Rn		Rn
A. Akteneinsichtsrecht des Verteidigers	1	VIII. Besichtigung amtlich verwahrter Beweisstücke	18
I. Personeller Geltungsbereich	1	IX. Weitergabe des Akteninhalts an den Beschuldigten oder Dritte	20
II. Im gesamten Verfahren	3		
III. Einschränkungen im Ermittlungsverfahren	5	X. Mitgabe der Akten in die Geschäftsräume oder die Wohnung	24
IV. Aufhebung der Einschränkungen	8		
V. Privilegierung durch Abs 3	9	B. Zuständigkeit	25
1. Niederschriften über richterliche Untersuchungshandlungen	11	C. Anfechtung	26
2. Gutachten	12	I. Staatsanwaltschaftliche Entscheidungen	26
VI. Akten	13	II. Richterliche Entscheidungen	29
VII. Häufigkeit der Akteneinsicht	16	D. Revision	30

A. Akteneinsichtsrecht des Verteidigers

I. Personeller Geltungsbereich

§ 147 StPO berechtigt **unmittelbar nur den Verteidiger**. Die Vorschrift gilt aber über verschiedene Verweisungsnormen auch für den Prozessbevollmächtigten des Privatklägers (§ 385 Abs 3 StPO), des Einziehungs- oder Verfallsbeteiligten (§ 434 Abs 1 S 2 StPO, § 442 Abs 1 StPO) sowie der juristischen Personen oder Personenvereinigungen, gegen die eine Geldbuße verhängt werden kann (§ 444 Abs 2 S 2 StPO). Für den Rechtsanwalt des Verletzten begründet § 406 e StPO ein eigenständiges Akteneinsichtsrecht. Nicht am Verfahren Beteiligte können nach §§ 474 StPO ff oder – sofern es sich um öffentliche Stellen des Bundes oder eines Landes handelt – nach §§ 12 EGGVG ff Akteneinsicht beantragen. § 475 StPO ist die Vorschrift, die außerhalb des Verfahrens stehenden Personen und Organisationen den Zugriff auf die Ermittlungsakten ermöglicht, wenn sich diese auf ein berechtigtes Interesse berufen können (s dazu § 475 StPO Rn 1 ff).

Der **Beschuldigte** gehört nicht zum Kreis derjenigen, die Anspruch auf Akteneinsicht haben (LG Mainz NJW 1999, 1271; Löwe/Rosenberg/Lüderssen/Jahn StPO § 147 Rn 8 bezeichnen dies zu Recht als „Anachronismus"). Das gilt auch für den sich selbst verteidigenden Rechtsanwalt (BVerfG NJW 1980, 1677, 1678; **aM** Böse StraFo 1999, 293). Hat der

Beschuldigte keinen Verteidiger, sind ihm **Auskünfte und Abschriften** aus den Akten erteilt werden, solange dies nicht den Untersuchungszweck gefährdet (§ 147 StPO Rn 5) und keine überwiegend schutzwürdigen Interessen Dritter entgegenstehen (Abs 7). Ein Beschuldigter, der sich selbst verteidigen möchte, hierzu aber vollständige Akteneinsicht benötigt, bedarf in schwierigen Fällen eines Pflichtverteidigers (§ 140 StPO Rn 17). Ist eine Pflichtverteidigerbestellung unangemessen, weil ein nur geringfügiger Vorwurf im Raum steht, ist dem Beschuldigten ausnahmsweise Akteneinsicht zu gewähren (EGMR NStZ 1998, 429).

II. Im gesamten Verfahren

3   Das Akteneinsichtsrecht gilt **in allen Stadien des Strafverfahrens**, wobei sich aus § 147 StPO spezifische Besonderheiten für die einzelnen Verfahrensabschnitte ergeben. Beantragt der Verteidiger **nach Einstellung** des Verfahrens gem § 170 Abs 2 StPO Akteneinsicht, muss er hierfür kein rechtliches Interesse darlegen. Dem Antrag ist schon deshalb stattzugeben, weil die Staatsanwaltschaft die Ermittlungen jederzeit wieder aufnehmen kann (KK-StPO/Laufhütte StPO § 147 Rn 21).

4   Aus Abs 5 ergibt sich, dass der Verteidiger auch **nach rechtskräftigem Verfahrensabschluss** Anspruch auf Akteneinsicht haben kann. Er kann die Akte zur Stellung eines Antrags auf Wiederaufnahme, auf Aussetzung der Strafe zur Bewährung, auf Ablehnung des Bewährungswiderrufs und auf Gewährung von Gnade benötigen (Meyer-Goßner StPO § 147 Rn 11). Umgekehrt ist ein Anspruch auf Akteneinsicht **vor Einleitung** eines Ermittlungsverfahrens nicht gegeben; das Akteneinsichtsrecht entsteht stets erst mit Beginn des Verfahrens, ggf schon mit der Einleitung von Vorfeldermittlungen (BGH NStZ-RR 2009, 145).

III. Einschränkungen im Ermittlungsverfahren

5   Vor dem aktenkundigen Ende des Ermittlungsverfahrens (§ 169a StPO) kann Akteneinsicht wegen einer **Gefährdung des Untersuchungszwecks** versagt werden. Dieser unbestimmte Rechtsbegriff ist gerichtlich nachprüfbar (LG Landau StV 2001, 613). Nach **Abschluss der Ermittlungen** kommt eine analoge Anwendung von § 147 Abs 2 StPO nicht in Betracht (BGH NStZ 1998, 97; LG Berlin NStZ 2006, 472); selbst bei Wiederaufnahme der Ermittlungen nicht (Meyer-Goßner StPO § 147 Rn 27; SK-StPO/Wohlers StPO § 147 Rn 95). Ebenso wenig dürfen Akteteile aus der Akte herausgenommen werden, selbst wenn aus ihnen Zwangsmaßnahmen gegen den Beschuldigten entnehmen lassen (OLG Hamburg NStZ 1992, 50) und selbst, wenn es sich um beigezogene Akten handelt, deren zugrunde liegende Ermittlungsverfahren noch nicht abgeschlossen sind (OLG Schleswig StV 1989, 95). Eine **Gefährdung** des Untersuchungszwecks liegt dann vor, wenn aufgrund durch Tatsachen belegter Anhaltspunkte objektiv nahe liegt, dass der Beschuldigte bei Erlangung von Aktenkenntnis in unzulässiger Weise nachteilig in das Ermittlungsverfahren eingreifen werde (**hM** Eisenberg NJW 1991, 1257, 1260; Löwe/Rosenberg/Lüderssen/Jahn StPO § 147 Rn 135; SK-StPO/Wohlers StPO § 147 Rn 97; **aM** Meyer-Goßner StPO § 147 Rn 25 mwN, der eine konkrete Gefahr nicht für erforderlich hält). Vermutungen sind hierzu nicht ausreichend. Die Anhaltspunkte dürfen nicht bloß allgemeiner Natur sein, sondern müssen sich auf die Persönlichkeit des Beschuldigten, die Natur des in Frage stehenden Delikts und die Eigenart der Ermittlungen beziehen (Löwe/Rosenberg/Lüderssen/Jahn StPO § 147 Rn 135). Eine Gefährdung kann zB bei Zwangsmaßnahmen gegeben sein, die nur dann Erfolg versprechen, wenn sie überraschend ausgeführt werden (BGHSt 29, 99, 103; zur Durchsuchung LG Saarbrücken NStZ-RR 2006, 80) oder wenn zu befürchten ist, dass der Beschuldigte auf Zeugen oder Mitbeschuldigte derart einwirkt, dass diese Verdunklungshandlungen vornehmen (SK-StPO/Wohlers StPO § 147 Rn 96; Löwe/Rosenberg/Lüderssen/Jahn StPO § 147 Rn 133). Dies wurde auch angenommen, wenn ein Haftbefehl gegen den untergetauchten Beschuldigten noch nicht vollstreckt ist (OLG München NStZ 2009, 109; kritisch dazu Wohlers StV 2009, 539, 540). Das OLG Hamburg (NStZ 1992, 50) hat darauf hingewiesen, dass die Strafverfolgungsorgane vom pflichtgemäßen Handeln des Verteidigers auszugehen haben, solange nicht die Ausschließungstatbestände der §§ 138a StPO ff vorliegen. Um eine Gefährdung auszuschließen, kann die Staatsanwaltschaft dem Verteidiger nicht auferlegen, den aus seiner Sicht kritischen Akteninhalt nicht mit

seinem Mandanten zu besprechen. Einem Verteidiger kann es grundsätzlich nicht untersagt werden, seinen Mandanten über den gesamten Akteninhalt, also auch über etwa bevorstehende oder bereits angeordnete Zwangsmaßnahmen zu informieren (BGHSt 29,99; OLG Hamburg NStZ 1992, 50). Es kann jedoch im Einzelfall günstiger für die Verteidigung sein, wenn zumindest der Verteidiger den Akteninhalt kennt.

Beim **inhaftierten** Beschuldigten war bislang schon anerknnt, dass der Verteidiger 6 zumindest teilweise Akteneinsicht erhalten muss, um seine Rechte im Haftprüfungs- und Haftbeschwerdeverfahren ausüben zu können (BVerfG NStZ 1994, 551, 552; BFH NStZ 1996, 146; OLG Köln NStZ 2002, 659; Meyer-Goßner StPO § 147 Rn 25 a). Essentiell sind nach der Rechtsprechung des EGMR insbes die Vorgänge, aus denen sich der dringende Tatverdacht ergeben soll (EGMR StV 2001, 201, 202, 203, 204, 205, 206). Generell darf der Verteidigung aus Gründen der Waffengleichheit nicht der Zugang zu solchen Informationen versagt werden, die für die Beurteilung der Haft bzw deren Fortdauer wesentlich sind. Diese Erkenntnis setzt der durch das **Untersuchungshaftrechtsänderungsgesetz** (29. 7. 2009, BGBl I 2274) neu eingefügte Abs 2 S 2 um. Der ursprüngliche Gesetzesentwurf wollte es noch dem Einzelfall überlassen, auf welche Weise die erforderlichen Informationen erteilt werden (BT-Drs 16/11644, 34). Die Gesetz gewordene Beschlussempfehlung des Rechtsausschusses stellt klar, dass die Informationsübermittlung in der Regel durch Gewährung von Akteneinsicht zu erfolgen hat (BT-Drs. 16/13097, 19). Die Akteneinsicht bezieht sich nach dem Wortlaut des S 2 („insoweit") aber nicht auf den gesamten Akteninhalt, sondern nur auf die für die Beurteilung der Rechtmäßigkeit der Freiheitsentziehung wesentlichen Informationen (krit dazu Deckers StraFo 2009, 441, 444). Diese Einschränkung steht im Einklang mit der Rechtsprechung des EGMR (NStZ 2009, 164 mAnm Strafner).

Die Staatsanwaltschaft entscheidet nach **pflichtgemäßem Ermessen** (SK-StPO/Wohlers 7 StPO § 147 Rn 98). Die Gerichte sind auf die Überprüfung der rechtmäßigen Ermessensausübung beschränkt (LG Landau StV 2001, 613).

IV. Aufhebung der Einschränkungen

Ein **uneingeschränktes Akteneinsichtsrecht** hat der Verteidiger spätestens dann, wenn 8 der Abschluss der Ermittlungen in der Akte vermerkt ist (§ 169 a StPO). Hierüber ist er gem Abs 6 S 2 unverzüglich zu unterrichten. Nach dem durch § 169 a StPO fixierten Zeitpunkt sind Einschränkungen selbst dann nicht möglich, wenn die Ermittlungen anschließend wieder aufgenommen werden (Meyer-Goßner StPO § 147 Rn 27).

V. Privilegierung durch Abs 3

Die in Abs 3 genannten Schriftstücke sind für ein faires Verfahren von so großer Bedeu- 9 tung, dass sie dem Verteidiger selbst dann zugänglich gemacht werden müssten – sei es im Original oder in Kopie – wenn die Voraussetzungen des Abs 2 S 1 vorliegen.

Auf **schriftliche Äußerungen** des Beschuldigten ist Abs 3 analog anwendbar (SK-StPO/ 10 Wohlers StPO § 147 Rn 100).

1. Niederschriften über richterliche Untersuchungshandlungen

Gemeint sind alle polizeilichen, staatsanwaltschaftlichen und gerichtlichen Protokolle über 11 Vernehmungen des Beschuldigten. In welchem Verfahrensstadium diese entstanden sind, ist irrelevant. Gleiches gilt für den prozessualen Status, den der Beschuldigte im Zeitpunkt der Vernehmung inne hatte (OLG Hamm StV 1995, 571). Grundsätzlich erfasst Abs 3 auch polizeiliche Vernehmungsprotokolle, auf die ein richterliches Protokoll Bezug nimmt (Meyer-Goßner StPO § 147 Rn 26). Ausgenommen sind Protokolle, die während der Vernehmung eines Mitbeschuldigten im Rahmen von Haftbefehlsverkündungen, Haftprüfungen und Haftbeschwerdeverfahren entstanden sind (SK-StPO/Wohlers StPO § 147 Rn 101). Protokolle gerichtlicher Untersuchungshandlungen, bei denen der Verteidiger hätte anwesend sein dürfen oder an denen er teilgenommen hat, werden ebenfalls von Abs 3 privilegiert.

2. Gutachten

12 Sachverständigengutachten dürfen dem Verteidiger ebenfalls nicht vorenthalten werden. Streitig ist, ob dies auch für von Sachverständigen übersetzte Urkunden gilt, die zum Schutz des Ermittlungszwecks (Abs 2 S 1) nicht eingesehen werden dürfen (hierfür SK-StPO/Wohlers StPO § 147 Rn 102; Löwe/Rosenberg/Lüderssen/Jahn StPO § 147 Rn 140 aE beide mwN; dagegen OLG Hamburg StV 1986, 422, 433; Meyer-Goßner StPO § 147 Rn 26). Richtigerweise wird zu differenzieren sein: Handelt es sich bei den Dokumenten um **Übersetzungen** von nach § 147 Abs 3 StPO privilegierten Schriftstücken, darf dem Verteidiger die Einsicht nicht versagt werden. Urkunden iSv § 147 Abs 2 S 1 StPO werden durch eine Übersetzung nicht zu einem Sachverständigengutachten (im Fall des OLG Hamburg StV 1986, 422 waren es Briefe). Sie sind nicht vom Schutz des § 147 Abs 3 StPO umfasst. Ein Gutachten iSd Vorschrift ist auch die mündliche Äußerung eines beauftragten Gutachters über seinen Gutachtenauftrag. Die Äußerung ist iSd Aktenvollständigkeit in Vermerkform aktenkundig zu machen.

VI. Akten

13 Der Verteidiger darf diejenigen Akten einsehen, die dem Gericht vorliegen (OLG Saarbrücken NStZ 2005, 344) oder bei Anklageerhebung vorzulegen wären (OLG Frankfurt NStZ 2003, 566). Deren notwendiger Inhalt ergibt sich aus dem Grundsatz der **Aktenvollständigkeit**. Danach muss die Akte alle Schriftstücke und Aufnahmen technischer Art enthalten (Ton- und Bildaufnahmen sowie Videoaufzeichnungen), die Bedeutung für die Schuld- und Rechtsfolgenfrage haben können (LG Itzehoe StV 1991, 555; Meyer-Goßner StPO § 147 Rn 14). Auf eine Kurzformel gebracht: Was mit Ausnahme innerdienstlicher Vorgänge für das Verfahren geschaffen worden ist, darf der Akteneinsicht nicht entzogen werden (vgl BGHSt 37, 204). Strafregisterauszüge und Fahndungsauszüge unterliegen der Akteneinsicht daher ebenso wie vom Gericht herbeigezogene oder von der Staatsanwaltschaft nachgereichte **Beiakten** selbst dann, wenn es sich um Akten anderer in einem (OWi-)Verfahren Betroffener handelt (BGH NStZ 2008, 104). **Beweismittelordner**, die nur Kopien von sichergestellten Urkunden enthalten, sind auch zu den Akten zu nehmen. Gleiches gilt für **Akten anderer Behörden**, ohne dass es darauf ankommt, ob sie nur unter dem Vorbehalt vertraulicher Behandlung weitergegeben wurden (BGH NStZ 1997, 43; **aM** Meyer-Goßner StPO § 147 Rn 16) sowie für **Spurenakten** mit Relevanz für die Schuldfrage und Strafzumessung (BVerfG NJW 1983, 1043; BGH StV 1981, 500, 502 mAnm Dünnebier). Wegen der praktischen Bedeutung technischer Datenspeicherung sind auch **Computerausdrucke** verfahrensrelevanter Dateien zu den Akten zu nehmen (Dahs Handbuch des Strafverteidigers Rn 258). Arbeitsunterlagen eines Sachverständigen sind ebenso wenig Gegenstand der Akteneinsicht wie elektronische Dateien der Strafverfolgungsbehörden (§§ 483 StPO ff), wohl aber Ausdrucke solcher Dateien. **Computerdateien**, die verfahrensbezogene Informationen enthalten, gehören zu den Akten und unterfallen somit dem Akteneinsichtsrecht (Löwe/Rosenberg/Lüderssen/Jahn StPO § 147 Rn 29; SK-StPO/Wohlers StPO § 147 Rn 25). Hierzu zählen insbes die von den Ermittlungsbehörden sichergestellten Dateien und die dem Gericht von der Staatsanwaltschaft übermittelten – auch die während des Verfahrens neu geschaffenen – Dateien, wenn sie verfahrensrelevante Vorgänge betreffen (näher dazu Fetzer StV 1991, 142). Einen Anspruch auf eine **Übersetzung** sämtlicher in einer fremden Sprache aufgezeichneten Gespräche gewährt § 147 Abs 1 StPO nicht (BGH NStZ 2008, 230, 231). Ebenso wenig besteht ein Anspruch darauf, dass eine **Videoaufzeichnung** in einem bestimmten Abspielformat zur Verfügung gestellt wird, solange ein gängiges Format angeboten wird (AG Peine StRR 2008, 390).

14 Der Akteneinsicht generell entzogen sind nach § 96 StPO gesperrte Akten oder Aktenbestandteile.

15 **Innerdienstliche Vorgänge** werden nicht zum Bestandteil der Akte. Das betrifft unter anderem: die Handakten der Staatsanwaltschaft; nicht unterschriebene „Nebenprotokolle" des Vorsitzenden, die nur als technische Hilfsmittel dienen; Entwürfe von Urkunden, die erst nach ihrer Fertigstellung zur Akte zu nehmen sind; Notizen des Gerichts in der Hauptverhandlung und die Senatsakten des Revisionsgerichts (zu letzteren BGH BeckRS 2009,

06203). Allerdings hat das Tatgericht, das während, aber außerhalb der Hauptverhandlung Ermittlungen anstellt, gem **§ 147 StPO iVm Art 6 EMRK** die Pflicht, den Angeklagten, den Verteidiger und die StA von den Ergebnissen zu **unterrichten** (BGH StV 2001, 4; vgl BGH StV 2006, 115).

VII. Häufigkeit der Akteneinsicht

Außerhalb der Hauptverhandlung hat der Verteidiger das Recht, die Akten mehrfach einzusehen (OLG Hamm NJW 1972, 1096, 1097). Die Notwendigkeit ergänzender Akteneinsicht ergibt sich insbes dann, wenn davon auszugehen ist, dass der Inhalt der Akten zugenommen hat (OLG Hamm NJW 1972, 1096, 1097) oder wenn eine neue Verteidigungssituation eingetreten ist (OLG Hamm StraFo 2002, 355, 356). 16

Der Anspruch auf mehrfache Akteneinsicht lässt sich **während der Hauptverhandlung** nur eingeschränkt realisieren. Sofern das Gericht die Akten benötigt, muss sich der Verteidiger damit begnügen, die Akten auf der Geschäftsstelle, im Sitzungssaal oder im Dienstzimmer des Vorsitzenden einzusehen (Löwe/Rosenberg/Lüderssen/Jahn StPO § 147 Rn 100; SK-StPO/Wohlers StPO § 147 Rn 68). Die Gegenansicht, die ein Einsichtsrecht während der Hauptverhandlung grundsätzlich verneint und nur bei einem besonderen Interesse bejaht (OLG Hamm NJW 2004, 381; Meyer-Goßner StPO § 147 Rn 10), überzeugt nicht. Die Arbeitsfähigkeit des Gerichtes bleibt auch dann erhalten, wenn die Akte dem Verteidiger in der oben beschriebenen Weise im Gerichtsgebäude überlassen wird. Weiter gehende Einschränkungen wären schwerlich mit § 147 Abs 2 StPO in Einklang zu bringen. 17

VIII. Besichtigung amtlich verwahrter Beweisstücke

Da Beweisstücke in amtlichem Gewahrsam verbleiben müssen, hat der Verteidiger nur einen **Anspruch auf Einsichtnahme** (OLG Frankfurt StV 2001, 611). Der Angeklagte hat das Recht, hierbei anwesend zu sein. Handelt es sich um einen **auswärtigen Verteidiger**, kann diesem die Einsichtnahme beim Amtsgericht seines Kanzleisitzes gewährt werden. Sind Aufzeichnungen einer Telefonüberwachung abzuhören, kann der Verteidiger einen Dolmetscher und den Angeklagten hinzuziehen (Meyer-Goßner StPO § 147 Rn 19). Befindet sich der Angeklagte in Haft und ist ein Abhören der Mitschnitte einer Telefonüberwachung in der JVA aus technischen Gründen nicht möglich, so ist der Angeklagte zu diesem Zwecke zum Gericht zu bringen. Dies gebietet Art 6 EMRK (vgl LG Düsseldorf StraFo 2008, 505). 18

Das Besichtigungsrecht erstreckt sich – trotz des eindeutigen Wortlautes von Abs 1 – auch auf Beweismittel, die gem § 94 Abs 1 StPO „in anderer Weise" sichergestellt wurden. Einen Anspruch auf die **Herstellung von Kopien oder Abschriften** begründet § 147 StPO nicht (OLG Koblenz NStZ 1995, 611). 19

IX. Weitergabe des Akteninhalts an den Beschuldigten oder Dritte

Die Originalakten darf der Verteidiger grundsätzlich nicht aus der Hand geben, auch nicht in seiner Anwesenheit „zum Lesen". Informationsdefizite, die mangels eines eigenen Akteneinsichtsrechts des Beschuldigten entstehen könnten, hat der Verteidiger auf andere Weise auszugleichen. Er ist regelmäßig verpflichtet, die durch Akteneinsicht erlangten Erkenntnisse mit dem Beschuldigten zu teilen. Diese Pflicht kann er nicht nur durch mündliche Unterrichtung, sondern grundsätzlich auch durch Überlassung einer **vollständigen Aktenkopie** erfüllen (s zum Ganzen auch Donath/Mehle NJW 2009, 1399). 20

Wenn es einer effektiven Verteidigung dient, kann der Verteidiger Kopien des Akteninhalts auch an Dritte, bspw **Sachverständige** oder zu seinem Verteidigerteam gehörende juristische Mitarbeiter, weitergeben. **Zivilrechtliche Vertreter** des Beschuldigten darf er ebenfalls informieren, vorausgesetzt, Zivil- und Strafverfahren weisen eine Schnittmenge und eine gleiche Stoßrichtung auf (Dahs Handbuch des Strafverteidigers, Rn 276). Nicht zulässig ist es, der **Presse** einen Aktenauszug zu überlassen oder sie auf sonstige Weise über den Akteninhalt zu informieren (Löwe/Rosenberg/Lüderssen/Jahn StPO § 147 Rn 129). 21

Wenngleich die Weitergabe von Aktenkopien an **Mitverteidiger** aus verfahrensökonomischen Gründen sinnvoll sein kann, sollte der Verteidiger diesen Schritt unbedingt **vorab** 22 mit der Staatsanwaltschaft oder dem Vorsitzenden abstimmen (Dahs Handbuch des Strafverteidigers, Rn 276). Es mag ermittlungstaktische Gründe geben, die aus Sicht der Justizbehörden für einen differenzierten Umgang mit Akteneinsichtsgesuchen verschiedener Verteidiger sprechen. Deren originäre Entscheidungskompetenz sollte der im Besitz der Akte befindliche Verteidiger nicht unterlaufen, was bspw durch die Weitergabe von Aktenkopien an einen Mitverteidiger geschehen würde, dem nach § 147 Abs 2 S 1 StPO Akteneinsicht versagt wurde. Eine **Verpflichtung zur Verschwiegenheit** im Zusammenhang mit VS-Akten kann dem Verteidiger nicht auferlegt werden (KG StV 1997, 624)

23 Bei der Weitergabe von Aktenkopien an den Beschuldigten ist dort eine Grenze zu ziehen, wo Informationen ausschließlich dem Zweck dienen, den Untersuchungszweck des Verfahrens zu gefährden. Dass der Beschuldigte aufgrund der ihm überlassenen Informationen die Möglichkeit hat, Verdunklungsmaßnahmen zu ergreifen, macht die Weitergabe an ihn nicht unzulässig (Meyer-Goßner StPO § 147 Rn 21).

X. Mitgabe der Akten in die Geschäftsräume oder die Wohnung

24 Solange keine wichtigen Gründe entgegenstehen, sind die Akten dem Verteidiger **auf Antrag** in seine Geschäftsräume oder Wohnung mitzugeben (Löwe/Rosenberg/Lüderssen/Jahn StPO § 147 Rn 141; **aM** BGH NStZ 2000, 46; Meyer-Goßner StPO § 147 Rn 28). Hierüber entscheidet im Ermittlungsverfahren die Staatsanwaltschaft, ansonsten der Vorsitzende. Besteht ein Anspruch auf Überlassung, muss das Gericht die Akten an einen auswärtigen Verteidiger senden oder sie der Geschäftsstelle seines Wohnsitzgerichts zuleiten (Löwe/Rosenberg/Lüderssen/Jahn StPO § 147 Rn 141; **aA** OLG Stuttgart OLG Frankfurt NStZ 1981, 191; NJW 1979, 559, 560). Ungeachtet dessen, dürften „wichtige Gründe" nur unter engen Voraussetzungen zu bejahen sein, da sie das Interesse an sachgerechter Verteidigung durch effektive Akteneinsicht überwiegen müssen (Löwe/Rosenberg/Lüderssen/Jahn StPO § 147 Rn 145 mwN). Dass staatsanwaltschaftliche Ermittlungen durch die Weggabe der Akten verzögert werden können, ist durch die Erstellung von sog **Duplo-Akten** und nicht die Versagung von Aktenzusendung zu vermeiden.

B. Zuständigkeit

25 Über einen Antrag auf Akteneinsicht entscheidet im **Ermittlungsverfahren** die Staatsanwaltschaft (§ 147 Abs 5 S 1 StPO). Das ist auch dann der Fall, wenn die Akten sich bei Gericht befinden (OLG Hamm NStZ 1982, 348). Die Zuständigkeit geht **nach Anklageerhebung** auf den Vorsitzenden des mit der Sache befassten Spruchkörpers über (§ 147 Abs 5 S 1 StPO). Sobald das Verfahren rechtskräftig abgeschlossen ist, ist wiederum die Staatsanwaltschaft zuständig (§ 147 Abs 5 S 1 StPO). Kommt es zur **Einlegung von Rechtsmitteln** und sind die Akten bereits an das Rechtsmittelgericht versandt, entscheidet dessen Vorsitzender über die Akteneinsicht. Bis dahin ist der Antrag an den Vorsitzenden des Gerichtes zu richten, das das angefochtene Urteil gefällt hat.

C. Anfechtung

I. Staatsanwaltschaftliche Entscheidungen

26 Verweigert die Staatsanwaltschaft Akteneinsicht, kann der Verteidiger nach Abs 5 S 2 eine **gerichtliche Entscheidung** herbeiführen. Allerdings benennt Abs 5 S 2 lediglich drei Fälle, in denen dies möglich sein soll:

- Versagung, obwohl der Abschluss der Ermittlungen in den Akten vermerkt worden ist
- Versagung, obwohl es sich um privilegierte Urkunden im Sinne von Abs 3 handelt
- sowie Versagung, obwohl der Beschuldigte sich nicht auf freiem Fuß befindet.

Die wohl herrschende Meinung lehnt eine **analoge Anwendung** von Abs 5 S 2 auf andere Fälle (also zB die Versagung im vorbereitenden Verfahren) ab und verweist unter anderem auf die Möglichkeit einer Dienstaufsichtsbeschwerde (Meyer-Goßner StPO § 147 Rn 40) oder Gegenvorstellung (LG Neubrandenburg NStZ 2008, 655). Ein Antrag gem § 23 EGVGV sei nicht zulässig (Meyer-Goßner StPO § 147 Rn 40). Zur Gewährleistung effektiven und einheitlichen Rechtsschutzes reicht es jedoch nicht aus, im Wege der Dienstaufsichtsbeschwerde vorgehen oder den Antrag auf Akteneinsicht nach Anklageerhebung wiederholen zu können (SK-StPO/Wohlers StPO § 147 Rn 112 mwN).

Die Zuständigkeit des Beschwerdegerichts wurde anlässlich des 2. OpferrechtsreformG 27 (29. 7. 2009 BGBl I 2280) neu geregelt (vgl zu den Einzelheiten die Begründung des Gesetzesentwurfes, BT-Drs 16/12098, 21). Bislang verwies Abs 5 S 2 auf die Bestimmungen des § 161 Abs 3 S 2 bis 4 StPO. Diese Bestimmungen entfallen jedoch aufgrund einer Neuregelung des § 161 a Abs 3 StPO und werden durch einen Verweis auf § 162 StPO ersetzt. Entsprechend wird künftig auch für die gerichtliche Entscheidung über die Versagung der Akteneinsicht durch die Staatsanwaltschaft auf § 162 StPO verwiesen. Zuständig ist demnach gem § 162 Abs 1 S 1 StPO das Amtsgericht, in dessen Bezirk die Staatsanwaltschaft ihren Sitz hat. Nach wie vor gelten für das Verfahren, in dem der Antrag auf gerichtliche Entscheidung beschieden wird, die allgemeinen Bestimmungen der § 297 StPO bis § 300 StPO und des § 302 StPO sowie die Vorschriften für das Beschwerdeverfahren der § 306 StPO bis § 309 StPO und des § 311 a StPO. Der entsprechende Verweis findet sich nun in dem in Abs 5 neu eingefügten S 3. Dieser verweist zudem auf die ebenfalls durch das 2. OpferrechtsreformG neu eingefügte Kostentragungsregelung des § 473 a StPO.

Eine wichtige Änderung zieht das 2. OpferrechtsreformG auch bei der **Anfechtbarkeit** 27 a der die Versagung der Akteneinsicht bestätigenden gerichtlichen Entscheidung nach sich. Diese Entscheidung war nach bisheriger Rechtslage aufgrund des in Abs 5 S 2 enthaltenen Verweises auf § 161 a Abs 3 S 4 StPO unanfechtbar. Nach Wegfall dieses Verweises kann gegen die gerichtliche Entscheidung nunmehr Beschwerde eingelegt werden (s BT-Drs 16/12098, 21).

Nach vorzugswürdiger Ansicht war der Rechtsweg des § 161 a Abs 2 S 2 bis S 4 StPO 28 auch dann eröffnet, wenn die Staatsanwaltschaft einen Antrag auf Akteneinsicht zurückweist, der nach Einstellung des Verfahrens gem § 170 Abs 2 StPO oder § 154 StPO gestellt wurde (SK-StPO/Wohlers StPO § 147 Rn 118; aA Löwe/Rosenberg/Lüderssen/Jahn StPO § 147 Rn 164, die § 23 EGGVG für einschlägig erachten). Dies muss auch nach der Neuregelung der Anfechtungsmöglichkeiten (Rn 27) mit dem nunmehrigen Rechtsweg nach § 162 StPO gelten. Die überwiegende Auffassung hält hier nur eine Dienstaufsichtsbeschwerde für zulässig und begründet dies mit einem Umkehrschluss aus § 147 Abs 5 S 2 StPO (Meyer-Goßner StPO § 147 Rn 40).

II. Richterliche Entscheidungen

Die **Beschwerde** ist gegen alle Entscheidungen des Vorsitzenden zulässig, die das Akten- 29 einsichtsrecht verkürzen. Richtet sich die Beschwerde ausschließlich gegen die Modalitäten der Akteneinsicht, die ein OLG-Vorsitzender festgelegt hat, soll sie wegen des eng auszulegenden § 304 Abs 4 S 2 Nr 4 StPO unzulässig sein (BGHSt 27, 244, 245). Diese Rechtsfolge tritt nach § 304 Abs 4 S 1 StPO auch dann ein, wenn die Beschwerde Akteneinsichtsentscheidungen angreift, die ein Senatsvorsitzender des BGH erlassen hat.

D. Revision

Entscheidet der Vorsitzende **vor der Hauptverhandlung** auf Basis von § 147 StPO, 30 kommt § 336 S 1 StPO zur Anwendung. Fällt er seine Entscheidung **in der Hauptverhandlung**, kann die Verteidigung unzulässig beschränkt worden sein, so dass § 147 StPO oder § 338 Nr 8 StPO eingreifen können (Löwe/Rosenberg/Lüderssen/Jahn StPO § 147 Rn 172 ff). Ein Gerichtsbeschluss ist nicht notwendig, da der Vorsitzende über die Akteneinsicht entscheidet (vgl SK-StPO/Wohlers StPO § 147 Rn 123).

§ 148 [Verkehr mit dem Beschuldigten]

(1) Dem Beschuldigten ist, auch wenn er sich nicht auf freiem Fuß befindet, schriftlicher und mündlicher Verkehr mit dem Verteidiger gestattet.

(2) ¹Ist ein nicht auf freiem Fuß befindlicher Beschuldigter einer Tat nach § 129 a, auch in Verbindung mit § 129 b Abs. 1, des Strafgesetzbuches dringend verdächtig,

soll das Gericht anordnen, dass im Verkehr mit Verteidigern Schriftstücke und andere Gegenstände zurückzuweisen sind, sofern sich der Absender nicht damit einverstanden erklärt, dass sie zunächst dem nach § 148a zuständigen Gericht vorgelegt werden. ²Besteht kein Haftbefehl wegen einer Straftat nach § 129a, auch in Verbindung mit § 129b Abs. 1, des Strafgesetzbuches, trifft die Entscheidung das Gericht, das für den Erlass eines Haftbefehls zuständig wäre. ³Ist der schriftliche Verkehr nach Satz 1 zu überwachen, sind für Gespräche mit Verteidigern Vorrichtungen vorzusehen, die die Übergabe von Schriftstücken und anderen Gegenständen ausschließen.

Überblick

Effektive Verteidigung setzt ungestörte Kommunikation zwischen Verteidiger und Mandant voraus. Sobald der Beschuldigte mit staatlicher Kommunikationsüberwachung rechnen muss, steht dies einer unbefangenen und offenen Informationsweitergabe an den Verteidiger im Wege. Essentiell ist weiterhin, dass er jederzeit mit seinem Verteidiger Kontakt aufnehmen kann und insoweit keinen unsachgerechten zeitlichen Beschränkungen unterliegt. Die Vorschrift gibt dem Verteidiger ein eigenes Recht auf unkontrollierten Verkehr mit seinem inhaftieren Mandanten. Die in den Zeiten der „Terroristengesetzgebung" in das Gesetz aufgenommenen Beschränkungen sind erfreulicherweise kaum wirksam geworden.

Übersicht

	Rn		Rn
A. Personeller Geltungsbereich	1	B. Kontroll- und Überwachungsverbote in Terrorismusverfahren	15
I. Verteidiger	1	I. Trennscheiben	18
II. Beschuldigter (auch der nicht auf freiem Fuß befindliche)	4	II. Durchsuchungen	19
III. Schriftliche Kommunikation	5	III. Rechtsschutz	20
IV. Beschlagnahme von Schriftstücken	10		
V. Mündliche Kommunikation	11		

A. Personeller Geltungsbereich

I. Verteidiger

1   Die Vorschrift gilt nur für Verteidiger, die im Rahmen eines **wirksamen Verteidigungsverhältnisses** handeln. Ein solches entsteht grundsätzlich erst durch Erteilung und Annahme des Mandats (§ 137 StPO Rn 5 ff) sowie durch Bestellung (§ 141 StPO Rn 1 ff). Es kommt insoweit allein auf die Begründung des Mandatsverhältnisses an. Die Anzeige der Verteidigung nach außen hin oder die Vorlage einer schriftlichen Vollmacht sind für das Eingreifen des Schutzbereichs des § 148 StPO nicht erforderlich (vgl Meyer-Lohkamp/Venn StraFo 2009, 265, 267). Erhält der designierte Verteidiger eine Besuchserlaubnis, um im persönlichen Gespräch die Übernahme der Verteidigung prüfen zu können, sind Überwachungsmaßnahmen bereits unzulässig (s auch Schmitz NJW 2009, 40). Der Beschuldigte kann die Bitte an einen Rechtsanwalt, ihn zu verteidigen, ebenfalls frei kommunizieren. Umstritten ist, ob die Kommunikation auch in so genannten **Anbahnungsfällen** geschützt wird (ablehnend Meyer-Goßner StPO § 148 Rn 4). Dafür spricht, dass auch der noch unmandatierte Rechtsanwalt ein Organ der Rechtspflege ist und man insofern darauf vertrauen darf, dass er seine Stellung nicht zu verfahrensfremden Zwecken missbrauchen wird. Zudem hat auch und gerade der noch nicht vertretene Beschuldigte ein schützenswertes, unabweisbares Bedürfnis, sich seinem erwünschten Verteidiger mit Ausführungen über seine Straftat anzuvertrauen (OLG Düsseldorf StV 1984, 106). Insbesondere in komplexeren Fällen muss der Beschuldigte die Möglichkeit haben, einen Verteidiger seines Vertrauens wählen zu können. Erst wenn aufgrund der Frequenz und Anzahl der vermeintlichen Anbahnungsgespräche offensichtlich wird, dass es dem Beschuldigten nicht um die Auswahl eines Ver-

teidigers geht, wird man Überwachungsmaßnahmen in Betracht ziehen dürfen (**aA** Meyer-Goßner StPO § 148 Rn 4, der Missbrauch befürchtet und eine Gestattung durch einen Richter verlangt). Der Schutz des § 148 StPO endet erst bei vollständiger Beendigung des Mandats. Mit der Kündigung ist das **Verteidigerverhältnis** zwar **beendet**, aber noch nicht erloschen. Solange kein neuer Verteidiger bestellt ist, dürfen Briefe des Verteidigers an seinen ehemaligen Mandanten nicht angehalten oder geöffnet werden (AG Koblenz StV 2006, 65).

Befindet sich der Beschuldigte in Haft, muss der Verteidiger das Verteidigungsverhältnis gegenüber dem Anstaltspersonal durch **Vorlage der Vollmacht** nachweisen. Bei dienstleistenden europäischen Rechtsanwälten eines anderen EG-Mitgliedsstaates (vgl dazu § 138 StPO Rn 2) ist zu beachten, dass § 30 EuRAG ihnen den Verkehr mit dem Beschuldigten grundsätzlich nur in Begleitung eines Einvernehmensanwalts gestattet.

Rechtsanwälte, die den Beschuldigten **in sonstigen Rechtsangelegenheiten** besuchen, 2 werden vom Schutzbereich der Vorschrift nicht erfasst. Anders ist es bei **ausländischen Verteidigern**, die den Inhaftierten anlässlich eines ausländischen Strafverfahrens aufsuchen (vgl OLG Celle StV 2003, 62, 63; Wessing wistra 2007, 62, 63).

Daraus, dass § 148 StPO an ein Verteidigungsverhältnis anknüpft, folgt, dass der Verteidi- 3 ger keine Unterlagen aus der Vollzugsanstalt herausbringen bzw. in diese hereinbringen darf, die **verteidigungsfremde Belange** des Beschuldigten betreffen (SK-StPO/Wohlers StPO § 148 Rn 9). Der absolute Kommunikationsschutz gilt nur für das Verteidigungsverhältnis. So darf der auch zivilrechtlich tätige Verteidiger seine zivilrechtliche Kommunikation nicht mit der Verteidigerpost vermischen. Eine Unsitte ist es, wenn Rechtsanwälte sich nur formal als Verteidiger bestellen, um unter dem Schirm des § 148 StPO rein zivilrechtlich tätig zu werden. Ebenfalls nicht dem Schutz des § 148 StPO unterliegen Straftaten, die der Verteidiger bei Gelegenheit der Verteidigung begeht. Daher ist die Beschlagnahme und Verwertung von Beweismitteln zulässig, wenn der Verteidiger selbst Beschuldigter ist; im **Strafverfahren gegen den Verteidiger** selbst gilt § 148 StPO nicht. (BGH NJW 2009, 2690 = NStZ 2009, 517: Beschlagnahme eines im Haftraum des Mandanten befindlichen Schreibens des Verteidigers, das eine Beleidigung des Vorsitzenden enthält; dazu auch Ruhmannseder NJW 2009, 2647 ff). Im Verfahren gegen den Mandanten bleibt das aus der Beschlagnahme im Verfahren gegen den Verteidiger erlangte Wissen hingegen unverwertbar (BGH NJW 2009, 2690, 2691).

II. Beschuldigter (auch der nicht auf freiem Fuß befindliche)

Abs 1 stellt klar, dass auch der Beschuldigte, der sich nicht auf freiem Fuß befindet, ein 4 Recht auf freien schriftlichen und mündlichen Verkehr mit seinem Verteidiger hat. Dabei ist unerheblich, an welchem Ort er inhaftiert ist. Die Vorschrift gilt auch für Strafgefangene, die in einem neuen Strafverfahren, in Wiederaufnahmeverfahren, Vollstreckungs- oder Strafvollzugssachen sowie Gnadenverfahren vertreten werden.

III. Schriftliche Kommunikation

Weder Umfang noch Inhalt des **Schriftverkehrs**, den der Beschuldigte mit seinem 5 Verteidiger führt, dürfen beschränkt bzw. kontrolliert werden. Eine Ausnahme statuiert Abs 2. Schriftverkehr bezieht sich nicht nur auf Briefe, sondern auch auf Telefaxe, Pakete und sonstiges Schriftgut.

Der Beschuldigte erhält Schreiben, die sein Verteidiger als **Verteidigerpost** gekennzeich- 6 net hat, ungeöffnet. Das gilt auch dann, wenn sich die Verteidigerpost in Paketen befindet, deren sonstiger Inhalt kontrolliert werden darf. Schriftverkehr, der nicht die Verteidigung betrifft, darf nicht als Verteidigerpost bezeichnet werden. Hierauf sollte genauestens geachtet werden, da andernfalls Kontrollmaßnahmen drohen. Grundsätzlich erfolgt eine Kontrolle, ob es sich um Verteidigerpost handelt, nach **äußeren Merkmalen** wie Vollmacht, Kennzeichnung als Verteidigerpost, Absenderidentität (LG Tübingen NStZ 2008, 653, 655, mwN; vgl Meyer-Goßner StPO § 148 Rn 7).

Eine **Briefkontrolle** darf nur zur Klärung der Frage durchgeführt werden, ob es sich nach 7 äußeren Kennzeichen tatsächlich um Korrespondenz zwischen Mandant und Verteidiger handelt. Ist das der Fall, muss der Schriftverkehr ohne inhaltliche Kontrolle weitergeleitet werden.

8   Der **Insolvenzverwalter** darf auch Verteidigerpost einsehen. Eine Postkontrolle führt zu einem Verwertungsverbot nach § 97 InsO.
9   **Eigene Verteidigungsunterlagen** darf der Verteidiger dem Beschuldigten ohne Kontrolle und ohne besondere Erlaubnis übergeben (BGHSt 26, 304). Auch noch nicht abgesandte Mitteilungen des Beschuldigten an den Verteidiger unterfallen dem in § 148 StPO geschützten Grundsatz des freien Verkehrs zwischen dem Beschuldigten und seinem Verteidiger (OLG München NStZ 2006, 300, 301). **Schreiben Dritter** unterliegen hingegen selbst dann der richterlichen Briefkontrolle, wenn sie der Verteidigung dienen (BGHSt 26, 304, 308).

IV. Beschlagnahme von Schriftstücken

10 Die **Beschlagnahme von Schriftstücken**, die Verteidiger und Mandant ausgetauscht haben und die sich jeweils in ihrem Besitz befinden, ist nach § 148 StPO unzulässig (LG Bonn Beschl v 27. 3. 2002 – Az 37 Qs 91/01). Allenfalls dann, wenn gewichtige Anhaltspunkte dafür vorliegen, dass der Verteidiger an der dem Beschuldigten zur Last gelegten Tat mitgewirkt hat, ist eine Beschlagnahme der Verteidigerpost gerechtfertigt. § 148 StPO findet auch dann keine Anwendung, wenn sich Beschuldigter und Verteidiger aus anderem Anlass in Verbindung setzen (BGH NJW 1973, 2035 ff). Der Grundsatz der lediglich nach äußeren Merkmalen durchzuführenden Kontrolle wird dann eingeschränkt, wenn „gewichtige äußere Anzeichen" bestehen, dass die Bezeichnung „Verteidigerpost" missbräuchlich verwendet wird (dazu LG Tübingen NStZ 2008, 653, 655).

V. Mündliche Kommunikation

11 **Mündliche Kommunikation** zwischen Verteidiger und inhaftiertem Mandanten erfolgt in der Regel im Rahmen **von Anstaltsbesuchen**, die – abgesehen von Abs 2 – keiner Überwachung unterliegen. Der Besuch darf weder akustisch noch optisch überwacht werden. Wenngleich der Verteidiger seinen Mandanten grundsätzlich so lange und so oft besuchen darf, wie er will, so hat er doch die **Besuchszeiten der Justizvollzugsanstalt** zu beachten (OLG Hamm NStZ 1985, 432). Ein Verstoß gegen Abs 1 liegt erst dann vor, wenn die Festlegung der Besuchszeiten den Verteidigerverkehr wesentlich erschwert. Die Anstalt muss die Besuchszeiten so organisieren, dass diese ihren Möglichkeiten entsprechen. In dringenden Fällen hat der Verteidiger darauf hinzuwirken, dass er eine Sonderbesuchserlaubnis erhält. Die Vollzugsanstalt muss geeignete organisatorische Maßnahmen treffen (zB einen Raum zur Verfügung stellen), dass der Gefangene Gespräche mit gewöhnlicher Lautstärke führen kann, ohne dass ein Mithören möglich ist (vgl SK-StPO/Wohlers StPO § 148 Rn 37). Wenn die mündliche Kommunikation des inhaftierten Beschuldigten nicht angemessen gewährleistet werden kann, hat der Beschuldigte einen Anspruch auf die Benutzung der Telekommunikationseinrichtungen der Anstalt (BGH StV 1999, 39; **aA** Meyer-Goßner § 148 Rn 16). Erlaubt die Anstalt ein Ferngespräch zwischen Verteidiger und Gefangenem, darf dieses nicht durch Mithören überwacht werden (dazu BVerfG NJW 2007, 2749). Ein Kostenerstattungsanspruch ergibt sich jedoch nicht aus § 148 StPO (KG NStZ 1996, 383, 384).
12 **Arbeitshilfen**, die unmittelbar für die effektive Durchführung des Besuchs notwendig sind, darf der Verteidiger mit in die Vollzugsanstalt nehmen. Dazu gehören unter anderem: ein Laptop (ohne Netzwerkkarte und Zusatzgeräte, BGH NJW 2004, 45), ein Diktiergerät und Verteidigungsunterlagen. Letztere dürfen unüberwacht eingeführt werden.
13 Auch **die Kommunikation über Telefon** unterfällt dem Schutz des § 148 Abs 1 StPO (vgl BGHSt 33, 347; SK-StPO/Wohlers StPO § 148 Rn 32). Gleichwohl hatte das Bundesverfassungsgericht mehrfach über Verfassungsbeschwerden zu entscheiden, die **Abhörmaßnahmen gegen Strafverteidiger** betrafen (BVerfG v 4. 7. 2006 – Az 2 BvR 950/05; v 18. 4. 2007 – Az 2 BvR 2094/05; v 30. 4. 2007 – Az 2 BvR 2151/06). Da diese Entscheidungen zentrale Ausführungen zur Bedeutung der Strafverteidigung und zum Verhältnis zwischen Mandant und Verteidiger enthalten, soll eine besonders wichtige Passage im Wortlaut wiedergegeben werden (BVerfG v 18. 4. 2007- Az 2 BvR 2094/05):
14 „Es ist nicht von vorneherein und in jedem Fall unstatthaft, den Fernsprechanschluss eines Rechtsanwalts, der sich als Strafverteidiger betätigt, nach Maßgabe des § 100 a StPO überwachen zu lassen, die von ihm geführten Gespräche aufzunehmen und deren Inhalt im Straf-

verfahren zu verwerten (vgl BVerfGE 30, 1, 32 f; BGHSt 33, 347, 348). Allerdings ist die Überwachung des Telefonanschlusses eines Strafverteidigers nicht nur einfach-rechtlich, sondern auch von Verfassungs wegen unstatthaft, wenn sie – wie hier – auf die Überwachung der Kommunikation mit seinem einer Katalogtat beschuldigten Mandanten abzielt. Eine derartige Abhörmaßnahme stünde in unlösbarem Widerspruch zur Rechtsgarantie des unüberwachten mündlichen Verkehrs zwischen dem Strafverteidiger und dem Beschuldigten aus § 148 StPO. Diese Vorschrift ist Ausdruck der Rechtsgarantie, die der Gewährleistung einer wirksamen Strafverteidigung dient, indem sie die Vertrauensbeziehung zwischen dem Verteidiger und dem Beschuldigten nach außen abschirmt und gegen Eingriffe schützt (vgl BGHSt 33, 347, 349 mwN). Dem unüberwachten mündlichen Verkehr zwischen dem Strafverteidiger und seinem Mandanten kommt auch die zur Wahrung der Menschenwürde wichtige Funktion zu, darauf hinwirken zu können, dass der Beschuldigte nicht zum bloßen Objekt im Strafverfahren wird (vgl BVerfGE 109, 279, 322, 329)."

B. Kontroll- und Überwachungsverbote in Terrorismusverfahren

Abs 2 schränkt die Verteidigungsrechte in rechtsstaatlich bedenklicher Weise ein (zur Entstehungsgeschichte Löwe/Rosenberg/Lüderssen/Jahn StPO § 148 Rn 22 ff). § 129 a StGB, auf den die Vorschrift Bezug nimmt, ist eine weitgehend konturlose Vorschrift (vgl BGH NStZ 2008, 146), die eine Vielzahl politischer Aktivisten der Gefahr aussetzt, unverhältnismäßig in der Kommunikation mit ihrem Verteidiger eingeschränkt zu werden.

Abs 2 gilt auch im Strafvollzug (§ 29 Abs 1 S 2 StVollzG), kann aber sonst **nicht analog** angewandt werden. Es handelt sich insoweit um eine **abschließende Regelung** (BGHSt 30, 38, 41). Abs 2 ist durch das Untersuchungshaftrechtsänderungsgesetz (29. 7. 2009, BGBl I 2274) neu gefasst worden.

Überwachungsmaßnahmen auf Basis von Abs 2 setzen **dringenden Tatverdacht** für die Begehung einer Straftat nach § 129 a StGB voraus. Nicht erforderlich ist, dass der Beschuldigte sich gerade wegen dieses Verdachts in Haft befindet (Meyer-Goßner StPO § 148 Rn 18). Abs 2 ist auch dann anwendbar, wenn eine Tat im Sinne von § 129 a StGB in Idealkonkurrenz mit anderen Straftaten steht, die das Schwergewicht der Untersuchung bilden. Eine Überwachung ist ferner bei Unterbrechung der Untersuchungshaft zur Strafvollstreckung (§ 122 StVollzG) sowie bei Strafhaft zulässig (Celle NJW 1980, 1118).

Die Überwachung nach Abs 2 bedarf nach der Neufassung der Vorschrift generell einer richterlichen Anordnung (vgl BT-Drs 16/11644, 34).

Der Verteidiger und sein Mandant müssen sich damit einverstanden erklären, dass von ihnen versendete Schriftstücke zunächst einem Richter vorgelegt werden, wollen sie eine Zustellung derselben erreichen. Andernfalls werden ihre Sendungen zurückgewiesen.

I. Trennscheiben

Die Verwendung von Trennscheiben bei Verteidigerbesuchen ist grundsätzlich unzulässig. § 148 Abs 2 S 3 StPO stellt die einzige Ausnahme dar (BGH NStZ 1981, 236). Um die Übergabe von Gegenständen während eines Verteidigerbesuchs zu verhindern, ist der Besprechungsraum mit einer entsprechenden technischen Vorrichtung („Trennschreibe") auszustatten. Voraussetzung ist, dass auch der Schriftverkehr nach Abs 2 S 1 zu überwachen ist. Eine Trennscheibenanordnung kann nicht mit der Sicherheit und Ordnung der Justizvollzugsanstalt begründet werden (OLG Nürnberg StV 2001, 39). Ergänzende optische Überwachungsmaßnahmen legitimiert Abs 2 S 3 nicht. § 4 Abs 2 S 2 StVollzG ist neben der Spezialvorschrift des Abs 3 grundsätzlich nicht anwendbar. Eine Ausnahme besteht, wenn der konkreten, anderweitig nicht ausschließbaren Gefahr zu begegnen ist, dass ein Strafgefangener seinen Verteidiger zur Freipressung als Geisel nimmt (BGH NJW 2004, 1398).

II. Durchsuchungen

Unterlagen, die der Verteidiger bei sich trägt, dürfen nicht inhaltlich überprüft werden. Es kann jedoch gerechtfertigt sein, den Verteidiger auf Gegenstände, die nicht der Verteidigung dienen (Waffen, Betäubungsmittel oder Ausbruchswerkzeuge) hin zu durchsuchen.

III. Rechtsschutz

20   Gegen Entscheidungen des Haftrichters ist die allgemeine Beschwerde nach § 304 Abs 1 StPO zulässig. Führt die JVA konkrete Einzelmaßnahmen durch, können der Gefangene und sein Verteidiger die Entscheidung des Haftrichters herbeiführen. Wer allgemeine Organisationsmaßnahmen der JVA angreifen will, muss den Rechtsweg des § 23 EGGVG beschreiten (OLG Karlsruhe NStZ 1997, 407). Wegen § 304 Abs 4 und Abs 5 StPO sind Entscheidungen, die der **Ermittlungsrichter** des BGH oder OLG im Rahmen von Abs 2 fällt, nicht mit der Beschwerde angreifbar.

§ 148 a [Durchführung von Überwachungsmaßnahmen]

(1) ¹Für die Durchführung von Überwachungsmaßnahmen nach § 148 Abs. 2 ist der Richter bei dem Amtsgericht zuständig, in dessen Bezirk die Vollzugsanstalt liegt. ²Ist eine Anzeige nach § 138 des Strafgesetzbuches zu erstatten, so sind Schriftstücke oder andere Gegenstände, aus denen sich die Verpflichtung zur Anzeige ergibt, vorläufig in Verwahrung zu nehmen; die Vorschriften über die Beschlagnahme bleiben unberührt.

(2) ¹Der Richter, der mit Überwachungsmaßnahmen betraut ist, darf mit dem Gegenstand der Untersuchung weder befaßt sein noch befaßt werden. ²Der Richter hat über Kenntnisse, die er bei der Überwachung erlangt, Verschwiegenheit zu bewahren; § 138 des Strafgesetzbuches bleibt unberührt.

Überblick

Die Vorschrift regelt die Durchführung der Kontrolle des Schriftverkehrs des einer Tat nach § 129 a StGB Beschuldigten mit seinem Verteidiger. In Abs 1 S 2 wird die Durchbrechung des in § 148 StPO statuierten Prinzips der unüberwachten und ungehinderten Kommunikation zwischen Verteidiger und Mandant näher ausgestaltet.

A. Zuständigkeit

1   Als Überwachungsrichter zuständig ist der **Richter des Amtsgerichts**, in dessen **Bezirk** sich die **Vollzugsanstalt** befindet; dabei ist – im Sinne einer möglichst schnellen Durchführung notwendiger Überwachungsmaßnahmen – der Ort entscheidend, an dem die Haft **tatsächlich vollzogen** wird. Der Überwachungsrichter ist innerhalb der Geschäftsverteilung (§ 21 e Abs 1 GVG) vom Präsidium zu bestellen. Da er sich nicht mit dem Gegenstand der Untersuchung befassen darf, ist ihm eine Prüfung der materiellen Voraussetzungen seiner Zuständigkeit verwehrt; er kann nur seine **örtliche Zuständigkeit** prüfen (Löwe/Rosenberg/Lüderssen/Jahn StPO § 148 a Rn 3).

B. Gegenstand und Inhalt der Überwachung/ Anzeigepflicht des Überwachungsrichters

2   Der Überwachungsrichter liest die **Schriftstücke** und betrachtet die **Gegenstände**, die ihm mit Einverständnis des Absenders vorgelegt werden und entscheidet dann über ihre **Weiterbeförderung** oder **Zurückweisung**. Ergibt sich der Verdacht einer der in § 138 StGB genannten Straftaten, so hat er die betreffenden Schriftstücke und Gegenstände vorläufig in **Beschlag** zu nehmen und bei der StA **Anzeige** zu erstatten. Die in Beschlag genommenen Gegenstände hat er zu verwahren. Werden diese dann beschlagnahmt – die Befugnis zur Anordnung der Beschlagnahme liegt ausschließlich bei dem für das Verfahren sachlich zuständigen Richter – gibt er sie an das mit der Sache befasste Gericht oder die StA heraus.

3   Fraglich ist, ob der Überwachungsrichter sämtliche Schriftstücke und Gegenstände zurückzuweisen hat, die **verteidigungsfremden Zwecken** dienen. Manche sehen den Überwachungsrichter nur dann in der Pflicht, wenn eine Anzeige wegen einer Straftat nach § 138

StGB zu erstatten ist (so LG Köln NJW 1979, 1173; Löwe/Rosenberg/Lüderssen/Jahn StPO § 148 a Rn 5). Zur Begründung wird insbes auf den Wortlaut der Norm verwiesen. Andere meinen, er sei auch dann zur Zurückweisung verpflichtet, wenn der Schriftverkehr sonst wie verteidigungsfremden Zwecken dient (OLG Hamburg NJW 1979, 1724; LG Baden-Baden NStZ 1982, 81; Meyer-Goßner StPO § 148 a Rn 3). Indes wird der Überwachungsrichter auf Grund seiner beschränkten Einsicht in das Verfahren oft gar nicht in der Lage sein, dies sachgerecht zu beurteilen. Daher wollen auch die Vertreter der letztgenannten Ansicht seine Zurückweisungspflicht auf Fälle eindeutigen Missbrauchs beschränken (LG Regensburg StV 1988, 538; LG Frankfurt/M StV 1995, 645 f). Diese Korrekturversuche machen deutlich, dass diese Ansicht eben nicht nur den Wortlaut der Norm gegen sich hat, sondern auch eine schwer vorhersehbare und uneinheitliche Rechtsanwendung heraufbeschwört. Sie ist daher abzulehnen. Einigkeit herrscht schließlich darüber, dass eine Zurückweisung solcher Sendungen geboten ist, welche die **Sicherheit der Haftanstalt** gefährden können (vgl nur OLG Stuttgart NStZ 1983, 384).

Liegen die Zurückweisung der Sendung rechtfertigende Gründe nicht vor, sind Schriftstücke oder Gegenstände zur Weiterleitung freizugeben. Beanstandet der Richter ein Schriftstück, hat er den Absender durch einen – ggf mündlich – zu begründenden **Beschluss** zu bescheiden. Liegt kein Fall einer Straftat nach § 138 StGB vor, so hat er dem Absender das Schriftstück zurückzugeben. Verweigert der Absender die Rücknahme, muss der Richter das Schriftstück in **Verwahrung** nehmen und nach Beendigung der Haft an den Verhafteten weiterleiten. 4

C. Ausschluss des Überwachungsrichters

Die Tätigkeit als Überwachungsrichter ist mit einer späteren Mitwirkung im Verfahren als erkennender Richter, StA oder Ermittlungsperson **unvereinbar** (Abs 2 S 1) und zwar auch dann, wenn das Verfahren allein gegen andere an der Tat (§ 264 StPO) beteiligte Personen geführt wird. Auch als Verteidiger ist der Überwachungsrichter nach ganz herrschender Meinung ausgeschlossen – jedenfalls soweit er aus seiner Tätigkeit Erkenntnisse gewonnen hat, die andere an der Tat beteiligte Beschuldigte betreffen (SK-StPO/Wohlers StPO § 148 a Rn 17 mwN). 5

D. Verschwiegenheitspflicht des Überwachungsrichters

Abs 2 S 2 Hs 1 verpflichtet den Richter zur **vollständigen Verschwiegenheit** über alle in Zusammenhang mit der Überwachung gewonnenen Erkenntnisse. Dies gilt gegenüber jedermann, auch gegenüber dem mit der Sache befassten Gericht oder der StA, wenn nicht die Voraussetzungen des § 138 StGB vorliegen. Zur Zeugnisverweigerung ist der Richter nicht nur berechtigt, sondern verpflichtet. Rückschlüsse auf die Kommunikation zwischen Verteidiger und Beschuldigtem ergeben sich auch aus der Zahl der Sendungen, der Zeit der Vorlegung, ihrer Art sowie aus den sonstigen Umständen des technischen Vorgangs der Vorlegung. Der Überwachungsrichter und seine Gehilfen sind daher auch insoweit zur Verschwiegenheit verpflichtet (SK-StPO/Wohlers StPO § 148 a Rn 14; **aA** Meyer-Goßner StPO § 148 a Rn 10). 6

E. Rechtsschutz

Gegen die Durchführung der Überwachungsmaßnahmen des Richters beim Amtsgericht können der Beschuldigte und sein Verteidiger **Beschwerde** nach § 304 Abs 1 StPO einlegen. Über sie entscheidet das Landgericht. 7

Wirkt ein ausgeschlossener Richter an der Hauptverhandlung mit, begründet dies die **Revision** nach **§ 338 Nr 2 StPO**. Die Verwertung von unter Verletzung der Schweigepflicht offenbarten Kenntnissen als Urteilsgrundlage kann mit der **Revision** nach **§ 337 StPO** gerügt werden. Gleiches gilt, wenn im Fall einer Anzeige wegen einer in § 138 StGB aufgeführten Tat die Staatsanwaltschaft Kenntnis vom Verteidigungskonzept erlangt, das Verfahren aber eingestellt worden ist (Löwe/Rosenberg/Lüderssen/Jahn StPO § 148 a Rn 22; SK-StPO/Wohlers StPO § 148 a Rn 22). 8

§ 149 [Zulassung von Beiständen]

(1) ¹Der Ehegatte oder Lebenspartner eines Angeklagten ist in der Hauptverhandlung als Beistand zuzulassen und auf sein Verlangen zu hören. ²Zeit und Ort der Hauptverhandlung sollen ihm rechtzeitig mitgeteilt werden.

(2) Dasselbe gilt von dem gesetzlichen Vertreter eines Angeklagten.

(3) Im Vorverfahren unterliegt die Zulassung solcher Beistände dem richterlichen Ermessen.

Überblick

Trotz der Stellung der Vorschrift im Abschnitt „Verteidigung", handelt es sich beim Beistand nicht um einen Verteidiger. Er fungiert vielmehr auf Grund seiner engen persönlichen Beziehung zum Beschuldigten als dessen (natürlicher) Fürsprecher.

A. Personeller Geltungsbereich

1   Berechtigt, als Beistand zugelassen zu werden, sind **Ehegatten** und **Lebenspartner** (§ 149 Abs 1 StPO; § 1 LPartG) sowie **gesetzliche Vertreter** (§ 149 Abs 2 StPO). Der **Betreuer** gem §§ 1896 BGB ff scheidet als Beistand aus, da eine Betreuung, insbesondere, wenn sie ohne Einwilligungsvorbehalt eingerichtet ist, nicht zur Geschäftsunfähigkeit des Betreuten führt und der Betreuer keinen gesetzlichen Vertreter darstellt (BGH NStZ 2008, 524, 525 = StraFo 2008, 296; **aA** KG v 21. 1. 2005 – Az (5) 1 Ss 475/04 (73/04)). Die Ehe oder Lebenspartnerschaft müssen zum Zeitpunkt des Zulassungsverlangens noch bestehen.

B. Verfahren

2   Die Zulassung als Beistand erfolgt ausschließlich auf **Antrag** (RGSt 41, 348; Löwe/Rosenberg/Lüderssen/Jahn StPO § 149 Rn 17). Antragsberechtigt sind nur potenzielle Beistände, nicht aber der Beschuldigte selbst. Teilweise wird gefordert, dem Beschuldigten ein solches Antragsrecht zuzugestehen (SK-StPO/Wohlers StPO § 149 Rn 6). Im Hauptverfahren besteht ein Rechtsanspruch auf Zulassung eines Beistands (Meyer-Goßner § 149 Rn 2). Im Vorverfahren entscheidet entsprechend § 141 Abs 4 StPO der Vorsitzende des für das Hauptverfahren zulässigen Gerichts (Meyer-Goßner § 149 Rn 2) nach pflichtgemäßem Ermessen über die Zulassung eines Beistands.

3   Es besteht Einigkeit, dass eine **Zustimmung des Beschuldigten** zur Zulassung seines gesetzlichen Vertreters als Beistand nicht erforderlich ist. Umstritten ist hingegen, ob dies auch bei der Zulassung des Ehegatten gilt. Richtigerweise wird man ein solches Einverständnis des Beschuldigten verlangen müssen (so auch Löwe/Rosenberg/Lüderssen/Jahn StPO StPO § 149 Rn 4; SK-StPO/Wohlers StPO § 149 Rn 7; **aA** Meyer-Goßner StPO § 149 Rn 1). Andernfalls könnte in den Fällen zerrütteter Ehen oder Lebenspartnerschaften ein sich als Beistand aufdrängender Ehegatte für den Beschuldigten zu einer zusätzlichen Belastung werden.

C. Rechte des Beistands

4   Das Recht des Beistands beschränkt sich auf die **Beratung** des Angeklagten und die **Stellungnahme** zur Sache. Dies beinhaltet das Fragerecht gem § 240 Abs 2 StPO (BGHSt 47, 62, 64; Löwe/Rosenberg/Lüderssen/Jahn StPO § 149 Rn 6; **aA** BayObLG NJW 1998, 1655). Zudem ist der Beistand auf sein Verlangen immer dann zu hören, wenn auch der Angeklagte sich äußern darf. Darüber hinausgehende prozessuale Rechte des Angeklagten kann er nicht wahrnehmen (anders als der Beistand im Jugendstrafverfahren, vgl § 69 JGG); so fehlt ihm etwa die Berechtigung, Rechtmittel einzulegen. Ein ununterbrochenes Anwesenheitsrecht steht ihm nicht zu; dieses kann etwa aus den Gründen des § 247 StPO (BGHSt 47, 62, 65 f) oder dann eingeschränkt werden, wenn der Beistand später als Zeuge vernommen werden soll. Schließlich ist auch § 148 StPO nicht auf den Beistand anwendbar. Die unzulässige Zurückweisung des Ehegatten als Beistand kann den **Grundsatz des rechtlichen Gehörs** verletzen (OLG Köln VRS 79, 53).

Dementsprechend hat ein nach § 149 StPO zugelassener (Ehegatten)Beistand auch keinen Anspruch gegenüber der Staatskasse auf Erstattung von Reisekosten oder sonstigen Aufwendungen (LG Oldenburg BeckRS 2007, 10814). **4.1**

D. Benachrichtigung von der Hauptverhandlung

Der Beistand soll nach § 149 Abs 1 S 2 StPO so rechtzeitig benachrichtigt werden, dass er in der Lage ist, in der Hauptverhandlung zu erscheinen. Förmlich geladen zu werden braucht er nicht. **5**

E. Rechtsschutz

Antragsteller und Beschuldigter können gegen die Ablehnung und den Widerruf der Zulassung **Beschwerde** nach § 304 Abs 1 StPO einlegen, StA und Beschuldigter auch gegen die Zulassung. Die Ablehnung des Zulassungsantrags und die verspätete Zulassung können einen **relativen Revisionsgrund** (§ 337 StPO) darstellen. § 338 Nr 5 StPO ist nicht anwendbar, da die Anwesenheit des Beistands nicht gesetzlich vorgeschrieben ist. Für Beschwerden gegen Entscheidungen des Überwachungsrichters nach § 148a Abs 1 S 1 StPO ist das Landgericht zuständig (BayObLG MDR 1990, 652). **6**

§ 150 (weggefallen)

Zweites Buch. Verfahren im ersten Rechtszug (§§ 151-295)

Erster Abschnitt. Öffentliche Klage (§§ 151-157)

§ 151 [Anklagegrundsatz]

Die Eröffnung einer gerichtlichen Untersuchung ist durch die Erhebung einer Klage bedingt.

Mit diesem etwas kompliziert ausgedrückten Satz wird das **Akkusationsprinzip**, also der Anklagegrundsatz, der gerichtlichen Untersuchung zugrunde gelegt. Nur aufgrund einer Anklage wird überhaupt erst die Zuständigkeit des Gerichts begründet. Das Gericht kann also nicht von sich aus tätig werden. Wo kein Kläger, da kein Richter. Die Anklageschrift umgrenzt zugleich den Umfang der Untersuchung, vgl § 155 StPO. **1**

Öffentliche **Klage** kann die Staatsanwaltschaft erheben durch Einreichung einer Anklageschrift (§ 170 Abs 1 StPO), im Strafbefehlsverfahren durch den Antrag auf Erlass eines Strafbefehls (§ 407 Abs 1 S 4 StPO) oder im beschleunigten Verfahren durch Einreichung einer Anklageschrift oder mündlich in der Hauptverhandlung (§ 417 StPO). Im Sicherungsverfahren steht der Antrag der öffentlichen Klage gleich (vgl § 414 Abs 2 StPO). Die Erhebung der Privatklage ist in § 381 StPO geregelt. Zum vereinfachten Jugendverfahren vgl §§ 76 JGG ff. Zur Nachtragsanklage vgl § 266 StPO. **2**

Mit Erhebung und Eingang der Klage bei Gericht ist die Sache bei Gericht **anhängig** (hM; **aA** Roxin § 38 Rn 9). Das hat eine Reihe von Zuständigkeitsverlagerungen zur Folge: Für Entscheidungen im Rahmen der Untersuchungshaft ist nunmehr das mit der Sache befasste Gericht zuständig (§ 126 Abs 2 StPO), die Staatsanwaltschaft kann auch nicht mehr durch bloßen Antrag die Aufhebung eines Haftbefehls und die Freilassung des Beschuldigten erreichen (vgl § 120 Abs 3 StPO). Für richterliche Untersuchungshandlungen ist nicht mehr der Ermittlungsrichter nach § 162 StPO zuständig (BGHSt 27, 253). Das Gericht kann zur besseren Aufklärung der Sache einzelne Beweiserhebungen beantragen (§ 202 S 1 StPO). Zuständig für die Erteilung von Akteneinsicht ist nunmehr der Vorsitzende des mit der Sache befassten Gerichts (§ 147 Abs 5 S 1 StPO). Mit der Klageerhebung wird die Verjährung unterbrochen (§ 78 c Nr 6 StGB). **3**

4   **Rechtshängigkeit** tritt erst mit dem förmlichen Eröffnungsbeschluss nach § 203 StPO ein. Bis zu diesem Zeitpunkt kann die Klage zurückgenommen werden (vgl § 156 StPO).

§ 152 [Anklagebehörde, Legalitätsgrundsatz]

(1) Zur Erhebung der öffentlichen Klage ist die Staatsanwaltschaft berufen.

(2) Sie ist, soweit nicht gesetzlich ein anderes bestimmt ist, verpflichtet, wegen aller verfolgbaren Straftaten einzuschreiten, sofern zureichende tatsächliche Anhaltspunkte vorliegen.

1   Mit § 152 StPO wird das Offizialprinzip und das Legalitätsprinzip ausgeformt.
    Mit Abs 1 wird das **Offizialprinzip** dem deutschen Strafprozess zugrunde gelegt. Nicht der einzelne Bürger, sondern der Staat und hier die Staatsanwaltschaft ist mit Ausnahme der Privatklage (§§ 374 StPO ff) allein zuständig für die Erhebung der öffentlichen Klage. In Steuerstrafverfahren kann die Finanzbehörde die öffentliche Klage in Form des Strafbefehlsantrags selbständig und ohne Mitwirkung der Staatsanwaltschaft erheben (§ 400 AO); allerdings kann die Staatsanwaltschaft das Steuerstrafverfahren vorab jederzeit an sich ziehen (§ 386 Abs 4 S 2 AO).

2   Das in Abs 2 formulierte **Legalitätsprinzip** zwingt die Staatsanwaltschaft (und über § 163 StPO auch die Polizei) zur Verfolgung, wenn zureichende tatsächliche Anhaltspunkte (also ein Anfangsverdacht) vorliegen. **Private Kenntnisse** müssen zur Anzeige kommen, wenn eine Abwägung zwischen dem öffentlichen Interesse an der Straftatverhinderung bzw. Straftatverfolgung und dem privaten Interesse des Beamten am Schutz seiner Privatsphäre angesichts der Schwere der Straftat ein Überwiegen des öffentlichen Interesses ergibt (vgl nur BVerfG NJW 2003, 1030 mwN; aA Volk § 8 Rn 11; näher bei § 160 StPO).

2.1 Die Staatsanwaltschaft ist nicht verpflichtet darüber Auskunft zu geben, ob eine bestimmte Handlung strafbar ist oder nicht.

3   Das **Opportunitätsprinzip** ist dazu eine notwendige Ergänzung: Die Staatsanwaltschaft darf unter bestimmten Voraussetzungen „abschichten" und kann trotz an sich bestehender Verfolgungsvoraussetzungen von der Verfolgung absehen.

4   Der **Anfangsverdacht** muss sich auf zureichende tatsächliche Anhaltspunkte, das heißt auf konkrete Tatsachen stützen, die dafür sprechen, dass gerade der zu untersuchende Lebenssachverhalt eine Straftat enthält (vgl BGH NStZ 1994, 499 mwN). Bloße, nicht durch konkrete Umstände belegte Vermutungen oder reine denktheoretische Möglichkeiten reichen nicht aus.

4.1 Der Begriff der „konkreten Tatsachen" unterscheidet sich von dem der „bestimmten Tatsachen" beispielsweise in § 100 a S 2 StPO (vgl dazu BVerfG NJW 2007, 2752: „Das Tatbestandsmerkmal" bestimmte Tatsachen" in § 100 a S 2 StPO erfordert, dass die Verdachtsgründe über vage Anhaltspunkte und bloße Vermutungen hinausreichen müssen. Bloßes Gerede, nicht überprüfte Gerüchte und Vermutungen reichen nicht."). Der durch bestimmte Tatsachen begründete Verdacht unterliegt höheren Anforderungen als der bloße Anfangsverdacht (BVerfG NJW 2004, 999, 1012).

5   Bei der Beantwortung der Frage, ob zureichende tatsächliche Anhaltspunkte vorliegen, die einen Anfangsverdacht begründen, steht den Ermittlungsbehörden ein **Beurteilungsspielraum** zu (vgl BVerfG NJW 1984, 1451, 1452; BGHSt 37, 48, 51). Nutzen die Ermittlungsbehörden diesen Beurteilungsspielraum missbräuchlich aus, kann dies den Grundsatz des fairen Verfahrens gemäß Art 6 Abs 1 S 1 MRK verletzen (BGH NStZ 2005, 519; Meyer-Goßner StPO § 152 Rn 4 aE).

5.1 Ein Verstoß gegen Art 6 Abs 1 S 1 MRK kann darin liegen, dass ein Steuerstrafverfahren wegen Hinterziehung von Veranlagungssteuern erst nach Abschluss der Veranlagungsarbeiten eingeleitet wird, obwohl bereits zeitlich früher zureichende tatsächliche Anhaltspunkte für eine Steuerverkürzung vorlagen und mit dem Zuwarten allein erreicht werden soll, dass der Beschuldigte wegen einer vollendeten Tat und nicht wegen einer versuchten Steuerhinterziehung verfolgt werden kann, weil mit Einleitung des Ermittlungsverfahrens die Strafbarkeit wegen Nichtabgabe der Steuererklärung entfällt (BGHR AO § 393 Abs 1 Erklärungspflicht 3).

Öffentliche Klage § 152 a StPO

Um abklären zu können, ob auf Grund der bestehenden tatsächlichen Anhaltspunkte die Einleitung eines Ermittlungsverfahrens angezeigt ist, können **Vorermittlungen** angestellt werden. 6

Davon zu unterscheiden sind **Vorfeldermittlungen**, die dazu dienen, überhaupt erst Anhaltspunkte zu gewinnen. Sie sind nach der StPO unzulässig (vgl ausführlich Meyer-Goßner StPO § 152 Rn 4 a). Die immer aktueller werdende Frage, ob Erkenntnisse der Sicherheitsbehörden aus Vorfeldermittlungen im Strafverfahren als Beweismittel verwertet werden dürfen, ist weiterhin offen (vgl Weßlau FS Hilger, 2003, 72). 6.1

Zu der Prüfung der tatsächlichen Anhaltspunkte kommt eine **rechtliche Bewertung**. Die Staatsanwaltschaft muss gestützt auf die konkreten Tatsachen prüfen, ob der Sachverhalt überhaupt unter ein Strafgesetz fällt bzw von ihr zu verfolgen ist. Sie ist dabei an die Rechtsauffassung der Gerichte gebunden, wenn diese Rechtsprechung einheitlich ist oder von Obergerichten vertreten wird (Volk § 12 Rn 5). 7

Wenn der Täter noch nicht namentlich bekannt ist, kann das Ermittlungsverfahren **gegen Unbekannt** geführt werden. 8

Das Legalitätsprinzip zwingt die Staatsanwaltschaft zum Einschreiten. Allerdings kann sie den **Zeitpunkt eines Tätigwerdens** hinausschieben. Einen Anspruch eines Straftäters darauf, dass die Ermittlungsbehörden so frühzeitig einschreiten, dass seine Taten verhindert werden, gibt es nicht (vgl BGH Beschl v 15. 8. 2007 – Az 1 StR 335/07; BVerfG Beschl v 4. 12. 2003 – Az 2 BvR 328/03 zu BGH NStZ-RR 2003, 172). Legitimes Motiv für ein Zuwarten kann die Prozessökonomie oder Ermittlungstaktik sein, beispielsweise um die Hintermänner ausfindig zu machen. 9

§ 152 a [Strafverfolgung von Abgeordneten]

Landesgesetzliche Vorschriften über die Voraussetzungen, unter denen gegen Mitglieder eines Organs der Gesetzgebung eine Strafverfolgung eingeleitet oder fortgesetzt werden kann, sind auch für die anderen Länder der Bundesrepublik Deutschland und den Bund wirksam.

Überblick

Mit § 152 a StPO werden Immunitätsregelungen der einzelnen Bundesländer auf alle anderen Bundesländer und den Bund übertragen. So wird den Abgeordneten eine zunächst grundsätzlich umfassende Unverfolgbarkeit eingeräumt.

A. Begrifflichkeiten

Die **Immunität** (Art 46 Abs 2 GG) schützt den Abgeordneten nicht selbst vor Strafe (im Gegensatz zur Indemnität), sondern soll die Arbeitsfähigkeit des Parlaments sicherstellen. Die Immunität kann daher vom jeweiligen Parlament aufgehoben werden. Es handelt sich also um ein zeitlich auf die Dauer des Mandats **begrenztes Verfahrenshindernis**. 1

Zur Aufhebung der Immunität eines Abgeordneten („Pofalla") s BVerfG NJW 2002, 1111. 1.1

Die **Indemnität** (Art 46 Abs 1 GG) bezieht sich auf Abstimmungen oder Äußerungen im Parlament. Sie schließt eine Verfolgung grundsätzlich aus und stellt einen auch nach Beendigung des Mandats fortdauernden **Strafausschließungsgrund** dar. 2

B. Verfahrenshindernis

Die Immunität begründet ein begrenztes Verfahrenshindernis. Es **beginnt** regelmäßig mit der Annahme der Wahl beim Wahlleiter. Es **endet** mit der Genehmigung der Strafverfolgung durch das Parlament oder mit dem Ende des Mandats (BGH NStZ 1992, 94). 3

So genannte **mitgebrachte Strafverfahren** müssen ausgesetzt werden (vgl Meyer-Goßner StPO § 152 a Rn 10). 3.1

Beukelmann

4   Die Immunität schützt das **Parlament**. Ein subjektives Recht des Abgeordneten gegenüber dem Parlament auf den Fortbestand oder die Aufhebung der Immunität gibt es nicht (BVerfG NJW 2002, 1111). Er hat keinen Anspruch auf rechtliches Gehör (Meyer-Goßner StPO § 152a Rn 3).

5   **Ordnungswidrigkeitenverfahren** fallen nicht unter die Immunitätsvorschriften.

6   Gegen **Tatbeteiligte**, die keine Immunität genießen, kann das Strafverfahren durchgeführt werden. Der Abgeordnete darf als Zeuge vernommen werden und bei ihm unter Beachtung von § 93 Abs 3, Abs 4 StPO nach § 103 StPO durchsucht werden.

C. Immunitätsvorschriften

7   Gemäß § 6 Abs 2 EGStPO bleiben **landesgesetzliche Vorschriften** über die Voraussetzungen, unter denen gegen Mitglieder eines Organs der Gesetzgebung eine Strafverfolgung eingeleitet oder fortgesetzt werden kann, unberührt.

7.1   Die einzelnen landesgesetzlichen Vorschriften finden sich bei KK-StPO/Schoreit StPO § 152a Rn 5 f.

8   Für **Bundestagsabgeordnete** findet sich eine entsprechende Regelung in Art 46 GG.

9   Die Immunität der Mitglieder des **Europäischen Parlaments** bestimmt sich nach Art 9, Art 10 des Protokolls über die Vorrechte und Befreiungen der EG vom 8. 4. 1965 (BGBl 1965 II 1453, 1482).

9.1   Vgl Kreicker Die strafrechtliche Indemnität und Immunität der Mitglieder des Europäischen Parlaments GA 2004, 643.

D. Prozedere

10   Sehr detaillierte **Richtlinien** finden sich in Nr 191 RiStBV ff. Sie stützen sich auf Anlage 6 der Geschäftsordnung des Deutschen Bundestags (http://www.bundestag.de/parlament/funktion/gesetze/go_btg/anlage6.html), auf die Erläuterungen des Immunitätsausschusses des Deutschen Bundestags (http://www.bundestag.de/ausschuesse/a01/immunitaetsrecht.pdf) und ein Rundschreiben des Bundesinnenministeriums (http://www.verwaltungsvorschriften-im-internet.de/bsvwvbund_10011983_PII56401809.htm).

11   Der Deutsche Bundestag hat bis zum Ablauf dieser Wahlperiode die Durchführung von Ermittlungsverfahren gegen Mitglieder des Bundestages wegen Straftaten **allgemein genehmigt**, es sei denn, dass es sich um Beleidigungen (§ 185 StGB, § 186 StGB, § 187a Abs 1 StGB, § 188 Abs 1 StGB) politischen Charakters handelt. Diese Genehmigung umfasst aber ua nicht die Erhebung öffentlicher Klage (vgl Nr 2 der Anlage 6 sowie Nr 192a Abs 2 lit a RiStBV).

12   Allerdings sind **nicht alle Maßnahmen genehmigungspflichtig** (vgl dazu auch Nr 191 Abs 3 RiStBV). So bestimmt Art 46 Abs 2 GG, dass es keiner Genehmigung bedarf, wenn der Abgeordnete bei Begehung der Tat (vgl § 127 StPO) oder im Laufe des folgenden Tages festgenommen wird. Das Parlament kann gemäß Art 46 Abs 4 GG die Aussetzung des Verfahrens verlangen.

E. Ruhen der Verjährung

13   § 78b Abs 2 StGB sieht ein **Ruhen der Verjährung** vor, wenn und solange ein Verfahrenshindernis besteht. Die Verjährung beginnt erst mit Ablauf des Tages zu ruhen, an dem die Staatsanwaltschaft oder eine Behörde oder ein Beamter des Polizeidienstes von der Tat und der Person des Täters Kenntnis erlangt oder eine Strafanzeige oder ein Strafantrag gegen den Täter angebracht wird.

§ 153 [Absehen von Verfolgung wegen Geringfügigkeit]

(1) ¹Hat das Verfahren ein Vergehen zum Gegenstand, so kann die Staatsanwaltschaft mit Zustimmung des für die Eröffnung des Hauptverfahrens zuständigen

Gerichts von der Verfolgung absehen, wenn die Schuld des Täters als gering anzusehen wäre und kein öffentliches Interesse an der Verfolgung besteht. ²Der Zustimmung des Gerichts bedarf es nicht bei einem Vergehen, das nicht mit einer im Mindestmaß erhöhten Strafe bedroht ist und bei dem die durch die Tat verursachten Folgen gering sind.

(2) ¹Ist die Klage bereits erhoben, so kann das Gericht in jeder Lage des Verfahrens unter den Voraussetzungen des Absatzes 1 mit Zustimmung der Staatsanwaltschaft und des Angeschuldigten das Verfahren einstellen. ²Der Zustimmung des Angeschuldigten bedarf es nicht, wenn die Hauptverhandlung aus den § 205 angeführten Gründen nicht durchgeführt werden kann oder in den Fällen des § 231 Abs. 2 und der §§ 232 und 233 in seiner Abwesenheit durchgeführt wird. ³Die Entscheidung ergeht durch Beschluß. ⁴Der Beschluß ist nicht anfechtbar.

Überblick

Die Vorschrift ist zusammen mit § 153 a StPO eine der in der Praxis wichtigsten Vorschriften zur diversiven Einstellung des Verfahrens. Sie zielt auf eine vereinfachte Erledigung im Bereich der Bagatellkriminalität ab. Sie sieht entweder eine Einstellung durch die Staatsanwaltschaft mit Zustimmung des Gerichts (Abs 1 S 1) bzw ohne Zustimmung des Gerichts (Abs 1 S 2) oder nach Anklageerhebung eine Einstellung durch das Gericht mit Zustimmung der Staatsanwaltschaft und des Angeschuldigten (Abs 2) vor.

Übersicht

	Rn		Rn
A. Allgemeines	1	E. Rechtsbehelfe	48
B. Einstellung durch die Staatsanwaltschaft	4	F. Verfahrenskosten und Entschädigung	50
I. Zustimmung des Gerichts	5	G. Parallelvorschriften	54
II. Geringe Schuld	12	I. Ordnungswidrigkeitenverfahren	54
III. Kein öffentliches Interesse	20	II. Privatklageverfahren	55
IV. Vergehen	23	III. Jugendstrafverfahren	56
V. Prozedere	24	IV. Steuerstrafsachen	57
C. Einstellung durch das Gericht	30	V. Betäubungsmittelverfahren	59
D. Wirkung	40	VI. Sonstiges	60

A. Allgemeines

Das **Opportunitätsprinzip** gestattet es den Strafverfolgungsbehörden, die Ermittlungen abzubrechen und das Verfahren einzustellen. Es ist eine Ausnahme zum Legalitätsprinzip. Die Einstellung steht nicht im freien Belieben der Strafverfolgungsbehörden, sondern unterliegt trotz eines Beurteilungsspielraums („kann") engen Voraussetzungen. 1

Eine Einstellung nach § 153 StPO lässt die verfassungsrechtlich garantierte **Unschuldsvermutung** (Art 6 Abs 2 EMRK) unberührt. Denn Feststellungen zur Schuld des Angeklagten zu treffen und Schuld auszusprechen, ist den Strafgerichten erst gestattet, wenn die Schuld des Angeklagten in dem mit rechtsstaatlichen Verteidigungsgarantien ausgestatteten, bis zum prozessordnungsgemäßen Abschluss durchgeführten Strafverfahren nachgewiesen ist (BVerfG Beschl v 17. 11. 2005 – Az 2 BvR 878/05; vgl BVerfGE 74, 358, 372; BVerfGE 82, 106, 116). Wenn also ein Strafverfahren zuvor eingestellt wird, fehlt es an der prozessordnungsgemäßen Grundlage für eine Erkenntnis zur Schuld. Dies gilt umso mehr, als der Beschuldigte sich gegen die Einstellung nach § 153 Abs 1 StPO nicht wehren kann (s unten) und es für eine Zustimmung zur Verfahrenseinstellung nach § 153 Abs 2 StPO vielfältige Gründe geben kann (beispielsweise der Wunsch, den Belastungen eines Ermittlungsverfahrens schnellst möglich zu entrinnen). 2

2.1 Die Einstellung nach § 153 StPO bewirkt aber nicht zwingend die Rechtswidrigkeit der Anordnung der Duldung erkennungsdienstlicher Maßnahmen zu präventiv-polizeilichen Zwecken (OVG Greifswald BeckRS 2009, 35201; OVG Lüneburg BeckRS 2008, 41174).

3 Im Jahre 2006 wurden in Deutschland von insgesamt 4.876.989 erledigten Verfahren 451.035 Verfahren gem § 153 Abs 1 StPO eingestellt.

3.1 Eine detaillierte Statistik findet sich auf den Internetseiten des Statistischen Bundesamts in der Fachserie 10 Reihe 2.6 „Rechtspflege – Staatsanwaltschaften" (http://www.destatis.de). Am schnellsten zu finden unter „Profisuche" und „Artikelnummer": 2100260067004.

B. Einstellung durch die Staatsanwaltschaft

4 Gem § 153 Abs 1 S 1 StPO kann die Staatsanwaltschaft mit Zustimmung des für die Eröffnung des Hauptverfahrens zuständigen Gerichts von der Verfolgung absehen, wenn die Schuld des Täters als gering anzusehen wäre, kein öffentliches Interesse an der Verfolgung besteht und das Verfahren ein Vergehen zum Gegenstand hat.

I. Zustimmung des Gerichts

5 Die Einstellung muss **mit Zustimmung des für die Eröffnung des Hauptverfahrens zuständigen Gerichts** erfolgen, außer wenn das Vergehen nicht mit einer im Mindestmaß erhöhten Strafe bedroht ist und wenn die durch die Tat verursachten Folgen gering sind (§ 153 Abs 1 S 2 StPO).

6 Der **Zustimmung bedarf es also nicht**, wenn der Strafrahmen bei der Mindeststrafe beginnt (§ 38 StGB, § 40 StGB) und wenn die Tatfolgen gering sind. Bei Vermögensdelikten wird die Grenze bei 50 EUR gezogen (Meyer-Goßner StPO § 153 Rn 17; Volk § 12 Rn 18).

6.1 Bei bloßen Strafzumessungsregeln wie in § 243 StGB bleibt § 153 Abs 1 S 2 StPO anwendbar.

7 Wenn das angerufene Gericht sich für nicht zuständig hält, erlässt es einen **Unzuständigkeitsbeschluss**. Dieser kann mit der Beschwerde nach § 304 StPO angefochten werden (LG Itzehoe StV 1993, 537).

8 Nimmt die Staatsanwaltschaft **irrig** an, dass die Zustimmung des Gerichts nicht erforderlich ist, so ist die Einstellung dennoch wirksam.

9 Die Staatsanwaltschaft kann in Grenzfällen „**vorsorglich**" die Zustimmung des Gerichts einholen. Wenn das Gericht seine Mitwirkung für nicht notwendig erachtet, gibt es die Akten wieder mit einem entsprechenden Vermerk an die Staatsanwaltschaft zurück (Meyer-Goßner StPO § 153 Rn 18; **aA** Löwe/Rosenberg/Beulke StPO § 153 Rn 54).

10 Wenn das Gericht seine **Zustimmung verweigert**, kann die Staatsanwaltschaft bei Änderung der Sachlage und weiterhin angenommenem gerichtlichem Zustimmungserfordernis einen erneuten Anlauf bei Gericht machen oder bei Bejahung des öffentlichen Interesses durch das Gericht eine Verfahrenseinstellung nach § 153 a StPO prüfen.

11 Die Zustimmung des Gerichts ist nur eine **interne Prozesserklärung** (Volk § 12 Rn 18).

II. Geringe Schuld

12 Nach ganz **hM** ist die **Schuld gering**, wenn sie im Vergleich mit Vergehen gleicher Art nicht unerheblich unter dem Durchschnitt liegt (Meyer-Goßner StPO § 153 Rn 4; Löwe/Rosenberg/Beulke StPO § 153 Rn 24). Rieß zieht einen Vergleich zu minder schweren Fällen (NStZ 1981, 2, 8). Eine Strafe muss im untersten Bereich einer etwaigen möglichen Strafe liegen. Die Vergleichsbasis ist damit nicht der Straftatbestand im Allgemeinen (also beispielsweise § 242 StGB), sondern das Delikt als solches (Vergehen gleicher Art, also beispielsweise der Ladendiebstahl oder der unrechtmäßige Musikdownload). Letztlich bilden sich damit in der Praxis Wertgrenzen.

13 Die geringe Schuld des Täters muss nicht feststehen, sondern unterliegt einer **Prognose**. Die Staatsanwaltschaft hat den Sachverhalt, so wie er sich im jeweiligen Verfahrensstadium abzeichnet, daraufhin zu prüfen, ob die Schuld des Angeklagten gering wäre, wenn die Feststellungen in einer Hauptverhandlung diesem Bild entsprächen (BVerfG Beschl v 17. 11. 2005 – Az 2 BvR 878/05). Es geht also um eine hypothetische Schuldbeurteilung (BVerfG NJW 1990, 2741).

Wenn die Tat **nicht strafbar oder nicht verfolgbar** ist, ist das Verfahren gem § 170 Abs 2 StPO einzustellen. 14

> Vgl aber OLG Stuttgart NStZ 2002, 448. 14.1

Daraus ergibt sich ein **Grenzbereich**, in dem die Strafsache nicht weiter aufgeklärt zu werden braucht, als es für die Prognose nötig ist, auch wenn zu erwarten ist, dass womöglich das Verfahren nach § 170 Abs 2 StPO eingestellt werden könnte (Meyer-Goßner StPO § 153 Rn 3; Löwe/Rosenberg/Beulke StPO § 153 Rn 35 f). Dem Beschuldigten ist das nicht immer vermittelbar. 15

In welchen Fällen die Schuld gering ist, ist eine **Frage des Einzelfalls**. Für die Beantwortung kann auf die Strafzumessungskriterien (§ 46 Abs 1 S 1, Abs 2 StGB) Bezug genommen werden. Sie hängt also von der Art der Tatausführung, den verschuldeten Auswirkungen der Tat oder dem Maß der Pflichtwidrigkeit ab (Meyer-Goßner StPO § 153 Rn 4). 16

Die Rechtsprechung des BGH, wonach bei einer **rechtsstaatswidrigen Verfahrensverzögerung** auch die Einstellung nach § 153 StPO, § 153 a StPO geboten sein kann (vgl nur BGH NStZ 1988, 283), ist in diesem Umfang nach der neuen Rechtsprechung („Vollstreckungsmodell", BGH NJW 2008, 860) nicht mehr aufrecht zu halten. Vielmehr kommt nunmehr nur noch in Extremfällen eine Einstellung nach § 153 StPO in Betracht, nämlich dann, wenn das gebotene Maß der Kompensation die schuldangemessene (Einzel-)Strafe erreicht oder übersteigt. In allen übrigen Fällen wird von der Rechtsprechung nun mit der Vollstreckungslösung gearbeitet. 17

Eine **Teileinstellung** ist zulässig. 18

> Allerdings ist das nur bei Tatmehrheit möglich. Die Einstellung nach § 153 f StPO bei Tateinheit oder wegen einer von mehreren Gesetzesverletzungen ist in Wirklichkeit ein Fall des § 154 a StPO (Meyer-Goßner StPO § 153 Rn 1 aE). 18.1

Bei **Zusammentreffen von Straftat und Ordnungswidrigkeit** kann die Staatsanwaltschaft nur bezüglich der Straftat einstellen (§ 21 Abs 2 OWiG) und im Übrigen das Verfahren an die Verwaltungsbehörde abgeben (vgl dazu ausführlich BGHSt 42, 385 mwN; Löwe/Rosenberg/Beulke StPO § 153 Rn 16 aE). 19

> Wenn der Betroffene sodann Einspruch gegen den Bußgeldbescheid einlegt und im gerichtlichen Bußgeldverfahren das Gericht eine Straftat bejaht, kann eine vertretbare dogmatische Lösung darin liegen, dass sich die öffentliche Klage der Staatsanwaltschaft nicht auf die Straftat erstreckt (vgl dazu ausführlich Löwe/Rosenberg/Beulke StPO § 153 Rn 17 f). 19.1

III. Kein öffentliches Interesse

Es darf **kein öffentliches Interesse** an der Verfolgung bestehen. Ein solches Interesse kann aus spezialpräventiven oder generalpräventiven Gründen gegeben sein (vgl dazu auch Schäfer/Sander/van Gemmeren Praxis der Strafzumessung Rn 21 f). Letztendlich hat sich hier eine gewisse Kasuistik herausgebildet, die geprägt ist von der Person des Täters (krit Volk § 12 Rn 17), dem Sicherheitsbedürfnis der Allgemeinheit, dem Interesse an der vollständigen Tataufklärung oder von dem Schutz des Verletzten. 20

> Ärztlicher Kunstfehler: BGH NStZ 1999, 312. 20.1

Das öffentliche Interesse kann nicht nur deshalb bejaht werden, weil ein Prominenter beschuldigt ist oder weil „die Tat eine besondere Aufmerksamkeit in der Öffentlichkeit gefunden hat und in den Medien erörtert worden ist" (Löwe/Rosenberg/Beulke StPO § 153 Rn 33). 21

Rein **rechtliche Interessen** (zB Abklären der Gültigkeit oder Reichweite einer Vorschrift) begründen kein legitimes öffentliches Interesse. 22

IV. Vergehen

23 Die Tat muss ein **Vergehen** sein. Gemäß § 12 Abs 2 StGB ist Vergehen eine rechtswidrige Tat, die im Mindestmaß mit weniger als einem Jahr Freiheitsstrafe oder mit Geldstrafe bedroht ist. Die Qualifizierung der Tat nimmt die Staatsanwaltschaft bzw das Gericht vor. Wenn auch nur der Verdacht eines Verbrechens besteht, muss dem nachgegangen werden (Löwe/Rosenberg/Beulke StPO § 153 Rn 9).

23.1 Zur Beurteilung der Tat vgl BGH NJW 2002, 2401 mwN.

V. Prozedere

24 Für die Einstellung nach **§ 153 Abs 1 StPO** bedarf es nicht der Zustimmung des Beschuldigten. Er muss auch nicht gehört werden, wenn die geringe Schuld prognostiziert werden kann (Löwe/Rosenberg/Beulke StPO § 153 Rn 41 mwN). Das kann in der Praxis dazu führen, dass der Beschuldigte noch nicht einmal erfährt, dass gegen ihn Ermittlungen gelaufen sind und diese wieder eingestellt wurden.

25 In der **Einstellungsbegründung** darf die strafrechtliche Relevanz nicht nach Tatbestandsmäßigkeit, Rechtswidrigkeit und Schuld festgestellt, sie darf lediglich unterstellt werden (vgl BVerfG Beschl v 17. 11. 2005 – Az 2 BvR 878/05; BVerfGE 74, 358; BVerfGE 82, 106).

25.1 Eine Ausnahme hiervon besteht, wenn die Einstellung erst nach dem letzten Wort des Angeklagten erfolgt. Das Gericht kann dann die aus seiner Sicht geringe Schuld im Beschluss feststellen (BVerfG NJW 1990, 2741).

26 Der Staatsanwalt tritt bei **Beteiligung einer Behörde oder Körperschaft des öffentlichen Rechts** mit dieser vor Einstellung oder Erteilung einer Zustimmung in Verbindung (Nr 93 RiStBV).

27 Die Zustimmung des **Nebenklägers** ist nicht erforderlich.

28 Der Staatsanwalt erteilt dem Anzeigenden einen mit Gründen versehenen **Bescheid** (Nr 89 Abs 3 RiStBV).

29 Ein **Formular** für die staatsanwaltliche Einstellungsverfügung mit und ohne gerichtliche Zustimmung findet sich bei Vordermayer/v. Heintschel-Heinegg Teil C Rn 85 ff.

C. Einstellung durch das Gericht

30 Mit Anklageerhebung (§ 170 Abs 1 StPO) ist das Gericht für die Einstellung zuständig und zwar das Eröffnungsgericht, im Hauptverfahren das erkennende Gericht des 1. Rechtszugs und nach Rechtsmitteleinlegung das Rechtsmittelgericht bis hin zum rechtskräftigem Abschluss des Verfahrens.

30.1 Mit zulässiger Klagerücknahme (§ 156 StPO) ist wieder die Staatsanwaltschaft nach § 153 Abs 1 StPO zuständig.

31 Staatsanwaltschaft und Angeschuldigter können die Einstellung nur anregen; ein Antragsrecht haben sie nicht. Das Gericht hat aber die eigenständige Pflicht zur Prüfung. Lehnt das Gericht die Einstellung ab, können die Beteiligten diese Entscheidung nicht angreifen (Meyer-Goßner StPO § 153 Rn 35).

32 Es bedarf nun neben der **Zustimmung** der Staatsanwaltschaft auch grundsätzlich (zur Ausnahme vgl Rn 34) der des Angeschuldigten, denn er hat nun das Anrecht auf einen Freispruch oder eine Einstellung wegen eines Verfahrenshindernisses. Durch das staatsanwaltliche Zustimmungserfordernis wird deren Anklagemonopol gewürdigt (BGH NJW 1975, 1829). Verweigert die Staatsanwaltschaft ihre Zustimmung, gibt es hiergegen keinen Rechtsbehelf.

32.1 Vgl LG Neuruppin NJW 2002, 1967 (Meyer-Goßner StPO § 153 Rn 26).

33 Die **Erklärung des Angeschuldigten** ist bedingungsfeindlich.

33.1 **AA** OLG Düsseldorf MDR 1989, 932; LG Neuruppin NJW 2002, 1967; Einstellung ohne Kostentragungspflicht; Löwe/Rosenberg/Beulke StPO § 153 Rn 70.

Öffentliche Klage § 153 StPO

Der Zustimmung des Angeschuldigten bedarf es nicht bei den in **§ 153 Abs 2 S 2 StPO** 34
genannten Fallkonstellationen. Diese Ausnahme gilt auch dann, wenn der anwesende Verteidiger des Ausgebliebenen Angeklagten der Einstellung widerspricht (vgl OLG Düsseldorf MDR 1992, 1174).

Stimmt nur die Staatsanwaltschaft der Verfahrenseinstellung nach § 153 Abs 2 StPO nicht 35
zu, kann der Angeschuldigte seine Zustimmung explizit zurücknehmen. Sie wirkt aber auch nicht fort, weil sich durch den Verfahrensfortgang die Sach- und Rechtslage ändert.

Die Einstellung erfolgt durch **Beschluss** (§ 153 Abs 2 S 3 StPO), der grundsätzlich nicht 36
anfechtbar ist. Die **Unanfechtbarkeit** bezieht sich jedoch allein auf die Ermessensentscheidung. Eine Beschwerde durch Staatsanwaltschaft oder Angeklagten ist dann zulässig, wenn eine prozessuale Voraussetzung für die Einstellung fehlt, etwa dann, wenn das Verfahren ein Verbrechen zum Gegenstand hat oder wenn eine erforderliche Zustimmung nicht erteilt worden ist.

Vgl BGHSt 47, 270 = BGH NJW 2002, 2401; OLG Celle NJW 1966, 1329. 36.1

Der Beschluss muss **nicht begründet** werden. 37

Vgl aber § 47 Abs 2 S 3 JGG. 37.1

Die Zustimmung des **Nebenklägers** ist nicht erforderlich (BGH NStZ 1999, 312). 38
Der **Nebenkläger** hat gem § 400 Abs 2 S 2 StPO kein Anfechtungsrecht. 39

Vgl hierzu BGHSt 47, 270 = BGH NJW 2002, 2401 mwN; BVerfG NJW 1995, 317. 39.1

D. Wirkung

Hat die Staatsanwaltschaft das Verfahren gem. **§ 153 Abs 1 StPO** eingestellt, kann sie es 40
wieder aufnehmen, wenn es dafür sachliche Gründe gibt.

Volk § 12 Rn 20; Löwe/Rosenberg/Beulke StPO § 153 Rn 56 mwN; **aA** Radtke NStZ 1999, 40.1
483, der § 153a Abs 1 S 5 StPO entsprechend anwendet.

Eine entgegenstehende (beschränkte) Rechtskraft gibt es nicht. In der **Praxis** hat es daher 41
auch Vorteile, auf eine Verfahrenseinstellung nach § 153a Abs 1 StPO einzugehen, weil dann ein beschränkter Strafklageverbrauch nach § 153a Abs 1 S 5 StPO eintritt.

Eine gerichtliche Entscheidung nach **§ 153 Abs 2 StPO** führt zu einem **beschränkten** 42
Strafklageverbrauch:

BGHSt 48, 331 = NStZ 2004, 218. 42.1

Nur dann, wenn **neue Tatsachen oder Beweismittel** bekannt werden, die den Verdacht 43
eines Verbrechens entstehen lassen, darf das Verfahren wieder aufgenommen werden. Diese Argumentation zieht einen Erst-Recht-Schluss aus § 153a Abs 1 S 5 StPO: „Wenn sogar für die Einstellung unter einer Auflage die spätere Verfolgung der Tat als Verbrechen noch möglich bleibt, können für die Einstellung nach § 153 StPO, die dem Beschuldigten kein Opfer abverlangt, keine weiteren Anforderungen gelten." (BGHSt 48, 331; Volk § 12 Rn 21). Ob das auch gelten soll, wenn sich der schwerere Vorwurf des Verbrechens nur auf eine andere rechtliche Bewertung stützt – so der BGH –, ist fraglich. Denn während neue Tatsachen eher in die Sphäre des Beschuldigten fallen, liegt eine rechtliche Neubewertung regelmäßig in der Verantwortung der Strafverfolgungsbehörden.

Nach **aA** genügen für die Wiederaufnahme zumindest auch Umstände, die unter einem 44
anderen rechtlichen Gesichtspunkt eine erhöhte Strafbarkeit begründen (Meyer-Goßner StPO § 153 Rn 38).

Zu weitgehend Löwe/Rosenberg/Beulke StPO § 153 Rn 91 mwN, der allein darauf abstellt, ob 44.1
es neue Tatsachen und Beweismittel gibt.

Die Staatsanwaltschaft kann nach der Einstellung nachträglich das **objektive Verfahren** 45
betreiben mit dem Ziel der Einziehung oder dieser gleichstehender Rechtsfolgen (§ 440 StPO, § 442 StPO). Die Verteidigung muss dies bei der Beratung des Mandanten vor Augen haben.

Beukelmann 639

46 Nach Einstellung eines Offizialdelikts gemäß § 153 StPO kann nicht wegen einer damit zusammentreffenden Straftat auf den **Privatklageweg** verwiesen werden (Meyer-Goßner StPO § 153 Rn 5).

47 An die Verfahrenseinstellung knüpfen sich diverse **Mitteilungspflichten** beispielsweise nach der MiStra.

47.1 Vgl im Einzelnen Meyer-Goßner StPO § 153 Rn 41.

E. Rechtsbehelfe

48 Zur **Anfechtbarkeit des gerichtlichen Einstellungsbeschlusses** durch Staatsanwaltschaft oder Angeschuldigten vgl oben Rn 36, zu der des Nebenklägers vgl oben Rn 39.

49 Der **Verletzte** hat nicht die Möglichkeit des Klageerzwingungsverfahrens (§ 172 Abs 2 S 3 StPO), allerdings sind Gegenvorstellung und Dienstaufsichtsbeschwerde zulässig.

F. Verfahrenskosten und Entschädigung

50 Wenn die Staatsanwaltschaft das Verfahren gemäß **§ 153 Abs 1 StPO** einstellt, ergeht keine Kostenentscheidung. Der Beschuldigte muss die ihm entstandenen Kosten selbst tragen.

51 Einzige Ausnahme ist die **Einstellung nach Rücknahme der öffentlichen Klage** (§ 467 a SPO): die notwendigen Auslagen des Angeschuldigten sind der Staatskasse aufzuerlegen.

52 Bei Einstellung des Verfahrens durch das Gericht nach **§ 153 Abs 2 StPO** gilt § 464 StPO iVm § 467 Abs 1 bis Abs 5 StPO (insbesondere Abs 4, vgl. dort). Diese Regelung verstößt nicht gegen die Unschuldsvermutung (Meyer-Goßner StPO Art 6 MRK Rn 15 mwN).

53 Bei **entschädigungsfähigen Strafverfolgungsmaßnahmen** ergeht eine Entscheidung nach § 8 StrEG bzw. § 9 StrEG. Ausgangspunkt für die Entschädigung ist § 3 StrEG. Allerdings sind auch hier §§ 5 StrEG f zu beachten (vgl im Einzelnen Meyer-Goßner StPO § 153 Rn 30).

G. Parallelvorschriften

I. Ordnungswidrigkeitenverfahren

54 In Ordnungswidrigkeitenverfahren gilt ohnehin das Opportunitätsprinzip des § 47 OWiG. Wenn die prozessuale Tat sowohl Straftat als auch Ordnungswidrigkeit ist, wird mit einer Einstellung nach § 153 StPO auch das Bußgeldverfahren umfasst – es sei denn, es wird etwas anderes bestimmt (vgl dazu oben Rn 19).

II. Privatklageverfahren

55 Im Privatklageverfahren gilt § 383 Abs 2 StPO.

III. Jugendstrafverfahren

56 Im Jugendstrafrecht wird § 153 StPO durch § 45 JGG, § 47 JGG verdrängt (Meyer-Goßner StPO § 153 Rn 12).

IV. Steuerstrafsachen

57 In Steuerstrafsachen gelten die § 398 AO, § 399 Abs 1 AO. Die Staatsanwaltschaft hat die Finanzbehörde zu hören (§ 403 Abs 4 AO).

58 Das **zuständige Gericht** ergibt sich aus § 391 Abs 1 S 2 AO.

V. Betäubungsmittelverfahren

59 In Betäubungsmittelverfahren gilt § 31 a BtmG.

VI. Sonstiges

60 Zum DDR-Gesetz über die Schiedsstellen in den Gemeinden vgl Meyer-Goßner StPO § 153 Rn 42.

§ 153 a [Einstellung des Verfahrens bei Erfüllung von Auflagen und Weisungen]

(1) ¹Mit Zustimmung des für die Eröffnung des Hauptverfahrens zuständigen Gerichts und des Beschuldigten kann die Staatsanwaltschaft bei einem Vergehen vorläufig von der Erhebung der öffentlichen Klage absehen und zugleich dem Beschuldigten Auflagen und Weisungen erteilen, wenn diese geeignet sind, das öffentliche Interesse an der Strafverfolgung zu beseitigen, und die Schwere der Schuld nicht entgegensteht. ²Als Auflagen und Weisungen kommen insbesondere in Betracht,
1. zur Wiedergutmachung des durch die Tat verursachten Schadens eine bestimmte Leistung zu erbringen,
2. einen Geldbetrag zugunsten einer gemeinnützigen Einrichtung oder der Staatskasse zu zahlen,
3. sonst gemeinnützige Leistungen zu erbringen,
4. Unterhaltspflichten in einer bestimmten Höhe nachzukommen,
5. sich ernsthaft zu bemühen, einen Ausgleich mit dem Verletzten zu erreichen (Täter-Opfer-Ausgleich) und dabei seine Tat ganz oder zum überwiegenden Teil wieder gut zu machen oder deren Wiedergutmachung zu erstreben, oder
6. an einem Aufbauseminar nach § 2b Abs. 2 Satz 2 oder § 4 Abs. 8 Satz 4 des Straßenverkehrsgesetzes teilzunehmen.

³Zur Erfüllung der Auflagen und Weisungen setzt die Staatsanwaltschaft dem Beschuldigten eine Frist, die in den Fällen des Satzes 2 Nr. 1 bis 3, 5 und 6 höchstens sechs Monate, in den Fällen des Satzes 2 Nr. 4 höchstens ein Jahr beträgt. ⁴Die Staatsanwaltschaft kann Auflagen und Weisungen nachträglich aufheben und die Frist einmal für die Dauer von drei Monaten verlängern; mit Zustimmung des Beschuldigten kann sie auch Auflagen und Weisungen nachträglich auferlegen und ändern. ⁵Erfüllt der Beschuldigte die Auflagen und Weisungen, so kann die Tat nicht mehr als Vergehen verfolgt werden. ⁶Erfüllt der Beschuldigte die Auflagen und Weisungen nicht, so werden Leistungen, die er zu ihrer Erfüllung erbracht hat, nicht erstattet. ⁷§ 153 Abs. 1 Satz 2 gilt in den Fällen des Satzes 2 Nr. 1 bis 5 entsprechend.

(2) ¹Ist die Klage bereits erhoben, so kann das Gericht mit Zustimmung der Staatsanwaltschaft und des Angeschuldigten das Verfahren bis zum Ende der Hauptverhandlung, in der die tatsächlichen Feststellungen letztmals geprüft werden können, vorläufig einstellen und zugleich dem Angeschuldigten die in Absatz 1 Satz 1 und 2 bezeichneten Auflagen und Weisungen erteilen. ²Absatz 1 Satz 3 bis 6 gilt entsprechend. ³Die Entscheidung nach Satz 1 ergeht durch Beschluß. ⁴Der Beschluß ist nicht anfechtbar. ⁵Satz 4 gilt auch für eine Feststellung, daß gemäß Satz 1 erteilte Auflagen und Weisungen erfüllt worden sind.

(3) Während des Laufes der für die Erfüllung der Auflagen und Weisungen gesetzten Frist ruht die Verjährung.

Überblick

§ 153a StPO ist in der Praxis die zentrale Norm für die diversive Einstellung. Sie bietet einerseits dank der Möglichkeit, dem Beschuldigten Auflagen und Weisungen zu machen, und andererseits dank dem die Unschuldsvermutung aufrecht erhaltenden Ausweg für den Beschuldigten aus dem Strafverfahren für alle Seiten einen gewissen Charme.

§ 153a StPO weist vielen Parallelen zu § 153 StPO auf: § 153a Abs 1 StPO sieht die Einstellung durch die Staatsanwaltschaft vor. Nach Erhebung der Klage ist das Gericht zuständig, § 153a Abs 2 StPO. Gegenüber § 153 StPO muss die hypothetische Schuld aber nicht gering sein, sondern darf die Schwere der Schuld dem Absehen von der Erhebung der öffentlichen Klage nur nicht entgegenstehen. Außerdem kann bei § 153a StPO ein bestehendes öffentliches Interesse durch die Erfüllung von Auflagen und Weisungen beseitigt werden. Daraus ergibt sich ein zweistufiges Verfahren. Nach § 153a Abs 3 StPO ruht während der dafür gesetzten Frist die Verjährung.

Übersicht

	Rn		Rn
A. Allgemeines	1	IX. Prozedere	48
B. Einstellung durch die Staatsanwaltschaft	5	X. Wirkung	53
		1. Bedingtes und endgültiges Verfahrenshindernis	53
I. Zustimmung des Gerichts	5	2. Nichterfüllung der Auflagen und Weisungen	59
II. Zustimmung des Beschuldigten	7	3. Nachträgliches objektives Verfahren	62
III. Keine entgegenstehende Schwere der Schuld	12	4. Eintragungen und Mitteilungspflichten	64
IV. Beseitigung des öffentlichen Interesses	16		
V. Katalog der Auflagen und Weisungen	20	C. Einstellung durch das Gericht	68
1. Allgemeines	20	D. Rechtsbehelfe	76
2. Wiedergutmachung (Nr 1)	23		
3. Geldzahlung (Nr 2)	26	E. Verjährung	78
4. Sonstige gemeinnützige Leistungen (Nr 3)	29	F. Verfahrenskosten und Entschädigung	82
5. Unterhaltszahlungen (Nr 4)	31	G. Parallelvorschriften	85
6. Täter-Opfer-Ausgleich (Nr 5)	33	I. Ordnungswidrigkeitenverfahren	85
7. Aufbauseminar (Nr 6)	36	II. Privatklageverfahren	87
VI. Fristsetzung	37	III. Jugendstrafverfahren	88
VII. Vergehen	40	IV. Steuerstrafsachen	90
VIII. Nachträgliche Änderung	41	V. Betäubungsmittelverfahren	91
1. Änderung von Auflagen und Weisungen	41	VI. Sonstiges	92
2. Fristverlängerung	46		

A. Allgemeines

1   Zweck des durch das EGStGB 1974 eingefügten § 153 a StPO ist eine **einfache und zweckmäßige Verfahrenserledigung** im Bereich der kleineren und mittleren Kriminalität mit einem Beschleunigungs- und Entlastungseffekt (Meyer-Goßner StPO § 153 a Rn 2; Löwe/Rosenberg/Beulke StPO § 153 a Rn 3 f).

2   Die **Unschuldsvermutung** (Art 6 Abs 2 MRK) ist bei einer Einstellung nach § 153 a StPO nicht widerlegt (BVerfG MDR 1991, 891; NStZ-RR 1996, 168; OLG Frankfurt NJW 1996, 3353; vgl auch § 153 StPO Rn 2).

3   Zu **Kritik und Reformvorschlägen** vgl Löwe/Rosenberg/Beulke StPO § 153 a Rn 11 ff sowie Meyer-Goßner StPO § 153 a Rn 1 a. Laut Koalitionsvertrag (IV 4) zwischen CDU, CSU und FDP vom 26. 10. 2009 ist vorgesehen, § 153 a StPO auch auf die Revisionsinstanz auszuweiten, vgl. Rn 68.

4   **Statistisch** wurden im Jahre 2006 in Deutschland von insgesamt 4.876.989 erledigten Verfahren 12.955 Verfahren gem § 153 a Abs 1 S 2 Nr 1 StPO, 198.396 Verfahren gem § 153 a Abs 1 S 2 Nr 2 StPO und 9.193 Verfahren gem § 153 a Abs 1 S 2 Nr 5 StPO eingestellt.

4.1   Eine detaillierte Statistik findet sich auf den Internetseiten des Statistischen Bundesamts in der Fachserie 10 Reihe 2.6 „Rechtspflege – Staatsanwaltschaften" (http://www.destatis.de). Am schnellsten zu finden unter „Profisuche" und „Artikelnummer": 2100260067004.

B. Einstellung durch die Staatsanwaltschaft

I. Zustimmung des Gerichts

5   Grundsätzlich muss das für die Eröffnung des Hauptverfahrens zuständige Gericht zustimmen.

6   Allerdings gilt gemäß § 153 a Abs 1 S 7 StPO in den Fällen des S 2 Nr 1 bis Nr 5 der § 153 Abs 1 S 2 StPO entsprechend: Der Zustimmung bedarf es also nicht, wenn der

Strafrahmen bei der Mindeststrafe beginnt (§ 38 StGB, § 40 StGB) und wenn die Tatfolgen gering sind (vgl dazu § 153 StPO Rn 5 f).

II. Zustimmung des Beschuldigten

Da von dem Beschuldigten eine Leistung verlangt wird, muss er dieser Verfahrenserledigung nebst der entsprechenden Fristsetzung zustimmen. Die Zustimmung kann nicht an Bedingungen geknüpft werden (Meyer-Goßner StPO § 153 a Rn 10). 7

In der Praxis gilt es als Zustimmung, wenn der Beschuldigte die Auflagen und Weisungen fristgemäß erfüllt und das nachweist. 8

Stimmt der Beschuldigte **nicht** zu, beantragt die Staatsanwaltschaft in der Praxis entweder den Erlass eines Strafbefehls oder erhebt direkt Anklage, weil sie mit einem Einspruch des Beschuldigten gegen einen Strafbefehl rechnet. 9

Wenn der Beschuldigte während des Laufs der Frist zur Erfüllung der Auflagen bzw Weisungen ausdrücklich erklärt oder sonst unmissverständlich zu erkennen gibt, dass er die auferlegten Pflichten **nicht (weiter) erfüllen** wird, kann die vorläufige Verfahrenseinstellung wegen Entfallens ihrer Grundlage widerrufen werden, wenn nicht nachträgliche Änderungen geeignet sind, den Dissens zu vergleichen (Meyer-Goßner StPO § 153 a Rn 24 mit einer Analogie zu § 56 f Abs 1, Abs 2 StGB). 10

Die von vornherein ausgesprochene **Verfallsklausel** (Meyer-Goßner StPO § 153 a Rn 24 mit einer Analogie zu § 42 S 2 StGB) muss kritisch gesehen werden, weil sie den erzielten Konsens unter zu starre, gesetzlich an sich nur über die Fristensetzung des Abs 1 S 3 mögliche Bedingungen stellt. 11

III. Keine entgegenstehende Schwere der Schuld

Durch das Gesetz zur Entlastung der Rechtspflege v 11. 1. 1993 (BGBl I 1993, 50) ist § 153 a StPO dahingehend geändert worden, dass die Vorschrift schon dann anwendbar ist, wenn die Schwere der Schuld nicht entgegensteht. Damit ist diese Art der Verfahrenserledigung in den **Bereich der mittleren Kriminalität** ausgeweitet worden (vgl Böttcher/Mayer NStZ 1993, 153 ff). Durch die **negative Formulierung** wird eine klare gesetzgeberische Stellungnahme hinsichtlich der Anforderungen an der Schuldumfang vermieden (Löwe/Rosenberg/Beulke StPO § 153 a Rn 32). 12

> Früher lautete die Formulierung „bei geringer Schuld das öffentliche Interesse an der Strafverfolgung zu beseitigen". 12.1

Damit sind **beispielsweise** nicht zu schwer wiegende Eigentums- und Vermögensdelikte, leichte und mittel schwere Verkehrsstraftaten und Unterhaltspflichtverletzungen (vgl Abs 1 S 2 Nr 4) diversiv zu erledigen; unter Umständen auch Fälle fahrlässiger Tötung (Meyer-Goßner StPO § 153 a Rn 8). Erfasst sind auch Taten, für die im Falle einer Verurteilung Freiheitsstrafe mit Bewährung bis zu einem Jahr zu verhängen wären, soweit die Auflage oder Weisung das öffentliche Interesse zu beseitigen vermag (vgl Schäfer/Sander/van Gemmeren Praxis der Strafzumessung Rn 24: Bewährungsstrafe bis zu acht oder neun Monaten). 13

> Hauptanwendungsfälle finden sich bei Schäfer/Sander/van Gemmeren Praxis der Strafzumessung Rn 24 ff. 13.1

Der **Tatverdacht** muss einen höheren Grad als bei der Einstellung nach § 153 StPO erreicht haben. Es muss nach dem Verfahrensstand mit hoher Wahrscheinlichkeit von einer Verurteilung ausgegangen werden, weil nur dann dem Beschuldigten die Übernahme der ihm auferlegten Pflichten zugemutet werden kann (Meyer-Goßner StPO § 153 a Rn 7; Pfeiffer StPO § 153 a Rn 2). Gegen einen Unschuldigen ist das Verfahren gem § 170 Abs 2 StPO einzustellen. 14

Die Praxis, dass eine Verfahrenseinstellung nach § 153 a StPO nur der Ersttäter und nur einmal bekommt (vgl auch KMR/Plöd StPO § 153 a Rn 11), findet im Gesetz keinerlei Stütze und ist abzulehnen. 15

IV. Beseitigung des öffentlichen Interesses

16   Anders als in § 153 StPO kann hier ein öffentliches Interesse an der Strafverfolgung zwar bestehen, jedoch durch die Erfüllung von Auflagen und Weisungen beseitigt werden. Ob das möglich ist, ist immer eine Frage des Einzelfalls. Dabei können

17   **einerseits** einschlägige oder sonstige erhebliche Vorstrafen und eine besondere kriminelle Intensität,

18   **andererseits** bislang ungeklärte Rechtsfragen vorliegen und eine langwierige Durchführung des Verfahrens durch mehrere Instanzen nicht mehr im Verhältnis zur Tat oder zum Schutzgehalt und damit auch zur eventuellen Höhe der Strafe stünde, eine verständliche Motivlage des Beschuldigten, seine fehlende kriminelle Vorbelastung und seine Person als solches, eine fehlende Wiederholungsgefahr, Bemühung um Schadenswiedergutmachung und geringe Tatfolgen berücksichtigt werden (vgl Löwe/Rosenberg/Beulke StPO § 153 a Rn 38).

18.1   Vgl LG Frankfurt/M NJW 1997, 1994 „Holzschutzmittel".

19   Das Fehlen bzw der Wegfall des „öffentlichen Interesses" ist nicht allein danach zu beurteilen, ob und in welchem Umfang die Medien Interesse an einer weiteren Durchführung des Verfahrens haben.

19.1   Vgl LG Bonn NStZ 2001, 375 „Dr. Kohl" mAnm Beulke/Fahl NStZ 2001, 426 ff; LG Düsseldorf „Mannesmann/Vodafone" Pressemitteilung Nr 09/2006 unter http://www.lg-duesseldorf.nrw.de/presse/dokument/09-06.pdf mAnm Götz NJW 2007, 419 ff.

V. Katalog der Auflagen und Weisungen

1. Allgemeines

20   Der Katalog der in Betracht kommenden Auflagen (Nr 1 bis Nr 3 und Nr 5) und Weisungen (Nr 4 und Nr 6) ist seit dem 28. 12. 1999 (BGBl I 2491) **nicht mehr abschließend („insbesondere")**. Die Auflagen und Weisungen können **isoliert oder nebeneinander** auferlegt werden. Sie müssen jedoch immer so klar formuliert und umgrenzt sein, dass kein Zweifel darüber bestehen kann, ob sie fristgerecht erfüllt wurden; das ist beim Täter-Opfer-Ausgleich (Nr 5) allerdings nicht immer leicht zu entscheiden. Unter Umständen ist ein Tilgungs- bzw. Leistungsplan aufzustellen.

21   Die in der Praxis anzutreffende Voraussetzung der Staatsanwaltschaft für eine Einstellung des Verfahrens, dass nämlich der Beschuldigte mit der **formlosen Einziehung** der sichergestellten Gegenstände einverstanden sein muss, ist eine Art „vorweggenommenes" nachträgliches Verfahren (vgl zum Charakter als Auflage BT-Drs 14/1928, 7 f).

22   Die **nicht im Katalog** aufgelisteten Auflagen und Weisungen bedürfen in jedem Fall der Zustimmung des Gerichts (BT-Drs 14/1928, 8). In Betracht kommt die Auflage, keine Betäubungsmittel zu konsumieren oder eine bestimmte Therapie bzw. Entziehungskur zu besuchen.

22.1   Ausführlich bei Löwe/Rosenberg/Beulke StPO § 153 a Rn 69 ff.

2. Wiedergutmachung (Nr 1)

23   Durch die gewählte Formulierung („Leistung") kann die Wiedergutmachung einerseits durch Geldzahlung, andererseits aber auch beispielsweise durch Ehrenerklärungen gegenüber dem Verletzten erfolgen.

24   Bei der Schadenswiedergutmachung in Geld wird der entstandene Vermögensschaden (oder ein Teil dessen, nicht aber mehr) ersetzt. Es handelt sich um einen **zivilrechtlichen Schadensersatz** (Meyer-Goßner StPO § 153 a Rn 16). Dem Verletzten bleibt es unbenommen, einen seiner Meinung nach entstandenen weiter gehenden Schaden ersetzt zu verlangen.

25   Eine **Wiedergutmachung „nach Kräften"** aufzuerlegen ist anders als bei einer Bewährungsauflage nach § 56 b Abs 2 Nr 1 StGB nicht zulässig (Meyer-Goßner StPO § 153 a Rn 15).

Öffentliche Klage § 153 a StPO

3. Geldzahlung (Nr 2)

Als Auflage kommt die Zahlung eines Geldbetrags an gemeinnützige Einrichtungen oder 26
an die Staatskasse in Betracht. Anders als bei Nr 1 besteht hier **kein gesetzliches Höchstmaß**. Allerdings bilden die Tatschuld und die wirtschaftlichen Verhältnisse des Beschuldigten eine Grenze. Anknüpfungspunkt können die bei einer Verurteilung zu verhängende Geldstrafe oder die etwaige Bewährungsauflage sein (vgl Schäfer/Sander/van Gemmeren Rn 33). Die Kosten des Verfahrens dürfen dem Beschuldigten nicht auferlegt werden, weil das § 467 Abs 1 StPO widersprechen würde.

Die Einrichtung muss **nicht steuerrechtlich als gemeinnützig** anerkannt sein (Meyer- 27
Goßner StPO § 153 a Rn 18; Löwe/Rosenberg/Beulke StPO § 153 a Rn 55).

> Zum umkämpften Verteilungsplan vgl Krumm Geldbußenzuweisung im Strafverfahren – oder: 27.1
> Wer bekommt das Geld des Angeklagten? NJW 2008, 1420 ff.
> Zur Verteilung der Geldauflagen im Mannesmann/Vodafone-Prozess s http://www.lg-duesseldorf.nrw.de/presse/dokument/01-07.pdf, nachdem sich mehrere tausend Bewerber gemeldet hatten.

Wenn der Beschuldigte **bereits eine Sicherheit geleistet** hat, kann diese mit der auf- 28
erlegten Geldzahlung verrechnet werden, wenn der Beschuldigte sich – wie beispielsweise in der Praxis des illegalen Aufenthalts meist der Fall – damit einverstanden erklärt hat. Die Verfahrenseinstellung nach § 153 a StPO stellt demgegenüber ein Minus dar, so dass das Einverständnis unterstellt werden kann.

4. Sonstige gemeinnützige Leistungen (Nr 3)

In Betracht kommen Hilfsdienste in einem Krankenhaus, Pflege- oder Altersheim oder im 29
Umweltschutz (Meyer-Goßner StPO § 153 a Rn 21). Die zu § 56 b Abs 2 Nr 3 StGB erhobenen verfassungsrechtlichen Bedenken (vgl Fischer StGB § 56 b Rn 8) greifen hier wegen des Zustimmungserfordernisses nicht (Löwe/Rosenberg/Beulke StPO § 153 a Rn 58).

Es bedarf eines **Leistungsplans**, damit die Erfüllung der Weisung kontrolliert werden kann. 30

5. Unterhaltszahlungen (Nr 4)

Diese Weisung kommt sowohl bei Verletzung der Unterhaltspflicht (§ 170 StGB), als auch 31
bei Betrug und Falschaussage im zugrundeliegenden Unterhaltsprozess in Betracht. Da die Unterhaltspflicht nicht nur in Geld bestehen muss, kommen auch Naturalleistungen in Betracht (Löwe/Rosenberg/Beulke StPO § 153 a Rn 59; **aA** AK-StPO/Schöch StPO § 153 a Rn 33).

Mit der Weisung wird der Beschuldigte darüber belehrt, dass die Zahlungen auf den 32
laufenden und rückständigen Unterhalt angerechnet werden. Die Zahlung führt lediglich bezüglich der aufgeführten Taten zur endgültigen Einstellung. Ein neuerliches Strafverfahren bei weiterer Unterhaltspflichtverletzung ist damit nicht ausgeschlossen.

6. Täter-Opfer-Ausgleich (Nr 5)

Mit dieser durch das Gesetz zur strafrechtlichen Verankerung des Täter-Opfer-Ausgleichs 33
ua eingeführten, seit dem 28. 12. 1999 (BGBl I 2491) möglichen Auflage wird § 46 a StGB ergänzt.

Gegen den ausdrücklichen Willen des Verletzten ist dieser Weg nicht gangbar (vgl § 155 a 34
S 3 StPO; Meyer-Goßner StPO § 153 a Rn 22 a).

Die Erfüllung der Auflage kann und muss nicht sicher nachgewiesen werden. Es genügt 35
schon das ernsthafte Bemühen des Beschuldigten. Die Staatsanwaltschaft muss deshalb einen Aktenvermerk anfertigen, wonach das gezeigte Bemühen ausreichend war (Schöch FS Roxin, 1063).

7. Aufbauseminar (Nr 6)

In Betracht kommt auch, dem Beschuldigten die Weisung zu erteilen, an einem Auf- 36
bauseminar nach § 2 b Abs 2 S 2 StVG oder § 4 Abs 8 S 4 StVG teilzunehmen. Diese

StPO § 153 a

Weisung kommt wegen der Art des Seminars praktisch nur bei den in § 69 Abs 2 StGB genannten Delikten in Betracht. Allerdings ist bei Erfüllung der Regelbeispiele die Fahrerlaubnis in der Regel zu entziehen, so dass Nr 6 letztlich nur in Betracht kommt, wenn im Fall der Verurteilung ausnahmsweise vom Entzug der Fahrerlaubnis abgesehen werden könnte (Meyer-Goßner StPO § 153 a Rn 22 b).

VI. Fristsetzung

37 Die Staatsanwaltschaft setzt für die Erfüllung der Auflagen und Weisungen eine Frist (§ 153 a Abs 1 S 3 StPO). Außer im Fall der Unterhaltshaltszahlungen (1 Jahr) beträgt die Höchstfrist 6 Monate.

38 Die Leistungsfristen können bei mehreren auferlegten Auflagen und Weisungen unterschiedlich bemessen sein. Für das Entstehen des endgültigen Verfahrenshindernisses ist die fristgerechte Erfüllung aller Auflagen und Weisungen entscheidend.

39 Die Frist kann einmal um 3 Monate verlängert werden (§ 153 a Abs 1 S 4 StPO, s Rn 46).

VII. Vergehen

40 Die Tat muss ein Vergehen sein (vgl § 153 StPO Rn 23).

VIII. Nachträgliche Änderung

1. Änderung von Auflagen und Weisungen

41 Die Staatsanwaltschaft kann Auflagen und Weisungen **nachträglich aufheben** (§ 153 a Abs 1 S 4 StPO). Das bedarf nicht der Zustimmung des Beschuldigten.

42 Eine nachträgliche Änderung oder Auferlegung von weiteren oder anderen Auflagen und Weisungen bedarf hingegen der Zustimmung des Beschuldigten, selbst wenn sie zu einer Erleichterung führen. Die Änderung ist auch nach Fristablauf noch zulässig.

43 Eine **nachträgliche Änderung** kommt insbesondere in Betracht, wenn die Leistungsfähigkeit des Beschuldigten eingeschränkt ist. Eine Ratenzahlung oder Stundung als solches kommt nicht in Betracht, weil § 153 a StPO auf eine rasche und vereinfachte Erledigung des Verfahrens abzielt und diese in der Regel mit den gesetzlichen Höchstfristen unvereinbar sind. Jedoch kann entweder die Frist zur Geldzahlung verlängert werden und/oder die Höhe der Geldzahlung ermäßigt werden.

44 Das **Gericht** muss der nachträglichen Änderung nicht zustimmen, selbst wenn eingangs die Zustimmung erforderlich war (Meyer-Goßner StPO § 153 a Rn 42; aA Löwe/Rosenberg/Beulke StPO § 153 a Rn 83). Die Staatsanwaltschaft darf aber bei gleich bleibender Sachlage Auflagen und Weisungen nicht so weit ändern, dass die vom Gericht mitverantwortete vorläufige Einstellung eine völlig andere Grundlage erhält.

45 Die Änderung ist zu unterscheiden von einer **neuen vorläufigen Einstellung** (Meyer-Goßner StPO § 153 a Rn 40).

2. Fristverlängerung

46 Die Staatsanwaltschaft kann neben der nachträglichen Änderung von Auflagen bzw. Weisungen oder einer neuen vorläufigen Einstellung auch die Frist zur Erfüllung einmal für die Dauer von 3 Monaten verlängern (§ 153 a Abs 1 S 4 StPO).

47 Eine längere Frist ist als neue vorläufige Einstellung zu sehen.

IX. Prozedere

48 Das Verfahren ist **zweistufig** aufgebaut: Zunächst wird das Verfahren vorläufig eingestellt und nach fristgerechter Erfüllung der Auflagen und Weisungen erfolgt die endgültige Verfahrenseinstellung.

49 Wenn die Initiative zur Verfahrenseinstellung von der Staatsanwaltschaft ausgeht, gibt sie dem Beschuldigten (ggf über dessen Verteidiger) Gelegenheit, sich zu der konkret angedachten Verfahrenseinstellung zu äußern. Der Beschuldigte kann Abänderungen anregen. Sofern eine Zustimmung des Gerichts erforderlich ist, holt die Staatsanwaltschaft diese in

Öffentliche Klage								§ 153 a StPO

der Regel vorab ein; ggf muss aber zuvor die Leistungsfähigkeit des Beschuldigten ermittelt werden.

Die Initiative kann aber auch vom Beschuldigten bzw dessen Verteidiger ausgehen. 50
Formulare für die staatsanwaltliche Einstellungsverfügung findet sich bei Vordermayer/ 51
v. Heintschel-Heinegg Teil C Rn 96 ff.

Die Ausführung der Pflichten wird nicht durch die Staatsanwaltschaft überwacht; sie 52 können auch nicht von ihr vollstreckt werden. Lediglich der im nach hinein vorgelegte Nachweis der Pflichtenerfüllung durch den Beschuldigten wird kontrolliert.

X. Wirkung
1. Bedingtes und endgültiges Verfahrenshindernis

Mit Auferlegung der Auflagen und Weisungen und während des Laufs der Frist stellt die 53 Staatsanwaltschaft das Verfahren vorläufig ein. Damit entsteht aber nur ein **bedingtes Verfahrenshindernis**, das die Fortsetzung dieses Verfahrens und die Einleitung eines anderen Verfahrens gegen denselben Beschuldigten wegen derselben Tat hindert.

Ein etwaig bestehender **Haftbefehl** ist selbst dann aufzuheben, wenn er außer Vollzug 54 gesetzt ist, weil er unverhältnismäßig ist (einschränkend Meyer-Goßner StPO § 153 a Rn 44 „häufig"; Löwe/Rosenberg/Beulke StPO § 153 a Rn 95 „nicht stets"). **Beweismittel** können in der Regel noch beschlagnahmt bleiben (Löwe/Rosenberg/Beulke StPO § 153 a Rn 95), es sei denn, es entsteht dadurch ein nicht nur zu vernachlässigender Schaden (vgl Meyer-Goßner StPO § 153 a Rn 44). Ein Beschluss nach § **111 a StPO** über die vorläufige Entziehung der Fahrerlaubnis ist ebenso wegen Unverhältnismäßigkeit aufzuheben wie sonstige Sicherstellungen nach § **111 b StPO** für Verfall, Einziehung und Gewinnabschöpfung (vgl dazu auch Meyer-Goßner StPO § 153 a Rn 44).

Sobald der Beschuldigte die ihm auferlegten Pflichten vollständig erfüllt hat, entsteht ein 55 **endgültiges Verfahrenshindernis** gem. § 153 a Abs 1 S 5 StPO. Eine teilweise Erfüllung genügt nicht; durch die spätere erfolgreiche Anfechtung der Zahlung durch einen Insolvenzverwalter wird das vermeintlich endgültige Verfahrenshindernis aufgehoben (zur insolvenzrechtlichen Lage vgl BGH NJW 2008, 2506; AG Neubrandenburg BeckRS 2008, 05882, s Rn 55.1). Es entsteht ein **beschränkter Strafklageverbrauch**, der die gesamte Tat iSd § 264 StPO sowie die davon umfassten Ordnungswidrigkeiten erfasst (Meyer-Goßner StPO § 153 a Rn 45).

Rechtsprechung: 55.1
BayObLG NJW 2000, 968: Ein Angebot zur Verfahrenseinstellung gegen Zahlung einer Geldauflage, das an den Beschuldigten lediglich aufgrund eines Versehens der Geschäftsstelle der Staatsanwaltschaft gerichtet wird, ist unbeachtlich. Erklärt der Beschuldigte seine Zustimmung und erfüllt er die Auflage, wird ein Verfahrenshindernis hierdurch nicht begründet, ohne dass es auf die Erkennbarkeit des Irrtums ankommt;

AG Grevenbroich JR 1984, 302: Durch Erfüllung der Auflage schafft der Beschuldigte auch dann das Verfahrenshindernis nach § 153 a Abs 1 S 4 StPO, wenn die Anfrage, ob er der vorläufigen Einstellung zustimmt, nur irrtümlich an den Beschuldigten abgesandt worden ist, während sie nach dem Willen des sachbearbeitenden Staatsanwalts einem anderen (Mit-)Beschuldigten angeboten werden sollte.

BGH NJW 2008, 2506: Die Einstellung eines Strafverfahrens darf nicht von der Zahlung einer Geldauflage an die Staatskasse abhängig gemacht werden, wenn der Angeschuldigte durch die Erfüllung der Auflage seine Gläubiger benachteiligt. Die vom Schuldner an die Staatskasse geleisteten Zahlungen können vom Insolvenzverwalter zurückverlangt werden, wenn der Schuldner die hierdurch bewirkte Benachteiligung seiner Gläubiger billigend in Kauf genommen hat, um durch Erfüllung einer entsprechenden Auflage die Einstellung eines gegen ihn laufenden Strafverfahrens zu erreichen, während die Staatsanwaltschaft wusste, dass die Zahlungsunfähigkeit des Schuldners zumindest drohte und die geleisteten Zahlungen seine Gläubiger benachteiligten.

AG Neubrandenburg BeckRS 2008, 05882: Zahlungen, die der Insolvenzschuldner zur Erfüllung von Auflagen gemäß § 153 a StPO leistet, um eine endgültige Einstellung des gegen ihn gerichteten Strafverfahrens zu erreichen, sind grundsätzlich als inkongruente anfechtbar.

Die Staatsanwaltschaft hat die endgültige Verfahrenseinstellung zu bestätigen. Eine Kostenentscheidung ist nicht veranlasst. 56

57 Wenn sich der **Verdacht eines Verbrechens** ergibt, leitet die Staatsanwaltschaft ein neues Verfahren ein, ohne durch den eigenen (Abs 1) oder gerichtlichen (Abs 2) Einstellungsbeschluss gehindert zu sein.

58 Wenn **irrtümlich** die Staatsanwaltschaft annimmt, dass die Leistungen nicht, nicht vollständig oder nicht rechtzeitig erbracht wurden, und deshalb den Erlass eines Strafbefehls beantragt, so ist das Verfahren nach Einspruch wegen Strafklageverbrauchs einzustellen. Bei rechtskräftigem Strafbefehl ist die Wiederaufnahme des Verfahrens gem § 395 Nr 5 StPO zulässig (Meyer-Goßner StPO § 153 a Rn 46).

2. Nichterfüllung der Auflagen und Weisungen

59 Wenn der Beschuldigte die Auflagen **nicht oder nicht fristgemäß erfüllt**, entfällt die vorläufige Einstellung. Die Staatsanwaltschaft beantragt dann den Erlass eines Strafbefehls oder erhebt die öffentliche Klage.

60 Auf ein **Verschulden der Nichterfüllung** der Auflagen bzw Weisungen kommt es nicht an (Meyer-Goßner StPO § 153 a Rn 25; OLG Düsseldorf MDR 1976, 423). Allerdings besteht bei Nichtverschulden die Möglichkeit, auch nach Fristablauf durch Fristverlängerung oder eine neue vorläufige Einstellung mit jeweils angepassten oder aufgehobenen Pflichten oder einer Verfahrenseinstellung nach § 153 StPO diesem Umstand Rechnung zu tragen.

61 Die während des Fristenlaufs **teilweise erfüllten Auflagen und Weisungen werden gem § 153 a Abs 1 S 6 StPO nicht erstattet**, die nach Fristablauf erbrachten Leistungen hingegen schon (Kalomiris NStZ 1998, 500; **aA** Löwe/Rosenberg/Beulke StPO § 153 a, Rn 89). Damit wird eine Differenzierung vorgenommen, die nicht überzeugt. Die erbrachten Leistungen werden in beiden Fallkonstellationen letztlich „rechtsgrundlos" erbracht und sollten – sofern möglich – zurückgewährt werden, soweit nicht eine Anrechnung auf die Strafe vorgenommen werden kann.

3. Nachträgliches objektives Verfahren

62 Wie bei § 153 StPO kann die Staatsanwaltschaft oder das Gericht ein objektives Verfahren (§ 440 StPO, § 442 StPO) betreiben. Die Staatsanwaltschaft kann dies schon während der vorläufigen Einstellung initiieren.

63 Bei **Ausüben des Ermessens** ist zu berücksichtigen, ob der Beschuldigte darauf vertrauen durfte, dass neben den Auflagen und Weisungen keine weiteren Maßnahmen gegen ihn ergriffen werden (Meyer-Goßner StPO § 153 a Rn 59).

4. Eintragungen und Mitteilungspflichten

64 Die endgültige Verfahrenseinstellung wird unter Umständen mitgeteilt, vgl Nr 6 Abs 7 **MiStra**.

65 Eine Einstellung gem § 153 a StPO wird nicht in das **Bundeszentralregister** oder das **Verkehrszentralregister** eingetragen, jedoch in das **länderübergreifende staatsanwaltliche Verfahrensregister** (§§ 492 StPO ff).

66 Allerdings werden endgültige Einstellungen nach § 153 a StPO nunmehr in bestimmten Fällen in **Korruptionsregister** eingetragen.

66.1 Vgl für Berlin das Gesetz zur Einrichtung und Führung eines Registers über korruptionsauffällige Unternehmen in Berlin (Korruptionsregistergesetz – KRG) vom 19. 4. 2006 (GVBl 358); für NRW das Gesetz zur Verbesserung der Korruptionsbekämpfung und zur Errichtung und Führung eines Vergaberegisters in NRW (Korruptionsbekämpfungsgesetz – KorruptionsbG) v 16. 12. 2004.

67 Auch im **Beamtenrecht** wirkt sich eine Verfahrenseinstellung nach § 153 a StPO mitunter negativ aus (vgl nur BVerwG NVwZ-RR 2000, 364 ff: „Die Bindung des Disziplinargerichts an die tragenden Feststellungen des Strafurteils in einem Strafverfahren, das nach strafmaßbeschränkter Berufung gem § 153 a StPO eingestellt worden ist, verstößt nicht gegen die Unschuldsvermutung"; OVG Magdeburg BeckRS 2008, 36128).

C. Einstellung durch das Gericht

Nach Erhebung der Klage geht die Zuständigkeit auf das Gericht über, § 153 a Abs 2 StPO. **68** Das **Revisionsgericht** kann ausweislich des klaren Wortlauts das Verfahren nicht gem § 153 a Abs 2 StPO einstellen, wohl aber das Tatgericht auch nach Zurückverweisung der Sache (§ 354 Abs 2 StPO), selbst bei teilweiser Rechtskraft. Der Staatsanwaltschaft beim Revisionsgericht fehlt deshalb ebenfalls die Zuständigkeit (Meyer-Goßner StPO § 153 a Rn 28).

> Der 63. DJT 2000 hat sich allerdings für eine Ausweitung des § 153 a StPO auf die Revisions- **68.1** instanz ausgesprochen (DRiZ 2000, 469); zum Koalitionsvertrag zwischen CDU, CSU und FDP und der dort vorgesehenen Ausweitung vgl oben Rn 3.

Das Gericht kann mit Zustimmung der Staatsanwaltschaft und des Angeschuldigten **bis** **69** **zum Ende der Hauptverhandlung**, in der die tatsächlichen Feststellungen letztmals geprüft werden, durch nicht anfechtbaren Beschluss vorläufig einstellen. Zugleich werden dem Angeschuldigten die in Abs 1 genannten Auflagen und Weisungen erteilt.

Die **Initiative zur Verfahrenseinstellung** kann von einem der Verfahrensbeteiligten **70** oder dem Gericht ausgehen. Dass sich die Beurteilungsgrundlage gegenüber dem Ermittlungs- und Zwischenverfahren entscheidend geändert haben muss, weil dort bereits die Anwendung des § 153 a StPO geprüft werde (so Meyer-Goßner StPO § 153 a Rn 48), ist abzulehnen, weil für diese Einschränkung der Gesetzestext nichts hergibt und damit der (Eigen-)Dynamik eines Strafverfahrens nicht Rechnung getragen wird.

Die **Zustimmung der Staatsanwaltschaft** muss sich auf die konkreten Auflagen bzw **71** Weisungen beziehen, nicht aber auch auf den Empfänger des Geldbetrags nach Nr 2 (LG Zweibrücken NJW 1990, 1247; **aA** OLG Düsseldorf VRS 88, 437; Meyer-Goßner StPO § 153 a Rn 47), weil damit die Rolle der Staatsanwaltschaft in diesem Verfahrensstadium zu dominant werden würde. Die Verweigerung der Zustimmung durch die Staatsanwaltschaft ist nicht anfechtbar (vgl OLG Hamm NStZ 1985, 472).

Vor dem vorläufigen Einstellungsbeschluss erhält ein etwaiger **Nebenkläger** rechtliches **72** Gehör. Seine Zustimmung ist aber nicht erforderlich (BVerfG wistra 2003, 419).

Gem § 153 a Abs 2 S 2 StPO gelten **Abs 1 S 3 bis S 6 entsprechend**. Die nachträgliche **73** Änderung bedarf der Zustimmung des Angeschuldigten, nicht aber der der Staatsanwaltschaft (Meyer-Goßner StPO § 153 a Rn 51).

Mit Erfüllung der Auflagen bzw Weisungen entsteht ein **endgültiges Verfahrenshinder- 74 nis** gemäß Abs 2 S 2 iVm Abs 1 S 5.

> Dies gilt aus Gründen des Vertrauensschutzes auch bei fehlender Zustimmung der Staatsanwalt- **74.1** schaft (OLG Karlsruhe NStZ 1987, 42; Meyer-Goßner StPO § 153 a Rn 52).

Das Gericht erlässt einen endgültigen **Einstellungsbeschluss**, der auch die Kostenent- **75** scheidung enthält.

D. Rechtsbehelfe

Der Beschluss des Gerichts, das Verfahren vorläufig einzustellen, ist grundsätzlich **nicht 76 anfechtbar** (§ 153 a Abs 2 S 4 StPO). Allerdings können Staatsanwaltschaft oder Angeschuldigter **einfache Beschwerde nach § 304 StPO** einlegen, wenn sie nicht oder nicht wirksam oder nicht vollumfänglich den Auflagen bzw Weisungen in ihrer wesentlichen Ausgestaltung zugestimmt haben (Meyer-Goßner StPO § 153 a Rn 57 mwN). Der Einstellungsbeschluss ist selbst bei unterbliebener Entscheidung über die Auslagen des Nebenklägers für diesen nicht anfechtbar (OLG Frankfurt NStZ-RR 2008, 327 unter Aufgabe der in NStZ-RR 2000, 256 vertretenen Auffassung).

Gleiches gilt nach S 5 für die Feststellung, dass die erteilten Auslagen und Weisungen **77** erfüllt wurden und damit das endgültige Verfahrenshindernis eingetreten ist.

E. Verjährung

Mit Abs 3 wird die in § 78 b Abs 1 StGB getroffene Regelung ergänzt. Mit der staats- **78** anwaltlichen Verfügung über die vorläufige Einstellung des Verfahrens oder Erlass des Beschlusses ruht die Verjährung.

79 Wenn der Beschuldigte seine Zustimmung nicht erteilt hat, ruht die Verjährung nicht (BayObLG BRS 65, 288).
80 Das **Ruhen endet** mit Ende der vorläufigen Einstellung.
81 Wenn die Staatsanwaltschaft erneut vorläufig einstellt (vgl oben Rn 45), ruht die Verjährung erneut (Meyer-Goßner StPO § 153 a, Rn 56).

F. Verfahrenskosten und Entschädigung

82 Mit der endgültigen Einstellungsverfügung durch das Gericht ist eine Kostenentscheidung gemäß § 467 Abs 1 und Abs 5 StPO zu treffen: Die eigenen **notwendigen Auslagen** trägt der Angeschuldigte selbst. Das ist verfassungsrechtlich unbedenklich (BVerfG BeckRS 2007, 23782 mAnm Knierim FD-StrafR 2007, 231491). § 465 Abs 2 StPO muss aber auch hier gelten (Meyer-Goßner StPO § 153 a Rn 55 mwN).
83 Die **dem Nebenkläger erwachsenen notwendigen Auflagen** werden grundsätzlich dem Angeschuldigten auferlegt (§ 472 Abs 2 S 2 StPO). Diese Kosten sind bei der Bemessung einer etwaigen Geldauflage zu berücksichtigen.
84 Wenn eine Entscheidung über die Entschädigung für erlittene **Strafverfolgungsmaßnahmen** fällt (vgl § 3 StrEG), sind die Beteiligten zu hören (§ 8 Abs 1 S 2 StPO).

G. Parallelvorschriften

I. Ordnungswidrigkeitenverfahren

85 **Im Bußgeldverfahren** ist § 153 a StPO nicht anwendbar. Gemäß § 47 Abs 3 OWiG darf die Einstellung des Verfahrens explizit nicht von der Zahlung eines Geldbetrages an eine gemeinnützige Einrichtung oder sonstige Stelle abhängig gemacht oder damit in Zusammenhang gebracht werden.
86 Bei **Zusammentreffen einer Straftat mit einer Ordnungswidrigkeit** bezieht sich die Verfahrenseinstellung auf die ganze Tat, so dass nach Erfüllung der Auflagen bzw Weisungen ein Verfahrenshindernis auch für die Ordnungswidrigkeit eintritt (Meyer-Goßner StPO § 153 a Rn 35).

II. Privatklageverfahren

87 Anders als bei § 153 StPO wird das Strafverfahren durch die Einstellung nach § 153 a StPO endgültig beendet, so dass für die Erhebung einer Privatklage kein Raum mehr bleibt. Eine Beschränkung nur auf das Offizialdelikt ist nicht zulässig (Meyer-Goßner StPO § 153 a Rn 34).

Ist die Privatklage bereits gerichtlich anhängig, gilt § 153 a StPO nicht (Löwe/Rosenberg/Beulke StPO § 153 a Rn 18); § 383 Abs 2 StPO räumt nicht die Möglichkeit der Auferlegung von Auflagen oder Weisungen ein. Die Staatsanwaltschaft kann aber das Verfahren nach § 377 Abs 2 StPO übernehmen und sodann das Gericht nach § 153 a Abs 2 StPO einstellen.

III. Jugendstrafverfahren

88 Das Verhältnis von § 153 a StPO gegenüber § 45 JGG, § 47 JGG ist umstritten. Denn anders als die Einstellung nach § 153 a StPO wird eine Einstellung nach § 45 JGG, § 47 JGG eingetragen (§ 60 Abs 1 Nr 7 BZRG), was für den Jugendlichen mitunter nachteilhaft ist. Vorzugswürdig ist eine vermittelnde Ansicht, wonach eine Anwendung des § 153 a StPO auf den Fall beschränkt wird, dass eine Anordnung nach § 45 Abs 3 JGG mangels Geständnis nicht möglich ist (Meyer-Goßner StPO § 153 a Rn 4; aA Löwe/Rosenberg/Beulke StPO § 153 a Rn 19 mwN).
89 Wenn gegen einen Heranwachsenden **Erwachsenenstrafrecht** zur Anwendung kommt, gilt § 153 a StPO uneingeschränkt.

Öffentliche Klage   § 153 b StPO

IV. Steuerstrafsachen

Führt die Finanzbehörde das Ermittlungsverfahren auf Grund des § 386 Abs 2 AO selbständig durch, so nimmt sie die Rechte und Pflichten wahr, die der Staatsanwaltschaft im Ermittlungsverfahren zustehen (§ 399 Abs 1 AO). 90

V. Betäubungsmittelverfahren

§ 37 BtMG sieht eine an § 153 a StPO angelehnte Regelung vor (vgl dazu Löwe/Rosenberg/Beulke StPO § 153 a Rn 20 ff). 91

VI. Sonstiges

Im **anwaltsgerichtlichen Verfahren** und **beamtenrechtlichen Disziplinarverfahren** ist § 153 a StPO entsprechend anwendbar. 92

§ 153 b [Absehen von Klage; Einstellung]

(1) Liegen die Voraussetzungen vor, unter denen das Gericht von Strafe absehen könnte, so kann die Staatsanwaltschaft mit Zustimmung des Gerichts, das für die Hauptverhandlung zuständig wäre, von der Erhebung der öffentlichen Klage absehen.

(2) Ist die Klage bereits erhoben, so kann das Gericht bis zum Beginn der Hauptverhandlung mit Zustimmung der Staatsanwaltschaft und des Angeschuldigten das Verfahren einstellen.

Überblick

Das Gericht kann nach zahlreichen Vorschriften von Strafe absehen. Wenn das abzusehen ist, kann bereits die Staatsanwaltschaft das Verfahren mit Zustimmung des Gerichts einstellen (Abs 1) oder nach Klageerhebung das Gericht mit Zustimmung der Staatsanwaltschaft und des Angeschuldigten (Abs 2).

A. Absehen von Strafe

Folgende Vorschriften des **Besonderen Teils des StGB** geben dem Gericht die Möglichkeit von Strafe abzusehen: 1

§ 83 a StGB, § 84 Abs 4 StGB, § 84 Abs 5 StGB, § 85 Abs 3 StGB, § 86 Abs 4 StGB, § 86 a Abs 3 StGB, § 87 Abs 3 StGB, § 89 Abs 3 StGB, § 98 Abs 2 StGB, § 99 Abs 3 StGB, § 113 Abs 4 StGB, § 129 Abs 5 StGB, § 129 Abs 6 StGB, § 192 a Abs 4 StGB, § 129 a Abs 5 StGB, § 139 Abs 1 StGB, § 157 Abs 1 StGB, § 157 Abs 2 StGB, § 158 Abs 1 StGB, § 174 Abs 4 StGB, § 182 Abs 4 StGB, § 218 a Abs 4 S 2 StGB, § 314 a Abs 2 StGB, § 315 Abs 6 StGB, § 315 b Abs 4 StGB, § 330 b Abs 1 StGB. 1.1

Auch in den Fällen, in denen gem § 199 StGB zu erwarten ist, dass das Gericht für straffrei erklärt, kann § 153 b StPO angewendet werden (Meyer-Goßner StPO § 153 b Rn 1). 1.2

sowie in folgenden **Nebengesetzen**: 2

§ 20 Abs 2 VereinsG, § 29 Abs 5 BtMG, § 31 BtMG.

Gem **§ 46 a StGB** kann das Gericht in den Fällen des Täter-Opfer-Ausgleichs von Strafe absehen, wenn keine höhere Strafe als Freiheitsstrafe bis zu einem Jahr oder Geldstrafe bis zu 360 Tagessätzen verwirkt ist. 3

Darüber hinaus regelt **§ 60 StGB** das Absehen von Strafe, wenn die Folgen der Tat, die den Täter getroffen haben, so schwer sind, dass die Verhängung einer Strafe offensichtlich verfehlt wäre. Schulbeispiel ist der Verlust von Angehörigen durch eigenes fahrlässiges Handeln. 4

Nicht anwendbar ist § 153 b StPO bei **Vorliegen persönlicher Strafaufhebungsgründe**, weil dann das Verfahren gem § 170 Abs 2 StPO einzustellen ist (Löwe/Rosenberg/Beulke StPO § 153 b Rn 3). 5

B. Einstellung durch die Staatsanwaltschaft

6   Die Staatsanwaltschaft muss vor Einstellung des Verfahrens die Zustimmung des für die Hauptverhandlung zuständigen Gerichts einzuholen.

C. Einstellung durch das Gericht

7   Nach Klageerhebung ist das **Gericht zuständig**.
8   Es kann bis zum **Beginn der Hauptverhandlung** (§ 243 Abs 1 S 1 StPO) einstellen.
9   Erforderlich ist neben der **Zustimmung** der Staatsanwaltschaft auch die des Angeschuldigten.
10 Der **Nebenkläger** erhält vor der Einstellung rechtliches Gehör.
10.1   Beachte § 396 Abs 3 StPO.

D. Wirkung

11 Die staatsanwaltliche Einstellung nach **Abs 1** hat keine Rechtskraftwirkung. Die Staatsanwaltschaft kann wie bei § 153 StPO das Verfahren wieder aufnehmen, wenn es dafür sachliche Gründe gibt (vgl § 153 StPO Rn 40). Auch **Privatklage** kann daneben noch erhoben werden.
12 Die gerichtliche Einstellung nach **Abs 2** entfaltet wie bei § 153 Abs 2 StPO eine beschränkte Rechtskraftwirkung (vgl § 153 StPO Rn 42 ff).
13 Die Staatsanwaltschaft kann das **selbständige Verfalls- oder Einziehungsverfahren** (§ 440 StPO, § 442 StPO) beantragen.

E. Rechtsbehelf

14 Gegen die Einstellung gibt es **keine Beschwerdemöglichkeit**, es sei denn, es fehlt die erforderliche Zustimmung (Meyer-Goßner StPO § 153 b Rn 6; vgl auch § 153 StPO Rn 36).

F. Parallelvorschriften

15 Das **Verhältnis zu** § 153 StPO, § 153 a StPO ist wenig geklärt (vgl Löwe/Rosenberg/Beulke StPO § 153 b Rn 7 ff). § 153 b StPO hat grundsätzlich Vorrang gegenüber § 153 a StPO, weil bei § 153 b StPO dem Beschuldigten keine Pflichten auferlegt werden und diese Art der Einstellung für ihn daher günstiger ist.
16 Zur sehr eingeschränkten Anwendbarkeit im **Jugendstrafrecht** vgl Meyer-Goßner StPO § 153 b Rn 5.

§ 153 c [Nichtverfolgung von Auslandstaten]

(1) ¹Die Staatsanwaltschaft kann von der Verfolgung von Straftaten absehen,
1. die außerhalb des räumlichen Geltungsbereichs dieses Gesetzes begangen sind oder die ein Teilnehmer an einer außerhalb des räumlichen Geltungsbereichs dieses Gesetzes begangenen Handlung in diesem Bereich begangen hat,
2. die ein Ausländer im Inland auf einem ausländischen Schiff oder Luftfahrzeug begangen hat,
3. wenn in den Fällen der §§ 129 und 129 a, jeweils auch in Verbindung mit § 129 b Abs. 1, des Strafgesetzbuches die Vereinigung nicht oder nicht überwiegend im Inland besteht und die im Inland begangenen Beteiligungshandlungen von untergeordneter Bedeutung sind oder sich auf die bloße Mitgliedschaft beschränken.
²Für Taten, die nach dem Völkerstrafgesetzbuch strafbar sind, gilt § 153 f.

(2) Die Staatsanwaltschaft kann von der Verfolgung einer Tat absehen, wenn wegen der Tat im Ausland schon eine Strafe gegen den Beschuldigten vollstreckt worden ist und die im Inland zu erwartende Strafe nach Anrechnung der ausländischen nicht ins Gewicht fiele oder der Beschuldigte wegen der Tat im Ausland rechtskräftig freigesprochen worden ist.

Öffentliche Klage   § 153 c StPO

(3) Die Staatsanwaltschaft kann auch von der Verfolgung von Straftaten absehen, die im räumlichen Geltungsbereich dieses Gesetzes durch eine außerhalb dieses Bereichs ausgeübte Tätigkeit begangen sind, wenn die Durchführung des Verfahrens die Gefahr eines schweren Nachteils für die Bundesrepublik Deutschland herbeiführen würde oder wenn der Verfolgung sonstige überwiegende öffentliche Interessen entgegenstehen.

(4) Ist die Klage bereits erhoben, so kann die Staatsanwaltschaft in den Fällen des Absatzes 1 Nr. 1, 2 und des Absatzes 3 die Klage in jeder Lage des Verfahrens zurücknehmen und das Verfahren einstellen, wenn die Durchführung des Verfahrens die Gefahr eines schweren Nachteils für die Bundesrepublik Deutschland herbeiführen würde oder wenn der Verfolgung sonstige überwiegende öffentliche Interessen entgegenstehen.

(5) Hat das Verfahren Straftaten der in § 74 a Abs. 1 Nr. 2 bis 6 und § 120 Abs. 1 Nr. 2 bis 7 des Gerichtsverfassungsgesetzes bezeichneten Art zum Gegenstand, so stehen diese Befugnisse dem Generalbundesanwalt zu.

Überblick

Die Staatsanwaltschaft kann für bestimmte Auslandstaten von der Verfolgung absehen.

A. Allgemeines

Das Absehen von der Verfolgung von Straftaten ist **bereits zulässig, ehe überhaupt** 1
Ermittlungen aufgenommen wurden.
Die **Staatsanwaltschaft entscheidet allein** (vgl zum Procedere auch Nr 94 RiStBV ff). 2
Eine Zustimmung Dritter ist nicht erforderlich.

> Gem. Nr 94 Abs 2 RiStBV prüft die Staatsanwaltschaft im Einzelfall, ob völkerrechtliche Vereinbarungen die Verpflichtung begründen, bestimmte außerhalb des räumlichen Geltungsbereichs der StPO begangene Taten so zu behandeln, als ob sie innerhalb dieses Bereichs begangen wären. Auskunft hierüber erteilt das Bundesjustizministerium (zur OECD-Konvention über die Bekämpfung ausländischer Amtsträger im internationalen Geschäftsverkehr vgl Dann wistra 2008, 41, 45).

Mit der Entscheidung wird die im Ausland begangene Tat **Gegenstand eines inländi-** 3
schen Ermittlungsverfahrens (BGH NJW 1990, 1428).
Die Entscheidung hat **keine Rechtskraft** (Meyer-Goßner StPO § 153 c Rn 1).   4

B. Tatort außerhalb der Bundesrepublik (Abs 1 S 1 Nr 1)

Für die Anwendung von Abs 1 S 2 Nr 1 müssen Tätigkeits- und Erfolgsort außerhalb des 5
Geltungsbereichs der StPO liegen.

> Zum Staatsgebiet des Bundesrepublik vgl Fischer StGB Vor §§ 3 bis 7 Rn 12 ff.   5.1
> Zu völkerrechtlichen Vereinbarungen, bestimmte außerhalb des räumlichen Geltungsbereichs der 5.2
> StPO begangene Taten so zu behandeln, als ob sie innerhalb dieses Bereichs begangen wären vgl
> Nr 94 Abs 2 RiStBV.

Nr 1 gilt auch, wenn die Tat an Bord eines deutschen Schiffes oder Luftfahrzeugs außer- 6
halb des Geltungsbereichs der StPO begangen wurde (§ 4 StGB; Meyer-Goßner StPO
§ 153 c Rn 4).

C. Ausländertaten im Inland auf ausländischen Schiffen oder Luftfahrzeugen (Abs 1 S 1 Nr 2)

Es muss sich um einen **Ausländer** halten, also einen Nichtdeutschen.   7
Außerdem muss die Tat **auf einem ausländischen Schiff oder Luftfahrzeug** begangen   8
worden sein (negative Abgrenzung durch § 4 StGB und § 10 StPO).

> Zu strafprozessualen Zwangsmaßnahmen vgl Meyer-Goßner StPO § 153 c Rn 9 ff.   8.1

D. Kriminelle und terroristische Vereinigungen (Abs 1 S 1 Nr 3)

9   In Fällen der § 129 StGB, § 129 a StGB, jeweils auch in Verbindung mit § 129 b Abs 1 StGB, kann unter bestimmten Voraussetzungen auch von der Verfolgung dieser kriminellen und terroristischen Vereinigungen abgesehen werden.

E. Taten nach dem VStGB (Abs 1 S 2)

10 Für Taten nach dem VStGB gilt § 153 f StPO.

F. Auslandstaten (Abs 2)

11 Da die Auslandsbestrafung die Strafklage grundsätzlich nicht verbraucht – vgl aber beispielsweise die Ausnahmen nach SDÜ (ausführlich bei Meyer-Goßner StPO Einl Rn 170 ff) –, die vollstreckte Auslandsstrafe aber auf die Inlandsstrafe gem § 51 Abs 3 StGB anzurechnen ist, kann die Staatsanwaltschaft von der Verfolgung absehen, wenn die noch zu erwartende Strafe im Inland nicht ins Gewicht fiele oder der Beschuldigte im Ausland freigesprochen wurde.

G. Distanztat (Abs 3)

12 Mit Abs 3 wird Abs 1 S 1 Nr 1 ergänzt und knüpft an § 9 StGB an.
13 Die **Gefahr eines schweren Nachteils** für die Bundesrepublik kann die äußere oder innere Sicherheit betreffen.
14 **Sonstige überwiegende öffentliche Interessen**, die der Verfolgung entgegenstehen, müssen in etwa das Gewicht der Gefahr eines schweren Nachteils haben. Es ist eine Abwägung zwischen dem öffentlichen Interesse an der Strafverfolgung und dem entgegenstehenden öffentlichen Interesse vorzunehmen. Die Interessen des Beschuldigten sind nicht abwägungsrelevant (vgl Meyer-Goßner StPO § 153 c Rn 15).

H. Anklagerücknahme nach Anklageerhebung (Abs 4)

15 In den Fällen des Abs 1 Nr 1 m, Nr 2 und des Abs 3 kann die Staatsanwaltschaft die Klage in jeder Lage des Verfahrens – also entgegen § 156 StPO auch nach Eröffnung des Hauptverfahrens – zurücknehmen und das Verfahren einstellen. Weitere Voraussetzung ist, das die Durchführung des Verfahrens die Gefahr eines schweren Nachteils für die Bundesrepublik herbeiführen würde oder wenn der Verfolgung sonstige überwiegende öffentliche Interessen entgegenstehen.
16 In den **Fällen des Abs 3** müssen alle Voraussetzungen erfüllt sein, auch wenn es sich um Fälle des Abs 1 Nr 1 oder 2 handelt (Meyer-Goßner StPO § 153 c Rn 17).
17 Die Einstellung **verbraucht nicht die Strafklage** (Meyer-Goßner StPO § 153 c Rn 16).
18 Ein **Klageerzwingungsverfahren** ist unzulässig § 172 Abs 2 S 3 StPO.

I. Staatsschutzsachen (Abs 5)

19 In Staatsschutzsachen ist der **Generalbundesanwalt** zuständig.
20 Damit soll das Opportunitätsprinzip in Staatsschutzsachen gleichmäßig angewendet werden. Beachte dazu auch § 153 d StPO.

J. Kosten und nachträgliches objektives Verfahren

21 Es gilt § 467 a StPO.
22 Die Staatsanwaltschaft – in Fällen des Abs 5 der Generalbundesanwalt – kann das **nachträgliche objektive Verfahren** (§ 440 StPO, § 442 StPO) einleiten.

§ 153 d [Absehen von Strafverfolgung bei politischen Straftaten]

(1) Der Generalbundesanwalt kann von der Verfolgung von Straftaten der in § 74 a Abs. 1 Nr. 2 bis 6 und in § 120 Abs. 1 Nr. 2 bis 7 des Gerichtsverfassungs-

gesetzes bezeichneten Art absehen, wenn die Durchführung des Verfahrens die Gefahr eines schweren Nachteils für die Bundesrepublik Deutschland herbeiführen würde oder wenn der Verfolgung sonstige überwiegende öffentliche Interessen entgegenstehen.

(2) Ist die Klage bereits erhoben, so kann der Generalbundesanwalt unter den in Absatz 1 bezeichneten Voraussetzungen die Klage in jeder Lage des Verfahrens zurücknehmen und das Verfahren einstellen.

§ 153 d StPO erweitert § 153 c Abs 5 StPO. 1
Für bestimmte Straftaten kann der Generalbundesanwalt unter im Einzelnen genannten Umständen von der Verfolgung absehen. Damit kann von der Verfolgung politischer Straftaten auch dann abgesehen werden, wenn **Tätigkeits- und Erfolgsort innerhalb des Geltungsbereichs** des Gesetzes liegen – bei § 153 c Abs 5 StPO liegt der Tätigkeitsort außerhalb des Geltungsbereichs (Meyer-Goßner StPO § 153 d Rn 1).

In der Praxis wird § 153 d StPO bei Austausch von Spionen und in solchen Fällen angewendet, wenn der frühere Spion inzwischen in seinem Land eine hohe öffentliche Stellung einnimmt (Meyer-Goßner StPO § 153 d Rn 1).

Ein **nachträgliches objektives Verfahren** (§ 440 StPO, § 442 StPO) ist möglich. 2

§ 153 e [Absehen von Strafverfolgung bei tätiger Reue]

(1) ¹Hat das Verfahren Straftaten der in § 74a Abs. 1 Nr. 2 bis 4 und in § 120 Abs. 1 Nr. 2 bis 7 des Gerichtsverfassungsgesetzes bezeichneten Art zum Gegenstand, so kann der Generalbundesanwalt mit Zustimmung des nach § 120 des Gerichtsverfassungsgesetzes zuständigen Oberlandesgerichts von der Verfolgung einer solchen Tat absehen, wenn der Täter nach der Tat, bevor ihm deren Entdeckung bekanntgeworden ist, dazu beigetragen hat, eine Gefahr für den Bestand oder die Sicherheit der Bundesrepublik Deutschland oder die verfassungsmäßige Ordnung abzuwenden. ²Dasselbe gilt, wenn der Täter einen solchen Beitrag dadurch geleistet hat, daß er nach der Tat sein mit ihr zusammenhängendes Wissen über Bestrebungen des Hochverrats, der Gefährdung des demokratischen Rechtsstaates oder des Landesverrats und der Gefährdung der äußeren Sicherheit einer Dienststelle offenbart hat.

(2) Ist die Klage bereits erhoben, so kann das nach § 120 des Gerichtsverfassungsgesetzes zuständige Oberlandesgericht mit Zustimmung des Generalbundesanwalts das Verfahren unter den in Absatz 1 bezeichneten Voraussetzungen einstellen.

Der Generalbundesanwalt oder nach Anklageerhebung das zuständige Oberlandesgericht 1 kann bei Staatsschutzdelikten bei tätiger Reue von der Verfolgung absehen.
Maßgeblicher Zeitpunkt ist die **Bekanntgabe der Entdeckung der Tat.**
Der Beitrag des Täters setzt **aktives Tun** voraus. Im Fall des **S 1** muss keine Dienststelle 2 eingeschaltet werden, vielmehr genügt es, wenn der Täter dazu beigetragen hat, eine Gefahr für den Bestand oder die Sicherheit der Bundesrepublik oder die verfassungsgemäße Ordnung abzuwenden.

In Betracht kommt das Abhalten Anderer von weiteren Gefährdungshandlungen (Meyer-Goßner 2.1 StPO § 153 Rn 5).

Im Fall des **S 2** muss der Täter sein gesamtes wesentliches Wissen über derartige Bestre- 3 bungen und das mit der Tat zusammenhängt einer Dienststelle offenbart haben (Meyer-Goßner StPO § 153 e Rn 6).
Wenn der **Generalbundesanwalt** von der Verfolgung gem **Abs 1** absehen möchte, muss 4 er die Zustimmung des nach § 120 GVG zuständigen Oberlandesgerichts einholen.
Nach Klageerhebung ist das **Oberlandesgericht** zuständig (**Abs 2**). Es muss die Zustim- 5 mung des Generalbundesanwalts einholen.
Rechtliches Gehör soll dem Beschuldigten nicht gewährt werden müssen (Meyer- 6 Goßner StPO § 153 e Rn 3).

7 Der gerichtliche Einstellungsbeschluss hat eine **beschränkte materielle Rechtskraft**.
8 § 153 e StPO gilt auch bei den entsprechenden Straftaten gegen das **NATO-Truppenstatut** (Meyer-Goßner StPO § 153 e Rn 1).
9 Die Einstellung kann sich auch auf weniger schwere Straftaten erstrecken, die in **Idealkonkurrenz** mit dem Staatsschutzdelikt stehen. Sie kann aber auch nur auf einen abtrennbaren Teil begrenzt werden (Meyer-Goßner StPO § 153 e Rn 7).
10 Zu **Verfahrenskosten und Entschädigung** vgl § 153 StPO Rn 50 ff.
11 Zum **nachträglichen objektiven Verfahren** vgl § 153 c StPO Rn 21 f.

§ 153 f [Absehen von Strafverfolgung bei Straftaten nach dem Völkerstrafgesetzbuch]

(1) ¹Die Staatsanwaltschaft kann von der Verfolgung einer Tat, die nach den §§ 6 bis 14 des Völkerstrafgesetzbuches strafbar ist, in den Fällen des § 153 c Abs. 1 Nr. 1 und 2 absehen, wenn sich der Beschuldigte nicht im Inland aufhält und ein solcher Aufenthalt auch nicht zu erwarten ist. ²Ist in den Fällen des § 153 c Abs. 1 Nr. 1 der Beschuldigte Deutscher, so gilt dies jedoch nur dann, wenn die Tat vor einem internationalen Gerichtshof oder durch einen Staat, auf dessen Gebiet die Tat begangen oder dessen Angehöriger durch die Tat verletzt wurde, verfolgt wird.

(2) ¹Die Staatsanwaltschaft kann insbesondere von der Verfolgung einer Tat, die nach den §§ 6 bis 14 des Völkerstrafgesetzbuches strafbar ist, in den Fällen des § 153 c Abs. 1 Nr. 1 und 2 absehen, wenn
1. kein Tatverdacht gegen einen Deutschen besteht,
2. die Tat nicht gegen einen Deutschen begangen wurde,
3. kein Tatverdächtiger sich im Inland aufhält und ein solcher Aufenthalt auch nicht zu erwarten ist und
4. die Tat vor einem internationalen Gerichtshof oder durch einen Staat, auf dessen Gebiet die Tat begangen wurde, dessen Angehöriger der Tat verdächtig ist oder dessen Angehöriger durch die Tat verletzt wurde, verfolgt wird.

²Dasselbe gilt, wenn sich ein wegen einer im Ausland begangenen Tat beschuldigter Ausländer im Inland aufhält, aber die Voraussetzungen nach Satz 1 Nr. 2 und 4 erfüllt sind und die Überstellung an einen internationalen Gerichtshof oder die Auslieferung an den verfolgenden Staat zulässig und beabsichtigt ist.

(3) Ist in den Fällen des Absatzes 1 oder 2 die öffentliche Klage bereits erhoben, so kann die Staatsanwaltschaft die Klage in jeder Lage des Verfahrens zurücknehmen und das Verfahren einstellen.

Überblick

Mit § 153 f StPO wird für die in § 6 VStGB bis § 14 VStGB genannten Straftaten gegen das Völkerrecht (Völkermord, Verbrechen gegen die Menschlichkeit, Kriegsverbrechen und sonstige Straftaten) das Ermessen zur Einstellung nach § 153 c StPO eingeschränkt (vgl § 153 c Abs 1 S 2 StPO).

A. Sinn der Vorschrift

1 Sinn der Vorschrift ist es, dass die deutschen Strafverfolgungsbehörden nicht in allen Fällen, für die sie nach dem Weltrechtsprinzip (vgl § 6 Nr 9 StGB) die Strafverfolgungskompetenz haben, tätig werden müssen, sondern die Verfolgung ausländischen oder internationalen Strafverfolgungsbehörden überlassen können (BT-Drs 14/8524; grundlegend Ambos NStZ 2006, 434; Singelnstein/Stolle ZIS 2006, 119).

B. Voraussetzungen

2 Voraussetzung für die Einstellung ist, dass
• es sich um eine Straftat nach § 6 VStGB bis § 14 VStGB handelt,

- die Tat außerhalb des räumlichen Geltungsbereichs dieses Gesetzes begangen wurde oder ein Teilnehmer an einer außerhalb des räumlichen Geltungsbereichs dieses Gesetzes begangenen Handlung in diesem Bereich begangen hat (§ 153 c Abs Nr 1 StPO; s § 153 c StPO Rn 5) oder die Tat ein Ausländer im Inland auf einem ausländischen Schiff oder Luftfahrzeug begangen hat (§ 153 c Abs 1 Nr 2 StPO; s § 153 c StPO Rn 7) und
- sich der Beschuldigte nicht im Inland aufhält und ein solcher Aufenthalt auch nicht zu erwarten ist.

Ist der Beschuldigte Deutscher, kann die Staatsanwaltschaft in den Fällen des § 153 c Abs 1 Nr 1 StPO nur einstellen, wenn die Tat bereits vor einem internationalen Gerichtshof oder durch einen Staat, auf dessen Gebiet die Tat begangen oder dessen Angehöriger durch die Tat verletzt wurde, verfolgt wird (Abs 1 S 2). **3**

Zum Widerspruch mit Art 17 IStGH-Statut (BGBl 2000 II, 1393) vgl Meyer-Goßner StPO § 153 f Rn 6; Löwe/Rosenberg/Beulke StPO § 153 f Rn 22 ff. **3.1**

In Abs 2 werden Auslegungshilfen für die Ermessensentscheidung der Staatsanwaltschaft gegeben. **4**

C. Verfahren nach Anklageerhebung

Wenn öffentliche Klage bereits erhoben ist, kann die Staatsanwaltschaft jederzeit die Klage zurücknehmen und das Verfahren einstellen (Abs 3). **5**

Zur Kostenentscheidung vgl § 467 a StPO. **5.1**

D. Kein Klageerzwingungsverfahren

Ein Klageerzwingungsverfahren ist nicht zulässig (§ 172 Abs 2 S 3 StPO; OLG Stuttgart NStZ 2006, 117; krit Ambos NStZ 2006, 343). **6**

OLG Stuttgart NStZ 2006, 117: Es unterliegt der gerichtlichen Kontrolle, ob die Tatbestandsvoraussetzungen des § 153 f Abs 1, Abs 2 StPO erfüllt sind. Bei Vorliegen der Tatbestandsvoraussetzungen ist die eigentliche Ermessensausübung des § 153 f Abs 1, Abs 2 StPO (dh das Ermessen im engeren Sinne) nicht justiziabel. Die Ermessensentscheidung ist nur dahingehend gerichtlich überprüfbar, ob überhaupt Ermessen ausgeübt und ob die Grenze zur Willkür überschritten wurde. **6.1**

E. Zuständigkeit

Zuständig ist der Generalbundesanwalt (§ 120 Abs 1 Nr 8 GVG iVm § 142 a Abs 1 GVG). **7**

§ 154 [Unwesentliche Nebenstraftaten]

(1) Die Staatsanwaltschaft kann von der Verfolgung einer Tat absehen,
1. wenn die Strafe oder die Maßregel der Besserung und Sicherung, zu der die Verfolgung führen kann, neben einer Strafe oder Maßregel der Besserung und Sicherung, die gegen den Beschuldigten wegen einer anderen Tat rechtskräftig verhängt worden ist oder die er wegen einer anderen Tat zu erwarten hat, nicht beträchtlich ins Gewicht fällt oder
2. darüber hinaus, wenn ein Urteil wegen dieser Tat in angemessener Frist nicht zu erwarten ist und wenn eine Strafe oder Maßregel der Besserung und Sicherung, die gegen den Beschuldigten rechtskräftig verhängt worden ist oder die er wegen einer anderen Tat zu erwarten hat, zur Einwirkung auf den Täter und zur Verteidigung der Rechtsordnung ausreichend erscheint.

(2) Ist die öffentliche Klage bereits erhoben, so kann das Gericht auf Antrag der Staatsanwaltschaft das Verfahren in jeder Lage vorläufig einstellen.

(3) Ist das Verfahren mit Rücksicht auf eine wegen einer anderen Tat bereits rechtskräftig erkannten Strafe oder Maßregel der Besserung und Sicherung vorläufig eingestellt worden, so kann es, falls nicht inzwischen Verjährung eingetreten ist,

StPO § 154

wieder aufgenommen werden, wenn die rechtskräftig erkannte Strafe oder Maßregel der Besserung und Sicherung nachträglich wegfällt.

(4) Ist das Verfahren mit Rücksicht auf eine wegen einer anderen Tat zu erwartende Strafe oder Maßregel der Besserung und Sicherung vorläufig eingestellt worden, so kann es, falls nicht inzwischen Verjährung eingetreten ist, binnen drei Monaten nach Rechtskraft des wegen der anderen Tat ergehenden Urteils wieder aufgenommen werden.

(5) Hat das Gericht das Verfahren vorläufig eingestellt, so bedarf es zur Wiederaufnahme eines Gerichtsbeschlusses.

Überblick

§ 154 StPO ermöglicht es der Staatsanwaltschaft bzw dem Gericht, komplexen Verfahrensstoff oder nicht sonderlich ins Gewicht fallende weitere Straftaten abzuschichten und so das Verfahren zu beschleunigen (vgl BGH NStZ 1996, 551; zum Opferschutz vgl BGH BeckRS 2005, 06382 mwN und Böttcher FS Volk 2009, 61 ff). Daneben bleibt die Möglichkeit der Abtrennung nach § 4 StPO von verbundenen Strafsachen. Während § 154 StPO mehrere Taten im prozessualen Sinn voraussetzt (§ 264 StPO), kommt § 154 a StPO zur Anwendung bei abtrennbaren Teilen einer Tat oder bei mehreren Gesetzesverletzungen durch eine Tat (s § 52 StGB).

Übersicht

	Rn		Rn
A. Voraussetzungen	1	II. Bei Einstellung durch das Gericht	21
B. Verfahren	9	III. Berücksichtigung eingestellter Straftaten bei der Strafzumessung	25
I. Im Ermittlungsverfahren	9		
II. Nach Erhebung der öffentlichen Klage	12	D. Beschwerde	27
C. Wirkung und Wiederaufnahme	16	I. Durch den Beschuldigten	27
I. Bei Einstellung durch die Staatsanwaltschaft	16	II. Durch die Staatsanwaltschaft	29

A. Voraussetzungen

1 Es findet ein **Vergleich mit einer anderen Straftat** statt.

1.1 Dass ausländische Verfahren oder Verurteilungen nicht relevant sind (Meyer-Goßner StPO § 154 Rn 1 mit Verweis auf den Regelungszusammenhang mit § 153 c StPO, § 154 b Abs 2 StPO), ist jedenfalls für den europäischen Raum zu überdenken, so beispielsweise vor dem Hintergrund des Rahmenbeschlusses des Rates zur Berücksichtigung der in anderen Mitgliedstaaten der Europäischen Union ergangenen Verurteilungen in einem neuen Strafverfahren (Ratsdok 9675/2007).

2 Der Beschuldigte muss wegen dieser anderen Tat entweder bereits rechtskräftig verurteilt worden sein oder das dortige Verfahren noch andauern und er dort eine entsprechend hohe Strafe oder Maßregel der Besserung und Sicherung zu erwarten haben (**Abs 1 Nr 1**).

2.1 Eine Einstellung nach § 153 a StPO genügt nicht, weil es sich dabei um keine „Strafe" handelt (vgl nur Meyer-Goßner StPO § 154 Rn 2; aA Bandemer NStZ 1988, 297). Hier kann aber ggf nach § 153 StPO eingestellt werden. Eine Verurteilung zu einer Verwarnung mit Strafvorbehalt genügt (LG Berlin NStZ 1994, 450).

3 Diese Bewertung und der Vergleich der Strafen oder der Maßregeln der Besserung und Sicherung ist eine Frage des Einzelfalls unter Berücksichtigung aller Umstände; ein Prozentsatz lässt sich dafür nicht festlegen (Meyer-Goßner StPO § 154 Rn 7). Der Staatsanwaltschaft steht ein **großer Ermessensspielraum** zur Verfügung.

3.1 Zur (mitunter bedenklich) großzügigen Anwendung dieser Art der Verfahrenseinstellung auf „Kronzeugen" vgl Volk Kronzeugen praeter legem NStZ 1996, 879.

Bei einer zu erwartenden **Gesamtstrafe** ist nur das Rechtsfolgenminus relevant, das durch 4
den Wegfall der auszuscheidenden Tat entsteht, so dass eine Straftat auch ausgeschieden
werden kann, wenn durch sie an sich die höchste Einsatzstrafe verwirkt wäre (Meyer-Goßner
StPO § 154 Rn 8). Zusätzlich soll auch hier die Anforderung aus Abs 1 Nr 2 erfüllt sein,
dass eine Strafe zur Einwirkung auf den Täter und zur Verteidigung der Rechtsordnung nicht
erforderlich ist (Meyer-Goßner StPO § 154 Rn 7).

Selbst wenn die Tat nicht „nicht beträchtlich ins Gewicht fällt", also (beträchtlich) ins 5
Gewicht fällt, kann die Staatsanwaltschaft das Verfahren einstellen, wenn ein Urteil in
angemessener Frist nicht zu erwarten ist und die andere Strafe oder Maßregel der Besserung
und Sicherung zur Einwirkung auf den Täter und zur Verteidigung der Rechtsordnung
ausreichend erscheint (**Abs 1 Nr 2**). Ein solcher Fristenvergleich ist auch dann anzustellen,
wenn beide Strafverfahren erst noch durchzuführen sind.

Eine weitere **Einwirkung auf den Täter** ist beispielsweise erforderlich, wenn durch die 6
Einstellung eine gebotene Maßregel der Besserung und Sicherung ausscheiden würde.

Die **Verteidigung der Rechtsordnung** ist geboten, wenn ähnlichen Rechtsverletzungen 7
durch andere vorgebeugt werden soll oder wenn durch die Nichtverfolgung die Bevölkerung
in ihrem Vertrauen auf das Funktionieren der Strafrechtspflege erschüttert würde (Meyer-
Goßner StPO § 154 Rn 13 f).

Auch wenn die Nichteinstellung nicht beschwerdefähig ist, ist für diese vagen Ausschlie- 8
ßungsgründe ein hohe Hürde zu fordern.

B. Verfahren

I. Im Ermittlungsverfahren

Die Staatsanwaltschaft soll von dieser Art der Verfahrenseinstellung in weitem Umfang 9
und in einem möglichst frühen Verfahrensstadium Gebrauch machen (Nr 101 Abs 1
RiStBV).

Einer Zustimmung von Gericht oder Beschuldigtem bedarf es im Ermittlungsverfahren 10
nicht. Ob der Beschuldigte vorher anzuhören ist, richtet sich danach, ob er durch die
teilweise Einstellung ausnahmsweise beschwert wird oder ob Vorinstanzen die Begehung
der eingestellten Tat bei der Strafzumessung berücksichtigt haben (BGH NStZ-RR 2008,
183).

Zu einem Zustimmungserfordernis des Verletzten aus Opferinteressen heraus s Böttcher FS Volk 10.1
2009, 61 ff.

Dem Anzeigeerstatter wird ein Bescheid erteilt (Nr 101 Abs 2 RiStBV, Nr 89 RiStBV). 11

II. Nach Erhebung der öffentlichen Klage

Nach Anklageerhebung kann das Gericht (auch das Revisionsgericht) auf Antrag der 12
Staatsanwaltschaft das Verfahren jederzeit unter den Bedingungen des Abs 1 durch Beschluss
vorläufig einstellen (Abs 2), sofern die Taten wirksam angeklagt worden sind (BGH NStZ
1995, 245; vgl auch BGH NStZ 2001, 656).

Der Beschluss ist mit einer **Kostenentscheidung** zu versehen (BGH NStZ 1997, 249), 13
die nicht anfechtbar ist (OLG Düsseldorf JurBüro 1991, 854; Meyer-Goßner StPO § 154
Rn 20).

Eine **Zustimmung** des Angeschuldigten bzw Angeklagten oder des Nebenklägers (be- 14
achte § 400 Abs 2 S 2 StPO sowie § 396 Abs 3 StPO) bedarf es wiederum nicht. Es bedarf
noch nicht einmal der Anhörung des Angeschuldigten (BGH NStZ 1995, 18).

Zu einem Zustimmungserfordernis des Verletzten aus Opferinteressen heraus s Böttcher FS Volk 14.1
2009, 61 ff.

§ 154 StPO greift nicht mehr, wenn die rechtskräftig verhängte Strafe für die einzustellen- 15
de Tat bereits vollstreckt wird. Möglich ist § 154 StPO aber, solange die andere Tat noch in
der **Vollstreckung** ist. Danach ist § 154 StPO seinem Sinn nach nicht mehr anwendbar,
weil gerade die neue Straftat zeigt, dass eine weitere Sanktion zur Einwirkung auf den Täter
erforderlich ist (Löwe/Rosenberg/Beulke StPO § 154 Rn 15).

C. Wirkung und Wiederaufnahme

I. Bei Einstellung durch die Staatsanwaltschaft

16 Die Verfahrenseinstellung durch die Staatsanwaltschaft im Ermittlungsverfahren ist nur vorläufig. Die Staatsanwaltschaft kann das Verfahren jederzeit – bis zur Verjährung – wiederaufnehmen, wenn es ihr geboten erscheint. Es tritt kein Strafklageverbrauch ein. Ein Verfolgungshindernis gem. Art 54 SDÜ besteht nicht (OLG Nürnberg BeckRS 2009, 20924), die vorläufige Einstellung zählt auch nicht zu den Verfahrenshindernissen, die in § 364 S 1 Alt 2 StPO der rechtskräftigen Verurteilung gleichgestellt sind (KG BeckRS 2009, 25384). Spätestens nach Abschluss des anderen Verfahrens prüft die Staatsanwaltschaft, ob es bei der Einstellung verbleiben kann (Nr 101 Abs 3 RiStBV).

16.1 Beispiele für eine Wiederaufnahme: Unrichtigkeit der Prognose über Ablauf und Ergebnis des anderen Verfahrens (Meyer-Goßner StPO § 154 Rn 15).

17 Die die Möglichkeit der Wiederaufnahme einschränkenden Abs 3 und Abs 4 des § 154 StPO gelten nur im Fall einer gerichtlichen Einstellung (BGH NStZ-RR 2007, 20); für die Staatsanwaltschaft sind sie nur Richtlinien (Volk § 12 Rn 31). Es wird für eine Wiederaufnahme aber ein „sachlich einleuchtender Grund" verlangt (Meyer-Goßner StPO § 154 Rn 21 a mwN). Daraus kann aber nicht gefolgert werden, dass mit einer solchen Einstellung das Zeugnisverweigerungsrecht, das der Angehörige eines Beschuldigten im Verfahren gegen einen Mitbeschuldigten hat, erlischt, wenn das gegen den angehörigen Beschuldigten geführte Verfahren rechtskräftig abgeschlossen wird, auch bezüglich solcher Tatvorwürfe, hinsichtlich deren das Verfahren gemäß § 154 Abs 1 StPO eingestellt worden ist (so aber BGH NJW 2009, 2548 mwN); bei einer Einstellung nach § 154 Abs 2 StPO mag das überzeugen.

18 Die Wiederaufnahme kann auch konkludent durch Anklageerhebung erfolgen (BGH NStZ-RR 2007, 20).

19 Selbst bei einer entgegenstehenden „Zusage" ist die Staatsanwaltschaft nicht an der Wiederaufnahme gehindert. Sie hat sich dann allerdings nicht fair verhalten, was sich drastisch strafmildernd auswirken muss (BGH NStZ 2008, 416 mAnm Graumann FS Fezer 2008, http://www.hrr-strafrecht.de/hrr/archiv/hrrs-fezer-festgabe.pdf; NStZ 1990, 399 mit zust Anm Gatzweiler NStZ 1991, 46; Volk § 12 Rn 31).

20 Die Verwaltungsbehörde soll aber trotz einer Einstellung nach § 154 Abs 1 StPO eine tateinheitlich zusammentreffende **Ordnungswidrigkeit** verfolgen können (BGH NStZ 1996, 551).

II. Bei Einstellung durch das Gericht

21 Hat das Gericht das Verfahren vorläufig eingestellt (Abs 2), bedarf es zur Wiederaufnahme eines Gerichtsbeschlusses (Abs 5); eine stillschweigende Wiederaufnahme genügt nicht (BGH NStZ-RR 2007, 83; BayObLG NStZ 1992, 403). Bis dahin schafft der Einstellungsbeschluss ein von Amts wegen zu beachtendes Verfahrenshindernis (BGH NStZ 2007, 476; NStZ 1982, 40; KG NStZ-RR 2009, 286) und hat beschränkte materielle Rechtskraft (BGHSt 10, 88 = NJW 1957, 637). Durch den Einstellungsbeschluss endet die gerichtliche Anhängigkeit (BGH NStZ-RR 2007, 83; OLG Frankfurt NStZ 1988, 328 mAnm Dörr/Taschke). Beweissicherungen sind trotz der Einstellung zulässig (Meyer-Goßner StPO § 154 Rn 17 mwN). Zum Erlöschen von Zeugnisverweigerungsrechten bei Einstellung in Mehrfachtäter-Konstellationen vgl BGH NJW 2009, 2549 (oben Rn 17).

22 Der **Wiederaufnahmebeschluss** muss durch den **Spruchkörper des Gerichts** erfolgen, dessen Einstellungsbeschluss rückgängig gemacht werden soll (BGH BeckRS 2000, 30105398). Bei Entscheidung eines nach dem Geschäftsverteilungsplans unzuständigen Spruchkörpers, bedarf es einer Verfahrensrüge (BGH NStZ-RR 2006, 42). Trotz Vorliegens eines Wiederaufnahmebeschlusses wird das Verfahrenshindernis nicht beseitigt, wenn die materiellen Voraussetzungen für die Wiederaufnahme nicht vorliegen (KG NStZ-RR 2009, 286). Vor Erlass des Beschlusses ist die Staatsanwaltschaft anzuhören (§ 33 Abs 2 StPO).

23 Abs 3 und Abs 4 gelten nur im Fall einer gerichtlichen Einstellung (BGH NStZ-RR 2007, 20; zur staatsanwaltlichen Einstellung vgl oben Rn 16 ff).

Alleine der Umstand, dass die in einem Bezugsverfahren verhängte Strafe wegen der Flucht des 23.1
Verurteilten nicht vollstreckt werden kann, ist kein Grund für die Wiederaufnahme (OLG Hamm
StraFo 2008, 382).

Die Drei-Monatsfrist (Abs 4) dient dem Schutz des Angeklagten (OLG Hamm 24
BeckRS 2008, 17185). Sie beginnt mit dem rechtskräftigen Abschluss des anderen Verfahrens, egal ob durch Urteil oder Beschluss (Meyer-Goßner StPO § 154 Rn 23). Der Wiederaufnahmebeschluss ist aber auch danach zulässig, wenn sich herausstellt, dass das eingestellte Verfahren ein Verbrechen zum Gegenstand hat (BGH NStZ 1986, 36 mAnm Rieß).

III. Berücksichtigung eingestellter Straftaten bei der Strafzumessung

Ob nach § 154 Abs 2 StPO eingestellte Taten strafschärfend berücksichtigt werden 25
dürfen, ist umstritten. Der BGH hält es für zulässig, wenn der Angeklagte auf diese
Möglichkeit hingewiesen und das Tatgeschehen prozessordnungsgemäß festgestellt wurde
(BGH NStZ 2004, 162; NStZ 1996, 611; NStZ 1998, 51). Ist in der Hauptverhandlung
kein Hinweis ergangen, dass das Gericht eine Tat, von deren Verfolgung gem § 154 Abs 1
StPO abgesehen worden ist, möglicherweise strafschärfend werten werde, ist deren Mitberücksichtigung bei der Strafbemessung unzulässig (BGH [2. Strafsenat] NStZ 1983, 20;
aA BGH [3. Strafsenat] NStZ 1981, 389; zum notwendigen Vortrag bei der Verfahrensrüge
vgl OLG München BeckRS 2009, 19553). Denn nur dann kann sich der Angeklagte
entsprechend auch dazu verteidigen. Nimmt der Berufungsrichter einen in Tatmehrheit
stehenden Deliktsvorwurf von der Verfolgung gemäß § 154 Abs 2 StPO aus, hält er aber
dennoch einen gleich hohen Schuldausgleich für erforderlich wie erstinstanzlich verhängt,
dann bedarf diese Entscheidung einer eingehenden Begründung (OLG München NJW
2009, 160 mwN).

Die fehlende Auseinandersetzung mit den eingestellten Taten kann in der Revision nur 26
mit der Verfahrensrüge angegriffen werden; es muss dann auch dargestellt werden, weshalb
eine Vertrauensgrundlage bestand (Meyer-Goßner StPO § 154 Rn 25 mwN; zur notwendigen Auseinandersetzung mit den Einstellungsgründen in den Urteilsgründen vgl auch BGH
NStZ 2008, 581; NStZ 2009, 228).

D. Beschwerde
I. Durch den Beschuldigten

Eine Beschwerdemöglichkeit gegen die Verfahrenseinstellung nach § 154 Abs 1 StPO 27
oder gegen die Ablehnung einer darauf gerichteten Anregung hat der Beschuldigte nicht.

Grundsätzlich ist ein Angeklagter auch durch eine Einstellung nach § 154 Abs 2 StPO
nicht beschwert (BGH NStZ-RR 2007, 21; Meyer-Goßner StPO § 154 Rn 20); im Grundsatz gilt, dass aus der Einstellung gem § 154 StPO keine Rechtsnachteile erwachsen, außer
wenn diese Entscheidung Erwägungen zu strafrechtlicher Feststellung von Schuld erkennen
lässt (BVerfG BeckRS 2007, 28271 mwN). Eine Beschwer ergibt sich auch dann, wenn die
Unschuld eines Angeklagten eindeutig feststeht (BVerfG NJW 1997, 46) oder wenn eine
fehlerhafte Rechtsanwendung nicht mehr verständlich ist und sich daher der Schluss aufdrängt, dass sie auf sachfremden oder offensichtlich unhaltbaren Erwägungen beruht (BVerfG
BeckRS 2007, 28271 mwN; LG Arnsberg wistra 2008, 440).

Gegen den Wiederaufnahmebeschluss nach Abs 5 steht dem Angeklagten keine Be- 28
schwerde zu.

II. Durch die Staatsanwaltschaft

Die Staatsanwaltschaft kann sich gegen die Ablehnung eines Einstellungsantrags nach 29
§ 154 Abs 2 StPO nicht beschweren. Nur wenn das Verfahren ohne ihren Antrag durch
Gerichtsbeschluss eingestellt wird, kann sich die Staatsanwaltschaft beschweren, nicht aber
schon dann, wenn das Gericht die Voraussetzungen des Abs 1 rechtsfehlerhaft bejaht (Meyer-Goßner StPO § 154 Rn 20).

Gegen den Wiederaufnahmebeschluss nach Abs 5 oder dessen Ablehnung steht der Staats- 30
anwaltschaft keine Beschwerde offen (Meyer-Goßner StPO § 154 Rn 24).

§ 154 a [Beschränkung der Strafverfolgung]

(1) ¹Fallen einzelne abtrennbare Teile einer Tat oder einzelne von mehreren Gesetzesverletzungen, die durch dieselbe Tat begangen worden sind,
1. für die zu erwartende Strafe oder Maßregel der Besserung und Sicherung oder
2. neben einer Strafe oder Maßregel der Besserung und Sicherung, die gegen den Beschuldigten wegen einer anderen Tat rechtskräftig verhängt worden ist oder die er wegen einer anderen Tat zu erwarten hat,

nicht beträchtlich ins Gewicht, so kann die Verfolgung auf die übrigen Teile der Tat oder die übrigen Gesetzesverletzungen beschränkt werden. ²§ 154 Abs. 1 Nr. 2 gilt entsprechend. ³Die Beschränkung ist aktenkundig zu machen.

(2) Nach Einreichung der Anklageschrift kann das Gericht in jeder Lage des Verfahrens mit Zustimmung der Staatsanwaltschaft die Beschränkung vornehmen.

(3) ¹Das Gericht kann in jeder Lage des Verfahrens ausgeschiedene Teile einer Tat oder Gesetzesverletzungen in das Verfahren wieder einbeziehen. ²Einem Antrag der Staatsanwaltschaft auf Einbeziehung ist zu entsprechen. ³Werden ausgeschiedene Teile einer Tat wieder einbezogen, so ist § 265 Abs. 4 entsprechend anzuwenden.

Überblick

§ 154 a StPO ergänzt § 154 StPO. Auch diese Vorschrift dient der Beschleunigung des Verfahrens durch teilweisen Verzicht auf Strafverfolgung. Eine aus tatsächlichen oder rechtlichen Gründen schwierige Beweisaufnahme oder aber die Verfolgung von nicht der Rede werten Teilen einer Tat, die erst spät in der Hauptverhandlung bekannt werden, soll vermieden werden. Die Vorschriften § 154 StPO, § 154 a StPO unterscheiden sich darin, dass § 154 StPO mehrere Taten im prozessualen Sinn voraussetzt (§ 264 StPO), während § 154 a StPO zur Anwendung kommt bei abtrennbaren Teilen einer Tat oder bei mehreren Gesetzesverletzungen durch eine Tat.

Übersicht

	Rn		Rn
A. Voraussetzungen	1	IV. Nicht in angemessener Frist zu erwarten (§ 154 a Abs 1 S 2 StPO)	4
I. Einzelne abtrennbare Teile einer Tat	1	B. Verfahren	5
II. Einzelne von mehreren Gesetzesverletzungen	2	I. Im Ermittlungsverfahren	5
III. Nicht beträchtlich ins Gewicht fallendes Rechtsfolgenminus (§ 154 a Abs 1 S 1 StPO)	3	II. Nach Erhebung der öffentlichen Klage	8
		C. Wirkung und Wiederaufnahme	11
		D. Beschwerde und Revision	20

A. Voraussetzungen

I. Einzelne abtrennbare Teile einer Tat

1   **Abtrennbar** sind Tatteile dann, wenn es sich beispielsweise um Teile einer falschen Zeugenaussage oder Teile einer Dauerstraftat handelt (vgl Volk § 12 Rn 28; Meyer-Goßner StPO § 154 a Rn 5).

II. Einzelne von mehreren Gesetzesverletzungen

2   Auch **einzelne Gesetzesverletzungen** bei in Tateinheit begangenen Delikten (§ 52 StGB) können abgetrennt werden, beispielsweise also Hausfriedensbruch und Sachbeschädigung bei einem Wohnungseinbruchsdiebstahl nach § 244 Abs 1 Nr 3 StGB (Volk § 12 Rn 28).

III. Nicht beträchtlich ins Gewicht fallendes Rechtsfolgenminus (§ 154a Abs 1 S 1 StPO)

Wie bei § 154 StPO sind die Rechtsfolgen miteinander zu vergleichen. Das durch die Beschränkung entstehende „**Rechtsfolgenminus**" darf nicht beträchtlich ins Gewicht fallen. 3

IV. Nicht in angemessener Frist zu erwarten (§ 154a Abs 1 S 2 StPO)

Selbst wenn das Rechtsfolgenminus nicht „nicht beträchtlich" wäre, kann eine Beschränkung erfolgen, um eine unangemessen lange Verfahrensdauer zu vermeiden. Wie bei § 154 StPO muss die verbleibende Strafe oder Maßregel der Besserung und Sicherung zur Einwirkung auf den Täter und zur Verteidigung der Rechtsordnung ausreichend erscheinen (vgl § 154 StPO Rn 6 f). 4

B. Verfahren

I. Im Ermittlungsverfahren

Nach Nr 101a Abs 1 S 1 RiStBV soll der Staatsanwalt von der Möglichkeit der Beschränkung der Strafverfolgung nach § 154a StPO Gebrauch machen, wenn dies das Verfahren vereinfacht. Nr 101 Abs 1 RiStBV gilt entsprechend: Der Staatsanwalt soll also **in weitem Umfang und in einem möglichst frühen Verfahrensstadium** davon Gebrauch machen und die Ermittlungsbeamten für die Abklärung entsprechend anweisen. 5

Beschränkungen nach § 154a StPO werden **aktenkundig** gemacht (§ 154a Abs 1 S 3 StPO). Wenn die Beschränkung vor Erhebung der öffentlichen Klage erfolgt, **ist in der Anklageschrift bzw. im Strafbefehlsantrag darauf hinzuweisen** (Nr 101a Abs 3 RiStBV; vgl § 200 StPO Rn 13). 6

Es muss immer klar sein, **welche Teile oder Gesetzesverletzungen ausgeschieden** sind. Deshalb müssen diese eindeutig benannt werden und darf nicht spiegelbildlich nur darauf verwiesen werden, welche Teile oder Gesetzesverletzungen weiter verfolgt werden. 7

II. Nach Erhebung der öffentlichen Klage

Das Gericht kann nach Anklageerhebung nur **mit Zustimmung der Staatsanwaltschaft** (oder den die Zustimmung implizierenden Antrag) eine Beschränkung vornehmen (§ 154a Abs 2 StPO). 8

Die Beschränkung kann bereits im **Eröffnungsbeschluss** (vgl § 207 Abs 2 Nr 2, Nr 4 StPO; s aber zur möglichen Änderung der gerichtlichen Zuständigkeit unten Rn 15) und bis zugleich mit dem Urteil (BGH NStZ 1996, 325) erfolgen. Nach einer wirksamen **Berufungsbeschränkung** auf den Rechtsfolgenausspruch ist eine Beschränkung nach § 154a StPO ausgeschlossen. Auch das **Revisionsgericht** kann mit Zustimmung der Staatsanwaltschaft die Verfolgung gem § 154a Abs 2 StPO beschränken (BGH NJW 1968, 116; Meyer-Goßner StPO § 353 Rn 3). 9

Anders als bei § 154 StPO (vgl § 154 StPO Rn 13) ergeht grundsätzlich **keine Kosten- und Auslagenentscheidung.** 10

Eine Kosten- und Auslagenentscheidung ergeht nur ausnahmsweise bei Beschränkung auf einzelne materiell-rechtlich selbständige Teile der Tat (Meyer-Goßner StPO § 154a Rn 22 aE). 10.1

C. Wirkung und Wiederaufnahme

Die Beschränkung ist nur **vorläufig**. Der Beschuldigte darf für diese ausgeschiedenen Teile nicht strafrechtlich zur Verantwortung gezogen werden. 11

Auch nach der Abtrennung wird die ganze Tat mit Erhebung der Anklage **anhängig** (Meyer-Goßner StPO § 154a Rn 5: „latente Anhängigkeit"). 12

StPO § 154 b

13 Die Staatsanwaltschaft ist an die Beschränkung **nicht gebunden**. Sie kann bis zur Anklageerhebung jederzeit wieder die Verfolgung auf die ausgeschiedenen Tatteile oder Gesetzesverletzungen ausdehnen.

14 Zur **Berücksichtigung eingestellter Straftaten** bei der Strafzumessung vgl § 154 Rn 25 f.

15 Durch eine Verfahrensbeschränkung kann sich die **gerichtliche Zuständigkeit** ändern.

15.1 Wenn beispielsweise das OLG aus der ihm vorgelegten Anklage die Teile wegbeschränkt, die seine erstinstanzliche Zuständigkeit begründen, so hat es das Hauptverfahren vor dem zuständigen Gericht niedriger Ordnung zu eröffnen. Dieses Gericht kann aber ggf die Teile wiedereinbeziehen und erneut vor das höhere Gericht bringen (nach Meyer-Goßner StPO § 154 a Rn 17 mwN).

16 Nach Abs 3 kann das Gericht in jeder Lage des Verfahrens von sich aus ausgeschiedene Teile einer Tat oder Gesetzesverletzungen **wieder einbeziehen**.

16.1 Das gilt selbst dann, wenn die Staatsanwaltschaft versehentlich nach § 154 Abs 1 StPO eingestellt hat (BGH NStZ 2005, 514; NJW 1975, 176; NStZ 1985, 515; StV 1981, 397; vgl ausführlich Meyer-Goßner StPO § 154 a Rn 24).

17 Das Gericht muss einem entsprechenden Antrag der Staatsanwaltschaft entsprechen (Abs 3 S 2). Das soll selbst dann gelten, wenn es sich um einen bedingten Antrag der Staatsanwaltschaft handelt, etwa für den Fall des Freispruchs oder des Unterschreitens einer bestimmten Strafhöhe (Meyer-Goßner StPO § 154 a Rn 25 mit Verweis auf BGH NJW 1981, 354), wobei dann unklar bleibt, wie sich der Angeklagte hiergegen verteidigen können soll und wie diese Fallkonstellation prozessrechtlich (zB: Beweisanträge? Letztes Wort?) in den Griff bekommen werden soll.

18 Gem Abs 3 S 3 iVm § 265 Abs 4 StPO kann das Gericht das Verfahren nach Wiedereinbeziehung **aussetzen**.

19 Mit **Rechtskraft** der die Tat betreffenden Entscheidung tritt Strafklageverbrauch ein (Löwe/Rosenberg/Beulke StPO § 154 a Rn 43).

D. Beschwerde und Revision

20 Eine Beschwerde steht dem **Beschuldigten** weder gegen die Beschränkung noch gegen deren Anregung zu.

21 Die **Staatsanwaltschaft** kann sich gegen die Ablehnung der nach Anklageerhebung beantragten Beschränkung durch das Gericht nicht beschweren (vgl § 305 S 1 StPO).

22 Die Staatsanwaltschaft kann mit der **Revision** die zu Unrecht erfolgte Beschränkung mit einem Verstoß gegen die Aufklärungspflicht rügen.

22.1 Der **Nebenkläger** kann dies rügen, wenn das Nebenklagedelikt betroffen ist (vgl § 397 Abs 2 S 2 StPO).

23 Bei einem **Freispruch** muss die Staatsanwaltschaft oder der Nebenkläger eine **Verfahrensrüge** erheben, wenn sie rügen möchte, dass die ausgeschiedenen Teile nicht wieder einbezogen wurden (Meyer-Goßner StPO § 154 a Rn 27; Löwe/Rosenberg/Beulke StPO § 154 a Rn 47; aA BGH NStZ 1995, 540).

§ 154 b [Auslieferung und Landesverweisung]

(1) Von der Erhebung der öffentlichen Klage kann abgesehen werden, wenn der Beschuldigte wegen der Tat einer ausländischen Regierung ausgeliefert wird.

(2) Dasselbe gilt, wenn er wegen einer anderen Tat einer ausländischen Regierung ausgeliefert oder an einen internationalen Strafgerichtshof überstellt wird und die Strafe oder die Maßregel der Besserung und Sicherung, zu der die inländische Verfolgung führen kann, neben der Strafe oder der Maßregel der Besserung und

Öffentliche Klage § 154 c StPO

Sicherung, die gegen ihn im Ausland rechtskräftig verhängt worden ist oder die er im Ausland zu erwarten hat, nicht ins Gewicht fällt.

(3) Von der Erhebung der öffentlichen Klage kann auch abgesehen werden, wenn der Beschuldigte aus dem Geltungsbereich dieses Bundesgesetzes ausgewiesen wird.

(4) ¹Ist in den Fällen der Absätze 1 bis 3 die öffentliche Klage bereits erhoben, so stellt das Gericht auf Antrag der Staatsanwaltschaft das Verfahren vorläufig ein. ²§ 154 Abs. 3 bis 5 gilt mit der Maßgabe entsprechend, daß die Frist in Absatz 4 ein Jahr beträgt.

Überblick

Mit § 154 b StPO wird der Staatsanwaltschaft die Möglichkeit eröffnet, in Fällen der Auslieferung (Abs 1 und Abs 2) und Ausweisung (Abs 3) von der Erhebung der öffentlichen Klage abzusehen. Ähnliches regelt § 456 a StPO und § 17 StVollstrO.

A. Voraussetzungen

Für **Abs 1** muss es sich um dieselbe Tat handeln, für **Abs 2** um verschiedene Taten. 1

Die **Auslieferung** ist in §§ 2 IRG ff geregelt. Ihr gleich steht die **Überstellung** nach 2 §§ 2 IStGHG ff an einen Internationalen Strafgerichtshof (vgl auch § 28 IStGHG).

Nach **Abs 3** kann auch von der Erhebung der Klage abgesehen werden, wenn der 3 Beschuldigte **des Landes verwiesen** wird.

Die Ausweisung ist in § 53 AufenthG, § 54 AufenthG geregelt. 3.1

B. Verfahren

Die Staatsanwaltschaft bedarf für die Entscheidung nach Abs 1 bis Abs 3 nicht der Zustim- 4 mung des Gerichts.

Wenn Anklage bereits erhoben ist, muss das Gericht unter den Voraussetzungen der Abs 1 5 bis Abs 3, auf Antrag der Staatsanwaltschaft hin, das Verfahren vorläufig einstellen (Abs 4 S 1; OLG Düsseldorf MDR 1990, 568). Ungeschriebene Voraussetzung ist, dass die Auslieferung oder Ausweisung bereits erfolgt oder bestandskräftig ist.

Bis zur Bestandskraft kann die Staatsanwaltschaft die Aussetzung des Verfahrens und ggf. einen 5.1 Auslieferungshaftbefehl beantragen (Meyer-Goßner StPO § 154 b Rn 3).

Die gerichtliche Entscheidung ist mit einer **Kosten- und Auslagenentscheidung** zu 6 versehen (näher bei Meyer-Goßner StPO § 154 b Rn 5).

C. Wiederaufnahme

Gegenüber den entsprechend anwendbaren Regelungen in § 154 Abs 3 bis Abs 5 StPO 7 beträgt die Frist für die gerichtliche **Wiederaufnahme** ein Jahr.

Grund für die Wiederaufnahme kann sein, dass sich der Angeklagte wieder im Geltungsbereich 7.1 der StPO aufhält und noch ein Bedürfnis für die Strafverfolgung besteht.

Unklar ist hier die Kommentierung bei Meyer-Goßner (Meyer-Goßner StPO § 154 b 8 Rn 4), der die Frist von einem Jahr auf den Fall des Absehens von Erhebung der öffentlichen Klage durch die Staatsanwaltschaft nach Abs 2 zu beziehen scheint. Von der Gesetzessystematik her kann sich Abs 4 S 2 aber nur auf Abs 4 S 1 beziehen, also auf die vorläufige gerichtliche Einstellung.

§ 154 c [Opfer einer Nötigung oder Erpressung]

(1) Ist eine Nötigung oder Erpressung (§§ 240, 253 des Strafgesetzbuches) durch die Drohung begangen worden, eine Straftat zu offenbaren, so kann die

Staatsanwaltschaft von der Verfolgung der Tat, deren Offenbarung angedroht worden ist, absehen, wenn nicht wegen der Schwere der Tat eine Sühne unerläßlich ist.

(2) Zeigt das Opfer einer Nötigung oder Erpressung (§§ 240, 253 des Strafgesetzbuches) diese an (§ 158) und wird hierdurch bedingt ein vom Opfer begangenes Vergehen bekannt, so kann die Staatsanwaltschaft von der Verfolgung des Vergehens absehen, wenn nicht wegen der Schwere der Tat eine Sühne unerlässlich ist.

Überblick

Durch § 154 c StPO soll die Zwangslage eines Genötigten oder Erpressten unter bestimmten Bedingungen aufgelöst werden.

A. Voraussetzungen

1   Es muss sich um eine **Nötigung oder Erpressung** (§ 240 StGB, § 253 StGB) handeln.
1.1   Es reicht gem § 240 Abs 3 StGB der Versuch.
2   Und zwar entweder bezüglich einer Straftat, die der Genötigte oder Erpresste begangen hat (Abs 1), oder bezüglich eines Vergehens (Abs 2).
3   Abs 2 wurde neu eingefügt mit Gesetz vom 11. 2. 2005 zur Reform der Menschenhandelsdelikte (BGBl I 239), um besonders die Fälle zu erfassen, in denen sich in Deutschland illegal aufhaltende Frauen zur Ausübung der Prostitution genötigt werden.
4   Weitere Voraussetzung ist, dass nicht wegen der **Schwere der Tat des Genötigten oder Erpressten** eine Sühne unerlässlich ist. Das ist immer eine Einzelfallfrage.

B. Verfahren

5   Der Staatsanwaltschaft steht ein **Ermessen** zu.
6   **Nur die Staatsanwaltschaft** hat die Möglichkeit dieser Verfahrenseinstellung, das Gericht nicht. Nach Erhebung der öffentlichen Klage kann das Gericht ggf nur eine Einstellung nach § 153 Abs 2 StPO, § 153 a Abs 2 StPO anregen.
7   Eine Einstellung nach § 154 c StPO soll gem Nr 102 Abs 1 RiStBV nur erfolgen, wenn die Nötigung oder Erpressung strafwürdiger ist als die Tat des Genötigten oder Erpressten. Das – nämlich einen Vergleich beider Taten miteinander – gibt der Gesetzestext so nicht her (vgl auch Meyer-Goßner StPO § 154 c Rn 3).
8   Die Entscheidung über eine solche Zusicherung der Verfahrenseinstellung ist dem jeweiligen **Behördenleiter** vorbehalten (Nr 102 Abs 2 RiStBV).

C. Wirkung und Wiederaufnahme

9   Durch die Einstellung tritt **kein Strafklageverbrauch** ein.
10 Eine **Wiederaufnahme** ist daher zulässig, wenngleich sie nur bei veränderter Sachlage in Betracht kommt (Meyer-Goßner StPO § 154 c Rn 5).

D. Beschwerde

11 Gegen die Einstellung ist **keine Beschwerde** möglich, sondern nur eine **Dienstaufsichtsbeschwerde**.
11.1   Ein Klageerzwingungsverfahren ist unzulässig, § 172 Abs 2 S 3 StPO.

§ 154 d [Entscheidung einer zivil- oder verwaltungsrechtlichen Vorfrage]

¹Hängt die Erhebung der öffentlichen Klage wegen eines Vergehens von der Beurteilung einer Frage ab, die nach bürgerlichem Recht oder nach Verwal-

tungsrecht zu beurteilen ist, so kann die Staatsanwaltschaft zur Austragung der Frage im bürgerlichen Streitverfahren oder im Verwaltungsstreitverfahren eine Frist bestimmen. ²Hiervon ist der Anzeigende zu benachrichtigen. ³Nach fruchtlosem Ablauf der Frist kann die Staatsanwaltschaft das Verfahren einstellen.

Überblick

Strafanzeigen werden in Zivil- oder Verwaltungsrechtsstreitigkeiten manchmal dazu genutzt, um Druck auf den Prozessgegner auszuüben, auch weil man vielleicht nicht eine günstige Ausgangslage hat. Damit sich die Staatsanwaltschaft hier nicht „vor den Karren spannen" lassen muss, gibt ihr § 154 d StPO die Möglichkeit, dieses Ausgangsverfahren abzuwarten. Das gerichtliche Gegenstück ist § 262 Abs 2 StPO.

A. Vorfrage

Die zu klärende Vorfrage muss materiell-rechtlicher Natur sein. Die Staatsanwaltschaft 1 muss die Beantwortung dieser Frage brauchen, um das Strafverfahren weiter betreiben zu können. Es muss sich also um eine **präjudizielle Vorfrage** handeln. Rechtliche Schwierigkeiten allein reichen nicht aus (Meyer-Goßner StPO § 154 d Rn 1 mwN; OLG Stuttgart NStZ-RR 2003, 145).

Für **arbeits- und sozialgerichtliche Verfahren** gilt § 154 d StPO entsprechend. 2

Im **Steuerstrafverfahren** gilt § 396 AO. 2.1

B. Verfahren

Die Staatsanwaltschaft setzt dem Anzeigeerstatter eine **angemessene Frist** zur Austragung 3 des Zivil- oder Verwaltungsstreitsverfahrens.

§ 149 ZPO regelt die Aussetzung der zivilrechtlichen Verhandlung bei Verdacht einer Straftat bis 3.1 zur Erledigung des Strafverfahrens; vgl dazu Schwind NStZ 2006, 598.

Während des Fristenlaufs **ruht** das Strafverfahren vorläufig (Löwe/Rosenberg/Beulke 4 StPO § 154 d Rn 12).

Nach deren **fruchtlosem Ablauf** kann sie das Verfahren einstellen, so wenn der Anzeige- 5 erstatter den Rechtsstreit nicht eingeleitet hat oder das Verfahren nicht innerhalb der gesetzten Frist fördert (Löwe/Rosenberg/Beulke StPO § 154 d Rn 15).

C. Beschwerde

Die Fristsetzung selbst kann nur mit der **Dienstaufsichtsbeschwerde** angegangen wer- 6 den.

Erst gegen die Einstellung nach S 3 kann das **Klageerzwingungsverfahren** betrieben 7 werden. Das OLG prüft dann aber nur, ob die gesetzlichen Voraussetzungen der Einstellung erfüllt sind (Meyer-Goßner StPO § 154 d Rn 4).

§ 154 e [Straf- oder Disziplinarverfahren wegen falscher Verdächtigung oder Beleidigung]

(1) Von der Erhebung der öffentlichen Klage wegen einer falschen Verdächtigung oder Beleidigung (§§ 164, 185 bis 188 des Strafgesetzbuches) soll abgesehen werden, solange wegen der angezeigten oder behaupteten Handlung ein Straf- oder Disziplinarverfahren anhängig ist.

(2) Ist die öffentliche Klage oder eine Privatklage bereits erhoben, so stellt das Gericht das Verfahren bis zum Abschluß des Straf- oder Disziplinarverfahrens wegen der angezeigten oder behaupteten Handlung ein.

(3) Bis zum Abschluß des Straf- oder Disziplinarverfahrens wegen der angezeigten oder behaupteten Handlung ruht die Verjährung der Verfolgung der falschen Verdächtigung oder Beleidigung.

Überblick

Mit § 154 e StPO sollen widersprüchliche Entscheidungen über denselben Sachverhalt vermieden werden.

A. Voraussetzungen

1 Wegen der angezeigten oder behaupteten Handlung muss ein Straf- oder Disziplinarverfahren anhängig sein.

1.1 Das Strafverfahren **beginnt** mit der Einleitung des Ermittlungsverfahrens oder der Erhebung der Privatklage.

1.2 Die Anhängigkeit des Ermittlungsverfahrens **endet** mit der Einstellung nach § 170 Abs 2 StPO oder § 153 StPO, § 153 a StPO, § 154 StPO, die des gerichtlichen Strafverfahrens mit rechtskräftigem Abschluss oder Einstellung nach § 153 StPO, § 153 a StPO, § 154 StPO.

2 Das Disziplinarverfahren kann entweder das behördliche nach §§ 17 BDG ff oder das verwaltungsgerichtliche nach §§ 52 BDG ff sein (Meyer-Goßner StPO § 154 e Rn 3).

B. Verfahren

I. Durch die Staatsanwaltschaft

3 Bei **Zusammentreffen** der falschen Verdächtigung (164 StGB) oder Beleidigung (§§ 185 StGB ff) mit anderen Straftaten sind diese fortzuführen, wenn es sich um eine andere Tat iSd § 264 StPO handelt, oder bei Tateinheit zu entscheiden, ob einheitlich fortgeführt, vorläufig eingestellt oder nach § 154 a StPO die falsche Verdächtigung oder Beleidigung ausgeschieden wird.

4 Die Staatsanwaltschaft teilt dem **Anzeigeerstatter** mit, wenn sie von der Erhebung der öffentlichen Klage vorläufig absieht (Nr 103 RiStBV).

5 Die Staatsanwaltschaft ist an diese vorläufige Einstellung **nicht gebunden**.

II. Durch das Gericht

6 Nach Anklageerhebung oder Erhebung der Privatklage stellt das Gericht das Verfahren bis zum Abschluss der Straf- oder Disziplinarverfahrens wegen der angezeigten oder behaupteten Tat vorläufig ein (**Abs 2**). Das andere Verfahren bildet ein **vorübergehendes Verfahrenshindernis**, das von Amts wegen zu beachten ist (Meyer-Goßner StPO § 154 e Rn 11). Das Strafverfahren wegen falscher Verdächtigung oder Beleidigung ist dann **auszusetzen**. § 260 Abs 3 StPO gilt nicht.

7 Das **Berufungsgericht** kann ebenfalls noch nach Abs 2 einstellen. Das **Revisionsgericht** verweist gem § 354 Abs 2 StPO an den Tatrichter zurück.

C. Ruhen der Verjährung

8 Nach Abs 3 ruht die **Strafverfolgungsverjährung** für die falsche Verdächtigung oder Beleidigung während des Laufs der Einstellung, bis das Straf- oder Disziplinarverfahren wegen der angezeigten oder behaupteten Handlung abgeschlossen ist. Mit dieser Regelung wird § 78 b Abs 1 S 1 StGB ergänzt.

D. Rechtsbehelfe

9 Gegen die **vorübergehende Einstellung** durch die Staatsanwaltschaft steht nur die Dienstaufsichtsbeschwerde offen.

10 Die **gerichtliche Einstellung** kann mit der Beschwerde nach § 304 StPO, § 305 StPO angegriffen werden.

§ 154 f [Vorläufige Einstellung des Verfahrens]

Steht der Eröffnung oder Durchführung des Hauptverfahrens für längere Zeit die Abwesenheit des Beschuldigten oder ein anderes in seiner Person liegendes Hindernis entgegen und ist die öffentliche Klage noch nicht erhoben, so kann die Staatsanwaltschaft das Verfahren vorläufig einstellen, nachdem sie den Sachverhalt so weit wie möglich aufgeklärt und die Beweise so weit wie nötig gesichert hat.

Überblick

§ 154 f StPO wurde mit Wirkung ab 1. 10. 2009 durch das 2. OpferrechtsreformG v 29. 7. 2009 (BGBl I 2280; zur Gesetzesbegründung vgl BT-Drs 16/12098, 21 f) eingefügt. Er dient der Schließung einer Regelungslücke, bei der sich bisher damit beholfen wurde, § 205 StPO analog anzuwenden.

A. Bisherige Rechtslage

§ 205 StPO regelt für den Fall, dass nach Erhebung der öffentlichen Klage die Situation 1 entsteht, dass die Hauptverhandlung aufgrund einer längeren Abwesenheit des Angeschuldigten oder eines anderen in seiner Person liegenden Hindernisses nicht durchgeführt werden kann, die Befugnis des Gerichts, das Verfahren vorläufig einzustellen. Sachverhalte, bei denen das Verfahren zB deshalb nicht fortgeführt werden kann, weil der aktuelle Aufenthaltsort des Beschuldigten unbekannt ist, treten in der Praxis jedoch sehr häufig bereits vor und nicht erst nach Erhebung der öffentlichen Klage auf. Dieser Fall ist gesetzlich nicht geregelt. Man behilft sich derzeit damit, dass der Staatsanwalt das Verfahren gem § 205 StPO analog vorläufig einstellt (vgl Nr 104 RiStBV).

B. Voraussetzungen

§ 154 f StPO ist anwendbar, wenn die öffentliche Klage noch nicht erhoben oder wieder 2 zurückgenommen wurde. Nach Erhebung der öffentlichen Klage gilt § 205 StPO, unabhängig davon, ob das Hauptverfahren bereits eröffnet wurde.

Im Ermittlungsverfahren kann beispielsweise die Klage noch nicht erhoben werden, weil 3 die Ermittlungen noch nicht abgeschlossen sind (zB dann, wenn der Beschuldigte noch keine Gelegenheit zur Stellungnahme hatte).

Wenn zwar die öffentliche Klage erhoben werden könnte, jedoch erkennbar ist, dass das 4 Hauptverfahren nicht eröffnet oder die Hauptverhandlung nicht durchgeführt werden kann (zB weil dem – nach seiner Vernehmung im Ermittlungsverfahren unbekannt verzogenen – Beschuldigten die Anklageschrift nicht zugestellt werden kann oder der Beschuldigte aufgrund einer Erkrankung nicht in der Lage ist, an einer Hauptverhandlung teilzunehmen), muss die Staatsanwaltschaft prüfen, ob sie die öffentliche Klage erhebt, was etwa deshalb angezeigt sein kann, weil nach § 78 c Abs 1 S 1 Nr 10 StGB (nur) der gerichtliche Beschluss nach § 205 StPO verjährungsunterbrechende Wirkung hat.

Die vorläufige Einstellung nach § 154 f StPO setzt voraus, dass die Staatsanwaltschaft zuvor 5 alle eine Aufklärung des Sachverhalts versprechenden Ermittlungen durchgeführt und die benötigten Beweismittel so weit wie nötig gesichert hat.

§ 155 [Umfang der Untersuchung]

(1) Die Untersuchung und Entscheidung erstreckt sich nur auf die in der Klage bezeichnete Tat und auf die durch die Klage beschuldigten Personen.

(2) Innerhalb dieser Grenzen sind die Gerichte zu einer selbständigen Tätigkeit berechtigt und verpflichtet; insbesondere sind sie bei Anwendung des Strafgesetzes an die gestellten Anträge nicht gebunden.

StPO § 155 a   Zweites Buch. 1. Abschnitt

1   Die Anklage begrenzt die Kognitionspflicht des Gerichts in sachlicher und persönlicher Hinsicht. Innerhalb dieser Grenzen gilt das Prinzip der materiellen Wahrheitserforschung ohne Bindung an die gestellten Strafanträge.

Die Norm ergänzt das Anklageprinzip (§ 152 StPO). Sie verpflichtet das Gericht, den durch die Anklage vorgegebenen **Prozessgegenstand** erschöpfend zu behandeln, aber gleichzeitig auch nicht zu überschreiten – weder in sachlicher noch in persönlicher Hinsicht. Der Begriff der „in der Klage bezeichneten Tat" findet sich in § 264 Abs 1 StPO wieder.

2   Das **Prinzip der materiellen Wahrheitserforschung** (Abs 2 S 1) wird in § 244 Abs 2 StPO (und in § 384 Abs 3 StPO) fortgeführt. Andere Bezeichnungen sind Ermittlungsgrundsatz, Untersuchungsmaxime, Instruktions- oder Inquisitionsprinzip. Für die Staatsanwaltschaft und ihre Ermittlungsbeamten gilt das Legalitätsprinzip (§ 152 Abs 2 StPO, § 160 StPO, § 163 StPO).Eine Verurteilung im gerichtlichen Verfahren setzt voraus, dass das Gericht mit Hilfe der Staatsanwaltschaft nachweist, was zu dieser Verurteilung erforderlich ist (§ 244 Abs 2 StPO). Der Beschuldigte muss nicht seine Unschuld beweisen.

3   Bei der **Anwendung des Strafgesetzes** (Abs 2 S 2) ist das Gericht nicht an die Anträge der Staatsanwaltschaft oder anderer Prozessbeteiligter gebunden. Bei der Anwendung von Prozessrecht gelten die jeweiligen Einzelregelungen. Eine Bindung des Gerichts besteht insbesondere bei der Behandlung von förmlichen Anträgen (etwa bei Beweisanträgen und Rechtsmitteln).

§ 155 a [Täter-Opfer-Ausgleich]

¹**Die Staatsanwaltschaft und das Gericht sollen in jedem Stadium des Verfahrens die Möglichkeiten prüfen, einen Ausgleich zwischen Beschuldigtem und Verletztem zu erreichen.** ²**In geeigneten Fällen sollen sie darauf hinwirken.** ³**Gegen den ausdrücklichen Willen des Verletzten darf die Eignung nicht angenommen werden.**

Überblick

Gerichte und Staatsanwaltschaften sollen in jeder Lage des Verfahrens auf einen Täter-Opfer-Ausgleich bedacht sein. Wo dies möglich ist, soll sogar darauf hingewirkt werden – jedoch nie gegen den Willen des Verletzten.

A. Einleitung

1   Durch § 155 a StPO soll dem **Täter-Opfer-Ausgleich (TOA)** ein breiter Anwendungsbereich verschafft werden. Materiellrechtlich wird die Vorschrift durch § 46 a StGB fortgeführt. Nicht erst in der Hauptverhandlung, sondern schon – und vor allem (BGHSt 48, 134) – im Ermittlungsverfahren durch die Staatsanwaltschaft und im Zwischen- und Hauptverfahren durch das Gericht ist auf die Möglichkeit eines Ausgleichs zwischen dem Beschuldigten und dem Tatopfer Bedacht zu nehmen. In geeigneten Fällen – also vorrangig in den Fällen des § 46 a StGB – soll sogar auf den Ausgleich hingewirkt werden. Dieses Hinwirken geschieht in der Regel dadurch, dass der Beschuldigte nach § 136 Abs 1 S 4 StPO auf die Möglichkeit eines TOA hingewiesen werden soll. Einzelheiten zur Durchführung des TOA sind den jeweiligen landesrechtlichen Regelungen und Konzeptionen überlassen (Nachweise dazu bei KK-StPO/Schoreit StPO § 155 a Rn 6).

2   Eine absolute **Grenze für den TOA** stellt der ausdrücklich erklärte entgegenstehende Wille des Verletzten dar (S 3). Zwar besteht keine Verpflichtung, aber es empfiehlt sich in der Praxis, den Verletzten zuerst zu befragen, ob er einverstanden ist. Andernfalls dürfen keine Bemühungen mehr in diese Richtung entfaltet werden.

B. Durchführung des TOA

3   Der Anstoß zur **Durchführung des TOA** muss nicht zwangsläufig von der Staatsanwaltschaft oder dem Gericht ausgehen. Auch der Beschuldigte selbst oder sein Verteidiger und der Verletzte oder sein Rechtsvertreter können in diese Richtung initiativ werden. Staats-

anwaltschaft oder Gericht werden in der Regel dadurch aktiv werden, dass sie auf die Möglichkeit des TOA erst einmal hinweisen. In geeigneten Fällen können sie selbst vermitteln oder aber die Ausgleichsstelle (§ 155 b StPO) einschalten.

Ob sich ein Verfahren für den TOA **eignet** und ob das Maß des von der Rechtsprechung im Rahmen des § 46 a StGB verlangten „kommunikativen Prozesses" zwischen dem Beschuldigten und dem Verletzten erreicht werden kann, richtet sich nach der Art der zugrunde liegenden Straftat, dem Umfang der beim Opfer eingetretenen Schädigungen und damit dem Grad der persönlichen Betroffenheit des Verletzten (BGHSt 48, 134). Ein Geständnis des Beschuldigten wird in der Regel zu verlangen sein, so dass zumindest bei explizit bestreitenden Beschuldigten der TOA als ausgeschlossen angesehen werden kann (BGH aaO, Schädler NStZ 2005, 368). Bemühungen der Beteiligten um einen TOA dürfen das Verfahren im Übrigen nicht unangemessen verzögern. Schon gar nicht hat der Beschuldigte einen Anspruch auf Unterbrechung oder Aussetzung des Verfahrens zur Durchführung eines TOA (BGH aaO). 4

C. Folgen des TOA

Die **Folgen** eines erfolgreich durchgeführten TOA richten sich der Art der Straftat, der Schwere der Schuld und dem öffentlichen Interesse an der Strafverfolgung. Kommt nach dem Ermessen der Justizbehörden weder eine Verfahrenseinstellung nach § 153 a Abs 1 S 2 Nr 5, § 153 a Abs 2 S 1 StPO noch nach § 153 b StPO (iVm § 46 a StGB) in Betracht, so richtet sich die Strafzumessungsfolge nach § 46 a StGB, § 49 StGB. Scheitert der TOA, so nimmt das Strafverfahren seinen Fortgang. Ein ernsthaftes Bemühen des Beschuldigten kann später noch im Urteil strafmildernd gewertet werden. 5

In den **Urteilsgründen** muss der Tatrichter die wesentlichen Einzelheiten über den erfolgreichen oder den noch nicht erfolgreichen Ausgleich einschließlich der Frage der Zustimmung oder der Verweigerung des Tatopfers in dem Umfang darlegen, dass eine revisionsgerichtliche Prüfung möglich ist. Die Urteilsgründe müssen die „wertende Betrachtung" und die Ausübung tatrichterlichen Ermessens erkennen lassen, ob die Voraussetzungen des TOA angenommen und von der eröffneten Milderungsmöglichkeit nach § 46 a StGB, § 49 StGB Gebrauch gemacht worden ist (BGHSt 48, 134). 6

Die **Revision** kann nicht auf die Verletzung des § 155 a StPO, also darauf, ob ein TOA durchgeführt wurde oder nicht, gestützt werden, wohl aber auf die unrichtige Annahme des Vorliegens der Voraussetzungen des § 46 a StGB für einen TOA (BGH NJW 2003, 1466). 7

§ 155 b [Übermittlung personenbezogener Informationen]

(1) ¹Die Staatsanwaltschaft und das Gericht können zum Zweck des Täter-Opfer-Ausgleichs oder der Schadenswiedergutmachung einer von ihnen mit der Durchführung beauftragten Stelle von Amts wegen oder auf deren Antrag die hierfür erforderlichen personenbezogenen Daten übermitteln. ²Die Akten können der beauftragten Stelle zur Einsichtnahme auch übersandt werden, soweit die Erteilung von Auskünften einen unverhältnismäßigen Aufwand erfordern würde. ³Eine nicht-öffentliche Stelle ist darauf hinzuweisen, dass sie die übermittelten Daten nur für Zwecke des Täter-Opfer-Ausgleichs oder der Schadenswiedergutmachung verwenden darf.

(2) ¹Die beauftragte Stelle darf die nach Absatz 1 übermittelten personenbezogenen Daten nur verarbeiten und nutzen, soweit dies für die Durchführung des Täter-Opfer-Ausgleichs oder der Schadenswiedergutmachung erforderlich ist und schutzwürdige Interessen des Betroffenen nicht entgegenstehen. ²Sie darf personenbezogene Daten nur erheben sowie die erhobenen Daten verarbeiten und nutzen, soweit der Betroffene eingewilligt hat und dies für die Durchführung des Täter-Opfer-Ausgleichs oder der Schadenswiedergutmachung erforderlich ist. ³Nach Abschluss ihrer Tätigkeit berichtet sie in dem erforderlichen Umfang der Staatsanwaltschaft oder dem Gericht.

(3) Ist die beauftragte Stelle eine nicht-öffentliche Stelle, finden die Vorschriften des Dritten Abschnitts des Bundesdatenschutzgesetzes auch Anwendung, wenn die Daten nicht in oder aus Dateien verarbeitet werden.

(4) ¹Die Unterlagen mit den in Absatz 2 Satz 1 und 2 bezeichneten personenbezogenen Daten sind von der beauftragten Stelle nach Ablauf eines Jahres seit Abschluss des Strafverfahrens zu vernichten. ²Die Staatsanwaltschaft oder das Gericht teilt der beauftragten Stelle unverzüglich von Amts wegen den Zeitpunkt des Verfahrensabschlusses mit.

Überblick

Zum Zwecke des Täter-Opfer-Ausgleichs oder der Schadenswiedergutmachung dürfen der mit der Durchführung des TOA beauftragten Stelle (der „Ausgleichsstelle") die erforderlichen personenbezogenen Daten übermittelt werden. Aus Datenschutzgründen gelten bestimmte Verwendungs-, Erhebungs-, Nutzungs- und Verarbeitungsregelungen sowie klare Vernichtungspflichten.

A. Informationsübermittlung

1   Die Vorschrift regelt den **bereichsspezifischen Datenschutz** für die Verwendung und Verarbeitung personenbezogener Daten für Zwecke des Täter-Opfer-Ausgleichs und der Schadenswiedergutmachung. Mit dieser Regelung soll verhindert werden, dass persönliche Daten in falsche Hände geraten und zweckentfremdet werden.

2   Mit der Durchführung des TOA beauftragte Stellen (**„Ausgleichsstellen"**) können öffentliche Stellen, wie zum Beispiel die Jugend- und Erwachsenengerichtshilfen oder soziale Dienste des Strafvollzugs, sein, aber auch nicht-öffentliche Stellen, wie etwa private Vereine, Schiedsleute oder Einrichtungen, die auf die Durchführung des TOA oder auf Konfliktberatung spezialisiert sind.

3   Die **Übermittlung der erforderlichen Informationen** aus den Verfahrensakten obliegt naturgemäß der Staatsanwaltschaft oder dem Gericht (Abs 1), je nach dem, wer die momentane Verfahrensherrschaft inne hat und mit dem TOA befasst ist. Die Übermittlung erfolgt von Amts wegen oder auf Antrag der Ausgleichsstelle (Abs 1 S 1); einer Einwilligung der Betroffenen bedarf es ausdrücklich nicht. Schon zur Klärung der Frage, ob überhaupt ein TOA in Betracht kommt, ist die Übermittlung der erforderlichen Daten statthaft. Der Umfang der Datenübermittlung ist immer an der Erforderlichkeit auszurichten. Falls die reine Erteilung von Auskünften einen unverhältnismäßigen Aufwand erfordern würde, können der Ausgleichsstelle auch Akten oder Aktenteile übersandt werden. Bei öffentlichen Stellen dürfte dies regelmäßig anzunehmen sein. Bei nicht-öffentlichen Stellen ist es denkbar bei komplexen und umfangreichen Sachverhalten oder bei Unabdingbarkeit vollständiger Aktenkenntnis. Letztere sind ausdrücklich auf die Verwendungsbeschränkungen der übermittelten Informationen hinzuweisen.

B. Zweckbindung der Daten

4   Abs 2 regelt die **Zweckbindung** der so übermittelten personenbezogenen Daten. Sie gilt auch für die im Rahmen der Durchführung des TOA selbst erhobenen Daten (Abs 2 S 2). Neben der Feststellung der Erforderlichkeit bedarf es für die Erhebung, aber auch die Nutzung und Verarbeitung der Daten der Einwilligung aller Betroffenen – also des Beschuldigten **und** des Verletzten. Es empfiehlt sich, die Erteilung der **Einwilligung** schriftlich zu dokumentieren; eine mündliche Einwilligung kann aber unter Umständen ausreichen. Im Rahmen der Gespräche sollte der Beschuldigte zur Sicherheit entsprechend § 136 Abs 1 S 2 StPO darauf hingewiesen werden, dass er sich nicht selbst zu belasten braucht. Die **Berichtspflicht** gegenüber Staatsanwaltschaft oder Gericht (Abs 2 S 3) nach Abschluss der Tätigkeit orientiert sich an den jeweiligen Erfordernissen des Verfahrens. Entweder wird nur das Ergebnis des TOA berichtet oder aber auch der Gang des Verfahrens. Ebenso kann die erteilte Einwilligung die Berichtspflicht im Einzelfall begrenzen.

Öffentliche Klage § 156 StPO

Der besondere **Datenschutz** bei der Beauftragung nicht-öffentlicher Ausgleichsstellen (Abs 3) geht über die Regelungen der § 27 BDSG und § 28 BDSG hinaus. Abs 4 schreibt die **Vernichtung** der Daten binnen Jahresfrist zwingend vor. 5

§ 156 [Keine Zurücknahme der Anklage]

Die öffentliche Klage kann nach Eröffnung des Hauptverfahrens nicht zurückgenommen werden.

Überblick

Der gerichtliche Eröffnungsbeschluss bewirkt die Rechtshängigkeit der Anklage bei Gericht und entzieht der Staatsanwaltschaft die Dispositionsbefugnis über die Klage.

A. Rechtshängigkeit der Sache

Die Eröffnung des gerichtlichen Verfahrens nach Anklageerhebung (§ 207 StPO) bewirkt die **Rechtshängigkeit der Sache**. Mit dem Eröffnungsbeschluss – oder dem Verfahrensereignis, das bei den besonderen Verfahrensarten diesem entspricht – verliert die Staatsanwaltschaft ihre **Dispositionsbefugnis** über die Anklage (BGHSt 29, 224, 229). Auch eine Änderung der in der Anklageschrift angegebenen Tatzeiten, durch die bisher von der Anklage nicht erfasste Straftaten oder Einzelakte in die Strafverfolgung mit einbezogen werden sollen, ist danach nicht mehr zulässig (BGHSt 46, 130). Als zwingende Folge des Legalitätsprinzips entsteht damit auch ein Verfahrenshindernis für ein anderes Verfahren gegen denselben Beschuldigten wegen derselben Tat („doppelte Rechtshängigkeit"). Wird die Eröffnung des Hauptverfahrens abgelehnt, so ist eine Zurücknahme der Anklage nach Erlass dieses Beschlusses ebenfalls ausgeschlossen. Eine nach Eintritt der Rechtshängigkeit erklärte Zurücknahme ist nichtig. 1

B. Wirksame Anklagerücknahme

Eine **wirksame Zurücknahme der Anklage** versetzt das Verfahren in den Stand des Ermittlungsverfahrens zurück. Dass eine Rücknahme vor Eröffnung des Hauptverfahrens überhaupt zulässig ist, ergibt sich im Gegenschluss aus § 156 StPO, der die Rücknahme (nur) nach diesem Zeitpunkt ausschließt. Das Legalitätsprinzip (§ 152 Abs 2 StPO) wird nicht berührt. Die Rücknahme kann zum einen darauf beruhen, dass sich die Klage nachträglich als unbegründet oder mangelhaft begründet darstellt. Dann wird die Staatsanwaltschaft das Verfahren anschließend einstellen oder aber neu anklagen – mit den Formvorschriften des § 200 StPO. Zum anderen kann die Rücknahme den Zweck haben, nachträglich doch noch von den Opportunitätsvorschriften der §§ 153 StPO ff Gebrauch zu machen, die Sache vom unzuständigen zu dem zuständigen Gericht zu bringen, innerhalb desselben Gerichts an einen anderen Spruchkörper zu kommen oder schließlich die Verbindung mehrerer zusammenhängender Verfahren zu erreichen. Zu beachten ist dabei jedoch immer die Willkürgrenze und das Verbot, den Beschuldigten seinem gesetzlichen Richter zu entziehen (Art 101 Abs 1 S 2 GG). 2

Besonderheiten gelten im **Strafbefehlsverfahren**. Nach § 410 Abs 3 StPO kann der Antrag nicht mehr zurückgenommen werden, wenn der Strafbefehl rechtskräftig ist. Nach rechtzeitigem Einspruch ist die Klage unbeschränkt bis zum Beginn der Hauptverhandlung (zur Sache), danach mit Zustimmung des Angeklagten noch bis zur Verkündung des Urteils rücknehmbar (§ 411 Abs 3 S 1 StPO). Auch in der nach § 408 Abs 3 S 2 StPO anberaumten Hauptverhandlung kann die Staatsanwaltschaft die Klage nur bis zum Beginn der Verhandlung zur Sache zurücknehmen. Im **Steuerstrafverfahren** sind die § 400 AO, § 406 Abs 1 AO zu beachten (Antragsrecht der Finanzbehörde). 3

Sonderregelungen zur Rücknahmemöglichkeit enthalten § 153 c Abs 4 StPO (Auslandstat), § 153 d Abs 2 StPO (politische Tat), § 153 f Abs 3 StPO (Völkerstrafgesetzbuch) und § 411 Abs 3 StPO (Strafbefehlsverfahren, s oben Rn 3). 4

§ 157 [Begriff des „Angeschuldigten" und „Angeklagten"]

Im Sinne dieses Gesetzes ist
Angeschuldigter der Beschuldigte, gegen den die öffentliche Klage erhoben ist,
Angeklagter der Beschuldigte oder Angeschuldigte, gegen den die Eröffnung des Hauptverfahrens beschlossen ist.

1 Je nach Verfahrensstadium unterscheidet die Strafprozessordnung zwischen dem Beschuldigten, dem Angeschuldigten, dem Angeklagten und dem Verurteilten.
Der Oberbegriff in der strafprozessualen Terminologie ist der Begriff des **„Beschuldigten"**. Er wird in § 157 StPO nicht definiert, sondern vielmehr vorausgesetzt. „Beschuldigter" ist der Tatverdächtige, gegen den ein Ermittlungs-/Strafverfahren geführt oder eingeleitet wird (BGHSt 10, 8, 12; BGHSt 34, 138, 140). Aber auch die Vornahme von strafprozessualen Maßnahmen, die erkennbar darauf abzielen, gegen eine tatverdächtige Person wegen einer Straftat strafprozessual vorzugehen, begründet die Beschuldigteneigenschaft (BGH NStZ 1997, 398; NJW 2007, 237, 239).

2 Mit der Erhebung der öffentlichen Klage wird der Beschuldigte zum **„Angeschuldigten"**. In der Praxis wird Wert darauf gelegt, bei Anklageschrift, Strafbefehlsantrag und Verlesung dieser Dokumente in der Hauptverhandlung, die korrekte Terminologie zu verwenden.

3 Mit der Eröffnung des Hauptverfahrens – oder den ihr entsprechenden Prozessereignissen in den besonderen Verfahrensarten – wird der Angeschuldigte zum **„Angeklagten"**.

4 Als **„Verurteilten"** bezeichnet die StPO den Beschuldigten/Angeklagten nach Rechtskraft eines verurteilenden Erkenntnisses. Im Bereich der Regelungen über die Wiederaufnahme des Verfahrens (§§ 359 StPO ff) ist die Terminologie uneinheitlich.

Zweiter Abschnitt. Vorbereitung der öffentlichen Klage (§§ 158-177)

§ 158 [Strafanzeige; Strafantrag]

(1) ¹Die Anzeige einer Straftat und der Strafantrag können bei der Staatsanwaltschaft, den Behörden und Beamten des Polizeidienstes und den Amtsgerichten mündlich oder schriftlich angebracht werden. ²Die mündliche Anzeige ist zu beurkunden.

(2) Bei Straftaten, deren Verfolgung nur auf Antrag eintritt, muß der Antrag bei einem Gericht oder der Staatsanwaltschaft schriftlich oder zu Protokoll, bei einer anderen Behörde schriftlich angebracht werden.

(3) Zeigt ein im Inland wohnhafter Verletzter eine in einem anderen Mitgliedstaat der Europäischen Union begangene Straftat an, so übermittelt die Staatsanwaltschaft die Anzeige auf Antrag des Verletzten an die zuständige Strafverfolgungsbehörde des anderen Mitgliedstaats, wenn für die Tat das deutsche Strafrecht nicht gilt oder von der Verfolgung der Tat nach § 153 c Absatz 1 Satz 1 Nummer 1, auch in Verbindung mit § 153 f, abgesehen wird. Von der Übermittlung kann abgesehen werden, wenn
1. die Tat und die für ihre Verfolgung wesentlichen Umstände der zuständigen ausländischen Behörde bereits bekannt sind oder
2. der Unrechtsgehalt der Tat gering ist und der verletzten Person die Anzeige im Ausland möglich gewesen wäre.

Überblick

Die Vorschrift bestimmt, bei welcher Behörde und in welcher Form Strafanzeige erstattet oder Strafantrag gestellt werden kann.

Übersicht

	Rn		Rn
A. Allgemeines...............................	1	III. Zurücknahme/Verzicht des Strafantrags...	17
B. Erstattung einer Strafanzeige (Abs 1).	2		
I. Inhalt und Form der Strafanzeige........	3	**D. Anzeige von Auslandsstraftaten**	
II. Anzeigeerstatter...........................	5	**(Abs 3)**...	18
III. Adressaten der Strafanzeige.............	6	I. Pflicht zur Übermittlung der Anzeige an die zuständige ausländische Strafverfolgungsbehörde.................................	19
IV. Rücknahme der Strafanzeige...........	7		
V. Pflicht zur Anzeigeerstattung............	8		
C. Stellung eines Strafantrages (Abs 2)...	12	II. Einschränkung der Übermittlungspflicht...	20
I. Adressaten des Strafantrages.............	14	III. Einzelfallentscheidung....................	21
II. Form und Inhalt des Strafantrages	15		

A. Allgemeines

§ 158 StPO unterscheidet zwischen der Erstattung einer Strafanzeige (Abs 1) und der Stellung eines Strafantrags (Abs 2). Eine **Strafanzeige** liegt vor, wenn jemand einen Sachverhalt mitteilt, der aus Sicht des Mitteilenden Anlass für eine Strafverfolgung bietet (Meyer-Goßner StPO § 158 Rn 2); es handelt sich dabei um eine bloße Anregung zu prüfen, ob ein Ermittlungsverfahren einzuleiten ist (BayObLG NJW 1986, 411, 442; OLG Koblenz VRS 71, 37). Unter einem **Strafantrag** ist dagegen die ausdrückliche Erklärung eines Antragsberechtigten zu verstehen, dass er die Strafverfolgung wünsche (BGH NJW 1951, 368; MDR 1974, 13; Meyer-Goßner StPO § 158 Rn 4). Die Strafanzeige kann auch zugleich einen Strafantrag beinhalten, nämlich wenn der Anzeigeerstatter in seiner Erklärung eindeutig seinen Verfolgungswillen zum Ausdruck bringt (BGH NStZ 1995, 353, 354; BeckOK v. Heintschel-Heinegg/Dallmeyer StGB § 77 Rn 7); dies hat zur Folge, dass der Anzeigende gem § 171 S 1 StPO zu bescheiden ist. 1

Abs 3 wurde durch das 2. OpferrechtsreformG v 29. 7. 2009, welches am 1. 10. 2009 in Kraft getreten ist (BGBl I 2280), neu eingefügt. Ziel der Neuregelung ist es, dass Personen, die im europäischen Ausland Opfer einer Straftat geworden sind, in Deutschland leichter Strafanzeige erstatten können (s dazu Rn 18). 1a

B. Erstattung einer Strafanzeige (Abs 1)

Eine Strafanzeige (zum Begriff Rn 1) verpflichtet die Ermittlungsbehörden aufgrund des Legalitätsprinzips zur Prüfung des Sachverhalts (§ 152 Abs 2 StPO, § 160 Abs 1 StPO). Bei Vorliegen eines Anfangsverdachts einer Straftat hat die Staatsanwaltschaft ein Ermittlungsverfahren einzuleiten und Ermittlungen aufzunehmen (Js-Verfahren). Wird ein Anfangsverdacht noch nicht erreicht, können in einem AR-Verfahren sog „Vorermittlungen" durchgeführt werden (KK-StPO/Griesbaum StPO § 158 Rn 1; vgl auch Keller/Griesbaum NStZ 1990, 416; zu Erhebungen des Generalbundesanwalts zur Klärung des Anfangsverdachts Diemer NStZ 2005, 666). 2

I. Inhalt und Form der Strafanzeige

Der **Inhalt** einer Strafanzeige ist nicht geregelt. Erforderlich ist nur die Mitteilung eines Sachverhalts, der die Prüfung ermöglicht, ob tatsächliche zureichende Anhaltspunkte für eine Straftat bestehen (§ 152 Abs 2 StPO). Wird der Sachverhalt nicht ausreichend umschrieben und fehlen weitere Anhaltspunkte zu dessen Aufklärung, sind die Strafverfolgungsbehörden nicht verpflichtet, Ermittlungen aufzunehmen (KK-StPO/Griesbaum StPO § 158 Rn 15; Löwe/Rosenberg/Erb StPO § 158 Rn 14). 3

Das Gesetz sieht für eine Strafanzeige **keine Formerfordernisse** vor. Sie kann mündlich – auch per Telefon – oder schriftlich erfolgen. Eine mündliche Anzeige ist zu beurkunden (Abs 1 S 2 StPO), ohne dass dafür eine besondere Form vorgeschrieben ist (OLG Koblenz VRS 71, 37). § 163a Abs 5 StPO ist bei der Anzeigeerstattung gegen einen Angehörigen 4 noch nicht anzuwenden, da es sich noch nicht um eine Vernehmung handelt; dennoch sollte bereits zu diesem Zeitpunkt eine Belehrung nach § 52 StPO erfolgen (Meyer-Goßner StPO § 158 Rn 10).

II. Anzeigeerstatter

5   Eine Strafanzeige kann von Jedermann erstattet werden, auch wenn er weder mittelbar noch unmittelbar von der angezeigten Straftat betroffen ist (KK-StPO/Griesbaum StPO § 158 Rn 4). Der Anzeigeerstatter, der sich auch vertreten lassen kann (Meyer-Goßner StPO § 158 Rn 14), ist dabei zur Wahrheit verpflichtet; bei unwahren Angaben droht ihm eine Strafverfolgung wegen Vortäuschens einer Straftat (§ 145 d StGB) oder falscher Verdächtigung (§ 164 StGB).

Auch der Anzeige eines Handlungsunfähigen oder einer anonymen Anzeige haben die Ermittlungsbehörden grundsätzlich nachzugehen, wenn diese den Anfangsverdacht einer Straftat begründen (Meyer-Goßner StPO § 158 Rn 12); allerdings ist in diesen Fällen eine besonders genaue Prüfung erforderlich, ob weitere Ermittlungsmaßnahmen vorgenommen werden. Bei der Anzeige eines offensichtlichen Querulanten gilt die Pflicht zur Aufnahme von Ermittlungen dagegen nicht (BVerfG NJW 1952, 177).

III. Adressaten der Strafanzeige

6   Die Strafanzeige kann bei der Staatsanwaltschaft, den Amtsgerichten oder Behörden des Polizeidienstes erstattet werden. Wird anstelle der Staatsanwaltschaft die Finanzbehörde tätig, kann die Strafanzeige auch dort angebracht werden (§ 369 AO, § 386 AO, § 399 AO).

IV. Rücknahme der Strafanzeige

7   Die spätere Mitteilung des Anzeigeerstatters, kein Interesse mehr an der Strafverfolgung zu haben, hat keine Auswirkungen auf den Fortgang des Ermittlungsverfahrens, da die Ermittlungsbehörden durch das Legalitätsprinzip weiterhin verpflichtet sind, den Sachverhalt aufzuklären. Die Rücknahme des Strafantrags kann aber, sofern tatsächliche Anhaltspunkte für eine Straftat vorliegen, im Rahmen einer Einstellung nach Opportunitätsgrundsätzen (§ 153 StPO, § 153 a StPO) berücksichtigt werden.

V. Pflicht zur Anzeigeerstattung

8   **Privatpersonen** sind grundsätzlich nicht verpflichtet, Straftaten zur Anzeige zu bringen. Davon ausgenommen sind allerdings die in § 138 StGB (abschließend) genannten Straftaten, zu deren Verhinderung jedermann durch rechtzeitige Anzeigeerstattung verpflichtet ist (vgl BeckOK v. Heintschel-Heinegg/Heuchemer StGB § 138 Rn 1).

9   Demgegenüber sind **Ermittlungsbeamte von Strafverfolgungsbehörden** verpflichtet, dienstlich bekannt gewordene Straftaten anzuzeigen (BGHSt 4, 167, 169, 170; KK-StPO/Griesbaum StPO § 158 Rn 27; Meyer-Goßner StPO § 158 Rn 6; Löwe/Rosenberg/Erb StPO § 160 Rn 21). Abgesichert wird diese Pflicht durch die Strafnorm des § 258 a StGB, es sei denn, der Beamte ist an der Tat selbst beteiligt (§ 258 a Abs 3 StGB iVm § 258 Abs 5 StGB; KK-StPO/Griesbaum StPO Rn 31).

10   Bei **privater Kenntniserlangung** haben Ermittlungsbeamte von Strafverfolgungsbehörden in der Regel eine Pflicht zum Einschreiten nur bei Straftaten, die nach Art oder Umfang die Belange der Öffentlichkeit und der Volksgesamtheit in besonderem Maße berühren (BGHSt 12, 277, 281 = NJW 1959, 494; einschränkend BGHSt 38, 388 = NStZ 1993, 383; krit KK-StPO/Griesbaum StPO § 158 Rn 29; Meyer-Goßner StPO § 160 Rn 10 jeweils mwN).

11   **Angehörige von Behörden, die keine Aufgaben der Strafverfolgung wahrnehmen**, sind dagegen nur zur Anzeige verpflichtet, wenn besondere gesetzliche Bestimmungen (zB § 159 StPO, § 183 GVG und § 41 Abs 1 OWiG) dies vorschreiben (BGH NStZ 1997, 597). Im Übrigen gilt für sie das zur Anzeigepflicht von Jedermann Gesagte (Rn 8).

C. Stellung eines Strafantrages (Abs 2)

Abs 2 bestimmt nur den Adressaten und die Form des Strafantrags (zum Begriff Rn 1), die 12
übrigen Voraussetzungen regeln die §§ 77 StGB ff. Beim Strafantrag handelt es sich um eine
Prozessvoraussetzung, die von Amts wegen in jedem Verfahrensstadium zu prüfen ist
(BGHSt 6, 155, 156 = NJW 1954, 1414; BeckOK v. Heintschel-Heinegg/Dallmeyer StGB
§ 77 Rn 1; KK-StPO/Griesbaum StPO § 158 Rn 33).

Antragsberechtigt sind nach § 77 Abs 1 StGB der Verletzte sowie bei Antragsunmündigen 13
der gesetzliche Vertreter (§ 77 Abs 3 StGB). Verstirbt der Verletzte, regelt § 77 Abs 2 den
Übergang des Antragsrechts auf seine Angehörigen. Handelt es sich beim Verletzten um
einen Amtsträger, kann auch der Dienstvorgesetzte einen Strafantrag stellen (§ 77 a StGB).
Die Frist zur Stellung des Strafantrags beträgt drei Monate (§ 77 b StGB).

I. Adressaten des Strafantrages

Der Strafantrag kann bei der Staatsanwaltschaft, „einem" Gericht oder anderen Behörden 14
gestellt werden. Im Unterschied zu Abs 1 ist die gerichtliche Zuständigkeit nicht nur auf das
Amtsgericht beschränkt, sondern jedes mit der Sache befasste Gericht bis hin zum Revisionsgericht zur eventuellen Behebung eines Verfahrenshindernisses kann Adressat des Strafantrages sein (vgl BGHSt 3, 73, 74; KK-StPO/Griesbaum StPO § 158 Rn 39; Meyer-Goßner
StPO § 158 Rn 7). Unter andere Behörden sind nur (deutsche) Behörden des Polizeidienstes
mit allgemeinen und sicherheitspolitischen Aufgaben zu verstehen; unzuständig sind daher
ausländische Polizeibehörden oder die Polizei von in Deutschland stationierten Streitkräften
(KK-StPO/Griesbaum StPO § 158 Rn 41).

II. Form und Inhalt des Strafantrages

Der Strafantrag kann bei **Gericht oder der Staatsanwaltschaft schriftlich – auch per** 15
Fax – oder zu Protokoll der Geschäftsstelle angebracht werden, bei den **Polizeibehörden dagegen nur schriftlich** (Abs 2); ein mündlicher oder telefonischer Strafantrag bei
der Polizei reicht daher nicht aus (BGH NJW 1971, 903), auch wenn der den Antrag
annehmende Beamte hierüber einen Aktenvermerk fertigt (BayObLG NStZ 1994, 86). Der
schriftliche Strafantrag (hierzu zählt auch das Fax) muss unterschrieben sein (KG NStZ 1990,
144; Meyer-Goßner StPO § 158 Rn 11; **aA** OLG Düsseldorf NJW 1982, 2566). Der zu
Protokoll der Geschäftsstelle erklärte Strafantrag ist dagegen auch ohne Unterschrift wirksam
(KK-StPO/Griesbaum StPO § 158 Rn 46). Mit der Erklärung über den Anschluss als
Nebenkläger sind die Formerfordernisse des § 158 Abs 2 StPO erfüllt (BGHSt 33, 114, 116
= NJW 1985, 1175).

Der **Inhalt** des Strafantrages ist nicht geregelt. Erforderlich ist nur, dass mit dem Straf- 16
antrag, der auslegungs- und ergänzungsfähig ist, das Begehren zum Ausdruck gebracht
wird, eine bestimmte Tat eines oder mehrerer Täter, die auch unbekannt sein können,
strafrechtlich zu verfolgen (RGSt 64, 106, 107; KK-StPO/Griesbaum StPO § 158 Rn 47);
dies kann auch im Rahmen einer Vernehmung geschehen (Fischer StGB § 77 Rn 24). Die
rechtliche Bezeichnung der Tat ist nicht notwendig, eine unrichtige rechtliche Bezeichnung ist daher auch unschädlich (BGHSt 6, 155, 156; BeckOK v. Heintschel-Heinegg/
Dallmeyer StGB § 77 Rn 9). Der Strafantrag kann auf einzelne Täter sowie auf sachlich
und rechtlich abtrennbare Teile der Tat **beschränkt** werden (Meyer-Goßner StPO § 158
Rn 19). Im Zweifel umfasst der Strafantrag die gesamte Tat iSd § 264 StPO (BGHSt 33,
114, 116 = NJW 1985, 1175; BeckOK v. Heintschel-Heinegg/Dallmeyer StGB § 77
Rn 9).

III. Zurücknahme/Verzicht des Strafantrags

Die **Zurücknahme des Strafantrags**, welche formlos erklärt werden kann, ist möglich 17
bis zum rechtskräftigen Abschluss des Verfahrens; ein Strafantrag kann dann nicht erneut
gestellt werden (§ 77 d Abs 1 StPO). Die entsprechende Erklärung muss bei der Stelle
eingehen, die gerade mit dem Verfahren befasst ist (BGHSt 16, 105, 108; OLG Koblenz GA
1976, 282; KK-StPO/Griesbaum StPO § 158 Rn 53). Die Zurücknahme darf nicht von

einer Bedingung abhängig gemacht werden. Vgl im Einzelnen BeckOK v. Heintschel-Heinegg/Dallmeyer StGB § 77 d Rn 1. Auf die Stellung eines Strafantrages kann auch bis zum Ablauf der Antragsfrist nach § 77 b StGB durch Erklärung gegenüber der zuständigen Stelle **verzichtet** werden (BGH NJW 1957, 1368; KK-StPO/Griesbaum StPO § 158 Rn 55; Meyer-Goßner StPO § 158 Rn 18).

D. Anzeige von Auslandsstraftaten (Abs 3)

18   Abs 3 S 1 bestimmt, in welchen Fällen die Staatsanwaltschaft verpflichtet ist, eine Strafanzeige in Bezug auf eine in einem anderen Mitgliedstaat der Europäischen Union begangene Straftat an die ausländische Strafverfolgungsbehörde zu übermitteln (Rn 19). Einschränkungen dieser Übermittlungspflicht sind in Abs 3 S 2 geregelt (Rn 20). Bei den nicht von Abs 3 S 1 erfassten Fällen bleibt es dem Einzelfall überlassen, ob eine Übermittlung der Strafanzeige ins Ausland erfolgt (Rn 21).

I. Pflicht zur Übermittlung der Anzeige an die zuständige ausländische Strafverfolgungsbehörde

19   Wird eine in einem anderen Mitgliedstaat der Europäischen Union begangene Straftat bei einer deutschen Strafverfolgungsbehörde angezeigt, ist die Staatsanwaltschaft zur Übermittlung der Anzeige an die zuständige ausländische Strafverfolgungsbehörde (= in der Regel die Staatsanwaltschaft) verpflichtet, wenn
- das deutsche Strafrecht für die Tat nicht gilt, zB wenn das Opfer ein in Deutschland wohnhafter Staatsangehöriger eines anderen Mitgliedstaats der Europäischen Union ist, der Tatort in einem anderen Mitgliedstaat liegt und das deutsche Strafrecht auch nicht nach § 5 StGB, § 6 StGB oder § 7 Abs 2 StGB anwendbar ist (BT-Drs 16/12098, 22),
- oder die Tat zwar dem deutschen Strafrecht unterfällt, die Staatsanwaltschaft aber nach § 153 c StPO oder § 153 f StPO von der Strafverfolgung absieht, etwa bei einem Deutschen, der eine an ihm in einem anderen Mitgliedstaat begangene Straftat in Deutschland anzeigt.

Zudem muss der Verletzte die **Übermittlung der Anzeige beantragen**. Dies kann formlos erfolgen, beispielsweise durch Erklärung gegenüber dem die Anzeige aufnehmenden Beamten.

II. Einschränkung der Übermittlungspflicht

20   Die Pflicht der Staatsanwaltschaft zur Übermittlung der Strafanzeige entfällt, wenn
- die zuständige ausländische Behörde von der dort begangenen Tat und der für die Tat wesentlichen Umstände, zB Tatablauf und Beweismittel, bereits Kenntnis hat (Abs 3 S 2 Nr 1),
- oder bei einer leichten Straftat, die der Verletzte auch im Ausland hätte anzeigen können (Abs 3 S 2 Nr 2). Bei schweren Straftaten gilt diese Einschränkung nicht.

III. Einzelfallentscheidung

21   Bei den übrigen, nicht von Abs 3 S 1 erfassten Fallkonstellationen hat die Staatsanwaltschaft unter Beachtung der rechtshilferechtlichen Vorgaben in § 61 a Abs 1 IRG und § 92 Abs 1 IRG im Einzelfall zu entscheiden, ob sie die Anzeige an die ausländische Strafverfolgungsbehörde abgibt.

21.1   In Betracht kommen zB folgende Fälle (BT-Drs 16/12098, 23 f):
- der Verletzte stellt keinen Antrag auf Übermittlung nach Abs 3 S 1,
- eine im Ausland begangene Tat, die nach deutschem und ausländischem Recht strafbar wäre, ist in Deutschland verjährt, im Ausland jedoch nicht,
- eine gegen einen Deutschen im Ausland begangene Tat ist dort strafbar, in Deutschland jedoch nicht.

§ 159 [Unnatürlicher Tod; Leichenfund]

(1) Sind Anhaltspunkte dafür vorhanden, daß jemand eines nicht natürlichen Todes gestorben ist, oder wird der Leichnam eines Unbekannten gefunden, so sind die Polizei- und Gemeindebehörden zur sofortigen Anzeige an die Staatsanwaltschaft oder an das Amtsgericht verpflichtet.

(2) Zur Bestattung ist die schriftliche Genehmigung der Staatsanwaltschaft erforderlich.

Überblick

§ 159 StPO regelt die Anzeigepflicht bei Todesfällen mit unnatürlicher Ursache oder beim Auffinden eines unbekannten Toten.

A. Schutzzweck

Die Vorschrift dient der Beweissicherung, indem sie die frühzeitige Information der Ermittlungsbehörden bei Todesfällen mit unnatürlicher Ursache und beim Auffinden eines unbekannten Toten sicherstellt. Das Todesermittlungsverfahren – auch „Leichensache" genannt – ist kein Ermittlungsverfahren iSd § 160 StPO (BGHSt 49, 29, 32 = NStZ 2004, 217; Meyer-Goßner StPO § 159 Rn 1; SK-StPO/Wohlers StPO § 159 Rn 1); die Anzeige stellt keine Strafanzeige nach § 158 StPO dar (KK-StPO/Griesbaum StPO § 159 Rn 5). 1

B. Anzeigepflicht nach Abs 1

I. Eintritt der Anzeigepflicht

Die Anzeigepflicht tritt ein bei einem Todesfall mit unnatürlicher Ursache (Rn 3) sowie beim Auffinden des Leichnams eines Unbekannten (Rn 5). 2

1. Unnatürlicher Tod

Ein unnatürlicher Tod liegt vor bei Selbstmord und jedem sonstigen Todesfall, bei dem eine Einwirkung von außen durch andere Personen nicht auszuschließen ist. Dazu zählen Unfälle oder rechtswidrige Handlungen iSd § 11 Abs 1 Nr 5 StGB (dh eine solche, die den Tatbestand eines Strafgesetzes verwirklicht, s BeckOK v. Heintschel-Heinegg/Beckemper StGB § 11 Rn 36). Die Anzeigepflicht besteht auch bei einem Todesfall, der durch staatlichen Zwangsmitteleinsatz verursacht wurde, da es nur der Staatsanwaltschaft obliegen kann, die Voraussetzung von Rechtfertigungsgründen zu prüfen (SK-StPO/Wohlers StPO § 159 Rn 3; Löwe/Rosenberg/Erb StPO § 159 Rn 2; aA Meyer-Goßner StPO § 159 Rn 3). Ferner besteht eine Pflicht zur Anzeige bei einer Operation mit tödlichem Ausgang, sofern der Verdacht eines ärztlichen Kunstfehlers oder eines pflichtwidrigen Verhaltens des Pflegepersonals vorliegt. 3

Die Anzeigepflicht tritt ein, wenn **gewisse Anhaltspunkte** für einen unnatürlichen Tod vorliegen. Dies ist zu bejahen, wenn aus der vorhandenen Beweislage – etwa der Auffindesituation der Leiche, Spuren von Gewaltanwendung oder sonstigen Begleitumständen – ein Fremdverschulden nicht auszuschließen ist (Meyer-Goßner StPO § 159 Rn 5; SK-StPO/Wohlers StPO § 159 Rn 4). Eine Pflicht zur Anzeige kann aber auch bei fehlenden objektiven Anhaltspunkten für einen natürlichen Tod bestehen, was in der Regel bei Säuglingen und Kleinkindern der Fall ist (vgl SK-StPO/Wohlers StPO § 159 Rn 4; KK-StPO/Griesbaum StPO § 159 Rn 2; Meyer-Goßner StPO § 159 Rn 5; Löwe/Rosenberg/Erb StPO § 159 Rn 3). 4

2. Unbekannter Toter

Unbekannt ist ein Toter, wenn er nicht umgehend identifiziert werden kann (Meyer-Goßner StPO § 159 Rn 3; SK-StPO/Wohlers StPO § 159 Rn 5). Dies gilt auch für das Ableben einer Person im Beisein Anderer, wenn diese den Verstorbenen nicht kennen und eine Identifizierung des Toten – etwa mangels Personalpapieren – nicht möglich ist (SK-StPO/Wohlers StPO § 159 Rn 5; KMR/Plöd StPO § 159 Rn 3). Stirbt eine nicht identifi- 5 zierte Person nach längerem Krankenhausaufenthalt, liegt kein „Auffinden" iSd § 159 StPO vor (Meyer-Goßner StPO § 159 Rn 3).

II. Anzeigepflichtige Behörden

6 Zur „sofortigen" Anzeige verpflichtet sind Polizei- oder Gemeindebehörden, entweder durch den Dienststellenleiter oder den nach der Geschäftsverteilung zuständigen Bediensteten (Meyer-Goßner StPO § 159 Rn 6; KMR/Plöd StPO § 159 Rn 4). Für einen Arzt besteht eine Anzeigepflicht nach § 159 nur dann, wenn er in einem gemeindlichen Krankenhaus in leitender Funktion arbeitet und dieses zur Vertretung der Gemeinde berechtigt ist (SK-StPO/Wohlers StPO § 159 Rn 6); der Arzt macht sich dabei nicht nach § 203 StGB strafbar, da die Weitergabe der Informationen nicht „unbefugt" erfolgt (Löwe/Rosenberg/Erb StPO § 159 Rn 5; Meyer-Goßner StPO § 159 Rn 6).

6.1 Anzeigepflicht nach den Bestattungsgesetzen der Länder: Unabhängig von der Regelung in § 159 StPO hat der Arzt, der die allgemeine Leichenschau (nicht die nach § 87 StPO) durchführt, nach den Bestattungsgesetzen der Länder bei Anhaltspunkten für einen unnatürlichen Todesfall die Polizei zu unterrichten (vgl zB § 11 Abs 3 BestG Rheinland-Pfalz; § 22 Abs 3 BestG Baden-Württemberg; § 4 Abs 1 BestV Bayern). Üblicherweise führt der Arzt die allgemeine Leichenschau wiederum durch auf Veranlassung der nahen Angehörigen des Verstorbenen oder der Person, die den Toten gefunden hat (vgl zB § 9 Abs 1 BestG Rheinland-Pfalz, § 10 BestG Rheinland-Pfalz).

III. Adressat der Anzeige

7 Die Anzeige ist zu richten an die Staatsanwaltschaft oder das Amtsgericht, in dessen Bezirk der Todesfall eingetreten ist. Die letztgenannte Alternative spielt heute kaum noch eine Rolle, da der Amtsrichter die erforderlichen Untersuchungshandlungen nach § 165 StPO nur dann anordnen darf, wenn der Staatsanwalt – was mittlerweile aufgrund der zur Verfügung stehenden Kommunikationsmittel praktisch ausscheidet – nicht erreichbar ist (vgl § 165 StPO Rn 1). Nach der Anzeige kommen folgende Ermittlungshandlungen in Betracht: Identifizierung des Toten (§ 88 StPO), Beschlagnahme des Leichnams (§ 94 StPO), Leichenschau oder -öffnung (§ 87 StPO).

C. Bestattungsgenehmigung (Abs 2)

8 Eine Bestattung in den in Abs 1 genannten Fällen ist nur mit schriftlicher Genehmigung (sog Beerdigungs- oder Leichenschein) der Staatsanwaltschaft möglich. Aus dem Beerdigungsschein muss sich ergeben, ob auch eine Feuerbestattung genehmigt wird (Nr 38 RiStBV); eine solche wird zu versagen sein, wenn – was der absolute Ausnahmefall sein dürfte – nicht auszuschließen ist, dass die Leiche später noch einmal als Beweismittel benötigt wird.

9 Die Leichenfreigabe durch den zuständigen Staatsanwalt hat zu erfolgen, sobald der Leichnam für die gegenwärtigen Ermittlungen nicht mehr benötigt wird (SK-StPO/Wohlers StPO § 159 Rn 11; KK-StPO/Griesbaum StPO § 159 Rn 9). In diesen Fällen ist die Bestattungsgenehmigung auf dem schnellsten Weg – in der Regel per Fax – dem zuständigen Standesamt zu übermitteln. Zu der nicht mehr zeitgemäßen Diskussion, ob die Bestattungsgenehmigung durch den Staatsanwalt auch fernmündlich erteilt werden kann, vgl SK-StPO/Wohlers StPO § 159 Rn 12 mwN.

9.1 Vgl Muster: Beerdigungsschein.

§ 160 [Ermittlungsverfahren]

(1) Sobald die Staatsanwaltschaft durch eine Anzeige oder auf anderem Wege von dem Verdacht einer Straftat Kenntnis erhält, hat sie zu ihrer Entschließung darüber, ob die öffentliche Klage zu erheben ist, den Sachverhalt zu erforschen.

(2) Die Staatsanwaltschaft hat nicht nur die zur Belastung, sondern auch die zur Entlastung dienenden Umstände zu ermitteln und für die Erhebung der Beweise Sorge zu tragen, deren Verlust zu besorgen ist.

(3) ¹Die Ermittlungen der Staatsanwaltschaft sollen sich auch auf die Umstände erstrecken, die für die Bestimmung der Rechtsfolgen der Tat von Bedeutung sind. ²Dazu kann sie sich der Gerichtshilfe bedienen.

(4) Eine Maßnahme ist unzulässig, soweit besondere bundesgesetzliche oder entsprechende landesgesetzliche Verwendungsregelungen entgegenstehen.

Überblick

Die Vorschrift bestimmt die Pflicht der Staatsanwaltschaft zur Erforschung des Sachverhalts, sobald sie von einer Straftat Kenntnis erlangt, sowie den Umfang der von ihr durchzuführenden Ermittlungen.

A. Verpflichtung zur Erforschung des Sachverhalts (Abs 1)

Als Ausfluss des Ermittlungs- bzw. Untersuchungsgrundsatzes bestimmt § 160 StPO, dass die Staatsanwaltschaft beim Verdacht einer Straftat verpflichtet ist, den Sachverhalt soweit zu erforschen, dass sie entscheiden kann, ob die öffentliche Klage erhoben wird (vgl auch § 152 Abs 2 StPO). Die Staatsanwaltschaft kann durch **Anzeige** (= Strafanzeige oder Strafantrag, s § 158 StPO Rn 1) oder **„auf anderem Weg"** von der Straftat Kenntnis erlangen. „Auf anderem Weg" erhält sie die Information zB durch die Anzeige von Polizeibeamten nach § 163 StPO, aus Akteninhalten anderer Behörden, der Berichterstattung in den Medien oder Mitteilungen nach § 183 GVG (Meyer-Goßner StPO § 160 Rn 9; KK-StPO/Griesbaum StPO § 160 Rn 12). 1

Eine Ermittlungspflicht besteht nicht, wenn schon nach der ersten Schlüssigkeitsprüfung feststeht, dass ein Straftatbestand nicht erfüllt ist oder ein nicht zu beseitigendes Verfahrenshindernis (zB Verjährung oder Strafklageverbrauch) vorliegt (KK-StPO/Griesbaum StPO § 160 Rn 16). 2

I. Zuständige Staatsanwaltschaft

Die Ermittlungen von Straftaten, die nach § 24 GVG, § 74 GVG, § 74a GVG, § 74c GVG vor dem Amts- und Landgericht zu verhandeln wären, führt die Staatsanwaltschaft mit Sitz am örtlich zuständigen Landgericht (§ 143 Abs 1 GVG). Grundsätzlich zuständig ist dabei die Staatsanwaltschaft, in deren Bezirk die Straftat begangen wurde (Nr 2 Abs 1 RiStBV). Bei Staatsschutzdelikten besteht eine Sonderzuständigkeit des Generalbundesanwalts beim Bundesgerichtshof (§ 142a GVG iVm § 120 GVG), der das Verfahren aber bei Vorliegen einer der Voraussetzungen des § 142a Abs 2 GVG an die zuständige Landesstaatsanwaltschaft abgeben kann. 3

Für die Verfolgung von Ordnungswidrigkeiten ist gem § 35 OWiG die Verwaltungsbehörde zuständig, es sei denn, die Ordnungswidrigkeit steht im Zusammenhang mit einer Straftat. In diesem Fall übernimmt die Staatsanwaltschaft auch die Verfolgung der Ordnungswidrigkeit (§ 40 OWiG, § 42 OWiG; KK-StPO/Griesbaum StPO § 160 Rn 8). 4

II. Aufgaben der Staatsanwaltschaft

Die Staatsanwaltschaft hat in eigener Zuständigkeit die Ermittlungen zu führen. Sie ist dafür verantwortlich, dass das Ermittlungsverfahren rechtmäßig, sorgfältig und zuverlässig abläuft (KK-StPO/Griesbaum StPO § 160 Rn 4). Hierzu gehört, dass sie – auch gegenüber der von ihr mit den Ermittlungen beauftragten Polizei – dafür Sorge trägt, die Ermittlungen mit der gebotenen Beschleunigung durchzuführen, insbesondere in Haftsachen (vgl BVerfG NJW 2003, 2225; NStZ 2005, 456; NStZ 2006, 47; vgl dazu auch Pieroth/Hartmann StV 2008, 276 ff). Dies kann zB in komplexeren Verfahren durch den Einsatz mehrerer Staatsanwälte im Rahmen einer Arbeitsgruppe geschehen oder durch die Beauftragung mehrerer Sachbearbeiter (unter einheitlicher Leitung) bei der Polizei (Meyer-Goßner StPO § 160 Rn 3; Krehl/Eidam NStZ 2006, 1, 5). Auch kann das Anlegen von Doppelakten zur Verfahrensbeschleunigung beitragen (Nr 12 Abs 2 RiStBV). 5

StPO § 160

6   Die Staatsanwaltschaft kann die Polizei mit der Durchführung der Ermittlungen beauftragen (vgl § 161 StPO Rn 11), was an ihrer Sachleitungskompetenz als Herrin des Ermittlungsverfahrens nichts ändert (s dazu § 163 StPO Rn 1). Jedenfalls in bedeutsamen oder in rechtlich oder tatsächlich schwierigen Fällen ist der Staatsanwalt nach Nr 3 Abs 1 RiStBV gehalten, die Ermittlungen vom ersten Zugriff an selbst, also mit eigenen Ermittlungshandlungen, aufzuklären. Tatsächlich wird die Erforschung des Sachverhalts in der Praxis – zumindest in einfachen Fällen – überwiegend vollständig von der Polizei durchgeführt, so dass die Staatsanwaltschaft nur noch als reine „Abschlussbehörde" über den Ausgang des Ermittlungsverfahrens entscheidet (zutreffend kritisch dazu KK-StPO/Griesbaum StPO § 160 Rn 4; Lampe NJW 1975, 196).

B. Umfang der Ermittlungen (Abs 2 und Abs 3)
I. Belastende und entlastende Umstände

7   Die Staatsanwaltschaft ist verpflichtet, belastende und entlastende Umstände gleichermaßen zu ermitteln (Abs 2). Diese Verpflichtung resultiert aus dem Gebot des fairen Verfahrens und entspricht der Stellung der Staatsanwaltschaft als zur Gerechtigkeit und Objektivität verpflichtetem Organ der Rechtspflege (Meyer-Goßner StPO § 160 Rn 14; Löwe/Rosenberg/Erb StPO § 160 Rn 47).

II. Beweissicherung

8   Nach Abs 2 ist die Staatsanwaltschaft zudem verpflichtet, für die Erhebung der Beweise zu sorgen, wenn ein Beweismittelverlust droht. Bei persönlichen Beweismitteln (zB ein lebensgefährlich erkrankter Zeuge) geschieht dies möglichst durch eine richterliche Vernehmung, um ein gem. § 251 Abs 1 Nr 2 StPO verlesbares Protokoll zu erhalten (KK-StPO/Griesbaum StPO § 160 Rn 24). Sachliche Beweismittel (Urkunden, Augenscheinsobjekte) werden in der Regel gem § 94 StPO, § 98 StPO sichergestellt oder beschlagnahmt (Meyer-Goßner StPO § 160 Rn 15).

III. Umstände, die für die Bestimmung der Rechtsfolgen der Tat von Bedeutung sind (Abs 3 S 1)

9   Der Staatsanwalt hat im Ermittlungsverfahren nach Abs 3 S 1 auch solche Umstände zu ermitteln, die für die Bestimmung der Rechtsfolgen der Tat von Bedeutung sind. Dazu gehören zunächst alle Umstände, die nach § 46 StGB für die Strafzumessung maßgeblich sind, insbesondere die wirtschaftlichen Verhältnisse des Beschuldigten (vgl Nr 14 RiStBV), der entstandene Schaden, eine etwaige Schadenswiedergutmachung (vgl Nr 15 Abs 2 RiStBV) sowie Vorstrafen (vgl Nr 16 RiStBV). Aber auch die Aufklärung von Tatsachen zur Frage einer Strafaussetzung zur Bewährung oder einer Verwarnung mit Strafvorbehalt liegt im Ermittlungsverfahren in der Hand der Staatsanwaltschaft (Nr 15 Abs 1 RiStBV). Die entsprechenden Ermittlungen kann sie entweder selbst vornehmen oder die Polizei oder die Gerichtshilfe (s dazu Rn 10) hiermit beauftragen.

C. Gerichtshilfe (Abs 3 S 2)

10   Nach Abs 3 S 2 kann die Staatsanwaltschaft für die Ermittlungen in Bezug auf die Rechtsfolgen (Rn 9) die **Gerichtshilfe** heranziehen, welche nach Art 294 EGStGB den Landesjustizverwaltungen zugeordnet und mit der Jugendgerichtshilfe (§ 38 JGG) vergleichbar ist. Die Aufklärung der Tat ist nicht Aufgabe der Gerichtshilfe (BGH NStZ 2008, 709). Als Gerichtshelfer sind üblicherweise Sozialarbeiter oder Sozialpädagogen tätig, teilweise nehmen aber auch Vereinigungen die Aufgaben wahr (KK-StPO/Griesbaum StPO § 160 Rn 32). Anders als die Jugendgerichtshilfe ist die Gerichthilfe im Erwachsenenverfahren keine Verfahrensbeteiligte (vgl § 38 Abs 3 JGG, § 50 Abs 3 S 2 JGG). Die von der Gerichtshilfe gesammelten, regelmäßig in einem Bericht festgehaltenen Erkenntnisse können in die Hauptverhandlung eingeführt werden, indem der Angeklagte oder Zeugen und Sachver-

ständige zu den festgehaltenen Tatsachen befragt oder ihnen der Bericht der Gerichtshilfe vorgehalten wird (Meyer-Goßner StPO § 160 Rn 26). Auch kann der Gerichtshelfer als Zeuge vernommen werden, wobei er seinen Bericht verlesen kann (BGH NStZ 2008, 709, 710; BGH NStZ 1984, 467 m abl Anm von Brunner; **aA** SK-StPO/Wohlers StPO § 160 Rn 68; Eisenberg NStZ 1985, 84). Ferner ist eine Verlesung des Gerichtshilfeberichts durch das Gericht unter den Voraussetzungen des § 251 Abs 1 Nr 1 StPO zulässig (BGH NStZ 2008, 709, 710); eine Verlesung nach § 256 StPO ist dagegen nicht möglich (KK-StPO/ Griesbaum StPO § 160 Rn 37; in BGH NStZ 2008, 709, 710 offen gelassen).

D. Datenschutz (Abs 4)

Nach Abs 4 sind Maßnahmen unzulässig, soweit bundesgesetzliche oder entsprechende 11 landesgesetzliche Verwendungsregelungen entgegenstehen. Damit wird klargestellt, dass grundsätzlich die bereichsspezifische Regelung über die Verwendung der Daten in dem Gesetz, das die Erhebung der Daten regelt, den Vorrang vor der Regelung im „Empfängergesetz" hat; hierdurch wird der Schutz besonderer Amts- und Berufsgeheimnisse sowie sonstiger Regelungen, die einen gesteigerten Schutz personenbezogener Daten bewirken sollen (zB § 30 AO, § 35 SGB I, §§ 67 SGB X ff), sichergestellt (BT-Drs 14/1484, 22; Meyer-Goßner StPO § 160 Rn 28).

§ 160 a [Ermittlungsmaßnahme bei Zeugnisverweigerungsrecht]

(1) ¹Eine Ermittlungsmaßnahme, die sich gegen eine in § 53 Abs. 1 Satz 1 Nr. 1, 2 oder Nr. 4 genannte Person richtet und voraussichtlich Erkenntnisse erbringen würde, über die diese Person das Zeugnis verweigern dürfte, ist unzulässig. ²Dennoch erlangte Erkenntnisse dürfen nicht verwendet werden. ³Aufzeichnungen hierüber sind unverzüglich zu löschen. ⁴Die Tatsache ihrer Erlangung und der Löschung der Aufzeichnungen ist aktenkundig zu machen. ⁵Die Sätze 2 bis 4 gelten entsprechend, wenn durch eine Ermittlungsmaßnahme, die sich nicht gegen eine in § 53 Abs. 1 Satz 1 Nr. 1, 2 oder Nr. 4 genannte Person richtet, von dort genannten Person Erkenntnisse erlangt werden, über die sie das Zeugnis verweigern dürfte.

(2) ¹Soweit durch eine Ermittlungsmaßnahme eine in § 53 Abs. 1 Satz 1 Nr. 3 bis 3 b oder Nr. 5 genannte Person betroffen wäre und dadurch voraussichtlich Erkenntnisse erlangt würden, über die diese Person das Zeugnis verweigern dürfte, ist dies im Rahmen der Prüfung der Verhältnismäßigkeit besonders zu berücksichtigen; betrifft das Verfahren keine Straftat von erheblicher Bedeutung, ist in der Regel nicht von einem Überwiegen des Strafverfolgungsinteresses auszugehen. ²Soweit geboten, ist die Maßnahme zu unterlassen oder, soweit dies nach der Art der Maßnahme möglich ist, zu beschränken. ³Für die Verwertung von Erkenntnissen zu Beweiszwecken gilt Satz 1 entsprechend.

(3) Die Absätze 1 und 2 sind entsprechend anzuwenden, soweit die in § 53 a Genannten das Zeugnis verweigern dürfen.

(4) ¹Die Absätze 1 bis 3 sind nicht anzuwenden, wenn bestimmte Tatsachen den Verdacht begründen, dass die zeugnisverweigerungsberechtigte Person an der Tat oder an einer Begünstigung, Strafvereitelung oder Hehlerei beteiligt ist. ²Ist die Tat nur auf Antrag oder nur mit Ermächtigung verfolgbar, ist Satz 1 in den Fällen des § 53 Abs. 1 Satz 1 Nr. 5 anzuwenden, sobald und soweit der Strafantrag gestellt oder die Ermächtigung erteilt ist.

(5) Die §§ 97 und 100 c Abs. 6 bleiben unberührt.

Überblick

§ 160 a StPO enthält verschiedene Beweiserhebungs- und Beweisverwertungsverbote bei Ermittlungshandlungen, die zeugnisverweigerungsberechtigte Berufsgeheimnisträger betreffen.

Übersicht

	Rn		Rn
A. Anwendungsbereich und Historie	1	D. Ermittlungshandlungen gegen Angehörige der Beratungs- und Heilberufe sowie Medienmitarbeiter (Abs 2)..........	10
B. Ermittlungshandlungen gegen Geistliche, Verteidiger und Abgeordnete (Abs 1)...	3	I. Relatives Beweiserhebungsverbot........	10
I. Absolutes Beweiserhebungsverbot.......	3	II. Relatives Beweisverwertungsverbot	12
II. Absolutes Beweisverwertungsverbot....	5	E. Ermittlungshandlungen gegen Berufshelfer (Abs 3)............................	14
III. Löschung	6		
IV. Dokumentationspflicht..................	8	F. Verstrickungsregelungen	15
C. Zufallserkenntnisse bei Maßnahmen gegen andere Personen (Abs 1 S 5)	9	G. Vorrangige Regelungen (Abs 5)	17
		H. Revision	18

A. Anwendungsbereich und Historie

1 Die Vorschrift schützt die Interessen von zeugnisverweigerungsberechtigten Berufsgeheimnisträgern iSd § 53 StPO, § 53 a StPO außerhalb von Vernehmungssituationen, indem sämtliche Ermittlungshandlungen gegen diese nur eingeschränkt oder gar nicht vorgenommen werden dürfen. Dabei wird zwischen Geistlichen, Verteidigern sowie Abgeordneten (§ 53 Abs 1 Nr 1, Nr 2 und Nr 4 StPO) einerseits und Angehörigen von Beratungs- und Heilberufen (§ 53 Abs 1 Nr 3 bis Nr 3 b StPO) sowie Medienvertretern (§ 53 Abs 1 Nr 5 StPO) andererseits unterschieden. Ermittlungshandlungen, die sich gegen Angehörige der erstgenannten Berufsgruppen richten, unterliegen einem absoluten Beweiserhebungs- und Verwertungsverbot (s Rn 3 ff), Ermittlungshandlungen gegen Angehörige der Beratungs- und Heilberufe sowie Medienmitarbeiter nur einem relativen (s Rn 10 ff).

2 Eingefügt wurde § 160 a StPO durch das am 1. 1. 2008 in Kraft getretene Gesetz zur Neuregelung der Telekommunikationsüberwachung und anderer verdeckter Ermittlungsmaßnahmen sowie zur Umsetzung der Richtlinie 2006/24/EG v 21. 12. 2007 (BGBl I 3198). Ursprünglich sollte die Regelung als § 53 b StPO aufgenommen werden (vgl Regierungsentwurf BT-Drs 16/5846, 25 ff), wurde dann letztlich aus systematischen Gründen mit geringen Modifikationen als § 160 a StPO eingeführt (BT-Drs 16/6979, 67; BR-Drs 798/07).

B. Ermittlungshandlungen gegen Geistliche, Verteidiger und Abgeordnete (Abs 1)

I. Absolutes Beweiserhebungsverbot

3 Nach Abs 1 S 1 sind Ermittlungshandlungen, die sich **gegen** Angehörige der in § 53 Abs 1 Nr 1, Nr 2 und Nr 4 StPO aufgezählten Berufsgruppen **richten** und wodurch voraussichtlich Erkenntnisse gewonnen würden, über die diese Personen wegen ihrer beruflichen Verbindung zum Beschuldigten das Zeugnis verweigern dürften, **generell unzulässig** (absolutes Beweiserhebungsverbot). Im Einzelnen handelt es sich um folgende Berufsgruppen:

- Geistliche in ihrer Eigenschaft als Seelsorger (§ 53 Abs 1 Nr 1 StPO, s § 53 StPO Rn 10),
- Verteidiger des Beschuldigten (§ 53 Abs 1 Nr 2 StPO, s § 53 StPO Rn 11; im Übrigen gilt für Rechtsanwälte Abs 2, s Rn 10),
- Abgeordnete (§ 53 Abs 1 Nr 4 StPO, s § 53 StPO Rn 21).

Eine Einzelfallabwägung nach den Grundsätzen der von der Rechtsprechung angewandten „Abwägungslehre" (vgl dazu Rn 10) findet nicht statt; die Kommunikation eines Beschuldigten mit Angehörigen dieser Berufsgruppen unterliegt vielmehr einem **umfassenden Schutz vor staatlicher Kenntnisnahme** (BT-Drs 16/5847, 35; Meyer-Goßner StPO § 160 a Rn 3). Davon ausgenommen sind allerdings Maßnahmen gegen Berufsgeheimnisträger, die selbst in Straftaten verstrickt sind (Rn 15). Zu den von § 160 a StPO umfassten

Ermittlungshandlungen zählen sämtliche von der Strafprozessordnung vorgesehenen – offenen wie auch verdeckten – Maßnahmen mit Ausnahme von Zeugenvernehmungen, für die die Sonderregelung des § 53 StPO gilt (Meyer-Goßner StPO § 160 a Rn 1; KK-StPO/ Griesbaum StPO § 160 a Rn 4).

Weiterhin zulässig bleiben Ermittlungshandlungen, die sich gegen andere Personen als den Berufsgeheimnisträger richten, zB gegen den Beschuldigten selbst oder einen Dritten (KK-StPO/Griesbaum StPO § 160 a Rn 4). Das gilt selbst dann, wenn nicht ausgeschlossen werden kann oder gar zu erwarten ist, dass hierdurch Kommunikationsinhalte mit Berufsgeheimnisträgern offengelegt werden (BT-Drs 16/5846, 35). Für derart erlangte Erkenntnisse sieht jedoch Abs 1 S 5 ein Beweisverwertungsverbot vor (s Rn 9). 4

II. Absolutes Beweisverwertungsverbot

Erkenntnisse, die entgegen dem Beweiserhebungsverbot nach Abs 1 S 1 gewonnen wurden, unterliegen einem **absoluten Verwertungsverbot** (Abs 1 S 2), dh sie dürfen – unabhängig ob belastend oder entlastend – im Strafverfahren nicht verwendet werden, auch nicht durch Vernehmung der Ermittlungsperson als mittelbaren Zeugen (vgl Meyer-Goßner StPO § 136 a Rn 27 ff) oder als Spurenansätze (Meyer-Goßner StPO § 160 a Rn 4). Davon ausgenommen sind Fälle, in denen der Betroffene den Berufsgeheimnisträger nach der unzulässigen Beweiserhebung gem § 53 Abs 2 S 1 StPO von der Pflicht zur Verschwiegenheit entbindet; eines Beweisverwertungsverbots bedarf es dann nicht mehr (BT-Drs 16/5846, 37; KK-StPO/Griesbaum StPO § 160 a Rn 7). Das Verwertungsverbot gilt auch nicht für die Vernehmung von Berufsgeheimnisträgern als Zeugen, da insoweit die besondere Regelung des § 53 StPO vorgeht (BT-Drs 16/5846, 36). 5

Bei der Prognose, ob eine Ermittlungshandlung den Schutzbereich des Berufsgeheimnisses nach den § 53 Abs 1 Nr 1, Nr 2 und Nr 4 StPO betrifft, steht dem Gericht und den Strafverfolgungsbehörden ein **Beurteilungsspielraum** zu („voraussichtlich"). Eine Maßnahme ist dann unzulässig, wenn konkrete tatsächliche Anhaltspunkte dafür vorliegen, dass Erkenntnisse aus dem absolut geschützten Bereich gewonnen werden (vgl Meyer-Goßner StPO § 160 a Rn 3 a; weitergehend KK-StPO/Griesbaum StPO § 160 a Rn 6, der „zweifelsfreie" Erkenntnisse verlangt). Das gilt jedoch nicht, wenn davon auszugehen ist, dass eine Überwachung verhindert werden soll, indem geschützte Gesprächsinhalte mit solchen Inhalten verknüpft werden, die dem Ermittlungsziel unterfallen (vgl BVerfGE 120, 274 = NJW 2008, 822, 834; Meyer-Goßner StPO § 160 a Rn 3 a). 5 a

III. Löschung

Rechtswidrig gewonnene Erkenntnisse sind unverzüglich, dh ohne schuldhaftes Zögern, zu löschen (Abs 1 S 3). Eine Verpflichtung zur Echtzeiterhebung der Ermittlungshandlung wird dadurch nicht begründet (BT-Drs 16/5846, 35, 45), macht aber eine zeitnahe Auswertung der Maßnahme durch die Ermittlungsbehörde erforderlich. 6

Zuständig für die Löschung ist grundsätzlich die mit der Auswertung der Überwachungsergebnisse betraute Person, also in der Regel der sachbearbeitende Ermittlungsbeamte von Polizei oder Zoll, der aber in Zweifelsfällen, oder wenn sich die Staatsanwaltschaft als „Herrin des Ermittlungsverfahrens" generell die Entscheidung über die Löschung vorbehalten hat, mit dieser zuvor Rücksprache zu halten hat (BT-Drs 16/5846, 45; KK-StPO/ Griesbaum StPO § 160 a Rn 10). 7

IV. Dokumentationspflicht

Sowohl die Tatsache, dass unverwertbare Erkenntnisse erlangt wurden, als auch die Löschung als solche sind nach Abs 1 S 4 aktenkundig zu machen. Die durch die Vorschrift geschützten Kommunikationsinhalte dürfen dabei selbstverständlich nicht dokumentiert werden; im Aktenvermerk muss aber aufgenommen werden, weshalb eine unzulässige Beweiserhebung angenommen wurde (KK-StPO/Griesbaum StPO § 160 a Rn 10). Mit der Regelung bezweckt der Gesetzgeber, die Einhaltung der Löschungspflicht abzusichern und eine spätere Nachvollziehbarkeit im Rahmen von möglichen Rechtsschutzbegehren der betroffenen Personen zu ermöglichen (BT-Drs 16/5848, 36). 8

C. Zufallserkenntnisse bei Maßnahmen gegen andere Personen (Abs 1 S 5)

9 Werden durch eine Maßnahmen, die sich gegen andere als den in Abs 1 S 1 genannten Personen richtet, zufällig Erkenntnisse erlangt, welche die Kommunikation mit Geistlichen, Verteidigern oder Abgeordneten betrifft und über die diese das Zeugnis nach § 53 StPO verweigern dürften, besteht nach Abs 1 S 5, der auf Abs 1 S 2 bis S 4 verweist, ein **Beweisverwertungsverbot**; die Regelungen des Abs 1 S 3 und S 4 zur Löschung (Rn 6) und Dokumentation (Rn 8) gelten entsprechend. In besonderen Einzelfällen kann sich hierdurch die Verpflichtung für die Ermittlungsbehörden ergeben, eine Maßnahme gegen den Beschuldigten zu unterbrechen, etwa wenn bei einer in Echtzeit durchgeführten Telekommunikationsüberwachung festgestellt wird, dass der Beschuldigte ein Gespräch mit seinem Verteidiger führt (BT-Drs 16/5846, 35; Meyer-Goßner StPO § 160 a Rn 7; KK-StPO/Griesbaum StPO § 160 a Rn 11).

D. Ermittlungshandlungen gegen Angehörige der Beratungs- und Heilberufe sowie Medienmitarbeiter (Abs 2)

I. Relatives Beweiserhebungsverbot

10 Bei den übrigen, von Abs 1 nicht umfassten Berufsgeheimnisträgern der Beratungs- und Heilberufe (§ 53 Abs 1 Nr 3, Nr 3a und Nr 3b StPO; zB Rechtsanwälte [s § 53 StPO Rn 12] und Ärzte [s § 53 StPO Rn 15]) sowie Medienmitarbeitern (§ 53 Abs 1 Nr 5 StPO, s § 53 StPO Rn 23) besteht nach Abs 2 S 1 Hs 1 nur ein **relatives Beweiserhebungsverbot** (kritisch zur unterschiedlichen Behandlung von Strafverteidigern und Rechtsanwälten: Ignor NJW 2007, 3403, 3405 ff). Ermittlungshandlungen gegen Angehörige dieser Berufsgruppen sind – anders als in Abs 1 (Rn 3) – nicht generell unzulässig, sondern es ist entsprechend der von der Rechtsprechung angewandten „Abwägungslehre" (BGHSt 44, 243, 248 ff = NStZ 1999, 203, 204; BGHSt 19, 325, 329 ff; BGH NStZ 2007, 601, 602; Meyer-Goßner StPO Einl Rn 55 a) in einer **Einzelfallprüfung** festzustellen, ob das öffentliche Interesse an einer wirksamen Strafverfolgung das individuelle Interesse an der Geheimhaltung der einem Berufsgeheimnisträger anvertrauten oder bekannt gewordenen Tatsachen überwiegt (BT-Drs 16/5846, 36; Puschke/Singelnstein NJW 2008, 113, 117; Meyer-Goßner StPO § 160 a Rn 9 f; KK-StPO/Griesbaum StPO § 160 a Rn 14). Eine Abwägung zugunsten der Individualinteressen mit der Folge, dass eine Ermittlungshandlung – etwa eine Telefonüberwachung – unzulässig wäre, hat zB zu erfolgen, wenn zu erwarten ist, dass hierdurch Informationen aus dem Kernbereich der privaten Lebensgestaltung (vgl dazu BVerfG NJW 2004, 999, 1002, 1003) oder zumindest kernbereichsnahe besonders sensible Informationen aus einem Arzt-Patienten- oder Anwalt-Mandanten-Gespräch gewonnen werden könnten (BT-Drs 16/5846, 36 f; Meyer-Goßner StPO § 160 a Rn 13).

11 Nach Abs 2 S 1 Hs 1 sind entsprechende Ermittlungshandlungen **bei Straftaten von nicht erheblicher Bedeutung** in der Regel unzulässig. Bei Straftaten von erheblicher Bedeutung bleibt eine Abwägung im Einzelfall erforderlich (so auch Puschke/Singelnstein NJW 2008, 113, 117; KK-StPO/Griesbaum StPO § 160 a Rn 14). Ermittlungshandlungen gegen die in Abs 2 genannten Berufsgeheimnisträger, die nach der Einzelfallprüfung unzulässig sind, haben die Ermittlungsbehörden entweder vollständig zu unterlassen oder insoweit zu beschränken, dass die Aufzeichnung von entsprechenden Informationen vermieden wird (Abs 2 S 2).

II. Relatives Beweisverwertungsverbot

12 Die Verwertung von gewonnenen Erkenntnissen, die dem Zeugnisverweigerungsrecht der in Abs 2 S 1 genannten Berufsgruppen unterliegen, ist ebenfalls von einer **Verhältnismäßigkeitsprüfung im Einzelfall** abhängig (Abs 2 S 3). Dabei gelten dieselben Kriterien wie bei der Beweiserhebung nach Abs 1 S 1 Hs 1 (Rn 10), so dass die Abwägung regelmäßig zu gleich lautenden Ergebnissen hinsichtlich Beweiserhebung und -verwertung kommen wird. Möglich sind aber auch unterschiedliche Bewertungen, da die Prüfung oftmals zu unterschiedlichen Zeitpunkten im laufenden Verfahren vorzunehmen ist: So kann beispielsweise die Erhebung von Erkenntnissen nach Abs 2 S 1 Hs 1 zulässig sein, weil zunächst eine

schwere Straftat angenommen wurde; stellt sich im weiteren Verfahren heraus, dass es sich lediglich um eine Bagatelltat handelte, ist die Verwertung dennoch nach Abs 2 S 3 ausgeschlossen. Denkbar ist auch die umgekehrte Variante, dass eine zunächst unzulässigerweise gewonnene Information wegen einer späteren Neubeurteilung der Tatschwere gleichwohl verwertet werden dürfte (BT-Drs 16/5846, 37; Meyer-Goßner StPO § 160 a Rn 11; KK-StPO/Griesbaum StPO § 160 a Rn 16; aA Puschke/Singelnstein NJW 2008, 113, 117). Abs 2 S 3 schließt die Verwertung geschützter Erkenntnisse lediglich zu Beweiszwecken aus, so dass eine **mittelbare Verwertung** als Ermittlungs- oder Spurenansatz – anders als Abs 1 S 2 und S 5 (s Rn 5) – möglich bleibt (Meyer-Goßner StPO § 160 a Rn 12; KK-StPO/Griesbaum StPO § 160 a Rn 16; Glaser/Gedeon GA 2007, 415, 425).

Abs 2 S 3 greift nicht ein, wenn der Betroffene den Berufsgeheimnisträger nach einer unzulässigen Beweiserhebung gem § 53 Abs 2 S 1 StPO von der Pflicht zur Verschwiegenheit entbindet (BT-Drs 16/5846, 37). 13

E. Ermittlungshandlungen gegen Berufshelfer (Abs 3)

Die Regelungen von Abs 1 u Abs 2 gelten auch für die jeweiligen Berufshelfer (§ 53 a StPO Rn 2) der dort genannten Berufsgruppen. Für Ermittlungshandlungen gegen Berufshelfer von Geistlichen, Verteidigern und Abgeordneten besteht mithin ein absolutes Beweiserhebungs- und Verwertungsverbot (s Rn 3 ff), während Maßnahmen gegen Berufshelfer in Beratungs- und Heilberufen sowie im Medienbereich einer Verhältnismäßigkeitsprüfung im Einzelfall unterliegen (s Rn 10 ff). 14

F. Verstrickungsregelungen

Das durch § 160 a StPO geschützte Vertrauensverhältnis zum Berufsgeheimnisträger endet, wenn dieser selbst an der verfahrensgegenständlichen Tat beteiligt oder der Begünstigung, Strafvereitelung oder Hehlerei verdächtig ist (Abs 4 S 1). Die Regelung ähnelt der des § 97 Abs 2 S 3 StPO, der allerdings nur einen einfachen Tatverdacht verlangt, während Abs 4 erfordert, dass der Verstrickungsverdacht **auf bestimmten Tatsachen gründet** (= ein auf konkreten Beweisumständen basierender Verdacht, der über den Anfangsverdacht hinausgeht, nicht aber die Schwelle eines hinreichenden oder dringenden Tatverdachts erreichen muss). 15

Nach Abs 4 S 2 ist bei Medienmitarbeitern (§ 53 Abs 1 Nr 5 StPO) neben der Annahme eines auf Tatsachen begründeten Verstrickungsverdachts (Rn 15) erforderlich, dass bei Antrags- oder Ermächtigungsdelikten erst der Strafantrag oder die Ermächtigung vorliegen muss. 16

G. Vorrangige Regelungen (Abs 5)

Die § 97 StPO und § 100 c Abs 6 StPO gehen nach Abs 5 als speziellere Regelungen vor. Fehlen jedoch in diesen Vorschriften gewisse Regelungen, wie etwa bei § 97 StPO die fehlende Bestimmung zur Verwertung von beschlagnahmefreien Gegenständen, bleibt § 160 a StPO ergänzend anwendbar (BT-Drs 16/5846, 38; Meyer-Goßner StPO § 160 a Rn 17; KK-StPO/Griesbaum StPO § 160 a Rn 21). Insoweit sind auch § 108 Abs 2 und Abs 3 StPO zu beachten, welche die Verwertung von Zufallsfunden anlässlich von Durchsuchungsmaßnahmen bei Ärzten und Medienvertretern regeln. 17

H. Revision

Die Verwertung von Erkenntnissen, die nach § 160 a Abs 1 S 2 und S 5 sowie Abs 2 S 3 StPO einem Verwertungsverbot unterliegen, begründet – sofern das Urteil hierauf beruht – die Revision. Die wesentlichen Tatsachen, die den Verfahrensmangel begründen, müssen dabei im Wege einer Verfahrensrüge nach § 344 Abs 2 S 2 StPO vorgebracht werden. Der umgekehrte Fall, dass ein Verwertungsverbot zu Unrecht angenommen wurde, kann mit der Aufklärungsrüge beanstandet werden (Meyer-Goßner StPO § 160 a Rn 18). Soweit für das Gericht und die Strafverfolgungsbehörden ein Beurteilungsspielraum besteht (Rn 5 a und Rn 12), ist die Überprüfung durch das Revisionsgericht, ob die gewonnenen Erkenntnisse verwertbar sind, auf den Maßstab der Vertretbarkeit beschränkt (vgl BGHSt 41, 30 = NStZ 1995, 510). 18

StPO § 160 b

§ 160 b [Erörterung des Verfahrensstands]

¹Die Staatsanwaltschaft kann den Stand des Verfahrens mit den Verfahrensbeteiligten erörtern, soweit dies geeignet erscheint, das Verfahren zu fördern. ²Der wesentliche Inhalt der Erörterung ist aktenkundig zu machen.

A. Anwendungsbereich und Historie

1   Die Vorschrift ist infolge der Rechtsprechung des Großen Senats des Bundesgerichtshofes zur Verständigung im Strafverfahren (NJW 2005, 1440 ff) durch Gesetz v 29. 7. 2009, welches am 4. 8. 2009 in Kraft getreten ist (BGBl I 2353), neu eingefügt worden. Damit ist die ohnehin schon seit langem gängige Praxis von Erörterungen (s dazu Rn 3) zwischen der Staatsanwaltschaft und den Verfahrensbeteiligten (s Rn 7) über den Stand und den Fortgang des Ermittlungsverfahrens gesetzlich verankert worden; wirklich neu ist lediglich die Dokumentationspflicht in S 2 (Rn 9). Ziel der Regelung ist es, die Gesprächsbereitschaft der Beteiligten zu fördern und – wo dies Aufgabe und Funktion der Staatsanwaltschaft zulassen – einen offenen Verhandlungsstil zu unterstützen (BT-Drs 16/12310, 12). Für das Eröffnungs- und Hauptverfahren sehen die § 202 a StPO, § 257 b StPO korrespondierende Regelungen vor; zu den Einzelheiten zum Inhalt, zum Zustandekommen und zu den Folgen einer Verständigung s § 257 c StPO.

2   § 160 b StPO gilt auch für die Finanzbehörde im Steuerstrafverfahren. In **Bußgeldverfahren** kommt eine Anwendung nur bei schwerwiegenden Ordnungswidrigkeiten, etwa im Wirtschaftsrecht bei Kartellordnungswidrigkeiten, in Betracht, da nur dort eine Verständigung angezeigt sein kann; bei Massenordnungswidrigkeiten, zB im Bereich des Straßenverkehrs, hat die Vorschrift dagegen wegen der gebotenen Gleichbehandlung bei der Sanktionierung keine praktische Bedeutung (BT-Drs 16/12310, 19).

B. Gegenstand der Erörterungen

3   Die Vorschrift findet nur Anwendung bei Erörterungen im Ermittlungsverfahren; nach Anklageerhebung sind die § 202 a StPO, § 257 b StPO einschlägig. Der **Gegenstand der Erörterungen** ist dabei nicht nur auf eine bloße Sachstandsmitteilung beschränkt. Es kann vielmehr auch der weitere Fortgang des Verfahrens besprochen werden, etwa um eine Verfahrensbeendigung nach § 153 a StPO oder einen Täter-Opfer-Ausgleich herbeizuführen (BT-Drs 16/12310, 13). Auch kann die Staatsanwaltschaft in geeigneten Fällen ihre Vorstellung von der zu erwartenden Strafhöhe kundtun, was insbesondere bei Betäubungsmitteldelikten in Betracht kommt, um eine Aussage des Beschuldigten im Rahmen der sog „kleinen" Kronzeugenregelung des § 31 BtMG vorzubereiten. An entsprechende Zusagen ist die Staatsanwaltschaft gebunden, es sei denn der Beschuldigte hält seine versprochene Gegenleistung nicht ein, zB es bleibt das zugesagte Geständnis in der Hauptverhandlung aus (Meyer-Goßner StPO Ergänzungsheft § 160 b Rn 9).

4   S 1 begründet **keinen Anspruch** der Verfahrensbeteiligten auf Erörterungen mit der Staatsanwaltschaft, wie sich aus der Ausgestaltung als Kann-Regelung ergibt. Ob die Staatsanwaltschaft zu entsprechenden Gesprächen bereit ist, liegt in ihrem Ermessen (Meyer-Goßner StPO Ergänzungsheft § 160 b Rn 1).

5   Die Erörterungen müssen nicht in **Anwesenheit** aller Verfahrensbeteiligten erfolgen. Es ist auch nicht notwendig, alle Verfahrensbeteiligten in die Gespräche einzubinden. Bei Einzelgesprächen in Bezug auf den Abschluss des Verfahrens gebietet es jedoch der Grundsatz des fairen Verfahrens, den Gesprächsinhalt auch den übrigen Verfahrensbeteiligten mitzuteilen.

6   Eine **Form** für die Erörterungen (zB mündliche Anhörung oder telefonische Unterredung) ist nicht vorgeschrieben, sondern hängt vom Einzelfall ab.

C. Verfahrensbeteiligte

7   **Verfahrensbeteiligte** sind alle Personen oder Stellen, die nach dem Gesetz eine Prozessrolle ausüben, dh durch eigene Willenserklärungen im prozessualen Sinn gestaltend als Prozesssubjekt mitwirken müssen und dürfen (Meyer-Goßner StPO Einl Rn 71). Dazu

gehören im Ermittlungsverfahren insbesondere der Beschuldigte, die Verteidigung und nebenklageberechtigte Personen (BT-Drs 16/12310, 13). Mit Anklageerhebung wird auch die Staatsanwaltschaft Verfahrensbeteiligte iSd § 202 a StPO, § 257 b StPO (Rn 3).

Nicht zu den Verfahrensbeteiligten zählen Zeugen und Sachverständige (Meyer-Goßner StPO Ergänzungsheft zur 52 Auflage § 160 b Rn 4). Gleiches gilt für die durch die Straftat verletzte Person, da es sich bei den Rechten aus § 406 d StPO bis § 406 h StPO nicht um prozessuale Gestaltungsrechte, sondern um Informations- und Schutzrechte handelt (BT-Drs 16/12310, 13). 8

D. Dokumentation

Der wesentliche Inhalt der Erörterungen ist **aktenkundig** zu machen (S 2), dh in Form eines Aktenvermerks festzuhalten. Ziel der Regelung ist es, späteren Streitigkeiten über das Ob und Wie solcher Gespräche vorzubeugen (BT-Drs 16/12310, 14). 9

§ 161 [Ermittlungen; Verwendung von Daten aus verdeckten Ermittlungen]

(1) ¹Zu dem in § 160 Abs. 1 bis 3 bezeichneten Zweck ist die Staatsanwaltschaft befugt, von allen Behörden Auskunft zu verlangen und Ermittlungen jeder Art entweder selbst vorzunehmen oder durch die Behörden und Beamten des Polizeidienstes vornehmen zu lassen, soweit nicht andere gesetzliche Vorschriften ihre Befugnisse besonders regeln. ²Die Behörden und Beamten des Polizeidienstes sind verpflichtet, dem Ersuchen oder Auftrag der Staatsanwaltschaft zu genügen, und in diesem Falle befugt, von allen Behörden Auskunft zu verlangen.

(2) ¹Ist eine Maßnahme nach diesem Gesetz nur bei Verdacht bestimmter Straftaten zulässig, so dürfen die auf Grund einer entsprechenden Maßnahme nach anderen Gesetzen erlangten personenbezogenen Daten ohne Einwilligung der von der Maßnahme betroffenen Personen zu Beweiszwecken im Strafverfahren nur zur Aufklärung solcher Straftaten verwendet werden, zu deren Aufklärung eine solche Maßnahme nach diesem Gesetz hätte angeordnet werden dürfen. ²§ 100 d Abs. 5 Nr. 3 bleibt unberührt.

(3) In oder aus einer Wohnung erlangte personenbezogene Daten aus einem Einsatz technischer Mittel zur Eigensicherung im Zuge nicht offener Ermittlungen auf polizeirechtlicher Grundlage dürfen unter Beachtung des Grundsatzes der Verhältnismäßigkeit zu Beweiszwecken nur verwendet werden (Artikel 13 Abs. 5 des Grundgesetzes), wenn das Amtsgericht (§ 162 Abs. 1), in dessen Bezirk die anordnende Stelle ihren Sitz hat, die Rechtmäßigkeit der Maßnahme festgestellt hat; bei Gefahr im Verzug ist die richterliche Entscheidung unverzüglich nachzuholen.

Überblick

Die Vorschrift ermächtigt die Staatsanwaltschaft in Abs 1 Ermittlungen jeder Art durchzuführen und von allen Behörden Auskunft zu verlangen. Abs 2 und Abs 3 enthalten Verwendungsregelungen bezüglich personenbezogener Daten, die aus nicht strafprozessualen Maßnahmen stammen.

Übersicht

	Rn		Rn
A. Anwendungsbereich und Historie	1	2. Grenzen der Auskunftspflicht	6
B. Ermittlungsbefugnisse der Staatsanwaltschaft (Abs 1)	4	3. Auskunft von anderen Stellen oder Personen	9
I. Auskunftsverlangen (Abs 1 S 1 Alt 1) ...	5	II. Ermittlungen jeder Art (Abs 1 S 1 Alt 2)	10
1. Behördliche Auskunft	5		

StPO § 161   Zweites Buch. 2. Abschnitt

	Rn		Rn
C. Auftrag und Ersuchen an Polizei (Abs 1 S 2)	11	E. Verwendung von personenbezogenen Daten, die auf polizeirechtlicher Grundlage aus oder in einer Wohnung gewonnen wurden (Abs 3)	14
D. Verwendung personenbezogener Daten aus nicht strafprozessualen Maßnahmen (Abs 2)	12		

A. Anwendungsbereich und Historie

1   Bis zum 31. 10. 2000 sah Abs 1 als bloße Aufgabenzuweisung und Organisationsregelung vor, dass die Staatsanwaltschaft Ermittlungen jeder Art vornehmen „kann" (Hilger NStZ 2000, 561, 563). Durch das am 1. 11. 2000 in Kraft getretene StVÄG 1999 (BGBl I 1253) wurde der Wortlaut der Vorschrift dahingehend geändert, dass die Staatsanwaltschaft zu entsprechenden Ermittlungen „befugt" ist. Damit handelt es sich bei Abs 1 nunmehr um eine sog **Ermittlungsgeneralklausel** (s Rn 4; BT-Drs 14/1484, 23; Meyer-Goßner StPO § 161 Rn 1; KK-StPO/Griesbaum StPO § 161 Rn 1; Löwe/Rosenberg/Erb StPO § 161 Rn 2).

2   Die Verwendung von Daten, die aus nicht strafprozessualen Maßnahmen erlangt wurden, regelt der durch das am 1. 1. 2008 in Kraft getretene Gesetz zur Neuregelung der Telekommunikationsüberwachung und anderer verdeckter Ermittlungsmaßnahmen sowie zur Umsetzung der Richtlinie 2006/24/EG vom 21. 12. 2007 (BGBl I 3198) eingefügte Abs 2 (Rn 12).

3   Eine Verwendungsregelung für Daten, die auf polizeirechtlicher Grundlage aus oder in einer Wohnung gewonnen wurden, enthält Abs 3 (Rn 14), der durch das StVÄG 1999 (BGBl I 1253) zunächst als Abs 2 eingefügt und durch das am 1. 1. 2008 in Kraft getretene Gesetz zur Neuregelung der Telekommunikationsüberwachung und anderer verdeckter Ermittlungsmaßnahmen sowie zur Umsetzung der Richtlinie 2006/24/EG vom 21. 12. 2007 (BGBl I 3198) mit kleinen redaktionellen Änderungen in Abs 3 verschoben wurde.

B. Ermittlungsbefugnisse der Staatsanwaltschaft (Abs 1)

4   Aus Abs 1 ergibt sich der **Grundsatz der freien Gestaltung des Ermittlungsverfahrens**, wonach die Staatsanwaltschaft im Rahmen ihrer Zuständigkeit nach eigenem Ermessen alle zulässigen, geeigneten und erforderlichen Maßnahmen zur Aufklärung einer Straftat ergreifen kann (BVerfG NStZ 1996, 45; Meyer-Goßner StPO § 161 Rn 7; Löwe/Rosenberg/Erb StPO § 161 Rn 31). Die Vorschrift unterscheidet zwischen Auskunftsverlangen gegenüber Behörden (Rn 5) und sonstigen Ermittlungen jeder Art (Rn 10).

I. Auskunftsverlangen (Abs 1 S 1 Alt 1)

1. Behördliche Auskunft

5   Abs 1 S 1 Alt 1 berechtigt die Staatsanwaltschaft und in Steuerstrafsachen die Finanzbehörde, Auskunft von **allen Behörden** zu verlangen; diese Verpflichtung der Behörden gilt auch gegenüber dem mit der Strafsache befassten Gericht (BGHSt 36, 328, 337 = NStZ 1990, 186; BGHSt 30, 34, 35 = NJW 1981, 1052; KK-StPO/Griesbaum StPO § 161 Rn 2). Unter Behörden sind dabei alle Dienststellen des Bundes, der Länder, der Gemeinden und sonstigen Gebietskörperschaften sowie öffentlich-rechtliche Körperschaften mit eigener Rechtspersönlichkeit zu verstehen; ferner sind Gerichte, Staatsanwaltschaften und Polizeibehörden nach Abs 1 zur Auskunft verpflichtet (Löwe/Rosenberg/Erb StPO § 161 Rn 9; SK-StPO/Wohlers StPO § 161 Rn 20 f). Bei Auskunft und Einsicht in Akten anderer Strafverfahren geht die Regelung des § 474 StPO vor. Bezüglich **Kreditinstituten** ist zu unterscheiden: nur öffentlich-rechtliche Kreditinstitute, nicht aber Privatbanken (vgl hierzu Rn 9), haben dem Auskunftsverlangen der Staatsanwaltschaft nachzukommen, ohne dass das sog „Bankgeheimnis" entgegensteht (LG Frankfurt/M NJW 1954, 688; LG Hamburg NJW 1978, 958; Meyer-Goßner StPO § 161 Rn 4; SK-StPO/Wohlers StPO § 161 Rn 23). Von **Anbietern von Post- und Telekommunikationsdienstleistungen** kann wegen des Post-

und Fernmeldegeheimnisses nach Art 10 GG, § 39 PostG, § 88 TKG keine behördliche Auskunft nach § 161 StPO verlangt werden, sondern es muss auf die in den § 99 StPO, § 100a StPO, § 100g StPO geregelten Eingriffsmaßnahmen zurückgegriffen werden (Meyer-Goßner StPO § 161 Rn 3). Über den Inhaber einer dynamischen IP-Adresse muss der Provider allerdings nach den § 161 StPO, § 163 StPO iVm § 113 TKG Auskunft erteilten, da es sich insoweit um Bestandsdaten handelt, die nicht dem Fernmeldegeheimnis unterfallen (LG Offenburg StraFo 2008, 243; LG Köln NStZ 2009, 352).

Beauftragt oder ersucht die Staatsanwaltschaft die Polizei damit, Ermittlungen durchzuführen, steht das Recht, Auskunft zu verlangen, auch der beauftragten Polizeibehörde zu (Abs 1 S 2).

2. Grenzen der Auskunftspflicht

Die Auskunftspflicht der Behörde hat ihre Grenzen: Zum einen darf die Auskunft von 6 Namen und Anschriften von polizeilichen Gewährsmännern in entsprechender Anwendung des § 96 StPO verweigert werden, wenn die oberste Dienstbehörde in einer rechtmäßigen Sperrerklärung feststellt, dass das Bekanntwerden der Identität der Gewährsmänner dem Wohl des Bundes oder eines deutschen Landes Nachteile bereiten würde (BGHSt 30, 34, 35 = NJW 1981, 1052; Löwe/Rosenberg/Erb StPO § 161 Rn 15; SK-StPO/Wohlers StPO § 161 Rn 27; vgl auch § 96 StPO). Zum anderen können die folgenden gesetzlichen Geheimhaltungspflichten dem Auskunftsverlangen entgegenstehen.

a) Das Steuergeheimnis (§ 30 AO) 7

Das Steuergeheimnis nach § 30 AO verbietet die Auskunftserteilung, es sei denn die Offenbarung ist nach § 30 Abs 4 und Abs 5 AO zulässig. Dies gilt insbesondere für Erkenntnisse, die nicht im Besteuerungsverfahren, sondern erstmalig in einem Verfahren wegen einer Steuerstraftat oder Steuerordnungswidrigkeit erlangt wurden (§ 30 Abs 4 Nr AO) und für vorsätzlich falsche Angaben eines Betroffenen im Besteuerungsverfahren (§ 30 Abs 5 AO).

b) Das Sozialgeheimnis (§ 35 Abs 2 SGB I)

Auskunft über Sozialdaten dürfen durch die in § 35 Abs 1 SGB I genannten Behörden 8 nur erteilt werden, wenn der Betroffene zustimmt oder eine Offenbarung unter den Voraussetzungen der §§ 67 SGB X ff zulässig ist (Meyer-Goßner StPO § 161 Rn 6; Löwe/Rosenberg/Erb StPO § 161 Rn 22). Im Strafverfahren gilt nach § 35 Abs 3 SGB I insoweit ein Zeugnisverweigerungsrecht und Beschlagnahmeverbot gegenüber der Sozialbehörde, was gem § 61 Abs 1 SGB VIII auch für die Jugendgerichtshilfe gilt (Meyer-Goßner StPO § 161 Rn 6). Nach § 68 Abs 1 SGB X kann die ersuchte Sozialbehörde im Wege der Amtshilfe jedoch Namen, Anschrift und gegenwärtigen Aufenthaltsort eines Betroffenen sowie Erkenntnisse zum derzeitigen Arbeitgeber an die Staatsanwaltschaft übermitteln, wenn dadurch schutzwürdige Interessen des Betroffenen nicht beeinträchtigt werden; eine Auskunftserteilung an die Staatsanwaltschaft kann regelmäßig nicht zur Beeinträchtigung solcher Belange führen (KK-StPO/Griesbaum StPO § 161 Rn 9; Meyer-Goßner StPO § 161 Rn 6). Soweit es zur Durchführung einer nach Bundes- oder Landesrecht zulässigen Rasterfahndung erforderlich ist, kann darüber hinaus Auskunft über die Staats- und Religionsangehörigkeit des Betroffenen, seine früheren Anschriften, Erkenntnisse zu früheren Arbeitgebern und Angaben über an den Betroffenen erbrachte oder ausstehende Geldleistungen erteilt werden (§ 68 Abs 3 SGB X). Auf Antrag der Staatsanwaltschaft kann der Ermittlungsrichter nach § 73 Abs 1 SGB X iVm § 73 Abs 3 SGB X die uneingeschränkte Übermittlung von Sozialdaten anordnen, wenn diese zur Durchführung eines Strafverfahrens wegen eines Verbrechens oder wegen einer sonstigen Straftat von erheblicher Bedeutung benötigt werden (Löwe/Rosenberg/Rieß StPO § 161 Rn 24 f). Bei Ermittlungen wegen einer anderen – nicht erheblichen – Straftat ist eine Auskunftserteilung aufgrund richterlicher Anordnung beschränkt auf Namen, Anschrift und gegenwärtigen Aufenthaltsort eines Betroffenen sowie Erkenntnisse zum derzeitigen Arbeitgeber.

3. Auskunft von anderen Stellen oder Personen

Auch von nicht behördlichen Stellen oder Personen, z.B. Privatbanken (zu öffentlich- 9 rechtlichen Kreditinstituten s Rn 5), kann Auskunft verlangt werden (vgl Nr 67 RiStBV), allerdings nicht auf Grundlage des Abs 1, sondern durch eine formlose Zeugenvernehmung (LG Frankfurt/M NJW 1954, 688; Meyer-Goßner StPO § 161 Rn 2). Weigert sich die ersuchte Stelle oder Person, Auskunft zu erteilten, kann diese durch eine förmliche Vernehmung mit den entsprechenden Erscheinungs- und Aussageverpflichtungen (vgl dazu § 161a StPO Rn 4) erzwungen werden; erforderliche Unterlagen kann die Staatsanwaltschaft ggf durch eine Durchsuchung und Beschlagnahme erlangen.

II. Ermittlungen jeder Art (Abs 1 S 1 Alt 2)

10   Als sog **Ermittlungsgeneralklausel** ermächtigt Abs 1 S 1 die Staatsanwaltschaft zu Ermittlungen jeder Art, worunter auch mit einem Grundrechtseingriff verbundene Ermittlungshandlungen zählen, die weniger intensiv sind und deshalb nicht von einer speziellen Eingriffsermächtigung erfasst werden; in Betracht kommen etwa die kurzfristige Observation, Erkundigung im Umfeld einer Person, einfache Fahndungsmaßnahmen oder der Einsatz von sog Scheinaufkäufern zur Aufklärung von Betäubungsmittelstraftaten (BT-Drs 14/1484, 23; Meyer-Goßner StPO § 161 Rn 1; KK-StPO/Griesbaum StPO § 161 Rn 1; SK-StPO/Wohlers StPO § 161 Rn 4; Hilger NStZ 2000, 561, 564; Soiné Kriminalistik 2001, 245, 246). Abs 1 bildet auch die Rechtsgrundlage für die allgemeine Erhebung personenbezogener Daten und damit für eine Ermittlungsanfrage gegenüber privaten Stellen, zB bei Kreditkartenunternehmen; hierbei handelt es sich nicht um eine Rasterfahndung nach § 98a StPO (BVerfG Beschl v 17. 2. 2009 – Az 2 BvR 1372/07; krit Petri StV 2007, 266 ff). Die Staatsanwaltschaft kann die entsprechenden Ermittlungshandlungen entweder selbst vornehmen (Nr 3 Abs 1 RiStBV) oder die Polizei hiermit beauftragen oder ersuchen (Rn 11, s auch Nr 11 RiStBV).

C. Auftrag und Ersuchen an Polizei (Abs 1 S 2)

11   Die Staatsanwaltschaft kann die erforderlichen Ermittlungshandlungen nach Abs 1 S 2 auch von der Polizei durchführen lassen. Die Vorschrift unterscheidet dabei zwischen Auftrag und Ersuchen. Einen **Auftrag** erteilt die Staatsanwaltschaft an ihre Ermittlungspersonen gem. § 152 Abs 2 GVG, während die sonstigen Behörden und Beamten des Polizeidienstes **ersucht** werden (KK-StPO/Griesbaum StPO §161 Rn 28; Löwe/Rosenberg/Erb StPO § 161 Rn 51). Unabhängig von der unterschiedlichen Terminologie sind sämtliche Polizeibehörden und ihre Bediensteten gleichermaßen verpflichtet, dem Auftrag/Ersuchen der Staatsanwaltschaft nachzukommen, ohne diesen auf rechtliche Aspekte oder seine Zweckmäßigkeit hin überprüfen zu dürfen; eine Befolgungspflicht der Polizeibeamten scheidet allerdings aus, wenn die staatsanwaltschaftliche Anordnung gesetzwidrig ist (Löwe/Rosenberg/Erb StPO § 161 Rn 59 f; SK-StPO/Wohlers StPO § 161 Rn 50).

11a   Allein der Staatsanwaltschaft obliegt die **Leitungs- und Kontrollfunktion im Ermittlungsverfahren (sog Sachleitungsbefugnis)**, dh es ist ihre Aufgabe, den rechtlich einwandfreien Ablauf der Ermittlungen zu garantieren und die ständige rechtliche Kontrolle über die polizeiliche Ermittlungstätigkeit auszuüben (BGH NStZ 2009, 648, 649; BGHSt 34, 215, 217 = NJW 1987, 1033; BGH NJW 2003, 3142, 3143; Meyer-Goßner StPO § 163 Rn 1). Hierzu steht der Staatsanwaltschaft gegenüber ihren Ermittlungspersonen ein uneingeschränktes Weisungsrecht zu, und zwar in Bezug auf alle Ermittlungshandlungen, die auf die Sachverhaltserforschung gerichtet sind, zB auch Beschlagnahme, Durchsuchung und vorläufige Festnahme (BGH NStZ 2009, 648, 649; Meyer-Goßner StPO § 161 Rn 11; s auch § 163 StPO Rn 1). Die Staatsanwaltschaft sollte jedoch – unbeschadet ihrer Leitungs- und Kontrollfunktion – dort, wo die Polizei die bessere Sachkunde besitzt, insbesondere im kriminaltaktischen und -technischen Bereich, ihr freie Hand lassen (KK-StPO/Griesbaum StPO § 161 Rn 27; Meyer-Goßner StPO § 161 Rn 11). Der Sachleitungsbefugnis unterfällt auch, dass die Staatsanwaltschaft möglichen Beweisverwertungsverboten infolge fehlender oder falscher Belehrungen durch Polizeibeamte, zB wenn ein Tatverdächtiger zu Unrecht als Zeuge vernommen wird (s § 163a StPO Rn 6), entgegenwirkt (BGH NStZ 2009, 648, 649).

D. Verwendung personenbezogener Daten aus nicht strafprozessualen Maßnahmen (Abs 2)

Abs 2 S 1 regelt die Verwendung von personenbezogenen Daten, die durch andere – nicht strafprozessuale – Maßnahmen erlangt wurden. Solche Daten, deren Erhebung durch in der Strafprozessordnung geregelte Maßnahmen nur bei Verdacht einer Straftat zulässig wäre, dürfen im Strafverfahren zu Beweiszwecken lediglich bei Bejahung des sog hypothetischen Ersatzeingriffs verwendet werden; das ist der Fall, wenn die Erkenntnisse zur Aufklärung einer Straftat dienen, bei der eine solche Maßnahme nach der StPO hätte angeordnet werden dürfen (BT-Drs 16/5846, 64). Als Spurenansatz zur Durchführung weiterer Ermittlungen zur Gewinnung neuer Beweismittel können die Erkenntnisse allerdings uneingeschränkt herangezogen werden (vgl BVerfG NJW 2005, 2766; KK-StPO/Griesbaum StPO § 161 Rn 36). 12

Die besondere Verwendungsregelung des § 100 d Abs 5 Nr 3 StPO bei Maßnahmen der akustischen Wohnraumüberwachung bleibt gem Abs 2 S 2 unberührt, dh § 160 Abs 2 S 1 StPO geht vor. 13

E. Verwendung von personenbezogenen Daten, die auf polizeirechtlicher Grundlage aus oder in einer Wohnung gewonnen wurden (Abs 3)

Nach Abs 3, der eine Ausführungsregelung zu Art 13 Abs 5 GG darstellt, dürfen personenbezogene Daten, die im Rahmen eines präventiv-polizeilichen Einsatzes technischer Mittel zur Eigensicherung bei verdeckten Ermittlungen in oder aus Wohnungen erlangt wurden, zu Beweiszwecken im Strafverfahren unter Beachtung des Verhältnismäßigkeitsgrundsatzes nur verwendet werden, wenn das zuständige Amtsgericht zuvor die Rechtmäßigkeit der Maßnahme festgestellt hatte (KK-StPO/Griesbaum StPO § 161 Rn 41). Erfolgte die Maßnahme wegen Gefahr im Verzug ohne richterliche Anordnung, ist diese unverzüglich nachzuholen. Zuständig ist das Amtsgericht, an dem die Polizeibehörde, welche die Maßnahme veranlasst hat, ihren Sitz hat (Löwe/Rosenberg/Erb StPO § 161 Rn 77). Die erlangten Erkenntnisse können als Spurenansatz zur Durchführung weiterer Ermittlungen zur Gewinnung neuer Beweismittel uneingeschränkt herangezogen werden (Meyer-Goßner StPO § 161 Rn 19; krit Hilger NStZ 2000, 561, 564). Zur Verwendung strafprozessual erhobener Daten durch Polizeibehörden nach Maßgabe der Polizeigesetze s § 481 StPO, § 481 StPO Rn 1. 14

§ 161 a [Vernehmung von Zeugen und Sachverständigen durch die Staatsanwaltschaft]

(1) ¹Zeugen und Sachverständige sind verpflichtet, auf Ladung vor der Staatsanwaltschaft zu erscheinen und zur Sache auszusagen oder ihr Gutachten zu erstatten. ²Soweit nichts anderes bestimmt ist, gelten die Vorschriften des sechsten und siebenten Abschnitts des ersten Buches über Zeugen und Sachverständige entsprechend. ³Die eidliche Vernehmung bleibt dem Richter vorbehalten.

(2) ¹Bei unberechtigtem Ausbleiben oder unberechtigter Weigerung eines Zeugen oder Sachverständigen steht die Befugnis zu den in den §§ 51, 70 und 77 vorgesehenen Maßregeln der Staatsanwaltschaft zu. ²Jedoch bleibt die Festsetzung der Haft dem nach § 162 zuständigen Gericht vorbehalten.

(3) ¹Gegen Entscheidungen der Staatsanwaltschaft nach Absatz 2 Satz 1 kann gerichtliche Entscheidung durch das nach § 162 zuständige Gericht beantragt werden. ²Gleiches gilt, wenn die Staatsanwaltschaft Entscheidungen im Sinne des § 68b getroffen hat. ³Die §§ 297 bis 300, 302, 306 bis 309, 311a und 473a gelten jeweils entsprechend. ⁴Gerichtliche Entscheidungen nach den Sätzen 1 und 2 sind unanfechtbar.

(4) Ersucht eine Staatsanwaltschaft eine andere Staatsanwaltschaft um die Vernehmung eines Zeugen oder Sachverständigen, so stehen die Befugnisse nach Absatz 2 Satz 1 auch der ersuchten Staatsanwaltschaft zu.

Überblick

Die Vorschrift regelt die Rechte und Pflichten der Staatsanwaltschaft bei Vernehmungen von Zeugen und Sachverständigen im Ermittlungsverfahren.

Übersicht

	Rn		Rn
A. Anwendungsbereich	1	1. Erscheinungspflicht/ Folgen des Ausbleibens	11
B. Vernehmung von Zeugen durch die Staatsanwaltschaft	2	2. Anwesenheitsrechte	13
1. Erscheinungspflicht / Folgen des Ausbleibens	5	D. Antrag auf gerichtliche Entscheidung (Abs 3)	14
2. Anwesenheitsrechte	7		
C. Einholung eines Sachverständigengutachtens durch die Staatsanwaltschaft	9	E. Ersuchen der StA an eine andere StA	18

A. Anwendungsbereich

1 § 161a StPO räumt der Staatsanwaltschaft umfangreiche Rechte bei der Vernehmung von Zeugen und Sachverständigen ein, um das Ermittlungsverfahren in der Hand der Staatsanwaltschaft zu konzentrieren. Durch die damit ermöglichte Straffung und Beschleunigung des Ermittlungsverfahrens soll eine optimale Sachaufklärung gewährleistet werden (KK-StPO/Griesbaum StPO § 161a Rn 1; Meyer-Goßner StPO § 161a Rn 1). Dies verpflichtet die Staatsanwaltschaft gleichzeitig auch zur Wahrnehmung der ihr eingeräumten Rechte (LG Tübingen MDR 1989, 1015). Im Hauptverfahren findet die Vorschrift keine Anwendung (Odenthal StV 1991, 446). Für die polizeiliche Vernehmung von Zeugen und Sachverständigen gilt § 163 Abs 3 StPO (s § 163 StPO Rn 12).

1a Die Vorschrift wurde zuletzt durch das 2. Opferrechtsreformgesetz vom 29. 7. 2009, welches am 1.10.2009 in Kraft getreten ist (BGBl I 2280), geändert. Insbesondere wurde ein Rechtsbehelf gegen die staatsanwaltschaftliche Entscheidung nach § 68b Abs 1 S 3 und Abs 2 S 1 StPO eingeführt (Rn 14a) und die Zuständigkeit für gerichtliche Entscheidungen über die Rechtmäßigkeit staatsanwaltschaftlicher Entscheidungen neu geregelt (s Rn 6 und Rn 15).

B. Vernehmung von Zeugen durch die Staatsanwaltschaft

2 Die Vernehmung von Zeugen besteht grundsätzlich aus zwei Teilen: zunächst ist der Zeuge zu seiner Person zu befragen (s § 68 StPO) und anschließend – eventuell nach Belehrung über ein Zeugnisverweigerungsrecht gemäß § 52 StPO bis § 54 StPO oder ein Auskunftsverweigerungsrecht gemäß § 55 StPO – zur Sache (s § 69 StPO). Die Vernehmung muss dabei auf die Bekundung von konkreten Tatsachen abzielen; eigene Schlussfolgerungen und Urteile des Zeugen sind nur zulässig, wenn sie untrennbar mit den Tatsachen verbunden oder für die Beurteilung der Persönlichkeit oder der Glaubwürdigkeit des Beschuldigten wichtig sind (Meyer-Goßner StPO § 161a Rn 9). Zur Frage, wann eine Person als Zeuge oder Beschuldigter zu behandeln ist, s § 163a StPO Rn 5.

3 Soweit nichts anderes bestimmt ist, gelten die § 48 StPO bis § 71 StPO – und damit über § 69 Abs 3 StPO auch § 136a StPO – für die staatsanwaltschaftliche Vernehmung entsprechend (Abs 1 S 2). Nach Abs 1 S 3 ist dem Staatsanwalt die Vereidigung eines Zeugen verwehrt, so dass die Belehrung nach § 57 StPO ohne Hinweis auf die Eidesbedeutung zu erfolgen hat (vgl § 57 S 2 StPO).

4 Über die Zeugenvernehmung ist nach § 168b Abs 2 StPO iVm § 168 StPO, § 168a StPO ein Protokoll zu fertigen (vgl § 168b StPO Rn 3).

1. Erscheinungspflicht / Folgen des Ausbleibens

Der Zeuge ist verpflichtet, zur staatsanwaltschaftlichen Vernehmung zu erscheinen und 5 dort auszusagen. Bleibt er dem Vernehmungstermin fern, obwohl er ordnungsgemäß geladen und auf die Folgen seinen Ausbleibens hingewiesen wurde (Abs 1 S 2 iVm § 48 StPO), stehen dem Staatsanwalt die folgenden Zwangsmittel des § 51 Abs 1 StPO zur Verfügung:

- dem Zeugen können die durch das Ausbleiben verursachten Kosten auferlegt werden (§ 51 Abs 1 S 1 StPO),
- gegen den Zeugen kann ein Ordnungsgeld festgesetzt werden (§ 51 Abs 1 S 2 StPO),
- der Zeuge kann vorgeführt werden (§ 51 Abs 1 S 3 StPO iVm § 135 StPO).

Gleiches gilt, wenn der Zeuge zwar erschienen ist oder vom Staatsanwalt aufgesucht wurde (in diesem Fall ist keine Ladung erforderlich), die Aussage jedoch – unberechtigterweise – verweigert (Meyer-Goßner StPO § 161a Rn 17).

Die Festsetzung der Ersatzordnungshaft nach erfolgloser Beitreibung eines Ordnungsgeldes 6 gemäß § 51 Abs 1 S 2 StPO kann nur der Richter anordnen. Zuständig hierfür ist das nach § 162 StPO zuständige Gericht (Abs 2 S 2; s § 162 StPO Rn 7).

2. Anwesenheitsrechte

Nach § 68b Abs 1 S 2 StPO kann der Zeuge einen Rechtsanwalt als Beistand zur Ver- 7 nehmung hinzuziehen (Ausnahme s § 68b Abs 1 S 3 StPO), welcher aber keine weitergehenden Rechte als der Zeuge selbst hat: Ihm steht also kein Akteneinsichtsrecht und kein Frage- und Antragsrecht zu. Eine Pflicht zur Benachrichtigung des Rechtsanwalts vom Termin besteht ebenso wenig wie ein Recht des Anwalts auf Terminsverlegung (BGH NStZ 1989, 484). Zur Beiordnung eines Rechtsanwalts als Zeugenbeistand § 68b StPO Rn 1.

Der Beschuldigte und sein Verteidiger haben bei der staatsanwaltschaftlichen Vernehmung 8 eines Zeugen kein Anwesenheitsrecht. Sie werden daher von dem Vernehmungstermin auch nicht benachrichtigt. Hintergrund des fehlendes Verweises in § 161a StPO (anders als in § 163a Abs 3 S 2 StPO) ist die geringere Beweiskraft von staatsanwaltschaftlichen gegenüber richterlichen Vernehmungsprotokollen (KK-StPO/Griesbaum StPO § 161a Rn 6). Erscheinen der Beschuldigte und sein Verteidiger trotzdem zur Vernehmung eines Zeugen, kann ihnen der Staatsanwalt nach seinem Ermessen die Anwesenheit gestatten (KK-StPO/Griesbaum StPO § 161a Rn 6).

C. Einholung eines Sachverständigengutachtens durch die Staatsanwaltschaft

Im Ermittlungsverfahren zieht die Staatsanwaltschaft einen Sachverständigen hinzu, falls sie 9 dies für erforderlich hält. Hierzu ist grundsätzlich auch die Polizei befugt (§ 163 Abs 1 StPO iVm § 73 StPO). Auch wenn der Staatsanwalt für die Auswahl des Sachverständigen verantwortlich ist (§ 161a Abs 1 S 2 StPO iVm § 73 StPO), sollte dem Verteidiger zweckmäßigerweise vor Bestellung des Sachverständigen Gelegenheit zur Stellungnahme gegeben werden (Nr 70 Abs 1 RiStBV; Meyer-Goßner StPO § 161a Rn 12; weiter gehend SK-StPO/Wohlers StPO § 161a Rn 40, der verlangt, auch dem Beschuldigten grundsätzlich Gelegenheit zur Stellungnahme zu geben). Im späteren Hauptverfahren ist der zuständige Richter frei, den von der Staatsanwaltschaft gewählten oder einen anderen Sachverständigen zu bestellen; es kann daher sinnvoll sein, dass sich der Staatsanwalt bereits vor der Auswahl des Sachverständigen mit dem künftig zuständigen Richter ins Benehmen setzt (BGHSt 44, 26, 31 f = NStZ 1998, 422, 425; Löwe/Rosenberg/Erb StPO § 161a Rn 26).

Nach Abs 1 S 2 gelten die § 73 StPO bis § 76 StPO entsprechend. Die Auswahl des 10 Sachverständigen bestimmt sich nach § 73 StPO, wobei der Auftrag an diesen unter Mitteilung der Anknüpfungstatsachen (§ 80 StPO) genau zu umgrenzen ist (Nr 72 RiStBV). Zuvor sollte mit dem Sachverständigen abgesprochen worden sein, bis wann das Gutachten zu erstatten ist (§ 73 Abs 1 S 2 StPO); die Absprache ist aktenkundig zu machen. Der Staatsanwalt hat ferner zu bestimmen, ob ein schriftliches oder mündliches Gutachten zu erstatten ist (§ 82 StPO).

StPO § 162   Zweites Buch. 2. Abschnitt

1. Erscheinungspflicht/ Folgen des Ausbleibens

11   In der Regel wird das Sachverständigengutachten im Ermittlungsverfahren schriftlich erstattet. Dennoch ist auch der Sachverständige verpflichtet, zu einem staatsanwaltschaftlichen Vernehmungstermin zu erscheinen und dort sein Gutachten zu erstatten, sofern der Sachverständige ordnungsgemäß geladen wurde (§ 161a Abs 1 S 2 StPO iVm § 72 StPO und § 48 StPO). Die Erscheinungspflicht entfällt jedoch – anders als beim Zeugen –, wenn ein Gutachtenverweigerungsrecht nach § 76 StPO vorliegt (Meyer-Goßner StPO § 77 Rn 3).

12   Bleibt der Sachverständige dem anberaumten Termin (unberechtigt) fern oder verweigert er die Gutachtenerstattung, stehen dem Staatsanwalt folgende Zwangsmittel zur Verfügung:
- dem Sachverständigen können die dadurch verursachten Kosten auferlegt werden (Abs 2 S 2 iVm § 77 Abs 1 S 1 StPO; s § 77 StPO Rn 3),
- ein Ordnungsgeld kann (ggf auch mehrmals) festgesetzt werden (Abs 2 S 2 iVm § 77 Abs 1 S 2 und S 3 StPO; s. § 77 StPO Rn 4).

Im Gegensatz zum Zeugen kann der Sachverständige nicht zwangsweise vorgeführt werden.

2. Anwesenheitsrechte

13   Der Beschuldigte oder sein Verteidiger haben bei der Vernehmung des Sachverständigen kein Anwesenheitsrecht (s Rn 8).

D. Antrag auf gerichtliche Entscheidung (Abs 3)

14   Zeugen und Sachverständige, aber auch der Beschuldigte, wenn dieser beschwert ist (Meyer-Goßner StPO § 161a Rn 19), können die nach Abs. 2 gegen sie verhängten Zwangsmaßnahmen gerichtlich überprüfen lassen (Abs 3 S 1). Sie können sich dabei bereits gegen die Androhung der Vorführung wehren, da schon diese beschwerende Wirkung hat (BGHSt 39, 96, 98 = NStZ 1993, 246). Mit Beendigung der Vorführung ist der Antrag prozessual überholt (Meyer-Goßner StPO § 161a Rn 21; KK-StPO/Griesbaum StPO § 161a Rn 19).

14a Durch das 2. OpferrechtsreformG ist Abs 3 S 2 geändert worden (s Rn 1a). Ein Zeuge kann jetzt ihn nach § 68b StPO iVm § 163 Abs 3 S 2 StPO belastende Entscheidungen der Staatsanwaltschaft richterlich überprüfen lassen. Das ist namentlich der Fall, wenn der Staatsanwalt den anwaltlichen Bestand nach § 68b Abs 1 S 3 StPO ausgeschlossen oder die Beiordnung eines anwaltlichen Beistands für die Zeugenvernehmung abgelehnt hat (§ 68b Abs 2 S 1 StPO).

15   Die Zuständigkeit für die gerichtliche Entscheidung richtet sich nach § 162 StPO (s § 162 StPO Rn 7).

16   Gem Abs 3 S 2 gelten die § 297 StPO bis § 300 StPO, § 302 StPO, § 306 StPO bis § 309 StPO, § 311a StPO und § 473a StPO entsprechend. § 304 Abs 3 StPO mit der Wertgrenze von 200 Euro findet keine Anwendung, wenn die Auferlegung der durch das Nichterscheinen entstandenen Kosten angefochten wird (KK-StPO/Griesbaum StPO § 161a Rn 23).

17   Die Entscheidung des Gerichts ist nicht anfechtbar (Abs 3 S 4).

E. Ersuchen der StA an eine andere StA

18   Bittet eine Staatsanwaltschaft eine andere um Amtshilfe bei der Vernehmung von Zeugen und Sachverständigen, stehen die Rechte aus Abs 2 auch der ersuchten Staatsanwaltschaft zu.

§ 162 [Gerichtliche Untersuchungshandlung]

(1) ¹Erachtet die Staatsanwaltschaft die Vornahme einer gerichtlichen Untersuchungshandlung für erforderlich, so stellt sie ihre Anträge vor Erhebung der öffentlichen Klage bei dem Amtsgericht, in dessen Bezirk sie oder ihre den Antrag stellende Zweigstelle ihren Sitz hat. ²Hält sie daneben den Erlass eines Haft- oder

Vorbereitung der öffentlichen Klage § 162 StPO

Unterbringungsbefehls für erforderlich, so kann sie, unbeschadet der §§ 125, 126 a, auch einen solchen Antrag bei dem in Satz 1 bezeichneten Gericht stellen. ³Für gerichtliche Vernehmungen und Augenscheinnahmen ist das Amtsgericht zuständig, in dessen Bezirk diese Untersuchungshandlungen vorzunehmen sind, wenn die Staatsanwaltschaft dies zur Beschleunigung des Verfahrens oder zur Vermeidung von Belastungen Betroffener dort beantragt.

(2) Das Gericht hat zu prüfen, ob die beantragte Handlung nach den Umständen des Falles gesetzlich zulässig ist.

(3) ¹Nach Erhebung der öffentlichen Klage ist das Gericht zuständig, das mit der Sache befasst ist. ²Während des Revisionsverfahrens ist das Gericht zuständig, dessen Urteil angefochten ist. ³Nach rechtskräftigem Abschluss des Verfahrens gelten die Absätze 1 und 2 entsprechend. ⁴Nach einem Antrag auf Wiederaufnahme ist das für die Entscheidung im Wiederaufnahmeverfahren zuständige Gericht zuständig.

Überblick

Die Vorschrift regelt die Zuständigkeit und die Kompetenzen des Ermittlungsrichters, der auf Antrag der Staatsanwaltschaft richterliche Untersuchungshandlungen im Ermittlungsverfahren durchführt.

Übersicht

	Rn		Rn
A. Anwendungsbereich/Historie	1	D. Prüfungskompetenz des Richters (Abs 2)	11
B. Grundsätzliche Zuständigkeit	3	I. Zwangsmaßnahmen mit Richtervorbehalt	12
I. Richterliche Untersuchungshandlungen	4		
II. Auf Antrag der Staatsanwaltschaft	5	II. Sonstige Untersuchungshandlungen	13
III. Zuständiges Gericht	7		
C. Sonderzuständigkeiten	10	E. Anfechtung	15

A. Anwendungsbereich/Historie

Die Durchführung und Gestaltung des Ermittlungsverfahrens ist ureigenste Aufgabe der Staatsanwaltschaft (§ 160 Abs 1 StPO). Die erforderlichen Ermittlungshandlungen nimmt sie entweder selbst vor oder bedient sich der Hilfe der Polizei- oder Zollbehörden. In vielen Situationen sind darüber hinaus auch richterliche Untersuchungshandlungen notwendig, sei es, weil das Gesetz für besonders eingriffsintensive Zwangsmittel eine richterliche Anordnung voraussetzt, oder weil aus Gründen der Beweissicherung eine richterliche Maßnahme der eigenen Ermittlungstätigkeit des Staatsanwaltes vorzuziehen ist (zB Vernehmung von zeugnisverweigerungsberechtigten Zeugen). § 162 StPO ermöglicht der Staatsanwaltschaft, die Vornahme der erforderlichen Untersuchungshandlungen beim Ermittlungsrichter zu beantragen. 1

Die Norm wurde durch das Gesetz zur Neuregelung der Telekommunikationsüberwachung und anderer verdeckter Ermittlungsmaßnahmen sowie zur Umsetzung der Richtlinie 2006/24/EG v 21. 12. 2007 (BGBl I 3198), das am 1. 1. 2008 in Kraft getreten ist, wesentlich umgestaltet. Bis zum 31. 12. 2007 war grundsätzlich das Amtsgericht zuständig, in dessen Bezirk die richterliche Untersuchungshandlung vorzunehmen war; nur bei richterlichen Anordnungen für Untersuchungshandlungen in mehreren Gerichtsbezirken war das Amtsgericht zuständig, in dessen Bezirk die Staatsanwaltschaft ihren Sitz hat. Bei diesem Gericht werden durch die Gesetzesänderung nunmehr sämtliche gerichtlichen Untersuchungshandlungen konzentriert (Rn 3 ff). Die Zuständigkeitskonzentration umfasst auch Haftbefehls- und Unterbringungsbefehlsanträge, wobei die besondere Zuständigkeit des Aufenthaltsortes des Beschuldigten nach § 125 StPO, § 126 a StPO daneben erhalten bleibt (Rn 10; vgl BT-Drs 16/6979, 68). Ferner kann die Staatsanwaltschaft bei richterlichen 2

Vernehmungen und Augenscheinnahmen ein „auswärtiges" Gericht anrufen, wenn sie dies aus verfahrensökonomischen Gründen für erforderlich hält (Rn 10). Die Änderungen dienen der Beschleunigung des Verfahrens und sollen die Bereitstellung eines gerichtlichen Bereitschaftsdienstes sicherstellen, indem vor allem die kleineren Amtsgerichte von den überwiegenden gerichtlichen Untersuchungshandlungen entbunden werden (BT-Drs 16/5846, 65).

B. Grundsätzliche Zuständigkeit

3   Durch die Neuregelung ist das Amtsgericht, in dessen Bezirk die Staatsanwaltschaft oder deren Zweigstelle ihren Sitz hat (Ausnahme § 169 StPO, s Rn 8), grundsätzlich für alle richterlichen Untersuchungshandlungen zuständig (Rn 4), die von der Staatsanwaltschaft beantragt werden (Rn 5). Daneben sieht § 162 StPO in wenigen Fällen **zusätzlich** die Zuständigkeit eines „auswärtigen" Amtsgerichts vor (Rn 10).

I. Richterliche Untersuchungshandlungen

4   Unter **Untersuchungshandlungen** sind sämtliche richterlichen Anordnungen und Verhandlungen zu verstehen, die das Strafverfahren fördern oder der Sicherung oder Vorwegnahme einer für die spätere Hauptverhandlung notwendigen Maßnahme dienen (KK-StPO/Griesbaum StPO § 162 Rn 4; Meyer-Goßner StPO § 162 Rn 4; SK-StPO/Wohlers StPO § 162 Rn 4). § 162 StPO ist dabei nicht nur im eigentlichen Ermittlungsverfahren anwendbar, sondern auch bei sog Vorermittlungen, bei denen zunächst geprüft wird, ob ein Anfangsverdacht besteht (LG Offenburg NStZ 1993, 506; Meyer-Goßner StPO § 162 Rn 1; zu „Vorermittlungen" s Keller/Griesbaum NStZ 1990, 416).

Es sind zwei Arten von richterlichen Untersuchungshandlungen zu unterscheiden:
- Maßnahmen, die einen Richtervorbehalt vorsehen (zB § 81a StPO, § 98 StPO, § 105 StPO): hierbei handelt es sich um eine Rechtsprechungstätigkeit des Richters in eigener Kompetenz (KK-StPO/Griesbaum StPO § 162 Rn 1),
- Ermittlungshandlungen, die auch die Staatsanwaltschaft oder die Polizei selbst vornehmen könnten (zB Vernehmungen, Augenscheinnahmen): hier liegt eine gesetzlich besonders geregelte Form der Amtshilfe iSd Art 35 Abs 1 GG vor (KK-StPO/Griesbaum StPO § 162 Rn 1; Meyer-Goßner StPO § 162 Rn 1); der Richter fungiert insoweit als Hilfsorgan der Staatsanwaltschaft (Nehm FS-Meyer-Goßner, 279).

Die Zuständigkeitskonzentration umfasst auch **Haftbefehls- und Unterbringungsbefehlsanträge** sowie **richterliche Vernehmungen und Augenscheinnahmen**, bei denen daneben allerdings eine **weitere** Zuständigkeit besteht (s Rn 10).

II. Auf Antrag der Staatsanwaltschaft

5   Richterliche Untersuchungshandlungen im Ermittlungsverfahren setzen in der Regel einen Antrag der Staatsanwaltschaft voraus (Abs 1 S 1), in welchem die Maßnahme, die vom Richter begehrt wird, konkret zu bezeichnen ist. Nur wenn ein Staatsanwalt nicht zu erreichen ist, kann der Richter als sog. „Notstaatsanwalt" auch ohne entsprechenden Antrag tätig werden (vgl § 165 StPO Rn 1). Da der Staatsanwaltschaft selbst weit reichende Ermittlungsbefugnisse zustehen (vgl § 161a StPO, § 163 Abs 3 StPO), sollen richterliche Untersuchungshandlungen nur beantragt werden, wenn dies **„aus besonderen Gründen" erforderlich** ist, etwa weil der Verlust eines Beweismittels droht, ein Geständnis richterlich protokolliert werden (§ 254 StPO) oder ein zeugnisverweigerungsberechtigter Zeuge vernommen werden soll (vgl Nr 10 RiStBV). In Betracht kommt auch der Antrag auf richterliche Vernehmung eines Zeugen, um beispielsweise unter Androhung von Ordnungshaft gem § 70 Abs 2 StPO eine zuvor unberechtigterweise verweigerte Aussage zu erzwingen oder um die Vereidigung des Zeugen gem. § 62 StPO zu erreichen (vgl zur Ablehnung eines Antrags der Staatsanwaltschaft auf richterliche Vernehmung eines Zeugen ohne besonderen Grund: Ebsen NStZ 2007, 501).

6   Antragsberechtigt sind Staats- und Amtsanwälte, in Steuerstrafsachen auch die Finanzbehörde (§ 386 AO, § 399 Abs 1 AO) sowie im Bußgeldverfahren, in dem § 162 StPO sinngemäß gilt (§ 46 OWiG), die Verwaltungsbehörde.

III. Zuständiges Gericht

Funktionell zuständig für richterliche Untersuchungshandlungen im vorbereitenden Verfahren ist der Ermittlungsrichter, also der Richter, dem diese Aufgabe nach dem Geschäftsverteilungsplan zugewiesen wurde. Bei Verfahren, die von Staatsanwaltschaften mit Sitz an einem Landgericht geführt werden, ist der Ermittlungsrichter bei dem Amtsgericht **sachlich** und **örtlich** zuständig, in dessen Bezirk die Staatsanwaltschaft ihren Sitz hat; handelt es sich um eine antragstellende Zweigstelle einer Staatsanwaltschaft, ist das Amtsgericht örtlich zuständig, in dessen Bezirk die Zweigstelle ihren Sitz hat (Abs 1 S 1) . § 162 StPO gilt über § 46 Abs 1 und Abs 2 OWiG auch im Bußgeldverfahren; zuständig ist dann das Amtsgericht, in dessen Bezirk die Verwaltungsbehörde oder ihre den Antrag stellende Zweigstelle ihren Sitz hat (vgl BGHSt 52, 222 = NStZ 2008, 578 mAnm Harms NStZ 2009, 465; aA LG Arnsberg Beschl v 10. 6. 2009 – Az 2 AR 3/09, das nicht den Sitz der Verwaltungsbehörde für maßgeblich hält, sondern den Sitz der Staatsanwaltschaft, in dessen Bezirk die Verwaltungsbehörde liegt).

In Sachen, die nach § 120 GVG in die erstinstanzliche Zuständigkeit eines Staatsschutzsenates des Oberlandesgerichts fallen, liegt die **sachliche** Zuständigkeit gem § 169 StPO beim Ermittlungsrichter dieses Oberlandesgerichts oder, sofern der Generalbundesanwalt die Ermittlungen führt, beim Ermittlungsrichter des Bundesgerichtshofs.

Die Zuständigkeit des Ermittlungsrichters endet mit Anklageerhebung und geht ab diesem Zeitpunkt auf das mit der Sache befasste Gericht über, wie der mit Wirkung vom 1. 1. 2010 neu eingefügte Abs 3 nunmehr klarstellt. Im Revisionsverfahren bleibt das Gericht zuständig, dessen Urteil angefochten wurde (Abs 3 S 2). Im Wideraufnahmeverfahren ist das zur Entscheidung über den Wiederaufnahmeantrag berufene Gericht zuständig (Abs 3 S 4). Nach rechtskräftigem Abschluss des Verfahrens lebt die Zuständigkeit des Ermittlungsrichters wieder auf (Abs 3 S 3).

C. Sonderzuständigkeiten

Es verbleiben auch nach der Gesetzesänderung noch Fälle, in denen die Staatsanwaltschaft Ermittlungshandlungen bei einem „auswärtigen" Amtsgericht beantragen kann. Dazu zählen folgende Fälle:

- **Richterliche Vernehmungen und Augenscheinnahmen**: Die Staatsanwaltschaft kann den Antrag auf Durchführung dieser Untersuchungshandlungen entweder bei dem Amtsgericht stellen, in dessen Bezirk sie ihren Sitz hat (Rn 3), oder bei dem Amtsgericht, in dessen Bezirk die Maßnahme vorzunehmen ist. Das „auswärtige" Gericht ist dabei zu bevorzugen, wenn dies zur Verfahrensbeschleunigung geboten ist oder zur Vermeidung von Belastungen Betroffener, etwa um Zeugen lange Anfahrtswege zu ersparen (KK-StPO/Griesbaum StPO § 162 Rn 11). Die Auswahl des Gerichts steht im Ermessen der Staatsanwaltschaft; das angerufene Gericht ist an diese Entscheidung gebunden, es sei denn sie beruht auf sachfremden und damit willkürlichen Erwägungen (LG Nürnberg-Fürth NStZ-RR 2008, 313; Meyer-Goßner StPO § 162 Rn 11).
- **Haftbefehls- und Unterbringungsbefehlsanträge**: Hier kann der Antrag sowohl bei dem Amtsgericht, in dessen Bezirk die Staatsanwaltschaft ihren Sitz hat, als auch bei dem Amtsgericht gestellt werden, in dessen Bezirk sich der Beschuldigte aufhält (§ 125 StPO, § 126 a Abs 2 StPO).

D. Prüfungskompetenz des Richters (Abs 2)

Der Ermittlungsrichter ist hinsichtlich der durchzuführenden Untersuchungshandlung grundsätzlich an den Antrag der Staatsanwaltschaft gebunden, dh er darf – mit Ausnahme von Fällen des § 165 StPO – keine Untersuchungshandlungen vornehmen, die die Staatsanwaltschaft nicht beantragt hat. Auch unterliegt der Ermittlungsrichter bei der Prüfung, ob er eine Untersuchungshandlung durchführen kann oder nicht, Beschränkungen, wobei jedoch zu unterscheiden ist, welche Art von Untersuchungshandlung vorliegt:

I. Zwangsmaßnahmen mit Richtervorbehalt

12 Das richterliche Ermessen ist nicht beschränkt, soweit es um Untersuchungshandlungen geht, die wegen des mit ihnen verbundenen Zwangseingriffs in verfassungsrechtlich geschützte Rechte grundsätzlich dem Richter vorbehalten sind (zB § 100 a StPO, § 100 g StPO, § 102 StPO, § 105 StPO) und daher als Rechtsprechungstätigkeit der eigenen Kompetenz des Richters unterliegen (Rn 4; s OLG Düsseldorf NStZ 1990, 145). Der Richter hat hierbei nicht nur über die besonderen Voraussetzungen der beantragten Maßnahme zu entscheiden, sondern auch über deren Notwendigkeit und Zweckmäßigkeit. Ferner befindet er – unter Würdigung des gesamten vorliegenden Ermittlungsmaterials – darüber, ob zureichende tatsächliche Anhaltspunkte für eine Straftat vorliegen (OLG Düsseldorf NStZ 1990, 145; KK-StPO/Griesbaum StPO § 162 Rn 19).

II. Sonstige Untersuchungshandlungen

13 Bei allen übrigen Ermittlungshandlungen, die der Richter im Wege der Amtshilfe für die Staatsanwaltschaft ausübt (Rn 4), ist seine Prüfungskompetenz auf die **Zulässigkeit** beschränkt (Abs 2). Diese umfasst im Einzelnen folgende Punkte (vgl KK-StPO/Griesbaum StPO § 162 Rn 15, 18):
- sachliche und örtliche Zuständigkeit,
- Immunität des Beschuldigten,
- Befreiung von der deutschen Gerichtsbarkeit (§ 18 GVG bis § 20 GVG),
- offensichtlicher Verstoß gegen den Verhältnismäßigkeitsgrundsatz (OLG Zweibrücken GA 1981, 418).

14 Darüber hinaus ist der Ermittlungsrichter an den Antrag der Staatsanwaltschaft gebunden. Eine weitergehende Ermessensprüfung ist ihm verwehrt, insbesondere darf er die beantragte Untersuchungshandlung nicht ablehnen, weil er folgende Umstände für gegeben hält (KK-StPO/Griesbaum StPO § 162 Rn 16):
- Unzuständigkeit der Staatsanwaltschaft,
- fehlender Anfangsverdacht,
- fehlende Nachweisbarkeit einer Straftat,
- fehlende Erforderlichkeit, Zweckmäßigkeit und Angemessenheit,
- fehlende Prozessvoraussetzungen (zB Strafantrag),
- Bestehen eines Strafverfolgungshindernisses, mit Ausnahme von Immunität und Befreiung von der deutschen Gerichtsbarkeit (s Rn 13).

E. Anfechtung

15 Der Betroffene und die Staatsanwaltschaft können gegen die Entscheidung des Ermittlungsrichters gem § 304 StPO Beschwerde einlegen, über die das übergeordnete Beschwerdegericht (in der Regel das Landgericht, in den Fällen des § 169 StPO der Bundesgerichtshof) entscheidet; die besonderen Rechtsbehelfsregelungen der einzelnen Untersuchungshandlungen, zB Haftprüfung gem. § 117 Abs 1 StPO, gelten unverändert fort (KK-StPO/Griesbaum StPO § 162 Rn 20). Bei Beschwerden gegen richterliche Untersuchungshandlungen eines „auswärtigen" Gerichts (Rn 10) erfolgt die Zuleitung der Ermittlungsakte an das Beschwerdegericht ohne Einschaltung der diesem zugeordneten Staatsanwaltschaft (Meyer-Goßner StPO § 162 Rn 18). Eine Beschwerde gegen die ermittlungsrichterliche Entscheidung, über die das Beschwerdegericht noch nicht entschieden hat, ist **ab Anklageerhebung** als Antrag an das nunmehr mit der Sache befasste Gericht zu werten (Meyer-Goßner StPO § 162 Rn 19; KK-StPO/Griesbaum StPO § 162 Rn 20).

§ 163 [Aufgaben der Polizei]

(1) ¹**Die Behörden und Beamten des Polizeidienstes haben Straftaten zu erforschen und alle keinen Aufschub gestattenden Anordnungen zu treffen, um die Verdunkelung der Sache zu verhüten.** ²**Zu diesem Zweck sind sie befugt, alle**

Behörden um Auskunft zu ersuchen, bei Gefahr im Verzug auch, die Auskunft zu verlangen, sowie Ermittlungen jeder Art vorzunehmen, soweit nicht andere gesetzliche Vorschriften ihre Befugnisse besonders regeln.

(2) ¹Die Behörden und Beamten des Polizeidienstes übersenden ihre Verhandlungen ohne Verzug der Staatsanwaltschaft. ²Erscheint die schleunige Vornahme richterlicher Untersuchungshandlungen erforderlich, so kann die Übersendung unmittelbar an das Amtsgericht erfolgen.

(3) ¹Bei der Vernehmung eines Zeugen durch Beamte des Polizeidienstes sind § 52 Absatz 3, § 55 Absatz 2, § 57 Satz 1 und die §§ 58, 58 a, 68 bis 69 entsprechend anzuwenden. ²Über eine Gestattung nach § 68 Absatz 3 Satz 1 und über die Beiordnung eines Zeugenbeistands entscheidet die Staatsanwaltschaft; im Übrigen trifft die erforderlichen Entscheidungen die die Vernehmung leitende Person. ³Bei Entscheidungen durch Beamte des Polizeidienstes nach § 68 b Absatz 1 Satz 3 gilt § 161 a Absatz 3 Satz 2 bis 4 entsprechend. ⁴Für die Belehrung des Sachverständigen durch Beamte des Polizeidienstes gelten § 52 Absatz 3 und § 55 Absatz 2 entsprechend. ⁵In den Fällen des § 81 c Absatz 3 Satz 1 und 2 gilt § 52 Absatz 3 auch bei Untersuchungen durch Beamte des Polizeidienstes sinngemäß.

Überblick

Die Vorschrift regelt in Abs 1 und Abs 2 die Rechte und Pflichten der Polizei, sobald diese von einer Straftat Kenntnis erlangt. Abs 3 bestimmt, welche Vorschriften der StPO auch für Vernehmungen von Zeugen und Sachverständigen durch die Polizei entsprechend anzuwenden sind.

Übersicht

	Rn		Rn
A. Anwendungsbereich	1	2. Auskunftsersuchen gegenüber Behörden	7
B. Ermittlungspflicht der Polizei	2	C. Vorlage der Verhandlungen (Abs 2)	8
I. Zuständigkeit	2	D. Vernehmung von Zeugen und Sachverständigen durch die Polizei (Abs 3)	12
II. Voraussetzungen	4		
III. Befugnisse der Polizei	5	E. Rechtsbehelfe	15
1. Ermittlungen jeder Art	6		

A. Anwendungsbereich

Abs 1 verpflichtet die Polizei als „verlängerten Arm der Staatsanwaltschaft" auch ohne 1 deren Ersuchen oder Auftrag zum **selbständigen Einschreiten** (sog erster Zugriff), wenn sie vom Anfangsverdacht einer Straftat Kenntnis erlangt (BVerwGE 47, 255, 263 = NJW 1997, 893; Meyer-Goßner StPO § 163 Rn 1; KK-StPO/Griesbaum StPO § 163 Rn 1; KMR/Plöd StPO § 163 Rn 1). Damit gilt das Legalitätsprinzip (§ 152 Abs 2 StPO) auch für alle Behörden und Bediensteten des Polizeidienstes (KK-StPO/Griesbaum StPO § 163 Rn 1). Die Ermittlungen der Polizei bilden stets eine Einheit mit den staatsanwaltschaftlichen Ermittlungen, auch wenn sie ohne Auftrag der Staatsanwaltschaft nach § 160 Abs 1 StPO erfolgten. Die Polizei unterliegt auch dabei der umfassenden Leitung der Staatsanwaltschaft, die als Herrin des Ermittlungsverfahrens den rechtlich einwandfreien Ablauf der Ermittlungen zu garantieren und die polizeiliche Ermittlungstätigkeit rechtlich zu kontrollieren hat. In Ausübung dieser Kontroll- und Leitungsfunktion (s dazu im Einzelnen § 161 StPO Rn 11a) kann die Staatsanwaltschaft der Polizei vom Einzelfall unabhängige allgemeine Weisungen oder konkrete Einzelanordnungen zu Art und Durchführung einzelner Ermittlungshandlungen erteilen (BGH NStZ 2009, 648, 649; Meyer-Goßner StPO § 163 Rn 4; KK-StPO/Griesbaum StPO § 163 Rn 3).

B. Ermittlungspflicht der Polizei

I. Zuständigkeit

2 § 163 StPO gilt für alle Behörden und Beamten des Polizeidienstes. Hierzu zählen vor allem solche des allgemeinen Polizeidienstes der Länder, aber auch – innerhalb ihres jeweiligen Aufgabengebietes – die folgenden Polizeibehörden mit besonderen Zuständigkeiten: das **Bundeskriminalamt**, soweit es nach § 4 Abs 1 BKAG zuständig ist (s auch Nr 30 bis Nr 32 RiStBV), die **Bundespolizei** (früher Bundesgrenzschutz), die ua für den Grenzschutz (§ 2 BPolG), bahnpolizeiliche Angelegenheiten (§ 3 BPolG) und für die Luftsicherheit (§ 4 BPolG) zuständig ist, **Hauptzollämter und Zollfahndungsämter**, soweit es sich um bestimmte Straftaten nach § 369 AO, § 404 AO, dem AWG und dem MOG handelt sowie die **Verwaltungsbehörde** bei der Erforschung von Straftaten nach dem WiStG 1954 (Meyer-Goßner StPO § 163 Rn 13 f; KK-StPO/Griesbaum StPO § 163 Rn 5 f).

3 Ist ein Beamter des Polizeidienstes nicht zuständig, muss er die ihm bekannt gewordenen Erkenntnisse an den zuständigen Beamten bzw dessen Dienststelle weiterleiten (Pfeiffer StPO § 163 Rn 3). Die Tatsache, dass ein Beamter dienstfrei hat und Zivilkleidung trägt, macht ihn nicht unzuständig (OLG Celle NdsRpfl 1964, 258; OLG Neustadt NJW 1958, 161; KMR-Plöd StPO § 163 Rn 3).

II. Voraussetzungen

4 Sobald die Polizei vom **Anfangsverdacht einer Straftat** (= Vorliegen von zureichenden tatsächlichen Anhaltspunkten für eine Straftat) Kenntnis erlangt, hat sie den Sachverhalt zu erforschen (Rn 5). Sie kann auch sog Vorermittlungen (bspw durch eine formlose informatorische Befragung) durchführen, um sich ein Bild davon zu machen, ob eine Straftat vorliegen könnte oder wer als Beschuldigter in Betracht kommt (Meyer-Goßner StPO § 163 Rn 9; KK-StPO/Griesbaum StPO § 163 Rn 8). Haben Polizeibeamte außerdienstlich von einer Straftat Kenntnis erlangt, sind sie zum Einschreiten nur dann verpflichtet, wenn es sich um Straftat handelt, die nach Art oder Umfang die Belange der Öffentlichkeit und der Volksgesamtheit in besonderem Maße berührt (s dazu im Einzelnen § 158 StPO Rn 10).

III. Befugnisse der Polizei

5 Die Polizei, für die auch der **Grundsatz der freien Gestaltung des Ermittlungsverfahrens** gilt (§ 161 StPO Rn 4; Meyer-Goßner StPO § 163 Rn 47), hat nach § 163 Abs 1 S 1 StPO den Sachverhalt zu erforschen. Diese Verpflichtung entspricht der der Staatsanwaltschaft nach § 160 Abs 1 u Abs 2, § 161 Abs 1 StPO, so dass auch die Polizei sowohl die be- als auch entlastenden Umstände zu ermitteln und die erforderlichen Beweise zu erheben hat, wenn ein Beweismittelverlust droht (vgl § 160 StPO Rn 8; KK-StPO/Griesbaum StPO § 163 Rn 9). Abs 1 S 2 ermächtigt die Polizei dabei zu Ermittlungen jeder Art (Rn 6) und zu Auskunftsersuchen gegenüber allen Behörden (Rn 7).

1. Ermittlungen jeder Art

6 Entsprechend der Regelung für die Staatsanwaltschaft in § 161 StPO ist die Polizei nach Abs 1 S 2 berechtigt, **Ermittlungen jeder Art** durchzuführen (sog **Ermittlungsgeneralklausel**). Danach kann die Polizei auch Ermittlungshandlungen vornehmen, die mit einem weniger intensiven Grundrechtseingriff verbunden sind und deshalb nicht von einer speziellen Eingriffsermächtigung erfasst werden (s § 161 StPO Rn 10). Eine Zwangsanwendung gestattet Abs 1 S 2 also nicht, dazu ist eine besondere gesetzliche Ermächtigung notwendig (zB § 81 b StPO, § 127 StPO, § 163 b StPO).

2. Auskunftsersuchen gegenüber Behörden

7 Die Polizei ist auch befugt, **alle Behörden um Auskunft zu ersuchen** (Abs 1 S 2). Die Rechte der Polizei beim ersten Zugriff sind damit gegenüber der Staatsanwaltschaft (§ 161 Abs 1 S 1 StPO) und auch gegenüber der Polizei, die von der Staatsanwaltschaft zu diesen

Ermittlungen beauftragt wurde (§ 161 Abs 1 S 2 StPO), eingeschränkt. Im Gegensatz zu § 161 Abs 1 S 1 u S 2 StPO, wonach von den Behörden Auskunft verlangt werden kann (s § 161 StPO Rn 5), begründet § 163 Abs 1 S 2 StPO – außer bei Gefahr im Verzug – keine strafprozessuale Verpflichtung zur Auskunftserteilung.

C. Vorlage der Verhandlungen (Abs 2)

Nach Abs 2 sind die „Verhandlungen" ohne Verzug der Staatsanwaltschaft zu übersenden. **8** Unter **Verhandlungen** sind dabei sämtliche Ermittlungsvorgänge zu verstehen, dh die vollständigen Akten einschließlich aller Spurenakten mit Bezug zu Tat und Täter, sachliche Beweismittel sowie Verfalls- und Einziehungsgegenstände (Meyer-Goßner StPO § 163 Rn 23 f; Pfeiffer StPO § 163 Rn 10). **Ohne Verzug** bedeutet, dass die Verhandlungen sofort nach der unaufschiebbaren Beweissicherung, den gebotenen Untersuchungshandlungen und der schriftlichen Niederlegung der Beweissicherung an die Staatsanwaltschaft zu übergeben sind; in einfach gelagerten oder eilbedürftigen Fällen ist es jedoch unschädlich, wenn die Polizei die Ermittlungen zu Ende führt (Pfeiffer StPO § 163 Rn 10). Größere Gegenstände kann die Polizei in Absprache mit der Staatsanwaltschaft bei sich oder an geeigneten Orten verwahren (Meyer-Goßner StPO § 163 Rn 24). In Staatsschutzsachen, für die nach § 120 Abs 1, Abs 2 S 1 StPO im ersten Rechtszug das Oberlandesgericht zuständig ist, erfolgt die Vorlage der Akten an den Generalbundesanwalt.

Die Vorlagepflicht nach Abs 2 **gilt für alle Ermittlungsvorgänge** – auch bei Privat- **9** klage- und Bagatelldelikten, unabhängig ob diese aufgrund einer Strafanzeige, eines Strafantrags oder von Amts wegen eingeleitet wurden; dies gilt auch dann, wenn der Tatverdacht im Laufe der Ermittlungen entfällt, der Verdächtige nicht identifiziert werden kann oder es fraglich erscheint, ob das angezeigte Verhalten überhaupt strafbar ist (Meyer-Goßner StPO § 163 Rn 25; SK-StPO/Wohlers StPO § 163 Rn 4).

Einen **Schlussbericht** der Polizei, in dem die Ermittlungsergebnisse zusammengefasst **10** werden, sieht die StPO zwar nicht vor, ein solcher ist aber vor allem in umfangreichen und unübersichtlichen Fällen aus Gründen der Selbstkontrolle des sachbearbeitenden Beamten, zur Erleichterung der Aufsicht des Vorgesetzten sowie aus Ordnungsgründen ratsam; eine rechtliche Würdigung und eine Stellungnahme zur Schuldfrage durch den Polizeibeamten hat dabei in jedem Fall zu unterbleiben (Meyer-Goßner StPO § 163 Rn 48 f).

Die Polizei kann die Ermittlungsvorgänge gem Abs 2 S 2 auch **unmittelbar an das** **11** **Amtsgericht übersenden**, sofern die schleunige Vornahme richterlicher Untersuchungshandlungen erforderlich ist. Einen Antrag zur Vornahme einer Untersuchungshandlung kann jedoch nur die Staatsanwaltschaft stellen (s § 162 StPO Rn 5), was bei unmittelbarer Vorlage der Akten durch die Polizei in der Regel mündlich erfolgt. Wenn ein Staatsanwalt nicht zu erreichen ist, kann der Richter auf Anregung der Polizei nach § 165 StPO als sog Notstaatsanwalt die Anordnung auch ohne staatsanwaltschaftlichen Antrag vornehmen (s § 165 StPO Rn 1). Seit der Änderung des § 162 StPO mit Wirkung vom 1. 1. 2008, wonach mit wenigen Ausnahmen grundsätzlich für alle richterlichen Untersuchungshandlungen das Amtsgericht zuständig ist, in dessen Bezirk die Staatsanwaltschaft oder deren Zweigstelle ihren Sitz hat (s § 162 StPO Rn 3), hat die Regelung an praktischer Bedeutung verloren. Ein zeitlicher Verlust durch Vorlage der Akten bei der in räumlicher Nähe zum Amtsgericht gelegenen Staatsanwaltschaft wird jetzt nur noch selten zu besorgen sein. Dies war vor der Gesetzesänderung anders: gerade bei Verfahren, die von ländlichen Polizeidienststellen geführt wurden und in denen eine Untersuchungshandlung des örtlichen Amtsgerichts einzuholen war, wurde von der Regelung des Abs 2 S 2 häufig Gebrauch gemacht, um die zeitaufwändige Aktenvorlage an die Staatsanwaltschaft einzusparen.

D. Vernehmung von Zeugen und Sachverständigen durch die Polizei (Abs 3)

Der durch das 2. OpferrechtsreformG mit Wirkung vom 1. 10. 2009 (BGBl I 2280) **12** eingefügte Abs 3 (s dazu auch § 163a StPO Rn 4) bestimmt, dass bei polizeilichen Vernehmungen von Zeugen und Sachverständigen folgende Regelungen entsprechend gelten:
- Wahrheitspflicht des Zeugen nach § 57 S 1 StPO,

- Belehrungspflichten gemäß § 52 Abs 3 StPO (nach S 4 auch im Fall einer körperlichen Untersuchung nach § 81 c Abs 3 S 1 und S 2 StPO) und § 55 Abs 2 StPO,
- Einzelvernehmung und Gegenüberstellung (§ 58 StPO),
- Videovernehmung (§ 58 a StPO),
- Ausgestaltung der Fragen zur Person (§ 68 StPO) und zur Sache (§ 68 a StPO, § 69 StPO und damit über § 69 Abs 3 StPO auch § 136 a StPO).

Eine Pflicht zum Erscheinen bei polizeilichen Vernehmungen besteht für Zeugen und Sachverständige – anders als bei staatsanwaltschaftlichen Vernehmungen (s § 161 a StPO Rn 5) – nicht.

13   Die Entscheidung, ob ein anwaltlicher Beistand nach § 68 Abs 1 S 3 StPO auszuschließen ist, trifft der Vernehmungsbeamte (Abs 3 S 2 Hs 2). Allein der Staatsanwaltschaft obliegt es hingegen, ob einem Zeugen nach § 68 Abs 3 StPO erlaubt wird, Angaben zur Person nicht machen zu müssen, und ob ein Zeugenbeistand nach § 68 b Abs 2 StPO beizuordnen ist (Abs 3 S 2 Hs 1). Zu den Rechten und Pflichten der Staatsanwaltschaft bei der Vernehmung von Zeugen und Sachverständigen s § 161 a StPO Rn 1.

14   Nach § 168 b StPO sind auch die in Abs 3 genannten polizeilichen Vernehmungen zu protokollieren (vgl § 168 b StPO Rn 3).

E. Rechtsbehelfe

15   Hat der vernehmende Polizeibeamten den anwaltlichen Beistand eines Zeugen gemäß § 68 Abs 1 S 3 StPO ausgeschlossen (Rn 13), kann der Zeuge dies richterlich überprüfen lassen; zuständig hierfür ist das nach § 162 StPO zuständige Gericht (s dazu im Einzelnen § 161 a StPO Rn 15 f).

16   Gegen polizeiliche Maßnahmen im Ermittlungsverfahren ist die Aufsichtsbeschwerde zulässig. Richtet sich die Beschwerde gegen das Verhalten des Beamten bei seiner Tätigkeit, handelt es um eine **Dienstaufsichtsbeschwerde,** über die der Dienstvorgesetzte des Beamten entscheidet. Wendet sich der Betroffene gegen die Strafverfolgungsmaßnahme als solche, liegt eine **Sachaufsichtsbeschwerde** vor, über welche die Staatsanwaltschaft entscheidet, wenn die Maßnahme von einer ihrer Ermittlungspersonen (§ 152 Abs 1 GVG) durchgeführt wurde; ansonsten ist der Dienstvorgesetze des Beamten zuständig (Pfeiffer StPO § 163 Rn 13; Löwe/Rosenberg/Erb StPO § 163 Rn 94 f).

17   Bei einer von einer Ermittlungsperson der Staatsanwaltschaft angeordneten Beschlagnahme ist nach § 98 Abs 2 S 2 StPO der Antrag auf richterliche Entscheidung zulässig (KK-StPO/Griesbaum StPO § 163 Rn 34); gleiches gilt in entsprechender Anwendung dieser Vorschrift für die gerichtliche Überprüfung sonstiger **Zwangsmaßnahmen**, auch wenn diese bereits erledigt sind (BGHSt 28, 57, 58 = NJW 1978, 1815; BGHSt 37, 79, 82 = NStZ 1990, 445; Meyer-Goßner StPO § 98 Rn 23; KK-StPO/Griesbaum StPO § 163 Rn 35).

18   Der Rechtsweg nach § 23 EGGVG sowie der Verwaltungsrechtsweg sind für polizeiliche Strafverfolgungsmaßnahmen nicht gegeben (KK-StPO/Griesbaum StPO § 163 Rn 35).

§ 163 a [Vernehmung des Beschuldigten]

(1) ¹Der Beschuldigte ist spätestens vor dem Abschluß der Ermittlungen zu vernehmen, es sei denn, daß das Verfahren zur Einstellung führt. ²In einfachen Sachen genügt es, daß ihm Gelegenheit gegeben wird, sich schriftlich zu äußern.

(2) Beantragt der Beschuldigte zu seiner Entlastung die Aufnahme von Beweisen, so sind sie zu erheben, wenn sie von Bedeutung sind.

(3) ¹Der Beschuldigte ist verpflichtet, auf Ladung vor der Staatsanwaltschaft zu erscheinen. ²Die §§ 133 bis 136 a und 168 c Abs. 1 und 5 gelten entsprechend. ³Über die Rechtmäßigkeit der Vorführung entscheidet auf Antrag des Beschuldigten das nach § 162 zuständige Gericht. ⁴Die §§ 297 bis 300, 302, 306 bis 309, 311 a und 473 a gelten entsprechend. ⁵Die Entscheidung des Gerichts ist unanfechtbar.

(4) ¹Bei der ersten Vernehmung des Beschuldigten durch Beamte des Polizeidienstes ist dem Beschuldigten zu eröffnen, welche Tat ihm zur Last gelegt wird.

²Im übrigen sind bei der Vernehmung des Beschuldigten durch Beamte des Polizeidienstes § 136 Abs. 1 Satz 2 bis 4, Abs. 2, 3 und § 136 a anzuwenden.

Überblick

Die Vorschrift enthält Regelungen zur Vernehmung des Beschuldigten durch die Staatsanwaltschaft und die Polizei.

Übersicht

	Rn		Rn
A. Anwendungsbereich	1	IV. Antrag auf gerichtliche Entscheidung..	17
B. Beschuldigteneigenschaft	5	V. Anwesenheitsrechte	18
C. Schriftliche Vernehmung des Beschuldigten (Abs 1 S 2)	8	VI. Behandlung von Beweisanträgen des Beschuldigten (Abs 2)	20
D. Vernehmung des Beschuldigten durch die Staatsanwaltschaft (Abs 3)	10	E. Vernehmung des Beschuldigten durch die Polizei (Abs 4)	21
I. Ladung	12	I. Belehrung	22
II. Vorführung	13	II. Anwesenheitsrechte	23
III. Belehrung	14		

A. Anwendungsbereich

Der Beschuldigte (zum Begriff vgl Rn 5) ist spätestens vor dem Abschluss der Ermittlungen als solcher zu vernehmen (Abs 1 S 1). Hierdurch werden zwei Funktionen gewährleistet: Zum einen dient die Beschuldigtenvernehmung der Sachaufklärung, zum anderen soll der Beschuldigte über den gegen ihn erhobenen Tatvorwurf bzw die Tatvorwürfe unterrichtet werden (Meyer-Goßner StPO § 163 a Rn 1). Erhebt die Staatsanwaltschaft die öffentlichen Klage, obwohl die Gewährung des rechtlichen Gehörs unterblieben ist, wird dieses im Zwischenverfahren durch die Aufforderung zur Erklärung gem § 201 StPO nachgeholt (Meyer-Goßner StPO § 163 a Rn 1; KK-StPO/Griesbaum StPO § 163 a Rn 37; aA Löwe/Rosenberg/Erb StPO § 163 a Rn 118). 1

Die Vernehmung des Beschuldigten kann unterbleiben, wenn das Verfahren zur Einstellung führt. Dazu zählen sowohl Einstellungen gem § 170 Abs 2 S 1 StPO als auch solche aus Opportunitätsgesichtspunkten (§ 153 Abs 1 StPO, § 153 b Abs 1 StPO, § 153 c StPO, § 153 d StPO, § 153 e StPO, § 153 f StPO; s Meyer-Goßner StPO § 163 a Rn 3; **aA** SK-StPO/Wohlers StPO § 163 a Rn 8). Erwägt die Staatsanwaltschaft eine Einstellung gem § 153 a Abs 1 StPO, ist dem Beschuldigten zuvor rechtliches Gehör zu gewähren (Meyer-Goßner StPO § 163 a Rn 3; Löwe/Rosenberg/Erb StPO § 163 a Rn 32). 2

§ 163 a StPO findet – mit den Einschränkungen des § 55 OWiG – gem § 46 Abs 1 und Abs 2 OWiG sinngemäß auch im Bußgeldverfahren Anwendung. 3

Die vormals in Abs 5 enthaltene Regelung zur Vernehmung von Zeugen und Sachverständigen durch die Polizei ist im Zuge des 2. OpferrechtsreformG v 29. 7. 2009, welches am 1. 10. 2009 in Kraft getreten ist (BGBl I 2280), aus systematischen Gründen nunmehr leicht verändert in § 163 Abs 3 StPO zu finden. Zur staatsanwaltschaftlichen Vernehmung von Zeugen und Sachverständigen s § 161 a StPO Rn 2. 4

B. Beschuldigteneigenschaft

Beschuldigter ist derjenige, gegen den das Verfahren als solchen betrieben wird (BGHSt 8, 10, 12; Meyer-Goßner StPO § 163 a Einl Rn 76). Die Beschuldigteneigenschaft wird dabei nicht durch die Stärke des Tatverdachts begründet, sondern allein durch einen **Willensakt der zuständigen Strafverfolgungsbehörde**, ihn als Beschuldigten zu behandeln (BGHSt 34, 138, 140 = NStZ 1987, 83). So ist eine **informatorische Befragung** von Personen, die zum Kreis der Tatverdächtigen gehören, deren Tatbeteiligung im Einzelnen jedoch unklar ist 5 (zB bei einem Verkehrsunfall mit mehreren Beteiligten), noch keine Beschuldigten-, sondern eine Zeugenvernehmung (BGH NStZ 1983, 86; BayObLG StV 2005, 430).

6   Die **Stärke des Tatverdachts** ist jedoch maßgeblich für die Entscheidung, **wann von einer Zeugen- in eine Beschuldigtenvernehmung überzugehen ist.** Verdichtet sich im Laufe einer Zeugenvernehmung ein ursprünglich nur vager Tatverdacht dahingehend, dass die vernommene Person nun ernstlich als Täter der untersuchten Straftat in Betracht kommt, ist der Zeuge ab diesem Zeitpunkt als Beschuldigter zu behandeln und entsprechend zu belehren (BGH NStZ 2008, 48; BGHSt 37, 48, 51, 52 = NStZ 1990, 446, 447). Verletzt die Strafverfolgungsbehörde willkürlich ihren Beurteilungsspielraum, indem sie bei einer Zeugenvernehmung trotz eines starken Tatverdachts nicht zur Beschuldigtenvernehmung übergeht, kann ein Beweisverwertungsverbot vorliegen (BGH NStZ 2007, 653, 654; BGHSt 37, 48, 51 f = NStZ 1990, 446, 447).

7   Ob jemand in einem Verfahren mit mehreren Beteiligten als (Mit-)beschuldigter oder Zeuge zu behandeln ist, bestimmt sich alleine nach der **formalen Stellung** des Betroffenen: er ist Zeuge – und nicht (Mit-)Beschuldigter –, wenn das Ermittlungsverfahren gegen ihn von weiteren Mittätern getrennt geführt wird (BGH NStZ 2007, 653, 654; BGH NStZ 1984, 464; BGHSt 10, 8, 10). Die dagegen in der Literatur teilweise vertretene sog „materielle" Betrachtungsweise, wonach jeder Tatbeteiligte ohne Rücksicht auf seine formale Stellung im Verfahren als Beschuldigter und nicht als Zeuge zu behandeln sei, oder dies zumindest für alle Personen gelten müsse, gegen die wegen derselben strafprozessualen Tat ermittelt werde (sog formell-materieller Beschuldigtenbegriff), ist mit dem geltenden Recht nicht vereinbar, wie die Regelungen in den § 55 StPO und § 60 Nr 2 StPO zeigen (BGH NStZ 1984, 464 mwN; Meyer-Goßner StPO vor § 48 Rn 21; vgl auch KK-StPO/Senge StPO vor § 48 Rn 7).

C. Schriftliche Vernehmung des Beschuldigten (Abs 1 S 2)

8   Die Staatsanwaltschaft und die Polizei können dem Beschuldigten in einfachen Sachen (= einfach gelagertes Verfahren mit überschaubarem, leicht verständlichen Sachverhalt; KK-StPO/Griesbaum StPO § 163a Rn 11) auch die Möglichkeit einräumen, sich schriftlich zum Tatvorwurf bzw. zu den Tatvorwürfen zu äußern; eine mündliche Vernehmung ist dann nicht mehr nötig. Für den nach § 162 StPO ersuchten Ermittlungsrichter gilt § 163a Abs 1 S 2 StPO nicht (Meyer-Goßner StPO § 163a Rn 11). Dem Beschuldigten ist dabei eine angemessene Frist zur Abgabe seiner schriftlichen Erklärung zu gewähren. Im Anschreiben ist er auf seine Rechte nach § 136 Abs 1 S 1 und S 2 StPO hinzuweisen (vgl Rn 14).

9   Die vom Beschuldigten selbst verfasste schriftliche Äußerung ist eine Urkunde gem § 249 StPO, die in der späteren Hauptverhandlung verlesen werden kann. Das gilt nicht für eine Erklärung, die der Verteidiger für den Beschuldigten abgegeben hat (OLG Celle NStZ 1988, 426; Meyer-Goßner StPO § 163a Rn 14).

D. Vernehmung des Beschuldigten durch die Staatsanwaltschaft (Abs 3)

10 Die mündliche Beschuldigtenvernehmung wird regelmäßig durch Aufforderung an den Beschuldigten vorbereitet, zu einem bestimmten Zeitpunkt an einem bestimmten Ort zur Vernehmung zu erscheinen. Diese Aufforderung kann grundsätzlich formlos ergehen, hat dann aber zur Folge, dass der Beschuldigte nicht vorgeführt werden kann. Zweckmäßig ist daher eine förmliche Ladung mit einer Vorführungsandrohung (s Rn 12). In der Regel wird die Beschuldigtenvernehmung im Dienstgebäude der Staatsanwaltschaft oder einer Polizeidienststelle stattfinden; möglich ist aber auch, dass der Beschuldigte vom Staatsanwalt aufgesucht wird (Meyer-Goßner StPO § 163a Rn 18).

11 Über die Beschuldigtenvernehmung ist nach § 168b Abs 2 StPO iVm § 168 StPO, § 168a StPO ein Protokoll zu fertigen, s § 168b StPO Rn 3.

I. Ladung

12 Wird der Beschuldigte von der Staatsanwaltschaft zur Beschuldigtenvernehmung aufgefordert, ist er zum Erscheinen verpflichtet (Abs 3 S 1). Dieses kann durch eine Vorführung (s

Rn 13) erzwungen werden, wenn der Beschuldigte zuvor schriftlich geladen wurde (§ 133 StPO). In der Ladung sind folgende Umstände anzugeben: Ort und der Zeitpunkt der Vernehmung, Gegenstand der Beschuldigung, die Tatsache, dass der Beschuldigte als solcher vernommen werden soll, und zweckmäßigerweise die Androhung, dass im Falle des Ausbleibens seine Vorführung erfolgen kann. Zwar sieht das Gesetz keine Ladungsfrist vor, jedoch sollte dem Beschuldigten eine angemessene Zeit gegeben werden, um die Terminwahrnehmung einzurichten. Befindet sich der Beschuldigte in Haft, ergeht zugleich ein Vorführungsersuchen an die JVA. Im Einzelnen s § 133 StPO Rn 1.

II. Vorführung

Die Beschuldigte kann zwangsweise vorgeführt werden, wenn die Vorführung in der Ladung angedroht wurde oder die Voraussetzung für den Erlass eines Haftbefehls bestehen (s § 134 StPO). 13

III. Belehrung

Zu Beginn der Vernehmung (zur Sache) ist der Beschuldigte über seine Rechte zu belehren (Abs 3 S 2 iVm § 136 StPO). Dabei ist er im Einzelnen auf Folgendes hinzuweisen: 14
- welche Tat ihm zur Last gelegt wird,
- welche Strafvorschriften in Betracht kommen (gilt mangels Verweises auf § 136 Abs 1 S 1 StPO nicht für polizeiliche Vernehmungen, s Rn 22),
- dass es ihm freisteht, sich zu der Beschuldigung zu äußern oder nicht zur Sache auszusagen,
- dass er jederzeit – auch schon vor seiner Vernehmung – einen Verteidiger befragen kann,
- dass er zu seiner Entlastung einzelne Beweiserhebungen beantragen kann (s Rn 20),
- dass er sich (in geeigneten Fällen) auch schriftlich äußern kann (§ 136 Abs 1 S 4 StPO).

Unter Umständen ist ein **festgenommener Beschuldigter fremder Staatsangehörigkeit** zudem auf sein Recht hinzuweisen, dass er die unverzügliche Benachrichtigung seiner konsularischen Vertretung nach Art 36 Abs 1 lit b S 3 des Wiener Konsularrechtsübereinkommens (WÜK) verlangen kann (vgl Art 36 WÜK Rn 9). Da die Belehrungspflicht allen zuständigen Strafverfolgungsorganen obliegt, muss auch der Staatsanwalt im Rahmen einer von ihm durchgeführten Beschuldigtenvernehmung ggf dafür Sorge tragen, dass er eine unterbliebene Belehrung durch die an sich hierfür zuständigen Polizeibeamten nachholt (BVerfG NJW 2007, 499, 503). 15

Unterbleibt eine Belehrung nach Abs 3 S 2 iVm § 136 StPO oder ist diese nicht ordnungsgemäß durchgeführt worden, unterliegen die Äußerungen des Beschuldigten einem Verwertungsverbot (BGHSt 38, 214, 218 = NStZ 1992, 294; KK-StPO/Griesbaum StPO § 163 a Rn 38). Zu den Folgen der unterbliebenen Belehrung nach Art 36 WÜK, s Rn 22. 16

IV. Antrag auf gerichtliche Entscheidung

Der Beschuldigte kann gem Abs 3 S 3 das nach § 162 StPO zuständige Gericht anrufen, um die Rechtmäßigkeit der Vorführung überprüfen zu lassen (s im Einzelnen dazu § 161 a StPO Rn 14). 17

Die § 297 StPO bis § 300 StPO, § 302 StPO, § 306 StPO bis § 309 StPO, § 311 StPO und § 473 a StPO gelten entsprechend (Abs 3 S 4, s auch § 161 a StPO Rn 16). 17 a

Die Entscheidung des Gerichts ist nicht anfechtbar (Abs 3 S 5). 17 b

V. Anwesenheitsrechte

Der Verteidiger hat gem Abs 3 S 2 iVm § 168 c Abs 1 StPO ein Anwesenheitsrecht an der staatsanwaltschaftlichen Beschuldigtenvernehmung seines Mandanten. Von dem Vernehmungstermin ist er – formlos – zu benachrichtigen (Abs 3 S 2 iVm § 168 c Abs 5 S 1 und S 2 StPO). Einen Anspruch auf Verlegung des Termins bei Verhinderung hat der Verteidiger zwar nicht (Abs 3 S 2 iVm § 168 c Abs 5 S 2 StPO), doch sollte dem Ansinnen möglichst nachgekommen werden. 18

Bei Jugendlichen haben die Erziehungsberechtigten gem § 67 JGG ein Anwesenheitsrecht. 19

VI. Behandlung von Beweisanträgen des Beschuldigten (Abs 2)

20   Abs 2 bestimmt, dass vom Beschuldigten beantragten Beweiserhebungen nachzugehen ist, wenn diese von Bedeutung sind. Die Entscheidung über die Beweisbedeutung trifft die Staatsanwaltschaft nach pflichtgemäßem Ermessen (KK-StPO/Griesbaum StPO § 163a Rn 8; Meyer-Goßner StPO § 163a Rn 15; **aA** Löwe/Rosenberg/Erb StPO § 163a Rn 107 u SK-StPO/Wohlers StPO § 163a Rn 86, die hierin einen Anspruch des Beschuldigten auf die beantragte Beweiserhebung sehen).

E. Vernehmung des Beschuldigten durch die Polizei (Abs 4)

21   Bei der polizeilichen Beschuldigtenvernehmung, für die auch Protokollierungspflicht des § 168b StPO gilt (BGH NStZ 1995, 353; vgl § 168b StPO Rn 3), besteht für den Beschuldigten keine Pflicht zum Erscheinen, die Vernehmung kann von der Polizei mithin nicht durch eine Vorführung erzwungen werden.

I. Belehrung

22   Bei der erforderlichen Beschuldigtenbelehrung gilt die gleiche Regelung wie bei der staatsanwaltschaftlichen Vernehmung (s Rn 14), mit Ausnahme des Hinweises auf die anzuwendenden Strafvorschriften, die für die polizeiliche Vernehmung entbehrlich ist (Abs 4 S 1 und S 2 iVm § 136 Abs 1 S 2 bis 4 StPO). Bei der ersten polizeilichen Vernehmung des Beschuldigten ist überdies an eine Belehrung über das Recht auf unverzügliche Benachrichtigung der konsularischen Vertretung gem Art 36 Abs 1 lit b S 3 des Wiener Konsularrechtsübereinkommen (WÜK) zu denken, sofern es sich um einen **Beschuldigten mit fremder Staatsangehörigkeit** handelt, der zuvor **festgenommen** und bis zu seiner Vernehmung noch nicht über sein Recht aus Art 36 WÜK belehrt wurde (vgl zum Inhalt der Belehrung Art 36 WÜK Rn 9; zu den Folgen einer unterbliebenen Belehrung s Art 36 WÜK Rn 13).

II. Anwesenheitsrechte

23   Ein Anwesenheitsrecht des Verteidigers bei der polizeilichen Beschuldigtenvernehmung besteht grundsätzlich nicht (BVerfG NJW 2007, 204; Meyer-Goßner StPO § 163 Rn 16), da ein Verweis auf § 168c StPO – wie ihn Abs 3 S 2 für die staatsanwaltschaftliche Vernehmung vorsieht – fehlt. Aus dem Grundsatz des fairen Verfahrens ist dem Verteidiger bei entsprechendem Wunsch des Beschuldigten die Anwesenheit regelmäßig zu gestatten. Verlangt der Beschuldigte aber vor der Vernehmung, zunächst mit seinem Verteidiger sprechen zu dürfen, muss ihm dies gewährt werden; eine bewusste Verhinderung der Rücksprache mit einem Verteidiger durch den Vernehmungsbeamten führt zu einem Verbot der Verwertung der bei dieser Vernehmung gewonnenen Angaben (BGHSt 38, 372, 373 ff = NStZ 1993, 142, 143).

§ 163b [Feststellung der Identität]

(1) ¹Ist jemand einer Straftat verdächtig, so können die Staatsanwaltschaft und die Beamten des Polizeidienstes die zur Feststellung seiner Identität erforderlichen Maßnahmen treffen; § 163a Abs. 4 Satz 1 gilt entsprechend. ²Der Verdächtige darf festgehalten werden, wenn die Identität sonst nicht oder nur unter erheblichen Schwierigkeiten festgestellt werden kann. ³Unter den Voraussetzungen von Satz 2 sind auch die Durchsuchung der Person des Verdächtigen und der von ihm mitgeführten Sachen sowie die Durchführung erkennungsdienstlicher Maßnahmen zulässig.

(2) ¹Wenn und soweit dies zur Aufklärung einer Straftat geboten ist, kann auch die Identität einer Person festgestellt werden, die einer Straftat nicht verdächtig ist; § 69 Abs. 1 Satz 2 gilt entsprechend. ²Maßnahmen der in Absatz 1 Satz 2 bezeichneten Art dürfen nicht getroffen werden, wenn sie zur Bedeutung der Sache außer

Verhältnis stehen; Maßnahmen der in Absatz 1 Satz 3 bezeichneten Art dürfen nicht gegen den Willen der betroffenen Person getroffen werden.

Überblick

Die Vorschrift enthält die strafprozessuale Grundlage für die Feststellung der Identität von Verdächtigen und Unverdächtigen.

Übersicht

	Rn		Rn
A. Anwendungsbereich	1	4. Durchführung erkennungsdienstlicher Behandlungen (Abs 1 S 3 Alt 3)	10
B. Identitätsfeststellung von Verdächtigten (Abs 1)	5	III. Belehrungspflicht	11
I. Voraussetzung	5	C. Identitätsfeststellung von Unverdächtigen (Abs 2)	12
II. Erlaubte Maßnahmen	6	I. Erlaubte Maßnahmen	13
1. Erforderliche Maßnahmen zur Feststellung der Identität (Abs 1 S 1)	7	1. Erforderliche Maßnahmen	13
2. Festhalten (Abs 1 S 2)	8	2. Festhalten (Abs 2 S 2 Hs 1)	14
3. Durchsuchung der Person und der mitgeführten Sachen (Abs 1 S 3 Alt 1 und Alt 2)	9	3. Durchsuchung und erkennungsdienstliche Behandlung (Abs 2 S 2 Hs 2)	15
		II. Belehrung	16

A. Anwendungsbereich

§ 163b StPO, der im Zuge der Bekämpfung des „RAF"-Terrors durch das Gesetz zur 1 Änderung der StPO vom 14. 4. 1978 eingeführt wurde, ermöglicht das Feststellen der für den Identitätsnachweis erforderlichen Personalien, wozu Name, Vorname, Geburtsdatum und -ort sowie die aktuelle Anschrift gehören (Kurth NJW 1979, 1377, 1379). Die Vorschrift, die zwischen der Identitätsfeststellung von Verdächtigen (Abs 1) und Unverdächtigen (Abs 2) unterscheidet, findet nur Anwendung, wenn die Maßnahme der Verfolgung und Aufklärung einer bestimmten Straftat dient; zur Aufdeckung nur möglicher Straftaten kann § 163b nicht herangezogen werden (KK-StPO/Griesbaum StPO § 163b Rn 3; Meyer-Goßner StPO § 163b Rn 1; Löwe/Rosenberg/Erb StPO § 163b Rn 4). Für den Bereich der Gefahrenabwehr sehen die Polizeigesetze der Länder ähnliche Regelungen vor (zB Art 13 BayPAG; § 9 PolGNW).

Die §§ 163b und 163c StPO gelten hinsichtlich von Verdächtigen einer Straftat in 2 jedem Verfahrensstadium. Bei Unverdächtigen ist die Anwendung auf das Ermittlungsverfahren beschränkt, da die Tat mit Anklageerhebung regelmäßig ausermittelt ist und die Maßnahme damit nicht mehr zur Tataufklärung beitragen kann (vgl. Meyer-Goßner StPO § 163b Rn 2; ähnlich Löwe/Rosenberg/Erb StPO § 163b Rn 7, der jedoch das Aufklärungsinteresse erst mit rechtskräftigem Verfahrensabschluss als erledigt ansieht).

Über § 46 Abs 1 OWiG kommt die Regelung grundsätzlich auch im Bußgeldverfahren 3 sinngemäß zur Anwendung (OLG Köln NJW 1982, 296, 297; Kurth NJW 1979, 1377, 1378), wo auch ein Festhalten eines Verdächtigen nach Abs 1 S 2 möglich ist, da § 46 Abs 3 S 1 OWiG – anders als bei der vorläufigen Festnahme – nicht entgegensteht (KK-OWiG/Lampe OWiG § 46 Rn 20). Wegen der besonderen Verhältnismäßigkeitsprüfung im OWi-Verfahren kommt das Festhalten eines Verdächtigen allerdings nur bei erheblichen Ordnungswidrigkeiten in Betracht; gleiches gilt bei Maßnahmen gegen Unverdächtige (KK-StPO/Griesbaum StPO § 163b Rn 5, 6; Löwe/Rosenberg/Erb StPO § 163b Rn 8).

Anordnungsberechtigt sind die Staatsanwaltschaft und Beamte des Polizeidienstes, wobei 4 die Finanzbehörde im Steuerstrafverfahren sowie die Verwaltungsbehörde im Bußgeldverfahren (§ 46 Abs 2 OWiG) an die Stelle der Staatsanwaltschaft treten. Dem Richter stehen die Kompetenzen aus § 163b StPO nicht zu (Löwe/Rosenberg/Erb StPO § 163b Rn 43; KK-StPO/Griesbaum StPO § 163b Rn 34).

B. Identitätsfeststellung von Verdächtigten (Abs 1)

I. Voraussetzung

5 Voraussetzung zur Ergreifung von Maßnahmen nach § 163 b Abs 1 StPO ist, dass der Betroffene **einer Straftat verdächtig** ist. Dies ist der Fall, wenn gewisse Anhaltspunkte vorliegen, die eine Täterschaft oder Teilnahme des Betroffenen an einer – auch versuchten – Straftat als möglich erscheinen lassen (BVerfG StV 1996, 143, 145; Meyer-Goßner StPO § 163 b Rn 4; Kurth NJW 1979, 1377, 1378). Hierfür ist nicht erforderlich, dass gegen den Betroffenen bereits förmlich als Beschuldigten ermittelt wird (zum Beschuldigtenbegriff vgl § 163 a StPO Rn 5). Auch Schuldunfähige können tatverdächtig sein, nicht aber Strafunmündige gem § 19 StGB; bei letzteren kommt aber eine Identitätsfeststellung auf Grundlage von Abs 2 in Betracht, wenn gegen weitere – strafmündige – Verdächtige ermittelt wird (Meyer-Goßner StPO § 163 b Rn 4; KK-StPO/Griesbaum StPO § 163 b Rn 10).

II. Erlaubte Maßnahmen

6 § 163 b StPO sieht in Abs 1 S 1 bis S 3 verschiedene Maßnahmen vor, die sich durch ihre Eingriffsintensität unterscheiden. Abs 1 S 1 erlaubt zunächst „erforderliche Maßnahmen" (Rn 7). In S 2 ist darüber hinaus das Festhalten des Betroffenen geregelt (Rn 8), in S 3 seine Durchsuchung bzw die Durchsuchung seiner Sachen (Rn 9) sowie eine erkennungsdienstliche Behandlung (Rn 10). All diese Maßnahmen müssen geeignet sein, die Identität des Betroffenen festzustellen; ferner gilt jeweils der Verhältnismäßigkeitsgrundsatz (KK-StPO/Griesbaum StPO § 163 b Rn 12).

1. Erforderliche Maßnahmen zur Feststellung der Identität (Abs 1 S 1)

7 Die Generalklausel des Abs 1 S 1 erlaubt das Ergreifen aller **erforderlichen Maßnahmen** zur Feststellung der Identität des Betroffenen, soweit es sich nicht um die in Abs 1 S 2 und S 3 bezeichneten Eingriffe handelt. In Betracht kommen, in der Regel auch in dieser Reihenfolge: das Anhalten des Verdächtigen, die Frage nach dessen Personalien (s auch § 111 OWiG) und die Aufforderung, die Ausweispapiere vorzulegen (Meyer-Goßner StPO § 163 b Rn 6). Zudem ist die Überprüfung der Papiere auf ihre Echtheit möglich, sofern dies aufgrund von konkreten Anhaltspunkten erforderlich erscheint (Kurth NJW 1979, 1377, 1378).

2. Festhalten (Abs 1 S 2)

8 Nach Abs 1 S 2 ist auch das **Festhalten** des Betroffenen zulässig. Hierzu ist zusätzlich zu den in Abs 1 S 1 genannten Voraussetzungen (Rn 5) erforderlich, dass **die Identitätsfeststellung nicht auf andere Art und Weise oder nur unter erheblichen Schwierigkeiten erfolgen kann** (zB bei Schwierigkeiten, zuverlässige Papiere zu beschaffen; vgl Meyer-Goßner StPO § 163 b Rn 8). § 163 c Abs 1 StPO bestimmt zudem, dass der Betroffene nur so lange festgehalten werden darf, wie dies zur Feststellung seiner Identität **unerlässlich** ist (s § 163 c StPO Rn 2). Unter Festhalten zu verstehen ist jede gegen den Willen des Betroffenen vorgenommene Einschränkung der Bewegungsfreiheit über die Zeit hinaus, welche für die übliche Identitätsfeststellung nötig wäre (KK-StPO/Griesbaum StPO § 163 b Rn 15). Das Anhalten nach Abs 1 S 1 zur Befragung nach Namen und Anschrift und die sofortige Personalienüberprüfung an Ort und Stelle ist noch kein Festhalten iSd Abs 1 S 2. Die Maßnahme beginnt erst mit der Aufforderung an den Betroffenen, sich nicht zu entfernen (KK-StPO/Griesbaum StPO § 163 b Rn 16; Meyer-Goßner StPO § 163 b Rn 7). Wird das Festhalten des Betroffenen angeordnet, ist er unverzüglich dem Richter vorzuführen. Die Einzelheiten des weiteren Verfahrens regelt § 163 c StPO (§ 163 c StPO Rn 4). Nach § 163 c Abs 3 StPO ist das Festhalten auf maximal zwölf Stunden beschränkt (§ 163 c StPO Rn 3). Da es sich hierbei um eine freiheitsentziehende Maßnahme handelt, ist auch Art 36 WÜK zu beachten, wonach ein Betroffener mit fremder Staatsangehörigkeit unmittelbar nach der Festhalteanordnung da-

rauf hinzuweisen ist, dass auf sein Verlangen hin seine konsularische Vertretung zu unterrichten ist (vgl dazu Art 36 WÜK Rn 9).

3. Durchsuchung der Person und der mitgeführten Sachen (Abs 1 S 3 Alt 1 und Alt 2)

Bei Vorliegen der Voraussetzungen des Abs 1 S 2 (Rn 8) ist zudem eine Durchsuchung der Person sowie seiner mitgeführten Sachen zulässig. Die **Durchsuchung der Person** betrifft nicht nur die Kleidung des Betroffenen (zum Auffinden von Ausweispapieren oder sonstigen Unterlagen), sondern beinhaltet auch das Sichten der Körperoberfläche, um besondere Identifizierungsmerkmale, wie etwa auffällige Tätowierungen oder Narben, festzustellen (Meyer-Goßner StPO § 163 b Rn 10; Löwe/Rosenberg/Erb StPO § 163 b Rn 39). Unter **mitgeführte Sachen** sind alle Gegenstände zu verstehen, über die der Betroffene zum Zeitpunkt der Maßnahme die tatsächliche Sachherrschaft ausübt; dazu gehört auch ein von ihm geführtes Kraftfahrzeug (Meyer-Goßner StPO § 163 b Rn 11; Löwe/Rosenberg/Erb StPO § 163 b Rn 40). Eine Wohnungsdurchsuchung ist nicht zulässig, es sein denn, eine solche kann auf die § 102 StPO, § 103 StPO gestützt werden. Wehrt sich der Betroffene gegen die Durchsuchungsmaßnahme, kann diese durch Anwendung unmittelbaren Zwangs durchgesetzt werden. Der Durchsuchung ist in der Regel der Vorzug vor dem Festhalten zu geben, da durch das Auffinden von Ausweispapieren eine Freiheitsentziehung üblicherweise vermieden werden kann. Werden anlässlich der Durchsuchungsmaßnahme zufällig Beweismittel gefunden, sind diese nach § 108 StPO zu behandeln. 9

4. Durchführung erkennungsdienstlicher Behandlungen (Abs 1 S 3 Alt 3)

§ 163 c Abs 1 S 3 StPO sieht ferner die Durchführung erkennungsdienstlicher Behandlungen vor. Darunter fallen die in § 81 b StPO genannten Maßnahmen, also Fertigung von Lichtbildern, Abnehmen von Fingerabdrücken oder Vermessen des Betroffenen (s § 81 b StPO). Auch hier gelten die besonderen Voraussetzungen des Abs 1 S 2 (Rn 8). Da die erkennungsdienstliche Behandlung den Einsatz von technischen Hilfsmitteln voraussetzt, ist sie regelmäßig mit dem Verbringen des Betroffenen auf die Dienststelle verbunden. 10

III. Belehrungspflicht

Dem Betroffenen ist zu Beginn der Identitätsfeststellung mitzuteilen, welcher Tat er verdächtig ist (Abs 1 S 1 Hs 2 iVm § 163 a Abs 4 S 1 StPO). Ein Hinweis auf die in Betracht kommenden Strafvorschriften ist nicht erforderlich; dies gilt auch für eine Anordnung durch den Staatsanwalt, da der Verweis auf § 136 Abs 1 S 1 StPO – anders als bei staatsanwaltschaftlichen Beschuldigtenvernehmungen (§ 163 a StPO Rn 14) – fehlt. 11

C. Identitätsfeststellung von Unverdächtigen (Abs 2)

Nach Abs 2 ist auch die Feststellung der Identität von **Unverdächtigen** möglich. Unverdächtig ist jemand, gegen den ein Tatverdacht nicht begründet werden kann (Löwe/Rosenberg/Erb StPO § 163 b Rn 12; KK-StPO/Griesbaum StPO § 163 b Rn 26). Voraussetzung ist, dass die Identitätsfeststellung **zur Aufklärung einer Straftat geboten** ist. Das ist der Fall, wenn konkrete Anhaltspunkte dafür vorliegen, dass der Betroffene als Zeuge oder Augenscheinsobjekt benötigt wird (Meyer-Goßner StPO § 163 b Rn 15; KK-StPO/Griesbaum StPO § 163 b Rn 27). Die Eingriffsbefugnisse sind gegenüber Abs 1 insoweit eingeschränkt, dass ein Festhalten strengeren Anforderungen unterliegt (Rn 14) und Durchsuchung sowie erkennungsdienstliche Behandlung gegen den Willen des Betroffenen nicht durchgeführt werden können (Rn 15). Wird während der Identitätsfeststellung der Verdacht einer Straftat oder Ordnungswidrigkeit begründet, etwa weil die als Zeuge in Betracht kommende Person die Angabe der Personalien verweigert und damit dem Tatbestand des § 111 OWiG erfüllt, gilt ab diesem Zeitpunkt Abs 1 (Meyer-Goßner StPO § 163 b Rn 17; KK-StPO/Griesbaum StPO § 163 b Rn 33). 12

I. Erlaubte Maßnahmen

1. Erforderliche Maßnahmen

13 Die Maßnahmen nach Abs 1 S 1 (Rn 7) sind auch bei Unverdächtigen zulässig, soweit die Identitätsfeststellung zur Aufklärung einer Straftat geboten ist.

2. Festhalten (Abs 2 S 2 Hs 1)

14 Ein Festhalten ist nur zulässig, wenn die Voraussetzungen des Abs 1 S 2 erfüllt sind (s Rn 8) und die Maßnahme **zur Bedeutung der Sache nicht außer Verhältnis** steht. Entscheidend für diese Verhältnismäßigkeitsprüfung ist die Bedeutung der Strafsache an sich (Meyer-Goßner StPO § 163 b Rn 17) und nicht die Bedeutung der Aussage des Betroffenen für die Tataufklärung. Bei bloßen Bagatelldelikten, zB einem Verkehrsunfall mit lediglich geringen Folgen, scheidet daher das Festhalten eines potentiellen Zeugen ebenso aus wie bei Ordnungswidrigkeiten (Meyer-Goßner StPO § 163 b Rn 17; KK-StPO/Griesbaum StPO § 163 b Rn 28). Wird das Festhalten einer Person angeordnet, bestimmt sich das weitere Vorgehen aus § 163 c StPO (s dort Rn 4).

3. Durchsuchung und erkennungsdienstliche Behandlung (Abs 2 S 2 Hs 2)

15 Eine Durchsuchung und eine erkennungsdienstliche Behandlung dürfen bei Unverdächtigen selbst bei Vorliegen der Voraussetzungen des Abs 1 S 2 **nicht gegen den Willen** des Betroffenen erfolgen (Pfeiffer StPO § 163 b Rn 10; einschränkend KK-StPO/Griesbaum StPO § 163 b Rn 31; Meyer-Goßner StPO § 163 b Rn 19). Dazu reicht es aus, wenn der Betroffene durch schlüssige Handlung zum Ausdruck bringt, mit der Maßnahme nicht einverstanden zu sein (Meyer-Goßner StPO § 163 b Rn 19; KK-StPO/Griesbaum StPO § 163 b Rn 31).

II. Belehrung

16 Dem Betroffenen ist mitzuteilen, aus welchem Grund die Maßnahme gegen ihn durchgeführt wird. Dazu ist ihm zu erläutern, zur Aufklärung welcher Tat seine Identifizierung beitragen soll (Abs 2 S 1 Hs 2 iVm § 69 Abs 1 S 2 StPO). Der Name des Beschuldigten muss nicht genannt werden, wenn ermittlungstaktische Gründe entgegenstehen. Die Belehrung kann unterbleiben, wenn dem Betroffenen ohnehin bekannt ist, weshalb die Verfolgungsbehörden seine Personalien benötigen, zB weil er Augenzeuge einer Straftat geworden ist (KK-StPO/Griesbaum StPO § 163 b Rn 32).

§ 163 c [Freiheitsentziehung zur Feststellung der Identität]

(1) ¹Eine von einer Maßnahme nach § 163 b betroffene Person darf in keinem Fall länger als zur Feststellung ihrer Identität unerläßlich festgehalten werden. ²Die festgehaltene Person ist unverzüglich dem Richter bei dem Amtsgericht, in dessen Bezirk sie ergriffen worden ist, zum Zwecke der Entscheidung über Zulässigkeit und Fortdauer der Freiheitsentziehung vorzuführen, es sei denn, daß die Herbeiführung der richterlichen Entscheidung voraussichtlich längere Zeit in Anspruch nehmen würde, als zur Feststellung der Identität notwendig wäre. ³Die §§ 114 a bis 114 c gelten entsprechend.

(2) Eine Freiheitsentziehung zum Zwecke der Feststellung der Identität darf die Dauer von insgesamt zwölf Stunden nicht überschreiten.

(3) Ist die Identität festgestellt, so sind in den Fällen des § 163 b Abs. 2 die im Zusammenhang mit der Feststellung angefallenen Unterlagen zu vernichten.

Überblick

Die Norm regelt in Ergänzung zu § 163 b StPO, wie im Falle eines „unerlässlichen", auf maximal zwölf Stunden beschränkten Festhaltens zum Zwecke der Identitätsfeststellung zu verfahren ist. So ist der Betroffene unverzüglich dem zuständigen Richter vorzuführen. Zudem bestimmt Abs 3, dass angefallene Unterlagen zu vernichten sind.

Übersicht

	Rn		Rn
A. Verfahren beim Festhalten nach § 163 b StPO	1	1. Zuständiges Gericht	5
		2. Ablauf der Vorführung	6
I. Zeitliche Beschränkungen des Festhaltens	1	III. Mitteilungs-, Belehrungs- und Benachrichtigungspflicht (Abs 2)	9
1. Unerlässliches Festhalten	2		
2. Maximale Dauer des Festhaltens (Abs 1)	3	**B. Vernichtung von Unterlagen (Abs 3)**	10
II. Vorführung	4	**C. Rechtsmittel**	12

A. Verfahren beim Festhalten nach § 163 b StPO

I. Zeitliche Beschränkungen des Festhaltens

Das Festhalterecht des § 163 b StPO ist in zweierlei Hinsicht zeitlich beschränkt: zum einen auf den für die Identitätsfeststellung „unerlässlichen" Zeitraum (Rn 2), zum anderen nach Abs 2 auf eine maximale Dauer von zwölf Stunden (Rn 3). Da es sich um eine freiheitsentziehende Maßnahme handelt, hat beim Festhalten eines Betroffenen mit fremder Staatsangehörigkeit auch die Belehrung nach Art 36 WÜK zu erfolgen (vgl Art 36 WÜK Rn 9). **1**

1. „Unerlässliches" Festhalten

In Ergänzung zu den in § 163 b Abs 1 S 1 StPO (§ 163 b StPO Rn 5) und S 2 (§ 163 b StPO Rn 8) genannten Voraussetzungen darf der Betroffene nach Abs 1 S 1 nur so lange festgehalten werden, wie dies zur Feststellung seiner Identität **unerlässlich** ist, d. h. das Festhalten ist auf den Zeitraum zu beschränken, der bei schnellmöglicher Bearbeitung zur Identitätsfeststellung unbedingt nötig ist (KK-StPO/Griesbaum StPO § 163 c Rn 1). Das Festhalten ist daher sofort zu beenden, sobald absehbar ist, dass die Maßnahme nicht mehr zur Identitätsfeststellung beitragen kann (KK-StPO/Griesbaum StPO § 163 c Rn 1); gleiches gilt für den Fall, dass die Identität des Betroffenen erfolgreich ermittelt wurde (vgl BVerfG NStZ-RR 2006, 381, 382). Ein darüber hinausgehendes Festhalten kann nur auf Grundlage von anderen strafprozessualen Zwangsmaßnahmen erfolgen, etwa weil die Identitätsfeststellung ergeben hat, dass der Betroffene wegen einer anderen Straftat per Haftbefehl gesucht wird (§ 115 Abs 1 StPO). **2**

2. Maximale Dauer des Festhaltens (Abs 2)

Die absolute Obergrenze des unerlässlichen Festhaltens liegt bei zwölf Stunden (Abs 2). Danach ist der Betroffene auch zu entlassen, wenn seine Identität noch nicht geklärt ist. Die Zwölfstundenfrist gilt für die gesamte Maßnahme („insgesamt") und umfasst die polizeiliche/staatsanwaltschaftliche Anordnung ebenso wie die Freiheitsentziehung aufgrund der richterlichen Entscheidung. Während **einer** Identitätsfeststellung wird die Frist auch nicht dadurch neu in Gang gesetzt, dass das Festhalten unterbrochen wird (KK-StPO/Griesbaum StPO § 163 c Rn 2). **3**

II. Vorführung

Nach Abs 1 S 2 ist der Betroffene von Amts wegen **unverzüglich** dem zuständigen Richter vorzuführen (Rn 5), der über die Zulässigkeit und Fortdauer der Freiheitsentziehung zu entscheiden hat (Rn 6). Unverzüglich bedeutet ohne jegliche Verzögerung, die sich nicht aus sachlichen Gründen (tatsächliche wie rechtliche) rechtfertigen lässt (BVerwG NJW 1974, 809, 810; KK-StPO/Griesbaum StPO § 163 c Rn 6). Ein derart begründetes Zuwarten ist zB gegeben, wenn kurzfristige Maßnahmen durchgeführt werden, durch welche die Identität **4** des Betroffenen voraussichtlich festgestellt werden kann, bevor die richterliche Entscheidung ergeht (KK-StPO/Griesbaum StPO § 163 c Rn 6). Die Vorführung kann unterbleiben, wenn sich der Betroffenen damit einverstanden erklärt, zur Dienststelle verbracht zu werden und dort die Feststellung seiner Identität abzuwarten (Meyer-Goßner StPO § 163 c Rn 5; einschränkend KK-StPO/Griesbaum StPO § 163 c Rn 4).

1. Zuständiges Gericht

5   Örtlich und sachlich zuständig ist das Amtsgericht, an dessen Ort das Festhalten angeordnet worden ist (Abs 1 S 2); daran ändert sich auch nichts, wenn der Betroffene nach der Anordnung der Maßnahme in einen anderen Bezirk gebracht wird (Meyer-Goßner StPO § 163 c Rn 10). Funktionell zuständig ist der Richter, dem nach dem Geschäftsverteilungsplan die Entscheidungen über Freiheitsentziehungen zugewiesen sind; fehlt eine solche Zuständigkeitsregelung im Geschäftsverteilungsplan, gilt die Zuständigkeit nach § 162 (KK-StPO/Griesbaum StPO § 163 c Rn 10).

2. Ablauf der Vorführung

6   Der Betroffene wird durch den Beamten, der die Festnahme erklärt hat, beim zuständigen Amtsgericht vorgeführt. Der Staatsanwalt braucht bei der Vorführung nicht zugegen zu sein, hat aber ein Anwesenheitsrecht. Erfolgte die Festhalteanordnung durch den Staatsanwalt, beauftragt dieser die zuständige Polizeidienststelle mit der Vorführung.

7   Zur Vorführung sind die Akten mitzubringen, sofern diese bereits vorliegen. Für den Fall, dass die entsprechenden Vermerke und Unterlagen noch nicht gefertigt sein sollen – was die Regel sein dürfte – können die Gründe für die Festhalteanordnung dem Richter auch mündlich dargetan werden.

8   Der Amtsrichter hat dem Betroffenen rechtliches Gehör zu gewähren. Über die Verhandlung ist ein Protokoll zu führen (§ 168 StPO, § 168 a StPO). Der Betroffene darf zur Vorführung einen Rechtsanwalt hinzuziehen, es sei denn, es dauert zu lange, bis dieser beim Amtsgericht eintrifft (KK-StPO/Griesbaum StPO § 163 c Rn 11). Der Richter entscheidet durch Beschluss über die Zulässigkeit und Fortdauer der Maßnahme; maßgebend ist dabei die Sachlage zum Zeitpunkt der richterlichen Entscheidung (KK-StPO/Griesbaum StPO § 163 c Rn 12). Der Beschluss ist in der mündlichen Verhandlung zu verkünden und ggf zu begründen (§ 34 StPO). Liegen die Voraussetzungen nicht vor, ordnet er die Freilassung an. Ansonsten entscheidet er, dass das Festhalten bis maximal zwölf Stunden fortgesetzt werden kann.

8.1   Im Einzelnen umfasst die Prüfung des Amtsrichters folgende Punkte:
• ist die Identitätsfeststellung überhaupt zulässig (§ 163 b Abs 1 S 1 StPO),
• liegen die besonderen Voraussetzungen für ein Festhalten vor (§ 163 b Abs 1 S 2 StPO),
• ist der Verhältnismäßigkeitsgrundsatz gewährt,
• ist das Festhalten weiterhin unerlässlich,
• wurde die Zwölfstundenfrist eingehalten.

III. Mitteilungs-, Belehrungs- und Benachrichtigungspflicht (Abs 2)

9   Die § 114 a StPO bis § 114 c StPO gelten entsprechend.

B. Vernichtung von Unterlagen (Abs 3)

10   Die bei der Identitätsfeststellung eines **Unverdächtigen** angefallenen Unterlagen (zB Aufzeichnungen der erkennungsdienstlichen Behandlungen) sind nach Abschluss der Identifizierung zu vernichten. Davon ausgenommen sind die persönlichen Daten des Betroffenen, die durch die Maßnahme ermittelt wurden, wie etwa Name, Geburtsdaten und Anschrift (Pfeiffer StPO § 163 c Rn 5). Ebenso wenig werden die richterlichen Akten, die im Zuge der Vorführung nach Abs 1 S 2 angelegt wurden, vernichtet (Meyer-Goßner StPO § 163 c Rn 18).

Unterlagen, die bei Maßnahmen gegen einen **Verdächtigen** angefallen sind, unterliegen 11
nicht dem Vernichtungsgebot des Abs 3, sondern werden zu den Ermittlungsakten genommen.

C. Rechtsmittel

Der Betroffene kann die Entscheidung des Richters, durch welche die Fortdauer des 12
Festhaltens angeordnet wurde, mit der einfachen Beschwerde anfechten, die gem. § 307
Abs 2 StPO keine aufschiebende Wirkung hat (Löwe/Rosenberg/Erb StPO § 163 c
Rn 19 a). In der Regel wird die Beschwerde prozessual überholt sein. Zur Anfechtungsmöglichkeit in diesem Fall § 296 StPO Rn 12.

§ 163 d [Schleppnetzfahndung]

(1) ¹Begründen bestimmte Tatsachen den Verdacht, daß
1. eine der in § 111 bezeichneten Straftaten
   oder
2. eine der in § 100a Abs. 2 Nr. 6 bis Nr. 9 und 11 bezeichneten Straftaten
   begangen worden ist, so dürfen die anläßlich einer grenzpolizeilichen Kontrolle, im Falle der Nummer 1 auch die bei einer Personenkontrolle nach § 111 anfallenden Daten über die Identität von Personen sowie Umstände, die für die Aufklärung der Straftat oder für die Ergreifung des Täters von Bedeutung sein können, in einer Datei gespeichert werden, wenn Tatsachen die Annahme rechtfertigen, daß die Auswertung der Daten zur Ergreifung des Täters oder zur Aufklärung der Straftat führen kann und die Maßnahme nicht außer Verhältnis zur Bedeutung der Sache steht. ²Dies gilt auch, wenn im Falle des Satzes 1 Pässe und Personalausweise automatisch gelesen werden. ³Die Übermittlung der Daten ist nur an Strafverfolgungsbehörden zulässig.

(2) ¹Maßnahmen der in Absatz 1 bezeichneten Art dürfen nur durch den Richter, bei Gefahr im Verzug auch durch die Staatsanwaltschaft und ihre Ermittlungspersonen (§ 152 des Gerichtsverfassungsgesetzes) angeordnet werden. ²Hat die Staatsanwaltschaft oder eine ihrer Ermittlungspersonen die Anordnung getroffen, so beantragt die Staatsanwaltschaft unverzüglich die richterliche Bestätigung der Anordnung. ³§ 100b Abs. 1 Satz 3 gilt entsprechend.

(3) ¹Die Anordnung ergeht schriftlich. ²Sie muß die Personen, deren Daten gespeichert werden sollen, nach bestimmten Merkmalen oder Eigenschaften so genau bezeichnen, wie dies nach der zur Zeit der Anordnung vorhandenen Kenntnis von dem oder den Tatverdächtigen möglich ist. ³Art und Dauer der Maßnahmen sind festzulegen. ⁴Die Anordnung ist räumlich zu begrenzen und auf höchstens drei Monate zu befristen. ⁵Eine einmalige Verlängerung um nicht mehr als drei weitere Monate ist zulässig, soweit die in Absatz 1 bezeichneten Voraussetzungen fortbestehen.

(4) ¹Liegen die Voraussetzungen für den Erlaß der Anordnung nicht mehr vor oder ist der Zweck der sich aus der Anordnung ergebenden Maßnahmen erreicht, so sind diese unverzüglich zu beenden. ²Die durch die Maßnahmen erlangten personenbezogenen Daten sind unverzüglich zu löschen, sobald sie für das Strafverfahren nicht oder nicht mehr benötigt werden; eine Speicherung, die die Laufzeit der Maßnahmen (Absatz 3) um mehr als drei Monate überschreitet, ist unzulässig. ³Über die Löschung ist die Staatsanwaltschaft zu unterrichten.

Überblick

Die Vorschrift ermöglicht die zeitlich begrenzte Speicherung und anschließende Auswertung von Daten aus bestimmten Massenkontrollen.

StPO § 163 d Zweites Buch. 2. Abschnitt

Übersicht

	Rn		Rn
A. Historie	1	E. Form und Inhalt der Anordnung sowie zeitliche Befristung (Abs 3)	11
B. Anwendungsbereich	2	I. Form/Inhalt	11
C. Voraussetzungen	5	II. Befristung	12
I. Ein auf bestimmten Tatsachen begründeter Verdacht der Begehung einer Katalogtat nach § 111 StPO oder § 100 a StPO	5	F. Beendigung der Maßnahme/ Löschung (Abs 4)	13
		I. Beendigung	13
II. Erfolgstauglichkeit	8	II. Löschung	14
III. Verhältnismäßigkeit	9	G. Benachrichtigung (§ 101 Abs 4 Nr 10 StPO)	15
D. Anordnungsberechtigte (Abs 2)	10	H. Anfechtung	16

A. Historie

1 Die Vorschrift wurde durch das am 1. 4. 1987 in Kraft getretene Gesetz zur Änderung der StPO v 19. 4. 1986 (BGBl I 537) eingefügt. Der Gesetzgeber hat damit auf das Urteil des BVerfG zum Volkszählungsgesetz (BVerfGE 65, 1 = NJW 1984, 419) reagiert, das bei Eingriffen in das Recht auf informationelle Selbstbestimmung eine hinreichend klare gesetzliche Grundlage gefordert hatte. Zuletzt geändert wurde die Vorschrift mit Wirkung vom 1. 1. 2008 durch das Gesetz zur Neuregelung der Telekommunikationsüberwachung und anderer verdeckter Ermittlungsmaßnahmen sowie zur Umsetzung der Richtlinie 2006/24/EG v 21. 12. 2007 (BGBl I 3198), insbesondere wurde die Verwendungsregelung in Abs 4 S 4 und S 5 aF sowie die in Abs 5 aF geregelte Benachrichtigungspflicht im Hinblick auf die Verwendungsregelung in § 477 StPO sowie die allgemeine Benachrichtigungsregelung in § 101 Abs 4 StPO gestrichen (BT-Drs 16/5846, 65).

B. Anwendungsbereich

2 Bei der sog Schleppnetzfahndung, teilweise auch „Kontrollfahndung" (Löwe/Rosenberg/Erb StPO § 163 d Rn 3), „Netzfahndung" (Meyer-Goßner StPO § 163 d Rn 1) oder „Datenspeicherung" (KK-StPO/Schoreit StPO § 163 d Rn 8) genannt, handelt es sich um eine computergestützte Fahndungsmaßnahme, welche die zeitlich begrenzte Speicherung von Daten aus bestimmten Massenkontrollen und die anschließende Auswertung, zB durch einen Abgleich mit anderen Datenbeständen der Strafverfolgungsbehörden, ermöglicht (Meyer/Goßner StPO § 163 d Rn 1). Die Daten können dabei durch Einsicht in die Personalpapiere, durch sonstige Identifikationsfeststellungen, durch automatisierte Ablesung von Pässen und Ausweisen (Abs 1 S 2) oder Beobachtungen der Kontrollpersonen erlangt werden. Das Gesetz zählt als speicherungsfähige Daten auf: „Daten über die Identität von Personen", dh Name, Geburtsdatum, -ort und Anschrift, sowie „Umstände, die zur Aufklärung der Tat oder zur Ergreifung des Täters führen können", worunter zB Typ und Kennzeichen eines benutzten PKW, das Ergebnis einer Durchsuchung oder einer ED-Behandlung fallen (KK-StPO/Schoreit StPO § 163 d Rn 13; Meyer-Goßner StPO § 163 d Rn 5; Rogall NStZ 1986, 390).

3 § 168 d StPO regelt die „Verwertung" von bereits erhobenen Daten, nicht aber die Erhebung der Daten. Dazu muss vielmehr auf die entsprechenden Ermächtigungsgrundlagen zurückgegriffen werden, also auf § 111 StPO bei polizeilichen Kontrollstellen oder auf § 23 BPolG bei grenzpolizeilichen Kontrollen. Die Speicherung und Auswertung von Daten aus anderen Massenkontrollen, zB solchen nach § 36 Abs 5 StVO oder § 55 Abs 1 Nr 4 GüKG, ist dagegen nicht erlaubt, da es sich bei § 168 d StPO um eine abschließende Regelung handelt (Löwe/Rosenberg/Erb StPO § 163 d Rn 6).

4 Nach Abs 1 S 3 ist die Übermittlung der Daten zum Zwecke der Auswertung nur an Strafverfolgungsbehörden zulässig, also an Staatsanwaltschaften und Polizeibehörden, nicht aber an Nachrichtendienste (Meyer-Goßner StPO § 163 d Rn 13). Die Verwendung der

erlangten personenbezogenen Daten ohne Einwilligung des Betroffenen in anderen Strafverfahren regelt § 477 Abs 2 StPO.

C. Voraussetzungen

I. Ein auf bestimmten Tatsachen begründeter Verdacht der Begehung einer Katalogtat nach § 111 StPO oder § 100 a StPO

Die Schleppnetzfahndung setzt zunächst nach Abs 1 S 1 einen **auf bestimmten Tatsachen begründeten Verdacht** voraus, dass von einem – ggf auch unbekannten – Täter eine der genannten Katalogtaten begangen wurde, wobei versuchte Tatbegehung und Teilnahme ausreichen (Meyer-Goßner StPO § 163 d Rn 9). Auf bestimmten Tatsachen begründet ist ein Verdacht, der auf konkreten Beweisumständen basiert und über den Anfangsverdacht hinausgeht, aber die Schwelle eines hinreichenden oder dringenden Tatverdachts nicht erreichen muss (KK-StPO/Schoreit StPO Rn 9; Löwe/Rosenberg/Erb StPO Rn 15). 5

Bei folgenden **Straftaten** ist eine Maßnahme nach § 163 d StPO möglich: 6
- Katalog des § 111 Abs 1 StPO (Abs 1 Nr 1): Straftat nach § 129 a StGB (auch iVm § 129 b Abs 1 StGB) und die in dieser Vorschrift bezeichneten Straftaten sowie eine solche nach § 250 Abs 1 Nr 1 StGB,
- Katalog des § 100 a Abs 2 StPO (Abs 1 Nr 2): Straftaten nach § 34 Abs 1 bis Abs 6 AWG, nach § 29 Abs 3 S 2 Nr 1 BtMG, § 29 a BtMG, § 30 Abs 1 Nr 1, Nr 2 u Nr 4 BtMG, § 30 a BtMG und § 30 b BtMG, nach § 29 Abs 3 S 2 GÜG, nach § 19 Abs 1 bis Abs 3 Kriegswaffenkontrollgesetz, § 20 Abs 1 u Abs 2 Kriegswaffenkontrollgesetz, § 20 a Abs 1 bis Abs 3 Kriegswaffenkontrollgesetz, § 22 a Abs 1 bis Abs 3 Kriegswaffenkontrollgesetz sowie nach § 51 Abs 1 bis Abs 3 WaffG, § 52 Abs 1 Nr 1 u Nr 2 lit c und lit d, Abs 5 u Abs 6 WaffG.

Gem Abs 1 S 1 ist die Speicherung und Auswertung von Daten aus Personenkontrollen nach § 111 StPO an engere Voraussetzungen geknüpft, als dies bei Grenzkontrollen der Fall ist. Die Schleppnetzfahndung ist bei Daten aus Personenkontrollen nur zulässig, wenn der Verdacht einer Katalogtat des § 111 StPO vorliegt, während die Daten aus grenzpolizeilichen Kontrollen beim Verdacht der in Nr 1 und Nr 2 genannten Katalogtaten gespeichert und ausgewertet werden dürfen (Löwe/Rosenberg/Erb StPO § 163 d Rn 10; KK-StPO/Schoreit StPO § 163 d Rn 11). 7

II. Erfolgstauglichkeit

Weiterhin ist erforderlich, dass die Maßnahme zur Ergreifung des Täters oder zur Aufklärung der Tat von Bedeutung ist. Die entsprechende Prognose muss dabei nicht auf bestimmten Tatsachen beruhen, eine gewisse Wahrscheinlichkeit, die auch mit kriminalistischer Erfahrung begründet werden kann, reicht aus (Meyer-Goßner StPO § 163 d Rn 10; **aA** Löwe/Rosenberg/Erb StPO § 163 d Rn 16 a). 8

III. Verhältnismäßigkeit

Letztlich muss die Anordnung der Maßnahme verhältnismäßig sein, wobei zwischen der Schwere der verfolgten Straftat und dem Ausmaß der Belastungen für den Betroffenen durch die Schleppnetzfahndung abzuwägen ist (Meyer-Goßner StPO § 163 d Rn 11). 9

D. Anordnungsberechtigte (Abs 2)

Für die Anordnung ist nach Abs 2 S 1 grundsätzlich der Ermittlungsrichter zuständig. Bei Gefahr im Verzug, also wenn die richterliche Anordnung nicht eingeholt werden kann, ohne dass der mit der Datenspeicherung und -verarbeitung verfolgte Zweck gefährdet wird, können auch die Staatsanwaltschaft oder ihre Ermittlungspersonen (§ 152 GVG) die Maßnahme anordnen (Meyer-Goßner StPO § 163 d Rn 14); in diesem Fall ist unverzüglich (= ohne vermeidbare Verzögerung) die richterliche Bestätigung der Anordnung einzuholen (Abs 2 S 2). Wird die Anordnung nicht innerhalb von drei Tagen bestätigt, tritt sie außer Kraft (Abs 2 S 3 iVm § 100 b Abs 1 S 3 StPO), mit der Folge, dass alle bis dahin gewonnenen Daten zu löschen sind. Gleiches gilt, wenn die Staatsanwaltschaft die Schleppnetzfahn- 10 dung zunächst anordnet und dann – ohne die richterliche Bestätigung eingeholt zu haben – innerhalb von drei Tagen selbst wieder aufhebt: hier bleibt die Auswertung der erlangten Daten bis zu dem in Abs 4 S 2 geregelten Zeitpunkt zulässig (Meyer-Goßner StPO § 163 d Rn 15; KK-StPO/Schoreit § 163 d StPO Rn 31).

E. Form und Inhalt der Anordnung sowie zeitliche Befristung (Abs 3)

I. Form/Inhalt

11 Nach Abs 3 S 1 muss die Anordnung der Maßnahme schriftlich ergehen. Eine fernmündliche Anordnung reicht daher nicht aus, eine solche per Telefax dagegen schon (Meyer-Goßner StPO § 163 d Rn 16; KK-StPO/Schoreit StPO § 163 d Rn 32; **aA** Kühl NJW 1987, 743; Rogall NStZ 1986, 390).

Folgende Umstände muss die Anordnung beinhalten:
- das Verfahren, in dem die Anordnung ergeht, einschließlich des Verfahrensgegenstands und der Verdachtsmerkmale,
- der von der Maßnahme erfasste Personenkreis, wobei dieser nach bestimmten Merkmalen oder Eigenschaften so genau umgrenzt werden muss, wie dies zum Zeitpunkt der Anordnung möglich ist (Abs 3 S 2; Meyer-Goßner StPO § 163 d Rn 17),
- Art und Dauer der Maßnahmen (Abs 3 S 3),
- Umfang und räumliche Erstreckung: hierzu gehört auch die Benennung der zuständigen Kontrollstellen zur Erhebung der Datenerhebung und der für die Speicherung und Auswertung zuständigen Dienststelle (Abs 3 S 4; Meyer-Goßner StPO § 163 d Rn 18).

II. Befristung

12 Die Anordnung ist zunächst auf die Dauer von drei Monaten beschränkt (Abs 3 S 4). Sie kann um weitere drei Monate verlängert werden, wenn die Voraussetzungen des Abs 1 weiterhin vorliegen (Abs 3 S 5). Die Befristung bezieht sich nur auf die Speicherung neuer Daten, nicht aber auf die Auswertung von bereits erlangten Daten, welche bis zur Löschung zulässig ist (Rn 14).

F. Beendigung der Maßnahme/ Löschung (Abs 4)

I. Beendigung

13 Die Maßnahme ist unverzüglich zu beenden, sobald die Voraussetzungen für den Erlass der Anordnung weggefallen sind (Rn 5 ff) oder die Höchstdauer der Maßnahme erreicht ist (Rn 12). Die Speicherung neuer Daten ist dann nicht mehr möglich, wohl aber die – bis zur Löschung (Rn 14) mögliche – Auswertung und Übermittlung bereits erlangter Daten.

II. Löschung

14 Die Löschung der gespeicherten Daten hat erst zu erfolgen, wenn sie für das Verfahren nicht oder nicht mehr benötigt werden (Abs 4 S 2 Hs 1). Konkretisiert wird diese Regelung durch Abs 4 S 2 Hs 2, wonach die Daten spätestens drei Monate nach Ende der Laufzeit der Maßnahme zu löschen sind, also allerspätestens nach neun Monaten. Die Löschungspflicht gilt nur für Daten von Personen, die nicht Täter waren. Daten, die in die Ermittlungsakte eines bestimmten Verdächtigen eingeflossen sind, da die Maßnahme zur Ergreifung des Täters oder Aufklärung der Tat geführt hat, sind hingegen nicht zu löschen (Hilger NStZ 1997, 372; Meyer-Goßner StPO § 163 d Rn 21). Über die Löschung ist die Staatsanwaltschaft zu unterrichten (Abs 4 S 3).

G. Benachrichtigung (§ 101 Abs 4 Nr 10 StPO)

15 Gem § 101 Abs 4 Nr 10 StPO sind von der Maßnahme die Personen zu benachrichtigen, gegen die nach Auswertung der Daten weitere personenbezogene Ermittlungen durchgeführt wurden, sobald dies ohne Gefährdung des Untersuchungszwecks möglich ist; vgl dazu, wie auch zur Möglichkeit des nachträglichen Rechtsschutzes, § 101 StPO Rn 9.

H. Anfechtung

Gegen die richterliche Anordnung ist die Beschwerde zulässig (Ausnahme: Anordnungen durch den Ermittlungsrichter eines Oberlandesgerichts oder des Bundesgerichtshofs, vgl § 304 Abs 5 StPO). Die Anordnung durch die Staatsanwaltschaft und ihrer Ermittlungspersonen kann entsprechend § 98 Abs 2 S 2 StPO angefochten werden (BGHR Datenspeicherung 1; Meyer-Goßner StPO § 163 d Rn 26; Löwe/Rosenberg/Erb StPO § 163 d Rn 84). 16

§ 163 e [Ausschreibung zur polizeilichen Beobachtung]

(1) ¹Die Ausschreibung zur Beobachtung anläßlich von polizeilichen Kontrollen, die die Feststellung der Personalien zulassen, kann angeordnet werden, wenn zureichende tatsächliche Anhaltspunkte dafür vorliegen, daß eine Straftat von erheblicher Bedeutung begangen wurde. ²Die Anordnung darf sich nur gegen den Beschuldigten richten und nur dann getroffen werden, wenn die Erforschung des Sachverhalts oder die Ermittlung des Aufenthaltsortes des Täters auf andere Weise erheblich weniger erfolgversprechend oder wesentlich erschwert wäre. ³Gegen andere Personen ist die Maßnahme zulässig, wenn auf Grund bestimmter Tatsachen anzunehmen ist, daß sie mit dem Täter in Verbindung stehen oder eine solche Verbindung hergestellt wird, daß die Maßnahme zur Erforschung des Sachverhalts oder zur Ermittlung des Aufenthaltsortes des Täters führen wird und dies auf andere Weise erheblich weniger erfolgversprechend oder wesentlich erschwert wäre.

(2) Das Kennzeichen eines Kraftfahrzeuges, die Identifizierungsnummer oder äußere Kennzeichnung eines Wasserfahrzeuges, Luftfahrzeuges oder eines Containers kann ausgeschrieben werden, wenn das Fahrzeug auf eine nach Absatz 1 ausgeschriebene Person zugelassen ist oder das Fahrzeug oder der Container von ihr oder einer bisher namentlich nicht bekannten Person genutzt wird, die einer Straftat von erheblicher Bedeutung verdächtig ist.

(3) Im Fall eines Antreffens können auch personenbezogene Daten eines Begleiters der ausgeschriebenen Person, des Führers eines nach Absatz 2 ausgeschriebenen Fahrzeuges oder des Nutzers eines nach Absatz 2 ausgeschriebenen Containers gemeldet werden.

(4) ¹Die Ausschreibung zur polizeilichen Beobachtung darf nur durch das Gericht angeordnet werden. ²Bei Gefahr im Verzug kann die Anordnung auch durch die Staatsanwaltschaft getroffen werden. ³Hat die Staatsanwaltschaft die Anordnung getroffen, so beantragt sie unverzüglich die gerichtliche Bestätigung der Anordnung. ⁴§ 100 b Abs 1 Satz 3 gilt entsprechend. ⁵Die Anordnung ist auf höchstens ein Jahr zu befristen. ⁶Eine Verlängerung um jeweils nicht mehr als drei Monate ist zulässig, soweit die Voraussetzungen der Anordnung fortbestehen.

Überblick

Die Vorschrift ermöglicht die heimliche Ermittlung und Sammlung von Erkenntnissen zur Erstellung eines „Bewegungsbildes" des Beschuldigten oder anderer Personen.

Übersicht

	Rn		Rn
A. Anwendungsbereich/Historie	1	III. Ausschreibung eines Kfz-Kennzeichens (Abs 2)	5
B. Zulässige Maßnahmen	3	IV. Erfassung von Daten weiterer Personen (Abs 3)	6
I. Ausschreibung des Beschuldigten zur Beobachtung anlässlich von polizeilichen Kontrollen (Abs 1 S 1 u S 2)	3	C. Anordnung	7
II. Ausschreibung anderer Personen (Abs 1 S 3)	4	I. Anordnungsberechtigte	7

	Rn		Rn
II. Form und Inhalt der Anordnung	8	D. Benachrichtigung (§ 101 Abs 4 Nr 11	
III. Befristung	9	StPO)	10
		E. Anfechtung	11

A. Anwendungsbereich/Historie

1 Die polizeiliche Beobachtung wurde durch das OrgKG 1992 eingefügt und zuletzt durch das am 1. 1. 2008 in Kraft getretene Gesetz zur Neuregelung der Telekommunikationsüberwachung und anderer verdeckter Ermittlungsmaßnahmen sowie zur Umsetzung der Richtlinie 2006/24/EG vom 21. 12. 2007 (BGBl I 3198) geringfügig geändert. Sie dient der planmäßigen, heimlichen Beobachtung einer Person zur Erstellung eines punktuellen „Bewegungsbildes" (BT-Drs 12/989, 43; Meyer-Goßner StPO § 163 e Rn 1; Pfeiffer StPO § 163 e Rn 1). Ziel ist es, Zusammenhänge und Querverbindungen innerhalb eines kriminellen Personenkreises zu erkennen (Hilger NStZ 1992, 523, 525). Möglich sind die Ausschreibung eines Beschuldigten oder von anderen Personen zur Beobachtung anlässlich von polizeilichen Kontrollen (Rn 3 f), die Ausschreibung von Kfz-Kennzeichen (Rn 5) und die Erfassung von Daten weiterer Personen (Rn 6). Diese Maßnahmen, die von der kurzfristigen Observation gemäß § 161 StPO (§ 161 StPO Rn 10), der längerfristigen Observation nach § 163 f StPO (§ 163 f StPO Rn 1) und der Ausschreibung zur Festnahme oder Aufenthaltsermittlung (§ 131 StPO, § 131 a StPO) zu unterscheiden sind, sollen in der Weise die Erstellung eines Bewegungsbildes ermöglichen, dass das Antreffen einer Person oder das Auffallen eines ausgeschriebenen Kfz-Kennzeichens erfasst und an die ausgeschriebene Stelle gemeldet wird (KK-StPO/Schoreit StPO § 163 e Rn 5; Möhlenschläger wistra 1992, 328). Dies geschieht anlässlich bereits bestehender polizeilicher Kontrollen, da die Kontrollstellen zur polizeilichen Beobachtung nicht eigens eingerichtet werden (Meyer-Goßner StPO § 163 e Rn 4).

2 Aus diesem Grund ist die polizeiliche Beobachtung auch ein für die meisten Ermittlungsverfahren praktisch unbrauchbares Mittel, denn zur Erstellung eines Bewegungsmusters erfordert sie wiederholte Kontrollen der Zielperson, die jedoch nicht planbar sind, sondern vom reinen Zufall abhängen. Eine längerfristige Observation unter Einsatz von technischen Mitteln dürfte in der Regel die vorzugswürdigere, weil effizientere Ermittlungsmaßnahme sein (vgl zur Kritik an der Vorschrift auch KK-StPO/Schoreit StPO § 163 e Rn 3).

B. Zulässige Maßnahmen

I. Ausschreibung des Beschuldigten zur Beobachtung anlässlich von polizeilichen Kontrollen (Abs 1 S 1 u S 2)

3 Zum einen kann der **Beschuldigte** zur Beobachtung ausgeschrieben werden anlässlich von **polizeilichen Kontrollen, bei denen eine Personalienfeststellung erfolgt**. Dazu zählen sämtliche Arten von polizeilichen Kontrollen, insbesondere solche nach § 111 StPO und den Polizeigesetzen sowie Grenzkontrollen (KK-StPO/Schoreit StPO § 163 e Rn 10; Meyer-Goßner StPO § 163 e Rn 4). Voraussetzung ist, dass zureichende tatsächliche Anhaltspunkte (= mindestens Anfangsverdacht; vgl Krahl NStZ 1998, 339, 340) für eine Straftat von erheblicher Bedeutung vorliegen und die Erforschung des Sachverhalts oder die Ermittlung des Täters auf andere Weise erheblich weniger Erfolg versprechend oder wesentlich erschwert wäre (Abs 1 S 2).

II. Ausschreibung anderer Personen (Abs 1 S 3)

4 Unter strengeren Voraussetzungen ist auch eine Ausschreibung von anderen Personen möglich. Dazu ist zusätzlich zu den Anforderungen des Abs 1 S 1 und S 2 (Rn 3) notwendig, dass tatsächliche Anhaltspunkte dafür bestehen, dass die zu beobachtende Person (die sog Kontaktperson) in Verbindung mit dem Täter steht oder eine solche Verbindung hergestellt wird (Abs 1 S 3).

III. Ausschreibung eines Kfz-Kennzeichens (Abs 2)

Neben Personen können auch Kfz-Kennzeichen ausgeschrieben werden. So ist nach Abs 2 die Ausschreibung des Kennzeichens eines auf den Beschuldigten oder die Kontaktperson (Rn 4) zugelassenen oder von diesen benutzten Kraftfahrzeugs möglich. Gleiches gilt auch für das Kfz-Kennzeichen eines Fahrzeugs, das von einem namentlich nicht bekannten Täter benutzt wird, der einer Straftat von erheblicher Bedeutung verdächtig ist (Meyer-Goßner StPO § 163 e Rn 9).

IV. Erfassung von Daten weiterer Personen (Abs 3)

Abs 3 ermöglicht weiterhin, dass auch die personenbezogenen Daten eines Begleiters des Beschuldigten und seiner Kontaktperson (Rn 4) oder der Führer eines nach Abs 2 ausgeschriebenen Fahrzeugs erfasst und an die ausschreibende Behörde gemeldet werden; dies führt zu einer verfassungsrechtlich bedenklichen Ausweitung der Maßnahme auch auf Personen, die als vollkommen unbeteiligte Dritte keinen Untersuchungsanlass gegeben haben (Meyer-Goßner StPO § 163 e Rn 10; SK-StPO/Wolter StPO § 163 e Rn 12; Krahl NStZ 1998, 339, 341).

C. Anordnung

I. Anordnungsberechtigte

Die Anordnung der polizeilichen Beobachtung ist dem Ermittlungsrichter (§ 162 StPO, § 169 StPO) vorbehalten. Bei Gefahr im Verzug s § 163 d StPO (§ 163 d StPO Rn 10) kann auch die Staatsanwaltschaft die Maßnahme anordnen, nicht aber ihre Ermittlungspersonen. Die staatsanwaltschaftliche Eilanordnung muss „unverzüglich" (= ohne schuldhaftes Verzögern) gerichtlich bestätigt werden. Ist dies nicht innerhalb von drei Werktagen der Fall, tritt sie außer Kraft (Abs 4 S 3 und S 4 iVm § 100 b Abs 1 S 3 StPO).

II. Form und Inhalt der Anordnung

Die Anordnung der Maßnahme ergeht in der Regel schriftlich; ein Schriftformerfordernis wie bei § 163 d StPO sieht das Gesetz bei der polizeilichen Beobachtung allerdings nicht vor, so dass die Maßnahme notfalls auch mündlich angeordnet werden kann (Meyer-Goßner StPO § 163 e Rn 14; Pfeiffer StPO § 163 e Rn 5; Hilger NStZ 1992, 523, 525 Fn 173; **aA** Löwe/Rosenberg/Erb StPO § 163 e Rn 42; KK-StPO/Schoreit StPO § 163 e Rn 20). In der Anordnung ist die auszuschreibende Person, also der Beschuldigte oder die Kontaktperson, unter Angabe der Personalien so genau zu bezeichnen, dass sie bei polizeilichen Kontrollen erfasst werden kann; bei einer Ausschreibung eines Kfz-Kennzeichens nach Abs 2 ist das amtliche Kennzeichen anzugeben (Meyer-Goßner StPO § 163 e Rn 14; Löwe/Rosenberg/Erb StPO § 163 e Rn 42).

III. Befristung

Es handelt sich bei der polizeilichen Beobachtung um eine längerfristig angelegte Maßnahme, die auf höchstens ein Jahr zu befristen ist (Abs 4 S 5). Eine – auch mehrmalige – Verlängerung um drei Monate ist zulässig, wenn die Voraussetzungen für die Anordnung fortbestehen (Abs 4 S 6).

D. Benachrichtigung (§ 101 Abs 4 Nr 11 StPO)

Gem § 101 Abs 4 Nr 11 StPO sind von der Maßnahme die Zielpersonen und die Personen zu benachrichtigen, deren personenbezogene Daten gemeldet worden sind, sobald dies ohne Gefährdung des Untersuchungszwecks möglich ist; vgl dazu, wie auch zur Möglichkeit des nachträglichen Rechtsschutzes § 101 StPO Rn 23.

E. Anfechtung

11 Die richterliche Anordnung kann der Betroffene mit der Beschwerde anfechten, bei einer staatsanwaltschaftlichen Anordnung kann er entsprechend § 98 Abs 2 S 2 StPO eine richterliche Entscheidung beantragen (s im Einzelnen die Ausführungen in § 163 d StPO Rn 16, die entsprechend gelten).

§ 163 f [Längerfristige Observation]

(1) ¹Liegen zureichende tatsächliche Anhaltspunkte dafür vor, dass eine Straftat von erheblicher Bedeutung begangen worden ist, so darf eine planmäßig angelegte Beobachtung des Beschuldigten angeordnet werden, die
1. durchgehend länger als 24 Stunden dauern oder
2. an mehr als zwei Tagen stattfinden

soll (längerfristige Observation). ²Die Maßnahme darf nur angeordnet werden, wenn die Erforschung des Sachverhalts oder die Ermittlung des Aufenthaltsortes des Täters auf andere Weise erheblich weniger Erfolg versprechend oder wesentlich erschwert wäre. ³Gegen andere Personen ist die Maßnahme zulässig, wenn auf Grund bestimmter Tatsachen anzunehmen ist, dass sie mit dem Täter in Verbindung stehen oder eine solche Verbindung hergestellt wird, dass die Maßnahme zur Erforschung des Sachverhalts oder zur Ermittlung des Aufenthaltsortes des Täters führen wird und dies auf andere Weise erheblich weniger Erfolg versprechend oder wesentlich erschwert wäre.

(2) Die Maßnahme darf auch durchgeführt werden, wenn Dritte unvermeidbar betroffen werden.

(3) ¹Die Maßnahme darf nur durch das Gericht, bei Gefahr im Verzug auch durch die Staatsanwaltschaft und ihre Ermittlungspersonen (§ 152 des Gerichtsverfassungsgesetzes) angeordnet werden. ²Die Anordnung der Staatsanwaltschaft oder ihrer Ermittlungspersonen tritt außer Kraft, wenn sie nicht binnen drei Werktagen von dem Gericht bestätigt wird. ³§ 100 b Abs. 1 Satz 4 und 5, Abs. 2 Satz 1 gilt entsprechend.

Überblick

Die Vorschrift ermöglicht den Verfolgungsbehörden eine planmäßige Beobachtung eines Beschuldigten oder seiner sog Kontaktpersonen über einen längeren Zeitraum.

Übersicht

	Rn		Rn
A. Anwendungsbereich/Historie	1	4. Form	9
		5. Befristung	10
B. Anordnung	3	C. Benachrichtigung	11
I. Betroffene der Anordnung	3	D. Zufallsfunde	12
II. Voraussetzungen	5	E. Anfechtung	13
1. Straftat von erheblicher Bedeutung	5	F. Revision	14
2. Subsidiaritätsklausel	6		
3. Anordnungsberechtigte	8		

A. Anwendungsbereich/Historie

1 § 163 f StPO regelt die längerfristige Observation. Darunter fallen nach der Legaldefinition des Abs 1 S 1 planmäßige Beobachtungen, die ununterbrochen länger als 24 Stunden dauern oder mit Unterbrechungen an mehr als zwei Tagen stattfinden. Hiervon zu unterscheiden sind kurzfristige, also eintägige, maximal 24 Stunden dauernde Observationen, die nach § 161 StPO, § 163 StPO ohne weitere Einschränkungen zulässig sind und ohne

richterliche Anordnung durchgeführt werden können (BVerfG Beschl v 2. 7. 2009 – Az 2 BvR 1691/07; Meyer-Goßner StPO § 163f Rn 1; vgl auch § 161 StPO Rn 10). Eine längerfristige Observation liegt nicht nur dann vor, wenn diese von vorneherein auf eine Überschreitung der in § 163f Abs 1 Nr 1 u Nr 2 StPO genannten Fristen gerichtet ist, sondern auch, wenn sich während einer zunächst kurzfristig angelegten Beobachtung die Notwendigkeit der Fristüberschreitung ergibt (OLG Hamburg NStZ-RR 2008, 144); im letztgenannten Fall werden die bereits durchgeführten kurzfristigen Observationen dadurch aber nicht rückwirkend zu einer längerfristigen Observation (BVerfG Beschl v 2. 7. 2009 – Az 2 BvR 1691/07). Dem § 163f StPO im Wesentlichen gleich lautende Regelungen sehen § 23 BKAG und § 28 BGSG sowie die Polizeigesetze der Länder vor.

Eingeführt wurde die Norm durch das am 1. 11. 2000 in Kraft getretene StVÄndG v 2. 8. 2000 (BGBl I 1253) als Reaktion auf die Forderung der Rechtsprechung nach einer speziellen strafprozessualen Eingriffsnorm für länger andauernde Observationen (BGHSt 44, 13, 16, 17 = NStZ 1998, 629; BGH NStZ 1992, 44). Durch das Gesetz zur Neuregelung der Telekommunikationsüberwachung und anderer verdeckter Ermittlungsmaßnahmen sowie zur Umsetzung der Richtlinie 2006/24/EG v 21. 12. 2007 (BGBl I 3198) wurde die Vorschrift mit Wirkung vom 1. 1. 2008 geändert, insbesondere wurde ein Richtervorbehalt eingeführt (vgl Rn 8). Der Gesetzgeber reagierte damit auf die Kritik in der Rspr und Literatur, dass die längerfristige Observation im Einzelfall durch kumulierte Ermittlungsmaßnahmen – insbesondere bei Einsatz von technischen Mitteln – eine Eingriffsintensität erreichen kann, für die eine staatsanwaltschaftliche Anordnung nicht mehr ausreichend ist (BT-Drs 16/5846, 65; vgl BGHSt 46, 266, 277, 278 = NStZ 2001, 386; Meyer-Goßner StPO § 163f Rn 2; SK-StPO/Wolter StPO § 163f Rn 4; Demko NStZ 2004, 57, 62, 63; Bernsmann StV 2001, 382, 385; Deckers StraFo 2002, 109, 117, 118).

B. Anordnung

I. Betroffene der Anordnung

Die längerfristige Observation kann sich gegen einen **Beschuldigten** (Abs 1 S 1) oder gegen sog **Kontaktpersonen** (Abs 1 S 3) richten. Bei den Kontaktpersonen, zu denen auch zeugnisverweigerungsberechtigte Personen nach § 52 StPO zählen können (Meyer-Goßner StPO § 163f Rn 4), handelt es sich um Nichtbeschuldigte, von deren Beobachtung zu erwarten ist, dass hierdurch wichtige Erkenntnisse für die Tataufklärung gewonnen werden können; in Betracht kommen vor allem Personen mit engen persönlichen Bindungen zu einem namentlich noch nicht bekannten oder sich verborgen haltenden Täter (BT-Drs 14/1484, 24). Nach Abs 1 S 3 ist insoweit erforderlich, dass aufgrund bestimmter Tatsachen anzunehmen ist, dass die Kontaktpersonen mit dem Beschuldigten in Verbindung stehen oder künftig stehen werden.

Dass längerfristige Observationsmaßnahmen auch durchgeführt werden dürfen, wenn hierdurch **Dritte** betroffen sind (zB bei einer Observation auf der Straße oder an sonstigen allgemein zugänglichen Orten), stellt Abs 2 klar.

II. Voraussetzungen

1. Straftat von erheblicher Bedeutung

Die längerfristige Observation ist nur zulässig, wenn zureichende tatsächliche Anhaltspunkte (= Anfangsverdacht, s KK-StPO/Schoreit StPO § 163f Rn 13) für eine **Straftat von erheblicher Bedeutung** vorliegen (Abs 1 S 1). Der Gesetzgeber hat dabei darauf verzichtet, die Zulässigkeit der Maßnahme an einen besonderen Straftatenkatalog zu knüpfen, da die längerfristige Observation nach Erfahrungen der Praxis in nahezu allen Bereichen der erheblichen Kriminalität unverzichtbar ist, vor allem bei Eigentums- und Vermögensdelikten und Straftaten gegen die sexuelle Selbstbestimmung (BT-Drs 14/1484, 24; Meyer-Goßner StPO § 163f Rn 4; vgl auch Hilger NStZ 2000, 561, 564). Die erhebliche Bedeutung ist insbesondere bei Verbrechen, bei schwer aufklärbaren Taten der organisierten Kriminalität sowie bei Serienstraftaten und bei Bandenkriminalität zu bejahen (KK-StPO/Schoreit StPO § 163f Rn 14; Meyer-Goßner StPO § 163f Rn 4).

2. Subsidiaritätsklausel

6 Die Zulässigkeit der Maßnahme gegen einen Beschuldigten ist im Übrigen an eine **Subsidiaritätsklausel** gebunden. Es muss danach davon auszugehen sein, dass die Erforschung des Sachverhalts oder die Ermittlung des Aufenthaltsortes des Täters auf andere – den Betroffenen weniger belastende – Weise erheblich weniger Erfolg versprechend oder wesentlich erschwert ist (Abs 1 S 2).

7 Für eine Maßnahme nach § 163 f StPO gegen eine Kontaktperson (Rn 3) sieht Abs 1 S 3 eine besondere Subsidiaritätsklausel vor: die längerfristige Observation ist nur dann zulässig, wenn davon auszugehen ist, dass sie zur Sachverhaltsaufklärung oder Aufenthaltsermittlung des Täters führen wird und dies auf andere Weise erheblich weniger Erfolg versprechend oder wesentlich erschwert wäre.

3. Anordnungsberechtigte

8 Seit dem 1. 1. 2008 enthält § 163 f StPO einen Richtervorbehalt; danach obliegt die Anordnung dem Ermittlungsrichter beim Amtsgericht (§ 162 StPO; Ausnahme § 169 StPO). Nur noch bei Gefahr im Verzug können die Staatsanwaltschaft und ihre Ermittlungspersonen die längerfristige Observation selbst anordnen. Die frühere Regelung, nach der die Anordnung dem Staatsanwalt oder bei Gefahr im Verzug seinen Ermittlungspersonen vorbehalten war, und nur für eine Verlängerung eine richterliche Entscheidung benötigt wurde, ist durch die Gesetzesänderung vom 1. 1. 2008 weggefallen (s Rn 2).

4. Form

9 Die Anordnung hat schriftlich zu ergehen (Abs 3 S 3 iVm § 100 b Abs 2 S 1 StPO).

5. Befristung

10 Die Dauer der Observation ist auf maximal drei Monate zu befristen (Abs 3 S 3 iVm § 100 b Abs 1 S 4 StPO), kann aber – auch mehrmals – um jeweils weitere 3 Monate verlängert werden, wenn die Voraussetzungen der Anordnung unter Berücksichtigung der gewonnenen Ermittlungsergebnisse fortbestehen (Abs 3 S 3 iVm § 100 b Abs 1 S 5 StPO). Die Frist beginnt mit der Anordnung der Maßnahme zu laufen und nicht erst mit Beginn der Observation (vgl BGHSt 44, 243 = NStZ 1999, 202).

C. Benachrichtigung

11 Gem § 101 Abs 4 Nr 12 StPO sind von der Maßnahme die Zielpersonen sowie die erheblich mitbetroffenen Personen zu benachrichtigen, sobald dies ohne Gefährdung des Untersuchungszwecks möglich ist; vgl dazu, wie auch zur Möglichkeit des nachträglichen Rechtsschutzes § 101 StPO Rn 24.

D. Zufallsfunde

12 Zufällige Erkenntnisse zu anderen Straftaten, die durch eine rechtmäßige Maßnahme nach § 163 f StPO erlangt wurden, sind uneingeschränkt verwertbar (Löwe/Rosenberg/Erb StPO § 163 f Rn 18; **aA** SK-StPO/Wolter StPO § 163 f Rn 17). Wurden bei der Observation technische Mittel gem § 100 f eingesetzt, richtet sich die Verwertbarkeit nach den dafür geltenden Vorschriften s § 100 f StPO (§ 100 f StPO Rn 21; Meyer-Goßner StPO § 163 f Rn 11).

E. Anfechtung

13 Gegen die Anordnung der längerfristigen Observation ist die Beschwerde des Betroffenen nach § 304 Abs 1 StPO gegeben (Ausnahme: Anordnungen durch den Ermittlungsrichter eines Oberlandesgerichts oder des Bundesgerichtshofs, § 304 Abs 5 StPO); in der Regel wird die Observation bereits beendet und die Beschwerde damit prozessual überholt sein, wenn

der Betroffene davon erfährt (zur Anfechtungsmöglichkeit in diesem Fall s § 296 StPO Rn 12.

F. Revision

Wurde die Observation ohne die notwendige Anordnung durchgeführt oder wurde die zulässige Dauer der Maßnahme überschritten, unterliegen die gewonnenen Erkenntnisse einem Verwertungsverbot (Meyer-Goßner StPO § 163f Rn 10; KK-StPO/Schoreit StPO § 163f Rn 35; vgl auch Steinmetz NStZ 2001, 344, 347, 348; **aA** OLG Hamburg NStZ-RR 2008, 144, wonach nur ausnahmsweise ein Beweisverwertungsverbot anzunehmen ist; offen gelassen in BVerfG Beschl v 2. 7. 2009 – Az BvR 1691/07). Erfolgt dennoch eine Verwertung der Erkenntnisse im Urteil, begründet dies die Revision (Meyer-Goßner StPO § 163f Rn 10). Die revisionsgerichtliche Überprüfung von Tatverdacht und Einhaltung des Subsidiaritätsgrundsatzes ist auf einen Verstoß gegen das Willkürverbot beschränkt (Meyer-Goßner StPO § 163f Rn 10; KK-StPO/Schoreit StPO § 163f Rn 34). 14

§ 164 [Festnahme von Störern]

Bei Amtshandlungen an Ort und Stelle ist der Beamte, der sie leitet, befugt, Personen, die seine amtliche Tätigkeit vorsätzlich stören oder sich den von ihm innerhalb seiner Zuständigkeit getroffenen Anordnungen widersetzen, festnehmen und bis zur Beendigung seiner Amtsverrichtungen, jedoch nicht über den nächstfolgenden Tag hinaus, festhalten zu lassen.

Überblick

§ 164 StPO gewährleistet die ungehinderte Durchsetzung von strafprozessualen Amtshandlungen, indem der zuständige Beamte solche Personen festnehmen und unter Umständen auch festhalten kann, welche die amtliche Tätigkeit stören oder sich gegen getroffene Anordnungen widersetzen (sog amtliches Selbsthilferecht; s Meyer-Goßner StPO § 164 Rn 1; KMR/Plöd StPO § 164 Rn 1).

A. Anwendungsbereich

Die Vorschrift ist nicht nur auf strafprozessuale Maßnahmen im Ermittlungsverfahren beschränkt, sondern gilt in allen Verfahrensstadien für Polizeibeamte und Staatsanwälte wie auch für Richter (Meyer-Goßner StPO § 164 Rn 1; KK-StPO/Griesbaum StPO § 164 Rn 1; **aA** AK/Achenbach StPO § 164 Rn 4, der § 164 StPO bei richterlichen Anordnungen für unanwendbar hält); bei sitzungspolizeilichen Maßnahmen gehen allerdings die §§ 176 GVG ff vor (SK-StPO/Wolter StPO § 164 Rn 3; Löwe/Rosenberg/Erb StPO § 164 Rn 3). Im Bußgeldverfahren findet das amtliche Selbsthilferecht über § 46 Abs 1 OWiG unter besonderer Beachtung des Verhältnismäßigkeitsgrundsatzes sinngemäß Anwendung (SK-StPO/Wolter StPO § 164 Rn 6; Löwe/Rosenberg/Erb StPO § 164 Rn 2). Gefahrenabwehrmaßnahmen nach den Polizeigesetzen der Länder bleiben von § 164 StPO unberührt (Meyer-Goßner StPO § 164 Rn 1). 1

B. Anordnungsberechtigte

Zuständig für die Anordnung ist **der die Amtshandlung leitende Beamte**. Das kann ein Richter (vgl Rn 1), ein Staatsanwalt oder ein Polizeibeamter sein, auf dessen Dienstrang es nicht ankommt und der nicht Ermittlungsperson der Staatsanwaltschaft (§ 152 Abs 1 GVG) zu sein braucht (KK-StPO/Griesbaum StPO § 164 Rn 10; Meyer-Goßner StPO § 164 Rn 1). Nicht befugt zur Ausübung des Festnahmerechts sind hinzugezogene Hilfspersonen wie etwa Protokollführer (KK-StPO/Griesbaum StPO § 164 Rn 10). Eine Delegation der Anordnung vom leitenden Beamten auf eine andere Person, die an der Maßnahme teilnimmt, ist nicht zulässig (Löwe/Rosenberg/Erb StPO § 164 Rn 17). 2

C. Anordnungsvorrausetzungen

3 Von der Ausübung des Festnahme- und Festhalterechts kann Gebrauch gemacht werden bei Amtshandlungen an „Ort und Stelle" (Rn 3), die rechtswidrig gestört werden (Rn 4) oder bei denen sich Personen den Anordnungen des leitenden Beamten rechtswidrig widersetzen (Rn 5).

I. Amtshandlungen an „Ort und Stelle"

4 § 164 StPO greift ein bei **Störungen von Amtshandlungen an „Ort und Stelle"**. Darunter fallen alle zulässigen und rechtmäßigen strafprozessualen Maßnahmen, auf die am Ort der Amtshandlung (zB Augenscheinnahmen oder Vernehmungen) in physischer Art unmittelbar eingewirkt wird (Löwe/Rosenberg/Erb StPO § 164 Rn 4). Es ist dabei unerheblich, ob die Untersuchungshandlung in den Räumlichkeiten der Verfolgungsbehörden, in Räumen von Dritten oder in freier Natur stattfinden (KK-StPO/Griesbaum StPO § 164 Rn 3). Nicht ausreichend sind Störungen mit nur mittelbaren Einwirkungen wie etwa Drohbriefe (Löwe/Rosenberg/Erb StPO § 164 Rn 4; Meyer-Goßner StPO § 164 Rn 3).

II. Störung der amtlichen Tätigkeit

5 Unter **Störung einer amtlichen Tätigkeit** ist jedes zumindest bedingt vorsätzliche und rechtswidrige Verhalten zu sehen, das die Durchführung der strafprozessualen Maßnahme nicht ganz unerheblich beeinträchtigt oder erschwert (Löwe/Rosenberg/Erb StPO § 164 Rn 7; Geerds FS Maurach, 517, 521). Eine tatsächliche Vereitelung der Maßnahme ist nicht notwendig (KK-StPO/Griesbaum StPO § 164 Rn 6). Als Störung kommen in Betracht: Zutrittverweigerung, sei es durch aktives (Dazwischentreten) oder passives Verhalten (Sitzblockaden), Verbergen von Gegenständen oder starke Geräuschentwicklung; bloße Belästigungen ohne wesentliche Beeinträchtigung der Maßnahme reichen aber nicht aus (Löwe/Rosenberg/Erb StPO § 164 Rn 4, 7). Das Verhalten einer Person, die lediglich berechtigte Interessen wahrnimmt (zB Konsultation eines Rechtsanwalts), stellt keine Störung dar (Löwe/Rosenberg/Erb StPO § 164 Rn 9).

III. Widersetzen

6 Die Rechte nach § 164 StPO stehen dem leitenden Beamten auch zu, wenn sich eine Person **einer von ihm getroffenen Anordnung** in Bezug auf die durchzuführende Untersuchungshandlung **widersetzt**, diese also – auch hier zumindest bedingt vorsätzlich und rechtswidrig – nicht befolgt (SK-StPO/Wolter StPO § 164 Rn 14; **aA** Löwe/Rosenberg/ Erb StPO § 164 Rn 10, der annimmt, die nicht befolgte Anordnung müsse sich auf die Beseitigung einer bereits eingetretenen oder unmittelbar bevorstehenden Störung beziehen). Ein Widerstand durch Gewalt oder Drohung im Bereich der § 113 StGB, § 240 StGB ist nicht erforderlich (SK-StPO/Wolter StPO § 164 Rn 14; KK-StPO/Griesbaum StPO § 164 Rn 6). Ein Widersetzen liegt beispielsweise vor, wenn eine von der Maßnahme nicht betroffene Person, welche die Amtshandlung an sich nicht stört, sich weigert, eine zu durchsuchende Wohnung zu verlassen.

D. Betroffene der Anordnung

7 Das Festnahmerecht nach § 164 StPO richtet sich nur gegen **störende Dritte**, nicht aber gegen den Betroffenen der Maßnahme selbst. Gegen diesen ist die Anwendung unmittelbaren Zwangs zulässig. Der Verteidiger des Betroffenen kann nicht Störer sein.

E. Vollzug

8 Die Vorschrift sieht **Festnahme und Festhalten** des Störers beziehungsweise der Person vor, die sich einer getroffenen Anordnung widersetzt; bei einem Widerstand hiergegen (eventuell Straftat gem § 113 StGB) kann unmittelbarer Zwang eingesetzt werden (KK-StPO/Griesbaum StPO § 164 Rn 8). Der Verhältnismäßigkeitsgrundsatz gebietet, bei der

Anordnung stets die mildeste erfolgversprechende Maßnahme gegen den Störer zu wählen. Daher ist zunächst zu versuchen, den Störer durch Androhung der beabsichtigten Ausübung des Festnahmerechts zur Aufgabe der Störung zu bewegen; davon kann selbstverständlich abgesehen werden, wenn die bloße Androhung von vorneherein keinen Erfolg verspricht (SK-StPO/Wolter StPO § 164 Rn 10; Löwe/Rosenberg/Erb StPO § 164 Rn 11). Als mildere Maßnahmen gegenüber der Festnahme kommen in Betracht: Absperren der Örtlichkeit, an der die Maßnahme stattfindet, oder die Ausübung des Hausrechts bei Amtsverrichtungen in den Diensträumen des leitenden Beamten durch den hierfür zuständigen Behördenleiter (SK-StPO/Wolter StPO § 164 Rn 9). Reichen diese Mittel nicht aus, kommt zunächst das Verbringen des Störers in einen anderen Raum oder in ein Dienstfahrzeug der Polizei in Betracht (Meyer-Goßner StPO § 164 Rn 5). Das Festhalten in einer Arrestzelle – sofern überhaupt erforderlich – ist nur bei einer länger andauernden Maßnahme zulässig. Wird die Amtsverrichtung unterbrochen, ist die Anordnung nach § 164 StPO aufzuheben (Meyer-Goßner StPO § 164 Rn 5).

F. Anfechtung

Gegen die Anordnung durch die Polizei und den Staatsanwalt ist der Antrag auf gerichtliche Entscheidung nach §§ 23 EGGVG ff zulässig (SK-StPO/Wolter StPO § 164 Rn 22; Amelung NJW 1979, 1687, 1688), da die StPO selbst keinen Rechtsbehelf vorsieht. Hat ein Richter eine Maßnahme nach § 164 StPO angeordnet, ist hiergegen die Beschwerde nach § 304 StPO zulässig. 9

§ 165 [Richterliche Nothandlungen]

Bei Gefahr im Verzug kann der Richter die erforderlichen Untersuchungshandlungen auch ohne Antrag vornehmen, wenn ein Staatsanwalt nicht erreichbar ist.

Überblick

Die Vorschrift ermöglicht dem Ermittlungsrichter die Vornahme von erforderlichen Untersuchungshandlungen im Falle der Unerreichbarkeit des Staatsanwalts auch ohne dessen Antrag.

A. Anwendungsbereich

Unter den in Rn 5 genannten Voraussetzungen kann der Richter die erforderlichen Untersuchungshandlungen als sog „Notstaatsanwalt" unabhängig vom Staatsanwalt vornehmen (vgl Schnarr NStZ 1991, 209, 211; Meyer-Goßner StPO § 165 Rn 1; KK-StPO/Griesbaum StPO § 165 Rn 1). Er ist dabei sowohl zur Vornahme von Anordnungen befugt, die grundsätzlich auch vom Staatsanwalt und seinen Ermittlungspersonen vorgenommen werden können (zB Zeugenvernehmungen), als auch zur Durchführung von richterlichen Maßnahmen, die dann allerdings – entgegen der Regelung in § 162 StPO (s § 162 StPO Rn 5) – keines Antrages des Staatsanwalts bedürfen (KK-StPO/Griesbaum StPO § 165 Rn 4; SK-StPO/Wohlers StPO § 165 Rn 12). Die praktische Relevanz der Vorschrift ist äußerst gering, da wegen der modernen Kommunikationstechniken und der eingerichteten Bereitschaftsdienste bei den Staatsanwaltschaften in der Regel ein Staatsanwalt zu erreichen ist. Bei den Maßnahmen des Richters nach § 165 StPO handelt es sich der Sache nach um richterliche und nicht um staatsanwaltschaftliche Untersuchungshandlungen, so dass die § 168 StPO, § 168a StPO, § 168c StPO und § 168d StPO anzuwenden sind (Meyer-Goßner StPO § 165 Rn 4); der Richter ist im weiteren gerichtlichen Verfahren nicht ausgeschlossen, da § 22 Nr 4 GVG nicht eingreift (vgl BGHSt 9, 233, 234 f; KK-StPO/Griesbaum StPO § 165 Rn 4; **aA** SK-StPO/Wohlers StPO § 165 Rn 17). 1

StPO § 165

2   Nach Abschluss der richterlichen Untersuchungshandlung ist der Staatsanwalt wieder für die weiteren Ermittlungen zuständig (§ 167 StPO Rn 1), ohne an die getroffenen Maßnahmen des Richters gebunden zu sein. So kann der Staatsanwalt von der Vollstreckung von bereits angeordneten, aber noch nicht vollzogenen Anordnungen absehen (SK-StPO/Wohlers StPO § 165 Rn 15). Durch die richterlichen Untersuchungshandlungen gewonnene Beweise muss er bei seiner abschließenden Entscheidung allerdings berücksichtigen, als wären diese auf seinen Antrag hin vorgenommen worden (Löwe/Rosenberg/Erb StPO § 167 Rn 2; SK-StPO/Wohlers StPO § 167 Rn 2).

3   § 165 StPO gilt nur im Ermittlungsverfahren, endet also mit der Einstellung des Verfahrens oder mit Erhebung der öffentlichen Klage. Nach Anklageerhebung ist das erkennende Gericht zuständig.

B. Zuständigkeit

4   Zuständig ist der Ermittlungsrichter des Amtsgerichts, in dessen Bezirk die Amtshandlung vorzunehmen ist, vgl § 162 StPO (§ 162 StPO Rn 3); eine Zuständigkeit des Landgerichts besteht nicht (OLG Köln StV 2004, 417). In Sachen, die nach § 120 GVG in die erstinstanzliche Zuständigkeit eines Staatsschutzsenates des Oberlandesgerichts fallen, nimmt der Ermittlungsrichter dieses Oberlandesgerichts oder, sofern der Generalbundesanwalt die Ermittlungen führt, der Ermittlungsrichter des Bundesgerichtshofs die erforderlichen Untersuchungshandlungen vor (§ 169 StPO).

C. Voraussetzungen für die Vornahme richterlicher Untersuchungshandlungen

5   Der Richter darf die erforderlichen Untersuchungshandlungen ohne den Antrag eines Staatsanwalts nur dann vornehmen, wenn der Staatsanwalt nicht erreichbar ist (Rn 6) und Gefahr im Verzug vorliegt (Rn 7).

I. Nichterreichbarkeit des Staatsanwalts

6   Der Staatsanwalt ist **unerreichbar**, wenn er nicht derart rechtzeitig und umfassend unterrichtet werden kann, dass es ihm möglich wäre, Anträge nach § 162 StPO zu stellen oder die erforderlichen Untersuchungshandlungen von sich aus vorzunehmen (SK-StPO/Wohlers StPO § 165 Rn 10 mwN; Meyer-Goßner StPO § 165 Rn 3). Es reicht nicht aus, dass der nach der Geschäftsverteilung zuständige Staatsanwalt nicht erreichbar ist; in diesen Fällen ist entweder der Vertreter oder der Bereitschaftsstaatsanwalt zu kontaktieren. Der Richter darf als „Notstaatsanwalt" nicht tätig werden, wenn er weiß, dass der Staatsanwalt eine Untersuchungshandlung nicht vornehmen möchte (KK-StPO/Griesbaum StPO § 165 Rn 1; Löwe/Rosenberg/Erb StPO § 165 Rn 8).

II. Gefahr im Verzug

7   Zusätzlich zur Unerreichbarkeit des Staatsanwaltes ist notwendig, dass **Gefahr im Verzug** vorliegt, also die erforderliche Untersuchungshandlung nicht bis zur Erreichbarkeit des Staatsanwalts abgewartet werden kann, ohne dass dadurch ihre Durchführung vereitelt oder der mit ihr verfolgte Zweck beeinträchtigt werden könnte (KK-StPO/Griesbaum StPO § 165 Rn 2; SK-StPO/Wohlers StPO § 165 Rn 9).

D. Anfechtbarkeit

8   Die Anordnungen des Richters nach § 165 StPO können von der Staatsanwaltschaft und dem Beschuldigten mit der Beschwerde angefochten werden (LG Freiburg StV 2001, 268; Meyer-Goßner StPO § 165 Rn 5). Beweisergebnisse aus Untersuchungshandlungen, die ohne Vorliegen der Voraussetzungen des § 165 StPO vorgenommen wurden, dürfen verwertet werden (KMR/Plöd StPO § 165 Rn 11; KK-StPO/Griesbaum StPO § 165 Rn 6; SK-StPO/Wohlers StPO § 165 Rn 18).

§ 166 [Beweisanträge des Beschuldigten]

(1) Wird der Beschuldigte von dem Richter vernommen und beantragt er bei dieser Vernehmung zu seiner Entlastung einzelne Beweiserhebungen, so hat der Richter diese, soweit er sie für erheblich erachtet, vorzunehmen, wenn der Verlust der Beweise zu besorgen ist oder die Beweiserhebung die Freilassung des Beschuldigten begründen kann.

(2) Der Richter kann, wenn die Beweiserhebung in einem anderen Amtsbezirk vorzunehmen ist, den Richter des letzteren um ihre Vornahme ersuchen.

Überblick

Der Richter, der die Vernehmung eines Beschuldigten durchführt, ist nach § 166 StPO verpflichtet, eilbedürftige Beweiserhebungen selbständig und unabhängig von der Staatsanwaltschaft vorzunehmen.

A. Anwendungsbereich

§ 166 StPO, der wie § 165 StPO nur im Ermittlungsverfahren Anwendung findet (s 1 § 165 StPO Rn 3; Hamm StraFo 2002, 100; Meyer-Goßner StPO § 166 Rn 1), betrifft alle richterlichen Beschuldigtenvernehmungen unabhängig von deren Anlass. Dazu zählen Vernehmungen nach § 162 StPO, § 165 StPO ebenso wie solche im Falle von freiheitsentziehenden Maßnahmen nach den § 115 Abs 2 und Abs 3 StPO, § 115 a Abs 2 StPO, § 126 a Abs 2 StPO, § 128 Abs 1 StPO (Meyer-Goßner StPO § 166 Rn 2; SK-StPO/Wohlers StPO § 166 Rn 4). Ebenfalls anwendbar (zumindest analog) ist die Vorschrift im mündlichen Haftprüfungsverfahren nach § 117 Abs 1 StPO iVm § 118 Abs 1 und Abs 3 StPO (Meyer-Goßner StPO § 166 Rn 2; Löwe/Rosenberg/Erb StPO § 166 Rn 3; SK-StPO/Wohlers StPO § 166 Rn 4; Schlothauer StV 1995, 158, 161; **aA** AK/Achenbach StPO § 166 Rn 2), jedoch nicht bei mündlichen Verhandlungen im Beschwerdeverfahren nach § 118 Abs 2 StPO und im Haftprüfungsverfahren vor dem Oberlandesgericht nach § 122 Abs 2 S 2 StPO beziehungsweise dem BGH im Falle des § 122 Abs 7 StPO (Meyer-Goßner StPO § 166 Rn 2; Löwe/Rosenberg/Erb StPO § 166 Rn 2; **aA** SK-StPO/Wohlers StPO § 166 Rn 5). Einen Anspruch des Beschuldigten auf eine richterliche Vernehmung begründet die Norm nicht (Löwe/Rosenberg/Erb StPO § 166 Rn 3 a; SK-StPO/Wohlers StPO § 166 Rn 2; **aA** Schlothauer StV 1995, 158, 164).

B. Zuständigkeit

Die Norm hat für alle im Ermittlungsverfahren tätigen Ermittlungsrichter Gültigkeit, also 2 neben solchen des Amtsgerichts auch für Ermittlungsrichter des Oberlandesgerichts und des Bundesgerichtshofs (§ 162 StPO Rn 7).

C. Voraussetzungen

Beantragt der Beschuldigte Beweiserhebungen (Rn 4), hat der Richter diese vorzuneh- 3 men, wenn sie erheblich sind (Rn 5) und eine Eilbedürftigkeit wegen eines drohenden Beweismittelverlustes (Rn 6) oder dadurch besteht, dass die behaupteten Beweisergebnisse eine Freilassung des Beschuldigten begründen können (Rn 7).

I. Beweisantrag

Voraussetzung für ein Tätigwerden des Richters nach § 166 StPO ist zunächst, dass der 4 Beschuldigte (oder sein Verteidiger) einen **Beweisantrag** stellt, also den Wunsch zum Ausdruck bringt, zum Beleg einer bestimmten Tatsache durch Nennung eines identifizierbaren Beweismittels einen Beweis zu erheben (Löwe/Rosenberg/Erb StPO § 166 Rn 4). Wird kein Beweismittel oder keine bestimmte Beweistatsache benannt, handelt es sich nur um eine bloße Beweisanregung, welcher der Richter nicht nachgehen muss. Er hat den

Beschuldigten jedoch auf den Mangel hinweisen und ihm die Möglichkeit zur Nachbesserung zu geben (SK-StPO/Wohlers StPO § 166 Rn 8).

II. Erheblichkeit

5   Erforderlich ist eine **erhebliche Beweiserhebung**, also eine solche, die den Beschuldigten entlasten und damit seine prozessuale Position verbessern kann (SK-StPO/Wohlers StPO § 166 Rn 10). Einem Beweisantrag des Beschuldigten, der lediglich ein völlig belangloses Ergebnis verspricht, muss der Richter hingegen nicht nachgehen; bei seiner Entscheidung kann er sich an den Ablehnungsgründen des § 244 Abs 3 StPO orientieren (Löwe/Rosenberg/Erb StPO § 166 Rn 5).

III. Drohender Beweismittelverlust oder Freilassung des Beschuldigten

6   Die beantragte Beweiserhebung ist zum einen vorzunehmen, wenn ein **Beweismittelverlust droht**, etwa wenn ein Zeuge wegen eines bevorstehenden Auslandsaufenthalts für längere Zeit nicht erreichbar sein wird oder zu befürchten ist, dass ein Augenscheinsobjekt verloren geht (SK-StPO/Wohlers StPO § 166 Rn 11).

7   Unabhängig von der Frage eines möglichen Beweismittelverlustes hat der Richter der Beweiserhebung auch dann nachzugehen, wenn hierdurch die **Freilassung des Beschuldigten** zu begründen ist. Das ist der Fall, wenn Gründe aufgezeigt werden können, die zur Aufhebung oder Außervollzugsetzung des Haftbefehls führen, etwa das Ausräumen des Tatverdachts oder die Beseitigung von Haftgründen (SK-StPO/Wohlers StPO § 166 Rn 12). Die Beweiserhebungspflicht des Richters ist insoweit jedoch eingeschränkt: er muss nur solchen Beweisanträgen folgen, die eine zügige Aufklärung versprechen, da ansonsten die Sachleitungsbefugnis der Staatsanwaltschaft unterlaufen würde (KK-StPO/Griesbaum StPO § 166 Rn 6; SK-StPO/Wohlers StPO § 166 Rn 12). Das Recht zur Aufhebung des Haftbefehls bleibt von der Vorschrift unberührt; zuständig bleibt allein der Richter, der den Haftbefehl erlassen hat (§ 115 a Abs 2 StPO, § 126 Abs 1 StPO; Meyer-Goßner StPO § 166 Rn 4).

D. Verfahren

8   Liegen die Voraussetzungen nach Abs 1 vor, hat der Richter die beantragte Beweiserhebung – die gem. § 168 StPO zu protokollieren ist (§ 168 StPO Rn 1) – auch gegen den Willen der Staatsanwaltschaft vorzunehmen. Eine vorherige Anhörung der Staatsanwaltschaft, die nach Abschluss der richterlichen Ermittlungen wieder tätig wird (§ 167 StPO), ist nicht erforderlich und aus Beschleunigungsgründen auch nicht geboten (SK-StPO/Wohlers StPO § 166 Rn 13). Eine Ablehnung des Beweisantrages hat der Richter zu begründen und ebenfalls zu protokollieren (Löwe/Rosenberg/Erb StPO § 166 Rn 11).

9   Nach Abs 2 kann der Richter den Ermittlungsrichter eines anderen Gerichtsbezirks um Amtshilfe ersuchen, wenn die beantragte Beweiserhebung dort vorzunehmen ist.

E. Rechtsmittel

10 Eine Beschwerde gegen die Ablehnung eines Beweisantrages ist wegen § 167 StPO nicht möglich (LG Berlin StV 2004, 10; KK-StPO/Griesbaum StPO § 166 Rn 8; Meyer-Goßner StPO § 166 Rn 5; **aA** SK-StPO/Wohlers StPO § 166 Rn 20; Schlothauer StV 1995, 158, 164).

§ 167 [Weitere Verfügung der Staatsanwaltschaft]

In den Fällen der §§ 165 und 166 gebührt der Staatsanwaltschaft die weitere Verfügung.

Die Vorschrift stellt klar, dass der Ermittlungsrichter in den Fällen der § 165 StPO, § 166 StPO nur vorübergehend für die Staatsanwaltschaft tätig wird und diese als Herrin des Ermittlungsverfahrens an die Entscheidungen des Richters nicht gebunden ist (KK-StPO/

Griesbaum StPO § 167 Rn 1). Die Staatsanwaltschaft kann daher von der Vollstreckung von bereits angeordneten, aber noch nicht vollzogenen richterlichen Maßnahmen absehen (SK-StPO/Wohlers StPO § 167 Rn 2; Löwe/Rosenberg/Erb StPO § 167 Rn 2). Die durch die richterlichen Untersuchungshandlungen bereits gewonnenen Beweise muss sie allerdings berücksichtigen, als wären diese auf ihren Antrag hin vorgenommen worden (SK-StPO/Wohlers StPO § 167 Rn 2).

§ 168 [Protokoll]

¹**Über jede richterliche Untersuchungshandlung ist ein Protokoll aufzunehmen.** ²**Für die Protokollführung ist ein Urkundsbeamter der Geschäftsstelle zuzuziehen; hiervon kann der Richter absehen, wenn er die Zuziehung eines Protokollführers nicht für erforderlich hält.** ³**In dringenden Fällen kann der Richter eine von ihm zu vereidigende Person als Protokollführer zuziehen.**

Überblick

§ 168 StPO schreibt vor, dass jede richterliche Untersuchungshandlung in einem Protokoll aufzunehmen ist und durch welche Personen dies zu geschehen hat. Die Vorschrift wird ergänzt durch § 168 a StPO, welcher die Förmlichkeiten des Protokolls regelt, sowie durch § 168 b StPO für staatsanwaltschaftliche Untersuchungshandlungen.

A. Anwendungsbereich

Die in § 168 StPO normierte Protokollierungspflicht betrifft richterliche Untersuchungshandlungen im Ermittlungs- und Zwischenverfahren sowie kommissarische Vernehmungen (SK-StPO/Wohlers StPO § 168 Rn 1). Für das Protokoll der Hauptverhandlung gelten die Spezialvorschriften der § 271 StPO bis § 274 StPO, für staatsanwaltschaftliche Untersuchungshandlungen § 168 b StPO (s § 168 b StPO Rn 2). Unter richterliche Untersuchungshandlungen fallen solche Handlungen, durch die der Richter selbst ermittelnd tätig wird, etwa Vernehmungen oder Augenscheinnahmen (KK-StPO/Griesbaum StPO § 168 Rn 2; SK-StPO/Wohlers StPO § 168 Rn 1). Für Entscheidungen und Anordnungen, die ohne mündliche Verhandlungen ergehen (zB Anordnung einer Durchsuchung oder Erlass eines Haftbefehls), findet § 168 StPO keine Anwendung (Meyer-Goßner StPO § 168 Rn 1; KK-StPO/Griesbaum StPO § 168 Rn 2).

B. Zur Protokollführung berechtigte Personen

Der Richter kann das Protokoll selbst erstellen (s Rn 5) oder einen Protokollführer zur Protokollführung hinzuziehen (s Rn 3). Ist ein solcher nicht verfügbar, kann in dringenden Fällen auch eine andere Person als ein Protokollführer eingesetzt werden (s Rn 4).

I. Zuziehung eines Urkundsbeamten

Im Regelfall zieht der Ermittlungsrichter für die Protokollierung einen Urkundsbeamten der Geschäftsstelle (§ 153 GVG) hinzu (S 2 Hs 1). Der Urkundsbeamte muss dabei nicht notwendigerweise aus demselben Gericht wie der Richter kommen, sondern kann auch bei einem anderen Gericht (BGH NJW 1986, 390, 391) oder bei der Staatsanwaltschaft beschäftigt sein (Meyer-Goßner StPO § 168 Rn 6; einschränkend KK-StPO/Griesbaum StPO § 168 Rn 6, der die Vereidigung eines Urkundsbeamten der Staatsanwaltschaft nach S 3 fordert). Wird der Urkundsbeamte während der Verhandlung durch einen anderen ausgetauscht, muss dies im Protokoll festgehalten werden; jeder der Urkundsbeamten hat dabei den von ihm gefertigten Teil zu unterschreiben (§ 168 a Abs 4 S 1 StPO). Bedient sich der Richter für einen Teil der Verhandlung eines Protokollführers, fertigt den anderen Teil nach S 2 Hs 2 jedoch selbst, muss sich auch dies aus dem Protokoll ergeben.

II. Zuziehung einer anderen Person als einen Urkundsbeamten

4 Steht ein Urkundsbeamter nicht zur Verfügung, kann der Richter auch eine andere Person als einen Urkundsbeamten hinzuziehen, wenn die Untersuchungshandlung nicht aufgeschoben werden kann („in dringenden Fällen"). Als andere Person kommt beispielsweise ein Polizei- oder ein Gerichtsbediensteter, der kein Urkundsbeamter ist, in Betracht.

5 Der Richter hat die andere Person vor der Protokollführung zu vereidigen. Hierdurch soll deutlich gemacht werden, dass der Protokollführer nunmehr eine gerichtliche Aufgabe wahrnimmt (BGHSt 27, 339, 341 = NJW 1978, 955). Die Vereidigung ist als wesentliche Förmlichkeit im Protokoll zu vermerken. Fehlt sie, scheidet die Verlesung des Protokoll in einer späteren Hauptverhandlung nach § 249 Abs 1 StPO (bei Augenscheinsprotokollen) oder § 251 Abs 2 StPO, § 254 Abs 1 StPO (bei Vernehmungsprotokollen) aus (s Rn 8). Wird die andere Person bei mehreren Untersuchungshandlungen eingesetzt, gilt Folgendes: eine einmalige Vereidigung reicht aus, wenn verschiedene Vernehmungen, die protokolliert werden sollen, insgesamt als ein einziger „dringender Fall" iSv S 3 erscheint; es reicht aber nicht aus, dass der Protokollführer früher in einem anderen dringenden Fall vereidigt worden ist, auch wenn dies durch den gleichen Richter erfolgte (BGHSt 27, 339, 340 = NJW 1978, 955).

5.1 Beispiel für die aus dem Gesetz nicht ersichtliche Eidesformel: „Ich schwöre, die Pflichten als Protokollführer getreulich zu erfüllen" (vgl KK-StPO/Griesbaum StPO § 168 Rn 7).

III. Protokollierung durch den Richter

6 Der Richter kann auch selbst Protokoll führen, sofern er die Hinzuziehung eines Protokollführers für nicht erforderlich hält. Dabei handelt es sich um eine Ermessensentscheidung des Richters, die nicht Gegenstand einer Maßnahme der Dienstaufsicht sein kann (BGH DRiZ 1978, 28; Meyer-Goßner StPO § 168 Rn 3; KK-StPO/Griesbaum StPO § 168 Rn 4). Erfolgt die Protokollierung des Richter durch Aufzeichnung mit einem Tonbandgerät, hat nicht nur der Richter die schriftliche Ausfertigung des Protokolls zu unterschreiben, sondern auch der Übertragungsgehilfe, der durch seine Unterschrift die Richtigkeit der Übertragung bestätigt, s § 168 a StPO (§ 168 a StPO Rn 9).

C. Erstellung des Protokolls

7 Die Protokollierung kann entweder durch vorläufige Aufzeichnung erfolgen – zB durch Diktat auf einem Tonbandgerät (vgl § 168 a Abs 4 S 2 bis S 4 StPO) – oder durch direkte Eingabe in den Computer. Letzteres hat vor allem bei Vernehmungen den Vorteil, dass die vernommene Person das Protokoll im Anschluss an die Untersuchungshandlung sofort lesen, ggf korrigieren und unterschreiben kann. Wie das Protokoll der Form nach zu gestalten ist, ergibt sich aus § 168 a StPO; der sachliche Inhalt ist nicht vorgeschrieben, sondern hängt von der Art der jeweiligen Untersuchungshandlung ab (§ 168 a StPO Rn 1).

D. Verwertung des Protokolls im weiteren Verfahren

8 In einer späteren Hauptverhandlung können ein richterliches Augenscheinsprotokoll beziehungsweise die Niederschrift über eine richterliche Vernehmung nach § 249 Abs 1 S 2 StPO, § 251 Abs 2 StPO, § 254 Abs 1 StPO nur verlesen werden, wenn das Protokoll die wesentlichen Förmlichkeiten erfüllt (BGHR § 274 Beweiskraft 17; Meyer-Goßner StPO § 168 Rn 10). Hieran fehlt es, falls die Vereidigung der anderen Person als Protokollführer nach S 3 unterblieben ist, unabhängig davon, ob der Richter nach S 2 Hs 2 von der Zuziehung eines Protokollführers auch hätte absehen können (KK-StPO/Griesbaum StPO § 168 Rn 9). In diesem Fall kann die Vernehmungsniederschrift nur unter den Voraussetzungen des § 251 Abs 1 StPO als nichtrichterliches Protokoll verlesen werden (Meyer-Goßner StPO § 168 Rn 11; KK-StPO/Griesbaum StPO § 168 Rn 9).

§ 168 a [Art der Protokollierung]

(1) ¹Das Protokoll muß Ort und Tag der Verhandlung sowie die Namen der mitwirkenden und beteiligten Personen angeben und ersehen lassen, ob die wesentlichen Förmlichkeiten des Verfahrens beachtet sind. ²§ 68 Abs. 2, 3 bleibt unberührt.

(2) ¹Der Inhalt des Protokolls kann in einer gebräuchlichen Kurzschrift, mit einer Kurzschriftmaschine, mit einem Tonaufnahmegerät oder durch verständliche Abkürzungen vorläufig aufgezeichnet werden. ²Das Protokoll ist in diesem Fall unverzüglich nach Beendigung der Verhandlung herzustellen. ³Die vorläufigen Aufzeichnungen sind zu den Akten zu nehmen oder, wenn sie sich nicht dazu eignen, bei der Geschäftsstelle mit den Akten aufzubewahren. ⁴Tonaufzeichnungen können gelöscht werden, wenn das Verfahren rechtskräftig abgeschlossen oder sonst beendet ist.

(3) ¹Das Protokoll ist den bei der Verhandlung beteiligten Personen, soweit es sie betrifft, zur Genehmigung vorzulesen oder zur Durchsicht vorzulegen. ²Die Genehmigung ist zu vermerken. ³Das Protokoll ist von den Beteiligten zu unterschreiben oder es ist darin anzugeben, weshalb die Unterschrift unterblieben ist. ⁴Ist der Inhalt des Protokolls nur vorläufig aufgezeichnet worden, so genügt es, wenn die Aufzeichnungen vorgelesen oder abgespielt werden. ⁵In dem Protokoll ist zu vermerken, daß dies geschehen und die Genehmigung erteilt ist oder welche Einwendungen erhoben worden sind. ⁶Das Vorlesen oder die Vorlage zur Durchsicht oder das Abspielen kann unterbleiben, wenn die beteiligten Personen, soweit es sie betrifft, nach der Aufzeichnung darauf verzichten; in dem Protokoll ist zu vermerken, daß der Verzicht ausgesprochen worden ist.

(4) ¹Das Protokoll ist von dem Richter sowie dem Protokollführer zu unterschreiben. ²Ist der Inhalt des Protokolls ohne Zuziehung eines Protokollführers ganz oder teilweise mit einem Tonaufnahmegerät vorläufig aufgezeichnet worden, so unterschreiben der Richter und derjenige, der das Protokoll hergestellt hat. ³Letzterer versieht seine Unterschrift mit dem Zusatz, daß er die Richtigkeit der Übertragung bestätigt. ⁴Der Nachweis der Unrichtigkeit der Übertragung ist zulässig.

Überblick

In Ergänzung zu den § 168 StPO, § 168 b StPO enthält § 168 a StPO Regelungen darüber, wie die Protokolle inhaltlich auszugestalten sind und welche Formerfordernisse erfüllt sein müssen.

Übersicht

	Rn		Rn
A. Notwendiger Protokollinhalt (Abs 1)	1	C. Genehmigung des Protokolls (Abs 3)	6
I. Mitwirkende und beteiligte Personen	2	D. Unterzeichnung des Protokolls (Abs 4 S 1 bis S 3)	9
II. Wesentliche Förmlichkeiten	3		
B. Vorläufige Aufzeichnung (Abs 2)	4	E. Beweiskraft des Protokolls (Abs 4 S 4)	10

A. Notwendiger Protokollinhalt (Abs 1)

Abs 1 regelt den notwendigen formellen Inhalt des Protokolls. Dazu gehören die Namen der mitwirkenden und beteiligten Personen (Rn 2), Ort und Tag der Untersuchungshandlung sowie die wesentlichen Förmlichkeiten (Rn 3). Der sachliche Inhalt des Protokolls ist nicht geregelt, sondern ergibt sich aus der Art der jeweiligen Untersuchungshandlung: bei Vernehmungen ist entsprechend der § 68 StPO, § 69 StPO, § 136 StPO deren Inhalt wiederzugeben, bei Augenscheinnahmen nach § 86 StPO das Ergebnis festzuhalten (Meyer-Goßner StPO § 168 a Rn 3). 1

I. Mitwirkende und beteiligte Personen

2 Zu den **mitwirkenden Personen** zählen: Richter, Staatsanwalt, Protokollführer, Dolmetscher und sämtliche Prozessbeteiligte, die ein Anwesenheits-, Antrags- und Fragerecht haben (§ 168 c StPO, § 168 d StPO, § 66 JGG; vgl Meyer-Goßner StPO § 168 a Rn 1). **Beteiligte Personen** sind die zu vernehmenden Zeugen oder die hinzugezogenen Sachverständigen. Sowohl bei mitwirkenden als auch bei beteiligten Personen muss neben dem Namen auch die Funktion angegeben werden (KK-StPO/Griesbaum StPO § 168 a Rn 1). Die dem Schutz von gefährdeten Zeugen dienenden § 68 Abs 2 und Abs 3 StPO sind zu beachten (Abs 1 S 2).

II. Wesentliche Förmlichkeiten

3 **Wesentliche Förmlichkeiten** sind solche Handlungen und Entscheidungen, die für das gesetzmäßige Zustandekommen eines einwandfreien Protokolls von Bedeutung sind, zB der Verzicht auf einen Protokollführer , vgl § 168 StPO (§ 168 StPO Rn 6), die Hinzuziehung einer anderen Person als Protokollführer (§ 168 StPO Rn 4), die Unterschriften der Beteiligten oder Belehrungen nach den § 52 StPO, § 55 StPO (KK-StPO/Griesbaum StPO § 168 a Rn 2).

B. Vorläufige Aufzeichnung (Abs 2)

4 Das Protokoll muss nicht unmittelbar in Reinschrift gefertigt werden, vielmehr reicht eine vorläufige Aufzeichnung durch Kurzschrift, mit einer Kurzschriftmaschine, durch Verwendung verständlicher Abkürzungen oder – worauf in der Praxis am Häufigsten zurückgegriffen werden dürfte – durch Tonbandaufnahme aus. Von der Möglichkeit der vorläufigen Aufzeichnung soll nach Nr 5 a RiStBV weitestgehend Gebrauch gemacht werden.

Die Aufzeichnung ist noch nicht das Protokoll, sondern nur dessen verbindliche Grundlage (Meyer-Goßner StPO § 168 a Rn 4; KK-StPO/Griesbaum StPO § 168 Rn 6). Das Protokoll ist unverzüglich (= ohne schuldhaftes Zögern) nach Beendigung der Verhandlung zu fertigen (Abs 2 S 2); ein Verstoß hiergegen kann den Beweiswert des Protokolls erheblich schmälern (KK-StPO/Griesbaum StPO § 168 a Rn 8). Die Entscheidung, ob ein Protokoll direkt erstellt oder zunächst eine vorläufige Aufzeichnung gefertigt wird, trifft allein der Richter (Meyer-Goßner StPO § 168 a Rn 4; KK-StPO/Griesbaum StPO § 168 a Rn 5). Die Aufzeichnung der Vernehmung einer Person mit einem Tonbandgerät kann dabei auch gegen den Willen des Betroffenen geschehen (BGHSt 34, 39, 52 = NJW 1986, 2261; **aA** Kühne StV 1991, 103). Die Videoaufzeichnung einer Zeugenvernehmung ist unter den Voraussetzungen des § 58 a StPO möglich (vgl auch § 168 e StPO).

5 Die vorläufigen Aufzeichnungen – auch Tonbänder – sind aufzubewahren, indem sie zu den Akten genommen oder, falls dies nicht möglich ist, bei der Geschäftsstelle hinterlegt werden (Abs 2 S 3). Hintergrund dieser Regelung ist, dass wegen der fehlenden Beweiskraft des Protokolls der Nachweis der Unrichtigkeit der Übertragung zulässig ist (Abs 4 S 4; s Rn 10) und daher eine Einsicht in die schriftlichen Aufzeichnungen beziehungsweise das Abhören der Tonbänder durch der Verteidiger (§ 147 StPO) möglich ist (KK-StPO/Griesbaum StPO § 168 a Rn 9).

C. Genehmigung des Protokolls (Abs 3)

6 Nach Abschluss der Untersuchungshandlung ist das gefertigte Protokoll durch die beteiligten Personen zu **genehmigen**. **Beteiligte Personen** iSd Abs 3 sind dabei solche, die als Zeugen oder Sachverständige Erklärungen zu Protokoll gegeben haben oder die Gegenstand eines Augenscheins waren (KK-StPO/Griesbaum StPO § 168 a Rn 10). Nach Abs 3 S 1 haben sie nur den Teil des Protokolls zu genehmigen, der sie betrifft; eine darüber hinausgehende Genehmigung ist jedoch unschädlich (Meyer-Goßner StPO § 168 a Rn 6; KK-StPO/Griesbaum StPO § 168 a Rn 10). Für den Richter und den Protokollführer gilt Abs 4 S 1 (s Rn 9).

7 Die Genehmigung geht wie folgt von statten: Wurde ein Protokoll gefertigt, wird dieses den beteiligten Personen vorgelesen oder es wird zum Durchlesen vorgelegt (Abs 3 S 1). Ist

das Protokoll zunächst vorläufig aufgezeichnet worden, ist die schriftliche Aufzeichnung vorzulesen beziehungsweise Tonbandaufzeichnungen abzuspielen (Abs 3 S 4), sofern die beteiligten Personen hierauf nicht verzichten (Abs 3 S 6). Das jeweilige Vorgehen ist dabei ebenso im Protokoll aufzunehmen wie etwaige Einwendungen des Betroffenen (Abs 3 S 5).

Die Erteilung der Genehmigung ist zu vermerken. Sodann ist das Protokoll von der beteiligten Person zu unterschreiben oder, falls die Unterschrift verweigert wird, der Grund hierfür aufzunehmen (Abs 3 S 3). Eine fehlende Genehmigung und Unterschrift nehmen dem Protokoll nicht die Eigenschaft als richterliches Protokoll (BGH bei Becker NStZ-RR 2005, 257, 258; BVerfG NStZ 2006, 46). 8

D. Unterzeichnung des Protokolls (Abs 4 S 1 bis S 3)

Der Richter und der Protokollführer haben das Protokoll zu unterschreiben. Die Unterschrift der Urkundspersonen sollte dabei erst nach Genehmigung des Protokolls durch die beteiligten Personen iSd Abs 3 (Rn 6) erfolgen, um auf deren Einwendungen noch Änderungen im Protokoll vornehmen zu können (Meyer-Goßner StPO § 168a Rn 8; KK-StPO/Griesbaum StPO § 168a Rn 11). Sofern der Richter ohne Hinzuziehung eines Protokollführers eine Tonbandaufnahme fertigt, hat neben dem Richter auch die Person, die die Tonbandaufnahme übertragen hat, zu unterschreiben und ergänzend zu vermerken, dass die Richtigkeit der Übertragung bestätigt wird (Abs 4 S 3). 9

Formulierungsbeispiel des Vermerks nach S 3: „Das Protokoll wurde mit einem Tonbandgerät vorläufig aufgezeichnet. Die Richtigkeit der Übertragung wurde geprüft und wird hiermit bestätigt." 9.1

E. Beweiskraft des Protokolls (Abs 4 S 4)

Das richterliche Protokoll iSd § 168a StPO besitzt nicht die Beweiskraft eines Hauptverhandlungsprotokolls nach § 274 StPO. Es kann daher mit dem Einwand der Unrichtigkeit angefochten werden (BGHSt 26, 281; 32, 25, 30 = NJW 1984, 621). Die Klärung, ob die wesentlichen Förmlichkeiten eingehalten wurden (zB die Belehrung eines zeugnisverweigerungsberechtigten Zeugen nach § 52), ist im Freibeweisverfahren möglich (BGHR § 274 Beweiskraft 17; Meyer-Goßner StPO § 168a Rn 12). Weichen die vorläufige Aufzeichnung und das Protokoll voneinander ab, ist das Protokoll entkräftet und wird durch die Aufzeichnung ersetzt (OLG Stuttgart NStZ 1986, 41; Rieß NStZ 1987, 444; Meyer-Goßner StPO § 168a Rn 12; **aA** KK-StPO/Griesbaum StPO § 168a Rn 20 u SK-StPO/Wohlers StPO § 168a Rn 29, die eine Protokollberichtigung befürworten, sofern die Urkundspersonen eine solche genehmigen). 10

§ 168b [Protokoll über staatsanwaltschaftliche Untersuchungshandlungen]

(1) Das Ergebnis staatsanwaltschaftlicher Untersuchungshandlungen ist aktenkundig zu machen.

(2) Über die Vernehmung des Beschuldigten, der Zeugen und Sachverständigen soll ein Protokoll nach den §§ 168 und 168a aufgenommen werden, soweit dies ohne erhebliche Verzögerung der Ermittlungen geschehen kann.

Überblick

Die Norm bestimmt, dass auch das Ergebnis staatsanwaltschaftlicher Untersuchungshandlungen aktenkundig zu machen ist. Darüber hinaus sollen vom Staatsanwalt durchgeführte Vernehmungen von Beschuldigten, Zeugen und Sachverständigen nach den für den Richter geltenden § 168 StPO, § 168a StPO protokolliert werden.

A. Anwendungsbereich

Als Ausprägung des Grundsatzes der Aktenwahrheit und -vollständigkeit zielt § 168b StPO darauf ab, sämtlichen Beteiligten in jedem Verfahrensstadium den Verlauf und das 1

StPO § 168 c Zweites Buch. 2. Abschnitt

Ergebnis der Ermittlungen nachvollziehbar zu machen (vgl OLG Karlsruhe NStZ 1991, 50; KK-StPO/Griesbaum StPO § 168 b Rn 1; Meyer-Goßner StPO § 168 b Rn 1).

B. Aktenkundig machen (Abs 1)

2   Nach Abs 1 **sind** die Ergebnisse aller staatsanwaltschaftlichen Untersuchungen aktenkundig zu machen, also in Form eines Aktenvermerkes festzuhalten. Dazu gehören eigene Untersuchungshandlungen des Staatsanwaltes (mit Ausnahme von Vernehmungen; s Rn 3) ebenso wie von ihm getroffene Anordnungen, zB die Eilanordnung einer Telekommunikationsüberwachungsmaßnahme (Meyer-Goßner StPO § 168 b Rn 1). Die Angabe von Einzelheiten der Durchführung einer Untersuchungshandlung oder ihres Verlaufs ist grundsätzlich nicht erforderlich (OLG Karlsruhe NStZ 1991, 50), kann aber unter Umständen aus Gründen der Beweissicherung sinnvoll sein (KK-StPO/Griesbaum StPO § 168 b Rn 2).

C. Protokollierung (Abs 2)

3   Nach Abs 2 **sollen** staatsanwaltschaftliche Vernehmungen von Beschuldigten, Zeugen und Sachverständigen protokolliert werden. Die Protokollierungspflicht ist auch bei polizeilichen Vernehmungen zu beachten (BGH NStZ 1995, 353). Von der Protokollierung kann absehen werden, wenn diese zu erheblichen Verzögerungen führen würde; in diesem Fall hat der Staatsanwalt den Inhalt der Vernehmung soweit wie möglich in einem Aktenvermerk niederzulegen. Auf die Fertigung eines Aktenvermerks über den Vernehmungsinhalts kann er sich ferner im Einzelfall bei sachlich begründetem Anlass beschränken, etwa bei völliger Bedeutungslosigkeit der Aussage oder bei einer Vielzahl gleich lautender Aussagen (BT-Drs 7/551, 76; KK-StPO/Griesbaum StPO § 168 b Rn 5).

4   Für den formellen Inhalt des Protokolls gelten die § 168 StPO, § 168 a StPO entsprechend; der sachliche Inhalt ist nicht vorgeschrieben, sondern hängt von der Art der jeweiligen Untersuchungshandlung ab (§ 168 a StPO Rn 1). Der Staatsanwalt kann zur Protokollierung einen Urkundsbeamten der Geschäftsstelle hinzuziehen (§ 168 StPO Rn 3), oder aber das Protokoll selbst fertigen (§ 168 StPO Rn 6). In Eilfällen kann der Staatsanwalt auch entsprechend § 168 S 3 StPO eine andere Person als einen Urkundsbeamten zur Protokollführung hinzuziehen (§ 168 StPO Rn 4), zu deren Vereidigung der Staatsanwalt im Gegensatz zum Richter nicht befugt ist (KK-StPO/Griesbaum StPO § 168 b Rn 4; **aA** Löwe/Rosenberg/Erb StPO § 168 b Rn 11). Nach Nr 5 b RiStBV soll auch der Staatsanwalt vom Einsatz technischer Hilfsmittel, insbesondere von Tonbandgeräten, Gebrauch machen.

5   Die Vernehmungsniederschrift nach § 168 b Abs 2 StPO kann als nichtrichterliches Protokoll zwar in einer späteren Hauptverhandlung nicht gem § 251 Abs 2 StPO verlesen werden, eine Verlesung unter den Voraussetzungen des § 251 Abs 1 StPO oder ein Heranziehung für Vorhalte ist indes möglich. Formelle Mängel des Protokolls, wie zB fehlende Unterschriften, beeinträchtigen den Beweiswert (Löwe/Rosenberg/Erb StPO § 168 b Rn 13).

5.1   Muster: Protokoll einer staatsanwaltschaftlichen Zeugenvernehmung.
5.2   Muster: Protokoll einer staatsanwaltschaftlichen Beschuldigtenvernehmung.

§ 168 c [Anwesenheit bei richterlichen Vernehmungen]

(1) Bei der richterlichen Vernehmung des Beschuldigten ist der Staatsanwaltschaft und dem Verteidiger die Anwesenheit gestattet.

(2) Bei der richterlichen Vernehmung eines Zeugen oder Sachverständigen ist der Staatsanwaltschaft, dem Beschuldigten und dem Verteidiger die Anwesenheit gestattet.

(3) ¹**Der Richter kann einen Beschuldigten von der Anwesenheit bei der Verhandlung ausschließen, wenn dessen Anwesenheit den Untersuchungszweck gefährden würde.** ²**Dies gilt namentlich dann, wenn zu befürchten ist, daß ein Zeuge in Gegenwart des Beschuldigten nicht die Wahrheit sagen werde.**

(4) Hat ein nicht in Freiheit befindlicher Beschuldigter einen Verteidiger, so steht ihm ein Anspruch auf Anwesenheit nur bei solchen Terminen zu, die an der Gerichtsstelle des Ortes abgehalten werden, wo er in Haft ist.

(5) ¹Von den Terminen sind die zur Anwesenheit Berechtigten vorher zu benachrichtigen. ²Die Benachrichtigung unterbleibt, wenn sie den Untersuchungserfolg gefährden würde. ³Auf die Verlegung eines Termins wegen Verhinderung haben die zur Anwesenheit Berechtigten keinen Anspruch.

Überblick

Der Verteidiger des Beschuldigten hat ein weit reichendes Anwesenheitsrecht bei allen richterlichen Vernehmungen, aber keinen Anspruch auf Terminsverlegung bei Verhinderung. Der Beschuldigte kann bei Gefährdung des Untersuchungszwecks ausgeschlossen werden. Besonderheiten gelten bei inhaftierten Beschuldigten.

A. Richterliche Beschuldigtenvernehmung

Bei der **richterlichen Vernehmung des Beschuldigten** hat neben dem Staatsanwalt 1 der Verteidiger ein Anwesenheitsrecht (Abs 1). Entsprechendes gilt für die staatsanwaltschaftliche Beschuldigtenvernehmung (§ 163a Abs 3 S 2 StPO). **Kein** Anwesenheitsrecht des Verteidigers besteht bei richterlichen oder staatsanwaltschaftlichen Vernehmungen eines **Mitbeschuldigten** (BGHSt 42, 391 = NStZ 1997, 351; siehe auch Meyer-Goßner StPO § 168c Rn 1 mwN). Dies ist verfassungsrechtlich unbedenklich (BVerfG NJW 2007, 204). Das Anwesenheitsrecht des Verteidigers erschöpft sich aber nicht in der bloßen Anwesenheit. Vielmehr hat der Verteidiger auch ein Fragerecht, wobei ungeeignete und nicht zur Sache gehörende Fragen entsprechend § 241 Abs 2 StPO zurückgewiesen werden. Die Vernehmungsleitung liegt in jedem Fall in den Händen des Verhandlungsführers, der auch für die Erstellung des Protokolls verantwortlich ist.

B. Richterliche Zeugen-/Sachverständigenvernehmung

Bei der **richterlichen Vernehmung eines Zeugen oder Sachverständigen** haben der 2 Staatsanwalt, der Beschuldigte und der Verteidiger ein Anwesenheitsrecht (Abs 2). Bei der staatsanwaltschaftlichen Vernehmung bestehen diese Rechte nicht (§ 161a StPO). Dies ist von Verfassung wegen nicht zu beanstanden (BVerfG NJW 1998, 50) und beruht vor allem auf der unterschiedlichen Behandlung falscher Aussagen (§§ 153 StGB ff) und der abgestuften Verlesbarkeit der jeweiligen Protokolle (§ 249 StPO, § 251 StPO, § 254 StPO). Auch hier geht das Anwesenheitsrecht mit einem Fragerecht einher. Auf die Belange kindlicher und jugendlicher Zeugen unter 16 Jahren sowie anderer schutzwürdiger Zeugen ist angemessen Rücksicht zu nehmen. In geeigneten Fällen ist die Möglichkeit der getrennten Vernehmung nach § 163e StPO zu bedenken.

C. Ausschluss des Beschuldigten

Den **Ausschluss des Beschuldigten** von der richterlichen Vernehmung eines Zeugen 3 oder Sachverständigen regelt Abs 3. Eine Gefährdung des Untersuchungszwecks muss nicht festgestellt werden. Vielmehr genügt es, wenn dies „zu befürchten ist", wie im Beispielsfall des Satzes 2 ausgesprochen. Dies ist dann der Fall, wenn nach den Umständen des Einzelfalls in nicht geringem Maß zu erwarten ist, der Beschuldigte werde sein Wissen um die Einzelheiten der Vernehmung für Verdunkelungsmaßnahmen nutzen (KK-StPO/Griesbaum StPO § 168c Rn 6). Die Verhinderung einer wahrheitsgemäßen Aussage ist ein praktisch sehr wichtiger Unterfall der Gefährdung des Untersuchungszwecks. Der Ausschließungsbeschluss ist zwar grundsätzlich mit der Beschwerde (§ 304 StPO) anfechtbar, nach dem Termin ist sie jedoch prozessual überholt und gegenstandslos. Ob ein Verstoß gegen Abs 3 ein Verwertungsverbot nach sich zieht, ist noch nicht abschließend entschieden (dafür StK beim AG Bremerhaven StV 2003, 328).

D. Inhaftierter Beschuldigter

4 Eine **Einschränkung des Anwesenheitsrechts für den in Haft befindlichen Beschuldigten** enthält Abs 4. Diese Regelung entspricht § 224 Abs 2 StPO. Gerichtsstelle des Haftorts meint das für die Haftanstalt örtlich zuständige Gericht. Die Regelung schließt lediglich einen Anspruch des Beschuldigten aus; eine Vorführung und Gestattung seiner Anwesenheit im Einzelfall ist durchaus möglich. Im Fall einer notwendigen Verteidigung (§ 140 StPO, § 141 Abs 3 StPO), wird dem Beschuldigten noch vor der richterlichen Vernehmung des Zeugen oder Sachverständigen ein Pflichtverteidiger zu bestellen sein (BGHSt 46, 93). Für die Beschwerdebefugnis gilt das zuvor Gesagte (oben Rn 3).

5 Abs 5 S 1 schreibt die **vorherige Benachrichtigung aller Anwesenheitsberechtigten** vor, um ihnen die Teilnahme überhaupt zu ermöglichen. S 3 stellt aber klar, dass **kein Anspruch auf Terminsverlegung** wegen Verhinderung eines der Beteiligten besteht. Entsprechend besteht grundsätzlich keine Verpflichtung, mit der Vernehmung inne zu halten, wenn sich erst während laufender Vernehmung ein Verteidiger bestellt (BGH StV 2006, 228). Begründete Verlegungswünsche können lediglich unter dem Gesichtspunkt des fairen Verfahrens Bedeutung erlangen.

E. Benachrichtigungspflicht

6 Die Benachrichtigung darf nicht schon dann **unterbleiben** (S 2), wenn sie zu einer Verfahrensverzögerung führen würde, sondern nur dann, wenn die begründete Gefahr besteht, dass der Untersuchungserfolg vereitelt oder wesentlich erschwert würde. **Untersuchungserfolg** in diesem Sinne ist die Gewinnung einer Aussage, die in einem späteren Verfahrensabschnitt verwertet werden kann (BGHSt 29, 1). Die Gefährdung beurteilt der vernehmende Richter, der dies in den Akten zu vermerken hat (BGHSt 31, 140, 142). Diese Annahme muss später vom erkennenden Gericht (BGH NStZ 1990, 136) nach tatrichterlichem Ermessen (BGH NJW 2003, 3142) überprüft werden. Dabei kann die Gefährdung des Untersuchungserfolgs durchaus die Konsequenz einer zeitlichen Verzögerung sein. Sie kann sich aber auch aus anderen Umständen ergeben, so etwa, wenn Anhaltspunkte dafür bestehen, dass der Zeuge massiv zu einer Falschaussage (BGHSt 32, 125, 129) oder zur Ausübung eines Zeugnisverweigerungsrechts gedrängt wird. Das Unterlassen der Benachrichtigung hindert jedoch nicht die Anwesenheit eines Verteidigers, der in anderer Weise vom Termin Kenntnis erhalten hat. Auch kann ein Verteidiger nicht dazu verpflichtet werden, einem Beschuldigten eine bevorstehende richterliche Vernehmung zu verschweigen.

7 Die **Verletzung der Benachrichtigungspflicht** des Abs 5 und das Fehlen eines Ausnahmetatbestands nach S 2 begründen ein **Verwertungsverbot**. Die Niederschrift der Vernehmung darf ohne Einwilligung des Angeklagten und des Verteidigers in der Hauptverhandlung nicht als **richterliches** Protokoll im Sinne von § 251 Abs 2 StPO verlesen werden. Auch die Vernehmung des Ermittlungsrichters ist unzulässig, da sie der verbotenen Protokollverlesung gleich stünde (BGHSt 26, 332, 335). Dabei ist es unerheblich, ob die unerlässliche Benachrichtigung absichtlich, versehentlich oder in Verkennung der gesetzlichen Voraussetzungen unterblieben ist (BGH NJW 2003, 3142; NJW 2007, 237, 239). Es bleibt aber zulässig, die Niederschrift nach Maßgabe des § 251 Abs 1 StPO als „schriftliche Äußerung" oder als Niederschrift über eine **„andere"** Vernehmung zu verlesen (BGH NStZ 1998, 312) oder aber aus der Niederschrift Vorhalte zu machen und die Reaktionen zu verwerten (BGHSt 34, 231; aM BGHSt 31, 140). Eine **Heilung des Mangels** ist zur Beweissicherung vor der Hauptverhandlung durch Wiederholung der Vernehmung unter Beachtung aller Anwesenheitsrechte und Benachrichtigungspflichten statthaft (BGH NStZ 1989, 282).

8 Die **Zuziehung eines Dolmetschers** regelt § 185 GVG. War ein Dolmetscher notwendig und zugezogen, ist er aber entgegen § 189 GVG nicht vereidigt worden, so ist die Verlesung des richterlichen Protokolls nach § 251 Abs 2 StPO nicht zulässig, wohl aber nach Maßgabe des § 251 Abs 1 StPO (vgl § 251 StPO Rn 24).

9 **Besonderheiten** sind bei der **Verwertung von Rechtshilfevernehmungen** im Bereich einer fremden Rechtsordnung zu beachten. Falls und soweit die fremde Rechtsordnung kein

Anwesenheitsrecht einräumt, stellt das Unterbleiben der Benachrichtigung keinen Rechtsfehler dar. Soweit die Gesetze des ersuchten Staates aber den in § 168 c StPO genannten Beteiligten ebenfalls die Anwesenheit bei der Vernehmung erlauben, muss das Rechtshilfeersuchen mit der Bitte verbunden werden, die ersuchende Behörde so rechtzeitig vom Termin zu unterrichten, dass sie die Beteiligten im Inland von dem Zeitpunkt der Vernehmung verständigen kann und diese am Termin teilnehmen können (RiVASt Nr 29 Abs 2 S 2; BGHSt 42, 86, 91).

F. Revision

Im Rahmen der **Revision** vertritt der Bundesgerichtshof auch hier die so genannte **10** „**Widerspruchslösung**". Der Verwertung der Niederschrift muss in der Hauptverhandlung widersprochen worden sein (BGH NJW 1996, 2239, 2241; NStZ-RR 2002, 110). Im Übrigen gelten sodann folgende **Grundsätze**: hat der Tatrichter die Vernehmungsniederschrift durch Verlesung nach § 251 Abs 2 StPO verwertet, weil er unter Würdigung aller Umstände der Meinung war, das Unterlassen der Benachrichtigung sei gerechtfertigt gewesen, so darf das Revisionsgericht bei einer entsprechenden – zulässig erhobenen – Verfahrensrüge nur prüfen, ob dem Tatrichter dabei ein Rechtsfehler unterlaufen ist, er insbesondere die dem tatrichterlichen Ermessen gesetzten Schranken überschritten hat (BGHSt 29, 1, 3; BGHSt 42, 86, 91, 92; NStZ 1999, 417). Hat der Tatrichter aber diese Prüfung unterlassen, so darf das Revisionsgericht seinerseits nicht prüfen, ob möglicherweise die Voraussetzungen von Abs 5 S 2 vorlagen (BGHSt 31, 140). Die Benachrichtigung muss bewiesen sein. Bleiben dabei Zweifel, so ist davon auszugehen, dass sie unterblieben ist.

Umstritten ist die Behandlung einer Niederschrift, wenn eine eigentlich erforderliche **11** **Verteidigerbestellung unterlassen** wurde (oben Rn 4). Nach BGHSt 46, 93 begründet dies grundsätzlich **kein Verwertungsverbot** für die Aussage. Eine Feststellung darf aber nur dann auf die Angaben des Vernehmungsrichters oder den Inhalt der Niederschrift gestützt werden, wenn dessen Bekundungen durch andere wichtige Gesichtspunkte außerhalb der Aussage bestätigt würden. Das Schrifttum lehnt diese Sichtweise überwiegend ab und nimmt stattdessen ein Verwertungsverbot an (Ambos NStZ 2003, 17; weitere Nachweise bei Meyer-Goßner StPO § 168 c Rn 9).

Der Verstoß gegen die Benachrichtigungspflicht aus § 168 c Abs 5 S 1 StPO iVm Abs 1 **12** StPO führt **nicht** zu einem **Verwertungsverbot hinsichtlich eines Mitbeschuldigten** (BGH NStZ 2009, 345, 346). Der BGH hat sich ausdrücklich gegen die im Schrifttum vertretene Meinung zur Wirkungserstreckung von Beweisverwertungsverboten bei Verstößen gegen wesentliche prozessuale Vorschriften ausgesprochen (Nachweise bei Meyer-Goßner StPO Einleitung Rn 57 b).

§ 168 d [Teilnahme am richterlichen Augenschein]

(1) ¹Bei der Einnahme eines richterlichen Augenscheins ist der Staatsanwaltschaft, dem Beschuldigten und dem Verteidiger die Anwesenheit bei der Verhandlung gestattet. ²§ 168 c Abs. 3 Satz 1, Abs. 4 und 5 gilt entsprechend.

(2) ¹Werden bei der Einnahme eines richterlichen Augenscheins Sachverständige zugezogen, so kann der Beschuldigte beantragen, daß die von ihm für die Hauptverhandlung vorzuschlagenden Sachverständigen zu dem Termin geladen werden, und, wenn der Richter den Antrag ablehnt, sie selbst laden lassen. ²Den vom Beschuldigten benannten Sachverständigen ist die Teilnahme am Augenschein und an den erforderlichen Untersuchungen insoweit gestattet, als dadurch die Tätigkeit der vom Richter bestellten Sachverständigen nicht behindert wird.

Überblick

Die Teilnahme an einem richterlichen Augenschein ist der Regelung zur richterlichen Zeugen- und Sachverständigenvernehmung nachgebildet. Bei der Einnahme eines Augenscheins durch Polizei oder Staatsanwaltschaft gelten die Vorschriften nicht. Vom Beschuldigten benannte Sachverständige dürfen die Arbeit des vom Gericht bestellten Gutachters nicht behindern.

A. Richterlicher Augenschein

1 Die Anwesenheitsrechte und die Benachrichtigungspflichten bei der **Einnahme eines richterlichen Augenscheins** entsprechen den Regelungen für die richterliche Zeugen- und Sachverständigenvernehmung. Abs 1 S 1 entspricht § 168 c Abs 2 StPO. Abs 2 S 2 erklärt § 168 c Abs 3 S 1, Abs 4 und Abs 5 StPO für entsprechend anwendbar. Für die Leichenöffnung enthält § 87 StPO eine Sonderregelung. Bei der Augenscheinseinnahme durch den Staatsanwalt oder die Ermittlungsbeamten der Polizei hat keiner der Verfahrensbeteiligten ein Anwesenheitsrecht. Die Zuziehung einzelner Verfahrensbeteiligter oder Sachverständiger steht im Ermessen des Staatsanwalts.

B. Zuziehung eines Sachverständigen

2 Besonderheiten sind bei der **richterlichen Augenscheinseinnahme unter Zuziehung eines Sachverständigen** zu beachten (Abs 2). Damit der Beschuldigte und der Verteidiger von dem Recht nach Abs 2 Gebrauch machen können, muss ihnen – falls nicht eine Benachrichtigung wegen Gefährdung des Untersuchungserfolgs unterbleibt (Abs 1 S 2 iVm § 168 c Abs 5 S 2 StPO) – mitgeteilt werden, dass der Richter einen Sachverständigen hinzuzieht. Der Beschuldigte oder sein Verteidiger können – jeder für sich – beantragen, dass ein eigener Sachverständiger geladen wird. Lehnt der Richter ab, besteht das Recht, den Gutachter nach § 220 Abs 1 u Abs 2 StPO unmittelbar laden zu lassen. Ablehnungsgrund ist vor allem die Befürchtung, dass durch die Mitwirkung des benannten Sachverständigen die Tätigkeit des gerichtlich bestellten Gutachters behindert würde (Abs 2 S 2). Beim Augenschein kann ein auf unmittelbare Ladung erschienener Sachverständiger ausgeschlossen werden, wenn er dort Anlass zu der vorgenannten Besorgnis gibt.

3 Unabhängig von der Regelung des Abs 2 kann die **Staatsanwaltschaft** als „Herrin des Ermittlungsverfahrens" stets die Zuziehung eines Sachverständigen beantragen oder ihn selbst zum Augenscheintermin laden oder mitbringen (KK-StPO/Griesbaum StPO § 168 d Rn 8).

4 Da das Recht zur Selbstladung besteht, ist mit der **Beschwerde nach § 304 StPO** nur der Ausschluss des benannten oder geladenen Sachverständigen anfechtbar. Nach durchgeführtem Augenschein ist sie jedoch gegenstandslos. Auf eine Verletzung des § 168 d Abs 2 StPO kann die **Revision** nicht gestützt werden.

§ 168 e [Getrennte Zeugenvernehmung]

¹Besteht die dringende Gefahr eines schwerwiegenden Nachteils für das Wohl des Zeugen, wenn er in Gegenwart der Anwesenheitsberechtigten vernommen wird, und kann sie nicht in anderer Weise abgewendet werden, so soll der Richter die Vernehmung von den Anwesenheitsberechtigten getrennt durchführen. ²Die Vernehmung wird diesen zeitgleich in Bild und Ton übertragen. ³Die Mitwirkungsbefugnisse der Anwesenheitsberechtigten bleiben im übrigen unberührt. ⁴Die §§ 58a und 241a finden entsprechende Anwendung. ⁵Die Entscheidung nach Satz 1 ist unanfechtbar.

Überblick

§ 168 e StPO ist eine wichtige Vorschrift zur Verbesserung des Schutzes gefährdeter Zeugen. Sie eröffnet die – nicht anfechtbare – Möglichkeit einer von den Anwesenheitsberechtigten getrennt durchgeführten Zeugenvernehmung durch den Ermittlungsrichter. Die Vernehmung wird mittels Videotechnologie zeitgleich übertragen. Die Mitwirkungsbefugnisse der Verfahrensbeteiligten bleiben im Übrigen unberührt.

A. Anwendungsbereich

Die Vorschrift regelt den **Einsatz der Videotechnologie** und die damit einhergehenden 1
Beschränkungen der Anwesenheitsrechte der Verfahrensbeteiligten im Bereich der **Zeugenvernehmung durch den Ermittlungsrichter**. Im Bereich der allgemeinen Zeugenvorschriften findet § 58 a StPO (Aufzeichnung auf Bild-Ton-Träger) Anwendung. In der Hauptverhandlung – und nach herrschender Meinung bei der kommissarischen Vernehmung nach § 223 StPO (Meyer-Goßner StPO § 223 Rn 20 mwN) – gilt § 247 a StPO. Die Verwertung und Vorführung der Videoaufzeichnung in der Hauptverhandlung regelt § 255 a StPO. Eingeschränkt werden die Anwesenheitsrechte des § 168 c Abs 2 StPO und des § 406 g Abs 2 S 2 StPO. Bei polizeilichen und staatsanwaltschaftlichen Zeugenvernehmungen findet die Vorschrift keine Anwendung, da es an einer „Parteiöffentlichkeit" fehlt. Hauptanwendungsfälle dürften die Vernehmungen von kindlichen Opferzeugen oder von Opfern eines Sexualdelikts sein. Ergänzende Handreichungen enthalten Nr 19 RiStBV, Nr 19 a RiStBV und Nr 19 b RiStBV.

B. Voraussetzungen

Bei einer Vernehmung in Gegenwart der Anwesenheitsberechtigten muss die **dringende** 2
Gefahr eines schwerwiegenden Nachteils für das Wohl des Zeugen bestehen, der **nicht anders begegnet** werden kann. Aus dieser Formulierung und dem Vergleich mit anderen Schutzvorschriften ergibt sich, dass die Beschränkung der Anwesenheitsrechte auch in der ermittlungsrichterlichen Zeugenvernehmung **nur in Ausnahmefällen** in Betracht kommt. Das Gesetz kombiniert hier verschiedene Elemente des § 247 S 2 StPO. Während der Begriff des Nachteils sich sehr weit gehend auf das Wohl des Zeugen bezieht, muss die Gefahr dringend sein und der Nachteil schwer wiegen. Ursache der Gefahr muss überdies die Vernehmung in Gegenwart der Anwesenheitsberechtigten, also gerade deren Anwesenheit sein.

Die getrennte Durchführung der Vernehmung durch den Ermittlungsrichter ist auch 3
subsidiär gegenüber anderen Schutzmaßnahmen. In Erwägung zu ziehen sind etwa die Ausschließung des Beschuldigten nach § 168 c Abs 3 StPO, das Unterlassen der Benachrichtigung nach § 168 c Abs 5 StPO oder auch den Zeugen schonende Möglichkeiten nach § 68 Abs 1 S 2, Abs 2 und Abs 3 StPO, § 68 a StPO, § 68 b StPO, § 241 a StPO, § 406 f StPO oder § 406 g StPO. Erst wenn diese Maßnahmen keinen Erfolg versprechen – weil die dringende Gefahr eines schwerwiegenden Nachteils für das Wohl des Zeugen bestehen bleiben würde, ist Raum für die getrennte Durchführung der Zeugenvernehmung nach § 168 e StPO.

Die **Anordnung der getrennten Vernehmung** erfolgt von Amts wegen. Eines Antrags 4
bedarf es nicht. In der Regel wird der Ermittlungsrichter schon auf Grund der Fürsorgepflicht („soll") gehalten sein, so zu verfahren, es sei den der Zeuge legt hierauf absolut keinen Wert. Auch bei der getrennten Durchführung der Vernehmung ist ein Ausschluss des Beschuldigten nach § 168 c Abs 3 StPO möglich, da auch hier der Untersuchungserfolg – eine wahrheitsgemäße Aussage – gefährdet werden kann, selbst wenn der Beschuldigte die Aussage nur am Bildschirm verfolgt. Auch die § 168 c Abs 5 S 2, StPO § 406 g Abs 2 S 3 StPO (Absehen von der Benachrichtigung) bleiben anwendbar. Wichtig ist jedoch, dass eine nach Satz 4 erstellte Aufnahme nur dann unter den erleichterten Voraussetzungen des § 255 a Abs 2 S 1 StPO in der Hauptverhandlung eingeführt werden darf, wenn der Angeklagte und sein Verteidiger die Gelegenheit zur Mitwirkung an der Vernehmung hatten.

C. Durchführung

Die **Durchführung der getrennten Vernehmung** erfolgt – anders als bei § 247 a StPO, 5
wo sich nur der Zeuge an einem anderen Ort befindet – dadurch, dass der Richter den Zeugen in Abwesenheit der übrigen Verfahrensbeteiligten getrennt vernimmt. Das Vernehmungszimmer, das sich nicht notwendigerweise in dem Gebäude befinden muss, in dem sich die anderen Beteiligten aufhalten, kann bedarfsgerecht ausgestattet sein, muss aber in jedem

Fall eine Direktleitung in Bild und Ton zum Sitzungszimmer aufweisen. Die Kamera sollte den Richter und den Zeugen gleichzeitig erfassen. Der Zeuge kann von einem Beistand und gegebenenfalls von einer Person seines Vertrauens (§ 406 f Abs 3 StPO) begleitet werden. In schwierigen Fällen wird der Richter einen aussagepsychologischen Sachverständigen hinzuziehen. Nach § 168 StPO, § 168 a StPO ist ein **Protokoll der Vernehmung** zu erstellen, wobei die Videoaufzeichnung entsprechend dem Gedanken des § 168 a Abs 2 S 1 StPO als vorläufige Aufzeichnung dienen kann. Der Protokollführer sollte sich nicht im Vernehmungszimmer aufhalten.

6   Die **Mitwirkungsbefugnisse der Beteiligten** (insbesondere das Fragerecht: BGHSt 46, 93, 100) dürfen nach Satz 3 nicht mehr als technisch unerlässlich erschwert werden. Eine – jedenfalls für die Ausübung des Fragerechts zumindest zeitweise aktivierte – Tonübertragungsanlage vom Sitzungs- in das Vernehmungszimmer ist insoweit ausreichend. Bei unter 16 Jahre alten Zeugen ist § 241 StPO entsprechend anwendbar (S 4). Falls eine unmittelbare Befragung nach § 241 a Abs 2 S 2 StPO nicht gestattet wird, kann auch eine so genannte Ohrknopfverbindung zum Richter ausreichend sein.

7   Für die **Aufzeichnung der Vernehmung auf Bild-Ton-Träger** gilt § 58 a StPO entsprechend (S 4). Eine Aufzeichnung wird hier die Regel sein, um dem Zeugen im Rahmen der § 255 a StPO, § 58 a Abs 2 S 1 StPO belastende Mehrfachvernehmungen zu ersparen. Dabei wird immer der Zusammenhang zwischen Mitwirkungsbefugnissen und Verwertbarkeit im Auge zu behalten sein (oben Rn 4). Von § 58 a StPO kann jedoch auch unabhängig von den Voraussetzungen des § 168 e StPO Gebrauch gemacht werden (Rieß NJW 1998, 3241).

8   Eine **Anfechtbarkeit** der Entscheidung des Ermittlungsrichters ist **ausdrücklich ausgeschlossen** (S 5). Das gilt nach Wortlaut, Sinn und Zweck der Vorschrift sowohl für anordnende als auch ablehnende Entscheidungen. Damit ist diese Entscheidung **auch einer revisionsgerichtlichen Kontrolle entzogen** (§ 336 StPO).

§ 169 [Ermittlungsrichter des OLG und des BGH]

(1) ¹In Sachen, die nach § 120 des Gerichtsverfassungsgesetzes zur Zuständigkeit des Oberlandesgerichts im ersten Rechtszug gehören, können die im vorbereitenden Verfahren dem Richter beim Amtsgericht obliegenden Geschäfte auch durch Ermittlungsrichter dieses Oberlandesgerichts wahrgenommen werden. ²Führt der Generalbundesanwalt die Ermittlungen, so sind an deren Stelle Ermittlungsrichter des Bundesgerichtshofes zuständig.

(2) Der für eine Sache zuständige Ermittlungsrichter des Oberlandesgerichts kann Untersuchungshandlungen auch dann anordnen, wenn sie nicht im Bezirk dieses Gerichts vorzunehmen sind.

Überblick

In Staatsschutzstrafsachen werden die richterlichen Befugnisse im vorbereitenden Verfahren von Ermittlungsrichtern des Oberlandesgerichts ausgeübt, die neben den Richtern beim Amtsgericht – jedoch ohne örtliche Beschränkung – zuständig sind. Führt – wie im Regelfall – der Generalbundesanwalt die Ermittlungen, ist an deren Stelle der Ermittlungsrichter des Bundesgerichtshofs entscheidungsbefugt.

A. Einleitung

1   Wegen der in **Staatsschutzstrafsachen** regelmäßig nötigen besonderen Erfahrung sieht § 169 StPO vor, dass die richterlichen Aufgaben im vorbereitenden Verfahren – neben dem weiterhin allgemein zuständigen Ermittlungsrichter des Amtsgerichts (§ 162 StPO) – auch vom **Ermittlungsrichter des Oberlandesgerichts und des Bundesgerichtshofs** wahrgenommen werden. In Betracht kommen hier die originäre Zuständigkeit der Oberlandesgerichte im ersten Rechtszug nach § 120 Abs 1 GVG sowie die evokative Zuständigkeit nach § 120 Abs 2 GVG.

B. Zuständigkeiten

Der **Ermittlungsrichter des Bundesgerichtshofs** ist zuständig, wenn und solange der 2 Generalbundesanwalt die staatsanwaltschaftlichen Kompetenzen ausübt. Im Fall der originären Zuständigkeit nach § 120 Abs 1 GVG also von Anfang an bis zu einer etwaigen Abgabe an den Generalstaatsanwalt bei dem zuständigen Oberlandesgericht (§ 142a Abs 2 StPO) und im Bereich der evokativen Zuständigkeit nach § 120 Abs 2 GVG von der Übernahme (durch Ausübung des Evokationsrechts) bis zu einer etwaigen Abgabe an die Landesstaatsanwaltschaft (§ 142a Abs 4 StPO). Er kann per se im gesamten „Bezirk" des Bundesgerichtshofs, also im gesamten Bundesgebiet, tätig werden. Im Falle einer Abgabe überträgt der Ermittlungsrichter des Bundesgerichtshofs die Zuständigkeit als **Haftrichter entsprechend § 126 Abs 1 S 3 StPO** auf das Amtsgericht des Ermittlungs- oder Haftorts (BGH NJW 1973, 475). Die vom Ermittlungsrichter des Bundesgerichtshofs getroffenen Anordnungen bleiben wirksam, bis sie der nunmehr zuständige Ermittlungsrichter aufhebt oder ändert.

Der **Ermittlungsrichter des Oberlandesgerichts** ist zuständig, wenn und solange der 3 Generalstaatsanwalt bei diesem Oberlandesgericht nach Abgabe der Sache durch den Generalbundesanwalt (§ 142a Abs 2 und Abs 4 StPO) die Ermittlungen führt. Nach **Abs 2** kann dieser Ermittlungsrichter Untersuchungshandlungen auch dann anordnen, wenn sie im **Bezirk eines anderen Oberlandesgerichts** vorzunehmen sind. Dabei kann er die angeordnete Untersuchungshandlung entweder selbst vornehmen (§ 166 GVG) oder den örtlich zuständigen Richter beim Amtsgericht im Wege der – innerstaatlichen – Rechtshilfe (§ 157 GVG) um die Vornahme ersuchen.

Der **Ermittlungsrichter des Amtsgerichts** (§ 162 StPO) bleibt daneben weiterhin 4 uneingeschränkt zuständig. In dringenden Fällen, in denen ein Ermittlungsrichter des Bundesgerichtshofs oder des Oberlandesgerichts nicht rechtzeitig zu erreichen ist, muss in der Praxis auf den Ermittlungsrichter des Amtsgerichts zurückgegriffen werden. Dieser darf ein an ihn gerichtetes Ersuchen nicht wegen Unzuständigkeit ablehnen.

C. Beschwerde

Beschwerden gegen die Verfügungen, Anordnungen oder Beschlüsse des Ermittlungs- 5 richters des Oberlandesgerichts sind nur zulässig, soweit sie die **Verhaftung, einstweilige Unterbringung, Beschlagnahme oder Durchsuchung** betreffen (§ 304 Abs 5 StPO). Entscheidungsbefugt ist das Oberlandesgericht (§ 120 Abs 3 GVG). Ist aber in den in § 304 Abs 5 StPO bezeichneten Fällen eine Verfügung des Ermittlungsrichters des Bundesgerichtshofs angefochten, so entscheidet der Bundesgerichtshof (§ 135 Abs 2 GVG). Mit der Abgabe nach § 142a Abs 2 und Abs 4 GVG entfällt sowohl die Zuständigkeit des Ermittlungsrichters des Bundesgerichtshofs als auch die Beschwerdezuständigkeit des Bundesgerichtshofs (BGH NJW 1973, 477). Die gleiche Rechtsfolge tritt mit der Anklageerhebung beim Oberlandesgericht ein (BGH NJW 1977, 2175).

§ 169a [Vermerk über Abschluss der Ermittlungen]

Erwägt die Staatsanwaltschaft, die öffentliche Klage zu erheben, so vermerkt sie den Abschluß der Ermittlungen in den Akten.

Überblick

Der Abschlussvermerk trennt das Ermittlungsverfahren in einen Ermittlungsteil und einen Entschließungsteil (Rn 1 ff). Er ist schriftlich in den Akten niederzulegen (Rn 4) und hat Auswirkungen auf die Verteidigerbestellung und das Akteneinsichtsrecht (Rn 6). Die Staatsanwaltschaft ist gleichwohl berechtigt, weitere Ermittlungen zu führen (Rn 7 ff).

A. Abschluss der Ermittlungen

Bevor die Staatsanwaltschaft die öffentliche Klage erhebt, hat sie den Abschluss der Ermitt- 1 lungen in den Akten zu vermerken. Dies ist in folgenden Fällen erforderlich:

StPO § 169a Zweites Buch. 2. Abschnitt

- Einreichung einer Anklageschrift (§ 170 Abs 1 StPO), auch wenn die Anklageerhebung durch das OLG im Klageerzwingungsverfahren (§ 175 StPO) angeordnet worden war (Löwe/Rosenberg/Erb StPO § 169a Rn 2; SK-StPO/Wohlers StPO § 169a Rn 2)
- Antrag auf Erlass eines Strafbefehls (§ 407 StPO)
- Antrag auf Entscheidung im beschleunigten Verfahren (§§ 417 StPO ff)
- Antrag auf Entscheidung im vereinfachten Jugendverfahren (§§ 76 JGG ff)
- Antrag im Sicherungsverfahren (§§ 413 StPO ff)

Mit dem Abschlussvermerk stellt die Staatsanwaltschaft fest, dass die Erforschung des Sachverhalts iSd § 160 Abs 1 StPO insoweit abgeschlossen ist, als dies zur Beurteilung des hinreichenden Tatverdachts iSd § 203 StPO geboten erscheint. Bei einer Einstellung des Verfahrens bedarf es eines Abschlussvermerkes nicht.

1.1 Im Schrifttum wird die Meinung vertreten, § 169a StPO finde – aufgrund des systematischen Zusammenhangs – auch vor einer Einstellung gem § 153a Abs 1 StPO Anwendung, also bevor die erforderlichen Zustimmungen anderer Verfahrensbeteiligter eingeholt werden (Löwe/Rosenberg/Erb StPO § 169a Rn 3; SK-StPO/Wohlers StPO § 169a Rn 2). Dem steht jedoch bereits der Wortlaut der Vorschrift entgegen, der den Abschlussvermerk ausschließlich bei Erhebung der öffentlichen Klage vorsieht.

B. Zeitpunkt

2 Der Abschluss der Ermittlungen ist in den Akten zu vermerken, sobald die Staatsanwaltschaft das Verfahren aus ihrer Sicht für abschlussreif iSd oben genannten Vorschriften hält. Sie darf die Abschlussentscheidung – aufgrund des Beschleunigungsgebotes und des Verhältnismäßigkeitsgrundsatzes (BGH MDR 1988, 939) – nicht verzögern, weil die durch das Ermittlungsverfahren für den Beschuldigten entstandenen Belastungen nicht länger als unbedingt erforderlich aufrechterhalten werden dürfen; die ungerechtfertigte Verzögerung kann Amtshaftungsansprüche begründen (BGHZ 20, 182). Es stellt jedoch keine rechtsstaatswidrige Verfahrensverzögerung dar, wenn die Staatsanwaltschaft erst im Laufe eines Klageerzwingungsverfahrens zur Anklageerhebung übergeht (BGH NStZ-RR 2002, 219).

3 Richtet sich das Verfahren gegen mehrere Beschuldigte, so ist vor dem Vermerk über den Abschluss der Ermittlungen gegen einzelne der Stand der Ermittlungen gegen die übrigen zu berücksichtigen (Nr 109 Abs 2 RiStBV). Dies bedeutet, dass die Staatsanwaltschaft den Abschlussvermerk regelmäßig erst anbringt, wenn die Ermittlungen gegen alle diejenigen Beschuldigten abgeschlossen sind, gegen die – ggf unter Abtrennung des Verfahrens gegen die übrigen Beschuldigten – Anklage erhoben werden soll (Löwe/Rosenberg/Erb StPO § 169a Rn 4).

C. Form

4 Der Vermerk ist in den Akten niederzulegen und mit Datum und Unterschrift des Staatsanwalts zu versehen (Nr 109 Abs 3 S 1 RiStBV). Eine darüber hinausgehende besondere Form ist nicht vorgeschrieben, der Vermerk muss jedoch erkennen lassen, gegen welche Beschuldigten die Ermittlungen abgeschlossen sind (Nr 109 Abs 3 S 2 RiStBV). Eine Begründung ist nicht erforderlich. In der Praxis ist der Abschlussvermerk regelmäßig einer der ersten Punkte der Begleitverfügung zur Anklageschrift. Üblicherweise wird folgende Formulierung verwendet: „Die Ermittlungen sind abgeschlossen".

5 Eine Mitteilung über den Abschluss der Ermittlungen an die Verfahrensbeteiligten sieht das Gesetz nicht vor.

D. Verfahrensrechtliche Wirkungen

6 Der Vermerk ist keine Prozessvoraussetzung, so dass die Anklageerhebung auch ohne Abschlussvermerk wirksam ist. Mit dem Anbringen des Vermerks ist dem Beschuldigten auf Antrag der Staatsanwaltschaft in den Fällen des § 140 Abs 1 und 2 StPO ein Verteidiger zu bestellen (§ 141 Abs 3 S 3 StPO) und dem Verteidiger uneingeschränktes Akteneinsichtsrecht (§ 147 Abs 2 StPO) zu gewähren. Wurde dem Verteidiger während des Ermittlungsverfahrens Akteneinsicht versagt, ist er gem § 147 Abs 6 S 2 StPO über den Wegfall der Beschränkung zu unterrichten – ggf konkludent durch Gewährung der Akteneinsicht.

E. Weitere Ermittlungen

Der Abschlussvermerk bildet eine Zäsur für das Ermittlungsverfahren und bringt zum Ausdruck, dass die Staatsanwaltschaft die für die Entscheidung nach § 170 StPO relevanten Ermittlungsmöglichkeiten für ausgeschöpft hält (SK-StPO/Wohlers StPO § 169 a Rn 2). Gleichwohl kann die Staatsanwaltschaft nach **hM** auch danach noch weitere Ermittlungen durchführen. Sie ist hierzu in weitem Umfang selbst nach Anklageerhebung befugt, solange sie nicht störend in die gerichtliche Tätigkeit eingreift, insbes nicht bevorstehenden richterlichen Ermittlungshandlungen zuvorkommt (BGH Urt v 1. 2. 1955 – Az 1 StR 691/54).

Ob und in welchem Umfang die Staatsanwaltschaft nach Anbringen des Abschlussvermerks gem § 169 a StPO – insbes nach Anklageerhebung und Eröffnung des Hauptverfahrens – noch berechtigt oder sogar verpflichtet ist, weiter zu ermitteln, wird in jüngster Zeit kontrovers diskutiert. Das Gesetz enthält keine Regelung über die Zulässigkeit staatsanwaltlicher Ermittlungen im Zwischen- und Hauptverfahren.

Nach **hM** (zurückgehend auf RGSt 60, 263; dem folgend OLG Stuttgart MDR 1983, 955; KK-StPO/Griesbaum StPO § 169 a Rn 1; Meyer-Goßner StPO § 169 a Rn 2; Löwe/Rosenberg/Erb StPO § 169 a Rn 1 und 4; KMR/Plöd StPO § 169 a Rn 3) bleibt die Staatsanwaltschaft auch nach Erhebung der Anklage und Eröffnung des Hauptverfahrens in weitem Umfang zu eigenen Ermittlungshandlungen befugt.

Demgegenüber setzt eine Mindermeinung im Schrifttum der Ermittlungsbefugnis der Staatsanwaltschaft enge Grenzen. Nach Auffassung von Strauß (NStZ 2006, 556 ff; dagegen Hildenstab NStZ 2008, 249 ff) fehlt der Staatsanwaltschaft ab Anklageerhebung die Ermächtigungsgrundlage für weitere eigenständige Ermittlungen. Die Kompetenz für die Anordnung weiterer Ermittlungen liege dann allein bei Gericht. Hahn (GA 1978, 331 ff) verneint die Zulässigkeit förmlicher Zeugenvernehmungen durch die Staatsanwaltschaft während des Hauptverfahrens unter Heranziehung des Grundsatzes der Waffengleichheit. Mit der Anklageerhebung gehe die Verfahrensherrschaft auf das Gericht über. Strate (StV 1985, 337 ff) zieht aus der Kompetenzanordnung des Hauptverfahrens den Schluss, dass die staatsanwaltliche Ermittlungsbefugnis grundsätzlich mit Eröffnung des Hauptverfahrens endet. Mit dem Eröffnungsbeschluss entfalle nicht nur die zeitliche, sondern wegen Zweckerreichung auch die sachliche Befugnis der Staatsanwaltschaft zu Ermittlungen.

Nach der hier vertretenen – herrschenden – Auffassung sind staatsanwaltliche Ermittlungen in allen Verfahrensabschnitten zulässig, soweit dadurch das gerichtliche Verfahren nicht gestört wird. Dies ergibt sich zunächst aus der Aufgabe der Staatsanwaltschaft. Die Staatsanwaltschaft ist trotz des Übergangs der Verfahrensherrschaft auf das Gericht mit Anklageerhebung auch nach diesem Zeitpunkt berechtigt und sogar verpflichtet, die Wahrheit zu erforschen, auf die bestmögliche Sachaufklärung hinzuwirken, an dem weiteren Verfahren gestaltend mitzuwirken, be- und entlastende Spuren weiterzuverfolgen und sich dabei der ihr zustehenden Zwangsmittel zu bedienen. Dies lässt sich zum einen § 98 Abs 3 StPO entnehmen, der Regelungen für die Beschlagnahme von Gegenständen durch die Staatsanwaltschaft nach Erhebung der öffentlichen Klage enthält. Zum anderen folgt dies auch daraus, dass die Staatsanwaltschaft bis zur Entscheidung über die Eröffnung zur Rücknahme der Anklage berechtigt ist und deshalb die Befugnis haben muss, die Grundlagen für diese Entscheidung zu ermitteln. Darüber hinaus gebietet der Beschleunigungsgrundsatz in Haftsachen, welcher vor allem bei komplexen Sachverhalten in den Bereichen der Organisierten Kriminalität sowie in Wirtschaftsstraf- und Terrorismusverfahren eine Rolle spielt, so bald als möglich Anklage zu erheben, auch wenn Ermittlungen zB zum Rechtsfolgenausspruch (vgl § 160 Abs 3 StPO) noch nicht abgeschlossen sind. Ferner können nachträglich, von der Staatsanwaltschaft nicht zu beeinflussende Umstände („aufgedrängte" Beweismittel wie zB ein Zeuge, der sich überraschend und freiwillig bei der Polizei oder der Staatsanwaltschaft meldet oder Zufallsfunde gem § 108 StPO in anderen Verfahren) weitere Ermittlungen erforderlich machen. Für rechtlich selbstständige Taten ergibt sich die Kompetenz zu weiteren Ermittlungen auch aus der Befugnis gem § 266 StPO Nachtragsanklage zu erheben. Soweit die Staatsanwaltschaft im Rahmen ihrer eigenständigen Ermittlungen richterliche Untersuchungshandlungen für geboten hält, richtet sie ihre Anträge gem § 202 StPO an das mit der Sache befasst Gericht, so dass sich dadurch auch keine Friktionen mit dem Verfahrensgang ergeben können.

Sind weitere Ermittlungen durchgeführt worden, bedarf es nach deren Beendigung keines erneuten Abschlussvermerkes (Löwe/Rosenberg/Erb StPO § 169 a Rn 4).

F. Rechtsbehelfe

9 Über § 23 EGGVG kann weder das Anbringen des Vermerks angefochten noch seine Vornahme erzwungen werden, weil der Vermerk keine rechtsbelastende Wirkung entfaltet (Bottke StV 1986, 120, 123; Nagel StV 2001, 185, 189). Die Revision kann nicht auf das Fehlen des Abschlussvermerks gestützt werden, weil das Urteil ausschließlich auf dem Ergebnis der Hauptverhandlung beruht (BGH NJW 1967, 1869).

§ 170 [Erhebung der öffentlichen Klage; Einstellung des Verfahrens]

(1) Bieten die Ermittlungen genügenden Anlaß zur Erhebung der öffentlichen Klage, so erhebt die Staatsanwaltschaft sie durch Einreichung einer Anklageschrift bei dem zuständigen Gericht.

(2) ¹**Andernfalls stellt die Staatsanwaltschaft das Verfahren ein.** ²**Hiervon setzt sie den Beschuldigten in Kenntnis, wenn er als solcher vernommen worden ist oder ein Haftbefehl gegen ihn erlassen war; dasselbe gilt, wenn er um einen Bescheid gebeten hat oder wenn ein besonderes Interesse an der Bekanntgabe ersichtlich ist.**

Überblick

Die Vorschrift ist Ausdruck des Legalitätsprinzips. Sie normiert den Abschluss des Ermittlungsverfahrens durch die gesetzlich vorgesehenen Regelfälle der Erhebung der öffentlichen Klage bei genügendem Anlass hierzu (Rn 1 ff) in Form der Einreichung einer Anklageschrift (Rn 8) oder der Einstellung des Verfahrens mangels hinreichenden Tatverdachts (Rn 13 ff). Abs 2 S 2 regelt die Fälle, in denen eine Einstellungsnachricht an den Beschuldigten zu erfolgen hat (Rn 21 ff).

Übersicht

	Rn		Rn
A. Erhebung der öffentlichen Klage (Abs 1)	1	B. Einstellung des Verfahrens (Abs 2)	13
I. Hinreichender Tatverdacht	2	I. Einstellungsgründe (Abs 2 S 1)	14
1. Tatsächliche Voraussetzungen des hinreichenden Tatverdachts	3	II. Teileinstellung	17
2. Rechtliche Voraussetzungen des hinreichenden Tatverdachts	4	III. Form der Einstellung	18
		IV. Wirkung der Einstellung	19
II. Vernehmung des Beschuldigten	7	V. Einstellungsnachricht (Abs 2 S 2)	21
III. Einreichung einer Anklageschrift	8	1. Erfordernis einer Einstellungsnachricht	22
IV. Zuständiges Gericht	10	2. Inhalt der Einstellungsnachricht	24
V. Verfahrensrechtliche Wirkung	11	3. Belehrung	25
VI. Rechtsbehelf	12	4. Form	26
		VI. Rechtsbehelf	27

A. Erhebung der öffentlichen Klage (Abs 1)

1 Die Staatsanwaltschaft erhebt öffentliche Klage, wenn die Ermittlungen hierzu genügenden Anlass bieten, mithin in tatsächlicher und rechtlicher Hinsicht einen hinreichenden Tatverdacht iSd § 203 StPO ergeben haben und die Staatsanwaltschaft nicht aus Opportunitätsgründen (vgl Rn 15) von der Strafverfolgung absieht.

I. Hinreichender Tatverdacht

2 Hinreichender Tatverdacht ist gegeben, wenn nach vorläufiger Bewertung (BGH NJW 1970, 2071) des sich aus dem gesamten Akteninhalt ergebenden Sachverhalts und der Beweisergebnisse eine Verurteilung des Beschuldigten wahrscheinlicher als ein Freispruch ist, mithin eine überwiegende Wahrscheinlichkeit für eine Verurteilung besteht (BGHSt 15, 155, 158;

OLG Bremen NStZ-RR 2000, 270). Der Wahrscheinlichkeitsgrad ist derselbe wie für die Eröffnungsentscheidung gem § 203 StPO. Ein dringender Tatverdacht ist nicht erforderlich. Die Staatsanwaltschaft hat bei ihrer Entscheidung – abgesehen von den Einstellungsmöglichkeiten nach Opportunitätsbestimmungen – keinen Ermessensspielraum. Der unbestimmte Rechtsbegriff „hinreichender Tatverdacht" eröffnet jedoch einen Beurteilungsspielraum (BVerfG NStZ 2002, 606; BGH NJW 1970, 1543). Die Staatsanwaltschaft hat dabei eine eigene Prognoseentscheidung zu treffen, ob sie selbst nach vorläufiger Bewertung der Sach- und Rechtslage am Ende einer Hauptverhandlung wahrscheinlich zu einem Antrag auf Verurteilung gelangen würde. Die Prüfung des hinreichenden Tatverdachts umfasst sowohl die tatsächlichen Voraussetzungen als auch die rechtliche Bewertung der Tat.

1. Tatsächliche Voraussetzungen des hinreichenden Tatverdachts

Die Staatsanwaltschaft hat zunächst zu prüfen, ob der von ihr ermittelte Sachverhalt mit 3 den zur Verfügung stehenden Beweismitteln am Ende einer Hauptverhandlung wahrscheinlich zur Überzeugung des Gerichts festzustellen sein wird. Ist eine Verurteilung wahrscheinlicher als ein Freispruch, muss die Staatsanwaltschaft anklagen (BGH NJW 2000, 2672). Der Zweifelsgrundsatz in dubio pro reo findet dabei keine unmittelbare Anwendung, weil er lediglich bei der gerichtlichen Entscheidung isd § 261 StPO nach abgeschlossener Beweiswürdigung greift (BGH NStZ-RR 2003, 271). Bei ihrer Prognoseentscheidung hat die Staatsanwaltschaft diesen Grundsatz jedoch insoweit mittelbar zu berücksichtigen, als die Nachweisbarkeit des Tatvorwurfs in die staatsanwaltschaftliche Prognose einfließt und zu erwarten sein muss, dass etwaige Zweifel in der Hauptverhandlung überwunden werden können (OLG Bamberg NStZ 1991, 252). Die Aufklärung von Widersprüchen zwischen den Angaben des Beschuldigten und den vorhandenen Beweisergebnissen darf der Hauptverhandlung überlassen werden (BGH NJW 1970, 1543, 1544).

2. Rechtliche Voraussetzungen des hinreichenden Tatverdachts

Hinreichender Tatverdacht setzt ferner voraus, dass der erweisbare Sachverhalt in recht- 4 licher Hinsicht strafbar ist. Dies erfordert zunächst, dass die Prozessvoraussetzungen für das weitere Verfahren gegeben sind.

Eine Anklageerhebung scheidet daher beim Vorliegen von endgültigen **Verfahrenshindernissen** 4.1 aus, zB bei Strafverfolgungsverjährung (§§ 78 StGB ff), Fehlen des erforderlichen Strafantrags, anderweitiger Rechtshängigkeit oder Strafklageverbrauch, Tod oder dauernder Verhandlungsunfähigkeit des Beschuldigten, Immunität von Abgeordneten, Unanwendbarkeit des deutschen Strafrechts nach §§ 3 StGB ff und beschränkenden Auslieferungsbedingungen nach dem Spezialitätsgrundsatz (§ 72 IRG). Kommt eine Anklageerhebung aufgrund eines vorübergehenden Verfahrenshindernisses nicht in Betracht, ist das Verfahren gem § 205 StPO vorläufig einzustellen.

Bei der vorläufigen Beweiswürdigung sind grundsätzlich auch **Beweisverwertungsver-** 5 **bote** zu berücksichtigen. Bei widerspruchsabhängigen Beweisverwertungsverboten gilt dies nur, wenn ein solcher bis zur Anklageerhebung angekündigt ist, weil ein Verwertungsverbot nach der Widerspruchslösung des BGH nur dann seine Wirkung entfaltet, wenn der verteidigte Angeklagte der Verwertung rechtzeitig und inhaltlich begründet widerspricht (BGH NStZ 2008, 55, 56 mwN).

Rechtliche Zweifel an der Strafbarkeit des wahrscheinlich erweisbaren Sachverhalts kön- 6 nen die Prognose der Staatsanwaltschaft über die Wahrscheinlichkeit der Verurteilung beeinflussen, dürfen sie aber nicht von einer Klageerhebung abhalten, wenn zu der zugrunde liegenden Rechtsfrage bereits eine **ständige oder gefestigte höchstrichterliche Rechtsprechung** iS einer Strafbarkeit existiert (BGHSt 15, 155, 158). Eine solche Bindung der Staatsanwaltschaft an die Rechtsprechung ist allerdings streitig.

Der BGH hatte im Jahr 1960 in einem obiter dictum eine Bindung der Staatsanwaltschaft an eine 6.1 „feste höchstrichterliche Rechtsprechung" ausdrücklich für den Fall bejaht, dass die Staatsanwaltschaft ein Verhalten entgegen der Rechtsprechung für straflos hält. Anderenfalls wären die Einheitlichkeit der Rechtsanwendung und die Gleichheit vor dem Gesetz gefährdet. Zudem würde die Gewaltenteilung außer Acht gelassen, da die Frage, ob ein Verhalten strafbar ist, dann nicht mehr

StPO § 170   Zweites Buch. 2. Abschnitt

von der höchstrichterlichen Gesetzesanwendung, sondern von der Rechtsansicht der jeweiligen Anklagebehörde abhinge. Die Staatsanwaltschaft habe daher aufgrund des Legalitätsprinzips gleichwohl Anklage zu erheben (BGHSt 15, 155, 158). Im Schrifttum wird eine solche Bindung der Staatsanwaltschaft überwiegend abgelehnt und dabei vor allem auf die Unabhängigkeit der Staatsanwaltschaft (§ 150 GVG) verwiesen. Darüber hinaus unterliege die Auffassung der Staatsanwaltschaft in den Fällen ohnehin einer richterlichen Überprüfung, in denen der Verletzte Strafantrag gestellt habe und den Klageerzwingungsweg gem § 172 StPO beschreite (Löwe/Rosenberg/Graalmann-Scherer StPO § 170 Rn 26 f; SK-StPO/Wohlers StPO § 170 Rn 32 f). Auch bei Bejahung einer Bindungswirkung kann die Staatsanwaltschaft in der Hauptverhandlung dennoch Freispruch beantragen und Berufung oder Revision zugunsten des Angeklagten einlegen und so versuchen, eine Änderung der Rechtsprechung zu bewirken.

6.2   Für den Fall, dass die Staatsanwaltschaft einen Sachverhalt entgegen der höchstrichterlichen Rechtsprechung für strafbar hält, wird eine Bindungswirkung ganz überwiegend abgelehnt (vgl für viele: Löwe/Rosenberg/Graalmann-Scherer § 170 Rn 26 und SK-StPO/Wohlers StPO § 170 Rn 27 jeweils mwN). Der Staatsanwaltschaft ist es daher erlaubt, Anklage zu erheben, weil nur auf diesem Weg eine Änderung der Rechtsprechung möglich ist.

6.3   Ist eine Strafvorschrift neu ergangen oder besteht noch keine feste höchstrichterliche Rechtsprechung dazu, so hat die Staatsanwaltschaft anhand der anerkannten Auslegungsregeln in eigener Verantwortung zu prüfen, ob der ermittelte Sachverhalt einen Straftatbestand erfüllt und mit einer Verurteilung zu rechnen ist (BGHSt 15, 155, 158).

II. Vernehmung des Beschuldigten

7   Bevor die Entscheidung nach § 170 Abs 1 StPO über die Anklageerhebung getroffen wird, ist der Beschuldigte zu vernehmen. Ist das Verfahren „einstellungsreif", bedarf es einer Beschuldigtenvernehmung nicht (vgl § 163 a StPO Rn 2).

III. Einreichung einer Anklageschrift

8   Die Erhebung der öffentlichen Klage erfolgt, indem die Staatsanwaltschaft den Abschluss der Ermittlungen aktenkundig macht (§ 169 a StPO) und sodann eine der folgenden Möglichkeiten der Erhebung der öffentlichen Klage wählt:

• Einreichung einer Anklageschrift (§ 199 Abs 2 StPO, § 200 StPO)
• Antrag auf Erlass eines Strafbefehls (§ 407 StPO)
• Antrag auf Entscheidung im beschleunigten Verfahren (§§ 417 StPO ff)
• Antrag auf Entscheidung im vereinfachten Jugendverfahren (§§ 76 JGG ff)
• Antrag im Sicherungsverfahren (§§ 413 StPO ff)
• Erhebung einer Nachtragsanklage (§ 266 StPO)

9   Die Anklageschrift enthält die Prozesserklärung der Anklageerhebung. Diese erfolgt durch Einreichung einer Anklageschrift bei Gericht mit dem Antrag, das Hauptverfahren zu eröffnen (§ 199 Abs 2 S 1 StPO). Sie ist zudem ein prozessvorbereitender Schriftsatz, der einen bestimmten Prozessgegenstand kennzeichnen muss. Die Form und der Inhalt der Anklageschrift ergeben sich aus § 199 Abs 2 StPO, § 200 StPO. Mit der Erhebung der öffentlichen Klage hat die Staatsanwaltschaft dem Gericht die Akten vollständig vorzulegen (vgl hierzu § 199 StPO Rn 5).

9.1   Die Staatsanwaltschaft hat die Anklageerhebung nach der MiStra verschiedenen Behörden mitzuteilen, ua bei Beamten (Nr 15), Jugendlichen und Heranwachsenden (Nr 32), Waffendelikten (Nr 36 ff), Ausländern (Nr 42) und Gefangenen (Nr 43).

IV. Zuständiges Gericht

10   Die Staatsanwaltschaft hat die Anklageschrift an das gem §§ 24 GVG ff, §§ 74 GVG ff, § 120 GVG sachlich und gem §§ 7 StPO ff örtlich zuständige Gericht zu übersenden. Das Gericht ist an die diesbezügliche Beurteilung der Staatsanwaltschaft jedoch nicht gebunden, sondern hat seine Zuständigkeit von Amts wegen zu überprüfen (§ 6 StPO, § 16 StPO). Hält sich das Gericht für sachlich unzuständig, verweist es die Sache an das nach seiner Auffassung zuständige Gericht (§ 209 StPO, § 209 a StPO, für das Strafbefehlsverfahren § 408 Abs 1 S 2 StPO). Im Falle der – nur bis zur Eröffnung des Hauptverfahrens von Amts wegen zu

Vorbereitung der öffentlichen Klage § 170 StPO

prüfenden – örtlichen Unzuständigkeit, erklärt sich das Gericht durch Beschluss für örtlich unzuständig (§ 16 StPO Rn 1).

V. Verfahrensrechtliche Wirkung

Die Erhebung der öffentlichen Klage ist Prozessvoraussetzung für die gerichtliche Untersuchung (Akkusationsprinzip, § 151 StPO). Zur Erhebung der öffentlichen Klage ist allein die Staatsanwaltschaft berufen (§ 152 Abs 1 StPO); sie hat das Anklagemonopol. Erst wenn dem Gericht ein bestimmter Prozessgegenstand von der Anklagebehörde unterbreitet wird, wird eine gerichtliche Untersuchung ausgelöst. Das Gericht wird zu diesem Zeitpunkt mit der Sache befasst (OLG Düsseldorf MDR 1981, 691), das Verfahren anhängig. Rechtshängigkeit tritt aber erst mit der Eröffnung der gerichtlichen Untersuchung ein (§ 156 StPO). Der Beschuldigte wird gem § 157 StPO zum Angeschuldigten und daher bereits in der Anklageschrift als solcher bezeichnet. 11

VI. Rechtsbehelf

Gegen die Erhebung der öffentlichen Klage besteht kein eigenständiges Rechtsmittel. Rechtsschutz wird dem Beschuldigten vielmehr durch das Zwischenverfahren gewährt. 12

B. Einstellung des Verfahrens (Abs 2)

Sofern die Ermittlungen keinen genügenden Anlass zur Erhebung der öffentlichen Klage bieten, ist das Verfahren ohne Verzögerungen einzustellen. Die Einstellung kann auch ohne weitere Ermittlungen iSd § 160 Abs 1 StPO erfolgen, wenn bereits der angezeigte Sachverhalt aus rechtlichen Gründen keinen hinreichenden Tatverdacht begründet oder erfolgversprechende Ermittlungsansätze nicht bestehen. Fehlt es bereits an einem Anfangsverdacht iSd § 152 Abs 2 StPO, so wird dem Antrag auf Erhebung der öffentlichen Klage keine Folge gegeben (§ 171 S 1 Alt 1 StPO). 13

I. Einstellungsgründe (Abs 2 S 1)

§ 170 Abs 2 StPO regelt lediglich die Einstellung mangels hinreichenden Tatverdachts. Darüber hinaus bestehen folgende weitere Einstellungsmöglichkeiten: 14
- Einstellung aus Opportunitätsgründen (§ 153 StPO bis § 154 e StPO)
- Verweisung auf den Privatklageweg mangels öffentlichen Interesses an der Strafverfolgung (vgl Rn 17)
- Abgabe an die Verwaltungsbehörde, wenn die Tat **nur** unter dem Gesichtspunkt einer Ordnungswidrigkeit zu verfolgen ist (§ 43 OWiG)
- Einstellung gem § 205 StPO bei Vorliegen eines vorübergehenden Verfahrenshindernisses

> Im Steuerstrafverfahren ist nach denselben Grundlagen vorzugehen, jedoch sind die Kompetenzen differenzierter geregelt. Wenn die Finanzbehörde das Ermittlungsverfahren gem § 386 Abs 2 AO selbständig betreibt, stehen ihr gem § 199 Abs 1 AO für die Einstellung des Verfahrens dieselben Möglichkeiten zu wie der Staatsanwaltschaft. Die öffentliche Klage kann die Finanzbehörde durch die Beantragung eines Strafbefehls gem § 400 AO erheben und sie kann zudem gem § 401 AO einen Antrag auf Einleitung des objektiven Verfahrens iSd § 440 StPO, § 442 StPO stellen. Ist indes die Einreichung einer Anklageschrift geboten, hat die Finanzbehörde die Akten zu diesem Zweck der Staatsanwaltschaft vorzulegen (§ 400 AO). 14.1

Aus tatsächlichen Gründen fehlt es an einem hinreichenden Tatverdacht, wenn nach dem Ergebnis der Ermittlungen der Nachweis eines strafbaren Verhaltens – zB mangels verwertbarer Beweise – nicht mit der erforderlichen Wahrscheinlichkeit geführt werden kann. Aus rechtlichen Gründen ist ein hinreichender Tatverdacht zu verneinen, wenn Rechtfertigungs-, Entschuldigungs-, Schuldausschließungs- oder Strafausschließungsgründe sowie nicht behebbare Verfahrenshindernisse (vgl Rn 4) vorliegen. 15

> Die Verweisung auf den Privatklageweg mangels öffentlichen Interesses an der Strafverfolgung (§ 376 StPO; Nr 87 RiStBV, Nr 89 RiStBV) ist ein Unterfall der Einstellung mangels hinreichen- 15.1

StPO § 170

den Tatverdachts aus rechtlichen Gründen, weil ein Verfahrenshindernis für das Offizialverfahren besteht. Ob das öffentliche Interesse fehlt, entscheidet die Staatsanwaltschaft nach eigenem, gerichtlich nicht nachprüfbarem Ermessen (BVerfGE 51, 176, 182 ff = NJW 1979, 1591; vgl aber Nr 87 Abs 2 S 1 RiStBV).

16   Ist der Beschuldigte vor der abschließenden Entscheidung der Staatsanwaltschaft verstorben, bedarf es einer konstitutiven Einstellungsverfügung (BGHSt 45, 108 ff unter Aufgabe der früheren Rspr; vgl BGH NJW 1983, 463). Die Staatsanwaltschaft hat das Verfahren mangels hinreichenden Tatverdachts aufgrund eines Verfahrenshindernisses einzustellen (Meyer-Goßner StPO § 206a Rn 8; SK-StPO/Wohlers StPO § 170 Rn 14; AK/Achenbach StPO § 170 Rn 13). Ein Vermerk des Endes des Ermittlungsverfahrens in den Akten – ohne förmliche Entscheidung – genügt nicht (so aber KMR/Plöd StPO § 170 Rn 10 unter Hinweis auf die frühere Rspr des BGH).

II. Teileinstellung

17   Eine Teileinstellung ist zulässig, wenn sich das Verfahren gegen mehrere Beschuldigte richtet oder mehrere selbständige prozessuale Taten zum Gegenstand hat. Über eine Tat im prozessualen Sinn ist hingegen stets einheitlich zu entscheiden. Haben die Ermittlungen einen hinreichenden Tatverdacht lediglich im Hinblick auf einen von mehreren im Rahmen einer prozessualen Tat zusammentreffenden Tatbeständen ergeben, erfolgt keine Teileinstellung. Die Staatsanwaltschaft fertigt vielmehr – üblicherweise in der Begleitverfügung zur Anklageschrift – einen Vermerk, der darlegt, warum die Strafverfolgung nicht auf die übrigen Straftatbestände erstreckt wurde (KMR/Plöd StPO § 170 Rn 13).

III. Form der Einstellung

18   Die Einstellung erfolgt durch eine begründete und unterschriebene Verfügung. Die Gründe sind entweder in einem gesonderten Vermerk oder in dem Einstellungsbescheid gem § 171 StPO darzulegen. Die Begründung muss die gesetzliche Grundlage sowie die wesentlichen rechtlichen oder tatsächlichen Gesichtspunkte der Einstellung erkennen lassen, kann sich mithin auf den maßgebenden Grund beschränken (Nr 88 RiStBV, Nr 89 Abs 2 RiStBV). Allgemeine, nichts sagende Redewendungen genügen indes nicht (Nr 89 Abs 2 RiStBV). Es muss vielmehr auf den konkreten Sachverhalt eingegangen werden.

18.1   Hat eine Behörde oder öffentliche Körperschaft Strafanzeige erstattet, teilt die Staatsanwaltschaft dieser Stelle vor ihrer Entscheidung die beabsichtigte Einstellung des Verfahrens mit und gewährt Gelegenheit zur Äußerung (Nr 90 Abs 1 RiStBV).

IV. Wirkung der Einstellung

19   Mit der Einstellung des Verfahrens endet die Beschuldigteneigenschaft. Etwaige Zwangsmaßnahmen (Haftbefehl, vorläufige Entziehung der Fahrerlaubnis etc) sind aufzuheben und es ist ggf eine Asservatenabwicklung vorzunehmen. Der Anspruch des Beschuldigten auf Akteneinsicht aus § 147 StPO entfällt (SK-StPO/Wohlers StPO § 170 Rn 58 mwN; Löwe/Rosenberg/Graalmann-Scherer StPO § 170 Rn 47: spätestens mit dem Ablauf der Frist für einen Antrag auf gerichtliche Entscheidung oder der Verwerfung eines solchen Antrags). Ein Akteneinsichtsgesuch ist danach gem § 475 StPO zu behandeln und setzt ein berechtigtes Interesse des Antragstellers voraus.

20   Die Einstellung gem § 170 Abs 2 StPO führt nicht zu einem Strafklageverbrauch. Das Verfahren kann daher jederzeit wieder aufgenommen werden, wenn Anlass dazu besteht (RGSt 67, 316).

V. Einstellungsnachricht (Abs 2 S 2)

21   Abs 2 S 2 regelt die Mitteilung der Einstellung an den Beschuldigten. Der Antragsteller, der zugleich Verletzter ist, ist gem § 171 StPO zu bescheiden.

1. Erfordernis einer Einstellungsnachricht

In folgenden Fällen hat die Staatsanwaltschaft den Beschuldigten von der Einstellung des Verfahrens zu unterrichten: 22
- Beschuldigtenvernehmung, unabhängig davon, ob es sich um eine polizeiliche, staatsanwaltschaftliche oder richterliche Vernehmung bzw eine schriftliche Äußerung gem § 163a Abs 1 S 2 StPO handelt und ob ein Protokoll gefertigt wurde; eine Vernehmung als Zeuge genügt aber nicht,
- Erlass eines Haftbefehls, auch wenn dieser weder eröffnet noch vollstreckt wurde,
- Bitte um Bescheid, auch formlos oder konkludent durch eine Sachstandsanfrage (Löwe/Rosenberg/Graalmann-Scherer StPO § 170 Rn 42) gegenüber einem Strafverfolgungsorgan,
- besonderes Interesse, zB wenn das Ermittlungsverfahren in der Öffentlichkeit oder im privaten Umfeld des Beschuldigten bekannt geworden ist oder er zur Vernehmung geladen wurde, aber nicht erschienen ist (Löwe/Rosenberg/Graalmann-Scherer StPO § 170 Rn 43), allerdings nur, wenn nach objektiven Gesichtspunkten ein Interesse des Beschuldigten an dem Ausgang des Verfahrens anzunehmen ist (vgl von der Heide NStZ 2008, 677).

Eine Mitteilungspflicht entfällt, wenn der Beschuldigte unbekannten Aufenthalts ist (SK-StPO/Wohlers StPO § 170 Rn 54). Waren die Ermittlungen wieder aufgenommen worden und werden sie erneut eingestellt, ist abermals eine Einstellungsnachricht an den Beschuldigten erforderlich. 23

2. Inhalt der Einstellungsnachricht

Die Einstellungsnachricht hat anzugeben, dass das Verfahren gem § 170 Abs 2 StPO eingestellt wurde, enthält aber in der Regel keine weitergehenden Gründe. Diese sind dem Beschuldigten jedoch auf Antrag mitzuteilen, wenn kein schutzwürdiges Interesse entgegensteht (Nr 88 S 1 RiStBV). Haben die Ermittlungen ergeben, dass der Beschuldigte unschuldig ist oder gegen ihn kein begründeter Tatverdacht mehr besteht, ist dies in der Mitteilung auszusprechen (Nr 88 S 2 RiStBV). Es kann zweckmäßig sein, die Einstellungsnachricht mit einer etwa erforderlichen Benachrichtigung gem § 101 StPO zu verbinden. 24

3. Belehrung

Die Einstellungsnachricht enthält grundsätzlich keine Belehrung, zumal der Beschuldigte die Einstellung nicht anfechten kann. Kommt eine Entschädigung nach dem StrEG in Betracht, so ist in die Einstellungsnachricht eine Belehrung über das Antragsrecht nach § 9 StrEG aufzunehmen. 25

4. Form

Grundsätzlich genügt eine formlose Übersendung der Einstellungsnachricht durch einfachen Brief (Nr 91 Abs 1 RiStBV). Eine Zustellung ist nur erforderlich, wenn der Beschuldigte Ansprüche nach dem StrEG geltend machen kann (vgl Nr 90 Abs 1 RiStBV), um die Monatsfrist für den Entschädigungsantrag gem § 9 Abs 1 S 4 StrEG in Gang zu setzen (Nr 91 Abs 1 S 2 und S 3 RiStBV). 26

VI. Rechtsbehelf

Der Anzeigeerstatter, der zugleich Verletzter ist, kann die Einstellungsverfügung im Wege des Klageerzwingungsverfahrens gem § 172 StPO anfechten. Den sonstigen Anzeigeerstattern steht kein förmlicher Rechtsbehelf zu. 27

Ein gerichtlich durchsetzbarer Anspruch auf Verfahrenseinstellung nach Abs 2 besteht nicht (BVerfG NStZ 1982, 430). Die Entscheidung der Staatsanwaltschaft ein nach § 170 Abs 2 StPO eingestelltes Ermittlungsverfahren wieder aufzunehmen, kann der Beschuldigte auch nicht gem § 23 EGGVG anfechten (OLG Frankfurt NStZ-RR 2008, 78, 79). Ebenso wenig besteht zum Zweck der Rehabilitierung bei „Einstellungsreife" ein Anspruch auf weitere Ermittlungen, die den Tatverdacht möglicherweise vollständig ausräumen könnten (BVerfG NStZ 1984, 228, 229). 27.1

§ 171 [Bescheidung des Antragstellers]

¹Gibt die Staatsanwaltschaft einem Antrag auf Erhebung der öffentlichen Klage keine Folge oder verfügt sie nach dem Abschluß der Ermittlungen die Einstellung des Verfahrens, so hat sie den Antragsteller unter Angabe der Gründe zu bescheiden. ²In dem Bescheid ist der Antragsteller, der zugleich der Verletzte ist, über die Möglichkeit der Anfechtung und die dafür vorgesehene Frist (§ 172 Abs. 1) zu belehren.

Überblick

§ 171 S 1 StPO normiert eine Bescheidungspflicht der Staatsanwaltschaft gegenüber demjenigen, der einen Antrag auf Erhebung der öffentlichen Klage (Rn 1) gestellt hat, und zwar für den Fall, dass die Staatsanwaltschaft entweder bereits einen Anfangsverdacht verneint oder das Verfahren endgültig einstellt (Rn 3). Der Bescheid ist zu begründen (Rn 10). S 2 regelt die Belehrung des Verletzten einer Straftat (Rn 14).

Übersicht

	Rn		Rn
A. Bescheidungspflicht	1	II. „Tenor" des Bescheids	9
I. Antrag auf Erhebung der öffentlichen Klage	1	III. Begründung	10
II. Einstellung des Verfahrens / Nichteinleitung	3	**C. Form des Bescheids**	11
III. Ausnahmen von der Bescheidungspflicht	7	**D. Belehrung des Verletzten (S 2)**	14
B. Inhalt des Bescheids	8	I. Allgemeines	14
I. Antragsteller	8	II. Inhalt	15
		III. Fehlende oder mangelnde Belehrung	16

A. Bescheidungspflicht

I. Antrag auf Erhebung der öffentlichen Klage

1 Ein Antrag auf Erhebung der öffentlichen Klage liegt in jedem ausdrücklichen oder konkludenten Verlangen auf Strafverfolgung in Form
- einer Strafanzeige nach § 158 Abs 1 S 1 StPO, jedoch nur, wenn darin das Begehren erkennbar wird, die Strafverfolgung gegen den Beschuldigten zu veranlassen,
- eines Strafantrags (§§ 77 StGB f),
- einer Ermächtigung zur Strafverfolgung (§ 77 e, 90 Abs 4 StGB, § 90 b Abs 2 StGB, § 194 Abs 4 StGB, § 353 a Abs 2 StGB) oder
- eines Strafverlangens (§ 77 e StGB, § 104 a StGB).

2 Der Antrag kann vom Verletzten auch noch während des bereits laufenden von Amts wegen oder aufgrund der Anzeige einer dritten Person eingeleiteten Ermittlungsverfahren sowie nach dessen Einstellung gestellt werden, um sich die in § 172 StPO bestimmte Rechtsstellung zu sichern (OLG Karlsruhe Justiz 1992, 187; KK-StPO/Schmid StPO § 171 Rn 2).

II. Einstellung des Verfahrens / Nichteinleitung

3 Die Bescheidungspflicht entsteht grundsätzlich bei jeder endgültigen Verfahrensbeendigung. Dies ist der Fall, wenn die Staatsanwaltschaft bereits einen Anfangsverdacht iSd § 152 Abs 2 StPO verneint und deshalb auf die Strafanzeige keine Ermittlungen einleitet oder wenn sie das Verfahren nach durchgeführten Ermittlungen wegen zumindest einer prozessualen Tat endgültig einstellt. Darüber hinaus erhält der Antragsteller in folgenden Fällen eine Mitteilung über die Einstellung des Verfahrens:

- Verweisung des Antragstellers auf den Privatklageweg (§ 376 StPO),
- Abgabe des Verfahrens zur Verfolgung einer OWi an die zuständige Verwaltungsbehörde (§ 43 OWiG), weil hierin die Einstellung des Verfahrens bzgl der Straftat liegt,
- Absehen von der Strafverfolgung nach § 153 Abs 1 StPO, § 153a Abs 1 StPO, § 153b Abs 1 StPO und § 45 JGG (begründeter Bescheid gem Nr 89 Abs 3 RiStBV),
- Einstellung nach § 154 StPO (begründeter Bescheid gem Nr 101 Abs 2 RiStBV, Nr 89 RiStBV).

§ 171 StPO findet auf die vorläufige Einstellung des Ermittlungsverfahrens und die Abgabe des Verfahrens an eine andere Staatsanwaltschaft keine unmittelbare Anwendung. In diesen Fällen, insbes bei einer vorläufigen Einstellung nach § 154e StPO und analog § 205 StPO erhält der Antragsteller jedoch nach Nr 103 RiStBV und Nr 104 Abs 3 RiStBV eine Mitteilung ohne Begründung. 4

Eine Teileinstellung löst ebenfalls die Benachrichtigungspflicht aus, soweit das Ermittlungsverfahren mehrere Taten iSd § 264 StPO zum Gegenstand hat oder mehrere Beschuldigte betrifft und wegen einzelner prozessualer Taten oder gegen einzelne Beschuldigte eingestellt wird (Meyer-Goßner StPO § 171 Rn 1). 5

Wenn die Staatsanwaltschaft die Ermittlungen nach einer Verfahrenseinstellung wieder aufgenommen hat und sie das Ermittlungsverfahren erneut einstellt, hat sie den Antragsteller nochmals zu bescheiden. 6

III. Ausnahmen von der Bescheidungspflicht

Die Erteilung des Bescheids ist grundsätzlich erforderlich, auch wenn die Erhebung der öffentlichen Klage nicht unmittelbar bei der Staatsanwaltschaft beantragt worden war (Nr 89 Abs 1 RiStBV). Ausnahmen hiervon bestehen in folgenden Fällen: 7
- Verzicht des Antragstellers auf die Erteilung eines Bescheids,
- bloße Anregung des Anzeigenden zum Eingreifen von Amts wegen; insoweit fehlt es bereits an einem Antrag iSd § 171 StPO,
- wiederholte Anzeigen hartnäckiger und uneinsichtiger Querulanten; diese werden regelmäßig nicht beschieden, weil diese ihr Antragsrecht missbrauchen (KMR/Plöd StPO § 171 Rn 8; ausf Kockel/Vossen-Kempkens NStZ 2001, 178 ff),
- Anzeige mit beleidigendem Inhalt, deren Zweck nur auf Beschimpfung oder Verunglimpfung anderer gerichtet ist; eine solche Eingabe ist kein Antrag iSd § 158 StPO, § 171 StPO (OLG Karlsruhe NJW 1973, 1658, 1659; OLG Stuttgart BeckRS 2002, 30247182) und daher – unter entsprechender Bescheidung des Antragstellers – ohne sachliche Prüfung als unzulässig zu behandeln,
- bloße Wiederholung einer bereits beschiedenen Anzeige ohne neuen Sachvortrag, wobei der Antragsteller allerdings darüber zu informieren ist, dass seine Eingabe nicht als Antrag iSd § 171 StPO behandelt wird (SK-StPO/Wohlers StPO § 171 Rn 8).

B. Inhalt des Bescheids

I. Antragsteller

Der Bescheid ist jedem Antragsteller zu erteilen (SK-StPO/Wohlers StPO § 171 Rn 9). Von mehreren Antragstellern hat jeder Einzelne einen Anspruch auf einen (gesonderten) Bescheid (Löwe/Rosenberg/Graalmann-Scheerer StPO § 171 Rn 8; vgl auch Nr 89 RiStBV, Nr 91 RiStBV). Dabei ist es unerheblich, ob der Antragsteller zugleich Verletzter (S 2) und prozessfähig ist. 8

II. „Tenor" des Bescheids

Soweit der Antrag von vornherein einen Anfangsverdacht nicht zu begründen vermag und die Staatsanwaltschaft daher kein Ermittlungsverfahren eingeleitet bzw keine Ermittlungen geführt hat, teilt sie dem Antragsteller mit, sie habe der Strafanzeige keine Folge gegeben. Stellt die Staatsanwaltschaft das Ermittlungsverfahren hingegen nach zunächst durchgeführten Ermittlungen ein, informiert sie den Antragsteller darüber, dass und ggf wegen welcher Taten die Einstellung mangels hinreichenden Tatverdachts erfolgt ist. 9

III. Begründung

10 Dem Antragsteller sind die tragenden tatsächlichen und rechtlichen Gründe für die Einstellung in einer ihm verständlichen Weise mitzuteilen (vgl Nr 89 Abs 2 und Abs 4 RiStBV). Insbesondere muss er erfahren, ob es sich um eine Teileinstellung oder um eine Einstellung in vollem Umfang handelt (BVerfG NStZ 2002, 370, 371). Gem Nr 89 Abs 2 S 3, Abs 3 RiStBV dürfen die Einstellungsgründe vereinfacht und gekürzt wiedergegeben werden. Die formelhafte Angabe nichts sagender Redewendungen oder die Wiederholung des Gesetzestextes ist jedoch unzureichend.

10.1 Für Art und Umfang der Begründung sind im Übrigen folgende Einzelfälle zu beachten:
- In Unbekanntsachen genügt die Mitteilung, dass der Täter nicht ermittelt werden konnte.
- Ist der Beschuldigte unbekannten Aufenthalts genügt die Mitteilung dieses Umstands.
- Bei einer Verfahrenseinstellung nach § 170 Abs 2 StPO und einer Verweisung auf den Privatklageweg ist das fehlende öffentliche Interesse an der Strafverfolgung darzulegen.
- Bei Teileinstellungen ist dem Anzeigenerstatter mitzuteilen, dass im Übrigen Anklage erhoben wurde.

10.2 Die Kosten des Ermittlungsverfahrens trägt bei einer Einstellung durch die Staatsanwaltschaft regelmäßig die Staatskasse, weshalb die Einstellungsverfügung grundsätzlich keine Kostenentscheidung enthält (KK-StPO/Schmid StPO § 171 Rn 15). Etwas anderes gilt nur dann, wenn das eingestellte Ermittlungsverfahren durch eine vorsätzliche oder leichtfertig erstattete unwahre Anzeige oder durch unwahre Angaben bei einer Vernehmung veranlasst worden ist. In diesem Fall sind die Verfahrenskosten und die notwendigen Auslagen des Beschuldigten nach § 469 StPO dem Anzeigenerstatter aufzuerlegen (vgl auch Nr 92 RiStBV).

C. Form des Bescheids

11 Über die Form des Einstellungsbescheids enthält das Gesetz keine Vorschrift. Der Bescheid an den Antragsteller kann entweder in Briefform oder durch Übersendung einer vollständigen Abschrift der Einstellungsverfügung und ihrer Gründe ergehen.

12 Der Bescheid ist dem Antragsteller stets dann formlos mitzuteilen, wenn keine Belehrung nach S 2 erforderlich ist, weil der Anzeigenerstatter nicht Verletzter ist (Nr 91 Abs 1 S 1 RiStBV). In diesem Fall kommen nur die formlosen Rechtsbehelfe der Gegenvorstellung und der Dienstaufsichtsbeschwerde in Betracht.

13 Ist hingegen der Antragsteller zugleich Verletzter und ist mit einer Beschwerde und einem Antrag auf Durchführung des Klageerzwingungsverfahrens zu rechnen, soll die Staatsanwaltschaft die förmliche Zustellung anordnen (Nr 91 Abs 2 S 2 RiStBV), um so die Frist des § 172 StPO in Lauf zu setzen und den Nachweis der Einhaltung der Beschwerdefrist sicher führen zu können. In der Praxis erfolgt idR keine förmliche Zustellung, allerdings ist die Verwendung von Gefangenen-Zustellungsurkunden bei Inhaftierten und Empfangsbekenntnissen bei Rechtsanwälten üblich, da diese keine weiteren Kosten verursachen.

D. Belehrung des Verletzten (S 2)

I. Allgemeines

14 Die Belehrung nach S 2 soll den Antragsteller in die Lage versetzen, die Frist des § 172 Abs 1 StPO einzuhalten, um später den Antrag auf gerichtliche Entscheidung stellen zu können. Sie ist daher nur dann erforderlich, wenn der Anzeigenerstatter zugleich Verletzter ist. Eine Rechtsmittelbelehrung unterbleibt jedoch, wenn das Klageerzwingungsverfahren nach § 172 Abs 2 S 3 StPO ausgeschlossen ist, also vor allem bei Privatklagedelikten (§ 374 StPO), wenn der Täter unbekannt ist oder die Einstellung sich nur auf einen unselbständigen Teil der Tat bezieht (Meyer-Goßner StPO § 171 Rn 7; Löwe/Rosenberg/Graalmann-Scheerer StPO § 171 Rn 14).

II. Inhalt

15 Der Inhalt der schriftlichen Belehrung muss konkret und eindeutig sein. Die Belehrung muss auf das Beschwerderecht an den vorgesetzten Beamten der Staatsanwaltschaft (§ 172

Abs 1 S 1 StPO), die zweiwöchige Frist (§ 172 Abs 2 S 1 StPO) und die Stelle, bei der das Rechtsmittel einzulegen ist – beim Generalstaatsanwalt oder der einstellenden Staatsanwaltschaft (§ 172 Abs 2 S 1 u S 2 StPO) – hinweisen. Die einstellende Staatsanwaltschaft belehrt hingegen noch nicht über die Möglichkeit, nach § 172 Abs 2 StPO Antrag auf gerichtliche Entscheidung zu stellen.

Die Belehrung kann wie folgt formuliert werden: 15.1
„Gegen diesen Bescheid steht Ihnen die Beschwerde an die Generalstaatsanwaltschaft ... zu. Die Beschwerde ist binnen zwei Wochen nach der Bekanntmachung bei der Generalstaatsanwaltschaft... (Anschrift) einzulegen. Durch die rechtzeitige Einlegung der Beschwerde bei der hiesigen Staatsanwaltschaft wird die Frist gewahrt."

III. Fehlende oder mangelnde Belehrung

Wenn die notwendige Belehrung unterblieben oder in wesentlichen Punkten mangelhaft ist – beispielsweise wenn die Frist oder der Adressat unrichtig oder unvollständig angegeben sind –, wird die Beschwerdefrist des § 172 Abs 1 StPO nicht in Lauf gesetzt (§ 172 Abs 1 S 3 StPO). 16

§ 172 [Klageerzwingungsverfahren]

(1) ¹Ist der Antragsteller zugleich der Verletzte, so steht ihm gegen den Bescheid nach § 171 binnen zwei Wochen nach der Bekanntmachung die Beschwerde an den vorgesetzten Beamten der Staatsanwaltschaft zu. ²Durch die Einlegung der Beschwerde bei der Staatsanwaltschaft wird die Frist gewahrt. ³Sie läuft nicht, wenn die Belehrung nach § 171 Satz 2 unterblieben ist.

(2) ¹Gegen den ablehnenden Bescheid des vorgesetzten Beamten der Staatsanwaltschaft kann der Antragsteller binnen einem Monat nach der Bekanntmachung gerichtliche Entscheidung beantragen. ²Hierüber und über die dafür vorgesehene Form ist er zu belehren; die Frist läuft nicht, wenn die Belehrung unterblieben ist. ³Der Antrag ist nicht zulässig, wenn das Verfahren ausschließlich eine Straftat zum Gegenstand hat, die vom Verletzten im Wege der Privatklage verfolgt werden kann, oder wenn die Staatsanwaltschaft nach § 153 Abs. 1, § 153 a Abs. 1 Satz 1, 7 oder § 153 b Abs. 1 von der Verfolgung der Tat abgesehen hat; dasselbe gilt in den Fällen der §§ 153 c bis 154 Abs. 1 sowie der §§ 154 b und 154 c.

(3) ¹Der Antrag auf gerichtliche Entscheidung muß die Tatsachen, welche die Erhebung der öffentlichen Klage begründen sollen, und die Beweismittel angeben. ²Er muß von einem Rechtsanwalt unterzeichnet sein; für die Prozeßkostenhilfe gelten dieselben Vorschriften wie in bürgerlichen Rechtsstreitigkeiten. ³Der Antrag ist bei dem für die Entscheidung zuständigen Gericht einzureichen.

(4) ¹Zur Entscheidung über den Antrag ist das Oberlandesgericht zuständig. ²§ 120 des Gerichtsverfassungsgesetzes ist sinngemäß anzuwenden.

Überblick

Zur Sicherung des Legalitätsprinzips kann der Verletzte (Rn 2), dem es mit Ausnahme von Privatklagedelikten (Rn 20) verwehrt ist, selbst ein gerichtliches Strafverfahren gegen den Beschuldigten zu betreiben, gegen die Einstellung des Verfahrens durch die Staatsanwaltschaft nach § 170 Abs 2 StPO zunächst mit der Vorschaltbeschwerde (Rn 1 ff) an den Generalstaatsanwalt vorgehen. Führt diese nicht zu einer Aufhebung des Einstellungsbescheids, gibt ihm der Klageerzwingungsantrag nach Abs 2 (Rn 12 ff) die Möglichkeit, die Staatsanwaltschaft zur Anklageerhebung zu zwingen. Abs 3 normiert detaillierte Formvoraussetzungen für diesen Antrag (Rn 15 ff), über den nach Abs 4 das OLG durch Beschluss entscheidet (Rn 26).

Übersicht

	Rn		Rn
A. Vorschaltbeschwerde (Abs 1)............	1	IV. Inhalt des Antrags	17
I. Beschwerdeberechtigter/Verletzter	2	V. Weitere Zulässigkeitsvoraussetzungen...	20
II. Einlegung der Beschwerde	3	1. Ausschluss von Privatklagedelikten ..	20
III. Frist....................................	4	2. Keine Einstellung nach Opportunitätsgrundsätzen...........................	22
IV. Form....................................	6	VI. Prozesskostenhilfe/Beiordnung eines (Not-)Anwalts..............................	23
V. Beschwerdeverfahren	7	VII. Verfahren	25
VI. Entscheidung...........................	8	VIII. Entscheidung...........................	26
VII. Belehrung (Abs 2 S 2)	11	IX. Rechtsbehelf.............................	27
B. Klageerzwingungsverfahren (Abs 2 bis Abs 4)..	12	X. Wiederholung des Klageerzwingungsverfahrens	28
I. Antragsberechtigung/Zuständigkeit	13		
II. Antragsfrist	14		
III. Anwaltszwang...........................	15		

A. Vorschaltbeschwerde (Abs 1)

1 Die Beschwerde nach Abs 1 gegen den Bescheid der Staatsanwaltschaft, mit dem das Verfahren nach § 170 Abs 2 StPO endgültig eingestellt wurde, dient der Vorprüfung eines etwaigen Klageerzwingungsantrags nach Abs 2. Sie ist daher nur statthaft, wenn auch der Antrag auf gerichtliche Entscheidung statthaft wäre (SK-StPO/Wohlers StPO § 172 Rn 7). Ziel des gesamten Verfahrens kann lediglich sein, die Staatsanwaltschaft, deren Anklagemonopol bestehen bleibt, zur Erhebung der öffentlichen Klage zu veranlassen (vgl aber auch § 175 StPO Rn 6 zur Ermittlungserzwingung). Eine abweichende rechtliche Würdigung des Sachverhalts oder eine Aufhebung einer Beschränkung der Strafverfolgung gem § 154 a StPO bei Anklageerhebung kann nicht erstrebt werden (OLG Karlsruhe NJW 1977, 62; KMR/Plöd StPO § 172 Rn 11).

I. Beschwerdeberechtigter/Verletzter

2 Beschwerdeberechtigt ist nur derjenige, der einen Antrag auf Erhebung der öffentlichen Klage (vgl § 171 StPO Rn 1 f) – und bei Antragsdelikten auch einen Strafantrag gem § 158 Abs 2 StPO – gestellt hatte und zugleich Verletzter der Straftat ist. Verletzter ist derjenige, der durch die behauptete strafbare Handlung unmittelbar in einem Rechtsgut beeinträchtigt ist (Meyer-Goßner StPO § 172 Rn 9 mwN; OLG Frankfurt NStZ-RR 2002, 174; OLG Karlsruhe NStZ-RR 2001, 112), sofern er dem Schutzbereich der betroffenen Strafnorm unterfällt. Der Begriff des Verletzten ist weit auszulegen (OLG Dresden NStZ-RR 1998, 338). Nicht verletzt ist aber derjenige, der nur als Teil der durch die Norm geschützten Allgemeinheit betroffen ist.

2.1 Zu den Verletzten zählen:
- der Nebenklageberechtigte nach § 395 Abs 2 Nr 1 StPO (KK-StPO/Schmid StPO § 172 Rn 21),
- Angehörige des getöteten Opfers, zB Eltern, Kinder, Ehegatten und Geschwister (Meyer-Goßner StPO § 172 Rn 11),
- bei Urkundenfälschungsdelikten derjenige, zu dessen Nachteil die gefälschte Urkunde im Rechtsverkehr gebraucht wurde, falls seine Beweisposition dadurch beeinträchtigt wurde (OLG Karlsruhe Justiz 2003, 271),
- beim Diebstahl auch der Gewahrsamsinhaber,
- beim Betrug sowohl der Geschädigte als auch der Getäuschte,
- bei Begünstigung und Hehlerei derjenige, der durch die Vortat verletzt wurde (KMR/Plöd StPO § 172 Rn 37),
- der falsch Verdächtigte (§ 164 StGB) auch dann, wenn das Verfahren gegen ihn eingestellt oder er freigesprochen wurde (Löwe/Rosenberg/Graalmann-Scheerer StPO § 172 Rn 71),

Vorbereitung der öffentlichen Klage § 172 StPO

- der Prozessbeteiligte, zu dessen Nachteil die Entscheidung durch ein Aussagedelikt (§ 153 StGB, § 154 StGB, § 156 StGB) beeinflusst wurde (OLG Düsseldorf NStZ 1995, 49; OLG Frankfurt NStZ-RR 2002, 174),
- Dienstvorgesetzte, die ein Antragsrecht nach § 194 Abs 3 StGB haben (Meyer-Goßner StPO § 172 Rn 10),
- Behörden, wenn sie in ihren eigenen Interessen betroffen sind (§ 194 Abs 2 S 2 StGB; SK-StPO/ Wohlers StPO § 172 Rn 31) und Religionsgemeinschaften (§ 194 Abs 2 S 3 StGB),
- der durch eine Straßenverkehrsgefährdung nach § 315 c StGB durch die Tat konkret Gefährdete, wenn ein tödlicher Unfall nahe gelegen hat (OLG Celle NStZ-RR 2004, 369; OLG Brandenburg BeckRS 2008, 8855); im Übrigen sind Gefährdungsdelikte nicht ausreichend (OLG Stuttgart NJW 1997, 1320),
- bei einer Verletzung der Unterhaltspflicht gem § 170 b StGB auch derjenige, der anstelle des Täters Unterhalt zu leisten hat (OLG Hamm NStZ-RR 2003, 116; KMR/Plöd StPO § 172 Rn 35).

Keine Verletzten sind idR: 2.2

- der Angestiftete und sonstige Tatbeteiligte (OLG Hamburg NJW 1980, 848; Meyer-Goßner StPO § 172 Rn 12),
- der Prozessgegner der Partei, deren Rechtsanwalt einen Parteiverrat nach § 356 StGB begangen hat (OLG Hamm NJW 1976, 120),
- Behörden, die die verletzten Interessen von Amts wegen wahrzunehmen haben,
- berufsständische Organisationen und Interessenverbände (OLG Celle MDR 1967, 324),
- das Opfer der Vortat einer Strafvereitelung (OLG Nürnberg NStZ-RR 2000, 54),
- der Staatsbürger, der sich gegen die Behandlung von Verfahren, die Staatsschutzdelikte, Bestechungsdelikte gem §§ 331 StGB ff oder die Verbreitung pornographischer Schriften zum Gegenstand haben, wendet (KK-StPO/Schmid StPO § 172 Rn 28),
- der einzelne Aktionär einer Aktiengesellschaft (OLG Braunschweig wistra 1993, 31),
- Vereine wegen Volksverhetzung gem § 130 StGB zum Nachteil eines ihrer Mitglieder (BVerfG BeckRS 2006, 24381),
- Privatrechtliche Vereinigungen und Verbände, wenn sich die Straftat nicht gegen die ihnen zugeordneten Rechtsgüter (zB Hausrecht, Eigentum, Vermögen), sondern lediglich gegen gemeinschaftsbezogene Rechtsgüter oder fremde Vermögensinteressen richtet, auch wenn deren Pflege zu ihrem satzungsmäßigen Ziel gehört (OLG Brandenburg BeckRS 2008, 17207).

II. Einlegung der Beschwerde

Die Beschwerde dient der Vorbereitung des Klageerzwingungsverfahrens (sog Vor- 3 schaltbeschwerde). Über sie entscheidet gem Abs 1 S 1 der vorgesetzte Beamte der Staatsanwaltschaft, also der Generalstaatsanwalt. Die Beschwerde kann jedoch auch bei der Staatsanwaltschaft eingelegt werden (vgl § 171 StPO Rn 16). Bei Staatsschutzdelikten entfällt das Beschwerdeverfahren gem § 120 Abs 1 und Abs 2 GVG, § 142 a Abs 1 und Abs 2 GVG. Hier kann unmittelbar Antrag auf gerichtliche Entscheidung gestellt werden.

III. Frist

Die Beschwerdefrist von zwei Wochen beginnt mit der Bekanntmachung der Einstel- 4 lungsverfügung, mithin dem Zeitpunkt, zu dem diese dem Antragsteller entweder nach Nr 91 Abs 2 S 2 RiStBV förmlich zugestellt wurde oder sonst zugegangen ist; dies unabhängig davon, ob der Antragsteller tatsächlich Kenntnis von dem Bescheid genommen hat (SK-StPO/Wohlers StPO § 172 Rn 46). Bei einer unverschuldeten Fristversäumnis ist die Wiedereinsetzung in den vorigen Stand analog § 44 StPO möglich.

Für die Entscheidung über die Wiedereinsetzung ist der Generalstaatsanwalt zuständig (OLG 4.1 Stuttgart NStZ-RR 1996, 239; KK-StPO/Schmid StPO § 172 Rn 11 mwN; **aA** Meyer-Goßner StPO § 172 Rn 17). Hat der Generalstaatsanwalt den Antrag bereits als unzulässig beschieden, ist über die Wiedereinsetzung in den vorigen Stand durch das OLG zu entscheiden.

Die Beschwerdefrist nach Abs 1 S 1 wird nicht in Lauf gesetzt, wenn die Einstellungs- 5 verfügung keine oder eine mangelhafte Belehrung enthält (§ 171 S 2 StPO).

IV. Form

6 Die Beschwerde bedarf anders als der Klageerzwingungsantrag (vgl Rn 14 ff) weder einer besonderen Form noch eines bestimmten Inhalts. Eine kurze Sachverhaltdarstellung und Begründung ist allerdings zweckmäßig (SK-StPO/Wohlers StPO § 172 Rn 43; KK-StPO/Schmid StPO § 172 Rn 4). Der Einschaltung eines Rechtsanwalts bedarf es nicht.

V. Beschwerdeverfahren

7 Sofern die Beschwerde unmittelbar bei dem Generalstaatsanwalt eingeht, fordert dieser die zuständige Staatsanwaltschaft auf, die Vorgänge mit einem Bericht vorzulegen. Die Staatsanwaltschaft hat zu prüfen, ob sie der Beschwerde abhilft, indem sie die Ermittlungen – unter Aufhebung des Einstellungsbescheides – wieder aufnimmt oder sogleich Anklage erhebt. In diesem Fall zeigt sie dem Generalstaatsanwalt die Wiederaufnahme der Ermittlungen an (Nr 105 Abs 1 und Abs 3 RiStBV) und teilt dies auch dem Antragsteller mit (Nr 105 Abs 4 RiStBV). Lehnt die Staatsanwaltschaft eine Abhilfe ab, legt sie den Vorgang dem Generalstaatsanwalt zur Entscheidung vor. Entsprechendes gilt, falls die Beschwerde unmittelbar bei der Staatsanwaltschaft eingelegt wird (Nr 105 Abs 2 RiStBV).

VI. Entscheidung

8 Hält der Generalstaatsanwalt das Verfahren für anklagereif, weist er die Staatsanwaltschaft unter Aufhebung der Einstellungsverfügung zur Erhebung der öffentlichen Klage an. Bei unzureichenden oder aufgrund neuer Tatsachen und Beweismittel erforderlich gewordener Ermittlungen ergeht idR die Weisung, die Ermittlungen wiederaufzunehmen. Der Generalstaatsanwalt hat allerdings auch die Befugnis, die Ermittlungen selbst zu führen (KK-StPO/Schmid StPO § 172 Rn 13).

9 Ist die Beschwerde nicht zulässig, zB weil sie nicht fristgerecht (Rn 4) oder nicht von einem Antragsteller eingelegt wurde, der zugleich Verletzter ist (Rn 2), weist der Generalstaatsanwalt sie als unzulässig zurück. Anschließend hat er die Beschwerde aber sachlich unter dem Gesichtspunkt der Dienstaufsicht zu prüfen und zu bescheiden (KK-StPO/Schmid StPO § 172 Rn 13).

9.1 In der Praxis werden beide Entscheidungen idR in demselben Bescheid mitgeteilt. Die Generalstaatsanwaltschaft verweist nach der Begründung der Unzulässigkeit der Beschwerde darauf, dass sich auch im Aufsichtsweg kein Anlass zur Beanstandung der Entscheidung der Staatsanwaltschaft ergeben habe.

10 Hält der Generalstaatsanwalt die Beschwerde für unbegründet, so spricht er dies in einem ablehnenden Bescheid aus. Hierdurch wird das Klageerzwingungsverfahren zum OLG eröffnet. Die Entscheidung soll dem Antragsteller förmlich zugestellt werden, wenn mit einem Antrag auf Durchführung des Klageerzwingungsverfahrens zu rechnen ist (Nr 105 Abs 5 RiStBV, Nr 91 Abs 2 RiStBV).

VII. Belehrung (Abs 2 S 2)

11 § 172 Abs 2 S 2 StPO regelt den Inhalt der Rechtsbehelfsbelehrung, mit der der Bescheid des Generalstaatsanwaltes zu versehen ist. Darin ist auf das Antragsrecht, die Zuständigkeit des OLG, die einmonatige Antragsfrist und den Anwaltszwang hinzuweisen (KK-StPO/Schmid StPO § 172 Rn 15), nicht aber auf den erforderlichen Inhalt der Antragsschrift (OLG Nürnberg NStZ-RR 1998, 143). Eine Belehrung erfolgt auch, wenn die Beschwerde zB wegen Fristversäumnis als unzulässig zurückgewiesen wurde (Meyer-Goßner StPO § 172 Rn 20). Sie unterbleibt aber, wenn das Klageerzwingungsverfahren gem Abs 2 S 3 nicht statthaft ist (KK-StPO/Schmid StPO § 172 Rn 16; aA SK-StPO/Wohlers StPO § 172 Rn 55 mwN).

B. Klageerzwingungsverfahren (Abs 2 bis Abs 4)

12 Hatte die Vorschaltbeschwerde keinen Erfolg, besteht die Möglichkeit, mit einem Antrag auf gerichtliche Entscheidung eine Überprüfung durch einen Strafsenat des zuständigen OLG und damit die Durchsetzung des Legalitätsprinzips zu erreichen.

I. Antragsberechtigung/Zuständigkeit

Der Klageerzwingungsantrag kann von jedem prozessfähigen Verletzten (Rn 2) gestellt werden, der sowohl einen Antrag auf Erhebung der öffentlichen Klage gestellt als auch Beschwerde gegen den Einstellungsbescheid eingelegt hatte. Ein „Quereinstieg" durch einen Dritten, der ebenfalls Verletzter der Tat ist, ist nicht möglich. Bei mehreren Antragsberechtigten kann jedoch jeder den Antrag unabhängig von dem jeweils anderen stellen (SK-StPO/ Wohlers StPO § 172 Rn 18 und 20 mwN). Zuständig ist das OLG, in dessen Bezirk die Staatsanwaltschaft ihren Sitz hat, die den angefochtenen Einstellungsbescheid erlassen hatte.

In Staatsschutzstrafsachen ist gem § 120 Abs 5 GVG das OLG zuständig, das bei Anklageerhebung zu entscheiden hätte (OLG Stuttgart NStZ 2006, 117). Einer Vorschaltbeschwerde bedarf es nicht (Meyer-Goßner StPO § 172 Rn 39; vgl Rn 3).

II. Antragsfrist

Die einmonatige Frist zur Einreichung und Begründung des Klageerzwingungsantrags beginnt mit der Bekanntmachung des Bescheids des Generalstaatsanwalts, folglich mit dessen formlosen Zugang (OLG Stuttgart BeckRS 2009, 05156) oder dessen Zustellung (vgl. für die Zustellung an einen Rechtsanwalt auch BVerfG NJW 2001, 1563). Sie kann nicht verlängert werden (OLG Nürnberg NStZ-RR 1998, 143, 144). Die Frist wird nur durch eine Antragstellung beim zuständigen OLG, nicht bei der Staatsanwaltschaft oder dem Generalstaatsanwalt, gewahrt (OLG Nürnberg NStZ-RR 2000, 212). Bei schuldloser Versäumung der Antragsfrist (vgl Rn 4) ist dem Antragsteller Wiedereinsetzung in den vorigen Stand zu gewähren. Bei fehlender oder in wesentlichen Punkten unvollständiger Belehrung läuft die Frist nicht (Abs 2 S 2).

III. Anwaltszwang

Der Antrag ist nur zulässig, wenn er durch einen **Rechtsanwalt** gestellt wird. Dieser muss innerhalb der Monatsfrist bevollmächtigt worden sein. Eine Befreiung vom Anwaltszwang ist nicht möglich. Der Antrag kann auch nicht zu Protokoll der Geschäftsstelle des OLG erklärt werden (Meyer-Goßner StPO § 172 Rn 32).

Der Klageerzwingungsantrag ist von dem Rechtsanwalt eigenhändig zu unterschreiben. Dieser muss die Verantwortung für den Antrag und dessen gesamten Inhalt einschließlich der Anlagen übernehmen (OLG Hamm NStZ-RR 2001, 300). Einschränkende Zusätze – wie „keine Haftung für die Vorgehensweise" – oder sonstige Umstände – zB Stempel und Unterschrift auf einem vom Antragsteller vorgefertigten Schreiben (OLG Düsseldorf NJW 1990, 1002), die zum Ausdruck bringen, dass der Rechtsanwalt den Inhalt nicht geprüft hat oder verantworten will, führen ebenso wie bei der Revision zur Unzulässigkeit des Antrags (OLG Frankfurt NStZ-RR 2002, 15).

IV. Inhalt des Antrags

Die Antragsschrift muss folgenden **Inhalt** haben:

- Darstellung einer aus sich heraus verständlichen und in sich geschlossenen Schilderung des Sachverhalts einschließlich der objektiven und subjektiven Tatbestandsmerkmale des Straftatbestandes (BVerfG NJW 2000, 1027), die es dem OLG ermöglicht, allein anhand der Antragsschrift zu prüfen, ob ein hinreichender Tatverdacht gegeben ist (OLG Celle NStZ 1997, 406; OLG Brandenburg BeckRS 2009, 13530),
- Angabe der Beweismittel, aus denen sich ein hinreichender Tatverdacht hinsichtlich der geschilderten Straftat ergibt (OLG Celle NStZ 1988, 568),
- Darlegung des Gangs des Ermittlungsverfahrens einschließlich des Inhalts der angegriffenen Bescheide und einer Auseinandersetzung mit diesen in tatsächlicher und rechtlicher Hinsicht (OLG Stuttgart NStZ-RR 2005, 113; Meyer-Goßner StPO § 172 Rn 27 mwN; **aA** aber OLG Celle NStZ 1989, 43; OLG Frankfurt NStZ-RR 2006, 311),
- Erläuterung der Verletzteneigenschaft des Antragstellers (OLG Dresden NStZ-RR 1998, 365),

- Namentliche Nennung des Beschuldigten, hilfsweise die Umstände, die auf die Identität des Beschuldigten schließen lassen (OLG Karlsruhe NStZ-RR 2001, 112; OLG Karlsruhe BeckRS 2007, 10864; OLG Hamm NStZ-RR 2001, 83), weil das Klageerzwingungsverfahren nicht statthaft ist, wenn sich die Ermittlungen gegen einen unbekannten Täter richteten (SK-StPO/Wohlers StPO § 172 Rn 33 mwN);
- Mitteilung der relevanten Daten zur Überprüfung der Einhaltung der Beschwerdefrist (OLG Düsseldorf StraFO 2000, 22; OLG Stuttgart BeckRS 2009, 05156; verfassungsrechtlich nicht zu beanstanden: BVerfG NStZ-RR 2005, 176),
- ggf die Tatsachen, aus denen sich bei Antragsdelikten die Einhaltung der Antragsfrist des § 77 b StGB ergibt (OLG Hamm NJW 2000, 1278),
- ggf die Gründe, weshalb die Tat bei einer möglichen Strafverfolgungsverjährung noch verfolgt werden kann (OLG Hamburg MDR 1985, 75).

18 Für die Darstellung des erforderlichen Inhalts der Antragsschrift genügt eine bloße Bezugnahme auf die Ermittlungsakten oder Anlagen ohne eigene Sachverhaltsdarstellung nicht (OLG Celle NStZ 1997, 406; OLG Saarbrücken wistra 1995, 36). Umstritten ist, ob Ablichtungen von Schriftstücken mit einzelnen verbindenden Sätzen ausreichen, wenn auf diese Weise eine aus sich heraus verständliche Sachverhaltsdarstellung entsteht (vgl KK-StPO/Schmid StPO § 172 Rn 37 mwN; ablehnend OLG Düsseldorf StV 1983, 498).

19 Verschweigt der Antrag einen wesentlichen Umstand, zB dass gegen den Antragsteller in derselben Sache Anklage erhoben wurde, so führt ein solcher Vortragsmangel zur Unzulässigkeit des Antrags (OLG Stuttgart NStZ-RR 2002, 79; Pfeiffer StPO § 172 Rn 7). Das OLG ist nicht verpflichtet, dem Anwalt Hinweise zu dem erforderlichen Inhalt der Antragsschrift zu erteilen (OLG Nürnberg NStZ 1998, 143).

V. Weitere Zulässigkeitsvoraussetzungen
1. Ausschluss von Privatklagedelikten

20 Das Klageerzwingungsverfahren ist unzulässig, wenn das Verfahren ausschließlich ein Privatklagedelikt iSd § 374 StPO zum Gegenstand hat (Abs 2 S 3), auch wenn der Antragsteller sich dagegen wendet, dass die Staatsanwaltschaft das öffentliche Interesse an der Strafverfolgung verneint (BVerfG 1979, 1591; KK-StPO/Schmid StPO § 172 Rn 39) oder wenn die Staatsanwaltschaft zwar das öffentliche Interesse bejaht, das Verfahren aber gem § 170 Abs 2 StPO mangels hinreichenden Tatverdachts eingestellt hat (Pfeiffer StPO § 172 Rn 10).

21 Legt der Antragsteller dar, dass ein Privatklagedelikt tateinheitlich mit einem Offizialdelikt begangen wurde, ist das Klageerzwingungsverfahren auch auf das Privatklagedelikt zu erstrecken, sofern der Antrag bezüglich des Offizialdelikts zulässig und begründet ist. Es muss sich also insbes hinreichender Tatverdacht für ein Offizialdelikt ergeben, durch das der Antragsteller verletzt ist (OLG Frankfurt NStZ-RR 2006, 47; **aA** SK-StPO/Wohlers StPO § 172 Rn 41: es genügt, dass der Antragsteller Verletzter des Privatklagedelikts ist). Da gegen Jugendliche nach § 80 Abs 1 S 1 JGG Privatklage nicht erhoben werden kann, ist das Klageerzwingungsverfahren statthaft, wenn die Staatsanwaltschaft das Verfahren gegen einen Jugendlichen wegen eines Privatklagedeliktes mangels hinreichenden Tatverdachts eingestellt hatte (OLG Stuttgart NStZ 1989, 136).

2. Keine Einstellung nach Opportunitätsgrundsätzen

22 Abs 2 S 3 bestimmt ausdrücklich, dass die Einstellung des Ermittlungsverfahrens gem § 153 StPO, § 153 a Abs 1 StPO, § 153 b Abs 1 StPO, § 153 c StPO bis § 154 Abs 1 StPO, § 154 b StPO und § 154 c StPO mit dem Klageerzwingungsverfahren nicht anfechtbar ist, unabhängig davon, ob die Einstellung mit oder ohne Zustimmung des Gerichts erfolgt ist. In diesen Fällen ist auch die Vorschaltbeschwerde unzulässig, jedoch als Dienstaufsichtsbeschwerde zu behandeln. Hat die Staatsanwaltschaft das Verfahren nach Opportunitätserwägungen eingestellt, obwohl hinreichender Tatverdacht eines Verbrechenstatbestandes gegeben ist, ist das Klageerzwingungsverfahren hingegen zulässig (SK-StPO/Wohlers StPO § 172 Rn 38 mwN).

Die endgültige Einstellung nach § 154 d S 3 StPO kann mit dem Klageerzwingungsverfahren im Hinblick auf die Voraussetzungen für die Fristsetzung und die Ausübung des Ermessens angefochten werden (SK-StPO/Wohlers StPO § 172 Rn 39). 22.1

VI. Prozesskostenhilfe/Beiordnung eines (Not-)Anwalts

Der Antrag auf Prozesskostenhilfe ist nach **hM** binnen der Monatsfrist des Abs 2 S 1 (Meyer-Goßner StPO § 172 Rn 21 a mwN; **aA** SK-StPO/Wohlers StPO § 172 Rn 68 mwN) schriftlich oder zu Protokoll der Geschäftsstelle des OLG zu stellen (§ 117 Abs 1 S 1 ZPO). Für den Antrag besteht kein Anwaltszwang. Zur Beurteilung der Erfolgsaussicht des Klageerzwingungsverfahrens muss der Sachverhalt in knapper Form wiedergeben und die Beweismittel benannt werden (OLG Hamm NStZ-RR 1998, 279 mwN). Die Voraussetzungen im Hinblick auf die persönlichen und wirtschaftlichen Verhältnisse des Antragstellers richten sich nach §§ 114 ZPO ff. 23

Bei fristgemäßem Antrag auf Prozesskostenhilfe ist dem Antragsteller nach Ablauf der Monatsfrist Wiedereinsetzung in den vorigen Stand zu gewähren, wenn er nach Bekanntmachung der Entscheidung über die Prozesskostenhilfe den Klageerzwingungsantrag binnen einer Woche stellt (§ 45 Abs 1 StPO; BVerfG NJW 1993, 720). 23.1

Vor der Entscheidung über den Prozesskostenhilfeantrag ist die Staatsanwaltschaft gem § 33 Abs 2 StPO zu hören und dem Beschuldigten – zumindest im Falle der beabsichtigten Gewährung von Prozesskostenhilfe – rechtliches Gehör zu gewähren. Der Beschluss, mit dem Prozesskostenhilfe abgelehnt wird, ist gem § 304 Abs 4 S 2 StPO nicht anfechtbar. Mit der Bewilligung wird dem Antragsteller auf seinen Antrag ein Rechtsanwalt seiner Wahl beigeordnet (Abs 3 S 2 Hs 2, § 121 Abs 1 ZPO). 24

Die Beiordnung eines sog Notanwalts ist analog § 78 b ZPO zulässig, wenn der Antragsteller darlegt und glaubhaft macht, dass er vergeblich alle zumutbaren Bemühungen entfaltet hat, um die Übernahme des Mandats durch einen Rechtsanwalt zu erreichen (OLG Köln NStZ-RR 2008, 117 unter Aufgabe der bisherigen Rspr des Senats; KK-StPO/Schmid StPO § 172 Rn 55 mwN; **aA** OLG Hamm NStZ 2003, 683; Pfeiffer StPO § 172 Rn 11). 24.1

VII. Verfahren

Der Gang des Klageerzwingungsverfahrens ist in § 173 StPO normiert. Soll dem Antrag stattgegeben werden, ist eine Anhörung des Beschuldigten gem § 175 S 1 StPO zwingend erforderlich (§ 175 StPO Rn 2 ff). Diese unterbleibt idR, wenn der Antrag unzulässig ist. Ist der Beschuldigte unbekannten Aufenthalts oder hält er sich dauerhaft im Ausland auf, ohne dass die Voraussetzungen eines Untersuchungshaftbefehls gegeben sind, ist das Klageerzwingungsverfahren – weil es auf ein unmögliches Ziel gerichtet ist – unzulässig, solange das Verfahren analog § 205 StPO einzustellen wäre (OLG Stuttgart NStZ-RR 2008, 78). 25

VIII. Entscheidung

Das OLG kann durch begründeten Beschluss folgende Entscheidungen treffen: 26
- Verwerfung des Antrags als unzulässig, wenn die in Rn 12 bis Rn 19 dargestellten Zulässigkeitsvoraussetzungen nicht vorliegen (vgl § 174 StPO Rn 1),
- Verwerfung des Antrags als unbegründet (vgl § 174 StPO Rn 2 f),
- Anordnung der Erhebung der öffentlichen Klage gem § 175 S 1 StPO (zur Frage der Anordnung der Wiederaufnahme der Ermittlungen vgl § 175 StPO Rn 6),
- Feststellung der Erledigung des Antrags bei Rücknahme des Klageerzwingungsantrages,
- Feststellung der Erledigung durch den Tod des Antragstellers oder des Beschuldigten (KK-StPO/Schmid StPO § 172 Rn 57),
- Feststellung der Erledigung des Antrags durch Anklageerhebung durch die Staatsanwaltschaft vor einer Entscheidung in der Sache durch das OLG (OLG München NStZ 1986, 376).

Es ist streitig, ob sich der Antrag auch erledigt hat, wenn die Staatsanwaltschaft die Ermittlungen während des Klageerzwingungsverfahrens wieder aufnimmt, ohne sogleich öffentliche Klage zu 26.1

erheben (so OLG Koblenz NStZ 1990, 48; OLG Zweibrücken MDR 1987, 341; KK-StPO/ Schmid StPO § 172 Rn 57; **aA** OLG Hamm NStZ-RR 1999, 148; OLG Bamberg NStZ 1989, 543 m zust Anm Rieß; SK-StPO/Wohlers StPO § 172 Rn 11). Geht man davon aus, dass eine Erledigung nicht eintritt, muss das OLG seine Entscheidung bis zum Abschluss der neuen Ermittlungen zurückstellen (SK-StPO/Wohler StPO § 172 Rn 12). Darüber hinaus wird die Auffassung vertreten, das OLG habe durch Beschluss festzustellen, dass der Antrag erfolgreich war, wenn die Staatsanwaltschaft die öffentliche Klage erhebt (SK-StPO/Wohlers StPO § 172 Rn 12 mwN; **aA** Meyer-Goßner StPO § 172 Rn 36).

IX. Rechtsbehelf

27 Beschwerde ist gegen den Beschluss des OLG nicht zulässig (BGH NStZ 2003, 501).

X. Wiederholung des Klageerzwingungsverfahrens

28 Das Klageerzwingungsverfahren kann wiederholt werden, wenn die Staatsanwaltschaft – nachdem das OLG den Antrag als unzulässig oder unbegründet verworfen hatte – das Ermittlungsverfahren aufgrund neuer Tatsachen oder Beweismittel wieder aufgenommen und nach sachlicher Prüfung erneut eingestellt hat. Allerdings hat der Antragsteller zunächst erneut Beschwerde zum Generalstaatsanwalt einzulegen (OLG Köln NStZ 2003, 682).

29 Hat die Staatsanwaltschaft eine Wiederaufnahme abgelehnt, weil keine neuen Tatsachen oder Beweismittel vorgebracht wurden, ist ein wiederholter Klageerzwingungsantrag unzulässig (Pfeiffer StPO § 172 Rn 13; vgl auch OLG Düsseldorf NStZ-RR 2000, 146).

29.1 Bei Vorliegen eines rechtskräftigen Strafbefehls ist aufgrund der beschränkten Rechtskraft gem § 373 a Abs 1 StPO ein neues Klageerzwingungsverfahren zulässig, wenn die neuen Tatsachen oder Beweismittel die Tat als Verbrechen qualifizieren, weil die Staatsanwaltschaft in diesem Fall zur erneuten Anklageerhebung verpflichtet ist (KK-StPO/Schmid StPO § 172 Rn 61).

§ 173 [Verfahren des Gerichts]

(1) Auf Verlangen des Gerichts hat ihm die Staatsanwaltschaft die bisher von ihr geführten Verhandlungen vorzulegen.

(2) Das Gericht kann den Antrag unter Bestimmung einer Frist dem Beschuldigten zur Erklärung mitteilen.

(3) Das Gericht kann zur Vorbereitung seiner Entscheidung Ermittlungen anordnen und mit ihrer Vornahme einen beauftragten oder ersuchten Richter betrauen.

Überblick

Die Vorschrift regelt den Verlauf des Klageerzwingungsverfahrens (Rn 1 ff), die Anhörung des Beschuldigten (Rn 4 ff) und die Durchführung von Ermittlungen durch das OLG (Rn 6 ff).

A. Verfahrensgang

1 Soweit § 173 StPO keine ausdrückliche Regelung enthält, bestimmt das OLG das Verfahren über den Antrag auf gerichtliche Entscheidung nach pflichtgemäßem Ermessen (BVerfG NStZ 2002, 606). Gegenstand der gerichtlichen Überprüfung und Entscheidung ist das Vorbringen des Antragstellers, wobei das Gericht auf die Untersuchung derjenigen Tat beschränkt ist, die Inhalt des Klageerzwingungsantrags ist (vgl § 172 Abs 2 S 1 u Abs 3 S 1 StPO). Das Ziel der Tätigkeit des Gerichts besteht darin, über das Vorliegen eines hinreichenden Tatverdachts iSd § 170 Abs 1 StPO, § 203 StPO zu entscheiden. Dabei stellt das OLG ohne Bindung an die staatsanwaltschaftlichen Entscheidungen eigene tatsächliche und rechtliche Erwägungen an und trifft eine vorläufige Beweisbarkeitsprognose (OLG Stuttgart NStZ-RR 2005, 113; BVerfG NJW 2002, 2859).

B. Vorlage der Ermittlungsakten

Grundlage für die Entscheidung des OLG sind neben dem Klageerzwingungsantrag die staatsanwaltschaftlichen Ermittlungsakten und eine Stellungnahme des Generalstaatsanwaltes. Je nachdem, ob der Antrag beim OLG oder dem Generalstaatsanwalt eingeht, legt dieser die vollständigen Akten nebst seiner Stellungnahme entweder selbst oder nach Aufforderung des Gerichts diesem vor. IdR beteiligt der Generalstaatsanwalt zunächst die sachbearbeitende Staatsanwaltschaft, die dem Antrag im Hinblick auf den Sachvortrag und die angegebenen Beweismittel – ggf auf Anweisung des Generalstaatsanwalts – abhelfen und die Ermittlungen wieder aufnehmen kann, solange das OLG noch nicht entschieden hat (Meyer-Goßner StPO § 173 Rn 1). Der Antrag ist in diesem Fall aber erst erledigt, wenn die Staatsanwaltschaft Anklage erhebt (str; so Löwe/Rosenberg/Graalmann-Scheerer StPO § 172 Rn 182 mwN; OLG Hamm NStZ-RR 1999, 148; **aA** OLG Jena NStZ-RR 2007, 223; OLG Brandenburg NStZ-RR 2005, 45: schon bei Wiederaufnahme der Ermittlungen).

C. Anhörung der Verfahrensbeteiligten

Der **Generalstaatsanwalt** ist vor der Entscheidung stets zu hören (vgl Rn 2). Sofern das Gericht Ermittlungen nach § 173 Abs 2 StPO durchgeführt, der Beschuldigte nach Mitteilung des Antrages Angaben gemacht (§ 173 Abs 3 StPO) oder der Antragsteller eine ergänzende Stellungnahme abgegeben hat, ist eine erneute Anhörung erforderlich (§ 33 Abs 3 StPO).

Will das OLG dem Klageerzwingungsantrag stattgeben, ist der **Beschuldigte** gem § 175 StPO zwingend anzuhören. Ist die Anhörung zu Unrecht unterblieben, ist dieser Mangel im Klageerzwingungsverfahren selbst zu beheben. Zu Beginn des gerichtlichen Verfahrens steht die Anhörung des Beschuldigten im Ermessen des Gerichts. Sie erfolgt, indem das Gericht dem Beschuldigten eine Kopie des Klageerzwingungsantrags übersendet und zugleich eine angemessene Frist zur Stellungnahme bestimmt. Erklärungen, die nach Fristablauf, aber noch vor der Entscheidung des OLG eingehen, sind zu berücksichtigen. Die Anhörung des Beschuldigten ist hingegen entbehrlich, wenn sich der Antrag von vornherein als unzulässig oder unbegründet erweist. Sofern der Beschuldigte im Ermittlungsverfahren noch nicht über seine Rechte aus § 136a Abs 1 StPO, § 163a StPO belehrt wurde, ist die Belehrung über sein Aussageverweigerungsrecht bei der Anhörung nachzuholen.

Eine Anhörung des **Antragstellers**, der bereits durch seinen Antrag rechtliches Gehör erhalten hat, wird durch die §§ 172 StPO ff nicht vorgeschrieben. Er ist allerdings gem § 33 Abs 3 StPO nochmals anzuhören, wenn das Gericht weitere Ermittlungen gem § 173 Abs 3 StPO durchgeführt hat und die hierdurch gewonnenen Tatsachen und Beweise zu seinem Nachteil verwendet werden sollen.

D. Anordnung von Ermittlungen
I. Anwendungsbereich

Nach Abs 3 der Vorschrift kann der Senat durch Beschluss weitere – konkret zu bezeichnende – Ermittlungen anordnen. Diese sind erforderlich, wenn der Ermittlungsstand eine Entscheidung des Gerichts – also die Verwerfung des Antrags oder die Anweisung an die Staatsanwaltschaft, die öffentliche Klage zu erheben – noch nicht erlaubt. Unzulässig ist hingegen die Anordnung ergänzender Ermittlungen zur Feststellung eines unbekannten Täters, weil ein Klageerzwingungsverfahren gegen Unbekannt unzulässig ist (OLG Hamm NStZ-RR 2001, 83).

II. Art und Umfang der Ermittlungen

Zulässig sind alle Arten von Ermittlungen, die auch im Ermittlungsverfahren statthaft sind. Dazu gehören auch Zwangsmaßnahmen wie beispielsweise Durchsuchungen oder Beschlagnahmen; nicht hingegen die Anordnung von Untersuchungshaft. Ferner kann das Gericht Zeugen und Beschuldigte vernehmen. Da das Freibeweisverfahren gilt, ist statt einer förmlichen Vernehmung auch die Einholung schriftlicher Stellungnahmen zulässig.

Gorf

III. Durchführung der Ermittlungen

8   Mit der Durchführung der Ermittlungen kann das Gericht gem § 173 Abs 3 StPO entweder ein Mitglied des Strafsenats als beauftragten Richter (§ 156 GVG) oder im Wege der Rechtshilfe einen Richter am Amtsgericht als ersuchten Richter (§ 157 GVG) betrauen. Die § 168 StPO bis § 168 d StPO sind zu beachten.

9   Der Generalstaatsanwalt kann hingegen nicht förmlich mit der Vornahme der Ermittlungen beauftragt werden. Allerdings ist es in der Praxis in Anlehnung an § 202 StPO üblich, dass der Vorsitzende des Strafsenats den Generalstaatsanwalt oder die Staatsanwaltschaft um die Durchführung der noch für erforderlich gehaltenen Ermittlungshandlungen bittet. Diese sind zwar befugt, aber – wegen des eindeutigen Wortlauts des § 173 Abs 3 StPO – rechtlich nicht verpflichtet, den Ermittlungsaufträgen nachzukommen (KK-StPO/Schmid StPO § 173 Rn 3 und SK-StPO/Wohlers StPO § 173 Rn 19 jeweils mwN).

§ 174 [Verwerfung des Antrags]

(1) Ergibt sich kein genügender Anlaß zur Erhebung der öffentlichen Klage, so verwirft das Gericht den Antrag und setzt den Antragsteller, die Staatsanwaltschaft und den Beschuldigten von der Verwerfung in Kenntnis.

(2) Ist der Antrag verworfen, so kann die öffentliche Klage nur auf Grund neuer Tatsachen oder Beweismittel erhoben werden.

Überblick

Die Vorschrift regelt in Abs 1 die Verwerfung eines zulässigen, aber unbegründeten Klageerzwingungsantrags (Rn 2 ff) sowie die entsprechenden Mitteilungspflichten (Rn 7). Hieran anknüpfend ordnet Abs 2 eine beschränkte Rechtskraftwirkung an (Rn 9 ff). Wie im Falle eines zulässigen und begründeten Antrags zu entscheiden ist, regelt schließlich § 175 StPO. Gesetzlich hingegen nicht geregelt sind insbesondere die Entscheidung bei einem unzulässigen Antrag (Rn 1) und die Fälle, in denen das Gericht eine Einstellung nach Opportunitätsgrundsätzen für angemessen erachtet (Rn 5).

A. Unzulässiger Antrag

1   Fehlt es an den nach § 172 Abs 2 u Abs 3 StPO erforderlichen formellen Voraussetzungen, verwirft das OLG den Antrag auf gerichtliche Entscheidung als unzulässig, ohne dass dieser Beschluss die Sperrwirkung des Abs 2 oder die Kostenfolge des § 177 StPO auslöst. Der Verwerfungsbeschluss ist dem Antragsteller und dem Generalstaatsanwalt formlos bekannt zu geben (§ 35 Abs 2 S 2 StPO). Eine Mitteilung an den Beschuldigten ergeht nur, wenn ihm im Klageerzwingungsverfahren rechtliches Gehör gewährt worden war (§ 173 Abs 2 StPO).

B. Unbegründeter Antrag

I. Kein „genügender Anlass"

2   Ein zulässiger Antrag ist als unbegründet zu verwerfen, wenn das Ergebnis der Überprüfung oder der Ermittlungen keinen genügenden Anlass zur Erhebung der öffentlichen Klage ergibt, mithin ein hinreichender Tatverdacht iSd § 170 Abs 1 StPO, § 203 StPO nicht festgestellt werden kann (vgl aber Rn 5; OLG Bremen NStZ-RR 2000, 270; OLG Rostock NStZ-RR 1996, 272). Das Gericht stellt dabei ohne Bindung an den zuvor ergangenen staatsanwaltschaftlichen Einstellungsbescheid und die Beschwerdeentscheidung des Generalstaatsanwaltes eigene tatsächliche und rechtliche Erwägungen an.

3   Soweit hinreichender Tatverdacht nur hinsichtlich einzelner prozessualer Taten oder einzelner Beschuldigter vorliegt, ist der Antrag nur insoweit als unbegründet zu verwerfen und im Übrigen die Erhebung der öffentlichen Klage nach § 175 StPO anzuordnen (Löwe/Rosenberg/Graalmann-Scheerer StPO § 174 Rn 6).

II. Offizial- und Privatklagedelikt, Ordnungswidrigkeit

Betrifft der Antrag lediglich ein Delikt, das vom Verletzten im Wege der Privatklage **4** verfolgt werden kann, so ist er als unzulässig zu verwerfen (§ 172 Abs 2 S 3 StPO). Ist der Antrag hingegen auf ein Offizialdelikt gerichtet, stellt das OLG einen hinreichenden Tatverdacht aber nur hinsichtlich eines Privatklagedelikts oder einer Ordnungswidrigkeit fest, so ist der Antrag als unbegründet zu verwerfen, weil eine sachliche Prüfung wegen des Offizialdelikts stattgefunden hat (Meyer-Goßner StPO § 174 Rn 2). Die Staatsanwaltschaft ist dadurch allerdings nicht gehindert, wegen des Privatklagedelikts nach Bejahung des öffentlichen Interesses doch noch die öffentliche Klage zu erheben, weil sich die Rechtskraft des Beschlusses auf das Privatklagedelikt nicht erstreckt (KK-StPO/Schmid StPO § 174 Rn 3).

III. Anwendbarkeit der §§ 153 StPO ff

Die **hM** in der Rechtsprechung geht davon aus, dass genügender Anlass zur Erhebung der **5** öffentlichen Klage iSd des § 174 Abs 1 StPO nur vorliegt, wenn neben dem hinreichenden Tatverdacht die Voraussetzungen für eine Einstellung nach § 153 StPO nicht gegeben sind. Anderenfalls ist der Antrag als unzulässig (OLG Celle MDR 1985, 249, 250; OLG Stuttgart MDR 1982, 954; OLG Hamm NJW 1975, 1984) oder unbegründet (OLG Köln NJW 1991, 764; SK-StPO Wohlers StPO § 174 Rn 7) zu verwerfen oder das Ermittlungsverfahren nach §§ 153 ff StPO einzustellen (OLG Stuttgart NJW 1997, 3103, 3104). Die **hM** in der Literatur und ein Teil der Rechtsprechung hingegen hält eine Einstellung gem § 153 StPO im Klageerzwingungsverfahren für systemwidrig und nicht sachgerecht, nachdem die Staatsanwaltschaft und der Generalstaatsanwalt – bei der Entscheidung über die Vorschaltbeschwerde – von dieser Möglichkeit keinen Gebrauch gemacht hatten. Die Geringfügigkeit berechtige auch nicht zur Verwerfung des Antrags als unzulässig oder unbegründet (Löwe/Rosenberg/Graalmann-Scheerer StPO § 174 Rn 8 bis 10; KK-StPO/Schmid StPO § 174 Rn 4).

C. Entscheidung

Die Entscheidung ergeht durch Beschluss, der gem § 34 StPO zu begründen ist. Er muss **6** im Hinblick auf die Kostenentscheidung nach § 177 StPO und den Umfang der Sperrwirkung nach Abs 2 der Vorschrift erkennen lassen, ob der Antrag als unzulässig oder als unbegründet verworfen wird.

Kraft ausdrücklicher gesetzlicher Regelung ist der Beschluss neben der Staatsanwaltschaft, **7** auch dem Antragsteller sowie dem Beschuldigten bekannt zu machen. Die Mitteilung an den Beschuldigten ist selbst dann vorzunehmen, wenn dieser zum Klageerzwingungsantrag nicht gehört worden ist, weil er über die für ihn günstige Sperrwirkung des Beschlusses nach Abs 2 unterrichtet werden muss.

D. Rechtsbehelf

Der Beschluss ist wegen § 304 Abs 4 S 2 StPO nicht anfechtbar. Der Erhebung einer **8** Gegenvorstellung bezüglich eines als unbegründet verworfenen Antrags steht die beschränkte Rechtskraft der Sachentscheidung nach Abs 2 entgegen, da öffentliche Klage nur noch aufgrund neuer Tatsachen und Beweismittel erhoben werden darf (vgl Rn 9; OLG Nürnberg NStZ-RR 1998, 143; OLG Koblenz NStZ 1983, 470, 471; KK-StPO/Schmid StPO § 174 Rn 5).

E. Beschränkte Rechtskraftwirkung

Die beschränkte Rechtskraftwirkung nach Abs 2 der Vorschrift entfaltet nur der Beschluss, **9** der den Antrag nach sachlicher Prüfung als unbegründet verwirft, allerdings bzgl aller durch die Tat Verletzten (OLG Koblenz NStZ-RR 1998, 339, 340). Der Entscheidung kommt die gleiche Sperrwirkung zu wie der Ablehnung der Eröffnung des Hauptverfahrens nach § 211 StPO (BVerfG BeckRS 2006, 25342).

10 Die Sperrwirkung tritt indes nicht ein, wenn der Antrag als unzulässig verworfen (vgl Rn 1), zurückgenommen oder die Rücknahme nach § 176 Abs 2 StPO fingiert wird (Löwe/Rosenberg/Graalmann-Scheerer StPO § 174 Rn 15). Privatklagedelikte werden von der beschränkten Rechtskraftwirkung nicht erfasst (KK-StPO/Schmid StPO § 177 Rn 6).

11 Nach Verwerfung des Klageerzwingungsantrags kann Anklage nur aufgrund neuer Tatsachen oder Beweismittel erhoben werden (Abs 2). Neu iSd Vorschrift sind Tatsachen und Beweismittel, die dem OLG bei seiner Entscheidung noch nicht bekannt waren. Die entsprechende Prüfung nimmt die Staatsanwaltschaft vor (SK-StPO/Wohlers StPO § 177 Rn 13).

11.1 Ein neues Beweismittel liegt auch dann vor, wenn ein bereits vernommener Zeuge entgegen seiner früheren Aussage andere, für die Entscheidung bedeutsame Angaben macht (OLG Hamburg NJW 1963, 1121). Das neue Beweismaterial muss – zusammen mit den bisher bekannten Erkenntnissen – die Annahme eines hinreichenden Tatverdachts rechtfertigen (KK-StPO/Schmid StPO § 177 Rn 6).

§ 175 [Beschluß auf Anklageerhebung]

¹Erachtet das Gericht nach Anhörung des Beschuldigten den Antrag für begründet, so beschließt es die Erhebung der öffentlichen Klage. ²Die Durchführung dieses Beschlusses liegt der Staatsanwaltschaft ob.

Überblick

Stellt das OLG im Klageerzwingungsverfahren einen hinreichenden Tatverdacht fest (Rn 1), nachdem es den Beschuldigten angehört hat (Rn 2 f), so ordnet es die Erhebung der öffentlichen Klage durch Beschluss an (Rn 4). Die Staatsanwaltschaft hat unter Berücksichtigung der tatsächlichen und rechtlichen Würdigung des OLG Anklage zu erheben (Rn 7), ist an den Beschluss im weiteren Verfahren aber nicht gebunden (Rn 8).

A. Begründeter Antrag

1 Der Antrag ist begründet, wenn sich aus dem in der Antragsschrift geschilderten Sachverhalt sowie den angeführten Beweismitteln oder den durch das OLG geführten ergänzenden Ermittlungen (§ 173 Abs 3 StPO) ergibt, dass der Beschuldigte der Begehung eines Offizialdelikts hinreichend verdächtig ist. Besteht nur hinsichtlich einzelner von mehreren prozessualen Taten oder lediglich bzgl eines einzelnen von mehreren Beschuldigten hinreichender Tatverdacht, ordnet das OLG nur insoweit die Erhebung der öffentlichen Klage an.

B. Anhörung des Beschuldigten

2 S 1 schreibt die Anhörung des Beschuldigten vor Anordnung der Erhebung der öffentlichen Klage zwingend vor (BVerfGE 19, 32, 36, 37; vgl auch § 173 StPO Rn 4). Soweit dem Beschuldigten zu Unrecht kein rechtliches Gehör gewährt wurde, kann dieser Mangel in dem auf die Anklage eingeleiteten gerichtlichen Verfahren nicht mehr geheilt werden, weil das Klageerzwingungsverfahren vor dem OLG als ein prozessual selbständiges Verfahren zu betrachten ist (BVerfGE 42, 172, 175).

2.1 Ausnahmsweise kommt die Anordnung der Erhebung der öffentlichen Klage ohne vorherige Anhörung des Beschuldigten in Betracht, zB wenn die Voraussetzungen für einen Haftbefehl gem §§ 112 StPO ff vorliegen (vgl dazu § 33 Abs 4 S 1 StPO).

3 Eine zusätzliche Beschuldigtenvernehmung im Verfahren nach § 173 Abs 3 StPO oder durch die Staatsanwaltschaft auf Bitten des Gerichts ist nur erforderlich, wenn die Anhörung den Anforderungen des § 163a Abs 1 und 4 StPO nicht gerecht wird (KK-StPO/Schmid § 175 Rn 1; SK-StPO/Wohlers StPO § 175 Rn 7; **aA** Löwe/Rosenberg/Graalmann-Scheerer StPO § 175 Rn 3; KMR/Plöd StPO § 175 Rn 1). Eine schriftliche Äußerung iSd § 163a Abs 1 S 2 StPO kann dabei in einfach gelagerten Fällen genügen.

C. Anordnung der Erhebung der öffentlichen Klage

Die Anordnung, die öffentliche Klage zu erheben, ergeht durch einen Beschluss des OLG. 4
Inhaltlich muss der Beschluss alle wesentlichen Elemente einer Anklageschrift (§ 200 StPO) enthalten, also die Tat nach Ort, Zeit und Umständen ihrer Begehung umschreiben sowie die anzuklagenden Personen, anzuwendenden Strafvorschriften und die zur Verfügung stehenden Beweismittel angeben. Dies erfolgt regelmäßig in der Weise, dass das OLG einen vollständigen Anklagesatz formuliert, dem beispielsweise der Satz „Die Staatsanwaltschaft hat wegen folgender Taten die öffentliche Klage zu erheben" vorangestellt werden kann (Pfeiffer StPO § 175 Rn 2). Das Gericht, bei dem die öffentliche Klage erhoben werden soll (§§ 24 GVG ff), wird nicht angegeben, weil der Staatsanwaltschaft ggf die Wahl zwischen mehreren alternativ gegebenen Gerichtsständen obliegt (Meyer-Goßner StPO § 170 Rn 3).

Der Beschluss ist nicht anfechtbar (§ 304 Abs 4 S 2 StPO), so dass er einer Begründung 5 nicht bedarf. Gleichwohl ist es in der Praxis üblich, dass das Gericht darlegt, welche tatsächlichen und rechtlichen Gründe aus seiner Sicht die Erhebung der öffentlichen Klage gebieten (KK-StPO/Schmid StPO § 175 Rn 3).

Ob das OLG unter besonderen Umständen die Durchführung von Ermittlungen anstelle 6 der Erhebung der öffentlichen Klage anordnen kann (sog **Ermittlungserzwingung**), ist umstritten.

Von einem überwiegenden Teil der Rechtsprechung und der Literatur wird die Meinung 6.1 vertreten, das OLG könne die Staatsanwaltschaft bei einem zulässigen Klageerzwingungsantrag auch dazu verpflichten – weitere – Ermittlungen unter Berücksichtigung der Rechtsauffassung des OLG zu führen, vor allem wenn die Staatsanwaltschaft aus Rechtsgründen einen Anfangsverdacht verneint und deshalb keine Ermittlungen durchgeführt hatte oder wenn die Ermittlungen in hohem Maße lückenhaft sind. Anderenfalls müsste das OLG systemwidrig das komplette Ermittlungsverfahren durchführen bis eine Entscheidung über das Vorliegen des hinreichenden Tatverdachts möglich wäre (vgl dazu ausf Löwe/Rosenberg/Graalmann-Scheerer StPO § 175 Rn 16 ff sowie OLG München NJW 2007, 3734, 3735; OLG Köln NStZ 2003, 682; OLG Hamm StV 2002, 128; OLG Zweibrücken NStZ-RR 2001, 308; OLG Nürnberg NStZ-RR 1999, 238; KG NStZ 1990, 355; Meyer-Goßner StPO § 175 Rn 2 – nur bei rechtsirrtümlicher Unterlassung von Ermittlungen; Pfeiffer § 172 StPO Rn 12; Rieß NStZ 1986, 433, 436 ff).

Die Gegenmeinung verweist darauf, dass die Anordnung von Ermittlungen den klaren einer 6.2 richterlichen Rechtsfortbildung nicht zugänglichen Wortlaut der § 171 StPO, § 172 StPO, § 173 Abs 3 StPO und § 175 StPO missachte (KK-StPO/Schmid StPO § 175 Rn 3; SK-StPO/Wohlers StPO § 175 Rn 2; Kuhlmann NStZ 1981, 193) und die Staatsanwaltschaft nicht mehr die Herrschaft über das Ermittlungsverfahren habe, sondern in die Rolle eines weisungsgebundenen Hilfsorgan des OLG versetzt werde, das lediglich dessen Anweisungen auszuführen habe (Wohlers NStZ 1991, 300).

D. Durchführung des Beschlusses

Bei der Durchführung des Beschlusses ist die Staatsanwaltschaft an die vom OLG vor- 7 genommene tatsächliche und rechtliche Würdigung gebunden und kann das Verfahren nicht mehr nach dem Opportunitätsgrundsatz (§ 153 StPO, § 153 a StPO) einstellen (KK-StPO/Schmid StPO § 175 Rn 7 mwN). Die Entscheidung, bei welchem Gericht und in welcher Form sie die öffentliche Klage erhebt, obliegt weiterhin der Staatsanwaltschaft. Eine Klageerhebung im Wege des Strafbefehlsverfahrens wird nach überwiegender Meinung zwar für rechtlich zulässig, indes nicht sachgerecht erachtet (KK-StPO/Schmid StPO § 175 Rn 6; Löwe/Rosenberg/Graalmann-Scheerer StPO § 175 Rn 13 mwN). Eine Klagerücknahme ist nur zulässig, wenn die Staatsanwaltschaft danach die Klage alsbald bei einem anderen Gericht erheben will (Meyer-Goßner StPO § 175 Rn 3). Der Beschluss wird gegenstandslos, wenn die Tat, wegen der Anklage erhoben werden soll, inzwischen Gegenstand eines gerichtlichen Strafverfahrens geworden ist (Meyer-Goßner StPO § 175 Rn 4).

E. Verfahren nach Erhebung der öffentlichen Klage

Nach Anklageerhebung entfällt die Bindungswirkung des Beschlusses des OLG für die 8 Staatsanwaltschaft und das angegangene Gericht (KK-StPO/Schmid StPO § 175 Rn 8 mwN). Das OLG kann der Staatsanwaltschaft über die Verpflichtung zur Erhebung der öffentlichen Klage hinaus die weitere Sachbehandlung nicht auferlegen. Die Staatsanwaltschaft ist daher befugt, einer gerichtlichen Einstellung nach den § 153 Abs 2 StPO, § 153 a Abs 2 StPO, § 153 b Abs 2 StPO, § 153 e Abs 2 StPO zuzustimmen, eine Einstellung nach den § 154 Abs 2 StPO, § 154 b Abs 2 StPO zu beantragen, in der Hauptverhandlung eine vom Beschluss des OLG abweichende tatsächliche und rechtliche Würdigung vorzunehmen und sogar einen Freispruch zu beantragen (KK-StPO/Schmid StPO § 175 Rn 8; Löwe/Rosenberg/Graalmann-Scheerer StPO § 175 Rn 14). Wenn das erkennende Gericht, bei dem die öffentliche Klage erhoben wurde, die Eröffnung des Hauptverfahrens ablehnt oder den Angeklagten freispricht, ist die Staatsanwaltschaft nicht verpflichtet, Rechtsmittel einzulegen (SK-StPO/Wohlers StPO § 175 Rn 15 mwN).

9   Der Antragsteller kann sich dem Strafverfahren nach erfolgreichem Klageerzwingungsantrag gem § 395 Abs 1 Nr 3 StPO als Nebenkläger anschließen (KK-StPO/Schmid StPO § 175 Rn 9).

§ 176 [Sicherheitsleistung]

(1) ¹Durch Beschluß des Gerichts kann dem Antragsteller vor der Entscheidung über den Antrag die Leistung einer Sicherheit für die Kosten auferlegt werden, die durch das Verfahren über den Antrag voraussichtlich der Staatskasse und dem Beschuldigten erwachsen. ²Die Sicherheitsleistung ist durch Hinterlegung in barem Geld oder in Wertpapieren zu bewirken. ³Davon abweichende Regelungen in einer auf Grund des Gesetzes über den Zahlungsverkehr mit Gerichten und Justizbehörden erlassenen Rechtsverordnung bleiben unberührt. ⁴Die Höhe der zu leistenden Sicherheit wird vom Gericht nach freiem Ermessen festgesetzt. ⁵Es hat zugleich eine Frist zu bestimmen, binnen welcher die Sicherheit zu leisten ist.

(2) Wird die Sicherheit in der bestimmten Frist nicht geleistet, so hat das Gericht den Antrag für zurückgenommen zu erklären.

Überblick

Die Vorschrift dient der Sicherung der Vollstreckung des Kostenerstattungsanspruchs nach § 177 StPO und soll zudem einen Missbrauch des Klageerzwingungsverfahrens verhindern. Das OLG kann dem Antragsteller durch Beschluss (Rn 1) aufgeben, eine nach freiem Ermessen des OLG zu bestimmende Sicherheitsleistung (Rn 4) binnen einer bestimmten Frist (Rn 5) zu erbringen, die im Falle der Verwerfung oder Rücknahme des Antrags verwertet, anderenfalls wieder freigegeben wird (Rn 7). Abs 2 regelt die fingierte Klagerücknahme bei nicht fristgerechter Einzahlung der vollständigen Sicherheit (Rn 6).

A. Beschluss

1   Das OLG entscheidet durch Beschluss über die dem Antragsteller aufzuerlegende Sicherheitsleistung, wenn der Antrag nach vorläufiger Prüfung zulässig ist, weil bei einem unzulässigen Antrag die Kostenfolge des § 177 StPO nicht ausgelöst wird (vgl § 177 StPO Rn 2). Vor der beabsichtigten Anordnung der Sicherheitsleistung ist die Staatsanwaltschaft zu hören (§ 33 Abs 2 StPO). In dem Beschluss sind die Höhe der Sicherheitsleistung (Rn 3) und die nach Abs 1 S 4 bestimmte Frist (Rn 5) anzugeben. Der Beschluss bedarf keiner Begründung und ist nicht anfechtbar (§ 304 Abs 4 S 2 StPO). Er ist dem Antragsteller förmlich zuzustellen, weil seine Bekanntgabe die Frist nach Abs 1 S 4 in Gang setzt (§ 35 Abs 2 StPO).

2   Ist dem Antragsteller jedoch Prozesskostenhilfe bewilligt worden, so darf ihm keine Sicherheitsleistung auferlegt werden (§ 172 Abs 3 S 2 Hs 2 StPO iVm § 122 Abs 1 Nr 2 ZPO).

B. Art und Höhe der Sicherheitsleistung

Die Sicherheit kann nur durch Hinterlegung von barem Geld oder von Wertpapieren (Abs 1 S 2) erbracht werden, nicht durch Pfandbestellung oder Bürgschaft. Die Auswahl obliegt dem Antragsteller, der die fristgerechte Hinterlegung nachzuweisen hat. 3

Bei der Bemessung der in das Ermessen des Gerichts gestellten Höhe der Sicherheitsleistung (Abs 1 S 3), sind die Höhe der zu erwartenden Erstattungsansprüche (Kosten der Staatskasse und notwendige Auslagen des Beschuldigten), die Erfolgsaussichten des Antrags sowie die wirtschaftlichen Verhältnisse des Antragstellers zu berücksichtigen. 4

C. Fristbestimmung

Das Gericht hat dem Antragsteller in seinem Beschluss eine angemessene Frist zur Leistung der Sicherheit zu bestimmen (Abs 1 S 4), binnen derer dieser realistischerweise in der Lage ist, die erforderlichen Mittel zu beschaffen und zu hinterlegen. Die Frist kann verlängert werden. Bei unverschuldeter Fristversäumnis ist Wiedereinsetzung in den vorherigen Stand gem §§ 44 StPO ff möglich (KK-StPO/Schmid StPO § 176 Rn 4). 5

D. Folgen der Nichterbringung der Sicherheitsleistung

Wird die Sicherheitsleistung nicht rechtzeitig oder nicht in der festgesetzten Höhe erbracht, so hat das OLG den Antrag durch Beschluss zwingend für zurückgenommen zu erklären (Abs 2) und dem Antragsteller gem § 177 StPO die Kosten aufzuerlegen. 6

E. Freigabe und Verwertung der Sicherheitsleistung

Sofern das Klageerzwingungsverfahren ohne eine Entscheidung nach § 177 StPO endet, nämlich im Falle eines unzulässigen oder nach § 175 StPO begründeten Antrags oder bei einer Erledigung des Klageerzwingungsverfahrens, ist die geleistete Sicherheit vom OLG auf Antrag des Antragstellers und nach Anhörung des Beschuldigten (§ 33 Abs 2 StPO) durch unanfechtbaren Beschluss freizugeben. Werden hingegen in den Fällen des § 174 StPO (Verwerfungsbeschluss) und des § 176 Abs 2 StPO (fingierte Klagerücknahme) dem Antragsteller die Kosten des Verfahrens auferlegt, dient die erbrachte Sicherheitsleistung der Befriedigung der Kostengläubiger (Staatskasse und Beschuldiger). 7

§ 177 [Kosten]

Die durch das Verfahren über den Antrag veranlaßten Kosten sind in den Fällen der §§ 174 und 176 Abs. 2 dem Antragsteller aufzuerlegen.

Überblick

Eine Kostenentscheidung ergeht nur in den Fällen der § 174 StPO und § 176 Abs 2 StPO (Rn 1), nicht aber in den Fällen, in denen der Antrag als unzulässig verworfen wird oder gem § 175 StPO begründet ist (Rn 2). Zu den „veranlassten Kosten" gehören sowohl die Gebühren und Auslagen der Staatskasse als auch die notwendigen Auslagen des Beschuldigten (Rn 3).

A. Kostenentscheidung

Die Entscheidung, nach der der Antragsteller die Kosten des Klageerzwingungsverfahrens zu tragen hat, trifft das OLG unanfechtbar (§ 304 Abs 2 S 2 StPO) in demselben Beschluss, mit dem es den Antrag als unbegründet verwirft (§ 174 Abs 1 StPO) oder für zurückgenommen erklärt, weil der Antragsteller eine vom OLG angeordnete Sicherheitsleistung nicht fristgerecht erbracht hat (§ 176 Abs 2 StPO). 1

Ob der Antragsteller im Falle der Rücknahme des Klageerzwingungsantrags vor einer Entscheidung des Gerichts ebenfalls die Kosten trägt, ist umstritten. Nach überwiegender Auffassung in Rechtsprechung (OLG Celle NdsRPfl 1961, 210; OLG Düsseldorf GA 1983, 219; OLG Düsseldorf 1.1

MDR 1989, 932) und Schrifttum (Meyer-Goßner StPO § 177 Rn 1; Löwe/Rosenberg/Graalmann-Scheerer StPO § 177 Rn 2; SK-StPO/Wolters § 177 StPO Rn 2; Rieß NStZ 1990, 6, 9) findet § 177 StPO entsprechende Anwendung, wenn der Antragsteller seinen Antrag zu einem Zeitpunkt zurücknimmt, zu dem das OLG bereits in die Begründetheitsprüfung eingetreten ist (OLG Stuttgart Justiz 2000, 49, 50; dem folgend KK-StPO/Schmid StPO § 177 Rn 1). Würden dem Antragsteller die Kosten des Klageerzwingungsverfahrens im Falle der gesetzlich fingierten Rücknahme auferlegt, müsse dies erst recht für den Fall der tatsächlichen Rücknahme gelten. § 177 StPO enthalte insoweit eine ausfüllungsbedürftige, da unbeabsichtigte Gesetzeslücke. Die Gegenmeinung (OLG München JurBüro 1983, 1209; OLG Zweibrücken MDR 1985, 250; OLG Celle NdsRPfl 1988, 242; KG Berlin NStE Nr 2 zu § 177 StPO; Pfeiffer StPO § 177 Rn 1) behandelt die tatsächliche Rücknahme des Antrags kostenrechtlich wie einen unzulässigen Antrag mit der Folge, dass Kosten nicht erhoben und nicht erstattet werden. Eine analoge Anwendung sei unzulässig, weil § 177 StPO eine abschließende Regelung enthalte, in welchen Fällen im Klageerzwingungsverfahren eine Kostenentscheidung zu treffen sei. Zudem solle durch die Kostenfreiheit die Rücknahmebereitschaft gefördert werden (OLG München JurBüro 1983, 1209).

B. Keine Kostenentscheidung

2   In allen anderen Fällen werden im Klageerzwingungsverfahren Kosten nicht erhoben und notwendige Auslagen nicht erstattet (vgl dazu ausf Rieß NStZ 1990, 6 ff). Es ergeht daher keine Kostenentscheidung, wenn

- der Antrag aus formellen Gründen als unzulässig verworfen wird (KK-StPO/Schmid StPO § 177 Rn 1 mwN),
- dem Antrag stattgegeben und gem § 175 StPO die Erhebung der öffentlichen Klage angeordnet wird, weil die Kosten des Klageerzwingungsverfahrens dann zu den Kosten des Strafverfahrens gehören und der Antragsteller sich diesem als Nebenkläger anschließen kann (OLG München NStZ 1986, 376; vgl § 472 Abs 1 StPO),
- die StA während des Klageerzwingungsverfahrens vor einer Entscheidung des OLG von sich aus die Ermittlungen wieder aufnimmt (OLG Jena NStZ-RR 2007, 223; OLG Brandenburg NStZ-RR 2005, 45) oder Anklage erhebt (OLG Koblenz NStZ 1990, 48; SK-StPO/Wohlers StPO § 177 Rn 5; Löwe/Rosenberg/Graalmann-Scheerer StPO § 175 Rn 25 ff: Feststellungsbeschluss zwecks Anschlussbefugnis als Nebenkläger)
- das OLG die StA im Wege der Ermittlungserzwingung (vgl § 175 StPO Rn 6) verpflichtet, (weitere) Ermittlungen durchzuführen (KK-StPO/Schmid StPO § 177 Rn 1),
- das Verfahren infolge des Todes des Antragstellers oder des Beschuldigten endet (OLG Düsseldorf GA 1984, 129).

C. Veranlasste Kosten

3   Bei den „veranlassten Kosten" handelt es sich um die Gebühren und Auslagen der Staatskasse (§ 464a StPO), mithin insbes die Gerichtsgebühr nach § 3 Abs 2 GKG iVm Nr 3200 des Kostenverzeichnisses in Höhe von derzeit 60 EUR und die Auslagen etwaiger Ermittlungen nach § 173 Abs 3 StPO sowie die notwendigen Auslagen des Beschuldigten.

3.1   Zu den notwendigen Auslagen des Beschuldigten gehören neben den Kosten, die mit der Teilnahme an Ermittlungshandlungen verbunden sind (SK-StPO/Wohlers StPO § 177 Rn 9), eigene Kosten des Beschuldigten für Zeitversäumnis sowie Reisekosten, die im Zusammenhang mit einer Teilnahme an Vernehmungen nach § 173 Abs 3 StPO angefallen sind und bei denen der Beschuldigten ein Anwesenheitsrecht nach § 168c StPO zustand (Löwe/Rosenberg/Graalmann-Scheerer StPO § 177 Rn 7), auch die Verteidigerkosten des Beschuldigten, soweit diese nicht bereits durch die Gebühr für die Tätigkeit im Ermittlungsverfahren mit abgedeckt sind (Rieß NStZ 1990, 6, 8; SK-StPO/Wohlers StPO § 177 Rn 9; Löwe/Rosenberg/Graalmann-Scheerer StPO § 177 Rn 8).

Dritter Abschnitt. (§§ 178-197) (weggefallen)

§§ 178-197 (weggefallen)

Vierter Abschnitt. Entscheidung über die Eröffnung des Hauptverfahrens (§§ 198-211)

§ 198 (weggefallen)

§ 199 [Entscheidung über Eröffnung des Hauptverfahrens]

(1) Das für die Hauptverhandlung zuständige Gericht entscheidet darüber, ob das Hauptverfahren zu eröffnen oder das Verfahren vorläufig einzustellen ist.
(2) ¹Die Anklageschrift enthält den Antrag, das Hauptverfahren zu eröffnen. ²Mit ihr werden die Akten dem Gericht vorgelegt.

Überblick

Dem Hauptverfahren ist ein Beschluss über dessen Eröffnung vorangestellt (Rn 2), in dem das angegangene Gericht darüber entscheidet, in welchem Umfang die Anklage zur Hauptverhandlung zugelassen wird (Rn 4). Die Staatsanwaltschaft ist verpflichtet, die Akten dem Gericht vorzulegen (Rn 5), das diese sodann zu verwalten hat (Rn 7).

A. Allgemeines

Die Vorschrift enthält **zwei wesentliche Handlungsgebote**: In Abs 1 ist die **Zustän-** 1 **digkeit** des angegangenen Gerichts für die Eröffnung der Hauptverhandlung normiert und bezieht sich insofern auf die in §§ 203 StPO ff getroffenen Regelungen. Abs 2 verhält sich dazu, mit welchem Antrag der **Anklagesatz** zu versehen ist und was gemeinsam mit der Anklage dem Gericht vorzulegen ist, um diesem die Entscheidung nach Abs 1 zu ermöglichen.

B. Erläuterungen

I. § 199 Abs 1 StPO

Aus dem Wortlaut des Abs 1 ergibt sich, dass eine **Anklageerhebung als solche noch** 2 **nicht zur Hauptverhandlung zwingt**. Vielmehr muss das Gericht darüber entscheiden, ob es eine Hauptverhandlung über den Anklagevorwurf durchführt (KK-StPO/Schneider StPO § 199 Rn 4). Ein gesondertes, ausschließlich für die Eröffnung des Hauptverfahrens zuständiges Gericht ist der Strafprozessordnung grundsätzlich fremd. Gleichwohl ist es möglich (und von der StPO auch so bedacht), dass das eröffnende Gericht nur diesen Beschluss trifft, durch die Eröffnung vor einem anderen Gericht aber keine weiteren Prozesshandlungen im Verfahren mehr vornimmt (dazu § 209 StPO Rn 4). Hält sich das Gericht für **örtlich unzuständig**, stellt es dies fest, lehnt aber nach **hM** die Eröffnung des Verfahrens wegen der Folgen für einen etwaigen Haftbefehl nicht ab (SK-StPO/Paeffgen StPO § 199 Rn 10 mwN). Im beschleunigten Verfahren gem § 418 StPO, im vereinfachten Jugendverfahren gem § 76 JGG ff und in der erst in laufender Hauptverhandlung erhobenen Nachtragsanklage (§ 266 StPO) sieht das Gesetz **keinen Eröffnungsbeschluss** vor. Im **Strafbefehlsverfahren** ergeht gleichfalls nach Einlegung eines Einspruchs gegen den vom Gericht erlassenen Strafbefehl kein Eröffnungsbeschluss; der (erlassene) Strafbefehl tritt an seine Stelle (KK-StPO/Schneider StPO § 199 Rn 3, BayObLGSt 1958,130) .

Die Eröffnung der Hauptverhandlung ist eine **Voraussetzung für die Durchführung** 3 **der Hauptverhandlung**. Fehlt der Eröffnungsbeschluss, leidet der Prozess unter einem **Verfahrensmangel**, der, ohne dass er gerügt werden muss, im Revisionsverfahren zur Aufhebung des Urteils führt (§ 207 StPO Rn 16).

Das zuständige Gericht hat darüber zu entscheiden, ob es die Anklage entweder unverän- 4 dert oder mit Änderungen tatsächlicher oder rechtlicher Natur, oder aber gar nicht zur

Hauptverhandlung zulässt, ob es das Verfahren vor einem Gericht niedrigerer Ordnung eröffnet oder aber ganz oder teilweise einstellt. Entsprechend sind der anklagenden Staatsanwaltschaft gegebenenfalls vom Gesetz verschiedene Möglichkeiten eingeräumt, die gerichtliche Entscheidung anzufechten. Die Entscheidung über die Eröffnung des Hauptverfahrens ergeht **ohne Mitwirkung der Laienrichter** (Löwe/Rosenberg/Stuckenberg StPO § 209 Rn 4). Wird während bereits begonnener Hauptverhandlung vor dem Schwurgericht des LG ein Eröffnungsbeschluss nachgeholt, so muss dies in der gesetzlich vorgesehenen Besetzung mit Berufsrichtern ohne Laienrichter geschehen; die Beschlussfassung in reduzierter Besetzung (§ 76 Abs 2 S 1 GVG) mit nur zwei Berufsrichtern führt zur Unwirksamkeit der Beschlussfassung und damit zum Fehlen eines Eröffnungsbeschlusses (§ 203 StPO Rn 3; BGH BeckRS 2007, 09817).

II. § 199 Abs 2 StPO

5   In Abs 2 S 1 ist der Staatsanwaltschaft aufgegeben, die Anklageschrift mit einem **Antrag auf Eröffnung des Hauptverfahrens** zu versehen. Dies ist eine bare Selbstverständlichkeit. Fehlt der Antrag (irrtümlich), hat das Gericht gleichwohl über eine Eröffnung zu entscheiden, da das bereits in Abs 1 angeordnet ist (anders KK-StPO/Schneider StPO § 199 Rn 2, der den Eröffnungsantrag als Voraussetzung der gerichtlichen Entscheidung ansieht). Abs 2 enthält die **Verpflichtung**, gemeinsam mit der Anklageschrift dem Gericht die Verfahrensakten vorzulegen, so dass das Gericht in der Lage ist, anhand des **gesamten Akteninhalts**, auf den sich die Anklage stützt, über deren Zulassung zur Hauptverhandlung **zu entscheiden**. Die Verfahrensakten umfassen alle be- und entlastenden Umstände, die im Laufe des Ermittlungsverfahrens zu Tage gefördert wurden und den Prozessgegenstand betreffen, also alle für die Schuldfrage wie für eine etwaige Rechtsfolge belangvollen Tatsachen. Strittig ist, ob auch die von der Staatsanwaltschaft als belanglos eingestufte Vorgänge mit vorgelegt werden müssen. Für **Beiakten** gilt, dass diese dann nicht vorzulegen sind, wenn sie vor Anklageerhebung als unergiebig von den Hauptakten wieder getrennt und an die eigentlich aktenführende Stelle zurück gegeben wurden. Neben den Verfahrensakten geführte **Spurenakten** sind nach höchstrichterlicher Rechtsprechung jedenfalls dann nicht vorzulegen, wenn sie keine Anhaltspunkte für eine Sachaufklärung bieten (BGHSt 30, 131,139; vgl auch BVerfG NStZ 1983, 273; krit SK-StPO/Paeffgen StPO § 199 Rn 4; KK-StPO/Schneider StPO § 199 Rn 14 nwN). Dem wird entgegen gehalten, dass über die Frage der Bedeutsamkeit einzelner Spuren für die Sachaufklärung nicht immer Einigkeit besteht, so dass letztlich nur schwer zu fassen ist, welche Spurenakten dem Gericht nicht zur Verfügung gestellt werden müssen (vgl Meyer-Goßner NStZ 1982, 353, insbes 359; Schnarr ZRP 1996, 128).

6   Nicht vorzulegen sind neben den **Handakten** der Staatsanwaltschaft (SK-StPO/Paeffgen StPO § 199 Rn 7) Akten, die mit einer **Sperrerklärung** der zuständigen obersten Dienstbehörde gem § 96 StPO (näheres dazu s § 96 StPO Rn 4) versehen sind. Sie zugänglich zu machen muss, sofern die Sperrerklärung gegebenenfalls auch einer verwaltungsgerichtlichen Überprüfung Stand hält, gänzlich unterbleiben. Gesperrte Akten können auch nicht nur dem Gericht zur Kenntnis gegeben werden, den übrigen Verfahrensbeteiligten aber nicht (BGH NStZ 2000, 265, 266). Über die bloße Bitte um Vertraulichkeit ohne eine förmliche Sperrerklärung kann sich das Gericht allerdings hinweg setzen. Der EGMR hat es dem Tatrichter überlassen, ob prozessrelevante Erkenntnisse aus übergeordneten Gründen dem Verteidiger unzugänglich bleiben dürfen (EGMR StraFo 2002, 51, 52 mAnm Sommer).

7   Die **Verwaltung der Akten** geht mit deren Eingang von der Staatsanwaltschaft auf das Gericht über. Das gilt auch für nachgelieferte Aktenteile mit dem Zeitpunkt der Übergabe an das Gericht. Dies hat zur Folge, dass auch alle Entscheidungen über die weitere Handhabung der Akten von deren Führung bis zu Fragen der Akteneinsicht nun dem Gericht obliegen.

§ 200 [Inhalt der Anklageschrift]

(1) ¹**Die Anklageschrift hat den Angeschuldigten, die Tat, die ihm zur Last gelegt wird, Zeit und Ort ihrer Begehung, die gesetzlichen Merkmale der Straftat und die**

anzuwendenden Strafvorschriften zu bezeichnen (Anklagesatz). ²In ihr sind ferner die Beweismittel, das Gericht, vor dem die Hauptverhandlung stattfinden soll, und der Verteidiger anzugeben. ³Bei der Benennung von Zeugen ist deren Wohn- oder Aufenthaltsort anzugeben, wobei es jedoch der Angabe der vollständigen Anschrift nicht bedarf. ⁴In den Fällen des § 68 Absatz 1 Satz 2, Absatz 2 Satz 1 genügt die Angabe des Namens des Zeugen. ⁵Wird ein Zeuge benannt, dessen Identität ganz oder teilweise nicht offenbart werden soll, so ist dies anzugeben; für die Geheimhaltung des Wohn- oder Aufenthaltsortes des Zeugen gilt dies entsprechend.

(2) ¹In der Anklageschrift wird auch das wesentliche Ergebnis der Ermittlungen dargestellt. ²Davon kann abgesehen werden, wenn Anklage beim Strafrichter erhoben wird.

Überblick

Im Anklagesatz wird die Tat im strafprozessualen Sinn konkretisiert und individualisiert (Rn 3). Alle Tatsachen, die zur Erfüllung des gesetzlichen Tatbestands nötig sind, werden hier geschildert (Rn 5). Dies kann bei Tatserien (Rn 6) und bei einer hohen Anzahl von Tatopfern problematisch sein (Rn 7). Fraglich ist, ob für die Rechtsfolgen bedeutsame Umstände in den Anklagesatz aufgenommen werden sollen (Rn 8). Eine Beweiswürdigung findet uU im wesentlichen Ergebnis der Ermittlungen ihren Platz (Rn 13). Außerdem werden in einer Anklageschrift die Beweismittel (Rn 15) sowie etwaige Haftdaten (Rn 17) genannt. Die Rechtsfolgen etwaiger Mängel einer Anklageschrift richten sich danach, ob diese wesentlich (Rn 19) oder unwesentlich (Rn 21) sind.

Übersicht

	Rn		Rn
A. Allgemeines	1	III. Sonstiger Inhalt	15
B. Erläuterungen	2	C. Mängel der Anklageschrift	19
I. Anklagesatz	2	I. Wesentliche (funktionelle) Mängel	19
1. Grundsätzliches	2	II. Sonstige Mängel	21
2. Einzelheiten	6		
II. Wesentliches Ergebnis der Ermittlungen	11		

A. Allgemeines

Die Vorschrift normiert, welchen **Inhalt eine Anklageschrift** jedenfalls haben muss, damit sie ihren Zweck erfüllt, das Tatsachengeschehen, das Inhalt der Hauptverhandlung sein soll, so genau zu beschreiben, dass es jedermann, insbesondere dem Angeschuldigten und seinem Verteidiger, unmissverständlich klar ist (**Informationsfunktion**; vgl BGH NStZ 2006, 649, 650). Daraus ergibt sich auch, dass Geschehen, das nicht in der Anklageschrift geschildert ist, nicht zur gerichtlichen Entscheidung steht. Nur der in der Anklageschrift bezeichnete Lebenssachverhalt ist Gegenstand des vom Gericht zu treffenden Eröffnungsbeschlusses. Die Anklageschrift hat also zugleich **Umgrenzungsfunktion** (vgl zu den Anforderungen an eine Anklageschrift OLG Hamm v 11. 4. 2007 = BeckRS 2007, 14189). 1

Im beschleunigten Verfahren bedarf es der Einreichung einer Anklageschrift nicht (vgl § 418 Abs 3 StPO). 1.1

B. Erläuterungen

I. Anklagesatz

1. Grundsätzliches

Abs 1 S 1 umschreibt den **Inhalt des Anklagesatzes**. Strittig ist dabei vor allem, wie bestimmt das dem Angeschuldigten vorgeworfene Tatgeschehen formuliert sein darf. Nach zutreffender Ansicht können sowohl ein konjunktivisch geprägter Stil gepflegt als auch eine 2 das Tatgeschehen im Indikativ schildernde, narrative Formulierung verwendet werden, ohne dass dies Einfluss auf die Zulässigkeit der Anklageschrift hätte. Eine Beweiswürdigung unter Benennung von Indiztatsachen darf im Anklagesatz aber nicht vorgenommen werden (BGH NJW 1997, 3034, 3036).

3   Neben dem Namen des Angeschuldigten sollte auch der **Verteidiger** im Anklagesatz genannt sein (§ 200 Abs 1 S 2 StPO; vgl auch RiStBV 110 II b).

4   Der zentrale Inhalt der Anklageschrift ist die **Tat im strafprozessualen Sinne** (§ 264 StPO). Sie muss im Anklagesatz soweit als möglich **konkretisiert und individualisiert** geschildert werden, um als historisch einmaliger Vorgang klar erkennbar und umgrenzt zu sein. Dazu müssen Tatzeit und Tatort möglichst präzise geschildert werden. Von anderen Taten desselben Täters muss sich die Tat unterscheiden lassen (Meyer-Goßner StPO § 200 Rn 7 mwN), ohne dass hier übertriebene Anforderungen zu stellen sind. Sind indes Tatort und Tatzeit nicht präzise zu benennen, führt dies nicht zwangsläufig dazu, dass die Anklage **unwirksam** ist. Solange die **Unverwechselbarkeit** der Tat gewährleistet ist und die Prozessbeteiligten, insbesondere Angeschuldigter und Verteidiger, erkennen können, welches Geschehen Gegenstand der Anklage ist (vgl insoweit OLG Bamberg DAR 2009, 155, 156), können Tatort und Tatzeit auch nur umgrenzt werden. Maßgebend ist hier eine ausreichende Identifizierbarkeit der zur Last gelegten Tathandlung (vgl Meyer-Goßner StPO § 200 Rn 7). Dementsprechend können beispielsweise Unzulänglichkeiten bei der Eingrenzung der Tatzeit durch eine präzise Beschreibung des Tatortes oder der Tatmodalitäten ausgeglichen werden, wenn dadurch das **Tatgeschehen in seiner Einzigartigkeit hinreichend charakterisiert** ist (vgl zum Ganzen BGHR StPO § 200 Abs 1 S 1 Tat 14; hierzu auch OLG Celle NStZ 2008, 118). Umgekehrt reicht es selbst bei zeitlich vom (insbesondere kindlichen) Tatopfer schwer eingrenzbaren Straftaten nicht aus, die Tatzeit durch die Behauptung zu ersetzen, die Taten hätten sich in nicht rechtsverjährter Zeit ereignet (BGH NStZ-RR 1999, 13).

5   Beide in Betracht kommenden (selbständigen) Taten sind in die Anklageschrift aufzunehmen, wenn eine Verurteilung nach den Grundsätzen der **Wahlfeststellung** vorstellbar ist (Meyer-Goßner StPO § 200 Rn 7 mwN; KK-StPO/Schneider StPO § 200 Rn 12). Die Tatschilderung im Anklagesatz muss alle Fakten benennen, die die **Erfüllung der gesetzlichen Tatbestandsmerkmale** belegen (BGH NStZ 1984, 133). Dies gilt für die **objektiven** wie auch die **subjektiven** Merkmale. Andererseits ist es regelmäßig nicht veranlasst, im Anklagesatz einzelne Geschehnisse zu schildern, die für die Frage der Tatbestandserfüllung unerheblich sind. Problematisch ist dies vor allem in Wirtschaftsstrafverfahren. Strittig ist in diesem Zusammenhang beispielsweise, ob im Steuerstrafverfahren auch die Berechnung der verkürzten Steuer angegeben werden muss (Meyer-Goßner StPO § 200 Rn 8 mwN).

2. Einzelheiten

6   Problematisch ist die Formulierung des Anklagesatzes vor allem bei **Serien zahlreicher gleichartiger Taten** durch ein und denselben Täter oder eine Tätergruppierung. Auch hier gilt, dass der Sachverhalt, über den das Gericht zu befinden hat, und der Tatvorwurf, gegen den sich der Angeklagte zur Wehr zu setzen hat, klar abgrenzbar bleiben muss (BGH NStZ 1995, 245). Richten sich die Taten gegen dasselbe Opfer (etwa bei Missbrauchstaten gegenüber Kindern), müssen sie zwar möglichst präzise individualisierbar sein, also vor allem nach Tatzeit und Tatort (BGH NStZ 1999, 208), es reicht aber aus, ein wiederholt **gleichförmig ablaufendes Tatgeschehen einmal zu beschreiben** und die **Anzahl** der angeklagten Taten sowie den **Tatzeitraum** zu schildern (BGH NStZ 1997, 145). Bei einer Vielzahl gleichartiger Taten genügt diese Vorgehensweise jedenfalls dann den gesetzlichen Anforderungen, wenn im wesentlichen Ergebnis die Taten – tabellarisch – detailliert aufbereitet sind (BGH NJW 2008, 2131 = NStZ 2008, 351 mAnm Krehl NStZ 2008, 525). Zweckmäßig ist es auch, in solchen Fällen von einer jedenfalls errechenbaren **Mindestzahl** der verübten Taten auszugehen (vgl BGH NStZ 1994, 383, 386 mAnm Zschockelt NStZ 1994, 361), oder aber nur eine einzige Tat anzuklagen, sofern sich keine Einzeltaten mehr individualisieren lassen (BGH NStZ 1998, 208; s a OLG Bamberg NJW 1995, 1167). Stellt sich in der Hauptverhandlung heraus, dass der im Anklagesatz genannte Tatzeitraum nicht zutrifft, bleibt, solange die Taten anhand anderer Umstände weiter individualisierbar und identisch

sind, der Anklagevorwurf Gegenstand der Hauptverhandlung und der gerichtlichen Entscheidung (BGH NJW 1994, 2966). Einer Nachtragsanklage bedarf es in diesem Fall nicht. Anders liegen die Dinge indes, wenn sich die Zahl der Einzeltaten gegenüber dem Anklagevorwurf erhöhen sollte (BGH NStZ-RR 1999, 274).

Richtet sich eine Deliktsserie gegen eine **Vielzahl von Tatopfern** (zB bei einer Serie von 7 Einbruchsdiebstählen), muss dem Anklagesatz zu entnehmen sein, wer durch welche Tat geschädigt wurde. Dabei ist nicht erforderlich, jeden einzelnen Geschädigten namentlich zu benennen, vielmehr gilt auch hier, dass jede Tat von den übrigen durch die Umstände ihrer Begehung abgrenzbar sein muss (BGH NStZ 1986, 275, 276). Die Mindestzahl der Tatopfer innerhalb eines Tatzeitraumes anzugeben, kann bei Massenverbrechen ausreichen (BGH NStZ 1984, 229, 230). Bei einer Vielzahl gleichgelagerter Vermögensdelikte kann es ausreichen, die jeweils gleichartige Tatausführung einmal zu schildern und im Anklagesatz ansonsten nur noch Tatort, Tatzeitraum, Gesamtschaden und Gesamtzahl der Taten zu benennen. Die näheren Angaben zu den Einzeltaten müssen in diesem Fall im wesentlichen Ergebnis der Ermittlungen gemacht werden (BGH NStZ 2009, 703, 704 = BeckRS 2009, 26052; **aA** BGH NStZ 2006, 649).

Nur für die **Rechtsfolgenseite bedeutsame Umstände** gehören nach Ansicht des BGH 8 **nicht** in den Anklagesatz (BGH NJW 1980, 2479). Dies ist im Schrifttum zu Recht auf Widerspruch gestoßen. Jedenfalls die für die Verhängung einer **Maßregel** der Sicherung und Besserung bedeutsamen Umstände haben durchaus ihren Platz im Anklagesatz; gleiches gilt für die für die Tatsachenbasis einer **Strafzumessungsnorm** (vgl Löwe/Rosenberg/Stuckenberg StPO § 200 Rn 31; SK-StPO/Paeffgen StPO § 200 Rn 11). Sie nur in das Wesentliche Ergebnis der Ermittlungen aufzunehmen, würde ihrer Bedeutung nicht gerecht, da dieses in der Hauptverhandlung nicht verlesen wird. Die Charakterisierung einer Straftat wird nicht ganz selten aber gerade aus den für eine Strafzumessungsnorm relevanten Umständen offenbar (wie hier KK-StPO/Schneider StPO § 200 Rn 15). Die Aufnahme der lediglich für die Rechtsfolgenseite belangvollen Tatsachen in den Anklagesatz gefährdet indes die Wirksamkeit der Anklage keinesfalls.

Darüber hinaus sind im Anklagesatz der **Gesetzeswortlaut** der Tatbestandsmerkmale 9 sowie die anzuwendenden Strafvorschriften zu benennen, und zwar möglichst präzise. Hierzu gehört, dass gegebenenfalls auch die § 20 StGB und § 21 StGB, § 57a StGB, Maßregelnormen und Strafzumessungsnormen zitiert werden, nicht aber § 44 StGB, § 45 StGB und die §§ 73 StGB ff (hierzu KK-StPO/Schneider StPO § 200 Rn 18 mwN; Meyer-Goßner StPO § 200 Rn 14; **aA** KMR-Seidl StPO § 200 Rn 21).

Schließlich sind im Anklagesatz die **Strafantragstellung** oder aber ein für die Strafver- 10 folgung notwendiges **besonderes öffentliches Interesse** zu benennen (SK-StPO/Paeffgen StPO § 200 Rn 12).

II. Wesentliches Ergebnis der Ermittlungen

Während der Anklagesatz den dem Gericht zur rechtlichen Würdigung gestellten Lebens- 11 sachverhalt enthält und dabei an den gesetzlichen Tatbestandsmerkmalen der vorgeworfenen Straftaten orientiert ist, sind im **wesentlichen Ergebnis** der Ermittlungen in erster Linie die **Beweismittel** geschildert, die den vorgeworfenen Sachverhalt stützen und den für die Anklageerhebung notwendigen hinreichenden Tatverdacht begründen. Dies soll die Prozessbeteiligten – mit Ausnahme der **Laienrichter**, denen das wesentliche Ergebnis **vorenthalten** werden soll, um Unvoreingenommenheit zu gewährleisten (vgl BGHSt 13, 73; so auch Meyer-Goßner StPO § 200 Rn 22; inzwischen stark umstritten, vgl auch BGH NStZ 1997, 506) – in die Lage versetzen, den Anklagevorwurf nachzuvollziehen.

Darüber hinaus werden in das wesentliche Ergebnis der Ermittlungen auch all diejenigen 12 Umstände aufgenommen, die, ohne dass es ihrer Aufnahme in den Anklagesatz bedarf, für das Verfahren, vor allem für die Rechtsfolgen der Tat, von Bedeutung sind, beispielsweise die **Vorstrafen** des Angeschuldigten.

Erforderlichenfalls ist hier auch Raum für eine **Beweiswürdigung** durch die Staats- 13 anwaltschaft, in der verdeutlicht werden kann, warum sie Anklage erhoben hat und worauf ihr Hauptaugenmerk liegt. Auch die Hintergründe der dem Angeschuldigten zur Last gelegten Tat können hier dargelegt werden. Hier finden Darlegungen zu Rechtslage ihren

StPO § 200   Zweites Buch. 4. Abschnitt

Platz, ebenso wie die Mitteilung von Teileinstellung im Laufe des Ermittlungsverfahrens gem § 154 StPO, § 154a StPO oder der Hinweis auf zeitgleich, aber anderwärtig gegen denselben Angeschuldigten erhobene Anklagen.

14   **Abs 2 S 2** gestattet es, von der Abfassung eines wesentlichen Ergebnisses abzusehen, wenn die **Anklage zum Strafrichter** erhoben wird. Angesichts des Umstandes, dass eine Anklage auch zum Strafrichter in der Regel nur in den Fällen erhoben wird, die jedenfalls nicht ganz einfach gelagert und mit geringer Straferwartung versehen sind (solche werden regelmäßig im Strafbefehlswege erledigt), empfiehlt es sich grundsätzlich, von dieser Erlaubnis **keinen Gebrauch** zu machen (so auch SK-StPO/Paeffgen StPO § 200 Rn 24). Das wesentliche Ergebnis bietet dem Staatsanwalt die Möglichkeit, die Überzeugung von oder Zweifel an der Täterschaft außerhalb des formellen Rahmens des Anklagesatzes zu formulieren. Darauf sollte nicht verzichtet werden. Im Übrigen ist nicht zu übersehen, dass die Informationsfunktion der Anklageschrift auch Auswirkungen auf die Gewährung rechtlichen Gehörs gem § 33 Abs 3 StPO hat. Nur wenn sich aus dem Anklagesatz der Tatvorwurf und die Erkenntnisquellen, aus denen sich jener speist, eindeutig ergeben, wird der Angeschuldigte in die Lage versetzt, sich gegen die Vorwürfe mit Blick auf den anstehenden Eröffnungsbeschluss zur Wehr zu setzen.

III. Sonstiger Inhalt

15   Gem **Abs 1 S 2** sind in der Anklageschrift auch die **Beweismittel** anzugeben, auf die sich die Anklage stützt und die für Schuld- oder Rechtsfolgenausspruch belangvoll sind. Entsprechend der gesetzlichen Funktion der Staatsanwaltschaft umfasst diese Verpflichtung auch die zu Gunsten des Angeschuldigten sprechenden Beweismittel. Nur **Zeugen** werden in Abs 1 genannt. Sie sind aber naturgemäß keineswegs das einzige Beweismittel, das im Beweismittelverzeichnis aufzuführen ist. Regelmäßig wird hier der Auszug aus dem Bundeszentralregister zu benennen sein, und sei es nur, um nachzuweisen, dass sich der Angeschuldigte bislang straffrei geführt hat. Aber auch andere verlesbare **Urkunden** zählen hierzu, etwa das Ergebnis der Blutalkoholuntersuchung oder Urteile aus beigezogenen Akten. Vernehmungsprotokolle kommen nur in den Grenzen des § 251 StPO als in der Anklageschrift zu benennende Beweismittel in Betracht. Selbst wenn Gutachten als verlesbare Urkunden (§ 256 StPO) Beweis zu erbringen in der Lage sind, empfiehlt es sich doch, den **Sachverständigen** als solchen in der Anklageschrift anzuführen, schon allein, weil er im Falle allfälliger Rückfragen zugegen sein und für eine Vernehmung zur Verfügung stehen sollte.

16   Ausdrücklich erwähnt ist in **Abs 1 S 3** die Benennung von **Zeugen** in der Anklageschrift. Diese können, wenn sie – wie etwa Polizeibeamte – ihre Wahrnehmungen in Erfüllung eines Amtes gemacht haben (§ 68 Abs 1 S 2 StPO), oder wenn ihre Gefährdung durch die Aussage zu besorgen ist (§ 68 Abs 2 S 1 StPO), anders als sonstige Zeugen nach **Abs 1 S 4** lediglich unter Angabe ihres Namen benannt werden. Der Angabe einer ladungsfähigen Anschrift – zumindest des Wohnorts (vgl Abs 1 S 3) – bedarf es seit dem zweiten OpferrechtsreformG (Inkrafttreten: **1. 10. 2009**) nicht mehr. Hintergrund ist hier die Einsicht des Gesetzgebers, dass die Opferschutzbelange unter Berücksichtigung der regelmäßig ohnehin gegebenen Erreichbarkeit von in den Ermittlungsakten bereits genannten Zeugen nun stärker gewichtet werden als bislang (vgl BT-Drs 16/12812, 12). Noch weitergehend sieht **S 5** vor, erforderlichenfalls auch Zeugen zu benennen, deren Identität als solche zumindest teilweise geheim gehalten wird; das Gericht ist insoweit zu unterrichten.

17   Bereits in § 199 Abs 2 StPO ist festgelegt, dass die Anklageschrift einen **Antrag auf Eröffnung** des Hauptverfahrens enthält. Außerdem werden in ihr gegebenenfalls die **Dauer der bisherigen Untersuchungshaft**, das **Datum des Haftbefehls** und der nächste **Haftprüfungstermin** vermerkt. Sofern dies für notwendig gehalten wird, kann ein Antrag auf Fortdauer der Untersuchungshaft (über die das Gericht von Amts wegen zu entscheiden hat, § 207 Abs 4 StPO) zusammen mit dem Antrag nach § 199 Abs 2 StPO angebracht werden. Zweckmäßig kann es auch sein, sich, sofern dies nicht bereits gesondert geschehen ist, zu aufgelaufenen Anträgen anderer Prozessbeteiligter zu äußern, etwa auf Bestellung eines Pflichtverteidigers (vgl hierzu KK-StPO/Schneider StPO § 200 Rn 28). Gleiches gilt für von Amts wegen zu treffende Entscheidungen des angegangenen Gerichts, beispielsweise zur Frage der Spruchkörperbesetzung in den Fällen des § 76 Abs 2 GVG (zwei oder drei Berufsrichter) oder des § 122 Abs 2 GVG (drei oder fünf Richter).

Schließlich ist das **Gericht** zu bezeichnen, vor dem die Hauptverhandlung stattfinden soll. 18
Als „Gericht" im Sinne der Vorschrift ist der Spruchkörper als solcher zu verstehen, also beim
Amtsgericht z. B. der Strafrichter oder das Schöffengericht. Nicht erforderlich ist die genaue
Bezeichnung entsprechend der gerichtsinternen Geschäftsverteilung, etwa welcher von mehreren Strafrichtern über die Eröffnung entscheiden soll (KK-StPO/Schneider StPO § 200
Rn 27).

C. Mängel der Anklageschrift

I. Wesentliche (funktionelle) Mängel

Ein **wesentlicher Mangel**, der auf einen gleichwohl gefassten Eröffnungsbeschluss durch- 19
schlägt und ihm zur **Unwirksamkeit** sowie dem Verfahren insgesamt zur **Einstellung** verhilft, ist eine **unzureichend präzise Identifizierung von Täter oder Tat**. Die Anklageschrift muss aus sich heraus verständlich sein, neben dem Anklagesatz darf allenfalls das
Wesentliche Ergebnis zur eindeutigen Bestimmung von Tat und Täter herangezogen werden
(s Rn 6). Eine **Nachbesserung** im Verlaufe der Hauptverhandlung ist dementsprechend
nicht möglich. Wird eine solchermaßen unzulängliche Anklageschrift zur Grundlage eines
Eröffnungsbeschlusses, schlägt die Unwirksamkeit der Anklage auf den Eröffnungsbeschluss
durch; auch er ist unwirksam (§ 206 a StPO Rn 4). Dies kann vermieden werden, indem das
Gericht die Anklageschrift vor einem Beschluss über die Eröffnung des Hauptverfahrens an die
Staatsanwaltschaft zurückreicht. Sollte diese gleichwohl dem Gericht keine den gesetzlichen
Anforderungen entsprechende Anklage vorlegen, hat das Gericht die Eröffnung abzulehnen.

Die **rechtlichen Auswirkungen einer mangelhaften Anklageschrift** auf ein Urteil 20
(nach einer trotz der Mängel erfolgten Verfahrenseröffnung) sind umstritten. Macht der
Mangel die Anklageschrift unwirksam, so fehlt es an einer Prozessvoraussetzung. Das Verfahren ist in einem solchen Fall einzustellen, sobald der Mangel bemerkt wird (so auch KK-StPO/Schneider StPO Rn 32 mwN; BGHR StPO § 203 Beschl 3 mwN). Das Gericht
kann nicht etwa im Verlaufe der Hauptverhandlung festgestellte funktionale Mängel der
Anklageschrift ausgleichen. Schon die funktionale Aufgabenteilung des Strafverfahrens weist
es der Staatsanwaltschaft und nicht dem Gericht zu, eine wirksame Anklage zu erheben und
so die Voraussetzungen eines gerichtlichen Strafverfahrens zu schaffen. Darüber hinaus und
daraus resultierend muss der Angeschuldigte die Möglichkeit haben, bereits vor Eröffnung
des Hauptverfahrens auf dieses Einfluss zu nehmen. Das gelingt aber nicht, wenn die Anklageschrift ihm die verfahrensrelevanten Umstände nur unzureichend mitteilt (wie hier OLG
Düsseldorf NStZ-RR 1997, 109; **aA** offenbar Meyer-Goßner StPO § 200 Rn 26). Angesichts dessen vermag auch eine Klarstellung im Eröffnungsbeschluss die **Unwirksamkeit der
Anklageschrift** nicht zu heilen. Durch eine Verfahrenseinstellung wegen funktionaler
Mängel der Anklageschrift tritt kein Strafklageverbrauch ein; die Anklage kann also – in
nachgebesserter Form – erneut erhoben werden. Allerdings ist hier zu beachten, dass eine
unwirksame Anklage keine verjährungsunterbrechende Wirkung nach § 78 c Abs 1 Nr 6 hat
(BGH NStZ 2009, 205), so dass einer erneuten Anklageerhebung eine zwischenzeitlich
eingetretene Verjährung entgegen stehen kann. Zur Frage der Anwendbarkeit des **Verschlechterungsverbots** bei **Verfahrenseinstellung** in der Rechtsmittelinstanz (nach Urteil
der Vorinstanz) s § 331 StPO.

II. Sonstige Mängel

Nach ständiger höchstrichterlicher Rechtsprechung führen **sonstige Mängel** (also solche, 21
die nicht die Beschreibung von Tat und Täter betreffen) der Anklageschrift **nicht zu deren
Unwirksamkeit** und sind behebbar (BGH NStZ 1994, 350, 351; NStZ 1995, 297 mAnm
Fezer). Dazu zählen **formale Mängel** wie die fehlende Unterschrift des Staatsanwalts oder
aber **inhaltliche Unzulänglichkeiten**, wie die unvollständige Angabe der verletzten Strafnormen, oder die versehentliche Fehlbezeichnung des Tatdatums bei gleichwohl zweifelsfreier Konkretisierbarkeit der Tat (OLG Celle NStZ 2008, 118). Naturgemäß sind hier auch
Fehler im wesentlichen Ergebnis der Ermittlungen anzusiedeln. Solcherlei Fehler können
nicht zur Ablehnung der Eröffnung führen, auch dann nicht, wenn die Staatsanwaltschaft
dem Begehren auf Nachbesserung nicht nachkommt (KK-StPO/Schneider StPO § 200

Rn 34; **aA** offenbar Meyer-Goßner StPO § 200 Rn 27). Folgerichtig können derartige Fehler grundsätzlich nicht mit der Revision angegriffen werden. Eine Ausnahme hiervon ist allenfalls für Anklagen denkbar, deren Mängel hinsichtlich ihrer Informationsfunktion so gravierend sind, dass die Verteidigungsmöglichkeiten des Angeschuldigten nachhaltig beeinträchtigt werden. Hier ist sowohl dem Gericht die Möglichkeit gegeben, die Eröffnung des Verfahrens abzulehnen als auch dem Angeschuldigten, hiergegen im Wege der Revision mit der Verfahrensrüge, eine sachgerechte Verteidigung sei nicht möglich gewesen, vorzugehen (KK-StPO/Schneider StPO § 200 StPO Rn 36 mwN).

§ 201 [Mitteilung der Anklageschrift]

(1) ¹**Der Vorsitzende des Gerichts teilt die Anklageschrift dem Angeschuldigten mit und fordert ihn zugleich auf, innerhalb einer zu bestimmenden Frist zu erklären, ob er die Vornahme einzelner Beweiserhebungen vor der Entscheidung über die Eröffnung des Hauptverfahrens beantragen oder Einwendungen gegen die Eröffnung des Hauptverfahrens vorbringen wolle.** ²**Die Anklageschrift ist auch dem Nebenkläger und dem Nebenklagebefugten, der dies beantragt hat, zu übersenden; § 145 a Absatz 1 und 3 gilt entsprechend.**

(2) ¹**Über Anträge und Einwendungen beschließt das Gericht.** ²**Die Entscheidung ist unanfechtbar.**

Überblick

Die Anklageschrift ist dem Angeschuldigten und dem Nebenkläger von Amts wegen (Rn 2) unverzüglich (Rn 3) und in Schriftform (Rn 4) zuzustellen (Rn 6), es sei denn, er ist verteidigt (Rn 5). Sie muss für sprachunkundige Angeschuldigte in eine Sprache übersetzt werden, die sie verstehen (Rn 7). Zugleich wird dem Angeschuldigten eine Erklärungsfrist eingeräumt, vor deren Ablauf das Gericht nicht über die Eröffnung des Hauptverfahrens entscheidet (Rn 8). Der gesamte Spruchkörper entscheidet über etwaige Anträge des Angeschuldigten im Zwischenverfahren (Rn 12).

Übersicht

	Rn		Rn
A. Allgemeines	1	I. Mitteilung der Anklageschrift, Abs 1	2
B. Erläuterungen	2	II. Entscheidung des Gerichts, Abs 2	12

A. Allgemeines

1   Durch die Vorschrift soll sichergestellt werden, dass der **Angeschuldigte** von den gegen ihn erhobenen Vorwürfen **Kenntnis erlangt**, bevor der zuständige Spruchköper über die Eröffnung des Hauptverfahrens befindet. So wird sichergestellt, dass er **rechtliches Gehör** erhält (Art 103 GG bzw Art 6 Abs 2a und Abs 2b MRK) und nicht zum Objekt des Verfahrens wird. Um dies zu erreichen, ist der Angeschuldigte aus Art 6 Abs 3a MRK berechtigt, die Anklageschrift nicht nur in deutscher, sondern zusätzlich auch in einer ihm geläufigen Sprache zu erhalten. Die bloß mündliche Übersetzung reicht in der Regel auch dann nicht aus, wenn der angeklagte Sachverhalt in jeder Hinsicht auch für einen juristischen Laien leicht zu überblicken ist.

B. Erläuterungen

I. Mitteilung der Anklageschrift, Abs 1

2   Die Formulierung von **Abs 1** gibt zu erkennen, dass die **Mitteilung der Anklageschrift** nicht in das Belieben des Angeschuldigten gestellt ist. Sie ist ihm auch **gegen seinen Willen** zugänglich zu machen (vgl hierzu OLG Hamburg NStZ 1993, 53 mwN). Keinen Einfluss

auf die Mitteilungspflicht hat die vorläufige Bewertung des Vorsitzenden oder des Gerichts über den weiteren Fortgang des Verfahrens. Dies ergibt sich bereits daraus, dass Normadressat nicht das Gericht, sondern dessen Vorsitzender ist. Dieser kann allerdings der bei der Staatsanwaltschaft vor Zustellung anregen, **offensichtliche Unzulänglichkeiten** der Anklageschrift zu **beseitigen**, etwa fehlende Essentialia der Anklage wie Tatort- oder Tatzeitbenennung (Löwe/Rosenberg/Rieß StPO § 201 Rn 5). Eine im Ermittlungsverfahren – versehentlich – unterbliebene Anhörung des nunmehr Angeschuldigten führt nicht zur Ablehnung der Zustellung des Anklageschrift, sondern wird nach § 202 StPO nachgeholt und beeinflusst sodann gegebenenfalls die Eröffnungsentscheidung (Löwe/Rosenberg/Stuckenberg StPO § 201 Rn 9 mwN). Zur Verhängung eines Schweigegebots in Staatsschutzsachen vgl § 174 Abs 3 GVG in entsprechender Anwendung. Mit Inkrafttreten des zweiten OpferrechtsreformG am 1. 10. 2009 ist auch dem Nebenkläger von Amts wegen eine Anklage zuzusenden, Abs 1 S 2, um ihn über die Anklageerhebung schon vor der Ladung zur Hauptverhandlung in Kenntnis zu setzen. Einer Zustellung der Anklage bedarf es indes nicht. Im Falle einer Nebenklage gelten die Vorschriften des § 145 a Abs 2 und Abs 3 StPO über die Zustellung an einen Verteidiger – für die Übersendung an einen Nebenklagevertreter entsprechend. Auf seinen Antrag hin ist auch dem Nebenklagebefugten, der noch keine Zulassung als Nebenkläger beantragt hatte, die Anklageschrift mitzuteilen, um ihm die Möglichkeit zu geben, anhand der Anklageschrift zu entscheiden, ob er sich der Anklage anschließen möchte (vgl BT-Drs 16/12098, 28).

Die Anklageschrift ist dem Angeschuldigten **unverzüglich zur Kenntnis** zu bringen, 3 selbst dann, wenn eine Ablehnung der Eröffnung des Hauptverfahrens zu erwarten ist (SK-StPO/Paeffgen StPO § 201 Rn 4). **Ausnahmsweise** kann die Eröffnung des Hauptverfahrens vor Mitteilung der Anklageschrift abgelehnt werden, etwa wenn eine Strafbarkeit des Angeschuldigten aus Rechtsgründen von vorne herein ausscheidet oder wenn von der Staatsanwaltschaft ein Verfahrenshindernis übersehen wurde. Begründet wird dies damit, dass dem Angeschuldigten kostenintensive, aber ins Leere gehende Verteidigungshandlungen erspart bleiben sollen. Ob bei einer solchen Vorgehensweise eine Mitteilung ganz unterbleiben kann, wenn die Staatsanwaltschaft gegen die Ablehnungsentscheidung nicht vorgeht, ist fraglich: Der **Angeschuldigte hat das Recht**, über die gegen ihn aufgrund von Ermittlungen erhobenen **Vorwürfe in Kenntnis gesetzt zu werden**; dies insbes, wenn die Strafbarkeit des Verhaltens des Angeschuldigten keiner gerichtlichen Überprüfung unterzogen wird, weil die zur Last gelegte Tat jedenfalls verjährt ist. Wendet sich die Staatsanwaltschaft gegen eine die Eröffnung ablehnende gerichtliche Entscheidung, ist die Anklageschrift dem Angeschuldigten stets nach § 308 Abs 1 S 1 StPO zusammen mit der Beschwerdeschrift mitzuteilen, denn nur so wird dem Angeschuldigten im erforderlichen Umfang rechtliches Gehör gewährt (vgl Löwe/Rosenberg/Stuckenberg StPO § 201 Rn 8).

Die Anklageschrift ist dem Angeschuldigten in **Schriftform** zu überlassen, eine bloß 4 mündliche Bekanntmachung oder das Einräumen von Akteneinsicht reicht nicht aus. Der Angeschuldigte hat auch dann Anspruch auf Aushändigung einer Anklageschrift, wenn diese sekretiert ist, weil sie Geheimerkenntnisse enthält (BGHSt 18, 372); um den Geheimschutzinteressen Rechnung zu tragen können dem Angeschuldigten analog § 174 Abs 3 S 1 GVG ein Geheimhaltungsgebot oder entsprechende Einzelweisungen (Vervielfältigungsverbot oä) auferlegt werden. Auch insoweit ist der Vorrang der Verteidigungsinteressen zu beachten.

Die Anklageschrift wird **dem Angeschuldigten selbst** mitgeteilt, **es sei denn ein** 5 **Verteidiger** ist bereits mit der Wahrung der Interessen des Angeschuldigten betraut (§ 145 a Abs 1 StPO). In einem solchen Fall bekommt der Angeschuldigte formlos eine Abschrift der Anklage gem § 145 a Abs 3 StPO. Zusätzlich soll die Anklageschrift den Erziehungsberechtigten mitgeteilt werden, wenn der Angeschuldigte ein Jugendlicher iSd JGG ist (§ 67 Abs 2 JGG). Weitere Sonderregelungen gelten für Einziehungsbeteiligte (§ 431 StPO), juristische Personen und Personenvereinigungen (§ 444 Abs 2 StPO) sowie im objektiven Einziehungsverfahren (§ 440 Abs 3 StPO).

Die Mitteilung an den Angeschuldigten erfolgt wegen des hierdurch bewirkten Frist- 6 anlaufs durch **förmliche Zustellung**, die durch Ersatzzustellung (Niederlegung) nach §§ 181 ZPO ff erfolgen kann. Ob eine öffentliche Zustellung in Betracht kommt, ist umstritten (dagegen Löwe/Rosenberg/Rieß StPO § 201 Rn 17 mwN aus dem Schrifttum; bejahend nunmehr Löwe/Rosenberg/Stuckenberg StPO § 201 Rn 17); der Wortlaut der

§ 201 StPO und § 40 StPO verbietet dies nicht. In die Haftanstalt muss die Anklageschrift nicht förmlich zugestellt werden, da die Dokumentation der Übergabe an den Angeschuldigten dort mit Empfangsbekenntnis bewerkstelligt werden kann.

7   Dem **nicht der deutschen Sprache mächtigen** Angeschuldigten ist nach herrschender Meinung gemäß § 201 StPO iVm Art 6 Abs 3a MRK zusätzlich zur Anklageschrift **eine Übersetzung** derselben in eine ihm verständlichen Sprache zur Verfügung zu stellen (vgl OLG Karlsruhe BeckRS 2005, 11757 mit zahlreichen Nachweisen). Eine bloß mündliche Übersetzung etwa zu Beginn der Hauptverhandlung kann dem nicht genügen, da der Angeschuldigte in einem solchen Fall auch bei einfach gelagerten Sachverhalten keine Möglichkeit hat, sich adäquat auf die Hauptverhandlung vorzubereiten (OLG Hamm StV 2004, 364; anders OLG Düsseldorf NJW 2003, 2766; OLG Hamburg StV 1994, 65, 66; (Meyer-Goßner MRK Art 6 Rn 18). Wird die Übersetzung der Anklageschrift erst bei Beginn der Hauptverhandlung nachgereicht, muss diese auf Antrag **ausgesetzt** werden. Alternativ kann ein unterbliebenes rechtzeitiges Übersetzen der Anklageschrift in eine dem Angeschuldigten verständliche Sprache durch die Beiordnung eines **Pflichtverteidigers** ausgeglichen werden (OLG Frankfurt StraFO 2008, 205). Inwieweit der Angeschuldigte einen Rügeverlust zu besorgen hat, wenn er in der Hauptverhandlung die fehlende Übersetzung der Anklageschrift nicht beanstandet, ist streitig. Zumindest einem unverteidigten Angeklagten kann ein solches Verhalten im Prozess nicht angesonnen werden (OLG Düsseldorf StraFo 2001, 91).

8   Mit der Mitteilung der Anklageschrift ist die **Aufforderung** zu verbinden, **binnen einer vom Vorsitzenden zu bestimmenden Frist zu erklären**, ob (und gegebenenfalls welche) **Beweiserhebungen** vor der Entscheidung über die Eröffnung des Hauptverfahrens beantragt werden oder ob Einwendungen gegen die Eröffnung bestehen. Die Frist ist **keine Ausschlussfrist**, ermöglicht es aber dem Gericht, über die Eröffnung des Hauptverfahrens zu entscheiden, ohne das Recht des Angeschuldigten auf rechtliches Gehör zu beschneiden, selbst wenn dieser binnen der Frist gar nicht reagiert hat. Auch nach Fristablauf eingehende Einwendungen können in der Eröffnungsentscheidung beachtet werden (vgl Löwe/Rosenberg/Stuckenberg StPO § 201 Rn 21 mwN). Die Frist ist – abhängig vom Umfang der Anklage und den jeweiligen Besonderheiten des Einzelfalls – angemessen zu bestimmen und kann **als richterliche Frist jederzeit verlängert** werden, und zwar sowohl auf Antrag als auch von Amts wegen (ob dies möglich ist oder ob es sich nicht vielmehr um eine neue Fristsetzung handelt, ist eine akademische Frage, die praktisch bedeutungslos ist). Auch nach Ergehen der Eröffnungsentscheidung angebrachte Erklärungen haben Beachtung zu finden, und zwar in der Hauptverhandlung. Die vom Vorsitzenden gesetzte Einlassungsfrist **bindet das Gericht** hinsichtlich des Zeitpunkts der Entscheidung über die Einwendungen und Anträge – jedenfalls wenn es diese zurückweist – und darüber hinaus auch über die Eröffnung der Hauptverhandlung. Es versteht sich von selbst, dass das Gericht nicht über die Eröffnung der Hauptverhandlung entscheiden kann, solange es dem Angeschuldigten die Gelegenheit einräumt, genau dies durch Anträge abzuwenden. Beabsichtigt das Gericht, einem vor Ablauf der Frist eingegangenen Antrag oder einer entsprechenden Einwendung stattzugeben, ist es indes auch vor Fristablauf nicht daran gehindert, einen entsprechenden Beschluss zu fassen, sofern so nicht in Rechte eines Mitangeschuldigten eingegriffen wird (anders Löwe/Rosenberg/Stuckenberg StPO § 201 Rn 32 mwN).

9   Die **Wiedereinsetzung** in den vorigen Stand gegen die Versäumung der Einlassungsfrist ist zulässig, wenn die Eröffnungsentscheidung bereits ergangen ist. Die Gewährung der Wiedereinsetzung kann im Ergebnis nur dann zur Aufhebung der Eröffnungsentscheidung führen, wenn aufgrund der nunmehr als fristgerecht behandelten Einwendungen fest steht, dass der Eröffnungsbeschluss unrichtig war. Ansonsten kann es das Gericht nach Gewährung der Wiedereinsetzung bei der Verbescheidung der Einwendungen belassen (zum Ganzen Löwe/Rosenberg/Stuckenberg StPO § 201 Rn 23).

10 In den Fällen **notwendiger Verteidigung** ist dem Angeschuldigten zusätzlich die Möglichkeit zu geben, einen Verteidiger seiner Wahl zu bezeichnen (§ 141 Abs 1 StPO).

11 In welcher **Form und mit welchem Inhalt** der Angeschuldigte auf die Aufforderung des Vorsitzenden nach § 201 StPO reagiert, bleibt ihm überlassen und unterliegt keinen Beschränkungen. Anträge auf Vornahme von Beweiserhebungen müssen nicht den Regelungen der § 219 StPO und § 244 StPO genügen. Sie sind nur dann nach § 219 StPO zu

behandeln, wenn eindeutig ist, dass sie sich nicht gegen die Eröffnung des Hauptverfahrens wenden (Löwe/Rosenberg/Stuckenberg StPO § 201 Rn 27; vgl auch Meyer-Goßner StPO § 201 Rn 6). Erhebt der Angeschuldigte einen **möglichen Einwand der örtlichen Unzuständigkeit nicht, wird der Einwand nicht verbraucht.** Grundsätzlich gilt: Der Angeschuldigte geht mit Blick auf die Hauptverhandlung keinerlei prozessualer Rechte verlustig, wenn er auf die Mitteilung der Anklageschrift gar nicht reagiert. Umgekehrt gilt aber, dass im Zwischenverfahren erhobene, aber unbeachtet gebliebene derartige Einwendungen in der Hauptverhandlung nicht automatisch weiter bestehen, sondern neu erhoben werden müssen, soll ein Rügeverlust im Revisionsverfahren vermieden werden (vgl Löwe/Rosenberg/Stuckenberg StPO § 201 Rn 30).

II. Entscheidung des Gerichts, Abs 2

Gem **Abs 2** werden die – zwingend zu fassenden – **Beschlüsse** nicht etwa vom Vorsitzenden, sondern vom **gesamten Spruchkörper** (Meyer-Goßner StPO § 201 Rn 7; aA KK-StPO/Schneider StPO § 201 Rn 16) getroffen. Dies gilt auch für Senate des Oberlandesgerichts (SK-StPO/Paeffgen StPO § 210 Rn 14). Selbst wenn das Gericht beabsichtigt, die Entscheidungen über Einwendungen oder Anträge zusammen mit dem Eröffnungsbeschluss zu fassen, darf es auf eine ausdrückliche Verbescheidung etwa gestellter Beweisanträge nicht verzichten. Etwas anderes gilt dann, wenn die **Beweisanträge ins Leere gehen,** weil zB die Eröffnung aus anderen Gründen abgelehnt wird (Löwe/Rosenberg/Stuckenberg StPO § 201 Rn 39); dann ist eine ausdrückliche Beschlussfassung über diese Anträge nicht mehr nötig. Bloße Einwendungen, die sich gegen die Annahme hinreichenden Tatverdachts wenden oder auf andere Weise auf rechtlicher Ebene gegen eine Eröffnung durch das und vor dem befassten Gericht argumentieren, können ohnehin im Eröffnungsbeschluss inzidenter abgelehnt werden (so auch Meyer-Goßner StPO § 201 Rn 7; Löwe/Rosenberg/Stuckenberg StPO § 201 Rn 34 f). 12

Beweisanträge können nach **hM** zurückgewiesen werden, wenn eine Beweiserhebung für die Annahme hinreichenden Tatverdachts **nicht mehr erforderlich** ist (Meyer-Goßner StPO § 201 Rn 8 mwN). Diese Ansicht begegnet **Bedenken,** da sie eine Antizipation der Beweiswürdigung im Zwischenverfahren bedeutet. Regelmäßig ist nicht bekannt, ob die begehrte Beweiserhebung nicht möglicherweise den hinreichenden Tatverdacht entfallen lässt. Infolgedessen kann ein ablehnender Beschluss so nicht begründet werden, es sei denn, ein Einfluss der Beweiserhebung auf die Eröffnungsentscheidung ist schlechterdings ausgeschlossen (Löwe/Rosenberg/Stuckenberg StPO § 201 Rn 36). Wahrunterstellungen zur Ablehnung von Beweisanträgen haben – was dem Angeschuldigten mitzuteilen ist – nur für das Zwischenverfahren, nicht aber für die Hauptverhandlung Bedeutung (Meyer-Goßner StPO § 201 Rn 8; Löwe/Rosenberg/Stuckenberg StPO § 201 Rn 36). 13

Eine **Begründung** ist jedenfalls dann entbehrlich, wenn dem Beweisbegehren eines einzelnen Angeschuldigten nachgegeben wird. Anders verhält es sich, wenn ein Antrag abgelehnt oder Einwendungen ohne Auswirkung auf die Entscheidung über die Eröffnung des Hauptverfahrens haben. Solcherlei Entscheidungen sind gem § 34 StPO zu begründen (Meyer-Goßner StPO § 201 Rn 7 mwN; SK-StPO/Paeffgen StPO § 201 Rn 17; **aA** Löwe/Rosenberg/Stuckenberg StPO § 201 Rn 40). 14

Die Entscheidung über Anträge und Einwendungen iSv Abs 1 sind nur dann dem Angeschuldigten oder anderen Prozessbeteiligten **zuzustellen,** wenn sie mit dem Eröffnungsbeschluss verbunden ist, sonst nicht (KK-StPO/Schneider StPO § 201 Rn 17; Löwe/Rosenberg/Stuckenberg StPO § 201 Rn 39). 15

Unterbleibt eine Mitteilung der Anklageschrift, so ist dies gem § 33 a StPO nachzuholen (Meyer-Goßner StPO § 201 Rn 9; Löwe/Rosenberg/Stuckenberg StPO § 201 Rn 41 mwN). Hierauf gestützt kann der dann Angeklagte in der Hauptverhandlung eine **Aussetzung** des Verfahrens gem § 265 Abs 4 StPO verlangen (BGH NStZ 1982, 185). Auch ein Übersehen von Einwendungen kann eine Anwendung von § 33 a StPO auslösen, ebenso die Entscheidung des Gerichts vor Ablauf der Einlassungsfrist. 16

Im Übrigen sind Entscheidungen nach Abs 2 S 1 gem Abs 2 S 2 **unanfechtbar;** § 304 StPO ist insoweit durchbrochen. Werden die Entscheidungen nach Abs 2 S 1 mit dem Eröffnungsbeschluss verbunden, sind sie schon nach § 210 Abs 1 StPO unanfechtbar. Eine Ver- 17 bindung mit einem Nicht- oder Teileröffnungsbeschluss oder dem Beschluss, „nach unten", dh zu einem Gericht niedrigerer Ordnung, zu eröffnen, kann indes jedenfalls dann gem § 210 Abs 2 StPO angefochten werden, wenn die Entscheidung auf Einwendungen des Angeschuldigten iSv Abs 1 beruht (s auch Löwe/Rosenberg/Stuckenberg StPO § 201 Rn 44).

18 Verstöße gegen § 201 StPO **begründen**, wie Verfahrensfehler im Zwischenverfahren allgemein, grundsätzlich die **Revision nicht**, da das Urteil hierauf regelmäßig **nicht beruht** (KK-StPO/Schneider StPO § 201 Rn 21). **Anderes** kann sich aus der unterbliebenen Mitteilung der Anklageschrift und einer Verweigerung der Verfahrensaussetzung zwecks zureichender Vorbereitung ergeben (Meyer-Goßner StPO § 201 Rn 10; KK-StPO/Schneider StPO § 201 Rn 11). Auch kann es der Revision zum Erfolg verhelfen, wenn der Angeschuldigte in dem irrigen Glauben gelassen wird, ein vor Eröffnung der Hauptverhandlung gestellter Antrag gelte auch im Hauptverfahren, und deshalb den Antrag dort nicht wiederholt (Löwe/Rosenberg/Stuckenberg StPO § 201 Rn 47). Generell lässt sich sagen, dass **Verfahrensfehler aus dem Zwischenverfahren** nur dann **revisionsrechtlich belangvoll** sind, wenn sie **Auswirkungen auf die Hauptverhandlung** haben. Die Entscheidung über sachliche Einwendungen gegen den hinreichenden Tatverdacht kann die Revision nicht begründen, da auf die Sachrüge nur die Feststellungen des erkennenden Gerichts in der Hauptverhandlung maßgeblich sind, nicht aber die wertenden Überlegungen zum hinreichenden Tatverdacht im Zwischenverfahren (vgl hierzu Löwe/Rosenberg/Stuckenberg StPO § 201 Rn 49). Im Übrigen sind Entscheidungen nach Abs 2 gem § 336 S 2 StPO generell der revisionsrechtlichen Überprüfung entzogen.

§ 202 [Anordnung einzelner Beweiserhebungen]

¹**Bevor das Gericht über die Eröffnung des Hauptverfahrens entscheidet, kann es zur besseren Aufklärung der Sache einzelne Beweiserhebungen anordnen.** ²**Der Beschluß ist nicht anfechtbar.**

Überblick

Das Gericht kann bereits vor Zustellung der Anklageschrift (Rn 3) ergänzende Beweiserhebungen (Rn 4) anordnen, um die Eröffnung des Hauptverfahrens vorzubereiten. Die Beweiserhebung wird im Beschlusswege angeordnet, sie erfolgt aber gleichwohl freibeweislich (Rn 5). Das Gericht sollte einen etwaigen Beweisbeschluss unter Beachtung des Beschleunigungsgrundsatzes treffen (Rn 8). Die hiergegen gerichtete Beschwerde ist ausnahmsweise statthaft, wenn die angeordnete Beweisaufnahme unzulässig ist oder rechtswidrig durchgeführt wurde (Rn 9).

A. Allgemeines

1 Die Norm ist zu § 201 StPO **komplementär**. Sie stellt klar, dass das Gericht, wie § 201 StPO voraussetzt, befugt ist, etwaigen Beweisanträgen im Zwischenverfahren nachzukommen und Beweiserhebungen anzuordnen. Darüber hinaus wird dem Gericht gestattet, auch von Amts wegen erforderlich erscheinende **Beweiserhebungen** im Zwischenverfahren anzuordnen. Insoweit ist § 202 StPO in einem inneren Zusammenhang mit § 206 StPO zu sehen. § 202 StPO ist auf das Strafbefehlsverfahren entsprechend anzuwenden (Meyer-Goßner StPO § 408 Rn 7; vgl auch Löwe/Rosenberg/Stuckenberg StPO § 202 Rn 2). Befugt, Beweiserhebungen anzuordnen, ist nicht nur das Gericht, zu dem Anklage erhoben wurde, sondern auch das Beschwerdegericht zur Vorbereitung einer Entscheidung auf die sofortige Beschwerde im Falle einer Nichteröffnung (vgl hierzu OLG Naumburg NStZ 2009, 214, 215).

2 Nicht der Vorsitzende, sondern das **Gericht als Kollegium** hat die Kompetenz, Beweiserhebungen vor Eröffnung des Hauptverfahrens – und gegebenenfalls die Anwendung von Zwangsmaßnahmen (vgl Löwe/Rosenberg/Stuckenberg StPO § 202 Rn 9) – anzuordnen.

B. Erläuterungen

I. Anordnung der Beweiserhebungen

Über den Wortlaut der Vorschrift hinaus kann das Gericht, wenn es dies für angezeigt hält, auch schon **vor Zustellung der Anklageschrift Beweiserhebungen anordnen** (Meyer-Goßner StPO § 202 Rn 1 mwN). Die Beweiserhebung muss nach der Gesetzessystematik dazu dienen, dem Gericht im Hinblick auf einen Eröffnungsbeschluss weitere – notwendige –**Sachverhaltsaufklärung** zu verschaffen (vgl hierzu Meyer-Goßner NJW 1970, 415; so auch Löwe/Rosenberg/Stuckenberg StPO § 202 Rn 3), nicht etwa als vorweggenommene Beweisaufnahme einer künftigen Hauptverhandlung. Zwar sollten die Ermittlungen zu diesem Zeitpunkt dann unterbleiben, wenn ein bereits bestehender hinreichender Tatverdacht durch sie nur noch weiter verstärkt wird (was für die Eröffnung des Hauptverfahrens nicht nötig wäre), eine derartige Motivation kann man indes dem Gericht in aller Regel nicht unterstellen und schon gar nicht nachweisen. Von der Anordnung einer Beweiserhebung im Zwischenverfahren wird man regelmäßig auf einen aus Sicht des Gerichts nicht hinreichenden Tatverdacht schließen können, und zwar insbes dann, wenn die Beweiserhebung angeordnet wurde, um den Tatverdacht soweit zu zerstreuen, dass eine Eröffnung des Hauptverfahrens nicht mehr in Frage kommt.

Es ist darauf zu achten, dass die Befugnis nur „einzelne" **Beweisaufnahmen** umfasst. Damit wird zum Ausdruck gebracht, dass das Gericht im Zwischenverfahren nur **ergänzend Beweis erheben darf**, nicht aber, um einen nicht ausermittelten Sachverhalt anklagereif zu machen (so auch Meyer-Goßner StPO § 202 Rn 1; Löwe/Rosenberg/Stuckenberg StPO § 202 Rn 4). Dies bleibt Aufgabe der Staatsanwaltschaft. Die Norm hat dem Gericht eine **Befugnis** erteilt, Beweise zu erheben, aber keinen Zwang auferlegt („kann anordnen") (hM Meyer-Goßner StPO § 202 Rn 1; **aA** Löwe/Rosenberg/Stuckenberg StPO § 202 Rn 5). Das insoweit eingeräumte **Ermessen** ist nach dem gesetzgeberischen Willen **keiner Überprüfungsmöglichkeit** ausgesetzt, § 202 S 2 StPO. **Zugleich wird die Staatsanwaltschaft nicht von weiteren Ermittlungen ausgeschlossen** (Löwe/Rosenberg/Stuckenberg StPO § 202 Rn 7; KK-StPO/Schneider StPO § 202 Rn 9; Meyer-Goßner StPO § 202 Rn 5). Vernehmungen durch das Gericht, die mit Blick auf die künftige Hauptverhandlung der Beweissicherung dienen, sind als kommissarische Vernehmungen entsprechend § 223 StPO anzusehen und möglich nicht als Vernehmungen gem § 202 (**hM:** Löwe/Rosenberg/Stuckenberg StPO § 202 Rn 3; KK-StPO/Schneider StPO § 202 Rn 8; Meyer-Goßner StPO § 202 Rn 4).

Obgleich die Beweiserhebung im Zwischenverfahren **freibeweislich** erfolgt (Löwe/Rosenberg/Stuckenberg StPO § 202 Rn 15), ergeht die **Anordnung im Beschlusswege**. Nicht angeordnet werden dürfen Beweiserhebungen, denen Beweisverbote entgegenstehen. §§ 244 StPO ff finden keine Anwendung. § 161 Abs 1 S 1 StPO gilt auch für das Gericht im Zwischenverfahren (Löwe/Rosenberg/Stuckenberg StPO § 202 Rn 15). Protokolle aus Vernehmungen im Zwischenverfahren dürfen nicht gegen den Widerspruch des Angeklagten verwendet werden, wenn gegen die Benachrichtigungspflichten im Zusammenhang mit Vernehmungen verstoßen wird (Löwe/Rosenberg/Stuckenberg StPO § 202 Rn 17). Die **Anwesenheitsrechte** aus § 168 c StPO bestehen nur, wenn das Gericht die Vernehmung selbst vornimmt, bei Vernehmungen durch Staatsanwaltschaft oder Polizei indes nicht.

II. Durchführung der Beweiserhebung

Wenn es um die **Ausführung** der nach § 202 StPO angeordneten **Beweiserhebungen** geht, finden §§ 223 StPO ff Anwendung (**aA** Löwe/Rosenberg/Stuckenberg StPO § 202 Rn 17). Dabei ist es dem Gericht überlassen, ob es die Beweise selbst erhebt oder die Staatsanwaltschaft bittet, dies zu tun. Die Staatsanwaltschaft muss dieser Bitte indes nicht nachkommen (str, wie hier Meyer-Goßner StPO § 202 Rn 3; KK-StPO/Schneider StPO § 202 Rn 8; **aA** LG Münster JR 1979, 40 m zust Anm Peters). Das Gericht ist auch dann nicht zu Beweiserhebungen verpflichtet, um einen hinreichenden Tatverdacht zu begründen, wenn die Staatsanwaltschaft der Bitte um weitere Ermittlungen nicht nachgekommen ist (LG Köln StV 2007, 572 m Anm Rieß). Rechtliches Gehör (§ 33 Abs 3 StPO) ist zu gewähren, wenn so neue Beweisergebnisse gewonnen wurden (Löwe/Rosenberg/Stuckenberg StPO § 202 Rn 20).

7   Mittelbare Folge des Übergangs der Verfahrensherrschaft nach Anklageerhebung auf das Gericht ist, dass die **Staatsanwaltschaft** für ihre Ermittlungen gegebenenfalls erforderliche richterliche Handlungen nun **als Maßnahmen beim eröffnenden Gericht nach § 202 StPO beantragt**. Dass der Ermittlungsrichter auch nach Anklageerhebung für besonders eilbedürftige Beschlüsse zuständig bleibt (so offenbar Löwe/Rosenberg/Stuckenberg StPO § 202 Rn 8), überzeugt demgegenüber nicht; auch Eilbedürftigkeit oder Gründe der Verfahrensbeschleunigung begründen keine Ausnahmen von der Verfahrensherrschaft des Gerichts der Hauptverhandlung (vgl hierzu auch SK-StPO/Paeffgen StPO § 202 Rn 4).

8   Das Gericht ist in der Bestimmung des **Zeitpunkts** der weiteren Beweiserhebungen grundsätzlich frei; es sollte aber, will es nicht gegen den derzeit als besonders vordringlich angesehenen Grundsatz der **Verfahrensbeschleunigung** verstoßen, für eine Entscheidung über die Eröffnung des Hauptverfahrens für erforderlich gehaltene Beweiserhebungen möglichst frühzeitig in die Wege leiten. Die Auffassung, die Beweisanordnungen sollten erst **nach Ablauf der Erklärungsfrist** gegenüber dem Angeschuldigten getroffen werden (so aber weiterhin Löwe/Rosenberg/Stuckenberg StPO § 202 Rn 10) ist infolge dessen **kaum mehr haltbar**. Einer Anhörung des Angeschuldigten oder der Staatsanwaltschaft bedarf es vor der Anordnung nicht. Nachdem das Gericht über die Eröffnung der Hauptverhandlung entschieden hat, kann es keine Anordnungen nach § 202 StPO mehr treffen, vielmehr ist nun nach §§ 219 StPO ff vorzugehen (Meyer-Goßner StPO § 202 Rn 5).

III. Rechtsmittel gegen die Beweisanordnung

9   Eine **Anfechtung** der Beweisanordnung im Zwischenverfahren findet nicht statt, § 202 S 2 StPO. Allerdings soll die einfache Beschwerde gem § 304 StPO gegeben sein, wenn eine angeordnete Beweisaufnahme unzulässig ist oder wenn bei der Beweisaufnahme rechtswidrig vorgegangen wird (Löwe/Rosenberg/Stuckenberg StPO § 202 Rn 21). Die Unanfechtbarkeit der vom Gericht getroffenen Entscheidungen erstreckt sich auch auf den Beschlussinhalt, etwa die Auswahl der Person eines Sachverständigen.

10 Dass sich ein Verstoß gegen § 202 StPO als **revisionsrechtlich** relevant erweist, dürfte eher selten vorkommen. Wenn sich dies auf die Hauptverhandlung ausgewirkt haben sollte, kann gegebenenfalls geltend gemacht werden, dass im Zwischenverfahren gegen **unabdingbare Beweisaufnahmeregeln** verstoßen wurde (vgl Löwe/Rosenberg/Stuckenberg StPO § 202 Rn 22).

§ 202 a [Erörterung des Verfahrensstandes]

¹**Erwägt das Gericht die Eröffnung des Hauptverfahrens, kann es den Stand des Verfahrens mit den Verfahrensbeteiligten erörtern, soweit dies geeignet erscheint, das Verfahren zu fördern.** ²**Der wesentliche Inhalt dieser Erörterung ist aktenkundig zu machen.**

Überblick

Die Vorschrift wurde im Rahmen des Gesetzes zur Regelung der Verständigung im Strafverfahren („Deal") in die Strafprozessordnung eingefügt. Sie bildet die gesetzliche Grundlage für die Erörterungen des Verfahrensstandes unter den Verfahrensbeteiligten (Rn 3) mit dem Ziel der Verfahrensförderung (Rn 4). Voraussetzung ist, dass die Eröffnung des Hauptverfahrens beabsichtigt ist (Rn 6). Es besteht Dokumentationspflicht (Rn 8).

A. Allgemeines – Gesetzliche Neuregelung

1   Sinn und Unsinn einer gesetzlichen Regelung der **verfahrensbeendenden Absprache im Strafprozess** waren Gegenstand intensiver Auseinandersetzungen in der rechtswissenschaftlichen Literatur in der jüngeren Vergangenheit. Der Gesetzentwurf, der die seit geraumer Zeit geübte, vom BGH richterrechtlich untermauerte (vgl BGHSt 43, 195 = NStZ 1998, 31 und BGHSt 50, 40 = NStZ 2005, 389 mAnm Dahs NStZ 2005, 580) Praxis auf

normative Beine stellt, wurde am 28. 5. 2009 vom Bundestag verabschiedet (kritisch zum Gesetzentwurf neben vielen anderen Meyer-Goßner ZRP 2009, 107). Einzelheiten zur **Rechtslage vor Verabschiedung der gesetzlichen Neuregelung** s Meyer-Goßner StPO Einl Rn 119 ff, Meyer-Goßner StPO vor § 213 Rn 8 ff, KK-StPO/Laufhütte StPO Vor § 137 Rn 8 und KK-StPO/Fischer StPO § 244 Rn 30 f.

§ 202 a StPO soll dem Gericht, der Staatsanwaltschaft, dem Angeschuldigten und den 2 übrigen Verfahrensbeteiligten die Möglichkeit geben, schon im Zwischenverfahren die Möglichkeiten einer einvernehmlichen Verfahrensbeendigung auszuloten. Die Vorschrift ist im Gesamtzusammenhang mit den gleichfalls neu in die StPO eingefügten § 160 b StPO, § 212 StPO, § 243 Abs 4 StPO, § 257 b StPO, **§ 257 c StPO (die zentrale Norm der Neuregelung)**, § 267 Abs 3 S 5 StPO, § 267 Abs 4 S 2 StPO und § 273 Abs 1 a StPO sowie mit den Änderungen der § 273 Abs 1 StPO, § 302 StPO zu sehen.

B. Erläuterungen
I. Verfahrensbeteiligte

Der Begriff der Verfahrensbeteiligten nimmt Bezug auf § 160 b StPO. Hier ist der Begriff 3 bewusst gewählt worden, um alle Personen oder Stellen, die durch eigene Willenserklärungen im prozessualen Sinn gestaltend als Subjekt am Prozess mitwirken müssen oder dürfen (BT-Drs 65/09, 12 unter Bezugnahme auf Meyer-Goßner StPO Einl Rn 71), zu erfassen, auch den Nebenkläger, vorausgesetzt, er hat wirksam seinen Anschluss erklärt (Jahn/Müller NJW 2009, 2625, 2627). Die Verfahrensbeteiligten sind also unter Berücksichtigung der Eignung, das Verfahren zu fördern, **für jeden Verfahrensabschnitt gesondert zu bestimmen**. Für das **Eröffnungsverfahren** sind dies jedenfalls Angeschuldigter, ein etwaiger Verteidiger, die Staatsanwaltschaft und gegebenenfalls eine nebenklageberechtigte Person, die ihren Anschluss erklärt hat. Verfahrensbeteiligt ist im Steuerstrafverfahren auch die Finanzbehörde (vgl hierzu BT-Drs 65/09, 13).

II. Erörterung des Verfahrensstandes

Die Erörterung des **Verfahrensstandes** geschieht, wie sich aus dem Wortlaut der Norm 4 ergibt, nicht als Selbstzweck, sondern (nur) soweit sie sich dazu eignet, das Verfahren zu fördern. Dies ist vor allem dann der Fall, wenn der künftige Gang des Verfahrens im Mittelpunkt der Erörterung steht. Hiervon umfasst ist neben einer bloßen Strukturierung des weiteren Verfahrens vor allem die Vorbereitung einer **verfahrensbeendenden oder zumindest verkürzenden Absprache** (sog Verständigung im Hauptverfahren) zwischen den Verfahrensbeteiligten (vgl Meyer-Goßner StPO § 202 a Rn 2). Dass dies die eigentliche Intention der Vorschrift ist, von der die bewusst weiter gefasste Formulierung im Normtext (vgl BT-Drs 65/09, 14) kaum ablenkt, ist schon deshalb offenkundig, weil etwa die Verfahrenseinstellung nach § 153 a StPO auch bisher schon nur nach vorheriger Erörterung und Zustimmung durch Staatsanwaltschaft und Angeschuldigtem möglich war, eine gesetzliche Neuregelung allein hierfür also entbehrlich gewesen wäre.

Das dem Gericht für eine Erörterung des Verfahrensstandes eingeräumte **Ermessen** 5 umfasst neben der Frage, ob es überhaupt derartige Gespräche führen will, auch die Frage, mit wem und in welcher Reihenfolge die Gespräche geführt werden sollen. Allerdings wird eine Verständigung im Hauptverfahren kaum zustande kommen, wenn das Gericht nicht alle Verfahrensbeteiligten in seine Gespräche einbezieht. Ein Rechtsanspruch auf Einbeziehung in die Gespräche besteht indes nicht; entscheiden ist hier allein die Einschätzung des Gerichts, ob Gespräche verfahrensförderlich sind. Das Gericht hat also in dieser Phase des Verfahrens durchaus auch die Möglichkeit, taktisch vorzugehen. Ob dies so ohne Weiteres mit dem Wesen des deutschen Strafprozesses in Übereinstimmung zu bringen ist, kann bezweifelt werden (vgl insoweit Schünemann ZRP 2009, 104).

Weitere Voraussetzung der Gespräche ist, dass das Gericht die **Eröffnung des Haupt-** 6 **verfahrens** erwägt, weil die Voraussetzungen des § 203 StPO vorliegen. Erwägt es eine solche nicht, so hat es nach § 204 StPO zu verfahren. Für eine Erörterung des Verfahrensstandes ist dann kein Raum. Die gesetzliche Formulierung lässt eine Erörterung auch dann zu, wenn das Gericht sich noch nicht sicher ist, ob es das Hauptverfahren eröffnen wird oder nicht; allerdings darf die Erörterung nicht zu einer Beweisaufnahme im Zwischenverfahren iSv § 202 StPO mutieren (vgl Meyer-Goßner StPO § 202 a Rn 3).

7   Das Gericht führt die Gespräche in der im Eröffnungsverfahren sich aus den allgemeinen Regeln ergebenden Besetzung. Das bedeutet, dass den **Schöffen eine Mitwirkung versagt** ist (Jahn/Müller NJW 2009, 2625, 2627). Befugt, die Gespräche zu führen, ist das für die Hauptverhandlung zuständige Gericht (vgl BT-Drs 65/09, 14).

III. Dokumentationspflicht

8   Nach S 2 muss der wesentliche Inhalt der Erörterungen **aktenkundig** gemacht werden. Dies dient der Transparenz des gerichtlichen Vorgehens und soll vor allem die Einhaltung der Regeln einer Absprache im Strafprozess gewährleisten. Darüber hinaus soll so Streit über das Ob und Wie der Gespräche vermieden werden (BT-Drs 65/09, 13). Die bislang gerichtlich nicht entschiedene Frage, ob es einen Verstoß gegen den Öffentlichkeitsgrundsatz darstellt, wenn das Gericht die Verfahrensbeteiligten nur unzureichend über die stattgehabte Erörterung unterrichtet (vgl hierzu Meyer-Goßner StPO vor § 213 Rn 10), beantwortet nun - zumindest ansatzweise—ein neuer § 243 Abs 4 StPO, wonach der Spruchkörpervorsitzende in der Hauptverhandlung mitteilt, ob Erörterungen nach § 202 a StPO stattgefunden haben und, falls ja, was im Wesentlichen deren Inhalt war (vgl Jahn/Müller NJW 2009, 2625, 2629).

§ 203 [Beschluß über die Eröffnung]

Das Gericht beschließt die Eröffnung des Hauptverfahrens, wenn nach den Ergebnissen des vorbereitenden Verfahrens der Angeschuldigte einer Straftat hinreichend verdächtig erscheint.

Überblick

Der Eröffnungsbeschluss ist Voraussetzung der Hauptverhandlung (Rn 1); ohne ihn wird die Strafsache nicht rechtshängig (Rn 2). Das Gericht beschließt die Eröffnung (Rn 3), wenn eine Verurteilung nach vorläufiger Bewertung wahrscheinlich ist (Rn 4). Maßgebend hierfür ist neben dem hinreichenden Tatverdacht die Strafbarkeit der angeklagten Tat (Rn 5) und das Fehlen von Strafverfolgungshindernissen (Rn 6).

A. Allgemeines

1   Die Vorschrift regelt, dass nicht etwa nur die Anklageschrift, sondern das **gesamte Ergebnis des vorbereitenden Verfahrens** Grundlage der Entscheidung über die Eröffnung des Hauptverfahrens ist. Nicht nur anhand der Anklageschrift, sondern auch des sonstigen Akteninhalts kann das Gericht das Vorliegen des zur Eröffnung des Hauptverfahrens hinreichenden Tatverdachts beurteilen. Der **Eröffnungsbeschluss ist Prozessvoraussetzung** für das weitere (Haupt-)Verfahren (st Rspr BGHSt 10, 278, 279; BGHSt 29, 224, 228; BGHSt 29, 351, 355; BGHR StPO § 203 Unterschrift 1). Sein Fehlen führt zur **Verfahrenseinstellung** (BGH NStZ 1986, 276). Ist er aber erlassen, kann die Anklage nicht mehr zurück genommen werden, § 156 StPO. Der Eröffnungsbeschluss muss den gesamten Anklagevorwurf erschöpfend erfassen, er kann nicht einzelne Teile der Anklage aussparen oder einer späteren Entscheidung vorbehalten (Meyer-Goßner StPO 204 Rn 6 mwN; vgl auch KK-StPO/Schneider StPO § 207 Rn 1 bis Rn 3). Er unterbricht die Verjährung, § 78 c Abs 1 Nr 7 StGB.

2   Die Strafsache wird mit Erlass des Eröffnungsbeschlusses **rechtshängig**. Zugleich ändert sich die Bezeichnung des Angeschuldigten, der nunmehr gem § 157 StPO als **Angeklagter** bezeichnet wird (SK-StPO/Paeffgen StPO § 203 Rn 7). Die Anklage kann, ist der Eröffnungsbeschluss einmal erlassen, nicht mehr zurück genommen werden.

B. Erläuterungen

3   **Normadressat** ist wiederum das **Gericht als Spruchkörper**, nicht etwa nur der Vorsitzende. Wenn entgegen § 203 StPO nicht das Gericht, sondern nur **Teile des Spruchkör-**

pers über die Eröffnung der Hauptverhandlung befunden haben, führt dies zur **Unwirksamkeit** des Beschlusses. Dies gilt sogar, wenn der Beschluss – was grundsätzlich, selbst nach mehreren Verhandlungstagen, zulässig ist (BGHSt 29, 224; BGH NStZ 1987, 239; **aA** Meyer-Goßner StPO § 203 Rn 4; SK-StPO/Paeffgen StPO § 203 Rn 4) – während der Hauptverhandlung in der dortigen Besetzung unter Ausschluss der Schöffen gefasst wird. Das Landgericht entscheidet in **Dreierbesetzung** über die Eröffnung des Hauptverfahrens; die Entscheidung über eine **reduzierte Besetzung** der Strafkammer gem § 76 Abs 2 GVG fällt zeitgleich mit der Eröffnungsentscheidung (BGHSt 50, 267, 269), nicht vorher. Die Beschlussfassung über die Eröffnung innerhalb einer Hauptverhandlung in reduzierter Besetzung hat die Unwirksamkeit des Beschlusses zur Folge (BGHR StPO § 203 Beschluss 6; BGH NStZ-RR 2006, 146). Dass die Schöffen nicht an der Beschlussfassung teilhaben, folgt daraus, der gesamte Akteninhalt Grundlage des Eröffnungsbeschlusses, mithin Aktenstudium Voraussetzung einer sachgerechten Entscheidung ist. In der Berufungsverhandlung ist eine Nachholung des Eröffnungsbeschlusses nicht mehr möglich, da das Gericht des ersten Rechtszugs über die Eröffnung zu entscheiden hat (BGHSt 33, 167, 168). Einen inhaltlich mangelbehafteten Eröffnungsbeschluss kann die Geschäftsstelle bei der Erteilung von Ausfertigungen nicht durch eigenmächtige Ergänzungen heilen (OLG Zweibrücken NJW-Spezial 2008, 410).

Hinreichend ist ein Verdacht, wenn er – bei vorläufiger Tatbewertung (BGH 23, 304, 4 306; so auch OLG Saarbrücken NStZ-RR 2009, 88) – so stark ist, dass eine **Verurteilung nach der zum Zeitpunkt des Eröffnungsbeschlusses zu treffenden, vorläufigen Bewertung wahrscheinlich** ist („gesteigerte Verdachts-Schwelle", vgl SK-StPO/Paeffgen StPO § 203 Rn 2). Der hinreichende Tatverdacht ist als weniger stark anzusehen als der dringende Tatverdacht des § 112 Abs 1 StPO (**hM** Meyer-Goßner StPO § 203 Rn 2; **aA** Löwe/Rosenberg/Stuckenberg StPO 203 Rn 14). Dem Gericht ist bei der zu stellenden Prognose ein **Beurteilungsspielraum** eingeräumt (BVerfG NStZ 2002, 606; OLG Düsseldorf NStZ-RR 2008, 348; OLG Saarbrücken NStZ-RR 2009, 88). Die hinreichende Wahrscheinlichkeit bezieht sich nicht nur auf den gesetzlichen Tatbestand, sondern auch auf Rechtswidrigkeit und Schuld, dh auf **alle Elemente** einer Straftat. Auch dürfen keine Beweismittel vorliegen, die das Vorliegen eines persönlichen Strafausschließungsgrunds oder -aufhebungsgrundes als so wahrscheinlich erscheinen ließen, dass umgekehrt eine Verurteilung nicht mehr mit hinreichender Wahrscheinlichkeit zu erwarten ist (vgl Meyer-Goßner StPO § 203 Rn 2). Bei der überschlägigen Bewertung der Beweissituation im Rahmen der Prognoseentscheidung muss das Gericht die **Wertigkeit der Beweise** bedenken und ihre **voraussichtliche Verwertbarkeit** im Prozess in die Entscheidung einbeziehen, insbes Verwertungsverbote beachten. Ob allerdings tatsächlich die Eröffnung der Hauptverhandlung schon dann abzulehnen ist, wenn sicher zu erwarten ist, dass ein zeugnisverweigerungsberechtigter, im Ermittlungsverfahren nur polizeilich vernommener Zeuge als einziges Beweismittel in der Hauptverhandlung von seinem Recht Gebrauch macht, erscheint fraglich (so aber KK-StPO/Schneider StPO § 203 Rn 5), da die „sichere Erwartung" prognostisch kaum wirklich tragfähig zu begründen sein wird. Der Zweifelssatz gilt hier nicht. Die Aufklärung von Widersprüchen zwischen einzelnen Beweisergebnissen und den Angaben des Angeschuldigten sollte der Hauptverhandlung überlassen bleiben. Die Eröffnungsentscheidung soll erkennbar nicht zu einer Verurteilung führende Fälle ausscheiden, aber nicht der Hauptverhandlung vorgreifen (OLG Saarbrücken v 17. 7. 2008 – Az 1 Ws 131/08 Rn 9, Rn 11). Ohne Belang sind aber außerhalb des Strafverfahrens liegende Gründe, die für eine Erörterung des Falles in öffentlicher Verhandlung sprechen könnten.

Voraussetzung einer gerichtlichen Entscheidung, das Hauptverfahren zu eröffnen, ist, 5 dass die angeklagten Taten, derer der Angeschuldigte hinreichend verdächtig ist, **strafbar** sind. Hier gilt, dass das Gericht den ihm unterbreiteten Sachverhalt eigenständig zu prüfen und zu einer auf den Zeitpunkt des Eröffnungsbeschlusses bezogen abschließenden Entscheidung zu kommen hat. Für die hier zu entscheidenden Rechtsfragen kann eine Wahrscheinlichkeitsprognose nicht genügen (KK-StPO/Schneider StPO § 203 Rn 6).

Gleichfalls von Bedeutung sind in diesem Zusammenhang **Strafverfolgungshindernisse**. 6 Hier ist zu beachten, dass deren Bestehen grundsätzlich im Freibeweisverfahren überprüft wird; ein Strengbeweis allerdings dann erforderlich ist, wenn das Verfolgungshindernis seine Wurzel im materiellen Strafrecht hat. Da in diesem Falle die Gefahr einer Vorwegnahme der Hauptverhandlung besteht, kann das Gericht eine überschlägige Betrachtung anstellen, ob eine Hauptverhandlung das Bestehen eines Prozesshindernisses ergeben wird oder nicht und darauf seinen Eröffnungsbeschluss stützen (BGHSt 46, 349, 353). Gleiches gilt für die **Prozessvoraussetzungen**; auch deren Vorliegen muss – wie das einer Strafbarkeit – positiv festgestellt werden. Auch nach freibeweislicher Klärung der Umstände verbleibende Zweifel hindern eine Eröffnung der Hauptverhandlung.

7   Zur **Anfechtbarkeit** s § 210 StPO (§ 210 StPO Rn 2).

§ 204 [Ablehnung der Eröffnung]

(1) Beschließt das Gericht, das Hauptverfahren nicht zu eröffnen, so muß aus dem Beschluss hervorgehen, ob er auf tatsächlichen oder auf Rechtsgründen beruht.

(2) Der Beschluß ist dem Angeschuldigten bekanntzumachen.

Überblick

Die Nichteröffnung kann auf Rechtsgründe oder auf tatsächliche Gründe gestützt werden (Rn 3). Das Gericht ist verpflichtet, sich festzulegen, worauf es eine Nichteröffnung stützt (Rn 7). Die Folgen fehlender örtlicher Zuständigkeit sind strittig (Rn 5). Im Falle einer Nichteröffnung sind gegebenenfalls Nebenentscheidungen zu treffen (Rn 9). Der Beschluss ist dem Angeschuldigten bekannt zu machen und der Staatsanwaltschaft zuzustellen (Rn 11).

A. Allgemeines

1   Eine Nichteröffnung kann, wie die Norm voraussetzt, auf **tatsächlichen Gründen** (also auf fehlendem hinreichenden Tatverdacht) oder auf **rechtlichen Gründen** beruhen. Wird das Verfahren nicht eröffnet, weil eine **Prozessvoraussetzung fehlt**, handelt es sich um eine Prozessentscheidung, die **keinen Strafklageverbrauch** zur Folge hat (Meyer-Goßner StPO § 204 Rn 1). Ansonsten ergeht eine Sachentscheidung, die einem neuen Verfahren in derselben Sache nur unter den Voraussetzungen des § 211 StPO nicht entgegensteht. Damit für jedermann erkennbar ist, wie weit ein etwaiger Strafklageverbrauch nach rechtskräftiger Nichteröffnung reicht, muss dem Beschluss zweifelsfrei zu entnehmen sein, welche Tat vom Gericht nicht eröffnet wurde. Dass der Beschluss auch zu begründen ist, ergibt sich aus § 210 Abs 2 StPO iVm § 34 StPO.

2   In **Abs 2** ist ausdrücklich die **Unterrichtung des Angeschuldigten** von dem Beschluss normiert.

B. Erläuterungen

I. Die Nichteröffnung

3   Die **tatsächlichen Gründe einer ablehnenden Entscheidung** über die Eröffnung des Hauptverfahrens, insbes das Fehlen hinreichenden Tatverdachts, ergeben sich aus der Anwendung des § 203 StPO unter umgekehrten Vorzeichen (vgl KK-StPO/Schneider StPO § 204 Rn 2).

4   **Rechtliche Gründe** für die Ablehnung einer Eröffnung des Hauptverfahrens können einerseits in **funktionalen Mängeln der Anklage** liegen, andererseits aber auch Ergebnis der rechtlichen Würdigung des angeklagten Sachverhalts sein, etwa, wenn die vorgeworfenen Taten **nicht tatbestandsmäßig, gerechtfertigt oder entschuldigt** sind. In diese Kategorie zählt auch das Vorhandensein von Prozesshindernissen. Als Nichteröffnung aus rechtlichen Gründen wird es schließlich auch angesehen, wenn dies geschieht, weil Ermittlungs- und Zwischenverfahren so lange gedauert haben, dass von einer rechtsstaatswidrigen Verfahrensverzögerung auszugehen ist (Meyer-Goßner StPO § 204 Rn 2 unter Bezugnahme auf LG Bad Kreuznach NJW 1993, 1725).

5   Auch die **fehlende örtliche Zuständigkeit** führt, zieht man den Wortlaut des Gesetzes heran, zur Nichteröffnung des Verfahrens; die **Gegenauffassung**, das Gericht habe sich in einem solchen Falle im Beschlusswege für unzuständig zu erklären (Meyer-Goßner StPO

§ 16 Rn 4 mwN), findet im Normtext keine Stütze (so Löwe/Rosenberg/Stuckenberg StPO § 204 Rn 7). Die Bevorzugung einer solchen Lösung extra legem durch Teile der Literatur und der Rechtsprechung hat ihre Ursache in Praktikabilitätserwägungen: Konsequenz der Ansicht, auch die fehlende örtliche Zuständigkeit führe zu einer Nichteröffnung, ist, dass die Staatsanwaltschaft nach Rechtskraft dieser Entscheidung eine neue Anklage nur noch unter den Voraussetzungen des § 211 StPO erheben kann und ein Haftbefehl gegen einen Angeschuldigten gem § 120 Abs 1 S 2 StPO aufzuheben wäre (vgl KK-StPO/Schneider StPO § 204 StPO Rn 3 mwN). Dem letztgenannten wird entgegen gehalten, dass § 120 Abs 1 S 2 StPO nach seinem Sinn und Zweck nicht auf Fälle der Nichteröffnung wegen fehlender örtlicher Zuständigkeit anwendbar sei. Dies ist indes ebenfalls mit dem Gesetzeswortlaut nur schwer in Übereinstimmung zu bringen, so dass letztlich die Auffassung, das Gericht solle sich nur für unzuständig erklären, vorzugswürdig, weil in sich konsequenter, erscheint. Ohne dies ausdrücklich zu betonen, hat auch der BGH die Möglichkeit des Gerichts, sich außerhalb einer Nichteröffnungsentscheidung für unzuständig zu erklären, anerkannt (BGHSt 43, 122, 124; s auch SK-StPO/Paeffgen StPO § 199 Rn 10 u § 104 Rn 8; s oben § 199 StPO Rn 2.

Die **sachliche Unzuständigkeit** führt dazu, dass das Gericht nicht etwa die Eröffnung der **6** Hauptverhandlung insgesamt ablehnt, sondern nach § 209 StPO vor einem Gericht niederer Ordnung eröffnet oder die Sache einem Gericht höherer Ordnung zur Entscheidung vorlegt.

Das Gericht muss sich in seinem Nichteröffnungsbeschluss **festlegen**, ob es diesen auf **7** tatsächliche oder auf Rechtsgründe stützt. Mit Blick auf § 211 StPO kann die Entscheidung nach herrschender Meinung **nicht** auf eine Doppelbegründung gestützt werden, da die Anklagebehörde nicht im Unklaren gelassen werden darf, auf welche Weise sie eine **gerichtliche Verfolgung des Tatvorwurfs doch noch erreichen** kann (hM zB Meyer-Goßner StPO § 204 Rn 4; **aA** Löwe/Rosenberg/Stuckenberg StPO § 204 Rn 17; Martin NStZ 1995, 528). Dabei bleibt es dem Gericht überlassen, auf welchen mehrerer möglicher Gründe es die Ablehnung stützt, es kann sich von Praktikabilitätserwägungen leiten lassen. Eine „Hierarchie der Ablehnungsgründe" gibt es jedenfalls **nicht** (Meyer-Goßner StPO § 204 Rn 4; KK-StPO/Schneider StPO § 204 Rn 7). Hält das Gericht seine örtliche Zuständigkeit nicht für gegeben, kann es nicht hilfsweise aus anderen Gründen die Eröffnung des Hauptverfahrens ablehnen (BGHSt 43, 122). Indes kann es neben einer Haupt- auch eine Hilfsbegründung abgeben, was sich wiederum mit Blick auf § 211 StPO als sinnvoll erweist, da es der Staatsanwaltschaft erspart bleiben sollte, nach einer Ergänzung der Anklage um neue Tatsachen nun eine auf andere, bereits bei der ersten Ablehnungsentscheidung existente, aber im Beschluss unerwähnt gebliebene Gründe gestützte Nichteröffnung hinnehmen zu müssen (vgl SK-StPO/Paeffgen StPO § 204 Rn 6).

Das Gericht kann, gestützt auf § 204 StPO, die Eröffnung der Hauptverhandlung auf **8** einzelne angeklagte Taten **beschränken** und hinsichtlich anderer selbständiger Taten **die Eröffnung ablehnen.** Soweit die Eröffnung abgelehnt wurde, kann die Anklagebehörde hiergegen vorgehen; eine abweichende rechtliche Würdigung der angeklagten Taten – die im Eröffnungsbeschluss deutlich gekennzeichnet sein muss – gibt kein Recht, gegen den Eröffnungsbeschluss vorzugehen, selbst wenn sie darin besteht, mehrere tatmehrheitlich angeklagte Taten als tateinheitlich begangen zu einer einzigen zusammen zu fassen. Eine hiergegen gerichtete Beschwerde wäre nicht statthaft (KK-StPO/Schneider StPO § 204 Rn 8 mwN).

II. Nebenentscheidungen

Mit der Nichteröffnung können **Nebenentscheidungen** verbunden sein, die erforder- **9** lichenfalls zugleich zu treffen sind. Dazu gehört insbes die **Aufhebung des Haftbefehls** gem § 120 Abs 1 S 2 StPO. Auch der **Unterbringungsbefehl** kann gegebenenfalls gem § 126a Abs 3 S 1 StPO **aufzuheben** sein. Von Bedeutung ist auch die Aufhebung anderer vorläufiger Entscheidungen, etwa einer Beschlagnahme ist (vgl hierzu auch Meyer-Goßner StPO § 204 Rn 10; SK-StPO/Paeffgen StPO § 204 Rn 11).

Darüber hinaus sind dem Beschluss auch eine **Kostenentscheidung** und gegebenenfalls **10** eine **Entscheidung** nach § 8 Abs 1 **StrEG** beizufügen. Bei der Kostenentscheidung sind die § 464 StPO, § 467 StPO (insbes Abs 3 S 2 Nr 2 bei Nichteröffnung wegen eines Verfahrenshindernisses), § 469 StPO und § 470 StPO zu beachten.

III. Bekanntmachung an den Angeschuldigten; Anfechtbarkeit

11 Nur die **Bekanntmachung** der Entscheidung gegenüber dem **Angeschuldigten** ist in **Abs 2** geregelt. Gegenüber der **Staatsanwaltschaft** ist eine Nichteröffnungsentscheidung nach § 35 Abs 2 S 1 StPO, § 36 Abs 1 StPO, § 41 S 1 StPO **zuzustellen**, um die Rechtsmittelfrist des § 210 Abs 2 StPO in Gang zu setzen. Dem Nebenkläger ist die Nichteröffnung gem § 397 Abs 1 S 1 StPO, § 385 Abs 1 S 2 StPO iVm § 35 Abs 2 S 1 StPO gleichfalls – allerdings mit Rechtsmittelbelehrung gem § 35 a S 1 StPO – zuzustellen. Dem **Angeschuldigten** gegenüber muss die Nichteröffnung nach Abs 2 nur dann zwingend zugestellt werden, wenn sie eine selbständig anfechtbare Nebenentscheidung – etwa über Kosten und Auslagen oder über eine Entschädigung für Strafverfolgungsmaßnahmen – enthält (KK-StPO/Schneider StPO § 204 Rn 15; Löwe/Rosenberg/Stuckenberg StPO § 204 Rn 20).

12 Die **Anfechtung** eines Beschlusses nach § 204 StPO ist in § 210 Abs 2 StPO geregelt.

§ 205 [Vorläufige Einstellung]

¹Steht der Hauptverhandlung für längere Zeit die Abwesenheit des Angeschuldigten oder ein anderes in seiner Person liegendes Hindernis entgegen, so kann das Gericht das Verfahren durch Beschluß vorläufig einstellen. ²Der Vorsitzende sichert, soweit nötig, die Beweise.

Überblick

Als in der Person des Angeschuldigten liegende Gründe (Rn 3) einer vorläufigen Verfahrenseinstellung kommen neben der Ortsabwesenheit (Rn 4) auch die Immunität oder die vorübergehende Verhandlungsunfähigkeit des Angeschuldigten (Rn 6) in Betracht. Die Vorschrift räumt dem Gericht ein Ermessen ein (Rn 7). Eine Beweissicherung kann durch das Gericht selbst erfolgen oder aber von Staatsanwaltschaft oder Polizei durchgeführt werden (Rn 8). Der Einstellungsbeschluss ist mit der Beschwerde anfechtbar (Rn 9).

A. Allgemeines

1 Die in der Praxis bedeutsame Vorschrift drückt einen **allgemeinen Rechtsgedanken** aus und wurde daher bislang über ihren Wortlaut hinaus mangels einer vergleichbaren Regelung auch im **Ermittlungsverfahren** – entsprechend – angewandt. Die Regelungslücke wurde im 2. Opferrechtsreformgesetz durch Einführung der § 154 f StPO geschlossen. § 205 StPO gilt für **vorübergehende** Hindernisse tatsächlicher (v a unbekannter Aufenthalt des Angeschuldigten) wie auch rechtlicher Natur (behebbares Fehlen einer Prozessvoraussetzung). Nicht zur Anwendung gelangt die Norm bei Vorliegen eines dauerhaften Verfahrenshindernisses, dann ist § 206 a StPO anwendbar (vgl § 206 StPO Rn 4).

B. Erläuterungen

2 Gründe, die einer Eröffnung des Hauptverfahrens entgegen stehen, genießen **Vorrang** vor § 205 StPO. So kommt die Vorschrift erst gar nicht zur Anwendung, wenn die Eröffnung der Hauptverhandlung aus Rechtsgründen **abgelehnt** wird, bspw, weil die zur Last gelegte Tat **nicht strafbar** ist. Auf eine Erreichbarkeit des Angeschuldigten kommt es dann nicht mehr an (so auch Meyer-Goßner StPO § 205 Rn 2). Tatsächlich dürfte die **gerichtliche Praxis allerdings genau umgekehrt verfahren**: Ist der Angeschuldigte gar nicht erreichbar (kann zB die Anklageschrift nicht zugestellt werden), unterbleiben Überlegungen zur Eröffnung des Hauptverfahrens; stattdessen wird es gem § 205 StPO vorläufig eingestellt.

3 Das der Hauptverhandlung entgegenstehende Hindernis muss nach dem eindeutigen gesetzlichen Wortlaut **in der Person des Angeschuldigten** liegen. Andere Gründe, die der Durchführung einer Hauptverhandlung entgegenstehen könnten, kommen daher als Einstellungsgründe nicht in Betracht (OLG Düsseldorf JR 1984, 435). Dabei wäre namentlich an die Verhinderung wichtiger Zeugen zu denken. Doch dies kann – entgegen einer

gewichtigen Meinung im Schrifttum (vgl hierzu Meyer-Goßner StPO § 205 Rn 8 mwN) – nicht dazu führen, ein Verfahren vorläufig einzustellen (LG Cottbus NStZ-RR 2009, 246, 247), denn für diesen Fall sieht das Gesetz anderes vor, zB die Verlesung der Aussage nach § 251 StPO (BGH NStZ 1985, 230); ist dies nicht möglich, so kommt, falls die Unerreichbarkeit des Beweismittels die fehlende Nachweisbarkeit des Tatvorwurfs zur Folge hat, eine Nichteröffnung gem § 204 StPO in Betracht (LG Düsseldorf StV 2008, 348). Die vorläufige Einstellung kommt nur in Frage, wenn auch durch diese Vernehmungssurrogate die Aussage nicht in die Verhandlung eingeführt werden können und die Beweiserhebung nicht sicher gestellt ist (SK-StPO/Paeffgen StPO § 205 Rn 13).

Voraussetzung für die Anwendung der Norm ist es, dass der Angeschuldigte **für längere Zeit** – nicht aber dauerhaft (sonst steht die Anwendung von § 206 a StPO im Raum) – **abwesend** oder sonst wie an der Teilnahme an der Hauptverhandlung **gehindert** ist. Dabei ist zu berücksichtigen, dass auch andere Möglichkeiten bestehen, das Verfahren bei oder nach **Abwesenheit des Angeschuldigten** durchzuführen, und zwar – sofern die gesetzlichen Voraussetzungen vorliegen – nach § 231 Abs 2 StPO, § 231 a StPO, § 231 b StPO, § 232 StPO, § 233 StPO, § 329 Abs 1 StPO, § 387 Abs 1 StPO und § 411 Abs 2 StPO. 4

Die Fallgestaltungen für die Anwendung des § 205 StPO wegen Abwesenheit sind zahlreich. Es ist bspw nicht ausschlaggebend, ob sich der Angeschuldigte an bekanntem oder unbekanntem Ort aufhält, wenn er nur für die deutsche Strafjustiz unerreichbar ist. So liegt eine Abwesenheit für längere Zeit auch dann vor, wenn der Angeschuldigte **unter bekannter Adresse im Ausland** wohnt, für das Verfahren ausreist, oder bei bestehendem Haftbefehl nicht ausgeliefert wird (vgl hierzu auch BGHSt 37, 145, 146). 5

Als anderes Hindernis gilt neben einer **Immunität** (die häufig schon einem Ermittlungsverfahren entgegen stehen wird) die vorübergehende, aber nicht nur kurzfristige **Verhandlungsunfähigkeit** des Angeschuldigten, also die Unfähigkeit des Angeschuldigten, in und außerhalb der Verhandlung seine Interessen vernünftig wahrzunehmen, die Verteidigung in verständiger und verständlicher Weise zu führen und Prozesserklärungen abzugeben oder entgegenzunehmen (BVerfG NStZ-RR 1996, 38; BGHSt 41, 16, 18; vgl auch Löwe/Rosenberg/Stuckenberg StPO § 205 Rn 20). Im Revisionsverfahren gelten insoweit etwas weniger strenge Anforderungen (vgl hierzu KK-StPO/Schneider StPO 205 Rn 13 mwN). Im Falle einer **körperlichen Erkrankung** kommt es auf die Schwere der Erkrankung und auf die Auswirkungen einer Hauptverhandlung auf den Krankheitsverlauf oder umgekehrt der Krankheit auf die Fähigkeit, aktiv an der Hauptverhandlung teilzunehmen, an (vgl OLG Stuttgart NStZ-RR 2006, 313; KK-StPO/Schneider StPO § 205 StPO Rn 11 mwN). Eine Verpflichtung zur Heilbehandlung hat der Angeschuldigte nicht (BGH StV 1992, 553). Die Verhandlungsfähigkeit wird im **Freibeweis** festgestellt. Verbleibende Zweifel an der Verhandlungsfähigkeit führen dazu, dass eine Hauptverhandlung nicht durchzuführen ist (KK-StPO/Schneider StPO § 205 Rn 14). Solange eine endgültige Verhandlungsunfähigkeit nicht feststeht, kann von einer nur vorübergehenden ausgegangen und nach § 205 StPO verfahren werden. 6

Liegen die Tatbestandsvoraussetzungen des § 205 StPO vor, ist dem Gericht ein **Ermessen** eingeräumt, ob das Verfahren vorläufig eingestellt wird oder nicht. Die Entscheidung erfolgt durch **Beschluss**. Vor dem Erlass ist § 33 StPO zu beachten. Ein **Haftbefehl** nach § 230 StPO wird durch eine Einstellung nach § 205 StPO gegenstandslos (OLG Hamm NStZ-RR 2009, 89). 7

§ 205 S 2 StPO gibt dem Vorsitzenden die Möglichkeit, **Beweise zu sichern**. Dabei kann er selbst Beweise erheben oder dies durch Staatsanwaltschaften und Polizei durchführen lassen. Eine Beweissicherung ist naturgemäß nur dort möglich, wo ihr keine Verfahrenshindernisse, insbes nicht diejenigen, die den Beschluss nach § 205 StPO tragen, entgegenstehen. Da der Angeschuldigte in Fällen des § 205 StPO gerade nicht erreichbar ist, sind § 223 StPO, § 224 StPO nicht anwendbar (KK-StPO/Schneider StPO § 205 Rn 24). 8

Gegen einen **Beschluss** nach § 205 StPO können sich Staatsanwaltschaft und Angeschuldigter vor und in der Hauptverhandlung mit der **einfachen Beschwerde** zur Wehr setzen, der Nebenkläger nach § 400 Abs 2 S 2 StPO nicht (**aA** insoweit Rieß NStZ 2001, 355). Wird eine vorläufige Einstellung nach § 205 StPO vom Gericht trotz Antrags **abgelehnt**, ist eine Beschwerde nur im Zwischenverfahren möglich; ergeht ein ablehnender Beschluss in 9 der Hauptverhandlung, ist sie gem § 305 S 1 StPO nicht statthaft. Gegebenenfalls kann aber mit der Rüge der Verletzung des § 338 Nr 8 StPO die fehlerhafte Ablehnung einer vorläufigen Einstellung im Revisionsverfahren geltend gemacht werden (KK-StPO/Schneider StPO § 205 Rn 22). Mit dem Ziel, das Rechtsmittelgericht statt einer Einstellung nach § 205 StPO eine solche nach § 206 a StPO aussprechen zu lassen, kann eine vorläufige Einstellung nicht angefochten werden (Meyer-Goßner StPO § 205 Rn 4; **aA** KK-StPO/Schneider StPO § 205 Rn 23).

§ 206 [Keine Bindung an Anträge]

Das Gericht ist bei der Beschlußfassung an die Anträge der Staatsanwaltschaft nicht gebunden.

1   Von den Anträgen und Rechtsansichten der Staatsanwaltschaft unabhängig ist das Gericht nur, soweit gesetzliche Normen nicht die **Entscheidungsbefugnis** der Staatsanwaltschaft zuweisen. Dies ist naturgemäß vor allem hinsichtlich der Person des **Angeklagten** und des diesem zur Last gelegten **Lebenssachverhalts** der Fall. Es steht auch nur der Staatsanwaltschaft zu, das **öffentliche Interesse** an der Strafverfolgung gem § 230 Abs 1 StGB und § 248 a StGB oder bei Privatklagedelikten gem § 376 StPO zu bejahen. Gleiches gilt für die Annahme einer besonderen Bedeutung des Falles gem § 74 a Abs 2 GVG. Daneben bestimmt die Staatsanwaltschaft auch den **Gerichtsstand** gem §§ 7 StPO ff.

2   § 206 StPO regelt in seinem Kern die **Freiheit des Gerichts in der Beweiswürdigung** und der **rechtlichen Bewertung** des angeklagten Sachverhalts. Beides ist ureigene Aufgabe des Gerichts und kann daher nicht von Anträgen der Anklagebehörde abhängen. Im Grunde genommen normiert die Vorschrift ein fundamentales Prinzip des Strafverfahrens. Ausfluss der Regelung ist, dass das Gericht auch in der Beurteilung der **sachlichen Zuständigkeit** frei ist (vgl § 209 StPO).

§ 206 a [Einstellung bei Verfahrenshindernis]

(1) Stellt sich nach Eröffnung des Hauptverfahrens ein Verfahrenshindernis heraus, so kann das Gericht außerhalb der Hauptverhandlung das Verfahren durch Beschluß einstellen.

(2) Der Beschluß ist mit sofortiger Beschwerde anfechtbar.

Überblick

Voraussetzung einer in jeder Phase des Verfahrens (Rn 2) möglichen Einstellung ist das Bestehen eines dauerhaften Verfahrenshindernisses (Rn 4). Das Ermessen des Gerichts kann gegebenenfalls auf null reduziert sein (Rn 5). Die Vorschrift ist nicht anzuwenden, wenn wahrscheinlich kein Verfahrenshindernis besteht (Rn 6). Tod und Verhandlungsunfähigkeit des Angeschuldigten sind Fälle des § 206 a StPO (Rn 7). Die Staatsanwaltschaft kann den Einstellungsbeschluss nach Abs 2 anfechten (Rn 9). Das gemäß dieser Vorschrift eingestellte Verfahren ist nur in Ausnahmefällen wieder aufzunehmen (Rn 10).

A. Allgemeines

1   In Abgrenzung zu § 260 Abs 3 StPO ist die Vorschrift des § 206 a StPO nur **außerhalb** der Hauptverhandlung anwendbar; eine außerhalb der Hauptverhandlung ergangene Entscheidung über die Einstellung des Verfahrens nach dieser Norm ist daher auch nicht als Einstellungsurteil zu werten (Meyer-Goßner StPO § 206 a Rn 1).

2   Die Norm ist nach dessen Eröffnung – von Amts wegen – **in jeder Phase des Hauptverfahrens** anzuwenden, wenn ihre Voraussetzungen vorliegen. Sie gilt auch im Rechtsmittelverfahren (BGH NStZ-RR 2008, 146), nach einer weit verbreiteten Meinung dort allerdings nur, wenn auch das Verfahrenshindernis erst dort eintritt (Meyer-Goßner StPO

§ 206 a Rn 6). Die Rspr wendet demgegenüber § 206 a StPO auch dann an, wenn das Hindernis bereits vor dem Ergehen einer erstinstanzlichen Entscheidung aufgetreten ist, aber in der ersten Instanz nicht beachtet wurde (BGHSt 24, 208, 121; **aA** OLG Celle NStZ 2008, 118, 119). Die Gegenmeinung will in derartigen Fällen eine Rechtsmittelentscheidung unter Aufhebung der früheren Entscheidung treffen (KK-StPO/Schneider StPO § 206 a Rn 4). Schließlich findet die Vorschrift auch dann Anwendung, wenn das Verfahren in der Schuldfrage bereits rechtskräftig abgeschlossen und nur noch im Rechtsfolgenausspruch offen ist; ein Verfahrenshindernis führt auch hier zur Einstellung des ganzen Verfahrens (Meyer-Goßner StPO § 206 a Rn 5). Wird das Rechtsmittel zurück genommen oder die Rechtsmittelfrist nicht beachtet, ist § 205 a StPO anzuwenden (SK-StPO/Paeffgen StPO § 206 a Rn 8, Rn 9).

Abs 2 formuliert die **Beschwerdemöglichkeit** gegen einen Einstellungsbeschluss; gegen 3 die eine Einstellung ablehnenden Entscheidung ist hingegen keine Beschwerdemöglichkeit eröffnet, auch nicht nach § 304 StPO (Meyer-Goßner StPO § 206 a Rn 10 mwN.).

B. Erläuterungen

Grundvoraussetzung einer Einstellung nach Abs 1 ist das Bestehen eines **dauerhaften** 4 **Verfahrenshindernisses**. Ein zeitiges, behebbares Hindernis, und sei dessen Dauer auch lang, berechtigt nicht, nach § 206 a StPO vorzugehen. Einem behebbaren Verfahrenshindernis steht das Fehlen einer (nachholbaren) Verfahrensvoraussetzung gleich (BGH NJW 2008, 1008 mAnm Kühl). Für derartige Fälle des zeitlich begrenzten Hindernisses hält das Gesetz in § 205 StPO die vorläufige Einstellung bereit. Unklar ist, wodurch sich ein dauerhaftes von einem immerwährenden Hindernis, das nach einer Ansicht im Schrifttum für die Anwendung des § 206 a StPO nicht erforderlich ist (Meyer-Goßner StPO § 206 a Rn 2), unterscheiden soll. Ein dauerhaftes Verfahrenshindernis kann seinen Grund **in der Person des Angeschuldigten** haben, etwa bei dauerhafter Verhandlungsunfähigkeit (vgl OLG Stuttgart NStZ-RR 2006, 313, 315). **Auch normative Prozesshindernisse** führen zur Anwendbarkeit des § 206 a StPO, so die eingetretene **Verfolgungsverjährung** (vgl BGH NStZ-RR 2008, 42; OLG Stuttgart BeckRS 2008, 19992), das **Fehlen eines wirksamen Eröffnungsbeschlusses** (vgl BGHR StPO § 206 a Abs 1 Verfahrenshindernis 1 und 2; BGH StV 2007, 562, 563 = BeckRS 2007, 05875; BGH BeckRS 2009, 02183) oder einer **Anklage** (BGH NStZ 2008 89, 90). Nach OLG München (NStZ 2008, 120) ist auch eine **Berufungsrücknahme** ein Verfahrenshindernis nach § 206 a Abs 1 StPO. Die **Doppelverfolgung** kann ebenfalls zur Anwendbarkeit der Vorschrift führen (BGHR StPO § 206 a Abs 1 Verfahrenshindernis 3). Gleiches gilt in Folge dessen auch für einen **Strafklageverbrauch** (BGHR StPO § 206 a Abs 1 Verfahrenshindernis 4 und 6), auch nach **§ 54 SDÜ** (BGH NStZ-RR 2007, 179). In letzter Zeit als Verfahrenshindernis verstärkt diskutiert werden **Verstöße gegen die Rechtsstaatlichkeit des Verfahrens** (hierzu ausführlich Löwe/Rosenberg/Stuckenberg StPO § 206 a Rn 78 ff), insb die **rechtsstaatswidrige Verfahrensverzögerung**, allerdings nur, wenn sie nicht mehr im Rahmen der Sachentscheidung kompensiert werden kann (vgl BGHSt 46, 159, 170; BGH StV 2008, 299). **Nicht** – auch nicht entsprechend – **anwendbar** ist die Norm nach **hM** hingegen bei Entfallen des hinreichenden Tatverdachts (KMR/Seidl StPO § 206 a Rn 8; **aA** SK-StPO/Paeffgen StPO § 206 a Rn 14).

Dem Gericht ist nach dem Wortlaut des Gesetzes in der Frage, ob das Verfahren bei 5 Vorliegen eines Verfahrenshindernisses einzustellen ist, ein **Ermessen** eingeräumt. Dieses Ermessen ist indes jedenfalls dann **auf null reduziert**, wenn das Hindernis der Verfahrensdurchführung **schlechterdings entgegensteht** (Meyer-Goßner StPO § 206 a Rn 3), zB bei Verhandlungsunfähigkeit, bei nicht aufgehobener Immunität oder bei Versterben des Angeschuldigten. Ist nur einer von mehreren Mitangeschuldigten oder -angeklagten vom dem Verfahrenshindernis betroffen, ist nur das Verfahren gegen ihn einzustellen.

Ob verbleibende **Zweifel am Vorliegen eines Verfahrenshindernisses** zu einer Ein- 6 stellung nach § 206 a StPO führen müssen, hängt – mit BGHSt 46, 349, 352 – von der Art des Verfahrenshindernisses ab. Jedenfalls wenn die Frage des Vorliegens eines Verfahrenshindernisses von Tatsachen abhängt, die die angeklagte Tat betreffen, ist dies in der

Hauptverhandlung und damit außerhalb des Anwendungsbereichs von § 206 a StPO zu klären. Wenn nur eine hinreichende Wahrscheinlichkeit dafür besteht, dass kein Verfahrenshindernis vorliegt, eine weitere Klärung aber nur in der Hauptverhandlung möglich ist, ist § 206 a StPO unanwendbar (BGH aaO; zum ganzen auch Löwe/Rosenberg/Stuckenberg StPO § 206 a Rn 37 bis 39). Bei der Frage der **Verjährung** einer Straftat ist nach BGHSt 18, 274 der Zweifelssatz anwendbar, so dass etwaige Zweifel an einer Verjährung zu einer Einstellung nach § 206 a StPO führen. Umgekehrt ist ein Verfahren nur nach § 205 StPO einzustellen, wenn die dauernde Verhandlungsunfähigkeit zweifelhaft ist. Letztlich ist es eine Frage des Einzelfalls, ob verbleibende Restzweifel am Vorliegen der Voraussetzungen zur Anwendung der Norm führen oder nicht. Eine schematische Lösung verbietet sich hier.

7 Der **Tod des Angeschuldigten** ist inzwischen unstreitig ein Fall des § 206 a StPO. Die Gegenansicht, die von einer „Selbstbeendigung" des Verfahrens ausging, ist historisch (vgl BGHR StPO § 206 a Verfahrenshindernis 7). Stirbt der Beschuldigte während des Ermittlungsverfahrens, ist das Verfahren nach § 170 Abs 2 StPO einzustellen (Meyer-Goßner StPO § 206 a Rn 8; BGHSt 45, 108, 109; BGH NStZ-RR 2008, 146). Die Anwendung von § 206 a Abs 1 StPO nach Versterben des Angeklagten während des Rechtsmittelverfahrens führt dazu, dass **das noch nicht rechtskräftige Urteil gegenstandslos wird, ohne dass es einer Aufhebung bedarf**. In einem solchen Fall kann das Gericht für die Kostenentscheidung die Erfolgsaussichten des Rechtsmittels bedenken (BGH NStZ-RR 2009, 21; vgl zu den notwendigen Auslagen des Verstorbenen auch Heger GA 2009, 45, 57 ff). Hat das Gericht nach Bekanntwerden des Ablebens des Angeschuldigten den Hauptverhandlungstermin von Amts wegen abgesetzt, löst der erst danach durch den Verteidiger gestellte Antrag auf Verfahrenseinstellung nach § 206 a StPO keine Gebühr Nr 4141 RVG aus (AG Koblenz AGS 2008, 345 mAnm Schneider).

8 Die **Verhandlungsunfähigkeit** des Angeschuldigten führt zwar zur Anwendung des § 206 a; ein Sicherungsverfahren nach §§ 413 StPO ff ist indes dennoch möglich (Meyer-Goßner StPO § 206 a Rn 9).

9 Die **sofortige Beschwerde nach Abs 2** steht nur der Staatsanwaltschaft und dem Nebenkläger zu, nicht aber dem Angeschuldigten, da dieser nicht beschwert ist (KK-StPO/Schneider StPO § 206 a Rn 13; aA SK-StPO/Paeffgen StPO § 206 a Rn 28; so auch OLG Jena NStZ-RR 2006, 311). Letzteres gilt selbst dann, wenn die Einstellung mit einer für den Angeschuldigten möglicherweise ehrenrührigen Tatsache begründet wurde. Gegen eine nachteilige Kosten-, Auslagen- und Entschädigungsentscheidung ist indes auch eine sofortige Beschwerde des Angeklagten statthaft (SK-StPO/Paeffgen StPO § 206 a Rn 29). Der die Einstellung ablehnende Beschluss ist unanfechtbar (SK-StPO/Paeffgen StPO § 206 a Rn 30). Gegen eine auf die Beschwerde erfolgte Einstellung des Verfahrens gem § 205 StPO unter Aufhebung der Einstellung nach § 206 a StPO ist die Beschwerde nach § 304 StPO möglich (Meyer-Goßner StPO § 206 a Rn 10 mwN).

10 Die Einstellung nach § 206 a StPO kann, ist sie **rechtskräftig, nicht aufgehoben** werden, auch dann nicht, wenn sich herausstellt, dass die Tatbestandsvoraussetzungen der Norm gar nicht vorgelegen hatten (Meyer-Goßner StPO Einl Rn 154). Der Beschluss nach § 206 a StPO hat dieselben Wirkungen wie ein Einstellungsurteil nach § 260 Abs 3 StPO (Meyer-Goßner StPO § 206 a Rn 11; BGH Beschl v 21. 12. 2007 – Az 2 StR 485/06 – BeckRS 2008, 1817 = NStZ 2008, 296). Fallen die tatbestandlichen Voraussetzungen allerdings nachträglich weg (zB nach Wiederherstellung der Verhandlungsfähigkeit oder nachträglicher Eintritt einer Verfahrensvoraussetzung), kann das Verfahren weiter betrieben oder neu eingeleitet werden (Meyer-Goßner StPO Einl Rn 154). Stellt sich nach Einstellung des Verfahrens wegen eines dauerhaften Verfahrenshindernisses (Tod des Angeklagten) heraus, dass dieses bewusst und dem Angeklagten zurechenbar nur fingiert wurde, um ein Verfahrenshindernis zu erzeugen, kann das Verfahren in Durchbrechung der Rechtskraft entsprechend dem Rechtsgedanken des § 362 StPO wieder aufgenommen werden. In diesem Fall die der Einstellungsbeschluss aufzuheben und das Verfahren in dem Stand fortzusetzen, in welchem es sich vor der Einstellung befunden hatte, und zwar auch in einer Rechtsmittelinstanz (BGH NStZ 2008, 296 mAnm Rieß = NJW 2008, 1008 mAnm Kühl).

§ 206 b [Einstellung wegen Gesetzesänderung]

¹Wird ein Strafgesetz, das bei Beendigung der Tat gilt, vor der Entscheidung geändert und hat ein gerichtlich anhängiges Strafverfahren eine Tat zum Gegenstand, die nach dem bisherigen Recht strafbar war, nach dem neuen Recht aber nicht mehr strafbar ist, so stellt das Gericht außerhalb der Hauptverhandlung das Verfahren durch Beschluß ein. ²Der Beschluß ist mit sofortiger Beschwerde anfechtbar.

Überblick

Statt den Angeklagten freizusprechen (Rn 1) beschließt das Gericht nach Eröffnung des Hauptverfahrens und vor Beendigung der Tatsacheninstanzen (Rn 2) die Einstellung des Verfahrens, wenn die Tat unter keinem rechtlichen Gesichtspunkt mehr (auch nicht als Ordnungswidrigkeit) verfolgbar ist (Rn 4). Vor Beschlussfassung ist die Staatsanwaltschaft anzuhören (Rn 5); der Beschluss muss begründet und mit einer Kostenentscheidung versehen werden (Rn 6).

A. Allgemeines

Die Vorschrift hat ganz überwiegend Kritik erfahren. Sie bestimmt der Sache nach, dass eine **Einstellung möglich** ist, wo an und für sich ein **Freispruch** – mangels Strafbarkeit der angeklagten Tat – **geboten** wäre. Auf diese Weise soll das Verfahren vereinfacht und abgekürzt werden, und zwar auch und gerade für den Angeklagten. Ein Beschluss nach § 206 b StPO hat materiell die **Wirkung einer freisprechenden Entscheidung** (vgl Meyer-Goßner StPO § 206 b Rn 1, 2) und führt zum **Strafklageverbrauch** (KK-StPO/Schneider StPO § 206 b Rn 12; SK-StPO/Paeffgen StPO § 206 b Rn 15). Da der Beschluss außerhalb der Hauptverhandlung gefasst wird, entscheidet der Spruchkörper in der für diesen Fall vorgeschriebenen Besetzung, also insbes ohne Schöffen (SK-StPO/Paeffgen StPO § 206 b Rn 12). 1

B. Erläuterungen

Voraussetzung der Anwendbarkeit ist die **erfolgte Eröffnung** des Hauptverfahrens. Im Zwischenverfahren hat die Norm also keine Geltung. Dass der Gesetzeswortlaut von einem „anhängigen" statt von einem rechtshängigen Verfahren spricht, steht dem nicht entgegen, da es sich insoweit wohl um ein Redaktionsversehen des Gesetzgebers handelt (Löwe/Rosenberg/Stuckenberg StPO § 206 b Rn 6). Nach Eröffnung bleibt die Vorschrift **bis zur Beendigung der Tatsacheninstanz(en)** anwendbar. Dies gilt in einer Berufungsinstanz auch dann, wenn Teilrechtskraft eingetreten ist. Allerdings ist § 206 b StPO dort nur dann heranzuziehen, wenn die Norm ihre Geltung nach Erlass der Entscheidung in 1. Instanz verloren hat. Ist das Urteil in erster Instanz bereits zu Unrecht ergangen, ist die Entscheidung aufzuheben und über die Sache neu mit Urteil zu entscheiden (Meyer-Goßner StPO § 206 b Rn 5). 2

Im Revisionsverfahren ist für eine Anwendung von § 206 b StPO nach einer verbreiteten Ansicht im Schrifttum **kein Raum**, da bei einer Rechtsänderung, die während der Revision eintritt, § 354 a StPO greift (Meyer-Goßner StPO § 206 a Rn 6, KK-StPO/Schneider StPO § 206 b Rn 7). Andere Stimmen wollen dem Gericht hier ein Wahlrecht zwischen § 206 b StPO und § 354 a StPO einräumen (Löwe/Rosenberg/Stuckenberg StPO § 206 b Rn 10; SK-StPO/Paeffgen StPO § 206 b Rn 8). Ein in der Tatsacheninstanz übersehener Wegfall der Strafbarkeit führt zu einer Anwendung von § 349 Abs 2 bzw § 354 StPO, nicht aber von § 206 b StPO (so auch Meyer-Goßner StPO § 206 b Rn 6). 3

Nur wenn die Tat **unter keinem rechtlichen Gesichtspunkt** mehr verfolgbar ist, sind die Tatbestandsvoraussetzungen des § 206 b StPO gegeben. Ist eine Strafbarkeit entfallen, liegt aber weiterhin eine Ordnungswidrigkeit vor, wird das Verfahren nach § 82 OWiG als Bußgeldverfahren weiter betrieben. Wegen der zwingenden Regelung des § 206 b StPO 4 erfolgt eine Einstellung nach dieser Vorschrift bei Vorliegen seiner Voraussetzungen auch dann, wenn konkurrierend ein Verfahrenshindernis nach § 206 a StPO vorliegt (so auch Meyer-Goßner StPO § 206 b Rn 7).

5 Vor der Beschlussfassung ist die Staatsanwaltschaft nach § 33 Abs 2 StPO zu **hören**. Dem Angeklagte muss hingegen kein Gehör gewährt werden (Meyer-Goßner StPO § 206 b Rn 8). Nach § 34 StPO ist die Entscheidung mit Gründen zu versehen.

6 Die Entscheidung ist aufgrund ihrer **abschließenden Wirkung** mit einer **Kostenentscheidung** zu versehen, die sich nach § 467 Abs 1, Abs 2 und Abs 3 S 1 StPO richtet.

7 Nach § 206 b StPO ist die einstellende Entscheidung des Gerichts mit der **sofortigen Beschwerde** anfechtbar, die sich gegen die Annahme der tatbestandlichen Voraussetzungen richtet. Der Angeklagte hat kein Anfechtungsrecht, da er durch die Entscheidung nicht beschwert ist. Ein Beschluss, mit dem die Einstellung des Verfahrens abgelehnt wird, ist nicht anfechtbar. Gleiches gilt für Beschlüsse des OLG im ersten Rechtszug (§ 74 a Abs 1 und Abs 2 GVG, § 120 GVG), § 304 Abs 4 S 2 Nr 2 StPO.

§ 207 [Inhalt des Eröffnungsbeschlusses]

(1) In dem Beschluß, durch den das Hauptverfahren eröffnet wird, lässt das Gericht die Anklage zur Hauptverhandlung zu und bezeichnet das Gericht, vor dem die Hauptverhandlung stattfinden soll.

(2) Das Gericht legt in dem Beschluß dar, mit welchen Änderungen es die Anklage zur Hauptverhandlung zuläßt, wenn
1. wegen mehrerer Taten Anklage erhoben ist und wegen einzelner von ihnen die Eröffnung des Hauptverfahrens abgelehnt wird,
2. die Verfolgung nach § 154 a auf einzelne abtrennbare Teile einer Tat beschränkt wird oder solche Teile in das Verfahren wieder einbezogen werden,
3. die Tat rechtlich abweichend von der Anklageschrift gewürdigt wird oder
4. die Verfolgung nach § 154 a auf einzelne von mehreren Gesetzesverletzungen, die durch dieselbe Straftat begangen worden sind, beschränkt wird oder solche Gesetzesverletzungen in das Verfahren wieder einbezogen werden.

(3) ¹In den Fällen des Absatzes 2 Nr. 1 und 2 reicht die Staatsanwaltschaft eine dem Beschluß entsprechende neue Anklageschrift ein. ²Von der Darstellung des wesentlichen Ergebnisses der Ermittlungen kann abgesehen werden.

(4) Das Gericht beschließt zugleich von Amts wegen über die Anordnung oder Fortdauer der Untersuchungshaft oder der einstweiligen Unterbringung.

Überblick

Die Vorschrift umschreibt den **Inhalt und die Form des Eröffnungsbeschlusses** näher. In Abs 1 wird der Inhalt des statistischen Regelfalls, der unveränderten Zulassung der Anklage zur Hauptverhandlung, normiert (Rn 1). Abs 2 erläutert, welche Änderungen gegenüber der staatsanwaltschaftlichen Anklage im Eröffnungsbeschluss im Einzelnen zu begründen sind (Rn 2); Abs 3 regelt hieran anknüpfend die Folgen einer Vorgehensweise nach Abs 2 Nr 1 und Nr 2 (Rn 6). Schließlich wird in Abs 4 die zeitgleiche Entscheidung über die Fortdauer von Untersuchungshaft oder einstweiliger Unterbringung vorgeschrieben (Rn 7). Weist ein Eröffnungsbeschluss einen gravierenden Mangel auf (Rn 12), steht das seinem Fehlen gleich (Rn 15).

Übersicht

	Rn		Rn
A. Inhalt des Eröffnungsbeschlusses	1	D. Fehlen des Eröffnungsbeschlusses	15
B. Form des Eröffnungsbeschlusses	8	E. Anfechtbarkeit des Eröffnungs-	
C. Mängel des Eröffnungsbeschlusses	10	beschlusses	18

§ 207 StPO

A. Inhalt des Eröffnungsbeschlusses

Die **unveränderte Zulassung der Anklage** zur Hauptverhandlung gem **Abs 1** ist in der 1
Praxis der Normalfall. Mit ihr wird die Sache **rechtshängig**. Das Gericht kann sich dabei
darauf beschränken, mitzuteilen, dass die Anklage zur Hauptverhandlung zugelassen wird.
Dadurch wird der Anklagesatz Bestandteil des ansonsten aus sich heraus nicht verständlichen
Zulassungsbeschlusses (vgl Meyer-Goßner StPO § 207 Rn 1). In diesem Beschluss ist zugleich das Gericht der Hauptverhandlung, also der konkrete Spruchkörper (etwa die nach
der Geschäftsverteilung des Gerichts betroffene Strafkammer), zu bezeichnen (vgl KK-StPO/Schneider StPO § 207 Rn 12). Vgl hierzu auch § 209 StPO.

Die **Zulassung mit Änderungen** ist in Abs 2 in verschiedenen Unterfällen normiert. 2
Nicht zur Zulassung mit Änderungen gehört eine bloße Präzisierung des Anklagevorwurfs
im Eröffnungsbeschluss, um Unklarheiten zu beseitigen. Eine Erweiterung des angeklagten
Tatvorwurfs (sei es um weitere Personen, sei es um weitere Taten) durch das eröffnende
Gericht fällt ebenfalls nicht unter Abs 2, da sie unzulässig ist.

Der in **Abs 2 Nr 1** geregelte Unterfall ist die **Teilablehnung**. Hier werden Eröffnungs- 3
und Nichteröffnungsbeschluss miteinander kombiniert. Als Tat iSd Vorschrift ist eine abtrennbare, zu den übrigen Taten in Tatmehrheit stehende Tat anzusehen (KK-StPO/Schneider StPO § 207 Rn 6: Tat iSv § 264 StPO). Liegt Tateinheit vor, etwa beim Zusammentreffen eines Organisationsdelikts mit Einzeltaten im Organisationszusammenhang, und will
das Gericht hinsichtlich einer Einzeltat nicht eröffnen, kann es nicht nach Abs 2 Nr 1
vorgehen, vielmehr liegt ein Fall abweichender rechtlicher Würdigung vor, Abs 2 Nr 3
(Meyer-Goßner StPO § 207 Rn 3). Dies ist vor allem mit Blick auf die **Anfechtbarkeit** des
Beschlusses von Belang. Als Ablehnung der Eröffnung iSv Abs 2 Nr 1 wird indes angesehen,
wenn das Verfahren hinsichtlich einer Tat gem § 154 Abs 2 StPO eingestellt wird (so Meyer-Goßner StPO § 207 Rn 3). Dies überzeugt jedoch nicht. Die vorläufige Einstellung nach
der genannten Vorschrift führt vielmehr dazu, dass über eine Verfahrenseröffnung gar nicht
entschieden ist (so auch KK-StPO/Schneider StPO § 207 Rn 7; SK-StPO/Paeffgen StPO
§ 207 Rn 11); darüber hinaus kann eine Einstellung nach § 154 Abs 2 StPO nur auf Antrag
der Staatsanwaltschaft erfolgen, was mit Abs 2 Nr 1 nur schwerlich in Einklang zu bringen
ist. Belangvoll ist im Zusammenhang mit Abs 2 Nr 1 die Vorgehensweise beim Zusammentreffen einer Straftat mit einer Ordnungswidrigkeit: Wird hinsichtlich der Straftat das Verfahren nicht eröffnet, entfällt auch die Zuständigkeit hinsichtlich der Ordnungswidrigkeit;
die Staatsanwaltschaft gibt das Verfahren an die zuständige Verwaltungsbehörde ab (Meyer-Goßner StPO § 207 Rn 3; KK-StPO/Schneider StPO § 207 Rn 6).

Die Anwendung von § 154 a StPO im Zusammenspiel mit dem Eröffnungsbeschluss ist in 4
Abs 2 Nr 2 und Nr 4 geregelt. Nr 2 bezieht sich auf § 154 a Abs 1 S 1 Alt 1 Nr 4 StPO
(„die übrigen Teile der Tat"), auf § 154 a Abs 1 S 1 Alt 2 StPO („die übrigen Gesetzesverletzungen"). Hier ist als Tat eine solche iSv § 264 StPO zu verstehen (Meyer-Goßner
StPO § 207 Rn 7; KK-StPO/Schneider StPO § 207 Rn 8). Bei der Wiedereinbeziehung
handelt es sich um eine solche nach § 154 a Abs 3 StPO, die das Gericht von sich aus, ohne
Zustimmung oder Antrag der Staatsanwaltschaft beschließen kann. Vor einem Gericht niedrigerer Ordnung eröffnet das Gericht das Hauptverfahren, wenn es die seine Zuständigkeit
begründenden Taten „wegbeschränkt" (BGHSt 29, 341).

Die **Möglichkeit einer abweichenden rechtlichen Würdigung** durch das Gericht wird 5
in **Abs 2 Nr 3** geregelt. Auch in diesem Falle muss der Eröffnungsbeschluss zum Ausdruck
bringen, in welcher Hinsicht, warum und mit welcher Folge der Anklageschrift nicht gefolgt
wird. Die Tatsachen, die die Tatbestandsmerkmale anderer Vorschriften erfüllen, sind zu
bezeichnen (BGHSt 23, 304). Die Vorschrift ist in Zusammenhang mit § 265 StPO zu sehen,
kann das Gericht doch auf diese Weise schon bei Eröffnung des Hauptverfahrens in einer seinen
Hinweispflichten genügenden Weise auf veränderte rechtliche Gesichtspunkte hinweisen (vgl
Meyer-Goßner StPO § 207 Rn 5). Auch hier kann eine von der Anklage abweichende rechtliche Würdigung die Eröffnung des Verfahrens vor einem Gericht niedrigerer Ordnung
notwendig machen (KK-StPO/Schneider StPO § 207 Rn 10) oder die Vorlage an ein Gericht
höherer Ordnung erfordern (Löwe/Rosenberg/Stuckenberg StPO § 207 Rn 17). Sieht das
Gericht nur eine Ordnungswidrigkeit verwirklicht, leitet es in das Bußgeldverfahren über,
ohne dass die Staatsanwaltschaft hiergegen vorgehen kann (Meyer-Goßner StPO § 207 Rn 6).

6   Um Unklarheiten und Ungereimtheiten aus dem Weg zu räumen, normiert das Gesetz in **Abs 3 für Abs 2 Nr 1 und Nr 2** die **Einreichung eines dem Eröffnungsbeschluss angepassten Anklagesatzes** durch die Staatsanwaltschaft, der in der Hauptverhandlung sinnvoll verlesen werden kann und die Grundlage des Verfahrens vor Gericht bildet. § 201 StPO gilt hier nicht (KK-StPO/Schneider StPO § 207 Rn 11; Meyer-Goßner StPO § 207 Rn 9). Der angepasste Anklagesatz ist gem § 215 S 2 StPO dem Angeklagten zuzustellen.

7   Abs 4 ordnet die zeitgleiche Entscheidung über die **Anordnung oder die Fortdauer der Untersuchungshaft oder der einstweiligen Unterbringung**, also eines vorläufigen Freiheitsentzugs, an. Die Vorschrift ist in ihrem Wortlaut missverständlich, da eine Entscheidung von Amts wegen nur dann erfolgt, wenn bereits ein – auch außer Vollzug gesetzter – Haft- oder Untersuchungsbefehl existiert. Ein entsprechender Antrag – der Staatsanwaltschaft – ist dann nicht notwendig, aber zweckmäßig und wird in einer Anklageschrift in einer Haftsache oder einer Antragsschrift in einer Unterbringungssache nicht fehlen. Ohne Anlass, also in Nicht-Haftsachen, wird das eröffnende Gericht regelmäßig inzident in der Weise über die Haftfrage entscheiden, dass es stillschweigend keinen Haftbefehl erlässt. Ansonsten wird über die Haftfrage nur entschieden, wenn ein Antrag auf Erlass, auf Außer- oder auf Invollzugsetzung eines Haft- oder Unterbringungsbefehls vorliegt. Die Entscheidung über einen vollzogenen vorläufigen Freiheitsentzug richtet sich in ihrem Prüfungsgegenstand nach § 117 StPO, § 118 StPO (Meyer-Goßner StPO § 207 Rn 10; KK-StPO/Schneider StPO § 207 Rn 13 mwN).

B. Form des Eröffnungsbeschlusses

8   Da der Eröffnungsbeschluss gem § 215 StPO **dem Angeklagten zuzustellen** ist, muss er **schriftlich** vorliegen (OLG Zweibrücken NJW-Spezial 2008, 410 = BeckRS 2008, 10070). Formulare können verwendet werden, müssen aber vollständig ausgefüllt und vom Spruchkörper unterschrieben sein (OLG Koblenz BeckRS 2009, 15611). Ist dies nicht der Fall, liegt ein Prozesshindernis vor (SK-StPO/Paeffgen StPO § 207 Rn 15). Um feststellen zu können, ob auch die erforderliche Zahl der (gesetzlichen) Richter an der Beschlussfassung mitgewirkt haben, empfiehlt es sich, dass die beteiligten Richter auch **alle unterschreiben**; etwaige Unklarheiten hierüber sind im Freibeweisverfahren zu klären (BGHSt 42, 380, 384; BGHR StPO § 203 Unterschrift 1; KK-StPO/Schneider StPO § 207 Rn 15 mwN). Nach **hM** kann die Eröffnung des Hauptverfahrens auch schlüssig erklärt werden, solange nur hinreichend deutlich wird, dass mit der Entscheidung neben ihrem eigentlichen, ausdrücklich formulierten Regelungsinhalt auch die Eröffnung der Hauptverhandlung zum Ausdruck gebracht werden soll. Als **formgültige** Eröffnungsbeschlüsse wurden **anerkannt**: Verbindungsbeschluss, Besetzungsbeschluss nebst Haftbefehl, Entscheidung über die Fortdauer der U-Haft im Haftprüfungsverfahren (!) mit Anberaumung eines Hauptverhandlungstermins. **Nicht anerkannt** wurden: Übernahmebeschluss eines LG hinsichtlich eines Verfahrens vor dem AG, reine Termins- und Ladungsverfügung, sofern nicht eindeutig von einem Richter bearbeitet (hierzu ausführlich KK-StPO/Schneider StPO § 207 Rn 17; vgl hierzu auch OLG Karlsruhe NStZ-RR 2003, 332). Ob ein formgültiger Eröffnungsbeschluss vorliegt, ist eine Frage des Einzelfalls und einer generalisierenden Einordnung nicht zugänglich.

9   Die **unveränderte** Zulassung der Anklage zur Hauptverhandlung **muss nicht begründet werden**. Das geschieht in der Praxis im Normalfall auch nicht, insbes, wenn kritische Rechtsfragen bereits in der Anklageschrift durch die Staatsanwaltschaft erörtert wurden und das Gericht sich dem anschließt, zB zur Frage der Zuständigkeit des angegangenen Gerichts (vgl BGHSt 47, 16, 21; zur Begründung einer erstinstanzlichen Zuständigkeit des OLG vgl BGHSt 46, 238, 248 „Eggesin").

C. Mängel des Eröffnungsbeschlusses

10   Es stellt keinen Mangel des Eröffnungsbeschlusses dar, wenn sich die diesen tragenden Umstände nachträglich verändern. Es ist insbes **nicht möglich, den Eröffnungsbeschluss zurückzunehmen, aufzuheben oder zu widerrufen.** Anders mag es sich bei offensicht-

lichen Schreibversehen und vergleichbaren Unrichtigkeiten darstellen; in derartigen Fällen kommt ein Abänderungsbeschluss in Betracht. Die Aufhebung eines Eröffnungsbeschlusses ist gesetzlich indes nicht vorgesehen, so dass gar nicht klar ist, unter welchen Voraussetzungen ein derartiger Gerichtsbeschluss zu fassen wäre. Sollte sich die Beweislage nach der Eröffnung des Hauptverfahrens **gravierend** ändern, ist der Angeklagte frei zu sprechen (zur Gesamtproblematik vgl KK-StPO/Schneider StPO § 207 Rn 19 mwN).

Von Einzelfallentscheidungen geprägt ist die **Problematik eines fehlerhaften Eröffnungsbeschlusses**. Zu unterscheiden ist zwischen schweren, die Wirksamkeit der Eröffnungsentscheidung beseitigenden und einfachen, den Bestand des Beschlusses nicht gefährdenden, **zu behebenden** Mängeln (vgl Löwe/Rosenberg/Stuckenberg StPO § 207 Rn 49). Folge eines schweren formellen oder sachlichen Fehlers im Eröffnungsbeschluss ist dessen fehlende Rechtsgültigkeit (BGHSt 10, 278, 279). Ob der Eröffnungsbeschluss rechtsgültig ist, hat das Revisionsgericht von Amts wegen zu prüfen, so dass schwere Fehler des Eröffnungsbeschlusses – sollte der Mangel nicht behebbar sein – in letzter Konsequenz zur Verfahrenseinstellung wegen Prozesshindernisses gem § 260 Abs 3 StPO führen (BGHSt 10, 278, 279). Ob ein neues gerichtliches Verfahren nach Einstellung aufgrund schwerer Mängel des Einstellungsbeschlusses stets eine neue Anklageerhebung erfordert, ist strittig. Die **hM** bejaht dies auch für den Fall, dass der Mangel seinen Grund nicht in der Anklageschrift hat (vgl KK-StPO/Schneider StPO § 207 Rn 33 mwN; Meyer-Goßner Meyer-Goßner StPO § 207 Rn 11 f mwN). 11

So wurde entschieden, dass es einen **gravierenden Mangel** darstellt, wenn ein Eröffnungsbeschluss vom Gericht nicht auf Grundlage einer zu ihm erhobenen Anklage erlassen wurde (BGH NStZ 05, 464), wenn die Strafkammer des LG den Beschluss in Unterbesetzung (nur ein oder zwei Richter) gefasst (BGHSt 10, 278, 279), oder wenn der Vorsitzende, ohne die Eröffnung beraten zu haben, den Beschluss allein unterschrieben hat (BGH StV 83, 318), wobei es auf die Beratung und Beschlussfassung, nicht auf die Unterschrift ankommt (Meyer-Goßner StPO § 207 Rn 11 mwN). Schwer fehlerbehaftet ist ein Eröffnungsbeschluss auch dann, wenn (auch) eine Straftat zur Hauptverhandlung zugelassen wird, die von der Auslieferungsbewilligung durch einen Drittstaat nicht umfasst war (BGHSt 29, 94, 96). Auch ein zweiter – wiederholter – Eröffnungsbeschluss in derselben Sache ist unwirksam (SK-StPO/Paeffgen StPO § 207 Rn 24). Schließlich wirkt ein funktioneller Mangel der Anklageschrift in einem Eröffnungsbeschluss fort, der die Anklage unverändert zur Hauptverhandlung zulässt (BGH GA 80, 108). 12

Nicht als schwerer Fehler wird es hingegen angesehen, wenn der **entscheidende Spruchkörper unrichtig besetzt** ist (BGH NStZ 1981, 447 mAnm Rieß), wenn innerhalb des angegangenen Gerichts ein unzuständiger Spruchkörper tätig geworden ist (Meyer-Goßner StPO § 207 Rn 11 mwN) oder allgemein wenn die Tatsachenbasis des Eröffnungsbeschlusses (vermeintlich) unvollständig erkannt war oder nicht ordnungsgemäß gewürdigt worden ist (vgl aber BGHSt 38, 212, wo die willkürliche Annahme der eigenen Zuständigkeit durch das LG zur Aufhebung und Zurückverweisung der Sache an das eigentlich zuständige Gericht geführt hat). Es stellt auch keinen gravierenden Mangel dar, wenn die Unterschrift unter dem Eröffnungsbeschluss fehlt, so lange es sich nicht nur um einen – noch nicht beratenen – Entwurf handelt (KK-StPO/Schneider StPO § 207 Rn 29 mwN). Nach ganz **hM** ist **auch die Mitwirkung eines kraft Gesetzes ausgeschlossenen Richters am Eröffnungsbeschluss kein gravierender Fehler** (BGHSt 29, 351, 352; SK-StPO/Paeffgen StPO § 207 Rn 25; **aA** KK-StPO/Schneider StPO § 207 Rn 30). Schließlich ist als nicht schwerwiegend anerkannt, wenn sich die Bezeichnung der verwirklichten Strafnorm zwischen Anklageerhebung und unveränderter Eröffnung des Hauptverfahrens geändert hat (BGH NStZ 1981, 309) oder die durch die Tat begangene Alternative innerhalb eines gesetzlichen Tatbestands nicht exakt beschrieben ist (BGH NStZ 1984, 133). 13

Eine **Heilung der Mängel** kommt auch **noch in der Hauptverhandlung** in Betracht. Dies gilt insbes, wenn nicht die erforderliche Anzahl von Richtern an der Beschlussfassung teilgenommen hat oder Formvorschriften verletzt sind, generell also wenn eine Behebung des Fehlers faktisch möglich ist. Dies kann sogar bei Mängeln des Eröffnungsbeschlusses, die ihre Ursache in einer unzureichenden Anklage haben, der Fall sein, wenn bei Verlesung des **Anklagesatzes** mit Zustimmung des Vorsitzenden der Mangel kurzfristig **behoben** wird. Auch hier gilt, dass nur behebbare Fehler beseitigt werden können (Meyer-Goßner StPO 14

StPO § 208

§ 207 Rn 12; zweifelnd KK-StPO/Schneider StPO § 207 Rn 32). Bei offensichtlichen Fehlern wie Schreibversehen uä ist ein Berichtigungsbeschluss möglich (s oben Rn 10).

D. Fehlen des Eröffnungsbeschlusses

15 Das **Fehlen eines Eröffnungsbeschlusses ist einem gravierenden Mangel** in einem solchen gleich zu stellen und hat dieselben Folgen (s oben Rn 11; vgl KK-StPO/Schneider StPO § 207 Rn 25, 31). Zu fragen ist indes, unter welchen Voraussetzungen von einem Fehlen auszugehen ist. Fehlt ein ausdrücklicher Eröffnungsbeschluss, kommen auch schlüssige Handlungen als solche in Betracht (s oben Rn 8). Das bloße Abhandenkommen des Aktenstücks ist kein Fehlen, es sei denn, im Freibeweisverfahren kann nicht festgestellt werden, dass ein Eröffnungsbeschluss ergangen ist. Der Eröffnungsbeschluss steht nicht zur Disposition der Prozessparteien (KK-StPO/Schneider StPO § 207 Rn 20).

16 Ist ein **Eröffnungsbeschluss** vor Beginn der Hauptverhandlung **auch nicht durch schlüssiges Verhalten** ergangen, kann dies bis zum Beginn, nach Auffassung der Rechtsprechung auch noch während der Hauptverhandlung **nachgeholt** werden (BGHSt 29, 224, 228; Löwe/Rosenberg/Stuckenberg StPO § 207 Rn 57). Nach Abschluss der ersten Instanz kann allerdings der fehlende Eröffnungsbeschluss nicht mehr nachgeholt werden, selbst wenn auch die zweite Instanz Tatsacheninstanz ist (BGHSt 33, 167 f). Die hL hat sich der Auffassung des BGH bislang nicht angeschlossen und lehnt die Möglichkeit einer Nachholung des Eröffnungsbeschlusses nach Beginn der Hauptverhandlung unter Verweis auf eine anderenfalls drohende Bedeutungslosigkeit des Zwischenverfahrens und des formellen Eröffnungsbeschlusses ab (Meyer-Goßner StPO § 203 Rn 4). Der Auffassung der Rechtsprechung ist jedoch zu folgen, weil nicht einzusehen ist, dass ein Verfahren auch gegen den Willen des Angeklagten auszusetzen und neu zu beginnen ist, weil einer Formalität Genüge getan werden soll (vgl auch KK-StPO/Schneider StPO § 207 Rn 21). Ob eine Nachholung nur bis zur Vernehmung des Angeklagten zur Sache erfolgen kann (so BGHSt 29, 224) oder auch darüber hinaus bis zum Erlass des Urteils (so OLG Köln JR 1981, 213 mAnm Meyer-Goßner) bleibt zweifelhaft. Warum die Einlassung des Angeklagten der letzte Zeitpunkt sein soll, um ein Prozessvoraussetzung zu schaffen, ergibt sich nicht von selbst. Die Nachholung ist Aufgabe des Gerichts, da es nicht im Belieben des Gerichts steht, das Verfahren ordnungsgemäß durchzuführen (Meyer-Goßner StPO § 207 Rn 12; aA KK-StPO/Schneider StPO § 207 Rn 22). Auch gebietet die **prozessuale Fürsorgepflicht** eine Nachholung, um dem Angeklagten die Wiederholung des Verfahrens zu ersparen. Konsequenterweise unterbleibt deshalb auch eine Wiederholung der vor der nachträglichen Eröffnungsentscheidung liegenden Teile der Hauptverhandlung (so auch KK-StPO/Schneider StPO § 207 Rn 24).

17 Die nachträgliche Eröffnungsentscheidung wird von dem gem § 199 Abs 1 StPO, § 200 Abs 1 S 2 StPO zuständigen Gericht in der **Besetzung** getroffen, die für Beschlussfassungen außerhalb der Hauptverhandlung vorgesehen ist. Schöffen sind in Folge dessen auch am nachgeholten Eröffnungsbeschluss nicht beteiligt. Gem § 35 StPO wird der Beschluss bekannt gemacht. Er kann auch direkt ins Protokoll aufgenommen werden (KK-StPO/Schneider StPO § 207 Rn 23).

E. Anfechtbarkeit des Eröffnungsbeschlusses

18 Die unveränderte Zulassung der Anklage **kann nicht angefochten** werden (§ 210 StPO). Isoliert anfechtbar sind hingegen Entscheidungen nach Abs 4 über einstweiligen Freiheitsentzug. Hiergegen kann sich ein – beschwerter – Angeklagter nach § 304 StPO und weiter nach § 310 StPO wenden; gleiches gilt für die Staatsanwaltschaft. Zur Anfechtbarkeit von Teilnichteröffnungen s § 210 StPO.

19 Die fehlerhafte Eröffnung kann in der **Revision** durch den Angeklagten nicht geltend gemacht werden (§ 336 S 2 StPO, § 210 Abs 1 StPO). Auch der Staatsanwaltschaft steht die Revision nur im Umfang ihrer Beschwerdemöglichkeit nach § 210 Abs 2 StPO zu.

§ 208 (weggefallen)

§ 209 [Eröffnungszuständigkeit]

(1) Hält das Gericht, bei dem die Anklage eingereicht ist, die Zuständigkeit eines Gerichts niedrigerer Ordnung in seinem Bezirk für begründet, so eröffnet es das Hauptverfahren vor diesem Gericht.

(2) Hält das Gericht, bei dem die Anklage eingereicht ist, die Zuständigkeit eines Gerichts höherer Ordnung, zu dessen Bezirk es gehört, für begründet, so legt es die Akten durch Vermittlung der Staatsanwaltschaft diesem zur Entscheidung vor.

Überblick

Das Gericht kann das Verfahren bindend (Rn 8) vor einem Gericht niedriger Ordnung desselben Bezirks (Rn 7) eröffnen (Rn 4) oder die Sache einem Gericht höherer Ordnung zur Entscheidung vorlegen (Rn 6), wenn es sich für sachlich unzuständig hält. Die Sache wird erst mit Übernahme durch das Gericht höherer Ordnung dort anhängig (Rn 9).

A. Allgemeines

Die Vorschrift ermöglicht es dem Gericht, **sachliche Kompetenzkonflikte** mit möglichst 1 geringem Zeitverlust und praktikabel zu lösen. Erkennt das angegangene Gericht, dass es **sachlich unzuständig** ist, müsste es **ohne die Norm** die Eröffnung des Hauptverfahrens ablehnen (oder eine Unzuständigkeitserklärung abgeben, vgl § 199 StPO), so dass die Staatsanwaltschaft gezwungen wäre, erneut Anklage – zum sachlich zuständigen Gericht – zu erheben. Die in § 209 StPO getroffene Regelung wird von dem Gedanken getragen, dass die Zuständigkeit der Gerichte höherer Ordnung die Entscheidung von Kompetenzkonflikten mit Gerichten niedriger Ordnung beinhaltet (vgl hierzu Löwe/Rosenberg/Stuckenberg StPO § 209 Rn 1). Vgl auch § 209 a StPO, § 269 StPO, § 270 StPO, § 225 a StPO; § 47 a JGG.

Die Norm gilt im **Eröffnungsverfahren**, sie ist **entsprechend** aber auch im **Ermitt-** 2 **lungsverfahren** anwendbar, wenn dort das für die Eröffnung des Hauptverfahrens zuständige Gericht oder dessen Vorsitzender zu einer Entscheidung berufen ist, zB nach § 153 Abs 1 S 1 StPO oder nach § 141 Abs 4 StPO (SK-StPO/Paeffgen § 209 Rn 3). Eine Bindungswirkung für das Eröffnungsverfahren tritt durch eine solche Entscheidung im Ermittlungsverfahren nicht ein (Löwe/Rosenberg/Stuckenberg StPO § 209 Rn 5).

B. Erläuterungen

Gem § 206 StPO ist das angegangene Gericht **nicht** an den Antrag der Anklagebehörde 3 **gebunden**, sondern hat vielmehr von Amts wegen zu prüfen, ob es zuständig ist.

Gelangt das Gericht, zu dem Anklage erhoben wurde, zu der Erkenntnis, dass **ein Gericht** 4 **niedriger Ordnung sachlich zuständig** ist, so eröffnet es das Verfahren gem Abs 1 bei diesem. Gericht niedriger Ordnung ist jeder rangniedere Spruchkörper; für das Schöffengericht also der Strafrichter, für das Landgericht Schöffengericht und Strafrichter und für den Senat des OLG jeder strafrechtliche Spruchkörper im OLG-Bezirk. Für Sonderspruchkörper ist der Vorrang in § 209 a StPO geregelt. Auslöser einer solchen Entscheidung des angegangenen Gerichts kann neben einer abweichenden rechtlichen Beurteilung oder einer anderen Straferwartung insbs die Anwendung der §§ 154 StPO ff sein, vor allem, wenn eine zuständigkeitsbegründende Norm ausgeschieden wurde (Löwe/Rosenberg/Stuckenberg StPO § 209 Rn 23).

Keinen Vorrang begründet die **rein geschäftsplanmäßige Aufgabenverteilung** inner- 5 halb eines Gerichts, soweit sie nicht gesetzlich geregelt ist. Dies gilt insbs für die Zuweisung bestimmter Aufgabengebiete durch den **Geschäftsverteilungsplan** (Löwe/Rosenberg/Stuckenberg StPO § 209 Rn 8). Hier ist § 209 StPO nicht anwendbar, da die Spruchkörper gleichrangig nebeneinander stehen. Infolge dessen kann ein Verfahren nur im Wege formloser Abgabe an einen anderen Spruchkörper weiter gereicht werden (Meyer-Goßner StPO § 209 Rn 4), was allerdings das Einverständnis des die Sache übernehmenden Spruchkörpers voraussetzt und keine bindende Wirkung hat. Im Streitfalle entscheidet in derartigen Fällen das Präsidium (BGHSt 25, 242, 244; Löwe/Rosenberg/Stuckenberg StPO § 209 Rn 10).

6   Hält das angegangene Gericht einen **Spruchkörper höherer Ordnung** für zuständig (z.B. der Strafrichter das Schöffengericht), **legt** es die Sache diesem gem Abs 2 über die Staatsanwaltschaft **zur Entscheidung vor**. Zuvor ist das in § 201 StPO vorgeschriebene Verfahren zu durchlaufen (BGHSt 6, 109, 114). Das Gericht höherer Ordnung hat nun zu entscheiden, ob es zuständig ist. Falls es die Auffassung des rangniedrigeren Gerichts teilt, eröffnet es das Verfahren vor sich, anderenfalls verweist es die Sache entweder nach Abs 1 bindend an ein Gericht niedrigerer Ordnung oder legt sie seinerseits gem Abs 2 einem Gericht (noch) höherer Ordnung zur Entscheidung vor; eine bloße Ablehnung der Übernahme kommt selbst bei missbräuchlicher Vorlage nicht in Frage (OLG Frankfurt v 7. 7. 2009 – Az 3 Ws 585/09) . Das entscheidende Gericht hat dieselben Möglichkeiten, die einem Gericht im Rahmen der Entscheidung über die Eröffnung des Hauptverfahrens zustehen, vor allem auch aus § 204 StPO, es sei denn, die Hauptverhandlung hatte, was gleichfalls möglich ist (BGHSt 25, 309, 311), zum Zeitpunkt der Vorlage vor dem Gericht niedrigerer Ordnung bereits begonnen. In einem solchen Fall wird kein weiterer Eröffnungsbeschluss mehr gefasst, der frühere Beschluss gilt fort (BGHSt 25, 309, 312). Es kann auch Beweiserhebungen vornehmen, um eine Tatsachegrundlage für seine Entscheidung zu schaffen (vgl Meyer-Goßner StPO § 209 Rn 3). Das ranghöhere Gericht kann nicht nach freiem Belieben verfahren, da eine ersichtlich unzutreffende Verfahrenseröffnung den Angeklagten seinem gesetzlichen Richter entzieht. Eine hierauf ergehende verurteilende Entscheidung hat keinen Bestand; das Urteil ist wegen des von Amts wegen zu beachtenden Mangels aufzuheben und die Sache an das zuständige Gericht zurück zu verweisen (BGHSt 38, 212, 213; BGHSt 44, 34, 36). Ein **nicht** von Abs 2 umfasster Fall ist die Vorlage an das LG zu dem Zweck, das Verfahren mit einer dort bereits in zweiter Instanz anhängigen Strafsache zur gemeinsamen Verhandlung zu verbinden; eine solche Vorgehensweise ist schlechthin **unzulässig** (BGHSt 37, 15; vgl. auch Meyer-Goßner StPO § 209 Rn 3).

7   Nach dem Wortlaut des Gesetzes gelangt § 209 StPO nur dann zur Anwendung, wenn die **sachliche Zuständigkeit innerhalb ein und desselben Gerichtsbezirks fraglich** ist. Das bedeutet, dass das OLG vor jedem Gericht in seinem Bezirk eröffnen kann, das Schöffengericht aber letztlich nur vor sich selbst oder vor dem Strafrichter desselben Gerichts. Geht es um Fragen der örtlichen Zuständigkeit, ist § 16 StPO anwendbar. Eine Sondersituation ergibt sich beim gemeinsamen Schöffengericht gem § 58 Abs 2 GVG; hier kann das Schöffengericht die Sache nicht nur bei dem Strafrichter des eigenen Gerichts, sondern auch bei demjenigen eines anderen, zum selben Bezirk gehörigen Gerichts eröffnen. Gleiches gilt auch für Strafkammern nach § 74a GVG, § 74c GVG und § 74d GVG (Meyer-Goßner StPO § 209 Rn 6). Umgekehrt muss sich eine auswärtige Strafkammer (§ 78 GVG) auf den Bezirk beschränken, für den sie gebildet ist; vor anderen Amtsgerichten im LG-Bezirk darf sie nicht eröffnen (vgl Löwe/Rosenberg/Stuckenberg StPO § 209 Rn 17).

8   Der Beschluss nach Abs 1 ist für das Gericht, bei dem das Verfahren eröffnet wurde, **bindend**; die Sache wird dadurch dort rechtshängig. Dies gilt auch für nicht mehr vertretbare Entscheidungen; deren Wirksamkeit wird selbst durch willkürliche Erwägungen nicht beeinträchtigt (BGHSt 45, 58, 60 – zu § 270 -). Weitere Entscheidungen nach § 225a StPO und § 270 StPO sind dem Gericht, bei dem eröffnet wurde, aber weiterhin möglich, die Bindungswirkung reicht nicht in die Hauptverhandlung hinein (BGHR StPO § 209 Bindungswirkung 1 = NJW 2002, 2483). Auf diese Weise können unhaltbare Zuständigkeitsannahmen auch während der Hauptverhandlung korrigiert werden. Der Beschluss nach Abs 1 ist dem Angeklagten zuzustellen, § 215 StPO. Den übrigen Verfahrensbeteiligten ist er mitzuteilen, § 35 StPO. Er ist für den Angeklagten unanfechtbar; der Staatsanwaltschaft steht dagegen gem § 210 Abs 2 StPO die sofortige Beschwerde zu.

9   Der **Vorlagebeschluss** nach Abs 2 hat naturgemäß **keine Bindungswirkung**, so dass die Sache erst mit Übernahme durch das höhere Gericht dort anhängig wird (BGHSt 18, 290, 293). Vor der Vorlage der Akten nach Abs 2 ist keine Anhörung nach § 33 StPO notwendig, da die Vorlage keine Entscheidung über die Eröffnung ist, sondern nur deren Vorbereitung dient (Meyer-Goßner StPO § 209 Rn 8). Da mit Vorlage und Übernahme, die ihrerseits ebenfalls keine Entscheidung über die Eröffnung ist, allerdings Rechtswirkungen verbunden sind, etwa zum Adressaten weiterer Einwendungen und Anträge, greift insoweit § 35 StPO, so dass der Vorlagebeschluss, weil durch den Beschluss keine Frist in Lauf gesetzt wird, gem § 35 Abs 2 S 2 StPO mitzuteilen ist. Die Staatsanwaltschaft erhält von dem Beschluss

ohnehin Kenntnis, da sie die Akten nach dem Wortlaut des Abs 2 weiterleitet. Diese Weiterleitung hat allerdings keine Kontrollfunktion; der Zustimmung der Anklagebehörde bedürfen weder Vorlage noch Übernahme.

Da der Eröffnungsbeschluss selbst für den **Angeklagten** gem § 210 Abs 1 StPO **unanfechtbar** ist (§ 210 StPO Rn 2), fehlt es a fortiori auch an einer Anfechtbarkeit des Vorlagebeschlusses (Meyer-Goßner StPO § 209 Rn 9; so im Ergebnis auch Löwe/Rosenberg/Stuckenberg StPO § 209 Rn 537). Die dem Vorlagebeschluss nachfolgende Eröffnungsentscheidung ist nach den allgemeinen für diese geltenden Regeln anfechtbar. Der **Staatsanwaltschaft** steht gegen die Eröffnung vor einem rangniederen Gericht die **sofortige Beschwerde** gem § 210 Abs 2 StPO zu. 10

§ 209 a [Besondere funktionelle Zuständigkeiten]

Im Sinne des § 4 Abs. 2, des § 209 sowie des § 210 Abs. 2 stehen
1. die besonderen Strafkammern nach § 74 Abs. 2 sowie den §§ 74 a und 74 c des Gerichtsverfassungsgesetzes für ihren Bezirk gegenüber den allgemeinen Strafkammern und untereinander in der in § 74 e des Gerichtsverfassungsgesetzes bezeichneten Rangfolge und
2. die Jugendgerichte für die Entscheidung, ob Sachen
    a) nach § 33 Abs. 1, § 103 Abs. 2 Satz 1 und § 107 des Jugendgerichtsgesetzes oder
    b) als Jugendschutzsachen (§ 26 Abs. 1 Satz 1, § 74 b Satz 1 des Gerichtsverfassungsgesetzes)

vor die Jugendgerichte gehören, gegenüber den für allgemeine Strafsachen zuständigen Gerichten gleicher Ordnung
Gerichten höherer Ordnung gleich.

Überblick

Die in der Norm genannten Spezialkammern sind in der hier getroffenen Reihenfolge als Gerichte höherer Ordnung anzusehen (Rn 2). Jugendgerichte sind gegenüber an und für sich gleichrangigen Erwachsenengerichten als höherrangig anzusehen (Rn 4). Sich aus der Verbindung von Jugend- und Erwachsenensachen ergebende Besonderheiten sind zu beachten (Rn 5).

A. Allgemeines

Die durch das StVÄG 1979 in die StPO eingefügte Vorschrift regelt im Anschluss an § 209 StPO die **Eröffnungskompetenz von Spruchkörpern mit besonderem Aufgabengebiet** im Verhältnis zu an und für sich gleichrangigen Spruchkörpern mit nach den allgemeinen Regeln festgelegten Aufgabenbereichen. Sie enthält zwei Gleichstellungsklauseln: Zum einen werden Strafkammern nach § 74 Abs 2 GVG, § 74a GVG und § 74 c GVG gegenüber allgemeinen Strafkammern und unter Bezugnahme auf § 74 e GVG untereinander höherrangigen Gerichten gleichgestellt (§ 209 a Nr 1 StPO), zum anderen wird der **Vorrang von Jugendgerichten** gegenüber Erwachsenengerichten normiert (§ 209 a Nr 2 StPO), wobei hier zwischen Jugendgerichts- und Jugendschutzsachen differenziert wird. In § 225 a StPO und § 270 StPO wird auf die Norm Bezug genommen, um Zuständigkeitskonflikte zu lösen. 1

B. Erläuterungen

I. Nr 1

Im Eröffnungsverfahren ist nach Nr 1 die besondere Zuständigkeit der Strafkammern nach § 74 Abs 2 GVG, § 74a GVG und § 74 c GVG als **sachliche Zuständigkeit höherer Ordnung** anzusehen. Dies gilt für jede der genannten Spezialstrafkammern gegenüber allgemeinen Strafkammern wie auch in der in § 74 e GVG genannten Reihenfolge untereinan- 2 der. Relevanz besitzt diese Gleichstellung im Zusammenhang mit einer Eröffnung vor einem Gericht niedrigerer Ordnung gem § 209 Abs 1 StPO oder mit einer Vorlage bei einem Gericht höherer Ordnung nach § 209 Abs 2 StPO. Ihrem in § 74e GVG normierten Rang entsprechend hat also eine Strafkammer eine größere oder kleinere Bandbreite an Strafkammern, vor denen sie gem § 209 Abs 1 StPO ein Verfahren eröffnen kann. Die höherrangige Strafkammer kann auch dann vor einer Strafkammer niedrigeren Rangs eröffnen, wenn sie zuvor die ihre eigene Zuständigkeit begründenden Straftaten nach § 154 Abs 2 StPO ausgeschieden hat (BGH NStZ 1987 132, 133). Die Eröffnung vor einer allgemeinen Strafkammer erfolgt ohne Benennung eines konkreten Spruchkörpers; dieser ergibt sich aus dem Geschäftsverteilungsplan (vgl Meyer-Goßner StPO § 209a Rn 5). Die Entscheidung der höherrangigen Spezialkammer ist für die Strafkammer niedrigeren Ranges, bei der eröffnet wurde, bindend. Eine Weitergabe des Verfahrens an eine Strafkammer noch niedrigeren Rangs ist unzulässig, und zwar auch dann, wenn der Eröffnungsbeschluss objektiv willkürlich ist. Der Angeklagte kann die fehlende Zuständigkeit der nun befassten Strafkammer aber gleichwohl nach § 6a StPO in der Hauptverhandlung geltend machen (Löwe/Rosenberg/Stuckenberg StPO § 209a Rn 13).

3 Bei Anwendung von § 209 Abs 2 StPO ist in den von § 209a Nr 1 StPO erfassten Fällen festzuhalten, dass auch hier **die ranghöhere Spezialstrafkammer die Sache nach Vorlage vor der vorlegenden Strafkammer eröffnen kann, wenn sie deren Auffassung nicht teilt** (Löwe/Rosenberg/Stuckenberg StPO § 209a Rn 18) oder gegebenenfalls vor einer anderen Strafkammer niedrigeren Rangs. Andererseits kann sie ihrerseits die Sache einer nach § 74e GVG ranghöheren Spezialstrafkammer vorlegen, wenn sie deren Zuständigkeit für gegeben hält. Weiterhin offen ist auch der Weg zu einem Gericht höherer Ordnung gem § 209 StPO, wenn nach Auffassung der Spruchkammer, der die Sache gem § 209a Nr 1 StPO, § 209 Abs 2 StPO vorgelegt worden war, ein solches zuständig ist (vgl Löwe/Rosenberg/Stuckenberg StPO § 209 Rn 18).

II. Nr 2

4 § 209a Nr 2 StPO regelt das Verhältnis der Jugendgerichte gegenüber den Erwachsenengerichten **gleichen Rangs** im Eröffnungsverfahren. **Jugendgerichte sind dabei als höherrangig** anzusehen, was zur Folge hat, dass sie gem § 209 StPO vor einem Erwachsenengericht gleichen Rangs mit Bindungswirkung bis zur Hauptverhandlung (LG Zweibrücken NStZ-RR 2005, 153, 154) eröffnen können (Jugendrichter vor dem Strafrichter, Jugendschöffengericht vor dem Schöffengericht und Jugendkammer vor einer zuständigen Strafkammer, selbst einer Spezialstrafkammer), wenn sie ihre Zuständigkeit für nicht gegeben halten, nicht aber umgekehrt im Falle einer angenommen Zuständigkeit des Jugendgerichts ein Erwachsenengericht vor dem Jugendgericht gleichen Rangs eröffnen kann. Das Erwachsenengericht muss vielmehr gem § 209 Abs 2 StPO vorlegen. Diese Regelung gilt nach § 209a Nr 2 StPO sowohl für Verfahren gegen **Jugendliche** und **Heranwachsende** als auch für **Jugendschutzgerichte**. Die letztgenannten gehen im Eröffnungsverfahren den Schwurgerichten vor (BGHSt 42, 39, 42), nach Anklagezulassung sind sie aber gleichrangig. Dies ergibt sich aus § 225a Abs 1 S 1 Hs 2 StPO und § 270 Abs 1 S 1 Hs 2 StPO, wo auf § 209a Nr 2a StPO, aber nicht auf die Nr 2b Bezug genommen wird (BGHSt 42, 39, 40). Ob Jugendschutzkammern auch gegenüber Wirtschaftsstrafkammern und Staatsschutzkammern als vorrangig anzusehen sind, ist strittig. Richtigerweise wird man hier § 103 Abs 2 S 3 JGG entsprechend zur Anwendung bringen und einen Vorrang der Jugendschutzkammer verneinen (so auch Löwe/Rosenberg/Stuckenberg StPO § 209a Rn 38).

5 Sonderfälle ergeben sich, wenn Jugendsachen und Erwachsenensachen zu **gemeinsamer Verhandlung** verbunden werden. Gem § 103 Abs 1, Abs 2 S 1 JGG, § 112 S 1 JGG iVm § 2 Abs 1 StPO ist die Anklage vor dem Jugendgericht zu erheben, wenn in ihr Jugend- und Erwachsenensachen verbunden sind. § 103 Abs 2 S 2 JGG macht hiervon aber für Wirtschafts- und Staatsschutzstrafsachen – nicht für Schwurgerichte – Ausnahmen: Hier ist nach vorangegangener Verbindung auch für die Jugendsache das Erwachsenengericht zuständig. Bei der Zuständigkeit des Jugendgerichts für den Erwachsenen verbleibt es auch, wenn das – zuständigkeitsbegründende – Verfahren gegen den Jugendlichen nach Verfahrenseröffnung abgetrennt wird, da § 47a JGG eine Zuständigkeitsübertragung ausschließt (BGHSt 30, 260, 261).

III. Ermittlungsverfahren

§ 209 a StPO gilt für **gerichtliche Entscheidungen im Ermittlungsverfahren**, die 6
gesetzlich dem Gericht des Hauptverfahrens übertragen sind, entsprechend. Eine Bindung
für eine etwaige nachfolgende Eröffnungsentscheidung tritt hierdurch indes nicht ein (Löwe/
Rosenberg/Rieß StPO § 209 Rn 4, § 209 StPO Rn 2; SK-StPO/Paeffgen StPO § 209 a
Rn 3). Auch in der Rechtsbehelfsinstanz ist § 209 a StPO entsprechend anwendbar, um
Kompetenzkonflikte zu lösen.

IV. Rechtmittel

Entscheidungen nach § 209 a StPO iVm § 209 StPO sind nach § 210 StPO **anfechtbar**. 7
Im Revisionsverfahren kann der Einwand der Unzuständigkeit nach § 338 Nr 4 StPO nur
geltend gemacht werden, wenn dieser Einwand auch in der Hauptverhandlung nach § 6 a
S 3 StPO rechtzeitig erhoben worden war. Nach Beginn der Vernehmung zur Sache offenbar werdende Umstände berühren die Zuständigkeit infolge der zu diesem Zeitpunkt bereits
eingetretenen **Zuständigkeitsperpetuierung** nicht mehr (BGHSt 30, 187, 188). Anderes
gilt indes dann, wenn mit der Revision die Unzuständigkeit des Erwachsenengerichts in
Jugendsachen gem § 338 Nr 4 StPO gerügt werden soll. In diesem Fall bedarf es keines
vorangegangenen Unzuständigkeitseinwands gem § 6 a S 3 StPO (BGHSt 30, 260), wohl
aber einer zulässig erhobenen Rüge. Von Amts wegen berücksichtigt wird eine vermeintliche
Unzuständigkeit in diesem Fall nicht. Grundsätzlich **nicht gerügt** werden kann, dass statt
eines Jugendgerichts ein Erwachsenengericht hätte entscheiden müssen (vgl Löwe/Rosenberg/Stuckenberg StPO § 209 a Rn 48).

§ 210 [Rechtsmittel]

(1) Der Beschluß, durch den das Hauptverfahren eröffnet worden ist, kann von dem Angeklagten nicht angefochten werden.

(2) Gegen den Beschluß, durch den die Eröffnung des Hauptverfahrens abgelehnt oder abweichend von dem Antrag der Staatsanwaltschaft die Verweisung an ein Gericht niederer Ordnung ausgesprochen worden ist, steht der Staatsanwaltschaft sofortige Beschwerde zu.

(3) ¹Gibt das Beschwerdegericht der Beschwerde statt, so kann es zugleich bestimmen, daß die Hauptverhandlung vor einer anderen Kammer des Gerichts, das den Beschluß nach Absatz 2 erlassen hat, oder vor einem zu demselben Land gehörenden benachbarten Gericht gleicher Ordnung stattzufinden hat. ²In Verfahren, in denen ein Oberlandesgericht im ersten Rechtszug entschieden hat, kann der Bundesgerichtshof bestimmen, daß die Hauptverhandlung vor einem anderen Senat dieses Gerichts stattzufinden hat.

Überblick

Der Angeklagte hat – anders als die Staatsanwaltschaft, der unter bestimmten Unständen
die Beschwerde zusteht (Rn 3) – grundsätzlich keine Möglichkeit, gegen den Eröffnungsbeschluss vorzugehen (Rn 2). In im Einzelnen aufgezählten Fällen hat die Staatsanwaltschaft
die Möglichkeit, mit der sofortigen Beschwerde gegen Entscheidungen vorzugehen, die
nicht antragsgemäß ergangen sind (Rn 4, Rn 5, Rn 6). Das Beschwerdegericht kann die
Sache einem anderen Spruchkörper zuweisen (Rn 9).

Übersicht

	Rn		Rn
A. Allgemeines	1	II. Nichteröffnung, Teileröffnung und Eröffnung an ein Gericht niederer Ordnung	4
B. Erläuterungen	2		
I. Eröffnung des Hauptverfahrens	2		

A. Allgemeines

1   Aus der Vorschrift ergeben sich die – eingeschränkten – Möglichkeiten, **gegen Eröffnungsentscheidungen**, seien es auch Nicht- oder Teileröffnungsbeschlüsse, als solche **vorzugehen**. Auf Nebenentscheidungen, etwa nach § 207 Abs 4 StPO, ist sie nicht anwendbar, hier ist die Beschwerde nach § 304 StPO eröffnet (KK-StPO/Schneider StPO § 210 Rn 1). Die Beschlüsse über die in der Hauptverhandlung reduzierte Besetzung gem § 76 Abs 2 GVG sind gleichfalls nicht nach § 210 StPO anfechtbar; gegen sie kann gegebenenfalls mit der Revision vorgegangen werden (BGH NJW 1999, 1644, 1645).

B. Erläuterungen

I. Eröffnung des Hauptverfahrens

2   In Abs 1 ist bestimmt, dass ein **eröffnender Beschluss vom Angeklagten nicht angefochten** werden kann. Dieser Ausschluss gilt absolut und kennt – nahezu – keine Ausnahmen. Selbst eine **Verfassungsbeschwerde ist grundsätzlich unzulässig** (BVerfG NJW 1995, 316; vgl auch VerfGH Berlin Entsch v 1. 9. 2006 = BeckRS 2006, 27279), da sie in der Regel gegenüber einer fachgerichtlichen Überprüfung der Zwischenentscheidung subsidiär sein wird. Anderes mag nur in Fällen gelten, in denen Eröffnungsentscheidungen so **grob fehlerhaft** sind, dass man sie eigentlich nicht mehr als solche bezeichnen kann, etwa, wenn der Eröffnungsentscheidung gar keine Anklage zugrunde lag, weil das Verfahren nicht gegen den Angeklagten, sondern einen Zeugen eröffnet wurde (so auch OLG Karlsruhe NStZ-RR 2001, 209; **aA** Meyer-Goßner StPO § 210 Rn 1 und KK-StPO/Schneider StPO § 210 Rn 2 unter Bezugnahme auf OLG Frankfurt NStZ-RR 2003, 81, 82). Das BVerfG lässt eine Beschwerde in verfassungskonformer Auslegung von § 210 Abs 1 StPO zu, wenn eine erneute Eröffnungsentscheidung entgegen § 211 StPO nicht auf neuen Tatsachen und Beweismitteln fußt, da ansonsten Art 103 Abs 3 GG verletzt sei (BVerfG StV 2005, 196, 197).

3   Nach **hM** kann allerdings **die Staatsanwaltschaft den Eröffnungsbeschluss anfechten**, da sie in Abs 1 nicht genannt ist. Allerdings soll die Anfechtung im Wege der einfachen Beschwerde nur auf **ganz bestimmte Ausnahmefälle** beschränkt werden. Eine Beschwerde gem § 304 StPO seitens der Staatsanwaltschaft ist insbesondere dann zulässig, wenn die Anklage im Eröffnungsbeschluss nicht erschöpfend behandelt wird oder der Eröffnungsbeschluss über die Anklage hinausgeht und entsprechende Korrekturanträge unbeachtet bleiben (Meyer-Goßner StPO § 210 Rn 4). Die **aA** (KK-StPO/Schneider StPO § 210 Rn 3, 4) verweist auf die Möglichkeit, die unzureichende Eröffnungsentscheidung auf staatsanwaltschaftliche Anträge hin durch weitere Beschlüsse zu ergänzen und eine etwaige negative Entscheidung des Gerichts durch eine sofortige Beschwerde nach Abs 2 anzufechten. Das erscheint zwar gleichfalls bedenkenswert, wirft aber in seiner im Vergleich zur **hM** geringeren Praktikabilität Bedenken auf, ohne einen wesentlichen dogmatischen Fortschritt zu bieten.

II. Nichteröffnung, Teileröffnung und Eröffnung an ein Gericht niederer Ordnung

4   Abs 2 regelt, in welchen Fällen **eine sofortige Beschwerde der Anklagebehörde** zulässig ist. Dies ist zum einen dann der Fall, wenn das Hauptverfahren aus tatsächlichen oder aus rechtlichen Gründen gar nicht eröffnet wurde, etwa weil die Beweislage nach Auffassung des Gerichts nicht ausreichend war (zum Prüfungsmaßstab BGHSt 35, 39, 40, wobei hier freilich die Besonderheiten einer erstinstanzlichen Zuständigkeit des KG eine entscheidende Rolle spielten; nach Gesetzesänderung daher zweifelnd BGHR StPO § 210 Abs 2 Prüfungsmaßstab 2). In entsprechender Anwendung von Abs 2 ist die sofortige Beschwerde ausnahmsweise zulässig, wenn die Entscheidung über die Eröffnung des Hauptverfahrens vom Gericht willkürlich unangemessen lang zurückgestellt wird (KG Beschl v 28. 8. 2008 – 1 AR 1172/08; 3 Ws 229/08).

5   Zum anderen kann die Staatsanwaltschaft sofortige Beschwerde einlegen, wenn das Gericht in der Eröffnungsentscheidung eine **Teilablehnung** beschlossen hat. In diesem Fall ist nach **hM** der Beschluss nur soweit die Eröffnung abgelehnt wurde, beschwerdefähig (Meyer-

Goßner StPO § 210 Rn 2, KK-StPO/Tolksorf StPO 210 Rn 5). **Keine Beschwerdemöglichkeit besteht gegen eine von der Anklage abweichende rechtliche Würdigung** des angeklagten Sachverhalts. Gegenstand der Hauptverhandlung ist der Sachverhalt, nicht dessen rechtliche Bewertung. Kommt das Gericht hier zu anderen Ergebnissen als die Anklagebehörde, muss diese ihre Auffassung im Rechtmittel nach Urteil geltend machen.

Schließlich kann die Staatsanwaltschaft auch dann sofortige Beschwerde erheben, wenn 6 das Verfahren gem § 209 Abs 1 StPO **vor einem Gericht niedrigerer Ordnung** eröffnet wurde. Für die Beantwortung der Frage, welches Gericht ein solches niedrigerer Ordnung ist, ist insbes § 209 a StPO maßgebend (Meyer-Goßner StPO § 210 Rn 3). So hat die Staatsanwaltschaft die Möglichkeit einer sofortigen Beschwerde, wenn eine Wirtschaftsstrafkammer eine Sache in Berufungsinstanz an die allgemeine Strafkammer verweist (Meyer-Goßner StPO § 210 Rn 2 mwN). Etwas anderes gilt allerdings nach dem Wortlaut des Gesetzes, wenn die Staatsanwaltschaft mit dieser Verweisung einverstanden war. Dem **Nebenkläger** steht ein vergleichbares **Anfechtungsrecht nicht** zu; seine Möglichkeiten, Rechtsmittel gegen eine unterbliebene Eröffnung vorzugehen, sind auf Nebenklagedelikte beschränkt; gegen die Eröffnung vor einem Gericht niedrigerer Ordnung steht ihm kein Rechtsmittel zu (Meyer-Goßner StPO § 210 Rn 6; OLG München NStZ 1986, 183, 184 mAnm Dahs zur Eröffnung vor einem Gericht niedrigerer Ordnung).

In seiner **Beschwerdeentscheidung** hat das Rechtsmittelgericht in den Fällen der Verweisung an ein rangniedrigeres Gericht gem § 209 Abs 1 StPO die Eröffnungsentscheidung **ohne Beschränkung auf das Vorbringen des Beschwerdeführers** zu prüfen. Der hinreichende **Tatverdacht** ist in diesen Fällen indes – anders als bei (Teil-)Ablehnung der Eröffnung – **nicht Gegenstand der Überprüfung** (Meyer-Goßner StPO § 210 Rn 2 mwN; aA insoweit KK-StPO/Schneider StPO § 210 Rn 10). Vor sich selbst eröffnen oder nach § 209 Abs 2 StPO einem ranghöheren Gericht zur Übernahme vorlegen darf das Rechtsmittelgericht nicht, da sonst das Vorlageverfahren nach § 209 Abs 2 StPO umgangen würde (KK-StPO/Schneider StPO § 210 Rn 11; die dort vertretene Ansicht – Eröffnung vor dem Ausgangsgericht, damit dieses nach § 225 a StPO bzw § 270 StPO vorgeht – erscheint indes nicht praktikabler als die Gegenauffassung – Aufhebung der Ablehnung und Zurückverweisung zur neuen Entscheidung – vgl hierzu auch ausführlich Löwe/Rosenberg/Stuckenberg StPO § 210 Rn 29). In allen anderen Fällen **überprüft das Beschwerdegericht die Entscheidung** des Ausgangsgerichts **vollständig** und **selbständig** (KK-StPO/Schneider StPO § 210 Rn 10). Es entscheidet auch in der Sache selbst, dh eröffnet die Hauptverhandlung vor dem zuständigen – gegebenenfalls auch gegenüber dem Ausgangsgericht rangniedrigeren (Sonderfall aber KK-StPO/Schneider StPO § 210 Rn 11; Meyer-Goßner StPO § 210 Rn 2: keine Eröffnung durch die allgemeine Strafkammer als Beschwerdegericht vor Jugendschöffengericht oder Jugendrichter) – Gericht, wenn es die sofortige Beschwerde für durchgreifend hält.

Die sofortige Beschwerde nach Abs 2 **schließt** die Möglichkeit einer **Revision** gem 8 § 336 S 2 StPO **aus**.

Abs 3 gibt dem Beschwerdegericht die Möglichkeit, die Hauptverhandlung von einem 9 **anderen Spruchkörper** durchführen zu lassen. Das Beschwerdegericht kann die Sache allerdings auch an das Ausgangsgericht zurückverweisen, wenn dies zweckmäßig erscheint. Entscheidender Gesichtspunkt ist dabei die Frage, ob die Aufhebung des Nicht- oder Teileröffnungsbeschlusses das Ausgangsgericht so sehr belastet, dass ein unbefangenes Herangehen an die Sache nicht mehr gewährleistet ist (vgl KK-StPO/Schneider StPO § 210 Rn 12; vgl auch OLG Oldenburg FD-StrafR 2008, 265159 mAnm Zimmermann).

Die Norm ist **verfassungsgemäß**, wenn sie so verstanden wird, dass die Zurückverweisung an das Ausgangsgericht der Normalfall, die **Bestimmung eines Ausweichgerichts** aber die durch besondere Gründe bedingte **Ausnahme** ist (BVerfG StV 2000, 537, hierzu Seier StV 2000, 586; so auch § Meyer-Goßner StPO § 210 Rn 10). Solche besonderen Gründe sind nicht schon dann gegeben, wenn das Beschwerdegericht anders als das Ausgangsgericht die Beweissituation positiv beurteilt und daher eröffnet. Sie liegen aber vor, wenn eine unvoreingenommene Verhandlung nur vor einem anderen Spruchkörper zu erwarten ist oder wenn zu besorgen ist, dass das Ausgangsgericht die dem Nichteröffnungsbeschluss zu Grunde liegende Bewertung so verinnerlicht hat, dass es selbst von einem anders lautenden Beschwerdeentscheid nicht mehr zu überzeugen ist (Meyer-Goßner StPO § 210 Rn 10). Auch die öffentliche Vorabfestlegung des Ausgangsgerichts kann genügen (OLG

StPO § 211

Köln NStZ 2002, 35, 38). Kein Grund zur Festlegung des Spruchkörpers, vor dem das Verfahren zu führen ist, gem Abs 3 ist die unterbliebene Bestimmung einer Auffangkammer für den Fall der Eröffnung durch das Beschwerdegericht. Hier muss, um den Angeklagten nicht dem gesetzlichen Richter zu entziehen, der Geschäftsverteilungsplan ergänzt werden (KK-StPO/Schneider StPO § 210 Rn 13 mwN.). Ist die Bildung eines Auffangspruchkörpers nicht möglich, ist nach § 15 StPO vorzugehen (Meyer-Goßner StPO § 210 Rn 11, OLG Oldenburg NStZ 1985, 473 mAnm Rieß).

11 Unter einer „anderen" Kammer iSv Abs 3 sind auch andere Spruchkörper des AG zu verstehen, da sich die Vorschrift nicht nur an das OLG sondern auch an das LG als Beschwerdegericht, wendet (KK-StPO/Schneider StPO § 210 Rn 13, Meyer-Goßner StPO § 210 Rn 8). Bei der Bestimmung des benachbarten Gerichts ist zu beachten, dass der Bezirk zwar nicht an den des Ausgangsgerichts angrenzen, aber selbstverständlich im Bezirk des Beschwerdegerichts liegen muss (Meyer-Goßner StPO § 210 Rn 9).

12 Nach erfolgter Eröffnung durch das Beschwerdegericht kann sich das nun mit der Sache befasste Gericht nicht mit der Begründung für **unzuständig** erklären, die Voraussetzungen des Abs 3 hätten nicht vorgelegen (Meyer-Goßner StPO § 210 Rn 10). Die Besorgnis der Befangenheit kann nicht darauf gestützt werden, dass ein Richter an der aufgehobenen Entscheidung mitgewirkt hat (KK-StPO/Schneider StPO § 210 Rn 15). Da § 358 StPO nicht gilt, ist das Gericht, vor dem eröffnet wurde, **nicht an die Rechtsauffassung des Ausgangsgerichts gebunden** (BGHSt 26, 191, 192). Abs 3 kann nicht – auch nicht entsprechend – auf andere Beschlussentscheidungen angewendet werden, allenfalls auf die Anordnung der Wiederaufnahme des Verfahrens gem § 370 Abs 2 StPO (Meyer-Goßner StPO § 210 Rn 10; **aA** indes mit beachtlichen Gründen OLG Frankfurt NStZ-RR 2008, 378, 379).

13 Die unzulässige oder unbegründete Beschwerde wird kostenpflichtig verworfen. Es tritt die **Sperrwirkung** des § 211 StPO ein.

13.1 Gegen eine Beschwerdeentscheidung findet gem. § 310 Abs 2 StPO keine weitere Beschwerde statt. Nach OLG Jena kann das Beschwerdegericht mangels formeller Rechtskraft der Beschwerdeentscheidung diese bei erkanntem Rechtsverstoß selbst aufheben (OLG Jena StraFo 2009, 207).

§ 211 [Wirkung des Ablehnungsbeschlusses]

Ist die Eröffnung des Hauptverfahrens durch einen nicht mehr anfechtbaren Beschluß abgelehnt, so kann die Klage nur auf Grund neuer Tatsachen oder Beweismittel wieder aufgenommen werden.

Überblick

Der unanfechtbare Ablehnungsbeschluss entfaltet Sperrwirkung (Rn 2). Nur sachliche Nova, nicht eine andere Rechtsauffassung, vermögen eine Wiederaufnahme zu begründen (Rn 3). Dabei kommt es auf eine Kenntnisnahme durch das Gericht an (Rn 4). Mit den Nebenentscheidungen eines unanfechtbaren Nichteröffnungsbeschlusses hat es jedenfalls sein Bewenden (Rn 6).

A. Allgemeines

1 Die Norm ermöglicht es der Staatsanwaltschaft, auch nach einer **unanfechtbaren Ablehnung** der Eröffnung der Hauptverhandlung **die Sache neu vor Gericht zu bringen** und einen früheren Angeschuldigten erneut anzuklagen, regelt mithin die Voraussetzungen einer **Wiederaufnahme zu Lasten des Angeschuldigten**. Dass die Vorschrift aber implizit auch bestimmt, dass nach nicht mehr anfechtbarer Ablehnung der Eröffnung eine erneute Anklage in derselben Sache gegen denselben Angeschuldigten grundsätzlich – etwa aufgrund einer geänderten Rechtsansicht, aber ohne neue Tatsachen oder Beweismittel – nicht mehr möglich und Strafklageverbrauch eingetreten ist (BGHSt 18, 225), ist als Ausfluss des **ne bis in idem** eine Selbstverständlichkeit. Die hier verglichen mit den § 359 StPO bis § 373a StPO recht weiten Voraussetzungen einer Wiederaufnahme nach Ablehnung der Eröffnung

haben ihren Grund darin, dass die Anklagevorwürfe im Eröffnungsverfahren nur nach Aktenlage, nicht aber aufgrund einer mündlichen Hauptverhandlung geprüft wurden (KK-StPO/Schneider StPO § 211 Rn 1).

B. Erläuterungen

Die – beschränkte – **Sperrwirkung** des § 211 StPO setzt einen **unanfechtbaren Ablehnungsbeschluss** voraus. Unerheblich ist dabei, warum die Eröffnung des Hauptverfahrens abgelehnt wurde, also ob dies infolge eines aus rechtlichen oder aus tatsächlichen Gründen nicht hinreichenden Tatverdachts erfolgte oder ob der Durchführung eines Hauptverfahrens ein Verfahrenshindernis (BGHSt 7, 64, 65) entgegen stand. Ein **unwirksamer**, bspw mangels Anklage ins Leere gehender **Nichteröffnungsbeschluss** hat **keine Sperrwirkung** (KK-StPO/Schneider StPO § 211 Rn 2 mwN). Die Sperrwirkung verhindert nicht nur ein neues Ermittlungsverfahren mit Anklageerhebung, sondern auch eine Verfolgung des Sachverhalts als Ordnungswidrigkeit oder im Privatklageweg (KK-StPO/Schneider StPO § 211 Rn 3 mwN; Meyer-Goßner StPO § 211 Rn 2). 2

Solange keine neuen Tatsachen oder Beweismittel vorliegen, kann ein Verfahren auch dann nicht wieder aufgenommen werden, wenn die Nichteröffnung auf unzutreffenden rechtlichen Erwägungen oder einem Rechtsirrtum beruht. Die Rechtsauffassung ist – jedenfalls ohne Nova – bindend (BGHSt 18, 225, 226). Dies ist insoweit von besonderer Bedeutung, als in derartigen Fällen nicht von einer nachträglichen Verbesserung der Beweislage ausgegangen werden kann. Die Anklagebehörde wird daher in Fällen, in denen die Ablehnungsentscheidung mit **rechtlichen Erwägungen** begründet wird (zB mit der Annahme, es sei kein Straftatbestand verwirklicht) besonders sorgfältig prüfen, ob die Darlegungen des Gerichts stichhaltig sind, und gegebenenfalls im Beschwerdeweg gem § 210 Abs 2 StPO gegen die Entscheidung vorgehen. Nur wenn es gelingt, **sachliche Nova** zu präsentieren, die es dem Gericht ermöglichen, zu einer anderen rechtlichen Bewertung zu kommen, ist eine **Wiederaufnahme zulässig** (vgl BGH NStZ 2008, 333). Das wird bei ordnungsgemäß ausermittelten Sachverhalten kaum der Fall sein. Anders verhält es sich naturgemäß bei der Ablehnung der Eröffnung **mangels hinreichenden Tatverdachts**. Hier gibt schon der Ablehnungsbeschluss Hinweise darauf, inwieweit die Beweislage verbesserungsbedürftig ist. Bei unterbliebener Verfahrenseröffnung aufgrund eines **Verfahrenshindernisses** hat es bisweilen die Staatsanwaltschaft selbst in der Hand, Nova zu schaffen, um das Verfahren wieder aufnehmen zu können, bspw, indem sie das öffentliche Interesse an der Strafverfolgung bejaht, falls ein Strafantrag weiter nicht gestellt wird (vgl hierzu Meyer-Goßner StPO § 211 Rn 1). Auch funktionelle Mängel der Anklageschrift, die zu deren Unwirksamkeit führen, kann die Staatsanwaltschaft beseitigen und so Nova schaffen, die eine Wiederaufnahme ermöglichen (OLG Düsseldorf NStZ 1982, 335, 336). 3

Für die Frage, wann Tatsachen oder Beweismittel „neu" iSv § 211 StPO sind, ist es **ohne Bedeutung, wann diese entstanden** sind. Es ist anerkannt, dass es auf den Zeitpunkt der **Kenntnisnahme** durch das **Gericht** ankommt (vgl SK-StPO/Paeffgen StPO § 211 Rn 5). Waren die Tatsachen oder Beweismittel zum Zeitpunkt der Entscheidung noch nicht bekannt, so können sie als neu präsentiert werden, selbst wenn sie längst hätten bekannt sein müssen (BGHSt 7, 64, 66). Liegen solchermaßen neue Tatsachen oder Beweismittel vor, so können sie dann kausal zur Wiederaufnahme führen, wenn der unanfechtbare Ablehnungsbeschluss ihretwegen seine Grundlage verliert. Dies kann schon dann der Fall sein, wenn an und für sich alte Beweismittel aufgrund verbesserter Untersuchungsmethoden nun neue Erkenntnisse liefern (vgl hierzu etwa Löwe/Rosenberg/Stuckenberg StPO § 211 Rn 11), nicht aber wenn ein bekanntes Sachverständigengutachten durch ein neues inhaltlich gleichbleibend und lediglich zugespitzt formuliert wiederholt wird (BGHR StPO § 211 Neue Tatsachen 1). Von früheren Angaben abweichende Aussagen eines Zeugen sind gleichfalls neue Tatschen (Meyer-Goßner StPO § 211 Rn 4), gleiches gilt für einen späteren Verzicht auf ein bereits ausgeübtes Zeugnisverweigerungsrecht durch einen Zeugen (BGHR StPO § 211 Neue Tatsachen 2). Ob eine Tatsache oder ein Beweismittel tatsächlich neu ist, ist nach einer Wiederaufnahme von jedem mit der Sache befassten Gericht als **Verfahrensvoraussetzung** zu prüfen (Meyer-Goßner StPO § 211 Rn 7; BGH NJW 1963, 1019, 1020). Der 4 in einem nach § 211 wieder aufgenommenen Verfahren ergangene Eröffnungsbeschluss ist daher nach der Rechtsprechung des BVerfG (BVerfG StV 2005, 196, 197) entgegen § 210 Abs 1 StPO ausnahmsweise anfechtbar. Auch die **Revisionsinstanz** hat zu prüfen, ob die Voraussetzungen des § 211 StGB bei Wiederaufnahme vorlagen. Dabei spielt es aber keine Rolle, ob sich die vorgetragenen neuen Tatsachen in der Hauptverhandlung auch wirklich erweisen ließen; er kommt darauf an, ob man zum Zeitpunkt der Eröffnung von ihrem Vorliegen ausgehen durfte (KK-StPO/Schneider StPO § 211 Rn 13), so dass auszuschließen war, dass sie aus der Luft gegriffen waren.

5   Stellt sich heraus, dass neue Tatsachen oder Beweise vorliegen, muss die Staatsanwaltschaft aufgrund des **Legalitätsprinzips** erneut ermitteln und gegebenenfalls Anklage erheben; ein Ermessen besteht hier nicht. Nach überwiegender Meinung in der Rechtsprechung wie auch im Schrifttum (OLG Hamburg NJW 1963, 1121; KK-StPO/Schneider StPO § 211 Rn 8) kann gegen eine unterbliebene Anklageerhebung auch im Wege des **Klageerzwingungsverfahrens** vorgegangen werden. Bei etwa vor Anklageerhebung notwendigen Exekutivmaßnahmen ist seitens des Gerichts zu prüfen, ob die Voraussetzungen der Wiederaufnahme tatsächlich vorliegen (KK-StPO/Schneider StPO § 210 Rn 9).

6   Der auf die neue Anklage erfolgende **neue Eröffnungsbeschluss** hebt den früheren Nichteröffnungsbeschluss nicht auf, da das neue Verfahren gegenüber dem alten als selbständig und nicht als Rechtsmittelverfahren zu begreifen ist (Meyer-Goßner StPO § 211 Rn 7 mwN; SK-StPO/Paeffgen StPO § 211 Rn 9). Infolgedessen hat es mit den **Nebenentscheidungen** im früheren Verfahren sein Bewenden, vor allem mit der Kostenentscheidung. Sie kann, anders als eine im früheren Verfahren nach dem StrEG getroffene Entscheidung, auch nicht über § 14 Abs 1 StrEG – auch nicht in dessen analoger Anwendung – außer Kraft treten oder zurück gefordert werden (KK-StPO/Schneider StPO § 211 Rn 11 mwN).

7   Ein **Nebenkläger** muss im nach § 211 StPO wieder aufgenommenen Verfahren neu und gesondert den Anschluss gem § 396 StPO erklären (Löwe/Rosenberg/Stuckenberg StPO § 211 Rn 23).

Fünfter Abschnitt. Vorbereitung der Hauptverhandlung (§§ 212-225 a)

§ 212 [Verfahrensverständigung nach Eröffnung des Hauptverfahrens]

Nach Eröffnung des Hauptverfahrens gilt § 202 a entsprechend.

1   Die Vorschrift verweist für die Anwendbarkeit der Normen zur Verständigung im Strafverfahren auf § 202 a StPO.
Die Neuregelung, die am 28. 5. 2009 vom Bundestag als Teil des Gesetzes zur Regelung der Verständigung im Strafverfahren beschlossen wurde, ordnet die entsprechende Anwendbarkeit von § 202 a StPO auch **nach Eröffnung des Hauptverfahrens** an. Damit wird dem Gericht für das Zwischenverfahren, aber auch für die Dauer einer Unterbrechung oder Aussetzung einer Hauptverhandlung (Meyer-Goßner StPO § 212 Rn 1), gesetzlich die Möglichkeit eingeräumt, den Verfahrensstand mit den Verfahrensparteien – gegebenenfalls mit dem Ziel einer verfahrensbeschleunigenden oder -beendenden Verständigung – zu erörtern.

2   Zu den Voraussetzungen und Rechtsfolgen des § 202 a StPO s dort.

§§ 212 a, 212 b [aufgehoben]

§ 213 [Terminsbestimmung]

Der Termin zur Hauptverhandlung wird von dem Vorsitzenden des Gerichts anberaumt.

Vorbereitung der Hauptverhandlung § 213 StPO

Überblick

Bei der Bestimmung von Ort und Zeit der Hauptverhandlung (Rn 2) hat der Vorsitzende (Rn 1) einen Ermessensspielraum (Rn 3). Die Rechte der Prozessbeteiligten sind zu beachten (Rn 4), insbesondere bei Haftsachen (Rn 5), aber auch bei Anträgen auf Terminsverlegung (Rn 6). Die in der Regel ausgeschlossene Beschwerde gegen die Terminierung wird gleichwohl in zahlreichen Fällen für zulässig erachtet (Rn 7).

A. Allgemeines

Die Vorbereitung der Hauptverhandlung ist weitgehend **Sache des Vorsitzenden**. Ihm 1 obliegen neben der hier normierten Terminierung auch **weitere, nicht gesetzlich geregelte Aufgaben**, wie – vor allem in umfangreichen Verfahren – die Aufstellung eines **Plans der Hauptverhandlung**, aus dem sich deren „Programmpunkte" in sinnvoller zeitlicher Abfolge ergeben. Gleiches gilt für die Wahl eines geeigneten Sitzungssaals. Hiermit hängt zusammen, dass er gegebenenfalls notwendige Maßnahmen zu treffen hat, um einen ungestörten Hauptverhandlungsverlauf zu gewährleisten und die ihm nach § 176 GVG zustehenden sitzungspolizeilichen Befugnisse, falls notwendig, auch durchzusetzen. Die Zahlung von Reisekostenvorschüssen an Sachverständige und bedürftige Zeugen nach § 3 JVEG sowie an mittellose Angeklagte gem Abschn I VwVorschrift über die Bewilligung von Reiseentschädigungen an mittellose Personen und Vorschusszahlungen an Zeugen und Sachverständige ist hingegen Aufgabe des Gerichts.

B. Erläuterungen

Über den Wortlaut hinaus bestimmt der Vorsitzende nicht nur den **Termin**, also Tag und 2 Stunde der Hauptverhandlung (BGH NStZ 2008, 457, 459), sondern auch deren **Ort**, also in der Regel den Sitzungssaal (SK-StPO/Schlüchter StPO § 213 Rn 8). Als Ort der Hauptverhandlung kann aber auch eine andere Örtlichkeit bestimmt werden, selbst wenn diese außerhalb des eigenen Gerichtsbezirks liegt (BGHSt 22, 250, 253), sofern dies erforderlich oder zumindest zweckmäßig ist, etwa, um einen bettlägerigen Zeugen zu hören oder einen Ortstermin durchzuführen. Der Vorsitzende bestimmt dementsprechend auch Terminsverlegungen und –aufhebungen (KK-StPO/Gmel StPO § 213 Rn 2).

Bei der Bestimmung von Zeit und Ort der Hauptverhandlung hat der Vorsitzende zwar 3 einen grundsätzlich – nur beschränkt überprüfbaren (LG Nürnberg-Fürth BeckRS 2008, 23591) – **Ermessensspielraum**, dieser ist indes durch zahlreiche durch die Rechtsprechung herausgearbeitete Obliegenheiten eingeschränkt.

So muss der Vorsitzende zwar von Gesetzes wegen die von ihm anberaumten **Verhand-** 4 **lungstermine nicht** mit den übrigen Prozessbeteiligten – etwa im Wege der Gewährung rechtlichen Gehörs – **abstimmen**. Es kann das **Recht** des Angeklagten **auf die freie Wahl des Verteidigers** (hierzu BGH Beschl v 20. 3. 2008 – Az 1 StR 488/07, Rn 36) indes verletzen, wenn der gewählte Verteidiger keinen Einfluss auf die Terminswahl nehmen konnte, aber einzelne Termine wegen anderweitiger, zuvor anberaumter Gerichtstermine (OLG Frankfurt StV 2001, 157, 158) oder auch wegen eines rechtzeitig angekündigten Urlaubs (OLG Frankfurt NStZ-RR 1997, 272) nicht wahrnehmen kann. Auch die kurzfristige Anberaumung der Hauptverhandlung, die keine ausreichende Zeit für eine Sitzungsvorbereitung mehr lässt, kann Rechte von Prozessbeteiligten verletzen (Meyer-Goßner StPO § 213 Rn 6). Anreisezeiten sind gleichfalls zu bedenken (OLG Bamberg NJW 2006, 2341, 2342), ebenso ein Verteidigerwechsel (OLG München NStZ-RR 2008, 205). Die Terminsanberaumung auf einen rein **religiös** begründeten, aber nicht-staatlichen **Feiertag**, an dem dem Angeklagten eine Aussage aus Glaubensgründen untersagt ist, kann als Versagung rechtlichen Gehörs angesehen werden (BGHSt 13, 123, 126). Solcherlei Rücksichtnahmen setzen allerdings voraus, dass Terminskollisionen und andere Umstände, die der Durchführung eines bestimmten Hauptverhandlungstermins tatsächlich entgegenstehen, **dem Vorsitzenden rechtzeitig und begründet zur Kenntnis** gebracht werden. Dies gilt umso mehr bei beabsichtigter urlaubsbedingter Abwesenheit des Wahlverteidigers (vgl OLG Oldenburg Beschl v 23. 10. 2008 – Az 1 Ws 630/08). Im Übrigen hat der Vorsitzende eine

Hauptverhandlung so zu terminieren, wie dies unter Berücksichtigung der übrigen Sachen und der zur Verfügung stehenden Sitzungstage zur **zweckmäßigen Erledigung der Geschäfte** erforderlich ist (BGHSt 15, 390, 392). Eine Absprache der Hauptverhandlungstermine mag daher zwar nicht vorgeschrieben sein, ist aber sehr zweckmäßig (so auch Meyer-Goßner StPO § 213 Rn 6 mwN; KK-StPO/Gmel StPO § 213 Rn 4) und in der Regel üblich.

5   In **Haftsachen** hat der Vorsitzende noch mehr als ohnehin erforderlich darauf zu achten, dass die Hauptverhandlung möglichst rasch statt findet (BGH NStZ 2006, 513, 514), grundsätzlich 3 Monate nach Eröffnung des Hauptverfahrens (BVerfG StV 2006, 73, 78). Das Gebot der Verfahrensbeschleunigung schränkt hier den Ermessensspielraum des Vorsitzenden erheblich ein (SK-StPO/Schlüchter StPO § 213 Rn 4, 5). Insbesondere in Wirtschaftsstrafsachen kann allerdings die gebotene sorgfältige und damit zeitaufwändige Vorbereitung der Hauptverhandlung einen durchaus längeren Zeitraum bis zum Beginn der Hauptverhandlung gerechtfertigt erscheinen lassen (BGH NStZ 2008 457, 458).

6   Die Prozessbeteiligten haben **keinen Anspruch auf Verlegung eines Termins**. Auch bei der Entscheidung über derartige Anträge hat der Vorsitzende einen Ermessensspielraum. Dieses Ermessen ist in gleicher Weise wie bei der erstmaligen Anberaumung des Termins beschränkt. Die Interessen der Verfahrensbeteiligten, die gerichtsinterne Terminsplanung und das Beschleunigungsgebot stellen auch hier die wichtigsten Parameter dar, die der Vorsitzende bei der Entscheidung über derartige Anträge im Blick zu halten hat (vgl Meyer-Goßner StPO § 213 Rn 7 mwN; hierzu auch BGH NStZ 2008, 457, 458; OLG Oldenburg StraFo 2008, 509: Urlaubsplanung des Verteidigers nur ausnahmsweise Verlegungsgrund).

7   Gegen die Terminsanberaumung ist eine **Beschwerde** gem § 304 StPO wegen § 305 S 1 StPO **grundsätzlich ausgeschlossen**. Sie wird allerdings von einer Meinung in der Rechtsprechung gleichwohl für **zulässig** gehalten, wenn mit ihr die **Rechtswidrigkeit der Terminierung** geltend gemacht wird (KK-StPO/Gmel StPO § 213 Rn 6 mit zahlreichen Nachweisen; vgl auch Neuhaus StraFo 1998, 84, 87; **aA** mit beachtlichen Argumenten Kropp NStZ 2004, 668; offen lassend LG Nürnberg-Fürth BeckRS 2008, 23591). Dass insoweit vor allem eine fehlerhafte Ermessensausübung angreifbar sein soll, führt dazu, dass die Vorschrift des § 305 S 1 StPO weitgehend ausgehebelt wird (Kropp NStZ 2004, 668, 669). Auch Zweckmäßigkeitserwägungen, die an und für sich der Beschwerde entzogen sind (OLG Dresden NJW 2004, 3197), lassen sich so in einer Beschwerde zulässigerweise geltend machen, vorausgesetzt, sie werden halbwegs geschickt in der Rüge ermessensfehlerhafter Terminierung „verpackt". Dass sie dann allerdings in der Mehrzahl der Fälle nicht begründet sein dürfte, steht auf einem anderen Blatt. Das Beschwerdegericht kann, wenn die Beschwerde durchdringt, einen neuen – seiner Ansicht nach ermessensfehlerfreien – Termin nicht selbst bestimmen, sondern allenfalls die **Rechtswidrigkeit der ursprünglichen Terminsbestimmung feststellen und diese aufheben** (KK-StPO/Gmel StPO § 213 Rn 6). Die Neubestimmung obliegt erneut dem Vorsitzenden des Gerichts der Hauptverhandlung (Meyer-Goßner StPO § 213 Rn 8). Wird mit einer Terminsbestimmung eine Entscheidung verbunden, die dem Vorsitzenden nicht zusteht, kann die gesamte Verfügung mit der Beschwerde nach § 304 StPO angegriffen werden (KK-StPO/Gmel StPO § 213 Rn 7). Die Terminierung ist schließlich auch mit der Dienstaufsichtsbeschwerde nicht angreifbar; selbst ein Antrag nach § 23 EGGVG ist hier nicht statthaft (OLG Brandenburg OLG-NL 1996, 71).

8   Auf die Ablehnung eines Terminsverlegungsantrags kann eine **Revision** gestützt werden. Sie hat aber nur dann Aussicht auf Erfolg, wenn geltend gemacht werden kann, dass ein darauf gestützter Aussetzungsantrag zu Unrecht abgelehnt (Meyer-Goßner StPO § 213 Rn 9 mwN) oder aber dem Beschleunigungsgrundsatz nicht hinreichend Rechnung getragen wurde (KK-StPO/Gmel StPO § 213 Rn 9). Die Rüge der ermessensfehlerhaften Ablehnung eines Verlegungsantrags wegen Verhinderung des Verteidigers ist nach Ansicht des OLG Braunschweig (StV 2004, 366) begründet, wenn der Angeklagten sich so nicht von seinem Vertrauensanwalt verteidigen lassen kann (vgl auch BGH NStZ 1999, 527).

§ 214 [Ladungen durch den Vorsitzenden]

(1) ¹Die zur Hauptverhandlung erforderlichen Ladungen ordnet der Vorsitzende an. ²Zugleich veranlasst er die nach § 397 Absatz 2 Satz 3 und § 406g Absatz 1 Satz 4, Absatz 2 Satz 2 erforderlichen Benachrichtigungen vom Termin; § 406d Absatz 3 gilt entsprechend. ³Die Geschäftsstelle sorgt dafür, dass die Ladungen bewirkt und die Mitteilungen versandt werden.

(2) Ist anzunehmen, daß sich die Hauptverhandlung auf längere Zeit erstreckt, so soll der Vorsitzende die Ladung sämtlicher oder einzelner Zeugen und Sachverständigen zu einem späteren Zeitpunkt als dem Beginn der Hauptverhandlung anordnen.

(3) Der Staatsanwaltschaft steht das Recht der unmittelbaren Ladung weiterer Personen zu.

(4) ¹Die Staatsanwaltschaft bewirkt die Herbeischaffung der als Beweismittel dienenden Gegenstände. ²Diese kann auch vom Gericht bewirkt werden.

Überblick

Verfahrensbeteiligte werden zur Hauptverhandlung geladen (Rn 2), Behörden und nicht selbst beteiligte natürliche Personen erhalten eine Terminsnachricht (Rn 3, Rn 4). Die Ladung ist formfrei – es sei denn, der Angeklagte ist in Haft (Rn 7) – und wird nach Anordnung durch den Vorsitzenden (Rn 5) von der Geschäftsstelle ausgeführt (Rn 6). Die Staatsanwaltschaft kann Zeugen unmittelbar laden (Rn 9) und Asservate selbst herbeischaffen lassen (Rn 10). Rechtsmittel hiergegen sind unzulässig (Rn 11).

A. Allgemeines

Die Vorschrift enthält eine Mischung aus **technischen Handlungsanweisungen** (vor 1 allem in Abs 1 S 3 und in Abs 2) und **bindenden Normen**. Die bislang in S 2 bis S 4 des Abs 1 verankerten Vorschriften zur Stärkung der Rechte von Verletzten wurde nunmehr mit dem 2. OpferrechtsreformG in die Vorschriften zur Nebenklage (insb § 406g Abs 1 S 4 StPO) verlagert. Der nun in Abs 1 verbliebene Regelungsgehalt der bisherigen S 2 bis S 4, die formale Veranlassung der Terminsbenachrichtigungen, konnte dadurch in einem neuen S 2 zusammengefasst werden; der bisherige S 5 wurde zu S 3.

B. Erläuterungen

Die **Ladung** (Abs 1 S 1) ist die **Aufforderung, zur Hauptverhandlung zu erscheinen** 2 (SK-StPO/Schlüchter StPO § 214 Rn 2: „Aufforderung mit Eingriffscharakter"). Sie ist so präzise zu formulieren, dass der Geladene weiß, wann er sich wo in welcher Eigenschaft und in welchem Verfahren einzufinden hat (vgl Meyer-Goßner StPO § 214 Rn 2). Sie richtet sich **an alle (nicht behördlichen) Verfahrensbeteiligten**, also an den Angeklagten, seinen Verteidiger, an Zeugen und Sachverständige und gegebenenfalls an den Privatkläger und an den Nebenkläger (§ 397 Abs 2 StPO) sowie Nebenbeteiligte. Zu Sonderfällen der Ladung, zB von Soldaten oder Seeleuten vgl § 48 StPO. § 50 Abs 2 JGG normiert, dass im Verfahren gegen Jugendliche auch deren Erziehungsberechtigte und gesetzliche Vertreter unter Hinweis auf die gesetzlichen Folgen des Ausbleibens (§ 51 StPO) zu laden sind (Meyer-Goßner StPO § 214 Rn 4).

Von der Ladung zu unterscheiden ist die **Mitteilung des Termins**. Der Termin ist 3 zunächst den am Verfahren beteiligten Behörden mitzuteilen, also insbes der Staatsanwaltschaft und der Jugendgerichtshilfe nach § 50 Abs 3 StPO sowie gegebenenfalls § 109 Abs 1 JGG (SK-StPO/Schlüchter StPO § 214 Rn 13). Terminsmitteilungen erhalten ferner der als Beistand zugelassene Gatte bzw. Lebenspartner nach § 149 Abs 1 StPO sowie der gesetzliche Vertreter nach § 149 Abs 2 StPO.

Schließlich ist nach § 406g Abs 1 S 4 StPO auch **nebenklagebebefugten Personen** der 4 Termin **mitzuteilen**. Gleiches gilt für den bestellten oder dem Gericht angezeigten **Nebenklagevertreter** nach § 397 Abs 2 StPO. Auch der **Rechtsanwalt eines Nebenklagebe-

StPO § 214 Zweites Buch. 5. Abschnitt

fugten ist vom Termin zu unterrichten, wenn die Wahl dem Gericht angezeigt wurde oder er als Beistand bestellt worden war, § 406 g Abs 2 S 2 StPO. Die Terminsmitteilung ist in diesen drei Fällen nun also gleichfalls verpflichtend, die frühere „Soll"-Regelung ist insoweit durch das zweite Opferrechtsreformgesetz aufgehoben worden. Abs 1 S 2 normiert lediglich, wer diese Terminsmitteilungen zu veranlassen hat, ist also nur **technische Handlungsanweisung**. Durch den Verweis auf § 406 d Abs 3 StPO ist ein Absehen von einer Terminsmitteilung möglich; bei einer Vertretung von Nebenkläger oder Nebenklagebefugten durch einen Rechtsanwalt gilt über Abs 1 S 2 HS 2 und § 406 d Abs 3 S 2 StPO § 145 a StPO entsprechend.

5   Ladungen und Mitteilungen **ordnet** nach Abs 1 S 1 der **Vorsitzende** an, nicht etwa der Berichterstatter oder der gesamte Spruchkörper. Er entscheidet ohne Bindung an Anträge von Staatsanwaltschaft, Angeklagtem oder Verteidiger über die Ladung von Zeugen und Sachverständigen (KK-StPO/Gmel StPO § 214 Rn 5; Meyer-Goßner StPO § 214 Rn 7). Der Vorsitzende hat bei der Anordnung **keine Formvorschriften** einzuhalten; es erweist sich indes als zweckmäßig, sie entweder schriftlich zu treffen oder über etwaige mündliche Anordnungen Vermerke zur Akte zu geben (vgl Meyer-Goßner StPO § 214 Rn 7, der hier von einer zwingenden Schriftform ausgeht). Der Vorsitzende verfügt auch die (in der Regel standardmäßig erfolgende) Anbringung besonderer Hinweise nach § 216 Abs 1 StPO und § 232 Abs 1 StPO an den Angeklagten in der Ladung. Die Ladung **muss nicht in der Sprache des zu Ladenden** abgefasst sein; allerdings kann, wenn sie für diesen nicht verständlich war, das Ausbleiben unverschuldet und damit folgenlos sein (so auch BayObLG NStZ 1996, 248, 249). Wer einer nicht vom Vorsitzenden angeordnete Ladung nicht nachgekommen ist, muss keine Säumnisfolgen tragen. Umgekehrt kann, wer einer solchen Ladung Folge geleistet hat, gegebenenfalls Entschädigung nach dem JVEG verlangen (Meyer-Goßner StPO § 214 Rn 7). Ist der Geladene inhaftiert, so ist § 36 Abs 2 S 2 StVollzG anwendbar, wonach der Vorsitzende die Vorführung des Häftlings anordnet. Auf geladene Untersuchungsgefangene ist § 36 Abs 2 S 2 StVollzG entsprechend anwendbar (Meyer-Goßner StPO § 214 Rn 8; **aA** OLG Düsseldorf NJW 1981, 2768, 2769; vgl auch SK-StPO/Schlüchter StPO § 214 Rn 14: nur anwendbar, wenn Inhaftierter mit der Vorführung einverstanden ist).

6   Abs 1 S 3 regelt, wer die Anordnungen des Vorsitzenden umsetzt. Diese Tätigkeit ist ausdrücklich der **Geschäftsstelle** zugewiesen. Dies hindert allerdings die Ausführung durch den Vorsitzenden nicht, insbes kann er sie gegenüber der geladenen Person unmittelbar mündlich äußern. Die Geschäftsstelle hat bei der Vornahme der Ladungen die Ladungsfristen gem § 217 Abs 1 StPO und § 218 StPO zu beachten und die gesetzlich vorgeschriebenen Hinweise an die zu Ladenden beizufügen. Für die Ladung des Angeklagten ist § 216 Abs 1 StPO, für die Ladung des Zeugen sind die § 48 StPO und § 51 StPO, für die des Sachverständigen § 72 StPO und § 77 StPO zu beachten. Auch Nebenbeteiligten sind gem § 435 Abs 3 StPO, § 442 Abs 1 und 2 StPO sowie § 444 Abs 2 StPO Hinweise zu erteilen. Das Erscheinen von **Kindern und Jugendlichen als Zeugen** darf nicht erzwungen werden. Sie sind entsprechend § 171 ZPO zu Händen ihrer gesetzlichen Vertreter zu laden, deren diesbezügliche Pflichten gleichfalls nicht sanktionsbewehrt sind (SK-StPO/Schlüchter StPO § 214 Rn 19).

7   Der **nicht inhaftierte Angeklagte** ist schriftlich zu laden, § 216 Abs 1 StPO. Dem **gefangenen Angeklagten** wird der Verhandlungstermin gem § 216 Abs 2 StPO bekannt gemacht. Zeugen und Sachverständige könne formlos geladen werden. Allerdings sollte auch hier die Schriftform gewählt werden, um gegebenenfalls den Nachweis der Ladung erbringen zu können. Es empfiehlt sich, aus demselben Grunde die Ladung dem auf freien Fuß befindlichen Angeklagten per Postzustellungsurkunde zuzustellen, gleiches gilt bei manchem Zeugen oder Sachverständigen. Es kann sinnvoll sein, vor allem Angeklagte und Zeugen **zusätzlich** mit einfachem Brief zu laden, um diese Personen wenn auch nicht nachweisbar, so aber doch tatsächlich zu erreichen, insbes, wenn damit zu rechnen ist, dass ein förmlich durch Niederlegung zugestelltes Schreiben nicht an seinen Adressaten gelangt.

8   Abs 2 enthält die dringende Anregung an den Vorsitzenden, einen **Ladungsplan** zu entwerfen. Die Formulierung dieser Vorschrift ist gegenüber der früheren Gesetzesfassung nun angeschärft worden. Während der Vorsitzende ehedem einen Ladungsplan erstellen

konnte, soll er dies nunmehr tun. Dies erweist sich regelmäßig als sinnvoll, und zwar nicht nur, um den Zeugen oder Sachverständigen lange und bisweilen sinnlose Wartezeiten zu ersparen, sondern auch um zu verhindern, dass Zeugen die gemeinsame Wartezeit zu Absprachen nutzen. Der Ladungsplan zwingt den Vorsitzenden auch dazu, den Ablauf der Hauptverhandlung zu durchdenken und durchzuplanen. Von seiner Erstellung kann daher nur in Ausnahmefällen begründet abgesehen werden.

Der **Staatsanwaltschaft** steht das Recht zu, Zeugenladungen **unmittelbar** anzuordnen, Abs 3. Anders als in § 38 StPO angeordnet, muss die Staatsanwaltschaft allerdings keinen Gerichtsvollzieher beauftragen, sondern kann die Ladung über die Geschäftsstelle bewirken (Meyer-Goßner StPO § 214 Rn 13). § 222 Abs 1 S 2 StPO ist zu beachten. Abs 3 kommt typischerweise dann zur Anwendung, wenn nicht alle in der Anklageschrift genannten Zeugen vom Vorsitzenden geladen wurden, oder wenn während der Hauptverhandlung weitere Zeugen in Erscheinung treten, deren Auftreten in der Verhandlung für erforderlich gehalten wird. Indes findet auch hier § 245 Abs 2 StPO Anwendung; die unmittelbare Ladung ersetzt den Beweisantrag nicht. 9

Abs 4 erstreckt den Regelungsgehalt von Abs 3 auch auf **sachliche Beweismittel**. Zusätzlich normiert Abs 4 die Vorgehensweise bei in Verwahrung der Staatsanwaltschaft oder der Polizei befindlichen Beweisstücken. Der Vorsitzende, der die Anordnung insoweit für das im Gesetz genannte Gericht trifft, kann deren Herbeischaffung selbst bewirken oder die Staatsanwaltschaft darum bitten, dies zu tun (SK-StPO/Schlüchter StPO § 214 Rn 34, 35). 10

Rechtsbehelfe sind weder gegen Ladungsanordnungen noch gegen die eine Ladung ablehnende Verfügung zulässig, weil es sich regelmäßig um Entscheidungen handelt, die einer Urteilsfällung vorausgehen, so dass § 305 S 1 StPO greift. Auch Zeugen und Sachverständige können gegen Ladungen nicht vorgehen. Dies gilt selbst für **Zeugen**, denen ein Zeugnisverweigerungsrecht zusteht oder die aus einem anderen Grund nicht auszusagen brauchen. Der Ladung ist gleichwohl Folge zu leisten (OLG Hamm MDR 1978, 690). 11

Die **Revision** wird, wenn sie auf Ladungsfehler gestützt wird, nur Erfolg haben, wenn zwingendes Verfahrensrecht verletzt worden ist, zB wenn die Jugendgerichtshilfe oder der Nebenkläger nicht vom Termin unterrichtet wurden (SK-StPO/Schlüchter StPO § 214 Rn 38). 12

§ 215 [Zustellung des Eröffnungsbeschlusses]

¹**Der Beschluß über die Eröffnung des Hauptverfahrens ist dem Angeklagten spätestens mit der Ladung zuzustellen.** ²**Entsprechendes gilt in den Fällen des § 207 Abs. 3 für die nachgereichte Anklageschrift.**

Überblick

Nur die Zustellung an den Angeklagten ist hier geregelt (Rn 2); sie muss nicht vor der Ladung zugestellt werden (Rn 3). Die übrigen Verfahrensbeteiligten sind nach anderen Vorschriften zu benachrichtigen (Rn 4). Unterbleibt eine Zustellung, kann dies geheilt werden (Rn 6). Auch eine nicht dem abändernden Eröffnungsbeschluss entsprechende Anklage ist zuzustellen (Rn 7).

A. Allgemeines

Die Vorschrift regelt, dass und wann der Eröffnungsbeschluss dem Angeklagten – spätestens – **förmlich** iSv § 35 Abs 2 S 1 StPO **zuzustellen** ist. S 2 StPO erstreckt diese Regelung auf nachgereichte Anklageschriften. 1

B. Erläuterungen

Die Norm spricht nur von der **Zustellung an den Angeklagten**; die Form der Mitteilung an die übrigen Prozessbeteiligten ist in anderen Vorschriften geregelt. Die Zustellung ist 2

StPO § 216 Zweites Buch. 5. Abschnitt

vom Vorsitzenden anzuordnen, § 36 Abs 1 S 1 StPO; bewirkt wird sie durch die Geschäftsstelle, § 36 Abs 1 S 2 StPO. Die Anordnung der Ladung zur Hauptverhandlung kann die Anordnung der Zustellung nicht ersetzen (Meyer-Goßner StPO § 215 Rn 4).

3 Zwar bedeutet die Formulierung, dass die Zustellung des Eröffnungsbeschlusses **spätestens mit der Ladung** zu erfolgen hat, nicht, dass mit der Zustellung bis zur Ladung zugewartet werden muss. Es hat aber keine Folgen, wenn genau dies geschieht, da die gesetzliche Formulierung hier eindeutig ist: Der Gesetzgeber hat es offenbar – auch mit Blick auf die Verteidigungsvorbereitung – als ausreichend angesehen, wenn der Angeklagte die **Eröffnungsentscheidung erst gemeinsam mit der Ladung** erhält (in der Tendenz anders Meyer-Goßner StPO § 215 Rn 3). Zumindest in der amtsgerichtlichen Praxis ist dies auch die Regel.

4 Ist der Angeklagte verteidigt, gilt § 145 a Abs 1 und Abs 2 StPO; der Angeklagte wird von der Entscheidung in einem solchen Fall **formlos unterrichtet** (§ 145 a Abs 3 StPO). Der **Staatsanwaltschaft** wird der Eröffnungsbeschluss nach § 35 Abs 2 StPO, § 41 StPO bekannt gemacht, dem **Nebenkläger** über § 397 Abs 1 S 5 StPO nach eben dieser Vorschrift und dem Privatkläger nach § 385 Abs 1 S 2 StPO. Erziehungsberechtigte und gesetzliche Vertreter jugendlicher Angeklagter sind nach § 67 Abs 2 JGG zu unterrichten.

5 Auf die Zustellung des Eröffnungsbeschlusses kann **verzichtet** werden, etwa durch Unterlassen eines Aussetzungsantrags in der Hauptverhandlung (BGHSt 15, 40, 45; KK-StPO/Gmel StPO § 215 Rn 2 mwN; **aA** SK-StPO/Schlüchter StPO § 215 Rn 10: dies wäre keine ordnungsgemäße Wiederholung des fehlerhaften Verfahrensvorgangs).

6 Unterbleibt entgegen § 215 StPO eine Zustellung, kann dieser Mangel durch die Bekanntmachung des Eröffnungsbeschlusses **in der Hauptverhandlung** geheilt werden (Meyer-Goßner StPO § 215 Rn 5). Eine unterlassene Zustellung ist kein Verfahrenshindernis (BGHSt 33, 183, 186).

7 Ob eine Anklageschrift, die entgegen § 207 Abs 3 StPO nicht dem **die ursprüngliche Anklage abändernden Eröffnungsbeschluss** entspricht, nach S 2 dem Angeklagten gleichwohl zuzustellen ist, ist fraglich. Richtigerweise ist die Frage zu bejahen, da nur so praktikable Ergebnisse zu erzielen sind. Dementsprechend ist nach der Verlesung der Anklageschrift in der Hauptverhandlung durch den Vorsitzenden auf die Divergenz zum Eröffnungsbeschluss hinzuweisen (KK-StPO/Gmel StPO § 215 Rn 3).

8 Mit der **Revision** kann das Unterbleiben einer Benachrichtigung **nicht angegriffen** werden (Meyer-Goßner StPO § 215 Rn 8). Allerdings kann als Verletzung von § 338 Nr 8 StPO gerügt werden, dass ein aufgrund der nicht erfolgten Zustellung gestellter Aussetzungsantrag zu Unrecht zurückgewiesen wurde (Meyer-Goßner StPO § 215 Rn 8 mwN; KK-StPO/Gmel StPO § 216 Rn 4). An der Beschränkung der Verteidigung fehlt es allerdings, wenn der Aussetzungsantrag verworfen wurde, nachdem die zugestellte Anklage **unverändert** zur Hauptverhandlung zugelassen, der Eröffnungsbeschluss aber nicht zugestellt worden war. Die Revision bleibt dann ohne Erfolg.

§ 216 [Ladung des Angeklagten]

(1) ¹**Die Ladung eines auf freiem Fuß befindlichen Angeklagten geschieht schriftlich unter der Warnung, daß im Falle seines unentschuldigten Ausbleibens seine Verhaftung oder Vorführung erfolgen werde.** ²**Die Warnung kann in den Fällen des § 232 unterbleiben.**

(2) ¹**Der nicht auf freiem Fuß befindliche Angeklagte wird durch Bekanntmachung des Termins zur Hauptverhandlung gemäß § 35 geladen.** ²**Dabei ist der Angeklagte zu befragen, ob und welche Anträge er zu seiner Verteidigung für die Hauptverhandlung zu stellen habe.**

Überblick

Wenn nicht auf die Ladung verzichtet wurde (Rn 5), ist der nicht inhaftierte Angeklagte durch Zustellung (Rn 4) zu Beginn der Hauptverhandlung – aber nicht zu Fortsetzungsterminen (Rn 1) – zu laden (Rn 3). Zwangsmittel können nur nach vorangegangener Warnung verhängt werden (Rn 6). Der inhaftierte oder untergebrachte Angeklagte wird in der Regel durch Zustellung an den Anstaltsleiter geladen (Rn 7); er wird von Anstaltsbediensteten zu Anträgen befragt (Rn 8). Mängel der Ladung führen zur Unanwendbarkeit von Zwangsmitteln (Rn 9).

A. Allgemeines

Die **Ladung des Angeklagten** und die hierbei erforderlichen **Warnungen** gegenüber diesem werden in der Vorschrift normiert. Abs 2 regelt daneben die Ladung des inhaftierten Angeklagten und deren Umstände. § 216 StPO gilt **nicht** für die **Fortsetzungstermine** einer unterbrochenen Hauptverhandlung (SK-StPO/Schlüchter StPO § 216 Rn 2). Hier wird gem. § 35 Abs 1 StPO durch Verkündung geladen (vgl BGHR StPO § 216 Abs 1 Fortsetzungstermin 1). Wird hingegen erst nachträglich zu Fortsetzungsterminen geladen, muss der Angeklagte, der naturgemäß ansonsten vom Termin nichts wissen kann, geladen werden, was formlos, ja sogar fernmündlich, geschehen kann (KK-StPO/Gmel StPO § 215 Rn 9; **aA** BGH NStZ 1984, 41 m abl Anm Hilger; BVerfG NStZ 1993, 90); ein Aktenvermerk hierüber ist nicht Voraussetzung einer wirksamen Ladung. Erscheint der Angeklagte, dem ein Fortsetzungstermin ordnungsgemäß verkündet worden war, nicht zur Fortsetzungsverhandlung, kann gleichwohl ein weiterer Termin erneut in der Hauptverhandlung verkündet werden, insbes, wenn der Angeklagte verteidigt ist (so zu letzterem BGH NStZ 1988, 421, 422).

Auch der vom Erscheinen gem § 233 StPO **entbundene Angeklagte** hat das **Recht darauf,** in der Hauptverhandlung zugegen zu sein (BGHSt 12, 367, 371). Ihm ist daher die Möglichkeit zu geben, von dem Termin Kenntnis zu nehmen, so dass auch er zu laden ist. Allerdings bedarf es der Warnung nach Abs 1 in diesem Fall nicht (Meyer-Goßner StPO § 233 Rn 19). Stattdessen ist sinnvoller Weise die Entbindung von der Pflicht zu erscheinen zu wiederholen (RiStBV 120 Abs 3 S 2).

B. Erläuterungen

Nach Abs 1 wird der **nicht inhaftierte Angeklagte** schriftlich geladen. Die Aushändigung einer schriftlich fixierten Ladung soll es dem Angeklagten ermöglichen, sich ohne weiteres über Ort und Zeit der Hauptverhandlung Kenntnis zu verschaffen. Keine Ladung iSv Abs 1 stellt es daher dar, die Terminsnachricht dem Angeklagten nur zu zeigen, auch wenn die Kenntnisnahme von diesem quittiert wurde (BayObLG NJW 1962, 1928; SK-StPO/Schlüchter StPO § 216 Rn 5).

Die Ladung ist gem. § 35 Abs 2 S 1 StPO **förmlich zuzustellen**, gegebenenfalls durch Niederlegung, da sie die Entscheidung über die Terminierung enthält (KK-StPO/Gmel StPO § 216 Rn 3). Sie setzt die Ladungsfrist nach § 217 Abs 1 StPO in Lauf. Aufgrund der förmlichen Zustellung kann die Einhaltung der Ladungsfrist gem § 217 StPO nachgewiesen werden. Ohne den Nachweis der Ladung können Zwangsmittel wegen unentschuldigten Fernbleibens nicht angewandt werden. Wenn der Angeklagte nicht verteidigt ist, empfiehlt es sich, zugleich mit formlosem Brief zu laden, um auch diejenigen vom Termin in Kenntnis zu setzen, die von förmlichen Zustellungen nicht erreicht werden. Die förmliche Zustellung kann so aber nicht ersetzt werden. Hat der Verteidiger eine Zustellungsvollmacht, kann gem. § 145 a Abs 2 StPO auch an diesen zugestellt werden (Meyer-Goßner StPO § 216 Rn 1).

Auf die Ladung kann **verzichtet** werden. Das kann auch nachträglich geschehen, indem der nicht ordnungsgemäß geladene, aber gleichwohl erschienene Angeklagte sich in der Hauptverhandlung rügelos zur Sache einlässt (Meyer-Goßner StPO § 216 Rn 3 mwN).

Die in **Abs 1** genannte **Warnung** ist **Voraussetzung dafür,** dass gegen einen nicht erschienenen Angeklagten **Zwangsmittel** der angedrohten Art gem § 230 Abs 2 StPO verhängt werden dürfen (OLG Hamm v 14. 10. 2008 – Az 3 Ws 357/08 Rn 9; vgl OLG Zweibrücken StV 1992, 101, 102: Ladung und Warnung sollen zeitgleich in einem Vorgang erfolgen). Die Beifügung der Warnung ist auch bei wiederholter Ladung oder Umladung des Angeklagten notwendig, der Verweis auf frühere Warnungen reicht nicht aus (OLG Hamm v. 14. 10. 2008 – Az 3 Ws 357/08 Rn 9, 12 –). Soll ohnehin in Abwesenheit des Angeklagten verhandelt werden, kann die Warnung nach Abs 1 S 2 unterbleiben. Stattdessen ist ein Hinweis nach § 232 Abs 1 S 1 StPO zu erteilen. Entsprechendes gilt für die Hauptverhandlungen, in denen die Verwerfung eines Rechtsbehelfs des Angeklagten bei dessen Nichterscheinen in der Hauptverhandlung gesetzlich vorgesehen ist, so bei der Berufungshauptverhandlung nach § 329 Abs 1 StPO und im Strafbefehlsverfahren gem § 412 StPO. Ist der Angeklagte im Ausland zu laden, unterbleibt die Androhung der Zwangsmaßnahmen, also auch die Warnung nach Abs 1 S 1 (Meyer-Goßner StPO § 216 Rn 4; **aA** OLG Rostock StRR 2008, 310 mAnm Stephan). Da nach § 387 Abs 3 StPO im Privatklageverfahren nur die Vorführung, nicht aber die Verhaftung des Angeklagten möglich ist, kann und muss vor letzterer auch nicht iSv Abs 1 S 1 Alt 1 gewarnt werden. In Fällen des § 233 StPO unterbleibt eine Warnung (SK-StPO/Schlüchter StPO 216 Rn 10).

7   Abs 2 verweist für den **nicht auf freiem Fuß befindlichen Angeklagten** auf § 35 StPO. Sonach ist ihm die Ladung in aller Regel nach § 35 Abs 2 S 1 StPO zuzustellen, da hierdurch die Frist des § 217 Abs 1 StPO in Lauf gesetzt wird. Nicht auf freiem Fuß befinden sich neben Inhaftierten auch behördlich Untergebrachte, also schlechthin alle, denen auf gerichtliche oder behördliche Anordnung ihre Freiheit entzogen ist und die dadurch in der Wahl ihres Aufenthaltsortes beschränkt sind (BGHSt 13, 209, 212). Eine Ersatzzustellung durch die Post kommt nicht in Betracht, da bei derartigem Vorgehen die Befragung nach Abs 2 S 2 nicht stattfinden könnte (KK-StPO/Gmel StPO § 216 Rn 6). Dagegen kann an den Leiter der Anstalt, in der sich der Angeklagte befindet, zugestellt werden (§ 37 StPO iVm 178 Abs 1 Nr 3 ZPO). § 145 a Abs 2 StPO findet auch hier Anwendung. Da es der nicht in Freiheit befindliche Angeklagte nicht in der Hand hat, ob und wie er zur Hauptverhandlung erscheint, ist auch eine **Warnung** wie in Abs 1 **fehl am Platze**. Eine entsprechende Regelung fehlt daher in Abs 2. Die Warnung ist (so Meyer-Goßner StPO § 216 Rn 5) nachzuholen, wenn der Angeklagte vor Hauptverhandlungsbeginn auf freien Fuß kommt. Anstelle der Warnung nach Abs 1 ergänzt der Vorsitzende die Ladung allerdings mit einem Vorführbefehl nach § 36 Abs 2 StVollzG, der nach § 214 Abs 1 S 5 StPO weitergeleitet wird.

8   Die **Befragung** nach Abs 2 S 2 StPO soll „bei" Ladung des Angeklagten erfolgen. Das bedeutet, dass sie entweder **zeitgleich mit oder aber unverzüglich nach der Zustellung** zu erfolgen hat (BGH NStZ 2008, 420; KK-StPO/Gmel StPO § 216 Rn 7). Sie wird in der Regel von der Person vorgenommen, die auch die Ladung zugestellt hat, also typischerweise von einem Beamten der JVA. Die Befragung kann aber auch einem anderen Beamten übertragen werden; das Gesetz trifft hierzu keine abschließende Aussage. Wenn Anträge wirksam nur vor einem Urkundsbeamten der Geschäftsstelle gestellt werden können, hat der Angeklagte Anspruch darauf, dass ein solcher seine Anträge entgegennimmt, ansonsten nicht (Meyer-Goßner StPO § 216 Rn 7; KK-StPO/Gmel StPO § 216 Rn 7). Allerdings müssen etwaige Anträge jedenfalls protokolliert werden (LG Potsdam StV 2006, 574). Wird die Ladung des nicht auf freiem Fuß befindlichen Angeklagten an einen bevollmächtigten Verteidiger nach § 145 a Abs 2 StPO förmlich zugestellt, ist die Befragung nicht notwendig, da die Ermächtigung nach § 145 a Abs 2 StPO als Verzicht darauf anzusehen ist (BGH NJW 2008, 1604; Meyer-Goßner StPO § 216 Rn 7).

9   Hat eine Ladung **Mängel**, etwa indem Ort oder Zeit der Hauptverhandlung nicht korrekt angegeben sind, **können etwa angedrohte Zwangsmittel nicht angewendet** werden. Dies gilt auch dann, wenn Ort und Zeit durch Nachfragen hätten herausgefunden werden können (KK-StPO/Gmel StPO § 216 Rn 10 mwN). Die Mängel der Ladung schlagen also nur im Falle des Ausbleibens des Angeklagten durch. Ist er erschienen, obwohl etwa die Warnung des Abs 1 der Ladung nicht beigefügt war, kann die Hauptverhandlung durchgeführt werden. Gleiches gilt, wenn die fehlende Zustellung nicht vor der Einlassung zur Sache gerügt wird. Bei mangelhafter Ladung können im Übrigen auch Berufungen oder Einsprüche gegen Strafbefehle nicht verworfen werden. Voraussetzung ist indes stets, dass das Ausbleiben des Angeklagten auch kausal auf dem Mangel der Ladung beruht (OLG Stuttgart NStZ-RR 2005, 319, 320).

10 Mit der **Revision** können nur Mängel der Ladung erfolgreich geltend gemacht werden, die **zuvor** bereits in der **Hauptverhandlung** gerügt worden waren (Meyer-Goßner StPO § 215 Rn 9 mwN). Wird ein Angeklagter irrtümlich statt zur Strafkammer zum Schöffengericht geladen, glaubt, nun eine zweite Tatsacheninstanz zu haben, und hält deswegen Verteidigungsvorbringen zurück, kann er ein Urteil mit einer **Aufklärungsrüge** wegen Unterbleibens einer Beweiserhebung von Amts wegen nur erfolgreich anfechten, wenn sich die

Beweiserhebung auch ohne das Vorbringen des Angeklagten hätte aufdrängen müssen (BGHSt 16, 389, 391; **aA** SK-StPO/Schlüchter StPO § 216 Rn 23). Unterbleibt eine Befragung nach Abs 2 S 2, kann dies für sich genommen den Angekl nicht in seiner Verteidigung behindern, da seine prozessualen Rechte während der Hauptverhandlung erhalten bleiben. Insbesondere zwingt ein Verstoß gegen Abs 2 nicht zur Verfahrensaussetzung (BGH NStZ 2008, 420).

§ 217 [Ladungsfrist]

(1) **Zwischen der Zustellung der Ladung (§ 216) und dem Tag der Hauptverhandlung muß eine Frist von mindestens einer Woche liegen.**
(2) **Ist die Frist nicht eingehalten worden, so kann der Angeklagte bis zum Beginn seiner Vernehmung zur Sache die Aussetzung der Verhandlung verlangen.**
(3) **Der Angeklagte kann auf die Einhaltung der Frist verzichten.**

Überblick

Die verlängerbare (Rn 3) Zwischenfrist (Rn 2) ist auch dann einzuhalten, wenn der Termin verlegt wird (Rn 4). Sie ist auch in der Berufungsinstanz zu beachten (Rn 5), aber auch dort nicht bei Fortsetzungsterminen (Rn 6). Die Nichteinhaltung gibt das Recht, die Verfahrensaussetzung zu verlangen (Rn 7), es sei denn, der Angeklagte hat auf die Fristverlängerung verzichtet (Rn 8). Der Angeklagte muss auch dann zum Termin erscheinen, wenn die Frist nicht eingehalten wurde (Rn 9).

A. Allgemeines

Die Vorschrift korrespondiert mit dem **Grundsatz des fairen Verfahrens**. Dem Angeklagten soll die Möglichkeit gegeben werden, sich angemessen auf die Hauptverhandlung **vorzubereiten** (BGHSt 24, 143, 146). Zugleich liegt es aber im Ermessen des Angeklagten, ob er hiervon Gebrauch macht. Über § 218 StPO gilt die Norm auch für den Verteidiger. Gegenüber den übrigen Prozessbeteiligten ist keine bestimmte Ladungsfrist einzuhalten (Meyer-Goßner StPO § 217 Rn 1). 1

B. Erläuterungen

In Abs 1 ist zunächst die **Ladungsfrist von 1 Woche** normiert. Nach dem gesetzlichen Wortlaut handelt es sich dabei um eine **Zwischenfrist**, bei deren Berechnung der Zustellungstag und der Tag der Hauptverhandlung nicht mitzählen. § 43 Abs 2 StPO ist hier nicht anzuwenden (KK-StPO/Gmel StPO § 217 Rn 5). Dass die Ladungsfrist eingehalten wurde, bedeutet aber nicht automatisch, dass ein Nichterscheinen unentschuldigt ist. Vor allem eine Zustellung der **Ladung weit vor dem Termin** kann zur Folge haben, dass ein Angeklagter entschuldigt fehlt, weil er den Termin inzwischen nachvollziehbar vergessen hatte (OLG Saarbrücken NStZ 1991, 147). Das Unterbleiben einer Befragung nach § 216 Abs 2 S 2 StPO hindert die Wirksamkeit der Ladung nicht (vgl § 216 StPO Rn 8 u Rn 10). 2

Die Frist kann auf **Antrag des Angeklagten verlängert** werden, wenn entweder objektive oder aber persönliche Gründe einer Einhaltung entgegenstehen. Diese können darin liegen, dass bspw mehrere arbeitsfreie Tage in die Wochenfrist fallen (KK-StPO/Gmel StPO § 217 Rn 5), dass die Anklage besonders umfangreich oder schwierig ist oder dass der Angeklagte aus Krankheitsgründen daran gehindert ist, sich auf die Hauptverhandlung vorzubereiten (KK-StPO/Gmel StPO § 217 Rn 1). Hier hat der Vorsitzende, dem die Terminsbestimmung gem. § 213 StPO obliegt, zwischen den Interessen des Angeklagten auf Verlegung des Termins und dem Grundsatz der zügigen Verfahrensführung abzuwägen. Eine Höchstfrist besteht indes nicht (KK-StPO/Gmel StPO § 217 Rn 1). 3

Wird der ursprünglich angesetzte Termin **verlegt**, ist wie folgt zu differenzieren: Auch eine **Vorverlegung** erfordert die Einhaltung der Wochenfrist vom Tag der neuen Ladung bis zum neuen Termin (RGSt 25, 74; RGSt 65, 113), es sei denn, der Termin ist lediglich auf 4 eine frühere Stunde desselben Tags verlegt worden (OLG Saarbrücken NStZ 1991, 147), dann erscheint eine Beeinträchtigung der Verteidigungsmöglichkeiten ausgeschlossen. Wird die **Hauptverhandlung auf einen späteren Termin verschoben**, muss die Wochenfrist vom Tag der Verlegung zum neuen Termin nicht noch einmal eingehalten werden, da dem Angeklagten von der ursprünglichen Ladung bis zum zunächst angesetzten Termin bereits mindestens eine Woche Zeit hatte, um sich vorzubereiten (BayObLG NJW 1962, 1928).

5   Auch in der **Berufungsinstanz** ist die Vorschrift anzuwenden, auch nach Zurückverweisung auf die Revision hin (Meyer-Goßner StPO § 217 Rn 3 mwN). Im **Revisionsverfahren** gilt sie aufgrund dessen grundsätzlich anderen Verfahrensablaufs indes nicht (Meyer-Goßner StPO § 217 Rn 3 mwN). Im beschleunigten Verfahren gilt § 418 Abs 2 S 3 StPO.

6   Dauert die **Hauptverhandlung länger als einen Termin**, ist die Ladungsfrist nur für die Zeit zwischen Ladung und Hauptverhandlungsauftakt maßgeblich. Zu späteren Terminen nach Unterbrechung ist eine förmliche Ladung **nicht von Nöten**, so dass auch keine Ladungsfrist einzuhalten ist (BGH/Becker NStZ-RR 2003, 98). Anderes gilt allenfalls dann, wenn dem Angeklagten bereits der erste Termin nicht bekannt war (BGHSt 24, 143, 145). Ist die Hauptverhandlung ausgesetzt worden und beginnt von Neuem, ist bei der Ladung die Ladungsfrist erneut einzuhalten (KK-StPO/Gmel StPO § 217 Rn 3 mwN).

7   Wenn die Ladungsfrist **nicht** eingehalten wurde, besteht nach Abs 2 für den Angeklagten die Möglichkeit, bis zur Einlassung zur Sache die **Aussetzung des Verfahrens** zu verlangen. Ein Verstoß gegen § 216 Abs 2 StPO zwingt allerdings regelmäßig nicht zur Verfahrensaussetzung (BGH NStZ 2008, 420). Nach § 228 Abs 3 StPO soll der Angeklagte über dieses Recht belehrt werden. Da das Gesetz nur dem Angeklagten das Recht zuspricht, die Aussetzung zu verlangen, kann dessen **Verteidiger dies aus eigenem Recht nicht tun**, sondern nur, wenn er hierzu bevollmächtigt ist, was aber in der Sache keinen wesentlichen Unterschied macht. Der Antrag kann auch vor Beginn der Hauptverhandlung schriftlich gestellt werden; des persönlichen Erscheinens in der Hauptverhandlung bedarf es nicht (BGHSt 24, 143, 151). Der Antrag auf Aussetzung ist zugleich als Antrag auf Terminsverlegung anzusehen (Löwe/Rosenberg/Gollwitzer StPO § 217 Rn 8). **Dem Aussetzungsverlangen ist, wenn es begründet ist, zu entsprechen**; ein Ermessen seitens des Gerichts besteht hier nicht (Meyer-Goßner StPO § 217 Rn 7 mwN). Eine ablehnende, aber nicht begründete Entscheidung kann die Besorgnis der Befangenheit begründen (AG Homburg NStZ-RR 1996, 110). Dass das Gericht über den Antrag generell durch Beschluss zu entscheiden hat (so BayObLGSt 1987, 55, 56), vermag nicht recht zu überzeugen. Eine antragsgemäße Entscheidung dürfte auch dann Bestand haben, wenn sie, was angesichts der gesetzlichen Zuständigkeitsregelung für die Terminierung – vgl § 213 StPO – nahe läge, als Vorsitzendenverfügung ergeht.

8   Auf die **Einhaltung der Ladungsfrist** kann nach dem Wortlaut des Abs 3 nur der Angeklagte, nicht aber dessen Verteidiger – es sei denn, dieser ist hierzu ermächtigt (vgl hierzu BGHSt 12, 367, 370) – **verzichten**. Um auf das Recht der Einhaltung der Ladungsfrist verzichten zu können, muss der Angeklagte es zunächst **kennen** (OLG Hamburg NJW 1967, 456, anders aber BGHSt 24, 143, 147). Allerdings ist eine Kenntnis des Rechts auf Einhaltung der Ladungsfrist bereits dann anzunehmen, wenn dem Angeklagten bekannt ist, dass die Hauptverhandlung nicht unmittelbar nach Zustellung der Ladung beginnen darf (KK-StPO/Gmel StPO § 217 Rn 8 mwN). Der Verzicht ist **unwiderruflich**. Er muss nicht ausdrücklich, sondern kann auch durch schlüssiges Handeln erklärt werden (Meyer-Goßner StPO § 217 Rn 10). Das besteht allerdings nicht schon darin, dass der über sein Recht nach § 228 Abs 3 StPO nicht belehrte Angeklagte keinen Aussetzungsantrag stellt, es sei denn, er ist verteidigt (vgl hierzu Löwe/Rosenberg/Gollwitzer StPO § 217 Rn 11). Anders stellt es sich dar, wenn der Angeklagte zu verstehen gibt, er wünsche eine zügige Fortsetzung des Verfahrens (Löwe/Rosenberg/Gollwitzer StPO § 217 Rn 11).

9   Die Pflicht des Angeklagten, zum Termin zu erscheinen, bleibt von dem Recht auf Einhaltung der Ladungsfrist unberührt. Dies bedeutet, dass der **Angeklagte**, gleich ob über seinen Antrag auf Aussetzung nach Abs 2 noch nicht entschieden wurde, oder ob er einen solchen noch gar nicht gestellt hat, **zur Hauptverhandlung zunächst zu erscheinen hat**, möchte er die üblichen Folgen des Nichterscheinens, etwa eine Berufungsverwerfung nach § 329 Abs 1 StPO, vermeiden (BGH NJW 1971, 1278, 1280). Die Einhaltung der Ladungsfrist ist also ebenso wenig zwingende Voraussetzung für die Verhängung von Zwangsmitteln

gegen den ausbleibenden Angeklagten, wie für die Verwerfung von Berufung und Einspruch (so auch KK-StPO/Gmel StPO § 217 Rn 9). Allerdings kann die Nichteinhaltung der Ladungsfrist das Ausbleiben des Angeklagten entschuldigen, weshalb Zwangsmaßnahmen tunlichst unterbleiben sollten (so auch SK-StPO/Schlüchter StPO § 217 Rn 12); sie kann auch eine Widereinsetzung wegen der Säumnis in der Hauptverhandlung begründen (OLG Brandenburg v 3. 12. 2008 – Az 1 Ws 235/08 –). Im Übrigen kann ein Angeklagter, der trotz einer nicht fristgerechten Ladung zum Termin noch am selben Tag vorgeführt wird, die Aussetzung des Verfahrens verlangen, so dass die Vorführung ins Leere ginge. Liegt bereits ein schriftlicher, in der Sache begründeter Aussetzungsantrag vor, kommen Zwangsmittel nicht in Betracht, da sie unverhältnismäßig wären.

Auf die Nichteinhaltung der Ladungsfrist kann eine **Revision nicht gestützt** werden, und zwar auch nicht, wenn die Belehrung nach § 228 Abs 3 StPO unterblieben ist (Meyer-Goßner StPO § 217 Rn 12 mwN; **aA** im Ergebnis SK-StPO/Schlüchter StPO § 21, 22). Anders allerdings verhält es sich mit der fehlerhaften Ablehnung eines fristgerecht gestellten und begründeten Aussetzungsantrags nach Abs 2. Hier kann ein Revisionsgrund nach § 338 Nr 8 StPO bestehen (KK-StPO/Gmel StPO § 217 Rn 10). 10

§ 218 [Ladung des Verteidigers]

¹Neben dem Angeklagten ist der bestellte Verteidiger stets, der gewählte Verteidiger dann zu laden, wenn die Wahl dem Gericht angezeigt worden ist. ²§ 217 gilt entsprechend.

Überblick

Der Pflicht- (Rn 2) wie der Wahlverteidiger (Rn 3) ist förmlich (Rn 4) zu laden, wenn auch der Angeklagte geladen werden muss; Gleiches gilt für andere Verfahrensbeteiligte entsprechend (Rn 1). Auf die Ladung kann verzichtet werden (Rn 5). Auch gegenüber dem Verteidiger ist die gesetzliche Ladungsfrist einzuhalten (Rn 6); ist dies nicht geschehen, hat auch der Verteidiger das Recht, einen Aussetzungsantrag zu stellen (Rn 7). Unterbleibt eine Ladung, kann dies die Revision begründen (Rn 8).

Übersicht

	Rn		Rn
A. Allgemeines	1	B. Erläuterungen	2

A. Allgemeines

In der Vorschrift kommt zum Ausdruck, dass nicht nur der Angeklagte, sondern auch sein **Verteidiger** – gleich ob Wahl- oder Pflichtverteidiger – **zu einer Hauptverhandlung zu laden** ist, vorausgesetzt, auch der Angeklagte ist zu laden (SK-StPO/Schlüchter StPO § 218 Rn 4). Über § 434 Abs 1 S 2, Abs 2 StPO ist sie auch auf den Vertreter eines Einziehungsbeteiligten, über § 442 Abs 1, Abs 2 S 1 StPO auf den Vertreter eines Verfallsbeteiligten, über § 378 StPO, § 397a Abs 1 StPO auf den Vertreter des Privatklägers und über § 444 Abs 1, Abs 2 S 2 StPO auf den Vertreter einer juristischen Person oder einer Personenvereinigung anzuwenden. Nach einer vornehmlich in der Rechtsprechung vertretenen Ansicht ist in entsprechender Anwendung der Vorschrift auch ein Nebenklagevertreter zu laden (OLG Karlsruhe VRS 50, 119, 210; OLG Celle MDR 1966, 256; KK-StPO/Gmel StPO § 218 Rn 1). Nach § 397 Abs 2 S 3 StPO in der Form des 2. OpferrechtsreformG ist er indes vom Hauptverhandlungstermin lediglich zu benachrichtigen. 1

B. Erläuterungen

Der **Pflichtverteidiger** ist stets **von Amts wegen** zu laden, solange seine Bestellung nicht widerrufen wurde. Dabei ist ohne Belang, ob die Voraussetzungen der Bestellung noch 2 vorliegen oder nicht. Entscheidend kommt es darauf an, ob die Bestellung noch besteht oder nicht.

3   Unter der Voraussetzung, dass der **Wahlverteidiger** seine **Wahl dem Gericht angezeigt** hat, ist auch der Wahlverteidiger von Amts wegen zu laden. Die Anzeige kann gegenüber dem Gericht oder bereits zuvor der Polizeibehörde oder der Staatsanwaltschaft gegenüber erfolgt sein; wesentlich ist, dass sie zum Zeitpunkt der Ladung dem Gericht vorlag. Sie ist **nicht formgebunden**, muss aber in ihrem Inhalt eindeutig erkennen lassen, dass der Verteidiger vom Angeklagten oder sonst einem Berechtigten gewählt wurde (KK-StPO/ Gmel StPO § 218 Rn 3). Die Vorlage einer Vollmacht ist dementsprechend nicht nötig (BGHSt 36, 259; BGHR StPO § 218 Ladung 1). Letztlich kann eine Anzeige auch **konkludent** erfolgen, etwa, indem der Verteidiger in Gegenwart des Angeklagten ohne dessen Widerspruch vor Gericht auftritt (KK-StPO/Gmel StPO § 218 Rn 3; OLG Köln DAR 1982, 24). Liegen die Voraussetzungen einer Zurückweisung (§ 146a Abs 1 StPO) oder eines Ausschlusses des Verteidigers (§§ 138a StPO ff) vor, wird die Ladung zurückgestellt, bis das Gericht über die Zurückweisung oder den Ausschluss befunden hat (SK-StPO/Schlüchter StPO § 218 Rn 7). Ob der Angeklagte selbst von der Pflicht des persönlichen Erscheinens entbunden wurde, ist für die Pflicht, den Verteidiger zu laden, unerheblich (Meyer-Goßner StPO § 218 Rn 4). Hat der Angeklagte zulässigerweise **mehrere Verteidiger**, müssen alle geladen werden (BGHSt 36, 259, 260). Anderes ergibt sich dann, wenn mittels Vollmachtformular mehrere Anwälte einer **Kanzlei** bevollmächtigt sind; in diesem Fall reicht es in der Regel aus, wenn derjenige geladen wird, der die Verteidigung angezeigt hat (Meyer-Goßner StPO § 218 Rn 5 mwN; KK-StPO/Gmel StPO § 218 Rn 4; BGHR StPO § 218 Ladung 7: auch bei einer Bürogemeinschaft reicht eine Ladung an alle mandatierten Anwälte aus). Auch ein nur mit Untervollmacht ausgestatteter Anwalt muss nicht gesondert geladen werden; hier kann das Gericht davon ausgehen, dass der eigentliche Wahlverteidiger den mit Untervollmacht ausgestatteten Vertreter über den Termin in Kenntnis setzt (BGHR StPO § 218 Ladung 3).

4   Grundsätzlich ist auch der Verteidiger **förmlich zu laden**; ist dies aufgrund später Anzeige der Wahl nicht mehr möglich, kann auch eine formlose, gegebenenfalls mündliche Terminsmitteilung ausreichen (KK-StPO/Gmel StPO § 218 Rn 5). Die Ladung ist im Sinne von S 1 bewirkt, wenn sie der Verteidiger **bei Beginn der Hauptverhandlung** erhalten hat (Meyer-Goßner StPO § 218 Rn 7). Die Ladung wird nicht dadurch entbehrlich, dass der Verteidiger die Möglichkeit hatte, von dem noch bevorstehenden Termin durch Akteneinsicht zu erfahren (BGH NStZ 1995, 298, 299). Auch die **Unterrichtung** eines bereits gewählten oder bestellten Verteidigers durch den Mandanten kann die Ladung nicht ersetzen. Ob eine aktenkundig gemachte Terminskenntnis des Verteidigers die Ladung ersetzt, ist strittig (dagegen Meyer-Goßner StPO § 218 Rn 8 und KK-StPO/Gmel StPO § 218 Rn 6, jeweils mwN; dafür OLG Hamburg MDR 1972, 168 und OLG Hamm NJW 1969, 705). Letztlich kommt es hier auf den Einzelfall an. Ist der Aktennotiz zugleich ein Verzicht auf die Ladung zu entnehmen, ist eine gesonderte Ladung jedenfalls entbehrlich. Im Zweifelsfall reicht ein zu den Akten gegebener Vermerk, der Verteidiger kenne den Termin, nicht aus, um den gesetzlichen Erfordernissen zu genügen. Bei einem **über mehrere Tage dauernden Hauptverhandlungstermin** reicht die Ladung zum ersten Verhandlungstag aus; weitere Termine können in der Hauptverhandlung vom Vorsitzenden mündlich bekannt gegeben werden (BGHR StPO § 218 Ladung 4).

5   Ein **Verzicht** auf die Ladung kann vom Verteidiger – auch durch schlüssiges Handeln – erklärt werden. Ein solcher Verzicht ist beispielsweise in der zusammen mit der Verteidigungsanzeige zu Gericht gegebenen Mitteilung des Verteidigers zu sehen, er habe vom Termin Kenntnis (OLG Hamm NJW 1955, 233), oder in einem Vertagungsantrag (Meyer-Goßner StPO § 218 Rn 9). Der Angeklagte muss dem Verzicht nicht zustimmen (BGHSt 18, 396, 397). Vor der Hauptverhandlung kann der Angeklagte daher auch nicht wirksam auf eine Ladung seines Verteidigers verzichten (KK-StPO/Gmel StPO § 218 Rn 7). Problematisch ist ein vom Angeklagten für den in der Hauptverhandlung nicht erschienenen Verteidiger dort erklärter Verzicht. Nach ganz **hM** ist ein solcher Verzicht möglich, sofern es sich nicht um einen Fall der notwendigen Verteidigung handelt, vorausgesetzt, der Angeklagte weiß, dass der Verteidiger nicht ordnungsgemäß geladen wurde, und äußert sich eindeutig (BGHSt 36, 259, 261). Der **bloßen rügelosen Einlassung** des Angeklagten oder dem

Unterlassen eines Aussetzungsantrags ist ein **Verzicht regelmäßig nicht** zu entnehmen (BGHR StPO § 218 Ladung 1; BGH NStZ 2006, 461, 462). Ein Verzicht setzt nämlich die Kenntnis des Angeklagten voraus, dass sein Verteidiger nicht geladen wurde und er deshalb die Aussetzung beantragen kann (BGHR StPO § 218 Ladung 1). Die prozessuale Fürsorgepflicht kann eine Ladung des Verteidigers trotz Verzichts des Angeklagten gebieten (KK-StPO/Gmel StPO § 218 Rn 7; SK-StPO/Schlüchter StPO § 218 Rn 20). Hat der Angeklagte mit einem seiner Verteidiger eine Prozessstrategie so festgelegt, dass die Mitwirkung eines bislang inaktiv gebliebenen weiteren Anwalts die Verteidigungschancen nicht mehr hätte erhöhen können, kann in dem Verhalten des Angeklagten ein Verzicht auf die Ladung des weiteren Verteidigers gesehen werden (BGHR StPO § 218 Ladung 6 für den Fall der Vorlage eines verfahrensverkürzenden Geständnisses).

Nach **S 2** ist § 217 StPO auch auf die Ladung des Verteidigers anzuwenden. Auch ihm gegenüber ist die **Ladungsfrist** einzuhalten. Hat ein Verteidiger, wie in der Praxis durchaus nicht selten, seine Mandatierung erst im Laufe der gegenüber dem Angeklagten einzuhaltenden Ladungsfrist dem Gericht angezeigt, etwa weil der Angeklagte ihn überhaupt erst nach Erhalt der Ladung beauftragt hat, so ist er zwar auch noch zu laden, der Termin muss aber nicht verlegt werden (BGH NJW 1963, 1114). Ziel der Verweisung des S 2 ist es nicht, eine einmal fristgerecht erfolgte Terminierung zunichte zu machen, sondern einem Verteidiger als **Organ der Rechtspflege** eine von dem Angeklagten **unabhängige Position** zu verschaffen. Hier wie auch in Fällen der kurzfristigen Ladung eines Pflichtverteidigers gilt, dass ein prozessordnungsgemäßes Verhalten des Gerichts nicht zu einer Terminsverlegung nötigt. Auch hat der Verteidiger in solchen Fällen keinen Anspruch auf Aussetzung (vgl KK-StPO/Gmel StPO § 218 Rn 11). In Fällen notwendiger Verteidigung bleibt § 145 Abs 2 und 3 StPO aber anwendbar. 6

Liegen die Voraussetzungen des § 217 StPO vor, hat der Verteidiger das Recht, einen **Aussetzungsantrag** zu stellen. Nur er kann entscheiden, ob er von diesem Recht Gebrauch machen will oder nicht (BGHSt 18, 396). Vor der Hauptverhandlung kann der Verteidiger gegenüber dem Gericht schriftlich einen Aussetzungsantrag stellen; die mündliche Bitte um Aussetzung gegenüber dem Vorsitzenden genügt nicht (Meyer-Goßner StPO § 218 Rn 12 mwN). Wenn der Verteidiger zu Beginn der Hauptverhandlung anwesend ist, hat er einen Aussetzungsantrag bis zur Vernehmung des Angeklagten zur Sache zu stellen, § 217 Abs 2 StPO. Erscheint der Verteidiger erst danach, kann er gleichwohl einen Aussetzungsantrag stellen, muss dies aber unverzüglich tun (KK-StPO/Gmel StPO § 218 Rn 8). Ab dem **Beginn der Urteilsverkündung** kann kein Aussetzungsantrag mehr gestellt werden (Meyer-Goßner StPO § 218 Rn 14). Der nicht geladene Verteidiger kann einen Aussetzungsantrag grundsätzlich auch dann stellen, wenn der Angeklagte bereits durch einen zweiten Verteidiger vertreten ist. Über den Antrag hat das Gericht zu entscheiden. Anders als bei einem Aussetzungsantrag des Angeklagten muss das Gericht bei Vorliegen der Voraussetzungen des § 217 StPO dem Antrag des Verteidigers nicht stattgeben. So kann der Antrag abgelehnt werden, wenn dem Verteidiger zwischen den Sitzungstagen einer längeren Verhandlung genügend Zeit bleibt, sich vorzubereiten (BGH/Pfeiffer NStZ 1983, 209), oder wenn der nicht geladene Verteidiger zu einem Zeitpunkt, zu dem eine Ladung noch rechtzeitig gewesen wäre, zuverlässig vom Termin Kenntnis erhalten hat (BGHSt 36, 259, 261). **Nicht ausreichend**, um den Aussetzungsantrag zurückzuweisen, ist es hingegen, dass der Verteidiger den Termin hätte kennen können (BGHSt 36, 259, 261; BGH NStZ 1995, 298, 299). Wenn eine Aussetzung trotz sicherer Kenntnis eines Aussetzungsgrundes an mehreren Verhandlungstagen nicht beantragt wird, kommt eine Verwirkung des Aussetzungsrechts in Betracht (BGH NStZ 2006, 461, 462; BGHR StPO § 218 Ladung 5). Erscheint der Angeklagte allein in der Hauptverhandlung, kann der Verteidiger naturgemäß keinen Aussetzungsantrag stellen. Das Recht hierzu geht dann auf den Angeklagten über. Er muss hierauf gem § 228 Abs 3 StPO hingewiesen werden (Meyer-Goßner StPO § 218 Rn 13; SK-StPO/Schlüchter StPO § 218 Rn 27, 29). 7

Ein nicht durch Verzicht geheilter **Verstoß gegen S 1** führt auf die **Revision** hin grundsätzlich zur **Aufhebung** des Urteils, weil die Verteidigung unzulässig beschränkt wurde (KK-StPO/Gmel StPO § 218 Rn 12 mwN). Dies gilt naturgemäß auch, wenn die Ladung des Verteidigers versehentlich unterblieben ist (in diesem Sinne auch OLG Bamberg NStZ 2008, 84). Ausnahmsweise ist die Revision bei unterlassener Ladung des Verteidigers dann nicht 8 erfolgreich, wenn die Bestellungsanzeige des Verteidigers infolge Falschadressierung erst nach dem Hauptverhandlungstermin bei Gericht eingegangen ist (OLG Stuttgart NJW 2006, 3796, 3797). Es wird regelmäßig nicht auszuschließen sein, dass die Hauptverhandlung in Anwesenheit des Verteidigers für den Angeklagten günstiger verlaufen wäre (BGHSt 36, 259, 262), und zwar auch dann, wenn nur einer von mehreren Verteidigern nicht anwesend war (BGH NStZ 1995, 298). In dem letztgenannten Fall gilt anderes nur, wenn die Aufgaben des abwesenden Verteidigers dem Willen des Angeklagten entsprechend von seinen anderen Verteidigern übernommen wurden (BGH NStZ 2006, 461). Wenn die Festlegung des Angeklagten auf eine mit einem bestimmten Verteidiger zu verwirklichende Verteidigungstaktik im Widerspruch zu dem Beharren auf einem weiteren, auf Grund nachvollziehbarer Würdigung der Verteidigungsverhältnisse nicht zur Hauptverhandlung geladenen, bislang inaktiv gebliebenen Wahlverteidiger steht, kann eine **Verfahrensrüge** wegen Verletzung von § 218 StPO verwirkt sein (BGHR StPO § 218 Ladung 6). Ist der Verteidiger trotz unterbliebener Ladung zum Termin erschienen, kann die Revision nicht auf einen Verstoß gegen § 218 StPO gestützt werden, da das Urteil nicht auf dem Fehler beruhen kann. Liegt der Grund des Nichterscheinens darin, dass der Verteidiger nicht geladen wurde, und stellt der – unverteidigte – Angeklagte mangels Belehrung nach § 238 Abs 3 StPO keinen Aussetzungsantrag, wird das Urteil indes auf diesem Rechtsfehler regelmäßig beruhen (SK-StPO/Schlüchter StPO § 218 Rn 35). Damit der Revisionsantrag den Anforderungen des § 344 Abs 2 S 2 StPO genügt, muss – abgesehen von Fällen der notwendigen Verteidigung – vorgetragen werden, dass der Angeklagte nicht auf die Ladung des Verteidigers (auch konkludent) verzichtet hat (OLG Frankfurt NStZ-RR 2008, 381).

9   Die **Nichteinhaltung der Ladungsfrist** gem § 217 StPO kann mit der **Revision nicht gerügt** werden. Wird ein Aussetzungsantrag zu Unrecht abgelehnt oder gar nicht beachtet, kann ein Revisionsgrund gem § 338 Nr 8 StPO vorliegen, selbst wenn das Gericht den Antrag nicht kannte (vgl BGHR StPO § 218 Ladung 2; Meyer-Goßner StPO § 218 Rn 17 mwN). Eine entsprechende Rüge ist aber außer in Fällen der notwendigen Verteidigung nur zulässig, wenn der Beschwerdeführer vorträgt, dass der nach § 228 Abs 3 StPO belehrte Angeklagte nicht auf die Ladung und Mitwirkung eines Verteidigers verzichtet hat (BGH NStZ-RR 2008, 381).

§ 219 [Beweisanträge des Angeklagten]

(1) ¹Verlangt der Angeklagte die Ladung von Zeugen oder Sachverständigen oder die Herbeischaffung anderer Beweismittel zur Hauptverhandlung, so hat er unter Angabe der Tatsachen, über die der Beweis erhoben werden soll, seine Anträge bei dem Vorsitzenden des Gerichts zu stellen. ²Die hierauf ergehende Verfügung ist ihm bekanntzumachen.

(2) Beweisanträge des Angeklagten sind, soweit ihnen stattgegeben ist, der Staatsanwaltschaft mitzuteilen.

Überblick

Ein Beweisantragsrecht hat nicht nur der Angeklagte, sondern auch weitere Verfahrensbeteiligte (Rn 2). Der Vorsitzende (Rn 3) hat zügig über die Anträge zu entscheiden (Rn 4). Sie können wiederholt gestellt werden (Rn 5). Die Entscheidung ist dem Angeklagten formlos mitzuteilen (Rn 6); unterbleibt sie, löst dies eine gesteigerte Hinweispflicht in der Hauptverhandlung aus (Rn 7).

A. Allgemeines

1   Die Norm ist eine **zentrale Vorschrift des Beweisrechts**. Sie soll die Position des Angeklagten bei der Vorbereitung der Hauptverhandlung stärken und betrifft die Frage des Tatnachweises unmittelbar. Gleichwohl führt sie in der forensischen Praxis inzwischen ein Schattendasein. Über einen Beweisantrag nach § 219 StPO entscheidet – anders als über solche nach § 210 StPO und § 244 StPO – nicht das Gericht, sondern der Vorsitzende. Ein

Vorbereitung der Hauptverhandlung § 219 StPO

nach § 219 StPO gestellter, aber zurückgewiesener Beweisantrag kann nach § 244 StPO in der Hauptverhandlung erneut gestellt werden. Auch das Recht, nach § 220 StPO Zeugen unmittelbar laden zu lassen, bleibt unberührt.

B. Erläuterungen

Über den Wortlaut der Vorschrift hinaus sind neben dem **Angeklagten** auch sein **Verteidiger**, gegebenenfalls seine **Erziehungsberechtigten** oder **gesetzlichen Vertreter** sowie **Nebenbeteiligte** berechtigt, Beweisanträge nach § 219 StPO zu stellen (Meyer-Goßner StPO § 219 Rn 1). Hilfsbeweisanträge sind zwar grundsätzlich zulässig, aber nur dann von Erfolg gekrönt, wenn bereits vor Beginn der Hauptverhandlung durch den Vorsitzenden beurteilt werden kann, ob die Bedingungen, an die sie geknüpft sind, eintreten werden. Ein Antrag auf Inaugenscheinnahme ist nach § 225 StPO zu behandeln, nicht nach § 219 StPO (Meyer-Goßner StPO § 219 Rn 1). 2

Der Antrag ist **an den Vorsitzenden** zu richten und, was aus dem gesetzlichen Wortlaut nicht hervorgeht, entweder schriftlich oder zu Protokoll der Geschäftsstelle zu stellen (SK-StPO/Schlüchter StPO § 219 Rn 4). Sein Inhalt ist dagegen festgelegt: neben dem **Beweismittel** sind die **Beweistatsachen** genau zu benennen. 3

Aus der Zuständigkeit des Vorsitzenden folgt seine Pflicht, über Beweisanträge nach § 219 StPO **so rasch zu entscheiden**, dass der Angeklagten im Falle einer Ablehnung noch sinnvoll nach § 220 StPO vorgehen kann. Andererseits kann der Vorsitzende, wenn ein Beweisantrag nach § 219 so spät eingeht, dass eine Ladungsverfügung vor Verhandlungsbeginn nicht mehr ergehen kann, eine Entscheidung darüber ablehnen, muss den Beweisantrag dann aber in der **Hauptverhandlung** zur Sprache bringen (KK-StPO/Gmel StPO § 219 Rn 3 mwN). Da der Beweisantrag in der Hauptverhandlung erneut gestellt werden kann, dann aber der gesamte Spruchkörper über ihn beschließt, ist die Entscheidung des Vorsitzenden letztlich nur vorläufig, sie bindet das Gericht auch bei Entscheidungen über spätere Anträge gleichen Inhalts nicht. Auch hier muss bloßen Beweisermittlungsanträgen nicht nachgegangen werden. Die **Staatsanwaltschaft** muss vor der Entscheidung über Anträge nach Abs 1 **nicht gehört** werden, wie sich aus Abs 2 ergibt, gleichwohl kann das zweckmäßig sein (SK-StPO/Schlüchter StPO § 219 Rn 8). Entscheidet statt des Vorsitzenden der **gesamte Spruchkörper**, ist dies zwar rechtswidrig, begründet aber die Revision nicht (so auch Meyer-Goßner StPO § 219 Rn 2), da die Entscheidung auch in diesem Falle einer erneuten Antragstellung in der Hauptverhandlung nicht entgegen steht. 4

Da die Möglichkeit besteht, einen Antrag zu **wiederholen**, kann der Vorsitzende auch offenkundig unvollständige, den Erfordernissen des Abs 1 nicht entsprechende Anträge ohne weiteres und ohne rechtliche Hinweise zurückweisen, ohne dadurch Fürsorgegesichtspunkte zu verletzen. Die Ablehnungsgründe entsprechen denen des § 244 Abs 3 StPO, allerdings ist eine Wahrunterstellung hier unzulässig (BGHSt 1, 51, 53; SK-StPO/Schlüchter StPO § 219 Rn 10). Anträge auf Sachverständigengutachten dürfen unter Hinweis auf voraussichtliche eigene Sachkunde des Gerichts abgelehnt werden (Meyer-Goßner StPO § 219 Rn 3; KK-StPO/Gmel StPO § 219 Rn 6). 5

Selbst wenn dem Antrag nachgekommen wird und das Beweismittel zur Hauptverhandlung hinzugezogen wird, muss dem Angeklagten dies nach Abs 1 S 2 **bekannt** gemacht werden. Dies kann **formlos** geschehen (Meyer-Goßner StPO § 219 Rn 4; KK-StPO/Gmel StPO § 219 Rn 7). Auch den übrigen Beteiligten ist die Verfügung bekannt zu machen, damit alle Prozessbeteiligten über den Verlauf des Verfahrens im Bilde sind (KK-StPO/Gmel StPO § 219 Rn 9; **aA** Meyer-Goßner StPO § 219 Rn 4). Der Staatsanwaltschaft müssen nach Abs 2 nur die Beweisanträge mitgeteilt werden, denen stattgegeben wurde. Gleiches gilt nach § 397 Abs 1 S 2, 385 Abs 1 StPO auch für den Nebenkläger. 6

Eine **unterlassene oder unzulässige Entscheidung** über einen Beweisantrag nach § 219 StPO wird durch eine gesteigerte Hinweispflicht des Vorsitzenden in der Hauptverhandlung kompensiert. So ist der Angeklagte danach zu fragen, ob der bislang nicht verbeschiedene Antrag weiter aufrechterhalten wird. Sollte der Angeklagte abwesend sein, muss der Vorsitzende den Antrag dem Spruchkörper vorlegen (KK-StPO/Gmel StPO § 219 Rn 10). War der Vorsitzende der unzutreffenden Ansicht, nicht er, sondern das ganze 7

StPO § 220 Zweites Buch. 5. Abschnitt

Gericht sei zur Entscheidung berufen, muss er dafür sorgen, dass alsbald in der Verhandlung ein Beschluss über den Antrag gefasst wird (BGHSt 1, 286).

8 Die Entscheidung des Vorsitzenden kann **nicht** mit der **Beschwerde** angegriffen werden, § 305 S 1 StPO.

9 Auch mit der **Revision** kann eine Verletzung des § 219 StPO **nicht** unmittelbar **geltend gemacht** werden, da das Urteil regelmäßig auf einer solchen nicht beruhen wird (Meyer-Goßner StPO § 219 Rn 7). Im Falle einer greifbaren Verletzung der **Fürsorgepflicht** des Vorsitzenden für den Angeklagten kann gegebenenfalls eine Aufklärungsrüge erhoben werden, etwa, wenn eine–unzulässigerweise – zugesagte Wahrunterstellung ohne entsprechende Ankündigung nicht eingehalten wurde (BGHSt 32, 44, 47 unter Verweis auf BGHSt 1, 51, 53; SK-StPO/Schlüchter StPO § 219 Rn 23).

§ 220 [Ladung durch den Angeklagten]

(1) ¹Lehnt der Vorsitzende den Antrag auf Ladung einer Person ab, so kann der Angeklagte sie unmittelbar laden lassen. ²Hierzu ist er auch ohne vorgängigen Antrag befugt.

(2) Eine unmittelbar geladene Person ist nur dann zum Erscheinen verpflichtet, wenn ihr bei der Ladung die gesetzliche Entschädigung für Reisekosten und Versäumnis bar dargeboten oder deren Hinterlegung bei der Geschäftsstelle nachgewiesen wird.

(3) Ergibt sich in der Hauptverhandlung, daß die Vernehmung einer unmittelbar geladenen Person zur Aufklärung der Sache dienlich war, so hat das Gericht auf Antrag anzuordnen, daß ihr die gesetzliche Entschädigung aus der Staatskasse zu gewähren ist.

Überblick

Der Angeklagte und andere Verfahrensbeteiligte (Rn 3) können Beweispersonen selbst laden, aber keine anderen Beweismittel beibringen (Rn 4). Ein vorrangiger Beweisantrag ist nicht nötig (Rn 5), ebenso wenig die Angabe des Beweisthemas (Rn 7). Die Beweisperson muss nur erscheinen, wenn sichergestellt ist, dass ihre Kosten erstattet werden (Rn 8). Ist dies der Fall, können bei unentschuldigtem Nichterscheinen Zwangsmittel verhängt werden (Rn 10). Bei nach Würdigung von Verlauf und Ergebnis der Verhandlung zu treffender (Rn 12) Beurteilung der Sachdienlichkeit der Beweisaufnahme kommt eine Kostenerstattung in Frage (Rn 11), auch wenn der Angeklagte selbst die Forderung beglichen hatte (Rn 13).

Übersicht

	Rn		Rn
A. Allgemeines	1	II. Anwesenheitspflicht der Beweisperson, Abs 2	8
B. Erläuterungen	5	III. Kostenerstattung, Abs 3	11
I. Unmittelbare Ladung, Abs 1	5	IV. Rechtsbehelfe	15

A. Allgemeines

1 Die Vorschrift stärkt die **Position des Angeklagten bei der Beweisaufnahme** erheblich und ermöglicht es ihm, auf den Umfang der Beweisaufnahme größeren Einfluss zu nehmen, als durch die Stellung von Beweisanträgen gem § 244 Abs 3 bis Abs 5 StPO. Hat der Angeklagte eine Beweisperson (Zeugen oder Sachverständigen) selbst zur Hauptverhandlung geladen, ist das Gericht grundsätzlich verpflichtet, diesen auch zu vernehmen.

1.1 Eine Ablehnung des Antrags auf Vernehmung ist nur unter den Voraussetzungen des § 245 Abs 2 StPO möglich.

Nach dieser Vorschrift kann ein **Missbrauch des Selbstladungsrechts verhindert** 2
werden (vgl hierzu BGHSt 44, 26, 32). Erweist sich nämlich, dass die Vernehmung der
Beweisperson nicht sachdienlich war, kommt eine Erstattung der vom Angeklagten nach
Abs 2 verauslagten Kosten nicht in Betracht.

Auch **andere Verfahrensbeteiligte** sind befugt, unmittelbar zu laden, so der Neben- 3
kläger gem § 397 StPO (str; wie hier Meyer-Goßner StPO § 397 Rn 10; **aA** SK-StPO/
Schlüchter StPO § 220 Rn 3), der Einziehungsbeteiligte gem § 433 Abs 1 StPO, der Verfahrensbeteiligte gem § 442 Abs 1 und Abs 2 StPO iVm § 433 Abs 1 StPO und die juristische Person und die Personenvereinigung im Bußgeldverfahren gem § 444 Abs 1 und
Abs 2 StPO iVm § 433 Abs 1 StPO.

Die Vorschrift gilt **nur für Beweispersonen**; für die Beibringung von Urkunden und 4
Augenscheinsgegenständen **fehlt** eine vergleichbare Regelung. Diese können vom Angeklagten ohne weiteres in die Hauptverhandlung mitgebracht oder auf sonstige Weise eingeführt werden.

B. Erläuterungen

I. Unmittelbare Ladung, Abs 1

Nach Abs 1 S 1 kann der Angeklagte eine Beweisperson insbes laden, wenn der Vorsitzen- 5
de einen **Beweisantrag abgelehnt** hat. Dies ist allerdings nicht Voraussetzung, wie sich aus
Abs 1 S 2 ergibt, so dass die Regelung in S 1 an und für sich leer läuft.

§ 38 StPO regelt, wie die **unmittelbare Ladung** zu **bewerkstelligen** ist. Der unmittel- 6
baren Ladung steht es gleich, die Beweisperson zur Hauptverhandlung mitzubringen, d. h. zu
stellen iSv § 222 Abs 2 StPO; dann gilt § 245 StPO aber nicht (Meyer-Goßner StPO § 220
Rn 1; KK-StPO/Gmel StPO § 220 Rn 2 mwN).

Der Angeklagte muss der Beweisperson **nicht** mitteilen, zu welchem **Thema** sie gehört 7
werden soll; auch dem Gericht und der Staatsanwaltschaft muss dies nicht im Vorhinein
mitgeteilt werden, und zwar auch nicht im Rahmen der pflichtgemäßen Namhaftmachung
gem § 222 Abs 2 StPO (Meyer-Goßner StPO § 220 Rn 4; SK-StPO/Schlüchter StPO
§ 220 Rn 5). Die Ladung ist, soweit es Zeugen anbelangt, allerdings auf Deutschland
beschränkt, da die StPO für die Selbstladung von Auslandszeugen keine Regelung enthält (so
Meyer-Goßner StPO § 220 Rn 4) und weil der nach § 38 StPO mit der Ladung zu
beauftragende Gerichtsvollzieher im Ausland nicht tätig werden kann (so KK-StPO/Gmel
StPO § 210 Rn 4).

II. Anwesenheitspflicht der Beweisperson, Abs 2

Die Beweisperson muss zur Hauptverhandlung **nur erscheinen**, wenn ihr die **Kosten** 8
ihrer Anreise zuvor bar angeboten wurden oder aber deren Hinterlegung nachgewiesen
wurde. Auf diese Weise soll die **Kostenerstattung** für die Beweisperson **sicher gestellt**
werden, zumal der Staat nur in den Fällen des Abs 3 (nachträglich) für die Kosten aufkommt.
Dies verstößt nicht gegen Art 6 Abs 3 d MRK oder gegen den Gleichheitsgrundsatz des
Art 3 Abs 1 GG (Meyer-Goßner StPO § 220 Rn 6; KK-StPO/Gmel StPO § 220 Rn 3).
Die Höhe der Entschädigung bemisst sich nach dem JVEG und ist vom Angeklagten selbst
zu errechnen. Das Angebot ist bei wiederholter unmittelbarer Ladung jedes Mal zu erneuern.
Wenn der Angeklagte zu wenig Entschädigung anbietet, muss die Beweisperson nicht
erscheinen, da in einem solchen Fall nicht die gesetzliche Entschädigung angeboten wurde.
Anderes gilt allerdings dann, wenn die Beweisperson die Entschädigung angenommen hat.
Dann ist sie in jedem Falle verpflichtet, zu erscheinen, da in der Annahme der angebotenen
Entschädigung ein Verzicht auf eine gegebenenfalls zustehende höhere Entschädigung zu
sehen ist. Zahlt der Angeklagte eine zu hoch bemessene Entschädigung, kann er den zuviel
gezahlten Teil zurück verlangen, da auch er nur die gesetzliche Entschädigung schuldet; eine
Erstattung aus der Staatskasse ist indes ausgeschlossen (so wohl KK-StPO/Gmel StPO § 220
Rn 9 mwN).

Der einem **Sachverständigen** anzubietende Betrag muss den voraussichtlichen Zeitauf- 9
wand und das Stundenhonorar des § 9 JVEG berücksichtigen. Dass der Sachverständige nach
Anbieten der gesetzlichen Entschädigung zum Erscheinen in der Hauptverhandlung ver-

pflichtet ist, bedeutet nicht, dass er auch Vorarbeiten zu leisten hat (Meyer-Goßner StPO § 220 Rn 7).

10   **Erscheint** die nach Abs 2 hierzu verpflichtete Beweisperson **unentschuldigt nicht**, müssen von Amts wegen die Maßnahmen nach § 51 StPO – bei Zeugen – und nach § 77 StPO – bei Sachverständigen - ergriffen werden, vorausgesetzt, die Beweisperson wurde bei der Ladung hierauf nach § 48 StPO hingewiesen. Dies gilt auch dann, wenn eine Antrag auf Vernehmung dieser Beweisperson nach § 245 Abs 2 StPO keinen Erfolg gehabt hätte (Meyer-Goßner StPO § 220 Rn 8).

III. Kostenerstattung, Abs 3

11   Abs 3 belohnt den Angeklagten für die **Sachdienlichkeit der Vernehmung** einer vom Gericht nicht geladenen Person, indem die Vorschrift die Entschädigung der Beweisperson aus der Staatskasse auf entsprechenden Antrag hin anordnet. Diesen **Antrag** können der Angeklagte, die Staatsanwaltschaft oder die Beweisperson selbst stellen, Zeugen aber nur innerhalb der Frist von 3 Monaten, § 2 Abs 1 S 1 JVEG. Für die vor Ladung gefertigten schriftlichen Gutachten werden Sachverständige nicht entschädigt (Meyer-Goßner StPO § 220 Rn 10). Dem Angeklagten entstehende Unkosten einer unmittelbaren Ladung muss dieser selbst entrichten. Einen Vorschuss aus der Staatskasse kann er nicht verlangen, sondern muss sich um eine Rückerstattung bei der gegebenenfalls nach Abs 3 entschädigten Beweisperson bemühen (KK-StPO/Gmel StPO § 220 Rn 5).

12   Die Sachdienlichkeit ist durch das Gericht in **tatrichterlicher Würdigung von Verlauf und Ergebnis der Hauptverhandlung** zu beurteilen (Meyer-Goßner StPO § 220 Rn 11). Dabei ist ein objektiver Maßstab anzulegen. Ob die Vernehmung auch tatsächlich entscheidungserheblich war, ist dabei indes nicht ausschlaggebend. Es kommt nur darauf an, ob das Verfahren gefördert wurde, also Verfahrensgang oder Entscheidung beeinflusst wurden (BGH StV 1999, 576). Die Erwähnung der Beweisperson und ihrer Aussage in den Urteilsgründen weist in aller Regel auf eine Sachdienlichkeit hin. Auch wenn vertreten wird, dass das Vorhandensein anderer geeigneter Beweismittel zum selben Thema eine Sachdienlichkeit nicht ausschließt (Meyer-Goßner StPO § 220 Rn 11 mwN), so wird doch eine bloße Doppelung bereits vorhandener Beweismittel keine Sachdienlichkeit begründen. Dies gilt insbes, wenn ein gestellter Sachverständiger ein Gutachten eines gerichtlichen Sachverständigen nur bestätigt oder dem nur in das Gericht nicht überzeugender Weise widerspricht (BGHR StPO § 220 Sachverständiger 1, KK-StPO/Gmel StPO § 220 Rn 14; **aA** Meyer-Goßner StPO § 220 Rn 11). Überflüssige zusätzliche Beweismittel sind nicht sachdienlich.

13   Dass eine **Entschädigungspflicht aus der Staatskasse** grundsätzlich **nicht mehr besteht**, wenn der Angeklagte die Forderung bereits durch Zahlung beglichen hat (so Meyer-Goßner StPO § 220 Rn 12; KK-StPO/Gmel StPO § 220 Rn 15; SK-StPO/Schlüchter StPO § 220 Rn 20, jeweils mwN), überzeugt nicht. Dies führte dazu, dass Abs 3 immer nur dann griffe, wenn Abs 2 in der Alternative der Hinterlegung verwirklicht wäre. Es ist aber nicht einzusehen, dass die Vernehmung einer Beweisperson, die bei Sachdienlichkeit im Rahmen der gerichtlichen Sachaufklärungspflicht eigentlich von Amts wegen zu erfolgen hätte, ganz auf Kosten des Angeklagten durchgeführt wird, nur weil dieser nach Abs 2 einen Vorschuss ausbezahlt hatte. Da es keine Regelung gibt, aus der ein Anspruch des Angeklagten auf Erstattung der Auslagen für die Beweisperson gegen die Staatskasse hervorgeht, muss es eine Möglichkeit geben, nach der der Angeklagte den Vorschuss von der Beweisperson zurückerhält. Das ist nur möglich, wenn die Beweisperson anderweitig, nämlich durch die Staatskasse entschädigt wird. Abs 3 berührt das Verhältnis zwischen Angeklagtem und Staatskasse aber nicht. Dafür gelten die §§ 465 StPO ff. Eine Entschädigung nach Abs 3 ist zu den Kosten des Verfahrens zu zählen, die entweder der Angeklagte oder die Staatskasse zu tragen haben. Hieraus ergibt sich, dass eine Entschädigungspflicht nach Abs 3 ausnahmsweise dann nicht mehr besteht, wenn der Angeklagte rechtskräftig verurteilt wurde und die Staatskasse keine Verfahrenskosten zu tragen hat.

14   Abs 3 gilt auch für die in der **Hauptverhandlung** gestellten Beweispersonen (Meyer-Goßner StPO § 220 Rn 14).

IV. Rechtsbehelfe

Gegen die Ablehnung der Entschädigung nach Abs 3 können die betroffene Beweisperson, der Angeklagte und selbst die Staatsanwaltschaft **Beschwerde** einlegen. Voraussetzung ist, dass § 305 S 1 StPO nicht entgegen steht (KK-StPO/Gmel StPO § 220 Rn 16). Dem Angeklagten fehlt es indes an der notwendigen Beschwer, wenn im Urteil die Kosten des Verfahrens der Staatskasse rechtskräftig auferlegt wurden oder der Angeklagte ohnehin zur Kostentragung verurteilt wurde (Meyer-Goßner StPO § 220 Rn 15). 15

§ 221 [Herbeischaffung von Beweismitteln von Amts wegen]

Der Vorsitzende des Gerichts kann auch von Amts wegen die Herbeischaffung weiterer als Beweismittel dienender Gegenstände anordnen.

Überblick

Vom Vorsitzenden als zur Erforschung der Wahrheit sinnvoll angesehene Beweismittel (Rn 2) werden in dessen Auftrag von der Staatsanwaltschaft herbeigeschafft (Rn 3). Die übrigen Prozessbeteiligten sollen hiervon benachrichtigt werden (Rn 4).

A. Allgemeines

Die Vorschrift ergänzt § 214 Abs 4 S 2 StPO mit Blick auf die nicht in der Anklageschrift 1 genannten **Beweisgegenstände**. Die Anordnungsbefugnis liegt insoweit beim **Vorsitzenden**. Die Norm gilt nicht nur vor, sondern auch während der Hauptverhandlung (Meyer-Goßner StPO § 221 Rn 1).

B. Erläuterungen

Herbeigeschafft werden können im Rahmen seiner Sachleitungsbefugnis vom Vorsitzen- 2 den diejenigen Gegenstände, die er als zur **Erforschung der Wahrheit** dienlich ansieht. Ist die Dienlichkeit zweifelhaft, bietet sich die Erörterung dieser Frage mit den übrigen Berufsrichtern des Spruchkörpers an (KK-StPO/Gmel StPO § 221 Rn 2).

Nach § 214 Abs 4 S 1 StPO wird im Regelfall die **Staatsanwaltschaft mit der Aus-** 3 **führung der Anordnung beauftragt**. Ablehnen kann die Staatsanwaltschaft die Herbeischaffung nur dann, wenn diese unzulässig ist, nicht aber wenn sie der Staatsanwaltschaft unzweckmäßig erscheint (OLG Frankfurt NJW 1982, 1408; KK-StPO/Gmel StPO § 221 Rn 3 mwN). Bei dem Ersuchen handelt es sich nicht um einen Ermittlungsauftrag (KK-StPO/Gmel StPO § 221 Rn 3). Gegen die Verweigerung der Herbeischaffung kann nur im Wege der Dienstaufsichtsbeschwerde vorgegangen werden (Meyer-Goßner StPO § 221 Rn 2 mwN).Will der Vorsitzende nicht die Staatsanwaltschaft mit der Herbeischaffung beauftragen, kann er dies nach § 214 Abs 4 S 2 StPO auch der **Geschäftsstelle** des Gerichts übertragen.

Auch wenn eine **Unterrichtung der übrigen Prozessbeteiligten** gesetzlich nicht 4 vorgeschrieben ist, ist sie doch aus Fürsorgegesichtspunkten und als Ausdruck des fairen Umgangs der Beteiligten miteinander **angezeigt** (so auch Meyer-Goßner StPO § 221 Rn 3; weitergehend SK-StPO/Schlüchter StPO § 221 Rn 6: **Pflicht** des Vorsitzenden).

Die **Beschwerde** gegen die Vorsitzendenentscheidung ist nach § 305 S 1 StPO aus- 5 geschlossen. Auf die Verletzung des § 221 StPO kann eine Revision nicht gestützt werden (KK-StPO/Gmel StPO § 221 Rn 5), da nicht die Anordnung, sondern die Beweiserhebung selbst Grundlage des Urteils ist (SK-StPO/Schlüchter StPO § 221 Rn 9).

§ 222 [Namhaftmachung der Zeugen und Sachverständigen]

(1) ¹Das Gericht hat die geladenen Zeugen und Sachverständigen der Staatsanwaltschaft und dem Angeklagten rechtzeitig namhaft zu machen und ihren

StPO § 222

Wohn- oder Aufenthaltsort anzugeben. ²Macht die Staatsanwaltschaft von ihrem Recht nach § 214 Abs. 3 Gebrauch, so hat sie die geladenen Zeugen und Sachverständigen dem Gericht und dem Angeklagten rechtzeitig namhaft zu machen und deren Wohn- oder Aufenthaltsort anzugeben. ³§ 200 Abs. 1 Satz 3 bis 5 gilt sinngemäß.

(2) Der Angeklagte hat die von ihm unmittelbar geladenen oder zur Hauptverhandlung zu stellenden Zeugen und Sachverständigen rechtzeitig dem Gericht und der Staatsanwaltschaft namhaft zu machen und ihren Wohn- oder Aufenthaltsort anzugeben.

Überblick

Das Gericht muss alle Beweispersonen den Verfahrensbeteiligten gegenüber namhaft machen (Rn 5); die Verfahrensbeteiligten müssen sich selbst wechselseitig, auch unter Nennung in der Verhandlung zu stellender Personen, unterrichten (Rn 6). Die Namhaftmachung geschieht rechtzeitig (Rn 7) unter Nennung des vollen Namens und der ladungsfähigen Anschrift (Rn 8). Die Namhaftmachung ist verzichtbar (Rn 9). Der Verstoß gegen § 222 StPO kann ausnahmsweise die Revision begründen (Rn 11).

A. Allgemeines

1   Zweck der Vorschrift ist es, die Beteiligten am Strafverfahren über die zur Hauptverhandlung geladenen oder gestellten Zeugen und Sachverständigen jeweils **zeitnah zu unterrichten**, damit insoweit der gleiche **Kenntnisstand** herrscht. Auf diese Weise können sich alle Verfahrensbeteiligten auf die Vernehmungen und Anhörungen **vorbereiten** und insbes **Erkundigungen** über die Beweispersonen einholen, um so einschätzen zu können, welchen Beweiswert eine Aussage oder ein Gutachten der Beweisperson hat und wie gegebenenfalls darauf zu reagieren sein wird (BGHSt 23, 244, 245). Das Gericht kann so die Hauptverhandlung besser planen. Auf Geheimhaltungsinteressen kann gem Abs 1 S 3 durch Anwendung von § 200 Abs 1 S 3 und S 4 StPO Rücksicht genommen werden.

2   Ein **Verstoß** gegen die Pflicht der rechtzeitigen Namhaftmachung zieht nach § 246 Abs 2 und Abs 3 StPO die Möglichkeit nach sich, eine **Aussetzung** des Verfahrens zu beantragen (Meyer-Goßner StPO § 222 Rn 1; näher hierzu SK-StPO/Schlüchter StPO § 222 Rn 8 bis Rn 10).

3   Die Norm gilt **nicht** für **Urkunden** und **Augenscheinsgegenstände**. Unter den Voraussetzungen des § 246 Abs 2 StPO kann aber auch wegen des verspäteten Einführens solcher Beweismittel die Aussetzung der Hauptverhandlung verlangt werden. Daher sollten sie, soweit sie nicht in der Anklageschrift benannt sind, mit der Ladung mitgeteilt werden (SK-StPO/Schlüchter StPO § 222 Rn 2: entsprechende Anwendung der Bestimmung).

B. Erläuterungen

4   Die Mitteilungspflichten sind nach dem Pflichtigen zu **differenzieren**:

5   Das **Gericht** (der Spruchkörper oder auf Anweisung des Vorsitzenden die Geschäftsstelle) muss gem Abs 1 S 1 **alle Beweispersonen**, auch diejenigen, die bereits in der Anklageschrift benannt sind (SK-StPO/Schlüchter StPO § 222 Rn 5), gegenüber der **Staatsanwaltschaft**, allen **Angeklagten** sowie etwaigen **Nebenklägern** und **Nebenbeteiligten** namhaft machen und Wohnsitz oder Aufenthaltsort benennen (KK-StPO/Gmel StPO § 222 Rn 2). Dies geschieht sinnvoller Weise in der Ladung oder in der Terminsmitteilung (Meyer-Goßner StPO § 222 Rn 4). Der Verteidiger ist zwar in § 222 StPO nicht genannt, gleichwohl empfiehlt sich eine Namhaftmachung auch ihm gegenüber. Ist der Verteidiger – wie regelmäßig – empfangsberechtigt, erfolgt die Mitteilung an den Angeklagten ohnehin über ihn. Bei einer Mehrheit von Angeklagten kann die Mitteilung ausnahmsweise nur an einen von ihnen erfolgen, wenn die Namhaftmachung für die anderen ohne Belang ist (Meyer-Goßner StPO § 222 Rn 6, so auch KK-StPO/Gmel StPO § 222 Rn 4).

6   Die **Staatsanwaltschaft**, der **Angeklagte** und weitere **Verfahrensbeteiligte**, soweit sie zur unmittelbaren Ladung befugt sind, müssen nach Abs 1 S 2 und nach Abs 2 das **Gericht**

und sich **wechselseitig** darüber in Kenntnis setzen, wen sie gem § 214 Abs 3 StPO, § 220 StPO unmittelbar geladen haben. Der Angeklagte muss darüber hinaus nach Abs 2 mitteilen, wen er in der Hauptverhandlung zu stellen beabsichtigt, und Wohnsitz und Aufenthaltsort nennen. Die **Verpflichtung**, Mitangeklagte zu informieren, ergibt sich zwar aus Abs 2 nicht, es erscheint aber **zweckmäßig** – und ist im übrigen eine Frage der Fairness – auch etwaige Mitangeklagte nicht im Dunkeln zu lassen. Gegebenenfalls sorgt das Gericht, um eine Aussetzung zum vermeiden, anstelle des Angeklagten für eine Mitteilung an die Mitangeklagten (SK-StPO/Schlüchter StPO § 222 Rn 16). Staatsanwaltschaft und Angeklagter sollten mit dem Gericht den Zeitpunkt des Auftretens der unmittelbar geladenen oder gestellten Beweispersonen abstimmen (Meyer-Goßner StPO § 222 Rn 5).

Die Vorschrift bestimmt, dass die Namhaftmachung in allen Fällen **rechtzeitig** zu erfolgen 7 hat. Dies ist ausgehend vom Normzweck dann der Fall, wenn den Mitteilungsempfängern noch genügend Zeit bleibt, **Belangvolles über die Beweispersonen in Erfahrung zu bringen** und etwaige Gegenbeweise zu benennen und deren Erhebung zu beantragen (SK-StPO/Schlüchter StPO § 222 Rn 7; Meyer-Goßner StPO § 222 Rn 7). Die Namhaftmachung ist formfrei. Sie kann schriftlich geschehen, es kann aber auch ausreichen, die übrigen Verfahrensbeteiligten mündlich ins Bild zu setzen (KK-StPO/Gmel StPO § 222 Rn 6).

Die Namhaftmachung besteht aus der **Mitteilung des Vor- und Zunamens sowie** 8 **gegebenenfalls der Erreichbarkeit**, also in aller Regel des (Wohn-)Ortes der Beweisperson. Bei aufgrund ihrer Dienstaufgaben vor Gericht aussagenden Zeugen reicht nach neuer Gesetzeslage ab dem 1. 10. 2009 gem Abs 1 S 3 in Verbindung mit § 200 Abs 1 S 4 StPO, § 68 Abs 1 S 2 StPO die Benennung des Namens des Zeugen. Der Zweck der Vorschrift ist erreicht, wenn die Beweisperson so präzise namhaft gemacht ist, dass keine Zweifel über ihre Identität mehr bestehen. Die Nennung eines Decknamens genügt daher regelmäßig nicht (BGHSt 23, 244, 245). Abs 1 S 3 erlaubt es unter Verweis auf § 200 Abs 1 S 3 bis S 5 StPO, aus Zeugenschutzgründen auf die Nennung der Anschrift zu verzichten. Nicht mitgeteilt werden muss das Beweisthema. Es kann sich aber als zweckdienlich erweisen, auch dieses zu benennen.

Auf die Namhaftmachung kann von Staatsanwaltschaft und Angeklagtem **verzichtet** 9 werden, und zwar auch stillschweigend, wovon allerdings nur ausgegangen werden kann, wenn dem Verzichtenden die Benachrichtigungspflicht auch bekannt ist. Dies ist regelmäßig allenfalls beim Angeklagten oder bei Nebenbeteiligten problematisch (KK-StPO/Gmel StPO § 222 Rn 9; SK-StPO/Schlüchter StPO § 222 Rn 11).

Für den in der Hauptverhandlung anwesenden und vertretenen Angeklagten ist ebenso 10 wie für die Staatsanwaltschaft ein Verstoß gegen § 222 StPO **nicht mit der Revision angreifbar** (BGHSt 1, 284, 285). Er kann aber gegebenenfalls einen Verstoß gegen § 246 Abs 2 oder 3 geltend machen (BGHSt 37, 1, 2), weil die Ablehnung einer Aussetzung der Hauptverhandlung rechtsirrig oder ermessensfehlerhaft gewesen sei. Dann kommt der absolute Revisionsgrund des § 338 Nr 8 StPO (unzulässige Beschränkung der Verteidigung) in Betracht (KK-StPO/Gmel StPO § 222 Rn 11). Auch die Staatsanwaltschaft kann sich in der Revision auf eine unrechtmäßige Ablehnung eines Aussetzungsantrags nach § 246 Abs 2 und Abs 3 StPO stützen.

Ist der rechtunkundige und nicht verteidigte Angeklagte in der Sitzung nicht über das 11 Recht, die Verfahrensaussetzung zu beantragen, nach § 246 Abs 2 und Abs 3 StPO **hingewiesen** worden, kann auch die Verletzung des § 222 StPO der **Revision** zum **Erfolg** verhelfen, vorausgesetzt, das Urteil beruht auf dem Rechtfehler, was eine Frage des Einzelfalls ist (KK-StPO/Gmel StPO § 222 Rn 11). Gleiches gilt, wenn in Abwesenheit des Angeklagten und seines Verteidigers verhandelt wurde; auch in diesem Falle wusste der Angeklagte nichts von dem Verfahrensverstoß (KK-StPO/Gmel StPO § 222 Rn 12).

§ 222 a [Mitteilung der Besetzung des Gerichts]

(1) ¹Findet die Hauptverhandlung im ersten Rechtszug vor dem Landgericht oder dem Oberlandesgericht statt, so ist spätestens zu Beginn der Hauptverhandlung die Besetzung des Gerichts unter Hervorhebung des Vorsitzenden und hinzugezogener Ergänzungsrichter und Ergänzungsschöffen mitzuteilen. ²Die Besetzung kann auf Anordnung des Vorsitzenden schon vor der Hauptverhandlung

mitgeteilt werden; für den Angeklagten ist die Mitteilung an seinen Verteidiger zu richten. [3]Ändert sich die mitgeteilte Besetzung, so ist dies spätestens zu Beginn der Hauptverhandlung mitzuteilen.

(2) Ist die Mitteilung der Besetzung oder einer Besetzungsänderung später als eine Woche vor Beginn der Hauptverhandlung zugegangen, so kann das Gericht auf Antrag des Angeklagten, des Verteidigers oder der Staatsanwaltschaft die Hauptverhandlung zur Prüfung der Besetzung unterbrechen, wenn dies spätestens bis zum Beginn der Vernehmung des ersten Angeklagten zur Sache verlangt wird.

(3) In die für die Besetzung maßgebenden Unterlagen kann für den Angeklagten nur sein Verteidiger oder ein Rechtsanwalt, für den Nebenkläger nur ein Rechtsanwalt Einsicht nehmen.

Überblick

OLG und LG in erstinstanzlicher Verhandlung (Rn 3) müssen die Spruchkörperbesetzung bis zum Beginn der Hauptverhandlung (Rn 2) mitteilen. Die Namen der Berufsrichter und Schöffen (Rn 7) sind in schriftlicher Vorabmitteilung (Rn 8) oder aber mündlich (Rn 6) bekannt zu geben. Besetzungsänderungen müssen alsbald mitgeteilt werden (Rn 9). Voraussetzung eines Unterbrechungsantrags ist die Bekanntgabe der Besetzung nach Ablauf der Wochenfrist vor Hauptverhandlungsbeginn (Rn 10). Über diesen ist vor der Vernehmung des Angeklagten zur Sache zu entscheiden; wird er abgelehnt, bleibt die Besetzungsrüge erhalten (Rn 11). Die Besetzungsunterlagen können eingesehen werden (Rn 12).

Übersicht

	Rn		Rn
A. Allgemeines	1	II. Unterbrechungsantrag, Abs 2	10
B. Erläuterungen	3	III. Recht auf Einsichtnahme, Abs 3	12
I. Besetzungsmitteilung, Abs 1	3	IV. Rechtsmittel	13

A. Allgemeines

1   Die Vorschrift wurde durch das Strafverfahrensänderungsgesetz v 5. 10. 1978 in die StPO eingefügt, um es dem Angeklagten zu ermöglichen, zu überprüfen, ob das Verfassungsgebot des **gesetzlichen Richters** gem Art 101 Abs 1 GG bei der Besetzung des Spruchkörpers eingehalten wurde. Zugleich soll die Zahl der nur aufgrund einer begründeten Besetzungsrüge erfolgreichen Revisionen reduziert werden, indem die **Besetzungsrüge** gleichsam **in die Hauptverhandlung vorverlegt** wird. Die Vorschrift greift auch, wenn es um das Auswahlverfahren für die in den Spruchkörper berufenen Schöffen geht (BGHSt 33, 126, 128). Gleiches gilt, wenn der gesamte Spruchkörper als solcher nach dem Geschäftsplan für die Verhandlung nicht zuständig war (KK-StPO/Gmel StPO § 222 a Rn 1). Selbst offensichtliche Besetzungsmängel werden vom Regelungszweck der Vorschrift umfasst (BGH NStZ 2004, 98, 99).

2   Hat die fehlerhafte Gerichtsbesetzung seine Ursache in **persönlichen Mängeln** eines einzelnen Richters, also in in dessen Person begründeten Eignungs- oder Qualifikationsdefiziten, ist die Norm nicht anzuwenden (BGHSt 34, 236).

B. Erläuterungen

I. Besetzungsmitteilung, Abs 1

3   Nach Abs 1 ist gilt die Vorschrift nur für **erstinstanzliche Verhandlungen** vor dem **Landgericht** oder dem **Oberlandesgericht**. Hiervon umfasst sind auch nach Aussetzung oder Terminsverlegung neu angesetzte Hauptverhandlungen, Hauptverhandlungen nach Zurückverweisung auf die Revision hin und erstinstanzliche Entscheidungen des Berufungsgerichts, dessen Strafgewalt als zweitinstanzliches Gericht nicht ausreichend gewesen wäre (KK-StPO/Gmel StPO § 222 a Rn 3).

Die Norm ist **nicht anzuwenden** in Verfahren vor dem Amtsgericht, vor dem Land- 4
gericht in zweiter Instanz und vor dem Bundesgerichtshof. Auch in ehren- oder berufsgerichtlichen Verfahren greift sie nicht, ebenso nicht in Bußgeldsachen mit Ausnahme der
vor dem OLG verhandelten Kartellordnungswidrigkeiten (Meyer-Goßner StPO § 222 a
Rn 2; SK-StPO/Schlüchter StPO § 222 a Rn 4).

Abs 1 legt daneben den **Zeitpunkt** fest, zu dem die Mitteilung der Besetzung zu erfolgen 5
hat. Dies ist spätestens der **Beginn der Hauptverhandlung**. Allerdings kann die Benachrichtigung gem Abs 1 S 2 auf Anordnung des Vorsitzenden auch bereits zuvor erfolgen; eine
Änderung in der mitgeteilten Besetzung wiederum ist spätestens zu Beginn der Hauptverhandlung zu verkünden. Als zu Beginn der Hauptverhandlung und damit noch rechtzeitig
erfolgt ist eine Mitteilung anzusehen, die nach der Feststellung der Anwesenheit, aber
jedenfalls noch vor Vernehmung des Angeklagten zur Person erfolgt ist (BGH NStZ 1982,
189 [Pfeiffer]). Nicht geheilt werden kann der Fehler einer unterlassenen rechtzeitigen
Mitteilung, indem die Hauptverhandlung wiederholt wird (KK-StPO/Gmel StPO § 222 a
Rn 6: keine Herbeiführung der Rügepräklusion; SK-StPO/Schlüchter StPO § 222 a
Rn 12). Nebenbeteiligte und Nebenkläger, die erst nach erfolgter Mitteilung erscheinen
oder zugelassen werden, können eine Wiederholung der Mitteilung nicht verlangen; waren
sie ordnungsgemäß geladen, ist Ihnen die Besetzungsrüge in diesem Falle verwehrt (Meyer-
Goßner StPO § 222 a Rn 6). Nach Abs 2 kann aber auch eine nach Abs 1 Nr 1 noch
rechtzeitige Besetzungsmitteilung zu einer Unterbrechung der Hauptverhandlung führen,
wenn die Wochenfrist nicht eingehalten ist.

Die Besetzung ist in der Hauptverhandlung **vom Vorsitzenden mündlich** mitzuteilen, 6
sofern nicht schon eine – **schriftliche** – **Vorabmitteilung** nach Abs 1 S 2 erfolgt war. Ein
Aushang an der Türe des Sitzungssaals genügt den gesetzlichen Anforderungen nicht (BGHSt
29, 162. Die Mitteilung ist eine gem § 273 Abs 1 StPO protokollierungspflichtige wesentliche Förmlichkeit der Hauptverhandlung. Ordnet der Vorsitzende – gegenüber der Geschäftsstelle – eine Vorabmitteilung an, so ist diese den Prozessbeteiligten so zugänglich zu machen,
dass der Zeitpunkt des Zugangs der Mitteilung nach Abs 2 nachzuweisen ist. Hier bietet sich
eine förmliche Zustellung oder eine Bekanntmachung durch eingeschriebenen Brief mit
Rückschein an (vgl KK-StPO/Gmel StPO § 222 a Rn 7).

Die Bekanntmachung **beinhaltet nach Abs 1 die Namen der Berufsrichter wie auch** 7
gegebenenfalls der Schöffen. Um Verwechslungen zu vermeiden, kann es notwendig sein,
neben den Nach- auch die Vornamen anzugeben (KK-StPO/Gmel StPO § 222 a Rn 5: Vor-
und Nachnamen sind immer anzugeben). Auch die Namen der Ergänzungsrichter wie auch
der Ersatzschöffen müssen bekannt gegeben werden. Die Adressen dieser Verfahrensbeteiligten müssen hingegen nicht mitgeteilt werden (Meyer-Goßner StPO § 222 a Rn 7). Hervorzuheben sind die Eigenschaften, in denen der Vorsitzende und die Ergänzungsrichter sowie
-schöffen an der Verhandlung mitwirken. Der Berichterstatter muss nicht als solcher bezeichnet werden (Meyer-Goßner StPO § 222 a Rn 7). Das **Zustandekommen des Spruchkörpers** (etwa nach dem Geschäftsverteilungsplan) muss nicht bekannt gegeben werden, ebenso
wenig eine Belehrung über die Folgen einer unterlassenen Rüge der nicht vorschriftsmäßigen
Besetzung in der Hauptverhandlung (KK-StPO/Gmel StPO § 222 a Rn 5).

Die **vorgezogene Mitteilung** nach Abs 1 S 2, die, um die Mitteilung nach Abs 1 S 1 8
wirksam zu ersetzen, dieser inhaltlich gleich ist, wird für den Angeklagten gem Abs 1 S 2
HS 2 an dessen Verteidiger gerichtet, wobei § 145 a Abs 3 StPO nicht anwendbar ist, so dass
eine **zusätzliche Mitteilung an den Angeklagten** nicht erforderlich ist (KK-StPO/Gmel
StPO § 222 a Rn 8). Eine einmal erfolgte Bekanntmachung gilt auch gegenüber allen
künftig das Mandat übernehmenden weiteren Verteidigern, auch bei Verteidigerwechsel
(Meyer-Goßner StPO § 222 a Rn 13). Außerdem erhalten die Staatsanwaltschaft sowie der
Nebenkläger und die Einziehungs- und Verfallsbeteiligten eine Mitteilung, weil auch sie –
anders als der Antragsteller im Adhäsionsverfahren, § 406 a Abs 1 S 2 StPO – eine Revision
mit der Besetzungsrüge begründen können (KK-StPO/Gmel StPO § 222 a Rn 8; SK-
StPO/Schlüchter StPO § 222 a Rn 10). Für Nebenkläger und Einziehungs- und Verfallsbeteiligte gilt Abs 1 S 2 Hs 2 entsprechend (Meyer-Goßner StPO § 222 a Rn 14).

Nach Abs 1 S 3 sind **Änderungen in der Spruchkörperbesetzung** erneut mitzuteilen. 9
Diese Mitteilung sollte so rasch wie möglich erfolgen. Eine Mitteilung nach Abs 1 S 3 ist
auch dann noch sinnvoll, wenn die Frist des Abs 2 S 1 nicht mehr eingehalten werden kann.

Die Zeit bis zu Hauptverhandlung kann, auch wenn sie nicht mehr wie in Abs 2 S 1 vorgeschrieben eine Woche beträgt, im Rahmen des bei einer Entscheidung über einen Unterbrechungsantrag eingeräumten Ermessens berücksichtigt werden. Gegebenenfalls kann die verkürzte Zeit auch noch ausreichen, um die Vorschriftsmäßigkeit der Änderung der Spruchkörperbesetzung zu überprüfen (Meyer-Goßner StPO § 222 a Rn 16; SK-StPO/ Schlüchter StPO § 222 a Rn 18).

II. Unterbrechungsantrag, Abs 2

10 Abs 2 räumt dem Angeklagten, seinem Verteidiger und der Staatsanwaltschaft das Recht ein, **im Falle der Unterschreitung einer Frist von einer Woche vor Beginn der Hauptverhandlung eine Unterbrechung** des Verfahrens zur **Prüfung der Besetzung** zu beantragen. Antragsberechtigt sind neben den ausdrücklich genannten Prozessbeteiligten auch der zugelassene Nebenkläger und der Einziehungs- und Verfallsbeteiligte (Meyer-Goßner StPO § 222 a Rn 18). Eine Unterbrechung findet also nur auf Antrag statt, nicht von Amts wegen. Ziel der Unterbrechung ist es zu klären, ob ein Besetzungseinwand iSv § 222 b StPO erhoben werden soll. Zulässigkeitsvoraussetzung eines Unterbrechungsantrags ist die **Unterschreitung der einwöchigen Frist**, die nach § 43 Abs 1 StPO zu berechnen ist. Die Frist ist dabei nicht nur dann unterschritten, wenn vor ihrem Ablauf gar keine Besetzungsmitteilungen erfolgt sind, sondern auch, wenn die Mitteilung unvollständig waren (so der Sache nach auch Meyer-Goßner StPO § 222 a Rn 21 mwN). Jeder dazu berechtigte Verfahrensbeteiligte kann unabhängig von etwaigen Anträgen anderer Verfahrensbeteiligter einen eigenen Antrag stellen (SK-StPO/Schlüchter StPO § 222 a Rn 23). Das Antragsrecht ist seinerseits befristet; es endet mit dem Beginn der Vernehmung des ersten Angeklagten zur Sache, **Abs 2, letzter Hs**. Ein vor der Hauptverhandlung gestellter Unternehmungsantrag ist gleichfalls möglich. Ein Verlegungsantrag vor Beginn der Hauptverhandlung wird als Unterbrechungsantrag angesehen, wenn er gestellt wurde, um die Besetzung zu prüfen (Meyer-Goßner StPO § 222 a Rn 19 mwN). Wird der Unterbrechungsantrag in der Hauptverhandlung gestellt, ist er nach § 273 Abs 1 StPO zu protokollieren.

11 Wegen des **Ausschlusses eines späteren Besetzungseinwands** nach § 222 b Abs 1 S 1 StPO muss über den Unterbrechungsantrag **vor Beginn der Vernehmung** des ersten Angeklagten zur Sache **entschieden** werden. Aufgrund des eindeutigen Wortlauts in Abs 2 trifft abweichend von § 228 Abs 1 S 2 StPO das **Gericht**, nicht der Vorsitzende allein, die Entscheidung über den Antrag (KK-StPO/Gmel StPO § 222 a Rn 12), und zwar in der für die Hauptverhandlung maßgeblichen Besetzung (SK-StPO/Schlüchter StPO § 222 a Rn 28). Über den Unterbrechungsantrag wird nach pflichtgemäßem **Ermessen** unter Berücksichtigung aller Umstände des Einzelfalls entschieden. Das Gericht hat einerseits zu bedenken, ob die Fristunterschreitung tatsächlich dazu geführt hat, dass die Besetzung nicht mehr überprüft werden konnte, andererseits muss es, sofern es die erste Frage positiv beantwortet hatte, festlegen, wie lange die Unterbrechung dauern soll. Hier ist von Belang, dass alle Verfahrensbeteiligten das Recht haben, die Besetzung wirklich gründlich zu prüfen, andererseits kann die von der Mitteilung bis zur Hauptverhandlung verbliebene Zeit durchaus auch ins Kalkül gezogen werden (BGHSt 29, 283, 286; vgl. auch BGH NStZ 2009, 53). Die **Ablehnung eines Unterbrechungsantrags führt zum Erhalt der Besetzungsrüge** nach § 338 Nr 1 c StPO). Gleiches gilt, wenn über den Unterbrechungsantrag gar nicht entschieden wird (Meyer-Goßner StPO § 222 a Rn 20). Wird eine **zu kurze Verfahrensunterbrechung** angeordnet, hat dies die Wirkung einer unterlassenen Entscheidung (BGHSt 29, 283); eine nachträgliche Verlängerung ist aber möglich (SK-StPO/Schlüchter StPO § 222 a Rn 31). Wenn die Besetzung erst zu Beginn der Hauptverhandlung mitgeteilt wird, ist regelmäßig für eine Woche zu unterbrechen, da dies der gesetzlich festgelegten Prüfungsfrist entspricht (vgl BGHSt 29, 283).

III. Recht auf Einsichtnahme, Abs 3

12 Abs 3 gibt ein **Anrecht auf Einsichtnahme** in die für die Besetzung der Spruchkammer maßgeblichen Vorschriften und Unterlagen. Dazu gehören neben dem **Geschäftsverteilungsplan** des Gerichts auch **Schöffenwahlunterlagen** wie das **Protokoll des Schöffen-**

wahlausschusses (BGHSt 33, 126, 130). In die Unterlagen kann nur ein Rechtsanwalt (sei es der Verteidiger oder sonst ein Anwalt des Angeklagten, sei es der Nebenklage- oder Nebenbeteiligtenvertreter) oder aber die Staatsanwaltschaft Einsicht nehmen. Dem Angeklagten persönlich dürfen sie nicht überlassen werden. Weigert sich die hierfür zuständige Justizverwaltung, die Unterlagen herauszugeben, kann dagegen nicht vorgegangen werden, auch nicht nach § 23 EGGVG (KK-StPO/Gmel StPO § 222a Rn 14). Die Besetzungsrüge nach § 338 Nr 1 StPO bleibt indes in diesem Falle ebenso wie bei nur allzu kurzzeitiger oder unvollständiger Übergabe der Unterlagen erhalten (KK-StPO/Gmel StPO § 222a Rn 14).

IV. Rechtsmittel

Weder die **Anordnung der Unterbrechung** nach **Abs 2** noch deren Ablehnung sind gesondert **anfechtbar**, § 305 S 1 StPO. Ebenso verhält es sich mit vermeintlich zu kurzen Unterbrechungen und mit der Versagung des **Einsichtsrechts** nach **Abs 3**. Das Unterlassen der der Mitteilung ist gleichfalls nicht gesondert anzufechten, es bleibt allenfalls die Rüge der unrichtigen Gerichtsbesetzung nach **§ 338 Nr 1 StPO** (Meyer-Goßner StPO § 222a Rn 25). 13

§ 222b [Einwand gegen Besetzung]

(1) ¹Ist die Besetzung des Gerichts nach § 222a mitgeteilt worden, so kann der Einwand, daß das Gericht vorschriftswidrig besetzt sei, nur bis zum Beginn der Vernehmung des ersten Angeklagten zur Sache in der Hauptverhandlung geltend gemacht werden. ²Die Tatsachen, aus denen sich die vorschriftswidrige Besetzung ergeben soll, sind dabei anzugeben. ³Alle Beanstandungen sind gleichzeitig vorzubringen. ⁴Außerhalb der Hauptverhandlung ist der Einwand schriftlich geltend zu machen; § 345 Abs. 2 und für den Nebenkläger § 390 Abs. 2 gelten entsprechend.

(2) ¹Über den Einwand entscheidet das Gericht in der für Entscheidungen außerhalb der Hauptverhandlung vorgeschriebenen Besetzung. ²Hält es den Einwand für begründet, so stellt es fest, daß es nicht vorschriftsmäßig besetzt ist. ³Führt ein Einwand zu einer Änderung der Besetzung, so ist auf die neue Besetzung § 222a nicht anzuwenden.

Überblick

Den Besetzungseinwand können die Verfahrensbeteiligten unabhängig voneinander während der gesetzlichen Frist erheben (Rn 4). Eine Frist ist nicht einzuhalten, wenn die Besetzung nicht ordnungsgemäß mitgeteilt wurde (Rn 5). Die fehlerhafte Besetzung des Spruchkörpers mit zwei Berufsrichtern unterfällt der Präklusionsregel (Rn 6). Wird auf den Einwand nicht verzichtet (Rn 7), muss er bis zum Beginn der Vernehmung zur Sache zulässig (Rn 10) erhoben sein (Rn 8). Vor einer Entscheidung müssen die Verfahrensbeteiligten gehört werden (Rn 12). Ein unzulässiger Einwand kann in laufender Frist wiederholt werden (Rn 13). Greift der Einwand durch (Rn 14), ist die Verhandlung mit ordnungsgemäß besetztem Spruchkörper zu wiederholen (Rn 15). Der Verstoß gegen die Norm kann nicht gerügt werden (Rn 19).

Übersicht

	Rn		Rn
A. Allgemeines	1	II. Entscheidung des Gerichts (Abs 2)	11
B. Erläuterungen	4	III. Anfechtung	19
I. Besetzungseinwand (Abs 1)	4		

A. Allgemeines

1   Die Norm ergänzt § 222a StPO und beinhaltet in **Abs 1** eine **Präklusionsregelung**. Sie regelt, welche Folgerungen die Verfahrensbeteiligten aus der Mitteilung der Spruchkörperbesetzung ziehen können, wenn sie ihnen vorschriftswidrig erscheint. Zugleich ist der in Abs 1 geregelte Einwand Voraussetzung eines Erhalts der Besetzungsrüge nach § 338 Nr 1 StPO.

2   Über den gesetzlichen Wortlaut hinaus kann die Besetzung des Spruchkörpers auch **von Amts wegen** überprüft werden (BGH NStZ 1996, 48, 49). Der in Abs 1 S 1 genannte Zeitpunkt spielt dabei keine Rolle, denn die Rechtmäßigkeit der Gerichtsbesetzung ist in jeder Lage des Verfahrens zu prüfen (Meyer-Goßner StPO § 222b Rn 2).

3   Die direkte Bezugnahme auf § 222a StPO zeigt, dass auch § 222b StPO nur auf erstinstanzliche Verfahren vor dem **Landgericht** und vor dem **Oberlandesgericht** anzuwenden ist.

B. Erläuterungen

I. Besetzungseinwand (Abs 1)

4   Die **Präklusionsregelung** des **Abs 1** ist für **alle Adressaten der Benachrichtigung** gem § 222a StPO, insbes für den Angeklagten, den Verteidiger und die Staatsanwaltschaft maßgeblich. Erheben sie bis zum Beginn der Vernehmung des ersten Angeklagten zur Sache den Besetzungseinwand, bleibt ihnen die Besetzungsrüge gem § 338 Nr 1 StPO erhalten. Verteidiger und Angeklagter können **unabhängig voneinander** und ohne dass dies vom jeweils Anderen gebilligt wird, den Besetzungseinwand erheben (Meyer-Goßner StPO § 222b Rn 3; SK-StPO/Schlüchter StPO § 222b Rn 2). Hat der Verteidiger bereits erfolglos den Besetzungseinwand geltend gemacht, ist der Angeklagte nicht gehindert, dies innerhalb der Frist – ergänzt um weitere Gründe – nochmals zu tun. Umgekehrt gilt dasselbe (KK-StPO/Gmel StPO § 222b Rn 4).

5   Ist eine **Benachrichtigung** nach § 222a StPO **nicht erfolgt**, ist ein fristgerechter Einwand nach Abs 1 nicht nötig, um die Besetzungsrüge im Revisionsverfahren zu erhalten; gleiches gilt, wenn die Benachrichtigung fehlerhaft war (Meyer-Goßner StPO § 222b Rn 3; SK-StPO/Schlüchter StPO § 222b Rn 3; **aA** BGH NStZ 2005, 465 für den Fall einer unterbliebenen Mitteilung der Gerichtsbesetzung). Hat es das Gericht entgegen § 222a StPO unterlassen, die Beteiligten zutreffend über die Besetzung des Spruchkörpers in Kenntnis zu setzen, kann es diesen mit Blick auf eine revisionsrechtliche Überprüfung nicht zum Nachteil gereichen, wenn sie nicht innerhalb der von § 222b StPO gesetzten Frist die vorschriftswidrige Besetzung einwenden. Der Besetzungseinwand muss im Übrigen nicht mit einem Unterbrechungsantrag gem § 222a Abs 2 StPO verbunden sein.

6   Als **vorschriftswidrige Besetzung** des Gerichts im Sinne von Abs 1 wird auch die infolge eines **unwirksamen Auswahlverfahrens** oder **fehlender Vereidigung** nichtige Berufung eines Schöffen in die Strafkammer oder den Strafsenat angesehen, die Präklusion greift also auch in diesem Fall (BGHSt 33, 126, 127; BGHR StPO § 222b Abs 1 S 1 Präklusion 5). Gleiches gilt auch für den Einwand, die Strafkammer habe entgegen § 76 Abs 2 GVG mit nur **zwei statt drei Berufrichtern** entschieden (BGHSt 44, 361, 362: direkte Anwendung von § 222b StPO; BGHSt 44, 328, 332 u BGH NStZ 2005, 465: entsprechende Anwendung von § 222b StPO). Der Besetzungseinwand ist auch zu erheben, wenn Mängel in der Begründung eines Präsidiumsbeschlusses über die Einrichtung einer Hilfsstrafkammer geltend gemacht werden sollen (BGH NJW-Spezial 2009, 377 = BeckRS 2009, 12503). Nicht erfasst von § 222b StPO wird hingegen der Fall, dass sich der Fehler in der Besetzung des Gerichts aus Mängeln in der Person des Richters ergibt (BGHR StPO § 222b Abs 1 S1 Präklusion 1; s auch § 222a StPO Rn 2).

7   Auf den Einwand der vorschriftswidrigen Besetzung des Gerichts kann **verzichtet** werden, was den Verlust der Besetzungsrüge zur Folge hat, da § 222b StPO anderenfalls leer liefe (vgl Meyer-Goßner StPO § 222b Rn 3 und KK-StPO/Gmel StPO § 222b Rn 3).

8   Der **Beginn der Vernehmung des ersten Angeklagten zur Sache** stellt die **zeitliche Grenze** für Einwendungen gegen die Gerichtsbesetzung dar. Dass diese auch für den Fall

einer unzutreffenden oder unvollständigen Benachrichtigung maßgeblich sein soll (so Meyer-Goßner StPO § 222 b Rn 4; KK-StPO/Gmel StPO § 222 b Rn 4), überzeugt nicht, da die Besetzungsrüge in derartigen Fällen selbst dann erhalten bleibt, wenn gar keine Einwendungen erfolgen (s Rn 5). Richtet sich das Verfahren gegen mehrere Angeklagte, sind sie sämtlich mit Besetzungseinwendungen präkludiert, die nach der Vernehmung des ersten von ihnen zur Sache erfolgen. Die Präklusion tritt auch für den **Mitangeklagten** ein, der in der Hauptverhandlung nicht zugegen war, gleichgültig, ob er befugtermaßen oder unerlaubter Weise abwesend war. Ist gar kein Angeklagter anwesend, tritt die Präklusion mit der Verlesung der die Vernehmung ersetzenden Aussagen des Angeklagten ein (KK-StPO/Gmel StPO § 222 b Rn 4). Nach **hM** ist die **Wiedereinsetzung** gegen die Versäumung der Frist **nicht möglich** (KK-StPO/Gmel StPO § 222 b Rn 5 mwN).

In der Hauptverhandlung ist der Besetzungseinwand **mündlich** zu erheben; die Übergabe 9 einer schriftlichen Abfassung erleichtert dem Gericht die nach § 273 Abs 1 StPO notwendige Protokollierung (Meyer-Goßner StPO § 222 b Rn 5). Außerhalb der Hauptverhandlung muss der Einwand **schriftlich** geltend gemacht werden, und zwar vom Angeklagten in der Form des § 345 Abs 2 StPO, vom Nebenkläger in der Form des § 390 Abs 2 StPO, wie sich aus Abs 1 S 4 ergibt. Befindet sich der Angeklagte im Freiheitsentzug, kann er den Einwand entsprechend § 299 Abs 1 StPO zu Protokoll der Geschäftsstelle erheben (KK-StPO/Gmel StPO § 222 b Rn 7).

Die **inhaltlichen Anforderungen an den Besetzungseinwand sind hoch**; die bloße 10 Behauptung, der Spruchkörper sei vorschriftswidrig besetzt, reicht keinesfalls aus. Der Einwand muss gem Abs 1 S 2 vielmehr entsprechend § 344 Abs 2 S 2 StPO die diesen begründenden Tatsachen enthalten und darlegen, unter welchem rechtlichen Gesichtspunkt die vorschriftswidrige Besetzung gerügt werden soll (Meyer-Goßner StPO § 222 b Rn 6; BGHSt 44, 161, 163). Dabei sind **alle Beanstandungen vollständig und** nach Abs 1 S 3 **zeitgleich** vorzubringen, um so dem Gericht eine umfassende Prüfungsgrundlage zu verschaffen, und zwar selbst dann, wenn sie von mehreren Verteidigern, die alle jeweils ein eigenes Rügerecht in Anspruch nehmen, vorgetragen werden (BGHR StPO § 222 b Abs 1 S 3 Gleichzeitigkeit 1). Das bedeutet, dass nach dem klaren Gesetzeswortlaut ein **Nachschieben** von Gründen **nicht möglich** ist (BGH NStZ 2007, 536), und zwar selbst dann **nicht**, wenn die Vernehmung des ersten Angeklagten zur Sache noch gar nicht begonnen hat. Wurde der Einwand wegen eines formalen Fehlers zurückgewiesen, kann er insgesamt innerhalb der Frist des Abs 1 S 1 erneut erhoben werden (so Meyer-Goßner StPO § 222 b Rn 7). Auch hier gilt, dass eine **unvollständige oder unrichtige Benachrichtigung** nach § 222 a StPO dem Einwendenden **nicht zum Nachteil** gereichen darf. Gelangen Umstände, die einen Besetzungseinwand begründet erscheinen lassen, aufgrund von Umständen, die das Gericht zu verantworten hat, erst verspätet den Beteiligten zur Kenntnis, kann vom Erfordernis der Gleichzeitigkeit abgesehen werden (wie hier: Ranft NJW 1981, 1473, 1476; KMR/Eschelbach StPO § 222 b Rn 24; aber Meyer-Goßner StPO § 222 b Rn 7: die Besetzungsrüge bleibt erhalten; KK-StPO/Gmel StPO § 222 b Rn 9: auch den Beteiligten unbekannte Mängel müssen gleichzeitig mit den bekannten vorgetragen werden). Abs 1 S 3 gilt auch für Beanstandungen wegen der Ergänzungsrichter und -schöffen (BVerfG NJW 2003, 3545; BGHR StPO § 222 b Abs 1 S 1 Präklusion 4). Besetzungsfehler, die **objektiv** erst nach dem Einwand erkennbar werden, können auch später noch gerügt werden (SK-StPO/Schlüchter StPO § 222 b Rn 8 mwN; KMR/Eschelbach StPO § 222 b Rn 24).

II. Entscheidung des Gerichts (Abs 2)

Das Gericht entscheidet nach Abs 2 S 1 in der für Entscheidungen außerhalb der Haupt- 11 verhandlung vorgeschriebenen Besetzung. Das bedeutet für das Landgericht, dass die Strafkammer **ohne Schöffen**, für das Oberlandesgericht, dass der Senat in der Besetzung mit **drei Richtern** einschließlich Vorsitzendem entscheidet. Anders als bei Entscheidungen über Befangenheitsanträge (§ 27 Abs 1 StPO) bleibt der Richter, gegen dessen Mitwirkung am Verfahren sich der Besetzungseinwand richtet, an der Entscheidung beteiligt. Das Präsidium muss zur Frage der Verhinderung eines Richters nicht angerufen werden (BGH NStZ 1989, 32, 33).

StPO § 222 b

12 Die anderen **Verfahrensbeteiligten** müssen vor der Entscheidung gem § 33 Abs 2 StPO – mündlich oder schriftlich – **gehört** werden. Um zu klären, ob die Besetzungseinwendung begründet ist, überprüft das Gericht im **Freibeweisverfahren** die Besetzungsunterlagen und die Geschäftsverteilung (SK-StPO/Schlüchter StPO § 222 b Rn 21). Dabei können dienstliche Erklärungen eingeholt werden (KK-StPO/Gmel StPO § 222 b Rn 12). Das Gericht darf zwar entsprechend § 29 Abs 2 StPO mit der Entscheidung so lange zuwarten, bis diese ohne Verzögerung des Fortgangs der Hauptverhandlung möglich ist (Meyer-Goßner StPO § 222 b Rn 10), es sollte jedoch so rasch wie möglich entscheiden, insbes vor der Vernehmung des ersten Angeklagten zur Sache, um die Ungewissheit darüber, ob die Spruchkammer vorschriftswidrig besetzt ist, zügig zu beseitigen (Meyer-Goßner StPO § 222 b Rn 10).

13 Entspricht der Besetzungseinwand nicht den (strengen) Frist- und Formerfordernissen, ist er im Beschlusswege als **unzulässig** zu verwerfen; ist er in der Sache unbegründet, wird er zurückgewiesen. Ein formwidriger und daher unzulässiger Besetzungseinwand kann aber, solange die Frist des Abs 1 S 1 nicht verstrichen ist, erneut erhoben werden (KK-StPO/Gmel StPO § 222 b Rn 15).

14 Greift der zulässig erhobene Besetzungseinwand durch, stellt das Gericht gem Abs 2 S 2 durch Beschluss fest, dass es **nicht vorschriftsmäßig besetzt** ist, und begründet dies. Alles weitere, also insbes eine ordnungsgemäße Besetzung des Spruchkörpers, ist Sache der hierfür zuständigen Organe des Gerichts, also insbes des Vorsitzenden des Spruchkörpers und des Gerichtspräsidiums. Die Hauptverhandlung ist mit Erlass der Entscheidung und deren Verkündung beendet, ein **Aussetzungsbeschluss oä ergeht nicht**, da er von einem unvorschriftsmäßig besetzten Gericht erlassen würde (vgl KK-StPO/Gmel StPO § 222 b Rn 16; aA Meyer-Goßner StPO § 222 b Rn 12: Aussetzungsbeschluss in Fällen mit schwer zu behebendem Mangel).

15 Der Mangel ist sodann zu beheben, die **Hauptverhandlung** ist in ordnungsgemäßer Besetzung **erneut zu beginnen**. Erschöpft sich die Herstellung einer ordnungsgemäßen Besetzung in der Neubesetzung einer Richter- oder Schöffenstelle, kann die Hauptverhandlung gegebenenfalls ohne erneute Ladung von neuem begonnen werden (SK-StPO/Schlüchter StPO § 222 b Rn 23). Wenn nur die Feststellung der Verhinderung eines durch einen Vertreter ohnehin schon vertretenen Richters nachzuholen ist, eine Veränderung der Besetzung des Spruchkörpers also konkret nicht nötig ist, kann mit der Hauptverhandlung nach der notwendigen Feststellung fortgefahren werden (BGHSt 30, 268, 270).

16 Auf eine nach erfolgreichem Besetzungseinwand **neue Gerichtsbesetzung** ist nach Abs 2 S 3 § 222 a StPO nicht anzuwenden. Fehler in der neuen Besetzung können daher infolge der fehlenden Präklusion nach § 338 Nr 1 Hs 1 StPO (vgl. aber BGH NStZ 2008, 475: Präklusion kann bei unverzüglicher, rügegemäßer Besetzungsänderung jedenfalls gegenüber dem Rügenden eintreten) mit der Revision angegriffen werden (KK-StPO/Gmel StPO § 222 b Rn 16), ohne dass hier die Einschränkungen des § 338 Nr 1 HS 2 StPO griffen (Meyer-Goßner StPO § 222 b Rn 15).

17 Ist der Besetzungseinwand zwar zulässig, aber unbegründet, bindet die zurückweisende Entscheidung das Gericht nicht. Es ist weiterhin verpflichtet, **in jeder Lage des Verfahrens** einen Besetzungsmangel **von Amts wegen** zu berücksichtigen (BGH NStZ 1996, 48, 49; Meyer-Goßner StPO § 222 b Rn 13 mwN).

18 Der Beschluss wird in der Hauptverhandlung allen Prozessbeteiligten gem § 35 Abs 1 S 1 StPO bekannt gegeben; **außerhalb** derselben wird er im **Schriftwege** formlos mitgeteilt, § 35 Abs 2 S 2 StPO.

III. Anfechtung

19 Gegen die Entscheidung über den Besetzungseinwand ist eine **Beschwerde** nicht möglich, § 305 S 1 StPO. Dies gilt gleichermaßen für einen den Einwand zurückweisenden, wie auch für einen ihm stattgebenden Beschluss (KK-StPO/Gmel StPO § 222 b Rn 17). Wird die fehlerhafte Besetzung **von Amts wegen** festgestellt, kann das jedoch selbständig im Beschwerdeweg angegriffen werden (OLG Celle NJW 1991, 2848; **dies ist indes kein Fall des § 222 b StPO**). Mit der **Revision** kann die Verletzung des § 222 b StPO naturgemäß nicht gerügt werden, sondern nur eine **Besetzungsrüge** erhoben werden, gegebenenfalls wenn die Voraussetzungen des § 338 Nr 1 b bis Nr 1 d StPO vorliegen (Meyer-Goßner

StPO § 222 b Rn 15). Allerdings müssen früherer Einwand und Besetzungsrüge für die behauptete Fehlbesetzung dieselben Tatsachen anführen, damit die Besetzungsrüge im Revisionsverfahren erhalten bleibt (BGHR StPO § 222 b Abs 1 S 2 Präklusion 1). Mit der Besetzungsrüge ist ein Angeklagter **ausgeschlossen,** wenn er mit ihr gerade die Gerichtsbesetzung beanstanden will, die er im Rahmen des Verfahrens nach § 222 a StPO, § 222 b StPO ausdrücklich gewünscht hat (BGH NStZ 2008, 475, 476).

§ 223 [Zeugenvernehmung durch beauftragten oder ersuchten Richter]

(1) Wenn dem Erscheinen eines Zeugen oder Sachverständigen in der Hauptverhandlung für eine längere oder ungewisse Zeit Krankheit oder Gebrechlichkeit oder andere nicht zu beseitigende Hindernisse entgegenstehen, so kann das Gericht seine Vernehmung durch einen beauftragten oder ersuchten Richter anordnen.

(2) Dasselbe gilt, wenn einem Zeugen oder Sachverständigen das Erscheinen wegen großer Entfernung nicht zugemutet werden kann.

Überblick

Als Hindernis sind schwerwiegende Krankheiten (Rn 4) und die aktive Hinderung eines Zeugen am Erscheinen (Rn 5) anzusehen. Ob das Hindernis zumindest für längere Zeit besteht, muss das Gericht beurteilen. In einer Gesamtabwägung ist zu entscheiden, ob ein Erscheinen unzumutbar ist (Rn 7). Ob die Beweisperson kommissarisch zu vernehmen ist, wird nach pflichtgemäßem Ermessen entschieden (Rn 9). Der beauftragte Richter ist Mitglied des Tatgerichts (Rn 11), der ersuchte nicht (Rn 12). An der kommissarischen Vernehmung können alle Verfahrensbeteiligten teilnehmen (Rn 14). Etwaige Vermerke des Vernehmungsrichters über die Beweisperson werden durch Verlesen eingeführt (Rn 17). Kommissarische Vernehmungen im Ausland sind möglich (Rn 18).

Übersicht

	Rn		Rn
A. Allgemeines	1	II. Beschluss über eine kommissarische Vernehmung	8
B. Erläuterungen	3	III. Durchführung der kommissarischen Vernehmung	10
I. Voraussetzungen der kommissarischen Vernehmung	3	IV. Rechtsmittel	19

A. Allgemeines

Die Norm regelt die Voraussetzungen der **Vorwegnahme eines Teils der Hauptverhandlung.** Um eine solche handelt es sich bei der **kommissarischen Vernehmung** insbes dann, wenn deren Niederschrift durch Verlesung in die Hauptverhandlung eingeführt wird (vgl BGHSt 9, 24, 27, wo davon die Rede ist, die kommissarische Vernehmung sei „gleichsam" ein Teil der Hauptverhandlung). Dementsprechend sollte von dem Mittel der kommissarischen Vernehmung nur zurückhaltend Gebrauch gemacht werden. Dem gesetzlich in § 250 StPO verankerte Unmittelbarkeitsgrundsatz ist stets der Vorrang vor einer Beweisaufnahme durch Verlesung von Protokollen einzuräumen (vgl auch KK-StPO/Gmel StPO § 223 Rn 1; SK-StPO/Schlüchter StPO § 223 Rn 2). Wurde eine richterliche Vernehmung eines Zeugen oder Sachverständigen bereits durchgeführt, deren Niederschrift für eine Verlesung geeignet ist, kann eine weitere kommissarische Vernehmung unterbleiben (Meyer-Goßner StPO § 223 Rn 1). 1

Nur die kommissarische Vernehmung von **Zeugen und Sachverständigen** ist durch die Vorschrift geregelt. Ihre systematische Stellung zeigt, dass eine solche Vernehmung bereits im Zwischenverfahren, also vor der Hauptverhandlung erfolgen kann, allerdings findet die Norm **auch im Hauptverfahren** Anwendung (Meyer-Goßner StPO § 223 Rn 10). 2

B. Erläuterungen

I. Voraussetzungen der kommissarischen Vernehmung

3 Damit eine kommissarische Vernehmung in Betracht kommt, müssen der Vernehmung eines Zeugen oder Sachverständigen in der Hauptverhandlung **nicht zu beseitigende Hindernisse** entgegen stehen. Das Gesetz zählt beispielhaft Krankheit oder Gebrechlichkeit auf. Andere Hindernisse müssen an Intensität dem gleichkommen. Darunter sind bspw unabwendbare Gefahren für Leib oder Leben eines Zeugen im Falle seines Auftritts vor Gericht zu verstehen (KK-StPO/Gmel StPO § 223 Rn 6).

4 **Nicht jede Krankheit** erfüllt die Voraussetzungen des Abs 1. Sie muss vielmehr so **schwerwiegend** sein, dass ein Erscheinen in der Hauptverhandlung nicht in Betracht kommt, sei es weil die Erkrankung selbst dem entgegensteht, sei es weil sich durch ein Erscheinen der Gesundheitszustand weiter erheblich verschlechtert. Dies muss durch die kommissarische Vernehmung zu vermeiden sein (BGHSt 9, 297, 300 zu § 251 Abs 1 Nr 2 StPO). Als Gebrechlichkeit ist es anzusehen, wenn die Beweisperson wegen mangelhaften Allgemeinzustandes (zB aufgrund hohen Alters) nicht in der Hauptverhandlung auftreten kann (Meyer-Goßner StPO § 223 Rn 5).

5 Beispiel für andere nicht zu beseitigende Hindernisse ist neben der Beweisperson drohenden **Gefahren** auch die dauerhafte „**Sperrung**" eines Zeugen – insbes eines V-Mann-Zeugen – durch die Verwaltungsbehörde (BGHSt 32, 115, 126). Das Gericht muss aber zunächst alle gebotenen Bemühungen unternehmen, um das der Vernehmung entgegen stehende Hindernis zu beseitigen, z. B. den Angeklagten zum Verlassen des Sitzungssaals bewegen (SK-StPO/Schlüchter § 223 Rn 11). Die **begründete Weigerung** von **Erziehungsberechtigten**, kindliche Zeugen zum Termin erscheinen zu lassen (OLG Saarbrücken NJW 1974, 1959, 1960) kommt als Voraussetzung einer kommissarischen Vernehmung ebenso in Betracht, wie eine Auslandsreise mit länger andauerndem Auslandsaufenthalt oder die **Versagung der Einreise** nach Deutschland. **Nicht** unter die nicht zu beseitigenden Hindernisse sind **Unlust** der Beweisperson, deren berufliche Auslastung oder einfach nur entgegenstehende Lebensgewohnheiten oder Tagesabläufe zu zählen (Meyer-Goßner StPO § 223 Rn 6 mwN).

6 Das Hindernis muss **für längere oder ungewisse Zeit** bestehen. Absehbares Wegfallen des Hindernisses, also etwa sich abzeichnende Genesung noch während der Hauptverhandlung, führt dazu, dass die Voraussetzungen der Norm nicht vorliegen. Dem Gericht ist bei dieser Frage ein **Beurteilungsspielraum** eingeräumt (KK-StPO/Gmel StPO § 223 Rn 10: tatrichterliches Ermessen). Eine bloß unwesentliche Terminsverschiebung infolge der notwendigen persönlichen Vernehmung eines kurzfristig nicht verfügbaren Zeugen führt bspw noch nicht zur Unerreichbarkeit des Zeugen (SK-StPO/Schlüchter StPO § 223 Rn 19). Das bedeutet, dass durch das Gericht bereits vor, aber auch während der Hauptverhandlung laufend im Blick zu behalten ist, ob die ins Feld geführten Hinderungsgründe fortbestehen.

7 Für die Frage der Unzumutbarkeit des Erscheinens eines Zeugen oder eines Sachverständigen gem **Abs 2** ist eine **Gesamtabwägung** zu treffen, bei der die **Belastungen**, die die Beweisperson vor einem Gericht zurückzulegenden Strecke auf sich zu nehmen hat, gegen den **Aufklärungswert** und die **Beweisbedeutung** ihrer Aussage ins Verhältnis zu setzen ist (BGH v 16. 3. 1989; StV 1989, 468). Dies bedeutet, dass Randzeugen auch schon bei eher geringerer Entfernung die Voraussetzungen von Abs 2 erfüllen, während der einzige Zeuge des Tatgeschehens gegebenenfalls von überall her anzureisen hat (BGH NJW 1986, 1999, 2000; BGH StV 1981, 220, 221). Wegen des Verweises auf Abs 1 muss auch die Unzumutbarkeit in Abs 2 für längere oder ungewisse Zeit bestehen (SK-StPO/Schlüchter StPO § 223 Rn 21). Daher ist auch hier das Gericht gefordert, die erforderliche Gesamtabwägung wiederholt zu treffen, zumal sich der Aufklärungswert eines Beweismittels im Laufe einer Hauptverhandlung durchaus ändern kann.

II. Beschluss über eine kommissarische Vernehmung

8 Liegen die Voraussetzungen der Abs 1 oder Abs 2 vor (und nur dann), ist dem Gericht, also dem gesamten Spruchkörper, nicht nur dem Vorsitzenden ein **pflichtgemäß auszuübendes Ermessen** dahingehend eingeräumt, ob es die Vernehmung durch den ersuchten

Vorbereitung der Hauptverhandlung § 223 StPO

oder den beauftragten Richter anordnet oder davon absieht. Die Anordnung erfolgt durch **Beschluss**, der nach § 35 Abs 1 S 1 StPO **verkündet** oder aber – außerhalb der Hauptverhandlung – gem § 35 Abs 2 S 2 StPO **formlos** mitgeteilt wird (KK-StPO/Gmel StPO § 223 Rn 15).

Der anordnende Beschluss kann **von Amts wegen** oder **auf Antrag** ergehen. Neben der Staatsanwaltschaft, dem Angeklagten ist auch die Beweisperson antragsberechtigt (Meyer-Goßner StPO § 223 Rn 11). Im Beschlusstenor wird die Beweisperson genannt; in den Gründen wird angegeben, welcher Hinderungsgrund, gegebenenfalls auch warum (hierzu Meyer-Goßner StPO § 223 Rn 12), vorliegt. Das Beweisthema ist nach **hM** nur anzugeben, wenn es sich nicht aus den mitübersandten polizeilichen oder staatsanwaltschaftlichen Vernehmungen ergibt. Weitere Fragen an die Beweisperson können auch in einer dem Beschluss beigefügten Zuleitungsverfügung des Vorsitzenden an den kommissarischen Richter niedergelegt sein (KK-StPO/Gmel StPO § 223 Rn 14). Der eine kommissarische Vernehmung **ablehnende** Beschluss **muss** gem § 34 StPO begründet werden (vgl SK-StPO/Schlüchter StPO § 223 Rn 24). 9

III. Durchführung der kommissarischen Vernehmung

Die kommissarische Vernehmung wird durch einen **ersuchten** oder einen **beauftragten** Richter durchgeführt. 10

Eine Vernehmung durch die **gesamte Strafkammer**, die die Hauptverhandlung durchführt, ist, auch wenn sie als kommissarische bezeichnet wird, tatsächlich eine reguläre Fortsetzung der Hauptverhandlung (BGHSt 31, 236, 238). Die Richter der erkennenden Strafkammer ohne Beteiligung der Schöffen können hingegen als **beauftragte Richter** im Sinne der Vorschrift tätig werden. Als beauftragte Richter kommen darüber hinaus auch der Strafrichter, der Vorsitzende des Schöffengerichts oder einzelne Mitglieder der Strafkammer in Betracht, jedenfalls Mitglieder der Spruchkammer der Hauptverhandlung (KK-StPO/Gmel StPO § 223 Rn 18). In der Hauptverhandlung braucht der beauftragte Richter nicht mitzuwirken (BGHSt 2, 1). 11

Eine Vernehmung durch den **ersuchten Richter** ist insbes dann in Betracht zu ziehen, wenn die Vernehmung in der Hauptverhandlung aufgrund der **großen Entfernung** des erkennenden Gerichts nicht zumutbar ist. Ersuchter Richter ist der nach der Geschäftsverteilung des auswärtigen Gerichts hierzu bestimmte Amtsrichter (KK-StPO/Gmel StPO § 223 Rn 19). Er hat die Vernehmung durchzuführen, unabhängig davon, ob er die Voraussetzungen des § 223 für gegeben erachtet; hält er sie für nicht gegeben, kann er allerdings das ersuchende Gericht darauf aufmerksam machen (vgl Meyer-Goßner GVG § 158 Rn 1, 2 mwN). 12

Die kommissarische Vernehmung ist **nichtöffentlich**, wie sich aus § 169 GVG e contr. ergibt. Dem beauftragten oder ersuchten Richter obliegt die **Sitzungspolizei**; er hat Ordnungsmittel gegen etwaigen Ungehorsam zu verhängen, § 176 GVG bis § 179 GVG. Es gelten auch in der kommissarischen Vernehmung die Vorschriften über die Zeugenvernehmung nach §§ 48 StPO ff und über die Vernehmung eines Sachverständigen gem §§ 72 StPO ff, auch zur Frage einer Vereidigung der Beweisperson (Meyer-Goßner StPO § 223 Rn 23). Die früher in dem nunmehr aufgehobenen Abs 3 vorgeschriebene obligatorische Vereidigung eines Zeugen ist weggefallen. 13

An der **kommissarischen Vernehmung** dürfen alle Verfahrensbeteiligten **teilnehmen**. Einschränkungen ergeben sich insoweit nur aus § 224 Abs 2 StPO; § 224 Abs 1 StPO normiert nur die Fälle, in denen eine Benachrichtigung unterbleiben kann. Dementsprechend hat der Verteidiger stets ein Anwesenheitsrecht, dass auch dann nicht eingeschränkt werden kann, wenn die Beweisperson gefährdet ist (BGHSt 32, 115, 129). Auch wenn die Benachrichtigung des Verteidigers nach § 224 Abs 1 StPO unterblieben ist, kann der der kommissarischen Vernehmung beiwohnen, wenn er auf andere Weise von ihr erfahren hat (SK-StPO/Schlüchter StPO § 223 Rn 27). Können Angeklagte oder Verteidiger umständehalber nicht an der Vernehmung teilnehmen, können sie Fragen einreichen und verlangen, dass diese an die Beweisperson gestellt werden (BGH NStZ 1993, 292). Die Entscheidung über die Zulassung von Fragen obliegt dem vernehmenden Richter, der aber auch in entsprechender Anwendung von § 242 StPO eine Entscheidung des erkennenden Gerichts herbeiführen kann (Meyer-Goßner StPO § 223 Rn 22). 14

StPO § 223 Zweites Buch. 5. Abschnitt

15   Der Angeklagte kann aus der Vernehmung zeitweilig gem § 247 StPO **entfernt** werden (Meyer-Goßner StPO § 223 Rn 20). Der Zeuge bzw Sachverständige kann gem § 247a StPO **audiovisuell** vernommen werden; dh seine Aussage kann auf Video aufgezeichnet werden. Ob allerdings eine Direktübertragung der audiovisuellen kommissarischen Vernehmung in den Sitzungssaal der Hauptverhandlung in Betracht kommt, ist umstritten. Gegen eine solche Übertragung spricht, dass die Voraussetzungen einer kommissarischen Vernehmung einerseits und einer audiovisuellen Vernehmung andererseits nicht aufeinander abgestimmt sind, so dass sich nur sehr schwer überwindbare Probleme aufwerfen würden (so auch Meyer-Goßner StPO aaO mwN; KK-StPO/Gmel StPO § 223 Rn 23a; so jetzt wohl auch KK-StPO/Diemer StPO § 247a Rn 3).

16   Während der Vernehmung eines Zeugen sind die § 68 StPO, § 68a StPO, § 68b StPO und § 69 StPO zu beachten. Der Zeuge muss also zunächst die Gelegenheit haben, von seinen Wahrnehmungen im **Zusammenhang** zu berichten (Meyer-Goßner StPO § 223 Rn 21).

17   **Vermerke**, die der vernehmende Richter über das Verhalten der Beweisperson – zulässig – gefertigt hat und die den **von der Beweisperson gewonnenen Gesamteindruck** des Richters wiedergeben, können im Rahmen der Urteilsfindung vom erkennenden Gericht – etwa bei der Beweiswürdigung – nur verwertet werden, wenn sie durch Verlesen des Protokolls der kommissarischen Vernehmung in die Hauptverhandlung eingeführt worden sind (BGHSt 2, 1, 2; BGH NJW 1989, 382, 383; **aA** SK-StPO/Schlüchter StPO § 223 Rn 36: Vernehmung des Richters in der Hauptverhandlung). Dies gilt selbst dann, wenn alle Berufsrichter eines Spruchkörpers als beauftragte Richter an einer kommissarischen Vernehmung teilgenommen haben (KK-StPO/Gmel StPO § 223 Rn 22 mwN). Für das Protokoll der kommissarischen Vernehmung gelten die § 168 StPO, § 168a StPO.

18   **Kommissarische Vernehmungen im Ausland** können durch die zuständige ausländische Behörde, einen deutschen Konsularbeamten oder aber auch durch einen beauftragten deutschen Richter erfolgen. Zu beachten ist, dass die Ausübung von Hoheitsrechten durch einen deutschen Richter nur erfolgen kann, wenn die **Zustimmung des Gastlandes** vorliegt. Diese ist im Rechtshilfewege einzuholen. Fehlt sie, ist die Vernehmung unzulässig. Niederschriften der Vernehmung durch einen deutschen Konsularbeamten stehen nach § 15 Abs 4 KonsG richterlichen Vernehmungen gleich. Beweisfunktion und Beweiswert von Vernehmungsprotokollen ausländischer Behörden sind maßgeblich davon abhängig, ob und in welchem Umfang die Vernehmung rechtsstaatlichen Anforderungen genügt und mit einen nach der deutschen Strafprozessordnung geführten vergleichbar ist (BGHSt 7, 15, 17). Die Ergebnisse einer nach ausländischem Recht korrekt durchgeführten Vernehmung sind nach Art 4 Abs 1 EU-RhÜbk (in Kraft getreten am 2. 2. 2006) nur dann auch in Deutschland verwertbar, wenn die deutschen Rechtsvorschriften eingehalten wurden (BGH NStZ 2007, 417). Es schadet der Verwertbarkeit einer ausländischen Vernehmung indes nicht, wenn sie nach dortigem Recht fehlerhaft durchgeführt wurde, solange sie nur nach deutschem Recht vorschriftsgem erfolgt ist (zum Ganzen KK-StPO/Gmel StPO § 223 Rn 25 und SK-StPO/Schlüchter StPO § 223 Rn 33-35, jeweils mit zahlreichen weiteren Nachweisen).

IV. Rechtsmittel

19   Die **Beschwerde** gegen die Anordnung oder Ablehnung einer kommissarischen Vernehmung ist nach § 305 S 1 StPO ausgeschlossen (Meyer-Goßner StPO § 223 Rn 25; KK-StPO/Gmel StPO § 223 Rn 26). Für den Fall eines drohenden Beweisverlusts ist hiervon allerdings eine Ausnahme zu machen (LG Düsseldorf NStZ 1983, 42). Die Beweisperson hat kein Beschwerderecht, da sie es sich nicht aussuchen kann, wo und von wem sie vernommen wird (SK-StPO/Schlüchter StPO § 223 Rn 38).

20   Mit der **Revision** kann die Verletzung des § 223 StPO nicht geltend gemacht werden. Sie ist darauf beschränkt, die Verletzung des § 251 StPO bei der Verlesung der Vernehmungsniederschrift zu rügen (KK-StPO/Gmel StPO § 223 Rn 27). Die Zurückweisung des Antrags auf kommissarische Vernehmung kann die Aufklärungspflicht verletzen, wenn auf diese Weise das Beweismittel „Zeuge" oder „Sachverständiger" abhanden kommt (SK-StPO/Schlüchter StPO § 223 Rn 41).

Vorbereitung der Hauptverhandlung § 224 StPO

§ 224 [Benachrichtigung der Beteiligten]

(1) ¹Von den zum Zweck dieser Vernehmung anberaumten Terminen sind die Staatsanwaltschaft, der Angeklagte und der Verteidiger vorher zu benachrichtigen; ihrer Anwesenheit bei der Vernehmung bedarf es nicht. ²Die Benachrichtigung unterbleibt, wenn sie den Untersuchungserfolg gefährden würde. ³Das aufgenommene Protokoll ist der Staatsanwaltschaft und dem Verteidiger vorzulegen.

(2) Hat ein nicht in Freiheit befindlicher Angeklagter einen Verteidiger, so steht ihm ein Anspruch auf Anwesenheit nur bei solchen Terminen zu, die an der Gerichtsstelle des Ortes abgehalten werden, wo er in Haft ist.

Überblick

Der Vernehmungsrichter (Rn 5) muss die Verfahrensbeteiligten (Rn 7) rechtzeitig (Rn 8) über den Vernehmungstermin informieren (Rn 1). Anwesenheitspflicht besteht für Angeklagten und Verteidiger nicht (Rn 2). Ob für kommissarische Vernehmungen im Ausland dortiges Recht gilt, ist fraglich (Rn 3). Keine Benachrichtigungspflicht besteht, wenn Beweiswertminderung zu erwarten ist oder auf eine Terminsnachricht verzichtet wurde (Rn 9, Rn 10). Das Protokoll der Vernehmung ist vorzulegen (Rn 11). Der Angeklagte hat uU kein Anwesenheitsrecht (Rn 12). Wurde der Protokollverlesung nicht ausdrücklich widersprochen, ist die auf den Verstoß gegen diese Norm gerichtete Rüge verwirkt (Rn 13).

Übersicht

	Rn		Rn
A. Allgemeines	1	III. Vorlegung des Protokolls (Abs 1 S 3)	11
B. Erläuterungen	5	IV. Kein Anspruch auf Anwesenheit an der Vernehmung (Abs 2)	12
I. Benachrichtigungspflicht (Abs 1 S 1)	5	V. Rechtsmittel	13
II. Wegfall der Benachrichtigungspflicht (Abs 1 S 2)	9		

A. Allgemeines

Unter Bezugnahme auf § 223 StPO ordnet die Vorschrift, von den Ausnahmeregelungen des Abs 1 S 2 und Abs 2 abgesehen, **die regelmäßige Benachrichtigung der Verfahrensbeteiligten von der kommissarischen Vernehmung** an. Da eine Benachrichtigung sinnlos wäre, wenn die Benachrichtigten nicht das Recht hätten, an der Vernehmung **teilzunehmen**, geht die Vorschrift, ohne dies ausdrücklich auszusprechen, von einem dahingehenden Anspruch der in Abs 1 genannten Verfahrensbeteiligten aus (so auch SK-StPO/Schlüchter § 224 Rn 1). Das Anwesenheitsrecht folgt auch daraus, dass die kommissarische Vernehmung ein vorweggenommener Teil der Hauptverhandlung ist (vgl insoweit § 223 StPO Rn 1) und besteht selbst in den Fällen des Abs 1 S 2. Wenn also ein Angeklagter, ohne benachrichtigt worden zu sein, vom Termin Kenntnis erlangt, ist ihm die Anwesenheit gestattet (BGHSt 32, 115, 129). 1

Angeklagter und Verteidiger – auch der notwendige (BGH NJW 1952, 1426) – **müssen** indes **nicht** an der Vernehmung teilnehmen, wenn sie dies nicht möchten. Dem entspricht, dass ein **Anspruch auf Verlegung** der Vernehmung bei Verhinderung **nicht besteht** (KK-StPO/Gmel StPO § 224 Rn 3). Ebenso wenig hat der Angeklagte Anspruch auf einen Reisekostenvorschuss oder gar die Bestellung eines am Ort der Vernehmung ansässigen Pflichtverteidigers. 2

Etwas anderes kann sich ergeben, wenn die **kommissarische Vernehmung im Ausland** durchzuführen sein wird. Die Norm gilt grundsätzlich auch in diesem Falle (BGH NStZ 1988, 563 m zust Anm Naucke). Ob es keiner Benachrichtigung bedarf, wenn das am Ort der Vernehmung geltende (ausländische) Recht eine Anwesenheit nicht zulässt, das deutsche eine solche aber vorschreibt, ist mit Blick auf Art 4 Abs 1 EU-RhÜbk (vgl § 223 StPO Rn 18) fraglich; gegebenenfalls kann das Unterbleiben der Terminsnachricht einen Verfah- 3

StPO § 224   Zweites Buch. 5. Abschnitt

rensverstoß darstellen, der die Verwertbarkeit der Vernehmung in einem deutschen Strafverfahren in Frage stellt (BGH NJW 1988, 2187, 2188 = BGHSt 35, 82, 83; kein Verfahrensverstoß: KK-StPO/Gmel StPO § 224 Rn 1 mwN). Dies gilt allerdings nicht, wenn im ausländischen Recht eine Benachrichtigung nicht vorgesehen oder gar unzulässig ist (Meyer-Goßner StPO § 224 Rn 1). Selbstverständlich ist vor dem Hintergrund von Abs 1 S 1, HS 1, dass das deutsche Gericht nicht bei einem ausländischen Gericht darauf hinwirken darf, dass dieses die Beteiligten nicht vom Termin benachrichtigt (BayObLGSt 1949/51, 113, 116). Im Gegenteil ist der deutsche Vorsitzende gehalten, im Rahmen des Rechtshilfeersuchens darauf hinzuwirken, so rechtzeitig von dem Vernehmungstermin Kenntnis zu erlangen, dass er Angeklagte und Verteidiger hiervon benachrichtigen kann, sofern diesen nach dem anzuwendenden ausländischen Recht die Anwesenheit bei der Vernehmung gestattet ist (BGH NJW 1988, 2187, 2188 = BGHSt 35, 82, 84).

4   Für die **Vernehmung des Angeklagten** gilt die Vorschrift **entsprechend**, für die Vernehmung von Mitangeklagten hingegen nicht (Meyer-Goßner StPO § 224 Rn 1; SK-StPO/Schlüchter StPO § 224 Rn 2).

B. Erläuterungen
I. Benachrichtigungspflicht (Abs 1 S 1)

5   Die **Benachrichtigungspflicht** liegt bei dem **beauftragten** oder **ersuchten** Richter, nicht bei dem Gericht der Hauptverhandlung. Allerdings können Ort und Zeit der Vernehmung auch schon in einem Beauftragungsbeschluss nach § 223 StPO genannt werden, wenn beides schon zum Zeitpunkt der Beschlussfassung fest steht. Eine dahin gehende Benachrichtigung in der Hauptverhandlung kann die Benachrichtigung durch den beauftragten Richter – der Angehöriger der Spruchkammer ist – ersetzen (KK-StPO/Gmel StPO § 224 Rn 5). Wird der Beschluss nicht in der Hauptverhandlung verkündet, so sollte er, um den Zugang nachweisen zu können, förmlich zugestellt werden.

6   Die Benachrichtigung **beinhaltet** die zu vernehmende Beweisperson, den Ort und die Zeit der Vernehmung (SK-StPO/Schlüchter StPO § 224 Rn 4).

7   **Benachrichtigungsadressaten** sind nahezu alle denkbaren Verfahrensbeteiligten. Neben Angeklagtem – der auch zu informieren ist, wenn er in Haft ist – und Verteidiger sind dies Staatsanwaltschaft, Privatkläger gem § 385 Abs 1 S 1 StPO, Nebenkläger gem § 397 Abs 1 S 1 u S 4 StPO, gesetzliche Vertreter und Erziehungsberechtigte nach § 67 Abs 2 JGG, der Vertreter der Finanzbehörden im Steuerstrafverfahren gem § 407 Abs 1 S 3 AO und sonstige Nebenbeteiligte gem § 431 StPO, § 442 StPO, § 444 StPO (Meyer-Goßner StPO § 224 Rn 4). Die Benachrichtigungspflicht besteht nur innerhalb eines Verfahrens, nicht verfahrensübergreifend (BGH NJW 1986, 1999, 2000).

8   Da die Benachrichtigung ihre Funktion nur erfüllen kann, wenn sie den Verfahrensbeteiligten eine Teilnahme an der Vernehmung ermöglicht, muss sie **rechtzeitig** vor dem Vernehmungstermin erfolgen (BGH GA 1976, 242, 244). Falls notwendig ist sie den Adressaten per Telefon, Fax oder E-Mail zuzuleiten.

II. Wegfall der Benachrichtigungspflicht (Abs 1 S 2)

9   Die Benachrichtigungspflicht **entfällt**, wenn auf eine Benachrichtigung wirksam **verzichtet** werden und wenn eine **Benachrichtigung den Untersuchungserfolg gefährden** könnte. Eine bloße – zu erwartende –Verfahrensverzögerung ist keine solche Gefährdung. Eine Gefährdung ist generell dann anzunehmen, wenn tatsachenfundierte Anhaltspunkte dafür vorliegen, dass die Benachrichtigung einen **Beweismittelverlust** nach sich zieht, etwa, weil von Seiten des Verteidigers oder des Angeklagten Verdunkelungsmaßnahmen zu befürchten sind (BGHSt 32, 115, 129). Dementsprechend beinhaltet eine Verzögerung gegebenenfalls dann eine Gefährdung, wenn sie den Verlust des Beweismittels, also der Aussage der Beweisperson, möglich erscheinen lässt oder zumindest die **Herabsetzung des Beweiswerts** (Meyer-Goßner StPO § 224 Rn 8). Eine Gefährdung des Untersuchungszweck kann aber auch darin liegen, dass die Beweisperson dazu gebracht werden soll, von einem ihr zustehenden Zeugnisverweigerungsrecht Gebrauch zu machen (KK-StPO/Gmel StPO § 224 Rn 9 mwN). Die Gründe einer unterbliebenen Benachrichtigung sind zweckmäßi-

gerweise aktenkundig zu machen, damit sie später nachvollziehbar sind. Hat der vernehmende Richter keine solchen Gründe vermerkt, kann dies **vom Tatgericht nachgeholt** werden (BGHSt 29, 1, 4). Bei der Beweiswürdigung ist es zu berücksichtigen, wenn der Verteidiger bei der kommissarischen Vernehmung keine Fragen stellen konnte, weil er nicht vom Termin in Kenntnis gesetzt worden war (so inzident BGH NStZ 1996, 595, 597). Ein Verstoß gegen die Benachrichtigungspflicht führt grundsätzlich zu einem Verwertungsverbot hinsichtlich des über die Vernehmung gefertigten Protokolls. Dieses Verbot kann durch nachträglich erklärten Verzicht auf eine Benachrichtigung seitens des nicht Benachrichtigten ausgeräumt werden (SK-StPO/Schlüchter StPO § 224 Rn 11).

Darüber hinaus besteht **keine Benachrichtigungspflicht** gegenüber demjenigen, der auf 10 eine Benachrichtigung – ausdrücklich – **verzichtet** (KK-StPO/Gmel StPO § 224 Rn 8).

III. Vorlegung des Protokolls (Abs 1 S 3)

Die Regelung normiert nur eine **Vorlagepflicht gegenüber Staatsanwalt und Ver-** 11 **teidiger**. Dieser ist angesichts des eindeutigen Wortlauts der Vorschrift auch dann nachzukommen, wenn beide vom Termin in Kenntnis gesetzt worden waren, aber an der Vernehmung aus eigenem Antrieb nicht teilgenommen hatten (BGHSt 25, 357 für den Verteidiger). Die **Vorlegung obliegt dem Vorsitzenden** und wird durch die Übersendung von Protokollablichtungen oder durch die Gewährung von Akteneinsicht erledigt (vgl hierzu BGHSt 25, 357, 359). Der Staatsanwaltschaft werden die Akten in der Regel zur Kenntnisnahme des Vernehmungsprotokolls zugeleitet. Der Angeklagte kann, auch wenn er sich selbst verteidigt, keine Protokollvorlage beanspruchen (Meyer-Goßner StPO § 224 Rn 11).

IV. Kein Anspruch auf Anwesenheit an der Vernehmung (Abs 2)

Nach Abs 2 hat ein Angeklagter unter bestimmten Umständen **kein Recht** darauf, bei 12 einer kommissarischen Vernehmung **anwesend zu sein**. Die Vorschrift erfasst nur den verteidigten Angeklagten, der inhaftiert ist. Ein solcher Angeklagter hat nur dann einen Anspruch auf Anwesenheit, wenn die Vernehmung am Haftort stattfindet, während der Hauptverhandlung also im Gerichtssaal (BGHSt 1, 269, 271; BGHSt 9, 24, 28). Die Regelung findet entsprechende Anwendung, wenn ein von der Untersuchungshaft verschonter Angeklagter gem § 116 Abs 1 Nr 2 StPO die Auflage hat, Deutschland nicht zu verlassen, die **Vernehmung aber im Ausland** stattfindet (OLG Bamberg MDR 1984, 604). Die Benachrichtigungspflicht bleibt indes auch dann erhalten, wenn Abs 2 anwendbar ist (Meyer-Goßner StPO § 224 Rn 10; SK-StPO/Schlüchter StPO § 224 Rn 21).

V. Rechtsmittel

Nur wenn der **Revisionsführer** einer Protokollverlesung in der Hauptverhandlung **aus-** 13 **drücklich widersprochen** hatte, kann die Revision mit einem Verstoß gegen § 224 begründet werden. Ansonsten ist die Rüge **verwirkt** (BGHSt 9, 24, 28). Ist der Angeklagte allerdings nicht verteidigt und kennt seine prozessualen Pflichten nicht, entfällt das Erfordernis des Widerspruchs (KK-StPO/Gmel StPO § 224 Rn 11). Ein Widerspruch in der Berufungsverhandlung genügt nicht (Meyer-Goßner StPO § 224 Rn 12). Wenn das Protokoll einer unter Verstoß gegen § 224 StPO erfolgten Vernehmung ohne Einverständnis oder gar gegen den Widerspruch des Revisionsführers in der Hauptverhandlung verlesen worden ist, beruht das Urteil in der Regel auf dem Rechtsfehler (vgl BGHSt 9, 24, 29). In einem anderen Verfahren gegen einen anderen Angeklagten, der der Beteiligung an der Tat verdächtig ist, begründet der Verstoß indes die Revision nicht (Meyer-Goßner StPO § 224 Rn 12 mwN). Für eine Verletzung der Vorlagepflicht nach Abs 1 S 3 gilt im Wesentlichen dasselbe (SK-StPO/Schlüchter StPO § 224 Rn 30).

In der Frage, ob die **Voraussetzungen des Abs 1 S 2** vorlagen und daher zu Recht von 14 einer Benachrichtigung abgesehen wurde, kann das Revisionsgericht die Entscheidung nur auf eine etwaige Überschreitung der dem tatrichterlichen Ermessen gesetzten Schranken hin überprüfen (BGHSt 29, 1, 3 zu § 168 c StPO). Die Frage ist vom Revisionsgericht nur dann selbst zu beantworten, wenn das tatrichterliche Ermessen auf Null **reduziert** war (BGHSt 42, 86, 93 zu § 168 c StPO).

§ 225 [Augenschein durch beauftragten oder ersuchten Richter]

Ist zur Vorbereitung der Hauptverhandlung noch ein richterlicher Augenschein einzunehmen, so sind die Vorschriften des § 224 anzuwenden.

Überblick

Die selten angewandte (Rn 1) Norm verweist für die kommissarische Inaugenscheinnahme auf § 224 StPO (Rn 3).

A. Allgemeines

1   Die wenig praxisrelevante Vorschrift dient der **Sicherung von Beweisen**, die in der Hauptverhandlung bedeutsam sein können. Sie betrifft nur die **kommissarische Inaugenscheinnahme**, nicht die in der Hauptverhandlung vom Gericht selbst vorgenommene. Allerdings ist die Norm über ihren Wortlaut hinaus nicht nur auf den kommissarische Augenschein vor der Hauptverhandlung, sondern auch auf solche, die während der Hauptverhandlung angeordnet werden, anwendbar (Meyer-Goßner StPO § 225 Rn 1).

2   Anders als der Augenschein durch das erkennende Gericht, den der Vorsitzende allein verfügt, wird der kommissarische Augenschein vor oder während der Hauptverhandlung vom **gesamten Spruchkörper** durch Beschluss angeordnet (KK-StPO/Gmel StPO § 225 Rn 3).

B. Erläuterungen

3   Wenn das Gericht nach **pflichtgemäßer Prüfung** zu dem Ergebnis gelangt, dass es **ausreicht**, den **Augenschein durch einen beauftragten oder ersuchten Richter** durchführen zu lassen, eine Inaugenscheinnahme durch das erkennende Gericht selbst also nicht notwendig ist, hat es die Vorschrift des § 224 StPO zu beachten (SK-StPO/Schlüchter StPO § 225 Rn 5). Die dort normierten Benachrichtigungspflichten gelten also auch bei der kommissarischen Inaugenscheinnahme. Das **Anwesenheitsrecht** des Angeklagten in bestimmten Fällen ist nach § 224 Abs 2 StPO eingeschränkt. Daneben ist hier auch § 168 d StPO zu beachten (Meyer-Goßner StPO § 224 Rn 2). Der beauftragte Richter kann nach § 166 GVG einen Augenschein auch außerhalb des Gerichtsbezirks vornehmen.

4   Auch § 224 Abs 3 S 3 StPO hat Beachtung zu finden, so dass das **Protokoll** der Inaugenscheinnahme, das § 86 StPO und § 168 a StPO entsprechen muss, den Verfahrensbeteiligten **vorzulegen** ist (KK-StPO/Gmel StPO § 224 Rn 4; s § 224 StPO Rn 11). Das Protokoll wird in der Hauptverhandlung nach § 249 Abs 1 S 2 StPO im Urkundenbeweis verlesen (SK-StPO/Schlüchter StPO § 225 Rn 6).

5   Eine **Beschwerde** ist gegen den Beschluss über die kommissarische Inaugenscheinnahme gem § 305 S 1 StPO ausgeschlossen. Dass dies bei einem die kommissarische Inaugenscheinnahme ablehnenden Beschluss anders sein soll (so SK-StPO/Schlüchter StPO § 225 Rn 7 und § 223 Rn 38 für den Fall der Zurückweisung bei drohendem Beweisverlust), überzeugt nicht. Im Rahmen der **Revision** kann die **Aufklärungsrüge** erhoben werden, wenn begründet dargelegt werden kann, dass der Augenschein durch den Spruchkörper, nicht durch einen kommissarischen Richter hätte erfolgen müssen. Auch die Verletzung des für anwendbar erklärten § 224 StPO kann gerügt werden (s § 224 StPO Rn 13 f).

§ 225 a [Zuständigkeitsänderung vor der Hauptverhandlung]

(1) ¹Hält ein Gericht vor Beginn einer Hauptverhandlung die sachliche Zuständigkeit eines Gerichts höherer Ordnung für begründet, so legt es die Akten durch Vermittlung der Staatsanwaltschaft diesem vor; § 209 a Nr. 2 Buchstabe a gilt entsprechend. ²Das Gericht, dem die Sache vorgelegt worden ist, entscheidet durch Beschluß darüber, ob es die Sache übernimmt.

(2) ¹Werden die Akten von einem Strafrichter oder einem Schöffengericht einem Gericht höherer Ordnung vorgelegt, so kann der Angeklagte innerhalb einer bei

der Vorlage zu bestimmenden Frist die Vornahme einzelner Beweiserhebungen beantragen. ²Über den Antrag entscheidet der Vorsitzende des Gerichts, dem die Sache vorgelegt worden ist.

(3) ¹In dem Übernahmebeschluß sind der Angeklagte und das Gericht, vor dem die Hauptverhandlung stattfinden soll, zu bezeichnen. ²§ 207 Abs. 2 Nr. 2 bis 4, Abs. 3 und 4 gilt entsprechend. ³Die Anfechtbarkeit des Beschlusses bestimmt sich nach § 210.

(4) ¹Nach den Absätzen 1 bis 3 ist auch zu verfahren, wenn das Gericht vor Beginn der Hauptverhandlung einen Einwand des Angeklagten nach § 6a für begründet hält und eine besondere Strafkammer zuständig wäre, der nach § 74e des Gerichtsverfassungsgesetzes der Vorrang zukommt. ²Kommt dem Gericht, das die Zuständigkeit einer anderen Strafkammer für begründet hält, vor dieser nach § 74e des Gerichtsverfassungsgesetzes der Vorrang zu, so verweist es die Sache an diese mit bindender Wirkung; die Anfechtbarkeit des Verweisungsbeschlusses bestimmt sich nach § 210.

Überblick

Die Vorschrift regelt die Abgabe des Verfahrens an ein Gericht höherer Ordnung außerhalb der Hauptverhandlung. Sie ergänzt insoweit § 209 StPO und § 270 StPO (SK-StPO/ Schlüchter StPO § 225a Rn 1).Wenn es die Zuständigkeit eines höheren (auch Jugend-)-Gerichts für gegeben hält (Rn 4), muss das Ausgangsgericht die Akten außerhalb der Hauptverhandlung nach Eröffnung des Hauptverfahrens (Rn 2), auch in der Berufungsinstanz (Rn 3), vorlegen. Das Ausgangsgericht gewährt rechtliches Gehör (Rn 6) und begründet seinen Beschluss (Rn 7). Der Angeklagte kann fristgerecht (Rn 10) Beweiserhebungen zur Frage der Abgabe beantragen (Rn 9). Das Gericht höherer Ordnung entscheidet auf Grundlage des Eröffnungsbeschlusses (Rn 13) und teilt in einem Beschluss die übernommene Tat mit (Rn 16) oder erläutert die Ablehnung (Rn 19). Die Vorlage an eine besondere Kammer erfolgt nur auf Antrag (Rn 21). Übernahme- und Verweisungsbeschlüsse sind anfechtbar (Rn 26).

Übersicht

	Rn		Rn
A. Allgemeines............................	1	1. Übernahme des Verfahrens	14
B. Erläuterungen	4	2. Ablehnung der Übernahme des Verfahrens.......................	19
I. Aktenvorlage (Abs 1)...................	4	IV. Vorlegung und Verweisung an eine besondere Strafkammer (Abs 4)	21
II. Recht auf einzelne Beweiserhebungen (Abs 2)............................	9	V. Rechtsmittel...............................	25
III. Entscheidung des Gerichts höherer Ordnung (Abs 1 S 2)	13		

A. Allgemeines

Die Vorschrift regelt die Abgabe des Verfahrens an ein Gericht höherer Ordnung außer- 1 halb der Hauptverhandlung. Sie ergänzt insoweit § 209 StPO und § 270 StPO (SK-StPO/ Schlüchter StPO § 225a Rn 1). Regelungsgegenstand ist nur die **Abgabe an ein Gericht höherer Ordnung.** Hierzu zählen nach § 209a Nr 2a StPO auch **höherrangige Jugendgerichte**; Abs 1 S 1 Hs 2 normiert die entsprechende Anwendbarkeit dieser Vorschrift ausdrücklich. Die Jugendschutzgerichte hingegen unterfallen der Vorschrift nicht, da § 209a Nr 2b StPO nicht genannt wird (BGHSt 42, 39, 40). Ausgeschlossen ist die Abgabe vom Jugendgericht an ein allgemeines Gericht, § 47a JGG, ausgenommen in den Fällen des § 103 Abs 2 S 2 und S 3 JGG. Abs 4 trifft gesonderte Bestimmungen für die Abgabe an Strafkammern mit besonderer Zuständigkeit.

Entsprechend ihrer systematischen Stellung ist die Norm **nach Eröffnung des Haupt-** 2 **verfahrens, aber vor Beginn einer Hauptverhandlung anwendbar.** Zuvor ist § 209, danach § 270 StPO – selbst wenn der Angeklagte nicht erschienen ist – einschlägig. Auch wenn die Hauptverhandlung ausgesetzt wurde, oder wenn sie nach Zurückverweisung durch das Revisionsgericht noch nicht wieder begonnen wurde, ist diese Vorschrift anzuwenden. Dies ergibt sich aus dem Gesetzestext, der von „einer Hauptverhandlung" spricht (KK-StPO/Gmel StPO § 225 a Rn 3).

3 Ob die Vorschrift auch in der **Berufungsinstanz** anzuwenden ist, ist strittig. Dass sie in § 323 Abs 1 S 1 StPO keine Erwähnung findet, kann auf ein Redaktionsversehen zurückgeführt werden. Während die eine Ansicht dazu neigt, die Vorschrift für im Berufungsverfahren **unanwendbar** zu erklären (Meyer-Goßner StPO § 225 a Rn 2), da ansonsten das Berufungsverfahren unzulässigerweise an das erstinstanzliche Gericht verschoben würde, geht die **hM** – zutreffend – davon aus, dass die Abgabe materiell gesehen in der selben Instanz erfolgt und die Norm daher aufgrund ihrer in allen Instanzen gültigen Zweckrichtung **anzuwenden** ist (KK-StPO/Gmel StPO § 225 a Rn 4; SK-StPO/Schlüchter StPO § 225 a Rn 56; so im Ergebnis auch Hegmann NStZ 2000, 574, 575). Sollten sich also Zuständigkeitsstreitigkeiten in der Berufungsinstanz ergeben, sind diese von dem daran beteiligten Gericht höherer Ordnung, vor allem von dem Spruchkörper mit Spezialzuständigkeit im Streit mit dem Spruchkörper mit allgemeiner Zuständigkeit, zu entscheiden. Auch wenn die kleine Strafkammer zu dem Ergebnis gelangen sollte, nicht das Amtsgericht, sondern das Landgericht sei für die Aburteilung der Tat von vorne herein zuständig gewesen, und die Sache an eine große Strafkammer, etwa das Schwurgericht verweist, ist dies entsprechend § 225 a StPO möglich, da dem Angeklagten so keine Tatsacheninstanz verloren geht und das AG zu Unrecht über die Sache entschieden hatte (BGHR StPO § 225 a Anwendungsbereich 1). Ob die Vorschrift auch im Beschwerdeverfahren anzuwenden ist (so KK-StPO/Gmel StPO § 225 a Rn 4), bleibt allerdings zweifelhaft.

B. Erläuterungen

I. Aktenvorlage (Abs 1)

4 Die Vorlegung nach Abs 1 kann **von Amts wegen oder auf Antrag** erfolgen. Eine Strafsache **muss** immer dann vorgelegt werden, wenn ein hinreichender Verdacht (vgl SK-StPO/Schlüchter StPO § 225 a Rn 9) besteht, dass für die Beurteilung der Tat ein Gericht höherer Ordnung zuständig ist (beispielsweise aufgrund einer Gesetzesänderung nach Eröffnung des Hauptverfahrens) oder die Strafgewalt des zunächst angegangenen Gerichts nicht ausreicht (KK-StPO/Gmel StPO § 225 a Rn 5). Das vorlegende Gericht hat dabei kein Ermessen. **Ohne Belang für die Entscheidung** sind allerdings die Frage einer besonderen Bedeutung des Falles und die Frage einer **bestimmten Rechtsfolgenerwartung** (nicht der Strafgewalt!) nach § 25 Nr 2 GVG (Meyer-Goßner StPO § 225 a Rn 5), so dass die Vorlage vom Strafrichter an das Schöffengericht unzulässig ist (OLG Düsseldorf NStZ-RR 2001, 222, 223 mwN, **aA** Hohendorf NStZ 1987, 3898, 396; Paeffgen NStZ 2002, 195 – zu § 270 StPO). Zulässig ist dagegen in entsprechender Anwendung von Abs 1 die Vorlage durch ein Landgericht an ein nach § 120 GVG erstinstanzlich als Gericht des Bundes tätiges Oberlandesgericht, auch wenn dieses streng genommen ein Gericht anderer, nicht aber höherer Ordnung ist. Die erstinstanzliche Zuständigkeit des OLG geht aber derjenigen der Amts- und Landgerichte vor (OLG Stuttgart, BeckRS 2007, 18658 = NStZ 2009, 348; krit hierzu Sowada FS Fezer, 163, 183; vgl auch KK-StPO/Hannich GVG § 24 Rn 12; Eisenberg NStZ 1996, 263, 265).

5 Eine Sonderkonstellation ergibt sich im Falle der Anwendbarkeit von **Jugendrecht**. Aufgrund des Verweises in Abs 1 S 1 Hs 2 findet die Fiktion des § 209 a Nr 2 a StPO (vgl § 209 a StPO Rn 4) entsprechende Anwendung, so dass die **Jugendgericht als Gerichte höherer Ordnung** anzusehen sind. Nach § 47 a S 1 JGG kann sich ein Jugendgericht nach Eröffnung der Hauptverhandlung nicht mehr für unzuständig erklären, weil ein allgemeines Gericht gleicher oder niedrigerer Ordnung zuständig sei, wohl aber, wenn ein solches höherer Ordnung zuständig ist. Für verbundene Verfahren gegen Jugendliche und Erwachsene ist § 103 JGG zu beachten; hier besteht ein **Vorrang der Wirtschafts- und der Staatsschutzkammern**.

6 Nach ganz **hM** ist der **Vorlegungsbeschluss**, da er nur der gerichtsinternen Richtigstellung dient, keine Entscheidung, der eine Anhörung nach § 33 Abs 2 und Abs 3 StPO voranzugehen hat. Nicht das Ausgangsgericht, sondern das von ihm angegangene Gericht befindet über die Zuständigkeit für die Sache. Dementsprechend bedarf es auch keines Antrags an das Ausgangsgericht. Vor der Entscheidung des angegangenen Gerichts ist allerdings rechtliches Gehör zu gewähren (KK-StPO/Gmel StPO § 225 a Rn 6; Meyer-Goßner StPO § 225 a Rn 6), so dass es jedenfalls nicht schadet, wenn die Verfahrensbeteiligten auch schon vor Formulierung des Vorlegungsbeschlusses angehört werden.

Der Vorlegungsbeschluss – der in der für Entscheidungen außerhalb der Hauptverhandlung vorgeschriebenen Besetzung ergeht – ist zu **begründen**, damit das angegangene Gericht nachvollziehen kann, warum das Ausgangsgericht sich für unzuständig hält. Der Beschluss ist den Verfahrensbeteiligten **zugänglich zu machen**; in den Fällen des Abs 2 S 1 dem Angeklagten gegenüber per Postzustellungsurkunde, um den Fristlauf nachweisen zu können. Da die Staatsanwaltschaft nach Abs 1 S 1 die Akten an das Gericht höherer Ordnung pflichtgemäß vorlegt, nimmt sie auf diese Weise auch Kenntnis von der Vorlegungsentscheidung. Sollte für das angegangene Gericht eine andere Staatsanwaltschaft zuständig sein, leitet die Staatsanwaltschaft des Ausgangsgerichts die Akten dieser zur Zuleitung an das angegangene Gericht weiter (Meyer-Goßner StPO § 225 a Rn 7; SK-StPO/Schlüchter StPO § 225 a Rn 18). 7

Für **Haft- und Nebenentscheidungen** ist das Ausgangsgericht jedenfalls so lange weiter zuständig, bis das höhere Gericht über die Übernahme entschieden hat (Meyer-Goßner StPO § 225 a Rn 8). 8

II. Recht auf einzelne Beweiserhebungen (Abs 2)

Nach Abs 2 hat der Angeklagte, sofern die Vorlegung vom Amtsgericht kommt, das Recht, **Beweiserhebungen zur Abgabefrage** zu beantragen. Dies gilt nach richtiger Ansicht auch, wenn der Straf- bzw. Schöffenrichter an den Jugendrichter oder den Jugendschöffenrichter vorlegt (KK-StPO/Gmel StPO § 225 a Rn 20; KMR/Eschelbach StPO § 225 a Rn 28; **aA** Meyer-Goßner StPO § 225 a Rn 9), da nach Abs 1 auch Jugendgerichte als Gerichte höherer Ordnung anzusehen sind. Nach Abs 4 S 1 ist die Norm auch dann anzuwenden, wenn eine Vorlage an eine vorrangige Spezialkammer nach § 74 e GVG in Betracht kommt (so auch KK-StPO/Gmel StPO § 225 a Rn 20; **aA** Meyer-Goßner StPO § 225 a Rn 22, der die Verweisung in Abs 4 auf Abs 2 für ein Redaktionsversehen hält). Zweck dieses gesonderten Beweisantragsrechts ist es, dem Angeklagten noch vor der Übernahme des Verfahrens die Möglichkeit zu geben, durch Beweisanträge seinen Standpunkt zur sachlichen Zuständigkeit darzulegen und zu untermauern. Dabei spielt auch eine Rolle, dass in den Fällen der Vorlegung regelmäßig tatsächliche oder rechtliche Umstände eine Rolle spielen, die zuvor, insbes bei der Entscheidung über die Eröffnung des Hauptverfahrens, noch nicht erkannt worden waren, so dass auch keine Beweisanträge nach § 201 Abs 1 StPO gestellt worden waren (letztgenannter Auffassung auch Meyer-Goßner StPO § 225 a Rn 9). Der Antrag soll das Begehren verdeutlichen, einen Sachverhalt mit einem bestimmten Beweismittel näher aufzuklären. Die Anforderungen des § 244 Abs 3 StPO müssen indes nicht erfüllt werden (SK-StPO/Schlüchter StPO § 225 a Rn 43). 9

Mit der Benachrichtigung des Angeklagten vom Vorlegungsbeschluss wird das AG diesem eine **Frist** für die Beantragung der Beweiserhebungen setzen. Die Belehrung über das Beweisantragsrecht ist aufgrund der Frist förmlich zuzustellen, was auch dann gilt, wenn sie in den Vorlegungsbeschluss aufgenommen wird (KK-StPO/Gmel StPO § 225 a Rn 7, 21). Die Frist ist so zu bemessen, dass der Angeklagte während ihres Laufs in der Lage ist, sich über die Sinnhaftigkeit einer Beweiserhebung klar zu werden, und deren Folgen abschätzen kann. So lange nicht über die Übernahme entschieden ist, wird der Beweisantrag Berücksichtigung finden, selbst wenn die Frist bereits abgelaufen ist; anderenfalls wird er wie ein Antrag nach § 219 StPO behandelt (Meyer-Goßner StPO § 225 a Rn 10; **aA** wohl KMR/Eschelbach StPO § 225 a Rn 32). Gleiches gilt für Anträge, die zwar im Rahmen des nach Abs 2 S 1 eingeräumten Rechts gestellt werden, aber **keinen inhaltlichen Bezug zur Verfahrensabgabe** aufweisen (KK-StPO/Gmel StPO § 225 a Rn 22). 10

Für die **Entscheidung über den Antrag** ist der **Vorsitzende** des angegangenen Gerichts zuständig, Abs 2 S 2. Dementsprechend ist dieser – und nicht der abgabewillige Amtsrichter – auch der richtige **Adressat der Beweisanträge**, die das Beweismittel und die Beweis- 11 tatsachen bezeichnen sollen (Meyer-Goßner StPO § 225 a Rn 11). Vor der Entscheidung ist nach § 33 Abs 2 StPO die Staatsanwaltschaft zu hören. Dem Vorsitzenden ist bei der Entscheidung ein Ermessen eingeräumt; wenn dem Antrag nicht nachgekommen wird, ist die Entscheidung zumindest knapp zu begründen. Kommt die **kommissarische Vernehmung** einer Beweisperson in Betracht, ist nicht der Vorsitzende, sondern das Gericht für Entscheidung über die Beweisanträge zuständig, da § 223 StPO insoweit § 225 a StPO vorgeht (KK-StPO/Gmel StPO § 225 a Rn 22).

12 **Lehnt** das angegangene Gericht die Übernahme des Verfahrens **ab**, bedarf es einer **Verbescheidung des Angeklagten** über dessen Beweisanträge nicht mehr. Ansonsten entscheidet es darüber tunlichst vor Übernahme des Verfahrens, da die Beweisanträge ansonsten ihren eigentlichen Sinn verfehlen (**aA** Meyer-Goßner StPO § 225 a Rn 13: Entscheidung erst nach Erlass des Übernahmebeschlusses).

III. Entscheidung des Gerichts höherer Ordnung (Abs 1 S 2)

13 Das Gericht höherer Ordnung entscheidet im Rahmen von Abs 1 S 2 ausschließlich darüber, ob es das Verfahren **auf der rechtlichen wie tatsächlichen Grundlage des Eröffnungsbeschlusses** übernimmt. Zum Tatverdacht, auch hinsichtlich einzelner sachlicher Aspekte, nimmt es naturgemäß keine Stellung mehr (s Rn 14). Das angegangene Gericht ist auch **nicht** dazu **befugt**, eine mögliche eigene Zuständigkeit unter Zuhilfenahme von § 154a StPO entfallen zu lassen und dann eine Übernahme abzulehnen, denn bis zur Übernahme liegt die Verfügungsgewalt über den Prozessstoff bei dem vorlegenden Gericht (vgl BGHR StPO § 225 a Rechtshängigkeit 1; Meyer-Goßner StPO § 225 a Rn 20). Diese Situation ist also nicht mit derjenigen zu verwechseln, in der das Gericht, zu dem Anklage erhoben worden war, die Sache unter Einstellung – nach § 154 Abs 2 StPO – desjenigen Tatteils, der seine Zuständigkeit begründet, vor einem rangniedrigeren Gericht eröffnet (KK-StPO/Gmel StPO § 225 a Rn 11; SK-StPO/Schlüchter StPO § 225 a Rn 21). Einen fehlenden Eröffnungsbeschluss ersetzt der Übernahmebeschluss nicht (BGH NStZ 1984, 520).

1. Übernahme des Verfahrens

14 Im Rahmen der Prüfung, ob das Verfahren übernommen wird, unterbleibt eine erneute Prüfung, ob tatsächlich ein hinreichender Tatverdacht wegen der angeklagten Tat bestand, da dies bereits bei der Eröffnung des Hauptverfahrens überprüft wurde. Stattdessen hat das angegangene Gericht zu erörtern, ob hinreichender Tatverdacht besteht, dass **eine seine Zuständigkeit begründende** Tat ihm Rahmen des vom Eröffnungsbeschluss umfassten Lebenssachverhaltes begangen worden war (in diesem Sinne BGHSt 29, 341, 348).

15 Der **Übernahmebeschluss** bezeichnet – selbstverständlich – den Angeklagten und das Gericht, vor dem die Hauptverhandlung nunmehr stattfinden soll, Abs 3 S 1. Im Rahmen der Übernahme ist § 207 Abs 2 Nr 2 bis Nr 4 StPO entsprechend anzuwenden. Das übernehmende Gericht kann also auch etwa erforderliche Änderungen vornehmen und diese in dem Übernahmebeschluss darlegen. Darüber hinaus kann es die Staatsanwaltschaft dazu anhalten, eine dem Übernahmebeschluss angepasste Anklageschrift einzureichen, Abs 3 S 1 iVm § 207 Abs 3 StPO. Schließlich wird im Übernahmebeschluss gem Abs 3 S 1 iVm § 207 Abs 4 StPO über freiheitsentziehende Maßnahmen befunden, da die Sache mit der Beschlussfassung des Gerichts, das Verfahren zu übernehmen, dort anhängig wird (Meyer-Goßner StPO § 225 a Rn 17).

16 Gerade wenn mehrere selbstständige Taten oder Tatkomplexe angeklagt sind, muss sich aus dem Übernahmebeschluss eindeutig ergeben, **welche Tat nun vom übernehmenden Gericht verhandelt** wird, und welche noch vom Ausgangsgericht (hierzu Meyer-Goßner StPO § 225 a Rn 16).

17 Entsprechend § 215 StPO ist der Übernahmebeschluss dem Angeklagten **zuzustellen**, da er den Eröffnungsbeschluss ergänzt oder modifiziert (SK-StPO/Schlüchter StPO § 225 a Rn 28). Den übrigen Verfahrensbeteiligten ist er nur dann zuzustellen, wenn und soweit sie gegen den Beschluss vorgehen können.

Solange dies nicht an rangniedrigeres Gericht erfolgt (vgl § 269 StPO), kann das übernehmende Gericht die Sache auch **erneut nach § 225 a StPO vorlegen** oder aber nach § 270 StPO verweisen (so auch SK-StPO/Schlüchter StPO § 225 a Rn 32). 18

2. Ablehnung der Übernahme des Verfahrens

Lehnt das höhere Gericht **eine Übernahme ab**, so ist dies in dem hierzu ergehenden Beschluss zu erläutern; dies gilt vor allem für die Frage, ob die Ablehnung mit Blick auf die Sach- oder mit Blick auf die Rechtslage erfolgt ist. Auch wenn die Ablehnung erfolgt ist, weil ein drittes Gericht zuständig ist, ist dies in den Beschlussgründen darzulegen; eine **Weiterleitung an dieses Gericht kommt nach hM nicht in Betracht** (Meyer-Goßner StPO § 225 a Rn 19; KK-StPO/Gmel StPO § 225 a Rn 14). Die Akten werden sodann an das Ausgangsgericht zurück geleitet. 19

Nur bei gleich bleibender Sachlage ist das (Ausgangs-)Gericht an den **ablehnenden Beschluss gebunden**; ansonsten kann es die Sache gegebenenfalls erneut demselben Gericht vorlegen oder in der Hauptverhandlung nach § 270 StPO an dieses verweisen (KK-StPO/Gmel StPO § 225 a Rn 19 mwN). 20

IV. Vorlegung und Verweisung an eine besondere Strafkammer (Abs 4)

Voraussetzung einer Vorlage nach Abs 4 S 1 ist ein **Antrag des Angeklagten** gem § 6 a StPO. Erachtet das Gericht – auch das AG – diesen Antrag für begründet, und wäre eine der in § 74 e GVG genannten Sonderstrafkammern vorrangig zuständig (Schwurgericht gem § 74 Abs 2 GVG, gemeinsames Schwurgericht gem § 74 d GVG, Staatsschutzstrafkammer gem § 74 a GVG oder Wirtschaftsstrafkammer gem § 74 c GVG), muss die allgemeine Strafkammer die Sache außerhalb der Hauptverhandlung zur Übernahme vorlegen. **Ein Ermessen ist dem Gericht nicht eingeräumt.** Entsprechend besteht auch eine Vorlagepflicht, wenn nicht die allgemeine, sondern eine besondere Strafkammer Ausgangsgericht ist und der Angeklagte zu Recht die Zuständigkeit einer nach § 74 e GVG (noch) höherrangigen Strafkammer einwendet (so auch Meyer-Goßner StPO § 225 a Rn 22). Besonderheiten sind wiederum bei Jugendkammern zu beachten: Hier gilt zunächst der Vorrang nach § 209 a Nr 2 a StPO (vgl § 209 a StPO Rn 4), allerdings mit der in § 103 Abs 2 S 2 JGG gemachten Einschränkung (hierzu Meyer-Goßner NStZ 2004, 353, 356). 21

Auch das **Beweisantragsrecht nach Abs 2** besteht in solchen Fällen, wie die Verweisung in Abs 4 S 1 ausdrücklich ergibt. Zwar wird Abs 4 regelmäßig anwendbar sein, weil die von vorne herein bestehende tatsächliche Zuständigkeit der Spezialkammer verkannt wurde, und eher selten, weil neue Umstände offenbar geworden sind, die die Zuständigkeit beeinflussen. Gleichwohl überzeugt es nicht, dem Angeklagten ein gesetzlich angeordnetes Beweisantragsrecht mit der Begründung zu verwehren, es sie nur aufgrund eines Redaktionsversehens ins Gesetz hinein geraten (so aber Meyer-Goßner StPO § 225 a Rn 22). 22

Schließlich normiert Abs 4 S 2 die Möglichkeit einer **Verweisung „von oben nach unten"**. Wenn auf einen entsprechenden Antrag des Angeklagten hin die Spezialkammer die Zuständigkeit einer gem § 74 e GVG nachrangigen anderen Strafkammer für gegeben erachtet, kann sie die Sache ohne weiteres dorthin verweisen. Einer gesonderten Anhörung des Angeklagten, auf dessen Initiative hin die Verweisung erfolgte, bedarf es naturgemäß nicht, wohl aber der Staatsanwaltschaft. Das verweisende Gericht kann nach **hM** – anders als das übernehmende – den seine Zuständigkeit begründenden Vorwurf nach § 154 a Abs 2 StPO ausscheiden, denn es hat bis zur Verweisung die Verfahrensherrschaft (KK-StPO/Gmel StPO § 225 a Rn 25). 23

Aufgrund der Verweisung auf Abs 3 gelten auch für den Verweisungsbeschluss die dortigen inhaltlichen Vorgaben. Es bedarf daher der **Zustellung an den Angeklagten**. Die Verweisung ist für das Gericht, an das verwiesen wurde, **bindend**. 24

V. Rechtmittel

Da der **Vorlegungsbeschluss nur interne Wirkung** entfaltet, ist er **nicht anfechtbar**. Nach § 305 StPO gilt im Ergebnis das gleiche für Beschlüsse oder Verfügungen, mit denen Beweiserhebungen nach Abs 2 angeordnet oder abgelehnt werden. 25

26 **Übernahme- und Verweisungsbeschlüsse** sind nach Maßgabe von § 210 StPO **anfechtbar**, wie sich aus Abs 3 und Abs 4 ergibt. Dies bedeutet, dass sie der Angeklagte gerade nicht anfechten kann (§ 210 Abs 1 StPO). Nach § 210 Abs 2 StPO kann die Staatsanwaltschaft einen solchen Beschluss immer dann anfechten, wenn er nicht ihrem Antrag entsprach. Wird die Übernahme oder die Verweisung abgelehnt, kann sich die Staatsanwaltschaft nicht einmal dann dagegen zur Wehr setzen, wenn sie einen hierauf gerichteten Antrag unterstützt hatte (Meyer-Goßner NStZ 1981, 168, 169 und 171; OLG Zweibrücken NStZ 1998, 211, 212), da Abs 3 und Abs 4 ausdrücklich nur von Übernahme- und Verweisungsbeschluss sprechen, nicht aber von ablehnenden Beschlüssen (**aA** hinsichtlich des die Übernahme ablehnenden Beschlusses KK-StPO/Gmel StPO § 225 a Rn 30 u. SK-StPO/Schlüchter StPO § 225 a Rn 69). Der Nebenkläger kann den ablehnenden Beschluss in Folge von § 400 Abs 2 StPO nicht anfechten (SK-StPO/Schlüchter StPO § 225 a Rn 67).

27 Mit der **Revision** kann infolge von § 336 S 2 StPO nicht geltend gemacht werden, dass ein Übernahmebeschluss oder ein Verweisungsbeschluss zu Unrecht ergangen ist. Allerdings besteht die Möglichkeit, dass die Revision mit der Rüge des Fehlens eines Übernahmebeschlusses erfolgreich ist, da in einem solchen Falle die Rechtshängigkeit nicht auf das übernehmende Gericht übergeht (BGHSt 44, 121, 123).

Sechster Abschnitt. Hauptverhandlung (§§ 226-275)

§ 226 [Ununterbrochene Gegenwart]

(1) Die Hauptverhandlung erfolgt in ununterbrochener Gegenwart der zur Urteilsfindung berufenen Personen sowie der Staatsanwaltschaft und eines Urkundsbeamten der Geschäftsstelle.

(2) ¹Der Strafrichter kann in der Hauptverhandlung von der Hinzuziehung eines Urkundsbeamten der Geschäftsstelle absehen. ²Die Entscheidung ist unanfechtbar.

Überblick

Die Vorschrift regelt den Grundsatz der Verhandlungseinheit, wonach die gesetzlichen Richter (Rn 5), ein Vertreter der Staatsanwaltschaft (Rn 6) und ein Urkundsbeamter (Rn 7 f) grundsätzlich unterbrochen (Rn 2) an der Hauptverhandlung teilnehmen müssen.

A. Hauptverhandlung

1 Die Anwesenheitspflicht der in Abs 1 genannten Personen gilt für die gesamte Hauptverhandlung vom Aufruf der Sache (§ 243 Abs 1 S 1 StPO) bis zum Abschluss der Urteilsverkündung (§ 268 Abs 2 StPO).

B. Ununterbrochene Gegenwart

2 Die Vorschrift normiert neben der persönlichen eine geistige Anwesenheitspflicht, mithin die generelle Fähigkeit, die Vorgänge in der Hauptverhandlung ohne Behinderung durch körperliche und geistige Beeinträchtigungen wahrnehmen zu können (BGHSt 4, 191, 193). Eine bloße Unaufmerksamkeit oder Verständnisdefizite führen nicht zu einer Abwesenheit der betreffenden Person (für den Staatsanwalt vgl Löwe/Rosenberg/Gollwitzer StPO § 226 Rn 6 mwN). Wer hingegen in der Verhandlung einschläft, ist – zumindest wenn es sich um einen nicht unerheblichen Zeitraum handelt – nicht anwesend (BGH NStZ 1982, 41).

3 § 226 StPO erfordert grundsätzlich eine gleichzeitige Anwesenheit der genannten Personen. Eine solche ist indes entbehrlich, wenn sie aus räumlichen Gründen (bspw bei der Einnahme eines Augenscheins) nicht möglich ist. In diesem Fall muss der betreffende Teil der Hauptverhandlung so weit möglich von dem anderen Teil ebenfalls durchgeführt werden, anderenfalls muss das Ergebnis in Gegenwart aller Verfahrensbeteiligten erörtert werden (Löwe/Rosenberg/Gollwitzer StPO § 226 Rn 18 mwN).

Bei einer vorübergehenden oder versehentlichen Abwesenheit einer der zur Anwesenheit 4
verpflichteten Personen ist der entsprechende Teil der Hauptverhandlung zu wiederholen,
eine Mitteilung des Vorsitzenden genügt nicht (OLG Hamm NStZ-RR 2006, 315, 316).
Bei dieser Wiederholung handelt es sich um eine wesentliche Förmlichkeit, die gem § 274
StPO nur durch das Protokoll bewiesen werden kann (OLG Köln NStZ 1987, 244).

C. Zur Anwesenheit Verpflichtete

1. Zur Urteilsfindung berufene Personen

Bei den zur Urteilsfindung berufenen Personen handelt es sich um die Berufsrichter, 5
Schöffen und etwaige Ergänzungsrichter (§ 192 GVG). Fällt ein Richter dauerhaft oder
länger als in dem in § 229 Abs 3 StPO genannten Zeitraum aus, ist die gesamte Hauptverhandlung zu wiederholen. Ein Ergänzungsrichter kann für einen ausgefallenen Richter
nur eintreten, wenn er an der Hauptverhandlung von Anfang an ununterbrochen teilgenommen hat (BGH NJW 2001, 3062).

2. Staatsanwaltschaft

Während der gesamten Dauer der Hauptverhandlung muss auch ein Vertreter der Staats- 6
anwaltschaft anwesend sein. Es können allerdings mehrere Staatsanwalte nebeneinander oder
– abwechselnd – nacheinander tätig werden (§ 227 StPO Rn 1). Die Vertretung durch
Amtsanwälte und Rechtsreferendare ist in § 142 GVG geregelt. Zur Befugnis des als Zeugen
vernommenen Staatsanwaltes zur weiteren Teilnahme an der Hauptverhandlung vgl § 227
StPO Rn 2.

3. Urkundsbeamte

Grundsätzlich besteht eine ununterbrochene Anwesenheitspflicht auch für einen Urkunds- 7
beamten (§ 153 GVG), da dieser die Gewähr für die Vollständigkeit des Protokolls übernimmt. Der Urkundsbeamte muss nicht dem erkennenden Gericht angehören. Ein gem
§ 168 S 3 StPO als Protokollführer vereidigter Verwaltungsbeamter genügt allerdings nicht
(BGH NStZ 1981, 31). Ein Wechsel des Urkundsbeamten während der laufenden Hauptverhandlung ist möglich. Es können auch mehrere Urkundsbeamte nebeneinander tätig
werden (BGHSt 21, 85, 89). In diesen Fällen unterschreibt jeder den von ihm gefertigten Teil
des Protokolls (BGH wistra 1991, 272).

Der Straf- oder Jugendrichter kann von der Hinzuziehung eines Urkundsbeamten abse- 8
hen. Bei der – nicht anfechtbaren – Ermessensausübung sollte der zu erwartende Umfang
der Verhandlung und der protokollierungspflichtigen wesentlichen Förmlichkeiten (§ 273
Abs 1 StPO) berücksichtigt werden. Die Entscheidung nach Abs 2 S 1 bedarf keiner besonderen Form. Wird sie in der Hauptverhandlung getroffen oder abgeändert, ist dies in das
Protokoll aufzunehmen, zumindest in der Form, dass vermerkt wird, ob und wann ein
Urkundsbeamter anwesend ist (KMR/Eschelbach StPO § 226 Rn 73 f). Hat der Strafrichter
von der Hinzuziehung eines Urkundsbeamten abgesehen, hat er das Protokoll selbst schriftlich oder durch Diktat zu erstellen. Bei der anschließenden Fertigstellung des Protokolls
bedarf es der Übertragung der wesentlichen Ergebnisse der Vernehmungen gem § 273 Abs 2
S 1 Hs 2 StPO nicht, wenn alle zur Anfechtung Berechtigten auf Rechtsmittel verzichtet
oder ein solches innerhalb der Rechtsmittelfrist nicht eingelegt haben (Meyer-Goßner StPO
§ 226 Rn 7 a).

4. Sonstige Verfahrensbeteiligte

Der **Verteidiger** muss nur bei notwendiger Verteidigung ununterbrochen anwesend sein 9
(BGH NJW 1986, 78; vgl auch § 145 Abs 1 StPO). Wird erst während der Hauptverhandlung die Notwendigkeit der Verteidigung erkannt und wird dann ein Verteidiger bestellt,
muss die Hauptverhandlung in Anwesenheit des Verteidigers in ihren wesentlichen Teilen
wiederholt werden (BGHSt 9, 243).

Die Anwesenheitspflicht des **Angeklagten** folgt nicht aus § 226 StPO, sondern aus § 230 10
StPO. **Nebenkläger** haben keine Erscheinenspflicht und brauchen daher auch nicht unun-

terbrochen anwesend zu sein. Über die Anwesenheit von **Sachverständigen** und **Dolmetschern** entscheidet der Vorsitzende.

D. Rechtsbehelfe/Revision

11   Bei einem Verstoß gegen § 226 StPO ist der absolute Revisionsgrund des § 338 Nr 1, Nr 5 StPO gegeben, wenn eine der zur Anwesenheit verpflichteten Personen während eines wesentlichen Teils der Hauptverhandlung (§ 273 Abs 1 StPO) nicht anwesend war. Die Abwesenheit bei unwesentlichen Teilen der Hauptverhandlung kann die Revision nur begründen, wenn das Urteil hierauf beruht (§ 337 Abs 1 StPO).

12   Die Abwesenheit eines Verfahrensbeteiligten kann nur durch das Hauptverhandlungsprotokoll bewiesen werden, nicht durch den Umstand, dass die Namen der mitwirkenden Richter – entgegen § 275 Abs 3 StPO – nicht im Urteilsrubrum angegeben sind (BGH NStZ 1994, 47). Auch bei mehrtätigen Verhandlungen genügt es grundsätzlich, die anwesenden Personen einmal zu Beginn des Protokolls aufzunehmen und lediglich Veränderungen zu vermerken (BGH NJW 1994, 3364, 3366).

13   Die Entscheidung der Zuziehung oder Nichtzuziehung eines Urkundsbeamten durch den Strafrichter kann wegen Abs 2 S 2 nicht angefochten, die Revision auf einen etwaigen Ermessensfehler nicht gestützt werden.

§ 227 [Mehrere Staatsanwälte und Verteidiger]

Es können mehrere Beamte der Staatsanwaltschaft und mehrere Verteidiger in der Hauptverhandlung mitwirken und ihre Verrichtungen unter sich teilen.

A. Mehrere Staatsanwälte

1   Die Anzahl der Staatsanwälte, die in einer Hauptverhandlung nebeneinander mitwirken können, ist gesetzlich nicht begrenzt. Sie können nicht nur nebeneinander, sondern auch nacheinander oder abwechselnd tätig werden. Dabei können sich nebeneinander tätige Staatsanwälte ihre Aufgaben teilen, wenngleich dies nicht zwingend ist (BGHSt 13, 337, 341). Gegenüber dem Gericht tritt die Staatsanwaltschaft auch bei einer Teilung der Verrichtungen grundsätzlich als Einheit auf.

2   Eine Teilung der Verrichtung ist insbes dann erforderlich, wenn der Sitzungsvertreter der Staatsanwaltschaft als Zeuge benannt wurde und als solcher vernommen werden soll (vgl zu der Problematik insges Schneider NStZ 1994, 457 ff). Die bloße Benennung des Staatsanwaltes als Zeugen führt nicht zu dessen Ausschluss von der weiteren Mitwirkung in der Hauptverhandlung. Während der Dauer der Vernehmung ist der Staatsanwalt an der Wahrnehmung seiner Verfahrensrolle prozessual gehindert, so dass es für diese Zeit eines Vertreters bedarf. Im Anschluss an die Vernehmung kommt eine Fortführung der Funktion als Sitzungsvertreter in Betracht, wenn die Zeugenvernehmung sich auf Wahrnehmungen bezogen hat, die nicht in unlösbarem Zusammenhang mit dem im Übrigen zu erörternden Sachverhalt stehen und Gegenstand einer gesonderten Betrachtung und Würdigung sein können. Dies trifft in der Regel auf Vorgänge zu, die sich erst aus der dienstlichen Befassung des Staatsanwaltes mit der Sache ergeben haben und die Gestaltung des Verfahrens betreffen. Es hat dann eine Teilung der staatsanwaltschaftlichen Aufgaben dergestalt zu erfolgen, dass der als Zeuge vernommene und weiterhin als Sitzungsvertreter tätige Staatsanwalt sich bei der Beweiswürdigung – insbes beim Schlussvortrag – auf diejenigen Teile der Beweisaufnahme beschränkt, die von seiner zeugenschaftlichen Aussage nicht beeinflusst sein können (BGHSt 21, 85, 89; BGH NStZ 2007, 419, 420).

B. Mehrere Verteidiger

3   Für denselben Angeklagten können mehrere Verteidiger nebeneinander tätig werden und – auch im Falle der notwendigen Verteidigung – ihre Verrichtungen untereinander aufteilen. Die Zahl der – zeitgleich tätigen – Wahlverteidiger ist auf drei beschränkt (§ 137 StPO). Es

ist nicht erforderlich, dass alle Verteidiger in der Hauptverhandlung ununterbrochen anwesend sind (BGH MDR 1966, 200). Sie können ihre Aufgaben ebenfalls teilen, dies ist aber nicht zwingend.

Im Gegensatz zur Staatsanwaltschaft agiert jeder Verteidiger grundsätzlich selbständig und unabhängig von den anderen. Bei Prozessvorgängen, die von der Zustimmung aller Verfahrensbeteiligter abhängen, ist daher jeder Verteidiger nach seiner Zustimmung zu fragen; widerspricht auch nur einer der Verteidiger, fehlt es an der erforderlichen Zustimmung (Löwe/Rosenberg/Gollwitzer StPO § 227 Rn 11). 4

§ 228 [Aussetzung und Unterbrechung]

(1) ¹Über die Aussetzung einer Hauptverhandlung oder deren Unterbrechung nach § 229 Abs. 2 entscheidet das Gericht. ²Kürzere Unterbrechungen ordnet der Vorsitzende an.

(2) Eine Verhinderung des Verteidigers gibt, unbeschadet der Vorschrift des § 145, dem Angeklagten kein Recht, die Aussetzung der Verhandlung zu verlangen.

(3) Ist die Frist des § 217 Abs. 1 nicht eingehalten worden, so soll der Vorsitzende den Angeklagten mit der Befugnis, Aussetzung der Verhandlung zu verlangen, bekanntmachen.

Überblick

§ 228 Abs 1 StPO normiert die Anordnungskompetenz für die „Aussetzung" (Rn 9) und die „Unterbrechung" (Rn 18) der Hauptverhandlung, ohne diese Begrifflichkeiten (Rn 1 f und 15) bzw deren Voraussetzungen (Rn 3 ff und 16 f) näher zu bestimmen. Abs 2 regelt die Grenzen des Aussetzungsanspruches des Angeklagten (Rn 6 f), Abs 3 sieht eine gerichtliche Belehrung für den Fall der Nichteinhaltung der Ladungsfrist des § 217 StPO vor (Rn 12).

Übersicht

	Rn		Rn
A. Aussetzung.............................	1	VII. Rechtsbehelfe/Revision	13
I. Abgrenzung zur Unterbrechung.........	2	B. Unterbrechung..........................	15
II. Voraussetzungen	3	I. Vorraussetzungen	16
III. Kein Aussetzungsanspruch bei Verhinderung des Verteidigers....................	6	II. Zuständigkeit............................	18
IV. Zuständigkeit	9	III. Form	19
V. Form....................................	10	IV. Rechtsbehelfe/Revision................	20
VI. Belehrung bei Nichteinhaltung der Ladungsfrist (Abs 3)........................	12		

A. Aussetzung

Aussetzung ist jeder Abbruch der Verhandlung mit der Folge, dass diese neu begonnen und damit die in der ausgesetzten Hauptverhandlung bereits durchgeführte Beweisaufnahme vollständig wiederholt werden muss, unabhängig davon, ob ein neuer Termin innerhalb der Fristen des § 229 StPO anberaumt wird. 1

I. Abgrenzung zur Unterbrechung

Die Frage, ob eine Aussetzung oder lediglich eine Unterbrechung der Hauptverhandlung vorliegt, hängt nicht von der tatsächlichen Dauer der Unterbrechung ab. Entscheidend ist vielmehr die sich auch in der Wortwahl widerspiegelnde Absicht des Gerichts, mit der Hauptverhandlung von neuem beginnen, diese mithin aussetzen zu wollen. Einer Aussetzung steht dabei nicht entgegen, dass der Beginn der neuen Hauptverhandlung in die Zeit vor 2

StPO § 228 Zweites Buch. 6. Abschnitt

Ablauf der Frist terminiert worden ist, bis zu der die Verhandlung nach § 229 Abs 1 StPO zulässigerweise hätte unterbrochen werden können (BGH NStZ 2008, 113, 114). Bei Überschreiten der in § 229 Abs 1 und Abs 2 StPO bezeichneten Zeiträume muss das Verfahren allerdings neu begonnen werden, so dass in diesem Fall – auch bei entgegenstehender Bezeichnung – eine Aussetzung der Hauptverhandlung vorliegt (§ 229 Abs 4 S 1 StPO).

II. Voraussetzungen

3   Die Aussetzung der Hauptverhandlung ist in folgenden Fällen gesetzlich vorgeschrieben oder zugelassen:
- § 138 c Abs 4 StPO: Verfahren auf Ausschluss des Verteidigers gem § 138 a StPO und § 138 b StPO (vgl auch Nr 137 Abs 3 RiStBV),
- § 145 Abs 2 und 3 StPO (vgl Rn 6 f),
- § 217 Abs 2 StPO und § 218 S 2 StPO (vgl Rn 12),
- § 246 Abs 2 bis Abs 4 StPO: Späte Ladung von Zeugen und Sachverständigen bzw späte Stellung von entsprechenden Beweisanträgen,
- § 265 Abs 3 und Abs 4 StPO: Veränderung der Sach- oder Rechtslage (BGH NStZ 2003, 444; vgl auch § 265 StPO Rn 37 ff).

4   Ob und unter welchen Voraussetzungen eine Hauptverhandlung darüber hinaus ausgesetzt werden darf, regelt das Gesetz nicht. Der Beschleunigungsgrundsatz und die Konzentrationsmaxime lassen eine Aussetzung allerdings nur ausnahmsweise zu (OLG Hamm StV 2002, 404). Diese Grundsätze stehen einer Aussetzung dann nicht entgegen, wenn die Hauptverhandlung noch keine Erträge erzielt hat, die bei einer Unterbrechung fortwirkten, bei einer Aussetzung aber erneut gewonnen werden müssten (BGH NStZ 2008, 113, 114).

4.1   Eine Aussetzung der Verhandlung kommt daher ua in den nachfolgend aufgeführten Fällen in Betracht, wenn nicht schon eine Unterbrechung der Verhandlung ausreichend ist (OLG Düsseldorf NStZ-RR 1997, 81):
- Gebot der dem Gericht obliegenden Fürsorgepflicht und des fairen Verfahrens (OLG Celle NJW 1961, 1319),
- Sachaufklärungspflicht und sachgemäße Vorbereitung auf die Verhandlung,
- vorübergehende Verfahrenshindernisse,
- erforderliche Beiziehung und Auswertung umfangreicher Akten.

5   Wenn mehrere Taten iSd § 264 StPO Gegenstand des Verfahrens sind oder sich das Verfahren gegen mehrere Angeklagte richtet, kann es uU ausreichen, das Verfahren nur teilweise bzw gegen einen der Angeklagten auszusetzen (Meyer-Goßner StPO § 228 Rn 4).

III. Kein Aussetzungsanspruch bei Verhinderung des Verteidigers

6   § 228 StPO gewährt über die gesetzlich vorgesehenen Fälle hinaus keinen Anspruch auf Aussetzung der Hauptverhandlung (BGH NStZ 1996, 454). Selbst die Verhinderung eines Wahlverteidigers in Fällen der **nicht notwendigen Verteidigung** gewährt einen solchen Anspruch nicht (§ 228 Abs 2 StPO). Es ist grundsätzlich Sache des Angeklagten dafür zu sorgen, dass sein Verteidiger rechtzeitig zur Hauptverhandlung erscheint. Das Gericht kann das Verfahren bei einer Verhinderung des gewählten Verteidigers gleichwohl nach pflichtgemäßem Ermessen unter dem Gesichtspunkt des fairen Verfahrens aussetzen. Einen Anspruch darauf, dass das Gericht unter allen Umständen mit der Verhandlung innehalten muss, wenn der vom Angeklagten gewählte Verteidiger verhindert ist, lässt sich hingegen auch dem Rechtsstaatsgebot nicht entnehmen (BVerfG NJW 1984, 862).

6.1   Eine Aussetzung wird jedoch bei einem plötzlichen und unvorhersehbaren Ausbleiben des Verteidigers (zB infolge von Erkrankung, Tod oder sonstigen wichtigen Umständen) in Betracht kommen, insbes wenn es dem Angeklagten nicht zugemutet werden kann, sich selbst zu verteidigen bzw wenn ein Verschulden im Verantwortungsbereich des Gerichts vorliegt – zB eine irrtümliche Abladung des Verteidigers durch die Geschäftsstelle, eine Veränderung des zeitlichen Ablaufs der Verhandlung, eine kurzfristige Terminierung oder eine verspätete Entscheidung über einen Vertagungsantrag (vgl auch Löwe/Rosenberg/Gollwitzer StPO § 228 Rn 20 f).

Im Falle der **notwendigen Verteidigung** findet ausschließlich § 145 Abs 2 StPO Anwendung, auch wenn sich ein Wahlverteidiger für den Angeklagten legitimiert hat (OLG Karlsruhe LSK 1991, 500184). Danach kann das Gericht eine Aussetzung nach pflichtgemäßem Ermessen beschließen, wenn der Pflichtverteidiger erst während der Hauptverhandlung bestellt wird. Dies wird immer dann erforderlich sein, wenn eine Unterbrechung der Hauptverhandlung zur sachgerechten Vorbereitung der Verteidigung nicht ausreichend ist. Auf Verlangen des neu bestellten Verteidigers ist die Verhandlung zwingend zu unterbrechen oder auszusetzen (BGH NStZ 2000, 212, 213; vgl auch § 145 StPO Rn 7). 7

Verzögert sich das Erscheinen des Verteidigers im Falle einer nicht notwendigen Verteidigung, hat das Gericht eine angemessene Zeit, idR etwa 15 Minuten zuzuwarten. Liegt kein Verschulden des Verteidigers vor (zB ein Verkehrsunfall) oder hat dieser seine Verspätung telefonisch angekündigt, hat das Gericht ggf auch länger zu warten, zumindest wenn mit einem baldigen Erscheinen zu rechnen ist (OLG Celle StV 1989, 8). Über Anträge auf **Verlegung** eines Termins hat der Vorsitzende nach pflichtgemäßem Ermessen unter Berücksichtigung der eigenen Terminsplanung, der Gesamtbelastung des Spruchkörpers, des Gebots der Verfahrensbeschleunigung und der berechtigten Interessen der Prozessbeteiligten zu entscheiden. Das Interesse des Wahlverteidigers, an einer Fortbildungsveranstaltung teilzunehmen, muss hinter dem Beschleunigungsgebot zurücktreten, wenn eine Aussetzung der Hauptverhandlung droht (BGH NStZ-RR 2007, 81, 82). 8

IV. Zuständigkeit

Über die Aussetzung entscheidet gem Abs 1 das Gericht und zwar in der Regel in der Hauptverhandlung unter Beteiligung der Schöffen. Außerhalb der Hauptverhandlung – und damit in der Beschlussbesetzung ohne Schöffen – wird ein Aussetzungsbeschluss nur ausnahmsweise in Betracht kommen, insbes wenn ein Aussetzungsgrund erst nach einer Unterbrechung der Hauptverhandlung bekannt wurde (KMR/Eschelbach StPO § 228 Rn 9; vgl demgegenüber aber BGH NJW 1992, 2775). 9

V. Form

Die Entscheidung über die Aussetzung ergeht von Amts wegen oder auf Antrag durch Beschluss, der gem § 35 Abs 1, Abs 2 StPO bekannt zu machen ist. Aussetzungsanträge können vor oder während der – laufenden oder unterbrochenen – Hauptverhandlung gestellt werden (KK-StPO/Gmel StPO § 228 Rn 7). Sie sind – mit Ausnahme von hilfsweise gestellten Anträgen – vor der Urteilsverkündung zu bescheiden. In der Hauptverhandlung gestellte Aussetzungsanträge sind als wesentliche Förmlichkeiten iSd § 273 Abs 2 StPO zu protokollieren (OLG Frankfurt NStZ-RR 1996, 304, 305). Der einen Aussetzungsantrag ablehnende Beschluss ist zu begründen (§ 34 StPO). 10

> Etwas anderes soll lediglich gelten, wenn es sich um eine reine Ermessensentscheidung handelt (Löwe-Rosenberg/Gollwitzer StPO § 228 Rn 17 mwN; **aA** KMR/Eschelbach StPO § 228 Rn 11 und SK-StPO/Schlüchter StPO § 228 Rn 11). 10.1

Wird die Verhandlung ausgesetzt und beraumt das Gericht den Termin für die neue Hauptverhandlung sofort an, kann eine schriftliche Ladung der Zeugen und Sachverständigen dadurch ersetzt werden, dass der Vorsitzende sie unter Hinweis auf die gesetzlichen Folgen ihres Ausbleibens zu dem neuen Termin mündlich lädt und dies im Protokoll vermerkt. Der Angeklagte ist gleichwohl schriftlich zu laden, sein Verteidiger nur, wenn er nicht darauf verzichtet (Nr 137 Abs 2 RiStBV). 11

VI. Belehrung bei Nichteinhaltung der Ladungsfrist (Abs 3)

Die in Abs 3 vorgesehene Belehrung soll den Angeklagten in die Lage versetzen, von seinem Recht aus § 217 Abs 2 StPO Gebrauch zu machen, eine Aussetzung der Hauptverhandlung wegen Nichteinhaltung der Ladungsfrist des § 217 Abs 1 StPO bzw § 218 S 1 StPO zu beantragen. Ist davon auszugehen, dass der – verteidigte – Angeklagte dieses Recht kennt oder hat er bereits ausdrücklich auf eine Einhaltung der Ladungsfrist verzichtet, kann von einer Belehrung abgesehen werden. 12

VII. Rechtsbehelfe/Revision

13   Der Beschluss, mit dem eine Aussetzung abgelehnt wird, kann gem § 305 S 1 StPO nicht mit der Beschwerde angefochten werden. Wird das Verfahren ausgesetzt, ist eine Beschwerde nur statthaft, wenn die Aussetzung nicht der Vorbereitung der Hauptverhandlung dient oder eine über die Vorbereitung des Urteils hinausgehende Beschwer vorliegt (SK-StPO/Schlüchter StPO § 228 Rn 24 mwN).

14   Beanstandet der Angeklagte einen die Aussetzung der Hauptverhandlung nach § 228 Abs 1 StPO ablehnenden Gerichtsbeschluss als rechtsfehlerhaft, so kann er die Revision hierauf nur stützen, wenn er geltend macht, durch die Nichtaussetzung in einem für die Verteidigung wesentlichen Punkt unzulässig beschränkt worden zu sein (§ 338 Nr 8 StPO; BGH NStZ 1996, 454). Bei einer grundlosen und willkürlichen Aussetzung kann das Recht des Angeklagten auf den gesetzlichen Richter aus Art 101 Abs 1 S 2 GG verletzt sein (BGH NStZ 2008, 113, 114).

B. Unterbrechung

15   Unterbrechung ist der verhandlungsfreie Zeitraum einer zusammenhängenden Verhandlung innerhalb der zeitlichen Grenzen des § 229 StPO mit der Folge der Fortgeltung der bisherigen Prozesshandlungen (BGH NJW 1982, 248; Löwe/Rosenberg/Gollwitzer StPO § 228 Rn 1; KMR/Eschelbach StPO § 228 Rn 5). Die Hauptverhandlung wird im Anschluss an die Unterbrechung fortgesetzt.

I. Vorrausetzungen

16   Gesetzlich vorgesehen ist eine Unterbrechung der Hauptverhandlung lediglich in folgenden Fällen:
- § 222 a Abs 2 StPO
- § 231 a Abs 3 S 4 StPO
- § 266 Abs 3 StPO

17   Die Voraussetzungen für eine Unterbrechung sind gesetzlich nicht geregelt. Sie ist aber nach pflichtgemäßem Ermessen des Vorsitzenden (im Falle des § 229 Abs 2 StPO des Gerichts) ua aus folgenden Gründen möglich:
- zum Zwecke der Ruhe und Erholung der Verfahrensbeteiligten – und auch Zeugen – bei Hauptverhandlungen, die sich über den ganzen Tag oder mehrere Verhandlungstage erstrecken, auch um eine Übermüdung der Verfahrensbeteiligten zu verhindern,
- zur Förderung des Verfahrens (Ladung weiterer Zeugen, Beibringung weiterer Beweismittel),
- auf Antrag Verfahrensbeteiligter (zB zur Besprechung der Verteidiger mit dem Angeklagten oder für eine Überlegenspause),
- zur Entspannung der Verhandlungsatmosphäre (zB um einem Verfahrensbeteiligten Gelegenheit zur Beruhigung oder Sammlung zu geben).

II. Zuständigkeit

18   Unterbrechungen unterhalb der dreiwöchigen Dauer des § 229 Abs 2 StPO ordnet der Vorsitzende an. Das Gericht hingegen entscheidet nur bzgl solcher Unterbrechungen, die länger als drei Wochen dauern. Dies kann auch außerhalb der Hauptverhandlung in der dafür vorgeschriebenen Besetzung erfolgen (BGHSt 34, 154, 155).

III. Form

19   Die Unterbrechung wird in der Hauptverhandlung beschlossen, wobei idR zugleich der Termin zur Fortsetzung bestimmt wird. Dabei soll der Vorsitzende darauf hinweisen, dass weitere Ladungen nicht ergehen (Nr 137 Abs 1 RiStBV). Die Unterbrechungsanordnung oder ihre Ablehnung ist als wesentliche Förmlichkeit iSd § 273 Abs 1 StPO zu protokollieren, zumindest wenn sie auf einen Antrag hin ergeht. Außerhalb der Hauptverhandlung ist lediglich eine Verlegung des Fortsetzungstermins – der bereits unterbrochenen Hauptver-

handlung – denkbar, von der die Verfahrensbeteiligten zu benachrichtigen sind. Ist ein neuer Termin in der Verhandlung nicht festgesetzt worden, ist der nachträglich festgesetzte Fortsetzungstermin den Verfahrensbeteiligten gem § 35 Abs 2 S 2 StPO formlos mitzuteilen, der Angeklagte ist allerdings schriftlich zu laden (BGH NStZ 1984, 41 m abl Anm Hilger).

Die in der Hauptverhandlung beschlossene Unterbrechung kann außerhalb der Hauptverhandlung durch Anordnung des Vorsitzenden oder Gerichtsbeschluss – innerhalb der Grenzen des § 229 Abs 2 StPO und auch nach Ablauf der Frist des § 229 Abs 1 StPO (BGH NStZ 1987, 35) – verlängert werden, wobei für die Zuständigkeit die Gesamtdauer der Unterbrechung maßgebend ist. Die zunächst beschlossene Unterbrechung wird automatisch zur Aussetzung, wenn die Höchstfristen des § 229 StPO überschritten werden. Ist die Hauptverhandlung versehentlich für länger als drei Wochen unterbrochen worden, kann dieser Mangel geheilt werden, indem nachträglich ein Fortsetzungstermin innerhalb der Fristen des § 229 StPO angeordnet wird. 19.1

IV. Rechtsbehelfe/Revision

Bei einer Anordnung oder Ablehnung der Unterbrechung durch den Vorsitzenden kann idR keine Entscheidung des Gerichts gem § 238 Abs 2 StPO verlangt werden. Etwas anderes gilt lediglich, wenn die Ablehnung zugleich den sachlichen Gang des Verfahrens, mithin die Sachleitungsbefugnis des Vorsitzenden betrifft, etwa weil sie den Verlust eines Beweismittels zur Folge hätte oder das Recht des Angeklagten aus § 266 Abs 3 StPO verletzt würde (Löwe/Rosenberg/Gollwitzer StPO § 228 Rn 28; aA KMR/Eschelbach StPO § 228 Rn 8 und 31 f). Die Anordnung oder Ablehnung einer Unterbrechung gem § 229 Abs2 StPO durch das Gericht ist gem § 305 S 1 StPO nicht mit der Beschwerde anfechtbar. 20

Darauf, dass entgegen § 228 Abs 1 S 1 StPO nicht das Gericht, sondern der Vorsitzende über die Unterbrechung der Hauptverhandlung entschieden hat, beruht das Urteil regelmäßig nicht (BGH NStZ-RR 2002, 270). 21

§ 229 [Höchstdauer der Unterbrechung]

(1) **Eine Hauptverhandlung darf bis zu drei Wochen unterbrochen werden.**

(2) **Eine Hauptverhandlung darf auch bis zu einem Monat unterbrochen werden, wenn sie davor jeweils an mindestens zehn Tagen stattgefunden hat.**

(3) ¹**Kann ein Angeklagter oder eine zur Urteilsfindung berufene Person zu einer Hauptverhandlung, die bereits an mindestens zehn Tagen stattgefunden hat, wegen Krankheit nicht erscheinen, so ist der Lauf der in den Absätzen 1 und 2 genannten Fristen während der Dauer der Verhinderung, längstens jedoch für sechs Wochen, gehemmt; diese Fristen enden frühestens zehn Tage nach Ablauf der Hemmung.** ²**Beginn und Ende der Hemmung stellt das Gericht durch unanfechtbaren Beschluss fest.**

(4) ¹**Wird die Hauptverhandlung nicht spätestens am Tage nach Ablauf der in den vorstehenden Absätzen bezeichneten Frist fortgesetzt, so ist mit ihr von neuem zu beginnen.** ²**Ist der Tag nach Ablauf der Frist ein Sonntag, ein allgemeiner Feiertag oder ein Sonnabend, so kann die Hauptverhandlung am nächsten Werktag fortgesetzt werden.**

Überblick

Die Vorschrift dient dem Ausgleich zwischen dem Grundsatz der Konzentration und Beschleunigung der Hauptverhandlung sowie dem Bedürfnis, Verhandlungspausen einzulegen und eine Hauptverhandlung nicht wegen kurzfristig zu beseitigender Hindernisse aussetzen und wiederholen zu müssen. Zwischen den einzelnen Hauptverhandlungsterminen dürfen immer drei Wochen liegen (Rn 1), nach jeweils einem Block von zehn Verhandlungstagen kann die Verhandlung ohne besonderen Grund für einen Monat unterbrochen werden (Rn 2). Voraussetzung ist allerdings, dass an den jeweiligen Sitzungstagen zur Sache verhandelt wurde (Rn 12 f). Abs 3 regelt die Hemmung dieser Fristen bei der Erkrankung eines Angeklagten oder Richters (Rn 5). Wird die Hauptverhandlung nicht fristgerecht fortgesetzt, ist sie von neuem zu beginnen (Rn 15).

Übersicht

	Rn		Rn
A. Unterbrechung bis zu drei Wochen (Abs 1)	1	III. Feststellung der Hemmung	11
B. Unterbrechung bis zu einem Monat (Abs 2)	2	**D. Fortsetzung der Hauptverhandlung**	12
		I. Verhandlung zur Sache	12
C. Fristhemmung wegen Krankheit (Abs 3)	5	II. Folgen der Fristüberschreitung (Abs 4 S 1)	15
I. Voraussetzung der Hemmung	6	**E. Revision**	16
II. Folge der Hemmung	10		

A. Unterbrechung bis zu drei Wochen (Abs 1)

1 Die dreiwöchige Unterbrechung (vgl § 228 StPO Rn 15) der Hauptverhandlung ist an keine – zeitlichen oder formellen – Voraussetzungen und keinen bestimmten Unterbrechungsgrund geknüpft. Sie wird vom Vorsitzenden nach pflichtgemäßem Ermessen angeordnet (vgl § 228 StPO Rn 17). Es ist unerheblich, wie lange die Hauptverhandlung zuvor gedauert hat, sie muss lediglich begonnen worden sein. Es ist zulässig, die Hauptverhandlung nach jedem Fortsetzungstermin (vgl Rn 12) erneut für drei Wochen zu unterbrechen, solange das Beschleunigungsgebot – insbes in Haftsachen – nicht entgegensteht. Die Verhandlung muss spätestens am Tag nach Ablauf der drei Wochen fortgesetzt werden.

1.1 Bei der Berechnung ist zu beachten, dass die Fristen des § 229 StPO keine Fristen iSd § 42 StPO, § 43 StPO sind. Es handelt sich vielmehr um Zeiträume zwischen zwei Verhandlungstagen, so dass weder der Tag der Unterbrechung noch der Tag der Fortsetzung der Verhandlung mitgerechnet werden (KK-StPO/Gmel StPO § 229 Rn 7). Aus diesem Grund bestimmt Abs 4 ausdrücklich, dass die Hauptverhandlung bei einem Fristende an einem Sonnabend, Sonntag oder allgemeinen Feiertag am nächsten Werktag fortgesetzt werden kann. War der letzte Verhandlungstag bspw ein Freitag, ist die Verhandlung am Montag nach Ablauf einer dreiwöchigen Unterbrechung fortzusetzen.

B. Unterbrechung bis zu einem Monat (Abs 2)

2 Eine Unterbrechung der Hauptverhandlung für einen Monat darf nur das Gericht durch Beschluss anordnen. Voraussetzung ist, dass die Hauptverhandlung bereits an mindestens zehn Verhandlungstagen stattgefunden hatte. Dabei ist es unerheblich, wie lange die Verhandlung an den einzelnen Tagen gedauert hat. Es muss allerdings zur Sache verhandelt worden sein (vgl Rn 12 f). Eines besonderen Grundes bedarf die Unterbrechung nicht. Der Beschluss bedarf keiner Begründung, weil er nicht anfechtbar ist.

3 Nach jeweils zehn weiteren Verhandlungstagen kann eine erneute Unterbrechung nach Abs 2 erfolgen. Allerdings ist auch hier der Beschleunigungsgrundsatz zu beachten. Steht nur noch die Urteilsverkündung aus, ist § 268 Abs 3 S 2 StPO und nicht § 229 StPO anwendbar. Ggf muss zuvor erneut in die Hauptverhandlung eingetreten werden (SK-StPO/ Schlüchter StPO § 229 Rn 5).

4 Die in der Hauptverhandlung nach Abs 1 durch den Vorsitzenden angeordnete Unterbrechung kann außerhalb der Hauptverhandlung durch Gerichtsbeschluss innerhalb der Grenzen des § 229 Abs 2 StPO verlängert werden (BGH NStZ 1987, 35). Der Beginn der Frist bestimmt sich aber nach dem Beginn der ersten Unterbrechung.

C. Fristhemmung wegen Krankheit (Abs 3)

5 Abs 3 normiert eine Hemmung der in Abs 1 und 2 genannten Fristen, um zu verhindern, dass die Hauptverhandlung wegen der Erkrankung eines Angeklagten oder – seit der

Änderung durch das 1. JuMoG – eines Richters ausgesetzt und von neuem begonnen werden muss. Die Fristhemmung gilt auch für die Urteilsverkündungsfrist des § 268 Abs 3 S 2 StPO.

I. Voraussetzung der Hemmung

Die Regelung findet nur auf Angeklagte, Berufsrichter und Schöffen, nicht aber auf sonstige Verfahrensbeteiligte wie Verteidiger, Urkundsbeamte oder Staatsanwälte Anwendung. Voraussetzung ist, dass die Hauptverhandlung bereits an mindestens zehn Tagen stattgefunden hat, ein Angeklagter oder Richter erkrankt ist und dieser aufgrund der Erkrankung nicht zur Hauptverhandlung erscheinen kann. 6

Eine Erkrankung iSd § 229 Abs 3 StPO liegt vor, wenn dem Betroffenen aus medizinischer Sicht nicht zugemutet werden kann, an einer Verhandlung am Ort des Gerichts teilzunehmen. Es ist unerheblich, ob der Betreffende verhandlungsfähig ist oder eine Verhandlung am Krankenbett möglich wäre (Meyer-Goßner StPO § 172 Rn 3). Eine Hemmung der Frist tritt auch dann ein, wenn die Krankheit bereits länger besteht (OLG Düsseldorf NStZ-RR 1997, 81). Ein Gesundheitszustand, der täglich lediglich eine zeitlich begrenzte Teilnahme ermöglicht, steht der Hemmung nur dann entgegen, wenn gleichwohl ein sinnvolles Prozessieren möglich ist (Löwe/Rosenberg/Gollwitzer StPO § 229 Rn 19). 7

Bei einer erneuten Erkrankung derselben Person, wird die Unterbrechungsfrist nochmals gehemmt, sofern zwischen den Unterbrechungen an einem Tag verhandelt worden ist (Löwe/Rosenberg/Gollwitzer StPO § 229 Rn 20 mwN). 8

Die Hemmung des Laufs der Unterbrechungsfrist nach § 229 Abs 3 Hs 1 StPO tritt auch dann ein, wenn der Verlauf der vom Angeklagten schuldhaft verursachten Erkrankung, die zu seiner bereits länger andauernden Verhandlungsunfähigkeit und zur Weiterführung der Hauptverhandlung in dessen Abwesenheit geführt hat, die Unterbrechung der Hauptverhandlung notwendig macht, um zu überprüfen, ob die Voraussetzungen für die Fortsetzung der Hauptverhandlung in Abwesenheit des Angeklagten weiterhin vorliegen (OLG Düsseldorf NStZ-RR 1997, 81). 8.1

Erkrankt nur einer von mehreren Angeklagten, ist § 229 Abs 3 StPO dennoch für die Verhandlung gegen alle Angeklagten anwendbar. In diesem Fall kann aber eine Abtrennung des Verfahrens in Betracht kommen, wenn dies nicht aufgrund eines umfangreichen Komplexverfahren, des Umfangs der noch offen gemeinsamen Beweisaufnahme oder zur Vermeidung sich widersprechender Entscheidungen unzweckmäßig ist. 9

II. Folge der Hemmung

Liegen die Voraussetzungen des Abs 3 vor, tritt kraft Gesetzes eine Hemmung der Unterbrechungsfristen der Abs 1 und Abs 2 ein. Die Hemmung endet, sobald die erkrankte Person wieder in der Hauptverhandlung erscheinen kann, längstens nach sechs Wochen. Bei der Fristberechnung werden der Tag, in dessen Verlauf der Betroffene erkrankt und der Tag, in dessen Verlauf der Hemmungsgrund wegfällt, mitgezählt (Löwe/Rosenberg/Gollwitzer StPO § 229 Rn 26). Nach dem Ende der Hemmung dauert die Unterbrechungsfrist in jedem Fall noch zehn Tage an (Abs 3 S 2 Hs 2), um dem Gericht die Vorbereitung der Fortsetzung der Hauptverhandlung zu ermöglichen. Diese Regelung greift indes nur ein, wenn die Unterbrechungsfrist aufgrund der Hemmung nicht ohnehin noch mehr als zehn Tage andauert, also insbes wenn der Betroffene an einem der letzten Tage der regulären Unterbrechungsfrist erkrankt. Kann die erkrankte Person rechtzeitig innerhalb der Fristen des Abs 1 oder Abs 2 wieder in der Hauptverhandlung erscheinen, ist eine Hemmung nicht eingetreten (BGH NStZ 1992, 550). 10

Bei der Berechnung der Fristen ist Folgendes zu beachten: 10.1

Erkrankt ein Angeklagter oder Richter während der laufenden Hauptverhandlung kann der Vorsitzende eine Unterbrechung der Hauptverhandlung nach Abs 1 für längstens drei Wochen oder das Gericht nach Abs 2 für längstens einen Monat anordnen. Aufgrund der Regelung des Abs 3 wird diese Unterbrechungsfrist sofort gehemmt. Sie läuft erst mit dem Wegfall der Verhinderung von selbst weiter, mithin am Tag nach dem letzten Krankheitstag, spätestens allerdings nach dem Ablauf von sechs Wochen (BGH NStZ 1998, 633). Eine Unterbrechung nach Abs 1 durch den Vorsitzenden ist daher idR ausreichend, weil nach dem Ende der Erkrankung weiterhin ein

Zeitraum von drei Wochen zur Verfügung steht, bis die Verhandlung fortzusetzen ist. Erforderlichenfalls kann die Frist im Nachhinein durch das Gericht nach Abs 2 auf einen Monat verlängert werden.

10.2 Erkrankt der Betroffene während einer unterbrochenen Hauptverhandlung, so ist die Unterbrechungsfrist vom ersten bis zum letzten Tag der Erkrankung gehemmt. Die Frist läuft nicht weiter, so dass der Zeitraum der Erkrankung aus der Unterbrechungszeit herauszurechnen ist. Tritt die Erkrankung erst in den letzten zehn Tagen der angeordneten Unterbrechung ein, endet die Unterbrechungsfrist frühestens zehn Tage nach Ablauf der Hemmung (Abs 3 Hs 2). Die Hauptverhandlung ist also am elften Tag nach dem Ende der Erkrankung fortzusetzen. Ist der letzte Krankheitstag zB ein Freitag, ist die Hauptverhandlung am Dienstag der übernächsten Woche fortzusetzen.

III. Feststellung der Hemmung

11 Das Gericht hat im Freibeweisverfahren – idR durch ein ärztliches Attest oder Gutachten – zu klären, in welchem Zeitraum der Angeklagte oder Richter erkrankt war und nicht an der Hauptverhandlung teilnehmen konnte. Anschließend stellt es durch deklaratorischen Beschluss Beginn und Ende der Hemmung fest (BGH NStZ 1992, 550, 551). Der Beschluss wird idR außerhalb der Hauptverhandlung gefasst und ist nach Abs 3 S 2 nicht anfechtbar.

D. Fortsetzung der Hauptverhandlung

I. Verhandlung zur Sache

12 Nach einer Unterbrechung der Hauptverhandlung ist diese jeweils fortzusetzen. Ein Fortsetzungstermin wahrt die Unterbrechungsfristen nach Abs 1 und 2 aber nur, wenn in ihm zur Sache verhandelt wird. Erforderlich sind hierfür Prozesshandlungen oder Erörterungen zu Sach- oder Verfahrensfragen, die geeignet sind, die Sache ihrem Abschluss substanziell näher zu bringen (BGH NStZ 2008, 115). Es ist unerheblich, ob weitere verfahrensfördernde Handlungen möglich gewesen wären und der Fortsetzungstermin auch der Einhaltung der Unterbrechungsfrist dient (BGH NStZ-RR 1998, 335). Wird die Verhandlung allerdings nur zum Schein in Form eines „Schiebetermins" fortgesetzt, in welchem nichts zur Verfahrensförderung getan wird, fehlt es an einer Verhandlung zur Sache (KK-StPO/Gmel StPO § 229 Rn 6a mwN).

13 Es stellt eine Verhandlung zur Sache dar, wenn in dem Termin zur Fortsetzung der Hauptverhandlung

- die Frage der Verhandlungsfähigkeit des Angeklagten geklärt oder darüber verhandelt wird, ob die Voraussetzungen für die Zulässigkeit der Verhandlung in Abwesenheit des Angeklagten noch gegeben sind (OLG Düsseldorf NStZ-RR 1997, 81; angesichts der Neuregelung des Abs 2 zweifelnd Meyer-Goßner StPO § 229 Rn 11),
- der BZR-Auszug oder eine Urkunde verlesen wird; allerdings ist es idR nicht ausreichend, wenn dies auf mehrere Sitzungstage verteilt oder dieselbe Urkunde mehrfach verlesen wird (BGH NStZ 2000, 606; BGH NStZ 1999, 521),
- Beweisanträge entgegengenommen oder beschieden werden (BGH NStZ 2000, 606),
- die Mitteilung erfolgt, dass Zeugen zu einem weiteren Fortsetzungstermin geladen wurden (BGH NStZ 1995, 19),
- über das Nichterscheinen eines Zeugen verhandelt wird (BGH NStZ 2000, 606),
- eine Beweisaufnahme durchgeführt wird, auch wenn diese unter einem Verfahrensfehler leidet (BGH NStZ 2000, 212, 214),
- verfahrensrelevante Tatsachen im Freibeweisverfahren festgestellt werden,
- Verfahrensfragen erörtert (vgl BGH NStZ-RR 2009, 288) oder ggf allein eine Entscheidung über die Unterbrechung des Verfahrens nach § 228 StPO getroffen wird, wenn die Hauptverhandlung aufgrund unvorhersehbarer Ereignisse nur in wesentlich geringerem Umfang als geplant gefördert werden kann und der Sitzungstag nicht von vornherein als „Schiebetermin" konzipiert war (BGH BeckRS 2008, 24704).

14 Bei mehreren Angeklagten genügt es, dass Sachverhalte oder Beweismittel erörtert werden, die nur einen Angeklagten betreffen (BGH MDR 1975, 23).

II. Folgen der Fristüberschreitung (Abs 4 S 1)

Wird die Frist des Abs 2 oder die Frist des Abs 1 – wenn die Hauptverhandlung noch 15 nicht an mindestens zehn Tagen stattgefunden hat – auch unter Berücksichtigung einer etwaigen Hemmung nach Abs 3 überschritten, muss die Hauptverhandlung vollständig wiederholt werden (vgl § 228 StPO Rn 2). Ein Verzicht auf die Einhaltung der Unterbrechungsfristen ist nicht möglich (KMR/Paulus StPO § 229 Rn 5).

E. Revision

Wird die Hauptverhandlung trotz Überschreitung der Fristen der Abs 1 und 2 fortgesetzt, 16 ist die Revision zumeist begründet, weil das Urteil regelmäßig auf dem Verfahrensmangel beruht (BGH NStZ 2008, 115; vgl BGH NJW 1970, 767 zu einem Ausnahmefall). Mit der Revision kann zudem gerügt werden, dass die Voraussetzungen für eine Hemmung gem Abs 3 nicht vorgelegen haben (KK-StPO/Gmel StPO § 229 Rn 15). Eine fehlerhafte Feststellung von Beginn und Ende der Hemmung ist nach § 336 S 2 StPO mit der Revision nicht angreifbar, revisibel ist lediglich eine Verkennung des Begriffs der „Krankheit". Auf das Fehlen eines Gerichtsbeschlusses nach § 229 Abs 3 StPO kann die Revision ebenfalls nicht gestützt werden (SK-StPO/Schlüchter StPO § 229 Rn 38 f).

§ 230 [Ausbleiben des Angeklagten]

(1) Gegen einen ausgebliebenen Angeklagten findet eine Hauptverhandlung nicht statt.

(2) Ist das Ausbleiben des Angeklagten nicht genügend entschuldigt, so ist die Vorführung anzuordnen oder ein Haftbefehl zu erlassen.

Überblick

Die Vorschrift stellt in Abs 1 den Grundsatz auf, dass der Angeklagte in der Hauptverhandlung ununterbrochen anwesend sein muss (Rn 1 f), sofern nicht ein gesetzlicher Ausnahmegrund (Rn 3) gegeben ist. Zur Sicherung der Durchführung der Hauptverhandlung sieht Abs 2 den Erlass eines Vorführungs- oder Haftbefehls (Rn 8 ff) vor, sofern der Angeklagte zur Verhandlung nicht erscheint (Rn 10 f) und die Abwesenheit nicht genügend entschuldigt ist (Rn 12).

Übersicht

	Rn		Rn
A. Anwesenheit des Angeklagten (Abs 1)	1	1. Ausbleiben des Angeklagten trotz ordnungsgemäßer Ladung	10
I. Anwesenheitspflicht	2	2. Keine Entschuldigung	12
II. Anwesenheitsrecht	7	3. Verhältnismäßigkeit	13
B. Zwangsmittel bei Ausbleiben des Angeklagten (Abs 2)	8	III. Zuständigkeit und Entscheidung	15
I. Allgemeines zu Vorführungsbefehl und Haftbefehl	9	IV. Vollstreckung	18
II. Voraussetzungen	10	V. Rechtsbehelfe/Revision	21

A. Anwesenheit des Angeklagten (Abs 1)

Der Angeklagte hat das Recht und die Pflicht an der Hauptverhandlung teilzunehmen 1 (Pfeiffer StPO § 230 Rn 1). Dies soll ihm rechtliches Gehör und dem Gericht einen unmittelbaren Eindruck von der Person des Angeklagten sichern (Meyer-Goßner StPO § 230 Rn 3 mwN). Zudem gibt die Anwesenheit dem Angeklagten die Möglichkeit, seine Mitwirkungsrechte auszuüben.

I. Anwesenheitspflicht

2 Der Angeklagte muss grundsätzlich während der gesamten Hauptverhandlung – vom Aufruf der Sache bis zur Urteilsverkündung – **ununterbrochen** anwesend sein.

3 **Ausnahmen** von der Anwesenheitspflicht des Angeklagten bestehen in Verfahren wegen Straftaten von geringer Bedeutung (§ 232 StPO, § 233 StPO), in Berufungs- und Revisionsverhandlungen (§ 329 Abs 2 StPO, § 350 Abs 2 StPO), in Privatklageverfahren (§ 387 Abs 1 StPO) und in Verhandlungen über den Einspruch gegen einen Strafbefehl (§ 411 Abs 2 S 1 StPO, § 412 StPO). Darüber hinaus kann in bestimmten Fällen zeitweise ohne den Angeklagten (weiter)verhandelt werden (§ 231 Abs 2 StPO, § 231 a StPO, § 231 b StPO, § 231 c StPO und § 247 StPO).

4 Das Gericht kann den Angeklagten – von den dargestellten Ausnahmen abgesehen – von der Anwesenheitspflicht jedoch nicht **befreien** (Meyer-Goßner StPO § 230 Rn 2). Der Angeklagte hat auch nicht das Recht, auf seine Anwesenheit zu **verzichten** (BGH NStZ 1991, 296), es sei denn, er ist ausnahmsweise zur Teilnahme nicht verpflichtet (vgl Rn 3). Aus der Hauptverhandlung darf sich der Angeklagte nicht **entfernen** (vgl § 231 Abs 1 S 1 StPO). Tut er es dennoch, muss das Gericht mit der Hauptverhandlung innehalten, sofern nicht einer der Ausnahmefälle gegeben ist, in denen sie weitergeführt werden darf (BGH NStZ 1984, 41). Die Anwesenheitspflicht ist erforderlichenfalls mit Zwang durchzusetzen (vgl Rn 8 ff und § 231 Abs 1 S 2 StPO).

5 Die Anwesenheit des Angeklagten setzt auch voraus, dass dieser **verhandlungsfähig** ist. Hat das Gericht daran Zweifel, darf die Hauptverhandlung nicht – weiter – durchgeführt werden (BGH NStZ 1984, 520).

6 Bei einer Verhandlung gegen **mehrere Angeklagte** besteht die Anwesenheitspflicht selbst dann, wenn eine Tat verhandelt wird, die ausschließlich einen Mitangeklagten betrifft (BGH StV 1987, 189). In dieser Zeit ist aber eine Beurlaubung des Angeklagten gem § 231 c StPO möglich. Erscheint einer der Mitangeklagten nicht, so kann das Gericht entweder das Verfahren gegen sämtliche Angeklagte unterbrechen bzw aussetzen oder das Verfahren gegen den ausgebliebenen Angeklagten abtrennen.

6.1 Eine vorübergehende Abtrennung mit dem Ziel, die Verfahren später wieder zu verbinden, darf nicht dazu genutzt werden, das Anwesenheitsgebot des Abs 1 zu umgehen (BGH StV 1991, 97). Es dürfen daher in dem abgetrennten Verfahrensteil ausschließlich Vorgänge verhandelt werden, die in keinem sachlichen Zusammenhang mit den im anderen Verfahren verhandelten Vorwürfen gegen einen Mitangeklagten stehen (BGH NJW 1972, 545; Löwe/Rosenberg/Gollwitzer StPO § 230 Rn 15 mwN).

II. Anwesenheitsrecht

7 Mit der Anwesenheitspflicht korrespondiert das Recht des Angeklagten auf Anwesenheit in der Hauptverhandlung. Das Gericht darf ihm die Teilnahme an der Hauptverhandlung daher auch in den vorgenannten Fällen, in denen eine Verhandlung ohne ihn möglich wäre (vgl Rn 3), nicht verwehren.

B. Zwangsmittel bei Ausbleiben des Angeklagten (Abs 2)

8 Um im Hinblick auf die Anwesenheitspflicht des Angeklagten ein ordnungsgemäßes Verfahren durchführen zu können, normiert Abs 2 Zwangsmittel für den Fall des Ausbleibens des Angeklagten. Befindet sich der Angeklagte in Untersuchungshaft oder wird in anderer Sache Haft vollstreckt, muss er zwangsweise vorgeführt werden, wenn er sich weigert, an der Hauptverhandlung teilzunehmen (KK-StPO/Gmel § 230 Rn 6; Löwe/Rosenberg/Gollwitzer StPO § 230 Rn 10).

I. Allgemeines zu Vorführungsbefehl und Haftbefehl

9 Die Zwangsmittel des Abs 2 muss das Gericht anordnen, wenn auf andere Weise eine Durchführung der Hauptverhandlung nicht gewährleistet werden kann.

Weigert der sich im Gericht befindliche Angeklagte den Sitzungssaal zu betreten, hat das Gericht seine – sofortige – Vorführung durch Gerichtsbeschluss nach Abs 2 anzuordnen (Löwe/Rosenberg/Gollwitzer StPO § 230 Rn 21 mwN; **aA** Meyer-Goßner StPO § 230 Rn 14: Der Vorsitzende habe den Angeklagten analog § 231 Abs 1 S 2 StPO in den Gerichtssaal bringen zu lassen). 9.1

II. Voraussetzungen
1. Ausbleiben des Angeklagten trotz ordnungsgemäßer Ladung

Die Zwangsmaßnahmen des Abs 2 sind nur zulässig, wenn der Angeklagte ordnungsgemäß zur Hauptverhandlung geladen und gem § 216 StPO auf die Folgen eines unentschuldigten Ausbleibens hingewiesen wurde (OLG Köln NStZ-RR 2006, 22). Bei einer Umladung muss die Warnung des § 216 StPO wiederholt werden, die Bezugnahme auf den Warnhinweis in einer früheren Ladung genügt nicht (OLG Hamm NStZ-RR 2009, 89). Ob die Ladungsfrist des § 217 Abs 1 StPO eingehalten wurde, ist unerheblich (BGH NJW 1971, 1278, 1279; **aA** SK-StPO/Schlüchter StPO § 217 Rn 10), allerdings kann das Ausbleiben des Angeklagten in diesen Fällen möglicherweise einen Entschuldigungsgrund darstellen. 10

Der Angeklagte ist ausgeblieben, wenn er 11
- bei Aufruf der Sache nicht erscheint; allerdings hat das Gericht – falls eine Verspätung möglich erscheint – eine angemessene Zeit (idR 15 Minuten) zuzuwarten (SK-StPO/Schluchter StPO § 230 Rn 9),
- sich vor dem verzögerten Aufruf der Sache wieder entfernt (OLG Düsseldorf NJW 1997, 2062),
- sich im Gerichtssaal nicht zu erkennen gibt,
- in verhandlungsunfähigem Zustand erscheint,
- zu einem Fortsetzungstermin nicht erscheint,
- sich während der Verhandlung entfernt, wobei § 231 Abs 1 S 2 StPO dem Vorsitzenden die Möglichkeit eröffnet, dies zu verhindern.

2. Keine Entschuldigung

Die Zwangsmaßnahmen nach Abs 2 setzten ferner voraus, dass das Ausbleiben des Angeklagten nach den konkreten Umständen nicht entschuldigt ist. Dies ist der Fall, wenn ein ausreichender Entschuldigungsgrund weder vorgebracht noch dem Gericht sonst bekannt geworden ist. Eine genügende Entschuldigung ist anzunehmen, wenn dem Angeklagten wegen seines Ausbleibens im Einzelfall billigerweise kein Vorwurf gemacht werden kann (Meyer-Goßner StPO § 230 Rn 16 mwN). 12

Eine genügende Entschuldigung kann in folgenden Umständen liegen (vgl auch § 329 StPO Rn 15 ff): 12.1
- Erkrankung, wenn sie eine Teilnahme an der Hauptverhandlung unzumutbar macht (Hält das Gericht ein ärztliches Attest nicht für hinreichend aussagekräftig, muss es durch eigene Ermittlungen der Frage nachgehen, ob der Angeklagte ausreichend entschuldigt ist (OLG Schleswig BeckRS 2008, 02821),
- Inhaftierung in anderer Sache,
- unrichtige oder unvollständige Auskunft des Gerichts bzgl einer Verschiebung des Termins (BVerfG NJW 2007, 2318),
- fehlerhafte Ablehnung oder Nichtbescheidung eines Vertagungsantrags,
- unaufschiebbare und bedeutsame berufliche oder private Angelegenheiten des Angeklagten.

Hat der Angeklagte seine Verhandlungsunfähigkeit bewusst und schuldhaft herbeigeführt, ist sein Ausbleiben nicht genügend entschuldigt (OLG Düsseldorf NStZ 1990, 295).

3. Verhältnismäßigkeit

Die Zwangsmittel dürfen nur angewendet werden, wenn das Erscheinen des Angeklagten nicht mit milderen Mitteln erreicht werden kann (OLG Frankfurt StV 2005, 432; OLG Celle BeckRS 2009, 04415). § 230 Abs 2 StPO sieht in erster Linie die Anordnung der Vorführung vor. Erst in zweiter Linie kann der stärker in die persönliche Freiheit eingreifende Haftbefehl infrage kommen (BVerfG NJW 2007, 2318. 2319). Dies gilt allerdings nur, 13 wenn ein Erscheinen des Angeklagten mittels Vorführung tatsächlich erreicht werden kann (OLG Düsseldorf NStZ 1990, 295, 296). Ist der Aufenthaltsort des Angeklagten unbekannt oder besteht die begründete Sorge, der Angeklagte werde vor einer Vorführung untertauchen, kommt lediglich ein Haftbefehl in Betracht. Ist bei verständiger Würdigung aller Umstände indes die Erwartung gerechtfertigt, der Angeklagte werde zu dem Termin erscheinen, wäre seine Verhaftung mit dem Grundsatz der Verhältnismäßigkeit nicht zu vereinbaren (BVerfG NJW 2007, 2318; Löwe/Rosenberg/Gollwitzer StPO § 230 Rn 26 mwN).

14 Ist die Anwesenheit des Angeklagten nicht erforderlich (vgl Rn 3), kann eine Anordnung von Zwangsmaßnahmen unverhältnismäßig sein, insbes wenn die Wahrheitsfindung eine Anwesenheit des Angeklagten nicht gebietet (KG NJW 2007, 2345; vgl auch SK-StPO/ Schlüchter StPO § 230 Rn 16).

III. Zuständigkeit und Entscheidung

15 Vorführungs- und Haftbefehl sind – anders als die Zwangsmaßnahmen des § 231 Abs 1 S 2 StPO – durch einen Beschluss des Gerichts, nicht durch den Vorsitzenden allein anzuordnen. IdR ergeht die Entscheidung in der Hauptverhandlung unter Mitwirkung der Schöffen. Sind vorgebrachte oder sonst bekannt gewordene Entschuldigungsgründe zu prüfen, kann die Entscheidung auch außerhalb der Hauptverhandlung getroffen werden, auch wenn dies nicht ausdrücklich vorbehalten wurde (umstr, vgl zum Streitstand Löwe/ Rosenberg/Gollwitzer StPO § 230 Rn 44f mwN). Bei nachträglicher genügender Entschuldigung sind die bereits beschlossenen Zwangsmaßnahmen aufzuheben (KMR/Paulus StPO § 230 Rn 28).

16 Der **Vorführungsbefehl** ist schriftlich abzufassen und muss die in § 134 Abs 2 StPO bezeichneten Angaben enthalten (SK-StPO/Schlüchter StPO § 230 Rn 16). Er wird dem Angeklagten idR erst bei der Vollstreckung bekannt gegeben, um zu vermeiden, dass sich dieser der Vorführung entzieht.

17 Der **Haftbefehl** nach Abs 2 setzt keinen dringenden Tatverdacht und keinen Haftgrund iSd der §§ 112 StPO ff, sondern nur die Feststellung voraus, dass der Angeklagte in der Hauptverhandlung nicht erschienen und sein Ausbleiben nicht genügend entschuldigt ist (BVerfG NJW 2007, 2318, 2319). Der Haftbefehl muss ebenfalls schriftlich abgefasst werden und inhaltlich § 114 Abs 2 StPO entsprechen. Es müssen also Angaben zu der dem Angeklagten zur Last gelegten Tat (Sachverhalt und Strafvorschriften), dem Ausbleiben in der Hauptverhandlung, der fehlenden oder ungenügenden Entschuldigung und ggf der Wahrung des Verhältnismäßigkeitsgrundsatzes enthalten sein (Löwe/Rosenberg/Gollwitzer StPO § 230 Rn 36).

17.1 Besteht bereits ein – außer Vollzug gesetzter – Untersuchungshaftbefehl gem § 112 StPO ist nicht ein Haftbefehl nach Abs 2 zu erlassen, sondern der Vollzug des bestehenden Haftbefehls gem § 116 Abs 4 Nr 2 StPO anzuordnen (Meyer-Goßner StPO § 230 Rn 21). Im Privatklageverfahren darf ein Haftbefehl nicht erlassen werden, auch wenn das persönliche Erscheinen des Angeklagten gem § 387 Abs 3 StPO angeordnet worden war.

IV. Vollstreckung

18 Für die Vollstreckung des Vorführungsbefehls und des Haftbefehls ist gem § 36 Abs 2 S 1 StPO die Staatsanwaltschaft zuständig, die damit die Polizei (§ 152 GVG) beauftragt.

19 Der Vorsitzende kann die **Vorführung** allerdings auch selbst unverzüglich durch die Polizei veranlassen, um ein Erscheinen des Angeklagten in derselben Sitzung zu erzwingen und eine Aussetzung der Hauptverhandlung zu vermeiden (vgl Löwe/Rosenberg/Gollwitzer StPO § 230 RN 33). Der Vorführungsbefehl macht eine Ladung überflüssig. Er darf aus Gründen der Verhältnismäßigkeit nicht früher als notwendig vollstreckt werden (KK-StPO/Gmel StPO § 230 Rn 12). Mit der Vorführung oder dem sonstigen Erscheinen des Angeklagten in der Hauptverhandlung wird der Vorführungsbefehl gegenstandslos. Weiterhin erforderliche Zwangsmaßnahmen richten sich nach § 231 Abs 1 S 2 StPO. Entfernt sich der Angeklagte eigenmächtig, ist ggf ein neuer Vorführungsbefehl oder Haftbefehl zu erlassen (Löwe/Rosenberg/Gollwitzer StPO § 230 Rn 34). Die mit der Vollstreckung des Vorführungsbefehls verbundene Freiheitsentziehung wird nicht auf die

Strafe angerechnet (hM; bei längerer Freiheitsentziehung zweifelnd SK-StPO/Schlüchter StPO § 230 Rn 20).

Der **Haftbefehl** ist gem § 114 a StPO bei der Verhaftung bekannt zu machen. Der 20 Angeklagte ist sodann dem zuständigen – hilfsweise dem nächsten – Richter gem § 115 StPO, § 115 a StPO vorzuführen. Das Gericht kann den Vollzug des Haftbefehls nach § 116 StPO aussetzen, wenn eine weniger einschneidende Maßnahme genügende Gewähr dafür bietet, dass der Angeklagte an der Hauptverhandlung teilnehmen wird (OLG Frankfurt StV 2005, 432). Der Haftbefehl unterliegt keinen zeitlichen Beschränkungen, die Hauptverhandlung ist aber in angemessener Frist nach der Festnahme durchzuführen (KK-StPO/Gmel StPO § 230 Rn 13 mwN; OLG Jena BeckRS 2009, 11616). § 121 Abs 1 StPO ist nicht anwendbar (Meyer-Goßner StPO § 230 Rn 23 mwN). Der Haftbefehl ist aufzuheben, wenn der Angeklagte nach anwaltlicher Beratung bei Gericht erschienen ist und erklärt, zum nächsten Hauptverhandlungstermin zu erscheinen (OLG Düsseldorf StV 2001, 331). Der Haftbefehl wird erst mit dem Abschluss der Hauptverhandlung gegenstandslos. Ein Gerichtsbeschluss, der lediglich deklaratorische Bedeutung hätte, ist nicht erforderlich, aber zweckmäßig (KMR/Paulus StPO § 230 Rn 27) – insbes wenn bereits Fahndungsmaßnahmen angeordnet worden waren. Eine vollzogene Haft ist gem § 51 StGB, anders als beim Vorführungsbefehl, auf die erkannte Strafe anzurechnen (Meyer-Goßner StPO § 230 Rn 24).

V. Rechtsbehelfe/Revision

Vorführungs- und Haftbefehl können gem § 305 S 2 StPO mit der **Beschwerde** ange- 21 fochten werden. Gegen den Haftbefehl ist darüber hinaus die weitere Beschwerde gem § 310 Abs 1 StPO statthaft, auch wenn der Angeklagte bereits freigelassen worden ist oder sich die Haftanordnung erledigt hatte (OLG Düsseldorf NStZ-RR 2001, 382; OLG Celle NStZ-RR 2003, 177; **aA** OLG Frankfurt NStZ-RR 2007, 349). Das Beschwerdegericht kann den Haftbefehl in einen Vorführungsbefehl umwandeln, nicht aber einen Haftbefehl gem § 230 Abs 2 StPO in einen Untersuchungshaftbefehl gem § 112 StPO, § 112 a StPO (Meyer-Goßner StPO § 230 Rn 25; OLG Köln NStZ-RR 2006, 22).

Ist die Hauptverhandlung entgegen Abs 1 in einem wesentlichen Teil ohne den Angeklag- 22 ten durchgeführt worden, ist der absolute **Revision**sgrund des § 338 Nr 5 StPO gegeben (vgl § 338 StPO Rn 89 ff). Handelt es sich nur um einen unwesentlichen Teil der Hauptverhandlung, bei dem der Angeklagte nicht anwesend war, ist § 337 StPO anwendbar. Eine Heilung ist nur durch Wiederholung des betreffenden Teils der Hauptverhandlung möglich (KK-StPO/Gmel StPO § 230 Rn 20 mwN). Da die ständige Anwesenheit des Angeklagten keine Verfahrensvoraussetzung ist, erfolgt eine Prüfung durch das Revisionsgericht nur aufgrund einer Verfahrensrüge iSd § 344 Abs 2 StPO (Löwe/Rosenberg/Gollwitzer StPO § 230 Rn 6; BGHSt 26, 84).

§ 231 [Anwesenheitspflicht des Angeklagten]

(1) ¹**Der erschienene Angeklagte darf sich aus der Verhandlung nicht entfernen.** ²**Der Vorsitzende kann die geeigneten Maßregeln treffen, um die Entfernung zu verhindern; auch kann er den Angeklagten während einer Unterbrechung der Verhandlung in Gewahrsam halten lassen.**

(2) **Entfernt der Angeklagte sich dennoch oder bleibt er bei der Fortsetzung einer unterbrochenen Hauptverhandlung aus, so kann diese in seiner Abwesenheit zu Ende geführt werden, wenn er über die Anklage schon vernommen war und das Gericht seine fernere Anwesenheit nicht für erforderlich erachtet.**

Überblick

Die Vorschrift normiert die fortdauernde Anwesenheitspflicht des erschienenen Angeklagten (Rn 1) und eröffnet dem Vorsitzenden die Möglichkeit, eine Entfernung des Angeklagten aus der Hauptverhandlung zu verhindern (Rn 2). Nach Abs 2 kann das Gericht die Hauptverhandlung ohne den Angeklagten zu Ende führen (Rn 4), wenn dieser sich gleichwohl entfernt hatte oder in einem Fortsetzungstermin ausgeblieben ist (Rn 6), dies eigenmächtig (Rn 7) erfolgte, er bereits zur Sache vernommen worden war (Rn 9) und keine Umstände vorliegen, die seine weitere Anwesenheit erfordern (Rn 10).

Übersicht

	Rn		Rn
A. Verbot der Entfernung aus der Hauptverhandlung	1	2. Eigenmächtigkeit	7
B. Maßnahmen zur Verhinderung der Entfernung	2	3. Abschluss der Vernehmung zur Sache	9
C. Fortsetzung der Verhandlung ohne den Angeklagten	4	4. Weitere Anwesenheit nicht erforderlich	10
I. Voraussetzungen	5	II. Verfahren	11
1. Entfernen oder Nichterscheinen zu einem Fortsetzungstermin	6	III. Wirkung	12
		D. Rechtsbehelf/Revision	14

A. Verbot der Entfernung aus der Hauptverhandlung

1   Die Hauptverhandlung kann gem § 230 Abs 1 StPO grundsätzlich nur in Anwesenheit des Angeklagten erfolgen, der zum Erscheinen in der Hauptverhandlung verpflichtet ist (vgl § 230 StPO Rn 1 ff). § 231 Abs 1 StPO dient der Vervollständigung dieses Grundsatzes. Zur Sicherung der Anwesenheit des Angeklagten während der gesamten Hauptverhandlung bestimmt die Vorschrift, dass dieser sich aus der Hauptverhandlung nicht entfernen darf. Ausnahmen gelten nur in den Fällen, in denen eine Anwesenheitspflicht nicht besteht und dem Angeklagten somit das Erscheinen – und damit auch die ununterbrochene Anwesenheit – freigestellt wurde (SK-StPO/Gollwitzer StPO § 231 Rn 5).

B. Maßnahmen zur Verhinderung der Entfernung

2   Maßnahmen nach Abs 1 S 2 setzen Gründe für die Befürchtung voraus, der Angeklagte werde sich der weiteren Verhandlung entziehen, zB weil er ankündigt, den Gerichtssaal zu verlassen und an der weiteren Sitzung nicht mehr teilzunehmen. Die Auswahl der Maßnahmen steht im Ermessen des Vorsitzenden, dem die Sicherung der Hauptverhandlung unter Anwesenheit der notwendigen Verfahrensbeteiligten von Amts wegen in Ausübung seiner sitzungspolizeilichen Befugnisse obliegt (OLG Köln NStZ-RR 2008, 115, 116). Er kann den Angeklagten insbes durch einen Justizwachtmeister oder Polizeibeamten bewachen oder in eine Gewahrsamszelle verbringen lassen. Auch eine Fesselung ist unter den Voraussetzungen des § 119 Abs 5 StPO zulässig.

3   Die Maßnahmen können für die gesamte Dauer der Unterbrechung angeordnet werden, auch wenn die Hauptverhandlung erst an einem anderen Tag fortgesetzt wird. Bei einer längeren Unterbrechung ist aber der Erlass eines Haftbefehls gem § 112 StPO ff zu prüfen (Löwe/Rosenberg/Gollwitzer StPO § 231 Rn 8 mwN und Erläuterungen; OLG Frankfurt NStZ-RR 2003, 329). Wird die Hauptverhandlung ausgesetzt, ist der Angeklagte unverzüglich aus dem Gewahrsam zu entlassen.

C. Fortsetzung der Verhandlung ohne den Angeklagten

4   Die eng auszulegende Ausnahmevorschrift des Abs 2 soll gewährleisten, dass der Angeklagte den Abschluss einer Hauptverhandlung nicht durch seine Entfernung oder sein Ausbleiben bei einem Fortsetzungstermin verhindern kann.

I. Voraussetzungen

5   Die Verhandlung kann nur dann ohne den Angeklagten fortgesetzt werden, wenn sich sein Verhalten als eigenmächtig darstellt (Rn 7), er bereits zur Sache vernommen wurde (Rn 9) und seine weitere Anwesenheit nicht geboten erscheint (Rn 10).

Hauptverhandlung § 231 StPO

1. Entfernen oder Nichterscheinen zu einem Fortsetzungstermin

Abs 2 stellt das Nichterscheinen zu einem Fortsetzungstermin der Entfernung des Angeklagten aus der Hauptverhandlung gleich. In diesem Fall kann jedoch auch gem § 230 Abs 2 StPO vorgegangen werden, weil der Angeklagte zur Hauptverhandlung – wozu auch ein Fortsetzungstermin zählt – nicht erschienen ist (vgl SK-StPO/Schlüchter StPO § 230 Rn 17; OLG Düsseldorf NStZ 1990, 295, 296: Das Gericht hat die Wahl, von welcher Vorschrift es Gebrauch macht). **6**

2. Eigenmächtigkeit

Über den Wortlaut des Abs 2 hinaus setzt eine Fortsetzung einer unterbrochenen Hauptverhandlung ohne den Angeklagten voraus, dass dessen Ausbleiben eigenmächtig ist (BGH BeckRS 2008, 15493). Dies ist der Fall, wenn der Angeklagte seiner Anwesenheitspflicht wissentlich ohne Rechtfertigungs- oder Entschuldigungsgründe nicht genügt (BGH NStZ 2003, 561; KK-StPO/Gmel StPO § 231 Rn 3). Die Eigenmächtigkeit muss zur Überzeugung des Gerichts feststehen (BGH NStZ-RR 2001, 333). Verbleiben Zweifel, darf nicht nach Abs 2 verfahren werden (Löwe/Rosenberg/Gollwitzer StPO § 231 Rn 15 mwN). Dabei kommt es nicht darauf an, ob das Gericht Grund zu der Annahme hatte, der Angeklagte sei eigenmächtig ferngeblieben, sondern ob nach den objektiven Gegebenheiten diese Eigenmächtigkeit tatsächlich vorlag. Das Gericht hat daher zu prüfen, ob eine nachträgliche Entschuldigung ausgeschlossen erscheint (BGH NStZ 2003, 561). **7**

Eigenmächtiges Fernbleiben kann zB gegeben sein, wenn der Angeklagte sich in einen seine Verhandlungsfähigkeit ausschließenden Zustand versetzt (BGH NStZ 1981, 95; 1986, 372; KK-StPO/Gmel StPO § 231 Rn 3) oder sich in eine Lage begibt, die für ihn vorhersehbar mit dem erheblichen Risiko verbunden ist, zum angesetzten Fortsetzungstermin nicht erscheinen zu können (BGH BeckRS 2008, 00848: Haftbefehl im Ausland). Ein eigenmächtiges Fernbleiben liegt hingegen nicht vor, wenn er sich mit ausdrücklicher oder konkludenter Billigung des Gerichts entfernt (BGH NStZ 1991, 246), das Gericht ihm freistellt, ob er zu dem Fortsetzungstermin erscheint (BGH StV 1987, 189) oder wenn der in Haft befindliche Angeklagte sich weigert, vorgeführt zu werden, weil das Gericht in diesem Fall die Macht hat, seine Teilnahme zu erzwingen (Meyer-Goßner StPO § 231 Rn 11, 15). **8**

An einer Eigenmächtigkeit fehlt es idR, wenn der Angeklagte zu einem Fortsetzungstermin nicht erscheint, weil er **8.1**
- nicht ordnungsgemäß geladen war (BGH NStZ 1984, 41),
- wegen einer ernsthaften Erkrankung nicht erscheinen kann,
- wegen eines Unfalls oder einer Zugverspätung nicht rechtzeitig erscheint (vgl BGH NStZ 2003, 561),
- verschlafen hat (BGH NJW 1991, 1367),
- sich glaubhaft hinsichtlich des Terminstags geirrt hat (BGH StV 1981, 393; BGH NStZ-RR 2001, 333, 334),
- aus dringenden beruflichen Gründen nicht – wieder – erscheint (KK-StPO/Gmel StPO § 231 Rn 4),
- sich in einer besonderen persönlichen Konfliktlage befindet (BGH StV 1984, 325) oder
- zwischenzeitlich in anderer Sache verhaftet wurde (BGH NStZ 1997, 295; vgl aber BGH BeckRS 2008, 00848: Eigenmächtig handelt hingegen, wer während einer laufenden Hauptverhandlung vorsätzlich eine Straftat im Ausland begeht, bei deren Entdeckung er mit seiner Verhaftung rechnen muss oder sich ohne Not in ein Land begibt, in dem ihm – wie er weiß – wegen einer früheren Straftat eine Verhaftung droht).

3. Abschluss der Vernehmung zur Sache

Der Angeklagte muss über den zugelassenen Anklagesatz vernommen worden sein. Dies setzt voraus, dass er gem § 243 Abs 4 S 2 StPO Gelegenheit hatte, sich in vollem Umfang zu den ihm zur Last gelegten Straftaten zu äußern. Er muss hiervon jedoch keinen Gebrauch gemacht haben (BGH NJW 1987, 2592). Die Vernehmung muss abgeschlossen sein. Dass der Angeklagte erklärt, zu einem späteren Zeitpunkt – weitere – Angaben zur Sache machen **9** zu wollen, hindert eine Verhandlung ohne Anwesenheit des Angeklagten nicht (BGH NJW 1987, 2592, 2593).

4. Weitere Anwesenheit nicht erforderlich

10 Das Gericht hat nach pflichtgemäßem Ermessen unter Berücksichtigung der Umstände des Einzelfalls zu entscheiden, ob die weitere Anwesenheit des Angeklagten – unter Berücksichtigung der Aufklärungspflicht – erforderlich ist. Seine Anwesenheit ist nicht entbehrlich, wenn ihm ein rechtlicher Hinweis gem § 265 StPO zu erteilen und er nicht durch einen Verteidiger vertreten ist (vgl § 234a StPO; SK-StPO/Schlüchter StPO § 231 Rn 25). Grundsätzlich bestehende Mitwirkungsrechte (vgl Rn 12) machen die Anwesenheit des Angeklagten nicht erforderlich.

II. Verfahren

11 Das Gericht muss seine Absicht, unter den Voraussetzungen des Abs 2 ohne den Angeklagten zu verhandeln, nicht durch Beschluss erklären, es genügt, wenn es diese Absicht durch Fortsetzung der Hauptverhandlung schlüssig zum Ausdruck bringt (KK-StPO/Gmel StPO § 231 Rn 11 mwN). Die Weiterverhandlung ohne den Angeklagten ist solange zulässig, wie der Tatrichter bei pflichtgemäßer Prüfung von der Fortdauer der Umstände ausgehen darf, die ihn zur Anwendung des Abs 2 veranlasst haben (OLG Düsseldorf NStZ-RR 1997, 81). Hatte sich der Angeklagte an einem Verhandlungstag eigenmächtig entfernt und kann er an einem Fortsetzungstag unverschuldet nicht erscheinen, darf das Gericht aber nicht nach Abs 2 ohne ihn weiterverhandeln (BGH NStZ 1986, 422).

III. Wirkung

12 Durch sein Ausbleiben verwirkt der Angeklagte das Recht, gestaltend auf das Verfahren einzuwirken (Meyer-Goßner StPO § 231 Rn 21). Urkunden können ohne sein Einverständnis verlesen werden, seiner Zustimmung zu einer Einstellung gem § 153 StPO bedarf es nicht (KK-StPO/Gmel StPO § 231 Rn 9 mwN). Auch die sonstigen Mitwirkungs-, Frage- und Erklärungsrechte entfallen (Löwe/Rosenberg/Gollwitzer StPO § 231 Rn 29). Er kann sich aber gem § 234 StPO durch einen Verteidiger vertreten lassen.

13 **Kehrt** der Angeklagte in die Hauptverhandlung **zurück**, nimmt er seine Stellung mit allen Rechten und Pflichten wieder ein. Ihm ist das letzte Wort auch dann zu erteilen, wenn er erst unmittelbar vor der Urteilsverkündung wieder erscheint (BGH NStZ 1986, 372). Das Gericht braucht den Angekl grundsätzlich nicht über den Inhalt des in seiner Abwesenheit Verhandelten zu unterrichten (BGH NStZ 1999, 256). Im Einzelfall kann die prozessuale Fürsorgepflicht gegenüber dem nicht verteidigten Angeklagten dies jedoch gebieten (BGH NStZ-RR 2003, 2; Meyer-Goßner StPO § 231 Rn 23).

D. Rechtsbehelf/Revision

14 Die Zwangsmaßnahmen nach **Abs 1 S 2** stellen grundsätzlich keine die Sachleitung des Vorsitzenden betreffende Anordnung dar. Der Antrag auf Erlass eines Gerichtsbeschluss gem § 238 Abs 2 StPO ist daher nur ausnahmsweise statthaft, wenn eine sachgerechte Verteidigung des Angeklagten behindert wird (KK-StPO/Gmel StPO § 231 Rn 2; **aA** Meyer-Goßner StPO § 231 Rn 24). Eine Beschwerde ist im Hinblick auf § 305 S 2 StPO statthaft (OLG Frankfurt NStZ-RR 2003, 329), eine weitere Beschwerde hingegen nicht. Stellt sich der Gerichtsbeschluss als unzulässige Beschränkung der Verteidigung dar, kann die Revision auf § 338 Nr 8 StPO gestützt werden.

15 Die Entscheidung nach **Abs 2** ist im Hinblick auf § 305 S 1 StPO nicht mit der Beschwerde angreifbar. Ein Verstoß gegen Abs 2 stellt jedoch einen absoluten Revisionsgrund dar (§ 338 Nr 5 StPO). Ob ein eigenmächtiges Verhalten des Angeklagten vorliegt, prüft das Revisionsgericht im Freibeweisverfahren.

§ 231a [Hauptverhandlung bei vorsätzlich herbeigeführter Verhandlungsunfähigkeit]

(1) ¹Hat sich der Angeklagte vorsätzlich und schuldhaft in einen seine Verhandlungsfähigkeit ausschließenden Zustand versetzt und verhindert er dadurch wissentlich die ordnungsmäßige Durchführung oder Fortsetzung der Hauptverhandlung in seiner Gegenwart, so wird die Hauptverhandlung, wenn er noch nicht über die Anklage vernommen war, in seiner Abwesenheit durchgeführt oder fortgesetzt, soweit das Gericht seine Anwesenheit nicht für unerläßlich hält. ²Nach Satz 1 ist nur zu verfahren, wenn der Angeklagte nach Eröffnung des Hauptverfahrens Gelegenheit gehabt hat, sich vor dem Gericht oder einem beauftragten Richter zur Anklage zu äußern.

(2) Sobald der Angeklagte wieder verhandlungsfähig ist, hat ihn der Vorsitzende, solange mit der Verkündung des Urteils noch nicht begonnen worden ist, von dem wesentlichen Inhalt dessen zu unterrichten, was in seiner Abwesenheit verhandelt worden ist.

(3) ¹Die Verhandlung in Abwesenheit des Angeklagten nach Absatz 1 beschließt das Gericht nach Anhörung eines Arztes als Sachverständigen. ²Der Beschluß kann bereits vor Beginn der Hauptverhandlung gefasst werden. ³Gegen den Beschluß ist sofortige Beschwerde zulässig; sie hat aufschiebende Wirkung. ⁴Eine bereits begonnene Hauptverhandlung ist bis zur Entscheidung über die sofortige Beschwerde zu unterbrechen; die Unterbrechung darf, auch wenn die Voraussetzungen des § 229 Abs. 2 nicht vorliegen, bis zu dreißig Tagen dauern.

(4) Dem Angeklagten, der keinen Verteidiger hat, ist ein Verteidiger zu bestellen, sobald eine Verhandlung ohne den Angeklagten nach Absatz 1 in Betracht kommt.

Überblick

Die Vorschrift findet im Gegensatz zu § 231 StPO nur Anwendung, wenn der Angeklagte noch nicht zur Sache vernommen worden ist (Rn 7). Sie setzt voraus, dass der Angeklagte zumindest vorübergehend verhandlungsunfähig ist (Rn 2) und diesen Zustand vorsätzlich und schuldhaft in dem Wissen (Rn 6) herbeigeführt hat (Rn 4), hierdurch den Beginn oder die Fortsetzung der Hauptverhandlung (Rn 5) zu verhindern. Eine Verhandlung ohne den Angeklagten kann jedoch nur stattfinden, wenn seine Anwesenheit nicht unerlässlich ist (Rn 8) und er Gelegenheit hatte oder erhält, sich vor einem Richter umfassend zur Anklage zu äußern (Rn 12 f). Kommt eine Verhandlung ohne den Angeklagten nach dieser Regelung in Betracht, hat das Gericht dem Angeklagten einen Verteidiger zu bestellen (Rn 11), einen ärztlichen Sachverständigen zur Frage der Verhandlungsfähigkeit anzuhören (Rn 14) und – ggf schon vor Beginn der Hauptverhandlung (Rn 17) – eine Verhandlung in Abwesenheit des Angeklagten durch Gerichtsbeschluss (Rn 16) anzuordnen.

Übersicht

	Rn		Rn
A. Voraussetzungen (Abs 1 S 1)	1	II. Gelegenheit zur Äußerung vor einem Richter (Abs 1 S 2)	12
I. Verhandlungsunfähigkeit	2	III. Anhörung eines ärztlichen Sachverständigen (Abs 3 S 1)	14
II. Vorsätzlich und schuldhaft	4	IV. Anhörung weiterer Verfahrensbeteiligter	15
III. Wissentliche Verhinderung der Durchführung der Hauptverhandlung	5	V. Beschluss des Gerichts (Abs 3 S 1)	16
IV. Fehlende Vernehmung zur Sache	7	VI. Zeitpunkt (Abs 3 S 2)	17
V. Weitere Anwesenheit des Angeklagten nicht unerlässlich	8	C. Weiteres Verfahren	18
B. Verfahren bis zur Beschlussfassung	10	I. Verhandlung in Abwesenheit des Angeklagten	18
I. Bestellung eines Verteidigers (Abs 4)	11		

	Rn		Rn
II. Gegenwart des wieder verhandlungsfähigen Angeklagten	20	I. Sofortige Beschwerde (Abs 3 S 2 und S 3)	22
III. Unterrichtungspflicht (Abs 2)	21	II. Revision	24
D. Rechtsbehelfe/Revision	22		

A. Voraussetzungen (Abs 1 S 1)

1 Die zwingende Regelung in Abs 1 ermöglicht es dem Gericht, bei einer nicht nur kurzzeitigen Verhandlungsunfähigkeit des Angeklagten die Hauptverhandlung in dessen Abwesenheit durchzuführen.

I. Verhandlungsunfähigkeit

2 Der Angeklagte ist verhandlungsunfähig, wenn ihm die Fähigkeit fehlt, seine Interessen in oder außerhalb der Verhandlung vernünftig wahrzunehmen, die Verteidigung in verständiger und verständlicher Weise zu führen und Prozesserklärungen abzugeben sowie entgegenzunehmen (BVerfG NJW 2005, 2382). Mit welchen Mitteln der Angeklagte seine Verhandlungsunfähigkeit herbeigeführt hat, ist unerheblich.

2.1 Es kommen ua folgende Mittel in Betracht:
- physische oder psychische Selbstschädigungen (BVerfG NJW 1979, 2349),
- Medikamentenmissbrauch,
- Konsum von Rauschgift,
- Hungerstreik (BGHSt 26, 228, 239 ff),
- Hineinsteigern in einen pathologischen Zustand (OLG Hamm NJW 1977, 1739).

2.2 Der Angeklagte braucht sich allerdings grundsätzlich nicht ärztlich behandeln zu lassen, um seine Verhandlungsfähigkeit wiederherzustellen (KK-StPO/Gmel StPO § 231 a Rn 3 mwN; BVerfG NStZ 1993, 598; aA OLG Nürnberg NJW 2000, 1804).

3 Verhandlungsunfähigkeit ist auch gegeben, wenn der Angeklagte zwar gelegentlich für kurze Zeit in der Lage wäre, an der Verhandlung teilzunehmen, eine ordnungsgemäße Durchführung der Hauptverhandlung insgesamt jedoch nicht gewährleistet ist. Dies gilt allerdings nicht, wenn eine Hauptverhandlung unter ärztlicher Kontrolle und unter Beschränkung der täglichen Verhandlungszeit in vernünftiger Zeit abgeschlossen werden kann (Löwe/Rosenberg/Gollwitzer StPO § 231 a Rn 3 mwN).

II. Vorsätzlich und schuldhaft

4 Der Angeklagte muss seine Verhandlungsunfähigkeit durch ein ihm vorwerfbares Verhalten vorsätzlich und schuldhaft herbeigeführt haben. Sein Verhalten muss dabei für die Verhandlungsunfähigkeit zunächst objektiv ursächlich gewesen sein. Darüber hinaus muss es ihm subjektiv angelastet werden können (Löwe/Rosenberg/Gollwitzer StPO § 231 a Rn 9). Bedingter Vorsatz genügt. Ein schuldhaftes Verhalten wird dem Angeklagten hingegen nicht zugerechnet, wenn er zum Zeitpunkt seiner Handlung schuldunfähig iSd § 20 StGB war (Meyer-Goßner StPO § 231 a Rn 8).

III. Wissentliche Verhinderung der Durchführung der Hauptverhandlung

5 Folge der Verhandlungsunfähigkeit des Angeklagten muss eine **Verhinderung** der ordnungsgemäßen Durchführung der Hauptverhandlung in seiner Gegenwart sein. Es genügt eine nach dem Beschleunigungsgebot nicht vertretbare längerfristige Verzögerung (KK-StPO/Gmel StPO § 231 a Rn 7). Ist die Verhandlungsunfähigkeit erkennbar von kurzer Dauer, so dass der Fortgang des Verfahrens nur kurzfristig verzögert wird, ist § 231 a StPO nicht anwendbar.

5.1 Erscheint der Angeklagte bspw angetrunken zur Hauptverhandlung und kann seine Verhandlungsfähigkeit durch geeignete Maßnahmen wiederhergestellt werden, ist § 231 a StPO nicht anwendbar (Löwe/Rosenberg/Gollwitzer StPO § 231 a Rn 6).

Hauptverhandlung § 231 a StPO

Der Angeklagte muss seine Verhandlungsunfähigkeit in dem Wissen herbeigeführt haben, dass aufgrund seines Zustands eine Hauptverhandlung in seiner Gegenwart nicht erfolgen kann. Es genügt, dass er dies als sicher vorausgesehen hat, Absicht ist nicht erforderlich (BGH NJW 1976, 116, 119). Bedingter Vorsatz reicht hingegen nicht aus. 6

IV. Fehlende Vernehmung zur Sache

Die Verhandlungsunfähigkeit muss eingetreten sein, bevor der Angeklagte in der Hauptverhandlung gem § 243 Abs 4 S 2 StPO zur Sache vernommen wurde und diese Vernehmung abgeschlossen ist (vgl § 231 StPO Rn 9). Anderenfalls findet § 231 Abs 2 StPO Anwendung. Ob die Verhandlungsunfähigkeit vor oder nach Beginn der Hauptverhandlung eingetreten ist, ist unerheblich. 7

V. Weitere Anwesenheit des Angeklagten nicht unerlässlich

Ob die Anwesenheit des Angeklagten unerlässlich ist, entscheidet das Gericht nach pflichtgemäßem Ermessen. In der Regel ist das Gericht verpflichtet, ohne den Angeklagten zu verhandeln, auch wenn die Wahrheitsfindung dadurch in gewissem Umfang erschwert ist (KK-StPO/Gmel StPO § 231 a Rn 11). Die Anwesenheit des Angeklagten ist hingegen unerlässlich, wenn konkrete Anhaltspunkte dafür gegeben sind, dass die Aufklärung bestimmter Umstände oder die Erhebung bestimmter Beweise ohne den Angeklagten nicht möglich sein werden (SK-StPO/Schlüchter StPO § 231 a Rn 13). Die Anwesenheit kann zB unerlässlich sein, wenn es auf den unmittelbaren Eindruck des Angeklagten ankommt oder eine Gegenüberstellung mit Zeugen und Mitangeklagten zwingend erforderlich erscheint. Das Gericht hat allerdings zu prüfen, ob dem durch eine zeitweilige Zuziehung des Angeklagten begegnet werden kann. 8

Umfasst die Anklage mehrere Taten und ist die Anwesenheit des Angeklagten nur für eine der Taten unerlässlich, so kommt eine Trennung des Verfahrens in Betracht (KMR/Paulus StPO § 231 a Rn 16; Meyer-Goßner StPO § 231 a Rn 15: bei einer einheitlichen Tat auch eine Beschränkung auf den Schuldspruch). 9

B. Verfahren bis zur Beschlussfassung

Das Gericht hat zwingend nach § 231 a StPO zu verfahren, wenn die genannten Voraussetzungen vorliegen und der Angeklagte nach Eröffnung des Hauptverfahrens bereits Gelegenheit zur Äußerung vor dem Gericht oder einem beauftragten Richter hatte oder dies noch erfolgen kann (Rn 12). 10

I. Bestellung eines Verteidigers (Abs 4)

Dem Angeklagten ist wegen der besonderen Verfahrenslage ein Verteidiger zu bestellen, sofern er noch keinen Pflicht- oder Wahlverteidiger hat – auch dann, wenn die Voraussetzungen des § 140 Abs 1, Abs 2 StPO nicht gegeben sind. Dies hat in aller Regel vor der Beauftragung eines Sachverständigen, der Vernehmung des Angeklagten und der Beschlussfassung zu erfolgen, weil Abs 4 bestimmt, dass der Verteidiger zu bestellen ist, sobald eine Verhandlung ohne den Angeklagten nach Abs 1 in Betracht kommt. Sie gilt für das gesamte Verfahren, auch wenn der Angeklagte zu einem späteren Zeitpunkt wieder verhandlungsfähig ist und an der weiteren Verhandlung teilnimmt (Meyer-Goßner StPO § 231 a Rn 16). 11

II. Gelegenheit zur Äußerung vor einem Richter (Abs 1 S 2)

Die Gelegenheit zur Äußerung vor einem Richter, die ein Mindestmaß an rechtlichem Gehör sichern soll, muss dem Angeklagten **nach** Eröffnung des Hauptverfahrens eingeräumt werden. Sie wird also regelmäßig nur erfolgen, wenn das Gericht eine Verhandlung ohne den Angeklagten gem Abs 1 S 1 beabsichtigt. Dies kann bereits kurz nach Erlass des Eröffnungsbeschlusses geschehen, wenn abzusehen ist, dass der Angeklagte seine Verhandlungsunfähigkeit herbeiführen will. Die Anhörung sollte dem Beschluss nach Abs 3 S 2 idR vorausgehen (Löwe/Rosenberg/Gollwitzer StPO § 231 a Rn 13) und wird durch den Vor- 12 sitzenden angeordnet. Der Angeklagte kann entweder in der Hauptverhandlung durch das erkennende Gericht, außerhalb der Hauptverhandlung in der dafür vorgesehenen Besetzung oder durch einen beauftragten Richter vernommen werden. Die Vernehmung durch einen ersuchten Richter (§ 63 StPO) oder eine schriftliche Äußerung des Angeklagten sind hingegen nicht ausreichend. Sowohl die Staatsanwaltschaft als auch der Verteidiger haben das Recht, bei der Vernehmung anwesend zu sein.

13 Dem Angeklagten muss während der Vernehmung Gelegenheit gegeben werden, die Verdachtsmomente zu entkräften und sich umfassend zur Sache zu äußern. Unerheblich ist, ob er von dieser Gelegenheit tatsächlich Gebrauch macht. Er muss aber – trotz einer möglicherweise schon bestehenden Verhandlungsunfähigkeit – vernehmungsfähig sein. Anderenfalls kann nicht nach § 231 a StPO verfahren werden. Es ist zweckmäßig, den Angeklagten bei der Vernehmung (vgl Rn 12) zugleich zu der beabsichtigten Verhandlung in seiner Abwesenheit anzuhören.

III. Anhörung eines ärztlichen Sachverständigen (Abs 3 S 1)

14 Vor der Entscheidung hat das Gericht einen ärztlichen Sachverständigen, der den Angeklagten – ggf nach Anordnung gem § 81 a StPO – untersucht hat, zur Frage der Verhandlungsfähigkeit anzuhören (KMR/Paulus StPO § 231 a Rn 23). Es muss sich nicht um einen Amtsarzt handeln.

IV. Anhörung weiterer Verfahrensbeteiligter

15 Die Staatsanwaltschaft, der Verteidiger und der Angeklagte sind vor der Entscheidung zu hören. Die Anhörung kann schriftlich erfolgen, wobei das Anhörungsschreiben für den Angeklagten an den Verteidiger gerichtet werden kann (Meyer-Goßner StPO § 231 a Rn 17; vgl auch Rn 13).

V. Beschluss des Gerichts (Abs 3 S 1)

16 Das Gericht hat eine Verhandlung in Abwesenheit des Angeklagten zwingend anzuordnen, wenn die – im Freibeweisverfahren zu prüfenden – Voraussetzungen des § 231 a StPO vorliegen. Der Beschluss ist gem § 34 StPO zu begründen, den Verfahrensbeteiligten nach § 35 StPO bekanntzumachen und gem § 35 a StPO mit einer Rechtsmittelbelehrung zu versehen. Es ist ausreichend, wenn der Beschluss an den Verteidiger zugestellt wird und der Angeklagte aufgrund seines Gesundheitszustands erst verspätet von dem Inhalt Kenntnis nehmen kann (Löwe/Rosenberg/Gollwitzer StPO § 231 a Rn 17 mwN).

VI. Zeitpunkt (Abs 3 S 2)

17 Der Beschluss ist nach Eröffnung des Hauptverfahrens zu erlassen. Er kann aber schon vor Beginn der Hauptverhandlung ergehen, wenn der Angeklagte zu diesem Zeitpunkt bereits verhandlungsunfähig ist und die Erwartung besteht, dass die Verhandlungsunfähigkeit bis zum Beginn der Hauptverhandlung andauern wird (vgl Nr 122 Abs 1 RiStBV). Der Beschluss sollte so rechtzeitig gefasst werden, dass die Rechtskraft des Beschlusses (vgl Rn 22 f) vor Beginn der Hauptverhandlung eintreten kann (Nr 122 Abs 2 RiStBV). Führt der Angeklagte seine Verhandlungsunfähigkeit erst später herbei, ergeht der Beschluss in der Hauptverhandlung oder während deren Unterbrechung.

C. Weiteres Verfahren

I. Verhandlung in Abwesenheit des Angeklagten

18 Die gesamte Hauptverhandlung kann in **Abwesenheit** des Angeklagten durchgeführt werden, solange er verhandlungsunfähig ist. Durch sein Verhalten hat er weiteres rechtliches Gehör für die Hauptverhandlung verwirkt. Er muss deshalb auch hinnehmen, in seinen Verteidigungsrechten eingeschränkt zu sein (KK-StPO/Gmel StPO § 231 a Rn 11). Erscheint der Angeklagte trotz seiner Verhandlungsunfähigkeit, kann das Gericht ihn von der Teilnahme an der Hauptverhandlung nicht ausschließen, sofern nicht andere Gründe dies rechtfertigen.

Der Inhalt der Äußerung des Angeklagten (vgl Rn 12 f) ist – wenngleich eine ausdrückliche Regelung nicht existiert – zu verlesen (Löwe/Rosenberg/Gollwitzer StPO § 231a Rn 27 mwN). Etwa erforderliche rechtliche Hinweise nach § 265 StPO ergehen an den Verteidiger (§ 234 a StPO). 19

II. Gegenwart des wieder verhandlungsfähigen Angeklagten

Ist der Angeklagte wieder verhandlungsfähig, muss die Verhandlung in seiner Gegenwart fortgesetzt werden. Bei einem in Haft befindlichen Angeklagten hat das Gericht durch geeignete Maßnahmen – zB durch ein entsprechendes Ersuchen an die JVA – sicherzustellen, dass es erfährt, wenn der Angeklagte wieder verhandlungsfähig ist (Löwe/Rosenberg/Gollwitzer StPO § 231 a Rn 29 mwN). Im Übrigen obliegt es dem – verteidigten – Angeklagten seine wieder bestehende Verhandlungsfähigkeit mitzuteilen. Sobald dem Gericht konkrete Anhaltspunkte hierfür vorliegen, hat es allerdings von Amts wegen die Wiederherstellung der Verhandlungsfähigkeit zu prüfen (Löwe/Rosenberg/Gollwitzer StPO § 231 a Rn 29). 20

III. Unterrichtungspflicht (Abs 2)

Nimmt der wieder verhandlungsfähige Angeklagte an der Hauptverhandlung teil, hat ihn der Vorsitzende unverzüglich über den wesentlichen Inhalt der bisherigen Verhandlung zu unterrichten, sofern mit der Urteilsverkündung noch nicht begonnen wurde. Dazu zählen zum einen die Ergebnisse von Beweisaufnahmen und zum anderen wesentliche Verfahrensvorgänge, soweit sie die Verhandlung zur Sache betreffen, zB die Stellung und Bescheidung von Beweisanträgen und die Beeidigung von Zeugen (Löwe/Rosenberg/Gollwitzer StPO § 231 a Rn 33). 21

D. Rechtsbehelfe/Revision

I. Sofortige Beschwerde (Abs 3 S 2 und S 3)

Der Beschluss des Gerichts nach Abs 3 S 1 ist mit der sofortigen Beschwerde anfechtbar. Dies soll es ermöglichen, die Anwendbarkeit des § 231a StPO noch vor Abschluss der laufenden Hauptverhandlung zu klären (Löwe/Rosenberg/Gollwitzer StPO § 231 a Rn 40). 22

Die Beschwerde hat aufschiebende Wirkung und hindert somit die Durchführung oder Fortsetzung der Hauptverhandlung. Diese kann bis zu 30 Tagen unterbrochen werden, auch wenn die Verhandlung noch nicht an mindestens zehn Tagen stattgefunden hatte (§ 229 Abs 2 StPO). Eine Unterbrechung, die die Frist des § 229 Abs 1 StPO überschreitet, ist durch das Gericht anzuordnen. § 229 Abs 4 StPO findet entsprechende Anwendung. Eine Fortsetzung der Verhandlung ist erst möglich, wenn die Beschwerdeentscheidung vorliegt. Ergeht diese nicht binnen der genannten Frist oder kann die begonnene Hauptverhandlung aus anderen Gründen nicht rechtzeitig fortgesetzt werden, ist sie auszusetzen und mit ihr von neuem zu beginnen. 23

II. Revision

Die Regelung des Abs 3 S 3 schließt eine Revisionsrüge mit der Begründung, die Anordnung der Abwesenheitsverhandlung sei rechtsfehlerhaft erfolgt, aus (§ 332 S 2 StPO). Die Revision kann aber darauf gestützt werden, das Gericht habe eine fortdauernde Verhandlungsunfähigkeit des Angeklagten zu Unrecht angenommen oder die Hauptverhandlung entgegen Abs 3 S 4 nicht unterbrochen und damit fehlerhaft in Abwesenheit des Angeklagten (§ 338 Nr 5 StPO) verhandelt (ausf Löwe/Rosenberg/Gollwitzer StPO § 231 a Rn 48). 24

§ 231 b [Hauptverhandlung nach Entfernung des Angeklagten aus dem Sitzungszimmer]

(1) ¹Wird der Angeklagte wegen ordnungswidrigen Benehmens aus dem Sitzungszimmer entfernt oder zur Haft abgeführt (§ 177 des Gerichtsverfassungsgesetzes), so kann in seiner Abwesenheit verhandelt werden, wenn das Gericht

seine fernere Anwesenheit nicht für unerläßlich hält und solange zu befürchten ist, daß die Anwesenheit des Angeklagten den Ablauf der Hauptverhandlung in schwerwiegender Weise beeinträchtigen würde. ²Dem Angeklagten ist in jedem Fall Gelegenheit zu geben, sich zur Anklage zu äußern.

(2) Sobald der Angeklagte wieder vorgelassen ist, ist nach § 231a Abs. 2 zu verfahren.

Überblick

Die Norm ermöglicht es dem Gericht, die Hauptverhandlung in Abwesenheit eines Angeklagten fortzusetzen, wenn dieser wegen störenden Verhaltens gem § 177 GVG aus dem Sitzungssaal entfernt wurde (Rn 1). Sie setzt voraus, dass weitere Störungen des Angeklagten zu erwarten sind, die den Ablauf der Hauptverhandlung schwerwiegend beeinträchtigen würden (Rn 2), die Anwesenheit des Angeklagten nicht unerlässlich ist (Rn 3) und dieser Gelegenheit erhielt, sich zum Anklagevorwurf zu äußern (Rn 4). Im Falle der Wiederzulassung des Angeklagten zur Hauptverhandlung (Rn 7 ff) ist er über den wesentlichen Inhalt des in seiner Abwesenheit Verhandelten zu unterrichten (Rn 10).

A. Voraussetzungen

I. Beschluss nach § 177 StPO

1   Eine Verhandlung in Abwesenheit des Angeklagten setzt voraus, dass ein Beschluss gem § 177 GVG ergangen ist oder zugleich mit der Anordnung nach § 231 b StPO erlassen wird. Dies ist bereits vor Beginn der Hauptverhandlung möglich, wenn der Angeklagte die Sitzung schon vor dem Aufruf der Sache (§ 243 Abs 1 S 1 StPO) stört und deshalb aus dem Sitzungssaal entfernt wird (KK-StPO/Gmel StPO § 231 b Rn 2).

II. Befürchtung weiterer schwerwiegender Störungen

2   Die Vorschrift dient nicht der Sanktionierung des Verhaltens des Angeklagten, sondern der Sicherstellung eines ordnungsgemäßen Ablaufs der Hauptverhandlung. Daher muss das bisherige Gesamtverhalten des Angeklagten weitere schwerwiegende Störungen erwarten lassen (Meyer-Goßner StPO § 231 b Rn 6). Dies kann zB darin zum Ausdruck kommen, dass der Angeklagte sein störendes Verhalten – zB laute Zwischenrufe – trotz Ermahnung durch den Vorsitzenden fortsetzt. Es ist – anders als bei § 231 a StPO – unerheblich, ob der Angeklagte die Durchführung der Hauptverhandlung bewusst verhindern will. Es genügt, dass sein störendes Verhalten den ordnungsgemäßen Ablauf der Hauptverhandlung objektiv beeinträchtigt (KK-StPO/Gmel StPO § 231 b Rn 5).

III. Anwesenheit nicht unerlässlich

3   Die Hauptverhandlung darf nur ohne den Angeklagten fortgesetzt werden, wenn seine weitere Anwesenheit nicht unerlässlich ist. Dies ist in aller Regel der Fall (vgl § 231 a StPO Rn 8).

IV. Gelegenheit zur Äußerung zur Sache

4   Der Angeklagte hat trotz der Verhandlung in seiner Abwesenheit das Recht, sich zur Sache einzulassen. Ist sein Ausschluss aus der Hauptverhandlung bereits vorher erforderlich, muss ihm gleichwohl – ggf zu einem späteren Zeitpunkt – die Möglichkeit gegeben werden, sich zu den Tatvorwürfen zu äußern. Stört der Angeklagte auch bei seiner Einlassung, wird diese abgebrochen, ohne dass das Gericht verpflichtet wäre, ihm in anderer Weise Gelegenheit zur Äußerung einzuräumen (Meyer-Goßner StPO § 231 b Rn 8 mwN). Anderenfalls hätte es der Angeklagte in der Hand, mit der Ankündigung einer – weiteren – Einlassung zur Sache seine Teilnahme an der Hauptverhandlung zu erzwingen, um diese sodann erneut zu stören und damit ggf die Absicht zu verfolgen, Ansehen und Würde des Gerichts zu beeinträchtigen (vgl BGH NJW 2005, 2466, 2469).

B. Beschluss

Die Anordnung trifft das Gericht, nicht allein der Vorsitzende. Eines gesonderten Beschlusses über die Fortsetzung der Hauptverhandlung in Abwesenheit des Angeklagten bedarf es neben einer Entscheidung nach § 177 GVG nicht. Setzt das Gericht nach Erlass eines solchen Beschlusses und der Entfernung des Angeklagten aus dem Sitzungssaal die Hauptverhandlung ohne ihn fort, macht es durch sein Vorgehen hinreichend deutlich, dass es die weitere Anwesenheit des Angeklagten in der Hauptverhandlung nicht für unerlässlich hält (BGH NJW 1993, 1343). In der Praxis ist es üblich, die Fortsetzung der Hauptverhandlung zugleich mit dem Beschluss anzuordnen, auf dessen Grundlage der Angeklagte aus der Hauptverhandlung entfernt wird. 5

Der Angeklagte ist vor der Entscheidung grundsätzlich anzuhören. Die Anhörung kann aber uU auch in einer Abmahnung gesehen werden, die für den Fall Konsequenzen androht, dass das Gebot, Ruhe zu halten, nicht befolgt wird (BGH NJW 1993, 1343). 6

C. Wiederzulassung des Angeklagten

I. Versuch der Wiederzulassung

Die Dauer der Verhandlung in Abwesenheit des Angeklagten ist gesetzlich nicht begrenzt. Sie kann auf einen bestimmten Verfahrensabschnitt oder auf bestimmte Sitzungstage beschränkt werden (Meyer-Goßner StPO § 231 b StPO Rn 2). Sofern die Befürchtung einer schwerwiegenden Beeinträchtigung nicht entfällt, kann die Verhandlung aber auch ohne den Angeklagten zu Ende geführt und das Urteil in seiner Abwesenheit verkündet werden (Löwe/Rosenberg/Gollwitzer StPO § 231 b Rn 2 mwN). 7

Der Angeklagte muss zur Verhandlung wieder zugelassen werden, wenn nicht mehr zu befürchten ist, dass er den ordnungsgemäßen Ablauf der Verhandlung erheblich beeinträchtigen wird. Das Gericht muss daher bei einer länger dauernden Hauptverhandlung nach einiger Zeit den Versuch unternehmen, den Angeklagten wieder zur Hauptverhandlung zuzulassen (KK-StPO/Gmel StPO § 231 b Rn 6). Davon kann indes abgesehen werden, wenn die Annahme gerechtfertigt ist, dass das störende Verhalten fortgesetzt wird (Meyer-Goßner StPO § 231 b Rn 7), insbes wenn der Angeklagte bereits mehrfach ausgeschlossen werden musste und seine Störungen dennoch fortgesetzt hatte. 8

Zum letzten Wort muss der ausgeschlossene Angeklagte in aller Regel wieder zugelassen werden, es sei denn aufgrund seines bisherigen Verhaltens sind weitere massive Störungen auch während dieses Verfahrensabschnitts zu befürchten. Einen von vornherein aussichtslos erscheinenden Versuch braucht das Gericht im Hinblick auf die Ordnung der Verhandlung und das Ansehen des Gerichts nicht zu unternehmen (BGH NJW 2005, 2466, 2469; KG StV 1987, 519). 9

II. Unterrichtungspflicht

Nachdem der Angeklagte zur Hauptverhandlung wieder zugelassen wurde, ist er über den wesentlichen Inhalt des in seiner Abwesenheit Verhandelten zu unterrichten (vgl § 231 a StPO Rn 21). Von der Unterrichtung kann in Ausnahmefällen abgesehen werden, wenn sie erneute schwerwiegende Störungen hervorruft, ggf ist sie abzubrechen (Pfeiffer StPO § 231 b Rn 2; Meyer-Goßner StPO § 231 b Rn 10). 10

D. Rechtsbehelfe/Revision

Gegen die Entscheidung, in Abwesenheit des Angeklagten zu verhandeln, ist die Beschwerde wegen § 305 S 1 StPO nicht statthaft. 11

Der absolute Revisionsgrund des § 338 Nr 5 StPO ist gegeben, wenn die Voraussetzungen von Abs 1 fehlerhaft angenommen wurden. Die Beurteilung der Unerlässlichkeit der Anwesenheit des Angeklagten und der Dauer der Befürchtung weiterer schwerwiegender Störungen obliegt der Beurteilung des Tatrichters und ist daher nur auf Rechtsfehler überprüfbar (BGH NJW 1993, 1343). Verstöße gegen Abs 1 S 2 und Abs 2 können nur nach § 337 StPO gerügt werden (SK-StPO/Schlüchter StPO § 231 b Rn 16). 12

§ 231 c [Beurlaubung von Angeklagten]

¹Findet die Hauptverhandlung gegen mehrere Angeklagte statt, so kann durch Gerichtsbeschluß einzelnen Angeklagten, im Falle der notwendigen Verteidigung auch ihren Verteidigern, auf Antrag gestattet werden, sich während einzelner Teile der Verhandlung zu entfernen, wenn sie von diesen Verhandlungsteilen nicht betroffen sind. ²In dem Beschluß sind die Verhandlungsteile zu bezeichnen, für die die Erlaubnis gilt. ³Die Erlaubnis kann jederzeit widerrufen werden.

Überblick

Das Gericht kann einzelne Angeklagte und im Falle einer notwendigen Verteidigung deren Verteidiger (Rn 2) auf Antrag (Rn 4) für einen konkret zu bestimmenden Teil der Hauptverhandlung (Rn 9) beurlauben, wenn sie von diesem Teil auch nicht mittelbar betroffen sind (Rn 3). Die Beurlaubung, die jederzeit widerrufen werden kann (Rn 15), hat zur Folge, dass der Beurlaubte der Verhandlung berechtigt fernbleiben kann, ohne dass das Verfahren gegen den entsprechenden Angeklagten abgetrennt werden müsste (Rn 13).

Übersicht

	Rn		Rn
A. Voraussetzungen der Beurlaubung....	1	C. Folgen der Beurlaubung.................	13
I. Zu beurlaubende Personen................	2	D. Widerruf der Beurlaubung..............	15
II. Vom Verhandlungsteil „nicht betroffen"	3		
III. Antrag....................................	4	E. Rechtsbehelfe/Revision.................	17
B. Entscheidung............................	7		

A. Voraussetzungen der Beurlaubung

1   Die Norm erlaubt es dem Gericht, insbes bei umfangreichen Hauptverhandlungen Angeklagte und Verteidiger zeitweise von der Anwesenheit freizustellen, um Belastungen durch die grundsätzlich bestehende Anwesenheitspflicht zu verringern. Zugleich erspart es dem Gericht die Verhandlung aufgrund unabwendbarer Verhinderungen eines dieser Verfahrensbeteiligten zu unterbrechen oder das Verfahren gegen einen Angeklagten vorübergehend abzutrennen und später wieder zu verbinden (Löwe/Rosenberg/Gollwitzer StPO § 231 c Rn 1). Bevor das Gericht einem Antrag (Rn 4) eines Angeklagten oder Verteidigers (Rn 2) auf Beurlaubung stattgibt, hat es sorgfältig abzuschätzen, ob der Angeklagte nicht einmal mittelbar von dem entsprechenden Teil der Hauptverhandlung betroffen ist, weil eine fehlerhafte Abwesenheit des Angeklagten einen absoluten Revisionsgrund nach § 338 Nr 5 StPO darstellt (vgl auch KMR/Paulus StPO § 231 c Rn 3).

I. Zu beurlaubende Personen

2   Eine Beurlaubung ist für einzelne von mehreren Angeklagten und – unabhängig von diesen – für ihre Verteidiger zulässig. Es ist daher auch möglich, nur den Angeklagten oder nur den Verteidiger zu beurlauben, wenn nur einer von ihnen diesen Antrag stellt. Obwohl für den Wahlverteidiger im Falle nicht notwendiger Verteidigung keine Anwesenheitspflicht besteht, ist es zulässig, auch ihn von der Teilnahme an der Hauptverhandlung ausdrücklich zu beurlauben (Löwe/Rosenberg/Gollwitzer StPO § 231 c Rn 6 mwN).

II. Vom Verhandlungsteil „nicht betroffen"

3   Eine vorübergehende Beurlaubung eines Angeklagten – und seines Verteidigers – ist möglich, wenn er von einzelnen Teilen einer gegen mehrere Angeklagte gerichteten Verhandlung **nicht betroffen** ist. Jeder auch nur mittelbare Zusammenhang zwischen den während seiner Abwesenheit behandelten Umständen und den gegen ihn erhobenen Tatvorwürfen oder Rechtsfolgen muss ausgeschlossen sein (KK-StPO/Gmel StPO § 231 c Rn 4;

BGH NStZ 2009, 400). Dies ist vor allem der Fall, wenn mehrere prozessual selbständige Taten angeklagt sind und der zu beurlaubende Angeklagte an einigen der Taten nicht beteiligt war, sofern die Beweismittel nicht identisch sind und die Beweisführung zu diesen Taten keine Indizwirkung für die dem Angeklagten zur Last gelegten Taten entfaltet. Eine Beurlaubung kommt somit immer dann in Betracht, wenn auch eine Abtrennung des Verfahrens gegen diesen Angeklagten möglich wäre. Sobald allerdings ein einheitliches Tatgeschehen Gegenstand der Hauptverhandlung ist, kann eine Beurlaubung nicht erfolgen (BGH NStZ 1983, 34).

In folgenden Fällen kommt eine Beurlaubung nicht in Betracht: 3.1
- Vernehmung von Zeugen zur Glaubwürdigkeit eines den Angeklagten betreffenden Belastungszeugen (BGH NStZ 1985, 205),
- Ablehnung von Beweisanträgen, die auch den zu beurlaubenden Angeklagten betreffen (Meyer-Goßner StPO § 231 c Rn 12),
- Verhandlungen über eine Tat, die indizielle Bedeutung für die dem Angeklagten zur Last gelegten Taten haben kann (Löwe/Rosenberg/Gollwitzer StPO § 231 c Rn 5),
- Vereidigung eines Zeugen, der auch zu einem dem Angeklagten zur Last gelegten Tatvorwurf ausgesagt hat (BGH NStZ 1992, 27, 28),
- Schlussvorträge der Verteidiger von Mitangeklagten, wenn es sich um ein einheitliches Tatgeschehen handelt (BGH NStZ 1983, 34),
- Urteilsverkündung (Meyer-Goßner StPO § 231 c Rn 10).

III. Antrag

Die Beurlaubung erfolgt nur auf Antrag, der bereits vor Beginn der Hauptverhandlung 4 schriftlich gestellt werden kann. In dem Antrag ist anzugeben, für welche Teile der Hauptverhandlung die Beurlaubung begehrt wird. Ein pauschaler Antrag auf Freistellung für alle Teile der Hauptverhandlung, von denen der Angeklagte nicht betroffen ist, ist nicht ausreichend (Meyer-Goßner StPO § 231 c Rn 8). Der Verteidiger kann den Antrag für den Angeklagten stellen. Seine eigene Beurlaubung kann er auch unabhängig von der des Angeklagten beantragen, selbst wenn dieser einer Freistellung seines Verteidigers widerspricht.

Macht der Verteidiger von einer versehentlich bewilligten Beurlaubung Gebrauch, ob- 5 wohl er keinen Antrag gestellt hatte, holt er diesen mit dem Fernbleiben von der Verhandlung stillschweigend nach (BGH NJW 1983, 2335; Meyer-Goßner StPO § 231 c Rn 6).

Eine von Amts wegen erfolgende Abtrennung des Verfahrens gegen einzelne Angeklagte 6 mit einer späteren erneuten Verbindung bleibt trotz der Regelung über die Beurlaubung möglich, sofern sie sich nicht als Umgehung des Antragserfordernisses des § 231 c StPO darstellt (BGH NJW 1984, 1245; KK-StPO/Gmel StPO § 231 c Rn 2).

B. Entscheidung

Über den Antrag entscheidet das erkennende Gericht, nicht allein der Vorsitzende (BGH 7 NStZ 1985, 375), in der Hauptverhandlung. Der Beschluss ergeht nach vorheriger Anhörung der weiteren Verfahrensbeteiligten, nicht aber der Mitangeklagten (Meyer-Goßner StPO § 231 c Rn 9).

Sofern die Voraussetzungen des Abs 1 vorliegen, entscheidet das Gericht nach pflicht- 8 gemäßem Ermessen, ob eine Beurlaubung zweckmäßig ist. Dabei ist einerseits das Interesse des Angeklagten zu berücksichtigen, nicht unnötig an längeren Verhandlungsteilen teilnehmen zu müssen, die ihn nicht betreffen. Andererseits hat das Gericht die Wahrscheinlichkeit zu bedenken, dass in Abwesenheit des Angeklagten doch Umstände erörtert werden könnten, die diesen zumindest mittelbar betreffen würden.

Der stattgebende Beschluss bedarf keiner Begründung. In ihm sind aber die Verhandlungs- 9 teile, für die die Beurlaubung erfolgt, konkret zu bezeichnen. Möglich ist eine Beurlaubung für
- einzelne Taten (bestimmte Anklagevorwürfe),
- bestimmte Teile der Beweisaufnahme (zB Vernehmung bestimmter Zeugen, Verlesung von Urkunden, Vernehmung eines Mitangeklagten zur Person (BGH NJW 1983, 2335, 2337) bzw Verhandlung über die Schuldfähigkeit eines Mitangeklagten),
- bestimmte Verhandlungszeiträume (zB einzelne Verhandlungstage).

10 Es ist zweckmäßig, in dem Beschluss einen konkreten Zeitpunkt zu benennen, zu dem der Angeklagte wieder zu erscheinen hat oder zumindest anzugeben, wann er mit seiner Zuziehung zu rechnen hat. Anderenfalls könnten sich Schwierigkeiten im Hinblick auf den Zeitpunkt der Pflicht zum Wiedererscheinen ergeben (vgl Rn 15). Die Dauer der Beurlaubung ist nicht an die Fristen des § 229 StPO gebunden.

11 Wird der Antrag auf Beurlaubung abgelehnt, muss der Beschluss mitteilen, ob dies mangels Vorliegens der Voraussetzungen des § 231 c StPO oder in Ausübung des Ermessens des Gerichts erfolgte.

12 Der Beurlaubungsantrag, der Beschluss und die Zeiten der Abwesenheit des Angeklagten sind gem § 273 Abs 1 StPO zu protokollieren.

C. Folgen der Beurlaubung

13 Der Beurlaubte braucht zu der Hauptverhandlung während des in dem Beschluss angegebenen Zeitraums oder Teils der Verhandlung nicht zu erscheinen. Sein Anwesenheitsrecht bleibt hingegen unberührt. Etwaige Mitwirkungsrechte des Angeklagten entfallen schon deshalb, weil er von dem Teil der Verhandlung nicht betroffen sein kann. Der Angeklagte behält seine Rechtsstellung als Angeklagter und kann daher während der Zeit der Beurlaubung – anders als bei einer vorübergehenden Abtrennung – nicht als Zeuge vernommen werden (SK-StPO/Schlüchter StPO § 231 c Rn 19).

14 Nach Ablauf des Beurlaubungszeitraums oder bei einem Widerruf der Beurlaubung (vgl Rn 15) haben der Angeklagte und sein Verteidiger wieder in der Hauptverhandlung zu erscheinen. Eine förmliche Ladung ist nicht erforderlich. Von dem Inhalt des zwischenzeitlich Verhandelten muss der Vorsitzende nicht berichten (Meyer-Goßner StPO § 231 c Rn 20).

D. Widerruf der Beurlaubung

15 Die Beurlaubung kann jederzeit widerrufen werden. Ein Widerruf hat zu erfolgen, wenn sich in der Hauptverhandlung Umstände ergeben, wonach der Angeklagte doch unmittelbar oder mittelbar von dem Verhandlungsteil betroffen ist, der in seiner Abwesenheit verhandelt werden sollte. Die Entscheidung erfolgt nach Anhörung der Verfahrensbeteiligten – auch des beurlaubten Angeklagten bzw seines Verteidigers – durch Beschluss des Gerichts. Sie hat zur Folge, dass die Verhandlung in Abwesenheit der zuvor beurlaubten Verfahrensbeteiligten nicht fortgesetzt werden darf (Meyer-Goßner StPO § 231 c Rn 21). Diesen sind der Beschluss und der Termin, an dem sie wieder an der Verhandlung teilnehmen müssen, bekannt zu machen. Eine förmliche Ladung ist nicht erforderlich. Sie kann jedoch geboten sein, wenn Zwangsmittel gem § 230 Abs 2 StPO erforderlich werden könnten. Hatte sich die Hauptverhandlung während der Abwesenheit des Angeklagten bereits auf Umstände bezogen, die ihn betrafen, ist der entsprechende Teil der Verhandlung in seiner Gegenwart zu wiederholen (KK-StPO/Gmel StPO § 231 c Rn 14).

16 Der Widerruf der Beurlaubung und der Zeitpunkt des Wiedererscheinens des Angeklagten und seines Verteidigers sind gem § 273 Abs 1 StPO zu protokollieren.

E. Rechtsbehelfe/Revision

17 Die Beurlaubung und die Ablehnung des entsprechenden Antrages sind mit der Beschwerde nicht angreifbar (§ 305 S 1 StPO). Mit der Revision kann eine fehlerhafte Verhandlung in Abwesenheit des Angeklagten gem § 338 Nr 5 StPO gerügt werden, wenn

- Umstände erörtert wurden, die den Angeklagten zumindest mittelbar betroffen haben (BGH StV 1988, 370),
- die Beurlaubung des Angeklagten ohne Gerichtsbeschluss erfolgt ist (BGH NStZ 1985, 375),
- die Verhandlung auf Teile erstreckt wurde, die in dem Beurlaubungsbeschluss nicht angegeben worden waren, sofern nicht eine stillschweigende Verlängerung der Beurlaubung erfolgt ist (BGH NStZ 1985, 375; BGH NStZ 1995, 27, 28) oder die erörterten Umstände

Hauptverhandlung § 232 StPO

in unmittelbarem Zusammenhang mit dem Verhandlungsteil standen, der Anlass der Beurlaubung war (BGH Beschl v 27. 11. 2008 – Az 1 StR 430/08).

Der BGH hat daher wiederholt empfohlen, von einer Beurlaubung einzelner Angeklagter 18
nur mit großer Vorsicht Gebrauch zu machen, weil diese Verfahrensmaßnahme – ebenso wie eine vorübergehende Abtrennung des Verfahrens gegen einzelne Angeklagte – leicht Revisionsgründe schaffen könne (vgl BGH NStZ 1989, 219).

§ 232 [Hauptverhandlung trotz Ausbleibens]

(1) ¹Die Hauptverhandlung kann ohne den Angeklagten durchgeführt werden, wenn er ordnungsgemäß geladen und in der Ladung darauf hingewiesen worden ist, daß in seiner Abwesenheit verhandelt werden kann, und wenn nur Geldstrafe bis zu einhundertachtzig Tagessätzen, Verwarnung mit Strafvorbehalt, Fahrverbot, Verfall, Einziehung, Vernichtung oder Unbrauchbarmachung, allein oder nebeneinander, zu erwarten ist. ²Eine höhere Strafe oder eine Maßregel der Besserung und Sicherung darf in diesem Verfahren nicht verhängt werden. ³Die Entziehung der Fahrerlaubnis ist zulässig, wenn der Angeklagte in der Ladung auf diese Möglichkeit hingewiesen worden ist.

(2) Auf Grund einer Ladung durch öffentliche Bekanntmachung findet die Hauptverhandlung ohne den Angeklagten nicht statt.

(3) Die Niederschrift über eine richterliche Vernehmung des Angeklagten wird in der Hauptverhandlung verlesen.

(4) Das in Abwesenheit des Angeklagten ergehende Urteil muß ihm mit den Urteilsgründen durch Übergabe zugestellt werden, wenn es nicht nach § 145a Abs. 1 dem Verteidiger zugestellt wird.

Überblick

Bleibt der Angeklagte in Strafsachen von geringer Bedeutung (Rn 2) eigenmächtig aus (Rn 3), kann das Gericht (Rn 8) die Hauptverhandlung in seiner Abwesenheit durchführen (Rn 9 ff), wenn der Angeklagte in der Ladung auf diese Möglichkeit hingewiesen wurde (Rn 5 f), selbst wenn er noch nicht richterlich zur Sache vernommen worden ist. Das Urteil (Rn 17) ist ihm „durch Übergabe" zuzustellen (Rn 18). Bei entschuldigtem Ausbleiben kann er Wiedereinsetzung gem § 235 StPO beantragen (Rn 20).

Übersicht

	Rn		Rn
A. Voraussetzungen des Abwesenheitsverfahrens	1	**E. Abbruch des Abwesenheitsverfahrens**	13
		I. Wegfall der Voraussetzungen	13
I. Strafsachen von geringer Bedeutung (Bagatellsachen)	2	II. Hinweise gem § 265 Abs 1 und Abs 2 StPO	14
II. Eigenmächtiges Ausbleiben	3	III. Erscheinen des Angeklagten während der Hauptverhandlung	15
B. Vorbereitung der Hauptverhandlung	4		
I. Hinweis in der Ladung	5	**F. Urteil**	17
II. Zustellung	7	I. Gründe	17
C. Entscheidung	8	II. Zustellung	18
D. Durchführung der Verhandlung	9	III. Belehrung	19
I. Verlesung der Niederschrift über eine richterliche Vernehmung (Abs 3)	10	**G. Rechtsbehelfe/Revision**	20
II. Verteidiger	12		

Gorf

A. Voraussetzungen des Abwesenheitsverfahrens

1   Die Vorschrift findet – auch im Berufungsverfahren (vgl § 329 StPO Rn 27) – auf Strafsachen von geringer Bedeutung Anwendung. Im Gegensatz zu § 233 StPO ist der Angeklagte vom Erscheinen nicht entbunden. Die Regelung soll vielmehr eine schnelle und prozessökonomische Durchführung der Hauptverhandlung im Falle ungenügender Entschuldigung des Ausbleibens gewährleisten. Voraussetzung ist, dass der Angeklagte ordnungsgemäß (§ 216 StPO), nicht durch öffentliche Zustellung (Abs 2) und unter Hinweis auf die Möglichkeit einer Abwesenheitsverhandlung (Abs 1 S 1, S 3) geladen worden ist.

I. Strafsachen von geringer Bedeutung (Bagatellsachen)

2   Eine Verhandlung gem § 232 StPO ist nur statthaft, wenn im konkreten Einzelfall – unabhängig von der abstrakten Strafandrohung und somit auch im Falle des § 47 Abs 2 S 1 StGB – maximal die in Abs 1 S 1 und S 3 ausdrücklich genannten Rechtsfolgen zu erwarten sind. Bei Tatmehrheit ist die zu erwartende Gesamtgeldstrafe maßgebend (OLG Düsseldorf NJW 1991, 2781). Eine analoge Anwendung auf andere Rechtsfolgen ist nicht möglich. Die Anordnung von Verfall (§ 73 StPO) und Einziehung (§ 74 StPO) umfasst auch die Anordnung des Verfalls und der Einziehung von Wertersatz sowie des erweiterten Verfalls als deren besondere Formen. Der wirtschaftliche Wert der in Abs 1 S 1 genannten Nebenfolgen ist ohne Relevanz (Löwe/Rosenberg/Gollwitzer StPO § 232 Rn 11).

II. Eigenmächtiges Ausbleiben

3   Dem Ausbleiben des Angeklagten steht das Entfernen aus der Hauptverhandlung gleich. Wie bei § 231 StPO ist allerdings auch hier ein eigenmächtiges Verhalten erforderlich (OLG Karlsruhe NStZ 1990, 505), das nicht vorliegt, wenn der Angeklagte genügend entschuldigt ist (vgl § 231 StPO Rn 7 ff).

B. Vorbereitung der Hauptverhandlung

4   Bei der Vorbereitung der Hauptverhandlung hat der Vorsitzende zu prüfen, ob eine Rechtsfolge in den Grenzen des § 232 Abs 1 S 1 StPO zu erwarten ist und die Tat voraussichtlich auch ohne den Angeklagten aufklärbar ist (Löwe/Rosenberg/Gollwitzer StPO § 232 Rn 20). In diesem Fall ist der in Abs 1 S 3 genannte Hinweis in die Ladung aufzunehmen (Rn 5) und von einer öffentlichen Zustellung der Ladung abzusehen (Rn 7). Ist zu erwarten, dass der Angeklagte zur Hauptverhandlung nicht erscheinen wird, sollte der Vorsitzende im Hinblick auf die Aufklärungspflicht prüfen, ob er durch einen beauftragten oder ersuchten Richter vernommen werden sollte.

I. Hinweis in der Ladung

5   Das Gericht muss in der Ladung ausdrücklich darauf hinweisen, dass bei einem Ausbleiben des Angeklagten ohne diesen verhandelt werden kann. Eine Bezugnahme auf eine frühere Ladung ist nicht ausreichend. Auch wenn lediglich eine Terminsverschiebung erfolgt, ist der Hinweis zu wiederholen. Es ist grundsätzlich nicht erforderlich, über die in Betracht kommenden Rechtsfolgen zu belehren. Lediglich die Entziehung der Fahrerlaubnis setzt einen entsprechenden Hinweis in der Ladung voraus (Abs 1 S 3).

6   Auch wenn der Angeklagte gem § 234 StPO durch einen Verteidiger vertreten wird, ist eine Hauptverhandlung in seiner Abwesenheit bei fehlendem Hinweis in der Ladung nicht statthaft (Meyer-Goßner StPO § 232 Rn 5). Ebenso wenig ist es ausreichend, wenn der Angeklagte in diesem Fall auf seine Anwesenheit verzichtet. Darin kann aber möglicherweise ein Antrag auf Entbindung vom Erscheinen gem § 233 StPO gesehen werden (Löwe/Rosenberg/Gollwitzer StPO § 232 Rn 17).

II. Zustellung

7   Die Ladung mit dem Hinweis auf die Möglichkeit der Abwesenheitsverhandlung ist dem Angeklagten oder einem Bevollmächtigten iSd § 132 Abs 1 Nr 2 StPO zuzustellen. Eine

öffentliche Bekanntmachung gem § 40 StPO genügt nicht (Abs 2), weil dem Angeklagten, der in der Verhandlung gem § 233 StPO nicht persönlich angehört wird, mit der Ladung rechtliches Gehör gewährt wird und daher zuverlässig sichergestellt werden soll, dass diese ihn tatsächlich erreicht (Löwe/Rosenberg/Gollwitzer StPO § 233 Rn 6).

C. Entscheidung

Ob die Verhandlung ohne den Angeklagten durchgeführt wird, entscheidet das Gericht – unter Beteiligung der Schöffen – zu Beginn der Hauptverhandlung nach pflichtgemäßem Ermessen. Ein förmlicher Beschluss ist nicht notwendig. Das Gericht muss aber berücksichtigen, ob die Anwesenheit des Angeklagten unter dem Gesichtspunkt der Aufklärungspflicht geboten erscheint. 8

D. Durchführung der Verhandlung

In der Abwesenheitsverhandlung finden weitgehend die allgemeinen Regeln Anwendung, allerdings entfallen die Mitwirkungs- und Zustimmungsrechte des Angeklagten (wie zB § 245 Abs 1 S 2 StPO, § 251 Abs 1 Nr 4 StPO; vgl aber Rn 14 zu Hinweisen gem § 265 StPO). 9

I. Verlesung der Niederschrift über eine richterliche Vernehmung (Abs 3)

Da der Angeklagte nicht anwesend ist, muss eine etwaige frühere Einlassung zur Sache in der Hauptverhandlung erörtert werden (Meyer-Goßner StPO § 232 Rn 14). Ist der Angeklagte bereits zu einem früheren Zeitpunkt richterlich als Beschuldigter (nicht als Zeuge) vernommen worden, ist die Niederschrift zwingend zu verlesen (Abs 3). Dies kann nur ausnahmsweise unterbleiben, wenn der Angeklagte gem § 234 StPO durch einen Verteidiger vertreten wird und dieser eine Sacheinlassung für den Angeklagten abgibt. 10

Eine polizeiliche oder staatsanwaltschaftliche Vernehmung des Angeklagten oder eine Vernehmung in einem anderen Verfahren kann nicht gem Abs 3 verlesen werden. Ist diese von Bedeutung, ist der Vernehmungsbeamte als Zeuge zu hören. 11

Hat der Angeklagte in seiner Vernehmung den Einwand der örtlichen Unzuständigkeit erhoben, ist dieser Einwand unabhängig vom Zeitpunkt der Verlesung der Vernehmung zu beachten. Beweisanträge sind nur unter dem Gesichtspunkt der Aufklärungspflicht gem § 244 Abs 2 StPO zu berücksichtigen (Löwe/Rosenberg/Gollwitzer StPO § 232 Rn 26 f). 11.1

II. Verteidiger

Wurde der Angeklagte in der Ladung ordnungsgemäß auf die Möglichkeit einer Verhandlung in seiner Abwesenheit hingewiesen, kann er sich gem § 234 StPO durch einen Verteidiger mit Vertretungsvollmacht vertreten lassen. 12

E. Abbruch des Abwesenheitsverfahrens

I. Wegfall der Voraussetzungen

Stellt sich im Verlauf der Hauptverhandlung heraus, dass die Voraussetzungen des § 232 StPO entfallen sind, ist die Abwesenheitsverhandlung abzubrechen. Dies kann zB der Fall sein, wenn die Anwesenheit des Angeklagten nachträglich aus Gründen der Aufklärungspflicht geboten erscheint oder eine höhere als in Abs 1 S 2 vorgesehene Strafe zu verhängen sein wird. 13

II. Hinweise gem § 265 Abs 1 und Abs 2 StPO

Wird im Laufe der Verhandlung ein Hinweis gem § 265 Abs 1 oder Abs 2 StPO erforderlich, ist das Abwesenheitsverfahren ebenfalls abzubrechen, sofern der Hinweis nicht bereits in der Ladung ausgesprochen wurde und ein vertretungsberechtigter Verteidiger nicht anwesend ist (vgl § 234 a StPO). In diesem Fall ist der Hinweis in die Ladung zum neuen Termin aufzunehmen, der ggf erneut in Abwesenheit des Angeklagten stattfinden kann (Löwe/Rosenberg/Gollwitzer StPO § 232 Rn 32). 14

III. Erscheinen des Angeklagten während der Hauptverhandlung

15 Erscheint der Angeklagte nachträglich, wird das Verfahren in seiner Anwesenheit fortgeführt. Das Gericht hat den Angeklagten zur Person und zur Sache zu vernehmen und ihn über den wesentlichen Verlauf der Verhandlung zu unterrichten (KK-StPO/Gmel StPO § 232 Rn 15 mwN; aA Löwe/Rosenberg/Gollwitzer StPO § 232 Rn 33: dies sei nicht zwingend, zur Sachaufklärung aber idR geboten). Eine Wiederholung der Beweisaufnahme oder von Teilen derselben ist nicht notwendig.

16 Trägt der Angeklagte bei seinem Erscheinen Gründe vor, die seine Abwesenheit genügend entschuldigen, oder werden diese dem Gericht auf andere Weise bekannt, kann dem Angeklagten auf seinen Antrag noch während der Verhandlung Wiedereinsetzung nach § 235 StPO gewährt und die Verhandlung sogleich wiederholt werden (SK-StPO/Schlüchter StPO § 232 Rn 34).

F. Urteil

I. Gründe

17 Das Gericht darf nur die in Abs 1 S 1 genannten Strafen und Nebenfolgen ausurteilen. Die Urteilsgründe müssen auch die Voraussetzungen für die Abwesenheitsverhandlung darlegen und sich mit etwaigen Entschuldigungsgründen auseinandersetzen.

II. Zustellung

18 Die Zustellung des Urteils kann gem § 145 a Abs 1 StPO an den Verteidiger erfolgen. Hat sich kein Verteidiger legitimiert, erfolgt die Zustellung „durch Übergabe" an den Angeklagten. Dies bedeutet, dass eine Zustellung durch Niederlegung (§ 181 ZPO) oder öffentliche Bekanntmachung nach § 40 StPO ausgeschlossen ist. Gleichwohl kann eine Zustellung an eine der in § 178 ZPO genannten Personen (vgl BGHSt 11, 152, 156) oder einen Zustellungsbevollmächtigten (§ 132 Abs 1 Nr 2 StPO) erfolgen (KMR/Paulus StPO § 232 Rn 20; BayObLG NStZ 1995, 561).

III. Belehrung

19 Das Urteil ist gem § 35 a StPO mit einer Rechtsmittelbelehrung zu versehen, die sowohl auf die Möglichkeit der Berufung und Revision als auch auf die der Wiedereinsetzung gem § 235 StPO (vgl dort S 2) hinweisen muss.

G. Rechtsbehelfe/Revision

20 Das Urteil kann mit Berufung, Revision und einem Antrag auf Wiedereinsetzung gem § 235 StPO angefochten werden. Dies ist grundsätzlich nebeneinander möglich (§ 315 Abs 2 StPO, § 342 Abs 2 StPO). Die Rüge, das Gericht habe zu Unrecht angenommen, dass der Angeklagte eigenmächtig ausgeblieben sei, kann mit der Revision erhoben werden, allerdings können dem Gericht unbekannte Entschuldigungsgründe nur mit dem Wiedereinsetzungsantrag und nicht mit der Revision geltend gemacht werden (Meyer-Goßner StPO § 232 Rn 29). Mängel der Urteilszustellung sind mit der Verfahrensrüge anzugreifen, sie begründen kein Verfahrenshindernis (BayObLG NStZ-RR 1996, 144; KK-StPO/Gmel StPO § 232 Rn 24).

§ 233 [Entbindung des Angeklagten von der Pflicht zum Erscheinen]

(1) ¹Der Angeklagte kann auf seinen Antrag von der Verpflichtung zum Erscheinen in der Hauptverhandlung entbunden werden, wenn nur Freiheitsstrafe bis zu sechs Monaten, Geldstrafe bis zu einhundertachtzig Tagessätzen, Verwarnung mit Strafvorbehalt, Fahrverbot, Verfall, Einziehung, Vernichtung oder Unbrauchbarmachung, allein oder nebeneinander, zu erwarten ist. ²Eine höhere Strafe oder eine

Maßregel der Besserung und Sicherung darf in seiner Abwesenheit nicht verhängt werden. ³Die Entziehung der Fahrerlaubnis ist zulässig.

(2) ¹Wird der Angeklagte von der Verpflichtung zum Erscheinen in der Hauptverhandlung entbunden, so muß er durch einen beauftragten oder ersuchten Richter über die Anklage vernommen werden. ²Dabei wird er über die bei Verhandlung in seiner Abwesenheit zulässigen Rechtsfolgen belehrt sowie befragt, ob er seinen Antrag auf Befreiung vom Erscheinen in der Hauptverhandlung aufrechterhalte.

(3) ¹Von dem zum Zweck der Vernehmung anberaumten Termin sind die Staatsanwaltschaft und der Verteidiger zu benachrichtigen; ihrer Anwesenheit bei der Vernehmung bedarf es nicht. ²Das Protokoll über die Vernehmung ist in der Hauptverhandlung zu verlesen.

Überblick

Die Vorschrift ermöglicht dem Angeklagten in Strafsachen von geringer Bedeutung auf seinen Antrag (Rn 1 f) ein Fernbleiben von der Hauptverhandlung. Vor der Hauptverhandlung ist der Angeklagte durch einen beauftragten oder ersuchten Richter zu den Anklagevorwürfen und den Rechtsfolgen zu vernehmen (Rn 7 ff). Dabei sind der ihm zur Last gelegte Sachverhalt und die Rechtsfolgen zu erörtern. In der anschließenden Hauptverhandlung, zu der der Angeklagte ohne die Warnung des § 216 Abs 1 StPO zu laden ist (Rn 16), wird die gefertigte Niederschrift anstelle der Vernehmung verlesen (Rn 17).

Übersicht

	Rn		Rn
A. Antrag auf Entbindung von der Hauptverhandlung	1	2. Rechtsfolgen	13
		3. Hinweise gem § 265 StPO	14
B. Entscheidung über den Antrag	3	4. Befragung gem Abs 2 S 2	15
I. Ermessensentscheidung	3	**D. Durchführung der Hauptverhandlung**	16
II. Bekanntmachung	4	I. Ladung	16
III. Widerruf des Beschlusses	6	II. Verlesung der Niederschrift über die Vernehmung	17
C. Vernehmung über die Anklage	7	III. Neue Tatsachen oder Beweismittel sowie § 265 StPO	18
I. Verfahren	8	IV. Beweisanträge/Zustimmungserfordernisse	20
1. Zuständigkeit	8		
2. Ladung/Benachrichtigung	9	V. Urteil	21
3. Zwangsweise Vorführung	10		
II. Inhalt der Vernehmung	11	**E. Rechtsbehelfe/Revision**	22
1. Sachverhalt	12		

A. Antrag auf Entbindung von der Hauptverhandlung

Ein Antrag des Angeklagten auf Entbindung vom Erscheinen in der Hauptverhandlung ist vor allem zu erwarten, wenn sein Aufenthaltsort vom Gerichtsort weit entfernt ist oder er aus sonstigen privaten oder beruflichen Gründen nicht an einer uU längeren Hauptverhandlung teilnehmen will. Der Antrag ist vom Angeklagten selbst oder von einem Verteidiger mit Vertretungsvollmacht iSd § 234 StPO zu stellen (Meyer-Goßner StPO § 233 Rn 5). Eine bestimmte Form ist nicht vorgeschrieben. Er kann noch in der Hauptverhandlung und auch in der Berufungsverhandlung gestellt werden. Ein Widerruf ist bis zur Entscheidung über den Antrag möglich (Löwe/Rosenberg/Gollwitzer StPO § 233 Rn 9). 1

Der Antrag ist nur zulässig, wenn – wie bei § 232 StPO – keine höhere Strafe und keine andere Nebenfolge als die in Abs 1 S 1 u S 3 genannten in Betracht kommen (vgl § 232 StPO Rn 2). Ist die persönliche Anwesenheit des Angeklagten in der Hauptverhandlung entbehrlich, sollte er schon vor der Ladung über sein Antragsrecht nach § 233 StPO belehrt werden (Nr 120 Abs 1 RiStBV). 2

B. Entscheidung über den Antrag

I. Ermessensentscheidung

3 Das Gericht entscheidet über den Antrag nach Anhörung der Staatsanwaltschaft nach pflichtgemäßem Ermessen durch Beschluss. Maßgeblich ist ebenso wie bei § 232 StPO die Erwägung, ob die Aufklärungspflicht die Anwesenheit des Angeklagten gebietet (Löwe/Rosenberg/Gollwitzer StPO § 233 Rn 10 mwN).

3.1 Nach überwM ist es zulässig, den Angeklagten vom Erscheinen in der Hauptverhandlung auch bereits vor einem entsprechenden Antrag zu befreien, wenn der Beschluss unter dem Vorbehalt ergeht, dass der Angeklagte den Antrag später stellt (Meyer-Goßner StPO § 233 Rn 6 mwN). Dies ermöglicht es, den Angeklagten zu einer Anhörung vor den ersuchten oder beauftragten Richter zu laden und im Rahmen der Vernehmung zu befragen, ob er seine Entbindung von der Hauptverhandlung beantragt.

II. Bekanntmachung

4 Ergeht die Entscheidung des Gerichts außerhalb der Hauptverhandlung, ist sie dem Angeklagten selbst oder dessen Verteidiger (vgl § 145 a StPO), sofern dieser eine Vollmacht zu den Akten gereicht hatte, förmlich iSd § 35 StPO zuzustellen (KK-StPO/Gmel StPO § 233 Rn 8 f).

5 Ergeht die Entscheidung in der Hauptverhandlung in Anwesenheit des Angeklagten, wird sie diesem durch Verkündung bekannt gegeben (§ 35 Abs 2 S 1 StPO). Ist in der Hauptverhandlung zwar nicht der Angeklagte, für ihn jedoch ein vertretungsberechtigter Verteidiger anwesend, kann diesem der Beschluss bekannt gemacht werden, zumal der Angeklagte hiervon gem § 145 a Abs 3 StPO Kenntnis erhält (SK-StPO/Schlüchter StPO § 233 Rn 13).

5.1 Stellt der vertretungsbefugte Verteidiger einen Antrag gem § 233 StPO lediglich, um etwaigen Säumnisfolgen zu entgehen, kann der Antrag als rechtsmissbräuchlich zurückgewiesen werden (KK-StPO/Gmel StPO § 233 Rn 11).

III. Widerruf des Beschlusses

6 Stellt sich nach der Beschlussfassung heraus, dass die Anwesenheit des Angeklagten – zB im Hinblick auf die zu erwartenden Rechtsfolgen oder die Aufklärungspflicht – geboten ist, kann der Beschluss widerrufen und der Angeklagte unter Hinweis auf eine mögliche Vorführung oder Verhaftung gem § 230 Abs 2 StPO zur Verhandlung geladen werden (Meyer-Goßner StPO § 233 Rn 7).

C. Vernehmung über die Anklage

7 Bevor die Hauptverhandlung gem § 233 StPO durchgeführt werden kann, ist der Angeklagte durch einen beauftragten oder ersuchten Richter zwecks Gewährung rechtlichen Gehörs zu vernehmen, auch wenn er bereits im Ermittlungsverfahren richterlich vernommen worden war (Löwe/Rosenberg/Gollwitzer StPO § 233 Rn 18).

I. Verfahren

1. Zuständigkeit

8 Die Vernehmung des Angeklagten kann durch einen ersuchten oder beauftragten Richter erfolgen. Das Vernehmungsersuchen kann ggf auch an einen Konsul oder einen ausländischen Richter gerichtet werden (KK-StPO/Gmel StPO § 233 Rn 12).

2. Ladung/Benachrichtigung

9 Der Angeklagte ist zu der Vernehmung zu laden. Zudem sind die Staatsanwaltschaft, der Verteidiger, Nebenkläger und Mitangeklagte, gegen die die Vernehmung verwendet werden soll, von dem Termin zur Vernehmung zu benachrichtigen (Meyer-Goßner StPO § 233

Rn 18). Die Staatsanwaltschaft hat allerdings zu prüfen, ob sie auf die Terminsnachricht verzichtet (Nr 120 Abs 2 RiStBV).

Unterbleibt die Benachrichtigung, kann die Niederschrift in der Hauptverhandlung nicht verlesen werden, wenn der nicht verständigte Prozessbeteiligte dem widerspricht (KK-StPO/Gmel StPO § 233 Rn 15 mwN). 9.1

3. Zwangsweise Vorführung

Erscheint der Angeklagte zu dem Vernehmungstermin nicht, nachdem er den Antrag gem Abs 1 gestellt hatte, kann der beauftragte oder ersuchte Richter gem § 230 Abs 2 StPO die Vorführung anordnen oder Haftbefehl erlassen. 10

War der Beschluss, den Angeklagten von dem Erscheinen in der Hauptverhandlung zu befreien, unter Vorbehalt eines entsprechenden Antrags des Angeklagten ergangen (vgl Rn 3.1), finden die Zwangsmittel des § 230 Abs 2 StPO allerdings keine Anwendung, solange der Antrag nicht gestellt ist (KK-StPO/Gmel StPO § 233 Rn 14; BGH NJW 1973, 204). 10.1

II. Inhalt der Vernehmung

Die Vernehmung ist ein vorweggenommener Teil der Hauptverhandlung (Meyer-Goßner StPO § 233 Rn 15 mwN). Auf sie ist § 243 Abs 4 StPO entsprechend anzuwenden. Zudem haben die anwesenden Verfahrensbeteiligten ein Fragerecht. Die Vernehmung hat folgenden Inhalt: 11

1. Sachverhalt

Dem Angeklagten ist zu eröffnen, welcher Sachverhalt ihm aufgrund welcher Beweismittel mit der Anklageschrift zur Last gelegt wird. Ferner ist ihm nach Belehrung über seine Aussagefreiheit Gelegenheit zu geben, sich zum Tatvorwurf zu äußern. Ob er davon Gebrauch macht, ist für den weiteren Gang des Verfahrens ohne Bedeutung. Der Angeklagte ist gem § 243 Abs 2 S 2 StPO auch über seine persönlichen Verhältnisse zu vernehmen. 12

2. Rechtsfolgen

Die Vernehmung muss gem Abs 2 S 2 eine Belehrung über die in Betracht kommenden Rechtsfolgen enthalten. Dabei ist dem Angeklagten die Straffolgenbegrenzung des Abs 1 aufzuzeigen. 13

3. Hinweise gem § 265 StPO

Etwa erforderliche Hinweise auf eine seit Anklageerhebung veränderte Sach- und Rechtslage sind dem Angeklagten spätestens bei seiner Vernehmung zu geben. Anderenfalls ist es aufgrund des Gebotes rechtlichen Gehörs erforderlich, ihn erneut zu vernehmen (vgl Rn 19). 14

4. Befragung gem Abs 2 S 2

Schließlich ist der Angeklagte zu befragen, ob er seinen Antrag auf Entbindung von der Verpflichtung zum Erscheinen in der Hauptverhandlung aufrechterhalten will. 15

D. Durchführung der Hauptverhandlung

I. Ladung

Sofern er nicht ausdrücklich darauf verzichtet hat, ist der Angeklagte trotz des Beschlusses gem § 233 StPO zur Hauptverhandlung zu laden, weil sein Anwesenheitsrecht bestehen bleibt. In der Ladung ist jedoch anzugeben, dass er zum Erscheinen nicht verpflichtet ist (Nr 120 Abs 3 RiStBV). Daher unterbleibt auch der Hinweis auf die Folgen unentschuldigten Ausbleibens gem § 216 StPO. 16

II. Verlesung der Niederschrift über die Vernehmung

17 Die Abwesenheitsverhandlung findet weitgehend nach den allgemeinen Regeln und dem üblichen Ablauf der Hauptverhandlung statt. An die Stelle der Vernehmung des Angeklagten zur Sache tritt die Verlesung der von dem ersuchten oder beauftragten Richter gefertigten Niederschrift über die vorweggenommene Vernehmung. Sie ist aufgrund der ausdrücklichen Regelung in Abs 3 S 2 auch dann zu verlesen, wenn der vertretungsberechtigte Verteidiger (§ 234 StPO) eine Einlassung für den Angeklagten vorträgt (SK-StPO/Schlüchter StPO § 233 Rn 23).

III. Neue Tatsachen oder Beweismittel sowie § 265 StPO

18 Sind nach der Vernehmung des Angeklagten neue Tatsachen oder Beweismittel bekannt geworden, die in der Hauptverhandlung erörtert und bei der Entscheidung berücksichtigt werden sollen, ist der Angeklagte zuvor erneut zur Sache zu vernehmen (KK-StPO/Gmel StPO § 233 Rn 12).

19 Auf eine etwaige Änderung des rechtlichen Gesichtspunkts gem § 265 StPO ist der Angeklagte selbst hinzuweisen. Nach **hM** findet § 234a StPO auf das Abwesenheitsverfahren des § 233 StPO keine Anwendung (vgl § 234a StPO Rn 6). Ein Hinweis an den vertretungsberechtigten Verteidiger genügt daher nicht. Dem Angeklagten muss vielmehr erneut rechtliches Gehör gewährt werden. Die Hauptverhandlung ist daher ggf zu unterbrechen oder auszusetzen.

IV. Beweisanträge/Zustimmungserfordernisse

20 Beweisanträge gelten mit der Verlesung der Niederschrift als in der Hauptverhandlung gestellt und sind nach § 244 Abs 3 bis Abs 6 StPO zu bescheiden. Einer Zustimmung des Angeklagten gem § 245 Abs 1 S 2 StPO, § 251 Abs 1 Nr 1 u Abs 2 Nr 3 StPO bedarf es nur dann nicht, wenn ein vertretungsberechtigter Verteidiger anwesend ist (§ 234a StPO) oder der Angeklagte bereits bei seiner Vernehmung eine entsprechende Zustimmung erteilt hatte (Löwe/Rosenberg/Gollwitzer StPO § 233 Rn 35). Eine Zustimmung des Angeklagten zu einer Einstellung wegen Geringfügigkeit gem § 153 StPO ist nicht erforderlich (vgl § 153 Abs 2 S 2 StPO).

V. Urteil

21 Im Urteil dürfen nur die in Abs 1 S 1 u S 3 genannten Rechtsfolgen festgesetzt werden. Die Zustellung des Urteils kann an den Angeklagten oder gem § 145a Abs 1 StPO an den Verteidiger erfolgen. § 232 Abs 4 StPO findet keine Anwendung (Meyer-Goßner StPO § 233 Rn 26).

E. Rechtsbehelfe/Revision

22 Gegen den Beschluss nach Abs 1 oder dessen Widerruf ist die Beschwerde nicht statthaft (§ 305 S 1 StPO). § 235 StPO (Antrag auf Wiedereinsetzung) ist auf das Verfahren gem § 233 StPO nicht entsprechend anwendbar.

23 Die Revision kann auf den absoluten Revisionsgrund des § 338 Nr 5 StPO gestützt werden, wenn die Voraussetzungen für eine Verhandlung in Abwesenheit des Angeklagten nicht gegeben waren. Verstöße gegen Abs 2 u Abs 3 sind gem § 337 StPO angreifbar.

§ 234 [Vertretung des abwesenden Angeklagten]

Soweit die Hauptverhandlung ohne Anwesenheit des Angeklagten stattfinden kann, ist er befugt, sich durch einen mit schriftlicher Vollmacht versehenen Verteidiger vertreten zu lassen.

Überblick

Verhandelt das Gericht zulässigerweise ohne den Angeklagten (Rn 2) kann dieser einen Verteidiger (Rn 1) durch eine schriftliche (Rn 6) Vertretungsvollmacht (Rn 5) ermächtigen, für ihn mit bindender Wirkung Erklärungen zum Verfahren und zur Sache abzugeben bzw entgegenzunehmen (Rn 7).

A. Vertretung durch einen Verteidiger

I. Abgrenzung zwischen Verteidiger und Vertreter

Der Verteidiger ist unabhängiger Beistand des Angeklagten mit eigenen Rechten und 1 Pflichten, grundsätzlich aber nicht dessen Vertreter. Nur wenn der Angeklagte ihm eine besondere Vertretungsvollmacht erteilt, kann der Verteidiger zusätzlich zu seinen sonstigen Aufgaben auch Verfahrensbefugnisse für den Angeklagten wahrnehmen (Löwe/Rosenberg/Gollwitzer StPO § 234 Rn 1) und diesen „in der Erklärung und im Willen" vertreten (Pfeiffer StPO § 234 Rn 1).

II. Verfahren ohne Anwesenheit des Angeklagten

Ist der Angeklagte in der Hauptverhandlung nicht anwesend, kann er sich durch einen 2 Verteidiger mit Vertretungsvollmacht vertreten lassen. Die Vorschrift findet allerdings nur in den Fällen Anwendung, in denen das Gericht ohne den Angeklagten verhandeln darf und dies entsprechend beschlossen oder konkludent angeordnet hat (§ 231 Abs 2 StPO, § 231a StPO, § 231b StPO, § 232 StPO u § 233 StPO). Die Anordnung des persönlichen Erscheinens des Angeklagten gem § 236 StPO steht seiner Befugnis, sich vertreten zu lassen, nicht entgegen (KK-StPO/Gmel StPO § 234 Rn 2).

Auch ohne eine Vertretungsvollmacht kann der Verteidiger in der Hauptverhandlung, in 3 der der Angeklagte nicht anwesend ist, mitwirken. Er kann aber keine Erklärungen für den Angeklagten abgeben, zu denen eine Vertretungsvollmacht erforderlich wäre (KK-StPO/Gmel StPO § 234 Rn 1).

Dem Angeklagten steht das Recht zu, an der Hauptverhandlung teilzunehmen, auch 4 wenn das Gericht beschlossen hatte, in seiner Abwesenheit zu verhandeln. Ist der Angeklagte anwesend, nimmt der Verteidiger aber keine Funktion als Vertreter wahr (Meyer-Goßner StPO § 234 Rn 4). Widerspricht der Angeklagte Erklärungen des Verteidigers nicht, sind diese zumeist als eigene Erklärungen des Angeklagten zu werten (BGH NStZ 1994, 352). Der Vorsitzende muss dies ggf durch Fragen an den Angeklagten klären, insbes wenn der Verteidiger den Tatvorwurf einräumt (Löwe/Rosenberg/Gollwitzer StPO § 234 Rn 6).

B. Schriftliche Vollmacht

Der Verteidiger benötigt für die Vertretung neben der üblichen Verteidigungsvollmacht 5 eine zusätzliche Vertretungsvollmacht. In der Praxis findet sich häufig die – zulässige – Wendung „zu verteidigen und zu vertreten" (KK-StPO/Gmel StPO § 234 Rn 4 mwN). Es ist nicht erforderlich, dass die Vertretungsvollmacht ausdrücklich Fälle der fehlenden Anwesenheit des Angeklagten in der Hauptverhandlung nennt. Eine Beschränkung auf einzelne Prozesshandlungen ist zulässig (KMR/Paulus StPO § 234 Rn 10).

Die Vollmacht des Verteidigers, durch den sich der Angeklagte in der Hauptverhandlung 6 vertreten lassen will, bedarf im Interesse eines sicheren Nachweises gegenüber dem Gericht der Schriftform, sie kann allerdings in derselben Urkunde wie die Verteidigungsvollmacht erteilt werden. Die Vollmacht muss grundsätzlich zu Beginn der Hauptverhandlung vorliegen (Meyer-Goßner StPO § 234 Rn 5 mwN). Sie kann auch zu Protokoll erklärt oder aufgrund mündlicher Ermächtigung durch den Angeklagten von dem zu bevollmächtigten Verteidiger selbst unterzeichnet werden (BayObLG NStZ 2002, 277, 278). Darüber hinaus kann sie sich aus schriftlichen Erklärungen des Angeklagten gegenüber dem Gericht ergeben (Pfeiffer StPO § 234 Rn 2). Eine Untervollmacht bedarf der Schriftform nicht (KK-StPO/Gmel StPO § 234 Rn 3).

C. Folgen

7 Der Verteidiger kann im Rahmen seiner Vertretungsvollmacht alle zum Verfahren gehörenden Erklärungen mit bindender Wirkung für den Angeklagten abgeben und entgegen nehmen (KK-StPO/Gmel StPO § 234 Rn 5). Darüber hinaus sind Einlassungen zur Sache möglich (Meyer-Goßner StPO § 234 Rn 9). Das Gericht hat den Verteidiger gem § 243 Abs 4 StPO zu befragen, ob er für den Angeklagten eine Erklärung zur Sache abgeben will (KK-StPO/Gmel StPO § 234 Rn 5). Ergeben sich für das Gericht allerdings Zweifel, ob sich die Sachdarstellung des Verteidigers mit dem Willen des Angeklagten deckt, muss es uU dessen persönliches Erscheinen anordnen (Löwe/Rosenberg/Gollwitzer StPO § 234 Rn 16 mwN).

7.1 Der Verteidiger ist ua zu folgenden Prozesshandlungen, Erklärungen und Zugeständnissen befugt:
- Verzicht auf die Einhaltung der Ladungsfrist gem § 217 Abs 1 StPO,
- Verzicht auf Prozesshandlungen,
- Stellung von Beweisanträgen und Ablehnungsanträgen gem § 24 StPO,
- Zustimmung zur Verlesung von Urkunden gem § 251 Abs 1 u Abs 2 StPO,
- Geltendmachung von Einwänden, die dem Angeklagten zustehen (§ 6 a StPO, § 16 StPO, § 222 b StPO),
- Zustimmung zu Verfahrenseinstellungen gem §§ 153 StPO ff,
- Angaben zum Tathergang, Geständnis des Angeklagten (KMR/Paulus StPO § 234 Rn 15),
- Erklärungen zum Straffolgenausspruch, zB Erklärungen zu Bewährungsleistungen nach § 56 b Abs 3 StGB, § 56 c Abs 4 StGB.

Zur Entgegennahme eines rechtlichen Hinweises gem § 265 StPO bedarf es hingegen keiner Vertretungsvollmacht (vgl § 234 a StPO).

D. Revision

8 Eine fehlerhafte Anwendung des § 234 StPO kann gem § 337 StPO mit der Revision gerügt werden. Eine Rüge unter dem Gesichtspunkt der Verletzung der Aufklärungspflicht (§ 244 Abs 2 StPO) kommt in Betracht, wenn sich das Gericht mit den Angaben des vertretungsberechtigten Verteidigers begnügt hat, obwohl es sich durch die Umstände hätte gedrängt sehen müssen, den Angeklagten persönlich zu hören (Löwe/Rosenberg/Gollwitzer StPO § 234 Rn 19).

§ 234 a [Informations- und Zustimmungsbefugnisse des Verteidigers]

Findet die Hauptverhandlung ohne Anwesenheit des Angeklagten statt, so genügt es, wenn die nach § 265 Abs. 1 und 2 erforderlichen Hinweise dem Verteidiger gegeben werden; das Einverständnis des Angeklagten nach § 245 Abs. 1 Satz 2 und nach § 251 Abs. 1 Nr. 1, Abs. 2 Nr. 3 ist nicht erforderlich, wenn ein Verteidiger an der Hauptverhandlung teilnimmt.

Überblick

Die Vorschrift dient der Vereinfachung von Verfahren, in denen ohne Anwesenheit des Angeklagten verhandelt werden darf (Rn 1 f) und ein Verteidiger anwesend ist (Rn 3 f). Dieser ist berechtigt, rechtliche Hinweise für den Angeklagten entgegenzunehmen (Rn 5 f); bestimmte Zustimmungserfordernisse entfallen (Rn 7).

A. Voraussetzungen
I. Verhandlung ohne Anwesenheit des Angeklagten

1 Die Vorschrift ist in den Fällen anwendbar, in denen das Gericht – ggf auch zeitweilig – ohne den Angeklagten verhandeln darf, dies entsprechend beschlossen oder konkludent angeordnet hat (§ 231 Abs 2 StPO, § 231 a StPO, § 231 b StPO, § 232 StPO, § 233

StPO, § 329 Abs 2 StPO, § 387 Abs 1 StPO u § 411 Abs 2 S 1 StPO) und der Angeklagte an der Verhandlung tatsächlich nicht teilnimmt (KK-StPO/Gmel StPO § 234 a Rn 2).

Bei einer Entfernung des Angeklagten aus dem Sitzungssaal gem § 247 StPO findet die Vorschrift keine Anwendung. Das Gleiche gilt bei einer Beurlaubung des Angeklagten gem § 231 c StPO, weil in dieser Zeit nicht über Anklagevorwürfe verhandelt werden darf, die den beurlaubten Angeklagten betreffen (Meyer-Goßner StPO § 234 a Rn 1).

II. Anwesenheit eines Verteidigers

Die Verhandlung muss in Anwesenheit eines Wahl- oder Pflichtverteidigers durchgeführt werden. Dieser benötigt keine Vertretungsvollmacht, vgl § 234 StPO (§ 234 StPO Rn 1 ff).

§ 234 a StPO hat keinen Einfluss auf die Fälle der § 231 Abs 2 StPO u § 232 StPO, in denen die Hauptverhandlung aufgrund eines Verschuldens des Angeklagten in dessen Abwesenheit geführt wird. Der Angeklagte hat in diesen Fällen seine Zustimmungsrechte verwirkt. Es ist daher unerheblich, ob ein Verteidiger für ihn auftritt oder nicht (KK-StPO/Gmel StPO § 234 a Rn 5).

B. Folgen
I. Hinweise gem § 265 Abs 1 u 2 StPO

In allen Fällen, in denen das Gericht zulässig ohne Anwesenheit des Angeklagten verhandelt, können die Hinweise über die Veränderung des rechtlichen Gesichtspunktes oder der Sachlage gem § 265 Abs 1 u Abs 2 StPO an den Verteidiger erteilt werden. Dieser kann gem § 265 Abs 3 u Abs 4 StPO die Unterbrechung oder Aussetzung der Verhandlung beantragen, wenn eine sachgerechte Verteidigung ohne eine Rücksprache mit den Angeklagten nicht möglich erscheint.

Nach überwM umfasst die Vorschrift Hinweise iSd § 265 StPO in den Fällen nicht, in denen gem § 233 StPO ohne den Angeklagten verhandelt wird. § 233 StPO setzt voraus, dass der Angeklagte zur Sache vernommen wird. Bei einer Veränderung des rechtlichen Gesichtspunktes ist es daher erforderlich, ihn erneut zum – nunmehr veränderten – Anklagevorwurf zu vernehmen. Ein Hinweis an den Verteidiger genügt deshalb nicht (Meyer-Goßner StPO § 234 a Rn 3; KK-StPO/Gmel StPO § 234 a Rn 3 mwN: **aA** Löwe/Rosenberg/Gollwitzer StPO § 234 a Rn 4 mwN).

II. Zustimmung zur Erhebung von Beweisen

Das Einverständnis des Angeklagten zum Absehen von der Verwendung eines präsenten Beweismittels (§ 245 Abs 1 S 2 StPO) und der Verlesung der Niederschriften über die Vernehmung eines Zeugen, Sachverständigen oder Mitbeschuldigten (§ 251 Abs 1 Nr 1, Abs 2 Nr 3 StPO) braucht nicht eingeholt zu werden, wenn ein Verteidiger an der Verhandlung teilnimmt. Dieser entscheidet vielmehr aus eigenem Recht, ob er sein Einverständnis hierzu erklärt.

§ 235 [Wiedereinsetzung in den vorigen Stand]

¹Hat die Hauptverhandlung gemäß § 232 ohne den Angeklagten stattgefunden, so kann er gegen das Urteil binnen einer Woche nach seiner Zustellung die Wiedereinsetzung in den vorigen Stand unter den gleichen Voraussetzungen wie gegen die Versäumung einer Frist nachsuchen; hat er von der Ladung zur Hauptverhandlung keine Kenntnis erlangt, so kann er stets die Wiedereinsetzung in den vorigen Stand beanspruchen. ²Hierüber ist der Angeklagte bei der Zustellung des Urteils zu belehren.

Überblick

Hat der Angeklagte die Hauptverhandlung, die gem § 232 StPO in seiner Abwesenheit und ohne vertretungsberechtigten Verteidiger iSd § 234 StPO (Rn 2) durchgeführt worden ist, entweder schuldlos (Rn 3) oder in Unkenntnis der Ladung (Rn 5) versäumt, ist ihm auf seinen Antrag (Rn 7) Wiedereinsetzung gegen die Versäumung der Verhandlung (Rn 9) zu gewähren und die Hauptverhandlung vollständig zu wiederholen.

A. Voraussetzungen

1 § 235 StPO gilt nur für die Abwesenheitsverhandlung gem § 232 StPO. Eine analoge Anwendung auf andere Fälle, in denen die Verhandlung ohne den Angeklagten stattgefunden hat (§ 231 Abs 2 StPO, § 231 a StPO, § 231 b StPO, § 233 StPO) sowie auf das Strafbefehlsverfahren und die Berufungsverhandlung (vgl § 329 Abs 3 StPO, § 412 S 1 StPO) ist nicht möglich, weil der Angeklagte lediglich bei Verhandlungen gem § 232 StPO noch kein rechtliches Gehör erhalten hat.

2 Eine Versäumung des Termins iSd § 235 StPO liegt nicht vor, wenn der Angeklagte gem § 234 StPO von einem Verteidiger vertreten wurde (KK-StPO/Gmel StPO § 235 Rn 2).

I. Schuldlose Versäumung des Termins (S 1 Hs 1)

3 Eine Wiedereinsetzung gem Abs 1 kommt nur in Betracht, wenn der Angeklagte die Teilnahme an der Hauptverhandlung im Rahmen der ihm möglichen und zumutbaren Sorgfalt schuldlos versäumt hat, vgl § 44 StPO (§ 44 StPO Rn 11 ff).

4 Hat der Angeklagte auf eine fehlerhafte Auskunft des Gerichts oder seines Verteidigers vertraut, liegt idR kein Verschulden vor (Löwe/Rosenberg/Gollwitzer StPO § 235 Rn 5 mwN).

II. Unkenntnis von der Ladung (S 1 Hs 2)

5 Hatte der Angeklagte keine Kenntnis von der Ladung, ist ihm unabhängig von einem Verschulden Wiedereinsetzung zu gewähren, sofern die fehlende Kenntnis für die Versäumung des Termins ursächlich gewesen ist (KK-StPO/Gmel StPO § 235 Rn 4). Kenntnis von der Ladung setzt weiter voraus, dass der Angeklagte über den wesentlichen Inhalt (insbes Ort und Zeit der Verhandlung) unterrichtet war (SK-StPO/Schlüchter StPO § 235 Rn 6).

6 Der Angeklagte ist nicht verpflichtet, Vorkehrungen zu treffen, damit ihn die Ladung erreicht. Verhindert er den Zugang oder die inhaltliche Kenntnisnahme allerdings arglistig, so ist eine Wiedereinsetzung ausgeschlossen (Löwe/Rosenberg/Gollwitzer StPO § 235 Rn 6).

B. Verfahren

I. Antrag

7 Wiedereinsetzung wird dem Angeklagten – abweichend von § 45 Abs 2 S 3 StPO – nur auf Antrag gewährt, nicht von Amts wegen. Der Antrag ist bei dem Gericht zu stellen, das das Abwesenheitsurteil gem § 232 StPO erlassen hat. In dem Wiedereinsetzungsantrag sind die Gründe für die Versäumung des Termins anzugeben und glaubhaft zu machen. Der Angeklagte kann neben dem Antrag auf Wiedereinsetzung – vorsorglich – auch Berufung oder Revision einlegen (§ 315 StPO, § 342 StPO).

II. Frist

8 Der Antrag auf Wiedereinsetzung ist binnen einer Woche nach Zustellung des Abwesenheitsurteils zu stellen. Hat der Angeklagte die Frist unverschuldet versäumt, kann ihm hiergegen Wiedereinsetzung nach § 44 S 2 StPO gewährt werden. Das Gleiche gilt, wenn die Urteilszustellung abweichend von S 2 ohne Belehrung über die Wiedereinsetzungsmöglichkeit erfolgt ist (Löwe/Rosenberg/Gollwitzer StPO § 235 Rn 9 mwN).

C. Entscheidung

Die Entscheidung trifft das Gericht, das das Abwesenheitsurteil erlassen hat, durch Beschluss. Ist der Antrag begründet, wird dem Angeklagten Wiedereinsetzung gegen die Versäumung der Hauptverhandlung gewährt. Damit wird das Urteil gegenstandslos. Eine Aufhebung des Urteils braucht im Beschluss nicht tenoriert zu werden (Meyer-Goßner StPO § 235 Rn 8 mwN). 9

In der neuen Verhandlung wird das in Abwesenheit des Angeklagten ergangene Urteil nicht aufgehoben oder aufrechterhalten, sondern ein neues Urteil erlassen (KMR/Paulus StPO § 235 Rn 14). 10

D. Rechtsbehelfe

Gegen den Beschluss, der die Wiedereinsetzung ablehnt, ist sofortige Beschwerde nach § 46 Abs 3 StPO statthaft. Der stattgebende Beschluss ist nicht anfechtbar (§ 46 Abs 2 StPO). 11

§ 236 [Anordnung des persönlichen Erscheinens]

Das Gericht ist stets befugt, das persönliche Erscheinen des Angeklagten anzuordnen und durch einen Vorführungsbefehl oder Haftbefehl zu erzwingen.

Überblick

Ist eine Verhandlung ohne den Angeklagten zulässig (Rn 1), kann das Gericht sein persönliches Erscheinen gleichwohl anordnen (Rn 5 ff) und ggf mit Zwangsmitteln (Rn 8 ff) durchsetzen, wenn die Aufklärungspflicht dies gebietet (Rn 2).

A. Persönliches Erscheinen

Die Norm ermöglicht es dem Gericht zur Verwirklichung der Aufklärungspflicht, das persönliche Erscheinen des Angeklagten auch in den Fällen anzuordnen, in denen eine Verhandlung ohne den Angeklagten statthaft wäre (§ 231 Abs 2 StPO, § 231 a StPO, § 231 b StPO, § 232 StPO u § 233 StPO). Erscheint der Angeklagte nicht, obwohl aufgrund gesetzlicher Regelung nur in seiner Anwesenheit verhandelt werden darf, findet ausschließlich § 230 StPO Anwendung. 1

Eine Anordnung gem § 236 StPO ist nur zulässig, wenn die Anwesenheit des Angeklagten einen Beitrag zur Aufklärung des Sachverhalts erwarten lässt (Pfeiffer StPO § 230 Rn 1). 2

Dies ist zB der Fall, wenn: 2.1
- eine Gegenüberstellung des Angeklagten mit Zeugen erfolgen soll,
- möglicherweise ein Hinweis nach § 265 StPO erforderlich sein wird oder
- rechtliches Gehör zu neuen Beweismitteln gewährt werden soll (Löwe/Rosenberg/Gollwitzer StPO § 236 Rn 9).

Die Vorschrift findet auch dann Anwendung, wenn der Angeklagte sich gem § 234 StPO durch einen Verteidiger vertreten lassen könnte. Der Anordnung des persönlichen Erscheinens steht nicht entgegen, dass der Angeklagte nicht verpflichtet ist, sich zur Sache zu äußern (Meyer-Goßner StPO § 236 Rn 5 mwN). 3

§ 236 StPO ist in allen Instanzen anwendbar. Für Berufungs-, Revisions- und Privatklageverfahren finden sich allerdings auch Sonderregelungen in § 329 StPO, § 387 Abs 3 StPO, § 350 StPO. 4

B. Entscheidung des Gerichts

Die Entscheidung des persönlichen Erscheinens des Angeklagten trifft das Gericht nach pflichtgemäßem Ermessen. Dabei hat es die Aufklärungspflicht – unter Berücksichtigung der Bedeutung der Sache und dem zu erwartenden Beitrag zur Sachaufklärung – gegen die Interessen des Angeklagten – unter Berücksichtigung der Zumutbarkeit seines Erscheinens – abzuwägen. 5

StPO § 237

6   Die Entscheidung ergeht von Amts wegen. Andere Verfahrensbeteiligte haben kein förmliches Antragsrecht. Die Entscheidung des Gerichts ist dem Angeklagten zuzustellen. In der Praxis erfolgt dies idR zugleich mit der Ladung.

7   Das Gericht kann die Anordnung des persönlichen Erscheinens jederzeit wieder aufheben, bspw wenn sich die Sachlage ändert oder der Angeklagte triftige Gründe vorbringt.

C. Folgen des Ausbleibens des Angeklagten

8   Bleibt der Angeklagte in der Hauptverhandlung aus, obwohl sein persönliches Erscheinen angeordnet worden war, kann das Gericht entweder seine Anwesenheit gem § 230 Abs 2 StPO erzwingen (Rn 9 ff) oder in seiner Abwesenheit verhandeln (Rn 11).

I. Vorführungs- und Haftbefehl

9   Erscheint der Angeklagte nicht, kann das Gericht seine Vorführung anordnen oder Haftbefehl gegen ihn erlassen (vgl § 230 Abs 2 StPO). Gezwungen ist es hierzu allerdings nicht (KK-StPO/Gmel StPO § 236 Rn 5).

10   Eine Anordnung von Zwangsmitteln setzt voraus, dass die Ladung mit einer § 216 Abs 1 StPO entsprechenden Warnung verbunden wird. Wie bei § 230 Abs 2 StPO ist der Erlass eines Vorführungs- oder Haftbefehls nur zulässig, wenn das Fernbleiben des Angeklagten nicht genügend entschuldigt ist (vgl § 230 StPO Rn 12).

10.1   Der Erlass eines Haftbefehls nach den § 230 Abs 2 StPO, § 236 StPO im Strafbefehlsverfahren ist unverhältnismäßig, wenn die Hauptverhandlung trotz Ausbleibens des Angeklagten ohne Einbußen bei der Wahrheitsfindung durchgeführt und der Fall einer gerechten Beurteilung zugeführt werden kann (KG NJW 2007, 2345).

II. Verhandlung in Abwesenheit

11   Bei Vorliegen der entsprechenden Voraussetzungen hat das Gericht trotz der Anordnung gem § 236 StPO auch das Recht, ohne den Angeklagten zu verhandeln, wenn dieser zur Hauptverhandlung nicht erscheint. Dies setzt jedoch voraus, dass das Gericht seine Anwesenheit zur Erforschung der Wahrheit als nicht mehr erforderlich erachtet (Löwe/Rosenberg/Gollwitzer StPO § 236 Rn 3, Rn 12). Das Gleiche gilt, wenn das Gericht zuvor versucht hatte, den Angeklagten zwangsweise vorführen zu lassen (SK-StPO/Schlüchter StPO § 236 Rn 11 mwN).

D. Rechtsbehelfe/Revision

12   Eine Beschwerde gegen die Anordnung des persönlichen Erscheinens ist nach § 305 S 1 StPO nicht statthaft. Unterbleibt eine Anordnung gem § 236 StPO rechtsfehlerhaft, kann mit der Revision eine Verletzung der Aufklärungspflicht gerügt werden, wenn die Anwesenheit des Angeklagten zur Sachaufklärung geboten gewesen wäre.

§ 237 [Verbindung mehrerer Strafsachen]

Das Gericht kann im Falle eines Zusammenhangs zwischen mehreren bei ihm anhängigen Strafsachen ihre Verbindung zum Zwecke gleichzeitiger Verhandlung anordnen, auch wenn dieser Zusammenhang nicht der in § 3 bezeichnete ist.

Überblick

Mehrere bei demselben Gericht (Rn 1) anhängige, in einem losen Zusammenhang stehende Strafsachen (Rn 3) können unter prozessökonomischen Erwägungen zur gemeinsamen Hauptverhandlung verbunden werden (Rn 4), ohne dass die Verfahren ihre prozessuale Selbständigkeit verlieren (Rn 5 ff), wobei sie idR vor dem Erlass des Urteils wieder getrennt werden (Rn 8).

A. Voraussetzung der Verbindung

Eine Verbindung von zwei oder mehr Strafsachen gem § 237 StPO setzt voraus, dass diese 1
bei demselben Spruchkörper eines Gericht anhängig sind. Eine Verbindung von Verfahren
bei verschiedenen Spruchkörpern kommt nur nach § 4 StPO in Betracht (Meyer-Goßner
NStZ 2004, 354 mwN; aA Löwe/Rosenberg/Gollwitzer StPO § 237 Rn 1: auch bei
Spruchkörpern unterschiedlichen Rangs bei demselben AG, LG oder OLG; BGH NJW
1995, 1688, 1689: auch bei gleichrangigen Spruchkörpern desselben Gerichts).

Die Eröffnung des Hauptverfahrens muss bei den zu verbindenden Strafsachen noch nicht 2
beschlossen worden sein (SK-StPO/Schlüchter StPO § 237 Rn 1 mwN; aA Meyer-Goßner
StPO § 237 Rn 3). Sie brauchen sich nicht in demselben Verfahrensstadium zu befinden.
Eine Verbindung kommt auch bei Verfahren in Betracht, die sich in verschiedenen Instanzen
befinden. Sie ist allerdings ausgeschlossen, wenn der Spruchkörper in unterschiedlichen
Besetzungen zu verhandeln hat (KK-StPO/Gmel StPO § 237 Rn 2 mwN).

§ 237 StPO kann ua bei folgenden Fallgestaltungen Anwendung finden: 2.1
- Verbindung im ersten Rechtszug anhängiger Verfahren mit solchen, die nach § 328 Abs 2 StPO, § 354 Abs 2, Abs 3 StPO oder § 355 StPO zurückverwiesen wurden (Pfeiffer StPO § 237 Rn 1),
- Verbindung einer erstinstanzlichen Sache der großen Jugendkammer mit einem bei derselben Kammer anhängigen Berufungsverfahren,
- Verbindung von Strafsachen gegen Jugendliche bzw Heranwachsende mit einer Erwachsenensache (§ 103 JGG, § 112 JGG; vgl Meyer-Goßner StPO § 237 Rn 5 mwN).

Zwischen den zu verbindenden Strafsachen muss ein Zusammenhang bestehen, der weiter 3
sein kann als der persönliche oder sachliche Zusammenhang des § 3 StPO. Anders als bei
Verbindungen nach § 2 StPO, § 4 StPO u § 13 StPO ist es nicht erforderlich, dass sich die
Verfahren gegen denselben Beschuldigten richten oder dieselbe Straftat zum Gegenstand
haben. Es genügt vielmehr, wenn die Verbindung eine „prozesstechnische Erleichterung"
(BGH NJW 1990, 1490) erwarten lässt, weil eine gleichzeitige Verhandlung zB im Hinblick
auf eine nur einmal erforderliche Beweiserhebung oder zur Vermeidung mehrerer paralleler
Hauptverhandlungen zweckmäßig ist. Die Verbindung kann auch nur für Teile der Hauptverhandlung erfolgen (vgl Rn 8).

Folgende Umstände können einen Zusammenhang iSd des § 237 StPO begründen: 3.1
- Gemeinsamkeit der Beweismittel,
- Gleichartigkeit der strafrechtlichen Vorwürfe,
- Gleichartigkeit einzelner Sachverhaltsteile (zB dieselbe terroristische Vereinigung bei § 129a StPO),
- Gleichartigkeit der Rechtsfragen,
- Übereinstimmung von Tätern oder Verletzten.

B. Verbindungsbeschluss

Über eine Verbindung nach § 237 StPO entscheidet das Gericht nach Anhörung der 4
Verfahrensbeteiligten nach pflichtgemäßem Ermessen. Der Beschluss bedarf keiner Begründung. Eine Verbindung ist auch stillschweigend möglich, indem das Gericht einen gemeinsamen Termin anberaumt oder in der Terminsladung darauf hinweist, dass sich die Verhandlung auf ein weiteres Verfahren erstreckt (BGH BeckRS 2005, 02148; KMR/Paulus StPO
§ 237 Rn 28; aA Löwe/Rosenberg/Gollwitzer StPO § 237 Rn 8). Die Verbindung kann
auch noch erfolgen, wenn die Hauptverhandlung in einem der zu verbindenden Verfahren
bereits begonnen hat.

C. Wirkung der Verbindung

Die Entscheidung nach § 237 StPO bewirkt lediglich eine Verbindung zur gemeinsamen 5
Verhandlung. Eine Verschmelzung zu einem Verfahren findet nicht statt. Die Verfahren
bleiben vielmehr selbständig und folgen – trotz der gleichzeitigen Hauptverhandlung – ihren
eigenen prozessualen Regeln. Einwände, die vom Angeklagten bis zu einem bestimmten
Zeitpunkt erhoben worden sein müssen, bleiben bspw auch dann zulässig, wenn dieser

StPO § 238   Zweites Buch. 6. Abschnitt

Verfahrensabschnitt in der anderen Sache bereits überschritten wurde (Löwe/Rosenberg/ Gollwitzer StPO § 237 Rn 13; SK-StPO/Schlüchter StPO § 237 Rn 8).

6   Mehrere Angeklagte werden durch die Verbindung zu Mitangeklagten und können nicht als Zeugen in der eigenen Hauptverhandlung vernommen werden, auch wenn die einzelnen Verfahren ihre Selbständigkeit behalten. Ein etwaiger Ausschluss der Öffentlichkeit entfaltet für beide Verfahren Wirkung.

7   Da die Verbindung nach § 237 StPO nicht über das Urteil hinauswirkt, sollte das Urteil idR für jedes Verfahren getrennt ergehen, zumal auch über etwaige Rechtsmittel getrennt zu entscheiden ist (Löwe/Rosenberg/Gollwitzer StPO § 237 Rn 15). Die Bildung einer Gesamtstrafe ist ausgeschlossen, weil sie eine Verbindung gem § 4 StPO voraussetzt (BGH NJW 1990, 2697, 2698).

D. Trennung der verbundenen Verfahren

8   Über eine Trennung der nach § 237 StPO verbundenen Sachen entscheidet das Gericht nach freiem Ermessen, nachdem es die Verfahrensbeteiligten angehört hat. IdR ist das Verfahren vor der Urteilsverkündung wieder zu trennen (vgl Rn 7). Spätestens mit dem Erlass des Urteils tritt eine Trennung kraft Gesetzes ein (SK-StPO/Schlüchter StPO § 237 Rn 12). Die während der verbundenen Verhandlung gewonnenen Beweisergebnisse sind in jedem der getrennten Verfahren vollständig verwertbar (Löwe/Rosenberg/Gollwitzer StPO § 237 Rn 18). Die Verfahren können auch vorübergehend getrennt und anschließend erneut verbunden werden.

8.1   Eine zeitweilige Trennung zur Vernehmung eines Mitangeklagten als Zeugen ist nur zulässig, wenn kein Zusammenhang zwischen der Vernehmung und der dem anderen Angeklagten zur Last gelegten Straftat besteht. Anderenfalls würde für den vernommenen Angeklagten das Anwesenheitsgebot des § 230 Abs 1 StPO umgangen werden (vgl § 230 StPO Rn 6.1).

E. Rechtsbehelfe/Revision

9   Die Verbindung oder Trennung von Verfahren ist im Hinblick auf § 305 S 1 StPO mit der Beschwerde nicht angreifbar. Die Revision kann auf einen Verstoß gegen § 237 StPO grundsätzlich nicht gestützt werden, es sei denn, es liegt ein Ermessensmissbrauch vor (BGH NJW 1963, 869, 870).

§ 238 [Verhandlungsleitung]

(1) Die Leitung der Verhandlung, die Vernehmung des Angeklagten und die Aufnahme des Beweises erfolgt durch den Vorsitzenden.

(2) Wird eine auf die Sachleitung bezügliche Anordnung des Vorsitzenden von einer bei der Verhandlung beteiligten Person als unzulässig beanstandet, so entscheidet das Gericht.

Überblick

Die Verantwortung für die Rechtmäßigkeit der Verhandlung trägt das gesamte Gericht. Um das Verfahren zu konzentrieren und eine fortdauernd erforderlich werdende Entscheidungstätigkeit aller Richter zu vermeiden, bestimmt Abs 1 jedoch, dass der Vorsitzende die Verhandlung zu leiten (Rn 1), mithin alle prozessleitenden Entscheidungen zu treffen hat (Rn 3 ff). Die betroffenen Verfahrensbeteiligten (Rn 10) haben die Möglichkeit die Anordnungen des Vorsitzenden (Rn 7) zu beanstanden, wenn die Anordnung unzulässig und nicht nur unzweckmäßig ist (Rn 9 u Rn 12 ff), so dass Fehler des Vorsitzenden noch im Verlauf der Hauptverhandlung korrigiert werden können. Die Revision kann daher nach gefestigter Rechtsprechung idR nur dann erfolgreich auf eine fehlerhafte Anordnung des Vorsitzenden gestützt werden, wenn zuvor von dem Zwischenrechtsbehelf des Abs 2 Gebrauch gemacht wurde (Rn 18).

Übersicht

	Rn		Rn
A. Verhandlungsleitung (Abs 1)	1	II. Beanstandungsgründe	9
I. Ausübung der Sachleitungsbefugnis	3	III. Berechtigte	10
II. Umfang der Sachleitungsbefugnis	5	IV. Form.....................................	11
B. Beanstandung (Abs 2)	6	V. Entscheidung	12
I. Anordnungen des Vorsitzenden	7	**C. Rechtsbehelfe/Revision**	17

A. Verhandlungsleitung (Abs 1)

Die Verhandlungsleitung obliegt dem Vorsitzenden aus eigenem Recht. Er hat die Verhandlung persönlich zu führen und die erforderlichen prozessleitenden Verfügungen zu treffen. Eine Übertragung auf einen beisitzenden Richter ist nicht statthaft, sofern nicht ein Vertretungsfall gegeben ist (vgl § 21 f Abs 2 GVG; BGH NStZ 1995, 19). **1**

Die Verlesung von Urkunden oder rein verfahrenstechnische Vorgänge kann der Vorsitzende aber auf andere Richter oder den Protokollführer übertragen, sofern die Verhandlungsführung gleichwohl beim Vorsitzenden verbleibt (Löwe/Rosenberg/Gollwitzer StPO § 238 Rn 15 mwN). **2**

Der Begriff der Verhandlungsleitung in Abs 1 ist nach heute **hM** mit dem Begriff der Sachleitung in Abs 2 identisch. Es findet keine Abgrenzung zwischen formeller, allein die äußere Gestaltung des Verfahrens betreffender Verhandlungsleitung und Sachleitung im engeren Sinn statt. Entscheidend ist allein, ob die Anordnungen des Vorsitzenden in formeller oder materieller Hinsicht Einfluss auf die Entscheidung haben können (Pfeiffer StPO § 238 Rn 2). **2.1**

I. Ausübung der Sachleitungsbefugnis

Der Vorsitzende hat die Hauptverhandlung unvoreingenommen, zügig und sachgerecht zu leiten und eine auf das Wesentliche konzentrierte Durchführung der Verhandlung zu gewährleisten. Zu diesem Zweck bestimmt er die Reihenfolge der Verfahrensvorgänge und der Beweisaufnahme. In umfangreichen Verfahren kann sich die Erstellung eines Verhandlungsplans vor Beginn der Verhandlung empfehlen (SK-StPO/Schlüchter StPO § 238 Rn 6). Der Vorsitzende entscheidet über den Zeitpunkt der Anhörung von Verfahrensbeteiligten und der Entgegennahme von Anträgen (BGH NStZ 2006, 463; Meyer-Goßner StPO § 238 Rn 5). Eine Antragstellung zu einem ungeeigneten Zeitpunkt (zB während einer Zeugenvernehmung) kann er ablehnen und den Antragsteller auf einen späteren Zeitpunkt verweisen (Löwe/Rosenberg/Gollwitzer StPO § 238 Rn 4). Der Vorsitzende hat – insbes bei bereits seit längerem andauernden Hauptverhandlungen – auch die Befugnis, durch eine Fristsetzung für Beweisanträge die weitere Gestaltung der Beweisaufnahme im Hinblick auf den Beschleunigungsgrundsatz zu fördern, wenn die vom Gericht nach dem Maßstab der Aufklärungspflicht für geboten gehaltene Beweiserhebung abgeschlossen ist (BGH NJW 2009, 605, 607). **3**

Im Falle von Störungen und unsachgemäßen Äußerungen und Verhaltensweisen von Verfahrensbeteiligten hat der Vorsitzende zudem für eine sachliche Verhandlungsatmosphäre zu sorgen (KMR/Paulus StPO § 238 Rn 26). Erforderlichenfalls obliegt es dem Vorsitzenden auch, gegenüber Verfahrensbeteiligten (insbes Zeugen; vgl BGH NStZ-RR 2007, 21) seine Fürsorgepflicht wahrzunehmen. **4**

II. Umfang der Sachleitungsbefugnis

Der Vorsitzende hat im Rahmen seiner Sachleitungsbefugnis insbes: **5**
- die Verhandlung zu eröffnen und die Anwesenheit der Verfahrensbeteiligten festzustellen (243 Abs 1 S 2 StPO),
- den Angeklagten zu seinen persönlichen Verhältnissen (§ 243 Abs 2 S 2 StPO) und zur Sache (§ 243 Abs 4 StPO) zu vernehmen,
- die Beweisaufnahme durchzuführen und deren Reihenfolge festzulegen,

StPO § 238   Zweites Buch. 6. Abschnitt

- Verfahrensbeteiligten das Wort zu erteilen und zu entziehen,
- auf eine sachgerechte Ausübung des Fragerechts hinzuwirken und Fragen ggf nach § 240 StPO, § 241 Abs 2 StPO zurückzuweisen (BGH NJW 2004, 239),
- Zeugen und Sachverständige zu entlassen (§ 248 StPO),
- über die Vereidigung eines Zeugen vorab zu entscheiden (BGH NStZ-RR 2005, 208),
- die Verlesung von Urkunden anzuordnen (§ 249 Abs 2 StPO),
- die Verhandlung im Rahmen des § 228 Abs 1 S 2 StPO zu unterbrechen,
- eine Entfernung des Angeklagten aus der Hauptverhandlung zu verhindern (§ 231 Abs 1 S 2 StPO),
- sitzungspolizeiliche Maßnahmen nach § 176 GVG zu treffen,
- die Beweisaufnahme zu schließen (§ 258 StPO) und
- das Urteil zu verkünden (§ 268 StPO).

Einen Beweisermittlungsantrag kann der Vorsitzende selbst – anstelle eines Gerichtsbeschlusses nach § 244 Abs 6 StPO – durch eine zu begründende prozessleitende Verfügung nach § 238 Abs 1 StPO zurückweisen (BGH NStZ 2008, 109).

B. Beanstandung (Abs 2)

6   Die prozessleitenden Anordnungen des Vorsitzenden können mit dem Zwischenrechtsbehelf des Abs 2 angefochten werden.

I. Anordnungen des Vorsitzenden

7   Anordnungen des Vorsitzenden, auf die das Beanstandungsrecht Anwendung findet, sind alle Maßnahmen, die auf den Ablauf des Verfahrens und das Verhalten der Verfahrensbeteiligten einwirken, ua Belehrungen, Hinweise, Ermahnungen, Fragen und Vorhalte (BGH NStZ 1996, 348; KK-StPO/Schneider StPO § 238 Rn 11).

7.1   Um auf die Sachleitung bezogene Anordnungen des Vorsitzenden handelt es sich zB bei:
- Untersagen des Vorlesens des schriftlich niedergelegten letzten Wortes (BGH NJW 1953, 673),
- Unterbrechung der Einlassung des Angeklagten (BGH NStZ 1997, 198),
- Anordnung der Verlesung einer Urkunde (BGHSt 19, 273, 280),
- Entscheidung über das Bestehen der Gefahr einer strafgerichtlichen Verfolgung gem § 55 StPO (BGH NStZ 2007, 230 f),
- Entlassung eines vernommenen Zeugen trotz Widerspruchs eines der Verfahrensbeteiligten (BGH NStZ 1997, 27),
- Weigerung des Vorsitzenden nach Schluss der Beweisaufnahme noch Beweisanträge entgegenzunehmen (BGH NStZ 1992, 346),
- Aufforderung an einen als Zeugen in Betracht kommenden Zuhörer, den Sitzungssaal zu verlassen (BGH NJW 2001, 2723),

7.2   Eine die Sachleitung betreffende Anordnung liegt nicht vor bei einer
- Unterbrechung der Hauptverhandlung nach § 228 Abs 1 S 2 StPO oder deren Ablehnung, sofern sie nicht – wie zB bei einer Übermüdung eines Verfahrensbeteiligten – eine über die äußere Verhandlungsleitung hinausgehende Wirkung hat (Löwe/Rosenberg/Gollwitzer StPO § 238 Rn 24),
- Anordnung der Fesselung des Angeklagten (BGH NJW 1957, 271) oder die Weisung, einen bestimmten Platz einzunehmen, sofern dadurch nicht ausnahmsweise die ordnungsgemäße Verteidigung des Angeklagten beeinträchtigt wird (Löwe/Rosenberg/Gollwitzer StPO § 238 Rn 24),
- Ablehnung der Unterbrechung der Urteilsverkündung für einen erst nach ihrem Beginn gestellten Beweisantrag (BGH MDR 1975, 24),
- Entscheidung des Vorsitzenden betreffend die Pflichtverteidigerbestellung während der Hauptverhandlung (OLG Jena NStZ-RR 2004, 306).

8   Gegen eine sitzungspolizeiliche Maßnahme ist eine Beanstandung gem Abs 2 statthaft und im Hinblick auf die Rügemöglichkeit in der Revision (vgl Rn 18) erforderlich, wenn die Anordnung über die mit ihr bezweckte Abwehr einer Störung hinaus unzulässig in Verfahrensrechte eines Beteiligten eingreift (Löwe/Rosenberg/Gollwitzer StPO § 238 Rn 23 mwN) oder der Grundsatz der Öffentlichkeit berührt ist (BGH NStZ 2008, 582 für die Entfernung von Zeugen aus dem Sitzungssaal).

II. Beanstandungsgründe

Die Beanstandung kann nur darauf gestützt werden, dass die Anordnung des Vorsitzenden 9
unzulässig ist, weil sie gegen gesetzliche Vorschriften oder Verfahrensgrundsätze verstößt bzw
der Vorsitzende sein Ermessen fehlerhaft ausgeübt hat. Dass die Anordnung unzweckmäßig
oder unangebracht ist, rechtfertigt ihre Beanstandung hingegen nicht (Löwe/Rosenberg/
Gollwitzer StPO § 238 Rn 31 mwN).

Die Anordnung der Reihenfolge der Beweisaufnahme betrifft idR nur die Zweckmäßigkeit 9.1
(KK-StPO/Schneider StPO § 238 Rn 19).

III. Berechtigte

Zur Beanstandung von Anordnungen des Vorsitzenden sind alle an der Verhandlung 10
beteiligten Personen berechtigt, die durch die getroffenen Maßnahmen beschwert sind. Dies
können der Angeklagte, der Verteidiger, die Staatsanwaltschaft, der Privatkläger, der Nebenkläger und auch Zeugen und Sachverständige sein. Nach **hM** im Schrifttum sollen darüber
hinaus die beisitzenden Richter und Schöffen ebenfalls zur Beanstandung von Anordnungen
des Vorsitzenden befugt sein (Löwe/Rosenberg/Gollwitzer StPO § 238 Rn 29; SK-StPO/
Schlüchter StPO § 238 Rn 13 a; **aA** Meyer-Goßner StPO § 238 Rn 14; KK-StPO/Schneider StPO § 238 Rn 16, abweichend Tolksdorf in Voraufl)

IV. Form

Die Beanstandung bedarf keiner besonderen Form. Der Beanstandende muss lediglich – 11
ggf konkludent – zum Ausdruck bringen, dass er sich gegen die Anordnung des Vorsitzenden
wendet und um Entscheidung des Gerichts nachsucht (Meyer-Goßner StPO § 238 Rn 16).
Die Beanstandung ist gem § 273 Abs 1 StPO als wesentliche Förmlichkeit ins Sitzungsprotokoll aufzunehmen (BGH NStZ-RR 2003, 5). Mit der Beanstandung ist idR schlüssig
darzulegen, weshalb die Anordnung als unzulässig beanstandet wird und worauf die Beschwer
beruht, sofern sich dies nicht ohne weiteres ergibt.

V. Entscheidung

Hält das Gericht die Anordnung des Vorsitzenden für rechtmäßig und ermessensfehlerfrei, 12
weist es die Beanstandung nach Anhörung der anderen Prozessbeteiligten als unbegründet
zurück. In der Praxis stellt das Gericht idR durch Beschluss fest, dass die Anordnung des
Vorsitzenden bestätigt wird (**aA** Pfeiffer StPO § 238 Rn 5).

Richtet sich die Beanstandung gegen eine Maßnahme, die nicht der Sachleitung unterfällt, 13
ist sie durch das Gericht als unzulässig zurückzuweisen.

Ist die Beanstandung begründet, kann der Vorsitzende abhelfen, indem er die prozess- 14
leitende Verfügung aufhebt und die Durchführung der in Betracht kommenden Maßnahmen
anordnet (SK-StPO/Schlüchter StPO § 238 Rn 17). Anderenfalls ordnet das Gericht die
erforderlichen Maßnahmen an.

Der die Beanstandung zurückweisende Beschluss ist zu begründen, sofern die Gründe 15
nicht für alle Verfahrensbeteiligten offensichtlich sind oder sich aus der Begründung der
Anordnung des Vorsitzenden ergeben, auf die Bezug genommen wird. Der Beschluss ist vor
Erlass des Urteils bekannt zu machen.

Der Vorsitzende ist an den Beschluss gebunden, solange die Entscheidung nicht durch 16
neue Tatsachen überholt ist. In Zweifelsfällen kann der Vorsitzende eine neue Entscheidung
des Gerichts herbeiführen (Löwe/Rosenberg/Gollwitzer StPO § 238 Rn 35).

C. Rechtsbehelfe/Revision

Gegen den Beschluss des Gerichts nach Abs 2 ist die Beschwerde idR nicht statthaft (§ 305 17
S 1 StPO). Etwas anderes gilt nur, wenn dritte Personen (zB ein Zeuge) betroffen sind (§ 305
S 2 StPO).

Anordnungen des Vorsitzenden nach Abs 1 StPO können mit der Revision grundsätzlich 18
nur gerügt werden, wenn sie zuvor mit dem Zwischenrechtsbehelf nach Abs 2 StPO

beanstandet worden waren und das Gericht die Anordnung des Vorsitzenden bestätigt hat (BGH NStZ 2007, 230; KK-StPO/Schneider StPO § 238 Rn 28 ff mwN). Dies gilt auch für Entscheidungen des Strafrichters (OLG Düsseldorf NStZ 1997, 565). Ausnahmsweise kann die Revision dennoch auf eine fehlerhafte Anordnung des Vorsitzenden gestützt werden, wenn der nicht verteidigte Angeklagte keine Kenntnis von der Möglichkeit der Herbeiführung eines Gerichtbeschlusses hatte (Meyer-Goßner StPO § 238 Rn 22).

19 Ist die Beanstandung einer Anordnung des Vorsitzenden nicht nach Abs 2 beschieden worden, dringt die Revision nur durch, wenn die Maßnahme des Vorsitzenden unzulässig war und nicht ausgeschlossen werden kann, dass das Urteil hierauf beruht (vgl KK-StPO/Schneider StPO § 238 Rn 27 mwN).

§ 239 [Kreuzverhör]

(1) ¹Die Vernehmung der von der Staatsanwaltschaft und dem Angeklagten benannten Zeugen und Sachverständigen ist der Staatsanwaltschaft und dem Verteidiger auf deren übereinstimmenden Antrag von dem Vorsitzenden zu überlassen. ²Bei den von der Staatsanwaltschaft benannten Zeugen und Sachverständigen hat diese, bei den von dem Angeklagten benannten der Verteidiger in erster Reihe das Recht zur Vernehmung.

(2) Der Vorsitzende hat auch nach dieser Vernehmung die ihm zur weiteren Aufklärung der Sache erforderlich scheinenden Fragen an die Zeugen und Sachverständigen zu richten.

Überblick

Die Vorschrift, die sich an den anglo-amerikanischen Strafprozess anlehnt, findet in der Praxis kaum Anwendung. Sie ermöglicht es Staatsanwaltschaft und Verteidigung auf übereinstimmenden Antrag (Rn 2) die von ihnen benannten (Rn 3) Zeugen und Sachverständigen in Abweichung von § 238 StPO anstelle des Vorsitzenden (Rn 5 ff) zu vernehmen. Der Vorsitzende darf nur in den Fällen des § 241 Abs 1 u Abs 2 StPO in das Kreuzverhör eingreifen (Rn 7).

A. Voraussetzungen

1 Voraussetzung für die Durchführung des Kreuzverhörs ist die Mitwirkung eines **Verteidigers**. Der Angeklagte ist nicht berechtigt, die Vernehmung selbst durchzuführen. Haben einzelne Angeklagte keinen Verteidiger oder stimmt der Verteidiger eines Mitangeklagten einer Vorgehensweise nach § 239 StPO nicht zu, ist ein Kreuzverhör nur bezüglich eines Verhandlungsgegenstands möglich, der ausschließlich den Angeklagten betrifft, dessen Verteidiger den Antrag nach Abs 1 gestellt hatte (KK-StPO/Schneider StPO § 239 Rn 3).

2 Das Kreuzverhör müssen Staatsanwaltschaft und Verteidiger **übereinstimmend** beantragen. Der Antrag kann sich auf bestimmte Beweispersonen beschränken. Er ist vor Beginn der Vernehmung des Zeugen oder Sachverständigen zu stellen. Eine einmal begonnene Vernehmung kann dem Vorsitzenden nicht wieder entzogen werden (Meyer-Goßner StPO § 239 Rn 5).

3 Das Kreuzverhör findet nur bei Zeugen und Sachverständigen Anwendung, die von der Staatsanwaltschaft oder dem Verteidiger **benannt** wurden, nicht bei Beweispersonen, die das Gericht von Amts wegen geladen hat.

3.1 Es kommen daher folgende Fälle in Betracht:
- von der Staatsanwaltschaft gem § 200 Abs 1 S 2 StPO in der Anklageschrift angegebene Zeugen und Sachverständige,
- Beweisanträge des Angeklagten zur Vorbereitung der Hauptverhandlung gem § 219 StPO,
- Anregungen von Staatsanwaltschaft oder Verteidigung auf Vernehmung von Beweispersonen,
- Beweisanträge von Staatsanwaltschaft oder Verteidigung in der Hauptverhandlung,
- unmittelbar von der Staatsanwaltschaft gem § 214 Abs 3 StPO oder dem Angeklagten gem § 220 Abs 1 StPO geladene Zeugen und Sachverständige.

Auf die von anderen Verfahrensbeteiligten (zB Nebenkläger) benannten Beweispersonen findet § 239 StPO keine analoge Anwendung. Bei Zeugen unter 18 Jahren ist das Kreuzverhör nicht statthaft (vgl § 241 a Abs 1 StPO). 4

B. Durchführung des Kreuzverhörs

Auf übereinstimmenden Antrag von Staatsanwaltschaft und Verteidigung hat das Gericht die Vernehmung eines Zeugen oder Sachverständigen im Wege des Kreuzverhörs durchzuführen, auch wenn der Angeklagte damit nicht einverstanden ist oder das Gericht dies nicht für sachdienlich hält. 5

Mit der Vernehmung beginnt nach S 2 derjenige, der die Beweisperson benannt hat. Anschließend kann ihn die Gegenseite ins Kreuzverhör nehmen. Ist ein Zeuge sowohl von der Staatsanwaltschaft als auch der Verteidigung benannt worden, beginnt die Staatsanwaltschaft mit der Vernehmung (Löwe/Rosenberg/Gollwitzer StPO § 239 Rn 9). Beim Kreuzverhör ist der Zeuge von dem ersten Vernehmenden zu veranlassen, zunächst im Zusammenhang über den Gegenstand der Vernehmung zu berichten (vgl § 69 Abs 1 S 1 StPO). 6

Ungeeignete und nicht zur Sache gehörende Fragen kann der Vorsitzende gem § 241 Abs 2 StPO zurückweisen. Im Falle des Missbrauchs des Rechts zum Kreuzverhör kann er das Fragerecht auch als Ganzes entziehen (§ 241 Abs 1 StPO). 7

Nach Beendigung des Kreuzverhörs kann der Vorsitzende weitere zur Aufklärung des Sachverhalts erforderliche Fragen an den Zeugen oder Sachverständigen richten. Im Anschluss daran steht den anderen Richtern und Prozessbeteiligten das Fragerecht des § 240 Abs 1 u Abs 2 StPO zu. 8

In analoger Anwendung des § 239 StPO ist es statthaft, dass der Vorsitzende den Zeugen gem § 69 StPO veranlasst, im Zusammenhang zu berichten, und anschließend das Fragerecht zunächst an Staatsanwaltschaft und Verteidigung übergibt, bevor er selbst – weitere – Fragen an den Zeugen richtet (Meyer-Goßner StPO § 239 Rn 2 mwN). 9

C. Rechtsbehelfe/Revision

Der im Kreuzverhör stehende Zeuge oder Sachverständige kann gem § 241 StPO eine Entscheidung des Vorsitzenden über die Zulässigkeit von Fragen herbeiführen und hiergegen gem § 238 Abs 2 StPO das Gericht anrufen sowie nach § 305 S 2 StPO Beschwerde einlegen, vgl im Einzelnen die Ausführungen bei § 241 StPO (§ 241 StPO Rn 22 f). Eine Beschwerde der Verfahrensbeteiligten gegen die Anordnung bzw Ablehnung des Kreuzverhörs oder unzulässige Eingriffe ist gem § 305 S 1 StPO nicht statthaft. Die Revision kann aber ggf nach § 338 Nr 8 StPO begründet sein. 10

§ 240 [Fragerecht]

(1) Der Vorsitzende hat den beisitzenden Richtern auf Verlangen zu gestatten, Fragen an den Angeklagten, die Zeugen und die Sachverständigen zu stellen.

(2) ¹**Dasselbe hat der Vorsitzende der Staatsanwaltschaft, dem Angeklagten und dem Verteidiger sowie den Schöffen zu gestatten.** ²**Die unmittelbare Befragung eines Angeklagten durch einen Mitangeklagten ist unzulässig.**

Überblick

Die Vorschrift gestattet es den Frageberechtigten (Rn 3), in der vom Vorsitzenden festzulegenden Reihenfolge (Rn 5 ff) einzelne, klar umrissene Fragen oder Vorhalte (Rn 8) unmittelbar, mithin ohne Einschaltung des Vorsitzenden (Rn 9), idR ohne Unterbrechungen (Rn 10) und ohne vorherige Mitteilung der Fragen (Rn 11) an Angeklagte und Beweispersonen zu richten. Der Angeklagte kann Fragen an einen Mitangeklagten nur mittelbar über den Vorsitzenden stellen lassen (Rn 13).

A. Fragerecht der Prozessbeteiligten

1 Die Vernehmung des Angeklagten sowie der Zeugen und Sachverständigen führt gem § 238 Abs 1 StPO der Vorsitzende. § 240 StPO dient der vollständigen Ausschöpfung der persönlichen Beweismittel und sichert das Mindestrecht des Angeklagten aus Art 6 Abs 3 d EMRK, Fragen an Belastungszeugen zu stellen oder stellen zu lassen (KK-StPO/Schneider StPO § 240 Rn 1).

2 Die Norm findet auch bei kommissarischen Vernehmungen Anwendung. Bei Zeugen unter 16 Jahren gilt hingegen die Sondervorschrift des § 241 a StPO.

I. Frageberechtigte

3 Die Aufzählung der in Abs 1 u 2 genannten Frageberechtigten ist nicht erschöpfend (BGH NJW 1969, 437, 438). Vielmehr sind neben den Richtern zahlreiche Verfahrensbeteiligte berechtigt, Fragen an den Angeklagten sowie an Zeugen und Sachverständige zu stellen. Eine Befragung von Richtern, Staatsanwaltschaft und Verteidigern ist nicht statthaft (KMR/Paulus StPO § 240 Rn 4).

3.1 Zu dem frageberechtigten Personenkreis zählen ua:
- Berufsrichter (Abs 1), auch Ergänzungsrichter (SK-StPO/Schlüchter StPO § 240 Rn 7),
- Schöffen (Abs 2), auch Ergänzungsschöffen,
- Staatsanwaltschaft (Abs 2),
- Verteidiger (Abs 2), auch ggü Mitangeklagten (KK-StPO/Schneider StPO § 240 Rn 3 mwN),
- Angeklagter (Abs 2), aber nicht ggü Mitangeklagten (vgl Rn 13),
- Ergänzungsrichter und -schöffen,
- Privatkläger (§ 385 Abs 1 StPO),
- Nebenkläger (§ 397 Abs 1 S 3 StPO),
- gesetzliche Vertreter und Erziehungsberechtigte eines Jugendlichen (§ 67 Abs 1 JGG),
- Verfalls- und Einziehungsbeteiligte (§ 433 Abs 1 StPO, § 442 Abs 1 StPO),
- Vertreter der Finanzbehörde (§ 407 Abs 1 S 5 AO),
- Beistand gem § 149 StPO (BGH NStZ 2001, 552: wegen seines Rechts auf Beistand, Anhörung und Beratung).

4 Der Vorsitzende ist im Rahmen der Sachleitung befugt, sachdienliche Fragen von Beteiligten ohne eigenes Fragerecht zuzulassen, wenn hierdurch die Wahrnehmung von Verfahrensinteressen nicht beeinträchtigt wird (BGH NStZ 2005, 222: Rechtsbeistand eines nebenklageberechtigten Verletzten, § 406 g Abs 2 StPO). Das Fragerecht des Sachverständigen richtet sich nach § 80 Abs 2 StPO. Ausnahmsweise kann der Vorsitzende auch einem Zeugen gestatten, Fragen an einen anderen Zeugen zu richten oder diesem Vorhalte zu machen (Meyer-Goßner StPO § 240 Rn 3).

II. Reihenfolge des Fragerechts

5 Zeugen und Sachverständige sind grundsätzlich (vgl aber § 239 StPO) zunächst von dem Vorsitzenden zu vernehmen. Die Vernehmung umfasst gem § 69 StPO einen zusammenfassenden Bericht des Zeugen und die sich anschließende Befragung durch den Vorsitzenden. Während seiner Befragung kann der Vorsitzende Zwischenfragen der Prozessbeteiligten zulassen, verpflichtet ist er hierzu indes nicht.

6 Die Reihenfolge, in der die Verfahrensbeteiligten anschließend ihr ergänzendes Fragerecht ausüben dürfen, bestimmt der Vorsitzende im Rahmen seiner Verhandlungsleitung, vgl § 238 StPO (§ 238 StPO Rn 3 u Rn 5). § 240 StPO enthält keine für die Ausübung des Fragerechts bindende Ordnung. IdR erteilt der Vorsitzende zunächst den beisitzenden Richtern und Schöffen, sodann der Staatsanwaltschaft und danach dem Verteidiger und dem Angeklagten das Fragerecht. Der Angeklagte darf – abgesehen von Abs 2 S 2 – nicht auf das Fragerecht seines Verteidigers verwiesen werden.

7 Das Recht zur Befragung endet mit der Entlassung der Beweisperson. Begehrt ein Verfahrensbeteiligter danach weitere Fragen zu stellen, muss er einen Beweisantrag stellen. Ein solcher kann in dem Verlangen zu sehen sein, eine entlassene Beweisperson erneut zu einer bestimmten Frage zu hören (Pfeiffer StPO § 240 Rn 3).

Hauptverhandlung § 241 StPO

III. Umfang des Fragerechts

Der Fragesteller muss einzelne, klar umrissene Fragen stellen oder kurze Vorhalte machen. 8
Zusammenhängende Erklärungen über einen gesamten Sachverhaltskomplex darf er von der
Beweisperson nicht verlangen. Eine Befragung ist keine Vernehmung (Meyer-Goßner StPO
§ 240 Rn 5). Kurze Erläuterungen zum Verständnis der Frage oder zur Einleitung eines
Vorhalts sind zulässig. Das Fragerecht darf hingegen nicht dazu genutzt werden, einzelne
Fragen in umfangreiche Erklärungen zur Glaubwürdigkeit der Beweisperson oder zur Bewertung von Widersprüchen einzukleiden. Die Frageberechtigten dürfen Zeugen, Sachverständige und Angeklagte **unmittelbar** befragen. Dies bedeutet:

Die Verfahrensbeteiligten haben das Recht, ihre Frage **ohne Einschaltung des Vorsitzen-** 9
den direkt an die Beweisperson zu richten. Der Vorsitzende ist nicht befugt, einzelne Fragen
an sich zu ziehen oder umzuformulieren. Bei einer unzulässigen Frage, die anderenfalls gem
§ 241 Abs 2 StPO zurückzuweisen wäre (zB bei einer Suggestivfrage), kann er allerdings mit
einem Formulierungsvorschlag auf eine Frage in zulässiger Form hinwirken. Der Vorsitzende
muss einer an ihn gerichteten Bitte, bestimmte Fragen an die Beweisperson zu stellen, nicht
nachkommen, sondern kann den Fragesteller auf dessen eigenes Fragerecht verweisen.

Die Fragen dürfen dem Zeugen oder Sachverständigen im Zusammenhang **ohne Unter-** 10
brechung durch den Vorsitzenden oder andere Verfahrensbeteiligte gestellt werden. Der
Vorsitzende darf das Fragerecht grundsätzlich ohne sachlichen Grund nicht wieder entziehen.
Zwischenfragen anderer Verfahrensbeteiligter sind nur mit Zustimmung des Fragenden
zulässig. Es besteht allerdings kein Recht des Verteidigers, eine einmal begonnene Zeugenbefragung ohne Unterbrechung fortzusetzen und zu Ende zu führen, wenn der Vorsitzende
aufgrund der Verfahrenslage eine Verschiebung auf einen späteren Zeitpunkt für geboten hält
(BGH NStZ 1995, 143).

Die Verfahrensbeteiligten dürfen ihr Fragerecht **ohne vorherige Mitteilung** der Fragen 11
ausüben. Nur wenn das Fragerecht missbraucht worden war, kann der Vorsitzende die
weitere Befragung von der vorherigen schriftlichen Mitteilung der Frage abhängig machen
(BGH NStZ 1982, 158, 159; vgl auch § 241 StPO Rn 19).

Das Fragerecht darf nicht von der Erläuterung einzelner Fragen abhängig gemacht werden. 12
Nur wenn Zweifel an der Zulässigkeit der Frage bestehen, kann der Vorsitzende vor der
Entscheidung über die Zurückweisung der Frage Erklärungen zu deren Sachdienlichkeit
verlangen.

B. Ausschluss der Befragung eines Mitangeklagten

Die unmittelbare Befragung eines Angeklagten durch einen Mitangeklagten ist immer 13
unzulässig. Der Vorsitzende darf sie auch nicht ausnahmsweise gestatten (Meyer-Goßner
StPO § 230 Rn 10). Das Recht aus Art 6 Abs 3 d EMRK wird dadurch gewahrt, dass der
Angeklagte mittelbar durch den Vorsitzenden Fragen an einen Mitangeklagten richten kann
(BVerfG NJW 1996, 3408; Pfeiffer StPO § 240 Rn 3). Lehnt der Vorsitzende dies ab, kann
eine Entscheidung des Gerichts gem § 238 Abs 2 StPO herbeigeführt werden. Der Verteidiger ist berechtigt, Fragen für den Angeklagten zu stellen, auch wenn er einen von dem
Angeklagten vorformulierten Fragenkatalog verwendet.

§ 241 [Zurückweisung von Fragen]

(1) Dem, welcher im Falle des § 239 Abs. 1 die Befugnis der Vernehmung
mißbraucht, kann sie von dem Vorsitzenden entzogen werden.

(2) In den Fällen des § 239 Abs. 1 und des § 240 Abs. 2 kann der Vorsitzende
ungeeignete oder nicht zur Sache gehörende Fragen zurückweisen.

Überblick

Neben der Entziehung der Befugnis zum Kreuzverhör (Rn 1 ff) hat der Vorsitzende das
Recht, ungeeignete (Rn 6 ff) oder nicht zur Sache gehörende Fragen (Rn 11 ff) im Einzelfall

zurückzuweisen. In Fällen erheblichen Missbrauchs des Fragerechts kommt darüber hinaus die Beschränkung des Fragerechts (Rn 19) und als letztes Mittel auch die Entziehung desselben für konkret zu bestimmende Verfahrensabschnitte (Rn 20) in Betracht.

Übersicht

	Rn		Rn
A. Missbrauch des Rechts zum Kreuzverhör (Abs 1)	1	1. Inhalt	15
		2. Protokollierung	16
B. Zurückweisung von Fragen (Abs 2)	4	IV. Wirkung der Zurückweisung von Fragen	17
I. Ungeeignete Fragen	6	V. Entziehung des Fragerechts als Ganzes	19
II. Nicht zur Sache gehörende Fragen	11		
III. Entscheidung des Vorsitzenden	15	C. Rechtsbehelfe/Revision	21

A. Missbrauch des Rechts zum Kreuzverhör (Abs 1)

1   Der Vorsitzende kann die Befugnis zum Kreuzverhör gem § 239 StPO entziehen, wenn der Staatsanwalt oder der Verteidiger das Vernehmungsrecht missbrauchen. Ein Missbrauch ist gegeben, wenn durch Art oder Inhalt der Vernehmung die Wahrheitsfindung gefährdet, schutzwürdige Interessen des Vernommenen verletzt oder mit der Vernehmung sachfremde Zwecke verfolgt werden (Meyer-Goßner StPO § 241 Rn 2). Dies kann der Fall sein, wenn trotz Hinweises des Vorsitzenden fortlaufend ungeeignete oder nicht zur Sache gehörende Fragen gestellt werden oder der Fragesteller versucht, die Beweisperson durch Suggestivfragen, Täuschung oder Drohung zu verwirren oder zur Unwahrheit zu verleiten (Löwe/Rosenberg/Gollwitzer StPO § 241 Rn 2).

2   Die Entziehung der Befugnis zum Kreuzverhör steht im Ermessen des Vorsitzenden. Er kann hierzu aber auch verpflichtet sein, wenn wesentliche Verfahrensinteressen eines Beteiligten oder die Menschenwürde verletzt werden (Meyer-Goßner StPO § 241 Rn 3).

3   Die Entziehung der Befugnis zum Kreuzverhör hat zur Folge, dass der Vorsitzende die Vernehmung durchzuführen hat. Staatsanwalt und Verteidiger sind dann auf das Fragerecht des § 240 Abs 2 StPO beschränkt. Missbraucht nur einer von mehreren Verteidigern die Befugnis zum Kreuzverhör, bleibt sie für die anderen Verteidiger erhalten (Löwe/Rosenberg/Gollwitzer StPO § 241 Rn 4).

B. Zurückweisung von Fragen (Abs 2)

4   Der Vorsitzende hat im Rahmen seiner Sachleitungsbefugnis unzulässige Fragen von Amts wegen oder auf Anregung eines Verfahrensbeteiligten zurückzuweisen. Über die Zulässigkeit der Fragen von Berufsrichtern entscheidet nach § 242 StPO ausschließlich das gesamte Gericht.

5   Bei Zweifeln an der Zulässigkeit einer Frage sonstiger Verfahrensbeteiligter kann der Vorsitzende auch ohne eigene Verfügung unmittelbar die Entscheidung des Gerichts herbeiführen, vgl § 242 StPO (§ 242 StPO Rn 1). Fragen dürfen indes nur zurückgewiesen werden, wenn sie entweder ungeeignet sind oder nicht zur Sache gehören.

I. Ungeeignete Fragen

6   Fragen sind ungeeignet, wenn sie in tatsächlicher Hinsicht nichts zur Wahrheitsfindung beitragen können oder aus rechtlichen Gründen nicht gestellt werden dürfen (BGHSt 21, 334).

7   Hierzu gehören regelmäßig **Suggestivfragen**, also Fragen, die so formuliert sind, dass sie der Beweisperson eine bestimmte Antwort in den Mund legen oder sie zu einer mehrdeutigen bzw missverständlichen Antwort drängen.

8   Die **Wiederholung** einer schon beantworteten Frage, kann grundsätzlich nicht zur Aufklärung beitragen. Dient die erneute Frage jedoch dazu, Widersprüche aufzuklären, zusätzliche Details zu erfragen oder zu klären, ob eine allgemein getätigte Aussage auch einen noch nicht erörterten Einzelfall betrifft, darf sie nicht als ungeeignet zurückgewiesen werden

Hauptverhandlung § 241 StPO

(BGH NStZ 1981, 71). Das Gleiche gilt, wenn ein Mitangeklagter nach Abtrennung seines Verfahrens nunmehr als Zeuge zur Verfügung steht und damit zu wahrheitsgemäßen Angaben verpflichtet ist, sofern nicht ein Auskunftsverweigerungsrecht nach § 55 StPO besteht (BGH NStZ 1991, 228).

Unzulässig sind ferner Fragen an Zeugen, die nicht auf Tatsachen, sondern auf **Werturteile** oder Schlussfolgerungen abzielen sowie ehrverletzende und bloßstellende Fragen. 9

Verfahrensrechtlich unzulässig sind Fragen, denen Beweiserhebungsverbote entgegenstehen (zB § 136a StPO) sowie Fragen an Zeugen, die berechtigt von ihrem Auskunfts- oder Zeugnisverweigerungsrecht gem § 52 StPO bis § 55 StPO Gebrauch machen oder aus sonstigen Gründen keine Auskunft geben müssen (zB § 68 Abs 1 S 2, Abs 2, Abs 3 StPO). 10

Fragen, durch deren Beantwortung ein in ein Zeugenschutzprogramm aufgenommener Zeuge ihm bekannt gewordene Erkenntnisse über Zeugenschutzmaßnahmen offenbaren müsste, sind nicht von vornherein ungeeignet oder nicht zur Sache gehörend. Sie können jedoch zurückgewiesen werden, wenn ihre Beantwortung für den Schuld- und Rechtsfolgenausspruch ohne Bedeutung ist. Die genaue Art und nähere Ausgestaltung der Zeugenschutzmaßnahmen haben nur in den seltensten Fällen Bedeutung für die Glaubwürdigkeit des geschützten Zeugen (BGH NJW 2006, 785 ff). 10.1

Folgende Fragen kann der Vorsitzende ua als ungeeignet zurückweisen: 10.2
- Fragen nach dem Wohnort des Zeugen im Fall des § 68 Abs 2 u Abs 3 StPO,
- entehrende oder den privaten Lebensbereich betreffende Fragen iSd § 68a StPO, sofern sie nicht unerlässlich sind,
- Fragen, die Täuschungen oder Drohungen iSd § 136a StPO enthalten oder den Zeugen verwirren sollen (SK-StPO/Schlüchter StPO § 241 Rn 8),
- Fragen an den Sachverständigen, die über den Gutachtenauftrag hinausgehen (BGH NStZ 1984, 16; aA KMR/Paulus StPO § 241 Rn mwN: nur wenn sie außerhalb seines Sachgebiets liegen),
- Fragen an Zeugen (auch Polizeibeamte) über die rechtliche Beurteilung des Falles (Löwe/Rosenberg/Gollwitzer StPO § 241 Rn 13),
- Auskünfte über die Vorstellung eines anderen Menschen (BGH NJW 1992, 2838 f),
- Fragen an einen Richter, die das Beratungsgeheimnis betreffen (Löwe/Rosenberg/Gollwitzer StPO § 241 Rn 14 mwN),
- Fragen an einen Beamten oder an Vertrauenspersonen der Polizei, die nach dem Verpflichtungsgesetz zur Verschwiegenheit verpflichtet sind, zu Sachverhalten, zu denen keine Aussagegenehmigung erteilt wurde (vgl § 54 StPO),
- Fragen an einen Vernehmungsbeamten zu dem Inhalt einer polizeilichen Aussage, wenn dem vernommenen Zeugen ein Zeugnisverweigerungsrecht zusteht und noch nicht geklärt ist, ob er davon in der Hauptverhandlung Gebrauch machen wird (Löwe/Rosenberg/Gollwitzer StPO § 241 Rn 14 mwN).

II. Nicht zur Sache gehörende Fragen

Fragen gehören nicht zur Sache, wenn sie sich weder unmittelbar noch mittelbar auf den Gegenstand der Untersuchung beziehen, also keinerlei Zusammenhang mit der dem Angeklagten zur Last gelegten Tat bzw der zu erwartenden Rechtsfolge haben oder verfahrensfremden Zwecken dienen (BGH NStZ 1985, 183, 184). 11

Auf die Erheblichkeit der Frage kommt es hingegen nicht an (Pfeiffer StPO § 241 Rn 3). Erwägungen, die nach § 244 Abs 3 S 2 StPO zur Ablehnung eines Beweisantrags wegen Bedeutungslosigkeit der unter Beweis gestellten Tatsache führen können, rechtfertigen noch nicht die Zurückweisung einer Frage nach § 241 Abs 2 StPO. Über die Eignung zur Wahrheitsfindung soll sich das Gericht erst eine Meinung bilden, wenn es die Antwort gehört hat (BGH NStZ 1985, 183, 184). Nur so kann das Wissen der Beweisperson voll ausgeschöpft und unbekannten Tatsachen und Zusammenhängen nachgegangen werden (Löwe/Rosenberg/Gollwitzer StPO § 241 Rn 7). Fragen dürfen daher nicht mit dem Hinweis zurückgewiesen werden, der erfragte Umstand sei bereits erwiesen oder könne als wahr unterstellt werden (SK-StPO/Schlüchter StPO § 241 Rn 6). 12

Prozessfremde Zwecke werden verfolgt, wenn die Frage offensichtlich nur darauf abzielt, Aufsehen zu erregen, für eine bestimmte Einrichtung zu werben oder den Zeugen bloßzustellen und in seiner Ehre anzugreifen (Löwe/Rosenberg/Gollwitzer StPO § 241 Rn 8 mwN). 13

StPO § 241

14 Fragen zur Glaubwürdigkeit eines Zeugen sind in aller Regel zuzulassen (BGH NStZ 1990, 400; NStZ 1993, 292).

14.1 Hierzu gehören ua Fragen zum Erinnerungsvermögen eines Zeugen (OLG Celle StV 1985, 7), im Einzelfall zu Vorstrafen oder Aufenthalten im Gefängnis (BGH NStZ 2001, 418), zum Anlass der Anzeigenerstattung und zum Motiv der Aussage. Der Vorsitzende hat jedoch zwischen dem Schutz des Zeugen vor unnötigen Bloßstellungen und dem Anspruch des Angeklagten auf möglichst umfassende und vollständige Erforschung der Wahrheit abzuwägen (BGH NStZ 1990, 400). Beweiserhebungen zum Privat- und Intimleben eines Zeugen, die zu dem Verfahrensgegenstand in keinem unmittelbaren Zusammenhang stehen, sind nur nach sorgfältiger Prüfung hinsichtlich ihrer Unerlässlichkeit statthaft (BGH NJW 2005, 1519, 1521). Ggf sind geeignete Schutzmaßnahmen für den Zeugen wie etwa der Ausschluss der Öffentlichkeit zu erwägen (Löwe/Rosenberg/Gollwitzer StPO § 241 Rn 8 mwN; SK-StPO/Schlüchter StPO § 241 Rn 8).

III. Entscheidung des Vorsitzenden

1. Inhalt

15 Der Vorsitzende hat ungeeignete und nicht zur Sache gehörende Fragen von Amts wegen oder auf Anregung eines Verfahrensbeteiligten durch prozessleitende Verfügung gem § 238 Abs 1 StPO zurückzuweisen. Die Entscheidung ist in aller Regel kurz zu begründen, damit der Fragesteller sein weiteres Verhalten darauf einstellen kann (Meyer-Goßner StPO § 241 Rn 21). Allerdings ist der Vorsitzende berechtigt, den Fragesteller vor einer förmlichen Entscheidung auf die Unzulässigkeit der Frage hinzuweisen, um eine Rücknahme oder Abänderung zu erreichen. Verzichtet der Fragesteller auf die Frage, ist eine Zurückweisung entbehrlich. Die Zulassung einer Frage zu einem späterem Zeitpunkt ist keine Zurückweisung (KMR/Paulus StPO § 241 Rn 19).

2. Protokollierung

16 Die Zurückweisung einer Frage muss nur dann nach § 273 Abs 1 StPO protokolliert werden, wenn die Entscheidung des Vorsitzenden gem § 238 Abs 2 StPO beanstandet wird (KK-StPO/Schneider StPO § 241 Rn 14). In diesem Fall sind zum Verständnis auch die Frage und der Grund der Zurückweisung in das Protokoll aufzunehmen (Löwe/Rosenberg/Gollwitzer StPO § 241 Rn 23). Der aufgrund der Beanstandung ergehende Gerichtsbeschluss ist ebenfalls zu protokollieren.

IV. Wirkung der Zurückweisung von Fragen

17 Die Beweisperson braucht die zurückgewiesene Frage nicht zu beantworten. Die Frage darf auch zu einem späteren Zeitpunkt nicht erneut gestellt werden. In abgewandelter Form ist sie nur zulässig, wenn sie den Grund, der zur Zurückweisung geführt hat, nicht erneut in sich trägt (Löwe/Rosenberg/Gollwitzer StPO § 241 Rn 21).

18 Sind Fragen zu einem sachfremden Thema insgesamt zurückgewiesen worden und werden gleichwohl weitere Fragen zu demselben Themenkomplex gestellt, so umfassen die erstmalige Zurückweisung und der erstmalige Beschluss nach § 238 Abs 2 StPO auch die Zurückweisung der weiteren Fragen zu diesem Thema (BGH NJW 2004, 239).

V. Entziehung des Fragerechts als Ganzes

19 § 241 Abs 1 StPO sieht die Entziehung des Fragerechts nur beim Kreuzverhör gem § 239 StPO vor (vgl Rn 1 ff). Das Fragerecht des § 240 Abs 2 StPO kann grds nicht als Ganzes entzogen werden. Vielmehr ist idR jede unzulässige Frage einzeln zurückzuweisen. Musste der Vorsitzende fortdauernd unzulässige Fragen zurückweisen und setzt der Fragesteller trotz Ermahnung sein missbräuchliches Verhalten fort, kann der Vorsitzende das Fragerecht jedoch beschränken. In einer solchen Verfahrenslage ist es zur Verhinderung eines nochmaligen Missbrauchs des Fragerechts zulässig, die weitere Ausübung der Befragung eines Zeugen oder Sachverständigen von der vorherigen schriftlichen Mitteilung der beabsichtigten Fragen abhängig zu machen (BGH NStZ 1982, 158 f).

Erst wenn auch dies nicht ausreichend ist, um einen ordnungsgemäßen Verfahrensgang zu 20
sichern, kann das Fragerecht als letztes Mittel für konkret zu bestimmende Verfahrensabschnitte – zB für einen bestimmten Zeugen – vollständig unterbunden werden, wenn zulässige Fragen nicht mehr zu erwarten sind (BGH NStZ 1982, 158 f; KK-StPO/Tolksdorf StPO § 241 Rn 16 f; SK-StPO/Schlüchter StPO § 241 Rn 3 mwN). Angesichts der Eingriffsintensität sollte eine solche Maßnahme unter Berücksichtigung des Rechtsgedankens des § 242 StPO durch das Gericht beschlossen werden, wenngleich der Vorsitzende hierzu aufgrund seiner Sachleitungsbefugnis ebenfalls berechtigt wäre. Die Entscheidung ist ausführlich zu begründen, weil sie den Charakter der Ablehnung eines Beweisantrags hat (Löwe/Rosenberg/Gollwitzer StPO § 241 Rn 22 mwN).

C. Rechtsbehelfe/Revision

Gegen die Entziehung der Befugnis zum Kreuzverhör und die Zurückweisung einer Frage 21
durch den Vorsitzenden kann der Fragesteller gem § 238 Abs 2 StPO die Entscheidung des Gerichts beantragen. Das gleiche Recht steht den Zeugen und Sachverständigen zu, wenn der Vorsitzende eine von ihnen beanstandete Frage zulässt. In dem Gerichtsbeschluss, mit dem eine Frage zurückgewiesen wird, muss das Gericht darlegen, ob es die Frage für ungeeignet oder nicht zur Sache gehörig ansieht und worauf sich seine Bewertung stützt (BGH NStZ-RR 2001, 138). Die Begründung muss dem Revisionsgericht eine umfassende Prüfung der Zulässigkeit der Einschränkung des Fragerechts ermöglichen (BGH StV 1990, 199).

Der Beschluss, mit dem eine Frage zurückgewiesen wird, ist gem § 305 S 1 StPO nicht 22
mit der Beschwerde angreifbar. Den Zeugen oder Sachverständigen steht als Drittbetroffenen hingegen nach § 305 S 2 StPO ein Beschwerderecht zu, wenn eine Frage entgegen ihrer Beanstandung vom Gericht zugelassen wurde. Die Beschwerde hat keine aufschiebende Wirkung. Eine aufgrund der Beschwerde ergehende Entscheidung des Beschwerdegerichts ist für das erkennende Gericht allerdings bindend.

Die Revision kann nur dann erfolgreich auf eine fehlerhafte Anwendung des § 241 StPO 23
gestützt werden, wenn in der Hauptverhandlung eine Entscheidung des Gerichts gem § 238 Abs 2 StPO herbeigeführt wurde (BGH NStZ 2005, 222). Hat das Gericht eine Frage zu Unrecht nicht zugelassen, kann die Revision begründet sein, wenn das Urteil darauf beruht (§ 337 StPO), ein Verstoß gegen die gerichtliche Aufklärungspflicht vorliegt oder die Verteidigung in einem wesentlichen Punkt beschränkt wurde (§ 338 Nr 8 StPO). Dies ist nicht der Fall, wenn der Verteidiger ausreichend Gelegenheit hatte, für die Überprüfung der Glaubwürdigkeit geeignete und der Wahrheitsfindung dienende Fragen an einen Zeugen zu stellen (BGH NStZ-RR 2001, 138). Der Angeklagte kann auch durch die Zurückweisung der Frage eines Mitangeklagten beschwert sein (BGH NStZ 1991, 228; SK-StPO/Schlüchter StPO § 241 Rn 20).

§ 241 a [Vernehmung von Zeugen]

(1) Die Vernehmung von Zeugen unter 18 Jahren wird allein von dem Vorsitzenden durchgeführt.

(2) ¹Die in § 240 Abs. 1 und Abs. 2 Satz 1 bezeichneten Personen können verlangen, daß der Vorsitzende den Zeugen weitere Fragen stellt. ²Der Vorsitzende kann diesen Personen eine unmittelbare Befragung der Zeugen gestatten, wenn nach pflichtgemäßem Ermessen ein Nachteil für das Wohl der Zeugen nicht zu befürchten ist.

(3) § 241 Abs. 2 gilt entsprechend.

Überblick

Zum Schutz kindlicher und jugendlicher Zeugen im Hinblick auf die psychischen Belastungen der Hauptverhandlung normiert § 241 a StPO, dass eine Vernehmung von Zeugen unter 18 Jahren allein durch den Vorsitzenden durchgeführt wird (Rn 1). Das Fragerecht weiterer

StPO § 241a Zweites Buch. 6. Abschnitt

Verfahrensbeteiligter wird durch einen Anspruch auf mittelbare Befragung über den Vorsitzenden (Rn 3) und eine im Einzelfall mögliche unmittelbare Befragung gewährleistet (Rn 4).

A. Vernehmung durch den Vorsitzenden

1 Die Vernehmung von Zeugen unter 18 Jahren ist **allein** durch den Vorsitzenden durchzuführen. Die Altersgrenze ist durch das zweite OpferrechtsreformG vom 31. Juli 2009 (BGBl I 2280), das am 1. 10. 2009 in Kraft getreten ist, von bislang 16 Jahren auf 18 Jahre heraufgesetzt worden. Eine Übertragung der Vernehmung von Kindern und Jugendlichen auf beisitzende Richter oder andere Verfahrensbeteiligte ist nicht statthaft. Dies soll zum einen gewährleisten, dass dem Zeugen lediglich ein Gesprächspartner gegenübersteht. Zum anderen bietet der Vorsitzende idR die größte Gewähr für eine angepasste und rücksichtsvolle Vernehmung ohne unsachgemäße oder aggressive Fragen (Meyer-Goßner StPO § 241a Rn 2).

2 Ein Kreuzverhör gem § 239 StPO ist bei Zeugen unter 18 Jahren ausgeschlossen. Das Recht des Sachverständigen aus § 80 Abs 2 StPO unmittelbar Fragen an den Zeugen zu stellen, bleibt unberührt, weil es sich insoweit nicht um einen Teil der Vernehmung handelt (Meyer-Goßner StPO § 241a Rn 2).

B. Mittelbare Befragung durch Prozessbeteiligte

3 Die weiteren in § 240 Abs 1 u Abs 2 S 1 StPO genannten Personen (beisitzende Richter, Schöffen, Staatsanwalt, Verteidiger, Angeklagte) haben nach Abschluss der Vernehmung des Vorsitzenden das Recht zur mittelbaren Befragung. Der Vorsitzende ist verpflichtet, von ihnen gewünschte Fragen an den Zeugen zu stellen, sofern kein Grund für eine Zurückweisung gem § 241 Abs 2 StPO besteht (vgl Rn 5). Es bleibt dem Vorsitzenden aufgrund des Schutzzwecks der Norm allerdings unbenommen, den Wortlaut der Frage dem Entwicklungsstand des Kindes oder Jugendlichen anzupassen oder sie in Teilfragen aufzuspalten, sofern dies den Inhalt der Frage nicht verändert (SK-StPO/Schlüchter StPO § 241a Rn 4).

C. Unmittelbare Befragung durch Prozessbeteiligte

4 Den Frageberechtigten (vgl Rn 3) kann der Vorsitzende nach pflichtgemäßem Ermessen auf deren Antrag gestatten, ihre Fragen unmittelbar an den kindlichen/jugendlichen Zeugen zu richten, sofern kein Nachteil für dessen Wohl zu erwarten ist. Ob dies der Fall ist, entscheidet der Vorsitzende nach pflichtgemäßem Ermessen. Dabei kann er auch bestimmten Verfahrensbeteiligten gestatten, Fragen zu stellen, dies anderen hingegen versagen (Löwe/Rosenberg/Gollwitzer StPO § 241a Rn 6). Einen Anspruch auf unmittelbare Befragung haben die Verfahrensbeteiligten auch dann nicht, wenn kein Nachteil für das Wohl des Zeugen zu befürchten ist (KK-StPO/Schneider StPO § 241a Rn 6). Die Erlaubnis zur unmittelbaren Befragung kann jederzeit widerrufen werden.

D. Zurückweisung unzulässiger Fragen

5 Sowohl bei der mittelbaren als auch der unmittelbaren Befragung eines Zeugen unter 16 Jahren können – wie bei anderen Zeugen – ungeeignete und nicht zur Sache gehörende Fragen zurückgewiesen werden (vgl Abs 3). Dies gilt allerdings nicht für Fragen von Berufsrichtern (vgl hierzu § 242 StPO). Besteht der Fragesteller im Falle der mittelbaren Befragung auf dem von ihm vorgetragenen Wortlaut einer vom Vorsitzenden umformulierten Frage, kann der Vorsitzende die Frage gem Abs 3 in entsprechender Anwendung des § 241 Abs 2 StPO als mit dem Schutzzweck des § 241a StPO nicht vereinbar zurückweisen (Meyer-Goßner StPO § 241a Rn 6).

E. Rechtsbehelfe/Revision

6 Gewährung als auch Versagung der unmittelbaren Befragung sind prozessleitende Verfügungen gem § 238 Abs 1 StPO, gegen die eine Entscheidung des Gerichts gem § 238

Abs 2 StPO herbeigeführt werden kann. Im Übrigen wird auf die Ausführungen in § 241 StPO (§ 241 StPO Rn 22 ff) verwiesen.

§ 242 [Zweifel über Zulässigkeit von Fragen]

Zweifel über die Zulässigkeit einer Frage entscheidet in allen Fällen das Gericht.

Überblick

Die Vorschrift findet auf die Fälle Anwendung, in denen das Gericht nicht bereits nach § 238 Abs 2 StPO über die Zurückweisung einer Frage durch den Vorsitzenden gem § 241 Abs 2 StPO entscheidet (Rn 1).

A. Zweifel an der Zulässigkeit einer Frage

Eine Entscheidung des Gerichts über die Zulässigkeit einer Frage gem § 242 StPO ist 1 erforderlich, wenn der Vorsitzende hierüber keine Entscheidung treffen kann oder will. Anderenfalls entscheidet das Gericht nach § 238 Abs 2 StPO. Folgende Fallgestaltungen kommen in Betracht.
- Fragen von beisitzenden Richtern, die der Vorsitzende nicht zurückweisen darf, vgl § 241 StPO (§ 241 StPO Rn 4),
- Fragen des Vorsitzenden, an deren Zulässigkeit ein Verfahrensbeteiligter Zweifel äußert,
- Fragen, an deren Zulässigkeit der Vorsitzende Zweifel hat, ohne aber selbst eine Entscheidung gem § 241 Abs 2 StPO treffen zu wollen.

Beanstandet werden kann lediglich die Zulässigkeit einer Frage iSd § 241 Abs 2 StPO, 2 nicht hingegen deren Zweckmäßigkeit.

B. Entscheidung des Gerichts

Das Gericht – auch der Strafrichter – entscheidet über die Zulässigkeit der Frage nach 3 Anhörung des Fragestellers und der anderen Verfahrensbeteiligten (§ 33 Abs 1 StPO) durch Beschluss (KK-StPO/Schneider StPO § 242 Rn 2). Dieser ist zu begründen, weil er bei einer Zurückweisung der Frage vom Fragesteller und bei einer Zulassung der Frage vom Zeugen angefochten werden kann. Im Übrigen wird auf die Erläuterungen zu § 241 StPO verwiesen.

§ 243 [Gang der Hauptverhandlung]

(1) ¹Die Hauptverhandlung beginnt mit dem Aufruf der Sache. ²Der Vorsitzende stellt fest, ob der Angeklagte und der Verteidiger anwesend und die Beweismittel herbeigeschafft, insbesondere die geladenen Zeugen und Sachverständigen erschienen sind.

(2) ¹Die Zeugen verlassen den Sitzungssaal. ²Der Vorsitzende vernimmt den Angeklagten über seine persönlichen Verhältnisse.

(3) ¹Darauf verliest der Staatsanwalt den Anklagesatz. ²Dabei legt er in den Fällen des § 207 Abs. 3 die neue Anklageschrift zugrunde. ³In den Fällen des § 207 Abs. 2 Nr. 3 trägt der Staatsanwalt den Anklagesatz mit dem Eröffnungsbeschluß zugrunde liegenden rechtlichen Würdigung vor; außerdem kann er seine abweichende Rechtsauffassung äußern. ⁴In den Fällen des § 207 Abs. 2 Nr. 4 berücksichtigt er die Änderungen, die das Gericht bei der Zulassung der Anklage zur Hauptverhandlung beschlossen hat.

(4) ¹Der Vorsitzende teilt mit, ob Erörterungen nach den §§ 202 a, 212 stattgefunden haben, wenn deren Gegenstand die Möglichkeit einer Verständigung (§ 257 c) gewesen ist und wenn ja, deren wesentlichen Inhalt. ²Diese Pflicht gilt

StPO § 243

auch im weiteren Verlauf der Hauptverhandlung, soweit sich Änderungen gegenüber der Mitteilung zu Beginn der Hauptverhandlung ergeben haben."

(5) ¹Sodann wird der Angeklagte darauf hingewiesen, daß es ihm freistehe, sich zu der Anklage zu äußern oder nicht zur Sache auszusagen. ²Ist der Angeklagte zur Äußerung bereit, so wird er nach Maßgabe des § 136 Abs. 2 zur Sache vernommen. ³Vorstrafen des Angeklagten sollen nur insoweit festgestellt werden, als sie für die Entscheidung von Bedeutung sind. ⁴Wann sie festgestellt werden, bestimmt der Vorsitzende.

Überblick

Die Vorschrift legt die regelmäßige Reihenfolge (Rn 1) der einzelnen Vorgänge in der Hauptverhandlung vom Aufruf der Sache (Rn 4) bis zum Beginn der Beweisaufnahme fest. Dazu zählen neben den einleitenden Verhandlungsteilen (Rn 4 bis Rn 12) die Vernehmung des Angeklagten zur Person (Rn 13 bis Rn 15), die Verlesung des Anklagesatzes (Rn 16 bis Rn 25), die Belehrung des Angeklagten (Rn 26 bis Rn 28) sowie dessen Vernehmung zur Sache (Rn 29 bis Rn 41). Durch das Gesetz zur Regelung der Verständigung im Strafverfahren vom 29. 7. 2009 (BGBl I 2353) ist Abs 4 neu eingefügt worden, der den Vorsitzenden verpflichtet, in öffentlicher Hauptverhandlung mitzuteilen, ob außerhalb der Sitzung die Möglichkeit einer Verständigung iSd § 257 c StPO erörtert wurde und welchen Inhalt die Gespräche hatten (Rn 25 a).

Übersicht

	Rn		Rn
A. Verhandlungsreihenfolge	1	3. Sonderfälle	24
B. Einzelne Verhandlungsteile	4	VI. Verständigung im Strafverfahren	25a
I. Aufruf der Sache (Abs 1 S 1)	4	1. Inhalt der Mitteilung	25b
II. Feststellung der Anwesenheit (Abs 1 S 2)	5	2. Zeitpunkt der Mitteilung	25c
		3. Protokollierung	25d
III. Entfernen der Zeugen aus dem Sitzungssaal (Abs 2 S 1)	7	VII. Belehrung des Angeklagten (Abs 4 S 1)	26
IV. Vernehmung des Angeklagten zur Person (Abs 2 S 2)	13	VIII. Vernehmung des Angeklagten zur Sache (Abs 4 S 2)	29
1. Identitätsfeststellung	13	1. Art und Inhalt der Vernehmung	30
2. Persönliche Verhältnisse	15	2. Erklärungen des Verteidigers	34
V. Verlesung des Anklagesatzes (Abs 3)	16	3. Folgen der Einlassung	38
1. Normalfall	17	4. Protokollierung	41
2. Neugefasste oder geänderte Anklage (§ 207 Abs 2 u Abs 3 StPO)	21	IX. Vorstrafen (Abs 4 S 3 u S 4)	42
		C. Rechtsbehelfe/Revision	44

A. Verhandlungsreihenfolge

1 Es müssen grundsätzlich alle in der Vorschrift genannten Verhandlungsabschnitte in der angegeben Reihenfolge durchgeführt werden. Der Angeklagte hat insbes das Recht, vor Beginn der Beweisaufnahme – einschließlich der Vernehmung der Belastungszeugen – seine Einlassung zur Sache im Zusammenhang vorzutragen, um so die gegen ihn bestehenden Verdachtsmomente zu entkräften.

2 Ein Abweichen von der vorgegebenen Reihenfolge kann in Ausnahmefällen sachdienlich erscheinen, setzt aber in aller Regel die Zustimmung des Angeklagten und seines Verteidigers voraus (BGH NStZ 1991, 228). In umfangreichen Verfahren mit zahlreichen Anklagevorwürfen ist es zulässig, dass der Vorsitzende den Angeklagten zunächst zu einer allgemeinen Erklärung zur Sache veranlasst und die Verhandlung sodann in Teilabschnitte aufgliedert, die jeder für sich in der Reihenfolge des § 243 StPO durchgeführt werden müssen. Es erfolgt daher in jedem Teilabschnitt eine Einlassung des Angeklagten zu den jeweiligen Tatvorwürfen und anschließend die diesbezügliche Beweisaufnahme. Auch in diesen Fällen sollte eine

ausdrückliche Zustimmung des Angeklagten vorliegen (KK-StPO/Schneider StPO § 243 Rn 5).

Bei einem wesentlichen Abweichen von der vorgegebenen Reihenfolge greift die Protokollierungspflicht des § 273 Abs 1 StPO. 3

B. Einzelne Verhandlungsteile
I. Aufruf der Sache (Abs 1 S 1)

Die Hauptverhandlung beginnt mit dem Aufruf der Sache durch den Vorsitzenden oder 4 auf dessen Anordnung durch einen Gerichtswachtmeister oder Protokollführer. Dabei wird für alle Wartenden bekannt gegeben, dass die Strafsache nunmehr beginnt. Hierdurch sollen die Verfahrensbeteiligten zum Erscheinen veranlasst und der Öffentlichkeit die Gelegenheit gegeben werden, bei der Durchführung der Verhandlung zugegen zu sein. Das Unterlassen des Aufrufs ist grundsätzlich unschädlich, weil es sich nicht um eine wesentliche Förmlichkeit des Verfahrens handelt. In diesem Fall gilt die Hauptverhandlung mit der ersten Verfahrenshandlung des Vorsitzenden oder des Gerichts, also insbes der Feststellung der anwesenden Verfahrensbeteiligten (vgl Rn 5), als begonnen.

II. Feststellung der Anwesenheit (Abs 1 S 2)

Abs 1 S 2 ordnet lediglich die Feststellung der Anwesenheit des Angeklagten und des 5 Verteidigers sowie der Zeugen und Sachverständigen an. Sind diese nicht anwesend, stellt sich die Frage, ob schon vor dem eigentlichen Beginn der Hauptverhandlung Zwangsmaßnahmen ergriffen werden müssen (vgl § 230 Abs 2 StPO u § 51 Abs 1 S 3 StPO). Allerdings hat der Vorsitzende eine angemessene Zeit zuzuwarten, bevor er über eine Vertagung oder Zwangsmaßnahmen entscheidet. Über den Wortlaut der Vorschrift hinaus hat sich der Vorsitzende auch einen Überblick über die Anwesenheit der weiteren Verfahrensbeteiligten (Staatsanwaltschaft, Privatkläger, Nebenkläger, Nebenbeteiligte etc) zu verschaffen (vgl § 272 Nr 4 StPO). Die Anwesenheit dieser Personen ist ebenso wie die der übrigen Verfahrensbeteiligten in das Verhandlungsprotokoll aufzunehmen. Darüber hinaus hat der Vorsitzende zu prüfen, ob die erforderlichen Beweismittel (Urkunden und Augenscheinsobjekte) vorliegen oder noch unverzüglich herbeigeschafft werden können.

Die für den Beginn der Hauptverhandlung geladenen Beweispersonen sind einzeln auf- 6 zurufen, damit ihre Anwesenheit namentlich festgestellt werden kann (Pfeiffer StPO § 243 Rn 3). Haben sie ihr Fernbleiben entschuldigt, hat der Vorsitzende dies bekannt zu geben (Löwe/Rosenberg/Gollwitzer StPO § 243 Rn 21). Stellt der Vorsitzende ausdrücklich fest, dass bestimmte Beweismittel beigebracht wurden, dürfen die Verfahrensbeteiligte sich darauf verlassen, dass die vorhandenen Beweismittel verwendet werden (KK-StPO/Schneider StPO § 243 Rn 11).

Nach der Präsenzfeststellung erfolgt ggf die Mitteilung der Gerichtsbesetzung nach § 222 a Abs 1 StPO, soweit diese nicht bereits zuvor erfolgt ist.

III. Entfernen der Zeugen aus dem Sitzungssaal (Abs 2 S 1)

Die Zeugen haben den Gerichtssaal zu verlassen, weil sie gem § 58 StPO einzeln und in 7 Abwesenheit der später zu vernehmenden Zeugen zu hören sind und unbeeinflusst von den Angaben anderer Zeugen aussagen sollen. Der Vorsitzende kann die Entfernung der Zeugen erforderlichenfalls gem § 176 GVG erzwingen.

Gemeinsam mit den Zeugen müssen sich ggf auch weitere Personen, wie der gesetzliche 8 Vertreter eines kindlichen Zeugen und der Beistand des Verletzten gem § 406 f Abs 2 S 1 StPO entfernen. Ein Entfernen des Nebenklägers, der als Zeuge vernommen werden soll, ist gem § 397 Abs 1 S 1 StPO nicht statthaft. Auch der nebenklagebefugte Zeuge, der eine Anschlusserklärung (noch) nicht abgegeben hat, ist gem § 406 g Abs 1 S 2 StPO zur Anwesenheit in der Hauptverhandlung berechtigt. Diese Regelung, mit der das Recht des Nebenklagebefugten dem des Nebenklägers gleichgestellt wird, ist durch das zweite OpferrechtsreformG vom 31. 7. 2009 (BGBl I 2280), das am 1. 10. 2009 in Kraft getreten ist, eingefügt worden. Aufgrund dieser Neuregelung wurde der bisherige Abs 2 S 2 gestrichen.

Der Sitzungsvertreter der Staatsanwaltschaft und der Verteidiger haben auch dann ein Anwesenheitsrecht, wenn ihre Vernehmung als Zeuge beantragt oder beabsichtigt ist, vgl § 227 StPO (§ 227 StPO Rn 2 sowie Löwe/Rosenberg/Gollwitzer StPO § 243 Rn 28).

9   Die Vernehmung eines Zeugen ist nicht deshalb unzulässig, weil er bei Teilen der Hauptverhandlung oder der Vernehmung eines anderen Zeugen anwesend war. Auch ein bereits vernommener Zeuge, der der Verhandlung weiter beigewohnt hat, darf erneut als Zeuge gehört werden (KK-StPO/Schneider StPO § 243 Rn 14).

10 Sind mehrere Zeugen erschienen ist es in der Praxis üblich, dass der Vorsitzende zunächst alle Zeugen gemeinsam nach § 57 StPO belehrt und sie sodann auffordert, den Sitzungssaal zu verlassen bis sie einzeln wieder aufgerufen werden. Im Einzelfall kann der Vorsitzende einzelnen Personen trotz ihrer beabsichtigter Vernehmung die Anwesenheit in der Verhandlung gestatten (Meyer-Goßner StPO § 243 Rn 8).

11 Die Vorschrift gilt nicht für Sachverständige, auch wenn diese zugleich Zeugen sind. Es kann erforderlich sein, ihnen Gelegenheit zu verschaffen, sich in der Hauptverhandlung mit neuen Anknüpfungstatsachen auseinanderzusetzen. Über ihre Anwesenheit entscheidet der Vorsitzende nach freiem Ermessen (BGH NStZ 1995, 201).

12 Beantragt ein Verfahrensbeteiligter einen Zuhörer als Zeugen zu vernehmen, hat der Vorsitzende nach pflichtgemäßem Ermessen zu entscheiden, ob eine solche Vernehmung in Betracht kommt. Bejahendenfalls kann er die Person auffordern, den Sitzungssaal zu verlassen, verpflichtet ist er dazu aber nicht (KK-StPO/Schneider StPO § 243 Rn 17; Löwe/Rosenberg/Gollwitzer StPO § 243 Rn 31). Ein Verstoß gegen den Öffentlichkeitsgrundsatz des § 169 GVG kommt nur bei einem Ausschluss aus sachwidrigen Erwägungen in Betracht (BGH NStZ 2001, 163)

IV. Vernehmung des Angeklagten zur Person (Abs 2 S 2)

1. Identitätsfeststellung

13 Die Vernehmung des Angeklagten zur Person soll in erster Linie die Feststellung seiner Identität und damit den Abgleich ermöglichen, ob er die in der Anklageschrift bezeichnete Person ist. Der Angeklagte ist verpflichtet, die in § 111 Abs 1 OWiG bezeichneten Angaben zu machen, mithin seinen vollständigen Namen, Geburtstag und -ort, Familienstand, Wohnanschrift und Staatsangehörigkeit anzugeben. Die Identitätsfeststellung dient zugleich der Klärung der Verhandlungsfähigkeit des Angeklagten (OLG Hamm NZV 2008, 212) und der Vergewisserung, dass er sich selbst verteidigen kann (Meyer-Goßner StPO § 243 Rn 11). Verweigert der Angeklagte die Angaben, kann die Identität im Freibeweisverfahren festgestellt werden. Mit Mitteln der StPO kann das Gericht Angaben des Angeklagten nicht erzwingen (Löwe/Rosenberg/Gollwitzer StPO § 243 Rn 36).

14 Betreffen die Angaben zur Person zugleich die Schuld- oder Rechtsfolgenfrage, ist der Angeklagte berechtigt, die Angaben zu verweigern (BayObLG NJW 1981,1385).

2. Persönliche Verhältnisse

15 Weitere Fragen zur den persönlichen Verhältnissen des Angeklagten, die über die zuvor genannten Angaben hinausgehen, gehören idR zur Vernehmung zur Sache. In der Praxis ist vielfach festzustellen, dass der Angeklagte bereits an dieser Stelle zu seinem Lebenslauf, seinem beruflichen Werdegang und seinen familiären und wirtschaftlichen Verhältnissen vernommen wird. Sofern dies erfolgt, muss der Angeklagte zuvor in jedem Fall nach Abs 4 S 1 belehrt werden, wenn die persönlichen Umstände einen Bezug zur Schuldfrage haben oder bei der Strafzumessung nach § 46 Abs 2 S 2 StGB eine Rolle spielen können. Unterbleibt die Belehrung sind die Angaben im Urteil nicht verwertbar, wenn sich der Angeklagte nach erfolgter Belehrung nicht zur Sache einlässt.

V. Verlesung des Anklagesatzes (Abs 3)

16 Der Zweck der Verlesung des Anklagesatzes besteht darin, diejenigen Richter und insbes die Schöffen, denen der Inhalt der Anklage noch nicht bekannt ist, sowie die Öffentlichkeit darüber zu unterrichten, auf welchen geschichtlichen Vorgang sich das Verfahren bezieht,

Hauptverhandlung   § 243 StPO

und es ihnen zu ermöglichen, während der gesamten Verhandlung ihr Augenmerk auf die Umstände zu richten, auf die es in tatsächlicher und rechtlicher Hinsicht ankommt. Den Prozessbeteiligten soll Gewissheit darüber vermittelt werden, auf welche Tat sie ihr Angriffs- und Verteidigungsvorbringen einzurichten haben (BGH NStZ 2006, 649, 650). Auf die Verlesung des Anklagesatzes kann daher nicht verzichtet werden (OLG Köln NStZ-RR 2004, 48, 49). Die **Verlesung des Anklagesatzes** gehört zu den wesentlichen Förmlichkeiten, deren Beachtung das Protokoll ersichtlich machen muss (§ 273 StPO) und die als wesentliche Förmlichkeit nur durch das Protokoll bewiesen werden können (§ 274 StPO).

1. Normalfall

Der Anklagesatz (§ 200 Abs 1 S 1 StPO) wird vom Staatsanwalt – im Bußgeldverfahren ohne Anwesenheit der Staatsanwaltschaft vom Vorsitzenden – im Ganzen nebst den anzuwendenden Strafvorschriften, jedoch ohne das wesentliche Ergebnis der Ermittlungen verlesen. Dabei wird die Bezeichnung „Angeschuldigter" durch „Angeklagter" ersetzt (vgl § 157 StPO). Bei verbundenen Sachen sind sämtliche Anklagesätze zu verlesen. Etwaige Mängel oder Unklarheiten des Anklagesatzes sind zu korrigieren (BGH NStZ 1984, 133; Pfeiffer StPO § 243 Rn 7). 17

Beherrscht der Angeklagte die deutsche Sprache nicht, ist der Anklagesatz mündlich in eine ihm verständliche Sprache zu übersetzen (vgl Art 6 Abs 3 e EMRK). Dem Grundsatz des fairen Verfahrens, der in § 243 Abs 3 StPO seine einfachrechtliche Ausprägung findet, ist allerdings auch genügt, wenn dem des Lesens kundigen ausländischen Angeklagten eine schriftliche Übersetzung des in deutscher Sprache verlesenen Anklagesatzes überlassen wird (BVerfG NJW 2004, 1443) sofern diese keine wesentlichen Mängel enthält (BGH NStZ 1993, 499). 18

Den Schöffen kann nach der Verlesung des Anklagesatzes eine Abschrift desselben, nicht hingegen der gesamten Anklageschrift überlassen werden (Löwe/Rosenberg/Gollwitzer StPO § 243 Rn 15 und 51). 19

Eine Verlesung des Eröffnungsbeschlusses ist nicht erforderlich aber möglich. IdR stellt das Gericht nach Verlesung des Anklagesatzes fest, wann die Anklage zur Hauptverhandlung zugelassen und das Hauptverfahren eröffnet wurde. Eine Gegenerklärung des Verteidigers kann der Vorsitzende zulassen, einen Anspruch darauf hat der Verteidiger nicht (KK-StPO/Schneider StPO § 243 Rn 32). 20

2. Neugefasste oder geänderte Anklage (§ 207 Abs 2 u Abs 3 StPO)

Die Staatsanwaltschaft hat gem § 207 Abs 2 Nr 1 u Nr 2, Abs 3 StPO eine neue Anklage einzureichen, wenn das Gericht die Eröffnung des Hauptverfahrens wegen einzelner Taten abgelehnt hat oder wenn die Strafverfolgung nach § 154 a StPO auf einzelne abtrennbare Teile einer Tat beschränkt bzw solche Teile wieder in das Verfahren einbezogen wurden. In diesem Fall hat die Staatsanwaltschaft den Anklagesatz aus der neu eingereichten Anklage zu verlesen. 21

Hat das Gericht im Eröffnungsbeschluss die Tat rechtlich abweichend von der Anklageschrift gewürdigt (§ 207 Abs 2 Nr 3 StPO), hat die Staatsanwaltschaft den Anklagesatz mit dieser Änderung vorzutragen. Ggf hat der Staatsanwalt den Anklagesatz umzuformulieren, wenn sich mit der rechtlichen Würdigung auch die im Anklagesatz anzuführenden Tatsachen ändern. Im Anschluss hat der Staatsanwalt das Recht, seine abweichende Rechtsauffassung darzulegen. Dabei kann er erforderliche Hinweise nach § 265 StPO anregen (Löwe/Rosenberg/Gollwitzer StPO § 243 Rn 54). 22

Wenn die Verfolgung nach § 154 a StPO auf einzelne von mehreren Gesetzesverletzungen, die durch dieselbe Straftat begangen worden sind, beschränkt oder solche Gesetzesverletzungen wieder in das Verfahren einbezogen wurden (§ 207 Abs 2 Nr 4 StPO), berücksichtigt der Staatsanwalt dies bei der Verlesung des abstrakten – und ggf des konkreten – Anklagesatzes und der anzuwendenden Strafvorschriften. 23

3. Sonderfälle

Ist die Strafverfolgung nach Anklageerhebung gem § 154 Abs 2 StPO beschränkt worden, verliest der Staatsanwalt den Anklagesatz lediglich hinsichtlich der verbleibenden Tatvorwürfe. Darüber hinaus verliest der Staatsanwalt 24

- den Strafbefehl ohne die beantragten Rechtsfolgen,
- im objektiven Verfahren die Antragsschrift (§ 440 StPO) ohne das wesentliche Ergebnis der Ermittlungen,
- im Sicherungsverfahren den zugelassenen Antrag (§ 414 Abs 2 S 1 u S 2 StPO) ebenfalls ohne das wesentliche Ergebnis der Ermittlungen,
- den Verweisungsbeschluss des § 270 Abs 1 StPO, ggf mit abweichender rechtlicher Würdigung,
- den Übernahmebeschluss bei einer Vorlegung gem § 225 a StPO ggf zusammen mit dem zugelassenen Anklagesatz,
- nach einer Zurückverweisung durch ein Rechtsmittelgericht den Anklagesatz unter Berücksichtigung etwaiger Beschränkungen oder Erweiterungen des Verfahrensgegenstandes; nicht jedoch bei einer Aufhebung nur im Strafausspruch, weil dann das zurückverweisende Urteil verlesen wird (Löwe/Rosenberg/Gollwitzer StPO § 243 Rn 62).

25 Im Privatklageverfahren verliest der Richter den Eröffnungsbeschluss, der an die Stelle der Anklageschrift tritt (SK-StPO/Schlüchter StPO § 243 Rn 33).

VI. Verständigung im Strafverfahren

25 a Am 4. 8. 2009 ist das „Gesetz zur Regelung der Verständigung im Strafverfahren" vom 29. 7. 2009 (BGBl I 2353) in Kraft getreten. Zentrale Vorschrift zur Regelung der Verständigung ist ein neuer § 257 c StPO, der Vorgaben zu Verfahren, Inhalt und Folgen von Absprachen im Strafverfahren enthält. Der neue Abs 4 des § 243 StPO (der bisherige Abs 4 ist Abs 5 geworden) regelt die entsprechenden Mitteilungspflichten des Vorsitzenden. Mit dieser Vorschrift hat der Gesetzgeber dem durch die Rechtsprechung des BGH (vgl BGHSt 43, 195) aufgestellten und anerkannten Grundsatz, dass sich eine Verständigung im Strafverfahren im Lichte der öffentlichen Hauptverhandlung offenbaren muss, Rechnung getragen. Ist die Verständigung nach § 202 a StPO, § 212 StPO außerhalb der Hauptverhandlung vorbereitet worden, ist die erforderliche Transparenz und Information der Öffentlichkeit durch die Mitteilung des mit der Verständigung verbundenen Geschehens unter Einbeziehung aller Verfahrensbeteiligten in der Hauptverhandlung zu gewährleisten (BT-Drs 16/12310, 14).

1. Inhalt der Mitteilung

25 b Der Vorsitzende hat den wesentlichen Ablauf der außerhalb der Hauptverhandlung geführten Gespräche zur Vorbereitung einer Verständigung mitzuteilen. Dabei ist auf den Inhalt der Absprachen im Hinblick auf die Rechtsfolgen, also im Wesentlichen die erörterten Ober- und Untergrenzen der möglichen Strafe, das in Betracht kommende Prozessverhalten der Verfahrensbeteiligten, insbesondere ein Geständnis, den Verzicht auf Beweisanträge, die Zusage von Schadenswiedergutmachung durch den Angeklagten und Maßnahmen zum Verfahrensverlauf, beispielsweise durch Einstellungsentscheidungen, einzugehen. Die Mitteilungspflicht besteht auch, wenn die Gespräche außerhalb der Hauptverhandlung ergebnislos geblieben sind, und selbst dann, wenn keine entsprechenden Gespräche geführt wurden. Erörterungen, die sich lediglich auf den Umfang der zu erwartenden Beweisaufnahme beziehen und nicht die Möglichkeit einer Verständigung iSd § 257 c StPO zum Gegenstand haben, brauchen nicht bekannt gegeben zu werden.

25 b.1 Die Mitteilungspflicht ist im Gesetzgebungsverfahren – trotz einer entsprechenden Stellungnahme des Bundesrates vom 6. 3. 2009 – nicht auf diejenigen Fälle beschränkt worden, in denen Erörterungen mit dem Ziel einer wenn auch letztlich gescheiterten Verständigung tatsächlich stattgefunden haben. Vielmehr besteht auch die Pflicht, eine Nichterörterung in der Hauptverhandlung ausdrücklich mitzuteilen. Dies stellt für den Regelfall eines Strafverfahrens vor dem Amtsgericht, in dem entsprechende Gespräche nicht erfolgen, einen zusätzlichen weder erforderlichen noch zweckmäßigen Aufwand dar. Aus Gründen der Prozessökonomie ist demgegenüber in § 78 Abs 2 OWiG geregelt worden, dass § 243 Abs 4 StPO nur gilt, wenn eine Erörterung stattgefunden hat.

2. Zeitpunkt der Mitteilung

25 c Die Mitteilung hat zu Beginn der Hauptverhandlung, vor der Belehrung des Angeklagten und dessen Vernehmung zur Sache zu erfolgen (vgl Rn 1). Die Mitteilungspflicht gilt auch

für Erörterungen, die nach Beginn, aber außerhalb der Hauptverhandlung, stattgefunden haben, selbst wenn diese nicht zu einer Verständigung geführt haben. In diesem Fall sollte der Hinweis unmittelbar nach den entsprechenden Gesprächen erfolgen.

3. Protokollierung

Die Mitteilung nach Abs 4 ist zu protokollieren, § 273 Abs 1a StPO. Hierdurch soll sichergestellt werden, dass eine etwaige Verständigung im Revisionsverfahren vollständig überprüft werden kann. **25d**

VII. Belehrung des Angeklagten (Abs 4 S 1)

Der Vorsitzende hat in jeder neuen Hauptverhandlung vor der Vernehmung des Angeklagten zur Sache sicherzustellen, dass dieser sein Recht kennt, zu den Anklagevorwürfen zu schweigen. Der Angeklagte ist daher zwingend darauf hinzuweisen, dass es ihm freistehe, sich zu der Anklage zu äußern oder nicht zur Sache auszusagen. Dieser Hinweis entfällt auch dann nicht, wenn der Angeklagte dieses Recht kennt. Es steht dem Vorsitzenden frei, mit welchem Wortlaut er die Belehrung vornimmt, er darf den Angeklagten jedoch nicht in eine bestimmte Richtung drängen. Daher bietet es sich an, den Gesetzeswortlaut des Abs 4 S 1 zu wählen und zu ergänzen, dass der Angeklagte sich auch nur teilweise einlassen und im Übrigen schweigen kann. **26**

Ist die Belehrung versehentlich unterblieben, kann sie im weiteren Verlauf der Hauptverhandlung in Form einer „qualifizierten Belehrung", mithin unter Hinweis auf die Unverwertbarkeit der bisherigen Einlassung nachgeholt werden (Meyer-Goßner StPO § 243 Rn 21). **27**

Ist in einer Verhandlung in Abwesenheit des Angeklagten ein Verteidiger mit Vertretungsvollmacht (§ 234 StPO) anwesend, wird diesem der Hinweis erteilt (KK-StPO/Schneider StPO § 243 Rn 37). **28**

VIII. Vernehmung des Angeklagten zur Sache (Abs 4 S 2)

Nach der Belehrung ist der Angeklagte zu befragen, ob er Angaben zur Sache machen will. Die Vorschrift des Abs 4 S 2 verweist auf § 136 Abs 2 StPO, so dass dem Angeklagten Gelegenheit zu geben ist, die gegen ihn vorliegenden Verdachtsgründe zu beseitigen und die zu seinen Gunsten sprechenden Tatsachen geltend zu machen. Erklärt der Angeklagte erst zu einem späteren Zeitpunkt der Hauptverhandlung, dass er Angaben machen wolle, ist seine Einlassung zur Sache alsbald nachzuholen (BGH NStZ 1986, 370; Löwe/Rosenberg/Gollwitzer StPO § 243 Rn 74). **29**

1. Art und Inhalt der Vernehmung

Die Art und Weise der Vernehmung ist nicht festgelegt, der Vorsitzende bestimmt sie vielmehr nach pflichtgemäßem Ermessen. Dabei soll der Angeklagte möglichst Gelegenheit haben, sich im Zusammenhang zu äußern. Hiervon sollte nur abgewichen werden, wenn es um einen verwickelten oder umfangreichen Anklagevorwurf geht oder der Angeklagte zu einer auch nur einigermaßen geordneten Sachdarstellung nicht bereit oder in der Lage ist (BGH NStZ 2000, 549). **30**

Inhalt der Vernehmung ist der gesamte geschichtliche Vorgang der angeklagten Taten im Hinblick auf die objektive und subjektive Seite der Tat und ihre Hintergründe. Ausführungen des Angeklagten sollte der Vorsitzende nur unterbrechen, wenn Nachfragen zum Verständnis erforderlich oder erkennbar bedeutungslose Weitschweifigkeiten zu unterbinden sind (Pfeiffer StPO § 243 Rn 10). Die Erörterung von Tatsachen, die ausschließlich für den Rechtsfolgenausspruch von Bedeutung sind, kann bis nach der Beweisaufnahme zurückgestellt werden (Löwe/Rosenberg/Gollwitzer StPO § 243 Rn 82). **31**

Die Vernehmung des Angeklagten zur Sache erfolgt grundsätzlich durch mündliche Befragung und mündliche Antworten. Das Gericht ist nicht verpflichtet, die schriftliche Einlassung eines Angeklagten als Urkunde zu verlesen, weil seine mündliche Vernehmung **32** nicht durch die gerichtliche Verlesung einer schriftlichen Erklärung ersetzt werden kann (BGH NStZ 2007, 349 mwN).

33 Der Angeklagte kann sich vor der Vernehmung Notizen anfertigen und sie bei seinen Angaben verwenden. Diese dürfen weder beschlagnahmt noch gegen seinen Widerspruch verwendet werden, wenn sie erkennbar für Zwecke seiner Verteidigung angefertigt wurden (BGH NJW 1998, 1963).

2. Erklärungen des Verteidigers

34 Der in der Hauptverhandlung anwesende Angeklagte kann sich bei seiner Einlassung zur Sache nicht durch seinen Verteidiger vertreten lassen (BGH BeckRS 2007, 11381).

35 Die Abgabe einer Erklärung des Verteidigers in Anwesenheit des Angeklagten kann daher nur dann als dessen Einlassung gewertet werden, wenn der Angeklagte den Verteidiger zu dieser Erklärung ausdrücklich bevollmächtigt oder diese nachträglich genehmigt hat (BGH NStZ-RR 2005, 353). Insbesondere wenn der Angeklagte im Übrigen von seinem Schweigerecht Gebrauch macht, muss in einer jeden Zweifel ausschließenden Weise feststehen, dass der Angeklagte die Erklärung seines Verteidigers als seine eigene Einlassung verstanden wissen will (BGH NStZ 1990, 447; OLG Saarbrücken NStZ 2006, 182).

36 Ausführungen des Verteidigers, die lediglich rechtliche Erwägungen enthalten, die relevant sein sollen, wenn die Sacheinlassung des Angeklagten zur Überzeugung des Gerichts widerlegt ist, stellen eine bloße Prozesserklärung und keine Sacheinlassung dar (BGH NStZ-RR 2008, 21, 22).

37 Darf das Gericht in Abwesenheit des Angeklagten verhandeln (§ 231 a StPO bis § 233 StPO), ist eine Einlassung des Verteidigers mit Vertretungsvollmacht (vgl § 234 StPO) an Stelle einer Einlassung des Angeklagten statthaft (KK-StPO/Schneider StPO § 243 Rn 44 mwN).

3. Folgen der Einlassung

38 Das **Schweigen** eines Angeklagten zu den Tatvorwürfen darf grundsätzlich nicht zu seinem Nachteil verwendet werden. Etwaige frühere Angaben gegenüber der Polizei, der Staatsanwaltschaft oder einem (Ermittlungs-)Richter können aber durch die Vernehmungspersonen eingeführt und verwertet werden, sofern die Aussage prozessordnungsgemäß zustande gekommen ist. Richterliche Vernehmungen können darüber hinaus gem § 254 Abs 1 StPO verlesen werden. Das Gleiche gilt nach § 249 StPO für schriftliche Erklärungen des Angeklagten im Ermittlungsverfahren, nicht aber wenn der Verteidiger sie für den Angeklagten abgegeben hatte. Hatte der Angeklagte in einer früheren Hauptverhandlung Angaben gemacht, ist es statthaft, die Richter in einer neuen Hauptverhandlung – zB nach einer Aussetzung oder Zurückverweisung – als Zeugen zu vernehmen (KK-StPO/Schneider StPO § 243 Rn 53).

39 Macht der Angeklagte teilweise **Angaben** zur Sache, dürfen aus seinem Schweigen im Übrigen für ihn nachteilige Rückschlüsse gezogen werden, wenn er die Einlassung zu bestimmten Punkten eines einheitlichen Geschehens verweigert, nicht aber, wenn er nur zu einigen von mehreren selbständigen Taten iSd § 264 StPO keine Angaben macht (Pfeiffer StPO § 243 Rn 14 mwN).

40 Die örtliche Unzuständigkeit des Gerichts kann gem § 16 S 2 StPO, der Einwand der vorschriftswidrigen Besetzung des Gerichts gem § 222 b Abs 1 S 1 StPO nur bis zum Beginn der Vernehmung des Angeklagten zur Sache gerügt werden. Das Gleiche gilt für den Antrag auf Aussetzung der Hauptverhandlung wegen Nichteinhaltung der Ladungsfrist gem § 217 Abs 2 StPO. In bestimmten Fällen kann nach Abschluss der Vernehmung zur Sache ohne den Angeklagten weiterverhandelt werden (vgl § 231 Abs 2 StPO, § 231 a StPO, § 231 b StPO).

4. Protokollierung

41 Bei der Aussage des Angeklagten zur Sache handelt es sich um eine wesentliche Förmlichkeit iSd § 273 Abs 1 StPO. Es ist daher auch zu protokollieren, wenn sich der Angeklagte erst im Verlauf der Beweisaufnahme zu einer Einlassung entscheidet. Insbesondere ist auf-

zunehmen, wenn die Einlassung im Rahmen einer Erklärung gem § 257 StPO erfolgt (BGH NStZ 2000, 217). Ist die Einlassung des Angeklagten nicht im Protokoll beurkundet, ist als bewiesen anzusehen, dass er nicht zur Sache ausgesagt hat (KK-StPO/Schneider StPO § 243 Rn 54 mwN). Der Inhalt der Vernehmung ist hingegen nicht Gegenstand der besonderen Beweiskraft des Protokolls (BGH NStZ-RR 1997, 73).

IX. Vorstrafen (Abs 4 S 3 u S 4)

Vorstrafen des Angeklagten sind im Wesentlichen für die Strafzumessung von Bedeutung. **42** Hierzu zählen sämtliche Eintragungen im Bundeszentralregister, Erziehungsregister und Verkehrszentralregister, sofern noch keine Tilgungsreife gem § 51 BZRG, § 66 BZRG eingetreten ist. Der Zeitpunkt der Feststellung etwaiger Vorstrafen steht im Ermessen des Vorsitzenden, er soll aber möglichst spät liegen. Hat die Beweisaufnahme die Unschuld des Angeklagten ergeben oder ist aus anderen Gründen mit einem Freispruch zu rechnen, sollten die Vorstrafen nicht erörtert werden.

Die Feststellung etwaiger Vorstrafen erfolgt idR durch die Verlesung des Registerauszuges. **43** Es kann aber auch ausreichen, wenn der Angeklagte die Vorstrafen – ggf auf Vorhalt – glaubhaft einräumt. Wird die Richtigkeit des Registerauszuges bestritten, sind die Vorstrafen anhand der früheren Urteile festzustellen.

C. Rechtsbehelfe/Revision

Auf folgende Verstöße gegen § 243 StPO kann die Revision grundsätzlich nicht gestützt **44** werden:
- fehlender oder ungenügender Aufruf der Sache (Abs 1 S 1),
- unzureichende Präsenzfeststellung (Abs 1 S 2),
- Gestattung der Anwesenheit von Zeugen während der Verhandlung (Abs 2 S 1),
- nicht erschöpfende Vernehmung des Angeklagten zur Sache, sofern nicht eine Verletzung der Aufklärungspflicht gegeben ist,
- ungeeigneter Zeitpunkt der Feststellung der Vorstrafen (Abs 4 S 3 u S 4).

In folgenden Fällen beruht das Urteil nicht auf einer fehlerhaften Anwendung des § 243 **45** StPO:
- fehlende oder unzulängliche Vernehmung des Angeklagten zur Person (Abs 2 S 2; OLG Köln NStZ 1989, 44),
- fehlende Belehrung gem Abs 4 S 1, wenn der Angeklagte sein Schweigerecht auch ohne diesen Hinweis kannte (Meyer-Goßner StPO § 243 Rn 39).

Die **Verlesung des Anklagesatzes** (Abs 3) ist ein so wesentliches Verfahrenserfordernis, **46** dass die Unterlassung im Allgemeinen die Revision begründet. Deshalb kann das Beruhen eines Urteils auf einem Verstoß gegen § 243 Abs 3 S 1 StPO nur in einfach gelagerten Fällen ausgeschlossen werden, in denen der Zweck der Verlesung des Anklagesatzes durch die Unterlassung nicht beeinträchtigt worden ist (BGH NStZ 2000, 214; OLG Köln NStZ-RR 2004, 48, 49). Die Rüge der Verletzung des § 243 Abs 3 S 1 StPO kann zudem begründet sein, wenn der in der Hauptverhandlung verlesene Anklagesatz keine ausreichende Konkretisierung der einzelnen Tatvorwürfe und Tatumstände enthält (BGH NStZ 2006, 649).

§ 244 [Beweisaufnahme]

(1) Nach der Vernehmung des Angeklagten folgt die Beweisaufnahme.

(2) Das Gericht hat zur Erforschung der Wahrheit die Beweisaufnahme von Amts wegen auf alle Tatsachen und Beweismittel zu erstrecken, die für die Entscheidung von Bedeutung sind.

(3) ¹Ein Beweisantrag ist abzulehnen, wenn die Erhebung des Beweises unzulässig ist. ²Im übrigen darf ein Beweisantrag nur abgelehnt werden, wenn eine Beweiserhebung wegen Offenkundigkeit überflüssig ist, wenn die Tatsache, die bewiesen

werden soll, für die Entscheidung ohne Bedeutung oder schon erwiesen ist, wenn das Beweismittel völlig ungeeignet oder wenn es unerreichbar ist, wenn der Antrag zum Zweck der Prozeßverschleppung gestellt ist oder wenn eine erhebliche Behauptung, die zur Entlastung des Angeklagten bewiesen werden soll, so behandelt werden kann, als wäre die behauptete Tatsache wahr.

(4) ¹Ein Beweisantrag auf Vernehmung eines Sachverständigen kann, soweit nichts anderes bestimmt ist, auch abgelehnt werden, wenn das Gericht selbst die erforderliche Sachkunde besitzt. ²Die Anhörung eines weiteren Sachverständigen kann auch dann abgelehnt werden, wenn durch das frühere Gutachten das Gegenteil der behaupteten Tatsache bereits erwiesen ist; dies gilt nicht, wenn die Sachkunde des früheren Gutachters zweifelhaft ist, wenn sein Gutachten von unzutreffenden tatsächlichen Voraussetzungen ausgeht, wenn das Gutachten Widersprüche enthält oder wenn der neue Sachverständige über Forschungsmittel verfügt, die denen eines früheren Gutachters überlegen erscheinen.

(5) ¹Ein Beweisantrag auf Einnahme eines Augenscheins kann abgelehnt werden, wenn der Augenschein nach dem pflichtgemäßen Ermessen des Gerichts zur Erforschung der Wahrheit nicht erforderlich ist. ²Unter derselben Voraussetzung kann auch ein Beweisantrag auf Vernehmung eines Zeugen abgelehnt werden, dessen Ladung im Ausland zu bewirken wäre.

(6) Die Ablehnung eines Beweisantrages bedarf eines Gerichtsbeschlusses.

Überblick

§ 244 StPO ist die zentrale Vorschrift über die Beweisaufnahme. Sie regelt insbesondere die **Amtsaufklärungspflicht** und wesentliche Fragen der Stellung von **Beweisanträgen** und der Entscheidung über diese.

Übersicht

	Rn		Rn
A. Gegenstand der Beweisaufnahme	1	I. Ablehnung wegen Unzulässigkeit der Beweiserhebung (Abs 3 S 1)	48
B. Durchführung der Beweisaufnahme	8	1. Unzulässigkeit des Beweisthemas	49
C. Aufklärungspflicht (Abs 2)	10	2. Unzulässigkeit des Beweismittels	51
I. Umfang	11	II. Ablehnung wegen Offenkundigkeit (Abs 3 S 2 Alt 1)	52
II. Von Amts wegen	13		
D. Beweisanträge	14	III. Ablehnung wegen Bedeutungslosigkeit der Beweistatsache (Abs 3 S 2 Alt 2)	54
I. Inhalt des Beweisantrags	15	1. Bedeutungslosigkeit aus tatsächlichen Gründen	55
1. Beweistatsache	16		
2. Beweismittel	23	2. Bedeutungslosigkeit aus rechtlichen Gründen	61
3. Konnexität	25		
II. Verfahren	26	IV. Ablehnung wegen Erwiesenseins der Beweistatsache (Abs 3 S 2 Alt 3)	62
1. Antragsberechtigung	26		
2. Form	30	V. Ablehnung wegen völliger Ungeeignetheit des Beweismittels (Abs 3 S 2 Alt 4)	64
3. Auslegung; Fürsorgepflicht	31		
4. Protokollierung	32	VI. Ablehnung wegen Unerreichbarkeit des Beweismittels (Abs 3 S 2 Alt 5)	69
5. Zeitpunkt	33		
6. Rücknahme; Verzicht	35	VII. Ablehnung wegen Verschleppungsabsicht (Abs 3 S 2 Alt 6)	77
7. Entscheidung über den Antrag	36		
8. Verbot der Beweisantizipation	41	1. Wesentliche Verzögerung des Verfahrensabschlusses	78
III. Sonderformen	42		
1. (Prozessual) Bedingte Beweisanträge – Eventualbeweisanträge	42	2. Nichts Sachdienliches zugunsten des Antragstellers zu erwarten	80
2. Hilfsbeweisanträge	43	3. Bewusstsein der Nutzlosigkeit der Beweiserhebung	81
3. Beweisermittlungsanträge	45		
E. Ablehnungsgründe (Abs 3 bis Abs 5)	48	4. Verschleppungsabsicht	83

	Rn		Rn
VIII. Ablehnung infolge Wahrunterstellung (Abs 3 S 2 Alt 7)	87	2. Anhörung eines weiteren Sachverständigen (Abs 4 S 2)	101
1. Beweisbehauptung	88	X. Beweisanträge auf Einnahme des Augenscheins (Abs 5 S 1)	110
2. Erheblichkeit der Beweistatsache	89		
3. Zu Gunsten des Angeklagten	90	XI. Beweisanträge auf Vernehmung eines Auslandszeugen (Abs 5 S 2)	111
4. Keine Verletzung der Aufklärungspflicht	91		
5. Behandlung in den Urteilsgründen	92	F. Revision	115
6. Revision	95	I. Aufklärungsrüge	115
IX. Beweisanträge auf Vernehmung von Sachverständigen (Abs 4)	96	II. „Alternativrüge"	117
1. Eigene Sachkunde (Abs 4 S 1)	97	III. Fehlerhafte Behandlung eines Beweisantrags	118

A. Gegenstand der Beweisaufnahme

Die Beweisaufnahme erstreckt sich auf alle Tatsachen, die für das Verfahren sowie für den Schuld- und Strafausspruch von Bedeutung sind. **1**

Tatsachen sind alle äußeren und inneren Vorgänge oder Zustände der Vergangenheit oder Gegenwart, die dem Beweis zugänglich sind, die also einem Dritten gegenüber erwiesen werden können. Nicht zu den Tatsachen gehört demzufolge der Inhalt von Wertungen, Ansichten oder Schlussfolgerungen, da es sich jeweils nicht um objektive Vorgänge oder Zustände handelt. Hiervon zu trennen ist der – objektive – Umstand, dass jemand eine Wertung geäußert oder einer bestimmten Ansicht folgend gehandelt hat. Diese Umstände sind als äußerer bzw innerer Vorgang dem Beweis zugänglich und damit Tatsachen. Auch bei inneren Vorgängen oder Zuständen, etwa dem Vorsatz des Täters, handelt es sich um Tatsachen. Diese können – neben der glaubhaften Einlassung des Handelnden – durch äußere Umstände bewiesen werden. Kann nicht bereits aus der äußeren (Tat-)Handlung bzw der glaubhaften Einlassung des Handelnden mit hinreichender Sicherheit auf dessen Absichten und Beweggründe geschlossen werden, bedarf es der Heranziehung weiterer äußerer Umstände, die den Schluss auf die innere Tatseite ermöglichen. Diese sind im Urteil darzustellen und ggf mit anderen, diesen entgegen stehenden Anhaltspunkten abzuwägen. **2**

Terminologisch werden die den Gegenstand der Beweisaufnahme bildenden Tatsachen unterteilt in Haupt- und Hilfstatsachen. **Haupttatsachen** sind solche, die ein gesetzliches Tatbestandsmerkmal unmittelbar ausfüllen, etwa die Wegnahme eines Gegenstands oder die Tötung eines Menschen. Aus **Hilfstatsachen** (= Indizien) ergibt sich nicht unmittelbar die Verwirklichung des gesetzlichen Tatbestands, ihr Vorliegen deutet jedoch darauf hin oder spricht im umgekehrten Fall dagegen. **3**

Offenkundige Tatsachen sind solche, deren Wahrheit sich aus allgemein zugänglichen Quellen ergibt und für jedermann unmittelbar einsichtig ist. Ist eine Tatsache offenkundig, bedarf sie keines Beweises; eine Beweiserhebung über sie findet daher nicht statt. **4**

Offenkundig ist etwa die Tatsache der Ermordung der Juden während der NS-Herrschaft (BGHSt 40, 97, 99 = NStZ 1994, 390 mAnm Baumann). **4.1**

Nicht allein Tatsachen oder Zustände können offenkundig sein, sondern auch typische, in bestimmten Situationen sicher zu erwartende Verhaltensweisen (vgl BGH NJW 1998, 767 f: Offenkundigkeit eines Lieferstopps bei Kenntnis des Lieferanten von der Zahlungsunfähigkeit des Kunden). Solche **Erfahrungssätze** sind aber nur dann offenkundig, wenn sie in der allgemeinen Lebenserfahrung ihre Grundlage haben. Beruhen sie hingegen allein auf dem Wissen von Fachleuten, bedarf es, um sie im Strafverfahren verwenden zu können, eines Beweises, der in der Regel durch einen Sachverständigen erbracht werden kann. Von der offenkundigen ist die (bloß) **gerichtskundige** Tatsache zu unterscheiden. Diese hat der Richter im Zusammenhang mit seiner dienstlichen Tätigkeit zuverlässig in Erfahrung gebracht (BGHSt 6, 292 f; BGHSt 45, 354, 357, 358 = NJW 2000, 1204, 1205). Auch sie bedarf idR keines Beweises; zur Wahrung rechtlichen Gehörs ist jedoch ihre ausdrückliche Mitteilung in der Hauptverhandlung erforderlich. Da eine Beweiserhebung über eine **5** gerichtskundige Tatsache in der Hauptverhandlung nicht stattfindet, kann die Verwertung von zwar dem Gericht, nicht aber den übrigen Verfahrensbeteiligten bekannten Tatsachen zu einer Einschränkung des Unmittelbarkeitsgrundsatzes (§ 261 StPO) führen. Daher differenziert die Rechtsprechung: Alle für die Frage der Strafbarkeit des Angeklagten unmittelbar erheblichen Tatsachen, also insbesondere solche, die Einzelheiten der Tatausführung betreffen, sind in der Hauptverhandlung im Wege des Strengbeweises aufzuklären (BGHSt 6, 292, 295; BGHSt 26, 56, 61; BGHSt 45, 354, 358 = NJW 2000, 1204 ff). Handelt es sich dagegen nur um mittelbar erhebliche Tatsachen, bedarf es einer (förmlichen) Aufklärung in der Hauptverhandlung nicht. Letzteres gilt etwa für Tatsachen, die lediglich im Hintergrund des strafrechtlich relevanten Geschehens stehen wie zB stets gleich bleibende Umstände im Rahmen einer immer wieder praktizierten Begehungsweise. Eine Beweiserhebung hierüber bedeutete einen „überflüssigen Formalismus" (BGH NJW 2000, 1204 f). Eine Ausnahme gilt, wenn und soweit die mittelbar für die Verurteilung erhebliche Tatsache für die Überführung des Angeklagten von wesentlicher Bedeutung ist. Eine solche Tatsache kann nicht als gerichtskundig behandelt werden, sondern bedarf der Aufklärung in der Hauptverhandlung. Zu solchen wegen ihrer Bedeutung im Wege der Beweisaufnahme aufzuklärenden Tatsachen zählt der BGH etwa den persönlichen Eindruck, den ein Zeuge bei seiner Vernehmung durch einen beauftragten Richter bei diesem hinterlassen hat (NJW 2000, 1204 f).

6   Nicht zu den Tatsachen, über die Beweis zu erheben ist, gehört das auf den Sachverhalt anzuwendende **inländische Recht**. Handelt es sich um ausländisches, internationales oder Gewohnheitsrecht, hat sich die Beweisaufnahme auch hierauf zu erstrecken (BGH NJW 1994, 3364, 3366; Meyer-Goßner StPO § 244 Rn 4).

7   Nicht Gegenstand der Beweisaufnahme ist auch dasjenige, was bereits **Gegenstand der laufenden Hauptverhandlung** gewesen ist. Denn das, was zum Inbegriff der Hauptverhandlung gehört, ist nicht die Grundlage des abzuurteilenden Lebenssachverhalts, den das Gericht aufzuklären und über den es Beweis zu erheben hat. Daher findet keine Wiederholung einer bereits durchgeführten Beweisaufnahme statt, etwa darüber, was ein Zeuge bei seiner vorangegangenen Vernehmung in der Hauptverhandlung bekundet hat. Beweis ist in diesem Fall jedoch zu erheben, soweit die Aufklärung solcher Tatsachen erfolgen soll, die nicht Gegenstand der bisherige Aussage des Zeugen waren oder wenn es sich um ein qualitativ anderes Beweismittel handelt (vgl hierzu BGH NStZ 2006, 406 f: Inaugenscheinnahme von Standbildern im Vergleich zum Abspielen einer Filmsequenz). Gleiches gilt für alle Umstände, die zum Kernbereich der **Verteidigung** gehören. Hierzu zählen etwa Mitteilungen des Angeklagten an seinen Verteidiger; diese kann der Angeklagte allenfalls zum Gegenstand seiner Einlassung machen (BGH NStZ 2008, 115, 116 = StV 2008, 284 mAnm Beulke/Ruhmannseder; NStZ 2008, 349, 350; vgl auch BGHSt 52, 175, 177 = NStZ 2008, 527: Da der Angeklagte keinen Anspruch darauf hat, dass das Gericht seine schriftliche Einlassung in der Hauptverhandlung verliest, kann er dies nicht durch den Beweisantrag' umgehen, er habe sich in einem Schriftstück in einer bestimmten Weise zum Tatvorwurf geäußert; etwas anderes gilt nur, wenn gerade der Inhalt des Schriftstücks als Beweisgrundlage für den Urteilsspruch heranzuziehen ist).

B. Durchführung der Beweisaufnahme

8   Hinsichtlich des bei der Beweisaufnahme anzuwendenden Verfahrens ist zwischen dem Streng- und dem Freibeweisverfahren zu unterscheiden. Das **Strengbeweisverfahren** gilt allein für die Feststellung von Schuld- und Rechtsfolgetatsachen in der Hauptverhandlung. Als Beweismittel kommen nur Zeugen, Sachverständige, Urkunden und Inaugenscheinnahme in Betracht. Die Einlassung des Angeklagten ist, wie sich aus Abs 1 ergibt, nicht Teil der Beweisaufnahme. Das anzuwendende Verfahren ist in den § 244 StPO bis § 256 StPO geregelt; zudem sind die Grundsätze der Mündlichkeit (§ 261 StPO) und der Öffentlichkeit (§ 169 GVG) zu beachten. Alle anderen für das Verfahren bedeutsamen Tatsachen, insbes das Vorliegen der Prozessvoraussetzungen, kann das Gericht dagegen im **Freibeweisverfahren** feststellen. Auch bei Beweiserhebungen, die zulässigerweise außerhalb der Hauptverhandlung stattfinden können, wie etwa im Haftprüfungsverfahren, kommt der Freibeweis zur Anwendung. Im Gegensatz zum Strengbeweis können im Freibeweisverfahren alle verfügbaren

Hauptverhandlung § 244 StPO

Erkenntnisquellen herangezogen werden. Evtl Beweisverbote, die unabhängig von der Art und Weise der Beweiserhebung bestehen, gelten allerdings auch hier. Als Beweismittel kommen zusätzlich zu den im Strengbeweisverfahren verfügbaren insbes dienstliche Erklärungen und anwaltliche Versicherungen in Betracht. Die besonderen Vorschriften der § 244 StPO bis § 256 StPO gelten für das Freibeweisverfahren nicht. Anträge, die sich auf im Freibeweisverfahren festzustellende Tatsachen beziehen, sind daher keine Beweisanträge iSd § 244 StPO. Selbst wenn sie als Beweisanträge bezeichnet sind, handelt es sich lediglich um Anregungen zur Gestaltung des Verfahrens. Sie können vom Gericht ohne Bindung an § 244 Abs 3 bis Abs 6 StPO abgelehnt werden; rechtliches Gehör ist hierbei – wie stets – zu gewähren. Ob das Gericht einer Anregung nachkommt, beurteilt sich allein nach Maßgabe der Aufklärungspflicht nach Abs 2 (s hierzu Rn 10 ff).

Tatsachen, die sowohl die Schuld- oder Rechtsfolgenseite betreffen – und damit im Strengbeweisverfahren festzustellen sind – als auch für andere prozesserhebliche Gesichtspunkte von Bedeutung sind, für die das Freibeweisverfahren gilt, bezeichnet man als **doppelrelevante Tatsachen** (Meyer-Goßner StPO § 244 Rn 8). Sie können, soweit und solange nur die sonstigen prozesserheblichen Aspekte von Bedeutung sind, im Freibeweisverfahren festgestellt werden. Erlangt die Tatsache jedoch für die Schuld- oder Rechtsfolgenfrage Bedeutung, bedarf es ihrer – ggf erneuten – Feststellung im Strengbeweisverfahren. Um Widersprüche in der Hauptverhandlung zu vermeiden, haben in diesem Fall die Beweisergebnisse, die im Strengbeweisverfahren gewonnen worden sind, Vorrang. 9

C. Aufklärungspflicht (Abs 2)

Das Gericht hat nach Abs 2 von Amts wegen alle für die abzuurteilende Tat und für das durchzuführende Verfahren bedeutsamen Tatsachen zu ermitteln. 10

I. Umfang

In welchem Umfang das Gericht verpflichtet ist, Tatsachen aufzuklären, richtet sich nach den Umständen der abzuurteilenden Tat und dem bisherigen Verfahrensablauf. Der Rahmen wird bestimmt durch die jeweilige Tat im prozessualen Sinn (§ 264 StPO; vgl BGHR § 244 Abs 2 Umfang 1). Der zu Grunde liegende Sachverhalt ist so umfassend und vollständig aufzuklären, dass seine erschöpfende Beurteilung möglich ist. Es kommt darauf an, ob bei verständiger Würdigung der Sachlage durch den dies abwägenden Richter die Verwendung einer Aufklärungsmöglichkeit den Schuldvorwurf möglicherweise erweisen, in Frage stellen oder widerlegen könnte (BGHR § 244 Abs 2 Umfang 1; Beschl v 2. 7. 2009 – Az 3 StR 219/09, BeckRS 2009, 21219). Anhaltspunkte für eine erforderliche Aufklärung können sich aus den Akten (BGH NStZ 1985, 324 f) oder dem Verlauf des Verfahrens, insbes aus Beweisanträgen oder Anregungen der Beteiligten, ergeben (Meyer-Goßner StPO § 244 Rn 12; vgl auch BGH Beschl v 21. 10. 2008 – Az 3 StR 305/08, BeckRS 2008, 23924: Nach einem Geständnis des Angeklagten drängt die Aufklärungspflicht nicht dazu, bestimmten Indiztatsachen nachzugehen, die zuvor zum Gegenstand von Beweisanträgen gemacht worden waren). Bei der Abwägung über eine weitere Beweisaufnahme ist insbes zu berücksichtigen, wie sicher das bisherige Beweisergebnis erscheint, als wie gewichtig sich evtl vorhandene Unsicherheitsfaktoren darstellen sowie ob und in welchem Umfang Widersprüche bei der Beweiserhebung zutage getreten sind (BGH NStZ-RR 2003, 205). Zudem kann das Ergebnis der bisherigen Beweisaufnahme in die Abwägung, ob der Sachverhalt weiter aufzuklären ist, einbezogen werden; das Verbot der Beweisantizipation gilt insoweit nicht (s hierzu Rn 41; BGHSt 40, 60, 62; NStZ-RR 1996, 299; 2003, 205). Das Gericht darf daher die Beweiserhebung davon abhängig machen, welche Ergebnisse von der durchzuführenden Beweisaufnahme zu erwarten sind und wie diese Ergebnisse zu würdigen wären (BGH NJW 2001, 695 f). **Drängt** sich danach eine Aufklärung **auf**, ist das Gericht verpflichtet, sie vorzunehmen (BGH NJW 1989, 3291 f; NStZ 1984, 372, 373 mAnm Schlüchter). Eine sog **überschießende Aufklärung,** also die Ermittlung sämtlicher Details der Vorgeschichte oder des Randgeschehens der Tat oder von Teilen der Lebensgeschichte von Zeugen zur Beurteilung ihrer Glaubwürdigkeit, muss das Gericht dagegen nicht vornehmen (BGH NStZ 1994, 247, 248 mAnm Widmaier). Bei der Entscheidung über den Umfang der Aufklärung des Sachverhalts sind zudem, insbes 11

StPO § 244

bei der Vernehmung von Zeugen, deren berechtigte Belange zu berücksichtigen. So hat das Gericht etwa bei Fragen zum Privat- oder Intimleben eines Zeugen zu prüfen, ob es einer Aufklärung dieser Umstände tatsächlich bedarf (BGH NJW 2005, 1519, 1521; NStZ-RR 2009, 247). Liegen Gründe vor, die abstrakt betrachtet zur Ablehnung eines Beweisantrags berechtigten, lassen diese grundsätzlich auch die Aufklärungspflicht entfallen (BGH NStZ 1991, 399 f). Der Umfang der Aufklärungspflicht wird zudem eingeschränkt durch Beweisverbote, bindende Feststellungen anderer Gerichte, insbes nach einer Zurückverweisung durch das Revisionsgericht, und Schätzklauseln.

11.1 Feststellungen in Strafurteilen, die frühere Straftaten des Angeklagten betreffen und die etwa für die Strafzumessung herangezogen werden sollen, binden das Gericht auch dann nicht, wenn diese Urteile rechtskräftig sind (BGHSt 43, 106, 107 = NJW 1997, 2828). Zwar können die dort getroffenen Feststellungen im Weg des Urkundsbeweises in die Hauptverhandlung eingeführt werden; wird ihre Richtigkeit jedoch von einem Verfahrensbeteiligten substantiiert beanstandet, muss das Gericht diese Beanstandungen prüfen und ggf ausräumen. Ein in diese Richtung zielender Beweisantrag kann nicht allein wegen der Rechtskraft der früheren Verurteilung als (rechtlich) bedeutungslos abgelehnt werden. Soll für die Strafzumessung dagegen allein auf die Warnfunktion der früheren Verurteilung abgestellt werden, und nicht (auch) auf die Tatsache oder die Art und Weise der Begehung der früheren Tat, kommt es auf den Inhalt und die Richtigkeit der in dem Urteil getroffenen Feststellungen nicht an. In diesem Fall ist eine Ablehnung entsprechender Beweisanträge wegen Bedeutungslosigkeit zulässig (BGH NJW 1997, 2828; KG, NStZ 2008, 357, 358).

12 **Schätzklauseln** finden sich im StGB in den § 40 Abs 3 StGB (Einkünfte und Vermögen bei Geldstrafe), § 73 b StGB, § 73 d Abs 2 StGB, § 74 c StGB (Schätzung bei Verfall und Einziehung) und darüber hinaus in den § 29 a Abs 3 S 1 OWiG, § 38 Abs 4 S 2 GWB, § 8 Abs 3 S 1 WiStG. Auch über eine ausdrückliche Ermächtigung hinaus kann eine Schätzung im Rahmen der freien richterlichen Beweiswürdigung (§ 261 StPO) statthaft sein. So ist es etwa zulässig, den Wirkstoffgehalt von Betäubungsmitteln aus Indizien, zB einer repräsentativ gezogenen und untersuchten Stichprobe, zu schätzen (BGH Beschl v 19. 9. 2007 – Az 3 StR 354/07 = BeckRS 2007, 17094 mwN). Schätzklauseln ermöglichen dem Gericht, von einer Ermittlung sämtlicher Einzelheiten des Sachverhalts abzusehen und durch eine sachgerechte Schätzung zu ersetzen. Die Pflicht zur Aufklärung erstreckt sich in diesen Fällen auf die Ermittlung der für eine Schätzung notwendigen Grundlagen; insoweit bestehen keine Besonderheiten (BGH NStZ 1989, 361).

II. Von Amts wegen

13 Die Erfüllung der Aufklärungspflicht ist nach dem Wortlaut von Abs 2 unabhängig von den Wünschen und dem Willen der Verfahrensbeteiligten; das Gericht hat den Sachverhalt **von Amts wegen** zu erforschen. Insbes wird die Aufklärungspflicht des Gerichts nicht dadurch eingeschränkt, dass die Beteiligten keine Beweisanträge gestellt oder entsprechende Anregungen vorgebracht haben. Auch wenn etwa der Angeklagte auf die Stellung eines Beweisantrags verzichtet oder einen bereits gestellten wieder zurückgenommen hat (s hierzu Rn 35), führt dies nicht dazu, dass er eine Verletzung der Aufklärungspflicht mit der Revision nicht mehr rügen könnte (BGH NStZ 2006, 55). Allerdings kann ggf aus dem Umstand, dass ein Beweisantrag nicht gestellt worden ist, ein Hinweis für die Frage gewonnen werden, ob sich eine weitere Ermittlung für das Gericht aufdrängte (s Rn 11, Rn 115; BGH – Az 3 StR 336/96).

D. Beweisanträge

14 Ein Beweisantrag ist das Begehren eines Prozessbeteiligten, über eine bestimmte Tatsache ein nach der Prozessordnung zulässiges bestimmtes Beweismittel zu verwerten (BGHSt 6, 128, 129 = NJW 1954, 1336; BGHSt 37, 162, 164 = NJW 1991, 435; BGHSt 43, 321, 329 = NJW 1998, 1723, 1725). In Abgrenzung zur gerichtlichen Aufklärungspflicht nach Abs 2 liegt die Bedeutung des Beweisantrags für die Prozessbeteiligten darin, das Gericht zu einer bestimmten Beweiserhebung verpflichten zu können. Denn das Gericht muss den beantragten Beweis erheben, wenn kein Ablehnungsgrund nach den Abs 3 bis Abs 5 gegeben ist (BGHSt 29, 149, 151 = NJW 1980, 1533).

I. Inhalt des Beweisantrags

Der Antragsteller muss eine **bestimmte Beweistatsache** (Rn 16) und ein **bestimmtes** 15 **Beweismittel** (Rn 23) bezeichnen, mit dem die behauptete Tatsache nachgewiesen werden soll. Beweistatsache und Beweismittel müssen darüber hinaus in einem Verhältnis der **Konnexität** (Rn 25) zueinander stehen. Der Antragsteller muss zudem deutlich machen, dass er die Beweiserhebung – ggf verknüpft mit einer Bedingung – verlangt und nicht bloß in das Ermessen des Gerichts stellt (BGH NStZ 2006, 585 f; Meyer-Goßner StPO § 244 Rn 19).

1. Beweistatsache

Der Antrag hat die Tatsache, über die Beweis erhoben werden soll, **konkret** und 16 **bestimmt** anzugeben (BGHSt 37, 162, 164, 165 = NJW 1991, 435; BGHSt 39, 251, 253 = NJW 1993, 2881 = NStZ 1993, 550; BGHR § 244 Abs 2 Bedeutungslosigkeit 23).

Keine bestimmte Beweisbehauptung liegt zB dann vor, wenn beantragt wird festzustellen, *ob* es 16.1 sich bei einem sichergestellten Stoff um Drogen handelt (BGH NJW 1999, 2683 f).

Insbes bei komplexen Tatsachen reicht es aus, sie allgemein zu umschreiben oder schlag- 17 wortartig zu verkürzen. Auch die Verwendung einfacher Rechtsbegriffe, die an sich keine Tatsachen sind, zB ‚Anstiftung', kann ausreichen (BGHSt 1, 137, 138; NStZ 2008, 52, 53; Meyer-Goßner StPO § 244 Rn 20). Nicht um eine bestimmte Beweistatsache handelt es sich dagegen, wenn der Antragsteller allein eine Schlussfolgerung oder Wertung behauptet. So reicht es etwa nicht aus zu behaupten, jemand sei ‚unglaubwürdig', ‚verhaltensgestört', ‚süchtig' oder ‚angeheitert' (BGHSt 37, 162, 164 = NJW 1991, 435). Schlussfolgerungen und Wertungen beruhen zwar auf idR auf äußeren oder inneren Umständen oder Handlungen, sind selbst aber keine. Sie umschreiben mithin nur das mit der Beweiserhebung erstrebte Ziel. In diesen Fällen liegt kein Beweisantrag, sondern allenfalls ein Beweisermittlungsantrag vor (s Rn 45). Nur die der Schlussfolgerung oder Wertung zugrunde liegenden Umstände oder Handlungen sind der Beweiserhebung zugängliche Tatsachen (BGH NJW 1991, 435). Maßgeblich ist daher, ob eine **Auslegung** des Antrags (vgl BGH NJW 1993, 2881) ergibt, dass nicht die Schlussfolgerung oder Wertung als solche unter Beweis gestellt werden soll, sondern ein ihr zugrunde liegender konkreter Tatsachenkern.

So kann etwa die Beweisbehauptung, bei dem Angeklagten lägen die Voraussetzungen des § 21 17.1 StGB vor, eine hinreichend bestimmte Beweistatsache sein, die lediglich schlagwortartig verkürzt dargestellt wird. Entscheidend ist, ob dem Antrag konkrete tatsächliche Umstände zu entnehmen sind, die (eigentlich) unter Beweis gestellt werden sollen und aus denen auf das Vorliegen der Voraussetzungen einer verminderten Schuldfähigkeit geschlossen werden kann (BGH NStZ 1999, 630).

Beispiele für Beweisbehauptungen, bei denen der BGH nicht von einer konkreten Beweisbehauptung, sondern einer Beschreibung des Beweisziels ausgegangen ist:
- Es habe ausschließlich Beschäftigungsverhältnisse eines bestimmten Typs gegeben (BGHR § 244 VI Beweisantrag 13).
- Jemand habe in einem bestimmten Zeitraum Bargeld von über 250.000 DM zur Verfügung gehabt (StV 1992, 501).
- Jemand habe einen anderen ganz oder teilweise zu Unrecht belastet (BGHR § 244 VI Beweisantrag 4; NStZ 2009, 401).
- Ein gehörter Zeuge sei unglaubwürdig und seine Aussage unglaubhaft (Urt v 7. 11. 2007 – Az 5 StR 325/07 = BeckRS 2007, 19660).

Problematisch ist die Abgrenzung zwischen einer Beweistatsache und der Benennung des 18 Beweisziels insbes bei der Behauptung von sog **Negativtatsachen**. Von Negativtatsachen spricht man, wenn die Beweiserhebung ergeben soll, dass die behauptete Tatsache gerade nicht eingetreten ist, etwa ein bestimmtes Ereignis nicht stattgefunden hat (BGHSt 39, 251, 254 = NJW 1993, 2881; Meyer-Goßner StPO § 244 Rn 20). In diesen Fällen wird oftmals nicht eine ganz bestimmte, für sich genommen wahrnehmbare Tatsache unter Beweis gestellt, sondern eine Wertung oder Schlussfolgerung, letztlich also das mit der Beweiserhebung verfolgte Ziel. Maßgeblich für die Abgrenzung zwischen Tatsachenbehauptung und Angabe des Beweisziels ist die Frage, ob der Antragsteller den Nichteintritt eines konkreten, von der Beweisperson wahrgenommenen Umstands behauptet oder ob allein eine Schlussfolgerung dargelegt wird, die möglicherweise aus selbst nicht näher genannten Wahrnehmungen der Beweisperson gewonnen werden soll (BGH NStZ 2000, 267, 268).

18.1 **Beispiele:**
- Der Antrag, zum Beweis der Tatsache, dass sich der Angeklagte in der Nacht vom 29. auf den 30. 12. 1990 nicht in der Gaststätte „F" aufgehalten und dort die Mitangeklagten S und P getroffen hat, die Zeugin W. zu hören, benennt nur das Beweisziel und ist als Beweisermittlungsantrag (s Rn 45) zu werten. Für einen Beweisantrag wäre erforderlich gewesen, konkrete Tatsachen anzugeben, die die Zeugin unmittelbar wahrgenommen hat. Dies könnte etwa sein, dass sie mit dem Angeklagten zusammen sich zur fraglichen Zeit an einer anderen Stelle aufgehalten hat oder dass sie zur fraglichen Zeit in der Gaststätte „F" war und dort den ihr bekannten Angeklagten nicht gesehen hat, obwohl ihr die Anwesenheit des Angeklagten nicht hätte entgehen können (BGHSt 39, 251, 255 = NJW 1993, 2881).
- Nicht ausreichend ist nach BGHSt 43, 321, 327, 330, 331 (= NJW 1998, 1723, 1725) die Behauptung, dem Angeklagten seien in einem bestimmten Zeitraum keine monatlichen Zahlungen in Höhe von 10.000 DM übergeben worden, da diese Behauptung nur das Ergebnis einer Bewertung von Tatsachen umschreibt. Für sich genommen wahrnehmbare Tatsachen, etwa die Umstände der Geldübergabe, sind jedoch nicht unter Beweis gestellt worden.
- Die Beweisbehauptung, der benannte Zeuge werde bekunden, dass er sich zum Tatzeitpunkt vor der geöffneten Türe des Dienstzimmers, in dem die Tat geschehen sein sollte, aufgehalten und gesehen habe, dass der Angekl keinen Schlag gegen den Geschädigten geführt habe, ist eine hinreichend konkrete Tatsachenbehauptung. Denn es handelt sich um einen einfach gelagerten kurzen Ablauf, den der Zeuge insgesamt wahrgenommen haben kann (BGH NStZ 1999, 362 f; vgl auch BGH NStZ 2008, 708: Die Behauptung, ein Zeuge habe ein bestimmtes und genau bezeichnetes, angeblich in seiner Anwesenheit stattgefundenes Ereignis nicht wahrgenommen, und das Ereignis habe daher tatsächlich nicht stattgefunden, da der Zeuge es ansonsten nach den konkreten Umständen hätte bemerken müssen, ist eine konkrete Beweisbehauptung.
- Die Behauptung, in einem bestimmten Zeitraum sei es weder zu einem telefonischen noch zu einem SMS-Kontakt zwischen zwei bestimmten Mobilfunkgeräten gekommen, ist eine konkrete Tatsachenbehauptung, die über eine kriminaltechnische Auswertung der betreffenden Geräte einschließlich der SIM-Karten nachgewiesen werden kann (BGH Beschl v 27. 5. 2009 – Az 1 StR 218/09 = BeckRS 2009, 20285).

19 Ein Beweisantrag liegt daher nur vor, wenn die Tatsachen, aus denen ggf der Schluss gezogen werden kann, ein bestimmtes Ereignis habe nicht stattgefunden, behauptet und unter Beweis gestellt werden (BGHSt 43, 321, 327 = NJW 1998, 1723, 1725 f).

20 Der Antragsteller braucht die **Wahrheit** der behaupteten Tatsache nicht zu versichern; es reicht aus, wenn er sie nur vermutet oder für möglich hält. Auch wenn er selbst Zweifel hat, hindert ihn dies nicht an der Stellung eines Beweisantrags (BGHSt 21, 118, 121; NJW 1983, 126; NStZ 1993, 143 f; OLG Köln NStZ 1987, 341). Hiervon abzugrenzen sind Situationen, in denen der Antragsteller eine Tatsache lediglich aufs Geratewohl oder „ins Blaue hinein" behauptet (vgl BGH NStZ 1992, 397 f; NStZ 1993, 293; NStZ 1995, 202; NStZ 2006, 405). In den Fällen einer Behauptung der Beweistatsache „ins Blaue hinein" liegt nach der Rechtsprechung des BGH kein Beweisantrag vor (vgl näher Rn 21).

20.1 Der 3. Strafsenat des BGH hat in der Entscheidung 3 StR 354/07 (= BeckRS 2007, 17094 = StV 2008, 9) in Frage gestellt, ob an dieser Rechtsprechung weiter festzuhalten ist. Dagegen spreche, dass in diesen Fällen – selbst wenn dem Antragsteller eine Kenntnis von der Unrichtigkeit seiner Beweisbehauptung nicht nachzuweisen sei – seinem Beweisbegehren der Charakter eines Beweisantrags überhaupt abgesprochen werde. Dagegen könne ein Beweisantrag wegen Verschleppungsabsicht nur abgelehnt werden, wenn der Antragsteller um die Unrichtigkeit seiner Beweisbehauptung (positiv) wisse.

21 Eine Behauptung ins Blaue hinein liegt vor, wenn auch bei großzügiger Betrachtung aus der Sicht eines verständigen Antragstellers (BGH NStZ 1989, 334; NStZ 2003, 497) keinerlei Anhaltspunkte für das Vorliegen der unter Beweis gestellten Tatsache bestehen und sie ohne jede tatsächliche und argumentative Grundlage in den Raum gestellt wird (BGH NJW 1997, 2762, 2764; NStZ 2006, 405; StV 2008, 9). Nicht ausreichend ist, dass die unter Beweis gestellte Tatsache nur objektiv ungewöhnlich erscheint oder andere Möglichkeiten näher gelegen hätten (BGH StV 2008, 287 f). Der Antrag ist in den Fällen einer Behauptung ins Blaue hinein nicht ernstlich gemeint, sondern nur zum Schein gestellt, so dass kein Beweisantrag, sondern (allenfalls) ein nach Maßgabe der Aufklärungspflicht zu behandelnder Beweisermittlungsantrag vorliegt (BGH NStZ 1992, 397 f; NStZ 2003, 497; NStZ 2009, 226, 227; StV 2002, 233 mwN).

Eine aufs Geratewohl aufgestellte, aus der Luft gegriffene Beweisbehauptung liegt idR **nicht** vor, wenn der Beweis erhoben werden soll, um eine belastende Zeugenaussage oder die Zuordnung am Tatort gefundener Spuren zu widerlegen (BGHR § 244 III 2 Bedeutungslosigkeit 25; Beschl v 3. 7. 2007 – Az 5 StR 272/07 = BeckRS 2007, 11899). 21.1

Das Gericht hat, wenn es dem Antrag eines Verfahrensbeteiligten aus diesem Grund nicht folgen will, eine Hinweispflicht gegenüber dem Antragsteller; zudem ist er nach seinen Wissensquellen oder den Gründen für seine Vermutung zu befragen (BGH NStZ 1996, 562; NStZ 2008, 584 f; OLG Köln NStZ 1987, 341, 342 jeweils zum Hilfsbeweisantrag). 22

2. Beweismittel

Auch das Beweismittel muss **bestimmt bezeichnet** sein. Soll ein Zeuge vernommen werden, sind daher grundsätzlich sein Name und seine vollständige Anschrift mitzuteilen (BGH NStZ 2009, 649; Urt v 17. 7. 2009 – Az 5 StR 394/08, BeckRS 2009, 21880; insoweit im NJW 2009, 3173 nicht abgedr). Kennt der Antragsteller diese nicht, reicht es aus, dass der Zeuge aufgrund der im Antrag gemachten Angaben identifiziert und seine Erreichbarkeit ermittelt werden kann (BGH NStZ 1994, 247; NStZ-RR 1997, 41; NStZ-RR 1998, 14). Unerheblich ist, wie der Antragsteller das Beweismittel **rechtlich** einordnet. Bezeichnet er einen Zeugen, hinsichtlich dessen die Voraussetzungen des § 85 StPO nicht vorliegen, als ,sachverständigen Zeugen', kommt es hierauf nicht an; maßgeblich für die rechtliche Qualifizierung ist allein der Inhalt der Bekundung, die der Zeuge machen soll (BGH Urt v 2. 4. 2008 – Az 2 StR 621/07 = BeckRS 2008, 07343, insoweit in NStZ-RR 2008, 238 nicht abgedr). 23

Die Vorlage eines Lichtbildes, auf dem der Zeuge zu sehen ist, reicht zu dessen hinreichender Bezeichnung ebenso wenig aus wie die Angabe seines **Wohnorts** ohne nähere Anschrift(vgl BGH NStZ 1994, 247; NStZ-RR 1998, 14; Beschl v 9. 1. 2003 – Az 3 StR 431/02 = BeckRS 2003, 01635). Die Benennung eines ,instruierten Vertreters' eines Unternehmens genügt nicht, da zur Individualisierung des Zeugen erst ein Auswahlakt der Unternehmensleitung erforderlich ist (BGH Beschl v 7. 5. 2008 – Az 5 StR 634/07 = BeckRS 2008, 10232). 23.1

Beim Zeugenbeweis ist zu beachten, dass der Zeuge nur Tatsachen bekunden kann, die er selbst wahrgenommen hat. Daher kommt bei einem auf die Erhebung eines Zeugenbeweises gerichteten Antrag hinzu, dass aus dem Antrag – ggf nach Auslegung – hervorgehen muss, dass der Zeuge die behauptete Tatsache aufgrund eigener Wahrnehmung bekunden kann (BGHSt 43, 321, 329 = NJW 1998, 1723, 1725; NStZ 2007, 112 ff). Das gilt insbesondere, wenn der Zeuge Angaben zu einer fremdpsychischen Tatsache machen soll. Da er eine solche allein aus nach außen erkennbaren Umständen ableiten kann, sind diese Umstände im Antrag konkret zu bezeichnen (BGHSt 12, 287, 290; NStZ 1984, 209, 210 [P/M]; vgl auch Rn 66). 24

3. Konnexität

Zwischen der Beweistatsache und dem Beweismittel muss zudem eine Konnexität bestehen, dh mit dem angegebenen Beweismittel muss die behauptete Tatsache unmittelbar bewiesen werden können (BGHSt 43, 321, 329 f. = NJW 1998, 1723, 1726; NJW 2001, 3793 f; NStZ 2006, 585 f; s auch NStZ 2009, 171, 172: zweifelhaft, ob eigenständiges konstitutives Element oder bloß notwendige Konkretisierung der Beweistatsache). Liegt die Konnexität auf der Hand, braucht der Antragsteller hierzu keine Ausführungen zu machen. Eine solche Offensichtlichkeit ist in aller Regel gegeben, wenn unmittelbare Tatzeugen als Beweismittel benannt werden (BGH NStZ-RR 2001, 43, 44). Ansonsten – und wenn auch sonst keine Anhaltspunkte ersichtlich sind – ist ein nachvollziehbarer Grund anzugeben, 25

StPO § 244

warum sich etwa der Zeuge an eine bestimmte Wahrnehmung erinnern können soll (BGH NStZ 2006, 585 f; vgl auch Beschl v 22. 1. 2009 – Az 3 StR 557/08 = BeckRS 2009, 05438). Auf diese Weise soll dem Gericht eine sinnvolle Prüfung der Ablehnungsgründe, insbes wegen Bedeutungslosigkeit und völliger Ungeeignetheit des Beweismittels, ermöglicht werden (BGH NStZ 2006, 585 f). Ist die Beweisaufnahme bereits fortgeschritten, muss der Antragsteller **auf der Grundlage** des bisherigen Beweisergebnisses darlegen, dass das Beweisbegehren geeignet ist, eine weitere Sachaufklärung herbeizuführen (BGHSt 52, 284, 287 = NStZ 2009, 49, 50). So sind etwa konkrete Ausführungen zur Situation eines benannten Zeugen, in der er die behauptete Wahrnehmung gemacht haben soll, erforderlich, wenn die bisherige Beweisaufnahme diese Situation bereits zum Gegenstand hatte (BGH Beschl v 24. 6. 2008 – Az 5 StR 238/08 = BeckRS 2008, 13812, s auch NJW-Spezial 2008, 504).

II. Verfahren
1. Antragsberechtigung

26 Berechtigt zur Stellung eines Beweisantrags sind zunächst die Staatsanwaltschaft, der Angeklagte und sein Verteidiger. Des Weiteren besteht eine Antragsbefugnis des Privatklägers sowie des Nebenklägers; bei letzterem jedoch nur, soweit das zur Nebenklage berechtigende Delikt betroffen ist. Schließlich sind auch Nebenbeteiligte (zB Einziehungsbeteiligte) antragsbefugt, wobei § 463 Abs 2 StPO, der dem Gericht eine Ablehnung des Antrags auch ohne Vorliegen der Voraussetzungen der Abs 3 bis 6 ermöglicht, zu beachten ist (Meyer-Goßner StPO § 244 Rn 30 mwN).

27 Die Antragsbefugnis des Angeklagten ist auch bei bestehender Geschäftsunfähigkeit gegeben; seine Anträge brauchen zudem mit dem Inhalt seiner Einlassung nicht überein zu stimmen. Er kann daher auch dann entsprechende Anträge stellen, wenn er sich bereits anders lautend zur Tat eingelassen hat (BGH MDR 1977, 461 [H]).

28 Das Antragsrecht des Verteidigers besteht unabhängig von dem des Angeklagten. Selbst wenn der Angeklagte die Tat gestanden haben sollte, bleibt es dem Verteidiger unbenommen, eigene Anträge zum Beweis der Unschuld des Angeklagten zu stellen (BGH NJW 1953, 1314; NJW 1969, 281).

29 Prozessuale Rechte können, auch wenn die StPO weder den Ausschluss eines Beteiligten vom Beweisantragsrecht noch einen allgemeinen Missbrauchstatbestand vorsieht, bei einem **missbräuchlichen Verhalten** eingeschränkt oder sogar ganz verwirkt werden (BGHSt 38, 111 ff = NStZ 1992, 140, 141; NStZ 2006, 649, 650). Ein Missbrauch prozessualer Rechte liegt vor, wenn ein Verfahrensbeteiligter die ihm durch die StPO eingeräumten Möglichkeiten zur Wahrnehmung seiner verfahrensrechtlichen Belange dazu benutzt, gezielt verfahrensfremde oder verfahrenswidrige Zwecke zu verfolgen (BGHSt 38, 111, 113 = NStZ 1992, 140). Das ist etwa der Fall bei nur zum Schein einer Sachaufklärung gestellten Anträgen (BGH StV 1991, 99 f: Hilfsbeweisantrag auf Vernehmung eines erkennenden Richters, der zuvor dienstlich erklärt hatte, zu der behaupteten Beweistatsache keine Angaben machen zu können) oder wenn der Angeklagte bei überschaubarem Sachverhalt und bereits länger dauernder Hauptverhandlung (hier: 77 Tage sowie weitere 30 Tage für die Ablehnung von ihm gestellter Beweisanträge) noch eine Vielzahl („hunderte oder gar tausende") weiterer Beweisanträge ankündigt (BGHSt 38, 111, 113 = NStZ 1992, 140). Eine Befugnis des Gerichts, einem Beteiligten schlechthin und von vorneherein die Stellung prozessual zulässiger Anträge zu untersagen, besteht zwar nicht (BGH NStZ 1992, 140). Die Rechte der Beteiligten können jedoch zur Verhinderung eines Missbrauchs eingeschränkt werden. So kann etwa dem Angeklagten aufgegeben werden, Anträge nur noch über seinen Verteidiger zu stellen (BGH NStZ 1992, 140). Darüber hinaus folgt aus dem Recht und der Pflicht des Vorsitzenden zur Sachleitung auch die Befugnis, den Verfahrensbeteiligten in geeigneten Fällen, insbesondere bei länger – mindestens 10 Verhandlungstage – dauernden Hauptverhandlungen eine **Frist zur Stellung von Beweisanträgen** zu setzen, wenn das seitens des Gerichts vorgesehene Beweisprogramm erledigt ist und konkrete Anzeichen für das Vorliegen einer Verschleppungsabsicht vorliegen (BGH NJW 2009, 605, 607 mAnm Gaede = NStZ 2009, 169; die hiergegen gerichtete Verfassungsbeschwerde hat das BVerfG nicht zur Entscheidung angenommen, Beschl v 6. 10. 2009 = BeckRS 2009, 39829; Urt v

9. 7. 2009 – Az 5 StR 263/08 = BeckRS 2009, 21879, insoweit in NJW 2009, 3248 nicht abgedr). Werden Anträge nach Ablauf der gesetzten Frist gestellt, kann das Gericht diesen Umstand als („signifikantes") **Indiz** für eine Verschleppungsabsicht werten, wenn es hierauf zuvor hingewiesen hat (BGH Beschl v 10. 11. 2009 – Az 1 StR 162/09 = BeckRS 2009, 87273; vgl auch BGH NJW 2005, 2466, 2468: Die Bescheidung von nach Fristablauf eingehenden Beweisanträgen braucht erst in den Urteilsgründen zu erfolgen).

Die Anordnung der Fristsetzung und ihre Gründe (vgl BGH Urt v 9. 7. 2009 – Az 5 StR 263/08, BeckRS 2009, 21879) sind nach § 273 Abs 3 S 1 StPO zu protokollieren. Die Verfahrensbeteiligten sind darauf hinzuweisen, dass das Gericht nach Fristablauf gestellte Beweisanträge nach den allgemeinen Regeln entgegen zu nehmen und zu bescheiden hat; dass in diesem Fall jedoch die Gründe für die späte Antragstellung vom Antragsteller substantiiert darzulegen sind. Des Weiteren muss das Gericht die Verfahrensbeteiligten darauf hinweisen, dass es, falls nach seiner Ansicht kein nachvollziehbarer Anlass für die verspätete Antragstellung besteht, grundsätzlich von einer Verschleppungsabsicht ausgehen und die Anträge wegen Verschleppungsabsicht ablehnen kann. **29.1**

Wegen § 246 Abs 1 StPO ist es dem Gericht jedoch versagt, den Verfahrensbeteiligten eine Ausschlussfrist zu setzen, und danach gestellte Anträge **allein** wegen des Fristablaufs abzulehnen (BGH NJW 2009, 605, 606 mAnm Gaede = NStZ 2009, 169; Beschl v 10. 11. 2009 – Az 1 StR 162/09 = BeckRS 2009, 87273). Nach Ablauf der – zulässig gesetzten – Frist gestellte Anträge braucht das Gericht nur noch in den Urteilsgründen zu bescheiden; dies gilt auch für Hilfsbeweisanträge, die wegen der Absicht der Prozessverschleppung ansonsten nur innerhalb der Hauptverhandlung abgelehnt werden dürfen (vgl Rn 44; BGH aaO; s auch StV 2006, 113, 115 – dort im Ergebnis offen gelassen). Gebietet dagegen die Aufklärungspflicht nach Abs 2 (s Rn 10 ff) die Erhebung des Beweises oder kann der Antragsteller die verspätete Antragstellung substantiiert und nachvollziehbar begründen, ist dem Beweisantrag nachzukommen. Generell gilt, dass bei der Entscheidung über das Beweisantragsrecht einschränkende Maßnahmen das Gericht eine Abwägung der berechtigten Belange der Beteiligten, namentlich des Angeklagten auf eine wirksame Verteidigung, und deren Informationsinteresse an der Bescheidung gestellter Anträge mit den Interessen einer funktionsfähigen Strafrechtspflege und dem Beschleunigungsgebot vornehmen muss (BGH StV 2006, 113, 115). Der Grundsatz der Verhältnismäßigkeit ist zu wahren (BGHSt 38, 111, 115 = NStZ 1992, 140 f). Das Gericht ist daher insbes verpflichtet, „permanent" zu überprüfen, ob eine auferlegte Beschränkung weiterhin erforderlich ist (BGH NStZ 2006, 649 f). **29 a**

2. Form

Der Beweisantrag ist in der Hauptverhandlung **mündlich** zu stellen, soweit nicht das Gericht nach § 257 a StPO eine schriftliche Antragstellung angeordnet hat. Ist der Antrag schriftlich vorformuliert, reicht die Einreichung des Schriftstücks nicht aus; er muss auch in diesem Fall mündlich vorgetragen werden (OLG Frankfurt NStZ-RR 1998, 210). Hat ein Verfahrensbeteiligter bereits vor Beginn der Hauptverhandlung einen schriftlichen Beweisantrag eingereicht, muss er ihn in der Hauptverhandlung wiederholen; anderenfalls besteht für das Gericht keine Pflicht zur Bescheidung (BGH StV 1995, 509). Nach einer Aussetzung der Hauptverhandlung oder einer Zurückverweisung durch das Revisionsgericht müssen die in der vorhergehenden Hauptverhandlung gestellten Beweisanträge wiederholt werden (Meyer-Goßner StPO § 244 Rn 34). **30**

3. Auslegung; Fürsorgepflicht

Das Gericht ist berechtigt und verpflichtet, einen gestellten Antrag auszulegen, um das wahre Begehren des Antragstellers zu ermitteln. Darüber hinaus gebietet es die Fürsorgepflicht des Gerichts, auf die Stellung sachgerechter Anträge hinzuwirken (BGH NStZ 1993, 228 [K]; NStZ 1994, 483). Erforderlichenfalls ist der Antragsteller zu unterstützen, etwa auf bestehende Missverständnisse oder offenbare und leicht behebbare Mängel hinzuweisen. Eine umfassende Pflicht zur Heilung mangelhafter Beweisanträge besteht für das Gericht freilich nicht (Pfeiffer StPO § 244 Rn 19). Legt das Gericht den Antrag aufgrund einer missverständlichen Formulierung für den Antragsteller erkennbar unzutreffend aus, ist dieser verpflichtet, das Gericht in der Hauptverhandlung auf den Irrtum hinzuweisen und **31** ihn auszuräumen. Unterlässt er dies, kann er die unzutreffende Auslegung und eine hierauf beruhende rechtsfehlerhafte Ablehnung des Beweisantrags in der Revision nicht mit Erfolg rügen (BGH NStZ 2009, 171, 173 mwN).

4. Protokollierung

32   Der gestellte Antrag ist nach § 273 Abs 1 StPO in das Hauptverhandlungsprotokoll aufzunehmen. Das gilt nicht für eine (ergänzende) mündliche Begründung (Meyer-Goßner StPO § 244 Rn 36). Ebenso wenig hat der Antragsteller einen Anspruch darauf, seinen Antrag in das Hauptverhandlungsprotokoll zu diktieren (Meyer-Goßner StPO § 244 Rn 32 mwN).

5. Zeitpunkt

33   Zur Behandlung eines Beweisantrags, der **vor Beginn** der Hauptverhandlung bei dem Gericht eingereicht worden ist, s Rn 30. Die Verfahrensbeteiligten können **spätestens** bis zum Beginn der Urteilsverkündung Beweisanträge stellen, die das Gericht entgegennehmen und bescheiden muss (BGH NStZ 1982, 41). Demgemäß ist es grundsätzlich nicht zulässig, wenn das Gericht einen Verfahrensbeteiligten, der nach der Urteilsberatung, aber vor der Urteilsverkündung einen Beweisantrag stellen will, nicht zu Wort kommen lässt und ihn dadurch an der Stellung eines Antrages hindert (BGH NStZ 2007, 112 f).

33.1   Wird nach einer Unterbrechung der Urteilsverkündung mit dieser erneut und vollständig von vorn begonnen, nachdem dem Vorsitzenden zuvor die Stellung eines Beweisantrages angekündigt worden war, ist der Beweisantrag entgegenzunehmen (BGH NStZ 1992, 248; 2007, 112, 113).

34   Unterbindet der Vorsitzende in solchen Fällen die Antragstellung, ist eine Entscheidung des Gerichts nach § 238 Abs 2 StPO herbeizuführen (BGH NStZ 1992, 346). Bei erst nach dem Beginn der Urteilsverkündung bis zum Ende der mündlichen Begründung des Urteils gestellten Anträgen steht es dagegen im Ermessen des Vorsitzenden, sie entgegenzunehmen (BGHSt 25, 333, 335, 336 = NJW 1974, 1518). Lehnt der Vorsitzende in diesem Verfahrensstadium eine Entgegennahme ab, kann hiergegen keine Entscheidung nach § 238 Abs 2 StPO eingeholt werden. Das Gericht hat jedoch zu prüfen, ob die Beweiserhebung – unabhängig von der Stellung des Beweisantrags – nach Maßgabe der Aufklärungspflicht (s hierzu Rn 10 ff), geboten ist. Ein Verstoß hiergegen kann mit der Revision gerügt werden (BGH NStZ 1986, 182).

6. Rücknahme; Verzicht

35   Der Antragsteller kann den Beweisantrag auch noch nach Beginn der beantragten Beweisaufnahme zurücknehmen und auf deren weitere Durchführung verzichten; ist das Beweismittel allerdings schon „präsent", greift § 245 Abs 1 S 2 StPO als Spezialvorschrift ein, so dass von der Erhebung nur abgesehen werden kann, wenn die Staatsanwaltschaft, der Verteidiger und der Angeklagte hiermit einverstanden sind (Meyer-Goßner StPO § 244 Rn 37). Die Antragsrücknahme wirkt – wie auch der Verzicht auf die Erhebung des beantragten Beweises – nur für den jeweils Erklärenden; liegt ein von mehreren Verfahrensbeteiligten gemeinschaftlich gestellter Antrag vor oder hat sich ein weiterer Verfahrensbeteiligter dem Beweisantrag angeschlossen, haben Rücknahme und Verzichtserklärung eines Antragstellers für die anderen keine Wirkung. Die Rücknahme eines Beweisantrags muss nicht ausdrücklich erklärt werden, der Antragsteller kann sie auch konkludent zum Ausdruck bringen (BGH NStZ 1993, 27, 28 [K]; StraFo 2003, 384).

35.1   **Keine** konkludente Rücknahme liegt in der Regel in dem Einverständnis mit der Schließung der Beweisaufnahme (BGH StV 2003, 318). Ebenso wenig liegt eine Rücknahme in dem Unterlassen der Wiederholung zuvor gestellter Beweisanträge im Rahmen eines Schlussvortrags (BGH StV 1993, 59). Eine konkludente Rücknahme hat der BGH dagegen angenommen in dem Fall, dass der zunächst seine Täterschaft bestreitende Angeklagte zu Beginn der Hauptverhandlung Anträge zum Nachweis seiner Unschuld gestellt hatte, später jedoch nach Abschluss einer Höchststrafenvereinbarung ein Geständnis ablegte, ohne eine Erklärung zu den Beweisanträgen abzugeben (StraFo 2003, 384). Ist das Gericht einem Beweisantrag jedenfalls teilweise nachgekommen und gibt es sodann zu erkennen, dass es das Beweisbegehren der Sache nach für erledigt und weitere Aufklärung für unmöglich hält,

Hauptverhandlung § 244 StPO

muss der Antragsteller, wenn er sich damit nicht zufrieden geben will, dies ausdrücklich klarstellen (BGH StV 1988, 469, 472 = NStZ 1988, 420: dort trifft der BGH allerdings keine Aussage zur dogmatischen Einordnung, da er das Beruhen des Urteils auf einem evtl Fehler ausschließt – dem „Erfolg der Rüge" stehe „das eigene Verhalten des Beschwerdeführers und seines Verteidigers entgegen"). Teilt das Gericht dem Antragsteller mit, der in seinem Beweisantrag benannte Zeuge stehe nach Mitteilung von dessen Dienstherrn wegen Krankheit nicht zur Verfügung und gibt der Antragsteller im weiteren Verlauf der Hauptverhandlung hierzu keine Erklärung ab, soll nach BGH – Az 2 StR 170/93 (insoweit in NStZ 1994, 47 nicht abgedr) hierin die konkludente Erklärung liegen, die Anträge „nicht aufrecht erhalten" zu wollen. Das gleiche gilt, wenn nach einer Vielzahl (abgelehnter) Beweisanträge der Vorsitzende feststellt, dass keine weiteren Beweisanträge mehr vorlägen und die gestellten erschöpft seien, wenn der Antragsteller dem nicht widerspricht (BGH NStZ 2005, 463 f). Liegt der – ausdrücklichen – Rücknahmeerklärung eine Ankündigung des Gerichts zu Grunde, im Sinne des Antragstellers entscheiden zu wollen und ändert das Gericht später seine Ansicht, ist der Antragsteller hierauf hinzuweisen (BGH NStZ 2006, 55).

7. Entscheidung über den Antrag

Kommt das Gericht dem Antrag nach, ordnet der Vorsitzende die Beweiserhebung an (BGH NStZ 1982, 432). Eine Beweiserhebung ist auch dann möglich, wenn dass Gericht den Beweisantrag zuvor abgelehnt hatte; die Ablehnung ist in diesem Fall prozessual überholt, ohne dass es eines entsprechenden (förmlichen) Hinweises bedarf (BGH Beschl v 13. 10. 2009 – Az 5 StR 400/09 = BeckRS 2009, 28349). Lehnt das Gericht den Antrag dagegen ab, ist nach **Abs 6** hierzu ein Gerichtsbeschluss erforderlich. Eine Entscheidung des Vorsitzenden reicht auch dann nicht, wenn das Gericht sie auf eine Beanstandung nach § 238 Abs 2 StPO hin bestätigt (BGH StV 1994, 172, 173). Der Beschluss ist spätestens vor dem Schluss der Beweisaufnahme (§ 258 Abs 1 StPO) zu verkünden (BGH StV 1994, 635; NStZ 2005, 395). Ein erst nach Abschluss der mündlichen Urteilsbegründung verkündeter Beschluss über die Ablehnung eines Beweisantrags ist unbeachtlich, der Antrag gilt in diesem Fall als nicht beschieden (BGH Beschl v 28. 3. 2007 – Az 1 StR 113/07 = BeckRS 2007, 06573). 36

Das Gericht muss, wenn es dem Beweisantrag nachgehen will, nicht stets das vom Antragsteller bezeichnete Beweismittel benutzen. Vielmehr kann es auch ein anderes verwenden, wenn feststeht, dass es sich bei diesem um ein „zweifelsfrei gleichwertiges" handelt („**Austausch des Beweismittels**"; s BGHSt 22, 347, 348, 349 = NJW 1969, 1219 f; NStZ 1983, 86 f; NStZ-RR 1996, 336 f; StV 1992, 454; vgl zum Beweisantrag auf Einnahme des Augenscheins (Abs 5) Rn 110 sowie weiterhin Meyer-Goßner StPO § 244 Rn 47 mwN). 37

So kann die beantragte Vernehmung eines Sachverständigen durch die Vernehmung eines sachverständigen Zeugen ersetzt werden, wenn dieser über die notwendige Sachkunde verfügt. Die Vernehmung eines Zeugen kann grundsätzlich nicht gegen die Vernehmung eines anderen Zeugen ausgetauscht werden, wenn der im Antrag benannte Zeuge ein eigenes Erleben schildern soll (BGH NStZ 1983, 86 f; NStZ 2008, 529). 37.1

Der Ablehnungsbeschluss muss den gestellten Beweisantrag vollständig, in seiner ganzen Tragweite und ohne Einengungen und Verkürzungen erfassen und abhandeln (BGH NStZ 1983, 208, 210 [Pf/M]). Er ist zu begründen (vgl auch BGH NStZ 2008, 110: Im Fall einer umfangreichen Begründung ist dem Antragsteller gem § 35 Abs 1 S 2 StPO eine Abschrift des Beschlusses zu erteilen, auch wenn er dies lediglich außerhalb der Hauptverhandlung beantragt). Die Begründung hat vollständig und in verständlicher Form zu erfolgen (BGHSt 2, 286). Eine bloße Wiederholung des Gesetzeswortlauts reicht nicht aus (BGH NStZ 2003, 380 f). Denn der Antragsteller soll durch die Begründung des Gerichts über dessen Standpunkt unterrichtet werden und Gelegenheit haben, sich mit diesem auseinanderzusetzen. Aufgetretene Irrtümer oder Missverständnisse soll er erkennen und auf ihre Beseitigung hinwirken können (BGH – Az 1 StR 352/98). Erkennt umgekehrt der Antragsteller, dass das Gericht den Antrag versehentlich falsch ausgelegt, etwa den Umfang der begehrten Beweisaufnahme verkannt hat, ist er zu einem entsprechenden Hinweis an das Gericht verpflichtet (BGH NStZ-RR 2008, 382). Unterlässt er einen Hinweis und stellt auch keinen neuen, in die gleiche Richtung zielenden Beweisantrag, kann er mit der Revision 38 nicht rügen, das Gericht habe die Tragweite des Antrags verkannt oder die unter Beweis gestellte Tatsache unzulässig verkürzt (BGH NStZ-RR 2008, 382; StV 1989, 465 mAnm Schlothauer). Es kommt allein auf die in der Hauptverhandlung bekannt gemachte Begründung an; eine im Urteil nachgeschobene ist unbeachtlich (BGH StV 1994, 635). Denn eine nachgeschobene Begründung ermöglicht es dem Antragsteller nicht, auf die Ablehnung seines Antrags zu reagieren und sein weiteres Prozessverhalten hiernach auszurichten. Insbes kann er zu seinem Antrag nicht mehr nachbessern, um doch noch die begehrte Beweiserhebung zu erreichen (BGHR § 244 Abs 3 Ablehnung 1; NStZ 2003, 380, 381; StV 2007, 174; StV 2007, 176).

39 Dementsprechend scheitert die auf eine fehlerhafte Ablehnung eines Beweisantrags gestützte **Revision** des Antragstellers in aller Regel weder daran, dass das Gericht einen fehlerhaften Ablehnungsbeschluss im Urteil „nachbessert", noch dass ggf die Voraussetzungen eines anderen Ablehnungsgrundes als des vom Gericht herangezogenen vorgelegen hätten. Nur wenn das Revisionsgericht sicher ausschließen kann, dass das Urteil auf der fehlerhaften Ablehnung des Beweisantrags beruht, etwa weil der Antragsteller auch bei Kenntnis des tragenden Ablehnungsgrundes seinem Antrag nicht hätte zum Erfolg verhelfen können, bleibt eine entsprechende Verfahrensrüge erfolglos (BGH – Az 3 StR 352/96, insoweit in NStZ-RR 1997, 167 nicht abgedr). Ist der gestellte Antrag tatsächlich nicht als Beweisantrag, sondern nur als Beweisermittlungsantrag zu werten, hat das Gericht ihn jedoch wie einen Beweisantrag behandelt und beschieden, führt dies nicht zu einer „Umqualifizierung" des Antrags; er bleibt Beweisermittlungsantrag. Die Revision kann daher nicht auf eine fehlerhafte Anwendung der Ablehnungsgründe der Abs 3 bis 5, sondern nur auf eine Verletzung der Aufklärungspflicht aus Abs 2 gestützt werden (BGHR § 244 Abs 3 Entscheidung 1 = NStZ-RR 2004, 370; vgl näher Rn 46).

40 Im Strafbefehlsverfahren ist § 411 Abs 2 StPO iVm § 420 StPO zu beachten; eine Bindung des Gerichts an die Ablehnungsgründe der § 244 StPO, § 245 StPO besteht insoweit nicht.

8. Verbot der Beweisantizipation

41 Die Ablehnung eines Beweisantrags darf nur unter den in den Abs 3 bis 5 aufgezählten Voraussetzungen erfolgen. Dem Gericht ist es daher grundsätzlich verboten, eine Ablehnung auf eine Beweisantizipation, also auf das von der Beweiserhebung voraussichtlich zu erwartende Ergebnis und dessen Überzeugungskraft, zu stützen (BGHSt 40, 60, 62; NStZ 1987, 16, 17 [Pf/M]; NStZ 1999, 312; OLG Zweibrücken NStZ-RR 2005, 113 f). Eine Ablehnung kann demgemäß nicht damit begründet werden, die im Antrag benannten Zeugen könnten die Beweisbehauptung voraussichtlich nicht bestätigen (BGH NStZ 1999, 362; StV 2001, 95), müssten sich, falls sie dies doch täten, irren (BGH StV 1989, 187, 189 = NStZ 1989, 283) oder das Gegenteil der von den Zeugen zu bekundenden Tatsache sei bereits erwiesen (BGH StV 1993, 621 f). **Ausnahmen** vom Verbot der Beweisantizipation können sich zum einen aus besonderen verfahrensrechtlichen Vorschriften ergeben. So gilt das Verbot wegen § 411 Abs 2 StPO, § 420 StPO nicht im Strafbefehlsverfahren, im Privatklageverfahren (§ 384 Abs 3 StPO) und im OWi-Verfahren (§ 77 OWiG). Zum anderen können Ausnahmen unmittelbar aus den Ablehnungsgründen der Abs 3 bis 5 folgen. Beweisanträge auf Einnahme des Augenscheins und auf Vernehmung eines Auslandszeugen können nach Abs 4 S 1 u S 2 abgelehnt werden, wenn die Beweiserhebung nach dem pflichtgemäßen Ermessen des Gerichts zur Erforschung der Wahrheit nicht erforderlich ist. Bei der insoweit vorzunehmenden Ermessensausübung kann das Gericht auch den voraussichtlichen Erfolg der beantragten Beweiserhebung würdigen (vgl zum Augenschein BGHSt 8, 177, 180; NStZ 1984, 565; NStZ 1994, 483; NStZ 1994, 554; vgl zu einem Auslandszeugen: BGHSt 40, 60, 62; NStZ 2005, 701; StV 2007, 174). Auch bei der Anwendung der Ablehnungsgründe des Abs 3 kann eine Beweisantizipation in Grenzen zulässig sein. So ist es etwa bei der Ablehnung eines Beweisantrags wegen Verschleppungsabsicht (Abs 3 S 2 Alt 6; vgl BGH NJW 2001, 1956; NStZ 1990, 350; NStZ 1992, 551; StV 1994, 635 mAnm Müller) erforderlich, das zu erwartende Beweisergebnis vorwegzunehmen und mit dem bisher gewonnenen zu vergleichen, um auf das Ziel der Antragstellung, nämlich eine Prozessverschleppung, schließen zu können.

III. Sonderformen

1. (Prozessual) Bedingte Beweisanträge – Eventualbeweisanträge

Der Antragsteller kann seinen Beweisantrag von dem Eintritt oder Nichteintritt eines **innerprozessualen** Ereignisses abhängig machen, etwa davon, dass das Gericht eine bestimmte prozessuale Entscheidung trifft, zB einem von einem anderen Verfahrensbeteiligten gestellten Beweisantrag nachgeht (BGH NStZ 1984, 372; KK-StPO/Fischer StPO § 244 Rn 91). In diesem Fall spricht man von einem **(prozessual) bedingten Beweisantrag**. Eine Verknüpfung des Antrags ist darüber hinaus möglich mit einer bestimmten Bewertung des Sachverhalts durch das Gericht, etwa der Beurteilung der Beweislage in einer bestimmten Weise (BGH NStZ 1989, 191; Zweibrücken StV 1994, 347 f: Beweiserhebung für den Fall, dass ein Zeuge seine frühere Aussage inhaltlich nicht bestätigen sollte). Dergestalt bedingt gestellte Beweisanträge bezeichnet man als **Eventualbeweisanträge** (KK-StPO/Fischer StPO § 244 Rn 90). Tritt die Bedingung, an die der Antragsteller die Beweiserhebung knüpft, nicht ein, braucht das Gericht über den Antrag nicht zu entscheiden; die Frage einer Erhebung des angebotenen Beweises beurteilt sich dann allein nach der gerichtlichen Aufklärungspflicht aus Abs 2 (BGH StV 1990, 149). Grundsätzlich folgt aus der mit der Anknüpfung an eine Bedingung verbundenen hilfsweisen Stellung des Antrags, dass der Antragsteller auf eine Bescheidung innerhalb der Hauptverhandlung verzichtet (vgl Rn 44). Macht der Antragsteller bei einem **Eventualbeweisantrag** deutlich, dass er eine Bescheidung des Antrags nicht erst im Urteil, sondern innerhalb der Hauptverhandlung wünscht, soll das Gericht zwar nach BGH NStZ 1989, 191 hierzu verpflichtet sein. Dieser Entscheidung sind jedoch andere Strafsenate des BGH entgegen getreten (vgl etwa BGH NStZ-RR 1996, 362, 363 mwN).

2. Hilfsbeweisanträge

Ein Hilfsbeweisantrag ist ein Beweisantrag, der nur hilfsweise für den Fall gestellt wird, dass das Gericht im Urteil nicht zu einem bestimmten Ergebnis kommt (BGHSt 32,10, 13 = NJW 1983, 2396).

Beispiel:
Der Verteidiger stellt einen Beweisantrag hilfsweise für den Fall, dass das Gericht den Angeklagten nicht freispricht. Ebenso kann das Beweisbegehren von der Verwendung „bestimmter Begründungselemente" des Schuldspruchs, der Anordnung bestimmter Bewährungsauflagen oder einer bestimmten Prozesslage abhängig gemacht werden (vgl BGHSt 40, 287, 288 = NJW 1995, 603; vgl Rn 42).

Da das Gericht, namentlich wenn der Antrag mit dem Schuldspruch verknüpft ist, erst in der Urteilsberatung entscheidet, ob die Bedingung eintritt, kann ein Hilfsbeweisantrag auch erst in den Urteilsgründen beschieden werden (BGHSt 32, 10, 13; BGHSt 40, 287, 289; NStZ 1998, 98; StV 1991, 349, 350 mAnm Schlothauer NStZ 1991, 348). Darüber hinaus liegt in der nur „hilfsweisen" Stellung des Antrags in der Regel zugleich der Verzicht des Antragstellers auf eine Bescheidung vor der Urteilsverkündung (BGHR § 244 Abs 6 Hilfsbeweisantrag 1; NStZ 1991, 547; NStZ 1994, 583; NStZ 2004, 505). Eine Bescheidungsklausel, also das Verlangen des Antragstellers auf Bescheidung noch in der Hauptverhandlung, ist unwirksam (KK-StPO/Fischer StPO § 244 Rn 94). Eine Pflicht zur Bescheidung des Antrags besteht unabhängig hiervon jedoch bei der Ablehnung eines Hilfsbeweisantrags wegen Prozessverschleppung (Abs 3 S 2 Alt 6), da der Antragsteller bei einer Bescheidung erst in den Urteilsgründen keine Gelegenheit hätte, diesem Vorwurf zu begegnen und ihn zu entkräften (BGHSt 22, 124 f; NStZ 1998, 207 mAnm Sander). Die Ablehnung wegen Prozessverschleppung muss daher grundsätzlich in der Hauptverhandlung durch einen zu begründenden Beschluss nach Abs 6 erfolgen (BGH StV 1990, 394; NStZ-RR 1998, 14). Eine Ausnahme besteht insofern nach BGH NJW 2009, 605, 607 mAnm Gaede (= NStZ 2009, 169) für den Fall, dass das Gericht – zulässig – eine Frist zur Stellung von Beweisanträgen gesetzt hat (vgl Rn 29). Nach Ablauf der Frist gestellte Hilfsbeweisanträge können auch wegen Prozessverschleppung erst in den Urteilsgründen abgelehnt werden, weil es neben der Fristsetzung eines weiteren Hinweises an den Antragsteller nicht bedarf. Unabhängig hiervon ist das Gericht nicht gehindert, auch einen Hilfsbeweisantrag in der Hauptverhandlung zu bescheiden, lediglich eine Verpflichtung hierzu besteht nicht (BGH StV 1990, 149). Unterlässt es das Gericht, den Hilfsbeweisantrag in den Urteilsgründen zu behandeln oder stützt es sich hierbei auf einen rechtlich unzutreffenden Ablehnungsgrund, kann das Revisionsgericht den Ablehnungsgrund „**austauschen**" oder **nachbringen**. Dazu prüft es, ob der Antrag auch mit einer (anderen), rechtsfehlerfreien Begründung hätte abgelehnt werden können. Ist das der Fall und kann anhand der Urteilsgründe der zutreffende Ablehnungsgrund nachgebracht werden, ist ein Beruhen des Urteils auf dem Verfahrensfehler ausgeschlossen (BGHR § 244 Abs 6 Hilfsbeweisantrag 5; NJW 2000, 370 f; NStZ 1998, 98; NStZ 2004, 505; NStZ-RR 2007, 382; Beschl v 10. 11. 2009 Az 1 StR 162/09, BeckRS 2009, 87273).

3. Beweisermittlungsanträge

45   Ein Beweisantrag ist dadurch gekennzeichnet, dass er eine bestimmte Beweistatsache und ein bestimmtes Beweismittel bezeichnet (s Rn 16, Rn 23). Bei einem Beweisermittlungsantrag ist dagegen die zu beweisende Tatsache oder das zu verwendende Beweismittel nicht hinreichend bestimmt angegeben; der Antrag soll im Ergebnis erst dazu führen, sie zu ermitteln (BGHSt 30, 131, 142 = NJW 1981, 2267). Ob die Bezeichnung der Beweistatsache oder des Beweismittels zur Konkretisierung ausreicht, ist eine Frage des Einzelfalls.

45.1   **Beispiele zur Abgrenzung:**
Beweistatsache:

- Die Behauptung von „Rechtsanwalts-, Steuerberater- und Gerichtskosten in Höhe von mindestens 19.469,15 € im Jahr 2003" reicht als bestimmte Bezeichnung einer Beweistatsache nicht aus, vielmehr sind die behaupteten Verbindlichkeiten mit jeweiliger Grundlage und Höhe im Einzelnen anzugeben (BGH Beschl v 9. 8. 2006 – Az 1 StR 214/06 = BeckRS 2006, 10229).
- Die Behauptung, die Nebenklägerin habe in einer vorangegangenen Hauptverhandlung nicht bekundet, der Angeklagte habe sie mit der einen Hand festgehalten und mit der anderen berührt, ist eine hinreichend konkrete Beweisbehauptung, da die Beweistatsache – auch wenn es sich um eine Negativtatsache handelt (s hierzu Rn 18) – klar umrissen ist und von dem benannten Zeugen (hier: vernehmender Richter) unmittelbar wahrgenommen worden sein kann (BGH NStZ-RR 2005, 78).
- Die Behauptung, jemand sei nicht bei einer Firma angestellt gewesen, zumindest habe er dort keinen Verdienst in einer bestimmten Höhe erzielt, ist nicht hinreichend konkret, der Antrag somit ein Beweisermittlungsantrag, da sich beide Behauptungen gegenseitig ausschließen. In diesem Fall liegt keine bestimmte Behauptung einer Beweistatsache vor, sondern nur ein Für-Möglich-Halten verschiedener Tatsachen vor (BGH NStZ 1998, 209 f).
- Der Antrag, ein Sachverständigengutachten zu der Frage einzuholen, dass „banktypische Absicherungen" erbracht worden seien, ist ein Beweisantrag, da die Behauptung der im konkreten Fall gegebenen Einhaltung allgemein banküblicher Maßstäbe dem Sachverständigenbeweis zugänglich ist (BGH StV 1994, 172 f).
- Die Behauptung, dass „in verschiedenen Gesprächen ... im November und Dezember 1991" deutlich geworden sei, dass jemand bei Drogengeschäften eines Anderen „lediglich behilflich" gewesen sei und Besprechungen mit Aufkäufern nur deshalb geführt habe, weil es von diesen verlangt worden sei, ist nicht hinreichend konkretisiert. Der entsprechende Antrag ist ein Beweisermittlungsantrag, da keine bestimmten Äußerungen bestimmter Personen unter Beweis gestellt werden, sondern allein eine zusammenfassende Deutung und Würdigung des Inhalts diverser Gespräche (BGH NStZ 1993, 447; dort offen gelassen).
- Die Behauptung, die im Antrag benannten Zeugen seien die Verursacher bestimmter Spuren am Tatort, und bei ihrer polizeilichen Vernehmung, in der sie dies leugneten, hätten sie die Unwahrheit gesagt, ist hinreichend konkret. Der entsprechende Antrag erfüllt trotz der schlagwortartigen Verkürzung, die Zeugen hätten bei ihrer Vernehmung nicht die Wahrheit gesagt, „noch" die Anforderungen an eine bestimmte Beweisbehauptung (BGHSt 39, 141, 143, 144 = NJW 1993, 1214).
- Der Antrag auf Einholung eines Sachverständigengutachtens zum Beweis der Tatsache, dass die Preise für eine bestimmte Ware „marktüblich" gewesen seien, ist ein Beweisantrag, da mit dem Begriff der „Marktüblichkeit" eine bestimmte Tatsache behauptet wird, die in dieser Form einem Beweis durch Sachverständige zugänglich ist (BGH StV 2003, 428, 429 = NStZ 2003, 497).
- Der Antrag auf Einholung eines Sachverständigengutachtens zum Beweis der Tatsache, jemand leide unter einer krankheitswertigen Alkoholabhängigkeit mit bereits eingetretener Persönlich-

keitsdeformation, die zu einer erheblichen Beeinträchtigung sowohl seiner Wahrnehmungs- als auch seiner Erinnerungsfähigkeit geführt habe, ist ein Beweisantrag, da die Beweisbehauptung trotz der „schlagwortartigen Verkürzung" noch hinreichend bestimmt ist (BGH NStZ 2008, 52, 53).

Beweismittel:
- Die Angabe „Telefonüberwachungsmitschnitte zum Verfahren A 9042/07-917d" ist keine hinreichend konkrete Bezeichnung eines Beweismittels, da genaue Kennzeichnungen des zu verwendenden Augenscheinsobjekts und der Behörde, die das fragliche Verfahren führen soll, fehlen (BGH NStZ 2008, 109).
- Der Antrag auf Beiziehung „der Akten sämtlicher Mitangeklagter" ist ein Beweisermittlungsantrag, da er keine konkrete Bezeichnung der Aktenteile enthält, aus denen sich die für die Beweisbehauptung relevanten Stellen ergeben sollen (BGH NStZ 1999, 371).

Auch wenn der Ausgang der Beweiserhebung nach dem gestellten Antrag erkennbar offen ist, liegt, da eine konkrete Beweistatsache nicht bestimmt behauptet wird, ein Beweisermittlungsantrag vor (Meyer-Goßner StPO § 244 Rn 25 mwN). Hat der Antragsteller das Vorliegen der Beweistatsache nur vermutet, sie aber dennoch in eine bestimmte Tatsachenbehauptung gekleidet, kommt es für die Abgrenzung zwischen Beweis- und Beweisermittlungsantrag darauf an, ob für die vermutete Tatsache Anhaltspunkte vorliegen oder nicht (s Rn 20). Das Gericht hat nach Maßgabe der **Aufklärungspflicht** (Abs 2, dazu Rn 10 ff) zu entscheiden, ob es einem Beweisermittlungsantrag nachgeht; da kein Beweisantrag vorliegt, ist es hierbei an die Ablehnungsgründe der Abs 3 bis 5 nicht gebunden (BGHSt 6, 128 f; NStZ 1989, 334 mwN). Hieran ändert es grundsätzlich nichts, wenn das Gericht einen Beweisermittlungsantrag irrtümlich als Beweisantrag ansieht und sodann unter rechtsfehlerhafter Anwendung der Abs 3 bis 5 ablehnt (so noch OLG Köln NStZ 1987, 341). Die Revision ist in diesem Fall nur dann begründet, wenn entweder das Gericht durch die Nichterhebung des Beweises die Aufklärungspflicht verletzt hat oder wenn durch die unzutreffende Begründung eine „irreführende Prozesslage" geschaffen worden ist, die auf das Verhalten des Antragstellers Einfluss gehabt haben kann (BGH NStZ-RR 1997, 41 f; NStZ-RR 2004, 370; StV 1996, 581 f). Behandelt umgekehrt das Gericht einen Beweisantrag als Beweisermittlungsantrag, kann der Antragsteller dies mit einer auf die Verletzung des § 244 Abs 3 bis 5 gestützten Verfahrensrüge beanstanden. Wahrt das Gericht jedoch bei der Ablehnung des Antrags die Erfordernisse der Abs 3 bis 6, kann ein Beruhen des Urteils auf diesem Fehler auszuschließen sein (BGH Beschl v 29. 3. 2007 – Az 5 StR 116/07 = BeckRS 2007, 06469). Liegen Gründe vor, die auch die Ablehnung eines Beweisantrags rechtfertigten, entfällt auch die Aufklärungspflicht (BGH NStZ 1991, 399 f).

Die Ablehnung erfolgt durch den Vorsitzenden, gegen seine Entscheidung kann das Gericht nach § 238 Abs 2 StPO angerufen werden (BGH NStZ 2009, 401; KK-StPO/Fischer StPO § 244 Rn 101; vgl auch BGH StV 1994, 172 f: ein erkennbar als Beweisantrag gestellter Beweisermittlungsantrag ist durch Beschluss nach Abs 6 abzulehnen; in der Entscheidung NStZ 2008, 109, 110 ist diese Frage ausdrücklich offen gelassen). Die Entscheidung des Vorsitzenden ist nach § 34 zu begründen und dem Antragsteller die Gründe, die zur Ablehnung des Beweisermittlungsantrags führten, mitzuteilen (BGH NStZ 2008, 109 f; OLG Köln NStZ 1987, 341).

E. Ablehnungsgründe (Abs 3 bis Abs 5)

I. Ablehnung wegen Unzulässigkeit der Beweiserhebung (Abs 3 S 1)

Abs 3 S 1 setzt voraus, dass die **Erhebung** des Beweises unzulässig ist. Damit ist nicht die Unzulässigkeit eines Beweis**antrags** gemeint (zur Unzulässigkeit eines Beweisantrags vgl Rn 20, Rn 26 ff). Die Unzulässigkeit der Beweiserhebung kann sich ergeben aus der Benennung eines unzulässigen Beweisthemas oder eines unzulässigen Beweismittels. In beiden Fällen ist der Antrag nach Abs 3 S 1 zwingend abzulehnen.

1. Unzulässigkeit des Beweisthemas

Eine Beweiserhebung über ein bestimmtes Beweisthema ist unzulässig, wenn das benannte Thema nicht Gegenstand einer Beweisaufnahme sein kann (Meyer-Goßner StPO

§ 244 Rn 49 mwN). Hierbei ist zunächst zu prüfen, ob überhaupt eine bestimmte Tatsache behauptet wird. Ist das nicht der Fall, liegt bereits kein Beweisantrag, sondern allenfalls ein Beweisermittlungsantrag vor. Darüber hinaus kann eine Unzulässigkeit der Beweiserhebung aus Vorschriften folgen, die eine Geheimhaltung der in Rede stehenden Tatsache anordnen. Das gilt nach § 43 DRiG zB für den Hergang bei der Beratung und Abstimmung des Urteils (Beratungsgeheimnis, vgl Meyer-Goßner StPO § 244 Rn 49; zu Mitschriften der Richter über die Hauptverhandlung vgl Rn 51). Auch aus der Struktur des Strafverfahrens kann sich die Unzulässigkeit der Beweiserhebung über eine bestimmte Beweistatsache ergeben. Das gilt zum einen für Tatsachen, die bereits rechtskräftig festgestellt sind, so dass das Gericht an sie gebunden ist. So ist nach einer Teilaufhebung und Zurückverweisung hinsichtlich der danach in Rechtskraft erwachsenen Teile eine Beweiserhebung nicht mehr zulässig (BGHSt 44, 119, 120, 121 = NJW 1998, 3212; BGHR § 244 Abs 3 S 1 Unzulässigkeit 1; StV 2002, 599 f).

49.1   Hat das Revisionsgericht zB ein Urteil nur im Strafausspruch mit den zugehörigen Feststellungen aufgehoben, erwächst der Schuldspruch in Rechtskraft. Das Tatgericht ist damit an alle getroffenen Feststellungen gebunden, die ausschließlich die Schuldfrage betreffen, oder die wie doppelrelevante Umstände (s Rn 9) zugleich für die Schuld- und Straffrage von Bedeutung sind (BGHSt 24, 274 = NJW 1972, 548; BGHSt 30, 40 = NJW 1982, 1295). Dies gilt auch für solche Tatsachen, die das Vorgericht nicht aufgeklärt, sondern zu Gunsten des Angeklagten unterstellt hatte (BGHSt 44, 119, 120 = NJW 1998, 3212). Eine Beweiserhebung über die behauptete Schuldunfähigkeit des Angeklagten ist dann unzulässig (BGH NJW 1998, 3212).

50   Eine Beweiserhebung ist zudem unzulässig, wenn sie sich auf Tatsachen bezieht, die bereits zum Inbegriff der laufenden Hauptverhandlung geworden sind. Solche Tatsachen sind nicht mehr Gegenstand der Beweisaufnahme, da sie der unmittelbaren Würdigung durch das Gericht unterliegen (BGHR § 244 Abs 3 S 1 Unzulässigkeit 4, 7). Unzulässig ist daher etwa ein Antrag, Beweis zu erheben über das, was ein Zeuge (BGH NJW 1997, 265), der Nebenkläger oder ein Sachverständiger (BGH – Az 1 StR 675/94) in der Hauptverhandlung bekundet haben. Auf eine andere Form der Beweiserhebung kommt es in diesen Fällen nicht an. Die Beweiserhebung ist also auch dann unzulässig, wenn ein Dritter über die Bekundungen vernommen wird oder ein Sachverständiger nunmehr als Zeuge aussagen soll (BGH aaO). Auch Rechts- oder Wertungsfragen können nicht Gegenstand der Beweisaufnahme sein (BGHSt 25, 207 f: schuldangemessene Höhe der Strafe). Soweit es sich hierbei überhaupt um Tatsachen handelt, die erwiesen werden sollen, unterliegen auch sie allein der Würdigung durch das Gericht; der Beweisaufnahme sind sie entzogen.

2. Unzulässigkeit des Beweismittels

51   Eine Beweiserhebung ist unzulässig, wenn das angegebene Beweismittel nicht verwendet werden darf. Die Unzulässigkeit kann sich aus einem in Bezug auf das Beweismittel bestehenden Erhebungs- oder Verwertungsverbot ergeben. Das ist etwa der Fall bei von der StPO nicht zugelassenen Beweismitteln wie der Vernehmung eines Mitangeklagten oder des Privatklägers (Meyer-Goßner StPO § 244 Rn 49). Ein Beweiserhebungsverbot kann auch aus den § 52 StPO, § 54 StPO folgen. Ein Zeuge ist kein verwertbares Beweismittel, wenn ihm ein Zeugnisverweigerungsrecht zusteht und er hiervon Gebrauch macht (BGHSt 46, 1, 3; NStZ 2001, 48; Meyer-Goßner StPO § 244 Rn 49). Ist nach § 54 StPO für die Vernehmung eines Zeugen eine Aussagegenehmigung erforderlich, hat sich das Gericht um deren Erteilung zu bemühen (BGH NJW 1981, 355: dort zur Frage einer „Unerreichbarkeit"; Alsberg/Nüse/Meyer, 456). Hat die zuständige Behörde die Erteilung der Genehmigung verweigert, kommt der betroffene Bedienstete als Zeuge nicht mehr in Betracht, sodass Beweisanträge, die ihn als Beweismittel benennen, unzulässig sind (BGH NStZ 2003, 610 = fehlende Aussagegenehmigung einer polizeilichen VP). Gleiches gilt, wenn das Beweismittel einem Verwertungsverbot unterliegt (BGH NJW 1995, 2933, 2935; StV 1998, 523, 524 = NJW 1998, 3284). Steht allerdings das Verwertungsverbot zur Disposition eines Verfahrensbeteiligten, kommt eine Unverwertbarkeit – und damit die Unzulässigkeit der beantragten Beweisaufnahme – nur in Betracht, wenn der Betroffene nicht mit dem Gebrauch einverstanden ist. In dem einen solchen Beweisantrag als unzulässig ablehnenden Beschluss muss

das Gericht hierzu Ausführungen machen (BGHSt 36, 167, 172; StV 1989, 388, 389 = NJW 1989, 2760 f; BayObLG StV 1995, 65, 66 mAnm Preuß). Besonderheiten bestehen, wenn ein **erkennender Richter** als Zeuge benannt wird. Soll er einen Vorgang aus der laufenden Hauptverhandlung bekunden, ist der Beweisantrag schon deshalb unzulässig, weil es sich hierbei nicht um eine zulässige Beweistatsache handelt (s Rn 49). Soll er über eine andere Tatsache aussagen, ist § 22 Nr 5 StPO zu beachten: Eine Vernehmung des Richters als Zeuge führt zu seinem Ausschluss vom Richteramt. Um dies zu vermeiden und die Funktionsfähigkeit des Gerichts zu gewährleisten, ist es zulässig, dass der Richter eine dienstliche Erklärung über seine Wahrnehmungen abgibt, die durch Verlesen in die Hauptverhandlung eingeführt wird. Eine solche dienstliche Erklärung führt nicht zu einem Ausschluss nach § 22 Nr 5 StPO, wenn und soweit sie nicht dazu bestimmt ist, Gegenstand der Beweiswürdigung zur Schuld- und Straffrage zu sein, sondern nur dazu dient, im Wege des Freibeweises zu klären, ob der Richter für die unter Beweis gestellte Tatsache überhaupt als Zeuge in Betracht kommt (BGH StV 2004, 355 f). Erklärt der Richter, er könne zu der Beweistatsache nichts bekunden, beharrt der Antragsteller aber gleichwohl auf seiner Vernehmung, liegt es nahe, dass er mit seinem Antrag nicht eine Sachaufklärung erstrebt, sondern das Ziel, den Richter aus dem laufenden Verfahren zu drängen. Einen solchen Antrag, mit dem allein prozessfremde Ziele verfolgt werden, sieht der BGH als unzulässig iSd Abs 3 S 1 an (BGHSt 47, 270, 272 = NJW 2002, 2401 ff; StV 2004 355 f). Auch die Mitschriften, die der Richter über den Verlauf und den Inhalt der Hauptverhandlung anfertigt, können nicht zum Gegenstand eines Beweisantrags gemacht werden, weil sie dem Schutz durch das Beratungsgeheimnis unterliegen (BGH NStZ 2009, 582, 583).

51.1 Die dienstliche Erklärung des Richters kann als Mittel des Freibeweises nicht für die Feststellung der Schuld- und Straffrage verwendet werden, da die diesbezüglichen Feststellungen im Wege des Strengbeweises festzustellen sind (s Rn 8). Nur soweit im Rahmen der Feststellung der Schuld- und Straffrage ein Freibeweis möglich ist, kann der Inhalt der dienstlichen Erklärung herangezogen werden. Das ist zB der Fall, wenn im Hinblick auf Verfahrenshindernisse oder Verwertungsverbote allein die äußeren Umstände des Zustandekommens einer Zeugenaussage von Bedeutung sind, ohne dass diese Umstände Auswirkungen auf die Beurteilung des Inhalts der Aussage haben (BGHSt 45, 354, 356, 357 = NJW 2000, 1204) Der Eindruck, den ein Zeuge bei seiner Vernehmung durch einen beauftragten Richter gemacht hat, gehört nicht hierzu, da er für die Frage der Glaubhaftigkeit der Aussage, und damit mittelbar für die Beurteilung der Schuldfrage von Bedeutung ist (BGHSt 45, 354, 357 = NJW 2000, 1204).

II. Ablehnung wegen Offenkundigkeit (Abs 3 S 2 Alt 1)

52 Ist die unter Beweis gestellte Tatsache offenkundig, ist eine Beweiserhebung insoweit überflüssig. Zum Begriff der Offenkundigkeit vgl Rn 4. Ein Beweisantrag kann auch abgelehnt werden, wenn das **Gegenteil** der behaupteten Tatsache offenkundig ist (BGH StV 1995, 339; anders soll dies bei präsenten Beweismitteln sein, vgl näher § 245 StPO Rn 13). Unterfall der Offenkundigkeit ist die Gerichtskundigkeit einer Tatsache (s dazu Rn 5); der Ablehnungsgrund umfasst auch sie. Bei Kollegialgerichten genügt es, wenn die Tatsache einem der erkennenden Richter bekannt ist; dies gilt sowohl für die Offenkundigkeit wie die Gerichtskundigkeit. Voraussetzung ist, dass den übrigen Mitgliedern des Spruchkörpers die Kenntnis vermittelt wird (Meyer-Goßner StPO § 244 Rn 53 mwN).

52.1 **Beispiele** für offen- oder gerichtskundige Tatsachen:
- Umstände aus früheren Verfahren (BGH NStZ 1998, 98 – Az 1 StR 225/95, insoweit in StV 1995, 624 nicht abgedruckt), auch der Inhalt früherer Urteile (BGH – Az 5 StR 614/91; vgl. zudem BGH NStZ 1995, 246 f: dort offen gelassen, ob auch Einzelheiten des Beweisergebnisses aus einem anderen Verfahren gerichtskundig sein können)
- Umstände, die – insbes nach einer Aufhebung und Zurückverweisung – für eine rechtswidrige Verfahrensverzögerung sprechen können (BGH – Az 5 StR 168/97, insoweit in NStZ 1997, 451 nicht abgedr)
- Inhalt einer Straßenkarte (BGH – Az 1 StR 115/94)
- Annahme eines Lieferstopps, wenn der Lieferant von der Zahlungsunfähigkeit des Kunden gewusst hätte (BGH NStZ 1998, 568 f)

StPO § 244 Zweites Buch. 6. Abschnitt

53 Zu beachten ist, dass Umstände, die für die Überführung des Angeklagten von wesentlicher Bedeutung sind, nicht als gerichtskundig behandelt werden dürfen (s dazu Rn 5; BGHSt 47, 270, 274 = NStZ 2002, 491, 493; NStZ-RR 2007, 116 f). Zudem sind gerichtskundige Tatsachen so in die Hauptverhandlung einzuführen, dass die Verfahrensbeteiligten ihr Prozessverhalten daran ausrichten können (BGH NStZ 1998, 98 f; StV 1994, 527).

53.1 Die Erörterung gerichtskundiger Tatsachen gehört nicht zu den wesentlichen Förmlichkeiten der Hauptverhandlung. Sie muss daher nicht nach § 273 StPO in das Hauptverhandlungsprotokoll aufgenommen werden (BGHSt 36, 354 = StV 1991, 51).

III. Ablehnung wegen Bedeutungslosigkeit der Beweistatsache (Abs 3 S 2 Alt 2)

54 Eine unter Beweis gestellte Tatsache ist bedeutungslos, wenn ein Zusammenhang zwischen ihr und der abzuurteilenden Tat nicht besteht oder wenn sie trotz eines solchen Zusammenhangs nicht geeignet ist, die Entscheidung irgendwie zu beeinflussen (BGH StV 1997, 338; Urt v 17. 5. 2001 – Az 4 StR 412/00 = BeckRS 2001, 30181140; Meyer-Goßner StPO § 244 Rn 54). Das kann aus rechtlichen oder tatsächlichen Gründen der Fall sein.

1. Bedeutungslosigkeit aus tatsächlichen Gründen

55 Dass nach der obigen Definition eine Indiztatsache (vgl BGH NStZ-RR 2007, 52) – nur um eine solche kann es sich handeln, da Haupttatsachen (vgl Rn 3) nicht bedeutungslos sein können – für die Entscheidung ohne Bedeutung ist, wenn sie in keinerlei Zusammenhang zum Gegenstand der Urteilsfindung steht, liegt auf der Hand.

55.1 Daher ist es zB nicht erforderlich, Beweis über die Glaubwürdigkeit eines Zeugen zu erheben, wenn die von diesem bekundeten Vorgänge mit dem Tatgeschehen in keinem Zusammenhang stehen (BGHR § 244 III 2 Bedeutungslosigkeit 21; StV 2003, 429, 430 = NStZ-RR 2003, 205, 206).

56 Besteht dagegen ein Zusammenhang mit der Tat, ist entscheidend, ob die behauptete Tatsache geeignet ist, die zu treffende Entscheidung in irgendeiner Weise zu beeinflussen. Dabei hat das Gericht die behauptete Tatsache so, **als sei sie erwiesen**, zu behandeln und ohne Abstriche in das bisher gewonnene Beweisgefüge einzustellen (BGH NJW 2004, 3051, 3056; NStZ 1997, 503; NStZ 2005, 224, 226; NStZ-RR 2008, 205 f; Beschl v 3. 7. 2007 – Az 5 StR 272/07 = BeckRS 2007, 11899).

57 Sind danach die vom Antragsteller gewünschten Schlüsse zwar möglich, aber nicht zwingend, hat das Gericht über die Frage der Erheblichkeit in freier Beweiswürdigung zu entscheiden (BGHR § 244 Abs 3 S 2 Bedeutungslosigkeit 2). Kommt es dabei zu dem Ergebnis, dass die vom Antragsteller behauptete Tatsache die Entscheidung nicht beeinflussen kann, ist sie bedeutungslos und der Beweisantrag ist abzulehnen (BGH NStZ 1997, 503 f; NStZ 2007, 112, 114).

58 In der Begründung des Ablehnungsbeschlusses sind die tatsächlichen Umstände anzugeben, aus denen sich ergibt, warum die unter Beweis gestellte Tatsache, **selbst wenn sie erwiesen wäre**, die Entscheidung des Gerichts nicht beeinflussen könnte (BGHR § 244 III 2 Bedeutungslosigkeit 26; NJW 2005, 1132 f; StV 2003, 369 f; Beschl v 3. 7. 2007 – Az 5 StR 272/07 = BeckRS 2007, 11899). Die Verfahrensbeteiligten müssen durch die Begründung in die Lage versetzt werden, sich auf die durch die Ablehnung des Beweisantrags geschaffene Prozesslage einzustellen (BGH StV 2007, 176). An die Begründung sind dieselben Anforderungen zu stellen wie an die Würdigung von durch die Beweisaufnahme gewonnenen Indiztatsachen in den Urteilsgründen (BGH NStZ 2007, 352; StV 2003, 369 f). Eine Ausnahme besteht nur, wenn die maßgeblichen Umstände auf der Hand liegen (BGHR Bedeutungslosigkeit 12; NStZ-RR 2007, 84; NStZ-RR 2007, 149 f). Die hohen Anforderungen sollen verhindern, dass mittels der Ablehnung von Beweisanträgen uU zugunsten eines Angeklagten sprechende Indizien einer Gesamtabwägung im Rahmen der Beweiswürdigung entzogen werden (BGH NStZ 2005, 224).

58.1 Spricht etwa die unter Beweis gestellte Tatsache gegen die Glaubwürdigkeit eines Zeugen, bedarf es – wie bei jeder Beweisführung anhand verschiedener Indizien – einer über die Beweistatsache hinausgehenden Gesamtwürdigung aller Umstände, um den Beweisantrag wegen Bedeutungslosigkeit ablehnen zu können. In die Gesamtwürdigung sind mithin auch solche Gesichtspunkte einzubeziehen, die über die im Beweisantrag behauptete Tatsache hinausgehen, sie aber beeinflussen können (BGH – Az 2 StR 57/06, insoweit in NStZ 2006, 687 nicht abgedr).

Eine darüber hinausgehende **vorweggenommene Beweiswürdigung** (s hierzu Rn 41) ist dem Gericht verwehrt. Denn die Beweistatsache ist so in das bisherige Beweisergebnis einzufügen, als ob sie erwiesen sei (s Rn 56). Eine unzulässige Beweisantizipation liegt demnach vor, wenn das Gericht die Ablehnung maßgeblich darauf stützt, angesichts des bisherigen Beweisergebnisses bereits vom Gegenteil der Beweisbehauptung überzeugt zu sein oder wenn es unterstellt, die beantragte Beweiserhebung werde die Beweisbehauptung nicht zur vollen Überzeugung ergeben können. In diesen Fällen wird nicht die Beweis**tatsache**, sondern rechtsfehlerhaft die Beweis**erhebung** als bedeutungslos behandelt (BGH NStZ 1997, 503 f; NStZ-RR 2008, 205, 206; StV 2008, 121 f; StraFo 2008, 29 f). 59

Das Gericht darf sich im Urteil nicht in Widerspruch zu der von ihm angenommenen Bedeutungslosigkeit der unter Beweis gestellten Tatsache setzen. Ein Einfluss auf die Entscheidung darf ihr nicht zukommen. Dazu gehört auch, dass das Gericht seine Entscheidung nicht auf das Gegenteil der als bedeutungslos behandelten Tatsache stützt (BGH NStZ 1994, 195; NStZ-RR 2000, 210; Urt v 19. 9. 2007 – Az 2 StR 248/07 = BeckRS 2007, 17329). 60

2. Bedeutungslosigkeit aus rechtlichen Gründen

Eine Beweistatsache ist aus rechtlichen Gründen für die Entscheidung ohne Bedeutung, wenn sie die gesetzlichen Merkmale der Straftat oder andere rechtlich erhebliche Umstände nicht berührt. Das ist etwa der Fall, wenn eine Verurteilung des Angeklagten wegen des Vorliegens von Prozesshindernissen ohnehin nicht in Betracht kommt (vgl Meyer-Goßner StPO § 244 Rn 55 mwN). 61

IV. Ablehnung wegen Erwiesenseins der Beweistatsache (Abs 3 S 2 Alt 3)

Geht das Gericht nach einer vorläufigen Würdigung der bis dahin durchgeführten Beweisaufnahme davon aus, dass die unter Beweis gestellte Tatsache bereits erwiesen ist, ist eine Beweiserhebung insoweit überflüssig und kann abgelehnt werden. Für die Ablehnung ist es unerheblich, ob sich die Beweistatsache für den Angeklagten be- oder entlastend auswirkt oder ob sie für die spätere Entscheidung erheblich ist oder nicht (Meyer-Goßner StPO § 244 Rn 57). Wie bei der Ablehnung eines Beweisantrags wegen Bedeutungslosigkeit darf sich das Gericht im Urteil nicht in Widerspruch zu den Ablehnungsgründen setzen. Die als erwiesen behandelte Tatsache ist daher ohne Einengung, Verschiebung oder sonstige Änderung den Urteilsfeststellungen zugrunde zu legen (BGH StV 1995, 346 f). Dazu gehört auch, dass das Gericht nicht von weiteren, im Beweisantrag selbst nicht genannten Möglichkeiten ausgehen und hieraus für den Antragsteller nachteilige Schlüsse ziehen darf (BGH StV 1995, 346 f). 62

Beispiel (nach BGH StV 1995, 346): 62.1
Die Behauptung in einem wegen unerlaubten Handeltreibens mit Betäubungsmitteln geführten Strafverfahren, der Belastungszeuge habe nicht nur vom Angeklagten, sondern auch von Dritten Rauschgift bezogen, hätte nicht als erwiesen angesehen werden dürfen, wenn das Gericht im Urteil diesen Umstand dahingehend relativiert, die Menge der von den Dritten erworbenen Drogen sei aber im Vergleich zu der vom Angeklagten erhaltenen gering gewesen.

Nur die unter Beweis gestellte Tatsache wird als erwiesen angesehen, nicht aber das Beweisziel, das der Antragsteller hiermit verfolgt. Das Gericht kann somit aus der Tatsache – im Gegensatz zur Wahrunterstellung nach Abs 3 S 2 Alt 7 (s näher Rn 92) – jede Art von Schlüssen ziehen und sie sowohl zu Lasten als auch zu Gunsten des Angeklagten verwerten (BGH StV 1983, 319; NStZ 2007, 717). 63

V. Ablehnung wegen völliger Ungeeignetheit des Beweismittels (Abs 3 S 2 Alt 4)

Ein Beweisantrag kann abgelehnt werden, wenn sich das in Aussicht gestellte Ergebnis mit dem angebotenen Beweismittel nach sicherer Lebenserfahrung nicht erzielen lässt. In diesem Fall erschöpfte sich nämlich die Beweiserhebung in einer bloßen Förmlichkeit (BGH NStZ 2003, 611 f; NStZ 2004, 508; NStZ 2007, 476 f; NStZ-RR 2002, 242). Die völlige Ungeeignetheit muss sich **allein** aus dem Beweismittel im Zusammenhang mit der Beweis- 64 behauptung ergeben; das sonstige Ergebnis der Beweisaufnahme darf hierzu nicht herangezogen werden (BGH NStZ 2003, 611 f; NStZ 2008, 351 f; NStZ-RR 2002, 242; StV 1997, 338 f). Denn anderenfalls würde mit der Ablehnung des Beweisantrags sowohl den Verfahrensbeteiligten die Möglichkeit abgeschnitten, das bisherige Beweisergebnis mit einem Gegenbeweis zu erschüttern, als auch die Verpflichtung des Gerichts, den Sachverhalt vollständig zu ermitteln und in seiner Gesamtheit zu würdigen, verletzt (BGH StV 1993, 508). Daher ist bei der Beurteilung ein strenger Maßstab anzulegen: Ein Beweismittel ist nicht schon dann völlig ungeeignet, wenn der zu gewinnende Beweiswert gemindert, gering oder zweifelhaft erscheint (BGH NStZ 2008, 116; StV 1993, 508). Im Einzelnen:

65 Ein benannter **Zeuge** ist ein völlig ungeeignetes Beweismittel, wenn Umstände vorliegen, die eindeutig dagegen sprechen, dass er in einer Beweiserhebung etwas zur Sachaufklärung beitragen kann (BGHSt 14, 339, 342; StV 1993, 508). Das ist insbes der Fall, wenn sicher auszuschließen ist, dass der Zeuge vor Gericht überhaupt eine Aussage machen wird. Ein Zeuge, der unmissverständlich zum Ausdruck bringt, sich im Fall einer Vorladung auf ein ihm nach den §§ 52 StPO ff zustehendes **Zeugnisverweigerungsrecht** zu berufen, ist daher ein völlig ungeeignetes Beweismittel (BGH NStZ 1999, 46; Beschl v 13. 8. 2003 – Az 1 StR 280/03, BeckRS 2003, 07578). Es muss für die Annahme des Ablehnungsgrunds sicher sein, dass sich der Zeuge auf ein ihm tatsächlich zustehendes Zeugnisverweigerungsrecht berufen wird. Eine außerhalb der Hauptverhandlung hierzu abgegebene Erklärung des Zeugen, er werde nicht aussagen, darf daher nicht von einem Irrtum über ihre rechtliche Tragweite beeinflusst sein und es dürfen auch sonst keine Umstände vorliegen, die den Zeugen veranlassen könnten, seine Entscheidung wieder zu ändern. Dies hat, wenn Anhaltspunkte hierfür ersichtlich sind, das Gericht im Freibeweisverfahren aufzuklären (BGH NStZ 1982, 126 f). Steht dem Zeugen ein **Auskunftsverweigerungsrecht** nach § 55 StPO zu, kann grundsätzlich erst in der Hauptverhandlung geklärt werden, ob und ggf in welchem Umfang er hiervon Gebrauch macht. Das Gericht hat daher den Zeugen zu laden, ihm das Beweisthema vorzulegen und – je nach der Reichweite des Auskunftsverweigerungsrechts – zu befragen, ob er zu allen oder zu einzelnen Fragen die Auskunft verweigern will (BGH NStZ 1986, 181; OLG Köln StV 2002, 238 f). Eine Ladung ist nur dann nicht erforderlich, wenn sicher feststeht, dass der Zeuge keine Angaben zu dem Beweisthema machen wird (BGH NStZ 1986, 181).

65.1 Das kann etwa angenommen werden bei einer entsprechenden Mitteilung eines von dem Zeugen bestellten Rechtsanwalts oder im Fall einer bereits in einem Parallelverfahren erfolgten Auskunftsverweigerung des Zeugen (BGH NJW 1998, 1723 f; NStZ 1986, 181).

66 Ein zur Aussage verpflichteter und bereiter Zeuge ist als Beweismittel völlig ungeeignet, wenn es aufgrund von in seiner Person liegenden Umständen ausgeschlossen ist, dass er die unter Beweis gestellten Tatsachen wahrgenommen haben kann (vgl BGH Beschl v 21. 1. 2009 – Az 1 StR 727/08 = BeckRS 2009, 06279; insoweit in NStZ 2009, 405 nicht abgedr). Das kann etwa der Fall sein, wenn der Zeuge infolge körperlicher oder geistiger Gebrechen oder Trunkenheit zu der behaupteten Wahrnehmung nicht in der Lage war (BGH NStZ 2003, 562; OLG Köln StV 1996, 368; Meyer-Goßner StPO § 244 Rn 59). Eine Wahrnehmung des Zeugen ist auch ausgeschlossen, wenn er allein – also ohne dass äußerlich wahrnehmbare Anhaltspunkte erkennbar wären, aus denen bestimmte Rückschlüsse gezogen werden könnten (vgl BGH NStZ 2008, 580; NStZ 2008, 707; StV 2008, 449) – innere Vorgänge eines anderen Menschen bekunden oder wenn er Aussagen zu Vorgängen machen soll, für die die Kenntnis eines Sachverständigen erforderlich ist (OLG Hamm NStZ-RR 2000, 176 f; OLG Köln StV 1996, 368; in diesem Fall ist bereits fraglich, ob überhaupt ein Beweisantrag vorliegt, da zweifelhaft sein kann, was der Zeuge im Kern bekunden können soll, vgl BGH Beschl v 27. 6. 2002 – Az 3 StR 182/02 = BeckRS 2002, 30268617. S auch BGH Beschl v 10. 11. 2008 – Az 3 StR 390/08 = BeckRS 2008, 24207: Die Beweisbehauptung muss dem Zeugenbeweis überhaupt zugänglich sein; das ist nicht der Fall, wenn unter Beweis gestellt werden soll, ein anderer Zeuge habe nicht stets die Wahrheit gesagt). Darüber hinaus ist ein Zeuge ein völlig ungeeignetes Beweismittel, wenn sicher ausgeschlossen werden kann, dass er die Vorgänge, zu denen er Angaben machen soll, zuverlässig in seinem Gedächtnis behalten hat. Ob das der Fall ist, hat das Gericht anhand der allgemeinen Lebenserfahrung und unter Berücksichtigung aller spezifischen Umstände, die hierfür oder hiergegen sprechen, ggf im Freibeweisverfahren zu beurteilen (BGH NStZ 1993, 295 f; NStZ-RR 2005, 78). Dabei ist insbes von Bedeutung, ob der Vorgang für den Zeugen selbst bedeutsam oder eher alltäglich war, wie lange er zurückliegt, ob er das Interesse des Zeugen geweckt hat und ob sich der Zeuge auf Erinnerungshilfen stützen kann (BGH NStZ 2004, 508; NStZ-RR 2005, 78). Das Gericht ist hierbei in Grenzen zu einer Vorwegnahme der Beweiswürdigung berechtigt (BGH NStZ-RR 2005, 78). Nur wenn feststeht, dass von dem Zeugen eine verwertbare Aussage nicht zu erwarten ist, kann der Beweisantrag wegen völliger Ungeeignetheit des Beweismittels abgelehnt werden.

Beispiele: 66.1
- Es gibt keinen allgemeinen Erfahrungssatz, dass sich ein Zeuge an lange zurückliegende Vorgänge (hier: länger als acht Jahre) nicht erinnern kann (BGH NStZ-RR 2005, 78).
- Wird ein Gegenstand (hier: Jacke) von mehreren verschiedenen Personen bei schmutzträchtigen Arbeiten mit der Möglichkeit blutender Verletzungen benutzt, spricht die allgemeine Lebenserfahrung dagegen, dass der Eigentümer bestimmte Blutanhaftungen bemerkt haben könnte. Der Antragsteller hat in diesem Fall im Beweisantrag darzulegen, warum der als Zeuge benannte Eigentümer dennoch die behauptete Beobachtung gemacht haben soll (BGH NStZ-RR 1997, 331).
- Die Situation eines bewaffneten Raubüberfalls mit sofortigem Schusswaffengebrauch schließt nicht aus, dass ein Zeuge Angaben zur Maskierung der Täter machen kann (BGH NStZ-RR 2002, 242: Ein Abstellen auf die fehlende „Nachvollziehbarkeit" etwaiger Angaben, wie es das Landgericht bei der Ablehnung des Beweisantrags getan hatte, stellt allein auf einen zu erwartenden geringen Beweiswert ab und ist deshalb eine unzulässige Beweisantizipation).
- Die allgemeine Lebenserfahrung spricht dagegen, dass sich die Bedienung in einem Schnellrestaurant ohne besondere Umstände noch nach 16 Monaten an einen bestimmten Kunden sowie an Tag und Uhrzeit seines Aufenthalts sicher erinnern kann (BGH NStZ 2000, 156 f).
- Nicht sicher ausgeschlossen ist es, dass sich ein Zeuge an den vier Jahre zurückliegenden Kauf einer Waffe erinnern kann, wenn ihm hierfür schriftliche Unterlagen oder sonstige Anhaltpunkte zur Verfügung stehen (BGH StV 1996, 647 f).
- Ein Zeitablauf von etwa acht Monaten seit der zu bekundenden Tatsache ist nicht so lang, dass eine Erinnerung auch an Einzelheiten eines eher alltäglichen Ereignisses von vornherein als ausgeschlossen anzusehen ist. Das gilt namentlich dann, wenn besondere Umstände, zB ein Geburtstag, vorliegen oder andere Erinnerungsbehelfe, zB ein Kalender oder ein Fahrtenbuch, herangezogen werden können (BGH Beschl v 27. 5. 2009 – Az 1 StR 218/09 = BeckRS 2009, 20285).

Ein **Sachverständiger** ist ein völlig ungeeignetes Beweismittel, wenn ausgeschlossen ist, 67 dass er sich zur vorgelegten Beweisfrage sachlich äußern kann (BGH NStZ 1985, 562). Eine sachliche Äußerung ist ausgeschlossen, wenn jegliche **Anknüpfungstatsachen** für die Erstellung des beantragten Gutachtens fehlen und auch nicht beschafft werden können (BGH NStZ 2003, 611 f; NStZ 2007, 476 f). Das Gleiche gilt für den Fall, dass der Sachverständige bei einer Beweiserhebung Untersuchungsmethoden anwendete, die unausgereift und nicht zuverlässig erscheinen (BGH NJW 1978, 1207; NStZ 1985, 515 f; NStZ 1993, 395 f; NStZ-RR 1997, 304) oder die Beweisbehauptung außerhalb des Wissensgebiets des im Antrag benannten Sachverständigen liegt (Meyer-Goßner StPO § 244 Rn 59 a). Nicht erforderlich ist dagegen, dass das Gericht aus einem zu erstellenden Gutachten sichere und eindeutige Schlüsse ziehen kann (BGH NStZ 2009, 48, 49). Vielmehr ist der Sachverständige schon dann als Beweismittel nicht „völlig ungeeignet", wenn seine zu erwartenden Schlussfolgerungen die aufgestellte Beweisbehauptung als mehr oder minder **wahrscheinlich** erscheinen lassen und so – auch unter Berücksichtigung des sonstigen Beweisergebnisses (vgl BGH NStZ 2009, 48, 49) – Einfluss auf die Überzeugungsbildung des Gerichts erlangen können („relative Ungeeignetheit"; vgl BGH NJW 1983, 404; NStZ 2007, 476 f; NStZ 2008, 116; StV 1997, 338 f).

Beispiele: 67.1
- Ein Sachverständiger ist ein völlig ungeeignetes Beweismittel zum Nachweis eines bei der Tat bestehenden psychischen Ausnahmezustands, wenn die damaligen körperlichen und seelischen Gegebenheiten weder durch objektive Umstände gesichert noch rekonstruierbar sind (BGH NStZ 2003, 611 f).

- Nicht völlig ungeeignet ist ein Sachverständiger zum Nachweis der Behauptung, nach den vorliegenden Bildern einer Überwachungskamera sei der Angeklagte von seiner Statur her als Täter auszuschließen. Denn auch, wenn die Folgerungen des Sachverständigen keinen sicheren Schluss auf die unter Beweis gestellte Tatsache ermöglichen, können sie geeignet sein, die Beweisbehauptung als mehr oder minder wahrscheinlich erscheinen zu lassen (BGH StV 1997, 338 f).
- Ein Sachverständiger ist zum Beweis der Tatsache, dass die Schuldfähigkeit eines Angeklagten infolge seines Drogenkonsums zur Tatzeit zumindest erheblich vermindert war, auch dann kein völlig ungeeignetes Beweismittel, wenn sich aus den Akten keine Anknüpfungstatsachen ergeben und der Angeklagte keine (weiteren) Angaben zur Tat machen will: Auch wenn ein psychiatrischer Sachverständiger nur wenige oder nur solche Anknüpfungstatsachen vorfindet, die die Beweisbehauptung nicht stützen, macht ihn dies nicht zu einem völlig ungeeigneten Beweismittel. Im Übrigen bedarf es der (ausdrücklichen) Feststellung, ob sich der Angeklagte einer Exploration durch den Sachverständigen verweigert hätte (BGH NStZ 2006, 686 f; vgl auch BGH NStZ 2009, 346, 347: Selbst wenn eine körperliche Untersuchung nicht möglich ist, kann ein Sachverständiger ggf auf andere Weise, etwa durch Aktenstudium und Beobachtungen in der Hauptverhandlung, zu einer Basis für – zumindest – Wahrscheinlichkeitsaussagen kommen). S hierzu auch BGH NStZ-RR 2006, 140 f: Liegen Anzeichen vor oder sind unter Beweis gestellt, die „auch nur eine gewisse Möglichkeit" dafür bieten, dass der Angeklagte in geistiger Hinsicht von der Norm abweichen könnte, darf ein Beweisantrag auf eine psychiatrische Untersuchung durch einen Sachverständigen auch dann nicht als völlig ungeeignet abgelehnt werden, wenn der Angeklagte selbst in der Hauptverhandlung sich auf einen solchen Zustand nicht beruft. Vgl dagegen BGH Beschl v 3. 5. 2000 – Az 1 StR 125/00 = BeckRS 2000, 30109415, insoweit in NStZ 2000, 483 nicht abgedr: Allein die in einem Beweisantrag aufgestellte Behauptung, der Angeklagte „konsumiere seit Jahren täglich 5 – 10 g Haschisch und Marihuana und 3 g Kokain" genügt ohne weitere Angaben nicht, um einem Sachverständigen genügend Anknüpfungstatsachen bereitzustellen, um die Schuldfähigkeit des Angeklagten beurteilen zu können.

68 Eine **Urkunde** ist ein völlig ungeeignetes Beweismittel, wenn feststeht, dass sich die Beweistatsache aus ihrem Inhalt nicht ergeben kann oder dass sie in ihrem wesentlichen Inhalt nachträglich verfälscht worden ist (Pfeiffer Rn 31). Die Einnahme des **Augenscheins** ist völlig ungeeignet, wenn die für die Beweisbehauptung maßgeblichen Verhältnisse und Umstände nicht rekonstruiert werden können; dies kann insbes der Fall sein, wenn sich der Gegenstand der Inaugenscheinnahme nachträglich wesentlich verändert hat (Meyer-Goßner StPO § 244 Rn 59 c mwN).

VI. Ablehnung wegen Unerreichbarkeit des Beweismittels (Abs 3 S 2 Alt 5)

69 Eine Beweiserhebung kann nicht durchgeführt werden, wenn das angegebene Beweismittel für das Gericht unerreichbar ist; ein hierauf gerichteter Beweisantrag ist abzulehnen. **Unerreichbar** ist ein Beweismittel, wenn das Gericht unter Beachtung seiner Aufklärungspflicht alle der Bedeutung und dem Wert des Beweismittels entsprechenden Bemühungen zu seiner Beibringung entfaltet hat und dennoch keine begründete Aussicht besteht, dass das Beweismittel in absehbarer Zeit zur Verfügung steht (BGH NJW 1979, 1788; NStZ 1982, 78; NStZ 1982, 212; NStZ 1993, 50; OLG München, NStZ-RR 2007, 50 f).

70 Welche **Bemühungen** das Gericht zur Beibringung des Beweismittels entfalten muss, ist nicht abstrakt zu beantworten. Das Gericht hat im Einzelfall abzuwägen, wie gewichtig die Strafsache ist, welche Bedeutung dem Beweismittel zukommt und welche Hindernisse seiner Verwendung entgegenstehen. Zu berücksichtigen ist weiterhin das Interesse an einer reibungslosen und beschleunigten Durchführung des Verfahrens (BGH NJW 1990, 1124 f; NStZ 1982, 212; NStZ 1991, 143; Beschl v 15. 2. 2001 – Az 3 StR 554/00 = BeckRS 2001, 30161954). Je gewichtiger danach etwa die Bedeutung des Beweismittels für die Aburteilung des Falles ist, desto länger ist nicht nur der Zeitraum, den das Gericht bei der Beseitigung eines der Beweiserhebung entgegen stehenden Hindernisses zuzuwarten hat, sondern desto intensiver sind auch die Bemühungen, die es zur Erreichung des Beweismittels entfalten muss. Ggf kann die Abwägung auch die Verpflichtung des Gerichts zu einer Unterbrechung oder Aussetzung der laufenden Hauptverhandlung ergeben (BGH NJW 1983, 2335 f; NStZ 1982, 78).

Beispiele: 70.1
Als in absehbarer Zeit unerreichbar hat die Rechtsprechung angesehen:
- einen Zeugen, dessen eine Vernehmung ausschließender psychischer Zustand nicht vor Ablauf eines Vierteljahres eine Besserung erwarten lässt (BGH NStZ 2003, 562)
- einen im Ausland lebenden Zeugen, dessen Ladung mindestens 6 Monate in Anspruch nehmen würde; vor Ablauf dieses Zeitraums würden nach Auskunft der dortigen deutschen Botschaft nicht einmal Anfragen, ob eine Weiterleitung der Ladung an die örtlichen Stellen erfolgt sei, beantwortet (BGH NStZ-RR 1997, 302)

Dagegen reicht es nicht aus, dass ein Zeuge unbekannten Aufenthalts ist, mit Haftbefehl gesucht wird oder untergetaucht ist (OLG München NStZ-RR 2007, 50, 51 mwN). Ebenso wenig genügt es, dass ein für die Aufklärung des Tatgeschehens bedeutsamer Zeuge „in den kommenden Wochen" krankheitsbedingt nicht vor Gericht erscheinen kann (BGH NStZ 1982, 341).

Im praktisch wichtigsten Fall eines Beweisantrags auf Vernehmung eines **Zeugen** hat das 71 Gericht, auch wenn der Zeuge im Ausland wohnhaft ist, ihn in der Regel förmlich zu laden (BGH NStZ 1991, 143; NStZ 1993, 294 f; Urt v 21. 9. 2000 – Az 1 StR 634/99 = BeckRS 2000, 30132549). Auf die **Ladung** kann nur dann verzichtet werden, wenn sie von vorneherein zwecklos erscheint (BGH NStZ 1991, 143; NStZ 1992, 141; StV 1985, 267). Das ist der Fall, wenn der Zeuge sich erkennbar und ernsthaft weigert, vor dem erkennenden Gericht auszusagen und auch keine Möglichkeit besteht, eine Aussage zu erzwingen (BGH StV 1985, 267; StV 2001, 664). Das Gericht muss aber, insbes wenn es sich um einen für das Verfahren besonders bedeutsamen Zeugen handelt, die Ernsthaftigkeit der Weigerung sorgfältig prüfen. Verbleiben hierbei Zweifel, etwa weil dem Zeugen das Beweisthema nicht vollständig und richtig mitgeteilt worden ist oder weil er keine Begründung für seine Weigerung genannt hat, kann auf die Ladung nicht verzichtet werden (BGH NStZ 1985, 281 f; StV 2001, 664).

Beispiele, in denen der BGH von der Zwecklosigkeit einer vorherigen förmlichen Ladung des 71.1 Zeugen ausgegangen ist:
- Der im Ausland lebende Zeuge gibt an, nicht reisefähig zu sein. Auf eine förmliche Ladung kann auch dann verzichtet werden, wenn die fehlende Reisefähigkeit nur vorgetäuscht ist (NStZ 1991, 143).
- Der in den Niederlanden in Untersuchungshaft befindliche Zeuge erklärt nach Beratung mit einem Anwalt, er werde sich nicht vernehmen lassen (NStZ 1992, 141; dort auch zur Frage einer Überstellung in die Bundesrepublik gegen den Willen des Zeugen nach Art 11 Abs 1 Nr 2a EuRHÜbk; vgl auch BGHR § 244 Abs 3 S 2 Unerreichbarkeit 7).
- Dem Gericht ist aus anderen Verfahren bekannt, dass der sich in Kolumbien aufhaltende Zeuge wegen der Gefahr, sich bei einer wahrheitsgemäßen Aussage selbst der Strafverfolgung auszusetzen, nicht erscheinen wird (NStZ 1993, 349 f: ggf ist zur Klärung der Bereitschaft des Zeugen zu erscheinen eine Interpolanfrage erforderlich; nimmt das Revisionsgericht diese im Wege des Freibeweises selbst vor, ist bei deren Ergebnis bei der Revisionsentscheidung zu berücksichtigen).

Über die Frage hinaus, ob eine Ladung erfolgreich bewirkt werden kann, hat das Gericht 72 auch zu berücksichtigen, ob der Zeuge einer Ladung Folge leisten wird, ob sein Erscheinen erzwungen werden und ob er für den Fall seines Erscheinens zu einer Aussage veranlasst werden kann (BGH NJW 1990, 1124 f).

Letzteres ist – jedenfalls nach der bisherigen Rechtsprechung des BGH – etwa dann nicht der 72.1 Fall, wenn er sich auf ein Auskunftsverweigerungsrecht berufen kann und dies voraussichtlich auch tun wird (BGH NJW 1990, 1124 f; BGHR § 244 Abs 3 S 2 Unerreichbarkeit 13).

Ist der Zeuge unter seiner letzten bekannten Anschrift nicht erreichbar, hat das Gericht 73 den aktuellen Aufenthaltsort zu ermitteln. Das kann regelmäßig durch eine Anfrage bei der Meldebehörde oder der Polizei geschehen (BGH NStZ 1983, 422). Ob darüber hinaus weitere Maßnahmen erforderlich sind, hat das Gericht nach den in Rn 70 genannten Abwägungskriterien zu prüfen, also insbes danach, wie Erfolg versprechend und zeitaufwändig die Ermittlungen sind und welche Bedeutung die Aussage des Zeugen für das Verfahren zukommt (OLG München NStZ-RR 2007, 51; vgl auch Meyer-Goßner StPO § 244 Rn 62a mwN). Im Ausland lebende Zeugen sind grundsätzlich über ihren Aufenthaltsstaat zu laden (Meyer-Goßner StPO § 244 Rn 63 mwN; dort auch zur Ladung über deutsche Konsularvertretungen). Zugleich mit der Ladung sind sie auf das ihnen ggf (vgl hierzu BGH NJW 1988, 3105) nach Rechtshilferecht zustehende freie Geleit hinzuweisen (BGH NJW 2002, 2403 f; NStZ 1985, 375; NStZ 1993, 294 f). Neben der Ladung kann das Gericht versuchen, mit dem Zeugen unmittelbar Kontakt aufzunehmen, um ihn zum Erscheinen zu bewegen (Meyer-Goßner StPO § 244 Rn 63). Da hierin jedoch uU eine Verletzung der Souveränität des Aufenthaltsstaates gesehen werden kann, ist das Gericht zu einem solchen Bemühen nicht verpflichtet (BGH NJW 1990, 1124 f). Weigert sich ein im Ausland lebender Zeuge, vor Gericht zu erscheinen, kommt seine Vernehmung im Wege der Rechtshilfe (s hierzu BGH NJW 1983, 527; NJW 1991, 186; NJW 2001, 695 f; NStZ 1992, 141; Beschl v 23. 11. 2006 – Az 4 StR 33/06 = BeckRS 2006, 14981) oder eine audiovisuelle Zeugenvernehmung nach § 247 a StPO (s hierzu BGHSt 45, 188 = NStZ 2000, 385; StV 2001, 664 f; s auch BGH Beschl v 21. 10. 2008 – Az 3 StR 305/08 = BeckRS 2008, 23924: Das Gericht **hat** vor einer Ablehnung des Beweisantrags Erwägungen zur Möglichkeit einer Videovernehmung anzustellen) in Betracht.

73.1 Einer ausdrücklichen Erwähnung dieser Möglichkeiten der Beweiserhebung bedarf es im Beweisantrag nicht, da sie von dem Verlangen auf Ladung eines Zeugen (im Ausland) zugleich als „Minus" gegenüber einer unmittelbaren Vernehmung vor dem erkennenden Gericht umfasst sind (BGHSt 45, 188, 190 = NStZ 2000, 385; vgl allerdings nunmehr BGH, NStZ 2008, 232 f).

74 Das Gericht hat jeweils zu prüfen, ob es sich hierbei um eine der persönlichen Vernehmung gleichwertige Form der Beweiserhebung handelt. Ist das nach der Einschätzung des Gerichts der Fall, ist der Zeuge nicht unerreichbar. Ist es dagegen nach dem pflichtgemäßen Ermessen des Gerichts erforderlich, etwa zu Beurteilung der Glaubwürdigkeit des Zeugen, einen persönlichen Eindruck von ihm zu erhalten, kommt eine Vernehmung im Wege der Rechtshilfe ebenso wenig in Betracht wie eine audiovisuelle Vernehmung; eine Verpflichtung hierzu besteht dann nicht (BGH NStZ 1991, 143; NStZ 1993, 294 f; NStZ 2004, 347 f; StV 1993, 232). Gleiches gilt für den Fall, dass eine Gegenüberstellung mit dem Angeklagten erforderlich ist (BGH NStZ 1993, 294 f). Die Ermessensentscheidung des Tatrichters ist vom Revisionsgericht grundsätzlich hinzunehmen, soweit sie nicht an Rechtsfehlern leidet, namentlich widersprüchlich oder unklar ist (BGH NStZ 2004, 347 f). Zu einer Beweisaufnahme im Ausland oder zu einer Teilnahme an einer Vernehmung des Zeugen im Wege der Rechtshilfe im Ausland ist das Gericht nicht verpflichtet (BGHR § 244 Abs 2 Auslandszeuge 5; NStZ 1985, 375; NStZ 1992, 141; 1 StR 528/94 = NStE Nr 134 zu § 244).

75 Hat eine öffentliche Behörde hinsichtlich eines Zeugen eine **Sperrerklärung** abgegeben, führt dies nicht zu einem Beweisverbot, so dass ein auf die Vernehmung des gesperrten Zeugen gerichteter Beweisantrag nicht bereits nach Abs 3 S 1 auf eine unzulässige Beweiserhebung gerichtet ist (BGHSt 35, 82, 85 = NJW 1988, 2187; BGHSt 39, 141, 144 = NJW 1993, 293). Ist die Sperrerklärung rechtmäßig ergangen, hat sie lediglich zur Folge, dass das Gericht die Weigerung der Behörde, die Identität des Zeugen zu offenbaren, hinnehmen muss (BGH NStZ 2003, 610 f). Der benannte Zeuge ist dann unerreichbar, so dass der Beweisantrag aus diesem Grund abzulehnen ist.

75.1 Andere Vertraulichkeitszusagen als eine Sperrerklärung der obersten Dienstbehörde entsprechend § 96 StPO haben im gerichtlichen Verfahren keine Bedeutung. Der Zeuge, auf den sich eine solche Zusage bezieht, ist nicht unerreichbar. Das Gericht hat auch ohne Beweisantrag nach Maßgabe der Aufklärungspflicht von den beteiligten Behörden Auskünfte über die Identität und den Aufenthaltsort des Zeugen zu verlangen (BGH NStZ 2001, 333).

76 Ist das Gericht der Auffassung, die Sperrerklärung sei rechtswidrig, wozu auch eine fehlende oder nicht verständliche Begründung führen kann, hat es eine Gegenvorstellung bei der erteilenden Behörde zu erheben (BGH NJW 1989, 3291 f; NStZ 1989, 282). Nicht ausreichend ist die Begründung einer Sperrerklärung insbes dann, wenn sie nicht auf den Einzelfall bezogene, sondern lediglich allgemeine Erwägungen enthält (BGH NStZ 1992, 394 f). Verweigert die Behörde eine Änderung ihrer Entscheidung, hat das Gericht dies in aller Regel hinzunehmen; zu einer wiederholten Gegenvorstellung ist es nicht verpflichtet. Der Umstand, dass seitens der Exekutive eine erschöpfende Beweisaufnahme verhindert worden ist, so dass ggf den Angeklagten entlastende Umstände nicht vollständig ermittelt werden konnten, kann dann jedoch bei der Beweiswürdigung berücksichtigt werden (BGH NStZ 1989, 282). Auch wenn eine rechtmäßige Sperrerklärung hinsichtlich eines Zeugen vorliegt, darf das Gericht, da die Beweiserhebung nicht unzulässig ist, diesen nicht als unerreichbar behandeln, wenn ihm dessen Identität aus anderen Quellen bekannt ist oder zumindest Anhaltspunkte für eine Identifizierung bestehen (BGH NStZ 1993, 248; NStZ 2003, 610 f). Von der Vernehmung muss das Gericht – auch unabhängig vom Vorliegen einer Sperrerklärung – allerdings absehen, wenn infolge einer Vernehmung eine Gefahr für Leib oder Leben des Zeugen droht (BGHSt 39, 141, 145 = NJW 1993, 293; NStZ 1984, 31 f; NStZ 2003, 610 f). Ob das der Fall ist, hat das Gericht in eigener Verantwortung zu prüfen; die maßgeblichen Erwägungen sind in einem etwaigen Ablehnungsbeschluss darzulegen (vgl BGH NStZ 1993, 350 f).

VII. Ablehnung wegen Verschleppungsabsicht (Abs 3 S 2 Alt 6)

Ein Beweisantrag kann wegen Verschleppungsabsicht abgelehnt werden, wenn die verlangte Beweiserhebung geeignet ist, den Abschluss des Verfahrens wesentlich hinauszuzögern, sie zur Überzeugung des Gerichts nichts Sachdienliches zugunsten des Antragstellers erbringen kann, der Antragsteller sich dessen bewusst ist und mit dem Antrag ausschließlich die Verzögerung des Verfahrensabschlusses bezweckt (BGHSt 21, 118, 121 = NJW 1966, 2174 f; BGHSt 29, 149, 151 = NJW 1980, 1533 f; NJW 1992, 2711 f; NJW 2001, 1956; NStZ 1982, 391; NStZ 1990, 350; StV 2002, 181 f). Im Einzelnen: 77

1. Wesentliche Verzögerung des Verfahrensabschlusses

Eine absolute Grenze für die Bestimmung der **Wesentlichkeit** einer Verfahrensverzögerung besteht nicht. Während vornehmlich in der älteren Rechtsprechung zT auf eine Verzögerung „auf unbestimmte Zeit" abgestellt wurde (BGHSt 21, 118, 121 = NJW 1966, 2174 f; OLG Köln, NStZ 1983, 90 mAnm Dünnebier), liegt nach der neueren Rechtsprechung eine wesentliche Verfahrensverzögerung jedenfalls dann vor, wenn bei Durchführung der beantragten Beweiserhebung eine **Aussetzung** der Hauptverhandlung nach § 228 Abs 1 StPO erforderlich werden würde (BGH NStZ 1990, 350, 351 mAnm Wendisch; NStZ 1992, 551). 78

Nach BGH NJW 2001, 1956, 1957 kann auch die – in der Entscheidung freilich nicht genau angegebene – Verzögerung aufgrund eines förmlichen Rechtshilfeersuchens (dort: nach Italien) als wesentlich angesehen werden. 78.1

Keine wesentliche Verzögerung soll dagegen eintreten, wenn ein benannter Zeuge innerhalb der Frist des § 229 Abs 1 StPO gehört werden könnte (BGH NStZ 1982, 391 zur Zehntagesfrist) oder zu einem bereits bestimmten Folgetermin geladen werden könnte (BGH StV 1986, 418 ff: in diesem Fall tritt schon keine Verzögerung ein). Nach einer neueren Entscheidung des 1. Strafsenats des BGH hält dieser es für angezeigt, das objektive Kriterium der Wesentlichkeit der Verfahrensverzögerung deutlich restriktiver auszulegen, wenn nicht ganz aufzugeben (BGHSt 51, 333, 342 = NStZ 2007, 659 f; vgl auch BGHSt 52, 355 = NJW 2009, 605, 606 = NStZ 2009, 169: dort wiederum offen gelassen). Nach der Verlängerung der regelmäßigen Unterbrechungsfrist auf drei Wochen durch das 1. JuMoG könne diese als Maßstab für eine Wesentlichkeit nicht mehr herangezogen werden (BGH NStZ 2007, 659 f: dort war die Einholung eines medizinischen Sachverständigengutachtens beantragt worden, die „zumindest" eine länger als drei Wochen dauernde Unterbrechung nach § 229 Abs 2 StPO, „wenn nicht gar" eine Aussetzung der Hauptverhandlung erforderlich gemacht hätte; vgl auch Meyer-Goßner StPO § 244 Rn 67 mwN). Nicht erforderlich für das Vorliegen einer Verfahrensverzögerung ist, dass die Hauptverhandlung bereits länger andauert; der Ablehnungsgrund ist vielmehr in jeder Lage des Verfahrens und in Bezug auf jeden gestellten Beweisantrag zu prüfen (BGH NStZ 1992, 551). Allerdings sind die Anforderungen an die Wesentlichkeit der Verfahrensverzögerung umso geringer, je länger das Strafverfahren dauert, sodass in Fällen eines bereits länger dauernden Verfahrens auch eine relativ geringfügige zeitliche Verzögerung wesentlich sein kann (BGH NJW 2009, 605, 606 mAnm Gaede = NStZ 2009, 169). 79

2. Nichts Sachdienliches zugunsten des Antragstellers zu erwarten

80   Es muss ausgeschlossen sein, dass die Beweiserhebung oder schon die weiteren Bemühungen um die Gewinnung des bezeichneten Beweismittels eine dem Antragsteller günstige Wendung herbeiführen könnten (BGH NJW 1990, 2328; NJW 2001, 1956; NStZ 1990, 350 mAnm Wendisch; NStZ 2007, 659; OLG Köln, NStZ 1983, 90 mAnm Dünnebier). Ob dies der Fall ist, hat das Gericht auch unter Berücksichtigung des bisherigen Beweisergebnisses zu entscheiden. In diesem Rahmen ist mithin eine Vorauswürdigung des zu erhebenden Beweises zulässig und geboten (BGH NJW 1990, 2328; NJW 2001, 1956; NStZ 1990, 350; NStZ 1992, 551 f).

3. Bewusstsein der Nutzlosigkeit der Beweiserhebung

81   Der Antragsteller muss sich der Nutzlosigkeit der beantragten Beweisaufnahme bewusst sein. Auf das Vorliegen dieser subjektiven Voraussetzung kann das Gericht aus äußeren Indizien, etwa den Umständen der Antragstellung oder der Offensichtlichkeit einer fehlenden Sachdienlichkeit schließen.

81.1   **Beispiel:**
Nimmt der Antragsteller einen zunächst ohne Verschleppungsabsicht gestellten Beweisantrag aus dem erkennbaren Grund zurück, weil er sich von der Beweiserhebung nichts mehr erhofft, und stellt ihn später erneut, ohne darzulegen, aus welchen Gründen sich seine Einschätzung geändert hat, ist dies ein für eine Prozessverschleppungsabsicht sprechender Umstand (BGH NJW 1982, 2201 f).

82   Ein später Zeitpunkt der Antragstellung reicht dabei für sich genommen als Anzeichen für das Bewusstsein der Nutzlosigkeit nicht aus (BGH NStZ 1982, 41; NStZ 1984, 230; NStZ-RR 2009, 21). Aus den Ergebnissen der bis dahin durchgeführten Beweisaufnahme kann jedenfalls dann kein Indiz für das Bewusstsein der Nutzlosigkeit gewonnen werden, wenn die beantragte Beweiserhebung gerade zur Entkräftung dieser Ergebnisse dienen soll (BGH NStZ-RR 2009, 21, 22). Maßgeblicher Zeitpunkt ist – wie bei der Verschleppungsabsicht (s Rn 83) – derjenige des Erlasses des Ablehnungsbeschlusses (Meyer-Goßner StPO § 244 Rn 68).

4. Verschleppungsabsicht

83   Der Antragsteller muss mit der Stellung des Beweisantrags **ausschließlich** eine Verzögerung des Verfahrensabschlusses bezwecken. Der bloße Verdacht des Vorliegens einer Verschleppungsabsicht reicht für eine Ablehnung des Beweisantrags nicht aus. Vielmehr muss das Gericht hiervon sicher überzeugt sein. Wie beim Nachweis der subjektiven Merkmale eines Straftatbestandes kann es hierzu alle äußeren Umstände heranziehen und würdigen, die auf das Bestehen der Absicht hindeuten. Es kommen insbes eigene Äußerungen des Antragstellers sowie sein Verhalten in und außerhalb der Hauptverhandlung – mithin bereits im Ermittlungsverfahren – und der bisherige Verfahrensverlauf in Betracht (BGH NJW 2001, 1956; NStZ 1989, 36 f; NStZ 1990, 350 f; NStZ 2007, 659). Die maßgeblichen Umstände hat das Gericht im Ablehnungsbeschluss – „regelmäßig nach Art eines Indizienbeweises" – darzulegen (BGH NStZ 2007, 659).

83.1   **Beispiele:**
- Der Verteidiger äußert gegenüber dem Vorsitzenden außerhalb der Hauptverhandlung, er müsse noch Beweisanträge stellen, da er sich mit der Staatsanwaltschaft „noch nicht ganz einig" geworden sei (BGH – Az 1 StR 32/07, insoweit in NStZ 2007, 659 nicht abgedruckt).
- Der Beweisantrag wird erst nach Durchführung einer umfassenden Beweisaufnahme gestellt und die verlangte Beweiserhebung nähme einen längeren Zeitraum in Anspruch, zudem ist der Beweisstoff für den Antragsteller erkennbar erschöpft und ein nachvollziehbarer Anlass für die späte Antragstellung ist weder dargelegt noch sonst ersichtlich (BGH – Az 1 StR 32/07, insoweit in NStZ 2007, 659 nicht abgedruckt).
- Nicht ausreichend zur Annahme einer Verschleppungsabsicht ist allein der Umstand, dass der Beweisantrag auch früher hätte gestellt werden können. Auch der weitere Umstand, dass das Gericht schon vom Gegenteil der behaupteten Tatsache überzeugt ist, genügt nicht (BGH NStZ 1998, 207 mAnm Sander).

- Für sich genommen kein ausreichendes Indiz für eine Verschleppungsabsicht ist es, dass eine durch den Verteidiger unter Beweis gestellte Behauptung der Einlassung des Angeklagten widerspricht (BGH NJW 1992, 2711 f).
- Setzt das Gericht in einem bereits länger dauernden Strafverfahren, insbes nachdem es zuvor vergeblich mehrfach nach ggf noch bestehendem Aufklärungsbedarf gefragt und neue Verhandlungstermine abgesprochen hat, in denen aber keine Beweisanträge gestellt wurden, eine **Frist zur Stellung von Beweisanträgen**, ist das ungenutzte Verstreichenlassen dieser Frist ein Indiz für das Bestehen einer Verschleppungsabsicht (BGH NStZ 2007, 659 ff; NStZ 2007, 716; vgl auch NJW 2005, 2466, 2468: Bescheidung von nach Fristablauf eingehenden Beweisanträgen erst in den Urteilsgründen; vgl auch Rn 29).
- Indiz für das Bestehen einer Verschleppungsabsicht kann sein, dass der Antragsteller es ohne nachvollziehbaren Grund unterlässt, einem Zeugen bei seiner Vernehmung in der Hauptverhandlung Vorhalte zu machen, nur um nach der Entlassung des Zeugen einen Beweisantrag mit dem Ziel einer Widerlegung von dessen Aussage zu stellen (BGH NJW 1997, 2762, 2764).

Der Antragsteller muss ausschließlich die Verzögerung des Verfahrensabschlusses bezwecken (BGH NStZ 2007, 659). Dieser Umstand ist regelmäßig gegeben, wenn er selbst keine günstigen Auswirkungen des Beweisergebnisses auf den Prozessverlauf erwartet (BGH StV 2002, 181 f). 84

Ist der **Verteidiger** der Antragsteller, muss er selbst in der Absicht handeln, den Prozess zu verschleppen (BGH NJW 2001, 1956; NStZ 1984, 466). Das kann auch dann der Fall sein, wenn der Verteidiger sich eine Verschleppungsabsicht des Angeklagten zu eigen macht, sich mithin als „Werkzeug" eines in Verschleppungsabsicht handelnden Angeklagten missbrauchen lässt (BGHR § 244 Abs 3 S 2 Prozessverschleppung 8). Anhaltspunkte hierfür sind insbes, dass der Verteidiger den Beweisantrag allein aufgrund von Angaben des Angeklagten stellt, obwohl aufgrund entgegenstehender Indizien der Schluss nahe liegt, er selbst sei von der Erfolglosigkeit der Beweiserhebung überzeugt (BGHR § 244 Abs 3 S 2 Prozessverschleppung 8; NJW 2001, 1956). 85

Die **Ablehnungsbegründung** hat die tatsächlichen Umstände darzulegen, aus denen das Gericht auf das Vorliegen einer Verschleppungsabsicht schließt (Meyer-Goßner StPO § 244 Rn 43 c mwN). Soll ein Hilfsbeweisantrag wegen Prozessverschleppung abgelehnt werden, darf dies nicht erst in den Urteilsgründen geschehen, sondern hat bereits in der Hauptverhandlung zu erfolgen (s Rn 44; zur Ausnahme bei Fristsetzung zur Stellung von Beweisanträgen s Rn 29 a). 86

VIII. Ablehnung infolge Wahrunterstellung (Abs 3 S 2 Alt 7)

Ein Beweisantrag kann abgelehnt werden, wenn das Gericht zusagt, die Beweisbehauptung zu Gunsten des Angeklagten so zu behandeln, als wäre sie wahr. Die Voraussetzungen im Einzelnen: 87

1. Beweisbehauptung

Die Wahrunterstellung muss sich auf die behauptete Beweis**tatsache** und nicht nur auf die Beweiserhebung beziehen. Es genügt daher nicht, dass das Gericht lediglich als wahr unterstellt, ein im Antrag benannter Zeuge würde im Fall seiner Vernehmung im Sinne der Beweisbehauptung aussagen, dann aber dessen Angaben nicht folgt (BGHR § 244 Abs 3 S 2 Wahrunterstellung 20; NStZ 1995, 143; StV 1995, 5 f; StV 1995, 172 f). Für die **Tragweite** der Wahrunterstellung kommt es nicht auf den Wortlaut der Beweisbehauptung an, sondern auf den Sinn und Zweck des Beweisantrags; das Gericht darf weder Einschränkungen noch Veränderungen vornehmen (BGH NJW 2000, 443, 445 f; NStZ 2003, 101 f). Hiervon abzugrenzen ist die Frage, welche über die Beweistatsache **hinaus gehenden** weiteren Schlussfolgerungen der Antragsteller zu ziehen wünscht. Diese sind nicht Teil der Wahrunterstellung, das Gericht sagt mit der Ablehnung des Beweisantrags nicht auch zu, es werde die gleichen Schlüsse ziehen wie der Antragsteller (BGH NJW 1984, 2772, 2774; NJW 1989, 1867; NJW 1992, 2838 f; NJW 1994, 1015 f; NStZ 1983, 376; Beschl v 24. 11. 2005 – Az 1 StR 443/05 = BeckRS 2005, 14337). Das Gericht ist jedoch gehindert, aus der als 88 wahr unterstellten Tatsache für den Antragsteller negative Schlüsse zu ziehen (BGH NStZ 2007, 717).

88.1   Die Wahrunterstellung darf auch nicht dadurch beeinträchtigt werden, dass eine dem Antragsteller günstige Schlussfolgerung deshalb verweigert wird, weil aus anderen Tatsachen, die zwar nicht von der Wahrunterstellung umfasst sind, die aber dergestalt mit ihr zusammenhängen, dass sie über ihre Tragweite entscheiden, negative Schlüsse gezogen werden (BGH NStZ 1989, 129 mAnm Volk; NStZ 2007, 282 f).

88.2   **Beispiel** (nach NStZ 1989, 129):
Das Gericht unterstellt den Inhalt einer polizeilichen Vernehmung des Geschädigten, in der dieser das Geschehen abweichend von seiner Aussage in der Hauptverhandlung dargestellt hat, als wahr. Im Urteil stützt es sich dagegen ausschließlich auf die Aussage in der Hauptverhandlung und führt aus, der Geschädigte könne sich sprachlich kaum verständlich machen und habe bei seiner polizeilichen Vernehmung etwas anderes gemeint als gesagt. Ob hierin bereits eine unzulässige Einschränkung oder Veränderung der Beweisbehauptung lag, hat der BGH offen gelassen. Das Gericht hätte jedenfalls die Umstände der polizeilichen Vernehmung klären müssen. Die Beweisbehauptung sei daher für eine Wahrunterstellung nicht geeignet gewesen, die Aufklärungspflicht sei vorgegangen (vgl Rn 91).

2. Erheblichkeit der Beweistatsache

89   Bereits nach dem Wortlaut von Abs 3 S 2 Alt 7 kommt nur eine **erhebliche** Tatsache für eine Wahrunterstellung in Betracht. Ein Überschneidungsbereich mit dem Ablehnungsgrund der Bedeutungslosigkeit nach Abs 3 S 2 Alt 2 besteht mithin nicht, das Gericht kann nicht einen Beweisantrag wahlweise wegen Bedeutungslosigkeit oder infolge Wahrunterstellung der behaupteten Tatsache ablehnen (BGH NStZ-RR 2003, 268 f). Maßgeblicher Zeitpunkt für die Beurteilung der Erheblichkeit der als wahr unterstellten Tatsache ist derjenige des Erlasses des Ablehnungsbeschlusses. In der Wahrunterstellung liegt somit nicht die Zusage des Gerichts, es werde die behauptete Tatsache auch bei der Urteilsfindung als ausschlaggebend behandeln (BGHR § 244 Abs 3 S 2 Wahrunterstellung 37; NStZ 1983, 354, 357; OLG Hamm NStZ 1983, 522 f). Zu einem Hinweis darauf, dass der Beweistatsache bei der Entscheidung nicht die vom Angeklagten gewünschte Bedeutung zukommen wird, ist das Gericht nicht verpflichtet, da insoweit kein Vertrauen durch die Wahrunterstellung geschaffen worden ist (BGH NStZ-RR 2009, 179, 180). Nur dann, wenn es infolge einer geänderten Bewertung der Erheblichkeit zu einer irreführenden Prozesslage kommen kann, insbes wenn es nahe liegt, dass der Angeklagte ohne die Wahrunterstellung noch weitere Beweisanträge gestellt hätte, ist ein Hinweis erforderlich (BGH NStZ 1982, 341 f; OLG Celle NStZ 1986, 91; OLG Hamm NStZ 1983, 522 f).

3. Zu Gunsten des Angeklagten

90   Als wahr unterstellt werden dürfen nur Tatsachen, die zu Gunsten des Angeklagten dienen sollen. Ein auf Belastung des Angeklagten zielender Beweisantrag der StA oder des Nebenklägers kann daher nicht mit einer Wahrunterstellung der Beweisbehauptung abgelehnt werden (BGH NStZ 1984, 564). Eine Wahrunterstellung darf sich auch nicht zu Lasten eines Mitangeklagten auswirken. Denn auch in diesem Fall ist der Zweifelssatz, dessen „Vorwegnahme" die Wahrunterstellung ist (vgl Pfeiffer StPO § 244 Rn 38), verletzt (BGH StV 1994, 633 [Ls]).

4. Keine Verletzung der Aufklärungspflicht

91   Durch die Wahrunterstellung darf das Gericht die Aufklärungspflicht nach Abs 2 nicht verletzen. Erscheint daher der Sachverhalt (weiter) aufklärbar, sind insbes von der Durchführung der beantragten Beweisaufnahme klare Ergebnisse zu erwarten, hat diese vorrangig zu erfolgen (BGH NStZ-RR 1999, 275; NStZ 2004, 614 f). In diesem Fall entbehrt die Wahrunterstellung ihrer Grundlage, die darin besteht, dass das Gericht sich außerstande sieht, das den Angeklagten belastende Gegenteil der als wahr unterstellten Tatsache zu beweisen (BGH NJW 1992, 2838, 2840). Sind die näheren Umstände der im Beweisantrag behaupteten Tatsache unklar, so dass ihre Tragweite nicht überblickt werden kann, kommt eine

Wahrunterstellung nicht in Betracht (BGH NStZ 1982, 213; NStZ 2007, 282; StV 1996, 648). Zielt ein Beweisantrag auf die Erschütterung der Glaubwürdigkeit eines Belastungszeugen, kommt eine Wahrunterstellung ebenfalls regelmäßig nicht in Frage. Denn über die Glaubwürdigkeit eines den Angeklagten belastenden Zeugen hat sich das Gericht durch Aufklärung **aller** behaupteten Tatsachen einen umfassenden Eindruck zu verschaffen (BGH NStZ-RR 1997, 8). Dem widerspräche es, wenn Teile des Gesamtbilds nicht aufgeklärt, sondern lediglich als unwiderlegbar behandelt würden. Einer Beweiserhebung bedarf es nur dann nicht, wenn die Beweisbehauptung für die Frage der Glaubwürdigkeit des Belastungszeugen ohne Bedeutung ist (BGH NStZ-RR 1997, 8). In diesem Fall kann der Beweisantrag allerdings wegen Bedeutungslosigkeit der Beweistatsache nach Abs 3 S 2 Alt 2 abgelehnt werden. Eine Wahrunterstellung kommt des Weiteren auch bei der Frage, ob die Voraussetzungen des **§ 31 BtMG** vorliegen, grundsätzlich nicht in Betracht. Nach dieser Vorschrift ist ein tatsächlicher Aufklärungserfolg für die Strafmilderung erforderlich; ein solcher ist bei einer bloßen Wahrunterstellung aber nicht anzunehmen (BGHR § 244 Abs 3 S 2 Wahrunterstellung 24; NStZ-RR 1997, 85, 86).

5. Behandlung in den Urteilsgründen

Die als wahr unterstellten Tatsachen unterliegen – wie alle anderen festgestellten Tatsachen 92 auch – der freien Beweiswürdigung (BGH NStZ 1982, 213). Das Gericht muss sich jedoch im Urteil an die Wahrunterstellung halten; die Feststellungen dürfen ihr weder widersprechen noch sie in ihrer Bedeutung abschwächen (BGH NStZ 2003, 101 f; NStZ 2007, 717; NStZ-RR 1998, 13 f; NStZ-RR 2001, 257, 261 [B]; StV 1994, 115). Aus der zugunsten des Angeklagten als wahr angesehenen Behauptung dürfen keine ihn auch nur mittelbar belastenden Folgerungen gezogen werden. Das gilt auch, wenn der gestellte Antrag richtigerweise nur als Beweisermittlungsantrag hätte qualifiziert werden oder wenn das Gericht ihn auch aus einem anderen Grund hätte ablehnen können (BGH NStZ-RR 1997, 8). Eine Ersetzung des Ablehnungsgrundes ist auch dem Revisionsgericht im Hinblick auf die in der Wahrunterstellung liegende Zusage nicht gestattet (BGH NStZ 2003, 101 f; NStZ-RR 1998, 13 f). Die Reichweite der Wahrunterstellung ergibt sich aus der nach ihrem Sinn und Zweck ausgelegten Beweisbehauptung (s Rn 88); die Nichteinhaltung ist daher oft eine Frage der Einengung, Beschränkung oder Umdeutung der unter Beweis gestellten Tatsache.

Beispiel: 92.1
Ein vom Angeklagten gestellter Beweisantrag auf Einholung eines Sachverständigengutachtens zum Nachweis von DNA-Spuren des Angeklagten auf der Kleidung des Opfers sollte den Beweis erbringen, dass es zwischen ihm und dem Geschädigten ein Gerangel gegeben habe, in dessen Verlauf sich ein Schuss aus der Waffe des Angeklagten gelöst habe. Das Gericht unterstellte die Beweisbehauptung als wahr und führte im Urteil aus, es gehe zwar von einem Körperkontakt aus, ziehe hieraus jedoch nicht den Schluss auf ein Gerangel. Durch die Veränderung des mit dem Beweisbegehren verfolgten Ziels des Nachweises einer körperlichen Auseinandersetzung durch eine dem zuwiderlaufende Vermutung hat das Gericht die Wahrunterstellung nicht eingehalten (BGH NStZ 2003, 101 f).

Das Gericht ist nicht gehindert, im weiteren Verlauf des Verfahrens von einer Wahrunter- 93 stellung wieder abzurücken. In diesem Fall muss es den Angeklagten jedoch auf seine Absicht hinweisen, damit er Gelegenheit hat, sich auf die geänderte Situation einzustellen (BGH NJW 1984, 2228 f; NStZ 1988, 38). Ein Hinweis ist auch erforderlich, wenn das Gericht, nachdem es einen Beweisantrag mit einer Wahrunterstellung abgelehnt hat, später einen anderen Ablehnungsgrund annehmen will, wenn hierdurch eine Verwertung der Beweistatsache zu Lasten des Angeklagten möglich wird (BGH NStZ 2007, 717).

Beispiel (nach BGH NStZ 2007, 717): 93.1
Das Gericht unterstellt die Behauptung als wahr, an der Kleidung des Angekl habe sich kein Blut des Geschädigten befunden. Bereits vor der Stellung des Beweisantrags hatte die Kammer die Kleidung des Angekl in Augenschein genommen und keine Blutspuren festgestellt. Das Gericht ist im Urteil aufgrund der Wahrunterstellung gehindert, ohne einen in der Hauptverhandlung ergangenen Hinweis die Beweisbehauptung (allein aufgrund der Inaugenscheinnahme) als iSv § 244 Abs 3 S 2 Alt 3 erwiesen anzusehen und aus ihr – zulässigerweise, vgl Rn 63 – für den Angekl negative Schlüsse zu ziehen.

94 Ein Hinweis kann als konkludent erteilt angesehen werden, wenn das Gericht über die als wahr unterstellte Behauptung später Beweis erhebt (BGH NStZ 2007, 717). In jedem Fall muss, da der ursprünglichen Ablehnung der Boden entzogen ist, das Gericht dem Beweisantrag nunmehr entweder nachgehen oder ihn mit anderer Begründung ablehnen. Die Urteilsgründe müssen grundsätzlich erkennen lassen, was als wahr unterstellt worden ist (BGH NStZ 1996, 562 f). Das Gericht ist aber nicht gehalten, die als wahr unterstellte Tatsache noch im Urteil als bedeutsam anzusehen und so in seine Beweiswürdigung einzustellen (BGH NStZ-RR 2009, 179; vgl Rn 89). Vielmehr ist eine ausdrückliche Auseinandersetzung mit den als wahr unterstellten Tatsachen in den Urteilsgründen nur erforderlich, wenn sich dies aufgrund der im Übrigen gegebenen Beweislage aufdrängt und die Beweiswürdigung sich sonst als lückenhaft erweise (BGHR § 244 Abs 3 S 2 Wahrunterstellung 2, 5, 13; NJW 1979, 1513; NStZ-RR 2003, 268 f).

6. Revision

95 Hält das Gericht im Urteil die Wahrunterstellung nicht ein, liegt hierin, da der Ablehnung des Beweisantrags nachträglich die Grundlage entzogen wird, ein Verstoß gegen § 244 Abs 3 S 2 StPO. Die verfahrensrechtliche Situation ist in diesem Fall die gleiche, als wenn der Beweisantrag von vorneherein mit fehlerhafter Begründung abgelehnt worden wäre (BGH NJW 1984, 2228). Zum anderen verstößt das Gericht auch gegen das Gebot des fairen Verfahrens, weil es das durch die Wahrunterstellung begründete Vertrauen des Angeklagten verletzt (BGH NJW 1984, 2228; Pfeiffer StPO § 244 Rn 39 aE).

IX. Beweisanträge auf Vernehmung von Sachverständigen (Abs 4)

96 Soweit nicht die Zuziehung eines Sachverständigen vorgeschrieben ist (vgl etwa § 80a StPO, § 81 StPO, § 246a StPO und § 73 JGG; Meyer-Goßner StPO § 244 Rn 73), kann das Gericht einen Beweisantrag auf Vernehmung eines Sachverständigen – **neben** den (allgemeinen) Ablehnungsgründen des Abs 3 – auch unter den Voraussetzungen des Abs 4 ablehnen.

1. Eigene Sachkunde (Abs 4 S 1)

97 Ein Beweisantrag auf Vernehmung eines Sachverständigen (nicht auch in Bezug auf andere Beweismittel, vgl BGH StV 1982, 102 f; OLG Düsseldorf StV 1991, 295) kann abgelehnt werden, wenn und soweit das Gericht selbst die erforderliche Sachkunde besitzt, um die Beweisfrage beantworten zu können. Ob dies der Fall ist, entscheidet das Gericht selbst; über das tatsächliche Vorhandensein der Sachkunde findet keine Beweisaufnahme statt (BGH NStZ 2000, 156 f). Aus den Urteilsgründen muss sich jedoch ergeben, dass das Gericht zu Recht seine eigene Sachkunde angenommen hat; die Notwendigkeit und der Umfang der insofern notwendigen Darlegungen richtet sich nach der Schwierigkeit der Beweisfrage (KG Beschl v 18. 12. 2008 = BeckRS 2009, 07629). Bei Kollegialgerichten reicht es aus, dass eines seiner Mitglieder über die erforderliche Sachkunde verfügt, wenn es sie den anderen Mitgliedern vermittelt (BGHSt 12, 18 ff = NJW 1958, 1596; NStZ 1983, 325; vgl auch Jessnitzer StV 1982, 177). Über die erforderliche Sachkunde muss das Gericht nicht bereits vor der Hauptverhandlung verfügt haben. Es genügt, wenn es diese erst im Lauf des Verfahrens, etwa durch die Anhörung anderer Sachverständiger, gewonnen hat (BGH NJW 1998, 2753 f; NStZ 1983, 325). Für die in der Praxis besonders bedeutsamen Bereiche der Beurteilung der Glaubwürdigkeit von Zeugen und der Schuldfähigkeit des Angeklagten gilt Folgendes:

98 **Glaubwürdigkeitsbeurteilung.** Die Beurteilung der Glaubwürdigkeit von Zeugen ist die ureigenste Aufgabe des Richters. Seine Sachkunde reicht daher in aller Regel hierzu auch dann aus, wenn die Glaubwürdigkeit von kindlichen oder jugendlichen Zeugen in Frage steht. Allein wenn die Umstände des Einzelfalles eine besondere Sachkunde erfordern, über die der Richter – auch mit spezifischen forensischen Erfahrungen – normalerweise nicht verfügt, bedarf es der Hinzuziehung eines Sachverständigen (BGH NStZ 1997, 355 f; NStZ 2001, 105; NStZ-RR 2006, 242 f; StV 1994, 634 f; StV 2005, 419). Selbst bei Vorliegen solcher Besonderheiten ist die Zuziehung eines Sachverständigen nicht erforderlich, wenn

die Hauptverhandlung außerhalb der Aussage des Zeugen Anzeichen erbringt, die deutlich für oder gegen die Glaubhaftigkeit der Bekundungen sprechen (BGH NStZ-RR 1999, 48 f; Urt v 5. 7. 2007 – Az 4 StR 540/06 = BeckRS 2007, 12401).

Besondere Umstände, die die Zuziehung eines Sachverständigen zur Beurteilung der Zeugentüchtigkeit sowie der Glaubwürdigkeit eines Zeugen erforderlich machen, können sich insbes aus Auffälligkeiten in der **Person**, zum Beispiel beim Vorliegen hirnorganischer Erkrankungen, und aus der **Aussageentstehung** ergeben (vgl auch BGH NStZ-RR 2006, 242, 243). **98.1**
Beispiele:
- Besteht die nicht fernliegende Möglichkeit, dass der Zeuge unter einer Persönlichkeitsstörung leidet, die Auswirkungen auf das Aussageverhalten haben kann, ist idR die Hinzuziehung eines SV geboten. Nimmt das Gericht demnach eigene Sachkunde in Anspruch, bedarf diese einer näheren Begründung (BGH Beschl v 28. 10. 2009 – Az 5 StR 419/09 = BeckRS 2009, 29966).
- Es besteht aufgrund tatsächlicher Anhaltspunkte die Möglichkeit, dass die aus schwierigen sozialen Verhältnissen stammende jugendliche Zeugin Aufmerksamkeit auf sich lenken will und eine an einer Freundin begangene Gewalttat auf sich projiziert. Der Aussageverlauf ist nicht konstant, sondern weist in den Kernbereichen erhebliche Diskrepanzen auf. Bei Aufnahme der Strafanzeige wird die Tat zumindest teilweise von der Mutter der Zeugin geschildert (BGH StV 2005, 419).
- Die eigene Sachkunde von Richtern reicht idR nicht aus, um die Auswirkungen eines noch nicht lange zurückliegenden, schwerwiegenden Schädel-Hirn-Traumas auf die Zeugentüchtigkeit beurteilen zu können (BGH StV 1994, 634 f).
- Bestehen Anhaltspunkte dafür, dass eine Erkrankung Einfluss auf die Aussagetüchtigkeit hat, sind medizinische und nicht allein aussagepsychologische Kenntnisse erforderlich, so dass die Zuziehung eines Psychiaters nötig werden kann (BGH NStZ 1995, 558 f; NStZ-RR 1997, 106; vgl hierzu auch BGH NStZ 1991, 47 = StV 1991, 405, 406 mAnm Blau).
- Allein die Möglichkeit einer auch starken Alkoholisierung einer Zeugin zur Tatzeit und einer unbewussten Übernahme fremder Erlebnisse sind keine besonderen Umstände, die die Zuziehung eines Sachverständigen erforderlich machen. Das gilt insbes, wenn eine detailreiche Aussage vorliegt und Bezugspersonen der Zeugin Umstände bekundet haben, die auf die allgemeine Glaubwürdigkeit und Aussagetüchtigkeit schließen lassen (BGH NStZ 1997, 355 f).
- Besondere Umstände können in einem besonders geringen Alter des Zeugen liegen (vgl OLG Zweibrücken, StV 1995, 293: Zeugen, die jünger als 4 ½ Jahre sind, hätten sich in der forensischen Praxis kaum je als aussagetüchtig erwiesen; vgl auch BGHR § 244 Abs 4 S 1 Glaubwürdigkeitsgutachten 2: Alter von 13 ½ Jahren und weitere Umstände machen SV-Begutachtung erforderlich).

Ist ein Sachverständiger zur Beurteilung der Glaubwürdigkeit eines Zeugen erforderlich, kann das Gericht, wenn „normalpsychologische" Wahrnehmungs-, Gedächtnis- und Denkprozesse zu bewerten sind, einen Psychologen zuziehen. Nur wenn Hinweise vorliegen, dass der Zeuge unter einer geistigen Erkrankung leidet oder die Zeugentüchtigkeit durch aktuelle psychopathologische Ursachen beeinträchtigt wird, ist die Mitwirkung eines Psychiaters erforderlich (BGH NJW 2002, 1813; NStZ-RR 1997, 106). Zu den Anforderungen an ein Glaubhaftigkeitsgutachten vgl BGHSt 45, 164 (= NJW 1999, 2746). **99**

Beurteilung der Schuldfähigkeit. Die auf das medizinische Allgemeinwissen und die Beobachtung in der Hauptverhandlung gegründete eigene Sachkunde des Gerichts reicht zur Prüfung der Schuldfähigkeit eines Angeklagten aus, soweit allein normal-psychologische Umstände zu beurteilen sind (BGH NJW 1994, 871). Bestehen dagegen nach der Lebensgeschichte des Angeklagten oder den Umständen der ihm vorgeworfenen Tat Anhaltspunkte dafür, dass der Angeklagte in geistiger Hinsicht von der Norm abweichen könnte, reicht die Sachkunde des Gerichts nicht mehr aus, so dass es der Hinzuziehung eines Sachverständigen bedarf (BGH NStZ-RR 2006, 140 f; Urt v 30. 8. 2007 – Az 5 StR 193/07 = BeckRS 2007, 14993; vgl auch BGH NStZ-RR 2009, 115: „besondere Umstände in der Person des Angeklagten und dem Beziehungsgeflecht zum Tatopfer" machen die Hinzuziehung eines Sachverständigen auch dann erforderlich, wenn sich der Angeklagte im Allgemeinen „kontrolliert" verhalten hat). Solche Anhaltspunkte liegen etwa vor, wenn der Angeklagte eine nicht nur unerhebliche Hirnverletzung erlitten hat (BGHR § 244 Abs 4 Schuldfähigkeitsgutachten 1; NJW 1969, 1578; NStZ 1991, 120 [M/K]), es sei denn, die Zuziehung der Verletzung liegt bereits lange zurück und es fehlen Hinweise, die auf ein Fortbestehen wesentlicher Beeinträchtigungen schließen lassen (BGH NStZ 1991, 226, 229 [M/K]; NStZ 1992, 224, 225 [K]). Zu den Anforderungen an ein psychiatrisches Sachverständigengutachten **100**

vgl BGH NStZ 2005, 205 sowie Boetticher/Nedopil/Bosinski/Saß NStZ 2005, 57). Das Gericht hat im Urteil – nicht notwendig auch im Ablehnungsbeschluss (vgl BGH NStZ 2009, 346, 347; Meyer-Goßner StPO § 244 Rn 73) – dann Ausführungen zu seiner Sachkunde zu machen, wenn es für die Ablehnung des Beweisantrags mehr als Allgemeinwissen in Anspruch genommen hat (BGHSt 2, 163, 165 = NJW 1952, 554, 555; NStZ 1983, 325; NStZ-RR 1997, 171 f). Dabei richten sich die Anforderungen an die Darlegung der eigenen Sachkunde des Gerichts nach dem Maß der Schwierigkeit der Beweisfrage (BGH NStZ 2009, 346, 347). Daher sind insbes Ausführungen erforderlich, wenn im Urteil von dem Gutachten eines gehörten Sachverständigen abgewichen werden soll. In diesem Fall müssen die Darlegungen des Sachverständigen im Einzelnen wiedergegeben werden, insbes soweit sie Fragen betreffen, auf die das Gericht seine abweichende Auffassung stützt (BGH StV 1993, 234 f).

2. Anhörung eines weiteren Sachverständigen (Abs 4 S 2)

101   Die Anhörung eines weiteren Sachverständigen kann abgelehnt werden, wenn durch das frühere Gutachten das Gegenteil der behaupteten Tatsache bereits erwiesen ist. Gutachten ist dabei auch ein ärztliches Attest iSv § 256 Abs 1 S 2 StPO, das in der Hauptverhandlung verlesen worden ist (BGH NStZ 2008, 708, 709). Ein Antrag auf Vernehmung eines „weiteren" Sachverständigen ist nur dann gegeben, wenn in der Hauptverhandlung bereits ein Gutachter zum selben Beweisthema gehört worden ist (BGH NStZ 1999, 630 f). Die zeitliche Reihenfolge, in der verschiedene Sachverständige ein schriftliches Gutachten erstellt haben, ist unerheblich. Ein Beweisantrag ist daher auch dann auf die Vernehmung eines „weiteren" Sachverständigen gerichtet, wenn dieser sein schriftliches Gutachten schon vor demjenigen des Erstgutachters fertig gestellt hat. Dass der im Beweisantrag benannte Gutachter einer anderen Fachrichtung als der erste angehört, schließt nicht aus, dass es sich bei ihm um einen „weiteren" Sachverständigen handelt. Denn maßgeblich ist der sachliche Inhalt des Gutachtens; bloß formelle Überschneidungen der jeweiligen Fachrichtungen sind nicht von Bedeutung (BGHSt 39, 49, 52 = NJW 1993, 866). Etwas anderes gilt mithin dann, wenn sich der zweite Sachverständige zu einem vom ersten Sachverständigen nicht voll abgedeckten Gesichtspunkt äußern soll (BGH NStZ 1999, 630 f).

101.1   **Beispiel:**
Ist bereits ein psychiatrisches Gutachten zu den Voraussetzungen der § 20 StGB, § 21 StGB eingeholt worden, ist ein Psychoanalytiker kein Gutachter einer anderen Fachrichtung, da Unterschiede allein in der Betrachtungsweise hinsichtlich der gestellten Aufgabe bestehen; ein entsprechender Beweisantrag richtet sich daher auf die Anhörung eines „weiteren" Sachverständigen (BGH NStZ 1999, 630 f; vgl zur Einholung eines psychologischen Gutachtens zur Frage der Zeugentüchtigkeit BGH NStZ 1998, 366).

102   Das Gegenteil der behaupteten Tatsache muss **allein** durch das frühere Gutachten erwiesen sein (BGHSt 39, 49, 52 = NJW 1993, 866; NStZ 2005, 159). Das Gericht darf daher zur Begründung der Ablehnung weder auf ein Gutachten zurückgreifen, dem es nicht folgt, noch auf ein anderes Beweismittel oder die Gesamtheit der bis dahin erhobenen Beweise (OLG Koblenz, StV 2001, 561 mwN).

103   Abs 4 S 2 Hs 2 ordnet vier Ausnahmen an, unter denen eine Ablehnung des Beweisantrags auf Vernehmung eines weiteren Sachverständigen ausscheidet:

104   **Die Sachkunde des früheren Gutachters ist zweifelhaft.** Die Sachkunde eines früheren Gutachters kann aus in seiner Person oder aus in dem erstatteten Gutachten liegenden Gründen zweifelhaft sein. Ein in der Person des Sachverständigen liegender Grund besteht in seiner fehlenden oder nicht nachgewiesenen Qualifikation (BGH NStZ 1990, 400 f; NStZ 1991, 80 f).

104.1   Zweifel an der Sachkunde können nicht aus dem Umstand abgeleitet werden, dass ein Facharzt für Psychiatrie nicht promoviert ist (BGH NStZ 1991, 80). Verfügt der Sachverständige über eine langjährige – auch forensische – Erfahrung bei der Erstellung vergleichbarer Gutachten, liegen Zweifel an seiner Sachkunde eher fern (BGH NStZ 1999, 630 f).

105   Zweifel an der Sachkunde können sich zudem aus dem erstatteten Gutachten selbst ergeben. Das kann der Fall sein, wenn sich der Sachverständige weigert, seine Methoden

offen zu legen, wenn er seine ursprüngliche Meinung ohne einleuchtende Erklärung ändert oder wenn er von anerkannten oder von der Rechtsprechung gebilligten wissenschaftlichen Kriterien abgewichen ist (BGH NStZ 1999, 630 f; StV 1989, 335, 336 mAnm Schlothauer). Über die Sachkunde des Gutachters hat das Gericht nach pflichtgemäßem Ermessen zu befinden und dabei die Umstände, die Bedenken gegen die Sachkunde erwecken können, zu erwägen (BGH NJW 1989, 176 f; NStZ-RR 2001, 81; vgl auch BGHSt 49, 347 = NStZ 2005, 205).

Das frühere Gutachten geht von unzutreffenden tatsächlichen Voraussetzungen aus. Das ist der Fall, wenn der Sachverständige seinem Gutachten einen in nicht bloß unerheblichen Teilen unrichtigen oder unvollständigen Sachverhalt zu Grunde legt. Auf ein Verschulden des Sachverständigen kommt es hierbei nicht an (vgl hierzu BGH NJW 1989, 176, 177; NStZ 1985, 421: der Sachverständige legt seinem Gutachten nicht das vollständige Beweisergebnis zu Grunde). 106

Kommt das Gericht aufgrund einer abweichenden Tatsachengrundlage zu einem anderen Ergebnis als der Sachverständige, hat es diesen hierauf hinzuweisen und ihm Gelegenheit zu einer Überprüfung seiner Stellungnahme zu geben, BGH NStZ 1985, 421. 106.1

Das frühere Gutachten enthält Widersprüche. Maßgeblich ist allein das von dem Sachverständigen in der Hauptverhandlung **mündlich** erstattete Gutachten; auf evtl Widersprüche in einem vorbereitenden schriftlichen Gutachten oder zwischen dem vorbereitenden und dem in der Hauptverhandlung erstatteten kommt es nicht an (BGHSt 23, 176, 185 = NJW 1970, 523, 525). Widersprüche zwischen dem vorbereitenden und dem mündlich erstatteten Gutachten können jedoch, wenn der Sachverständige keine plausible Erklärung hierfür abgibt, zu Zweifeln an seiner Sachkunde berechtigen (OLG Düsseldorf NStZ 1987, 137 f). 107

Der neue Sachverständige verfügt über überlegene Forschungsmittel. Forschungsmittel sind Hilfsmittel und Verfahren, deren sich der Sachverständige für seine wissenschaftlichen Untersuchungen bedient und deren Anwendung auch den Erstgutachter in entscheidungserheblicher Weise zu einem zuverlässigeren und überzeugenderen Ergebnis hätten gelangen lassen. Die Mittel müssen dem Sachverständigen infolge Ausbildung, technischer Möglichkeiten oder Ausstattungen generell zur Verfügung stehen. Nicht hierunter fallen seine persönlichen Kenntnisse und Erfahrungen, sein Ansehen in der Wissenschaft, die Begutachtung selbst oder der Umfang des ihm zur Verfügung stehenden Untersuchungsmaterials (BGHSt 8, 76 f: idR nicht mehrwöchige Anstaltsbeobachtung; 23, 176, 186 = NJW 1970, 523; BGHSt 44, 26, 29, 30 = NJW 1998, 2458, 2460; NJW 1987, 2593 f: nicht zahlreiche Veröffentlichungen und große einschlägige Erfahrung). Daher verfügt ein weiterer Sachverständiger nicht deshalb über überlegene Forschungsmittel, weil sich der Angeklagte von ihm – und nicht von dem früheren Gutachter – explorieren lassen würde (BGHSt 44, 26, 30, 31 = NJW 1998, 2458, 2460). Generell ist der Sachverständige in der Wahl seiner Untersuchungsmethoden frei. Aus dem Umstand, dass er eine bestimmte Untersuchungsmethode anwendet und eine andere nicht, kann daher nicht geschlossen werden, er verfüge nicht über sie (BGH NStZ-RR 2001, 81; StV 1989, 489). 108

Weist der Antragsteller in seinem Beweisantrag auf Mängel des früheren Gutachtens hin, so hat sich das Gericht in einem Ablehnungsbeschluss hiermit auseinanderzusetzen. Enthält nur das vorbereitende schriftliche Gutachten Mängel, die durch das mündliche Gutachten beseitigt werden, ist dies darzustellen (BGH NStZ 1989, 113; NStZ 2001, 45; NStZ 2005, 205 ff). 109

X. Beweisanträge auf Einnahme des Augenscheins (Abs 5 S 1)

Abs 5 S 1 ermöglicht – neben den Ablehnungsgründen des Abs 3 – die Ablehnung eines Beweisantrags auf Einnahme des Augenscheins auch, wenn die Inaugenscheinnahme nach pflichtgemäßem Ermessen des Gerichts zur Erforschung der Wahrheit nicht erforderlich ist. Maßstab für die Ausübung des Ermessens ist die Aufklärungspflicht (s Rn 10; BGH NStZ 1984, 565). Diese gebietet eine Inaugenscheinnahme nur dann, wenn von ihr unter Berücksichtigung des bisherigen Beweisergebnisses eine sinnvolle Sachaufklärung zu erwarten ist. Das Verbot der Beweisantizipation (s Rn 40) gilt insoweit nicht (BGH – Az 2 StR 557/04, 110 insoweit in NStZ 2006, 406 nicht abgedruckt; Becker NStZ 2007, 513, 516 mwN). Selbst wenn eine (weitere) Sachaufklärung geboten ist, braucht nicht notwendigerweise eine Inaugenscheinnahme zu erfolgen. Vielmehr kann ein entsprechender Beweisantrag auch abgelehnt werden, wenn die notwendigen Feststellungen auf andere Art und Weise getroffen werden können (BGH NStZ 1984, 565; s auch NStZ 1981, 310: Der Inaugenscheinnahme des Tatorts bedarf es nur, wenn es sich aufdrängt, dass hierdurch Erkenntnisse gewonnen werden können, die über das hinausgehen, was bereits eingeführten Lichtbildern, Skizzen und Modellen zu entnehmen war). Eine Inaugenscheinnahme ist unter Aufklärungsgesichtspunkten nicht geboten, wenn das Gericht die Beweisbehauptung bereits durch die bis dahin erfolgte Beweisaufnahme als widerlegt (BGHSt 8, 177, 181 = NJW 1955, 1890) oder die Beschaffenheit des Augenscheinsobjekts als durch andere Beweismittel erwiesen ansieht (BGH NStZ 1988, 88; Az 2 StR 557/04, insoweit in NStZ 2006, 406 nicht abgedruckt). Ist es im letzteren Fall jedoch gerade das Ziel des Beweisantrags, durch die Inaugenscheinnahme die bisherigen – etwa durch Zeugen bekundeten – Beschaffenheitsangaben zu widerlegen, darf das Gericht im Rahmen seiner Ermessensausübung nicht von einer bereits feststehenden Beschaffenheit ausgehen. Die Einnahme des Augenscheins hat dann regelmäßig zu erfolgen (BGH NStZ 1984, 565; StV 1994, 411 f).

XI. Beweisanträge auf Vernehmung eines Auslandszeugen (Abs 5 S 2)

111 Nach Abs 5 S 2 kann ein Beweisantrag auf Vernehmung eines im Ausland zu ladenden Zeugen abgelehnt werden, wenn seine Vernehmung nach dem pflichtgemäßen Ermessen des Gerichts zur Erforschung der Wahrheit nicht erforderlich ist. Wie bei der Ablehnung eines auf Einnahme des Augenscheins gerichteten Beweisantrags ist maßgeblich, ob die Erhebung des Beweises nach Maßgabe der Aufklärungspflicht geboten erscheint (BGH NJW 2001, 695 f; NJW 2002, 2403 f; NStZ 2004, 99 f). Bei der Prüfung, ob die Aufklärungspflicht die Erhebung des Beweises gebietet, sind das Gewicht der Strafsache, die Bedeutung der Beweisbehauptung für das Verfahren sowie der Beweiswert des benannten Zeugen gegen die Nachteile der mit einer Ladung verbundenen Verfahrensverzögerung abzuwägen (BGH NJW 2001, 695 f; NJW 2002, 2403 f; NJW 2005, 2322 f). Das Gericht darf bei der Ausübung seines Ermessens nur solche Erwägungen anstellen, die abstrakt betrachtet im Rahmen einer Beweiswürdigung rechtlich zulässig sind (vgl BGH NStZ 2009, 705: Keine Rückschlüsse aus einer späten Benennung des Zeugen, wenn der Angekl sich bis dahin nicht zur Sache eingelassen hatte, da aus der Weigerung des Angekl, sich zur Sache einzulassen, keine für ihn nachteiligen Schlüsse gezogen werden dürfen).

111.1 Allein aus dem Umstand, dass das Gericht zunächst eine Ladung des Zeugen versucht hat, kann nicht geschlossen werden, dass es sich aus Gründen der Aufklärungspflicht selbst gezwungen sah, den Zeugen zu hören (BGH NJW 2001, 695 f).

112 Das Gericht kann berücksichtigen, welche Ergebnisse von einer Beweisaufnahme zu erwarten und wie diese in Anbetracht der bisherigen Beweiserhebung zu würdigen wären; das Verbot der Beweisantizipation (s dazu Rn 40) gilt insoweit nicht (BGH NJW 2004, 3051, 3053; NJW 2005, 2322 f; NStZ-RR 1998, 178). Ist angesichts der Begründung des Beweisantrags oder des Ergebnisses der bisherigen Beweisaufnahme entweder nicht zu erwarten, dass der Zeuge die Beweisbehauptung bestätigen kann oder ist auch für den Fall, dass er sie bestätigen sollte, ein Einfluss auf die Überzeugungsbildung des Gerichts sicher auszuschließen, kann der Beweisantrag abgelehnt werden (BGH NJW 2005, 2322 f; NStZ 2007, 349 f; NStZ 2009, 168, 169). Das Gericht ist überdies befugt – und vor einer Ablehnung ggf verpflichtet – im Wege des Freibeweises Erkundigungen zu dem Beweiswert des Zeugen einzuholen (BGH NStZ 1985, 375; 1995, 244 f: telefonische Kontaktaufnahme mit dem Zeugen zur Klärung, ob er Sachdienliches zur Beweisfrage beitragen kann; NStZ 2004, 99 f).

113 Mit der Ablehnung des Beweisantrags nach Abs 5 S 2 entfällt für das Gericht die Pflicht, sich weiter um den Zeugen zu bemühen; ob er iSd Abs 3 S 2 Alt 5 unerreichbar ist (s hierzu näher Rn 69 ff), ist ohne Bedeutung. Daher bedarf es keiner Prüfung, ob der Zeuge ggf kommissarisch oder im Wege einer Videokonferenz (§ 247 a StPO) zu vernehmen oder ein evtl Vernehmungsprotokoll durch Verlesung in die Hauptverhandlung einzuführen ist (BGH NJW 2001, 695 f).

Im Ablehnungsbeschluss hat das Gericht die für die Ablehnung wesentlichen Gesichtspunkte, also die Grundzüge der Ermessenausübung, in ihrem tatsächlichen Kern darzustellen (BGHSt 40, 60, 63 = NJW 1994, 1484). Durch die Beschlussbegründung soll zum einen der Antragsteller in die Lage versetzt werden, sich auf die neue Verfahrenslage einzustellen, zum anderen soll sie dem Revisionsgericht eine Überprüfung der Ablehnung ermöglichen (BGHSt 40, 60, 63; NStZ 1998, 158). Im Urteil darf sich das Gericht nicht zu den Gründen seiner Beschlussentscheidung in Widerspruch setzen (vgl BGH NStZ-RR 1998, 178: das Gegenteil einer im Ablehnungsbeschluss als unerheblich bezeichneten Beweisbehauptung wird im Urteil herangezogen, um die mittäterschaftliche Stellung des Angeklagten zu begründen). 114

F. Revision

I. Aufklärungsrüge

Die Aufklärungsrüge kann erhoben werden, wenn das Tatgericht es unterlassen hat, eine bestimmte Beweistatsache unter Benutzung eines bestimmten Beweismittels aufzuklären, obwohl sich ihm die unterbliebene Beweiserhebung aufdrängen musste (BGH NStZ 1999, 45 f; StV 1998, 635; Urt v 16. 3. 2004 – Az 5 StR 364/03 = BeckRS 2004, 03404, insoweit in NStZ 2004, 574 nicht abgedr). Zum erforderlichen Rügevortrag (§ 344 Abs 2 S 2 StPO) gehört, dass der Beschwerdeführer nicht nur die Beweistatsache und das Beweismittel bezeichnet, dessen sich das Gericht hätte bedienen müssen, sondern auch die Tatsachen angibt, nach denen sich die unterlassene Beweiserhebung aufdrängte (BGH NJW 1993, 3337 f; NJW 2000, 370 f; NStZ-RR 1996, 299). Darüber hinaus ist das zu erwartende Beweisergebnis bestimmt darzulegen (BGH NStZ-RR 2003, 71; Urt v 27. 10. 2004 – Az 5 StR 130/04 = BeckRS 2004, 11566, insoweit in NStZ 2005, 265 nicht abgedr). Das Aufzeigen einer Möglichkeit oder der bloßen Erwartung eines bestimmten Resultats der Beweisaufnahme reicht nicht aus (BGH NJW 2003, 150, 152; NStZ 2001, 425; NStZ 2004, 112). 115

Beispiele: 115.1
- Wird die unterlassene Vernehmung eines Zeugen gerügt, muss mitgeteilt werden, ob und ggf in welcher prozessualen Rolle er bereits vernommen worden ist und was er bei dieser Gelegenheit bekundet hat (BGH NStZ 1997, 376, 379 [K]; NStZ 1999, 45 f).
- Wird die unterlassene Einholung eines Sachverständigengutachtens beanstandet, bedarf es keiner näheren Angaben zur Untersuchungsmethode, da der Sachverständige in deren Bestimmung frei ist (BGH NStZ-RR 2002, 145).

Begründet ist die Aufklärungsrüge, wenn das Gericht durch die unterlassene Beweiserhebung die Aufklärungspflicht in entscheidungserheblicher Weise verletzt hat, ein Beruhen des Urteils auf dem Rechtsfehler also nicht ausgeschlossen werden kann. Dagegen kann nicht gerügt werden, die Beweiserhebung sei zwar erfolgt, das Gericht habe aber das Beweismittel nicht „**ausgeschöpft**" (BGH NJW 1991, 1364 f; NStZ 1997, 296; NStZ 2009, 468), also etwa einem Zeugen eine bestimmte Frage nicht gestellt oder bestimmte Vorhalte nicht gemacht (BGH NStZ 2000, 156 f; Beschl v 13. 11. 2008 – Az 3 StR 403/08 = BeckRS 2008, 26958, insoweit in NStZ 2009, 497 nicht abgedr). 116

II. „Alternativrüge"

Mit der so genannten Alternativrüge macht der Beschwerdeführer geltend, ein zu einem bestimmten Umstand schweigendes Urteil beruhe darauf, dass der Tatrichter entweder unter Verletzung der Aufklärungspflicht einen bestimmten Beweis nicht erhoben, oder aber es unterlassen habe, ihn in den Urteilsgründen zu würdigen, sodass er seine Überzeugung nicht aus dem Inbegriff der Hauptverhandlung geschöpft habe (BGH NStZ 2000, 156). Die Alternativrüge ist in der Regel nicht zulässig, da sie zur Prüfung ihrer Begründetheit eine dem Revisionsgericht verwehrte Rekonstruktion der Hauptverhandlung erforderlich machte (BGH NStZ 1992, 506; NStZ 2007, 115). Denn anders könnte nicht geklärt werden, was im Rahmen der Beweisaufnahme geäußert worden ist und ob hierbei, etwa durch Nachfragen und Vorhalte, evtl Unklarheiten beseitigt worden sind (BGH NStZ 2007, 115). Etwas 117 anderes gilt nur, wenn sich Widersprüche unmittelbar aus den Urteilsgründen selbst ergeben, so dass sie im Rahmen einer erhobenen Sachrüge zu berücksichtigen sind (BGH NStZ 1992, 506; s auch Beschl v 5. 5. 2009 3 – Az StR 57/09 = BeckRS 2009, 13327: dort offen gelassen).

III. Fehlerhafte Behandlung eines Beweisantrags

118   Eine rechtsfehlerhafte Behandlung eines Beweisantrags kann mit einer auf die Verletzung des § 244 StPO gestützten Verfahrensrüge geltend gemacht werden. Insofern kann beanstandet werden, ein Beweisantrag sei überhaupt nicht beschieden, unter rechtsfehlerhafter Anwendung der in den Abs 3 bis Abs 5 genannten Gründe abgelehnt worden, auf einen Beweisantrag hin beschlossene Beweiserhebung sei tatsächlich nicht ausgeführt worden oder das Gericht habe sich, insbes nach einer Ablehnung wegen Bedeutungslosigkeit oder nach Wahrunterstellung, in den Urteilsgründen zu dem Ablehnungsbeschluss in Widerspruch gesetzt (Meyer-Goßner StPO § 244 Rn 83). Zur Hinweispflicht des Antragstellers bei einer auf missverständlicher Formulierung des Antrags beruhenden fehlerhaften Auslegung und Bescheidung durch das Gericht sowie den Folgen hieraus für seine Revision vgl Rn 31. Rügeberechtigt ist nicht nur der Antragsteller, sondern auch jeder Verfahrensbeteiligte, der das gleiche Interesse an dem Beweisbegehren wie der Antragsteller hat (BGH NStZ 1984, 372; StV 1987, 189).

119   Kommt das Revisionsgericht zu dem Ergebnis, die Ablehnung eines Beweisantrags durch das Tatgericht sei zwar rechtsfehlerhaft, der Antrag hätte jedoch mit anderer Begründung rechtmäßig abgelehnt werden können, darf es den Ablehnungsgrund grundsätzlich **nicht austauschen** (BGH NStZ 2003, 101, 102; NStZ-RR 1997, 8; NStZ-RR 2001, 43, 44). Denn der Antragsteller muss sich auf die durch den Ablehnungsbeschluss geschaffene Prozesslage einstellen und vertrauen können. Das Revisionsgericht hat aber zu prüfen, ob ein Beruhen des Urteils auf der fehlerhaften Ablehnung ausgeschlossen werden kann (BGH NStZ 2000, 437, 438). Hätte etwa der Antragsteller auch bei richtiger Entscheidung über den Beweisantrag keine anderen sachdienlichen Anträge mehr stellen können, beruht das Urteil nicht auf der fehlerhaften Ablehnung (BGH NStZ 1997, 286). Ein Austausch des Ablehnungsgrundes ist dem Revisionsgericht dagegen bei einem Hilfsbeweisantrag (s Rn 43 ff) nicht verwehrt, wenn der zutreffende Ablehnungsgrund aufgrund des Urteilsinhalts nachgebracht oder ergänzt werden kann (vgl aber BGH NStZ 2008, 116: eine bloß abstrakte, sich nicht aus den Urteilsgründen ergebende oder offensichtliche Möglichkeit eines tragfähigen anderen Ablehnungsgrundes reicht nicht aus). Denn mit seinem Einverständnis mit einer Bescheidung erst in den Urteilsgründen hat der Antragsteller insoweit auf die Gewährung rechtlichen Gehörs verzichtet (BGH NJW 2000, 370, 371; NStZ 1998, 98; StV 1998, 248, 249).

120   Materielle Fehler im Rahmen der Beweiswürdigung können die Verfahrensbeteiligten mit der Sachrüge geltend machen.

§ 245 [Umfang der Beweisaufnahme]

(1) ¹**Die Beweisaufnahme ist auf alle vom Gericht vorgeladenen und auch erschienenen Zeugen und Sachverständigen sowie auf die sonstigen nach § 214 Abs. 4 vom Gericht oder der Staatsanwaltschaft herbeigeschafften Beweismittel zu erstrecken, es sei denn, daß die Beweiserhebung unzulässig ist.** ²**Von der Erhebung einzelner Beweise kann abgesehen werden, wenn die Staatsanwaltschaft, der Verteidiger und der Angeklagte damit einverstanden sind.**

(2) ¹**Zu einer Erstreckung der Beweisaufnahme auf die vom Angeklagten oder der Staatsanwaltschaft vorgeladenen und auch erschienenen Zeugen und Sachverständigen sowie auf die sonstigen herbeigeschafften Beweismittel ist das Gericht nur verpflichtet, wenn ein Beweisantrag gestellt wird.** ²**Der Antrag ist abzulehnen, wenn die Beweiserhebung unzulässig ist.** ³**Im übrigen darf er nur abgelehnt werden, wenn die Tatsache, die bewiesen werden soll, schon erwiesen oder offenkundig ist, wenn zwischen ihr und dem Gegenstand der Urteilsfindung kein Zusammenhang**

besteht, wenn das Beweismittel völlig ungeeignet ist oder wenn der Antrag zum Zwecke der Prozeßverschleppung gestellt ist.

Überblick

Die Vorschrift regelt den Umfang der Beweisaufnahme (Abs 1) sowie das Verfahren im Zusammenhang mit nicht vom Gericht herbeigeschafften präsenten Beweismitteln (Abs 2).

Übersicht

	Rn		Rn
A. Präsente Beweismittel	1	2. Beweistatsache ist offenkundig oder schon erwiesen (Abs 2 S 3 Alt 1 Alt 2)	13
B. Umfang der Beweisaufnahme (Abs 1)	2	3. Kein Zusammenhang zwischen Beweistatsache und Gegenstand der Urteilsfindung (Abs 2 S 3 Alt 3)	14
I. Zeugen und Sachverständige, die vom Gericht vorgeladen und erschienen sind	2	4. Völlige Ungeeignetheit des Beweismittels (Abs 2 S 3 Alt 4)	15
II. Sonstige Beweismittel	4	5. Prozessverschleppung (Abs 2 S 3 Alt 5)	16
C. Verfahren bei nicht vom Gericht herbeigeschafften präsenten Beweismitteln (Abs 2)	8	III. Verfahren	17
I. Beweisantrag	8	**D. Revision**	18
II. Ablehnungsgründe (Abs 2 S 2 u S 3)	10		
1. Unzulässigkeit der Beweiserhebung (Abs 2 S 2)	12		

A. Präsente Beweismittel

Die Vorschrift unterscheidet zwischen den vom Gericht geladenen Zeugen und Sachverständigen sowie den vom Gericht oder der Staatsanwaltschaft herbeigeschafften sonstigen Beweismitteln (Abs 1) und den von den Verfahrensbeteiligten darüber hinaus gestellten Beweismitteln (Abs 2). § 245 StPO gilt **nicht** im Privatklageverfahren (§ 348 StPO), im beschleunigten Verfahren vor dem Strafrichter (§ 420 Abs 4 StPO) und im Verfahren vor dem Strafrichter nach Einspruch gegen einen Strafbefehl (§ 411 Abs 2 StPO iVm § 420 Abs 4 StPO). 1

B. Umfang der Beweisaufnahme (Abs 1)

I. Zeugen und Sachverständige, die vom Gericht vorgeladen und erschienen sind

Auf die von ihm selbst vorgeladenen und erschienenen Zeugen und Sachverständige hat das Gericht die Beweisaufnahme von Amts wegen zu erstrecken. Eines Antrags auf die Vernehmung bedarf es nicht. Ein vom Gericht geladener (vgl BGH StV 1993, 235) Zeuge oder Sachverständiger ist **erschienen**, wenn er zu dem Zeitpunkt, in dem er vernommen werden soll, für das Gericht als Beweisperson erkennbar anwesend und auch vernehmungsfähig ist (BGH NStZ 1986, 206f Pf/M; Meyer-Goßner StPO § 245 Rn 3 mwN). 2

Nicht als **Zeuge** geladen – und damit kein Beweismittel iSv Abs 1 – ist der als Vertreter des Angeklagten auftretende Rechtsanwalt (BGH StV 1995, 567). 2.1

Hinsichtlich eines zu vernehmenden Sachverständigen gilt, dass er zur Erstattung seines Gutachtens in der Lage sein und vom Gericht unmittelbar zur Sache gehört werden können muss (BGHSt 43, 171 ff = NJW 1997, 3180). 3

II. Sonstige Beweismittel

Sonstige Beweismittel iSv Abs 1 sind Urkunden und Augenscheinsobjekte. „Herbeigeschafft" sind sie nur dann, wenn das Gericht **deutlich gemacht** hat, dass es gerade diese Gegenstände zu Beweiszwecken benutzen will. Allein der Umstand, dass ein Gegenstand in 4 der Anklageschrift als Beweismittel bezeichnet, zur gerichtlichen Akte genommen oder sonst asserviert worden ist, reicht hingegen nicht aus (BGHSt 37, 168, 171 f = NJW 1991, 1622, 1623; NStZ 2008, 349, 350; StV 1993, 287). Das folgt aus dem Umstand, dass allein dem Gericht das Recht zusteht, darüber zu entscheiden, was zu Beweiszwecken verwendet werden soll und damit ein Beweismittel ist (BGH NJW 1991, 1622, 1623).

4.1 In allen Fällen, in denen eine Erklärung des Gerichts zur Beweismittelqualität eines Gegenstands nicht erfolgt ist, handelt es sich nicht um ein iSv Abs 1 herbeigeschafftes Beweismittel. Ein Begehren der Verfahrensbeteiligten auf dessen Nutzung ist dann allein nach Abs 2 zu beurteilen, so dass es der Stellung eines Beweisantrags bedarf (s näher Rn 8).

5 Die Beweisaufnahme findet trotz der Präsenz des Beweismittels nicht statt, wenn die Beweiserhebung unzulässig ist, Abs 1 S 1 Hs 1. Unzulässig ist die Beweiserhebung, wenn das Beweisthema oder das Beweismittel einem Beweis(erhebungs-)verbot unterliegen (s näher § 244 StPO Rn 48 ff). Das ist etwa der Fall, wenn sich der in der Hauptverhandlung anwesende Zeuge auf ein Zeugnisverweigerungsrecht nach den §§ 52 StPO ff beruft. Nimmt das Gericht zu Unrecht ein Zeugnisverweigerungsrecht an, stellt die unterlassene Vernehmung einen Verstoß gegen § 245 Abs 1 StPO dar, der in der Revision mit einer Verfahrensrüge beanstandet werden kann (BGH NStZ 1994, 94; StV 1996, 129, 130).

5.1 Die Erhebung oder Nichterhebung des Beweises ordnet der Vorsitzende an; gegen seine Entscheidung kann das Gericht nach § 238 Abs 2 StPO angerufen werden. Unterlässt der Antragsteller dies, ist eine auf die Verletzung von § 245 Abs 1 StPO gestützte Verfahrensrüge unzulässig (vgl BGH NStZ 2006, 178; Beschl v 6. 8. 2002 – Az 5 StR 314/02 = BeckRS 2002, 30276571).

6 Die Verfahrensbeteiligten können auf die Erhebung des Beweises **verzichten**, Abs 1 S 2. Voraussetzung für die Nichterhebung des Beweises in diesem Fall ist es, dass alle in Betracht kommenden Beteiligten übereinstimmend den Verzicht erklären. Richtet sich das Verfahren gegen mehrere Angeklagte, ist eine Zustimmung nur derjenigen von ihnen erforderlich, die von der Beweiserhebung zumindest mittelbar betroffen wären (Meyer-Goßner StPO § 245 Rn 9). Dem Angeklagten steht der Einziehungsbeteiligte gleich (§ 433 Abs 1 S 1 StPO), so dass sein Verzicht nur dann erforderlich ist, wenn die in Rede stehende Beweiserhebung seine Verfahrensposition berührt. Hat der Angeklagte mehrere Verteidiger, müssen diese sämtlich verzichten; ist ihm ein Beistand nach § 79 JGG bestellt, steht dieser einem Verteidiger gleich. Dagegen ist der Verzicht eines Nebenklägers nicht erforderlich (KK-StPO/Fischer StPO § 245 Rn 18). Der Verzicht ist als Prozesshandlung unwiderruflich und bedingungsfeindlich; er gilt nur in dem Rechtszug, für den er erklärt worden ist (Meyer-Goßner StPO § 245 Rn 13 f). Die Verzichtserklärung kann durch konkludentes Verhalten abgegeben werden, allerdings genügt ein bloßes Stillschweigen der Verfahrensbeteiligten auf entsprechende Äußerungen des Gerichts nicht (BGH NStZ 1997, 610, 611). Eine Beschränkung des Verzichts auf bestimmte Teile der Beweiserhebung ist möglich; in diesem Fall braucht die Beweisaufnahme insoweit nicht durchgeführt zu werden, als die Beteiligten übereinstimmend auf sie verzichtet haben. Der Verzicht der Verfahrensbeteiligten führt nicht zwingend zu einem Absehen von der Beweiserhebung („kann abgesehen werden"). Das Gericht hat vielmehr zu prüfen, ob die Aufklärungspflicht gleichwohl die Beweisaufnahme gebietet (BGH NStZ 1984, 209, 211 Pf/M = StV 1983, 495, 496).

6.1 Die Verzichtserklärung des Angeklagten ist auch erforderlich, wenn er nach § 233 StPO vom Erscheinen in der Hauptverhandlung entbunden ist (BGH NStZ 1996, 351 mAnm Sander). Nimmt ein Verteidiger des Angeklagten an der Hauptverhandlung teil, reicht nach § 234a StPO dessen Einverständnis aus (vgl weiterhin KK-StPO/Fischer StPO § 245 Rn 18).

7 Liegen die Ausnahmetatbestände einer Unzulässigkeit der Beweiserhebung oder eines Verzichts auf sie nicht vor, ist das Gericht verpflichtet, die herbeigeschafften Beweise zu erheben. Ein Ermessen steht ihm nach Abs 1 nicht zu. Insbes ist das Gericht nicht berechtigt, von der Nutzung der Beweismittel abzusehen, wenn es zu der Auffassung gelangt, einer Beweiserhebung komme aus rechtlichen oder tatsächlichen Gründen für die Entscheidung keine Bedeutung zu (BGH NStZ 1997, 610, 611).

C. Verfahren bei nicht vom Gericht herbeigeschafften präsenten Beweismitteln (Abs 2)

I. Beweisantrag

Hinsichtlich der nicht vom Gericht bzw der StA nach Abs 1 herbeigeschafften Beweismittel ist die Beweiserhebung von der Stellung eines Beweisantrags abhängig. Gegenüber einem nach § 244 Abs 3 StPO zu beurteilenden, also auf ein nicht präsentes Beweismittel gerichteten Beweisantrag (vgl näher § 244 StPO Rn 14 ff) bestehen keine Besonderheiten; die an einen solchen Antrag zu stellenden Erfordernisse gelten auch im Rahmen des § 245 Abs 2 StPO (BGH NStZ 1999, 632). Bei dem Antrag kann es sich daher auch um einen Hilfsbeweisantrag oder um einen sonst bedingten Beweisantrag handeln. Ist der Beweisantrag nicht ordnungsgemäß gestellt, hat das Gericht gleichwohl zu prüfen, ob die Aufklärungspflicht die Erhebung des Beweises gebietet (BGH NJW 1991, 1622, 1623; NJW 1994, 2904, 2906; NStZ 1981, 401; StV 2007, 622, 623). Das Beweismittel muss jedenfalls in dem Zeitpunkt, in dem der Beweis erhoben werden soll, in der Hauptverhandlung präsent sein, da ansonsten nicht § 245 StPO, sondern § 244 StPO Anwendung findet (vgl Meyer-Goßner StPO § 245 Rn 20).

Sachliche Beweismittel sind präsent, wenn sie dem Gericht überreicht werden; dabei müssen sie für die Beweiserhebung „gebrauchsfertig" sein (vgl BGH, NStZ 1994, 593: Die Vorlage der Fotokopie einer Urkunde reicht demgemäß nicht aus, da die – im Strengbeweis festzustellende – Übereinstimmung mit dem Original Voraussetzung ihrer Verwertbarkeit ist). Sachverständige sind nur dann präsente Beweismittel, wenn sie in der Lage sind, ihr Gutachten ohne Verzögerung in der Hauptverhandlung zu erstatten (s Rn 2). Das Gericht ist nicht verpflichtet, dem von einem Verfahrensbeteiligten gestellten Sachverständigen Maßnahmen zur Vorbereitung seines Gutachtens zu ermöglichen oder diese zu fördern (BGHSt 43, 171 ff = NJW 1997, 3180; NStZ 1993, 395, 397 mwN).

Während die Ladung eines Zeugen oder Sachverständigen durch die Staatsanwaltschaft formlos erfolgen kann, haben die übrigen Verfahrensbeteiligten § 38 StPO zu beachten, so dass mit der Zustellung der Ladung der Gerichtsvollzieher zu beauftragen ist (BGH – Az 3 StR 199/99). Wird ein Zeuge oder Sachverständiger ohne Ladung nach § 38 StPO in der Hauptverhandlung gestellt, richtet sich seine Vernehmung nach § 244 StPO (BGH NStZ 1981, 401). Der Verfahrensbeteiligte hat in diesem Fall einen Beweisantrag zu stellen, den das Gericht unter den gegenüber § 245 Abs 2 StPO weiteren Voraussetzungen des § 244 Abs 3, 4 StPO ablehnen kann.

II. Ablehnungsgründe (Abs 2 S 2 u S 3)

Der auf die Erhebung eines präsenten Beweismittels nach Abs 2 gerichtete Beweisantrag kann nur aufgrund der in den S 2 u S 3 aufgezeigten Gründen abgelehnt werden. Diese sind aus Gründen des Beweiserhebungsinteresses der Verfahrensbeteiligten sowie zum Schutz des Verteidigungsinteresses in der besonderen Situation der Präsenz des Beweismittels enger gefasst als die Ablehnungsgründe des § 244 Abs 3 u Abs 4 StPO (BGH StV 1993, 287). Von den in § 244 Abs 3 StPO genannten Gründen entfallen die Ablehnung nach Wahrunterstellung (§ 244 Abs 3 S 2 Alt 7 StPO) und (nahe liegend) wegen Unerreichbarkeit des Beweismittels (§ 244 Abs 3 S 2 Alt 5 StPO). Darüber hinaus sind auch die in den § 244 Abs 4 u Abs 5 StPO genannten Ablehnungsgründe nicht anwendbar.

S hierzu etwa BGH NStZ 1994, 400: Keine Ablehnung eines Antrags auf Erstattung eines Glaubwürdigkeitsgutachtens durch einen anwesenden Sachverständigen mit der Begründung, das Gericht verfüge über eigene Sachkunde, da die Beurteilung der Glaubwürdigkeit von Zeugen zum „Wesen der richterlichen Rechtsfindung" gehöre.

Der Ablehnungsgrund der Bedeutungslosigkeit ist dahingehend modifiziert, dass zwischen der Beweistatsache und dem Gegenstand der Urteilsfindung kein Zusammenhang bestehen darf (s unten Rn 14). Im Einzelnen:

1. Unzulässigkeit der Beweiserhebung (Abs 2 S 2)

Der Beweisantrag ist – wie in § 244 Abs 3 S 1 StPO und § 245 Abs 1 S 1 Hs 2 StPO – (zwingend) abzulehnen, wenn die Beweiserhebung unzulässig ist (vgl näher Rn 5 sowie § 244 StPO Rn 48 ff).

2. Beweistatsache ist offenkundig oder schon erwiesen (Abs 2 S 3 Alt 1 Alt 2)

13   In beiden Fällen bedarf es keiner (weiteren) Aufklärung der vom Antragsteller behaupteten Tatsache. Hieran vermag der Umstand, dass das Beweismittel unmittelbar zur Verfügung steht, nichts zu ändern. Im Unterschied zu § 244 Abs 3 S 2 Alt 1 soll eine Ablehnung wegen Offenkundigkeit des Gegenteils (s hierzu § 244 StPO Rn 52) allerdings nicht möglich sein (Löwe/Rosenberg/Gollwitzer StPO § 245 Rn 69; Meyer-Goßner StPO § 245 Rn 24). Die Ausnahme überzeugt nicht: Eine zur Ablehnung berechtigende besondere Eigenschaft der Beweis**tatsache** kann nicht durch die Verfügbarkeit des Beweis**mittels** kompensiert werden. Allein dadurch, dass die Beweisaufnahme ohne Verzögerung stattfinden kann, wird das Gegenteil der behaupteten Tatsache nicht mehr und nicht weniger offenkundig. Nimmt das Gericht die Offenkundigkeit zu Unrecht an, kann der Antragsteller – wie bei § 244 Abs 3 S 2 Alt 1 StPO auch – dies mit der Revision rügen; eines weitergehenden Schutzes bedürfen weder er noch das Gericht.

3. Kein Zusammenhang zwischen Beweistatsache und Gegenstand der Urteilsfindung (Abs 2 S 3 Alt 3)

14   Der Ablehnungsgrund ersetzt bei auf präsente Beweismittel bezogenen Beweisanträgen den Ablehnungsgrund der Bedeutungslosigkeit nach § 244 Abs 3 S 2 Alt 2 StPO (KG v 9. 9. 1997 – Az (5) 1 Ss 322/96 (52/96)). Er liegt vor, wenn eine Sachbezogenheit zwischen der unter Beweis gestellten Tatsache und dem Gegenstand der Urteilsfindung objektiv fehlt. Im Unterschied zu § 244 Abs 3 S 2 Alt 2 StPO (s hierzu § 244 StPO Rn 54) reicht es für die Ablehnung nicht aus, dass zwar ein Sachzusammenhang besteht, die Beweistatsache aber dennoch die Entscheidung in keiner Weise beeinflussen kann (Meyer-Goßner StPO § 245 Rn 25 mwN; s a BGHSt 17, 28 = NJW 1962, 500).

4. Völlige Ungeeignetheit des Beweismittels (Abs 2 S 3 Alt 4)

15   Der Ablehnungsgrund entspricht demjenigen nach § 244 Abs 3 S 2 Alt 4 StPO. Ein auf die Vernehmung eines Sachverständigen gerichteter Beweisantrag kann abgelehnt werden, wenn der Sachverständige offensichtlich unfähig ist oder nicht der für die Beantwortung der Beweisfrage erforderlichen Fachrichtung angehört. Bloße Zweifel an der Geeignetheit reichen nicht aus (Meyer-Goßner StPO § 245 Rn 26 mwN).

5. Prozessverschleppung (Abs 2 S 3 Alt 5)

16   Der Ablehnungsgrund entspricht demjenigen nach § 244 Abs 3 S 2 Alt 6 StPO. Angesichts der für § 245 StPO erforderlichen unmittelbaren Verfügbarkeit des Beweismittels kommt eine Verschleppungsabsicht des Antragstellers etwa in Betracht, wenn er Gerichtsmitglieder als Zeugen benennt oder die Einführung massenhaft präsenter Beweismittel verlangt (BGH NJW 2007, 2501, 2504).

III. Verfahren

17   Die Ablehnung des Beweisantrags bedarf eines Gerichtsbeschlusses iSd § 244 Abs 6 StPO. Will das Gericht dem Beweisantrag nachgehen, beschränkt sich die Beweisaufnahme – soweit nicht die Aufklärungspflicht eine umfassende Erhebung gebietet (vgl dazu Rn 6, Rn 8) – allein auf die im Antrag benannte Beweistatsache. Eine darüber hinausgehende Beweisaufnahme zu nicht im Antrag aufgeführten Themen braucht das Gericht nicht durchzuführen und hierauf bezogene Fragen der Verfahrensbeteiligten nicht zuzulassen.

D. Revision

18   Mit der Verfahrensrüge kann geltend gemacht werden, das Gericht habe ein präsentes Beweismittel zu Unrecht nicht benutzt und damit gegen § 245 Abs 1 StPO verstoßen. Zum Rügevortrag gehört, wenn vom Gericht geladene und erschienene Zeugen und Sachverständige nicht gehört worden sind, der Inhalt der Ladungsverfügung und die Angabe des Erscheinens

Hauptverhandlung § 246 StPO

der Beweisperson in der Hauptverhandlung (BGH – Az 3 StR 139/99, insoweit in NStZ-RR 2000, 289, 295 K nicht abgedruckt; StV 1999, 197; OLG Düsseldorf NStZ-RR 2000, 338).

BGH NJW 1996, 1685 f lässt im Ergebnis offen, ob ein Revisionsführer, der die Nichtvernehmung eines Zeugen rügt, in der Revisionsbegründung darüber hinaus auszuführen hat, zu welchem Beweisthema der Zeuge im Ermittlungsverfahren gehört worden ist und welche Tatsachen er nach Aktenlage bei seiner Vernehmung in der Hauptverhandlung bekunden soll. 18.1

Soll die unterlassene Einführung sachlicher Beweismittel gerügt werden, ist vorzutragen, dass die einzelnen Beweismittel vorlagen und in dieser Eigenschaft vom Gericht anerkannt wurden (BGHSt 37, 168, 173 f = NJW 1991, 1622, 1623). 19

Mit einer auf die Verletzung von § 245 Abs 2 StPO gestützten Verfahrensrüge kann darüber hinaus geltend gemacht werden, ein gestellter Beweisantrag sei rechtsfehlerhaft abgelehnt oder übergangen worden. Das notwendige Rügevorbringen entspricht in diesem Fall demjenigen bei der Geltendmachung eines Verstoßes gegen § 244 Abs 3 bis 6 StPO (vgl hierzu näher § 244 StPO Rn 118 f). 20

Verletzt das Gericht durch das Unterlassen der Beweiserhebung die Aufklärungspflicht, kommt neben einer auf einen Verstoß gegen § 245 StPO gestützten Verfahrensrüge auch die Erhebung einer Aufklärungsrüge in Betracht (s insoweit § 244 StPO Rn 115 f). 21

§ 246 [Verspätete Beweisanträge]

(1) Eine Beweiserhebung darf nicht deshalb abgelehnt werden, weil das Beweismittel oder die zu beweisende Tatsache zu spät vorgebracht worden sei.

(2) Ist jedoch ein zu vernehmender Zeuge oder Sachverständiger dem Gegner des Antragstellers so spät namhaft gemacht oder eine zu beweisende Tatsache so spät vorgebracht worden, daß es dem Gegner an der zur Einziehung von Erkundigungen erforderlichen Zeit gefehlt hat, so kann er bis zum Schluß der Beweisaufnahme die Aussetzung der Hauptverhandlung zum Zweck der Erkundigung beantragen.

(3) Dieselbe Befugnis haben die Staatsanwaltschaft und der Angeklagte bei den auf Anordnung des Vorsitzenden oder des Gerichts geladenen Zeugen oder Sachverständigen.

(4) Über die Anträge entscheidet das Gericht nach freiem Ermessen.

Überblick

§ 246 StPO schließt eine Präklusion von Beweisanträgen aufgrund Zeitablaufs aus (Abs 1); für den Fall einer verspäteten Namhaftmachung von Beweismitteln enthalten die Abs 2 bis Abs 4 Regelungen über eine Aussetzung der Hauptverhandlung.

A. Präklusion von Beweisanträgen (Abs 1)

Eine Präklusion von Beweisvorbringen aufgrund Zeitablaufs ist dem Amtsermittlungsgrundsatz fremd und verstieße gegen das Prinzip der materiellen Wahrheit (BGH NStZ 2005, 395). Das Gericht ist daher bis zum Beginn der Urteilsverkündung verpflichtet (s § 244 StPO Rn 33), Beweisanträge entgegenzunehmen und zu bescheiden (vgl BGH NStZ 2007, 112, 113). Eine Ablehnung wegen Verspätung ist nach Abs 1 auch dann ausgeschlossen, wenn der Antrag früher hätte gestellt werden können (BGH NJW 2005, 2466, 2467; NStZ 1986, 371; NStZ 1990, 350, 351; NStZ 1992, 248; NStZ 1992, 346) oder der Verfahrensbeteiligte zuvor erklärt hatte, keine Anträge mehr stellen zu wollen. In diesen Fällen ist jedoch zu beachten, dass eine wesentliche, nicht durch besondere Umstände begründete Verfahrensverzögerung ein Indiz für eine Verschleppungsabsicht darstellt, so dass der Beweisantrag ggf nach § 244 Abs 3 S 2 Alt 6 StPO (s § 244 StPO Rn 77 ff) abgelehnt werden kann (BGH NStZ 2007, 659, 661). Nach dem Beginn der Urteilsverkündung gestellten Beweisanträgen hat das Gericht dagegen allein nach Maßgabe der Aufklärungspflicht (§ 244 Abs 2 StPO Rn 33) nachzugehen. 1

StPO § 246

B. Aussetzung der Hauptverhandlung (Abs 2 bis Abs 4)

2 § 246 Abs 2, Abs 4 StPO knüpfen an die aus § 222 StPO herrührende Pflicht der Gerichts und der ladungsberechtigten Verfahrensbeteiligten an, ihre Beweismittel rechtzeitig namhaft zu machen. Auch wenn die Abs 2, Abs 3, wie auch § 222 StPO, allein auf Zeugen und Sachverständige abstellen, gilt die Vorschrift entsprechend für sachliche Beweismittel (Meyer-Goßner StPO § 246 Rn 2 mwN; LG Koblenz StV 1997, 239, 240).

3 Antragsberechtigt sind im Fall des Abs 2 die Verfahrensbeteiligten, deren Interessen im Widerstreit zu denen des Beweisantragstellers stehen. Im Fall des Abs 3 steht die Antragsbefugnis jedem von der Beweiserhebung betroffenen Verfahrensbeteiligten zu. Wegen § 397 Abs 1 S 3 StPO besteht für den Nebenkläger in keinem Fall das Recht, eine Aussetzung der Hauptverhandlung nach § 246 StPO zu verlangen (vgl Meyer-Goßner StPO § 246 Rn 4). Der Aussetzungsantrag ist nicht an den Zeitpunkt der Beweiserhebung gebunden, er kann vielmehr noch bis zum Ende der Beweisaufnahme gestellt werden (BGHSt 37, 1, 2 = NStZ 1990, 352). Einer besonderen Belehrung über das Recht, die Aussetzung zu beantragen, bedarf es nur, wenn die Fürsorgepflicht des Gerichts dies – etwa bei unverteidigten Angeklagten – gebietet (Meyer-Goßner StPO § 246 Rn 3).

4 Das Gericht hat über den Aussetzungsantrag nach seinem freien Ermessen zu entscheiden (Abs 4; OLG Stuttgart NStZ 1990, 356). Dabei hat es nicht nur zu berücksichtigen, ob die Zeit nach der Namhaftmachung des Beweismittels für eine Einholung von Erkundigungen hierüber ausreichend war, sondern auch, ob Erkundigungen überhaupt erforderlich waren (BGHSt 37, 1, 3 = NStZ 1990, 352; NJW 1990, 1125; BGH StV 1982, 457; NStZ 1990, 245 = StV 1990, 197 mAnm Odenthal). Letzteres ist etwa nicht der Fall, wenn bereits in einer ausgesetzten Hauptverhandlung die Ladung des Zeugen oder Sachverständigen erfolgte und dessen Anschrift bekannt ist (BGH StV 1982, 457). Weitere Gesichtspunkte bei der Ermessenausübung sind die Art des Beweismittels und seine Bedeutung für das Verfahren (BGHSt 37, 1, 4 = NStZ 1990, 352, 353). Das Recht der Verfahrensbeteiligten, Erkundigungen über zu vernehmende Zeugen und Sachverständige einzuholen, besteht aber nicht schrankenlos. Das Gericht hat bei seiner Ermessensausübung daher auch zu berücksichtigen, dass etwa die Bekanntgabe des Wohnorts oder der Anschrift in den von Art 2 Abs 1 GG iVm Art 1 Abs 1 GG geschützten Persönlichkeitsbereich eingreifen oder das Recht auf informationelle Selbstbestimmung verletzen kann. Auch das aus Art 6 Abs 1 S 1 MRK folgende Gebot auf eine zügige Durchführung der Hauptverhandlung ist zu berücksichtigen (BGHSt 37, 1, 4 f = NStZ 1990, 352, 353). § 246 Abs 2, Abs 3 StPO bezieht sich zudem ausschließlich auf verfahrenserhebliche Umstände (BGH NStZ 1990, 245).

5 Sind nach Ansicht des Gerichts erforderliche Nachforschungen zeitlich nicht möglich gewesen, zwingt dies nicht stets zu einer Aussetzung der Hauptverhandlung. Das Gericht kann auch eine Unterbrechung der Hauptverhandlung anordnen, wenn diese ausreichend erscheint (BGH NJW 1990, 1125). Denn anders als § 265 Abs 3 StPO schreibt § 246 Abs 2, Abs 3 StPO eine Aussetzung der Hauptverhandlung nicht als zwingende Rechtsfolge vor (Meyer-Goßner StPO § 246 Rn 6).

C. Revision

6 Mit einer auf die Verletzung von § 246 Abs 1 StPO gestützten Verfahrensrüge kann geltend gemacht werden, das Gericht habe einen Beweisantrag zu Unrecht wegen Verspätung nicht angenommen oder abgelehnt. Der Antragsteller kann die Rüge, der Vorsitzende habe einen Beweisantrag rechtsfehlerhaft nicht entgegengenommen, allerdings nur erheben, wenn er in der Hautverhandlung die Entscheidung des Gerichts nach § 238 Abs 2 StPO herbeigeführt hat und dies in der Revisionsbegründung darlegt (BGH NStZ 1992, 346).

6.1 Ist erkennbar, dass das Gericht stillschweigend die Entscheidung des Vorsitzenden billigt, bedarf es eines Beschlusses nach § 238 Abs 2 StPO nicht (BGH NStZ 1981, 311).

7 Eine rechtsirrtümlich ermessensfehlerhafte Ablehnung eines Aussetzungsantrags nach § 246 Abs 1, Abs 2 kann den hiervon betroffenen Angeklagten in einem für seine Verteidigung wesentlichen Punkt unzulässig beschränken (§ 338 Nr 8 StPO; BGHSt 37, 1, 2 = NStZ 1990, 352; NStZ 1990, 245).

Hauptverhandlung § 246a StPO

§ 246a [Ärztlicher Sachverständiger]

¹Kommt in Betracht, dass die Unterbringung des Angeklagten in einem psychiatrischen Krankenhaus oder in der Sicherungsverwahrung angeordnet oder vorbehalten werden wird, so ist in der Hauptverhandlung ein Sachverständiger über den Zustand des Angeklagten und die Behandlungsaussichten zu vernehmen. ²Gleiches gilt, wenn das Gericht erwägt, die Unterbringung des Angeklagten in einer Entziehungsanstalt anzuordnen. ³Hat der Sachverständige den Angeklagten nicht schon früher untersucht, so soll ihm dazu vor der Hauptverhandlung Gelegenheit gegeben werden.

Überblick

In S 1 u S 2 regelt die Vorschrift die Pflicht zur Zuziehung eines Sachverständigen für Maßregeln der § 63 StGB, § 66 StGB und § 66a StGB einerseits und des § 64 StGB andererseits (Rn 1 ff). S 3 bestimmt die Pflicht zur Untersuchung durch den zugezogenen Sachverständigen (Rn 4 ff).

A. Vernehmung eines Sachverständigen (S 1 u S 2)

I. Voraussetzungen

Im Hinblick auf die Maßregeln nach § 63 StGB, § 66 StGB und § 66a StGB (**psychiatrisches Krankenhaus** oder **Sicherungsverwahrung**) erfordert die Pflicht zur Zuziehung eines Sachverständigen nach **S 1** lediglich, dass die Anordnung bzw. der Vorbehalt in Betracht kommt. Dies entspricht der Auslegung, die die Wendung „Ist damit zu rechnen" in § 246a S 1 StPO aF durch die Rechtsprechung erfahren hatte (BGH bei Kusch NStZ-RR 2000, 36). Der Gesetzgeber hat den Gesetzestext – mit der durch das Gesetz zur Sicherung der Unterbringung in einem psychiatrischen Krankenhaus und in einer Entziehungsanstalt v 16. 7. 2007 (BGBl I 1327) erfolgten Änderung – der bisherigen Auslegung nur angepasst (Schneider NStZ 2008, 68, 70; Spiess StV 2008, 160, 164). Die Merkmale „Kommt in Betracht" sind in einem weiten Sinn auszulegen; die bloße Möglichkeit einer Maßregelanordnung oder eines -vorbehalts genügt (BGH NStZ 1994, 95, 96). 1

Im Hinblick auf die Maßregel nach § 64 StGB (**Entziehungsanstalt**) ist durch das Gesetz zur Sicherung der Unterbringung in einem psychiatrischen Krankenhaus und in einer Entziehungsanstalt v 16. 7. 2007 (BGBl I 1327) **S 2** in die Vorschrift des § 246a StPO neu eingefügt worden. Zuvor war die Pflicht zur Zuziehung eines Sachverständigen auch für § 64 StGB in S 1 aF geregelt. Seither besteht diese Pflicht nach S 2 unter engeren Voraussetzungen, nämlich erst, wenn das Gericht die Unterbringung – konkret – erwägt. Freilich steht die Zuziehung eines Sachverständigen nicht im Belieben des Gerichts. Nach den Vorstellungen des Gesetzgebers ist S 2 eine Konsequenz aus der Umgestaltung des § 64 StGB in eine Sollvorschrift (BT-Drs 16/1344, 17; Spiess StV 2008, 160, 164). Die regelmäßige Begutachtungspflicht entfällt nur dann, wenn die Maßregel nach dem dem Gericht nunmehr gemäß § 64 StGB eingeräumten – allerdings eng begrenzten – Ermessensspielraum offensichtlich nicht angeordnet werden wird (BT-Drs 16/5137, 11; Schneider NStZ 2008, 68, 70; krit Meyer-Goßner StPO § 246a Rn 3). Durch diese eingeschränkte Möglichkeit der Vorwegnahme der Ermessensausübung, ohne dass dabei sachverständige Ausführungen berücksichtigt werden könnten, unterscheidet sich der neue S 2 von S 1 (aA SK-StPO/Frister StPO § 246a Rn 7). Eine Ausnahme von der Begutachtungspflicht ist etwa je nach den Umständen des Einzelfalls in Betracht zu ziehen, wenn der Angeklagte der deutschen Sprache nicht mächtig ist (vgl BGH StV 2008, 138 = BeckRS 2008, 00694; StV 2009, 15 = BeckRS 2008, 24056). 2

II. Auswahl

Die Auswahl des Sachverständigen hat maßnahmespezifisch nach den zur Begutachtung erforderlichen Fachkenntnissen zu erfolgen (BGH NStZ 2000, 215). Es muss sich zwar nicht notwendig um einen Arzt handeln. Für die Maßregel nach § 63 StGB, aber auch die nach § 64 StGB wird allerdings nur ein Arzt über die erforderlichen psychiatrischen und ggf 3

StPO § 246 a

neurologischen Fachkenntnisse verfügen (vgl BGH NJW 1993, 2252, 2253). Für eine Maßregel nach § 66 StGB, § 66 a StGB mag die – zusätzliche – Zuziehung eines Psychologen oder Kriminologen im Einzelfall sachgerecht sein (vgl Kinzig NStZ 2004, 655, 659; weitergehend Feltes StV 2000, 281 ff).

III. Vernehmung in der Hauptverhandlung

4   Bei Vorliegen der Voraussetzungen ist die Vernehmung des Sachverständigen in der Hauptverhandlung zwingend geboten. Er braucht allerdings nicht während der gesamten Hauptverhandlung anwesend zu sein (BGHSt 27, 166, 167 = NJW 1977, 1498; BGH StV 1999, 470 = BeckRS 1999, 30061691). Ergibt sich erst während der Hauptverhandlung, dass die Voraussetzungen von S 1 oder S 2 vorliegen, ist es grundsätzlich nicht erforderlich, den bereits durchgeführten Teil der Verhandlung zu wiederholen (BGH bei Pfeiffer/Miebach NStZ 1987, 219). Maßgebend ist, ob die für den Sachverständigen fragmentarische Hauptverhandlung diesem eine ausreichende Grundlage für das Gutachten bietet (KK-StPO/Fischer StPO § 246 a Rn 4). Von der Vernehmung des Sachverständigen darf auch dann nicht abgesehen werden, wenn

- das Gericht meint, selbst über die erforderliche Sachkunde zu verfügen (BGH NStZ-RR 2004, 205; bei Kusch NStZ-RR 2000, 36),
- es im Übrigen – etwa nach § 251 Abs 1 Nr 1 StPO oder § 256 Abs 1 Nr 1 StPO – prozessual zulässig wäre, in der Hauptverhandlung ein schriftliches Gutachten zu verlesen (Meyer-Goßner StPO § 246 a Rn 4),
- der Angeklagte sich der Untersuchung verweigert oder
- der Sachverständige erklärt, er sehe sich zur Gutachtenerstattung außerstande (BGH NStZ 1994, 95; NStZ 2004, 263, 264).

4a   Aus § 246 a StPO ergibt sich ebensowenig wie aus § 80 a StPO oder verfassungsrechtlichen Grundsätzen eine selbstständige Verpflichtung des Gerichts von dem Sachverständigen stets die Vorlage eines vorbereitenden schriftlichen Gutachtens zu verlangen (BGH Urt v 14. 10. 2009 – Az 2 StR 205/09 = BeckRS 2009, 86722; offen gelassen von BGH NStZ 2008, 418).

B. Untersuchung durch den Sachverständigen (S 3)

5   § 246 a S 3 StPO stellt die Untersuchung des Angeklagten durch den Sachverständigen nicht in das Ermessen des Gerichts, erst recht nicht des Sachverständigen selbst (BGH bei Miebach NStZ 1990, 27). Die Untersuchung ist zwingend geboten; der **Soll-Charakter** der Bestimmung bezieht sich nicht auf das Erfordernis einer Untersuchung, sondern lediglich auf den Zeitpunkt ihrer Vornahme (BGH NStZ 2002, 384). Allein die Beobachtung und Befragung des Angeklagten durch den Sachverständigen während der Hauptverhandlung ist dabei keine Untersuchung iSd S 3 (BGH NStZ 2000, 215; bei Kusch NStZ 1995, 219). Verweigert sich der Angeklagte der Untersuchung, gilt im Grundsatz, dass diese zwangsweise nach § 81 StPO, § 81 a StPO durchzuführen ist (BGH NStZ-RR 1997, 166 f). Anders kann der Fall dann liegen, wenn die Untersuchung gegen den Widerstand des Angeklagten kein verwertbares Ergebnis erwarten lässt, insbesondere bei einer psychiatrischen oder psychologischen Exploration, wobei auf die Einholung einer gutachterlichen Stellungnahme auch dann nicht verzichtet werden darf (BGH NStZ 1994, 95; 2004, 263 f; Beschl v 8. 1. 2009 – Az 4 StR 568/08 = BeckRS 2009, 06783; vgl KK-StPO/Fischer StPO § 246 a Rn 5 aE).

6   Die Untersuchung hat verfahrensbezogen und **maßnahmespezifisch** (mit Bezug auf die in dem betreffenden Strafverfahren konkret in Betracht kommende Maßregel) zu erfolgen (BGH bei Kusch NStZ-RR 2000, 36). Ist sie zur Maßregel nach § 63 StGB durchgeführt worden, deckt dies jedoch die entsprechende Fragestellung zu § 66 StGB, § 66 a StGB idR mit ab (BGH bei Becker NStZ-RR 2003, 98).

C. Sonderregelungen

7   Im Sicherungsverfahren (§§ 413 StPO ff) ist **§ 415 Abs 5 StPO** anzuwenden. Bei Entscheidungen über die im Urteil vorbehaltene Sicherungsverwahrung im Nachverfahren

Hauptverhandlung § 247 StPO

oder über die nachträgliche Anordnung der Sicherungsverwahrung gilt vorrangig § 275 a Abs 4 StPO, § 246 a StPO – hinsichtlich Vernehmung und Untersuchung (Rn 4, Rn 5) – ergänzend (vgl § 275 a Abs 2 StPO).

D. Revision

Ist die Vernehmung eines Sachverständigen in der Hauptverhandlung entgegen S 1 oder S 2 unterblieben, stellt dies einen relativen Revisionsgrund (§ 337 StPO) dar. Gleiches gilt, wenn der Sachverständige entgegen S 3 eine maßnahmespezifische Untersuchung nicht durchgeführt hat. Ein Verstoß gegen § 246 a StPO begründet regelmäßig auch die **Aufklärungsrüge** iSd § 244 Abs 2 StPO (vgl BGH NStZ 1994, 95 f; BGHR StGB § 66 Abs 1 Hang 5). Nur unter dem Gesichtspunkt der Verletzung der Aufklärungspflicht kann auch geltend gemacht werden, dem Sachverständigen, der an der Hauptverhandlung in wesentlichen Teilen nicht teilgenommen habe, seien die Anknüpfungstatsachen nur unzureichend bekannt gewesen (vgl BGH StV 1999, 470 = BeckRS 1999, 30061691; KK-StPO/Fischer StPO § 246 a Rn 6; **aA** BGHSt 27, 166 = NJW 1977, 1498: Verletzung des § 246 a StPO selbst).

8

§ 247 [Entfernung des Angeklagten]

¹Das Gericht kann anordnen, daß sich der Angeklagte während einer Vernehmung aus dem Sitzungszimmer entfernt, wenn zu befürchten ist, ein Mitangeklagter oder ein Zeuge werde bei seiner Vernehmung in Gegenwart des Angeklagten die Wahrheit nicht sagen. ²Das gleiche gilt, wenn bei der Vernehmung einer Person unter 18 Jahren als Zeuge in Gegenwart des Angeklagten ein erheblicher Nachteil für das Wohl des Zeugen zu befürchten ist oder wenn bei einer Vernehmung einer anderen Person als Zeuge in Gegenwart des Angeklagten die dringende Gefahr eines schwerwiegenden Nachteils für ihre Gesundheit besteht. ³Die Entfernung des Angeklagten kann für die Dauer von Erörterungen über den Zustand des Angeklagten und die Behandlungsaussichten angeordnet werden, wenn ein erheblicher Nachteil für seine Gesundheit zu befürchten ist. ⁴Der Vorsitzende hat den Angeklagten, sobald dieser wieder anwesend ist, von dem wesentlichen Inhalt dessen zu unterrichten, was während seiner Abwesenheit ausgesagt oder sonst verhandelt worden ist.

Überblick

Als gewichtige Belange, aufgrund derer das Recht und die Pflicht des Angeklagten zur ständigen Anwesenheit in der Hauptverhandlung eingeschränkt werden dürfen, anerkennt § 247 StPO das Interesse an der besseren Sachaufklärung (Rn 3 f) sowie das Interesse am Schutz von Zeugen (Rn 5) und des Angeklagten (Rn 6). Ob der Angeklagte ausgeschlossen wird, hat das Gericht nach pflichtgemäßem Ermessen zu entscheiden; dies steht nicht zur Disposition der Verfahrensbeteiligten, also auch nicht des Angeklagten selbst (Rn 7 ff). § 247 S 1 u S 2 StPO ermöglicht in Abwesenheit des Angeklagten nur „Vernehmungen" von Mitangeklagten und Zeugen bzw. (allein) von Zeugen (Rn 10), während sich § 247 S 3 StPO weitergehend auf „Erörterungen" erstreckt, die allerdings thematisch begrenzt sind (Rn 11). Durch die anschließende Unterrichtung des Angeklagten (Rn 13 ff) wird ein Mindestmaß an rechtlichem Gehör sichergestellt; sie kann auch durch Bild-Ton-Übertragung erfolgen (Rn 16).

Übersicht

	Rn		Rn
A. Anwendungsbereich	1	I. Wahrheitsgefährdung (S 1)	3
I. Persönlicher Anwendungsbereich	1	II. Zeugenschutz (S 2)	5
II. Sachlicher Anwendungsbereich	2	III. Schutz des Angeklagten (S 3)	6
B. Ausschlussgründe	3	**C. Anordnung des Gerichts**	7

Berg

	Rn		Rn
D. Dauer und Umfang des Ausschlusses.	10	I. Zweck und Form	13
I. Vernehmung (S 1 u S 2)	10	II. Mündlicher Bericht	14
II. Erörterung (S 3)	11	III. Videosimultanübertragung	16
III. Heilung	12	**F. Revision**	17
E. Unterrichtung (S 4)	13		

A. Anwendungsbereich

I. Persönlicher Anwendungsbereich

1   Entfernt werden kann nach § 247 StPO – bei Vorliegen der Voraussetzungen – jeder Angeklagte, nicht dagegen in analoger Anwendung ein **Nebenkläger** (Meyer-Goßner StPO § 247 Rn 1). Die Rechtsgedanken der Vorschrift gelten auch für die Einschränkung des Anwesenheitsrechts des **Beistands** iSd § 149 Abs 1 u Abs 2 StPO (BGHSt 47, 62 = NStZ 2001, 552).

II. Sachlicher Anwendungsbereich

2   Obwohl § 247 StPO systematisch innerhalb der Vorschriften über die förmliche Beweisaufnahme verortet ist, ist er nicht nur auf den Strengbeweis begrenzt, sondern gilt auch für den in der Hauptverhandlung erhobenen **Freibeweis**. Die den Ausschluss des Angeklagten rechtfertigenden Gründe können in entsprechender Anwendung der S 1 bis 3 auch für eine **kommissarische Vernehmung** nach § 223 StPO, § 224 StPO beachtlich sein; insoweit entfällt allerdings die Unterrichtungspflicht nach S 4 (KK-StPO/Diemer StPO § 247 Rn 18).

B. Ausschlussgründe

I. Wahrheitsgefährdung (S 1)

3   § 247 S 1 StPO ermöglicht es dem Gericht, durch den Ausschluss des Angeklagten eine wahrheitsgemäße Aussage von Mitangeklagten oder Zeugen herbeizuführen. Die Bestimmung verfolgt allerdings nicht den **Zweck**, das Aussageverhalten des Angeklagten selbst zu beeinflussen. Ein Vorgehen nach S 1 mit dem Ziel, die Anpassung der Einlassung des entfernten Angeklagten an die eines Mitangeklagten zu verhindern oder den entfernten Angeklagten in Widersprüche zu verwickeln, ist daher nicht zulässig (BGHSt 15, 195 ff; KK-StPO/Diemer StPO § 247 Rn 2).

4   **Voraussetzung** ist eine konkrete Gefahr für die Wahrheitsfindung, zu deren Abwendung der zeitweise Ausschluss des Angeklagten notwendig und unvermeidbar erscheint (BGHSt 3, 384, 386). Die Prognose muss sich dabei auf einzelfallbezogene Tatsachen, nicht nur allgemeine Erwägungen stützen (Löwe/Rosenberg/Gollwitzer StPO § 247 Rn 15). Entscheidend ist insoweit die Beurteilung des Gerichts, nicht diejenige des betroffenen Mitangeklagten oder Zeugen. Der Ausschluss kann auch grundsätzlich nicht darauf gestützt werden, dass ein nach § 1897 BGB bestellter **Betreuer** der Zeugenvernehmung des Betreuten in Gegenwart des Angeklagten widersprochen hat (BGHSt 46, 142 = NStZ 2001, 46, mAnm Eisenberg/Schlüter JR 2001, 341, mAnm Meier JZ 2001, 415). Ebenso wenig entbindet ein vom Angeklagten erklärtes Einverständnis das Gericht von der Prüfung der gesetzlichen Voraussetzungen. Ein Vorgehen nach § 247 S 1 StPO kommt hingegen nicht nur etwa dann in Betracht, wenn eine Zeugin nachvollziehbar und glaubhaft angibt, Repressalien seitens des Angeklagten zu fürchten (BGH bei Miebach NStZ 1990, 27), sondern insbesondere auch dann, wenn einem Mitangeklagten oder Zeugen das Recht zusteht, nicht auszusagen (vgl §§ 52 StPO ff, § 243 Abs 4 S 1 StPO), und er ankündigt, von diesem Recht bei fortdauernder Anwesenheit des Angeklagten Gebrauch zu machen (Rn 4.1). Wird einem Zeugen (Verdeckter Ermittler) eine erforderliche **Aussagegenehmigung** nach § 54 StPO aus sachlich einsichtigen Gründen nur mit der Einschränkung erteilt, dass er in Abwesenheit des Angeklagten vernommen wird, oder kann eine zulässige **Sperrerklärung** für den Zeugen

(Vertrauensperson oder Verdeckter Ermittler) nach §§ 96 StPO analog, § 110 b Abs 3 StPO nur auf diese Weise überwunden werden, ist ein Vorgehen nach § 247 S 1 StPO ebenfalls möglich (BGHSt 32, 32 = NJW 1984, 1973; BGHSt 32, 115, 125 = NStZ 1984, 36, 38 mAnm Frenzel; BGHSt 42, 175 = NStZ 1996, 608 mAnm Geerds).

Das Gericht kann den Angeklagten ausschließen, wenn ein nach § 52 StPO **zeugnisverweigerungsberechtigter** Zeuge erklärt, dass er nur in Abwesenheit des Angeklagten aussagen wolle (BGHSt 46 142, 143 = NStZ 2001, 46, 47; BGH NStZ 1997, 402; NStZ 2001, 608). Gleiches gilt für den Zeugen, dem ein nach § 55 StPO verdichtetes, daher umfassendes **Auskunftsverweigerungsrecht** zusteht (BGH NStZ-RR 2004, 116 ff), und für den Mitangeklagten, der seine generelle **Aussagebereitschaft** vom Ausschluss des Angeklagten abhängig macht (BGH bei Becker NStZ-RR 2002, 69). § 247 S 1 StPO setzt freilich voraus, dass die Auskunftsperson in diesen Fällen ernsthaft ankündigt, in Gegenwart des Angeklagten nicht auszusagen; keinesfalls ausreichend ist, dass sie bei vorhandener Aussagebereitschaft bloß einen entsprechenden Wunsch äußert (BGH NStZ 2002, 44, 45).

II. Zeugenschutz (S 2)

§ 247 S 2 StPO dient dem Zeugenschutz, ggf auch zu Lasten der Wahrheitsfindung (Laubenthal/Nevermann-Jaskolla JA 2005, 294, 298). Die Bestimmung gilt insbesondere, aber nicht nur für Opferzeugen. Sie enthält zwei Alternativen, die an die Vernehmung noch nicht 18 Jahre alter (kindlicher und jugendlicher) Zeugen und sonstiger (erwachsener) Zeugen anknüpfen. Die Altersgrenze ist mit dem 2. OpferRRG vom 29. 7. 2009 (BGBl I 2280), das am 1. 10. 2009 in Kraft getreten ist, von 16 Jahren auf 18 Jahre angehoben worden. Die Voraussetzungen für die Entfernung des Angeklagten während der Aussage erwachsener Zeugen sind dabei in drei Punkten deutlich strenger: dringende Gefahr anstatt Befürchtung; schwerwiegender anstatt erheblicher Nachteil; Gesundheit anstatt Wohl betroffen. Beiden Alternativen gemeinsam ist, dass die Prognose eines Nachteils durch konkrete Umstände begründet sein muss und dass bloße Unannehmlichkeiten, die mit jeder Vernehmung verbunden sind und deren Wirkung nicht über die unmittelbare Vernehmungssituation hinaus fortdauern, den Ausschluss nicht rechtfertigen können (vgl Löwe/Rosenberg/Gollwitzer StPO § 247 Rn 24, 26; Meyer-Goßner StPO § 247 Rn 11 f). Darauf, welchen Wunsch der kindliche oder jugendliche Zeuge äußert, kommt es nicht entscheidend an (vgl BGH NJW 2006, 1008, 1009), während die Äußerung des erwachsenen Zeugen, in Gegenwart des Angeklagten aussagen zu können, regelmäßig beachtlich ist (vgl BT-Drs 10/6124, 14; KK-StPO/Diemer StPO § 247 Rn 11).

III. Schutz des Angeklagten (S 3)

§ 247 S 3 StPO dient der Schonung der Gesundheit des Angeklagten selbst. Voraussetzung ist die erhebliche Gefahr einer physischen oder psychischen Schädigung. Liegt eine solche Gefahr nahe, so wird es regelmäßig sachgerecht sein, einen Sachverständigen freibeweislich zu dem möglichen Ausschluss zu hören. Bei der Entscheidung über die Entfernung des Angeklagten ist aber auch zu berücksichtigen, dass der Inhalt der Vorgänge, die in seiner Abwesenheit erfolgt sind, keinesfalls völlig von ihm ferngehalten werden kann, da er vom Vorsitzenden nach § 247 S 4 StPO zu unterrichten ist und auch regelmäßig von den maßgebenden Urteilsgründen Kenntnis erhält (Löwe/Rosenberg/Gollwitzer StPO § 247 Rn 32). Für S 3 nicht ausreichend ist jedenfalls der bloße Wunsch des Angeklagten, ein Gutachten über seinen Gesundheitszustand nicht mit anhören zu müssen (BGH StV 1993, 285).

C. Anordnung des Gerichts

Anordnungen nach § 247 S 1 bis 3 StPO ergehen durch **Gerichtsbeschluss**. Eine Verfügung des Vorsitzenden genügt demgegenüber nicht (KK-StPO/Diemer StPO § 247 Rn 13). Der Beschluss ergeht gemäß § 33 StPO nach Anhörung der Verfahrensbeteiligten – namentlich des Angeklagten – und ist gemäß § 35 Abs 1 S 1 StPO in dessen Anwesenheit zu verkünden (BGH NStZ-RR 1998, 51 LS = StV 2000, 120, 121). Seine **Begründung** (§ 34 StPO) muss erkennen lassen, von welchem Ausschlussgrund das Gericht ausgeht und aufgrund welcher konkreten Umstände und mittels welcher Erwägungen es ihn für gegeben hält (BGH NStZ-RR 2004, 118, 119; OLG Hamm NStZ 2005, 467). Dadurch, dass der Angeklagte und die anderen Beteiligten einem Vorgehen nach § 247 StPO zustimmen, werden der Beschluss und seine Begründung nicht entbehrlich (BGH NStZ 1991, 296; NStZ 2002, 44, 45; StV 2003, 373; OLG Hamm StraFo 2009, 287 = BeckRS 2009, 10736; offen gelassen von BGH NStZ 2001, 48). Der Beschluss, seine Begründung und Verkündung sind ebenso wie das tatsächliche Verlassen des Sitzungssaals durch den Angeklagten in der **Sitzungsniederschrift** zu vermerken (vgl Meyer-Goßner StPO § 247 Rn 14).

8 Die Überprüfung, ob Ausschlussgründe vorliegen, erfolgt durch den Tatrichter von Amts wegen im Freibeweisverfahren (BGH NJW 1998, 2541; NStZ 2001, 48, 49; NStZ-RR 1997, 304; NStZ-RR 2004, 19, 20), etwa durch Verwertung eines zuvor eingeholten Gerichtshilfeberichts (vgl Hölscher/Trück/Hering NStZ 2008, 673, 675). Dem Tatrichter steht hinsichtlich der gesetzlichen Voraussetzungen ein Beurteilungsspielraum zu (BGH NStZ 1987, 84 f; OLG Hamm NStZ 2005, 467). Dabei ist die **Ex-ante-Sicht** maßgebend, auch wenn nachträglich bekannt gewordene Umstände ex post eine andere Beurteilung nahe legen sollten (vgl BGH NStZ-RR 2002, 217). In diesem Fall genügt die Aufhebung des Beschlusses für die Zukunft; auch besteht regelmäßig kein Anlass zu einer Widerholung der Vernehmung. Dem Angeklagten ist freilich nach seiner Unterrichtung die eingehende Befragung der Auskunftsperson zu ermöglichen (Meyer-Goßner StPO § 247 Rn 3).

9 Hält das Gericht einen Ausschlussgrund für gegeben, steht die Anordnung der Entfernung in seinem pflichtgemäßen **Ermessen**. Doch ist in diesem Fall das Ermessen in aller Regel auf ein Auswahlermessen reduziert, und zwar dahin, inwieweit andere Maßnahmen, die den Angeklagten ggf weniger belasten, den in § 247 S 1 bis S 3 StPO geschützten Interessen in gleicher Weise oder sogar besser gerecht werden (vgl auch BGH NStZ 1999, 419, 420). Als eine solche Maßnahme kommt insbesondere auch die audiovisuelle Vernehmung eines Zeugen nach § 247 a StPO in Betracht (s § 247 a StPO Rn 10).

D. Dauer und Umfang des Ausschlusses
I. Vernehmung (S 1 u S 2)

10 Zu der Vernehmung eines Zeugen iSd § 247 S 1 u S 2 StPO gehört die gesamte Anhörung zur Person und Sache einschließlich der Befragung nach § 68 StPO sowie alle damit unmittelbar zusammenhängenden Verfahrensvorgänge, namentlich Vorhalte, Belehrungen, sonstige die Einvernahme betreffende Anordnungen des Vorsitzenden sowie Entscheidungen des Gerichts sowohl hierüber als auch über die Zulässigkeit von Fragen iSd § 238 Abs 2 StPO, § 242 StPO. Nach bisher allgemein anerkannter Rechtsprechung darf es sich jedoch – anders als beim Ausschluss der Öffentlichkeit gemäß § 171 b GVG, § 172 GVG – nicht um Vorgänge mit einer selbständigen verfahrensrechtlichen Bedeutung (Rn 10.1) handeln (vgl nur BGH NStZ 2003, 218 mAnm Gössel JR 2003, 262; KK-StPO/Diemer StPO § 247 Rn 6). Der 5. Strafsenat des BGH beabsichtigt allerdings nunmehr, von dieser Rechtsprechung abzurücken (Rn 10.2).

10.1 Nicht unter den Vernehmungsbegriff iSd § 247 S 1 u S 2 StPO fallen insbesondere:
- der Urkunds- und der Augenscheinsbeweis; die Verwendung von Urkunden und Augenscheinsobjekten als – nicht protokollierungspflichtige – Vernehmungsbehelfe ist allerdings zulässig und vielfach sachgerecht (vgl BGH NStZ 2001, 262 mAnm van Gemmeren; ferner zum Urkundsbeweis: NStZ 1997, 402; bei Becker NStZ-RR 2006, 3; zum Augenscheinsbeweis: BGH NStZ 2003, 218, mAnm Gössel JR 2003, 262; NStZ 2002, 384; NStZ 2007, 717; bei Becker NStZ-RR 2003, 3; NStZ-RR 2005, 260). Am Körper eines Opferzeugen darf ausnahmsweise auch ein förmlicher Augenschein eingenommen werden (BGH StV 2008, 230 = BeckRS 2007, 16391; vgl auch BGH NStZ 1988, 469 und Rn 10.2);
- die Vereidigung und die Verhandlung hierüber sowie die Verhandlung über die Entlassung iSv § 248 S 2 StPO (vgl BGH NStZ 2000, 440; 2006, 713; NStZ-RR 1999, 175; BayObLG StV 2005, 7; ferner zur – Verhandlung über die – Vereidigung: BGHSt 48, 221, 231 = NStZ 2003, 559 mAnm Maier 674; BGH NJW 2004, 1187; NStZ 1999, 522; zur Verhandlung über die Entlassung: BGH NStZ 2007, 352; StV 2000, 240 und Rn 10.2; zur Revisibilität s Rn 17.1). In Ausnahmefällen kann es geboten sein, dass der Angeklagte dem Zeugen nicht persönlich gegenübertritt. Beschließt das Gericht in diesen Fällen den Ausschluss des Angeklagten, ist es angezeigt, den Zeugen jeweils abtreten zu lassen, bevor unter Zuziehung des Angeklagten über Vereidigung

und Entlassung verhandelt wird. Unter der gleichen Voraussetzung ist es dann ausnahmsweise zulässig, den Zeugen unter Ausschluss des Angeklagten zu vereidigen (BGHSt 37, 48 = NStZ 1990, 446; BGH StV 1996, 471, 472; Meyer-Goßner StPO § 247 Rn 8 f);
- die Verhandlung und Entscheidung über den Ausschluss der Öffentlichkeit (str; wie hier BGH NStZ-RR 1996, 139 f; KK-StPO/Diemer StPO § 247 Rn 9; **aA** BGH NJW 1979, 276; NJW 1994, 271 = StV 1995, 250 mAnm Stein; NStZ 1994, 354).

Der 5. Strafsenat des BGH vertritt neuerdings für § 247 S 1 u S 2 StPO einen weiten „Vernehmungsbegriff" und hatte zunächst mit zwei Beschlüssen vom 10. 3. 2009 – Az 5 StR 530/08 (= StV 2009, 226 m abl Anm Schlothauer = BeckRS 2009, 12534) sowie Az 5 StR 460/08 (= StV 2009, 342 m abl Anm Eisenberg = BeckRS 2009, 12532) bei den anderen Strafsenaten angefragt, ob an entgegenstehender Rechtsprechung festgehalten wird. Er beabsichtigt, die sog. Zusammenhangsformel, die nach der Rechtsprechung für Verfahrensvorgänge während des Öffentlichkeitsausschlusses (§ 171 b GVG, § 172 GVG) maßgeblich ist, auf § 247 StPO zu übertragen 10.2
- Zum einen hält der 5. Strafsenat des BGH (Az 5 StR 530/08 = BeckRS 2009, 12534) die Abwesenheit des für eine Zeugenvernehmung ausgeschlossenen Angeklagten während einer förmlichen Augenscheinseinnahme nicht für verfahrensfehlerhaft, wenn diese mit der Zeugenvernehmung in engem Sachzusammenhang steht und dem Angeklagten das Augenscheinsobjekt bei seiner Unterrichtung (§ 247 S 4 StPO) vorgezeigt wird. Der 5. Strafsenat begründet das Auslegungsergebnis mit dessen „Sachgerechtigkeit" und der Kompensation des Informationsdefizits beim Angeklagten durch die spätere Unterrichtung. In der Tat scheint diese Ansicht vorzugswürdig. Entgegen Schlothauer StV 2009, 228, 229 steht dem jedenfalls nicht entgegen, dass bei einer Augenscheinseinnahme – etwa dem Betrachten einer Fotografie – eine Besprechung der Wahrnehmungen des Tatrichters mit den Verfahrensbeteiligten erforderlich wäre und so dem Angeklagten, falls er nicht anwesend ist, das rechtliche Gehör versagt würde. Zu einer derartigen Besprechung eigener Wahrnehmungen sollte der Tatrichter ebenso wenig verpflichtet sein, wie er etwa von Gesetzes wegen gehalten ist, in der Hauptverhandlung sein Verständnis des Inhalts einer bestimmten – gegebenenfalls nicht eindeutigen – Urkunde darzutun (vgl Meyer-Goßner StPO § 86 Rn 17 [str]). Im Übrigen ist die Erörterung der Augenscheinseinnahme auch nach Wiedereintritt und Unterrichtung des Angeklagten (einschließlich Vorzeigen des Augenscheinsobjekts) möglich.
- Zum anderen hält der 5. Strafsenat des BGH (Az 5 StR 460/08 = BeckRS 2009, 12532), wenn die Abwesenheit des Angeklagten bei der Verhandlung über die Entlassung des Zeugen fortdauert, den absoluten Revisionsgrund des § 338 Nr 5 StPO nicht für gegeben. Er beruft sich auf den Wortlaut und den Zweck des § 247 StPO. Sollte das Fragerecht des Angeklagten (§ 240 Abs 2 StPO) durch eine verfrühte Entlassung des Zeugen verletzt worden sein, so sei er ausreichend durch den dann vorliegenden relativen Revisionsgrund geschützt (**aA** Eisenberg StV 2009, 344).

Der 2., 3. und 4. Strafsenat des BGH treten der Rechtsauffassung des 5. Strafsenats im Wesentlichen entgegen (zu Az 5 StR 530/08 vgl. Beschl v 17. 6. 2009 – Az 2 ARs 138/09 = BeckRS 2009, 19908; Beschl v 7. 7. 2009 – Az 3 ARs 7/09 = BeckRS 2009, 24261; zu Az 5 StR 460/08 vgl. Beschl v 17. 6. 2009 – Az 2 ARs 138/09; Beschl v 7. 7. 2009 – Az 3 ARs 7/09 = BeckRS 2009, 23619; Beschl v 25. 8. 2009 – Az 4 ARs 6/09 = BeckRS 2009, 24260), während ihr der 1. Strafsenat folgt (vgl. [zwei] Beschl v 22. 4. 2009 – Az 1 ARs 6/09).

Die Anfrage in der Sache 5 StR 530/08 hat sich nunmehr erledigt, weil es in dem dortigen Revisionsverfahren letztlich nicht tragend auf die aufgeworfene Rechtsfrage angekommen ist (vgl BFH Urt v 11. 11. 2009 – Az 5 StR 530/08 = BeckRS 2009, 87431); denn in dem zugrunde liegenden Fall wurde der Verfahrensfehler jedenfalls geheilt (Rn 12). In der Sache 5 StR 460/08 hat der 5. Strafsenat die aufgeworfene Rechtsfrage mittlerweile dem Großen Senat für Strafsachen zur Entscheidung vorgelegt (vgl BFH Beschl v 11. 11. 2009 = Az 5 StR 460/08 = BeckRS 2009, 87430).

II. Erörterung (S 3)

S 3 von § 247 StPO sieht – im Gegensatz zu S 1 u S 2 – hinsichtlich des Verhandlungsteils, der in Abwesenheit des Angeklagten stattfinden kann, eine beweismittelbezogene Beschränkung nicht vor. Vielmehr kann sich der Ausschluss auf alle Vorgänge innerhalb und außerhalb einer Beweiserhebung erstrecken, so etwa auch auf Ausführungen des Vertreters der Staatsanwaltschaft im Schlussvortrag (§ 258 Abs 1 StPO). Die von S 3 erfassten Vorgänge sind lediglich thematisch (Zustand des Angeklagten und Behandlungsaussichten) begrenzt. 11

III. Heilung

12 Hat ein Vorgang verfahrensfehlerhaft in Abwesenheit des Angeklagten stattgefunden, so kann nach dessen Wiedereintritt der Verfahrensfehler durch Wiederholung des Vorgangs geheilt werden. Allein die Unterrichtung des Angeklagten nach § 247 S 4 StPO über das, was in seiner Abwesenheit geschehen ist, ist allerdings zur Heilung regelmäßig nicht ausreichend. Vielmehr ist hierzu grundsätzlich die nochmalige prozessordnungskonforme Vornahme der entsprechenden Verfahrenshandlung(en) erforderlich. Nunmehr geklärt scheint, dass die förmliche Augenscheinseinnahme nicht dergestalt wiederholt werden muss, dass das Augenscheinsobjekt nicht nur dem Angeklagten vorzuzeigen ist, sondern auch das Gericht und die Verfahrensbeteiligten es nochmals zu besichtigen haben; vielmehr genügt es, dass für diese lediglich die Möglichkeit zur Besichtigung besteht (weniger streng neuerdings BGH Urt v 11. 11. 2009 – Az 5 StR 530/08 = BeckRS 2009, 87431; ferner BGH NStZ 1987, 471; StV 2009, 226, 228 = BeckRS 2009, 12534; Beschl v 22. 4. 2009 – Az 1 ARs 6/09; Beschl v 25. 8. 2009 – Az 4 ARs 7/09 = BeckRS 2009, 24261; strenger noch BGH NStZ 2001, 262 f; StV 2005, 6, 7; vgl auch OLG Karlsruhe NStZ-RR 2008, 315 zur Heilung mittels Augenscheinsgehilfen). Eine erneute „förmliche" Besichtigung dürfte aber empfehlenswert sein. Die Anwesenheit der Auskunftsperson, die zuvor zum Augenscheinsobjekt gehört worden ist, ist grundsätzlich nicht geboten (vgl BGH NStZ 1987, 471 f; StV 2008, 174 f; Beschl v 17. 6. 2009 – Az 2 ARs 138/09 = BeckRS 2009, 19908; Beschl v 7. 7. 2009 – Az 3 ARs 7/09).

E. Unterrichtung (S 4)

I. Zweck und Form

13 Zweck der Unterrichtung ist, den Angeklagten weitestgehend so zu stellen, wie er ohne den Ausschluss stünde. Ohne jede Bedeutung ist daher, wenn der Angeklagte erklärt, er wolle auf die Unterrichtung **verzichten** (vgl BGHSt 38, 260, 261 = NStZ 1992, 501; BGH NStZ 1998, 263 mAnm Widmaier; bei Kusch NStZ-RR 1998, 261). Die Anwesenheit eines Verteidigers macht sie ebenso wenig entbehrlich (vgl Meyer-Goßner StPO § 247 Rn 15). Ist der Angeklagte bisher nicht verteidigt, kann umgekehrt seine Entfernung eine Pflichtverteidigerbeiordnung gebieten, da eine nachträgliche Unterrichtung eigene Wahrnehmungen nicht gänzlich zu ersetzen vermag (vgl OLG Frankfurt NStZ-RR 2009, 207; OLG Zweibrücken NStZ 1987, 89). Die Unterrichtung ist nach § 273 Abs 1 StPO im **Sitzungsprotokoll** zu beurkunden (BGH bei Becker NStZ-RR 2005, 259). Über die Form der Unterrichtung hat der Vorsitzende im Rahmen der Verhandlungsleitung (§ 238 Abs 1 StPO) nach pflichtgemäßem Ermessen zu entscheiden. Sie kann durch mündlichen Bericht des Vorsitzenden, aber auch durch eine Videosimultanübertragung erfolgen.

II. Mündlicher Bericht

14 Wie der **Inhalt** der Unterrichtung zu gestalten ist, legt das Gesetz nicht fest. Im Rahmen der Verhandlungsleitung (§ 238 Abs 1 StPO) hat der Vorsitzende dem Angeklagten – ebenfalls nach pflichtgemäßem Ermessen – dasjenige mitzuteilen, was für dessen Verteidigung wesentlich ist (Rn 14.1; vgl Meyer-Goßner StPO § 247 Rn 16). Im Hinblick auf dieses Kriterium hat der Vorsitzende grundsätzlich einen großzügigen Maßstab anzulegen; denn Informationen können für den Angeklagten auch wegen möglicherweise vorhandenen Sonderwissens relevant sein (vgl Eisenberg/Schlüter JR 2001, 341 f).

14.1 Im Einzelnen gilt: Der Angeklagten ist etwa darüber zu unterrichten, dass sich der Zeuge auf ein Zeugnis- oder Auskunftsverweigerungsrecht berufen hat (vgl BGH StV 1993, 287). Ob dem Angeklagten Fragen oder Vorhalte an die Auskunftsperson mitzuteilen sind, hängt davon ab, ob die von ihr daraufhin abgegebenen Erklärungen, die der Vorsitzende wiederzugeben hat, einen hinreichenden Aufschluss über die Fragen bzw. Vorhalte geben. Auch kann es geboten sein, dem Angeklagten bei der Vernehmung der Auskunftsperson verwendete Vernehmungsbehelfe vorzulegen (BGHSt 51, 180, 185 = NJW 2007, 709, 711; BGH NStZ 1987, 471 f). Die Unterrichtung erstreckt sich ferner auf gerichtliche Entscheidungen, die hinsichtlich des jeweiligen Vorgangs ergangen sind, etwa die Ablehnung einer Frage nach § 242 StPO, desgleichen auf in Abwesenheit des Angeklagten gestellte Anträge, ihre Zurücknahme und sonstige relevante Erklärungen der

Hauptverhandlung § 247 StPO

anderen Verfahrensbeteiligten (vgl BGH NStZ 1983, 181; bei Becker NStZ-RR 2002, 70; Löwe/Rosenberg/Gollwitzer StPO § 247 Rn 45).

Die Unterrichtung des Angeklagten hat alsbald nach dem **Zeitpunkt** zu erfolgen, zu dem 15 er wieder zugelassen wird. Damit der Angeklagte seine Verfahrensrechte bei der weiteren Hauptverhandlung effektiv ausüben kann, ist, bevor diese fortgeführt wird, sein Informationsrückstand soweit wie möglich auszugleichen. Der Vorsitzende hat den Angeklagten daher zu unterrichten, wenn eine in Abwesenheit des Angeklagten durchgeführte Zeugenvernehmung nur unterbrochen worden und er vorübergehend für eine andere Beweisaufnahme wieder eingetreten ist (BGHSt 38, 260 = NStZ 1992, 501; BGH NStZ-RR 2007 85; bei Becker NStZ-RR 2005, 259). Wird ein Zeuge hingegen durchgehend über mehrere Verhandlungstage hinweg vernommen, ist eine abschnittsweise Unterrichtung des Angeklagten nicht erforderlich (BGHR StPO § 247 S 4 Unterrichtung 9 = BeckRS 2002, 30264613).

III. Videosimultanübertragung

In den Fällen der S 1 u 2 kann der Angeklagte auch dergestalt unterrichtet werden, dass er 16 die Vernehmung im Sitzungssaal mittels Videotechnik an einem anderen Ort audiovisuell mitverfolgen kann. Der Vorsitzende hat sich dann davon zu überzeugen, dass die Videosimultanübertragung **störungsfrei** verlaufen ist und somit die Möglichkeit einer uneingeschränkten Kenntnisnahme des Geschehens durch den Angeklagten bestanden hat. Nach S 4 ist ein zusätzlicher mündlicher Bericht nicht erforderlich, wenn sich keine Zweifel an der Wahrnehmbarkeit für den Angeklagten ergeben (BGHSt 51, 180 = NJW 2007, 709, mAnm Kretschmer JR 2007, 257, mAnm Rieck JZ 2007 745; KK-StPO/Diemer StPO § 247 Rn 15; **aA** – allerdings nichttragend – BGH NStZ 2006, 116; ferner Meyer-Goßner StPO § 247 Rn 14a). Eine Pflicht zur Videosimultanübertragung besteht allerdings nicht (BGH NStZ 2009, 582).

F. Revision

Ist die Entfernung des Angeklagten rechtsfehlerhaft angeordnet worden, ist der **absolute** 17 **Revisionsgrund** des § 338 Nr 5 StPO gegeben. Dies ist etwa dann der Fall, wenn das Gericht die Voraussetzungen eines Ausschlussgrundes nach § 247 S 1 bis S 3 StPO zu Unrecht angenommen hat oder wenn ein Gerichtsbeschluss nicht ergangen ist (vgl Meyer-Goßner StPO § 247 Rn 19). Gleiches gilt, wenn der Beschluss nicht oder nur unzureichend begründet worden ist (BGH NStZ 2002, 44, 45), es sei denn, dass das Vorliegen eines Ausschlussgrundes evident ist (BGHSt 46, 142, 145 = NStZ 2001, 46, 47; BGH NStZ 1999, 419, 420). Die Rüge gem § 338 Nr 5 StPO dringt auch durch, wenn in Abwesenheit des Angeklagten ein Verfahrensvorgang stattgefunden hat, auf den sich die Anordnung nach § 247 StPO nicht bezogen hat, namentlich weil er nicht zur Vernehmung der Auskunftsperson iSd S 1 u S 2 gehört (Rn 17.1; vgl ferner Rn 10, Rn 10.1, Rn 10.2). Die Statthaftigkeit dieser Rüge hängt nicht davon ab, dass der Verteidiger die Anordnung des – selbständigen – Vorgangs, insbesondere einer weiteren Beweiserhebung, durch den Vorsitzenden in fortdauernder Abwesenheit des Angeklagten nach § 238 Abs 2 StPO beanstandet hat (BGH StV 2009, 226, 227 mwN = BeckRS 2009, 12534). Ebenso wenig schadet die Nichterhebung dieses Zwischenrechtsbehelfs, wenn beanstandet wird, dass der Angeklagte den Sitzungssaal „freiwillig", ohne Gerichtsbeschluss verlassen hat (vgl – desgleichen zu Rügeverwirkung und Rechtsmissbrauch – OLG Hamm StraFo 2009, 287 = BeckRS 2009, 10736).

Die Revision ist etwa begründet, wenn unter Ausschluss des Angeklagten ein förmlicher Urkunds- 17.1 beweis oder Augenscheinsbeweis erhoben (BGH NStZ 2001, 262, 263; bei Becker NStZ-RR 2006, 3; OLG Hamm NStZ 2005, 467; OLG Karlsruhe NStZ-RR 2008, 315; vgl aber nunmehr Rn 10.2 sowie speziell für den Augenschein am Körper eines Opferzeugen Rn 10.1 erster Spiegelstrich aE) oder ein anderer Zeuge befragt (OLG Hamm BeckRS 2008, 21416) worden ist. Die Abwesenheit des Angeklagten noch während der Verhandlung über die Vereidigung ist zwar verfahrensfehlerhaft (s Rn 10.1). Nach der Reform der Vereidigungsvorschriften durch das Erste Gesetz zur Modernisierung der Justiz (1. JuMoG) v 14. 8. 2004 (BGBl I 2198) wird die Rüge gemäß § 338 Nr 5 StPO gleichwohl vielfach erfolglos bleiben; hat nämlich der Vorsitzende nach § 59 StPO von der Vereidigung eines Zeugen abgesehen und ist diese Frage weder kontrovers erörtert noch zum Gegenstand einer gerichtlichen Entscheidung nach § 238 Abs 2 StPO gemacht worden, liegt ein – für den absoluten Revisionsgrund des § 338 Nr 5 StPO erforderlicher (hierzu § 338 StPO Rn 90) – wesentlicher Teil der Hauptverhandlung nicht vor (BGHSt 51, 81 = NStZ 2006, 715; BGH NStZ-RR 2004, 368; vgl auch BGH NStZ 2006, 713, 714 zum denkgesetzlichen Ausschluss jeden Beruhens). Auch wenn, während der Angeklagte ausgeschlossen ist, eine freibeweisliche Beweiserhebung stattgefunden hat, ist der Verfahrensverstoß aus selbigem Grund grundsätzlich nicht revisibel (vgl BGH NStZ 1998, 528; NStZ 2002, 46). Die Verhandlung über die Entlassung stellt hingegen nach bisheriger Rechtsprechung regelmäßig einen wesentlichen Teil der Hauptverhandlung iSv § 338 Nr 5 StPO dar (so etwa BGH NStZ 2000, 440; NStZ 2007, 352, 353; vgl aber nunmehr Rn 10.2).

18 Ist die Unterrichtung des Angeklagten unterblieben oder verfahrensfehlerhaft erfolgt, ist in der Regel – nur – ein **relativer Revisionsgrund** (§ 337 StPO) gegeben, ausnahmsweise auch der absolute Revisionsgrund des § 338 Nr 8 StPO. Dabei setzt eine erfolgreiche Rüge grundsätzlich nicht voraus, dass von dem Zwischenrechtsbehelf gemäß § 238 Abs 2 StPO Gebrauch gemacht worden ist (BGHSt 38, 260 f = NStZ 1992, 501); etwas anderes kann dann gelten, wenn die Revision nicht eine fehlende Unterrichtung oder den verspäteten Zeitpunkt, sondern Form oder Inhalt der Unterrichtung beanstandet (vgl BGH NJW 2006, 1008, 1009; bei Kusch NStZ-RR 2001, 133; bei Becker NStZ-RR 2008, 66 = BeckRS 2006, 06381).

§ 247 a [Vernehmung des Zeugen an anderem Ort]

¹**Besteht die dringende Gefahr eines schwerwiegenden Nachteils für das Wohl des Zeugen, wenn er in Gegenwart der in der Hauptverhandlung Anwesenden vernommen wird, so kann das Gericht anordnen, daß der Zeuge sich während der Vernehmung an einem anderen Ort aufhält; eine solche Anordnung ist auch unter den Voraussetzungen des § 251 Abs. 2 zulässig, soweit dies zur Erforschung der Wahrheit erforderlich ist.** ²**Die Entscheidung ist unanfechtbar.** ³**Die Aussage wird zeitgleich in Bild und Ton in das Sitzungszimmer übertragen.** ⁴**Sie soll aufgezeichnet werden, wenn zu besorgen ist, daß der Zeuge in einer weiteren Hauptverhandlung nicht vernommen werden kann und die Aufzeichnung zur Erforschung der Wahrheit erforderlich ist.** ⁵**§ 58 a Abs. 2 findet entsprechende Anwendung.**

Überblick

§ 247 a StPO ermöglicht es dem Gericht, auf die körperliche Anwesenheit des Zeugen im Sitzungssaal zu verzichten und ihn durch ein Medium zur gleichzeitigen Bild-Ton-Übertragung aus der Hauptverhandlung heraus an einem anderen Ort zu vernehmen; das Gericht einschließlich des Vorsitzenden und die Verfahrensbeteiligten verbleiben dabei im Sitzungssaal (sog Englisches Modell). Die Vorschrift dient zum einen dem Opfer- und Zeugenschutz (S 1 Hs 1; Rn 4); zum anderen ist eine Videovernehmung auch möglich, wenn der Zeuge am Erscheinen verhindert ist oder Einverständnis der Verfahrensbeteiligten mit einem solchen Vorgehen besteht (S 1 Hs 2; Rn 5). Die Anordnung erfolgt nach pflichtgemäßem Ermessen durch unanfechtbaren – damit gemäß § 336 S 2 StPO auch der Revision entzogenen – Gerichtsbeschluss (S 2; Rn 6 ff, Rn 16 ff). Während die Einzelheiten der Ausgestaltung der Bild-Ton-Übertragung im Gesetz nicht geregelt sind (S 3; Rn 11 f), enthält die Vorschrift detaillierte Bestimmungen zur Aufzeichnung der Vernehmung zu Beweiszwecken und – durch Verweis auf § 58 a Abs 2 StPO – zur Verwendung dieser Aufzeichnung sowie zu Akteneinsicht und Löschung (S 4 u S 5; Rn 13 ff).

Übersicht

	Rn		Rn
A. Bedeutung	1	C. Anordnung des Gerichts	6
B. Anordnungsgründe	4	D. Durchführung der Vernehmung (S 3)	11
I. Zeugenschutz (S 1 Hs 1)	4	E. Aufzeichnung der Aussage (S 4 u S 5)	13
II. Verhinderung und Einverständnis (S 1 Hs 2)	5	F. Revision	16

§ 247 a StPO

A. Bedeutung

Die durch das Zeugenschutzgesetz (ZSchG) v 30. 4. 1998 (BGBl I 820) geschaffene, am 1. 12. 1998 in Kraft getretene Vorschrift des § 247 a StPO über die Videovernehmung bedeutet eine Einschränkung des **Unmittelbarkeitsgrundsatzes** iSd § 250 S 1 StPO, wenngleich der Rückgriff auf das Originalbeweismittel möglich bleibt (str; wie hier BGHSt 45, 188, 196 = NJW 1999, 3788, 3790; BGH NStZ 2008, 232, 233; Diemer NStZ 2001, 393; **aA** Meurer JuS 1999, 940; Rieck „Substitut oder Komplement?" 2003, 153, 154). Denn die Vernehmung des Zeugen erfolgt lediglich vermittelt durch ein technisches Medium. Deshalb wäre es unter einem systematischen Aspekt sachgerechter gewesen, die Regelung in den § 250 StPO nachfolgenden Vorschriften zu verorten (KK-StPO/Diemer StPO § 247 a Rn 9). 1

Aus § 247 a StPO ergibt sich, dass in der Hauptverhandlung andere Formen der technisch vermittelten Vernehmung unzulässig sind. Das gilt zunächst für das sog. **Mainzer Modell** (vgl LG Mainz NJW 1996, 208), bei dem der Vorsitzende den Zeugen außerhalb des Sitzungssaals vernimmt und dies in den Sitzungssaal übertragen wird (ebenso Rieß StraFo 1999, 5). Aber auch eine **kommissarische Vernehmung** durch einen ersuchten – nicht dem Spruchkörper angehörigen – Richter, in die sich das Gericht aus der Hauptverhandlung heraus zuschaltet und ggf ergänzende Fragen stellt oder Vorhalte macht, sieht das Gesetz nicht vor (str; wie hier Beulke ZStW 113 [2001] 709, 721, 722; Rieß NJW 1998, 3240, 3242; KK-StPO/Diemer StPO § 247 a Rn 3 mwN zur Gegenmeinung). 2

Für die **internationale Rechtshilfe** gewinnt die Videovernehmung zunehmend an Bedeutung. Die Vorschrift bietet die Rechtsgrundlage dafür, dass Zeugen auch im Ausland vernommen werden können (Rn 3.1). Für die **Europäische Union** sind die rechtshilferechtlichen Voraussetzungen der audiovisuellen Vernehmung geregelt in Art 10 des Übereinkommens über die Rechtshilfe in Strafsachen zwischen den Mitgliedstaaten der Europäischen Union (EURhÜbk) v 29. 5. 2000 (AblEG Nr C 197/1 v 12. 7. 2000; näher hierzu KK-StPO/Diemer StPO § 247 a Rn 3 b). Für Opferzeugen mit Wohnsitz in einem anderen Mitgliedstaat bestimmt Art 11 Abs 1 des Rahmenbeschlusses des Rates über die Stellung des Opfers im Strafverfahren v 15. 3. 2001 (AblEG Nr L 82 v 22. 3. 2001), dass in den Mitgliedstaaten die Voraussetzungen zu „weitest möglicher" Anwendung des Art 10 EURhÜbk vorhanden sein müssen. 3

Die audiovisuelle Vernehmung eines Zeugen im Ausland setzt zweierlei voraus (grundlegend BGHSt 45, 188, 191 ff = NJW 1999, 3789 ff mAnm Duttge NStZ 2000, 158): Erstens muss diese Form der Vernehmung sowohl tatsächlich als auch rechtshilferechtlich – etwa aufgrund einer zwischenstaatlichen Rechtshilfevereinbarung oder im Wege des vertraglosen Rechtshilfeverkehrs – möglich sein. Zweitens muss die Einhaltung der für die Hauptverhandlung geltenden wesentlichen Verfahrensgarantien gewährleistet sein. Wichtig ist dabei: Gesichert sein muss, dass die Vernehmung von fremden Einflüssen unbeeinträchtigt erfolgt, die Verhandlungsleitung beim Vorsitzenden liegt (§ 238 Abs 1 StPO) und die Verfahrensbeteiligten in der Lage sind, ihre prozessualen Befugnisse uneingeschränkt auszuüben; die Durchführung der Hauptverhandlung selbst folgt den Feststellungs- und Belehrungsregeln der StPO (vgl auch zu den Voraussetzungen dieser Form der Rechtshilfe im Verhältnis zu Österreich: BGH NStZ 2008, 232, 233; zu Tschechien: BGH NStZ 2000, 385; zur Türkei: BGH bei Becker NStZ-RR 2005, 65 f). 3.1

B. Anordnungsgründe

I. Zeugenschutz (S 1 Hs 1)

Nach § 247 a S 1 Hs 1 StPO muss die Anordnung zum Schutz des Zeugen erforderlich sein, weil „die dringende Gefahr eines schwerwiegenden Nachteils für sein Wohl" besteht. Befindet sich ein Zeuge im Zeugenschutzprogramm, schließt dies eine Videovernehmung nicht ohne weiteres aus (Meyer-Goßner StPO § 247 a Rn 3; vgl auch BGH NJW 2006, 785, 788; **aA** Hohnel NJW 2004, 1356). § 247 a StPO regelt nicht den Fall des § 247 S 1 StPO, dass zu befürchten ist, ein Zeuge werde, sollte er in Gegenwart des Angeklagten aussagen müssen, die Wahrheit nicht sagen (BGH NStZ 2001, 608). S 1 Hs 1 bezweckt somit nicht eine bessere Sachaufklärung. Anders als bei § 247 S 2 StPO muss die Gefahr für den Zeugen nicht dadurch ausgelöst werden, dass er dem Angeklagten persönlich gegenübertritt; 4

sie kann etwa auch von anderen Verfahrensbeteiligten oder – insbesondere bei Kindern – von der in einem Sitzungssaal herrschenden Atmosphäre drohen. Belastungen, die – auch für das Opfer – mit jeder Vernehmung verbunden sind und deren Wirkung nicht über die unmittelbare Vernehmungssituation hinaus fortdauern, genügen allerdings in aller Regel nicht (Diemer NJW 1999, 1667, 1669).

II. Verhinderung und Einverständnis (S 1 Hs 2)

5   Durch den **Verweis auf § 251 Abs 2 StPO** ermöglicht § 247a S 1 Hs 2 StPO die Videovernehmung unter den gleichen Voraussetzungen wie die Verlesung von richterlichen Vernehmungsprotokollen. Voraussetzung ist also, dass der körperlichen Anwesenheit des Zeugen am Gerichtsort ein Hindernis entgegensteht (§ 251 Abs 2 Nr 1 StPO), dass ihm die Anreise unzumutbar ist (§ 251 Abs 2 Nr 2 StPO) oder dass Staatsanwaltschaft, Verteidiger und Angeklagter ihr Einverständnis erklären (§ 251 Abs 2 Nr 3 StPO). Durch den Verweis auf die Voraussetzungen des § 251 Abs 2 StPO wird allerdings der Anwendungsbereich des § 247a StPO nicht – über Zeugen hinaus – auf Sachverständige und Mitbeschuldigte erweitert. Ein früherer Mitbeschuldigter kann freilich als Zeuge nach § 247a StPO vernommen werden. Denn insoweit ist allein die Verfahrensstellung im Zeitpunkt der Einvernahme maßgebend (vgl Diemer NJW 1999, 1667, 1670). S 1 Hs 2 kommt vor allem bei Auslandszeugen (s Rn 3), bei Kindern, deren gesetzliche Vertreter die unmittelbare Einvernahme im Sitzungssaal verweigern (vgl Swoboda Videotechnik im Strafverfahren 2002, 246, 247), sowie bei „gesperrten" Verdeckten Ermittlern und Vertrauenspersonen (Rn 5.1) in Betracht.

5.1   Für als Zeugen zu vernehmende **Verdeckte Ermittler** und **Vertrauenspersonen** kann die Sperrerklärung nach § 96 StPO analog, § 110b Abs 3 StPO ein nicht zu beseitigendes Hindernis iSd § 247a S 1 Hs 2 StPO, § 251 Abs 2 Nr 1 StPO darstellen, das mitunter dadurch überwunden werden kann, dass der an einem anderen – ggf geheim gehaltenen – Ort aufhältliche Zeuge aus der Hauptverhandlung heraus audiovisuell vernommen wird (Meyer-Goßner StPO § 247a Rn 6, 9). Zur Verhinderung der Enttarnung ist auch die **optische und akustische Abschirmung** zulässig (str; wie hier BVerfG Kammerbeschl v 8. 10. 2009 – Az 2 BvR 547/08 = BeckRS 2009, 39830; BGHSt 51, 232 = NJW 2007, 1475; BGH NJW 2003, 74 mAnm Norouzi JuS 2003, 434; NStZ 2006, 648; Kolz FS G. Schäfer 2002, 35; **aA** Valerius GA 2005, 459). In tatsächlicher Hinsicht ist dabei wie folgt zu unterscheiden: Bei einer Vertrauensperson als Zeuge wird vielfach zu befürchten sein, dass auch die abgeschirmte Videovernehmung nicht geeignet ist, die Offenlegung der Identität des Zeugen und eine damit verbundene Gefährdung zu vermeiden (BGH NStZ 2004, 345 ff). Anderes gilt oftmals für den Verdeckten Ermittler. Denn geheimhaltungsbedürftig sind hier primär seine „bürgerliche Identität", die kriminaltaktische Vorgehensweise bei der Legendierung und sein weiterer Einsatz. Eine Gefährdung des Verdeckten Ermittlers kann vor allem durch eine entsprechende Beschränkung der Aussagegenehmigung iSd § 54 Abs 1 StPO verhindert werden, zumal seine Einvernahme im Beisein seines Führungsbeamten stattfinden kann (BGH NStZ 2005, 43 f). Äußert sich dabei der Führungsbeamte darüber, dass es sich bei dem Zeugen um den unter einer bestimmten Legende auftretenden Verdeckten Ermittler handelt, erhält jener ebenfalls die Zeugenstellung (vgl BGH NStZ 2009, 397).

C. Anordnung des Gerichts

6   Anordnungen nach § 247a S 1 StPO können nicht durch Verfügung des Vorsitzenden ergehen; erforderlich ist vielmehr ein **Beschluss** des gesamten Spruchkörpers. Er ist in der Hauptverhandlung nach Anhörung der Verfahrensbeteiligten (§ 33 Abs 1 StPO) zu fassen und zu verkünden (§ 35 Abs 1 S 1 StPO). Gleiches gilt für den die Videovernehmung ablehnenden Beschluss. In beiden Fällen ist dies nach § 273 Abs 1 in der Sitzungsniederschrift zu vermerken. Der Beschluss bedarf, da er nicht anfechtbar ist (S 2), an sich keiner Begründung (§ 34 StPO). Für den anordnenden Beschluss ist jedoch erforderlich, dass kenntlich gemacht ist, von welchem Ausnahmetatbestand des Satzes 1 das Gericht ausgeht (BGHR StGB § 46 Abs 3 Sexualdelikte 4 = BeckRS 1999, 30069097). Darüber hinausgehende Ausführungen sind nicht zwingend erforderlich (Meyer-Goßner StPO § 247a Rn 8), können aber im Einzelfall – insbesondere zu relevanten Tatsachenfeststellungen – sachgerecht sein (weitergehend KK-StPO/Diemer StPO § 247a Rn 15, 24). Der Beschluss ergeht von Amts wegen. Auch wenn die Anordnung auf das Einverständnis der Staatsanwaltschaft, des

Verteidigers und des Angeklagten gestützt wird (vgl § 251 Abs 2 Nr 3 StPO), entbindet dies nicht von der Beschlussfassung (Meyer-Goßner StPO § 247a Rn 8).

Der die Videovernehmung anordnende Beschluss ist nach § 247a S 2 StPO **unanfechtbar**. Gleiches gilt für den die Videovernehmung ablehnenden Beschluss (Diemer NStZ 2001, 393, 396 f). Ziel des Gesetzgebers war, Verfahrensverzögerungen und Unsicherheiten im Prozess vorzubeugen (BT-Drs 13/7165, 10). 7

Die Anordnung der Videovernehmung steht bei Vorliegen der gesetzlichen Voraussetzungen im pflichtgemäßen **Ermessen** des Gerichts („kann"). Das Ermessen hat sich am jeweiligen Regelungszweck der Ausnahmetatbestände des § 247a S 1 StPO zu orientieren, wobei zu schützende Belange des Zeugen mit den Verteidigungsinteressen des Angeklagten und den Erfordernissen der Sachaufklärung abzuwägen sind, des Weiteren – in erster Linie in Fällen des Satzes 1 Hs 2 – die Gesichtspunkte der Prozessökonomie und der Verfahrensbeschleunigung (Meyer-Goßner StPO § 247a Rn 7). Im Rahmen des Hs 2 schlägt sich der Maßstab der Aufklärungspflicht bereits in den tatbestandlichen Voraussetzungen nieder. Dabei besteht kein genereller Vorrang der audiovisuellen Vernehmung gegenüber der Verlesung einer richterlichen Vernehmungsniederschrift; es kommt vielmehr auf die Umstände des jeweiligen Einzelfalls an (str; wie hier BGHSt 46, 73, 79 = NJW 2000, 3517, 3518 f; BGH bei Becker NStZ-RR 2005, 65; KK-StPO/Diemer StPO § 247a Rn 13; **aA** Schwaben NStZ 2002, 288 f). Ergebnis der Abwägung kann sein, dass eine Videovernehmung wegen der hiermit verbundenen Defizite für die Wahrheitsfindung **ohne Wert** ist. Steht in diesem Fall der Zeuge, etwa der Auslandszeuge, für eine unmittelbare Vernehmung nicht zur Verfügung, stellt er – für die Videovernehmung ein völlig ungeeignetes, generell jedoch – ein unerreichbares Beweismittel dar. Für diese Beurteilung ist regelmäßig eine Beweisantizipation durch das Tatgericht erforderlich, die nur in eingeschränktem Umfang der revisionsgerichtlichen Überprüfung unterliegt. Im Fall einer Zeugeneinvernahme im Ausland kann in die Abwägung auch mit einfließen, dass eine etwaige Falschaussage ohne strafrechtliche Konsequenzen bliebe (zum Ganzen BGHSt 45, 188, 195 ff = NJW 1999, 3788, 3790; BGH NStZ 2004, 347). 8

Personelle oder technische Schwierigkeiten dürften allenfalls in seltenen Fällen geeignet sein, die Ermessensausübung zu beeinflussen. Die Justizverwaltungen sind von Rechts wegen gehalten, die Gerichte so auszustatten, dass das in § 247a StPO vorgesehene Verfahren auch durchgeführt werden kann (vgl BGHSt 51, 232 = NJW 2007, 1475). 9

Durch Art 1 Nr 8 des am 1. 9. 2004 in Kraft getretenen Gesetzes zur Verbesserung der Rechte von Verletzten im Strafverfahren (OpferRRG) v 24. 6. 2004 (BGBl I 1354) hat der Gesetzgeber die **Subsidiaritätsklausel** in § 247a S 1 Hs 1 StPO („und kann sie nicht in anderer Weise, namentlich durch eine Entfernung des Angeklagten sowie den Ausschluss der Öffentlichkeit, abgewendet werden") gestrichen. Ist es für den Zeugenschutz allerdings ausreichend, nach § 171 b GVG, § 172 GVG bis § 174 GVG die Öffentlichkeit auszuschließen, wird sich dies nach wie vor regelmäßig als eine im Vergleich zur Videovernehmung mildere Maßnahme erweisen (Heger JA 2007, 247). Im **Verhältnis zu der Entfernung des Angeklagten** namentlich nach § 247 S 2 StPO besteht nunmehr ein solches abstraktes Stufenverhältnis nicht mehr. Hier ist aufgrund Abwägung der einzelfallbezogenen Umstände zu entscheiden, welche Maßnahme das Spannungsverhältnis zwischen Aufklärungspflicht, Zeugenschutz und Verteidigungsinteressen am besten zum Ausgleich bringt (BT-Drs 15/1976, 12; für einen grundsätzlichen Vorrang der audiovisuellen Vernehmung SK-StPO/Frister StPO § 247 Rn 12 ff). Gerade der erwachsene Zeuge sollte in diese Entscheidung mit eingebunden werden (Kretschmer JR 2006, 453, 455). In Ausnahmefällen kann auch eine gleichzeitige Anordnung nach § 247 StPO u § 247a StPO, also der Ausschluss des Angeklagten von der – ggf optisch und akustisch abgeschirmten – Videovernehmung in Frage kommen (BVerfG [Kammer] NStZ 2007, 534; BGH NStZ 2006, 648, mAnm Schuster StV 2007, 507). 10

D. Durchführung der Vernehmung (S 3)

Nach § 247a S 3 StPO wird die Aussage zeitgleich in Bild und Ton in den Sitzungssaal übertragen. Die **technische Ausgestaltung** der Bild-Ton-Verbindung hat das Gesetz nicht geregelt. Aus dem Zweck, die Einvernahme des körperlich anwesenden Zeugen zu ersetzen, 11 ergibt sich allerdings, dass die Übertragung es den Verfahrensbeteiligten erlauben muss, uneingeschränkt ihre prozessualen Befugnisse auszuüben. Dies setzt zunächst voraus, dass das Gericht und die Beteiligten das verbale und nonverbale Verhalten des Zeugen wahrnehmen können (Meyer-Goßner StPO § 247 a Rn 10). Auch im Vernehmungsraum anwesende Begleitpersonen des Zeugen sollten zu erkennen sein, um unbemerkte Einflussnahmen auszuschließen (Schlothauer StV 1999, 47, 48, 50). Das gilt etwa für einen Zeugenbeistand nach § 406 f Abs 2 StPO oder für die Eltern des kindlichen Zeugen, die sich mit Erlaubnis des Gerichts dort aufhalten. Die Öffentlichkeit im Sitzungssaal muss die Aussage nur akustisch mitverfolgen können; denn das Publikum sieht auch herkömmlicherweise – körperlich anwesende – Zeugen nur von hinten. Umgekehrt sollte auch der Zeuge die Vorgänge im Sitzungssaal wahrnehmen („Two-way-Videokonferenz"). Er sollte regelmäßig auch die Person sehen, die Fragen oder Vorhalte an ihn richtet. Bei der Vernehmung kindlicher Zeugen (vgl § 241 a StPO) kann je nach den Umständen des Einzelfalls Abweichendes angezeigt sein (Laubenthal/Nevermann-Jaskolla JA 2005, 294, 298).

12 Der Vernehmungsbegriff iSd § 247 a S 1 StPO ist weiter als derjenige iSd § 247 S 1 u S 2 StPO (hierzu § 247 StPO Rn 10, nunmehr aber auch § 247 StPO Rn 10.2). Zu erstgenanntem zählen auch Vorgänge mit selbständiger verfahrensrechtlicher Bedeutung, soweit sie nur mit der Vernehmung selbst in enger Verbindung stehen oder sich aus ihr entwickeln (sog **Zusammenhangsformel**). So kann etwa der Vorsitzende den Zeugen über die Bild-Ton-Verbindung vereidigen (Meyer-Goßner StPO § 247 a Rn 5).

E. Aufzeichnung der Aussage (S 4 u S 5)

13 Unter den **Voraussetzungen des § 247 a S 4 StPO** „soll" die Aufzeichnung angeordnet werden. Einerseits stellt diese einen Eingriff in das Persönlichkeitsrecht des Zeugen dar, ohne dass es auf seine Einwilligung ankäme (vgl OLG Bremen NStZ 2007, 481, 482). Andererseits hat S 4 eine den Zeugen schützende prozessökonomische Zielsetzung; dem Persönlichkeitsschutz wird darüber hinaus durch den – die nur eingeschränkte Verwendung und die Vernichtung regelnden – S 5 Rechnung getragen. Deshalb ist S 4 nicht zu restriktiv auszulegen (Löwe/Rosenberg/Gollwitzer StPO § 247 a Rn 22). Während für die Besorgnis, „dass der Zeuge in einer weiteren Hauptverhandlung nicht vernommen werden kann", die künftige Hauptverhandlung lediglich den Bezugspunkt der Prognoseentscheidung darstellt und daher nicht zu prüfen ist, ob eine solche tatsächlich stattfinden wird (Meyer-Goßner StPO § 247 a Rn 11; **aA** Seitz JR 1998, 309, 312), muss sich das Nicht-zur-Verfügung-Stehen auf konkrete Anhaltspunkte stützen. Einer künftigen Vernehmung können tatsächliche und rechtliche Hindernisse entgegenstehen, etwa die in § 251 Abs 2 Nr 1 u Nr 2 StPO aufgeführten Gründe oder das Gebrauchmachen von einem Zeugnisverweigerungsrecht. Die Prognoseentscheidung kann aber auch aus Gründen des Zeugenschutzes gerechtfertigt sein, namentlich wenn die Voraussetzungen des § 255 a Abs 2 StPO gegeben sind (KK-StPO/Diemer StPO § 247 a Rn 18; **aA** Meyer-Goßner StPO § 247 a Rn 12). Dass „die Aufzeichnung zur Erforschung der Wahrheit erforderlich ist", ergibt sich regelmäßig schon aus der Anordnung nach § 247 a S 1 StPO (Löwe/Rosenberg/Gollwitzer StPO § 247 a Rn 24).

14 Über die Anordnung der Aufzeichnung entscheidet der **Vorsitzende** im Rahmen der Verhandlungsleitung nach § 238 Abs 1 StPO (str; wie hier Löwe/Rosenberg/Gollwitzer StPO § 247 a Rn 26; **aA** Meyer-Goßner StPO § 247 a Rn 12). Wird das Ermessen („soll") ausnahmsweise dahin ausgeübt, dass eine Aufzeichnung unterbleibt, sind den Verfahrensbeteiligten die Gründe hierfür mitzuteilen (vgl Diemer NJW 1999, 1667, 1672).

15 Für die Verwendung der Aufzeichnung, die Akteneinsicht und die Löschung verweist § 247 a S 5 auf § 58 a Abs 2 StPO (s § 58 a StPO Rn 15 ff).

F. Revision

16 Die **Unanfechtbarkeit** des die Videovernehmung anordnenden oder ablehnenden Beschlusses nach § 247 a S 2 StPO (s Rn 7) entzieht ihn nicht nur der Beschwerde, sondern nach **§ 336 S 2** StPO auch der Revision. Dies betrifft zunächst die Rüge einer rechtsfehlerhaften, insbesondere ermessensfehlerhaften Anwendung des § 247 a S 1 StPO selbst (BGHR StGB § 46 Abs 3 Sexualdelikte 4 = BeckRS 1999, 30069097; offen gelassen von BGH Urt

v 10. 11. 1999 – Az 3 StR 331/99 = BeckRS 1999, 30081219; einschränkend KK-StPO/ Diemer StPO § 247 a Rn 22 f, der ausschließlich Ermessensfehler für nicht revisibel hält). Da mit der fehlerhaften Anwendung oder Nichtanwendung des § 247 a S 1 StPO regelmäßig eine Verletzung des Unmittelbarkeitsgrundsatzes nach § 250 S 1 StPO oder der Aufklärungspflicht nach § 244 Abs 2 StPO verbunden ist, erstreckt sich der Ausschluss der Revision auch auf die entsprechenden Verfahrensrügen, die inzident derartige Fehler geltend machen (str; vgl Meyer-Goßner StPO § 247 a Rn 13); andernfalls würde die Unanfechtbarkeit, für die sich der Gesetzgeber mit guten Gründen entschieden hat, weitgehend leer laufen. Gleiches gilt für aus der – unanfechtbaren – Entscheidung hergeleitete absolute Revisionsgründe, namentlich denjenigen des § 338 Nr 8 StPO (Meyer-Goßner StPO § 247 a Rn 13).

§ 336 S 2 StPO schließt entsprechende Verfahrensrügen hingegen nicht aus, wenn 17
- das Gericht überhaupt nicht – weder explizit noch konkludent – über die Videovernehmung entschieden hat (BGHSt 45, 188, 197 = NJW 1999, 3788, 3790; BGH NStZ 2008, 421; zur Ablehnung von nicht ausdrücklich auf eine Videovernehmung gerichteten Beweisanträgen und zum sog erweiterten Erreichbarkeitsbegriff s Rn 17.1),
- der Vorsitzende die Videovernehmung angeordnet hat (Diemer NStZ 2001, 393, 398),
- nicht kenntlich gemacht ist, welchen Ausnahmetatbestand des § 247 a S 1 StPO das Gericht für gegeben hält (KK-StPO/Diemer StPO § 247 a Rn 24),
- die Videovernehmung ersichtlich auf einen anderen Grund als die in § 247 a S 1 StPO geregelten Ausnahmetatbestände gestützt worden und/oder die Entscheidung über die Videovernehmung als objektiv willkürlich zu beurteilen ist oder
- die Bild-Ton-Übertragung nicht störungsfrei verlaufen ist (Meyer-Goßner StPO § 247 a Rn 13).

Für die Ablehnung eines Beweisantrags wegen **Unerreichbarkeit** eines Zeugen nach § 244 Abs 3 17.1
S 2 Var 5 StPO gilt der sog **erweiterte Erreichbarkeitsbegriff**. Hiernach hat sich das Gericht in den Gründen des Ablehnungsbeschlusses damit zu befassen, inwieweit die beantragte Zeugenvernehmung über eine Bild-Ton-Übertragung gem § 247 a StPO gewährleistet werden kann, auch ohne dass der Beweisantrag diese Möglichkeit angesprochen hat. Voraussetzung ist lediglich, dass eine Videovernehmung – bei sonstiger Unerreichbarkeit im Sinne eines persönlichen Erscheinens im Sitzungssaal – nach den konkreten Umständen ernsthaft in Betracht kommt (vgl BGHSt 45, 188, 190 f = NJW 1999, 3788, mAnm Duttge NStZ 2000, 157; BGH NStZ 2000, 385; 2001, 160; einschränkend allerdings BGH NStZ 2008, 232, 233; s auch § 244 StPO Rn 73.1). Für den am Maßstab der Aufklärungspflicht orientierten Ablehnungsgrund des § 244 Abs 5 S 2 StPO (**Auslandszeuge**) ist der erweiterte Erreichbarkeitsbegriff indessen nicht von Bedeutung (vgl BGH NJW 2001, 695, 696).

Auf einen Verstoß gegen § 247 a S 4 StPO kann die Revision nicht erfolgreich gestützt 18
werden, weil auf der (Nicht-)Anordnung der **Aufzeichnung** das Urteil nicht beruhen kann. Ebenso erfolglos bleiben müssen Verfahrensrügen, mit denen geltend gemacht wird, die Urteilsgründe widersprächen der aufgezeichneten Zeugenaussage (s § 255 a StPO Rn 17).

§ 248 [Entlassung der Zeugen und Sachverständigen]

¹Die vernommenen Zeugen und Sachverständigen dürfen sich nur mit Genehmigung oder auf Anweisung des Vorsitzenden von der Gerichtsstelle entfernen. ²Die Staatsanwaltschaft und der Angeklagte sind vorher zu hören.

A. Genehmigung der Entfernung (S 1)

Zeugen und Sachverständige sind grundsätzlich auch nach ihrer Vernehmung verpflichtet, 1
an der Gerichtsstelle zu verbleiben. Nur mit der nach pflichtgemäßem Ermessen zu erteilenden Genehmigung des Vorsitzenden können sie sich von der Gerichtsstelle, die nicht notwendig das Gerichtsgebäude ist (zB Augenschein), entfernen. Der Vorsitzende hat eine Beweisperson allerdings in der Regel zu entlassen, wenn abzusehen ist, dass sie nicht mehr benötigt wird (Nr 135 Abs 2 RiStBV). Als sachleitende Anordnung unterliegt die Entlassung dem Zwischenrechtsbehelf des § 238 Abs 2 StPO (BGH StV 1994, 248). Entfernt sich die

StPO § 249　　　　　　　　　　　　　　　　　　　　Zweites Buch. 6. Abschnitt

Beweisperson eigenmächtig, kann das für sie die gleichen Folgen auslösen wie ein Nichterscheinen (vgl § 51 StPO, § 77 StPO).

2　Die **vorübergehende Beurlaubung** einer Beweisperson – ihre vorläufige Entfernung vor (endgültiger) Entlassung – ist in § 248 StPO nicht geregelt (Meyer-Goßner StPO § 248 Rn 2). Ordnet der Vorsitzende im Rahmen der Verhandlungsleitung eine Beurlaubung an, kann dies regelmäßig nicht nach § 238 Abs 2 StPO beanstandet werden; ebenso wenig ist hier eine Anhörung der Verfahrensbeteiligten vorgesehen (OLG Stuttgart NStZ 1994, 600).

3　**Nach der Entlassung** kann der Zeuge oder Sachverständige der Hauptverhandlung lediglich als Teil der Öffentlichkeit beiwohnen. Auch die Befugnis des Vorsitzenden, die weitere Anwesenheit der Beweisperson ausnahmsweise zu untersagen, richtet sich nicht nach § 248 StPO.

B. Anhörung (S 2)

4　Anzuhören sind über die in § 248 S 2 StPO genannten Personen (Vertreter der Staatsanwaltschaft und Angeklagter) hinaus auch der Verteidiger (OLG Stuttgart NStZ 1994, 600) und, soweit sie betroffen sind, andere Verfahrensbeteiligte (KK-StPO/Diemer StPO § 248 Rn 3). Unmittelbar vor der Entlassung sollen die Beteiligten Gelegenheit haben, zu überlegen, inwieweit sie Fragen oder Vorhalte an die Beweisperson richten, ggf auch neue Anträge stellen wollen. Ist eine Anhörung nach S 2 nicht erfolgt, jedoch eine Befragung nach § 257 StPO, ist dies regelmäßig unschädlich (str; wie hier SK-StPO/Schlüchter StPO § 248 Rn 6; **aA** KK-StPO/Diemer StPO § 248 Rn 3). Hat ein Zeuge von seinem Zeugnisverweigerungsrecht Gebrauch gemacht, gilt S 2 nicht (Meyer-Goßner StPO § 248 Rn 3).

C. Revision

5　§ 248 StPO ist nicht nur eine Ordnungsvorschrift (OLG Stuttgart NStZ 1994, 600; offen gelassen von BGH NStZ 1986, 133). Eine erfolgreiche Revision setzt jedoch voraus, dass die Entlassungsanordnung (§ 248 S 1 StPO) nach § 238 Abs 2 StPO beanstandet worden ist (BGH StV 1985, 355 = LSK 1985, 520085; StV 1996, 248 = LSK 1996, 290384). Auf einer unterbliebenen Anhörung (S 2) kann das Urteil nur beruhen, wenn der Revisionsführer hierdurch in seinem Verhalten, seinen Verfahrensbefugnissen, eingeschränkt worden ist; deshalb hat er darzulegen, an welchen entscheidungsrelevanten Fragen, Vorhalten oder Anträgen er gehindert worden ist (OLG Stuttgart NStZ 1994, 600, 601).

§ 249 [Verlesung von Schriftstücken]

(1) ¹**Urkunden und andere als Beweismittel dienende Schriftstücke werden in der Hauptverhandlung verlesen.** ²Dies gilt insbesondere von früher ergangenen Strafurteilen, von Straflisten und von Auszügen aus Kirchenbüchern und Personenstandsregistern und findet auch Anwendung auf Protokolle über die Einnahme des richterlichen Augenscheins.

(2) ¹Von der Verlesung kann, außer in den Fällen der §§ 253 und 254, abgesehen werden, wenn die Richter und Schöffen vom Wortlaut der Urkunde oder des Schriftstücks Kenntnis genommen haben und die übrigen Beteiligten hierzu Gelegenheit hatten. ²Widerspricht der Staatsanwalt, der Angeklagte oder der Verteidiger unverzüglich der Anordnung des Vorsitzenden, nach Satz 1 zu verfahren, so entscheidet das Gericht. ³Die Anordnung des Vorsitzenden, die Feststellungen über die Kenntnisnahme und die Gelegenheit hierzu und der Widerspruch sind in das Protokoll aufzunehmen.

Überblick

Die § 249 StPO bis § 256 StPO regeln den Urkundenbeweis zur Feststellung der Schuld- und Straffrage in der Hauptverhandlung. In § 249 StPO ist die Form des Urkundenbeweises durch Verlesen oder im Selbstleseverfahren normiert.

Übersicht

	Rn		Rn
A. Allgemeines	1	2. Urkunden in einer fremden Sprache	11
I. Zulässigkeit	1	III. Augenschein	12
II. Notwendigkeit	2	IV. Erklärungen des Angeklagten	14
III. Freibeweis	4	V. Beispiele des Abs 1 S 2	15
B. Verwertungsverbote	5	1. Frühere Strafurteile	15
I. Allgemeine Verwertungsverbote	5	2. Bundeszentralregister	17
II. Verfassungsrechtliche Verwertungsverbote	6	3. Kirchenbücher	18
		4. Augenscheinsprotokolle	19
C. Urkunden und andere Schriftstücke	7	**D. Formen des Urkundenbeweises**	22
I. Begriff	7	I. Verlesen	22
1. Urkunde	7	II. Selbstleseverfahren	23
2. Andere Schriftstücke	9	III. Bericht des Vorsitzenden	26
II. Abschriften	10	**E. Der Vorhalt von Urkunden**	27
1. Abschriften, Durchschläge und Ablichtungen	10	**F. Revision**	30

A. Allgemeines

I. Zulässigkeit

Der Urkundenbeweis dient der Feststellung des gedanklichen Inhalts eines Schriftstücks. 1
Er ist **zulässig**, wenn ihn das Gesetz nicht ausdrücklich verbietet (BGH NStZ 1994, 184, 185). § 249 StPO regelt ausschließlich die **Form** der Beweisaufnahme. Gesetzlich vorgesehen sind das Verlesen (Rn 22) und das Selbstleseverfahren (Rn 23). Daneben ist der Bericht des Vorsitzenden über den Inhalt einer Urkunde (Rn 26) anerkannt. Der Inhalt von Schriftstücken kann aber auch durch andere Beweismittel, etwa durch die Aussage eines Zeugen oder das Geständnis des Angeklagten, festgestellt werden (BGH NStZ 1985, 464).

II. Notwendigkeit

Die **Notwendigkeit der Beweisaufnahme** ergibt sich aus der Aufklärungspflicht nach 2
§ 244 Abs 2, Abs 3 StPO und der Pflicht zur Verwendung aller herbeigeschafften Beweismittel nach § 245 StPO. Urkunden, die sich in den Akten befinden, sind aber nur dann herbeigeschafft, wenn das Gericht erklärt hat, dass es die Urkunde als Beweismittel verwenden wolle (BGH NStZ 1991, 48; NJW 1963, 1318). Allein der Umstand, dass das Schriftstück in der Anklage als Beweismittel angeführt ist, genügt nicht (RGSt 41, 4, 13; BGHSt 37, 168, 171).

Welche Schlussfolgerungen das Gericht aus dem Inhalt der Urkunde zieht, ist eine Frage 3
des § 261 StPO.

III. Freibeweis

Dient die Verwertung von Schriftstücken anderen Zwecken als der Urteilsfindung, kann 4
ihr Inhalt im Freibeweisverfahren festgestellt werden. In diesen Fällen gelten die Beschränkungen der §§ 249 StPO ff nicht.

B. Verwertungsverbote

I. Allgemeine Verwertungsverbote

Der Urkundenbeweis wird durch die **allgemeinen Beweisverwertungsverbote** und die 5
§§ 250 StPO ff begrenzt. Eine durch verbotene Vernehmungsmethoden zustande gekommene Aussage darf nicht durch Verlesen des Vernehmungsprotokolls verwertet werden, § 136a Abs 3 S 2 StPO (BGH NStZ 2001, 551). Bei einem Verstoß gegen die Belehrungs-

pflicht des § 136 StPO und die Benachrichtigungspflicht der § 168 c StPO, § 168 d StPO, § 224 StPO darf das Protokoll nicht verlesen werden, wenn der Angeklagte rechtzeitig widerspricht (vgl § 136 StPO Rn 21; § 168 c StPO Rn 7; § 224 StPO Rn 13). Urkunden, die entgegen § 97 StPO beschlagnahmt worden sind, dürfen nicht verwertet werden (vgl § 97 StPO Rn 25). Protokolle über die Vernehmung eines Zeugen, der nicht nach § 52 Abs 3 StPO belehrt wurde, sind ebenfalls nicht verwertbar (§ 252 StPO). Im Rahmen der Telekommunikationsüberwachung angefertigte Aufzeichnungen unterliegen einem Verwertungsverbot, wenn und soweit der Inhalt der Telekommunikation nicht verwertbar ist (vgl § 100 a StPO Rn 81). Tilgungsreife Vorstrafen unterliegen ebenfalls einem Verwertungsverbot, § 51 Abs 1 BZRG, § 63 Abs 1 BZRG (BGH NJW 1973, 66).

II. Verfassungsrechtliche Verwertungsverbote

6   Im Rahmen des Urkundenbeweises sind auch die **verfassungsrechtlichen Grenzen** bei Aufzeichnungen höchstpersönlicher Art von Bedeutung (vgl § 261 StPO Rn 28). Das Bundesverfassungsgericht unterscheidet insoweit den unantastbaren Kernbereich privater Lebensgestaltung und den Bereich der schlichten Privatsphäre. Der Kernbereich ist jedem Eingriff entzogen. Maßnahmen in der schlichten Privatsphäre sind zulässig, wenn das Interesse der Allgemeinheit an einer funktionierenden Strafrechtspflege und an einer wirksamen Verbrechensbekämpfung die persönlichen Belange überwiegt (BVerfGE 34, 238, 248, BeckRS 2007, 28275; KK-StPO/Senge StPO Vor § 48 Rn 37).

C. Urkunden und andere Schriftstücke

I. Begriff

1. Urkunde

7   Eine **Urkunde** ist jeder schriftlich fixierte, aus sich heraus verständliche Gedankeninhalt, der geeignet ist, Beweis über Tatsachen zu erbringen (BGH NJW 1977, 1545). Der Umstand, dass der Inhalt der Erklärung nicht eindeutig ist, sondern erst durch Auslegung ermittelt werden muss, steht der Qualifizierung als Urkunde nicht entgegen.

8   Die **Echtheit** einer Urkunde und die **Richtigkeit** ihres Inhalts sind dem Urkundenbeweis nicht zugänglich. Sie können nicht durch Verlesen der Urkunde, sondern nur durch zusätzliche Beweismittel festgestellt werden.

2. Andere Schriftstücke

9   Die Anführung **anderer** als Beweismittel dienender **Schriftstücke** in § 249 Abs 1 S 1 StPO hat keine eigenständige begriffliche Bedeutung. Aus ihr folgt nur, dass sich der Urkundenbegriff des § 249 StPO nicht mit dem des materiellen Strafrechts deckt. Entscheidend für den prozessualen Begriff der Urkunde ist nur, dass sich ihr Inhalt allein durch Lesen erschließen lässt. Anders als bei der materiellrechtlichen Urkunde muss der Aussteller nicht erkennbar sein. Es kommt auch nicht auf die Beweisbestimmung und die Echtheit der Urkunde an (Meyer-Goßner StPO § 249 Rn 3). **Beweiszeichen** (vgl Fischer StGB § 267 Rn 4) dürfen nicht gemäß § 249 StPO verlesen werden, weil der in ihnen verkörperte Inhalt sich nicht durch Lesen allein ermitteln lässt. Sie sind durch den Augenscheinsbeweis in die Hauptverhandlung einzuführen.

II. Abschriften

1. Abschriften, Durchschläge und Ablichtungen

10   **Abschriften, Durchschläge und Ablichtungen** können wie Originale verlesen werden (BGH NJW 1961, 327; BGH NStZ 1986, 519). Die Übereinstimmung mit dem Original ist Voraussetzung für die Verlesbarkeit. Sie ist im Strengbeweisverfahren festzustellen (BGH NStZ 1994, 227; NStZ 1994 593). Insoweit kommt ein Augenschein oder die Vernehmung des Urhebers in Betracht. Eine Beglaubigung allein genügt für die sichere Feststellung der Übereinstimmung nicht.

2. Urkunden in einer fremden Sprache

In einer **fremden Sprache** abgefasste Urkunden dürfen im Hinblick auf § 184 GVG nicht verlesen werden. Bei einer Übersetzung in der Hauptverhandlung muss ein Sachverständiger herangezogen werden. Dabei kann der anwesende Dolmetscher als Sachverständiger fungieren, ohne dass ein weiterer Übersetzer hinzugezogen werden muss (BGH NJW 1965, 643; NStZ 1985, 466). Liegt bereits eine schriftliche Übersetzung vor, kann sie verlesen werden (RGSt 36, 371, 372; RGSt 51, 93, 94). § 250 steht insoweit nicht entgegen (BGH NJW 1977, 1545). Für den Anwendungsbereich des § 250 StPO ist entscheidend, dass es sich um den Beweis eines Vorgangs handelt, dessen wahrheitsgemäße Wiedergabe nur durch eine Person möglich ist, welche ihn mit einem oder mehreren ihrer fünf Sinne wahrgenommen hat. Nur dann soll die Ersetzung des Beweismittels dem Gericht verwehrt sein (BGH NJW 1961, 327). An derartigen personengebundenen Wahrnehmungen und Erkenntnissen fehlt es aber bei der Herstellung von Übersetzungen, Abschriften, Ablichtungen oder auch von Abrechnungsstreifen. Das Gleiche gilt für das Niederschreiben abgehörter Tonträgeraufnahmen, insbesondere in den Fällen des § 100a StPO (BGH NJW 1977, 1545). Denn Gegenstand der Beweisaufnahme ist nicht die Wahrnehmung oder die Erinnerung von Personen, sondern die Urkunde selbst. Der Übersetzer, der die Urkunde außerhalb der Hauptverhandlung übersetzt hat, muss nicht als Sachverständiger vernommen werden. Allerdings hat sich das Gericht im Rahmen des § 244 Abs 2 StPO zur Feststellung des Beweiswertes der Übersetzung von deren Richtigkeit zu überzeugen. Dabei ist es dem pflichtgemäßen Ermessen des Gerichts überlassen, auf welche Weise es sich von der Richtigkeit der Übertragung überzeugt (BGH NStZ 1983, 354; NJW 1993, 3337). Die Grundsätze für die Verlesung fremdsprachiger Urkunden gelten auch für Texte, die in **Geheim-** oder **Kurzschrift** abgefasst sind.

III. Augenschein

Kommt es nicht auf den Inhalt, sondern auf die **äußere Beschaffenheit** einer Urkunde an, erfolgt die Beweisaufnahme im Wege des Augenscheins. Dies ist insbesondere bei der Feststellung von Fälschungsmerkmalen oder bei einem Schriftvergleich der Fall.

Auch **technische Aufzeichnungen**, das bei einer Geschwindigkeitsmessung gefertigte Lichtbild mit der eingeblendeten numerischen Anzeige der gemessen Geschwindigkeit (BayObLG NStZ 2002, 388) oder **Tonbandaufnahmen** werden durch Augenschein in die Hauptverhandlung eingeführt. Über Tonbandaufnahmen kann aber auch eine Niederschrift angefertigt und diese im Wege des Urkundenbeweises verwertet werden (BGH NJW 1977, 1545). **Abbildungen, Lichtbilder, Filme und Videoaufnahmen** sind ebenfalls Gegenstand des Augenscheinsbeweises. Sie können ihren eigenen strafbaren Inhalt beweisen oder unmittelbaren Beweis über andere strafbare Handlungen erbringen (OLG Celle NJW 1965, 1677, 1679; OLG Schleswig NJW 1980, 352). **Skizzen, Zeichnungen und Pläne** dürfen zum Beweis ihrer Existenz in Augenschein genommen werden. Kommt es auf ihren Inhalt an, gebietet § 250 die Vernehmung des Herstellers (§ 250 StPO Rn 13).

IV. Erklärungen des Angeklagten

Schriftliche Erklärungen des Angeklagten, die er im anhängigen Verfahren verfasst hat, dürfen als Urkunde verlesen werden. Die Einschränkungen der § 250 StPO, § 254 StPO gelten insoweit nicht. Wurde die Erklärung von einer dritten Person niedergeschrieben, ist diese Person als Zeuge zu vernehmen, § 250 StPO. Wenn der Angeklagte sich der Person aber nur als Schreibhilfe bedient hat oder wenn feststeht, dass er die Erklärung als eigene gelten lassen will, kann auch die von einem Dritten geschriebene Erklärung verlesen werden (BGH StV 2002, 182; NStZ 1994, 184).

V. Beispiele des Abs 1 S 2

1. Frühere Strafurteile

§ **249 Abs 1 S 2 StPO** nennt als **Beispiele** für verlesbare Urkunden **früher ergangene Strafurteile.** § 249 StPO beschränkt die Verlesbarkeit von Urteilen aber nicht auf Strafurteile. Wie sich aus § 262 StPO ergibt, dürfen auch **Urteile anderer Gerichte**, der Arbeits-, Finanz-, Verwaltungs-, Sozial- und Zivilgerichte, verlesen werden. Die Urteile müssen nicht gegen den Angeklagten ergangen sein. Zulässig ist auch die Verwertung von Urteilen gegen Dritte (BGH NStZ-RR 2001, 138). **Beschlüsse** können ebenfalls Gegenstand des Urkundsbeweises sein (BGH NJW 1983, 2335, 2337). Die Entscheidungen müssen nicht rechtskräftig sein (OLG Düsseldorf StV 1982, 512).

16   Die verlesenen Urteile geben einmal Auskunft über ihre Existenz sowie über den Gang und den Stand des Verfahrens. Die Verlesung von Revisionsurteilen dient der Ermittlung der bindend gewordenen Feststellungen (BGH NJW 1262, 59, 60) und der Bindungswirkung des § 358 Abs 1 StPO. Die Gründe belegen unmittelbar nur, welche Feststellungen das damals mit der Sache befasste Gericht getroffen hat, auf welchen Überlegungen die Feststellungen beruhen und was der Angeklagte oder ein Zeuge früher ausgesagt hat. Der nunmehr zuständige Tatrichter darf sie nicht ungeprüft übernehmen (BGH NJW 1997, 2828). Er kann aber das frühere Urteil als Urkunde verwenden und nach dem Grundsatz der freien Beweiswürdigung im Rahmen des § 261 StPO Schlussfolgerungen ziehen (BGH NStZ-RR 2001, 138). Dabei kann er jedenfalls berücksichtigen, dass ein anderes Gericht zu einem bestimmten Ergebnis gekommen ist (KK-StPO/Diemer StPO § 249 Rn 17). Vorgebrachte Bedenken gegen die früheren Feststellungen müssen beachtet werden. Ein Beweisantrag, der darauf abzielt, die Feststellungen in der früheren Entscheidung zu widerlegen, darf nicht mit der Begründung abgelehnt werden, die Vorverurteilung sei rechtskräftig. Bei der Verwertung früherer Entscheidungen ist das Verwertungsverbot des § 51 BZRG zu beachten. Beruft sich der Angeklagte aber selbst auf eine unverwertbare Entscheidung, darf sie entgegen § 51 BZRG in das Verfahren eingeführt werden (BGH NJW 1977, 816).

2. Bundeszentralregister

17   **Auskünfte aus dem Bundeszentralregister** (§ 41 Abs 1 Nr 1 BZRG) und dem **Verkehrszentralregister** (§ 30 StVG) über den Angeklagten oder über Zeugen können als Urkunden verlesen werden. Dabei ist das Verwertungsverbot des § 51 BZRG zu beachten. Durch die Heranziehung der Straflisten kann, wie bei der Verwertung der zugrunde liegenden Entscheidung, unmittelbar nur bewiesen werden, dass der Angeklagte verurteilt wurde. Ob diese Verurteilung zu Recht erfolgte, muss unter Umständen durch andere Beweismittel festgestellt werden. Die Straflisten sollen erst am Ende der Beweisaufnahme verlesen werden (BGH NJW 1977, 1888).

3. Kirchenbücher

18   Die **Auszüge aus den Kirchenbüchern und Personenstandsregistern** betreffen in erster Linie Geburts-, Heirats- und Sterbeurkunden. Für die Beweisaufnahme genügen regelmäßig einfache Abschriften.

4. Augenscheinsprotokolle

19   **Augenscheinsprotokolle** aus dem laufenden Verfahren dürfen abweichend von § 250 StPO verlesen werden. Die Regelung gilt nur für **richterliche** Protokolle. Bei einem Augenschein durch Staatsanwaltschaft oder Polizei müssen die Beamten als Zeuge vernommen werden. § 249 StPO erfasst Protokolle, die im Ermittlungsverfahren (§ 168 d StPO), im Eröffnungsverfahren (§ 202 StPO) oder durch den beauftragten oder ersuchten Richter (§ 225 StPO) angefertigt wurden. Auch Protokolle über eine Leichenschau nach § 87 Abs 1 StPO, an der ein Richter teilgenommen hat, fallen unter diese Vorschrift. Erklärungen von Angeklagten und Zeugen, die beim Augenschein gemacht und protokolliert wurden, dürfen mitverlesen werden. Zur Überzeugungsbildung in der Hauptverhandlung dürfen sie aber nicht herangezogen werden. Hierfür ist die Vernehmung der Auskunftsperson als Zeuge notwendig (BGH NStZ 1985, 468). Protokolle über einen Augenschein aus früheren Verfahren dürfen nicht zum Beweis der durch den Augenschein festgestellten Tatsache verlesen werden (KK-StPO/Diemer StPO § 249 Rn 20 mwN; Meyer-Goßner StPO § 249 Rn 12).

20   Das Protokoll muss ordnungsgemäß zustande gekommen sein und den Vorschriften der § 168 StPO, § 168 a StPO entsprechen. Wird ein Protokollführer hinzugezogen, muss er

Hauptverhandlung § 249 StPO

vereidigt sein (§ 168 StPO). Wurden die Beteiligten entgegen § 168 d Abs 1 S 2 StPO, § 168 c Abs 5 StPO, § 224 StPO nicht von der Augenscheinseinnahme benachrichtigt, besteht ein **Verwertungsverbot**, wenn der Angeklagte oder der Verteidiger in der Hauptverhandlung der Verwertung widerspricht. Dann kann das Protokoll nur wie ein nichtrichterliches Protokoll behandelt und nur zum Zweck des Vorhalts oder als Gedächtnisstütze verwendet werden.

Wurden anlässlich des Augenscheins Zeugen oder Sachverständige vernommen, dürfen die dabei protokollierten Aussagen nur im Rahmen der § 251 StPO, § 253 StPO, § 256 StPO verlesen werden. 21

D. Formen des Urkundenbeweises

I. Verlesen

Das Verlesen, die gebräuchlichste Form des Urkundenbeweises, erfolgt auf **Anordnung des Vorsitzenden** als Akt der Prozessleitung nach § 238 Abs 1 StPO. Auf Einwendungen der Prozessbeteiligten fasst das Gericht einen entsprechenden Beschluss. Es schadet nicht, wenn das Gericht von vorneherein einen Beschluss fasst (BGH NJW 1985, 1848). Die Urkunde kann vom Vorsitzenden, einem von ihm bestimmten Mitglied des Gerichts oder dem Protokollführer verlesen werden. Der Umfang der Verlesung ergibt sich aus der Aufklärungspflicht. Es ist daher zulässig, nur die Teile eines Schriftstücks zu verlesen, die für die Entscheidung von Bedeutung sind (BGHSt 11, 29, 31; NStZ 1984, 211). Bei nach § 245 StPO herbeigeschafften Urkunden ist das Verlesen eines Teils nur mit Zustimmung des Staatsanwalts, des Verteidigers und des Angeklagten zulässig. Bei einer Vielzahl gleichartiger Urkunden reicht es aus, eine repräsentative Auswahl zu verlesen (Meyer-Goßner StPO § 249 Rn 15). Das Verlesen der Urkunde ist eine wesentliche Förmlichkeit nach § 273 Abs 1 StPO, die zu protokollieren ist. Schweigt das Protokoll über die Verlesung, so gilt diese entsprechend der Beweiskraft des § 274 StPO als nicht erfolgt. Ein Vermerk, dass die Urkunde zum Gegenstand der Verhandlung gemacht wurde, genügt nicht zum Nachweis der Verlesung (BGHSt 11, 29). Werden Urkunden nur auszugsweise verlesen, ist im Protokoll genau anzugeben, welche Teile verlesen wurden (BGH NStZ 2004, 279; NStZ-RR 2007, 52; vgl § 273 StPO Rn 25). 22

Die Protokollierung lautet: 22.1
Auf Anordnung des Vorsitzenden wurde das Schriftstück (genaue Bezeichnung, BGH NStZ 2004, 279), Aktenseite… verlesen.

II. Selbstleseverfahren

Das Selbstleseverfahren nach Abs 2 ersetzt das Verlesen der Urkunde. Es dient in erster Linie der Verfahrensvereinfachung bei der Beweisaufnahme umfangreichen Urkundenmaterials. Wird der Aussagegehalt einer Urkunde durch eine enge Verbindung von Text und Bild bestimmt, wie etwa bei Comics, erfasst das Selbstleseverfahren auch die bildliche Gestaltung (BGH NStZ 2000, 307). Das Selbstleseverfahren wird **vom Vorsitzenden** im Rahmen der Prozessleitung nach § 238 Abs 1 StPO **angeordnet**. Auf Widerspruch eines Beteiligten, der unverzüglich erhoben, aber nicht begründet werden muss, entscheidet das Gericht nach seinem Ermessen unter Berücksichtigung praktischer Gesichtspunkte durch unanfechtbaren (§ 305 StPO) Beschluss. Insbesondere gibt es keine Rangfolge zwischen dem Verlesen und dem Selbstleseverfahren. Die Anordnung ist zu protokollieren, § 249 Abs 2 S 3 StPO. Außerdem muss die Urkunde, die Gegenstand des Selbstleseverfahrens ist, im Protokoll bezeichnet werden. 23

Bis zum Schluss der Beweisaufnahme, nicht erst nach den Schlussvorträgen (BGH NJW 1981, 694), müssen die Richter und die Schöffen, auch Ergänzungsrichter und -schöffen, vom Wortlaut der Urkunde **Kenntnis genommen** haben (BGH NStZ 2005, 160). Ihnen ist ausreichend Gelegenheit zu geben, die Urkunden tatsächlich zu lesen (BGH NStZ 2001, 161). Das kann in Einzelfällen schon vor der Hauptverhandlung geschehen. Bei den übrigen Beteiligten genügt es, dass sie **Gelegenheit zur Kenntnisnahme** gehabt haben. Der Staatsanwalt und der Verteidiger dürfen nicht darauf verwiesen werden, sie hätten bereits früher hierzu Gelegenheit gehabt. Ihnen muss während der Beweisaufnahme genügend Zeit zur 24

25 Der Vorsitzende hat festzustellen, dass die Mitglieder des Gerichts den Wortlaut der Urkunde zur Kenntnis genommen haben und den übrigen Beteiligten Gelegenheit zur Kenntnisnahme gegeben wurde. Bei Bedarf ist ihnen, wie den Richtern und Schöffen, das Original oder eine Ablichtung der Urkunde zur Verfügung zu stellen.

25 Der Vorsitzende hat festzustellen, dass die Mitglieder des Gerichts den Wortlaut der Urkunde zur Kenntnis genommen haben und den übrigen Beteiligten Gelegenheit zur Kenntnisnahme gegeben wurde. Er ist nicht verpflichtet zu überprüfen, ob die Urkunde tatsächlich gelesen wurde. Bestehen aber Zweifel, muss die Verlesung erfolgen (KK-StPO/Diemer StPO § 249 Rn 39). Kontrollfragen der übrigen Beteiligten an die Richter und Schöffen sind nicht zulässig. Die Feststellung ist zu protokollieren. Es handelt sich um eine wesentliche Förmlichkeit im Sinne von § 273 StPO, die an der formellen Beweiskraft des § 274 StPO teilnimmt (BGH NStZ 2000, 47; NStZ 2005, 160). Durch das Protokoll wird aber nur die Feststellung bewiesen, nicht dass sie inhaltlich zutreffend ist. In der Revision kann daher gerügt werden, dass das Gericht die Urkunde nicht zur Kenntnis genommen hat bzw keine Gelegenheit zur Kenntnisnahme bestand. Das hat das Revisionsgericht im Freibeweis aufzuklären.

25.1 Die Protokollierung lautet:
Der Vorsitzende ordnete das Selbstleseverfahren folgender Schriftstücke (genaue Bezeichnung, BGH NStZ 2004, 279) an.
Den Prozessbeteiligten wurde Gelegenheit zur Kenntnisnahme gegeben.
Nach einer angemessenen Unterbrechung zur Hauptverhandlung, in der die Urkunden gelesen werden können, ist folgende Feststellung zu protokollieren:
Es wurde festgestellt, dass die Mitglieder des Gerichts den Wortlaut der Schriftstücke zur Kenntnis genommen haben.

III. Bericht des Vorsitzenden

26 **Der Bericht des Vorsitzenden** kann die Verlesung ersetzen, wenn es nicht auf den Wortlaut der Urkunde ankommt (BGH NJW 1981, 694). Die von der Rspr (BGHSt 1, 94, 96; BGHSt 11, 29; NStZ 1981, 231) zugelassene Art des Urkundenbeweises setzt voraus, dass die Verlesung zulässig wäre und die Verfahrensbeteiligten zustimmen. Auf diese Art und Weise können Urkunden, deren Verlesung nicht nach § 250 StPO, § 256 StPO ausgeschlossen ist, in die Hauptverhandlung eingeführt werden. Der Bericht des Vorsitzenden ist unzulässig, wenn die Aufklärungspflicht die Verlesung gebietet. Der Vorsitzende hat den Inhalt der Urkunde sachlich zu schildern. Eine Würdigung der Beweisbedeutung darf er nicht vornehmen (BGHSt 1, 94, 97). Die Zustimmung der Beteiligten, die Anordnung und die Durchführung des Berichts sind nach § 273 Abs 1 StPO zu protokollieren.

26.1 Die Protokollierung lautet:
Die Prozessbeteiligten erklärten ihre Zustimmung, folgende Urkunden (genaue Bezeichnung, BGH NStZ 2004, 279) durch Bericht des Vorsitzenden in die Hauptverhandlung einzuführen.
Auf Anordnung des Vorsitzenden wurden folgende Urkunden (genaue Bezeichnung) durch Bericht des Vorsitzenden in die Hauptverhandlung eingeführt.

E. Der Vorhalt von Urkunden

27 Der **Vorhalt** von Schriftstücken, durch den der Inhalt einer Urkunde in die Hauptverhandlung eingeführt wird, ist keine Form des Urkundenbeweises, sondern bloßer **Vernehmungsbehelf**. Der Vorhalt einer Urkunde erfolgt, indem der Vorsitzende oder ein anderer Prozessbeteiligter das Schriftstück dem Angeklagten, Zeugen oder Sachverständigen vorhält und mit ihm erörtert. Dazu kann auf den wesentlichen Inhalt der Urkunde hingewiesen oder diese ganz oder teilweise verlesen werden (BGH NJW 1967, 2020). Grundlage der Entscheidung ist dann aber nicht die Urkunde, sondern die von der Auskunftsperson abgegebene Erklärung (BGHSt 6, 141, 143; NJW 1986, 2063; StV 2000, 655). Aus den Urteilsgründen muss sich zweifelsfrei ergeben, dass das Gericht seine Entscheidung auf die Aussage der Auskunftsperson und nicht auf die vorgehaltene Urkunde stützt. Kann die Beweisperson keine Angaben zum Inhalt der Urkunde machen, muss zum förmlichen Urkundenbeweis nach § 249 StPO übergegangen werden. Der Vorhalt ist nur zulässig bei kurzen, leicht verständlichen Schriftstücken, auf deren konkreten Wortlaut es nicht ankommt. Längere, sprachlich schwierige oder schwer verständliche Texte dürfen nicht vorgehalten werden (BGH NStZ 2000, 427). Auch eine Urkunde, die einem Verwertungsverbot unterliegt, darf nicht über den Vorhalt in die Hauptverhandlung eingeführt werden. Die Einschränkungen der § 251 StPO, § 254 StPO stehen einem Vorhalt indes nicht entgegen (BGHSt 11, 338, 340; NJW 1960, 1630, 1631; NJW 1987, 1652, 1653; NStZ 1983, 86).

Vernehmungsprotokolle können den Vernehmungspersonen in der Hauptverhandlung 28 zur Gedächtnisstütze vorgehalten und vorgelesen werden (BGH NJW 1953, 115; NJW 1958, 919). Dabei ist es unzulässig, entgegen § 69 StPO, § 136 StPO sofort das Protokoll vorzuhalten und nur den Inhalt bestätigen zu lassen (BGH NJW 1953, 115). Auch der Vorhalt von **Tonbandaufnahmen** und **Videoaufzeichnungen** ist zu diesem Zweck zulässig (BGH NJW 1960, 1582, 1583). Grundlage der Entscheidung ist aber nur das, was die Verhörsperson in der Hauptverhandlung bekundet. Der Inhalt des Vernehmungsprotokolls darf nicht verwertet werden, wenn sich der Zeuge trotz Vorhalts nicht an die Einzelheiten der Vernehmung erinnern kann. Das gilt auch dann, wenn er versichert, er habe die Vernehmung richtig protokolliert (BGH NJW 1952, 556; NJW 1960, 1630; StV 1994, 413).

Der Vorhalt muss **nicht protokolliert** werden (BGH NJW 1967, 2020; NStZ 2007, 117). 29

F. Revision

Beruhen die Urteilsfeststellungen auf dem Inhalt einer Urkunde, die nicht nach § 249 30 StPO in die Hauptverhandlung eingeführt wurde, kann § 261 StPO verletzt sein. Das Revisionsgericht hat im Freibeweis zu prüfen, ob die Urkunde durch nicht zu protokollierenden Vorhalt zur Kenntnis der Beteiligten gelangt ist (BGH NJW 1968, 997; vgl § 351 StPO Rn 15). Ist die Urkunde wörtlich wiedergegeben, spricht dies gegen einen Vorhalt (BGH StV 2000, 655; StV 1994, 358).

Zur Begründung der Revisionsrüge gehört die Behauptung, die Urkunde sei nicht nach 31 § 249 StPO behandelt und nicht durch Vorhalt in die Verhandlung eingeführt worden (BGH MDR 1987, 981; wistra 1990, 197; NStZ 2007, 235).

Eine Revisionsrüge zum Selbstleseverfahren ist nur zulässig, wenn in der Hauptverhandlung 32 rechtzeitig nach § 249 Abs 2 S 2 StPO widersprochen wurde. Auf einer fehlenden Entscheidung über den Widerspruch wird das Urteil regelmäßig nicht beruhen (Meyer-Goßner StPO § 249 Rn 31). Die Rüge, dass ein Richter keine Kenntnis genommen habe, kann erfolgreich sein, wenn die Kenntnisnahme nicht protokolliert ist (BGH NStZ 2005, 160; NStZ 2006, 512). Eine Klärung im Freibeweis, ob die Kenntnisnahme tatsächlich erfolgt ist, ist nicht zulässig.

§ 250 [Grundsatz der persönlichen Vernehmung]

¹**Beruht der Beweis einer Tatsache auf der Wahrnehmung einer Person, so ist diese in der Hauptverhandlung zu vernehmen.** ²**Die Vernehmung darf nicht durch Verlesung des über eine frühere Vernehmung aufgenommenen Protokolls oder einer schriftlichen Erklärung ersetzt werden.**

Überblick

Nach dem Unmittelbarkeitsgrundsatz ist es untersagt, die Vernehmung eines Zeugen oder Sachverständigen durch den Urkundenbeweis zu ersetzen.

Übersicht

	Rn		Rn
A. Unmittelbarkeitsgrundsatz	1	I. Vernehmungsprotokolle	12
I. Anwendungsbereich	1	II. Schriftliche Erklärungen	13
II. Ersetzen des Personalbeweises	3	**C. Wahrnehmungen**	16
III. Zeuge vom Hörensagen	8	I. Grundsatz	16
1. Grundsatz	8	II. Sachverständigengutachten	17
2. Verdeckte Ermittler	9	**D. Revision**	18
3. Beweiswert	10		
B. Protokolle und schriftliche Erklärungen	12		

A. Unmittelbarkeitsgrundsatz
I. Anwendungsbereich

1 Der in § 250 StPO normierte **Unmittelbarkeitsgrundsatz**, der keinen Verfassungsrang besitzt (BVerfG NJW 1953, 177), untersagt es, die Vernehmung eines Zeugen oder Sachverständigen durch die Verlesung von Urkunden zu ersetzen. Hierdurch soll dem Gericht ermöglicht werden, sich einen persönlichen Eindruck von dem Zeugen zu verschaffen. Gleichzeitig wird das Fragerecht des Angeklagten gesichert (BGH NJW 1980, 464; vgl zum Recht auf konfrontative Befragung BGH NStZ 2007, 167). Zu diesem Zweck wird im **Strengbeweisverfahren der Vorrang des Personalbeweises vor dem Urkunden- und Augenscheinsbeweis** statuiert (BGH NJW 1954, 1415; NJW 1961, 327). Dabei spielt es keine Rolle, ob der Zeuge oder Sachverständige zufällig oder im Auftrag der Ermittlungsbehörden seine Wahrnehmungen gemacht hat (BGH NJW 1985, 1789, 1790).

Innerhalb des Zeugenbeweises gibt es keine Rangfolge. Der unmittelbare Zeuge und der Zeuge vom Hörensagen sind nach § 250 StPO gleichberechtigt. Allerdings wird der Aufklärungsgrundsatz (§ 244 StPO Rn 11) regelmäßig eine Vernehmung des unmittelbaren Zeugen gebieten (BGH NJW 1952, 153; NJW 1968, 1876; NStZ 1984, 36, 37). Auch die **Videovernehmung** nach § 247a StPO hat keinen Vorrang vor der Vernehmung des Zeugen vom Hörensagen (vgl § 247a StPO Rn 8 mwN).

2 **Ausnahmen** vom Unmittelbarkeitsprinzip gelten im beschleunigten Verfahren, § 420 Abs 1 StPO und im Verfahren nach einem Einspruch gegen einen Strafbefehl, § 411 Abs 2 S 2 StPO, § 420 Abs 1 StPO. Darüber hinaus kann mit Zustimmung der Beteiligten nach § 251 Abs 1 Nr 1 StPO, § 251 Abs 2 Nr 3 StPO, § 255a Abs 1 StPO vom Unmittelbarkeitsgrundsatz abgewichen werden.

II. Ersetzen des Personalbeweises

3 § 250 StPO verbietet nur die **Ersetzung**, nicht die **Ergänzung** des Personalbeweises (BGH NJW 1965, 874; NStZ 1995, 609). Es ist danach zulässig, **neben** der persönlichen Vernehmung des Zeugen schriftliche Protokolle zu verlesen oder Bild-Ton-Aufzeichnungen früherer Vernehmungen vorzuspielen (BGH NJW 2004, 1468; NStZ-RR 2008, 48). Hierdurch wird die schriftlich festgehaltene Äußerung im Wege des Urkundenbeweises in die Hauptverhandlung eingeführt (BGH NJW 1965, 874). So kann die mündliche Aussage unterstützt oder auf ihre Richtigkeit überprüft werden.

4 Erklärt ein Zeuge, er erinnere sich nicht mehr, habe aber damals richtige Angaben gemacht, wird durch die zulässige Verlesung der Inhalt der Urkunde für das Verfahren festgestellt, wenn der Zeuge die Verantwortung für den Inhalt des Protokolls übernimmt (OLG Hamm NJW 1977, 2090). Wird die Urkunde nicht verlesen und auch die Verhörsperson nicht vernommen, ist der Inhalt der Vernehmung nicht wirksam in die Hauptverhandlung eingeführt (OLG Karlsruhe StV 2007, 630).

5 Verweigert ein Zeuge nach § 55 StPO die Aussage, kann eine von ihm selbst verfasste **schriftliche Erklärung** jedenfalls dann zu Beweiszwecken verlesen werden, wenn er nur teilweise von seinem Auskunftsverweigerungsrecht Gebrauch macht (BGH NJW 1987, 1093; mAnm Dölling NStZ 1988, 6). Bereits die Aussage, die schriftliche Erklärung stamme von ihm, wird als Teileinlassung gewertet (vgl zur Verlesbarkeit eines Vernehmungsprotokolls gemäß § 251 BGH NJW 2002, 309; NJW 2007, 2195).

6 Der Benutzung schriftlicher Unterlagen als **Gedächtnisstütze** durch den Zeugen oder Sachverständigen steht § 250 StPO nicht entgegen.

7 Ebenso können, soweit kein Verwertungsverbot besteht, **Vorhalte** gemacht werden. Bestätigt der Zeuge die vorgehaltenen Tatsachen, werden sie zum Inhalt seiner Aussage (BGH StV 1991, 197).

III. Zeuge vom Hörensagen
1. Grundsatz

8 Die Vorschrift begründet **keinen allgemeinen Grundsatz**, dass stets das sachnächste Beweismittel herangezogen werden muss. Die Vernehmung des Zeugen vom Hörensagen

(§ 261 StPO Rn 52; vgl Detter NStZ 2003, 1; KK-StPO/Diemer StPO § 250 Rn 10) ist grundsätzlich zulässig. Die Aufklärungspflicht gebietet zwar regelmäßig, aber nicht immer die Vernehmung des sachnäheren Zeugen (BVerfG NJW 1981, 1719, 1721; NStZ 1991, 445; BGH NStZ 2004, 50). Das gilt selbst in den Fällen, in denen der unmittelbare Zeuge geladen werden könnte (Meyer-Goßner StPO § 250 Rn 4). Ob der Zeuge vom Hörensagen zufällig oder im Auftrag der Ermittlungsbehörden seine Wahrnehmungen gemacht hat, spielt keine Rolle (BGH NJW 1985, 1789, 1790). Von besonderer Bedeutung ist die Vernehmung der Verhörspersonen, die den Inhalt der Aussagen von ihnen vernommener Personen mitteilen (BGH NJW 1952, 1265, 1266; NJW 1960, 1630). In Betracht kommen auch Ermittlungsbeamte, die den Inhalt der Aufzeichnung aus einer Telekommunikationsüberwachung in die Hauptverhandlung einführen (BGH NJW 1977, 1545, 1546; NStZ 2002, 493, 494).

2. Verdeckte Ermittler

Von der Polizei eingesetzte **V-Leute** (§ 110a StPO Rn 5) oder **verdeckte Ermittler** (§ 110a StPO Rn 1) stehen vielfach nicht als Zeuge zur Verfügung. Im Interesse der persönlichen Sicherheit oder einer wirksamen Bekämpfung der Kriminalität erlassen die Justiz- und Polizeibehörden in vielen Fällen Sperrerklärungen oder verweigern die Aussagegenehmigung nach § 54 StPO, um die Identität oder den Aufenthalt des Zeugen geheim zu halten. An die von der obersten Dienstbehörde verweigerte Freigabe des Zeugen ist das Gericht gebunden, wenn die Begründung nicht offensichtlich missbräuchlich oder ermessensfehlerhaft ist. In diesen Fällen kann das Wissen des verdeckten Ermittlers durch einen Beamten, der den anonymen Ermittler vernommen hat, in die Hauptverhandlung eingeführt werden (BGH NStZ 1984, 36; BVerfG NJW 1992, 168). Eine mittelbare Befragung kann dadurch erfolgen, dass dem unbekannten Zeugen ein Fragenkatalog übermittelt wird und die Antworten wiederum durch den Zeugen vom Hörensagen in die Hauptverhandlung eingeführt werden (BGH NStZ 1993, 292). Ergeben sich aus der Akte Hinweise auf den gesperrten Ermittler, muss das Gericht sich darum bemühen, den Namen festzustellen und seine unmittelbare Vernehmung zu ermöglichen (BGH StV 1993, 113). Liegt keine Sperrerklärung vor und kennt das Gericht den Namen und die Anschrift des Ermittlers, muss er von Amts wegen geladen werden (BGH StV 1989, 518). Von der Sperrerklärung der obersten Dienstbehörde ist die bloße **Vertraulichkeitszusage** der Polizei oder Staatsanwaltschaft zu unterscheiden, an die das Gericht nicht gebunden ist (BGHSt 35, 82). Nicht zulässig ist ein „**in camera-Verfahren**", bei dem die Kenntnisnahme von Unterlagen oder Aussagen auf das Gericht beschränkt bleibt (BGH NJW 2000, 1661).

3. Beweiswert

Der **Beweiswert** der Aussage des Zeugen vom Hörensagen ist **eingeschränkt** (vgl § 261 StPO Rn 52). Das Gericht muss die Aussage besonders sorgfältig und kritisch prüfen, sich der Grenzen seiner Überzeugungsbildung bewusst sein und dies in den Urteilsgründen zum Ausdruck bringen (BGH NJW 1962, 1876; NJW 1986, 1766; NJW 2004, 1259, 1260). Je höher die Zahl der Glieder zwischen dem unmittelbaren Zeugen und dem in der Hauptverhandlung vernommenen Zeugen vom Hörensagen ist, desto sorgfältiger und kritischer ist die Aussage zu würdigen (BGH NJW 1986, 1766).

Die Urteilsfeststellungen dürfen regelmäßig nicht allein auf die Angaben des Zeugen vom Hörensagen gestützt werden. Erforderlich ist vielmehr, dass die Angaben in sich widerspruchsfrei sind und durch andere wichtige Beweisanzeichen bestätigt werden (BGH NJW 1996, 1547, 1550 mwN; StV 1997, 7; NStZ 2002, 656). In Betracht kommen insoweit die Bestätigung des Tathergangs durch eine Observation (BGH NStZ 1994, 502), die Sicherstellung von Tatmittel, Beute oder Rauschgift (BGH NStZ 1994, 502; NStZ 1997, 294) sowie einschlägige Vorstrafen (BGH NStZ-RR 1997, 302). Ein hoher Beweiswert liegt auch vor, wenn die Angaben des Zeugen vom Hörensagen mit anderen Beweismitteln so verflochten sind, dass sie in einer Gesamtbetrachtung ein stimmiges Ganzes ergeben (Nack Kriminalistik 1999, 171 mwN). Ist der verdeckte Ermittler dem Angeklagten und dem Vernehmungsbeamten persönlich bekannt, kann dies ausreichen, um die Einschränkung des Beweiswerts zu kompensieren (BGH NStZ 1992, 141; BVerfG StV 1997, 1).

B. Protokolle und schriftliche Erklärungen

I. Vernehmungsprotokolle

12   **Protokolle über frühere Vernehmungen** müssen im vorliegenden oder in einem anderen Verfahren zu **Beweiszwecken** aufgenommen worden sein (BGH NJW 1954, 1415; NJW 1965, 874; wistra 2000, 432). Es kann sich auch um Protokolle aus einem Zivilverfahren handeln. Unerheblich ist, wer das Protokoll aufgenommen hat. Der Begriff umfasst Vernehmungen durch Polizei, Staatsanwaltschaft, Gericht oder andere Behörden. Die **Aktennotiz** eines Ermittlungsbeamten über Angaben eines Beschuldigten, der die Protokollierung verweigert, ist weder ein Vernehmungsprotokoll noch eine schriftliche Erklärung des Beschuldigten (BGH NStZ 1992, 48).

II. Schriftliche Erklärungen

13   Auch **schriftliche Erklärungen** müssen zu Beweiszwecken im vorliegenden oder einem anderen Verfahren angefertigt worden sein und sich zu dem für das gegenständliche Verfahren wesentlichen Beweisthema äußern (BGH NJW 1954, 1497; NStZ 1982, 79; vgl Dölling NStZ 1988, 6; einschränkend BGH Urt v 7. 1. 1964 – Az 5 StR 306/62: nur in demselben Verfahren abgegebene Erklärung). Hierzu gehören Strafanzeigen, Observationsberichte, Erklärungen zu früheren Vernehmungen, Antworten auf Auskunftsersuchen der Polizei, aber auch vom Zeugen angefertigte Skizzen oder Pläne, wenn es auf ihren gedanklichen Inhalt ankommt (BGH NJW 1962, 2361). Eine nur mündlich erstattete und vom entgegennehmenden Beamten schriftlich fixierte Strafanzeige ist keine schriftliche Erklärung (BGH BeckRS 2008, 04066). Auch Tonbandaufnahmen, die die Äußerungen wiedergeben, dürfen nicht vorgespielt werden (Meyer-Goßner StPO § 250 Rn 2). Vom Zeugen aufgenommene Lichtbilder und Filme belegen nur den objektiven Zustand einer Sache und fallen daher nicht unter das Verlesungsverbot.

14   Schriftliche Erklärungen des **Angeklagten** im vorliegenden Verfahren dürfen auch verlesen werden, wenn er in der Hauptverhandlung schweigt (BGH NStZ 1994, 184, 185). Erklärungen anderer Personen, etwa des Verteidigers, dürfen dem Angeklagten nur zugerechnet werden, wenn er ausdrücklich kund tut, dass er die Äußerung als eigene gelten lassen will (BGH NStZ 1994, 184, 185). Es genügt nicht, wenn er es nur unterlässt, der Verlesung zu widersprechen.

15   **Dienstliche Erklärungen** eines erkennenden Richters über Wahrnehmungen aus einer früheren Hauptverhandlung dürfen nicht für die Schuld- und Straffrage verwertet werden (BGH NStZ 2002, 491). Das Gleiche gilt für Wahrnehmungen des beauftragten Richters über Umstände zur Glaubwürdigkeit des vernommenen Zeugen (BGH NJW 2000, 1204, 1205). Geht es um Umstände, die dem Freibeweis (§ 244 StPO Rn 8) zugänglich sind, bei Verfahrenshindernissen oder Verwertungsverboten, können dienstliche Erklärungen verlesen werden. Dasselbe gilt zur Beantwortung der Frage, ob ein als Zeuge benannter Richter beweisrelevante Wahrnehmungen gemacht hat (BGH NStZ 2003, 558, 559). Auch leicht überschaubare Informationen, die der Richter **im erkennenden Verfahren** wahrnehmen musste, können im Wege der dienstlichen Erklärung und zur Vorbereitung einer Entscheidung darüber, wie das Verfahren fortzusetzen ist, verlesen werden (BGH NJW 1993, 2758; NJW 1998, 1234, 1235; NJW 2000, 1204, 1205).

C. Wahrnehmungen

I. Grundsatz

16   Das Unmittelbarkeitsprinzip gilt nur für **Wahrnehmungen einer Beweisperson** und erfasst schriftlich fixierte Erklärungen über Vorgänge und Zustände der Außenwelt, die eine Person mit einem oder mehreren ihrer fünf Sinne wahrgenommen hat (BGH NJW 1954, 1415; NJW 1977, 1545). Hierzu gehören auch innere Empfindungen, die durch die Wahrnehmung unmittelbar ausgelöst wurden, sowie Eindrücke, Gedanken, Beweggründe, Affekte und andere geistig-seelische Vorgänge, die an die Wahrnehmung anknüpfen (BGH NJW 1970, 573, 574). Keine personengebundene Wahrnehmung liegt vor bei der Herstellung von

Übersetzungen, Abschriften, Ablichtungen, Abrechnungs- oder Buchungsstreifen (BGH NJW 1961, 327). Das Gleiche gilt für das Niederschreiben abgehörter Tonträgeraufnahmen (BGH NJW 1977, 1545). In diesen Fällen hat der Ersteller die festgehaltene Tatsache nur im Rahmen seiner technischen Hilfstätigkeit wahrgenommen. Wenn die Verwertung des Originals zulässig ist, kann auch die Kopie als Urkunde verlesen werden.

II. Sachverständigengutachten

Sachverständigengutachten fallen ebenfalls unter das Verlesungsverbot. Dabei spielt es keine Rolle, ob der Sachverständige seine Sachkunde auf einen konkreten Sachverhalt anwendet oder nur abstrakte Erfahrungssätze vermittelt (**aA** OLG Stuttgart NJW 1976, 1852, wonach abstrakte Gutachten verlesen werden können). Feststellungen, die der Sachverständige auf Grund seines Sachwissens ermittelt, so genannte Befundtatsachen (§ 79 StPO Rn 3), werden durch das Gutachten in die Hauptverhandlung eingeführt (BGH NJW 1956, 1526; NJW 1963, 401; NJW 1979, 609, 610). Er darf allerdings keine Untersuchungsergebnisse vortragen, die ein anderer, nicht angehörter Sachverständiger ermittelt hat (BayObLG DAR 1965, 286). Das Unmittelbarkeitsprinzip ist nicht verletzt, wenn der Sachverständige ergänzend sein schriftliches Gutachten verliest (OLG Stuttgart NJW 1979, 559, 560). Für Zusatztatsachen (§ 79 StPO Rn 3) ist der Sachverständige wie ein Zeuge zu behandeln. Verweigert die Auskunftsperson in der Hauptverhandlung berechtigt die Aussage, kann der Sachverständige weder als Sachverständiger noch als Zeuge zu den Zusatztatsachen vernommen werden (BGH NJW 1959, 828, 829). 17

D. Revision

Mit der Revision kann nicht gerügt werden, dass die Beweisaufnahme gegen das Unmittelbarkeitsprinzip verstoße. Die Revision kann nur mit einer Verletzung der Aufklärungspflicht begründet werden. Hierfür muss konkret dargelegt werden, der Tatrichter habe unter Verstoß gegen seine Aufklärungspflicht statt der gebotenen Vernehmung eines Zeugen eine Urkunde verlesen und diese im Urteil verwertet. Die Revisionsrüge muss den Inhalt und den Aussteller des verlesenen Schriftstücks bezeichnen. Außerdem ist darzulegen, warum sich dem Gericht die Vernehmung des Zeugen aufgedrängt und was dieser gesagt hätte (BGH StV 1988, 91). Kommt die zulässige Verlesung des Schriftstücks als Ergänzung der Zeugenaussage in Betracht, muss sich die Revision hierzu äußern (BGH NStZ 1995, 609). 18

§ 251 [Verlesung von Protokollen]

(1) Die Vernehmung eines Zeugen, Sachverständigen oder Mitbeschuldigten kann durch die Verlesung einer Niederschrift über eine Vernehmung oder einer Urkunde, die eine vom ihm stammende schriftliche Erklärung enthält, ersetzt werden,

1. wenn der Angeklagte einen Verteidiger hat und der Staatsanwalt, der Verteidiger und der Angeklagte damit einverstanden sind;

2. wenn der Zeuge, Sachverständige oder Mitbeschuldigte verstorben ist oder aus einem anderen Grunde in absehbarer Zeit gerichtlich nicht vernommen werden kann;

3. soweit die Niederschrift oder Urkunde das Vorliegen oder die Höhe eines Vermögensschadens betrifft.

(2) Die Vernehmung eines Zeugen, Sachverständigen oder Mitbeschuldigten darf durch die Verlesung der Niederschrift über seine frühere richterliche Vernehmung auch ersetzt werden, wenn

1. dem Erscheinen des Zeugen, Sachverständigen oder Mitbeschuldigten in der Hauptverhandlung für eine längere oder ungewisse Zeit Krankheit, Gebrechlichkeit oder andere nicht zu beseitigende Hindernisse entgegenstehen;

2. dem Zeugen oder Sachverständigen das Erscheinen in der Hauptverhandlung wegen großer Entfernung unter Berücksichtigung der Bedeutung seiner Aussage nicht zugemutet werden kann;

3. der Staatsanwalt, der Verteidiger und der Angeklagte mit der Verlesung einverstanden sind.

(3) Soll die Verlesung anderen Zwecken als unmittelbar der Urteilsfindung, insbesondere zur Vorbereitung der Entscheidung darüber dienen, ob die Ladung und Vernehmung einer Person erfolgen sollen, so dürfen Vernehmungsniederschriften, Urkunden und andere als Beweismittel dienende Schriftstücke auch sonst verlesen werden.

(4) ¹In den Fällen der Absätze 1 und 2 beschließt das Gericht, ob die Verlesung angeordnet wird. ²Der Grund der Verlesung wird bekanntgegeben. ³Wird die Niederschrift über eine richterliche Vernehmung verlesen, so wird festgestellt, ob der Vernommene vereidigt worden ist. ⁴Die Vereidigung wird nachgeholt, wenn sie dem Gericht notwendig erscheint und noch ausführbar ist.

Überblick

Die Vorschrift lässt Ausnahmen vom Unmittelbarkeitsgrundsatz zu. Nach Abs 1 kann die Vernehmung der Beweisperson durch das Verlesen von Vernehmungsprotokollen und Schriftstücken, nach Abs 2 durch das Verlesen von richterlichen Vernehmungsprotokollen ersetzt werden.

Übersicht

	Rn		Rn
A. Regelungsgehalt	1	I. Richterliche Protokolle	23
B. Zeugen, Sachverständige und Mitbeschuldigte	4	1. Begriff	23
		2. Wirksamkeit	24
C. Verlesen von Protokollen und Urkunden nach Abs 1	5	II. Unmöglichkeit der Vernehmung nach Abs 2 Nr 1	30
I. Grundsatz	5	III. Unzumutbarkeit des Erscheinens nach Abs 2 Nr 2	31
II. Einverständnis nach Abs 1 Nr 1	9	IV. Einverständnis nach Abs 2 Nr 3	32
III. Unmöglichkeit der Vernehmung nach Abs 1 Nr 2	16	E. Verlesen im Freibeweisverfahren nach Abs 3	33
1. Tatsächliche Gründe	16		
2. Rechtliche Gründe	19	F. Das Verfahren nach Abs 4	35
IV. Feststellen eines Vermögensschadens nach Abs 1 Nr 3	22	G. Revision	40
D. Verlesen von Protokollen nach Abs 2	23		

A. Regelungsgehalt

1 Die Vorschrift gestattet als **Ausnahme vom Unmittelbarkeitsgrundsatz** (§ 250 StPO Rn 1) die unmittelbare Beweisaufnahme durch das Verlesen von Schriftstücken. In den explizit angeführten Fällen kann die **persönliche Vernehmung ersetzt** werden. Das Verlesen ist aber nur ausreichend, wenn die Aufklärungspflicht (§ 244 StPO Rn 10) nicht entgegensteht.

2 Die Verwertung einer Urkunde neben der persönlichen Vernehmung der Beweisperson ist jederzeit möglich (BGH NStZ-RR 2008, 48; NJW 2007, 2341, 2342). Die Begriffe Vernehmungsprotokoll und schriftliche Erklärung sind mit denen in § 250 StPO identisch (vgl § 250 StPO Rn 12) Auch **Aufnahmen auf Tonträger** dürfen im Rahmen von § 251 StPO vorgespielt werden (Meyer-Goßner StPO § 251 Rn 2). Für **Videoaufnahmen** verweist § 255 a StPO auf § 251 StPO.

Hauptverhandlung § 251 StPO

Zu den Vernehmungsprotokollen in Abs 1 gehören richterliche und nichtrichterliche 3
Niederschriften über eine Vernehmung. Unter den Voraussetzungen des Abs 2 dürfen nur richterliche Protokolle verlesen werden. Abs 3 regelt die Verlesung außerhalb des Strengbeweisverfahrens (§ 244 StPO Rn 8). In Abs 4 wird das in den Fällen von Abs 1 u Abs 2 zu beachtende Verfahren normiert.

B. Zeugen, Sachverständige und Mitbeschuldigte

Die Zulässigkeit der Verlesung knüpft an die Stellung der Auskunftsperson an, die sie im 4
vorliegenden Verfahren hätte (BGH NJW 1957, 918; NStZ 1984, 464). Unter Mitbeschuldigtem ist ein früherer Mitbeschuldigter zu verstehen, dessen Verfahren erledigt oder abgetrennt ist (BGH NJW 1957, 918; NStZ 1984, 464). Die Vernehmung eines Zeugen, der früher als Beschuldigter vernommen wurde, kann durch Verlesen seiner Beschuldigtenvernehmung ersetzt werden, auch wenn diese in einem anderen Verfahren erfolgte. In diesem Fall ist allerdings der geringere Beweiswert der Aussage eines Beschuldigten zu beachten (BGH NJW 1957, 918, 919). Darüber hinaus darf nicht übersehen werden, dass der frühere Beschuldigte in seiner neuen Rolle als Zeuge ein Zeugnis- oder Auskunftsverweigerungsrecht haben könnte, über das er noch nicht belehrt wurde und das der Verlesung entgegensteht (vgl Rn 15).

C. Verlesen von Protokollen und Urkunden nach Abs 1

I. Grundsatz

Nach Abs 1 können **richterliche und nichtrichterliche Vernehmungsniederschrif-** 5
ten sowie **schriftliche Erklärungen** der Beweisperson verlesen werden. Das Protokoll muss nicht in einem Strafverfahren angefertigt worden sein. Verlesbar sind auch Protokolle anderer, auch ausländischer Behörden. Vernehmungsniederschriften aus dem Ausland müssen aber als Beweismittel zur Verwertung im Strafverfahren zur Verfügung gestellt worden sein, die bloße Überlassung zu Informationszecken genügt nicht (BGH NJW 1987, 2168, 2171). Zwischen den verlesbaren Urkunden gibt es keine Rangordnung. Ein polizeiliches Protokoll darf auch dann verlesen werden, wenn eine richterliche Vernehmungsniederschrift existiert (BGH NJW 1964, 1868; NStZ 1986, 469). Das Gericht hat bei der Auswahl der zu verlesenden Schriftstücke nur die Aufklärungspflicht (§ 244 StPO Rn 10) zu beachten.

Das nichtrichterliche Protokoll ist an keine **Formvorschriften** gebunden. Das Fehlen der 6
Unterschrift des Vernehmungsbeamten (BGH NJW 1954, 361) oder der Auskunftsperson (OLG Düsseldorf StV 1984, 107) schadet nicht. Das Protokoll muss auch dem Zeugen nicht vorgelesen und von ihm genehmigt worden sein. Ist die Identität des Zeugen, etwa bei einem V-Mann, nicht bekannt, kann das Protokoll ebenfalls verlesen werden. An die Beweiswürdigung sind in diesem Fall aber strenge Maßstäbe anzulegen (BGH NStZ 1986, 278). Das Gleiche gilt bei einem Zeugen, der einen falschen Namen benutzt hat (Fischer NJW 1974, 68; **aA** OLG Frankfurt NJW 1973, 2074, das eine Verlesung für unzulässig erachtet).

Fehlerhafte richterliche Vernehmungsprotokolle (vgl Rn 24) können als nichtrichterliche 7
Niederschriften verlesen werden. Das Gericht muss sich aber des geringeren Beweiswerts bewusst sein und nach § 265 StPO auf die Verwertung als nichtrichterliche Vernehmung hinweisen (BGH NStZ 1998, 312).

Der Begriff **schriftliche Erklärung** ist mit dem in § 250 StPO identisch (§ 250 StPO 8
Rn 13). Die Aktennotiz eines Ermittlungsbeamten über Angaben eines Beschuldigten, der die Protokollierung verweigert, ist weder als Vernehmungsprotokoll noch als schriftliche Erklärung des Beschuldigten verlesbar (BGH NStZ 1992, 48). Das Gleiche gilt für eine mündlich erstattete und von dem Polizeibeamten schriftlich angefertigte Strafanzeige (BGH BeckRS 2008, 04066).

II. Einverständnis nach Abs 1 Nr 1

Mit **Einverständnis** der Prozessbeteiligten können ein Vernehmungsprotokoll oder eine 9
schriftliche Erklärung verlesen werden. Erforderlich ist, dass der Angeklagte einen Wahl- oder Pflichtverteidiger hat und auch dieser der Verlesung zustimmt. Hat der Angeklagte

StPO § 251

mehrere Verteidiger, müssen alle zustimmen. Richtet sich das Verfahren gegen mehrere Angeklagte, muss nur derjenige zustimmen, dessen Tat durch die Verlesung betroffen ist. Wird in Abwesenheit des Angeklagten verhandelt, ist sein Einverständnis nicht erforderlich, § 234a StPO (vgl § 234a StPO Rn 7; BGH NJW 1952, 1345; KK-StPO/Diemer StPO § 251 Rn 11). Bei zeitweiliger Abwesenheit des Angeklagten nach § 247 StPO ist sein Einverständnis einzuholen.

10 Betrifft die Verlesung die Rechte von **Nebenbeteiligten** (§ 433 Abs 1 S 1 StPO, § 442 StPO, § 444 Abs 2 S 2 StPO), ist deren Zustimmung ebenfalls notwendig. Privatkläger und Nebenkläger müssen nicht zustimmen, sie sind nur anzuhören (Meyer-Goßner StPO § 251 Rn 26; § 397 StPO Rn 9; Die Entscheidung des BGH NJW 1979, 1310, wonach der Nebenkläger zustimmen muss, ist durch das OpferschutzG v 18. 12. 1986 überholt). Im **Jugendstrafverfahren** muss der Beistand nach § 69 JGG zustimmen.

11 Die Zustimmung kann auch konkludent erteilt werden (BGH NJW 1956, 1367; NJW 1984, 65, 66). Das **Schweigen** des Angeklagten zur ausdrücklichen Zustimmung seines Verteidigers kann als stillschweigendes Einverständnis gewertet werden (BayObLG NJW 1978, 1817). Das Schweigen des Verteidigers kann hingegen nur dann als Zustimmung angesehen werden, wenn ihm bewusst ist, dass es auf seine Einwilligung ankommt und er der Verlesung nicht widerspricht (BGH NStZ 1983, 325; NStZ 1985, 376; NJW 1984, 65 f; NStZ 1986, 207).

12 Das Einverständnis kann schon vor der Hauptverhandlung erklärt werden. Es wird mit der Verlesung bindend. Während nach überwiegender Meinung die Zustimmung bis zur Verlesung widerrufbar ist, hält das OLG Koblenz die Zustimmung für unwiderruflich (VRS 57, 116). Beide Ansichten vermögen nicht zu überzeugen. Hat ein Beteiligter vor der Hauptverhandlung einer Verlesung zugestimmt, liegt eine mit § 325 StPO vergleichbare Situation vor. Im Rahmen der Berufungsverhandlung erfahren die Beteiligten vor der Hauptverhandlung, wen das Gericht geladen hat. Bei den nicht geladenen, in der ersten Instanz vernommenen Zeugen müssen sie davon ausgehen, dass das Gericht eine Verlesung nach § 325 StPO ins Auge gefasst hat. Wollen sie der Verlesung widersprechen, müssen sie das rechtzeitig tun. Nach dem Rechtsgedanken von § 325 StPO kann daher ein vor der Hauptverhandlung ausdrücklich erklärtes Einverständnis zur Verlesung nach § 251 StPO nur rechtzeitig widerrufen werden.

13 Das Einverständnis kann nach der Verlesung nicht widerrufen und in der Revision nicht angefochten werden (BGH NStZ 1997, 611). Ist die Verlesung ohne Zustimmung ausgeführt, kann der Verstoß durch nachträgliche Erklärung geheilt werden (Meyer-Goßner StPO § 251 Rn 28).

14 Die Aufklärungspflicht (§244 StPO Rn 10) nach § 244 Abs 2 StPO wird durch das Einverständnis nicht eingeschränkt (BGH NJW 1957, 918). Sie kann trotz der Zustimmung die persönliche Vernehmung der Beweisperson gebieten. Dies gilt etwa dann, wenn die Vernehmungsniederschrift unklar ist (OLG Celle StV 1991, 294), die Feststellung der Glaubwürdigkeit des Zeugen in Rede steht (BGH NStZ 1988, 37) oder der Aussage des Zeugen eine entscheidende Bedeutung für das Urteil zukommt (OLG Köln StV 1998, 585). Ist die Beweisperson nicht erreichbar, kann die ergänzende Vernehmung der Verhörsperson geboten sein (RGSt 67, 254).

15 Die Verlesung ist trotz des Einverständnisses unzulässig, wenn bei der früheren Vernehmung gegen die Belehrungspflicht nach § 52 Abs 3 StPO (s § 52 StPO Rn 28) verstoßen wurde oder ein Fall des § 136a StPO (§ 136a StPO Rn 28) vorliegt. Ausländische Protokolle müssen den deutschen Ermittlungsbehörden zur Verwendung im Strafverfahren zur Verfügung gestellt worden sein. Die bloße Überlassung zu Informationszwecken genügt nicht (BGH NJW 1987, 2168, 2171).

III. Unmöglichkeit der Vernehmung nach Abs 1 Nr 2

1. Tatsächliche Gründe

16 Ist die Vernehmung aus **tatsächlichen Gründen** nicht möglich, kommt die Verlesung von Urkunden nach Abs 1 Nr 2 in Betracht. Die Bestimmung ist enger als die Regelung in Abs 2 Nr 1. Während bei der Verlesung richterlicher Protokolle die Verhinderung für eine

längere, aber absehbare Zeit genügt, ist bei nichtrichterlichen Protokollen erforderlich, dass die Möglichkeit einer Vernehmung nicht absehbar ist. Dies gilt neben dem Tod der Beweisperson auch dann, wenn die Voraussetzungen der Unerreichbarkeit im Sinne des § 244 Abs 3 S 2 StPO (vgl § 244 StPO Rn 69) vorliegen. Das ist der Fall bei **Krankheit, Gebrechlichkeit, unbekanntem Aufenthalt** oder einem Zeugen, der sich **im Ausland** aufhält und sich weigert, in der Hauptverhandlung auszusagen. Unerreichbarkeit liegt auch vor, wenn die oberste Dienstbehörde Namen und Aufenthalt eines **V-Mannes** nicht preisgibt (BGH NJW 1980, 464).

Dafür, ob ein Zeuge in absehbarer Zeit gerichtlich nicht vernommen werden kann, gibt 17 es keinen für alle Fälle gültigen Maßstab. Die Entscheidung, ob diese Voraussetzung gegeben ist, erfordert vielmehr eine Abwägung der Bedeutung der Sache und der Wichtigkeit der Zeugenaussage für die Wahrheitsfindung einerseits gegen das Interesse an einer reibungslosen und beschleunigten Durchführung des Verfahrens andererseits unter Berücksichtigung der Pflicht zur erschöpfenden Sachaufklärung. Die sich hieraus ergebenden Bemühungen des Gerichts, die unmittelbare Vernehmung eines Zeugen trotz erheblicher Schwierigkeiten zu ermöglichen, müssen der Bedeutung der Aussage angemessen sein (BGH NJW 1968, 1485, 1486). Bei einem wichtigen Zeugen muss in einem Schwurgerichtsverfahren eine Verzögerung von fünf Wochen hingenommen werden (BGH NStZ-RR 1997, 268). Ist einem Zeugen die Anreise aus dem Urlaub nicht zumutbar, muss die Hauptverhandlung um ein oder zwei Sitzungstage verlängert werden, um eine persönliche Vernehmung zu ermöglichen (BGH StV 1983, 444). Bei **kranken** und **gebrechlichen** Zeugen sowie bei einem Zeugen **im Ausland**, der sich weigert, in der Hauptverhandlung auszusagen, muss das Gericht alle zumutbaren Anstrengungen unternehmen, um den Zeugen zum Erscheinen in der Hauptverhandlung zu veranlassen (BGH NJW 1968, 1485). Insbesondere ist auf eine Überstellung im Wege der Rechtshilfe hinzuwirken (BGH NJW 2000, 2517). Gelingt das nicht, muss geprüft werden, ob eine kommissarische Vernehmung möglich ist (BGH StV 1992, 458). Dabei steht eine konsularische Vernehmung der eines inländischen Gerichts gleich (Meyer-Goßner StPO § 251 Rn 33). Wenn nur die persönliche Vernehmung zur Erforschung der Wahrheit ausreichend ist, kann von vorneherein auf eine kommissarische Vernehmung verzichtet werden. In diesem Fall kann die Verlesung des Protokolls sogleich angeordnet werden (BGH NJW 1960, 54). Bei einem Zeugen, dessen Aufenthalt nicht bekannt ist, muss das Gericht versuchen, seinen Aufenthaltsort zu ermitteln. Allein der Umstand, dass ihm keine Ladung zugestellt werden kann, genügt nicht für die Annahme, er sei unbekannten Aufenthalts (BGH NStZ 1982, 78; NStZ 1993, 50). Eine Verlesung ist auch zulässig, wenn für den Zeugen oder seine Familie bei wahrheitsgemäßer Aussage eine konkrete Gefahr für Leib oder Leben besteht (BGH NStZ 1993, 350). In diesem Fall muss aber zunächst geprüft werden, ob durch geeignete Maßnahmen, etwa den Ausschluss der Öffentlichkeit, der Gefahr begegnet werden kann (BGH NJW 1969, 669). Kann ein Zeuge in der Hauptverhandlung nicht abschließend vernommen werden, beispielsweise weil er verstirbt oder vernehmungsunfähig wird, ist die Verlesung von Vernehmungsprotokollen zulässig und durch die Aufklärungspflicht uU sogar geboten (BGH NJW 2007, 2341, 2342). Das bloße Ausbleiben eines Zeugen oder die unberechtigte Verweigerung der Aussage in der Hauptverhandlung rechtfertigen die Verlesung nicht. In diesen Fällen sind die gesetzlichen Zwangsmittel nach § 51 StPO, § 70 StPO zu ergreifen.

Ist die Beweisperson unerreichbar, kann ein nichtrichterliches Protokoll auch neben oder 18 an Stelle eines richterlichen Protokolls verlesen werden (BGH NJW 1964, 1868).

2. Rechtliche Gründe

Wenn die Vernehmung aus **rechtlichen Gründen** nicht möglich ist, scheidet eine Ver- 19 lesung nach Abs 1 Nr 2 grds aus.

Bei einem Zeugnisverweigerungsrecht nach § 52 StPO (§ 52 StPO Rn 28) steht § 252 20 StPO (§ 252 StPO Rn 1) einer Verlesung entgegen. Ist der Zeuge verstorben oder sein Aufenthalt nicht bekannt und kann er daher nicht befragt werden, ob er von seinem Weigerungsrecht Gebrauch macht, kann das Vernehmungsprotokoll verlesen werden (BGH NJW 1973, 1139).

StPO § 251 Zweites Buch. 6. Abschnitt

21   Bei einem Auskunftsverweigerungsrecht nach § 55 StPO (§ 55 StPO Rn 10) kann die Vernehmung des Zeugen weder durch das Verlesen eines Vernehmungsprotokolls (BGH NStZ 1982, 342) noch durch das Verlesen einer schriftlichen Erklärung (BGH NStZ 1988, 36; NJW 2007, 2195) ersetzt werden. Hat der Zeuge in der Hauptverhandlung bereits teilweise Angaben gemacht, ist die ergänzende Verlesung von Vernehmungsprotokollen (BGH NJW 2007, 2341, 2342) oder schriftlichen Erklärungen (BGH NStZ 1988, 36) gestattet. Zulässig ist auch eine Verlesung mit Einverständnis nach Abs 1 Nr 1 (BGH NStZ 1988, 36; NJW 2002, 309; OLG Hamm BeckRS 2009, 07117; KK-StPO/Diemer StPO § 251 Rn 7, 12 mwN).

IV. Feststellen eines Vermögensschadens nach Abs 1 Nr 3

22   Die Frage, ob und in welcher Höhe ein **Vermögensschaden** entstanden ist, kann durch Verlesen einer Urkunde geklärt werden. Dies kommt insbesondere bei Vermögens- und Eigentumsdelikten sowie bei Verkehrsstraftaten in Betracht. In diesen Fällen ist es gestattet, die Urkunde nur teilweise zu verlesen (Meyer-Goßner StPO § 251 Rn 12). Für die Feststellung **immaterieller Schäden** gilt die Regelung nicht.

D. Verlesen von Protokollen nach Abs 2

I. Richterliche Protokolle

1. Begriff

23   Nach Abs 2 sind **richterliche Vernehmungsprotokolle** verlesbar. Sie können im vorliegenden Verfahren, im Ermittlungs- und Zwischenverfahren oder bei einer kommissarischen Vernehmung entstanden sein. Die Vorschrift erfasst aber auch Protokolle aus einer früheren Hauptverhandlung, auch wenn nur die wesentlichen Ergebnisse nach § 273 Abs 2 StPO (§ 273 StPO Rn 27) protokolliert sind (BGH NJW 1971, 2082). Die in einem anderen Verfahren, Zivil-, Straf-, Verwaltungs- oder Disziplinarverfahren, angefertigten Protokolle sind ebenfalls verlesbar (BGH NJW 1957, 918).

2. Wirksamkeit

24   Bei richterlichen Vernehmungen im Strafverfahren darf kein nach § 22 StPO ausgeschlossener Richter mitgewirkt haben (RGSt 30, 70). Die Formvorschriften der § 168 StPO, § 168a StPO (§ 168a StPO Rn 3) müssen beachtet werden. Der Protokollführer muss vereidigter Urkundsbeamter sein (BGH NJW 1987, 955; NStZ 1984, 564). Auch der Dolmetscher muss vereidigt sein (BGH NJW 1968, 1485; NJW 1978, 955). Das Protokoll muss regelmäßig vom Richter (BGH NJW 1956, 1527) und vom Protokollführer unterschrieben oder mit dem unterschriebenen Bestätigungsvermerk der Schreibkraft versehen sein (OLG Stuttgart NStZ 1986, 41). Die fehlende Unterschrift des Richters ist unschädlich, wenn ein Mitglied des erkennenden Gerichts den Zeugen als beauftragter Richter vernommen hat (BGHSt 9, 298). Nicht notwendig ist die Unterschrift des Zeugen (RGSt 34, 396). Auch § 68 StPO (§ 68 StPO Rn 1; BGH StV 1984, 231) und § 69 StPO (§ 69 StPO Rn 1; BGH NJW 1953, 35) sind zu beachten. Insbesondere darf die Schilderung im Zusammenhang nach § 69 StPO nicht durch eine Bezugnahme auf das polizeiliche Protokoll ersetzt werden (BGH NStZ 1987, 85; NStZ 1991, 500). Protokolle, die diesen Vorschriften nicht genügen, können auch nicht mit Zustimmung der Beteiligten als richterliche Vernehmung verlesen werden. Zulässig ist aber, **fehlerhafte richterliche Protokolle als nichtrichterliche Protokolle** nach Abs 1 zu verlesen, wenn eine Fallgestaltung des Abs 1 vorliegt (BGH NJW 1968, 1485; vgl Rn 7).

25   Bei einem Verstoß gegen die Benachrichtigungspflicht der § 168c Abs 5 StPO, § 244 Abs 1 StPO (§ 168c StPO Rn 10; § 224 StPO Rn 13) kann das Protokoll dann als richterliche Vernehmung verlesen werden, wenn der Angeklagte nicht widerspricht. Bei einem Widerspruch kommt eine Verlesung als nichtrichterliches Protokoll nach Abs 1 in Betracht (BGH NStZ 1998, 312).

Bei Protokollen aus anderen Verfahren gelten die Formvorschriften der StPO nicht. 26
Insoweit müssen nur die Vorschriften der Verfahrensordnung eingehalten worden sein, in der
sie angefertigt wurden (KK-StPO/ Diemer StPO § 251 Rn 16).

Bei Vernehmungen im **Ausland** ist ein Protokoll verlesbar, wenn die für richterliche 27
Vernehmungen geltenden Zuständigkeits- und Verfahrensvorschriften im Vernehmungsland
eingehalten worden sind (BGH NStZ 2000, 547) und die Vernehmung eine vergleichbare
Funktion erfüllt wie die richterliche Vernehmung in Deutschland. Unter Berücksichtigung
dieser Grundsätze wurde die Vernehmung durch einen Staatsanwalt der ehemaligen UdSSR
(BGH NStZ 1983, 181), durch einen Staatsanwalt in Basel-Stadt (BGH NJW 1955, 32) und
durch einen Amtsstatthalter in Luzern (BGH NJW 1994, 3364) als richterliche Vernehmung
anerkannt. Sind die Verfahrensvorschriften am Vernehmungsort strenger als in Deutschland,
genügt es, wenn die Anforderungen des deutschen Rechts erfüllt sind. Andererseits kann
aber nicht verlangt werden, dass die deutschen Standards im Ausland eingehalten werden.
Haben die Verfahrensbeteiligten bei der Vernehmung im Ausland kein Anwesenheitsrecht,
hindert das die Verlesung nicht (BGH MDR 1971, 461). Auch bei einer Vernehmung unter
Missachtung von § 69 StPO ist das Protokoll verlesbar (BGH – Az 1 StR 362/70). Ist aber
die nach § 52 StPO erforderliche Belehrung im ausländischen Recht nicht vorgesehen und
deshalb auch nicht erfolgt, steht der Grundgedanke von § 252 StPO (s § 252 StPO Rn 1)
einer Verlesung entgegen (BGH NStZ 1992, 394). Von der Zulässigkeit der Verlesbarkeit ist
allerdings der **Beweiswert** der verlesenen Aussage zu unterscheiden. Hat der Angeklagte bei
einer Vernehmung im Ausland keine gesetzlich vorgesehene Möglichkeit einer konfrontati-
ven Befragung, ist die ersuchte Behörde zu bitten, ihm dennoch eine Befragung zu gestatten.
Andernfalls kann auch der Beweiswert einer nach ausländischem Recht ordnungsgemäß
zustande gekommenen Aussage nur gering sein (vgl BGH NStZ 2007, 167). Erfolgt die
Vernehmung im Wege der **Rechtshilfe durch einen EU-Staat**, hat der ersuchte Mitglieds-
staat nach Art 4 Abs 1 EU-RhÜbK die vom ersuchenden Staat ausdrücklich angegebenen
Form- und Verfahrensvorschriften einzuhalten. Demnach wurde eine nach französischem
Verfahrensrecht zulässige richterliche Vernehmung für unverwertbar erklärt, weil sie ohne
Benachrichtigung des Verteidigers erfolgte (BGH StV 2007, 627).

Die in der Niederschrift **einbezogenen Schriftstücke und Protokolle** dürfen mitver- 28
lesen werden, wenn sie bei der früheren Vernehmung vorgelesen und von dem Vernommenen genehmigt wurden (BGH NJW 1953, 35; RGSt 1, 393; RGSt 14, 1; RGSt 18,
24). Vorgehaltene Urkunden dürfen ebenfalls verlesen werden. Dadurch wird aber nur der
Inhalt des Vorhalts festgestellt (BGH NStZ 1982, 41). Hat sich die Beweisperson in ihrer
Vernehmung auf die Aussage anderer Personen bezogen, dürfen die Niederschriften über
deren Vernehmung nicht verlesen werden (Meyer-Goßner StPO § 251 Rn 31). Auch
Vermerke des Richters über den Verfahrensgang, das Verhalten des Vernommenen sowie
seine persönlichen Eindrücke können ebenfalls verlesen werden (BGHSt 2, 1, 3; NStZ
1983, 182). Unzulässig ist aber, Eindrücke des Richters, die nicht in der Niederschrift
festgehalten sind, durch dienstliche Erklärungen in die Hauptverhandlung einzubringen
(BGHSt 45, 345) oder mündlich in der Beratung kund zu tun (BGH NStZ 1983, 182;
NStZ 1989, 382).

Vernehmungsprotokolle eines **Angehörigen** dürfen grds nicht verlesen werden, wenn 29
die Belehrung nach § 52 Abs 3 StPO unterblieben ist. Ist der Zeuge inzwischen verstorben,
darf auch bei fehlender Belehrung verlesen werden (BGH NJW 1968, 559). Das gilt auch,
wenn der Aufenthalt des Zeugen nicht ermittelt werden kann (BGH NJW 1973, 1139).
Dabei ist nicht erforderlich, dass sich der Zeuge pflichtwidrig verborgen hält (KK-StPO/
Diemer StPO § 251 Rn 6 mwN). Wurde der Angehörige als Mitbeschuldigter vernommen, war eine Belehrung nach § 52 StPO nicht erforderlich. Wurde er gleichwohl auf sein
Zeugnisverweigerungsrecht hingewiesen, war der Hinweis bedeutungslos (BGH NJW 1957,
918, 919). Die Aussage kann aber jedenfalls dann durch Verlesen in die Hauptverhandlung
eingeführt werden, wenn sich der Mitbeschuldigte pflichtwidrig dem Verfahren entzieht
(BGH NJW 1977, 1161). Verweigert der Erziehungsberechtigte das Erscheinen eines
Kindes in der Hauptverhandlung, hat sich das Kind dem Verfahren nicht entzogen. In
diesem Fall hat das Gericht zu ermitteln, ob das Kind von seinem Zeugnisverweigerungsrecht Gebrauch macht und dadurch eine Verlesung nach § 252 StPO ausschließt (BGH
NJW 1996, 206).

II. Unmöglichkeit der Vernehmung nach Abs 2 Nr 1

30 Die Begriffe **Krankheit, Gebrechlichkeit oder andere nicht zu beseitigende Hindernisse** sind mit denen in § 223 StPO (s § 223 StPO Rn 3) identisch. Sie müssen einer Vernehmung für eine **längere** oder **ungewisse Zeit** entgegenstehen. Ob dies der Fall ist, muss unter Berücksichtigung der Pflicht zu erschöpfender Sachaufklärung nach Abwägung der Bedeutung der Sache und der Wichtigkeit der Aussage gegen das Gebot der beschleunigten Verfahrensdurchführung entschieden werden (BGH NJW 1968, 1485 f). Im Gegensatz zu Abs 1 Nr 2 verlangt das Gesetz hier nur eine längere, ungewisse Zeit, nicht aber einen nicht absehbaren Zeitraum.

III. Unzumutbarkeit des Erscheinens nach Abs 2 Nr 2

31 Bei der **Unzumutbarkeit des Erscheinens** wegen großer Entfernung sind neben der Distanz zum Gerichtsort die Verkehrsverhältnisse und die persönlichen Verhältnisse des Zeugen von Bedeutung. Dabei spielen Alter, Gesundheitszustand und berufliche oder familiäre Abkömmlichkeit eine Rolle. Auch hier sind die Bedeutung der Aussage einerseits und das Beschleunigungsgebot andererseits gegeneinander abzuwägen (BGH NStZ 1981, 271). Ein Urlaub im Inland steht einer Anreise in die Hauptverhandlung grundsätzlich nicht entgegen (BGH StV 1981, 164). Bei nur vorübergehender Unzumutbarkeit muss die Hauptverhandlung vertagt oder ausgesetzt werden. Ist die Aussage von erheblicher Bedeutung, ist auch die Anreise aus dem außereuropäischen Ausland zumutbar (BGH NJW 1956, 1367).

IV. Einverständnis nach Abs 2 Nr 3

32 Für die Verlesung eines richterlichen Vernehmungsprotokolls mit Einverständnis der Prozessbeteiligten gelten die gleichen Grundsätze wie für die einverständliche Verlesung nichtrichterlicher Schriftstücke (vgl Rn 9 ff). Die von der Verlesung betroffenen Verfahrensbeteiligten müssen ausdrücklich oder stillschweigend zustimmen. Auch beim richterlichen Protokoll ist eine Verlesung trotz des Einverständnisses nur zulässig, wenn die Aufklärungspflicht nicht entgegensteht.

E. Verlesen im Freibeweisverfahren nach Abs 3

33 Im Strengbeweisverfahren sind die Umstände zu ermitteln, die für die Schuld- und Rechtsfolgenentscheidung von Bedeutung sein können (§ 244 StPO Rn 8). Insoweit ist eine Verlesung von Urkunden nur nach Abs 1 u Abs 2 zulässig. Andere Umstände können im Freibeweisverfahren aufgeklärt werden. Für diesen Bereich gestattet Abs 3 die **uneingeschränkte Verlesung** von Schriftstücken. Insbesondere kann auf diesem Wege ermittelt werden, ob die Voraussetzungen für eine Verlesung nach Abs 1 u Abs 2 vorliegen.

34 Die Verlesung nach Abs 3 wird vom **Vorsitzenden** im Rahmen seiner **Sachleitungsbefugnis** angeordnet. Ein Gerichtsbeschluss ist nur im Falle einer Beanstandung nach § 238 Abs 2 StPO erforderlich.

F. Das Verfahren nach Abs 4

35 Die Verlesung nach Abs 1 u Abs 2 darf nur auf Grund eines **begründeten Beschlusses** erfolgen. Die Wiedergabe des Gesetzeswortlauts genügt hierfür nicht. Die Begründung muss eine rechtliche Überprüfung durch das Revisionsgericht ermöglichen und die Tatsachen anführen, die die Verlesung rechtfertigen. Auch die Erwägungen des Gerichts, die zur Verlesung geführt haben, sind in dem Beschluss darzulegen (BGH NJW 1956, 1367; NStZ 1983, 569; NStZ 1993, 144). Selbst im Falle eines Einverständnisses der Beteiligten ist eine Begründung erforderlich (BGH NStZ 1988, 283). Das Gericht darf auch mit Zustimmung der Beteiligten nicht von der Form des Abs 4 absehen.

36 Die Verlesung ist nur zulässig, wenn die Voraussetzungen von Abs 1 u Abs 2 **im Zeitpunkt der Verlesung** vorliegen. Fällt der Grund für die erfolgte Verlesung im Laufe des Verfahrens weg, hat das Gericht im Rahmen der Aufklärungspflicht zu prüfen, ob die Beweisperson nun persönlich zu vernehmen ist (RGSt 49, 361).

Hauptverhandlung § 252 StPO

Das Protokoll muss grundsätzlich in vollem Umfang verlesen werden. Eine Teilverlesung ist nur mit Zustimmung der Beteiligten gestattet (BGH NStZ 1988, 283). Die Verlesung kann nicht durch einen Bericht des Vorsitzenden (vgl § 249 StPO Rn 24) ersetzt werden. 37

Für die Vereidigung der Beweisperson gelten die §§ 59 StPO ff uneingeschränkt. Ist bei der früheren Vernehmung keine Vereidigung erfolgt, hat der Vorsitzende im Rahmen seiner Sachleitungsbefugnis über die nachträgliche Vereidigung zu entscheiden. Wird die Anordnung des Vorsitzenden über die Vereidigung beanstandet, ist nach § 238 StPO (§ 238 StPO Rn 12) durch Beschluss zu entscheiden. Eine notwendige und durchführbare Vereidigung ist nachzuholen. Wird die Nachholung angeordnet, muss der Zeuge nochmals kommissarisch vernommen werden. 38

Die Beachtung der durch Abs 4 vorgeschriebenen Förmlichkeiten kann nur durch die Sitzungsniederschrift bewiesen werden. 39

Die Protokollierung lautet: 39.1
Die Prozessbeteiligten stimmten einer Verlesung der Urkunde (genaue Bezeichnung) zu.
Nach Beratung wurde folgender Beschluss verkündet:
Mit Zustimmung der Beteiligten ist die Urkunde (genaue Bezeichnung) gemäß § 251 Abs 2 Nr 3 StPO zu verlesen.
Der Beschluss wurde ausgeführt.
Es wurde festgestellt, dass der Zeuge unvereidigt geblieben ist.
Auf Anordnung des Vorsitzenden blieb der Zeuge weiterhin unvereidigt.

G. Revision

Ein Verstoß gegen § 251 StPO kann in der Revision mit der Verfahrensrüge geltend gemacht werden. Die Revision ist begründet, wenn das Gericht die Voraussetzungen der Verlesung fehlerhaft angenommen hat. Das kann insbesondere der Fall sein, wenn ein Rechtsbegriff unrichtig ausgelegt wurde. Ein Rechtsfehler liegt auch vor, wenn das Gericht den Umfang der gebotenen Nachforschungen nach dem Aufenthalt des Zeugen verkannt oder nicht hinreichend darauf hingewirkt hat, dass der Zeuge in der Hauptverhandlung erscheint (BGH MDR 1976, 989;) Die Verlesung eines richterlichen Protokolls, das an wesentlichen Mängeln leidet (vgl Rn 24), begründet die Revision. Ein für die Revision relevanter Fehler liegt vor, wenn der Beschluss nach Abs 4 fehlt oder mangelhaft begründet ist. Das Urteil beruht aber nicht auf dem Fehler, wenn den Beteiligten der Grund der Verlesung bekannt war (BGH NStZ 1986, 325). Unterbleibt die Feststellung der Vereidigung oder die Anordnung über die nachträgliche Vereidigung, kann die Revision begründet sein. Insoweit gelten die gleichen Grundsätze wie bei einem Fehler im Rahmen der §§ 59 StPO ff. 40

Eine Verletzung der Aufklärungspflicht kann vorliegen, wenn das Gericht sich mit der Urkundenverlesung begnügt, obwohl die persönliche Vernehmung der Beweisperson erforderlich gewesen wäre. 41

Eine Verletzung von § 261 StPO kann gegeben sein, wenn das Gericht den geringen Beweiswert der verlesenen Urkunde nicht berücksichtigt hat. 42

§ 252 [Unstatthafte Protokollverlesung]

Die Aussage eines vor der Hauptverhandlung vernommenen Zeugen, der erst in der Hauptverhandlung von seinem Recht, das Zeugnis zu verweigern, Gebrauch macht, darf nicht verlesen werden.

Überblick

Die Norm begründet zur Sicherung der Zeugnisverweigerungsrechte aus § 52 StPO bis § 53 a StPO ein Verwertungsverbot.

StPO § 252

Übersicht

	Rn		Rn
A. Normzweck	1	I. Vor der Hauptverhandlung vernommener Zeuge	9
B. Anwendungsbereich	3	II. Frühere Vernehmung	13
I. Nahe Angehörige	3	III. Zeugnisverweigerungsrecht in der Hauptverhandlung	21
II. Zeugnisverweigerungsrecht aus beruflichen Gründen	6	**D. Verwertungsverbot**	24
III. Personen des öffentlichen Dienstes	7	I. Grundsatz	24
IV. Auskunftsverweigerungsrecht nach § 55 StPO	8	II. Ausnahmen	25
C. Voraussetzungen	9	**E. Revision**	31

A. Normzweck

1   Die Vorschrift bezweckt die Sicherung der Zeugnisverweigerungsrechte aus § 52 StPO bis § 53a StPO. Sie dient in erster Linie dem Schutz des Zeugen, der in diesen Fällen einem Interessenwiderstreit ausgesetzt ist.

§ 252 StPO statuiert nicht nur ein Verlesungsverbot, sondern ein **Verwertungsverbot** (BGH NJW 1952, 356). Das gilt auch dann, wenn die Aussage für den Angeklagten günstig war (BVerfG NStZ-RR 2004, 18). Die frühere Aussage des Zeugen darf weder durch Verlesen der Vernehmungsniederschrift oder eines Urteils noch durch Vernehmung der Verhörsperson und auch nicht durch Vorhalte aus der früheren Vernehmung in die Hauptverhandlung eingeführt werden (BGH NJW 1958, 919; NJW 1960, 740). Daher dürfen nichtrichterliche Vernehmungspersonen in der Hauptverhandlung erst dann vernommen werden, wenn feststeht, ob der Zeuge von seinem Zeugnisverweigerungsrecht Gebrauch macht (BGH StV 1995, 563). Das Verwertungsverbot kann auch nicht durch die Zustimmung der übrigen Verfahrensbeteiligten aufgehoben werden (BGH NStZ 1997, 95). Es liegt allein in der Hand des Zeugen, ob er von seinem Zeugnisverweigerungsrecht Gebrauch machen will.

2   Von dem Verwertungsverbot lässt die Rechtsprechung dann **Ausnahmen** zu, wenn der Zeuge ordnungsgemäß richterlich vernommen wurde (Rn 25), seine Vernehmung in der Hauptverhandlung nicht möglich ist (Rn 10f) oder er die Verwertung seiner früheren Aussagen gestattet (Rn 22).

B. Anwendungsbereich

I. Nahe Angehörige

3   Der bedeutendste Fall ist das Zeugnisverweigerungsrecht **naher Angehöriger** nach § 52 StPO. Für das Bestehen des Verwandtschaftsverhältnisses ist allein der **Zeitpunkt der Hauptverhandlung** maßgebend. Das Verwertungsverbot gilt daher auch dann, wenn das Angehörigenverhältnis erst nach der früheren Aussage entstanden ist (BGH NJW 1968, 2018). Eine Ausnahme macht die Rspr nur dann, wenn das Zeugnisverweigerungsrecht manipulativ geschaffen wurde (BGH NJW 2000, 1247).

4   Das Verwertungsverbot erstreckt sich auf alle Angeklagten, also auch auf mit dem Zeugen nicht verwandte Mitangeklagte, soweit der Sachverhalt, zu dem der Zeuge aussagen soll, alle Angeklagten betrifft (BGH NJW 1955, 721; NStZ 1987, 286). Das Verwertungsverbot zu Gunsten des nichtangehörigen Angeklagten besteht grundsätzlich weiter, auch wenn der Angeklagte, der das Angehörigenverhältnis begründet, aus dem Verfahren ausgeschieden ist. Entscheidend ist nur, dass das Verfahren einmal gegen beide Angeklagte gemeinsam geführt wurde (BGH NStZ 1987, 83).

5   Nur wenn das Verfahren gegen den angehörigen Angeklagten durch dessen **Tod** (BGH NStZ 1992, 291) oder durch **rechtskräftigen Abschluss** (BGH NStZ 1992, 195) beendet wird, erlischt das Zeugnisverweigerungsrecht zu Gunsten des nichtangehörigen Mitangeklagten. Bei rechtskräftigem Abschluss des Verfahrens gegen den angehörigen Mitangeklagten

erlischt das Zeugnisverweigerungsrecht auch bezüglicher solcher Tatvorwürfe, hinsichtlich deren das Verfahren nach § 154 Abs 1 oder Abs 2 StPO eingestellt worden ist (BGH BeckRS 2009, 18192).

II. Zeugnisverweigerungsrecht aus beruflichen Gründen

Das Verwertungsverbot gilt auch bei Personen, die nach **§ 53 StPO, § 53 a StPO** ein Zeugnisverweigerungsrecht haben. Voraussetzung ist in diesem Fall aber, dass ihnen das Zeugnisverweigerungsrecht bereits zum **Zeitpunkt der früheren Aussage** zustand (OLG Dresden NStZ-RR 1997, 238). Waren sie damals von ihrer Schweigepflicht entbunden, kann die frühere Aussage durch Vernehmen der Verhörsperson oder durch Verlesen nach § 251 StPO verwertet werden (BGH StV 1997, 233). 6

III. Personen des öffentlichen Dienstes

Das Zeugnisverweigerungsrecht der **Personen des öffentlichen Dienstes** (§ 54 StPO) dient nur dem öffentlichen Interesse an der Amtsverschwiegenheit, nicht dem Interesse des Zeugen. Es kann daher kein Verwertungsverbot begründen (KK-StPO/Diemer StPO § 252 Rn 8; **aA** Meyer-Goßner StPO § 252 Rn 4). Angaben, die der Amtsträger ohne Aussagegenehmigung oder über diese hinaus gemacht hat, können verwertet werden. Wird die Aussagegenehmigung widerrufen, sind die zuvor gemachten Angaben verwertbar (**aA** Meyer-Goßner StPO § 252 Rn 4, der nur in der Hauptverhandlung gemachte Aussagen für verwertbar hält). 7

IV. Auskunftsverweigerungsrecht nach § 55 StPO

§ 252 StPO erfasst nicht die Aussagen eines Zeugen, der in der Hauptverhandlung von seinem **Auskunftsverweigerungsrecht nach § 55 StPO** Gebrauch macht (BGH NJW 1962, 1259). In diesem Fall kommt eine Vernehmung der Verhörsperson oder eine Verlesung mit Einverständnis der Beteiligten nach § 251 StPO in Betracht. 8

C. Voraussetzungen

I. Vor der Hauptverhandlung vernommener Zeuge

Entscheidend ist nicht, welche Rolle die vernommene Person bei der früheren Vernehmung hatte. Es kommt nur auf die **Zeugenstellung in der Hauptverhandlung** an. War der Zeuge früher Beschuldigter oder Angeklagter, dürfen seine Angaben nicht verwertet werden, wenn er nun als Zeuge die Aussage verweigert. Das gilt selbst dann, wenn er bei seiner früheren Vernehmung auch nach § 52 StPO belehrt wurde (BGH NJW 1957, 918). Auch eine Verlesung des gegen den früheren Angeklagten ergangenen Urteils ist unzulässig (BGH NStZ 2003, 217). 9

Die Aussage eines **verstorbenen** oder geisteskrank gewordenen (RGSt 9, 88, 91) **Zeugen** oder Mitbeschuldigten darf selbst dann verwertet werden, wenn er bei seiner früheren Vernehmung nicht belehrt wurde (BGH NJW 1968, 559). Mit dem Tod der Beweisperson ist der Schutzzweck der Norm entfallen. Hat er aber vor seinem Tod erklärt, er wolle in der Hauptverhandlung von seinem Zeugnisverweigerungsrecht Gebrauch machen, ist eine Verwertung der früheren Aussage nicht zulässig (Meyer-Goßner StPO § 252 Rn 2 mwN). 10

Hat sich der Mitbeschuldigte **dem Verfahren entzogen** und hält er sich verborgen, können seine früheren Angaben in die Hauptverhandlung eingeführt werden (BGH NJW 1977, 1161). Das Gleiche gilt bei einem Zeugen, dessen **Aufenthalt unbekannt** ist (BGH NJW 1973, 1139). Wird mit **unlauteren Mitteln** auf die Erlangung eines Zeugnisverweigerungsrechts hingewirkt, entfällt das Verwertungsverbot. Diesen Fall hat der BGH bei einer Eheschließung angenommen, die ersichtlich nur dem Ziel diente, ein Zeugnisverweigerungsrecht zu begründen (BGH NJW 2000, 1274). 11

§ 252 StPO knüpft an die Zeugenstellung an. Für einen Angehörigen, der in der Hauptverhandlung **mitangeklagt** ist, gilt die Vorschrift mithin nicht (BGH NStZ-RR 1996, 10). Seine frühere Aussage kann unabhängig davon verwertet werden, ob er früher als Zeuge oder als Beschuldigter vernommen wurde. Wurde ein Verfahren gegen den Angehörigen getrennt 12 geführt, ist es nicht zulässig, dieses Verfahren zum Verfahren gegen den Angeklagten zu verbinden, um dem Angehörigen in der Hauptverhandlung die Zeugenstellung zu entziehen. Hierdurch würde das Verwertungsverbot unzulässig umgangen (BGH NJW 2000, 1274, 1276). Sachgerecht ist aber die Hinzuverbindung des Verfahrens gegen einen Zeugen, dem eine Falschaussage im anhängigen Verfahren vorgeworfen wird (BGH NJW 2000, 1274).

II. Frühere Vernehmung

13   Das Verwertungsverbot des § 252 StPO gilt nicht nur für frühere Aussagen im vorliegenden oder einem anderen **Strafverfahren**, sondern für alle Verfahren, in denen der Zeuge in einer Lage war, die derjenigen des Zeugen im Strafverfahren vergleichbar ist. Unverwertbar sind danach Aussagen vor einem **Zivilrichter**, im Scheidungsverfahren (BGH NJW 1962, 1875) oder beim Vormundschaftsgericht (BGH NJW 1998, 2229; NStZ 1990, 349). Auch Angaben, bei denen die angehörige Beweisperson nicht als Zeuge, sondern als Beschuldigter vernommen wurde, dürfen nicht verwertet werden. Sie dürfen weder durch Vernehmung der Verhörsperson, auch nicht eines Richters (BGH StV 1997, 234), noch durch Verlesen des Vernehmungsprotokolls oder des gegen den heutigen Zeugen ergangenen Strafurteils (BGH NJW 1966, 740; NStZ 2003, 217) in die Hauptverhandlung eingeführt werden.

14   Die Vorschrift erfasst nicht nur Angaben in einer förmlichen Vernehmung. Insbesondere ist nicht erforderlich, dass die Aussage protokolliert wurde. Auch die im Rahmen einer **informatorischen Befragung** (§ 163a StPO Rn 5) gegenüber einem Polizeibeamten gemachten Angaben unterliegen dem Verwertungsverbot (BGH NJW 1980, 1533; NJW 1983, 1132). Das Gleiche gilt für Angaben in einem Anhörungsbogen in einem Verfahren nach dem OWiG (OLG Stuttgart VRS 63, 52) und Angaben bei einer telefonischen Befragung.

15   Angaben, die der Zeuge **außerhalb einer Vernehmung** gemacht hat, unterliegen dem Verwertungsverbot nicht. Darunter fallen Angaben **gegenüber Dritten** (BGH NJW 1952, 153), **spontane** Aussagen (BGH NStZ 1992, 247; StV 1998, 360 f; NStZ 2007, 652; OLG Saarbrücken NStZ 2008, 585), nach denen er nicht gefragt wurde, wie etwa eine Strafanzeige (BGH NJW 1956, 1886) oder die Bitte um polizeiliche Hilfe (BGH NStZ 1986, 232), sowie Angaben vor oder nach der Vernehmung (BGH NJW 1956, 1886f; OLG München BeckRS 2009, 11744). Die Bekundungen eines Zeugen gegenüber einem von der Polizei eingesetzten **V-Mann** sind nicht in einer Vernehmung entstanden und können in die Hauptverhandlung eingeführt und verwertet werden (BGH NStZ 1994, 593). Dabei müssen aber die Grundsätze zu unzulässigen Ermittlungsmethoden des V-Mannes gegenüber einem Beschuldigten auch bei der Zeugenbefragung durch den V-Mann Anwendung finden (vgl BGH NStZ 2007, 714).

16   Bei einem **Sachverständigen** ist zwischen den Befundtatsachen (§ 79 StPO Rn 3) und den Zusatztatsachen (§ 79 StPO Rn 3) zu unterscheiden. Zusatztatsachen, die er durch Befragung der Beweisperson ermittelt hat, dürfen nicht verwertet werden (BGH NJW 1959, 828; NJW 2000, 596; NStZ 2007, 353f). Dabei spielt es keine Rolle, ob der Zeuge vor der Vernehmung durch den Sachverständigen auf sein Zeugnisverweigerungsrecht hingewiesen wurde (BGHSt 36, 385 f). Das Verwertungsverbot besteht auch nach der Wiederaufnahme des Verfahrens (BGH NJW 2001, 528) und wenn die Befragung des Zeugen durch den Sachverständigen in einem anderen (Zivil-)Verfahren erfolgte (BGH NStZ 1990, 349). Die Befundtatsachen fallen hingegen nicht unter das Verwertungsverbot (BGH NJW 1963, 401).

17   Besonderheiten gelten bei einem **Gutachten über die Glaubwürdigkeit** des Zeugen. Vor der Begutachtung durch den Sachverständigen ist der Zeuge nicht nur über sein Zeugnisverweigerungsrecht, sondern auch darüber zu belehren, dass er die Mitwirkung an der Begutachtung verweigern könne (BGH NJW 1960, 584). Die Belehrung hat durch den Richter zu erfolgen. Ist diese Belehrung unterblieben, sind die Angaben des Zeugen, die er gegenüber dem Sachverständigen gemacht hat, unverwertbar. Dies gilt nicht nur für seine Aussage zur Tat, sondern auch für seine Angaben, die er zur Prüfung seiner Glaubwürdigkeit gemacht hat (BGH NStZ 1989, 485).

18   Das Zeugnis- und Untersuchungsverweigerungsrecht steht der Einnahme eines Augenscheins an der Person des Weigerungsberechtigten nicht entgegen (OLG Hamm MDR 1974, 1036). Das Ergebnis des Augenscheins und die hierbei gefertigten Aufzeichnungen und

Lichtbilder können ohne Einschränkung verwertet werden. Verwertbar ist auch das äußere Erscheinen des Zeugen (erkennbar geschockt) außerhalb der Vernehmenssituation (OLG München BeckRS 2009, 11744).

Unter den Begriff der Vernehmung fällt auch die Befragung durch die **Jugendgerichts-** 19 **hilfe** (BGH NStZ 2005, 219).

Schriftstücke, die der Zeuge bei seiner Vernehmung übergeben und zum Inhalt seiner 20 Aussage gemacht hat, dürfen nicht verlesen werden. Hierunter fallen Notizen oder Briefe, in denen der Zeuge tatrelevante Umstände schildert (BGH NJW 1968, 2018; NStZ-RR 1996, 106; NStZ-RR 1998, 367).

Schriftliche Mitteilungen des Zeugen, die nicht Inhalt der Vernehmung waren, werden von dem Verwertungsverbot nicht erfasst, wenn sie spontan und aus eigener Initiative des Zeugen gemacht worden sind (BGH NStZ 1998, 26). Dies gilt auch für Briefe (RGSt 22, 51) und schriftliche Erklärungen in einem Zivilprozess (BGH MDR 1970, 197).

III. Zeugnisverweigerungsrecht in der Hauptverhandlung

Der Zeuge muss sich auf sein Zeugnisverweigerungsrecht berufen. Das kann in der 21 Hauptverhandlung geschehen. Erklärt der Zeuge schon vor der Hauptverhandlung unmissverständlich, dass er von seinem Zeugnisverweigerungsrecht Gebrauch machen wolle, kann im Allgemeinen davon abgesehen werden, auf seinem Erscheinen in der Hauptverhandlung zu bestehen. Bekundet ein Dritter, der Zeuge habe ihm mitgeteilt, er wolle keine Aussage machen, genügt das für die Feststellung, der Zeuge werde sich auf sein Zeugnisverweigerungsrecht berufen, jedenfalls dann, wenn ein Rechtsanwalt diese Erklärung abgibt (BGH NStZ 2007, 712 mwN). Bei einem minderjährigen Zeugen ist es nicht ausreichend, wenn der gesetzliche Vertreter angibt, der Zeuge werde keine Angaben machen. Da es sich bei dem Recht, das Zeugnis zu verweigern, um eine höchstpersönliche Befugnis handelt, ist auch eine Erklärung des Kindes erforderlich (BGH NStZ-RR 2000, 210; § 52 StPO Rn 17).

Auch wenn der Zeuge in der Hauptverhandlung keine Angaben macht, kann er der 22 Verwertung seiner früheren Aussage zustimmen (BGH NStZ 2007, 652). Selbst wenn er damals nicht über sein Zeugnisverweigerungsrecht belehrt wurde, wird die Aussage durch seine Zustimmung verwertbar (BGH NJW 2000, 596). Das Gericht kann den Zeugen befragen, ob er einer Verwertung zustimmt. Eine Pflicht, ihn entsprechend zu befragen, besteht aber allenfalls dann, wenn konkrete Hinweise auf eine entsprechende Bereitschaft des Zeugen vorliegen (BGH NStZ 2003, 298). Die Zustimmungserklärung des Zeugen muss eindeutig sein (BGH NStZ 2007, 652 f). In einem solchen Fall muss sich das Gericht des begrenzten Beweiswerts der Aussage der Verhörsperson bewusst sein. Der Verhörsperson können in der Hauptverhandlung aus der früheren Vernehmungsniederschrift, aus Tonband- oder Videoaufzeichnungen über die Vernehmung Vorhalte gemacht werden. Nicht zulässig ist aber, durch das Vorspielen der Aufzeichnungen die Aussage des Zeugnisverweigerungsberechtigten zu ersetzen (BGH NStZ 2008, 293).

Die Prüfung, ob die Voraussetzungen des § 252 StPO vorliegen, erfolgt im Freibeweis- 23 verfahren. Dabei gilt für die Feststellung der Prozesstatsachen die Amtsermittlungspflicht entsprechend dem Rechtsgedanken des § 244 Abs 2 StPO. Sie gebietet die Aufklärung dort, wo die Umstände des Einzelfalles zur Beweiserhebung drängen (BGH NStZ 1996, 295). Eine weitere Erforschung des Sachverhalts ist nicht notwendig, wenn unter Würdigung der vorhandenen Umstände ein sicherer Schluss darauf möglich ist, dass der Zeuge von seinem Zeugnisverweigerungsrecht keinen Gebrauch machen will. Liegen Anhaltspunkte dafür vor, dass der Zeuge sich über die Tragweite seiner Entscheidung irrt, gebietet die Aufklärungspflicht, auf sein Erscheinen in der Hauptverhandlung hinzuwirken (BGH NJW 1966, 742; BGH NStZ 2007, 712).

D. Verwertungsverbot

I. Grundsatz

§ 252 StPO verbietet die Verwertung der früheren Aussage. Dadurch sind die Verlesung 24 des Vernehmungsprotokolls, die Verlesung eines Urteils, das sich auf die Aussage stützt (BGH

NJW 1966, 740), der Vorhalt der früheren Aussage an den Angeklagten oder andere Beweispersonen (BGH NJW 1980, 67) und die Vernehmung der Verhörsperson (BGH NJW 1952, 356), auch zu den Eindrücken, die sie bei der früheren Vernehmung gewonnen hat (BGH NJW 1979, 1722), ausgeschlossen. Auch eine Tonband- oder Videoaufnahme über die frühere Vernehmung darf nicht vorgespielt werden (Meyer-Goßner StPO § 252 Rn 12). Der Rechtsgedanke des § 252 StPO untersagt auch die Verwertung einer Aussage, die bei der „Vernehmung" durch den Verteidiger entstanden ist (BGH NStZ 2001, 49).

II. Ausnahmen

25   Wurde der Zeuge richterlich vernommen und dabei auf sein Zeugnisverweigerungsrecht hingewiesen, kann der Inhalt der Aussage durch **Vernehmung des Richters, auch der Schöffen** (BGH NJW 1960, 584, 585) in die Hauptverhandlung eingeführt werden (BGH NJW 1952, 356; NJW 1977, 2365). Dies gilt auch bei der Vernehmung durch einen **Zivilrichter**, wenn der Zeuge im Zivilverfahren über sein Zeugnisverweigerungsrecht nach der ZPO belehrt wurde (BGH NJW 1962, 1875). Bei Angaben im Insolvenzverfahren statuiert § 97 InsO ein dem § 252 StPO vergleichbares Verwertungsverbot. Bei Vernehmungen im Ausland kann der **ausländische Richter** vernommen werden, wenn dessen Vernehmung einer inländischen richterlichen Vernehmung entspricht (KK-StPO/Diemer StPO § 252 Rn 27).

26   Zulässig ist nur die Vernehmung des Richters, nicht die Verlesung des richterlichen Vernehmungsprotokolls (BGH NJW 1956, 1528). Das erkennende Gericht muss sich des begrenzten Beweiswerts der Aussage der Verhörsperson bewusst sein (BGH NStZ 2007, 652). Die Niederschrift und die darin in Bezug genommenen Urkunden dürfen dem Richter zur Gedächtnisstütze vorgehalten werden (BGH NJW 1958, 919; NJW 1967, 213). Im Wege des Vorhalts kann auch das gesamte Protokoll vorgelesen werden. Für die Entscheidung darf aber nur das herangezogen werden, was der vernehmende Richter über die vor ihm abgegebenen Erklärungen des über sein Zeugnisverweigerungsrecht ordnungsgemäß belehrten Zeugen aus seiner Erinnerung bekundet. Erklärt der Richter, er habe zwar keine Erinnerung mehr, er habe aber den Inhalt der Aussage richtig protokolliert, genügt dies nicht (BGH StV 2001, 386).

27   Die Verwertbarkeit hängt weiter davon ab, dass der Zeuge bei der richterlichen Vernehmung **ordnungsgemäß belehrt** wurde. Eine ordnungsgemäße Belehrung setzt voraus, dass der Zeuge die Belehrung verstanden hat und sich der Folgen seiner Aussage bewusst ist (BGH NJW 1960, 584, 585). Ein Hinweis, dass die Aussage später verwertet werden kann, ist nicht erforderlich (BGH NJW 1984, 621, 622). Wurde der Zeuge im Laufe eines Verfahrens richterlich über sein Zeugnisverweigerungsrecht belehrt, gilt diese Belehrung für alle weiteren Vernehmungen in diesem Verfahren (BGH StV 1995, 564). Ist die Belehrung unterblieben, kann der Richter gleichwohl vernommen werden, wenn feststeht, dass der Zeuge auch bei Kenntnis seines Zeugnisverweigerungsrechts Angaben gemacht hätte (BGH NJW 1986, 2121, 2122) oder wenn der Zeuge die Verwertung seiner früheren Aussage gestattet (BGH NJW 2000, 596, 597).

28   Ist das Zeugnisverweigerungsrecht erst nach der früheren Vernehmung entstanden und der Zeuge deshalb nicht belehrt worden, kommt eine Vernehmung des Richters nicht in Betracht (BGH NJW 1977, 2365). Hat der Zeuge seine Angehörigeneigenschaft verschwiegen und ist er nur vorsorglich belehrt worden, kann der Richter später vernommen werden (BGH NJW 1984, 621).

29   Bei einem **minderjährigen Zeugen** muss die Zustimmung des gesetzlichen Vertreters eingeholt werden, wenn das Gericht Zweifel hat, ob das Kind die Belehrung versteht (BGH NJW 1963, 2378). Lag die Zustimmung zum Zeitpunkt der früheren Vernehmung nicht vor, kann sie nicht nachgeholt werden, wenn das Kind in der Hauptverhandlung keine Angaben macht (BGH NJW 1970, 766). Eine ordnungsgemäße Belehrung eines Minderjährigen setzt weiter voraus, dass er auch darauf hingewiesen wurde, dass er trotz der Zustimmung des gesetzlichen Vertreters die Aussage verweigern kann (BGH NStZ 1984, 43).

30   Das Gericht hat, sofern § 274 StPO nicht gilt, im Freibeweis festzustellen, ob der Zeuge ordnungsgemäß belehrt wurde (BGH NJW 1976, 812).

E. Revision

Mit der Revision kann geltend gemacht werden, dass das Protokoll einer nichtrichterlichen Vernehmung verlesen oder die Verhörsperson vernommen wurde. Ein Revisionsgrund liegt auch vor, wenn bei der Vernehmung eines Richters das Urteil nicht feststellt, ob und wie sich das Gericht davon überzeugt hat, dass der Zeuge ordnungsgemäß belehrt wurde (BGH NJW 1979, 1722). Bei der Behauptung, es habe keine Vernehmung vorgelegen und das frühere Vorbringen sei verwertbar gewesen, muss in der Revision detailliert dargetan werden, woraus sich die Zulässigkeit der Vernehmung ergibt (BGH NJW 1998, 2229).

Einen Verstoß gegen § 252 StPO darf der Angeklagte in der Revision auch dann rügen, wenn er in der Hauptverhandlung der Verwertung nicht widersprochen hat. Die Rüge ist auch nicht dadurch präkludiert, dass der Angeklagte es in der Hauptverhandlung unterlassen hat, den Zwischenrechtsbehelf nach § 238 Abs 2 StPO zu erheben (BGH NStZ 2007, 353).

§ 253 [Protokollverlesung zur Gedächtnisunterstützung]

(1) **Erklärt ein Zeuge oder Sachverständiger, daß er sich einer Tatsache nicht mehr erinnere, so kann der hierauf bezügliche Teil des Protokolls über seine frühere Vernehmung zur Unterstützung seines Gedächtnisses verlesen werden.**

(2) **Dasselbe kann geschehen, wenn ein in der Vernehmung hervortretender Widerspruch mit der früheren Aussage nicht auf andere Weise ohne Unterbrechung der Hauptverhandlung festgestellt oder behoben werden kann.**

Überblick

Die Vorschrift gestattet die Verlesung einer Urkunde zur Ergänzung des Zeugenbeweises und zur Ersetzung der Vernehmung der Verhörsperson.

A. Normzweck

Die Vorschrift gestattet eine Durchbrechung des Unmittelbarkeitsgrundsatzes. Sie gilt nur in der Hauptverhandlung und ist nicht auf Vernehmungen durch einen beauftragten oder ersuchten Richter anwendbar. Sie gilt auch nicht für frühere Vernehmungen des Angeklagten, wohl aber für die Vernehmung von (Mit-)Beschuldigten, die nun als Zeuge zu vernehmen sind (RGSt 55, 223). Durch die Verlesung nach § 253 StPO wird im Wege des Urkundenbeweises die **Vernehmung der Verhörsperson ersetzt** (BGH NJW 1953, 192). Die Möglichkeit, der Beweisperson Vorhalte zu machen, wird hierdurch nicht eingeschränkt.

B. Erinnerungslücke

I. Voraussetzung

Der in der Hauptverhandlung anwesende **Zeuge** oder **Sachverständige** muss vollständig vernommen werden. Erinnerungslücken oder Widersprüche muss das Gericht zunächst im Wege des Vorhalts der Urkunde zu beheben versuchen. Gelingt das nicht, kommt die Verlesung nach § 253 StPO in Betracht (BGH NJW 1953, 115; NJW 1986, 2063; NStZ 2002, 46). Sie muss in **Anwesenheit des Zeugen** erfolgen. Ihm ist Gelegenheit zu geben, sich zu dem Protokoll zu äußern. Bestreitet er die Richtigkeit des Protokolls, ist regelmäßig die Verhörsperson zu laden (Meyer-Goßner StPO § 253 Rn 6).

II. Erklärung, sich nicht erinnern zu können

Der Zeuge muss nicht ausdrücklich **erklären, sich nicht erinnern zu können**. Es genügt, wenn sich aus der Vernehmung ergibt, dass Erinnerungslücken vorliegen (BGHSt 1, 337, 340). § 253 StPO ist entsprechend anwendbar, wenn sich der Zeuge nicht einmal an den Vorgang selbst erinnert (Meyer-Goßner StPO § 253 Rn 5).

C. Widerspruch

4   Tritt in der Hauptverhandlung **zwischen jetziger und früherer Vernehmung ein Widerspruch** auf, der nicht durch einen Vorhalt behoben und die Verhörperson nicht ohne Unterbrechung der Hauptverhandlung geladen werden kann (RGSt 55, 223), darf das Vernehmungsprotokoll verlesen werden. War der Widerspruch bereits vor der Hauptverhandlung erkennbar, ist eine Verlesung nicht zulässig.

5   Zur Feststellung der **Übereinstimmung** zwischen jetziger und früherer Aussage, insbesondere zur Feststellung der Aussagekonstanz im Rahmen der Glaubwürdigkeitsprüfung, ist ein Vorhalt zulässig und ausreichend (BGH StV 1993, 59; StV 1996, 412).

D. Verlesbare Urkunden

6   Verlesbar sind alle ordnungsgemäß zustande gekommenen richterlichen und nichtrichterlichen Vernehmungsniederschriften auch aus anderen Straf- oder Zivilverfahren. Es muss sich um die Vernehmung des Zeugen oder Sachverständigen handeln, nicht um eine Vernehmung der Verhörperson (Meyer-Goßner StPO § 253 Rn 7). Das Protokoll muss nicht insgesamt verlesen werden. Es genügt die Verlesung des Teils, der den Widerspruch oder die Erinnerungslücke enthält.

7   § 253 StPO gilt entsprechend für die Vorführung von **Videoaufzeichnungen**, § 255a Abs 1 StPO. **Tonbandaufzeichnungen** von Vernehmungen stehen den Protokollen nicht gleich. Sie sind nach den Grundsätzen des Augenscheinsbeweises verwertbar (BGH NJW 1960, 1582).

8   Für **schriftliche Erklärungen** des Zeugen oder Sachverständigen ist ein Rückgriff auf § 253 StPO nicht erforderlich. Diese können neben der Vernehmung der Beweisperson als Ergänzung verlesen werden (BGH NJW 1965, 874; vgl § 250 StPO Rn 3).

E. Anordnung der Verlesung

9   Die Anordnung trifft der Vorsitzende im Rahmen der Prozessleitungsbefugnis nach § 238 Abs 1 StPO. Ein Beschluss ist nur nach einer Beanstandung notwendig, § 238 Abs 2 StPO. Die Verlesung der Vernehmungsniederschrift ist eine wesentliche Förmlichkeit und daher zu protokollieren (BGH NJW 1986, 2063). Der Grund der Verlesung muss nur auf Antrag protokolliert werden, § 255 StPO.

F. Revision

10   Die Revision ist nicht davon abhängig, dass ein Gerichtsbeschluss herbeigeführt wurde. Sie ist begründet, wenn eine Urkunde unter Verletzung von § 253 StPO verlesen und bei der Urteilsfindung verwertet wurde. Darüber hinaus kann die Verlesung des Protokolls an Stelle der Vernehmung der Verhörperson die Aufklärungspflicht verletzen.

§ 254 [Verlesung von Geständnissen und bei Widersprüchen]

(1) Erklärungen des Angeklagten, die in einem richterlichen Protokoll enthalten sind, können zum Zweck der Beweisaufnahme über ein Geständnis verlesen werden.

(2) Dasselbe kann geschehen, wenn ein in der Vernehmung hervortretender Widerspruch mit der früheren Aussage nicht auf andere Weise ohne Unterbrechung der Hauptverhandlung festgestellt oder behoben werden kann.

Überblick

Die Vorschrift gestattet das Verlesen richterlicher Vernehmungsprotokolle und schließt gleichzeitig das Verlesen nichtrichterlicher Protokolle über die Vernehmung des Angeklagten aus.

A. Regelungsgehalt

Die Vorschrift enthält für Geständnisse des Angeklagten eine Regelung über die Form des **Urkundenbeweises** (BGH NJW 1960, 1630). Danach dürfen im Wege des Urkundenbeweises nur **richterliche Vernehmungsprotokolle** verlesen oder durch Bericht des Vorsitzenden in die Hauptverhandlung eingeführt werden. Der Sinn der Regelung besteht allein darin, das Verlesen nichtrichterlicher Vernehmungsniederschriften auszuschließen. Schriftliche Erklärungen des Angeklagten können hingegen unbeschränkt verlesen werden (vgl § 249 StPO Rn 14).

Hat der Angeklagte bei einer **nichtrichterlichen Vernehmung** ein Geständnis abgelegt, kommt die Verlesung nur zum Beweis dafür in Betracht, dass eine solche Urkunde vorhanden ist (BGH NJW 1952, 1265, 1266). Zu ihrem Inhalt muss die Verhörsperson vernommen werden. Darüber hinaus darf die Niederschrift als Vernehmungsbehelf eingesetzt und zu Vorhalten an den Angeklagten oder an Zeugen verwendet werden. Verwertbar ist in diesem Fall aber nur die Aussage des Zeugen (BGH NJW 1960, 1630). Die bloße Aussage, er habe die Angaben des Angeklagten richtig protokolliert, genügt nicht (BGH NJW 1960, 1630, 1631). Ist der Vernehmungsbeamte verstorben oder unerreichbar, kommt eine Verlesung nach § 251 StPO in Betracht.

Für Verfalls- oder Einziehungsbeteiligte sowie für die Geldbußenbeteiligung einer juristischen Person gilt § 254 StPO entsprechend (Meyer-Goßner StPO § 254 Rn 1).

B. Geständnis

Abs 1 gestattet dem Gericht die Feststellung, dass der Angeklagte ein Geständnis abgelegt hat, das sich auf Umstände des **vorliegenden Verfahrens** bezieht. Das Geständnis muss nicht im anhängigen Verfahren abgegeben worden sein. Auch eine Vernehmung in einer früheren Hauptverhandlung zählt dazu, wobei es genügt, dass der Verteidiger die Erklärung für den Angeklagten abgegeben hat (OLG Hamm StV 2005, 122) und die Erklärung nur nach § 273 Abs 2 StPO protokolliert wurde (BGH NJW 1971, 2082). Hat aber der Verteidiger mit Zustimmung des Angeklagten eine schriftliche Erklärung verlesen und wurde die Erklärung als Anlage zum Protokoll genommen, ist sie nicht zum Bestandteil des Protokolls geworden und kann daher nicht verlesen werden (BGH BeckRS 2008, 24207). In Betracht kommt auch die Verlesung eines zivilrechtlichen Protokolls, wenn die Voraussetzungen für eine Verwertung im Strafprozess erfüllt sind (BGH NStZ 1996, 612). Nach Ansicht von Diemer muss es sich um eine Beschuldigtenvernehmung gehandelt haben, da nur dann die erforderliche Belehrung nach § 136 StPO erteilt worden sein kann (KK-StPO/Diemer StPO § 254 Rn 3; **aA** Meyer-Goßner StPO § 254 Rn 4, der auch eine Zeugenvernehmung ausreichen lässt).

Die Verlesung kann auch zu dem Zweck erfolgen festzustellen, dass der Angeklagte kein Geständnis abgelegt oder es widerrufen hat (RGSt 54, 126, 128).

Geständnis ist das Zugestehen der Tat oder einzelner Tatsachen, die für die Entscheidung zur Schuld oder Rechtsfolgenfrage erheblich sein können, gleichgültig, ob es sich um belastende oder entlastende (BGH MDR 1977, 984), um unmittelbar beweiserhebliche oder um Indiztatsachen handelt (RGSt 54, 126). Auch Angaben über die persönlichen Verhältnisse, die Vorgeschichte der Tat oder die Beziehung zu Mitangeklagten sind verlesbar.

C. Widerspruch

Abs 2 gestattet die Verlesung zur Aufklärung von Widersprüchen, die erst in der Hauptverhandlung aufgetreten sind. Wenn die Verhörsperson nicht ohne Unterbrechung der Hauptverhandlung geladen werden kann, darf das Vernehmungsprotokoll verlesen werden. Wird die Richtigkeit des Protokolls substantiiert bestritten, muss im Hinblick auf die Aufklärungspflicht die Verhörsperson geladen werden. Insoweit gelten die gleichen Voraussetzungen wie in § 253 Abs 2 StPO.

D. Ordnungsgemäße Protokolle

8 Das Protokoll muss **ordnungsgemäß** zustande gekommen sein. Es muss insbesondere den Formerfordernissen der § 168 StPO, § 168a StPO entsprechen. Der Dolmetscher (BGH NJW 1968, 1485) und der Urkundsbeamte müssen vereidigt sein (BGH NJW 1994, 596, 600; NJW 1978, 955). Das Protokoll muss vom Richter und vom Urkundsbeamten unterschrieben sein (BGH StV 1994, 58). Wurde von der Hinzuziehung eines Protokollführers abgesehen, muss die Niederschrift vom Angeklagten unterschrieben sein (BGH StV 1996, 131). Bei Vernehmungen im Ausland ist eine Verlesung zulässig, wenn dem Vernehmungsbeamten dort die Stellung eines Richters zukommt.

9 Angaben des Angeklagten aus nichtrichterlichen Vernehmungen können verlesen werden, wenn er diese als Bestandteil seiner richterlichen Vernehmung anerkannt hat und dies aus dem Protokoll hervorgeht (BGH NJW 1952, 1027; NStZ 1987, 85; NStZ 1991, 500). Darüber hinaus muss der vernehmende Richter sie vollständig verlesen haben. Ein bloßer Vorhalt und die Erklärung des Angeklagten, seine polizeilichen Angaben seien richtig, genügen nicht (BGH NJW 1996, 1547, 1550).

10 Wurde der Angeklagte nicht gemäß § 136 StPO belehrt, kann das Vernehmungsprotokoll nur verlesen werden, wenn er der Verlesung nicht widerspricht oder wenn er auch ohne Belehrung über seine Rechte informiert war (vgl § 136 StPO Rn 21). Ist die Benachrichtigung der Staatsanwaltschaft oder des Verteidigers unterblieben (§ 168c StPO), darf das Protokoll nicht verlesen werden, wenn der Beteiligte widerspricht (BGH NJW 1976, 1546; vgl § 168c StPO Rn 7).

E. Verwertung gegen Mitangeklagte

11 Das verlesene Protokoll kann auch gegen einen Mitangeklagten verwertet werden, soweit das Geständnis des Angeklagten sich auf Vorgänge bezieht, die auch den gegen den Mitangeklagten erhobenen Anklagevorwurf betreffen. Voraussetzung ist allerdings, dass zwischen dem Angeklagten und dem Mitangeklagten insoweit nur eine einheitliche Tatsachenfeststellung denkbar ist (BGH NJW 1952, 1265; NJW 1969, 1445).

F. Anordnung

12 Die Verwertung der Urkunde durch Verlesen oder durch Bericht des Vorsitzenden (BGH VRS 32, 352) erfolgt auf Anordnung des Vorsitzenden nach § 238 Abs 1 StPO. Das Selbstleseverfahren (§ 249 StPO Rn 23) ist ausgeschlossen, § 249 Abs 2 S 1 StPO.

G. Revision

13 Mit der Revision kann nicht geltend gemacht werden, dass das verlesene Protokoll kein Geständnis des Angeklagten enthalte (RGSt 45, 196; BGH MDR 1975, 369). Gerügt werden kann aber, dass die Voraussetzungen des § 254 StPO zu Unrecht angenommen wurden. Auch ein Widerspruch zwischen den Urteilsfeststellungen und der verlesenen Niederschrift kann die Revision begründen (Meyer-Goßner StPO § 254 Rn 9). Wird die verlesene Urkunde im Urteil nicht erörtert, muss in der Revision dargetan werden, dass das verlesene Protokoll beweiserheblich war (BGH NJW 2003, 150, 152). Mit der Aufklärungsrüge kann die unterbliebene Verlesung geltend gemacht werden.

§ 255 [Protokollierung der Verlesung]

In den Fällen der §§ 253 und 254 ist die Verlesung und ihr Grund auf Antrag der Staatsanwaltschaft oder des Angeklagten im Protokoll zu erwähnen.

1 Das Verlesen der Urkunde ist eine wesentliche Förmlichkeit der Hauptverhandlung, die bereits nach § 273 Abs 1 StPO (§ 273 StPO Rn 1) im Sitzungsprotokoll festgehalten werden muss (BGH NJW 1986, 2063). § 255 StPO erweitert die Pflicht zur Protokollierung

Hauptverhandlung § 255 a StPO

insoweit, als auf Antrag auch der **Grund der Verlesung** angegeben werden muss. Auch der Antrag selbst ist zu protokollieren.

Antragsberechtigt sind neben der Staatsanwaltschaft und dem Angeklagten auch der Verteidiger (BGH NJW 1959, 731), der Privatkläger sowie die Nebenbeteiligten (Meyer-Goßner StPO § 255 Rn 2). 2

Das Urteil kann nicht auf der fehlenden Protokollierung beruhen kann. Ein Verstoß gegen § 255 StPO begründet daher nicht die **Revision** (§ 273 StPO Rn 44). 3

§ 255 a [Vorführung der Aufzeichnung einer Zeugenvernehmung]

(1) Für die Vorführung der Bild-Ton-Aufzeichnung einer Zeugenvernehmung gelten die Vorschriften zur Verlesung einer Niederschrift über eine Vernehmung gemäß §§ 251, 252, 253 und 255 entsprechend.

(2) ¹In Verfahren wegen Straftaten gegen die sexuelle Selbstbestimmung (§§ 174 bis 184 g des Strafgesetzbuches) oder gegen das Leben (§§ 211 bis 222 des Strafgesetzbuches), wegen Misshandlung von Schutzbefohlenen (§ 225 des Strafgesetzbuches) oder wegen Straftaten gegen die persönliche Freiheit nach den §§ 232 bis 233 a des Strafgesetzbuches kann die Vernehmung eines Zeugen unter 18 Jahren durch die Vorführung der Bild-Ton-Aufzeichnung seiner früheren richterlichen Vernehmung ersetzt werden, wenn der Angeklagte und sein Verteidiger Gelegenheit hatten, an dieser mitzuwirken. ²Eine ergänzende Vernehmung des Zeugen ist zulässig.

Überblick

§ 255 a StPO regelt die Vorführung einer Bild-Ton-Aufzeichnung im Wege des Augenscheins, um eine Zeugenvernehmung durch das erkennende Gericht in der Hauptverhandlung zu ersetzen. Während Abs 1 Bild-Ton-Aufzeichnungen schriftlich fixierten Zeugenaussagen grundsätzlich gleichstellt (Rn 2 ff), dient Abs 2 S 1 weitergehend dem Opfer- und Zeugenschutz für Zeugen unter 18 Jahren (Rn 7 ff); insoweit kann allerdings nach Abs 2 S 2 unter Aufklärungsgesichtspunkten eine ergänzende Zeugenvernehmung geboten sein (Rn 12 f).

Übersicht

	Rn		Rn
A. Bedeutung	1	C. Ergänzende Vernehmung (Abs 2 S 2)	12
B. Voraussetzungen	2		
I. Gleichstellung mit schriftlich fixierten Zeugenaussagen (Abs 1)	2	D. Anordnung	14
II. Aufzeichnung über die Vernehmung von kind- und jugendlichen Zeugen (Abs 2 S 1)	7	E. Revision	16

A. Bedeutung

Die durch das Zeugenschutzgesetz (ZSchG) v 30. 4. 1998 (BGBl I 820) geschaffene, am 1. 12. 1998 in Kraft getretene Vorschrift des § 255 a StPO hat in den Abs 1 u 2 unterschiedliche Zielrichtungen: Abs 1, der Bild-Ton-Aufzeichnungen schriftlich fixierten Zeugenaussagen iSd § 251 StPO, § 252 StPO, § 253 StPO, § 255 StPO gleichstellt, bezweckt insbesondere bestmögliche Sachaufklärung und Verfahrensbeschleunigung. Abs 2 dient hingegen weitergehend dem Opfer- und Zeugenschutz für – die Gruppe besonders schutzbedürftiger – Zeugen unter 18 Jahren. Er ermöglicht gleichsam die **Vorverlagerung eines Teils der Hauptverhandlung**. Die Regelung genügt **europarechtlichen Vorgaben**, nämlich Art 2, Art 3 und Art 8 Abs 4 des Rahmenbeschlusses des Rates über die 1

Stellung des Opfers im Strafverfahren v 15. 3. 2001 (ABlEG Nr L 82 v 22. 3. 2001) in der Auslegung durch den EuGH; hiernach muss das nationale Gericht die Möglichkeit haben, Kleinkindern, die nach ihren Angaben Opfer von Misshandlungen geworden sind, zu erlauben, unter Modalitäten auszusagen, die ihnen einen angemessenen Schutz bieten, zum Beispiel außerhalb der öffentlichen Gerichtsverhandlung und vor deren Durchführung (EuGH NJW 2005, 2839 „Pupino" mAnm Wehnert NJW 2005, 3760).

B. Voraussetzungen

I. Gleichstellung mit schriftlich fixierten Zeugenaussagen (Abs 1)

2   Nach § 255 a Abs 1 StPO ist die Vorführung einer Bild-Ton-Aufzeichnung unter den gleichen Voraussetzungen möglich, unter denen nach § 251 StPO, § 253 StPO ein Vernehmungsprotokoll oder eine Urkunde, die eine vom Zeugen stammende Erklärung enthält, verlesen werden kann. Die Frage, ob in diesen Fällen zusätzlich **§ 58 a Abs 2 S 1 StPO** – ggf auch iVm § 168 e S 4 StPO oder § 247 a S 5 StPO – anzuwenden ist, der die Vorführung davon abhängig macht, dass sie zur Erforschung der Wahrheit erforderlich ist, dürfte kaum je einmal praktische Relevanz haben. Mit der **hM** ist § 255 a Abs 1 StPO jedoch insoweit als lex specialis anzusehen (KK-StPO/Diemer StPO § 255 a Rn 4; **aA** Meyer-Goßner StPO § 255 a Rn 5).

3   § 255 a Abs 1 StPO gilt nur für Bild-Ton-Aufzeichnungen von **Zeugen**vernehmungen; maßgeblich ist insoweit die Verfahrensstellung im Zeitpunkt der Vorführung. Liegt also eine Bild-Ton-Aufzeichnung von der früheren Vernehmung eines Mitbeschuldigten vor, ist die Vorführung möglich, wenn dieser nunmehr – beispielsweise nach Abtrennung des Verfahrens – Zeuge ist (KK-StPO/Diemer StPO § 255 a Rn 6).

4   Im Hinblick auf § 251 StPO ist zwischen **richterlichen** Vernehmungen (Abs 2) und sonstigen Bekundungen (Abs 1) zu unterscheiden. Bei richterlichen Vernehmungen müssen deren besondere Anforderungen erfüllt sein. Ist etwa eine vorgeschriebene Benachrichtigung nach § 168 c Abs 5 StPO unterblieben, so kann die Bild-Ton-Aufzeichnung – nach einem entsprechendem Hinweis gemäß § 265 StPO – nur unter den Voraussetzungen des § 251 Abs 1 StPO abgespielt werden, wobei sich das Gericht des geringeren Beweiswerts der Aussage bewusst sein muss (vgl Meyer-Goßner StPO § 251 Rn 15, § 255 a Rn 2). Für § 251 Abs 1 Nr 1 u Abs 2 Nr 3 StPO ist zu beachten, dass sich das **Einverständnis** der Verfahrensbeteiligten gerade auf die Vorführung der Aufzeichnung beziehen muss. Was die Voraussetzungen des § 251 StPO im Übrigen und diejenigen des § 253 StPO anlangt, wird auf die Erläuterungen hierzu verwiesen (s § 251 StPO Rn 5 ff und § 253 StPO Rn 2 ff).

5   Von der Ersetzung der Vernehmung durch die Bild-Ton-Aufzeichnung zu unterscheiden ist die **Ergänzung** der Vernehmung. Hat der Zeuge umfassend in der Hauptverhandlung ausgesagt, kann die Bild-Ton-Aufzeichnung unabhängig von den Voraussetzungen des § 255 a Abs 1 StPO vorgeführt werden, insbesondere um eine Überprüfung der Aussagekonstanz zu ermöglichen. Was für den Urkundsbeweis gilt (vgl Meyer-Goßner StPO § 250 Rn 12), muss auch für die vernehmungsergänzende Inaugenscheinnahme iSd § 255 a StPO Geltung beanspruchen (vgl BGHSt 49, 68 = NStZ 2004, 348 mAnm Kölbel NStZ 2005, 220; BGH NStZ-RR 2005, 45 LS = BeckRS 2004, 11562). Ebenso unabhängig von den Voraussetzungen des § 255 a Abs 1 StPO kann die Aufzeichnung als **Vernehmungsbehelf** oder als **Augenscheinsobjekt** zum Beweis von nicht den Aussageinhalt betreffenden Umständen verwendet werden (Meyer-Goßner StPO § 250 Rn 4).

6   § 255 a Abs 1 StPO verweist auch auf **§ 252 StPO**, der für das **Zeugnisverweigerungsrecht** nach § 52 StPO, nicht jedoch das Auskunftsverweigerungsrecht nach § 55 StPO gilt (s § 252 StPO Rn 8). Im Fall der Erreichbarkeit des zeugnisverweigerungsberechtigten Zeugen verbietet § 252 jede Beweiserhebung über die frühere Aussage mit Ausnahme der Vernehmung der richterlichen Verhörsperson, solange sich der Zeuge nicht erneut zur Aussage bereit erklärt oder die Verwertung der Aussage gestattet. Auch neben der Vernehmung der richterlichen Verhörsperson ist die Vorführung einer Bild-Ton-Aufzeichnung nach § 255 a Abs 1 StPO unzulässig; diese darf allerdings als Vernehmungsbehelf verwendet werden (vgl BGHSt 49, 72, 78 = NStZ 2004, 390, 391). Will der Zeuge nach Belehrung von seinem Zeugnisverweigerungsrecht keinen Gebrauch machen, kann statt seiner erneuten Verneh-

mung eine Bild-Ton-Aufzeichnung vorgeführt werden, wenn er damals ordnungsgemäß gemäß § 52 Abs 3 StPO belehrt worden war (Meyer-Goßner StPO § 255 a Rn 3). Macht der Zeuge hingegen sein Zeugnisverweigerungsrecht geltend, erklärt aber, die Verwertung der früheren Aussage zu gestatten (hierzu BGHSt 45, 203 = NJW 2000, 596; BGH NStZ 2007, 712), bleibt das Abspielen der hiervon gefertigten Aufzeichnung unmittelbar zu Beweiszwecken unzulässig; denn die Gestattung berührt nicht den Unmittelbarkeitsgrundsatz nach § 250 StPO. Möglich ist nur die Vernehmung der – auch nichtrichterlichen – Verhörsperson, der die Aufzeichnung wiederum vorgehalten werden kann, wobei darauf zu achten ist, dass es sich tatsächlich um die Verwendung der Aufzeichnung als an die Verhörsperson gerichteten Vernehmungsbehelf, nicht um ein die Vernehmung des von seinem Zeugnisverweigerungsrecht Gebrauch machenden Zeugen ersetzendes Abspielen handelt (BGHSt 52, 148 = NJW 2008, 1010; BGH Urt v 21. 12. 2005 – Az 2 StR 245/05 = BeckRS 2005, 01627; vgl Schädler StraFo 2008, 229, 233, 234). Im Fall der Unerreichbarkeit des zeugnisverweigerungsberechtigten Zeugen darf die Bild-Ton-Aufzeichnung vorgeführt werden, wenn die Belehrung gemäß § 52 Abs 3 StPO bei der früheren Aussage ordnungsgemäß erfolgt war und er auf sein Zeugnisverweigerungsrecht – höchstpersönlich – verzichtet hatte (Meyer-Goßner StPO § 255 a Rn 3).

II. Aufzeichnung über die Vernehmung von kind- und jugendlichen Zeugen (Abs 2 S 1)

§ 255 a Abs 2 StPO gilt nur in Verfahren wegen einer oder mehrerer Straftaten aus dem dortigen **Katalog**. Ob sich der Vorwurf auf weitere Straftaten erstreckt, die hierzu in Idealkonkurrenz (§ 52 StGB) oder Realkonkurrenz (§ 53 StGB) stehen, ist dabei ohne Bedeutung (KK-StPO/Diemer StPO § 255 a Rn 8). Die Bestimmung ist ferner anwendbar, wenn die Katalogtat im Wege der Gesetzeskonkurrenz hinter eine angeklagte Straftat zurücktritt, so etwa wenn der Straftatbestand des § 222 StGB durch den des § 227 StGB verdrängt wird (BGHSt 49, 72, 79, 80 = NStZ 2004, 390, 391). Der Zeuge braucht nicht **Opfer** der dem Angeklagten vorgeworfenen Katalogtat zu sein, was sich jedenfalls daraus ergibt, dass der Gesetzgeber § 222 StGB, bei dem eine Versuchsstrafbarkeit von vornherein nicht in Betracht kommt, ausdrücklich in den Katalog aufgenommen hat (ebenso Meyer-Goßner StPO § 255 a Rn 8; einschränkend KK-StPO/Diemer StPO § 255 a Rn 7). 7

Der Zeuge darf zum Zeitpunkt der Vorführung noch keine **18 Jahre** alt sein. Wie in § 247 S 2 StPO ist die Altersgrenze mit dem 2. OpferRRG vom 29. 7. 2009 (BGBl I 2280), das am 1. 10. 2009 in Kraft getreten ist, von 16 Jahren auf 18 Jahre angehoben worden. Es kommt grundsätzlich nicht darauf an, ob der Zeuge dieses Alter noch während der Hauptverhandlung erreicht; allerdings kann in einem solchen Fall seine Vernehmung unter Umständen nach dem Maßstab der Aufklärungspflicht (§ 244 Abs 2 StPO) geboten sein. Darüber hinaus setzt § 255 a Abs 2 StPO voraus, dass es sich bei der früheren Vernehmung des kindlichen oder jugendlichen Zeugen um eine **richterliche** Vernehmung handelt, welche die wesentlichen Verfahrensvorschriften gewahrt hat (Meyer-Goßner StPO § 255 a Rn 8). Steht dem Zeugen ein Zeugnisverweigerungsrecht nach § 52 StPO zu, muss er ordnungsgemäß darüber belehrt worden sein. War dies geschehen, so hindert die nachträgliche Geltendmachung dieses Rechts durch den Zeugen die Verwertung der Bild-Ton-Aufzeichnung nicht (BGHSt 49, 72, 83 = NStZ 2004, 390, 392 [nichttragend]; Kretschmer JR 2006, 453, 458; **aA** Degener StV 2006, 509, 514; KK-StPO/Diemer StPO § 255 a Rn 9 a). 8

Schließlich müssen sowohl der Angeklagte als auch – falls sich ein solcher angezeigt hatte – der Verteidiger **Gelegenheit** gehabt haben, an der früheren Vernehmung **mitzuwirken**. Darauf, ob sie die Gelegenheit auch genutzt hatten, kommt es dabei grundsätzlich nicht an (vgl BVerfG Kammerbeschl v 2. 5. 2007 – Az 2 BvR 411/07 = BeckRS 2007, 23981; KK-StPO/Diemer StPO § 255 a Rn 10; **aA** Beulke ZStW 113 [2001] 709, 713; Schlothauer StV 1999, 47, 49; unklar LG München II NStZ-RR 2005, 317). Allerdings durfte die Möglichkeit der Mitwirkung nicht nur theoretisch bestehen; der Angeklagte und sein Verteidiger mussten vielmehr effektiv in die Lage gewesen sein, an der Vernehmung teilzunehmen und insbesondere das Fragerecht wahrzunehmen (KK-StPO/Diemer StPO § 255 a Rn 10). Daran fehlt es, wenn der zur Vernehmung kurzfristig geladene Verteidiger 9 wegen anderweitiger beruflicher Verpflichtungen an einer Teilnahme verhindert war und sein Antrag auf Terminsverlegung erfolglos blieb, obwohl einer kurzfristigen Terminsverlegung entgegenstehende Gründe nicht ersichtlich sind (OLG München StV 2000, 352 = LSK 2000, 270298). Andererseits setzt die Gelegenheit zur Mitwirkung nicht voraus, dass dem Verteidiger vor der Vernehmung **Akteneinsicht** gewährt worden war (str, so BGHSt 48, 268 = NStZ 2003, 613, mAnm Eisenberg/Zötsch NJW 2003, 3676, 3677, mAnm Schlothauer StV 2003, 652, mAnm Vogel/Norouzi JR 2004, 215; s auch Rn 12).

10 Die Gelegenheit zur Mitwirkung nur für den Verteidiger genügt für § 255a Abs 2 StPO nicht. Deswegen ist die Bestimmung nicht anwendbar, wenn der **Angeklagte** nach § 168c Abs 3 StPO von der Anwesenheit bei der Vernehmung **ausgeschlossen** war (BGHSt 49, 72, 80 ff = NStZ 2004, 390, 391, 392). Anderes gilt mE, wenn vor einer Videovernehmung nach § 247a StPO die Entfernung des Angeklagten nach § 247 StPO angeordnet worden war und die aufgezeichnete Vernehmung (§ 247a S 4 StPO) in einer weiteren Hauptverhandlung nach § 255a Abs 2 StPO verwertet werden soll. Denn in diesem Fall konnte der Angeklagte nach seinem Wiedereintritt aufgrund der gebotenen Unterrichtung (§ 247 S 4 StPO) sein Fragerecht uneingeschränkt wahrnehmen (**aA** Meyer-Goßner StPO § 247a Rn 10).

11 Waren bei der richterlichen Vernehmung wesentliche Verfahrensvorschriften nicht gewahrt worden, so ist die Vorführung der Bild-Ton-Aufzeichnung nach § 255a Abs 2 StPO ausgeschlossen. Gleiches gilt, wenn der Angeklagte und sein Verteidiger keine Gelegenheit zur Mitwirkung hatten, es sei denn, sie erklären ihr Einverständnis mit der Vorführung (Meyer-Goßner StPO § 255a Rn 8a). Möglich bleibt allerdings ein Vorgehen nach § 255a Abs 1 StPO, falls dessen Voraussetzungen vorliegen (**aA** wohl OLG München StV 2000, 352 = LSK 2000, 270298: Beweisverwertungsverbot); dabei ist die Aufzeichnung einer verfahrensfehlerhaften richterlichen Vernehmung ggf als Aufzeichnung einer nichtrichterlichen Vernehmung zu behandeln (s auch Rn 4).

C. Ergänzende Vernehmung (Abs 2 S 2)

12 Die Notwendigkeit zu einer ergänzenden Vernehmung in der Hauptverhandlung kann sich nach Maßgabe der richterlichen **Aufklärungspflicht** (§ 244 Abs 2 StPO) ergeben (BGHSt 48, 268 = NStZ 2003, 613). Sie soll aus Gründen des Opfer- und Zeugenschutzes nur im Ausnahmefall erfolgen (BGH NStZ-RR 2005, 45 LS = BeckRS 2004, 11562). Ohne Akteneinsicht des Verteidigers vor der aufgezeichneten Vernehmung wird freilich die Wahrscheinlichkeit des Erfordernisses einer ergänzenden Vernehmung nach § 255a Abs 2 S 2 StPO steigen (BGHSt 48, 268, 272 = NStZ 2003, 613, 614). Wenn ein **Beweisantrag** gestellt ist und der Zeuge zum Beweis einer neuen Tatsachenbehauptung benannt ist, zu der er noch nicht gehört worden war, ist dieser Antrag auf seine ergänzende Vernehmung nach den Grundsätzen der § 244 Abs 3 StPO, § 245 Abs 2 StPO zu behandeln (BGHSt 48, 268 = NStZ 2003, 613).

13 Wenn der Zeuge ergänzend zu vernehmen ist, wird dies regelmäßig unter Anwendung zeugenschonender Maßnahmen – etwa nach § 247a StPO – zu erfolgen haben. Dabei ist § 241a StPO anzuwenden. Unter Zeugenschutzgesichtspunkten kommt ein gänzlicher Ausschluss der ergänzenden Vernehmung nur bei dringender Gefahr gravierender Nachteile für den kindlichen oder jugendlichen Zeugen in Betracht (Meyer-Goßner StPO § 255a Rn 10).

D. Anordnung

14 Die Anordnung nach § 255a Abs 1 oder Abs 2 StPO erfolgt nach pflichtgemäßem **Ermessen**. Das folgt für Abs 1 aus den in Bezug genommenen Vorschriften der § 251 StPO, § 253 StPO. Ein abstrakter Vorrang der Vorführung einer Bild-Ton-Aufzeichnung gegenüber einer Protokollverlesung besteht dabei nicht (KK-StPO/Diemer StPO § 255a Rn 4 mwN; **aA** Leitner StraFo 1999, 45, 48). Bei der Ermessensentscheidung nach Abs 2 S 1 sind Belange des Zeugenschutzes einerseits mit der Aufklärungspflicht und dem Verteidigungsinteresse des Angeklagten andererseits sorgfältig abzuwägen. Die Bedeutung dieses Erfordernisses ergibt sich namentlich daraus, dass § 255a Abs 2 S 1 StPO – anders als andere Maßnahmen des Zeugenschutzes (vgl § 247 S 2 StPO, § 247a S 1 Hs 1 StPO) – keine Gefahr für das Wohl des Zeugen oä voraussetzt. Dabei sind andere alternative Zeugenschutz-

maßnahmen (vgl auch § 171 b GVG, § 172 Nr 5 GVG) in die Erwägungen mit einzubeziehen (Meyer-Goßner StPO § 255 a Rn 9).

Die Entscheidung über die Vorführung einer Bild-Ton-Aufzeichnung erfordert nur in 15 Fällen des § 255 a Abs 1 StPO iVm § 251 StPO entsprechend § 251 Abs 4 StPO einen Beschluss des **Gerichts** als Gesamtspruchkörper; in den anderen Fällen (§ 255 a Abs 2 StPO sowie § 255 a Abs 1 StPO iVm § 253 StPO) genügt eine Verfügung des **Vorsitzenden** (Meyer-Goßner StPO § 255 a Rn 11; **aA** KK-StPO/Diemer StPO § 255 a Rn 14; offen gelassen von BGHSt 49, 72, 74 = NJW 2004, 1605, 1606 [in NStZ 2004, 390 nicht abgedr]). Freilich unterliegt diese als Maßnahme der Sachleitung dem Zwischenrechtsbehelf des § 238 Abs 2 StPO. Gegen die Anordnung der Vorführung steht dem Zeugen das Rechtsmittel der **Beschwerde** (§ 304 Abs 2 StPO, § 305 S 2 StPO) zu, dagegen – wegen § 305 S 1 StPO – nicht den Verfahrensbeteiligten. In den Fällen des § 255 a Abs 1 StPO iVm § 253 StPO ist für die **Protokollierung** § 255 StPO zu beachten; im Übrigen gilt § 273 Abs 1 StPO.

E. Revision

Hat das Gericht rechtfehlerhaft – unter Verletzung des § 255 a StPO – die Vorführung 16 einer Bild-Ton-Aufzeichnung angeordnet, anstatt den Zeugen in der Hauptverhandlung zu vernehmen, kann ein Verstoß gegen den **Unmittelbarkeitsgrundsatz** nach § 250 StPO geltend gemacht werden (KK-StPO/Diemer StPO § 255 a Rn 15). Wird eine entsprechende Verfahrensrüge darauf gestützt, der Angeklagte oder sein Verteidiger hätte entgegen § 255 a Abs 2 S 1 StPO keine Gelegenheit zur Mitwirkung bei der richterlichen Vernehmung gehabt, weil sie nicht ordnungsgemäß geladen gewesen seien (§ 168 c Abs 5 StPO), setzt die Zulässigkeit der Rüge nach § 344 Abs 2 S 2 StPO voraus, dass die der Ladung zugrunde liegenden Tatsachen vorgetragen werden (BGH Beschl v 15. 4. 2003 – Az 3 StR 91/03 = BeckRS 2003, 00478 [in NStZ-RR 2003, 264 nicht abgedr]). Im Übrigen ist Voraussetzung für die Geltendmachung einer Verletzung der Mitwirkungsrechte, dass der Vorführung in der Hauptverhandlung rechtzeitig (vgl § 257 StPO) widersprochen worden ist (sog Widerspruchslösung, str; vgl KK-StPO/Diemer StPO § 255 a Rn 15). Wenn das Vorgehen nach § 255 a StPO ohne Rechtsfehler erfolgte, kann gleichwohl mit der **Aufklärungsrüge** (§ 244 Abs 2 StPO) beanstandet werden, dass Umstände vorlagen, die zu einer ergänzenden Vernehmung des Zeugen in der Hauptverhandlung drängten. Auch das Unterlassen der Vorführung einer Bild-Ton-Aufzeichnung kann die Aufklärungspflicht verletzen (Meyer-Goßner StPO § 255 a Rn 13).

Verfahrensrügen, mit denen geltend gemacht wird, die Urteilsgründe widersprächen der 17 aufgezeichneten Zeugenaussage, muss der Erfolg versagt bleiben. Dies liefe nämlich auf eine im Grundsatz unzulässige **Rekonstruktion** der tatrichterlichen Beweisaufnahme in der Revisionsinstanz hinaus (str; wie hier BGHSt 48, 268, 273 = NStZ 2003, 613 ff; Hofmann NStZ 2002, 569; **aA** Diemer NStZ 2002, 16; Leitner StraFo 2004, 306; Meyer-Mews NJW 2002, 104, 107; s ferner § 337 StPO Rn 55.2).

§ 256 [Verlesung von Behörden- und Ärzteerklärungen]

(1) Verlesen werden können
1. die ein Zeugnis oder ein Gutachten enthaltenden Erklärungen
a) öffentlicher Behörden,
b) der Sachverständigen, die für die Erstellung von Gutachten der betreffenden Art allgemein vereidigt sind, sowie
c) der Ärzte eines gerichtsärztlichen Dienstes mit Ausschluss von Leumundszeugnissen,
2. ärztliche Atteste über Körperverletzungen, die nicht zu den schweren gehören,
3. ärztliche Berichte zur Entnahme von Blutproben,
4. Gutachten über die Auswertung eines Fahrtschreibers, die Bestimmung der Blutgruppe oder des Blutalkoholgehalts einschließlich seiner Rückrechnung und

5. Protokolle sowie in einer Urkunde enthaltene Erklärungen der Strafverfolgungsbehörden über Ermittlungshandlungen, soweit diese nicht eine Vernehmung zum Gegenstand haben.

(2) Ist das Gutachten einer kollegialen Fachbehörde eingeholt worden, so kann das Gericht die Behörde ersuchen, eines ihrer Mitglieder mit der Vertretung des Gutachtens in der Hauptverhandlung zu beauftragen und dem Gericht zu bezeichnen.

Überblick

Die Vorschrift lässt für die aufgezählten Urkunden über § 251 StPO hinaus eine Durchbrechung des Unmittelbarkeitsgrundsatzes zu.

Übersicht

	Rn		Rn
A. Regelungsgehalt	1	D. Ärztliche Berichte nach Abs 1 Nr 3	19
B. Zeugnis oder Gutachten nach Abs 1 Nr 1	4	E. Gutachten nach Abs 1 Nr 4	20
I. Begriff	4	F. Protokolle der Strafverfolgungsbehörden nach Abs 1 Nr 5	21
II. Behörden	8		
III. Vereidigte Sachverständige	14	G. Gutachten von kollegialen Fachbehörden	22
IV. Gerichtsärztlicher Dienst	15		
C. Ärztliche Atteste nach Abs 1 Nr 2	16	H. Revision	23

A. Regelungsgehalt

1 Die Vorschrift lässt zur Verfahrensbeschleunigung über § 251 StPO hinausgehende Ausnahmen vom Unmittelbarkeitsgrundsatz zu. Der Inhalt der aufgezählten Beweismittel nach § 420 StPO kann durch Verlesen (§ 249 StPO Rn 22), im Selbstleseverfahren (Meyer-Goßner StPO § 249 Rn 19; § 249 StPO Rn 23) oder durch Bericht des Vorsitzenden (OLG Düsseldorf VRS 59, 269, 270; OLG Köln VRS 73, 136; § 249 StPO Rn 26) in die Hauptverhandlung eingeführt werden. Für das Strafbefehlsverfahren (§ 411 Abs 2 S 2 StPO) und das beschleunigte Verfahren sieht § 420 StPO (vgl § 420 StPO Rn 2) weitergehende Verlesungsmöglichkeiten vor.

2 Die Aufklärungspflicht (§ 244 StPO Rn 10) kann aber im Einzelfall die Vernehmung der Beweisperson gebieten (BGHSt 1, 94, 96). Das kommt insbesondere dann in Betracht, wenn der Sachverständige in seinem schriftlichen Gutachten Bekundungen des Beschuldigten festgehalten hat, die ihm dieser bei Aufnahme der Anamnese gemacht hat, der Beschuldigte aber der Auffassung ist, diese Bekundungen seien in der aufgezeichneten Form für einen anderen (insbesondere einen anderen Sachverständigen) missverständlich und bedürften daher der Klärung durch persönliche Anhörung (BGH NStZ 1993, 397). Auch eine Videoaufzeichnung über das Verhalten des Angeklagten am Tatort kann nicht durch den Bericht eines Ermittlungsbeamten, der die Aufzeichnung in Augenschein genommen hat, ersetzt werden (OLG Düsseldorf StV 2007, 518).

3 Die **Verlesung** oder die Feststellung des Inhalts durch Bericht **ordnet der Vorsitzende** im Rahmen seiner Sachleitung (§ 238 StPO Rn 1) an. Bei Beanstandungen entscheidet das Gericht, § 238 Abs 2 StPO. Die so in die Hauptverhandlung eingeführten Schriftstücke sind im Protokoll genau zu bezeichnen, § 273 Abs 3 StPO (vgl § 273 StPO Rn 25).

B. Zeugnis oder Gutachten nach Abs 1 Nr 1

I. Begriff

4 Das **Zeugnis** enthält amtlich festgestellte Tatsachen und Wahrnehmungen von Behördenangehörigen, die diese im Rahmen ihrer amtlichen Tätigkeit gemacht haben. Dies können

insbesondere Feststellungen aus amtlichen Unterlagen oder über amtliche Vorgänge sein. In Betracht kommen auch Mitteilungen anderer Behörden oder Dritter.

Das **Gutachten** ist jede auf besonderer Fachkenntnis beruhende wissenschaftliche Bewertung von Tatsachen (OLG Karlsruhe NJW 1973, 1426). Dabei spielt es keine Rolle, ob die verwerteten Tatsachen dem Sachverständigen bereits vorlagen oder erst nach Erteilung des Gutachtenauftrags ermittelt wurden (BayObLG NJW 1953, 194). Unerheblich ist auch, ob die für das Gutachten erforderlichen Feststellungen vom Repräsentanten der Behörde oder von einem seiner Mitarbeiter erhoben wurden (BGH DAR 2002, 203). Neben der gutachterlichen Bewertung dürfen auch die Befundtatsachen (§ 79 StPO Rn 3) verlesen werden (BGH MDR 1955, 397). Zusatztatsachen (§ 79 StPO Rn 3) dürfen hingegen nur verlesen werden, wenn insoweit ein Zeugnis der Behörde vorliegt (BGH MDR 1955, 397; Meyer-Goßner StPO § 256 Rn 6). Andernfalls ist der Sachverständige als Zeuge zu vernehmen. 5

Leumundszeugnisse sind nicht verlesbar. Das gilt nicht nur für Abs 1 Nr 1 Buchst c, sondern für alle Fälle des Abs 1 Nr 1 (Meyer-Goßner StPO § 256 Rn 7). Der Begriff umfasst alle wertenden Äußerungen über den Charakter, die Gesinnung und die sittlichen Eigenschaften einer Person. Hierunter fallen etwa Äußerungen über die Glaubwürdigkeit, die Zuverlässigkeit oder das berufliche Können des Beurteilten (RGSt 59, 374). Gebräuchliche Formen von Leumundszeugnissen sind Schulzeugnisse, soweit sie das sittliche Verhalten betreffen, Dienstzeugnisse oder Führungszeugnisse, etwa über die Führung von Gefangenen. Erstreckt sich die Bewertung nur auf einzelne Tatsachen, ist die Verlesung gestattet. Das **Glaubwürdigkeitsgutachten** ist also kein Leumundszeugnis (Meyer-Goßner StPO § 256 Rn 9). Die Vorschrift begründet für Leumundszeugnisse nicht nur ein Verlesungs-, sondern ein **Verwertungsverbot**. Das bedeutet, dass auch ihre Einführung durch Vorhalt unzulässig ist (Meyer-Goßner StPO § 256 Rn 10). 6

Private Leumundszeugnisse werden von § 250 StPO erfasst. 7

II. Behörden

Öffentliche Behörden sind nach öffentlichem Recht eingerichtete, mit der Erfüllung öffentlicher Aufgaben betraute Stellen des Staates oder eines anderen Trägers öffentlicher Verwaltung, die in ihrem Bestand von den jeweils leitenden Beamten unabhängig sind (BVerfGE 10, 20, 48). Sie müssen keine obrigkeitlichen Befugnisse haben (BGH NJW 1957, 1673, 1674). Auch Behörden im Ausland zählen dazu (BGH NJW 1992, 58, 59). 8

Behörden in diesem Sinne sind öffentliche Kliniken (BGH NStZ 1984, 231), Universitätsinstitute (BGH NStZ-RR 2001, 262), staatliche Gesundheitsämter (BGHSt 1, 94, 97), chemische Untersuchungsanstalten (BGH NJW 1953, 1801), Veterinärämter (OLG Celle NJW 1966, 1881), Bundeskriminalamt und Landeskriminalämter (BGH NJW 1968, 206), Justizvollzugsanstalten (KK-StPO/Diemer StPO § 256 Rn 4), öffentlich-rechtliche Stiftungen (BGH NStZ 1988, 283), Handels- und Handwerkskammern (RGSt 52, 198), die Deutsche Bundesbank und die Landeszentralbanken (RGSt 63, 122), Gerichtsvollzieher (BayObLG SV 2002, 646), Führer militärischer Einheiten (RGSt 18, 246) und staatliche Notare in BW. 9

Keine Behörden sind Berufsgenossenschaften (RGSt 34, 376), Notare mit Ausnahme der staatlichen Notare in BW, Technische Überwachungsvereine (BayObLG VRS 8, 467), der DEKRA, privatrechtlich organisierte Krankenhäuser (BGH NStZ 1988, 19), und die Nachfolgeorganisationen der Deutschen Bundespost (Meyer-Goßner StPO § 256 Rn 14). 10

Die Schriftstücke müssen **der Behörde zurechenbar** sein. Der Verfasser muss die Behörde auf Grund genereller oder konkreter Vollmacht repräsentieren (BGH StV 1987, 285) und nicht völlig außerhalb der Zuständigkeit der Behörde handeln (BGH VRS 48, 209 f; NStZ 1988, 283). Der Behördenleiter oder ein von ihm beauftragter Sachbearbeiter müssen die Erklärung unterschreiben. Wird die Unterschrift nicht mit dem Zusatz iV oder iA versehen, begründet das Zweifel am Handeln für die Behörde (BGH NStZ 1984, 231; NStZ 1988, 283). Eine Klärung kann im Freibeweis (§ 244 StPO Rn 8) erfolgen. Formmängel, das Fehlen des Dienstsiegels oder des amtlichen Stempels, machen die Erklärung nicht ungültig (RGSt 43, 405; BGH VRS 44, 37, 39). 11

Werden Behördenmitglieder als Sachverständige vernommen, ist die Person zu vernehmen, die die Untersuchung durchgeführt hat. Sie kann sich, außer bei kollegial organisierten 12

StPO § 256   Zweites Buch. 6. Abschnitt

Behörden (Abs 2) nicht durch einen anderen Sachverständigen derselben Behörde vertreten lassen (BGH NJW 1967, 299; NJW 1968, 206).

13   Berichte der Gerichtshilfe und der Jugendgerichtshilfe sind keine Behördengutachten (Meyer-Goßner StPO § 160 Rn 26). Vom BGH wurde die Anwendbarkeit von § 256 StPO ausdrücklich offen gelassen. Der Gerichtshelfer wurde jedoch als (sachverständiger) Zeuge klassifiziert, so dass eine Verlesung nach § 251 Abs 1 StPO zulässig ist (BGH NStZ 2008, 709).

III. Vereidigte Sachverständige

14   Die Gutachten **allgemein vereidigter Sachverständiger** können wie Behördengutachten verlesen werden. Zur Behebung von Unklarheiten kann auf Grund der Sachaufklärungspflicht oder nach Beweisanträgen die persönliche Vernehmung des Sachverständigen in Betracht kommen.

IV. Gerichtsärztlicher Dienst

15   Unter dem **gerichtsärztlichen Dienst** sind in erster Linie die bayerischen Landgerichtsärzte zu verstehen. Die Ärzte der gerichtsmedizinischen Institute und der Vollzugsanstalten gehören nicht dazu (Meyer-Goßner StPO § 256 Rn 17).

C. Ärztliche Atteste nach Abs 1 Nr 2

16   **Atteste von approbierten Ärzten** dürfen verlesen werden, wenn sie vorsätzliche oder fahrlässige Körperverletzungen bescheinigen, die nicht zu den schweren (§ 226 StGB, § 227 StGB) gehören. Es muss sich um eigene Wahrnehmungen des Arztes bei der Untersuchung des Verletzten handeln. Auch gutachterliche Äußerungen über Schwere und Folge der Verletzung können verlesen werden (Meyer-Goßner StPO § 256 Rn 19). Umstände, die der Arzt ohne seine Sachkunde festgestellt hat, Zustand der Kleidung (BGHSt 4, 155), Zeitpunkt der Behandlung (OLG Hamburg StV 2000, 9) oder Äußerungen des Verletzten, dürfen nicht nach § 256 in die Hauptverhandlung eingeführt werden. Das Attest darf auch nur das Vorhandensein, nicht die Art der Verletzung bescheinigen. Die Feststellung, es habe sich um Kratzspuren gehandelt, kann nicht durch Verlesen des Attests gewonnen werden (BGH NStZ 1984, 211).

17   Für die Frage, ob es um die Feststellung einer schweren Körperverletzung geht, ist nicht der tatsächliche Verletzungserfolg, sondern der Vorwurf in der zugelassenen Anklage maßgebend (BGH NJW 1980, 651). Ist eine andere Straftat Gegenstand des Verfahrens, darf das Attest nicht verlesen werden (BGHSt 4, 155; OLG München BeckRS 2008, 05466). Das ist auch dann der Fall, wenn die Verlesung nur für die Rechtsfolgen von Bedeutung ist, etwa für das Vorliegen eines Regelbeispiels bei § 176 StGB (BGH NJW 1980, 651). Das Verlesungsverbot gilt auch bei Tateinheit zwischen der Körperverletzung und der anderen Straftat, es sei denn, dass durch das Attest ausschließlich die Verletzung im Rahmen der § 223 StGB, § 224 StGB festgestellt werden soll (BGH NJW 1986, 1555, 1556).

18   Die Zulässigkeit der Verlesung eines Attests nach § 251 Abs 1 Nr 1 StPO wird von § 256 StPO nicht eingeschränkt. Dient die Verlesung nur zur Klärung von Verfahrensfragen, kann das Attest im Freibeweis uneingeschränkt verlesen werden (BGH NStZ-RR 1997, 304).

D. Ärztliche Berichte nach Abs 1 Nr 3

19   **Ärztliche Berichte über Blutprobenentnahmen** müssen erkennen lassen, wer sie angefertigt hat (BayObLG StV 1989, 6). Sie belegen den Zeitpunkt und das Verhalten des Betroffenen bei der Blutentnahme und lassen Rückschlüsse auf den Grad der alkoholischen Beeinflussung zu.

E. Gutachten nach Abs 1 Nr 4

20   Bei den **Gutachten nach Abs 1 Nr 4** kann es sich auch um private Gutachten handeln. Sie umfassen die Auswertung eines Fahrtenschreiberdiagramms und die üblichen Feststellungen aus einer Blutentnahme.

F. Protokolle der Strafverfolgungsbehörden nach Abs 1 Nr 5

Zu den **Erklärungen der Strafverfolgungsbehörden** gehören Vermerke über Routine- 21
vorgänge, insbesondere Spurensicherungs-, Observations- und Durchsuchungsberichte sowie Vermerke über Festnahmen, bei denen der Beamte kaum mehr als das bekunden kann, was in dem Vermerk schriftlich festgelegt ist (OLG Düsseldorf StV 2007, 518). Vermerke über **Vernehmungen** dürfen **nicht verlesen** werden, das gilt auch, soweit in den Berichten Vernehmungsergebnisse niedergelegt sind.

G. Gutachten von kollegialen Fachbehörden

Hat eine **kollegiale Fachbehörde** ein Gutachten zu erstatten oder zu erläutern, kann das 22
Gericht sich damit begnügen, ein Mitglied der Behörde anzuhören. Dem Ersuchen des Gerichts, das mit dem Gutachtensauftrag oder mit der Ladung erfolgen soll, muss die Behörde nicht nachkommen. Die Auswahl des beauftragten Mitglieds, das in der Hauptverhandlung die Stellung eines Sachverständigen hat, trifft die Behörde.

H. Revision

Das Revisionsgericht muss im Freibeweis klären, ob das Zeugnis oder das Gutachten im 23
Namen der Behörde erstattet wurde. (Schäfer NStZ 1996, 247). Bei unzulässiger Verwertung liegt ein Verstoß gegen den Unmittelbarkeitsgrundsatz vor (BGH NJW 1980, 651). Die Rüge ist auch begründet, wenn keine Entscheidung des Gerichts nach § 238 Abs 2 StPO herbeigeführt wurde (BGH BeckRS 2009, 05307; KK-StPO/Diemer StPO § 256 Rn 13). Schließlich kann die Aufklärungspflicht verletzt sein, wenn die persönliche Vernehmung des Zeugen oder Sachverständigen erforderlich gewesen wäre (BGH NStZ 1993, 397). Die Verlesung nach § 256 StPO ersetzt, auch bei ärztlichen Attesten nach Abs 1 Nr 2, die persönliche Vernehmung des Sachverständigen. Ein Beweisantrag auf Einholung eines Sachverständigengutachtens kann daher gemäß § 244 Abs 4 S 2 Hs 2 StPO abgelehnt werden (BGH BeckRS 2008, 20298).

§ 257 [Befragung des Angeklagten, des Staatsanwalts und des Verteidigers]

(1) Nach der Vernehmung eines jeden Mitangeklagten und nach jeder einzelnen Beweiserhebung soll der Angeklagte befragt werden, ob er dazu etwas zu erklären habe.

(2) Auf Verlangen ist auch dem Staatsanwalt und dem Verteidiger nach der Vernehmung des Angeklagten und nach jeder einzelnen Beweiserhebung Gelegenheit zu geben, sich dazu zu erklären.

(3) Die Erklärungen dürfen den Schlußvortrag nicht vorwegnehmen.

Überblick

Die Vorschrift regelt als Spezialnorm für die Hauptverhandlung über § 33 Abs 1 StPO hinaus und neben den Äußerungs- und Mitwirkungsrechten nach § 240 StPO, § 243 Abs 4 StPO und § 258 StPO eine besondere Art der Gewährung rechtlichen Gehörs zu allen Beweiserhebungsakten im Strengbeweisverfahren einschließlich der Vernehmung von Mitangeklagten. Sie geht damit über die Mindestanforderungen hinaus, welche Art 103 Abs 1 GG sonst aufstellt. Dies geschieht, weil die Äußerung der Prozessbeteiligten zu allen Einzelakten der Beweiserhebung im Strafverfahren mit seinen eingriffsintensiven Folgen erhebliche Bedeutung hat. Es geht einerseits um die Mitwirkungsrechte der Verfahrensbeteiligten an der Überzeugungsbildung des Gerichts und andererseits um die bestmögliche Sachaufklärung. Um dem Angeklagten das Äußerungsrecht zu ermöglichen, soll dieser nach jedem Beweiserhebungsakt vom Vorsitzenden befragt werden, ob er dazu etwas zu erklären habe. Die anderen Prozessbeteiligten erhalten ohne gesonderte Befragung des Gerichts auf ihr Verlangen Gelegenheit zur Äußerung. Alle Erklärungsrechte nach Abs 1 und Abs 2 sind thematisch und zeitlich auf den jeweils vorangegangenen Beweiserhebungsakt bezogen. Sie sollen, auch aus Gründen der Verfahrensbeschleunigung, zumindest den Schlussvortrag, dem eine Gesamtwürdigung aller Tatsachen und Beweise sowie eine umfassende rechtliche Bewertung des Falles vorbehalten bleibt, nicht vorwegnehmen. Das Rechtsgespräch im Sinne von § 257 b StPO weicht davon in der Erwartung ab, dass danach die restliche Hauptverhandlung abgekürzt werden kann.

Übersicht

	Rn		Rn
A. Normzweck	1	D. Grenzen des Äußerungsrechts gem Abs 3	17
B. Rechtsposition des Angeklagten	2		
I. Befragung durch den Vorsitzenden	2	E. Anrufung des Gerichts	19
II. Äußerung des Angeklagten	7	F. Widerspruchslösung bei Beweisverwertungsverboten	20
III. Gerichtliche Reaktion auf Äußerungen des Angeklagten	11		
IV. Protokollierung	12	G. Revision	23
C. Erklärungsrecht des Staatsanwalts und des Verteidigers nach Abs 2	13	I. Verletzung von Abs 1	23
		II. Verletzung von Abs 2 u Abs 3	24

A. Normzweck

1 Die Vorschrift regelt in spezieller Weise Äußerungsrechte des Angeklagten, des Verteidigers und des Staatsanwalts, um diesen bereits während der Beweisaufnahme Einfluss darauf zu gewähren, wie das Gericht einzelne Beweise würdigt (BGHSt 43, 212, 215 = NJW 1997, 3182, 3183). Die Regelung ist für eine wirksame Verteidigung wichtig, wird aber dazu zu selten genutzt (Hohmann StraFo 1999, 153 ff; Salecker Das Äußerungsrecht des Angeklagten und seines Verteidigers gemäß § 257 StPO 2009, 80). Die **zeitnahe Äußerung zu einzelnen Beweiserhebungen**, welche die vorliegende Vorschrift gewährleistet, kann vor allem in umfangreichen Verfahren und lang andauernden Hauptverhandlungen besser als eine zusammenfassende Äußerung im Rahmen der Schlussvorträge dazu dienen, das sich sukzessive entwickelnde Beweisbild des Gerichts zu beeinflussen (Hammerstein FS Rebmann 1989, 233; Salecker Das Äußerungsrecht des Angeklagten und seines Verteidigers gemäß § 257 StPO 2009, 47 ff; KMR/Stuckenberg StPO § 257 Rn 1). Die Vorschrift steht in einem engen Zusammenhang mit dem Anspruch der Prozessbeteiligten auf Gewährung rechtlichen Gehörs nach Art 103 Abs 1 GG (KK-StPO/Diemer StPO § 257 Rn 1; Salecker Das Äußerungsrecht des Angeklagten und seines Verteidigers gemäß § 257 StPO 2009, 29 ff). Weil dieses Prozessgrundrecht aber keine bestimmte **Art und Weise der Gehörsgewährung** fordert und keinen bestimmten Zeitpunkt für die Anhörung vorschreibt, sofern sie jedenfalls vor der abschließenden Entscheidung erfolgt, geht die Vorschrift über die verfassungsrechtlichen Mindestanforderungen hinaus. Ob sie insoweit noch vom Schutzbereich des Art 103 Abs 1 GG oder eher von demjenigen des **Anspruchs auf ein rechtsstaatliches Verfahren** eingeschlossen wird oder aber sogar nur einfachrechtlicher Natur ist, erscheint fraglich. Die Prozessgrundrechte sind jedoch normgeprägt. Sie können sich demnach auf den gesamten Regelungsbereich der vorliegenden Vorschrift erstrecken. Unbegrenzt sind die Äußerungsrechte der Verfahrensbeteiligten andererseits nicht, weil sonst die Gefahr entstünde, dass ein Beteiligter die Hauptverhandlung durch uferlose Erklärungen unnötig erschwert und verzögert. Abs 3 stellt deshalb ein Verbot der Vorwegnahme des Schlussvortrages auf, dessen Umfang allerdings unklar ist, zumal Äußerungen zu einzelnen Beweisen auch Hinweise auf die Bedeutung im Rahmen einer Gesamtschau gebieten können, die zur zuverlässigen Beweiswürdigung stets erforderlich ist (§ 261 StPO Rn 10).

B. Rechtsposition des Angeklagten

I. Befragung durch den Vorsitzenden

2 Der Angeklagte **soll** nach jeder Vernehmung eines Mitangeklagten und nach jeder Beweiserhebung in der Hauptverhandlung befragt werden, ob er dazu etwas zu erklären habe

Hauptverhandlung § 257 StPO

(Salecker Das Äußerungsrecht des Angeklagten und seines Verteidigers gemäß § 257 StPO 2009, 70, 71). Damit soll **aus Gründen der Fürsorge** (KMR/Stuckenberg StPO § 257 Rn 13) verhindert werden, dass er sich nicht zeitnah zu einem aus seiner Sicht wichtigen Punkt äußert und den Aspekt im weiteren Verlauf der Hauptverhandlung aus den Augen verliert. Das Gesetz beschränkt sich zwar auf eine Sollbestimmung, sie lässt aber dem Vorsitzenden im Ergebnis nur einen engen **Ermessensspielraum**, der sich auf die weiteren Alternativen einer einmaligen Befragung bei begrenzter Beweisaufnahme (Meyer-Goßner StPO § 257 Rn 2) und des gänzlichen Unterlassens der Befragung des Angeklagten nach dessen definitiver Erklärung, sich nicht äußern zu wollen, oder bei dessen eigener Rechtskenntnis beschränkt. In anderen Fällen **ist** der Angeklagte grundsätzlich nach jeder Beweiserhebung im Sinne von Abs 1 zu befragen.

Die Vorschrift ist auf **Nebenbeteiligte**, soweit sie einem Angeklagten gleichgestellt sind, 3 entsprechend anzuwenden (§ 433 Abs 1 S 1 StPO, § 442 Abs 2 S 1 StPO, § 444 Abs 2 S 2 StPO; Salecker Das Äußerungsrecht des Angeklagten und seines Verteidigers gemäß § 257 StPO 2009, 72). Sie findet, was freilich umstritten ist, auch für **Erziehungsberechtigte und gesetzliche Vertreter** eines Jugendlichen (§ 67 Abs 1 JGG) Anwendung (Eisenberg JGG § 67 Rn 9; Löwe/Rosenberg/Gollwitzer StPO § 257 Rn 9; AK/Rüping StPO § 257 Rn 3; Salecker Das Äußerungsrecht des Angeklagten und seines Verteidigers gemäß § 257 StPO 2009, 72; KMR/Stuckenberg StPO § 257 Rn 12; **aA** KK-StPO/Diemer StPO § 257 Rn 2; Meyer-Goßner StPO § 257 Rn 3; SK-StPO/Schlüchter StPO § 257 Rn 2). Es ist nämlich nicht einzusehen, dass diese Verfahrensbeteiligten zwar ein Äußerungsrecht nach § 258 StPO haben sollen, aber keines nach der vorliegenden Vorschrift.

Die Befragung muss **nach jedem Beweiserhebungsakt** erfolgen, womit jede Verneh- 4 mung eines Mitangeklagten, Zeugen oder Sachverständigen, jede Urkundenverlesung und jeder Augenschein gemeint ist. Da das Selbstleseverfahren nach § 249 Abs 2 StPO ein Surrogat für den Urkundenbeweis ist, müssen sich die Befragung nach § 257 Abs 1 StPO und das Äußerungsrecht des Angeklagten auch darauf erstrecken (Meyer-Goßner StPO § 257 Rn 1). Keine Beweiserhebung iSd vorliegenden Vorschrift ist dagegen eine Maßnahme im Freibeweisverfahren. Dazu ist Gehör nach Art 103 Abs 1 GG zu gewähren (zur Anwendung von Art 103 Abs 1 GG auch auf die Sachverständigenauswahl BeckOK v. Heintschel-Heinegg/Eschelbach StGB § 20 Rn 100).

Unterlässt der Vorsitzende die Befragung, dann kann der Angeklagte sich dennoch aus 5 eigenem Antrieb äußern. Die Äußerung ist allerdings erst nach vollständigem Abschluss der Beweiserhebung, auf die sie sich beziehen soll, zulässig. Das Erklärungsrecht kann nicht dazu dienen, über das Fragerecht nach § 240 StPO hinaus die gerichtliche Beweiserhebung zu unterbrechen.

War der Angeklagte von einer Beweiserhebung nach § 247 StPO **ausgeschlossen**, dann 6 hat er nach der Wiederzulassung neben dem Fragerecht gem § 240 StPO auch das Äußerungsrecht aufgrund der vorliegenden Vorschrift. Ist die Beweisperson, die zuvor vernommen wurde, bereits nach § 248 StPO **entlassen**, dann steht dies dem Erklärungsrecht des Angeklagten nach der vorliegenden Vorschrift nicht entgegen.

II. Äußerung des Angeklagten

Das Gesetz setzt unausgesprochen voraus, dass der Angeklagte, der sich mit oder ohne 7 vorherige Befragung äußern will, **tatsächlich Gelegenheit** dazu erhalten muss (SK-StPO/ Schlüchter StPO § 257 Rn 2). Der maßgebliche Ort ist die Hauptverhandlung, die Art der Äußerung ist prinzipiell der mündliche Vortrag, der Zeitpunkt dafür die Zeitspanne nach dem Beweiserhebungsakt, auf den sich die Äußerung beziehen soll, bis zur nächsten Beweiserhebung. Das schließt Äußerungen in anderer Art und Weise oder zu anderen Zeitpunkten nicht zwingend aus, wenn das Gericht diese Erklärungen zulässt, wo sie sachdienlich sind.

Für die **Form der Erklärung** gilt zunächst das Mündlichkeitsprinzip der Hauptverhand- 8 lung. Der Angeklagte kann sich also selbst **mündlich** zu der vorangegangenen Beweiserhebung äußern. Eine schriftliche Erklärung ist im Gesetz nicht vorgesehen und sie wird, solange sie nicht zumindest **verlesen** wird, auch dem Öffentlichkeitsgrundsatz für die Hauptverhandlung nicht gerecht. Eine schriftlich fixierte, aber verlesene Erklärung genügt indes in förmlicher Hinsicht den Anforderungen an Mündlichkeit der Hauptverhandlung. Sie muss im Grundsatz **vom Angeklagten selbst** geäußert werden (BGH NStZ 2000, 439), denn er wird nicht vom Verteidiger vertreten (RGSt 44, 284, 285). Die Praxis gestattet es aber zunehmend, dass **der Verteidiger** Erklärungen **für den Angeklagten** abgibt, wenn dieser zu erkennen gibt, dass er die anwaltliche Äußerung gelten lassen will (Schäfer FS Dahs 2005, 455; **aA** Olk Die Abgabe von Sacherklärungen des Angeklagten durch den Verteidiger 2006, 140 ff). Damit werden jedoch die Grenzen dessen erreicht, was das Strengbeweisverfahren gestattet (vgl BGHSt 52, 175, 178 ff = NJW 2008, 2356, 2357, 2358). Zumindest eine Sacheinlassung durch den Verteidiger ist danach nicht zu akzeptieren, weil der Verteidiger weder selbst eine Auskunftsperson ist, die aus eigenem Wissen Äußerungen zur Sache abgeben kann, noch der Angeklagte durch den Verteidiger in der Sache vertreten wird (Salecker Das Äußerungsrecht des Angeklagten und seines Verteidigers gemäß § 257 StPO 2009, 83). Eine Verteidigererklärung als Sacheinlassung gestattet schließlich auch keine Glaubhaftigkeitskontrolle im überkommenen Sinn.

9 Der **Inhalt der Erklärung**, die der Angeklagte zur vorangegangenen Beweiserhebung („dazu") abgeben kann, bleibt im Gesetz offen. Es kann sich um sachliche, materiell-rechtliche oder prozessuale, unmittelbar oder mittelbar auf den Inhalt der vorangegangenen Beweiserhebung bezogene Äußerungen handeln (Salecker Das Äußerungsrecht des Angeklagten und seines Verteidigers gemäß § 257 StPO 2009, 63 ff; KMR/Stuckenberg StPO § 257 Rn 8). Eine Grenze wird nur durch die Unterscheidung vom Schlussvortrag gezogen, der nicht vorweggenommen werden soll. Ob und inwieweit in der Äußerung des Angeklagten eine Sacheinlassung im Sinne einer Tatsacheninformation zu sehen ist und nicht eine reine Prozesserklärung, muss von Fall zu Fall beurteilt werden.

10 Die Äußerungen des Angeklagten müssen einen Bezug zu der unmittelbar vorangegangenen Beweiserhebung aufweisen. Die Äußerungen können auch mit Anträgen verbunden werden. Eine strikte **Themenbindung** besteht jedoch nicht, soweit nicht die Grenze des Abs 3 überschritten wird (SK-StPO/Schlüchter StPO § 257 Rn 6) oder sonst eine vom Beweiserhebungsakt vollkommen abweichende und auch nicht dadurch veranlasste Äußerung gemacht werden soll. Diese kann der Vorsitzende unterbinden. Die Sachäußerung des Angeklagten kann gegebenenfalls auch in einer Klarstellung, Ergänzung oder Modifizierung der bisherigen Einlassung oder einer erstmaligen Sacheinlassung infolge des Ergebnisses der vorangegangenen Beweiserhebung bestehen (KMR/Stuckenberg StPO § 257 Rn 16), die sodann im Urteil als sachentscheidungserhebliche Tatsacheninformation zu behandeln ist.

III. Gerichtliche Reaktion auf Äußerungen des Angeklagten

11 Auch unter dem Gesichtspunkt fairer Verfahrensgestaltung ist nach der Rechtsprechung für das Tatgericht **keine Pflicht zur Bescheidung** der Äußerung vorgesehen. In der Hauptverhandlung gibt es kein Zwischenverfahren, in dem sich das Gericht zu Inhalt und Ergebnis einzelner Beweiserhebungen erklären müsste (BGHSt 43, 212, 215 = NJW 1997, 3182, 3183 mAnm König StV 1998, 113 ff; BVerfG Beschl v 18. 3. 2009 – Az 2 BvR 2025/07; Salecker Das Äußerungsrecht des Angeklagten und seines Verteidigers gemäß § 257 StPO 2009, 86 ff; KMR/Stuckenberg StPO § 257 Rn 2). Das Gericht hat aber die Äußerung zum Anlass zu nehmen, zulässige **Verfahrensanträge**, die damit gegebenenfalls verbunden sind, zu prüfen und aufgrund sachbezogener Äußerungen seine Ermittlungen von Amts wegen auf neue **Aufklärungsansätze** zu erstrecken, wenn und soweit sich diese aus der Äußerung des Angeklagten ergeben und ergänzende Beweiserhebungen sich aufdrängen.

IV. Protokollierung

12 Die **Befragung** des Angeklagten nach Abs 1 ist eine **wesentliche Förmlichkeit** der Hauptverhandlung; sie bedarf daher der Protokollierung. Wie diese erfolgt, ist nicht vorgeschrieben. Es kann daher anstelle eines Vermerks nach jeder einzelnen Beweiserhebung im Protokolltext pauschal festgehalten werden, dass der Angeklagte nach jeder Beweiserhebung befragt wurde (Meyer-Goßner StPO § 257 Rn 4; SK/Schlüchter StPO § 257 Rn 12; KMR/Stuckenberg StPO § 257 Rn 20). Ob er sich im Einzelfall erklärt hat, ist nach der

Hauptverhandlung § 257 StPO

Rechtsprechung hingegen keine der Protokollierung bedürftige Frage (BGH StV 1994, 468 mAnm Schlothauer; KK-StPO/Diemer StPO § 257 Rn 6). Anders soll es aber dann liegen, wenn **erstmals** im Rahmen einer Befragung nach Abs 1 eine **Sacheinlassung** erfolgt (BGH NJW 1996, 533, 534; NStZ 2000, 217; KK-StPO/Diemer StPO § 257 Rn 6; Salecker Das Äußerungsrecht des Angeklagten und seines Verteidigers gemäß § 257 StPO 2009, 89 ff; KMR/Stuckenberg StPO § 257 Rn 20). Der Protokollierung bedürftig ist es schließlich, wenn der Vorsitzende dem Angeklagten **das Wort entzieht** (Löwe/Rosenberg/Gollwitzer StPO § 257 Rn 23).

C. Erklärungsrecht des Staatsanwalts und des Verteidigers nach Abs 2

Andere Verfahrensbeteiligte als der Angeklagte sind nicht vom Vorsitzenden nach jeder 13 Beweiserhebung zu befragen, ob sie dazu etwas zu erklären haben (Salecker Das Äußerungsrecht des Angeklagten und seines Verteidigers gemäß § 257 StPO 2009, 73). Sie können sich aber aus eigenem Antrieb auf ihr Verlangen äußern (BGH NStZ 2007, 234; KK-StPO/ Diemer StPO § 257 Rn 3). Verteidiger tun das gegebenenfalls aus eigenem Recht (Kautenburg-Behr Zum Rederecht des Verteidigers nach Verlesung des Anklagesatzes 2004, 192; Salecker Das Äußerungsrecht des Angeklagten und seines Verteidigers gemäß § 257 StPO 2009, 76; SK-StPO/Schlüchter StPO § 257 Rn 7; KMR/Stuckenberg StPO § 257 Rn 17). Das Erklärungsrecht zu vorangegangenen Beweiserhebungen gilt nach Abs 2 für den **Staatsanwalt** und den **Verteidiger**, nach § 397 Abs 1 S 3 StPO aber auch für den **Privatkläger** (§ 385 Abs 1 S 1 StPO) und den **Nebenkläger** (§ 397 Abs 1 S 3) und ebenso für **Bevollmächtigte von Nebenbeteiligten** (§ 434 StPO). Das Erklärungsrecht besteht für diese Verfahrensbeteiligten nach der Vernehmung jedes Angeklagten und nach jeder einzelnen Beweiserhebung. Hat ein Angeklagter **mehrere Verteidiger** (Salecker Das Äußerungsrecht des Angeklagten und seines Verteidigers gemäß § 257 StPO 2009, 73) oder nehmen **mehrere Beamte der Staatsanwaltschaft** (KMR/Stuckenberg StPO § 257 Rn 17) an der Hauptverhandlung teil, dann hat jeder von diesen ein Äußerungsrecht nach Abs 2. Die Äußerungen von Verteidigern sind grundsätzlich keine Sacheinlassung. Sie können auch dann abgegeben werden, wenn der Angeklagte zur Sache schweigt.

Die Verfahrensbeteiligten können sich nach der vorliegenden Vorschrift **zeitlich** nur 14 **zwischen verschiedenen Beweiserhebungen** nach Abs 2 äußern (Salecker Das Äußerungsrecht des Angeklagten und seines Verteidigers gemäß § 257 StPO 2009, 73 ff). Ein Erklärungsrecht nach dieser Bestimmung besteht, anders als das Fragerecht, **nicht während der Beweiserhebung**, sondern erst nach deren vollständigem Abschluss (KMR/Stuckenberg StPO § 257 Rn 7). Ob ein „**opening statement" vor der Beweisaufnahme** statthaft ist (Kautenburg-Behr Rederecht des Verteidigers nach Verlesung des Anklagesatzes 2004, 152 ff), damit die Verteidigung mit der Anklagebehörde nach der Verlesung des Anklagesatzes und der Vernehmung des Angeklagten, zu der dem Verteidiger anschließend das Erklärungsrecht nach § 257 Abs 2 StPO mit der Begrenzung durch § 257 Abs 3 StPO hat, gleich ziehen kann, steht auf einem anderen Blatt. Zumindest im Rahmen eines frühzeitigen Rechtsgesprächs nach § 257 b StPO wird es zuzulassen sein.

Inhaltlich muss sich auch die Erklärung des Staatsanwalts oder des Verteidigers ebenso 15 wie diejenige des Angeklagten (Rn 10) nach der einzelnen Beweiserhebung nur „dazu" äußern (KK-StPO/Diemer StPO § 257 Rn 3). Sie kann den Beweisgang und den Beweisinhalt betreffen, Folgerungen in rechtlicher und tatsächlicher Hinsicht daraus ziehen und Bezüge zu anderen Tatsachen und Beweismitteln herstellen. Auch prozessuale Anträge, wie etwa Beweisanträge, können daran angeknüpft werden. Jedoch darf das Erklärungsrecht nicht dazu missbraucht werden, Äußerungen zu anderen Themen zu machen, ohne dass ein inhaltlicher Bezug zu der vorangegangenen Beweiserhebung besteht. Eine Vorwegnahme des Schlussvortrages ist auch hier nicht gestattet (KK-StPO/Diemer StPO § 257 Rn 4). Die Äußerung des Verteidigers hat schließlich grundsätzlich nicht die Qualität einer Sacheinlassung des Angeklagten (differenzierend Kautenburg-Behr Zum Rederecht des Verteidigers nach Verlesung des Anklagesatzes 2004, 194).

Die Abgabe einer Erklärung nach Abs 2 und die Verweigerung einer Äußerung oder 16 Entziehung des Wortes sind in das **Protokoll** der Hauptverhandlung aufzunehmen (KK-StPO/Diemer StPO § 257 Rn 6; Meyer-Goßner StPO § 257 Rn 7).

D. Grenzen des Äußerungsrechts gem Abs 3

17 Das Erklärungsrecht nach Abs 1 und Abs 2 hat Grenzen (Hammerstein FS Rebmann 1989, 233 ff). Diese sind nach Abs 3 jedenfalls bei einer inhaltlichen Vorwegnahme des Schlussvortrags erreicht (krit E. Müller FS Fezer 2008, 153 ff). Eine rein **zeitliche Grenze** des Äußerungsrechts, wenn es sich auf die vorangegangene Beweiserhebung bezieht, ergibt sich aus Abs 3 aber nicht (Salecker Das Äußerungsrecht des Angeklagten und seines Verteidigers gemäß § 257 StPO 2009, 66 ff). Durch die Verbotsregelung des Abs 3, der eine Vorwegnahme des Schlussvortrags vor dem Ende der Beweisaufnahme ausschließt, soll erreicht werden, dass sich der Staatsanwalt oder Verteidiger, wenn er sich nach Abs 2 äußert, **auf die vorangegangene Beweiserhebung konzentriert** (krit Hohmann StraFo 1999, 153, 155). Zudem ist ein sachgerechter **Schlussvortrag** vor Abschluss der Beweisaufnahme noch gar **nicht möglich**, weil nur eine Gesamtwürdigung aller Tatsachen und Beweise, die in der gesamten Beweisaufnahme zur Sprache kommen, ein vollständiges Bild ergibt (§ 261 StPO Rn 10). Alle einzelnen Tatsachen und Beweise können in ihrem Aussagegehalt durch die weiteren Umstände, die in der nachfolgenden Beweisaufnahme zu Tage treten, verändert werden, weshalb eine vorzeitige Äußerung zur Gesamtlage unnötig erscheint.

18 Abs 3 liefert nach vorherrschender Meinung **keine abschließende Regelung**. Auch eine hinter dem Volumen eines Schlussvortrags zurückbleibende Erklärung im Anschluss an eine Beweiserhebung, die sich jedoch nicht „dazu" äußert, kann nach Abmahnung durch den Vorsitzenden unterbunden werden (Löwe/Rosenberg/Gollwitzer StPO § 257 Rn 16; Meyer-Goßner StPO § 257 Rn 8; KMR/Stuckenberg StPO § 257 Rn 10). Unnötige **Wiederholungen** oder sachfremde **Weitschweifigkeiten** können auch untersagt werden (BT-Drs 7/2989, 8). Andererseits enthält Abs 3 keine umfassende Missbrauchsklausel, zumal es bei dem Äußerungsrecht nach Abs 1 um ein subjektives Recht geht, das im Interesse an einem fairen Verfahren garantiert ist. Von Beschränkungen des Äußerungsrechts ist daher zurückhaltend Gebrauch zu machen (Salecker Das Äußerungsrecht des Angeklagten und seines Verteidigers gemäß § 257 StPO 2009, 68 ff).

E. Anrufung des Gerichts

19 Gegen Anordnungen des Vorsitzenden kann **nach § 238 Abs 2 StPO** das Gericht angerufen werden (Salecker Das Äußerungsrecht des Angeklagten und seines Verteidigers gemäß § 257 StPO 2009, 92 ff). Das gilt vor allem in Fällen der Versagung oder Beschränkung der Äußerungsmöglichkeit. Das Kollegialgericht entscheidet dann über die Rechtmäßigkeit der verfahrensleitenden Anordnung. Eine weiter gehende Bescheidungspflicht besteht nicht (Rn 10). Eine Verpflichtung des Gerichts, sich zum Inhalt der einzelnen Beweiserhebung zu äußern, lässt sich aus der vorliegenden Vorschrift dagegen nicht herleiten (Löwe/Rosenberg/Gollwitzer StPO § 257 Rn 17). Ein Zwischenverfahren zur Bilanzierung der Beweisergebnisse sieht die StPO auch hier nicht vor (BGHSt 43, 212, 213 ff); § 257 b StPO bleibt davon unberührt.

F. Widerspruchslösung bei Beweisverwertungsverboten

20 Über die gesetzliche Regelung hinaus verlangt die Rechtsprechung zur Aktivierung verschiedener Verwertungsverbote bezüglich solcher Beweisinhalte, die der **Dispositionsmacht der Verteidigung** unterliegen sollen, dass **der verteidigte Angeklagte** selbst oder durch seinen Verteidiger spätestens innerhalb der von der vorliegenden Vorschrift gezogenen zeitlichen Grenzen der *Verwertung* **des Beweisstoffs der vorangegangenen Beweiserhebung** widerspricht (BGHSt 38, 214, 225 f = NJW 1992, 1463, 1465; BGHSt 42, 15, 22 ff = NJW 1996, 1547, 1550; BGHSt 50, 272, 274 = NJW 2006, 707, 708; BGHSt 52, 38, 41 f = NJW 2007, 3587, 3588). Aus diesem Grundsatz ist nach der Rechtsprechung nicht nur abzuleiten, dass der Verteidiger sich den Widerspruch nicht bis zum Abschluss des letzten zu einer Beschuldigtenbefragung vernommenen Vernehmungsbeamten aufsparen darf; auch jenseits davon bedarf es des Widerspruchs bezogen auf jede einzelne als Zeuge vernommene Verhörsperson (BGH NStZ 2004, 389, 390). Hat der Angeklagte keinen Verteidiger, dann soll das Widerspruchsgebot auch gelten, sofern der Angeklagte vom Vorsitzenden über seine

Widerspruchsbefugnis belehrt wurde. Unterlässt der verteidigte oder richterlich belehrte Angeklagte den Widerspruch **innerhalb der Frist**, die angeblich durch § 257 Abs 2 StPO markiert wird, dann kann das Gericht den bemakelten Beweis verwerten; es hat dem Verfahrensfehler im Vorverfahren, aus dem ein unselbständiges Beweisverwertungsverbot resultieren könnte, dann nicht mehr von Amts wegen aufzuklären. Dass der Verteidiger schon vor der Hauptverhandlung insoweit ein Beweisverwertungsverbot geltend gemacht hatte, genügt nicht (BGH NStZ 1997, 502, 503). Die Widerspruchsbefugnis lebt nach der Rechtsprechung wegen der damit getroffenen Dispositionsentscheidung selbst dann nicht wieder auf, wenn nach einer Aussetzung der Hauptverhandlung oder **nach** einer Urteilsaufhebung und **Zurückverweisung der Sache** an die Tatsacheninstanz die Beweisaufnahme wiederholt wird (BGHSt 50, 272 ff = NJW 2006, 707, 708 mAnm Fezer JZ 2006, 474 ff und Schlothauer StV 2006, 397 f; BayObLG NJW 1997, 404, 405 f mAnm Hartwig JR 1998, 359 ff; OLG Celle StV 1997, 68, 69). Gleiches gilt dann, wenn der Widerspruch in der ersten Tatsacheninstanz versäumt wurde und erst in der Berufungsinstanz angebracht werden soll (OLG Stuttgart NStZ 1997, 405; Salecker Das Äußerungsrecht des Angeklagten und seines Verteidigers gemäß § 257 StPO 2009, 133 ff). Der Widerspruch muss schließlich **begründet** werden und die Angriffsrichtung einer Beanstandung aufzeigen, wenn diese später im Revisionsrechtszug geltend gemacht werden soll (BGHSt 52, 38, 42 = NJW 2007, 3587, 3588, 3589 mAnm Gaede HRRS 2007, 402 ff, abl Salecker Das Äußerungsrecht des Angeklagten und seines Verteidigers gemäß § 257 StPO 2009, 106). Ob der rechtzeitig in einer später ausgesetzten Hauptverhandlung erhobene Widerspruch in der neuen Hauptverhandlung fortwirkt und daher in dieser **nicht wiederholt** werden muss (OLG Stuttgart StV 2001, 388, 389), ist noch nicht entschieden.

Die Widerspruchslösung gilt nach der Rechtsprechung jedenfalls für unselbständige Beweisverwertungsverbote wegen **Verletzung von Förmlichkeiten der Beschuldigtenvernehmung** oder bei heimlichen Ermittlungsmaßnahmen, etwa der **Überwachung der Telekommunikation** (BGHSt 51, 1 ff = NJW 2006, 1361 ff; BGH NStZ-RR 2001, 260; StV 2008, 63 ff) oder dem **Einsatz eines Verdeckten Ermittlers** (BGH NStZ-RR 2001, 260), wodurch Äußerungen des Beschuldigten erlangt wurden; denn die Aussageinhalte unterliegen der Disposition des Angeklagten, der sich auch in der Hauptverhandlung redend oder schweigend verteidigen kann. Ob auch Verwertungsverbote bezüglich der Äußerungen eines Anderen der Widerspruchslösung unterliegen, etwa in der Videoaufzeichnung der Vernehmung kindlicher Zeugen (OLG München StV 2000, 352, 353), ist nicht geklärt (nicht für den Fall des § 252 StPO BGHSt 45, 203, 205 = NJW 2000, 596, 597). Die Ausdehnung der Widerspruchslösung auch auf den **Sachbeweis**, etwa bei **Verletzung von § 81 a Abs 2 StPO** (OLG Hamm NJW 2009, 242, 243, 244), geht hingegen über die bisherigen Anwendungsbereiche, bei denen eine Dispositionsbefugnis der Verteidigung über den Beweisinhalt zu Grunde gelegt wurde, hinaus und verkennt damit den „Regelungsgrund"; denn an dem beschlagnahmefähigen Sachbeweis besteht kein Informationsbeherrschungsrecht der Verteidigung. Keine Geltung beanspruchen kann die Widerspruchslösung schließlich, soweit der absolut geschützte **Kernbereich der privaten Lebensgestaltung** betroffen ist (BGHSt 50, 306 ff = NJW 2005, 3295 ff); denn insoweit muss das Gericht wegen der besonderen Bedeutung der Grundrechtsverletzung und der fehlenden Dispositionsbefugnis über die Menschenwürde von Amts wegen von der Beweiserhebung und Beweisverwertung absehen.

Die Widerspruchslösung, die auch in einer nicht abschließend geklärten Weise mit **Beweiswürdigungs-, Strafzumessungs-** oder **Anrechnungslösungen** (BGH NJW 2008, 307 ff) zur Kompensation von Verfahrensfehlern konkurriert, welche keine Bewirkungshandlungen voraussetzen, ist **Richterrecht** (Maul/Eschelbach StraFo 1996, 66 ff) mit einer starken Ausdehnungstendenz, das sich mit seinen inzwischen weit fortgeschriebenen Aussagen an § 222 b Abs 1 StPO anlehnt (Graf von Schliefen FS 25 Jahre Arbeitsgemeinschaft Strafrecht des DAV 2009, 801, 811). Eine nähere dogmatische Begründung fehlt. Die vorliegende Vorschrift als **Schutznorm** zugunsten der Verfahrensbeteiligten kann nicht in eine Präklusionsregel zu deren Nachteil umgewandelt werden, zumal der Angeklagte und der Verteidiger bei der Wahrnehmung des Äußerungsrechts jeweils aus eigenem Recht handeln und ein Versäumnis des Verteidigers nicht ohne weiteres dem Angeklagten zugerechnet werden kann (Salecker Das Äußerungsrecht des Angeklagten und seines Verteidigers gemäß § 257 StPO 2009, 117 ff). Ob es sich vor diesem Hintergrund bei der Widerspruchslösung noch um Lückenfüllung im Bereich der insgesamt nicht geregelten Beweisverwertungsverbote oder um eine zu weit gehende Rechtssetzung handelt, ist umstritten (befürwortend Ignor FS Rieß 2002, 185 ff; abl Dallmeyer, Beweisführung im Strengbeweisverfahren 2002, 230; Meyer-Mews StraFo 2009, 141 ff). Die Frage muss ua nach Inkrafttreten des Gesetzes zur Neuregelung der Telekommunikationsüberwachung und anderer verdeckter Ermittlungsmaßnahmen (BR-Drs 275/07; BT-Drs 16/5846, 16/6979; Puschke/Singelnstein NJW 2008, 113 ff), das Beweisverbote regelt, ohne die Widerspruchslösung zu erwähnen, mit Blick auf das **Prinzip vom Vorrang und vom Vorbehalt des Gesetzes** neu gestellt werden. Zumindest die Präklusion aufgrund einer unterlassenen Bewirkungshandlung auch für eine neue Hauptverhandlung beschränkt die Verteidigung ohne zwingenden Grund zu weit gehend (Schlothauer StV 2006, 397, 398), weil die **Verteidigungsstrategie** in einer neuen Hauptverhandlung auch bezüglich der Haltung gegenüber dem bemakelten Beweis unter den dort gegebenen Umständen vielleicht anders gestaltet werden muss als in der früheren Hauptverhandlung; die Bewertung von Beweislagen ist stets unter dem Vorbehalt rebus sic stantibus zu sehen, was schließlich auch für die Bewertung von Beweisanträgen nach § 244 Abs 3 S 2 StPO gilt, und daher kann nicht mit Hinweis aus eine Dispositionsbefugnis über Beweisinhalte eine Festlegung der Verteidigung auf einen bestimmten Zeitpunkt während der Beweisaufnahme erfolgen. Neue Umstände können eine abweichende Bewertung gebieten; das gilt sowohl in der laufenden Beweisaufnahme als auch erst recht in einer neuen Hauptverhandlung. Zudem ist es unangemessen, wenn die Verteidigung zu einer vorzeitigen Disposition über die Verwertbarkeit oder Unverwertbarkeit eines Beweisinhalts veranlasst werden soll, wenn andererseits das Gericht seinen Standpunkt zu dessen Verwertbarkeit und Beweisbedeutung bis zum Urteil zurückhalten darf. Eine wirkliche Dispositionsfreiheit der Verteidigung bestünde nur, wenn sie die Bedeutung des bemakelten Beweises aus der Sicht des Gerichts einschätzen könnte. Das Gericht aber muss sich aber nach der Rechtsprechung nicht sogleich äußern, es muss auch nicht einmal über die Berechtigung des Widerspruchs sofort entscheiden. Dies ist inzwischen verfassungsrechtlich gebilligt worden (BVerfG Beschl v 18. 3. 2009 – Az 2 BvR 2025/07). Mit Blick auf die vorliegende Vorschrift ist freilich an der Widerspruchslösung zu bemängeln, dass aus einer Norm, die dem Schutz des Anspruchs des Angeklagten auf rechtliches Gehör und auf ein faires Verfahren dienen soll, eine Begrenzung von prozessualen Befugnissen entnommen wird (Fezer JZ 1994, 687; Löwe/Rosenberg/Gleß StPO § 136 Rn 84). Das hat mit der vorliegenden Bestimmung, die nur als zeitlicher Anknüpfungspunkt für die Präklusion gewählt wurde, nichts zu tun (Löwe/Rosenberg/Gollwitzer StPO § 257 Rn 12). Die Widerspruchslösung beschränkt schließlich in zu weit gehender Weise die Pflicht des Gerichts zur **Sachverhaltsermittlung von Amts wegen** (Salecker Das Äußerungsrecht des Angeklagten und seines Verteidigers gemäß § 257 StPO 2009, 105).

G. Revision

I. Verletzung von Abs 1

23 Prinzipiell kann eine Verletzung der Befragungspflicht des Gerichts gegenüber dem Angeklagten nach **Abs 1** – gegebenenfalls nach **Ausschöpfung des Zwischenrechtsbehelfs** gem § 238 Abs 2 StPO – mit der Revision gerügt werden. Das ist nach heutigem Verständnis keine „bloße Ordnungsvorschrift" (Löwe/Rosenberg/Gollwitzer StPO § 257 Rn 25; Hammerstein FS Rebmann 1989, 233, 236; Salecker Das Äußerungsrecht des Angeklagten und seines Verteidigers gemäß § 257 StPO 2009, 137 ff; SK-StPO/Schlüchter StPO § 257 Rn 15; KMR/Stuckenberg StPO § 257 Rn 22; **aA** Meyer-Goßner StPO § 257 Rn 9), wohl aber eine Bestimmung, die dem Vorsitzenden einen **Ermessensspielraum** belässt. Die **Revisionsbegründung** muss auch im Sinne von § 344 Abs 2 S 2 StPO weiter darlegen, dass und warum im Einzelfall die Grenzen des Ermessens überschritten wurden, dass das **Erklärungsrecht verletzt** und welche Äußerung dem Angeklagten nach der Beweiserhebung unmöglich gemacht wurde (KMR/Stuckenberg StPO § 257 Rn 23). Auch wenn dies alles dargetan ist, hat die Verfahrensrüge immer noch wenig Aussicht auf Erfolg, weil in der Regel anzunehmen ist, dass die späteren Äußerungsmöglichkeiten im

Rahmen der Schlussvorträge den Mangel geheilt haben können und das Urteil nicht auf dem früheren Verfahrensfehler **beruht** (Salecker Das Äußerungsrecht des Angeklagten und seines Verteidigers gemäß § 257 StPO 2009, 141).

II. Verletzung von Abs 2 u Abs 3

Verstöße gegen Abs 2 u 3 können nach **Ausschöpfung des Zwischenrechtsbehelfs** 24 aus § 238 Abs 2 StPO mit der Revision gerügt werden (§ 338 Nr 8 StPO). Auch insoweit müssen aber vom Standpunkt der Rechtsprechung aus nach § 344 Abs 2 S 2 StPO alle **Prozesstatsachen dargelegt** werden, aus denen sich eine Verletzung des reklamierten Erklärungsrechts ergeben soll und eine **konkret-kausale Beziehung** zwischen Verfahrensfehler und Urteil ergeben kann (KMR/Stuckenberg StPO § 257 Rn 25). Dazu muss der Revisionsführer vortragen, dass er sich zu Wort gemeldet hat, um eine Erklärung abzugeben, ferner dass ihm dies verwehrt wurde, außerdem dass der in der Regel erforderliche Gerichtsbeschluss nach § 238 Abs 2 StPO eingeholt wurde, und schließlich warum vor allem auch im Hinblick auf die Schlussvorträge die behauptete Verletzung von § 257 Abs 2 StPO auf das Urteil einen Einfluss gehabt haben könnte (BGH NStZ 2007, 234, 235).

§ 257 a [Schriftliche Anträge und Anregungen zu Verfahrensfragen]

¹**Das Gericht kann den Verfahrensbeteiligten aufgeben, Anträge und Anregungen zu Verfahrensfragen schriftlich zu stellen.** ²**Dies gilt nicht für die in § 258 bezeichneten Anträge.** ³**§ 249 findet entsprechende Anwendung.**

Überblick

Die Vorschrift regelt eine Ausnahme vom Mündlichkeitsgrundsatz zur Bekämpfung eines Rechtsmissbrauchs bei der Antragstellung. Sie soll vor allem die straffe Führung der Verhandlung in Großverfahren ermöglichen, indem Verfahrensbeteiligten, die exzessiv von ihren Antragsrechten Gebrauch machen, die schriftliche Einreichung von Verfahrensanträgen vorgeschrieben werden kann mit der Folge, dass zahlreiche oder besonders umfangreiche Antragsschriften im Selbstleseverfahren nach § 257 a S 3 StPO und § 249 Abs 2 StPO in die Hauptverhandlung eingeführt werden. Gegen den „Maulkorb-Paragraphen" richten sich erhebliche rechtsstaatliche Bedenken. In der Praxis wird er aber kaum angewendet. Zweifelhaft erscheint schließlich aber auch seine Eignung zur effektiven Missbrauchsabwehr.

Übersicht

	Rn		Rn
A. Normzweck	1	D. Ausführung	8
B. Anordnungsvoraussetzungen	2	E. Rechtsmittel	12
C. Anordnungsentscheidung	5		

A. Normzweck

Können und müssen die Verfahrensbeteiligten nach dem **Mündlichkeitsgrundsatz** ihre 1 Verfahrensanträge oder Anregungen normalerweise mündlich vortragen, worauf diese mündlich geäußerten Anträge, soweit es um wesentliche Förmlichkeiten der Hauptverhandlung geht, ins Protokoll der Hauptverhandlung aufzunehmen sind, so verzögert diese Verfahrensweise dann den Ablauf der Hauptverhandlung, wenn von Antrags- und Äußerungsrechten in exzessiver Weise Gebrauch gemacht wird. In solchen Fällen kann nach der vorliegenden Vorschrift **zur Missbrauchsabwehr** (zu einem allgemeinen Missbrauchsverbot BGHSt 38, 111, 112 ff; BGHSt 51, 88, 92) sowie zur Beschleunigung des Verfahrens in der Hauptverhandlung (KK-StPO/Diemer StPO § 257 a Rn 1) vom Gericht die schriftliche Antragstellung angeordnet werden. Dann können Antragsschriften im **Selbstleseverfahren** eingeführt werden (§ 257 a S 3 StPO, § 249 Abs 2 StPO). Die Anordnungsmöglichkeit gilt nach S 3 **nicht für die Schlussanträge**. Bei einer engen Beschränkung auf Missbrauchsfälle ist die Vorschrift wohl gerade noch mit dem **Fairnessgrundsatz** vereinbar (Löwe/Rosenberg/Gollwitzer StPO § 257 a Rn 2; krit Hamm StV 1994, 456, 458; König/Seitz NStZ 1995, 5; abl Krahl GA 1998, 329, 338 ff). Ob sie aber praktikabel ist, wird jedenfalls zu Recht bezweifelt (Hamm StV 1994, 456, 457; Münchhalffen FG Friebertshäuser 1997, 139, 141; **aA** Nehm/Senge NStZ 1998, 377, 385); denn die Hauptverhandlung wird durch die schriftliche Antragstellung sogar noch schwerfälliger. Die Anordnung wirkt im Übrigen als ein **Disziplinierungsinstrument** (Dahs NJW 1995, 553, 556; Scheffler NJW 1994, 2191, 2194; SK-StPO/Schlüchter StPO § 257 a Rn 1, 7; **aA** KK-StPO/Diemer StPO § 257 a Rn 5), dessen Anwendung im Einzelfall die Neutralität des Gerichts in Frage stellt. Im Ganzen ist die Regelung eines Rechtsstaats kaum würdig.

B. Anordnungsvoraussetzungen

2   Die Norm ist eine **Ermessensbestimmung**, nach der das Gericht „in geeigneten Fällen" (BT-Drs 12/6853, 34) die Anordnung der schriftlichen Antragstellung treffen „kann", ohne dass nach dem Gesetzeswortlaut besondere Voraussetzungen erfüllt sein müssen. Damit ist das rechtsstaatliche **Bestimmtheitsgebot** kaum gewahrt. Weil das Mündlichkeitsprinzip der Grundsatz und ein schriftliches Verfahren innerhalb der Hauptverhandlung die Ausnahme sind, muss die Anordnung zumindest im Wege restriktiver Auslegung auf **Ausnahmefälle** beschränkt werden (Löwe/Rosenberg/Gollwitzer StPO § 257 a Rn 3; **aA** KK-StPO/Diemer StPO § 257 a Rn 2). Ihre Wirkung besteht darin, dass anschließend eine „Geisterverhandlung" stattfindet (Hamm StV 1994, 456, 457). Das gebietet eine Begrenzung der Anwendung dieser Norm auf Fälle, in denen aufgrund konkreter Umstände ein Missbrauch des Antragsrechts durch die künftige Art und Weise der Antragstellung bereits vorliegt oder zumindest konkret zu befürchten ist. Eine positive Missbrauchsfeststellung ist im Vorhinein allerdings weder möglich noch nach dem Gesetz erforderlich (Löwe/Rosenberg/Gollwitzer StPO § 257 a Rn 9; Senge NStZ 2002, 225, 231). Das Gericht kann also nicht erst nach einem eingetretenen und festgestellten Missbrauch die Maßnahme ergreifen, sondern es kann auch präventiv handeln, wobei aber konkrete Anhaltspunkte dafür erforderlich sind, dass ein Missbrauch bei der Nutzung des Antrags- und Äußerungsrechts bevorsteht. Das kann etwa durch die Ankündigung einer besonders großen Zahl von Anträgen ohne sachlich nachvollziehbare Berechtigung der Fall sein. Nur wenn – gegebenenfalls allein künftige – **Verfahrensanträge in einer unüberschaubaren Vielzahl** oder in einem **ungewöhnlichen Umfang** im Raum stehen, ohne dass diese Quantitäten durch die Eigenschaft der Sache als Großverfahren erklärbar wären, ist die Anordnung der schriftlichen Antragstellung angezeigt (Meyer-Goßner StPO § 257 a Rn 2).

3   Die Anordnung bezieht sich entweder zunächst auf einen angekündigten Verfahrensantrag, oder auf mehrere oder sogar auf alle Anträge, die **künftig** zu stellen sind.

4   Die Maßnahme steht im pflichtgemäßen **Ermessen** des Gerichts. Dieses Ermessen reduziert sich auf Null in Richtung auf eine Nichtanwendung der Norm, wenn dem Antragsberechtigten im Einzelfall die schriftliche Antragstellung nicht möglich oder nicht zuzumuten ist (BT-Drs 12/6853, 103; SK-StPO/Schlüchter StPO § 257 a Rn 7). Als Droh- und **Druckmittel** im Rahmen einer Auseinandersetzung zwischen Gericht und Verteidigung (Hamm StV 2004, 456, 457, 458) darf die Maßnahme nicht eingesetzt werden, weil sonst ein Missbrauch des Gesetzes durch das Gericht vorläge.

C. Anordnungsentscheidung

5   Die Anordnung wird **vom Gericht**, nicht allein vom Vorsitzenden, durch Beschluss getroffen. Sie kann **gegenüber einem, mehreren oder allen Verfahrensbeteiligten**, denen ein Antragsrecht zusteht, getroffen werden (Löwe/Rosenberg/Gollwitzer StPO § 257 a Rn 6), also gegenüber dem Angeklagten, dem Verteidiger, der Staatsanwaltschaft, einem Nebenkläger oder dessen Vertreter und gegenüber Nebenbeteiligten. Ob andere

Verfahrensbeteiligte aus Gründen der prozessualen Gleichbehandlung mittelbar ebenfalls der Maßnahme zu unterwerfen sind, wenn ein Beteiligter wegen erfolgten oder drohenden Rechtsmissbrauchs zu sanktionieren ist, erscheint zweifelhaft. Gegenstand der Anordnung können **Verfahrensanträge** oder auf das Verfahren bezogene Anregungen **aller Art** sein, also Beweisanträge, Beweisermittlungsanträge, Einstellungsanträge, Anträge auf Unterbrechung oder Aussetzung der Hauptverhandlung (BT-Drs 12/6853, 34; KK-StPO/Diemer StPO § 257a Rn 1) einschließlich ihrer jeweiligen Begründung. **Nicht** betroffen sind Ausführungen nach **§ 243 Abs 3, Abs 4 StPO, § 251 Abs 2 Nr 3 StPO, § 257 StPO, § 258 StPO** und allgemein Bemerkungen zur Sachlage oder zur materiellen Rechtslage, für die allenfalls § 257 Abs 3 StPO einen Weg zur Missbrauchsabwehr aufzeigt. **Ablehnungsgesuche** sind ausgenommen, weil für sie § 26 Abs 1 Hs 2 StPO gilt (BT-Drs 12/6853, 34; Hamm StV 1994, 456, 457; KK-StPO/Diemer StPO § 257a Rn 3; Senge NStZ 2002, 225, 232; SK-StPO/Schlüchter StPO § 257a Rn 4; KMR/Stuckenberg StPO § 257a Rn 8). Die Anordnung der schriftlichen Antragstellung kann zeitlich oder inhaltlich, etwa auf bestimmte Antragsarten, **beschränkt** werden (Löwe/Rosenberg/Gollwitzer StPO § 257a Rn 7); auch eine **nachträgliche Änderung oder Aufhebung** ist nicht ausgeschlossen, wenn die Missbrauchsgefahr anders einzuschätzen ist (Löwe/Rosenberg/Gollwitzer StPO § 257a Rn 11).

Die Anordnung setzt nach dem Wortlaut des Gesetzes keine **Begründung** voraus. Auch § 34 StPO erfordert diese nicht ohne weiteres. Jedoch ist eine Begründung zur Ermöglichung einer Überprüfung durch die Revisionsinstanz und zur Vermeidung von Willkür angezeigt, weil es um eine erhebliche Beschränkung des Mündlichkeitsgrundsatzes wegen der Annahme eines Rechtsmissbrauchs geht (Löwe/Rosenberg/Gollwitzer StPO § 257a Rn 10; Meyer-Goßner StPO § 257a Rn 6; SK-StPO/Schlüchter StPO § 257a Rn 8; KMR/Stuckenberg StPO § 257a Rn 13). 6

Vor der Anordnung der schriftlichen Antragstellung sind die **Verfahrensbeteiligten** dazu in der öffentlichen Hauptverhandlung mündlich **anzuhören** (Bandisch StV 1994, 158). Die Entscheidung ist mitsamt ihrer Begründung sodann in das Protokoll der Hauptverhandlung aufzunehmen. Gleiches gilt für nachträgliche Änderungen oder die Aufhebung der Anordnung (Löwe/Rosenberg/Gollwitzer StPO § 257a Rn 16). 7

D. Ausführung

Die gerichtliche Anordnung der schriftlichen Antragstellung führt dazu, dass Anträge und Anregungen in der Hauptverhandlung **schriftlich** einzureichen sind. Die Einreichung als solche ist eine **wesentliche Förmlichkeit** der Hauptverhandlung, die in das Protokoll aufzunehmen ist. Anderen Verfahrensbeteiligten sind Abschriften der Anträge auszuhändigen. 8

Es kann allerdings nicht verlangt werden, dass die Antragsschriften maschinenschriftlich gefasst werden (Löwe/Rosenberg/Gollwitzer StPO § 257a Rn 12; KMR/Stuckenberg StPO § 257a Rn 15). Durch **handschriftliche Anträge** wird das Verfahren freilich eher erschwert als erleichtert, so dass sich die Wirksamkeit der Maßnahme zur Erreichung des Normzwecks einer Verfahrenserleichterung für das Gericht in Missbrauchsfällen anzweifeln lässt. Wie mit kaum leserlichen handgeschriebenen Anträgen umzugehen ist, hängt von den Umständen des Einzelfalls ab. Können Antragsschriften endgültig nicht entziffert werden, so sind sie unwirksam. Beruht diese Art und Weise der handschriftlichen Abfassung nicht auf Mutwilligkeit und ist die maschinenschriftliche Abfassung während der Hauptverhandlung auch unter Inanspruchnahme von Unterbrechungen (Dahs NJW 1995, 553, 556) nicht möglich oder zumutbar, dann hat das Gericht wiederum zu prüfen, ob es seine Anordnung aufhebt und zur mündlichen Antragstellung zurückkehrt. Auch maschinenschriftliche Anträge führen nicht zur Straffung der Hauptverhandlung, weil mit Maschinen geschriebene Anträge unter Nutzung moderner Textverarbeitung mit Hilfe von Textbausteinen eher noch umfangreicher werden als mündlich vorzutragende Anträge; die Anordnung der schriftlichen Einreichung von Anträgen ist also kontraproduktiv. Sie erleichtert eine gezielte Materialvermehrung; denn die Hauptverhandlung ist auch zu unterbrechen, um dem Antragsteller die schriftliche Antragsabfassung zu ermöglichen. Die Norm liefert also ein Instrument zur Prozessverschleppung (Dahs NJW 1995, 553, 556). 9

10   Die eingereichten Antragsschriften sind vom Gericht **wie Beweisurkunden** iSd § 249 StPO zu behandeln. Sie bedürfen also eigentlich der **Verlesung**, was indes keine Straffung der Hauptverhandlung gegenüber dem herkömmlichen Verfahren zur Folge hätte. Daher können die Antragsschriften im **Selbstleseverfahren** nach § 249 Abs 2 StPO in die Hauptverhandlung eingebracht werden (Meyer-Goßner StPO § 257 a Rn 10; krit ; SK-StPO/ Schlüchter StPO § 257 a Rn 9). Die **hM** gestattet auch einen zusammenfassenden **Bericht des Vorsitzenden** (KK-StPO/Diemer StPO § 257 a Rn 6; Meyer-Goßner StPO § 257 a Rn 10) als Mittelweg zwischen Verlesung und Selbstleseverfahren, was aber mit dem Prinzip vom Vorrang und vom Vorbehalt des Gesetzes unvereinbar erscheint (Löwe/Rosenberg/ Gollwitzer StPO § 257 a Rn 13).

11   Die **Entscheidung des Gerichts über die Verfahrensanträge** wird durch die Anordnung ihrer schriftlichen Einreichung nicht beeinflusst (Löwe/Rosenberg/Gollwitzer StPO § 257 a Rn 15). Sie ist in der sonst üblichen Art und Weise zu treffen und zu verkünden. Erst recht wird der Entscheidungsinhalt von Rechts wegen nicht dadurch beeinflusst, dass die Art der Antragstellung besonders reglementiert wurde.

E. Rechtsmittel

12   In der Tatsacheninstanz gibt es kein Rechtsmittel gegen die Anordnung der schriftlichen Antragstellung. Eine **Beschwerde** ist nach § 305 S 1 StPO **ausgeschlossen** (SK-StPO/ Schlüchter StPO § 257 a Rn 11). In Betracht kommt allenfalls eine **Gegenvorstellung**, der das Gericht folgen kann, weil es eine Abänderungsbefugnis besitzt.

13   Jedoch kann die **Revision** mit einer Verfahrensrüge nach § 337 StPO und § 338 Nr 8 StPO darauf gestützt werden, dass die Anordnung der schriftlichen Antragstellung verfahrensfehlerhaft zustande gekommen oder inhaltlich rechtsfehlerhaft gewesen sei, weil die Anordnungsvoraussetzungen mit Blick auf das Missbrauchserfordernis und die Ermessensgrenzen zu Unrecht angenommen worden seien. Das Urteil kann im Fall eines Rechtsfehlers bei der Anwendung der Vorschrift allerdings nur darauf beruhen, dass ein bestimmter Verfahrensantrag, der potenziell für das Verfahren oder das Urteil erheblich gewesen wäre, wegen des Rechtsfehlers nicht gestellt wurde. Nur dann kann eine konkret-kausale Beziehung zwischen dem Verfahrensfehler und dem Urteil in Betracht kommen, wie von der Rechtsprechung für § 338 Nr 8 StPO gefordert wird (§ 338 StPO Rn 153). Die Möglichkeit der konkret kausalen Beziehung ist nach **§ 344 Abs 2 S 2 StPO** in der Revisionsbegründung darzulegen (§ 338 StPO Rn 158). Das Revisionsgericht prüft im Übrigen jedenfalls in den Fällen des § 337 StPO nach, ob das Urteil auf einer fehlerhaften Anwendung der vorliegenden Vorschrift beruht (BGH Beschl v 16. 3. 2005 – Az 5 StR 514/04; Löwe/Rosenberg/Gollwitzer StPO § 257 a Rn 18).

§ 257 b [Offenes Rechtsgespräch]

Das Gericht kann in der Hauptverhandlung den Stand des Verfahrens mit den Verfahrensbeteiligten erörtern, soweit dies geeignet erscheint, das Verfahren zu fördern.

Überblick

Die Vorschrift knüpft an § 160 b StPO, § 202 a StPO, § 212 StPO, § 243 Abs 4 StPO an. Sie besagt für die Hauptverhandlung nur Selbstverständliches, nämlich dass das Gericht mit den Verfahrensbeteiligten dort, also „in" der Hauptverhandlung, ein offenes Rechtsgespräch führen und den Stand des Verfahrens erörtern kann. Daran war es schon nach bisherigem Recht nicht gehindert. Ein Anspruch der Beteiligten auf ein Rechtsgespräch wird durch die neue Vorschrift auch nicht begründet. Die Vorschrift äußert sich hingegen nicht zu den üblichen Vorgesprächen zu Urteilsabsprachen außerhalb der Hauptverhandlung in Unterbrechungspausen. Damit gibt der Gesetzgeber der Praxis Steine statt Brot, denn ob nach Beginn der Hauptverhandlung noch Rechtsgespräche außerhalb derselben zulässig sind, etwa nach dem seinerseits systematisch falsch eingeordneten § 212 StPO, wird im positiven Recht sogar zweifelhaft. Die Praxis geht von einer Selbstverständlichkeit aus, die vor allem wegen der unklaren Rolle der Schöffen aber tatsächlich nicht besteht. Die Mitteilung eines Richters über den Stand des Verfahrens bildet für sich genommen freilich keinen Grund zu seiner Ablehnung wegen Besorgnis der Befangenheit. Mehr gibt die vorliegende Norm insoweit aber nicht her, weil der Gegenstand der Erörterungen im Gesetz offen bleibt und ein Richter, der durch den Inhalt seiner Äußerung eine endgültige Festlegung auf die Verdachtshypothese erkennen lässt, vor einer begründeten Ablehnung auch durch die vorliegende Vorschrift nicht geschützt wird. Gespräche außerhalb der Hauptverhandlung nach deren Aufruf, also jenseits des Regelungsbereichs von § 202 a StPO und § 212 StPO, sind durch die alleinige Regelung von Erörterungen „in" der Hauptverhandlung durch § 257 b StPO sogar mehr als bisher exponiert.

Übersicht

	Rn		Rn
A. Zweck und Bedeutung der Norm	1	IV. Ziel der Verfahrensförderung	11
B. Erörterung des Verfahrensstandes	6	**C. Ermessen**	12
I. Stand des Verfahrens	6		
II. Erörterung	8	**D. Protokollierung**	13
III. In der Hauptverhandlung	10		

A. Zweck und Bedeutung der Norm

Die Vorschrift ist durch das Gesetz zur Regelung der Verständigung im Strafverfahren eingeführt worden (BT-Drs 16/11736; BT-Drs 16/13095) und knüpft an § 160 b StPO, § 202 a StPO und § 212 StPO an, welche Rechtsgespräche im Vorverfahren, im Zwischenverfahren und nach der Eröffnung des Hauptverfahrens regeln. Die Vorschrift entspricht dem Referentenentwurf des BMJ (Huttenlocher Dealen wird Gesetz 2007 Rn 538 ff). Sie steht angeblich **außerhalb der eigentlichen Regeln über eine Verständigung** über das Prozessergebnis (Meyer-Goßner StPO § 257 b Rn 1). Sie gehört aber in deren Kontext (Roxin/Schünemann Strafverfahrensrecht § 47 Rn 5), wobei zumindest unklar bleibt, ob sie die bisherige Praxis eher fördern oder eindämmen soll (Leipold NJW-spezial 2009, 520, 521). Zweifel an der Zielrichtung bestehen auch deshalb, weil die Praxis danach strebt, Erörterungen aus der Hauptverhandlung hinauszuverlagern. An Transparenz in der Öffentlichkeit haben die Beteiligten kein Interesse, während der Gesetzgeber sie herstellen will. Ob sich die Praxis durch die neue Regelung zu mehr Offenheit zwingen lassen wird, muss bezweifelt werden. Das Verständigungsverfahren macht jedenfalls eine **besondere Verteidigungsstrategie** erforderlich (Ignor/Matt/Weider in Widmaier MAH Strafrecht § 13 Rn 60 ff; Weider Vom Dealen mit Drogen und Gerechtigkeit 2000, 180 ff). 1

Ein Geständnis als Gegenleistung für gerichtliche Zusagen muss vom Verteidiger wohl abgewogen werden, namentlich dann, wenn Zweifel an der Schuld bestehen, aber dennoch eine Verurteilung droht (Beispiel bei Rückert Unrecht im Namen des Volkes 2007, 139 ff). Gegebenenfalls darf das **Geständnis nicht zu früh** vor Eintritt der Bindungswirkung für gerichtliche Zusagen **und** auch **nicht zu spät** zu deren Herbeiführung angekündigt und vollzogen werden. Das zeigt, wie weit sich das Verständigungsverfahren von den überkommenen Regel einer neutralen Sachverhaltsfeststellung, der Ergebnisoffenheit des Gerichts auch für einen Freispruch sowie alternativ an einer an der Tatschuld orientierten Bestrafung im Verurteilungsfall entfernt hat. Das Verfahren des ökonomisierten Richters hat damit kaum noch etwas zu tun. 1.1

Ein Rechtsgespräch ohne den Hintergrund einer angestrebten Urteilsabsprache wird allenfalls von der Verteidigung angestrebt, um ein Mehr an Informationen zu erlangen, als sie aus dem inhaltsleeren Eröffnungsbeschluss hervorgehen. Das Weglassen von Gründen der **Eröffnungsentscheidung** beweist aber, dass auch dem informellen Verfahren eine Tendenz zur Verheimlichung eigener Vorstellungen zu Grunde liegt. Das Rechtsgespräch ändert daran nichts (zum Leerlaufen der Informationsfunktion Salditt FS 25 Jahre Arbeitsgemeinschaft Strafrecht des DAV 2009, 794 ff). Andernfalls wäre kaum verständlich, warum die Praxis sich scheut, die genauen Gründe für die 1.2

Verdachtshypothese schriftlich im Eröffnungsbeschluss zu fixieren und sie auf diesem Wege in formalisierter Weise offen zu legen (Eschelbach FS Richter II 2006, 113, 119 ff). Das wäre die Idealform eines schriftlichen Vergleichsvorschlags anstelle der Bekanntgabe nur eines ausgehandelten Ergebnisses, das informell begründet wird, wobei aber kaum jemals eine vollständige Erörterung der Beweislage erfolgt und diese erst recht nicht offen gelegt wird.

1.3   Die mehr auf Ergebnisse als auf Inhalte bezogenen **Protokollierungsgebote** nach § 273 Abs 1 S 2, Abs 1 a StPO ersetzen nicht die Begründung einer gerichtlichen Entscheidung, wie sie im Eröffnungsbeschluss als Vor-Urteil nach Aktenlage (Sommer FS 25 Jahre Arbeitsgemeinschaft Strafrecht des DAV 2009, 846, 855, 856) eher geboten wäre, wenn man Transparenz ernsthaft herbeiführen wollte. Daran besteht indes namentlich hinsichtlich der Beweisgründe der Verdachtsannahme kein Interesse seitens der Justiz. Die Einwände gegen die Art des Vorgehens durch ein Gericht, das anschließend kaum noch ergebnisoffen urteilen kann (Schünemann StV 2000, 159 ff), werden durch die mindere Form der informellen Gespräche und protokollierungsbedürftigen Mitteilungen also kaum kaschiert.

1.4   Die ständige Praxis von Eröffnungsentscheidungen ohne jede Begründung führt auch zu der Neigung, die dort gebotene Prüfung nachlässig zu handhaben. Wenn ein „Vergleich" erwartet oder ins Auge gefasst wird, reduziert dies gerade in umfangreichen Verfahren die Intensität der Aktenlektüre, der vorläufigen Gesamtwürdigung aller Tatsachen und Beweismittel sowie der rechtlichen Prüfung drastisch (Leipold NJW-spezial 2009, 520, 521). Diese Arbeitsersparnis wird in einem „frühen ersten Termin" mit einem „Kurzstreckentarif" für den geständigen Angeklagten belohnt (Fischer StaFo 2009, 177, 179). Das **Feilschen ohne vorherige Aktenprüfung** ist aber nach dem Maßstab von BGH NJW 2005, 1440, 1442 offensichtlich **pflichtwidrig** (österrOGH JBl 2005, 127).

2   Die Forderung des BGH, das Gericht dürfe nicht vorschnell auf eine Urteilsabsprache ausweichen, ohne zuvor pflichtgemäß die **Anklage tatsächlich anhand der Akten und insbesondere auch rechtlich überprüft** zu haben (BGH NJW 2005, 1440, 1442, in BGHSt 50, 40 ff nicht abgedruckt; BT-Drs 16/11736, 11), bleibt mangels Kontrollmöglichkeit unerfüllt (Duttge FS Böttcher 2007, 53, 69; Eschelbach FS Richter II 2006, 113, 120 ff; Fischer StraFo 2009, 177, 179; Gössel FS Fezer 2008, 495, 510) und zwar um so eher, je umfangreicher der Aktenbestand ist. Der dem Postulat zu Grunde liegende Gedanke, **das richterliche Berufsethos** gebiete in genügender Weise seine Beachtung, ist angesichts der Interessenlage illusorisch. Schließlich neigen dealende Richter, welche die nicht vergleichsbereiten Richter durch ihren enormen Wettbewerbsvorteil infolge der Nichterfüllung essentieller Pflichten längst verdrängt haben, dazu, „augenzwinkernd zu glauben", was ihnen an Einlassungen geboten wird, um die Zusagen formal zu erfüllen, selbst wenn dies zu erkennbar fiktiven „Feststellungen" führt (Fischer StraFo 2009, 177, 181). Ein solches Handeln gegen die eigentliche Überzeugung ist grob pflichtwidrig. Die Androhung einer **Sanktionsschere** ist es nicht minder (Hamm FS Müller 2008, 235, 243).

2.1   Die latente Bereitschaft zu solchen Grenzgängen verdeutlicht, dass auch die Aktenlektüre nicht mehr allein aufgrund eines Appells an ein Berufsethos erzwungen werden kann, wenn ihre bisher oft praktizierte Einsparung gerade das zentrale Motiv ist. Die Kraft sich vorzustellen, welcher Aufwand in Umfangsverfahren besteht, große **Aktenberge** zu sichten, was nur noch mit Hilfe des EDV-Einsatzes sinnvoll ist (Wesemann FS 25 Jahre Arbeitsgemeinschaft Strafrecht des DAV 2009, 891, 903), und deren Gesamtinhalt zu erfassen sowie vorläufig zu bewerten, ohne dabei andererseits die nach Art 6 Abs 1 S 1 MRK erforderliche Ergebnisoffenheit für einen Freispruch zu verlieren, fehlt den meisten Diskutanten. Dabei geraten Tatgerichte durch das Beschleunigungsgebot besonders in Haftsachen auch noch in extreme Zeitnot, so dass der schnelle Deal dringend erwünscht ist und nicht selten erzwungen wird.

2.2   Auch **Terminsabsprachen** sind zunehmend schon **vor dem Eröffnungsbeschluss** festzustellen, woran zu erkennen ist, dass die Eröffnungsentscheidung nicht ernst genommen und die Verdachtshypothese der Anklage nahezu unbesehen hingenommen wird. § 202 a StPO knüpft mit der Zulassung von Erörterungen vor dem Eröffnungsbeschluss daran an. Das Prozessergebnis steht danach faktisch sogar schon vor dem Eröffnungsbeschluss fest. Dadurch werden die ohnehin bestehenden Bedenken gegen das System des Eröffnungsverfahrens mit anschließender Verhandlung durch die eröffnungszuständigen Richter potenziert. Allenfalls Sachen mit geringem Aktenumfang bleiben von der Reduzierung des Prüfungsaufwands im ökonomisierten Verfahren verschont, aber auch diese nicht immer, weil sie durch ihre übergroße Zahl Pensendruck ausüben.

Nach der gesetzgeberischen Vorstellung sollen die Bestimmungen in § 160 b StPO, § 202 a StPO, **2.3**
§ 212 StPO und § 257 b StPO allgemein „**kommunikative Elemente im Strafverfahren**"
stärken. Dazu sind diese Normen aber weder erforderlich noch geeignet. Für die Hauptverhandlung, die bisher ein kommunikativer Prozess war, nun aber weitgehend eingespart werden soll, bleibt die vorliegende Vorschrift ohne Aussagekraft und sie besitzt auch nach ihrem Zweck nur **Appellcharakter** (Huttenlocher Dealen wird Gesetz 2007 Rn 552).

Auch vor Inkrafttreten der Regelung war unbestritten, dass das Gericht **rechtliche** 3 **Hinweise** geben kann und in bestimmten Fällen geben muss (§ 265 StPO, Art 103 Abs 1 GG), ferner dass die Bescheidung von Beweisanträgen nach § 244 Abs 6 StPO unter dem **Vorbehalt rebus sic stantibus** erfolgt (zum Beurteilungszeitpunkt Niemöller FS Hamm 2008, 537, 541). Gegen ein (ergebnis-) offenes Rechtsgespräch in der Hauptverhandlung waren ohne die gesetzliche Regelung schon bisher keine Einwände erhoben worden (BGHSt 42, 46, 48; BGHSt 50, 40, 46; Fischer StraFo 2009, 177, 186; Gössel FS Fezer 2008, 495, 505; Niemöller GA 2009, 172, 174; Ignor/Matt/Weider in Widmaier MAH Strafverteidigung § 13 Rn 16). Immer schon war vor allem die Verteidigung laufend daran interessiert zu erfahren, wie die Lage vom Gericht beurteilt wird. Jedoch wurde ihr noch **nie ein Anspruch auf ein Rechtsgespräch** zugebilligt. Dabei hat es nach dem Reformgesetz sein Bewenden (KMR/v. Heintschel-Heinegg StPO § 257 b Rn 10; Meyer-Goßner StPO § 257 b Rn 3; krit Ignor/Matt/Weider in Widmaier MAH Strafverteidigung § 13 Rn 17). Offenheit und Transparenz werden jedoch entgegen dem vordergründig verfolgten Gesetzeszweck durch Informalität verringert, nicht vermehrt. Die Regelung, dass das Gericht den Verfahrensbeteiligten „in geeigneten Fällen" mehr mitteilen „kann", als es § 200 Abs 1 StPO, § 207 StPO und § 265 Abs 1 StPO gebieten, hilft der Verteidigung nicht.

Die Vorschrift zählt mit diesem Inhalt auch nicht zu den Regeln, welche die **Gewährung** 4 **rechtlichen Gehörs** im Sinne von Art 103 Abs 1 GG auf der Ebene des einfachen Rechts ausgestalten. Wird vom Gericht der Stand des Verfahrens unter Angaben von Gründen mitgeteilt, dann wird – insoweit – zwar Gehör gewährt (Salditt FS 25 Jahre Arbeitsgemeinschaft Strafrecht des DAV 2009, 794, 800). Ob, wie und in welchem Umfang dies geschieht, bleibt aber im Gesetz offen, so dass die vom Gesetzgeber erhoffte Transparenz gerade nicht erzielt wird. Zugleich stellt sich die **Frage der prozessualen Gleichbehandlung** (Art 3 Abs 1 GG) in allen Fällen, in denen das Gericht eine solche Vorgehensweise nicht für „geeignet" hält (Altenhain/Hagemeier/Haimerl NStZ 2007, 71, 72; Dippel FS Widmaier 2008, 105, 123; Hamm FS E. Müller 2008, 235, 245, 246; Hettinger FS E. Müller 2008, 261 ff) oder im Rechtsgespräch sich inhaltlich mit anderen Aspekten als reinen Ergebnisvorstellungen zurückhält, also alleine Druck ausübt. Die Vorschrift bestimmt unbeschadet ihrer systematisch zurückverlagerten Position im Gesetz (krit Meyer-Goßner StPO § 257 c Rn 1) nicht, in welcher Lage der Hauptverhandlung – **vor, zu Beginn, während oder nach der Beweisaufnahme** - der Verfahrensstand zu erörtern sein soll und wie dies gegebenenfalls zu geschehen hat. Aus den Komplementärvorschriften in § 160 b StPO, § 202 a StPO und § 212 StPO ist wohl zu entnehmen, dass es auch dem Gesetzgeber auf einen bestimmten Verhandlungsstand nicht ankommt. Der nach bestmöglicher Arbeitsersparnis trachtenden Praxis ist das ohnehin einerlei, solange jedenfalls die Unterwerfung des Angeklagten aus der Sicht des Gerichts nicht „zu spät" kommt.

Den Richtern gibt die Vorschrift scheinbar Rückendeckung, indem eine Ablehnung 5 wegen **Besorgnis der Befangenheit** mit Blick auf die generelle gesetzliche Gestattung jedenfalls nicht alleine auf die Tatsache gestützt werden kann, dass sie ein offenes Rechtsgespräch führen (BT-Drs 16/11736, 11; KMR/v. Heintschel-Heinegg StPO § 257 b Rn 11; Jahn/Müller NJW 2009, 2625, 2627) oder eine Strafobergrenze in den Raum stellen. Das war freilich auch schon bisher der Fall (BGHSt 42, 46, 48; BGHSt 45, 312, 317; BGH NStZ 2007, 172, 173). Die Annahme, dass der Gesetzgeber darüber hinaus abstrakt-generell die Unbefangenheit von Richtern reglementieren könne, wäre indes mit der Neutralitätsgarantie aus Art 101 Abs 1 S 2 GG und Art 6 Abs 1 S 1 MRK unvereinbar (zum Regelungsgrund des Ablehnungsrechts Vollkommer Der ablehnbare Richter 2001, 8 ff). Eine gesetzgeberische Überlegung des Inhalts, dass dealende Richter nicht abgelehnt werden können, ist zudem im Wortlaut des Gesetzes nicht zum Ausdruck gekommen. Gespräche zwischen (Berufs-)

Richtern und einzelnen Prozessbeteiligten sind für sich genommen kein Ablehnungsgrund (BGH NStZ 2008, 172, 173; NStZ 2008, 229), sofern jedenfalls anschließend Transparenz hergestellt wird. Hingegen erfüllen Richter, die im Einzelfall erkennen lassen, dass sie nur noch über die Straffrage verhandeln wollen und sich **auf die Schuldannahme festgelegt** haben, nicht die Neutralitätsgarantie aus Art 101 Abs 1 S 2 GG und Art 6 Abs 1 S 1 MRK (Sommer FS 25 Jahre Arbeitsgemeinschaft Strafrecht des DAV 2009, 846, 860). Sie bleiben ablehnbar. Auch die Nutzung einer **Sanktionsschere** bildet einen Ablehnungsgrund (BGH NStZ 2008, 170, 171). Die „Gefahr" einer – berechtigten – Richterablehnung ist daher durch das Gesetz nicht gebannt.

B. Erörterung des Verfahrensstandes

I. Stand des Verfahrens

6   Die Norm gestattet eine Erörterung des Standes des Verfahrens. Was damit – etwa im Vergleich mit § 136 Abs 3 ZPO und § 279 Abs 3 ZPO – gemeint sein soll, bleibt unklar. Der Sache nach müsste es vor allem um die Beweislage gehen. Solange kein Schuldinterlokut besteht, wird die Beweisaufnahme „in der Hauptverhandlung" freilich schon nicht einheitlich strukturiert, so dass der Stand der Beweislage, die immer unter dem Vorbehalt rebus sic stantibus zu bewerten ist, eher zufällig in die eine oder andere Richtung tendieren kann. Eine bestimmte **Reihenfolge der Beweiserhebungen** ist nämlich nicht vorgeschrieben. Praktisch wird nach der Dringlichkeit und Verfügbarkeit der Beweismittel vorgegangen, zunehmend bei „Überbrückungsterminen" auch nach dem verfügbaren Zeitkontingent und dem Zeitbedarf für eine bestimmte Beweiserhebung, insgesamt aber nicht nach der Beweisbedeutung oder der Beweisrichtung. Ein zuverlässiges Ergebnis der Beweisaufnahme, das nach überkommenem Verfahrensrecht ohnehin nur exklusiv aus einer Gesamtwürdigung aller in der Hauptverhandlung erhobenen Beweise geschöpft werden darf (§ 261 StPO), steht erst nach dem Ende der Beweisaufnahme fest. Die Stellung der vorliegenden Vorschrift im Anschluss an die Regeln über die Beweisaufnahme und vor den Schlussvorträgen erweckt den Eindruck als sei das Rechtsgespräch dort anzusiedeln. Das ist aber offenbar nicht gemeint (Meyer-Goßner StPO Ergänzungsheft § 257 c Rn 1). Ein Zwischenstand ist nur eine Prognose, die sich, soweit Beweise noch nicht im Strengbeweisverfahren erhoben sind, an der Aktenlage orientieren. Damit wird die **Aufgabe der Hauptverhandlung** als Forum neutraler Gegenkontrolle der vorläufigen Beweisergebnisse des Vor- und Zwischenverfahrens, wie sie mehr oder weniger genau und vollständig in den Akten festgehalten wurden, in einem kontradiktorischen Verfahren gefährdet (Roxin/Schünemann Strafverfahrensrecht § 47 Rn 5). Nach aussagepsychologischen Vorstellungen sind aktenkundige Befunde ohne eigene Befragung beinahe wertlos (OLG München Beschl v 26. 5. 2009 – Az 2 Ws 156, 157/08). Das informelle Verfahren entwickelt sich gleichwohl zu einem **Aktenprozess**. Das ist eine Fehlentwicklung, wie es skandalöse Fehlgriffe zeigen (Friedrichsen Im Zweifel gegen die Angeklagten 2008; Rückert Unrecht im Namen des Volkes 2007).

7   Die tendenziell unter einseitiger Färbung aufgrund der Verdachtshypothese zusammengetragene **Aktenlage** ist ein Verfahrensstand, den das Gericht nach der Idee des historischen Gesetzgebers in der Hauptverhandlung durch eine neue eigene Beweisaufnahme unter Beachtung der Grundsätze von Unmittelbarkeit, Mündlichkeit und Öffentlichkeit austarieren soll. Das ist Teil einer Gegenkontrolle im **Gewaltenteilungssystem**, welches durch die stufenweise Verfahrensherrschaft von Ermittlungsbehörden einerseits und Gerichten andererseits zum Ausdruck kommt. Die einseitige Orientierung vorläufiger Bewertungen an der Aktenlage führt nur zu einer mehr oder weniger ungeprüften **Verfestigung der Verdachtshypothese** und verringert die Bereitschaft der Richter, sich später aufgrund anderer Beweislagen davon zu lösen, eine „Nullhypothese" ernsthaft ins Auge zu fassen und den Verdacht ausschließlich an den Eindrücken aus der Hauptverhandlung zu messen (Schünemann StV 2000, 159 ff). Die Bilanzierung eines Zwischenstands und Mitteilung eines Vergleichsvorschlags vertieft diese ohnehin bestehende Schieflage. Die Hauptverhandlung ist nach herkömmlicher Auffassung der Höhepunkt des Strafverfahrens (BVerfGE 64, 135, 148; BVerfGE 74, 358, 372; BVerfGE 86, 288, 318; BGHSt 3, 13, 16; BGHSt 46, 349, 352, 353). Im informellen Verfahren wird sie als ein Störfaktor aufgefasst, dessen Inhalt minimiert wird.

Der nach der vorliegenden Vorschrift zu erörternde Stand des Verfahrens kann vor diesem Hintergrund eigentlich nicht das prognostizierte Endresultat sein, sondern allenfalls der Stand der Durchführung des gerichtlichen Aufklärungsprogramms.

II. Erörterung

Über die Art und Weise der Erörterungen sagt das Gesetz nichts, außer dass sie nach dem gesetzgeberischen Vorstellungsbild auf einer **Initiative des Gerichts** beruhen. Das Rechtsgespräch liegt bei dieser richterzentrierten Betrachtungsweise in der Hand des Vorsitzenden (KMR/v. Heintschel-Heinegg StPO § 257 b Rn 8), was aber eine Stellungnahme durch den Berichterstatter nicht ausschließt. Diskutant ist „das Gericht", womit bei Kollegialgerichten „in der Hauptverhandlung" der vollbesetzte Spruchkörper gemeint ist, **einschließlich der Schöffen** (KMR/v. Heintschel-Heinegg StPO § 257 b Rn 3). Die Erörterung des Verfahrensstandes durch das Gericht setzt voraus, dass sich das Gericht als Kollegium zuvor ein Bild gemacht hat, was eine **Zwischenberatung** erfordert (zur Zulässigkeit BGHSt 38, 102, 104; BGHSt 42, 46, 49; BGHSt 45, 312, 316). Sodann muss dieses vorläufige **Ergebnis** den Verfahrensbeteiligten und der Öffentlichkeit **mitgeteilt** werden. Erst dann können vom Standpunkt des Gesetzgebers aus **Prognosen zur Sach- und Rechtslage** sowie zu den mutmaßlichen Rechtsfolgen angestellt (BT-Drs 16/11736, 10) und diskutiert werden. Ferner können Überlegungen zum weiteren **Verhandlungsbedarf** auf dem Wege zu diesem antizipierten Prozessergebnis angestellt werden. Die Erörterung darf sich nicht in einem Monolog erschöpfen, sondern sie setzt voraus, dass den Verfahrensbeteiligten Gelegenheit gegeben wird, ihren Standpunkt zu den gerichtlichen Mitteilungen zu äußern. Das entspricht den Erörterungen in den Parteienprozessen, ist allerdings mit der **Instruktionsmaxime** und der Kognitionspflicht des Gerichts nach bisherigem Strafprozessrecht kaum in Einklang zu bringen. Das konsensuale Verfahren steht auf dem Kopf, weil das prognostizierte Prozessergebnis an den Anfang gestellt wird (Duttge FS Böttcher 2007, 53, 68; Volk FS Dahs 2005, 495, 501). Die Erörterungen nach der vorliegenden Vorschrift sind rechtlich unverbindlich, aber inhaltlich abschließend. Das anschließende Verständigungsverfahren nach § 257 c Abs 3 ist dagegen rechtlich verbindlich (Niemöller GA 2009, 172, 175), aber für das vorher ausgehandelte Resultat der Sache nach unerheblich. Diesen krassen Widerspruch schreibt das Reformgesetz fest. Mit den **Verfahrensbeteiligten**, die in die Erörterung einzubeziehen sind, sind alle Prozesssubjekte gemeint, die dazu berechtigt sind, Prozesshandlungen vorzunehmen (KMR/v. Heintschel-Heinegg StPO § 257 b Rn 4). Das gilt für das Gericht und die Staatsanwaltschaft, den Angeklagten und seine Verteidiger, aber auch für den Nebenkläger und seinen Bevollmächtigten, sofern der Anschluss an die öffentliche Klage erklärt wurde, ferner für Nebenbeteiligte und schließlich auch für die Finanzbehörde im Steuerstrafverfahren (§ 202 a StPO Rn 3). Keine Verfahrensbeteiligten in diesem Sinne sind dagegen der Verletzte, soweit er kein Nebenkläger ist, Zeugen und Sachverständige oder sonstige Dritte.

Solange es nicht um ein „guilty plea" mit der Folge eines Anerkenntnisurteils gehen soll, dürfte es nicht gestattet sein, dass das Gericht – wie es in der Praxis freilich zu beobachten ist – ein „glaubhaftes Geständnis" als Bedingung für eine eigene Zusage einer Strafobergrenze fordert und als Maßstab dafür die **Übereinstimmung des Geständnisses mit Sachverhaltsbeschreibungen** im Anklagesatz oder in gerichtlichen Zwischenentscheidungen fordert, wie etwa in Haftentscheidungen. Damit wird der Auskunftsperson vom Gericht ein Beweisinhalt vorgegeben und als Bedingung mit den Zusagen verknüpft, also aktiv auf den Aussageinhalt Einfluss genommen. Eine solche Verfahrensweise stellt in letzter Konsequenz die Berechtigung der Gerichtsbarkeit als neutrale Instanz der Wahrheitserforschung in einem ergebnisoffenen Verfahren (Art 6 Abs 1 S 1 MRK) in Frage und ist evident rechtsstaatswidrig.

III. In der Hauptverhandlung

Die vorliegende Vorschrift regelt alleine die Erörterung des Verfahrensstandes „in der Hauptverhandlung". Es geht danach um ein Rechtsgespräch, das grundsätzlich öffentlich stattfindet. Dies erscheint rechtlich unproblematisch, ist aber in der Praxis unüblich und entspricht nicht den Interessen der Beteiligten. Umgekehrt ist ein **informelles Gespräch außerhalb der Hauptverhandlung** praxisüblich und für das Resultat essentiell, aber in der vorliegenden Vorschrift gerade nicht geregelt, so dass sich die Frage stellt, ob eine Erörterung des Verfahrensstandes außerhalb der Hauptverhandlung nach deren Beginn im Sinne von § 243 Abs 1 StPO nun gar nicht mehr stattfinden soll. Das ergibt sich eigentlich aus einem Umkehrschluss aus § 202a StPO, § 212 StPO und § 257b StPO. Danach finden Rechtsgespräche außerhalb der Hauptverhandlung im Stadium vor dem Eröffnungsbeschluss (§ 202a StPO) oder danach statt (§ 212 StPO). § 212 steht am Ende des 4. Abschnitts des Zweiten Buches, gilt daher aber nicht ohne weiteres auch im 5. Abschnitt. Er gilt jedenfalls nicht „in" der Hauptverhandlung, die im 6. Abschnitt geregelt ist und von der vorliegenden Vorschrift zumindest scheinbar exklusiv erfasst wird. Nimmt man den Gesetzgeber beim Wort, dann scheiden nach Beginn der Hauptverhandlung im Sinne von § 243 Abs 1 StPO Erörterungen außerhalb derselben aus, was wegen der Erforderlichkeit einer Mitwirkung der Schöffen konsequent wäre (für die Schöffenbeteiligung Jahn/Müller NJW 2009, 2625, 2627). So handelt die Praxis bisher freilich nie, weshalb auch die Interpretation des § 212 StPO ungeachtet seiner zumindest irreführenden systematischen Einordnung im 4. Abschnitt des Zweiten Buches bereits weiter ausgelegt und auf Sondierungsgespräche außerhalb der Hauptverhandlung nach deren Beginn erstreckt wird (Gieg GA 2007, 469, 472, 473; Meyer-Goßner StPO Ergänzungsheft § 212 Rn 1; **aA** § 212 StPO Rn 1). In den Fällen von § 202a StPO und § 212 StPO dürfen die **Schöffen**, die dann noch nicht einmal bestimmt sind, naturgemäß nicht mitwirken (§ 202a StPO Rn 7); insoweit fehlt jedenfalls eine Abstimmung mit der vorliegenden Vorschrift. Der im Gesetzeswortlaut nicht zum Ausdruck gebrachte gesetzgeberische Gedanke, die vorliegende Vorschrift schütze die Berufsrichter vor einer Ablehnung wegen Besorgnis der Befangenheit wegen ihrer Erörterungen „in der Hauptverhandlung", entblößt sie dann aber geradezu von einem entsprechenden Schutz bei informellen Erörterungen außerhalb der Hauptverhandlung ohne Schöffenbeteiligung. Praxisüblich ist bisher die Nichtbeteiligung der Schöffen und des Angeklagten sowie des Nebenklägers bei den informellen Gesprächen außerhalb der Hauptverhandlung, womit freilich die Laienrichterbeteiligung an der Hauptverhandlung, deren Ergebnis vorher ausgehandelt ist, obsolet wird (Altenhain/Hagemeier/Haimerl NStZ 2007, 71, 74, 75; Fischer StraFo 2009, 177, 183). Die Laienrichter dürfen nach überkommener Interpretation des geschriebenen Prozessrechts auch keine umfassende Aktenkenntnis haben (BGHSt 5, 261, 262; einschränkend BGHSt 43, 36, 38 ff; BGHSt 43, 360, 365), damit sie dadurch nicht vom Inbegriff der Hauptverhandlung abgelenkt werden, der die alleinige Urteilsgrundlage bilden soll (§ 261 StPO). Dort aber wird im informellen Verfahren substantiell nicht mehr förmlich Beweis erhoben, weil sogar das Prozessergebnis schließlich vorher ausgehandelt wurde und neue Erkenntnisse in der Hauptverhandlung deren Geschäftsgrundlage in Frage stellen könnten, also eher vermieden als herbeigeführt werden. Auch eine Geständniskontrolle findet – allenfalls – anhand des Akteninhalts statt, den die Schöffen jedoch nicht kennen. Ihr Votum, das auf dem Papier dasselbe Stimmgewicht hat, wie dasjenige der Berufsrichter, bleibt demnach im informellen Verfahren ohne Grundlage (König FS 25 Jahre Arbeitsgemeinschaft Strafrecht des DAV 2009, 623, 628). Das ist mit Art 101 Abs 1 S 2 GG unvereinbar (Dippel FS Widmaier 2008, 105, 122).

IV. Ziel der Verfahrensförderung

11 Unklar ist ferner, was unter dem Erörterungsziel der Verfahrensförderung zu verstehen ist, da nach der Vorstellung des Gesetzgebers nicht ausschließlich eine Verständigung im Sinne von § 257c Abs 2 StPO gemeint sein soll (KMR/v. Heintschel-Heinegg StPO § 257b Rn 9), auf die sich die Praxis aber naturgemäß konzentriert. Üblicherweise wird mit der Verfahrensförderung an eine Vereinfachung und Abkürzung des weiteren Verhandlungsablaufs auf dem Weg zu einer Verurteilung gedacht, weil nur die **Bestätigung der Verdachtshypothese** als richtige Sachentscheidung angesehen wird. Die „Nullhypothese" oder Alternativhypothesen gelten a priori als unglaubhaft und werden daher verdrängt. Auch die Maxime der Geständnisüberprüfung anhand der Akten geht von der Grundannahme der „Vollständigkeit und Richtigkeit des Akteninhalts" aus, die indes nicht gesichert ist, sondern sich, auch etwa durch Ausgliederung von Spurenakten oder Vorermittlungsverfahren, zuneh-

mend als falsch erweist. Tatsächlich soll nach der Grundidee der Hauptverhandlung der Akteninhalt kontrolliert werden, nicht der Geständnisinhalt an der Aktenlage ausgerichtet werden, was aber geschieht. Der Prüfungsweg des Verständigungsverfahrens ist demnach verkehrt. Richtigerweise kann freilich auch eine qualitative Verbesserung der weiteren Verhandlung durch Beweisanregungen mit dem Ziel einer besseren Annäherung an die materielle Wahrheit als Ziel der Erörterungen als Gegenstand der vorliegenden Vorschrift in Betracht kommen. Daran besteht unter Akteuren, die vorwiegend an der eigenen Entlastung von Arbeit und Verantwortung interessiert sind, freilich kein nachhaltiges Interesse. Es geht ihnen nahezu ausschließlich um das **Geständnis** des Angeklagten (§ 257 c Abs 2 S 2 StPO), das den Prozess ad hoc zu beenden geeignet erscheint, sowie um die **Unterlassung von Anträgen** aller Art, die generell als störend empfunden werden, schließlich um die Rechtsmittelmöglichkeiten, die das Gesamtverfahren verlängern und den Prozessausgang ins Ungewisse verlagern, also auch unerwünscht sind. Verfahrensförderung ist aus der Sicht dieser Praxis alleine gleich bedeutend mit rechtskräftiger Erledigung der Sache mit einem allseits als befriedigend oder noch erträglich angesehenem Ergebnis. Das hat mit Wahrheit und Gerechtigkeit im gerichtlichen Verfahren allenfalls noch bedingt zu tun, wie es sich erweist, wenn in Folgeprozessen, auch solchen des Haftpflichtrechts, erkannt werden muss, dass Tatsachenannahmen des abgekürzten Strafverfahrens falsch waren und fiktive Feststellungen getroffen wurden. Der „kurze Prozess" ist nicht der bessere Weg. § 302 S 2 StPO schließt nun allerdings den bisher praxisüblichen **Rechtsmittelverzicht** aus. Damit wird aus der Sicht der Tatgerichte die Rückkehr zu den „schwarzen Listen" erforderlich, in die solche Verteidiger Eingang finden, die sich einerseits auf eine Verständigung einlassen, andererseits aber das Urteil anfechten (Fischer StraFo 2009, 177, 179). Die unerwünschte Revisionskontrolle bleibt zumindest mittelbar ausgeschlossen, solange jedenfalls nicht die Verteidigerrollen auf verschiedene Personen verteilt werden, den Absprachenverteidiger und den gesondert zu beauftragenden Revisionsverteidiger.

C. Ermessen

Die Erörterung des Verfahrensstandes „**kann**" vom Gericht durchgeführt werden. Sie liegt also auch hier, ebenso wie bei § 202 a StPO und § 212 StPO (§ 202 a StPO Rn 5), im Ermessen des Gerichts. Wann ein Fall dazu „**geeignet**" ist, lässt sich hier so wenig abstrakt-generell umschreiben, wie in Vergleichsverhandlungen in den Parteiprozessen um subjektive Rechte. Dabei geht es aber im Strafverfahren mit dem Prozessziel der Erforschung materieller Wahrheit und der zutreffenden Anwendung des materiellen Strafrechts als Eingriffsrecht auf einen möglichst genau festgestellten Sachverhalt um völlig andere Aspekte. Dem Strafverfahrensrecht stünde auch insoweit eine Formalisierung und prozessuale Gleichbehandlung aller Angeklagten besser zu Gesicht als die immer noch vorherrschende Informalität, zumal sogar der Parteienprozess Erörterungspflichten kennt (vgl § 279 Abs 3 ZPO). 12

D. Protokollierung

Die fakultative Erörterung des Verfahrensstandes auch „in der Hauptverhandlung" ist, solange sie nicht zu einer Urteilsabsprache nach § 257 c StPO führt, eigentlich keine wesentliche Förmlichkeit, da sie keine Rechtsfolgen auslöst (§ 257 c Abs 3 S 3 StPO). Sie bedarf aber dennoch gemäß § 273 Abs 1 S 2 StPO der Protokollierung (Jahn/Müller NJW 2009, 2625, 2629; Meyer-Goßner StPO § 257 b Rn 5). Dass sich die Praxis daran nicht immer halten wird, namentlich wenn schon vor einer ernsthaften Aktenlektüre außerhalb der Hauptverhandlung „gedealt" wurde oder in rechtswidriger Weise eine Sanktionsschere zum Einsatz kommt, liegt auf der Hand. Der Hinweis auf die Unzulässigkeit von „Separatabsprachen" (Jahn/Müller NJW 2009, 2625, 2630) ändert nichts am Befund. Nur Erörterungen nach § 202 a StPO und § 212 StPO werden gemäß § 243 Abs 4 StPO nF mitgeteilt und dies wiederum wird nach § 273 Abs 1 a S 2 StPO protokolliert. Die im Gesetz nicht geregelten „Sondierungsgespräche" außerhalb der Hauptverhandlung werden damit von der Protokollierungsregelung nicht vollständig erfasst (§ 273 StPO Rn 21). Daher wird im Ergebnis mit der Gesamtregelung nur ein Anschein von Transparenz und Offenheit erreicht. 13

Zudem fehlt eine gesetzliche Festlegung der Rechtsfolgen bei Nichtbeachtung der Mitteilungs- und Protokollierungspflichten (Gieg GA 2007, 469, 473). Eine endgültige Vermeidung von Streit über das Ob und Wie von Vorgesprächen (§ 202 a StPO Rn 8) ist damit ausgeschlossen. Nach dem Gesetzeszweck hat allerdings jeder Angeklagte ein Unterrichtungsrecht, auch soweit Gespräche geführt wurden, die einen Mitangeklagten betreffen (Gieg GA 2007, 469, 473, 474). Die Nichterfüllung dieses Anspruchs kann jedenfalls eine Richterablehnung nach sich ziehen, die der Gesetzgeber an sich vermeiden wollte, ohne dafür allerdings ein effektives Mittel zu besitzen.

§ 257 c [Verständigung]

(1) ¹Das Gericht kann sich in geeigneten Fällen mit den Verfahrensbeteiligten nach Maßgabe der folgenden Absätze über den weiteren Fortgang und das Ergebnis des Verfahrens verständigen. ²§ 244 Absatz 2 bleibt unberührt.

(2) ¹Gegenstand dieser Verständigung dürfen nur die Rechtsfolgen sein, die Inhalt des Urteils und der dazugehörigen Beschlüsse sein können, sonstige verfahrensbezogene Maßnahmen im zugrundeliegenden Erkenntnisverfahren sowie das Prozessverhalten der Verfahrensbeteiligten. ²Bestandteil jeder Verständigung soll ein Geständnis sein. ³Der Schuldspruch sowie Maßregeln der Besserung und Sicherung dürfen nicht Gegenstand einer Verständigung sein.

(3) ¹Das Gericht gibt bekannt, welchen Inhalt die Verständigung haben könnte. ²Es kann dabei unter freier Würdigung aller Umstände des Falles sowie der allgemeinen Strafzumessungserwägungen auch eine Ober- und Untergrenze der Strafe angeben. ³Die Verfahrensbeteiligten erhalten Gelegenheit zur Stellungnahme. ⁴Die Verständigung kommt zustande, wenn Angeklagter und Staatsanwaltschaft dem Vorschlag des Gerichtes zustimmen.

(4) ¹Die Bindung des Gerichtes an eine Verständigung entfällt, wenn rechtlich oder tatsächlich bedeutsame Umstände übersehen worden sind oder sich neu ergeben haben und das Gericht deswegen zu der Überzeugung gelangt, dass der in Aussicht gestellte Strafrahmen nicht mehr tat- oder schuldangemessen ist. ²Gleiches gilt, wenn das weitere Prozessverhalten des Angeklagten nicht dem Verhalten entspricht, das der Prognose des Gerichts zugrunde gelegt worden ist. ³Das Geständnis des Angeklagten darf in diesen Fällen nicht verwertet werden. ⁴Das Gericht hat eine Abweichung unverzüglich mitzuteilen.

(5) Der Angeklagte ist über die Voraussetzungen und Folgen einer Abweichung des Gerichtes von dem in Aussicht gestellten Ergebnis nach Absatz 4 zu belehren.

Überblick

Die Vorschrift ist nach dem Gesetz zur Regelung der Verständigung im Strafverfahren die zentrale Norm für das Urteilsabsprachenverfahren. Sie versucht, den als „Verständigung" umschriebenen Vergleich im Strafprozess in das Offizialverfahren einzufügen, was aber nicht gelingen kann. Dazu stellt die Norm in Abs 1 die Verständigungsmöglichkeit (Abs 1 S 1) neben die gerichtliche Aufklärungspflicht im Sinne von § 244 Abs 2 StPO (Abs 1 S 2). Beides ist jedoch nicht miteinander vereinbar, sofern jedenfalls keine Neudefinition der Aufklärungspflicht im Sinne einer Konsensmaxime stattfindet, die der Gesetzgeber aber nicht gewagt hat. Der Schuldspruch, also die Anwendung der Straftatbestände auf den mit Hilfe eines Geständnisses für wahr erachteten Sachverhalt, sowie Maßregeln der Besserung und Sicherung (§ 61 StGB), dürfen nach Abs 2 S 3 nicht Gegenstand der Absprache sein. Nur die Beweisgrundlagen, also das Geständnis, sowie die – sonstigen – Rechtsfolgen, also Haupt- und Nebenstrafen sowie andere Maßnahmen können danach in die Verständigung einfließen. Auf Seiten der Verfahrensbeteiligten bildet deren Prozessverhalten die Verhandlungsmasse (Abs 2 S 1). Dazu gehört insbesondere, aber nach dem Wortlaut der Norm („soll") nicht zwingend, ein Geständnis des Angeklagten (Abs 2 S 2). Nach Abs 3 S 1 schlägt das Gericht die Verständigung vor, wobei es nicht nur entsprechend der bisherigen Rechtsprechung des BGH eine Strafobergrenze, sondern auch eine Strafuntergrenze prognostizieren kann, was mit Blick auf das Gebot der Ergebnisoffenheit des Gerichts bis zur Sachentscheidung mehr denn je bedenklich wirkt. Den Verfahrensbeteiligten wird zu dem gerichtlichen Vorschlag das rechtliche Gehör gewährt (Abs 3 S 2). Die Verständigung kommt nach Abs 3 S 2 zustande, wenn der Angeklagte und die Staatsanwaltschaft zustimmen. Die Verständigung ist also anders als bisher von der staatsanwaltschaftlichen Zustimmung abhängig, was zum Teil auch bei bisherigen Absprachenbefürwortern auf Bedenken im Hinblick auf Art 92 GG stößt. Vom Nebenkläger ist dagegen bei den Regeln über das Zustandekommen der Verständigung nicht mehr die Rede. Der Gesetzgeber hat im Übrigen die Mitwirkung von Schöffen vergessen, die nicht am Inhalt der Verständigung, der in Vorgesprächen außerhalb der Hauptverhandlung entwickelt wird, sondern nur am Abschluss der Verständigung und deren Vollzug in der Hauptverhandlung beteiligt sind, also praktisch keinen effektiven Einfluss mehr ausüben. In Abs 4 vorausgesetzt wird eine Bindungswirkung der Verständigung, sobald diese durch die Zustimmung des Angeklagten und der Staatsanwaltschaft in der Hauptverhandlung zustande gekommen ist. Die Bindung des Gerichts entfällt, wenn bedeutsame Umstände übersehen worden sind oder sich neu ergeben und das Gericht deswegen nachträglich zu der Überzeugung gelangt, dass der in Aussicht gestellte Strafrahmen nicht der Schuld angemessen ist (Abs 4 S 1). Auch die Nichteinhaltung eines zugesagten Prozessverhaltens des Angeklagten soll ein Grund für den Wegfall der Bindungswirkung sein (Abs 4 S 2); damit wird ein Wohlverhalten nach der Unterwerfung erzwungen. Neu geregelt ist dagegen die Rechtsfolge der Unverwertbarkeit des vom Angeklagten aufgrund der Verständigung abgelegten Geständnisses, wenn die Bindung des Gerichts an seine Strafrahmenzusage entfällt (Abs 4 S 3). Einzelheiten der Beweisverbotsproblematik – Widerspruchslösung, Drittwirkung, Eigenschaft als Belastungsverbot, Folge- und Fernwirkungen ua – sind vom Gesetzgeber offen gelassen worden. Auf den Wegfall der Bindungswirkung ist seitens des Gerichts unverzüglich hinzuweisen (Abs 4 S 4). Vorher ist der Angeklagte bereits über die Voraussetzungen und Folgen einer Abweichung des Gerichts von der Zusage zu belehren (Abs 5). Insgesamt liegt eine ebenso komplexe wie unvollständige Neuregelung mit zum Teil von der bisherigen Rechtsprechung abweichenden Elementen vor, so dass auf die Kasuistik nur noch bedingt zurückgegriffen werden kann. Die Grundlagendiskussion steht noch aus und bleibt auf der Rechtsprechungsebene dem BVerfG vorbehalten.

Übersicht

	Rn		Rn
A. Bedeutung	1	2. Wegfall sonstiger Zusagen der Verteidigung	39
B. Verständigung und Aufklärungspflicht (Abs 1)	6	III. Hinweispflicht des Gerichts	40
C. Gegenstand der Verständigung (Abs 2)	11	**F. Belehrung des Angeklagten (Abs 5)**	41
I. Verhandlungsstoff der Justiz	11	**G. Protokollierung**	42
II. Prozessverhalten der Verfahrensbeteiligten	17	**H. Anfechtung**	44
III. Das Geständnis	20	I. Berufung	45
D. Angebot und Annahme (Abs 3)	26	II. Revision	47
E. Wegfall der Bindungswirkung (Abs 4)	30	1. Sachbeschwerde	48
I. Gründe für den Wegfall der Bindungswirkung	31	2. Verfahrensbeanstandungen	49
II. Folgen des Wegfalls der Bindung des Gerichts	36	III. Antrag auf Wiederaufnahme des Verfahrens	55
1. Verwertungsverbot für das absprachenbedingte Geständnis	36	IV. Verfassungsbeschwerde	56
		V. Menschenrechtsbeschwerde	58
		I. Anwaltshaftung	59

A. Bedeutung

1 Die Vorschrift ist durch das **Gesetz zur Regelung der Verständigung im Strafverfahren** eingeführt worden (Jahn/Müller NJW 2009, 2625 ff; abl Fischer StraFo 2009, 177 ff; Schünemann ZRP 2009, 104 ff; Weßlau FS E. Müller 2008, 779, 792 f; krit Meyer-Goßner ZRP 2009, 107 ff). Sie ist die **zentrale Bestimmung** des Absprachenverfahrens. Durch sie droht allerdings zugleich eine Zerreißprobe für die Justiz, zumindest wenn sie zunehmend nicht in Idealbesetzung agiert (vgl Melnitzky Diskussionsbeitrag zum 58. DJT 1990 Bd II L 72 ff), sowie für die bereits gespaltene Anwaltschaft (M. Müller Probleme um eine gesetzliche Regelung der Absprachen im Strafverfahren 2008, 458 f; für eine weiterhin kampfbereite Verteidigung Bauer StV 2008, 104 ff; Hamm NJW 2006, 2084 ff; zur Moral Salditt AnwBl 2009, 805 ff). Das Experiment ist nach den Erfahrungen mit dem Richterrecht (Weider Vom Dealen mit Drogen und Gerechtigkeit 2000, 163 ff; Weßlau ZStW 116 [2004], 150, 170) als gescheitert zu betrachten, bevor es vom Gesetzgeber begonnen wurde. Das „streitige" Verfahren nach bisherigem Recht ist zwar schon nicht ideal; aber es wird durch das daneben betriebene konsensuale Verfahren zusätzlich beeinträchtigt. Es sind **rapide Qualitätsverluste** bei der Fähigkeit und Bereitschaft der professionellen Akteure zu methodisch genauem Vorgehen festzustellen. „Wo ein Markt ist, da wird gehandelt" (Weigend Diskussionsbeitrag zum 58. DJT 1990 Bd II L 66, 67). Daran ändert auch die Gesetzesnovelle nichts. Zudem eröffnet das neue Gesetz eine **Vielzahl ungelöster neuer Detailfragen**. Es wird die Rechtsprechung derart beschäftigen, dass hierdurch jedenfalls keine Entlastung für die trotz aller Urteilsabsprachen überlastete Strafjustiz eintreten kann. Das Gesetz kann die Absprachenpraxis auch nicht zugleich legitimieren und domestizieren. Bisherige Rechtsprechung, die im Folgenden zitiert wird, ist wegen partieller Änderungen durch das Gesetz nur noch bedingt aussagekräftig. Eine **Einschätzungsprärogative** kommt dem Gesetzgeber eigentlich nicht mehr zu, nachdem er jahrzehntelang abgewartet hat, ohne ernsthaft selbst etwas zur Erfassung der rechtstatsächlichen Lage unternommen zu haben. Er hatte zuvor die Aufgabe der Entwicklung von Regeln „durch Nichtstun auf die Judikative delegiert" (Sinner StV 2000, 289, 292). nun hat er ohne tragfähige empirische Grundlagen eine neue Regelung geschaffen, die zahlreiche Fragen offen lässt. Seine Behauptung, in der Literatur fänden sich nur noch wenige Gegenstimmen, ist falsch (Rn 1.1). Sie soll davon ablenken, dass die angemahnte Grundsatzdiskussion (BGHSt 50, 40, 64; Meyer-Goßner FS Böttcher 2007, 105, 120) schlicht umgangen wurde. Die Frage der **Legitimation** des Urteilsabsprachenverfahrens ist daher bis heute offen (Trüg ZStW 120 [2008], 331), wenn nicht bereits sicher ist, dass eine rechtsstaatliche Legitimation vereinbarter Strafurteile fehlt (Lien GA 2006, 129, 147; Roxin/Schünemann Strafverfahrensrecht § 17 Rn 19 ff). Ein Konsens könnte nur dann ebenso wie bei einem Prozessvergleich im Zivilrecht legitimierend wirken, wenn es um einen disponiblen Verfahrensgegenstand ginge und wenn ausschließlich Freie und Gleiche beteiligt wären; das ist im Strafverfahren generell nicht der Fall (Hassemer FS Hamm 2008, 171, 185 ff; Roxin/Schünemann Strafverfahrensrecht § 17 Rn 27). Die aufgrund der Aufklärungspflicht nach Abs 1 S 2 zu ermittelnde Wahrheit wird nicht mehr ebenso wie nach dem konventionellen Strafverfahrensrecht erreicht, wenn die Aufklärungspflicht durch die Verständigung jedenfalls nicht mehr im überkommenen Sinne erfüllt wird. Die Kombination von Zwangskonsens (zum aufgezwungenen Deal Weider StraFo 2003, 406 ff) und Halbwahrheit kann daher nicht überzeugen.

1.1 Die **hL** begegnet den Absprachen mehr als skeptisch (Duttge FS Böttcher 2007, 53, 56: Willkür; Fischer StraFo 2009, 187, 188: Schande der Justiz; Gössel FS Böttcher 2007, 79, 92: eines Rechtsstaats unwürdig; Haas GS Keller 2003, 45, 70: prozessual und materiellrechtlich unzulässig; Hettinger FS Egon Müller 2008, 261, 272: Todsünden wider den Geist der StPO; Lien GA 2006, 129, 136: das materielle Strafrecht konterkariert; Schünemann FS 25 Jahre Arbeitsgemeinschaft Strafrecht des DAV 2009, 827, 832: rechtsstaatswidrig; ders Wetterzeichen vom Untergang der deutschen Rechtskultur 2005: Untergang der Rechtskultur; Trüg/Kerner FS Böttcher 2007, 191, 211: Büchse der Pandora; Wagner FS Gössel 2002, 585, 590: keine Rechtsprechung, sondern Machausübung; Weigend in Goldbach Der Deal mit dem Recht 2004, 37, 47: in seinen Wurzeln morsch). Tatsächlich ist die Verteidigung eines Schuldigen im Absprachenverfahren bis an die Grenzen der Strafvereitelung erleichtert worden, während die Verteidigung eines Unschuldigen fast unmöglich wird (zur Reduzierung der ohnehin geringen Freispruchschancen Schünemann NJW 1989, 1895, 1898).

Die Ausrede (Bernsmann in Goldbach Der Deal mit dem Recht 2004, 21, 23), der **Befund** sei 1.2
irreversibel, was aber gegebenenfalls auch noch keine Legitimation ergeben könnte (Schünemann
FS Riess 2002, 525, 531, 532; Trüg ZStW 120 [2008], 331, 372; Wagner FS Gössel 2002, 585, 586),
beruht auf dem Postulat einer Praxis, die sich zur **Arbeits- und Verantwortungsentlastung**
(Terhorst GA 2002, 600, 606, 607) an den einfachen Weg gewöhnt hat (Schünemann FS Riess
2002, 525, 534: korrumpierender Effekt). Von kaum noch regierbaren Großverfahren abgesehen,
die statistisch allerdings den geringsten Teil aller Strafsachen ausmachen, dürfte die Aussage falsch
sein. Die Beantwortung der Haushaltsfrage erscheint zweifelhaft (Gössel FS Böttcher 2007, 79 ff).
Jedenfalls bei Sachen mit überschaubarem Umfang „funktioniert" die Justiz im Wesentlichen auch
nach dem überkommenen Prozessrecht. Übersehen wird zudem, dass die Strafgerichtsbarkeit der
kleinere Teil der ordentlichen Gerichtsbarkeit ist. Wäre die **Funktionstüchtigkeit der Strafrechtspflege**
in Gefahr, dann müsste auch eine Verschiebung der Gewichte innerhalb der Gerichtsbarkeiten
ins Auge gefasst werden, sofern die Haushaltslage keine Aufstockung des Personals
gestattet. Daran hat aber bisher niemand ernsthaft gedacht. Eine Abschaffung der Schöffenbeteiligung,
die faktisch bei der Urteilsfindung – gerade bei Verständigungen – überhaupt keine Rolle
spielt, aber Ressourcen kostet und allenfalls ein rechtsstaatliches Feigenblatt darstellt, ist ebenfalls
noch nicht ernsthaft erwogen worden. Vor diesem Hintergrund sind weder die Ursachen noch das
Ausmaß einer Gefährdung der Funktionstüchtigkeit der Strafrechtspflege ausgelotet. Tatsächlich ist
die Gefährdung der Strafrechtspflege durch eine willkürliche Absprachenpraxis größer als durch
Überlastung der Justiz. Eine Arbeitsersparnis wird durch Urteilsabsprachen auch nicht erreicht,
wenn in Folgeverfahren oder Haftungsprozessen die (häufige) Unrichtigkeit oder zumindest (fast
immer vorhandene) Unvollständigkeit der Feststellungen erkannt werden muss. Wären Zweifel an
der Vollständigkeit und Richtigkeit der Feststellungen hier ebenso wie im Zivilprozess nach § 529
Abs 1 Nr 1 ZPO der Prüfungsmaßstab, dann müssten fast alle abgesprochenen Urteile zu neuen
Verfahren führen. Warum durch ihre Ermöglichung eine Effektivität der Strafrechtspflege erreicht
werden soll, erschließt sich deshalb nicht.

Markant ist, dass Verurteilte darauf bestehen, sie seien **nicht „richtig" verurteilt** worden, 1.3
sondern Opfer eines Deals gewesen (Hamm FS Meyer-Goßner 2001, 33, 43; Schünemann FS Riess
2002, 525, 533). Durch Unzufriedenheit von Angeklagten, die „über den Tisch gezogen" wurden,
und durch Unzufriedenheit von Nebenklägern, die nicht wirksam beteiligt wurden, wird die
Verfehlung der **Rechtsfriedensfunktion des Strafprozesses** durch Urteilsabsprachen deutlich.
Das gilt ferner bei einem Aufsehen in der Öffentlichkeit, wenn große Wirtschaftsstrafverfahren
erstaunlich schnell mit überraschend niedrigen Strafen auch bei angeblich extrem hohen Schadenssummen
beendet werden. Dadurch wird zugleich die Generalprävention durch Strafrecht konterkariert.
Die Sorge einer Zweiklassenjustiz wird vor diesem Hintergrund auch nicht ohne Anlass
geäußert, zumal wenn nicht mehr die Tatschuld, sondern der Arbeitsaufwand mit Blick auf den
Aktenumfang der Maßstab für die Aufklärungsdichte und die Strafhöhe ist. Zugleich wird aus den
genannten Umständen die Fehlerhaftigkeit der Behauptung klar, ein taktisches Geständnis beruhe
„in dubio pro reo" auf Schuldeinsicht und Reue und wirke deshalb strafmildernd.

Da das Maßregelrecht nicht disponibel ist, auch wenn die Praxis bisher nicht selten darüber 1.4
hinweggeht, fällt andererseits jetzt ein weiter Bereich praktischer Fälle aus dem Anwendungsbereich
der Vorschrift heraus. Sie regelt eine jedenfalls im geschriebenen Recht **neue Verfahrensart**
(Duttge FS Böttcher 2007, 53, 67 ff; KMR/v. Heintschel-Heinegg StPO § 257 c Rn 8; Jahn/
Müller NJW 2009, 2625, 2631; sa Kuckein/Pfister FS 50 Jahre BGH 2000, 641, 645 f; Wagner FS
Gössel 2002, 5585, 593). Die Hoffnung, dass die ausgeuferte Praxis dadurch effektiv zu domestizieren
sei, ist durch nichts begründet, nachdem schließlich auch das Richterrecht gescheitert ist (Trüg
ZStW 120 [2008], 331, 368).

Verfassungsrechtlich einzuwenden ist, dass die Vorschrift weder mit dem **Schuldgrundsatz** 1.5
(Fischer StraFo 2009, 177, 182; Gössel FS Fezer 2008, 495, 509) noch mit dem **Fairnessprinzip**
vereinbar ist (Duttge FS Böttcher 2007, 53, 61; Roxin/Schünemann Strafverfahrensrecht § 17
Rn 26 ff), welches die Erforschung der Wahrheit mit dem „bestmöglichen Beweis" fordert (vgl
BVerfGE 70, 297, 309) und einen „Vergleich" unter Einbeziehung eines Gerichts, das zudem
Eigeninteressen verfolgt (Gössel FS Böttcher 2007, 79, 89), ausschließt. **Gleichbehandlung** ist
nicht gewährleistet (KMR/v. Heintschel-Heinegg StPO § 257 c Rn 21), auch weil nunmehr durch
die Sperrposition der Staatsanwaltschaft nach Abs 3 S 4 weitere Unwägbarkeiten hinzukommen.
Nicht jeder Staatsanwalt ist dazu bereit, dem Angeklagten die Vergünstigungen des Absprachenverfahrens
zukommen zu lassen (Kruse FS Richter II 2006, 331, 338). Zudem ist die **Neutralitätsgarantie**
für die Gerichtsbarkeit aus Art 6 Abs 1 S 1 MRK sowie aus Art 92 GG und Art 101
Abs 1 S 2 GG in Frage gestellt (Duttge FS Böttcher 2007, 53, 63 f), weil die Richter, die vor allem
Eigeninteressen verfolgen (Gössel FS Böttcher 2007, 79, 89), die Kontrollfunktion der Hauptver-

handlung aufgeben (Hauer Geständnis und Absprache 2007, 225 ff; **aA** Jahn/Müller NJW 2009, 2625, 2631) und sich vorzeitig festlegen (zur Eindeutigkeit dieses Befundes noch BGHSt 37 298, 303 f). Erforderlich wäre nach dem Gewaltenteilungsprinzip eine Gegenkontrolle der behördlichen Ermittlungen. Tatsächlich ist deren Verdachtshypothese die Prämisse des abgesprochenen Urteils. Wenn sich Richter auf dieser Grundlage schon vor Abschluss der eigenen Beweisaufnahme praktisch festlegen, sind sie anschließend nicht mehr neutral (Hauer Geständnis und Absprache 2007, 180 ff). Schließlich wird das ohnehin unausgewogene **Zuständigkeitssystem** der beiden unterschiedlichen Instanzenzüge in Strafsachen nachhaltig in Frage gestellt, wenn aus Umfangsverfahren, die wegen ihres Volumens zu einem Gericht höherer Ordnung angeklagt (§ 24 Abs 1 Nr 3 GVG) oder in verstärkter Besetzung verhandelt werden sollten (§ 28 GVG, § 76 Abs 2 GVG), durch Absprachen letztlich Verfahren mit einer nahezu bedeutungslosen Hauptverhandlung werden, wobei der Erfolg der informellen Ergebnisabreden eher zufällig vor (§ 202 a StPO) oder nach der Eröffnung des Hauptverfahrens (§ 212 StPO) eintreten kann. Auch insoweit wird gerade bei den ohnehin bedenklichen „beweglichen Zuständigkeiten" die Garantie des Art 101 Abs 1 S 2 GG nicht mehr eingehalten (§ 24 GVG Rn 3; § 24 GVG Rn 5; § 24 GVG Rn 9; § 29 GVG Rn 8).

2   Die Vorschrift ist **systematisch irreführend eingeordnet** (KMR/v. Heintschel-Heinegg StPO § 257 c Rn 12; Meyer-Goßner ZRP 2009, 107, 108), da Verständigungen wegen der angestrebten Ökonomie meist lange vor Abschluss der Beweisaufnahme stattfinden, nicht erst am Ende (zur Problematik dieses Aspekts Schünemann NJW 1989, 1895, 1898). Sie steht im Kontext mit den Bestimmungen über die Möglichkeit der freien **Erörterung des Verfahrensstandes**, die im Vorverfahren durch die federführende Staatsanwaltschaft stattfinden kann (§ 160 b StPO), im Zwischenverfahren durch das Gericht schon vor dem Eröffnungsbeschluss (§ 202 a StPO) und danach (§ 212 StPO) sowie auch „in" der Hauptverhandlung (§ 257 b StPO). Dies geschieht praktisch **anhand der Akten**. Die Verständigung in der Hauptverhandlung hat allenfalls partiell eine Beweisgrundlage in einem teilweise durchgeführten Strengbeweisverfahren. Sie kann aber auch dort ohne dies erfolgen. Nahezu vollständig ersetzt wird das Strengbeweisverfahren durch das mehr oder weniger aussagekräftige **Geständnis** des Angeklagten (Abs 2 S 2), das neben seinem allgemeinen Prozessverhalten, namentlich seinen Antragsrechten, das wichtigste Handelsobjekt des Angeklagten im „Tausch gegen Strafmilderung" ist. **Vernehmungstechnik und Vernehmungstaktik** spielen praktisch keine Rolle mehr, zumal die Verteidigung danach trachtet, die Geständnisangaben möglichst schriftlich zu fixieren und eine Hinterfragung zu verhindern, damit sich der Angeklagte möglichst nicht „um Kopf und Kragen redet". Die meisten Glaubwürdigkeitskriterien bleiben, von einer vagen Plausibilitätskontrolle vielleicht abgesehen, vollkommen unbeachtet. Damit ist zumindest **in der Praxis eine Konsensmaxime** (Jahn ZStW 118 [2006], 427, 441 ff; abl Trüg/Kerner FS Böttcher 2007, 191, 209 f) an die Stelle des Instruktionsgrundsatzes getreten. Abs 1 S 2 steht dem freilich noch verbal entgegen (Martin Müller Probleme um eine gesetzliche Regelung der Absprachen im Strafverfahren 2008, 427; **aA** Jahn/Müller NJW 2009, 2625 ff), was aber zugleich eine Inkonsequenz des Gesetzgebers bedeutet und unvereinbare Positionen in Einklang zu bringen versucht, ohne der Praxis klare Vorgaben zu machen, wie diese Quadratur des Kreises gelingen soll.

2.1   Welche Qualität ein Geständnis haben muss, um den Verzicht auf ein Strengbeweisverfahren zu rechtfertigen, lässt das Gesetz offen (Duttge FS Böttcher 2007, 53, 66 ff). Der überlasteten Praxis genügt nahezu jedes als Geständnis oder sogar nur als „geständnisgleiche Handlung" deutbare Prozessverhalten, auch das „schlanke Geständnis" oder die anwaltliche Einlassung für den Angeklagten und sogar schon eine als quasi-Geständnis gedeutete Absichtserklärung zur Unterlassung von Anträgen und Rechtsbehelfen (Beispiele bei Eschelbach HRRS 2008, 190, 203). Dass danach nicht mehr der Aufklärungspflicht im überkommenen Sinn gefolgt wird, ist offensichtlich.

2.2   Die Revisionsgerichte sehen nur noch einen verschwindend kleinen Teil der Strafurteile. Dies hat zu einer groben Fehleinschätzung der rapide veränderten Gesamtlage geführt (Bernsmann in Goldbach Der Deal mit dem Recht 2004, 21, 22). Wer hingegen die Rechtswirklichkeit auf der Ebene der Tatgerichte kennt (Fischer StraFo 2009, 177, 179 ff), die schon im Erfahrungen, welche älter als zehn Jahre sind, nichts mehr zu tun hat (vgl Duttge FS Böttcher 2007, 53, 55), muss gegen die Absprachenpraxis größte Bedenken anmelden. Die Justiz sitzt nach der Gesetzesnovelle indes wieder in einem Glashaus, weil Umgehungen erneut im Grenzbereich zu strafbaren Handlungen liegen (Jahn/Müller NJW 2009, 2625, 2631), nachdem das Richterrecht dieses Damoklesschwert verhüllt hatte.

Hauptverhandlung § 257 c StPO

Auch der **Ausschluss des Rechtsmittelverzichts** (§ 302 S 2 StPO) ändert nichts am 3 Gesamtbefund, solange selbst eine „erweiterte Revision" zur umfassenden Kontrolle der Richtigkeit und Vollständigkeit der Tatsachenfeststellungen weder vorgesehen noch geeignet ist (§ 261 StPO Rn 59 ff) und sonst kein effektives Kontrollmittel zur Verfügung steht (zum Wiederaufnahmerecht Eschelbach HRRS 2008, 190, 202 ff). Zudem wird die Nichteinlegung eines Rechtsmittels in der Praxis weiter erwartet (KMR/v. Heintschel-Heinegg StPO § 257 c Rn 64) und der Verteidiger ist nun der Garant der Rechtskraft (Weider Vom Dealen mit Drogen und Gerechtigkeit 2000, 166). Bekannt ist auch, dass nicht nur durch Gerichte und Staatsanwaltschaften, sondern durch absprachenbeteiligte Verteidiger und durch Haftanstalten Druck auf Angeklagte ausgeübt wird, damit sie Rechtsmittel nicht einlegen oder zurücknehmen. Zudem ist die Kompliziertheit des Revisionsverfahrens und seine Beschränkung infolge des „Verbots der Rekonstruktion der Hauptverhandlung" ein Hindernis, das einem Rechtsmittelerfolg ohne Rücksicht auf die sachliche Fehlerhaftigkeit des Urteils zumeist entgegensteht.

Von einer **Effektivität des Rechtsschutzes** kann praktisch keine Rede sein, zumal es wegen 3.1 Vertrauens auf die weit überschätzte Beweisbedeutung von Geständnissen als **regina probationum** mit einer „eigenartigen Sonderrolle" innerhalb der Beweismittel (Rieß FS Richter II 2006, 433, 435) zunehmend an Verständnis für dessen Kontrolle fehlt, obwohl die Bedeutung falscher Geständnisse an Fehlverurteilungen empirisch gesichert ist. Dabei sind „taktische Geständnisse" sogar ganz besonders zweifelhaft. Aufgrund der absprachenüblichen Verlockungen und Drohungen sowie taktischer Überlegungen besteht jedenfalls ein starkes Falschaussagemotiv (König StraFo 2006, 170 f), das aber von der Rechtsprechung kaum noch beachtet wird.

Vielfach herrscht die Fehlvorstellung vor, dass **ein Angeklagter sich nicht zu Unrecht selbst** 3.2 **belasten** werde. Tatsächlich kommt das vor und zwar in der Absprachenpraxis sogar in drastisch verstärkten Maß. Geständnisse mögen mehrheitlich grobe Beschönigungen enthalten; sie sind aber durchaus nicht selten zum Nachteil des geständigen Angeklagten falsch (§ 261 StPO Rn 12.1 ff) und sie liefern – so oder so – ein von den Tatgerichten „augenzwinkernd" hingenommenes Zerrbild des wahren Geschehens (Fischer StraFo 2009, 177, 179 ff). Im Hinblick auf das Gebot einer Erforschung der materiellen Wahrheit sind sie eher kontraproduktiv.

Das Gesetz bemüht sich um „**Transparenz und Dokumentation**", indem das Gericht 4 ein Angebot in der Hauptverhandlung abgeben kann, das dort protokolliert werden muss (§ 273 Abs 1 a StPO). Auch hinsichtlich der Protokollierungsgenauigkeit geht der Gesetzgeber von falschen Annahmen aus (vgl Salditt FS 25 Jahre Arbeitsgemeinschaft Strafrecht des DAV 2009, 794 ff; Siolek FS Riess 2002, 563, 550; sa Weider Vom Dealen mit Drogen und Gerechtigkeit 2000, 164 ff). Das Transparenzgebot soll sich durch § 243 Abs 4 StPO auf Erörterungen nach § 202 a StPO und § 212 StPO erstrecken, die über § 243 Abs 4 StPO in die Hauptverhandlung transportiert werden sollen. Die Erörterungen außerhalb der Hauptverhandlung werden auf diesem Weg aber jedenfalls nie vollständig wiedergegeben. Bisher ist die Protokollierungstreue bereits nicht ausgeprägt (Altenhain/Hagemeier/Haimerl NStZ 2007, 71, 75). Praktisch wird zudem in aller Regel nicht der Beweisgang antizipiert, sondern nur das über den Daumen gepeilte Prozessergebnis informell ausgehandelt und in der Hauptverhandlung im Ergebniskonsens ratifiziert und vollzogen (Sinner StV 2000, 289). Eine inhaltliche Diskussion findet allenfalls in rudimentärer Form statt.

Die „Verständigung" kommt nach Abs 3 S 3 zustande, wenn der Angeklagte und die 5 Staatsanwaltschaft zustimmen. Das kommt einem gerichtlichen Vergleichsangebot und dessen Annahme durch die Beteiligten gleich, was eine **quasi-vertragliche Struktur** erkennen lässt (BGHSt 50, 40, 43; Wagner GS Eckert 2008, 939, 947, 948), dann aber mit dem Schuldgrundsatz unvereinbar ist. Der Gesetzgeber dementiert den Befund zu Unrecht. Das Gericht ist nach seinem Angebot und der Zustimmung des Angeklagten und der Staatsanwaltschaft nach der vorliegenden Vorschrift **an Zusagen gebunden**, solange nicht **tatsächliche oder rechtliche Aspekte übersehen** wurden oder neu auftreten, die ergeben, dass der zugesagte Strafrahmen nicht ausreicht. Diese partielle Rechtsbindung beweist, dass die gebotene Ergebnisoffenheit zur Schuldfrage (vgl Art 6 Abs 1 S 1 MRK) danach nicht mehr bestehen kann. Das wird auch durch eine neu eingeführte **Bindung des Gerichts an eine Strafuntergrenze** überdeutlich. Das Gericht kann die Verständigung nachträglich aufkündigen, wozu es eines rechtlichen Hinweises bedarf (Abs 4 S 4). Sogar ein „Prozessverhalten" des Angeklagten, das nicht der richterlichen Erwartung entspricht, liefert einen Grund zur Aufhebung der Zusicherung. Damit wird ein Disziplinierungsmittel ins geschriebene Recht aufgenommen, gegen das besondere rechtsstaatliche Bedenken anzumelden sind. Es besteht jedenfalls eine weite Spanne der Kündigungsgründe für das Gericht, die durch eine **Unverwertbarkeit des absprachenbedingten Geständnisses** (Abs 4 S 3) austariert werden sollen.

5.1 Da das „taktische Geständnis" von einem aussagepsychologischen Standpunkt aus nahezu keinen Beweiswert besitzt (vgl zur vernehmungstechnischen Möglichkeit, sogar in Kapitalstrafsachen serienweise falsche Geständnisse zu produzieren, Friedrichsen Im Zweifel gegen die Angeklagten 2008, 42 ff, 93 ff), ist der Verlust durch ein Verwertungsverbot minimal. Dagegen ist der **Suggestiveffekt** des zwar unverwertbaren, aber den Richtern als Tatsache doch bekannten Geständnisses, das die ohnehin bestehenden Perseveranz-, Inertia- und Schulterschlusseffekte (Schünemann StV 2000, 159 ff) potenziert, anschließend kaum noch zu überwinden. Das Phänomen der kognitiven Dissonanz in der Hauptverhandlung ist bekannt (Weider Vom Dealen mit Drogen und Gerechtigkeit 2000, 158 ff). Es bleibt daher auch mit Blick auf Abs 4 S 3 für die Verteidigung dabei, dass schon das Einschlagen eines Kurses in Richtung auf eine Verständigung einen „point of no return" überschreitet (Meyer ZStW 119 [2007], 633, 652 f; Schünemann ZStW 119 [2007], 945, 951; Weßlau ZStW 116 [2004], 150, 167).

5.2 Schon **Verständigungsbereitschaft** wird praktisch als Schuldindiz verstanden (Widmaier/Ignor/Matt/Weider MAH Strafrecht § 13 Rn 41), was freilich eine Fehlhaltung in der Rechtsprechung verdeutlicht. Die Möglichkeit, dass mit Hilfe der Drohungen und Verlockungen der Absprachenpraxis sowie der ohnehin kaum zu überwindenden Perseveranz-, Inertia- und Schulterschlusseffekte (Schünemann StV 2000, 159 ff) die Verurteilung eines Unschuldigen verursacht werden könnte, ist schon bei der Entwicklung des Richterrechts nicht mehr in Betracht gezogen worden (Wagner GS Eckert 2006, 939, 953). Sie ist dem Gesetzgeber bisher erst recht unbekannt.

B. Verständigung und Aufklärungspflicht (Abs 1)

6 Der Gesetzgeber geht davon aus, dass schon im allgemeinen Sprachgebrauch klar sei, was unter einer „Verständigung" zu verstehen sei (BT-Drs 16/11736, 11; krit KMR/v. Heintschel-Heinegg StPO § 257 c Rn 18). Wesentlich dafür sei das **Einvernehmen**. Damit ist freilich der Rechtscharakter der Maßnahme nicht geklärt. Es soll sich einerseits nicht um einen „Vergleich" handeln, schon gar nicht um ein Feilschen (vgl BGH StV 2001, 554, 555). Die Norm enthält andererseits gerade wegen der neuen Ausgestaltung der Urteilsabsprachen, die durch ein gerichtliches Angebot initiiert und durch Zustimmung seitens des Angeklagten und der Staatsanwaltschaft zur rechtlich partiell verbindlichen „Verständigung" werden, dessen Elemente des gegenseitigen Nachgebens (Meyer-Goßner StPO § 257 c Rn 3), wenngleich dies in einem Dreiecksverhältnis zwischen Gericht, Staatsanwaltschaft und Verteidigung geschieht. Das Gericht ist hier aber wegen seiner Eigeninteressen parteiisch. Der „Vergleich im Strafprozess" setzt auch auf seiner Seite ein „Nachgeben" (vgl § 779 Abs 1 BGB) voraus, obwohl das Gericht einen nicht disponiblen „staatlichen Strafanspruch" von Amts wegen durchsetzen soll. Also ist die Aufklärungspflicht im konventionellen Sinne eigentlich ein **Gegenpol** zur Verständigungspraxis (Kölbel/Selter JR 2009, 447, 449; Weigend FG 50 Jahre BGH 2000 Bd IV, 1011, 1040), was der Gesetzgeber aber zu Unrecht bestreitet (Trüg ZStW 120 [2008], 331, 371). Wenn die Aufklärungspflicht nach Abs 1 S 2 – wie bisher (BGH NStZ-RR 2009, 147, 148) – weiter gilt, muss das Tatgericht ungeachtet des Antragsverhaltens der Verfahrensbeteiligten alle sich aufdrängenden Beweiserhebungen im Strengbeweisverfahren durchführen, auch solange kein umfassendes und auf seine Richtigkeit abschließend überprüftes Geständnis vorliegt und **nicht geständnisfähige Tatsachen** nicht entscheidungserheblich oder aber mit anderen Beweismitteln aufgeklärt sind. Die Betonung der Aufklärungspflicht iSv § 244 Abs 2 StPO durch Abs 1 S 2 der vorliegenden Vorschrift und deren Beurteilung anhand des Akteninhalts lenkt auch davon ab, dass der Maßstab des § 261 StPO für die Beweiswürdigung aufgegeben wird (Haas GS Keller 2003, 45, 56), wonach nicht der Akteninhalt, sondern allein der Informationsgehalt, der aus dem Inbegriff der mündlichen und grundsätzlich öffentlichen Hauptverhandlung zu entnehmen ist, den Erörterungsstoff für die Urteilsberatung unter Mitwirkung auch von nicht aktenkundigen Laienrichtern bildet. § 261 StPO gebietet die Würdigung der im Strengbeweis-

Hauptverhandlung § 257 c StPO

verfahren erhobenen Beweise; die Absprachenpraxis verzichtet aber ganz oder weitestgehend auf solche Beweiserhebungen und würdigt damit praktisch nichts mehr. Besteht die Beweiserhebung in der Hauptverhandlung alleine in der den Akteninhalt scheinbar glaubhaft bestätigenden Bekundung des Angeklagten: „Der Vorwurf ist richtig, ich schäme mich so sehr" (Widmaier Referat für den 58. DJT 1990 Bd II L 33, 37), dann steht der Berichterstatter später vor der Frage, ob er sich darauf beschränken muss, den Anklagesatz und diesen Geständnissatz in den Urteilstext zu übertragen oder ob er ihn durch weitere Informationen aus den Akten ergänzen soll; denn andere „Feststellungen" aus dem Inbegriff der Hauptverhandlung kann er nicht niederschreiben.

Deutlich wird die **Verfehlung der Aufgabe einer Geständniskontrolle** an einem Beispiel der Umschreibung des Geständnisses in einem Urteilstext als „rückhaltloses" oder „uneingeschränktes" Geständnis (LG Hagen Urt v 28. 3. 2006 – Az 72 KLs 300 Js 148/05 – 4/05), das sich bei näherem Hinsehen als Nullum erweist. In jenem Fall hatte nach dem unter Beweis gestellten Wiederaufnahmevorbringen ausschließlich der Verteidiger in der Hauptverhandlung ein Geständnis formuliert, das sich als schlankes Geständnis darstellte, weil die Kurzmitteilung keine Tatsachenmitteilungen zum komplexen Tatgeschehen enthielt. Die Erlaubnis dazu hatte er vom widerstrebenden Mandanten ertrotzt, indem er eigenmächtig Verständigungsgespräche geführt hatte, während das Gericht dabei die Annahme der vom Angeklagten vorformulierten Beweisanträge verweigert sowie zeitlich eng befristete Zusagenbedingungen aufgestellt hatte. Eine Mitverteidigerin hatte den kranken Angeklagten zusätzlich damit zur Zustimmung bewegt, dass sie auf die **Möglichkeit des späteren Geständniswiderrufs** und der Einreichung eines darauf gestützten Wiederaufnahmeantrages verwiesen hatte. Der in Untersuchungshaft befindliche und dadurch von seiner Familie getrennte Angeklagte hatte nach seiner Behauptung zu der hierauf abgegebenen schlanken Geständniserklärung des Verteidigers der schwangeren Beisitzerin gegenüber erklärt: „Sehen Sie, das mache ich nur, um mein Kind wiederzusehen". Sonst hatte er sich zu der Erklärung des Verteidigers nicht geäußert. Genau genommen hatte er danach gar kein Geständnis abgelegt. Im Urteil wurde aber vermerkt, er habe ein rückhaltloses Geständnis abgelegt. Ein späterer umfangreicher Wiederaufnahmeantrag, der auf einen substantiierten Geständniswiderruf und zahlreiche Beweisangebote gestützt war, wurde ohne Beweiserhebungen verworfen, wobei die erste Instanz von einer **Verwirkung des Wiederaufnahmeantragsrechts** ausging (LG Bochum Beschl v 21. 1. 2008 – Az 12 AR 38/07), während die Beschwerdeinstanz neben einer **Beweisantizipation anhand des Akteninhalts** darauf verwies, dass kein plausibler Widerruf des Geständnisses erfolgt sei, dem schließlich ein hoher Beweiswert zukomme (OLG Hamm Beschl v 14. 4. 2008 – Az 2 Ws 44/08). Unbeschadet der Frage, ob der Tatverdacht gegen den Angeklagten in jenem Fall berechtigt war oder nicht, wird aus dem Ablauf deutlich, dass durch eine solche Vorgehensweise praktisch nicht mehr als eine **Verdachtsverurteilung** herbeigeführt und nach Rechtskraft mit beliebigen argumentativen Mitteln verteidigt wird. Am Resultat ändert auch die im Erstverfahren teilweise durchgeführte Beweisaufnahme nichts, da die Erstgericht die Erhebung von Entlastungsbeweisen aufgrund der angekündigten Beweisanträge des Angeklagten mit seinem bis zum Beginn der nachfolgenden Beweisaufnahme befristeten Dealangebot gerade unterlassen und sich so gleichsam **mit der halben Wahrheit begnügt** hatte. Indes kann der Ausspruch einer Verdachtsstrafe in einem Rechtsstaat nicht geduldet werden (Schlüchter FS Spendel 1992, 737, 749).

6.1

Unbedenklich und mit § 244 Abs 2 StPO ebenso wie mit § 261 StPO vereinbar wäre freilich ein **Absprachenmodell** (Schäfer Referat für den 58. DJT 1990, 86 ff), nach dem das Gericht **zuerst ohne Geständnis** eine Beweisaufnahme in der Hauptverhandlung, namentlich zu exemplarischen Fällen einer Sammelanklage, durchführte und sich dann mit den Verfahrensbeteiligten über reine Quantitäten in der weiteren Hauptverhandlung verständigte. Dadurch wird nicht nur im Stadium der Vorbereitung der Hauptverhandlung eine vollständige Vorbereitung und die Entwicklung eines Aufklärungsprogramms erforderlich, so dass die rechtsstaatswidrige Einsparung schon der Aktenlektüre durch dealende Richter verhindert wird, sondern es wurde auch in der Hauptverhandlung substantiell aussagekräftiger Beweisstoff ausgebreitet, der für die Öffentlichkeit nachvollziehbar war und den Schöffen eine effektive Mitwirkung bei der Beratung und Abstimmung gestattet. So agiert die Praxis aber heute längst nicht mehr.

6.2

Das heute gebräuchliche Verständigungsverfahren entleert dagegen die Hauptverhandlung in vorher „ausgedealten" Fällen nahezu vom gesamten Beweisstoff des Einzelfalles, reduziert ihn auf die Offenlegung und mündliche Erörterung von Ergebnissen und verletzt dadurch die Grundsätze der Mündlichkeit, der Öffentlichkeit, der Unmittelbarkeit, vor allem aber das Gebot, dass alle Richter, einschließlich der Laienrichter, ihr Urteil alleine aus dem **Inbegriff der Hauptverhandlung** zu schöpfen haben. Die Aushandlung von Bedingungen für Strafmaßzusagen, die Herbei-

6.3

Eschelbach

führung eines mehr oder weniger inhaltsarmen Geständnisses und dessen Kontrolle alleine anhand des Akteninhalts hinter den Kulissen und weitest gehend ohne Mitwirkung der **Schöffen** (König FS 25 Jahre Arbeitsgemeinschaft Strafrecht des DAV 2009, 623, 628), sind mit allen überkommenen Prozessrechtsgrundsätzen unvereinbar. Sie kennzeichnen allenfalls noch ein **Freibeweisverfahren** anhand der Akten (zu Recht abl Schünemann ZRP 2009, 104, 106).

7 Die Verständigung soll „**in geeigneten Fällen**" zustande kommen. Was darunter zu verstehen sein soll, bleibt offen (BT-Drs 16/11736, 11; Gieg GA 2007, 469, 471, 472; Hettinger FS E. Müller 2008, 261, 280; M. Müller Probleme um eine gesetzliche Regelung der Absprachen im Strafverfahren 2008, 447). Solange es nicht um Maßregeln geht, die von der Verständigung ausgeschlossen sind (Abs 2 S 3), ist nach dem von der Praxis bevorzugten Maßstab der Prozessökonomie praktisch jeder Fall „geeignet" (Meyer-Goßner StPO § 257 c Rn 6). Es liegt im richterlichen Ermessen, wann eine Verständigung vorgeschlagen wird. Es gibt aber keinen Maßstab dafür, weshalb Willkür herrscht (Gössel FS Böttcher 2007, 79, 82; Terhorst Diskussionsbeitrag zum 58. DJT 1990 Bd II L 82, 83). **Auch im Jugendstrafverfahren** kommt nach der vorliegenden Regelung eine Verständigung in Betracht (BT-Drs 16/11736, 8; BGHSt 52, 165, 169; BGH NStZ 2001, 555 mAnm Eisenberg; Detter Einführung in die Praxis des Strafzumessungsrechts 2009, VII. Kap 3. Teil Rn 34; KMR/v. Heintschel-Heinegg StPO § 257 c Rn 20; Meyer-Goßner StPO § 257 c Rn 7; krit Eisenberg NStZ 2008, 698; Fezer JZ 2008, 1059; Gieg GA 2007, 469, 477; Pankiewicz Absprachen im Jugendstrafverfahren 2008, 126 ff, 214 ff) und wird dort von den Tatgerichten ebenso praktiziert wie in den Verfahren gegen Erwachsene. Eine effektive Sperre dagegen liefert die vorliegende Vorschrift nicht, auch wenn der Gesetzgeber ohne empirische Grundlage an eine Zurückhaltung der Gerichte glauben will (BT-Drs 16/11736, 8). Jedenfalls ist eine Verständigung darüber, ob auf einen Heranwachsenden nach § 105 JGG materielles Jugendstrafrecht zur Anwendung kommt oder Erwachsenenstrafrecht, unzulässig (BGH NStZ-RR 2006, 187, 188).

7.1 Generelle Bedenken gegen die Geeignetheit von Fällen für Absprachenverfahren bestehen in **Schwurgerichtsverfahren** um Tötungsverbrechen (Detter Einführung in die Praxis des Strafzumessungsrechts 2009, VII. Kap 3. Teil Rn 27). Dort geht es regelmäßig auch um Aspekte, die kaum im Ganzen „geständnisfähig" erscheinen. Zumindest vorsätzliche Tötungsverbrechen werden meist in einem Zustand affektiver Anspannung begangen. „Falsche Erinnerungen" oder das Fehlen einer Erinnerung des Angeklagten an bestimmte Details sind vor diesem Hintergrund eher die Regel als die Ausnahme. Die Prüfung von Befunden im Sinne von § 20 StGB oder Strafrahmenmilderungsgründen nach § 21 StGB, entzieht sich einer zuverlässigen Tatsachenmitteilung durch den Angeklagten als Auskunftsperson.

7.2 Verständigungen könnten hier vor allem die Frage zum Gegenstand haben, ob schriftliche **Sachverständigengutachten** mit Zustimmung der Verfahrensbeteiligten verlesen werden können oder ob weitere Gutachten erforderlich sind. Die hierdurch mögliche Erleichterung des Beweisgangs liefert indes keinen relevanten Strafmilderungsgrund. Die absolute Strafe nach § 211 Abs 1 StGB und die Anwendung von freiheitsentziehenden Maßregeln, insbesondere nach § 63 StGB oder § 66 StGB, entzieht sich ohnehin einer Verständigung.

8 Nach Abs 1 S 2 gilt die **Aufklärungspflicht** weiterhin (nach bisherigem Recht BGH NStZ-RR 2007, 307, 309; NStZ 2009, 467, 468; Hauer Geständnis und Absprache 2007, 182 ff; Moldenhauer Eine Verfahrensordnung für Absprachen im Strafverfahren durch den Bundesgerichtshof? 2004, 143 ff). Das ist allerdings paradox (Fischer StraFo 2007, 177, 183; KMR/v. Heintschel-Heinegg StPO § 257 c Rn 24; Weßlau FS E. Müller 2008, 779, 784 f). Wird diese Pflicht nämlich wie bisher als das „**Gebot bestmöglicher Sachaufklärung**" definiert (BVerfGE 70, 297, 309), die zugleich die Pflicht zur vollständigen Sachaufklärung einschließt, dann ist mit der Verständigung nichts gewonnen. Denn das „taktische Geständnis" ist wegen des Aussagemotivs und der Aussageorientierung an Akteninhalten und Erwartungshaltungen zweifellos nicht der bestmögliche Beweis und von vollständiger Sachaufklärung, noch dazu im Strengbeweisverfahren, kann keine Rede sein. Die danach – allenfalls – noch durchgeführte Geständnisüberprüfung ausschließlich anhand der Verdachtshypothese aus den Akten ist vielmehr eine perfektionierte Form des konfirmatorischen Hypothesentestens, also vor allem eine Selbsttäuschung.

8.1 **Das taktische Geständnis** ist von einem aussagepsychologischen Standpunkt aus wertlos, insbesondere dann, wenn das Tatgericht ein „glaubhaftes Geständnis" zur **Bedingung für Zusagen**

Hauptverhandlung § 257 c StPO

macht und als Vorgabe für die Glaubhaftigkeit auf Sachverhaltsbeschreibungen im Anklagesatz (zum anklagekongruenten Geständnis BGHSt 45, 312, 319) oder in Zwischenentscheidungen verweist. Dann bestimmt letztlich das Gericht, welcher Sachverhalt eingeräumt werden soll, weil nur dies „glaubhaft" sei. Eine solche „Veranstaltung zur Bestätigung der Richtigkeit und Vollständigkeit des Akteninhalts" ist vom Blickwinkel des überkommenen Rechts aus vollkommen sinnlos (Schünemann FS 25 Jahre Arbeitsgemeinschaft Strafrecht des DAV 2009, 827, 832). Das Prinzip der Aktenvollständigkeit gilt im Übrigen längst nicht mehr, seit Aktenbestände aus Vorermittlungsverfahren sowie Spurenakten unerkennbar ausgesondert werden und heimliche Ermittlungsmethoden nicht stets in den Akten festgehalten werden. Ferner ist der Akteninhalt einseitig unter dem Blickwinkel der Verdachtshypothese zusammengetragen worden. Meist fehlt dort die Beachtung der Nullhypothese oder von Alternativhypothesen. Der Akteninhalt kann deshalb in einem rechtsstaatlichen Verfahren nicht der alleinige Maßstab für die Ermittlung der materiellen Wahrheit sein. Die Unvereinbarkeit einer darauf beruhenden Verständigung mit der Aufklärungspflicht ist evident (Fischer StraFo 2009, 177, 181).

„**Schlanke Geständnisse**" sind beweistechnisch wertlos (Meyer-Goßner StPO § 257 c Rn 17) **8.2** und sie können daher einen Dispens von der Aufklärungspflicht nicht legitimieren (aA Jahn/Müller NJW 2009, 2625, 2628). **Anwaltlich ausformulierte Erklärungen** (Mehle in FS 25 Jahre Arbeitsgemeinschaft Strafrecht des DAV 2009, 655 ff) werden meist anhand des Akteninhalts danach zugeschnitten, dass einerseits dem Gericht gesagt wird, was es zur Erfüllung seiner Zusagenbedingungen hören will, während andererseits möglichst nicht mehr an belastenden Informationen mitgeteilt wird, als unbedingt erforderlich ist. Diese Halbwahrheit wird sodann vom Gericht „augenzwinkernd geglaubt" (Fischer StraFo 2009, 177, 181).

Die **Sperrposition der Staatsanwaltschaft**, deren Zustimmung nun für das Zustandekommen **8.3** der Verständigung erforderlich ist, kann auch dazu führen, dass die Verteidigung mit dem Geständnisinhalt im Fall eines „overcharging" (Duttge FS Böttcher 2007, 53, 62; Widmaier/Ignor/Matt/Weider MAH Strafrecht § 13 Rn 47; sa Terhorst GA 2002, 600, 601: „Manövriermasse") deren Erwartungshorizont entgegen kommt und „zuviel" gesteht (vgl Hamm FS E. Müller 2008, 235, 244).

In allen Konstellationen, dem minimalistischen wie dem übertriebenen Geständnis, geht es nicht **8.4** um **Wissensbekundungen** des Angeklagten als Auskunftsperson, sondern um konstruierte (Willens-) Erklärungen (Salditt FS Widmaier 2008, 545, 546 ff). Das Resultat sind **fiktive Tatsachenfeststellungen**, die mit der materiellen Wahrheit nur noch bedingt zu tun haben (Fischer StraFo 2009, 177, 181). Die Unrichtigkeit solcher Feststellungen zeigt sich nicht selten in späteren Haftpflichtprozessen.

Das abgesprochene Urteil hat praktisch keine bessere Qualität als ein Strafbefehl (Wagner GS **8.5** Eckert 2008, 939, 948). Die **Geständniskontrolle** beschränkt sich, sofern sie überhaupt noch vorgenommen wird, auf die Prüfung der angeblichen Freiheit des Geständnisses von Willensmängeln und das Vorliegen einer Faktenbasis, so dass im Ergebnis der substantiiert erscheinende Tatverdacht den objektiven Beweisbefund bildet (Schünemann FS Heldrich 2005, 1177, 1192).

Die Tatgerichte sind nach den bisherigen Erfahrungen meist dazu bereit, nahezu jede als **9** Geständnis definierbare Erklärung blindlings zu akzeptieren, um das Verfahren alsbald beenden zu können (Gössel FS Fezer 2008, 495, 511 ff). Auch die für den Angeklagten **vom Verteidiger formulierte** und von diesem pauschal übernommene **Erklärung** gilt als Beweis (BGHSt 52, 78, 82). Nach dem überkommenen Beweisrecht ist zwar ein schriftliches Geständnis möglich (BGHSt 52, 175, 179), aber im Rahmen der Vernehmung vor allem ein vom Angeklagten selbst **mündlich abgegebenes Geständnis**, das aus einer substantiierten Äußerung zum Sachverhalt besteht, überhaupt nur beweiskräftig und es bedarf auch dann immer noch der **Überprüfung** (BGHSt 50, 40, 49; Huttenlocher Dealen wird Gesetz 2007 Rn 96 f) sowie hinsichtlich der nicht geständnisfähigen Tatsachen, die außerhalb des Bereichs der früheren Wahrnehmungen des Angeklagten liegen, der **Ergänzung** im Strengbeweisverfahren (Hauer Geständnis und Absprache 2007, 178 f; Schünemann NJW 1989, 1895, 1898). Andernfalls lässt sich der festzustellende Sachverhalt nur holzschnittartig im Urteilstext umschreiben (Schlüchter FS Spendel 1992, 737, 750), etwa indem der Anklagesatz wiederholt wird, weil ein Mehr an Informationen gar nicht in die Hauptverhandlung eingeflossen ist. Eine Urteilsabfassung nach dem Aktenwissen des Berichterstatters verbieten § 261 StPO und § 267 Abs 1 StPO. Auch ein **schlankes Vollgeständnis** taugt daher nicht als alleinige Urteilsgrundlage. Erst recht reicht ein **Teilgeständnis** nicht aus, um dem Gericht einen Dispens von weiterer Sachaufklärung im

Strengbeweisverfahren zu erteilen, sofern jedenfalls die nicht eingeräumten Teilaspekte nicht nach § 154 StPO oder § 154 a StPO eliminiert werden (Schlüchter FS Spendel 1992, 737, 751), was in der Praxis auch aus Gründen erschwerter Beweisführung geschieht (Schmitt GA 2001, 411, 415).

10 Durch **Absprachen zu Lasten Dritter** erhält das konsensuale Verfahren einen weiteren Schub (Salditt StV 2009, 375, 376). Soweit angenommen wird, ein „Vertrag zu Lasten Dritter" sei ausgeschlossen (Jahn/Müller NJW 2009, 2625, 2628), wird dies durch § 46 b StGB konterkariert. Tatsächlich kommen schon bisher enorme Vergünstigungen für **informelle Kronzeugen** vor (Siolek FS Riess 2002, 563, 571). Verfahren gegen kooperative Mitangeklagte werden nicht selten abgetrennt und rasch konsensual beendet, um so strategisch einen Kronzeugen gegen den immer noch bestreitenden Mitangeklagten zu gewinnen, dem dann kaum noch eine Alternative als die Unterwerfung bleibt (Stübinger JZ 2008, 798 f). Bei der Prüfung drittbelastender Geständnisse gilt nach der Rechtsprechung eine **Pflicht zu besonders sorgfältiger Beweiswürdigung** (BGHSt 48, 161 ff; BGHSt 52, 78, 83 mAnm Schmitz NJW 2008, 1751, 1752; Stübinger JZ 2008, 798 ff; Detter Einführung in die Praxis des Strafzumessungsrechts 2009, VII. Kap 3. Teil Rn 43; Huttenlocher Dealen wird Gesetz 2007 Rn 613), die ohne Aufklärung der Umstände des Zustandekommens der Äußerung aber nicht realisierbar ist, wozu gegebenenfalls auch eine **Vernehmung des Verteidigers des früheren Mitangeklagten als Zeuge** in Frage kommt (BGH NStZ-RR 2007, 116, 117, 118). Haben sich frühere Mitangeklagte in dem gegen sie gerichteten Verfahren nur durch schriftlich abgefasste Verteidigererklärungen eingelassen, dann kommt dem, von Fragen der Mündlichkeit und Unmittelbarkeit abgesehen, bei der Beweisführung gegen andere Angeklagte nur ein begrenzter Beweiswert zu (BGH StV 2009, 174, 175). Auch versteht sich das Gebot der „besonders sorgfältigen Beweiswürdigung" an sich für alle Strafverfahren, die auf einen strafrechtlichen Eingriff in Ehre und Freiheit des Bürgers als ultima ratio des Staates abzielen.

10.1 Das Postulat der besonders vorsichtlichen Beweiswürdigung in Ausnahmefällen suggeriert zu Unrecht, dass in anderen Fällen scheinbarer Evidenz ein geringerer Maßstab gelten könnte. Tatsächlich gibt es **keine evidenten Fälle**, da der Akteninhalt trügerisch ist und nichts schneller entsteht, als „falsche Erinnerungen" bei Auskunftspersonen (Kühnel/Markowitsch Falsche Erinnerungen 2009, 73 ff), die sich subjektiv sicher sind, aber objektiv doch die Unwahrheit sagen, was der Papierform der Aktenlage nicht ohne Weiteres anzusehen ist. Angesichts der zunehmend zu beobachtenden Sorgfaltsmängel der Praxis schon bei der Verständigung mit nur einem Angeklagten muss die Erfüllung besonderer Sorgfaltsanforderungen in Fällen einer Verständigung mit informellen Kronzeugen in Frage gestellt werden (krit zu § 46 b StGB Frank/Titz ZRP 2009, 137 ff; König NJW 2009, 2481 ff; Salditt StV 2009, 375 ff).

10.2 „Kronzeugen", die für die Belastung eines Anderen belohnt werden, haben ein besonders starkes **Falschaussagemotiv**. Tatsächlich wird in der Praxis einem kooperativen Mitangeklagten aber oft ohne weiteres geglaubt, weil es in das taktische Konzept der Strafverfolgungsorgane passt und Arbeitserleichterung verspricht (vgl BGH Beschl v 16. 7. 2009 – Az 5 StR 84/09). Ein unliebsames Bestreiten des von dem Kronzeugen belasteten anderen Beschuldigten findet dagegen kaum noch Gehör, weil es nicht in das vorgeprägte Bild der Verdachtshypothese passt. Dem belasteten Dritten bleibt danach nur die Unterwerfung unter die Absprachenbedingungen, wenn er eine strengere Bestrafung für seine Tatverleugnung vermeiden will (Beispiel bei Eschelbach FS Stöckel 2010, 199, 215 ff). Auch das hat mit Wahrheitserforschung im überkommenen Sinn wenig gemein.

10.3 Materiellrechtlich wurde die Strafmilderung zugunsten von Kronzeugen wegen ihrer Aufklärungshilfe zum Nachteil anderer Beschuldigter nun durch **§ 46 b StGB** möglich. Dagegen bestehen Bedenken. Gegenüber dem nicht geständigen Mitangeklagten muss die Sache in einem rechtsstaatlichen Verfahren jedenfalls unter Beachtung der Regeln des Strengbeweisverfahrens aufgeklärt werden, auch wenn andere Mitangeklagte im Rahmen einer Verständigung abgeurteilt werden (BGH NStZ 2008, 54).

10.4 Schließlich ist auch die Strafmilderung wegen Aufklärungshilfe in einem Verfahren gegen einen Dritten dann, wenn dieser nicht wegen Beteiligung an derselben Tat verurteilt wird, mit dem **Tatschuldprinzip** kaum vereinbar (Salditt StV 2009, 375, 376).

10.5 Schon bei der **Sondierung** der Geständnisbereitschaft ist durch den Richter zumindest auf die Belange von Mitangeklagten Rücksicht zu nehmen, um eine Besorgnis der Befangenheit selbst vom restriktiven Standpunkt der Rechtsprechung aus zu vermeiden (vgl BGH StV 2008, 174, 175; StV 2009, 393, 394).

C. Gegenstand der Verständigung (Abs 2)
I. Verhandlungsstoff der Justiz

Abs 2 regelt den Gegenstand der Verständigung, der über das nach bisherigem Richterrecht Zulässige hinausgeht (Meyer-Goßner FS Böttcher 2007, 105, 116). Danach kann auf Seiten des Gerichts allerdings **nur der Strafausspruch** (Abs 2 S 1), **nicht der Schuldspruch** (BGHSt 43, 195, 204; BGHSt 50, 40, 50; Gössel FS Fezer 2008, 495, 521 ff; Huttenlocher Dealen wird Gesetz 2007 Rn 178) oder ein **Maßregelausspruch** (Abs 2 S 3; Kuckein/Pfister FS 50 Jahre BGH 2000, 641, 653 f), wie insbesondere die Anordnung der Unterbringung in der Sicherungsverwahrung (BGH NStZ 2005, 526; NStZ 2008, 620, 621), einvernehmlich herbeigeführt oder ausgeschlossen werden. Wird Mitangeklagten ein Absehen von der Anordnung der Sicherungsverwahrung in Aussicht gestellt und dadurch ein drittbelastendes Geständnis herbeigeführt, dann rechtfertigt dies die Ablehnung durch den Mitangeklagten wegen Besorgnis der Befangenheit (BGH NStZ-RR 2007, 116, 118, 119). Eine Verständigung über den Schuldspruch oder den Maßregelausspruch ist rechtswidrig (BGH NStZ-RR 2009, 147, 148), ferner eine solche über Rechtsfolgen, die nicht in der **Kompetenz des erkennenden Gerichts** liegen, sondern etwa zur Zuständigkeit der Staatsanwaltschaft oder des Strafvollstreckungsgerichts gehören (Huttenlocher Dealen wird Gesetz 2007 Rn 179; Kuckein/Pfister FS 50 Jahre BGH 2000, 641, 654: zur abweichenden Praxis Weider Vom Dealen mit Drogen und Gerechtigkeit 2000, 168 ff). Ob sich die bisher darüber hinweggehende Praxis daran in Zukunft halten wird, erscheint zweifelhaft (zur bisherigen Lage BGH NStZ-RR 2009, 147, 148; Siolek FS Riess 2002, 563, 573). Beim Verbot einer Verständigung über den Schuldspruch bleibt in Randbereichen unklar, worauf sich dies bezieht. Dass die Subsumtion nur in „richtiger" Weise erfolgen darf und vom Tatgericht ernsthaft vorzunehmen ist, liegt auf der Hand. Ob aber auch die Tatsachenbasis, also die Feststellung des zugrunde liegenden Sachverhalts, Gegenstand der Verständigung sein kann, ist schon weniger deutlich; denn wenn über das Ob und Wie der Beweiserhebungen eine Verständigung stattfinden kann, wird der Gegenstand der Subsumtion beeinflusst. Hier fließen die fortbestehende Aufklärungspflicht (Abs 1 S 2) und das Verbot der Verständigung über den Schuldspruch (Abs 1 S 3) zusammen und kollidieren mit der „Verständigung".

11

> Wird über Tatsachenfeststellungen disponiert, dann betrifft die Verständigung in der Praxis oft im Ergebnis mittelbar auch den Schuldspruch. Das wird in der häufig kolportierten saloppen Bemerkung deutlich, dass es im Strafrecht keine Rechtsprobleme gebe; man müsse nur die „richtigen" Feststellungen treffen. Damit wird angedeutet, dass problematischen Rechtsfragen durch **Umgehung auf der Tatsachenebene** ausgewichen wird, was ein nicht zu unterschätzendes Absprachenmotiv ist (Bernsmann in Goldbach Der Deal mit dem Recht 2004, 21, 25; sa Gössel FS Böttcher 2007, 79, 83). Der Vorgang findet sich auch im Bereich des Unbewussten in der Form der **Simplifizierung** (Sommer FS 25 Jahre Arbeitsgemeinschaft Strafrecht des DAV 2009, 846, 850 ff). Besonders im Bereich der Straftatbestände und Zurechnungsformen, für deren Feststellung dem Tatgericht vom BGH ein **Beurteilungsspielraum** zugebilligt wird (Maatz StraFo 2002, 373 ff), kann nach dem Vorstellungsbild der Praxis auch unabhängig von der Umgehung bei den Tatsachenfeststellungen eine Verständigung stattfinden (krit Fischer StraFo 2009, 177, 180). Im Maßregelrecht gilt Ähnliches für solche Maßnahmen, deren Verhängung im **Ermessen** des Gerichts steht.

11.1

> Gegen eine interessenbestimmte Ermessensausübung gibt es kaum ein effektives Kontrollmittel. Rechtlich bedenklich war die Verständigung über die Nichtanordnung angedrohter Maßregeln freilich schon vor Inkrafttreten der vorliegenden Vorschrift, die dies nun durch Abs 2 S 3 ausdrücklich ausschließt (Huttenlocher Dealen wird Gesetz 2007 Rn 585). Mit Umgehungsversuchen ist aber weiterhin zu rechnen. Jedenfalls kann die Wagschale bei unklarer Sach- oder Rechtslage wegen relativ unbestimmter Straftatbestände und Ermessensspielräume für Rechtsfolgen auch zum Schuld- und Maßregelspruch immer noch leichter in eine gewünschte Richtung pendeln, wenn eine Verständigung über das Ergebnis im Raum steht; das war jedenfalls bisher stets der Fall (Schünemann FS Heldrich 2005, 1177, 1190 f).

11.2

Das Gericht „kann" nach Abs 3 S 2 eine **Ober- und Untergrenze der** für den Fall der Einhaltung von Absprachenbedingungen **erwarteten Strafe** angeben (krit zu dem „Strafrahmen" Meyer-Goßner FS Böttcher 2007, 105, 122 und ZRP 2009, 107, 108 f). Das

12

Richterrecht des BGH hatte alleine auf eine Obergrenze abgestellt (BGHSt 43, 195, 207, 208; BGHSt 50, 40, 47), um nur insoweit eine einseitige Bindung zu bewirken, wenigstens einen partiellen Spielraum des Gerichts im Sinne von § 261 StPO offen zu lassen (Duttge FS Böttcher 2007, 53, 73; Siolek FS Riess 2002, 563, 568 f) und so den Vergleichscharakter der Absprache nicht allzu deutlich werden zu lassen. Die neue Regelung, die nun auch eine **Untergrenze** als Gegenstand der gerichtlichen Ankündigung nennt (krit Huttenlocher Dealen wird Gesetz 2007 Rn 578; Niemöller GA 2009, 172, 180), verringert den von einer Bindung freien Spielraum und nähert sich damit noch deutlicher einem Vergleich im Strafprozess an. Da die Obergrenze oft das Mindestziel der Staatsanwaltschaft, die Untergrenze das Ziel der Verteidigung markiert, wird durch den „Strafrahmen" neuer Konfliktstoff geschaffen. Bisher wurde die Obergrenze in der Praxis meist mehr oder weniger ausgeschöpft, weil zur Klarheit eine (Beinahe-) „**Punktstrafe**" Gegenstand der Vereinbarungen sein sollte, obwohl das zur symbolischen Aufrechterhaltung von § 261 StPO nicht dem Richterrecht des BGH entsprach (BGH NStZ-RR 2007, 245, 246). Welche Grenze heute maßgeblich sein soll, bleibt vorerst unklar (Altenhain/Hagemeier/Haimerl NStZ 2007, 71, 73: Obergrenze; Meyer-Goßner StPO Ergänzungsheft § 257 c Rn 19 ff und ZRP 2009, 107, 108: Untergrenze). Zudem ist die zulässige Spannweite zwischen Ober- und Untergrenze offen. Die Zusage einer bestimmten Strafe bleibt untersagt (Huttenlocher Dealen wird Gesetz 2007 Rn 173).

13   Es versteht sich von selbst, dass die Bestimmung des Strafrahmens **nach den Grundsätzen der Strafzumessung** gemäß § 46 Abs 1 StGB zu erfolgen hat (Meyer-Goßner StPO Ergänzungsheft § 257 c Rn 22). Auch das ist aber eine Leerformel. Die **Schuldangemessenheit** der Strafe innerhalb des vereinbarten Rahmens erscheint oft zweifelhaft (Streng FS Schwind 2006, 447). Die Tatsache, dass Abs 3 S 2 den allgemeinen Strafzumessungserwägungen eine „freie Würdigung der Umstände des Falles" hinzufügt, suggeriert, dass weitere Aspekte jenseits von § 46 Abs 1 StGB eine Rolle spielen könnten, was aber nicht zutrifft (Meyer-Goßner StPO Ergänzungsheft § 257 c Rn 22). Die „Grundsätze der Strafzumessung" liefern hingegen nur einen **vagen Rahmen**, weil bei Strafzumessungsentscheidungen die verschiedenen Strafzwecke nicht in eine nachvollziehbare Relation gebracht werden, weil nicht verbindlich geklärt ist, was unter der vorrangig zu bewertenden Strafzumessungsschuld zu verstehen sein soll, weil die Wirkungsrichtung und das Gewicht der Strafzumessungsgründe bei intuitiven Strafzumessungsentscheidungen nicht konkret bestimmt werden, weil die Strafbemessung innerhalb des Schuldrahmens nicht von einem Regeltatbild als Null-Linie, von der aus zu schärfen oder zu lindern ist, bestimmt wird und weil die Berücksichtigung schuldunabhängiger Strafzumessungsgründe dazu führt, dass regelwidrig auch die Untergrenze des Schuldrahmens im Sinne der Spielraumtheorie unterschritten werden kann. Die revisionsgerichtliche Prüfung beschränkt sich praktisch auf eine **Willkürkontrolle**, zumal der „Spielraum" für eine schon und noch der Schuld angemessene Strafe nie beziffert wird. Er ist nur eine Fiktion. Seit die Revisionsgerichte gemäß § 354 Abs 1 a StPO auch Strafe selbst zumessen dürfen, ist sogar diese Fiktion obsolet. Nach allem ist die Vereinbarkeit einer Strafhöhenbestimmung mit den Grundsätzen der Strafzumessung für das Ergebnis überhaupt nicht aussagekräftig. Ob für das Geständnis tatsächlich eine erhebliche Strafmilderung gewährt wird oder es sich um Lippenbekenntnisse handelt, ist ohne ausdrückliche Bezeichnung der Differenz zur Strafe ohne Geständnis nicht einmal verifizierbar (Hammerstein StV 2007, 48 ff).

14   Vor diesem Hintergrund bleibt die Frage, wann eine „**Sanktionsschere**" vorliegt, die unzulässig ist (BGHSt 50, 40, 50; BGH NStZ 2008, 170, 171; Detter Einführung in die Praxis des Strafzumessungsrechts 2009, VII. Kap 3. Teil Rn 38; KMR/v. Heintschel-Heinegg StPO § 257 c Rn 39), bisher ungeklärt (Huttenlocher Dealen wird Gesetz 2007 Rn 559 ff; bedenklich BGH NStZ 2007, 655, 656). In der Praxis werden Strafrabatte zwischen 20 und 50% für das Geständnis diskutiert; bisweilen öffnen Gerichte noch weiter gehende Scheren, die dann offensichtlich mit § 136 a Abs 1 StPO unvereinbar sind (Kempf StV 2009, 269, 271).

14.1   Der „**Wert" des Geständnisses** hängt für viele Beurteiler davon ab, wie viel Arbeitsersparnis dadurch erzielt wird. Das ist andererseits mit § 46 Abs 1 StGB nicht in Einklang zu bringen, weshalb die eigentlich bestimmenden Strafzumessungsgründe in formelhaften Urteilsgründen nicht zum

Ausdruck gebracht werden. Nach dem Strafzumessungsrecht ist eine Strafmilderung wegen eines taktisch motivierten „schlanken Geständnisses" nicht gerechtfertigt, weil es die **Tatschuld** als zentralen Strafbemessungsgrund nach § 46 Abs 1 S 1 StGB überhaupt nicht berührt (Weigend in Goldbach Der Deal mit dem Recht 2004, 37, 42). Das zentrale Dilemma der Absprachenpraxis, das im materiellen Recht liegt, für das Art 103 Abs 2 GG zu beachten ist, wird daher durch die prozessuale Novelle übergangen.

Verteidiger berichten davon, dass Angeklagte angesichts einer „Sanktionsschere" einlenken, auch wenn aus der Verteidigersicht **ernsthafte Zweifel an der Schuld** bestehen. Die Quote falscher Geständnisse steigt (Fischer StraFo 2009, 177, 183) und zwar zumindest im Experiment von den ohnehin vorkommenden Quantität von zumindest 7% (Hauer Geständnis und Absprache 2007, 189) in einer simulierten Absprachensituation auf 43% (Volbert/Böhm in Volbert/Steller [Hrsg] Handbuch der Rechtspsychologie 2008, 253, 259). Das macht durchgreifende Bedenken gegen die Legitimität des Absprachenverfahrens deutlich (Fischer StraFo 2009, 177, 183). 14.2

Die Sanktionsschere ist ein **wirkungsvolles Instrument** der Tatrichter (Altenhain/Hagemeier/Haimerl NStZ 2007, 71, 73) zur Herbeiführung einer raschen Erledigung des Verfahrens; sie wird daher eingesetzt, zumal sich die Praxis daran gewöhnt hat und kein Unrechtsbewusstsein mehr besitzt. Übt ein Richter mittels der Sanktionsschere unzulässigen **Druck** aus, so ist die Verteidigung – auch zur Vermeidung eines späteren Rügeverlusts (BGH NStZ 2009, 168) – aber fast schon dazu gezwungen, den Richter wegen Besorgnis der Befangenheit abzulehnen (BGH NStZ 2007, 170, 171; Huttenlocher Dealen wird Gesetz 2007 Rn 93 ff). 14.3

Wann die Grenze von zulässigem zu unzulässigem Handeln überschritten ist, wird bisher nicht definiert. Das **Verbot der Sanktionsschere** (BGHSt 50, 40, 50; BGH StV 2007, 453, 454; StV 2007, 619, 620) bleibt danach außer in Evidenzfällen **wirkungslos** (Hettinger FS Egon Müller 2008, 261, 278; Rieß FS Richter II 2006, 433, 442), solange jedenfalls unklar ist, wann noch ein zulässiger Spielraum genutzt wird und wann dies nicht mehr der Fall ist (Fischer StGB § 46 Rn 111 b). Auch mit diesem Standardproblem der Absprachenpraxis hat sich der Gesetzgeber nicht befasst. 14.4

Verhandelbar ist nach der vorliegenden Vorschrift die Frage der **Strafaussetzung zur Bewährung** (KMR/v. Heintschel-Heinegg StPO § 257 c Rn 27; Meyer-Goßner StPO § 257 c Rn 12), was ein besonderes Druckpotenzial in sich birgt. Auch Bewährungsauflagen sind Verständigungsgegenstand und bedürfen gegebenenfalls der Berücksichtigung (vgl OLG Köln NJW 1999, 373 ff) mAnm Kaetzler wistra 1999, 253 ff). Warum eine Verständigung über die Bewährungsfrage nicht verboten wurde, kann anhand der Gesetzesmaterialien nicht nachvollzogen werden. Von den Rechtsbrüchen beim Vollzug der Untersuchungshaft (Eidam HRRS 2008, 241 ff) ist ganz zu schweigen; „U-Haft schafft Rechtskraft". Zu **Nebenstrafen, Nebenfolgen und Maßnahmen** außerhalb des Bereichs der Maßregeln als Verhandlungsgegenstand äußert sich das Gesetz ebenfalls nicht. Da sie vom Verbot des Abs 2 S 3 nicht umfasst sind, der Sicherungszweck der anderen Maßnahmen nicht ebenso wesentlich ist, wie bei den vom Verständigungsraum ausdrücklich ausgeschlossenen Maßregeln, kann man annehmen, dass sie nach dem Gesetz ebenso wie die Hauptstrafe von Gesetzes wegen Gegenstand einer Verständigung sein dürfen (KMR/v. Heintschel-Heinegg StPO § 257 c Rn 28; Meyer-Goßner StPO § 257 c Rn 10). Es liegt auf der Hand, dass auch dies nicht den überkommenen Rechtsvorstellungen entspricht, da etwa der Verfall eine Art von **Ausgleich einer ungerechtfertigten Bereicherung** ist. Wird das zu Unrecht Erlangte aufgrund einer Verständigung ganz oder teilweise nicht herausgegeben, so werden die daneben verfolgten Strafzwecke zumindest partiell verfehlt. 15

Nach Abs 2 S 1 können auch „sonstige verfahrensbezogene Maßnahmen im zugrundeliegenden Erkenntnisverfahren" Gegenstand der Verständigung sein. Was damit gemeint sein soll, bleibt wiederum unklar (Meyer-Goßner StPO Ergänzungsheft § 257 c Rn 13; M. Müller Probleme um eine gesetzliche Regelung der Absprachen im Strafverfahren 2008, 416). Vor allem wird an **Teileinstellungen** desselben Verfahrens **nach § 154 a StPO** zu denken sein. Die **Einstellung** anderer Strafverfahren **nach § 154 Abs 2 StPO** (Graumann HRRS-FG Fezer 2009, 53 ff) scheidet dagegen aus, soweit sie nicht zu dem „zugrundeliegenden Verfahren" gehören (Niemöller GA 2009, 172, 181; sa bisher BGH NStZ 2000, 495, 496 mAnm Weider StV 2000, 450, 451). Einerseits sind Zusagen der Staatsanwaltschaft zur Verfahrenseinstellung als „Prozessverhalten" eines Verfahrensbeteiligten im Sinne von Abs 3 S 1 möglicher Verständigungsgegenstand. Andererseits können solche Zusagen nicht an der 16

Bindungswirkung der Verständigung für das Gericht mit den Rechtsfolgen im Sinne von Abs 4 teilnehmen (BT-Drs 16/11736, 11; Jahn/Müller NJW 2009, 2625, 2628; vorher BGH NStZ 2000, 495, 496). Diese Gestaltung zeigt, dass weitere informelle Druckmittel vorhanden bleiben, die trotz Unmöglichkeit des Rechtsmittelverzichts nach § 302 S 2 StPO zur Unterbindung des Rechtsmittelgebrauchs führen können. Von Rechts wegen kann sich das Gericht zu einer Sache, die bei ihm nicht anhängig ist, nicht äußern. Es kann nur faktisch eine Zustimmung nach § 154 Abs 2 StPO signalisieren (Meyer-Goßner StPO Ergänzungsheft § 257 c Rn 13); wird eine Einstellungszusage in die Verständigung einbezogene und bricht die Staatsanwaltschaft diese Zusage, so kann regelmäßig nur in dem daraufhin betriebenen weiteren Verfahren darauf reagiert werden. Nach der bisherigen Rechtsprechung folgt daraus ein Strafmilderungsgrund und nur ausnahmsweise ein Verfahrenshindernis (BGHSt 52, 165, 173 mAnm Fezer JZ 2008, 1059, 1060; Graumann HRRS-FG Fezer 2009, 53, 68 f; Sauer wistra 2009, 141, 143); im Übrigen kommt aber vom Standpunkt der Rechtsrechung zur materiellrechtlichen Kompensation von Verfahrensfehlern nun auch die Vollstreckungslösung (BGHSt 52, 124 ff) durch Anrechnung eine als vollstreckt geltenden fiktiven Strafanteils in Frage. Der Tausch einer Verfahrenseinstellung in anderer Sache gegen das Geständnis in der vorliegenden Sache ist freilich wiederum mit dem Schuldgrundsatz nicht zu vereinbaren.

II. Prozessverhalten der Verfahrensbeteiligten

17   Unbedenklich könnte eine Absprache über die Strukturierung der Hauptverhandlung erscheinen (Weider Vom Dealen mit Drogen und Gerechtigkeit 2000, 156 ff). Gegenüber den Rechtsfolgen und Maßnahmen des Gerichts bildet aber das „Prozessverhalten" der Verfahrensbeteiligten die Verhandlungsmasse auf deren Seite (krit KMR/v. Heintschel-Heinegg StPO § 257 c Rn 31). Gemeint sind vor allem Prozesshandlungen, die vorgenommen oder unterlassen werden sollen. Im Mittelpunkt stehen **Anträge** der Verteidigung auf Beweiserhebungen, Richterablehnung, Vertagung oder Aussetzung, **Zustimmungserklärungen** zur Ersetzung von Zeugenbeweis durch Sachbeweis (§ 251 Abs 2 Nr 3 StPO) ua, aber auch die Bereitschaft des Angeklagten zu einer **Schadenswiedergutmachung** oder der Verzicht auf eine eigene Entschädigung nach dem StrEG. Allenfalls mit Blick auf § 46 Abs 2 S 2 StGB lässt sich dabei ein Zusammenhang mit dem Strafmaß, das Gegenstand der gerichtlichen Zusage sein kann, herstellen; mit der Tatschuld iSv § 46 Abs 1 S 1 StGB hat das nichts zu tun. Beweisanträge (Huttenlocher Dealen wird Gesetz 2007 Rn 571), Ablehnungsgesuche oder Vertagungs- oder Aussetzungsanträge sind grundsätzlich für die Rechtsfolgenentscheidung unerheblich. Die Zubilligung einer Strafmilderung für die Unterlassung solcher Anträge bleibt daher rechtswidrig. Durch die Erstreckung des Verständigungsgegenstands auf ein Wohlverhalten im Rahmen von Prozesshandlungen wird im Übrigen die Unvereinbarkeit des Verständigungsverfahrens mit dem Schuldgrundsatz nochmals deutlich (Niemöller GA 2009, 172, 179). Auch die Fairness des Verfahrens wird dadurch erkennbar in Frage gestellt (Meyer-Goßner StPO Ergänzungsheft § 257 c Rn 14 f). Eine Zusage, sämtliche vom Gericht zur beschleunigten Beendigung der Hauptverhandlung erforderlichen Prozesserklärungen abzugeben, also auf jede Verteidigung zu verzichten, kann dem Angeklagten nicht ohne Verletzung von Art 1 Abs 1 GG abverlangt werden (BGH NStZ 2006, 586). Kein zulässiger Verständigungsgegenstand ist der **Rechtsmittelverzicht** (§ 302 S 2 StPO). Gleiches dürfte nun auch für eine Rechtsmittelbeschränkung gelten (§ 318 StPO Rn 15).

18   **Die Staatsanwaltschaft** kann mit ihrem Prozessverhalten, etwa Einstellungszusagen (Rn 16), Einfluss auf die Verständigung nehmen, deren Zustandekommen im Übrigen von ihrer Zustimmung abhängt. Durch Ankündigung von Anträgen auf Erhebung von Belastungsbeweisen kann sie dazu beitragen, dass der „Tarif" erhöht wird. Sie ist jetzt ein ernsthafter Verhandlungsgegner bei den Straftarifgesprächen (einschränkend KMR/v. Heintschel-Heinegg StPO § 257 c Rn 15). Einstellungszusagen nehmen jedenfalls nicht ohne weiteres an der Bindungswirkung der Verständigung für das Gericht teil (Jahn/Müller NJW 2009, 2625, 2628; anders für den Fall der Einbindung der Staatsanwaltschaft und die gerichtliche Zustimmungszusage BGHSt 52, 165, 171).

19   Das **Prozessverhalten des Nebenklägers** spielt keine Rolle, weil dieser in der Vorschrift nicht erwähnt wird (Jahn/Müller NJW 2009, 2625, 2630; M. Müller Probleme um eine

gesetzliche Regelung der Absprachen im Strafverfahren 2008, 444 f). Würde dem Nebenkläger ein Vetorecht eingeräumt, was seiner propagierten Subjektrolle entsprechen würde, dann wären Urteilsabsprachen weit gehend ausgeschlossen. In der Praxis wird der Nebenkläger dagegen meist übergangen, weshalb die Begründung der Zulassung von Verständigungen mit Opferinteressen zweifelhaft erscheint (Fischer StraFo 2009, 177, 182).

III. Das Geständnis

Das Geständnis des Angeklagten ist der Motor des Absprachenverfahrens. Es hat seine bisherige Bedeutung als Beweismittel wie jedes andere auch, in der Praxis längst verloren und sich wie im Inquisitionsprozess verselbständigt (Stübinger JZ 2008, 798, 800). Gegenstand der Verständigung „soll" nach der vorliegenden Vorschrift ein Geständnis sein. Durch die Fassung von Abs 2 S 2 als Soll-Vorschrift wird angedeutet, dass eine Verständigung auch ohne Geständnis zustande kommen kann. Das erscheint jedoch kaum plausibel (Leipold NJW-spezial 2009, 520; Meyer-Goßner StPO Ergänzungsheft § 257 c Rn 16 und ZRP 2009, 107, 108). Ein anderes „**Prozessverhalten mit Geständniswert**" (LG Waldshut-Tiengen StraFo 2006, 298) ist weder bei der Beweiswürdigung noch bei der Strafzumessung nachvollziehbar zu verwerten, so dass eine Verurteilung auf dieser Grundlage praktisch nur vom Konsens getragen würde, der nach Abs 1 S 2 jedoch nicht zur neuen Verfahrensmaxime erklärt worden ist. Das „Prozessverhalten mit Geständniswert" ist noch weniger aussagekräftig als ein „Formalgeständnis", das seinerseits als alleinige Urteilsgrundlage ungenügend wäre (BGH NStZ-RR 2006, 187 f; Meyer-Goßner StPO Ergänzungsheft § 257 c Rn 17). Die Rechtsprechung fingiert aber sogar aus der schriftlich vorformulierten und vom Verteidiger verlesenen Sacheinlassung eine mündliche Äußerung des Angeklagten, wenn dieser nur zu erkennen gibt, dass er die Verteidigererklärung als eigene gelten lassen will. Das entspricht nicht den überkommenen Formen nach dem Mündlichkeitsprinzip (zu neuen Formen des Geständnisses KMR/v. Heintschel-Heinegg StPO Ergänzungsheft § 257 c Rn 34; Pfister NStZ-Sonderheft für Miebach 2009, 25 ff). Ein Geständnis im Sinne von § 254 StPO liegt darin jedenfalls nicht (BGH StV 2009. 454). Im Grundsatz muss ein Geständnis auch im Absprachenverfahren prinzipiell vom Angeklagten persönlich und mündlich abgelegt werden (BGHSt 52, 78, 82). 20

Zur **Qualität des Geständnisses** im Hinblick auf dessen Beweisbedeutung und Relevanz für die Strafzumessung hat sich der Gesetzgeber bewusst nicht geäußert (BT-Drs 16/11736, 11 f; Jahn/Müller NJW 2009, 2625, 2628). Jedoch ist dies eine zentrale Fragestellung (näher Hauer Geständnis und Absprache 2007; Hsu Die Bewertung des Geständnisses in der Strafzumessung und in der Beweisaufnahme als Sonderproblem der Urteilsabsprache 2007, Diss Tübingen, elektronische Ressource). Ausreichend ist alleine **das „qualifizierte Vollgeständnis"**, in dem substantiiert und widerspruchsfrei der Tathergang geschildert wird, ohne dass Zweifelsgründe aufscheinen. Auch ein solches Vollgeständnis schließt aber ergänzende Beweiserhebungen nicht einmal aus (Schlüchter FS Spendel 1992, 737, 748). Jede mindere Form des Geständnisses ist jedenfalls als taugliche Beweisgrundlage des Urteils in Frage zu stellen. Das Gesetz lässt ferner offen, worin im Fall eines absprachenkonformen Geständnisses der **Strafmilderungsgrund** liegen soll, welcher die vorab bindend zugesagte Strafhöhenbegrenzung und die im Urteil vollzogene Strafmilderung rechfertigen soll. Schuldeinsicht und Reue als – zweifelhafte – Indizien für eine mindere **Tatschuld** (Hauer Geständnis und Absprache 2007, 82 ff) fehlen bei einem taktischen Verhalten zumeist ganz (Lien GA 2006, 129, 133; Niemöller GA 2009, 172, 178; Schünemann Wetterzeichen vom Untergang der deutschen Rechtskultur 2005, 23 und FS Riess 2002, 525, 540; Stübinger JZ 2008, 798, 800; Weigend FG 50 Jahre BGH 2000 Bd IV, 1011, 1041). Ein Rückschluss aus dem im Verständigungsverfahren zustande gekommenen Geständnis auf mindere Tatschuld ist nur eine Fiktion (Hauer Geständnis und Absprache 2007, 112 ff). Auch unter Berücksichtigung des Geständnisses nach spezialpräventiven Gesichtspunkten gem § 46 Abs 1 S 2 StGB ist „der kaufmännische Hintergrund" der Strafmilderung wegen des absprachenkonformen Geständnisses unverkennbar (Haas GS Keller 2003, 45, 69). Tatsächlich ist es alleine die Arbeitserleichterung für die Justiz, die strafmildernd bewertet wird (Altenhain/Hagemeier/Haimerl NStZ 2007, 71, 72), damit aber im Strafzumessungssystem keinen Platz hat (Streng FS Schwind 2006, 447, 449). Wäre Normanerkenntnis der Milderungsgrund, dann 21 müsste auch das erst nach Herbeiführung der Schuldspruchreife im Strengbeweisverfahren abgelegte Geständnis noch strafmildernd wirken, was die Praxis jedoch vermeidet. Mit der Spielraumtheorie der Rechtsprechung zu § 46 Abs 1 StGB ist die Strafmilderungspraxis tatsächlich nicht vereinbar (Hauer Geständnis und Absprache 2007, 101 ff). Abstufungen der Strafe nach dem Grad der Arbeitserleichterung verstoßen gegen den Schuldgrundsatz und gegen Art 3 Abs 1 GG. Andererseits ist es damit unvereinbar, wenn **ein ohne Absprache abgelegtes Geständnis** nicht oder nur in geringerem Maße strafmildernd bewertet werden wird (Ignor FS Strafrechtsausschuss der BRAK 2006, 321, 328). Damit sind auf der materiellrechtlichen Ebene letztlich Art 1 Abs 1 GG, Art 3 Abs 1 GG und Art 103 Abs 2 GG sowie Art 104 Abs 1 GG verletzt.

22 Der Hinweis auf einen **Opferzeugenschutz** durch das Geständnis als Strafmilderungszweck ist auch bedenklich (Fischer StraFo 2009, 177, 182; sa Gössel FS Böttcher 2007, 79, 86; KMR/v. Heintschel-Heinegg StPO § 257 c Rn 33), wenn das mutmaßliche Tatopfer einerseits unter erheblicher Entwertung seiner Zeugenrolle (Pfordte FS E. Müller 2008, 551, 563 ff; Schünemann FS Hamm 2008, 687, 690 ff) zur „Partei" im Verfahren umfunktioniert, andererseits seine Nebenklägerposition in die Verständigung nicht umfassend integriert wird (Gieg GA 2007, 469, 474), weil sie praktisch der Sand im Getriebe des Absprachenverfahrens ist (zu Opferinteressen Böttcher FS Müller 2008, 87, 99 ff). Es gibt im Übrigen auch „falsche Opfer" (Ostendorf HRRS 2009, 158, 162). Schließlich ist die Honorierung einer Schonung personeller Beweismittel beim Strafmaß in einem Schuldstrafrecht zweifelhaft (Hauer Geständnis und Absprache 2007, 90 ff; sa Gössel FS Fezer 2008, 495, 502). Die Antizipation der Opferrolle beruht auf einer Umkehrung der Unschuldsvermutung (Salditt StV 2002, 273 ff; Weigend Diskussionsbeitrag zum 58. DJT 1990 Bd II L 68, 70 f) und bewirkt faktisch eine Umkehrung der Beweislast. Die Geständnishonorierung bisheriger Prägung ist unabhängig von den Opferschutzgedanken vor allem mit dem Schuldgrundsatz unvereinbar und sie bedeutet im Ergebnis eine härtere Bestrafung solcher Angeklagten, die sich nicht konsensual verhalten (Schmitt GA 2001, 411, 422; Weigend FG 50 Jahre BGH Bd IV 2000, 1011, 1041 f). Dies kollidiert mit der Selbstbelastungsfreiheit (Hauer Geständnis und Absprache 2007, 262 ff). Daneben hängt die Frage, ob ein Geständnis als Strafmilderungsgrund über ein Lippenbekenntnis hinaus wirklich ernsthaft gewichtet wird (Hammerstein StV 2007, 48 ff) und in welchem Maß dies nach den „Kurz-, Mittel- und Langstreckentarifen" geschieht (Altenhain/Hagemeier/Haimerl NStZ 2007, 71, 72; Duttge FS Böttcher 2007, 53, 56; Gössel FS Fezer 2008, 495, 510 f; Schünemann Wetterzeichen vom Untergang der deutschen Rechtskultur 2005, 20; Wieder StraFo 2003, 406, 408; Widmaier NJW 2005, 1985, 1986), vom Zeitpunkt seiner Ablegung ab. Das ist strafzumessungsrechtlich nicht begründbar.

22.1 Die Verurteilung eines Angeklagten durch einen Richter, der in der Rolle des Vorsitzenden oder Berichterstatters die Akten nicht gelesen hat und den Angeklagten dafür belohnt, dass er ihm mit Hilfe eines Geständnisses diese Arbeit erlässt, ist grob pflichtwidrig und entfernt sich derart weit von Recht und Gesetz, dass es schon befremden muss, wenn sich Richter einer solcher Praxis berühmen und dennoch niemand mehr dagegen einschreitet. Zur anwaltlichen Prüfpflicht unten Rn 61.

23 Aus den Überlegungen im Rahmen des Gesetzgebungsverfahrens ist abzuleiten, dass jedenfalls ein „**schlankes Geständnis**", das in der Praxis „wie eine diplomatische Note ausgefeilt" wird (Schünemann FS Riess 2002, 525, 539), als alleinige Beweisgrundlage des Urteils nicht ausreichen darf (Gieg GA 2007, 469, 475; Hauer Die gescheiterte Urteilsabsprache 2004, 39 f; Huttenlocher Dealen wird Gesetz 2007 Rn 574; Kölbel/Selter JR 2009, 447, 449; **aA** Jahn/Müller NJW 2009, 2625, 2628 f; Schmitt GA 2001, 411, 420). Das ist auch bisher schon so gewesen (BGHSt 50, 40, 49; Hauer Geständnis und Absprache 2007, 175 ff; Schünemann NJW 1989, 1895, 1898). Ein Anerkenntnis soll nicht zur alleinigen Urteilsgrundlage werden (BGHSt 48, 161, 167); denn es hat keinen Beweiswert (Schünemann Gutachten für den 58. DJT 1990, B 83). Tatsächlich wird das schlanke Geständnis allerdings oft so gehandhabt (Rieß FS Richter II 2006, 433, 440). Überlegungen dazu, ein wie auch immer geartetes Geständnis als Urteilsgrundlage mit einer Legitimation durch eine Konsensmaxime als ausreichend anzusehen, ist der Gesetzgeber nicht gefolgt (KMR/v. Heintschel-Heinegg StPO § 257 c Rn 1; **aA** Jahn/Müller NJW 2009, 2625, 2631). Dies findet jedenfalls seinen Ausdruck in Abs 1 S 2, der allerdings ein Lippenbekenntnis darstellt. Das Geständnis darf sich demnach, solange die Instruktionsmaxime noch gilt, auch aus

beweistechnischen Gründen nicht darauf beschränken, den Anklagevorwurf pauschal einzuräumen, sofern es jedenfalls nicht als ein Indiz zu weiteren liquiden Beweisanzeichen hinzutritt, die im Rahmen einer Gesamtwürdigung einen tragfähig begründeten Beweisschluss auf Täterschaft und Schuld gestatten. Dann aber hat das pauschale Geständnis von Rechts wegen kaum strafmildernde Bedeutung (SSW/Eschelbach StGB § 46 Rn 126 ff).

Das Geständnis muss sich substantiell zur Sache äußern, damit zumindest im Wege einer **Aussageninhaltsanalyse** die Plausibilität überprüft und ein Abgleich mit anderen Beweismitteln stattfinden kann. Nach Aussagemotiv und Aussagekonstanz als weiteren Glaubhaftigkeitskriterien wird – zu Unrecht – nicht mehr gefragt. Strafzumessungsrechtlich kann das „taktische Geständnis" nicht unter § 46 Abs 1 S 1 StGB, sondern allenfalls unter § 46 Abs 1 S 2 StGB subsumiert werden (SSW/Eschelbach StGB § 46 Rn 127). Es hat dann vom Boden der Spielraumtheorie nur die Bedeutung, dass es innerhalb des Rahmens für eine schon und noch der Schuld angemessene Strafe „berücksichtigt" werden kann. Wollte man dies in Zahlen ausdrücken, was aber wegen der Unwägbarkeiten der Strafzumessungsentscheidung eher metaphorische Bedeutung hat, so müsste der Strafrabatt sich gegenüber der ohne Geständnis angemessenen Strafe auf höchstens 20% beschränken. Jedenfalls die praxisüblichen höheren Werte eröffnen ohne Legitimation eine unangemessene Sanktionsschere. Für eine Abwertung von Geständnissen, die außerhalb einer Verständigung abgelegt werden, fehlt strafzumessungsrechtlich erst recht jeder Anhaltspunkt. 24

Die Rechtsprechung verlangt bisher von den Tatgerichten, dass sie das **Geständnis kontrollieren** (BGHSt 43, 195, 204; BGHSt 50, 40, 49; BGH NStZ-RR 2007, 245, 246; Altenhain/Hagemeier/Haimerl NStZ 2007, 71, 75, 76; Detter Einführung in die Praxis des Strafzumessungsrechts 2009, VII Kap 3 Teil Rn 40). Dazu soll eine Überprüfung **anhand der Aktenlage** erfolgen, was aber nicht der Bedeutung der kontradiktorischen Hauptverhandlung (§ 261 StPO Rn 22) als Gegenkontrolle des im Vorverfahren einseitig zusammengetragenen Stoffs entspricht (Meyer ZStW 119 [2007], 633, 653 f; Schünemann ZRP 2009, 104, 106; Weßlau FS Müller 2008, 779, 784). Die Geständnisüberprüfung anhand des schon im Eröffnungsbeschluss gebilligten wesentlichen Ergebnisses der Ermittlungen ist nur eine sich selbst erfüllende Prognose ohne aussagepsychologischen Wert. In der Praxis findet eine Überprüfung im Übrigen allenfalls kursorisch durch einzelne Rückfragen – nicht selten zu Details, die noch für das schriftliche Urteil benötigt werden – oder durch Vergleichsbetrachtung mit Sachbeweisen, etwa mit im „Selbstleseverfahren" in die Hauptverhandlung eingeführten Urkunden, statt (Altenhain/Hagemeier/Haimerl NStZ 2007, 71, 76). Meist wird aber augenzwinkernd alles „geglaubt", was mit dem Verständigungsresultat in Einklang gebracht werden soll (Fischer StraFo 2009, 177, 181). Dabei bleibt die subjektive richterliche Überzeugung ohne ausreichende objektive Beweisgrundlagen, die sonst erforderlich sind (§ 261 StPO Rn 32). Die Instruktionsmaxime überkommener Prägung ist durch das Lippenbekenntnis in Abs 1 S 2 jedenfalls nicht gewahrt (Meyer-Goßner StPO Ergänzungsheft § 257 c Rn 3) und sie bleibt in der Praxis meist unerfüllt (Gössel FS Böttcher 2007, 79, 88). 25

D. Angebot und Annahme (Abs 3)

Das Gesetz geht von der **Initiative des Gerichts** in geeigneten Fällen aus (Huttenlocher Dealen wird Gesetz 2007 Rn 559; **aA** Jahn/Müller NJW 2009, 2625, 2627). Diese richterliche Initiative ist freilich nicht unbedenklich, weil daraus ein Hinweis auf eine vorschnelle Festlegung in der Schuldfrage gesehen werden kann (Ignor FS Strafrechtsausschuss der BRAK 2006, 321, 326 f). Jedenfalls entsteht durch das Verständigungsangebot ein latenter Druck (BGHSt 49, 84, 88; sa Schünemann FS Baumann 1992, 361, 376; Wagner FS Gössel 2002, 585, 589: Nötigung). Vor diesem Hintergrund ist es nicht angebracht, den Gesetzgeber nicht beim Wort zu nehmen und das Initiativrecht den Verfahrensbeteiligten zuzuweisen, weil eine Richterzentrierung keinen Sinn mache. Der Sinn kann darin gesehen werden, dass der Gesetzgeber den Richtern die gegenüber professioneller Verteidigung schwindende Machtposition zurückgeben will (vgl M. Müller Probleme um eine gesetzliche Regelung der Absprachen im Strafverfahren 2008, 446). Insoweit kann auch Abs 3 Signalfunktion haben. Andererseits lässt sich eine Machtposition nicht durch autoritative gesetzgeberische Bekundungen herstellen, wenn sie in der Sache fehlt. Die Beschränkung der richterlichen Verständigungsinitiativen auf „geeignete Fälle" ist ohne Aussagekraft (Gieg GA 2007, 469, 26

471 f; KMR/v. Heintschel-Heinegg StPO § 257 c Rn 19). Nach Abs 3 S 1 gibt das Gericht in der Hauptverhandlung bekannt, welchen Inhalt eine Verständigung haben könnte; das ist ein Vorschlag, der als solcher nicht der vorherigen Anhörung aller Verfahrensbeteiligten bedarf (BGH NStZ 2006, 708).

27 Dieses förmliche Verständigungsverfahren setzt voraus, dass das Gericht nach **Beratung und Abstimmung** iSv § 263 Abs 1 StPO (Meyer-Goßner StPO Ergänzungsheft § 257 c Rn 23) bekannt gibt, welchen Inhalt die „Verständigung" haben „kann" (Abs 3 S 1), wobei namentlich die Ober- und Untergrenze der Strafe angeben wird (Abs 3 S 2). Die Verfahrensbeteiligten erhalten dazu förmlich **Gelegenheit zur Stellungnahme** (Abs. 3 S 3), die praktisch entbehrlich ist, weil die Einzelheiten schließlich schon außerhalb der Hauptverhandlung besprochen wurden. Ein Äußerungsrecht hat hier auch der Nebenkläger (Huttenlocher Dealen wird Gesetz 2007 Rn 564), der anschließend aber nicht mehr zustimmen muss, damit die Verständigung zustande kommt; denn die Nebenklage ist der Sand im Getriebe des Verständigungsverfahrens. Wie lange das Gericht, das ein Verständigungsangebot in den Raum stellt, daran gebunden ist (vgl § 145 BGB), lässt das Gesetz offen.

28 Die Verständigung kommt zustande, **wenn der Angeklagte und die Staatsanwaltschaft zustimmen** (Abs. 3 S 4). In dem Erfordernis der Zustimmung des Angeklagten soll ein hinreichender Schutz vor Übervorteilung liegen, was aber nach den bisherigen praktischen Erfahrungen zweifelhaft erscheint (Duttge FS Böttcher 2007, 53, 72). Die Zustimmung der Staatsanwaltschaft ist gegenüber dem bisherigen Richterrecht neu (krit Meyer-Goßner FS Böttcher 2007, 105, 111) und sie bildet eine erhebliche Sperrposition, welche die Lage des Angeklagten verschlechtert (Graumann HRRS 2008, 122, 128 f; Huttenlocher Dealen wird Gesetz 2007 Rn 566; Schünemann ZRP 2009, 104, 106). Stimmt der Angeklagte zu, so kann der **Verteidiger** dem aufgrund seiner Aufgabe nicht widersprechen. Unerheblich ist ein Widerspruch des **Nebenklägers** (KMR/v. Heintschel-Heinegg StPO § 257 c Rn 48; Meyer-Goßner StPO Ergänzungsheft § 257 c Rn 24; M. Müller Probleme um eine gesetzliche Regelung der Absprachen im Strafverfahren 2008, 444), weil dieser auf die Strafhöhe keinen Einfluss hat und der für den Nebenkläger im Rechtsmittelverfahren anfechtbare Schuldspruch oder ein Maßregelausspruch nicht Gegenstand der Absprache sein darf. Fehlt dagegen die Zustimmung des Angeklagten oder der Staatsanwaltschaft, dann muss das konventionelle Verfahren fortgesetzt werden.

29 In der Praxis anzutreffen ist eine **Befristung des gerichtlichen Angebots**. Diese Vorgehensweise ist einerseits verständlich, da es bei der angestrebten Verfahrensförderung auch um Beschleunigung geht. Andererseits zeigt die Befristung durch Herstellung einer scheinbaren Korrelation zwischen dem Zeitpunkt des Geständnisses und der Strafhöhe, dass es bei der Strafmilderung wegen des absprachenkonformen Geständnisses nicht um Kriterien geht, die noch mit den überkommenen Grundsätzen der Strafzumessung zu erklären wären. Die zeitliche Befristung vergrößert andererseits den ohnehin bestehenden Druck auf den Angeklagten. Von einer Freiwilligkeit als Legitimation der Verständigung kann danach endgültig nicht mehr ausgegangen werden. Sie kann im Verfahren um ein sozialethisches Unwerturteil des Staates über den Angeklagten auch nicht bestehen.

E. Wegfall der Bindungswirkung (Abs 4)

30 Die Verständigung entfaltet eine **Bindungswirkung** für die Beteiligten, zumindest aber für das Gericht (Huttenlocher Dealen wird Gesetz 2007 Rn 592; Martin Müller Probleme um eine gesetzliche Regelung der Absprachen im Strafverfahren 2008, 431). Dies wird in Abs 4 vorausgesetzt. Mit § 261 StPO vereinbar ist eine – wie auch immer geartete – rechtliche Bindung des Gerichts vor Abschluss der Beweisaufnahme nicht (Schlüchter FS Spendel 1992, 737, 745), was die Abweichung des Verständigungsverfahrens vom überkommenen Strafprozessrecht verdeutlicht. Die **Folgenregelung** nach Abs 4 betrifft nur das **Gericht**, das sich freilich nicht durch bloße Meinungsänderung von seinen Zusagen lösen darf (BT-Drs 16/13095, 14). Ein Lösungsrecht des **Angeklagten** ist entbehrlich, weil dieser nicht gebunden ist und bei Nichteinhaltung seiner Zusagen mit der Loslösung des Gerichts von dessen Versprechungen sanktioniert wird. Die **Staatsanwaltschaft** hat kein Lösungsrecht, das sie etwa dann benutzen könnte, wenn das Geständnis des Angeklagten nicht ihren Erwartungen entspricht (vgl den Fall des OLG Jena Beschl v 22. 11. 2007 – Az 1 Ws 431/

07). Die alleinige Bindung des Gerichts gilt auch nur für diejenige Tatsacheninstanz, in der eine Verständigung zustande gekommen ist. **In einer neuen Tatsacheninstanz** nach Aussetzung der Hauptverhandlung, nach Berufungseinlegung oder nach Urteilsaufhebung und Zurückverweisung der Sache durch das Revisionsgericht (vgl Graumann HRRS 2008, 122, 133 f) besteht keine Bindung an eine frühere Verständigung (BT-Drs 16/11736, 13). Ob dann das Geständnis, das in der Vorinstanz abgelegt worden war, noch verwertbar ist, wird durch Abs 4 S 3 nicht abschließend für alle denkbaren Fallkonstellationen geklärt. Ist etwa ein Urteil aufgrund einer Verständigung und des absprachenkonformen Geständnisses zustande gekommen und wird es aufgrund einer Revision des Nebenklägers aufgehoben, dann greift Abs 4 S 3 nicht unmittelbar ein. Ob seine Rechtsfolge entsprechend anzuwenden ist, erscheint zweifelhaft. Das rechtsmittelrechtliche Verschlechterungsverbot zugunsten des Angeklagten bleibt jedenfalls unberührt. Aber im Fall einer Aussetzung der Hauptverhandlung gibt es keinen vergleichbaren Schutz gegen eine härtere Verurteilung ohne Bindung an frühere Strafhöhenzusagen.

I. Gründe für den Wegfall der Bindungswirkung

Die Bindung des Gerichts an eine Verständigung entfällt nach Abs 4 S 1, wenn rechtlich oder tatsächlich bedeutsame **Umstände übersehen** wurden oder sich neu ergeben haben und das Gericht deswegen zu der Überzeugung gelangt, dass der in Aussicht gestellte Strafrahmen nicht mehr angemessen ist (krit Duttge FS Böttcher 2007, 53, 74 f; Graumann HRRS-FG Fezer 2009, 53, 80 ff; Huttenlocher Dealen wird Gesetz 2007 Rn 594; M. Müller Probleme um eine gesetzliche Regelung der Absprachen im Strafverfahren 2008, 432). Ob die Bedingungen eingehalten wurden, hat **das Gericht** zu prüfen und zu beurteilen. Meint **die Staatsanwaltschaft**, dass die Bedingungen durch den Angeklagten nicht eingehalten wurden, insbesondere weil kein genau anklagekonformes Geständnis abgelegt wurde, dann bindet dies wiederum das Gericht nicht, zumal ein unreflektiertes Insistieren auf die Richtigkeit der Sachverhaltsannahmen im konkreten Anklagesatz auf einer Fehlvorstellung von der Bedeutung der „forensischen Wahrheit" beruht. Die Staatsanwaltschaft kann gegebenenfalls ein Rechtsmittel gegen das Urteil des Gerichts, das sich an seine Zusagen gebunden fühlt, einlegen (OLG Jena Beschl v 22. 11. 2007 – Az 1 Ws 431/07). Eine bloße Meinungsänderung des Gerichts ohne rational nachvollziehbaren Grund reicht dagegen nicht für dessen Lossagung von Zusagen aus (KMR/v. Heintschel-Heinegg StPO § 257 c Rn 51; Jahn/Müller NJW 2009, 2625, 2629). Es müssen vielmehr konkrete Belastungsaspekte auftreten, die dazu führen, dass die angekündigte Strafobergrenze nicht mehr als ausreichend angesehen wird. Diese Aspekte können rechtlicher Art sein, etwa wenn durch Subsumtionsfehler ein anerkannter Strafschärfungsgrund übersehen wurde, was erst nachträglich erkannt wird und dann zu einer plausiblen Meinungsänderung des Gerichts führt. Die zur Lösung von der Absprache führenden Umstände können andererseits tatsächlicher Art sein, weil eine Tatsache übersehen wurde oder neu zu Tage tritt, die zur Anwendung eines härteren Strafgesetzes, eines Qualifikationstatbestands, eines besonders schweren Falles oder zum Wegfall eines minder schweren Falles, ferner zum Eingreifen eines anerkannten Strafschärfungsgrundes im Sinne von § 46 StGB oder zum Wegfall eines Milderungsgrundes führt. Auch das liegt allerdings praktisch fern, weil nach der Verständigung kaum noch Beweiserhebungen durchgeführt werden und auch niemand mehr ernsthaft etwas wissen will, was den Konsens gefährden könnte.

Der Wegfall der Bindung des Gerichts soll nach Abs 4 S 2 auch dann eingreifen, wenn das **Prozessverhalten des Angeklagten** nicht den Erwartungen des Gerichts entspricht. Diese Lösungsmöglichkeit wirkt bedenklich, weil sie Wohlverhalten erzwingt. Gemeint ist entgegen der missverständlichen Formulierung aber nicht das Allgemeinverhalten des Angeklagten, sondern etwa dass Anträge, deren Unterlassung vom Gericht erwartet wurde, nun vom Angeklagten oder von einem Verteidiger doch gestellt werden. Dabei hat der Gesetzgeber freilich nicht bedacht, dass Antragsrechte sowohl dem Angeklagten als auch jedem seiner **Verteidiger aus eigenem Recht** zustehen, so dass eine im Außenverhältnis erteilte Zusage des einen den anderen bis zur Grenze von Weisungsrechten im Innenverhältnis des Mandats nicht bindet. Aber auch ein Geständnis des Angeklagten, das den Erwartungshorizont des Gerichts inhaltlich nicht erfüllt, kann die Bindung an die Zusagen des Gerichts gefährden (einschränkend nach bisherigem Recht OLG Jena Beschl v 22. 11. 2007 – Az 1 Ws 431/07). Insgesamt gehen die Möglichkeiten des Gerichts zur Loslösung von der Verständigung in Abs 4 S 2 jedoch relativ weit (Meyer-Goßner StPO Ergänzungsheft § 257c Rn 26f). Andererseits führt die Lösung von der Verständigung dazu, dass das vom Angeklagten vorgeleistete Geständnis unverwertbar wird (Abs 4 S 3). Dies verhindert vielleicht eine vorschnelle Preisgabe der Verständigung durch ein verärgertes Gericht. Es reduziert jedoch zugleich wieder entgegen Abs 1 S 2 die Anstrengungen des Gerichts, das Geständnis zu hinterfragen, solange an der Verständigung festgehalten werden soll, was in der Praxis aus Gründen der Prozessökonomie bevorzugt wird.

33 Der spätere **Geständniswiderruf** (§ 261 StPO Rn 12.4) führt im Allgemeinen zum Wegfall der Verständigungsgrundlage und er ist dann ein Fall von Abs 4 S 1 und S 2. Der Gesetzgeber hat allerdings nicht bedacht, dass dann die Rechtsfolge der Unverwertbarkeit des Geständnisses gemäß Abs 4 S 3 (Rn 36) unpassend wirkt. Nach bisherigem Verfahrensrecht bleibt im Fall des Geständniswiderrufs der Beweiswert des widerrufenen Geständnisses für sich genommen unberührt und er ist – innerhalb einer Gesamtschau aller Beweisanzeichen – anhand der Gründe für den Widerruf zu messen (Stern StV 1990, 563ff; sa BGH Beschl v 22. 7. 2009 – Az 5 StR 238/09). Ein plausibles Geständnis und ein nicht überzeugender Widerruf würden es danach immer noch gestatten, den Angeklagten aufgrund des widerrufenen Geständnisses zu verurteilen. Sagt sich das Gericht jedoch wegen eines Geständniswiderrufs von einer Verständigung los, dann wird das widerrufene Geständnis nun gem Abs 4 S 3 unverwertbar. Eine einschränkende Auslegung dieses Verwertungsverbots lässt der Gesetzeswortlaut nicht zu. Die Beweisaufnahme ist daher im Fall des Widerrufs des absprachenkonformen Geständnisses ohne Rücksicht auf das frühere Geständnis in vollem Umfang nach den Regeln des Strengbeweisverfahrens durchzuführen. Diese Option geht in gewisser Weise über die vom Gesetzgeber auch ignorierte Wiederaufnahmemöglichkeit nach § 359 Nr 5 StPO mit Hilfe eines Geständniswiderrufs (vgl dazu Eschelbach HRRS 2008, 190ff; Hellebrand NStZ 2004, 413ff; NStZ 2008, 374ff; Wasserburg in Brüssow/Gatzweiler/Krekeler/Mehle Strafverteidigung in der Praxis 4. Aufl § 15 Rn 37; Widmaier/Ignor/Matt/Weider MAH Strafrecht § 13 Rn 43ff) noch hinaus. Auch dies belegt eine ungenügende Integration des neuen Verfahrenstyps in das Gesamtsystem des überkommenen Strafprozessrechts.

34 Nicht gesondert geregelt sind die Rechtsfolgen in dem Fall, dass **die Staatsanwaltschaft** eine Zusage nicht einhält, indem sie etwa die Zusage, eine bestimmte Beweiserhebung nicht zu fordern, durch einen Beweisantrag bricht. Die vorliegende Vorschrift hebt das **Beweisantragsrecht** nicht auf. Sofern kein Ablehnungsgrund nach § 244 Abs 3 oder Abs 4 StPO vorliegt, muss das Gericht die beantragte Beweiserhebung durchführen. Daraus können sich neue Umstände im Sinne von Abs 4 S 1 der vorliegenden Vorschrift ergeben, die gegebenenfalls zum Wegfall der Verständigung führen.

35 Auf die Einhaltung der staatsanwaltschaftlichen **Zusage** im Rahmen einer Prozessumfangsabsprache, das Verfahren hinsichtlich abgetrennter Teile **nach § 154 StPO, § 154a StPO einzustellen**, haben das Gericht und der Angeklagte keinen Einfluss. Der Bruch einer entsprechenden Zusage durch die hierarchisch aufgebaute und durch den Sitzungsvertreter nicht exklusiv vertretene Staatsanwaltschaft ist in Abs 4 nicht erwähnt. Führt ein solcher Bruch einer Einstellungszusage dazu, dass in derselben Sache der zugesagte Strafrahmen nicht mehr ausreicht, dann gilt wiederum Abs 4 S 1 und S 3. Zuvor ist aber zu prüfen, ob der Strafrahmen nicht dennoch eingehalten werden kann (BGHSt 52, 165, 174 mAnm Fezer JZ 2009, 1059, 1060; Graumann HRRS-FG Fezer 2008, 53ff; Lindemann JR 2009, 82ff; Sauer wistra 2009, 141ff). Handelt es sich im Fall des § 154 StPO bei dem Gegenstand der Zusagenverletzung um den Verfahrensgegenstand in einem anderen Verfahren, so können Rechtsfolgen nur dort entstehen. Nach der bisherigen Rechtsprechung ergibt sich aus dem Bruch der staatsanwaltschaftlichen Einstellungszusage in der Regel kein **Verfahrenshindernis** für jenes andere Verfahren, sondern alleine ein **Strafmilderungsgrund** (BGHSt 37, 10, 13, 14; BGHSt 52, 165, 173, 174). Dabei bleibt unbeachtet, dass es hier, anders als bei anderen Verstößen gegen den Fairnessgrundsatz durch begrenzt wirkende Verfahrensmängel, um den Bruch der Zusage einer Nichtverfolgung der Sache geht, deren volle Kompensation nur durch das Nichtbetreiben jenes Verfahrens erreicht wird. Vom Standpunkt der Rechtsprechung aus kommt nun allerdings vielleicht auch eine **Vollstreckungslösung** in Frage (BGHSt 52, 124, 135ff).

II. Folgen des Wegfalls der Bindung des Gerichts

1. Verwertungsverbot für das absprachenbedingte Geständnis

Entfällt die Bindung des Gerichts an die Verständigung, dann wird das **Geständnis** des 36
Angeklagten nach dem seit dem 1. 9. 2009 geltenden Recht (zu einem Fall in der Übergangszeit BGH Beschl v 22. 7. 2009 – Az 5 StR 238/09) **unverwertbar** (Abs 4 S 3). Das soll sich aus dem **Fairnessgrundsatz** ergeben, reicht aber kaum dazu aus, die richterliche Vorbeeinflussung infolge des Absprachenverfahrens im Anschluss an die Verdachtshypothese des Eröffnungsbeschlusses, die durch Vergleichsbereitschaft des Angeklagten und sein (unverwertbares) Geständnis noch potenziert wird, zu beseitigen. Fairness im Sinne der Ergebnisoffenheit eines neutralen Gerichts könnte den praktischen Erfahrungen zufolge (Schünemann StV 2000, 159 ff) allenfalls durch eine neue Hauptverhandlung mit anderen Richtern hergestellt werden (Weßlau StV 2006, 357, 359) und dies auch nur dann, wenn diese Richter nicht den gesamten Vorgang aus dem Verständigungsverfahren kennen würden. Der Gesetzgeber hat sich aber für ein Absprachenverfahren mit der minderen Absicherung durch ein Verwertungsverbot entschieden. Ein Widerspruch gegen die Verwertung des Geständnisses nach der richterrechtlichen Widerspruchslösung für Beweisverwertungsverbote (§ 257 StPO Rn 20 ff) ist hier nicht erforderlich. Die Rechtsfolge tritt nicht aufgrund einer Dispositionsentscheidung der Verteidigung, sondern **kraft Gesetzes** ein. Mit dem Verwertungsverbot soll ein Gegengewicht dafür geschaffen werden, dass dem Gericht relativ weit reichende Möglichkeiten zur Losung von der Absprache eingeräumt werden (Duttge FS Böttcher 2007, 53, 75; Weßlau FS Müller 2008, 779, 792; krit Graumann HRRS 2008, 122, 131, 133), insbesondere wenn das Prozessverhalten des Angeklagten nicht seiner Erwartung entspricht (Meyer-Goßner StPO Ergänzungsheft § 257 c Rn 28). Die Rechtsfolge erscheint – von ihrer verfahrenspsychologisch zu kurz greifenden Wirkung abgesehen – vor allem dann plausibel, wenn die Loslösung des Gerichts von der Verständigung damit begründet wird, dass das Geständnis wegen Abweichung von der Aktenlage unglaubhaft erscheint. In diesem Fall muss der wahre Sachverhalt aufgrund der Aufklärungspflicht des Gerichts (Abs 1 S 2) ohnehin mit den Mitteln des Strengbeweisverfahrens verbindlich geklärt werden. Auf den Geständnisinhalt kommt es dabei nicht an. Ein schlankes Geständnis erweist sich dann, wenn die Sache nach Wegfall der Verständigung im Ganzen neu geklärt werden muss, ebenfalls als bedeutungslos, weil es schon einer Aussageninhaltsanalyse oder einer Plausibilitäts- und Konstanzkontrolle nicht zugänglich ist, so dass seine Unverwertbarkeit keinen ernsthaften Verlust bedeutet. Ob die Kooperationsbereitschaft, die durch das unverwertbare Geständnis zum Ausdruck gekommen war, gleichwohl strafmildernd zu wirken hat, bleibt unklar (Hauer Die gescheiterte Urteilsabsprache 2004, 134 f). Wird nahezu jedem Geständnis „in dubio pro reo" ein Gehalt an Unrechtseinsicht und Reue zugebilligt, dann kann sogar das als Schuldbeweis unverwertbare Geständnis immer noch bei der Strafzumessung als Milderungsgrund zugunsten des Angeklagten kaum ignoriert werden. Ob das Verwertungsverbot daher praktisch nur ein **Belastungsverbot** oder aber eine absolute Größe sein soll, ist vom Gesetzgeber nicht geklärt worden. Ebenso ist der Fall der Urteilsaufhebung durch das Revisionsgericht wegen Nichteinhaltung einer Zusage in Abs 4 S 3 nicht geregelt; er dürfte aber dieselbe Rechtsfolge nach sich ziehen (Rn 49).

Das Verwertungsverbot hat vom Standpunkt der Rechtsprechung aus in der Regel **keine** 37
Folge- und **Fernwirkungen** zugunsten desselben Angeklagten (KMR/v. Heintschel-Heinegg StPO § 257 c Rn 52; Jahn/Müller NJW 2009, 2625, 2629; Meyer-Goßner StPO Ergänzungsheft § 257 c Rn 28). Damit wird das Verwertungsverbot teilweise entwertet (Fischer StraFo 2009, 177, 187). Es hindert den Angeklagten auch nicht daran, sich nochmals zur Sache einzulassen und dabei gegebenenfalls bestimmte Tatsachen einzuräumen. Für die Verwertung dieser Sacheinlassung ist keine „qualifizierte Belehrung" vorauszusetzen, denn die Belehrung nach Abs 5 klärt ihn schon vor Wirksamwerden der Verständigung über das Verwertungsverbot als Rechtsfolge einer Loslösung des Gerichts von seinen Zusagen auf. Die Bewertung des neuen Geständnisses bei der Strafzumessung nach einer fehlgeschlagenen Verständigung ist jedoch unklar. Auch dadurch zeigt sich erneut, wie problematisch die Sonderdotierung von Geständnissen im Rahmen von Absprachen ist.

38 **Im Verhältnis zu Mitangeklagten**, die nicht vom Wegfall der Verständigung betroffen sind, könnte das Geständnis, soweit es sie belastet, nach der „Rechtskreistheorie" verwertbar bleiben, weil ihnen gegenüber keine Verletzung eines Vertrauenstatbestands zu kompensieren ist (KMR/v. Heintschel-Heinegg StPO § 257 c Rn 52). Indes ist auch eine Wirkungserstreckung des Verwertungsverbots wegen des Gebots der Einheitlichkeit der Beweiswürdigung zu erwägen (Schwaben Die personelle Reichweite von Beweisverwertungsverboten 2005, 164 ff) und aus Gründen des Fairnessanspruchs des Mitangeklagten sogar nahe liegend. Überhaupt bleibt die Zusage einer Vergünstigung für eine drittbelastende Aussage problematisch (Rn 10). Abs 4 S 3 hat die Drittwirkung von Geständnis und Verwertungsverbot nicht geregelt, so dass auch insoweit Rechtsprechung und Lehre zur Problemlösung aufgefordert sind.

2. Wegfall sonstiger Zusagen der Verteidigung

39 Andere Folgen als die Unverwertbarkeit des Geständnisses nennt das Gesetz nicht ausdrücklich. Sie ergeben sich aber aus der Natur der Sache. Entfällt die Verständigung, dann ist ein Wohlverhalten des Angeklagten in der Weise, dass er auf Anträge, die nach der Strafprozessordnung zulässig sind, verzichtet hatte, nicht mehr aufgrund der Absprachenbedingungen erforderlich. Bisher unterlassene Prozesshandlungen können nun in zulässiger Weise nachgeholt werden (Huttenlocher Dealen wird Gesetz 2007 Rn 602). Aus zulässigem Prozessverhalten dürfen dem Angeklagten auch keine Nachteile entstehen.

III. Hinweispflicht des Gerichts

40 Das Gericht hat die Verfahrensbeteiligten unverzüglich darauf hinzuweisen, wenn es von seinen Zusagen abweichen will (Abs 4 S 4). Das ist ein Gebot der Fairness des Verfahrens, damit die Verfahrensbeteiligten sich auf die neue Prozesslage einstellen können (BT-Drs 16/11736, 13; Huttenlocher Dealen wird Gesetz 2007 Rn 598), und galt auch schon bisher (BGHSt 43, 195, 210; BGHSt 50, 40, 50; BGH NStZ 2005, 87 f). Ein – generell vorgeschriebener – Hinweis gegenüber dem verteidigten Angeklagten erscheint allenfalls dann im Sinne fehlenden Beruhens des Urteils auf einer Verletzung von Abs 4 S 4 entbehrlich, wenn nach der Verständigung eine Nachtraganklage zu einer anderen Tat im prozessualen Sinne erhoben und mit Einverständnis des Angeklagten in die Hauptverhandlung einbezogen wird, die noch nicht Gegenstand der Verständigung war (BGH StV 2009, 239, 241).

F. Belehrung des Angeklagten (Abs 5)

41 Der Angeklagte ist nach Abs 5 schon vor dem Wirksamwerden der Verständigung über die Voraussetzungen und Folgen einer Abweichung des Gerichtes von dem in Aussicht gestellten Ergebnis nach Abs 4 zu belehren (Meyer-Goßner StPO Ergänzungsheft § 257 c Rn 30). Er soll sich darauf einstellen können, bevor er der Verständigung zustimmt, wodurch die Absprache, wenn auch die Staatsanwaltschaft ihre Zustimmung erklärt, wirksam wird. Eine Belehrung ist entbehrlich, wenn der Angeklagte schon früher im Rahmen einer Erörterung nach § 202 a StPO, § 212 StPO und § 257 b StPO vom Gericht oder bei der Mitteilung der Vorgespräche durch den Verteidiger über die Modalitäten informiert wurde und auf eine Belehrung in der Hauptverhandlung verzichtete (Meyer-Goßner StPO Ergänzungsheft § 257 c Rn 30).

G. Protokollierung

42 Für das Verständigungsverfahren gilt die Protokollierungsregelung nach § 273 Abs 1 a StPO nF. Danach sind der wesentliche **Ablauf** und der **Inhalt** (krit Niemöller GA 2009, 172, 176) sowie das **Ergebnis** der Verständigung in das Protokoll der Hauptverhandlung aufzunehmen (§ 273 Abs 1 a S 1 StPO). Ein Vertrauenstatbestand wird erst geschaffen, wenn eine Zusage protokolliert ist (vgl Kuckein/Pfister FS 50 Jahre BGH 2000, 641, 660). Wirkliche und umfassende Transparenz wird durch die neuen gesetzlichen Protokollierungsgebote freilich entgegen der Intention des Gesetzgebers nicht hergestellt, solange nur Ergebnisse und nicht auch Inhalte von **Überlegungen zur Beweiswürdigung** und zur **Strafzumessung**

Gegenstand der Protokollierungspflichten sind. Es ist paradox, hier eine „Transparenz" durch Protokollierung zu versuchen, während allgemein Beweisinhalte derart von der Protokollierung ausgenommen werden, dass eine „Rekonstruktion der Hauptverhandlung" durch das Revisionsgericht immer noch als verboten gilt (BGHSt 43, 212, 213). Auch kann das Protokoll der Hauptverhandlung nur die „in" der Hauptverhandlung stattgefundenen Prozesshandlungen iSv § 274 StPO beweiskräftig belegen oder ausschließen, nicht aber das **Geschehen außerhalb der Hauptverhandlung** (BGH NStZ-RR 2007, 245; Schmitt GA 2001, 411, 423 f), in dem allein die Gründe für das später förmlich gebilligte Ergebnis erörtert werden. Anderseits besteht eine **„negative Protokollierungspflicht"** dahin, dass mitzuteilen und dies zu vermerken ist, wenn keine Verständigung stattgefunden hat (Martin Müller Probleme um eine gesetzliche Regelung der Absprachen im Strafverfahren 2008, 437). Ob das in der Praxis auf Verständnis stoßen und das Geschehen außerhalb der Hauptverhandlung, etwa einer rechtswidrigen Drohung mit der Sanktionsschere, zuverlässig dokumentieren oder verhindern wird, erscheint zweifelhaft. Das Protokoll beweist nach der gesetzgeberischen Idee jedenfalls, dass eine Verständigung „in" der Hauptverhandlung stattgefunden hat oder auch nicht, ferner dass und welche Äußerungen nach § 243 Abs 4 StPO stattgefunden haben. Eine inhaltlich exakte Wiedergabe aller Äußerungen kann nicht erwartet werden. Erst recht erscheint es ausgeschlossen, dass die Äußerungen außerhalb der Hauptverhandlung über die Mitteilung nach § 243 Abs 4 StPO und deren Protokollierung in der Hauptverhandlung transparent gemacht werden (vgl Lien GA 2006, 129, 134; Schmitt GA 2001, 411, 423 f). Inwieweit nachträgliche Berichtigungen oder Ergänzungen des Protokolls herbeigeführt werden können, ist vor diesem Hintergrund auch unklar. Jedenfalls muss ein Strafverteidiger im Unterlassungsfall schon aufgrund seiner Pflichten gegenüber dem Mandanten darauf dringen, dass eine Protokollierung stattfindet und diese das Geschehen möglichst weit gehend festhält. Hierdurch kann neuer Konfliktstoff entstehen, der das konsensuale Verfahren konterkariert.

Die Mitteilung nach Abs 4 S 4 im Fall der **Lösung des Gerichts von seinen Zusagen** bedarf – wie bisher (BGH NStZ 2003, 563, 564) – ebenfalls der Protokollierung. Ferner ist die **Belehrung** gemäß Abs 5 in das Protokoll aufzunehmen (§ 273 Abs 1 a S 2 StPO). Protokollierungspflichtig ist schließlich die gerichtliche Bekanntgabe einer Verständigungsmöglichkeit nach Abs 3 S 1 und zwar auch dann, wenn eine Verständigung nicht zustande kommt (§ 273 Abs 1 a S 3 StPO; KMR/v. Heintschel-Heinegg StPO § 257 c Rn 44). 43

H. Anfechtung

Ginge es um einen echten Vergleich im Strafprozess und wäre die Grundlage der Verurteilung der Konsens der Verfahrensbeteiligten, dann wäre die Zubilligung eines unbeschränkten Anfechtungsrechts paradox. Schon bei einer beschränkten Konsenslösung wäre auch eine Begrenzung der Anfechtungsmöglichkeiten zu erwarten gewesen. Davon hat der Gesetzgeber abgesehen. Er hat das Anfechtungsrecht der Verfahrensbeteiligten sogar aufgewertet, indem er es in § 302 S 2 StPO für unverzichtbar erklärt hat. Danach ist auch eine Verwirkung oder informelle Präklusion von Anfechtungsbefugnissen kaum noch begründbar. Die Anfechtungsmöglichkeiten sind freilich im Ganzen nicht auf die neue Verfahrensart abgestimmt, weil deren praktisch bestehende Systemwidrigkeit vom Gesetzgeber nicht anerkannt wird. Insoweit bleibt die Gesetzesnovelle bedenklich und auch vom gesetzgeberischen Standpunkt aus, der freilich seinerseits mit dem verfassungskräftigen Justizgewährungsanspruch unvereinbar erscheint, jedenfalls unproduktiv. Die Vereinbarung eines Rechtsmittelverzichts ist nun kraft Gesetzes unwirksam. Sie hat aber keinen weiter gehenden Einfluss auf die Wirksamkeit der Verständigung (vgl BGHSt 52, 165, 170 f). 44

I. Berufung

Die Berufung ist in den Fällen des § 312 StPO auch dann statthaft, wenn die Verurteilung in erster Instanz aufgrund einer Verständigung erfolgt war. Unbedingt zu beachten ist nur die Berufungsfrist, weil auch infolge der „qualifizierten Rechtsmittelbelehrung" nach § 35 a 45

StPO nun regelmäßig nicht mehr wegen einer Säumnis aufgrund des Vorliegens einer Verständigung eine Wiedereinsetzung in den vorigen Stand gegen eine Versäumung der Frist zur Einlegung des Rechtsmittels gewährt werden kann.

46 In der Sache führt die Berufung auch nach einer Verurteilung aufgrund einer Verständigung zur Eröffnung einer vollen neuen Tatsacheninstanz. Das Berufungsgericht ist an Zusagen des erstinstanzlichen Gerichts nicht gebunden. Es kann allerdings das absprachenkonforme Geständnis verwerten; Abs 4 S 3 greift nicht schon wegen der Rechtsmitteleinlegung ein. Die Verfahrensbeteiligten sind ebenfalls nicht aufgrund früherer Absprachenbedingungen und ihrer Zustimmung daran gehindert, in der neuen Tatsacheninstanz Prozesshandlungen vorzunehmen, auf die sie in der ersten Instanz absprachenkonform verzichtet hatten. Insbesondere besteht dort das Beweisantragsrecht uneingeschränkt.

II. Revision

47 Auch das Rechtsmittel der Revision ist uneingeschränkt zulässig, nachdem eine Verurteilung aufgrund einer Verständigung stattgefunden hat. Ohne wirksame Verständigung, etwa bei rein informellen Unterredungen, gilt auch das Verbot des Rechtsmittelverzichts nach § 302 S 2 StPO hingegen nicht (vgl nach bisherigem Recht BGH Beschl v 1. 4. 2008 – Az 4 StR 475/07). Das eröffnet Umgehungsmöglichkeiten. Das Rechtsmittel ist nun aber von Rechts wegen nur im Anschluss an ein Verständigungsverfahren unverzichtbar (§ 302 S 2 StPO) und es wird folglich nicht durch die Zustimmung des Angeklagten und der Staatsanwaltschaft zu dem gerichtlichen Vorschlag im Verständigungsverfahren verwirkt. Wie im konventionellen Strafverfahren zu beachten sind aber die Voraussetzungen der Form und Frist von Revisionseinlegung und -begründung. Namentlich bei Verfahrensbeanstandungen wegen Nichteinhaltung der Voraussetzungen für eine Verständigung oder wegen eines fehlgeschlagenen Verständigungsversuchs kommt den Substantiierungsanforderungen nach § 344 Abs 2 S 2 StPO weiter erhebliche Bedeutung für die Zulässigkeit bestimmter Verfahrensrügen zu. Die Anforderungen sind andererseits nicht zu überspannen (Detter Einführung in die Praxis des Strafzumessungsrechts 2009, VII. Kap 3. Teil Rn 52).

1. Sachbeschwerde

48 Die Revision führt aufgrund der Sachrüge auch nach einer Verständigung zur umfassenden Kontrolle des angefochtenen Urteils auf materiellrechtliche Fehler, soweit diese aus dem Text des schriftlichen Urteils hervorgehen. Das bezieht sich auf die **Tragfähigkeit der Feststellungen** für den Schuld- und Rechtsfolgenausspruch, die richtige Anwendung der materiellrechtlichen Vorschriften auf diesen Sachverhalt und das Fehlen von Rechtsfehlern bei der Beweiswürdigung und der Strafzumessung. Pauschale Mitteilungen im Urteil reichen danach auch hier nicht aus (BGH NStZ 2004, 493, 494). Ist das abgesprochene Urteil angefochten, dann muss das Tatgericht **Beweisgründe** für seine Tatsachenfeststellungen nennen und diese so erläutern, dass das Revisionsgericht prüfen kann, ob sie rechtsfehlerfrei sind. Das ist dann nicht der Fall, wenn dem Urteil ausschließlich ein schlankes Geständnis zugrunde gelegt wurde. Erforderlich ist, dass eine substantiierte Einlassung des Angeklagten vorhanden war oder ein schlankes Geständnis zumindest durch andere Beweise bestätigt und ergänzt wurde. Das muss aus dem Urteilstext erkennbar sein (BGH NStZ 2009, 467, 468), wobei andererseits eine vollständige Wiedergabe des Geständnisses nicht erforderlich ist. Dem Urteil muss jedoch zu entnehmen sein, dass das Tatgericht eine Glaubhaftigkeitsprüfung vorgenommen und sich von der Richtigkeit des Geständnisses überzeugt hat. Nimmt das Gericht widersprüchliche Angaben eines Angeklagten ohne weiteres hin, so kann daraus ein Sachmangel des Urteils resultieren (BGH wistra 2003, 351, 352, 353). Besteht die Verurteilungsgrundlage in dem Geständnis eines Mitangeklagten aufgrund einer zu dessen Gunsten getroffenen Verständigung, dann müssen auch das Zustandekommen und der Inhalt jener Verständigung erörtert werden (BGHSt 48, 161, 167, 168; BGHSt 52, 78, 83). Die Vereinbarung einer „Punktstrafe" bleibt rechtsfehlerhaft. Das Revisionsgericht kann aber unter den Voraussetzungen des § 354 Abs 1a S 1 StPO die Strafe selbst zumessen (BGHSt 51, 84, 86, 87 mAnm Streng JZ 2007, 154 ff).

2. Verfahrensbeanstandungen

In verfahrensrechtlicher Hinsicht bestehen nach der Gesetzesnovelle grundsätzlich auch nach einer wirksamen Verständigung **keine Beschränkungen des Revisionsrügerechts** der Verfahrensbeteiligten. Wird ein **Rechtsmittelverzicht** vereinbart, was schon bisher unzulässig war und nun durch § 302 S 2 StPO unterstrichen wird, dann folgt daraus vom Standpunkt der bisherigen Rechtsprechung aus nicht die Unwirksamkeit der Verständigung im Übrigen (BGHSt 52, 165, 170, 171), obwohl der Rechtsmittelverzicht aus der richterlichen und staatsanwaltschaftlichen Sicht zur Geschäftsgrundlage gehört. Der Wegfall dieses Teils beschwert aber den Angeklagten nicht. Revisionsrechtliche Regeln über die Anfechtung der Zustimmungserklärung, insbesondere des Angeklagten, wegen eines Irrtums oder wegen **Dissens** fehlen noch. Ein Geständniswiderruf als neue Beweistatsache kann nicht mit der Revision, sondern nur mit einem Wiederaufnahmeantrag nach § 359 Nr 5 StPO geltend gemacht werden. Als Verfahrensfehler gerügt werden kann insbesondere die **Nichteinhaltung einer bindend gewordenen Zusage**. Dabei sind die Fragen des Vorliegens eines Rechtsfehlers, des Beruhens des Urteils hierauf und die weiteren Folgen, namentlich die Unverwertbarkeit des absprachenkonformen Geständnisses nach einer Urteilsaufhebung und Zurückweisung der Sache von Fall zu Fall zu prüfen. Abs 4 S 3 regelt den Fall der Urteilsaufhebung nicht direkt; er könnte aber entsprechend zur Anwendung kommen, weil die Urteilsaufhebung wegen Nichteinhaltung einer Zusage dasselbe Gewicht wie eine Loslösung des Tatgerichts selbst besitzt.

Das Absprachenverfahren als solches rechtfertigt keine **Richterablehnung** (vgl BGH NStZ 2008, 172, 173), solange nicht durch bestimmte Äußerungen oder Handlungen deutlich wird, dass ein zur Mitwirkung an der Urteilsfindung berufener Richter sich vorzeitig endgültig festgelegt hatte (BGHSt 45, 312, 316 ff mAnm Kintzi JR 2001, 161, 162; Sinner StV 2000, 289 ff) oder eine Sanktionsschere eingesetzt hat (BGH NStZ 2008, 170, 171). Ein Ablehnungsgrund wegen Unfairness des Verfahrens kann sich auch aus einer gezielten Umgehung einzelner Verfahrensbeteiligter bei informellen Vorgesprächen ergeben (BGH NStZ 2003, 563).

Ob nach Inkrafttreten des Gesetzes über die Verständigung im Strafverfahren noch die Rechtsprechung aufrecht zu erhalten ist, die Rüge der fehlerhaften Zurückweisung einer Richterablehnung sei wegen widersprüchlichen Verhaltens **verwirkt** oder durch **Wegfall des Rechtsschutzinteresses** unzulässig geworden, wenn der Angeklagte nach Zurückweisung seines Ablehnungsgesuchs einem gerichtlichen Verständigungsvorschlag zugestimmt hat (BGH NJW 2009, 690, 691 mAnm Beulke/Witzigmann StV 2009, 394 ff; Ventzke HRRS 2009, 28 ff), erscheint fraglich. Tatsächlich wird das Ablehnungsbeschwerdeverfahren nach § 28 Abs 2 S 2 StPO durch das Gesetz in das Revisionsverfahren verschoben, so dass der Angeklagte mit dem abgelehnten Richter nach Zurückweisung seines Ablehnungsgesuchs zunächst nolens volens auskommen muss. Unterwirft er sich aufgrund der Verlockungen oder Drohungen im Absprachenverfahren und dem latenten Druck infolge eines – befristeten – Verständigungsangebots einem Vorschlag nach Abs 3 S 1, dann ist damit nicht die Besorgnis der Befangenheit ausgeräumt. Das Gegenteil kann gerade der Unterwerfungsgrund sein. Dies muss mit dem Rechtsmittel geltend gemacht werden können, wenn die Rechtsmittelbefugnis als solche unverzichtbar bleibt. Die Zustimmung zum Verständigungsangebot ist kein Vertrauensbeweis für den Richter, sondern sie kann darauf beruhen, dass ein günstigerer Prozessausgang mit dem abgelehnten Richter nicht mehr zu erwarten ist. Eine Heilung des Verstoßes gegen Art 101 Abs 1 S 2 GG findet nicht statt. Die sofortige Beschwerde gegen die Zurückweisung des Ablehnungsgesuchs kann daher nicht verwirkt sein. Macht der Angeklagte davon im Revisionsverfahren Gebrauch, so liegt auch kein Rechtsmissbrauch vor, sondern nur der Gebrauch des nach § 28 Abs 2 S 2 StPO vom Gesetz zurückgestellten Beschwerderechts.

Indes kann ein Ablehnungsgrund, der sich aus der Führung getrennter Sondierungsgespräche mit verschiedenen Verfahrensbeteiligten ergeben kann (zu restriktiv gegenüber „fortlaufenden" informellen Gesprächen des abgelehnten Richters mit jeweils verschiedenen Beteiligten außerhalb der Hauptverhandlung, BGH NStZ 2008, 229), im Einzelfall **durch klarstellende dienstliche Äußerungen geheilt** werden (BGH StV 2009, 393, 394).

Die Verfahrensabkürzung durch konsensuales Verhalten kann eine **Besetzungsreduktion** der großen Strafkammer nach § 76 Abs 2 GVG nur dann rechtfertigen, wenn sie zur Zeit der Eröffnungsentscheidung bereits konkret absehbar war (BGH Urt v 18. 6. 2009 – Az 3

StR 89/09). Aus dem Verständigungsverfahren können sich insoweit auch Anknüpfungspunkte für eine Besetzungsrüge im Sinne von § 338 Nr 1 StPO ergeben, die aber an das Vorschaltverfahren nach § 222 b StPO gebunden ist (§ 222 b StPO Rn 6).

52 Ist gegen den Angeklagten eine **Sanktionsschere** (Rn 14) eingesetzt worden, dann kann ein Beweisverwertungsverbot nach § 136 a Abs 3 StPO bezüglich des daraufhin abgelegten Geständnisses geltend gemacht werden (BGH NStZ 2008, 170, 171). Der Einsatz der Sanktionsschere kommt nicht selten vor (Altenhain/Hagemeier/Haimerl NStZ 2007, 71, 74). Wann genau ein solcher Fall bei erheblichen Strafmaßdifferenzen jedoch vorliegt, ist in der Rechtsprechung noch ungeklärt. Hier findet sich nur Kasuistik mit Evidenzfällen, aber keine fest umrissene Grenze des Zulässigen. Die Drohung mit der Prüfung der Sicherungsverwahrung für den Fall, dass kein Geständnis abgelegt wird, verstößt gegen § 136 a Abs 1 StPO (BGH NStZ 2005, 526). Eine generalisierende Rüge der **Verletzung des Fairnessgrundsatzes** wird von der Rechtsprechung hingegen mit Blick auf § 344 Abs 2 S 2 StPO nicht zugelassen, wenn nicht mit der Ablehnungsbeschwerde (§ 24 StPO, § 28 Abs 2 S 2 StPO, § 338 Nr 3 StPO) oder mit der Rüge der Verletzung von § 136 a StPO ein bestimmter Aspekt beanstandet und dies nach Maßgabe von § 344 Abs 2 S 2 StPO genau mit Prozesstatsachen erläutert wird (BGH NStZ 2009, 168).

53 Auch die **Aufklärungsrüge** wird dem Angeklagten nicht dadurch genommen, dass er im Verständigungsverfahren auf Beweisanträge verzichtet hat (Beulke/Witzigmann StV 2009, 394, 397). Die Aufklärungspflicht des Gerichts wird nach Abs 1 S 2 durch das Absprachenverfahren nicht aufgehoben. Wann genau sie im Verständigungsverfahren verletzt ist, bleibt aber wegen der Unvereinbarkeit von Konsens und Instruktionsmaxime unklar.

54 Ist eine **Verständigung fehlgeschlagen**, dann folgt der Revisionsangriff auf das Urteil den herkömmlichen revisionsrechtlichen Regeln. Solange eine Verständigung nicht im Sinne von Abs 3 wirksam zustande gekommen ist, besteht insoweit kein **Vertrauensschutz** (vgl BGH NStZ 2004, 342, 343; Detter Einführung in die Praxis des Strafzumessungsrechts 2009, VII. Kap 3. Teil Rn 41). Nach der Rechtsprechung ergeben sich aus dem Scheitern der Verständigung für sich genommen regelmäßig auch keine revisiblen Nachteile für den Angeklagten (BGHSt 49, 84, 89). Erforderlich ist in Fällen einer Lösung von einer wirksam herbeigeführten Verständigung ein Hinweis des Gerichts. Dieser kann aber im Einzelfall entbehrlich sein, wenn eine Veränderung der Lage offensichtlich ist, wie etwa bei der Einbeziehung einer Nachtragsanklage (BGH StV 2009, 239, 240, 241).

III. Antrag auf Wiederaufnahme des Verfahrens

55 Die Möglichkeit der Wiederaufnahme des Verfahrens propter nova nach § 359 Nr 5 StPO wird durch das Verständigungsverfahren nicht berührt (Schünemann Gutachten für den 58. DJT 1990, B 129). Eine solche Kontrollmöglichkeit ist auch nach Urteilsabsprachen rechtsstaatlich geboten, weil die Verständigung nichts daran ändert, dass das Strafurteil ein hoheitlicher Eingriff in Freiheit und Ehre ist, der einer andauernden Legitimation bedarf (Wasserburg/Eschelbach GA 2003, 335, 339 ff). Es gibt auch keinen **Verzicht** auf das Antragsrecht und eine **Verwirkung** lässt sich nicht begründen, solange mit Blick auf Abs 1 S 2 weiter nach der materiellen Wahrheit geforscht werden soll und das Strafurteil keine rechtsgestaltende Wirkung entfaltet. Der substantiierte **Geständniswiderruf** ist ein prinzipiell anerkannter Wiederaufnahmegrund (KG NStZ 2006, 468, 469, 470 mAnm König StraFo 2006, 170, 171; OLG Stuttgart NJW 1999, 375, 376; Eschelbach HRRS 2008, 190 ff; Hellebrand NStZ 2004, 413 ff; NStZ 2008, 374 ff; Marxen/Tiemann Die Wiederaufnahme in Strafsachen 2. Aufl Rn 24; Satzger in Bockemühl FA-Strafrecht 4. Aufl 8. Teil Kap 3 Rn 62; Wasserburg in Brüssow/Gatzweiler/Krekeler/Mehle Strafverteidigung in der Praxis 4. Aufl § 15 Rn 37). **Neu** sind darüber hinaus alle Tatsachen und Beweismittel, die nicht im Einklang mit § 261 StPO zum Gegenstand der Hauptverhandlung und der Urteilsberatung des Erstgerichts gemacht wurden. Der Akteninhalt verliert seine Eigenschaft als Novum nicht dadurch, dass der Vorsitzende und der Berichterstatter ihn außerhalb der Hauptverhandlung gesichtet hatten. Denn nur diejenigen Tatsachen und Beweismittel, die in der Urteilsberatung allen Richtern bekannt und präsent waren, sind nicht „neu" (Wasserburg in Brüssow/Gatzweiler/Krekeler/Mehle Strafverteidigung in der Praxis 4. Aufl § 15 Rn 95). Der Akteninhalt wird auch nicht durch einen Aktenvortrag in

der Urteilsberatung zum Gegenstand des Erkenntnisprozesses, soweit er nicht im Strengbeweisverfahren in die Hauptverhandlung eingeführt worden ist (§ 261 StPO). Auch insoweit ist die Gegenkontrolle des Geständnisses, das aufgrund der Verständigung abgelegt wurde, alleine anhand der Akten ungenügend. Wird diese Gegenkontrolle anhand der Akten im Rahmen einer Beweisantizipation im Aditionsverfahren wieder zum Prüfungsmaßstab für die Zulässigkeitsentscheidung nach § 368 Abs 1 StPO gemacht, so verletzt auch dies die überkommene Struktur des Strafverfahrens nach § 261 StPO. Es stellt sich in der Praxis freilich die Frage, ob ein substantiierter Geständniswiderruf und der Hinweis auf Entlastungsbeweise, die nicht förmlich Gegenstand der Hauptverhandlung geworden waren, im Sinne von § 359 Nr 5 StPO und § 368 Abs 1 StPO dazu **geeignet** sind, ein zulässiges Wiederaufnahmeziel zu erreichen. Sofern ausschließlich ein schlankes Geständnis zur Beweisgrundlage des Urteils gemacht wurde, könnte schon dessen Widerruf zur Herbeiführung einer Verfahrenswiederaufnahme genügen, weil es nach der Struktur des Strafverfahrens nicht zulässig ist, dass das Wiederaufnahmegericht im Aditionsverfahren im Rahmen einer Beweisantizipation die Beweisgrundlage des Urteils durch eine freibeweisliche Würdigung des Akteninhalts vollständig ersetzt (Schünemann Gutachten für den 58. DJT 1990, B 130). Die Rechtsprechung sieht das freilich bisher meist anders (BayVerfGH BayVBl 2003, 369, 370; LG Landau StV 2007, 237, 238, 239). Sie hält sich aber auch dabei nicht an das bisher zum Wiederaufnahmeverfahren geltende Gesetz.

IV. Verfassungsbeschwerde

Mit der Verfassungsbeschwerde können das Gesetz selbst und seine Auslegung und Anwendung im Einzelfall angegriffen werden. Zulässigkeitsvoraussetzung ist aber stets die Beachtung des Grundsatzes der **Subsidiarität**, der die vorherige Ausschöpfung aller Möglichkeiten zur Vermeidung oder Heilung einer Grundrechtsverletzung schon im fachgerichtlichen Ausgangsverfahren gebietet. Dazu gehört auch die Geltendmachung eines Verfassungsverstoßes zumindest in einer der fachgerichtlichen Instanzen, notfalls auch im Wege der Richterablehnung (vgl dazu in anderem Zusammenhang BVerfG NStZ 2000, 382, 383 mAnm Gieg/Widmaier NStZ 2001, 57 ff). Von diesem Blickwinkel aus kann sich ein Angeklagter, welcher dem Angebot des Tatgerichts zu einer Verständigung zugestimmt hat, kaum noch nachträglich mit einer zulässigen Verfassungsbeschwerde gegen das abgesprochene Urteil zur Wehr setzen. Das deutet allerdings auf einen Fehler im richterrechtlich erweiterten Verfassungsprozessrecht hin; denn **Freiwilligkeit** liegt nicht vor (Lien GA 2006, 129, 146) und die Rechtswegerschöpfung iSv § 90 Abs 2 BVerfGG durch Rechtsmitteleinlegung kann schließlich auch nach einer Verständigung herbeigeführt werden. Die Zustimmung des Angeklagten zum gerichtlichen Verständigungsangebot wird stets nolens volens nur als das kleinere Übel erteilt. Die Verurteilung bleibt aber ein Übel, das nach den gesetzgeberischen Überlegungen zu § 302 S 2 StPO anfechtbar bleiben soll. Dies kann im Verfassungsbeschwerde-Verfahren nicht dadurch konterkariert werden, dass unter der Flagge des über § 90 Abs 2 BVerfGG hinaus ausgedehnten Subsidiaritätsgrundsatzes alle Fälle der Verurteilung aufgrund einer zustande gekommenen Verständigung von der Möglichkeit der Urteilsverfassungsbeschwerde ausgenommen werden. Zulässigkeitsvoraussetzungen der Verfassungsbeschwerde (Lübbe-Wolf AnwBl 2005, 509 ff) sind neben der **Rechtswegerschöpfung** einschließlich des Anhörungsrügenverfahren (Desens NJW 2006, 1243 ff), der **Fristwahrung** nach § 93 Abs 1 BVerfGG für die Verfassungsbeschwerde nebst Begründung und Anlagen auch noch die Beachtung der **Substantiierungsgebote** aus § 23 BVerfGG und § 92 BVerfGG (Eschelbach/Gieg/Schulz NStZ 2000, 565 ff).

Gegen das Gesetz selbst könnten die Nichterfüllung des Justizgewährungsanspruchs (Art 2 Abs 2 S 2 GG iVm Art 20 Abs 3 GG, Art 19 Abs 4 GG), die fehlende Neutralität der absprachenbeteiligten Richter im Sinne einer Ergebnisoffenheit auch zur Schuldfrage (Art 92 GG, vgl Haas GS Keller 2003, 45, 65; Art 101 Abs 1 S 2 GG, Schünemann Gutachten für den 58. DJT 1990, B 119 f), die faktische Annullierung einer Mitwirkungsmöglichkeit der Schöffen (Art 101 Abs 1 S 2 GG; vgl König FS 25 Jahre Arbeitsgemeinschaft Strafrecht des DAV 2009, 623, 628 f; sa § 257 b StPO Rn 10), die Objektrolle des Angeklagten (Art 1 Abs 1 GG, vgl Wagner FS Gössel 2002, 585, 588), die fehlende Fairness des Verfahrens (Art 2 Abs 1 GG iVm Art 20 Abs 3 GG; vgl Lien GA 2006, 129, 132 f; Roxin/Schünemann Strafverfahrensrecht § 17 Rn 26 ff) angesichts der Unklarheiten um die Sanktionsschere im diffusen Strafzumessungsrecht sowie die Ungleichbehandlung (Art 3 Abs 1 GG) bei der Beschränkung des Verständigungsverfahrens auf willkürlich ausgewählte „geeignete Fälle" (Rn 1.5) eingewendet werden. Argumentativ markant wirkt die kategorische Verwerfung der Urteilsabsprachen durch den österreichischen OGH (JBl 2005, 127). Soweit es Richtern durch die vorliegende Vorschrift gestattet wird, neben dem gesetzlichen Strafrahmen, der im konventionellen Verfahren zu prüfen und anzuwenden ist, für den Verständigungsfall auch einen gerichtlichen Strafrahmen mit relativer Bindungswirkung vorzugeben, sind auch das für das materielle Strafrecht geltende Gesetzlichkeitsprinzip sowie das hieraus folgende Bestimmtheitsgebot (Art. 103 Abs 2 GG und Art 104 Abs 1 S 1 GG) verletzt, solange jedenfalls im Unklaren bleibt, welche strafzumessungsrechtliche Bedeutung das Geständnis hat und wann eine Sanktionsschere geöffnet wird. Jedoch sind die Erfolgsaussichten einer mittelbaren Rechtsnormverfassungsbeschwerde trotz der markanten Mängel des Gesetzes und der evident rechtsstaatswidrigen Praxis angesichts der bisher fehlenden oder durch Beschränkung auf Lobbybefragungen fehlerhaften empirischen Grundlagen nicht als allzu hoch einzuschätzen. **Gegen die Auslegung und Anwendung** der vorliegenden Vorschrift sind im Wesentlichen dieselben verfassungsrechtlichen Ansatzpunkte, diese aber in ihrer Umsetzung auf den Einzelfall und nach Maßgabe der vorgreiflich zu erhebenden Revisionsrügen, auszuschöpfen.

V. Menschenrechtsbeschwerde

58   Das Menschenrechtsbeschwerdeverfahren ist nach Erschöpfung des innerstaatlichen Rechtswegs (EGMR NJW 2001, 2387, 2389) der allerletzte Rechtsbehelf, der gegen eine Verurteilung herangezogen werden kann. Es kommt meist zu spät, weil wegen chronischer Überlastung des EGMR eine mehrjährige Verfahrensdauer üblich ist. Andererseits eröffnet das Beschwerdeverfahren nach Art 34 MRK immerhin eine Möglichkeit zur nachträglichen innerstaatlichen Rehabilitation im Einzelfall über § 359 Nr 6 StPO. Gerügt werden kann namentlich die Unfairness des Verfahrens, wobei freilich nur ein **im Ganzen unfaires Verfahren** vom Gerichtshof beanstandet wird (zum Maßstab in anderem Zusammenhang EGMR NStZ 2007, 103, 104; zur Entscheidungsbegründung EGMR NJW 1999, 2429 f; zum Gebot der effektiven Verteidigung EGMR NJW 1999, 2353, 2354; zur Nichtbeanstandung eines Strafbefehlsverfahrens EGMR NJW 1993, 717 m Sondervotum Walsh). Ein nahe liegender Beanstandungsgegenstand ist auch die **fehlende Neutralität** des Gerichts im Sinne von Art 6 Abs 1 S 1 MRK (zum Maßstab EGMR NJW 2006, 2901, 2903; NJW 2007, 3553, 3554), wenn Strafrichter schon lange vor Ende der Beweisaufnahme nur noch über die Rechtsfolgenfrage reden wollen und die Schuldfrage für indiskutabel halten. Die **Unschuldsvermutung** nach Art 6 Abs 2 MRK ist bisher freilich auch durch ein guilty plea nicht als verletzt angesehen worden (krit M. Müller Probleme um eine gesetzliche Regelung der Absprachen im Strafverfahren 2008, 166; Schünemann Gutachten für den 58. DJT 1990, B 94). Problematisch ist schließlich die Frage des Verzichts auf Teilhaberecht im konsensualen Verfahren, weil ein Verzicht auf Rechte aus Art 6 MRK prinzipiell möglich ist (näher Gaede Fairness als Teilhabe 2007, 739 ff).

I. Anwaltshaftung

59   Verteidiger im Absprachenverfahren sind „Doppelagenten" (Terhorst Diskussionsbeitrag zum 58. DJT 1990 Bd II L 82, 84 und GA 2002, 600, 607), die sich partiell der Kontrolle ihrer Tätigkeit durch den Mandanten entziehen, wenn sie sich in seiner Abwesenheit auf eine informelle Verhandlung einlassen (Wagner Diskussionsbeitrag zum 58. DJT 1990 Bd II L 87, 88). Sie befinden sich im Verständigungsverfahren in einer höchst problematischen Lage (Schünemann NJW 1989, 1895, 1899). Die „Formalisierung des Informellen" durch die vorliegende Vorschrift führt vor diesem Hintergrund zu einer Wiederbelebung der Frage einer Anwaltshaftung für Fehler bei der Verteidigung im Verständigungsverfahren (Bandisch AnwBl 2002, 44 f; Fahrendorf in Rinsche/Fahrendorf/Terbille Die Haftung des Rechtsanwalts 7. Aufl Rn 1652). Anspruchsgrundlage ist meist **§ 280 Abs 1 BGB**, biswei-

Hauptverhandlung § 257 c StPO

len auch § 280 Abs 3 BGB iVm § 281 BGB oder § 280 Abs 2 BGB iVm § 286 BGB (Schlecht Die zivilrechtliche Haftung des Strafverteidigers 2006, 5 ff). Das Haftpflichtrecht hält dem Verteidiger im konsensualen Verfahren einen Spiegel vor. Ein haftungsfreier Raum existiert nicht (Barton in Widmaier MAH Strafverteidigung § 57 Rn 5 ff; Fahrendorf in Rinsche/Fahrendorf/Terbille Die Haftung des Rechtsanwalts Rn 1647). Der Verteidiger trägt gerade im Absprachenverfahren ein Haftungsrisiko, das zur Vorsicht mahnt (Satzger in Bockemühl FA-Strafrecht 4. Aufl 8. Teil Kap 3 Rn 84).

Als Beispiel für die **Fehlentwicklungen der Praxis** und das Dilemma der Strafverteidiger **59.1** markant erscheint indes auch aus der haftungsrechtlichen Perspektive der von Sabine Rückert (Unrecht im Namen des Volkes 2007, 135 ff) geschilderte Fall. Dem unschuldigen Angeklagten wurde dort eine Vergewaltigung vorgeworfen, die er auf dem Beifahrersitz eines Toyota-Pkw begangen haben sollte. In der ersten Hauptverhandlung erreichte die Verteidigung die Durchführung des Versuchs einer Tatrekonstruktion mit dem Originalfahrzeug. Es ergab sich die Unmöglichkeit des geschilderten Geschehens unter Mitwirkung der beiden korpulenten Beteiligten. Das Gericht schlug daraufhin – grob pflichtwidrig – vor, der Angeklagte solle irgendetwas „Kleines" gestehen, wofür er mit einer Bewährungsstrafe belegt werde. Der Verteidiger riet wider besseres Wissen dazu, dieses Angebot anzunehmen. Der Mandant wies dies empört zurück, kündigte das Verteidigermandat und erreichte eine Aussetzung der Hauptverhandlung. In der neuen Hauptverhandlung wurde er jedoch ohne entsprechende Tatrekonstruktion zu einer mehrjährigen Freiheitsstrafe verurteilt, die auch vollstreckt wurde. Der Freispruch nach einer Wiederaufnahme des Verfahrens kam zu spät, um seine Verelendung zu verhindern. Der Verteidigervorschlag, den Deal anzunehmen, war also objektiv pflichtwidrig gewesen, er hätte aber die mehrjährige Freiheitsstrafenvollstreckung verhindert. Er war bei den durchgreifenden Zweifeln an der Schuld des Mandanten falsch, aber nicht kausal für den Schaden. Eine Haftung des Staates für einen grob fahrlässigen Umgang mit der Wahrheit besteht andererseits noch nicht (Bandisch AnwBl 2002, 44, 45; krit Erb FS Küper 2007, 29, 35). Es erscheint jedoch rechtsstaatswidrig, wenn alleine die Anwaltschaft in die Haftung genommen wird.

Der haftungsbegründende Tatbestand setzt die **schuldhafte Verletzung einer anwalt- 60 lichen Pflicht** voraus, die aus dem Geschäftsbesorgungsvertrag des Wahlverteidigers oder dem zumindest gesetzlichen Schuldverhältnis des gerichtlich bestellten Verteidigers zugunsten des Mandanten entsteht. Erforderlich sind ferner die **Verursachung eines Schadens** (zur Höhe der Geldstrafe bei Nichteinlassung zu den wirtschaftlichen Verhältnissen OLG Stuttgart OLG-Report Stuttgart 1999, 102, 103, 104) und dessen **haftungsrechtliche Zurechnung** zulasten des Strafverteidigers.

Zu den anwaltlichen **Pflichten** (Krause NStZ 2000, 225, 226 ff) gehört neben der **61** Beachtung ausnahmsweise bindender Weisungen (Schlecht Die zivilrechtliche Haftung des Strafverteidigers 2006, 40 ff) die **Prüfung der gesamten Sachlage** zunächst **anhand der Akten** des Strafverfahrens (Barton in Widmaier MAH Strafverteidigung § 57 Rn 22), gegebenenfalls auch anhand von Beiakten und Spurenakten, ferner mit Hilfe von Akten aus Vorermittlungsverfahren oder Parallelprozessen, deren Beiziehung durch das Gericht zu beantragen ist (Schlecht Die zivilrechtliche Haftung des Strafverteidigers 2006, 91). Von der Verpflichtung zur Sachverhaltsprüfung ist der Strafverteidiger keineswegs dadurch befreit, dass die Strafverfolgungsorgane ihrerseits den Sachverhalt von Amts wegen erforschen müssen und dabei auch entlastende Aspekte zu berücksichtigen haben (BGH AnwBl 1965, 118, 119 mAnm Ostler). Zusätzlich muss der Verteidiger aber **Angaben des Mandanten** im Rahmen einer Befragung im Innenverhältnis einholen (Barton in Widmaier MAH Strafverteidigung § 57 Rn 25). Der Mandant verletzt aus haftungsrechtlicher Sicht eine Obliegenheit, wenn er dem Verteidiger nicht die Wahrheit sagt oder wesentliche Aspekte verschweigt. Es ist jedenfalls eine anwaltliche Exploration erforderlich (zur **kriminologischen Exploration**, die durch einen kriminologischen Sachverständigen vertiefend angestellt werden kann, Göppinger/Bock Kriminologie § 16). Deren Ergebnisse sind aus haftungsrechtlicher Sicht auch vom Verteidiger mit dem Befund, wie er sich aus den Akten ergibt, abzugleichen und durch Fragen und Vorhalte zu überprüfen.

Weiter gehende Pflichten zur Sachverhaltsermittlung, die über die Aktensichtung und das **62** Mandantengespräch hinausgehen, bestehen im Allgemeinen nicht (Barton in Widmaier MAH Strafverteidigung § 57 Rn 26; Krause NStZ 2000, 225, 227). Sie können sich aber im Einzelfall bei sich aufdrängenden und für den Verteidiger **ohne Trübung einer Beweis-**

quelle möglichen Informationsbeschaffungsmaßnahmen ergeben (zur Notwendigkeit eigener Ermittlungen Neuhaus in Widmaier MAH Strafverteidigung § 15 Rn 12 ff). Im Übrigen ist der Verteidiger darauf angewiesen, durch Beweisanträge Beweiserhebungen der Strafverfolgungsorgane zu veranlassen (Schlecht Die zivilrechtliche Haftung des Strafverteidigers 2006, 95).

62.1 Die zum Teil propagierte anwaltliche These, dass der Verteidiger den Mandanten nicht zu genau zu befragen habe, um sich nicht „bösgläubig" zu machen und eine auf Freispruch gerichtete Verteidigung zu gefährden, ist aus haftungsrechtlicher Perspektive falsch. Auch der Verteidiger muss den Sachverhalt mit den verfügbaren und zumutbaren Mitteln so genau wie möglich erfassen; er darf sich nicht schon im Vorhinein auf eine wie auch immer definierte Konsensmaxime zurückziehen. Namentlich das Auslassen einer genauen Aktenlektüre ist ipso iure eine schuldhafte Pflichtverletzung.

63 Ferner ist eine **umfassende rechtliche Prüfung** geschuldet (Barton in Widmaier MAH Strafverteidigung § 57 Rn 27 ff; Schlecht Die zivilrechtliche Haftung des Strafverteidigers 2006, 101 ff), wobei die neue Gesetzeslage und zumindest einschlägige höchstrichterliche Rechtsprechung, ausnahmsweise auch obergerichtliche Judikatur, sowie mangels einer Klärung der aufscheinenden Rechtsfragen durch die Rechtsprechung sogar zentrale Literaturstellen zu berücksichtigen sind. Die Diskussion, welche Quellen, etwa nur amtliche Sammlungen oder bestimmte Fachzeitschriften, zu sichten sind, unterliegt angesichts der sich ausbreitenden Onlineveröffentlichungen einer Wandlung. Zu prüfen sind materiellrechtliche Aspekte zur Schuld- und zur Rechtsfolgenfrage, aber auch prozessrechtliche Aspekte, insbesondere zu Verfahrenshindernissen und Beweisverboten. Zumindest in Evidenzfällen gehört auch die Richterablehnung zum Prüfungspflichtprogramm, so etwa bei einer unzulässigen richterlichen Drohung mit der Sicherungsverwahrung im Rahmen eines Vorgesprächs (Barton in Widmaier MAH Strafverteidigung § 57 Rn 45).

64 Nach der Sachverhaltserfassung sowie der rechtlichen Prüfung hat der Verteidiger den Mandanten umfassend zu **informieren** und zu **beraten** (Barton in Widmaier MAH Strafverteidigung § 57 Rn 32 ff), namentlich über das Ob und Wie einer Sacheinlassung (Schlecht Die zivilrechtliche Haftung des Strafverteidigers 2006, 114 ff). Der Verteidiger hat mit dem Mandanten eine **Verteidigungsstrategie** abzusprechen, die ein Verteidigungsziel definiert und mögliche Wege dorthin aufzeigt. Es gilt haftungsrechtlich die **Vermutung des beratungsrichtigen Verhaltens** des Mandanten. Bei der Verteidigungsstrategie sind allerdings Beurteilungsspielräume vorhanden (Fahrendorf in Rinsche/Fahrendorf/Terbille Die Haftung des Rechtsanwalts 7. Aufl Rn 1648). In Zweifelsfällen über den richtigen Weg bleibt die Entscheidung dem umfassend informierten und beratenen Mandanten überlassen, der Weisungen erteilen (Krause NStZ 2000, 225, 229) oder dem Verteidiger freie Hand lassen kann. Die Verteidigungsstrategie ist sodann nach dem **Maßstab des „sichersten Weges"** (Barton in Widmaier MAH Strafverteidigung § 57 Rn 37; Schlecht Die zivilrechtliche Haftung des Strafverteidigers 2006, 122 f) gegenüber den Strafverfolgungsorganen umzusetzen. Werden **Beweisanträge** unterlassen, dann hat das Regressgericht autonom zu prüfen, ob ihnen stattzugeben gewesen wäre (Fahrendorf in Rinsche/Fahrendorf/Terbille Die Haftung des Rechtsanwalts 7. Aufl Rn 1650). Die konsensuale Vorgehensweise beim Verzicht auf Beweisanträge ist insoweit für den Verteidiger nicht ohne Risiko. Schon auf ein Sondierungsgespräch mit der Staatsanwaltschaft und dem Gericht darf er sich nicht einlassen, bevor er den Anklagevorwurf tatsächlich und rechtlich geprüft, sowie zusätzlich den Mandanten befragt und informiert sowie die Strategie mit ihm entwickelt und abgesprochen hat. Bei einer Rückmeldung der Justiz in informellen Gesprächen ohne Beteiligung des Mandanten ist dessen Unterrichtung geboten, wobei namentlich die **Prozessaussichten** mit und ohne Konsens mitzuteilen sind, soweit sie den richterlichen Äußerungen entnommen werden können (Schlecht Die zivilrechtliche Haftung des Strafverteidigers 2006, 117). Über strafrechtliche Risiken und **außerstrafrechtliche Nebenfolgen** im Fall einer Zustimmung zu der offerierten Verständigung oder bei deren Ablehnung ist der Mandant nach bestem Wissen und Gewissen des Verteidigers zu beraten. Auch auf die **Rechtsmittelmöglichkeiten** und deren begrenzte Aussichten ist zutreffend hinzuweisen. Von erkennbar aussichtslosen Rechtsmitteln ist eher abzuraten (vgl bei zivilrechtlichem Vorprozess OLG Koblenz NJW-RR 2006, 1358, 1359, 1360; Urt v 26. 6. 2006 – Az 12 U 1017/05) oder jedenfalls auf die durchweg geringe Erfolgsquote hinzuweisen.

Eine im Sinne von § 276 BGB **schuldhafte Pflichtverletzung**, die zu einer vermeidbaren Verurteilung, einem zu hohen Strafausspruch, einer vermeidbaren Maßregelanordnung oder einer vermeidbaren oder zu hohen Bewährungsauflage führt, kann dadurch auch einen **Schaden** im haftungsrechtlichen Sinne **verursachen**. Der Schaden ist nach der Differenzhypothese festzustellen (Barton in Widmaier MAH Strafverteidigung § 57 Rn 60; Schlecht Die zivilrechtliche Haftung des Strafverteidigers 2006, 170 ff). Er kann namentlich in Haftsachen **Verdienstausfall** und auch ein **Schmerzensgeld** (KG NJW 2005, 1284, 1285 mAnm Barton StV 2005, 450, 451) umfassen. Letzteres wird nach Aufhebung von § 847 BGB aF auch bei Vertragspflichtverletzungen gemäß § 253 Abs 2 BGB geschuldet (Fahrendorf in Rinsche/Fahrendorf/Terbille Die Haftung des Rechtsanwalts 7. Aufl Rn 1651) und es macht den Haftpflichtprozess bedeutsam. Eine Geldstrafe oder Geldbuße ist unmittelbar als Vermögensschaden zu werten (Krause NStZ 2000, 225, 229). Dieser Schaden ist dem Verteidiger in Fällen einer Fehlentscheidung aufgrund einer anwaltlichen Pflichtverletzung jedenfalls dann **zuzurechnen**, wenn es um Aspekte geht, die das Gericht nach Erläuterungen in Vorgesprächen oder Hinweisen beim Verständigungsangebot in der Hauptverhandlung erkennbar übersehen hat oder die für das Gericht nicht erkennbar waren, wohl aber für den Verteidiger. Der Verteidiger wird auch nicht durch Fehler anderer Verfahrensbeteiligter oder des Gerichts entlastet. Er hat vielmehr eine Fehlerverhütungspflicht (Krause NStZ 2000, 225, 232). Die zentrale Frage der Anwaltshaftung für einen Fehler bei der Strafverteidigung ist der Nachweis der **Kausalität** für eine gerichtliche Entscheidung zum Nachteil des Mandanten. Im Ansatz trägt dafür der Anspruchsteller die Darlegungs- und Beweislast. Ihm können dabei nach umstrittener Rechtsansicht aber Erleichterungen zugute kommen (Barton in Widmaier MAH Strafverteidigung § 57 Rn 76 ff), die sich gegebenenfalls aus einer besseren Kenntnis der Sachlage aus der Perspektive des Verteidigers ergeben. Diese liegen namentlich mit Blick auf informelle Sonderungsgespräche des Verteidigers mit Richtern oder Staatsanwälten in Abwesenheit des Mandanten nahe, soweit dafür keine Transparenz über § 243 Abs 4 StPO und § 273 Abs 1 a StPO hergestellt wurde. Die Kausalitätsfeststellung erfordert den Vergleich des tatsächlichen Prozessgeschehens mit dem hypothetischen Kausalverlauf im Falle der Vermeidung der Pflichtverletzung (Schlecht Die zivilrechtliche Haftung des Strafverteidigers 2006, 188 ff). 65

Das Regressgericht hat im Anwaltshaftungsprozess grundsätzlich selbst zu befinden, wie im Ausgangsverfahren ohne den Fehler „richtig" zu entscheiden gewesen wäre (Barton in Widmaier MAH Strafverteidigung § 57 Rn 68; Fahrendorf in Rinsche/Fahrendorf/Terbille Die Haftung des Rechtsanwalts 7. Aufl Rn 1641). Es ist also ein **hypothetischer Inzidentprozess** erforderlich (Krause NStZ 2000, 225, 233 f), bei dem das Strafverfahren innerhalb des zivilrechtlichen Parteienprozesses nochmals durchgespielt wird. Es erfolgt dabei eine Rekonstruktion der Hauptverhandlung, wobei nun die Parteimaxime den Rahmen bildet und die Rollen vertauscht sind. Der beklagte Strafverteidiger verteidigt das Strafurteil. Der Haftpflichtprozess kann auch aus der Sicht des Wiederaufnahmerechts erhebliche neue Erkenntnisse ergeben, wenn ein Fehlurteil vorliegt. 66

Die Möglichkeit einer brauchbaren haftungsrechtlichen Entscheidung ist bisher bei einem strafrechtlichen Ausgangsverfahren deshalb meist verneint worden, weil bei der „freien" richterlichen Beweiswürdigung (§ 261 StPO) und bei der Strafzumessung (§ 46 StGB) erhebliche **Beurteilungs- oder Ermessensspielräume** bestehen. Diese Freiräume, die in einem Regressprozess angeblich kaum zu überbrücken sind (Zwiehoff StV 1999, 555 ff; dagegen Fahrendorf in Rinsche/Fahrendorf/Terbille Die Haftung des Rechtsanwalts 7. Aufl Rn 1645), werden inzwischen dadurch verengt, dass als notwendige objektive Beweisgrundlage für den Schuldspruch heute objektive Befunde von solchem Beweisgewicht vorausgesetzt werden, dass daraus die **objektiv hohe Wahrscheinlichkeit der Schuld** zu entnehmen ist (BGH NJW 1999, 1562, 1564). Der objektive Beweisbefund ist nach Maßstäben der Wahrscheinlichkeitsberechnung (Geipel Handbuch der Beweiswürdigung 2008, 136 ff) auch für ein Regressgericht taxierbar. Es findet eine „Verwissenschaftlichen" statt, die mit Hilfe kriminologischer oder aussagepsychologischer Kriterien vorangetrieben werden kann. Die gegebenenfalls objektiv hohe Wahrscheinlichkeit als **Beweismaß** gilt im strafprozessualen Revisionsverfahren als nachprüfbar; dann kann sie aber auch von einem Regressgericht nachvollzogen werden. 66.1

Bei der **Strafzumessung** wird die bisher betonte „Spielraumtheorie" dadurch eingeengt, dass erstens das Gericht bei der Verständigung nun einen „**Strafrahmen**" ankündigen kann, der für den 66.2

Fall der Einhaltung der Absprachenbedingungen der Schuld angemessen sein soll. Ferner ist auch eine Strafzumessungsentscheidung nach § 354 Abs 1a StPO sogar durch das Revisionsgericht möglich. Auch das deutet darauf hin, dass entweder die Spielraumtheorie bereits zugunsten einer Theorie von der „**Punktstrafe**" aufgegeben ist oder jedenfalls der „Spielraum" für eine schon und noch der Schuld angemessene Strafe nun zumindest wesentlich enger zu definieren ist, als es bisher angenommen wurde. Das Urteilsabsprachenverfahren ist mit der Spielraumtheorie unvereinbar (Hauer Geständnis und Absprache 2007, 101 ff). Vor diesem Hintergrund ist auch in einem Regressprozess wesentlich eher als es bisher angenommen wurde feststellbar, ob das absprachenkonform ergangene Urteil aus der Sicht eines Regressgericht dann, wenn der anwaltliche Pflichtverstoß nicht erfolgt wäre, für den Mandanten günstiger ausgefallen wäre.

66.3 Der Paradefall des anwaltlichen Versäumnisses im Verständigungsverfahren, das insofern rechtsunkundige Strafgericht auf die **beamtenrechtliche Folge** des Ausscheidens aus dem Dienst (OLG Düsseldorf NJW-RR 1999, 785 ff mAnm Jahn StV 2000, 431 ff) oder die Folge des Wegfalls der Versorgungsansprüche eines Beamten nach § 59 BeamtVG bei einer absprachentypischen Freiheitsstrafe von zwei Jahren mit Bewährung hinzuweisen, kann daher durchaus zugunsten des Mandanten zu entscheiden sein (OLG Nürnberg StV 1997, 481 mAnm Barton StV 1998, 606 f; dazu Schlecht Die zivilrechtliche Haftung des Strafverteidigers 2006, 236 ff). Auf eine Umkehr der Beweislast kommt es dabei nicht unbedingt an, sondern vielmehr auf eine autonome Entscheidung des Regressgerichts (Fahrendorf in Rinsche/Fahrendorf/Terbille Die Haftung des Rechtsanwalts 7. Aufl Rn 1643 ff). Wenn in casu die konsensual verhängte zweijährige Freiheitsstrafe mit Strafaussetzung zur Bewährung ohne Rücksicht auf die gravierende Folge des Verlusts aller Versorgungsbezüge angemessen gewesen wäre, wogegen aber die im Rahmen einer Sanktionsschere geäußerte Ausgangserwartung einer Freiheitsstrafe von drei Jahren und sechs Monaten ohne den Deal sprechen könnte, dann wäre sie es nicht mehr, weil dabei der anerkannte Strafmilderungsgrund im Sinne von § 46 Abs 1 S 2 StGB unbeachtet geblieben war.

§ 258 [Schlussvorträge]

(1) Nach dem Schluß der Beweisaufnahme erhalten der Staatsanwalt und sodann der Angeklagte zu ihren Ausführungen und Anträgen das Wort.

(2) Dem Staatsanwalt steht das Recht der Erwiderung zu; dem Angeklagten gebührt das letzte Wort.

(3) Der Angeklagte ist, auch wenn ein Verteidiger für ihn gesprochen hat, zu befragen, ob er selbst noch etwas zu seiner Verteidigung anzuführen habe.

Überblick

Die im Hinblick auf weitere Verfahrensbeteiligte unvollständig formulierte Vorschrift befasst sich mit den Schlussvorträgen der Anklagebehörde und der Verteidigung in einem materiell verstandenen Sinn. Die begriffliche Unterscheidung nur zwischen dem Staatsanwalt und dem Angeklagten mit ihren Rederechten folgt aus der kontradiktorischen Struktur der Hauptverhandlung, welche mit der Hervorhebung dieser beiden Verfahrensbeteiligten betont wird. Es ist aber anerkannt, dass auch der in Abs 1 und Abs 2 nicht gesondert erwähnte Verteidiger, der nicht in jedem Fall notwendigerweise an der Hauptverhandlung teilnehmen muss, gegebenenfalls aus eigenem Recht einen Schlussvortrag halten kann. Vor allem der Gewährung rechtlichen Gehörs, aber auch der Verbesserung der gerichtlichen Sachverhaltserforschung soll es dienen, wenn beide Seiten nach Schluss der Beweisaufnahme zu dem gesamten Prozessstoff, der Gegenstand der Hauptverhandlung war, zusammenfassend Stellung nehmen können, auch wenn bereits zuvor zu den Einzelheiten jeweils Äußerungsrechte nach § 257 StPO bestanden hatten. Damit soll auf die Gesamtwürdigung aller Tatsachen und Beweise sowie auf die rechtliche Wertung des Gerichts im Ganzen Einfluss genommen werden können. Ein Richter darf diesem Einfluss nicht dadurch ausweichen, dass er weghört oder sich anderweitig beschäftigt. Aus Gründen der Fairness des Verfahrens soll der Angeklagte stets das letzte Wort haben, selbst wenn der Staatsanwalt in einer Erwiderung oder der Verteidiger bei einem Plädoyer zuvor nochmals Äußerungen gemacht hatten.

Übersicht

	Rn		Rn
A. Normzweck	1	VI. Missbrauch des Rederechts	15
B. Schluss der Beweisaufnahme	2	D. Replik des Staatsanwalts und Duplik der Verteidigung	16
I. Beendigung	2		
II. Wiedereröffnung und erneute Schließung	3	E. Letztes Wort des Angeklagten	19
		I. Worterteilung und Befragung	19
C. Ausführungen und Anträge	8	II. Protokollierung	23
I. Gegenstand und Form der Ausführungen	8	III. Äußerungsinhalt	24
II. Äußerungsberechtigte	10	F. Berücksichtigung der Schlussvorträge und des letzten Wortes des Angeklagten durch das Gericht	26
III. Reihenfolge der Schlussvorträge	12		
IV. Verpflichtung zum Schlussvortrag	13		
V. Vorbereitung	14	G. Revision	28

A. Normzweck

Die Bestimmung ist eine Ausprägung des Anspruchs der Verfahrensbeteiligten auf **recht-** 1 **liches Gehör** gem Art 103 Abs 1 GG (BVerfGE 54, 140, 141 f), wobei aber die Staatsanwaltschaft eigentlich nicht Trägerin des Prozessgrundrechts ist, welches als Abwehrrecht des Bürgers gegen den Staat nur diesem und nicht auch einer staatlichen Behörde zusteht. Insoweit geht das einfache Recht über das grundrechtsgleiche Recht hinaus. Die vorliegende Vorschrift gestaltet die Art und Weise der abschließenden Gehörsgewährung durch Regeln über die **Reihenfolge der Schlussvorträge** und die als besonders wichtig eingeschätzte Bestimmung, dass dem Angeklagten **das letzte Wort** gebührt. Weil für den Angeklagten in der Sache viel auf dem Spiel steht, soll er im Verfahren nicht dadurch übervorteilt werden, dass die letzte Äußerung von Seiten der Anklagebehörde oder des Nebenklägers stammt. Die letzte Äußerung zur Sache vor der anschließenden Urteilsberatung besitzt dabei angeblich einen Vorteil, weil sie die relativ größte Wirkung auf den anschließenden Meinungsbildungsprozess des Gerichts zu entfalten scheint. Das hat sich aber in Experimenten aufgrund von „Ankereffekten" als falsch erwiesen (Englich in Volbert/Steller [Hrsg] Handbuch der Rechtspsychologie 2008, 486, 491). Der somit nur fiktive Vorteil des Schlusswortes ist alleine bei einem **mündlichen Vortrag** gegeben, weshalb die Schlussvorträge und das letzte Wort des Angeklagten auch von einer Anordnung der schriftlichen Antragstellung nach § 257a StPO nicht erfasst werden (BT-Drs 12/6853, 34). Nur die Schlusserklärung ist inhaltlich umfassend, weshalb sie bei der Äußerung nach einzelnen Beweiserhebungen nicht vorweggenommen werden darf (§ 257 Abs 3 StPO).

B. Schluss der Beweisaufnahme

I. Beendigung

Die Norm knüpft an den Schluss der Beweisaufnahme an, der weder als solcher im Gesetz 2 definiert noch sonst besonders geregelt ist. Eine förmliche Beendigung der Beweisaufnahme wird dem Gericht nicht vorgeschrieben. Ein Gerichtsbeschluss über die förmliche Schließung der Beweisaufnahme erscheint unangebracht (OLG Köln NJW 1954, 46). Die Schließung kann daher durch ausdrückliche Verfügung des Vorsitzenden erfolgen, aber auch **konkludent** damit zum Ausdruck gebracht werden, dass in irgendeiner Weise klargestellt wird, das Gericht werde keine weiteren Beweise erheben oder sonstige Prozesshandlungen vor der Urteilsberatung mehr durchführen (KMR/Stuckenberg StPO § 258 Rn 2). Ist die Beweisaufnahme in diesem Sinne geschlossen, dann sind **Äußerungen**, die danach noch von einem Zeugen **unaufgefordert** gemacht werden, unbeachtlich. Sie können dem Gericht aber von Amts wegen oder auf Anregung eines Verfahrensbeteiligten Anlass dazu bieten, erneut in die Beweisaufnahme einzutreten. Den Maßstab dafür liefert die Aufklärungspflicht iSv § 244 Abs 2 StPO. Eine neue **Äußerung des Angeklagten zur Sache**, welche die erste

Sacheinlassung oder eine Änderung oder Ergänzung der bisherigen Einlassung darstellt, zwingt zu einer Erörterung im Rahmen der wieder zu eröffnenden Beweisaufnahme. Das gilt vor allem für ein Geständnis, das von dem Angeklagten nach Schluss der Beweisaufnahme abgelegt wird.

II. Wiedereröffnung und erneute Schließung

3   Der zunächst erklärte Schluss der Beweisaufnahme steht einem anschließenden Wiedereintritt in die Beweisaufnahme nicht entgegen. Dieser Wiedereintritt kann vom Gericht von Amts wegen **bis zum Abschluss der Urteilsbegründung** angeordnet werden, wenngleich die Verfahrensbeteiligten nur bis zum Beginn der Urteilsverkündung darauf Anspruch erheben können (BGHSt 21, 118, 123, 124; SK-StPO/Schlüchter StPO § 258 Rn 7; KK-StPO/ Schoreit StPO § 258 Rn 27; KMR/Stuckenberg StPO § 258 Rn 2). Der Wiedereintritt in die Beweisaufnahme ist erforderlich, wenn sich nachträglich ergibt, dass entgegen der ursprünglichen Annahme doch noch **Beweiserhebungsakte oder sonstige Prozesshandlungen** erforderlich sind, wie rechtliche Hinweise nach § 265 Abs 1 StPO (BGHSt 22, 278, 280; BGH NStZ 1993, 551; auch auf eine Nebenfolge, OLG Brandenburg NStZ 2008, 586) oder die Bescheidung eines Beweisantrages (BGH NStZ 1998, 26, 27). In solchen Fällen ist die aktuelle Maßnahme – Schlussvortrag, Urteilsberatung oder Urteilsverkündigung – zu unterbrechen und die Sachverhandlung neu zu eröffnen. Eine **Teileinstellung der Verfahrens nach § 154 StPO** durch Beschluss vor der Urteilsverkündung stellt jedoch keinen Wiedereintritt in die Sachverhandlung dar (BGH NJW 2001, 1222, 1223; NJW 2001, 2109, 2110 mAnm Julius NStZ 2002, 104, 105; Ingelfinger JR 2002, 120, 121; offen gelassen BGH NStZ 1999, 244, 245; NStZ 1999, 257; **aA** für Teileinstellung nach einem Hilfsbeweisantrag BGH NStZ 1983, 469). Eine **Verfahrensabtrennung** kann dagegen ein Anlass sein, dem Angeklagten erneut das letzte Wort zu gewähren (BGHR StPO § 258 Abs 3 Wiedereintritt 4).

4   Wurde wieder in die Sachverhandlung eingetreten, dann müssen die Verfahrensbeteiligten nach deren erneuter Schließung Gelegenheit zu ihren Ausführungen und Anträgen im Ganzen erhalten (KK-StPO/Schoreit StPO § 258 Rn 23), ohne dass es darauf ankommt, wie weit die Plädoyers vor dem Wiedereintritt in die Beweisaufnahme bereits gediehen waren und in welchem Umfang danach die Beweisaufnahme und die Erörterung der Sache ergänzt wurde (BGHSt 22, 278, 279 = NJW 1979, 473; SK-StPO/Schlüchter StPO § 258 Rn 3). Ein besonderer Hinweis des Gerichts an die Verfahrensbeteiligten auf die Möglichkeit der Ergänzung der bisherigen Ausführungen ist nicht erforderlich (BGHSt 20, 273, 274; BGHSt 22, 278, 279). **Der Angeklagte** muss aber **erneut das letzte Wort** erhalten (BGHSt 48, 181, 182; BGH NStZ-RR 2001, 372; NStZ-RR 2002, 71; NStZ 2003, 371; Rübenstahl GA 2004, 33 ff) und zwar **ausdrücklich** (BGH NStZ 1987, 36) sowie unter **Hinweis** des Gerichts (BGHSt 13, 53, 59; BGHSt 22, 273, 274) **zum Verfahren im Ganzen**, selbst wenn die zwischenzeitliche Fortführung der Beweisaufnahme nur einen Teilaspekt betroffen hatte (BGHSt 20, 273, 274; BGHSt 22, 278, 280; BayObLGSt 2001, 105 ff). Die vorliegende Vorschrift ist also nochmals anzuwenden, weil die abgebrochenen Schlussvorträge des ersten Umlaufs ihren Charakter als Schlussvorträge verloren haben, indem danach erneut verhandelt wurde.

5   **Schließung, Wiedereröffnung und erneute Schließung der Beweisaufnahme** können jeweils ausdrücklich angeordnet oder konkludent erklärt werden. Jede Betätigung, die einen objektiven Willen des Gerichts zur Fortführung der Untersuchung oder zur Vornahme einer für die Endentscheidung relevanten eigenen Prozesshandlung erkennen lässt, reicht zur Annahme der Wiedereröffnung der Beweisaufnahme aus (SK-StPO/Schlüchter StPO § 258 Rn 4). Die bloße **Entgegennahme von Beweisanträgen** ist hingegen kein Fall des Wiedereintritts in die Beweisaufnahme (BGH NStZ 1986, 182; NStZ-RR 1999, 14; NStZ 2004, 505, 507). Auch Hinweise des Vorsitzenden an den Plädierenden, um eine zweckmäßige Gestaltung des Vortrags herbeizuführen, sind kein Wiedereintritt in die Verhandlung (BGH Beschl v 13. 10. 1992 – Az 5 StR 476/92).

6   **Bereits gestellte Anträge** aus den anfänglichen Schlussvorträgen vor der Wiedereröffnung der Beweisaufnahme, insbes Hilfsbeweisanträge, **behalten jedoch ihre Wirksamkeit** (Löwe/Rosenberg/Gollwitzer StPO § 258 Rn 9). Sie müssen nicht erneut gestellt werden. Das Gericht darf sie daher nicht übergehen.

Hauptverhandlung § 258 StPO

Inhaltliche **Wiederholungen** in den neuen Schlussvorträgen sind unvermeidlich und 7 hinzunehmen; das Gericht darf sie nicht unterbinden. Für die Äußerungsberechtigten empfiehlt es sich oftmals sogar nochmals neu anzusetzen, weil die Gesamtschau mehr ist als nur die Summe der Einzeläußerungen.

C. Ausführungen und Anträge
I. Gegenstand und Form der Ausführungen

Die Verfahrensbeteiligten dürfen sich nach Abs 1 **in tatsächlicher und rechtlicher** 8 **Hinsicht** Ausführungen zur Sache machen und Anträge stellen. Dazu ist ihnen vom Gericht von Amts wegen das Wort zu erteilen (Meyer-Goßner StPO § 258 Rn 7; KK-StPO/Schoreit StPO § 258 Rn 4) und die **Redezeit** grundsätzlich nicht zu beschränken (RGSt 54, 57, 58; Löwe/Rosenberg/Gollwitzer StPO § 258 Rn 43; SK/Schlüchter StPO § 258 Rn 14; KMR/Stuckenberg StPO § 258 Rn 23).

Ausführungen sind von den Verfahrensbeteiligten grundsätzlich **mündlich** zu machen. 9 Das Mündlichkeitsprinzip steht allerdings der Verlesung eines schriftlich ausgearbeiteten Plädoyers nicht entgegen (BGHSt 3, 368, 369; Meyer-Goßner StPO § 258 Rn 12). Auch können Modelle, Skizzen sowie andere **Augenscheinsobjekte** zur Verdeutlichung in den mündlichen Vortrag einbezogen werden, was sich etwa in Verkehrsunfallsachen anbietet. Allein die Überreichung eines Schriftsatzes reicht dagegen als Ersatz für einen Schlussvortrag nicht aus, weil dadurch das Mündlichkeitsprinzip nicht gewahrt wird. Die **Ausführungen** haben sich auf den **Prozessstoff** zu konzentrieren. Sachfremde Äußerungen sind unzulässig und können unterbunden werden (Rn 15). Dagegen ist es nicht ausgeschlossen, Randaspekte zu betonen. Auch **verhandlungsfremder Stoff** kann erörtert werden (SK-StPO/Schlüchter StPO § 258 Rn 13; aA Löwe/Rosenberg/Gollwitzer StPO § 258 Rn 18), wenn sich daraus Ansätze für eine Ergänzung der Beweisaufnahme oder Informationen ergeben, die im Freibeweis für prozessuale Fragen verwendet werden können. Die **Anträge** der Verfahrensbeteiligten können prozessualer Natur sein, etwa in Form von Hilfsbeweisanträgen oder Anträgen auf Einstellung des Verfahrens wegen eines Prozesshindernisses, oder sich auf die Sache selbst beziehen, indem Freisprechung oder eine bestimmte Verurteilung mit einem näher benannten Schuld- und Rechtsfolgenausspruch beantragt wird. Die Ausführungen dazu können Feststellungen, Beweisgründe, Rechtsausführungen der Schuldfrage und Strafzumessungserwägungen betreffen, also alle prospektiven Urteilsgründe.

II. Äußerungsberechtigte

Das Äußerungsrecht gilt nach Abs 1 für den **Staatsanwalt** (Nr 138 RiStBV, Nr 139 10 RiStBV) und für den **Angeklagten**, nach dem Hinweis in Abs 3 natürlich auch für den **Verteidiger**, wenn ein solcher an der Hauptverhandlung teilnimmt, ferner nach § 397 Abs 1 StPO für den **Nebenkläger**, im Privatklageverfahren gem § 385 Abs 1 S 1 für den **Privatkläger** und Widerkläger (§ 388 StPO), ferner für **Einziehungs- und Verfallsbeteiligte** (§ 433 Abs 1 StPO, § 441 Abs 3 StPO, § 442 Abs 1, Abs 2 S 1 StPO; BGHSt 17, 28, 32), für **Vertreter einer juristischen Person** oder Personengesellschaft (§ 444 Abs 2 StPO) sowie deren **Verfahrensbevollmächtigte** (§ 378 StPO, § 397 Abs 1 StPO, § 434 StPO). Im Verfahren gegen Jugendliche können auch **die gesetzlichen Vertreter oder Erziehungsberechtigten** einen Schlussvortrag halten (§ 67 Abs 1 JGG, § 194 Abs 1 Nr 9 JGG; KMR/Stuckenberg StPO § 258 Rn 11). Ihr Recht auf das letzte Wort als Vertreter des Angeklagten kommt hinzu (Rn 19).

Das Gesetz nennt zunächst in Abs 1 und Abs 2 nur den Staatsanwalt und den Angeklagten 11 als Äußerungsberechtigte. Das greift aber zu kurz, denn **der Verteidiger** hat unabhängig vom Angeklagten ein **eigenes Rederecht** (KG NStZ 1984, 523; Meyer-Goßner StPO § 258 Rn 5; SK-StPO/Schlüchter StPO § 258 Rn 9). Er darf dabei bis zur Grenze der Strafvereitelung einseitig für den Angeklagten argumentieren. Er ist eigenverantwortlicher Fürsprecher, aber nicht Stellvertreter des Angeklagten. Deshalb wäre eine Auslegung der vorliegenden Vorschrift dahin, dass Abs 1 den Verteidiger nicht betrifft, mit Art 12 Abs 1 GG, Art 2 Abs 1 GG und Art 6 Abs 3 lit c MRK unvereinbar. Eine solche Interpretation wäre aber auch sonst nicht angezeigt, weil Abs 3 mit seiner Parenthese unterstreicht, dass

Eschelbach

StPO § 258

dem Verteidiger dieselben Äußerungsrechte nach Abs 1 zustehen, wie dem Angeklagten und dem Staatsanwalt und ihm mit der Worterteilung an den Angeklagten zugleich das Wort erteilt wird, wenn er für den Angeklagten sprechen will (RGSt 42, 51, 52 f; Löwe/Rosenberg/Gollwitzer StPO § 258 Rn 12). Erscheint der Verteidiger erst verspätet nach den Schlussvorträgen der anderen Verfahrensbeteiligten, aber noch vor der Urteilsverkündung in der Hauptverhandlung, so ist ihm auf seinen Antrag noch das Wort zu erteilen (OLG Hamm NJW 1970, 1696). Der Angeklagte muss auch danach wiederum das letzte Wort erhalten.

III. Reihenfolge der Schlussvorträge

12   Offen bleibt bezüglich der in Abs 1 nicht erwähnten Verfahrensbeteiligten die Reihenfolge der Schlussvorträge, die nach dem Gesamtzusammenhang der Regelung aus Gründen der Zweckmäßigkeit ohne rechtliche Bindung dahin zu klären ist, dass zuerst der Staatsanwalt und gegebenenfalls der Nebenkläger, dann der Verteidiger und schließlich der Angeklagte und sein gesetzlicher Vertreter sprechen sollen (KMR/Stuckenberg StPO § 258 Rn 15). Der Staatsanwalt hat hiernach ein Erwiderungsrecht gem Abs 2, das anschließend ein neues Äußerungsrecht für den Verteidiger und für den Angeklagten eröffnet. Bei mehreren Staatsanwälten, mehreren Verteidigern und mehreren Angeklagten ist **nach Prozessrollen** vorzugehen. Also reden zuerst alle Staatsanwälte und Nebenkläger, dann alle Verteidiger, zuletzt alle Angeklagten und gesetzlichen Vertreter. Die Reihenfolge unter den Rednern mit gleicher Prozessrolle ist von Rechts wegen beliebig. Aus Fairnessgründen sollte das Gericht es den Verfahrensbeteiligten überlassen, wer von den Beteiligten mit gleichartiger Prozessrolle zuerst redet (AK/Dästner StPO § 258 Rn 11). Sonst bestimmt der Vorsitzende die Reihenfolge (RGSt 57, 265, 266).

IV. Verpflichtung zum Schlussvortrag

13   **Der Angeklagte** kann sich auch hinsichtlich der Schlussausführungen redend oder schweigend verteidigen. Er muss also keinen Schlussvortrag halten. **Privat- und Nebenkläger** müssen sich nicht äußern; sie können insbes dem Gericht die Entscheidung anheimstellen. Die **Staatsanwaltschaft** hat aufgrund ihrer Stellung im Offizialverfahren hingegen die prozessuale Pflicht, Schlussausführungen (Nr 138 RiStBV, Nr 139 RiStBV) zu machen und einen Antrag zu stellen (BGH NStZ 1984, 468; OLG Zweibrücken StV 1986, 51; Löwe/Rosenberg/Gollwitzer StPO § 258 Rn 16; Häger GS Meyer 1990, 171, 176; Meyer-Goßner StPO § 258 Rn 10; SK-StPO/Schlüchter StPO § 258 Rn 15; KK-StPO/Schoreit StPO § 258 Rn 8). Dabei muss es sich aber nicht notwendigerweise um einen Sachantrag handeln (OLG Stuttgart NStZ 1992, 98, 99; KMR/Stuckenberg StPO § 258 Rn 20). Der **Verteidiger** kann für den Angeklagten sprechen, er muss dies aber im Außenverhältnis nicht tun (Löwe/Rosenberg/Gollwitzer StPO § 258 Rn 17; Meyer-Goßner StPO § 258 Rn 11), denn der Angeklagte hat schließlich auch das Recht sich selbst zu verteidigen. Indes gehört es zu den wesentlichen Aufgaben des Verteidigers, das Verhandlungsergebnis aus seiner Sicht in einem Schlussvortrag zusammenfassend zu würdigen (OLG Köln NStZ 1991, 248, 249, 250). Ob der Verteidiger vor diesem Hintergrund eine schuldrechtliche Pflicht verletzt, wenn er kein Plädoyer hält und keinen Antrag stellt, ist zunächst eine Frage des Innenverhältnisses im Mandat. Eine staatliche Qualitätskontrolle der Verteidigung findet grundsätzlich nicht statt, sie kann nur in Ausnahmefällen eines offenkundigen Versagens aufgrund des Rechts des Angeklagten auf wirkliche Verteidigung nach Art 6 MRK gefordert werden (Gaede Fairness als Teilhabe 2007, 271 ff). Daher liegt es nahe anzunehmen, dass das völlige Schweigen des gerichtlich bestellten Verteidigers in einem komplizierten Fall ein Anlass ist, einen anderen Verteidiger zu bestellen statt einfach weiter zu verhandeln (SK-StPO/Schlüchter StPO § 258 Rn 18). Das Schweigen des Wahlverteidigers ohne Beanstandung durch den Angeklagten dürfte eher taktisch motiviert und daher hinzunehmen sein.

V. Vorbereitung

14   Das Gericht muss für alle Verfahrensbeteiligten angemessene Voraussetzungen dafür schaffen, dass sie einen Schlussvortrag in der Weise, wie sie ihn für sachdienlich erachten, halten können. Sie sollen in die Lage versetzt wird, mit ihren Ausführungen und Anträgen auf den

Ausgang des Verfahrens größtmöglichen Einfluss zu nehmen. Dazu kann insbes gehören, dass das Gericht dem Redner Gelegenheit gibt, sich auf den Schlussvortrag während eines angemessenen Zeitraums vorzubereiten. Ob aber von ihm erwartet werden darf, dass er ohne längere Vorbereitung plädiert, hat das Gericht nach pflichtgemäßem Ermessen aufgrund der Umstände des jeweiligen Verfahrens zu beurteilen (KG NStZ 1984, 523, 524). Reicht die dem Verteidiger vom Gericht eingeräumte Vorbereitungszeit nicht aus, dann muss er das Gericht darauf aufmerksam machen (BGH NStZ 2005, 650).

VI. Missbrauch des Rederechts

Im Fall eines Missbrauchs des Äußerungsrechts hat der Vorsitzende einzuschreiten, indem 15 er den Verfahrensbeteiligten zunächst abmahnt, danach im Wiederholungsfall des Missbrauchs durch weitschweifige sachfremde Äußerungen die Redezeit begrenzt und dem Plädierenden zuletzt als ultima ratio das Wort entzieht (Löwe/Rosenberg/Gollwitzer StPO § 258 Rn 42; SK-StPO/Schlüchter StPO § 258 Rn 20; KK-StPO/Schoreit StPO § 258 Rn 10). Das kommt in Betracht bei sachfremden Äußerungen, bei Bemerkungen zu Beweisen, die einem Verwertungsverbot unterliegen, bei ehrverletzenden Äußerungen oder bei unnötig wiederholenden und weitschweifigen Ausführungen (BGHSt 3, 368, 369; Meyer-Goßner StPO § 258 Rn 16; KK-StPO/Schoreit StPO § 258 Rn 9).

D. Replik des Staatsanwalts und Duplik der Verteidigung

Die **Staatsanwaltschaft** plädiert regelmäßig zuerst. Daher räumt ihr das Gesetz nach 16 Abs 2 Hs 1 die Möglichkeit zur Erwiderung auf nachfolgende Äußerungen anderer Verfahrensbeteiligter ein. Das soll ihr im kontradiktorischen Verfahren Gelegenheit geben, die nur oder anders von der Gegenseite interpretierten Aspekte aus ihrer Sicht zu erläutern oder Aspekte, die in ihrem Schlussvortrag zunächst übersehen oder übergangen wurden oder erstmals im Schlussvortrag eines anderen Verfahrensbeteiligten auftauchen, aufzugreifen.

Auch dem **Nebenkläger** steht gem § 397 Abs 1 S 3 StPO, § 258 Abs 2 StPO das Recht 17 auf Erwiderung zu (BGHSt 28, 272, 274; BGH NJW 2001, 3137 f; Löwe/Rosenberg/Gollwitzer StPO § 258 Rn 25; SK/Schlüchter StPO § 258 Rn 21; KK-StPO/Schoreit StPO § 258 Rn 13; KMR/Stuckenberg StPO § 258 Rn 37). Dasselbe gilt im Privatklageverfahren naturgemäß für den Privatkläger (§ 385 Abs 1 S 1 StPO).

Eine Erwiderungsregelung für den Angeklagten und den Verteidiger fehlt im Gesetz. 18 Abs 2 weist nur auf die Notwendigkeit hin, dass der Angeklagten auch nach der staatsanwaltschaftlichen Erwiderung stets das letzte Wort haben muss. Das Gesetz verhält sich auch hier – wie in Abs 1 – wiederum nicht zum **Äußerungsrecht der Verteidigung**, zumal immerhin das letzte Wort ohnehin dem Angeklagten zusteht. Ergänzt man die Norm aber in Abs 1 und Abs 2 jeweils mit Blick auf Abs 3 um einen Zusatz für den Verteidiger, dann steht der Verteidigung in einem materiell verstandenen Sinn nach der Erwiderung der Staatsanwaltschaft auch erneut das Wort zu einer Duplik zu (Meyer-Goßner StPO § 258 Rn 18; SK-StPO/Schlüchter StPO § 258 Rn 22), die wiederum ein Erwiderungsrecht der Staatsanwaltschaft auslöst. Die Schlussvorträge können also **mehrfach ergänzt** werden, dies freilich nur, wenn es um einen neuen Aspekt geht (KMR/Stuckenberg StPO § 258 Rn 38). Ebenso oft, wie der Staatsanwalt zur Erwiderung das Wort erhält, muss es anschließend dem Angeklagten und seinem Verteidiger gewährt werden (BGH NJW 1976, 1951).

E. Letztes Wort des Angeklagten
I. Worterteilung und Befragung

Dem Angeklagten gebührt **stets zusätzlich** zu den Erklärungsrechten nach § 257 StPO 19 und § 258 Abs 1 StPO (Gubitz/Bock JA 2009, 136 ff) das letzte Wort als höchstpersönliches Recht, auch wenn er während der Hauptverhandlung zum Teil nicht **anwesend** gewesen war, aber nach Schluss der Beweisaufnahme präsent ist (BGH NStZ 1986, 372; NJW 1990, 1613, 1614; NStZ 1996, 612 mAnm Eisenberg/Düffer JR 1996, 80 ff; OLG Hamm NStZ-RR 2001, 334, 335). Die Vorschrift dient dazu, dem Angeklagten die Möglichkeit zu geben, seinen Standpunkt unmittelbar vor der Beratung und Verkündung des Urteils darlegen zu können

(BGH StraFo 2009, 109). Das letzte Wort muss dem Angeklagten dazu **von Amts wegen ausdrücklich erteilt** werden. Es ist die umfassendste Äußerungsmöglichkeit des Angeklagten in der Hauptverhandlung (Hammerstein FS Tröndle 1989, 485, 487, 488). Sie gilt im Verfahren gegen einen Jugendlichen gegebenenfalls auch für seinen **anwesenden gesetzlichen Vertreter** (BGH NStZ 1985, 230; NStZ 1999, 426, 427; NStZ 2000, 553 mAnm Eisenberg NStZ 2001, 334, 335; BayObLG StV 2001, 173), dem das Wort von Amts wegen zu erteilen ist (BGHSt 21, 288, 289; BGH NStZ 2000, 435, 436; NStZ-RR 2008, 291), soweit diesem nicht aufgrund von § 67 Abs 4 JGG als Mitangeklagten das letzte Wort für den Jugendlichen entzogen ist. Die Reihenfolge der Äußerung von Angeklagtem und gesetzlichen Vertreter ist unerheblich (RGSt 57, 265, 266; KMR/Stuckenberg StPO § 258 Rn 40; **aA** Meyer-Goßner StPO § 258 Rn 21; KK-StPO/Schoreit StPO § 258 Rn 20), weil beide dieselbe Prozessrolle verkörpern. Das letzte Wort des Angeklagten ist aber rechtlich – nicht psychologisch (Rn 1) – bedeutsamer als das letzte Wort von Nebenbeteiligten, so dass der Angeklagte insoweit das allerletzte Wort erhalten muss (KK-StPO/Schoreit StPO § 258 Rn 18).

20 Die gesonderte **Befragung des Angeklagten** oder eines dem Angeklagten gleich gestellten Nebenbeteiligten (BGHSt 17, 28, 32) **gem Abs 3**, ob er noch etwas zu seiner Verteidigung auszuführen habe, ist ihrerseits ein höchstpersönliches Recht, das unabhängig vom Schlussvortrag des Verteidigers besteht. Der Verteidiger hat kein letztes Wort aus eigenem Recht; der Angeklagte kann aber sein Recht auf ein letztes Wort durch den Verteidiger wahrnehmen lassen (BGHSt 18, 84, 86; KMR/Stuckenberg StPO § 258 Rn 40). Die Befragung dazu ist allerdings nicht stets neben der Erteilung des letzten Wortes erforderlich, insbes dann nicht, wenn klar ist, dass der Angeklagte die Bedeutung der Erteilung des Wortes als abschließende Äußerung kennt. Der Sinn des Abs 2 besteht darin sicherzustellen, dass der Angeklagte als letzter Verfahrensbeteiligter Ausführungen machen und Anträge stellen kann. Dies betrifft das Verhältnis des Angeklagten und seines Verteidigers zum Staatsanwalt und einem etwaigen Nebenkläger. Abs 3 will demgegenüber sicherstellen, dass der Angeklagte persönlich auch dann als Letzter zu Wort kommt, wenn für ihn ein Verteidiger aufgetreten ist und die Schlussanträge gem Abs 1 gestellt und begründet hat (BGHSt 17, 28, 33; BGHSt 18, 184, 86; BGHSt 22, 273, 275). Er regelt also das Verhältnis zwischen dem Angeklagten und seinem Verteidiger bei der gemeinsamen Abwehr der Anklage. Hat der Angeklagte keinen Verteidiger, dann kommt Abs 3 nicht zur Anwendung (KMR/Stuckenberg StPO § 258 Rn 45). Aus allem folgt, dass dem Gesetz genügt ist, wenn dem Angeklagten einmal als Letztem der Verfahrensbeteiligten Gelegenheit gegeben wird, selbst noch etwas zu seiner Verteidigung vorzubringen. Das muss auch nicht mit den Worten des Abs 3 geschehen, wenn die übrigen Verfahrensbeteiligten und namentlich der Angeklagte selbst unmissverständlich erkennen, dass der Angeklagte nunmehr das Recht hat, sich als Letzter abschließend zur Sache zu äußern (BGHSt 18, 84, 86, 87).

21 Dass dem Angeklagten Gelegenheit gegeben wurde, **Ausführungen zu seiner Verteidigung** zu machen, reicht nicht zugleich als Gewährung des letzten Wortes aus. Die Gelegenheit zur Äußerung zur Sache ist ihm zwar nicht nur im Rahmen des letzten Wortes, sondern zuvor bereits nach Abs 1 zu gewähren. Zur Wahrnehmung des letzten Wortes muss dem Angeklagten aber darüber hinaus auch deutlich gemacht werden, dass er nun als Letzter spricht. Eine nicht erkennbare Erteilung steht der Nichterteilung des letzten Wortes gleich. Die Rechtsprechung verlangt eine strenge Differenzierung zwischen Gelegenheit zu Ausführungen und Gewährung des letzten Wortes (OLG Hamburg StV 2005, 205, 206; OLG Hamm StV 2000, 298).

22 Alle **Bemerkungen anderer Verfahrensbeteiligter** mit anderer Prozessrolle, außer denjenigen von Mitangeklagten, eröffnen auch das Gebot der (erneuten) Gewährung des letzten Wortes an den Angeklagten. Erwidert also etwa der Verteidiger eines Mitangeklagten, so ist **dem Angeklagten erneut das letzte Wort zu erteilen** (BGHSt 48, 181, 182).

II. Protokollierung

23 Ob der Angeklagte das letzte Wort hatte, ist anhand des Protokolls der Hauptverhandlung festzustellen (BGHSt 13, 53, 59; BGHSt 22, 278, 280), soweit dieses nicht lückenhaft oder unklar erscheint (BGH StV 1999, 585). Der Protokollvermerk, nach dem der Angeklagte Gelegenheit zu Ausführungen und Anträgen gem Abs 1 hatte, belegt im Regelfall umgekehrt, dass er nicht gesondert das letzte Wort hatte (BGH StV 1999, 5). Die Protokollvermerke über die Worterteilung an verschiedene Prozessbeteiligte sind der **Auslegung**

zugänglich (BGHSt 13, 53, 59; BGH NStZ 2005, 280, 281; krit KMR/Stuckenberg StPO § 258 Rn 52). Haben die Angeklagten nach Wiedereintritt in die Beweisaufnahme und vorher bereits erfolgter Gewährung eines Schlusswortes erneut „das Wort zum Schlussvortrag" erhalten, so ist kann dadurch auch die rechtlich gesonderte Gelegenheit zum letzten Wort als belegt gelten (BGH NStZ-RR 2005, 259 f).

III. Äußerungsinhalt

Der Angeklagte hat mit dem letzten Wort die weitestgehende Verteidigungsfreiheit (BGHSt 9, 77, 79; BGH StV 1985, 355 f; KK-StPO/Schoreit StPO § 258 Rn 21); er kann sich auch inhaltlich vom Verfahrensgegenstand entfernen. Er soll und muss im „letzten Wort" jedoch nicht nochmals zu allen tatsächlichen und rechtlichen Aspekten Stellung nehmen und Anträge formulieren; das ist Sache der Äußerung nach Abs 1. Auf eine abschließende Äußerung kann der Angeklagten auch verzichten. Ein **Verzicht** liegt aber nur vor, wenn er im vollen Bewusstsein seiner ihm durch den gerichtlichen Hinweis unzweifelhaft erkennbar gemachten Befugnis zu einer umfassenden Äußerung zu erkennen gibt, dass er sich nicht mehr äußern will (BGHSt 20, 273, 275). Der Angeklagte kann sich bei einer Äußerung ferner auf eine **Unschuldsbeteuerung** beschränken, die durchaus potenziell sachentscheidungserheblich sein kann und deshalb von Rechts wegen auch Gegenstand der Urteilsberatung sein muss (BGH StV 2006, 399, 400). Er kann andererseits auch noch im letzten Wort ein **Geständnis** ablegen, das materiell **Beweismittelqualität** hat und auch dann noch ein **Strafmilderungsgrund** sein kann (allgemein Hauer Geständnis und Absprache 2007, 81 ff). Die Äußerung im letzten Wort ist deshalb gegebenenfalls ebenso wie die Sacheinlassung bei der Vernehmung nach § 243 Abs 4 StPO **im Urteil zu erörtern** (Eisenberg Beweisrecht der StPO Rn 887). Jede neue Äußerung über Tatsachen zum historischen Geschehen gibt als **Einlassungsergänzung** dem Gericht wiederum formal einen Anlass dazu, entweder aufgrund der Aufklärungspflicht gem § 244 Abs 2 StPO erneut in die Sacherörterung und Beweisaufnahme einzutreten oder aber zur Gehörsgewährung gem Art 103 Abs 1 GG und aus Fairnessgründen zumindest die anderen Verfahrensbeteiligten dazu anzuhören (Löwe/Rosenberg/Gollwitzer StPO § 258 Rn 6). Danach gebührt dem Angeklagten gegebenenfalls erneut das letzte Wort. Das wirkt umständlich, funktioniert aber in der Praxis in aller Regel durchaus.

Nur dann, wenn der Angeklagte sich **zu sachfremden Themen** äußert, sich mehrfach wiederholt oder durch mutwillige Weitschweifigkeiten sein Äußerungsrecht missbraucht, kann ihm das **Wort entzogen** werden (RGSt 64, 57, 58). Keinesfalls darf das Verteidigungsmittel des letzten Wortes nur zur Erleichterung oder Beschleunigung des Verfahrens abgeschnitten werden (BGHSt 9, 77, 80).

F. Berücksichtigung der Schlussvorträge und des letzten Wortes des Angeklagten durch das Gericht

Art 103 Abs 1 GG gebietet es dem Gericht nicht nur, den Verfahrensbeteiligten Gelegenheit zur Äußerung zu geben. Das Gericht hat ihre Äußerungen in den Schlussvorträgen und beim letzten Wort auch zur Kenntnis zu nehmen und bei der Entscheidungsfindung in Betracht zu ziehen (Löwe/Rosenberg/Gollwitzer StPO § 258 Rn 46). Damit ist es nicht zu vereinbaren, wenn der Richter während der Schlussvorträge bereits die Urteilsformel aufschreibt oder sich anderen Tätigkeiten hingibt, die dazu führen, dass er die Schlussvorträge und das letzte Wort des Angeklagten nicht mehr wahrnimmt und ernsthaft in Betracht zieht (SK-StPO/Schlüchter StPO § 258 Rn 11). Das Rechtsschutzmittel der Verfahrensbeteiligten hiergegen ist ein Ablehnungsgesuch nach § 24 StPO, sodann aber auch die Verfahrensrüge nach § 261 StPO, § 337 StPO und die Gehörsrüge nach Art 103 Abs 1 GG (zu Unrecht im Ergebnis anders BGHSt 11, 74, 75 f).

Eine Vor- und **Zwischenberatung der Sache** vor Abschluss der Schlussvorträge und des letzten Wortes ist nicht ausgeschlossen, sofern das Endergebnis der abschließenden Urteilsberatung vorbehalten bleibt (BGHSt 17, 337, 339; Löwe/Rosenberg/Gollwitzer StPO § 258 Rn 50; SK-StPO/Schlüchter StPO § 258 Rn 11; KMR/Stuckenberg StPO § 258 Rn 9). Sie erscheint auch in Punktesachen unverfänglich und in Großverfahren praktisch unumgänglich. Gleichwohl liegt darin ein gewisser Widerspruch zum Prinzip der Gesamtwürdigung aller Tatsachen und Beweise (§ 261 StPO Rn 10) und eine Reduzierung der Ergebnisoffenheit des Gerichts.

G. Revision

28   Die Verletzung der vorliegenden Vorschrift ist ein revisibler Verfahrensfehler (BGH StraFo 2009, 109). Gegen eine rechtsbeschränkende Verfügung des Vorsitzenden ist zunächst der **Zwischenrechtsbehelf nach § 238 Abs 2 StPO** zu ergreifen (KG NStZ 1984, 523, 524). Das gilt aber nicht, wenn der Verfahrensfehler darin besteht, dass dem Verfahrensbeteiligten nicht das Wort erteilt wurde (Löwe/Rosenberg/Gollwitzer StPO § 258 Rn 55; KK-StPO/Schoreit StPO § 258 Rn 35). Bleibt auch der Zwischenrechtsbehelf ohne Erfolg, dann ist der Angriff auf das Urteil mit der gem **§ 344 Abs 2 S 2 StPO** näher zu begründenden Verfahrensrüge gem § 258 StPO, § 337 StPO, § 338 Nr 8 StPO eröffnet. Der Revisionsführer muss dazu den Verfahrensgang möglichst genau darstellen. Welche Äußerungen gegenüber dem Tatgericht infolge des Verfahrensfehlers unterblieben sind, muss nicht unbedingt angegeben werden, sollte aber vorsorglich mitgeteilt werden, weil sich zumindest die Beruhensprüfung darauf konzentrieren kann (BGHSt 22, 278, 282; Löwe/Rosenberg/Gollwitzer StPO § 258 Rn 59). Ein Verfahrensfehler liegt vor, wenn einem Verfahrensbeteiligten auf erklärten Wunsch keine Möglichkeit zum Schlussvortrag erteilt wurde, wenn der Angeklagte nicht darauf hingewiesen wurde, dass ihm das letzte Wort zusteht oder wenn ihm oder seinem gesetzlichen Vertreter oder einem Einziehungsbeteiligten das letzte Wort nicht erteilt wurde. Auch eine nicht wegen Missbrauchs gerechtfertigte Beschränkung des Rederechts kann die Verfahrensrüge begründen. Schließlich kann gerügt werden, dass keine genügende Gelegenheit zur Vorbereitung des Schlussvortrags gewährt wurde (KG NStZ 1984, 523, 524).

29   Der Angeklagte kann rügen, dass ihm selbst oder seinem Verteidiger gar keine oder keine ausreichende Gelegenheit zur Äußerung gegeben wurde. Nicht erfolgreich rügen kann er eine **Verletzung eines Mitangeklagten** oder dessen Verteidiger in seinem Äußerungsrecht (Löwe/Rosenberg/Gollwitzer StPO § 258 Rn 56). Hingegen kann es als Verstoß gegen das Fairnessgebot geltend gemacht werden, wenn die Staatsanwaltschaft keinen Schlussvortrag hält.

30   Ein Verstoß gegen die vorliegende Vorschrift zwingt im Allgemeinen nur dann zur Aufhebung des Urteils, wenn es auf ihm beruht, wenn also nicht ausgeschlossen werden kann, dass es ohne den Verfahrensmangel anders gelautet hätte. Insbes der Regelung des Abs 3 kommt zwar für die Verteidigungsmöglichkeit des Angeklagten in der Hauptverhandlung nach dem Gesetz besonderes Gewicht zu. Auch damit ist jedoch nicht gesagt, dass die Auswirkung einer Verletzung dieser Bestimmung auf das Urteil praktisch niemals verneint werden kann, zumal die gesetzliche Regelung durch psychologische Erkenntnisse überholt erscheint (Rn 1). Der Gesetzgeber hat – im Ergebnis zu Recht – darauf verzichtet, die Verletzung des Abs 3 zu einem unbedingten Revisionsgrund auszugestalten. Deshalb muss im Einzelfall geprüft werden, ob die Nichtbeachtung der Vorschrift auf das Urteil eingewirkt haben kann. Allerdings kann das Revisionsgericht nach bisher vorherrschender Ansicht ein **Beruhen des Urteils auf dem Verfahrensmangel** nur in Ausnahmefällen ganz oder teilweise ausschließen (BGHSt 21, 288, 290; BGHSt 22, 278, 280; Meyer-Goßner StPO § 258 Rn 34; KK-StPO/Schoreit StPO § 258 Rn 37); so etwa bei einem geständigen Angeklagten (BGH NStZ 2009, 50, 51).

§ 259 [Dolmetscher]

(1) Einem der Gerichtssprache nicht mächtigen Angeklagten müssen aus den Schlußvorträgen mindestens die Anträge des Staatsanwalts und des Verteidigers durch den Dolmetscher bekanntgemacht werden.

(2) Dasselbe gilt nach Maßgabe des § 186 des Gerichtsverfassungsgesetzes für einen hör- oder sprachbehinderten Angeklagten.

Überblick

Die Hauptverhandlung ist ein kommunikativer Prozess in einem kontradiktorischen Verfahren Der Angeklagte ist darin ein Prozesssubjekt mit aktiven Teilhaberechten bis zum letzten Wort. Diese Teilhaberechte kann er nur dann uneingeschränkt ausüben, wenn er die Gerichtssprache (§ 184 GVG) beherrscht, was er als Sprachunkundiger oder Hör- oder Sprachbehinderter nur mit Hilfe eines Dolmetschers leisten kann. Nach § 185 GVG, § 186 GVG und Art 6 Abs 3 lit e MRK besteht ein Anspruch des Angeklagten auf Dolmetscherunterstützung. Die vorliegende Vorschrift begrenzt die Dolmetschertätigkeit bei den Schlussvorträgen, um eine Vereinfachung des gerichtlichen Verfahrens herbeizuführen, weil die Übersetzung langer Schlussvorträge aufwändig sein kann. Damit wird aber zugleich das letzte Wort des Angeklagten verdorben, soweit dieses auf die zusammenfassenden Ausführungen des Staatsanwalts und des Verteidigers rekurrieren könnte. Die Norm nennt zwar eine Mindestgarantie der Übersetzungstätigkeit, sie gestattet es aber nach ihrem Wortlaut zugleich, die Übersetzertätigkeit auf die Anträge als Minimum zu beschränken. Sie begegnet damit erheblichen Bedenken im Hinblick auf den Anspruch des Angeklagten auf rechtliches Gehör und auf ein faires Verfahren.

A. Normbedeutung

Die Vorschrift betrifft allein die Übersetzung der Schlussvorträge (§ 258 StPO) gegenüber einem Angeklagten, der entweder der deutschen Sprache nicht mächtig ist (Abs 1) oder wegen einer Hör- oder Sprachbehinderung nicht an der Kommunikation in der Hauptverhandlung teilnehmen kann. Der Grund für die Regelung besteht nach **hM** allein darin, dass Übersetzungen bei langen Plädoyers aufwändig sind (BGH GA 1963, 148, 149; Löwe/Rosenberg/Gollwitzer StPO § 259 Rn 1; Lankisch Der Dolmetscher in der Hauptverhandlung 2003, 183). Insoweit wird **aus prozessökonomischen Gründen** die Mitteilung der Äußerungen von Staatsanwaltschaft und Verteidigung an den Angeklagten äußerstenfalls auf die Mitteilung der Anträge beschränkt. Weil der Angeklagte sich selbst verteidigen darf (Art 6 Abs 3 lit c MRK) und dazu mit seinem Schlussvortrag und dem davon getrennten letzten Wort umfassende Äußerungsmöglichkeiten hat, die zugleich eine möglichst vollständige Informierung über das gesamte vorangegangene Prozessgeschehen voraussetzen, genügt die Beschränkung der Übersetzung der Schlussvorträge von Staatsanwaltschaft und Verteidigung an den Angeklagten nicht dessen Anspruch auf ein faires Verfahren. Der Schutzbereich des Art 103 Abs 1 GG ist dagegen nach früherem Verständnis des Prozessgrundrechts als einer bloßen Mindestgarantie an Gehörsgewährleistung nicht betroffen (vgl BVerfGE 64, 135, 145). Ob das auch heute noch der verfassungsgerichtlichen Rechtsprechung zu dem „prozessualen Urrecht" (BVerfGE 107, 305, 408) entspricht, muss aber bezweifelt werden. Hinsichtlich der weiteren Frage der **Fairness des Verfahrens** wird darauf verwiesen, dass der Vorsitzende des Gerichts unbeschadet der Möglichkeit der Reduzierung der Übersetzung auf die Anträge immerhin nicht der Pflicht enthoben sei zu prüfen, ob zumindest die Übertragung einer gedrängten Inhaltsangabe oder sogar eine wörtliche Übersetzung der Schlussvorträge geboten ist (vgl BVerfGE 64, 135, 148). Mit dieser verfassungsgerichtlichen Randbemerkung bei der Bewertung der Fairness des Verfahrens im Ganzen in einem Fall, in dem das tatrichterliche Urteil nicht für Zwecke eines Revisionsangriffs des sprachunkundigen Angeklagten übersetzt worden war, wurde die Frage der Vereinbarkeit der Regelung mit dem Fairnessgrundsatz nicht abschließend entschieden. Der dabei mit berücksichtigte Anwaltsbeistand schränkt die Berufung auf Art 6 Abs 3 lit e MRK heute nicht mehr maßgeblich ein (Gaede Fairness als Teilhabe 2007, 287). Dann aber ist die Unvereinbarkeit der vorliegenden Vorschrift und ihrer Anwendung im Einzelfall mit Art 6 Abs 3 lit e MRK nahe liegend (Lankisch Der Dolmetscher in der Hauptverhandlung 2003, 183 ff; KMR/Stuckenberg StPO § 259 Rn 5).

B. Begrenzung der Bekanntmachung der Schlussvorträge

Die Vorschrift betrifft Fälle, in denen nach § 185 GVG und § 186 GVG grundsätzlich ein Dolmetscherbeistand erforderlich ist, weil der Angeklagte der deutschen Sprache nicht mächtig ist oder als hör- oder sprachbehinderter Angeklagter nicht, auch nicht schriftlich, in der Gerichtssprache über den Prozessstoff kommunizieren kann. In diesen Fällen wird die Möglichkeit eröffnet, dass die Übersetzung der **Schlussvorträge der Staatsanwaltschaft und der Verteidigung** beschränkt wird. Dasselbe muss nach dem Normzweck auch für die **Schlussvorträge anderer Verfahrensbeteiligter**, vor allem des Nebenklägers und der Mitangeklag-

3 Mit den Schlussvorträgen sind zunächst nur die Ausführungen nach § 258 Abs 1 StPO angesprochen. Ob auch die **Erwiderung des Staatsanwalts** und die **Entgegnung** hierauf durch den Verteidiger, welche selbst in § 258 Abs 2 StPO nicht einmal ausdrücklich erwähnt ist, davon betroffen sind, ist dem Wortlaut der vorliegenden Vorschrift nicht eindeutig zu entnehmen, kann aber im Wege der Auslegung innerhalb der Wortlautgrenzen anhand des Regelungszwecks noch bejaht werden.

ten sowie ihrer Verteidiger, gelten (Gollwitzer FS Karl Schäfer 1980, 65, 80). Jedoch fehlt insoweit eine ausdrückliche gesetzliche Regelung. Ob diese Lücke ohne weiteres durch entsprechende Anwendung der Vorschrift geschlossen werden kann, hängt auch mit Blick auf Art 6 Abs 3 lit e MRK von der Bewertung des Prinzips vom Vorrang und Vorbehalt des Gesetzes ab, das eher dagegen spricht, selbst wenn dieses Resultat das Konzept der Norm verdirbt.

4 Ob die Übersetzung der Schlussvorträge auf das Minimum der Anträge beschränkt wird oder ob eine andere Form der Beschränkung stattfinden soll, lässt das Gesetz offen. Insoweit soll es nach **hM** dem **pflichtgemäßen Ermessen des Vorsitzenden** überlassen bleiben, ob und wie weit er von der Bestimmung Gebrauch macht (BGH GA 1963, 148, 149; Meyer-Goßner StPO § 259 Rn 1; Löwe/Rosenberg/Gollwitzer StPO § 259 Rn 3; SK-StPO/Schlüchter StPO § 259 Rn 3; referierend BVerfGE 64, 135, 148; abl Lankisch Der Dolmetscher in der Hauptverhandlung 2003, 190 f). Klare Kriterien für die Ermessensentscheidung sind jedoch nicht auszumachen. Zu berücksichtigen sein dürften vom Standpunkt der **hM** aus der Umfang, die Komplexität und die Bedeutung der Sache, der Umfang der Verteidigung des Angeklagten, die Art und Schwierigkeit der Dolmetschertätigkeit sowie bisherige Äußerungen des Angeklagten. Umfang und Inhalt der Schlussvorträge sind dagegen im Vorhinein nicht zu bemessen. Daher kann nicht ohne die Gefahr der Wiederholung der dann gegebenenfalls zu übersetzenden Schlussvorträge bewertet werden, ob darin Tatsachen und Argumente eine Rolle spielen werden, zu denen sich der Angeklagte während der Hauptverhandlung nicht hatte äußern können. Dieses Kriterium der Ermessensentscheidung (Löwe/Rosenberg/Gollwitzer StPO § 258 Rn 3) erweist sich also als unpraktikabel. Schließlich kann das Verteidigungsinteresse des Angeklagten aber auch sonst nicht vom Vorsitzenden nach seinem Ermessen anhand der für ihn maßgeblich erscheinenden Überlegungen bewertet werden.

5 Nach **hM** kommt über die Übersetzung der Anträge hinaus auch die Möglichkeit der **Mitteilung einer gedrängten Inhaltsangabe** durch den Dolmetscher in Betracht (für die Zulässigkeit von Zusammenfassungen allgemein EGMR NJW 1979, 1091, 1092; für diese Vorgehensweise als Minimum des fairen Strafverfahrens AK/Dästner StPO § 259 Rn 3). Das ist jedenfalls besser als ein völliger Verzicht auf die Übersetzung der Ausführungen nach § 258 Abs 1 StPO, bleibt aber auch hinter dem Optimum der vollständigen Übersetzung zurück, die alleine den sprachunkundigen oder hör- oder sprachbehinderten Angeklagten in die Normalsituation eines Angeklagten, der sich selbst verteidigen darf, versetzen würde. Außerdem ist die Qualität der Zusammenfassung nachträglich nicht rekonstruierbar, so dass etwaige Fehler – durch Übergehen von Aspekten, die dem Angeklagten wichtig erschienen wären – unüberprüfbar bleiben.

6 Nach **hM** ist die Anwendung der vorliegenden Vorschrift **nicht zu protokollieren** (Meyer-Goßner StPO § 259 Rn 2; KK-StPO/Schoreit StPO § 259 Rn 4). Das Protokoll der Hauptverhandlung gibt auch sonst nur die Anwesenheit eines Dolmetschers, nicht aber die Einzelheiten seiner Tätigkeit wieder. Da ist konsequent, erhöht aber die rechtsstaatlichen Bedenken gegen die Anwendung der vorliegenden Vorschrift (AK/Dästner StPO § 259 Rn 4).

C. Revision

7 Ein die Revision begründender Verfahrensfehler liegt dann, wenn die Bestimmung selbst als rechtsstaatlich hinnehmbar angesehen wird, nur vor, wenn die Mindestanforderungen der Vorschrift unbeachtet geblieben sind (Meyer-Goßner StPO § 259 Rn 3). Das ist der Fall, wenn kein Dolmetscher anwesend war, obwohl die Voraussetzungen dafür nach § 185 GVG, § 186 GVG vorgelegen hatten, oder wenn der anwesende Dolmetscher völlig ungeeignet gewesen ist, oder aber wenn nicht einmal die Anträge von Staatsanwalt und Verteidiger übersetzt wurden (Löwe/Rosenberg/Gollwitzer StPO § 259 Rn 3; SK-StPO/Schlüchter StPO § 259 Rn 6; KMR/Stuckenberg StPO § 259 Rn 9, 10). Ansonsten ist ein Rechtsfehler bei der Ermessensentscheidung des Vorsitzenden über die Beschränkung der Überset-

Hauptverhandlung § 260 StPO

zung schon mangels Protokollierung kaum nachweisbar (krit Lankisch Der Dolmetscher in der Hauptverhandlung 2003, 192).

Bei einschränkender Auslegung der Norm liegt hingegen ein revisibler Verfahrensfehler 8 regelmäßig vor, wenn dem Angeklagten nicht wenigstens eine gedrängte Zusammenfassung der Schlussvorträge durch den Dolmetscher mitgeteilt wurde, weil sonst sein letztes Wort entwertet bleibt (AK/Dästner StPO § 259 Rn 3). Auch dieser Ansatz gestattet aber keine nachträgliche Kontrolle der Qualität der Zusammenfassung.

§ 260 [Urteil]

(1) Die Hauptverhandlung schließt mit der auf die Beratung folgenden Verkündung des Urteils.

(2) Wird ein Berufsverbot angeordnet, so ist im Urteil der Beruf, der Berufszweig, das Gewerbe oder der Gewerbezweig, dessen Ausübung verboten wird, genau zu bezeichnen.

(3) Die Einstellung des Verfahrens ist im Urteil auszusprechen, wenn ein Verfahrenshindernis besteht.

(4) ¹Die Urteilsformel gibt die rechtliche Bezeichnung der Tat an, deren der Angeklagte schuldig gesprochen wird. ²Hat ein Straftatbestand eine gesetzliche Überschrift, so soll diese zur rechtlichen Bezeichnung der Tat verwendet werden. ³Wird eine Geldstrafe verhängt, so sind Zahl und Höhe der Tagessätze in die Urteilsformel aufzunehmen. ⁴Wird die Entscheidung über die Sicherungsverwahrung vorbehalten, die Strafe oder Maßregel der Besserung und Sicherung zur Bewährung ausgesetzt, der Angeklagte mit Strafvorbehalt verwarnt oder von Strafe abgesehen, so ist dies in der Urteilsformel zum Ausdruck zu bringen. ⁵Im übrigen unterliegt die Fassung der Urteilsformel dem Ermessen des Gerichts.

(5) ¹Nach der Urteilsformel werden die angewendeten Vorschriften nach Paragraph, Absatz, Nummer, Buchstabe und mit der Bezeichnung des Gesetzes aufgeführt. ²Ist bei einer Verurteilung, durch die auf Freiheitsstrafe oder Gesamtfreiheitsstrafe von nicht mehr als zwei Jahren erkannt wird, die Tat oder der ihrer Bedeutung nach überwiegende Teil der Taten auf Grund einer Betäubungsmittelabhängigkeit begangen worden, so ist außerdem § 17 Abs. 2 des Bundeszentralregistergesetzes anzuführen.

Überblick

Die Vorschrift regelt die Beendigung des Verfahrens in der Tatsacheninstanz. Der Schluss der Hauptverhandlung tritt unbeschadet nachfolgender Belehrungen oder Rechtsmittelerklärungen mit der Urteilsverkündung ein, welche eine vorherige Urteilsberatung voraussetzt. Einzelheiten der Beratung, die außerhalb der Hauptverhandlung stattfindet, sind in den §§ 192 GVG ff, § 263 StPO geregelt. Über den äußeren Ablauf der geheimen Beratung sagt das Gesetz nichts. Abs 1 der vorliegenden Vorschrift bestimmt sodann die hinsichtlich ihrer Art und Weise in § 268 Abs 2 StPO näher geregelte Urteilsverkündung als letzten Teil der Hauptverhandlung im unmittelbaren Anschluss an die Beratung und Abstimmung. Dazwischen darf kein anderer Teil der Hauptverhandlung liegen, andernfalls muss erneut beraten werden. Die Urteilsverkündung ist die für die Wirksamkeit des Urteils und für den Beginn von Anfechtungsfristen maßgebliche Bekanntmachung (§ 35 Abs 1 S 1 StPO). Dabei spielt die zu verlesende Urteilsformel eine zentrale Rolle. Die Fassung des Urteilstenors liegt weit gehend im Ermessen des Gerichts. Das Gesetz schreibt aber bestimmte zentrale Aspekte, die in die Formel aufzunehmen sind, besonders vor. Das gilt zunächst für die Konkretisierung eines Berufsverbots nach Abs 2. Der Ausspruch der Verfahrenseinstellung ist nach Abs 3 die Folge der Feststellung eines Verfahrenshindernisses. Abs 4 regelt die Bezeichnung der Tat in einem Schuldspruch, ferner die Aufnahme von Zahl und Höhe der Tagessätze einer Geldstrafe in die Urteilsformel, außerdem die Kennzeichnung des Vorbehalts einer Entscheidung über die Sicherungsverwahrung sowie der Verhängung einer Maßregel, deren Vollstreckung zur Bewährung ausgesetzt wird, oder der Verwarnung mit Strafvorbehalt oder eines Absehens von Strafe. Alle diese Aspekte müssen schon im Urteilstenor zum Ausdruck kommen. Es reicht nicht aus, wenn sie sich nur aus den Gründen ergeben. Abs 5 regelt vor allem für Zwecke der Eintragung im Bundeszentralregister die genaue Bezeichnung der angewendeten Vorschriften im Anschluss an die Formel.

Übersicht

	Rn		Rn
A. Normzweck	1	II. Freispruch	18
B. Urteilsberatung	2	III. Verurteilung (Abs 2 und Abs 4)	21
I. Erforderlichkeit der abschließenden Beratung	3	E. Liste der angewendeten Vorschriften (Abs 5)	29
1. Beratung und Abstimmung des Kollegialgerichts	4	F. Urteilsberichtigung oder -ergänzung	31
2. Beratung des Straf- oder Jugendrichters	6	G. Revision	33
II. Ort und Zeit von Beratung und Abstimmung	7	I. Rechtsfehler bei Beratung und Abstimmung	34
C. Schluss der Hauptverhandlung durch Urteilsverkündung	10	II. Rechtsfehler bei der Urteilsverkündung	37
		III. Fehler der Formel	39
D. Urteilsformel	13	IV. Fehler der Entscheidungsart	41
I. Einstellung des Verfahrens wegen eines Verfahrenshindernisses (Abs 3)	14	V. Fehler der Vorschriftenliste	44

A. Normzweck

1   Die Vorschrift regelt in unvollständiger Weise (BGHSt 39, 121, 124) einzelne formale Aspekte der Urteilsverkündung und der dabei besonders wichtigen Urteilsformel. Sie setzt voraus, dass der Urteilsverkündung eine Beratung unmittelbar vorausgegangen ist, womit die Einheit der Hauptverhandlung unterstrichen wird. Eine Urteilsverkündung ohne vorangegangene Beratung wäre im Kollegialgericht rechtsfehlerhaft. Abs 1 enthält sodann die wichtige Regelung, dass die Hauptverhandlung mit der Urteilsverkündung endet; die Urteilsverkündung ist demnach ein Teil der Hauptverhandlung und für sie gelten dann die Anwesenheitspflicht für alle Richter und Verfahrensbeteiligten (Löwe/Rosenberg/Gollwitzer StPO § 260 Rn 1), ferner der Grundsatz der Mündlichkeit und Öffentlichkeit der Hauptverhandlung. Die Einbeziehung der Urteilsverkündung in die Hauptverhandlung ist für die Bindung des Gerichts an das Urteil und für dessen Wirksamkeit als Gegenstand einer Anfechtung mit Rechtsmitteln von Bedeutung. Nach Beendung der Urteilsverkündung können neue Tatsachen und Beweismittel oder neue rechtliche Aspekte nicht mehr in derselben Instanz berücksichtigt werden. Sodann regelt das Gesetz im Interesse der Klarheit des Prozessergebnisses Einzelheiten der Fassung der Urteilsformel. Neben der Normierung formaler Kriterien wird hier auch die konstitutive Aufnahme bestimmter Aspekte in die Formel verlangt. Die Bezeichnung der angewendeten Vorschriften im Anschluss an die Urteilsformel hat dagegen im Wesentlichen nur Bedeutung für Eintragungen im Bundeszentralregister, ist also für sich genommen eher eine technische Regel.

B. Urteilsberatung

2   Die vorliegende Vorschrift regelt die darin vorausgesetzte Urteilsberatung nicht (BGHSt 37, 141, 143), weil diese kein Teil der Hauptverhandlung ist. Beratung und Abstimmung erfolgen in nicht öffentlicher Weise **außerhalb der Hauptverhandlung** und sie finden daher auch im **Protokoll** der Hauptverhandlung nicht notwendigerweise Erwähnung (BGH NStZ 2009, 105, 106), wenngleich sich eine Protokollierung zur Vermeidung von Missverständnissen

empfiehlt (BGH NStZ 1987, 472, 473). Die nötigen Feststellungen über den Verfahrensablauf sind vom Revisionsgericht gegebenenfalls im Freibeweisverfahren zu treffen. Aus Abs 1 geht vor allem hervor, dass zwischen der abschließenden Beratung und der ihr unmittelbar folgenden Urteilsverkündung kein anderer Verhandlungsteil mehr liegen darf und zwar auch dann, wenn ein nachgeschobener Verhandlungsteil keine neuen Erkenntnisse gebracht hat (BGHSt 5, 294, 295; KK-StPO/Schoreit StPO § 260 Rn 2).

I. Erforderlichkeit der abschließenden Beratung

Das Urteil ist hinsichtlich des in der Formel ausgedrückten Ergebnisses der Totalabstimmung eine Mehrheitsentscheidung des Gerichts. Eine Beratung und Abstimmung wird vom Gesetz dafür vorausgesetzt (RGSt 42, 85, 86). Sie ist also für ein Urteil überhaupt oder zumindest für eine verfahrensfehlerfreie Urteilsverkündung erforderlich. 3

1. Beratung und Abstimmung des Kollegialgerichts

Ein Kollegialgericht muss eine **Beratung** und Abstimmung durchführen, damit ein Ergebnis der Entscheidung über Einzelmeinungen hinaus festgestellt werden kann. Würde eine Beratung, auch in der Form der Zwischenberatung, insgesamt fehlen, dann wäre kein Urteil zustande gekommen, weil eine Mehrheitsentscheidung des Kollegiums nicht vorläge. Ein gleichwohl verkündetes „Urteil" wäre in diesem – theoretisch anmutenden – Fall **nichtig**. Eher praktisch relevant sind potenzielle Fehler im Anschluss an eine nachträgliche Erörterung der Sache oder einzelner Aspekte in der Hauptverhandlung durch anschließendes Versäumen einer nochmaligen Beratung. Dann liegt im Einzelfall ein die Anfechtung berechtigender **Verfahrensfehler** vor, aber immer noch kein Grund zur Annahme der Nichtigkeit des Urteils. 4

Eine **Abstimmung** des Kollegiums ist gleichfalls erforderlich und sie wird in der Praxis regelmäßig durchgeführt, wenngleich oft eine stillschweigende Verständigung auf ein einstimmiges Ergebnis erfolgt und keine förmliche Fragestellung und Stimmabgabe im Sinne von § 194 Abs 1 GVG nur in „streitigen" Fällen stattfindet. Ein eher formlos einvernehmliches Agieren ändert nichts daran, dass auch im Anwendungsbereich des § 263 StPO von Rechts wegen eine Abstimmung stattgefunden hat. Zu beachten ist, dass im Strafverfahren keine Stufenabstimmung über einzelne Aspekte des Falles stattfindet, sondern nur eine Totalabstimmung über die Schuld- und Straffrage (Mellinghoff Fragestellung, Abstimmungsverfahren und Abstimmungsergebnis im Strafverfahren 1988, 53). Demnach wird unbeschadet einer informellen Verständigung über Einzelaspekte, wie einzelne Tatsachenfeststellungen (Eschelbach FS Widmaier 2008, 127, 128 ff), im Rechtssinne nicht abgestimmt, sondern nur über den Schuldspruch und gegebenenfalls über den Rechtsfolgenausspruch, also praktisch über den Tenor. 5

2. „Beratung" des Straf- oder Jugendrichters

Abs 1 setzt für alle Fälle eine Beratung vor der Urteilsverkündung voraus. Das gilt demnach auch für Strafrichter oder Jugendrichter, welche die Sache als Einzelrichter nur mit sich selbst „beraten" müssen (BGHSt 11, 74, 79). Das kann formlos und unauffällig geschehen. Jede Art des Überlegens unter Einschluss von Vorüberlegungen reicht für diese „Beratung" im Ergebnis aus (BGHSt 11, 74, 79; OLG Köln NStZ 2005, 710, 711). Da die Urteilsverkündung die schriftliche Fixierung der Urteilsformel voraussetzt und der Richter darüber wenigstens kurz nachdenken muss, garantiert schon dies im Allgemeinen einen ausreichenden Entscheidungsprozess. 6

II. Ort und Zeit von Beratung und Abstimmung

Beratung und Abstimmung gehören nicht zur Hauptverhandlung und finden daher außerhalb derselben statt, weshalb eine **Protokollierung entfällt** (BGHSt 37, 141, 143; BGH NStZ 2009, 105, 106; OLG Köln NStZ-RR 2002, 337, 338; Meyer-Goßner StPO § 260 Rn 3; KK-StPO/Schoreit StPO § 260 Rn 4; einschränkend Hamm NJW 1992, 3147, 3148). Beratung und Abstimmung sind zudem **geheim** (§ 43 DRiG, § 45 Abs 1 S 2 DRiG). 7

Die Verfahrensbeteiligten und die Öffentlichkeit sind nicht zur Anwesenheit berechtigt; dementsprechend besteht hier auch keine Anwesenheitspflicht nach § 226 StPO, § 227 StPO, §§ 230 StPO ff. Beratung und Abstimmung haben nach dem „letzten Wort" des (letzten) Angeklagten und **vor der Urteilsverkündung** stattzufinden. Tritt das Gericht nach den Schlussvorträgen und der Beratung über das Urteil erneut in die Verhandlung ein, so muss es vor Verkündung des Urteils erneut beraten (BGHSt 5, 294 f; BGHSt 19, 156, 157; BGHSt 24, 170, 171; BGH NStZ 1988, 470; NStZ 1991, 595 f; KK-StPO/Schoreit StPO § 260 Rn 2).

8   Das Gesetz schließt eine Vorberatung der gesamten Sache oder eine vorherige **Zwischenberatung** über Teilaspekte, insbesondere in Punktesachen, zu einem vor den Schlussvorträgen liegenden Zeitpunkt nicht aus (RGSt 42, 85, 86). Diese Vor- oder Zwischenberatung muss aber jedenfalls zur Wahrung der Neutralitätsgarantie aus Art 97 Abs 1 GG, Art 101 Abs 1 S 2 GG, Art 6 Abs 1 S 1 MRK das Endergebnis der abschließenden Urteilsberatung vorbehalten. Das Ergebnis von Vor- und Zwischenberatungen steht unter der selbstverständlichen Bedingung, dass die weitere Verhandlung nichts ergibt, was das Ergebnis beeinflussen könnte (RGSt 42, 85, 86). Auch in Punktesachen darf die Zwischenberatung nicht zu einer endgültigen Festlegung des Gerichts vor der abschließenden Urteilsberatung auf ein Teilergebnis führen; denn die anderen Teile können selbst dann, wenn es sich um selbständige Prozessgegenstände handelt, die übrigen Teilaspekte bei der Gesamtwürdigung aller Umstände zumindest mittelbar beeinflussen. Freilich kann eine Vor- oder Zwischenberatung die **Dauer der abschließenden Beratung**, die auch von Rechts wegen nirgends zeitlich festgelegt ist, beeinflussen. Aus der Kürze der abschließenden Beratung kann deshalb nicht darauf geschlossen werden, dass keine oder keine ausreichende Beratung stattgefunden hätte (BGHSt 37, 141, 142, 143 mAnm Rüping 1991, 193, 194).

9   Auch ist kein bestimmter **Ort** für die Durchführung der Urteilsberatung vorgeschrieben; sie muss nur äußerlich erkennbar überhaupt stattfinden (RGSt 42, 85, 87). Bei ausführlichen Beratungen eines Kollegialgerichts ist es dafür in der Regel unabdingbar, dass sich das Kollegialgericht in ein Beratungszimmer oder an eine andere für Dritte nicht zugängliche Stelle zurückzieht. Eine **Beratung am Tatort** ist unzulässig, weil damit Augenscheinseindrücke wirken könnten, die außerhalb der Beweisaufnahme nicht mehr gesondert vorhanden sein sollen (RGSt 66, 28, 29, 30; KK-StPO/Schoreit StPO § 260 Rn 5). Zwingend erforderlich ist das nach der Rechtsprechung jedoch auch nicht stets. Hatte eine Vorberatung stattgefunden und ist nur ein einzelner Aspekt in der wiedereröffneten Verhandlung nachgetragen worden, dessen Unerheblichkeit für das bereits in der Vorberatung angenommene Ergebnis nur festzustellen ist, so kann eine **kurze Verständigung** der Mitglieder des Quorums **im Sitzungssaal** stattfinden (BGH NStZ 1991, 595, 596; NJW 1992, 3181, 3182 mAnm Hamm NJW 1992, 3147, 3148; BGH NStZ 2001, 106). Damit gerät freilich die Eigenschaft der Beratung und Abstimmung als geheimer Vorgang in Gefahr, weil die Verständigung der Richter hier öffentlich sichtbar wird; auch ist die Gegenseitigkeit (RGSt 42, 85, 87) und Ergebnisoffenheit der Richter nicht gewährleistet, wenn der Vorsitzende die einzelnen Mitglieder des Spruchkörpers nur flüsternd danach befragt, ob es beim Resultat der Vorberatung sein Bewenden haben soll, und deren Kopfnicken entgegennimmt. Eine solche Vorgehensweise sollte daher vorsorglich unterbleiben (BGHSt 19, 156, 157; BGH NStZ 1991, 595, 596).

C. Schluss der Hauptverhandlung durch Urteilsverkündung

10 Erst Verkündung des Urteils beendet die Hauptverhandlung und führt zur Wirksamkeit des Urteils mit der **Folge des Ruhens der Strafverfolgungsverjährung** (§ 78 b Abs 3 StGB). Die Urteilsverkündung erfolgt hinsichtlich der Verlesung der Formel stets **öffentlich** (§ 173 Abs 1 GVG). Nur für die Mitteilung der Gründe kann die Öffentlichkeit ausgeschlossen werden (§ 173 Abs 2 GVG). Was inhaltlich zur Urteilsverkündung gehört, besagt § 268 Abs 1 StPO, nämlich die Verlesung der Urteilsformel und die mündliche Mitteilung der Urteilsgründe. Das Urteil ist danach erst dann vollständig verkündet und mithin die Hauptverhandlung erst dann beendet, wenn nicht nur die **Urteilsformel verlesen**, sondern auch die **Mitteilung der Gründe abgeschlossen** wurde. Die mündliche Miteilung der Gründe gilt dabei im Gegensatz zur Verlesung der Formel aber nicht

mehr als wesentlicher Teil der Hauptverhandlung im Sinne der Vorschriften über die Anwesenheit (KK-StPO/Schoreit StPO § 260 Rn 8). Rechtsmittelbelehrung und Beschlüsse nach § 268a StPO und § 268b StPO gehören nicht mehr zur Urteilsverkündung (BGHSt 25, 333, 335) und damit im Sinne der Anwesenheitsvorschriften und anderer Regeln auch nicht zur Hauptverhandlung.

Der Schluss der Hauptverhandlung erst mit der Beendigung der Urteilsverkündung hat Folgen. Macht etwa der Angeklagte nach Verlesung der Urteilsformel, aber während der Mitteilung der Urteilsgründe Ausführungen zur Sache, dann kann das Gericht die **Urteilsverkündung unterbrechen**, erneut in die Verhandlung eintreten und die Ausführungen des Angeklagten verwenden. Auch kann die Urteilsformel vor Beendigung der Mitteilung der Gründe noch geändert werden (RGSt 61, 388, 390). Das ist eine Befugnis des Gerichts. Der Angeklagte hat keinen Anspruch auf eine Unterbrechung der Mitteilung der Urteilsgründe, um nochmals in die Verhandlung einzutreten (RGSt 57, 142, 143). 11

Das Urteil, das die Hauptverhandlung abschließt, soll den Prozess in derselben Instanz insgesamt erledigen. Daher sieht die StPO – vom Adhäsionsverfahren abgesehen (§ 406 Abs 1 S 2 StPO) – **kein Teilurteil** vor. Möglich ist aber eine Abtrennung selbständiger Teilverfahren und deren gesonderte Entscheidung (Löwe/Rosenberg/Gollwitzer StPO § 260 Rn 15). Ein Schuldspruch ohne Rechtsfolgenentscheidung oder eine Abtrennung einer Teilrechtsfolge ist im Strafprozess grundsätzlich auch nicht vorgesehen. Die vorbehaltene Jugendstrafe (§ 27 JGG), die vorbehaltene Sicherungsverwahrung (§ 66a StGB) und das Nachverfahren zur Anordnung der nicht vorbehaltenen Sicherungsverwahrung (§ 66b StGB) oder zur Korrektur einer Einziehung (§ 439 StPO, § 441 StPO) bilden **Ausnahmen** von dieser Regel. 12

D. Urteilsformel

Das Urteil wird mit seiner Verkündung rechtlich existent. Die später zu erstellende Urteilsurkunde ist dafür nicht konstitutiv (Löwe/Rosenberg/Gollwitzer StPO § 260 Rn 8); ihre Unvollständigkeit oder ihr Verlust ändert nichts an der Existenz des Strafurteils. Erst recht ist die mündliche Mitteilung der Urteilsgründe nicht essentiell. Die Urteilsformel hat demgegenüber für das Urteil besondere Bedeutung, weil sie vorab für Zwecke der Verkündung und der Dokumentation des Beratungsergebnisses **schriftlich zu fixieren** (RGSt 61, 388, 391), bei der Urteilsverkündung **zu verlesen** ist (KK-StPO/Schoreit StPO § 260 Rn 8) und sie alleine – nicht die Feststellungen (BVerfGE 103, 21, 36; BGHSt 43, 106, 107 f; Bock/Schneider NStZ 2003, 337, 338; Eschelbach FS Widmaier 2008, 127, 144) – in **Rechtskraft** erwächst und damit rechtlich zur Grundlage der Vollstreckung wird. Die Formel soll alles, was im Rahmen der Totalabstimmung beschlossen ist, **vollständig** wiedergeben (RGSt 61, 388, 390). Bei einer Divergenz von Urteilsformel und Urteilsgründen in der später erstellten Urteilsurkunde geht grundsätzlich die früher erstellte und verlesene Formel vor. Der authentische Wortlaut der Urteilsformel ergibt sich aus der nach § 274 StPO maßgebenden Sitzungsniederschrift (BGHSt 34, 11, 12; BGH NStZ-RR 2002, 100). Ob infolge einer Divergenz von Formel und Gründen ein revisibler **Rechtsfehler** oder ein zu berichtigendes **Fassungsversehen** (OLG Karlsruhe NStZ-RR 1999, 112, 113) vorliegt, hängt von den Umständen des Einzelfalls ab (BGH StraFo 2007, 380, 381; OLG Hamm ZfS 2003, 40, 41). Die Urteilsformel kann – einzeln oder für rechtlich selbständige Handlungen kombiniert – eine Verfahrenseinstellung wegen eines Prozesshindernisses, eine Freisprechung oder eine Verurteilung mit einem Schuldspruch und eine Rechtsfolgenausspruch betreffen; die **Kostenentscheidung** kommt hinzu (vgl §§ 464 StPO ff). Die Formel hat den **Verfahrensgegenstand**, der sich aus Anklage und Eröffnungsbeschluss sowie gegebenenfalls auch aus Nachtragsanklage und Einbeziehungsbeschluss ergibt, **erschöpfend** zu bescheiden (KK-StPO/Schoreit StPO § 260 Rn 17) und den **Entscheidungsgegenstand vollständig** zu umfassen. Erschöpft das Tatgericht die zugelassene Anklage – unbeschadet einer Erörterung in den Gründen jedenfalls im Tenor – nicht, indem es in seinem Urteil über eine selbständige Tat im prozessualen Sinn, die Gegenstand der zugelassenen Anklage ist, nicht befindet, so ist das Verfahren wegen dieser Tat weiter beim Tatgericht anhängig (OLG Celle NdsRpfl 2007, 163, 164). 13

I. Einstellung des Verfahrens wegen eines Verfahrenshindernisses (Abs 3)

14 Ein Verfahrenshindernis führt im Ermittlungsverfahren zur Einstellung **aus prozessualen Gründen** durch Verfügung gemäß § 170 Abs 2 S 1 StPO, im gerichtlichen Verfahren zur Einstellung nach § 206 a StPO, § 260 Abs 3 StPO mit dem – nicht zeitlich zu befristenden – Ausspruch: „Das Verfahren wird eingestellt". Das gilt **auch bei Teilrechtskraft eines Schuldspruchs**. Ist dagegen das Verfahrenshindernis auf ein tateinheitliches Delikt beschränkt und wegen eines anderen Delikts eine Verurteilung auszusprechen, so entfällt eine Verfahrenseinstellung ganz.

15 Prozessrechtsdogmatisch geht die Verfahrensentscheidung der Sachentscheidung eigentlich vor, weil für letztere eine **Sachurteilsvoraussetzung** fehlt. Aus Gründen des Vorrangs des Rehabilitierungsinteresses des Angeklagten kann die Konkurrenz der Einstellung des Verfahrens mit der freisprechenden Entscheidung in Fällen, in denen beide Alternativen zeitgleich entscheidungsreif sind, aber als Ausnahme von dem allgemeinen prozessualen Satz (BGHSt 20, 333, 335) anders bewertet werden. Das Einstellungsurteil nach Abs 3 ist demnach ein Prozessurteil **mit meist nur formeller Rechtskraftwirkung** (Meyer-Goßner StPO § 260 Rn 47 f), dem im Einzelfall ein auf Freisprechung lautendes Sachurteil wegen des „**Anspruchs des Angeklagten auf Freisprechung**" vorgehen kann (Rn 20). Abs 3 steht dem nicht entgegen, weil er nur die Entscheidungsart bei Vorliegen eines Prozesshindernisses im Allgemeinen regelt, aber nichts über die Entscheidung bei konkurrierenden Ergebnissen bezüglich tateinheitlich aufgestellter Tatvorwürfe besagt (Sternberg-Lieben ZStW 108 [1996], 721, 724, 725). Soweit das Prozessurteil wegen eines Verfahrenshindernisses zu einer schwerer wiegenden Tat ein nicht tenoriertes Sachurteil der Freisprechung vom Vorwurf eines leichteren Delikts einschließt, kann ihm aber auch materielle Rechtskraftwirkung zukommen (Löwe/Rosenberg/Gollwitzer StPO § 260 Rn 115). Hat die Hauptverhandlung begonnen, dann kann ein Verfahrenshindernis bis zu deren Beendigung nur durch ein Urteil nach Abs 3 festgestellt werden, nicht durch Beschluss (SK-StPO/Schlüchter/Velten StPO § 260 Rn 41; im Fall Honecker KG NStZ 1993, 297, 298; **aA** VerfGH Berlin NJW 1993, 515 mAnm Hohmann NJ 1993, 295, 296; Meurer JR 1993, 89, 95; Paeffgen NJW 1993, 152, 161). Die gerichtliche Prozessentscheidung kann außerhalb der Hauptverhandlung durch Beschluss (§ 206 a StPO) im **Freibeweisverfahren** oder in der Hauptverhandlung durch Urteil (§ 260 Abs 3 StPO) erfolgen, wobei in der Hauptverhandlung die Entscheidungsgrundlage zumindest bezüglich der für die Schuld- und Straffrage einerseits und für das Verfahrenshindernis andererseits **doppelrelevanten Umstände** im **Strengbeweisverfahren** festzustellen ist. Prozesstatsachen, die keine solche Doppelrelevanz besitzen, werden auch in der Hauptverhandlung vor einer Urteilsentscheidung nach **hM** im Freibeweis festgestellt (BGHSt 16, 164, 166; KK-StPO/Schoreit StPO § 260 Rn 48; **aA** Többens NStZ 1982, 184 ff), so etwa die Verhandlungsunfähigkeit (BGH StV 1992, 553, 554). Ein Durchführung der Beweisaufnahme zur Sache ist nicht erforderlich, wenn und soweit das Verfahrenshindernis ohne diese festgestellt werden kann.

16 Als problematisch erweisen sich insoweit **Verfahrenshindernisse von Verfassungs wegen** (Hillenkamp NJW 1989, 2841 ff), die in Extremfällen, in denen andere Kompensationsformen nicht ausreichen, als Rechtsfolge angenommen werden könnten, so insbesondere bei überlanger Verfahrensdauer (BGHSt 46, 159, 171; OLG Schleswig StV 2003, 379 ff). Ob sie in eine Kategorie eines Befassungsverbots oder Bestrafungsverbot (Meyer-Goßner StPO Einl Rn 143) einzuordnen sind, erscheint unklar. Ein zentrales Problem dieser Verfahrenshindernisse besteht darin, dass sie von einer Gesamtbewertung aller Umstände abhängig sind, die auch für eine Sachentscheidung aufzuklären sind (vgl BGHSt 46, 159, 168 ff). Im Ergebnis ist ein Verfahrensabbruch vor abschließender Beweiserhebung zur Sache demnach vielfach nicht möglich und deshalb nicht geeignet, dem Angeklagten die Beschwer durch ein – gegebenenfalls überlanges – Verfahren frühzeitig abzunehmen. Ob die Vollstreckungslösung nach BGHSt 52, 124 ff die Verfahrenshindernislösung inzwischen erledigt hat, ist noch unklar.

17 Die Verfahrenseinstellung durch ein Prozessurteil nach Abs 3 wirkt **das Verfahren beendend**. Ein Strafverfahren kann wegen der Verhandlungsunfähigkeit des Angeklagten nach § 260 Abs 3 StPO freilich nur dann eingestellt werden, wenn feststeht, dass diese endgültig entfallen ist. Soll das Verfahren dagegen lediglich **nach § 205 StPO vorläufig** eingestellt

werden, weil auch die langen Unterbrechungsmöglichkeiten im Krankheitsfall nach § 229 Abs 3 StPO nicht ausreichen, dann muss dies nach Aussetzung der Hauptverhandlung durch Beschluss geschehen (BGH NStZ 1996, 242, 243). Ein Einstellungsurteil mit dem Tenor der vorläufigen Einstellung des Verfahrens sieht das Gesetz nicht vor. Ob die Option der **Aufhebung der Einstellungsentscheidung** nach dem Rechtsgedanken des § 362 StPO, welche der BGH für einen Einstellungsbeschluss nach einer täuschungsbedingten Annahme des Todes des Angeklagten befürwortet hat (BGHSt 52, 119 ff), auf ein Einstellungsurteil übertragbar wäre, erscheint zweifelhaft; rechtlich erweist sich die Erwägung im Übrigen auch für eine Beschlussentscheidung als angreifbar (krit Kühl NJW 2008, 1009, 1010; Ziemann HRRS 2008, 364 ff; zust Rieß NStZ 2008, 297 ff).

II. Freispruch

Ein Freispruch kann aus tatsächlichen oder rechtlichen Gründen erfolgen. Die Freisprechung aus tatsächlichen Gründen wird erforderlich, wenn der Tatvorwurf nicht bewiesen oder sogar widerlegt ist. Im Sicherungsverfahren ist er hingegen generell nicht erforderlich (BGH Beschl v 19. 11. 2002 – Az 1 StR 442/02). Ein Freispruch erfolgt im Urteilstenor nur mit der Mitteilung „Der Angeklagte wird freigesprochen", ein Teilfreispruch mit: „Im Übrigen wird der Angeklagte freigesprochen". Worauf sich der Ausspruch bezieht, ergibt sich dann aus den Urteilsgründen in Verbindung mit der zugelassenen Anklage. Anders als in den Verurteilungsfällen, die Abs 4 alleine regelt, muss hier keine Bezeichnung der angeklagten Tat erfolgen. Auch Zusätze zum Freispruchgrund („mangels Beweises") sind im Tenor zu unterlassen, weil sie gegen die **unwiderlegt gebliebene Unschuldsvermutung** verstoßen könnten (BGHSt 16, 374, 384; Meyer-Goßner StPO § 260 Rn 17; KK-StPO/Schoreit StPO § 260 Rn 25). Beim Wegfall als tatmehrheitlich angeklagter Delikte durch die **Annahme von Handlungs- oder Bewertungseinheiten** ist der Angeklagte nicht freizusprechen, wenn sich die weggefallenen Taten als Bestandteil der einheitlichen Straftaten erweisen, deretwegen eine Verurteilung erfolgt ist. Denn in einem solchen Fall wird der Verfahrensgegenstand durch die Verurteilung erschöpfend erledigt (BGH NStZ 1997, 90, 91; BGHR StPO § 260 Abs 1 Teilfreispruch 14). Auch der **Wegfall eines tateinheitlichen Delikts** erfordert keinen Teilfreispruch (BGHR StPO § 260 Abs 1 Teilfreispruch 5).

Abs 3 schreibt die Verfahrenseinstellung bei Vorliegen eines Verfahrenshindernisses nur scheinbar zwingend vor. Der **Freispruch geht einer Verfahrenseinstellung** aufgrund des Rehabilitierungsinteresses des Angeklagten meist **vor** (BGHSt 13, 268, 273; BGHSt 20, 333, 335), jedenfalls wenn die Voraussetzungen für beide Arten der Verfahrensbeendigung gleichzeitig vorliegen und der Vorwurf, der nicht bewiesen oder widerlegt ist, mit dem Vorwurf, bezüglich dessen ein Prozesshindernis vorliegt, vergleichbar ist oder sogar schwerer wiegt (BGH NStZ-RR 2005, 259). Wenn das Prozesshindernis einen **schwerer wiegenden tateinheitlichen Tatvorwurf** betrifft als der mögliche Freispruch, geht jedoch nach der Rechtsprechung die Verfahrenseinstellung vor (BGHSt 46, 130, 136; Meyer-Goßner StPO § 260 Rn 46; KK-StPO/Schoreit StPO § 260 Rn 51). Ist aber das Prozesshindernis feststellbar, bevor die Beweisaufnahme zur Sache abgeschlossen ist, dann muss das Tatgericht die Beweiserhebungen auch nicht bis zuletzt fortsetzen, um eine zunächst noch nicht sicher anzunehmende Konkurrenzlage von Verfahrenseinstellung und Freisprechung festzustellen (**aA** Sternberg-Lieben ZStW 108 [1996], 721, 738 ff). Ein Freispruch bezüglich einer gar nicht angeklagten Tat führt allerdings in der Revisionsinstanz zur Urteilsaufhebung und Verfahrenseinstellung (BGHSt 46, 130, 136, 137; BGH NJW 2006, 522, 530). Ist die ursprünglich angeklagte Tat nicht erwiesen und der Angeklagte nur wegen einer nicht angeklagten Tat verurteilt, so ist der Angeklagte hinsichtlich der ursprünglich angeklagten Tat freizusprechen und das Verfahren im Übrigen einzustellen (BGH NJW 2000, 3293 f; OLG Hamm Beschl v 13. 12. 2007 – Az 3 Ss 430/07).

Bei einem Freispruch wegen **Schuldunfähigkeit** (§ 20 StGB) kann daneben dennoch eine **Unterbringung** des Angeschuldigten in einem psychiatrischen Krankenhaus (§ 63 StGB) angeordnet werden. Die Unterbringungsanordnung macht den Freispruch nicht entbehrlich (BGH NStZ-RR 1998, 142). Außerdem kann auch bei Schuldunfähigkeit ein **Berufsverbot** (Abs 2) oder die **Entziehung der Fahrerlaubnis** angeordnet werden.

III. Verurteilung (Abs 2 und Abs 4)

21 Die Fassung der Urteilsformel im Fall der Verurteilung steht nach Abs 4 S 5 im **Ermessen des Gerichts**, soweit das Gesetz nicht besondere Regeln aufstellt. Die Formel der Verurteilung besteht aus der **Bezeichnung der abgeurteilten Tat** oder Taten sowie dem **Ausspruch über Rechtsfolgen** in Form von Haupt- und Nebenstrafen, Maßregeln und Nebenfolgen. Der Tenor soll in knapper, verständlicher Sprache abgefasst und von allem freigehalten werden, was nicht unmittelbar der Erfüllung seiner Aufgabe dient (BGHSt 27, 287, 289). Da im Sicherungsverfahren kein Schuldspruch ergeht, unterbleibt dort die Kennzeichnung der Anlasstat in der Urteilsformel (BGH NStE Nr 5 zu § 260 StPO).

22 Der **Schuldspruch** soll allein mit der **rechtlichen Bezeichnung der Tat** (Abs 4 S 1), nicht mit Tatsachenangaben, so knapp und genau wie möglich gekennzeichnet und deshalb tunlichst – soweit vorhanden (Abs 4 S 2) – nach der **Überschrift der Strafnorm** bezeichnet werden. Davon kann abgewichen werden, wenn die Gesetzesüberschrift zur Kennzeichnung der Alternative nicht passt oder zu ungenau erscheint. Fehlt eine Überschrift, wie meist im Nebenstrafrecht, dann ist eine möglichst präzise **Umschreibung** des Normgehalts erforderlich; eine pauschale Kennzeichnung der Tat, etwa als „Verstoß gegen das Waffengesetz" (BGHR WaffG § 53 Abs 1 Satz 1 Nr 3 a Führen 1) oder als „Verstoß gegen das Betäubungsmittelgesetz" (OLG Düsseldorf NStE Nr 18 zu § 260 StPO), reicht nicht aus. Eine Einordnung der Tat als Verbrechen oder Vergehen ist in der Urteilsformel entbehrlich (BGH NJW 1986, 1116, 1117). Zum Schuldspruch gehören auch **Qualifikationen** (BGH Beschl v 8. 7. 2008 – Az 4 StR 108/08), etwa bei besonders schwerer Vergewaltigung als Qualifikation (BGH NStZ-RR 2007, 173, 174) oder bei zugleich gewerbs- und bandenmäßiger Geldfälschung (BGH NStZ 2007, 638, 639), oder eine **Privilegierung**. Bei ungleichartiger **Wahlfeststellung** sind gegebenenfalls beide Alternativen mit dem Bindewort „oder" aufzuführen (KK-StPO/Schoreit StPO § 260 Rn 35). Der Erwähnung von **Tatmodalitäten**, die nach der Gesetzesfassung kein eigenes Unrecht darstellen oder allein für die Strafzumessung (etwa § 21 StGB) oder Prozessvoraussetzungen (zB § 248 a StGB, BGH NStZ 1988, 220, 221) von Bedeutung sind, bedarf es dagegen nicht (BGHSt 27, 287, 289). Das Vorliegen gesetzlicher **Regelbeispiele** für besonders schwere Fälle wird nicht in die Urteilsformel aufgenommen (BGH NStZ 1998, 27). Auch die Bezeichnung des Falles als **besonders oder minder schwerer Fall** gehört nicht in die Formel (BGHR StPO § 260 Abs 4 S 1 Tatbezeichnung 2 und 3).

23 Erforderlich ist die Angabe der **Fahrlässigkeit**, soweit die Tat vorsätzlich oder fahrlässig begangen werden könnte (KK-StPO/Schoreit StPO § 260 Rn 30); ein Fehler hierbei kann nicht schlicht durch Berichtigungsbeschluss geheilt werden (OLG Zweibrücken BeckRS 2009, 08975). Die vorsätzliche Tatbegehung bedarf dagegen keiner Benennung im Urteilstenor (BGHR StPO § 260 Abs 4 S 1 Urteilsformel 2). Nach § 15 StGB ist nämlich im Allgemeinen ohnehin nur vorsätzliches Handeln strafbar, fahrlässiges dagegen lediglich dann, wenn es ausdrücklich mit Strafe bedroht ist; nur letzteres ist gegebenenfalls im Tenor zu kennzeichnen (BGH NStZ 1992, 546). Erforderlich ist bei der Vorsatztat ferner die Bezeichnung einer **Teilnahme** als Anstiftung oder Beihilfe, nicht dagegen der Täterschaft oder deren Art als Alleintäter, Mittäter oder mittelbarer Täter; eine Bezeichnung der Tat als „gemeinschaftlich begangen" erübrigt sich deshalb (BGH NStZ 1999, 205; NStZ-RR 2002, 259). Der bloße **Versuch** der Tat ist gegebenenfalls als solcher zu kennzeichnen. In der Urteilsformel ist die Bezeichnung des Verbrechens, auf das sich eine **Tat nach § 30 StGB** bezieht, zum Ausdruck zu bringen (BGHR StPO § 260 Abs 4 S 1 Tatbezeichnung 4); wenn mangels näherer Feststellungen zum genauen Tatablauf die Verabredung der Begehung eines Raubes oder einer räuberischen Erpressung in Betracht kommt, soll das allgemeine Delikt in der Urteilsformel genannt werden (BGH NStZ-RR 2005, 259).

24 Bei Erfüllung mehrerer Tatbestände ist die Bezeichnung von **Tateinheit** durch die Wendung „in Tateinheit mit" (vgl BGHR StPO § 260 Abs 4 S 1 Tatbezeichnung 8) oder **Tatmehrheit** durch Verbindung mit „und" oder „sowie" (BGH NJW 1986, 1116, 1117) geboten. Es empfiehlt sich auch bei gleichartiger Tateinheit, dies im Urteilsspruch kenntlich zu machen. Davon kann abgesehen werden, wenn der Tenor unübersichtlich und unverständlich würde (BGH NStZ 1996, 493, 494).

Auch der **Strafausspruch** hat Eingriffscharakter und muss daher in der Urteilsformel 25
konstitutiv die verhängten Strafen und Maßregeln nennen; was er verschweigt, ist grundsätzlich nicht angeordnet. Nur ausnahmsweise kann eine Urteilsberichtigung zur nachträglichen Aufnahme eines Ausspruchs in den Tenor führen, wenn ein offensichtliches Verkündungsversehen vorliegt. Der Urteilstenor nennt nur die **Gesamtstrafe**, nicht die Einzelstrafen (Meyer-Goßner StPO § 260 Rn 36; KK-StPO/Schoreit StPO § 260 Rn 37). Bei **Freiheitsstrafe** wird die Gesamtdauer der Strafe genannt; im Fall einer nicht bereits vom Gesetz – wie bei der Anrechnung von Untersuchungshaft (BGHSt 28, 287, 288) – zwingend vorgesehenen **Anrechnung** (§ 51 StGB, § 52a StGB), auch nach der „**Vollstreckungslösung**" zur Kompensation von Verfahrensdefiziten (BGHSt 52, 124 ff), sowie bei Anrechnung der vorläufigen Entziehung der Fahrerlaubnis auf die endgültige Maßregel, die als verbüßt geltende **Anrechnungszeit** und bei ausländischer Freiheitsentziehung der **Umrechnungsmaßstab**. Bei lebenslanger Freiheitsstrafe ist gegebenenfalls die **Feststellung der besonderen Schwere der Schuld** in die Formel aufzunehmen (BGHSt 39, 121, 123 ff; BGH NStZ 2000, 194; KK-StPO/Schoreit StPO § 260 Rn 33; überholt BGH NStZ 1993, 448). Die Anordnung der **Strafaussetzung zur Bewährung**, eine Verwarnung mit Strafvorbehalt oder ein Absehen von Strafe (BayObLG Beschl v 30. 11. 1994 – Az 5 St RR 114/94) sind im Tenor zu nennen (Abs 4 S 4). Wird eine **Geldstrafe** verhängt, so sind nicht der Gesamtbetrag, sondern Zahl und Höhe der Tagessätze in die Urteilsformel aufzunehmen (Abs 4 S 3).

Beim Ausspruch von **Maßregeln** oder Maßnahmen ist die Art der Sanktion genau zu 26
bezeichnen, die Vollstreckungsreihenfolge bei einer Abweichung vom gesetzlichen Regelfall und gegebenenfalls eine Aussetzung der Vollsteckung zur Bewährung in die Formel aufzunehmen (Abs 3 S 4). Für das **Berufsverbot** nach § 70 StGB fordert Abs 2 aus Gründen der Rechtsklarheit auch im Hinblick auf die Strafbarkeit von Verstößen gegen das Verbot gemäß § 145c StGB (vgl OLG Karlsruhe NStZ 1995, 446 f) die genaue Angabe von **betroffenem Beruf, Berufszweig, Gewerbe oder Gewerbezweig** im Urteilstenor. Abs 2 hebt damit nur einen besonderen Aspekt hervor; natürlich muss darüber hinaus auch die **Dauer** des Verbots angegeben werden. Der Verurteilte und der Rechtsverkehr sollen nicht erst anhand der Gründe ermitteln müssen, ob eine bestimmte Tätigkeit vom Berufsverbot erfasst ist oder nicht.

Bei **Einziehung und Verfall** ist der jeweilige Gegenstand – notfalls in einer Anlage (BGH 27
NJW 1962, 2019 f) – genau zu nennen (BGH NStZ 1993, 95), etwa Art und Menge des einzuziehenden Rauschgifts (OLG Koblenz Beschl v 3. 7. 2007 – Az 1 Ss 171/07), bei **Verfall von Wertersatz** der betroffene Geldbetrag.

Eine **Veröffentlichungsbefugnis des Verletzten** nach § 165 StGB, § 200 StGB, § 23 28
UWG, § 14 Abs 6 S 1 GeschmMG, § 143 Abs 6 S 1 MarkenG ist im Urteilstenor zu nennen (Meyer-Goßner StPO § 260 Rn 40).

E. Liste der angewendeten Vorschriften (Abs 5)

Die Liste der (nur) im Fall von Verurteilung oder Verfahrenseinstellung, nicht bei einer 29
Freisprechung, „angewendeten" Vorschriften ist **weder Bestandteil der Urteilsformel noch der Urteilsgründe** des Strafurteils. Sie ist deshalb weder zu verlesen noch sonst bekannt zugeben (BGH NStZ-RR 1997, 166). Ihr kommt neben der Funktion einer Entlastung des Tenors vor allem Bedeutung für die **Eintragung im Bundeszentralregister** zu, weshalb eine Berichtigung bis zur Eintragung im Bundeszentralregister jederzeit möglich ist (Meyer-Goßner StPO § 260 Rn 62).

Zur genauen Bezeichnung der angewendeten Vorschriften sind die Normen und ihre 30
Absätze, Sätze und Nummern möglichst genau zu bezeichnen. Für jeden Mitangeklagten ist eine eigene Liste aufzustellen (Meyer-Goßner StPO § 260 Rn 55), soweit nicht jeweils dieselben Normen erfüllt sind. Die Liste umfasst die **Normen zum Schuld- und Rechtsfolgenausspruch**. Auch Vorschriften des Allgemeinen Teils des StGB sind aufzunehmen, soweit das zum Verständnis der konkreten Entscheidung erforderlich ist. Allgemeine Bestimmungen, insbesondere über die Rechtsfolgen, die nicht zum Verständnis der Entscheidung im Einzelfall erforderlich sind, wie § 46 StGB, sind dagegen wegzulassen.

F. Urteilsberichtigung oder -ergänzung

31   Die StPO enthält im Gegensatz zu §§ 319 ZPO ff keine Regelung für eine Berichtigung oder Ergänzung des Urteils. Dennoch ist eine solche Maßnahmen nach der Urteilsverkündung zulässig, soweit es sich um Schreibfehler oder **offensichtliche Fassungsversehen** handelt (BGHSt 15, 263, 265; BGHSt 25, 333, 335, 336) und das erkennbar Gewollte in der Urteilsformel nicht oder nicht ausreichend um Ausdruck kommt. Offensichtlichkeit setzt voraus, dass die Unrichtigkeit für alle Verfahrensbeteiligten auch ohne die Berichtigung eindeutig erkennbar ist und somit jeder Verdacht einer späteren sachlichen Änderung ausscheidet. Die Berichtigung einer Urteilsformel zum Nachteil des Angeklagten, welche auf eine Freiheitsstrafe von drei Jahren lautet, deren Vollstreckung wegen fehlerhafter Verwendung eines Formulars versehentlich als zur Bewährung ausgesetzt bezeichnet wurde, ist zum Beispiel möglich, wenn aus der Urteilsbegründung das Gewollte zweifelsfrei hervorgeht und das Fassungsversehen offensichtlich ist (OLG Karlsruhe NStZ-RR 1999, 112, 113). Eine nachträgliche **sachliche Änderung des Urteils** ist dem iudex a quo aber **nicht gestattet**. Das gilt etwa auch für die Ergänzung einer vergessenen Entscheidung über die Erstattung von Auslagen des Nebenklägers (OLG Karlsruhe NStZ-RR 1997, 157, 158).

32   Eine Berichtigung von offensichtlichen Versehen erfolgt durch **Gerichtsbeschluss**. Die Zustellung des Beschlusses setzt dann den **Lauf der Rechtsmittelfrist** in Gang (BGHSt 12, 374 ff).

G. Revision

33   Die unterschiedliche Bedeutung der Einzelbestimmungen innerhalb der vorliegenden Vorschrift führt dazu, dass manche Fehler die Berichtigung gestatten, andere revisibel sind, wieder andere gar keinen Beanstandungsgrund liefern.

I. Rechtsfehler bei Beratung und Abstimmung

34   Da Beratung und Abstimmung geheim bleiben, entziehen sie sich grundsätzlich einer inhaltlichen Nachprüfung auf Verstöße gegen §§ 192 GVG ff, § 263 StPO.

35   Gerügt und nachgeprüft werden kann nur die Frage, ob überhaupt eine als solche etwa durch Zurückziehen der Richter ins Beratungszimmer oder Verständigung im Saale **äußerlich erkennbare Beratung** stattgefunden hat (BGH NStZ 1992, 552, 553; NStZ-RR 2002, 71) und ob diese der Urteilsverkündung unmittelbar vorangegangen ist, ohne dass ein anderer Teil der Hauptverhandlung dazwischen getreten ist. Das völlige Fehlen einer äußerlich erkennbaren Beratung wäre bei einem Kollegialgericht Grund genug, um ein wirksames Urteil anzuzweifeln; die Unwirksamkeit wäre dann zwar im Grunde per se von Jedermann zu beachten, würde aber einen Revisionsangriff nicht ausschließen. Der Fall ist freilich eher theoretischer Natur. Dass die Beratung geheim stattfindet und Vor- sowie Zwischenberatungen von den Verfahrensbeteiligten unerkannt bleiben mögen, kann allerdings zu Fehleinschätzungen führen. Gänzlich fehlen dürfte eine Beratung kaum jemals. Auch die fehlende Protokollierung einer Verhandlungsunterbrechung zur Beratung lässt nach der Rechtsprechung nicht auf das Fehlen einer Beratung schließen (OLG Köln NStZ-RR 2002, 337, 338). Weist das Sitzungsprotokoll eine Unterbrechung der Hauptverhandlung zur Urteilsberatung nicht aus, dann steht damit der gerügte Verfahrensverstoß nicht fest. Denn die Beratung selbst ist nicht Gegenstand der Beweiskraft des Protokolls gemäß § 274 StPO. Auch eine Unterbrechung der Hauptverhandlung zum Zwecke der Beratung (BGH NStZ 2009, 105, 106).

36   Die **Kürze der abschließenden Beratung** ist wegen der nicht auszuschließenden Möglichkeit einer Vorberatung meist nicht revisibel (BGHSt 37, 141, 142, 143; BGH NStZ 2009, 105, 106). Für die Revision bleibt nur Raum, wenn eine abschließende Beratung selbst in der Form der kurzen gegenseitigen Verständigung der Richter nach einem Verhandlungsteil, der im Anschluss an eine anfängliche Beratung nachgeschoben wurde, nicht mehr stattgefunden hat und dies nachgewiesen werden kann. Gerügt werden kann dann, dass **Beratung und Abstimmung sowie Urteilsverkündung** entgegen Abs 1 **nicht unmittelbar aufeinander gefolgt** sind. Das wäre gegebenenfalls ein Rechtsfehler. Auf diesem Fehler wird in der Regel auch das gesamte Urteil beruhen, es sei denn aus dem nachgeschobenen Verhandlungsteil ließe sich entnehmen, dass dieser nur einen bestimmten Teil des

Prozessstoffs betroffen hatte und die entfallende Schlussberatung allein dazu von Bedeutung sein konnte. Das Beruhen des angefochtenen Urteils auf einer Verletzung der Beratungspflicht nach Abs 1 kann nur ausnahmsweise ausgeschlossen werden (BGHR StPO § 260 Abs 1 Beratung 2), wenn etwa nach dem Inhalt der dienstlichen Erklärung der Richter das Urteil umfassend vorberaten und bei der Beratung über einen Beweisantrag Übereinstimmung dahin erzielt worden war, das Urteil so wie beraten zu verkünden, sofern die Schlussanträge nur wiederholt wurden und auch der Angeklagte nicht mit Erklärungen zur Sache hervorgetreten ist (BGH NStZ 2001, 106).

II. Rechtsfehler bei der Urteilsverkündung

Würde die **Urteilsformel nicht verlesen**, dann wäre die Hauptverhandlung nicht geschlossen und das Urteil nicht wirksam verkündet worden. Es würde nicht existieren (BGHSt 8, 41, 42). Dieser Fall ist wieder eher theoretischer Natur. Praktisch vorkommen kann das Nichtverlesen eines Teils einer umfangreichen Urteilsformel, etwa durch versehentliches Überspringen einer Zeile. Das wäre ein revisibler Verkündungsmangel, der aber bei Beachtung von § 274 StPO kaum nachzuweisen ist. 37

Da die **mündliche Mitteilung der Urteilsgründe** nicht konstitutiv für das Urteil ist, sondern den Anfechtungsberechtigten nur eine grobe Orientierung geben soll (BGHSt 8, 41, 42; KK-StPO/Schoreit StPO § 260 Rn 9), damit sie prüfen können, ob sie ein Rechtsmittel innerhalb der knappen Wochenfrist für Berufung oder Revision einlegen wollen, sind Mängel der mündlichen Urteilsbegründung nicht revisibel. Lücken in der mündlichen Urteilsbegründung, deren Unterlassung (BGHSt 15, 263, 264, 265) oder Divergenzen gegenüber der späteren schriftlichen Urteilsbegründung können nicht mit Erfolg geltend gemacht werden (BGHSt 7, 363, 370, 371; KK-StPO/Schoreit StPO § 260 Rn 9). Auf einem Verstoß allein gegen § 260 Abs 1 StPO, § 268 Abs 1 StPO kann das Urteil auch nicht beruhen (BGHSt 8, 41, 42). 38

III. Fehler der Formel

Wenn die Urteilsformel einen Aspekt des möglichen Schuld- oder Rechtsfolgenausspruchs nicht umfasst, so ist dieser – vorbehaltlich einer Urteilsberichtigung wegen eines offensichtlichen Fassungsversehens – nicht beschlossen. Ein **nicht beschiedener Vorwurf** einer rechtlich selbständigen Handlung bleibt aber beim Tatgericht anhängig, wenn das tatrichterliche Urteil nicht gerade insoweit mit der Revision angefochten wird (OLG Celle NStZ 2008, 118, 119). Ob ein Urteilsspruch eine **Anklage erschöpfend erledigt**, beurteilt sich durch einen Vergleich der Urteilsformel mit der zugelassenen Anklage. Fehlt es an einer Sachentscheidung zu einem Teil der Anklage, so erfasst das Rechtsmittel des Angeklagten, das sich nur gegen das ergangene Urteil richten kann, diese Tat nicht (BGH NStZ 1993, 551, 552). Die Revision kann diesen Punkt dann nicht erfassen, es sei denn das Rechtsmittel bezieht sich gerade auf die Nichtschöpfung der zugelassenen Anklage. 39

Eine **nicht ausgesprochene Rechtsfolge** ist nicht angeordnet worden; das kann von der Staatsanwaltschaft oder der Nebenklage mit der Revision gerügt werden. Sonstige **Unrichtigkeiten** (nur) der Formel, wie reine **Zählfehler** (BGH NStZ 2000, 386; NStZ-RR 2005, 259) oder **Bezeichnungsmängel, berichtigt das Revisionsgericht**. Rechtsfehler, die in der Formel zum Ausdruck kommen, sind dagegen aufgrund der Sachrüge der revisionsgerichtlichen Kontrolle unterworfen. Sie führt insbesondere oftmals eine Konkurrenzkorrektur durch, die vielfach aber ohne besondere Auswirkungen auf die Strafrechtsfolgen bleibt. Eine **Divergenz zwischen Urteilsformel und Urteilsgründen**, etwa hinsichtlich der Strafhöhe (BGH StraFo 2007, 380, 381), deutet einen sachlich-rechtlichen Fehler des Urteils an, auf dem es insoweit beruhen kann (OLG Hamm ZfSch 2003, 40, 41). 40

IV. Fehler der Entscheidungsart

Die **Einstellung des Verfahrens** gemäß Abs 3 verletzt sachliches Recht, wenn dem Angeklagten die angeklagte Tat nicht nachgewiesen werden konnte und die festgestellten Vergehen, die mit der nicht nachgewiesenen Tat in Tateinheit stehen würden, verjährt sind. Sofern die nicht nachgewiesenen Vorwürfe schwerer wiegen als die verjährten Vergehen, ist der Angeklagte **freizusprechen** (BGH NStZ-RR 2005, 259). Die Verfahrenseinstellung 41 anstelle eines Freispruches, der noch weiterer Sachaufklärung bedürfte, beschwert der Angeklagten aber nach der Rechtsprechung nicht (BGH NStZ-RR 1996, 299, 300).

42   Das Revisionsgericht kann einen zu Unrecht **unterlassenen Teilfreispruch** bei Wegfall einer als tatmehrheitlich angeklagten Tat nachholen (BGHR StPO § 260 Abs 1 Teilfreispruch 1 und 2; Löwe/Rosenberg/Gollwitzer StPO § 260 Rn 129). Auch eine **Ergänzung des Schuldspruchs** kann auf die Revision der Staatsanwaltschaft oder eines Nebenklägers durch das Revisionsgericht vorgenommen werden (OLG Hamm NJW 1981, 697).

43   Den **Schuldspruch** kann das Revisionsgericht im Übrigen auch ändern, wenn es aufgrund einer abweichenden rechtlichen Wertung zu einem anderen Resultat gelangt als das Tatgericht. Insoweit gilt auch kein Verschlechterungsverbot.

V. Fehler der Vorschriftenliste

44   Da die Liste der angewendeten Vorschriften für das Urteil nicht konstitutiv ist, kann sie vom Revisionsgericht ohne weiteres berichtigt werden. Ein Rechtsfehler, auf dem das Urteil beruhen könnte, ergibt sich alleine aus einem Fehler in der Vorschriftenliste nicht (BGH NStZ-RR 1997, 166; KK-StPO/Schoreit StPO § 260 Rn 52).

§ 261 [Freie Beweiswürdigung]

Über das Ergebnis der Beweisaufnahme entscheidet das Gericht nach seiner freien, aus dem Inbegriff der Verhandlung geschöpften Überzeugung.

Überblick

Die Vorschrift gilt als Errungenschaft zur Überwindung des gemeinrechtlichen Inquisitionsprozesses mit seinen starren Beweisregeln. Die Einführung einer Freiheit der Beweiswürdigung führt allerdings zu unklaren Resultaten. Beweislehre, einschließlich der Aussagepsychologie, gehört nicht zu den Pflichtfächern der Juristenausbildung. Angewandte Kriminologie wird nur vereinzelt vermittelt und kaum praktiziert. Die Praxis agiert meist intuitiv. Das Gesetz geht von der tatrichterlichen Freiheit bei der Beweiswürdigung aus. Dies bedeutet jedoch nicht, dass der Tatrichter entscheiden dürfe, wie er will. Durch das Prozessziel der Herstellung eines gerechten Rechtsausspruchs ist der Richter der objektiven Wahrheit verpflichtet, die er mit subjektiv sicherer Überzeugung feststellen soll. Das gelingt allerdings nur mit zweifelhaftem Erfolg, der durch Tabuzonen infolge der Unzulässigkeit der Revisionsrüge der Aktenwidrigkeit des Urteils und aufgrund eines revisionsrichterlichen „Verbots der Rekonstruktion der Hauptverhandlung" perpetuiert wird. Hier besteht eine Rechtsschutzlücke. Die Freiheit der Beweiswürdigung stößt bisher nur dann an revisible Grenzen, wenn das Prozessziel für das Revisionsgericht anhand des Urteilstextes erkennbar verfehlt worden ist. Richter, denen eine Verständigung nach § 257 c StPO nicht gelingt, die aber dennoch Rechtskraft herbeiführen wollen, können ein Urteil meist „revisionssicher" abfassen. Auch taktische Erwägungen und prozessökonomische Gründe dürfen aber nicht von dem Prozessziel ablenken, weil das eingriffsintensive Strafrecht seinen Zweck nur dann erfüllt, wenn es auf zutreffend ermittelte Sachverhalte angewendet wird. Auch zur Vermeidung von Willkür wird daher heute von den Revisionsgerichten gefordert, dass der Tatrichter im Verurteilungsfall aufgrund von nachvollziehbaren Beweisgrundlagen, welche zumindest die objektiv hohe Wahrscheinlichkeit der Richtigkeit ergeben, seine subjektiv sichere Überzeugung von der Schuld des Angeklagten entwickeln soll. Schließlich muss der Richter zur Gewährung rechtlichen Gehörs Ausführungen des Angeklagten ermöglichen, sie aufnehmen und bei der Entscheidung ernsthaft in Betracht ziehen. Aus den revisionsrechtlichen Anforderungen an die Beweiswürdigung ergeben sich sodann methodische Regeln für das Vorgehen. Nach der vorliegenden Vorschrift darf der Richter seine Überzeugung auch nur aus dem Inbegriff der Hauptverhandlung schöpfen, weshalb Tatsachen und Beweise, die nicht im Strengbeweisverfahren eingeführt worden sind, nicht in das Urteil einfließen dürfen. Das wird allerdings im Verständigungsverfahren nach § 257 c StPO zunehmend konterkariert. Andererseits muss der in der Hauptverhandlung erörterte Beweisstoff ausgeschöpft werden und der Richter muss eine Gesamtwürdigung aller Umstände vornehmen. Davon ausgenommen sind nur unbewiesene oder unverwertbare Belastungsindizien. Die Gesamtwürdigung aller erhobenen, verwertbaren und aussagekräftigen Beweise darf keine Lücken aufweisen, sie darf nicht widersprüchlich sein oder sonst gegen Denkgesetze verstoßen und sie muss bestehende Erfahrungssätze beachten. Bleiben auch nach der Gesamtwürdigung aller Umstände beim Richter subjektive Zweifel an der Schuld, dann hat er „in dubio pro reo" zugunsten des Angeklagten zu entscheiden.

Übersicht

	Rn		Rn
A. Normbedeutung	1	I. Sichere Überzeugung	42
B. Prozessziel und richterliche Aufgabe der Beweiswürdigung	2	II. Tatsachenzweifel	44
C. Grundsätze	9	**F. Besondere Anforderungen an die Beweiswürdigung**	47
I. Gesamtwürdigung aller Umstände	10	I. Optisches Wiedererkennen und Stimmenidentifizierung	48
II. Berücksichtigung von Prozessverhalten des Angeklagten	12	II. Zeugnis vom Hörensagen	52
III. Bildung von Nullhypothesen	18	III. Aussage gegen Aussage	55
D. Beweisgrundlagen und Maßstäbe für die Würdigung	19	IV. Drittbelastende Äußerungen durch Mitbeschuldigte oder Zeugen mit Eigeninteresse	58
I. Inbegriff der Hauptverhandlung	20	**G. Revision**	59
II. Offenkundigkeit	23	I. Verfehlung des Inbegriffs der Hauptverhandlung	60
III. Unverwertbarkeit von Informationen	27	II. Darstellungs- und Würdigungsfehler	61
IV. Notwendigkeit von objektiven Beweisgrundlagen	31	III. Rüge der Verletzung des Zweifelssatzes	64
V. Regeln für die Würdigung	34	**H. Wiederaufnahmeantrag bei Lücken in den Beweisgründen des Urteils**	65
1. Denkgesetze	35		
2. Erfahrungssätze	36		
3. Widerspruchsfreiheit	39		
4. Lückenlosigkeit	40		
E. Richterliche Überzeugung	41	I. Verfassungsbeschwerde	68

A. Normbedeutung

Die Vorschrift stellt die Maxime der richterlichen **Freiheit** bei der Beweiswürdigung **von** 1 **starren Beweisregeln** auf. Prinzipiell gibt es demnach keine zwingenden Normen, die dem Richter ein bestimmtes Ergebnis vorschreiben (BGHSt 39, 281, 295). Die Freiheit hat aber **Grenzen**, die sich aus der Gesetzesbindung des Richters (Art 20 Abs 3 GG) und dem Prozessziel der Wahrheitserforschung ergeben. Besonders die **Prozessgrundrechte** und Menschenrechte des Angeklagten auf ein faires Verfahren (Art 2 Abs 1 GG iVm Art 20 Abs 3 GG, Art 6 MRK), auf willkürfreie Entscheidung (Art 3 Abs 1 GG), auf Wahrung der Neutralität und Ergebnisoffenheit des Gerichts (Art 101 Abs 1 S 2 GG, Art 6 Abs 1 S 1 MRK) und auf Gewährung rechtlichen Gehörs (Art 103 Abs 1 GG) beschränken die Würdigungsfreiheit. Der Richter muss die Beweise zudem erschöpfend würdigen und gesicherte wissenschaftliche Erkenntnisse, die Gesetze der Logik sowie Erfahrungssätze beachten (BGHSt 29, 18, 20). Nur eine vollständige Beweiswürdigung liefert eine ausreichende Richtigkeitsgewähr für das Strafurteil. Die Garantie einer anzustrebenden Richtigkeit des Urteils folgt aus dem Schuldgrundsatz, der voraussetzt, dass nur der wirklich Schuldige verurteilt werden darf, der nach dem Legalitätsprinzip dann freilich auch verurteilt werden muss. **Beweisverwertungsverbote** (Jahn Gutachten für den 67. DJT 2008 C 31 ff) sind Schranken der Würdigungsfreiheit. Unverwertbare Beweise dürfen danach nicht in die Gesamtwürdigung einbezogen werden. Umgekehrt sind zunehmend **Erkenntnisse aus erfahrungs- oder naturwissenschaftlichen Fachgebieten** (BGHSt 6, 70, 72, 73) positiv zu beachten. Ein Verstoß des tatrichterlichen Urteils gegen sachliches Recht liegt vor, wenn das Tatgericht einen bestehenden Erfahrungssatz ohne hinreichenden Grund nicht befolgt, oder wenn es seiner Entscheidung einen nicht bestehenden Erfahrungssatz zugrunde legt (BGHSt 39, 291, 294). Es gilt aber nicht als eine Aufgabe des Richters, mit den Methoden der Naturwissenschaften neue Erfahrungssätze zu gewinnen oder alte zu widerlegen. Die Feststellung der bedeutsamen Tatsachen, auch der Nachweis von Kausalzusammenhängen im naturwissenschaftlichen Sinne, verlangt keine absolute Gewissheit, nach jüngerer Rechtsprechung aber eine **hohe objektive Wahrscheinlichkeit** (BGH NJW 1999, 1562, 1564; zu der beim subjektiven Ansatz geforderten an Sicherheit grenzenden Wahrscheinlichkeit RGSt 66, 163, 164). Für die zusätzlich erforderliche **subjektive richterliche Überzeugung** genügt ein nach der Lebenserfahrung ausreichendes Maß an Sicherheit, welches keinen vernünftigen **Zweifel** bestehen lässt (BGHSt 41, 206, 214). Hat der Tatrichter auch bei Beachtung der revisionsrechtlich geschaffenen Grundsätze subjektiv Zweifel an der Tatbegehung durch den Angeklagten, an der Rechtswidrigkeit oder an der Schuld, dann darf er nicht verurteilen, sondern er muss den Angeklagten nach der Entscheidungsregel „in dubio pro reo" freisprechen.

1.1 Namentlich in Verurteilungsfällen verlangt das Gebot rational begründeter Beweisführung die Einbeziehung wissenschaftlicher Erkenntnisse, vor allem aus kriminalistischen, kriminologischen und aussagepsychologischen Untersuchungen (BVerfG NJW 2003, 2444, 2445; BGH NJW 2007, 384, 387). Dies ist geboten, weil zur Widerlegung der Unschuldsvermutung der Wert der Belastungsbeweise durch die Anwendung der wissenschaftlichen Erkenntnisse zu bestimmen und das Resultat gegebenenfalls dadurch zu erhärten ist (BGHR StPO § 261 Beweiswürdigung, unzureichende 20; Brause NStZ 2008, 505, 507).

1.2 Insbesondere die **Aussagepsychologie** gibt wichtige Hinweise darauf, wie die Suche nach der Wahrheit bei der Auswertung des besonders unzuverlässigen, aber oft überschätzten Zeugenbeweises wirkungsvoll zu betreiben ist (BGHSt 17, 382, 385; Deckers FS Hamm 2008, 53, 55; krit Fischer FS Widmaier 2008, 191 ff). Das gilt nicht zuletzt für die zuerst von Undeutsch (Forensische Psychologie 1967, 26 ff) entwickelte Aussagenanalyse bei kindlichen Zeugen (sa schweizerisches Bundesgericht SJZ 2002, 282, 283). Aber auch die **Wahrscheinlichkeitsforschung** kann im Sinne einer annäherungsweisen Bestimmung des objektiven Beweisgewichts bestimmter Umstände zur Ausfüllung des Beweismaßes verhelfen (Geipel Handbuch der Beweiswürdigung 2008, 63 ff).

1.3 Der Richter kann sich auch sonst mit neuen und noch nicht erprobten oder gar **umstrittenen wissenschaftlichen Methoden** befassen. Er muss allerdings deren Beweisbedeutung genau prüfen und darlegen (BGH NStZ 1994, 250; NStZ 1998, 528, 529).

B. Prozessziel und richterliche Aufgabe der Beweiswürdigung

2 Die richterliche Freiheit bei der Entscheidung über das Ergebnis der Beweisaufnahme hebt das Prozessziel nicht auf, sondern sie bezieht sich darauf. Es geht im Strafprozess ungeachtet aller Reduzierungen durch die Absprachenpraxis (§ 257 c StPO) immer noch um die **Suche nach der materiellen Wahrheit** als notwendige Grundlage eines gerechten Strafurteils (BVerfGE 57, 250, 275; BGHSt 50, 40, 63; BGH NStZ-RR 2007, 307, 309; Kühne GA 2008, 361 ff). Deshalb ist eine Beweiswürdigung und eine Geständnisüberprüfung selbst nach einer Urteilsabsprache nicht entbehrlich (BGH StV 2009, 232, 233), wenngleich die Praxis damit zunehmend nachlässig verfährt (§ 257 c StPO Rn 25). Die Wahrheitssuche erfährt in der Hauptverhandlung zwar von Rechts wegen ihren Höhepunkt (BVerfGE 86, 288, 318; BGHSt 46, 349, 352, 353), sie hat dort aber weder ihren Anfang noch ein Ende.

3 Ohne Wahrheit kann Gerechtigkeit nicht erreicht werden. Selbst ein **fair gestaltetes Verfahren** ist kein Wert an sich, wenn es zu einem falschen Urteil führt (Demko FS Riklin 2007, 351, 355 ff). Absolute Wahrheitserkenntnis ist zwar nie in vollendeter Form erreichbar (RGSt 66, 163, 164), was jedoch das Streben danach nicht hindern darf (Albrecht NStZ 1983, 486, 487; Weigend in Goldbach Der Deal mit dem Recht 2004, 37, 44). Demgegenüber hat sich die Idee einer **„forensischen Wahrheit"** entwickelt. Gemeint ist damit die in einem prozessökonomischen Verfahren mit begrenzten Mitteln erzielbare und ab einem gewissen Verfahrensstadium als wahrer Sachverhalt hingenommene Erkenntnis. In einer Zeit chronischer Überlastung der Strafjustiz führt dies dazu, dass immer mehr Abstriche an der Wahrheitssuche stattfinden. § 244 Abs 2 StPO, § 246 StPO, § 257 c Abs 1 S 2 StPO und § 359 Nr 5 StPO sprechen jedoch gegen die Fixierung des Abschlusses der Wahrheits-

erforschung auf einen bestimmten Stand des Verfahrens. Durch Befolgung einer Konsensmaxime erfolgt nur noch eine Mediation der Wahrheit, die sich kontraproduktiv auswirkt, wenn in Folgeprozessen oder anschließenden Zivilrechtsstreitigkeiten neu nachgefragt und die Unrichtigkeit oder Unvollständigkeit der früheren Urteilsfeststellungen erkannt wird (Beispiel Rn 6.2 und Rn 6.3). Das ist aufs Ganze gesehen eine bedenkliche Entwicklung (Fischer NStZ 2007, 433 ff; Kühne GA 2008, 361, 365, 366; Tsambikakis Kunert-Symposium 2006, 87, 92), die zunehmend zu einer „Zivilprozessualisierung" des Strafverfahrens führt. Abgesprochene Urteile eignen sich nicht einmal als aussagekräftiges Präjudiz für einen anschließenden Zivilprozess (OLG Koblenz StraFo 2007, 295, 296, 297). Erst recht ist dann, wenn später ein gravierender Maßregelausspruch zu prüfen ist, die Tatsachengrundlage eines früheren Urteils, das auf einer Verständigung beruht, keine endgültig zuverlässige Beurteilungsgrundlage für die Prognoseentscheidung. Eine allzu rasche Beendigung des Erkenntnisverfahrens zum Tatvorwurf macht sich daher nicht bezahlt.

Die **Wahrheitssuche** kann zwar in den verschiedenen Stadien des Strafverfahrens jeweils nur mit endlichen Erkenntnismitteln vorangetrieben werden. Sie muss aber auch über die verschiedenen Prozessstadien hinweg **als Leitidee** erhalten bleiben (Albrecht NStZ 1983, 486; Schlüchter FS Spendel 1992, 737, 738, 739). Davon weicht die ökonomisierte Praxis zunehmend ab (Kühne GA 2008, 361, 373, 374). Im Erkenntnisverfahren sind jedoch von Rechts wegen – vorbehaltlich bestimmter Beweisverbote – alle verfügbaren und sachdienlichen Mittel zur Wahrheitserforschung auszuschöpfen, ohne dass prozessökonomische Gründe dafür eine Grenze bilden; denn es geht um Ehre und Freiheit des angeklagten Bürgers sowie oft um seine wirtschaftliche und soziale Existenz. Selbst eine scheinbare Evidenz des Ergebnisses, die wegen der Perseveranz-, Inertia- und Schulterschlusseffekte (Schünemann StV 2000, 159 ff; sa Kühne GA 2008, 361, 369 ff) aufgrund des einseitig gefärbten Aktenbildes gar nicht verifizierbar ist, rechtfertigt keinen völligen oder überwiegenden Verzicht auf das Strengbeweisverfahren. Die **Prozessökonomie** wird schließlich an anderer Stelle durch die Möglichkeiten des Strafbefehlsverfahrens und der Verfahrenseinstellung nach dem Opportunitätsprinzip vom Gesetz berücksichtigt und mangels Rechtskontrolle im Übermaß genutzt. In einem Rechtsmittelverfahren nach einer Urteilsanfechtung muss dagegen berechtigten und begründbaren Zweifeln an einer genügenden Sachverhaltserforschung nachgegangen werden. Das ist der Grundgedanke der „erweiterten Revision", die jedoch zu rasch an Leistungsgrenzen stößt, um umfassend effektiven Rechtsschutz gegen ein Fehlurteil zu gewährleisten. Das Wiederaufnahmeverfahren nach § 359 Nr 5 StPO, das vom historischen Gesetzgeber in Strafkammersachen als funktionaler Berufungsersatz mit Novenpflicht vorgesehen wurde (Alsberg Justizirrtum und Wiederaufnahme 1913, 47; Dippel in Jescheck/ Meyer Die Wiederaufnahme des Strafverfahrens 1974, 13, 39 f; J. Meyer Wiederaufnahmereform 1977, 44 f), muss daneben als weiteres Mittel zur Korrektur zumindest nachträglich erkennbar gewordener fehlerhafter Prozessergebnisse begriffen werden (Rn 67). Das gilt auch deshalb, weil die Rechtskraft des Strafurteils, anders als diejenige eines zivilgerichtlichen Urteils, keine Gestaltungswirkung, wohl aber eine andauernde Eingriffswirkung entfaltet (Eschelbach HRRS 2008, 190, 199 ff) und daher auch der andauernden Legitimation durch eine wahre Tatsachengrundlage bedarf. Die Rechtskraft des Urteils kann den wahren Sachverhalt weder ändern noch dessen Einschätzung ad infinitum festschreiben, zumal Tatsachenfeststellungen als solche nicht in Rechtskraft erwachsen (BVerfGE 103, 21, 36; BGHSt 43, 106, 107, 108; Eschelbach FS Widmaier 2008, 127, 144).

Selbst im **Strafvollstreckungsverfahren** dürfen bei der prognostischen Begutachtung der Verurteilten keine zwingenden Vorgaben aus den Urteilsgründen an die Bewertung des vergangenen Geschehens durch Sachverständige aus dem Blickwinkel neu eingeschalteter Disziplinen, wie der Kriminologie, Psychologie und Psychiatrie, gemacht werden (einschränkend Boetticher/Kröber/Müller-Isberner/Böhm/Müller-Metz/Wolf NStZ 2006, 537, 540). Auch hier besteht **keine absolute Bindungswirkung der Urteilsfeststellungen** des erkennenden Gerichts für die Strafvollstreckungsorgane und Sachverständigen (Bock/ Schneider NStZ 2003, 337, 338; Brettel Tatverleugnung und Strafrestaussetzung 2007, 197 ff; Eschelbach FS Widmaier 2008, 127, 144, 145). Prognosegutachten sind demnach nicht zwingend an die Urteilsgründe gebunden, wenngleich sie auch nicht ohne erheblichen Grund davon abweichen dürfen. Gelangen nachträgliche Beurteiler zu abweichenden Ergebnissen, so muss dies den Strafverfolgungsorganen Anlass zur Überprüfung geben, die wiederum unter einer Gesamtwürdigung aller verfügbaren und verwertbaren Beweise zu erfolgen hat. Ein zu Unrecht Verurteilter darf nicht deshalb als untherapierbarer Tatverleugner besonders hart bestraft werden, weil die nachträgliche Erkenntnis, dass sich der Sachverhalt nicht so zugetragen haben kann, wie er im Urteil festgehalten wurde, bei Prognoseentscheidungen ignoriert wird.

6 Dies zeigt, dass einerseits nach Ausschöpfung aller sich aufdrängenden Erkenntnisquellen in der Hauptverhandlung der Prozess in der Tatsacheninstanz in überschaubarer Zeit ein Ende haben muss, dass andererseits aber kein Anlass dazu besteht, sich ohne zwingenden Grund mit weniger als der „bestmöglichen Sachaufklärung" (BVerfGE 57, 250, 277; BVerfGE 70, 297, 309) zufrieden zu geben. Deshalb muss sich die forensische **Beweislehre** neuen Erkenntnissen öffnen, die ihr namentlich aus dem Bereich der Aussagepsychologie zufließen, aber auch aus dem Bereich der **Wahrscheinlichkeitsforschung** (Geipel Handbuch der Beweiswürdigung 2008, 111 ff) sowie der **Angewandten Kriminologie** (Göppinger/Bock Kriminologie §§ 15 ff). Werden etwa aussagepsychologische Erkenntnisse durch eine intuitive richterliche Beweiswürdigung übergangen (zur Bewertung anhand eigener Verhaltenserwartungen Eisenberg Beweisrecht der StPO Rn 924), so kann der Richter gegenüber einem Beweisantrag auf Einholung eines Sachverständigengutachtens kaum noch ausreichende eigene **Sachkunde** für sich in Anspruch nehmen (zu Fehlerfolgen eindrucksvoll Sabine Rückert Unrecht im Namen des Volkes 2007). Will der Tatrichter dem Vorwurf unzureichender eigener Sachkunde entgehen, muss er sich den **methodischen Vorgaben** annähern, die den aussagepsychologischen Sachverständigen durch die Revisionsgerichte (BGHSt 45, 164 ff) gemacht werden (Boetticher NJW-Sonderheft für G. Schäfer 2002, 8, 12; Deckers in Deckers/Köhnken Die Erhebung von Zeugenaussagen im Strafprozess 2007, 89; ders FS Hamm 2008, 53, 55; sa Fischer FS Widmaier 2008, 191, 206 f).

6.1 Eine Ausbildung der Richter in Aussagepsychologie und Beweislehre wäre eigentlich unverzichtbar (Karl Peters Strafrechtspflege und Menschlichkeit 1988, 286, 370). Aus deren Fehlen in den allermeisten Fällen, weil beides weder zu den juristischen Studienfächern gehört noch zum Standardprogramm der Referendarausbildung und nicht verpflichtende Fortbildungsangebote für bereits berufstätige Justizjuristen durch Pensendruck selten wahrgenommen werden, sind in der Gesetzgebung keine ausreichenden Schlüsse gezogen worden. Die Rechtsprechung geht davon aus, dass Berufsrichter über **Sachkunde bei der Anwendung aussagepsychologischer Glaubwürdigkeitskriterien** verfügen, die für die Beurteilung von Aussagen bei schwieriger Beweislage erforderlich ist, ferner dass sie diese Sachkunde den mitwirkenden Laienrichtern vermitteln. Dies soll bei jugendlichen Zeugen erst recht gelten, wenn die Berufsrichter zugleich Mitglieder einer Jugendschutzkammer sind und schon deshalb über spezielle Sachkunde in der Glaubwürdigkeitsbeurteilung verfügen (BGH Urt v 18. 8. 2009 – Az 1 StR 155/09). Das ist jedoch eine **normative Erwägung**, die einen **Vertrauensvorschuss** der Revisionsrichter für ihre Tatgerichte enthält (§ 26 GVG Rn 4.1), der aber durch rapide Qualitätsverluste der überlasteten und an Urteilsabsprachen gewöhnten Praxis konterkariert wird.

6.2 Soweit aus der geringen **Quote von Urteilsaufhebungen** wegen Nichtbeiziehung aussagepsychologischer Sachverständiger Schlüsse auf die richtige Handhabung durch Tatgerichte gezogen werden (Pfister in Deckers/Köhnken Die Erhebung von Zeugenaussagen im Strafprozess 2007, 42, 47), beruht dies auch darauf, dass Revisionsrichter von der Vollständigkeit und Richtigkeit der ihnen unterbreiteten Urteilsgründe ausgehen, die jedoch nicht garantiert ist. Das Beispiel bei Sabine Rückert Unrecht im Namen des Volkes 2007, 152 macht deutlich, dass **Revisionsverwerfungen** keineswegs die Richtigkeit des Urteils garantieren und bisweilen selbst – bei Kenntnis aller Umstände – evident falsche Urteile rechtskräftig werden sowie infolge einer bedenklichen **Wiederaufnahmepraxis** auch rechtskräftig bleiben und vollstreckt werden. Dann besteht für zu Unrecht Verurteilte nur noch die Hoffnung, dass sich in einem Folgeprozess die Wahrheit ergibt. Das kann auch ein Haftpflichtprozess sein. So wurden in einem weiteren Fall, in dem „Aussage gegen Aussage" gestanden hatte, in der einzigen Tatsacheninstanz ein Beweisantrag auf Gutachteneinholung abgelehnt, der Angeklagte vom nicht sachverständig beratenen Tatgericht verurteilt, die Revision verworfen (BGH Beschl v 16. 5. 2006 – Az 1 StR 171/06), eine Verfassungsbeschwerde nicht zur Entscheidung angenommen (BVerfG Beschl v 5. 7. 2006 – Az 2 BvR 1362/06), ein Wiederaufnahmeantrag trotz nachträglich eingeholter Gutachten mit deutlich positivem Resultat verworfen (OLG München Beschl v 26. 5. 2009 – Az 2 Ws 156-157/08). In einem Haftpflichtprozess zum gleichen Fall ist dagegen von Anfang an unstreitig, dass die angebliche Geschädigte, welche sieben Jahre nach Ende der behaupteten Tatserie Schmerzensgeld und Verdienstausfall verlangt, seit Jahren schwer psychisch krank und schon vor der Hauptverhandlung des Erstgerichts behandlungsbedürftig war, was sie als Zeugin nicht offenbart hatte. Daher war auch eine Verurteilung nach § 176a Abs 2 Nr 3 StGB nicht erfolgt, die schon bei einer bloßen Gefahr schwerer psychischer Gesundheitsbeeinträchtigungen durch eine Missbrauchstat, wie posttraumatischen Belastungsstörungen (Matt/Renzikowski/Eschelbach StGB § 176a Rn 23), erforderlich gewesen wäre. Streit herrscht im Zivilrechtsstreit, in dem das rechtskräftige Strafurteil keine Bindungswirkung entfaltet, nur um die Frage, worin die Ursachen der psychischen Beeinträchtigung liegen und welches die Wirkungen sind. Von ausreichender strafrichterlicher Sachkunde zu sprechen, nachdem das Tatgericht der einzigen Tatsacheninstanz eine unauffällige Persönlichkeit der Tatzeugin angenommen hatte, welche aber tatsächlich schwer psychisch krank und behandlungsbedürftig war und deren Angaben im Strafverfahren potenzielle Lügensignale gezeigt hatten (Rn 6.3), geht jedenfalls fehl. In casu hatte sich die in **reduzierter Besetzung** verhandelnde Jugendschutzkammer im Urteil mehrfach als erfahrene Jugendkammer bezeichnet. Ob diese Selbsteinschätzung generell gerechtfertigt ist, wenn sie etwa nur auf eines von vier Kammermitgliedern zutrifft, erscheint aber mehr als fraglich. Die **Bedeutung langjähriger Selbsterfahrungen** bei der Beurteilung von Zeugenaussagen wird regelmäßig überschätzt (Eisenberg Beweisrecht der StPO Rn 1469). Das Prozessziel wird dadurch von Fall zu Fall verfehlt, ohne dass noch eine Möglichkeit der Kurskorrektur akzeptiert wird.

Vor diesem Hintergrund erscheint die Annahme, auch eine **Borderline-Persönlichkeitsstörung** einer Auskunftsperson müsse nicht stets zur Begutachtung durch einen Sachverständigen führen (Pfister in Deckers/Köhnken Die Erhebung von Zeugenaussagen im Strafprozess 2007, 42, 46) als angreifbar. Die Borderlinestörung kann mit annähernd gleicher Wahrscheinlichkeit sowohl die Folge eines real erlebten Missbrauchsgeschehens als auch die Ursache einer Falschbezichtigung sein. Sie ist schwer zu diagnostizieren, weist ein großes Spektrum an Variationen auf, wirkt sich durch ein manipulatives Verhalten aus (Rautenstrauch Selbstpräsentationsstrategien in Falschaussagen von Frauen mit Borderline-Persönlichkeitsstörungen, Diplomarbeit Berlin Charité 2006) und führt in einer großen Zahl von Fällen zu **intentionalen Falschaussagen** (Böhm/Meuren/Sturm-Wahlich Praxis der Rechtspsychologie 2002, 209 ff; Burgheim/Friese Sexualdelinquenz und Falschbezichtigung 2006, 71 ff) mit verheerenden Folgen (beispielhaft Sabine Rückert Unrecht im Namen des Volkes 2007). Borderlinekranke „lügen wie gedruckt", was ohne Kenntnis von der Erkrankung unaufgedeckt bleibt, weil Richter in solchen Fällen gerade nicht die erforderliche Sachkunde zur Feststellung des Befundes, zur Abschätzung seiner Beweisbedeutung und zur Beurteilung der Ursachen und Wirkungen besitzen. Die überzogene Idealisierung oder Verteufelung bestimmter Personen durch Borderlinekranke liefert ein nahe liegendes Falschaussagemotiv, das sich außerhalb des normalpsychologischen Vorstellungsbildes der Richter bewegt. Die Zeugenaussagen zeigen oft markante **Lügensignale**, die von der intuitiv agierenden strafgerichtlichen Praxis dennoch übersehen oder aufgrund eines moralischen Kredits für scheinbare Missbrauchsopfer übergangen werden. Im Beispielsfall (Rn 6.2) soll der physisch und psychisch gesunde Täter das Opfer mit grotesk-naiv anmutenden Sexualhandlungen jahrelang ohne jede markante Steigerung der Handlungsintensität, ohne Einsatz von Nötigungsmitteln und ohne delikttypische Verheimlichungsmaßnahmen bei hohem Entdeckungsrisiko missbraucht haben, ohne dass es jemals zu einem sexuellen Erfolg gekommen sei. Die Geschädigte hatte angeblich Manipulationen an seiner Vorhaut vorgenommen, während der Angeklagte aber schon als Kind beschnitten worden war. Sogar ein derart unrealistisch anmutendes Bild einer motivlosen Vorsatztat führt im Instanzenzug nicht zu durchgreifenden Zweifeln an der Tatbegehung. Das muss zumindest nachträglich zu Bedenken gegen die Haltbarkeit der These führen, dass es in Fällen einer Borderline-Verdachtsdiagnose nicht der Hinzuziehung von Sachverständigen bedürfe.

Die **Würdigung von Zeugenaussagen** ist von Rechts wegen zunächst allein die Aufgabe des Tatrichters. Sie bildet aber den problematischsten Bereich (Geipel Handbuch der Beweiswürdigung 2008, 523 ff), zumal „**falsche Erinnerungen**" nach gedächtnispsychologischen Erkenntnissen aus zahlreichen Ursachen häufiger sind, als es der psychologische Laie und damit der Richter annimmt (Kühnel/Markowitsch Falsche Erinnerungen 2009, 73 ff). Auch für Richter gelten bei deren eigenen Wahrnehmungen in der Hauptverhandlung und ihren Erinnerungen in der Urteilsberatung an das nicht authentisch aufgezeichnete Verhandlungsgeschehen die gedächtnispsychologischen Gesetzmäßigkeiten (Herdegen FS Eisenberg 2009, 527 f). Die richterliche Beweiswürdigung darf daher entgegen der scheinbar unbegrenzten Würdigungsfreiheit nach der vorliegenden Vorschrift nichts Wesentliches auslassen und auch nicht alleine intuitiv erfolgen (Karl Peters in Strafrechtspflege und Menschlichkeit 1988, 364, 371 f). Sie muss der aussagepsychologischen Methodik folgen (BGHSt 45, 164 ff) und auf rational nachvollziehbaren sowie intersubjektiv vermittelbaren Überlegungen beruhen. Das ist zur Vermeidung von Fehlern erforderlich. Die Gefahr falscher Zeugenaussagen wird immer noch drastisch unterschätzt (Hirschberg Das Fehlurteil im Strafprozess 1960, 31 ff). Es ist nach der Rechtsprechung – trotz fehlender Ausbildung der Juristen in Beweislehre, angewandter Kriminologie und Aussagepsychologie und zunehmend fehlender Supervision junger Richter (Eisenberg Beweisrecht der StPO Rn 917) – zwar davon auszugehen, dass Berufsrichter über diejenige Sachkunde, unter anderem auch bei der **Anwendung aussagepsychologischer Glaubwürdigkeitskriterien** verfügen, die für die Beurteilung von Aussagen auch in schwierigen Beweislagen erforderlich ist (Rn 6.1; BGH NStZ 2005, 394; Urt v 18. 8. 2009 – Az 1 StR 155/09). Ferner soll davon auszugehen sein, dass die Berufsrichter auch den mitwirkenden Laienrichtern diese Sachkunde vermitteln (BGH NStZ-RR 2006, 241, 242). Es müsste aber klar sein, dass die hypothesengeleitete, kriterienorientierte Aussageanalyse dann, wenn sie wissenschaftlich und rechtlich anerkannt ist, von jedem Beurteiler, sei er Sachverständiger oder Richter, und praktisch bei jeder Glaubhaftigkeitsprüfung beliebiger Aussagen von Angeklagten, Mitangeklagten oder Zeugen gleichermaßen tatsächlich anzuwenden ist (Fischer FS Widmaier 2008, 191, 206). Statt dessen werden in der tatrichterlichen Beweiswürdigung in den meisten Fällen auch heute noch überkommene Begründungsmuster verwendet, die sich als wissenschaftlich bestenfalls wertlos erwiesen haben (Deckers FS Eisenberg 2009, 473, 483; Steller/Volbert in Psychologie im Strafverfahren 1997, 12).

7.1 Ausnahmen von der Annahme genügender richterlicher Sachkunde ohne Sachverständigenhilfe für die Erhebung und Würdigung der Beweise werden bisher nur zugelassen, wenn „**Besonderheiten**" vorliegen (Fischer FS Widmaier 2008, 191, 208; krit Deckers FS Eisenberg 2009, 473, 488 ff). Damit sind konkrete Anhaltspunkte dafür gemeint, dass etwa die Wahrnehmungs- oder Erinnerungsfähigkeit einer Beweisperson aus psychodiagnostisch erfassbaren Gründen eingeschränkt ist oder dass besondere psychische Dispositionen oder Belastungen der Auskunftsperson die Zuverlässigkeit der Aussage in Frage stellen können, sowie dass für die Feststellung solcher Faktoren und ihrer möglichen Einflüsse auf den Aussageinhalt sonst eine besondere Sachkunde erforderlich ist, über welche der Tatrichter ohne Zusatzausbildung nicht verfügt (BGH NStZ 2001, 105). Das folgt aber nicht schon abstrakt-generell daraus, dass Gegenstand der Aussage zum Beispiel ein Sexualdelikt ist oder die Beweisperson zur Zeit des geschilderten Vorfalls ein Kind oder Jugendlicher war oder dies zum Zeitpunkt der Aussage noch ist (BGH NStZ-RR 2006, 241, 242). Der psychologisch-psychiatrisch-kriminologische Laie in der Richterrolle soll vielmehr im Einzelfall beurteilen, ob ein bestimmter Umstand darauf hinweist, dass seine Kompetenz nicht ausreicht. Das ist paradox und führt wiederum zu intuitiven Wertungen auch in der revisionsgerichtlichen Rechtsprechung, die ebenso richtig wie falsch sein können (Beispiel Rn 6.2 und Rn 6.3). Normalpsychologische Phänomene, die zu falschen Zeugenaussagen führen, werden so von vornherein nicht erfasst.

7.2 Der Befund der intuitiven tatrichterlichen Beweiswürdigung ist Besorgnis erregend, zumal **Lügen vor Gericht** Konjunktur haben (Sabine Rückert Nichts als die Unwahrheit www.zeit.de/2008/15/Falsche-Zeugen) und deren Ursachen und Häufigkeit von Juristen, die andere an eigenen Verhaltensvorstellungen messen, meist unterschätzt werden. Es wird die Gefahr übersehen, wie einfach und gebräuchlich es ist, unerwünschte Personen im Wege des Strafverfahrens aus dem Verkehr zu ziehen (Karl Peters Strafrechtspflege und Menschlichkeit 1988, 257) oder wie stark „falsche Erinnerungen" von ergänzenden Eindrücken, Ablenkungen, Zuschreibungen, ergänzenden Deutungen und suggestiven Einflüssen verursacht werden (Kühnel/Markowitsch Falsche Erinnerungen 2009, 73 ff).

8 Die Beweiswürdigung ist nach einem überkommenen und alleine normativ, aber nicht empirisch oder naturwissenschaftlich begründbaren Dogma die **ureigene Aufgabe des Tatrichters** (BGHSt 8, 130, 131; BGHSt 29, 18, 20). Das ist seine gesetzliche Rolle infolge des staatlichen Monopols der Strafverfolgung und der verfassungsrechtlichen Überantwortung der Rechtsprechung an die Richter. Der Tatrichter muss deshalb die Würdigung der Beweisergebnisse der Hauptverhandlung **eigenverantwortlich** vornehmen und er darf sich nicht ohne eigene Prüfung und Überzeugungsbildung fremden Wertungen anschließen, was aber durch den gefährlichen „Pygmalion-Effekt" (Deckers FS Eisenberg 2009, 473, 481 f) oft unbewusst dennoch geschieht. Der Tatrichter darf zur Beurteilung des Beweiswerts einer Zeugenaussage zwar auf die von den Ermittlungsbeamten hierzu festgestellten Hilfstatsachen zurückgreifen. Die hieraus abzuleitenden Schlüsse hat er aber unabhängig von den Wertun-

gen des Beamten zu ziehen (BGH NStZ-RR 2007, 150, 151). Der Tatrichter kann zwar auch die Wertungen eines Sachverständigen übernehmen, aber selbst diese nur dann, wenn er nach eigener Überprüfung zu denselben Resultaten gelangt (Detter FS 50 Jahre BGH 2000, 679, 687). Weicht der Tatrichter dagegen von einem Gutachten ab, muss er sich mit den Ausführungen des Sachverständigen auseinandersetzen und seine abweichende Meinung nachvollziehbar begründen sowie belegen, dass er mit Recht jetzt das bessere Fachwissen für sich in Anspruch nimmt (BGH StraFo 2009, 71).

C. Grundsätze

Die Norm macht keine Vorgaben dafür, wie der Tatrichter seine Überzeugungsbildung vorzunehmen hat. Das schließt die **Existenz immanenter Schranken** der Freiheit bei der Beweiswürdigung nicht aus, die schon vor Inkrafttreten der RStPO vorausgesetzt wurden (Fezer StV 1995, 95). Grenzen des Würdigungsfreiheit bilden zunächst das Verbot von willkürlichen Entscheidungen aufgrund von Art 3 Abs 1 GG und das **Verbot von Verdachtsverurteilungen**, die mit dem Schuldgrundsatz unvereinbar wären. Die revisionsgerichtliche Rechtsprechung hat im Rahmen der „erweiterten Revision" Regeln für das tatrichterliche Vorgehen aufgestellt, welche eine begrenzte Rechtskontrolle ermöglichen. Die Unwägbarkeiten des Kontrollergebnisses haben andererseits zu einem verbreiteten Ausweichen der Tatgerichte vor der Kontrolle geführt. Der eine Fluchtweg ist die Praxis der Urteilsabsprachen (§ 257 c StPO), womit die Revisionskontrolle meist entfällt. Eine andere Umgehungsstrategie erfahrener Urteilsverfasser, die ihr **Urteil „revisionssicher"** gestalten wollen, besteht darin, Zweifelsgründe im Urteil unerwähnt zu lassen, so dass eine Darstellungs- oder Aufklärungsrüge nicht durchgreift (Eschelbach FS Widmaier 2008, 127, 131 ff; Geipel Die Notwendigkeit der Objektivierung der Beweiswürdigung und Vorschläge zu ihrer Durchführung 2008, 40 ff; Hirschberg Das Fehlurteil im Strafprozess 1960, 88 f; Schlothauer StV 1992, 134 ff; Wilhelm ZStW 117 [2005], 143, 144). Dadurch läuft die Revision leer, was mit Art 19 Abs 4 GG unvereinbar ist, aber bisher nicht durchgreifend beanstandet wird. Im Verschweigen wesentlicher Entlastungsbeweise in den Gründen des Urteils liegt eine Verletzung des Anspruchs der Verfahrensbeteiligten auf rechtliches Gehör (Schäfer FS Rieß 2002, 477, 479; Wahl NJW-Sonderheft für G. Schäfer 2002, 73, 74), gegen die bisher im Rechtsmittelrecht wegen der Defizite bei der Aufzeichnung der Hauptverhandlung (Eschelbach FS Widmaier 2008, 127, 140 ff; Geipel Die Notwendigkeit der Objektivierung der Beweiswürdigung und Vorschläge zu ihrer Durchführung 2008, 241) und dem partiellen Fehlen einer zweiten Tatsacheninstanz kein ausreichender Rechtsschutz existiert, der jedoch geboten wäre (Meyer-Mews NJW 2004, 716, 717; zur Ersatzfunktion des Wiederaufnahmerechts Wasserburg/Eschelbach GA 2003, 335, 342 ff).

I. Gesamtwürdigung aller Umstände

Eine zentrale Regel der Beweiswürdigung ist das Gebot, alle wesentlichen Tatsachen und Beweisergebnisse, die Gegenstand der Hauptverhandlung waren, erschöpfend (§ 337 StPO Rn 93) in einer Gesamtschau zu würdigen (BGHSt 44, 153, 158, 159; BGHSt 49, 112, 122, 123) und zwar prinzipiell gleichrangig **alle für und gegen den Angeklagten sprechenden Aspekte**, diese aber jeweils zunächst mit ihrem individuellen Beweiswert. Dagegen wird in der Praxis oft, aber meist unbeanstandet, verstoßen (Geipel Handbuch der Beweiswürdigung 2008, 326 ff). Eine Beweiswürdigung, die über erhebliche Verdachtsmomente ohne Erörterung hinweggeht, ist ebenso rechtsfehlerhaft wie eine solche, die gewichtige Umstände nicht ernsthaft in Betracht zieht, welche die Überzeugung von der Täterschaft und der Schuld des Angeklagten in Frage zu stellen geeignet sind (BGH NStZ-RR 2003, 206, 207, 208). **Einzelindizien** dürfen **nicht** nur **isoliert bewertet** werden (§ 337 StPO Rn 96), sondern sie entfalten ihr wahres Beweisgewicht erst dadurch, dass sie in der Relation zu den anderen Umständen des Einzelfalls gesehen werden. Ein für sich genommen scheinbar unwesentliches Detail kann durch die Gesamtschau erhebliche Beweisbedeutung erlangen. Ein scheinbar wichtiges Indiz kann durch andere Umstände an Bedeutung verlieren. Daher ist eine Gesamtbetrachtung nach einer vorgreiflichen Einzelbewertung erforderlich, wobei aber die Gesamtwürdigung nicht nur als Argument dazu verwendet werden darf, einem für sich genommen gewichtigen Indiz seine Bedeutung ganz abzusprechen. Die Gesamtbewertung ist nach dem Beweismaßstab der objektiv hohen Wahrscheinlichkeit nur dann brauchbar, wenn den zentralen Einzelindizien zunächst ein bestimmtes Beweisgewicht zugemessen wurde und die anschließende Gesamtabwägung dazu dient, eine Gegenkontrolle vorzunehmen. Das so verstandene Gebot der Gesamtwürdigung gilt nicht nur für die als „Indizienbeweis" bezeichnete Lage (Meyer-Goßner StPO § 261 Rn 25), sondern stets. Letztlich besteht jedes Beweisbild aus Indizien (Dencker ZStW 102 [1990], 51, 69 ff). Die Gesamtwürdigung darf im Urteil nicht auf eine bloße Floskel reduziert werden. Schematische Begründungsmuster sind auch sonst zu vermeiden. Insbesondere eine Überbewertung der persönlichen Glaubwürdigkeit oder Unglaubwürdigkeit einer Auskunftsperson wegen eines abstrakt als vorhanden oder fehlend angenommenen Interesses am Ausgang des Prozesses sollte unterbleiben, weil es fast nichts über den Einzelfall besagt (Oswald in Steller/Volbert [Hrsg] Psychologie im Strafverfahren 1997, 248, 250). Bei der Würdigung der Sachäußerungen des Beschuldigten und der Aussagen von Zeugen sollten die **Suche nach Aussagemotiven**, die Betrachtung der **Aussageentstehung** (BGH StV 2009, 230, 231), die **Inhaltsanalyse** der Angaben und die **Plausibilitätskontrolle** im Vordergrund stehen. Eine Betrachtung der persönlichen Glaubwürdigkeit der Auskunftsperson führt dagegen, sofern keine besonders markanten Umstände im Einzelfall vorliegen, eher in die Irre. Bei der Bewertung von Sachbeweisen ist deren konkrete Aussagekraft im Kontext des Beweisthemas maßgebend. Auch Ablichtungen, Abschriften und Auszüge von Originalschriftstücken können Gegenstand des Urkundsbeweises sein und durch Verlesen zum Gegenstand der Hauptverhandlung gemacht werden (BGHSt 27, 135, 137; BGHSt 33, 196, 210; BGH NStZ 1986, 519, 520). Die Verlesung einer Reproduktion beweist allerdings lediglich die Existenz derselben und die Tatsache, dass sie einen bestimmten Inhalt hat. Zum Nachweis des Vorhandenseins des Originals und seines gedanklichen Inhalts ist mittels weiterer Beweisaufnahme zusätzlich die Übereinstimmung mit dem Original festzustellen (BGH NStZ 1994, 593). Da es sich hierbei um die Klärung der Schuld- und/oder Rechtsfolgenfrage handelt, ist die „Echtheit" der Reproduktion ergänzend mit den Mitteln des Strengbeweisverfahrens zu klären (BGH NStZ 1994, 227; OLG Jena VRS 114 [2008], 453, 455).

11   Vorgreiflich für die Gesamtwürdigung aller Umstände ist die **Feststellung von Indiztatsachen**, welche nach § 267 Abs 1 S 2 StPO zwar nur festgehalten werden sollen, nach den Maßstäben der erweiterten Revision aber im Urteil festgehalten werden müssen. Unklarheit herrscht darüber, ob im Rahmen der Beweiswürdigung nur solche Indizien berücksichtigt werden dürfen, die sicher feststehen (Geipel Handbuch der Beweiswürdigung 2008, 176 ff). Der **Zweifelssatz** gilt nach einem Ansatz in der Rechtsprechung auch **für entlastende Indizien** unabhängig davon, ob sie einen zwingenden oder nur einen möglichen Schluss auf die Haupttatsache zulassen. Kommt das Tatgericht jedenfalls nach einer Gesamtwürdigung des Beweisstoffes rückschauend zu einem „non liquet" in Bezug auf die entlastende Indiztatsache, dann muss es die Tatsache zu Gunsten des Angeklagten werten (BGH StV 2006, 285, 286), dies freilich unter Beachtung der verbleibenden Unsicherheiten bezüglich des wirklichen Vorhandenseins dieser Indiztatsache (Rn 45). Eine andere Strömung betont hingegen, dass der Zweifelssatz nur eine Entscheidungsregel für das Gesamtergebnis der Beweiswürdigung liefert (BGHSt 36, 286, 290), so dass er jedenfalls im Vorhinein auf das einzelne Indiz nicht anwendbar ist. Das entspricht aber in der Tendenz nicht dem Postulat der Bildung und Beachtung von Nullhypothesen (Rn 18). Da beide Ansichten eine vorgreifliche Gesamtwürdigung aller Umstände verlangen, ist das Resultat meist dasselbe. Jedoch bleiben die Urteilsbegründungen der Tatgerichte oft hinsichtlich der Frage unklar, ob die Bedeutung von Einzelindizien und Zweifelssatz richtig erfasst sind. **Belastende Indiztatsachen**, die in die Gesamtwürdigung einfließen sollen, müssen nach vorherrschender Meinung jedenfalls sicher feststehen; denn bloße Möglichkeiten ergeben auch in ihrer Summe keine zuverlässige Beweisgrundlage für eine Verurteilung. Nur für die aus sicher feststehenden Indizien gezogenen Schussfolgerung gilt, dass deren bloße Möglichkeit zu einer rechtsfehlerfreien Beweiswürdigung ausreicht (Geipel Handbuch der Beweiswürdigung 2008, 178). Insgesamt ist es auch bei der Würdigung indizieller Beweisergebnisse in der Regel erforderlich, **in den Urteilsgründen** die Anknüpfungspunkte der Würdigung so mitzuteilen, dass dem Revisionsgericht eine Nachprüfung möglich ist. Den Angeklagten

belastende Schlussfolgerungen dürfen nicht auf **Vermutungen** oder bloße Möglichkeiten gestützt werden (BGH NStZ-RR 2007, 86). Schlussfolgerungen benötigen eine aussagekräftige Tatsachenbasis (BGH Beschl v 10. 6. 2008 – Az 5 StR 109/08).

II. Berücksichtigung von Prozessverhalten des Angeklagten

Die Aussage des Angeklagten ist **kein förmliches Beweismittel** im Strengbeweisverfahren; denn erst nach seiner Vernehmung (§ 243 Abs 4 StPO) beginnt überhaupt die Beweisaufnahme (§ 244 Abs 1 StPO). Die Sachaussage des Angeklagten hat aber dennoch **erhebliche Beweisbedeutung**, weil sie mit ihren Einzelaussagen für und gegen den Angeklagten als Urteilsgrundlage verwertet werden kann (Huber Geständnis und Absprache 2007, 174 ff) und der Angeklagte wegen seiner persönlichen Beziehung zur Sache über besonderes Wissen verfügt. Seine Aussage gehört gegebenenfalls zum „Inbegriff der Hauptverhandlung". Ob und wie sich der Angeklagte zur Sache eingelassen hat, ist deshalb **im Urteil zu erörtern** (OLG Hamm StV 2008, 401, 402; Eisenberg Beweisrecht der StPO Rn 886). Mit der Einlassung des Angeklagten muss sich das Tatgericht auseinandersetzen (OLG Schleswig SchlHA 2009, 273, 274). Tatsachenmitteilungen des Angeklagten sind freilich Informationen, die wie jedes andere personale Beweismittel auf Glaubhaftigkeit überprüft werden müssen (BGHSt 49, 465, 370; Deckers JR 2007, 128, 129; Eisenberg Beweisrecht der StPO Rn 726), zumal der Angeklagte einen nahe liegenden Grund dafür haben kann, die Tatsachen beschönigend oder falsch darzustellen. Die abstrakte Interessenlage ist andererseits kein Hindernis für den Tatrichter, aufgrund seiner freien Beweiswürdigung einer **bestreitenden Einlassung** zu folgen oder ein **Geständnis** als unglaubhaft zu bewerten (Eisenberg Beweisrecht der StPO Rn 897). Freilich lässt die Geständniskontrolle in der Praxis zu wünschen übrig (Geipel Handbuch der Beweiswürdigung 2008, 43). Eine belastende Zeugenaussage ist nicht schon deshalb abstrakt-generell glaubhafter als die Einlassung des Angeklagten, weil nur der Zeuge unter einer Wahrheitspflicht steht (BGH NStZ 2004, 635, 636). Die Einlassung des Angeklagten ist nicht deshalb weniger glaubhaft, weil der Angeklagte ein besonderes Interesse an einer falschen Aussage haben kann. Erforderlich ist es zur **Gewährung rechtlichen Gehörs** nach Art 103 Abs 1 GG, eine Sacheinlassung zu ermöglichen, diese gegebenenfalls zur Kenntnis zu nehmen und sie bei der Entscheidung ernsthaft in Betracht zu ziehen. Der Tatrichter muss eine Einlassung, für deren Richtigkeit oder Unrichtigkeit es keine unmittelbaren Beweise gibt, nach der Rechtsprechung nicht ohne weiteres als unwiderlegt hinnehmen (BGH NStZ 2007, 266). Die bloße Klassifizierung der Aussage des Beschuldigten als „**Schutzbehauptung**" besagt dagegen nichts, denn sowohl der Schuldige als auch der Unschuldige können versuchen, sich vor dem Vorwurf und der Strafdrohung zu schützen. Der sofortige Schluss von einem **Geständnis** auf die Glaubwürdigkeit des Angeklagten ist ein Trugschluss (Wimmer ZStW 50 [1930], 537, 543).

12

Falsche Geständnisse sind gefährlich; denn sie lenken vom Tatgeschehen und vor allem von dem wahren Täter ab. Sie kommen aus diversen Gründen vor (Eisenberg Beweisrecht der StPO Rn 730 ff; Gudjonsson The Psychology of Interrogations and Confessions, 2002) und zwar viel häufiger als die meisten Beobachter es annehmen (Köhnken in Gisela Friedrichsen Im Zweifel gegen die Angeklagten 2008, 222 ff; Volbert FS Eisenberg 2009, 205, 207 f). Die Quote falscher Geständnisse durch Unschuldige liegt in durchschnittlichen Situationen nach den Untersuchungen von Karl Peters mindestens bei 7%; sie steigt zumindest im Experiment durch einen „Deal" auf 43% (Volbert/Böhm in Volbert/Steller [Hrsg] Handbuch der Rechtspsychologie 2008, 253, 259). Die genaue Geständnisüberprüfung, notfalls auch mit Sachverständigenhilfe, ist daher zur Vermeidung von Fehlurteilen unverzichtbar (K. Peters StV 1986, 375, 376).

12.1

Gründe für falsche Geständnisse sind insbesondere:

12.2

- Angst vor Straf- oder Untersuchungshaft (BGH StV 2001, 440, 441),
- Vernehmungsdruck (Eisenberg/Pincus JZ 2003, 397) und Anpassung an die Erwartungshaltung von Verhörspersonen sowie suggestiv wirkende Fragen und Vorhalte (Kassin/Gudjonsson Gehirn&Geist 1-2 [2007], 15, 16 f; Steller FS Eisenberg 2009, 213, 217),
- Resignation des Beschuldigten gegenüber einer wirklich oder vermeintlich erdrückenden Beweislage (Hirschberg Das Fehlurteil im Strafprozess 1960, 16 ff; Kassin/Gudjonsson Gehirn&Geist 1-2 [2007], 15, 19) oder gegenüber der Präsentation objektiv falscher Belastungsbeweise (Volbert/

Böhm in Volbert/Steller [Hrsg] Handbuch der Rechtspsychologie 2008, 253, 258 ff), aber auch gegenüber dem Eindruck des Angeklagten, der erkennende Richter halte ihn schon für überführt (Wimmer ZStW 50 [1930], 537, 547).
- über oder auch unter der Schwelle des § 136 a Abs 1 StPO liegende Drohungen für den Fall der Tatverleugnung oder Versprechungen für den Fall des Geständnisses,
- Öffentlichkeitsdruck und Furcht vor der Medienöffentlichkeit des Verfahrens oder umgekehrt das Interesse daran, in den Brennpunkt der Öffentlichkeit zu gelangen,
- die Absicht, andere Taten oder weiter gehende negative Sachverhaltsteile zur „Schadensbegrenzung" zu verdecken (Rieß FS Richter II 2006, 433, 437),
- die Absicht, einem anderen durch ein drittbelastendes Geständnis zu schaden oder einen anderen durch falsche Selbstbezichtigung zu begünstigen und schließlich auch
- der im Einzelfall objektiv falsche Rat des Verteidigers zur Geständnisablegung.

12.3 Das keinen konkreten Zweifeln unterliegende Geständnis muss nach der Rechtsprechung wenigstens so substantiiert sein, dass geprüft werden kann, ob es derart im Einklang mit der Aktenlage steht, dass sich hiernach keine weitergehende Sachaufklärung aufdrängt (BGHSt 50, 40, 49). Dabei widerspricht die aussagepsychologisch verfehlte „Kontrolle" anhand des Akteninhalts nach Art eines konfirmatorischen Hypothesentestens freilich der Idee der Austarierung der Ermittlungsbefunde durch eine originäre unmittelbare Beweisaufnahme eines neutralen Gerichts in der Hauptverhandlung, also der Grundidee des Unmittelbarkeitsprinzips.

12.4 Hatte die Rechtsprechung früher sogar „schlanke Geständnisse" genügen lassen (BGHSt 48, 161, 167; BGH NJW 1999, 370, 371, 372 mAnm Weigend NStZ 1999, 57, 61 ff), so reicht heute ein inhaltsleeres Formalgeständnis jedenfalls als alleinige Verurteilungsgrundlage nicht mehr aus (§ 257 c StPO Rn 23). Ob sich die Tatgerichte in der Praxis daran stets halten, erscheint zweifelhaft, nachdem sich manche Praktiker an die Option des schlanken Geständnisses gewöhnt haben und den Mehrertrag einer weiteren Befragung und Überprüfung nicht einsehen.

12.5 Erörterungspflichten, die sich auf das **Geständnismotiv** (Schröer/Donk in Reichertz/Schneider [Hrsg] Sozialgeschichte des Geständnisses 2007, 171 ff), die **Aussageentstehung** und den **Aussageinhalt** sowie die **Aussagekostanz** beziehen (Stern StV 1990, 563, 567 ff), nimmt der BGH heute nur noch in besonderen Konstellationen an. Das gilt für Fälle widersprüchlicher Äußerungen des Angeklagten (BGH wistra 2003, 351, 352, 353) oder bei einem nachträglichen **Geständniswiderruf**. (BGH NStZ-RR 2004, 238, 239 f). Im Widerrufsfall behält zwar das frühere Geständnis seinen bisherigen Beweiswert; jedoch muss wegen des Widerrufs unter Berücksichtigung naheliegender Möglichkeiten näher erörtert werden, warum das Geständnis zunächst abgelegt und warum es später widerrufen wurde (BGHSt 21, 285, 287). Dafür ist insbesondere auch die frühere Befragungssituation von erheblicher Beweisbedeutung (Volbert FS Eisenberg 2009, 205, 211). Entsprechendes gilt bei einem Geständniswiderruf als Grund für einen Wiederaufnahmeantrag (Eschelbach HRRS 2008, 190, 199 ff; Hellebrand NStZ 2004, 411 ff; NStZ 2008, 374 ff).

12.6 Erhöhte Anforderungen an die Beweisführung stellt die Rspr, wenn die Feststellungen entscheidend auf **die geständigen Angaben eines tatbeteiligten Mitangeklagten** (BGHR StPO § 261 Mitangeklagte 1 und 2; BGH StV 1997, 172) oder gesondert verfolgten Zeugen (BGH NStZ-RR 1997, 105, 106) gestützt sind, zumal wenn diese abwechselnd widerrufen und bestätigt worden sind (BGH NStZ-RR 1998, 17). Basiert die Verurteilung eines Angeklagten auf Angaben eines Mitangeklagten oder Belastungszeugen, die seinem Geständnis in der gegen ihn geführten Hauptverhandlung entsprechen, und war dieses Geständnis seinerseits Gegenstand einer Absprache, dann muss die Glaubhaftigkeit der selbstbegünstigenden und drittbelastenden Bekundungen unter Einbeziehung des Zustandekommens und des Inhalts der Absprache in einer nachprüfbaren Weise eingehend gewürdigt werden (Rn 58).

13 Das Gericht hat im Urteil die Einlassung des Angeklagten zu würdigen (OLG Schleswig SchlHA 2009, 273, 274; Schäfer StV 1995, 147, 151). An die **Bewertung** der Sacheinlassung des Angeklagten sind dabei beweistechnisch die gleichen Anforderungen zu stellen, wie an die Beurteilung sonstiger Beweismittel (BGH NStZ-RR 2005, 45, 46; OLG Koblenz Beschl v 25. 6. 2007 – Az 1 Ss 107/07; Eisenberg Beweisrecht der StPO Rn 726; Fischer FS Widmaier 2008, 191, 194; zum Vorgehen, um „Aussagekonstanz" zu belegen, Beulke/Ruhmannseder StV 2008, 287). Auch die Sachaussage des Angeklagten ist im Übrigen im Rahmen einer **Gesamtwürdigung** aller Tatsachen und Beweise zu bewerten.

13.1 Selbst eine **Lüge** des Angeklagten ergibt für sich genommen nicht zwingend einen Belastungsbeweis (BGHSt 41, 153, 156), zumal ihre Aufdeckung keinen Schluss auf Einzelheiten des Tatgeschehens gestattet. Sacheinlassungen dürfen weder isoliert betrachtet noch als generell unglaubhaft eliminiert werden, nur weil der Angeklagte schon aufgrund seiner Prozessrolle infolge eines meist zu weit gehenden Vorurteils allgemein als unglaubwürdig angesehen wird (Hirschberg Das Fehlurteil im Strafprozess 1960, 48 ff) mit der Folge, dass alle Indizien, welche die Verdachtshypothese unterstützen, überbewertet werden (Geipel Handbuch der Beweiswürdigung 2008, 334).

Die sachbezogene Prüfung der Glaubhaftigkeit der Angaben aufgrund einer **Inhaltsanalyse** und Plausibilitätskontrolle muss im Allgemeinen Vorrang vor der auf die Person bezogenen Glaubwürdigkeitsprüfung haben. Eine Einlassung kann im Einzelfall von dem ehrlichen Bestreben nach einem Beitrag zur Ermittlung des wahren Sachverhalts getragen sein. Ein Geständnis kann andererseits aus verschiedenen Motiven heraus falsch sein (Rn 12.2), nicht zuletzt aus taktischen Gründen. Das kommt in der Absprachenpraxis zunehmend vor, namentlich beim Einsatz einer Sanktionsschere (§ 257 c StPO Rn 14). Das Für und Wider muss daher vom Tatrichter genau geprüft werden, auch in scheinbar klaren Fällen. Die Vernehmung des Angeklagten nach § 243 Abs 4 S 2 StPO darf nicht im Ergebnis allein dazu dienen, zur formalen Gewährung rechtlichen Gehörs alle Punkte seiner Äußerung schematisch zu negieren. 13.2

Ein von der Praxis als besonders wichtig erachtetes Kriterium ist das so genannte **Täterwissen** (Nack in Widmaier [Hrsg] MAH Strafverteidigung § 33 Rn 19), das indes wiederum systematisch überschätzt wird (Wimmer ZStW 50 [1930], 537, 549, 550). Vorhalte, suggestive Fragen, Informationen durch Dritte, Presseberichte über die Tat und anderes mehr liefern in großem Umfang Vorinformationen, die das Wissen des Beschuldigten erklären können, ohne dass es sich um „Täterwissen" handeln muss (Eisenberg Beweisrecht der StPO Rn 728). Die Rekonstruktion solcher häufig vorkommender Vorinformationen ist durch lückenhafte oder fehlende Aufzeichnungen erheblich erschwert. 13.3

Eine Tendenz der Praxis zur einseitigen Bewertung von Sacheinlassungen kommt darin zum Ausdruck, dass auch in Konstellationen, in denen „Aussage gegen Aussage" steht, Zeugenaussagen unter bestimmten Umständen einer aussagepsychologischen **Begutachtung** unterworfen werden, aber die Aussage des Angeklagten so gut wie nie (zur Ablehnung eines Beweisantrags BGH StV 1986, 374, 375 mAnm Peters). Der Hinzuziehung eines Sachverständigen kann es jedoch hinsichtlich der Aussagen des Angeklagten bedürfen, wenn die Eigenart des Einzelfalles eine besondere Sachkunde erfordert (BGH NStZ 2005, 394). Überraschend aufschlussreich ist von Fall zu Fall auch eine kriminologische Exploration des Angeklagten (Göppinger/Bock Kriminologie § 16). 13.4

Elemente der Sacheinlassung, die der Tatrichter bei der Gesamtwürdigung zu berücksichtigen hat, kann der Angeklagte nicht nur bei der **Vernehmung** nach § 243 Abs 4 S 2 StPO in die Hauptverhandlung einbringen, sondern auch bei seinen **Ausführungen** gemäß § 257 Abs 1 StPO und § 258 StPO. **Antragsvorbringen**, insbesondere bei einer Beweisbehauptung im Rahmen eines Beweisantrags, hat dagegen zunächst nur prozessuale Bedeutung und ist vor allem bei Ausführungen des Verteidigers nicht als Mitteilung eigenen Wissens des Angeklagten zu bewerten (BGH NStZ-RR 2008, 21, 22). Es hat in die tatrichterliche Beweiswürdigung zur Urteilsfindung daher für sich genommen nicht einzufließen (zur Bestätigung der anwaltlichen Sacherklärung durch den Angeklagten BVerfG Beschl v 7. 10. 2008 – Az 2 BvR 1494/08). 14

Besondere Maßstäbe gelten für Sacheinlassungen, die **taktisch motiviert** sind. Zwar ist auch ein Geständnis, das aufgrund einer verfahrensbeendenden **Absprache** abgegeben wurde, nicht generell unglaubhaft, obwohl es aus der aussagepsychologischen Perspektive wegen des verfälschenden Aussagemotivs nur noch einen geringen Beweiswert besitzt. Die positive Glaubhaftigkeitsbewertung ist nach der insoweit aber zu weit gehenden Rechtsprechung selbst bei einer vom Verteidiger vorformulierten und vom Angeklagten nur pauschal bestätigten Erklärung nicht ausgeschlossen (§ 257 c StPO Rn 20). Allerdings bedürfen nur summarisch bestätigte Sachverhaltserklärungen zumindest einer besonders kritischen Würdigung. Das Geständnis bedarf gerade dann der Überprüfung, wenn es auf einer Verständigung beruht (BGH StV 2009, 232, 233). Das gilt erst recht im Fall einer **Absprache zu Lasten Dritter**, nach der ein Mitangeklagter sich geständig äußert und dabei zugleich einen anderen belastet (Rn 58; § 257 c StPO Rn 10). Auch insoweit ist wegen des nahe liegenden Aussagemotivs der Selbstbegünstigung jedenfalls eine besonders exakte Beweiswürdigung gefordert, welche die Praxis infolge ihrer Vorurteilsbildung tendenziell vernachlässigt (zum Wettlauf um die erste Anzeige Geipel Handbuch der Beweiswürdigung 2008, 332 ff). Zu den zentralen Erörterungspunkten bei der Beweiswürdigung taktisch motivierter Aussagen gehören vor allem das Zustandekommen und der Inhalt der zu Grunde liegenden Absprache. Eine 15 zuverlässige Prüfung dieser Aspekte ist bei den von Verteidigern vorformulierten Erklärungen ausgeschlossen, was den Fehlgriff der Rechtsprechung beim Akzeptieren solcher „Beweise" deutlich macht.

16   Für den Fall, dass der Angeklagte zur Sache schweigt, was auch aus Art 6 MRK sein gutes Recht ist (Peukert FS Machacek/Matscher 2008, 645, 646), so ist anerkannt, dass weder aus seinem **Schweigen** (§ 337 StPO Rn 101), noch aus seinem sonstigen prozessualen Verhalten wie der **Verweigerung einer Mitwirkung** an der Sachaufklärung ein belastendes Indiz hergeleitet werden darf (BGHSt 45, 363, 364; BGHSt 45, 367, 369 ff; Detter FS 50 Jahre BGH 2000, 679, 688; Eisenberg Beweisrecht der StPO Rn 899). Der Grundsatz, dass niemand im Strafverfahren gegen sich selbst auszusagen braucht, also ein Schweigerecht besitzt, entspricht der Menschenwürde (BVerfGE 56, 37, 43), er schützt das Persönlichkeitsrecht und er ist Bestandteil eines fairen Verfahrens (BGHSt 38, 302, 305). Lässt der schweigende Angeklagte zu, dass sein **Verteidiger Sacherklärungen abgibt**, so sind diese unverwertbar, sofern der Angeklagte nicht zumindest erklärt, dass er sie bestätigen wolle (OLG Jena Beschl v 8. 10. 2007 – Az 1 Ss 269/07). Der Verteidiger ist weder (Wissens-)Vertreter des Angeklagten (Beulke FS zu Ehren des Strafrechtsausschusses der BRAK 2006, 87, 92; Olk JZ 2006, 204, 206, 207; **aA** OLG Saarbrücken NStZ 2006, 182; Park StV 2001, 589, 594) noch beweistechnisch eine Auskunftsperson im Strengbeweisverfahren. Er könnte allenfalls im Rahmen einer förmlichen Vernehmung als Zeuge vom Hörensagen fungieren, wobei er aber nicht gleichzeitig auch noch seine Prozessrolle als Verteidiger wahrnehmen könnte. Die Nichtbeachtung der Vernehmungsförmlichkeiten bei der Abgabe und Entgegennahme der Verteidigererklärung durch das Gericht unterstreicht die Tatsache, dass die Verteidigererklärung kein Beweismittel ist. Schweigt der Angeklagte zu einzelnen Punkten und lässt er sich zu anderen in der Sache ein, dann darf jedoch sein „**Teilschweigen**" nach der Rechtsprechung als Indiz verwertet werden (BGHSt 20, 298, 300; BGHSt 38, 302, 307; BGHSt 45, 367, 369, 370; Miebach NStZ 2000, 234 ff). Durch die Einlassung mache sich der Angeklagte freiwillig zum Beweismittel. Sein teilweises Schweigen bilde einen negativen Bestandteil seiner Aussage, die in ihrer Gesamtheit der freien Beweiswürdigung unterliege (BGH NStZ 2000, 494, 495; Nack StV 2002, 510, 515). Das erscheint allerdings fragwürdig (Park StV 2001, 589, 591; Richter II StV 1994, 687, 690). Eine Teileinlassung ist aber jedenfalls dann nicht gegeben, wenn der Angeklagte durch eine Äußerung zur Sache lediglich seine Schuld bestreitet (BGHSt 38, 302, 307).

17   **Unrichtige Angaben**, ein falsches Alibi (BGH NStZ-RR 2008, 341), sonstige Ausreden oder eine **Flucht** des Angeklagten vor der Strafverfolgung sind bei der Beweiswürdigung zwar verwertbar, aber meist ohne Aussagekraft. Insbesondere eine **widerlegte Einlassung** ist noch kein Schuldnachweis (Eisenberg Beweisrecht der StPO Rn 893). Auch ein Unschuldiger kann sich einem Strafverfahren mit einem für ihn ungewissen Ausgang zu entziehen versuchen. Der Angeklagte ist zudem nicht dazu verpflichtet, an der Aufklärung der ihm zur Last gelegten Tat aktiv mitzuwirken. Wie bei der Würdigung des Scheiterns eines Alibis (BGH NStZ-RR 1996, 363; NStZ-RR 1998, 303) oder der Widerlegung sonstiger Angaben eines Angeklagten (BGHSt 41, 153, 155) ist allgemein zu beachten, dass auch ein unschuldiger Angeklagter meinen kann, seine Lage durch falsche Angaben oder Ausweichverhalten verbessern zu können. Dieses Verhalten lässt zudem keine tragfähigen Schlüsse darauf zu, was sich ereignet hat (BGH NStZ-RR 2008, 147, 148).

III. Bildung von Nullhypothesen

18   Von Aussagepsychologen wird nach **hM** (BGHSt 45, 164, 168; Bender/Nack/Treuer Tatsachenfeststellung vor Gericht 3. Aufl, 216; Köhnken in Deckers/Köhnken Die Erhebung von Zeugenaussagen im Strafprozess 2007, 1, 3 f; krit Fischer FS Widmaier 2008, 191, 211 ff) verlangt, dass ihrer Aussageanalyse bei der Glaubhaftigkeitsbegutachtung einer Zeugenaussage (Köhnken in Widmaier [Hrsg] Münchener Anwaltshandbuch Strafverteidigung 2006, § 62 Rn 23 ff; Steller in Volbert/Steller [Hrsg] Handbuch der Rechtspsychologie 2008, 300 ff) eine „Nullhypothese" oder Unwahrhypothese und gegebenenfalls auch Alternativhypothesen, zu Grunde gelegt werden. Diese Hypothesen sind im Rahmen der merkmalsorientierten Inhaltsanalyse (Niehaus in Volbert/Steller [Hrsg] Handbuch der Rechts-

psychologie 2008, 311 ff) sodann durch Negationen zu überprüfen. Die Übernahme dieser Methode der psychologischen Aussagenanalyse in die forensische Beweislehre und damit auch in die richterliche Beweiswürdigung (Bötticher NJW-Sonderheft für Gerhard Schäfer 2002, 8, 12; Deckers in Deckers/Köhnken Die Erhebung von Zeugenaussagen im Strafprozess 2007, 89; Tsambikakis Kunert-Symposium 2006, 87, 93; sa Salditt StV 2002, 273, 274), vor allem in Fällen, in denen „Aussage gegen Aussage" steht und nicht eine komplexe Gesamtwürdigung verschiedenartiger Beweismittel erforderlich wird, in deren Kontext die Inhaltsanalyse einer singulären Zeugenaussage nur einen Baustein im Beweisgebäude darstellt (Fischer FS Widmaier 2008, 191, 200 f), ist eine notwendige Konsequenz zur Erhaltung der tatrichterlichen Kompetenz für die Beweiswürdigung. Die richtige Hypothesenbildung ist im Justizalltag noch nicht sehr verbreitet (Deckers FS Eisenberg 2009, 473, 488). Tatrichter müssen aber die hypothesengeleitete Realkennzeichenanalyse beherrschen und anwenden (Eschelbach FS Widmaier 2008, 127, 142). Das gilt besonders in den kritischen Fällen, in denen „Aussage gegen Aussage" steht (OLG Düsseldorf Beschl v 20. 2. 2008 – Az 5 Ss 15, 10/08). Ins Rechtliche übersetzt ist die Nullhypothese nämlich nichts anderes als die praktische Umsetzung der Unschuldsvermutung oder des Zweifelssatzes (Deckers in Deckers/Köhnken Die Erhebung von Zeugenaussagen im Strafprozess 2007, 89; Steller NJW-Sonderheft für G. Schäfer 2002, 69, 72) und insoweit ein notwendiges Gegengewicht gegen die zumindest im Vorverfahren zunächst ohne Gewährung rechtlichen Gehörs und ohne kontradiktorische Hinterfragung bei den einzelnen Beweiserhebungen verfolgte Verdachtshypothese. Die revisionsgerichtliche Rechtsprechung legt immer wieder an tatrichterliche Glaubhaftigkeitsbeurteilungen aussagepsychologische Erfahrungsmaßstäbe an, meist aber ohne sie weiter auszuformulieren (Fezer StV 1995, 95, 97).

Tatsächlich ist die von den Tatrichtern als Prämisse bei der Überprüfung von Einzelindizien zu Grunde gelegte **Verdachtshypothese**, die eine **Neigung zur Selbstbestätigung** hat (Deckers in Deckers/Köhnken [Hrsg] Die Erhebung von Zeugenaussagen im Strafprozess 2007, 89, 90 und FS Eisenberg 2009, 473, 475 ff; Köhnken in Gisela Friedrichsen Im Zweifel gegen die Angeklagten 2008, 233; zum **konfirmatorischen Hypothesentesten** Deckers FS Eisenberg 2009, 473, 475 f; Schulz-Hardt/Köhnken Praxis der Rechtspsychologie 10 [2000], 60 ff; zur Erwünschtheit des Ergebnisses als Kriterium der subjektiven Wahrscheinlichkeitsempfindung Eisenberg Beweisrecht der StPO Rn 922), das **Gegenteil der Nullhypothese** (krit Fischer FS Widmaier 2008, 191, 213). Deshalb gelangen die intuitive tatrichterliche Beweiswürdigung und eine von der Unwahrhypothese geleitete aussagepsychologische Inhaltsanalyse oft zu entgegen gesetzten Resultaten (Geipel AnwBl 2006, 784, 785). Dass die richterliche Beweiswürdigung deshalb gleichwohl keine geringere Richtigkeitswahrscheinlichkeit für sich in Anspruch nehmen könne (Fischer FS Widmaier 2008, 191, 213), ist schon deshalb zu bezweifeln, weil die intuitive richterliche Beweiswürdigung ohne genaue Hypothesenbildung und ohne systematische Prüfung von Einzelkriterien für ein fehlerhaftes Vorurteil aus dem Eröffnungsbeschluss anfällig ist und die Selbstbestätigungstendenz dieses Vorurteils im weiteren Verfahrensgang eine erhebliche Sogkraft entfaltet. Die Zahl der Fehlurteile steigt dadurch und die revisionsgerichtliche Kontrolle ist ein stumpfes Schwert. Dem Wiederaufnahmerechtler leuchtet das besonders ein, wenn er zahllose absurde Begründungsversuche für die Verwerfung von Wiederaufnahmeanträgen sogar in Evidenzfällen (beispielhaft Sabine Rückert Unrecht im Namen des Volkes 2007, 191 ff) zur Kenntnis genommen hat. Der Revisionsrichter ist dagegen eher geneigt von der „Vermutung der Vollständigkeit und Richtigkeit der Urteilsgründe" auszugehen, weil dies sein Handwerkszeug charakterisiert und weil ihm auf Revisionssicherheit ausgerichtete Urteilsgründe präsentiert werden, die kaum jemals einen vollständigen Befundbericht enthalten.

Ein anderes Modell für eine Beweiskontrolle liefert die mit aller Vorsicht durchzuführende (Eisenberg Beweisrecht der StPO Rn 918 f) Annäherung an die **Errechnung des Wahrscheinlichkeitsgrades** nach dem Theorem von Bayes (Geipel Handbuch der Beweiswürdigung 2008, 136 ff, 275 ff). Damit kann das Beweisgewicht von Einzelindizien und der durch Gesamtwürdigung erreichte Wahrscheinlichkeitsgrad der Richtigkeit der Verdachtshypothese zumindest systematisiert und näherungsweise taxiert werden (zum richtigen Kern dieser Vorgehensweise Karl Peters in Strafrechtspflege und Menschlichkeit 1988, 364, 373). Ohne eine solche Vorgehensweise erscheint jedenfalls das Postulat, dass einer tragfähig begründeten Verurteilung zumindest die objektiv hohe Wahrscheinlichkeit der Richtigkeit zu Grunde liegen müsse (BGH NJW 1999, 1562, 1564), als Leerformel; denn wer den Grad der Wahrscheinlichkeit nicht bestimmt, kann dazu gar keine Aussage machen.

D. Beweisgrundlagen und Maßstäbe für die Würdigung

19 Das Tatgericht soll nach seiner Überzeugung entscheiden, es muss diese aber alleine auf den Inbegriff der Hauptverhandlung stützen. Daraus ergibt sich, dass zur Vermeidung einer reinen Verdachtsverurteilung in der Hauptverhandlung objektive Beweisgrundlagen vorhanden sein müssen, welche erst die subjektive richterliche Überzeugung tragen können. Diese Beweisgrundlagen dürfen nur aus dem Beweisstoff geschöpft werden, der Gegenstand der mündlichen Erörterungen in der Hauptverhandlung war. Damit ist die Geständniskontrolle im Verständigungsverfahren allein anhand der Akten unvereinbar (§ 257c StPO Rn 25). Ausgeschlossen ist auch die Würdigung solcher Tatsachen und Beweismittel, die einem Verwertungsverbot unterliegen. Schließlich müssen die verwerteten Beweisanzeichen eine genügende Aussagekraft aufweisen, um eine richterliche Überzeugung zu gestatten.

I. Inbegriff der Hauptverhandlung

20 Der Grundsatz, dass der Richter seine Überzeugung aus dem Inbegriff der Hauptverhandlung zu schöpfen hat, bedeutet, das er nur verwerten darf, was in prozessual zulässiger Weise Gegenstand der Hauptverhandlung geworden ist. **Privates Wissen** muss unberücksichtigt bleiben, es sei denn, es handelt sich um gerichtskundige Tatsachen, die allerdings auch zumindest durch Hinweise oder Erörterungen zum Gegenstand der Hauptverhandlung gemacht werden müssen. Erforderlich ist es andererseits, bei der Beweiswürdigung alles auszuschöpfen, was in die Hauptverhandlung eingeführt worden ist. Sämtliche erörterten Tatsachen und ermittelten Beweisergebnisse sind umfassend in einer Gesamtschau zu würdigen. Alle konkret möglichen Ergebnisse der Beweiswürdigung, die sich daraus ableiten lassen können, sind in Betracht zu ziehen.

21 Zu verwerten sind nicht nur **die mündlichen Erörterungen** der Beweisaufnahme, sondern auch **visuelle Eindrücke**. Zum Inbegriff der Hauptverhandlung gehört alles, was in der Verhandlung vom Aufruf der Sache bis zum letzten Wort des Angeklagten wahrnehmbar wurde. Das gilt etwa für Mimik und Gestik oder sonstige Verhaltensweisen von Beweispersonen, nicht aber der Zuschauer (OLG Jena StV 2007, 26) oder der professionellen Verfahrensbeteiligten. Insoweit muss die Bindung an Beweismittelarten des Strengbeweisverfahren beim Personalbeweis beachtet werden, so dass auch **Vorhalte** für sich genommen kein Gegenstand der Beweiswürdigung sind, sondern nur die Antworten der befragten Beweisperson darauf, diese freilich aber auch im Kontext der durch Vorhalte ergänzten Fragestellung.

22 Der **Akteninhalt** ist im Strafprozess, anders als im Zivilrechtsstreit, mangels Zugehörigkeit zum „Inbegriff der Hauptverhandlung" keine zulässige Urteilsgrundlage, soweit er nicht durch förmliche Beweiserhebungen und mündliche Erörterung zum Gegenstand der Verhandlung gemacht wurde. Selbst ein Geständnis rechtfertigt es nicht, daneben ohne weiteres den Akteninhalt zu Grunde zu legen (RGSt 1, 81, 82). Auch **schriftliche Erklärungen des Angeklagten**, die nicht nach dem Mündlichkeitsprinzip in die Hauptverhandlung eingeführt wurden, sind grundsätzlich irrelevant (BGHSt 52, 175 ff). Die Vernehmung des Angeklagten kann nicht ohne Weiteres durch die Verlesung einer schriftlichen Erklärung ersetzt werden. Eine vom Gericht nicht angeordnete Verlesung einer Einlassung wird daher mangels förmlich zulässiger Beweiserhebung nicht zum Inbegriff der Hauptverhandlung (BGH NStZ 2007, 349). Falsch ist es auch, Bestandteile des Akteninhalts, die Gegenstand eines schriftlich vorbereitenden Sachverständigengutachtens sind, durch deren Referierung seitens des Sachverständigen oder ausnahmsweise durch Gutachtenverlesung in die Verhandlung einzubringen. Deshalb ist das Postulat eines ausführlichen **Referats des Akteninhalts in schriftlich vorbereitenden Gutachten**, vor allem forensisch tätiger Psychiater, tendenziell eher irreführend (BeckOK v. Heintschel-Heinegg/Eschelbach StGB § 20 Rn 82; BeckOK v. Heintschel-Heinegg/Eschelbach StGB § 20 Rn 105).

II. Offenkundigkeit

23 Das Gericht hat nach der vorliegenden Vorschrift nur die Informationen zu verwerten, die sich aus dem Inbegriff der konkreten Hauptverhandlung gegen den Angeklagten ergeben. Informationen aus einer anderen Hauptverhandlung oder aus einer kommissarischen Beweis-

aufnahme vor der Hauptverhandlung sind nur in die Beweiswürdigung einzubeziehen, soweit sie prozessordnungsgemäß auch in die aktuelle Hauptverhandlung eingeführt wurden. Sie sind nicht als gerichtskundig anzusehen (BGH NStZ-RR 2007, 116, 117). Wissen, das der Richter außerhalb der Hauptverhandlung erlangt hat, spielt zunächst keine Rolle. Keines Beweises bedürfen allerdings offenkundige Tatsachen, zu denen allgemeinkundige und gerichtskundige Tatsachen gehören.

Allgemeinkundige Tatsachen sind solche, von denen verständige und erfahrene Men- 24 schen regelmäßig ohne weiteres Kenntnis haben oder von denen sie sich durch Benutzung allgemein zugänglicher Quellen unschwer überzeugen können (BGHSt 26, 56, 59; OLG Hamburg StV 1996, 84, 85). Ob und inwieweit der Rahmen durch ubiquitäre Informationen aus dem Internet ausgedehnt wird, ist noch unklar.

Die **Gerichtskundigkeit** einer Tatsache bewirkt an sich ebenfalls, dass über sie kein 25 Beweis erhoben zu werden braucht. Die Erörterung gerichtskundiger Tatsachen in der Hauptverhandlung gehört nach der Rechtsprechung auch nicht zu den wesentlichen Förmlichkeiten, deren Beobachtung das Protokoll ersichtlich machen muss (BGHSt 36, 354, 357 ff; **aA** Kahlo StV 1991, 52, 54 ff). Jedoch muss eine solche Tatsache vor ihrer Verwertung durch das Gericht zum Gegenstand der mündlichen Verhandlung gemacht werden, weil auch insoweit das Mündlichkeitsprinzip gilt und die Verfahrensbeteiligten das rechtliche Gehör dazu erhalten und nicht damit überrascht werden sollen (BGHSt 36, 354, 359; OLG Frankfurt StV 1999, 138, 139; OLG Hamburg StV 1996, 84, 85). Dazu sind sie auf die Möglichkeit einer Verwertung der Tatsache als gerichtskundig hinzuweisen (BGH NStZ 1998, 98, 99).

Gerichtskundig ist nur, was der Richter im Zusammenhang mit seiner amtlichen Tätigkeit 26 zuverlässig in Erfahrung gebracht hat (BGHSt 45, 354, 357, 358). Durch die Annahme der Gerichtskundigkeit darf aber das Prozessrecht über das Strengbeweisverfahren nicht umgangen werden. Der Richter darf zB nicht einen Tatort außerhalb der Hauptverhandlung privat in Augenschein nehmen, um anschließend sein Wissen als gerichtskundig zu bezeichnen. Unmittelbar auf den Einzelfall bezogene Wahrnehmungen, die für die Überführung eines Angeklagten von wesentlicher Bedeutung sind, dürfen auch sonst nicht als gerichtskundig behandelt werden (BGHSt 45, 354, 359; BGHSt 47, 270, 274). Das gilt insbesondere für Erkenntnisse aus parallel gelagerten Verfahren (BGH NStZ 1995, 246, 247). Ergebnisse früherer Beweiserhebungen in anderen Verfahren dürfen nicht einfach übernommen werden (OLG Hamm Beschl v 17. 1. 2008 – Az 5 Ss 565/07). Ein Antrag auf Vernehmung des Verteidigers eines ehemaligen Mitangeklagten zur Frage, ob eine das Verfahren beendende Absprache getroffen wurde, und ob das gegebenenfalls darauf beruhende drittbelastende Geständnis glaubhaft ist, darf auch wegen der Beweisbedeutung der Einzelheiten des behaupteten Geschehens nicht wegen Gerichtskundigkeit abgelehnt werden (BGH NStZ-RR 2007, 116 ff).

III. Unverwertbarkeit von Informationen

Nicht in die Gesamtwürdigung aller Beweisergebnisse einzubeziehen sind solche, die 27 einem **Beweisverwertungsverbot** unterliegen. Dabei sind selbständige und unselbständige Beweisverwertungsverbote, also solche, die direkt aus Grundrechten herrühren, oder solche, die sich als Rechtsfolge von Verfahrensfehlern bei der Beweiserhebung ergeben, zu unterscheiden (Jahn Gutachten für den 67. DJT 2008 C31 ff). Es gibt auch absolute Beweisverwertungsverbote, welche nicht erst aufgrund einer Interessenabwägung festzustellen sind. Sonst sind Beweisverwertungsverbote davon abhängig, dass der Rechtskreis des Angeklagten von einem Verfahrensfehler wesentlich berührt ist (BGHSt 11, 213, 215; BGHSt 38, 302, 304), ferner von einer Abwägung der widerstreitenden Interessen.

Absolut wirkende selbständige Beweisverwertungsverbote folgen im Einzelfall daraus, 28 dass eine Information inhaltlich dem absolut geschützten **Kernbereich** privater Lebensgestaltung zuzuordnen ist. Selbst erhebliche Interessen der Allgemeinheit, wie das Interesse an der Aufklärung eines Mordes, können einen Eingriff in diesen absolut geschützten Kernbereich nicht rechtfertigen (BVerfGE 109, 279, 313, 314; BGHSt 50, 206, 210; OLG Düsseldorf NStZ 2009, 54, 55). Absolut wirkt im Übrigen **§ 136 a Abs 3 StPO**, der bisweilen auch entsprechend angewendet werden kann (BGHSt 44, 129, 134, 135).

29 Keine absolute Größe sind mögliche Verwertungsverbote, die sich aus der Verletzung von Beweiserhebungsvorschriften ergeben können. Die Entscheidung für oder gegen ein solches **unselbständiges Verwertungsverbot** ist, soweit insbesondere in den datenschutzrechtlich geprägten neuen Normen des Eingriffsrechts keine ausdrückliche gesetzliche Regelung über die Grenzen der Informationsverwendung oder Beweisverwertung vorliegt, nach der Rechtsprechung aufgrund einer umfassenden **Abwägung** der betroffenen Interessen zu treffen (BGHSt 44, 243, 249). Bei ihr fallen das Gewicht des Verfahrensfehlers sowie seine Bedeutung für die rechtlich geschützte Sphäre des Betroffenen ebenso ins Gewicht wie die Erwägung, dass die Wahrheit nicht um jeden Preis erforscht werden muss. Andererseits ist zu bedenken, dass Beweisverwertungsverbote die Möglichkeiten der Wahrheitserforschung beeinträchtigen und der Staat eine funktionstüchtige Strafrechtspflege zu gewährleisten hat. Dient die Verfahrensvorschrift, die verletzt worden ist, nicht oder nicht in erster Linie dem Schutz des Beschuldigten, so liegt ein Verwertungsverbot fern; demgegenüber liegt es nahe, wenn die verletzte Verfahrensvorschrift dazu bestimmt ist, die Grundlagen der verfahrensrechtlichen Stellung des Beschuldigten oder Angeklagten im Strafverfahren zu sichern (BGHSt 38, 214, 220, 221; BGHSt 42, 15, 21). Das kann nur von Fall zu Fall beurteilt werden und ist bei den einzelnen Verfahrensnormen zu erläutern. Bei dem gegenläufigen Interesse der Allgemeinheit an der Wahrheitserforschung auch mit Hilfe des fehlerhaft erhobenen Beweises ist vor allem das Gewicht des konkreten strafrechtlichen Vorwurfes gegen den Angeklagten von Bedeutung.

30 Aufgrund der Annahme einer Dispositionsmacht der Verteidigung über Informationen, die sich bei früheren Äußerungen des Angeklagten aus einem Informationsbeherrschungsrecht für Äußerungen aus seinem Munde ergibt, verlangt die Rechtsprechung weiterhin bei vielen unselbständigen Beweisverwertungsverboten, dass der verteidigte Angeklagte einer Verwertung der Aussage bis zu dem in § 257 StPO genannten Zeitpunkt widerspricht. Nur der **Widerspruch als Bewirkungshandlung** löst danach das Verwertungsverbot für die Urteilsberatung aus; seine Versäumung in dem vorgegebenen zeitlichen Rahmen führt nach dem neueren Richterrecht zur Nichtentstehung eines Verwertungsverbots und zu einer informellen Präklusion einer Verfahrensrüge (§ 257 StPO Rn 20 ff). Die Beweisergebnisse, deren Verwertung nicht oder nicht rechtzeitig widersprochen wurde, sind dann bei der Gesamtwürdigung aller Umstände verwertbar. Greift dagegen ein Beweisverwertungsverbot ein, dann ist immer noch zu erwägen, ob es sich dabei nur um ein „**Belastungsverbot**" handelt und der Beweisinhalt zumindest zugunsten des Angeklagten doch verwertet werden kann (Roxin NStZ 2007, 616, 617).

IV. Notwendigkeit von objektiven Beweisgrundlagen

31 Der Grundsatz der freien Beweiswürdigung bindet die Verurteilung nach dem Wortlaut des Gesetzes nur an die **persönliche Überzeugung** des Tatrichters von der Schuld des Angeklagten, wobei auf der subjektiven Ebene eine an Sicherheit grenzende Wahrscheinlichkeit als Maßstab genannt wird (RGSt 66, 163, 164). Freie Beweiswürdigung bedeutet deshalb nach einem Ansatz der anfänglichen Rechtsprechung, dass es für die Beantwortung der Schuldfrage allein darauf ankommt, ob der Tatrichter die subjektive Überzeugung von einem bestimmten Sachverhalt erlangt hat oder nicht. Diese persönliche Gewissheit ist danach für die Verurteilung notwendig, aber auch ausreichend (BGHSt 10, 208, 209; BGH NStZ 1983, 277, 278; relativierend KK-StPO/Schoreit StPO § 261 Rn 4a). Die **Schlussfolgerungen** des Tatrichters aus den feststehenden Indizien müssen nach der Rechtsprechung **nur möglich** sein (BGHSt 36, 1, 14; Geipel Die Notwendigkeit der Objektivierung der Beweiswürdigung und Vorschläge zu ihrer Durchführung 2008, 191; § 337 StPO Rn 90). Sie brauchen nach diesem Ansatz nicht zwingend zu erscheinen, ja sie müssen nicht einmal eine überwiegende Wahrscheinlichkeit aufweisen. Das führt aber zu willkürlichen Entscheidungen. Dieser Satz wurde indes nie ausdrücklich aufgegeben, so dass er heute noch in Revisionsverwerfungsanträgen oder Entscheidungen auftaucht und unkommentiert hingenommen wird (Herdegen NJW 2003, 3513, 3515). Er ist aber mit dem in der neueren Rechtsprechung postulierten Erfordernis, dass die Beweisgrundlagen einer Verurteilung eine objektiv hohe Wahrscheinlichkeit der Schuld ergeben müssen (Rn 32), unvereinbar. Sind zwei Sachverhaltshypothesen gegeben und ist die eine, die dem Angeklagten günstiger wäre, wahrschein-

licher als die andere, so kann nach der Formel der Rechtsprechung über die Rechtsfehlerfreiheit auch bloß möglicher Beweisschlüsse dennoch die ungünstigere als richtig bezeichnet werden, obwohl der dann festgestellte Sachverhalt unwahrscheinlicher ist als die Alternative.

Ohne ausreichende **objektive Befundgrundlagen** kann eine willkürfreie richterliche 32 Beweiswürdigung nicht gelingen. Die Frage ist demnach nur, welche Befunde vorausgesetzt werden, welcher Wahrscheinlichkeitsgrad der Richtigkeit einer Verdachtshypothese erreicht sein muss und wie er festzustellen ist, damit der Richter seine subjektiv sichere Überzeugung von Tatbegehung und Schuld des Angeklagten ohne bloße Verdachtsverurteilung darauf stützen kann (Albrecht NStZ 1983, 486, 488, 489). Nach der neueren Rechtsprechung setzt die Verurteilung neben der richterlichen Überzeugung eine **objektiv hohe Wahrscheinlichkeit** von Täterschaft und Schuld des Angeklagten voraus, die nicht allein durch die – dann zusätzlich erforderliche – subjektive Überzeugung ersetzt werden kann (BGH NStZ-RR 1996, 202; NStZ-RR 1997, 42, 43; NJW 1999, 1562, 1564 mAnm Salditt NStZ 1999, 420 ff; Herdegen NJW 2003, 3513, 3515, 3516; Schäfer StV 1995, 147, 149; KK-StPO/Schoreit StPO § 261 Rn 4 k). Dazu müssen objektive Beweisgrundlagen von solcher Aussagekraft vorliegen, dass der Beweisschluss des Tatgerichts nicht nur auf einer Spekulation oder einer bloßen Vermutung beruht, sondern seine Richtigkeit nahe liegt. Der Angeklagte darf insbesondere bei konkreten Glaubhaftigkeitsbedenken gegen die Aussage von Belastungszeugen nicht verurteilt werden, wenn Umstände vorliegen oder jedenfalls zu seinen Gunsten als nicht widerlegbar angenommen werden müssen, die **aus rationalen Gründen** nicht den Schluss gestatten, dass die Übereinstimmung von Zeugenaussage und dem tatsächlichen Geschehen in hohem Maße wahrscheinlich ist (BGH NStZ 1988, 236, 237; StV 1995, 453; Herdegen NStZ 1987, 193, 198). Objektive Gründe, die zu „vernünftigen Zweifeln" in einer für den Schuldspruch relevanten Frage Anlass geben, stehen einer Verurteilung entgegen. Ein nur möglicher Beweisschluss reicht danach für eine Verurteilung im Ergebnis nicht mehr aus, wenn er nicht nur eine Facette innerhalb einer komplexen Gesamtwürdigung von Beweisen betrifft. Unklar bleibt in der – auch hier wieder intuitiv agierenden – Rspr, ob und wie die objektiv hohe **Wahrscheinlichkeit zu bestimmen** sein soll. Die Senate des BGH bewerten dies unterschiedlich (Detter FS 50 Jahre BGH 2000, 679, 684). Eine abschließende Begründung dafür, dass und warum diese Wahrscheinlichkeit im Einzelfall erreicht sein soll oder eben auch nicht, findet sich in den einzelnen Entscheidungen regelmäßig nicht. Insoweit ist das Modell der zumindest annäherungsweisen Wahrscheinlichkeitsberechnung nach dem **Theorem von Bayes** folgerichtig (Geipel Handbuch der Beweiswürdigung 2008, 136 ff, 275 ff; krit KK-StPO/Schoreit StPO § 261 Rn 4 e).

Mit den Anforderungen an die Grundlagen einer Entscheidung wird angeblich auch von 33 Verfassungs wegen der **Maßstab** konkretisiert, der sich **für das faire Verfahren** ergibt BVerfG NJW 2003, 2444, 2445 mAnm Böse JR 2004, 40, 41; BVerfG NJW 2008, 3346, 3347) und insoweit als abschließend gehandhabt wird. Dies beruht allerdings auf falschen Vorstellungen von der tatsächlichen Einhaltung des Gebots, dass im Urteil alle wesentlichen Umstände erörtert werden müssen, durch die Tatgerichte. Das geschieht praktisch sogar nur in den seltensten Fällen (Alsberg Justizirrtum und Wiederaufnahme 1913, 39; Geipel Die Notwendigkeit der Objektivierung der Beweiswürdigung und Vorschläge zu ihrer Durchführung 2008, 40 ff). Inzwischen hat sich dieser Befund wegen der Abwehrhaltung der Tatrichter gegenüber der „erweiterten Revision" eher verschlechtert als verbessert (Beispiele bei Bossi Halbgötter in schwarz 2005, 94 ff; zu den Ursachen Eschelbach FS Widmaier 2008, 127, 133 ff). Dies wird aber von der höchstrichterlichen Rechtsprechung, die ein revisionsrechtliches Mittel für eine Tatsachenkontrolle der tatrichterlichen Urteile sucht, dieses aber nach der bisherigen Struktur des Revisionsrechts gar nicht effektiv zur Verfügung stellen kann, praktisch übergangen, solange eine **Dokumentation der Beweisergebnisse** der Hauptverhandlung **fehlt**, die alleine eine effektive Kontrolle ermöglichen könnte (Eschelbach FS Widmaier 2008, 127, 140 ff; Geipel Die Notwendigkeit der Objektivierung der Beweiswürdigung und Vorschläge zu ihrer Durchführung 2008, 241 ff; zu Verteidigungsstrategien Schlothauer StV 1992, 134, 140).

Auf eine wirksame Beweisergebniskontrolle durch die Revisionsinstanz zu hoffen, ist deshalb eine 33.1 Illusion; denn erfahrene Tatrichter wollen ihr Urteil „revisionssicher" gestalten, ohne dass die

Begründung etwas über dessen sachliche Richtigkeit aussagen kann (Geipel Die Notwendigkeit der Objektivierung der Beweiswürdigung und Vorschläge zu ihrer Durchführung 2008, 40 ff; Wilhelm ZStW 117 [2006], 142, 143). Selbst Urteile, die bei Kenntnis aller Umstände evident falsch sind, haben schließlich Bestand (Beispiel bei Sabine Rückert, Unrecht im Namen des Volkes, 2007, S 156; Parallelfall dazu bei Eschelbach HRRS 2008, 190 Fn 11; zum mindestens leichtfertigen Umgang der Tatrichter mit der Wahrheit in solchen Fällen Erb FS Küper 2007, 29, 35). Eine Darstellungslücke, die aus dem Urteilstext heraus nicht auffällt, kann selbst dann nicht erfolgreich gerügt werden, wenn evident wichtige Entlastungsbeweise, die tatsächlich Gegenstand der Hauptverhandlung waren, verschwiegen werden (Schlothauer StV 1992, 134 ff). Die ubiquitäre anwaltliche Klage, das tatrichterliche Urteil stelle Aussagen anders dar, als sie aus den Akten oder in der Hauptverhandlung wahrzunehmen waren, hat selbst dann, wenn für neutrale Prozessbeobachter eindeutig eine „Wahrheitsverdrehung" stattgefunden hat (Rn 66), keine Aussicht auf Erfolg, solange für die Revisionsgerichte ein „Verbot der Rekonstruktion der Hauptverhandlung" ausgesprochen wird (Nack FS Rieß 2002, S 361, 368; Schäfer FS Rieß, 2002, S 477, 479; Wahl NJW-Sonderheft für Gerhard Schäfer 2002, 73, 74; für eine Möglichkeit der Glaubhaftmachung im Revisionsrechtszug dagegen Wilhelm ZStW 117 [2006], 142, 154 ff).

33.2 Der Bestand des angefochtenen Urteils hängt danach weniger von seiner Richtigkeit, als vielmehr von der Art und Weise seiner Formulierung ab (Löwe/Rosenberg/Hanack StPO Vor § 333 Rn 11; Kühne Strafprozessrecht Rn 1076; Schünemann ZStW 114 [2002], 1, 55). Die Proteste von Verteidigern gegen Urteile, die ihnen den Eindruck vermitteln, sie hätten „den falschen Film" gesehen (Rn 65), verhallen bisher ungehört. Das beruht auf dem Anachronismus der fehlenden Dokumentation der Hauptverhandlung (zur Forderung nach einer möglichst authentischen Dokumentation Geipel Die Notwendigkeit der Objektivierung der Beweiswürdigung und Vorschläge zu ihrer Durchführung 2008, 241 f), der mit dem Justizgewährungsanspruch und dem **Anspruch auf rechtliches Gehör** unvereinbar ist (Eschelbach FS Widmaier 2008, 127, 136 ff; Meyer-Mews NJW 2004, 716, 717). Die „erweiterte Revision" ist daher als Rechtsschutzmittel ineffektiv (Rn 65 ff). Der Revisionsführer wird dabei immer noch nicht mit der Behauptung gehört (Rn 62), das Tatgericht habe sich mit einer bestimmten Aussage eines (Mit-)Angeklagten, Zeugen oder Sachverständigen nicht auseinandergesetzt, sofern sich dies nicht aus dem Urteilstext selbst erkennen lässt (BGH NStZ-RR 2008, 148, 149). Widersprüche zwischen dem Inhalt des Urteils und den Akten gelten im Revisionsverfahren als unerheblich (BGH NStZ 2007, 115). Keinen Erfolg kann die Rüge haben, ein Zeuge habe in der Hauptverhandlung anders ausgesagt oder die Aussage sei anders zu verstehen, als es das Urteil andeutet (BGHSt 29, 18, 21). Das derzeit einzige verfügbare Rechtsschutzmittel hiergegen ist nicht die Revision, sondern ein Antrag auf Wiederaufnahme des Verfahrens nach § 359 Nr 5 StPO (Rn 67), der von den wiederaufnahmefeindlichen Gerichten aber meist mit übertriebenen Anforderungen an die Zulässigkeit nach § 359 Nr 5 StPO und § 368 Abs 1 StPO abgeblockt wird. Insgesamt ist der praktische Befund heute mindestens ebenso Besorgnis erregend wie nach den Tübinger Untersuchungen von Karl Peters (Fehlerquellen im Strafprozess, 3 Bände 1970-1974). Der rapide Qualitätsverlust der strafgerichtlichen Beweiswürdigung vor dem Hintergrund einer orientierungslosen Praxis von Urteilsabsprachen verschlimmert die Lage in unerträglicher Weise.

V. Regeln für die Würdigung

34 Die Freiheit der Beweiswürdigung betrifft das Ergebnis der Würdigung und sie folgt aus dem Fehlen einer zwingenden Bindung des Gerichts an Regeln mit Ergebnisvorgaben. Das bedeutet nicht, dass Rechtsregeln für die Beweiswürdigung gar nicht bestünden, wenngleich der Rückweg zur Verrechtlichung der Beweiswürdigung einerseits begonnen hat, andererseits mit einer praktisch ineffektiven Revisionsmöglichkeit (Geipel Die Notwendigkeit der Objektivierung der Beweiswürdigung und Vorschläge zu ihrer Durchführung 2008, 23 ff) auf halbem Wege stehen geblieben ist. Eine Bindung des Tatrichters an die Logik und an die Erfahrung wurde schon bei Schaffung der RStPO vorausgesetzt (Fezer StV 1995, 95, 96). Rechtsfehler der Beweiswürdigung sind deshalb anzunehmen, wenn die Beweiswürdigung in sich widersprüchlich, lückenhaft oder unklar ist, wenn sie gegen die Denkgesetze oder gesichertes Erfahrungswissen verstößt oder wenn sich die tatrichterlichen Schlussfolgerungen so sehr von einer festen Tatsachengrundlage entfernt, dass diese nur noch einen Verdacht, nicht dagegen die für eine Verurteilung notwendige Überzeugung zu begründen vermögen.

1. Denkgesetze

Die Beweiswürdigung muss mit den Gesetzen der Logik vereinbar sein (BGHSt 19, 33, 35 34 f). Begriffsverwechslungen, Rechenfehler und Zirkelschlüsse führen zu Verstößen gegen „Denkgesetze" (§ 337 StPO Rn 100), die wie Rechtssätze im Sinne von § 337 StPO gehandhabt werden (krit Rosenau FS Widmaier 2008, 521, 526). Ein Verstoß gegen die Denkgesetze ist dann anzunehmen, wenn etwas vorausgesetzt wird, was es erst zu beweisen gilt (BGHSt 50, 80, 84), etwa wenn aus einer Zeugenaussage selbst auf deren Glaubhaftigkeit geschlossen wird (BGHSt 44, 256, 257). Eine Zirkelschlüssigkeit besteht dagegen dann nicht, wenn Teile einer Aussage, aus deren Wahrheit auf die Glaubhaftigkeit anderer Aussageteile geschlossen wird, eine außerhalb der Aussage liegende Bestätigung erfahren haben. Ein Kreisschluss ist auch nicht anzunehmen, wenn aus dem Ablauf der Vernehmung oder dem Verhalten der Beweisperson bei ihrer Befragung oder aus der inhaltlichen Struktur ihrer Aussage auf deren Glaubhaftigkeit geschlossen werden kann, oder wenn Umstände außerhalb der Aussage selbst, welche diese zu bestätigen geeignet sind, durch Vorhalte an den Zeugen in die Hauptverhandlung eingeführt wurden (BGH StV 2005, 487, 488).

2. Erfahrungssätze

Die Beweiswürdigung ist an gesicherte Erfahrungssätze gebunden. Das Gericht darf 36 bestehende Erfahrungssätze nicht missachten und nicht bestehende Erfahrungssätze dem Urteil nicht zu Grunde legen (Albrecht NStZ 1983, 486, 489, 490). Nach der Rechtsprechung ist es allerdings nicht die Aufgabe des Tatrichters, neue naturwissenschaftliche Erfahrungssätze zu gewinnen oder bestehende zu widerlegen (BGHSt 41, 206, 214). Andererseits ist der Richter nicht gehindert, sich nach Anhörung von Sachverständigen auf eine Untersuchungsmethode zu stützen, die noch wenig erprobt oder aber Gegenstand eines wissenschaftlichen Meinungsstreites ist (BGH NStZ 1994, 250).

Erfahrungssätze sind zunächst die aufgrund allgemeiner Lebenserfahrung oder wissen- 37 schaftlicher Erkenntnisse gewonnenen Regeln, welche keine Ausnahme zulassen und eine **an Sicherheit grenzende Wahrscheinlichkeit** zum Inhalt haben. Diese Sätze müssen, wenn sie einschlägig sind, zwingend beachtet werden. Ihre Missachtung oder ihre Anwendung in einem Bereich, für den sie nicht passend sind, ist ein Rechtsfehler im Sinne von § 337 StPO. Allgemeingültige Erfahrungssätze gehen den Erfahrungen über Wahrscheinlichkeiten vor, sie sind davon aber abzugrenzen. Auch die **DNA-Analyse** liefert etwa ungeachtet ihrer markant wirkenden Wahrscheinlichkeitsaussage (BGH Beschl v 26. 5. 2009 – Az 1 StR 597/08) nach bisheriger Erkenntnis immer noch nur eine statistische Wahrscheinlichkeit für die Übereinstimmung eines untersuchten genetischen Identifizierungsmuster mit einem Vergleichsstück (BGHSt 38, 320 ff). Sie besagt ferner nichts über den Vorgang bei der Antragung des Spurenträgers an den Fundort.

Auch Erfahrungssätze mit bloßen **Wahrscheinlichkeitsaussagen** sind bei der Urteils- 38 bildung zu berücksichtigen (Fezer StV 1995, 95, 97). Es gibt eine Vielzahl von Erfahrungsregeln, die mehr oder weniger hohe Wahrscheinlichkeiten ausdrücken und dadurch zwar keine zwingenden Schlussfolgerungen erlauben, wohl aber die konkrete Möglichkeit eines bestimmten Sachverhalts unterstreichen. Diese Wahrscheinlichkeitsaussagen können auf wissenschaftlichen Erkenntnissen beruhen, aber auch aus anderen Berufs- und Lebensbereichen herrühren und kriminalistische oder forensische Erfahrungsregeln enthalten, wie etwa bei den Erkenntnissen über durchschnittlich anzutreffende Wirkstoffgehalte von Cannabis (Patzak/Goldhausen NStZ 2007, 195 ff), das Wissen um die Unzuverlässigkeit eines Zeugnisses vom Hörensagen (Rn 52 ff) oder des wiederholten Wiedererkennens einer Person durch einen Zeugen (Rn 48 ff). Am Ende der Kette von Erfahrungsregeln steht die **Lebenserfahrung** (Sommer FS Rieß 2002, 585 ff). Erfahrungssätze mit Wahrscheinlichkeitsaussagen, die wichtige Schlüsse aus Sachbeweisen zulassen (Foth/Karcher NStZ 1989, 166, 171, 172), sind vom Tatrichter zu beachten, aber eben nur mit dem Bedeutungsgehalt einer Wahrscheinlichkeitsaussage, die auch widerlegt werden kann. Eine Beweiswürdigung ist auch hier rechtsfehlerhaft, wenn das Tatgericht einen nicht begründbaren Erfahrungssatz annimmt und ihn seinem Urteil zu Grunde legt. Die Kasuistik zeigt eine beachtliche Variationsbreite von derartigen Rechtsfehlern (Alexis NStZ 1983, 486, 489). Soweit eine Beweiswürdigung revisionsrechtlich auch dann hinzunehmen sein soll, wenn sie zwar „**lebensfremd**" erscheint, aber nicht gegen Denkgesetzes verstößt (OLG Hamm Beschl v 22. 4. 2008 – Az 5 Ss 127/08), so erscheint dies mit Blick auf den Beweismaßstab der objektiv hohen Wahrscheinlichkeit zweifelhaft.

3. Widerspruchsfreiheit

39   Die Beweiswürdigung muss in sich konsistent sein. Rechtsfehlerhaft ist eine widersprüchliche Argumentation im Rahmen der Beweiswürdigung, insbesondere eine solche, die ein und denselben Aspekt ungeachtet einer im Einzelfall gleich bleibenden Bedeutung an verschiedenen Stellen einmal als belastend und ein anderes Mal als entlastend ansieht oder eine Tatsache negiert und an anderer Stelle wieder bejaht (Eisenberg Beweisrecht der StPO Rn 895). Eine widersprüchliche Beweiswürdigung verstößt auch gegen die Denkgesetze.

4. Lückenlosigkeit

40   Die Beweiswürdigung muss den Inbegriff der Hauptverhandlung ausschöpfen. Setzt sich das Tatgericht mit einem wesentlichen, den Angeklagten möglicherweise belastenden oder entlastenden Indiz nur unzureichend auseinander, so kann darin im Einzelfall ein Rechtsfehler liegen. Das revisionsgerichtliche Rekonstruktionsverbot (BGHSt 43, 212, 213, 214) steht insoweit der Annahme eines Rechtsfehlers nicht entgegen. Es bildet aber ein oftmals kaum zu überwindendes Beweishindernis für die Feststellung eines Rechtsfehlers. Freilich können und müssen die Gründe des Urteils nicht jeden irgendwie beweiserheblichen Umstand ausdrücklich würdigen, sondern nur die wesentlichen Aspekte. Das Maß der gebotenen Darlegung hängt von der jeweiligen Beweislage und insoweit von den Umständen des Einzelfalls ab. Diese Lage kann so beschaffen sein, dass sich die Erörterung bestimmter Beweisumstände erübrigt. Ob dies der Fall ist, prüfen die Revisionsgerichte aufgrund der Sachbeschwerde nur anhand der Begründung des schriftlichen Urteils nach, die in der Praxis aus der Sicht von Wiederaufnahmerechtlern aber so gut wie nie derart vollständig und richtig ist (Rn 65 ff), wie es von Revisionsrichtern (im Revisionsverfahren unwiderlegbar) vermutet wird. Ein aufgrund der Sachrüge beachtlicher Rechtsfehler in der Form des Darstellungsmangels ist in der Revisionsinstanz bisheriger Prägung nur feststellbar, wenn der Urteilstext selbst erkennen lässt, dass ein wesentlicher Erörterungspunkt nicht näher dargestellt wurde. Dieser Fehler unterläuft nur unerfahrenen Urteilsverfassern, weshalb eine grobe Lücke im System der Rechtskontrolle verbleibt.

E. Richterliche Überzeugung

41   Der Tatrichter entscheidet nach seiner freien Überzeugung (zur historischen Problematik Hirschberg Das Fehlurteil im Strafprozess 1960, 118 ff). In diesem Bereich subjektiver Überzeugungsbildung besteht für sich genommen, ohne Rücksicht auf den objektivrationalen Unterbau (Fezer StV 1995, 95, 99), keine Bindung an Rechtsregeln außer der Entscheidungsregel „in dubio pro reo". Das Urteil beruht deshalb nicht alleine auf den Ausführungen in den schriftlichen Urteilsgründen, weshalb eine Revisionskontrolle alleine anhand der Plausibilität der Urteilsgründe zum Teil zu kurz greift. Es gibt im Strafprozess nominell keinen Beweis des ersten Anscheins, der nicht auf der Gewissheit des Richters, sondern auf der Wahrscheinlichkeit eines Geschehensablaufs beruhen würde (BGH NStZ-RR 2007, 86, 87). Praktisch wird aber aufgrund der These, dass ein nur möglicher Beweisschluss von Rechts wegen nicht zu beanstanden sei, im Zusammenwirken mit den verfahrenspsychologischen Folgen der tatrichterlichen Orientierung an einer Verdachtshypothese ohne ernsthafte Bildung einer Nullhypothese der Anschein zur behaupteten Wirklichkeit. So konnte sich eine „in dubio contra reum"-Rechtsprechung entwickeln (Meyer-Mews NJW 2000, 916 ff).

I. Sichere Überzeugung

42   Das Gesetz verlangt die subjektiv sichere Überzeugung des individuellen Richters im Quorum von der Begehung einer rechtswidrigen Tat und der Täterschaft sowie der Schuld

des Angeklagten als Voraussetzung für eine Verurteilung (BGH NStZ 1983, 277, 278; KK-StPO/Schoreit StPO § 261 Rn 2). Eine absolute, das Gegenteil denknotwendig ausschließende und von niemandem anzweifelbare Gewissheit ist nach der Rechtsprechung nicht erforderlich. Vielmehr genügt ein **nach der Lebenserfahrung ausreichendes Maß an Sicherheit**, das vernünftige und nicht bloß auf denktheoretische Möglichkeiten gegründete Zweifel nicht mehr zulässt (KK-StPO/Schoreit StPO § 261 Rn 4j; abl Herdegen NJW 2003, 3513, 3515). Dabei haben solche Zweifel außer Betracht zu bleiben, die keine realen Anknüpfungspunkte zur Grundlage haben und die sich nur auf die **Annahme einer abstrakt-theoretischen Möglichkeit** beschränken. Stützt der Tatrichter einen Freispruch auf bloße theoretische Zweifel oder stellt er sonst **überspannte Anforderungen** an die für eine Verurteilung erforderliche Überzeugung, dann ist dies revisibel (Rn 46.1). Absolute Sicherheit gibt es nicht, weshalb eine mit durchschnittlich realisierbaren Mitteln erzielbare hohe Wahrscheinlichkeit als forensische Wahrheit gilt (RGSt 61, 202, 206; hiergegen Hirschberg Das Fehlurteil im Strafprozess 1960, 80 ff). So genannte **theoretische Zweifel** gelten als irrelevant. Hat der Tatrichter dagegen beim Freispruch vernünftige Zweifel, dann muss dies vom Revisionsgericht hingenommen werden, auch wenn die Revisionsrichter eine andere Überzeugung haben. Das Revisionsgericht kann dann auch nicht feststellen, dass der Tatrichter von Täterschaft und Schuld des Angeklagten hätte überzeugt sein müssen. Im Verurteilungsfall spielt dagegen die subjektive Überzeugung des Tatrichters, wenn sie nach den Urteilsgründen bei der erforderlichen Mehrheit der stimmberechtigten Richter vorhanden war, für die Rechtskontrollinstanz praktisch keine entscheidende Rolle. Die tatrichterliche Überzeugung ist wegen des Beratungsgeheimnisses und der Totalabstimmung nach § 263 StPO nicht weiter verifizierbar; sie wird im Text des schriftlichen Urteils formelhaft behauptet und umso mehr betont, je zweifelhafter der Befund erscheinen könnte. Die Revisionskontrolle setzt deshalb alleine an den objektiven Beweisgrundlagen des Urteils und der Nachvollziehbarkeit sowie Rechtsfehlerfreiheit der Würdigung an.

Die tatrichterliche Überzeugung wird auf der Ebene des Schuldspruchs für alle Tatsachen **43** gefordert, die den Schuldspruch tragen, **bei Serientaten** auch für die **Zahl der Einzelfälle**, die nicht lediglich geschätzt werden dürfen, sondern unter Beachtung des Zweifelssatzes im Sinne von Mindestfeststellungen darf, sondern zur subjektiv sicheren Überzeugung des Richters festgelegt werden muss (BGHSt 42, 107, 108 ff). Anders handhabt die Rechtsprechung den Bereich des reinen „Schuldumfangs", der für Strafzumessungszwecke bestimmt werden muss, bei dem aber **Schätzungen** zugelassen werden, soweit exaktere Feststellungen nicht möglich sind (BGHSt 40, 374, 376 ff). Das gilt etwa für die Festlegung des Schadensumfangs aufgrund **einer Steuerhinterziehung oder** eines Vermögensdelikts (BGHSt 36, 320, 325 ff) oder bei Wirkstoffmengen, auf die sich ein Betäubungsmitteldelikt bezieht, und zwar selbst dann, wenn eine Sicherstellung des Betäubungsmittels nicht erfolgt ist (BGH StV 2008, 9). Im Steuerstrafverfahren ist die Schätzung von Besteuerungsgrundlagen nach der Rechtsprechung zulässig, wenn zwar feststeht, dass der Steuerpflichtige einen Besteuerungstatbestand erfüllt hat, das Ausmaß der verwirklichten Besteuerungsgrundlagen aber ungewiss ist. Die Schätzung obliegt auch hier dem Tatrichter (BGHSt 3, 377, 383; BGHSt 34, 166 ff). Er darf Schätzungen der Steuerbehörden nur übernehmen, wenn er von ihrer Richtigkeit überzeugt ist (BGH NStZ 2007, 589, 590). Im Bereich des § 73 b StGB ist die Schätzung sogar gesetzlich zugelassen (BGHSt 50, 299, 311). Offen bleibt in der sonstigen Rechtsprechung freilich, warum sich auch daraus nicht eher ein **Umkehrschluss** darauf ergeben soll, dass sonst Schätzungen des Schuldumfangs mangels einer gesetzlichen Regelung, wie sie für den Zivilprozess mit **§ 287 ZPO** existiert, nicht zugelassen sind.

II. Tatsachenzweifel

Der Satz, dass „**in dubio pro reo**" zu entscheiden sei, gilt als rechtsstaatlicher Fundamen- **44** talsatz. Er hat aber derzeit kaum praktische Bedeutung; denn er gilt nur als verletzt, wenn das Tatgericht subjektive Zweifel an der Begehung einer rechtswidrigen Tat durch den Angeklagten oder seiner Schuld hatte, aber gleichwohl verurteilt hat und wenn dies aus den Gründen des schriftlichen Urteils erkennbar wird (BVerfG NJW 1988, 477; OLG Hamm Beschl v 10. 4. 2008 – Az 2 Ss 134/08 = BeckRS 2008, 22414). Das vermeiden erfahrene Urteilsverfasser. Diese lassen oft zur Herstellung von „Revisionssicherheit" ihres Urteils sogar objektive Zweifelsgründe im Urteilstext weg (Rn 33). Erst recht lassen sie im Urteilstext keinen subjektiven Zweifel erkennen, sondern betonen die sichere subjektive Überzeugung des Gerichts, wobei auch das Kollegium („Gericht", „Strafkammer") überbetont wird, obwohl sich die Frage des subjektiven Zweifels bei jedem einzelnen Richter gesondert stellt und sie im Rahmen der Totalabstimmung durchaus verschieden beantwortet werden kann. Die hieraus folgende praktische Bedeutungslosigkeit des Satzes „in dubio pro reo" im Gefolge der Beschränkung seiner Rechtskontrolle auf den Text des schriftlichen Urteils, das entgegen verbreiteter Ansicht weder von Rechts wegen noch tatsächlich in allen Einzelheiten den Inhalt der Beratungen noch erst recht die individuellen Meinungsunterschiede bei der Totalabstimmung (§ 263 StPO Rn 3) wiedergibt (Eschelbach FS Widmaier 2008, 127, 128 ff), ist der Grund dafür, dass die Urteilsüberprüfung aufgrund der „erweiterten Revision" heute mehr Gewicht auf die Nachvollziehbarkeit der Beweiswürdigung anhand der objektiven Beweisgrundlagen legt. Damit wird aber wegen der Beschränkung auf den Urteilstext und die Unmöglichkeit der Rekonstruktion der Hauptverhandlung immer noch lediglich eine Simulation von effektiver Kontrolle erreicht (Rn 63.1). Richtigerweise müsste auch dann, wenn das Tatgericht objektiv vorhandene **Zweifelsgründe** übergeht, **die sich geradezu aufdrängen**, eine Verletzung des Zweifelssatzes angenommen werden (K. Peters Strafrechtspflege und Menschlichkeit 1988, 309). Die Revisionsrechtsprechung sieht darin von Fall zu Fall Erörterungsmängel und gelangt damit oft, aber längst nicht immer, zu demselben Resultat. Rechtsklarheit besteht jedenfalls nicht.

45 Der Zweifelssatz ist nach der Rechtsprechung keine Beweisregel, sondern eine **Entscheidungsregel**, die das Tatgericht erst zu befolgen hat, wenn es **nach abgeschlossener Gesamtwürdigung** aller Tatsachen und Beweisergebnisse nicht die volle Überzeugung vom Vorliegen einer für den Schuld- oder Rechtsfolgenausspruch entscheidungserheblichen Tatsache zu gewinnen vermag (BGHSt 49, 112, 122; BGH NStZ 2001, 609, 610; StV 2005, 421). Es ist nach diesem Ansatz sogar rechtsfehlerhaft, wenn der Zweifelssatz isoliert auf **einzelne Indizien** angewendet wird, statt das weitere Ergebnis der Beweisaufnahme zu dem entscheidungserheblichen Punkt vorgreiflich in einer Gesamtwürdigung des Beweisstoffs mit zu berücksichtigen (BGHSt 49, 112, 122, 123; BGH NStZ 1999, 205, 206; NStZ-RR 2004, 238, 239; NStZ 2006, 650, 651, 652; Eisenberg Beweisrecht der StPO Rn 891). Kommt das Gericht aber zurückblickend auf dem Boden der Gesamtwürdigung bezüglich einer **entlastenden Indiztatsache** zu einem non liquet, dann hat auch dies nicht zur Folge, dass diese Tatsache für sich genommen zugunsten des Angeklagten als bewiesen anzusehen wäre. Vielmehr ist sie mit der ihr zukommenden Ungewissheit in die Gesamtwürdigung der Beweisergebnisse einzustellen (BGH NJW 1983, 1865; NStZ 2001, 609, 610; missverständlich BGHSt 25, 285, 286 mAnm Foth NJW 1974, 1572). Inwieweit das mit dem Gebot der Beachtung von „Nullhypothesen" vereinbar ist (Rn 18), bleibt bisher unklar (Rn 11).

45.1 Praktisch ist auch diese Frage obsolet, weil die „**Beweislast**" (Walter JZ 2006, 340 ff) aufgrund der massiven Einflüsse der Verdachtshypothese in Anklageschrift und Eröffnungsbeschluss zunehmend praktisch umgekehrt erscheint, alleine ein konfirmatorisches Hypothesentesten stattfindet, und der **Erwartungshorizont** aufgrund des aus den Akten entnommenen Verdachts den Maßstab für die Einschätzung aller Einzelindizien bildet (Meyer-Mews NJW 2000, 916 ff). Lebt die gesamte derzeitige Absprachenpraxis von diesem Maßstab, dann bleibt bei abstrakt-genereller Betrachtung der rechtsstaatliche Zweifelssatz verletzt, sofern nicht von Verfassungs wegen ein Anspruch auf eine Verhandlung vor einem nicht durch Aktenkenntnis, Eröffnungsbeschluss und Vorgespräche über eine Verständigung beeinflussten Gericht besteht. Das ist der Hintergrund des Verfassungsanspruchs auf ein iury-trial im US-Recht (siebter Zusatzartikel zur dortigen Verfassung), der im deutschen Strafprozess unerfüllt bleibt und mit dazu beiträgt, dass die Freispruchquote in Jury-Verfahren in den USA ein Drittel beträgt, in Deutschland aber weniger als drei Prozent. Das beweist bei meist intuitiv vorgenommener Beweiswürdigung nicht die Überlegenheit der Sachaufklärung durch deutsche Gerichte mit ihren Berufsrichtern, sondern die Wirksamkeit der diversen Einflüsse durch Aktenkenntnis (Schünemann StV 2000, 159 ff).

46 Nach dem derzeit geltenden deutschen Strafprozessrecht ist der Zweifelssatz in der Praxis nur eine Kontrollmaxime für die Lektüre des Textes des schriftlichen Urteils. Er wirkt sich in der Revisionskontrolle nur bei freisprechenden Urteilen aus, die im Fall der Urteilsanfechtung in einer höheren Quote der Aufhebung unterliegen. Kann der Tatrichter nicht die für

eine Verurteilung erforderliche Gewissheit gewinnen und zieht er hieraus die gebotene Konsequenz des Freispruchs, so hat das Revisionsgericht dies auch auf das zuungunsten des Angeklagten eingelegte staatsanwaltschaftliche Rechtsmittel zwar regelmäßig hinzunehmen (BGH NStZ-RR 2003, 371). Demgegenüber gilt eine Beweiswürdigung aber als rechtsfehlerhaft, wenn sie von einem unzutreffenden Ansatz ausgeht, etwa hinsichtlich der Bedeutung des Zweifelssatzes. Rechtlich beanstandet werden Beweiserwägungen im freisprechenden Urteil dann, wenn sie erkennen lassen, dass das Gericht **überspannte Anforderungen** an die zur Verurteilung erforderliche Überzeugungsbildung gestellt hat. Dies ist auch der Fall, wenn zu besorgen ist, dass die Zweifel des Gerichts ohne konkrete Anhaltspunkte hierfür auf bloß theoretische Möglichkeiten gestützt sind. Eine von niemandem anzweifelbare Gewissheit ist für eine Verurteilung nicht erforderlich. Es ist insbesondere nicht geboten, zu Gunsten des Angeklagten von Annahmen auszugehen, für deren Vorliegen keine konkreten Anhaltspunkte erbracht sind (BGH NStZ-RR 2007, 86, 87; NStZ 2007, 115, 116). Dies führt auch hinsichtlich des schweigenden Angeklagten nach Ansicht der Rechtsprechung nicht zu einer mit dem Schuldprinzip kollidierenden Beweislastumkehr (BGH NJW 2007, 2274 = JR 2007, 300 mAnm Puppe).

F. Besondere Anforderungen an die Beweiswürdigung

In bestimmten Konstellationen verlangt die Rechtsprechung eine „besonders vorsichtige 47 Beweiswürdigung" und bisweilen ein Mehr an objektiven Befunden. Das betrifft Fallgruppen, bei denen entweder aufgrund allgemeiner Erfahrung generelle Zweifel an der Glaubhaftigkeit einer Aussage anzumelden sind, weil die Beweislage kritisch erscheint und ein Beweismittel notorisch unzuverlässig ist, oder aber Verfahrensdefizite kompensiert werden müssen. Dann ist zwar ein Beweisergebnis nicht unverwertbar, aber doch beweisrechtlich besonders sorgsam unter Beachtung der konkreten Glaubhaftigkeitsbedenken zu würdigen. Freilich ist der Unterschied zwischen einer in Sonderfällen besonders sorgfältigen und der in anderen Konstellationen nach der begrifflichen Suggestion des Ansatzes ausreichenden „normalen" Beweiswürdigung schwer erklärbar (zu weiteren „Beweisregeln" Geipel Die Notwendigkeit der Objektivierung der Beweiswürdigung und Vorschläge zu ihrer Durchführung 2008, 169 ff).

I. Optisches Wiedererkennen und Stimmenidentifizierung

Das optische Wiedererkennen einer Person als mutmaßlicher Täter durch einen Zeugen 48 unterliegt aus gedächtnispsychologischer Sicht einer Vielzahl von Fehlerquellen (BGH Beschl v 21. 7. 2009 – Az 5 StR 235/09; Odenthal NStZ 1985, 433 ff; Kühnel/Markowitsch Falsche Erinnerungen 2009, 112 ff). Falsches Wiedererkennen ist ein häufiger Grund für objektiv falsche Aussagen und demgemäß für falsche Gerichtsentscheidungen (Hirschberg Das Fehlurteil im Strafprozess 1960, 36 ff). Entsprechendes gilt für die Stimmenidentifizierung (BGHSt 40, 66 ff mAnm Eisenberg NStZ 1994, 598, 599; Odenthal NStZ 1995, 579, 580; OLG Köln StV 1998, 178 mAnm Meurer). Das Wiedererkennen kann von einer Wahrnehmungs- oder Erinnerungstrübung infolge einer bedrohlichen Tatsituation beeinflusst sein (BGH NStZ-RR 2008, 148, 149, 150), später von suggestiven Einflüssen durch eine Fahndung, einer Lichtbildvorlage oder Gegenüberstellung geprägt werden und durch die Tatsache, dass gerade die Frage nach der Tätereigenschaft einer Person, die als Beschuldigter bezeichnet oder für den Zeugen als Angeklagter erkennbar wird (OLG Köln StV 1998, 640, 641; StV 1999, 607, 608), zu einer Fehleinschätzung führen. Diese und andere Umstände von psychologischer Bedeutung bei der Wahrnehmung und Erinnerung sowie deren Reproduktion führt dazu, dass das behauptete Wiedererkennen des Täters in der Person des Angeklagten allgemein von höchst zweifelhaftem Beweiswert ist. Dabei sind freilich auch sonst „falsche Erinnerungen" (Kühnel/Markowitsch Falsche Erinnerungen 2009, 73 ff) viel häufiger, als es allgemein vermutet wird.

Die Erfahrung mit Fehlern beim Wiedererkennen führt zu dem – missverständlich 49 formulierten – Postulat einer „besonders vorsichtigen Beweiswürdigung" in solchen Fällen (BVerfG NJW 2003, 2444, 2446). Das gilt insbesondere, wenn ein methodisch fehlerhaftes Vorgehen, wie die **Einzellichtbildvorlage** statt der Wahllichtbildvorlage, die **Einzelgegen-**

überstellung statt der Wahlgegenüberstellung (Nr 18 RiStBV; BGH NStZ 1998, 266, 267; OLG Köln StV 1992, 412 ff; StV 1994, 67 ff), zu einem ersten Wiedererkennen geführt hatte (OLG Koblenz NStZ-RR 2001, 110, 111; LG Hamburg StV 1998, 250), worauf erst recht ein zweites Wiedererkennen in der Hauptverhandlung kaum noch Beweiswert besitzt. Prozessual verwertbar sind beide, nämlich das Wiedererkennen und das wiederholte Wiedererkennen als Belastungsindiz für die Täterschaft des Angeklagten, das Nichtwiedererkennen als Entlastungsindiz. Bewertet das Gericht lediglich das erste Wiedererkennen des Angeklagten durch den Zeugen bei der Polizei, behandelt es aber nicht die Frage, ob der Zeuge den Angeklagten auch in der Hauptverhandlung als Täter erneut wiedererkannt hat, dann liegt darin ein Erörterungsmangel, der die Revision begründen kann (OLG Koblenz NStZ-RR 2001, 110, 111). Erkennt der Zeuge den Angeklagten in der Hauptverhandlung nicht wieder, nachdem er sich im Vorverfahren noch im Sinne eines Wiedererkennens geäußert hatte, so ist dies ein Umstand, der gegen die Zuverlässigkeit der früheren Identifizierung sprechen soll (BGH StV 1997, 454; StV 2005, 421). Andererseits kann dem wiederholten Wiedererkennen nach einer früher erfolgten Wahllichtbildvorlage für eine Verurteilung immer noch ausreichender Beweiswert beigemessen werden, wenn der Zeuge über ein detailreiches Erinnerungsbild an den Angeklagten verfügt (OLG Frankfurt NStZ-RR 1999, 365, 366). Dem Revisionsgericht ist die Überprüfung der Ordnungsmäßigkeit einer Lichtbildvorlage in zweifelhaften Fällen nur möglich, wenn die Anzahl und Qualität der dem Zeugen vorgelegten Lichtbilder im Urteil mitgeteilt und dargestellt wird, ob und wie sich die Vergleichspersonen in ihrer äußeren Erscheinung von dem Tatverdächtigen unterschieden haben (KG Beschl v 24. 9. 1999 – Az [3] 1 Ss 242/99 [71/99]). Auch sonst sind die Umstände zu erörtern, aus denen sich Hinweise auf die Qualität der Wiedererkennensleistung des Zeugen ergeben (BGH StV 2008, 622, 263).

50   **Das erste Wiedererkennen** hat generell größere Beweisbedeutung als ein wiederholtes Wiedererkennen (KG Beschl v 4. 4. 2001 – Az [5] 1 Ss 362/99 [85/99]). Dem Ergebnis einer Einzelgegenüberstellung oder Einzellichtbildvorlage kommt dabei ein geringerer Beweiswert zu als einer ordnungsgemäßen Wahlgegenüberstellung oder Wahllichtbildvorlage (OLG Düsseldorf StV 2007, 347, 348). Auch eine wiederholte Lichtbildvorlage kann aufgrund des damit verbundenen Suggestiveffekts den Beweiswert einzelner Äußerungen des Zeugen reduzieren (BGH NStZ 1996, 350, 351). Freilich ist der Tatrichter nicht von vornherein daran gehindert, seine Überzeugung auf ein in der Hauptverhandlung reproduziertes Wiedererkennen nach Einzelgegenüberstellung oder Einzellichtbildvorlage zu stützen. Das bedarf dann aber einer nachvollziehbaren Erklärung (OLG Stuttgart Die Justiz 1997, 378, 379, 380), namentlich mit Hilfe anderer Indizien, die in der Gesamtschau das Ergebnis des Wiedererkennens bekräftigen (zum anthropologischen Vergleichsgutachten BGH NStZ 2005, 458 ff mAnm Niemitz NZV 2006, 130 ff; OLG Braunschweig NStZ 2008, 652, 653). Auch bedarf es einer nachvollziehbaren Auseinandersetzung im Urteil mit den Umständen, unter denen der Tatzeuge den Täter gesehen hatte. Insbesondere wenn ein Zeuge den ihm vorher unbekannten Täter anlässlich der Tat nur kurze Zeit beobachten konnte, darf sich der Tatrichter nicht ohne Weiteres auf die subjektive Gewissheit des Zeugen verlassen (OLG Düsseldorf NStZ-RR 2001, 109, 110; OLG Köln StV 2000, 607, 608; OLG Hamm NZV 2005, 654, 655; OLG Zweibrücken StV 2004, 65, 66, 67). Es sind objektiver Beurteilungskriterien für den Grund der Behauptung des Wiedererkennens erforderlich. Hat der Zeuge einen Angeklagten bei der ersten Lichtbildvorlage nur mit hoher Wahrscheinlichkeit als Mittäter bezeichnet und einen anderen Mitangeklagten nicht erkannt, dann kann von einer sicheren Identifizierung keine Rede sein (BGH NStZ 2003, 493, 494, 495). Stützt sich die Identifizierung des Angeklagten allein auf eine Wahllichtbildvorlage, bei der nur ein Bild des Angeklagten ein wesentliches Merkmal der Täterbeschreibung aufwies, dann ist gleichwohl der Schluss auf eine Ähnlichkeit des Angeklagten mit dem Täter rechtlich möglich. Selbst wenn weitere, aber weniger aussagekräftige Tatsachen hinzukommen, wie einschlägige Vorstrafen oder eine enge Verbindung des Angeklagten zu einem anderen Täter, dann reicht dies allenfalls dazu aus, um einen Verdacht zu begründen. Diese Umstände bilden nach dem Maßstab der objektiv hohen Wahrscheinlichkeit der Täterschaft keine tragfähige Grundlage für eine Verurteilung (BGHR StPO § 261 Überzeugungsbildung 26). Das Gericht kann die Verurteilung andererseits dann auch auf die Identifizierungsaussage eines Tatzeugen stützen, dem der Angeklagte ohne Vergleichsper-

sonen gegenübergestellt worden war, sofern andere gewichtige Indizien für dessen Täterschaft sprechen (KG NStZ 1982, 215, 216, 217).

Das wiederholte Wiedererkennen ist auch bei wechselnden Situationen der Lichtbildvorlage und der Gegenüberstellung oder Konfrontation im Gerichtssaal nach einem Erfahrungssatz mit Wahrscheinlichkeitsbedeutung generell von geringem Beweiswert (BGHSt 16, 204, 205; BGH StV 1995, 452, 453; OLG Frankfurt NStZ 1988, 41, 42; StV 2002, 525; OLG Koblenz NStZ-RR 2008, 81, 82; OLG Hamm BeckRS 2009, 04416), weil für die Auskunftsperson selbst und für den Beurteiler der Zeugenaussage kaum abgrenzbar ist, ob sich die Erinnerung des Zeugen an das Tatgeschehen oder an die Situation des ersten Wiedererkennens im Strafverfahren anlehnt (OLG Köln StV 1998, 640, 641). Das tatrichterliche Urteil muss aus der Sicht der Revisionsgerichte erkennen lassen, auf welchen Wiedererkennensakt es abstellt (OLG Köln StV 1994, 67, 68; OLG Rostock StV 1996, 419, 420), ferner dass sich der Tatrichter des eingeschränkten Wertes eines wiederholten Wiedererkennens bewusst war (OLG Hamm StV 2004, 588; BeckRS 2008, 20333) und schließlich dass anhand objektiver Kriterien ausgeschlossen werden kann, der Zeuge habe sich bei dem Wiedererkennen in der Hauptverhandlung unbewusst nur an den im Ermittlungsverfahren vorgelegten Lichtbildern oder an den Eindrücken der Gegenüberstellung orientiert (OLG Hamm Beschl v 13. 3. 2007 – Az 3 Ws 67/08). Dazu müssen auch die vom Zeugen genannten Gründe für seine Behauptung des Wiedererkennens erörtert werden (OLG Hamm Beschl v 3. 5. 2005 – Az 3 Ss 84/05). Nähere Erläuterungen im Urteilstext sind aus revisionsgerichtlicher Perspektive allerdings nur dann erforderlich, wenn dem erneuten Wiedererkennen im konkreten Fall erhebliche Beweisbedeutung zukommt, namentlich wenn weitere wesentliche Beweismittel nicht zur Verfügung stehen (BGH NStZ 1997, 355; OLG Hamm NStZ-RR 2000, 213, 214). Das wiederholte Wiedererkennen kann vor allem in der Gesamtschau zahlreicher belastender Indizien einen Beweiswert haben (BGH NStZ 1998, 265, 266). War der erste Wiedererkennenstest im Sinne der Verdachtshypothese negativ verlaufen, weil der Augenzeuge den Beschuldigten dabei nicht als Täter wiedererkannt hatte, so besitzt ein Wiedererkennen des Angeklagten durch den Zeugen bei einer Wiederholung der Gegenüberstellung oder auch in der Hauptverhandlung keinen nennenswerten Beweiswert mehr (LG Gera StV 2000, 610, 611, 612). Wird ein Beschuldigter von einem Zeugen wiedererkannt, aber von einem anderen, der in vergleichbarer Wahrnehmungssituation den Täter gesehen hatte, eine andere Person „identifiziert", dann reduziert auch dies den Beweiswert des Wiedererkennens erheblich (BGH Beschl v 21. 7. 2009 – Az 5 StR 235/09). 51

II. Zeugnis vom Hörensagen

Der Zeuge vom Hörensagen, der nicht über originäres eigenes Wissen, sondern nur über **Äußerungen eines Dritten** berichten kann, ist eine Form des mittelbaren Beweises, aber nach deutschem Strafverfahrensrecht zulässig (BGHSt 33, 178, 181; BGHSt 36, 159, 160), soweit nicht zusätzlich Beweisverwertungsverbote nach § 136a StPO, § 252 StPO bezüglich der Angaben des unmittelbaren Zeugen eingreifen (Detter NStZ 2003, 1, 6, 7). Das Unmittelbarkeitsprinzip steht seiner Verwendung nicht entgegen (BGHSt 22, 268, 270, 271). Es muss nur insoweit gewahrt werden, als die Äußerungen der unmittelbaren Zeugen zuvörderst durch Vernehmung von mittelbaren Zeugen anstelle von Urkunden in die Hauptverhandlung eingeführt werden müssen. 52

Allerdings stellt die **begrenzte Zuverlässigkeit** des Zeugnisses vom Hörensagen nach der Rechtsprechung besondere Anforderungen an die Beweiswürdigung (BGH StV 1999, 7, 8), da die dem Zeugenbeweis ohnehin anhaftenden Fehlerrisiken sich im Fall des mittelbaren Beweises dadurch verstärken, dass die Qualität des Beweisergebnisses zusätzlich von der Zuverlässigkeit des Beweismittlers abhängt. Bei einem Zeugen vom Hörensagen besteht eine erhöhte Gefahr der Entstellung oder Unvollständigkeit in der Wiedergabe von Tatsachen, die dem mittelbaren Zeugen von demjenigen vermittelt worden sind, auf den sein Wissen zurückgeht. Je größer die Zahl der Zwischenglieder, desto geringer ist der Beweiswert der Aussage (BGHSt 17, 382, 385). Der Beweiswert eines solchen Beweismittels ist auch deshalb gering, weil weder das Gericht noch die anderen Verfahrensbeteiligten zu einer eigenen Überprüfung der Glaubwürdigkeit in der Lage sind und das **Fragerecht der Verteidigung** 53

(Art 6 Abs 3 lit d MRK) in erheblicher Weise beschränkt ist (BGHSt 45, 321, 340; BGHSt 49, 112, 120). Deshalb sind strenge Anforderungen an die Tragfähigkeit einer zur Verurteilung führenden Beweiswürdigung mittels eines Zeugnisses vom Hörensagen zu stellen (BGHSt 49, 112, 119; BGHSt 50, 11, 15).

54 Das gilt insbesondere dann, wenn Geheimhaltungsinteressen des Staates dazu führen, dass ein unmittelbarer Zeuge in der Hauptverhandlung nicht zur Verfügung steht. Dann genügen die Angaben eines anonymen Gewährsmannes regelmäßig nicht für eine Verurteilung, wenn sie nicht **durch andere wichtige Gesichtspunkte bestätigt** werden (BGHSt 42, 15, 25; BGHSt 46, 93, 106; BGHSt 49, 112, 120 mAnm Müller JZ 2004, 926 ff und Mosbacher JR 2004, 523 ff; BGH NStZ 1994, 502; NStZ 1998, 97). Derartige Vorkehrungen bei der Beweiswürdigung genügen sodann aber angeblich auch den an ein faires Verfahren zu stellenden Anforderungen (BVerfGE 57, 250, 292, 293; BVerfG NJW 1996, 448, 449; NJW 1997, 999, 1000; NJW 2001, 2245, 2246, 2247; NJW 2007, 204, 205 ff; EGMR NStZ 2007, 103, 105, 106 mAnm Esser; Gaede JR 2006, 292 ff). Fehlt eine Möglichkeit zur Befragung eines Belastungszeugen, dann ist ein Verstoß gegen Art 6 Abs 1 und Abs 3 lit d MRK gleichwohl nicht anzunehmen, wenn das **Verfahren insgesamt fair** war, indem das Gericht die Aussage des Belastungszeugen detailliert analysiert und sie durch andere Beweismittel Bestätigung findet (BGH NJW 2005, 1132, 1133 = JR 2005, 247, 248 mAnm Esser). Auch bedarf **nicht jedes Detail** der Angaben einer gesperrten Vertrauensperson der Bestätigung durch weitere, außerhalb der Aussage selbst liegende Beweisergebnisse; insbesondere Angaben, die sich nur auf den Schuldumfang beziehen, müssen nicht notwendigerweise zusätzlich abgesichert werden (BGH NStZ 2007, 103).

III. Aussage gegen Aussage

55 Besondere Anforderungen stellt die Rechtsprechung wegen der reduzierten Verteidigungsmöglichkeiten an die Beweiswürdigung in Konstellationen, in denen „Aussage gegen Aussage" steht (§ 337 StPO Rn 99.1) und das Gericht entscheiden muss, welcher der widerstreitenden Angaben – derjenigen des Beschuldigten oder derjenigen des **einzigen Belastungszeugen** (BGHSt 44, 153, 158 ff) oder aber eines **Mitangeklagten** (BGH StV 2000, 599, 600; NStZ-RR 2002, 146, 147; Beschl v 9. 1. 2009 – Az 2 StR 541/08; Weider FS Widmaier 2008, 599 ff) – das Gericht folgt (Maier NStZ 2005, 246 ff). Dann darf das Gericht den Bekundungen eines Belastungszeugen insbesondere nicht schon deshalb, weil er der Anzeigeerstatter und – gegebenenfalls – Geschädigter der Tat ist, ein entscheidend höheres Gewicht beimessen als den Angaben des Angeklagten (BGH NStZ 2004, 635, 636). Erforderlich sind vielmehr eine sorgfältige Aussageninhaltsanalyse, eine Prüfung der Entstehungsgeschichte der Aussage (Deckers FS Eisenberg 2009, 473, 484, 485) und genaue Bewertung der Aussagemotive, sowie eine Prüfung von Konstanz, Detailliertheit und Plausibilität der Angaben (BGH NStZ 2009, 107, 108; Beschl v 9. 1. 2009 – Az 2 StR 541/08). Der Schuldbeweis ist in dieser Konstellation nur dann geführt, wenn die belastende Zeugenaussage auch nach den Kriterien der wissenschaftlichen Aussageninhaltsanalyse als erlebnisfundiert anzusehen ist und hinsichtlich Konstanz, Plausibilität und Detailliertheit ein Mehr an Glaubhaftigkeit für sich in Anspruch nehmen kann als die bestreitende Sacheinlassung des Angeklagten (Deckers FS Hamm 2008, 53, 55, 56), bei der wiederum insbesondere in Fällen vager Tatkonkretisierung auch in Rechnung zu stellen ist, dass dem Angeklagten ein plausibles Bestreiten schwer fällt. Bei der vorschnellen Einordnung von **Zeugen als „Opfer"** der angeklagten Tat wird dagegen ein Beweisresultat antizipiert und die besondere Glaubwürdigkeit suggeriert. Die Einordnung von Opferzeugen als Prozesssubjekte mit eigenen Rechten führt praktisch dazu, dass der Opferzeuge eine Partei ist, die subjektive Rechte und Interessen verfolgt, was erhebliche Glaubwürdigkeitsbedenken wecken muss, und außerdem durch Akteneinsichtsmöglichkeiten die Beweisqualität der gegebenenfalls nach Aktenlage einstudierten Aussage massiv beeinflusst (Pfordte FS E. Müller 2008, 551, 563 ff; Schünemann FS Hamm 2008, 687, 690 ff). Diese rechtsstaatlich höchst bedenkliche Wirkung ist in Gesetzgebung und Rechtsprechung bisher weit gehend übergangen worden (Hamm StV 1995, 491 ff); die hohe Falschaussagenquote in Sexualstrafverfahren (Deckers FS Eisenberg 2009, 473, 478) wird nicht ausreichend beachtet, sondern durch einen moralischen Kredit für „Opferzeugen" konterkariert (Geipel StV 2008, 271 ff). Aus der aussagepsychologischen

Perspektive muss aber beachtet werden, dass auch die **Aktenkenntnis** von Nebenklägern dazu führt, dass deren Wissen um das historische Geschehen – jedenfalls hinsichtlich der Frage der Aussagekonstanz – kontaminiert ist und dadurch erheblich an Beweiswert verliert.

In Fällen von „Aussage gegen Aussage" müssen **die Urteilsgründe** aus revisionsgerichtlicher Sicht besonders genau erkennen lassen, dass der Tatrichter alle Umstände, die seine Entscheidung beeinflussen können, erkannt und in seine Überlegungen einbezogen hat (BGH NStZ 2000, 496, 497; NStZ-RR 2008, 349; Beschl v 9. 1. 2009 – Az 2 StR 541/08; krit zur Umsetzung Eschelbach FS Widmaier 2008, 127, 139; zur Praxis der „in dubio contra reum"-Rechtsprechung bei „privilegierten Zeugen" Meyer-Mews NJW 2000, 916 ff; sa Heipel StV 2008, 271 ff). Erforderlich ist nach der Rechtsprechung hier ausnahmsweise auch eine umfassende Darstellung und Erörterung der relevanten Aussagen sowie des Aussageverhaltens im Urteil (BGH NStZ-RR 2002, 174, 175, 176; NStZ-RR 2008, 338). 56

Nochmals gesteigerte revisionsgerichtliche Anforderungen an die Sachdarstellung und Erörterung der Beweislage in Fällen von „Aussage gegen Aussage" bestehen dann, wenn der einzige Belastungszeuge in der Hauptverhandlung seine Vorwürfe ganz oder teilweise nicht mehr aufrechterhält, der anfänglichen Schilderung weiterer Taten nicht gefolgt wird oder sich sogar die **Unwahrheit eines Aussageteils** herausstellt (BGH NStZ-RR 2008, 254, 255). Dann muss der Tatrichter jedenfalls regelmäßig außerhalb der Zeugenaussage liegende gewichtige Gründe nennen, die es ihm ermöglichen, der Zeugenaussage im Übrigen dennoch zu glauben (BGHSt 44, 153, 159). Um dem Revisionsgericht die Nachprüfung zu ermöglichen, ob ein Fall der unwahren oder doch bedenklichen Teilaussage vorliegt, muss im Fall der Teileinstellung nach § 154 Abs 2 StPO deren Grund mitgeteilt werden (BGHSt 44, 153, 156; BGH NStZ 2003, 164; NStZ 2008, 581, 582; StV 2009, 116, 117). Erforderlich ist im Fall der nachweislich falschen Teilaussage, dass **zusätzliche Indizien** für die Richtigkeit der restlichen Aussage vorliegen, die regelmäßig außerhalb der Aussage selbst liegen müssen (BGHSt 44, 256, 257; BGH NStZ 2000, 496; NStZ 2001, 161, 162; NStZ 2008, 581, 582). Ähnlich liegt es, wenn der Hauptbelastungszeuge sich früher selbst der Falschaussage zum Nachteil des Angeklagten bezichtigt hatte, der Tatrichter die vormalige Aussage aber dennoch glauben will. Namentlich die Entstehung und die Entwicklung der belastenden Aussage sind in solchen Fällen genau zu prüfen. Das gilt beim Vorwurf von Sexualdelikten besonders dann, wenn ein **Zusammenhang mit familiären Auseinandersetzungen** nicht von vornherein auszuschließen ist (BGH NStZ 1999, 45; NStZ 2003, 164, 165). Die Zusatzindizien müssen aussageexterne Umstände sein. Soweit die Rechtsprechung bisher auch in Selbstverletzungen von Opferzeuginnen eine Bestätigung ihrer Missbrauchsberichte gesehen hat (BGH Urt v 15. 6. 2005 – Az 1 StR 499/04), erweist sich dies als zweifelhaft, da Selbstverletzungen typische Symptome einer Borderlinestörung sind, welche ihrerseits ausgesprochen häufig zu intentionalen Falschaussagen führt (Rn 6.3). Hier bedarf es einer besonders sorgfältigen Prüfung (vgl Rautenstrauch Selbstpräsentationsstrategien in Falschaussagen von Frauen mit Borderline-Persönlichkeitsstörungen, Diplomarbeit Berlin Charité 2006). 57

IV. Drittbelastende Äußerungen durch Mitbeschuldigte oder Zeugen mit Eigeninteresse

Der aussagebereite Mitangeklagte ist ein Beweismittel im weiteren Sinn (OLG München Urt v 31. 3. 2009 – Az 4St RR 14/09). Stehen der bestreitenden Einlassung des Angeklagten die belastenden Angaben eines Zeugen oder Mitangeklagten gegenüber, der **seinerseits** wegen desselben Geschehens **der Strafverfolgung ausgesetzt** ist (§ 337 StPO Rn 99.3), dann muss als nahe liegendes Motiv einer möglichen Falschaussage zum Nachteil des Angeklagten die Erwartung einer Milderung der eigenen Strafe in die Überlegungen einbezogen werden (BGH NStZ-RR 2002, 146, 147; OLG Koblenz Beschl v 26. 11. 2007 – Az 1 Ss 321/07). Die Motive der Selbstbegünstigung und Fremdschädigung werden oft unterschätzt (Hirschberg Das Fehlurteil im Strafprozess 1960, 24 ff). Ähnliches gilt im Fall einer **Urteilsabsprache** mit der Folge der Ablegung eines Geständnisses zu Lasten eines Dritten (§ 257 c StPO Rn 10). Auch dieser **Fall des Eigeninteresses** eines Mitangeklagten oder Belastungszeugen an der Belastung des Angeklagten, etwa aufgrund einer Kronzeugenrolle, bewirkt aus revisionsgerichtlicher Sicht besondere Darstellungsanforderungen an 58 die Beweiswürdigung (BGH StraFo 2008, 508; OLG Düsseldorf Beschl v 20. 2. 2008 – Az 5 Ss 15, 10/08). In solchen Fällen ist vor allem der Aussageentstehung, der Frage der **Aussagekonstanz** und der Aussageninhaltsanalyse besondere Aufmerksamkeit zu widmen. Das Urteil muss erkennen lassen, dass der Tatrichter alle Umstände erkannt und berücksichtigt hat, welche die Entscheidung beeinflussen können. Namentlich in solchen Fällen ist sogar eine **umfassende Wiedergabe der Aussage** im Zusammenhang in den Urteilsgründen erforderlich (BGH StV 2008, 451, 452; StraFo 2008, 508).

G. Revision

59   Das Revisionsverfahren ist auf eine formelle Kontrolle der Wahrheitsfindung anhand der Urteilsgründe konzentriert (Kühne GA 2008, 361, 363; § 337 StPO Rn 87) und sie trägt nur bedingt zur Überprüfung der Vereinbarkeit des Urteils mit der materiellen Wahrheit bei. Für das Reichsgericht war die Beweiswürdigung noch gar nicht überprüfbar. Heute wird die Beweiswürdigung als Rechtsanwendung betrachtet und daher auch einer – begrenzten – revisionsgerichtlichen Kontrolle unterworfen (Detter FS 50 Jahre BGH 2000, 679, 680 ff). Der Teil der Überzeugungsbildung, der von Empfindungen und nicht von der Plausibilität der erläuterten Begründung gespeist wird, entzieht sich auch heute noch der revisionsgerichtlichen Kontrolle (Rn 41). Letztlich nur aus den Urteilsgründen offensichtliche Fehler führen in der Praxis zur Urteilsaufhebung. Die revisionsgerichtliche Entscheidung erscheint vor diesem Hintergrund im Ergebnis unberechenbar (Detter FS 50 Jahre BGH 2000, 679, 683; Geipel Handbuch der Beweiswürdigung 2008, 38 f; Rosenau FS Widmaier 2008, 521, 533), weshalb Tatrichter bei der Urteilsabfassung und Revisionsführer bei der Rechtsmittelbegründung Ausweichbemühungen unternehmen. Die Bindung des Revisionsgerichts an die tatrichterlichen Feststellungen eröffnet ein Defizit der revisionsgerichtlichen Kontrolle (Hirschberg Das Fehlurteil im Strafprozess 1960, 111). Insbesondere die Verteidigung kann im Wesentlichen nur mittelbar, über die Verfahrensbeanstandung, eine bessere Annäherung an die materielle Wahrheit anstreben; sie wird aber dabei durch die revisionsrichterliche Zurückdrängung der Verfahrensrügen behindert. Die Überbetonung der Sachrüge und die weitgehende Eliminierung der Verfahrensrüge durch die Revisionsgerichte (Nack NStZ 1997, 153) haben die Gewichte erheblich verschoben.

I. Verfehlung des Inbegriffs der Hauptverhandlung

60   Das Urteil darf nur auf Beweisgrundlagen beruhen, die aus dem Inbegriff der Hauptverhandlung geschöpft wurden; ein Rechtsfehler ist es also, wenn das Gericht sich auf Aspekte stützt, die nur außerhalb der Hauptverhandlung zu finden sind. Ein Verstoß gegen das gesetzliche Gebot, das Urteil nur aus dem Inbegriff der Hauptverhandlung geschöpft zu haben, kann mit der Revision gerügt werden, wenn das Urteil auf Beweismittel verweist, die nach dem Protokoll der Hauptverhandlung dort nicht erhoben worden waren und auch nicht durch Sekundärbeweismittel oder formlose Vorhalte in die Hauptverhandlung eingeführt worden sein können. Diese Rüge setzt voraus, dass nach § 344 Abs 2 S 2 StPO die erforderlichen Prozesstatsachen vollständig vorgetragen werden.

II. Darstellungs- und Würdigungsfehler

61   Eine Verletzung von § 261 StPO in der Form einer Darstellungslücke kann nach der insoweit undogmatischen Rechtsprechung mit der **Sachrüge oder** mit einer **Verfahrensrüge** geltend gemacht werden, je nachdem, ob es sich um einen Rechtsfehler handelt, der bereits aus den Gründen des schriftlichen Urteils erkennbar ist oder ob über den Urteilstext hinaus weitere Tatsachen für die revisionsgerichtliche Prüfung erforderlich sind, die nach § 344 Abs 2 S 2 StPO vom Revisionsführer vorzutragen sind. Unabhängig von der Art der erhobenen Rüge kann die Revision keinen Erfolg haben, soweit für das Rügevorbringen Tatsacheninformationen erforderlich sind, die nur aufgrund einer Rekonstruktion der Hauptverhandlung im Strengbeweisverfahren und unter Gesamtwürdigung von Beweisergebnissen verifizierbar wären. Insoweit gilt nach der Rechtsprechung ein „**Verbot der Rekonstruktion der Hauptverhandlung**" (BGHSt 43, 212, 213 f; abl Rosenau FS Widmaier 2008, 521, 541), deren Inhalte schließlich auch nicht oder jedenfalls nicht lückenlos

aufgezeichnet werden und vom Revisionsgericht deshalb nicht überprüft werden sollen. Weder das tatrichterliche Urteil (BGH Beschl v 17. 2. 2009 – Az 3 StR 490/08) noch das Protokoll der Hauptverhandlung erfüllen Dokumentationsaufgaben. Auch eine Teilwiederholung einer Beweisaufnahme im Wege des Freibeweises, etwa durch Vergleich eines Fotos mit der Person des Angeklagten, ist nicht zulässig (BGHSt 29, 18, 20; BGHSt 41, 376, 381). Schließlich wird die **Rüge der Aktenwidrigkeit des Urteils nicht zugelassen** (BGH NStZ 2006, 55; krit Kühne GA 2008, 361, 370). Daraus resultiert eine **Rechtsschutzlücke** an zentraler Stelle des Strafprozesses (Geipel Die Notwendigkeit der Objektivierung der Beweiswürdigung und Vorschläge zu ihrer Durchsetzung 2008, 241; Eschelbach FS Widmaier 2008, 127, 132 ff).

Die über den Urteilstext hinausgreifende verfahrensrechtliche Darstellungsrüge, für die § 344 Abs 2 S 2 StPO zu beachten ist, kann nur dann mit Aussicht auf Erfolg erhoben werden, wenn es um den Abgleich solcher Sachbeweise mit dem Urteil geht, deren Aussagegehalt das Revisionsgericht ohne eine eigene Beweisaufnahme in einem Strengbeweisverfahren und ohne Rekonstruktion der sonstigen objektiven Beweisgrundlagen des angefochtenen Urteils sowie deren Gesamtwürdigung **im Freibeweis** zugänglich ist (Schäfer StV 1995, 147, 156). Das gilt namentlich, soweit das Tatgericht **verlesene Urkundentexte** gewürdigt oder dies unterlassen hat (BGH StV 2008, 288, 289) und durch Vergleich des Urkundeninhalts mit dem Urteil festgestellt werden kann, dass das Gericht letztlich einen falschen Urkundeninhalt zu Grunde gelegt oder diesen zu Unrecht ignoriert hat (BGHSt 43, 212, 214). Auch die **Nichtverwertung eines erhobenen Beweises** kann ausnahmsweise – so bewiesen werden (BGH StV 1988, 138 mAnm Schlothauer; Schäfer StV 1995, 147, 155). Das gilt auch etwa dann, wenn eine Aussage gemäß § 273 Abs 3 S 1 StPO wörtlich niedergeschrieben, verlesen und genehmigt worden ist. Hat sich das Tatgericht mit der so beurkundeten Aussage nicht auseinandergesetzt, obwohl ihre Würdigung nach dem Beweisbild im Einzelfall geboten war, so kann der Erörterungsmangel gerügt werden. Diese Lage ähnelt derjenigen in Fällen der gebotenen aber unterbliebenen Befassung mit einem verlesenen Schriftstück eines in der Hauptverhandlung vernommenen Zeugen oder einer Niederschrift über eine richterliche Beschuldigtenvernehmung (BGHSt 38, 14, 16, 17). Keinen Erfolg kann die Darstellungsrüge dagegen mit der Behauptung haben, ein **vernommener Zeuge habe anders ausgesagt** (BGHSt 43, 212, 213, 214) oder die mündliche Aussage sei anders zu verstehen gewesen (BGHSt 29, 18, 21). Ferner kann nicht erfolgreich gerügt werden, einem vernommenen Zeugen seien **bestimmte Fragen nicht gestellt**, das Beweismittel also nicht ausgeschöpft worden (BGHSt 48, 268, 273; Schäfer StV 1995, 147, 157). Auch die „**Alternativrüge**", es sei entweder § 244 Abs 2 StPO oder § 261 StPO verletzt (Hebenstreit FS Widmaier 2008, 267 ff), hilft nicht viel weiter, weil auch sie an die Leistungsgrenzen infolge des Verbots der Rekonstruktion der Hauptverhandlung stößt.

Aufgrund der **Sachrüge** prüft das Revisionsgericht im Übrigen von Amts wegen, ob die tatrichterliche Beweiswürdigung – freilich nur so, wie sie sich aus dem Urteilstext ersehen lässt (zur tatrichterlichen Darlegungskompetenz und ihren Ausnahmen Herdegen FS Eisenberg 2009, 527, 529 ff) – den Beweisstoff **lückenlos** ausgeschöpft hat, keine **Widersprüche** oder Verstöße gegen die **Denkgesetze** oder **Erfahrungssätze** aufweist (Eisenberg Beweisrecht der StPO Rn 885). Darüber hinaus werden nach der neueren Rechtsprechung in Grenzen auch die **Tragfähigkeit** der objektiven Beweisgrundlagen und die **Nachvollziehbarkeit** ihrer tatrichterlichen Würdigung überprüft. Damit wird an eine ausdrücklich stark begrenzte Dokumentation der **Beweisergebnisse** in den Urteilsgründen angeknüpft, wonach die Revision als Kontrollmittel aber nicht leisten kann, was sie für eine Möglichkeit der abschließenden Kontrolle leisten müsste. Die revisionsgerichtliche Kontrolle bemüht sich demnach nur um eine „juristische Wahrheit" (Kühne GA 2008, 361, 363), bleibt auf halbem Wege stehen und liefert im Ergebnis nur die Simulation einer effektiven Rechtsschutzmöglichkeit (Geipel Die Notwendigkeit der Objektivierung der Beweiswürdigung und Vorschläge zu ihrer Durchführung 2008, 40 ff). Erst recht fehlt ein Rechtsschutz gegen eine unsachliche Beeinflussung des Urteils durch „**Ankereffekte**" (Englich in Volbert/Steller [Hrsg] Handbuch der Rechtspsychologie 2008, 477, 489 ff). „Zweifel an der Vollständigkeit und Richtigkeit der Feststellungen", wie sie im zivilprozessualen Berufungsverfahren nach § 529 Abs 1 Nr 1 ZPO auch unter Abgleichung des Urteils mit dem Akteninhalt geprüft werden, sind mit der „erweiterten Revision" in Strafsachen nicht festzustellen, obwohl sie hier durchaus nicht seltener vorkommen dürften als im Zivilprozess. Liegt die Quote der Urteilsabänderungen in Zivilsachen bei 30 bis 40%, so ist sie in der strafprozessualen Revisionsinstanz, die nach Strafkammerurteilen die einzige Kontrollinstanz ist, bei einem Zehntel dieser Quote angesiedelt, soweit man nicht marginale Urteilsänderungen hinzurechnet. Daraus und aus der Freispruchsquote, die in den Jury-Verfahren des US-Rechts bei einem Drittel liegt, in Deutschland aber unter drei Prozent, folgt, dass die Fehlurteilsquote schon in „streitigen" Strafsachen in Deutschland etwa bei 30% liegen dürfte (Geipel Handbuch der Beweiswürdigung 2008, 22 ff). Dem korrespondiert eine Quote von Falschaussagen bei Zeugen, die auf 30 bis 40% geschätzt wird (Köhnken Böse Eloquenz Die Zeit 3. 4. 2008 Nr 15 – www.zeit.de/2008/15/Interview-Koehnken). Dass es danach keine wirklich effektive Beweiskontrolle gibt, insbesondere weil eine Verhandlungsdokumentation völlig fehlt, die jedoch zum Beispiel im Zivilprozess existiert, ist im Rechtsstaat inakzeptabel.

III. Rüge der Verletzung des Zweifelssatzes

64 Die Entscheidungsregel „in dubio pro reo" gilt bei einer Verurteilung nur dann als verletzt, wenn sich aus den Urteilsgründen selbst ergibt, dass der Tatrichter Zweifel hatte und dennoch verurteilt hat (Rn 45). Zweifel müssen nach der Rechtsprechung im Beratungszimmer restlos geklärt sein; das fertige Urteil muss im Verurteilungsfall von ihnen frei sei (RGSt 66, 163, 165). Ein Fall, dass im Urteilstext des verurteilenden Erkenntnisses dennoch restliche Zweifel erkennbar werden, kommt bei gehöriger praktischer Erfahrung der Urteilsverfasser kaum vor (Bossi Halbgötter in schwarz 2005, 94 ff). Der Text des schriftlichen Urteils verbürgt demnach weder die sachliche Richtigkeit der Entscheidung noch die effektive Beachtung des Zweifelssatzes, zumal die schriftlichen Urteilsgründe nicht im vollen Quorum beraten und abgestimmt werden (Eschelbach FS Widmaier 2008, 127, 128). Bei einem Freispruch wird der Zweifelssatz dagegen nach der Rechtsprechung rechtsfehlerhaft angewendet, wenn er ohne Einbeziehung in eine Gesamtwürdigung einem einzelnen Entlastungsindiz zugeordnet wird (BGH NStZ 2006, 650, 651, 652) oder wenn überspannte Anforderungen an die tatrichterliche Überzeugung aufgestellt werden (§ 337 StPO Rn 89). Richtigerweise müsste freilich auch bei einer Verurteilung die Vernachlässigung der Nullhypothesen, die ins Rechtliche übersetzt eine konsequente Anwendung des Zweifelssatzes und der Unschuldsvermutung wären, als Verletzung des Grundsatzes „in dubio pro reo" gelten (Rn 18). Die formale Handhabung des Zweifelssatzes führt dazu, dass dieser in der Praxis leer läuft.

H. Wiederaufnahmeantrag bei Lücken in den Beweisgründen des Urteils

65 Das Wiederaufnahmeverfahren ist, anders als das Revisionsverfahren (Rn 59), nicht an eine formelle Wahrheit gebunden, sondern es ist, wie die Berufung, ein Mittel zur Erfassung der materiellen Wahrheit. Insoweit stellt sich die Frage nach der Bedeutung der Dokumentation des Beweisgangs im Urteilstext hier anders als im Revisionsrechtszug. Durchaus nicht selten wird die Einlassung des Angeklagten im Urteil sinnentstellend, abwertend und selektiv wiedergegeben. Hat sich der Angeklagte mehrfach geäußert, kommt es vor, dass Widersprüche und Ungereimtheiten konstruiert werden, wo in Wahrheit allenfalls Formulierungsunterschiede oder Ergänzungen vorliegen. Ähnlich kann es Entlastungszeugen ergehen, deren Aussagen im Urteilstext unverständlich, widersprüchlich und unglaubhaft erscheinen, ohne dass dies für einen Prozessbeobachter angezeigt erscheinen würde. Umgekehrt wird Aussagen von Belastungszeugen Konstanz und Glaubhaftigkeit attestiert, obwohl ihnen mit erheblichen Zweifeln zu begegnen wäre, weil im Verlauf mehrerer Vernehmungen Widersprüche oder Unklarheiten aufgetreten waren oder sich in der Hauptverhandlung die Unrichtigkeit einzelner Aussageteile herausgestellt hat (zu geheimen contra legem-Regeln Geipel Handbuch der Beweiswürdigung 2008, 326 ff). Einwände, die sich daraus gegen die Glaubwürdigkeit solcher Zeugen ergeben, werden von Urteilsverfassern, die ihr Entscheidungsergebnis erklären wollen, entweder relativiert oder ganz übergangen. Auch wenn eine nach Aktenlage belastend erscheinende Aussage von dem Zeugen in der Hauptverhandlung abgeschwächt oder deutlich modifiziert wurde, wird dies oft nicht dokumentiert. Dass die Bestätigung der Einlassung des Angeklagten durch Zeugenaussagen, Schriftstücke oder

andere Beweismittel in den Urteilsgründen unerwähnt bleibt, kommt sogar ausgesprochen häufig vor. Das Bonmot von Verteidigern nach der Urteilslektüre, man habe wohl „den falschen Film" gesehen (Nack FS Rieß 2002, 361, 368; Wahl NJW-Sonderheft für Gerhard Schäfer 2002, 73, 74; Widmaier in Münchener Anwaltshandbuch Strafverteidigung 2006, § 9 Rn 104), ist nicht ohne Grund entstanden. Daraus ergibt sich die Frage nach der Möglichkeit einer Wiederaufnahme des Verfahrens nach § 359 Nr 5 StPO in dem Fall, dass entlastende Tatsachen oder Beweisergebnisse im Urteilstext keinen Niederschlag gefunden haben. Ausgangspunkt ist die Feststellung, dass Gegenstand der Beweiswürdigung des Erstgerichts nicht die wahrnehmbaren (Herdegen FS Eisenberg 2009, 527), sondern die tatsächlich wahrgenommenen und in der Urteilsberatung gegebenenfalls auch noch präsenten Informationen sind. Was nicht Gegenstand der Urteilsberatung geworden ist, kann daher als neu bezeichnet werden, auch wenn es Gegenstand der Hauptverhandlung gewesen ist, aber überhört oder vergessen wurde; denn der Wiederaufnahmeantrag ist ein Angriff auf das Urteil, kein Angriff auf das Prozessergebnis, wie es nach Aktenlage oder Beweislage in der Hauptverhandlung hätte begründet werden können, ohne dass dies so geschehen ist.

Die Wiederaufnahme ist als funktionaler Berufungsersatz in den Strafkammersachen **66** dringend erforderlich; denn die Revision bietet namentlich dagegen, dass eine „Wahrheitsverdrehung" (Sabine Rückert Unrecht im Namen des Volkes 2007, 152) oder „Verfälschung des Sachverhalts" (BGHSt 43, 212, 216; Hirschberg Das Fehlurteil im Strafprozess 1960, 88 f) erfolgt, das Urteil „frisiert" (Alsberg Justizirrtum und Wiederaufnahme 1913, 39) oder „dicht geschrieben" (Bossi Halbgötter in schwarz 2005, 94) wurde, wegen der revisionsrechtlichen Unzulässigkeit der Rüge der Aktenwidrigkeit des Urteils und wegen des richterrechtlichen „Verbots der Rekonstruktion der Hauptverhandlung" (nur) für das Revisionsgericht sowie wegen des völligen Fehlens einer Dokumentation des „Inbegriffs der Hauptverhandlung" keinen effektiven Schutz (Hirschberg Das Fehlurteil im Strafprozess 1960, 109). Revisionsrichter gehen von der „Vermutung der Vollständigkeit der Urteilsgründe" aus (Schäfer StV 1995, 147, 156; Wahl NJW-Sonderheft für Gerhard Schäfer 2002, 72, 75; sa Kühne GA 2008, 361, 373), die praktisch aber sogar in den allermeisten Fällen nicht zutrifft. Die Revisionsrichter lassen die Widerlegung dieser Vermutung im Einzelfall gleichwohl nicht zu, soweit diese nicht ohne Rekonstruktion der Hauptverhandlung möglich erscheint. Damit fehlt an zentraler Stelle ein wirklich effektiver Rechtsschutz gerade gegen die gröbsten Fehler (Hirschberg Das Fehlurteil im Strafprozess 1960, 111 ff). Tatrichter wissen längst, wie sie ihr Urteil „revisionssicher" abfassen können und sie nutzen dieses Wissen zunehmend als präventiv gehandhabtes Abwehrmittel gegen die „erweiterte Revision" (Rn 9). Dagegen muss es im Rechtsstaat eine Rechtsschutzmöglichkeit geben (Eschelbach HRRS 2008, 190, 199; Wahl NJW-Sonderheft für Gerhard Schäfer 2002, 73, 74 f), weil das Verschweigen wichtiger Entlastungsbeweise, auf die sich auch Äußerungen der Verteidigung nach § 257, 258 StPO bezogen hatten, gegen Art 103 Abs 1 GG (Art 6 Abs 1 MRK) und das Leerlaufenlassen der Revision gegen Art 19 Abs 4 GG (Art 13 MRK) verstößt (Rn 71). Die Rechtsschutzlücke ist auch verfassungsrechtlich inakzeptabel (Haas Strafbegriff, Staatsverständnis und Prozessstruktur 2008, 408).

Die Vermutung der Vollständigkeit der Urteilsfeststellungen ist im Revisionsrechtszug **67** bezüglich des erhobenen Personalbeweises fast unwiderleglich, aber in der Mehrzahl aller Fälle sachlich unberechtigt und dies schon seit langer Zeit: „In der Praxis der Strafkammern ist ungemein eingebürgert der Brauch, im Urteil nur das eingehend zu erörtern, was zur Rechtfertigung der Verurteilung dient. Dass ein Urteil ein vollkommen abgeschlossenes objektives Verhandlungsbild bietet, in dem auch nicht eines der in der Verhandlung zur Sprache gebrachten Momente fehlt, gehört zu den größten Seltenheiten" (Alsberg Justizirrtum und Wiederaufnahme 1913, 37). Das tatrichterliche Bestreben, der inzwischen „erweiterten Revision" entgegenzuwirken, hat diesen schon früh festgestellten Befund einer systematischen Unvollständigkeit und Einseitigkeit der Urteilstexte, die gleichwohl nahezu alleiniger Prüfungsstoff der revisions- und verfassungsgerichtlichen Kontrolle sind, noch verstärkt. Deshalb ist die Vermutung der Vollständigkeit und Richtigkeit der Urteilsgründe heute eine pure Fiktion. Sie kann einen Wiederaufnahmegrund nach § 359 Nr 5 StPO liefern, wenn ein objektiv evident wichtiges Entlastungsindiz im Urteilstext verschwiegen wurde. Dann ist dieses Indiz nach einer Umkehrung der Vermutung der Vollständigkeit der Urteilsgründe „neu" im Sinne von § 359 Nr 5 StPO (Eschelbach FS Widmaier 2008, 127,

139; Wasserburg in Brüssow/Gatzweiler/Krekeler/Mehle Strafverteidigung in der Praxis § 15 Rn 39), zumindest wenn nicht angenommen werden soll, dass es bewusst weggelassen wurde, wofür der „Hinweis" in BGHSt 43, 212, 216 auf Rechtsbeugung gelten würde, die nicht zu unterstellen ist.

I. Verfassungsbeschwerde

68 Nach Erschöpfung des Rechtsweges (§ 90 Abs 2 S 1 BVerfGG) und unter Beachtung des zunehmend streng gehandhabten Grundsatzes der Subsidiarität der Verfassungsbeschwerde (Lübbe-Wolff EuGRZ 2004, 669 ff) sowie der strengen Substantiierungsanforderungen an das Rügevorbringen im Verfassungsprozess (Eschelbach/Gieg/Schulz NStZ 2000, 565 ff) können Strafurteile natürlich auch mit der Verfassungsbeschwerde angegriffen werden. Die Beweiswürdigung ist dort aber nach der Heckschen Formel (BVerfGE 18, 85, 92 ff) zuvörderst Sache der Fachgerichte und sie entzieht sich damit einer ins Einzelne gehenden verfassungsgerichtlichen Nachprüfung. Die frühere Rechtsprechung des Bundesverfassungsgerichts hatte danach im Wesentlichen alleine eine Kontrolle daraufhin durchgeführt, ob die Beweiswürdigung objektiv willkürlich ist oder ob das Fachgericht erkennbar die Bedeutung und Tragweite der materiellen Grundrechte, insbesondere des Freiheitsrechts, bei seiner Entscheidung grundlegend verkannt hat.

69 Darüber geht die jüngere Rechtsprechung (BVerfG NJW 2003, 2444, 2446; NJW 2008, 3346, 3347) hinaus, indem sie einen anderen Maßstab heranzieht. Prüfungsmaßstab für die verfassungsrechtlichen Anforderungen an die strafrichterliche Beweiswürdigung ist danach der diffuse Anspruch auf ein faires Verfahren aus Art 2 Abs 1 oder Abs 2 S 2 GG iVm Art 20 Abs 3 GG. Dabei werden vom Bundesverfassungsgericht wegen der Normgeprägtheit des Verfahrensgrundrechts zunächst aber nur die Linien nachgezogen, die in der höchstrichterlichen und obergerichtlichen Rechtsprechung der Fachgerichte für § 261 StPO erstellt werden. Die Leistungsgrenzen der Revision bei der Kontrolle der Beweiswürdigung übertragen sich danach auf die Verfassungsbeschwerde; ob sie aber als solche von Verfassungs wegen unter dem Blickwinkel der Art 3 Abs 1 GG, Art 19 Abs 4 GG, Art 20 Abs 3 GG, Art 103 Abs 1 GG berechtigt sind, bleibt bisher ungeprüft.

70 Einen eigenständigen Prüfungsmaßstab hat das Bundesverfassungsgericht nicht entwickelt. Nach seiner Formel darf die Freiheit der Person nur aus besonders gewichtigen Gründen und unter strengen formellen Gewährleistungen eingeschränkt werden. Solche Gewährleistungen sehen die Strafprozessordnung und die fachgerichtliche Rechtsprechung in Form der bei der Wahrheitsfindung zu beachtenden „Beweisregeln" vor. Verstößt das Tatgericht in willkürlicher Weise dagegen, dann kann dies nicht nur die Revision begründen, sondern auch einen Verfassungsverstoß darstellen. Das Bundesverfassungsgericht reiht sich dadurch zunächst in eine Linie hinter den Revisionsgerichten ein. Jedoch rechtfertigt angeblich längst nicht jeder Verstoß gegen § 244 StPO oder § 261 StPO und die hierzu von der Rechtsprechung aufgestellten Grundsätze das Eingreifen des Bundesverfassungsgerichts, das kein „Superrevisionsgericht" sein will, sich aber im Ansatz als solches geriert, ohne freilich genau definieren zu können, wo die Grenze zwischen der Beweiswürdigung als Anwendung einfachen Rechts und ihrer Kontrolle anhand spezifischen Verfassungsrechts liegen soll. Voraussetzung für die Annahme eines Verfassungsverstoßes ist angeblich, dass sich das Strafgericht so weit von der Verpflichtung entfernt hat, in Wahrung der Unschuldsvermutung bei jeder als Täter in Betracht kommenden Person auch die Gründe, die gegen die mögliche Täterschaft sprechen, wahrzunehmen, aufzuklären und zu erwägen, dass der rationale Charakter der Entscheidung verloren gegangen scheint und sie keine tragfähige Grundlage mehr für die mit einem Schuldspruch einhergehende Freiheitsentziehung sein kann (BVerfG NJW 2003, 2444, 2446; Beschl v 26. 6. 2008 – Az 2 BvR 2067/07). Was damit gegenüber der vorgreiflichen Revisionskontrolle der Beweiswürdigung gewonnen sein soll, erschließt sich nicht. Die Unschuldsvermutung im Sinne von Art 6 Abs 2 EMRK ist nicht nur eine Verfahrensregel, die sich mit dem Gebot der Unvoreingenommenheit des Gerichts im Sinne von Art 6 Abs 1 EMRK deckt, sondern sie kann auch die Prüfung erforderlich machen, ob das innerstaatliche Recht tatsächlich die Entscheidung über die Schuld des Angeklagten dem gesetzlichen Richter überlässt (Peukert FS Machacek/Matscher 2008, 645, 647). Die Unschuldsvermutung wird verletzt, wenn das Gericht schon zu Beginn der Hauptverhandlung seine

Überzeugung von der Schuld des Angeklagten erklärt und ihm nur die Gelegenheit gibt, mildernde Umstände vorzutragen, statt ihm eine vollständige Verteidigung auch gegen den Tatvorwurf dem Grunde nach zu ermöglichen (EGMR Entsch v 27. 1. 2004 Nr 73797/01 Kyprianou gegen Zypern). Das kommt in der modernen Absprachenpraxis, bei der die Gerichte kaum noch ergebnisoffen verhandeln, zunehmend vor.

Andererseits versäumt das Bundesverfassungsgericht bisher die Entwicklung eines Prüfungsmaßstabs für die häufigen Fälle der Verletzung des Anspruches auf rechtliches Gehör (zur Abgrenzung von anderen Prozessgrundrechten Eschelbach GA 2004, 228, 233 ff mwN) und auf effektiven Rechtsschutz (Wasserburg/Eschelbach GA 2003, 335 ff mwN) in der Weise, dass die Tatgerichte wichtige Entlastungsbeweise, die in der Hauptverhandlung erörtert wurden, im Text des schriftlichen Urteils weglassen, um die Revision leer laufen zu lassen. Dadurch wird der Anspruch auf Gehör vor Gericht zu diesen wichtigen Erörterungspunkten verletzt und zugleich – nicht selten gezielt – die Rechtsmittelmöglichkeit im Revisionsverfahren schon durch die Vorinstanz in ihrer Effektivität eingeschränkt. Hier wären nach den Maßstäben, die das Plenum (BVerfGE 107, 395, 401 ff) gesetzt hat, das „Verbot der Rekonstruktion der Hauptverhandlung" und das Fehlen einer Aufzeichnung des „Inbegriffs der Hauptverhandlung" als gravierender Mangel im strafprozessualen System der Kontrolle (Rn 66) von Verfassungs wegen ernsthaft in Frage zu stellen (Eschelbach FS Widmaier 2008, 127, 136 ff; Meyer-Mews NJW 2004, 716, 717). Diese Frage ist aber vor dem Bundesverfassungsgericht offenbar noch nicht substantiiert gestellt und durch dieses beantwortet worden. Eine Verletzung von § 261 StPO in der Form einer Darstellungslücke kann nach der insoweit undogmatischen Rechtsprechung mit der Sachrüge oder mit einer Verfahrensrüge geltend gemacht werden, je nachdem, ob es sich um einen Rechtsfehler handelt, der bereits aus den Gründen des schriftlichen Urteils erkennbar ist oder ob über den Urteilstext hinaus weitere Tatsachen für die revisionsgerichtliche Prüfung erforderlich sind, die nach § 344 Abs 2 S 2 StPO vom Revisionsführer vorzutragen sind. Unabhängig von der Art der erhobenen Rüge kann die Revision keinen Erfolg haben, soweit für das Rügevorbringen Tatsacheninformationen erforderlich sind, die nur aufgrund einer Rekonstruktion der Hauptverhandlung im Strengbeweisverfahren und unter Gesamtwürdigung von Beweisergebnissen verifizierbar wären. Insoweit gilt nach der Rechtsprechung ein „Verbot der Rekonstruktion der Hauptverhandlung" (BGHSt 43, 212, 213, 214; abl Rosenau FS Widmaier 2008, 521, 541), deren Inhalte schließlich auch gar nicht oder jedenfalls nicht lückenlos aufgezeichnet werden und vom Revisionsgericht deshalb nicht überprüft werden sollen. Weder das tatrichterliche Urteil (BGH Beschl v 17. 2. 2009 – Az 3 StR 490/08) noch das Protokoll der Hauptverhandlung erfüllen Dokumentationsaufgaben. Auch eine Teilwiederholung einer Beweisaufnahme im Wege des Freibeweises, etwa durch Vergleich eines Fotos mit der Person des Angeklagten, ist nicht zulässig (BGHSt 29, 18, 20; BGHSt 41, 376, 381). Schließlich wird die Rüge der Aktenwidrigkeit des Urteils nicht zugelassen (BGH NStZ 2006, 55; krit Kühne GA 2008, 361, 370). Daraus resultiert eine gravierende Rechtsschutzlücke, die mit dem Gebot des effektiven Rechtsschutzes und dem Anspruch auf Gehör vor Gericht unvereinbar ist.

§ 262 [Zivilrechtliche Vorfragen]

(1) Hängt die Strafbarkeit einer Handlung von der Beurteilung eines bürgerlichen Rechtsverhältnisses ab, so entscheidet das Strafgericht auch über dieses nach den für das Verfahren und den Beweis in Strafsachen geltenden Vorschriften.

(2) Das Gericht ist jedoch befugt, die Untersuchung auszusetzen und einem der Beteiligten zur Erhebung der Zivilklage eine Frist zu bestimmen oder das Urteil des Zivilgerichts abzuwarten.

Überblick

Die Vorschrift verdeutlicht, dass das Strafgericht auch Vorfragen aus anderen Rechtsgebieten autonom zu entscheiden hat, soweit der Schuldspruch oder eine strafrechtliche Rechtsfolge davon abhängt. Ausdrücklich werden hier nur zivilrechtliche Vorfragen angesprochen, aber für Vorfragen aus anderen Rechtsgebieten, insbesondere aus dem Verwaltungsrecht, gelten im Grundsatz dieselben Regeln. Das Strafgericht ist im Allgemeinen nicht an ein rechtskräftiges Urteil eines Gerichts der anderen Gerichtsbarkeit gebunden, soweit es nicht um eine Gestaltungswirkung geht. Es hat die Vorfrage in tatsächlicher und rechtlicher Hinsicht gemäß Abs 1 autonom zu entscheiden. Es kann aber nach Abs 2 die Untersuchung aussetzen, eine Frist zur Klageerhebung bestimmen oder das Urteil des Zivilgerichts in einem bereits laufenden Verfahren abwarten. Im Einzelfall besteht dafür eine Verpflichtung, wenn ein zivilrechtliches Gestaltungsurteil oder ein Verwaltungsakt mit Tatbestandswirkung in Betracht kommt.

Übersicht

	Rn		Rn
A. Vorfragenkompetenz des Strafgerichts (Abs 1)	1	C. Öffentlichrechtliche Vorfragen	11
B. Möglichkeit der Aussetzung des Strafverfahrens zugunsten des Zivilprozesses (Abs 2)	6	D. Strafrechtliche Vorfragen	14
		E. Rechtsmittel	15

A. Vorfragenkompetenz des Strafgerichts (Abs 1)

1   Die Frage der Strafbarkeit hängt bisweilen von **zivilrechtlichen Vorfragen** ab, etwa der Frage des Eigentums an Sachen als Gegenstand eines Eigentumsdelikts oder des Bestehens eines vermögensrechtlichen Anspruchs als Hindernis für ein Vermögensdelikt. Diese Fragen hat das Strafgericht grundsätzlich autonom zu beantworten, wenn es auf sie in der Strafsache ankommt (BayObLG StV 1990, 165). Für das Ordnungswidrigkeitenverfahren beim Bußgeldgericht gilt Entsprechendes (§ 46 Abs 1 OWiG, § 71 OWiG). Für das Steuerstrafverfahren enthält § 396 AO eine Sonderregelung. Für die Vorlage an das BVerfG ist Art 100 GG zu beachten, für die Vorlage an den EuGH Art 234 EGV.

2   Auch an ein bereits bestehendes und **rechtskräftiges zivilgerichtliches Urteil** ist das Strafgericht im Allgemeinen nicht gebunden und zwar selbst wenn die Entscheidung schon vor der Tat ergangen war (Löwe/Rosenberg/Gollwitzer StPO § 262 Rn 9), deren Existenz dann freilich für die innere Tatseite Bedeutung haben kann. Die im Parteienprozess aufgrund der Beibringungsmaxime getroffenen **Tatsachenfeststellungen** sind für das Strafverfahren, das aufgrund der Instruktionsmaxime zu anderen Erkenntnissen kommen kann, nicht verbindlich. Auch zivilrechtliche Beweislastregeln oder Beweisvermutungen spielen für den Strafprozess prinzipiell keine Rolle (Weber FS Trusen 1994, 591 ff). Aber auch die **rechtliche Wertung** der Zivilgerichtsbarkeit bindet das Strafgericht nicht. Anders kann es nur **in Strafvollzugssachen** sein, in denen über Ansprüche von Gefangenen befunden werden muss, weshalb dort im Einzelfall die zivilgerichtliche Entscheidung vorgreiflich ist (KG NStZ-RR 2003, 317 ff).

3   Eine Ausnahme von der fehlenden Bindungswirkung des zivilgerichtlichen Urteils für das strafrechtliche Erkenntnisverfahren, die in der vorliegenden Vorschrift nicht ausdrücklich angesprochen, aber doch beachtlich ist, kann für Urteile der Zivilgerichte gelten, welche die zivilrechtliche Rechtslage verändern und insoweit auch im Strafverfahren Bedeutung erlangen können. Das gilt für **Scheidungsurteile**, **Statusurteile** bei der Vaterschaftsfeststellung (BGHSt 26, 111, 112; LG Zweibrücken NStZ 1993, 300) oder **Aufhebungsurteile**.

4   Zivilgerichtliche **Gestaltungsurteile**, die nachträglich eine Rechtslage verändern, indem sie etwa eine Willenserklärung einer Prozesspartei ersetzen, können für die Strafbarkeitsfrage mangels rückwirkender Kraft für den Tatzeitpunkt keine Wirkung auf die Schuldfrage entfalten. Ist dagegen erst die durch ein vor der Straftat ergangenes Urteil gestaltete Rechtslage der Anknüpfungspunkt für die strafrechtliche Wertung, dann muss der Strafrichter die Gestaltungswirkung des zivilgerichtlichen Urteils für den objektiven und subjektiven Tatbestand des Strafgesetzes beachten.

5   Feststellungs- oder Leistungsurteile haben sonst im Allgemeinen keine Bindungswirkung. Das gilt etwa für Urteile, die einen Unterhaltsanspruch bejahen oder verneinen; diese binden

das Strafgericht bei der Prüfung einer strafbaren Verletzung der Unterhaltspflicht nicht. Ist andererseits vor dem Tatzeitraum schon eine Unterhaltspflicht von einem Zivilgericht verneint worden, dann kommt dem wegen Verletzung der Unterhaltspflicht Angeklagten, der sich auf den Ausspruch des Fehlens einer Unterhaltspflicht verlassen hatte ein unvermeidbarer Verbotsirrtum zu Gute (BGHSt 5, 106, 110; Löwe/Rosenberg/Gollwitzer StPO § 262 Rn 11).

B. Möglichkeit der Aussetzung des Strafverfahrens zugunsten des Zivilprozesses (Abs 2)

Trotz fehlender Bindungswirkung der zivilgerichtlichen Entscheidungen gestattet Abs 2 dem Strafgericht aus Gründen der Prozessökonomie vor dem Hintergrund eines häufigen Missbrauchs des Strafverfahrens für zivilrechtliche Zwecke die Aussetzung der Untersuchung, um die Entscheidung des Zivilgerichts abzuwarten. Dies kann auf Antrag oder **von Amts wegen** geschehen. Ob die Untersuchung ausgesetzt wird, hat das Strafgericht nach pflichtgemäßem **Ermessen** zu beurteilen. Dabei spielen die Bedeutung des strafrechtlichen Vorwurfes, die Eilbedürftigkeit der Strafsache, die Bedeutung und Komplexität der Vorfrage und die Aufklärungspflicht des Strafgerichts eine Rolle (Meyer-Goßner StPO § 262 Rn 11). Eine **Pflicht** zur Aussetzung aufgrund einer Ermessensreduzierung auf Null kann hingegen dann bestehen, wenn die Vorfrage ausnahmsweise durch das Zivilgericht mit bindender Wirkung entschieden werden kann. 6

Die Aussetzung der Untersuchung hat durch **Gerichtsbeschluss**, nicht durch Verfügung des Vorsitzenden, zu erfolgen. Den Verfahrensbeteiligten ist zuvor **das rechtliche Gehör** zu gewähren. Der Beschluss des Gerichts über die Aussetzung bedarf keiner Begründung. Wird ein Aussetzungsantrag abgelehnt, dann muss dies nach § 34 StPO begründet werden, wobei aber eine knappe Erläuterung genügt, weil die Aussetzung bei fehlender Bindung des Strafgerichts an eine zivilgerichtliche Entscheidung eine Ausnahme darstellt. 7

Ist eine Klage im Zivilrechtsstreit noch nicht erhoben worden, dann kann das Strafgericht dem Angeklagten oder dem Verletzten, sofern dieser rechtlich in der Lage ist, durch Klageerhebung eine Klärung der Vorfrage herbeizuführen, ein Interesse daran hat und die Klage voraussichtlich auch erheben wird, eine **Frist zur Klageerhebung** setzen. Diese Frist kann kurz bemessen werden, weil es nur darum geht zu prüfen, ob der Adressat der Aufforderung folgt, wozu er nicht verpflichtet ist. Die Frist hat nur Bedeutung für den Strafprozess, indem ihr fruchtloser Ablauf dazu führt, dass das Strafverfahren fortzusetzen ist. Für den Zivilprozess hat sie keine Bedeutung. 8

Ergeht nach der Aussetzung des Strafverfahrens ein zivilgerichtliches Urteil und erwächst dieses in Rechtskraft, dann bindet es, soweit es keine zugleich strafrechtlich relevante Gestaltungswirkung entfaltet, das Strafgericht immer noch nicht; auch Abs 2 ändert nichts an den zu Abs 1 geltenden Grundsätzen. Das Strafgericht kann aber dem zivilgerichtlichen Urteil in tatsächlicher und rechtlicher Hinsicht folgen, wenn es dessen Beweisgrundlage für ausreichend erachtet und seine zivilrechtliche Wertung für zutreffend hält (OLG Oldenburg NJW 1952, 118). Dann ist das Urteil selbst ein Beweismittel. Es eröffnet freilich den Wiederaufnahmegrund nach § 359 Nr 4 StPO, wenn das Urteil nachträglich aufgehoben wird. 9

Die Aussetzung hat grundsätzlich **nicht das Ruhen der Frist für die Verjährung** der Strafverfolgung zur Folge. Anders ist es nur in Fällen des § 78 b StGB. Das Strafgericht ist an seinen Aussetzungsbeschluss nicht gebunden. 10

C. Öffentlichrechtliche Vorfragen

Zunehmend ist das Strafrecht auch **verwaltungsrechtsakzessorisch**, so etwa im Umweltstrafrecht. Die vorliegende Vorschrift regelt die Vorfragenkompetenz des Strafgerichts im Bereich des Verwaltungs-, Steuer-, Sozialrechts und anderer Rechtsgebiete nicht ausdrücklich. Sie eröffnet dafür aber bei entsprechender Anwendung ähnliche Grundsätze. Soweit insbesondere das Strafrecht verwaltungsaktsakzessorisch ist, die Strafbarkeit also vom Vorhandensein oder Fehlen eines bestandskräftigen Verwaltungsakts abhängt, kann auch den Entscheidungen der Verwaltungsbehörden und Verwaltungsgerichte Tatbestandswirkung für den 11

Strafprozess zukommen. Die vorliegende Vorschrift gilt dann entsprechend (OLG Köln wistra 1991, 74, 75, 76). Das Strafgericht ist insoweit an bestandskräftige Verwaltungsakte gebunden, dies aber nur, soweit eine Tatbestands- oder Gestaltungswirkung für das Strafrecht besteht und der **Verwaltungsakt**, sofern es strafrechtlich nicht alleine auf seine pure Existenz ankommt, auch **nicht nichtig** ist (§ 44 VwVfG), was vom Strafrichter autonom zu prüfen ist. Betrifft die Wirkung des Verwaltungsakts ein Tatbestandsmerkmal der maßgeblichen Strafnorm, dann muss sie zudem grundsätzlich schon **vor der Tat** eingetreten sein (BayObLGSt 1961, 253, 256).

12 In Fällen der Vorgreiflichkeit der verwaltungsbehördlichen und verwaltungsgerichtlichen Entscheidung hat das Strafgericht auch wiederum die Möglichkeit der Aussetzung der Untersuchung bis zur abschließenden Entscheidung über den Verwaltungsrechtsstreit entsprechend der Regelung in Abs 2. Es kann auch in diesem Fall einem Verfahrensbeteiligten des Strafprozesses eine Frist zur Erhebung eines Widerspruchs oder einer verwaltungsgerichtlichen Klage setzen. Nur nichtige Verwaltungsakte sind in solchen Konstellationen für das Strafrecht ebenso irrelevant wie im Allgemeinen.

13 Auch **in weiteren öffentlichrechtlichen Bereichen** wird die vorliegende Vorschrift auf strafrechtliche oder strafrechtsähnliche Verfahren entsprechend angewendet. Ein **Auslieferungsverfahren** kann etwa nach § 77 IRG iVm § 262 StPO ausgesetzt werden, wenn eine in anderer Sache beim Bundesverfassungsgericht anhängige Verfassungsbeschwerde für die Entscheidung über die Auslieferung des Verfolgten vorgreiflich ist (OLG Karlsruhe wistra 2005, 360). Die Aussetzung des **Rechtsbeschwerdeverfahrens** ist zulässig, wenn hinsichtlich der die Grundlage der Verurteilung des Betroffenen bildenden Rechtsnorm ein **Normenkontrollverfahren** anhängig ist (BayObLG NJW 1994, 2104, 2105).

D. Strafrechtliche Vorfragen

14 Andere Strafverfahren liefern grundsätzlich keinen Anlass zur Aussetzung, weil – vom Fall des § 190 StGB abgesehen – keine Bindung des Strafrichters an Strafurteile in anderer Sache besteht. Urteilsfeststellungen erwachsen nicht in Rechtskraft (BGHSt 43, 106, 107, 108; Bock/Schneider NStZ 2003, 337, 338; Eschelbach FS Widmaier 2008, 127, 144); rechtliche Wertungen anderer Gericht sind außerhalb des Instanzenzuges in der konkreten Sache für das erkennende Gericht nicht bindend. Ausnahmsweise soll nach vereinzelter Ansicht eine Rechtsfrage, die nach § 121 GVG dem Bundesgerichtshof oder dort gemäß § 132 GVG dem Großen Senat für Strafsachen vorgelegt wurde, zur Aussetzung eines Strafverfahrens mit einer Parallelfrage bis zur dortigen Entscheidung führen (OLG Stuttgart StV 2004, 142); das entspricht aber nicht der gesetzlichen Regelungskonzeption (Löwe/Rosenberg/Gollwitzer StPO § 262 Rn 33).

E. Rechtsmittel

15 Die **Ablehnung der Aussetzung** der Untersuchung ist als Zwischenentscheidung des erkennenden Gerichts nach § 305 S 1 StPO grundsätzlich nicht anfechtbar (zur einstweiligen Anordnung im Verfassungsbeschwerdeverfahren BayVerfGH NJW 2000, 3705, 3706), sonst wegen des Ermessensspielraums des Gerichts jedenfalls nicht mit Aussicht auf Erfolg anfechtbar, es sei denn es läge eine Ermessensreduzierung auf Null vor. Wird die **Untersuchung ausgesetzt**, dann ist der Angeklagte dadurch nicht beschwert. Die Staatsanwaltschaft oder ein Nebenkläger können dagegen mit der Beschwerde geltend machen, dass die Voraussetzungen für eine Aussetzung nicht vorgelegen haben. Die Aussetzung ist nach der Rechtsprechung anfechtbar, wenn der Aussetzungsbeschluss im Einzelfall der Vorbereitung des Urteils nicht dienlich ist und nur verfahrenshemmend wirkt oder wenn er überhaupt gesetzeswidrig ist (OLG Düsseldorf MDR 1992, 989).

16 Das **Urteil** des Strafgerichts ist **revisibel**, wenn irrtümlich von einer Bindung an die zivil- oder verwaltungsgerichtliche Entscheidung ausgegangen wurde, die in Wahrheit nicht bestanden hatte. Ist dagegen eine tatsächlich ausnahmsweise relevante Gestaltungs- oder Tatbestandswirkung von Zivilurteil oder Verwaltungsakt übersehen worden, dann kann das Urteil auch deshalb auf einem Rechtsfehler beruhen (OLG Düsseldorf Beschl v 29. 9. 1993 – Az 5 Ss OWi 120/93 – OWi 108/93 I).

§ 263 [Abstimmung]

(1) Zu jeder dem Angeklagten nachteiligen Entscheidung über die Schuldfrage und die Rechtsfolgen der Tat ist eine Mehrheit von zwei Dritteln der Stimmen erforderlich.
(2) Die Schuldfrage umfaßt auch solche vom Strafgesetz besonders vorgesehene Umstände, welche die Strafbarkeit ausschließen, vermindern oder erhöhen.
(3) Die Schuldfrage umfaßt nicht die Voraussetzungen der Verjährung.

Überblick

Die Vorschrift modifiziert die allgemeinen Bestimmungen über die Beratung und Abstimmung im Kollegialgericht dahin, dass für die Schuldfrage und die Frage der Rechtsfolgen der Tat nicht eine einfache Mehrheit (§ 196 Abs 1 GVG) genügt, sondern eine Mehrheit von zwei Dritteln der Stimmen erforderlich ist (Abs 1). Für andere Fragen, insbesondere prozessuale Aspekte, bliebt es bei der Entscheidung mit einfacher Mehrheit; das gilt auch für die Voraussetzungen der Strafverfolgungsverjährung (Abs 3), nicht aber für die vom Strafgesetz besonders vorgesehenen Umstände, welche die Strafbarkeit ausschließen, vermindern oder erhöhen, welche Abs 2 zur Schuldfrage hinzurechnet.

A. Normbedeutung

Für die Beratung und **Abstimmung über das Strafurteil** im Kollegialgericht gelten die §§ 192 GVG ff, soweit nicht in der vorliegenden Vorschrift etwas anderes bestimmt ist. Der Hergang der Beratung des Strafgerichts unterscheidet sich von demjenigen anderer Gerichte also nicht. Abs 1 regelt nur die erforderliche Abstimmungsmehrheit **für den Schuld- und Rechtsfolgenausspruch** abweichend von § 196 Abs 1 GVG dahin, dass insoweit eine **Mehrheit** von zwei Dritteln der Stimmen erforderlich ist. Zur Schuldfrage zählt Abs 2 auch besonders vorgesehene Strafausschließungsgründe, sowie Umstände, welche die Strafbarkeit vermindern oder erhöhen. Ausdrücklich ausgenommen sind die Voraussetzungen der Strafverfolgungsverjährung. Andere Prozesshindernisse sind in dieser vom Streit um die Einordnung der Strafverfolgungsverjährung in das prozessuale oder materielle Recht geprägten Regelung nicht ausdrücklich genannt, müssen aber entsprechend gehandhabt werden, weil das Regel- und Ausnahmeverhältnis von § 196 Abs 1 GVG zu Abs 1 der vorliegenden Vorschrift dies ergibt. 1

Die Bestimmung gilt nur für die **Tatsacheninstanzen**. Im **Revisionsrechtszug** ist § 196 Abs 1 GVG anzuwenden, weil dort nur Rechtsfragen zu bescheiden sind. Die Option, dass das Revisionsgericht ausnahmsweise auch eine eigene Entscheidung über den Strafausspruch treffen kann, hat daran nichts geändert (offen gelassen von BGHSt 49, 371, 375); denn eine Verweisungsnorm, wie sie für das Berufungsverfahren in § 332 StPO besteht, enthält das Revisionsrecht nicht. 2

B. Abstimmungsmehrheit für die Schuld- und Rechtsfolgenfrage

Die Vorschrift trifft eine Sonderregelung über die notwendige Abstimmungsmehrheit für die dem Angeklagten nachteiligen Entscheidungen über die Schuld- und Rechtsfolgenfrage. Mit der Entscheidung ist aber das Endergebnis gemeint, über das vom Strafgericht im Wege der **Totalabstimmung** befunden wird (Eschelbach FS Widmaier 2008, 127 f; Löwe/Rosenberg/Gollwitzer StPO § 263 Rn 5; KMR/Stuckenberg StPO § 263 Rn 13). Es wird also – anders als in anderen Prozessordnungen – nicht jede einzelne Frage der Täterschaft, der Erfüllung des äußeren und inneren Tatbestands, der Rechtswidrigkeit und Schuld in Sinne einer **Stufenabstimmung** gesondert abgestimmt, sondern nur über die Frage der Schuld oder Nichtschuld hinsichtlich eines bestimmten Straftatbestands (Meyer-Goßner StPO § 263 Rn 2). Für Einzelfragen können zwar informelle Abstimmungen vorgenommen werden, deren Ergebnis aber rechtlich nicht verbindlich ist (OLG Hamm Urt v 10. 7. 1981 – Az 1 Ss 778/81). Das Beratungsergebnis kommt deshalb nur im Tenor, nicht in den Gründen des Urteils zum Ausdruck. Auch Tatsachenfeststellungen im schriftlichen Urteil oder andere 3

Urteilsgründe sind daher nicht notwendigerweise identisch mit der Meinung einer Mehrheit von zwei Drittel des Spruchkörpers (Eschelbach FS Widmaier 2008, 127, 128 f).

4   Abs 2 erweitert die Schuldfrage auf besondere Umstände, welche die Strafbarkeit ausschließen, mindern oder erhöhen. Strafausschließungsgründe sind **Rechtfertigungs- und Entschuldigungsgründe**, aber auch **Strafausschließungs- und Strafaufhebungsgründe**. Diese müssen im Gesetz besonders vorgesehen sein, aber nicht notwendigerweise im StGB. Ob auch **objektive Bedingungen der Strafbarkeit** zu den Aspekten der Schuldfrage gehören, ist umstritten, aber zu bejahen (Mellinghoff Fragestellung, Abstimmungsverfahren und Abstimmungsergebnis im Strafverfahren 1988, 117, 144), weil die Strafbarkeit im Ganzen davon abhängt. Strafminderungsgründe sind **Privilegierungen**. Besondere Umstände, welche die Strafbarkeit erhöhen, sind **Qualifikationen**. Nicht von Abs 2, der insoweit § 265 Abs 2 StPO entspricht (BGHSt 3, 30, 32), umfasst sind Vorschriften über besonders schwere oder minder schwere Fälle, auch soweit dafür im Gesetz **Regelbeispiele** ausgestellt werden (Löwe/Rosenberg/Gössel StPO § 263 Rn 10). Diese Regeln gehören zu den Rechtsfolgen im Sinne von Abs 1 und nehmen dadurch am Gebot der Zwei-Drittel-Mehrheit teil.

5   Für die Bestimmung der **Rechtsfolgen der Tat** ist ebenfalls bei jeder dem Angeklagten nachteiligen Entscheidung eine Mehrheit von zwei Dritteln der Stimmen erforderlich. Das betrifft Haupt- und Nebenstrafen, die Frage der Strafaussetzung zur Bewährung, Maßregeln der Besserung und Sicherung, andere Nebenfolgen, Geldbußen wegen einer Ordnungswidrigkeit und Erziehungsmaßregeln und Zuchtmittel des Jugendstrafrechts. Über jede Rechtsfolge ist gesondert abzustimmen. Die Möglichkeit der Strafrahmenmilderung wegen einer erheblichen Verminderung der Schuldfähigkeit nach § 21 StGB gehört zur Rechtsfolgenfrage und eine dem Angeklagten nachteilige Entscheidung darüber unterliegt deshalb der Zwei Drittel-Mehrheit.

C. Einfache Mehrheit

6   Die besondere Mehrheit von zwei Dritteln der Stimmen wird nicht gefordert, soweit es um **Verfahrensfragen** geht. Abs 3 hebt die Voraussetzungen der Strafverfolgungsverjährung hervor, ist aber keine abschließende Regelung. Über andere **Prozesshindernisse**, über Verfahrensvoraussetzungen, über **Beweisverwertungsverbote** und anderes mehr ist nach § 196 Abs 1 GVG mangels Sonderregelung in der vorliegenden Vorschrift mit absoluter Mehrheit, also der schlichten Mehrzahl der Stimmen zu entscheiden. Bei **doppelrelevanten Tatsachen** ist aber die Mehrheit zur Schuldfrage entscheidend.

7   Die **Kostenentscheidung** ist mit einfacher Mehrheit zu treffen. **Schadensersatzansprüche** des Verletzten, die **im Adhäsionsverfahren** beschieden werden, unterliegen auch der allgemeinen Regelung des § 196 Abs 1 GVG.

D. Revision

8   Urteilsberatung und Abstimmung sind geheim und unterliegen dem Beratungsgeheimnis (§ 43 DRiG). Daher können Fehler bei der Stimmenzählung und Mehrheitenbewertung im Regelfall (zu Ausnahmemöglichkeiten OLG Naumburg NJW 2008, 3585 ff) nicht festgestellt und nicht erfolgreich mit der Revision geltend gemacht werden (zur Rüge, das verkündete Urteil entspreche nicht dem Beratungsergebnis, OLG Hamm MDR 1958, 182), es sei denn, das Abstimmungsresultat sei in den Urteilsgründen erwähnt worden (BGH DRiZ 1976, 319). In Betracht kommt allenfalls die Rüge, eine Beratung und Abstimmung habe nicht stattgefunden (BGH NJW 1987, 3210), was freilich meist nicht schon mit dem Hinweis auf eine zu kurze Beratungsdauer dargelegt werden kann (BGHSt 37, 141, 143 mAnm Rüping NStZ 1991, 193, 194).

§ 264 [Gegenstand des Urteils]

(1) **Gegenstand der Urteilsfindung ist die in der Anklage bezeichnete Tat, wie sie sich nach dem Ergebnis der Verhandlung darstellt.**

(2) Das Gericht ist an die Beurteilung der Tat, die dem Beschluß über die Eröffnung des Hauptverfahrens zugrunde liegt, nicht gebunden.

Überblick

Die Vorschrift regelt den Verfahrensgegenstand der gerichtlichen Untersuchung und die Kognitionspflicht des Gerichts. Nach dem Anklageprinzip darf das Gericht nur tätig werden, wenn und soweit ihm von der Anklagebehörde eine bestimmte Tat als Prüfungsgegenstand unterbreitet wird; diesen Prozessstoff hat es dann von Amts wegen aufzuklären. Dementsprechend ist nur die angeklagte Tat der Gegenstand der Urteilsfindung, diese jedoch mit allen Einzelheiten, auch soweit diese von der Anklageschrift und dem Eröffnungsbeschluss nicht oder nicht richtig erfasst wurden. Auf die gesamte Tat erstreckt sich schließlich die Rechtskraftwirkung des Urteils in der Form eines Strafklageverbrauchs. Das erkennende Gericht hat deshalb die Tat ohne Bindung an die Sachdarstellung und die rechtliche Bewertung in der Anklageschrift eigenverantwortlich so festzustellen und autonom zu bewerten, wie sie sich nach dem Verhandlungsergebnis darstellt (Abs 1). Dabei ist es, solange es sich mit dem Lebenssachverhalt befasst, der ihm durch die zugelassene Anklageschrift als Prozessgegenstand unterbreitet wurde, weder durch den Anklagesatz noch durch den Eröffnungsbeschluss an einer „Umgestaltung der Strafklage" gehindert. Auch seine eigene vorläufige Bewertung im Eröffnungsbeschluss ist für das Gericht nicht bindend (Abs 2).

Übersicht

	Rn		Rn
A. Verfahrensgegenstand bei der Urteilsfindung	1	**C. Die angeklagte Tat als Gegenstand der Urteilsfindung zum Schuldspruch**	14
B. Die Tat im prozessualen Sinne	4	I. Anklagegegenstand als Urteilsgegenstand	14
I. Lebenssachverhalte	4	II. Gerichtliche Umgestaltung der Strafklage	16
II. Normative Wertungen	8	III. Weiter gehende Aufklärungsbefugnisse	18
1. Handlungseinheit oder Handlungsmehrheit	8	**D. Revision**	19
2. Handlungsserien	10		
3. Tatsachenalternativen	13		

A. Verfahrensgegenstand bei der Urteilsfindung

Die Vorschrift knüpft an den **Anklagegrundsatz** an, wonach das Strafgericht nicht tätig werden darf, ohne dass eine Anklageschrift (§ 200 StPO) oder ein Anklagesurrogat, wie etwa ein Strafbefehl, ihm einen konkreten **Verfahrensgegenstand** zur Untersuchung unterbreitet (§ 151 StPO). Dementsprechend ist die angeklagte Tat auch der alleinige Gegenstand der Urteilsfindung (Abs 1). Weil diese Tat aber vom Gericht eigenverantwortlich in der Hauptverhandlung aufgeklärt (§ 244 Abs 2 StPO), deren Beweisergebnis „frei" gewürdigt (§ 261 StPO) und selbständig rechtlich bewertet werden soll, bestimmt Abs 1, dass Gegenstand der Urteilsfindung die Tat in der Gestaltung ist, wie sie sich nach dem Ergebnis der Verhandlung darstellt. Insoweit kann eine „**Umgestaltung der Strafklage**" durch das Gericht stattfinden (BGH StraFo 2009, 71, 72), indem die Tatsachenfeststellungen des Urteils abweichend vom konkreten Anklagesatz und die materiell-strafrechtliche Bewertung im Urteil abweichend vom abstrakten Anklagesatz erfolgt, soweit dies nach dem Ergebnis der Verhandlung angezeigt ist. Der Urteilsverfasser darf, was aber bei einer rechtsfehlerhaften Urteilsfällung nach einer Absprache allein aufgrund eines „schlanken Geständnisses" kaum zu vermeiden wäre, bei seinen Feststellungen nicht etwa nur den Anklagesatz abschreiben. Das Gericht muss sich auch nach der vorliegenden Vorschrift jedoch innerhalb der von § 151 StPO aufgestellten Grenzen bewegen, die durch die Umschreibung der Tat als **einheitlicher historischer Geschehensablauf** in der Anklageschrift (§ 200 StPO) gezogen werden. Über eine Tat ist verfahrensrechtlich grundsätzlich nur ein Urteil möglich (BGHSt 21, 326, 327). Das Tatgericht darf also keine andere Tat aburteilen, wohl aber dieselbe Tat tatsächlich und rechtlich anders bewerten als dies in der Anklageschrift geschehen war. Auch seine eigene vorläufige Bewertung im Eröffnungsbeschluss hindert das Gericht nicht an der eigenständigen Tatsachenfeststellung aufgrund der Beweiserhebungen im Strengbeweisverfahren der Hauptverhandlung und der autonomen rechtlichen Bewertung der angeklagten Tat (Abs 2). Die abweichende Bewertung derselben Tat kann lediglich Hinweispflichten nach § 265 StPO auslösen.

2   Ergibt sich in der Hauptverhandlung, dass eine weitere Tat vorliegt, dann kann nach § 266 StPO verfahren werden. Auch ein als **selbständige prozessuale Tat** zu wertendes Geschehen kann freilich dem Strafklageverbrauch unterliegen, wenn es bereits **Gegenstand eines früheren Strafverfahrens** war (BGH NStZ 1995, 500). Ob dies der Fall ist, beurteilt sich danach, ob nach dem aus der zugelassenen Anklage erkennbaren Willen der Strafverfolgungsbehörde die verschiedenen Lebenssachverhalte jeweils Gegenstand der Anklage sein sollten (BGHSt 43, 96, 99, 100). Ein wichtiger, aber keinesfalls immer zwingender Hinweis auf den Verfolgungswillen ist die Aufnahme des tatsächlichen Geschehens in den Anklagesatz. Damit kann die Staatsanwaltschaft im Einzelfall auch ohne gesonderte Erfassung durch die rechtliche Wertung im Anklagesatz zum Ausdruck bringen, dass sie auch dieses Geschehen verfolgen will. Dies liegt nahe, wenn die vom Anklagesatz hervorgehobene Tat und das zusätzlich geschilderte Geschehen Wahl- oder Postpendenzfeststellungen zulassen (BGH NStZ 1995, 500). Anders liegt es aber, wenn mit der ergänzenden Sachverhaltumschreibung nur Tathintergründe oder das Nachtatverhalten erläutert werden sollen; dies führt nicht notwendigerweise dazu, dass dieses zusätzlich geschilderte Geschehen nach dem Willen der Anklagebehörde auch Gegenstand ihrer öffentlichen Klage sein soll (BGHSt 43, 96, 100).

3   Soweit dem Gericht durch die Anklagebehörde eine Tat als Untersuchungsgegenstand unterbreitet worden ist und es diese aburteilt, reicht auch die Rechtskraftwirkung des Urteils, das die **Strafklage verbraucht** (BGHSt 32, 146, 150), selbst hinsichtlich unentdeckter Tatteile (insbesondere früher bei der fortgesetzten Handlung, BGHSt 40, 138, 149, 150) oder sogar hinsichtlich später eintretender erschwerender Folgen der Tat (BVerfGE 65, 377, 381). Die Rechtskraft des Urteils steht dann einer neuen Verfolgung und Aburteilung derselben Tat nach Art 103 Abs 3 GG entgegen. Durch das Verbot des Art 103 Abs 3 GG, das über den Wortlaut der Norm hinaus nicht nur eine doppelte Aburteilung, sondern schon eine zweite Verfolgung nach rechtskräftiger Erledigung eines Verfahrens wegen derselben Tat umfasst, soll der Bürger davor geschützt werden, wegen einer Tat, deretwegen er schon zur Verantwortung gezogen worden ist, nochmals in einem neuen Verfahren verfolgt zu werden (BGHSt 43, 252, 255). Der **Tatbegriff des Art 103 Abs 3 GG** ist mit demjenigen der vorliegenden Vorschrift identisch (BVerfGE 45, 434, 435). Vor diesem Hintergrund, dass eine zweite Aburteilung desselben Prozessgegenstands ausgeschlossen ist, wenn „die Tat" bereits rechtskräftig beurteilt wurde, sei es durch Freisprechung oder Verurteilung, besteht eine **Kognitionspflicht** des Gerichts. Es muss den Verfahrensgegenstand von Amts wegen in tatsächlicher und rechtlicher Hinsicht insgesamt ausschöpfen und umfassend bewerten (BGH NStZ 2004, 582, 583; StraFo 2009, 71, 72), sofern nicht eine **Verfahrensbeschränkung nach § 154 a StPO** erfolgt. Ist etwa eine gefährliche Körperverletzung angeklagt und die Beteiligung des Angeklagten daran nicht nachweisbar, dann kann gegebenenfalls auch unterlassene Hilfeleistung zu prüfen sein (BGH NStZ 1997, 127). Das Gericht ist verpflichtet, einen Vorgang, der zu dem in der zugelassenen Anklageschrift zur Entscheidung gestellten Geschehen gehört, auch zum Gegenstand der Urteilsfindung zu machen, ohne Rücksicht darauf, ob der – bei prozessualer Tateinheit unteilbare – Wille der Staatsanwaltschaft auf die Verfolgung auch dieses Vorganges aus der Anklageschrift erkennbar ist (BGHSt 16, 200, 202). Bei Dauerdelikten oder gestreckten Tatbeständen oder nachträglichem Eintreten einer Erfolgsqualifikation ist sogar ein der Anklageerhebung nachfolgender Teil des Geschehens bis hin zur letzten Verhandlung in der Tatsacheninstanz über den Schuldspruch zu erfassen (BGHSt 9, 324, 326, 327).

B. Die Tat im prozessualen Sinne

I. Lebenssachverhalte

4   Gegenstand der gerichtlichen Untersuchung und der Urteilsfindung ist „die Tat". **Der verfahrensrechtliche Tatbegriff** umfasst den von der Anklage betroffenen geschichtlichen

Vorgang, innerhalb dessen der Angeklagte einen Straftatbestand verwirklicht haben soll (BVerfGE 56, 22, 28; BGHSt 32, 215, 216; BGHSt 43, 252, 255). Dabei ist aber die Umschreibung des Lebenssachverhalts in der Anklageschrift nicht maßgebend; sie hat den Urteilsgegenstand nur in unverwechselbarer Weise zu kennzeichnen, aber ihn nicht in allen Einzelheiten und nicht notwendigerweise zutreffend festzulegen. Deshalb gehören auch Sachverhaltselemente, die in der Anklageschrift nicht genannt sind, zum Gegenstand der Urteilsfindung, soweit sie zu derselben Tat gehören. Nach der Rechtsprechung bezeichnet der Begriff „die Tat" in Abs 1 den von der Anklageschrift betroffenen Vorgang einschließlich aller damit zusammenhängenden und darauf bezüglichen Vorkommnisse und tatsächlichen Umstände, die geeignet sind, das in diesen Bereich fallende Tun des Angeklagten unter irgendeinem rechtlichen Gesichtspunkt als strafbar erscheinen zu lassen. Gemeint ist **das gesamte Verhalten des Angeklagten**, soweit es mit dem durch die Anklageschrift bezeichneten geschichtlichen Vorkommnis nach der Auffassung des Lebens einen **einheitlichen Vorgang** bildet, ohne Rücksicht darauf, ob sich bei der rechtlichen Beurteilung eine oder mehrere strafbare Handlungen statt oder neben der in der Anklageschrift bezeichneten Straftat ergeben (BGHSt 23, 141, 145; BGHSt 45, 211, 212, 213). Durch die Bezugnahme auf die **Person des Angeklagten** erhält der Tatbegriff auch eine subjektive Komponente. Nicht angeklagte Personen werden nicht erfasst, auch wenn sie Mittäter oder Teilnehmer der Tat des Angeklagten waren. Ihr Verhalten kann dann vom Gericht nur festgestellt werden, soweit es zur Illustration der Tat des Angeklagten erforderlich ist. Eine Aburteilung nicht angeklagter Personen wäre rechtsfehlerhaft, weil ihr das Prozesshindernis aus § 151 StPO entgegensteht.

Auch sachlich-rechtlich selbständige Taten (§ 53 StGB) können prozessual eine Tat sein. 5 Es kommt darauf an, ob die einzelnen Handlungen nicht nur äußerlich ineinander übergehen, sondern auch **innerlich** derart **unmittelbar miteinander verknüpft** sind, dass der Unrechts- und Schuldgehalt der einen Handlung nicht ohne die Umstände, die zu der anderen Handlung geführt haben, richtig gewürdigt werden kann und ihre getrennte Würdigung und Aburteilung in verschiedenen Verfahren einen einheitlichen Lebensvorgang **unnatürlich aufspalten** würde (BGHSt 43, 252, 255; BGHSt 49, 359, 362; BGH NStZ 2006, 350, 351; KG NStZ-RR 2008, 48, 49). Bei der Beurteilung dieser Frage kommt es auf die Umstände des Einzelfalles an (BGH NStZ-RR 2003, 82, 83).

Abgrenzungsfaktoren sind vor allem **die Zeit und der Ort der Begehung** der Tat, **die** 6 **Beteiligten** und **der Tatgegenstand** sowie **das Tatbild** (BGHSt 36, 151, 154, 155; BGHSt 43, 96, 98; BGH NStZ 2000, 216). Ein – unvollständiger – Hinweis auf das Vorliegen einer Tat im prozessualen Sinn ist der zeitliche und örtliche Zusammenhang der Ereignisse (OLG Schleswig Beschl v 5. 4. 2006 – Az 1 Ss 157/05 [7/06]). Zeitliches Zusammentreffen der einzelnen Handlungen ist für die Einheitlichkeit der Tat im prozessualen Sinne weder erforderlich noch ausreichend (BGH NStZ-RR 2003, 82, 83). Allein die ununterbrochene Abfolge mehrerer Handlungen oder irgendeine **kausale Verbindung** (BGHSt 43, 96, 98) führt noch nicht zu einer notwendigen Verknüpfung zu einer Tat (BGH NStZ 2000, 318, 319). Wohl aber stellt eine sukzessive Tatausführung **aufgrund eines einheitlichen Ziels** eine Tat dar. Das wiederholte Handeln aus einer einheitlichen Grundsituation heraus innerhalb einer gleichartigen Funktionsausübung oder aufgrund einer einheitlichen Willensrichtung im Rahmen eines Gesamtplans oder bei der Verfolgung eines Endzwecks kann eine Tat sein, wie etwa der wiederholte Griff in die Kasse eines ungetreuen Kassenwarts zur unauffälligen Erlangung einer Gesamtsumme oder aber die Brandstiftung mit einem dadurch vorbereiteten Versicherungsbetrug, zumal dabei eine Meldepflicht an den Brandversicherer besteht (BGHSt 45, 211, 213 ff; BGH NStZ-RR 2002, 259, 260; NStZ 2006, 350, 351). Die betrügerische Erschleichung des Besitzes einer Euroscheckkarte und der späteren Abhebung von Geld am Geldautomaten mit Hilfe dieser Karte sind dagegen wegen der Möglichkeit der getrennten Bewertung der strafbaren Einzelhandlungen ohne unnatürliche Aufspaltung eines einheitlichen Lebensvorgangs verschiedene Taten im prozessualen Sinne (OLG Jena wistra 2007, 236, 237).

Das bei materiell-rechtlicher Tatmehrheit erforderliche enge Band zwischen den Straftaten, die sie zu einer Tat im prozessualen Sinne macht, wird demnach nicht zwingend allein dadurch geschaffen, dass der Täter die Straftaten in einen Gesamtplan aufgenommen hat (BGHSt 35, 14, 18), auch nicht dadurch, dass eine Handlung zum Beweis der Täterschaft bei einer anderen dient oder dass sie aus sonstigen Gründen, etwa zum besseren Verständnis, in der Anklage mit erwähnt wurde. Die innere Verknüpfung muss sich vielmehr unmittelbar aus den ihnen zugrunde liegenden Handlungen und Ereignissen unter Berücksichtigung ihrer strafrechtlichen Bedeutung ergeben (BGHSt 23, 141, 145, 146; BGHSt 23, 270, 273). Eine einheitliche und klare Abgrenzung existiert dafür freilich nicht, was zu unübersichtlicher Kasuistik und unklaren Wertungen in Grenzfällen führt. Erforderlich ist jedenfalls eine **funktionale Bewertung**, ob jeder der in Frage kommenden Sachverhalte Teil eines zusammengehörenden Lebensvorgangs oder getrennt strafrechtlich bewertbar ist. Verschiedene fehlerhafte Verkehrsvorgänge auf derselben Autofahrt können demnach trotz räumlichen und zeitlichen Zusammenhangs unterscheidbare Taten im prozessualen Sinne sein, wenn es sich, wie beim fehlerhaften Überholen an verschiedenen Stellen, um getrennt bewertbare Situationen handelt (OLG München NZV 2005, 544, 545). Die zum Unfall führende Straßenverkehrsgefährdung und das anschließende unerlaubte Entfernen vom Unfallort sind dagegen trotz sachlich-rechtlicher Selbständigkeit (§ 53 StGB) logisch nicht dahin trennbar, dass die Unfallverursachung und die Unfallflucht gesondert mit der Gefahr divergierender Entscheidungen beurteilt werden können. Diese prozessual einheitlich Tat der Straßenverkehrsgefährdung mit Unfallverursachung und des unerlaubten Entfernens vom Unfallort erstreckt sich hingegen nicht auf eine nach Beendigung der Unfallflucht begangene neue Straßenverkehrsgefährdung, auch wenn insgesamt eine Trunkenheitsfahrt vorlag (BGHSt 23, 141, 144 ff).

II. Normative Wertungen

1. Handlungseinheit oder Handlungsmehrheit

8 Materiell-rechtliche Wertungskriterien fließen in den prozessualen Tatbegriff ein. **Tateinheitlich** begangene Delikte (§ 52 StGB) sind regelmäßig auch prozessual eine Tat (BGHSt 41, 385, 389; BGH NStZ 1997, 446, 447; KG NStZ-RR 2008, 48, 49), weil die Verwirklichung von Straftatbeständen in Idealkonkurrenz nur eine einheitliche Strafe rechtfertigt und ein „Teilurteil" dem Strafverfahrensrecht fremd ist, soweit keine Verfahrensbeschränkung nach § 154a StPO vorangegangen ist. Auch die Folge der prozessualen Tateinheit bei Vorliegen einer Handlungseinheit im Sinne von § 52 StGB ist aber nicht ausnahmslos (BGHSt 43, 252, 255). Vor allem bei Dauer- und Organisationsdelikten wird von Fall zu Fall in Frage gestellt, ob einzelne Delikte, die mit dem Dauertatbestand zusammentreffen, auch prozessual dazu gehören. Ähnliches gilt für verschiedene Tathandlungen im Zusammenhang mit tatbestandlichen Bewertungseinheiten (BGHSt 43, 252, 256 mAnm Erb NStZ 1998, 253, 254; dazu BVerfG Beschl v 10. 5. 1999 – Az 2 BvR 2259/97). **Tatmehrheitlich** begangene Straftaten (§ 53 StGB) sind oft und durchaus in der Regel (BGHSt 35, 14, 19; BGHSt 36, 151, 154; BGHSt 41, 385, 390) zugleich prozessual verschiedene Taten. Das ist aber auch nicht stets der Fall. Der unerlaubte Erwerb und Besitz einer Schusswaffe und das Ausüben der tatsächlichen Gewalt bei deren Einsatz sind zum Beispiel verschiedene Taten (BGH NStZ 2002, 328). Steuerhinterziehung und Untreue bilden schon deshalb verschiedene Taten im prozessualen Sinne, weil sie mit verschiedener Angriffsrichtung begangen werden und verschiedene Rechtsgüter betreffen (OLG Hamm wistra 2002, 400). Im Hinblick auf die enge steuer- und strafrechtliche Verzahnung zwischen Umsatzsteuervoranmeldung und Umsatzsteuerjahreserklärung für denselben Besteuerungszeitraum kann dagegen der Schuld- und Unrechtsgehalt diesbezüglicher Steuerhinterziehungshandlungen nur in einer Zusammenschau zutreffend gewürdigt werden; dementsprechend ist zwischen Falschangaben bei der Umsatzsteuervoranmeldung und der Jahreserklärung bezüglich desselben Steuerjahres prozessual eine Tat anzunehmen (BGHSt 49, 359, 362 ff; BGH wistra 2005, 145, 146, 147). Eine tatmehrheitlich (§ 53 StGB) begangene vorsätzliche Körperverletzung und eine Vergewaltigung, welche in einem **situativen Zusammenhang** stehen, bilden eine Tat im prozessualen Sinn (BGH NStZ-RR 1998, 304, 305; NStZ-RR 2003, 82, 83). Mehrere Tötungshandlungen zum Nachteil verschiedener Personen mit unterschiedlicher Angriffsrichtung sind, auch aufgrund einer normativen Bewertung, regelmäßig als verschiedene Taten im prozessualen Sinne anzusehen (BGH Beschl v 6. 6. 2008 – Az 2 StR 189/08).

Verschiedene Stadien der Tatbegehung können im Einzelfall verschiedene Taten im prozessualen Sinne darstellen. So sind Mord und eine vorangegangene versuchte Anstiftung eines Dritten zu dem Tötungsverbrechen im Einzelfall auch prozessual unterschiedliche Taten (BGH NStZ 2000, 216), während eine Anstiftung und die vorher versuchte Kettenanstiftung eine prozessuale Tat sein können (BGH StraFo 2009, 289, 290). **Haupt- und Nachtaten** können je nach Sachlage getrennt bewertet werden. Die Geldwäsche durch Anlage von Erlösen aus Drogengeschäften im Ausland ist im Einzelfall eine andere Tat im prozessualen Sinne als das unerlaubte Handeltreiben mit Betäubungsmitteln im Inland (OLG Köln StraFo 2005, 253, 254); jedoch kann Geldwäsche auch mit einer Begehungsform des Handeltreibens zusammenfallen (BGHSt 43, 158, 162) und bildet dann dieselbe Tat im prozessualen Sinn. Es kommt also immer auf die Umstände des Einzelfalls an. Diebstahl und Hehlerei oder Raub und Hehlerei können zum Beispiel bei einem engen situativen Zusammenhang eine Tat im prozessualen Sinne bilden, wenn der in der Anklage nach Objekt, Ort und Zeit der Handlung konkretisierte Diebstahl oder Raub die Grundlage der Verurteilung wegen Hehlerei blieb (BGH NStZ 1999, 523 f). Diebstahl und Hehlerei sind dagegen nicht dieselbe Tat im prozessualen Sinne, wenn kein enger zeitlicher und örtlicher Zusammenhang der von der Anklageschrift betroffenen Ereignisse besteht (OLG Düsseldorf NStZ-RR 1999, 304, 305). 9

2. Handlungsserien

Weit reichende Wirkungen hat die Zusammenfassung von mehreren Tathandlungen zu **Bewertungseinheiten**. Das ist insbesondere durch den weiten Begriff des Handeltreibens mit Betäubungsmitteln (BGHSt 50, 252, 258 ff) der Fall (BGHSt 43, 252, 255). Wenn der Täter eine bestimmte Menge Rauschgift zur gewinnbringenden Veräußerung erworben hat, so stellt dies zusammen mit allein seinen hierauf bezogenen weiteren Tätigkeiten – wie Einfuhr, Transport, Besitz, Strecken, Veräußerung in Teilmengen – eine einheitliche Tat des Handeltreibens dar. Erfolgen mehrere Drogenverkäufe aus einer Vorratsmenge, dann bildet die Handelstätigkeit unabhängig von der Zahl der Abnehmer eine Bewertungseinheit und damit nur eine Tat im Rechtssinne (BGHSt 30, 28, 30; BGH StV 2002, 235, 236). Alles ist der **Kognitionspflicht** des Gerichts unterworfen, auch wenn nur einer der Tätigkeitsakte in der Anklageschrift erwähnt ist (BGH NStZ 1994, 495, 496). Auf alle Teilakte, selbst wenn sie vom Gericht nicht erkannt wurden, bezieht sich die **Rechtskraftwirkung des Strafklageverbrauchs** nach einem Urteil, solange keine **Zäsur** eintritt (OLG Karlsruhe NStZ-RR 1998, 80, 81, 82). 10

Erhebliche Probleme bereiten auch **Dauerdelikte** dadurch, dass sie innerhalb ihres Rahmens begangene andere Taten miteinander verknüpfen können, was aber für das Gerechtigkeitsempfinden in bestimmten Fällen allzu weit reichende Wirkungen hätte. So könnte etwa die rechtskräftige Verurteilung wegen des Dauerdelikts des unerlaubten Waffenbesitzes zum Verbrauch der Strafklage wegen eines Verbrechens führen, das mit der Waffe in deren Besitzzeit begangen wurde; das wird von der Rechtsprechung dementiert (BGHSt 36, 151, 154, 155). Besitzt das Dauerdelikt ein vergleichbares Unrechtsgewicht, wie die in seinem Kontext begangene Einzeltat, dann liegt danach zwar eine Tat im prozessualen Sinne vor, so etwa bei Menschenhandel und Vergewaltigung (BGHSt 39, 390, 391; BGH NStZ 1999, 311). Einzeldelikte mit deutlich größerem Unrechtsgehalt werden dagegen von einem leichteren Dauertatbestand nicht umfasst (BGHSt 23, 141, 149, 150); insbesondere können andauernd begangene Vergehen kein Verbrechen einschließen. Die Rechtsprechung geht allgemein davon aus, dass eine „**Verklammerung**" verschiedener an sich selbständiger Taten durch ein damit jeweils zusammentreffendes Dauerdelikt zu einer einheitlichen Tat im prozessualen Sinn ausscheidet, wenn die Einzeldelikte schwerer wiegen als das sie zeitlich verbindende Dauerdelikt. **Mehrere Dauerdelikte** werden nicht schon durch zeitliches Zusammentreffen zu einer Tat. So besteht zwischen dem unerlaubten Besitz von Betäubungsmitteln und der zeitgleich begangenen Ordnungswidrigkeit des Führens eines Kraftfahrzeuges unter der Wirkung von berauschenden Mitteln verfahrensrechtlich keine Teilidentität, wenn das Mitführen der Betäubungsmittel im Kraftfahrzeug in keinem inneren Beziehungszusammenhang mit dem Fahrvorgang steht (BGH NStZ 2004, 694, 695 mAnm Bohnen). Ein Verstoß gegen eine Aufenthaltsbeschränkung nach dem Asylverfahrensgesetz und der gleichzeitige uner- 11 laubte Besitzes sowie das Führen einer Schusswaffe sind nicht dieselbe Tat (OLG Stuttgart Die Justiz 2001, 497, 498, 499), ebenso ein während des Verstoßes gegen die Aufenthaltsbeschränkung begangener Diebstahl (OLG Hamburg NStZ-RR 1999, 247, 248).

12 Ähnliche Kriterien wie für Dauerdelikte gelten auch für **Organisationsdelikte**, wie die Mitgliedschaft in einer kriminellen Vereinigung (BVerfGE 56, 22, 27 ff; BGHSt 29, 288, 292 ff). Sie können gleich schwere Einzeltaten verknüpfen, aber wesentlich schwerer wiegende Einzeldelikte nicht einschließen oder verklammern. Der Annahme zweier prozessualer Taten steht aber nicht entgegen, dass der Angeklagte durch verschiedene schwerer Straftaten jeweils auch den Tatbestand eines Organisationsdelikts erfüllt hat (BGH NJW 2001, 2643, 2545, 2546 mAnm Mitsch NStZ 2002, 159, 160).

3. Tatsachenalternativen

13 Alternativ mögliche Straftaten, wie Diebstahl oder Hehlerei, sind bei zeitlich und räumlich deutlich getrennten und auch im Tatbild verschiedenen Vorfällen selbständige Taten im prozessualen Sinne, unabhängig davon, ob eine eindeutige Verurteilung oder eine mehrdeutige Verurteilung im Wege der Wahlfeststellung erfolgen soll (BGH NStZ 1998, 635, 636). Für jede der Alternativen muss dann die Prozessvoraussetzung einer zugelassenen **Anklage** (§ 151 StPO) erfüllt sein, damit sich auch die Kognitionspflicht und die Aburteilungsbefugnis des Gerichts darauf beziehen (BGHSt 35, 60, 63; OLG Celle NJW 1988, 1225, 1226 mAnm Kröpil NJW 1988, 1188 ff). Eine **Verurteilung auf wahldeutiger Grundlage** wegen einer uneidlichen Falschaussage und einer ihr widersprechenden falschen Verdächtigung ist zum Beispiel nicht zulässig, sofern es sich um selbständige Taten im prozessualen Sinn handelt und eine dieser Taten nicht angeklagt ist (BGHSt 32, 146, 150, 151 mAnm Schröder NJW 1985, 780 ff; Schlüchter JR 1989, 48 ff). Nach der Anklageschrift tatsächlich auch als Alternativen angeklagte Straftaten sind jeweils selbständige Taten im prozessualen Sinn, unabhängig davon, ob eine eindeutige Verurteilung oder eine wahldeutige Verurteilung erfolgt. Wenn der Angeklagte nur wegen einer der Alternativtaten schuldig gesprochen wird, muss er folglich auch vom Vorwurf der anderen Tat freigesprochen werden (BGH NStZ 1998, 635, 636).

C. Die angeklagte Tat als Gegenstand der Urteilsfindung zum Schuldspruch
I. Anklagegegenstand als Urteilsgegenstand

14 Abs 1 erklärt die in der Anklage bezeichnete Tat zum Gegenstand der Urteilsfindung; das entspricht dem **Anklagegrundsatz** des § 151 StPO, wonach die Anklageerhebung wegen einer bestimmten Tat im prozessualen Sinne gegen einen bestimmten Angeschuldigten eine Prozessvoraussetzung für die gerichtliche Untersuchung ist. Ebenso ist die Anklageerhebung wegen einer bestimmten Tat eine **Prozessvoraussetzung** für das Urteil. Die Anklageschrift muss **die Tat** gemäß § 200 Abs 1 StPO nach Tatzeit, Tatort und Tatumständen so genau umschreiben, dass der Verfahrensgegenstand **unverwechselbar gekennzeichnet** ist. Darauf bezieht sich sodann die Kognitionspflicht des Gerichts (BGHSt 46, 130, 133). Dabei sind die Umgrenzungsfaktoren ersetzbar und Einzelinformationen entbehrlich, solange die Tat nur durch andere Umstände ausreichend individualisiert ist. Ob eine hinreichende Tatkonkretisierung vorliegt, hängt von den Umständen des Einzelfalles ab. **Bei Serien gleichartiger Tathandlungen**, wie insbesondere dem sexuellen Missbrauch eines Kindes, genügt nach der Rechtsprechung eine allgemeine Tatbeschreibung, die Angabe eines Tatzeitraums und die Nennung der zur Beschränkung der Kognitionspflicht des Gerichts maßgeblichen Höchstzahl der in diesem Zeitraum anzunehmenden Einzeltaten (BGHSt 40, 44, 46). **Der Eröffnungsbeschluss** des Gerichts kann den Verfahrensgegenstand weiter eingrenzen, ihn aber nicht im Sinne des Anklagegrundsatzes konstitutiv festlegen, so dass Gegenstand der Eröffnungsentscheidung und des Urteils des Gerichts nur eine Tat oder auch eine Mehrzahl von Taten sein darf, die in der Anklageschrift genannt ist.

15 Die bloße Erwähnung eines Sachverhalts in der Anklageschrift macht diesen freilich noch nicht notwendigerweise zum Verfahrensgegenstand, soweit sich der **Verfolgungswille der Staatsanwaltschaft** nicht darauf bezieht und es sich um eine andere Tat im prozessualen

Sinne handelt (BGHSt 16, 200, 202; BGHSt 43, 96, 100). Die Entscheidung darüber, ob die gesonderte Tat angeklagt wird oder nicht, obliegt der Staatsanwaltschaft, die ihre Entscheidung durch die Prozesserklärung in der Anklageschrift kundtun muss. Die Anklageschrift unterliegt zwar der Auslegung unter Hinzuziehung des wesentlichen Ergebnisses der Ermittlungen (BGHSt 46, 130, 134), sie muss aber den Verfolgungswillen hinsichtlich selbständiger Taten im prozessualen Sinne klar erkennen lassen. So ist die bloß illustrierende Beschreibung der Vorgeschichte der Tat, ihrer Hintergründe oder des Nachtatverhalts des Angeklagten noch nicht identisch mit einer Anklageerhebung, auch wenn sich dahinter Vor- oder Nachtaten zu dem eigentlich erwähnten Delikt verbergen, die selbständige Taten im prozessualen Sinne bilden. Andererseits ist der Verfolgungswille der Staatsanwaltschaft, vom Fall des § 154a StPO abgesehen, unteilbar, soweit es um eine einheitliche Tat im prozessualen Sinne geht. Selbst das, was sie von der mit anderen Umständen hinreichend umgrenzten Tat nicht erwähnt, unterliegt gleichwohl der Kognitionspflicht des Gerichts.

II. Gerichtliche Umgestaltung der Strafklage

Innerhalb des von der Anklageschrift als Verfahrensgegenstand umgrenzten Rahmens ist das Gericht bei der **Feststellung der Tatsachen** und der rechtlichen Bewertung der Tat frei. Es kann den Sachverhalt anders feststellen, als er in der Anklageschrift umschrieben wurde, solange der Rahmen des angeklagten einheitlichen historischen Geschehens nicht verlassen wird, innerhalb dessen der Angeklagte einen Straftatbestand oder mehrere Straftatbestände erfüllt hat. Verändert sich im Laufe eines Verfahrens das Bild des Geschehens, so kommt es darauf an, ob die „Nämlichkeit der Tat" trotz der Abweichung noch gewahrt ist (BGH StraFo 2009, 71, 72). Dies ist dann der Fall, wenn bestimmte Merkmale die Tat weiterhin als einmaliges, unverwechselbares Geschehen kennzeichnen, selbst wenn das Urteil im Vergleich zur Anklageschrift unter anderem eine andere Tatzeit annimmt (BGH NStZ-RR 2006, 316, 317). Eine **Veränderung des Tatzeitpunkts** ist aber nur dann unschädlich, wenn die in der Anklage beschriebene prozessuale Tat unabhängig von der Tatzeit nach anderen Merkmalen ausreichend individualisiert ist. Bei nur wenig konkretisierten Serienstraftaten ist dies regelmäßig nicht der Fall (BGHR StGB § 177 Abs 1 Gewalt 14). 16

Das Gericht kann den festgestellten Sachverhalt auch materiell-strafrechtlich anders bewerten als im abstrakten Anklagesatz. Es hat **sämtliche in Betracht kommenden Straftatbestände** autonom zu prüfen, soweit keine Verfahrensbeschränkung nach § 154 StPO, § 154a StPO erfolgt ist (BGHSt 32, 84, 85) oder Verfahrenshindernisse, wie die Strafverfolgungsverjährung bezüglich bestimmter Tatbestände oder das Fehlen eines Strafantrags oder der Eintritt von Teilrechtskraft (BGHSt 25, 72, 75), vorliegen. Kann dem Angeklagten die Gesetzesverletzung, auf welche die **Verfolgung beschränkt** worden ist, nicht nachgewiesen werden, muss das Gericht, um seiner Kognitionspflicht zu genügen, auch ohne Antrag eines Verfahrensbeteiligten den ausgeschiedenen Teil **wieder einbeziehen** (BGH NStZ-RR 2001, 263; Urt v 7. 6. 2006 – Az 2 StR 72/06). Selbst an seine eigene rechtliche **Bewertung der Tat im Eröffnungsbeschluss** ist das erkennende Gericht in der Hauptverhandlung nicht mehr gebunden (Abs 2). Es muss nur bei einer geänderten Bewertung des Schuldvorwurfes nur durch Hinweise an die Verfahrensbeteiligten diesen das rechtliche Gehör gewähren (§ 265 Abs 1 StPO). 17

III. Weiter gehende Aufklärungsbefugnisse

Die Beschränkung des Rechts und der Pflicht zur Sachaufklärung, Tatsachenfeststellung und rechtlichen Bewertung auf den von der Anklageschrift umrissenen Sachverhalt bezieht sich nur auf die Schuldfrage. Weitere Umstände, auch nicht angeklagte Taten, können aufgeklärt und festgestellt sowie bewertet werden, soweit dies nur als **Indiz** im Rahmen der Beweiswürdigung **oder** für die **Rechtsfolgenentscheidung** von Bedeutung ist (BGHSt 34, 209, 210; KK-StPO/Engelhardt StPO § 264 Rn 24). Auch verjährte Taten unterliegen insoweit der Prüfung durch das erkennende Gericht, wenn es sie als Indiz für die Schuldfrage oder als Strafzumessungsgesichtspunkt (krit Foth NStZ 1995, 375, 376) für erheblich erachtet. An Feststellungen rechtskräftiger Urteile in anderer Sache ist es dabei nicht gebunden, weil diese nicht in Rechtskraft erwachsen. Jedoch kann es den Urteilsinhalt durch Urkun- 18

D. Revision

19 Wird der Angeklagte wegen einer **Tat** verurteilt, die **nicht Gegenstand der zugelassenen Anklageschrift** war, dann liegt ein Prozesshindernis vor, das aufgrund einer zulässigen Revision vom Revisionsgericht von Amts wegen festzustellen ist und zur Einstellung des Verfahrens nach § 206 a StPO, § 260 Abs 3 StPO führt (vgl BGH wistra 2003, 111, 112; wistra 2003, 150, 151), gegebenenfalls auch zur Freisprechung, wenn nur eine nicht angeklagte Tat abgeurteilt, eine angeklagte Tat hingegen nicht bewiesen ist.

20 Die **mehrfache Rechtshängigkeit** derselben Tat führt zu einem Verfahrenshindernis nach Art 103 Abs 3 GG, das grundsätzlich vom Revisionsgericht von Amts wegen geprüft wird, soweit nicht ausnahmsweise doppelrelevante Tatsachen im Strengbeweisverfahren geklärt werden müssen (BGHSt 46, 307, 309). Ist dieselbe Tat bei Gerichten verschiedener Ordnung rechtshängig, so gebührt grundsätzlich dem zuerst eröffnenden Gericht der Vorrang (BGHSt 36, 175, 181; BGH NStZ-RR 2000, 332, 333).

21 Prüft das Tatgericht eine angeklagte Tat nicht in vollem Umfang, dann verletzt es seine **Kognitionspflicht** aufgrund der vorliegenden Vorschrift. Zugleich liegt ein aufgrund der Sachrüge zu prüfender Sachmangel des Urteils vor, weil eine Strafnorm nicht angewendet wurde (BGH NStZ 2006, 350, 351). Dadurch ist aber der Angeklagte meist nicht beschwert, zumal einem neuen Strafverfahren wegen derselben Tat Art 103 Abs 3 GG entgegensteht, so dass der Mangel vorzugsweise aufgrund der Revision der Staatsanwaltschaft (BGH NStZ 2004, 582, 583) oder eines Nebenklägers aufgegriffen wird. Eine Verfahrenstrennung, die sich auf einen Teil derselben Tat im prozessualen Sinne bezieht, ist unzulässig (BGH NStZ 2002, 105, 106).

22 Wurden dem Angeklagten in der zugelassenen Anklage **weitere Taten** zur Last gelegt, die **im Urteil unerwähnt** bleiben, so sind diese selbständigen Taten nicht Gegenstand des angefochtenen Urteils und unterliegen nicht der Überprüfung durch das Revisionsgericht. Sie sind noch beim Landgericht anhängig (BGH NStZ-RR 2002, 98).

§ 265 [Veränderung des rechtlichen Gesichtspunktes]

(1) Der Angeklagte darf nicht auf Grund eines anderen als des in der gerichtlich zugelassenen Anklage angeführten Strafgesetzes verurteilt werden, ohne daß er zuvor auf die Veränderung des rechtlichen Gesichtspunktes besonders hingewiesen und ihm Gelegenheit zur Verteidigung gegeben worden ist.

(2) Ebenso ist zu verfahren, wenn sich erst in der Verhandlung vom Strafgesetz besonders vorgesehene Umstände ergeben, welche die Strafbarkeit erhöhen oder die Anordnung einer Maßregel der Besserung und Sicherung rechtfertigen.

(3) Bestreitet der Angeklagte unter der Behauptung, auf die Verteidigung nicht genügend vorbereitet zu sein, neu hervorgetretene Umstände, welche die Anwendung eines schwereren Strafgesetzes gegen den Angeklagten zulassen als des in der gerichtlich zugelassenen Anklage angeführten oder die zu den im zweiten Absatz bezeichneten gehören, so ist auf seinen Antrag die Hauptverhandlung auszusetzen.

(4) Auch sonst hat das Gericht auf Antrag oder von Amts wegen die Hauptverhandlung auszusetzen, falls dies infolge der veränderten Sachlage zur genügenden Vorbereitung der Anklage oder der Verteidigung angemessen erscheint.

Überblick

In einem fairen Verfahren muss vor allem der Angeklagte ausreichend Gelegenheit zur Vorbereitung seiner Verteidigung haben (Art 6 Abs 3 lit b MRK) und er soll – ebenso wie jeder andere Verfahrensbeteiligte – im Rahmen der Äußerungsrechte (§ 257 StPO, § 258 StPO) das rechtliche Gehör zu allen entscheidungserheblichen Tatsachenfragen und rechtlichen Gesichtspunkten erhalten (Art 103 Abs 1 GG). Bei unveränderter Sach- und Rechtslage erfüllt die Anklageschrift die erforderliche Informationsfunktion. Für Fälle einer rechtlichen Umgestaltung der Strafklage durch das Gericht oder einer nachträglichen Änderung der Sachlage regelt die vorliegende Vorschrift das Vorgehen zur Gewährleistung der Prozessgrundrechte. Abs 1 schreibt dazu vor, dass der Angeklagte vom Gericht auf eine Veränderung des rechtlichen Gesichtspunkts bei der Anwendung des einschlägigen Strafgesetzes hingewiesen werden muss. Der Angeklagte muss nach dem Hinweis auch Gelegenheit erhalten, sich zu verteidigen. Abs 3 u Abs 4 sehen vor, dass dies durch Aussetzung der Hauptverhandlung geschehen kann. Dasselbe wie nach Abs 1 gilt gem Abs 2, wenn erst in der Hauptverhandlung vom Strafgesetz besonders vorgesehene Umstände hervortreten, welche die Strafbarkeit erhöhen oder die Anwendung einer Maßregel der Besserung und Sicherung gestatten. Nicht nur eine Unterbrechung der Hauptverhandlung, sondern deren Aussetzung auf Antrag des Angeklagten sieht Abs 3 vor, wenn Umstände neu hervorgetreten sind, welche als ein Teil der Fälle nach Abs 1 die Anwendung eines schwereren Strafgesetzes oder aber als ein Fall nach Abs 2 die Anwendung eines besonderen Straferhöhungsgrundes oder einer Maßregel rechtfertigen, der Angeklagte diese neuen Umstände bestreitet und er außerdem behauptet, auf die Verteidigung nicht genügend vorbereitet zu sein. Darüber hinaus sieht das Gesetz in Abs 4 eine Aussetzung der Hauptverhandlung bei Veränderung der Sachlage vor, wenn die Aussetzung deshalb zur Vorbereitung von Anklage oder Verteidigung angemessen erscheint. Dazu bedarf es nicht notwendigerweise eines Antrags; die Aussetzung kann insoweit auch von Amts wegen beschlossen werden.

Übersicht

	Rn		Rn
A. Normbedeutung	1	**D. Vorbereitung der Verteidigung bei nachteiliger Veränderung der Sach- und Rechtslage**	37
B. Hinweis vor Anwendung eines anderen Strafgesetzes	5	I. Aussetzungsgrund	38
I. Hinweispflicht des Gerichts	5	II. Aussetzungsantrag	42
1. Rechtsnormhinweis	6	III. Aussetzungsentscheidung	43
2. Tatsachenhinweise	12	**E. Vorbereitung von Anklage und Verteidigung bei Änderung der Sachlage**	44
3. Hinweis bei nachträglich möglicher Substantiierung der vagen Vorwürfe bei Serientaten	16	I. Veränderung der Sachlage	45
II. Art und Weise des Hinweises	19	1. Änderung der Sachlage mit materiell-rechtlicher Bedeutung	45
III. Erteilung und Protokollierung des Hinweises	22	2. Änderung der Verfahrenslage	47
C. Nachträglich hervorgetretene besondere Umstände für eine Straferhöhung oder eine Maßregelanordnung	23	II. Angemessenheit der Vorbereitung der Anklage oder der Verteidigung	49
I. Vertypte Straferhöhungsgesichtspunkte	24	III. Aussetzungsentscheidung	51
II. Andere Strafschärfungsgründe	26	IV. Gerichtlicher Hinweis auf die veränderte Sachlage	52
III. Maßregeln der Besserung und Sicherung	29	**F. Rechtsmittel**	53
		I. Beschwerde	53
IV. Art und Form des Hinweises	36	II. Revision	54

A. Normbedeutung

Die **Informationsfunktion** der Anklageschrift und des Eröffnungsbeschlusses reicht im Regelfall aus, um dem Angeklagten die Vorbereitung der Verteidigung zu ermöglichen und ihm sowie den anderen Verfahrensbeteiligten zusammen mit den Äußerungsrechten nach § 257 StPO, § 258 StPO das rechtliche Gehör zu gewähren (vgl BVerfGE 42, 243, 245). Das gilt aber nicht ohne weiteres auch dann, wenn es zu einer **Umgestaltung der Strafklage** 1

(§ 264 StPO Rn 16 f) kommt oder in der Hauptverhandlung neue Umstände hervortreten, die in wesentlichen Punkten eine andere Entscheidung rechtfertigen können. Dann muss vor allem der Angeklagte auf die Änderung des rechtlichen Gesichtspunkts hingewiesen werden, damit kein Überraschungsurteil zu seinem Nachteil ergeht (BGHSt 48, 221, 227) und er sein Recht auf Beweisteilhabe ausüben kann. Insoweit dienen Abs 1 u Abs 2 der **Gewährung rechtlichen Gehörs**. Abs 3 u Abs 4 stellen eine gesetzliche **Ausgestaltung des fairen Verfahrens** iSd Art 6 Abs 3 lit b MRK dar. Hinzu kommt eine mittelbare Bedeutung der auch nachträglich im Rahmen von § 257 StPO u § 258 StPO zu ermöglichenden Sacheinlassung oder sonstigen Verteidigung, etwa mit Stellungnahmen zu den Beweisergebnissen, Beweisanträgen oder Beweisanregungen, für die **Sachaufklärung** (BGHSt 28, 196, 198).

2   Die Hinweispflicht für das Gericht nach **Abs 1** gilt für die **Anwendung einer Strafnorm im Schuldspruch**, die nicht zuvor von der Anklageschrift und dem Eröffnungsbeschluss als maßgebend bezeichnet worden war (Abs 1), gleich ob dies auf einer Änderung der rechtlichen Bewertung oder auf neuen Tatsachen beruht. Vorausgesetzt wird dabei, dass zunächst jedes abstrakte Tatbestandsmerkmal, das Grundlage des Schuldspruchs werden soll, in der Anklageschrift, in einem abändernden Eröffnungsbeschluss oder in einem sonstigen Hinweis mitsamt den zu Grunde liegenden Tatsachenannahmen mitgeteilt worden war (Wachsmuth StV 2008, 343). Ist dies der Fall, dann muss bei einer Änderung der rechtlichen Bewertung als Hinweis des Gerichts neu definiert werden; ein rechtlicher Hinweis ergänzt dann die Informationsfunktion, die zuvor vor allem der Anklageschrift zukommt, im Einzelfall aber auch dem Eröffnungsbeschluss. Ob ein nachträglicher Hinweis des Gerichts nicht nur auf eine Änderung des rechtlichen Gesichtspunktes, sondern auch auf Tatsachen geboten ist, was Abs 1 nicht gesondert erwähnt (BGHSt 19, 141, 142; BGHSt 48, 221, 227), hängt von den Umständen des Einzelfalls ab. Bei einer Änderung der rechtlichen Bewertung wegen einer Änderung der Sachlage im Hinblick auf die Tatsachengrundlage eines Tatbestandsmerkmals der einschlägigen Strafnorm wird auch der Tatsachenhinweis regelmäßig zu fordern sein, soweit diese Tatsachengrundlage nicht evident ist. Eine Hinweispflicht besteht nach **Abs 2** im Übrigen bei neu hervorgetretenen Tatsachen, die **besondere Strafschärfungsgründe** begründen oder die **Anordnung einer Maßregel** der Besserung und Sicherung gestatten (Abs 2). Letztlich ist bei einer am Fairnessgrundsatz und an dem Anspruch auf rechtliches Gehör orientierten teleologischen Auslegung immer dann, wenn der Angeklagte sich aufgrund einer Änderung der Sach- oder Rechtslage in zentralen Punkten anders verteidigen kann, ein gerichtlicher Hinweis erforderlich (Küpper NStZ 1986, 249, 250).

3   Die Vorschrift überschneidet sich zum Teil mit dem normgeprägten Prozessgrundrecht auf **Gewährung rechtlichen Gehörs** gem Art 103 Abs 1 GG (Wachsmuth StV 2008, 343), ist damit aber nicht in allen Punkten deckungsgleich. Darüber hinaus können sich im Einzelfall auch dann, wenn die vorliegende Vorschrift dies nicht ausdrücklich bestimmt, Hinweispflichten aus dem Prozessgrundrecht ergeben. Die Beteiligten des Verfahrens dürfen nach Art 103 Abs 1 GG weder vom Ergehen der Entscheidung an sich noch von deren Inhalt überrascht werden. Zur Vermeidung einer Überraschungsentscheidung reicht es prinzipiell aus, dass die Beteiligten irgendwoher die nötigen Informationen erhalten, sei es aus der Anklageschrift, dem Eröffnungsbeschluss, einem vorterminlichen Hinweis des Gerichts, dem bloßen Gang der Verhandlung oder einem förmlichen Hinweis in der Hauptverhandlung. Einer gerichtlichen Entscheidung dürfen nach Art 103 Abs 1 GG nur solche **Tatsachen und Beweisergebnisse** zu Grunde gelegt werden, zu denen sich die Beteiligten äußern konnten (BVerfGE 63, 45, 59). Ihre bloße Information genügt aber nicht zur Gewährung des rechtlichen Gehörs. Es muss vielmehr für die Beteiligten auch eine konkrete Möglichkeit der Äußerung zum Sachverhalt bestehen (BVerfGE 70, 93, 100). Der tatsachenbezogenen Äußerung wird die Möglichkeit zu einer **Äußerung zur Rechtslage** gleichgestellt (BVerfGE 98, 218, 263). Gem Art 103 Abs 1 GG sind die Gerichte schließlich gehalten, Ausführungen der Prozessbeteiligten nicht nur zu ermöglichen, sondern diese zur Kenntnis zu nehmen und in Erwägung zu ziehen (BVerfGE 105, 279, 311). Art 103 Abs 1 GG verlangt aber grundsätzlich nicht, dass das Gericht vor der Entscheidung auf seine Rechtsauffassung hinweist (BVerfGE 66, 116, 147). Auch ergibt sich aus dem Prozessgrundrecht keine allgemeine Frage- und Aufklärungspflicht. Ein Gericht verstößt aber gegen Art 103 Abs 1 GG, wenn es ohne vorherigen Hinweis Anforderungen an Tatsachenbehauptungen stellt

oder auf rechtliche Gesichtspunkte abstellt, mit denen selbst ein kundiger Prozessbeteiligter nach dem Prozessverlauf nicht zu rechnen brauchte (BVerfGE 86, 133, 144 f). Das ist der verfassungsrechtliche Maßstab für Hinweispflichten des Gerichts.

Veränderungen der Sachlage können aufgrund des über Art 103 Abs 1 GG hinaus gehenden Anspruchs der Verfahrensbeteiligten auf ein faires Verfahren auch zu einer **Aussetzung der Hauptverhandlung** führen, damit sie sich darauf einrichten können. Insbesondere werden dadurch die Verteidigungsmöglichkeiten verbessert (BGHSt 48, 183, 187). Einen Anspruch auf Aussetzung hat der Angeklagte, wenn neue Umstände hervortreten, welche die Anwendung eines schwereren Strafgesetzes, eines besonderen Strafschärfungsgrundes oder einer Maßregel rechtfertigen und der Angeklagte die neuen Umstände bestreitet sowie eine Aussetzung mit Hinweis auf eine unzureichende Vorbereitung der Verteidigung beantragt (Abs 3). Sonst ist – je nach den Umständen des Einzelfalles – die Hauptverhandlung auch von Amts wegen auszusetzen, wenn eine Veränderung der Sachlage eintritt und die Vorbereitung von Anklage oder Verteidigung eine Aussetzung aus diesem Grund angemessen erscheinen lässt (Abs 4). 4

B. Hinweis vor Anwendung eines anderen Strafgesetzes

I. Hinweispflicht des Gerichts

Abs 1 fordert einen Hinweis des Gerichts bei Veränderung des rechtlichen Gesichtspunkts gegenüber der zur Hauptverhandlung zugelassenen Anklageschrift bezüglich der angeklagten Tat im prozessualen Sinne (OLG Jena StV 2007, 230, 231, 232). Dies ergibt sich daraus, dass Anklageschrift und Eröffnungsbeschluss eine **Konzentrierung der Verteidigungsbemühungen** in tatsächlicher und rechtlicher Hinsicht auf die Voraussetzungen der Strafnormen zur Folge haben, welche nach der Anklageschrift (§ 200 Abs 1 S 1 StPO), gegebenenfalls in der Umgestaltung durch den Eröffnungsbeschluss (§ 207 Abs 2 Nr 3 StPO), maßgeblich sein sollen. Würde das Gericht ohne entsprechenden Hinweis seine Rechtsansicht in der Hauptverhandlung ändern und eine andere Strafnorm anwenden, dann könnten die Verteidigungsbemühungen des Angeklagten fehl gehen. Das Resultat wäre selbst im Fall einer objektiven Erkennbarkeit der abweichenden rechtlichen Bewertung wegen des Ablenkungseffektes der in eine andere Richtung weisenden Anklageschrift dennoch ein Überraschungsurteil. Deshalb hat das Gericht auf eine Änderung des rechtlichen Gesichtspunkts, der dem Schuldspruch zugrunde gelegt werden soll, vorab hinzuweisen. Der Wegfall eines Strafschärfungsgrundes macht hingegen nach dem Normzweck im Allgemeinen keinen Hinweis auf das Minus erforderlich, weil klar ist, dass die Verteidigung sich nun darauf beziehen muss. Wenn also statt des angeklagten Mordes nur wegen Totschlags verurteilt werden soll, dann bedarf es keine Hinweises darauf, dass der Wegfall des Mordmerkmals den Totschlagtatbestand übrig lässt (BGH StV 2008, 243, 343 mAnm Wachsmuth). 5

1. Rechtsnormhinweis

Abs 1 verlangt den Hinweis auf eine Veränderung des rechtlichen Gesichtspunktes der Verurteilung, wenn eine Abweichung von dem in der zugelassenen Anklage angeführten Strafgesetz abgewichen wird. Die Hinweispflicht bezieht sich also auf den **Straftatbestand** nach dem Besonderen Teil des StGB, **der dem Schuldspruch zu Grunde gelegt werden soll**. Darauf, ob die neue Norm anstelle oder neben der bisher benannten Strafvorschrift zum Zuge kommen soll, kommt es nicht an. In beiden Fällen ist ein Hinweis geboten; unterschiedlich ist von Fall zur Fall nur der Umfang des Hinweises. Es geht zunächst nur um einen Rechtsnormhinweis. Beruht die Änderung des rechtlichen Gesichtspunktes allein auf einer abweichenden rechtlichen Bewertung des unveränderten Sachverhalts durch das Gericht in der Hauptverhandlung, dann reicht ein solcher auf die Vorschrift verweisender Hinweis aus. Führt aber erst das Auftauchen neuer Umstände in der Hauptverhandlung zu einer abweichenden rechtlichen Bewertung, dann muss neben dem Hinweis auf die Rechtsnorm **auch auf Tatsachen**, die der neuen Bewertung zu Grunde liegen, aufmerksam gemacht werden (BGHSt 13, 320, 324). Was aber genau zur Erfüllung der Hinweispflicht mitgeteilt werden muss, richtet sich nach den Umständen des Einzelfalles. 6

7   Die Hinweispflicht bezieht sich auf eine andere Strafnorm, die neben oder anstelle der in der zugelassenen Anklage genannten Vorschrift dem Schuldspruch zu Grunde gelegt werden soll (Küpper NStZ 1986, 249, 250). Nicht gemeint sind damit Vorschriften, die alleine den Rechtsfolgenausspruch betreffen; es geht um rechtliche Aspekte des Schuldspruchs. Anders als in Abs 3 spielt es hier andererseits keine Rolle, ob die neu angewendete Strafnorm einen schwereren Vorwurf gegen den Angeklagten begründet oder einen leichteren als die bisher im Raume stehende Strafvorschrift. Auch auf die Möglichkeit der **Anwendung einer milderen Strafnorm** muss also hingewiesen werden (BGH NStZ-RR 1996, 10), weil der Angeklagte seine Verteidigung sonst unter Umständen auf den schwereren Vorwurf konzentriert und der leichtere übersehen werden kann.

8   Die Hinweispflicht ist dagegen ausgeschlossen, wenn es allein um den **Wegfall einer Erschwerung** geht, der Grundtatbestand aber als Vorwurf erhalten bleibt (BGH NJW 1970, 904) oder wenn **einer von mehreren Tatbeständen entfällt**. Wird auf die Möglichkeit der Anwendung einer milderen Strafgesetzes hingewiesen, dann bleibt der schon in der zugelassenen Anklageschrift enthaltene Vorwurf der Erfüllung eines schwereren Tatbestands im Raum stehen. Das Gericht muss nicht vor einem Urteil, das sich ungeachtet des Hinweises auf die mildere Norm, dann doch auf den in der Anklage genannten schwereren Straftatbestand stützt, erneut auf die Alternative hinweisen, solange das Gericht jedenfalls keinen besonderen Vertrauenstatbestand gesetzt hat. Eine **Rücknahme des Hinweises** auf die Möglichkeit einer anderen rechtlichen Bewertung ist also regelmäßig nicht erforderlich (BGH NJW 1998, 3654, 3655).

9   Enthalten Strafnormen „**wesensverschiedene**" **selbständige Begehungsweisen**, dann muss in dem gerichtlichen Hinweis genau angegeben werden, welche der Begehungsweisen angenommen werden soll (BGHSt 2, 371, 373; BGHSt 23, 95, 96; BGH NStZ 1984, 328, 329). Das gilt etwa für andere Mordmerkmale als diejenigen, welche die zugelassene Schwurgerichtsanklage dem Angeklagten anlastet (BGHSt 23, 95, 97 ff; BGHSt 25, 287, 288 ff) oder für die Heranziehung eines bestimmten Mordmerkmales, nachdem die zugelassene Anklageschrift keines benannt hatte (BGH NStZ 2007, 116, 117). Weist eine Qualifikationsnorm (Abs 2) mehrere Alternativen auf, dann muss beim Übergang von der einen zur anderen Alternative ein Hinweis erfolgen. Das gilt auch, wenn innerhalb der Alternative weitere selbständige Unterscheidungen erfolgen, wie bei § 224 Abs 1 Nr 2 StGB (Waffe oder anderes gefährliches Werkzeug), weil eine **verschiedenartige Verteidigung möglich** ist (Küpper NStZ 1986, 249, 252; Schlothauer StV 1986, 213, 217). Die Tathandlungsalternativen in Form einer Vorspiegelung falscher oder Entstellung oder Unterdrückung wahrer Tatsachen iSv § 263 Abs 1 StGB ist dagegen, solange nicht die Grenzen von Tun und Unterlassen überschritten werden, innerhalb des „alternativen Mischgesetzes" des Betruges kein eigenständiger Tatbestand, so dass es einen Hinweises auf eine „wesensgleiche" Alternative nicht bedarf (Küpper NStZ 1986, 249, 250).

10 Auch unterschiedliche Tatvarianten nach Normen des Allgemeinen Teils des StGB können Hinweispflichten auslösen. Kommen die verschiedenen **Schuldformen** von Vorsatz oder Fahrlässigkeit in Frage, auch in den Kombinationen nach § 315 c Abs 3 StGB, dann muss vor dem Urteil bei Änderung des rechtlichen Gesichtspunktes darauf hingewiesen sein, welche Schuldform in Betracht kommt (OLG Stuttgart StV 2008, 626) und zwar auch dann, wenn beide Alternativen in derselben Norm erwähnt sind (zur ungenannten Schuldform bei Ordnungswidrigkeiten OLG Karlsruhe ZfSch 2008, 112, 113). Auf verschiedene Stadien oder Begehungsformen der Tat ist bei Abweichung von der zugelassenen Anklage ebenfalls hinzuweisen, so bei **Versuch statt Vollendung** (BGHSt 2, 250, 251), **Unterlassen statt aktiven Handelns** (BGH StV 1984, 367, 368), **Beihilfe oder Anstiftung statt Täterschaft** (BGH MDR 1967, 63) oder umgekehrt (BGH NJW 1985, 2488), einer **anderen Art der** unmittelbaren, mittelbaren **Täterschaft** oder Mittäterschaft (für Mittäterschaft statt Alleintäterschaft BGHSt 11, 18, 19; BGH NStZ 1984, 328, 329; NStZ 2005, 261, 262; für Alleintäterschaft BGH Beschl v 14. 10. 2008 – Az 4 StR 260/08). Auch auf eine Änderung der Konkurrenzbewertung ist hinzuweisen, so etwa wenn statt **Tateinheit** (§ 52 StGB) **Tatmehrheit** (§ 53 StGB) angenommen werden soll (BGH NStZ 1985, 563) oder umgekehrt.

11 Wenn eine **Wahlfeststellung** in Betracht kommt, muss zunächst schon der Anklagegrundsatz beachtet sein, sofern es sich bei den Alternativen um selbständige Taten im

prozessualen Sinne handelt (§ 264 StPO Rn 13). Ist innerhalb derselben Tat eine Wahlfeststellung möglich, dann muss sich die Alternative nicht notwendigerweise schon aus der Anklageschrift ergeben. Insoweit ist dann aber ein Hinweis des Gerichts gemäß Abs 1 erforderlich. Auch dann, wenn die zugelassene Anklage die Alternative erfasst, aber rechtlich nicht hervorhebt und erst das Gericht in der Hauptverhandlung die Wahlfeststellung erwägt, ist ein Hinweis erforderlich.

2. Tatsachenhinweise

Hinweise auf eine geänderte Sicht der Sachlage sind nach dem **Wortlaut des Gesetzes** 12 nicht erforderlich. Das Gesetz ist jedoch mit Blick auf Art 103 Abs 1 GG und Art 6 Abs 3 lit a MRK **zu eng gefasst** (Gillmeister StraFo 1997, 8 ff). Es greift die Frage des Tatsachenhinweises vor allem deshalb nicht ausdrücklich auf, weil die angeklagte Tat generell nach dem Ergebnis der Hauptverhandlung autonom bewertet werden muss und sich aufgrund einer ausführlichen Beweisaufnahme in Anwesenheit aller Verfahrensbeteiligten stets zahlreiche Möglichkeiten für Tatsachenfeststellungen ergeben, die vom konkreten Anklagesatz in irgendeinem mehr oder weniger für die Verteidigung wesentlichen Punkt abweichen. Das entzieht sich einer abstrakt-generellen Regelung über Hinweispflichten. Dies schließt andererseits nicht aus, dass bestimmte Tatsachen nicht ohne vorherigen Hinweis des Gerichts abweichend von der zugelassenen Anklage festgestellt werden dürfen. Die wiederum folgt **aus dem Grundgedanken des Abs 4** (RGSt 76, 82, 85), zumal das dortige Aussetzungsgebot eine Unterrichtung der Verfahrensbeteiligten über die zu Grunde liegenden Tatsachen einschließt (BGHSt 19, 141, 142), **und aus Art 103 Abs 1 GG** (BGHSt 11, 88, 91; BGHSt 19, 141, 142; EbSchmidt JR 1958, 267, 268; Wachsmuth StV 2008, 343). Schließlich geht es darum, die ursprüngliche Informationsfunktion des Anklagesatzes durch neue Informationen mit gleicher Aussagekraft zu ersetzen, so dass im Fall der Änderung des rechtlichen Gesichtspunktes entsprechende Hinweise auf die zu Grunde liegenden Tatsachen erforderlich sind (BGHSt 13, 320, 324). Das Gericht darf einen Angeklagten daher nach der über den Wortlaut der vorliegenden Vorschrift hinaus entwickelten Formel der Rechtsprechung nicht im Urteil mit der Feststellung eines tatsächlichen Umstands überraschen, auf die er weder durch den Inhalt der Anklageschrift oder des Eröffnungsbeschlusses noch durch den Gang der Hauptverhandlung so weit vorbereitet worden ist, dass er Anlass gehabt hätte, sich dazu ausreichend zu äußern (BGH JR 1958, 267 mAnm EbSchmidt; BGH JR 1964, 187, 188 mAnm E. Schmidt).

Hinweise auf eine Änderung der Sachlage können zunächst **im Zusammenhang mit** 13 **einer Änderung des rechtlichen Gesichtspunktes** erforderlich werden, insbesondere dann, wenn aus einer zu Entlastungszwecken angeregten Beweiserhebung Schlussfolgerungen auf einen belastenden Sachverhalt gezogen werden sollen (BGH StV 2007, 229). Insoweit verlangt Abs 1 zugleich neben dem Hinweis auf die anzuwendende Rechtsnorm auch einen Hinweis auf die Veränderung der Sachlage, wenn diese zu einer Änderung des rechtlichen Gesichtspunkts für den Schuldspruch führt (Schlothauer StV 1986, 213, 214). Tatsachenhinweise können darüber hinaus bei einer Abweichung vom Tatbild der zugelassenen Anklageschrift **ohne Änderung** der rechtlichen Bewertung der Schuldfrage erforderlich werden (Schlothauer StV 1986, 213, 222 ff). Weil einerseits Tatsacheninformationen für die Verteidigung ebenso wichtig sind wie Rechtsinformationen, andererseits zur Vermeidung einer Lähmung der Hauptverhandlung nicht alle Tatsachen, die sich dort neu ergeben, zum Gegenstand eines Hinweises gemacht werden können, ist die Verpflichtung des Gerichts zum Hinweis auf Änderungen der Sachlage auf die Umgrenzungsmerkmale der Tat, insbesondere **Tatzeit** (Schlothauer StV 1986, 213, 224) und **Tatort** oder **wesentliche Faktoren des Tatbildes**, sowie andere erkennbar für die Verteidigung **ebenso wichtige Umstände** beschränkt werden (arg e Abs 4).

Für die **Art und Weise der Information** des Angeklagten über eine Änderung der 14 Sachlage weicht die Rechtsprechung von den Erfordernissen für den Rechtsnormhinweis ab. Eine ausreichende Unterrichtung des Angeklagten über eine Änderung der Sachlage soll danach auch ohne förmlichen Hinweis des Gerichts schon dann vorliegen, wenn der Angeklagte **aus dem Gang der Verhandlung** entnehmen kann, dass das Gericht einen dort neu hervorgetretenen Umstand aufgreifen will. Ein förmlicher Hinweis ist dann zumindest gegenüber dem verteidigten Angeklagten nicht erforderlich (BGHSt 19, 141, 143 mAnm E. Schmidt JR 1964, 188; BGHSt 28, 196, 197). Beim unverteidigten Angeklagten kann man dies anders sehen, weil nicht ohne weiteres feststellbar ist, dass der unverteidigte Angeklagte den Gang der Hauptverhandlung so überblickt, dass er das Aufgreifen des neuen Tatsachenaspekts durch das Gericht erfasst.

15 Auch die **Protokollierungspflichten** nach § 273 Abs 1 StPO, die nur für wesentliche Förmlichkeiten, nicht für Inhalte der Erörterungen in der Hauptverhandlung gelten, **erstrecken sich nicht auf eine Tatsacheninformation** an den Angeklagten, die aus dem Gang der Hauptverhandlung zu entnehmen ist (BGHSt 2, 371, 373; BGHSt 19, 141, 143). Allerdings genügt es zur Erfüllung der Hinweispflicht des Gerichts nicht, dass Auskunftspersonen bei ihrer Vernehmung den neuen Aspekt angesprochen haben; es muss deutlich werden, dass das Gericht ihn aufgreifen will (BGHSt 28, 196, 198). Ob der Angeklagte in diesem Sinne über die gerichtliche Tatsachenbewertung ausreichend informiert wurde, ist im **Freibeweisverfahren** zu klären.

3. Hinweis bei nachträglich möglicher Substantiierung der vagen Vorwürfe bei Serientaten

16 Sind bei einer Serie gleichartiger strafbarer Handlungen, insbesondere des sexuellen Missbrauchs von Kindern, Einzelheiten abgrenzbarer Taten unbekannt, dann soll die Anklageerhebung nach der Rechtsprechung unter Angabe des allgemeinen Tatbildes, Nennung eines Tatzeitraums und Angabe der Höchstzahl der innerhalb dieses Zeitraumes begangenen Taten möglich sein. Die **Umgrenzungsfunktion** der Anklageschrift, die für deren Wirksamkeit konstitutiv ist, gilt dann als erfüllt, obwohl eine Einzeltatkonkretisierung nicht stattfindet (BGHSt 40, 44, 46 mAnm Peters NStZ 1994, 591, 592). Verbleibende Mängel betreffen danach nur die **Informationsfunktion der Anklageschrift** (BGHSt 44, 153, 156). Sie verpflichten das Tatgericht nach einem Ansatz in der Rechtsprechung des BGH (1. Strafsenat) aber immerhin dann, wenn sich nachträglich die Möglichkeit einer **Präzisierung** der Umschreibung der Einzeltaten ergibt, zumindest dazu, dem Angeklagten durch Hinweise hierauf rechtliches Gehör zu gewähren (BGHSt 44, 153, 156; BGH NStZ 1996, 295, 296). Nachträgliche Erkenntnisse über Umgrenzungsmerkmale der Tat sollen vom Gericht in dieser Konstellation auch durch förmlichen Hinweis aufgegriffen werden, um den anfänglichen Informationsmangel der Anklageschrift zu kompensieren, sobald das möglich wird. Dies betrifft die Umschreibung von Tatzeit und Tatort, Zahl und Frequenz der Einzeltaten sowie die wesentlichen Grundzüge des Geschehensablaufs. Da es sich bei dem nachträglichen Hinweis darauf um eine Ergänzung von Anklage und Eröffnungsbeschluss handelt, muss die Unterrichtung der Verteidigung **dokumentiert** werden. Ein passender Ort dafür ist das Protokoll der Hauptverhandlung; jedoch gehören die Tatsacheninformationen auch insoweit nicht zu den wesentlichen Förmlichkeiten der Hauptverhandlung, so dass die Aufnahme in das Protokoll nicht zwingend ist und etwa durch Mitteilungen im Urteil (vgl BGHSt 28, 196, 198) surrogiert werden kann (BGHSt 44, 153, 157). Dabei handelt es sich freilich um ein Postulat für Zwecke der revisionsgerichtlichen Nachprüfung. Eine ausreichende **Informierung des Angeklagten** in der Tatsacheninstanz kann dagegen auch **durch den Gang der Hauptverhandlung** erfolgen (BGH NStZ 1996, 295).

17 Prämisse dieser Rechtsprechung ist, dass eine Anklage ungeachtet ihrer Konkretisierungsdefizite im Tatsächlichen wirksam ist, weil „die eigentlich gebotene Konkretisierung" wegen der Besonderheiten der Fallkonstellation unmöglich ist. Aus der Erfüllung der Umgrenzungsfunktion der Anklageschrift entnimmt eine andere Strömung in der Rechtsprechung des BGH, dass dann aber grundsätzlich auch **nachträgliche Hinweise des Gerichts nicht erforderlich** sind, weil Abs 1 diese nicht vorsieht (BGHSt 48, 221, 224 mAnm Maier NStZ 2003, 674 ff). Nur ausnahmsweise soll eine Hinweispflicht bestehen, um dem Angeklagten das rechtliche Gehör zu gewähren und ihm eine sachgerechte Einstellung der Verteidigung zu ermöglichen, so etwa, wenn das Gericht durch eine zunächst geäußerte Einschätzung einen Vertrauenstatbestand geschaffen hatte, aber im Verlauf der Hauptverhandlung zu anderen Erkenntnissen gelangt (BGHSt 48, 221, 228).

18 Diese Rechtsprechung fingiert mit der Folge eines „Erdrutsches" (Peters NStZ 1994, 591, 592) eine Erfüllung der rechtsstaatlich erforderlichen (BGHSt 8, 92, 97) Umgrenzungsfunk-

tion der Anklageschrift, obwohl diese eigentlich nicht besteht (RGSt 21, 64). Darauf ist auch die vorliegende Vorschrift über die nachträgliche Erfüllung der Informationsfunktion nicht zugeschnitten. Jedenfalls liegt im Sinne von Abs 4 eine **veränderte Sachlage** vor, wenn der strafrechtliche Vorwurf auf die Einzeltaten individualisierende Umstände gestützt werden soll, die sich aus Anklageschrift und Eröffnungsbeschluss nicht ergeben (BGHSt 8, 92, 96). Daraus wiederum folgt eine Hinweispflicht im Zusammenhang mit dem Aussetzungsanspruch nach Abs 3 oder Abs 4. Die einschränkende Variante der Rechtsprechung hatte als conditio sine qua non für ihren Ansatz bei der **Fiktion einer Erfüllung der Umgrenzungsfunktion**, die früher noch dogmatisch korrekt verneint worden war (RGSt 3, 406, 408; RGSt 21, 64), wenigstens eine nachträgliche Erfüllung der Informationsfunktion gefordert. Die weiter gehende Rechtsprechung hat dies zu Unrecht als nicht tragende Überlegung bewertet und die Kompensation auch der Informationsdefizite der unsubstantiierten Anklageschrift aufgegeben. Damit ist die Prämisse der praktischen Aufgabe der Umgrenzungsfunktion der Anklage als Voraussetzung für die gerichtliche Untersuchung (§ 151 StPO) wieder fragwürdig geworden. Bei rechtlich einwandfreier Bewertung und nach dem Normzweck ist sie an sich unzutreffend und beruht alleine auf Praktikabilitätserwägungen, opfert aber die Verteidigungsmöglichkeit mit einem Alibibeweis, der bei undatierten Einzeltaten einer Serie, namentlich in dem inzwischen entstandenen Sonderstrafverfahrensrecht für Missbrauchsfälle (Matt/Renzikowski/Eschelbach StGB § 176 Rn 8), praktisch unmöglich wird.

II. Art und Weise des Hinweises

Der gerichtliche Hinweis nach Abs 1 ist **sobald wie möglich** zu erteilen, weil er ein Surrogat für die zugelassene Anklage ist und daher eine sachgerechte Verteidigung in allen Stadien der Hauptverhandlung ermöglichen soll. Sind wesentliche Teile der Beweisaufnahme bereits vorher abgeschlossen, dann kann der nachträgliche Hinweis auf eine Änderung des rechtlichen Gesichtspunkts es erforderlich machen, zur Ermöglichung des Fragerechts unter dem neuen Blickwinkel die bereits abgeschlossenen Teile der Beweisaufnahme zu wiederholen. Das zeigt, dass es methodisch fehlerhaft ist, den Hinweis bis zum Ende der Beweisaufnahme zurückzuhalten, wenn er vorher schon möglich wäre. Ein Hinweis, der eine Ergänzung der Informationen aus der Anklageschrift darstellt, kann freilich auch schon **vor der Hauptverhandlung**, insbesondere im Eröffnungsbeschluss (§ 207 Abs 2 Nr 3 StPO) oder auch gesondert davon erteilt werden. Die Informationsfunktion eines mit Gründen versehenen Eröffnungsbeschlusses ist angesichts der Minimalisierungstendenzen der überlasteten Praxis mit ihrem entwerteten Formularöffnungsbeschluss (Eschelbach FS Richter II 2006, 113, 119 ff) zu Unrecht in Vergessenheit geraten. Eine **Wiederholung** des einmal erteilten Hinweises **in einer neuen Tatsachenverhandlung** nach Aussetzung, Urteilsaufhebung und Zurückverweisung der Sache oder in der Berufungsinstanz erscheint dagegen entbehrlich, solange nicht infolge Zeitablaufs oder anderer Umstände anzunehmen ist, dass der in der früheren Hauptverhandlung gegebene Hinweis vergessen wurde. Auch die Rechtsausführungen bei einer Zuständigkeitsverweisung nach § 209 StPO, § 225 a StPO, § 270 StPO oder Ausführungen des Rechtsmittelgerichts bei Urteilsaufhebung und Zurückverweisung der Sache an die Vorinstanz erfüllen – unabhängig von deren Verlesung in der neuen Hauptverhandlung – eine Hinweisfunktion, die im Einzelfall einen zusätzlichen Hinweis des neu erkennenden Gerichts entbehrlich machen können (BGH StV 2008, 342, 343 mAnm Wachsmuth). 19

Der notwendige **Inhalt** des Hinweises auf die Veränderung des rechtlichen Gesichtspunktes bestimmt sich nach den Umständen des Einzelfalles. Der Hinweis ist nur dann ausreichend **konkret**, wenn er es dem Angeklagten ermöglicht, die Verteidigung auf den neuen Gesichtspunkt einzurichten. Genannt werden muss nicht nur die Rechtsnorm, sondern es müssen auch die Tatbestandsmerkmale erwähnt werden. Erfolgt etwa der Hinweis, es komme in Abweichung zur zugelassenen Anklage Mord in Betracht, muss für den Angeklagten auch erkennbar sein, welches Mordmerkmal gemeint ist (BGH NStZ 2005, 111, 112). Wo nötig, sind auch die zu Grunde zu legenden Tatsachen mitzuteilen. 20

Der Hinweis ist ferner nur dann ausreichend, wenn er angibt, welche Strafnorm **nach Auffassung des Gerichts** und nicht nur von Verfahrensbeteiligten im konkreten Fall in Betracht kommt (BGH NStZ 2007, 116, 117). Auch ein im Einzelfall gebotener Tatsachen- 21 hinweis, der aus dem Gang der Hauptverhandlung abgeleitet werden kann, muss erkennen lassen, dass das Gericht von einer Änderung der Sachlage ausgeht. Hat etwa ein Angeklagter für die in der Anklage genannte Tatzeit ein Alibi, so darf das Gericht keine andere Tatzeit feststellen, ohne ihn vorher darauf hinzuweisen. Dass sich etwa eine andere Tatzeit, als sie in der Anklageschrift angenommen wurde, aus den Bekundungen von Beweispersonen ergibt, ist nicht ausreichend. Es muss vielmehr deutlich werden, dass auch das Gericht diesen Gesichtspunkt aufgenommen und in die Erwägungen einbezogen hat (BGH NStZ-RR 2006, 213, 214). Die Hinweispflicht wird dagegen nicht schon dadurch gegenstandslos, dass **der Staatsanwalt** oder sogar **der Verteidiger** den neuen rechtlichen Gesichtspunkt aufgreifen (BGHSt 19, 141; BGH NStZ-RR 2005, 376); denn es ist nicht auszuschließen, dass sie eine mögliche oder eine tatsächlich durchgeführte Verteidigung gegen den neuen rechtlichen Gesichtspunkt nicht in gleicher Weise darauf konzentriert wie in dem Fall, dass das Gericht selbst darauf aufmerksam macht (RGSt 20, 33, 34, 35).

III. Erteilung und Protokollierung des Hinweises

22 Ein Hinweis nach Abs 1 oder Abs 2 wird vom Vorsitzenden erteilt; wenn er diesen ablehnt gilt § 238 Abs 2 StPO. Der Hinweis muss **ohne Ausschluss der Öffentlichkeit** (BGH StV 2003, 271, 272) förmlich gegeben und im **Protokoll der Hauptverhandlung** festgehalten werden (BayObLG NStZ-RR 2004, 248, 249). Auch **der wesentliche Inhalt** des Hinweises ist im Protokoll festzuhalten. Damit ist aber noch nicht gesagt, ob zugleich Hinweise auf Tatsachengrundlagen der Änderung des rechtlichen Gesichtspunktes in den Protokollvermerk aufzunehmen sind (dafür Hänlein/Moos NStZ 1990, 481, 482). Da **Tatsacheninformationen** nicht abstrakt-generell vorgeschrieben sind, ist auch ihre Protokollierungsbedürftigkeit weder dem Grunde nach noch mit dem jeweiligen Inhalt anzunehmen. Schließlich müsste zuerst ein Protokollführer wissen, ob und wie er einen entsprechenden Vermerk in der Hauptverhandlung aufnehmen soll. Das kann von ihm kaum erwartet werden. Daher ist der genaue Inhalt des Hinweises gegebenenfalls vom Revisionsgericht durch **Freibeweis** zu klären (BGHSt 13, 320, 323; BGHSt 19, 141, 143).

C. Nachträglich hervorgetretene besondere Umstände für eine Straferhöhung oder eine Maßregelanordnung

23 Bei Änderungen der Sachlage, die zu einer anderen Rechtsfolgenbewertung führen, stellt Abs 2 nur eine begrenzte Hinweispflicht auf, die sich auf Änderungen der Sachlage bezüglich einer im Strafgesetz besonders genannten Straferhöhung oder der Anordnung einer Maßregel der Besserung und Sicherung beziehen. Damit knüpft das Gesetz einerseits an eine nachträgliche **Änderung der Sachlage** an, andererseits an **vertypte Rechtsfolgenbestimmungen**. Anders als in den Fällen des Abs 1 genügt es nicht, dass die Straferhöhung oder die Maßregel allein aufgrund einer anderen rechtlichen Beurteilung des durch die zugelassene Anklage bekannten Sachverhalts vom Gericht in Erwägung gezogen wird (BGHSt 29, 274, 279). Ob diese Einschränkung der auch sonst zu eng gefassten Norm durchzuhalten ist, muss mit Blick auf Art 103 Abs 1 GG kritisch bewertet werden (Schlothauer StV 1986, 213, 220; Wachsmuth ZRP 2006, 121, 122, 123). Gelangt etwa das Tatgericht ohne Änderung der Sachlage allein aufgrund einer Änderung seiner Rechtsauffassung zu der Ansicht, dass eine Qualifikation anstelle des angeklagten Grundtatbestands oder eine weitere Qualifikationsstufe in Betracht zu ziehen ist, dann folgt aus Art 103 Abs 1 GG eine Hinweispflicht, obwohl Abs 2 der vorliegenden Vorschrift sie nicht verlangt, die Bedeutung des Falles aber derjenigen des Abs 1 entspricht. Anderseits ergibt sich aus Abs 2 zumindest, dass der **Wegfall eines straferhöhenden Umstands** oder eines Anlasses für die Anordnung einer Maßregel keine Hinweispflichten auslöst. Auch der **Wegfall des** vertypten Strafmilderungsgrundes nach **§ 21 StGB** bedarf keines Hinweises nach Abs 2 (BGH NStZ 1988, 191 mAnm Hilgendorf-Schmidt).

I. Vertypte Straferhöhungsgesichtspunkte

24 Im Strafgesetz vorgesehene besondere Umstände, welche die Strafbarkeit erhöhen, sind solche, die durch ein ergänzendes Merkmal derselben Strafnorm oder in einer anderen

gesetzlichen Regelung die Strafbarkeit erhöhen oder eine Maßregelanordnung gestatten. Das sind vor allem die echten **Qualifikationen**, bei denen durch Festlegung zusätzlicher Tatumstände ein gegenüber dem Grundtatbestand selbständiger Tatbestand geschaffen wird (OLG Jena StV 2007, 230, 231, 232), aber auch **Regelbeispiele** für besonders schwere Fälle (BGH NJW 1980, 714). Unbenannte besonders schwere Fälle scheiden dagegen als Grund für einen Hinweis des Gerichts aus (BGHSt 29, 274, 279).

Nach der Rechtsprechung besteht keine Verpflichtung des Gerichts, darauf hinzuweisen, dass neben der Verhängung lebenslanger Freiheitsstrafe die Feststellung der **besonderen Schwere der Schuld** (§ 57 a StGB) in Betracht kommen könnte (BGH NJW 1996, 3285 mAnm Wollweber NJW 1998, 121, 122; BGH StV 2006, 60, 61 mAnm Lüderssen), was aber mit Blick auf die Gebote der Fairness des Verfahrens und der Gewährung rechtlichen Gehörs bedenklich erscheint. 25

II. Andere Strafschärfungsgründe

Abs 2 knüpft nur an besondere Umstände für eine Straferhöhung an. Daher sind neu hervorgetretene **allgemeine Strafzumessungsaspekte** grundsätzlich nicht mit einer Hinweispflicht verknüpft. Es ist etwa nicht notwendig, auf die Verwertbarkeit eines festgestellten, wegen Verjährung aber für sich genommen nicht verfolgbaren Tatgeschehens hinzuweisen. Die Erforderlichkeit eines Hinweises zur Verwertung von Geschehen, bezüglich dessen die Strafverfolgung gemäß § 154 StPO, § 154 a StPO beschränkt worden war, kann sich dagegen daraus ergeben, dass andernfalls das Verhalten der Justiz widersprüchlich erscheinen kann (Schlothauer StV 1986, 213, 226). Das ist aber als Gegenausnahme nicht der Fall, wenn nach der konkreten Prozesslage kein Vertrauenstatbestand besteht, weil die Verwertung erkennbar war (BGH NStZ 2004, 277, 278). § 154 a Abs 3 S 3 StPO sieht aber jedenfalls die entsprechende Anwendung von Abs 4 der vorliegenden Vorschrift vor. 26

Auch sonst wird aus Gründen der Verfahrensfairness Abs 2 bisweilen entsprechend angewendet, so etwa dann, wenn **Nebenstrafen oder Nebenfolgen** in Betracht gezogen werden (Schlothauer StV 1986, 213, 219), die weitere Tatbestandsvoraussetzungen über die Erfüllung des Anknüpfungsstraftatbestands hinaus aufweisen, so für die **Einziehung** (BGH StV 1984, 453, 454). Entsprechend Abs 2 wird auch für das **Fahrverbot** nach **§ 25 StVG** ein Hinweis verlangt (BGHSt 29, 274, 276; OLG Düsseldorf NZV 1990, 38, 39; OLG Hamm ZfSch 2005, 519, 520), nicht notwendigerweise aber für das Fahrverbot nach **§ 44 StGB** (OLG Celle DAR 1978, 109, 110; nicht bei staatsanwaltschaftlichem Antrag OLG Koblenz NJW 1971, 1472; anders für sachliche Ausnahmefälle OLG Hamm Urt v 21. 9. 1979 – Az 4 Ss 1284/79 – oder zur Vermeidung von Überraschungsentscheidungen BayObLG JZ 1978, 576, 577). 27

In der Absprachenpraxis ist das Tatgericht an einen bei einer Verständigung **zugesagten Strafrahmen** nicht gebunden, wenn es nachträglich zu der Auffassung gelangt, dass die Einlassung des Angeklagten den Anforderungen an ein glaubhaftes Geständnis nicht genügt oder nachträglich neue schwer wiegende Strafschärfungsgründe bekannt werden. Will das Gericht die mitgeteilte Strafobergrenze überschreiten, dann ist es zu einem ausdrücklichen Hinweis verpflichtet (§ 257 c Abs 5 StPO). Auch dieser Hinweis ist protokollierungspflichtig. 28

III. Maßregeln der Besserung und Sicherung

Abs 2 verlangt einen Hinweis des Gerichts, wenn eine in der zugelassenen Anklage noch nicht erwähnte Maßregelanordnung in Frage kommt. Der dazu erforderliche Hinweis muss dem Angeklagten so erteilt werden, dass dieser eindeutig erkennen kann, welche Maßregel das Gericht anordnen will. Der Hinweis des Gerichts kann auch nicht dadurch ersetzt werden, dass Verfahrensbeteiligte eine Maßregel ansprechen (BGH StV 2003, 151) oder ein Sachverständiger sich zu den Voraussetzungen der § 20 StGB, § 21 StGB äußert (BGH StV 2008, 344, 345; NStZ-RR 2008, 316). 29

Der gesetzliche Kanon der Maßregeln ist in § 61 StGB genannt. Dabei handelt es sich um sehr eingriffsintensive Rechtsfolgen, die nur verhängt werden dürfen, wenn sich der Angeklagte dagegen sachgemäß verteidigen konnte. Die Voraussetzungen der Maßregeln gehen über die Tatbestandsvoraussetzungen der Anknüpfungsstraftatbestände hinaus und sind, etwa 30 bezüglich der Frage einer Gefährlichkeit des Angeklagten als Täter, weniger genau konturiert und deshalb erst aus einer Summe von **Indizien** zu entnehmen. Daher lässt sich im Einzelfall schwer sagen, wann Umstände erstmals in der Hauptverhandlung neu hervorgetreten sind, welche die Maßregelanordnung rechtfertigen. Art 103 Abs 1 GG gebietet einen Hinweis auf die Möglichkeit der Maßregelanordnung aber schon dann, wenn **rechtlich erst in der Hauptverhandlung** diese Möglichkeit **erwogen** wird. Es stellt sich dann aber wieder die Frage, ob ergänzend auf die maßgeblichen Umstände aufmerksam gemacht werden muss.

31 In der Hauptverhandlung originär **neu hervorgetretene Umstände**, welche die Maßregelanordnung rechtfertigen können, sind zunächst nur solche, die erstmals in der Hauptverhandlung erkennbar geworden sind. Nach dem Standpunkt der Rechtsprechung, der sich aus einer teleologischen Auslegung der Vorschrift ergibt, können aber auch Umstände, die schon **vorher erkennbar** waren, jedoch in ihrem Bedeutungsgehalt für eine Maßregelanordnung dann noch nicht erfasst wurden, für die Verteidigung ebenso bedeutsam sein. Auch darauf ist, wenn die Möglichkeit der Maßregelanordnung in Anklageschrift und Eröffnungsbeschluss noch nicht aufgegriffen worden war, nach dem Regelungszweck der vorliegenden Vorschrift, Schutz vor Überraschungsentscheidungen zu bieten und eine angemessene Verteidigung zu ermöglichen, hinzuweisen (BGHSt 18, 288, 289).

32 Auch beim **Wechsel von einer Maßregelart**, die in der Anklageschrift erwähnt worden war, **zu einer anderen**, besteht eine Hinweispflicht, wobei es auf den mehr oder weniger schweren Eingriffscharakter oder die Vergleichbarkeit der Rechtsfolgen nicht ankommt. Das Gericht muss etwa dann, wenn die Möglichkeit der Unterbringung des Angeklagten in einem psychiatrischen Krankenhaus in der Anklage angedeutet gewesen war, später aber die Unterbringung in einer Entziehungsanstalt angeordnet werden soll, auch darauf hinweisen (BGH StV 1991, 198).

33 Besonders eingriffsintensiv ist die Anordnung der Unterbringung in der **Sicherungsverwahrung**. War auf diese Möglichkeit in der zugelassenen Anklage nicht oder durch bloße Erwähnung des § 66 StGB in der Vorschriftenliste (BGH StV 1994, 232, 233) nicht ausreichend hingewiesen worden, dann muss in der Hauptverhandlung ein förmlicher Hinweis ergehen (BGH NStZ-RR 2004, 297, 298). Das gilt freilich dann nicht, wenn wenigstens im wesentlichen Ergebnis der Ermittlungen in der Anklageschrift ein Hinweis auf die Möglichkeit dieser Maßregel enthalten war (BGH NStZ 2001, 162).

34 Auf die Möglichkeit der **Entziehung der Fahrerlaubnis** und der Anordnung einer Sperre für die Fahrerlaubniserteilung (§ 69 StGB, § 69a StGB) ist nach Abs 2 ebenfalls hinzuweisen, wenn dies nicht schon aus der zugelassenen Anklage zu ersehen war. Selbst der vorherige Hinweis auf die Möglichkeit eines Fahrverbots in der Anklageschrift macht einen Hinweis nach Abs 2 auf die Maßregel nicht entbehrlich, weil Nebenstrafe und Maßregel in Tatbestand und Rechtsfolge unterschiedlich sind (BayObLG NStZ-RR 2004, 248, 249).

35 Die Hinweispflicht nach Abs 2 erstreckt sich auch auf ein mögliches **Berufsverbot** (BGHSt 3, 30, 31; BGHSt 29, 274, 279), wobei der Hinweis die Möglichkeit der Maßregelanordnung und die Reichweite des Berufsverbots umfassen soll.

IV. Art und Form des Hinweises

36 Für die Art und Weise der Hinweiserteilung nach Abs 2 **in der Hauptverhandlung** und die Protokollierung dieses Hinweises gelten die zu Abs 1 gemachten Ausführungen entsprechend. Die Erörterung der bloßen Möglichkeit der Maßregelanordnung oder ein Schlussantrag eines Verfahrensbeteiligten ersetzt den gerichtlichen Hinweis nicht (BGH StV 2008, 344, 345). Ordnet das Gericht **vor der Hauptverhandlung** die Einholung eines Gutachtens zur Frage der Schuldfähigkeit des Angeklagten und einer Unterbringung in einem psychiatrischen Krankenhaus an, so liegt darin aber bereits der nach Abs 2 erforderliche Hinweis auf die Möglichkeit der Maßregel (BGH NStZ 1992, 249).

D. Vorbereitung der Verteidigung bei nachteiliger Veränderung der Sach- und Rechtslage

37 In der Hauptverhandlung neu hervorgetretene Umstände erfordern bisweilen eine neue Vorbereitung der Verteidigung, die auf die gesamte Hauptverhandlung zugeschnitten sein

muss und deshalb eine Aussetzung erfordern kann. Abs 3 betrifft aber nur neue Umstände, aus denen sich die Anwendung eines schwereren Strafgesetzes oder die Möglichkeit der Maßregelanordnung ergibt. Selbst wenn aber neu hervorgetretene Umstände in diesem Sinne vorliegen, hat der Angeklagte nach Abs 3 nur dann einen Anspruch auf Aussetzung, wenn er die Richtigkeit der neu hervorgetretenen Umstände bestreitet, also die Richtigkeit der neuen Tatsachen in Abrede stellt (BGH wistra 2006, 191). Ferner muss er behaupten, dass seine Verteidigung auf die neuen Umstände mit den genannten Folgen nicht ausreichend vorbereitet ist. Im Ganzen wirkt die als Spezialfall zu Abs 4 formulierte Regelung schwer verständlich und auch neben der Aussetzungsmöglichkeit nach Abs 4 unnötig (Mitsch NStZ 2004, 395, 396). Immerhin wird in diesem eng umgrenzten Fall aber ein direkter Aussetzungsanspruch geregelt (BGHSt 48, 183, 188), während Abs 4 nur eine Ermessensentscheidung eröffnet.

I. Aussetzungsgrund

Neue Tatsachen sind Erkenntnisse, die nicht bereits der Anklage und dem Eröffnungsbeschluss zu Grunde lagen (BGH wistra 2006, 191). Sie können sich auf den objektiven Tatbestand des Strafgesetzes oder auf die innere Tatseite beziehen. Die neu hervorgetretenen Umstände müssen zur **Anwendbarkeit eines schwereren Strafgesetzes** führen, also eines anderen oder qualifizierten Straftatbestands, der nach seiner abstrakten Strafdrohung über das Maß der bisherigen Strafdrohung in der Strafobergrenze oder auch in der Strafuntergrenze hinausgeht. Dem stehen neue Umstände gleich, die eine **Maßregelanordnung** gestatten. Ob die Tatsachen in einer Weise hervorgetreten und erwiesen sind, dass die Anwendung eines schwereren Strafgesetzes oder eine Maßregelanordnung in Betracht kommt, unterliegt einem Beurteilungsspielraum des Gerichts. Hält es die Sachlage für unverändert, dann besteht kein Aussetzungsgrund. Das kann bisweilen erst nach einer Gesamtwürdigung aller Beweisergebnisse entschieden werden; jedoch ist eine Zurückstellung der Aussetzungsentscheidung bis zum Ende der Beweisaufnahme untunlich. 38

Tatsachen, die in einer früheren Hauptverhandlung erkennbar geworden sind, sind nicht neu im Sinne von Abs 3. Auf das Auftauchen eines neuen Beweismittels für eine bereits bekannte Tatsache kommt es nicht an. 39

Selbst wenn neu eingetretene Umstände vorliegen, setzt ein Anspruch des Angeklagten auf Aussetzung nach Abs 3 voraus, dass die **Richtigkeit der neuen Tatsachen bestritten** wird. Er greift also nicht ein, wenn die Tatsachen als solche zwar eingeräumt werden, die Aussetzung jedoch zur besseren Vorbereitung der Verteidigung begehrt wird (BGH wistra 2006, 191) oder die Richtigkeit der Rechtsauffassung des Gerichts in Abrede gestellt wird. Dass ein Schweigen des Angeklagten zur Frage der Richtigkeit der neu hervorgetretenen Umstände nach dem Wortlaut des Abs 3 nicht ausreicht, leuchtet nicht ein (Mitsch NStZ 2004, 395, 396). 40

Zur Aussetzung genügt, wenn die weiteren Voraussetzungen des Abs 3 vorliegen, die **Behauptung des Angeklagten**, dass die **Verteidigung nicht genügend vorbereitet** ist. Eine Nachprüfung der Richtigkeit dieser Behauptung durch das Gericht ist nicht erforderlich (Mitsch NStZ 2004, 305, 396). Eine Ablehnung der Aussetzung mit der Begründung, eine Vorbereitung der Verteidigung könne auch im Rahmen einer Unterbrechung der Hauptverhandlung stattfinden, ist deshalb rechtsfehlerhaft. Es ist oftmals bei Auftreten neuer Umstände, die zur Anwendung eines schwereren Strafgesetzes oder einer Maßregel führen können, notwendig, die Verteidigungsstrategie von Grund auf neu zu strukturieren und sich vor einem vom bisherigen Ablauf der Beweisaufnahme unbeeinflussten Gericht neu einzulassen oder zu schweigen (BGHSt 43, 183, 188). Das bedarf auch aus der Sicht des Angeklagten und seines Verteidigers zuerst einer Sondierung der Möglichkeiten, so dass nicht sogleich eine substantiierte Behauptung der unzureichenden Vorbereitung verlangt werden kann. Der Aussetzungsantrag kann daher auch konkludent die Behauptung enthalten, dass die zur Vorbereitung der Verteidigung erforderliche Zeit nicht verbleibe (BGHSt 48, 183, 185). 41

II. Aussetzungsantrag

Das Gericht kann nach Abs 3 nicht von Amts wegen entscheiden, sondern nur auf Antrag des Angeklagten, seines gesetzlichen Vertreters oder seines Verteidigers. Das Bestreiten der neu hervorgetretenen Umstände und die Behauptung, dass die Verteidigung nicht genügend 42 vorbereitet ist, können mit dem Antrag verbunden oder auch separat angebracht werden. Wenn die Voraussetzungen des Abs 3 nicht vorliegen, dann ist ein Aussetzungsantrag nach Abs 4 zu beurteilen.

III. Aussetzungsentscheidung

43 Liegen die Voraussetzungen des Abs 3 vor, dann hat das Gericht die Hauptverhandlung auszusetzen. Es kann **nicht nach seinem Ermessen** lediglich eine Unterbrechung anordnen (BGHSt 48, 183, 186 ff). Die Aussetzungsentscheidung ergeht durch **Gerichtsbeschluss**, der alsbald nach dem Antrag ergehen soll. Ein begrenztes **Zurückstellen** ist möglich, weil die Frage, ob die neuen Umstände erwiesen sind, im Einzelfall noch näherer Klärung bedarf. Die Aussetzung führt zur Beendigung der Hauptverhandlung und zur Notwendigkeit eines Neubeginns in der dann maßgeblichen Besetzung des Spruchkörpers.

E. Vorbereitung von Anklage und Verteidigung bei Änderung der Sachlage

44 Abs 4 enthält eine über Abs 1 bis Abs 3 hinausreichende Regelung, die andererseits aber auch **nicht eng auszulegen** ist. Auch in sonstigen Fällen kann das Gericht danach bei einer Änderung der Sachlage von Amts wegen oder auf Antrag die Aussetzung der Hauptverhandlung beschließen, wenn dies zur Vorbereitung von Anklage oder Verteidigung angezeigt ist. Die Vorschrift knüpft an eine Veränderung der sachlichen Gegebenheiten an, die entweder in einer Änderung der Tatsachengrundlage des strafrechtlichen Vorwurfes oder seiner Bewertung auf der Rechtsfolgenseite bestehen kann oder auch in einer Änderung der Prozesslage. Es muss um entscheidungserhebliche Umstände gehen; sonst wäre eine Aussetzung der Hauptverhandlung auch mit Blick auf den Beschleunigungsgrundsatz nicht gerechtfertigt. Auch muss es um **neue Tatsachen** gehen, die noch nicht Gegenstand der zugelassenen Anklage waren, nicht nur eine Neubewertung bekannter Umstände durch das Gericht. Bei einer Änderung der Sachlage gestattet Abs 4 die Aussetzung der Hauptverhandlung, um **aus Fairnessgründen** eine erforderliche Vorbereitung von Anklage oder Verteidigung mit Blick auf die neue Sachlage zu ermöglichen. Andere Zwecke, etwa das Abwarten einer Entscheidung in anderer Sache, dürfen damit freilich nicht verfolgt werden; das würde den Beschleunigungsgrundsatz verletzen. Die Ermöglichung einer Schadenswiedergutmachung ist auch nicht nach Abs 4 der vorliegenden Vorschrift gerechtfertigt; sie kann allenfalls nach allgemeinen Regeln erfolgen, dies aber auch nur dann, wenn mit entsprechenden Maßnahmen ernsthaft zu rechnen ist (BGH StraFo 2007, 243 f). Entsprechend anwendbar ist Abs 4 aber nach **§ 154a Abs 3 S 3 StPO**, wenn ausgeschiedene Verfahrensteile wieder einbezogen werden. Das Gericht muss den Angeklagten dann auch unmissverständlich darüber unterrichten, dass er einen in der Anklage nicht aufgeführten Einzelakt in die Verurteilung einbeziehen will (BGH StV 1992, 452, 453 mAnm Scheffler StV 1993, 568 ff).

I. Veränderung der Sachlage

1. Änderung der Sachlage mit materiell-rechtlicher Bedeutung

45 Abs 4 betrifft zunächst den Fall, dass **neue Tatsachen** in der Hauptverhandlung bekannt werden, die **für die materiell-rechtliche Bewertung der Tat im prozessualen Sinne** von Bedeutung sein können. Das betrifft eine Änderung der Tatsachengrundlage des gleich bleibenden Vorwurfes (BGH StV 1990, 249, 250), eine Veränderung der Tatzeitannahme (BGHR StPO § 265 Abs 4 Hinweispflicht 2) oder die Feststellung weiterer Taten im Sinne der § 52 StPO, § 53 StPO innerhalb des einheitlichen Lebenssachverhalts, der den Prozessgegenstand bildet, oder auch Umstände, die den Schuldumfang (zur Rauschgiftmenge BGH StV 1991, 502) oder die Wahl der Rechtsfolgen in Form von Strafen oder Maßregeln grundlegend beeinflussen kann. Sollen insbesondere weitere Handlungen berücksichtigt werden, die dem Angeklagten vorher nicht bekannt gegeben worden waren, so muss das Gericht in der Regel die Hauptverhandlung aussetzen, damit ihm die Gelegenheit zur genügenden Vorbereitung seiner Verteidigung gegeben wird (für Ordnungswidrigkeiten KG Beschl v 21. 9. 2000 – Az 2 Ss 163/00 – 5 Ws (B) 602/00). Ein praktisch wichtiger Grund zur Anwendung von Abs 4 kann auch das Hervortreten von Umständen sein, die auf einen

Fall der § 20 StGB, § 21 StGB hinweisen können, der für die Schuld dem Grunde nach (§ 20 StGB), das Schuldgewicht (§ 21 StGB) oder für eine Maßregel (§ 63 StGB) von Bedeutung sein kann.

Bei Veränderung wesentlicher tatsächlicher Umstände **bedarf es keines förmlichen Hin-** 46 **weises** des Gerichts auf die Sachlage und keiner Belehrung über die Aussetzungsmöglichkeit. Das Tatgericht darf nur den Angeklagten nicht im Unklaren lassen, dass die Verurteilung möglicherweise auf Umstände gestützt werden kann, die in der zugelassenen Anklage nicht enthalten sind (BGH NStZ 1981, 190, 191; StV 1996, 297, 298). Dafür reicht es andererseits nach der Rechtsprechung aus, dass der Angeklagte aus dem Gang der Hauptverhandlung die veränderten tatsächlichen Umstände entnehmen kann (BGH StV 1991, 149, 150).

2. Änderung der Verfahrenslage

Eine Veränderung der Sachlage ist auch dann gegeben, wenn sich die Verfahrenssituation 47 ändert. Wenn etwa der vom Angeklagten erwartete Wahlverteidiger seines Vertrauens in der Hauptverhandlung nicht erscheint und der Angeklagte keine Möglichkeit hat, rasch einen neuen Verteidiger seines Vertrauens zu beauftragen oder sich sonst angemessen auf die neue Situation vorzubereiten, dann liegt zumindest im Ansatz eine Situation im Sinne von Abs 4 vor (OLG Koblenz Urt v 18. 10. 2004 – Az 2 Ss 232/04). Die § 145 Abs 3 StPO, § 228 Abs 2 StPO regeln diesen Fall nicht abschließend. Daraus wird aber auch erkennbar, dass nicht in jedem **Fall des Ausbleibens des Verteidigers** in Fällen ohne notwendige Verteidigung einen Aussetzungsgrund liefert (BGH NStZ-RR 2006, 272, 273; NStZ-RR 2007, 81, 82, 83; OLG Frankfurt NStZ-RR 1996, 304, 305, 306). Indes wird bei einer unverschuldeten Verhinderung des gewählten Verteidigers oftmals ein Aussetzungsgrund bestehen (BGH NStZ 1987, 34, 35; OLG Düsseldorf StV 1995, 69, 70). Eine Veränderung der Sachlage kann auch durch einen **Wechsel des Verteidigers** eintreten (BGH NJW 1965, 2164, 2165; NJW 2000, 1350), der eine Aussetzung zumindest nahe legt (BGH NStZ 1998, 530, 531). Erklärt der neu bestellte Verteidiger, dass er nicht genügend vorbereitet sei, so entscheidet das Gericht nach seinem Ermessen darüber, ob die Verhandlung zu unterbrechen oder auszusetzen ist. Das Gericht kann die Hauptverhandlung im Einzelfall auch mit dem neu bestellten Verteidiger fortsetzen, ohne von neuem beginnen zu müssen (BGH NJW 2000, 1350).

Andererseits kann auch sonst eine unverschuldete Verschlechterung der Angriffs- oder 48 Verteidigungssituation die Aussetzung rechtfertigen. Das gilt namentlich in Fällen des nachträglichen **Auftauchens noch nicht eingesehener Akten** (LG Duisburg StV 1984, 19, 20) oder zuvor nach § 96 StPO **gesperrter Unterlagen** (vgl BGH NStZ 2005, 706, 707; OLG München StV 2005, 430, 431), nachgereichter Vernehmungsprotokolle über Zeugenaussagen (LG Nürnberg-Fürth JZ 1982, 260, 261) oder noch **ungeprüfter Sachbeweise** (BayObLGSt 1981, 14, 16), ferner bei nachträglicher **Verfügbarkeit eines vorbereitenden schriftlichen Sachverständigengutachtens**, das näherer Sichtung und Überprüfung zur Vorbereitung auf die Vernehmung des Sachverständigen in der Hauptverhandlung bedarf. Der Fairnessgrundsatz gebietet es dem Tatgericht schließlich auch, dem Angeklagten das Ergebnis verfahrensbezogener Ermittlungen mitzuteilen, die während der Hauptverhandlung angestellt wurden (BGHSt 36, 305, 308 ff).

II. Angemessenheit der Vorbereitung der Anklage oder der Verteidigung

Anders als in Abs 3 hat der Angeklagte im Fall des Abs 4 die ungenügende Vorbereitung 49 der Verteidigung nicht zu behaupten. Das Gericht hat vom Amts wegen zu prüfen, ob die Aussetzung geboten ist, weil dies zur Vorbereitung von Anklage oder Verteidigung angemessen erscheint. Dafür können nur abstrakt-generelle Überlegungen herangezogen werden, weil das Gericht keinen Einblick in die Strategie von Anklage und Verteidigung hat. Die Angemessenheit der Vorbereitung von Anklage oder Verteidigung bemisst sich vor allem danach, ob weitere Beiträge zur **Sachaufklärung** mit Hilfe von Prozesshandlungen durch Anklage oder Verteidigung bezüglich der neuen Sachlage zu erwarten sind.

Die Aussetzung ist hier, anders als in Abs 3, nicht als zwingende Rechtsfolge vorgesehen. 50 Das Tatgericht kann, je nach den Umständen des Einzelfalles, die Aussetzung oder eine Unterbrechung oder eine Fortsetzung der Hauptverhandlung für angemessen erachten. All dies liegt grundsätzlich im Ermessen des Gerichts. Jedoch kann sich der Ermessensspielraum reduzieren durch die tatsächliche und rechtliche **Bedeutsamkeit der neuen Sachlage**, das **Gewicht des strafrechtlichen Vorwurfes**, die sonstige Prozesslage von Anklage oder Verteidigung. Dem gegenüber steht das Interesse an **Verfahrensbeschleunigung** und Prozessökonomie durch Vermeidung einer Aussetzung der Hauptverhandlung mit der Folge der späteren Wiederholung.

III. Aussetzungsentscheidung

51 Das Gericht hat zumindest dann, wenn ein Verfahrensbeteiligter die Aussetzung beantragt, durch **Gerichtsbeschluss in der Hauptverhandlung** zu entscheiden. Es kann die Aussetzung anordnen oder ablehnen, es kann statt der Aussetzung eine Unterbrechung für ausreichend erachten und den weiter gehenden Aussetzungsantrag ablehnen. Die ablehnende Entscheidung ist ungeachtet ihrer Unanfechtbarkeit bei der Ablehnung eines Aussetzungsantrages zu begründen.

IV. Gerichtlicher Hinweis auf die veränderte Sachlage

52 Das Gericht darf den Angeklagten nicht über die veränderte Sachlage im Unklaren lassen. Schließt die Aussetzung von Amts wegen einen Hinweis auf die Veränderung der Sachlage ein, dann bleibt die Unterrichtung als Minus auch dann noch geboten, wenn die Aussetzung nicht beschlossen wird (BGHSt 19, 141, 142). Das Gericht muss also jedenfalls auf die neue Tatsachenlage hinweisen, wobei der förmliche Hinweis freilich wiederum durch den „Gang der Hauptverhandlung" ersetzt werden kann.

F. Rechtsmittel

I. Beschwerde

53 § 305 S 1 StPO steht einer Beschwerde gegen Maßnahmen nach der vorliegenden Vorschrift regelmäßig entgegen. Die Erteilung eines rechtlichen Hinweises ist deshalb nicht mit der Beschwerde angreifbar. Lehnt der Vorsitzende es ab, einen rechtlichen Hinweis nach Abs 1 oder Abs 2 zu erteilen, dann kann dagegen das Gericht angerufen werden (§ 238 Abs 2 StPO); eine Beschwerde scheitert an § 305 S 1 StPO. Dasselbe gilt für die Ablehnung einer Aussetzung der Hauptverhandlung. Die darin gegebenenfalls liegende Beeinträchtigung der Verteidigung oder sonstigen Rechtsposition kann mit der Revision, aber nicht mit der Beschwerde geltend gemacht werden. Wird die Hauptverhandlung nach Abs 3 oder Abs 4 ausgesetzt, dann ist auch das grundsätzlich nicht beschwerdefähig. Eine **Ausnahme** soll dann gelten, wenn die Aussetzung einen verfahrensfremden Zweck verfolgt, weil dann durch die Annahme der Unzulässigkeit der Beschwerde auch der Beschleunigungszweck des § 305 S 1 StPO verfehlt wird. Jedoch kann auch das Beschwerdegericht nicht die Fortführung der Hauptverhandlung erzwingen. Die Zulassung einer ungeschriebenen Ausnahme von § 305 S 1 StPO kollidiert auch mit dem Grundsatz der Rechtsmittelklarheit.

II. Revision

54 Das **Unterlassen eines gebotenen Hinweises** nach Abs 1 oder Abs 2 ist oftmals Angriffspunkt einer Verfahrensrüge. Die **Revisionsbegründung** muss dann nach § 344 Abs 2 S 2 StPO (vgl OLG Oldenburg NJW 2009, 3669 f) die Strafvorschriften mitteilen, die in der Anklageschrift genannt worden waren (BGH StV 2002, 588, 589); zweckmäßigerweise wird – je nach Fallkonstellation – unbeschadet der von Amts wegen durchzuführenden Prüfung von § 151 StPO (OLG Hamm NStZ-RR 2001, 273, 274; OLG Stuttgart Die Justiz 1990, 96, 97) die ganze Anklageschrift mitgeteilt werden, damit auch eventuelle Hinweise im wesentlichen Ergebnis der Ermittlungen nicht übergangen werden. Ferner muss die Revisionsbegründung sich zum Inhalt des Eröffnungsbeschlusses äußern und angeben, dass weder vor noch in der Hauptverhandlung (auch gegebenenfalls nicht durch einen Verweisungsbeschluss nach § 225 a StPO, § 270 StPO) ein gerichtlicher Hinweis auf andere Vorschriften, die im Urteil herangezogen wurden, gegeben worden war. Das Urteil selbst steht dem Revisionsgericht zum Vergleich zur Verfügung, sofern es jedenfalls – wie üblich – zugleich

mit der auch allgemein erhobenen Sachbeschwerde angefochten ist. Ist dann festzustellen, dass das Urteil auf Rechtsnormen gestützt wurde, die nicht vorab durch Anklageschrift, Eröffnungsbeschluss oder gerichtlichen Hinweis mitgeteilt worden waren, dann liegt ein **Rechtsfehler** vor (§ 337 StPO). Ein Verstoß gegen Abs 1 oder Abs 2 ist aber kein absoluter Revisionsgrund. Er führt nicht zur Aufhebung des Urteils, wenn und soweit ausgeschlossen werden kann, dass der Angeklagte bei gehöriger Unterrichtung sich anders und erfolgreicher als geschehen hätte verteidigen können (BGH NStZ-RR 1996, 10; OLG Hamm NStZ-RR 2001, 273, 274).

Wird bemängelt, dass besondere **Tatsachenhinweise** im Zusammenhang mit der Änderung des rechtlichen Gesichtspunkts oder ohne diesen zu Unrecht unterblieben seien, dann müssen dem Revisionsgericht die Tatsacheninformationen aus der Anklageschrift mitgeteilt werden, auch diejenigen aus dem wesentlichen Ergebnis der Ermittlungen. Ferner muss das Fehlen weiterer Informationen im Eröffnungsbeschluss oder einem gesonderten förmlichen Hinweis des Gerichts zum Ausdruck gebracht werden. Schließlich muss aber auch der „**Gang der Hauptverhandlung**" (BayObLGSt 1992, 161, 162) mitsamt einer eventuellen früheren Hauptverhandlung möglichst genau dargestellt werden, aus dem sich nach der Rechtsprechung ein ausreichender Informationsgehalt ergeben könnte. Erst wenn dies im Abgleich mit dem Urteil schlüssig ergibt, dass eine Änderung der Sachlage in einem wesentlichen Punkt ohne Erfüllung der Informationsfunktion aus Anklageschrift, Eröffnungsbeschluss oder gerichtlichem Hinweis zur Urteilsgrundlage geworden ist, kann insoweit ein Rechtsfehler angenommen werden. Diese Behauptung muss dann vom Revisionsgericht im Freibeweisverfahren auf ihre Richtigkeit überprüft werden. 55

Zur Rüge der **Verletzung des Aussetzungsanspruches nach Abs 3** müssen ebenfalls alle Voraussetzungen der Aussetzung im Einzelnen erläutert werden, also die ursprüngliche Sachlage im Sinne der zugelassenen Anklageschrift, deren Änderung in der Hauptverhandlung mit der Folge der Anwendbarkeit eines schwereren Strafgesetzes oder einer Maßregel, das Bestreiten der neuen Umstände durch den Angeklagten, seine Behauptung der unzureichenden Vorbereitung der Verteidigung, seinen Aussetzungsantrag und die Ablehnungsentscheidung des Gerichts. Die Ablehnung des Vorsitzenden allein reicht beim Kollegialgericht nicht aus, weil dagegen noch der Zwischenrechtsbehelf nach § 238 Abs 2 StPO zu erheben ist, dessen Nichterhebung gegebenenfalls der Revisionsrüge entgegensteht. 56

Wird die **Ablehnung einer Aussetzung nach Abs 4** durch Gerichtsbeschluss (§ 238 Abs 2 StPO, § 338 Nr 8 StPO) bemängelt, dann ist schon beim Rügevortrag im Sinne von § 344 Abs 2 S 2 StPO zusätzlich zu beachten, dass es sich dabei um eine Ermessensentscheidung handelt. Gerügt werden kann daher nur ein fehlerhafter rechtlicher Ansatz bei der gerichtlichen Bewertung der Änderung der Sachlage, die Nichtbeachtung wesentlicher Tatsachen, ein Ermessensfehlgebrauch (BGHSt 8, 92, 96) oder eine Ermessensreduzierung auf Null. Dazu ist in Fällen der Änderung der Prozesslage auch die Verfahrenslage sowie Beweissituation darzustellen (vgl BGH StV 2004, 303) und gegebenenfalls mitzuteilen, warum die verfügbare Zeit auch bei einer Unterbrechung der Hauptverhandlung zur Vorbereitung der Verteidigung nicht ausreichend war. Macht der Angeklagte geltend, der Tatrichter habe einen wegen Verhinderung des Wahlverteidigers gestellten Aussetzungsantrag zu Unrecht abgelehnt, so muss die Revisionsbegründung auch zum Beispiel mitteilen, aus welchem Grund der Verteidiger nicht anwesend war (BGH NStZ 1998, 311 f). Eine Rüge bezüglich der Wiederholung der Beweisaufnahme nach abgelehnter Verfahrensaussetzung und Unterbrechung der Hauptverhandlung wegen Verteidigerwechsels genügt nicht den Anforderungen nach § 344 Abs 2 S 2 StPO, wenn sich der Revision zwar entnehmen lässt, dass der Angeklagte vergeblich zur Wiederholung seiner Einlassung aufgefordert wurde, aber nicht mitgeteilt wird, was hinsichtlich der übrigen Beweismittel veranlasst wurde, und wie sich die Beweislage im Zeitpunkt des Verteidigerwechsels darstellte (BGH StV 2004, 303). 57

Die Rüge der **Verletzung des Anspruchs auf rechtliches Gehör** kann nur Erfolg haben, wenn die angefochtene gerichtliche Entscheidung auf einer Verletzung des Art 103 Abs 1 GG beruht, wenn also nicht ausgeschlossen werden kann, dass die Anhörung des Beschwerdeführers das Gericht zu einer anderen Beurteilung des Sachverhalts oder in einem wesentlichen Punkt zu einer anderen Würdigung veranlasst oder im Ganzen zu einer anderen, ihm günstigeren Entscheidung geführt hätte (BVerfGE 112, 185, 206). Dazu muss 58 regelmäßig vorgetragen werden, welche Maßnahme zur Verteidigung ohne den Verfahrensfehler ergriffen worden wäre. In ähnlicher Weise muss auch bei einer Aufklärungsrüge (§ 244 Abs 2 StPO) dargestellt werden, welche Maßnahmen zur Sachaufklärung sich aufgedrängt hätten, dass und warum sie unterblieben sind und was sie ergeben hätten.

§ 265 a [Auflagen oder Weisungen]

¹Kommen **Auflagen oder Weisungen** (§§ 56 b, 56 c, 59 a Abs. 2 des Strafgesetzbuches) in Betracht, so ist der Angeklagte in geeigneten Fällen zu befragen, ob er sich zu Leistungen erbietet, die der Genugtuung für das begangene Unrecht dienen, oder Zusagen für seine künftige Lebensführung macht. ²Kommt die Weisung in Betracht, sich einer Heilbehandlung oder einer Entziehungskur zu unterziehen oder in einem geeigneten Heim oder einer geeigneten Anstalt Aufenthalt zu nehmen, so ist er zu befragen, ob er hierzu seine Einwilligung gibt.

1   Die Vorschrift bereitet nicht das Urteil, sondern den Beschluss nach § 268 a StPO vor. Sie bezieht sich in S 1 auf Auflagen und Weisungen, die der Angeklagte im Verurteilungsfall durch freiwillige Leistungen abwenden oder als sinnvoll erscheinen lassen kann beziehungsweise in S 2 auf Behandlungsmaßnahmen, die er nur durch seine Einwilligung ermöglichen kann. Dazu ist er in geeigneten Fällen zu befragen, um die Entscheidung des Gerichts im Rahmen des Beschlusses vorzubereiten.

Die **Verpflichtung** des Angeklagten **zu freiwilligen Leistungen** zur Genugtuung für begangenes Unrecht oder eine **Zusage für die künftige Lebensführung** kann dazu führen, dass das Gericht von Auflagen und Weisungen nach § 56 b StGB, § 56 c StGB absieht. Entsprechendes gilt im Fall einer Verwarnung mit Strafvorbehalt (§ 59 a Abs 2 StGB). Dazu muss aber mit der Einhaltung der Versprechungen und Zusagen zu rechnen sein. Kommen Auflagen und Weisungen nach § 56 b StGB, § 56 c StGB in Betracht, dann ist der Angeklagte nach **S 1** in geeigneten Fällen vorab zu befragen, ob er sich zu freiwilligen Leistungen bereit erklärt oder Zusagen für seine Lebensführung macht. Damit soll die Voraussetzung für ein **Absehen** von Auflagen oder Weisungen abgeklärt werden. Ferner kann dadurch ermittelt werden, welche konkreten Auflagen und Weisungen realisiert werden können. Die Weisung, eine Heilbehandlung oder Entziehungskur zu absolvieren, kann nur mit Einwilligung des Angeklagten durchgeführt werden. Die Befragung nach **S 2** dient der Vorklärung, ob die Einwilligung erteilt wird, weil die Weisung nur dann sinnvoll erteilt werden kann.

2   Die Befragung sollte vor dem Urteil in der Hauptverhandlung erfolgen, tunlichst nach dem Ende der Beweisaufnahme, aber vor dem letzten Wort des Angeklagten. Sie kann aber auch noch nach der Urteilsverkündung zur **Vorbereitung des** anschließenden **Beschlusses nach § 268 a StGB** erfolgen. In geeigneten Fällen ist die Befragung vorzunehmen, wenn Auflagen oder Weisungen nach § 56 b StGB, § 56 c StGB, auch in Verbindung mit § 59 a Abs 2 StGB, in Betracht kommen, also wegen Vorliegens der Voraussetzungen in tatsächlicher und rechtlicher Hinsicht **wahrscheinlich** sind. Das setzt eine Vorklärung der Frage der Schuld bezüglich bestimmter Straftaten voraus, die das Gericht im Wege einer **Zwischenberatung** vornehmen kann.

3   Die Befragung wird **vom Vorsitzenden** des Gerichts, gegebenenfalls nach den erforderlichen Vorklärungen mit den anderen Mitgliedern, vorgenommen. Sie ist eine **wesentliche Förmlichkeit der Hauptverhandlung** und deshalb zu protokollieren.

4   Wird die Befragung unterlassen, dann begründet dies für sich genommen nach § 305 a Abs 1 StPO nicht die **Beschwerde** gegen den Beschluss gemäß § 268 a StPO, soweit dieser Leistungen des Angeklagten zum Gegenstand von Auflagen oder Weisungen gemacht hat (OLG Köln NJW 2005, 1671). Dass der Angeklagte vor der getroffenen Entscheidung nach § 268 a StPO nicht angehört wurde, macht die Anordnung noch nicht gesetzwidrig im Sinne von § 305 a Abs 1 S 2 StPO (KG Beschl v 6. 3. 2000 – Az [4] 1 Ss 7/00 [11/00] – 4 Ws 25/00). Eine Behandlungsmaßnahme nach § 56 c Abs 3 StGB ist nur mit Einwilligung des Angeklagten möglich, weshalb das Unterlassen der Befragung zu einer Einwilligung nach S 2 einen Beschwerdegrund liefert.

§ 266 [Nachtragsanklage]

(1) Erstreckt der Staatsanwalt in der Hauptverhandlung die Anklage auf weitere Straftaten des Angeklagten, so kann das Gericht sie durch Beschluß in das Verfahren einbeziehen, wenn es für sie zuständig ist und der Angeklagte zustimmt.

(2) ¹Die Nachtragsanklage kann mündlich erhoben werden. ²Ihr Inhalt entspricht dem § 200 Abs. 1. ³Sie wird in die Sitzungsniederschrift aufgenommen. ⁴Der Vorsitzende gibt dem Angeklagten Gelegenheit, sich zu verteidigen.

(3) ¹Die Verhandlung wird unterbrochen, wenn es der Vorsitzende für erforderlich hält oder wenn der Angeklagte es beantragt und sein Antrag nicht offenbar mutwillig oder nur zur Verzögerung des Verfahrens gestellt ist. ²Auf das Recht, die Unterbrechung zu beantragen, wird der Angeklagte hingewiesen.

Überblick

Die Vorschrift regelt eine vereinfachte Form der Erfüllung des Anklagegrundsatzes in der laufenden Hauptverhandlung. Die öffentliche Klage, welche auch im Fall der Nachtragsanklage den Inhalt des § 200 Abs 1 StPO haben muss (Abs 2 S 2), kann dort nach Abs 1 auf weitere Taten im prozessualen Sinn erstreckt werden. Das kann mündlich (Abs 2 S 1) zu Protokoll der Hauptverhandlung (Abs 2 S 3) geschehen. Das Gericht muss dann, wenn es auch über die weiteren Taten in derselben Hauptverhandlung befinden will, die Einbeziehung beschließen (Abs 1), womit eine Eröffnungsentscheidung ersetzt wird. Voraussetzung dafür ist zunächst die sachliche Zuständigkeit desselben Gerichts. Der Wegfall eines Zwischenverfahrens mit seinen Aufklärungs-, Anhörungs- und Verteidigungsmöglichkeiten nach § 201 StPO, § 202 StPO wird dadurch gerechtfertigt, dass die Einbeziehung nur mit Zustimmung des Angeklagten möglich ist. In der Hauptverhandlung hat der Angeklagte aber sodann die vollen Verteidigungsrechte, die ihm dort auch sonst zustehen (Abs 2 S 4). Zur Vorbereitung der Verteidigung kann die Hauptverhandlung von Amts wegen oder auf Antrag des Angeklagten unterbrochen werden (Abs 4).

Übersicht

	Rn		Rn
A. Normzweck	1	3. Hinreichender Tatverdacht bezüglich der weiteren Taten	18
B. Nachtragsanklage	2	II. Gerichtsbeschluss	22
I. Erforderlichkeit	2	III. Verfahren nach der Einbeziehung	27
II. Entscheidung der Staatsanwaltschaft	3	**D. Unterbrechung der Hauptverhandlung**	30
III. Art und Zeitpunkt der Erhebung der Nachtragsanklage	4	**E. Rechtsmittel**	31
IV. Inhalt	6	I. Sofortige Beschwerde gegen die Ablehnung der Einbeziehung der Nachtragsanklage	31
V. Folgen	8		
C. Einbeziehung durch das Gericht	12		
I. Voraussetzungen der Einbeziehung	13		
1. Zuständigkeit	13	II. Ausschluss der einfachen Beschwerde	32
2. Zustimmung des Angeklagten	15	III. Revision	33

A. Normzweck

Das **Anklageprinzip** wird nur gewahrt, wenn und soweit jeder Verfahrensgegenstand, 1 also jede einzelne Tat im prozessualen Sinne, durch eine öffentliche Klage, welche auch die Voraussetzungen des § 200 Abs 1 StPO erfüllen muss, dem Gericht zur Untersuchung unterbreitet wird (§ 151 StPO). Ergeben sich **weitere Taten** über diejenigen hinaus, die bereits aufgrund von Anklageschrift und Eröffnungsbeschluss des erkennenden Gerichts zum Gegenstand der Verhandlung gemacht sind und der Kognitionspflicht des Gerichts unterliegen, dann können diese nach Abs 1 einerseits **in die laufende Verhandlung einbezogen** werden (Abs 1), wozu andererseits bestimmte Förmlichkeiten zu wahren sind (Abs 2). Die Einbeziehung der Nachtragsanklage in die Hauptverhandlung dient der **Prozessökonomie und Verfahrensbeschleunigung**, denn es muss keine weitere Hauptverhandlung durchgeführt und abgewartet werden. Es kann auch im Interesse des Angeklagten liegen, eine zweite Hauptverhandlung nicht abwarten zu müssen. Dieses Interesse kann er geltend machen oder ausschließen, weil die Einbeziehung der Nachtragsanklage in die Hauptverhandlung von seiner Zustimmung abhängig gemacht wird. Eine Umgehung dieser Voraussetzung dadurch, dass eine gesonderte Anklageerhebung, Eröffnung des Hauptverfahrens und Verbindung der Sache mit der Sache, über die bereits verhandelt wird, ist nicht zulässig. In einem solchen Fall muss zumindest mit der **Hauptverhandlung neu begonnen** werden (BGH NJW 2009, 1429, 1430 für BGHSt 53, 108 ff bestimmt). Abs 1 sieht die Ersetzung der regulären Anklage durch eine Nachtragsanklage in der Hauptverhandlung und die Ersetzung des Eröffnungsbeschlusses durch einen Einbeziehungsbeschluss des erkennenden Gerichts vor. Erstere wird partiell von der Schriftform befreit, denn die Nachtragsanklage kann vom Staatsanwalt mündlich erhoben werden (Abs 2 S 1); ihre Dokumentation als Prozessvoraussetzung erfolgt dann durch Aufnahme in das Protokoll der Hauptverhandlung (Abs 2 S 3). Die Verfahrensfunktion der Verlesung des Anklagesatzes (§ 243 Abs 3 StPO) wird zugleich durch die mündliche Erhebung der öffentlichen Klage ersetzt. Der zur Erfüllung von Umgrenzungs- und Informationenfunktionen erforderliche Inhalt des Anklagesatzes im Sinne von § 200 Abs 1 StPO muss aber gewahrt bleiben (Abs 2 S 2). Die **Verteidigungsinteressen des Angeklagten** (Art 6 Abs 3 lit b MRK) werden in dem Verfahren aufgrund einer Nachtragsanklage in mehrfacher Hinsicht gewahrt. Zunächst muss er der Einbeziehung der Nachtragsanklage **zustimmen** (Abs 1), damit diese vom Gericht beschlossen werden kann. Sodann erhält er in der Hauptverhandlung **Gelegenheit zur Verteidigung** (Abs 2 S 4), schließlich kann die Hauptverhandlung von Amts wegen oder auf seinen Antrag **unterbrochen** werden, um ihm ausreichend Gelegenheit zu geben, seine Verteidigung vorzubereiten (Abs 4).

B. Nachtragsanklage

I. Erforderlichkeit

2   Die Nachtragsanklage ist eine in der Hauptverhandlung erhobene ergänzende öffentliche Klage bezüglich weiterer Taten. Gemeint sind damit **Taten im prozessualen Sinne** (§ 264 Abs 1 StPO), die nicht schon Gegenstand der zur Hauptverhandlung zugelassenen Anklageschrift sind, über welche verhandelt wird. Zu deren gerichtlicher Untersuchung ist nach § 151 StPO eine Nachtragsanklage als **Prozessvoraussetzung** erforderlich (BayObLG Beschl v 17. 4. 1998 – Az 3 St RR 44/98). Auch nicht ausdrücklich erwähnte Sachverhaltsteile, die aber zu einer bereits angeklagten Tat im prozessualen Sinne gehören, unterliegen dagegen ohne weitere Anklagehandlung der Kognitionspflicht des Gerichts und bedürfen nur gegebenenfalls eines rechtlichen Hinweises gemäß § 265 Abs 1 StPO (vgl für Straßenverkehrsgefährdung und unerlaubtes Entfernen vom Unfallort OLG Saarbrücken NJW 1974, 375, 376, 377). Andererseits kann ein rechtlicher Hinweis dann, wenn eine noch nicht angeklagte weitere Tat im prozessualen Sinne vorliegt, eine Nachtragsanklage nicht ersetzen (OLG Jena StV 2007, 230, 231). Das gilt auch in Fällen gleichartiger **Serientaten**, bei denen das Gericht eine über die in der Anklageschrift genannte Höchstzahl der zunächst angenommenen Taten hinausgehende Zahl von Einzeltaten annehmen will (BGH NStZ 1997, 145, 146). Wenn das **Verfahren nach § 154 Abs 1 StPO teilweise eingestellt** worden war und insoweit – anders als im Fall des § 154 Abs 2 StPO – noch keine Anklage erhoben wurde, dann wird die Strafverfolgung hinsichtlich der eingestellten Teile in der Hauptverhandlung nicht allein durch Erteilung eines rechtlichen Hinweises aufgenommen. Es bedarf dann vielmehr der Erhebung einer Nachtragsanklage (OLG Hamm Beschl v 13. 2. 2003 – Az 4 Ss 58/03). **Betrifft ein Vorwurf** nach Anklageschrift und Eröffnungsbeschluss **ausschließlich einen Mitangeklagten**, dann reicht es ebenfalls nicht aus, das Geschehen ohne förmliche Nachtragsanklage allein durch gerichtlichen Hinweis auch als Vorwurf gegen den Angeklagten zu behandeln (BGH StV 1985, 488).

II. Entscheidung der Staatsanwaltschaft

Ob die Staatsanwaltschaft wegen der weiteren Taten – sofern dafür ein hinreichender 3 Tatverdacht vorliegt – eine reguläre Anklage nach § 200 StPO erhebt oder eine Nachtragsanklage nach der vorliegenden Vorschrift, hat sie **nach pflichtgemäßem Ermessen** zu entscheiden. Dafür sind Beschleunigungs-, Aufklärungs- und Verteidigungsinteressen zu berücksichtigen. Je enger die weiteren Taten thematisch mit den bereits angeklagten Taten zusammenhängen, desto eher wird eine Nachtragsanklage in Betracht zu ziehen sein. Je mehr die Herbeischaffung weiterer Beweismittel erforderlich wird, desto eher wird eine gesonderte Anklageerhebung zu wählen sein, um den Gang der bereits laufenden Hauptverhandlung nicht zu sehr zu stören. Das gilt namentlich dann, wenn diese Hauptverhandlung bezüglich des bisherigen Verfahrensgegenstands bereits vorangeschritten ist.

III. Art und Zeitpunkt der Erhebung der Nachtragsanklage

Wenn die Staatsanwaltschaft eine Nachtragsanklage erhebt, dann kann sie dies durch eine 4 **Anklageschrift** bewirken, die aber in der Hauptverhandlung wegen des Mündlichkeitsgrundsatzes **zu verlesen** ist, auch um die Funktion des § 243 Abs 3 StPO zu erfüllen. Die Nachtragsanklage kann aber nach Abs 2 S 1 insgesamt **auch mündlich** erhoben werden. Sie wird dann als wesentliche Förmlichkeit der Hauptverhandlung **in das Protokoll** aufgenommen und zwar mit ihrem gesamten Inhalt, der durch die Notwendigkeit der Erfüllung der Umgrenzungsfunktion der öffentlichen Klage eine Prozessvoraussetzung markiert.

Der **Zeitpunkt** der Erhebung der Nachtragsanklage ist im Gesetz nicht festgelegt. Sie 5 kann daher theoretisch noch bis zu deren Ende erhoben werden, also bis zum Abschluss der mündlichen Mitteilung der Urteilsgründe (Löwe/Rosenberg/Gollwitzer StPO § 266 Rn 9). Das ist aber nicht angebracht, weil die Störung der Hauptverhandlung über den bisherigen Prozessgegenstand dann das Interesse an der Verfahrensbeschleunigung in anderer Sache überwiegen dürfte, und die allzu späte Erhebung der Nachtragsanklage führt auch dazu, dass eine Einbeziehung durch das Gericht nicht beschlossen werden muss, selbst wenn der Angeklagte zustimmt. Näher liegt die im Ermessen der Staatsanwaltschaft stehende Erhebung der Nachtragsanklage daher insbesondere alsbald im Anschluss an die Vernehmung des Angeklagten nach § 243 Abs 4 StPO, wenn dieser im Rahmen seiner Einlassung weitere Taten einräumt.

IV. Inhalt

Die Nachtragsanklage muss dem Inhalt des Anklagesatzes der regulären Anklageschrift 6 entsprechen. Er muss also **den Angeschuldigten genau bezeichnen**, damit das Prozesssubjekt individualisiert wird; das ist aber bei der Anklageerhebung gegen den bereits in anderer Sache anwesenden Angeklagten durch Bezugnahme auf das bisherige Rubrum möglich. Die Nachtragsanklage muss vor allem die nachträglich angeklagten Taten nach Art eines **konkreten Anklagesatzes** abgrenzbar umschreiben, damit die **Umgrenzungsfunktion** der öffentlichen Klage gewahrt ist (BGH NStZ 1986, 276). Dazu müssen die weiteren Taten von den bisher angeklagten Taten, aber auch von möglichen anderen Taten abgrenzbar, insbesondere nach Tatzeit, Tatort, Tatobjekt und Tatbild, umschrieben werden. Zur Erfüllung der **Informationsfunktion** der Anklage müssen auch die Umstände genannt werden, welche die Tatbestandsmerkmale der nach Ansicht der Staatsanwaltschaft erfüllten Strafnorm erfüllen und zwar sowohl zur äußeren als auch zur inneren Tatseite. Schließlich müssen die rechtlichen Voraussetzungen der Strafbarkeit im **abstrakten Anklagesatz** genannt und durch **Zitierung der** maßgeblichen **Vorschriften** bezeichnet werden.

Ein **wesentliches Ergebnis der Ermittlungen** (§ 200 Abs 2 S 1 StPO) braucht die 7 Nachtragsanklage nicht zu enthalten. Genau genommen **soll sie** es auch **nicht enthalten**. Denn durch Beschränkung der Verlesung auf den Anklagesatz im normalen Verfahrensgang (§ 243 Abs 3 StPO) wird auch das wesentliche Ergebnis der Ermittlungen ausgelassen, damit nicht aktenkundige Verfahrensbeteiligte, insbesondere die Schöffen (vgl zu § 200 Abs 2 StPO und Nr 126 Abs 3 RiStBV EGMR Entsch v 12. 6. 2008 Nr 26771/03 Elezi vs Deutschland), nicht vor der Beweisaufnahme in der Hauptverhandlung, welche die alleinige Urteilsgrundlage bilden (§ 261 StPO), von den die Anklageerhebung stützenden Beweisgründen, die auch bei der Erhebung einer Nachtragsanklage ganz oder teilweise außerhalb der Hauptverhandlung liegen mögen, beeinflusst werden. Der mündliche Vortrag eines wesentlichen Ergebnisses der Ermittlungen wäre insoweit sogar ein Verfahrensfehler.

V. Folgen

8   Die Nachtragsanklage erfüllt alle funktionalen Voraussetzungen einer wirksamen Anklageerhebung iSv § 151 StPO, § 200 Abs 1 StPO. Dadurch wird die Sache bei dem angerufenen Gericht **anhängig**. Die Nachtragsanklage kann bis zur Einbeziehung oder deren Ablehnung **zurückgenommen** werden (§ 156 StPO). Wird sie nicht zurückgenommen, dann hat das Gericht über die Einbeziehung oder deren Ablehnung **zu entscheiden**. Umstritten ist, ob die Nachtragsanklage als eine Form der öffentlichen Klage wirkungslos wird, wenn das Gericht ihre Einbeziehung in die Hauptverhandlung ablehnt. Das wird verbreitet vertreten (OLG Stuttgart StV 2002, 184, 185, 186 mAnm Keller/Kelnhofer; LG München I MDR 1978, 161, 162; Löwe/Rosenberg/Gollwitzer StPO § 266 Rn 24a), ist aber fraglich, weil das Gericht bei einer Nichteinbeziehung wegen Fehlens der speziellen Voraussetzungen von Abs 1 ohne Aussage zum Vorliegen eines hinreichenden Tatverdachts auch keine Aussage über die sachliche Berechtigung der formal korrekt erfolgten Anklageerhebung macht.

9   Wird die Einbeziehung beschlossen, dann ist der Gegenstand der Nachtragsanklage auch Gegenstand der gerichtlichen Untersuchung in der Hauptverhandlung. Wird die Einbeziehung nur deshalb abgelehnt, weil sich die Sache **nicht für eine Einbeziehung eignet**, dann bleibt die Sache bei dem Gericht anhängig (**aA** OLG Karlsruhe StV 2002, 184, 185 mit in der Folgerung unzutreffendem Hinweis auf BGH NStZ-RR 1999, 303). Die öffentliche Klage ist nur weder rechtshängig noch Gegenstand der Hauptverhandlung, aber vom Gericht auch nicht inhaltlich dementiert. Die Staatsanwaltschaft behält durch die Ablehnung der Einbeziehung der Nachtragsanklage ihre Dispositionsbefugnis und sie kann die Nachtragsanklage als solche zurücknehmen (§ 156 StPO) sowie danach eine neue Anklage nach § 200 StPO erheben. Sieht sie von beidem ab, dann bleibt ihre Anklageerhebung als Prozesshandlung mit einer verhandlungsübergreifenden Bedeutung wirksam. Sieht man die Dinge so, dann liegt (entgegen Keller/Kelnhofer StV 2002, 186, 187) auch keine Verletzung von Art 101 Abs 1 S 2 GG darin, dass das zuständige Gericht die anhängige Sache abtrennt und sie an ein anderes Gericht verweist.

10 Wird die Einbeziehung abgelehnt, weil das erkennende Gericht in der Hauptverhandlung das **Vorliegen eines hinreichenden Tatverdachts verneint**, dann kann die Staatsanwaltschaft nach dem hier vertretenen Standpunkt gemäß § 210 Abs 2 StPO dagegen sofortige Beschwerde einlegen. Das Beschwerdegericht kann daraufhin – nur – die Verdachtslage prüfen und gegebenenfalls entweder die Beschwerde verwerfen oder die Eröffnung des Hauptverfahrens beschließen; zur Frage der Einbeziehung der Nachtragsanklage in die Hauptverhandlung ist es nicht kompetent und muss insoweit die Sache an das erkennende Gericht zurückverweisen, sofern das Verfahren dort noch parallel zum bisherigen Prozessgegenstand der Hauptverhandlung anhängig ist (Hilger JR 1983, 441, 443). Ist die Ablehnung der Einbeziehung mangels hinreichenden Tatverdachts nicht rechtzeitig angefochten worden oder die sofortige Beschwerde verworfen worden, dann entfaltet dies die – beschränkte – Sperrwirkung nach § 211 StPO (**aA** SK/Schlüchter StPO § 266 Rn 19).

11 Die Nachtragsanklage wird als eine vollwertige Form der öffentlichen Klage auch im Falle einer **Aussetzung der Hauptverhandlung** vor der Einbeziehung **nicht gegenstandslos** (vgl BGH StV 2002, 183, 184). Sie ist dann als „normale" öffentliche Klage zu behandeln, kann aber zurückgenommen und durch eine neue Anklageschrift nach § 200 StPO ersetzt werden. Wurde eine **Urteilsabsprache** getroffen, dann wird diese durch eine anschließend erhobene Nachtragsanklage zu Taten, die in der Absprache nicht angesprochen wurden, hinfällig (BGH StV 2009, 239, 240, 241).

C. Einbeziehung durch das Gericht

12 Der Gegenstand der Nachtragsanklage wird zum Gegenstand der aus anderen Gründen bereits laufenden Hauptverhandlung, wenn er durch eine Einbeziehung seitens des Gerichts

förmlich in den Verhandlungsstoff aufgenommen wird. Nur dann erstreckt sich die Kognitionspflicht des Gerichts darauf; denn die Einbeziehung entspricht dem Eröffnungsbeschluss (BGHSt 9, 243, 245) und ist ebenso wie dieser eine Prozessvoraussetzung.

I. Voraussetzungen der Einbeziehung

1. Zuständigkeit

Die Einbeziehung der Nachtragsanklage setzt die sachliche und örtliche Zuständigkeit des erkennenden Gerichts auch für die weiteren Taten voraus. Dabei ist die örtliche Zuständigkeit generell zu bejahen, weil zusammenhängende Sachen, die einzeln bei verschiedenen Gerichten anhängig zu machen wären, auch bei einem für einzelne Sachen zuständigen Gericht angeklagt werden können (§ 13 Abs 1 StPO). Die **sachliche Zuständigkeit** muss aber für die im Fall der Einbeziehung verbundenen Sachen namentlich mit Blick auf den bei den Amtsgerichten begrenzten Strafbann von Fall zu Fall geprüft werden. Fehlt sie, dann gelten die § 269 StPO, § 270 StPO. 13

Die Erhebung einer Nachtragsklage **in der Berufungsinstanz** ist **nicht zulässig**, weil es generell an der erstinstanzlichen Zuständigkeit der als Berufungsgericht angerufenen kleinen Strafkammer fehlt (OLG Stuttgart NStZ 1995, 51, 52). Auch ist die Berufungsinstanz, selbst wenn der Spruchkörper, wie die große Jugendkammer, erst- und zweitinstanzliche Zuständigkeiten erfüllen kann, nicht für eine Eröffnungsentscheidung zuständig (BGHSt 33, 167 ff). Daher kann auch das Surrogat für den Eröffnungsbeschluss in Form eines Einbeziehungsbeschlusses hier nicht richtig platziert werden. 14

2. Zustimmung des Angeklagten

Die Einbeziehung der Nachtragsanklage in die Hauptverhandlung ist nur zulässig, wenn der Angeklagte **persönlich** zustimmt. Ein Vertreter kann der Einbeziehung regelmäßig nicht wirksam zustimmen (Löwe/Rosenberg/Gollwitzer StPO § 266 Rn 16). Erst aufgrund der Zustimmung des Angeklagten ist es gerechtfertigt, dass das Zwischenverfahren mit seinen schützenden Formen nach § 201 StPO, § 202 StPO entfällt, auf welches der Angeschuldigte sonst im Sinne einer prozessualen Gleichbehandlung einen Anspruch hat. Seine Zustimmung zum Wegfall des Zwischenverfahrens muss **ausdrücklich** und eindeutig erklärt werden (BGH NJW 1984, 2172, 2173). Zur Annahme einer Zustimmung des Angeklagten genügt es daher nicht, dass er lediglich keine Einwendungen gegen die Einbeziehung erhebt oder sich darauf beschränkt, von seinem Recht auf Unterbrechung der Hauptverhandlung Gebrauch zu machen. 15

Die Zustimmung des Angeklagten gehört zu den wesentlichen Förmlichkeiten des Verfahrens, die nur durch das **Protokoll** bewiesen werden können (BGH NJW 1984, 2172, 2173; OLG Hamm StV 1996, 532, 533). 16

Fehlt die Zustimmung, dann ist ein gleichwohl ergangener Einbeziehungsbeschluss unwirksam, was zu einem **Verfahrenshindernis** für den Gegenstand der Nachtragsanklage führt (OLG Hamm StV 1996, 532, 533), sofern der Mangel nicht durch nachträgliche Zustimmung **geheilt** wird (SK-StPO/Schlüchter StPO § 266 Rn 15; **aA** LG München I MDR 1978, 161). Die Zustimmung ist also eine **Prozesshandlungsvoraussetzung**. Liegt diese einmal vor, dann kann sie **nicht** mehr **widerrufen** werden. Die Zustimmung wird andererseits auch in Fällen der Einbeziehung von Einzeltaten einer Tatserie gleichartiger Handlungen nicht entbehrlich und sie kann auch nicht durch die Annahme eines **Rechtsmissbrauchs** annulliert werden (BGH NStZ-RR 1999, 303, 304 mAnm Jahn/Schmitz wistra 2001, 328 ff). 17

3. Hinreichender Tatverdacht bezüglich der weiteren Taten

Weil der Einbeziehungsbeschluss ein funktionaler Ersatz für den Eröffnungsbeschluss ist, hat das Gericht auch hier das Vorliegen eines hinreichenden Tatverdachts hinsichtlich der von der Nachtragsanklage erfassten weiteren Taten zu prüfen (Hilger JR 1983, 441, 442 f; KK-StPO/Engelhardt StPO § 266 Rn 8; **aA** Meyer-Goßner JR 1984, 53, 54). Insoweit gilt Ähnliches, wie für das beschleunigte Verfahren, in dem nach heute herrschender Meinung 18 neben der Geeignetheitsprüfung auch eine Verdachtsprüfung erforderlich ist (Meyer-Goßner StPO § 418 Rn 3; KK-StPO/Tolksdorf StPO § 418 Rn 2).

19 Bedenken gegen eine vollständige Prüfung des Vorliegens eines hinreichenden Tatverdachts ergeben sich im Verfahren nach Abs 1 nur daraus, dass bei der Erhebung einer Nachtragsanklage in der Hauptverhandlung einerseits bereits ein Teil der Beweisaufnahme im Strengbeweisverfahren durchgeführt worden sein mag, andererseits dort an der Gerichtsentscheidung Schöffen mitwirken, die den Akteninhalt und sonstige **Beweisgrundlagen** für eine freibeweisliche Verdachtsprüfung nicht kennen und durch dessen Wahrnehmung auch tunlichst nicht beeinflusst werden sollen. Insoweit ist die Prozesslage im Verfahren nach Abs 1 atypisch, was aber die Erforderlichkeit einer Verdachtsprüfung nicht ausschließt (Hilger JR 1983, 441, 442).

20 Vor allem kann das erkennende Gericht unter Einschluss der Schöffen über den hinreichenden Tatverdacht entscheiden, wenn bereits **aus dem bisherigen Inhalt der Hauptverhandlung** genügend Verdachtsgründe hervorgehen, namentlich dann, weil der Angeklagte bei seiner Vernehmung nach § 243 Abs 4 StPO über die bereits angeklagten Taten nun auch weitere selbständige Handlungen glaubhaft eingeräumt, oder wenn ein Mitangeklagter oder ein unmittelbarer Tatzeuge weitere Taten des Angeklagten detailliert und glaubhaft beschrieben hat. Der Rückgriff auf die Akten ist dann im Einzelfall zur Verdachtsprüfung entbehrlich, besonders dann, wenn der Angeklagte, der schließlich auch der Einbeziehung der Nachtragsanklage zustimmen muss, den Verdachtsgründen nicht entgegen tritt. Liegen in der Hauptverhandlung selbst noch keine ausreichenden Verdachtsgründe vor, dann ist die Sache meist auch nicht zur Einbeziehung der Nachtragsanklage geeignet. Andererseits ist ein ergänzender **Freibeweis** des erkennenden Gerichts zur Prüfung der prozessualen Frage des Vorliegens oder Nichtvorliegens eines hinreichenden Tatverdachts auch nicht ausgeschlossen.

21 Im Ganzen bestehen keine durchgreifenden Hindernisse für die Annahme, der Einbeziehungsbeschluss schließe eine Prüfung des Vorliegens eines hinreichenden Tatverdachts ein. Die Einbeziehung der Nachtragsanklage in die Hauptverhandlung in einem Fall, in dem das erkennende Gericht einen hinreichenden Tatverdacht nicht feststellen kann oder sogar ausschließen würde, wäre auch nicht sinnvoll. Umgekehrt erscheint eine Einbeziehungsentscheidung ohne einen Blick auf die Verdachtslage verfehlt.

II. Gerichtsbeschluss

22 Zur Einbeziehung der Nachtragsanklage in die Hauptverhandlung ist nach Abs 1 ein **Beschluss des Gerichts** erforderlich, durch den die Anklage in das Verfahren einbezogen wird. Eine Verfügung des Vorsitzenden alleine reicht beim Kollegialgericht nicht aus. Ob bei Vorliegen der Voraussetzungen einschließlich eines hinreichenden Tatverdachts eine Einbeziehung erfolgt, entscheidet das Gericht nach seinem pflichtgemäßen **Ermessen**. Möglich ist auch eine **Änderung der rechtlichen Bewertung** nach § 207 Abs 2 Nr 3 StPO im Einbeziehungsbeschluss.

23 Der Beschluss, der als wesentliche Förmlichkeit in das **Protokoll** der Hauptverhandlung aufzunehmen ist, muss erkennen lassen, dass das Gericht die weiteren Straftaten zum Gegenstand seiner Verhandlung machen will. Es genügt nicht, dass die nachträglich angeklagten Taten stillschweigend zum Gegenstand der Verhandlung gemacht werden (HansOLG Hamburg Beschl v 15. 9. 2004 – Az II-72/04). Die Einbeziehung muss **ausdrücklich** beschlossen werden (BGH StV 2002, 183, 184). Meint das Gericht hingegen, dass die Nachtragsanklage entbehrlich ist, weil der darin erhobene Vorwurf ohnehin seiner Kognitionspflicht unterliegt, dann kann dies durch Gerichtsbeschluss ausgesprochen werden, der gegebenenfalls zugleich eine Hinweisfunktion erfüllt (§ 265 Abs 1 StPO).

24 Auf die Verkündung des Einbeziehungsbeschlusses, wo er als Prozessvoraussetzung erforderlich ist, und seine Aufnahme in das Protokoll der Hauptverhandlung kann nicht verzichtet werden, weil es sonst an der erforderlichen eindeutigen **Willenserklärung des Gerichts** fehlt, dass es die Nachtragsanklage zum Gegenstand der Hauptverhandlung macht (BGH StV 1995, 342). Auch die Tatsache, dass der Angeklagte der Einbeziehung zugestimmt hat oder auf das Recht, die Unterbrechung zu beantragen, hingewiesen wurde und danach keine Unterbrechung beantragt hat, rechtfertigt keine andere Bewertung. Damit wird nur die

Verhandlungsbereitschaft des Angeklagten, nicht aber eine Willensäußerung des Gerichts belegt (BGH NStZ-RR 1996, 140).

In der Rechtsprechung werden vom Erfordernis der ausdrücklichen Einbeziehung der Nachtragsanklage in besonderen Fällen **Ausnahmen** gemacht, wenn das Gericht seine Absicht, die nachträglich angeklagte Tat in das Verfahren einzubeziehen, durch **andere Prozesshandlungen** zweifelsfrei zum Ausdruck bringt (abl Löwe/Rosenberg/Gollwitzer StPO § 266 Rn 21). Das wird etwa angenommen, wenn dem Angeklagten eine schriftliche Anklage überreicht, diese in der Hauptverhandlung verlesen wird und sich der Angeklagte nunmehr mit der Aburteilung einverstanden erklärt (OLG Oldenburg Urt v 16. 10. 1962 – Az 1 Ss 231/62). Verhandelt das Gericht nach Einstellung des Verfahrens im Übrigen im Einverständnis der Verfahrensbeteiligten nur noch über den Gegenstand der Nachtragsanklage, dann kommt auch darin der Wille des Gerichts zur Einbeziehung der Nachtragsanklage klar zum Ausdruck (BGH NJW 1990, 1055, 1056, 1057). Durch solche und ähnliche Prozesshandlungen darf jedoch zumindest das Erfordernis der Zustimmung des Angeklagten nicht umgangen werden (Gubitz/Bock StraFo 2007, 225 ff). 25

Der positive Einbeziehungsbeschluss bedarf, ebenso wie der Eröffnungsbeschluss, keiner Begründung. Der Beschluss, mit dem die **Einbeziehung abgelehnt** wird, ist hingegen vom Gericht **zu begründen**. Das folgt gemäß § 34 StPO aus der Ablehnung des staatsanwaltschaftlichen Antrages (SK-StPO/Schlüchter StPO § 266 Rn 18; **aA** Meyer-Goßner StPO § 266 Rn 18). Aus den Gründen der Entscheidung muss sich ergeben, ob die Ablehnung wegen Fehlens eines hinreichenden Tatverdachts, wegen eines Prozesshindernisses, wie der mangelnden Tatkonkretisierung im Anklagesatz, wegen Nichtvorliegens der speziellen Einbeziehungsvoraussetzungen nach Abs 1 oder wegen der Annahme des Gerichts, die Sache eigne sich nicht zur Einbeziehung in die laufende Hauptverhandlung erfolgt ist. Sowohl die Staatsanwaltschaft als Antragstellerin als auch die Verteidigung haben insoweit einen Anspruch auf Mitteilung der gerichtlichen Beurteilung. 26

III. Verfahren nach der Einbeziehung

Mit der positiven Einbeziehungsentscheidung ist die Sache **rechtshängig**. Der Einbeziehungsbeschluss hat insoweit auch die rechtlichen Wirkungen eines Eröffnungsbeschlusses. Danach kann weder die Staatsanwaltschaft ihre Nachtragsanklage (§ 156 StPO) noch das Gericht seinen Einbeziehungsbeschluss zurücknehmen. 27

Ist die Nachtragsanklage in die Hauptverhandlung einbezogen worden, so muss der Vorsitzende dem Angeklagten Gelegenheit zur Verteidigung geben (Abs 2 S 4). Das gilt ungeachtet der Tatsache, dass der Angeklagte der Einbeziehung zugestimmt hatte; denn darin liegt kein Verzicht auf Verteidigung und kein Geständnis der in der Nachtragsanklage genannten Taten. **Der Angeklagte** muss über den Wortlaut von Abs 2 S 4 hinaus auch förmlich zu dem neuen Vorwurf **vernommen** werden (BGHSt 9, 243, 245). Eine erneute Belehrung über das Recht, sich redend oder schweigend zu verteidigen, ist dann nach § 243 Abs 4 S 1 StPO formal erforderlich; ihre Versäumung führt aber nicht zu einem Beweisverwertungsverbot, solange kein Grund zu der Annahme besteht, der Angeklagte habe seine Rechte inzwischen vergessen (vgl BGHSt 25, 325, 331). Er ist aber darüber **zu belehren**, dass er das Recht hat, die **Unterbrechung der Hauptverhandlung** zu beantragen (Abs 3 S 2). 28

Eine **Wiederholung der** bisherigen **Beweisaufnahme** ist nach der Einbeziehung der Nachtragsanklage **nicht erforderlich** (BGH NJW 1984, 2172), auch soweit sie zugleich für die gerichtliche Untersuchung des nachträglich erhobenen Vorwurfes erheblich ist; insoweit gilt das Prinzip der Einheit der Hauptverhandlung. 29

D. Unterbrechung der Hauptverhandlung

Eine **Aussetzung** der Hauptverhandlung wegen der Einbeziehung der Nachtragsanklage kommt hier, anders als nach § 265 Abs 3 und Abs 4 StPO, nicht in Betracht. Würde allein durch die Einbeziehung der Nachtragsanklage eine Aussetzung der Hauptverhandlung erforderlich, dann wäre die Sache für eine Einbeziehung ungeeignet. Das schließt nicht aus, dass nach der Erhebung der Nachtragsanklage aus einem anderen Grund eine Ausset- 30 zung beschlossen wird (KK-StPO/Engelhardt StPO § 266 Rn 10). Jedoch kann das Gericht nach der vorliegenden Vorschrift zumindest von Amts wegen eine **Unterbrechung** anordnen, damit sich der Angeklagte auf die Verteidigung vorbereiten kann. Für die Anordnungszuständigkeit gilt § 228 Abs 1 StPO, für die Unterbrechungsdauer § 229 Abs 1 StPO. Auf Antrag des Angeklagten muss die Unterbrechung angeordnet werden, soweit der **Antrag nicht mutwillig** gestellt wird, also ohne nachvollziehbares Verteidigungsinteresse, oder nur **zur Verzögerung des Verfahrens**. Je nach Dauer der Unterbrechung entscheiden der Vorsitzende oder das Gericht (§ 228 Abs 1 StPO). Gegen die Prozess leitende Verfügung des Vorsitzenden kann gegebenenfalls das Gericht angerufen werden (§ 238 Abs 2 StPO).

E. Rechtsmittel

I. Sofortige Beschwerde gegen die Ablehnung der Einbeziehung der Nachtragsanklage

31   Wird die Einbeziehung der Nachtragsanklage abgelehnt, weil die speziellen Einbeziehungsvoraussetzungen nicht vorliegen, etwa die Zustimmung des Angeklagten fehlt, dann ist dagegen nach dem Gedanken des § 305 S 1 StPO kein eigenständiges Rechtsmittel gegeben. Wird aber ein hinreichender Tatverdacht verneint und entfaltet dies nach der hier vertretenen Ansicht die begrenzte Sperrwirkung des § 211 StPO, dann steht dagegen der Staatsanwaltschaft die sofortige Beschwerde gem § 210 Abs 2 StPO zu (ebenso Hilger JR 1983, 441, 442, 443). Nach vorherrschender Meinung, die eine Sperrwirkung der Ablehnungsentscheidung verneint, fehlt auch insoweit eine Beschwerdemöglichkeit. Die Verneinung des Vorliegens eines hinreichenden Tatverdachts durch ein erkennendes Gericht in der Hauptverhandlung bleibt damit aber ungeprüft im Raum stehen; das unterstreicht die Bedenken gegen diesen Ansatz.

II. Ausschluss der einfachen Beschwerde

32   Soweit das Gericht eine Unterbrechung der Hauptverhandlung auf Antrag des Angeklagten nach der Einbeziehung der Nachtragsanklage anordnet oder ablehnt, steht dagegen den Prozessbeteiligten gem § 305 S 1 StPO keine Beschwerde zur Verfügung (Löwe/Rosenberg/Gollwitzer StPO § 266 Rn 35).

III. Revision

33   Das Revisionsgericht hat dann, wenn ein zulässiges Rechtsmittel vorliegt, von Amts wegen zu prüfen, ob die Verfahrensvoraussetzungen für den Urteilsgegenstand, soweit er auf der Nachtragsanklage und deren Einbeziehung in die Hauptverhandlung beruht, erfüllt sind. Bezüglich der Nachtragsanklage ist insoweit zu prüfen, ob diese überhaupt erhoben wurde und ob sie die **Umgrenzungsfunktion** der öffentlichen Klage nach den Maßstäben der § 151 StPO, § 200 Abs 1 StPO erfüllt. Soweit es um die **Einbeziehung** der Nachtragsanklage geht, muss geprüft werden, ob ein entsprechender **Gerichtsbeschluss** vorliegt. Die Verfahrensrüge fehlerhafter Einbeziehung einer Nachtragsanklage in das Hauptverfahren ist auch begründet, wenn es an der ausdrücklichen und eindeutigen **Zustimmung des Angeklagten** zur Einbeziehung der Nachtragsanklage fehlt (OLG Hamm StV 1996, 532, 533). Insoweit bedarf es aber nach verbreiteter Ansicht einer gem § 344 Abs 2 S 2 StPO erläuterten Verfahrensrüge, obwohl die Rechtsfolge eine Verfahrenseinstellung sein soll (KK-StPO/Engelhardt StPO § 266 Rn 11). Das fügt sich freilich nicht in das System der Verfahrenshindernisse (Meyer-Goßner StPO § 266 Rn 14).

34   Wird eine **Nachtragsanklage** erhoben und einbezogen, obwohl das **nicht notwendig** war, weil sich die Kognitionspflicht des Gerichts ohnehin auf den abgeurteilten Prozessstoff bezog, dann liegt zwar ein Verfahrensfehler vor, auf dem das Urteil aber nicht beruht (BGH NJW 1970, 904). In diesem Fall können Fehler bei der Einbeziehung allenfalls dann, wenn zugleich iSd § 265 Abs 1 oder Abs 4 StPO Verfahrensfehler vorliegen, zur Urteilsaufhebung führen. Die überflüssige Nachtragsanklage geht im Übrigen ins Leere (BGH NStZ 1999, 523).

Hatte der Angeklagte eine **Unterbrechung** nach Abs 3 beantragt und ist dies vom Vorsitzenden abgelehnt worden, dann muss zuerst der Zwischenrechtsbehelf nach § 238 Abs 2 StPO ergriffen werden, sonst verliert der Angeklagte die Möglichkeit zur Erhebung einer erfolgreichen Verfahrensrüge. War aber auch die Anrufung des Gerichts erfolglos geblieben, dann kann der Angeklagte mit einer Verfahrensrüge geltend machen, dass die Ablehnung der Unterbrechung die Verteidigung in einem wesentlichen Punkt beeinträchtigt hat (§ 338 Nr 8 StPO). Entsprechendes gilt im Fall einer für die sachgemäße Vorbereitung der Verteidigung (Art 6 Abs 3 lit b MRK) zu kurzen Unterbrechung der Hauptverhandlung. Das bedarf aber der Erläuterung (§ 344 Abs 2 S 2 StPO). 35

§ 267 [Urteilsgründe]

(1) ¹Wird der Angeklagte verurteilt, so müssen die Urteilsgründe die für erwiesen erachteten Tatsachen angeben, in denen die gesetzlichen Merkmale der Straftat gefunden werden. ²Soweit der Beweis aus anderen Tatsachen gefolgert wird, sollen auch diese Tatsachen angegeben werden. ³Auf Abbildungen, die sich bei den Akten befinden, kann hierbei wegen der Einzelheiten verwiesen werden.

(2) Waren in der Verhandlung vom Strafgesetz besonders vorgesehene Umstände behauptet worden, welche die Strafbarkeit ausschließen, vermindern oder erhöhen, so müssen die Urteilsgründe sich darüber aussprechen, ob diese Umstände für festgestellt oder für nicht festgestellt erachtet werden.

(3) ¹Die Gründe des Strafurteils müssen ferner das zur Anwendung gebrachte Strafgesetz bezeichnen und die Umstände anführen, die für die Zumessung der Strafe bestimmend gewesen sind. ²Macht das Strafgesetz Milderungen von dem Vorliegen minder schwerer Fälle abhängig, so müssen die Urteilsgründe ergeben, weshalb diese Umstände angenommen oder einem in der Verhandlung gestellten Antrag entgegen verneint werden; dies gilt entsprechend für die Verhängung einer Freiheitsstrafe in den Fällen des § 47 des Strafgesetzbuches. ³Die Urteilsgründe müssen auch ergeben, weshalb ein besonders schwerer Fall nicht angenommen wird, wenn die Voraussetzungen erfüllt sind, unter denen nach dem Strafgesetz in der Regel ein solcher Fall vorliegt; liegen diese Voraussetzungen nicht vor, wird aber gleichwohl ein besonders schwerer Fall angenommen, so gilt Satz 2 entsprechend. ⁴Die Urteilsgründe müssen ferner ergeben, weshalb die Strafe zur Bewährung ausgesetzt oder einem in der Verhandlung gestellten Antrag entgegen nicht ausgesetzt worden ist; dies gilt entsprechend für die Verwarnung mit Strafvorbehalt und das Absehen von Strafe. ⁵Ist dem Urteil eine Verständigung (§ 257 c) vorausgegangen, ist auch dies in den Urteilsgründen anzugeben.

(4) ¹Verzichten alle zur Anfechtung Berechtigten auf Rechtsmittel oder wird innerhalb der Frist kein Rechtsmittel eingelegt, so müssen die erwiesenen Tatsachen, in denen die gesetzlichen Merkmale der Straftat gefunden werden, und das angewendete Strafgesetz angegeben werden; bei Urteilen, die nur auf Geldstrafe lauten oder neben einer Geldstrafe ein Fahrverbot oder die Entziehung der Fahrerlaubnis und damit zusammen die Einziehung des Führerscheins anordnen, oder bei Verwarnungen mit Strafvorbehalt kann hierbei auf den zugelassenen Anklagesatz, auf die Anklage gemäß § 418 Abs. 3 Satz 2 oder den Strafbefehl sowie den Strafbefehlsantrag verwiesen werden. ²Absatz 3 Satz 5 gilt entsprechend. ³Den weiteren Inhalt der Urteilsgründe bestimmt das Gericht unter Berücksichtigung der Umstände des Einzelfalls nach seinem Ermessen. ⁴Die Urteilsgründe können innerhalb der in § 275 Abs. 1 Satz 2 vorgesehenen Frist ergänzt werden, wenn gegen die Versäumung der Frist zur Einlegung des Rechtsmittels Wiedereinsetzung in den vorigen Stand gewährt wird.

(5) ¹Wird der Angeklagte freigesprochen, so müssen die Urteilsgründe ergeben, ob der Angeklagte für nicht überführt oder ob und aus welchen Gründen die für erwiesen angenommene Tat für nicht strafbar erachtet worden ist. ²Verzichten alle zur Anfechtung Berechtigten auf Rechtsmittel oder wird innerhalb der Frist kein Rechtsmittel eingelegt, so braucht nur angegeben zu werden, ob die dem Ange-

StPO § 267

klagten zur Last gelegte Straftat aus tatsächlichen oder rechtlichen Gründen nicht festgestellt worden ist. ³Absatz 4 Satz 3 ist anzuwenden.

(6) ¹Die Urteilsgründe müssen auch ergeben, weshalb eine Maßregel der Besserung und Sicherung angeordnet, eine Entscheidung über die Sicherungsverwahrung vorbehalten oder einem in der Verhandlung gestellten Antrag entgegen nicht angeordnet oder nicht vorbehalten worden ist. ²Ist die Fahrerlaubnis nicht entzogen oder eine Sperre nach § 69a Abs. 1 Satz 3 des Strafgesetzbuches nicht angeordnet worden, obwohl dies nach der Art der Straftat in Betracht kam, so müssen die Urteilsgründe stets ergeben, weshalb die Maßregel nicht angeordnet worden ist.

Überblick

Die Vorschrift regelt die prozessrechtlichen Anforderungen an die schriftlichen Urteilsgründe. Weitergehende Anforderungen an die Urteilsgründe können sich aus materiellrechtlichen Gründen ergeben. Die Regelung differenziert nach Urteilsgründen in rechtskräftigen Urteilen (Abs 4, abgekürzt) und nicht rechtskräftigen Entscheidungen (Abs 1 bis Abs 3), nach freisprechenden (Abs 5) und nicht freisprechenden Urteilen. Die Norm ist so aufgebaut, dass die Anforderungen an die Urteilsgründe anhand eines nicht rechtskräftigen verurteilenden Urteils ausgeführt werden und dann für abkürzbare bzw. freisprechende Urteile bzw. solche, in denen eine Maßregel der Besserung und Sicherung angeordnet wird, Sondervorschriften aufgestellt werden. § 267 Abs 4 S 3 StPO enthält eine ausdrückliche Ermächtigung zur Ergänzung eines bisher nur abgekürzt abgefassten Urteils innerhalb der Urteilsabsetzungsfrist, wenn gegen die Versäumung der Frist zur Rechtsmitteleinlegung Wiedereinsetzung gewährt wurde. Nicht geregelt ist der Inhalt eines Einstellungsurteils. Abs 3 und Abs 4 enthalten nunmehr auch Folgeregelungen zum neuen § 257c StPO (Gesetz zur Regelung der Verständigung im Strafverfahren vom 28. 5. 2009, BGBl I 2353, in Kraft seit 4. 8. 2009).

Übersicht

	Rn
A. Allgemeines	1
I. Anwendungsbereich	1
II. Bezugnahmen auf andere Urteile	2
III. Bezugnahme auf Abbildungen etc	5
IV. Hinweise zur Urteilsabfassung	7
B. Grundfall (verurteilendes, nichtabgekürztes Urteil)	10
I. Tatsächliche Feststellungen	10
1. Zur Person	10
2. Zur Sache	11
II. Beweiswürdigung	17
1. Grundsatz	17
2. Hinweise zur Darstellung im Einzelnen	19
III. Rechtliche Würdigung (§ 267 Abs 3 S 1 Hs 1 StPO)	24
IV. Besondere Umstände (Abs 2)	26
V. Strafzumessung (§ 267 Abs 3 S 1 Hs 2; S 2 bis 4 StPO)	29
1. Strafrahmenwahl	30
2. Bestimmung Strafzumessungsgründe	33
3. Kurzeitige Freiheitsstrafe (§ 47 StGB)	37
4. Strafaussetzung zur Bewährung/Verwarnung mit Strafvorbehalt	38

	Rn
C. Abgekürztes verurteilendes Urteil	39
I. Zweck	39
II. Voraussetzungen	40
III. Rechtsfolge	42
IV. Wiedereinsetzung (§ 267 Abs 4 S 4 StPO)	45
D. Freisprechendes Urteil (§ 267 Abs 5 StPO)	50
I. Nichtabgekürztes freisprechendes Urteil	50
1. Freispruch aus tatsächlichen Gründen	51
2. Freispruch aus rechtlichen Gründen	52
II. Abgekürztes freisprechendes Urteil	53
E. Einstellungsurteile etc	54
F. Maßregeln der Besserung und Sicherung und Nebenentscheidungen	56
I. Allgemeines	56
II. Nichtentziehung der Fahrerlaubnis etc (§ 267 Abs 6 S 2 StPO)	60
III. Weitere Nebenentscheidungen	61
G. Berichtigung der Urteilsgründe	62

A. Allgemeines

I. Anwendungsbereich

Die Vorschrift bestimmt den Inhalt des tatrichterlichen Urteils sowohl der ersten Instanz (unmittelbare Anwendung), als auch der Berufungsinstanz (entsprechende Anwendung). Die entsprechende Anwendung für Berufungsurteile lässt sich dadurch rechtfertigen, dass die Vorschrift die Überprüfbarkeit von Urteilen durch das Rechtsmittelgericht sicherstellen will, bzw. ausreichende Tatsachengrundlagen für eine spätere Verwendung des Urteils bieten soll (zB, welche prozessuale Tat wurde abgeurteilt?). Diese Überlegungen gelten auch für ein Berufungsurteil (vgl KK-StPO/Paul StPO § 328 Rn 8). 1

II. Bezugnahmen auf andere Urteile

Grundsätzlich muss jedes Urteil aus sich heraus verständlich sein. Soweit gebotene eigene Urteilsfeststellungen oder Würdigungen durch Bezugnahmen ersetzt werden, fehlt es verfahrensrechtlich an einer Urteilsbegründung und sachlich-rechtlich an der Möglichkeit der Nachprüfung durch das Revisionsgericht (BGH NStZ-RR 2000, 304; NStZ-RR 1996, 109). Es ist nicht angängig, eigene Urteilsgründe durch die bloße Wiedergabe anderer Schriftstücke (womöglich gar durch bloßes „Hineinkopieren" in die Urteilsurkunde), aus denen sich der festgestellte Sachverhalt ergeben soll, zu ersetzen. Bei einer solchen Vorgehensweise wird nicht deutlich, ob bzw in welchem Umfang der Taterichter eigene Feststellungen zum Tatgeschehen getroffen hat (zB im OWi-Verfahren durch bloße Wiedergabe des Bußgeldbescheides, vgl OLG Köln Beschl v 8. 6. 2007 – Az 83 Ss OWi 40/07, BeckRS 2007, 18628 – gleiches dürfte für eine bloße Wiedergabe der Anklageschrift gelten). Erst Recht ist die die bloße Bezugnahme auf andere Schriftstücke, die aber inhaltlich nicht wiedergegeben werden, zulässig (OLG Bamberg NJW 2008, 3653). 2

In **Berufungsurteilen** wird eine Bezugnahme auf die erstinstanzliche Erkenntnis aber gebilligt, wenn genau angegeben ist, worauf sich die Bezugnahme erstreckt (OLG Hamm NStZ-RR 1997, 369). Geht es indes um die ureigensten Bewertungen des erkennenden Gerichts, zB in der Strafzumessung, so ist eine bloße Bezugnahme auf das vorangegangene Urteil nicht angängig (OLG Jena NStZ-RR 1998, 119, 120; großzügiger: OLG Hamm Beschl v 6. 1. 2009 – Az 5 Ss 525/08 = BeckRS 2009, 20880). Ähnliches wird man auch für eine Bezugnahme im Rahmen der Beweiswürdigung anzunehmen haben. Str ist, ob es einer Bezugnahme im Berufungsurteil auf die Feststellungen zum Tatgeschehen im erstinstanzlichen Urteil bedarf, wenn der Schuldspruch bereits rechtskräftig ist und das erstinstanzliche Urteil nur bzgl des Rechtsfolgenausspruchs angegriffen wird. Der BGH verneint hier die Notwendigkeit einer Bezugnahme (NStZ-RR 2001, 202 – nicht tragend; ebenso auch OLG Hamm VRS 102, 206). Einige Oberlandesgerichte verlangen demgegenüber auch eine ausdrückliche Verweisung im Berufungsurteil auf den rechtskräftigen Teil eines erstinstanzlichen Urteils (OLG Celle NdsRPfl 1992, 240; OLG Hamm NStZ-RR 1997, 369). Der Ansicht des BGH ist zuzustimmen. Das erstinstanzliche Urteil ist eine Verfahrensvoraussetzung für das Berufungsverfahren. Es ist daher – wie auch andere Verfahrensvoraussetzungen (zB Anklageschrift oder Eröffnungsbeschluss) vom Amts wegen zur Kenntnis zu nehmen. 3

Für Urteile, in denen eine **Einheitsjugendstrafe** verhängt wird, gelten strengere Maßstäbe. Hier müssen die einbezogenen Verurteilungen näher dargestellt und die zugrunde liegenden Taten gewürdigt werden (BGH/Böhm NStZ 1983, 448, 449). 4

III. Bezugnahme auf Abbildungen etc

Auf Abbildungen, die sich bei den Akten befinden, darf nach § 267 Abs 1 S 3 StPO „wegen der Einzelheiten" verwiesen werden. Eine Abbildung ist eine „unmittelbar durch den Gesichts- oder Tastsinn wahrnehmbare Wiedergabe der Außenwelt, vor allem Fotos – auch Radarfotos – und Abzüge von anderen Bildträgern" (Meyer-Goßner StPO § 267 Rn 9), also zB Ausdrucke von Videoaufnahmen (OLG Zweibrücken VRS 102, 102, 103; ob auf einen Videofilm als solchen Bezug genommen werden kann, ist str, dagegen: OLG Brandenburg DAR 2005, 635; dafür OLG Zweibrücken VRS 102, 102, 103; OLG Dresden 5

Beschl v 25. 5. 2009 – Az Ss OWi 83/09 = BeckRS 2009, 28022). Keine Abbildungen sind also ua Messprotokolle (OLG Hamm Beschl v 29. 11. 2007 – Az 3 SsOWi 784/07 = BeckRS 2008, 00063) auch wenn sie auf einem Radarfoto eingeblendet sind. Insoweit handelt es sich um eine Urkunde. Wird auf ein entsprechendes Radarfoto verwiesen, so liegt zwar eine zulässige Verweisung bzgl des eigentlichen Fotos, nicht aber bzgl eingeblendeter Messwerte vor. Diese müssen im Urteil unmittelbar mitgeteilt werden (OLG Brandenburg NStZ 2005, 413; OLG Hamm NStZ-RR 2009, 151). Die Abbildung muss sich zum Zeitpunkt der Hauptverhandlung (OLG Zweibrücken VRS 102, 102, 103) bei den Akten befinden (es reicht also nicht die Bezugnahme auf eine in einer beigezogenen Akte befindliche Abbildung). Die Fundstelle in den Akten muss genau bezeichnet werden. Die Verweisung darf nur wegen der Einzelheiten erfolgen. Damit soll sichergestellt werden, dass das Urteil aus sich heraus verständlich bleibt. Es reicht aber aus, wenn der (in Bezug auf die konkrete Tat) wesentliche Gehalt des Fotos kurz mitgeteilt wird (BayObLG NStZ-RR 1996, 211). Da mit der Verweisung das in Bezug genommene Bild Bestandteil des Urteils wird, ist eindeutig und ausdrücklich im Urteil die Bezugnahme auszusprechen (BGH NStZ 2000, 307, 309). Eine bloß beiläufige Erwähnung einer Abbildung reicht als Bezugnahme nicht aus.

6 Alternativ kann das Gericht die **Abbildung auch in die Urteilsurkunde** aufnehmen. Dann ist eine Beschreibung des Bildes, wie sie bei der Inbezugnahme erforderlich ist, entbehrlich (BayObLG NStZ-RR 1996, 211). Diese Vorgehensweise verbietet sich aber bei Bildern pornographischen Inhalts aus Gründen des Persönlichkeitsschutzes und ggf auch deswegen, weil der Verurteilte, der eine Ausfertigung des Urteils erhält, möglicherweise gerade wegen des Besitzes pornographischer Schriften verurteilt wurde (BGH NJW 2006, 1890, 1891). Als weitere Alternative bleibt selbstverständlich, weder das Bild selbst in das Urteil aufzunehmen, noch wegen der Einzelheiten auf ein Bild zu verweisen, und statt dessen den Inhalt des Bildes textlich im Urteil darzustellen, wobei es dann auch Ausführungen zur Bildqualität bedarf (BayObLG NStZ-RR 1996, 211; BayObLG NZV 2000, 48; OLG Frankfurt NZV 2002, 137; OLG Hamm NZV 2000, 428). Das Tatgericht darf sich dabei allerdings nicht auf die bloße Schilderung der Umstände, auf die es die Identifizierung des Täters stützt mitteilen, sondern muss den Inhalt des Bildes umfassend wiedergeben (OLG Düsseldorf NZV 2007, 254). Bei der Beschreibung von Filmszenen kann nur eine begrenzte Detailliertheit verlangt werden (BGH AfP 1978, 103).

IV. Hinweise zur Urteilsabfassung

7 Die schriftlichen Urteilsgründe bilden eine Einheit. Es ist daher für den Bestand des Urteils grundsätzlich unschädlich, wenn bestimmte Umstände nicht an der üblichen Stelle dargelegt werden (BGHR StPO § 267 Abs 1 S 1 Feststellungen 1; KK-StPO/Kuckein StPO § 337 Rn 27; Meyer-Goßner StPO § 267 Rn 3). Allerdings sollte man bedenken, dass eine starke Unübersichtlichkeit und ein starkes Abweichen vom üblichen Schema auch dazu führen kann, dass dann in der Revisionsinstanz nicht erkannt wird, dass bestimmte Feststellungen tatsächlich getroffen wurden und diese als fehlend beanstandet werden. Möglicherweise kann auch das ganze Urteil schließlich so unverständlich werden, dass es letztlich der Aufhebung anheim fällt. Außerdem kann es bei einer nicht in sich geschlossenen Darstellung leicht zu Widersprüchen kommen (vgl KK-StPO/Engelhardt StPO § 267 Rn 8). Grundsätzlich ist daher eine in sich **geschlossene Darstellung** eines in der Hauptverhandlung festgestellten Tatgeschehens zu den einzelnen Angeklagten und den ihnen angelasteten Fällen zu verlangen (BGH NStZ 2008, 352).

8 **Prozessuales Geschehen** ist grundsätzlich in den Urteilsgründen nicht wiederzugeben – auch nicht zur Frage der Verwertbarkeit von Beweismitteln (BGH NStZ-RR 2007, 244; BGH Beschl v 27. 5. 2009 – Az 1 StR 99/09 = BeckRS 2009,19498). Anderes gilt, wenn das Gericht zB wegen einer rechtsstaatswidrigen Verfahrensverzögerung die Strafe mildert. Dann muss auch dargelegt werden, worin es eine rechtsstaatswidrige Verfahrensverzögerung erblickt. Da es bei der Beurteilung der Rechtsstaatswidrigkeit auf das Verfahren insgesamt ankommt, wird man sich auch nicht allein auf die Darstellung der Verzögerung beschränken können, sondern zumindest in groben Zügen den gesamten Verfahrensablauf darstellen müssen. Umgekehrt, d h wenn keine rechtsstaatswidrige Verfahrensverzögerung angenom-

men wird, bedarf es allerdings keinerlei Ausführungen hierzu im Urteil. Sie wären eher schädlich, da dann womöglich das Revisionsgericht diese Frage schon auf die Sachrüge hin prüft, statt – wie normalerweise – nur auf eine ordnungsgemäß erhobene Verfahrensrüge (vgl BGH NStZ 2004, 504 mwN).

Als Ausnahme vom Grundsatz, dass prozessuales Geschehen grundsätzlich nicht wiederzugeben ist, sieht § 267 Abs 3 S 5 StPO nunmehr (vgl aber Überblick!) vor, dass im Falle einer **Verständigung nach § 257 c StPO („Deal")** dies in den Urteilsgründen anzugeben ist. Dies soll der Transparenz und Dokumentation des mit der Verständigung verbundenen Geschehens – nicht zuletzt zum Zwecke der Nachprüfung durch das Revisionsgericht – dienen (BT-Drs 16/12310, 1). Aus dem Verweis allein auf § 257 c StPO sowie aus dem Vergleich mit den ebenfalls neuen Regelungen in § 273 Abs 1 S 2 und Abs 1 a StPO ergibt sich, dass Erörterungen etc iSv § 160 b StPO, § 202 a StPO, § 243 Abs 4 StPO, § 257 b StPO nicht anzugeben sind. Es ist allein der Umstand anzugeben, dass dem Urteil eine Verständigung vorausgegangen ist. Deren näherer Inhalt braucht nicht wiedergegeben zu werden. Das ergibt sich aus dem Wortlaut der Vorschrift. Die Wiedergabe ist auch nicht erforderlich, da eine Verletzung (zB) der Vorschrift des § 257 c StPO von der Revision mit einer den Anforderungen von § 344 Abs 2 S 2 StPO genügenden Verfahrensrüge gerügt werden muss (vgl die Stellungnahmen von Lange S 13 f und Nack S 4 in der öffentlichen Anhörung des Rechtsausschusses des Deutschen Bundestages v 25. 3. 2009, einzusehen über: www.bundestag.de). Nicht anzugeben ist ferner, dass dem Urteil keine Verständigung vorausgegangen hat. Auch das ergibt sich aus dem Wortlaut und dem Vergleich mit § 273 Abs 1 a StPO Ob eine Verletzung der Darstellungspflicht nach § 267 Abs 3 S 5 StPO erfolgreich mit der Revision gerügt werden kann, erscheint fraglich, da allein hierauf ein Urteil kaum beruhend wird und die Verletzung der Regelungen über die Verständigung ohnehin mit einer Verfahrensrüge geltend zu machen wäre.

8 a

Die von den Revisionsgerichten geforderten Darstellungs- und Erörterungsanforderungen lassen sich dem § 267 StPO nur sehr unvollständig entnehmen (vgl auch Rn 10, Rn 15, Rn 19, Rn 20, Rn 25, Rn 29, Rn 33). Zur Vermeidung von revisionsgerichtlichen Beanstandungen wegen eines **Darstellungs- oder Erörterungsmangels**, der bereits auf die Sachrüge hin geprüft wird, sollte man sich wegen der konkreten Begründungsanforderungen an den jeweiligen Kommentierungen (vgl zB für § 20 StGB, § 21 StGB die Kommentierung bei Fischer § 20 Rn 65 ff) bzw der Rechtsprechung (vgl zB für § 20 StGB, § 21 StGB: OLG Hamm Beschl v 15. 3. 2007 – Az 3 Ss 64/07) zum materiellen Recht orientieren. Ein Urteil, das überhaupt keine – notwendigen – Entscheidungsgründe enthält, ist allein schon auf die Sachrüge hin aufzuheben (BGH/Kusch NStZ 1993, 30; OLG Hamm Beschl v 26. 8. 2008 – Az 3 SsOWi 658/08 = BeckRS 2008, 21954).

9

B. Grundfall (verurteilendes, nichtabgekürztes Urteil)

I. Tatsächliche Feststellungen

1. Zur Person

Feststellungen zu Person schreibt § 267 StPO nicht ausdrücklich vor. Sie stehen üblicherweise am Beginn der Urteilsgründe (Meyer-Goßner StPO § 267 Rn 4). Es bedarf insoweit keiner umfassenden Darstellung des Lebenslaufes. Dieser ist vielmehr nur insoweit wiederzugeben (einschließlich der Vorstrafen), wie das für das weitere Urteil (zB die Strafzumessung oder die Beweiswürdigung zu einem psychischen Defekt) von Bedeutung ist (vgl BGH/Becker NStZ-RR 2004, 66; OLG Köln Beschl v 24. 3. 2009 – Az 83 Ss 22/09). Soweit in der Strafzumessung strafrechtliche **Vorbelastungen** zum Nachteil des Angeklagten verwendet werden, müssen diese soweit wiedergegeben werden, dass dem Revisionsgericht ermöglicht wird, zu überprüfen, ob diese überhaupt noch verwertet werden durften (relevant: Zeitpunkt und Rechtskraft der Verurteilung) und ob sie im Hinblick auf ihre Bedeutung und Schwere für die Strafzumessung richtig bewertet worden sind (relevant: Art und Höhe der Strafe; ggf. neben der bloßen Mitteilung des Schuldspruchs auch eine kurze Angabe zum zu Grunde liegenden Sachverhalt, insbesondere auch entsprechende Tatsachen, aus denen sich ein Bewährungsversagen ergibt; vgl OLG Köln Beschl v 23. 7. 2009 – Az 83 Ss 51/09 = BeckRS 2009, 21312 mwN).

10

2. Zur Sache

11 Nach dem Gesetzeswortlaut sind nur die für erwiesen erachteten Tatsachen anzugeben, in denen die Merkmale der Straftat gefunden werden. Das sind die eigentlichen Feststellungen zum Tatgeschehen, aus denen sich vollständig das strafbare Verhalten erkennen lassen muss. Hierzu gehört selbstverständlich auch der innere Tatbestand (also Vorsatz bzw besondere subjektive Tatbestandsmerkmale). Die Rechtsbegriffe, die den inneren Tatbestand betreffen, sind bei der Darstellung in die entsprechenden tatsächlichen Bestandteile aufzulösen (vgl Meyer-Goßner StPO § 267 Rn 7 mwN). Nicht in den Tatbestand sondern in die Beweiswürdigung gehören die Umstände bzw Indizien, aus denen das Gericht auf das Vorliegen innerer Tatbestandsmerkmale folgert (BGH Beschl v 19. 12. 2001 – Az 3 StR 427/01 = BeckRS 2001, 30228316).

11.1 Es muss also heißen: „Der Angeklagte wusste, dass der Schuss in den Kopf des Opfers tödlich sein würde. Auf dessen Tötung kam es ihm gerade an" und nicht: „Der Angeklagte handelte vorsätzlich."

12 Darüber hinaus sind rechtlich zwingend Angaben, die eine eindeutige Identifizierung der Tat ermöglichen, damit deutlich wird, welche Tat von einem Strafklageverbrauch erfasst wird und die Tat unverwechselbar ist bzw damit das Revisionsgericht überprüfen kann, ob die abgeurteilte Tat derjenigen entspricht, die Gegenstand der Anklage und des Eröffnungsbeschlusses war (vgl BGHSt 22, 90, 92; BGH Beschl v 5. 12. 2008 – Az 2 StR 424/08 = BeckRS 2009, 03653). In der Regel gehören dazu die Benennung von Ort und Zeit der Tat, des Opfers und der Begehungsmodalitäten (BGH Beschl v 5. 2. 2009 – Az 4 StR 640/08 = BeckRS 2009, 06281; OLG München wistra 2006, 439). Es ist aber nicht zwingend schädlich, wenn sich einzelne dieser Umstände nicht feststellen lassen, sofern die Tat nur individualisierbar bleibt.

13 **Weitergehende Feststellungserfordernisse** hat die Rechtsprechung aus Gründen der Verständlichkeit und Vollständigkeit des Urteils aufgestellt. Danach soll in den Feststellungen das enthalten sein, was zum Verständnis und zur Beurteilung der Tat notwendig ist (BGH Beschl v 19. 12. 2001 – Az 3 StR 427/01 = BeckRS 2001, 30228316). D h auch solche Tatsachen, die zwar nicht eigentliche Tatbestandsmerkmale erfüllen, die aber den Unrechts- und Schuldgehalt der Tat charakterisieren und auf die in der Rechtsfolgenbemessung wieder eingegangen wird sollte das Urteil enthalten. Bei einer Vielzahl von Einzeltaten sollte das Urteil Ordnungsziffern enthalten, die gleich bleibend in den Feststellungen, in der Beweiswürdigung und in der Rechtsfolgenbemessung durchgehalten werden (BGH Beschl v 29. 1. 2002 – Az 4 StR 519/01 = BeckRS 2002, 30235559; BGH Beschl v 5. 12. 2008 – Az 2 StR 424/08 = BeckRS 2009, 03653). Nur so kann halbwegs sicher vermieden werden, dass zB Beweiswürdigung oder Straf- und Einzelstrafenzumessung bzgl einzelner Taten fehlen oder verwechselbar sind. Unwichtige Nebendinge sind hingegen wegzulassen. So verbietet sich im Regelfall die wahllose, seitenlange Wiedergabe von Telefonüberwachungsprotokollen etc (BGH Beschl v 22. 1. 2002 – Az 3 StR 501/01 = BeckRS 2002, 30233719). Zu den Anforderungen an die Feststellungen und Beweiswürdigung von steuerlichen Bemessungsgrundlagen vgl BGH Urt v 12. 5. 2009 – Az 1 StR 718/09 = BeckRS 2009, 18663.

Erlauben unklare, widersprüchliche oder unübersichtliche Ausführungen in den Urteilsgründen eine **revisionsgerichtliche Überprüfung** des Urteils nicht, so ist das Urteil auf die Sachrüge hin aufzuheben (BGH Beschl v 5. 12. 2008 – Az 2 StR 424/08 = BeckRS 2009, 03653).

13.1 Ein Urteil könnte demnach wie folgt aufgebaut sein:
I. Feststellungen
1. Feststellungen zur Person
2. Feststellungen zur Sache
a) Tat 1
b) Tat 2
c) Tat 3
II. Beweiswürdigung
1. Zur Person

2. Zur Sache
a) Tat 1
b) Tat 2
c) Tat 3
III. Rechtliche Würdigung
- Tat 1
- Tat 2
- Tat 3
- Konkurrenzen
IV. Rechtsfolgen
1. Strafzumessung Einzelstrafen
a) Tat 1
b) Tat 2
c) Tat 3
2. Strafzumessung Gesamtstrafe
3. Strafaussetzung zur Bewährung
4. Maßnahmen (ggf. auch Maßregelaussetzung zur Bewährung)
V. Kosten und Sonstiges
(zB Verständigung hat stattgefunden oder nicht stattgefunden)

Serientaten: Es ist zulässig, einzelne Umstände, die bei verschiedenen Taten in gleichartiger Weise immer wieder auftauchen, vor die Klammer zu ziehen. Die Taten müssen aber alle nach Zeit, Ort und Begehungsweise für sich jeweils hinreichend bestimmt sein (BGH NStZ-RR 2007, 173; BGH NStZ 1992, 602). Auch müssen die Urteilsgründe so abgefasst sein, dass sie erkennen lassen, welche der festgestellten Tatsachen den einzelnen objektiven und subjektiven Tatbestandsmerkmalen zuzuordnen sind und sie ausfüllen können (BGH NStZ 2008, 352). Das gilt insbes bei Taten, wie zB Sexualdelikten, bei denen ein gleichartiger Ablauf erfahrungsgemäß unwahrscheinlich ist (BGH NStZ 2007, 354). Die Rechtsprechung ist sehr restriktiv, was die Verwendung von Tabellen angeht (vgl BGH NStZ 1992, 602 sowie die nachfolgende Anm v Molketin). Ihre Verwendung ist aber nicht verboten (vgl BGH Beschl v 31. 05. 2005 – Az 2 StR 133/05; BGH NStZ 2008, 352). Nur ist darauf zu achten, dass bei der Verwendung von Tabellen allen genannten Anforderungen an die Beschreibung der Taten genügt wird. 14

Es ist auch zulässig, einen rechnerisch bestimmten Teil des Gesamtgeschehens bestimmten strafrechtlich erheblichen Verhaltensweisen im Wege einer **Schätzung** zuzuordnen, wenn sich Feststellungen auf andere Weise nicht treffen lassen (BGH NStZ 2004, 568; Meyer-Goßner StPO § 267 Rn 6 a). Ähnliches gilt, wenn es zwar nicht um rechnerisch zu ermittelnde Summen geht, aber sich zB bei erwiesenermaßen mehreren Diebstahlshandlungen nicht aufklären lässt, welche einer Vielzahl erwiesenermaßen gestohlener Sachen jeweils einer Diebstahlshandlung zuzuordnen sind. Hierbei handelt es sich letztlich um eine Verurteilung auf mehrdeutiger Tatsachengrundlage (BGH NStZ 2008, 396, 397). 15

Indiztatsachen müssen nicht zusammen mit den Feststellungen geschildert werden. Sie können auch im Rahmen der Beweiswürdigung festgestellt und belegt werden. Das ist zwar nicht zwingend, im Interesse der Verständlichkeit des Urteils aber jedenfalls dann dringend angezeigt, wenn sich die Überzeugung des Gerichts auf eine Vielzahl von Indizien gründet, da so eine umfangreiche, das eigentliche Tatgeschehen in den Hintergrund drängende Darstellung von zuerst mehr oder minder belanglos erscheinenden Umständen vermieden wird (BGH Beschl v 19. 12. 2001 – Az 3 StR 427/01 = BeckRS 2001, 30228316). 16

II. Beweiswürdigung

1. Grundsatz

§ 267 Abs 1 StPO enthält nur für den Sonderfall des Indizienbeweises (zu den Anforderungen hier vgl BGH NStZ-RR 2007, 86 und BGH Urt v 18. 3. 2009 – Az 1 StR 549/08 = BeckRS 2009, 09912: nicht nur Einzelwürdigung jedes Indizes sondern Gesamtwürdigung aller Indizien erforderlich) eine Regelung, im Übrigen aber nicht. Dennoch haben sich zahlreiche Anforderungen an die Darstellung der Beweiswürdigung im Urteil herausgebildet, 17 die insbes aus § 261 StPO, sowie revisionsrechtlichen Erfordernissen hergeleitet werden (Anspruch auf rational begründete und tatsachengestützte Beweisführung unter Einbeziehung wissenschaftlicher Erkenntnisse, insbesondere aus kriminalistischen, forensischen und aussagepsychologischen Untersuchungen gewonnener Erfahrungsregelungen, vgl dazu BGH Urt v 18. 9. 2008 – Az 5 StR 224/08 = BeckRS 2008, 21116). Denn auch die Beweiswürdigung, die grundsätzlich Sache des Tatrichters ist, unterliegt (im Rahmen der Rüge der Verletzung materiellen Rechts) einer eingeschränkten revisionsrechtlichen Prüfung. Das Revisionsgericht kann nur eingreifen, wenn diese rechtsfehlerhaft ist, insbes wenn sie Widersprüche oder erhebliche Lücken aufweist (insbes wesentliche Feststellungen nicht erörtert werden), mit Denkgesetzen oder gesicherten Erfahrungssätzen nicht vereinbar ist, überspannte Anforderungen an die Überzeugungsbildung stellt oder die Bedeutung von Beweistatsachen im Einzelnen grundsätzlich verkannt oder in ihrem Verhältnis zueinander falsch eingeschätzt hat (BGH NStZ 2002, 161; BGH NStZ-RR 2007, 268; BGH Urt v 30. 5. 2007 – Az 2 StR 22/07 = BeckRS 2007, 10298). Die konkreten Anforderungen variieren zT von Delikt zu Delikt. Es ist daher anhand der Rechtsprechung zu den einzelnen materiellrechtlichen Tatbeständen zu ermitteln, welche Anforderungen jeweils gestellt werden (vgl zB zu den Anforderungen an den Vorsatz bei Tötungsdelikten: BGH NStZ-RR 2007, 267; zu den Anforderungen an den Vorsatz bei Untreue: BGH NStZ 2007, 704, 705 und BGH NJW 2008, 2451).

18 Für eine vollständige Beweiswürdigung ist es erforderlich, zunächst mitzuteilen, ob bzw wie sich der Angeklagte zur Sache **eingelassen** hat (BGH NStZ-RR 1997, 172; BGH NStZ-RR 2002, 243; OLG Hamm Beschl v 6. 9. 2007 – Az 3 Ss 267/07; OLG Hamm Beschl v 21. 11. 2002 – Az 5 Ss 1016/02; KG Beschl v 9. 10. 2000 – Az (3) 1 Ss 154/00 – 53/00; OLG Jena Beschl v 15. 2. 2008 – Az 1 Ss 313/07 = BeckRS 2008, 20547; OLG Köln Beschl v 21. 7. 2009 – Az 83 Ss 59/09 = BeckRS 2009, 22082). Nur bei sachlich und rechtlich einfach gelagerten Fällen kann gegebenenfalls auf eine Auseinandersetzung mit den Angaben des Angeklagten ohne Verstoß gegen die materiellrechtliche Begründungspflicht verzichtet werden (OLG Hamm Beschl v 6. 9. 2007 – Az 3 Ss 267/07; OLG Hamm Besch v 21. 11. 2002 – Az 5 Ss 1016/02). Sofern er eine Einlassung abgegeben hat, ist diese dann unter Berücksichtigung der erhobenen Beweise zu würdigen (OLG Köln StraFo 2003, 313; OLG Köln Beschl v 21. 7. 2009 – Az 83 Ss 59/09 = BeckRS 2009, 22082).

2. Hinweise zur Darstellung im Einzelnen

19 In wie weit im Übrigen die getroffenen Feststellungen im Rahmen der Beweiswürdigung zu belegen sind, lässt sich nicht für alle Fälle hundertprozentig bestimmen. Sicherlich muss nicht jedes Detail in der Beweiswürdigung belegt werden, insbes bedarf es keiner umfänglichen Darstellung, worauf die Feststellungen zu unbedeutendem Randgeschehen beruhen (BGH NStZ 2007, 720). Handelt es sich aber um für Schuld- oder Rechtsfolgenausspruch wesentliche Umstände, so sind diese zu belegen. Der BGH hat dies treffend wie folgt ausgedrückt: „Die schriftlichen Urteilsgründe dienen, wie der Senat schon wiederholt zu bemerken Anlass hatte, weder der Darstellung eines bis in verästelte Einzelheiten aufzuarbeitenden „Gesamtgeschehens" noch der Nacherzählung des Ablaufs der Ermittlungen oder des Gangs der Hauptverhandlung. Es ist Aufgabe des Richters, Wesentliches von Unwesentlichem zu unterscheiden und die Begründungen seiner Entscheidungen so zu fassen, dass der Leser die wesentlichen, die Entscheidung tragenden tatsächlichen Feststellungen und rechtlichen Erwägungen ohne aufwändige eigene Bemühungen erkennen kann. Urteilsgründe sollen weder allgemeine „Stimmungsbilder" zeichnen noch das RevGer im Detail darüber unterrichten, welche Ergebnisse sämtliche im Hauptverhandlungsprotokoll verzeichneten Beweiserhebungen gehabt haben" (BGH NStZ 2007, 720; ebenso BGH Beschl v 3. 2. 2009 – Az 1 StR 687/08 = BeckRS 2009, 06277; BGH Beschl v 17. 2. 2009 – Az 3 StR 490/08 = BeckRS 2009, 07188). Haben Zeugen oder Beschuldigte im Laufe des Verfahrens unterschiedliche Angaben gemacht, so ist deren Darstellung in den Urteilsgründen auf die entscheidungserheblichen Gesichtspunkte bzw auf erhebliche Abweichungen zu beschränken. Eine detaillierte Wiedergabe sämtlicher Aussageinhalte ist regelmäßig nicht veranlasst (BGH Beschl v 8. 5. 2009 – Az 2 StR 147/09 = BeckRS 2009, 13318). Andererseits reicht es nicht aus, im Urteil auszuführen, die

Zeugen hätten im Kerngeschehen „weitgehend" (oder im wesentlichen) konstante Angaben gemacht, ohne die Abweichungen darzulegen, weil dies eine revisionsgerichtliche Überprüfung der Aussagekonstanz gerade nicht ermöglicht (BGH Beschl v 17. 6. 2009 – Az 2 StR 178/09 = BeckRS 2009, 19068). Die Urteilsgründe müssen zudem erkennen lassen, dass der Tatrichter alle Umstände, die die Entscheidung zu beeinflussen geeignet sind, erkannt und in seine Überlegungen einbezogen hat (BGH Beschl v 14. 5. 2008 – Az 2 StR 147/08 = BeckRS 2008, 12652).

Eine geschickte **Darstellung der Beweiswürdigung** erspart Schreibarbeit und erleichtert das Verständnis beim Leser. So reicht es bei einem geständigen Angeklagten, dem das Gericht vollständig folgt, auszuführen, dass der Angeklagte sich „wie festgestellt" eingelassen hat und warum das Gericht die Einlassung für glaubhaft hält. Folgt das Gericht ihm im wesentlichen, so reicht es uU, auszuführen, dass der Angeklagte sich im wesentlichen wie festgestellt eingelassen hat, sodann seine Abweichungen darzulegen und zu begründen, warum das Gericht ihm insoweit nicht folgt, ihm im übrigen aber folgt. Ähnliches gilt für Zeugenaussagen. Unangemessen breite Urteilsgründe führen zu einer Vergeudung personeller Ressourcen der Justiz und erschweren letztendlich das Verständnis des Urteils für den Leser (BGH NStZ 2007, 720; vgl auch OLG Schleswig Beschl v 23. 6. 2009 – Az 1 Ss 92/09 = BeckRS 2009, 25798). 20

Geht es um Fragen der **Aussagekonstanz**, so sind die früheren Aussagen des Zeugen wiederzugeben (vgl auch Rn 19). Ggf muss sich das Urteil dazu verhalten, dass sich das Gericht eines eingeschränkten Beweiswertes eines Beweismittels bewusst war (so zB beim Zeugen vom Hörensagen, vgl dazu zB BGH Urt v 28. 8. 2007 – Az 5 StR 31/07 = BeckRS 2007, 14654 oder bei Fragen des wiederholten Wiedererkennens, vgl dazu BGH NStZ 2003, 493 und BGH Beschl v 1. 10. 2008 – Az 5 StR 439/08 = BeckRS 2008, 21842; OLG Hamm NStZ-RR 2000, 213; OLG Hamm Beschl v 13. 3. 2008 – Az 3 Ws 67/08 = BeckRS 2008, 09769; ebenso bei Zeugen mit eingeschränkter Aussagetüchtigkeit, vgl BGH NStZ 2008, 116). In der Konstellation **Aussage gegen Aussage** muss die Beweiswürdigung erkennen lassen, dass der Tatrichter alle Umstände, die seine Entscheidung beeinflussen können, in seine Überlegungen einbezogen und eine umfassende Würdigung aller Indizien vorgenommen hat (BGH Beschl v 16. 7. 2009 – Az 5 StR 84/09 = BeckRS 2009, 21881; BGH NStZ-RR 2009, 145; OLG Köln Beschl v 21. 7. 2009 – Az 83 Ss 59/09 = BeckRS 2009, 22082; vgl ausf BGH NStZ-RR 2003, 206). Bei schwierigen Beweissituationen (z.B. nur ein einziger Belastungszeuge bei bestreitendem Angeklagten) kann es uU erforderlich sein, die Aussage des Belastungszeugen geschlossen darzustellen; ein Verweis, er habe ausgesagt, wie festgestellt, reicht dann möglicherweise nicht (BGH Beschl v 14. 10. 2008 – Az 4 StR 384/08 = BeckRS 2008, 22927). Ggf kann es in schwierigen Beweissituationen (zB wenn dies für die Beurteilung der Glaubwürdigkeit eines Zeugen eine Rolle spielt) auch erforderlich sein, auf nach § 154 Abs 2 StPO ausgeschiedene Straftaten im Rahmen der Beweiswürdigung einzugehen (BGH Beschl v 9. 12. 2008 – Az 5 StR 511/08 = BeckRS 2008, 26965). Ist das Ergebnis eines Augenscheins eine wesentliche Grundlage der Entscheidung, müssen die Urteilsgründe in nachprüfbarer Weise belegen, auf welche festgestellten Einzelheiten und welche daran anknüpfenden Erwägungen sich die Beweiswürdigung stützt (KG Berlin Beschl v 18. 12. 2008 – Az 1 Ss 453/08 = BeckRS 2009, 07629) 21

Jede **ernsthaft in Betracht kommende Geschehensalternative** ist abzuhandeln, allerdings nicht jede hypothetische Alternative (BGH NStZ-RR 2003, 49, 50; NStZ-RR 2003, 206). 22

Auch **Sachverständigengutachten** sind zu würdigen. Es reicht nicht, einfach nur die Ausführungen des Sachverständigen wiederzugeben und sich diesen anzuschließen. Wenigstens die wesentlichen Anknüpfungstatsachen, eigene Tatsachenerhebungen des Sachverständigen sowie seine Bewertungen sind im Urteil wiederzugeben (BGHSt 8, 113, 118; BGH NStZ 1991, 596 mwN). Insbes, wenn das Gericht dem Sachverständigengutachten nicht folgt, sind die Ausführungen des Sachverständigen eingehend wiederzugeben und darzulegen, warum es ihnen nicht folgt und insbes die eigene Sachkunde zur Beurteilung einer solchen Frage aufzeigen (BGH NStZ 2007, 114 mwN).

Wird ein **Hilfsbeweisantrag** erst in den Urteilsgründen abgelehnt, so muss auch dies im Urteil begründet werden (Meyer-Goßner StPO § 267 Rn 14). 23

III. Rechtliche Würdigung (§ 267 Abs 3 S 1 Hs 1 StPO)

24 Die Angabe des zur Anwendung gebrachten Strafgesetzes in den Urteilsgründen ist nicht identisch mit der Liste der angewendeten Vorschriften im Anschluss an den Tenor. Letztere ist in § 260 Abs 5 StPO gesondert geregelt. Grundsätzlich sind aber keine weiteren Rechtsausführungen oder eine Subsumtion erforderlich. Es reicht etwa die Angabe: „Der Angeklagte hat sich damit wegen Diebstahls gem § 242 StGB strafbar gemacht." Denn idealerweise sollte dem Leser schon aufgrund der Feststellungen zur Tat klar werden, welcher Straftatbestand zur Anwendung kommt. Vertretbar erscheint auch – wenn dies eindeutig ist – nur die Vorschrift oder nur die aus der gesetzlichen Überschrift erkennbare Deliktsbezeichnung anzugeben.

25 Aus den gleichen Gründen wie unter II. (Rn 15 ff) ausgeführt, können aber auch hier weitere Ausführungen geboten sein. Das ist insbes dann der Fall, wenn sich eine andere rechtliche Bewertung der Tat aufdrängt oder aber ein Rechtfertigungs- oder Entschuldigungsgrund nicht fern liegt. Ebenso kann es bei stark auslegungsbedürftigen Tatbestandsmerkmalen erforderlich sein, diese zunächst näher zu definieren und dann eine Subsumtion vorzunehmen.

IV. Besondere Umstände (Abs 2)

26 „Vom Strafgesetz besonders vorgesehene Umstände" sind identisch mit den in § 263 Abs 2 StPO genannten Umständen (KK-StPO/Engelhardt StPO § 267 Rn 19; Meyer-Goßner StPO § 267 Rn 15). Nicht erfasst sind hier unbenannte Rechtsfolgenänderungsgründe, die in § 267 Abs 3 StPO geregelt sind.

27 Diese Umstände müssen im Urteil erörtert werden, wenn sie in der Hauptverhandlung behauptet wurden (sei es durch Beweisantrag, sei es im Schlussplädoyer) oder – insoweit über den Gesetzeswortlaut hinaus, wenn sie entgegen der zugelassenen Anklage nicht angenommen worden sind (KK-StPO/Engelhardt StPO § 267 Rn 20).

Aus allgemeinen Gründen müssen sie auch erörtert werden, wenn sich dies nach den übrigen Feststellungen **aufdrängt**, also zB wenn eine erheblich verminderte oder ausgeschlossene Schuldfähigkeit nach Angabe der genossenen Alkohol- oder BtM-Mengen und/oder dem Verhalten des Angeklagten zum Zeitpunkt der Tat dies nahelegen (KK-StPO/Engelhardt StPO § 267 Rn 20).

28 Str ist, ob das Revisionsgericht durch eine eigene Beweiserhebung nachprüfen kann, ob ein besonderer Umstand in der Hauptverhandlung behauptet wurde (hierbei handelt es sich nicht um eine protokollierungspflichtige wesentliche Förmlichkeit der Hauptverhandlung, vgl KK-StPO/Engelhardt StPO § 267 Rn 20; Meyer-Goßner StPO § 267 Rn 15). Der BGH verneint dies, weil das auf eine im Revisionsverfahren nicht angängige Rekonstruktion der Hauptverhandlung hinausliefe (BGH NStZ 1983, 278). In der Literatur wird dies zT anders gesehen (vgl nur Fezer NStZ 1978, 278, 279; Sieg NJW 1983, 2014). Konsequent wäre es jedenfalls, wenn man eine eigene Beweiserhebung des Revisionsgerichts verneint, eine Protokollierungspflicht für die Behauptung der genannten Umstände anzunehmen.

V. Strafzumessung (§ 267 Abs 3 S 1 Hs 2; S 2 bis 4 StPO)

29 Nähere Bestimmungen zur Begründung der Strafzumessungsentscheidung enthält § 267 Abs 3 (mit Ausnahme des ersten Halbsatzes des S 1, der die rechtliche Würdigung betrifft).

1. Strafrahmenwahl

30 Bezüglich der Strafrahmenwahl enthält § 267 Abs 3 StPO Begründungsregelungen für minderschwere und besonders schwere Fälle.

31 Prozessrechtlich ist die Begründung bei der Bejahung eines minderschweren Falles (als Ausnahme von der Regel, vgl Meyer-Goßner StPO § 267 Rn 21) sowie dann notwendig, wenn ein solcher entgegen eines in der Hauptverhandlung gestellten Antrages verneint wird. Minderschwere Fälle können benannte (zB § 213 Alt 1 StGB) oder unbenannte (zB § 213 Alt 2 StGB, § 224 Abs 1 S 2 StGB) sein. Ob ein entsprechender Antrag gestellt wurde, lässt sich aufgrund der Protokollierungspflicht nach § 273 Abs 1 StPO revisionsgerichtlich nach-

prüfen. Aus materiellrechtlichen Gründen kann aber die Erörterung eines minderschweren Falles dann erforderlich sein, wenn eine Vielzahl von Strafmilderungsgründen die Annahme eines solchen nahelegt (BGH NStZ-RR 2002, 140; BGH Beschl v 6. 1. 2004 – Az 5 StR 517/03). Näherer Erörterung bedarf auch die Anwendung bzw. Nichtanwendung des Strafrahmens eines minderschweren Falles bei Vorliegen vertypter Milderungsgründe (vgl BGH NStZ-RR 1998, 42; BGH Beschl v 13. 3. 2006 – Az 2 StR 228/06 = BeckRS 2006, 09873).

Bei besonders schweren Fällen ist aus prozessualen Gründen zu begründen, warum ein besonders schwerer Fall nicht angenommen wurde, obwohl seine Voraussetzungen erfüllt sind. Gemeint ist hier also nur ein gesetzlich (durch Regelbeispiele) benannter besonders schwerer Fall (zB § 243 Abs 1 S 2 StGB). Liegen keine Regelbeispiele vor, wird aber gleichwohl ein (unbenannter) besonders schwerer Fall angenommen, so ist auch das begründungsbedürftig, ebenso wie der Fall, dass in der Hauptverhandlung ein Antrag auf Annahme eines besonders schweren Falles gestellt wurde, ein solcher aber vom Gericht verneint wurde. Auch hier kann das Gericht aus materiellrechtlicher Begründungspflicht gehalten sein, weitergehende Erörterungen anzustellen. Es gelten die Ausführungen zum minderschweren Fall entsprechend. 32

2. Bestimmende Strafzumessungsgründe

Nach § 267 Abs 3 S 1 Hs 2 StPO sind die bestimmenden Strafzumessungserwägungen im Urteil anzuführen. Das bedeutet, dass die Strafzumessungsgesichtspunkte (vgl § 46 StGB) anzuführen sind, die bei der Bemessung der Strafe für das Gericht entscheidend waren. Es müssen **nicht sämtliche Strafzumessungsgesichtspunkte**, die bei der Entscheidung relevant waren, geschildert werden (BGH NStZ 2000, 495, 496; BGH NStZ 2001, 333). Umstände, die nur von geringem Einfluss auf die Strafzumessung waren, können weggelassen werden. Was „bestimmend" ist, obliegt allerdings nicht allein dem Ermessen des erkennenden Gerichts. Bei den jeweiligen Delikten kann es jeweils Umstände geben, die im Regelfall als bestimmender Gesichtspunkt erörterungsbedürftig sind (vgl zB bei BtM-Handeltreiben: BGH StV 1993, 115). Es ist rechtlich nicht zu beanstanden, wenn bei der Gesamtstrafenbildung auf die bereits bei der Einzelstrafenzumessung genannten Zumessungsgründe Bezug genommen wird und diese zusammenfassend gewürdigt werden (BGH Beschl v 27. 8. 2008 – Az 1 StR 431/08 = BeckRS 2008, 19765). 33

Es ist sowohl zu schildern, was bestimmend für die konkrete Strafhöhe, als auch das, was bestimmend für die Wahl der Strafart (also zB Geld- oder Freiheitsstrafe) war. Die Begründung der Strafzumessung im Einzelnen muss um so ausführlicher sein, je mehr sich die Strafe oder sonstige verhängte Rechtsfolge der oberen oder unteren Grenze des Strafrahmens nähert. Vorstrafen brauchen idR nur insoweit geschildert zu werden, als sie für die Sanktionsbemessung von Bedeutung sind (OLG Koblenz Beschl v 13. 6. 2007 – Az 1 Ss 385/06). 34

Als bestimmende Strafzumessungsfaktoren sind auch die Erwägungen zu einer **rechtsstaatswidrigen Verfahrensverzögerung** (Art 6 Abs 1 EMRK) im Urteil auszuführen. Dazu muss zunächst Art und Ausmaß der Verzögerung ermittelt werden. Sodann bedarf es der Prüfung, ob und in welchem Umfang der zeitliche Abstand zwischen Tat und Urteil sowie die besonderen Belastungen, denen der Angeklagte wegen der überlangen Verfahrensdauer ausgesetzt war, bei der Straffestsetzung in den Grenzen des gesetzlich eröffneten Strafrahmens mildernd zu berücksichtigen sind, und schließlich der Erörterung, ob eine kompensationspflichtige rechtsstaatswidrige Verfahrensverzögerung vorliegt und ob zu ihrer Kompensation ihre bloße ausdrückliche Feststellung im Urteil genügt oder ob darüber hinaus ein Kompensation in Form einer Festlegung, welcher bezifferte Teil der Strafe als vollstreckt gilt, erforderlich ist (BGH NStZ 2008, 234, 236 mAnm Bußmann). 34 a

Aus der **materiellrechtlichen Begründungspflicht** ergeben sich weitere Notwendigkeiten. So sind nahe liegende Milderungsgründe zu erörtern, ebenso auch, wenn ein Berufungsgericht oder ein Tatgericht nach Aufhebung und Zurückverweisung bei gleich bleibenden Strafzumessungsgesichtspunkten auf eine deutlich höhere oder niedrigere Strafe als bei der ersten Verurteilung erkennt oder aber bei **stark** veränderten Umständen eine gleich hohe Strafe wie bei der Erstverurteilung verhängt, insbes wenn es von einem niedrigeren Strafrahmen ausgeht, da der Angeklagte grds einen Anspruch darauf hat, zu 35 erfahren, warum ein sich als wesentlich weniger schwerwiegend darstellendes Verhalten gleich schwer bestraft wird wie zuvor (BGH NStZ 1982, 507; OLG Hamm StraFo 2005, 33; OLG Köln NJW 1986, 2328; OLG Zweibrücken Beschl v 25. 5. 1992 – Az 1 Ss 85/02). Ähnliches gilt für Erkenntnisse der Berufungsinstanz im Vergleich zur ersten Instanz (vgl OLG Hamm Beschl v 18. 6. 2008 – Az 3 Ss 236/08 = BeckRS 2008, 15048; OLG Hamm Urt v 11. 8. 2009 – Az 3 Ss 233/09 = BeckRS 2009, 25240). Im Falle der Verhängung einer lebenslangen Freiheitsstrafe sind die Gründe die für und gegen die Annahme der besonderen Schwere der Schuld (§ 57 a Abs 1 S 1 Nr 2 StGB) sprechen auszuführen (BGHSt 40, 360, 368 f).

36   In Jugendsachen ist die besondere Begründungsvorschrift des § 54 Abs 1 JGG zu beachten.

3. Kurzeitige Freiheitsstrafe (§ 47 StGB)

37   Nach § 267 Abs 3 S 2 Hs 2 StPO gelten für die Verhängung bzw Nichtverhängung einer kurzzeitigen Freiheitsstrafe iSd § 47 StGB die gleichen prozessualen Begründungsanforderungen wie bei einem minderschweren Fall (vgl oben Rn 29). Die Verhängung einer kurzzeitigen Freiheitsstrafe ist daher immer näher zu begründen (vgl OLG Hamm VRS 1997, 410, 411; OLG Hamm Beschl v 6. 9. 2007 – Az 3 Ss 267/07).

4. Strafaussetzung zur Bewährung/Verwarnung mit Strafvorbehalt

38   Nach § 267 Abs 3 S 4 StPO ist (entsprechend dem Regelschema bei der Strafzumessung) zu begründen, wenn eine Freiheitsstrafe zur Bewährung ausgesetzt (§ 56 StGB, § 21 JGG), eine Verwarnung mit Strafvorbehalt (§§ 59 StGB ff) ausgesprochen oder von Strafe abgesehen (§ 60 StGB) wird. Folgt das Gericht einem in der Verhandlung gestellten Antrag auf Strafaussetzung zur Bewährung nicht, so hat es auch dies zu begründen. Es gelten hier die gleichen Grundsätze wie beim minder schweren Fall (so Rn 29). Enthält das Urteil entgegen eines entsprechend gestellten Antrages hierzu keine Ausführungen droht die (Teil-)Aufhebung auf die entsprechende Verfahrens- ggf. auch auf die Sachrüge hin (vgl BGH Urt v 13. 3. 2008 – Az 4 StR 534/07).

Aus **materiellrechtlichen Gründen** ist auch im übrigen eine Auseinandersetzung mit der Bewährungsfrage erforderlich, wenn an sich eine Strafaussetzung naheliegt, aber nicht gewährt wurde (BGH NStZ 1986, 374). Wird eine Strafaussetzung zur Bewährung gewährt, so kann – insbes dann, wenn die Freiheitsstrafe an der Obergrenze des Aussetzungsfähigen liegt und weitere erschwerende Umstände vorhanden sind – die Erörterung, warum eine Vollstreckung der Strafe nicht zur Verteidigung der Rechtsordnung erforderlich war, notwendig sein (BGH NStZ 1989, 527).

C. Abgekürztes verurteilendes Urteil

I. Zweck

39   Aus Gründen der Arbeitsersparnis sieht das Gesetz in § 267 Abs 4 StPO vor, dass ein Urteil unter bestimmten Voraussetzungen abgekürzt abgefasst werden kann, wenn es der Information eines Rechtsmittelgerichts durch ausführliche Urteilsgründe nicht bedarf.

II. Voraussetzungen

40   Ein Urteil kann unter zwei Voraussetzungen abgekürzt abgefasst werden:
Zum einen ist das möglich, wenn alle zur Anfechtung des Urteils Berechtigten (Angeklagter, Staatsanwaltschaft, Nebenkläger, Privatkläger, gesetzlicher Vertreter/Erziehungsberechtigter gem § 67 Abs 3 JGG) **auf die Einlegung von Rechtsmitteln verzichten**. Gemeint sind hier aber nur die Rechtsmittel der Revision bzw Berufung, nicht die sofortige Beschwerde gegen die Kostenentscheidung gem § 464 Abs 3 StPO, nicht die sofortige Beschwerde nach § 8 Abs 3 StrEG oder Rechtsmittel gegen gleichzeitig mit dem Urteil erlassene Beschlüsse wie zB § 268a StPO (Meyer-Goßner StPO § 267 Rn 24). Voraussetzung ist aber, dass das überhaupt Rechtsmittel gegen das Urteil statthaft sind. Sind keine Rechtsmittel statthaft, scheidet eine Abkürzung der Urteilsgründe aus. Grund hierfür ist, dass

nach der verfassungsgerichtlichen Rechtsprechung § 267 StPO eine einfachgesetzliche Ausprägung des Grundsatzes des rechtliches Gehörs ist und in den Fällen, in denen überhaupt kein Rechtsmittel mehr statthaft ist, die Verfahrensbeteiligten es – anders als den o g Fällen – nicht selbst in der Hand haben, durch Rechtsmitteleinlegung das Gericht zu einer ausführlichen Urteilsbegründung zu bewegen (BVerfG NJW 2004, 209, 210).

Zum anderen ist eine Abkürzung der Gründe möglich, wenn die Revisions- oder 41 Berufungseinlegungsfrist verstrichen ist und **keine Rechtsmittel** eingelegt wurden.

Erwächst ein Urteil durch teilweisen Rechtsmittelverzicht oder Nichteinlegung von Rechtsmitteln teilweise in vertikaler Rechtskraft (dh wird ein Rechtsmittel nur wegen der Nichtverurteilung oder Verurteilung bzgl einzelner selbständiger Taten eingelegt), so kann das Urteil insoweit abgekürzt werden bzgl des nichtrechtskräftigen Teils scheidet eine Abkürzung aber aus (Niehaus NZV 2003, 409, 412). Str ist, ob auch bei horizontaler Teilrechtskraft (wenn also zB Rechtsmittel nur bzgl des Rechtsfolgenausspruchs eingelegt wurden) eine Abkürzung (jedenfalls bzgl der Beweiswürdigung) möglich ist, soweit nur der rechtskräftige Teil betroffen ist (dafür: Niehaus NZV 2003, 409, 412; dagegen: Meyer-Goßner StPO § 267 Rn 24 mwN).

III. Rechtsfolge

Auszuführen ist bei einem abgekürzten Urteil die abgeurteilte Tat (wie § 267 Abs 1 StPO) 42 und die angewendeten Strafvorschriften. Abkürzbar, dh verzichtbar, ist die **Beweiswürdigung**. Auch auf eine Begründung der **Strafzumessungserwägungen** (und damit auch auf eine idR nur für die Strafzumessung relevante Darstellung des Lebenslaufes des Angeklagten) kann verzichtet werden. Häufig ist das aber untunlich, da gerade in der Strafvollstreckung und bei nachfolgenden Bewährungsentscheidungen sowie bei späteren neuen Verurteilungen die letztgenannten Ausführungen nicht unwichtige Erkenntnisquellen sind (vgl auch Meyer-Goßner StPO § 267 Rn 27). Gleiches gilt für eine spätere nachträgliche Gesamtstrafenbildung. Deshalb sollte das Gericht von seinem in § 267 Abs 4 S 2 StPO eingeräumten Ermessen nicht zu großzügig Gebrauch machen. Aus Transparenzgründen ist nach § 267 Abs 4 S 2 StPO ggf anzugeben, dass dem Urteil eine Verständigung iSv § 257 c StPO vorausgegangen ist (vgl dazu Rn 8 a).

Wird nur auf bestimmte Rechtsfolgen unterhalb einer Freiheitsstrafe erkannt, kann auf 43 den zugelassenen Anklagesatz, die Anklage gem § 418 Abs 3 S 2 StPO, den Strafbefehl sowie den Strafbefehlsantrag verwiesen werden. Im Extremfall kann es hierdurch zu einem vollständigen Verzicht auf eigenständige Urteilsgründe kommen (Meyer-Goßner StPO § 267 Rn 26). Bei einer solchen **Bezugnahme** ist darauf zu achten, dass die Anklage etc auch wirklich völlig mit der in der Hauptverhandlung festgestellten Tat übereinstimmt und vor allen Dingen die dort geschilderte Tat hinreichend bestimmt und konkretisiert ist.

Es empfiehlt sich, im Urteil klar darzulegen, ob es ganz oder teilweise (falls ja inwieweit) 44 abgekürzt wurde (zB durch Zusatz zur Überschrift „Gründe – abgekürzt gem § 267 Abs 4 StPO)".

IV. Wiedereinsetzung (§ 267 Abs 4 S 4 StPO)

Wird Wiedereinsetzung in den vorigen Stand bei versäumter Rechtsmitteleinlegung 45 gewährt, so ist das Urteil nachträglich nach den og allgemeinen Grundsätzen zu begründen. Bei dem zu ergänzenden Urteil muss es sich um ein abgekürztes Urteil handeln. Für eine Urteilsergänzung ist wegen des Grundsatzes der Unabänderlichkeit der Urteilsgründe kein Raum, wenn der Richter bei dem aus dem internen Gerichtsbereich hinausgegebenen Urteil gar nicht nach § 267 Abs 4 S 1 oder S 2 StPO verfahren ist und ein (seiner Ansicht nach) vollständiges Urteil hinausgegeben wurde (OLG Bamberg Beschl. v 29. 1. 2009 – Az 3 Ss OWi 90/09 = BeckRS 2009, 13875).

Die Formulierung „können" deutet zwar auf ein Ermessen des Gerichts hin, ob eine ausführliche Urteilsbegründung nachgeholt wird oder nicht. Außer in dem Fall, in dem nach gewährter Wiedereinsetzung allseits ein Rechtsmittelverzicht erklärt wird (bzw von anderen Verfahrensbeteiligten keine Rechtsmittel eingelegt wurden) und dem Fall, dass als Rechtsmittel lediglich Berufung eingelegt wurde (bei der Berufung wird nicht das erstinstanzliche

Urteil überprüft, sondern über alle Tat- und Rechtsfragen neu entschieden, vgl OLG München NJW 2007, 96, 97) ist aber kein Grund ersichtlich, warum nach einer Wiedereinsetzung hierauf verzichtet werden könnte.

46 Die **Frist für die Ergänzung** beginnt nicht – was der Wortlaut der Vorschrift nahelegen könnte – bereits mit der Urteilsverkündung (BayObLGSt 1979, 148). Sie beginnt, sobald die Akten nach der Gewährung der Wiedereinsetzung bei dem für die Urteilsergänzung zuständigen Gericht eingehen (BGH NJW 2008, 3509; BGH NStZ 2004, 508, 509, Meyer-Goßner StPO § 267 Rn 30).

46.1 Das ist nicht unstreitig. Nach **aA** beginnt die Frist bereits mit dem Erlass des Wiedereinsetzungsbeschlusses (BayObLGSt 1979, 148; OLG Düsseldorf OLGSt Nr 3 zu § 267 StPO; Löwe/Rosenberg/Gollwitzer StPO § 267 Rn 144). Der Wortlaut gebietet eine solche einschränkende Auslegung aber nicht und es würden hierdurch nur unnötig die Ergänzungsmöglichkeit des Gericht beschnitten und möglicherweise unnötige Urteilsaufhebungen provoziert (BGH NStZ 2004, 508, 509). Durch die oben zitierte Entscheidung des BGH NJW 2008, 3509, welche auf eine Vorlage gem. § 121 Abs 2 GVG erfolgt ist, dürfte sich der Streit inzwischen erledigt haben (vgl ebenso wie der BGH inzwischen auch OLG Brandenburg Beschl v 13. 7. 2009 – Az 1 Ss (OWi) 114B/09 = BeckRS 2009, 21186; OLG München Beschl v 23. 7. 2009 – Az 4 StRR 107/09 = BeckRS 2009, 22011).

47 Geht der Rechtsmittelführer nach gewährter Wiedereinsetzung vom Rechtsmittel der Berufung zur Revision über, so beginnt die Frist frühestens mit dem wirksamen Übergang (OLG München NJW 2007, 96, 97).

48 Die Dauer der Frist bestimmt sich nach § 275 Abs 1 S 2 StPO (§ 275 Abs 1 S 4 StPO gilt nicht, vgl OLG Hamburg MDR 1978, 247).

49 Str ist, ob eine **Urteilsergänzung analog § 275 Abs 4 S 4 StPO** möglich ist, wenn das Gericht irrtümlich von der Rechtskraft der Entscheidung ausgegangen ist und deshalb das Urteil in abgekürzter Form verfasst hat (dafür: BGH NStZ 2008, 646, auch zur Frage, ab wann die Frist zur Urteilsergänzung läuft; BGH/Becker NStZ-RR 2002, 261; Löwe/Rosenberg/Gollwitzer StPO § 267 Rn 145; dagegen BGH/Holtz MDR 1990, 490, BayObLG NStZ 1992, 136 mwN, insbes zur OLG-Rechtsprechung; Meyer-Goßner StPO § 267 Rn 30).

49.1 Pragmatische Gründe, nämlich die Vermeidung unnötiger Urteilsaufhebungen, könnten auch hier dafür sprechen, eine solche Analogie zuzulassen. Gegen sie spricht allerdings, dass die Regelungen über die Urteilsabsetzung und Urteilsbegründung angesichts ihrer Bedeutung, die ihnen vom Gesetz ua durch § 338 Nr 7 StPO (absoluter Revisionsgrund) beigemessen wird, generell analogiefeindlich sein könnten.

D. Freisprechendes Urteil (§ 267 Abs 5 StPO)
I. Nichtabgekürztes freisprechendes Urteil

50 Auch bezüglich des freisprechenden Urteils enthält das Gesetz nur rudimentäre Regelungen, nämlich ob der Angeklagte aus tatsächlichen oder aus rechtlichen Gründen freigesprochen wurde (§ 267 Abs 5 S 1 StPO). In der Rechtsprechung haben sich aber weitergehende Anforderungen herausgebildet, die sich je nach Art des Freispruchs richten.

1. Freispruch aus tatsächlichen Gründen

51 Wird der Angeklagte aus tatsächlichen Gründen freigesprochen, so ist zunächst der Anklagevorwurf in den Urteilsgründen darzustellen (BGHSt 37, 21, 22). Sodann ist – wie bei einem verurteilenden Urteil – der festgestellte Sachverhalt und die zugehörige Beweiswürdigung zu schildern (BGH NStZ-RR 2008, 206). Bei einem Freispruch aus tatsächlichen Gründen muss das Tatgericht im Urteil diejenigen Tatsachen feststellen, die es für erwiesen hält, bevor es in der Beweiswürdigung darlegt, aus welchen Gründen die für einen Schuldspruch erforderlichen – zusätzlichen – Feststellungen nicht getroffen werden können (OLG Brandenburg Beschl v 16. 12. 2008 – Az 2 Ss 69/08 = BeckRS 2009, 05947). Die Anforderungen an die Beweiswürdigung sind hier genauso hoch, wie bei einem verurteilenden Urteil; der Tatrichter muss sie daher in einer für das Revisionsgericht nachprüfbaren Weise darlegen (BGH NStZ 2002, 446; KG Berlin Urt v 15. 12. 2006 – Az (4) 1 Ss 280/05 (119/

05); vgl auch BGH Urt v 21. 8. 2008 – Az 3 StR 262/08 = BeckRS 2008, 20308). Insbesondere bedarf es der zusammenfassenden Darstellung von Einlassungen des Angeklagten und Bekundungen von Be- und Entlastungszeugen (BGH Urt v 20. 3. 2008 – Az 4 StR 5/08 = BeckRS 2008, 05754). Erfolgt der Freispruch, weil subjektive Tatbestandsmerkmale nicht nachgewiesen werden konnten, so kann im Ausnahmefall auf die Schilderung des objektiven Tatgeschehens verzichtet werden, grundsätzlich ist es aber auch in diesen Fällen zu schildern (BGH NJW 2005, 2322, 2325). Ggf bedarf es auch der Feststellungen zur Persönlichkeit und zum Werdegang des Angeklagten, wenn sie für die Beurteilung des Tatvorwurfs von Bedeutung sein können (BGH NStZ 2008, 647).

Wird gleichzeitig mit dem Freispruch eine Maßnahme verhängt (zB weil ein schuldhaftes Handeln des Angeklagten nicht feststellbar), so müssen zusätzlich die Begründungsanforderungen für die Verhängung strafrechtlicher Maßnahmen erfüllt sein (vgl § 267 Abs 6 StPO).

2. Freispruch aus rechtlichen Gründen

Hier bedarf es zunächst der Schilderung des festgestellten Sachverhalts. Ist dieser vollständig identisch mit dem Anklagevorwurf, so bedarf es keiner näheren Beweiswürdigung. Sodann ist darzulegen, warum das festgestellte Tatverhalten nicht strafbar ist (vgl Meyer-Goßner StPO § 267 Rn 34). 52

II. Abgekürztes freisprechendes Urteil

Unter den gleichen Voraussetzungen wie eine verurteilende Entscheidung kann auch ein freisprechendes Urteil abgekürzt werden. Es ist dann lediglich anzugeben, ob der Freispruch aus tatsächlichen oder rechtlichen Gründen erfolgt. Einer weitergehenden Begründung bedarf es nicht, sie ist aber möglich und empfiehlt sich häufig (vgl Meyer-Goßner StPO § 267 Rn 36). Auch im Falle des freisprechenden abgekürzten Urteils sind die Urteilsgründe, wenn Wiedereinsetzung in die Rechtsmitteleinlegungsfrist gewährt wird, zu ergänzen. Es gelten hier die gleichen Grundsätze wie bei einem verurteilenden Urteil (vgl oben Rn 43 ff). 53

E. Einstellungsurteile etc

§ 267 StPO enthält keine Vorgaben für die Gründe eines **Einstellungsurteils nach § 260 Abs 3 StPO**. Dass ein Einstellungsurteil, welches mit Rechtsmitteln angegriffen werden kann, zu begründen ist, ergibt sich aus § 34 StPO (vgl OLG Hamm MDR 1986, 778; Meyer-Goßner StPO § 267 Rn 29). Es sind die Angaben, die zur tatsächlichen und rechtlichen Kennzeichnung des Verfahrenshindernisses notwendig sind, zu machen. 54

Gleiches gilt für andere **Prozessurteile**, wie die Berufungsverwerfung nach § 329 Abs 1 StPO, wenn der Angeklagte unentschuldigt zur Berufungshauptverhandlung nicht erschienen ist und auch nicht in zulässiger Weise vertreten wurde (OLG Köln NJW 1963, 1265). 55

F. Maßregeln der Besserung und Sicherung und Nebenentscheidungen

I. Allgemeines

Entsprechend der Regelungssystematik des § 267 Abs 3 StPO muss begründet werden, weshalb eine Maßregel der Besserung und Sicherung (§§ 61 StGB ff) angeordnet wurde, weshalb die Entscheidung über die Sicherungsverwahrung vorbehalten wurde (§ 66 a Abs 1 StGB) bzw weshalb eine entsprechende Anordnung entgegen eines in der Hauptverhandlung gestellten Antrages nicht getroffen wurde. 56

Es bedarf also zunächst der der Darlegung etwaiger bestehender **formeller Voraussetzungen**. Zum Teil – aber nicht durchweg – ergeben sich diese schon bereits aus dem übrigen Urteilsinhalt, insbes den Feststellungen zur Person oder zur Sache. Solche formellen Voraussetzungen sind zB bei der Sicherungsverwahrung (§ 66 StGB) bestimmte (Vor-) Verurtei- 57 lungen in bestimmter Höhe und ggf bestimmte vorhergehende Freiheitsentziehungen von bestimmter Mindestdauer und Prüfung einer etwaigen Rückfallverjährung nach § 66 Abs 4 StGB. Eine bloße Bezugnahme auf dem Urteil „angesiegelte" Kopien der Vorverurteilungen ist nicht ausreichend (BGH NStZ 2007, 478, 479). Bei der gerichtlich angeordneten Führungsaufsicht (§ 68 StGB) ist eine bestimmte Mindeststrafe verlangt.

58 Sodann sind die **materiellen Voraussetzungen** für die Maßregelanordnung zu begründen. Hierzu gehört zB bei § 63 StGB die Begehung der Tat im Zustand der Schuldunfähigkeit oder der (erwiesenen) erheblich verminderten Schuldfähigkeit sowie die Stellung einer Gefährlichkeitsprognose. Bzgl der Gefährlichkeitsprognose – die bei allen Maßregeln (in unterschiedlicher Form) verlangt wird, sind die Anknüpfungstatsachen zu schildern (vgl – für §§ 69 StGB f – BGHSt 50, 93, 105), ggf auch (sofern eingeholt) der Inhalt eines Sachverständigengutachtens (BGH NStZ-RR 2007, 478, 479). Sodann ist die eigene Gefährlichkeitsprognose des erkennenden Gerichts zu begründen.

59 Auch im Bereich der Maßregeln sind die Begründungsanforderungen aus sachlich-rechtlichen Gründen weitergehend als nach § 267 Abs 6 StPO. So ist regelmäßig auch dann die Nichtanordnung der Sicherungsverwahrung näher zu begründen, wenn sich aus dem Urteil ergibt, dass die formellen Anordnungsvoraussetzungen vorliegen (BGH NJW 1999, 2606).

II. Nichtentziehung der Fahrerlaubnis etc (§ 267 Abs 6 S 2 StPO)

60 Obschon bereits aus sachlich-rechtlichen Gründen generell geboten (vgl oben Rn 57), ist für die Entziehung der Fahrerlaubnis (§ 69 StGB) und für die Sperre gem § 69 a StGB noch einmal gesondert bestimmt, dass die Urteilsgründe angeben müssen, warum diese Maßregeln nicht angeordnet wurden, obwohl ihre Anordnung nach Art der Straftat (also Katalogtat nach § 69 Abs 2 StGB oder sonstige Zusammenhangstat nach § 69 Abs 1 StGB) in Betracht kam.

III. Weitere Nebenentscheidungen

61 Als Nebenentscheidungen kommen insbes die Anordnung von Einziehung- oder Verfall (§§ 73 StGB ff) oder eine Entschädigungsentscheidung im Adhäsionsverfahren (§ 406 StPO) in Betracht. Dass diese zu begründen sind, ergibt sich jedenfalls aus § 34 StPO (vgl oben Rn 52). Diesbezüglich enthält § 267 StPO aber keine Bestimmungen zum notwendigen Urteilsinhalt. Die Anforderungen ergeben sich hier wieder aus materiell-rechtlichen Gründen.

G. Berichtigung der Urteilsgründe

62 Die nachfolgenden Ausführungen betreffen nicht den gesondert geregelten Fall der Wiedereinsetzung in den vorigen Stand gem § 267 Abs 4 S 3, Abs 5 S 3 StPO (vgl dazu oben Rn 45 ff).

63 Solange das Urteil zwar unterschrieben aber noch nicht aus dem inneren Dienstbereich des Gerichtes hinausgegeben wird und solange noch die Urteilsabsetzungsfrist nach § 275 Abs 1 StPO läuft, können die Urteilsgründe – auch inhaltlich – berichtigt werden (BGH NJW 1997, 1862, 1863; vgl auch OLG Naumburg Beschl v 5. 9. 2007 – Az 1 Ss (B) 294/07). Läuft die Urteilsabsetzungsfrist noch, ist das Urteil aber bereits aus dem inneren Dienstbereich herausgegeben worden, so ist eine inhaltliche Berichtigung oder Ergänzung der Urteilsgründe im Strafverfahren nicht möglich (str), wohl aber in Bußgeldsachen (BGH NJW 1997, 1862, 1863 mwN auch zu abweichenden Auffassungen). Dennoch vorgenommene Änderungen sind im Revisionsverfahren unbeachtlich (BGH Beschl v 9. 11. 2006 – Az 1 StR 434/06). Für die nach og Grundsätzen zulässige Berichtigung dürfte es ausreichen, dass sie im Urteil vorgenommen wird und alle unterzeichnenden Richter übereinkommen, dass die Änderung von ihrer Unterschrift gedeckt ist.

64 Nach dem og Zeitpunkt ist nur noch die **Berichtigung offensichtlicher Versehen oder unzweifelhafter Irrtümer** möglich. Die Veränderung des sachlichen Gehalts der Urteilsgründe ist nicht angängig (BGH NStZ-RR 2007, 236: keine Nachholung vergessener Feststellungen zur Person); es darf kein Zweifel darüber entstehen, dass die Änderung noch mit

dem Ergebnis der Beratung in Einklang steht (BGH NStZ 1991, 195; BayObLG NStZ-RR 1998, 377; NStZ-RR 1999, 140). Möglich ist die Berichtigung des Namens des Angeklagten, wenn dieser unter falschem Namen an der Hauptverhandlung teilgenommen hat (BGH NStZ-RR 1996, 9; OLG Düsseldorf NStZ 1994, 355). Die Berichtigung oder Ergänzung erfolgt durch Beschluss der an der Urteilsfassung mitwirkenden Richter. Ist einer verhindert, so gilt § 275 Abs 2 S 2 StPO entsprechend (Meyer-Goßner StPO § 267 Rn 39). Gegen den Berichtigungsbeschluss ist grundsätzlich das Rechtsmittel der Beschwerde gegeben. Nur dann wenn Revision eingelegt wurde, ist eine gesonderte Beschwerde nicht statthaft, da das Revisionsgericht dann auch die Wirksamkeit des Berichtigungsbeschlusses überprüft (BayObLG Beschl v 19. 6. 1998 – Az 2 StRR 91/98, insoweit nicht in NStZ-RR 1998, 377 abgedruckt). Der Berichtigungsbeschluss ist dem Angeklagten förmlich zuzustellen. Erst ab diesem Zeitpunkt läuft die Rechtsmittelbegründungsfrist bei Revision bzw Rechtsbeschwerde (BayObLG NStZ-RR 1999, 140, 141). Für einen Strafbefehl gelten die vorgenannten Ausführungen entsprechen (vgl LG Zweibrücken NStZ-RR 1997, 311).

Kein unzweifelhafter Irrtum liegt idR vor, wenn ein **Widerspruch zwischen Tenor** 65 **und Urteilsgründen** besteht, denn in diesen Fällen ist zweifelhaft, welcher der beiden Urteilsabschnitte das tatsächlich Gewollte wiedergeben. Nur wenn das Revisionsgericht ausnahmsweise sicher feststellen kann, dass die Formulierung in den Gründen irrtümlich erfolgte, kommt eine Aufhebung des Urteils wegen materiellrechtlicher Fehler nicht in Betracht (vgl BGH StV 2007, 410; OLG Bamberg NStZ-RR 2008, 18). Liegt der Widerspruch hingegen zwischen dem Tenor des schriftlichen Urteils und dem laut Sitzungsprotokoll verkündeten Tenor, so ist für das Rechtsmittelgericht letzterer maßgeblich (OLG Köln NStZ 2007, 481).

§ 268 [Urteilsverkündung]

(1) Das Urteil ergeht im Namen des Volkes.

(2) ¹Das Urteil wird durch Verlesung der Urteilsformel und Eröffnung der Urteilsgründe verkündet. ²Die Eröffnung der Urteilsgründe geschieht durch Verlesung oder durch mündliche Mitteilung ihres wesentlichen Inhalts. ³Die Verlesung der Urteilsformel hat in jedem Falle der Mitteilung der Urteilsgründe voranzugehen.

(3) ¹Das Urteil soll am Schluß der Verhandlung verkündet werden. ²Es muß spätestens am elften Tage danach verkündet werden, andernfalls mit der Hauptverhandlung von neuem zu beginnen ist. ³§ 229 Abs. 3 und Abs. 4 Satz 2 gilt entsprechend.

(4) War die Verkündung des Urteils ausgesetzt, so sind die Urteilsgründe tunlichst vorher schriftlich festzustellen.

Überblick

Die Vorschrift regelt Ablauf und Inhalt der Urteilsverkündung und enthält eine besondere, von § 229 StPO abweichende, Fristenregelung für den Fall, dass die Urteilsverkündung in einem gesonderten Verkündungstermin erfolgt.

Übersicht

	Rn		Rn
A. Ablauf der Urteilsverkündung	1	II. Verkündungstermin	14
I. Eröffnungsformel	1	III. Schriftliche Urteilsgründe bei Verkündungstermin	17
II. Urteil	2		
1. Verlesung der Urteilsformel	2		
2. Eröffnung der Urteilsgründe	6	**C. Berichtigung der Urteilsformel**	19
III. Zuständigkeit des Vorsitzenden	12	**D. Wiedereintritt in die Hauptverhandlung**	21
B. Zeitpunkt der Urteilsverkündung	13		
I. Grundsatz	13		

A. Ablauf der Urteilsverkündung
I. Eröffnungsformel

1   Nach § 268 Abs 1 StPO ergeht das Urteil „im Namen des Volkes". Dies ist die übliche Eingangsformel zur Urteilsverkündung. Es handelt sich aber bei Abs 1 nur um eine Ordnungsvorschrift. Das Fehlen der Eingangsformel ist daher unschädlich (Meyer-Goßner StPO § 268 Rn 1).

II. Urteil
1. Verlesung der Urteilsformel

2   Sodann wird die „**Urteilsformel**" verlesen (§ 268 Abs 2 S 1 u S 3 StPO). „Urteilsformel" ist der vollständige Urteilstenor (vgl § 260 Abs 4 StPO u § 464 StPO). Die Urteilsformel muss – damit sie „verlesen" werden kann – zuvor schriftlich fixiert werden. Dazu reicht die einfache schriftliche Niederlegung (gleich ob handschriftlich oder maschinenschriftlich) ohne Unterschrift (OLG Hamm JMBlNW 1975, 165).

3   **Das Papier, auf dem die Urteilsformel niedergelegt ist**, hat nach der Urteilsverkündung an sich keine Funktion mehr, denn die verkündete Urteilsformel ist als wesentliche Förmlichkeit der Hauptverhandlung gem § 274 StPO zu protokollieren (vgl § 273 StPO u dort § 273 StPO Rn 4). Es empfiehlt sich – zur Vermeidung von Fehlprotokollierungen – aber, die schriftliche Urteilsformel in das Protokoll (zB als Anlage) zu integrieren (BGH bei Becker NStZ-RR 2002, 100).

4   Wird keine Urteilsformel verkündet, so liegt kein Urteil im Rechtssinne vor (BGHSt 8, 41, 42; BGHSt 15, 263, 264). Ob das auch gilt, wenn eine Urteilsformel verkündet wird, die zuvor nicht oder nicht vollständig schriftlich niedergelegt wurde, erscheint eher fraglich (RGSt 16, 347, 349 – zu dem Parallelproblem des Verstoßes gegen die Öffentlichkeitsvorschriften bei der Urteilsverkündung).

5   Die Verkündung der Urteilsformel ist ein **wesentlicher Teil der Hauptverhandlung** (BGH NStZ 1989, 283, 284). Es müssen daher alle Personen iSd § 226 StPO, § 338 Nr 5 StPO anwesend sein (anders bei der Eröffnung der Urteilsgründe, vgl BGHSt 15, 263, 264). Die Verkündung der Urteilsformel in Abwesenheit des Angeklagten kann daher nur unter den allgemeinen Voraussetzungen der §§ 231 StPO ff erfolgen. Die Verkündung der Urteilsformel erfolgt auf jeden Fall und ausnahmslos in öffentlicher Hauptverhandlung (§ 173 Abs 1 GVG, vgl BGHSt 8, 41).

2. Eröffnung der Urteilsgründe

6   Im Anschluss an die Verlesung der Urteilsformel werden die **Urteilsgründe** eröffnet (§ 268 Abs 2 S 2 StPO). Zulässig ist es auch, zunächst den Bewährungsbeschluss oder den Haftfortdauerbeschluss zu verkünden (vgl § 268a StPO, § 268b StPO u dort s § 268a StPO Rn 2 und § 268b StPO Rn 3). Die Urteilsgründe – mit deren Abfassung auch schon vor Ende der Hauptverhandlung als jederzeit abänderbarer Entwurf begonnen werden kann – können ebenfalls verlesen (BGH wistra 2005, 110) oder aber frei vorgetragen werden.

7   Anders als bei der Verlesung der Urteilsformel ist bei der Eröffnung der Urteilsgründe das **Fehlen einer anwesenheitspflichtigen Person** iSd § 338 Nr 5 StPO unschädlich (BGHSt 15, 263, 265). Selbst das Unterbleiben der Eröffnung der Urteilsgründe ist unschädlich (zB weil der Vorsitzende nach Verlesung des Tenors verstorben ist, BGHSt 8, 41, 42). Das ist darin begründet, dass die mündliche Urteilsbegründung nur der vorläufigen Unterrichtung der Verfahrensbeteiligten dient und maßgeblich (insbes für eine eventuelle Anfechtung des Urteils) die schriftlichen Urteilsgründe sind. Auf einem Verstoß gegen § 268 Abs 2 S 2 StPO kann daher das Urteil nicht beruhen (BGHSt 8, 41, 42).

8   **Verlässt also der Angeklagte** vor Beendigung der Urteilsbegründung die Hauptverhandlung, so ist das unschädlich. Str ist allerdings in diesen Fällen, ob eine Urteilsverkündung in An- oder Abwesenheit des Angeklagten stattgefunden hat, was für die Frist zur Rechtsmitteleinlegung (§ 314 StPO) bedeutsam ist (vgl OLG Stuttgart NStZ 1986, 520 m abl Anm Paulus). Nach § 173 Abs 2 GVG kann die **Öffentlichkeit** während der Bekanntgabe der **Urteilsgründe** unter den Voraussetzungen der § 171b GVG und § 172 GVG ausgeschlossen werden.

Der **Inhalt der Urteilsgründe** bestimmt sich nach § 267 StPO. Allerdings ist bei der mündlichen Urteilsverkündung nur ihr „wesentlicher Inhalt" mitzuteilen. Entsprechend der Funktion als vorläufige Unterrichtung über die für Entscheidung relevanten Gesichtspunkte, sollte die Verfahrensbeteiligten in die Lage versetzt werden, zu entscheiden, ob Rechtsmittel eingelegt werden oder umgekehrt gar ein Rechtsmittelverzicht erklärt wird. Je „streitiger" die Hauptverhandlung verlaufen ist bzw. je stärker das Gericht von den Schlussanträgen der Verfahrensbeteiligten abweicht, umso größer ist der Begründungsaufwand. Hingegen kann es bei einem voll geständigen Angeklagten ausreichen, die Tat nur kurz zu skizzieren und iÜ auf das umfängliche Geständnis zu verweisen. Außerdem ist auch das Informationsbedürfnis der Öffentlichkeit, der die schriftlichen Urteilsgründe möglicherweise nie zugänglich werden, zu beachten (Pfeiffer StPO § 268 Rn 3). Bei der Formulierung der Urteilsgründe ist insbes auf die Verständnismöglichkeiten des Angeklagten Rücksicht zu nehmen, während bei den schriftlichen Urteilsgründen eher die Information für das Rechtsmittelgericht, Bewährungshelfer, Justizvollzugsanstalt oder später mit neuen Straftaten des Angeklagten befasste Gerichte im Vordergrund steht. 9

Auf – wenn auch unsachliche – Ausführungen in der mündlichen Urteilsbegründung kann ein Befangenheitsantrag nicht mehr erfolgreich gestützt werden (vgl § 25 Abs 2 S 2 StPO). 9.1

Wird das Urteil in einem **Jugendstrafverfahren** gesprochen, so sind dem Angeklagten nach § 54 Abs 2 JGG die Urteilgründe nicht zu eröffnen, wenn und soweit dadurch Nachteile für seine Erziehung zu befürchten sind. 10

Die **Urteilsverkündung** ist **abgeschlossen** mit dem letzten Wort der mündlichen Bekanntgabe der Urteilsgründe (BGHSt 25, 333, 335 mwN). Hingegen kommt es nicht auf den Zeitpunkt der Rechtsmittelbelehrung an (BGH wistra 1988, 268, 269). Sofern die Urteilsgründe übersetzt werden müssen, so ist die Urteilsverkündung dann beendet, wenn das letzte Wort der Übersetzung den Angeklagten erreicht hat (Pfeiffer StPO § 268 Rn 4). Das gilt auch, wenn zwischen dem Urteilstenor und den Urteilsgründen zunächst der Bewährungsbeschluss verkündet wurde. Der Zeitpunkt des Abschlusses der Urteilsverkündung ist wichtig für eine Berichtigung von etwaigen, während der Verkündung aufgetretenen Fehlern in der Urteilsformel (vgl Rn 18). 11

III. Zuständigkeit des Vorsitzenden

Die Urteilsverkündung ist **Aufgabe des Vorsitzenden**. Sie kann aber ganz oder teilweise auf ein anderes Mitglied des Gerichts übertragen werden, nicht jedoch auf einen Referendar (OLG Oldenburg NJW 1952, 1310). 12

B. Zeitpunkt der Urteilsverkündung

I. Grundsatz

Nach Abs 3 S 1 soll das Urteil am Schluss der Verhandlung verkündet werden. Dh dass die Verkündung auf die nach den Schlussvorträgen und dem letzten Wort des Angeklagten folgende Urteilsberatung erfolgt (vgl § 258 StPO, § 260 Abs 1 StPO) und zwar am gleichen Hauptverhandlungstag. 13

II. Verkündungstermin

Soll das Urteil nicht am gleichen Hauptverhandlungstag verkündet werden, so gilt § 268 Abs 3 S 2 und S 3 StPO: Es ist ein **Verkündungstermin** anzuberaumen (zu dem in der Hauptverhandlung mündlich oder schriftlich zu laden ist, vgl BayObLG NZV 1999, 306). Die Verkündung muss spätestens am elften Tag nach dem Schluss der Hauptverhandlung (dh nach dem Hauptverhandlungstermin, der mit dem letzten Wort des Angeklagten geschlossen wurde) erfolgen. Anderenfalls ist mit der Hauptverhandlung erneut zu beginnen. Ausnahmen gibt es nur in den Fällen des § 229 Abs 3 und Abs 4 S 2 StPO (Krankheit eines notwendigen Verfahrensbeteiligten, Fristablauf auf einen Sonn- oder Feiertag). § 229 Abs 2 StPO gilt hingegen nicht! 14

StPO § 268 Zweites Buch. 6. Abschnitt

15   Für die gegenüber § 229 Abs 1 StPO **deutlich strengere Regelung des § 268 Abs 3 S 2 und 3 StPO** gibt es keinen sachlichen Grund. Indes ist die Regelung in § 268 Abs 3 S 2 StPO zwingendes Recht. Daran hat sich durch die Lockerung der Fristenregelung in § 229 StPO durch das 1. JuMoG nichts geändert (BGH NStZ 2007, 235; BGH NStZ-RR 2007, 278; BGH NStZ-RR 2007, 279). Erkennt das Gericht noch rechtzeitig vor der Urteilsverkündung, dass die Frist des § 268 Abs 3 S 2 StPO nicht eingehalten wurde, so bleibt nur der Wiedereintritt in die Beweisaufnahme. So können dann die Fristen des § 229 StPO gewahrt werden und nach Schluss der Hauptverhandlung bleibt erneut die Möglichkeit zu einer (diesmal fristgerechten) Urteilsverkündung.

15.1   Die in einem obiter dictum des 5. Strafsenats des BGH angedeutete Ansicht, es könne sich bei § 228 Ab 3 S 2 StPO nur noch um eine Ordnungsvorschrift handeln (BGH NStZ 2007, 163), hat sich nicht durchgesetzt. Vielmehr haben der 1., 2. und 4. Strafsenat entschieden, dass es sich um zwingendes Recht handelt (BGH NStZ 2007, 235; BGH NStZ-RR 2007, 278; BGH NStZ-RR 2007, 279). Eine analoge Anwendung des § 229 StPO auf die Urteilsverkündungsfrist scheitert nach Ansicht des 2. Strafsenats daran, dass keine planwidrige Regelungslücke vorliege. Die Gesetzesmaterialien geben keinen Hinweis darauf, dass der Gesetzgeber durch die Änderung des § 229 StPO auch § 268 Abs 3 S 2 StPO modifizieren wollte.

Nach der höchstrichterlichen Rechtsprechung kann nur in Ausnahmefällen ein Beruhen des Urteils auf dem Verstoß gegen § 268 Abs 3 S 2 StPO ausgeschlossen werden, nämlich dann, wenn die Urteilsberatung noch innerhalb der Frist stattgefunden hat und nur die eigentliche Verkündung später war (da dann die Erinnerung der Richter an die Hauptverhandlung noch hinreichend frisch war), vgl BGH NStZ-RR 2007, 278 mwN. Auch insoweit ist nach Ansicht des BGH durch die Änderungen des 1. Justizmodernisierungsgesetzes keine andere Bewertung angezeigt (BGH NStZ-RR 2007, 279).

15.2   Das erscheint fraglich. Wenn der Gesetzgeber selbst durch die Änderung in § 229 Abs 1 StPO davon ausgeht, dass eine Unterbrechung der Hauptverhandlung für drei Wochen (was auch mehrfach möglich ist, vgl § 229 StPO Rn 1) der Erinnerung der Richter nicht schadet, ist grundsätzlich nicht erkennbar, warum dies, wenn die Urteilsverkündung zwar später als am elften Tag, aber noch vor Ablauf von drei Wochen nach Schluss der Hauptverhandlung, stattgefunden hat, anders sein sollte. Insoweit erscheint es zutreffender, ein Beruhen des Urteils nur dann nicht auszuschließen, wenn auch die Drei-Wochen-Frist überschritten wurde.

16   Streitig ist, ob § 268 Abs 3 S 2 StPO auch für das **Revisionsgericht** gilt. Das wird in der Rechtsprechung verneint (RGSt 27, 116, 118), in der Literatur zT hingegen bejaht (KK-StPO/Engelhardt StPO § 268 Rn 10).

III. Schriftliche Urteilsgründe bei Verkündungstermin

17   Für den Fall dass ein Verkündungstermin anberaumt war, bestimmt § 268 Abs 4 StPO, dass die Urteilsgründe „tunlichst" vorher schriftlich festzustellen sind. Hierbei handelt es sich nach einhelliger Ansicht um eine bloße **Sollvorschrift** (KK-StPO/Engelhardt StPO § 268 Rn 11; Pfeiffer StPO § 268 Rn 5). Die eigentliche Frist für die Urteilsabsetzung bestimmt sich in allen Fällen nach § 275 StPO. Allerdings kann das Beschleunigungsgebot (insbes in einfach gelagerten Fällen) gebieten, dass das schriftliche Urteil bereits zum Verkündungstermin fertiggestellt ist, denn die Urteilsabsetzungsfrist des § 275 StPO ist eine Höchstfrist und keine Regelfrist (BVerfG NJW 2006, 677, 679).

18   Auch ein schriftliches Urteil iSd § 268 Abs 4 StPO kann – solange es noch nicht zur Hinausgabe bestimmt ist – innerhalb der Frist des § 275 StPO noch **geändert** werden. Der Vorsitzende ist auch nicht verpflichtet, das vorliegende schriftliche Urteil (d h dessen Urteilsgründe) in der Urteilsverkündung zu verlesen (Meyer-Goßner StPO § 268 Rn 17).

C. Berichtigung der Urteilsformel

19   Solange die Urteilsverkündung noch nicht beendet ist (vgl Rn 10), kann die Urteilsformel noch berichtigt oder geändert werden. Danach ist nur noch die Berichtigung offensichtlicher Fassungsversehen und Schreibfehler zulässig (BGHSt 25, 333, 336). Solange die Urteilsverkündung noch nicht beendet ist, kann also, wenn dem Gericht Fehler in der Urteilsformel bewusst werden, mit der Verkündung eingehalten werden. Die Urteilsformel kann dann

berichtigt und neu schriftlich gefasst werden. Die Urteilsverkündung ist dann in ihrer Gesamtheit (also zunächst Verlesung der Urteilsformel, dann Eröffnung der Urteilsgründe) zu wiederholen (OLG Koblenz VRS 49, 194, 196; Meyer-Goßner StPO § 268 Rn 9). Sollen nach Beendigung der Urteilsverkündung noch Fassungsversehen und Schreibfehler berichtigt werden, so hat dies durch Beschluss der beteiligten Richter außerhalb der Hauptverhandlung zu geschehen. Der Beschluss ist mit der Beschwerde nach § 304 Abs 1 StPO anfechtbar (LG Arnsberg Beschl v 28. 8. 2008 – Az 2 Qs 73/08; Meyer-Goßner StPO § 268 Rn 12). Durch die Berichtigung dürfen keine sachlichen Änderungen vorgenommen werden (BGHSt 3, 245, 246).

Für die **Urteilsgründe** stellt sich diese Problematik nicht: Da die mündliche Urteilsbegründung ohnehin nur vorläufiger Natur ist, kann hier die schriftliche Urteilsfassung durchaus von der mündlichen Begründung abweichen. Maßgeblich sind die schriftlichen Urteilsgründe (vgl Pfeiffer StPO § 268 Rn 3). 20

D. Wiedereintritt in die Hauptverhandlung

Solange die Urteilsverkündung noch nicht beendet ist (vgl Rn 10) kann das Gericht mit der Eröffnung der Urteilsgründe innehalten und **erneut in die Beweisaufnahme eintreten** (BGHSt 25, 333, 336; KK-StPO/Engelhardt StPO § 268 Rn 14). 21

Vom Beginn der Urteilsverkündung an braucht das Gericht **Anträge der Prozessbeteiligten** nicht mehr entgegen zu nehmen und das Gericht braucht auf irgendwelche Anregungen des Angeklagten, die zum Wiedereintritt in die Verhandlung oder wenigstens zur Änderung der Urteilsformel führen könnten, nicht mehr einzugehen (BGHSt 15, 263, 264). Da das Gericht aber wieder in die Beweisaufnahme eintreten **kann** wird teilweise vertreten, dass in der Nichtbeachtung von Anregungen möglicherweise eine Verletzung der Aufklärungspflicht nach § 244 Abs 2 StPO liegen kann (KK-StPO/Engelhardt StPO § 268 Rn 14). 22

§ 268 a [Strafaussetzung oder Aussetzung von Maßregeln zur Bewährung]

(1) Wird in dem Urteil die Strafe zur Bewährung ausgesetzt oder der Angeklagte mit Strafvorbehalt verwarnt, so trifft das Gericht die in den §§ 56a bis 56d und 59a des Strafgesetzbuches bezeichneten Entscheidungen durch Beschluß; dieser ist mit dem Urteil zu verkünden.

(2) Absatz 1 gilt entsprechend, wenn in dem Urteil eine Maßregel der Besserung und Sicherung zur Bewährung ausgesetzt oder neben der Strafe Führungsaufsicht angeordnet wird und das Gericht Entscheidungen nach den §§ 68a bis 68c des Strafgesetzbuches trifft.

(3) [1]Der Vorsitzende belehrt den Angeklagten über die Bedeutung der Aussetzung der Strafe oder Maßregel zur Bewährung, der Verwarnung mit Strafvorbehalt oder der Führungsaufsicht, über die Dauer der Bewährungszeit oder der Führungsaufsicht, über die Auflagen und Weisungen sowie über die Möglichkeit des Widerrufs der Aussetzung oder der Verurteilung zu der vorbehaltenen Strafe (§ 56f Abs. 1, §§ 59b, 67g Abs. 1 des Strafgesetzbuches). [2]Erteilt das Gericht dem Angeklagten Weisungen nach § 68b Abs. 1 des Strafgesetzbuches, so belehrt der Vorsitzende ihn auch über die Möglichkeit einer Bestrafung nach § 145a des Strafgesetzbuches. [3]Die Belehrung ist in der Regel im Anschluß an die Verkündung des Beschlusses nach den Absätzen 1 oder 2 zu erteilen. [4]Wird die Unterbringung in einem psychiatrischen Krankenhaus zur Bewährung ausgesetzt, so kann der Vorsitzende von der Belehrung über die Möglichkeit des Widerrufs der Aussetzung absehen.

Überblick

Die Vorschrift regelt die Pflicht zum Erlass eines Bewährungs- bzw Führungsaufsichtsbeschlusses (Abs 1 und Abs 2). In Abs 3 sind die entsprechenden Belehrungspflichten niedergelegt.

A. Bewährungsbeschluss

I. Voraussetzungen

1 In einem **Urteil** muss die Strafe zur Bewährung ausgesetzt (§ 56 StGB) oder aber lediglich eine Verwarnung mit Strafvorbehalt ausgesprochen worden sein (§ 59 StGB). „Urteil" iSd Vorschrift ist auch ein Berufungsurteil (vgl § 332 StPO). Nach einhelliger Meinung muss das Berufungsgericht sogar dann einen Bewährungsbeschluss erlassen, wenn bereits das Amtsgericht eine Bewährungsstrafe verhängt, einen entsprechenden Bewährungsbeschluss erlassen und das Berufungsgericht die Berufung verworfen hat, da auch dann – wegen der umfassenden Neuüberprüfung (Ausnahmen: § 322 Abs 1 S 2 StPO; § 329 Abs 1 S 1 StPO) – ein Urteil in der Sache ergangen ist und der Bewährungsbeschluss des ersten Gerichts damit entfällt (OLG Dresden NJ 2001, 323; OLG Hamm MDR 1992, 989; LG Osnabrück NStZ 1985, 378; KK-StPO/Engelhardt StPO § 268 a Rn 1; Meyer-Goßner StPO § 268 a Rn 2 jew mwN).

II. Rechtsfolge

2 Das Gericht hat die in den § 56 a StGB bis § 56 d StGB und § 59 a StGB bezeichneten Entscheidungen in einem **Beschluss** zu treffen. Zuständig ist das Gericht, das das Urteil erlassen hat in der Besetzung, die über das Urteil entschieden hat – also ggf mit Schöffen – (Meyer-Goßner StPO § 268 a Rn 6). Der Beschluss ist nicht Teil des Urteils (BGHSt 25, 333). Der Beschluss ist „mit dem Urteil" (gemeint ist: im Anschluss an das Urteil) zu verkünden. Es ist grundsätzlich gleichgültig, ob die Verkündung des Beschlusses unmittelbar nach Verkündung des Urteilstenors oder erst nach mündlicher Urteilsbegründung geschieht (BGHSt 25, 333; Meyer-Goßner StPO § 268 a Rn 6). Werden Bewährungsauflagen (§ 56 b StGB) erteilt, so bietet sich aber wegen der engen Verzahnung mit dem Zweck der verhängten Strafe (Genugtuung für begangenes Unrecht, vgl Fischer StGB § 56 b Rn 2) eine Verkündung des Beschlusses vor der mündlichen Urteilsbegründung an, damit dann die Rechtsfolgenentscheidung insgesamt einheitlich erläutert werden kann.

3 Eine **Begründung** des Bewährungsbeschlusses ist grundsätzlich nicht erforderlich (Ausn: Ein Anerbieten nach § 265 a StPO wird vom Gericht nicht berücksichtigt, vgl Meyer-Goßner StPO § 268 a Rn 7; weitergehend hingegen KK-StPO/Engelhardt StPO § 268 a Rn 8).

4 Es ist dringend darauf zu achten, dass der Bewährungsbeschluss (insbes was Auflagen und Weisungen angeht) hinreichend **bestimmt** ist. Es ist nicht angängig, dass das Gericht zB die Bestimmung von Art, Maß, Zeit oder Ort der gemeinnützigen Leistungen einem dritten (zB dem Bewährungshelfer) überlässt (OLG Braunschweig Beschl v 9. 1. 2006 – Az Ws 1/06; OLG Hamm NStZ-RR 2004, 138; vgl für Therapieweisungen: OLG Frankfurt NStZ-RR 2003, 199, 200).

5 Ist ein Bewährungsbeschluss **versehentlich unterlassen** worden, so kann das Berufungsgericht diesen – da es ohnehin in der Sache neu entscheidet – nachholen (OLG Düsseldorf MDR 1982, 1042). In der Berufungsinstanz können Auflagen und Weisungen in einem Bewährungsbeschluss erstmals angeordnet oder bestehende verschärft werden. Das Verböserungsverbot gilt hier nicht (OLG Oldenburg NStZ-RR 1997, 9, 10).

6 Streitig ist, inwieweit von diesem Fall abgesehen, ein Bewährungsbeschluss (entsprechend § 453 StPO) **nachgeholt** werden kann.

6.1 ZT wird vertreten, dass nachträglich nur festgestellt werden dürfe, dass die Bewährungszeit 2 Jahre (also das Mindestmaß nach § 56 a Abs 11 StGB) beträgt (OLG Dresden NJ 2001, 323; OLG Frankfurt StV 1983, 24; OLG Hamm NStZ-RR 2000, 126; LG Freiburg StV 1994, 534; KK-StPO/Engelhardt StPO § 268 a Rn 9). Von anderen wird jedenfalls die nachträgliche Festsetzung von Auflagen für unzulässig erachtet (OLG Düsseldorf NStZ-RR 2000, 146; OLG Düsseldorf Beschl v 26. 7. 2007 – Az 4 Ws 401/07 = BeckRS 2007, 16325; OLG Köln NStZ-RR 2000, 338). Wieder andere halten eine uneingeschränkte Nachholung für zulässig (OLG Düsseldorf MDR 1982, 1042; OLG Koblenz MDR 1981, 423; LG Osnabrück NStZ 1985, 378; Meyer-Goßner StPO § 268 a Rn 8).

7 Gegen den Bewährungsbeschluss ist die **Beschwerde** statthaft. Sie darf nur darauf gestützt werden, dass der angefochtene Beschluss gesetzeswidrig ist (vgl näher LG Potsdam NStZ-RR 2001, 20, 21). Wird gleichzeitig Revision gegen das Urteil in zulässiger Weise eingelegt,

Hauptverhandlung § 268 b StPO

so ist das Revisionsgericht zur Entscheidung über die Beschwerde zuständig (§ 305 a StPO; vgl dazu BGH NStZ 1987, 519).

B. Maßregeln der Besserung und Sicherung (Abs 2)

Wird in dem Urteil ein freiheitsentziehende Maßregel der Besserung und Sicherung (in Betracht kommt insoweit nur eine solche nach § 63 StGB oder § 64 StGB) nach § 67 b Abs 1 StGB zur Bewährung ausgesetzt, so tritt nach § 67 b Abs 2 StGB **Führungsaufsicht** ein und es sind für diese die entsprechenden Entscheidungen nach § 68 a StGB bis § 68 c StGB entsprechend der Regelung in § 268 a Abs 1 StPO zu treffen. Das gleiche gilt, wenn das Gericht in dem Urteil nach § 68 StGB die Führungsaufsicht angeordnet hat. 8

Es bietet sich – wegen der möglicherweise unterschiedlichen Rechtsfolgen bei einem Verstoß gegen Weisungen im Rahmen der Führungsaufsicht und bei einem Verstoß gegen Bewährungsweisungen – an, die Anordnungen für die Strafaussetzung zur Bewährung und zur Führungsaufsicht getrennt abzufassen oder jedenfalls klarzustellen, welche Anordnung wofür gilt. 9

C. Belehrungen (Abs 3)

Nach Abs 3 ist der Angeklagte über die Dauer der Bewährungszeit oder der Führungsaufsicht, über Auflagen und Weisungen und über die Konsequenzen eines Bewährungs- oder Führungsaufsichtsverstoßes (Widerruf und/oder Bestrafung nach § 145 a StGB zu belehren. Die Belehrung ist nach § 273 Abs 1 StPO zu **protokollieren** (Meyer-Goßner StPO § 268 a Rn 9). Eine unterlassene Belehrung ist nach § 453 a StPO nachzuholen. Bei fehlender Belehrung sind die Widerrufsvoraussetzungen nach § 56 f Abs 1 Nr 2 bzw Nr 3 StGB besonders eingehend zu prüfen. Teilweise wird sogar vertreten, dass in diesen Fällen ein Bewährungswiderruf ausscheidet (BbgVerfG NStZ-RR 2000, 172, 173, zw). Jedenfalls dürfte ein Widerruf erst dann möglich sein, wenn der Verurteilte während der Bewährungszeit zur Erfüllung der Auflagen oder Einhaltung der Weisungen angehalten wurde. 10

> Eine Belehrung könnte zB wie folgt aussehen: „Ab Rechtskraft des soeben verkündeten Urteils stehen Sie für X Jahre unter Bewährung (und/oder Führungsaufsicht). Sie haben sich straffrei zu führen und die Ihnen erteilten Auflagen und Weisungen fristgerecht zu erfüllen. Tun Sie dies nicht, kann das dazu führen, dass die Strafaussetzung (Maßregelaussetzung) zur Bewährung widerrufen wird und Sie die Freiheitsstrafe (Maßregel) verbüßen müssen. Auch wenn Sie bereits vor der Rechtskraft des Urteils neue Straftaten begehen, kann die Straf- (bzw Maßregel-)aussetzung zur Bewährung widerrufen werden."
> Ggf zusätzlich: „Wenn Sie gegen die Weisungen (nähere Bezeichnung) im Rahmen der Führungsaufsicht verstoßen, droht Ihnen zusätzlich eine Freiheitsstrafe von bis zu drei Jahren oder eine Geldstrafe." 10.1

§ 268 b [Fortdauer der Untersuchungshaft]

¹Bei der Urteilsfällung ist zugleich von Amts wegen über die Fortdauer der Untersuchungshaft oder einstweiligen Unterbringung zu entscheiden. ²Der Beschluß ist mit dem Urteil zu verkünden.

Überblick

Die Vorschrift regelt die Notwendigkeit eines **ausdrücklichen Beschlusses** über die Fortdauer der Untersuchungshaft bzw. die einstweilige Unterbringung bei Urteilsfällung. Die Pflicht zur **Prüfung** der Haft- bzw Unterbringungsvoraussetzungen selbst (auch während laufender Hauptverhandlung) ergibt sich bereits aus den § 120 Abs 1 S 1 StPO; § 126 a Abs 3 StPO iVm § 126 StPO. Wird der Verurteilte freigesprochen oder seine Unterbringung nicht angeordnet, ist der Haft- oder Unterbringungsbefehl bereits nach § 120 Abs 1 S 2 StPO, § 126 a Abs 3 StPO aufzuheben (Meyer-Goßner StPO § 268 b Rn 1; Pfeiffer StPO § 268 b Rn 1).

Peglau 1179

A. Voraussetzungen

1 Das Urteil – genauer: die **Urteilsformel** (§ 268 Abs 2 S 2 StPO) – gegen den Angeklagten muss **verkündet** sein. Der Inhalt des Urteils (Verurteilung, Freispruch) ist unerheblich (KK-StPO/Engelhardt StPO § 268 b Rn 2; Löwe/Rosenberg/Gollwitzer StPO § 268 b Rn 2). So lange das Urteil noch nicht verkündet ist, ist das Gericht zwar stets gehalten, die Erforderlichkeit weiterer Haft oder Unterbringung zu prüfen, eine ausdrückliche Entscheidung ist aber bei unverändertem Vorliegen der Haft- bzw. Unterbringungsvoraussetzungen nicht nötig (vgl Meyer-Goßner StPO § 268 b Rn 2).

2 Gegen den Angeklagten muss ein **Haft- oder Unterbringungsbefehl** in dieser Sache vorliegen. Nicht anwendbar ist § 268 b StPO auf die Hauptverhandlungshaft nach § 127 b Abs 2 StPO oder § 230 Abs 2 StPO (Löwe/Rosenberg /Gollwitzer StPO § 268 b Rn 8). Streitig ist, ob § 268 b StPO auch dann gilt, wenn der Haft- oder Unterbringungsbefehl außer Vollzug gesetzt ist (dafür: Pfeiffer StPO § 268 b Rn 1; dagegen: Meyer-Goßner StPO § 268 b Rn 2 jeweils mwN). Es dürfte wohl mehr dafür sprechen, § 268 b StPO auch auf außer Vollzug gesetzte Haft- oder Unterbringungsbefehle anzuwenden. Die Vorschrift differenziert nicht zwischen diesen beiden Fällen und der Wortlaut lässt auch die Anwendung auf außer Vollzug gesetzte Haft- oder Unterbringungsbefehle zu.

B. Rechtsfolge

3 Es ist ein Beschluss über die Haftfortdauer **zusammen mit dem Urteil** zu verkünden (§ 268 b S 2 StPO). Dh, dass der Beschluss in dem Hauptverhandlungstermin, in dem das Urteil verkündet wird, ebenfalls zu verkünden ist. Ob er zwischen Verlesung der Urteilsformel und mündlicher Urteilsbegründung oder erst danach erfolgt, ist in das Ermessen des Vorsitzenden gestellt (Meyer-Goßner StPO § 268 b Rn 3). Der Beschluss ist nach § 273 Abs 1 StPO in das Sitzungsprotokoll aufzunehmen.

4 Der Beschluss ist nach § 34 StPO zu **begründen** und muss grundsätzlich den Anforderungen des § 114 StPO genügen (OLG Hamm Beschl v 29. 12. 2008 – Az 3 Ws 515/08 = BeckRS 2009, 04530). Der Inhalt des Beschlusses kann von der Aufhebung des Haft- oder Unterbringungsbefehls bis hin zur Anordnung der Haftfortdauer (mit oder ohne Außervollzugsetzung) gehen. Der materielle Entscheidungsinhalt richtet sich nach den §§ 112 StPO ff. Nach einer weit verbreiteten Ansicht in Rechtsprechung und Literatur soll hinsichtlich der Haftvoraussetzung des **dringenden Tatverdachts** regelmäßig ausreichend sein, wenn insoweit auf Urteil verwiesen wird. Er sei dadurch hinreichend belegt (BGH NStZ 2004, 276; BGH NStZ 2006, 297; Löwe/Rosenberg/Gollwitzer StPO § 268 b Rn 4; Meyer-Goßner StPO § 268 b Rn 3). Das ist zwar im Grundsatz richtig. Indes wäre im Falle der Einlegung einer Haftbeschwerde das Beschwerdegericht gehindert, die Voraussetzung des dringenden Tatverdachts eigenständig zu überprüfen, wenn im Haftfortdauerbeschluss allein auf das Urteil verwiesen würde, dieses Urteil aber (was der Regelfall ist) zunächst noch nicht vollständig abgefasst vorliegt. Solange das schriftliche Urteil noch nicht vorliegt, muss das Haftbeschwerdegericht durch entsprechende Ausführungen also in die Lage versetzt werden, den Haftfortdauerbeschluss zu überprüfen. Der Umfang der notwendigen Begründung hängt vom Einzelfall ab. Bei Abweichungen des Urteils vom (bisherigen) Haftbefehl wird der Haftbefehl entsprechend der Verurteilung neu zu fassen sein (OLG Karlsruhe wistra 1991, 277; OLG Hamm Beschl v 29. 12. 2008 – Az 3 Ws 515/08 = BeckRS 2009, 04530; OLG Jena Beschl v 4. 9. 2006 – Az 1 Ws 304/06, BeckRS 2007, 05413). Das gilt jedenfalls dann, wenn wesentliche Abweichungen vorliegen, da – wenn die schriftlichen Urteilsgründe noch nicht vorliegen (liegen diese bereits am Tag der Urteilsverkündung vor, so dürfte demgegenüber kein Problem entstehen, vgl OLG Hamm Beschl v 3. 11. 2009 – AZ 3 Ws 412/09) – ansonsten dem Beschwerdegericht die notwendige Überprüfung der Haftentscheidung nicht möglich ist (OLG Hamm Beschl v 29. 12. 2008 – Az 3 Ws 515/08 = BeckRS 2009, 04530; OLG Stuttgart Beschl v 25. 1. 2007 – Az 1 Ws 24/07, BeckRS 2007, 02388; vgl auch OLG Jena Beschl v 30. 9. 2008 – Az 1 Ws 415/08 = BeckRS 2009, 00094; OLG Köln Beschl v 7. 1. 2009 – Az 2 Ws 640-641/08 = BeckRS 2009, 09119). Ansonsten (bei fehlender Abweichung des Urteils vom Haftbefehl) ist es erforderlich und reicht es, wenn die Grundzüge der Überzeugungsbildung dargelegt werden. Die Beweiswürdigung muss dabei nicht die Tiefe

der Beweiswürdigung im Urteil haben (BGH NStZ 2006, 297; OLG Hamm NStZ 2008, 649; OLG Rostock Beschl v 28. 1. 2004 – Az I Ws 20/04 = BeckRS 2005, 09620; OLG Jena StV 2005, 559; OLG Jena Beschl v 30. 9. 2008 – Az 1 Ws 415/08 = BeckRS 2009, 00094; OLG Karlsruhe Beschl v 26. 9. 2000 – Az 3 Ws 196/00 = BeckRS 2000, 30133391). Das ist dadurch begründet, dass das Beschwerdegericht ohnehin nicht die in der Hauptverhandlung durchgeführte Beweisaufnahme rekonstruieren kann und es deshalb nur darum geht, zu überprüfen, ob die Beweiswürdigung des Tatrichters auf einer nachvollziehbaren, rechtlich tragfähigen Grundlage beruht.

Im Übrigen ist zum Vorliegen der **Haftgründe und zur Frage der Außervollzugsetzung** Stellung zu nehmen. Ggf reicht aber auch hier die Bezugnahme auf den früheren Haftbefehl aus, wenn die entsprechenden Umstände weiterhin gegeben sind (Pfeiffer StPO § 268 b Rn 2). Wird gegen einen wegen bloßer Verweisungen inhaltlich zu knappen Haftfortdauerbeschluss Beschwerde eingelegt, so ist die Begründung des Haftfortdauerbeschlusses nachträglich zu ergänzen (OLG Karlsruhe StV 2001, 87).

Ein so vereinfachter Haftfortdauerbeschluss (soweit nach den obigen Ausführungen zulässig) 4.1 könnte zB lauten: „Die Untersuchungshaft dauert aus den Gründen ihrer Anordnung nach Maßgabe des heute verkündeten Urteils fort. Aufgrund der in Hauptverhandlung durchgeführten Beweisaufnahme ist das Gericht davon überzeugt, dass ... Dies ergibt sich aus ...".

Der Tatrichter wird häufig durch einen unzureichend begründeten Haftfortdauerbeschluss keine 4.2 Arbeitsersparnis haben. Wird gegen diesen Beschwerde eingelegt und kann das Beschwerdegericht wegen der mangelhaften Begründung auch keine Anpassung des Haftbefehls in eigener Zuständigkeit vornehmen, so muss es – wenn auch keine Heilung der Begründungsmängel durch den Tatrichter noch im Beschwerdeverfahren vorgenommen wird (vgl dazu OLG Karlsruhe Beschl v 26. 9. 2000 – Az 3 Ws 196/00 = BeckRS 2000, 30133391) – unter Aufhebung des Haftfortdauerbeschlusses die Sache zur erneuten Entscheidung zurückverweisen. Da der Haftfortdauerbeschluss nach § 268 b StPO nicht konstitutiv ist, bleibt der Angeklagte auf Grundlage des alten Haftbefehls in Untersuchungshaft (OLG Hamm Beschl v 29. 12. 2008 – Az 3 Ws 515/08 = BeckRS 2009, 04530, vgl Rn 7). Welche Konsequenzen das für Besetzung des Spruchkörpers hat, der nunmehr erneut entscheiden muss (mit oder ohne Schöffen?), ist eine bisher noch ungeklärte Frage. Die Problematik ist hier gleich der bei einer späteren Nachholung des Beschlusses nach § 268 b StPO (vgl dazu Rn 5).

Nach **hM** ist das **versehentliche Unterlassen** des nach § 268 b StPO gebotenen Haft- 5 fortdauerbeschlusses ohne Konsequenzen für die Fortdauer einer angeordneten Untersuchungshaft oder Unterbringung. Er kann bis zur Rechtskraft des Urteils außerhalb der Hauptverhandlung nachgeholt werden (OLG Jena Beschl v 4. 9. 2006 – Az 1 Ws 304/06 = BeckRS 2007, 05143; Meyer-Goßner StPO § 268 b Rn 4; Pfeiffer StPO § 268 b Rn 2). Der Haftfortdauerbeschluss ist also nicht konstitutiv (OLG Hamm Beschl v 29. 12. 2008 – Az 3 Ws 515/08= BeckRS 2009, 04530).

Der **hM** kann zugestimmt werden. Das Gesetz enthält keine Hinweise auf eine konstitutive 5.1 Wirkung des Haftfortdauerbeschlusses. Der Angeklagten erleidet auch keinen Nachteil, da er jederzeit eine Überprüfung seiner Haft oder Unterbringung nach § 117 StPO beantragen kann. Konsequenterweise wird man aber, wenn der Haftfortdauerbeschluss nachgeholt wird, die Mitwirkung der Schöffen verlangen müssen, da der Angeklagte ansonsten durch ein „Vergessen" der Entscheidung in der Hauptverhandlung seinem gesetzlichen Richter (Art 101 Abs 1 S 2 GG) entzogen werden könnte (vgl hierzu BVerfG NJW 1998, 2962, 2963). Davon abweichend wird von anderen die Zuständigkeitsregelung nach § 126 Abs 2 StPO favorisiert. Insbes in Eilfällen (wenn es um die Aufhebung des Haftbefehls geht) könne der Vorsitzende allein mit Zustimmung der Staatsanwaltschaft nach § 126 Abs 2 S 4 StPO tätig werden (KMR/Voll StPO § 268 b Rn 7).

C. Zuständigkeit

Zuständig für den Haftfortdauerbeschluss ist das **erkennende Gericht in der Besetzung** 6 **der Hauptverhandlung**, d. h. einschließlich der Schöffen (Meyer-Goßner StPO § 268 b Rn 3; Pfeiffer StPO § 268 b Rn 2; vgl auch OLG Jena StV 1999, 201). Das gilt auch dann, wenn kein Haftfortdauer beschlossen wird, sondern erstmals die Untersuchungshaft mit Urteilsverkündung angeordnet wird (OLG Hamm Beschl v 28. 3. 2000 – 4 Ws 101/00). Zur (abweichenden) Besetzung bei Haftentscheidungen des Schöffengerichts während laufender Hauptverhandlung vgl OLG Jena StV 1999, 101, bzgl der Besetzung einer großen Strafkammer vgl OLG Köln Beschl v 7. 1. 2009 – Az 2 Ws 640-641/08 = BeckRS 2009, 09119 (Entscheidung nur durch die Berufsrichter).

D. Rechtsmittel

7 Gegen den Beschluss nach § 268 b StPO ist die **Beschwerde** nach § 304 StPO statthaft. Außerdem stehen dem Angeklagten weiterhin die Möglichkeiten nach **§§ 117 StPO ff** offen. Kann das Beschwerdegericht wegen eines unzureichend begründeten Haftfortdauerbeschlusses nicht in der Sache entscheiden (und ist ein Zuwarten auf die schriftlichen Urteilsgründe etc. nicht angezeigt), so hebt es (nur) den Haftfortdauerbeschluss auf und verweist die Sache an den Vorderrichter zwecks erneuter Entscheidung nach § 268 b StPO zurück. Der Angeklagte bleibt – aufgrund des ursprünglichen Haftbefehls – und weil der Haftfortdauerbeschluss **keine konstitutive Wirkung** hat – so lange weiter in Haft (OLG Hamm Beschl v 29. 12. 2008 – Az 3 Ws 515/08 = BeckRS 2009, 04530).

§ 268 c [Belehrung über Beginn des Fahrverbots]

¹Wird in dem Urteil ein Fahrverbot angeordnet, so belehrt der Vorsitzende den Angeklagten über den Beginn der Verbotsfrist (§ 44 Abs. 3 Satz 1 des Strafgesetzbuches). ²Die Belehrung wird im Anschluß an die Urteilsverkündung erteilt. ³Ergeht das Urteil in Abwesenheit des Angeklagten, so ist er schriftlich zu belehren.

Überblick

Im Hinblick auf die Strafbarkeit nach § 21 Abs 1 Nr 1 StVG und die Fristberechnung nach § 44 Abs 3 StGB regelt die Vorschrift die Belehrung über die Fristberechnungen beim Fahrverbot.

A. Voraussetzung

1 Zur Belehrung über den Beginn der Fahrverbotsfrist ist das Gericht dann verpflichtet, wenn es ein solches angeordnet hat. Gleichgültig ist, ob das Urteil rechtskräftig ist. Auch wenn im Berufungsrechtszug durch Verwerfung der Berufung ein erstinstanzliches Fahrverbot bestätigt wird oder erstmalig angeordnet wird ist wegen des Verweises in § 332 StPO die Belehrung zu erteilen (Meyer-Goßner StPO § 268 c Rn 1). In den Strafbefehl der ein Fahrverbot anordnet ist nach § 409 Abs 1 S 2 StPO aufzunehmen.

B. Rechtsfolge

I. Belehrung

2 Gesetzlich vorgeschrieben ist die Belehrung über den **Beginn der Verbotsfrist** nach § 44 Abs 3 S 1 StGB. Danach beginnt die Frist mit dem Tage, an dem der Führerschein in amtliche Verwahrung gegeben wurde. Da aber das Fahrverbot bereits mit der Rechtskraft des Urteils mit der Folge einer etwaigen Strafbarkeit nach § 21 Abs 1 Nr 1 StVG (vgl Fischer StGB § 44 Rn 17) wirksam wird (§ 44 Abs 2 StGB), empfiehlt es sich, auch hierüber zu belehren, um den Angeklagten nicht unnötigerweise der Gefahr der Strafverfolgung nach § 21 Abs 1 Nr 1 StVG wegen Taten, begangen im Zeitraum zwischen Rechtskraft und Abgabe des Führerscheins auszusetzen bzw ihm später den Einwand nehmen zu können, er habe nicht gewusst, dass er vor Abgabe des Führerscheins kein Fahrzeug mehr habe führen dürfen. Denn schon die Rückfahrt des Angeklagten vom Gericht kann, wenn allseits Rechtsmittelverzicht erklärt wurde, strafbar sein (Fischer StGB § 44 Rn 17).

3 Es bietet sich auch an, den Angeklagten darüber zu belehren, wo er den Führerschein in Verwahrung zu geben hat (Staatsanwaltschaft als **Vollstreckungsbehörde**, § 59 a StrVollstrO iVm § 451 StPO).

Eine Belehrung könnte wie folgt lauten (OLG Celle NdsRPfl 1977, 235 f): 3.1
„Gegen Sie ist ein Fahrverbot von … Monat(en) verhängt worden. Sie dürfen von Rechtskraft des Urteils (…) ab kein Kraftfahrzeug (oder Kraftfahrzeuge bestimmter Art) führen. Sie sind verpflichtet, Ihren Führerschein unverzüglich in amtliche Verwahrung, also an (jeweilige Vollstreckungsbehörde) zu geben. Das Fahrverbot endet erst, wenn seit dem Tage, an dem der Führerschein in amtliche Verwahrung gelangt ist, die im Urteil bestimmte Frist von … (gegebenenfalls abzüglich anzurechnender Zeiten) verstrichen ist. Die Zeit, innerhalb derer Sie kein Kraftfahrzeug führen dürfen, verlängert sich also über die Dauer des verhängten Fahrverbots hinaus um die Zeitspanne, die von Rechtskraft des Urteils (…) ab bis zur Inverwahrungnahme des Führerscheins verstreicht."

Wird das Urteil am Tag der Verkündung rechtskräftig sollte zusätzlich belehrt werden: 3.2
„Ich weise Sie darauf hin, dass Sie ab sofort für die Dauer des Fahrverbots kein Kraftfahrzeug führen dürfen."

II. Form und Zeitpunkt der Belehrung

Der Vorsitzende belehrt mündlich im Anschluss an die Urteilsverkündung (§ 268 c S 2 4 StPO). Im Falle der Abwesenheit des Angeklagten wird er schriftlich – zugleich mit der Urteilszustellung – belehrt. Die Vollstreckungsbehörde muss ebenfalls nach § 59 a Abs 4 S 1 StrVollstrO belehren, wenn sich aus den Akten ergibt, dass die Belehrung bis dahin unterblieben war. Im Hinblick auf die Nachweisbarkeit eines Vorsatzes bzgl eines nachfolgenden Verstoßes gegen § 21 Abs 1 Nr 1 StVG bietet sich eine Protokollierung – auch wenn es sich nicht um eine wesentliche Förmlichkeit der Hauptverhandlung handelt (Meyer-Goßner StPO § 268 c Rn 4) – an.

III. Konsequenzen unterbliebener Belehrung

Eine unterbliebene oder missverständliche Belehrung kann Auswirkungen auf eine spätere 5 Bestrafung nach § 21 Abs 1 Nr 1 StVG haben, da möglicherweise dann ein Vorsatz nicht nachweisbar ist (vgl OLG Celle NdsRPfl 1977, 235, 236).

§ 268 d [Belehrung bei Vorbehalt der Entscheidung über Sicherungsverwahrung]

Wird in dem Urteil die Entscheidung über die Anordnung der Sicherungsverwahrung nach § 66 a Abs. 1 des Strafgesetzbuches einer weiteren gerichtlichen Entscheidung vorbehalten, so belehrt der Vorsitzende den Angeklagten über den Gegenstand der weiteren Entscheidungen sowie über den Zeitraum, auf den sich der Vorbehalt erstreckt.

Überblick

Durch die Belehrung soll dem Angeklagten der Zweck des Vorbehalts der Sicherungsverwahrung und die Bedeutung seines Vollzugsverhaltens für die Frage der späteren Anordnung der Maßregel aufgrund des Vorbehalts (§ 66 a Abs 2 StGB) vor Augen geführt werden.

A. Voraussetzung

In einem Strafurteil muss die Anordnung der Sicherungsverwahrung nach § 66 a Abs 1 1 StGB vorbehalten worden sein.

B. Inhalt der Belehrung

Der Angeklagte ist darüber zu belehren, dass bisher die Frage, ob er für die Allgemeinheit 2 iSv § 66 Abs 1 S 3 StGB gefährlich ist, noch nicht mit hinreichender Sicherheit beantwortet werden konnte und diese **Prüfung** daher zu einem **späteren Zeitpunkt** – während des Strafvollzuges – noch einmal vorgenommen wird. Er ist darüber aufzuklären, dass dann, bei Feststellung der geforderten Gefährlichkeit, noch später die Sicherungsverwahrung gegen ihn angeordnet werden kann.

3   Der Angeklagte ist weiter darüber zu belehren, dass die Prüfung spätestens sechs Monate vor dem sog „Zweidritteltermin" stattfindet (bei lebenslanger Freiheitsstrafe: § 57 a StGB).
Er ist schließlich darüber zu belehren, dass für die Beurteilung seiner Gefährlichkeit noch einmal eine Gesamtwürdigung vorgenommen wird, bei auch seine **Entwicklung im Strafvollzug** eine nicht unwichtige Rolle spielen wird.

3.1   Eine Belehrung könnte zB wie folgt lauten: „Mit dem heutigen Urteil ist gegen Sie die Anordnung der Sicherungsverwahrung vorbehalten worden. Das heißt, dass spätestens sechs Monate bevor Sie zwei Drittel Ihrer Freiheitsstrafe verbüßt haben, noch einmal geprüft wird, ob von Ihnen erhebliche Straftaten zu erwarten sind, durch welche die Opfer seelisch oder körperlich schwer geschädigt werden. Wird das bejaht, ist gegen Sie die Sicherungsverwahrung nachträglich anzuordnen. Bei der Prognose spielt namentlich auch Ihre Entwicklung während des Strafvollzuges eine Rolle."

C. Sonstiges

4   **Zuständig** für die Belehrung ist der Vorsitzende des Gerichts, das den Vorbehalt der nachträglichen Anordnung der Sicherungsverwahrung ausgesprochen hat. Die Belehrung erfolgt nach der Urteilsverkündung. Zu welchem Zeitpunkt in der Sitzung genau ist gleichgültig. Ihre Protokollierung ist nicht erforderlich, aber im Hinblick auf die spätere Nachtragsentscheidung durchaus sinnvoll (Meyer-Goßner StPO § 268 d Rn 2).

5   Eine **fehlende Belehrung** nach § 268 d StPO hindert nicht die nachträgliche Maßregelanordnung nach § 66 a Abs 2 StGB, da es bei der nachträglichen Anordnung nicht um die Sanktionierung schuldhaften Verhaltens sondern um gefahrenabwehrrechtliche Aspekte geht (vgl näher: LK/Rissing-van Saan/Peglau StGB § 66 a Rn 74 mwN; KK-StPO/Engelhardt StPO § 268 d Rn 3; Meyer-Goßner StPO § 268 d Rn 3).

§ 269 [Sachliche Unzuständigkeit]

Das Gericht darf sich nicht für unzuständig erklären, weil die Sache vor ein Gericht niederer Ordnung gehöre.

Überblick

Die Vorschrift enthält eine Ausnahme von § 6 StPO (BGHSt 46, 238, 240). In der Hauptverhandlung darf das Gericht im Falle seiner Unzuständigkeit nur noch an ein zuständiges Gericht höherer Ordnung, nicht aber mehr an ein solches niedrigerer Ordnung bringen.

A. Zweck der Vorschrift

1   Aus Gründen der **Prozessökonomie** und des Beschleunigungsgrundsatzes soll eine Verweisung an ein Gericht niedrigerer Ordnung im Hauptverfahren (anders: § 209 Abs 1 StPO für das Eröffnungsverfahren) nicht mehr möglich sein. Die größere sachliche Zuständigkeit schließt die geringere mit ein und benachteiligt den Angeklagten nicht (BGHSt 46, 238, 240; BGH NStZ 2009, 579; RGSt 62, 265, 271; Meyer-Goßner StPO § 269 Rn 1).

B. Geltungsbereich

2   Sobald das **Hauptverfahren eröffnet** worden ist gilt § 269 StPO (Meyer-Goßner StPO § 269 Rn 2). Es ist gleichgültig, warum die Sache bei dem (an sich unzuständigen) höherrangigen Gericht rechtshängig geworden ist. Das kann z B darauf beruhen, dass das höherrangige Gericht im Eröffnungsbeschluss zu Unrecht seine Zuständigkeit bejaht hat, dass sich die Zuständigkeit eines niederrangigeren Gerichts während der Hauptverhandlung ergibt (vgl zu diesen Fällen: BGHSt 47, 116, 117; RGSt 16, 39, 41) oder darauf, dass die Sache durch einen (in der Sache unrichtigen) bindenden Verweisungsbeschluss nach § 270 StPO an das höherrangige Gericht abgegeben wurde (RGSt 44, 392, 395; RGSt 62, 265, 271; OLG Karlsruhe NStZ 1987, 375).

Hauptverhandlung § 269 StPO

Eine **Abgabe zwischen gleichrangigen Spruchkörpern** (zB einer der in § 74 e GVG 3 genannten Strafkammer gegenüber einer anderen dort aufgeführten) will § 269 StPO nicht verhindern. Vielmehr tritt in einem solchen Fall (zB wenn sich in der Hauptverhandlung vor der allgemeinen großen Strafkammer erweist, dass es sich um eine Schwurgerichtssache handelt) kraft Gesetzes die Zuständigkeit des anderen Spruchkörpers ein und die Sache ist formlos an diesen abzugeben (BGHSt 27, 99, 102).

Wird aus einer wegen einer bindenden Verweisung an das höhere Gericht gelangten Sache 4 ein **Teilkomplex abgetrennt**, so fällt nach der Rechtsprechung die abgetrennte Sache nicht ohne weiteres an das für sie eigentlich zuständige Gericht niedere Gericht zurück. Entsprechendes gilt, wenn die Zuständigkeit des höheren Gerichts auf einer gemeinsamen Anklage oder Verbindung mehrerer Sachen beruht (BGHSt 47, 116, 117 mwN). Vielmehr gilt auch hier der in § 269 StPO zu Tage tretende Gedanke der Prozessökonomie, da sich das höhere Gericht regelmäßig bereits inhaltlich mit der Sache befasst haben wird (BGHSt 47, 116, 119; zur Gegenansicht vgl SK/Rudolphi StPO § 2 Rn 17).

Aus § 269 StPO folgt **keine Kompetenz** des höherrangigen Gerichts, eine Sache, die 5 richtigerweise bei einem niederen Gericht anhängig ist, **an sich zu ziehen** (BGHSt 37, 15, 20; BGHSt 44, 121, 124). Solange das höherrangige Gericht nach einer Abgabe nach § 225 a StPO noch keinen Übernahmebeschluss gefasst hat, hat es die Sache, wenn es seine Zuständigkeit nicht für begründet erachtet, an das niedrigere Gericht wieder zurückzugeben (BGHSt 44, 121, 124).

§ 269 StPO gilt über § 2 JGG auch im **Jugendstrafverfahren** (OLG Karlsruhe NStZ 6 1987, 375).

C. Rangordnung der Gerichte

Die Rangordnung bestimmt sich nach den Vorschriften des **GVG**. Das LG ist gegenüber 7 dem AG höherrangig.

Für das **Amtsgericht** gilt: Das Schöffengericht ist gegenüber dem Strafrichter höher- 8 rangig (vgl § 25 GVG, § 28 GVG), das Jugendschöffengericht gegenüber dem Jugendrichter (BGHSt 18, 173, 176). Hingegen ist das erweiterte Schöffengericht nicht gegenüber dem normalen Schöffengericht höherrangig – die Zuständigkeit ist gleich (vgl § 29 Abs 2 StPO).

Für das **Landgericht** gilt: Die große Strafkammer ist höherrangig als die kleine Strafkam- 9 mer. Kein Rangverhältnis iSd des 269 StPO besteht zwischen den verschiedenen großen Strafkammern, auch wenn in § 74 e GVG ein Vorrang einzelner Strafkammern festgelegt ist, denn maßgeblich ist die in der Gerichtsverfassung festgesetzte Stufenfolge und die Gerichtsbesetzung (Löwe/Rosenberg/Gollwitzer StPO § 269 Rn 6). Es besteht auch keine Höherrangigkeit des Schwurgerichts gegenüber einer anderen großen Strafkammer (BGHSt 26, 191, 194; BGHSt 27, 99, 101).

D. Rechtsfolgen

I. Für das Tatgericht

Eine Verweisung der Sache an das niedere Gericht scheidet nach Eröffnung des Haupt- 10 verfahrens aus. Stellt sich heraus, dass die Sache (auch) schon bei einem niederen Gericht anhängig ist, so greift das Verbot der mehrfachen Rechtshängigkeit. Das (unzuständige) höherrangige Gericht muss dann sein Verfahren einstellen (BGHSt 22, 232, 235).

II. Im Rechtsmittelverfahren

Grundsätzlich kann eine **Verfahrensrüge** nicht auf die Behauptung gestützt werden, dass 11 ein Gericht niedrigerer Ordnung zuständig gewesen wäre (BGHSt 47, 116, 119). Ein Revisionsgrund kann allenfalls bei der Verletzung höherrangiger Rechtsgrundsätze, insbes dann, wenn der Angeklagte willkürlich seinem gesetzlichen Richter entzogen wurde (Art 101 Abs 1 S 2 GG), vorliegen (BGHSt 47, 116, 119 f mwN; OLG Brandenburg Beschl v 9. 1. 2006 – Az 1 Ss 109/05). Willkür liegt zB vor, wenn ohne jeglichen sachlichen Grund Anklage zum LG statt zum AG erhoben wurde (BGHSt 38, 212; BGHSt 44, 36; BGHSt 46, 238, 241; BGH NStZ 1992, 397; OLG Düsseldorf NStZ 1990, 292). Sie liegt nicht

Peglau 1185

zwingend vor, wenn das Landgericht eine Sache aufgrund eines fehlerhaften Verweisungsbeschlusses übernimmt, wenn im übrigen die Bejahung der Kammerzuständigkeit vertretbar ist (BGH NStZ 2009, 579). Die sachliche Unzuständigkeit ist – da sie Verfahrensvoraussetzung ist (vgl § 6 StPO) in diesen Fällen vom Revisionsgericht von Amts wegen zu beachten (BGHSt 44, 34, 36; BGHSt 38, 172, 176; **aA** BGHSt 43, 53, 54 f). In Willkürfällen muss das höherrangige Gericht nach **hM** dann nach § 6 StPO eine Verweisung an das zuständige niedere Gericht vornehmen (BGHSt 40, 120; BGHSt 45, 58, 59; BGHSt 46, 238, 245). Weitergehend wird im Schrifttum eine volle Überprüfbarkeit (nicht nur bei Willkür) – jedenfalls auf eine Verfahrensrüge hin – gefordert (Renzikowski JR 1999, 166, 168; Wolff JR 2006, 232, 236).

12   Hat das Schöffengericht (an Stelle des an sich zuständigen Strafrichters) seine Zuständigkeit bejaht, so ist im **Berufungsverfahren** § 328 Abs 2 StPO zu beachten. Aus dem Zusammenspiel von § 328 Abs 2 und § 269 StPO folgt aber, dass eine Zurückverweisung an das zuständige Gericht niederer Ordnung nur dann zu erfolgen hat, wenn das Schöffengericht willkürlich seine Zuständigkeit bejaht hat (OLG Koblenz StV 1996, 588).

14   Str ist, ob bei einem Berufungsurteil, das in einem solchen Fall keine Zurückverweisung ausgesprochen hat, der Verstoß gegen § 328 Abs 2 StPO von Amts wegen vom Revisionsgericht zu beachten ist oder nur auf eine entsprechend ausgeführte Verfahrensrüge. Der BGH hat auf eine Divergenzvorlage hin entschieden, dass der **Verstoß gegen § 328 Abs 2 StPO** nur aufgrund einer Verfahrensrüge zu überprüfen ist (BGHSt 42, 205). Zur Begründung führt er an, dass es hier um eine Frage der Verletzung des Verfahrensrechts, nämlich der Vorschrift des § 328 Abs 2 StPO, geht und nicht um die sachliche Zuständigkeit des Gerichts, dessen Entscheidung angefochten wird.

14.1   Einige OLG und Teile der Literatur waren bzw sind dagegen der Auffassung, dass es sich um einen von Amts wegen zu beachtenden Verstoß handelt (OLG Düsseldorf JMBl 1996, 47; OLG Hamm StV 1995, 182; OLG Köln StraFo 1996, 85, 87). Wenn der Verstoß vom Berufungsgericht nach § 328 Abs 2 StPO von Amts wegen zu beachten sei, könne für das Revisionsgericht nichts anderes gelten (Meyer-Goßner StPO § 269 Rn 8).

15   Wegen Besonderheiten im Wiederaufnahmeverfahren vgl OLG Frankfurt NStZ-RR 2006, 275.

§ 270 [Verweisung an höheres zuständiges Gericht]

(1) ¹**Hält ein Gericht nach Beginn einer Hauptverhandlung die sachliche Zuständigkeit eines Gerichts höherer Ordnung für begründet, so verweist es die Sache durch Beschluß an das zuständige Gericht; § 209 a Nr. 2 Buchstabe a gilt entsprechend.** ²**Ebenso ist zu verfahren, wenn das Gericht einen rechtzeitig geltend gemachten Einwand des Angeklagten nach § 6 a für begründet hält.**

(2) **In dem Beschluß bezeichnet das Gericht den Angeklagten und die Tat gemäß § 200 Abs. 1 Satz 1.**

(3) ¹**Der Beschluß hat die Wirkung eines das Hauptverfahren eröffnenden Beschlusses.** ²**Seine Anfechtbarkeit bestimmt sich nach § 210.**

(4) ¹**Ist der Verweisungsbeschluß von einem Strafrichter oder einem Schöffengericht ergangen, so kann der Angeklagte innerhalb einer bei der Bekanntmachung des Beschlusses zu bestimmenden Frist die Vornahme einzelner Beweiserhebungen vor der Hauptverhandlung beantragen.** ²**Über den Antrag entscheidet der Vorsitzende des Gerichts, an das die Sache verwiesen worden ist.**

Überblick

Die Vorschrift regelt die – von Amts wegen erforderliche – Verweisung an ein höheres Gericht, wenn sich dessen Zuständigkeit nach Beginn der Hauptverhandlung ergibt (§ 270 Abs 1 S 1 StPO). In § 270 Abs 1 S 2 StPO ist die Verweisung an eine gleichrangige Strafkammer mit besonderer Zuständigkeit – die auf eine entsprechende Rüge des Angeklagten in der Hauptverhandlung zu erfolgen hat – geregelt. Die Abs 2 bis Abs 4 regeln das Verfahren und den Inhalt sowie die Wirkung und Anfechtbarkeit eines Verweisungsbeschlusses. Die Regelung dient insgesamt der Verfahrensbeschleunigung (bindende Wirkung der Verweisung, keine neue Anklageerhebung erforderlich).

Übersicht

	Rn		Rn
A. Verweisung an ein Gericht höherer Ordnung	1	4. Rechtsmittel	13
I. Voraussetzungen	1	**B. Einwand nach § 6 a StPO**	14
1. Nach Beginn der Hauptverhandlung	1		
2. Gericht höherer Ordnung	4	**C. Beweisanträge (Abs 4)**	15
II. Rechtsfolge	6	I. Voraussetzungen	15
1. Beschlussinhalt	6	II. Rechtsfolge	16
2. Wirkung des Beschlusses	9		
3. Zuständigkeit	12	**D. Revision**	18

A. Verweisung an ein Gericht höherer Ordnung
I. Voraussetzungen
1. Nach Beginn der Hauptverhandlung

Das bisher mit einer Sache befasste Gericht muss **nach Beginn der Hauptverhandlung** 1 die sachliche Zuständigkeit eines Gerichtes höherer Ordnung für begründet erachten (anders: § 269 StPO, der im ganzen Hauptverfahren gilt, vgl § 269 StPO Rn 2). Vor Beginn der Hauptverhandlung (§ 243 Abs 1 S 1 StPO) richtet sich eine Abgabe an ein höherrangiges Gericht nach § 225 a StPO, im Zwischenverfahren nach § 209 StPO. Eine dennoch ausgesprochene Verweisung ist ohne Bindungswirkung (LG Magdeburg Beschl v 17. 1. 2007 – Az 21 AR 20/06 = BeckRS 2007, 02377). Ist die Hauptverhandlung ausgesetzt (§ 228 Abs 1 StPO) oder nicht rechtzeitig fortgesetzt worden (§ 229 StPO) und muss deswegen mit ihr erneut begonnen werden, so richtet sich die Abgabe der Sache in der Zwischenzeit nach § 225 a StPO und erst nach Beginn der neuen Hauptverhandlung wieder nach § 270 StPO (KK-StPO/Engelhardt StPO § 270 Rn 3; Meyer-Goßner StPO § 270 Rn 6). Hat zunächst ein Gericht höherer Ordnung das Hauptverfahren vor dem Gericht niedrigerer Ordnung nach § 209 StPO eröffnet, so ist letzteres nicht gehindert, nach Beginn der Hauptverhandlung nach § 270 StPO zu verfahren (OLG Jena Beschl v 23. 10. 2006 – Az 1 AR (S) 96/06). Für Verweisungen im Berufungsrechtszug vgl zudem § 328 StPO Rn 15 ff.

Unerheblich ist demgegenüber (bereits nach dem Wortlaut der Vorschrift) worauf sich 2 die Ansicht des bisher befassten Gerichte stützt und ob es die Zuständigkeit des höheren Gerichtes **bereits früher hätte erkennen** können. Es sind auch keine gegenüber Anklage und Eröffnungsbeschluss neuen Erkenntnisse erforderlich.

Demnach reicht es nach wohl **hM** aus, wenn das bisher befasste Gericht unmittelbar nach Aufruf der Sache, zu der Überzeugung kommt, dass sich die Zuständigkeit des höherrangigen Gerichts bereits aus dem Anklagesatz ergibt (RGSt 64, 179, 180; OLG Düsseldorf NStZ 1986, 426; sog „korrigierende Verweisung"). Entsprechendes gilt, wenn die Erkenntnis auf dem Eröffnungsbeschluss (zB entsprechenden Hinweisen darin) oder dem erneuten Aktenstudium beruht (vgl zum Ganzen auch KK-StPO/Engelhardt StPO § 270 Rn 10 f).

Im Übrigen (wenn kein Fall der korrigierenden Verweisung vorliegt) kann die Erkenntnis 3 des Gerichts auf der Einlassung des Angeklagten oder auf dem **bisherigen Ergebnis der Beweisaufnahme** beruhen. Allerdings ist insoweit mindestens ein hinreichender Tatverdacht iSv § 203 StPO erforderlich (BGHSt 29, 216, 219; BGHSt 29, 341, 344; BGH NStZ 1988, 236; RGSt 64, 179, 180). Die Verweisung kann erst erfolgen, wenn zu erwarten ist, dass die aufgrund neuer Tatsachen erforderliche vom Eröffnungsbeschluss abweichende rechtliche Bewertung, nicht durch die weitere Beweiserhebung wieder entfällt (OLG Frankfurt NStZ-RR 1997, 311; OLG Frankfurt NStZ-RR 1996, 338, 339) bzw wenn die Verhandlung so weit geführt worden ist, dass der Schuldspruch feststeht und sich die Straferwartung so weit verfestigt hat, dass eine mildere Beurteilung, die sich im Rahmen der Strafgewalt des niedrigeren Gerichts hält, nicht mehr zu erwarten ist (OLG Köln Beschl v 12. 11. 2008 – Az 2 Ws 488/08 = BeckRS 2008, 25656).

2. Gericht höherer Ordnung

4   Das bisher mit der Sache befasste Gericht muss ein **Gericht höherer Ordnung** für zuständig erachten. Zur Frage, was ein Gericht höherer Ordnung ist, vgl § 269 StPO Rn 7 ff. Wann ein Gericht höherer Ordnung zuständig ist, richtet sich nach den Vorschriften des GVG (§§ 24 GVG ff, §§ 74 GVG ff, § 120 GVG). Obwohl damit insgesamt auf die dortigen Zuständigkeitsregeln verwiesen wird, berechtigen nach einhelliger Ansicht Veränderungen in der Bewertung der besonderen Bedeutung der Sache, ihres besonderen Umfangs oder der besonderen Schutzbedürftigkeit von Verletzten (§ 24 Abs 1 Nr 3 GVG) oder eine veränderte Straferwartung innerhalb der Zuständigkeiten des AG (§ 25 Nr 2 StPO) nicht zur Verweisung (BayObLG NStZ 1985, 470; Meyer-Goßner StPO § 270 Rn 5). Das erscheint für die Kriterien der besonderen Bedeutung der Sache bzw. ihres besonderen Umfangs wegen ihrer Unschärfe und der sich möglicherweise ständig wechselnden Bewertung in der Hauptverhandlung zutreffend. Für die Schutzbedürftigkeit von Zeugen dürfte es aber nicht gelten. § 24 Abs 1 Nr 3 GVG will Verletzten durch die Anklage zum Landgericht eine zweite Tatsacheninstanz und damit eine wiederholte Vernehmung ersparen. Dieses Kriterium ist klar abgrenzbar, idR unveränderlich und deshalb sollte dem mit § 24 Abs 1 Nr 3 GVG insoweit bezweckten Opferschutz dadurch Rechnung getragen werden, dass auch hier eine – nach dem Wortlaut des § 270 Abs 1 StPO ohnehin mögliche Verweisung – vorgenommen werden kann. Hinsichtlich der Veränderung der Straferwartung ergibt sich die Richtigkeit der o g Ansicht hingegen schon daraus, dass die Strafgewalt des Strafrichters nach § 24 Abs 2 GVG bis zu 4 Jahren reicht.

5   Nach dem Verweis auf § 209 a Nr 2 lit a StPO (s § 270 Abs 1 S 1 Hs 2 StPO) sind die **Jugendgerichte** bei der Verweisungsfrage den Gerichten höherer Ordnung gleichgestellt (vgl auch § 209 a StPO Rn 4). An ein Jugendgericht ist daher auch dann zu verweisen, wenn dieses lediglich gleichrangig ist (Meyer-Goßner StPO § 270 Rn 11). Das gilt aber (mangels Verweis auf § 209 a Nr 2 lit b StPO) nicht für Jugendgerichte in Jugendschutzsachen (BGHSt 42, 39; vgl auch OLG Saarbrücken NStZ-RR 2003, 377).

II. Rechtsfolge

1. Beschlussinhalt

6   Das bisher befasste Gericht hat die Sache – nach Gewährung rechtlichen Gehörs (Meyer-Goßner StPO § 270 Rn 14) – durch einen **Beschluss** an das zuständige Gericht höherer Ordnung zu verweisen. Der Beschluss ist gem § 35 Abs 1 StPO in der Hauptverhandlung zu verkünden. Der Inhalt des Beschlusses richtet sich nach § 270 Abs 2 StPO iVm § 200 Abs 1 S 1 StPO. D h, dass der Inhalt des Beschlusses den Angeklagten, die ihm zur Last gelegte Tat einschließlich Zeit und Ort ihrer Begehung, die gesetzlichen Merkmale der Tat und die anzuwendenden Strafvorschriften zu bezeichnen hat. Der Inhalt ist dem Stand der Hauptverhandlung anzupassen (Meyer-Goßner StPO § 270 Rn 15). Er darf also nicht einfach nur die Anklageschrift wiedergeben, wenn sich gerade aus der bisherigen Beweisaufnahme die Zuständigkeit eines höheren Gerichts ergibt (zB: Nach dem bisherigen Ergebnis der Beweisaufnahme stellt sich die als fahrlässige Tötung angeklagte Tat als ein vorsätzliches Tötungsdelikt heraus).

7   In **Ausnahmefällen** kann auf die ausführliche Tatbeschreibung verzichtet werden, wenn die Verweisung allein deswegen erfolgt, weil die eigene Rechtsfolgenkompetenz nach § 24 Abs 2 GVG für nicht ausreichend erachtet wird (BGH/Dallinger MDR 1966, 894; LG Hannover StV 1983, 194) oder wenn lediglich die fehlerhafte Zuständigkeitsbejahung des Eröffnungsbeschlusses korrigiert wird (Löwe/Rosenberg/Gollwitzer StPO § 270 Rn 25).

8   Der Beschluss ist nach § 35 Abs 1 StPO in öffentlicher Hauptverhandlung **zu verkünden**.
Eine Begründung des Beschlusses im Übrigen ist gesetzlich nicht vorgeschrieben. Wird eine Verweisung beantragt und abgelehnt, so ist der ablehnende Beschluss nach § 34 StPO zu begründen.

2. Wirkung des Beschlusses

Der Beschluss hat die **Wirkung eines Eröffnungsbeschlusses** (BGH Dallinger MDR 1972, 387) und macht die Sache bei dem Gericht, an das verwiesen wird, unmittelbar rechtshängig (BGH NStZ 2009, 579; BGH MDR 1984,599; OLG Hamm Beschl v 22. 4. 2008 – Az 3 (s) Sbd. I. 8, 9/08 = BeckRS 2008, 10006; **aA** Löwe/Rosenberg/Gollwitzer StPO § 270 Rn 33: mit Eingang der Akten bei dem neuen Gericht). Für die Vorlage in Haftsachen an das OLG nach § 122 StPO bleibt das (verweisende) Gericht aber verpflichtet, so lange die Akten bei ihm sind (Meyer-Goßner StPO § 270 Rn 21). Der Verweisungsbeschluss ersetzt nicht eine fehlende Anklage oder einen fehlenden Eröffnungsbeschluss – obwohl das Gericht auch für die Verweisung einen hinreichenden Tatverdacht bejahen muss – (BGH NStZ 1988, 236). 9

Die Entscheidung des BGH ist zu einem Fall ergangen, in dem sich der Verweisungsbeschluss nicht an der Anklage orientiert hatte (was aber für die Bejahung des hinreichenden Tatverdachts im Rahmen eines Eröffnungsbeschlusses erforderlich wäre). Anders kann man das wohl sehen, wenn die Verweisung unmittelbar nach Verlesung des Anklagesatzes ausgesprochen wird – mit der Begründung, aus diesem ergebe sich bereits die Zuständigkeit des höherrangigen Gerichts. 9.1

Grundsätzlich ist das Gericht, an das verwiesen wird, an den Verweisungsbeschluss **gebunden** (BGHSt 27, 99, 103; OLG Frankfurt NStZ-RR 1997, 311; LG Magdeburg Beschl v 17. 1. 2007 – Az 21 AR 20/07). Das gilt auch dann, wenn der Beschluss formell oder materiell fehlerhaft ist (BGHSt 29, 216, 219; BGH NStZ 2009, 579; BGH/Kusch NStZ 1992, 29; KG Berlin Beschl v 13. 3. 2009 – Az 4 ARs 11/09 = BeckRS 2009, 12727; OLG Hamm Beschl v 22. 4. 2008 – Az 3 (s) Sbd I 8, 9/08 = BeckRS 2008, 10006; OLG Köln Beschl v 12. 11. 2008 – Az 2 Ws 488/08 = BeckRS 2008, 25646). Ist der Verweisungsbeschluss **willkürlich** gefasst worden, so sind zwei Varianten zu unterscheiden: Ist die Zuständigkeit des höheren Gerichts im Ergebnis dennoch gegeben, so bleibt die Sache bei diesem (BGHSt 45, 58, 59 f). In den anderen Fällen willkürlicher Verweisung hat das Gericht, an das verwiesen wurde, die Sache zurückzuverweisen. Der Verweisungsbeschluss ist zwar nicht nichtig, er entfaltet aber keine Bindungswirkung (BGHSt 45, 58, 59, 60; OLG Bamberg NStZ-RR 2005, 377; OLG Brandenburg JMBlBbg 2004, 101; KG Berlin Beschl v 13. 3. 2009 – Az 4 ARs 11/09 = BeckRS 2009, 12727; OLG Düsseldorf NStZ 1986, 426; OLG Frankfurt NStZ-RR 1996, 42; LG Dessau StraFo 2006, 332 – jeweils auch mit Beispielen für eine willkürliche Verweisung). Nach anderer Ansicht ist hingegen ein willkürlicher Verweisungsbeschluss nichtig und entfaltet überhaupt keine Wirkung (KK-StPO/Engelhardt StPO § 270 Rn 26). Willkürlich ist die Verweisung, wenn sie mit Grundsätzen rechtsstaatlicher Ordnung in offensichtlichem Widerspruch steht, dh wenn sie widersprüchlich, unverständlich oder offensichtlich unhaltbar ist (OLG Bamberg NStZ 2005, 377; vgl auch die obigen Nachweise). Ferner liegt Willkür vor, wenn das verweisende Gericht ohne Änderung der Sachlage im Vergleich zum Eröffnungszeitpunkt noch vor Vernehmung des Angeklagten und Beginn der Beweisaufnahme verweist und es sich nicht um eine korrigierende Verweisung handelt (BGH NJW 1999, 2604), die Straferwartung, die für die Zuständigkeitsbegründung des höherrangigen Gerichts erforderlich offensichtlich nicht erreicht wird (OLG Bamberg NStZ 2005, 377) oder aber Umstände, die die Zuständigkeit eines höherrangigen Gerichts begründen könnten, nur vermutet werden (vgl zum Ganzen OLG Hamm Beschl v 22. 4. 2008 – Az 3 (s) Sbd. I. 8, 9/08 = BeckRS 2008, 10006; KG Berlin Beschl v 13. 3. 2009 – Az 4 ARs 11/09 = BeckRS 2009, 12727). 10

Die Nichtigkeitswirkung wird insbes mit der fehlenden Anfechtungsmöglichkeit durch den Angeklagten begründet (KK-StPO/Engelhardt StPO § 270 Rn 26). 10.1

Hält das Gericht, an das verwiesen wurde, seinerseits ein noch höheres Gericht für zuständig, so ist eine **Weiterverweisung** möglich (BGHSt 21, 268, 270; RGSt 59, 241, 244). 11

3. Zuständigkeit

Der Beschluss wird in der **Besetzung** der Hauptverhandlung, d h einschließlich der Schöffen, gefasst (BGHSt 6, 109, 112; BGHR StPO § 270 Abs 1 Wirksamkeit 1; KK-StPO/Engelhardt StPO § 270 Rn 17). 12

4. Rechtsmittel

13 Gegen den Beschluss hat der Angeklagte nach § 270 Abs 3 S 2 StPO iVm § 210 Abs 1 StPO keine Rechtsmittel. Nach § 270 Abs 3 S 2 StPO iVm § 210 Abs 2 StPO kann die Staatsanwaltschaft den Verweisungsbeschluss nur dann anfechten, wenn sie die Verweisung an ein noch höheres Gericht beantragt hatte (KK-StPO/Engelhardt StPO § 270 Rn 25). Auch wenn die Staatsanwaltschaft im Rahmen ihrer Anhörung beantragt hat, es bei der Zuständigkeit des verweisenden Gerichtes zu belassen, dürfte ihr, wenn dennoch verwiesen wird, ein Anfechtungsrecht der Staatsanwaltschaft bestehen.

B. Einwand nach § 6 a StPO

14 Die Regelung des § 270 Abs 1 S 1 StPO gilt (mitsamt den Folgeregelungen der übrigen Absätze, freilich nicht des Abs 4, der nicht für das Landgericht gilt) nach § 270 Abs 1 S 2 StPO auch für den Fall, dass der Angeklagte nach § 6 a S 2 StPO unter den dort geltenden Voraussetzungen mit Recht einwendet, dass eine Strafkammer mit besonderer Zuständigkeit für die Sache zuständig oder nicht zuständig ist. Wird der Einwand nicht rechtzeitig geltend gemacht, bleibt eine Verweisung aus. Wird sie dennoch vorgenommen, kann dies ggf nach § 338 Nr 4 StPO gerügt werden (BGH NStZ 2009, 404).

C. Beweisanträge (Abs 4)

I. Voraussetzungen

15 Es muss eine Verweisung vom Strafrichter oder vom Schöffengericht beschlossen worden sein. Über § 2 JGG gilt die Regelung auch für Verweisungen vom Jugendrichter und vom Jugendschöffengericht. Es muss an ein ranghöheres Gericht verwiesen worden sein. Die Regelung gilt für alle Verweisungen an ein ranghöheres Gericht, nicht nur für diejenigen vom AG an das LG (**aA** Meyer-Goßner StPO § 270 Rn 23 ohne nähere Begründung).

Der Beweisantrag (für diesen gelten die üblichen Anforderungen, vgl § 244 StPO Rn 15 ff) ist innerhalb der Frist zu stellen, die bei Verkündung des Verweisungsbeschlusses gesetzt wurde. Die Frist kann bereits in den Verweisungsbeschluss aufgenommen werden. Sie ist verlängerbar (Meyer-Goßner StPO § 270 Rn 24). Die Beweisanträge sind vom Angeklagten (oder seinem Verteidiger) zu stellen.

II. Rechtsfolge

16 Über den Antrag entscheidet der **Vorsitzende** des Gerichts, an das verwiesen wurde (§ 270 Abs 4 S 2 StPO). Für die Frage, ob dem Beweisantrag nachgegangen oder er abgelehnt wird, gelten die Beschränkungen des § 244 Abs 3 bis 5 StPO nicht. Sie ist vielmehr allein danach zu beantworten, ob dem Vorsitzenden des Gerichts, an das verwiesen wurde, noch weitere Sachverhaltsaufklärung notwendig erscheint. Er kann das Beweisbegehren auch mittels einer Wahrunterstellung ablehnen, muss dann aber das Gericht in der Hauptverhandlungsbesetzung hierüber unterrichten. Will dieses davon abweichen, so muss dies in der Hauptverhandlung den Verfahrensbeteiligten zur Kenntnis gebracht werden (Meyer-Goßner StPO § 270 Rn 26; Pfeiffer StPO § 270 Rn 7).

17 Wird ein Beweisantrag **nicht innerhalb der gesetzten Frist** gestellt, so berechtigt dies keineswegs automatisch zu seiner Ablehnung. Vielmehr ist der Antrag dann nach § 219 StPO zu behandeln. Gleiches gilt, wenn der Antrag nicht vom Angeklagten, sondern zB von StA oder Nebenkläger gestellt wird.

D. Revision

18 Wird die Fristsetzung verabsäumt, so kann eine hierauf gestützte Revision nur dann Erfolg haben, wenn der Fehler bereits **in der Hauptverhandlung beanstandet** worden ist (RGSt 62, 272).

Hauptverhandlung § 271 StPO

Ist eine Verweisung rechtsfehlerhaft aber **rechtswirksam** (also nicht willkürlich) ausgesprochen worden, so kann dies mit der Revision nicht angegriffen werden (BGHSt 21, 334, 358). 19

Ist eine Verweisung zu Unrecht unterblieben (hat also das unzuständige Gericht entschieden), ist dies als **Verfahrenshindernis** von Amts wegen zu prüfen. 20
Der unterbliebene Verweis nach § 270 Abs 1 S 2 StPO kann nach § 338 Nr 4 StPO mit der Revision gerügt werden.

§ 271 [Sitzungsprotokoll]

(1) ¹Über die Hauptverhandlung ist ein Protokoll aufzunehmen und von dem Vorsitzenden und dem Urkundsbeamten der Geschäftsstelle, soweit dieser in der Hauptverhandlung anwesend war, zu unterschreiben. ²Der Tag der Fertigstellung ist darin anzugeben.

(2) ¹Ist der Vorsitzende verhindert, so unterschreibt für ihn der älteste beisitzende Richter. ²Ist der Vorsitzende das einzige richterliche Mitglied des Gerichts, so genügt bei seiner Verhinderung die Unterschrift des Urkundsbeamten der Geschäftsstelle.

Überblick

§ 271 StPO regelt die Protokollpflichtigkeit der Hauptverhandlung sowie die Urkundspersonen und die Art und Weise wie diese das Protokoll abzuschließen haben. Die § 272 StPO und § 273 StPO regeln demgegenüber den Inhalt des Protokolls, § 274 StPO enthält Regelungen zu seiner Beweiskraft, welche insbes für das Revisionsverfahren überragende Bedeutung hat.

Übersicht

	Rn		Rn
A. Protokollpflicht	1	1. Bedeutung	20
		2. Begriff der Fertigstellung	21
B. Urkundspersonen	3	3. Anbringung des Vermerks	22
C. Form	6		
I. Schriftform	6	**D. Inhalt**	23
II. Verwendung von Formularen, Streichungen etc.	9	**E. Änderungen und Berichtigungen**	26
III. Unterzeichnung	12	I. Änderung	27
1. Grundsatz	12	II. Berichtigungen	28
2. Verhinderung	15	1. Voraussetzungen	28
3. Nachholung der Unterschrift	18	2. Beachtlichkeit	30
IV. Angabe des Tages der Fertigstellung	19	3. Verfahren	32

A. Protokollpflicht

Nach § 271 Abs 1 S 1 StPO ist über die Hauptverhandlung ein Protokoll aufzunehmen. Die Möglichkeit des Strafrichters, nach § 226 Abs 2 S 1 StPO von der Hinzuziehung eines Urkundsbeamten abzusehen, entbindet nicht von der Protokollpflicht sondern verringert nur die Zahl der Urkundspersonen (vgl dazu unten Rn 3). 1

Das Protokoll ist über die gesamte Hauptverhandlung zu erstellen. Wie schon der Wortlaut zeigt, ist über diese ein **(einheitliches) Protokoll** zu fertigen, auch wenn sie über mehrere Tage geht (BVerfG StV 2002, 521). Deswegen besteht auf die Fertigung von Teilprotokollen (also von Protokollen, die nur einzelne, bisherige Abschnitte der Hauptverhandlung erfassen) kein Anspruch (BGH NStZ 1993, 141). Der Umstand, dass wechselnde Urkundsbeamte nur für den von ihnen protokollierten Teil der Hauptverhandlung zeichnen, macht das Protokoll nicht zu einem Teilprotokoll. 2

B. Urkundspersonen

3   Urkundspersonen sind der Vorsitzende und grundsätzlich der zur Hauptverhandlung hinzuzuziehende Urkundsbeamte der Geschäftsstelle. Wer dies ist, bestimmt sich nach § 153 GVG (vgl OLG Dresden StV 2004, 368 zur Heranziehung eines Referendars als Urkundsbeamter). Nach § 226 Abs 2 StPO kann in der Hauptverhandlung vor dem Strafrichter von der Hinzuziehung eines Urkundsbeamten abgesehen werden.

4   Der **Urkundsbeamte** kann in der Hauptverhandlung wechseln (Meyer-Goßner StPO § 271 Rn 3). Der Urkundsbeamte nimmt das Protokoll grundsätzlich unabhängig auf. Str ist, ob er an Weisungen des Vorsitzenden gebunden ist (dafür OLG Köln NJW 1955, 843; dagegen Löwe/Rosenberg/Gollwitzer StPO § 271 Rn 13).

5   Der **Vorsitzende** achtet auf eine ordnungsgemäße Protokollierung und überprüft die Richtigkeit des Protokolls. Da die Justizmitarbeiter in der Praxis für diese Aufgabe zunehmend schlechter ausgebildet sind, ist der Kontrollaufgabe besondere Aufmerksamkeit zu widmen. Insbes ist auch bei den Protokollen nach § 273 Abs 2 StPO darauf zu achten, dass wirklich die wesentliche Ergebnisse der Vernehmungen und nicht bloß Belangloses niedergelegt wird. Die Protokollierung von Belanglosem und die Nichtprotokollierung von wesentlichem Inhalt beruht häufig darauf, dass sich dem Urkundsbeamten mangels (nicht vorwerfbarer) Akten- und Rechtskenntnis die Bedeutung einzelner Äußerungen nicht erschließt. Für das Berufungsverfahren ist aber ein erstinstanzliches Protokoll, dass Einlassungen oder Zeugenaussagen in ihrer Bedeutung richtig erfasst, von wesentlicher Bedeutung, da nur so eine umfassende Würdigung des Aussageverhaltens möglich ist.

C. Form

I. Schriftform

6   Das Protokoll muss schriftlich abgefasst werden. Das ergibt sich nicht unmittelbar aus § 271 StPO. Die StPO enthält aber an anderer Stelle, nämlich in §§ 168 StPO f (die allerdings für das Hauptverhandlungsprotokoll nicht unmittelbar gelten, OLG Koblenz NStZ 1988, 42) Angaben, wie ein Protokoll abzufassen ist. Im Umkehrschluss aus § 168 a Abs 2 S 1 und 2 StPO, wonach der Inhalt des Protokolls nur zu vorübergehenden Zwecken, also zur vorläufigen Aufzeichnung des Verhandlungsinhalts in Kurzschrift oder mit einem Tonbandgerät oder durch verständliche Abkürzungen aufgezeichnet werden, ergibt sich, dass das endgültige Protokoll in normaler Schriftform (dh hand- oder maschinenschriftlich) abgefasst sein muss (RGSt 55, 1, 3 ff; OLG Koblenz NStZ 1988, 42) und zwar gem § 184 GVG in deutscher Sprache. In den Fällen des § 185 Abs 1 S 2 GVG kann jedoch ausnahmsweise auch eine Protokollierung in fremder Sprache erfolgen.

7   Streng genommen dürften im Protokoll, wiederum im Umkehrschluss aus § 168 a Abs 2 S 1 und S 2 StPO, auch keine **Abkürzungen** verwendet werden. Gegen die Verwendung der gängigen Gesetzesabkürzungen oder sonst allgemein (d h nicht bloß an einem Gericht oder in einem Spruchkörper übliche) bekannte Abkürzungen wird man aber nichts einwenden können, soweit Verständlichkeit und Eindeutigkeit nicht gehindert werden.

8   **Vorläufige Aufzeichnungen** sind kein Aktenbestandteil und brauchen den Prozessbeteiligten nicht zugänglich gemacht zu werden (BGHSt 29, 394, 395).

II. Verwendung von Formularen, Streichungen etc

9   Die Verwendung von **Formularen** ist zulässig. Sie müssen aber eindeutig ausgefüllt und nicht zutreffende Teile eindeutig gestrichen sein. Hinzufügungen dürfen das Protokoll nicht unübersichtlich oder unverständlich machen. Es kann dann seine Beweiskraft verlieren. Insgesamt ist von der Verwendung von Formularen (außer für das Rubrum, also vornehmlich die Angaben nach § 272 StPO) eher abzuraten.

10   Der natürliche Drang des Urkundsbeamten zur Arbeitserleichterung und seine häufig für diese Funktion unzureichende Ausbildung machen ein **formularmäßiges Protokoll** sehr fehleranfällig. Leicht wird zu viel oder zu wenig gestrichen oder nicht die in der Hauptverhandlung tatsächlich eingehaltene Ablauffolge wiedergegeben. Handschriftliche Ergänzungen, häufig mit Sternchen (*) etc und klein zwischen den gedruckten Text eingefügt,

führen zu weiterer Unübersichtlichkeit (vgl hierzu auch Meyer-Goßner StPO § 271 Rn 11). Insbes bei mehrfachen Streichungen ist häufig unklar, was gilt.

Angesichts der Bedeutung des Protokolls (vgl § 274 StPO) sollte der Vorsitzende, auf die **saubere Abfassung** des Protokolls, am besten maschinenschriftlich, zu drängen. 11

III. Unterzeichnung

1. Grundsatz

Das Protokoll ist vom **Vorsitzenden und** – soweit hinzugezogen (zum Strafrichter vgl 12 § 226 Abs 2 StPO) – **vom Urkundsbeamten** zu unterschreiben. Die Unterschrift des Vorsitzenden muss am Ende des Protokolls stehen und dieses vollumfänglich abdecken („Unter"schrift; **aA** offenbar Meyer-Goßner StPO § 271 Rn 13 iVm Einl Rn 130). Unschädlich ist es aber, wenn er an mehreren Stellen des Protokolls unterschreibt, sofern nur das Protokoll insgesamt durch die Unterschriften abgedeckt wird.

Auch der Urkundsbeamte unterschreibt grundsätzlich **am Ende des Protokolls** (sofern 13 nur ein einziger Urkundsbeamter die gesamte Hauptverhandlung protokolliert hat). Haben mehrere Urkundsbeamten mitgewirkt, so unterschreibt jeder unter dem von ihm protokollierten Teil des Protokolls (BGH wistra 1991, 272).

Protokollanlagen brauchen vom Vorsitzenden und vom Urkundsbeamten nicht unter- 14 zeichnet zu werden. Eine Unterschrift auf einer Anlage zum Protokoll kann für sich allein auch die Protokollunterschrift als solche nicht ersetzen (OLG Hamm NStZ 2001, 220; OLG Hamm NStZ-RR 2001, 83, 84).

2. Verhinderung

Die **Vertretung des Vorsitzenden** bei der Protokollunterzeichnung im Falle seiner 15 Verhinderung regelt § 271 Abs 2 StPO. Danach unterschreibt für ihn im Verhinderungsfall der älteste besitzende Richter, sofern er als Einzelrichter tätig geworden ist, reicht die Unterschrift des Urkundsbeamten.

Der Begriff der **„Verhinderung"** ist hier gleichbedeutend mit der Verhinderung iSd 16 § 275 Abs 2 StPO (vgl näher § 275 StPO Rn 28 ff). Wie bei § 275 Abs 2 StPO ist ein Hinweis auf die Verhinderung und die Angabe des Verhinderungsgrundes erforderlich (vgl Meyer-Goßner StPO § 271 und Appl Rn 1028).

Keine Regelung enthält das Gesetz für den Fall, dass allein der **Urkundsbeamte** an der 17 Unterschriftsleistung gehindert ist. In der Rechtsprechung wird dazu vertreten, dass dann allein der Vorsitzende das Protokoll unterzeichnet (OLG Schleswig SchlHA 1997, 171). Das erscheint – in analoger Anwendung von § 271 Abs 2 S 2 StPO – zutreffend.

3. Nachholung der Unterschrift

Ist ein Protokoll versehentlich nicht unterschrieben worden, so kann die Unterschrift 18 jederzeit nachgeholt werden (BGHSt 10, 145, 146), selbst wenn durch die Unterschriftsleistung einer Revisionsrüge der Boden entzogen wird – sofern allein die Unterschrift nachgeholt wird und nicht etwa auch inhaltliche Änderungen vorgenommen werden – dazu unten Rn 30 f – (BGHSt 12, 270, 271 f).

IV. Angabe des Tages der Fertigstellung

Nach § 271 Abs 1 S 2 StPO ist der Tat der Fertigstellung im Protokoll anzugeben. 19

1. Bedeutung

Nach § 273 Abs 4 StPO darf das Urteil erst nach Fertigstellung des Protokolls zugestellt 20 werden. Mit der Fertigstellung wird das Protokoll Bestandteil der Akten und unterliegt damit den entsprechenden Akteneinsichtsrechten von Verteidigung (§ 147 Abs 1 StPO) und des Rechtsanwalts des Verletzen (§ 406 e Abs 1 StPO). Vorher hat das Protokoll nur Entwurfscharakter, vgl BGHSt 29, 394, 395.

Peglau

Das Fehlen des Vermerks beweist – da der Vermerk selbst nicht an der Beweiskraft nach § 274 StPO teilnimmt (vgl BGHSt 23, 115, 119; OLG Düsseldorf MDR 1991, 557) – nicht, dass das Protokoll noch nicht fertig gestellt ist.

2. Begriff der Fertigstellung

21 Fertiggestellt ist das Protokoll dann, wenn alle Unterschriften der erforderlichen Urkundspersonen vorliegen. Inhaltliche Mängel oder seine Unvollständigkeit hindern die Fertigstellung grundsätzlich nicht (BGH NStZ 1984, 89). Anderes gilt, wenn schwerwiegende Lücken im Protokoll vorhanden sind. Die Fertigstellung ist z B gehindert, wenn die Urteilsformel unvollständig ist (OLG Stuttgart MDR 1995, 842) oder aber der Vorsitzende ohne Einhaltung des notwendigen Änderungsverfahrens (dazu unten Rn 32) vom Urkundsbeamten nicht genehmigte inhaltliche Änderungen vornimmt (BGHSt 37, 287; BGH wistra 1995, 273).

3. Anbringung des Vermerks

22 Der Vermerk über die Fertigstellung des Protokolls wird von dem zuletzt unterzeichnenden bei Unterschriftsleistung auf das Protokoll gesetzt und unterschrieben (hM, vgl nur Meyer-Goßner StPO § 271 Rn 20; nach **aA** ist die Unterschrift des Vermerks durch beide Urkundspersonen erforderlich, vgl Koffka JR 1971, 209).

D. Inhalt

23 Zum protokollpflichtigen Inhalt vgl die Kommentierung zu §§ 273 StPO f.
24 Sind Protokollführer und Vorsitzender unterschiedlicher Auffassung über den Inhalt des Protokolls, so ist zu unterscheiden: Weigert sich der Protokollführer, etwas zu protokollieren, weil er den Vorgang nicht für protokollierungspflichtig hält, so kann er vom Vorsitzenden zur Protokollierung angewiesen werden (KK-StPO/Engelhardt StPO § 271 Rn 7; Meyer-Goßner StPO § 271 Rn 4). Besteht die Meinungsverschiedenheit über den tatsächlichen zu protokollierenden Vorgang, so soll versucht werden, den Hergang aufzuklären und Einvernehmen der Urkundspersonen zu erzielen. Kann dieses nicht erzielt werden, so ist das zu protokollieren. Das Protokoll verliert insoweit seine Beweiskraft (KK-StPO/Engelhardt StPO § 271 Rn 7; Meyer-Goßner StPO § 271 Rn 4).

24.1 Es empfiehlt sich in solchen Fällen, klarzustellen, dass eine Meinungsverschiedenheit der Urkundspersonen besteht und deren jeweilige Version ebenfalls darzustellen.

25 Gegen Versuche **Dritter**, ihre eigenen Wertungen von Verfahrensvorgängen in das Protokoll zu diktieren, hat der Vorsitzende einzuschreiten (BGH NJW 2005, 3434).

E. Änderungen und Berichtigungen

26 Solange das Protokoll noch nicht fertig gestellt ist, kann es geändert werden, nach Fertigstellung kann es berichtigt werden.

I. Änderung

27 Eine Änderung ist von beiden Urkundspersonen zu verantworten. Aus dem Protokoll muss deshalb ersichtlich werden, dass Änderungen der einen Urkundsperson (idR des Vorsitzenden) auch von der anderen genehmigt sind. Hat z B nach Unterschreiben des Protokolls durch den Urkundsbeamten noch eine Änderung seitens des Vorsitzenden stattgefunden, so ist diese vom Urkundsbeamten genehmigen zu lassen. Dazu reicht ein unterschriebener Vermerk („Änderungen genehmigt") am Ende des Protokolls aus (BGH/Pfeiffer NStZ 1981, 297). Wird das Protokoll vom Vorsitzenden nur sprachlich, nicht aber inhaltlich geändert, so sind diese Änderungen nicht genehmigungspflichtig (OLG Düsseldorf MDR 1991, 557).

II. Berichtigungen

1. Voraussetzungen

Voraussetzung für eine Berichtigung ist, dass **beide Urkundspersonen** darin übereinstimmen, dass das Protokoll unrichtig ist und eine sichere Erinnerung an den tatsächlichen Verfahrenshergang haben (BGH NJW 2007, 2419, 2424; OLG Nürnberg MDR 1984, 74, 75).

Die Berichtigung kann **von Amts wegen oder auf Antrag** vorgenommen werden. Eine zeitliche Beschränkung hierfür existiert nicht. Sie ist auch noch während des Rechtsmittelverfahrens oder nach Rechtskraft des Urteils zulässig und geboten (BGH NJW 2007, 2419, 2420; OLG Hamm JMBlNW 1974, 214, 215). Die Berichtigung eines als unrichtig erkannten Protokolls wird gar als Berufspflicht der beteiligten Protokollpersonen angesehen (BGH NJW 2006, 3583 mwN).

2. Beachtlichkeit

Von der Frage der **Zulässigkeit oder Gebotenheit** einer Protokollberichtigung ist die Frage ihrer **Beachtlichkeit** zu unterscheiden (vgl BGHSt 10, 145, 156; Dehne-Niemann ZStW 2009, 321, 328). Sie ist stets beachtlich, wenn sie zugunsten des Beschwerdeführers wirkt (BGHSt 1, 259, 261, 262, OLG Hamm BeckRS 2002, 30298442; Dehne-Niemann ZStW 2009, 321, 327 mwN) oder wenn sie – bei einem einheitlichen Vorgang – teilweise zu seinen Gunsten, teilweise zu seinen Ungunsten vorgenommen worden ist (BGHSt 1, 259, 261; RGSt 56, 29). Bis zur Entscheidung des Großen Senats des BGH in Strafsachen vom 23. 4. 2007 (GSSt 1/06 NJW 2007, 2419) war hingegen eine dem Beschwerdeführer nachteilige Protokollberichtigung, also eine solche, die dazu führte, dass einer Revisionsrüge der Boden entzogen wurde, für das Revisiongericht unbeachtlich (vgl nur BGHSt 34, 11, 12; OLG Hamm BeckRS 2003, 30302681). Der Große Senat hat nunmehr entschieden, dass eine solche Protokollberichtigung zukünftig grundsätzlich auch für das Revisionsgericht beachtlich sein muss, da auch dieses der Wahrheit verpflichtet sei, so dass es nicht sehenden Auges von einem falschen Sachverhalt ausgehen dürfe (BGH NJW 2007, 2419, 2422). Das BVerfG ist der Ansicht, dass die neue Rechtsprechung des BGH zur sog Rügeverkümmerung die verfassungsrechtlichen Grenzen richterlicher Rechtsfortbildung wahrt (BVerfG NJW 2009, 1469, 1471, krit dazu Dehne-Niemann ZStW 2009, 321, 369, 370; Lampe jurisPR-StrafR 13/2009 Anm 1).

Für die im **Revisionsverfahren** beachtliche Berichtigung setzt der BGH aber ein **besonderes Berichtigungsverfahren** voraus: Zunächst ist – bei einer Angeklagtenrevision – zumindest dem Revisionsverteidiger mitzuteilen, dass eine Protokollberichtigung beabsichtigt ist und die – inhaltlich aussagekräftigen – dienstlichen Äußerungen der Urkundspersonen zur Unrichtigkeit und zum tatsächlichen Verfahrenshergang der Mitteilung beizufügen. Dem Beschwerdeführer ist dazu binnen angemessener Frist rechtliches Gehör zu gewähren. Der Beschwerdeführer kann dann substantiiert darlegen, warum er den protokollierten, anderen Verfahrenshergang für zutreffend erachtet. Wird das Protokoll dennoch berichtigt, so ist hierauf einzugehen. Die Gründe der Berichtigungsentscheidung unterliegen im Rahmen der erhobenen Verfahrensrüge der Überprüfung des Revisionsgerichts. Tragen sie die Berichtigung, so ist das berichtigte Protokoll zu Grunde zu legen, das allerdings insoweit nicht an der formellen Beweiskraft nach § 274 StPO teilnimmt. Bei Zweifeln kann das Revisionsgericht den Verfahrenshergang im Freibeweisverfahren aufklären. Verbleiben Zweifel an der Richtigkeit der Berichtigung, ist das ursprüngliche Protokoll bei der Entscheidung zu Grunde zu legen (BGH NJW 2007, 2419, 2422, 2423; vgl auch BGH Beschl v 23. 8. 2007 – Az 1 StR 466/05 BeckRS 2007 14379; BGH NStZ 2008, 580; vgl umfassend zur Thematik: Detter StraFo 2004, 329).

Die Entscheidung ist in weiten Teilen der Literatur auf Kritik gestoßen (vgl nur Meyer-Goßner StPO § 271 Rn 26 mwN; Dehne-Niemann ZStW 2009, 321; OLG Hamm NJW 2007, 3166; Schumann JZ 2007, 927; Ventzke HRRS 2008, 180). Der Entscheidung des Großen Senats kann man aber grundsätzlich zustimmen (so auch: Fahl JR 2007, 345; Hebenstreit HRRS 2008, 172). Es ist nicht einzusehen, warum ein versehentlich unrichtiges Protokoll der Geltendmachung eines tatsächlich nicht geschehenen Verfahrensfehlers zum Erfolg verhelfen sollte. Letztendlich führt die

Entscheidung allerdings nur dazu, dass die formelle Beweiskraft des Protokolls im Falle einer wirksamen Berichtigung entfällt und das Revisionsgericht im Freibeweisverfahren den Verfahrensablauf klären kann.

31.2 Fraglich ist, wie zu verfahren ist, wenn das Protokoll in einer zur Rügeverkümmerung führenden Weise berichtigt wurde, ohne dass das o g Verfahren eingehalten worden ist: Der 5. Strafsenat des OLG Hamm meint, dass in dem Fall, in dem das Protokoll nach Begründung der Revision mit einer Verfahrensrüge in einem der Rüge den Boden entziehenden Punkt durch Vorsitzenden und Urkundsbeamten ohne vorherige Anhörung des Revisionsführers und ohne ausreichende nachvollziehbare Begründung geändert wurde, das Protokoll in der ursprünglichen Fassung maßgeblich sei (OLG Hamm Beschl v 10. 3. 2009 – Az 5 Ss 506/08 = BeckRS 2009, 16396). Die Entscheidung entspricht zwar im Prinzip dem vom Großen Senat aufgestellten Grundsatz, dass im Zweifel das unberichtigte Protokoll maßgeblich ist. Bei Missachtung der aufgestellten Änderungsvoraussetzungen kann man sicherlich nicht ohne Weiteres das geänderte Protokoll für die Revisionsentscheidung zu Grunde legen. Andererseits haben sich aber die Urkundspersonen durch ihre Änderung vom Inhalt des ursprünglichen Protokolls distanziert. Hierdurch könnte das Protokoll seine Beweiskraft verlieren (vgl § 274 StPO Rn 16). Um den in der Entscheidung des Großen Senats zu Tage tretenden Bestrebens, der Wahrheit zur Geltung zu verhelfen, Rechnung zu tragen, könnte man auch daran denken, dass (zunächst) die Aufklärung des tatsächlichen Verfahrensgangs im Freibeweisverfahren erforderlich ist. Allerdings wäre dann das vom Großen Senat aufgestellte Berichtigungsverfahren weitgehend obsolet, wenn ohnehin der Weg zum Freibeweisverfahren aufgrund der Distanzierung der Urkundspersonen vom Protokoll eröffnet wäre. Das verneint der BGH aber (BGH Beschl v 2. 9. 2009 – Az 1 StR 423/09 = BeckRS 2009, 26055).

3. Verfahren

32 Wird ein Antrag auf Protokollberichtigung gestellt, so ist grundsätzlich zunächst der **Urkundsbeamte**, der sich schriftlich äußern muss, **zu hören** (OLG Düsseldorf NStZ 1998, 477; OLG Düsseldorf MDR 1990, 743). Anderes gilt dann, wenn der Antrag etwa deswegen bereits unzulässig ist, weil er sich auf die Berichtigung eines nicht zu den wesentlichen Förmlichkeiten der Hauptverhandlung gehörigen und damit überhaupt nicht protokollierungspflichtigen Umstandes bezieht (OLG Hamburg NJW 1965, 1342, 1343; OLG Frankfurt StV 1993, 463; OLG Nürnberg MDR 1984, 74, 75; weitergehend offenbar OLG Hamburg NJW 1975, 1326). Der Vorsitzende ist gehalten, Maßnahmen zu ergreifen, die die Erinnerung der Urkundspersonen zurückrufen können, bevor eine beantragte Protokollberichtigung abgelehnt wird (LG Bielefeld StV 2002, 532). Die Protokollberichtigung erfolgt durch einen vom Vorsitzenden und Urkundsbeamten unterzeichneten und datierten Vermerk (KK-StPO/Engelhardt StPO § 271 Rn 19). Gegen eine vorgenommene Protokollberichtigung ist die **Beschwerde** gem § 304 Abs 1 StPO statthaft (nicht aber gegen eine Änderung vor Fertigstellung, OLG Brandenburg NStZ-RR 1998, 308). Auch die Ablehnung einer Berichtigung kann mit der Beschwerde angefochten werden (allerdings nur unter eingeschränkten Voraussetzungen, vgl dazu OLG Celle Beschl v 13. 5. 2008 – Az 1 Ws 202/08 = BeckRS 2008, 11948). Das Beschwerdegericht prüft allerdings nicht die inhaltliche Richtigkeit des Protokolls (OLG Düsseldorf RPfleger 1991,124) sondern nur, ob bei der Berichtigung oder ihrer Ablehnung Verfahrensfehler aufgetreten sind oder rechtsfehlerhafte Erwägungen angestellt wurden (Meyer-Goßner StPO § 271 Rn 29). So wird z B geprüft, ob der Urkundsbeamte vor einer Entscheidung über die Berichtigung angehört wurde (OLG SchleswigRn3 SchlHA 1997, 171).

Zum besonderen Verfahren im Falle einer dem Beschwerdeführer im Revisionsverfahren nachteiligen Entscheidung („**Rügeverkümmerung**") vgl Rn 31.

Mit der **Revision** kann nicht gerügt werden, dass das Protokoll unvollständig oder unrichtig ist (bloße Protokollrüge).

33 Nach einer Berichtigung muss das Urteil **nicht erneut zugestellt** werden, denn das Protokoll war ja bereits zuvor fertiggestellt (BGH NJW 2007, 2419, 2424).

§ 272 [Inhalt des Protokolls]

Das Protokoll über die Hauptverhandlung enthält

Hauptverhandlung § 272 StPO

1. den Ort und den Tag der Verhandlung;
2. die Namen der Richter und Schöffen, des Beamten der Staatsanwaltschaft, des Urkundsbeamten der Geschäftsstelle und des zugezogenen Dolmetschers;
3. die Bezeichnung der Straftat nach der Anklage;
4. die Namen der Angeklagten, ihrer Verteidiger, der Privatkläger, Nebenkläger, Verletzten, die Ansprüche aus der Straftat geltend machen, der sonstigen Nebenbeteiligten, gesetzlichen Vertreter, Bevollmächtigten und Beistände;
5. die Angabe, daß öffentlich verhandelt oder die Öffentlichkeit ausgeschlossen ist.

Überblick

Die Regelung betrifft zunächst einmal den notwendigen Inhalt des Kopfes des Sitzungsprotokolls. Soweit sich die aufgeführten Angaben während der Hauptverhandlung ändern, sind die Änderungen im Protokoll an der entsprechenden Stelle zu vermerken. Weitere Vorgaben für den Inhalt des Protokolls enthält § 273 StPO.

A. Allgemeines

Die in § 272 StPO geforderten Angaben sind in den Kopf des Sitzungsprotokolls aufzunehmen. Sie müssen bei einer Unterbrechung (auch einer mehrtätigen) nicht erneut in das Hauptverhandlungsprotokoll aufgenommen werden, sofern keine Veränderung eingetreten ist (BVerfG StV 2002, 521; BGH/ Pfister/Miebach NStZ 1985, 16). Treten Veränderungen ein (zB anderer Protokollführer, anderer Verteidiger, Ausschluss der Öffentlichkeit etc) so sind sie im Protokoll an der Stelle zu vermerken, an der sie eingetreten sind (Meyer-Goßner StPO § 272 Rn 1). 1

B. Im Einzelnen

I. Ort und Tag der Verhandlung

Üblicherweise ist **Ort der Verhandlung der Sitz des erkennenden Gerichts**, welches im Protokoll inklusive der Bezeichnung des Spruchkörpers anzugeben ist (Meyer-Goßner StPO § 272 Rn 3). Wird an einem anderen Ort verhandelt (zB Augenscheinseinnahme vor Ort etc) so ist dies ebenso an der entsprechenden Stelle des Protokolls zu vermerken, wie die nachfolgende Rückverlegung der Verhandlung an den Gerichtsort. 2

Der oder (bei mehreren Tagen) die Hauptverhandlungstage sind **kalendermäßig** aufzuführen. Teilweise wird gefordert, dass bei mehrtätigen Verhandlungen die genaue Angabe von Stunde und Minute der Unterbrechung und des Wiederbeginns erforderlich ist (Meyer-Goßner StPO § 272 Rn 3). Dafür bietet das Gesetz aber keine Anhaltspunkte (BGH NStZ 2009, 105). Diese Angaben könnten auch allenfalls für die Frage einer rechtsstaatswidrigen Verfahrensverzögerung oder das Vorliegen bloßer „Schiebetermine" eine Rolle spielen. Wenn aber – so die Rechtsprechung (BGH VRS 32, 143; OLG Saarbrücken NStZ-RR 2006, 191) – kürzere Pausen im Verlaufe eines Verhandlungstages nicht protokollierungspflichtig sind, dann wäre inkonsequent bei einer mehrtätigen Hauptverhandlung die genauen Angaben zu verlangen, denn auch bei einer Vielzahl kürzer Pausen an einem Verhandlungstag kann fraglich sein, ob dem Beschleunigungsgrundsatz Rechnung getragen wurde. 3

II. Namen von Justizpersonen etc

Die **Verfahrensbeteiligten** sind mit Namen, Dienstbezeichnung und Funktion (Schöffe, Vorsitzender, Beisitzer, Ergänzungsrichter, Ergänzungsschöffe) aufzuführen. Auch der Dolmetscher gehört in den Kopf des Sitzungsprotokolls, hingegen nicht der als Sachverständige anwesende Übersetzer (Meyer-Goßner StPO § 272 Rn 4). 4

III. Bezeichnung der Straftat

Die Bezeichnung im Protokoll richtet sich nach der zugelassenen Anklage. Es reicht die Angabe des schwersten Delikts. 5

Peglau

IV. Namen des Angeklagten, Verteidigers und weiterer Beteiligter

6 Der Name des Angeklagten ist aufzunehmen – auch soweit er nicht zur Hauptverhandlung erschienen ist. Weitere Angaben zum Angeklagten (Wohnort, Geburtsdatum) zu protokollieren ist in § 272 StPO nicht vorgeschrieben. Das empfiehlt sich wohl erst im Rahmen der Vernehmung zur Person, da hier dann der aktuelle Stand vermerkt werden kann (aA Meyer-Goßner StPO § 272 Rn 6).

7 Die übrigen genannten Verfahrensbeteiligten werden in das Protokoll nur aufgenommen, wenn und soweit sie zur Hauptverhandlung erschienen sind (Meyer-Goßner StPO § 272 Rn 6; aA KK-StPO/Engelhardt StPO § 272 Rn 7).

V. Öffentlichkeit

8 Da in Verfahren gegen Erwachsene grundsätzlich öffentlich verhandelt wird (§ 169 GVG) reicht der Vermerk der Öffentlichkeit im Kopf der Hauptverhandlung auch bei mehrtätigen Hauptverhandlungen (OLG Düsseldorf JMBlNW 1963, 215). Verfahrensabschnitte, in denen ausnahmsweise nichtöffentlich verhandelt wurde, sind im Protokoll genau zu bezeichnen (BGH StV 1994, 471).

§ 273 [Beurkundung der Hauptverhandlung]

(1) ¹Das Protokoll muß den Gang und die Ergebnisse der Hauptverhandlung im wesentlichen wiedergeben und die Beachtung aller wesentlichen Förmlichkeiten ersichtlich machen, auch die Bezeichnung der verlesenen Schriftstücke oder derjenigen, von deren Verlesung nach § 249 Abs. 2 abgesehen worden ist, sowie die im Laufe der Verhandlung gestellten Anträge, die ergangenen Entscheidungen und die Urteilsformel enthalten. ²In das Protokoll muss auch der wesentliche Ablauf und Inhalt einer Erörterung nach § 257 b aufgenommen werden.

(1 a) ¹Das Protokoll muss auch den wesentlichen Ablauf und Inhalt sowie das Ergebnis einer Verständigung nach § 257 c wiedergeben. ²Gleiches gilt für die Beachtung der in § 243 Absatz 4, § 257 c Absatz 4 Satz 4 und Absatz 5 vorgeschriebenen Mitteilungen und Belehrungen. ³Hat eine Verständigung nicht stattgefunden, ist auch dies im Protokoll zu vermerken.

(2) ¹Aus der Hauptverhandlung vor dem Strafrichter und dem Schöffengericht sind außerdem die wesentlichen Ergebnisse der Vernehmungen in das Protokoll aufzunehmen; dies gilt nicht, wenn alle zur Anfechtung Berechtigten auf Rechtsmittel verzichten oder innerhalb der Frist kein Rechtsmittel eingelegt wird. ²Der Vorsitzende kann anordnen, dass anstelle der Aufnahme der wesentlichen Vernehmungsergebnisse in das Protokoll einzelne Vernehmungen im Zusammenhang auf Tonträger aufgezeichnet werden. ³Der Tonträger ist zu den Akten zu nehmen oder bei der Geschäftsstelle mit den Akten aufzubewahren. ⁴§ 58 a Abs. 2 Satz 1 und 3 bis 6 gilt entsprechend.

(3) ¹Kommt es auf die Feststellung eines Vorgangs in der Hauptverhandlung oder des Wortlauts einer Aussage oder einer Äußerung an, so hat der Vorsitzende von Amts wegen oder auf Antrag einer an der Verhandlung beteiligten Person die vollständige Niederschreibung und Verlesung anzuordnen. ²Lehnt der Vorsitzende die Anordnung ab, so entscheidet auf Antrag einer an der Verhandlung beteiligten Person das Gericht. ³In dem Protokoll ist zu vermerken, daß die Verlesung geschehen und die Genehmigung erfolgt ist oder welche Einwendungen erhoben worden sind.

(4) Bevor das Protokoll fertiggestellt ist, darf das Urteil nicht zugestellt werden.

Überblick

§ 273 StPO regelt – neben § 272 StPO – den notwendigen Inhalt des Hauptverhandlungsprotokolls. Nach Abs 1 müssen die „wesentlichen Förmlichkeiten" protokolliert werden. Abs 2 betrifft die Protokollierung von Vernehmungsinhalten in der Hauptverhandlung vor dem Strafrichter und dem Schöffengericht, Abs 3 betrifft die vollständige Protokollierung der Hauptverhandlung in besonderen Fällen, Abs 4 die Urteilszustellung, die erst nach Fertigstellung des Protokolls erfolgen darf. Durch das Gesetz zur Regelung der Verständigung im Strafverfahren vom 28. 5. 2009 (BGBl I 2353), hat die Vorschrift einige Ergänzungen erfahren (Abs 1 S 2 und Abs 1 a; in Kraft seit dem 4. 8. 2009).

Übersicht

	Rn		Rn
A. Allgemeines	1	C. Abs 2: Regelung für Strafrichter und Schöffengericht	27
B. Beurkundungspflichtiger Inhalt	3	I. Allgemeines	27
I. Gang der Hauptverhandlung	3	II. Im Einzelnen	28
II. Ergebnisse der Hauptverhandlung	4	D. Abs 3: Vollständige Protokollierung	32
III. Beobachtung der wesentlichen Förmlichkeiten	5	I. Möglicher Inhalt	32
1. Definition	5	II. Voraussetzungen	35
2. Einzelfälle	6	III. Verfahren	39
3. Bezeichnung der verlesenen Schriftstücke	23	E. Abs 4	43
		F. Revision	44

A. Allgemeines

Hauptfunktion des Protokolls ist es, dem Rechtsmittelgericht die **rechtliche Überprüfung des Verfahrens** zu ermöglichen. Daneben kann es auch darüber hinausgehende **Dokumentationsaufgaben** haben (vgl zB § 183 GVG). Neben den Protokollierungserfordernissen nach § 272 StPO, § 273 StPO sind solche noch in Sondervorschriften geregelt (zB § 255 StPO oder § 182 GVG, § 185 Abs 1 S 2 GVG).

Die § 272 StPO, § 273 StPO gelten nicht nur für das Protokoll über die strafrechtliche Hauptverhandlung, sondern gem § 118 a Abs 3 S 3 StPO auch für die **mündliche Haftprüfung** und gem § 138 d Abs 4 S 3 StPO für die Verhandlung über einen Verteidigerausschluss.

B. Beurkundungspflichtiger Inhalt

I. Gang der Hauptverhandlung

Mit dem „Gang der Hauptverhandlung" ist ihre zeitliche Abfolge gemeint. Aus dem Protokoll muss ersichtlich werden, in welcher Reihenfolge die einzelnen Verfahrensabschnitte durchgeführt wurden. Dabei geht es darum, zu dokumentieren, dass und wann im Verlauf der Hauptverhandlung ihre nach den § 243 StPO, § 244 Abs 1 StPO, § 257 StPO, § 258 StPO und § 260 StPO notwendigen Abschnitte stattgefunden haben.

II. Ergebnisse der Hauptverhandlung

Die Aufführung der „Ergebnisse der Hauptverhandlung" hat letztendlich **keine eigenständige Funktion**. Mit „Ergebnissen" können einerseits nicht solche der Beweisaufnahme gemeint sein, da für sie eine Sonderregelung in Abs 2 dahingehend besteht, dass sie nur in der Hauptverhandlung vor dem Strafrichter und dem Schöffengericht zu protokollieren sind. Soweit andererseits „Ergebnisse" die juristischen Ergebnisse der Hauptverhandlung meint, also Beschlüsse in der Hauptverhandlung, verfahrensbeendende Beschlüsse (zB nach §§ 153 StPO ff) oder Urteile, so sind diese in Abs 1 am Ende gesondert erfasst (KK-StPO/Engelhardt StPO § 273 Rn 3; Meyer-Goßner StPO § 273 Rn 5). Dh insbes, dass die Urteilsformel (es reicht nicht, dass vermerkt ist, dass „anliegendes Urteil" verkündet wurde, RGSt 58, 143) und etwaige im Zusammenhang mit der Urteilsverkündung ergangene Beschlüsse zu protokollieren sind. Dabei hat die **Urteilsformel gem Protokoll Vorrang** vor der in der

Urteilsurkunde, sofern sie voneinander abweichen (BGH NJW 1986, 1820). Bzgl der Urteilsgründe reicht der Vermerk, dass sie eröffnet wurden (Meyer-Goßner StPO § 273 Rn 12). Sofern es sich bei der ergangenen Entscheidung um eine Gerichtsentscheidung handelt, die ebenfalls als Anlage zum Protokoll genommen wurde, muss diese nicht von den Mitgliedern des Gerichts unterschrieben sein (BGHR StPO § 273 Abs 1 Protokollinhalt 2).

III. Beobachtung der wesentlichen Förmlichkeiten
1. Definition

5   Der **Begriff der wesentlichen Förmlichkeit** lässt sich nur im Hinblick auf die Funktion des Protokolls, nämlich Beweis für die Vornahme oder Nichtvornahme von Verfahrenshandlungen für das Revisionsverfahren (vgl § 274 StPO) zu erbringen, verstehen. Da im Revisionsverfahren auch die Verletzung einer Rechtsnorm über das Verfahren gerügt werden kann (§ 344 Abs 2 StPO) muss das Revisionsgericht anhand des Protokolls (sofern die gerügte Verfahrensverletzung im Rahmen der Hauptverhandlung stattgefunden hat) feststellen können, ob die von der Revision vorgebrachten Verfahrenstatsachen zutreffend sind oder nicht. Dementsprechend sind **wesentliche Förmlichkeiten** „alle Prozesshandlungen, die für die Gesetzmäßigkeit des anhängigen Verfahrens von Bedeutung sind (...) und deren Unterlassung, Nichtbeachtung oder fehlerhafte Behandlung eine Verfahrensrüge gegen das auf die Hauptverhandlung ergehende Urteil begründen könnte" (KK-StPO/Engelhardt StPO § 273 Rn 4). Als Unterfall wesentlicher Förmlichkeiten sind nunmehr bestimmte Vorgänge im Rahmen einer Verständigung etc in Abs 1 S 2 und Abs 1 a ausdrücklich als protokollierungspflichtig benannt.

2. Einzelfälle

6   Zu den **wesentlichen Förmlichkeiten** gehören daher:

7   a) **Beachtung des Öffentlichkeitsgrundsatzes** (§ 169 Abs 1 GVG), also Feststellung, dass öffentlich verhandelt wurde, die Verhandlung über den Ausschluss der Öffentlichkeit (RGSt 20, 21), ihr Ausschluss und ihre Wiederherstellung (BGHSt 4, 279, 280; BGH/Becker NStZ-RR 2001, 264; BGH NStZ-RR 2009, 213).

8   b) **Aufruf der Sache** gem § 243 Abs 1 S 1 StPO (KK-StPO/Engelhardt StPO § 273 Rn 4).

9   c) **Anwesenheit der anwesenheitspflichtigen Personen** (§ 226 StPO). Dazu gehört auch ein notwendiger Verteidiger (BGHSt 24, 280, 281), nicht aber die Protokollierung der Anwesenheit eines weiteren Verteidigers (BGH NStZ 2002, 270, 271). Ebenso gehört auch die Zuziehung eines Dolmetschers und seine Vereidigung oder Berufung auf einen früher geleisteten Eid hierzu (BGH/Pfeiffer NStZ 1983, 359). Protokollierungspflichtig ist auch die zeitweilige Entfernung der anwesenheitspflichtigen Personen, vgl zB §§ 231 StPO ff, § 247 StPO (BGH NStZ 1983, 375).

10 d) Die **Vorgänge nach § 243 StPO** fallen schon unter Begriff des Gangs der Hauptverhandlung – sie sind aber auch wesentliche Förmlichkeiten. Wird der Anklagesatz in der Hauptverhandlung vervollständigt oder bestehende Unklarheiten beseitigt, so ist auch dies zu protokollieren (BGH NStZ 1984, 133). Eine Nachtragsanklage sowie der Einbeziehungsbeschluss (§ 266 StPO) ist ebenfalls zu protokollieren.

11 e) Der Umstand, dass sich der Angeklagte zur Sache eingelassen hat ist – wenn er sich nicht bereits anfänglich eingelassen hat – an der Stelle des Protokolls zu vermerken, an der er dies erstmals getan hat und zwar auch dann, wenn die **Einlassung** im Rahmen einer Äußerung nach den § 257 StPO, § 258 StPO erfolgt (BGH NStZ 1995, 560; OLG Hamm JR 1980, 82).

12 f) Die **Mitteilung der Gerichtsbesetzung** (Meyer-Goßner StPO § 222 a Rn 4) und etwa hierauf erhobene Unterbrechungsanträge oder Besetzungseinwände (§ 222 b StPO); ebenso der Einwand der Zuständigkeit einer besonderen Strafkammer gem § 6 a StPO (KK-StPO/Engelhardt StPO § 273 Rn 4).

13 g) Sämtliche gesetzlich vorgeschriebenen **Belehrungen** (für den Angeklagten, Zeugen, Sachverständige etc) einschließlich der Rechtsmittelbelehrungen (Meyer-Goßner StPO § 273 Rn 7). Die nach § 35 a S 3 StPO nunmehr vorgeschriebene qualifizierte Belehrung nach einer vorangegangenen Verständigung ist ebenfalls als wesentliche Förmlichkeit zu

protokollieren (BGH Beschl v 17. 6. 2009 – Az 1 StR 252/09 = BeckRS 2009, 18171). Hierbei dürfte, in Anlehnung an die bisherige Rechtsprechung ausreichen, wenn im Protokoll vermerkt wird, dass eine „qualifizierte Rechtsmittelbelehrung erteilt" wurde. Nähere Einzelheiten der Belehrung müssen nicht mitgeteilt werden (BGH Beschl v 13. 5. 2009 – Az 2 StR 123/09 = BeckRS 2009, 14408).

h) Sämtliche **Beweiserhebungen** (BGH NStZ 2002, 219; BGH/Kusch NStZ-RR 1999, 37), die Bescheidung von Beweisanträgen gem § 244 Abs 6 StPO (BGH StV 1994, 635) sowie die Erörterung gerichtskundiger (nicht allgemeinkundiger) Tatsachen (OLG Frankfurt StV 1989, 97; Meyer-Goßner StPO § 273 Rn 7; str, **aA** BGHSt 36, 354). 14

i) **Prozessuale Erklärungen** der Verfahrensbeteiligten wie der Widerspruch gegen die Verwertung einzelner Beweismittel (BayObLG NStZ 1997, 99; vgl auch BGH NStZ 1997, 614) sowie zB Einverständniserklärungen nach § 52 Abs 2 S 1 StPO, § 245 Abs 1 S 2 StPO, § 266 Abs 1 StPO, § 303 StPO. Auch die Erklärung des **Rechtsmittelverzichts** gehört hierzu (BGH Beschl v 17. 6. 2009 – Az 1 StR 252/09 = BeckRS 2009, 18171; OLG Hamm Beschl v 3. 4. 2008 – Az 2 Ws 97/08 = BeckRS 2008, 22417). 15

j) **Beanstandungen** von Anordnungen des Vorsitzenden und Entscheidungen des Gerichts nach **§ 238 Abs 2 StPO** (BGHSt 3, 199, 202). 16

k) Die gesetzlich vorgesehenen Möglichkeiten zur Stellungnahme, zB nach § 257 StPO, § 258 Abs 3 StPO (BGH wistra 1985, 154). 17

l) Die **Unterrichtung des Angeklagten nach § 247 S 4 StPO** (BGHSt 1, 346, 350; BGH StV 1983, 52). 18

m) Die Tatsache der **Vereidigung** (von Zeugen) ist eine wesentliche Förmlichkeit. Aufgrund der Neufassung der Vereidigungsvorschriften durch das 1. JuMoG geht der 2. Strafsenat des BGH davon aus, dass nur der gesetzliche Ausnahmefall der Vereidigung zu protokollieren ist, nicht hingegen der Regelfall der Nichtvereidigung (BGHSt 50, 282; BGH NStZ 2006, 114). Das ist allerdings nicht unstreitig. Der 1. Strafsenat (Beschl v 15. 2. 2005 – Az BeckRS 2005, 03108) und der 3. Strafsenat (NStZ 2005, 340, 341) gehen (allerdings nicht tragend entschieden) davon aus, dass in jedem Falle eine Entscheidung des Gerichts über die Vereidigung oder Nichtvereidigung zu treffen ist, die als wesentliche Förmlichkeit zu protokollieren ist. In der Literatur wird überwiegend die Protokollpflichtigkeit bejaht (vgl Meyer-Goßner StPO § 60 Rn 12 mwN). Nach der hier vertretenen Ansicht ist eine Protokollpflichtigkeit sowohl für die positive wie auch für die negative Vereidigungsentscheidung gegeben. Das ergibt sich zunächst aus dem Umkehrschluss zu § 59 Abs 1 S 2 StPO, danach braucht nur der Grund für die Vereidigung nicht in das Protokoll aufgenommen zu werden, im Umkehrschluss die Entscheidung selbst aber schon. Auch nach den Gesetzesmaterialien ist – sowohl im Fall der Vereidigung als auch der Nichtvereidigung – eine positive Entscheidung des Gerichts erforderlich (die dann zwangsläufig auch zu protokollieren ist, vgl zum Ganzen: Peglau/Wilke NStZ 2005, 186, 188). 19

n) Sämtliche **Anträge** (auch zB, die Strafe zur Bewährung auszusetzen oder eine Maßregel zu verhängen, vgl § 267 Abs 3 und Abs 6 StPO) der Verfahrensbeteiligten und ihre Bescheidung (gleich ob durch Anordnung des Vorsitzenden oder Gerichtsbeschluss). Das ergibt sich ausdrücklich aus § 273 Abs 1 letzter Hs StPO. Zu den Anträgen gehören auch Beweisanträge (vgl OLG Bamberg Beschl v 30. 7. 2008 – Az 3 Ss OWi 860/08; OLG Hamm NStZ-RR 2008, 382), Beweisermittlungsanträge, Hilfsanträge (OLG Hamm NStZ-RR 2008, 382). Es reicht, wenn schriftliche Anträge als Anlage zum Protokoll genommen werden und im Protokoll auf die Anlage verwiesen wird. Die Antragsbegründung ist nicht protokollpflichtig (vgl zum Ganzen KK-StPO/Engelhardt StPO § 273 Rn 8 ff). 20

o) **Absprachen** mussten schon nach der bisherigen Rechtsprechung offen gelegt werden, ihr Inhalt muss für alle Beteiligten und auch für das Rechtsmittelgericht überprüfbar sein. Das Ergebnis der Absprache ist – da es sich um einen wesentlichen Verfahrensvorgang handelt – im Protokoll über die Hauptverhandlung festzuhalten (BGH NStZ 1998, 31, 33; BGH NStZ 2007, 355; ThürOLG Beschl v 19. 10. 2006 – Az 1 Ws 312/06 = BeckRS 2007, 05415). 21

Durch das Gesetz zur Regelung der **Verständigung im Strafverfahren** vom 28. 5. 2009 (BGBl I 2353) sind nunmehr in **Abs 1 S 2 und Abs 1a** bestimmte Protokollierungsverpflichtungen im Rahmen einer Verständigung ausdrücklich vorgeschrieben. Durch sie soll die Transparenz und Dokumentation des mit der Verständigung verbundenen Geschehens, nicht zuletzt zum Zwecke einer Nachprüfung durch das Revisionsgericht, gewährleistet werden (BT-Drs 16/12310, 1; krit dazu Niemöller GA 2009, 172, 175, 176). Sowohl die Erörterung nach § 257 b StPO als auch die Verständigung nach § 257 c StPO sind damit wesentliche Förmlichkeiten der Hauptverhandlung. Insbesondere soll Abs 1 a nach dem Willen des Gesetzgebers sicherstellen, dass die im Rahmen einer Verständigung zu beachtenden Förmlichkeiten vom Gericht auch wirklich eingehalten werden und eine revisionsgerichtliche Kontrolle sichergestellt ist. Das in Abs 1 a S 3 vorgesehene „Negativattest" ist eigentlich wegen der negativen Beweiskraft des Protokolls überflüssig (vgl Stellungnahme von König in der öffentlichen Anhörung des Rechtsausschusses des Deutschen Bundestages vom 25. 3. 2009 S 3, einsehbar über: www.bundestag.de), soll aber nach dem Willen des Gesetzgebers eine höchstmögliche Gewissheit gewährleisten und ausschließen, dass „stillschweigend" ohne Beachtung der gesetzlichen Förmlichkeiten Absprachen stattgefunden haben (BT-Drs 16/12310, 18). Das ist freilich so kaum zu erreichen, denn es ist lediglich zu dokumentieren, dass eine „Verständigung" (also eine solche nach § 257 c StPO) nicht stattgefunden hat. Informelle Absprachen („gentlemen`s agreement") werden nicht erfasst. Ggf sollte protokolliert werden, dass eine Verständigung versucht wurde, diese aber an der fehlenden Zustimmung von Angeklagtem oder Staatsanwaltschaft gescheitert ist (Stellungnahme von Gillmeister in der öffentlichen Anhörung des Rechtsausschusses des Deutschen Bundestages am 25. 3. 2009 auf S 14, einsehbar über: www.bundestag.de).

Mit der Protokollierung von „**Ablauf und Inhalt**" einer Erörterung nach § 257 b StPO bzw einer Verständigung nach § 257 c StPO ist die Darstellung gemeint, wer die Initiative zur Erörterung oder Verständigung ergriffen hat (nicht zwingend das Gericht, BT-Drs 16/12310, 15), die Bekanntgabe des Gerichts, welchen Inhalt die Verständigung haben könnte (§ 257 c Abs 3 S 1 und S 2 StPO), dass die Verfahrensbeteiligten Gelegenheit zur Stellungnahme hatten und die Zustimmung des Angeklagten und der Staatsanwaltschaft zu einer Verständigung. Zu protokollieren ist nur, was wesentlich ist. Einer wörtlichen Protokollierung bedarf es demnach grundsätzlich nicht. Auch ist nicht erforderlich, alle vorangegangenen Annäherungsgespräche dokumentiert werden (vgl Stellungnahme von Gillmeister in der öffentlichen Anhörung des Rechtsausschusses des Deutschen Bundestages am 25. 3. 2009 S 13, einsehbar über: www.bundestag.de).

Nach Abs 1 a S 2 ist auch zu protokollieren, wenn tatsächlich oder rechtlich bedeutsame Umstände bei der Verständigung übersehen wurden (und welche) bzw welches Prozessverhalten des Angeklagten nicht mehr dem Verhalten entspricht, welches das Gericht bei seiner Prognose zu Grunde gelegt hat und dass das Gericht deswegen den in Aussicht gestellten Strafrahmen nicht mehr für tat- und schuldangemessen hält. Auch ist zu protokollieren, dass das Gericht diese Abweichung in der Hauptverhandlung mitgeteilt hat (§ 257 c Abs 4 S 4 StPO) und die Belehrung nach § 257 c Abs 5 StPO erfolgt ist. Grundsätzlich dürfte hier – wie auch bei anderen Belehrungen (vgl § 274 StPO Rn 14 – reichen, dass allein das „Ob" der Belehrung dokumentiert ist, nicht aber der nähere Inhalt. Zur Rechtsmittelbelehrung nach § 35 a S 3 StPO vgl oben Rn 13.

22 **Nicht zu den wesentlichen Förmlichkeiten** gehören insbes die Anwesenheit eines nicht notwendigen Verteidigers (BGHSt 24, 280, 281), die Beratung (BGH NStZ 1987, 472) und ein (nicht wörtlich nach § 273 Abs 3 StPO protokollierter) Rechtsmittelverzicht (BGHSt 18, 257 f). Hat eine Beratung (Nachberatung) im Sitzungssaal stattgefunden, so ist ein entsprechender Protokollvermerk nach der höchstrichterlichen Rechtsprechung aber zweckmäßig (BGH NJW 1987, 3210). Auch die Belehrung über die Folgen des eigenmächtigen Ausbleibens des Angeklagten in einer Fortsetzungsverhandlung soll nicht protokollierungspflichtig sein (OLG Düsseldorf NJW 1970, 1889, zweifelhaft).

22.1 Die Entscheidung des OLG Düsseldorf erscheint zweifelhaft, weil gesetzlich vorgeschriebene Belehrungen ohne weiteres der o g Definition unterfallen und die Möglichkeit der Verhandlung trotz Ausbleibens des Angeklagten nach § 232 Abs 1 StPO eine entsprechende Belehrung des Angeklagten voraussetzt.

3. Bezeichnung der verlesenen Schriftstücke

23 Es bedarf der **Protokollierung der Anordnung der Verlesung und der Ausführung** der Anordnung (also zB „Das Schreiben Bl xy dA wurde auf Anordnung des Vorsitzenden verlesen"; BGH NStZ 1999, 424). Wird das Selbstleseverfahren beschritten, so sind nach

§ 249 Abs 2 S 3 StPO die Anordnung des Vorsitzenden, die Feststellungen über die Kenntnisnahme (durch die Angehörigen des Gerichts), die Feststellung dass die übrigen Verfahrensbeteiligten Gelegenheit hatten, vom Wortlaut der Urkunde Kenntnis zu nehmen (BGH NStZ-RR 2004, 237), ein etwaiger Widerspruch gegen das Selbstleseverfahren und dessen Bescheidung, zu protokollieren.

Wird protokolliert, dass eine Urkunde „zum Gegenstand der Hauptverhandlung" gemacht worden sei, so beweist das nicht, dass diese Urkunde verlesen wurde. Vielmehr bleibt bei dieser Formulierung offen, in welcher Weise die Urkunde in die Hauptverhandlung eingeführt wurde (OLG Düsseldorf NZV 1996, 504, 505; OLG Hamm Beschl v 30. 6. 2009 – Az 3 Ss OWi 416/09 = BeckRS 2009, 22138; OLG Saarbrücken NStZ-RR 2000, 48). Unter bestimmten Voraussetzungen kann das Urteil aber auf dem Verfahrensfehler nicht beruhen (vgl BGH NStZ 2007, 235). 23.1

Wird die Verlesung einer Urkunde durch den **Bericht des Vorsitzenden** ersetzt, so ist das allseitige Einverständnis hiermit und die Berichterstattung selbst in das Protokoll aufzunehmen (OLG Hamm MDR 1964, 344). 24

Das Schriftstück, das verlesen oder von dessen Verlesung nach § 249 Abs 2 StPO abgesehen wurde (zum Selbstleseverfahren vgl § 249 StPO Rn 23 ff), muss **identifizierbar bezeichnet** werden (KK-StPO/Engelhardt StPO § 273 Rn 6). Werden nur **Teile eines Schriftstücks** verlesen, so sind diese ebenfalls genau zu bezeichnen und der Verlesungszweck anzugeben (BGH NStZ-RR 2007, 52; BGH NStZ 2004, 279). Der Grund für die Verlesung eines Schriftstücks ist nur in den Fällen des § 255 StPO protokollierungspflichtig (KK-StPO/Engelhardt StPO § 273 Rn 6). 25

Ein **Vorhalt** aus einer Urkunde oder Verlesung zum Zwecke des Vorhalts ist **nicht** in das Hauptverhandlungsprotokoll aufzunehmen (BGHSt 21, 285, 286; BGH NStZ 1999, 522; BGH NStZ 2003, 320; BGH NStZ-RR 2006, 183; BGH NStZ 2007, 117). 26

C. Abs 2: Regelung für Strafrichter und Schöffengericht

I. Allgemeines

Für die **Hauptverhandlung vor dem Amtsgericht** gilt grundsätzlich, dass ein Inhaltsprotokoll bzgl der durchgeführten „Vernehmungen" (des Angeklagten, von Zeugen und Sachverständigen) aufzunehmen ist. Das soll dem Berufungsgericht die Beweisaufnahme (zB bei der Überprüfung der Aussagekonstanz und zur Ermöglichung von Vorhalten) erleichtern. Eines solchen Inhaltsprotokolls bedarf es daher dann nicht, wenn es zu einem Berufungsverfahren wegen Rechtsmittelverzichts oder fehlender fristgerechter Rechtsmitteleinlegung nicht mehr kommen kann (KK-StPO/Engelhardt StPO § 273 Rn 16). 27

Gefordert ist nur die Protokollierung des wesentlichen Inhalts, aber kein Wortprotokoll.

II. Im Einzelnen

Verantwortlich für die Protokollierung des wesentlichen Inhalts ist zunächst einmal der **Urkundsbeamte**. Da die Erfahrung aber zeigt, dass dieser mangels Akten- und Rechtskenntnissen häufig nicht in der Lage ist, Wesentliches von Unwesentlichem zu unterscheiden, sollte der Vorsitzende darauf achten, dass der maßgebliche Inhalt der Vernehmungen niedergelegt wird. Je nach Qualität des Protokollführers bietet sich auch an, den Inhalt zu diktieren (vgl Meyer-Goßner StPO § 273 Rn 14). Dadurch können möglicherweise auch gleich etwaige Missverständnisse mit der zu vernehmenden Person geklärt werden. 28

Nach **hM** ist die **Bezugnahme auf Niederschriften** über frühere, auch außergerichtliche, Vernehmungen oder ein Sachverständigengutachten zulässig (BGH GA 1964, 275; KK-StPO/Engelhardt StPO § 273 Rn 18; Meyer-Goßner StPO § 273 Rn 15). Das erscheint, jedenfalls wenn es um Zeugenvernehmungen geht, eher zweifelhaft. Hierdurch wird die Möglichkeit der Überprüfung der Aussagekonstanz durch das Berufungsgericht wesentlich erschwert. Alternativ können nach § 273 Abs 2 S 2 StPO auf Anordnung des Vorsitzenden (protokollierungspflichtig!) einzelne Vernehmungen auf Tonträger aufgezeichnet werden und ersetzen dann das Inhaltsprotokoll. 29

Die Beweiskraft des Protokolls nach § 274 StPO erstreckt sich nicht auf den **Inhalt der Aussage** (BGH MDR 1973, 557; OLG Brandenburg NStZ-RR 2009, 247). 30

StPO § 273

31 Ist im Hinblick auf eine fehlende Rechtsmitteleinlegung die Fertigung eines Inhaltsprotokolls unterblieben, wird dann aber (zB aufgrund eines begründeten Wiedereinsetzungsantrags) doch ein Berufungsverfahren durchgeführt, so ist – zwar nicht nach dem Wortlaut der Vorschrift, wohl aber nach ihrem Sinn und Zweck – das **Protokoll möglichst zu ergänzen**. Denn ansonsten wären Vorhalte aus der früheren Aussage oder die Überprüfung der Aussagekonstanz im Berufungsverfahren nicht möglich.

32 Nach § 273 Abs 2 S 2 StPO kann der Vorsitzende einzelne Vernehmungen auf Tonträger aufzeichnen lassen. der Tonträger ist dann bei den Akten aufzubewahren. Es gilt im übrigen § 58 a Abs 2 S 1 und 3 bis 6 StPO entsprechend. Die Anordnung und ihre Ausführung ist in das Protokoll aufzunehmen. Einer inhaltlichen Protokollierung der Aussage bedarf es dann nicht mehr. Die grundsätzliche Anwesenheitspflicht des Protokollführers bleibt durch die Regelung unberührt (Meyer-Goßner StPO § 273 Rn 14 a).

D. Abs 3: Vollständige Protokollierung

I. Möglicher Inhalt

32 Möglicher Inhalt einer vollständigen Protokollierung sind Vorgänge, Aussagen und Äußerungen in der Hauptverhandlung. Es reicht also nicht, dass der Vorgang in einer Sitzungspause passiert ist (Meyer-Goßner StPO § 273 Rn 19).

33 Mit „**Aussagen**" sind Zeugenaussagen gemeint, mit „Äußerungen" die Verlautbarungen aller anderen Personen (also zB die Einlassung des Angeklagten etc) aber auch solche von Zeugen außerhalb ihrer Vernehmung (KK-StPO/Engelhardt StPO § 273 Rn 22).

34 „**Vorgänge**" sind alle Geschehnisse in der Hauptverhandlung, ganz gleicher welcher Art Sie müssen nicht zu den wesentlichen Förmlichkeiten der Hauptverhandlung gehören (KK-StPO/Engelhardt StPO § 273 Rn 21; Meyer-Goßner StPO § 273 Rn 19).

II. Voraussetzungen

35 Es muss auf die Feststellung **ankommen**.

36 Dabei kann die Relevanz für das **gegenwärtige Verfahren** bestehen (zB Umstände die eine Ablehnung wegen Befangenheit begründen können, aber auch solche, die dem Berufungsgericht zusätzliche Erkenntnisse über die Aussagekonstanz etc. liefern können; auch die Erklärung des Rechtsmittelverzichts, vgl OLG Hamm Beschl v 3. 4. 2008 – Az 2 Ws 97/08 = BeckRS 2008, 22417; OLG Jena Beschl v 24. 9. 2008 – Az 1 Ws 271, 272/08 = BeckRS 2009, 00090). Es sollte aber nicht ohne Not eine vollständige Protokollierung vorgenommen werden. Hat sich das Tatgericht mit der im Hauptverhandlungsprotokoll beurkundeten Aussage nicht auseinandergesetzt, obwohl ihre Würdigung im Urteil im Hinblick auf die vollständige Erfassung des relevanten Beweisstoffes und die inhaltliche Richtigkeit der Feststellungen geboten war, so kann der Erörterungsmangel als Verstoß gegen die Vorschrift des § 261 StPO gerügt werden (BGH NStZ 1991, 500).

37 Die Relevanz kann aber auch für **andere Verfahren** bestehen, z B als Grundlage für eine strafgerichtliche Verurteilung (Meyer-Goßner StPO § 273 Rn 23), zB wegen eines Aussagedeliktes oder wegen Beleidigung.

38 Geht es um eine Aussage oder Äußerung, so muss es auf den **genauen Wortlaut** ankommen, nicht bloß auf den Inhalt (OLG Schleswig SchlHA 1976, 172; vgl zum Ganzen auch Uetermeier NJW 2002, 2298). Das ergibt sich aus dem Wortlaut der Vorschrift an. Wird nicht ohnehin ein Inhaltsprotokoll nach Abs 2 geführt und ist die Aussage nicht für das vorliegende Verfahren sondern für ein anderes relevant, so verbleibt in diesem Verfahren nur die Möglichkeit der Aufklärung über den Zeugenbeweis.

III. Verfahren

39 Die Anordnung zu Protokollierung kann vom Vorsitzenden von Amts wegen oder auf Antrag eines Verfahrensbeteiligten getroffen werden.

40 Wird ein **Antrag** gestellt, so muss der zu protokollierende Vorgang genau bezeichnet werden und der Antragsteller muss darlegen, worin das rechtliche Interesse an der Beurkundung besteht (OLG Bremen NStZ 1986, 183). Der Antrag ist im Sitzungsprotokoll zu

beurkunden. Lehnt der Vorsitzende ihn ab, so kann nach § 238 Abs 2 StPO auf gerichtliche Entscheidung beantragt werden. Eine Beschwerde dagegen ist nicht statthaft (§ 305 S 1 StPO).

Soll eine entsprechende Protokollierung vorgenommen werden, so **ordnet der Vorsit-** 41 **zende** die vollständige Protokollierung an. Am besten diktiert er sie ins Protokoll. Hingegen haben die Verfahrensbeteiligten selbst kein Recht, etwas ins Protokoll zu diktieren (Meyer-Goßner StPO § 273 Rn 31). Die Protokollierung muss vorgelesen und genehmigt werden. Das ist im Protokoll zu vermerken. Wird die Genehmigung verweigert, so ist dies und der Grund hierfür ebenfalls zu vermerken.

Geht es um den **wörtlichen Inhalt einer Zeugenaussage**, so ist diese so zu Protokoll zu 42 nehmen, wie sie geäußert wurde, auch wenn der Zeuge im Nachhinein seine Wortwahl oder gar den Inhalt der Aussage ändert. Es darf also nicht im Nachhinein bei der Rekonstruktion des wörtlich Gesagten eine Verfälschung eintreten.

E. Abs 4

Die **Fertigstellung des Protokolls** ist Voraussetzung für eine wirksame Urteilszustellung. 43 Eine Zustellung vor Fertigstellung ist unwirksam und setzt von der Urteilszustellung abhängige Fristen, wie zB die Revisionsbegründungsfrist nicht in Gang (BGHSt 27, 80; OLG Bamberg Beschl v 19. 4. 2007 – Az 1 Ws 253/07 = BeckRS 2007, 08724; OLG Köln Beschl v 5. 7. 1988 – Ss 300/88). Erhebliche Unvollständigkeiten oder Unleserlichkeiten des Protokolls hindern seine Fertigstellung, nicht jedoch kleinere Mängel (BGHR StPO § 145 a Unterrichtung 1: Fehlen der Namen der mitwirkenden Richter).

F. Revision

Die Revision kann nicht auf einen Mangel des Protokolls gestützt werden. Auf einer 44 rechtsfehlerhaften Ablehnung der Protokollierung nach Abs 3 kann das Urteil nie beruhen (BGH/Kusch NStZ 1994, 25).

Auf einen Widerspruch zwischen dem im Urteil wiedergegebenen Inhalt einer Zeugenaussage und ihrem Inhalt gemäß dem Protokoll nach § 273 Abs 2 StPO kann eine Revision nicht gestützt werden, wohl aber auf einen Widerspruch zwischen Inhalt der Aussage gemäß Urteil und gemäß Protokollierung nach § 273 Abs 3 StPO (OLG Brandenburg NStZ-RR 2009, 247).

§ 274 [Beweiskraft des Protokolls]

¹**Die Beobachtung der für die Hauptverhandlung vorgeschriebenen Förmlichkeiten kann nur durch das Protokoll bewiesen werden.** ²**Gegen den diese Förmlichkeiten betreffenden Inhalt des Protokolls ist nur der Nachweis der Fälschung zulässig.**

Überblick

Die Vorschrift regelt die formelle Beweiskraft des Protokolls der Hauptverhandlung. Sie dient dazu, dem Revisionsgericht die Prüfung von Verfahrensrügen zu erleichtern (BGH NJW 1976, 977). Auf andere richterliche Protokolle außerhalb der Hauptverhandlung ist § 274 StPO nicht entsprechend anwendbar (BGHSt 26, 281, 282; Meyer-Goßner StPO § 274 Rn 4). S 2 regelt eine Variante der Aufhebung der Beweiskraft des Protokolls. Andere Umstände, durch die das Protokoll seine Beweiskraft verliert, sind in der Rechtsprechung entwickelt worden.

Übersicht

	Rn		Rn
A. Voraussetzungen	1	C. Umfang der Beweiskraft	5
B. Inhalt der Beweiskraft	2	I. Wesentliche Förmlichkeiten	5

	Rn		Rn
1. Begriff	5	E. Fälschungseinwand	22
2. Kasuistik	9	F. Folgen	23
II. Positive und negative Beweiskraft	11	G. Beweiskraft und Protokollberichtigung	24
D. Wegfall der Beweiskraft	15
I. Meinungsverschiedenheiten/ Distanzierung der Urkundspersonen	16	H. Wissentliche Berufung auf ein unrichtiges Protokoll	25
II. Lücken, Widersprüche, Unklarheiten	17

A. Voraussetzungen

1 Damit ein Protokoll die Beweiskraft nach § 274 S 1 StPO entfalten kann, muss es ordnungsgemäß iSv § 271 StPO errichtet worden sein (BGH NJW 2007, 2419, 2420).

B. Inhalt der Beweiskraft

2 Allgemeines
§ 274 S 1 StPO enthält eine **Beweisregel** (BGH NJW 2007, 2419, 2420; NJW 2006, 3579, 3581). Die Vorschrift erzeugt „gewissermaßen einen Sachverhalt, der kraft gesetzlicher Vorschrift als Tatsache zu behandeln" ist (vgl BGH NJW 2007, 2419, 2421). **Nur** das Protokoll belegt die Beobachtung der wesentlichen Förmlichkeiten. Das bedeutet grundsätzlich, dass ihre Beobachtung nicht – auch nicht ergänzend – durch andere Beweismittel belegt oder widerlegt werden kann (BGHSt 2, 125, 126; BGH NStZ 1993, 51). Selbst dienstliche Äußerungen von Gerichtsmitgliedern können die Beweiskraft nicht beseitigen oder mit einem anderen Inhalt ausstatten (BGH NStZ 1992, 49; Meyer-Goßner StPO § 274 Rn 3 – etwas anderes kann gelten, wenn sich die Urkundspersonen vom Inhalt des Protokolls distanzieren, dazu unten Rn 16).

3 Eine **Auslegung des Protokolls durch das Revisionsgericht** – auch unter Zuhilfenahme anderer Erkenntnisquellen, wie z B den dienstlichen Äußerungen von Gerichtsmitgliedern, Urteilsinhalt, Akteninhalt etc) – wird aber durch § 274 StPO nicht gehindert (BGH NStZ 1991, 143; BGH NStZ-RR 2004, 237; BayObLG NJW 1995, 976; OLG Celle Beschl v 13. 5. 2008 – Az 1 Ws 202/08 = BeckRS 2008, 11948; OLG Hamm Beschl v 30. 6. 2009 – Az 3 Ss OWi 416/09 = BeckRS 2009, 22138). Dabei gilt nicht der Grundsatz „in dubio pro reo". Vielmehr müssen Verfahrensfehler nachgewiesen werden, d h wenn eine Auslegung nicht zu einem eindeutigen Ergebnis bzgl des Verfahrensgangs führt, verliert das Protokoll seine Beweiskraft und er ist freibeweislich zu klären (BGH NStZ-RR 2004, 337, 338; dazu unten Rn 15 ff). Zur Erleichterung der Protokollauslegung sollte vermieden werden, dass gleichartige Vorgänge in der Hauptverhandlung unterschiedlich bzw nur teilweise protokolliert werden, denn dann könnte möglicherweise der Eindruck entstehen, dass wenn ein solcher Vorgang einmal nicht protokolliert wurde, er auch nicht oder in anderer Form stattgefunden hat (BGH NStZ-RR 2007, 52; vgl auch OLG Hamm Beschl v 30. 6. 2009 – Az 3 Ss OWi 416/09 = BeckRS 2009, 22138).

4 Entsprechend dem o g Zweck der Vorschrift, das Rechtsmittelverfahren zu vereinfachen, entfaltet das Protokoll seine **Beweiskraft nur in dem anhängigen Verfahren** für das Gericht höherer Instanz, nicht hingegen in anderen Verfahren (BGHSt 26, 281, 282), zB zum Beweis der Vereidigung in einem Strafverfahren wegen Meineids (Meyer-Goßner StPO § 274 Rn 7).

C. Umfang der Beweiskraft

I. Wesentliche Förmlichkeiten

1. Begriff

5 Die Beweiskraft nach § 274 StPO betrifft die für die „**Hauptverhandlung vorgeschriebenen Förmlichkeiten**".

Die Beweiskraft betrifft also ausschließlich **Vorgänge in der Hauptverhandlung** 6
(BGHR StPO § 274 Beweiskraft 23). Nur das, was von Vorsitzendem und Protokollführer
wahrgenommen werden kann, kann von der Beweiskraft erfasst werden. Sie gilt nicht für
Vorgänge, die die Beratung betreffen (BGHSt 5, 294), auch nicht für Vorgänge vor Beginn
oder nach Schluss der Hauptverhandlung (OLG Hamburg NJW 1955, 1201).

Str ist, ob sich der Begriff den „vorgeschriebenen Förmlichkeiten" mit den „**wesentlichen** 7
Förmlichkeiten" i S v § 273 Abs 1 StPO deckt (so Meyer-Goßner StPO § 274 Rn 8; wohl
auch BGH NJW 2007, 2419, 2420 und OLG Hamm Beschl v 24. 6. 2008 – Az 5 Ss OWi
319/08 = BeckRS 2008, 23889) oder weitergehend ist (so KK-StPO/Engelhardt StPO § 274
Rn 4 und auch BGHSt 16, 306, 307, wonach sich die Beweiskraft auch auf die Angaben nach
§ 272 StPO – soweit sie den Hergang der Hauptverhandlung betreffen – bezieht). Ein
Verständnis nur iSd „wesentlichen Förmlichkeiten" erscheint wohl bereits nach dem Wortlaut
der Vorschrift (der nur von den „vorgeschriebenen Förmlichkeiten" spricht) als zu eng. In
erster Linie wird man den Begriff der Förmlichkeiten von dem des Inhalts einzelner Vernehmungen iSd § 273 Abs 2 StPO abgrenzen müssen. Die Protokollierung nach Absatz 2
nimmt daher nicht an der Beweiskraft des Protokolls teil. Insoweit sind die Urteilsgründe
maßgeblich (Meyer-Goßner StPO § 274 Rn 10; vgl auch BGH NStZ-RR 1997, 73).

Eine **Protokollierung nach § 273 Abs 3 StPO** nimmt an der Beweiskraft des § 274 8
StPO teil (BGH Beschl v 28. 10. 2009 – Az 2 StR 441/09 = BeckRS 2009, 87204; vgl auch
OLG Brandenburg NStZ 2009, 247). Das ist allerdings bisher fast nur am Fall des Rechtsmittelverzichts entschieden worden (BGHSt 18, 257, 258; BGH/Pfeiffer NStZ 1981, 208,
213; KG NZV 2003, 99; OLG Hamm Beschl v 3. 4. 2008 – Az 2 Ws 97/08 =
BeckRS 2008, 22417; OLG Jena Beschl v 24. 9. 2008 – Az 1 Ws 271, 272/08 =
BeckRS 2009, 00090). Danach soll ein protokollierter Rechtsmittelverzicht nur von der
formellen Beweiskraft erfasst sein, wenn er nach § 273 Abs 3 StPO wörtlich protokolliert
wurde. Ist hingegen nur zusammenfassend vermerkt, dass Verfahrensbeteiligte einen Rechtsmittelverzicht erklärten, so fehlt es an der formellen Beweiskraft.

2. Kasuistik

Von der Beweiskraft nach § 274 S 1 StPO **erfasst** sind daher auch die Angaben, welche 9
Personen an der Hauptverhandlung teilgenommen haben (RGSt 64, 309, 310), Ort und Tag
der Hauptverhandlung (KK-StPO/Engelhardt StPO § 274 Rn 4), Erklärungen zur Rechtsmittelbeschränkung oder Rücknahme in der Berufungs- oder Revisionshauptverhandlung
(RGSt 66, 417, 418 f; OLG Hamburg NJW 1955, 1201; OLG Jena Beschl v 24. 9. 2008 –
Az 1 Ws 271/08 = BeckRS 2009, 00090) und der Rechtsmittelverzicht (BGH Beschl v 4. 3.
2009 – Az 2 StR 47/09 = BeckRS 2009, 09310). Vermerkt das Sitzungsprotokoll, dass die
„Anklageschrift" verlesen wurde, so ist von der Beweiskraft nur die Verlesung des Anklagesatzes, nicht auch des Restes der Anklageschrift erfasst, weil nur die Verlesung des Anklage-
satzes eine vorgeschriebene Förmlichkeit der Hauptverhandlung darstellt (Meyer-Goßner
StPO § 274 Rn 8). Der authentische Wortlaut der Urteilsformel ergibt sich ebenfalls allein
aus dem Protokoll (BGH Beschl v 22. 7. 2009 – Az 2 StR 173/09 = BeckRS 2009, 22715;
OLG Zweibrücken Urt v 17. 7. 2008 – Az 1 Ss 96/08 = BeckRS 2008, 20176).

Nicht von ihr erfasst sind die Richtigkeit der Personalien der Teilnehmer an der Haupt- 10
verhandlung und die Bezeichnung der Straftat (OLG Düsseldorf MDR 1990, 359), der bloße
(nicht nach § 273 Abs 3 StPO protokollierte) Protokollvermerk über einen Rechtsmittelverzicht (BGHSt 19, 101, 105; OLG Köln NStZ-RR 2006, 83). Die Abwesenheit von
Personen, deren Anwesenheit das Gericht nicht vorschreibt, wird nicht durch das Schweigen
des Protokolls hierzu bewiesen (BGH NStZ 1999, 426). Das Fehlen des (gesetzlich nicht
vorgeschriebenen) Eintrages der Urteilsberatung oder der Unterbrechung der Haupt-
handlung zum Zwecke der Urteilsberatung beweist nicht, dass keine Urteilsberatung stattgefunden hat, da diese ebenfalls nicht von der Beweiskraft nach § 274 StPO erfasst ist (BGH
Beschl v 14. 10. 2008 – Az 4 StR 260/08 = BeckRS 2008, 22360).

II. Positive und negative Beweiskraft

Das Protokoll beweist **positiv**, dass die darin beurkundeten vorgeschriebenen Förmlich- 11
keiten der Hauptverhandlung stattgefunden haben (selbst wenn das nicht der Fall war). Es

beweist negativ, dass die darin nicht verzeichneten vorgeschriebenen Förmlichkeiten nicht stattgefunden haben.

12 Ist also z B im Protokoll die **Verlesung des Anklagesatzes** oder die Gewährung des **letzten Wortes** des Angeklagten nicht verzeichnet, so gilt der Anklagesatz als nicht verlesen (BGHR StPO § 274 Beweiskraft 6), das letzte Wort als nicht gewährt (BGHSt 22, 278, 280). Ist die **Öffentlichkeit** während der Hauptverhandlung ausgeschlossen worden, so gilt die Verhandlung so lange als nicht öffentlich, wie kein Protokollvermerk über ihre Wiederherstellung enthalten ist (BGH StV 1989, 384; vgl auch BGH NStZ 2009, 213). Ist im Protokoll **keine Beweisaufnahme** vermerkt, so beweist dies, dass Beweiserhebungen nicht stattgefunden haben (zur Protokollierung der Kenntnisnahme beim Selbstleseverfahren vgl BGH NJW 2009, 2836). Dies kann zum Erfolg einer Rüge nach § 261 StPO (Urteil beruht nicht auf dem Inbegriff der Hauptverhandlung) führen (OLG Celle Beschl v 9. 12. 2008 – Az 322 SsRs 284/08 = BeckRS 2008, 27095).

13 Ist im Protokoll vermerkt, dass sich der Angeklagte mit Hilfe seines Verteidigers zur Sache **eingelassen** hat, so schließt das nicht aus, dass er nach Abgabe der Verteidigererklärung auch selbst Angaben zur Sache gemacht hat (die über die vorbereitete Verteidigererklärung hinausgehen, BGH Beschl v 13. 9. 2007 – Az 5 StR 296/07 = BeckRS 2007, 15723). Wurde im Protokoll lediglich die **Augenscheinseinvernahme** bzgl einer Urkunde vermerkt, so ist auch nur sie belegt. Beweis für eine Verlesung der Urkunde ist damit nicht erbracht (OLG Jena Beschl v 17. 10. 2007 – Az 1 Ss 252/07).

14 Enthält das Protokoll den Vermerk „**Rechtsmittelbelehrung** wurde erteilt", so beweist dies die Belehrung (OLG Düsseldorf NStZ 1986, 233) sowie ihre Vollständigkeit und Richtigkeit (KG NZV 2002, 526; KG Beschl v 12. 1. 2009 – Az 1 Ss 8/09 = BeckRS 2009, 07630). Sind mehrere Rechtsmittel statthaft (also Berufung und Sprungrevision sowie sofortige Beschwerde gegen die Kostenentscheidung bei amtsgerichtlichen Urteilen, bzw. Revision und sofortige Beschwerde bei landgerichtlichen Urteilen), so dürfte ein im Singular formulierter Vermerk indes nicht ausreichen. Denn dann ist positiv nur die Erteilung einer Rechtsmittelbelehrung bewiesen. Hier kann dann nur durch Protokollauslegung vgl Rn 3) ermittelt werden, welche Belehrung erteilt wurde. Ist indes formuliert „Rechtsmittelbelehrungen wurden erteilt", so wird man von einer positiven Beweiskraft für alle erforderlichen Rechtsmittelbelehrungen ausgehen können.

D. Wegfall der Beweiskraft

15 In der Praxis relevanter als der Fälschungseinwand nach § 274 S 2 StPO sind die von der Rechtsprechung entwickelten Grundsätze zum **Wegfall der Beweiskraft** des Hauptverhandlungsprotokolls.

I. Meinungsverschiedenheiten/ Distanzierung der Urkundspersonen

16 Sind aus dem Protokoll **Meinungsverschiedenheiten** von Protokollführer und Vorsitzendem über den Inhalt ersichtlich, so entfällt insoweit (also bzgl der Punkte hinsichtlich derer die Uneinigkeit besteht – und nicht komplett) die Beweiskraft des Protokolls (RGSt 57, 394, 396; OLG Hamm JMBlNW 1954, 156; OLG Hamm Beschl v 24. 6. 2008 – Az 5 Ss OWi 319/08 = BeckRS 2008, 23889). Ebenso entfällt die Beweiskraft des Protokolls, wenn und soweit eine Urkundsperson von seinem Inhalt **abrückt**, wobei allerdings noch nicht abschließend geklärt ist, ob dies nur gilt, wenn der Wegfall der Beweiskraft und die Eröffnung des Freibeweisverfahrens zu Gunsten des Angeklagten wirkt, oder auch dann, wenn dies zu seinen Ungunsten geht (BGHSt 4, 364 ff – in diesem Fall wirkte sich der Wegfall zu Gunsten des Angeklagten aus, ohne dass die Entscheidungsgründe allerdings hierauf beschränkt würden oder sich eine Beschränkung auf diesen Fall aus der Argumentation ergäbe – OLG München Beschl v 25. 5. 2009 – Az 5 StRR 101/09 = BeckRS 2009, 20369 – ausdrücklich auf die Wirkung zu Gunsten des Angeklagten beschränkt -; ebenso wohl auch BGH NStZ 2005, 281, 282; BGH NStZ 1988, 85 – wirkte sich de facto zu Gunsten des Angeklagten aus; ausdrücklich offen gelassen in BGH NStZ 2002, 271, 272 m Anm Fezer und BGH NJW 2006, 3583; vgl auch dazu § 273 StPO Rn 30). Gleichgültig dürfte sein, welche Urkundsperson sich distanziert, da die Urkundspersonen nach dem Gesetz grundsätzlich gleichbedeutend sind.

II. Lücken, Widersprüche, Unklarheiten

Im Übrigen entfällt die formelle Beweiskraft des Protokolls bei offensichtlichen Lücken 17
oder Widersprüchen (BGH wistra 2007, 271). Auch hier entfällt die Beweiskraft nur, soweit
diese Unzulänglichkeiten bestehen (BGH NStZ 1993, 51, 52).

Eine **offensichtliche Lücke** liegt vor, wenn sich aus dem Protokoll selbst ergibt, dass ein 18
nicht protokollierter Vorgang stattgefunden haben muss (Meyer-Goßner StPO § 274 Rn 17;
KK-StPO/Engelhardt § 274 Rn 9). So liegt eine Lücke vor, wenn die Wiederherstellung
der Öffentlichkeit protokolliert ist, nicht aber ihr Ausschluss (BGHSt 17, 220), dass der
Angeklagte belehrt wurde, dass es ihm freistehe, sich zur Anklage zu äußern, nicht aber die
Verlesung des Anklagesatzes (BGH NStZ 2004, 451), die Beantragung von „Beweisen" ohne
Angabe des näheren Inhalt des Beweisantrages (OLG Hamm NStZ-RR 2008, 382), die
Bescheidung eines Antrages, nicht aber seine Stellung (BGH NStZ 2002, 270, 271). Eine
Lücke wird in der Rechtsprechung auch dann angenommen, wenn ein Kammerbeschluss die
Anordnung des Vorsitzenden bestätigt, aber kein Eintrag über die Ausführung oder Aufhebung der Anordnung vorhanden ist (BGH wistra 2007, 271, 272).

In den Bereich der Lücke wird man auch die Fallvariante, dass die Protokollierung eines 19
wesentlichen Verfahrensvorgangs deswegen unterblieben ist, **weil die Protokollpersonen
diesen nicht für protokollierungspflichtig erachtet** haben, zählen können (RGSt 64,
309, 310).

Widersprüche müssen sich ebenfalls aus dem Protokoll selbst ergeben. Diese liegen z B 20
vor, wenn an verschiedenen Stellen des Protokolls verschiedene mitwirkende Richter
bezeichnet sind (BGHSt 16, 306, 307) oder wenn sich Protokollinhalt und Inhalt einer
Anlage auf die das Protokoll verweist, widersprechen (BGH NStZ 2006, 714). Weitergehend wird sogar ein Widerspruch angenommen, wenn z B im Falle der notwendigen
Verteidigung bei einer wesentlichen Zeugeneinvernahme der Angeklagte ausweislich des
Protokolls angeblich unverteidigt gewesen sein soll, weil es schlechthin auszuschließen ist,
dass keinem der übrigen Verfahrensbeteiligten dies in dieser Situation nicht aufgefallen ist
und diese nicht entsprechend reagiert hätten (BGH NStZ 2002, 270, 271; abw BGH NStZ
2005, 46).

Auch **Unklarheiten** des Protokolls können seine Beweiskraft entfallen lassen. So ist bei 21
Mehrdeutigkeit des Protokolls, ob ein Dolmetscher vereidigt wurde oder sich auf den
allgemein geleisteten Eid berufen hat, der Wegfall der Beweiskraft des Protokolls angenommen worden (BGH NJW 1982, 2739). Es ist aber zunächst eine Auslegung des Protokolls zu
versuchen (BGH NStZ-RR 2004, 237).

> So wird man bei Mehrdeutigkeit des Protokolls erst eine Auslegung ggf unter Heranziehung 21.1
> dienstlicher Stellungnahmen versuchen müssen. Erst wenn die Auslegung zu keinem eindeutigen
> Ergebnis führt (zB weil die dienstlichen Stellungnahmen mangels Erinnerungsvermögen unergiebig
> sind) entfällt die Beweiskraft.

E. Fälschungseinwand

Nach § 274 S 2 StPO kann schließlich auch durch den Nachweis der Fälschung des 22
Protokolls, den der Prozessbeteiligte zu führen hat, der sich hierauf beruft (Meyer-Goßner
StPO § 274 Rn 20), die Beweiskraft des Protokolls aufgehoben werden. Eine Fälschung iSd
§ 274 S 2 StPO liegt sowohl dann vor, wenn die Protokollurkunde von einem Unbefugten
hergestellt oder verfälscht wurde, als auch dann wenn eine Urkundsperson bewusst einen
falschen Inhalt protokolliert hat (OLG Düsseldorf StV 1984, 108; OLG Hamm Beschl v
24. 6. 2008 – Az 5 Ss OWi 319/08 = BeckRS 2008, 23889). Fahrlässige Falschprotokollierung reicht hingegen nicht (OLG Düsseldorf NJW 1997, 1718).

F. Folgen

Der Wegfall der Beweiskraft des Protokolls eröffnet dem Revisionsgericht die Möglich- 23
keit, im Wege des **Freibeweises** zu klären, wie der entsprechende Verfahrensabschnitt
tatsächlich stattgefunden hat (BGH NStZ 2002, 270, 272; OLG Hamm NStZ-RR 2008,
382). Als Mittel des Freibeweises kommen vornehmlich die dienstlichen Äußerungen der

beteiligten Richter und Staatsanwälte sowie anwaltliche Erklärungen in Betracht (vgl näher KK-StPO/Engelhardt StPO § 274 Rn 14).

G. Beweiskraft und Protokollberichtigung

24   Bis zur Entscheidung des großen Senats in Strafsachen v 23. 4. 2007 (BGH NJW 2007, 2419 ff). war streitig, ob eine zulässige Protokollberichtigung einer bereits erhobenen Verfahrensrüge nachträglich den **Boden entziehen** kann, indem sich nunmehr der protokollierte Verfahrensablauf anders darstellt, als von der Revision mit der Verfahrensrüge geltend gemacht. Diese Rechtsfrage ist nunmehr iS einer grundsätzlichen Beachtlichkeit der Protokollberichtigung geklärt (vgl § 271 StPO, näher § 271 StPO Rn 30 ff). Die neuere Rechtsprechung des BGH überschreitet nach Ansicht des BVerfG nicht die Grenzen richterlicher Rechtsfortbildung (BVerfG NJW 2009, 1469, 1471).

H. Wissentliche Berufung auf ein unrichtiges Protokoll

25   In der **höchstrichterlichen Rechtsprechung** wird zutreffend der bewusst wahrheitswidrige Vortrag über den Verfahrensgang im Rahmen einer Verfahrensrüge unter Berufung auf ein bekanntermaßen unrichtiges Protokoll als Rechtsmissbrauch angesehen. Die Verfahrensrüge wird dadurch unzulässig (BGH NJW 2006, 3579, 3580). Konsequenterweise wird man auch die Beauftragung eines anderen Verteidigers zur Begründung der Revision als Missbrauch ansehen müssen, wenn seine Beauftragung nur zu dem Zwecke erfolgt, um den Vorwurf des wissentlich falschen Vortrages zu umgehen bzw wenn dieser nicht davon in Kenntnis gesetzt wird, dass das Protokoll an einer bestimmten (für Verfahrensrügen relevanten) Stelle unrichtig ist (offen gelassen in BGH StV 1999, 585). Auch diese Verfahrensgestaltung ist letztendlich ein wissentlicher falscher Vortrag durch den Angeklagten bzw seinen Instanzverteidiger, nur in einer Art „mittelbarer Täterschaft" (in der Tendenz ähnlich, aber offen gelassen: BGH NJW 2006, 3579, 3582).

26   Demgegenüber geht ein großer Teil der (insoweit von Strafverteidigern dominierten) **Literatur** davon aus, dass eine bewusst unwahre Protokollrüge zum „Pflichtprogramm" gehöre, da durch § 274 StPO eine prozessuale Wahrheit geschaffen werde (vgl Park StraFo 2004, 335 ff mwN).

§ 275 [Frist und Form der Urteilsniederschrift; Ausfertigungen]

(1) ¹Ist das Urteil mit den Gründen nicht bereits vollständig in das Protokoll aufgenommen worden, so ist es unverzüglich zu den Akten zu bringen. ²Dies muß spätestens fünf Wochen nach der Verkündung geschehen; diese Frist verlängert sich, wenn die Hauptverhandlung länger als drei Tage gedauert hat, um zwei Wochen, und wenn die Hauptverhandlung länger als zehn Tage gedauert hat, für jeden begonnenen Abschnitt von zehn Hauptverhandlungstagen um weitere zwei Wochen. ³Nach Ablauf der Frist dürfen die Urteilsgründe nicht mehr geändert werden. ⁴Die Frist darf nur überschritten werden, wenn und solange das Gericht durch einen im Einzelfall nicht voraussehbaren unabwendbaren Umstand an ihrer Einhaltung gehindert worden ist. ⁵Der Zeitpunkt des Eingangs und einer Änderung der Gründe ist von der Geschäftsstelle zu vermerken.

(2) ¹Das Urteil ist von den Richtern, die bei der Entscheidung mitgewirkt haben, zu unterschreiben. ²Ist ein Richter verhindert, seine Unterschrift beizufügen, so wird dies unter der Angabe des Verhinderungsgrundes von dem Vorsitzenden und bei dessen Verhinderung von dem ältesten beisitzenden Richter unter dem Urteil vermerkt. ³Der Unterschrift der Schöffen bedarf es nicht.

(3) Die Bezeichnung des Tages der Sitzung sowie die Namen der Richter, der Schöffen, des Beamten der Staatsanwaltschaft, des Verteidigers und des Urkundsbeamten der Geschäftsstelle, die an der Sitzung teilgenommen haben, sind in das Urteil aufzunehmen.

Hauptverhandlung § 275 StPO

(4) Die Ausfertigungen und Auszüge der Urteile sind von dem Urkundsbeamten der Geschäftsstelle zu unterschreiben und mit dem Gerichtssiegel zu versehen.

Überblick

Die Vorschrift regelt das Verfahren und die Frist zur vollständigen Urteilsabsetzung (Abs 1 und Abs 2). Abs 3 enthält eine Regelung zum Urteilsinhalt, Abs 4 regelt die Form der Urteilsausfertigung.

Übersicht

	Rn		Rn
A. Urteil im Protokoll	1	C. Unterzeichnung des Urteils (Abs 2)	24
B. Urteilsabsetzungsfrist	4	I. Unterschriftsleistung	24
I. Zu den Akten bringen	4	II. Verhinderung	25
II. Unverzüglichkeit	8	1. Verhinderungsvermerk	25
III. Frist	11	2. Einzelfälle der Verhinderung	28
1. Allgemeines	11	D. Urteilskopf (Abs 3) und Ausfertigung	
2. Fristberechnung	12	(Abs 4)	31
3. Fristüberschreitung	15		
4. Wirkung des Fristablaufs	21		

A. Urteil im Protokoll

In Abs 1 S 1 ist der – in der Praxis nahezu völlig ungebräuchliche Fall der **vollständigen** 1 **Aufnahme eines Urteils** in das Protokoll der Hauptverhandlung eher beiläufig erwähnt („Ist das Urteil mit den Gründen bereits vollständig in das Protokoll aufgenommen worden…"). Gemeint ist hier („mit den Gründen"!) nicht die bloße Aufnahme des Tenors in das Protokoll – dieser muss in jedes Protokoll bereits nach § 273 Abs 1 StPO aufgenommen werden. Vielmehr ist hier die Möglichkeit gemeint, statt Abfassung eines gesonderten vollständigen schriftlichen Urteils innerhalb der Urteilsabsetzungsfrist das komplette Urteil in das Protokoll aufzunehmen. Das (Urteil im) Protokoll muss dann alle Anforderungen an ein Urteil (also bzgl. Rubrum, Entscheidungsgründen, Unterschriften) erfüllen (KK-StPO/Engelhardt § 275 Rn 5 ff). Es reicht, wenn das Protokollrubrum alle Angaben enthält, die für ein Urteilsrubrum erforderlich sind. Ein gesondertes Urteilsrubrum ist dann entbehrlich (Meyer-Goßner StPO § 275 Rn 1). Das Urteil im Protokoll muss von allen mitwirkenden Richtern **unterzeichnet** sein. Nach **hM** ist das Protokoll dann noch einmal gesondert von dem Vorsitzenden und dem Protokollführer zu unterschreiben (RGSt 64, 214; Meyer-Goßner StPO § 275 Rn 1). Richtigerweise dürfte es aber reichen, wenn deutlich wird, dass die Unterschrift des Vorsitzenden sowohl das Urteil selbst als auch den Protokollinhalt abdeckt.

Das schriftlich in das Protokoll aufgenommene Urteil muss – hinsichtlich seiner **Gründe** – 2 nicht wortgleich sein mit den mündlich verkündeten Urteilsgründen. Auch hier reicht – mangels anderweitiger Bestimmungen – die mündliche Mitteilung ihres wesentlichen Inhalts gem § 268 Abs 1 S 2 StPO (KK-StPO/Engelhardt StPO § 275 Rn 2).

Ob das Urteil in das Protokoll vollständig aufgenommen wird oder nicht, steht im 3 **Ermessen** des Vorsitzenden. Sinnvoll ist diese Vorgehensweise wohl nur bei einfach gelagerten Sachen, wenn kein Rechtsmittel zu erwarten ist oder seine Einlegung unwahrscheinlich ist (zB wegen § 313 StPO). Ist das Urteil nämlich einmal in der vorgeschriebenen Form im Protokoll, so ist es nicht mehr abänderbar (BayObLG NStZ-RR 2000, 87).

B. Urteilsabsetzungsfrist

I. Zu den Akten bringen

Das vollständige Urteil muss gemäß den Bestimmungen der Vorschrift zu den Akten 4 gebracht werden. **Vollständig** ist das Urteil nur, wenn es alle für ein Urteil vorgesehenen

StPO § 275

Angaben (zB § 275 Abs 2 S 2 StPO; § 267 StPO) enthält und in Schriftform – wobei es sich nicht um eine Reinschrift handeln muss – abgefasst ist (OLG Rostock StV 1996, 253). Ein Diktat oder ein nicht von allen Berufsrichtern unterschriebener Entwurf reicht nicht (Meyer-Goßner StPO § 275 Rn 3 mwN).

5 Die in § 275 Abs 1 S 1 StPO gebrauchte Formulierung „zu den Akten zu bringen" ist nicht wörtlich zu nehmen. Es genügt, wenn das vollständige Urteil innerhalb der im Gesetz genannten Frist auf den **Weg zur Geschäftsstelle** gebracht ist (BGH NStZ-RR 2007, 53, 54). Dafür reicht, dass es im Dienstzimmer des Richters auf den Aktenabtrag gelegt wurde (BGHSt 29, 43, 45). Der Zeitpunkt, zu dem das Urteil auf der Geschäftsstelle in die Sachakten eingelegt wird, hat im Zusammenhang mit der Wahrung der Frist des § 275 StPO keine rechtliche Bedeutung (BGH NStZ-RR 2007, 53, 54). Zur Feststellung des Zeitpunkts empfiehlt sich – jedenfalls wenn das Urteil erst kurz vor Fristablauf zu den Akten gebracht wurde – ein entsprechender Vermerk des (letztunterzeichnenden) Richters in den Akten; es reicht aber auch nachträglich eine dienstliche Stellungnahme (BGHSt 29, 43, 47). Ist zu dem Zeitpunkt, zu dem das Urteil zu den Akten gebracht wird schon dessen Veränderung beabsichtigt oder absehbar (zB weil bis Fristablauf umfangreiches Rechenwerk noch nicht überprüft werden konnte und dies nachträglich geschehen soll), so ist – trotz etwaiger Unterschriften – kein vollständiges Urteil sondern nur ein Entwurf zu den Akten gebracht worden (BGH NStZ 1993, 200).

6 Die Geschäftsstelle hat nach § 275 Abs 1 S 5 StPO den **Zeitpunkt des Eingangs** des vollständigen Urteils (nicht – so missverständlich der Gesetzeswortlaut – bloß der Urteilsgründe) auf der Urschrift des Urteils zu **vermerken**. Die Regelung hat in der Praxis kaum Auswirkungen, da nicht gesagt ist, wann der Vermerk anzubringen ist (das kann also noch später als am Eingangstag selbst geschehen, vgl Meyer-Goßner StPO § 275 Rn 18), angesichts der obigen Definition, wann ein Urteil „zu den Akten" gebracht ist, kommt es möglicherweise auf den Eingangszeitpunkt bei der Geschäftsstelle gar nicht an und schließlich kann der Nachweis des Eingangszeitpunkt (oder eines anderen Eingangsdatums als des vermerkten) auch noch freibeweislich geführt werden (BGH/Miebach NStZ 1988, 449).

7 Nach der Rechtsprechung führt die **Nichtbeweisbarkeit der Rechtzeitigkeit** zur Annahme der Verspätung, weil diese zwangsläufig (mangels entsprechender Vermerke oder Erinnerung der beteiligten Justizpersonen) auf einem Versäumnis der Justiz beruht (vgl OLG Frankfurt StraFo 1999, 164; OLG Stuttgart StV 1986, 144).

II. Unverzüglichkeit

8 Die Grundregel – das zeigt sich schon an der Reihenfolge der im Gesetz genannten zeitlichen Abläufe – ist, dass das Urteil unverzüglich zu den Akten gebracht werden muss. Die Grundregel ist nicht, dass in § 275 Abs 1 S 2 vorgesehene **Urteilsabsetzungsfrist** ausgeschöpft wird. Bei letzterer handelt es sich nach der zutreffenden Rechtsprechung des BVerfG um eine Höchstfrist, nicht um eine Regelfrist (BVerfG NJW 2006, 677, 679; Meyer-Goßner StPO § 275 Rn 8). Die Ausschöpfung der Urteilsabsetzungsfrist kann daher – wenn nicht der Umfang der Sache oder andere bedeutsame Umstände dazu zwangen – möglicherweise zur Annahme einer rechtsstaatswidrigen Verfahrensverzögerung (Art 6 Abs 1 S 1 EMRK) führen, die wiederum im Revisionsverfahren gerügt werden kann (offen gelassen in BGH NStZ 2006, 463, 464) bzw letztlich zur Aufhebung einer bestehenden Haftanordnung wegen vermeidbarer Verfahrensverzögerungen führen (vgl OLG Naumburg Beschl v 24. 1. 2008 – Az 1 Ws 35/08 = BeckRS 2008, 07081).

8.1 Teilweise wird vertreten, dass die Verletzung des Unverzüglichkeitsgebots **keine revisionsrechtlichen Auswirkungen** habe, weil sie nicht wie die Fristüberschreitung als absoluter Revisionsgrund (§ 338 Nr 7 StPO) ausgestaltet sei und das Urteil auf einer nicht unverzüglichen Urteilsabsetzung nicht beruhen könne (Rieß NStZ 1982, 441, 442). Das wird man vor dem Hintergrund des Art 6 Abs 1 S 1 EMRK und der Rechtsprechung, dass Verfahrensverzögerungen bis zum rechtskräftigen Abschluss des Verfahrens (solche nach dem letzten tatrichterlichen Urteil dann vom Revisionsgericht) zu beachten sind (BGH NStZ-RR 2001, 294, 295; BGHR StGB § 46 Abs 2 Verfahrensverzögerung 8) heutzutage nicht mehr so sagen können (vgl Keller/Meyer-Mews StraFo 2005, 357; Peglau JR 2007, 146 ff).

Es ist daher auch genau zu prüfen, ob man z B bei **Abwesenheit** eines der beteiligten 9
Richter noch auf seine Rückkehr zwecks Unterschriftsleistung wartet oder ob man die
Unterschrift ersetzt (vgl zu dieser Problematik näher: Peglau JR 2007, 146 ff).

„**Unverzüglich**" bedeutet auch hier nichts anderes als „sobald wie möglich, ohne eine 10
nicht durch die Sachlage begründete Verzögerung" bzw „ohne schuldhaftes Zögern" (vgl zu
dieser Definition u a BGH NStZ 1982, 291, 292; BayObLG NJW 1992, 2242 – im
Zusammenhang mit § 25 StPO). Bei der Beurteilung dieser Frage sind neben dem Umfang
sowie der tatsächlichen und rechtlichen Bedeutung der Sache sowie dem Vorliegen der
Voraussetzungen für ein abgekürztes Urteil gem § 267 Abs 4 StPO (dann wäre das Urteil
allerdings nicht mehr anfechtbar) auch Umstände wie die sonstige Belastung des Spruchkörpers, Krankheit des Berichterstatters etc. zu berücksichtigen. IdR wird man nicht verlangen
können, dass ein Urteil in weniger als einer Woche zu den Akten gebracht wird (denn dann
könnte nicht von der gesetzlich vorgesehenen Möglichkeit der Abkürzung nach § 267 Abs 4
StPO Gebrauch gemacht werden), umgekehrt wird man eine Annäherung an die Fünf-Wochen-Frist des § 275 Abs 1 S 2 StPO in einfach gelagerten Sachen, wie zB einer Vielzahl
von Strafrichtersachen, kaum mehr als unverzüglich ansehen können (Rieß NStZ 1982, 441,
442).

III. Frist

1. Allgemeines

§ 275 Abs 2 S 2 StPO enthält eine absolute Grenze, binnen derer das Urteil spätestens zu 11
den Akten gebracht sein muss. Die **Höchstfrist** beträgt grundsätzlich fünf Wochen, kann
sich aber bei bestimmten mehrtägigen Hauptverhandlungen, gestaffelt nach Zahl der Hauptverhandlungstage verlängern. Eine absolute Höchstfrist zur Urteilsabsetzung besteht im Strafverfahren nicht (BGH NStZ 1994, 46). Eine Fristüberschreitung ist nur unter den sehr engen
Ausnahmevoraussetzungen von § 274 Abs 2 S 4 StPO zulässig.

2. Fristberechnung

Die Frist selbst berechnet sich nach § 43 StPO (vgl § 43 StPO Rn 1) ab dem Zeitpunkt 12
der Urteilsverkündung (BGH MDR 1980, 815). Ihre Höchstdauer bestimmt sich nach der
Zahl der Hauptverhandlungstage, wobei die Dauer der einzelnen Hauptverhandlungstage
und deren Inhalt gleichgültig ist. So reicht es, wenn es zum Aufruf der Sache, nicht aber zur
Sachverhandlung gekommen ist (BGH NStZ 1984, 466). Viele kurze Hauptverhandlungstage können aber darauf hindeuten, dass unter Berücksichtigung des Unverzüglichkeitsgebots
das Urteil früher als unter Ausschöpfung der Frist zu den Akten zu bringen ist.

Die **Frist** beträgt bei einer bis zu dreitägigen Hauptverhandlung fünf Wochen, 13
bei einer vier- bis zehntägigen Hauptverhandlung sieben Wochen,
bei einer elf- bis 20-tägigen Hauptverhandlung neun Wochen (BGHSt 35, 259; Rieß NStZ
1987, 318; **aA** Löffler NStZ 1987, 318),
bei einer 21- bis 30-tägigen Hauptverhandlung elf Wochen usw.

Bei **mehreren Mitangeklagten** beginnt der Fristablauf und berechnet sich die Frist für 14
jeden gesondert, wenn sie an unterschiedlichen Hauptverhandlungstagen abgeurteilt werden
(Rieß NStZ 1982, 441, 442); werden sie in einem Urteil zusammen abgeurteilt so beginnt
die Frist mit der einheitlichen Urteilsverkündung und berechnet sich nach der Gesamtzahl
der Verhandlungstage, auch wenn gegen einzelne Angeklagte wegen vorübergehender Abtrennung oder infolge Beurlaubung nach § 231 c an einzelnen Tagen nicht verhandelt wurde
(Meyer-Goßner StPO § 275 Rn 10; Rieß NStZ 1982, 441, 442).

3. Fristüberschreitung

§ 275 Abs 1 S 4 StPO regelt die Voraussetzungen, unter denen ausnahmsweise die Urteils- 15
absetzungsfrist **überschritten** werden darf. Liegen diese Voraussetzungen vor, so ist ein
absoluter Revisionsgrund nach § 338 Nr 7 StPO nicht gegeben. Die Fristüberschreitung ist
zulässig, wenn der zu ihr führende Umstand **unvorhersehbar und unvermeidbar** war und
dieser Umstand deshalb die Einhaltung der Frist gehindert hat (Kausalität).

16 a) Nach dem Gesetzeswortlaut müssen Unvorhersehbarkeit und Unvermeidbarkeit **kumulativ** vorliegen. Unvorhersehbar und unvermeidbar sind etwa Umstände wie das Versterben oder die – plötzliche – Erkrankung des Berichterstatters oder des Vorsitzenden (vgl BGH NStZ-RR 2007, 88; NStZ 1999, 474; OLG Düsseldorf Beschl v 17. 10. 2007 – Az III – 5 Ss 160/07 – 82/07 I; OLG Hamm Beschl v 3. 9. 2009 – Az 2 Ss OWi 611/09). Andere denkbare Umstände sind z B der (unverschuldete) Verlust von Akten (in denen sich z B für die Urteilsbegründung notwendige verlesene Urkunden befanden). Auch Computerdefekte (zB infolge Blitzeinschlags etc) und hierdurch bedingter Verlust des Urteilsentwurfs wird man dazu rechnen können.

17 Umstände die **durch Justizpersonal verursacht** wurden sind idR nicht unvermeidbar (vgl Meyer-Goßner StPO § 275 Rn 13). So wird man die Unauffindbarkeit der benötigten Akten oder des Urteilsentwurfs (wenn nicht Diebstahl trotz der gebotenen Sicherungsvorkehrungen etc vorliegt) nicht als unvermeidbar ansehen können (aA OLG Hamm NJW 1988, 278). Umstände, denen der Vorsitzende, Beisitzer, Geschäftsstelle oder Justizverwaltung vernünftigerweise hätten vorbeugen müssen, sind nicht unvermeidbar (so z B wenn ein längerfristiger Urlaub in die Urteilsabsetzungsfrist fällt, vgl OLG Koblenz DRiZ 1989, 221; weiteres Bsp: ein Beisitzer ist wegen Tätigkeit in der Justizverwaltung am letzten Tag der Urteilsabsetzungsfrist an der Unterschriftsleistung gehindert, vgl BGH NStZ 2006, 586). Arbeitsüberlastung ist – da durch das Präsidium Entlastungsmaßnahmen beschlossen werden können – ebenfalls kein unvermeidbarer Umstand (vgl BGH NStZ 2003, 564; LG Koblenz StraFo 2006, 453). Auch kurzfristige Engpässe – denen man durch Entlastungsmaßnahmen hätte begegnen können – wird man daher nicht als unvermeidbar einstufen können (aA Meyer-Goßner StPO § 275 Rn 14). Eine falsche Berechnung der Urteilsabsetzungsfrist kann ihre Überschreitung nicht rechtfertigen (BGH Beschl v 30. 4. 2009 – Az 4 StR 133/09 = BeckRS 2009, 13125).

18 b) Der unabwendbare und unvermeidbare Umstand muss bedingen, dass die Frist nicht eingehalten werden konnte (**Kausalität**). Ist also trotz des zur Verzögerung führenden Umstands die Fristeinhaltung möglich, ist ihre Überschreitung unzulässig. Der BGH (NStZ-RR 2007, 88) nimmt dies zB bereits dann an, wenn der Berichterstatter plötzlich verstirbt und noch kein Urteilsentwurf vorhanden ist, dessen Fertigstellung den übrigen Gerichtsmitgliedern innerhalb der Frist noch möglich wäre (vgl auch BGH NStZ 1999, 474). In diesem Zusammenhang wird man wohl auch prüfen müssen, ob das Unverzüglichkeitsgebot eingehalten wurde, ob also die Arbeiten an dem Urteil bis zum Zeitpunkt des verzögernden Umstandes, so weit fortgeschritten sind, wie dies nach den Umständen erforderlich war. Wird mit der Abfassung des Urteils ohne triftigen Grund bis kurz vor Fristende gewartet, so wird man die Fristüberschreitung nicht auf den eingetretenen Umstand sondern auf die Verletzung des Unverzüglichkeitsgebots zurückführen müssen.

19 c) Sobald das **Hindernis für die Urteilsabsetzung weggefallen** ist, muss das Urteil mit größtmöglicher Beschleunigung zu den Akten gebracht werden (BGH StV 1995, 514). Es gelten hier mindestens die Anforderungen wie an die Unverzüglichkeit. Ein Urteil erst fünf Wochen nach Wegfall des Hindernisses zu den Akten zu bringen, ist – jedenfalls wenn es sich um eine lediglich viertägige Hauptverhandlung handelte – nicht mehr unverzüglich (OLG Düsseldorf NStZ-RR 2008, 117).

20 d) Ob eine **berechtigte Fristüberschreitung** vorliegt oder nicht, wird vom Revisionsgericht im Freibeweisverfahren aufgeklärt. Zweckmäßigerweise sollten die Gründe, die zur Fristüberschreitung geführt haben, aber aktenkundig gemacht werden, da so dem Revisionsgericht eine Überprüfung erleichtert wird (Rieß NStZ 1982, 441, 444).

4. Wirkung des Fristablaufs

21 Nach § 275 Abs 1 S 3 StPO dürfen die Urteilsgründe **nach Fristablauf nicht mehr geändert** werden. Später trotzdem vorgenommene Änderungen haben keine rechtliche Wirkung und sind unbeachtlich (BGH NStZ 1993, 200; Meyer-Goßner StPO § 275 Rn 11). Ob das Urteil, sobald es zu den Akten gebracht ist, noch verändert werden kann, solange die Urteilsabsetzungsfrist noch nicht abgelaufen ist, ist str. In der Rechtsprechung des BGH wird dies verneint (BGH NStZ 1993, 200). Nach **aA** sollen Änderungen (innerhalb der Urteilsabsetzungsfrist) jedenfalls dann nicht mehr möglich sein, wenn das Urteil den Innenbereich

des Gerichtes verlassen hat (OLG Brandenburg NStZ-RR 2004, 121; KG Berlin VRS 108, 278, 279; OLG Hamm DAR 2005, 640; OLG Hamm Beschl v 30. 6. 2008 – Az 5 SsOWi 446/08 = BeckRS 2009, 06456 mwN; OLG Koblenz Beschl v 13. 11. 2006 – 1 Ss 319/96; vgl auch zu Besonderheiten im Ordnungswidrigkeitenverfahren OLG Bamberg Beschl v 29. 1. 2009 – Az 3 Ss OWi 90/09 = BeckRS 2009, 13875 und OLG Hamm Beschl v 26. 8. 2008 – Az 3 SsOWi 658/08 = BeckRS 2008, 21954). Unberührt von der Regelung bleiben Berichtigungen, die keine sachlichen Änderungen enthalten (also zB Berichtigung bloßer Schreibfehler).

Bevor das Urteil zu den Akten gebracht wurde und **vor Fristablauf** sind jederzeit Änderungen am Urteil, das bis dahin ja nur einen Entwurf darstellt, möglich.

Ganz gleich, ob ein Urteil vor Fertigstellung oder danach verändert wird, so müssen die Änderungen von den Richtern, die an ihnen nicht beteiligt waren, **genehmigt** werden. Sofern man die Abänderbarkeit nach Übergabe an die Geschäftsstelle aber noch vor Fristablauf bejaht, müssen diese Änderungen durch eine gesonderte Unterschrift der Richter genehmigt werden (vgl KK-StPO/Engelhardt StPO § 275 Rn 55).

C. Unterzeichnung des Urteils (Abs 2)

I. Unterschriftsleistung

Die **Berufsrichter** (nicht die Schöffen- Abs 2 S 3 – deren Unterschrift aber unschädlich ist, BGH NJW 1994, 206, 207) müssen das Urteil – in seiner endgültigen Fassung (vgl dazu näher KK-StPO/Engelhardt StPO § 275 Rn 27) unterschreiben und bestätigen damit die Übereinstimmung mit dem Beratungsergebnis (BGHSt 31, 212; 26, 247, 248), nicht die eigene Zustimmung zu diesem (vgl BGHSt 26, 92, 93). Die Unterschrift muss die Urheberschaft des Richters erkennen lassen (vgl näher BayObLG NStZ-RR 2003, 305, 306). Sie muss das gesamte Urteil abdecken (BayObLG VRS 40, 210). Weist das Urteil gar keine Unterschriften auf, ist dies in der Revision auf die Sachrüge hin zu beachten, fehlen nur einzelne Unterschriften bedarf es der Erhebung einer Verfahrensrüge (vgl OLG Hamm Beschl v 29. 4. 2008 – Az 4 Ss 90/08 = BeckRS 2008, 21814 mwN).

II. Verhinderung

1. Verhinderungsvermerk

Ist ein Richter an der Unterschriftsleistung verhindert so ist dies vom Vorsitzenden (gemeint ist der Richter, der bei der konkreten Urteilsfindung die Funktion des Vorsitzenden wahrgenommen hat, vgl BGH NStZ 1993, 448) oder bei dessen Verhinderung vom dienstältesten Beisitzer **unter Angabe des Hinderungsgrundes zu vermerken** (Verhinderungsvermerk). Dabei ist nicht etwa „in Vertretung" für den verhinderten Richter zu unterschreiben (BGH/Becker NStZ-RR 2006, 260), sondern der Vorsitzende hat zunächst seine eigene Unterschrift unter dem Urteil zu leisten und sodann den Verhinderungsvermerk gesondert zu unterschreiben (BGH/Miebach NStZ 1990, 229). Es wird allerdings akzeptiert, wenn aus der räumlichen Nähe zwischen Unterschrift und Vermerk die Urheberschaft klar wird, dass der Vorsitzende nur einmal unterschreibt (BGH aaO). Grundsätzlich hat der Vorsitzende ein Ermessen bei der Entscheidung, ob die Rückkehr des verhinderten Richters abgewartet wird oder ob seine Unterschrift ersetzt wird (BGH NStZ-RR 1999, 46; NStZ 1993, 96).

Die Unterschriftsleistung bzw. Ersetzung muss aber auf jeden Fall **innerhalb der Urteilsabsetzungsfrist** erfolgen (vgl Rn 11 ff). Bei der Abwägung ist zum einen der Beschleunigungsgrundsatz zu beachten (vgl BVerfG NJW 2006, 677, 679). Zum anderen ist aber auch in die Abwägung einzustellen, dass bestimmte Punkte in der Urteilsberatung sehr umstritten waren und es ggf sehr auf Feinheiten der Formulierung ankommt. Hier erscheint ein Zuwarten angesichts der Bedeutung der Unterschriftsleistung eher vertretbar (vgl näher Peglau JR 2007, 146, 148).

Ist **nur ein mitwirkender Richter nicht verhindert**, so unterschreibt er das Urteil allein. Sind alle mitwirkenden Richter (endgültig) verhindert, so kann das Urteil nicht mehr in der vorgeschriebenen Form hergestellt werden (KK-StPO/Engelhardt StPO § 275 Rn 37). Sind alle Richter über das Ende der Urteilsabsetzungsfrist hinaus verhindert, ist aber absehbar, dass mindestens bei einem der Hindergrund danach alsbald entfällt, so dürfte ggf ein anerkennenswerter Grund für eine Fristüberschreitung nach § 275 Abs 1 S 4 StPO vorliegen.

2. Einzelfälle der Verhinderung

28 Zu unterscheiden sind die **endgültige und die vorübergehende Verhinderung** (vgl Löwe/Rosenberg/Gollwitzer StPO § 275 Rn 48). Eine Verhinderung, die voraussichtlich so lange vor dem Ende der Urteilsabsetzungsfrist endet, dass der verhinderte Richter das Urteil noch lesen und unterschreiben kann, ist eine vorübergehende Verhinderung. Anderenfalls liegt eine endgültige Verhinderung vor (Peglau JR 2007, 146). Weiter sind die **rechtliche und die tatsächliche Verhinderung** zu unterscheiden (KK-StPO/Engelhardt StPO § 275 Rn 30; vgl auch BGH StV 1994, 641).

29 **Beispiel für eine endgültige tatsächliche Verhinderung** ist das Versterben eines Richters. Beispiel für eine endgültige rechtliche Verhinderung ist die Entlassung aus dem Richterdienst (KK-StPO/Engelhardt StPO § 275 Rn 30). Ein Proberichter der zur Staatsanwaltschaft versetzt wird, bleibt hingegen Richter und kann weiter das Urteil unterschreiben (BGH StraFo 2007, 66), ebenso ein abgeordneter Richter (BGH NStZ 2006, 586). Aufgrund räumlicher Entfernung kann im Einzelfall aber eine tatsächliche Verhinderung vorliegen. Eine **vorübergehende (rechtliche) Verhinderung** liegt in der Vornahme vorrangiger Dienstgeschäfte (aA BGH Beschl v 26. 4. 2006 – Az 5 StR 21/06: tatsächliche Verhinderung). Krankheit oder Urlaub können vorübergehende (im Falle der Erkrankung uU aber auch endgültige) rechtliche wie auch tatsächliche Hinderungsgründe sein. So ist der Urlauber, der nicht verreist, zwar nicht tatsächlich an der Unterschriftsleistung gehindert (er ist ja erreichbar), er ist aber aufgrund seines Urlaubs (rechtlich) nicht verpflichtet, Dienstleistung zu erbringen (vgl BGH/Kusch NStZ-RR 1999, 38).

29.1 Die Rechtsprechung ist tendenziell großzügig bei der Bejahung einer Verhinderung (vgl den Fall BGH StraFo 2006, 334: Ein Richter war vor Unterschriftsleistung an den BGH abgeordnet worden; darin sah der Vorsitzende ein tatsächliches Hindernis und ersetzte seine Unterschrift bereits zwei Wochen vor Fristende). Insbes bei einer tatsächlichen vorübergehenden Verhinderung erscheint das nicht unzweifelhaft. Da der Richter ohnehin grundsätzlich nicht verpflichtet ist, seine Tätigkeit im Gerichtsgebäude zu verrichten (vgl BGH NJW 2001, 3275, 3276; BVerwG NJW 1988, 1159, 1160), kann Maßstab für eine anerkennenswerte Verhinderung dann auch nur sein, dass er berechtigterweise so weit entfernt war, dass er vor Ablauf der Urteilsabsetzungsfrist nicht mehr rechtzeitig zur Unterschriftsleistung anreisen konnte und auch eine Hin- und Rücksendung der Urteilsurkunde per Post oder Boten innerhalb der Urteilsabsetzungsfrist nicht möglich ist. Ähnliches muss auch gelten, wenn der Richter an eine weiter entfernte Behörde abgeordnet ist.

30 **Keine** (rechtliche) **Verhinderung** liegt vor, wenn ein Proberichter vor Unterschriftsleistung aus seiner richterlichen Tätigkeit ausscheidet und in den staatsanwaltschaftlichen Dienst wechselt (BGH NStZ-RR 2007, 66). Bloße Nichterreichbarkeit eines Richters ist kein (tatsächlicher) Hinderungsgrund (BGH StV 1998, 477).

D. Urteilskopf (Abs 3) und Ausfertigung (Abs 4)

31 Neben der Aufnahme der in Abs 3 genannten Personen ist beim BGH die Aufnahme eines **Nebenklägers und Nebenklägervertreters** Übung (BGH/Kusch NStZ-RR 1999, 38). Auch bei tatrichterlichen Urteilen schadet deren Aufnahme in das Rubrum nicht.

32 Die Urteilsausfertigung kann **jeder Urkundsbeamte** des erkennenden Gerichts beglaubigen. Es muss sich nicht um denjenigen handeln, der an der Hauptverhandlung teilgenommen hat (Meyer-Goßner StPO § 275 Rn 27).

Siebenter Abschnitt. Entscheidung über die im Urteil vorbehaltene oder die nachträgliche Anordnung der Sicherungsverwahrung (§ 275 a)

§ 275 a [Entscheidung über die im Urteil vorbehaltene oder die nachträgliche Anordnung der Sicherungsverwahrung]

(1) ¹Ist über die im Urteil vorbehaltene oder die nachträgliche Anordnung der Sicherungsverwahrung (§§ 66 a und 66 b des Strafgesetzbuches) zu entscheiden, übersendet die Vollstreckungsbehörde die Akten rechtzeitig an die Staatsanwaltschaft des zuständigen Gerichts. ²Prüft die Staatsanwaltschaft, ob eine nachträgliche Anordnung der Sicherungsverwahrung in Betracht kommt, teilt sie dies dem Betroffenen mit. ³Die Staatsanwaltschaft soll den Antrag auf nachträgliche Anordnung der Sicherungsverwahrung nach § 66 b Abs. 1 oder 2 des Strafgesetzbuches spätestens sechs Monate vor dem Zeitpunkt stellen, in dem der Vollzug der Freiheitsstrafe oder der freiheitsentziehenden Maßregel der Besserung und Sicherung gegen den Betroffenen endet. ⁴Sie übergibt die Akten mit ihrem Antrag unverzüglich dem Vorsitzenden des Gerichts.

(2) Für die Vorbereitung und die Durchführung der Hauptverhandlung gelten die §§ 213 bis 275 entsprechend, soweit nachfolgend nichts anderes geregelt ist.

(3) ¹Nachdem die Hauptverhandlung nach Maßgabe des § 243 Abs. 1 begonnen hat, hält ein Berichterstatter in Abwesenheit der Zeugen einen Vortrag über die Ergebnisse des bisherigen Verfahrens. ²Der Vorsitzende verliest das frühere Urteil, soweit es für die Entscheidung über die vorbehaltene oder die nachträgliche Anordnung der Sicherungsverwahrung von Bedeutung ist. ³Sodann erfolgt die Vernehmung des Verurteilten und die Beweisaufnahme.

(4) ¹Das Gericht holt vor der Entscheidung das Gutachten eines Sachverständigen ein. ²Ist über die nachträgliche Anordnung der Sicherungsverwahrung zu entscheiden, müssen die Gutachten von zwei Sachverständigen eingeholt werden. ³Die Gutachter dürfen im Rahmen des Strafvollzugs oder des Vollzugs der Unterbringung nicht mit der Behandlung des Verurteilten befasst gewesen sein.

(5) ¹Sind dringende Gründe für die Annahme vorhanden, dass die nachträgliche Sicherungsverwahrung angeordnet wird, so kann das Gericht bis zur Rechtskraft des Urteils einen Unterbringungsbefehl erlassen. ²In den Fällen des § 66 b Abs. 3 des Strafgesetzbuches ist das für die Entscheidung nach § 67 d Abs. 6 des Strafgesetzbuches zuständige Gericht für den Erlass des Unterbringungsbefehls so lange zuständig, bis der Antrag auf Anordnung der nachträglichen Sicherungsverwahrung bei dem für diese Entscheidung zuständigen Gericht eingeht. ³In den Fällen des § 66 a des Strafgesetzbuches kann das Gericht bis zur Rechtskraft des Urteils einen Unterbringungsbefehl erlassen, wenn es im ersten Rechtszug bis zu dem in § 66 a Abs. 2 Satz 1 des Strafgesetzbuches bestimmten Zeitpunkt die vorbehaltene Sicherungsverwahrung angeordnet hat. ⁴Die §§ 114 bis 115 a, 117 bis 119 a und 126 a Abs. 3 gelten entsprechend.

Überblick

Die Vorschrift regelt das Nachverfahren zur Anordnung einer vorbehaltenen Sicherungsverwahrung (§ 66 a Abs 2 StGB) sowie das Verfahren zur nachträglichen Anordnung der Sicherungsverwahrung. Während die Hauptverhandlung gem § 275 a Abs 2 StPO mit Modifikationen (Abs 3) dem üblichen erstinstanzlichen Verfahren gleicht, sind für das Verfahren bis zur Hauptverhandlung (Abs 1), die sachverständige Beratung (Abs 4) sowie den Erlass eines Unterbringungsbefehls (Abs 5) Sondervorschriften erlassen worden. Daneben enthält § 66 a StGB für die vorbehaltene Sicherungsverwahrung in dessen Abs 2 (str) und Abs 3 prozessuale Regelungen.

StPO § 275 a Zweites Buch. 7. Abschnitt

Da das Verfahren bis zur Hauptverhandlung über die Anordnung der vorbehaltenen Sicherungsverwahrung oder der nachträglichen Anordnung der Sicherungsverwahrung nur teilweise gleich sind, werden sie nachfolgend getrennt erörtert.

Übersicht

	Rn		Rn
A. Allgemeines	1	1. Vorlage durch die Vollstreckungsbehörde an die zuständige Staatsanwaltschaft	13
B. Zuständigkeiten	2	2. Mitteilung der Prüfung an den Verurteilten	14
C. Staatsanwaltschaftliches Verfahren zur Anordnung der vorbehaltenen Sicherungsverwahrung (§ 66 a Abs 2 StGB)	5	3. Antragstellung	16
		4. Weitere Gesichtspunkte	23
I. Voraussetzungen	5	**E. Gerichtliches Verfahren**	25
II. Rechtsfolge	6	I. Vorbereitung der Hauptverhandlung	26
1. Vorlage durch die Vollstreckungsbehörde	6	II. Durchführung der Hauptverhandlung	31
2. Übergabe der Akten an das zuständige Gericht	8	III. Entscheidung	32
D. Staatsanwaltschaftliches Verfahren zur nachträglichen Anordnung der Sicherungsverwahrung (§ 66 b StGB)	11	**F. Unterbringungsbefehl**	38
		I. Nachträgliche Sicherungsverwahrung	39
I. Voraussetzungen	11	II. Vorbehaltene Sicherungsverwahrung	41
II. Rechtsfolgen	13	III. Verfahren	42

A. Allgemeines

1   Die Vorschrift wurde **eingeführt im Zuge der Schaffung des § 66 a StGB** im Jahre 2002 (Materialien dazu: BT-Drs 14/9264). Bei Einführung des § 66 b StGB **im Jahre 2004 wurde auch § 275 a StPO umfänglich neu gestaltet**. Zuletzt wurde die Vorschrift durch das Gesetz zur Einführung der nachträglichen Sicherungsverwahrung bei Verurteilungen nach Jugendstrafrecht (BGBl I 1212 v 8. 7. 2008) leicht angepasst, sie ist verfassungsgemäß (BVerfG Beschl v 22. 10. 2008 – Az 2 BvR 749/08 = BeckRS 2008, 40127). Es handelt sich allerdings nur um eine sehr unvollständige, lückenhafte, teilweise kaum verständliche, **prozessuale Begleitregelung** zu den Vorschriften über die vorbehaltene und nachträgliche Sicherungsverwahrung, so dass das Verfahren inzwischen stark richterrechtlich ausgestaltet ist.

1.1   So sind insbes bzgl des Antragserfordernisses zahlreiche, inzwischen meist von der Rechtsprechung geschlossene Lücken vorhanden (vgl dazu näher unten Rn 16 ff). Aber auch andere Fragen sind nur unzureichend im Prozessrecht geregelt, so zB Probleme der reformatio in peius (vgl näher Peglau NJW 2004, 3599 ff), Probleme möglicher Mehrfachantragsstellungen bzw Mehrfachanordnungen bei der nachträglichen Sicherungsverwahrung (vgl näher Peglau JR 2006, 13; Römer JR 2006, 5 ff). Auch die Fristenregelung in § 66 a Abs 2 StGB führt zu Meinungsstreits über ihren Charakter und ihre Auswirkungen. Sie wäre besser – als prozessuale Regelung – in § 275 a StPO aufgenommen worden (vgl näher unten Rn 35 f).

1.2   Probleme wirft auch die Frage auf, wie der Prozessgegenstand des Verfahrens zur Anordnung der nachträglichen Sicherungsverwahrung zu bestimmen ist (vgl dazu eingehend von Freier ZStW 120 (2008), 273 ff.

B. Zuständigkeiten

2   Nicht in § 275 a StPO sind die Zuständigkeiten geregelt. Zum besseren Verständnis sind diese hier vorweg darzustellen:

3   Nach § 74 f Abs 1 GVG ist für die Anordnung einer im ersten Rechtszug **vorbehaltenen Sicherungsverwahrung** (§ 66 a Abs 1 StGB) die Strafkammer zuständig, die den Vorbehalt ausgesprochen hat. Bei mehreren Vorbehalten verschiedener Gerichte muss jedes Gericht

selbst über die nachträgliche Anordnung aufgrund seines Vorbehalts entscheiden (Meyer-Goßner GVG § 74 f Rn 6).

Geht es um die **nachträgliche Anordnung der Sicherungsverwahrung**, so ist die Strafkammer für ihre Anordnung zuständig, die im ersten Rechtszug die Strafe verhängt hat, die der Verurteilte gerade verbüßt (§ 74 f Abs 1 GVG). Hat diese Strafe ein AG verhängt, so ist das übergeordnete LG zuständig (§ 74 f Abs 2 GVG). Verbüßt der Verurteilte mehrere Strafen verschiedener Gerichte, so ist die Strafkammer für die nachträgliche Anordnung zuständig, die die schwerste Strafe verhängt hat (§ 74 f Abs 3 GVG). 4

Fraglich ist, ob die Strafkammer, die im ersten Rechtszug mit zwei Berufsrichtern entschieden hat, nunmehr auch nur mit zwei Berufsrichtern oder mit drei Berufsrichtern besetzt ist. In der Rechtsprechung wird aber davon ausgegangen, dass immer in nicht reduzierter Besetzung (also mit drei Berufsrichtern) zu entscheiden ist (BGH NJW 2006, 1745, 1746; vgl näher LK/Rissing-van Saan/Peglau StGB § 66 b Rn 196). 4.1

C. Staatsanwaltschaftliches Verfahren zur Anordnung der vorbehaltenen Sicherungsverwahrung (§ 66 a Abs 2 StGB)

I. Voraussetzungen

Einzige Voraussetzung für das Tätigwerden der Staatsanwaltschaft ist, dass in einem Strafurteil die Anordnung der Sicherungsverwahrung nach § 66 a Abs 1 StGB vorbehalten wurde. Der **Vorbehalt** der Sicherungsverwahrung muss rechtskräftig sein (Löwe/Rosenberg/Gollwitzer StPO § 275 a Nachtr Rn 3, vgl auch § 449 StPO). Ob er hingegen zu Recht erfolgte, spielt im Nachverfahren keine Rolle mehr. 5

II. Rechtsfolge

1. Vorlage durch die Vollstreckungsbehörde

Sofern die Vollstreckungsbehörde (§ 451 StPO) ausnahmsweise (vgl dazu MK/Ullenbruch StGB § 66 a Rn 70 f) einmal nicht identisch ist mit der Staatsanwaltschaft am Sitz des Gerichts, das für das Nachverfahren zuständig ist, muss die Vollstreckungsbehörde die Akten rechtzeitig an die Staatsanwaltschaft am Sitz des für das Nachverfahren zuständigen Gerichts übersenden (§ 275 a Abs 1 S 1 StPO). In der Regel hat diese Vorschrift aber wegen der **Identität von Vollstreckungsbehörde und zuständiger Staatsanwaltschaft** keine Bedeutung. 6

Was der Gesetzgeber mit dieser Vorschrift bezweckt hat, ist nicht erkennbar. Da für die Vollstreckung einer Strafe die Staatsanwaltschaft bei dem erkennenden Landgericht zuständig ist, welches seinerseits wiederum für das Nachverfahren zuständig ist, wird regelmäßig Identität zwischen Vollstreckungsbehörde und zuständiger Staatsanwaltschaft gegeben sein. Der Verweis des Gesetzgebers auf § 320 StPO (BT-Drs 14/9264) ist für den vorliegenden Zusammenhang unverständlich. Die Vorschrift schafft mehr Fragen, als sie klärt. So wird in der Literatur überlegt, ob der Vollstreckungsbehörde ein Vorprüfungsrecht zusteht, ob sie die Akten überhaupt der örtlich zuständigen Staatsanwaltschaft vorlegt (Kinzig NStZ 2004, 655, 659). 6.1

Der Begriff der **Rechtzeitigkeit** erklärt sich aus den Fristvorschriften des § 66 a Abs 2 StGB: Die Vorlage hat so frühzeitig zu erfolgen, dass – unter Berücksichtigung der Zeit, die die Staatsanwaltschaft für die Vorlage an das Gericht benötigt und das Gericht selbst zur Vorbereitung der Hauptverhandlung (Gutachteneinholung gem § 275 a Abs 4 StPO etc) – die dort genannten Entscheidungszeitpunkte eingehalten werden können (Meyer-Goßner StPO § 275 a Rn 5). Str ist, ob die Fristenregelung in § 66 a Abs 2 StGB eine materiellrechtliche (Ausschluss-)Frist darstellt oder ob es sich um eine prozessuale (Ordnungs-)Vorschrift handelt (vgl dazu Rn 35). 7

2. Übergabe der Akten an das zuständige Gericht

Das **Gericht** hat das Verfahren grundsätzlich von sich aus **in Gang zu setzen** (Rissing-van Saan FS Nehm, 191, 200; **aA** MünchKommStGB/Ullenbruch StGB § 66 a Rn 70 f), denn es handelt sich der Sache nach um die Durchführung des Restes aus dem Erkenntnisverfahren, welcher dort noch offen geblieben war – es muss zwangsläufig noch entschie- 8 den werden, ob aufgrund des Vorbehalts die Sicherungsverwahrung angeordnet wird oder nicht (vgl BT-Drs 15/2887, 16; LK/Rissing-van Saan/Peglau StGB § 66 a Rn 77). Das Gericht muss demnach auch selbst dafür Sorge tragen, dass es die Akten rechtzeitig erhält, um das Nachverfahren vorzubereiten und fristgerecht durchzuführen.

8.1 Rein praktisch kann dies dadurch geschehen, dass das erkennende Gericht ein Retent oder Aktendoppel auf eine entsprechende Wiedervorlagefrist legen lässt (LK/Rissing-van Saan/Peglau StGB § 66 a Rn 77).

9 Dass die Staatsanwaltschaft nach § 275 a Abs 1 S 4 StPO (sofern man die Regelung auch auf die vorbehaltene Sicherungsverwahrung bezieht) dann die Akten unverzüglich dem Vorsitzenden des zuständigen Gerichts zu übergeben hat, ist eine **zusätzliche Absicherung** zur fristgerechten Verfahrensdurchführung. Unverzüglich bedeutet auch hier „ohne schuldhaftes Zögern" (Meyer-Goßner StPO § 275 a Rn 7).

10 Eines **Antrages** bedarf es bei der Durchführung des Nachverfahrens nach § 66 a Abs 2 StGB nicht, da es ohnehin vom Gericht von Amts wegen durchzuführen ist (Löwe/Rosenberg/Gollwitzer StPO § 275 a Nachtr Rn 12). Die entsprechende Regelung in § 275 a Abs 1 S 4 StPO („mit ihrem Antrag") bezieht sich nur auf die nachträgliche Anordnung der Sicherungsverwahrung, wo ein Antrag Verfahrensvoraussetzung ist (das zeigt sich auch daran, dass eine Antragstellung in § 275 a StPO aF, der nur für die vorbehaltene Sicherungsverwahrung galt, auch nicht vorgesehen war).

D. Staatsanwaltschaftliches Verfahren zur nachträglichen Anordnung der Sicherungsverwahrung (§ 66 b StGB)

I. Voraussetzungen

11 Es muss über die nachträgliche Anordnung der Sicherungsverwahrung zu entscheiden sein. Das erfordert eine **Prüfung durch die Vollstreckungsbehörde/Staatsanwaltschaft** und beurteilt sich danach, ob nach ihren bisherigen Erkenntnissen die formellen und materiellen Voraussetzungen für die nachträgliche Anordnung dieser Maßregel vorliegen. Bei dieser Prüfung muss die Staatsanwaltschaft sämtliche verfügbaren Erkenntnisse ausschöpfen, also zB frühere Strafurteile, Inhalt der Akten (insbes früherer Gutachten), Stellungnahmen des Leiters der JVA etc (vgl näher Folkers NStZ 2006, 426, 427).

12 Es bietet sich an, dass bereits bei **Beginn der Vollstreckung** überprüft wird, ob die formellen Voraussetzungen der nachträglichen Maßregelanordnung gegeben sind, um dann in diesen Fällen in regelmäßigen Abständen während der Strafvollstreckung zu überprüfen, ob auch die materiellen Voraussetzungen vorliegen (insbes neue Tatsachen, Gefährlichkeit).

12.1 Es sind bundeseinheitliche „Hinweise zur nachträglichen Sicherungsverwahrung" erarbeitet worden, die in den Ländern in Kraft gesetzt wurden oder in Kraft gesetzt werden sollen (vgl dazu Kreuzer ZIS 2006, 145, 151). Danach sind für die Identifizierung gefährlicher Verurteilter, die für eine nachträgliche Anordnung in Betracht kommen, die Vollstreckungsbehörden und die Justizvollzugsanstalten zuständig, die eng zusammenarbeiten sollen. Diese heben im Wesentlichen noch einmal Einzelheiten aus Gesetz und Gesetzesbegründung für die Praxis hervor. Den Hinweisen beigefügt ist eine „Checkliste", um die für eine nachträgliche Anordnung in Frage kommende Verurteilte zu ermitteln. Die Justizvollzugsanstalten sind aufgefordert, alle gefährlichkeitsrelevanten Umstände in der Personalakte zu dokumentieren. Die Staatsanwaltschaft darf sich nicht allein auf die Prüfung der formellen Voraussetzungen durch die Vollzugseinrichtungen verlassen, sondern muss in den laufenden Vollstreckungsverfahren selbständig eine Prüfung vornehmen und ggf. bei Informationsdefiziten weitere Ermittlungen anstellen. Im Zusammenhang mit der Prüfung einer Strafaussetzung zur Bewährung, spätestens ein Jahr vor Ende des Vollzuges holt der Staatsanwalt Stellungnahmen zur Gefährlichkeit des Verurteilten von jeder Justizvollzugsanstalt, in der der Verurteilte eingesessen hat, ein.

II. Rechtsfolgen

1. Vorlage durch die Vollstreckungsbehörde an die zuständige Staatsanwaltschaft

13 Sofern Vollstreckungsbehörde und für die Antragstellung zuständige Staatsanwaltschaft ausnahmsweise nicht identisch sind (vgl oben Rn 6) muss die **Vollstreckungsbehörde**,

Vorbehalt der Sicherungsverwahrung   § 275 a StPO

wenn ihrer Ansicht nach die Voraussetzungen für eine nachträgliche Anordnung gegeben sind, die Akten der zuständigen Staatsanwaltschaft vorlegen (§ 275 a Abs 1 S 1 StPO).

2. Mitteilung der Prüfung an den Verurteilten

Die für das Verfahren zur nachträglichen Anordnung zuständige Staatsanwaltschaft teilt dem Verurteilten mit, dass sie prüft, ob eine nachträgliche Anordnung in Betracht kommt (§ 275 a Abs 1 S 2 StPO). Nach der Vorstellung des Gesetzgebers soll der Verurteilte so früh wie möglich davon erfahren, dass bei ihm die nachträgliche Anordnung der Sicherungsverwahrung geprüft wird (BT-Drs 15/3346, 17). Das bedeutet, dass die Staatsanwaltschaft ihn **sobald die Prüfung begonnen hat** davon in Kenntnis setzt. Gemeint sein dürfte der Fall, dass die Staatsanwaltschaft eine Antragstellung „ernsthaft" prüft. Bemerkt sie schon bei erster Durchsicht, dass bereits die formellen Voraussetzungen nicht vorliegen, erscheint eine Benachrichtigung als blanke Förmelei. Ist die zuständige Staatsanwaltschaft identisch mit der Vollstreckungsbehörde, so wird sie den Verurteilten bereits dann in Kenntnis zu setzen haben, sobald sie die formellen Voraussetzungen bejaht hat und nunmehr in regelmäßigen Abständen während des Vollzugs der Freiheitsstrafe das Vorliegen oder den Eintritt der materiellen Voraussetzungen prüft. Sind Vollstreckungsbehörde und Staatsanwaltschaft ausnahmsweise nicht identisch, so setzt die Staatsanwaltschaft den Verurteilten in Kenntnis, sobald sie die Akten von der Vollstreckungsbehörde erhalten hat und sie nach erster Prüfung das Vorliegen der formellen Voraussetzungen des § 66 b StGB bejaht. Eine in der Literatur vorgeschlagene Benachrichtigung des Verurteilten erst mit Antragstellung, um ihn nicht unnötig zu beunruhigen, falls es nicht zur Antragstellung kommt (Meyer-Goßner StPO § 275 a Rn 6; Folkers NStZ 2006, 426, 431), ist weder mit dem Wortlaut, noch mit der vom Gesetzgeber verfolgten Zielsetzung, nämlich dass der Verurteilte den Ernst der Lage frühzeitig erkennt, vereinbar (vgl auch Zschieschack/Rau JR 2006, 8, 9).

Eine **unterlassene Benachrichtigung** ist kein zwingendes Hindernis für die nachträgliche Anordnung der Sicherungsverwahrung. Nach der Rechtsprechung des BGH ist es aber erforderlich, dem Verurteilten jedenfalls vor Entlassung aus der Strafhaft mitzuteilen, dass die nachträgliche Anordnung der Sicherungsverwahrung geprüft wird (BGHSt 50, 180, 184, 185). Anderenfalls scheitert eine – grundsätzlich auch noch nach Haftentlassung mögliche – nachträgliche Anordnung der Maßregel an dem schutzwürdigen Vertrauen des Verurteilten, dass nach Erledigung der Strafvollstreckung keine Sanktionen mehr an sein Fehlverhalten geknüpft werden. Ob in anderen Fällen unterlassener Benachrichtigung eine nachträgliche Maßregelanordnung ausscheidet, wird man danach zu beurteilen haben, ob der Verurteilte sich dennoch angemessen verteidigen konnte und nicht ggf sein Vertrauen schutzwürdiger ist, als die Sicherheit der Allgemeinheit.

An sich ist nicht einsehbar, warum der Verurteilte in dem Fall, in dem ausnahmsweise Vollstreckungsbehörde und zuständige Staatsanwaltschaft auseinanderfallen, erst viel später von der Prüfung erfährt. Aufgrund der begrifflichen Differenzierung im Wortlaut des § 275 a Abs 1 StPO zwischen diesen beiden ist das aber zwingend.

3. Antragstellung

a) Der Antrag der Staatsanwaltschaft ist **zwingende Verfahrensvoraussetzung**. Ohne einen (ordnungsgemäßen) Antrag kann das Gericht kein Verfahren zur nachträglichen Anordnung der Sicherungsverwahrung durchführen (vgl BT-Drs 15/2887, 16; vgl auch BGH NJW 2006, 531, 533 und NJW 2006, 852, 854).

Nach dem Gesetzeswortlaut ist nicht ganz klar, ob es auch zur nachträglichen Anordnung der Sicherungsverwahrung nach § 66 b Abs 3 StGB eines Antrages der Staatsanwaltschaft bedarf, denn in § 275 a Abs 1 S 3 StPO, wo das Antragserfordernis geregelt ist, sind diese Vorschriften nicht erwähnt. Es spricht aber alles dafür, dass es auch hier eines Antrages bedarf. Zum einen ging der Gesetzgeber generell von der Antragsnotwendigkeit aus (BT-Drs 15/2887, 16; vgl näher auch LK/Rissing-van Saan/Peglau StGB § 66 b Rn 188). Zum anderen gibt es keinen sachlichen Grund, die verschiedenen Fälle des § 66 b StGB insoweit unterschiedlich zu behandeln. Anders als bei der vorbehaltenen Sicherungsverwahrung, wo das Gericht aufgrund des Vorbehalts weiß, dass ein Teil der Entscheidung noch aussteht, hat das Gericht hier keinen Anlass und keinen Anhalt, von sich aus tätig zu werden, so lange kein Antrag gestellt wird.

17 Obwohl der Antrag nach der Regelung des § 275 a Abs 1 StPO keiner bestimmten Form bedarf, ist er nach einhelliger Ansicht in Rechtsprechung und Literatur **nicht formlos möglich**. Sowohl aus Gründen der Gewährleistung rechtlichen Gehörs als auch zur Umgrenzung des Verfahrensgegenstandes im Hinblick auf eine mögliche wiederholte Antragstellung muss der Antrag bestimmte Mindestanforderungen erfüllen (BGH NStZ 2006, 156, 158). Unabdingbare Voraussetzung eines Antrages ist daher die Angabe, auf welche Alternative des § 66 b StGB er sich stützt, sowie die Umschreibung des Sachverhalts, aus dem sich die nachträglich erkennbar gewordenen Tatsachen iSd § 66 b Abs 1 und Abs 2 StGB ergeben (BGH NStZ 2006, 156, 158). Weiter wird in der Rechtsprechung gefordert, dass der Antrag die von der Staatsanwaltschaft für gegeben erachteten formellen und materiellen Voraussetzungen des § 66 b StGB benennt und die Behauptung enthält, dass im nachfolgenden Verfahren die erforderliche Gefährlichkeit des Verurteilten festgestellt werden wird (BGH NJW 2006, 852, 854). Es bietet sich daher an (wenn das auch nicht zwingend ist, sondern auch andere Darstellungsformen mit entsprechendem Informationsgehalt zulässig sind und das Gesetz nur hinsichtlich des Hauptverfahrens auf die allgemeinen Vorschriften verweist), die **Antragsschrift ähnlich einer Anklageschrift** auszugestalten (zu einem Muster s Folkers NStZ 2006, 426, 433).

18 b) Der Antrag soll **spätestens** sechs Monate vor Straf- (§ 66 b Abs 1 und Abs 2 StGB) bzw Unterbringungsende (§ 66 b Abs 3 StGB) erfolgen (§ 275 a Abs S 3 StPO). Mit Strafende kann nicht nur der Zeitpunkt der Vollverbüßung gemeint sein, sondern auch der Zeitpunkt einer möglichen bedingten Entlassung nach § 57 StGB, denn der Gesetzeswortlaut enthält insoweit keine Einschränkung auf Vollverbüßer. Allerdings dürfte bei Vorliegen neuer gefährlichkeitsrelevanter Tatsachen eine Prognose nach § 57 StGB selten zu Gunsten des Verurteilten ausfallen, so dass dann letztendlich doch der Vollverbüßungszeitpunkt für die Antragstellung relevant ist. Mit dem Ende der Unterbringung ist der Zeitpunkt der Erledigung nach § 66 b Abs 3 StGB iVm § 67 d Abs 6 StGB gemeint.

19 Der Antrag sollte ggf noch früher gestellt werden, wenn erkennbar wird, dass vor Strafende sonst kein erstinstanzliches Urteil vorliegen wird (Meyer-Goßner StPO § 275 a Rn 6). Dass nicht auch das Revisionsverfahren vor Strafende durchgeführt sein muss zeigt sich schon an der Fristwahl von sechs Monaten (denn üblicherweise vergeht ein solcher Zeitraum allein schon vom Erlass eines erstinstanzlichen Urteils bis zur Entscheidung des Revisionsgerichts). Eine **nicht fristgerechte Antragstellung** führt nicht zu einem Verfahrenshindernis (BGH NJW 2005, 3078, 3079; OLG Schleswig NStZ-RR 2009, 75, 76; KK-StPO/Engelhardt StPO § 275 a Rn 3; von Freier ZStW 120 (2008) S 273, 275; Hörnle StV 2006, 188; offengelassen BGH NJW 2006, 1442, 1443), so lange sie jedenfalls noch vor Entlassung aus der Strafhaft erfolgt (BGH NJW 2005, 3078, 3079). Nach Entlassung aus der Strafhaft – davon ging der Gesetzgeber wie selbstverständlich aus – ist eine Antragstellung nicht mehr möglich (BT-Drs 15/2887, 12; **aA** Folkers NStZ 2006, 416, 431). Auch eine Kompensation bei der Länge des Freiheitsentzuges, wie sonst bei rechtsstaatswidrigen Verfahrensverzögerungen, scheidet hier, da keine Strafe verhängt wird und der Verurteilte ohnehin nur so lange im Vollzug der Sicherungsverwahrung verbleibt, wie er gefährlich ist, aus.

20 c) Ein gestellter Antrag kann von der Staatsanwaltschaft **zurückgenommen** werden. Nach Beginn der Hauptverhandlung soll dies aber nach Ansicht des BGH in entsprechender Anwendung der § 411 Abs 3 S 2 StPO, § 303 StPO nur mit Zustimmung des Verurteilten möglich sein. Ein zurückgenommener Antrag kann – auch bei unveränderter Tatsachenbasis – erneut gestellt werden (vgl zum Ganzen: BGH NJW 2006, 852, 853; Rissing-van Saan FS Nehm, 191, 202).

21 d) Eine **mehrfache Antragstellung** ist möglich (BGH NStZ 2006, 156, 158; Peglau JR 2006, 14, 15; Ullenbruch NJW 2006, 1377, 1380; Ullenbruch NStZ 2007, 62, 69). Abgesehen von der Konstellation des zurückgenommenen Antrages (Rn 20) geht das allerdings nur, wenn sich der Antragsgegenstand, der wesentlich definiert ist durch die neuen Tatsachen, verändert hat, ansonsten stünde dem die doppelte Rechtshängigkeit bzw die Rechtskraft einer vorangegangenen gerichtlichen Ablehnungsentscheidung entgegen (BT-Drs 15/3446, 18; vgl näher Peglau JR 2006, 14, 15). Sind weitere neue Tatsachen in einem

laufenden gerichtlichen Verfahren zur nachträglichen Anordnung der Sicherungsverwahrung aufgetreten, so können diese auch, so lange eine neue Antragstellung nach den og Grundsätzen möglich wäre, im laufenden Verfahren nachgeschoben und berücksichtigt werden (LK/Rissing-van Saan/Peglau StGB § 66 b Rn 193; Ullenbruch NJW 2006, 1377, 1380). Das bietet sich insbes dann an, wenn die in § 66 b StGB geforderte Gefährlichkeit womöglich nur durch die Kumulation diverser nachträglich erkennbar gewordener Tatsachen deutlich wird.

e) Es ist ferner kein Grund ersichtlich, warum nicht auch ein Antrag auf nachträgliche 22 Anordnung der Sicherungsverwahrung gestellt werden könnte, wenn – aufgrund eines früher angeordneten Vorbehalts nach § 66 a StGB – **ohnehin noch ein Nachverfahren** nach § 66 a Abs 2 StGB durchgeführt werden muss (vgl dazu auch OLG Schleswig NStZ-RR 2009, 75, 76). Die Voraussetzungen nach § 66 a Abs 2 StGB und § 66 b StGB sind nicht identisch. Dem vom Gesetz bezweckten Schutz der Allgemeinheit vor gefährlichen Straftätern kann uU nur durch eine Prüfung unter beiden rechtlichen Gesichtspunkten hinreichend Rechnung getragen werden. Ggf könnten dann beide Verfahren zur gemeinsamen Verhandlung und Entscheidung verbunden werden.

4. Weitere Gesichtspunkte

Mit der Antragstellung an das für die nachträgliche Maßregelanordnung zuständige Gericht sollte auch die **Strafvollstreckungskammer**, die mit einer Entscheidung nach § 57 StGB oder nach § 67 d Abs 6 StGB (vgl § 66 b Abs 3 StGB) befasst ist, informiert werden. Die StVK kann sich dann auch die Erkenntnisse aus dem Verfahren nach § 275 a StPO zu Nutze machen (insbes die aus den Sachverständigengutachten). Sie sollte auch bei einer vorzeitigen Entlassung oder Erledigungserklärung (§ 67 d Abs 6 StGB) umgehend die Staatsanwaltschaft informieren, damit letztere prüfen kann, ob sie einen Unterbringungsbefehl beantragt (LK/Rissing-van Saan/Peglau StGB § 66 b Rn 189). 23

Die Staatsanwaltschaft kann gleichzeitig mit der Antragstellung bei dem erkennenden 24 Gericht bei der Strafvollstreckungskammer entsprechend § 462 a Abs 1 S 3 StPO eine **Übertragung der im Rahmen der Führungsaufsicht möglichen Entscheidungen** nach § 68 a StGB, § 68 b StGB und § 68 d StGB für die Dauer des Verfahrens nach § 275 a StPO an das nach § 74 f GVG zuständige Gericht anregen (BGH NJW 2006, 1442, 1446).

E. Gerichtliches Verfahren

Das gerichtliche Verfahren ist für die Anordnung der vorbehaltenen Sicherungsverwahrung und für die nachträgliche Anordnung der Sicherungsverwahrung weitgehend gleich ausgestaltet. 25

I. Vorbereitung der Hauptverhandlung

Es gelten gem § 275 a Abs 2 StPO für die Vorbereitung der Hauptverhandlung die 26 Vorschriften der § 213 StPO bis § 225 a StPO entsprechend. Da es keines Eröffnungsbeschlusses bedarf (auf § 207 StPO wird nicht verwiesen; es handelt sich schließlich auch nur um den **zeitlich getrennten zweiten Teil des Erkenntnisverfahrens**, dessen erster Teil nach Eröffnung bereits stattgefunden hat), geht der Verweis bzgl § 215 StPO ins Leere.

Da es sich um eine Hauptverhandlung im ersten Rechtszug vor dem Landgericht handelt 27 (bzw den Anlassverurteilungen meist Verbrechen zu Grunde liegen), ist dem Verurteilten für das Verfahren nach § 140 Abs 1 Nr 1, 2 StPO ein **Pflichtverteidiger** zu bestellen (MK/Ullenbruch StGB § 66 b Rn 156; Folkers NStZ 2006, 426, 431).

Das erkennende Gericht hat nach § 275 a Abs 4 StPO im Falle des **§ 66 a Abs 2 StGB** 28 das **Gutachten eines Sachverständigen**, im Falle des **§ 66 b StGB** die **Gutachten zweier Sachverständiger** einzuholen. Die Sachverständigen müssen „extern" sein, d. h. sie dürfen bisher im Rahmen des Strafvollzuges oder der Unterbringung nicht mit der Behandlung des Verurteilten befasst gewesen sein.

28.1 Nach dem Gesetzeswortlaut scheiden danach nur solche Sachverständige aus, die im Rahmen einer „Behandlung", also vornehmlich einer Therapie, an dem Verurteilten tätig geworden sind. Die gesetzgeberische Zielsetzung könnte allerdings auf einen noch weitergehenden Ausschluss hindeuten. Danach soll vermieden werden, dass Sachverständige aufgrund ihres Umgangs mit dem Betroffenen während des Strafvollzuges oder während der Unterbringung voreingenommen sind (BT-Drs 15/2887, 16). Das spräche sogar dagegen, solche Personen als Sachverständige heranzuziehen, die den Verurteilten zB im Rahmen des Einweisungsverfahrens im Strafvollzug (zB im Hinblick auf seine Geeignetheit für den offenen Vollzug etc) oder anlässlich einer Entscheidung nach § 67 d Abs 2 oder § 57 StGB beurteilt haben.

29 Es muss sich **nicht zwingend** um **zwei Psychiater** handeln (ein Psychiater und ein Psychologe oder Kriminologe ist auch eine denkbare – und zur Verbreiterung der Erkenntnisgrundlagen durchaus sinnvolle – Kombination, vgl BGHSt 50, 121, 129; BGH NStZ 2006, 178, 179; Kinzig NStZ 2004, 655, 659; **aA** offenbar -zwei Psychiater erforderlich -: BbgOLG Beschl v 11. 7. 2007 – Az 1 Ws 127/07 = BeckRS 2008, 09629). Es wird als bedenklich erachtet, wenn **zwei Sachverständige ein gemeinsames (vorbereitendes schriftliches) Gutachten** gemeinsam verfassen, ohne dass daraus hervorgeht, welcher Sachverständige in welchem Umfang daran mitgewirkt hat (OLG Hamm Beschl v 21. 10. 2008 – Az 4 Ws 294/08 = BeckRS 2009, 02367). Diese Verfahrensweise dürfte allerdings im Endeffekt unschädlich sein, wenn beide Sachverständige in der Hauptverhandlung vernommen wurden, ihr jeweiliger Begutachtungsbeitrag dort geklärt wird und feststellbar ist, dass keine derart enge Zusammenarbeit zwischen ihnen stattgefunden hat, dass die vom Gesetz verfolgte größtmögliche Entscheidungssicherheit durch Vergrößerung der Tatsachenbasis ernsthaft in Frage gestellt wird. Im Übrigen gilt bzgl der Sachverständigenbegutachtung gem § 275 a Abs 2 StPO die Regelung des § 246 a StPO. Die Vorlage eines schriftlichen Gutachtens vor der Hauptverhandlung ist idR sinnvoll, rechtlich aber nicht zwingend, vgl § 275 Abs 2 S 1 StPO iVm § 246 a StPO (BGH Urt v 14. 10. 2009 – Az 2 StR 205/09 = BeckRS 2009, 86772; LK/Rissing-van Saan/Peglau StGB § 66 a Rn 81; **aA** MK/Ullenbruch StGB § 66 a Rn 77).

30 Eine **Nebenklage** ist – mangels Verweis in § 275 a StPO – im Verfahren nach § 66 b StGB nicht angängig (BGH Beschl v 24. 3. 2006 – Az 1 StR 27/06 = BeckRS 2006, 04955; OLG Brandenburg NStZ 2006, 183; **aA** KK-StPO/Engelhardt StPO § 275 a Rn 4). Gleiches dürfte auch für das Nachverfahren bei der vorbehaltenen Sicherungsverwahrung gelten.

II. Durchführung der Hauptverhandlung

31 Nach § 275 a Abs 2 StPO gelten hier die Vorschriften der §§ 226 StPO bis 275 StPO entsprechend. Allerdings bestimmt § 275 a Abs 3 StPO, dass nach Aufruf der Sache und Feststellung der Erschienenen zunächst der Berichterstatter einen **Vortrag über die Ergebnisse des bisherigen Verfahrens** hält. Der Vorsitzende verliest dann das frühere Urteil soweit es für das Verfahren von Bedeutung ist. Die Regelung dient in erster Linie der Information der Schöffen, die den Akteninhalt nicht kennen (BT-Drs 15/2887, 16). Da der Vorsitzende des frühere Urteil (bei mehreren relevanten Verurteilungen diese) ohnehin verliest, braucht der Berichterstatter hierauf nicht einzugehen. Sein Bericht bezieht sich demnach in erster Linie auf die übrigen relevanten Faktoren, nämlich die Tatsachen, die eine Anordnungsvoraussetzung für die Anordnung der vorbehaltenen oder die nachträgliche Anordnung der Sicherungsverwahrung darstellen können (also insbes welche Tatsachen nachträglich erkennbar geworden sind, ggf zu welchen Erkenntnissen frühere Sachverständige gelangt sind, Stellungnahmen zum Vollzugsverhalten etc, vgl BT-Drs 14/9264, 10 zu § 275 a StPO aF).

III. Entscheidung

32 Das Gericht entscheidet sowohl bei der vorbehaltenen als auch bei der nachträglichen Sicherungsverwahrung **durch Urteil** – gleich, ob es die Maßregel anordnet oder die Anordnung ablehnt. Eine (ablehnende) gerichtliche Entscheidung durch Beschluss, etwa analog § 204 StPO nach Art eines Nichteröffnungsbeschlusses (zB weil bereits die formellen

Voraussetzungen für eine Anordnung nach § 66 b StGB nicht vorliegen) ist nicht angängig (BGH NJW 2005, 3079, 3080; NJW 2006, 852, 853; NStZ 2006, 178, 179; OLG Celle NdsRPfl 2005, 286; OLG Hamm NStZ-RR 2005, 109). Scheidet eine nachträgliche Anordnung nach § 66 b StGB mangels Erfüllung formeller Voraussetzungen offensichtlich aus, so muss dennoch eine Hauptverhandlung durchgeführt werden. Ggf kann dann aber auf die Bestellung von Sachverständigen und weitere Beweiserhebung verzichtet werden. Das ist zwar rechtsfehlerhaft, aber das Urteil wird hierauf regelmäßig nicht beruhen (vgl BGH NStZ 2006, 178, 179).

Das Gericht prüft die etwaige Maßregelanordnung nach § 66 b StGB **unter allen rechtlichen Gesichtspunkten**, nicht nur im Hinblick auf den Abs, der in der Antragsschrift der Staatsanwaltschaft bezeichnet wurde (BGH NStZ 2006, 178, 179). 33

Bei der **nachträglichen Anordnung** der Sicherungsverwahrung kann die Entscheidung des Landgerichts durchaus erst nach **Beendigung der Strafhaft** fallen (vgl BT-Drs 15/2887, 16; BGH NStZ-RR 2006, 303). Wesentlich ist nur, dass die Antragstellung und Bekanntgabe der Prüfung an den Verurteilten vorher erfolgt ist (BGH NJW 2005, 3078, 3079). Das zeigt sich bereits an der Regelung des Abs 5, die ansonsten weitgehend überflüssig wäre (da dann allenfalls für die Durchführung des Revisionsverfahrens relevant). 34

Bei der **vorbehaltenen Sicherungsverwahrung** ist str, welche Konsequenzen sich an die **Nichteinhaltung des Entscheidungszeitpunktes** nach § 66 a Abs 2 StGB knüpfen. Während der 3. Strafsenat des BGH in der Fristenregelung eine materiellrechtliche Anordnungsvoraussetzung sieht (NStZ 2007, 327; zustimmend: Ullenbruch NStZ 2008, 5, 7), handelt es sich nach Ansicht des 1. Strafsenats und Teilen der Literatur (wohl) um eine Ordnungsvorschrift, deren Nichtbeachtung (jedenfalls bei Fristüberschreitung um nur wenige Tage) folgenlos bleibt (BGH Beschl v 25. 10. 2005 – Az 1 StR 324/05 = BeckRS 2005 13773; Schönke/Schröder/Stree StGB § 66 a Rn 6; LK/Rissing-van Saan/Peglau StGB § 66 a Rn 50 ff, 78 ff mwN; Löwe/Rosenberg/Gollwitzer StPO § 275 a Nachtr Rn 37). 35

Die Regelung der Frist im StGB verleitet zur Annahme einer materiellrechtlichen Anordnungsvoraussetzung. Insgesamt spricht aber wohl mehr dafür, hierin eine prozessuale (Ordnungs-) Vorschrift zu sehen, die (was auch sonst teilweise vorkommt – vgl z B die Regelungen zum Strafantrag) im Strafgesetzbuch mitgeregelt wurde (vgl näher zu dieser Problematik des § 66 a Abs 2: LK/Rissing-van Saan/Peglau StGB § 66 a Rn 50 ff). 35.1

Die **Urteilsgründe** müssen den Anforderungen des § 267 StPO entsprechen (vgl näher BGHSt 50, 121, 131). Es versteht sich von selbst, dass die formellen und materiellen Voraussetzungen eingehend darzulegen sind und dass das Gericht zu erkennen gibt, dass und warum es sein Ermessen in einer bestimmten Weise ausgeübt hat. Liegen neue Tatsachen vor, die möglicherweise auch schon vor der früheren Verurteilung gegeben waren, so ist darzulegen, dass und warum das frühere Tatgericht diese nicht kannte und auch nicht kennen konnte. 36

In der zitierten Entscheidung heißt es treffend u a: „Auch in einem Urteil über die nachträgliche Sicherungsverwahrung sind in den Gründen die speziellen Anforderungen für seine revisionsrechtliche Nachprüfbarkeit zu beachten. § 267 Abs 1 S 1 StPO verlangt eine in sich geschlossene Darstellung der vom erkennenden Gericht zur Urteilsgrundlage gemachten Feststellungen. Die Urteilsgründe müssen klar, geschlossen, erschöpfend und aus sich heraus verständlich sein (BGHSt 30 225, 227; BGHSt 33 59, 60). Die Bezugnahme auf andere Schriftstücke und Erkenntnisquellen ist deshalb grundsätzlich unzulässig (BGH aaO). Allerdings kann in demselben Verfahren zur Vermeidung von Wiederholungen ein neuer Tatrichter beispielsweise auf die von einer Teilaufhebung nicht erfassten Feststellungen eines früheren Urteils Bezug nehmen (BGHSt 24 274, 275; BGHSt 30 225, 227; BGHSt 33 59, 60). Diese Grundsätze lassen sich auch auf Entscheidungen über die Anordnung einer nachträglichen Sicherungsverwahrung anwenden. Die Feststellungen im Urteil, in dem der Verurteilte zu einer Freiheitsstrafe wegen eines der in § 66 b StGB genannten Verbrechen oder Vergehen verurteilt worden ist, sind rechtskräftig. Sie bleiben aufrechterhalten und binden das Gericht, das über die nachträgliche Sicherungsverwahrung zu befinden hat. Die Bindungswirkung ist nur insoweit eingeschränkt, als die Anordnung einer nachträglichen Sicherungsverwahrung in Betracht kommt. Wird dabei auf das Ausgangsurteil Bezug genommen, muss der Umfang der in Bezug genommenen Feststellungen eindeutig und 36.1

zweifelsfrei erkennbar sein (vgl BGHSt 24 274, 275). Aus Gründen der Verständlichkeit kann es allerdings dennoch angezeigt erscheinen, die Straftaten iSd § 66 b StGB kurz darzustellen. Auf jeden Fall ist jedoch darzulegen, ob und inwieweit im Ausgangsurteil Ausführungen zur Sicherungsverwahrung oder vorbehaltenen Sicherungsverwahrung enthalten sind. Auch kann – sofern solches sich nach den vom Verurteilten begangenen Taten nicht aufdrängt – es erforderlich sein, darzulegen, worauf sich die Prognose stützt, dass durch die befürchteten künftigen Straftaten Opfer seelisch oder körperlich schwer geschädigt werden."

37 Gegen die Entscheidung ist das Rechtsmittel der **Revision** statthaft. Auch dann, wenn das Landgericht fehlerhaft durch Beschluss und nicht aufgrund mündlicher Verhandlung durch Urteil entschieden hat, ist (nur) das Rechtsmittel der Revision gegeben (BGH NJW 2005, 3078, 3080; OLG Celle NdsRPfl 2005, 286).

F. Unterbringungsbefehl

38 Als vorläufige Freiheitsentziehung im Rahmen des Nachverfahrens bei der vorbehaltenen Sicherungsverwahrung sowie bei der nachträglichen Sicherungsverwahrung ist allein der **Unterbringungsbefehl nach § 275 a Abs 5 StPO** möglich. Der Erlass eines Haftbefehls oder eines anderen Unterbringungsbefehls ist nicht angängig (Meyer-Goßner StPO § 275 a Rn 16). Der BGH weist darauf hin, dass auf jeden Fall eine **Entlassungsvorbereitung** – auch während der einstweiligen Unterbringung – durchzuführen ist, um nicht bei plötzlicher Aufhebung des Unterbringungsbefehls den Verurteilten völlig unvorbereitet in Freiheit zu entlassen (BGHSt 50, 373, 384).

I. Nachträgliche Sicherungsverwahrung

39 Voraussetzung sind **dringende Gründe** für die Annahme, dass die Sicherungsverwahrung nachträglich angeordnet wird. „Dringende Gründe" sind dabei nach allgemeinen Grundsätzen (vgl § 111 a Abs 1 StPO, § 126 a Abs 1 StPO, § 132 a Abs 1 StPO sowie § 112 Abs 1 StPO) dann anzunehmen, wenn nach bisherigem Ermittlungsstand eine hohe Wahrscheinlichkeit für die endgültige Verhängung der Maßregel spricht (OLG Rostock StV 2005, 279). Insbes muss daher eine hohe Wahrscheinlichkeit bestehen, dass überhaupt neue Tatsachen iSd § 66 b StGB vorliegen und diese auch als erheblich erachtet werden (OLG Saarbrücken Beschl v 4. 7. 2007 – Az 1 Ws 137/07; OLG Schleswig NStZ-RR 2009, 75, 76). Dazu müssen nicht zwingend bereits die nach § 275 a Abs 4 StPO erforderlichen Sachverständigengutachten vorliegen (OLG München NStZ 2005, 573; KK-StPO/Engelhardt StPO § 275 a Rn 10). Bei der Auslegung des Begriffs „dringende Gründe" ist das Freiheitsgrundrecht in Verbindung mit dem Verhältnismäßigkeitsgrundsatz zu beachten und insbesondere die hohen Anforderungen, die von Verfassungs wegen an das Merkmal der Gegenwärtigkeit der Gefahr iSv § 66 b StGB gelten (BVerfG Beschl v 22. 10. 2008 – Az 2 BvR 749/08 = BeckRS 2008, 40127). Die Anordnung und die Fortdauer der einstweiligen Unterbringung ist nicht an die strikte Einhaltung des **Beschleunigungsgrundsatzes** gebunden (OLG Hamm Beschl v 21. 10. 2008 – Az 4 Ws 294/08 = BeckRS 2009, 02367). Der Unterbringungsbefehl nach § 275 a StPO **dient hingegen nicht der Gewinnung dringender Anhaltspunkte** für eine drohende Unterbringung nach § 66 b StGB, sondern setzt diese voraus. Er darf nicht erlassen werden, um eine Prüfung, ob die Voraussetzungen für eine nachträgliche Anordnung vorliegen, überhaupt erst zu ermöglichen bzw um bisher nicht hinreichende Erkenntnisse zu vervollständigen (OLG Saarbrücken Beschl v 4. 7. 2007 – Az 1 Ws 137/07).

40 **Zuständig** ist in den Fällen des § 66 b Abs 1 u Abs 2 StGB das Gericht, das zur Entscheidung über die nachträgliche Anordnung der Sicherungsverwahrung berufen ist und zwar auch dann, wenn der Antrag der Staatsanwaltschaft noch nicht gestellt ist (Umkehrschluss aus § 275 a Abs 5 S 2 StPO). Im Fall des § 66 b Abs 3 StPO ist bis zum Eingang des Antrages der Staatsanwaltschaft die Strafvollstreckungskammer, die über die Erledigung der Unterbringung nach § 67 d Abs 6 StGB zu entscheiden hat zuständig, da nur so vermieden werden kann, dass bei Erledigungserklärung durch den einen Spruchkörper der Unterbringungsbefehl durch den anderen Spruchkörper zu spät kommt (BT-Drs 15/2887, 16).

II. Vorbehaltene Sicherungsverwahrung

Im Nachverfahren bei der vorbehaltenen Sicherungsverwahrung ist der Erlass eines 41
Unterbringungsbefehls nur dann zulässig, wenn die **Fristen nach § 66 a Abs 2 StGB**
eingehalten wurden und innerhalb dieser Frist die vorbehaltene Sicherungsverwahrung
(erstinstanzlich) angeordnet wurde, also letztlich nur für das Revisionsverfahren (Meyer-
Goßner StPO § 275 a Rn 17). Wurde erstinstanzlich die Anordnung der vorbehaltenen
Sicherungsverwahrung abgelehnt, so kann kein Unterbringungsbefehl ergehen. Das erst-
instanzliche, eine vorbehaltene Sicherungsverwahrung anordnende, Urteil, ersetzt hier die
Gefährlichkeitsprüfung nach § 275 a Abs 5 S 1 StPO, denn diese ist bereits Gegenstand des
Urteils.

III. Verfahren

Hinsichtlich der **Formalien** und des **Verfahrens, Rechtsbehelfen** und **Aufhebung** des 42
Unterbringungsbefehls gilt der Verweis in § 275 a Abs 5 S 4 StPO. Dementsprechend soll
das Haftprüfungsverfahren nach §§ 121 StPO ff beim Unterbringungsbefehl nach § 275 a
Abs 5 StPO nicht gelten; allerdings ist stets zu prüfen, ob seine Voraussetzungen noch
vorliegen (OLG Hamm Beschl v 21. 10. 2008 – Az 4 Ws 294/08 = BeckRS 2009, 02367;
OLG München NStZ-RR 2009, 20).

Der Unterbringungsbefehl hat insbes den Anforderungen des **§ 114 StPO** zu genügen. 43
Da die Vorschrift nur entsprechend heranzuziehen ist, müssen hier statt der Tat die formellen
und materiellen Voraussetzungen geschildert werden, aus denen sich ergibt, dass zu erwarten
ist, dass die Sicherungsverwahrung nachträglich (§ 66 b StGB) oder aufgrund des Vorbehalts
(§ 66 a StGB) angeordnet wird. Im Falle des § 66 a StGB wird für ausreichend erachtet, dass
auf das ergangene Urteil (vgl Rn 41) Bezug genommen wird (Meyer-Goßner StPO § 275 a
Rn 18; zwhft).

Diese Ansicht erscheint im Hinblick auf die Überprüfung des Unterbringungsbefehls im Be- 43.1
schwerdeverfahren nicht ganz bedenkenfrei. Richtig ist zwar, dass bei der vorbehaltenen Sicherungs-
verwahrung der Unterbringungsbefehl unter den formalen Voraussetzungen des § 275 Abs 5 S 3
StPO erlassen werden kann (Rn 41) und dies zunächst auch einmal nur Prüfungsgegenstand im
Beschwerdeverfahren ist. Ob die Anordnung der vorbehaltenen Sicherungsverwahrung zu Recht
erfolgt ist, ist auch grundsätzlich nicht vom Beschwerdegericht zu prüfen, sondern dies ist Sache des
Revisionsgerichts. Dennoch wird man vor dem Hintergrund von Art 2 Abs 2 S 2 GG dem
Beschwerdegericht ermöglichen müssen, zu prüfen, ob die Anordnung der vorbehaltenen Maßregel
offensichtlich keinen Bestand hat, denn wenn dies klar absehbar wäre, wäre es unverhältnismäßig,
den Verurteilten weiter unterzubringen. Da die schriftlichen Urteilsgründe meist erst sehr viel später
abgefasst werden (vgl § 275 StPO) als der Unterbringungsbefehl (der mit der Urteilsverkündung
ergeht und bekannt gemacht wird, § 114 a StPO entsprechend), wäre dem Beschwerdegericht eine
solche Überprüfung nicht möglich.

Achter Abschnitt. Verfahren gegen Abwesende (§§ 276-295)

§ 276 [Begriff und Verfahren]

**Ein Beschuldigter gilt als abwesend, wenn sein Aufenthalt unbekannt ist oder
wenn er sich im Ausland aufhält und seine Gestellung vor das zuständige Gericht
nicht ausführbar oder nicht angemessen erscheint.**

Der Aufenthaltsort eines Beschuldigten mit der **Fiktion** von dessen Abwesenheit ist unbe- 1
kannt, wenn er den Strafverfolgungsbehörden und dem Gericht nicht bekannt ist und auch
unter Berücksichtigung weiterer verhältnismäßiger Ermittlungsmaßnahmen nicht bekannt
werden wird.

Der Beschuldigte gilt auch als abwesend, wenn sein außerhalb der Bundesrepublik oder 2
auf hoher See (Löwe/Rosenberg/Gollwitzer StPO § 275 Rn 12) liegender Aufenthaltsort
bekannt ist, seine Gestellung jedoch nicht ausführbar oder nicht angemessen erscheint. Dies

setzt voraus, dass eine Ladung mit an Sicherheit grenzender Wahrscheinlichkeit nicht Erfolg versprechend und ein Auslieferungsersuchen unausführbar oder unangemessen ist. Ein Auslieferungsersuchen ist **unausführbar**, wenn die Auslieferung keine Aussicht auf Erfolg hat. **Unangemessen** ist es, wenn die mit der Auslieferung für den Beschuldigten verbundenen Nachteile, die tatsächlichen Schwierigkeiten oder die der Staatskasse entstehenden Kosten im Verhältnis zur Bedeutung der Sache außer Verhältnis stehen.

§§ 277-284 (weggefallen)

§ 285 [Beweissicherungszweck]

(1) ¹Gegen einen Abwesenden findet keine Hauptverhandlung statt. ²Das gegen einen Abwesenden eingeleitete Verfahren hat die Aufgabe, für den Fall seiner künftigen Gestellung die Beweise zu sichern.

(2) Für dieses Verfahren gelten die Vorschriften der §§ 286 bis 294.

Die Vorschrift begrenzt das staatliche Handeln bei Abwesenheit des Beschuldigten darauf, dass gegen ihn keine Hauptverhandlung stattfindet. Die Möglichkeiten, nach § 231 Abs 2 StPO, § 232 StPO, § 232 StPO, § 329 StPO und § 412 StPO ohne den Angeklagten zu verhandeln, bleiben unberührt. Ebenso sind ein Ermittlungsverfahren und die Sicherung von Beweisen zulässig. Ist der Beschuldigte schon im Ermittlungsverfahren abwesend, stellt die Staatsanwaltschaft das Verfahren, wenn nicht § 170 Abs 2 StPO oder § 153 StPO in Betracht kommen, nach § 205 S 1 StPO ein. Eine Anklageerhebung erfolgt nur im Falle des § 290 StPO. Ergibt sich die Abwesenheit des Angeschuldigten im Zwischenverfahren, sichert das Gericht die Beweise, nach Eröffnung des Hauptverfahrens ist nach § 289 StPO zu verfahren.

§ 286 [Verteidiger]

¹Für den Angeklagten kann ein Verteidiger auftreten. ²Auch Angehörige des Angeklagten sind, auch ohne Vollmacht, als Vertreter zuzulassen.

1 § 286 S 1 StPO hat keine eigenständige Bedeutung. Die Vertretung durch einen Rechtsanwalt richtet sich den **allgemeinen Bestimmungen**. Hat sich kein Verteidiger bestellt, ist insb zu prüfen, ob ein Fall notwendiger Verteidigung nach § 140 Abs 2 S 1 Var 3 StPO vorliegt (KK-StPO/Engelhardt StPO § 286 Rn 2).

2 Nach § 286 S 2 StPO können Angehörige des Beschuldigten (die Bezeichnung als Angeklagter stellt ein Redaktionsversehen dar) auch ohne Vollmacht zur Vertretung, dh zur **bloßen Interessenwahrnehmung**, zugelassen werden. Der Begriff des Angehörigen ist nicht auf den in § 11 Abs 1 Nr 1 StGB und § 52 Abs 1 StPO genannten Personenkreis beschränkt. Er erstreckt sich auch auf entfernte Verwandte und Stiefeltern, nicht aber auf den geschiedenen Ehepartner (Löwe/Rosenberg/Gollwitzer StPO § 286 Rn 6). Die Zahl der Vertreter kann nach § 137 Abs 1 StPO analog beschränkt werden.

§ 287 [Benachrichtigung des Abwesenden]

(1) Dem abwesenden Beschuldigten steht ein Anspruch auf Benachrichtigung über den Fortgang des Verfahrens nicht zu.

(2) Der Richter ist jedoch befugt, einem Abwesenden, dessen Aufenthalt bekannt ist, Benachrichtigungen zugehen zu lassen.

1 Der Rechtsanspruch des abwesenden Beschuldigten auf Mitteilung über den Verfahrensfortgang oder über Ermittlungsmaßnahmen ist im Ermittlungsverfahren außer Kraft gesetzt. Ab Anklageerhebung steht es im Ermessen des Gerichts, den Abwesenden zu benachrichtigen. Dies gilt auch bei Vorliegen einer Zustellungsvollmacht.

Die Mitteilungspflicht gegenüber dem Verteidiger und den nach § 286 S 2 StPO zugelassenen Personen bleibt davon unberührt. 2

§ 288 [Aufforderung zum Erscheinen]

Der Abwesende, dessen Aufenthalt unbekannt ist, kann in einem oder mehreren öffentlichen Blättern zum Erscheinen vor Gericht oder zur Anzeige seines Aufenthaltsortes aufgefordert werden.

Das Gericht kann den Abwesenden öffentlich auffordern, seinen Aufenthaltsort mitzuteilen oder vor Gericht zu erscheinen. Die Maßnahme kann geboten sein, wenn dem Beschuldigten vom Verfahren nichts bekannt ist (KMR/Hainzmann StPO § 288 Rn 1). Die Aufforderung kann ggf auch mehrfach in allen der Öffentlichkeit zugänglichen Medien erfolgen. 1

Die Aufforderung zeitigt keine Rechtsfolgen. Sie kann weder eine Ladung noch eine Zustellung ersetzen (KK-StPO/Engelhardt StPO § 288 Rn 2). 2

§ 289 [Kommissarische Beweisaufnahme]

Stellt sich erst nach Eröffnung des Hauptverfahrens die Abwesenheit des Angeklagten heraus, so erfolgen die noch erforderlichen Beweisaufnahmen durch einen beauftragten oder ersuchten Richter.

Die Norm enthält eine Ausnahmeregelung für die Beweissicherung gemäß § 285 Abs 1 S 2 StPO nach Eröffnung des Hauptverfahrens. Während es ansonsten bei den allgemeinen Vorschriften verbleibt, obliegt in diesem Fall die Beweissicherung dem Gericht. Die Beweise werden vom beauftragten oder ersuchten Richter erhoben. 1

Die Durchführung der Beweisaufnahme richtet sich nach § 223 StPO, § 224 StPO und § 225 StPO. Als Vertreter zugelassene Angehörige sind nach § 286 Abs 1 S 2 StPO zu laden und besitzen ein Anwesenheitsrecht in demselben Umfang wie der Angeklagte (Meyer-Goßner StPO § 289 Rn 2). 2

§ 290 [Beschlagnahme statt Haftbefehl]

(1) Liegen gegen den Abwesenden, gegen den die öffentliche Klage erhoben ist, Verdachtsgründe vor, die den Erlaß eines Haftbefehls rechtfertigen würden, so kann sein im Geltungsbereich dieses Bundesgesetzes befindliches Vermögen durch Beschluß des Gerichts mit Beschlag belegt werden.

(2) Wegen Straftaten, die nur mit Freiheitsstrafe bis zu sechs Monaten oder mit Geldstrafe bis zu einhundertachtzig Tagessätzen bedroht sind, findet keine Vermögensbeschlagnahme statt.

Überblick

Die Norm regelt die Befugnis zur Vermögensbeschlagnahme eines abwesenden Beschuldigten, um sein Erscheinen vor Gericht zu erzwingen (Rn 1). Die Beschlagnahme muss geeignet sein, den Beschuldigten zum Erscheinen zu bewegen (Rn 3), und darf bei Straftaten von geringem Gewicht nicht unverhältnismäßig sein (Rn 5).

A. Anklageerhebung

Durch die Beschlagnahme des inländischen Vermögens soll der Beschuldigte zum **Erscheinen vor Gericht** gezwungen werden (BayObLG NJW 1964, 301). Zur Anordnung der Beschlagnahme muss gegen den Beschuldigten öffentliche Klage erhoben sein. Sie kann auch mit dem Zweck erhoben werden, die Beschlagnahme zu ermöglichen, wenn der Beschuldig- 1

StPO §§ 291, 292   Zweites Buch. 8. Abschnitt

te abwesend ist (Löwe/Rosenberg/Gollwitzer StPO § 290 Rn 7). Die Anordnung kann auch noch im Strafvollstreckungsverfahren ergehen (OLG Düsseldorf NStZ 1997, 103).

2   Gegen den Beschuldigten muss **dringender Tatverdacht** bestehen (§ 112 StPO Rn 3). Ein Haftgrund braucht nicht vorzuliegen (KK-StPO/Engelhardt StPO § 290 Rn 4; **aA** Löwe/Rosenberg/Gollwitzer StPO § 290 Rn 8).

B. Geeignetheit und Verhältnismäßigkeit der Maßnahme

3   Die Vermögensbeschlagnahme muss aufgrund einer Prognose **geeignet** sein, das Erscheinen des Beschuldigten bei Gericht herbeizuführen. So kommt eine Beschlagnahme insb dann in Betracht, wenn eine Auslieferung oder Abschiebung nicht Erfolg versprechend ist. Eine Erklärung des Beschuldigten, keinesfalls ins Inland zurückzukehren, ist ohne Belang (Meyer-Goßner StPO § 290 Rn 1).

4   **Ungeeignet** ist die Beschlagnahme, wenn der Beschuldigte aus tatsächlichen Gründen aus dem Ausland nicht zurückkehren kann, weil er festgehalten wird oder nicht reisefähig ist (Löwe/Rosenberg/Gollwitzer StPO § 290 Rn 2), oder wenn im Inland kein nennenswertes Vermögen vorhanden und mit einem weiteren Vermögensanfall nicht zu rechnen ist (Löwe/Rosenberg/Gollwitzer StPO § 290 Rn 3).

5   Bei Straftaten von **geringerem Gewicht** (§ 290 Abs 2 StPO) ist die Beschlagnahme unverhältnismäßig. Sie darf auch iÜ nicht außer Verhältnis zu den zu erwartenden Rechtsfolgen stehen (Börner NStZ 2005, 550).

C. Prozessuales

6   Das Gericht entscheidet über die Beschlagnahme durch Beschluss. Eines Antrags der StA bedarf es nicht. Der Beschluss ist zu begründen, § 34 StPO, der Beschuldigte genau zu bezeichnen. Die Beschlagnahme wird **abstrakt angeordnet**, ohne dass Vermögensgegenstände genannt werden.

6.1   Formulierungsvorschlag:
1. Das im Geltungsbereich der Strafprozessordnung gelegene Vermögen des Vorname Name, geb. am ... in ... wird beschlagnahmt.
2. Die Anordnung ist im elektronischen Bundesanzeiger (und in ...) bekanntzumachen.

7   Die **Bekanntmachung** wird in § 291 StPO geregelt, die Wirkungen in § 292 StPO und die Aufhebung in § 293 StPO.

8   Gegen den Beschluss über die Beschlagnahme findet die Beschwerde nach § 304 StPO statt.

§ 291 [Bekanntmachung der Beschlagnahme]

Der die Beschlagnahme verhängende Beschluß ist im elektronischen Bundesanzeiger bekanntzumachen und kann nach dem Ermessen des Gerichts auch auf andere geeignete Weise veröffentlicht werden.

1   Die Bekanntmachung des Beschlagnahmebeschlusses erfolgt stets im elektronischen Bundesanzeiger und bedarf keiner ausdrücklichen Anordnung (KK-StPO/Engelhardt StPO § 291 Rn 1; **aA** Meyer-Goßner StPO § 291 Rn 1). Das Gericht kann die Veröffentlichung nach eigenem Ermessen auch auf jede andere geeignete Art und Weise beschließen. Dies bedarf einer ausdrücklichen Anordnung, die auch nachträglich ergehen kann (Löwe/Rosenberg/Gollwitzer StPO § 291 Rn 2). Die Veröffentlichung wird von der Geschäftsstelle veranlasst (Meyer-Goßner StPO § 291 Rn 2).

2   Mit Ablauf des Tags der Veröffentlichung im elektronischen Bundesanzeiger wird die Beschlagnahme wirksam (Löwe/Rosenberg/Gollwitzer StPO § 292 Rn 1).

§ 292 [Wirkung der Bekanntmachung]

(1) Mit dem Zeitpunkt der ersten Bekanntmachung im elektronischen Bundesanzeiger verliert der Angeschuldigte das Recht, über das in Beschlag genommene Vermögen unter Lebenden zu verfügen.

(2) ¹Der die Beschlagnahme verhängende Beschluß ist der Behörde mitzuteilen, die für die Einleitung einer Pflegschaft über Abwesende zuständig ist. ²Diese Behörde hat eine Pflegschaft einzuleiten.

Mit der Veröffentlichung gemäß § 291 StPO entsteht für den Beschuldigten ein absolutes Verfügungsverbot gegenüber jedermann. Die Verfügungen sind nach § 134 BGB ohne Rücksicht auf die Gutgläubigkeit des Vertragspartners nichtig (BayObLGZ 12, 31). Einer Eintragung im Grundbuch bedarf es nicht (Meyer-Goßner StPO § 292 Rn 1). Bestehende Rechte Dritter bleiben unberührt und sind im Zivilprozess geltend zu machen (KK-StPO/Engelhardt StPO § 292 Rn 1). 1

Der Vorsitzende teilt den Beschlagnahmebeschluss dem zuständigen Betreuungsgericht mit. Dieses bestellt einen Abwesenheitspfleger nach § 1911 BGB, der das inländische Vermögen verwaltet. 2

§ 293 [Aufhebung der Beschlagnahme]

(1) Die Beschlagnahme ist aufzuheben, wenn ihre Gründe weggefallen sind.

(2) ¹Die Aufhebung der Beschlagnahme ist auf dieselbe Weise bekannt zu machen, wie die Bekanntmachung der Beschlagnahme. ²Ist die Veröffentlichung nach § 291 im elektronischen Bundesanzeiger erfolgt, ist zudem deren Löschung zu veranlassen; die Veröffentlichung der Aufhebung der Beschlagnahme im elektronischen Bundesanzeiger ist nach Ablauf von einem Monat zu löschen.

Ist der Beschuldigte nicht mehr dringend tatverdächtig, wird die Eröffnung des Hauptverfahrens abgelehnt oder das Verfahren eingestellt (nicht nach § 205 StPO), ist die nach § 290 StPO erfolgte Beschlagnahme aufzuheben. Das Gleiche gilt, wenn der Beschuldigte vor Gericht erscheint oder verstirbt. Bis zur Grenze der Verjährung kommt es auf die Dauer der Beschlagnahme nicht an (Börner NStZ 2005, 552). 1

Die Beschlagnahme erlischt mit der Bekanntmachung ihrer Aufhebung. Diese muss im elektronischen Bundesanzeiger veröffentlicht werden. Gleichzeitig ist die Beschlagnahme zu löschen, nach einem Monat dann die Bekanntmachung der Aufhebung (Meyer-Goßner StPO § 293 Rn 2). 2

§ 294 [Verfahren nach Anklageerhebung]

(1) Für das nach Erhebung der öffentlichen Klage eintretende Verfahren gelten im Übrigen die Vorschriften über die Eröffnung des Hauptverfahrens entsprechend.

(2) In dem nach Beendigung dieses Verfahrens ergehenden Beschluß (§ 199) ist zugleich über die Fortdauer oder Aufhebung der Beschlagnahme zu entscheiden.

Die Norm verweist bei der Abwesenheit des Angeschuldigten auf die Vorschriften für das Zwischenverfahren. Das Gericht klärt daher den Sachverhalt auch bei Abwesenheit des Angeschuldigten auf. 1

Das Zwischenverfahren endet mit einem Beschluss, durch den die Eröffnung des Hauptverfahrens abgelehnt oder das Verfahren nach § 205 S 1 StPO vorläufig eingestellt wird. In dem Beschluss ist über die Fortdauer oder Aufhebung der Beschlagnahme zu entscheiden. 2

§ 295 [Sicheres Geleit]

(1) Das Gericht kann einem abwesenden Beschuldigten sicheres Geleit erteilen; es kann diese Erteilung an Bedingungen knüpfen.

(2) Das sichere Geleit gewährt Befreiung von der Untersuchungshaft, jedoch nur wegen der Straftat, für die es erteilt ist.

(3) Es erlischt, wenn ein auf Freiheitsstrafe lautendes Urteil ergeht oder wenn der Beschuldigte Anstalten zur Flucht trifft oder wenn er die Bedingungen nicht erfüllt, unter denen ihm das sichere Geleit erteilt worden ist.

Überblick

Die Norm regelt Wirkung (Rn 1), Umfang (Rn 3), Erlöschen (Rn 4) und Erteilung (Rn 6) des sicheren Geleits.

A. Wirkung des sicheren Geleits

1   Das sichere Geleit dient dem staatlichen Interesse an der Durchführung des Strafverfahrens und ermöglicht einem Beschuldigten die gefahrlose Teilnahme am Strafverfahren. Es ist weder auf den Strafprozess noch auf die konkrete Verfahrensstellung einer Person beschränkt (BGH NJW 1991, 2500). Der Adressat muss aber zumindest in einem anderen Verfahren **Beschuldigter** sein (BGH NStZ 1989, 130).

2   Durch das sichere Geleit wird der Beschuldigte von der Untersuchungshaft hinsichtlich einer **konkreten Tat** gemäß § 264 StPO befreit. Ein Haftbefehl braucht nicht vorzuliegen.

3   Das sichere Geleit erstreckt sich auf die Dauer des Strafverfahrens und gilt für das gesamte Inland, soweit es nicht zeitlich oder örtlich beschränkt wird, und kann bereits während des Ermittlungsverfahrens erteilt werden. Die **Beschränkung** muss mit dem Zweck des sicheren Geleits in Zusammenhang stehen.

B. Erlöschen des sicheren Geleits

4   Das sichere Geleit endet **ohne ausdrücklichen Beschluss** bei Vorliegen eines Erlöschensgrunds, spätestens mit Erlass eines auf Freiheitsstrafe lautenden Urteils. Es endet auch, wenn der Beschuldigte Anstalten zur Flucht gemäß § 116 Abs 4 Nr 2 StPO trifft, jedoch nicht, wenn der Beschuldigte das Inland nach Abschluss eines Verfahrensteils wieder verlässt, auf den das sichere Geleit beschränkt war (KK-StPO/Engelhardt StPO § 295 Rn 6). Auch der schuldhafte, nicht unbedingt grobe Verstoß gegen die örtliche oder zeitliche Beschränkung lässt das sichere Geleit erlöschen. Bei einem beschränkten sicheren Geleit gilt § 295 Abs 3 StPO nicht.

5   Ein vom **unzuständigen Gericht** erlassener Geleitbrief bleibt wirksam und kann nicht wegen Unzuständigkeit widerrufen werden (Löwe/Rosenberg/Gollwitzer StPO § 295 Rn 16).

C. Prozessuales

6   Einen auf das Ermittlungsverfahren beschränkten **Geleitbrief** erteilt der Ermittlungsrichter durch Beschluss, wenn er auf die Dauer des Ermittlungsverfahrens beschränkt ist, andernfalls das Gericht, vor dem die Hauptsache stattfinden soll (OLG Hamburg JR 1979, 174).

Der Geleitbrief muss die Straftat, auf die er sich bezieht, ggf die Prozesshandlung, auf die er beschränkt ist, und die evtl Bedingungen bezeichnen.

6.1   Formulierungsvorschlag:
Dem Beschuldigten N N wird für die Vernehmung vor der Staatsanwaltschaft N am … sicheres Geleit gewährt.
Das sichere Geleit gilt vom … bis zum … und erstreckt sich auf
– das Stadtgebiet von N
– den direkten Weg vom Grenzübergang … zum Stadtgebiet von N über die Bundesautobahn … und die entsprechende Bahnlinie
– den direkten Weg vom Flughafen … zum Stadtgebiet von N über die Bundesautobahn … und die entsprechende Bahnlinie.
Das sichere Geleit gilt ausschließlich für folgenden Tatvorwurf: …

7   Das sichere Geleit steht im **Ermessen** des Gerichts. Es kommt im Durchschnittsfall bei einem dringend Verdächtigen, der sich verborgen hält, regelmäßig nicht in Betracht, sondern bedarf einer besonderen Rechtfertigung (OLG Düsseldorf NStZ-RR 1999, 245).

Gegen die Entscheidung über das sichere Geleit ist die **Beschwerde** statthaft. Die StA 8
kann die Erteilung, der Beschuldigte nur die Beschränkungen angreifen (OLG Hamburg JR
1979, 174). Gegen eine Verhaftung unter Verstoß gegen das sichere Geleit finden die
Haftbeschwerde und der Antrag auf Haftprüfung statt.

Drittes Buch. Rechtsmittel (§§ 296-358)

Erster Abschnitt. Allgemeine Vorschriften (§§ 296-303)

§ 296 [Rechtsmittelberechtigte]

(1) Die zulässigen Rechtsmittel gegen gerichtliche Entscheidungen stehen sowohl der Staatsanwaltschaft als dem Beschuldigten zu.

(2) Die Staatsanwaltschaft kann von ihnen auch zugunsten des Beschuldigten Gebrauch machen.

Überblick

Die Vorschrift betrifft die Berechtigung zur Anfechtung nicht rechtskräftiger gerichtlicher Entscheidungen durch Rechtsmittel, also Beschwerde, Berufung und Revision. Darüber hinaus sind Zulässigkeitsvoraussetzungen zwar nicht geregelt, deren Kenntnis ist aber zum Verständnis der Vorschrift unentbehrlich.

Übersicht

	Rn		Rn
A. Zulässige Rechtsmittel	1	1. Allgemeines	15
I. Rechtsmittel	1	2. Rechtsmittel zugunsten des Beschuldigten	18
II. Beschwer	7		
III. Prozessuale Überholung	10	II. Beschuldigte	20
B. Rechtsmittelberechtigte	15	III. Sonstige Rechtsmittelberechtigte	23
I. Staatsanwaltschaft	15		

A. Zulässige Rechtsmittel

I. Rechtsmittel

Rechtsmittel unterscheiden sich von anderen Rechtsbehelfen dadurch, dass sie die Über- 1
prüfung der Rechtmäßigkeit der angefochtenen gerichtlichen Entscheidung vor ein Gericht
höherer Ordnung verlagern. Dies nennt man **Devolutiveffekt**. Rechtsmittel sind danach
**einfache Beschwerde, sofortige Beschwerde, weitere Beschwerde, Berufung und
Revision**. Die beiden letztgenannten Rechtsmittel, die sich gegen Urteile richten, führen
zudem dazu, dass die Vollstreckbarkeit der angefochtenen Entscheidung gehemmt wird, der
sog Suspensiveffekt (für die Berufung vgl § 316 StPO Rn 1; für die Revision vgl § 343 StPO
Rn 1 f). Diese Wirkung hat die Beschwerde nicht, § 307 Abs 1 StPO (§ 307 StPO Rn 1).

Förmliche Rechtsbehelfe, aber keine Rechtsmittel sind zB Antrag auf Wiedereinset- 2
zung in den vorigen Stand, § 44 StPO, § 235 StPO, § 329 Abs 3 StPO, § 412 StPO,
Einspruch gegen einen Strafbefehl, § 410 StPO, Antrag auf Entscheidung des Rechtsmittelgerichts, § 319 Abs 2 StPO, § 346 Abs 2 StPO, und auf Wiederaufnahme des Verfahrens,
§§ 359 StPO ff (Löwe/Rosenberg/Hanack StPO Vor § 296 mit weiteren Beispielen).

Formlose Rechtsbehelfe sind die **Dienstaufsichtsbeschwerde,** wobei eine Überprü- 3
fung der in richterlicher Unabhängigkeit getroffenen Entscheidung nicht möglich ist (§ 26
Abs 1 DRiG), und die **Gegenvorstellung** (vgl Matt MDR 1992, 820). Diese ist auf Abän-

derung durch das entscheidende Gericht selbst gerichtet, die bereits befasst gewesenen Richter können dabei nicht abgelehnt werden, vgl § 25 StPO Rn 9.1. Eine Beschwer ist nicht Voraussetzung. Zulässig ist die Gegenvorstellung aber nur dann, wenn das Gericht seine Entscheidung wieder aufheben darf, zB gem § 306 Abs 2 StPO (vgl § 306 StPO Rn 7). Eine Abänderung unanfechtbarer gerichtlicher Beschlüsse wird nur ausnahmsweise zugelassen (Meyer-Goßner StPO Vor § 296 Rn 24 f), wenn dadurch grobes prozessuales Unrecht vermieden werden kann (OLG Düsseldorf NStZ 1982, 395) und die Aufhebung der Entscheidung die Einlegung einer Verfassungsbeschwerde ersparen würde (BVerfGE 63, 77 = NJW 1983, 1900). Dies ist für den Fall angenommen worden, dass die beanstandete Entscheidung auf einem entscheidungserheblichen Tatsachenirrtum, zB versehentliche Annahme eines Rechtsmittelverzichts (so zu Unrecht OLG Jena NStZ-RR 1997, 10, 11) beruht (vgl auch KG JR 1992, 523; OLG Karlsruhe NStZ-RR 2002, 45) oder ein ausgeschlossener Richter mitgewirkt hat (so zu Unrecht OLG Düsseldorf MDR 1980, 335; vgl auch § 22 StPO Rn 10.3). Es ist streitig, ob ein Anspruch auf Entscheidung des Gerichts besteht (dafür Meyer-Goßner StPO Vor § 296 Rn 26 mwN; differenzierend KK-StPO/Paul StPO Vor § 296 Rn 4). Jedoch sollte über eine zulässige, aber unbegründete Gegenvorstellung eine wenn auch knappe Sachentscheidung (zB „Die Gegenvorstellung gibt keinen Anlass, die Entscheidung abzuändern.") ergehen, im Übrigen sollte jedenfalls die erste Gegenvorstellung formlos beschieden und mitgeteilt werden.

4   Rechtsmittel sind nur dann **statthaft**, wenn das Gesetz die Einlegung vorsieht (BGH NStZ 1995, 248). Dabei ist nicht die Bezeichnung der angefochtenen Entscheidung, sondern ihr Inhalt maßgeblich. Dem Rechtsmittelberechtigten steht das Rechtsmittel zu, dass gegen die ordnungsgemäße Form der Entscheidung gegeben ist (BGHSt 8, 383, 384; BGHSt 50, 180, 185 f = NJW 2005, 3078).

4.1   Die durch Beschluss in der Hauptverhandlung erfolgte Einstellung nach § 206 a StPO ist dem sachlichen Gehalt nach ein Urteil, statthafte Rechtsmittel sind Berufung oder Revision (KG VRS 100, 134).

5   Ein Rechtsmittel kann nur eingelegt werden, wenn die Entscheidung, die damit angefochten werden soll, **bereits ergangen** ist. Ein vorsorgliches Rechtsmittel gegen nur erwartete Entscheidungen ist unzulässig. Ob der Beschwerdeführer bei Einlegung der Beschwerde wusste, dass die Entscheidung bereits erlassen war, ist aber unerheblich (BGHSt 25, 187, 189 = JR 1974, 295).

6   Rechtsmittel, die unter eine **Bedingung** gestellt werden, sind **unzulässig** (BGHSt 25, 187, 189 = JR 1974, 295 mAnm Hanack). Es ist aber zulässig, das Rechtsmittel von sogenannten Rechtsbedingungen (BGHSt 5, 183 = NJW 1954, 243), also vom Vorliegen rechtlicher Voraussetzungen abhängig zu machen. Ob das Rechtsmittel tatsächlich an eine Bedingung geknüpft sein soll, ist gegebenenfalls durch Auslegung zu ermitteln.

6.1   Danach führt die Bedingung, dass die Berufung nur eingelegt sein soll, wenn auch die Staatsanwaltschaft Rechtsmittel einlegt, zur Unzulässigkeit (OLG Düsseldorf MDR 1956, 376). Zulässig ist es aber, die Beschwerde an die Verwerfung eines Wiedereinsetzungsantrags zu knüpfen (Meyer-Goßner StPO Vor § 296 Rn 5).

6.2   Zwar wird teilweise vertreten, dass verbleibende Zweifel bei der Auslegung zu Lasten des Rechtsmittelführers gehen (BGHSt 5, 183 = NJW 1954, 243; Pfeiffer StPO Vor § 296 Rn 3), es empfiehlt sich aber auch nach dem Grundgedanken des § 300 StPO (vgl § 300 StPO Rn 2) gegebenenfalls nachzufragen, ob eine Bedingung tatsächlich gewollt ist (Löwe/Rosenberg/Hanack StPO Vor § 296 Rn 24).

II. Beschwer

7   Die Zulässigkeit eines jeden Rechtsmittels setzt eine Beschwer, also eine **unmittelbare Beeinträchtigung der Rechte** oder schutzwürdigen Interessen des Rechtsmittelführers voraus (BGHSt 16, 374 = NJW 1962, 404; BGHSt 28, 327, 330 = NJW 1979, 1941; BGHSt 37, 5, 7 = NJW 1990, 2143). Durch das Erfordernis eines solchen allgemeinen Rechtsschutzinteresses (vgl BVerfGE 61, 126, 135 = JuS 1983, 385; BVerfG NJW 2003, 1514) sollen die Ressourcen der Justiz effektiv genutzt werden, indem nur solche Rechtsmittel zugelassen werden, die darauf gerichtet sind, durch die angefochtene Entscheidung entstandene Belastungen des Rechtsmittelführers zu korrigieren.

Allgemeine Vorschriften　　　　　　　　　　　　　　　　　　§ 296 StPO

Die Beschwer kann sich nach **hM** grundsätzlich nur aus dem **Tenor**, nicht aus den 8 Entscheidungsgründen ergeben (BGHSt 13, 75, 77 = NJW 1959, 1449; BGHSt 34, 11, 12 = NJW 1986, 1820; grundlegend hierzu Löwe/Rosenberg/Hanack StPO Vor § 296 Rn 57 ff mwN).

Von diesem Grundsatz, der nicht im Sinne eines Dogmas, sondern eher als Hilfsmittel verstanden 8.1 werden sollte (Löwe/Rosenberg/Hanack StPO Vor § 296 Rn 58), gibt es aber Ausnahmen, so zB bei allein in den Urteilsgründen angenommener besonderer Schuldschwere iSd § 57a StGB (BGHSt 39, 121, 125 = NJW 1993, 1084).

Eine Beschwer kann auch in dem **Unterlassen** eines rechtlich möglichen und gebotenen 9 Ausspruchs liegen, vorausgesetzt, dass dieser für den Betroffenen eine günstige Rechtsposition schaffen würde (BGHSt 28, 327, 330 = NJW 1979, 1941).

An einer Beschwer fehlt es, wenn die Anordnung von Maßregeln unterlassen worden ist, auch 9.1 wenn diese zur Besserung des Betroffenen dienen (BGH NStZ 2007, 213; BGH NStZ-RR 2008, 142). Für die besonders auf Heilung ausgerichtete Unterbringung in der Entziehungsanstalt nach § 64 StGB wird dies aber mit beachtlichen Argumenten bestritten (so Tolksdorf FS Stree/Wessels 1993, 753 ff mwN).

III. Prozessuale Überholung

Voraussetzung für ein Rechtsschutzinteresse ist, dass der Rechtsschutzsuchende gegen- 10 wärtig betroffen ist und mit seinem Rechtsmittel ein konkretes praktisches Ziel erreichen kann (BVerfGE 104, 220, 232). Hieran fehlt es, wenn sich eine **Maßnahme** aus tatsächlichen oder rechtlichen Gründen **erledigt** hat und Abhilfe nicht mehr geschaffen werden kann. Ein Rechtsmittel gegen diese nun nicht mehr beschwerende Maßnahme ist prozessual überholt und in der Regel **unzulässig** (zu den Ausnahmen vgl Rn 12 ff).

So ist die Beschwerde gegen eine Beschlagnahmeanordnung unzulässig, wenn inzwischen ein 10.1 Bestätigungsbeschluss nach § 98 Abs 2 StPO ergangen ist (BGH NStZ 2000, 154). Gleiches gilt für einen Antrag nach § 458 Abs 1 StPO (OLG Stuttgart NStZ-RR 2003, 60) oder die Beschwerde gegen die Versagung der Reststrafaussetzung (OLG Hamm NStZ 1998, 638) nach vollständiger Verbüßung der Strafhaft.

Die Gerichte dürfen nicht Gründe für die Abweisung von Anträgen als unzulässig durch eigene 10.2 verfahrensfehlerhafte Behandlung selbst herbeiführen. Wird der Antrag krass rechtsfehlerhaft behandelt und mit der Entscheidung solange zugewartet, bis sich das Rechtsschutzbegehrens erledigt hat, muss die nachträgliche gerichtliche Überprüfung ermöglicht werden (BGH NStZ 2007, 413, 414).

War das Rechtsmittel schon bei der Einlegung prozessual überholt, ist es als unzulässig mit 11 der Kostenfolge aus § 473 Abs 1 StPO zu verwerfen; tritt die Erledigung der angegriffenen Maßnahme erst nach der **Rechtsmitteleinlegung** ein, so ist das Rechtsmittel ohne Kostenentscheidung für erledigt zu erklären.

Trotz Erledigung des ursprünglichen Rechtsschutzziels kann ein Bedürfnis nach gericht- 12 licher Entscheidung fortbestehen, wenn das Interesse des Betroffenen an der Feststellung der Rechtslage in besonderer Weise schutzwürdig ist (BVerfGE 104, 220, 233 = NJW 2002, 2456). In diesen Fällen ist aus **Art 19 Abs 4 GG** ein Anspruch auf wirksame gerichtliche Kontrolle – also **Feststellung der Rechtswidrigkeit**, da eine andere Form der Kontrolle nicht mehr möglich ist – trotz prozessualer Überholung abzuleiten. Dies ist seit einer Grundsatzentscheidung des Bundesverfassungsgerichts (BVerfGE 96, 27, 40 = JR 1997, 382 mAnm Amelung) anerkannt.

Das für die Zulässigkeit eines Rechtsmittels gegen eine erledigte Maßnahme erforderliche 13 besondere Rechtsschutzinteresse an der nachträglichen Feststellung der Rechtswidrigkeit der Maßnahme wird für drei Fallgruppen angenommen:
- **Wiederholungsgefahr**, sofern sie nicht nur unsubstantiiert behauptet wird (BGHSt 36, 30, 32 = NJW 1990, 57);
- **Rehabilitationsinteresse** wegen fortdauernder Diskriminierung, dies scheidet jedoch für den Beschuldigten aus, da er andere Rehabilitationsmöglichkeiten hat (BGHSt 37, 79, 83 = NJW 1990, 2758);

- die wichtigste Fallgruppe ist die der sog **tief greifenden Grundrechtseingriffe**: Effektiver Grundrechtsschutz gebietet es, die Berechtigung eines schwerwiegenden, aber tatsächlich nicht mehr fortwirkenden Grundrechtseingriffs dann gerichtlich klären zu können, wenn die direkte Belastung durch den angegriffenen Hoheitsakt sich nach dem typischen Verfahrensablauf auf eine Zeitspanne beschränkt, in welcher der Betroffene die gerichtliche Entscheidung kaum erlangen kann (BVerfGE 96, 27, 40 = JR 1997, 382; BVerfGE 104, 220, 233 = NJW 2002, 2456; vgl aber auch BVerfG NJW 2003, 1514, 1515 zur Verwirkung bei mehr als zweijährigem Untätigsein des Betroffenen; hierzu auch BVerfG NStZ 2009, 166). Ein solcher Eingriff kommt vor allem bei Anordnungen in Betracht, die das Grundgesetz – wie in den Fällen des Art 13 Abs 2 GG und Art 104 Abs 2 und 3 GG – dem Richter vorbehalten hat (BVerfG NJW 2000, 1401; BVerfG StraFo 2006, 20).

14 Zu der Fallgruppe der **tief greifenden Grundrechtseingriffe**, die ihrer Natur nach häufig vor möglicher gerichtlicher Überprüfung schon wieder erledigt sind, gehören die Durchsuchung von Wohn- und Geschäftsräumen aufgrund richterlicher **Durchsuchungsanordnung** einschließlich der in diesem Rahmen erfolgenden Beschlagnahmeanordnungen (BVerfGE 96, 27, 40 = JR 1997, 382; BVerfG NJW 1998, 2131; BVerfG NJW 1999, 273) und Eingriffe in die **persönliche Freiheit**, zB aufgrund eines Vollstreckungs- (BVerfG NStZ-RR 2004, 252), Untersuchungs- (BVerfG wistra 2006, 59; OLG München NStZ 2008, 138; vgl aber auch OLG Hamm NStZ 2008, 582 zur Erledigung durch Übergang von Untersuchungs- in Strafhaft) oder Ordnungshaftbefehls (BVerfG NJW 2006, 40). Daneben werden wohl auch Anordnungen zu Wohnungsobservationen in Betracht kommen (zu weiteren Fallgestaltungen Meyer-Goßner StPO Vor § 296 Rn 18 a).

B. Rechtsmittelberechtigte

I. Staatsanwaltschaft

1. Allgemeines

15 Da die Staatsanwaltschaft eine zur **Wahrung des Rechts** verpflichtete Behörde ist, ist sie immer beschwert, wenn nach ihrer Ansicht ein Rechtsfehler vorliegt. Eine Ausnahme besteht für Rechtsmittel zugunsten des Angeklagten (Rn 18). Die **Beschwer** besteht unabhängig vom Antrag des Sitzungsvertreters der Staatsanwaltschaft (RGSt 48, 26; KG JR 1969, 349). Die Staatsanwaltschaft darf die Entscheidung aber nicht mit dem Ziel anfechten, sie mit einer anderen Begründung aufrechtzuerhalten (Meyer-Goßner StPO Vor § 296 Rn 16; vgl Rn 8) Über die Einlegung entscheidet die Staatsanwaltschaft nach pflichtgemäßen **Ermessen**, vgl hierzu Nr 147 RiStBV, Nr 148 RiStBV.

16 Die Rechtsmittelberechtigung besteht für die **örtliche Staatsanwaltschaft** des Gerichts, welches die Entscheidung erlassen hat (BGH NStZ 1995, 204), im Ermittlungsverfahren für die das Verfahren führende Staatsanwaltschaft.

16.1 Jedoch kann nach § 145 Abs 1 GVG ein anderer Staatsanwalt mit der Wahrnehmung der Amtsverrichtungen für ein bestimmtes Verfahren beauftragt werden, dann kann auch er Rechtsmittel einlegen (BGH NStZ 1995, 204), entsprechend gilt dies, wenn eine andere Staatsanwaltschaft beauftragt worden ist (BGH NStZ 1998, 309).

16.2 Nach Landesrecht können bei den Amtsgerichten örtliche Sitzungsvertreter bestellt werden (Landau/Globuschütz NStZ 1992, 68), auch ihre Rechtsmittelbefugnis bestimmt sich nach Landesrecht.

17 Die Rechtsmittelerklärung ist unabhängig von **behördeninternen Zuständigkeitsregelungen** wirksam (BGHSt 19, 377, 382). Auch **Amtsanwälte**, § 145 Abs 2 StPO, können bei dem Amtsgericht Rechtsmittel einlegen (Pfeiffer StPO § 296 Rn 2; Meyer-Goßner StPO § 296 Rn 3, erwähnt hingegen nur die Berufung).

2. Rechtsmittel zugunsten des Beschuldigten

18 Zwar wirkt ein Rechtsmittel zuungunsten des Beschuldigten auch zu seinen Gunsten, § 301 StPO, daneben kann die Staatsanwaltschaft auch ausschließlich zugunsten des Beschuldigten Rechtsmittel einlegen. Dann gilt für **Urteile** das **Verschlechterungsverbot** der § 331 StPO, § 358 Abs 2 StPO. Zur Ermessensausübung siehe Nr 147 Abs 3 RiStBV. Hie-

Allgemeine Vorschriften **§ 297 StPO**

raus ergibt sich auch, dass anzugeben ist, ob das Rechtsmittel nur zugunsten eingelegt ist (vgl zur Auslegung BGHSt 2, 41 = NJW 1952, 435; BGH NStZ 1982, 190).

Die Einlegung eines Rechtsmittels zugunsten des Beschuldigten ist nicht von dessen Einverständnis abhängig. Diese Rechtsmittelbefugnis der Staatsanwaltschaft setzt allerdings voraus, dass der **Beschuldigte** durch die Entscheidung **beschwert** ist (RGSt 42, 399; Meyer-Goßner StPO § 296 Rn 14). Unter dieser Bedingung kann das Rechtsmittel auch **zugunsten anderer Beteiligter** eingelegt werden. Für den Nebenkläger ist dies umstritten (zum Streitstand vgl Löwe/Rosenberg/Hanack StPO § 296 Rn 21). 19

II. Beschuldigte

Der Beschuldigte ist rechtsmittelberechtigt, sofern er durch eine Entscheidung beschwert ist (Rn 7), die Entscheidung muss für ihn **nachteilig** sein. Für den Begriff des Nachteils kommt es nicht auf die subjektive Einschätzung des Beschuldigten an, sondern darauf, dass nach objektiven Kriterien eine **Besserstellung** erreichbar ist (BGHSt 28, 327, 330 = NJW 1979, 1941). 20

Beruht der Freispruch auf Schuldunfähigkeit, begehrt der Angeklagte aber einen Freispruch, weil er nicht der Täter gewesen sei, so kann er mit seinem Rechtsmittel keine Besserstellung erreichen, ihm fehlt die Beschwer (BGHSt 16, 374 = NJW 1962, 404; **aA** AK-StPO/Achenbach StPO Vor § 296 Rn 16). Anders aber, wenn zugleich mit dem Freispruch eine Maßregel angeordnet worden ist (BGHSt 28, 327, 331 = NJW 1979, 1941). 20.1

Durch die Einstellung wegen eines Prozesshindernisses ist der Beschuldigte regelmäßig nicht beschwert (BGHSt 23, 257, 259; einschränkend Sternberg-Lieben ZStW 108, 754), sofern nicht ein Anspruch auf Freispruch (§ 260 StPO Rn 19) besteht (BGHSt 13, 268; vgl auch BGH NStZ-RR 1996, 299). Anderes kann gelten, wenn es sich um ein behebbares Verfahrenshindernis handelt (BayObLG JR 1989, 477). 20.2

Solange der Beschuldigte **verhandlungsfähig** ist (§ 302 StPO Rn 5 f), ist er auch fähig, Rechtsmittel einzulegen (OLG Hamburg NJW 1978, 602). 21

Für den Beschuldigten kann der Verteidiger (vgl § 297 StPO) und selbstständig der gesetzliche Vertreter (vgl § 298 StPO) Rechtsmittel einlegen. Für den Erziehungsberechtigten gilt § 67 Abs 3 JGG. Beistände nach § 149 Abs 1 StPO oder § 69 Abs 1 JGG sind ebenso wenig rechtsmittelberechtigt wie der Bewährungshelfer (OLG Hamm NStZ-RR 2009, 242; OLG Koblenz NStZ-RR 1996, 300) oder die Jugendgerichtshilfe. 22

III. Sonstige Rechtsmittelberechtigte

Der Kreis der in § 296 Abs 1 StPO genannten Rechtsmittelberechtigten ist nicht abschließend. Auch der **Nebenkläger** ist rechtsmittelberechtigt, allerdings nur in dem von § 400 StPO (vgl § 400 StPO Rn 1 ff) bestimmten Umfang. Der **Privatkläger** ist nach Maßgabe des § 390 StPO (vgl § 390 StPO Rn 2 ff) rechtsmittelfähig, für die **Nebenbeteiligten** ergibt sich die Rechtsmittelbefugnis aus den jeweiligen Spezialvorschriften (vgl BGH NStZ 1995, 248). Zeugen, Sachverständige und andere durch eine Entscheidung Betroffene, zB **andere Personen** iSd § 103 StPO (§ 103 StPO Rn 1) können sich mit der Beschwerde gegen sie belastende Entscheidungen wenden. 23

§ 297 [Verteidiger]

Für den Beschuldigten kann der Verteidiger, jedoch nicht gegen dessen ausdrücklichen Willen, Rechtsmittel einlegen.

Überblick

Die Vorschrift konstituiert eine eigene, aber begrenzte Rechtsmittelbefugnis des Verteidigers und begründet eine freilich widerlegbare Vermutung für eine entsprechende Bevollmächtigung.

A. Verteidiger

1 Erfasst werden sowohl der **Wahl-** als auch der **Pflichtverteidiger**. Wegen der damit verbundenen Vermutung für eine Rechtsmittelbefugnis bedarf es einer besonderen Vollmacht nicht (BGHSt 12, 367, 370 = NJW 1959, 731, 732).

1.1 Ist der Verteidiger in der Hauptverhandlung mit Willen des Angeklagten aufgetreten, kann darin eine konkludente Mandatserteilung liegen (offen gelassen von BGH NStZ 2001, 53).

1.2 Dem Sozius des Pflichtverteidigers kommt die Rechtsmittelbefugnis nicht zu (BayObLG NJW 1981, 1629).

2 Aber auch ein Rechtsanwalt, dem die Verteidigung nicht übertragen war, kann Rechtsmittel einlegen, wenn er bei der Unterzeichnung der Einlegungserklärung bevollmächtigt ist (BGH NStZ 2001, 53). Der Nachweis dieser zum Zeitpunkt der Einlegung bestehenden **Vollmacht** kann später (BGHSt 36, 259, 261 = NJW 1990, 586), auch nach Ablauf der Einlegungsfrist erfolgen. Fehlt die Vollmacht, ist das Rechtsmittel unwirksam (zur Kostenpflicht insoweit vgl OLG Hamm NStZ 2009, 232), hieran ändert auch eine nachträgliche Genehmigung nichts (RGSt 66, 265, 266). Bei Entzug des Mandats nach Rechtsmitteleinlegung bleibt das eingelegte Rechtsmittel wirksam.

3 Nicht anwendbar ist § 297 StPO für Rechtsanwälte von anderen Prozessbeteiligten, zB dem **Nebenklägervertreter** (Meyer-Goßner StPO § 297 Rn 1).

B. Reichweite der Rechtsmittelbefugnis

4 Die Vermutung des § 297 StPO gilt nur für die Einlegung von **Rechtsmitteln**, nicht für andere Rechtsbehelfe. In einigen Fällen bestimmt das Gesetz aber die entsprechende Anwendbarkeit dieser Vorschrift, zB § 118 b StPO (Antrag auf Haftprüfung), § 410 Abs 1 S 2 StPO (Einspruch gegen den Strafbefehl) und § 365 StPO (Wiederaufnahmeverfahren).

5 Der Verteidiger handelt **aus eigenem Recht und im eigenen Namen** (Pfeiffer StPO § 297 Rn 2). Sein Recht ist aber davon abhängig, dass der Beschuldigte noch Rechtsmittel einlegen kann. Hat er verzichtet, ist ein danach eingelegtes Rechtsmittel des Verteidigers unwirksam (BGH NJW 1978, 330). Auch die Rechtsmittelfrist des Verteidigers ist von der des Beschuldigten abhängig, die Zustellung an den Beschuldigten setzt die Frist auch für den Verteidiger in Lauf.

6 Das eigene Recht des Verteidigers ist außerdem durch den **erklärten Willen des Beschuldigten begrenzt**. Deswegen kann der Beschuldigte die Ermächtigung zur Rechtsmitteleinlegung mit der Vollmachts- oder Mandatserteilung ausschließen und so die Vermutung des § 297 StPO widerlegen.

7 Erklärt der Beschuldigte die **Rücknahme** des Rechtsmittels, so gilt dies auch für das vom Verteidiger eingelegte Rechtsmittel. Bleiben Zweifel über den Willen des Beschuldigten, so sind diese im Freibeweisverfahren zu klären (BGH NStZ-RR 2002, 101; BGH NStZ 2008, 646).

7.1 Auch wenn der Beschuldigte ein anderes (OLG Düsseldorf MDR 1993, 676) oder nicht so weitgehendes Rechtsmittel (OLG Düsseldorf NStZ 1989, 289) einlegt, geht sein dadurch erklärter Wille vor.

C. Andere Vertreter

8 Der Beschuldigte kann auch **andere** mit seiner Vertretung und der Rechtsmitteleinlegung **beauftragen** (RGSt 66, 209, 211; Meyer-Goßner StPO § 297 Rn 7 mwN). Hierzu genügt eine mündliche Bevollmächtigung, die zum Zeitpunkt der Einlegung vorgelegen haben muss. Der Nachweis kann nachgeholt werden.

8.1 Vertreter müssen keine Rechtsanwälte sein, nur der Bewährungshelfer ist ausgeschlossen (Koblenz NStZ-RR 1996, 300; MünchKommStGB/Groß StGB § 56 d Rn 5 mwN; aA KG v 12. 9. 2000 – Az 1 Ss 107/00; offen gelassen von OLG Hamm NStZ-RR 2009, 242).

§ 298 [Gesetzlicher Vertreter]

(1) Der gesetzliche Vertreter eines Beschuldigten kann binnen der für den Beschuldigten laufenden Frist selbständig von den zulässigen Rechtsmitteln Gebrauch machen.

(2) Auf ein solches Rechtsmittel und auf das Verfahren sind die für die Rechtsmittel des Beschuldigten geltenden Vorschriften entsprechend anzuwenden.

Überblick

Der gesetzliche Vertreter ist selbstständig rechtsmittelbefugt, anders als der Verteidiger ist er dabei unabhängig vom Willen des Beschuldigten.

A. Selbstständiges Rechtsmittel

Das **bürgerliche Recht** legt fest, wer gesetzlicher Vertreter ist, zB nach § 1629 BGB für das Kind. Das Gesetz geht davon aus, dass der Vertretene nicht sachgemäß über die Einlegung von Rechtsmitteln entscheiden kann und gewährt deswegen dem gesetzlichen Vertreter eine selbstständige Rechtsmittelbefugnis. Im Jugendstrafverfahren gilt § 298 StPO auch für den Erziehungsberechtigten, § 67 Abs 3 JGG. Der Betreuer hat keine selbstständige Rechtsmittelbefugnis (OLG Hamm NStZ 2008, 119). 1

Der gesetzliche Vertreter ist bei der Einlegung **unabhängig vom Willen des Beschuldigten**. Auch wenn dieser sein Rechtsmittel zurücknimmt oder der Einlegung widerspricht, bleibt das Rechtsmittel wirksam. Für die Rücknahme ist er nicht auf die Zustimmung des Beschuldigten angewiesen (KK-StPO/Ruß StPO § 303 Rn 3; Meyer-Goßner StPO § 303 Rn 3; aA Pfeiffer StPO § 302 Rn 7; Meyer-Goßner StPO § 298 Rn 3, der auf eine entsprechende Anwendung des § 302 Abs 1 S 2 StPO aF abstellt, wodurch jedoch entgegen dem Gesetzeswortlaut die Selbstständigkeit des Rechtsmittels aufgegeben wird). 2

Das eingelegte Rechtsmittel ist zwar hinsichtlich der **Einlegungsfrist** an die des Beschuldigten gebunden, hat aber im Übrigen ein selbstständiges Schicksal. 3

Nach Einlegung des Rechtsmittels hat der gesetzliche Vertreter die **gleichen Rechte** wie der Beschuldigte, § 298 Abs 2 StPO. Er wird zur Hauptverhandlung geladen, darf teilnehmen und Anträge stellen. Zur Kostentragung vgl § 473 StPO Rn 2. 4

Die Vorschrift gilt nur für die Einlegung von **Rechtsmitteln** (§ 297 StPO Rn 4). Stellt der Vertreter Anträge auf Wiedereinsetzung oder Entscheidung des Rechtsmittelgerichts nach § 44 StPO, § 319 Abs 2 StPO, § 346 Abs 2 StPO, so wirkt dies nur für sein eigenes Rechtsmittel. 5

Er hat allerdings keinen Anspruch auf Wiedereinsetzung, wenn ihm der Ausgang der Hauptverhandlung nicht mitgeteilt worden ist (BGHSt 18, 22 = NJW 1962, 2262), vgl aber § 67 Abs 2 JGG. 5.1

B. Ende der Vertretung

Endet die gesetzliche Vertreterschaft, zb mit **Volljährigkeit des Beschuldigten**, bleibt das Rechtsmittel des bisherigen gesetzlichen Vertreters wirksam, nunmehr kann der Beschuldigte darüber verfügen. Dies gilt selbst dann, wenn er zuvor auf Rechtsmittel wirksam verzichtet hatte. Die Sache bleibt anhängig, auch wenn der Beschuldigte das Rechtsmittel nicht übernimmt (BGHSt 10, 174, 176 = NJW 1957, 799); nimmt er es nicht zurück, muss eine Entscheidung ergehen. Entsprechendes gilt bei einem **Wechsel** des gesetzlichen Vertreters. 6

§ 299 [Verhafteter Beschuldigter]

(1) Der nicht auf freiem Fuß befindliche Beschuldigte kann die Erklärungen, die sich auf Rechtsmittel beziehen, zu Protokoll der Geschäftsstelle des Amtsgerichts geben, in dessen Bezirk die Anstalt liegt, wo er auf behördliche Anordnung verwahrt wird.

StPO § 300 Drittes Buch. 1. Abschnitt

(2) Zur Wahrung einer Frist genügt es, wenn innerhalb der Frist das Protokoll aufgenommen wird.

Überblick

Um umständliche Vorführungen zu vermeiden, enthält die Vorschrift für den inhaftierten Beschuldigten eine Ausnahme von dem Grundsatz, dass Rechtsmittelerklärungen erst mit dem Eingang bei dem zuständigen Gericht wirksam werden.

A. Anwendungsbereich

1   Nicht auf freiem Fuß ist jeder Inhaftierte, der aufgrund **behördlicher Anweisung verwahrt** wird, sich also in Freiheitsentziehung im weitesten Sinne befindet. Diese muss nicht notwendig strafprozessualer Natur sein.

1.1   Neben Straf- und Untersuchungshaft kommen vor allem (auch vorläufige) Maßregelunterbringungen oder sonstiger Polizeigewahrsam (Löwe/Rosenberg/Hanack StPO § 299 Rn 2) in Betracht. Aber auch bei Unterbringung nach Ländergesetzen, zB PsychKG, ist die Vorschrift einschlägig.

2   Die Vorschrift gilt nur insoweit, als der Inhaftierte die Rechtsmittelerklärungen **als Beschuldigter** abgibt. Er muss sich aber nicht in der rechtsmittelbezogenen Sache in Haft befinden. Für inhaftierte Nebenkläger (Pfeiffer StPO § 299 Rn 1) oder andere Verfahrensbeteiligte (KG JR 1964, 28) findet sie keine Anwendung, gilt aber gemäß § 298 Abs 2 StPO für den gesetzlichen Vertreter, sofern er in der Sache des Beschuldigten tätig wird.

3   Die Sonderregelung des § 299 StPO bezieht sich nicht nur auf die Rechtsmitteleinlegung, sondern reicht weiter und erfasst **alle Erklärungen, die sich auf Rechtsmittel beziehen**, also zB Einlegung, Begründung, Gegenerklärung, Beschränkung, Rücknahme, Verzicht, aber auch Wiedereinsetzungsanträge, wenn sich diese auf die Versäumung einer Rechtsmittelfrist beziehen. Für einige andere Rechtsbehelfe ist die entsprechende Anwendbarkeit angeordnet (vgl § 297 StPO Rn 4) ferner gilt sie für Verfahren nach dem Strafvollzugsgesetz, § 120 Abs 1 StVollzG, und gemäß § 29 Abs 2 EGGVG bei Anträgen nach § 23 EGGVG.

B. Wirkungen

4   Abweichend von der sonstigen Rechtslage (vgl § 42 StPO Rn 5) bestimmt § 299 Abs 2 StPO, dass die Erklärung bereits **mit dem Abschluss der Beurkundung wirksam** wird. Auf den Zugang beim zuständigen Gericht kommt es damit nicht an (OLG Düsseldorf MDR 1988, 165). Auch bei Rechtsmittelverzicht oder -rücknahme wird die Erklärung schon mit der Beurkundung wirksam (BGH NJW 1958, 470), es sei denn, das Rechtsmittelgericht war bereits mit der Sache befasst, dann kommt es auf den dortigen Eingang an (BGH MDR 1978, 218; Meyer-Goßner StPO § 299 Rn 7; **aA** Löwe/Rosenberg/Hanack StPO § 299 Rn 7 unter zutreffendem Hinweis auf die damit verbundene Schlechterstellung des Beschuldigten).

5   Macht der Beschuldigte von der Möglichkeit des § 299 Abs 1 StPO keinen Gebrauch, sondern gibt **schriftliche Erklärungen** ab, gilt § 299 Abs 2 StPO für ihn nicht (OLG Düsseldorf NJW 1970, 1890).

6   Hat der Beschuldigte rechtzeitig vor Fristablauf, also unter Berücksichtigung des gewöhnlichen Geschäftsgangs (Pfeiffer StPO § 299 Rn 3), die Vorführung zur Protokollierung beantragt, und versäumt er dennoch die Frist, wird ihm **Wiedereinsetzung** zu gewähren sein. Der Gefangene darf aber nicht darauf vertrauen, dass ihm zu jeder Zeit und innerhalb kürzester Frist die Erklärung des Rechtsmittels zu Protokoll der Geschäftsstelle ermöglicht werden kann (KG NStZ-RR 2009, 19).

§ 300 [Falsche Bezeichnung]

Ein Irrtum in der Bezeichnung des zulässigen Rechtsmittels ist unschädlich.

Allgemeine Vorschriften § 301 StPO

Überblick

§ 300 StPO ist Ausdruck eines allgemeinen, letztlich in Art 19 Abs 4 GG wurzelnden Rechtgedankens, der nicht nur für Rechtsmittel, sondern für alle Rechtsbehelfe gilt.

A. Allgemeines

Die Vorschrift beansprucht für **alle Rechtsbehelfe** im Straf- und auch im Bußgeldverfahren Geltung (BGHSt 23, 233, 235 = NJW 1970, 1198). Ergibt sich aus der Erklärung, dass eine Entscheidung **angefochten werden soll**, ist es unschädlich, dass kein oder ein nicht statthaftes Rechtsmittel benannt worden ist. Die Erklärung ist dann in ein statthaftes Rechtsmittel umzudeuten. Rechtsunkundigkeit darf dem Rechtsmittelführer insoweit nicht zum Nachteil gereichen. Zwar gilt § 300 StPO auch für Rechtsmittel der Staatsanwaltschaft, in die Auslegung ist aber die Rechtskundigkeit des Erklärenden einzubeziehen, so dass die Umdeutung einer staatsanwaltschaftlichen Erklärung nur begrenzt möglich ist (vgl aber zu Revisionserklärungen § 344 StPO Rn 3; BGHSt 50, 180, 185 = NJW 2005, 3078 zur unschädlichen falschen Bezeichnung eines Rechtsmittels durch die Staatsanwaltschaft im Sonderfall verfahrensfehlerhafter Entscheidungsform, vgl hierzu § 296 StPO Rn 4).

Deswegen kann eine unzulässige sofortige Beschwerde gegen ein Einstellungsurteil als Berufung (OLG Celle NJW 1960, 114; Meyer-Goßner StPO § 300 Rn 2, 3 mit weiteren Beispielen), eine Revision als Antrag auf Entscheidung des Revisionsgerichts (BGH v 14. 1. 1993 – Az 1 StR 884/92) und ein „Widerspruch bzw Einspruch" als Revision (BGH NStZ 2008, 151) behandelt werden. Die Mitteilung, man sei mit der Entscheidung nicht zufrieden oder werde einen Rechtsanwalt mit der Prüfung der Erfolgsaussichten beauftragen, kann mangels erkennbaren Anfechtungswillen nicht in ein Rechtsmittel umgedeutet werden (KK-StPO/Ruß StPO § 300 Rn 2). Dies würde den Erklärenden auch mit einem nicht gewollten Kostenrisiko belasten.

Die Erklärung „Ich beantrage die Überprüfung von einem Freispruch, ich warte auf Ihren Bescheid" lässt den Anfechtungswillen klar erkennen, deswegen ist die Erklärung als freilich mangels Beschwer unzulässige Revision auszulegen (BGH NStZ-RR 1999, 262).

Bleibt der Anfechtungswille unklar, ist dies durch **Nachfrage** zu klären (BGHSt 2, 63, 67; BayObLG NJW 1995, 1230; zu Unklarheiten bei Bedingungen § 296 StPO Rn 6). Tritt dabei zu Tage, dass die Anfechtung zum Zeitpunkt der Einlegung gewollt war, so wirkt dies fristwahrend, solange die erste unklare Erklärung innerhalb der Frist eingelegt worden war (Löwe/Rosenberg/Hanack StPO § 300 Rn 10).

B. Mehrere statthafte Rechtsmittel

Sind **mehrere Rechtsmittel zulässig** und bleibt unklar, welches eingelegt sein soll, so ist die Erklärung **auszulegen**. Maßgebend sind dabei der innerhalb der Rechtsmittelfrist bekannt werdende (BayObLG NJW 1974, 199, 200) Gesamtinhalt der Verfahrenserklärungen und die Erklärungsumstände (BGHSt 2, 41, 43 = NJW 1952, 435; BGHSt 19, 273, 275 = NJW 1964, 1234, 1235). Gegebenenfalls ist bei dem Erklärenden nachzufragen (BGHSt 2, 63, 67). Zur Auslegung von Revisionsrügen vgl § 344 StPO Rn 3 und § 344 StPO Rn 10.

Im Zweifel ist davon auszugehen, dass der Erklärende das Rechtsmittel wählen will, welches die **umfassendere Überprüfung** ermöglicht (OLG Düsseldorf NJW 1988, 153). Lässt sich aus der Erklärung das Ziel der Anfechtung ersehen, ist die Erklärung so zu deuten, dass der **erstrebte Erfolg** mit möglichst geringem Aufwand **erreichbar** ist (BGH NJW 1956, 756).

§ 301 [Rechtsmittel der Staatsanwaltschaft]

Jedes von der Staatsanwaltschaft eingelegte Rechtsmittel hat die Wirkung, daß die angefochtene Entscheidung auch zugunsten des Beschuldigten abgeändert oder aufgehoben werden kann.

Überblick

Die Vorschrift zwingt das Rechtsmittelgericht, eine Entscheidung, soweit sie durch die Staatsanwaltschaft angefochten wurde, in vollem Umfang zu überprüfen. Die Hinnahme einer falschen Rechtsanwendung zu Lasten des Beschuldigten bei einer nicht rechtskräftigen Entscheidung wäre mit dem Wesen eines rechtsstaatlichen Strafverfahrens nicht zu vereinbaren.

A. Anwendungsbereich

1   Auch die von der Staatsanwaltschaft zuungunsten des Beschuldigten eingelegten Rechtsmittel führen zu einer Überprüfung durch das Rechtsmittelgericht dahin, ob ein Rechtsfehler zu Lasten des Angeklagten vorliegt (vgl BGH v 15. 4. 2008 – Az 4 StR 42/08). Insoweit kann die Staatsanwaltschaft als zur Wahrung des Rechts verpflichtete Behörde ihr Rechtsmittel nicht beschränken. Die **umfassende Überprüfung** ist trotz der Kann-Formulierung **zwingend** (Pfeiffer StPO § 301 Rn 1), reicht aber nur soweit, wie die Entscheidung zulässig angefochten ist.

1.1   Hat die Staatsanwaltschaft ihre Revision zulässig auf den Strafausspruch beschränkt, ist eine Schuldspruchänderung zugunsten des Angeklagten nicht möglich, da die Entscheidung insoweit rechtskräftig ist (BGH NStZ 2008, 198). Erhebt die Staatsanwaltschaft nur eine unzulässige Verfahrensrüge, ist in der Revision auch keine Änderung zugunsten des Angeklagten möglich (RGSt 63, 184, 186).

2   Anders als bei einem ausschließlich zugunsten eingelegten Rechtsmittel (§ 296 StPO Rn 18), gemäß § 296 Abs 2 StPO, gelten die **Verschlechterungsverbote** der § 331 StPO, § 358 Abs 2 StPO nicht, da eine Verschlechterung das eigentliche Ziel des Rechtsmittels ist.

3   Führt das von der Staatsanwaltschaft eingelegte Rechtsmittel zu einer Entscheidung zugunsten des Beschuldigten, so ist er **hinsichtlich weiterer Rechtsmittel** so zu stellen, als hätte er die Änderung durch sein Rechtsmittel erreicht (BGH MDR 1983, 778).

3.1   Gegen das nur auf die zuungunsten eingelegte Berufung der Staatsanwaltschaft zu Gunsten des Beschuldigten abgeänderte Urteil kann er Revision einlegen (OLG München wistra 2006, 439), selbstverständlich mit der Wirkung des § 358 Abs 2 StPO. Das gilt auch für das neue Urteil, wenn das Revisionsgericht nach § 301 StPO aufhebt (Löwe/Rosenberg/Hanack StPO § 301 Rn 7).

4   Die Vorschrift ist entsprechend anwendbar **zugunsten von Verfalls- oder Einziehungsbeteiligten** (Meyer-Goßner StPO § 301 Rn 2).

5   Für Rechtsmittel des **Neben- und Privatklägers** gilt die umfassende Überprüfungspflicht entsprechend (BGH NJW 1986, 2716, 2717; BGH NStZ-RR 1996, 130; vgl aber § 401 Abs 3 S 1 StPO).

B. Tenorierung

6   Jedenfalls im **Revisionsverfahren** kommt es auf die Wirkung des § 301 StPO nicht mehr an, wenn auch der Angeklagte mit Erfolg Revision eingelegt hat (BGH wistra 2004, 265; BGH NJW 2007, 1150; BGH v 15. 7. 2008 – Az 1 StR 144/08). Im **Berufungsverfahren** sollte wegen der Überprüfbarkeit nicht so vereinfachend verfahren werden, weswegen in den Tenor aufzunehmen ist, dass die Rechtsmittelentscheidung auf beide Berufungen hin erfolgte (Meyer-Goßner/Cierniak NStZ 2000, 611, die darauf hinweisen, dass jede Rechtsmittelentscheidung klar erkennen lassen muss, ob und wenn ja, inwieweit das oder die sauber zu trennenden Rechtsmittel Erfolg gehabt haben).

6.1   § 301 StPO ermöglicht es dem Revisionsgericht, auch über die Revision der Staatsanwaltschaft durch Beschluss nach § 349 Abs 4 StPO zu entscheiden, obwohl mit diesem Rechtsmittel eine dem Angeklagten nachteilige Entscheidung erstrebt wird (BGH NStZ-RR 1996, 130, 131; BGH NStZ 1997, 376).

Allgemeine Vorschriften § 302 StPO

§ 302 [Zurücknahme; Verzicht]

(1) ¹Die Zurücknahme eines Rechtsmittels sowie der Verzicht auf die Einlegung eines Rechtsmittels können auch vor Ablauf der Frist zu seiner Einlegung wirksam erfolgen. ²Ist dem Urteil eine Verständigung (§ 257 c) vorausgegangen, ist ein Verzicht ausgeschlossen. ³Ein von der Staatsanwaltschaft zugunsten des Beschuldigten eingelegtes Rechtsmittel kann ohne dessen Zustimmung nicht zurückgenommen werden.

(2) Der Verteidiger bedarf zur Zurücknahme einer ausdrücklichen Ermächtigung.

Überblick

Zugunsten eines möglichst frühzeitigen Rechtskrafteintritts kann durch Rücknahme oder Verzicht die Rechtsmitteleinlegungsfrist verkürzt werden. Denn eine einmal in diesem Sinne abgegebene Erklärung führt unwiderruflich zum endgültigen Verlust der Rechtsmittelbefugnis. Im Interesse des Beschuldigten sind in § 302 Abs 1 S 3 u Abs 2 StPO spezielle Sicherungen vorgesehen. Diesem Ziel dient auch der neu eingefügte Abs 1 S 2, mit dem der Rechtsmittelverzicht nach einer Verständigung ausgeschlossen wird.

Übersicht

	Rn		Rn
A. Rücknahme	1	1. Ausnahmen	19
I. Erklärung	1	2. Verständigung	21
II. Handlungsfähigkeit	5	**C. Rechtsmittel zugunsten des Beschuldigten**	24
III. Wirkungen	7		
B. Verzicht	14	**D. Rücknahme und Verzicht durch den Verteidiger**	25
I. Allgemeines	14		
II. Wirksamkeit	17		

A. Rücknahme

I. Erklärung

Rücknahme ist die Erklärung, dass das **Rechtsmittel nicht weitergeführt** werden soll, 1 was ungeachtet sprachlicher Mängel zweifelsfrei zum Ausdruck kommen sollte. Eine **Beschränkung** eines zunächst uneingeschränkt eingelegten Rechtsmittels stellt eine Rücknahme dar. Das zurückgenommene Rechtsmittel kann – auch innerhalb der Einlegungsfrist – **nicht erneuert** werden, denn hierin liegt zugleich ein Verzicht (BGHSt 10, 245, 247 = JZ 1958, 177; BGH NStZ-RR 2004, 341; aA Löwe/Rosenberg/Hanack StPO § 303 Rn 29).

> Es ist allerdings für zulässig erachtet worden, sich bei der Rücknahme eine erneute Einlegung 1.1
> ausdrücklich vorzubehalten (BayObLG MDR 1974, 773; offen gelassen in BGHSt 10, 245, 247 = JZ 1958, 177; m Recht zurückhaltend Meyer-Goßner StPO § 302 Rn 12).

> Hat der Verteidiger ohne weitere Ausführungen Revision eingelegt und erklärt er erst in der 1.2
> Revisionsbegründung eine Beschränkung, so liegt darin weder eine Teilrücknahme oder -verzicht, es wird lediglich der Anfechtungsumfang konkretisiert (BGHSt 38, 4, 6 = NJW 1991, 3162). Einer Ermächtigung nach § 302 Abs 2 StPO bedarf er hierzu nicht.

Als Prozesshandlung ist die Rücknahme **bedingungsfeindlich**, sie kann aber von einer 2 reinen Rechtsbedingung abhängig gemacht werden (§ 296 StPO Rn 6), zB davon, dass das Rechtsmittel überhaupt wirksam eingelegt wurde (BGH NStZ 2002, 101). Zur Abgrenzung einer Bedingung zum Motivirrtum vgl BGH v 12. 9. 2007 – Az 5 StR 307/07.

Zur **Rücknahme berechtigt** ist derjenige, der das Rechtsmittel eingelegt hat, wobei die 3 dem Schutz des Beschuldigten dienenden Sonderregelungen nach § 302 Abs 1 S 3 (vgl Rn 24), Abs 2 (vgl Rn 25) StPO und die sich aus § 303 StPO ergebende Einschränkung der Rechtsmittelhoheit zu berücksichtigen sind.

4 Für die Rücknahme eines Rechtsmittels gelten dieselben **Formerfordernisse** wie für die Einlegung (BGH NStZ 2009, 51). Die Erklärung muss danach **schriftlich** oder **zu Protokoll der Geschäftsstelle** abgegeben werden. Die Person des Erklärenden muss erkennbar sein, einer Unterschrift bedarf es nicht zwingend (BGH NJW 1980, 172, 174; BGHSt 31, 7, 8 = NJW 1982, 1470). Auch eine in ausländischer Sprache abgefasste Rücknahme ist wirksam (KK-StPO/Paul StPO § 302 Rn 8).

4.1 Eine mündliche Mitteilung – auch wenn der Richter hierüber einen Vermerk fertigt – genügt nicht (BGHSt 18, 257, 260 = NJW 1963, 963; BGHSt 30, 64, 66 = NJW 1980, 1290; BGH NStZ 1999, 526). Jedoch erfüllt ein Vermerk des Urkundsbeamten im Anschluss an das Hauptverhandlungsprotokoll die Formerfordernisse (BGH NJW 1984, 1974, 1975).

4.2 Wird die Erklärung zum Hauptverhandlungsprotokoll beurkundet und ist sie gemäß § 273 Abs 3 StPO vorgelesen (übersetzt) und genehmigt worden, nimmt sie an der Beweiskraft des Protokolls nach § 274 StPO teil (BGH v 20. 9. 2007 – Az 1 StR 416/07).

II. Handlungsfähigkeit

5 Der Beschuldigte muss bei der Abgabe der Erklärung **verhandlungsfähig** sein. Dies kann das Gericht im **Freibeweis** auf der Grundlage des Akteninhalts klären (BGH NStZ 1983, 280; NStZ-RR 2007, 210, 211).

6 Eine Beeinträchtigung der Schuld- oder Geschäftsfähigkeit des Erklärenden führt nicht zwangsläufig zur prozessualen Handlungsunfähigkeit (BGH NStZ-RR 1999, 109; BGH NStZ-RR 2001, 264). Hiervon ist erst auszugehen, wenn hinreichende Anhaltspunkte dafür vorliegen, dass der Erklärende nicht mehr in der Lage ist, die **Bedeutung von ihm abgegebener Erklärungen zu erkennen**. Zweifel an der prozessualen Handlungsfähigkeit gehen zu seinen Lasten (BGH NStZ 1984, 329; BGH NStZ-RR 2004, 341).

6.1 Eine Verminderung der Steuerungsfähigkeit ist insoweit ohne Bedeutung (BGH v 11. 10. 2007 – Az 3 StR 368/07). Eine Verhandlungsunfähigkeit ist erst bei schweren körperlichen oder seelischen Mängeln anzunehmen (BGH wistra 1994, 197; BGH NStZ 1990, 297; KK-StPO/Paul StPO § 302 Rn 2); Angst vor Mitgefangenen schließt die Verhandlungsfähigkeit nicht aus (BGH v 20. 9. 2007 – Az 4 StR 297/07).

6.2 Auch die Rücknahme durch einen Jugendlichen kann grundsätzlich wirksam sein (BGH NStZ-RR 1998, 60).

6.3 Der Vortrag, der Angeklagte sei überfordert gewesen, reicht nicht aus (BGH NStZ-RR 2009, 147).

III. Wirkungen

7 Eine wirksame Rücknahme führt zum **Verlust des Rechtsmittels** und damit zur **Rechtskraft** der Entscheidung. Eine erneute Einlegung (vgl aber Rn 1.1) und eine Wiedereinsetzung ist rechtlich ausgeschlossen (BGH NJW 1984, 1974; NStZ-RR 2000, 305). Auch ein unzulässiges Rechtsmittel kann wirksam zurückgenommen werden (BGH NStZ 1995, 365).

8 Die Wirkungen treten mit dem Zeitpunkt des **Zugangs bei dem mit der Sache befassten Gericht** ein, nicht erst mit Eingang bei der Geschäftsstelle (Meyer-Goßner StPO § 302 Rn 8). Zuständig ist das Gericht, welches die angefochtene Entscheidung erlassen hat, erst mit der **Vorlage der Akten bei dem Rechtsmittelgericht** nach § 306 Abs 2 StPO, § 321 S 2 StPO, § 347 Abs 2 StPO wird dieses Gericht mit der Sache befasst (BGH NStZ-RR 2006, 5). Allerdings ist § 299 Abs 2 StPO zu beachten (§ 299 StPO Rn 4).

9 Durch die Rücknahme des Beschuldigten ist auch das **Rechtsmittel des Verteidigers** zurückgenommen (BGH StraFo 2005, 161; § 297 StPO Rn 7); entsprechendes gilt bei der vom Beschuldigten ermächtigten Rücknahme durch einen Verteidiger bei Rechtsmitteln mehrerer Verteidiger (BGH NStZ 1996, 202).

9.1 Das Rechtsmittel des gesetzlichen Vertreters kann der Beschuldigte jedoch nicht zurücknehmen (§ 298 StPO Rn 2, auch zur Frage, ob der gesetzliche Vertreter die Zustimmung des Beschuldigten zur Rücknahme benötigt).

Die Erklärung des Staatsanwalts ist unabhängig von der internen Weisungslage wirksam. In einem **9.2** Antrag auf Freispruch durch den Sitzungsvertreter in der Berufungsverhandlung liegt keine Rücknahme. Der Generalstaatsanwalt im Sinne des § 145 Abs 1 GVG kann die Rechtsmittel der Staatsanwaltschaften in seinem Zuständigkeitsbereich zurücknehmen, der Generalbundesanwalt jedoch nicht.

Die Rücknahme eines Rechtsmittels ist als Prozesshandlung grundsätzlich **unwiderruf-** 10 **lich und unanfechtbar** (BGHSt 37, 15, 17 = NJW 1991, 239; BGH NStZ-RR 2005, 211, 212). Ein Motivirrtum oder enttäuschte Erwartungen ändern hieran nichts (BGH NStZ-RR 1997, 174; BGH NStZ-RR 2004, 341).

Eine Ausnahme von diesem Grundsatz wird nur anerkannt, wenn das Rechtsmittel 11 aufgrund einer **Täuschung durch die Staatsanwaltschaft** (BGH StV 1994, 64; BGH NJW 1962, 598) oder **Einwirkung des Gerichts mit unlauteren Mitteln** (KG JR 1977, 34: Festnahme aufgrund eines rechtswidrigen Haftbefehls; OLG Düsseldorf MDR 1984, 604: falsche Auskunft über Rechtsfolgen der Rücknahme; vgl auch BGHSt 46, 257 = NJW 2001, 1435) zurückgenommen wird. Eine solche unzulässige Beeinflussung muss jedoch feststehen, der Zweifelssatz gilt nicht (OLG Düsseldorf NStZ-RR 1996, 307; BGH v 11. 3. 2008 – Az 3 StR 562/07).

Ausnahmsweise kann die Rücknahme wegen der Art und Weise ihres vom Gericht zu verant- **11.1** wortenden Zustandekommens unwirksam sein (BGH NStZ 2004, 636: Verpflichtung zur Aufklärung des Beschuldigten unter Fürsorgegesichtspunkten).

Ist das Rechtsmittel zurückgenommen, ergeht nur noch ein **Kostenbeschluss**, § 473 12 Abs 1 StPO. Eine in Unkenntnis der Rücknahme ergangene Entscheidung ist gegenstandslos (BGH NStZ-RR 2006, 5).

Wird die **Wirksamkeit** von einem der Verfahrensbeteiligten **in Zweifel gezogen**, so hat 13 das Gericht nach Ermittlungen im Freibeweisverfahren hierzu gegebenenfalls durch förmliche Entscheidung auszusprechen, dass das Rechtsmittel durch Rücknahme erledigt bzw wirksam zurückgenommen ist (BGH NStZ 2001, 104; BGH NStZ 2002, 101, 102; BGH NStZ 2009, 51; BGH v 15. 10. 2008 – Az 2 StR 442/08; BGH v 17. 9. 2008 – Az 2 StR 399/08; BGH v 10. 9. 2010 – Az 4 StR 120/09). Die Zuständigkeit hierfür bestimmt sich wie bei Rn 8 (vgl Meyer-Goßner StPO § 302 Rn 11a; Löwe/Rosenberg/Hanack StPO § 302 Rn 76; dies anzweifelnd BGH NStZ 2005, 113; BGH v 20. 9. 2007 – Az 4 StR 297/07 mwN; BGH NStZ 2009, 51: vgl auch BGH NStZ-RR 2009, 35 zuständig jedenfalls zur abschließenden Entscheidung Rechtsmittelgericht).

B. Verzicht

I. Allgemeines

Für die **Form** der Erklärung gilt das in Rn 2 und Rn 4 Ausgeführte, der Verzicht muss 14 eindeutig sein und vorbehaltlos erklärt werden. Dies kann erst nach Erlass der angefochtenen Entscheidung geschehen. Zu einem Verzicht sollte der Beschuldigte aber durch das Gericht unter keinen Umständen veranlasst werden; auch eine Nachfrage ist zu unterlassen, um nicht den Anschein einer Beeinflussung in diese Richtung zu erwecken. Nach einer **Verständigung** ist ein Verzicht unter allen Umständen **ausgeschlossen**.

Bloßes Kopfnicken kann ausnahmsweise als Verzichtserklärung genügen, wenn sich aus dem **14.1** Kontext des Verhandlungsablaufs eindeutig ergibt, dass hierin die Ermächtigung des Verteidigers nach § 302 Abs 2 StPO liegt (BGH NStZ 2005, 47; vgl aber auch OLG Hamm wistra 2003, 440).

Der Verzicht kann unmittelbar nach der Urteilsverkündung erklärt werden, auf die Belehrung **14.2** kann verzichtet werden (BGH NStZ 1984, 181; BGH NStZ 1984, 329), etwas anderes gilt bei einer Urteilsabsprache (vgl Rn 21f).

Der Verzicht erstreckt sich auf alle gegen die Entscheidung eröffneten Rechtsmittel, 15 also auch auf die Kostenbeschwerde gegen das Urteil (Meyer-Goßner StPO § 302 Rn 17).

Nach den in Rn 5f dargelegten Grundsätzen muss der Erklärende **verhandlungsfähig** 16 sein, was sich im Anschluss an die Hauptverhandlung problemlos bestimmen lässt.

II. Wirksamkeit

17 Der Rechtsmittelverzicht wird **mit Eingang** bei dem Gericht (vgl Rn 8) **wirksam**. Wird er im Anschluss an die Urteilsverkündung erklärt (vgl aber Nr 142 Abs 2 RiStBV), ist er sofort, nicht erst mit Fertigstellung des Protokolls nach § 273 Abs 4 StPO wirksam. Die spätere Einlegung eines Rechtsmittels ist damit unzulässig.

17.1 Geht der später erklärte Widerruf früher bei dem Gericht ein als der zuvor abgesandte Verzicht, entfaltet der Widerruf Wirkung (BGH GA 1973, 46; BGH NStZ 1996, 202). Bei gleichzeitigem Eingang ist der Verzicht unbeachtlich (BGH NJW 1960, 2202), dies gilt auch bei Unklarheiten über die Reihenfolge des Eingangs (BGH NStZ 1992, 29).

18 Der **Verzicht** ist genauso **unwiderruflich und unanfechtbar** wie die Rücknahme (vgl Rn 10 f). Das Fehlen der Belehrung über das Rechtsmittel beeinflusst die Wirksamkeit grundsätzlich nicht (BGH NStZ 1984, 359; BGH NStZ 2006, 351; vgl aber Rn 21 zur alten Rechtslage bei einer Verständigung). Der Widerspruch des Verteidigers steht der Wirksamkeit ebenfalls nicht entgegen (BGHSt 45, 51, 56 = NJW 1999, 2449, 2452).

1. Ausnahmen

19 Neben dem nunmehr gesetzlich vorgesehenen Ausschluss einer Verzichtsmöglichkeit nach einer Verständigung hat die Rechtsprechung in eng begrenztem Umfang Ausnahmen von der Wirksamkeit des Verzichts anerkannt. In Betracht kommen Fallkonstellationen, in denen der Verzicht **auf schwerwiegenden Willensmängeln** beruht (BGHR StPO § 302 Abs 1 Satz 1 Rechtsmittelverzicht 17, 18) oder durch die **Art seines Zustandekommens** (BGHSt 45, 51 = NJW 1999, 2449) in Frage gestellt wird. Deshalb kann ein Rechtsmittelverzicht ausnahmsweise unwirksam sein, wenn er lediglich aufgrund einer – sei es auch irrtümlich erfolgten – objektiv **falschen Erklärung** oder Auskunft **des Gerichts** zustande gekommen ist (BGHSt 46, 257 = NJW 2001, 1435).

19.1 Ein Verzicht ist in folgenden Fällen als unwirksam angesehen worden:
- unzutreffende Erklärungen zu den beamtenrechtlichen Nebenfolgen, wodurch der Angeklagte fälschlich den Eindruck gewinnen konnte, seine Beamtenstellung sei nicht gefährdet (BGHSt 46, 257 = NJW 2001, 1435);
- nach misslungenen Abspracheversuchen im Zusammenhang mit dem in Aussicht stellen einer Entlassung aus der Untersuchungshaft, unterlässt es das Gericht unter Verstoß gegen die prozessuale Fürsorgepflicht, auf eine Beratung durch den Verteidiger hinzuwirken (BGHSt 45, 51 = NJW 1999, 2449);
- Staatsanwaltschaft drängt auf Rechtsmittelverzicht unter Androhung eines unsachgemäßen Haftantrages, den dadurch erzeugten Druck macht sich das Gericht zu eigen (BGH NJW 2004, 1885, vgl auch BGH StV 2004, 636).

20 Hat der Beschuldigte in einem Fall **notwendiger Verteidigung** nicht die rechtsstaatlich unverzichtbare **Möglichkeit zur Beratung** durch den Verteidiger, ist der dennoch erklärte Rechtsmittelverzicht unwirksam (Meyer-Goßner StPO § 302 Rn 25 a mit mwN und zutreffender Kritik an Einschränkungsversuchen). Auch dem unverteidigten Angeklagten sollte aber Gelegenheit gegeben werden, sich mit einem Rechtsanwalt zu beraten (BVerfG NStZ-RR 2008, 209, 210; BGHSt 45, 51, 56 = NJW 1999, 2448, 2452; BGH NStZ 2000, 441).

20.1 Tritt vom Gericht unbemerkt ein Scheinverteidiger (bestandskräftig widerrufene Zulassung) als Pflichtverteidiger auf, ist der nach Beratung mit ihm erklärte Verzicht unwirksam, es sei denn, es wäre erkennbar, dass der verbindliche Wille des Verzichtenden nicht vom Rat des Scheinverteidigers beeinflusst war (BGHSt 47, 238, 240 = NJW 2002, 1436; krit KK-StPO/Paul StPO § 302 Rn 12).

20.2 Wenn der Angeklagte von zwei Verteidigern vertreten wird, der im Ermittlungsverfahren umfassend Tätige vom Gericht fehlerhaft nicht zur Hauptverhandlung geladen wird, der Angeklagte von diesem Fehler nichts weiß, ist der nach Rücksprache mit dem zweiten Verteidiger erklärte Verzicht unwirksam (BGH NStZ 2005, 114).

Allgemeine Vorschriften § 302 StPO

2. Verständigung

Seit Inkrafttreten des Gesetzes zur Regelung der **Verständigung** im Strafverfahren vom 29. 7. 2009 (BGBl I 2009, 2353) darf im Anschluss an eine Verständigung nach § 257 c StPO nicht auf Rechtsmittel verzichtet werden. Rechtskraft kann also erst nach Ablauf der Rechtsmitteleinlegungsfristen eintreten. Damit ist das Gesetz – anders als noch im ursprünglichen Gesetzentwurf der Bundesregierung vorgesehen (Drs 16/12310, Art 1 Nr 11) – über die Vorgaben der höchstrichterlichen Rechtsprechung (BGHSt 50, 40, 61 = NJW 2005, 1440 mAnm Widmaier 1985) hinausgegangen. Danach durfte das Gericht an der Erörterung eines Rechtsmittelverzichts lediglich nicht mit- und auf einen solchen **Verzicht** auch nicht hinwirken. Ein Verstoß hiergegen führte ebenso wie das Unterbleiben einer von der eigentlichen Rechtsmittelbelehrung abgehobenen, qualifizierten Belehrung zur Unwirksamkeit des Verzichts (BGHSt 45, 227 = NJW 2000, 526; 52, 165 = NJW 2008, 1752; BGH NStZ-RR 2009, 147). Der nunmehr gesetzlich geregelte **vollkommene Ausschluss eines Rechtsmittelverzichts** nach Verständigung dürfte vor allem im amtsgerichtlichen Bereich zu Verzögerungen und Erschwerungen bei der Urteilsabfassung führen, da die Rechtsmitteleinlegungsfrist zur Abfassung eines gemäß § 267 Abs 4 StPO abgekürzten Urteils abgewartet werden muss. Der Ausschluss eines Verzichts nur für den Fall der Verständigung führt zudem zu der bedenklichen Konsequenz, dass derjenige, der sich über das Ergebnis des Strafverfahrens verständigt hat und daher bereits weiß, welches Urteil ihn erwartet, vor übereilten Entscheidungen geschützt wird, während derjenige, der von dem Inhalt des Erkenntnisses gegen ihn überrascht wird, diesen Schutz nicht genießt (so auch Leipold NJW-Spezial 2009, 520; Meyer-Goßner StPO Ergänzungsheft § 302 Rn 4; vgl hierzu auch Niemöller GA 2009, 187).

21

Am 28. 5. 2009 hat der Bundestag den Gesetzentwurf der Bundesregierung zur Regelung der Verständigung im Strafverfahren (Drs 16/12310) beschlossen. Das Gesetz vom 29. 7. 2009 ist einen Tag nach der Verkündung am 3. 8. 2009 (BGBl I 2009, 2353) in Kraft getreten. Neben zwei redaktionellen Änderungen ist § 302 Abs 1 StPO um den neuen S 2 ergänzt worden (Art 1 Nr 11 b). Einer Begrenzung der Rechtsmittelangriffe hat der Gesetzgeber entgegen dem Gesetzentwurf des Bundesrates (Drs 16/4197, dort Art 1 Nr 8 und Nr 9) eine Absage erteilt und eine vollständige Kontrolle durch Berufungs- oder Revisionsgericht aufrechterhalten. Tatsächlich vermag die vorgeschlagene Begrenzung auf die Kontrolle der bei der Absprache zu beachtenden Verfahrensvorschriften und die absoluten Revisionsgründe nicht zu überzeugen, da gerade für einige der Revisionsgründe des § 338 StPO ein Rechtsschutzinteresse nach einer Verständigung nicht anerkennenswert erscheint (vgl BGH StraFo 2009, 73 zum Verlust der Rügen nach § 338 Nr 1 und Nr 4 StPO; StraFo 2009, 73 zu § 338 Nr 3 StPO). Der Gesetzgeber hat – für den Bereich der sachlichrechtlichen Überprüfung allerdings zu Recht – darauf hingewiesen, dass Grundlage des Urteils auch bei einer Verständigung die gerichtliche Überzeugung bei vollständiger Aufklärung des Sachverhalts sein müsse und nicht ein konsensuales Abkommen (vgl hierzu Fischer StraFo 2009, 177, 184), so dass auch insoweit kein Anlass bestehe, die Urteile einer Überprüfung zu entziehen.

21.1

Nach einer Urteilsabsprache kann weder auf die Belehrung nach § 35 a S 1 und S 2 StPO, noch auf die gemäß § 35 a S 3 StPO zusätzlich gebotene qualifizierte **Belehrung verzichtet** werden (BGH NJW 2007, 1829). Ist qualifiziert belehrt worden, ist dies in das **Hauptverhandlungsprotokoll** aufzunehmen, damit insoweit die Beweiskraft des § 274 StPO gilt. Für eine wirksame Protokollierung ist die zusätzliche Belehrung mit dem Zusatz „qualifiziert" zu umschreiben, ohne ihren Inhalt im Einzelnen mitzuteilen (BGH NStZ-RR 2009, 282). Zum Bedeutungsverlust der qualifizierten Belehrung durch den Ausschluss des Verzichts nach Verständigung vgl § 44 StPO Rn 31. Für die Wiedereinsetzung gilt insoweit nicht die gesetzliche Vermutung des § 44 Abs 2 StPO (vgl § 44 StPO Rn 32).

22

Ein entgegen § 302 Abs 1 S 2 StPO erklärter Verzicht ist **unwirksam**. Innerhalb der **Rechtsmitteleinlegungsfrist** (BGHSt 50, 40, 62 = NJW 2005, 1440; BGH NStZ 2008, 647; BGH v 5. 6. 2008 – Az 4 StR 207/08) können Berufung oder Revision dennoch eingelegt werden. Ist der **Verzicht vor der Gesetzesänderung** abgegeben worden, stellt sich die Frage, ob ein trotz dieses Verzichts eingelegtes Rechtsmittel im Hinblick auf eine mögliche „Rückwirkung" der neuen Fassung des § 302 Abs 1 S 2 StPO dennoch zulässig ist. Denn bei Änderungen des Verfahrensrechts wird bei anhängigen Verfahren nach den neuen Vorschriften verfahren (vgl nur BGHSt 22, 321, 325; BGHSt 26, 288, 289; Meyer-

23

Goßner StPO § 354 a Rn 4 mwN). Dennoch ist aber das nach Verzicht eingelegte Rechtsmittel in diesen Fallkonstellationen unzulässig, da nach altem Recht der Verzicht wirksam war, Rechtskraft eingetreten ist und somit kein Raum für eine Entscheidung des Rechtsmittelgerichts nach neuem Recht besteht (vgl BGH v 29. 9. 2009 – Az 1 StR 376/09).

C. Rechtsmittel zugunsten des Beschuldigten

24   Ein gemäß § 296 Abs 2 StPO eingelegtes Rechtsmittel kann nur mit formlos zu erklärender Zustimmung des Beschuldigten zurückgenommen werden. Zur Frage, ob dies auch für das Rechtsmittel des gesetzlichen Vertreters gilt (§ 298 StPO Rn 2).

D. Rücknahme und Verzicht durch den Verteidiger

25   Da der Verteidiger hinsichtlich der Durchführung von Rechtsmitteln an den Willen des Beschuldigten gebunden ist, (§ 297 StPO Rn 6), benötigt er für die Rücknahme sowohl seiner als auch von Rechtsmitteln des Beschuldigen dessen **ausdrückliche Ermächtigung**, die sich auf ein bestimmtes Rechtsmittel bezieht (BGH NStZ 2000, 665), welches genau zu bezeichnen ist (KG StraFo 2009, 157; vgl hierzu Kuhli HRRS 2009, 290). Dies ist nur dann entbehrlich, wenn sich eine Konkretisierung ohne weiteres aus den näheren Umständen ergibt (BGH NStZ-RR 2006, 147). Eine allgemeine Prozessvollmacht genügt nicht, es sei denn, das Mandat wurde erst für das Rechtsmittelverfahren erteilt (BGH NStZ 1998, 531). Der Beschuldigte muss bei der Ermächtigung verhandlungsfähig sein, vgl Rn 5 f. Zweifeln über die Wirksamkeit einer Ermächtigung geht das Gericht im Freibeweisverfahren nach (BGH NStZ 2008, 646).

26   Eine bestimmte **Form** ist für die Ermächtigung nicht vorgeschrieben (BGH NStZ 2005, 212; BGH v 10. 9. 2009 – Az 4 StR 120/09). Sie kann auch mündlich erteilt werden. Der Verteidiger muss zum Zeitpunkt der Abgabe der Erklärung ermächtigt sein. Der **Nachweis** kann **später** erfolgen (BGHSt 36, 259, 260 = NJW 1990, 586; BGH NStZ 2005, 583). Hierfür genügt eine anwaltliche Versicherung (BGH NStZ 2005, 212), die telefonisch erklärt werden kann. Die Ermächtigung kann auch die Befugnis zur Weiterübertragung derselben umfassen (BGH NStZ 1995, 356).

27   In einer **teilweisen Anfechtung** liegt kein Teilverzicht, so dass der Verteidiger insoweit nicht die Ermächtigung zum Verzicht benötigt (BGHSt 38, 366, 367 = NJW 1993, 476). Zur nachträglichen Beschränkung vgl Rn 1.2. Jedoch kann der Verteidiger ohne Weiteres eine bestimmte Rechtsmittelbegründung, zB eine Verfahrensrüge, aufgeben.

28   Der Beschuldigte kann die **Ermächtigung widerrufen**, dies ist formlos möglich, entfaltet aber nur Folgen, wenn der Verzicht noch nicht wirksam geworden ist (BGH NStZ-RR 2005, 211, 212).

28.1   Geht die Rücknahme des Verteidigers, für die er ursprünglich ermächtigt war, vor dem Telefonanruf, mit dem die Ermächtigung widerrufen wird, bei Gericht ein, ist die Rücknahme wirksam (vgl BGH NStZ 1996, 202).

§ 303 [Zustimmung des Gegners]

¹**Wenn die Entscheidung über das Rechtsmittel auf Grund mündlicher Verhandlung stattzufinden hat, so kann die Zurücknahme nach Beginn der Hauptverhandlung nur mit Zustimmung des Gegners erfolgen.** ²**Die Zurücknahme eines Rechtsmittels des Angeklagten bedarf jedoch nicht der Zustimmung des Nebenklägers.**

Überblick

Die der materiellen Gerechtigkeit dienende Vorschrift schränkt mit Beginn der Hauptverhandlung die Rechtsmittelhoheit für die Rücknahme ein.

A. Zustimmungserfordernis

Die Vorschrift erfasst Rechtsmittel, über die aufgrund mündlicher Verhandlung entschieden wird, also nur **Berufung und Revision**. Sie gilt aber auch für **Teilrücknahmen** bzw **nachträgliche Beschränkungen** des Rechtsmittels (RGSt 65, 231, 235; Meyer-Goßner StPO § 303 Rn 1). 1

Nach § 411 Abs 2 S 3 StPO findet die Regelung für das Strafbefehlsverfahren entsprechende Anwendung. Im Berufungsverfahren gilt für das Rechtsmittel der Staatsanwaltschaft unter den Voraussetzungen des § 329 Abs 2 S 2 StPO (vgl § 329 StPO Rn 44) eine Ausnahme. 1.1

Kann das Rechtsmittel uneingeschränkt zurückgenommen werden (vgl aber § 302 StPO Rn 24), verliert der Rechtsmittelführer mit dem **Beginn der ersten auf sein Rechtsmittel veranlassten Hauptverhandlung** in dieser Sache die alleinige Verfügungsbefugnis endgültig. Die Hauptverhandlung beginnt mit dem Aufruf der Sache, § 243 Abs 1 StPO, § 324 StPO, § 351 StPO, ab diesem Zeitpunkt ist die Zustimmung des Rechtsmittelgegners (Rn 3) erforderlich. Hieran ändert auch die Aussetzung der Hauptverhandlung (BGHSt 23, 277 = NJW 1970, 1512) oder ihr Neubeginn nach Zurückverweisung durch das Revisionsgericht (BayObLG NJW 1985, 754) nichts. 2

Als **Gegner** des Angeklagten kommen Staatsanwaltschaft und Privatkläger in Betracht, Gegner ist zwar auch der Nebenkläger, seiner Zustimmung bedarf der Angeklagte aber wegen der Ausnahme des § 303 S 2 StPO nicht. Verteidiger, gesetzliche Vertreter (vgl § 298 StPO Rn 2), Verfalls- und Einziehungsbeteiligte sind keine Gegner des Angeklagten, können aber Gegner der Staatsanwaltschaft sein. 3

B. Zustimmungserklärung

Die Zustimmung ist dem Gericht gegenüber zu erklären, sie ist **unwiderruflich** und unanfechtbar. Gegebenenfalls ist dem Zustimmungsberechtigten eine angemessene Überlegungsfrist zu gewähren (OLG Düsseldorf MDR 1983, 1045). 4

Die Zustimmung ist an **keine Form** gebunden, sie kann daher auch konkludent erklärt werden. Im Rahmen einer ordnungsgemäßen Sitzungsleitung ist allerdings stets beim Gegner des Zurücknehmenden ausdrücklich **nachzufragen**. Wird zugestimmt, ist diese Erklärung zu **protokollieren**. Wann schlüssiges Verhalten oder sogar Schweigen als Zustimmung gewertet werden kann, hängt von den Umständen des Einzelfalls ab (vgl KG VRS 65, 59, 60; Meyer-Goßner StPO § 303 Rn 5 f mwN). 5

Eine konkludente Zustimmung durch Schweigen wird ausscheiden, wenn die Rücknahme dem Erklärenden nicht nur Vorteile bringt (OLG Köln MDR 1954, 500; OLG Düsseldorf MDR 1976, 1040). Wird die Zustimmung konkludent erklärt, gilt nicht die negative Beweiskraft des § 274 StPO (BayObLG NJW 1985, 754, 755), wodurch eine Aufklärung im Freibeweis erforderlich wird. 5.1

Ist das Vorliegen einer Zustimmung zweifelhaft, gilt Folgendes: Nimmt das Gericht keine Zustimmung an, fällt es ein Sachurteil; geht es von einer Zustimmung aus, wird durch Urteil das Rechtsmittel für erledigt erklärt (Meyer-Goßner StPO § 303 Rn 7; vgl auch § 302 StPO Rn 13). 5.2

Die Zustimmung des Angeklagten ist eine **ihm selbst vorbehaltene Erklärung**, es sei denn, er lässt sich nach § 234 StPO (vgl § 234 StPO Rn 7) vertreten (Pfeiffer StPO § 303 Rn 3). Im Schweigen des Angeklagten bei einer vom Verteidiger erklärten Zustimmung wird jedoch eine konkludente Zustimmung zu sehen sein (BayObLG NJW 1985, 754, 755). 6

Zweiter Abschnitt. Beschwerde (§§ 304-311 a)

§ 304 [Zulässigkeit]

(1) Die Beschwerde ist gegen alle von den Gerichten im ersten Rechtszug oder im Berufungsverfahren erlassenen Beschlüsse und gegen die Verfügungen des Vorsit-

zenden, des Richters im Vorverfahren und eines beauftragten oder ersuchten Richters zulässig, soweit das Gesetz sie nicht ausdrücklich einer Anfechtung entzieht.

(2) Auch Zeugen, Sachverständige und andere Personen können gegen Beschlüsse und Verfügungen, durch die sie betroffen werden, Beschwerde erheben.

(3) Gegen Entscheidungen über Kosten oder notwendige Auslagen ist die Beschwerde nur zulässig, wenn der Wert des Beschwerdegegenstands 200 Euro übersteigt.

(4) ¹Gegen Beschlüsse und Verfügungen des Bundesgerichtshofes ist keine Beschwerde zulässig. ²Dasselbe gilt für Beschlüsse und Verfügungen der Oberlandesgerichte; in Sachen, in denen die Oberlandesgerichte im ersten Rechtszug zuständig sind, ist jedoch die Beschwerde zulässig gegen Beschlüsse und Verfügungen, welche
1. die Verhaftung, einstweilige Unterbringung, Unterbringung zur Beobachtung, Beschlagnahme, Durchsuchung oder die in § 101 Abs. 1 bezeichneten Maßnahmen betreffen,
2. die Eröffnung des Hauptverfahrens ablehnen oder das Verfahren wegen eines Verfahrenshindernisses einstellen,
3. die Hauptverhandlung in Abwesenheit des Angeklagten (§ 231 a) anordnen oder die Verweisung an ein Gericht niederer Ordnung aussprechen,
4. die Akteneinsicht betreffen oder
5. den Widerruf der Strafaussetzung, den Widerruf des Straferlasses und die Verurteilung zu der vorbehaltenen Strafe (§ 453 Abs. 2 Satz 3), die Anordnung vorläufiger Maßnahmen zur Sicherung des Widerrufs (§ 453 c), die Aussetzung des Strafrestes und deren Widerruf (§ 454 Abs. 3 und 4), die Wiederaufnahme des Verfahrens (§ 372 Satz 1) oder den Verfall, die Einziehung oder die Unbrauchbarmachung nach den §§ 440, 441 Abs. 2 und § 442 betreffen.
³§ 138 d Abs. 6 bleibt unberührt.

(5) Gegen Verfügungen des Ermittlungsrichters des Bundesgerichtshofes und des Oberlandesgerichts (§ 169 Abs. 1) ist die Beschwerde nur zulässig, wenn sie die Verhaftung, einstweilige Unterbringung, Beschlagnahme, Durchsuchung oder die in § 101 Abs. 1 bezeichneten Maßnahmen betreffen.

Überblick

Die Vorschrift regelt die wichtigsten allgemeinen Zulässigkeitsvoraussetzungen für das Rechtsmittel der Beschwerde. Diese ist grundsätzlich gegen richterliche Entscheidungen statthaft, die nicht mit Berufung oder Revision anfechtbar sind. Für bestimmte Entscheidungen ist aus Gründen der Verfahrensökonomie jedoch eine Anfechtbarkeit durch Gesetz ausgeschlossen, so auch in Abs 4 und Abs 5 der Norm für Entscheidungen des Bundesgerichtshofs oder der Oberlandesgerichte.

Übersicht

	Rn		Rn
A. Statthaftigkeit der Beschwerde	1	1. Freiheitsentziehung und andere Eingriffe, Nr 1	16
I. Beschwerdearten	5	2. Nichteröffnung und Einstellung, Nr 2	21
II. Beschwerde gegen Kosten- und Auslagenentscheidungen	9	3. Abwesenheitsverhandlung und Verweisung, Nr 3	22
B. Beschwerdeberechtigung	10	4. Akteneinsicht, Nr 4	23
I. Verfahrensbeteiligte	10	5. Belastende nachträgliche Entscheidungen, Nr 5	24
II. Sonstige Betroffene	11	6. Verteidigerausschluss, S 3	26
C. Ausschluss der Beschwerde	12	III. Ermittlungsrichterliche Entscheidungen	27
I. Entscheidungen des Bundesgerichtshofes	13		
II. Entscheidungen des Oberlandesgerichts	14		

A. Statthaftigkeit der Beschwerde

Die Beschwerde ist vor allem gegen **Beschlüsse und Verfügungen** das statthafte Rechtsmittel. Die angefochtene Entscheidung muss aber im Zeitpunkt der Beschwerdeeinlegung schon erlassen worden sein (BGH NStZ 2000, 154; § 296 StPO Rn 3). Gegen Justizverwaltungsakte ist die Beschwerde nicht zulässig, hier gilt § 23 EGGVG. Die Beschwerde ist auch statthaft gegen Entscheidungen über Einwendungen gegen Maßnahmen, die in Vollziehung der Beschlagnahme oder des Arrestes getroffen wurden, § 111 f Abs 5 StPO, auch wenn es sich der Sache nach um zwangsvollstreckungsrechtliche Rechtsbehelfe handelt (OLG Hamburg StV 2008, 625). 1

Über den Wortlaut des § 304 Abs 1 StPO hinaus lässt das Gesetz ausnahmsweise die Beschwerde gegen **bestimmte Teile des Urteils** zu, so gegen die Kosten- und Auslagenentscheidung, § 464 Abs 3 S 1 StPO, die Entscheidung über die Entschädigungspflicht, § 8 Abs 3 S 1 StrEG oder über die Aussetzung der Jugendstrafe, § 59 Abs 1 S 1 JGG. 2

Die Entscheidungen müssen im ersten Rechtszug oder im Berufungsverfahren ergangen sein. Entscheidend ist, dass **erstmals über den Gegenstand entschieden** worden ist. Dies ist auch bei Entscheidungen im Wiederaufnahmeverfahren (Meyer-Goßner StPO § 372 Rn 2) oder bei Wiedereinsetzung im Beschwerdeverfahren (KK-StPO/Engelhardt StPO § 304 Rn 4) der Fall. Beschwerdeentscheidungen selbst sind nur in den engen Grenzen des § 310 Abs 1 StPO anfechtbar. Für den Bereich der Strafvollstreckung gelten Sonderregelungen (§ 462 StPO Rn 3). 3

Die Beschwerde kann sich auch gegen ein **endgültiges Unterlassen** richten, vorausgesetzt die unterlassene Entscheidung selbst oder deren Ablehnung wäre anfechtbar. Eine reine Untätigkeitsbeschwerde gegen Verzögerungen ist der StPO fremd (BGH NJW 1993, 1279, 1280; Meyer-Goßner StPO § 304 Rn 3 mwN). 4

I. Beschwerdearten

Ist nichts Näheres bestimmt, ist die richterliche Entscheidung mit der **einfachen Beschwerde** anfechtbar. Diese ist an **keine Frist** gebunden, darf aber dennoch nicht nach Belieben hinausgezögert werden (BVerfG NJW 2005, 1855, 1856), in Ausnahmefällen kann daher das Rechtsschutzinteresse wegen Zeitablaufs verwirkt sein (vgl BVerfG NJW 2003, 1514, 1515). Zur prozessualen Überholung vgl § 296 StPO Rn 8 ff. 5

Die fristgebundene **sofortige Beschwerde**, § 311 StPO, ist nur dann gegeben, wenn es das Gesetz im Interesse der Rechtssicherheit ausdrücklich anordnet, so zB gegen den Widerruf der Strafaussetzung, § 462 Abs 3 StPO. 6

Die **weitere Beschwerde** ist nur ausnahmsweise, nämlich ausschließlich für die in § 310 Abs 1 StPO genannten Sachentscheidungen zulässig, im Übrigen ist eine Anfechtung einer Beschwerdeentscheidung nicht möglich, § 310 Abs 2 StPO. 7

Eine **außerordentliche Beschwerde** wegen greifbarer Gesetzeswidrigkeit gibt es im Strafverfahren nicht (BGHSt 45, 37, 38 = NJW 1999, 2290), da die Möglichkeiten der Überprüfung rechtskräftiger Entscheidungen abschließend im Gesetz geregelt sind. 8

II. Beschwerde gegen Kosten- und Auslagenentscheidungen

Hier gelten gemäß § 304 Abs 3 StPO aus verfahrensökonomischen Gründen besondere, auf den **Beschwerdewert** bezogene Einschränkungen. Beträgt der Unterschiedsbetrag zwischen der begehrten und der angefochtenen Entscheidung weniger als 200 Euro, ist die Beschwerde nicht statthaft. Als anfechtbar kommen Kostengrundentscheidungen nach § 464 Abs 1 und Abs 2 StPO oder selbstständige Kosten- und Auslagenbeschlüsse (§ 464 StPO Rn 8) in Betracht. 9

Eine entsprechende Wertgrenze findet sich in § 56 Abs 2 S 1 RVG, § 33 Abs 3 S 1 RVG, § 4 Abs 3 JVEG, § 108 Abs 1 S 2 OWiG. Die Wertgrenze gilt aber nicht für die Entscheidung nach § 8 StrEG. 9.1

Bei der Berechnung fließt die Umsatzsteuer ein (Meyer-Goßner StPO § 304 Rn 9). Bei Kostengrundentscheidungen ist der voraussichtliche Wert zu errechnen. Ausschlaggebend ist der Wert zur Zeit der Beschwerdeeinlegung, eine spätere Wertminderung ist unerheblich (OLG Düsseldorf MDR 1986, 341). 9.2

B. Beschwerdeberechtigung

I. Verfahrensbeteiligte

10 Beschwerdeberechtigt ist jeder, der durch die Entscheidung in seinen Rechten beeinträchtigt, also **beschwert** ist (§ 296 StPO Rn 5 ff und § 296 StPO Rn 18 ff). Dies können der Beschuldigte, sein gesetzlicher Vertreter (§ 298 StPO Rn 2), die Staatsanwaltschaft (§ 296 StPO Rn 13 ff), der Nebenkläger, § 401 StPO oder sonstige Verfahrensbeteiligte, zB nach § 433 StPO, § 444 StPO, sein. Für den Verteidiger ist die Beschränkung des § 297 StPO (§ 297 StPO Rn 5 f) zu beachten, sofern er nicht eine Beeinträchtigung eigener Rechte geltend macht (vgl BGH NJW 1976, 1106), wie zB bei Entscheidungen nach § 146 a StPO (vgl § 146 a StPO Rn 6) oder § 148 Abs 1 StPO (§ 148 StPO Rn 20).

II. Sonstige Betroffene

11 Gemäß § 304 Abs 2 StPO können auch sonstige Betroffene, die **nicht am Verfahren beteiligt** sind, rechtsmittelbefugt sein. Betroffen in diesem Sinne ist, wer durch die beanstandete Maßnahme in der **Wahrnehmung geschützter Rechte und Interessen beschränkt** wird. Auf das Kriterium der Unmittelbarkeit ist dabei nicht abzustellen (BGHSt 27, 175 = NJW 1977, 1405). Die Beschränkungen des § 305 S 1 StPO gelten insoweit nicht, § 305 S 2 StPO.

11.1 Danach ist zB beschwerdeberechtigt:
- die von einer Durchsuchung betroffene andere Person iSd § 103 StPO, auch wenn es sich um eine juristische Person handelt (Löwe/Rosenberg/Schäfer StPO § 103 Rn 5 mwN);
- der Eigentümer und Gewahrsamsinhaber beschlagnahmter Sachen (KK-StPO/Engelhardt StPO § 304 Rn 28);
- Zeugen und Sachverständige gegen die Anordnung von Ordnungsmitteln (Meyer-Goßner StPO § 304 Rn 7);
- derjenige, dem die Erlaubnis zum Besuch eines Untersuchungsgefangenen versagt wird (BGHSt 27, 175 = NJW 1977, 1405);
- der Empfänger eines beschlagnahmten Briefes, welcher vom Beschuldigten aus der Untersuchungshaft herrührt (BGHR StPO § 304 Abs 2 Betroffener 1);
- der Verfasser von Briefen an den Beschuldigten in der Untersuchungshaft, die angehalten und zur Habe genommen werden, gegen die Verfügung des Vorsitzenden, ihm die Gründe hierfür nicht mitzuteilen (BGHR StPO § 304 Abs 4 Akteneinsicht 4).

11.2 Nicht beschwerdeberechtigt sind hingegen:
- nicht rechtsfähige Personenzusammenschlüsse (BGH CR 1999, 292)
- die Jugendgerichtshilfe (OLG Frankfurt NStZ-RR 1996, 251);
- die Ehefrau des Gefangenen bei Ablehnung der Reststrafaussetzung (KK-StPO/Engelhardt StPO § 304 Rn 28)
- der Nebenkläger bei Haftentscheidungen (OLG Karlsruhe MDR 1974, 332);
- Eltern des erwachsenen Angeklagten wegen der Fesselung oder der Verhaftung ihres Sohnes (BGH v 21. 12. 1995 – Az 2 BJs 149/93-7).

C. Ausschluss der Beschwerde

12 Bestimmte Entscheidungen erklärt das Gesetz ausdrücklich für **unanfechtbar**, dies führt zur Unzulässigkeit eines hiergegen gerichteten Rechtsmittels. Sieht das Gesetz einen speziellen Rechtsbehelf vor, zB sofortige Beschwerde nach § 46 Abs 3 StPO oder Einspruch nach § 410 Abs 1 StPO, ist die einfache Beschwerde ebenfalls ausgeschlossen. Gleiches gilt für solche Entscheidungen, deren Sinn und Zweck einer Anfechtbarkeit von vornherein entgegenstehen (BGHSt 10, 88, 91 für § 14 StPO, § 153 a Abs 2 StPO).

12.1 Ein an den sachlichen Inhalt anknüpfender Ausschluss der Beschwerde ist zB vorgesehen in § 28 Abs 1 StPO (Ablehnung), § 46 Abs 2 StPO (Wiedereinsetzung), § 138 d Abs 6 S 3 StPO (Ablehnung des Verteidigerausschlusses), § 147 Abs 4 S 2 StPO (Ablehnung der Mitgabe der Akten), § 153 Abs 2 S 4 und § 153 a Abs 2 S 4 StPO (Verfahrenseinstellung), § 161 a Abs 3 S 4 StPO (gerichtliche Entscheidung über staatsanwaltschaftliche Ordnungsmittel, § 168 e S 5 StPO (Zeugenvernehmung unter Ausschluss von Anwesenheitsberechtigten), § 202 S 2 StPO (Beweiserhebung im Zwischenverfahren), § 210 Abs 1 StPO (Eröffnung des Hauptverfahrens), § 229 Abs 3 S 2 StPO

(Hemmung der Unterbrechungsfrist), § 247a S 2 StPO (Anordnung der audiovisuellen Zeugenvernehmung), § 322a S 2 StPO (Entscheidung über Annahme der Berufung), § 348 Abs 2 StPO (Unzuständigkeit des Revisionsgerichts), § 372 S 2 StPO (Wiederaufnahme, Ausschluss nur für die Staatsanwaltschaft), § 397a Abs 3 S 2 StPO (Prozesskostenhilfe für Nebenkläger), § 419 Abs 2 S 2 StPO (Ablehnung der Entscheidung im beschleunigten Verfahren) und in § 117 Abs 2 S 1 StPO, soweit Haftprüfung beantragt wurde (Haftbeschwerde, vgl § 117 StPO Rn 4).

Gemäß § 28 Abs 2 S 2 und § 305 S 1 StPO kann die Entscheidung nicht losgelöst mit der Beschwerde, sondern nur zusammen mit dem Urteil angefochten werden. **12.2**

I. Entscheidungen des Bundesgerichtshofes

Nach § 304 Abs 4 und 5 StPO sind Entscheidungen des Bundesgerichtshofs **unanfechtbar**. Dies gilt auch für Entscheidungen eines Senatsvorsitzenden (BGH NStZ 2001, 551). Eine Ausnahme ist nur für die in Abs 5 benannten ermittlungsrichterlichen Maßnahmen (Rn 27) vorgesehen. **13**

II. Entscheidungen des Oberlandesgerichts

Beschlüsse und Verfügungen eines Oberlandesgerichts sind auch dann, wenn sie im erstinstanzlichen Verfahren ergehen, der Anfechtung **grundsätzlich entzogen**. Nur in den Fällen des § 304 Abs 4 S 2 Nr 1 bis Nr 5 und S 3 StPO ist die Beschwerdemöglichkeit eröffnet. **14**

Die Vorschrift ist aber als **Ausnahmevorschrift** eng auszulegen (BGHSt 25, 120, 121 = NJW 1976, 721; BGH NJW 1993, 1279). Dennoch ist in engsten Grenzen eine entsprechende Anwendung auf andere Fälle möglich (BGHSt 30, 168, 171 = NJW 1981, 2311, 2312; BGH NJW 1993, 1279; BGH NJW 2000, 1427). **15**

1. Freiheitsentziehung und andere Eingriffe, Nr 1

Unter **Verhaftung** fällt zwar wegen der Vergleichbarkeit mit der Untersuchungshaft die Anordnung der **Erzwingungshaft** nach § 70 Abs 2 StPO (BGHSt 36, 192, 195 = NJW 1989, 2702; BGH NJW 2005, 2166), nicht hingegen deren Ablehnung mangels die Anfechtbarkeit rechtfertigender besonderer Schutzbedürftigkeit des Betroffenen (BGHSt 43, 262, 263 = NJW 1998, 467). Die Ersatzordnungshaft fällt ebenfalls nicht darunter (BGHSt 36, 192, 197 = NJW 1989, 2702; BGH NStZ 1994, 198; BGH v 7. 8. 2008 – Az 2 BJs 23 und 24/07-5; BGH v 4. 8. 2009 – Az StB 32/09). **16**

Voraussetzung ist, dass der **Bestand und Vollzug des Haftbefehls** angefochten werden soll (BGHR StPO § 304 Abs 4 Haftbefehl 2), es ist nicht zulässig, sich mit der Beschwerde gegen einen von mehreren Haftgründen, die Erweiterung des Tatvorwurfs (BGHSt 37, 347, 348 = NJW 1991, 2094, 2095) oder gegen Auflagen nach § 116 Abs 1 S 2 StPO an den Bundesgerichtshof als Beschwerdegericht zu wenden (BGHSt 47, 249 = NJW 2003, 1132; kritisch Paeffgen NStZ 2004, 79 und SK-StPO/Paeffgen StPO § 116 Rn 22). Auch Entscheidungen, die die Art und Weise des Vollzugs betreffen, also Beschränkungen nach § 119 StPO, sind nicht erfasst (BGHSt 26, 270, 271 = NJW 1976, 721). **17**

Die Vorschrift ist wegen des vergleichbaren, besonders nachhaltigen Eingriffs in die Rechtssphäre des Betroffenen entsprechend anzuwenden auf die mit einer längeren **Unterbringung** verbundene Maßnahme nach § 81a StPO (BGHR StPO § 304 Abs 4 Untersuchung 1). **18**

Die **Beschlagnahme** umfasst auch den dinglichen Arrest nach § 111d StPO, soweit er der Sicherstellung der Einziehung oder des Verfalls von Wertersatz dient (BGHSt 29, 13, 14 = NJW 1979, 1612), die Beschlagnahme von Zufallsfunden nach § 108 StPO aber nicht (BGHSt 28, 349, 350 = NJW 1979, 1418). Die Sicherstellung im Rahmen sitzungspolizeilicher Maßnahmen für die Dauer der Hauptverhandlung wird ebenfalls nicht erfasst (BGHSt 44, 23, 25 = NJW 1998, 1420). **19**

Unter **Durchsuchung** fallen die Maßnahmen nach § 102 StPO und § 103 StPO. Dabei ist die Beschwerde nur gegen die Anordnung, nicht gegen die Art und Weise der Durchsuchung zulässig (BGH NJW 2000, 84, 86; BGH wistra 1999, 66). Eine entsprechende Anwendung für die Telefonüberwachung scheidet aus (BGH wistra 2005, 436; **aA** Löwe/ **20**

Rosenberg/Matt StPO § 304 Rn 77; in diese Richtung auch KK-StPO/Engelhardt StPO § 304 Rn 9).

20a Die Beschwerdemöglichkeit erfasst alle **Maßnahmen nach § 101 Abs 1 StPO** (Meyer-Goßner StPO § 304 Rn 13).

2. Nichteröffnung und Einstellung, Nr 2

21 Der Grund für die Anfechtbarkeit liegt in der **verfahrensabschließenden Wirkung**. Die zeitliche Zurückstellung der Eröffnungsentscheidung durch Verfahrensabtrennung ist grundsätzlich nicht anfechtbar (BGH NJW 1993, 1279 auch zu denkbaren Ausnahmen). Kostenentscheidungen in einstellenden Entscheidungen unterliegen nicht der Beschwerde (BGH NJW 2000, 1427, 1428).

3. Abwesenheitsverhandlung und Verweisung, Nr 3

22 Die an sich mögliche Beschwerde nach § 210 Abs 2 Alt 2 StPO und § 231 Abs 2 StPO ist bei Befassung des Oberlandesgerichts ausgeschlossen.

4. Akteneinsicht, Nr 4

23 Die Aufnahme in den Katalog des § 304 Abs 4 StPO rechtfertigt sich aus der **besonderen Bedeutung**, welche die Akteneinsicht für die Verfahrensbeteiligten hat. Steht daher die sachgerechte Verteidigung oder Mitwirkung im Verfahren nicht in Frage, ist die Vorschrift nicht anwendbar (BGHR StPO § 304 Abs 4 Akteneinsicht 4).

23.1 Der Verfasser von angehaltenen Briefen an einen Untersuchungsgefangenen kann sich gegen die Versagung der Akteneinsicht durch Verfügung des Vorsitzenden beim Oberlandesgericht nicht beschweren (BGHR StPO § 304 Abs 4 Akteneinsicht 4).

5. Belastende nachträgliche Entscheidungen, Nr 5

24 Die Ablehnung von Strafaussetzung in nachträglichen **Gesamtstrafbeschlüssen** fällt zwar nicht unter den Wortlaut, da insoweit kein Widerruf erfolgt, die Vorschrift ist aber entsprechend anzuwenden (BGHSt 30, 168 = JR 1983, 84). Die Festlegung der Dauer der Bewährungszeit (BGHR StPO § 304 Abs 4 Strafrest 1) oder die Entscheidung über Auflagen bleibt unanfechtbar (BGHSt 30, 32, 33). Gleiches gilt für Einwendungen nach § 458 Abs 2 StPO (BGHR StPO § 304 Abs 4 Strafaufschub 1).

25 Für das **Wiederaufnahmeverfahren** sind nur Entscheidungen nach § 372 S 1 StPO ausnahmsweise anfechtbar, ablehnende Vorentscheidungen nach § 364 a StPO, § 364 b StPO fallen nicht darunter.

6. Verteidigerausschluss, S 3

26 Die Beschwerdemöglichkeit des **§ 138 d Abs 6 S 1 StPO** wird durch § 304 Abs 4 StPO nicht eingeschränkt, anders aber die Zurückweisung nach § 137 Abs 1 S 2 StPO (BGH NJW 1977, 156). Wird der Ausschließungsantrag der Staatsanwaltschaft vom Oberlandesgericht zurückgewiesen, ist dies unanfechtbar, eine analoge Anwendung des § 304 Abs 4 S 3 StPO kommt nicht in Betracht (BGH NStZ-RR 2002, 258).

III. Ermittlungsrichterliche Entscheidungen

27 Verfügungen des Ermittlungsrichters beim Bundesgerichtshof oder beim Oberlandesgericht sind, auch wenn sie als Beschluss ergehen, nur in den in § 304 Abs 5 StPO bezeichneten Fällen anfechtbar. Die Vorschrift ist als **Ausnahmevorschrift** eng auszulegen (BGH NStZ 1994, 198; BGH NJW 2002, 765). Für die Auslegung der Begriffe Verhaftung (BGHR StPO § 304 Abs 5 Verhaftung 1 bis 3 und 5), einstweilige Unterbringung, Beschlagnahme oder Durchsuchung (BGHR StPO § 304 Abs 5 Durchsuchung 2 und 3) vgl Rn 16 ff.

28 Eine analoge Anwendung der Vorschrift auf Maßnahmen nach § 2 DNA-IFG iVm **§ 81 g StPO** kommt nicht in Betracht (BGH NJW 2002, 765).

§ 305 [Ausschluss der Beschwerde]

¹Entscheidungen der erkennenden Gerichte, die der Urteilsfällung vorausgehen, unterliegen nicht der Beschwerde. ²Ausgenommen sind Entscheidungen über Verhaftungen, die einstweilige Unterbringung, Beschlagnahmen, die vorläufige Entziehung der Fahrerlaubnis, das vorläufige Berufsverbot oder die Festsetzung von Ordnungs- oder Zwangsmitteln sowie alle Entscheidungen, durch die dritte Personen betroffen werden.

Überblick

Der Ausschluss der Beschwerde soll Eingriffe des Beschwerdegerichts in solche Entscheidungen verhindern, die sachlich eng mit der Vorbereitung und Fällung des Urteils verbunden sind. Die Überprüfbarkeit der beanstandeten Maßnahme bleibt aber durch die Anfechtung des Urteils – wenn auch zeitlich verzögert – gewährleistet. Kann die Beschwer durch die Anfechtung des Urteils nicht mehr beseitigt werden, bleibt die Beschwerde, wie in den in S 2 der Vorschrift genannten Fällen, statthaft.

A. Der Beschwerde entzogen

Nach dem **Wortlaut** des § 305 S 1 StPO hängt der Ausschluss der Beschwerde nur davon ab, dass die Entscheidung vor dem Urteil ergangen ist. Dies ist aber **einschränkend auszulegen**, um dem Sinn der Vorschrift Rechnung zu tragen (KK-StPO/Engelhardt StPO § 305 Rn 5). Danach gilt Folgendes: 1

Diejenigen Entscheidungen des **erkennenden Gerichts** (s § 28 StPO Rn 9), die der **Urteilsfindung** vorausgehen und in einem **inneren, sachlichen Zusammenhang** hierzu stehen, ausschließlich der Vorbereitung des Urteils dienen, mit diesem überprüft werden können und keine weiteren Verfahrenswirkungen äußern, sind von der isolierten Anfechtung mit der Beschwerde ausgenommen (OLG Köln StV 1991, 552 mAnm Müller; OLG Frankfurt NStZ-RR 2005, 46, 47; Meyer-Goßner StPO § 305 Rn 1). 2

Der Ausschluss der isolierten Beschwerde dient vor allem der Beschleunigung und Konzentration des Hauptverfahrens (Löwe/Rosenberg/Matt StPO § 305 Rn 2). Damit geht einher, dass das erkennende Gericht in seiner Entscheidungsvorbereitung nicht durch Eingriffe des sachferneren Beschwerdegerichts beeinträchtigt wird und die für die tatrichterlichen Aufgaben wichtige Verfahrensherrschaft behält (differenzierend KK-StPO/Engelhardt StPO § 305 Rn 1). 2.1

Vom Beschwerdeausschluss erfasst werden nicht nur Gerichtsbeschlüsse, sondern auch **Verfügungen des Vorsitzenden**, sofern diese die Voraussetzungen des § 305 S 1 StPO erfüllen (OLG Düsseldorf NStZ 1986, 138; OLG Hamm MDR 1988, 696; Meyer-Goßner StPO § 305 Rn 3 mwN; KK-StPO/Engelhardt StPO § 305 Rn 4; **aA** KK-StPO/Laufhütte StPO § 141 Rn 13). 3

Vor allem Entscheidungen zur Vorbereitung der **Beweisaufnahme** und deren Durchführung, zur **Gestaltung** des Verfahrens oder zu Art und Weise der **Hauptverhandlung** sind der Anfechtung durch die isolierte Beschwerde entzogen. Hierdurch droht dem Betroffenen kein Rechtsverlust, weil diese Entscheidungen mit dem Urteil zusammen überprüft werden und darüber hinaus keine Wirkungen entfalten. 4

Im Einzelnen ist die Beschwerde gegen folgende Entscheidungen unzulässig (weitere Beispiele bei KK-StPO/Engelhardt StPO § 305 Rn 6): 4.1

- Abtrennung oder Verbindung, bzw deren Ablehnung (OLG Hamm wistra 1999, 235, 237 mAnm Weidemann 399);
- Feststellung der Unwirksamkeit einer Berufungsrücknahme (OLG Frankfurt NStZ-RR 2005, 46, 47);
- Entscheidungen über die Anwesenheit des Angeklagten in der Hauptverhandlung (OLG Koblenz MDR 1976, 602; Meyer-Goßner StPO § 305 Rn 4);
- Vorbereitung der Beweisaufnahme durch Auswahl des Sachverständigen (OLG Celle NJW 1966, 1881; KK-StPO/Engelhardt StPO § 305 Rn 6 mwN);

- in der Regel die Terminsbestimmung (OLG Hamm NStZ 1989, 133; vgl § 213 StPO Rn 7); anders für die Ablehnung der Terminsverlegung OLG Frankfurt NStZ-RR 1997, 177, 178), zur Beschwerdemöglichkeit bei langdauernder (über zwei Jahre) Nichtterminierung (OLG Braunschweig NStZ-RR 1996, 172; Pfeiffer StPO § 305 Rn 3);
- Durchführung der Beweisaufnahme;
- Ablehnung der Aussetzung (OLG Düsseldorf NJW 1997, 2533; OLG Dresden StraFo 2008, 209)
- Aussetzung, solange damit keine offensichtlich sachfremden Zwecke verfolgt werden (OLG Dresden JR 2008, 304; vgl Löwe/Rosenberg/Matt StPO § 305 Rn 26).

B. Auf die Beschwerde anfechtbar

5   Hat eine Entscheidung auch über die Urteilsvorbereitung hinausgehende prozessuale Bedeutung, können deren **Wirkungen** durch die Anfechtung des Urteils **nicht beseitigt** oder nachgeholt werden. Deswegen unterliegen solche Entscheidungen der Beschwerde unabhängig davon, ob dadurch eine Maßnahme **angeordnet oder abgelehnt** worden ist.

5.1   Das Beschwerdegericht wird aber zu beachten haben, dass es durch die Entscheidung nicht in vertretbare Beweiserwägungen des erkennenden Gerichts eingreift (vgl BGH StV 1991, 525 mAnm Weidner). So wäre es beispielsweise verfehlt, auf eine Haftbeschwerde hin in eine seit mehreren Sitzungstagen andauernde Hauptverhandlung einzugreifen, indem das Beschwerdegericht die Glaubhaftigkeit der Angaben des Belastungszeugen abweichend von der vertretbaren Nichtabhilfeentscheidung des erkennenden Gerichts würdigt, und den Haftbefehl aufhebt.

I. Ausnahmen nach § 305 S 2 StPO

6   In dieser Norm sind verdeutlichend einige **Beispiele** genannt, die der Überprüfung durch die Beschwerde unterliegen. Es handelt sich nicht um eine abschließende Aufzählung.

7   Entscheidungen über **Verhaftungen** betreffen alle Maßnahmen im Zusammenhang mit der Untersuchungshaft. Eine einschränkende Auslegung wie bei § 304 Abs 4 und Abs 5 StPO (vgl § 304 StPO Rn 17) ist nicht angezeigt (OLG Karlsruhe StV 1997, 312; Pfeiffer StPO § 305 Rn 3).

8   Einstweilige **Unterbringung** erfasst nur die nach § 126 a StPO, nicht die psychiatrische Untersuchung ohne Unterbringung des Angeklagten (OLG Düsseldorf VRS 99, 123).

9   Neben Entscheidungen, die Beschlagnahmen betreffen, sind auch Anordnung oder Ablehnung von **Durchsuchungen** durch das erkennende Gericht mit der isolierten Beschwerde anfechtbar (Meyer-Goßner StPO § 105 Rn 15).

10   Da **betroffene Dritte**, die nicht Verfahrensbeteiligte sind (§ 304 StPO Rn 11), das Urteil nicht anfechten können, stellt § 305 S 2 StPO klar, dass ihre Beschwerdebefugnis bestehen bleibt.

II. Sonstige Ausnahmen

11   Für die Bestellung und Entpflichtung des **Pflichtverteidigers** wird zu Recht eine isolierte Anfechtbarkeit angenommen, da hieraus Nachteile erwachsen können, die durch eine Aufhebung des Urteils nicht mehr zu beseitigen sind (OLG Hamm NStZ 1990, 143; OLG Köln NStZ 1991, 248, 249 mwN mAnm Wasserburg; Meyer-Goßner StPO § 141 Rn 10; Löwe/Rosenberg/Matt StPO § 305 Rn 29; **aA** OLG Naumburg NStZ-RR 1996, 41, 42; OLG Koblenz NStZ-RR 1996, 206; differenzierend OLG Hamburg JR 1986, 257 mAnm Wagner).

12   Ein weiterer wichtiger Bereich, für den die Beschwerde auch während der laufenden Hauptverhandlung nicht ausgeschlossen ist, ist die Versagung der **Akteneinsicht** (KG JR 1965, 69, 70; Löwe/Rosenberg/Matt StPO § 305 Rn 27).

12.1   Auch die Nichtzulassung des Nebenklägers (KG JR 1995, 259) und die Anordnung der Untersuchung nach § 81 a StPO, sofern diese mit einem Eingriff in die körperliche Unversehrtheit verbunden ist (OLG Hamm NJW 1970, 1985), rechtfertigen die Annahme eines Rechtsschutzbedürfnisses für die isolierte Beschwerde.

§ 305 a [Beschwerde gegen Strafaussetzungsbeschluss]

(1) ¹Gegen den Beschluß nach § 268 a Abs. 1, 2 ist Beschwerde zulässig. ²Sie kann nur darauf gestützt werden, daß eine getroffene Anordnung gesetzwidrig ist.

(2) Wird gegen den Beschluß Beschwerde und gegen das Urteil eine zulässige Revision eingelegt, so ist das Revisionsgericht auch zur Entscheidung über die Beschwerde zuständig.

Überblick

Die Norm enthält im Wesentlichen eine Begrenzung der Nachprüfungsbefugnis des Beschwerdegerichts auf die Gesetzeswidrigkeit der angefochtenen Entscheidungen nach § 268 a StPO. Für den Fall der Einlegung der Revision ist in Abs 2 der Vorschrift die Beschwerdezuständigkeit des Revisionsgerichts angeordnet.

A. Beschwerdeverfahren

Nebenentscheidungen zu **Straf- und Maßregelaussetzung, zu Verwarnung mit** 1
Strafvorbehalt und zur Führungsaufsicht ergehen gemäß § 268 a Abs 1 und Abs 2 StPO durch gesonderten Beschluss und werden daher von der Anfechtung des Urteils nicht erfasst. Die Zulässigkeit der Beschwerde gegen solche Entscheidungen ergibt sich bereits aus § 304 Abs 1 StPO, insoweit hat § 305 a Abs 1 S 1 StPO nur klarstellende Bedeutung.

§ 305 a Abs 1 S 2 StPO enthält eine **Einschränkung** der sonst umfassenderen **Nach-** 2
prüfungsbefugnis des Beschwerdegerichts. Dieses darf die angefochtene Entscheidung nur auf Gesetzeswidrigkeit, also auf die Vereinbarkeit mit dem materiellen Recht oder auf Verfahrensverstöße, überprüfen (Pfeiffer StPO § 305 a Rn 5). Es darf aber **nicht die Ermessensausübung** des unteren Gerichts durch sein eigenes Ermessen ersetzen.

> Dies deckt sich mit der Einschränkung der Überprüfungskompetenz nach § 453 Abs 2 S 2 StPO 2.1
> für nachträgliche Entscheidungen in diesem Sachbereich.
>
> Gesetzeswidrigkeit liegt auch vor, wenn das Gericht unzumutbare Anforderungen an den 2.2
> Angeklagten stellt und damit das ihm eingeräumte Ermessen überschreitet oder missbraucht; dies ist insbesondere der Fall, wenn eine Weisung entgegen § 56 c Abs 1 S 2 StGB einen unverhältnismäßigen Eingriff in die Lebensführung des Verurteilten enthält (BGH StV 1998, 658).
>
> Für die Abhilfeentscheidung des § 306 Abs 2 StPO ist das Ausgangsgericht nicht an die 2.3
> Beschränkung gebunden, es darf zugunsten des Angeklagten auch in die eigene vorherige Ermessensausübung eingreifen.

I. Zulässigkeitsvoraussetzungen

Für die **Beschwerdeberechtigung** gelten die allgemeinen Vorschriften der § 296 StPO, 3
§ 297 StPO, § 298 StPO. Nebenkläger oder sonstige Geschädigte sind nicht beschwerdebefugt (Pfeiffer StPO § 305 a Rn 2), da sie nicht beschwert sein können.

> Die Bestimmung der gemeinnützigen Einrichtung, an den ein Geldbetrag zu zahlen ist, be- 3.1
> schwert den Angeklagten nicht (OLG Köln NJW 2005, 1671).

Die **Begründung** der Beschwerde ist keine Zulässigkeitsvoraussetzung. 4

II. Entscheidung

Stellt das für die Beschwerde zuständige Gericht die Gesetzeswidrigkeit fest, **entscheidet** 5
es gemäß § 309 Abs 2 StPO **in der Sache selbst** (§ 309 StPO Rn 5 ff), indem es zB Auflagen und Weisungen nach seinem Ermessen abändert, anderenfalls verwirft es die Beschwerde als **unbegründet**.

Ein **Verschlechterungsverbot** gilt für die eigene Entscheidung des Beschwerdegerichts 6
nicht (BGH NStZ 1995, 220; KG NStZ-RR 2006, 137 mwN; Meyer-Goßner StPO § 305 a Rn 4 unter Hinweis auf die kaum vorhandene praktische Bedeutung; **aA** KK-StPO/Engelhardt StPO § 305 a Rn 12; § 309 StPO Rn 8).

B. Zuständigkeit

7   Grundsätzlich ist das **Beschwerdegericht** nach § 73 GVG zuständig.

8   Ist **Berufung** eingelegt, so wird der Beschluss des Ausgangsgerichts mit der neuen Sachentscheidung des Berufungsgerichts gegenstandslos. Denn das Berufungsgericht trifft eine eigene Entscheidung nach § 268 a StPO, ohne an die Beschränkung des § 305 a Abs 1 S 2 StPO gebunden zu sein (Meyer-Goßner StPO § 268 a Rn 2). Gegen diesen Beschluss ist erneut Beschwerde zulässig.

9   Bei einer zulässigen **Revision** gilt die Zuständigkeitsregelung des § 305 a Abs 2 StPO. Bei Aufhebung bzw Teilaufhebung des Urteils wird die Beschwerde gegenstandslos. Anderenfalls entscheidet das Revisionsgericht als Beschwerdegericht, wenn die Sache entscheidungsreif ist, sonst wird das Beschwerdegericht zuständig (BGHSt 34, 392, 393 = NJW 1988, 1224).

10 An der Entscheidungsreife kann es bei fehlender Begründung des angefochtenen Beschlusses und unterlassener Nichtabhilfeentscheidung nach § 306 Abs 2 StPO bei erheblichem Tatsachenvortrag durch die Beschwerde fehlen (BGH NJW 1992, 2169; BGHSt 34, 392, 393 = NJW 1988, 1224).

§ 306 [Einlegung; Abhilfe oder Vorlegung]

(1) Die Beschwerde wird bei dem Gericht, von dem oder von dessen Vorsitzenden die angefochtene Entscheidung erlassen ist, zu Protokoll der Geschäftsstelle oder schriftlich eingelegt.

(2) Erachtet das Gericht oder der Vorsitzende, dessen Entscheidung angefochten wird, die Beschwerde für begründet, so haben sie ihr abzuhelfen; andernfalls ist die Beschwerde sofort, spätestens vor Ablauf von drei Tagen, dem Beschwerdegericht vorzulegen.

(3) Diese Vorschriften gelten auch für die Entscheidungen des Richters im Vorverfahren und des beauftragten oder ersuchten Richters.

Überblick

Neben der Bestimmung der Zuständigkeit für die Einlegung der Beschwerde (iudex a quo), regelt die Vorschrift für die einfache Beschwerde ein vorgeschaltetes Abhilfeverfahren. Hiermit sollen überflüssige Vorlagen an das Beschwerdegericht vermieden und das Verfahren beschleunigt werden.

A. Einlegung der Beschwerde

1   Die Einlegung hat bei dem **Gericht** zu erfolgen, **welches die Entscheidung erlassen hat**. Irrtümlich an andere Gerichte adressierte Rechtsmittel sind an dieses Gericht weiterzuleiten, sie sind allerdings erst mit dem Eingang dort wirksam eingelegt (vgl § 42 StPO Rn 12).

2   Die **einfache Beschwerde** ist an **keine Frist** gebunden, anders als die sofortige Beschwerde, die nur innerhalb der Wochenfrist des § 311 Abs 2 StPO eingelegt werden kann. Die Beschwerde kann aber **prozessual überholt** werden, was außer bei der Überprüfung tief greifender Grundrechtseingriffe dazu führt, dass das Rechtsmittel gegenstandslos wird (§ 296 StPO Rn 10 ff). In Ausnahmefällen kann das Rechtsschutzinteresse wegen **Zeitablaufs** verwirkt sein (§ 304 StPO Rn 5).

3   Die angefochtene Entscheidung muss bei der Einlegung **bereits erlassen** worden sein (§ 296 StPO Rn 5). Die Beschwerde darf an keine **Bedingung** geknüpft sein (§ 296 StPO Rn 6). Auch im Übrigen gelten die allgemeinen Vorschriften für die Einlegung der Beschwerde, §§ 296 StPO ff.

4   Die Beschwerde muss **schriftlich** und in deutscher Sprache (§ 184 GVG Rn 4) oder **zu Protokoll der Geschäftsstelle** eingelegt werden. Das Schreiben kann auch als Telefax übermittelt werden, eine telefonische Einlegung ist hingegen nicht möglich.

Die Beschwerde bedarf keiner **Begründung**. Wird eine solche mit der Einlegung angekündigt, muss das Beschwerdegericht mit der Entscheidung eine angemessene Zeit warten (BVerfGE 8, 89 = NJW 1958, 1436), gegebenenfalls muss es eine **Frist setzen** (BVerfGE 12, 6, 8 = MDR 1961, 26). Eine beim iudex a quo eingehende Begründung ist rechtzeitig **an das Beschwerdegericht weiterzuleiten** (BVerfGE 62, 347, 353 = NJW 1983, 2187). 5

Wiedereinsetzung wegen der Versäumung dieser Frist kann nicht gewährt werden (OLG Karlsruhe MDR 1983, 250, 251; Löwe/Rosenberg/Matt StPO § 306 Rn 8 mwN). 5.1

Die Ankündigung einer Begründung darf nicht zu Verzögerungen hinsichtlich der Übersendungsfrist von drei Tagen nach § 306 Abs 2 Hs 2 StPO führen, vgl Rn 14.1. 5.2

Auch wenn die Begründung nach Ablauf der Stellungnahmefrist, aber **vor dem Erlass der Entscheidung eingeht**, ist sie zu berücksichtigen (OLG Karlsruhe MDR 1983, 250, 251). Eine schon stattgefundene Beratung ist unter Berücksichtigung des neuen Vortrags zu wiederholen. 6

B. Abhilfeverfahren

Demjenigen, der die angefochtene Entscheidung erlassen hat, sei es das Gericht, der Vorsitzende oder der Richter nach Abs 3, hat auf die Beschwerde die **eigene Entscheidung zu überprüfen** und dabei gegebenenfalls neuen Tatsachenvortrag zu berücksichtigen. Auf diesem Wege soll eine unnötige Befassung des Beschwerdegerichts verhindert werden. Das Abhilfeverfahren gilt nur für die **einfache Beschwerde**; bei der sofortigen Beschwerde darf das Gericht jenseits eines Gehörsverstoßes seine eigene Entscheidung nicht abändern, § 311 Abs 3 StPO. 7

Durch das Abhilfeverfahren kann ein Verstoß gegen die Gewährung rechtlichen Gehörs durch Nachholung geheilt werden. 7.1

Eine unzulässige Beschwerde ist als Gegenvorstellung (§ 296 StPO Rn 3) zu behandeln, auch sie gibt Anlass, die erlassene Entscheidung auf ihre Richtigkeit zu überprüfen (KG JR 1957, 430; vgl auch KK-StPO/Engelhardt StPO § 306 Rn 12). 7.2

Trifft das Gericht **keine Abhilfeentscheidung**, kann das Beschwerdegericht die Akte zur Nachholung zurücksenden, was freilich zur effektiven Verfahrensgestaltung Ausnahmesituationen vorbehalten sein sollte (BGHSt 34, 392, 393 = NJW 1988, 1224; BGH v 7. 8. 2001 – Az 4 StR 266/01 mwN; Meyer-Goßner StPO § 306 Rn 10). In der Regel wird das Beschwerdegericht im Interesse der zügigen Durchführung des Verfahrens selbst entscheiden, denn eine zwingende Verfahrensvoraussetzung ist die Abhilfeentscheidung nicht (BGH v 5. 6. 2007 – Az 5 StR 126/07; KMR/Plöd StPO § 306 Rn 10). 8

I. Abhilfe

Entschließt sich das Gericht auf die Beschwerde hin zu einer **Abänderung** seiner Entscheidung, erlässt es einen neuen Beschluss, der nach den allgemeinen Vorschriften zu begründen und bekannt zu machen ist, § 34 StPO, § 35 Abs 2 StPO. Möglich ist auch eine nur **teilweise Abänderung** der Ausgangsentscheidung (Pfeiffer StPO § 306 Rn 3). 9

Verwertet das Gericht bei der Abhilfe neuen Tatsachenvortrag, hat es gemäß § 33 Abs 3 StPO dem Beschwerdegegner hierzu **rechtliches Gehör** zu gewähren, im Übrigen besteht diese Pflicht nicht (Meyer-Goßner StPO § 306 Rn 8; aA Löwe/Rosenberg/Matt StPO § 306 Rn 18). 10

Dem Beschwerdegegner steht gegen die Abhilfeentscheidung die **Beschwerde** zu. 11

II. Nichtabhilfe

Will das Gericht seine Entscheidung nicht abändern, vermerkt es dies in den Akten. Hierzu genügt bei Kollegialgerichten der **Vermerk** eines Richters, der deutlich macht, dass diese Entschließung das Ergebnis einer Gerichtsberatung ist, zB durch den Zusatz: „nach Kammerberatung" (abw Meyer-Goßner StPO § 306 Rn 9, der auf die Unterschrift des Vorsitzenden abstellt). Eines förmlichen Beschlusses bedarf es nicht. 12

13 Die **Nichtabhilfeentscheidung** muss **nicht begründet** werden. Dies empfiehlt sich aber, wenn der angefochtene Beschluss nicht oder zu knapp begründet worden war oder das Beschwerdevorbringen erheblichen neuen Tatsachenvortrag enthält, um dem Beschwerdegericht die Überprüfung zu erleichtern (BGHSt 34, 392 = NJW 1988, 1224).

14 Wird der Beschwerde nicht abgeholfen, ist sie **über die Staatsanwaltschaft dem Beschwerdegericht zuzuleiten**. Bei der in § 306 Abs 2 Hs 2 StPO geregelten **Dreitagesfrist**, die mit dem Eingang bei Gericht beginnt, handelt es sich um eine Sollvorschrift, zwingend ist sie nicht. Dennoch sollte – auch durch die Staatsanwaltschaft – auf die fristgerechte Übersendung der Beschwerde geachtet werden. Wird durch die angefochtene Entscheidung vollziehbar Freiheitsentziehung angeordnet, kann eine zügigere Übersendung geboten sein (vgl BGH NJW 2001, 3275, 3276).

14.1 Ist eine Begründung angekündigt, darf dies nicht zur Überschreitung der Dreitagesfrist führen, der Vorgang ist dem Beschwerdegericht vorab zuzuleiten (OLG Hamm StraFo 2002, 177, 178; **aA** Löwe/Rosenberg/Matt StPO § 306 Rn 7), eine gegebenenfalls später eingehende Begründung ist nachzusenden.

14.2 Sind weitere Ermittlungen erforderlich, für die die Frist nicht ausreicht, sind diese dem Beschwerdegericht zu überlassen (KK-StPO/Engelhardt StPO § 306 Rn 18; Meyer-Goßner StPO § 306 Rn 11; **aA** OLG München NJW 1973, 1143). Denn die mit dem Abhilfeverfahren verfolgte Beschleunigung des Verfahrens kann dann ohnehin nicht mehr erreicht werden.

15 Erachtet das Gericht die Beschwerde für **unzulässig**, darf es hierüber nicht selbst entscheiden, sondern muss dies dem Beschwerdegericht überlassen (RGSt 43, 179, 180; OLG Karlsruhe 1996, 233), vgl aber Rn 7.2.

§ 307 [Keine Vollzugshemmung]

(1) Durch Einlegung der Beschwerde wird der Vollzug der angefochtenen Entscheidung nicht gehemmt.

(2) Jedoch kann das Gericht, der Vorsitzende oder der Richter, dessen Entscheidung angefochten wird, sowie auch das Beschwerdegericht anordnen, daß die Vollziehung der angefochtenen Entscheidung auszusetzen ist.

Überblick

Die Beschwerde hat grundsätzlich keine aufschiebende Wirkung. Um Härten zu vermeiden, kann das zuständige Gericht bis zur Entscheidung über die Beschwerde eine suspensive Wirkung anordnen.

A. Grundsatz der sofortigen Vollziehbarkeit

1 Während die anderen Rechtsmittel, Berufung und Revision, aufschiebende Wirkung haben (§ 296 StPO Rn 1), **fehlt** der Beschwerde gemäß § 307 Abs 1 StPO diese **Suspensivwirkung**. Trotz der Einlegung der Beschwerde ist die angefochtene Entscheidung vollziehbar.

2 Nur für einige Sachbereiche ordnet das **Gesetz ausnahmsweise die Vollzugshemmung** an. Ergänzend wird eine aufschiebende Wirkung anerkannt, wenn von der angefochtenen Entscheidung die Vollstreckung einer Strafe oder Maßregel abhängt (OLG Karlsruhe NJW 1964, 1085, 1086 zum Widerruf der Strafaussetzung), vgl § 453 StPO (§ 453 StPO Rn 13) und § 462 StPO (§ 462 StPO Rn 4).

2.1 Die aufschiebende Wirkung wird ausdrücklich angeordnet in § 81 Abs 4 S 2 StPO (Unterbringung), § 231 Abs 2 S 2 Hs 2 StPO (Verhandlung ohne den Angeklagten), § 454 Abs 3 S 2 StPO (nur für die sofortige Beschwerde der Staatsanwaltschaft gegen die Reststrafaussetzung), § 462 Abs 3 S 2 StPO (nur für die sofortige Beschwerde der Staatsanwaltschaft gegen die Anordnung der Unterbrechung der Vollstreckung), § 181 Abs 2 Hs 2 GVG (Ordnungsmittel durch Einzelrichter außerhalb der Sitzung), § 65 Abs 2 S 3 JGG (Jugendarrest im nachträglichen Verfahren).

Beschwerde　　　　　　　　　　　　　　　　　　　　　　　**§ 308 StPO**

Ist mit der angefochtenen, aber vollziehbaren Entscheidung eine **Freiheitsentziehung** 3
verbunden, ist das Beschwerdeverfahren besonders zügig durchzuführen (§ 306 StPO
Rn 14).

B. Aussetzung der Vollziehung
I. Allgemeines

Um Härten zu vermeiden, die durch die sofortige Vollziehbarkeit der angefochtenen 4
Entscheidung entstehen können, besteht für das Gericht gemäß § 307 Abs 2 StPO die
Möglichkeit, von Amts wegen oder auf Antrag eine **Vollzugshemmung anzuordnen**.

Hierbei sind die durch den Vollzug drohenden Nachteile mit dem öffentlichen Interesse 5
an sofortiger Vollziehung **abzuwägen** (Löwe/Rosenberg/Matt StPO § 307 Rn 5 mwN).
Ist die Beschwerde ersichtlich unbegründet, wird eine Anordnung der Suspensivwirkung
ausscheiden.

> In Betracht kommt die Anordnung nach § 307 Abs 2 StPO durch das Ausgangsgericht, wenn es 5.1
> die Fehlerhaftigkeit seiner Entscheidung erkennt, aber gemäß § 311 Abs 3 S 1 StPO diese nicht
> abändern darf oder wenn es um die von seiner Entscheidung abweichende Ansicht des Beschwerde-
> gerichts weiß.

Eine ausdrückliche Entscheidung braucht nur bei einem entsprechenden **Antrag** zu 6
erfolgen (zum frühesten Zeitpunkt für die Entscheidung KK-StPO/Engelhardt StPO § 307
Rn 8 mwN).

Zu einem solchen Antrag soll die **Anhörung des Gegners** des Beschwerdeführers nicht 7
zwingend sein (Meyer-Goßner StPO § 307 Rn 3; **aA** KK-StPO/Engelhardt StPO § 307
Rn 6), ist aber in aller Regel geboten (Pfeiffer StPO § 307 Rn 2).

Mit der Entscheidung über die Beschwerde wird die Anordnung der Vollzugsaussetzung 8
gegenstandslos. Es besteht aber die Möglichkeit, deren Beendigung schon zu einem früheren
Zeitpunkt anzuordnen (Meyer-Goßner StPO § 307 Rn 2).

II. Zuständigkeit

Das Gericht, welches die angefochtene Entscheidung erlassen hat, kann eine Entscheidung 9
nach § 307 Abs 2 StPO solange treffen, bis es die Akten gemäß § 306 Abs 2 StPO an das
Beschwerdegericht abgegeben hat. Danach ist nur noch dieses Gericht zuständig (Pfeiffer
StPO § 307 Rn 1; Meyer-Goßner StPO § 307 Rn 3; **aA** KK-StPO/Engelhardt StPO
§ 307 Rn 4), da es ab diesem Zeitpunkt nicht mehr sinnvoll ist, auf die Würdigung durch
das untere Gericht abzustellen.

Gegen die eine Vollzugshemmung aussetzende Entscheidung des Ausgangsgerichts ist die 10
Beschwerde zulässig. Hat das Beschwerdegericht entschieden, so ist Beschwerde nur in den
von § 310 Abs 1 Nr 1 bis Nr 3 StPO erfassten Fällen zulässig.

III. Besonderheiten in Haftsachen

Bei der Entscheidung über Haftfragen werden häufig Anträge auf Anordnung der auf- 11
schiebenden Wirkung gestellt. Hierbei ist aber folgende Sonderregelung zu beachten: **Hebt
das Gericht einen Haftbefehl auf**, so darf es keine den Vollzug dieser Entscheidung
hemmende Anordnung treffen, auch wenn die Staatsanwaltschaft dies beantragt hat. Denn
gem **§ 120 Abs 2 StPO** darf ein Rechtsmittel die Freilassung des Beschuldigten nicht
hindern; **§ 307 Abs 2 StPO gilt nicht**.

Setzt das Gericht gemäß § 116 Abs 1 bis Abs 3 StPO nur den **Vollzug des Haftbefehls** 12
aus, so gilt § 120 Abs 2 StPO nicht, die Anwendung des **§ 307 Abs 2 StPO ist zulässig**
(KK-StPO/Schultheis StPO § 120 Rn 19; Meyer-Goßner StPO § 120 Rn 12).

§ 308 [Befugnisse des Beschwerdegerichts]

(1) ¹**Das Beschwerdegericht darf die angefochtene Entscheidung nicht zum
Nachteil des Gegners des Beschwerdeführers ändern, ohne daß diesem die Be-**

Cirener　　　　　　　　　　　　　　　　　　　　　　　　　　　　1261

schwerde zur Gegenerklärung mitgeteilt worden ist. ²Dies gilt nicht in den Fällen des § 33 Abs. 4 Satz 1.

(2) Das Beschwerdegericht kann Ermittlungen anordnen oder selbst vornehmen.

Überblick

Die Vorschrift konstituiert einen über die allgemeine Vorschrift des § 33 Abs 3 StPO hinausgehenden Anspruch auf rechtliches Gehör. Zudem stellt sie klar, dass das Beschwerdegericht eine Tatsacheninstanz ist und bisherige Aufklärungslücken durch eigene Ermittlungen füllen kann.

A. Anhörung

1 Die vorgeschriebene Anhörung erstreckt sich nicht nur auf Tatsachen und Beweisergebnisse, wie dies in § 33 Abs 3 StPO vorgesehen ist, sondern umfasst den **gesamten Beschwerdevortrag** (BVerfGE 17, 188, 190 = NJW 1964, 293). Zweckmäßig ist es daher, eine Abschrift des Beschwerdeschriftsatzes und ihm nachfolgende Begründungen zu übersenden. Vom Zugang dieser Unterlagen muss sich das Beschwerdegericht überzeugen (BVerfGE 36, 85, 88 = NJW 1974, 133). Ist die Anhörung bereits durch das Ausgangsgericht erfolgt, ist eine Wiederholung durch das Beschwerdegericht überflüssig.

2 Die Pflicht zur Anhörung besteht aber nur, sofern die angefochtene Entscheidung – wenn auch nur teilweise – zum Nachteil des Beschwerdegegners abgeändert werden soll. Dies kann schon der Fall sein, wenn nur die Beschlussbegründung geändert wird (differenzierend KK-StPO/Engelhardt StPO § 308 Rn 6 mwN). Bei einer **Verwerfung** der Beschwerde des Gegners ist **keine Anhörung** erforderlich.

I. Gegner des Beschwerdeführers

3 Gegner des Beschwerdeführers ist derjenige **Verfahrensbeteiligte**, dessen **Rechte** durch die in Aussicht genommene stattgebende Beschwerdeentscheidung **beeinträchtigt** werden können. Dies bestimmt sich nach dem Beschwerdegegenstand. Hat der Beschuldigte Beschwerde eingelegt, so sind die Staatsanwaltschaft, Neben- und Privatkläger mögliche Gegner; bei einer Beschwerde der Staatsanwaltschaft ist der Beschuldigte, sein Verteidiger oder gesetzlicher Vertreter Gegner in diesem Sinne (§ 303 StPO Rn 3).

3.1 Wird die Anordnung einer Durchsuchung nach § 103 StPO abgelehnt, ist der hiervon Betroffene Gegner der Staatsanwaltschaft, wobei freilich § 33 Abs 4 S 1 StPO zu beachten sein wird, unter Umständen kann auch der Beschuldigte Gegner sein, zB wenn es ihm um die Auffindung entlastender Beweise geht. Bei einer Beschwerde eines Zeugen gegen die Auferlegung der Kosten nach § 51 Abs 1 S 1 StPO können sowohl die Staatsanwaltschaft als auch der Angeklagte Gegner des Beschwerdeführers sein (KK-StPO/Engelhardt StPO § 308 Rn 2 mit weiteren Beispielen).

4 Die Staatsanwaltschaft ist durch jede Entscheidung zugunsten des Beschwerdeführers benachteiligt (Meyer-Goßner StPO § 308 Rn 3).

II. Gegenerklärung

5 Zur effektiven Gewährung rechtlichen Gehörs ist es unabdingbar, dem Gegner die Möglichkeit einzuräumen, zu dem Beschwerdevortrag eine Gegenerklärung abzugeben. Hierzu muss ihm eine dem Umfang und der Schwierigkeit, aber auch dem Interesse an einer effektiven Verfahrensgestaltung **angemessene Frist** eingeräumt werden, vor deren Ablauf nicht entschieden werden darf (BVerfG MDR 1988, 553), um nicht gegen Art 103 Abs 1 GG zu verstoßen.

6 Enthält diese Gegenerklärung neue Tatsachen oder Beweisergebnisse, die das Gericht verwerten will, muss es den **Beschwerdeführer** hierzu gemäß § 33 Abs 3 StPO **anhören**.

III. Ausnahmen von der Anhörungspflicht

7 Würde der **Zweck der Anordnung** einer Maßnahme **durch die Anhörung** des Gegners **gefährdet**, § 33 Abs 4 S 1 StPO, so entfällt die Anhörungspflicht, wie zB bei einer

gegen die Ablehnung eines Antrags der Staatsanwaltschaft auf Erlass eines Haftbefehls gerichteten Beschwerde. Befindet sich der Beschuldigte hingegen schon in anderer Sache in Haft, ist der Zweck der Anhörung grundsätzlich nicht gefährdet.

Ist der **Beschwerdegegner flüchtig,** kann ohne Anhörung entschieden werden, nach seiner Ergreifung kann der Verurteilte gemäß § 311 a StPO nachträglich rechtliches Gehör beantragen (OLG Hamburg MDR 1979, 865). 7.1

B. Eigene Ermittlungen

Da das Beschwerdegericht die Entscheidung, soweit sie angefochten ist, umfassend in **tatsächlicher und rechtlicher Hinsicht** ohne Bindung an Anträge **prüft** (§ 309 StPO Rn 5), muss es auch die Möglichkeit haben, Tatsachen zu ermitteln. Die Anordnung von Ermittlungen ist **unanfechtbar** (KG JR 1969, 194; Meyer-Goßner StPO § 310 Rn 3; aA KK-StPO/Engelhardt StPO § 308 Rn 10). 9

Die Art und Weise der Durchführung der eigenen Ermittlungen bestimmt das Beschwerdegericht nach seinem pflichtgemäßen Ermessen (KG JR 1969, 194). Hierzu steht ihm das **Freibeweisverfahren** zur Verfügung (SK-StPO/Frisch StPO § 308 Rn 30). Das Beschwerdegericht kann die Ermittlungen selber führen, sich eines beauftragten oder ersuchten Richters bedienen oder die Polizei bzw die Staatsanwaltschaft um die Durchführung der Ermittlungen bitten. Letztere braucht der Bitte aber nicht nachzukommen (KG JR 1967, 69; SK-StPO/Frisch StPO § 308 Rn 30). 10

Die Ergebnisse der Ermittlungen sind gemäß § 33 Abs 3 StPO den Verfahrensbeteiligten mitzuteilen, zu deren Nachteil sie verwertet werden sollen. 11

Um nicht die Herrschaft der Staatsanwaltschaft im Ermittlungsverfahren zu durchbrechen, ist die **Aufklärungsbefugnis im Ermittlungsverfahren beschränkt** (Pfeiffer StPO § 308 Rn 4). Sie umfasst nur Umstände und Beweismittel, die die Staatsanwaltschaft zur Grundlage der beantragten Entscheidung gemacht hat (KG JR 1967, 69; Löwe/Rosenberg/Matt StPO § 308 Rn 20). 12

So ist es dem Beschwerdegericht verwehrt, von sich aus Ermittlungen zum Tatnachweis im Rahmen einer Haftbeschwerde anzustellen. Tragen die Ermittlungsergebnisse der Staatsanwaltschaft den dringenden Tatverdacht nicht, ist der Haftbefehl aufzuheben. 12.1

§ 309 [Entscheidung]

(1) Die Entscheidung über die Beschwerde ergeht ohne mündliche Verhandlung, in geeigneten Fällen nach Anhörung der Staatsanwaltschaft.

(2) Wird die Beschwerde für begründet erachtet, so erlässt das Beschwerdegericht zugleich die in der Sache erforderliche Entscheidung.

Überblick

Beschwerdeentscheidungen ergehen grundsätzlich im schriftlichen Verfahren. Ist die Beschwerde nicht unzulässig oder unbegründet, ist das Beschwerdegericht – im Gegensatz zum Revisionsgericht – vom Gesetzgeber beauftragt, selbst zu entscheiden.

A. Schriftliches Verfahren

Die Entscheidung über die Beschwerde trifft das Gericht **nach Aktenlage im schriftlichen Verfahren** durch Beschluss. Die Strafkammer ist zuständig bei angefochtenen amtsrichterlichen Entscheidungen (§ 73 Abs 1 GVG, § 41 Abs 2 S 2 JGG); hat das Landgericht in erster Instanz entschieden, ist in der Regel ein Senat des Oberlandesgerichts zuständig (§ 121 Abs 1 Nr 2 GVG, § 120 Abs 4 GVG). 1

Im **Haftbeschwerdeverfahren** besteht gemäß § 118 Abs 2 StPO die Möglichkeit, nach mündlicher Verhandlung zu entscheiden, dies gilt auch für die Beschwerde gegen die Anordnung des Verfalls einer Kaution, § 124 Abs 2 S 3 StPO. Dem Beschwerdegericht ist es 2 nicht verwehrt, im Rahmen seiner Ermittlungsbefugnisse nach § 308 Abs 2 StPO (§ 308 StPO Rn 12) **mündliche Erklärungen** entgegenzunehmen.

3   Die **Anhörung der Staatsanwaltschaft** wird regelmäßig bereits durch die Aktenübersendung gewährleistet, denn diese erfolgt über die Staatsanwaltschaft, die an der angefochtenen Entscheidung mitgewirkt hat (§ 306 StPO Rn 14). Überdies ist die Anhörung nicht zwingend, sie steht im **pflichtgemäßen Ermessen** des Gerichts, wodurch § 33 Abs 2 StPO eingeschränkt wird (Meyer-Goßner StPO § 33 Rn 10). Die Nichtgewährung rechtlichen Gehörs wird aber nur dann ermessensfehlerfrei sein, wenn keine der Staatsanwaltschaft nachteilhafte Entscheidung getroffen wird (§ 308 StPO Rn 4 f).

B. Beschwerdeentscheidung

4   Der Beschluss des Beschwerdegerichts ist gemäß § 34 StPO **mit Gründen** zu versehen.
Liegt ein **Unzulässigkeitsgrund** vor, zB wenn die Beschwerde nicht statthaft ist, dem Beschwerdeführer die Beschwer fehlt oder die sofortige Beschwerde verfristet ist, verwirft sie das Beschwerdegericht als unzulässig. Bei einer zulässigen Beschwerde tritt es in die **Sachprüfung** ein. Die Beschwerde stellt sowohl die Tatsachengrundlage der angefochtenen Entscheidung als auch die Rechtsanwendung zur Nachprüfung des Beschwerdegerichts (BGH NStZ 2009, 640).

I. Umfang der Sachprüfung

5   Eine zulässige Beschwerde prüft das Beschwerdegericht in **vollem Umfang**, dh umfassend in tatsächlicher und rechtlicher Hinsicht ohne an Anträge gebunden zu sein. Dabei ist es auch nicht an die Ermessensentscheidung des Erstrichters gebunden, sondern übt sein eigenes Ermessen aus (BGH NJW 1964, 2119). Es tritt an die Stelle des Erstrichters (BVerfG NJW 2004, 3171).

5.1   Nur durch eine zulässige Rechtsmittelbeschränkung (zu den hierfür maßgeblichen Grundsätzen vgl § 318 StPO Rn 10 ff) lässt sich dieser Prüfungsumfang begrenzen.

5.2   Das Gesetz beschränkt die Prüfung in § 305a Abs 1 StPO (vgl § 305a StPO Rn 2) und § 453 Abs 2 StPO (vgl § 453 StPO Rn 11) auf die Gesetzeswidrigkeit.

6   Um eine eigene Entscheidung treffen zu können, muss das Beschwerdegericht **alle relevanten Tatsachen aufklären**, auch soweit dies bisher unterblieben ist (BGH NJW 1964, 2119) oder die Tatsachen erst durch das Beschwerdevorbringen bekannt geworden sind. Dabei darf die Sache nicht zur Aufklärung an die erste Instanz zurückverwiesen werden (KK-StPO/Engelhardt StPO § 309 Rn 7 auch zu Ausnahmen), sondern das Beschwerdegericht muss sie selbst aufklären (§ 308 StPO Rn 12).

6.1   Aus der Funktion des Richtervorbehalts ergeben sich Einschränkungen der Prüfungskompetenz, so darf sich das Beschwerdegericht, um der Funktion einer vorbeugenden Kontrolle einer Durchsuchung gerecht zu werden, nicht auf Gründe stützen, die dem Ermittlungsrichter nicht bekannt waren (BVerfGK 5, 84, 88). Mängel der ermittlungsrichterlichen Umschreibung der Tatvorwürfe und der zu suchenden Beweismittel im Durchsuchungsbeschluss können im Beschwerdeverfahren nicht geheilt werden (BVerfG NJW 2004, 3171; vgl auch Jahn NStZ 2007, 255, 261).

7   Erachtet das Beschwerdegericht den angefochtenen Beschluss für zutreffend, so **verwirft** es die Beschwerde als **unbegründet**, dabei kann es das Ergebnis auch auf andere Gründe stützen. Hält es die Beschwerde für zumindest teilweise begründet, trifft es anstelle des Erstgerichts eine **eigene Sachentscheidung**, indem es zB selbst einen Haftbefehl erlässt oder die Eröffnung des Hauptverfahrens beschließt.

7.1   Bei einer Beschwerde gegen ein Unterlassen gelten keine Besonderheiten (Pfeiffer StPO § 309 Rn 3; **aA** Meyer-Goßner StPO § 309 Rn 5).

II. Kein Verschlechterungsverbot

8   Im Rahmen der eigenen Sachentscheidung ist die Schlechterstellung des Beschwerdeführers grundsätzlich nicht verboten (KG JR 1981, 391, 392; Meyer-Goßner StPO Vor § 304 Rn 5 mwN; KK-StPO/Engelhardt StPO § 309 Rn 13). Anders als bei den Rechts-

mitteln der Berufung, § 331 StPO, und der Revision, § 358 Abs 2 StPO, fehlt den Vorschriften der Beschwerde die gesetzliche Anordnung einer „**reformatio in peius**".

Ein Verbot der Schlechterstellung des Rechtsmittelführers durch die Beschwerdeentscheidung wird ausnahmsweise bei Beschlüssen anerkannt, die die **Rechtsfolgen endgültig festsetzen** und der materiellen Rechtskraft fähig sind. 9

Dies wird zB angenommen bei Beschlüssen über die nachträgliche Bildung einer Gesamtstrafe nach § 460 StPO, für Ordnungsgeldbeschlüsse (Meyer-Goßner StPO Vor § 304 Rn 5 mw Beispielen) und für Beschlüsse zur Anrechnung von erbrachten Leistungen beim Bewährungswiderruf (OLG Hamm NStZ 1996, 303; zum Haftverschonungsbeschluss vgl BVerfG StraFo 2005, 502). 9.1

III. Zurückverweisung

Das Beschwerdegericht darf die Sache **nicht zu weiterer Sachaufklärung**, wegen falscher Rechtsanwendung oder fehlender Begründung an das untere Gericht **zurückverweisen**. Denn der Gesetzgeber hat eine Zurückverweisung, wie für das Revisionsgericht in § 354 Abs 2 StPO, nicht vorgesehen, sondern das Beschwerdegericht zu eigener Entscheidung verpflichtet. 10

Diese **Regel** erfährt indes **Ausnahmen**, so dass eine Zurückverweisung in bestimmten Fällen anerkannt wird (BGHSt 38, 312 – NJW 1992, 2775; BGH NJW 1964, 2119), wobei die Voraussetzungen hierfür umstritten sind (Meyer-Goßner StPO § 309 Rn 8). Jedenfalls dann, wenn ein **Verfahrensmangel** vorliegt, den das **Beschwerdegericht nicht heilen kann**, ist die Zurückverweisung zulässig (Roxin § 54 C III). 11

Ist die Beschwerde ohne sachliche Prüfung zu verwerfen, so kommt eine Zurückverweisung nicht in Betracht. 11.1

1. Unzuständiges Gericht

War das Erstgericht **örtlich unzuständig**, kann das Beschwerdegericht eine eigene Sachentscheidung treffen, wenn das zuständige Erstgericht zu seinem Bezirk gehört. Ist dies nicht der Fall, trifft es die Entscheidung, die bereits das untere Gericht hätte treffen müssen, es erklärt sich für unzuständig. Eine Verweisung an das zuständige Erstgericht ist nicht möglich (KG StV 1998, 384). 12

War statt des entscheidenden Erstgerichts das Beschwerdegericht für die Entscheidung in erster Instanz zuständig, so entscheidet es jetzt in der Sache (Pfeiffer StPO § 309 Rn 3), gegen die Entscheidung ist die Beschwerde zulässig. 13

Hat aber das Landgericht entschieden, obwohl das Amtsgericht zuständig gewesen wäre, so verweist das Beschwerdegericht an das Amtsgericht zurück (OLG Saarbrücken NStZ-RR 2004, 112, 113; OLG Düsseldorf VRS 96, 38). 14

Verstöße des Erstgerichts gegen die **geschäftsplanmäßige oder funktionelle Zuständigkeit** stehen einer Sachentscheidung des Beschwerdegerichts grundsätzlich nicht entgegen. Hier wird aber wenig einsichtig differenziert: 15

- hat statt des Vorsitzenden der gesamte Spruchkörper oder die große statt der kleinen Strafvollstreckungskammer entschieden, so kann das Beschwerdegericht eine eigene Sachentscheidung treffen (OLG Düsseldorf NStZ-RR 2001, 111; BayObLG StV 2006, 6; Meyer-Goßner StPO § 309 Rn 6);
- hat aber das Oberlandesgericht nicht mit den nach § 122 Abs 2 S 2 GVG vorgeschriebenen fünf, sondern nur mit drei Richtern entschieden, so kann das Beschwerdegericht nicht rechtlich voll an die Stelle des an sich zur Entscheidung berufenen Spruchkörpers treten und verweist die Sache daher zurück (BGHSt 38, 312 = NJW 1992, 2775).

Diese Differenzierung vermag nicht überzeugen. Denn die fehlerhafte zahlenmäßige Zusammensetzung des ersten Gerichts kann die Entscheidung ebenso beeinflussen, wenn mehr Richter als vorgeschrieben abgestimmt haben. Das von BGHSt 38, 312 = NJW 1992, 2775 zudem bemühte Argument, erst die fehlerhafte Zusammensetzung habe einen Beschluss ermöglicht, der wegen § 304 Abs 4 StPO die Zuständigkeit des Beschwerdegerichts begründe, ist auf die fehlerhafte Beschlussfassung des überbesetzten Spruchkörpers übertragbar. Daher sollte eine Zurückverweisung immer dann möglich sein, wenn ein sachlich oder funktionell unzuständiges Gericht in erster Instanz entschieden hat. 15.1

2. Sonstige Zurückweisungsfälle

16 Fehlt eine Sachentscheidung des Erstgerichts, weil es einen Antrag **fehlerhaft als unzulässig** abgelehnt hat, ist eine Zurückverweisung möglich (OLG Stuttgart NStZ 1991, 291; OLG Frankfurt NStZ 1983, 426). Hat das erste Gericht nur bestimmte Tatsachen unberücksichtigt gelassen, gilt dies nicht (Meyer-Goßner StPO § 309 Rn 9).

17 Ist eine **vorgeschriebene mündliche Anhörung** nicht erfolgt, zB nach § 453 Abs 1 S 3 StPO, ist ebenfalls zurück zu verweisen (KG NStZ 1999, 319, 320; OLG Koblenz NStZ 1984, 189). Auch für die Mitwirkung eines nach § 22 StPO ausgeschlossenen Richters ist eine Zurückverweisungsmöglichkeit angenommen worden (KG JR 1967, 266) oder bei sonstigen besonders **groben Verfahrensfehlern** (OLG Nürnberg MDR 1972, 967; OLG Karlsruhe NJW 1974, 709, 712; Pfeiffer StPO § 309 Rn 4; abl KK-StPO/Engelhardt StPO § 309 Rn 11).

3. Folgen

18 Erfolgt ausnahmsweise eine Zurückverweisung, ist das untere Gericht **nicht** an die **Rechtsauffassung des Beschwerdegerichts** gebunden. Es ist aber verpflichtet, eine sachliche Entscheidung zu treffen, auch wenn es der Auffassung ist, das Beschwerdegericht hätte nicht zurück verweisen dürfen (BGHR StPO § 309 Abs 2 Zurückverweisung 1).

§ 310 [Weitere Beschwerde]

(1) Beschlüsse, die von dem Landgericht oder von dem nach § 120 Abs. 3 des Gerichtsverfassungsgesetzes zuständigen Oberlandesgericht auf die Beschwerde hin erlassen worden sind, können durch weitere Beschwerde angefochten werden, wenn sie
1. **eine Verhaftung,**
2. **eine einstweilige Unterbringung oder**
3. **eine Anordnung des dinglichen Arrestes nach § 111 b Abs. 2 in Verbindung mit § 111 d über einen Betrag von mehr als 20 000 Euro betreffen.**

(2) Im übrigen findet eine weitere Anfechtung der auf eine Beschwerde ergangenen Entscheidungen nicht statt.

Überblick

Jede Entscheidung, die mit der Beschwerde anfechtbar ist, wird nur einmal von einer höheren Instanz überprüft. Von diesem Grundsatz normiert § 310 Abs 1 StPO eng auszulegende Ausnahmen für bestimmte Sachbereiche, so dass insoweit die weitere Beschwerde statthaft ist.

A. Grundsatz

1 **Beschwerdeentscheidungen** sind grundsätzlich **nicht mehr anfechtbar**. Die weitere Beschwerde ist daher nur unter den Voraussetzungen des § 310 Abs 1 StPO statthaft, im Übrigen ist ein dennoch eingelegtes Rechtsmittel unzulässig. Dies gilt unabhängig davon, ob das Beschwerdegericht abweichende Feststellungen trifft, die Gründe der Entscheidung auswechselt oder ein Verfahrensbeteiligter erstmals beschwert wird (KG JR 1962, 311; OLG Düsseldorf NJW 1991, 2434; OLG Köln NStZ-RR 2002, 244, 245). Auch dem Gegner des Beschwerdeführers steht gegen die Beschwerdeentscheidung kein Rechtsmittel zu (KK-StPO/Engelhardt StPO § 310 Rn 2).

2 Eine Beschwerdeentscheidung liegt vor, wenn sie **denselben Verfahrensgegenstand** betrifft wie die Ausgangsentscheidung und die Befassung des entscheidenden Gerichts durch eine Beschwerde ausgelöst wurde. Dies ist aufgrund einer Würdigung der gesamten Prozesslage, nicht nur des Entscheidungstenors zu ermitteln (OLG Nürnberg NStZ-RR 1999, 53, 54; Löwe/Rosenberg/Matt StPO § 310 Rn 11).

Trifft das Beschwerdegericht eine bisher unterlassene Zusatzentscheidung, die aber schon das 2.1 untere Gericht hätte erlassen müssen, zB die Anrechnung von erbrachten Leistungen beim Widerruf der Strafaussetzung, so gehört dies zum selben Verfahrensgegenstand (OLG Bremen NStZ 1986, 524).

Ist die Entscheidung auf einen **neben dem eigentlichen Beschwerdegegenstand** 3 gerichteten Antrag ergangen, zB Wiedereinsetzung, Beiordnung eines Verteidigers (OLG Bamberg NStZ 1985, 39 mAnm Pöpperl) oder Ablehnung eines Richters, ist diese auf den Antrag und nicht auf die Beschwerde erlassen (Pfeiffer StPO § 310 Rn 3).

Die Anordnung eigener Ermittlungen des Beschwerdegerichts nach § 308 Abs 2 StPO ist nicht 3.1 anfechtbar (vgl § 308 StPO Rn 9).

Fehlt es an einer Beschwerde oder an einer Erklärung, die vertretbar als solche ausgelegt werden 3.2 kann (vgl hierzu OLG Köln MDR 1980, 600), so ist die Entscheidung anfechtbar, da sie nicht auf eine Beschwerde ergangen ist (OLG Stuttgart Justiz 1971, 270).

Wäre das **Beschwerdegericht** als erstinstanzliches Gericht **zuständig** gewesen, so ist die 4 Beschwerde zulässig, da es sich tatsächlich um keine Beschwerdeentscheidung handelt (OLG Düsseldorf NStZ-RR 2001, 111 mwN; OLG Bremen NJW 1967, 1975). Waren weder das untere Gericht noch das Beschwerdegericht zuständig, so ist ebenfalls ausnahmsweise die weitere Beschwerde eröffnet (OLG Karlsruhe Justiz 2002, 23; OLG Frankfurt NJW 1980, 1808; Pfeiffer StPO § 310 Rn 2).

B. Ausnahmen

Unter den Voraussetzungen des § 310 Abs 1 Nr 1 bis Nr 3 StPO ist ausnahmsweise die 5 weitere Beschwerde zulässig. Als Ausnahmevorschrift ist die Norm **erschöpfend und eng auszulegen** (BVerfGE 48, 367, 376 = NJW 1978, 1911, 1912; BGHSt 25, 120, 121). Das Verfahren zur Entscheidung der weiteren Beschwerde gestaltet sich nach den allgemeinen Vorschriften der §§ 306 StPO ff. Zuständig ist das im Instanzenzug nächst höhere Gericht, in der Regel das Oberlandesgericht nach § 121 Abs 1 Nr 2 GVG.

I. Verhaftung

Die weitere Beschwerde ist nur zulässig, wenn sich der Beschwerdeführer gegen 6 **Bestand und Vollzug des Haftbefehls** bzw gegen die Nichtanordnung der Haft oder des Vollzugs wendet (BGHSt 25, 120, 121). Danach ist die weitere Beschwerde zulässig gegen:
- Haftbefehl, für den nur Überhaft notiert ist (Meyer-Goßner StPO § 310 Rn 7);
- außer Vollzug gesetzten Haftbefehl (OLG Koblenz NStZ 1990, 102 mAnm Hohmann 507; OLG Hamm StraFo 2002, 140; KK-StPO/Engelhardt StPO § 310 Rn 10; **aA** OLG Düsseldorf NStZ 1990, 248), nicht aber gegen Auflagen nach § 116 Abs 1 StPO (OLG Celle NStZ-RR 2006, 222 mwN; KG NJW 1979, 2626);
- Ablehnung eines Haftbefehlsantrags oder Außervollzugsetzung des Haftbefehls (Meyer-Goßner StPO § 310 Rn 8, vgl auch BGHSt 43, 262, 265 = NJW 1998, 467).

Unzulässig ist die weitere Beschwerde gegen folgende Entscheidungen: 7
- die Vorführung nach § 230 Abs 2 StPO (OLG Celle MDR 1966, 1022), anders der Haftbefehl nach § 230 Abs 2 StPO;
- Ordnungshaft nach § 51 StPO (BGHSt 36, 192, 197 = NJW 1989, 2702);
- den Sicherungshaftbefehl nach § 453 c StPO (Düsseldorf NStZ 1990, 251);
- Vollstreckungshaftbefehl nach § 457 StPO (Pfeiffer StPO § 310 Rn 4);
- auch die Erzwingungshaft soll nicht mit der weiteren Beschwerde anfechtbar sein (Meyer-Goßner StPO § 310 Rn 5; KK-StPO/Engelhardt StPO § 310 Rn 10; Pfeiffer StPO § 310 Rn 4 alle ohne nähere Begründung), dies überzeugt aber nicht, aus guten Gründen fällt die Erzwingungshaft unter § 304 Abs 4 S 2 Nr 1 StPO (BGH NJW 2005, 2166), eine abweichende Beurteilung für die Zulässigkeit der weiteren Beschwerde ist nicht zu rechtfertigen (wie hier KG StraFo 2008, 199 mwN; OLG Frankfurt NStZ-RR 2000, 26; SK-StPO/Rogall StPO § 70 Rn 39).

II. Unterbringung und dinglicher Arrest

8 Hierunter fällt die einstweilige Unterbringung nach § **126a StPO** und § 71 Abs 1 JGG. Es gilt das unter Rn 6f Ausgeführte entsprechend. Auch die Auswechslung eines Haftgegen einen Unterbringungsbefehl ist mit der weiteren Beschwerde anfechtbar (Meyer-Goßner StPO § 310 Rn 7).

9 Für die Zulässigkeit einer weiteren Beschwerde gegen die Anordnung eines dinglichen Arrests zur Vermögensabschöpfung oder zur Rückgewinnungshilfe ist die Wertgrenze von **20.000 Euro** zu beachten. Hierfür kommt es auf die im Arrestbeschluss genannte Anspruchshöhe an (Meyer-Goßner StPO § 310 Rn 9). Die weitere Beschwerde ist nur eröffnet, wenn durch die vorangegangene erste Beschwerdeentscheidung ein dinglicher Arrest entweder **erstmals angeordnet** oder ein bereits **zuvor angeordneter dinglicher Arrest bestätigt** wurde. Im umgekehrten Fall, wenn durch die erste Beschwerdeentscheidung ein zunächst angeordneter dinglicher Arrest wieder aufgehoben oder die Ablehnung eines Arrestantrags bestätigt worden ist, ist eine weitere Beschwerde hiergegen unzulässig (OLG München NStZ 2008, 423; OLG Hamburg NStZ 2009, 232 [3. Strafsenat]; KK-StPO/Nack StPO § 111e Rn 20; **aA** OLG Celle StV 2009, 120; vgl auch OLG Hamburg StV 2009, 122 [2. Strafsenat]).

§ 311 [Sofortige Beschwerde]

(1) Für die Fälle der sofortigen Beschwerde gelten die nachfolgenden besonderen Vorschriften.

(2) Die Beschwerde ist binnen einer Woche einzulegen; die Frist beginnt mit der Bekanntmachung (§ 35) der Entscheidung.

(3) ¹Das Gericht ist zu einer Abänderung seiner durch Beschwerde angefochtenen Entscheidung nicht befugt. ²Es hilft jedoch der Beschwerde ab, wenn es zum Nachteil des Beschwerdeführers Tatsachen oder Beweisergebnisse verwertet hat, zu denen dieser noch nicht gehört worden ist, und es auf Grund des nachträglichen Vorbringens die Beschwerde für begründet erachtet.

Überblick

Im Interesse der Rechtssicherheit bestimmt das Gesetz, dass einige Entscheidungen nur mit der fristgebundenen sofortigen Beschwerde angefochten werden können. Bei der sofortigen Beschwerde besteht grundsätzlich auch keine Abhilfemöglichkeit durch das Erstgericht, eine Ausnahme gilt nur bei der Verletzung rechtlichen Gehörs.

A. Fristgebundene sofortige Beschwerde

1 Die sofortige Beschwerde ist nur in den Fällen das statthafte Rechtsmittel, in denen das **Gesetz es ausdrücklich bestimmt**, wie zB in § 44 Abs 3 StPO (Rechtsmittel gegen Verwerfung des Wiedereinsetzungsantrags; vgl auch die Aufzählung bei Löwe/Rosenberg/Matt StPO § 311 Rn 5). Die gesetzliche Bestimmung ist **abschließend** (KK-StPO/Engelhardt StPO § 311 Rn 2) eine entsprechende Anwendung auf andere Entscheidungen ist nicht möglich (vgl aber § 181 GVG). Eine weitere sofortige Beschwerde gibt es nicht.

2 Die **einwöchige Beschwerdefrist** beginnt mit der Bekanntmachung (Verkündung oder förmliche Zustellung § 35 StPO Rn 3 und § 35 StPO Rn 10) der Entscheidung. Für die Berechnung der Frist gilt § 43 StPO (§ 43 StPO Rn 1). Ist eine Bekanntmachung unterblieben oder nur formlos erfolgt, so beginnt die Frist nicht zu laufen, § 35 Abs 2 S 2 StPO.

3 Innerhalb der Frist muss nur die **Einlegung** des Rechtsmittels (§ 306 StPO Rn 1) erfolgen. Da die **Begründung nicht Zulässigkeitsvoraussetzung** ist (§ 306 StPO Rn 5f), kann sie nachgereicht werden. Ist eine Begründung nur angekündigt, so ist eine angemessene Zeit, gegebenenfalls unter Fristsetzung (BVerfGE 8, 89 = NJW 1958, 1436; BVerfG MDR 1988, 553), zuzuwarten (§ 306 StPO Rn 6).

Ist die **Frist versäumt**, ist das Rechtsmittel als **unzulässig zu verwerfen**. Dies obliegt 4 dem **Beschwerdegericht**, nicht wie bei der Berufung, § 319 Abs 1 StPO, oder Revision, § 346 Abs 1 StPO, dem Gericht des ersten Rechtszuges. Zur Einlegung der Frist kommt es auf den Eingang bei dem Gericht an, welches die Entscheidung erlassen hat, § 306 Abs 1 StPO. Bei Fristversäumnis kann der Beschwerdeführer unter den Voraussetzungen des § 44 Abs 1 S 2 StPO **Wiedereinsetzung** beantragen.

Für das **Verfahren** gelten die **allgemeinen Vorschriften** zur Beschwerde, soweit sie mit 5 der Natur der sofortigen Beschwerde vereinbar sind (Meyer-Goßner StPO § 311 Rn 1). Es gelten insbesondere die Einschränkungen des § 304 Abs 4 StPO; § 307 Abs 2 StPO (§ 307 StPO Rn 1 f) findet Anwendung, da auch die sofortige Beschwerde grundsätzlich keine aufschiebende Wirkung hat. Formelle Rechtskraft tritt hingegen erst mit Ablauf der Beschwerdefrist ein (§ 449 StPO Rn 3 f).

B. Keine Abhilfeentscheidung

Eine **Abhilfeentscheidung** nach § 306 Abs 2 StPO ist bei der sofortigen Beschwerde 6 **grundsätzlich unzulässig**. Eine Befugnis zur Abänderung der angefochtenen Entscheidung, sei es auch nur eine Ergänzung (OLG München MDR 1987, 782, 783), steht dem Ausgangsgericht nicht zu.

Eine **Ausnahme** hiervon sieht § 311 Abs 3 S 2 StPO bei **Verletzung des rechtlichen** 7 **Gehörs** vor. Voraussetzung für eine Abhilfe ist, dass die sofortige Beschwerde zulässig eingelegt ist (OLG Düsseldorf MDR 1986, 341; Pfeiffer StPO § 311 Rn 3; **aA** Löwe/Rosenberg/Matt StPO § 311 Rn 12). Wie auch bei § 33 a StPO (vgl § 33 a StPO Rn 3), muss die Fehlerhaftigkeit der Entscheidung auf dem Gehörsverstoß beruhen können (OLG Karlsruhe Justiz 1985, 319; Meyer-Goßner StPO § 311 Rn 6).

Stellt das Gericht zwar eine Verletzung des rechtlichen Gehörs fest, erachtet es die 8 Beschwerde dennoch für unbegründet, hält es dies in einem Vermerk vor Weiterleitung der Beschwerde fest (Löwe/Rosenberg/Matt StPO § 311 Rn 13). Kommt es aber auf der Grundlage des Beschwerdevorbringens zu einer **abweichenden Würdigung** von Tatsachen oder Beweismitteln, zu denen der Beschwerdeführer zuvor nicht gehört worden war, **ändert es** seine **Ausgangsentscheidung** ab (KK-StPO/Engelhardt StPO § 311 Rn 7).

Der Abhilfebeschluss ist wiederum mit der sofortigen Beschwerde anfechtbar, für das 9 Verfahren gelten die allgemeinen Regeln (Rn 2).

§ 311 a [Nachträgliche Anhörung des Gegners]

(1) ¹Hat das Beschwerdegericht einer Beschwerde ohne Anhörung des Gegners des Beschwerdeführers stattgegeben und kann seine Entscheidung nicht angefochten werden, so hat es diesen, sofern der ihm dadurch entstandene Nachteil noch besteht, von Amts wegen oder auf Antrag nachträglich zu hören und auf einen Antrag zu entscheiden. ²Das Beschwerdegericht kann seine Entscheidung auch ohne Antrag ändern.

(2) Für das Verfahren gelten die §§ 307, 308 Abs. 2 und § 309 Abs. 2 entsprechend.

Überblick

Das an keine Frist gebundene Nachverfahren dient der von Verfassungs wegen gebotenen Nachholung rechtlichen Gehörs.

A. Voraussetzungen

Hat das Beschwerdegericht die angefochtene Entscheidung zum Nachteil des Beschwer- 1 degegners zumindest teilweise abgeändert und ihn hierzu nicht zuvor angehört, so ist dieser Mangel im sogenannten **Nachtragsverfahren** zu beheben, sofern gegen die Entscheidung nicht ausnahmsweise die weitere Beschwerde statthaft ist und der Nachteil noch besteht. Dies gilt allerdings nicht, wenn die **Staatsanwaltschaft** der Beschwerdegegner ist (Pfeiffer StPO § 311a Rn 1; Meyer-Goßner StPO § 311a Rn 1; **aA** Löwe/Rosenberg/Matt StPO § 311 Rn 5). Wer Beschwerdegegner ist und wann eine Entscheidung ihm zum Nachteil gereicht, bestimmt sich wie bei § 308 Abs 1 StPO (vgl § 308 StPO Rn 3). Der **Nachteil** besteht erst dann nicht mehr, wenn die Beschwer entfallen ist und ein schutzwürdiges Interesse an der Feststellung der Rechtswidrigkeit nicht besteht (zur prozessualen Überholung § 296 StPO Rn 10 ff).

1.1 Der Beschwerdeführer selbst wird durch § 33a StPO geschützt. Dieser Vorschrift gegenüber ist § 311a StPO spezieller und geht vor. Der Anwendungsbereich des § 33a StPO ist enger, da dort vorausgesetzt wird, dass Tatsachen oder Beweismittel für die Entscheidung verwertet worden sind, zu denen der Berechtigte nicht angehört worden ist. § 311a StPO verlangt dies nicht.

1.2 Ob die unterlassene Anhörung rechtsfehlerhaft war, ist für das Nachtragsverfahren ohne Bedeutung (KK-StPO/Engelhardt StPO § 311a Rn 4; Meyer-Goßner StPO § 311a Rn 1). Auch wenn eine Anhörung nach § 308 Abs S 2 StPO zulässigerweise unterblieben ist (vgl § 308 StPO Rn 7 f), so ist das Nachtragsverfahren durchzuführen

2 Das Nachtragsverfahren ist **zwingend**, wenn die oben genannten Voraussetzungen vorliegen. Der Beschwerdegegner wird auf seinen Antrag oder von Amts wegen zu der Beschwerde angehört. Es empfiehlt sich, ihm eine **Frist zu setzen**, innerhalb derer er hierzu Stellung nehmen kann. Zur Fristsetzung vgl § 306 StPO Rn 5. Für das Verfahren ordnet § 311a StPO die entsprechende Geltung der § 307 StPO, § 308 Abs 2 StPO, § 309 StPO an.

3 Ist das Nachtragsverfahren **von Amts wegen** eingeleitet worden und äußert sich der Beschwerdegegner nicht, so kann das Verfahren formlos abgeschlossen werden (Meyer-Goßner StPO § 33a Rn 8 zum Verfahren nach § 33a StPO).

B. Entscheidung

4 Liegen die Voraussetzungen für ein Nachtragsverfahren vor und beantragt der Beschwerdegegner eine neue Entscheidung, so ist dem nachzukommen, indem das Beschwerdegericht seine Entscheidung **überprüft**. Erachtet es sie trotz des Vorbringens für zutreffend, so **bestätigt** es sie. Erweist sich die Entscheidung zum Nachteil des Beschwerdegegners als unrichtig, so ist sie abzuändern. Erkennt das Beschwerdegericht die Unrichtigkeit seiner Entscheidung, so hat es von Amts wegen die Entscheidung im Nachtragsverfahren **abzuändern**.

5 Gegen die Entscheidung des Beschwerdegerichts, mit der die Durchführung des Nachverfahrens abgelehnt wird, ist die Beschwerde zulässig (BVerfG NStZ 2000, 44). Die Überprüfungsentscheidung ist hingegen **unanfechtbar** (KG NJW 1966, 991), da sie auf die Beschwerde ergangen ist, § 310 Abs 2 StPO.

Dritter Abschnitt. Berufung (§§ 312-332)

§ 312 [Zulässigkeit]

Gegen die Urteile des Strafrichters und des Schöffengerichts ist Berufung zulässig.

Überblick

Die Berufung in Strafsachen ist eine neue Tatsacheninstanz, in welcher der Anklagevorwurf – vorbehaltlich der Möglichkeit einer Beschränkung des Rechtsmittels auf abtrennbare Teile nach § 318 S 1 StPO – vollständig neu überprüft wird. Die vorliegende Vorschrift regelt die Frage der generellen Zulässigkeit der Berufung, also der Statthaftigkeit, welche nur gegeben ist, wenn sich das Rechtsmittel gegen ein strafgerichtliches Urteil des Amtsgerichts richtet. Gegen Urteile der Straf- und Jugendkammern der Landgerichte und der Staatsschutzsenate der Oberlandesgerichte findet demnach keine Berufung statt. In Bußgeldverfahren ist ebenfalls keine Berufung vorgesehen. Gegen Urteile, die ausschließlich Ordnungswidrigkeiten zum Gegenstand haben, ist nur die Rechtsbeschwerde nach § 79 OWiG und § 80 OWiG zulässig.

Übersicht

	Rn		Rn
A. Normbedeutung	1	I. Urteile der strafrechtlichen Spruchkörper der Amtsgerichte	8
B. Berufung	2	II. Abgrenzung von Beschlüssen	11
I. Bezeichnung des Rechtsmittels	2	III. Entscheidungen der jugendstrafrechtlich urteilenden Spruchkörper der Amtsgerichte	12
II. Wirkung	5		
III. Berufungsgericht	6		
IV. Praktische Bedeutung der Berufung	7		
C. Urteile der Amtsgerichte als Gegenstand des Rechtsmittelangriffs	8	**D. Anwendung allgemeiner Rechtsmittelvorschriften auf die Berufung**	13

A. Normbedeutung

Die Vorschrift grenzt den **Anwendungsbereich des Rechtsmittels** der Berufung ab. 1
Anders als die Revision, die zur Überprüfung des angefochtenen Urteils führt, bewirkt die Berufung eine Überprüfung der Sache selbst (Löwe/Rosenberg/Gössel StPO Vor § 312 Rn 1; KK-StPO/Paul StPO § 312 Rn 1; Schulz FS Schwind 2006, 431, 437 f). Die Berufung führt nämlich grundsätzlich, vorbehaltlich der Beschränkungsmöglichkeiten nach § 318 S 1 StPO, zu einer **vollständigen Tatsacheninstanz**, die jedoch nur für die Fälle der leichten und mittleren Kriminalität, welche vor den strafrechtlichen Spruchkörpern der Amtsgerichte abgeurteilt werden (§ 25 GVG, § 28 GVG), vorgesehen ist. Urteile der großen Strafkammern der Landgerichte (§ 24 GVG, §§ 74 GVG ff) und der Staatsschutzsenate der Oberlandesgerichte (§ 120 GVG) sind nicht berufungsfähig. Das wurde früher vor allem mit der unter der Schwurgerichtsverfassung andersartigen oder später jedenfalls umfangreicheren Besetzung der Spruchkörper der Gerichte höherer Ordnung und der dort vorangehenden gerichtlichen Voruntersuchung (Wahl NJW-Sonderheft für Gerhard Schäfer 2002, 73) sowie mit der als Berufungsersatz mit Novenpflicht verstandenen Wiederaufnahme des Verfahrens (Motive, 515; Alsberg Justizirrtum und Wiederaufnahme 1913, 47; Dippel in Jescheck/Meyer Die Wiederaufnahme des Strafverfahrens im deutschen und ausländischen Recht 1974, 13, 39 f; KMR/Eschelbach StPO Vor § 359 Rn 18; Löwe/Rosenberg/Gössel StPO Vor § 359 Rn 29 und § 359 Rn 160 f; Meyer Wiederaufnahmereform 1977, 44 f) gerechtfertigt. Die **Unterschiedlichkeit der Instanzenzüge** hat aber diese Legitimation nach Verstärkungen bei den amtsgerichtlichen Spruchkörpern durch ein erweitertes Schöffengericht (§ 28 GVG) und Schwächungen der Strafkammern infolge einer fakultativen Besetzungsreduktion auf die Stärke eines erweiterten Schöffengerichts, sowie nach der ersatzlosen Abschaffung der gerichtlichen Voruntersuchung weit gehend verloren. Daher ist die Abgrenzung der jetzt noch unausgewogener wirkenden Rechtsmittelzüge mehr denn je von Bedeutung. § 313 StPO schränkt die Berufung in Bagatellfällen durch eine Annahmevoraussetzung ein, ändert aber damit auch nichts an der begrenzten **Statthaftigkeit des Rechtsmittels** nach der vorliegenden Vorschrift. Die Existenz einer Berufungsinstanz ist prinzipiell nach Art 19 Abs 4 GG geboten (Schulz FS Schwind 2006, 431, 442 ff). Eine **Verständigung** nach § 257 c StPO steht der Einlegung einer Berufung nicht entgegen und eine Bindung der Berufungsgerichts sowie der Verfahrensbeteiligten an erstinstanzliche Zusagen besteht in der zweiten Instanz zunächst nicht mehr, sofern nicht auch dort eine Verständigung zustande kommt.

B. Berufung

I. Bezeichnung des Rechtsmittels

2   Die Berufung muss nicht als solche bezeichnet werden. Eine falsche Bezeichnung schadet nicht (§ 300 StPO). Ist sowohl Berufung als auch Sprungrevision möglich, dann kann der Rechtsmittelführer das Urteil zunächst **in unbenannter Form** anfechten. Seinem Wesen nach ist das unbestimmte Rechtsmittel eine Berufung (BGHSt 33, 183, 189). Jedoch kann der Rechtsmittelführer **zur Revision übergehen**, dies aber nur bis zum Ablauf der Revisionsbegründungsfrist. Danach kommt auch eine Wiedereinsetzung in den vorigen Stand zum Übergang zu einer Sprungrevision nicht in Frage (OLG München wistra 2009, 327). Eine nachträgliche Änderung der Rechtsmittelwahl ist ferner dann nicht möglich, wenn der Rechtsmittelführer sich bereits klar, endgültig und zweifelsfrei **festgelegt** hat. Dann ist er an seine Rechtsmittelerklärung gebunden (OLG Hamm VRS 81 [1991], 35, 36, 37). Eine **fremdsprachige Erklärung** kann unbeschadet der Regelung des § 184 GVG zur wirksamen Berufungseinlegung ausreichen, wenn durch Zusätze in deutscher Sprache jedenfalls Klarheit darüber hergestellt werden kann, dass eine Urteilsanfechtung durch Rechtsmittel erfolgen soll (OLG Düsseldorf NStZ-RR 2000, 215, 216).

3   Eine **unbestimmte Anfechtung** genügt zunächst zur wirksamen Rechtsmitteleinlegung und sie wird endgültig zu einer Berufung, wenn nicht innerhalb der Revisionsbegründungsfrist eine Benennung des Rechtsmittels als Revision erfolgt und diese begründet wird. Das Rechtsmittel gilt andernfalls nach dem **Günstigkeitsprinzip** im Zweifel von Anfang an als Berufung (BGHSt 33, 183, 189; OLG Hamm NStZ 1991, 601, 602; OLG Jena Beschl v 21. 2. 2007 – Az 1 Ss 23/07). Aus der Rechtsmittelerklärung muss sonst für Zwecke des Berufungsverfahrens nur hervorgehen, dass ein bestimmtes Urteil angefochten werden soll.

4   Liegen zwei sich widersprechende Erklärungen des Angeklagten und des Verteidigers als **Berufung und Revision** vor, so ist das Rechtsmittel entsprechend § 297 StPO als Berufung durchzuführen (OLG Düsseldorf NStZ-RR 2000, 148). Auch sonst besitzt die Berufung in Abgrenzungsfällen nach dem Günstigkeitsprinzip regelmäßig den Vorrang vor einer Sprungrevision (OLG Hamm VRS 97 [1999], 181, 182). Andererseits kann auch von einer Annahmeberufung zur Sprungrevision übergegangen werden, wenn die weiteren Zulässigkeitsvoraussetzungen der Revision beachtet werden, um das in dieser Konstellation im Einzelfall doch günstigere Rechtsmittel der Revision zu erreichen (OLG Zweibrücken NStZ 1994, 203, 204).

II. Wirkung

5   Die Berufung ist unbeschadet ihrer fehlenden Kontrollfunktion und der Eigenschaft als neue Tatsacheninstanz ein Rechtsmittel, sie hat also einen **Suspensiveffekt**; dh das Urteil kann vorerst nicht vollstreckt werden. Die Berufung hat ferner einen **Devolutiveffekt**, dh durch eine formalisierte Prozesserklärung gegenüber dem iudex a quo richtet sie sich an ein Gericht der höheren Ordnung als Berufungsgericht. Die Berufung ist schließlich auch ein Mittel zur Herbeiführung der **Kompensation einer rechtsstaatswidrigen Verfahrensverzögerung**. Im Fall der Berufungsrücknahme verliert der Angeklagte dieses Mittel (EGMR NJW 2008, 3273).

III. Berufungsgericht

6   Berufungsgericht ist im Verfahren nach dem für Erwachsene heute geltenden Recht stets eine **kleine Strafkammer** bei dem zuständigen Landgericht (Löwe/Rosenberg/Gössel StPO § 312 Rn 8). Dies führt dazu, dass ein Spruchkörper, der in Schöffengerichtssachen dieselbe Art der Besetzung aufweist wie das erstinstanzliche Gericht, die Sache noch einmal verhandelt und entscheidet. Vordergründig ist der Sinn dieser Übung nicht ohne weiteres verständlich. Praktisch können aber die Berufungsgerichte durch die deutlich geringere Pensenbelastung ihrer Berufsrichter sich der Sache intensiver annehmen; die erste Instanz ist angesichts des erheblichen Pensendrucks faktisch ein Vorschaltverfahren (Schulz FS Schwind 2006, 431, 439 ff).

6.1   Früher war Berufungsgericht eine große Strafkammer gewesen, also ein Spruchkörper, der dem erstinstanzlichen Spruchkörper des Landgerichts entsprach. Daher konnte ein zweitinstanzliches auch **in ein erstinstanzliches Verfahren umgedeutet** oder etwa bei Verfahrensverbindungen übergeleitet werden (BGHSt 34, 159, 164). Diese Option ist dadurch entfallen, dass jetzt die kleinen Strafkammern ausschließlich als Spruchkörper in Berufungssachen tätig werden (BGH NStZ-RR 1997, 22, 23).

Eine gleichartige Besetzung von erst- und zweitinstanzlichen Kammern gibt es heute nur noch **in Jugendsachen**. Ob dort noch eine Überleitung vom Berufungsverfahren in ein erstinstanzliches Verfahren möglich ist (bejahend BGH NStZ-RR 1997, 22, 23; OLG München Beschl v 15. 2. 2005 – Az 4 St RR 1/05), erscheint aber zweifelhaft (offen gelassen von BGHR StGB § 348 Zuständigkeit 3).

6.2

IV. Praktische Bedeutung der Berufung

Der Einwand gegen die Berufung, durch Zeitablauf verschlechtere sich die Beweislage so, dass die Berufung kaum zu einer besseren Weise der Wahrheitserforschung beitrage (Löwe/ Rosenberg/Gössel StPO Vor § 312 Rn 1; KK-StPO/Paul StPO § 312 Rn 1), geht fehl. Die Berufungsverhandlung in den Bagatellsachen wird nicht selten sogar früher durchgeführt, als die Hauptverhandlung der einzigen Tatsacheninstanz in Strafkammersachen. Das hängt mit der Komplexität der Strafkammerfälle und der hieraus resultierenden Überlastung der großen Strafkammern zusammen. Zudem führt der meist relativ geringe Zeitablauf zwischen den Hauptverhandlungen erster und zweiter Instanz nicht zu einer wesentlichen Verschlechterung desjenigen Beweisbildes, das in erster Instanz vorlag (**aA** KMR/Brunner StPO Vor § 312 Rn 4; KK-StPO/Paul StPO § 312 Rn 1). Zeugenaussagen lassen sich durch Fragen und Vorhalte zumindest auf denselben Stand bringen wie in erster Instanz, wobei freilich zu prüfen ist, ob die Angaben von Zeugen auf Erinnerungen an das historische Geschehen bei der Tat oder an das Prozessgeschehen in erster Instanz aufbauen. Die erneute Vernehmung ermöglicht dagegen eine Ergänzung und Vertiefung des Fragenkanons und zum Teil auch anhand des Inhaltsprotokolls in den berufungsfähigen Sachen (§ 273 Abs 2 S 1 StPO) eine zusätzliche Konstanzanalyse von Zeugenaussagen in den beiden Tatsacheninstanzen. Der Sachbeweis bleibt in zweiter Instanz ohnehin unverändert. Der Sachverständigenbeweis kann durch den zusätzlichen Zeitablauf besser vorbereitet und infolge der geringeren Pensenbelastung der kleinen Strafkammern gegenüber den Strafrichtern der Amtsgerichte noch besser durchgeführt werden. Schließlich wird durch den weiteren Zeitablauf nicht selten eine nachträgliche Ergänzung des Beweismittelbestandes erreicht. In den Sachen mit nur einer Tatsacheninstanz erfüllt insoweit allein die Wiederaufnahme des Verfahrens propter nova eine partielle Berufungsersatzfunktion (Rn 1), welche nach den Berufungsverfahren in den Sachen mit zwei Tatsacheninstanzen des Erstverfahrens relativ eher entbehrlich erscheint und daher früher nach § 359 Nr 5 S 2 StPO aF bezüglich der dem Angeklagten im Erstverfahren schon bekannten Tatsachen oder Beweismittel ausgeschlossen war. Alles in allem ist die Berufung ein effektives Rechtsmittel, das im Übrigen in weniger als zehn Prozent der Amtsgerichtssachen, die also trotz der hohen Belastung der Amtsgerichte auf relativ große Akzeptanz stoßen, genutzt wird (Nobis in 25 Jahre Arbeitsgemeinschaft Strafrecht des DAV 2009, 699). Dies erklärt sich daraus, dass die weniger umfangreichen Sachen von der überforderten Strafjustiz immer noch relativ sorgsam und zügig bearbeitet werden, während vor allem die Großverfahren bei den Landgerichten alle Symptome der Überlastung erkennen lassen.

7

C. Urteile der Amtsgerichte als Gegenstand des Rechtsmittelangriffs
I. Urteile der strafrechtlichen Spruchkörper der Amtsgerichte

Die vorliegende Vorschrift knüpft an Urteile der Strafrichter oder der Schöffengerichte als Anfechtungsgegenstand an. Es geht dabei um **Instanz beendende Entscheidungen** aufgrund einer Hauptverhandlung **über die** von Anklageschrift und Eröffnungsbeschluss umgrenzte **Tat im prozessualen Sinne**. Das Prozessergebnis der strafgerichtlichen Verhandlung ist für die Statthaftigkeit der Berufung zunächst ohne Belang, so dass es nichts an der Zulässigkeit der Berufung ändert, wenn die **Verurteilung** des wegen einer Straftat Angeklagten nur **wegen einer Ordnungswidrigkeit** erfolgt (BGHSt 35, 290; Löwe/Rosenberg/Gössel StPO Vor § 312 Rn 7). Eine „Rechtsbeschwerde" gegen dieses Urteil ist dann als Berufung zu behandeln (BayObLG NJW 1969, 1313; NJW 1971, 1325; OLG Hamm

8

NJW 1969, 1314; OLG Jena Beschl v 20. 7. 2005 – Az 1 Ss 164/05). Nur für **originäre Bußgeldsachen**, einschließlich selbständiger Prozessgegenstände, die für sich genommen Bußgeldsachen sind, welche vom Strafgericht neben strafrechtlichen Vorwürfen verhandelt werden, gelten § 79 OWiG, § 80 OWiG und nicht die vorliegende Vorschrift (KMR/ Brunner StPO § 312 Rn 3; KK-StPO/Paul StPO § 312 Rn 4).

9 Zulässigkeitsvoraussetzung der Berufung ist die **Existenz eines Urteils**, nicht aber unbedingt das Vorliegen der Urteilsurkunde. Sind die **Akten verloren** gegangen und war zwar eine Rekonstruktion der Verfahrensakten nicht aber die Rekonstruktion des noch nicht abgesetzten Urteils möglich, dann liegt allein wegen dieses Urkundendefizits kein Verfahrenshindernis vor. Das erstinstanzliche Urteil ist durch seine Verkündung in der Hauptverhandlung wirksam und anfechtbar geworden; es ist auch nicht schon deshalb unwirksam, weil die Urkunde fehlt. Der Urteilsinhalt ist gegebenenfalls vielmehr im Wege des Freibeweises zu rekonstruieren (OLG Saarbrücken NJW 1994, 2711; Löwe/Rosenberg/Gössel StPO § 312 Rn 2).

10 **Nebenentscheidungen** der Strafgerichte sind für sich genommen nicht berufungsfähig, auch wenn sie im Urteil ausgesprochen werden, wie etwa die Kostenentscheidung, eine mit sofortiger Beschwerde anfechtbare Entscheidung über die Entschädigung wegen der Strafverfolgung (OLG Düsseldorf JurBüro 1988, 105, 106) oder eine versehentlich in den Urteilstext aufgenommene Beschlussentscheidung über eine vorläufige Maßnahme, wie die Untersuchungshaft, eine vorläufige Entziehung der Fahrerlaubnis, ein vorläufiges Berufsverbot.

II. Abgrenzung von Beschlüssen

11 Beschlüsse, durch die das Verfahren wegen eines Prozesshindernisses gemäß § 206 a StPO eingestellt wird, sind mit der sofortigen Beschwerde anfechtbar. Sachurteile und Einstellungsurteile unterliegen dagegen der Anfechtung mit der Berufung. Über die **Abgrenzung von Urteil und Beschluss** entscheidet nicht die Bezeichnung der Entscheidung, sondern bei Sachentscheidungen deren Inhalt und in den Einstellungsfällen deren Verkündung mit oder ohne vorherige Hauptverhandlung (KK-StPO/Paul StPO § 312 Rn 3).

III. Entscheidungen der jugendstrafrechtlich urteilenden Spruchkörper der Amtsgerichte

12 Amtsgerichtliche Entscheidungen, die der Berufung unterliegen, sind die Urteile der Strafrichter und der Schöffengerichte, einschließlich der erweiterten Schöffengerichte, ebenso aber auch die Urteile der Jugendrichter und Jugendschöffengerichte nach § 39 JGG, § 40 JGG. Unterschiede ergeben sich in Jugendsachen freilich für das weitere Verfahren dadurch, dass bei der Anfechtung der Urteile der Jugendschöffengerichte eine große Jugendkammer als Berufungsgericht zuständig ist (§ 33 b Abs 1 JGG) und die Berufung in den Fällen des § 55 Abs 2 JGG bei einer Verurteilung nach Jugendstrafrecht nur als Wahlrechtsmittel anstelle der Revision genutzt werden kann. Eine Grenze für die Zulässigkeit der Berufung ergibt sich aus § 55 Abs 1 JGG. Wird etwa ein Urteil des Jugendschöffengerichts, mit dem nur Zuchtmittel und eine Erziehungsmaßregel angeordnet worden sind, mit einer vom Verteidiger eingelegten und auf die Rechtsfolgenentscheidung beschränkten Berufung angegriffen, so ist die Berufung nach § 55 Abs 1 JGG unzulässig. Dabei soll es auch dann verbleiben, wenn der Angeklagte nach Ablauf der Berufungsfrist die Ermächtigung seines Verteidigers zur Berufungsbeschränkung widerruft und erklärt, die Berufung solle unbeschränkt durchgeführt werden (OLG Oldenburg NStZ 2009, 450, 451).

D. Anwendung allgemeiner Rechtsmittelvorschriften auf die Berufung

13 Die allgemeinen Vorschriften der § 296 StPO über Rechtsmittel, wie etwa hinsichtlich der Anfechtungsberechtigung (KK-StPO/Paul StPO § 312 Rn 5), gelten für die Berufung ebenfalls. Auch nicht positivrechtlich verankerte Grundsätze des Rechtsmittelrechts, etwa über die notwendige Beschwer, sind im Berufungsrecht zu beachten. Der Angeklagte kann demnach ein freisprechendes Urteil nicht anfechten, auch wenn er zum Beispiel statt der

Annahme der Schuldunfähigkeit im angefochtenen Urteil einen Freispruch mangels Tatnachweises anstrebt (KG Beschl v 28. 8. 2000 – Az 4 Ws 150/00).

§ 313 [Annahme der Berufung]

(1) ¹Ist der Angeklagte zu einer Geldstrafe von nicht mehr als fünfzehn Tagessätzen verurteilt worden, beträgt im Falle einer Verwarnung die vorbehaltene Strafe nicht mehr als fünfzehn Tagessätze oder ist eine Verurteilung zu einer Geldbuße erfolgt, so ist die Berufung nur zulässig, wenn sie angenommen wird. ²Das gleiche gilt, wenn der Angeklagte freigesprochen oder das Verfahren eingestellt worden ist und die Staatsanwaltschaft eine Geldstrafe von nicht mehr als dreißig Tagessätzen beantragt hatte.

(2) ¹Die Berufung wird angenommen, wenn sie nicht offensichtlich unbegründet ist. ²Andernfalls wird die Berufung als unzulässig verworfen.

(3) ¹Die Berufung gegen ein auf Geldbuße, Freispruch oder Einstellung wegen einer Ordnungswidrigkeit lautendes Urteil ist stets anzunehmen, wenn die Rechtsbeschwerde nach § 79 Abs. 1 des Gesetzes über Ordnungswidrigkeiten zulässig oder nach § 80 Abs. 1 und 2 des Gesetzes über Ordnungswidrigkeiten zuzulassen wäre. ²Im übrigen findet Absatz 2 Anwendung.

Überblick

Die Vorschrift soll in Bagatellfällen eine Verwerfung offensichtlich unbegründeter Berufungen durch Beschluss außerhalb der Hauptverhandlung ermöglichen, um die Berufungsgerichte zu entlasten. Dazu ist ein Beschlussverfahren vorgesehen, das nach der gesetzgeberischen Vorstellung zum Teil demjenigen im Revisionsrechtszug nach § 349 Abs 2 StPO entspricht, das aber wegen der Eigenschaft des Berufungsverfahrens als neue Tatsacheninstanz eine vollständige Überprüfung der Sach- und Rechtslage anhand des Akteninhalts voraussetzt. Insoweit ist die Regelung systemfremd. Die Vorschrift enthält die inhaltlichen Voraussetzungen der Annahmeentscheidung, während § 322 a StPO das Annahmeverfahren bestimmt.

Übersicht

	Rn		Rn
A. Normbedeutung	1	II. Offensichtliche Unbegründetheit	11
B. Voraussetzungen einer Annahmeberufung (Abs 1)	3	D. Annahme der Berufung gegen eine Bußgeldentscheidung (Abs 3)	15
C. Annahme der Berufung oder Verwerfung mangels Annahme (Abs 2)	8	E. Unerheblichkeit der Annahme bei einer Sprungrevision	16
I. Annahme oder Verwerfung	8		

A. Normbedeutung

Die Ausgestaltung der Berufung in Bagatellfällen als Annahmerechtsmittel soll die **Berufungsgerichte** bei Evidenz des Ergebnisses dadurch **entlasten**, dass offensichtlich unbegründete Berufungen **ohne Hauptverhandlung** durch einen Beschluss nach § 322 a StPO verworfen werden können. Das entspricht funktional dem Verfahren nach § 522 Abs 2 S 1 ZPO bei der zivilrechtlichen Berufung, zum Teil auch dem Beschlussverfahren bei der strafprozessualen Revision nach § 349 Abs 2 StPO. Das Verfahren nach der vorliegenden Vorschrift hat aber in der Praxis von vornherein nicht annähernd dieselbe Bedeutung wie die genannten anderen Beschlussverfahren, weil hier nur weniger als 2% der Berufungen Annahmeberufungen sind (Löwe/Rosenberg/Gössel StPO § 313 Rn 3 f). Der angestrebte Entlastungseffekt ist daher verfehlt worden. Unklar bleibt im Gesetz der Prüfungsmaßstab der Offensichtlichkeit der Unbegründetheit des Rechtsmittels (Meyer-Goßner ZRP 2000, 345, 350), während der Prüfungsmaßstab des Bestehens von Zweifeln an der Richtigkeit und Vollständigkeit der Feststellungen als Kriterium der Erfolgsaussichten der Berufung nach § 529 Abs 1 Nr 1 ZPO und § 522 Abs 2 S 1 Nr 1 ZPO präziser und stimmiger wirkt und dem Beschlussverfahren bei der zivilprozessualen Berufung auch mehr Effektivität verleiht. Was in der vorliegenden Vorschrift im Gegensatz zu den funktional entsprechenden Regeln außerdem fehlt, ist ein formalisierter vorheriger Hinweis der Staatsanwaltschaft (§ 349 Abs 3 StPO) oder des Berufungsgerichts (§ 522 Abs 2 S 2 ZPO) an den Rechtsmittelführer, dass und warum eine Verwerfung des Rechtsmittels durch Beschluss in Betracht kommt (Feuerhelm StV 1997, 100, 102). Die anfängliche **Gewährung rechtlichen Gehörs** vor der Verwerfung der Berufung ist hier also nicht ebenso positivrechtlich vorgesehen wie dort. Das fällt deshalb ins Gewicht, weil das Berufungsgericht als Tatsacheninstanz für die Rechtsmittelverwerfung zum Beispiel auch auf einen anderen Begründungsansatz für die Bestätigung der erstinstanzlichen Entscheidung abstellen kann als das Gericht der Vorinstanz, um zu demselben Endergebnis zu gelangen. Jedoch kann durch sachgemäße Handhabung von § 33 Abs 2 StPO und § 33a StPO dem Anspruch des Rechtsmittelführers auf rechtliches Gehör Rechnung getragen werden. Ein informeller Hinweis des Berufungsgerichts vor der Verwerfungsentscheidung wird durch das einfache Recht nicht ausgeschlossen. Eine Hinweispflicht kann vielmehr direkt aus Art 103 Abs 1 GG abgeleitet werden (KG Beschl v 4. 11. 1998 – Az 5 Ws 619/98 und v 31. 5. 2005 – Az 3 Ws 228/05; OLG München StV 1994, 237, 238; Löwe/Rosenberg/Gössel StPO § 313 Rn 54 ff).

2   Dem Berufungsgericht wird durch die Verwerfung der Berufung als unzulässig wegen offensichtlicher Unbegründetheit die Hauptverhandlung erspart, nicht jedoch eine Überprüfung der Sach- und Rechtslage anhand der Akten. Weil die Berufungsinstanz nicht der Kontrolle nur des erstinstanzlichen Urteils, sondern der eigenen Gesamtwürdigung der Sach- und Rechtslage durch die neue Tatsacheninstanz dient, ist im Annahmeverfahren entgegen der gesetzgeberischen Vorstellung nicht lediglich die Nachprüfung der Tragfähigkeit der Begründung des Urteils des erstinstanzlichen Gerichts – gegebenenfalls auch anhand einer Berufungsbegründung – geboten, sondern eine **Überprüfung der Feststellungen**, aller nach Aktenlage ersichtlichen **Beweisgründe** für und gegen die Schuld des Angeklagten, der bisherigen **Beweiswürdigung**, der **rechtlichen Bewertung** des Sachverhalts und auch der **Strafzumessung**. Dieses Prüfungsprogramm geht weit über dasjenige hinaus, welches vom Revisionsgericht in seinem Beschlussverfahren nach § 349 Abs 2 StPO zu absolvieren ist. Streitbar ist vor diesem Hintergrund hier noch mehr als bei § 349 Abs 2 StPO (§ 349 StPO Rn 19) der Beurteilungsmaßstab für die Offensichtlichkeit der Unbegründetheit des Rechtsmittels. Das gilt namentlich deshalb, weil eine Evidenz nach Aktenlage sich ohne weiteres als falscher Anschein erweisen kann, wenn die durchaus häufig relevante Möglichkeit von „falschen Erinnerungen" von Zeugen berücksichtigt wird. Die Papierform ist also namentlich beim ebenso wichtigen wie unzuverlässigen Zeugenbeweis ausgesprochen trügerisch. Sofern die Berufungsinstanz zudem faktisch nur die volle Tatsacheninstanz ist, weil in Strafrichtersachen wegen des übermäßigen Pensendrucks praktisch nur im Vorschaltverfahren durchgeführt wird (Schulz FS Schwind 2006, 431, 439), kollidiert die Beschränkung der Berufung in Annahmeverfahren auf eine Aktenkontrolle zudem mit dem Effektivitätsgebot für die Rechtsschutzgewährung aus Art 19 Abs 4 GG; eine genaue Überprüfung dieses Befundes fehlt in der Rechtsprechung bisher. Die Offensichtlichkeit der Unbegründetheit der Berufung kann jedenfalls bei Ankündigung von Beweisanträgen der Verteidigung nur ausnahmsweise angenommen werden (vgl BVerfG NJW 1996, 2785, 2786). Das weitere Verfahren wird in § 322a StPO geregelt.

B. Voraussetzungen einer Annahmeberufung (Abs 1)

3   Wer **Berufungsführer** ist, spielt unter den Voraussetzungen des Abs 1 aus Gründen der prozessualen „Waffengleichheit" keine Rolle. Sowohl die Berufung eines Angeklagten, als auch diejenige der Staatsanwaltschaft oder diejenige eines Nebenklägers ist unter den Voraussetzungen des Abs 1 als Annahmeberufung ausgestaltet. Eine Sonderstellung für die **Staatsanwaltschaft** sieht das Gesetz nicht vor (Feuerhelm StV 1997, 100; KK-StPO/Ruß StPO § 313 Rn 2; Meyer-Goßner StPO § 313 Rn 3; **aA** Tolksdorf FS Salger 1995, 393 ff).

4   Die Annahmeberufung greift zunächst ein, wenn nur eine Verurteilung zu **Geldstrafe bis zu 15 Tagessätzen** oder gem § 59 StGB eine **Verwarnung mit dem Vorbehalt** der Verurteilung zu einer Geldstrafe bis zu 15 Tagessätzen oder eine Verurteilung zu einer

Geldbuße in beliebiger Höhe erfolgt ist. Das gilt **auch im Jugendstrafverfahren** gegen einen Heranwachsenden, wenn dieser nach Erwachsenenrecht in diesem Umfang verurteilt wurde (OLG Stuttgart ZJJ 2009, 156, 157). Die Verurteilung im Strafverfahren nur wegen einer **Ordnungswidrigkeit** allein zu einer Geldbuße führt demnach stets zur Annahmeberufung. Im Fall der Verurteilung zu einer **Gesamtgeldstrafe** kommt es nicht auf die Höhe der Einzelstrafen, sondern nur auf die Gesamtstrafe an (KK-StPO/Paul StPO § 313 Rn 2 a). **Bei mehreren selbständigen Geldstrafen**, die für verschiedene Taten im prozessualen Sinne gesondert verhängt werden, kann sich die Überschreitung der Bagatellgrenze für eine Annahmeberufung nach dem Wortlaut der Norm aus der Addition der Strafen ergeben (Meyer-Goßner StPO § 313 Rn 5; **aA** Hettenbach Die Annahmeberufung nach § 313 StGB 1997, 48), es sei denn „die Berufung" ist von vornherein auf eine Verurteilung **beschränkt**, die für sich genommen die Grenzen des Abs 1 nicht überschreitet. Dasselbe muss für die Verurteilung zu einer Geldstrafe und einer Geldbuße gelten (OLG Celle JR 1995, 522, f mAnm Göhler; **aA** Meyer-Goßner StPO § 313 Rn 7). In diesem Fall führt eine Anfechtung des Urteils hinsichtlich aller Taten dazu, dass auch der Bußgeldteil des Urteils nicht mit der Rechtsbeschwerde, sondern mit einer einheitlichen Berufung angegriffen ist (§ 83 Abs 2 S 1 OWiG). Diesen Fall erfasst die vorliegende Vorschrift mit ihrem Wortlaut nicht. Dagegen bleibt bei einer Verwarnung mit Vorbehalt der Verurteilung zu einer Geldstrafe von nicht mehr als 15 Tagessätzen eine gesondert festgesetzte Bewährungsauflage gem § 59 a StGB außer Betracht (OLG Hamm NStZ-RR 2006, 346, 347).

Eine **nachträgliche Berufungsbeschränkung** iSe teilweisen Zurücknahme des Rechtsmittels oder eine **nachträgliche Beschränkung des Verfahrens** nach § 154 StPO, § 154 a StPO führt nicht rückwirkend dazu, dass die anfängliche unbeschränkte Berufung zur Annahmeberufung wird (OLG Stuttgart Die Justiz 1999, 494, 495). Ist neben einer Geldstrafe von nicht mehr als 15 Tagessätzen oder einer Geldbuße eine **Maßregel** der Besserung und Sicherung oder eine **Nebenstrafe** verhängt oder eine **Maßnahme**, wie etwa eine Einziehung (OLG Hamburg JR 1999, 479, 480 mAnm Gössel), getroffen worden, dann gilt Abs 1 nicht, weil der Wortlaut der Norm als Ausnahmebestimmung diese Konstellation nicht erfasst. Die Berufung gegen dieses Urteil ist dann keine Annahmeberufung. Im Ergebnis dasselbe gilt im Fall der gleichzeitigen zivilrechtlichen Verurteilung im **Adhäsionsverfahren** (Gössel JR 1999, 481; aM OLG Jena NStZ 1997, 274; Meyer-Goßner StPO § 313 Rn 6 a). 5

Im **Fall des Absehens von Strafe** gilt die vorliegende Vorschrift nach ihrem Wortlaut nicht (OLG Oldenburg NStZ-RR 1998, 309, 310; KK-StPO/Paul StPO § 313 Rn 2 a, **aA** LG Bad Kreuznach NStZ-RR 2002, 217, 218). Ihre entsprechende Anwendung wäre mit dem Grundsatz der Rechtsmittelklarheit (BVerfGE 107, 395, 416, 417) unvereinbar. Auch eine Unterscheidung zwischen einem Absehen von Strafe nach § 60 StGB oder nach § 113 Abs 4 S 1 StGB oder § 158 Abs 1 StGB ist nicht angezeigt (so aber Meyer-Goßner StPO § 313 Rn 3 a; KK-StPO/Paul StPO § 313 Rn 2 a). Nur eine Strafmilderung wegen eines persönlichen Strafmilderungsgrundes mit der Folge einer Verurteilung zu Geldstrafe von nicht mehr als 15 Tagessätzen kann zur Anwendung des Abs 1 der vorliegenden Vorschrift führen. 6

In Freispruchsfällen kann ohnehin nur die Staatsanwaltschaft oder ein Nebenkläger in zulässiger Weise Berufung einlegen. Diese ist dann eine Annahmeberufung, wenn die **Staatsanwaltschaft** eine **Verurteilung zu einer Geldstrafe von nicht mehr als 30 Tagessätzen beantragt** hatte. Hatte die Staatsanwaltschaft dagegen ihrerseits **auf Freispruch plädiert**, will sie aber danach gleichwohl Berufung einlegen oder greift ein Nebenkläger das Urteil an, dann ist die vorliegende Vorschrift, die an den Antrag einer bestimmten Verurteilung anknüpft, nicht anzuwenden (OLG Celle NStZ-RR 1996, 43; OLG Jena StraFo 2000, 92, 93; OLG Karlsruhe StV 1997, 69; OLG Koblenz NStZ 1994, 601; OLG Köln NStZ 1996, 150, 151 mAnm Schneider; OLG Stuttgart NStZ-RR 2001, 84, 85; Löwe/Rosenberg/Gössel StPO § 313 Rn 35 f; **aA** für den Fall des vorangegangenen Strafbefehlsantrages OLG Hamm NStZ 1996, 455; OLG Koblenz NStZ-RR 2000, 306; OLG Schleswig SchlHA 2000, 256; für die Berufung des Nebenklägers OLG Brandenburg OLG-NL 2005, 45, 46). Die Überlegung, dass dann für die Abwägung der Über- oder Unterschreitung der Grenze von Annahmeberufung und unbeschränkt zulässiger Berufung auf einen hypothetischen Bestrafungsantrag der Staatsanwaltschaft für den Fall des früheren Sinneswandels abzustellen sei (Meyer-Goßner StPO § 313 Rn 4 a), geht fehl. Eine solche Hypothese, wie sich die Staatsanwaltschaft verhalten hätte, soll das Gericht nach der vor- 7 liegenden Vorschrift nicht anstellen müssen. Sie wäre auch höchst unsicher (OLG Koblenz NStZ 1994, 601; KMR/Brunner StPO § 313 Rn 4; Feuerhelm StV 1997, 100, 101; Tolksdorf FS Salger 1995, 393, 401). Dass damit das gesetzgeberische Ziel der Justizentlastung nicht lückenlos erreicht wird (Meyer-Goßner StPO § 313 Rn 4 b), steht dieser Ansicht nicht entgegen; denn die Norm ist ohnehin systemwidrig und ineffektiv. Bei dieser Lage ist eine eng am Wortlaut orientierte Auslegung im Hinblick auf die Rechtsmittelklarheit der bessere Weg.

C. Annahme der Berufung oder Verwerfung mangels Annahme (Abs 2)

I. Annahme oder Verwerfung

8 Die Berufung ist **anzunehmen**, wenn sie nicht offensichtlich unbegründet ist (Abs 2 S 1). Andernfalls wird sie nicht – was der Gesetzgeber der Einfachheit halber auch hätte anordnen können – als (offensichtlich) unbegründet, sondern **mangels Annahme als unzulässig verworfen** (Abs 2 S 2).

9 Die Nichtannahmeentscheidung des Berufungsgerichts entfaltet nach einem Ansatz in der Rechtsprechung eine **Sperrwirkung für die Revision**, da dieser Beschluss unanfechtbar und damit für das weitere Verfahren bindend ist (OLG Hamm Beschl v 8. 9. 2005 – Az 3 Ss 364/05; sa für das Zusammentreffen einer Berufung eines Nebenklägers mit einer Sprungrevision der Staatsanwaltschaft gegen einen Freispruch OLG Karlsruhe NStZ 1995, 562, 563). Das kann aber im Ergebnis nur dann gelten, wenn dem Rechtsmittelführer wegen Festlegung auf eine Berufung ohnehin kein Wahlrecht mehr zugestanden hätte (BayObLGSt 1994, 86, 87). Mangels Festlegung kann er dagegen innerhalb der Revisionsbegründungsfrist immer noch entscheiden, ob er das zunächst unbestimmt eingelegte Rechtsmittel als Berufung oder Sprungrevision behandelt wissen will, auch wenn das Berufungsgericht dann bereits vorschnell das von ihm als Annahmeberufung qualifizierte Rechtsmittel nach Abs 2 S 2 verworfen hatte (Hartwig NStZ 1997, 111 ff). Dieser Beschluss des im Ergebnis unzuständigen Berufungsgerichts (KG NStZ-RR 1999, 146, 147) wird durch die innerhalb der Revisionsbegründungsfrist erfolgte **Ausübung des Wahlrechts** durch den Rechtsmittelführer zwischen Berufung und Revision gegenstandslos (BayObLGSt 1993, 232 ff; OLG Frankfurt NStZ-RR 2003, 53; KG Beschl v 4. 2. 2000 – Az [4] 1 Ss 192/00 [101/00]). Wählt der Rechtsmittelführer innerhalb der Revisionsbegründungsfrist eine Sprungrevision, dann ist erst recht eine vorherige Annahmeentscheidung des Berufungsgerichts, die für das Revisionsverfahren unerheblich ist (Rn 16), gegenstandslos (OLG Stuttgart NStZ-RR 1996, 75 ff).

10 Ist **vom Angeklagten Sprungrevision und von der Staatsanwaltschaft eine Sperrberufung eingelegt** worden, die dazu führt, dass die Revision des Angeklagten als Berufung behandelt wird, dann darf das Berufungsgericht nicht beide Rechtsmittel mangels Annahme als unzulässig verwerfen. Denn die Verwerfung der Sperrberufung der Staatsanwaltschaft macht das Rechtsmittel des Angeklagten wieder zur annahmefreien Revision. Verwirft das Berufungsgericht dennoch beide Rechtsmittel nach Abs 2 S 2, dann lebt die Revision des Angeklagten infolge der Verwerfung der staatsanwaltschaftlichen Berufung auf; der fehlerhafte Verwerfungsbeschluss ist auch hier gegenstandslos (OLG Stuttgart NJW 2002, 3487, 3488 mAnm Meyer-Goßner NJW 2003, 1369 ff).

II. Offensichtliche Unbegründetheit

11 Für das Kriterium der offensichtlichen Unbegründetheit hat sich der Gesetzgeber an § 349 Abs 2 StPO orientieren wollen (KMR/Brunner StPO § 313 Rn 11; Meyer-Goßer StPO § 313 Rn 9), ohne freilich die gravierenden Unterschiede zwischen Berufung und Revision zu beachten (KK-StPO/Ruß StPO § 313 Rn 5); erstere führt zu einer neuen Tatsacheninstanz, letztere dient der Urteils- und Verfahrenskontrolle. Insoweit sind die Maßstäbe an die Begründetheit des Rechtsmittels und dementsprechend auch die Offensichtlichkeit des Misserfolgs des Rechtsmittels grundlegend verschieden (Fezer NStZ 1995, 265 ff). Die vorliegende Regelung ist daher systemwidrig (Löwe/Rosenberg/Gössel StPO § 313 Rn 2) und sie kollidiert mit Art 19 Abs 4 GG.

Offensichtlichkeit der Unbegründetheit der Berufung liegt nur vor, wenn das Prozess- 12
ergebnis des Berufungsverfahrens prospektiv und bei einer Würdigung ohne größeren Prüfungsaufwand, vor allem **ohne gesonderte Beweiserhebungen** (Meyer-Goßner StPO § 313 Rn 9), mit sehr hoher Wahrscheinlichkeit demjenigen der ersten Instanz entspricht. **Im Zweifel** ist die Berufung anzunehmen und zwar auch deshalb, weil die Annahmeentscheidung nur vom Vorsitzenden alleine getroffen wird (KMR/Brunner StPO § 313 Rn 11), der die Entscheidung des Kollegiums nur bedingt antizipieren kann. Eine Berufung gilt nach den aus § 349 Abs 2 StPO abgeleiteten Formeln als offensichtlich unbegründet, wenn für jeden Sachkundigen anhand der Urteilsgründe und einer eventuell vorliegenden Berufungsbegründung sowie des Protokolls der Hauptverhandlung erster Instanz ohne längere Prüfung erkennbar ist, dass das Urteil sachlichrechtlich nicht zu beanstanden ist und keine Verfahrensfehler vorliegen, die eine Revision begründen würden (BVerfG NJW 1996, 2785, 2786). Damit wird aber zunächst eher irreführend auf die Prüfungsgrundlagen für das Revisionsgericht verwiesen, was eine fehlerhafte Vorstellung von der Bedeutung der neuen Tatsacheninstanz andeutet. Bei der Untersuchung der offensichtlichen Unbegründetheit der Berufung „darf" nicht nur der gesamte Akteninhalt – über Urteilstext und Protokollinhalt hinaus – berücksichtigt werden (so aber die falsche Akzentsetzung durch BayVerfGH Beschl v 8. 7. 2009 – Az Vf 20-VI-08). Er muss sogar sorgsam geprüft werden, weil auch beim Freibeweis eigentlich die **Aufklärungspflicht** gilt (BVerfGE 70, 297, 309). Bei materiellrechtlichen Fehlern des angefochtenen Urteils soll zudem Raum für eine Prognoseentscheidung bleiben, ob sich der Fehler auf das Urteil ausgewirkt hat. Auch das wirkt eher irreführend, denn auch eine Schuldspruchänderung oder sachlich-rechtlich neue Begründung des Schuldspruchs in der Normenkette, etwa mit anderen Zurechnungsvorschriften, namentlich aus § 13 StGB oder § 25 StGB, unter Beibehaltung des Rechtsfolgenausspruches muss nach der gesetzlichen Struktur des Strafverfahrens der Hauptverhandlung vorbehalten bleiben.

Die **Sach- und Rechtslage zur Schuldfrage** muss bei Berücksichtigung des gesamten 13
Akteninhalts klar erscheinen, damit – wenn das überhaupt möglich sein soll – von einer Offensichtlichkeit der Unbegründetheit der Berufung gesprochen werden kann. Die Notwendigkeit einer Ergänzung oder Änderung des Beweisbildes darf jedenfalls nicht nahe liegen. Das kann in einer Tatsacheninstanz nicht allein anhand des Urteilstextes und des Hauptverhandlungsprotokolls sowie einer eventuellen Berufungsbegründung festgestellt werden. Denn dies entspricht nicht dem Wesen der neuen Tatsacheninstanz und es besagt nicht genug über die Erfolgsaussichten dieses auf eine neue Sachprüfung mit einer eigenverantwortlichen Gesamtwürdigung aller Beweise aus dem Inbegriff der Hauptverhandlung durch die Berufungsrichter als Kollegium ausgerichteten Rechtsmittels. Gerade aus dem sonstigen Aktenmaterial kann sich eine Alternativhypothese ergeben, die in der Hauptverhandlung erster Instanz übersehen oder unterbewertet wurde und die zu einem Erfolg oder Teilerfolg der Berufung führen könnte. Dann allein anhand von Urteil, Protokoll und fakultativer Rechtsmittelbegründung zur Offensichtlichkeit der Unbegründetheit der Berufung zu gelangen (vgl die verkürzte Akzentsetzung durch VerfGH Berlin NVwZ-RR 2005, 73, 74 und Beschl v 30. 1. 2007 – Az 114/05), wäre ein Fehler. Umgekehrt kommt es auf potenziell revisible Verfahrensfehler hier nicht an, wenn das Berufungsgericht aus anderen Gründen zu demselben Resultat gelangen kann.

Ferner muss zur Annahme der offensichtlichen Unbegründetheit der Berufung auch die 14
Strafzumessungsentscheidung in ihrem Ergebnis vom Standpunkt des Berufungsgerichts, das hier im Ansatz ähnlich wie das Revisionsgericht nach § 354 Abs 1a StPO „jenseits der bislang den Vorgang der Strafzumessung prägenden Maximen der Unmittelbarkeit und Mündlichkeit" (BVerfGE 118, 212, 229) zu Kontrollzwecken eine Strafzumessungsprognoseentscheidung zu treffen hat, voraussichtlich unverändert bleiben. Es darf sich auch insoweit nach Aktenlage nicht aufdrängen, dass einer strafzumessungserheblichen Beweisfrage näher nachgegangen werden muss. Ob **der Angeklagte** als Berufungsführer im gleichen Sinne wie bei der verfassungskonformen Auslegung von § 354 Abs 1a StPO (BVerfGE 118, 212, 235 ff) **dazu anzuhören** ist, ist noch nicht geklärt. Dadurch wird erneut die vom Gesetzgeber nicht in Betracht gezogene Frage aufgeworfen, ob es dazu ungeachtet des Bagatellcharakters der Tat wegen der Kompliziertheit der Sach- und Rechtslage des Beistands eines Verteidigers bedarf (vgl Fezer NStZ 1995, 265, 267). Auch daraus lässt sich ablesen, dass die Regelung im Ganzen missglückt ist.

D. Annahme der Berufung gegen eine Bußgeldentscheidung (Abs 3)

15 Die Anfechtung der Verurteilung wegen einer Ordnungswidrigkeit zu einer Geldbuße oder einer Freisprechung oder Verfahrenseinstellung allein nach dem Vorwurf einer Ordnungswidrigkeit führt nicht nur gem Abs 3 S 2 iVm Abs 2 zur Prüfung der offensichtlichen Unbegründetheit der Berufung, sondern nach Abs 3 S 1 zusätzlich zur Prüfung, ob die **Rechtsbeschwerde zulässig** (§ 79 Abs 1 OWiG) **oder zuzulassen** (§ 80 Abs 1 u Abs 2 OWiG) wäre. Denn es handelt sich bei dem Rechtsmittel iSd § 83 Abs 2 S 1 OWiG um eine Rechtsbeschwerde, die nur als Berufung behandelt wird.

E. Unerheblichkeit der Annahme bei einer Sprungrevision

16 Der Zulässigkeit der Sprungrevision steht es nicht entgegen, dass für den Fall der vorherigen Einlegung einer Berufung diese einer Annahme bedurft hätte (BGHSt 40, 395, 397). § 335 StPO setzt nur voraus, dass auch die Berufung statthaft wäre (Löwe/Rosenberg/Gössel StPO § 313 Rn 10 ff). Es kommt auch nach § 335 Abs 1 StPO nicht darauf an, ob eine Berufung hätte angenommen werden können (OLG Bremen BeckRS 2008, 22349; OLG Karlsruhe NStZ 1995, 562; OLG Rostock Beschl v 10. 4. 2003 – Az 1 Ss 37/03 I 32/03; OLG Schleswig Beschl v 19. 2. 2001 – Az 2 Ss 365/00; Löwe/Rosenberg/Gössel StPO § 313 Rn 7, 19; **aA** KK-StPO/Paul StPO § 313 Rn 4). Daher muss das Revisionsgericht nicht dieselbe Kontrolle der Sach- und Rechtslage vornehmen, die dem Berufungsgericht im Annahmeverfahren abzuverlangen ist. Dies passt nicht zur Aufgabenstellung des Revisionsgerichts. Auch ist nicht zuerst Annahmeberufung einzulegen, um erst nach deren Annahme zu einer Sprungrevision überzugehen (§ 335 StPO Rn 24 mwN; **aA** Meyer-Goßner StPO § 335 Rn 21). Der Grundsatz der Rechtsmittelklarheit (BVerfGE 107, 395, 416) steht einer solchen Beschränkung entgegen. Eine Doppelprüfung des Rechtsmittels als fiktive Annahmeberufung und als Revision oder ein Gebot an den Rechtsmittelführer, zuerst Annahmeberufung einzulegen, um danach die eigentlich gewollte Sprungrevision erheben zu können, ist zudem weder verfahrensökonomisch noch sachlich geboten, zumal das Revisionsgericht wiederum ein Beschlussverfahren nach § 349 StPO zur Verfügung hat. Der Rechtsmittelführer ist andererseits auch nicht daran gehindert, erst nach einer Nichtannahme der Berufung zur Revision überzugehen (Löwe/Rosenberg/Gössel StPO § 313 Rn 20).

§ 314 [Form und Frist]

(1) Die Berufung muß bei dem Gericht des ersten Rechtszuges binnen einer Woche nach Verkündung des Urteils zu Protokoll der Geschäftsstelle oder schriftlich eingelegt werden.

(2) Hat die Verkündung des Urteils nicht in Anwesenheit des Angeklagten stattgefunden, so beginnt für diesen die Frist mit der Zustellung, sofern nicht in den Fällen der §§ 234, 387 Abs. 1, § 411 Abs. 2 und § 434 Abs. 1 Satz 1 die Verkündung in Anwesenheit des mit schriftlicher Vollmacht versehenen Verteidigers stattgefunden hat.

Überblick

Die Vorschrift legt fest, wann, wo und in welcher Form die Berufung einzulegen ist.

Übersicht

	Rn		Rn
A. Normbedeutung	1	I. Schriftlich	8
B. Einlegung der Berufung	2	II. Mündlich zu Protokoll der Geschäftsstelle	9
C. Adressat der Erklärung	6		
D. Form der Berufungseinlegung	7	**E. Frist der Berufungseinlegung**	10

A. Normbedeutung

Die Bestimmung nennt **formelle Voraussetzungen** der Berufungseinlegung. Die Berufung muss danach formgerecht innerhalb der einwöchigen Frist beim Gericht des ersten Rechtszuges eingelegt werden, um **zulässig** zu sein. Andernfalls wird sie nach § 319 Abs 1 StPO als unzulässig verworfen. Da die Berufung nicht zwingend einer Begründung bedarf, ist die Berufungseinlegung – von der Annahme in den Fällen des § 313 StPO abgesehen – die einzige und im Allgemeinen leicht zu nehmende Hürde auf dem Weg zur Eröffnung der neuen Tatsacheninstanz. Ein Wahlrechtsmittel kann auch bis zum Ablauf der Revisionsbegründungsfrist als **unbenanntes Rechtsmittel** eingelegt werden; die Möglichkeit, es als Revision zu bestimmen, besteht nur bis zum Ablauf der Revisionsbegründungsfrist (OLG München wistra 2009, 327). Geschieht das nicht, bleibt es eine Berufung.

B. Einlegung der Berufung

Die Einlegung der Berufung ist eine **Prozesserklärung** des im Sinn der §§ 296 StPO ff zur Rechtsmitteleinlegung Berechtigten. Es ist nicht vorgeschrieben, diese Erklärung inhaltlich mit bestimmten Worten abzugeben; sie muss aber mit hinreichender Deutlichkeit den **Anfechtungsgegenstand, die Person und den Anfechtungswillen des Erklärenden** erkennen lassen (OLG Düsseldorf wistra 1992, 280). Allgemein ist eine formgerechte Erklärung aber wohlwollend auszulegen. Soweit ein prozessunfähiger Angeklagter die ihm günstige Prozesshandlung der Berufungseinlegung vornimmt, ist regelmäßig auch davon auszugehen, dass sie rechtswirksam ist (OLG Düsseldorf StraFo 1997, 338).

Die Berufungseinlegung als Prozesserklärung ist andererseits **bedingungsfeindlich**. Ihre Wirksamkeit darf also nicht von aufschiebenden oder auflösenden Bedingung, deren Eintritt nicht ausschließlich dem Einfluss des Gerichts unterliegt, abhängig gemacht werden. **Prozessbedingungen** können dagegen im Einzelfall unschädlich sein, wie es der positivrechtlich geregelte Fall des § 315 Abs 2 S 1 StPO zeigt.

Eine Anfechtung durch Berufungseinlegung setzt voraus, dass der Anfechtungsgegenstand existiert. Ein **Urteil** muss also durch Verkündung **erlassen** sein, bevor die Berufung eingelegt wird. Eine **vorherige Berufungseinlegung** geht ins Leere und bleibt für sich genommen wirkungslos (Meyer-Goßner StPO § 314 Rn 1). Sie lebt nicht auf, wenn das Urteil anschließend verkündet wird. Vielmehr muss dann nochmals innerhalb der gesetzlichen Frist die Einlegung der Berufung formgerecht erklärt werden.

Die Erklärung muss sich in unterscheidungsfähiger Weise **auf das angefochtene Urteil beziehen**. Wie es dazu bezeichnet oder in Bezug genommen wird, ist hingegen unerheblich, es muss nur Klarheit herrschen. Das ist regelmäßig der Fall, wenn gegen den Angeklagten nur ein Urteil des Adressatgerichts der Erklärung existiert. Gibt es mehrere Urteile, dann empfiehlt sich die genaue Bezeichnung mit Datum und Aktenzeichen oder Betreff.

C. Adressat der Erklärung

Die Erklärung ist ungeachtet des Devolutiveffekts der Berufung als Rechtsmittel nicht direkt an das Berufungsgericht, sondern an das Gericht zu richten, welches das angefochtene Urteil erlassen hat (Meyer-Goßner StPO § 314 Rn 4), also **an den „iudex a quo"** (§ 341 StPO Rn 13 ff). Bei Vorhandensein einer Zweigstelle des Gerichts genügt die Übersendung entweder an die Hauptstelle oder an die Zweigstelle, sofern diese Stelle auch mit Strafsachen befasst ist (KMR/Brunner StPO § 314 Rn 9). Die Übersendung an das Berufungsgericht oder an ein anderes Gericht oder gar eine Behörde ist unwirksam (Löwe/Rosenberg/Gössel StPO § 314 Rn 4). Dies bleibt nur dann unschädlich, wenn der Schriftsatz vom Adressaten so rechtzeitig an das erstinstanzliche Strafgericht weitergeleitet wird, dass es dort noch innerhalb der Frist zur Berufungseinlegung eingeht (BGH NJW 1994, 1354, 1355; KMR/Brunner StPO § 314 Rn 27). Unzuständige Behörden und Gerichte als Adressaten des Schriftsatzes sind, was für Wiedereinsetzungsfragen relevant ist, zur **Weiterleitung** nur innerhalb des ordentlichen Geschäftsgangs verpflichtet (LG Karlsruhe StV 2001, 345, 346); sie haben nicht generell die Aufgabe, durch besonders beschleunigte Weiterleitung für die Einhaltung der Berufungsfrist zu sorgen. Die falsche Adressatenbezeichnung in der Berufungsschrift bleibt demnach unschädlich, wenn die Berufungsschrift zum „iudex a quo" gelangt und dort noch unmittelbar oder aber durch eine Wiedereinsetzung in den vorigen Stand die Frist gewahrt wird. Wird das an ein unzuständiges Gericht adressierte Schriftstück über eine **gemeinsame Postannahmestelle** auch des zuständigen Gerichts eingereicht, so geht es dann, wenn es der falschen Adressierung folgend zunächst an die falsche Adresse weitergeleitet wird, nicht sogleich bei dem zuständigen Gericht ein (BayObLGSt 1984, 15 ff; sa zum Einwurf in einen gemeinsamen Nachtbriefkasten OLG Stuttgart NStZ 1987, 185, 186 mAnm Maul NStZ 1987, 186; krit Küper JR 1976, 28 ff).

D. Form der Berufungseinlegung

7   Die Berufung kann schriftlich oder zu Protokoll der Geschäftsstelle des Gerichts eingelegt werden. Die Erklärung muss zumindest im Kern **in der deutschen Sprache** als Gerichtssprache gem § 184 GVG abgegeben werden. Das kann auch bei Schriftsätzen in ausländischer Sprache der Fall sein, wenn darin zugleich deutschsprachige Zusätze enthalten sind, die den notwenigen Erklärungsgehalt in deutscher Sprache erkennen lassen (Eschelbach HRRS 2007, 466 ff; Löwe/Rosenberg/Gössel StPO § 314 Rn 15). Für die Wirksamkeit der Einlegung des Rechtsmittels durch einen bislang noch nicht aufgetretenen Verteidiger ist der Nachweis seiner Befugnis durch die **gleichzeitige Vorlage einer Vollmacht nicht erforderlich** (OLG Hamm VRS 108 [2005], 266, 267).

I. Schriftlich

8   Die **Schriftform** (§ 341 StPO Rn 18) ist gewahrt, wenn eine schriftlich fixierte und vom Rechtsmittelberechtigten hinreichend autorisierte Erklärung abgegeben wird. Das kann durch einen persönlich, per Post oder Boten übermittelten **Schriftsatz**, durch Telegramm (BGH NJW 1960, 1310; KK-StPO/Paul StPO § 314 Rn 12), **Telefax** (Löwe/Rosenberg/Gössel StPO § 314 Rn 30 f; KK-StPO/Paul StPO § 314 Rn 13), **Computerfax** (OLG Jena Beschl 23. 12. 2005 – Az 1 Ws 468/05; OLG München NJW 2003, 3429, 3430) oder unter den Voraussetzungen des § 41a StPO auch durch ein sonstiges **elektronisches Dokument** geschehen (einschränkend OLG Oldenburg BeckRS 2008, 179487; Löwe/Rosenberg/Gössel StPO § 314 Rn 32 f). Die eigenhändige **Unterzeichnung** ist bei Erkennbarkeit des Absenders aus dem Briefkopf **nicht zwingend** erforderlich (OLG Oldenburg NJW 1983, 1072, 1073; **aA** KG JR 1971, 252 mAnm Peters; Löwe/Rosenberg/Gössel StPO § 314 Rn 23), sofern die Autorisierung in sonstiger Weise gewährleistet, dass die Erklärung vom Rechtsmittelberechtigten stammt und ernstlich abgegeben werden soll. Der Urheber der Erklärung muss zweifelsfrei erkennbar sein (Löwe/Rosenberg/Gössel StPO § 314 Rn 17). Dem Erfordernis der Schriftform kann daher eine Berufungsschrift, die mit dem Briefkopf des Rechtsanwalts, seinem Diktatzeichen und seinem maschinengeschriebenen Vor- und Nachnamen als Schlussformel versehen ist, auch dann genügen, wenn sie von diesem nicht eigenhändig unterzeichnet worden ist (OLG München NJW 2008, 1331). Auch ein handschriftliches, mit Telefax übermitteltes Schreiben, das den Namen und die Anschrift des Absenders trägt, aber kein Handzeichen oder einen sonstigen das Schreiben abschließenden Namenszug des Absenders enthält, kann genügen (OLG Nürnberg NJW-RR 2008, 316, 317). Es muss nur feststehen, dass das Schriftstück vom Rechtsmittelberechtigten herrührt und es sich nicht nur um einen Entwurf handelt (OLG Jena Beschl 23. 12. 2005 – Az 1 Ws 468/05 – und v 6. 3. 2006 – Az 1 Ws 56/06). Eine **fernmündliche Erklärung genügt** dem Schriftformerfordernis auch dann **nicht**, wenn darüber ein Aktenvermerk angelegt wird (KK-StPO/Paul StPO § 314 Rn 11; **aA** Wolter JR 1982, 211 ff).

II. Mündlich zu Protokoll der Geschäftsstelle

9   Die Berufung kann auch **vom Berufungsführer oder einem wirksam dazu Bevollmächtigten** (Löwe/Rosenberg/Gössel StPO § 314 Rn 7) vor Ort mündlich zu Protokoll der Geschäftsstelle eingelegt werden. Die bestehende Vollmacht kann gegebenenfalls später nachgewiesen werden. Das **Protokoll der Geschäftsstelle** (§ 341 StPO Rn 21 ff) wird entweder noch in der Hauptverhandlung vom dortigen Urkundsbeamten in das **Sitzungsprotokoll** (Löwe/Rosenberg/Gössel StPO § 314 Rn 10; KK-StPO/Paul StPO § 314 Rn 8) oder außerhalb der Hauptverhandlung in Form einer eigenständigen Niederschrift

von einem Urkundsbeamten des Gerichts, dessen Urteil angefochten wird oder das im Falle der Inhaftierung des Berufungsführers nach § 299 StPO zuständig ist (KK-StPO/Paul StPO § 314 Rn 6), aufgenommen, wobei eine sonst bestehende Rechtspflegerzuständigkeit nach § 24 RPflG in der Hauptverhandlung nicht existiert. Das Protokoll der Geschäftsstelle kann daher in der Hauptverhandlung von einem Geschäftsstellenbeamten oder als Urkundsbeamter autorisierten Angestellten des Gerichts aufgenommen werden. Dazu verpflichtet ist das Gericht allerdings nicht. Das Protokoll ist in **Langschrift** anzufertigen und **vom Urkundsbeamten zu unterzeichnen**, wobei die **Unterschrift** wiederum nicht zwingend konstitutiv ist (Löwe/Rosenberg/Gössel StPO § 314 Rn 13 f). Der Rechtsmittelberechtigte muss anwesend sein und die Erklärung persönlich zu Protokoll abgeben. Eine telefonische Übermittlung an den Urkundsbeamten ist nach bisheriger Rechtsprechung nicht ausreichend (BGHSt 30, 64 ff mAnm Wolter JR 1982, 211 ff auf Vorlage durch BayObLG NJW 1981, 1632; für die Rechtsbeschwerde OLG Hamm NZV 1996, 123, 124; **aA** früher OLG Düsseldorf NJW 1969, 1361; neuerdings wieder LG Münster NJW 2005, 166, 167).

E. Frist der Berufungseinlegung

Die Berufung ist nach Abs 1 **binnen einer Woche ab Verkündung** des Urteils einzulegen, also regelmäßig bis zum Ablauf des gleichnamigen Tages der nachfolgenden Woche, soweit es sich dabei nicht um einen Samstag, Sonntag oder am Gerichtsort geltenden gesetzlichen Feiertag handelt (§ 43 StPO). Eine Möglichkeit zur Fristverlängerung gibt es nicht (KMR/Brunner StPO § 314 Rn 15). Auf eine Rechtsmittelbelehrung kommt es für den Fristablauf nicht an. Ihr Fehlen oder ihre Fehlerhaftigkeit kann allenfalls im Fall der Fristversäumung einen Wiedereinsetzungsgrund ergeben. Für die Frage der Wahrung der Frist einer persönlich oder durch Boten überbrachten Berufungsschrift ist im Allgemeinen der **Eingangsstempel** des Gerichts als öffentliche Urkunde beweiskräftig (KG Beschl v 11. 7. 2001 – Az 5 Ws 376/01). Bei Telefaxübersendung oder Übermittlung eines elektronischen Dokuments entscheiden die **Aufnahmedaten des Adressatgerichts**. Sind innerhalb ablaufender Berufungsfrist von einer Berufungseinlegung per Telefax nur zwei Sekunden übertragen worden und konnte das Faxgerät in dieser Zeit erst sieben Prozent der Erklärung übertragen haben, dann kann davon ausgegangen werden, dass die wichtigen Erklärungsinhalte, wer welche Erklärung in welcher Angelegenheit abgegeben hat, nicht erkennbar geworden ist (KG Beschl v 9. 7. 2001 – Az 5 Ws 283/01). Lässt sich sonst nicht feststellen, ob der Angeklagte die Berufung verspätet eingelegt hat, so ist sie als rechtzeitig zu behandeln (OLG Düsseldorf MDR 1985, 784; OLG Stuttgart MDR 1981, 424; Löwe/Rosenberg/Gössel StPO § 314 Rn 39; KK-StPO/Paul StPO § 314 Rn 4; **aA** „im Zweifel für die Rechtskraft" OLG Düsseldorf NJW 1964, 1684 mAnm Schürmann NJW 1964, 2265, 2266).

Im Fall der **Abwesenheit des Angeklagten bei der Urteilsverkündung** (§ 341 StPO Rn 28) wird die Frist nach Abs 2 idF des 1. JuMoG für diesen, wenn er nicht durch einen mit schriftlicher Vollmacht versehenen Verteidiger vertreten wurde, ab der Zustellung des schriftlichen Urteils bemessen. Dies gilt auch dann, wenn der Angeklagte **nur zeitweise** während der Urteilsverkündung abwesend war (OLG Karlsruhe Beschl v 12. 8. 1988 – Az 3 Ws 186/88; OLG München MDR 1990, 847, 848). Daran ändert sich auch im Fall eines eigenmächtigen Entfernens des Angeklagten nichts (OLG Stuttgart NStZ 1986, 520, 521 mAnm Paulus). Denn die Urteilsverkündung in ununterbrochener Anwesenheit des Angeklagten ist die Prämisse dafür, dass er eine sachgerechte Entscheidung darüber treffen kann, ob er das Urteil mit der Berufung anfechten will oder nicht. Der Grund der vollständigen oder zeitweiligen Abwesenheit ist daher unerheblich. Die fehlende Anwesenheit des Angeklagten kann in den Fällen der § 234 StPO, § 387 Abs 1 StPO, § 411 Abs 2 StPO u § 434 Abs 1 S 1 StPO nach der Vorstellung des Gesetzgebers des 1. JuMoG (BT-Drs 15/3482, 21) jedoch durch die **Anwesenheit eines mit schriftlicher Vollmacht versehenen Verteidigers** ersetzt werden, mit welchem sich der Angeklagte nach dem Urteil über die Frage der Rechtsmitteleinlegung verständigen kann. In anderen Abwesenheitsfällen beginnt die Berufungsfrist erst mit der **Zustellung** des in vollständiger Form abgesetzten schriftlichen Urteils. Die Berufung kann freilich auch schon vor der Zustellung des verkündeten Urteils eingelegt werden. Ist der dem Angeklagten übersandten Urteilsausfertigung keine Benachrichtigung über die förmliche Zustellung an den Verteidiger beigefügt, dann darf der Angeklagte davon ausgehen, dass die Wochenfrist für die Berufungseinlegung mit dem Eingang des Urteils bei ihm beginnt (KG Beschl v 22. 3. 2000 – Az 4 Ws 39/00).

12 Für den **Nebenkläger** gilt § 401 Abs 1 StPO, für den **Privatkläger** gilt dieselbe Bestimmung entsprechend (OLG Frankfurt NStZ-RR 1996, 43, 44).

§ 315 [Berufung und Wiedereinsetzungsantrag]

(1) Der Beginn der Frist zur Einlegung der Berufung wird dadurch nicht ausgeschlossen, daß gegen ein auf Ausbleiben des Angeklagten ergangenes Urteil eine Wiedereinsetzung in den vorigen Stand nachgesucht werden kann.

(2) ¹Stellt der Angeklagte einen Antrag auf Wiedereinsetzung in den vorigen Stand, so wird die Berufung dadurch gewahrt, daß sie sofort für den Fall der Verwerfung jenes Antrags rechtzeitig eingelegt wird. ²Die weitere Verfügung in bezug auf die Berufung bleibt dann bis zur Erledigung des Antrags auf Wiedereinsetzung in den vorigen Stand ausgesetzt.

(3) Die Einlegung der Berufung ohne Verbindung mit dem Antrag auf Wiedereinsetzung in den vorigen Stand gilt als Verzicht auf die letztere.

Überblick

Die Vorschrift regelt das Verhältnis von Berufung und Wiedereinsetzungsantrag im Fall der Verurteilung des abwesenden Angeklagten nach § 235 Abs 1 S 1 StPO oder § 412 S 1 StPO. Sie entspricht der Regelung des § 342 StPO für das Verhältnis von Revision und Wiedereinsetzungsantrag.

A. Zusammentreffen von Wiedereinsetzung und Berufung

1 Da die Wiedereinsetzung in den vorigen Stand nach der Verurteilung des Angeklagten in seiner Abwesenheit nach § 232 StPO zur **Fortführung des erstinstanzlichen Verfahrens** führt, hat der Sonderrechtsbehelf einen Vorrang vor dem Rechtsmittelverfahren in der höheren Instanz. Andererseits soll das Rechtsmittel bereits eingelegt sein, bevor über den Wiedereinsetzungsantrag entschieden ist, weil ein erfolgloser Wiedereinsetzungsantrag das **Rechtsmittelverfahren** gegebenenfalls **nicht beeinflussen** soll. Vor diesem Hintergrund bestimmt Abs 1, dass die Frist zur Einlegung der Berufung von der Möglichkeit des Wiedereinsetzungsantrags unberührt bleibt. Abs 2 sieht aus demselben Grund vor, dass die Berufung unter der **Prozessbedingung** der Verwerfung des Wiedereinsetzungsantrags eingelegt werden kann, dann aber erst nach Erledigung des Wiedereinsetzungsantrages bearbeitet wird. Schließlich kann der Angeklagte auf den Wiedereinsetzungsantrag verzichten und Berufung einlegen, um die Sache sogleich in die höhere Instanz zu bringen. Abs 3 fingiert zur **Verfahrensbeschleunigung**, dass eine Berufungseinlegung ohne gleichzeitige Verbindung mit einem Wiedereinsetzungsantrag als **Verzicht auf das Wiedereinsetzungsverfahren** gilt. Die isolierte Berufungseinlegung führt also zum Verlust der Wiedereinsetzungsmöglichkeit und sie stellt damit ein erhebliches Risiko für den Berufungsführer dar.

B. Frist zur Berufungseinlegung (Abs 1)

2 Die einwöchige Frist zur Einlegung der Berufung beginnt in den Fällen der Verurteilung des nicht durch einen mit besonderer Vollmacht ausgestatteten Verteidiger vertretenen Angeklagten in seiner Abwesenheit nach § 314 Abs 2 StPO erst mit der Zustellung des schriftlichen Urteils. Eine weitere Modifizierung der Berufungsfrist findet nach § 315 Abs 1 StPO nicht deswegen statt, weil zugleich auch die Möglichkeit eines Antrages auf Wiedereinsetzung in den vorigen Stand nach § 235 S 1 StPO innerhalb einer gleichartigen Frist besteht (Löwe/Rosenberg/Gössel StPO § 315 Rn 1). Es bleibt daher bei der Wochenfrist für die Berufungseinlegung, die bei dem durch einen bevollmächtigten Verteidiger vertretenen Angeklagten ab Verkündung oder andernfalls ab Zustellung des Urteils beginnt.

C. Bedingte Berufungseinlegung (Abs 2 S 1)

Da die Berufungsfrist von der Wiedereinsetzungsmöglichkeit unbeeinflusst bleibt und die Fristen für Berufung und Wiedereinsetzung parallel laufen, muss dem Angeklagten, wenn ihm schon kein Aufschub der Berufungseinlegung bis zur Rechtskraft der Verwerfung des Wiedereinsetzungsantrages gewährt wird, die Möglichkeit einer Berufungseinlegung eingeräumt werden, die unabhängig vom Wiedereinsetzungsantrag besteht. Die Berufung kann daher sogleich schon unter der **Prozessbedingung** eingelegt werden, dass der Wiedereinsetzungsantrag verworfen wird. Wird der Wiedereinsetzungsantrag verworfen, dann **lebt die Berufung auf**. Wird dem Angeklagten Wiedereinsetzung in den vorigen Stand gewährt, dann **wird die Berufung gegenstandslos**. Über sie muss dann gar nicht mehr entschieden werden.

D. Bearbeitungsreihenfolge (Abs 2 S 2)

Die **Wiedereinsetzung** in den vorigen Stand muss vom erstinstanzlichen Gericht **zuerst geprüft** werden, weil sie gegebenenfalls zur Unwirksamkeit der unter einer Prozessbedingung eingelegten Berufung führt. Erst **nach dem rechtskräftigen Abschluss des Wiedereinsetzungsverfahrens** in der Weise, dass der Antrag zurückgenommen oder verworfen wird, bleibt die **Berufung** relevant und kann erst dann bearbeitet werden (KG Beschl v 28. 2. 2000 – Az 4 Ws 5/00). Die weitere Verfügung in Bezug auf die Berufung wird daher bis zur rechtskräftigen Erledigung des Wiedereinsetzungsantrages, dessen Verwerfung zuvor noch mit der sofortigen Beschwerde nach § 46 Abs 3 StPO angefochten werden kann, ausgesetzt. Regelmäßig liegt die Sache also dem Berufungsgericht noch nicht vor. Es hat deshalb im Allgemeinen auch keine Möglichkeit, vorläufige Maßnahmen, etwa zur Beweis- oder Verfahrenssicherung, zu treffen.

E. Verzicht auf die Wiedereinsetzung (Abs 3)

Legt der Angeklagte nur Berufung ein, ohne diese zugleich mit einem Wiedereinsetzungsantrag zu verbinden, dann liegt darin **nach einer gesetzlichen Fiktion** des Abs 3 zugleich der Verzicht auf die Wiedereinsetzung. Ein nachträglich eingereichter Wiedereinsetzungsantrag ist wegen des kraft Gesetzes fingierten Verzichts unwirksam und er bleibt es auch im Fall der Berufungsrücknahme oder Verwerfung des Rechtsmittels. Ein vorheriger Wiedereinsetzungsantrag ist dagegen möglich und er hindert die spätere Berufungseinlegung für sich genommen nicht (Löwe/Rosenberg/Gössel StPO § 315 Rn 4). Das dient der Verfahrensbeschleunigung und einer raschen **Klärung der Kompetenz für Eilmaßnahmen** zur Beweis- und Verfahrenssicherung. Diese sind alsdann vom Berufungsgericht zu treffen; dem erstinstanzlichen Gericht fehlt die Anordnungskompetenz. Verfassungswidrig ist die Fiktion des Verzichts auf die Wiedereinsetzung nicht (Meyer-Goßner StPO § 342 Rn 3; **aA** für § 342 StPO Widmaier FS Rieß 2002, 621), weil dem Angeklagten immerhin die zweite Tatsacheninstanz erhalten bleibt. Verzichtet der Angeklagte auf die Wiedereinsetzung und kann er deshalb hiernach keinen zulässigen Wiedereinsetzungsantrag mehr stellen, dann besteht nach dem Normzweck des Abs 3 auch kein Grund, von Amts wegen die Wiedereinsetzung in den vorigen Stand zu gewähren.

Die gesetzliche Verzichtsvermutung wird auch dann wirksam, wenn die Berufung schon vor Beginn der Rechtsmittelfrist eingelegt wurde (OLG Düsseldorf StB 1984, 189, 190).

§ 316 [Hemmung der Rechtskraft]

(1) Durch rechtzeitige Einlegung der Berufung wird die Rechtskraft des Urteils, soweit es angefochten ist, gehemmt.

(2) Dem Beschwerdeführer, dem das Urteil mit den Gründen noch nicht zugestellt war, ist es nach Einlegung der Berufung sofort zuzustellen.

Überblick

Die Norm, der § 343 StPO entspricht, enthält zwei verschiedene Regelungen. In Abs 1 wird die Hemmung der Rechtskraft im Umfang der Anfechtung durch rechtzeitige Einlegung der Berufung bestimmt. Nach Abs 2 ist dem Beschwerdeführer zumindest nach Berufungseinlegung sogleich das schriftliche Urteil zuzustellen, was in § 35 Abs 1 StPO nicht generell vorgesehen ist.

A. Hemmung der Rechtskraft (Abs 1)

I. Urteilsanfechtung als Hemmungstatbestand

1   Das Urteil erster Instanz wird rechtskräftig, wenn die Berufungsfrist ungenutzt verstreicht. Legt dagegen ein zur Anfechtung Berechtigter innerhalb der Frist nach § 314 StPO Berufung ein, so hemmt die **rechtzeitige Einlegung des Rechtsmittels** gem Abs 1 den Eintritt der Rechtskraft und zwar auch dann, wenn das Rechtsmittel aus anderen Gründen als der Fristversäumung unzulässig ist (KMR/Brunner StPO § 316 Rn 1). Die Rechtskraft der Entscheidung des Berufungsgerichts wird gegebenenfalls erst durch rechtzeitige Einlegung einer Revision gehemmt (§ 343 Abs 1 StPO).

2   Die **verspätete Anfechtung** des erstinstanzlichen Urteils mit der Berufung führt nicht zur Hemmung der Rechtskraft. Der Eintritt der Rechtskraft durch ungenutzten Ablauf der Berufungsfrist bei verspäteter Einlegung des Rechtsmittels kann aber rückwirkend aufgehoben und die Hemmung herbeigeführt werden, wenn dem Beschwerdeführer, der erst nach Fristablauf Berufung eingelegt hat, **Wiedereinsetzung** in den vorigen Stand gegen die Versäumung der Frist zur Einlegung des Rechtsmittels gewährt wird. Die Verwerfung der Berufung als unzulässig wegen Versäumung der Einlegungsfrist durch Gerichtsbeschluss nach § 319 Abs 1 StPO und § 322 StPO führt dagegen die Rechtskraft nicht herbei, sondern stellt deren Eintritt nur fest (Löwe/Rosenberg/Gössel StPO § 316 Rn 2). Anders ist es bei sonstigen Zulässigkeitshindernissen außer der Fristversäumung. Diese heben die durch Berufungseinlegung eingetretene Rechtskrafthemmung erst auf, wenn die Berufung deswegen vom Gericht als unzulässig verworfen wird.

3   Die Hemmung der Rechtskraft hat zur Folge, dass das **Urteil** ganz oder bei wirksamer Berufungsbeschränkung teilweise nicht iSv § 449 StPO **vollstreckbar** ist und das Verfahren bei dem Berufungsgericht rechtshängig bleibt (Löwe/Rosenberg/Gössel StPO § 316 Rn 5).

4   Die **Hemmung endet** mit der Zurücknahme oder Verwerfung der Berufung als unzulässig oder mit der neuen Sachentscheidung des Berufungsgerichts (KMR/Brunner StPO § 316 Rn 4; KK-StPO/Paul StPO § 316 Rn 2).

II. Teilrechtskraft durch beschränkte Anfechtung

5   Die Rechtskraft wird durch rechtzeitige Berufungseinlegung nur gehemmt, „soweit" die Anfechtung reicht (KK-StPO/Paul StPO § 316 Rn 3). Oft wird das Urteil zwar im Ganzen angefochten, so dass es auch insgesamt nicht rechtskräftig wird. Bisweilen aber wird die **Anfechtung** auf einzelne abtrennbare Teile **beschränkt** (§ 318 StPO). Dann tritt im Übrigen Rechtskraft ein. Diese kann sich insbesondere auf die Verurteilung wegen einzelner von mehreren Straftaten iSv § 53 StGB oder auf den Schuldspruch bei Anfechtung nur des Strafausspruchs oder auf einzelne von verschiedenen Rechtsfolgen beziehen. Je nach der Gestaltung des Einzelfalls kann auch eine Teilanfechtung die Vollstreckung des Urteils im Ganzen suspendieren. Teilrechtskraft führt andererseits auch dazu, dass der rechtskräftige Urteilsteil schon dann Gegenstand eines Antrags auf Wiederaufnahme des Verfahrens sein kann, wenn ein anderer Teil noch in der Berufungsinstanz rechtshängig ist.

6   Die Hemmung der Rechtskraft wegen der **Urteilsanfechtung nur durch einen von mehreren Angeklagten** oder Nebenbeteiligten wirkt grundsätzlich nicht auch zugunsten eines anderen Angeklagten oder Nebenbeteiligten. Eine Rechtsmittelerstreckung wie im Revisionsverfahren nach § 357 StPO gibt es für das Berufungsverfahren nicht. Anders kann es nur bei Maßnahmen, wie der Einziehung, sein, die mehrere Personen zugleich betreffen. Dann bewirkt die Einlegung der Berufung eines von der Maßnahme betroffenen Angeklag-

B. Zustellung des Urteils (Abs 2)

Die Zustellung des schriftlichen Urteils an die Verfahrensbeteiligten ist in der Strafprozessordnung nicht generell vorgeschrieben. Die mündliche Urteilsverkündung reicht nach § 35 Abs 1 StPO zur Bekanntmachung aus. **Zur sachgerechten Vorbereitung auf das Berufungsverfahren** durch Anfechtungsberechtigte (BGHSt 33, 183, 187) genügt das naturgemäß nicht, auch wenn eine Verpflichtung zur Begründung des Rechtsmittels nicht besteht und die Berufung nicht der Urteilskontrolle dient, sondern eine neue Tatsacheninstanz eröffnet. Immerhin bestimmt Abs 2, dass **dem Beschwerdeführer** im Berufungsverfahren das schriftliche Urteil mit den Gründen zwingend zuzustellen ist, und zwar spätestens dann, wenn er Berufung eingelegt hat und die Zustellung nicht schon zuvor erfolgt ist (KK-StPO/Paul StPO § 316 Rn 4). Beschwerdeführer ist derjenige Verfahrensbeteiligte, der aus eigenem Recht das Urteil anzufechten berechtigt ist und auch rechtzeitig die Anfechtung erklärt hat. Diesem selbst oder seinem **Zustellungsbevollmächtigten** ist das Urteil zuzustellen; die Zustellung an den Beschwerdeführer persönlich reicht aber aus, auch wenn er einen Zustellungsbevollmächtigten hat. Eine Urteilszustellung **an den Gegner** des Beschwerdeführers sieht das Gesetz nicht vor. 7

Zuzustellen ist nach dem Normzweck der Informationen, insbesondere des Angeklagten für Zwecke der Vorbereitung der Verteidigung, **das Urteil mit den vollständigen Gründen**. Im Fall der Urteilsergänzung nach § 267 Abs 4 S 3 StPO sind auch die ergänzten Gründe zuzustellen (KK-StPO/Paul StPO § 316 Rn 7). 8

Ist die **Berufung** nicht statthaft, verspätet eingelegt und vom erstinstanzlichen Gericht nach § 319 StPO als unzulässig **verworfen**, dann bedarf es der Zustellung nach Abs 2 nicht mehr (KMR/Brunner StPO § 316 Rn 7). 9

Andernfalls bewirkt die Zustellung des Urteils nach Abs 2 auch **den Beginn der Frist nach § 345 Abs 1 StPO,** innerhalb deren der Beschwerdeführer nach einer unbenannten Anfechtung noch wählen kann, ob das Rechtsmittel als Berufung oder als Revision durchgeführt werden soll (BGHSt 33, 183, 187). 10

Wird die **Urteilszustellung versäumt**, dann besteht **kein Verfahrenshindernis** für die Berufungshauptverhandlung (BGHSt 33, 183, 186 mAnm Bruns NStZ 1984, 564, 565; Meyer JR 1986, 301, 302; OLG Köln NStZ 1984, 475, 476). Das Versäumnis kann aber einen **Anspruch auf Aussetzung** der Hauptverhandlung des Berufungsgerichts begründen (OLG Köln NStZ 1984, 475; Löwe/Rosenberg/Gössel StPO § 316 Rn 7; Meyer-Goßner StPO § 316 Rn 4). Das Fehlen der Urteilszustellung steht dagegen einer Verwerfung der Berufung nach § 329 Abs 1 StPO nicht notwendigerweise entgegen, weil daraus kein Verfahrenshindernis resultiert (**aA** OLG Hamm JMBlNRW 1982, 107, 108). 11

§ 317 [Berufungsbegründung]

Die Berufung kann binnen einer weiteren Woche nach Ablauf der Frist zur Einlegung des Rechtsmittels oder, wenn zu dieser Zeit das Urteil noch nicht zugestellt war, nach dessen Zustellung bei dem Gericht des ersten Rechtszuges zu Protokoll der Geschäftsstelle oder in einer Beschwerdeschrift gerechtfertigt werden.

Überblick

Die Berufung eröffnet eine neue Tatsacheninstanz, die von Amts wegen im Umfang der Anfechtung (§ 318 StPO) die gesamte Sach- und Rechtslage, soweit sie Gegenstand von Anklageschrift und Eröffnungsbeschluss ist, überprüft. Eine Berufungsbegründung ist dafür weder erforderlich noch zwingend vorgeschrieben, auch nicht in Fällen der Annahmeberufung. Die vorliegende Vorschrift stellt gleichwohl Regeln über die Form und Frist der Einreichung einer Berufungsrechtfertigung auf. Vor allem für die Frage der Berufungsbeschränkung auf einzelne abtrennbare Punkte nach § 318 StPO erlangt die Berufungsrechtfertigung eine gewisse praktische Bedeutung, die im Übrigen nicht besteht. Für die Staatsanwaltschaft ist die Berufungsbegründung zumindest ein nobile officium.

A. Berufungsbegründung und -erwiderung

1   Die Berufungsrechtfertigung ist **nicht zwingend vorgeschrieben** (KK-StPO/Paul StPO § 317 Rn 1) und ihre form- und fristgerechte Einreichung stellt deshalb, anders als bei der Revision, **keine Zulässigkeitsvoraussetzung** für das Rechtsmittel dar. Die Berufungsrechtfertigung ist andererseits möglich. Sie kann aus Gründen der Prozessökonomie vor allem dazu führen, dass der Rechtsmittelangriff auf bestimmte Beschwerdepunkte beschränkt wird (§ 318 StPO). Für die **Staatsanwaltschaft** als Beschwerdeführerin ist sie nach Nr 156 Abs 1 RiStBV geboten. Daraus kann entnommen werden, dass der Angeklagte aus Gründen der Gleichbehandlung nach Art 3 Abs 1 GG einen Anspruch darauf hat, dass die objektive Behörde ihr Rechtsmittel begründet. Wenn der **Nebenkläger** Berufung eingelegt hat, die nur eingeschränkt zulässig ist, ist dieser auch gehalten, das Ziel seines Rechtsmittelangriffs anzugeben, um dem Berufungsgericht die Prüfung der Zulässigkeit zu ermöglichen (OLG Düsseldorf NStZ 1994, 507, 508; OLG Jena NStZ-RR 2007, 209, 210; KG Beschl v 11. 5. 2001 – Az 3 Ws 226/01). Die Berufungsbegründung dient allgemein dazu, das Gericht und den Rechtsmittelgegner über den Umfang und den Grund der Anfechtung zu unterrichten, damit diese ihr Prozessverhalten darauf einrichten können. In Fällen der **Annahmeberufung** empfiehlt sich eine Berufungsbegründung, um dem Berufungsgericht nahe zulegen, dass und warum das Rechtsmittel gegebenenfalls nicht iSv § 313 StPO offensichtlich unbegründet ist (KK-StPO/Paul StPO § 317 Rn 3). Vorgeschrieben ist die Begründung auch dort freilich nicht. In Fällen der Berufung gegen die Verurteilung wegen einer Ordnungswidrigkeit können zugleich die für die Annahme der Berufung wichtigen Voraussetzungen nach § 79 Abs 1 OWiG und § 80 OWiG dargelegt werden.

2   Das Gesetz sieht schon die Berufungsrechtfertigung nicht zwingend vor und verhält sich deshalb erst recht nicht zu der Frage einer **Berufungserwiderung des Gegners** des Beschwerdeführers. Diese ist wegen der neuen Tatsacheninstanz ebenfalls nicht zwingend erforderlich, andererseits aber auch nicht ausgeschlossen, vor allem wenn es um eine Annahmeberufung geht. Wird eine Erwiderung abgegeben, dann gebietet es der Grundsatz des rechtlichen Gehörs jedenfalls bei einer Annahmeberufung, dem Beschwerdeführer **Gelegenheit zur Stellungnahme dazu** zu geben.

B. Form und Frist

3   Die Berufungsrechtfertigung ist ebenso wie die Berufungseinlegung **schriftlich oder zu Protokoll der Geschäftsstelle** bei dem Gericht des ersten Rechtszuges einzureichen. Sie kann aber auch mit der Berufungseinlegung zusammen abgegeben oder angesichts der lediglich fakultativen gesetzlichen Regelung auch beim Berufungsgericht nachgereicht werden. Die Berufungsrechtfertigung der Staatsanwaltschaft besteht aus einem Aktenvermerk, der dem Gegner zur Kenntnis gegeben wird.

4   Die Frist für die Einreichung der Berufungsrechtsfertigung beträgt **eine weitere Woche** ab dem Ende der Frist zur Einlegung der Berufung oder, wenn zu diesem Zeitpunkt die Urteilszustellung an den Beschwerdeführer noch nicht erfolgt ist, ab der Zustellung des angefochtenen Urteils. Die Frist ist allerdings **ohne rechtliche Bedeutung**, weil eine Berufungsbegründung nicht vorgeschrieben ist und das Berufungsgericht Äußerungen des Beschwerdeführers nach Art 103 Abs 1 GG ohnehin zur Kenntnis zu nehmen und in Betracht zu ziehen hat.

§ 318 [Beschränkung der Berufung]

¹**Die Berufung kann auf bestimmte Beschwerdepunkte beschränkt werden.** ²**Ist dies nicht geschehen oder eine Rechtfertigung überhaupt nicht erfolgt, so gilt der ganze Inhalt des Urteils als angefochten.**

Überblick

Nach der Offizialmaxime wäre eine Beschränkung der Berufung als Rechtsinstitut nicht erforderlich, zumal das Berufungsverfahren des Rechtsmittels auf abtrennbare Beschwerdepunkte; nur diese sind eine neue Tatsacheninstanz ist und nicht der Nachprüfung des erstinstanzlichen Urteils dient. Die vorliegende Vorschrift gestattet aber in S 1 aus Gründen der Prozessökonomie und Verfahrensbeschleunigung eine Beschränkung des Gegenstands der Nachprüfung (§ 327 StPO). Weil eine Berufungsbegründung nicht zwingend vorgeschrieben ist und ein bestimmtes Ziel des Rechtsmittels nicht zwingend angegeben werden muss, trifft das Gesetz in S 2 zugleich eine Regelung für den Fall des Fehlens einer ausdrücklichen Erklärung des Beschwerdeführers; in diesem Fall ist davon auszugehen, dass das Urteil insgesamt angefochten wird.

Übersicht

	Rn		Rn
A. Erklärung der Berufungsbeschränkung	1	III. Mängel in den erstinstanzlichen Tatsachenfeststellungen	19
I. Anfängliche Beschränkung	1	**D. Hinweispflicht bei Unwirksamkeit der Beschränkung**	21
II. Nachträgliche Beschränkung oder Teilrücknahme der Berufung	6	**E. Teilrechtskraft**	22
B. Abtrennbare Beschwerdepunkte	10	I. Vertikale Teilrechtskraft	23
C. Unwirksamkeit der Berufungsbeschränkung	14	II. Horizontale Teilrechtskraft	26
I. Willensmängel oder Erklärungsmängel	15	III. Folgen der Teilrechtskraft	29
II. Rechtsfehler bei der Subsumtion des erstinstanzlichen Gerichts	18	1. Bindungswirkung der Tatsachenfeststellungen	29
		2. Revisionsgerichtliche Kontrolle	31
		3. Wiederaufnahme des Verfahrens	32

A. Erklärung der Berufungsbeschränkung

I. Anfängliche Beschränkung

Die Möglichkeit der Berufungsbeschränkung dient der Prozessökonomie und der **Ver-** 1 **fahrensbeschleunigung** (KMR/Brunner StPO § 318 Rn 2). „Die Berufung" erfasst im Allgemeinen von vornherein nur das Urteil, soweit es den Beschwerdeführer betrifft und beschwert. Sind in dem Urteil etwa die Verurteilung eines anderen Mitangeklagten sowie ein Teilfreispruch und zugleich eine Verurteilung des Beschwerdeführers erfolgt, dann ist die Berufung des Beschwerdeführers gegen das Urteil jedenfalls im Zweifel auf seine Verurteilung beschränkt und nicht auch auf die Verurteilung des anderen Mitangeklagten bezogen, die den Beschwerdeführer nicht betrifft, ferner nicht auf den Teilfreispruch, der ihn nicht beschwert (OLG Köln VRS 62 [1982], 283 ff; Löwe/Rosenberg/Gössel StPO § 318 Rn 12). Eine dem § 357 StPO entsprechende Regelung der Rechtsmittelerstreckung auf einen Mitverurteilten, der kein Rechtsmittel eingelegt hat, kennt das Berufungsrecht nicht. Diese ist auch nicht analog anwendbar. Ergeben sich in der neuen Berufungsverhandlung neue Tatsachen oder Beweismittel, die zu einem für den Mitangeklagten günstigeren Urteil führen könnten, dann greift § 359 Nr 5 StPO ein, so dass insoweit keine Regelungslücke besteht. Darüber hinaus kann die Berufung iSv S 1 durch eine darauf gerichtete **Prozesserklärung** beschränkt werden und die Ausübung dieser aus Gründen der Prozessökonomie eingeräumten Dispositionsmacht ist im Rahmen des rechtlich Möglichen vom Gericht zu beachten (BGHSt 29, 359, 364). Die Erklärung der Beschränkung kann **ausdrücklich oder konkludent** erfolgen (BGH NJW 1956, 1845; KMR/Brunner StPO § 318 Rn 10). Erforderlich ist aber jedenfalls eine klar erkennbare Bewirkungshandlung, die den Willen des Erklärenden, das Rechtsmittel auf bestimmte Punkte zu begrenzen, **eindeutig** erkennen lässt. Divergieren die Erklärungen des Angeklagten und des Verteidigers, dann geht in der Regel diejenige des Angeklagten vor. Eine Berufungsbeschränkung des Verteidigers, die der

Angeklagte mit seiner eigenen Rechtsmittelerklärung nicht wünscht, ist unbeachtlich (OLG Karlsruhe NStZ-RR 2004, 271 ff).

2   Von einer Beschränkung ist nur auszugehen, wenn sie wirklich gewollt und erklärt ist. Ist die Erklärung unklar, dann bedarf sie der **Auslegung**. Diese Auslegung darf nicht am Wortlaut haften, sondern muss nach dem aus den Willensäußerungen des Beschwerdeführers erkennbaren Sinn und Ziel seines Rechtsmittels fragen (BGHSt 29, 359, 365). Wird eine Berufung damit begründet, dass die Strafe zu hoch sei, so kann darin beim verteidigten Angeklagten eine Beschränkung auf den Strafausspruch gesehen werden. Andererseits kann etwa der entsprechende Hinweis eines nicht verteidigten Angeklagten nur die Motivation für eine Berufungseinlegung andeuten, die dann nicht eindeutig beschränkt ist. In der Erklärung des Berufungsführers, er strebe die Annahme eines minder schweren Falles an, liegt auch noch nicht notwendigerweise eine Beschränkung der Berufung auf das Strafmaß (OLG Köln MDR 1980, 780). Erläutert die Staatsanwaltschaft als Beschwerdeführerin ihren Berufungsangriff nach Nr 156 Abs 1 RiStBV mit Ausführungen nur zum Strafausspruch, dann wird darin jedoch mit Blick auf die Sach- und Rechtskenntnis der Behörde sowie das Begründungsgebot für ihre Berufung eine Rechtsmittelbeschränkung zu sehen sein. Führt die Auslegung des Erklärung im Einzelfall nicht zu einer Beseitigung von Zweifeln, die der Erklärung anhaften, so muss nach dem Regelungsgedanken des S 2 eine unbeschränkte Berufung angenommen werden (BGHSt 29, 359, 365).

3   Am deutlichsten kann die Antwort auf die Frage, ob das Urteil ganz oder teilweise angefochten werden soll, in einem **Berufungsantrag** zum Ausdruck gebracht werden. Diesen verlangt das Gesetz nicht zwingend, wenngleich es ihn nicht ausschließt. Auch eine **Berufungsbegründung** ist schließlich fakultativ. Liegt sie vor, dann kann oftmals daraus die Frage nach dem Vorliegen oder Nichtvorliegen einer Rechtsmittelbeschränkung im Wege der Auslegung beantwortet werden, wobei aber darauf zu achten ist, dass eine Teilbegründung nicht notwendigerweise den Umfang des Rechtsmittelangriffs anzeigt, wenn sogar eine Begründung im Ganzen nicht zwingend erforderlich ist. Für Beschwerdeführer empfiehlt es sich freilich, den Angriffsumfang dann klarzustellen, wenn er nicht beschränkt sein soll, aber gleichwohl eine auf bestimmte Beschwerdepunkte bezogene Berufungsbegründung mitgeteilt wird. Die nach § 317 StPO befristete Berufungsbegründung liefert zudem einen Zäsurpunkt für die Frage, ob eine anfängliche Berufungsbeschränkung vorliegt oder nicht; eine nachträgliche Beschränkung hat andere Qualität (Rn 6 ff).

4   Die Beschränkung der Berufung muss in derselben Form wie ihre Einlegung erklärt werden, also außerhalb der Hauptverhandlung **schriftlich oder zu Protokoll der Geschäftsstelle**. In der Hauptverhandlung genügt die mündliche Erklärung; sie wird dort auch schon vor der Protokollierung wirksam, jedoch nur durch das Protokoll der Hauptverhandlung bewiesen. Erklärungen, aus denen eine Berufungsbeschränkung hergeleitet werden könnte, die aber nicht dem § 184 GVG (Eschelbach HRRS 2007, 466 ff) genügen, sind unwirksam, so dass von einem unbeschränkten Rechtsmittel auszugehen ist, wenn die Berufungseinlegung wirksam war (OLG Stuttgart Die Justiz 2000, 19, 20).

5   Erklärungsadressat der Berufungsbeschränkung ist das Gericht, nicht der Prozessgegner. Die Beschränkungserklärung wird daher nur mit dem Zugang bei Gericht wirksam. Die Beschränkung wird nach dem Gedanken des § 317 StPO, der auch die Adressierung der Berufungsbegründung an das **Gericht des ersten Rechtszuges** vorsieht, regelmäßig gegenüber diesem Gericht erklärt. Die Erklärung bei dem Berufungsgericht führt regelmäßig dazu, dass die Frist nach § 317 StPO nicht bei dem erstinstanzlichen Gericht gewahrt ist. Diese Beschränkungserklärung wirkt sich dann als Teilrücknahme aus.

II. Nachträgliche Beschränkung oder Teilrücknahme der Berufung

6   Eine unbeschränkte Anfechtung des Urteils liegt vor, wenn die Berufung weder **bei der Rechtsmitteleinlegung** noch **in der Berufungsrechtfertigung**, an welche die vorliegende Vorschrift in S 2 anknüpft, auf bestimmte Beschwerdepunkte beschränkt worden ist. Dasselbe gilt dann, wenn eine Berufungsrechtfertigung nicht erfolgt. Das Gesetz geht davon aus, dass der Beschwerdeführer seinen Willen, das Rechtsmittel auf einzelne Punkte zu beschränken, im Regelfall entweder sogleich bei der Einlegung der Berufung oder spätestens zusammen mit der Abgabe der Berufungsrechtfertigung erklärt. Vor diesem Hintergrund ist

in der Erklärung der Berufungseinlegung alleine noch keine definitive Aussage darüber zu entnehmen, ob das Rechtsmittel beschränkt werden soll oder nicht. Der **Anfechtungsumfang** wird erst **durch die Berufungsbegründung festgelegt**, wenn diese innerhalb der Frist des § 317 StPO abgegeben wird. Die darin enthaltene Beschränkung ist danach nur eine Konkretisierung des Rechtsmittels, aber keine Teilrücknahme (für die Revision BGHSt 38, 4, 5). Fehlt dagegen eine Berufungsrechtfertigung innerhalb der Frist des § 317 StPO, dann ist das Rechtsmittel unbeschränkt eingelegt worden. Eine spätere Erklärung der Beschränkung des Rechtsmittels auf bestimmte Punkte stellt in diesem Fall der Sache nach eine Teilrücknahme dar. Die Unterscheidung von anfänglicher Rechtsmittelbeschränkung durch Konkretisierung und Teilrücknahme ist auch deshalb von Bedeutung, weil der Verteidiger nur für die Teilrücknahme nach § 302 Abs 2 StPO einer ausdrücklichen **Ermächtigung** des Angeklagten bedarf (OLG Hamm BeckRS 2008, 04288).

Da in der Teilanfechtung für sich genommen mangels einer besonderen Prozesserklärung dieses Inhalts **kein Verzicht** auf den weiter gehenden Rechtsmittelangriff zu sehen ist, tritt hinsichtlich der nicht angefochtenen Teile des Urteils zunächst noch keine Rechtskraft ein. Das hat zur Folge, dass der Beschwerdeführer ein zunächst **beschränkt eingelegtes Rechtsmittel** später noch **erweitern** kann (BGHSt 38, 366, 367). Der Anfechtungsumfang kann aber nur innerhalb der **Frist** zur Einlegung der Berufung in diesem Sinne ausgedehnt werden, weil dann durch Fristablauf Teilrechtskraft entstanden ist. 7

Ist eine Beschränkung der Berufung weder bei der Einlegung noch in der Berufungsrechtfertigung erklärt worden, dann kann nachträglich immer noch eine **Teilrücknahme** erfolgen und zwar bis zum Beginn der Hauptverhandlung des Berufungsgerichts durch einseitige Prozesserklärung, nach deren Beginn mit Zustimmung des Gegners (OLG Frankfurt NStZ-RR 1997, 45). Eine Teilrücknahme ist erst ab dem Beginn der Urteilsverkündung des Berufungsgerichts nicht mehr möglich. 8

Auch die Teilrücknahme muss – ebenso wie eine Beschränkung des Rechtsmittels (Rn 4) – außerhalb der Hauptverhandlung in derselben **Form** wie die Berufungseinlegung erfolgen, also schriftlich oder zu Protokoll der Geschäftsstelle. In der Hauptverhandlung gelten das Mündlichkeitsprinzip und der Protokollierungszwang für die wesentliche Förmlichkeit. 9

B. Abtrennbare Beschwerdepunkte

Nach S 1 kann die Berufung auf bestimmte Beschwerdepunkte beschränkt werden. Ob dies der Fall ist, muss in allen Rechtsmittelinstanzen **von Amts wegen geprüft** werden (BGHSt 27, 70, 72; OLG Brandenburg Beschl v 26. 5. 2009 – Az 2 Ss 13/09 – BeckRS 2009, 24151), im Revisionsrechtszug freilich nur aufgrund einer als solche zulässigen Revision. Die Beschränkungsmöglichkeit kann nicht dahin verstanden werden, dass der Umfang des Rechtsmittels im Belieben des Beschwerdeführers stehe. Die Zulässigkeit der Beschränkung der Berufung auf bestimmte Beschwerdepunkte setzt nach der Rechtsprechung die Trennbarkeit und Widerspruchsfreiheit zwischen den nicht angefochtenen Teilen des Urteils und der Entscheidung des Rechtsmittelgerichts voraus (OLG Brandenburg Beschl v 16. 3. 2009 – Az 1 Ss 6/09; OLG Hamm Beschl v 31. 3. 2009 – Az 1 Ss 111/09 – BeckRS 2009, 24230). Ein Rechtsmittel kann nach dieser **Trennbarkeitsformel** aus Gründen des praktischen Rechtsdenkens (BGHSt 29, 359, 364) nur auf solche Beschwerdepunkte beschränkt werden, die losgelöst von dem nicht angegriffenen Teil der Entscheidung nach dem inneren Zusammenhang rechtlich und tatsächlich **selbständig beurteilt** werden können, ohne eine Prüfung des übrigen Urteilsinhalts notwendig zu machen (BGHSt 19, 46, 48; BGHSt 47, 32, 35; OLG Brandenburg Beschl v 16. 3. 2009 – Az 1 Ss 6/09; KK-StPO/Paul StPO § 318 Rn 1). Wann hiernach eine Beschränkung des Rechtsmittels zulässig ist, kann nur anhand der Umstände des Einzelfalles entschieden werden (OLG Hamm Beschl v 31. 3. 2009 – Az 1 Ss 111/09 – BeckRS 2009, 24230). Eine Beschränkung ist unwirksam, wenn eine Beurteilung der angegriffenen Punkte einer Entscheidung nicht möglich ist, ohne dass auch nicht angefochtene Teile dadurch beeinflusst werden, da sonst **widersprüchliche Entscheidungen** getroffen werden könnten (KMR/Brunner StPO § 318 Rn 14; Meyer-Goßner StPO § 318 Rn 7; KK-StPO/Paul StPO § 318 Rn 1). Ist dagegen eine erschöpfende Nachprüfung des angefochtenen Teils möglich, ohne dass dabei die tatsächlichen Feststellungen und die rechtlichen Erwägungen zum nicht angefochtenen Teil berührt werden, so gestattet der Grundsatz der 10

Prozesswirtschaftlichkeit die Beschränkung des Rechtsmittels. Das trifft in der Regel auf das Verhältnis zwischen Schuld- und Straffrage zu, während innerhalb der Schuldfrage eine weitere Trennung der Tat- oder Beweisfrage von der Rechtsfrage oder eine Trennung der Tatbestandsmerkmale nicht statthaft ist (BGHSt 19, 46, 48). Auch soweit der Angeklagte durch eine Handlung iSv § 52 StGB mehrere Straftatbestände verwirklicht haben soll, kann die Berufung nicht auf einzelne dieser Tatbestände beschränkt werden (OLG Jena Beschl v 19. 12. 2003 – Az 1 Ss 217/03; OLG Hamm NZV 2008, 164; KMR/Brunner StPO § 318 Rn 28) und zwar selbst dann nicht, wenn das Gericht des ersten Rechtszuges zu Unrecht von Handlungsmehrheit ausgegangen ist (BayObLG NStZ-RR 2002, 89 ff).

11   Vor allem hinsichtlich der notwendigen **Tatsachenfeststellungen** liegt eine Trennbarkeit der Urteilsteile bisweilen nicht vor, wenn das Berufungsgericht für den ihm ausdrücklich unterbreiteten Prozessstoff auch die Tatsachenfeststellungen, die dem nicht angefochtenen Urteilsteil zu Grunde liegen, in Frage stellen muss, sobald es die Fragen des Berufungsangriffs autonom beurteilen will, so etwa zum Wirkstoffgehalt von Betäubungsmitteln (OLG Hamm Beschl v 31. 3. 2009 – Az 1 Ss 111/09 – BeckRS 2009, 24230). Das Berufungsgericht ist dann an Feststellungen zu doppelrelevanten Tatsachen des nicht besonders angegriffenen Urteilsteils nicht gebunden.

12   Prinzipiell kann die Berufung **nicht auf einzelne von mehreren tateinheitlich** im Sinne des § 52 StGB **begangenen Taten** oder sogar nur auf einzelne Tatbestandsmerkmale (KK-StPO/Paul StPO § 318 Rn 6), nach der Verurteilung wegen einer bestimmten Tat nach einer Anklageerhebung auf wahldeutiger Grundlage auch nicht auf die alleine abgeurteilte Tat (OLG Karlsruhe JR 1989, 82, 83 mAnm Schlüchter) beschränkt werden. Eine Beschränkung ist dagegen **möglich**

- auf einzelne **rechtlich selbständige Handlungen** iSv § 53 StGB (KK-StPO/Paul StPO § 318 Rn 5; Meyer-Goßner StPO § 318 Rn 10),
- auf den **Strafausspruch** (BGHSt 29, 359, 364, 365; OLG Köln NJW 2004, 623 ff; OLG Rostock StV 2006, 528, 529), soweit kein untrennbarer Zusammenhang zwischen der Schuld- und der Straffrage besteht (OLG Brandenburg Beschl v 16. 3. 2009 – Az 1 Ss 6/09), wie insbesondere bei der Frage der Schuldunfähigkeit oder nur erheblich verminderten Schuldfähigkeit (KK-StPO/Paul StPO § 318 Rn 7 a), oder bei unzureichenden Feststellungen zu doppelrelevanten Tatsachen (OLG Hamm Beschl v 31. 3. 2009 – Az 1 Ss 111/09 – BeckRS 2009, 24230),
- auf die **Gesamtstrafenbildung** (BGH NStZ-RR 2000, 13), soweit nicht eine Einzelstrafe vergessen wurde (BGHR StPO § 318 Strafausspruch 2), oder
- auf **einzelne von verschiedenen Rechtsfolgen** der Tat, insbesondere eine selbständige Strafe oder Maßregel, sofern die für eine Aussetzung maßgeblichen Gesichtspunkte nicht so eng mit den unangegriffenen Strafzumessungserwägungen in der angefochtenen Entscheidung verknüpft sind, dass die Erörterung des Rechtsmittels notwendig den ganzen Strafausspruch erfasst (OLG Brandenburg NZV 2007, 641, 642; KG VRS 109 [2005], 278, 279).
- Auch einzelne Teile einer Rechtsfolge können isoliert angefochten werden, so insbes von Fall zu Fall (Rn 13) die **Strafaussetzung** zur Bewährung (OLG Brandenburg Beschl v 16. 3. 2009 – Az 1 Ss 6/09; OLG Jena Beschl v 12. 9. 2007 – Az 1 Ss 188/07; OLG Nürnberg NZV 2007, 642, 643; für eine Ausnahme bei Doppelrelevanz der Feststellungen zur Straf- und Strafaussetzungsfrage KG NZV 2002, 240, 241),
- die **Höhe des Tagessatzes** einer Geldstrafe (BGHSt 27, 70 ff).
- Selbst eine Beschränkung der Berufung auf die **Strafhöhe** bei Teilrechtskraft der Feststellungen zu einem Regelbeispiel für einen besonders schweren Fall ist möglich (BGHSt 29, 359, 368; OLG Schleswig JR 1980, 302 mAnm Grünwald), worauf aber das Berufungsgericht jedenfalls zu prüfen hat, ob es aufgrund dieser bindenden Feststellungen einen Regelfall für gegeben hält (OLG Köln StraFo 2001, 93 ff; OLG Schleswig SchlHA 2003, 192, 193). Die Bindung an Feststellungen zu einem Regelbeispiel hindert das Berufungsgericht gegebenenfalls daran, ein anderes Regelbeispiel zu bejahen (OLG Frankfurt/M NStZ-RR 1996, 309, 310). Sind jedoch die Tatsachenfeststellungen zur Frage des besonders schweren Falles unzureichend, dann ist im Einzelfall die Berufungsbeschränkung auf den Rechtsfolgenausspruch unwirksam (BayObLGSt 2001, 79, 80; OLG Hamm NStZ-RR 2001, 300 ff).

Die Beschränkung des Rechtsmittels auf die Frage der **Strafaussetzung zur Bewährung** 13
ist freilich unzulässig, wenn zwischen der Aussetzungsfrage und der Verhängung einer **Maßregel** nach § 69 StGB und § 69a StGB wegen charakterlicher Mängel eine Wechselbeziehung besteht und insoweit widersprüchliche Entscheidungen drohen (BGHSt 47, 32, 35 ff mAnm Geppert JR 2002, 114 ff; OLG Düsseldorf NZV 2000, 51; OLG Nürnberg NZV 2007, 642, 643). Die **Entziehung der Fahrerlaubnis** hängt regelmäßig so mit der Strafzumessungsentscheidung zusammen, dass ihre isolierte Anfechtung nicht in Frage kommt (LG Potsdam NStZ-RR 2003, 19). Die Staatsanwaltschaft kann ihre zu Ungunsten des Angeklagten eingelegte Berufung auch nicht wirksam auf die Anordnung einer Ausnahme bestimmter Fahrzeugarten von der Sperre für die Wiedererteilung der Fahrerlaubnis beschränken; der Prüfung des Berufungsgerichts unterliegt in einem solchen Fall der gesamte Rechtsfolgenausspruch (BayObLG NZV 2005, 592, 593). Zwischen der Höhe einer Hauptstrafe und der **Nebenstrafe** des Fahrverbots besteht grundsätzlich eine Wechselwirkung, die dazu führt, dass die Berufung nicht wirksam auf eine von beiden Strafarten beschränkt werden kann (OLG Hamm NStZ 2006, 592); anders mag es sein, wenn ein Fahrverbot neben einer Gesamtstrafe verhängt wird; dann ist die Beschränkung der Berufung auf Gesamtstrafe und Nebenstrafe möglich, ohne dass zugleich die Einzelstrafen angegriffen werden (OLG Jena NStZ-RR 2005, 276, 277). Eine **unterbliebene Maßregel** kann vom Rechtsmittelangriff nur ausnahmsweise ausgenommen werden (OLG Düsseldorf StV 2007, 520, 521).

C. Unwirksamkeit der Berufungsbeschränkung

Die Beschränkung ist unter verschiedenen Voraussetzungen wirksam, nämlich nur wenn 14
die darauf gerichtete Erklärung eindeutig ist, wenn keine rechtlich relevanten Willensmängel vorliegen, wenn die Erklärung nicht unter einer Bedingung abgegeben ist und wenn der angefochtene Urteilsteil ohne die Folge widersprüchlicher Entscheidungen vom Berufungsgericht rechtlich und tatsächlich selbstständig beurteilt werden kann. Eine Unwirksamkeit der Beschränkungserklärung führt gegebenenfalls nicht zur Unzulässigkeit der Berufung, sondern zu deren Unbeschränktheit (KMR/Brunner StPO § 318 Rn 1). Ob die Berufungsbeschränkung wirksam ist, muss **im Freibeweisverfahren** anhand des Akteninhalts geprüft werden (OLG Oldenburg NStZ-RR 2008, 117, 118).

I. Willensmängel oder Erklärungsmängel

Gravierende Willensmängel, vor allem bei **Prozessunfähigkeit** (OLG Düsseldorf NStZ 15
1984, 90) oder bei Irrtümern aufgrund einer **Willensbeeinflussung** des Beschwerdeführers durch Drohung des Gerichts mit einer Sanktionsschere, können zur anfänglichen **Unwirksamkeit der Prozesserklärung** führen (KK-StPO/Paul StPO § 318 Rn 2a). Es kann gegen das Gebot des fairen Verfahrens verstoßen, wenn das Berufungsgericht den Angeklagten über die Aussichten seines Rechtsmittels falsch berät und dadurch zu einer Beschränkung der Berufung veranlasst. Die Berufung ist dann als unbeschränkt zu behandeln (PfzOLG Zweibrücken Beschl v 26. 8. 1981 – Az 1 Ss 213/81). Eine **Anfechtung** oder ein **Widerruf** ist dagegen ebenso wie beim Rechtsmittelverzicht **nicht möglich**. Regt das Gericht im Rahmen einer Verfahrensabsprache an, dass der Angeklagte seine Berufung beschränkt, so ist die daraufhin erklärte Berufungsbeschränkung nach bisheriger Rechtsprechung nicht ohne weiteres unwirksam (OLG München NJW 2006, 1985 ff). Nach dem Regelungsgedanken des § 302 S 2 StPO nF ist nun aber wohl von der **Unwirksamkeit einer absprachenkonformen Berufungsbeschränkung** auszugehen. Eine getroffene, aber unzulässige Absprache führt erst recht zur Unwirksamkeit der Berufungsbeschränkung (nach Punktstrafenvereinbarung KG NStZ-RR 2004, 175 ff). Es besteht allein aufgrund des Gedankens der Prozessökonomie kein legitimes Interesse des Rechtsstaats an der Herbeiführung einer Berufungsbeschränkung ohne einen wirklich freien Willensentschluss des Angeklagten. Inwieweit eine fehlgeschlagene Verständigung zur Unwirksamkeit einer Berufungsbeschränkung führt, ist noch nicht geklärt. Insoweit wird von Fall zu Fall zu prüfen sein, ob eine sachwidrige Willensbeeinflussung stattgefunden hat.

16 Die Prozesserklärung der Berufungsbeschränkung ist bedingungsfeindlich. Sie ist daher regelmäßig unwirksam, wenn sie unter einer **Bedingung** erklärt wird. Eine Ausnahme davon kann allenfalls bei einer Prozessbedingung zugelassen werden.

17 Die **Mitwirkung des Verteidigers** an der Berufungsbeschränkung ist auch in Fällen der notwendigen Verteidigung nicht unbedingt erforderlich, wenn der Angeklagte selbst die Beschränkung erklärt. In der Hauptverhandlung bedarf es dagegen in Fällen der notwendigen Verteidigung der Mitwirkung eines Verteidigers, wenn der Angeklagte dort iS einer Teilrücknahme sein Rechtsmittel auf einzelne Punkte beschränkt. Das Unterlassen der Beiordnung eines Verteidigers kann ebenfalls zur Unwirksamkeit einer Berufungsbeschränkung durch den Angeklagten führen (OLG Hamm NJW 1973, 381, 382).

II. Rechtsfehler bei der Subsumtion des erstinstanzlichen Gerichts

18 Rechtsfehler in dem nicht angefochtenen Teil des Urteils lassen die Berufungsbeschränkung nicht notwendigerweise unwirksam werden. Bei einer **Verurteilung wegen eines Verbrechens** ist die Beschränkung des Rechtsmittels auf den Rechtsfolgenausspruch aber unwirksam, wenn die Feststellungen zur Schuldfrage nur die Verurteilung wegen eines Vergehens tragen können (OLG Saarbrücken NStZ 1997, 149, 150). Dagegen führt eine fehlerhafte Rechtsanwendung durch das erstinstanzliche Gericht dann nicht zur Unwirksamkeit der Berufungsbeschränkung auf die Rechtsfolgen, wenn das festgestellte Verhalten eine andere **Straftat mit dem gleichen Strafrahmen** begründet, wie diejenige, die das Berufungsgericht annehmen würde (OLG München Beschl v 23. 1. 2007 – Az 4St RR 3/07). Bei einem fehlerhaften Schuldspruch, der zu Lasten des Angeklagten für die Strafzumessung einen **höheren Strafrahmen** vorgibt, als er nach der bei zutreffender rechtlicher Wertung anzunehmenden Tat zur Anwendung kommen müsste, ist die Berufungsbeschränkung auf das Strafmaß unwirksam (OLG Frankfurt NStZ-RR 2003, 371, 372; OLG Köln NStZ-RR 2000, 49, 50). Eine fehlerhafte Subsumtion steht der Wirksamkeit einer Rechtsmittelbeschränkung erst recht entgegen, wenn gegen den Angeklagten keine Strafe verhängt werden kann, weil nach den Feststellungen **gar keine rechtswidrige Tat** vorliegt oder die Tat nur eine Ordnungswidrigkeit darstellt (OLG Koblenz NStZ-RR 2008, 102, 121, 122; OLG Stuttgart NStZ-RR 2002, 47; nicht bei einer Wertung erst aufgrund abweichender Feststellungen OLG Düsseldorf NStZ-RR 2000, 307), ebenso wenn ein **Strafaufhebungsgrund** in Betracht kommt (OLG Brandenburg Beschl v 13. 7. 2009 – Az 1 Ss 47/09), etwa aufgrund von § 371 Abs 1 AO (OLG Celle NStZ 2004, 289). Kommt ein Fall der **Schuldunfähigkeit** in Betracht, so ist die Berufungsbeschränkung auf den Rechtsfolgenausspruch unwirksam (BayObLG VRS 99 [2000], 420 ff; NZV 2001, 353, 354; OLG Hamm NStZ-RR 2008, 138; OLG Koblenz VRS 75 [1988], 46 ff; OLG Köln VRS 65 [1983], 384, 385; OLG Schleswig SchlHA 2000, 146). Ist die Tat dagegen zu Unrecht abgeurteilt worden, ohne dass sich dies schon aus den bindenden Feststellungen ergibt und stellt das Berufungsgericht nach der Rechtsmittelbeschränkung die Unrichtigkeit der Verurteilung fest, dann kann die Straflosigkeit im Berufungsverfahren vor einer Wiederaufnahme des Verfahrens wegen der Fehlerhaftigkeit des Schulspruchs nur noch bei der Rechtsfolgenbemessung berücksichtigt werden. Die Auswirkungen des Fehlers sollen dann aber auf das unvermeidlich gewordene Maß zu beschränken sein (KG Beschl v 20. 12. 1999 – Az [4] 1 Ss 375/99 [143/99]).

III. Mängel in den erstinstanzlichen Tatsachenfeststellungen

19 Voraussetzung für eine wirksame Berufungsbeschränkung auf den Rechtsfolgenausspruch ist stets, dass zumindest die im erstinstanzlichen Urteil getroffenen Feststellungen zum Schuldspruch eine ausreichende Grundlage für die von dem Berufungsgericht zu treffende Entscheidung bilden (OLG Brandenburg Beschl v 17. 2. 2009 – Az 1 Ss 98/08; OLG Düsseldorf NStZ 1992, 298, 299; OLG Köln NZV 1992, 203). Mängel der Feststellungen zur Frage der Schuld in einem Umfang, dass der Unrechts- und Schuldgehalt der Tat nicht einmal in groben Zügen zu erkennen ist, führen dazu, dass eine Beschränkung der Berufung auf den Rechtsfolgenausspruch unwirksam ist (BayObLG NStZ-RR 2003, 117, 118 = JR 2003, 297 ff mAnm Verrel; OLG Hamburg StV 2000, 608, 609; OLG Nürnberg Beschl v

4. 10. 2007 – Az 2 St OLG Ss 160/07). Eine wirksame Berufungsbeschränkung scheidet aus, wenn die Feststellungen zu erforderlichen und auch nicht nach den Umständen selbstverständlich erfüllten **Tatbestandsmerkmalen** (OLG Köln NStZ-RR 2005, 378, 379), insbes auch solchen zur inneren Tatseite (BayObLG NStZ-RR 2003, 310, 311), so knapp, unvollständig, unklar oder widersprüchlich sind, dass sie keine ausreichende Grundlage für eine eigene Strafzumessung des Berufungsgerichts mehr bieten (OLG Köln StraFo 1998, 120, 121; zur Verletzung der Unterhaltspflicht BayObLG NStZ-RR 2000, 305, 306; zum Vollrausch OLG Jena Blutalkohol 45 [2008], 142 ff) und dazu führen, dass das Berufungsgericht im Grunde auch Feststellungen zur Schuldfrage neu treffen muss, um die Rechtsfolgenfrage entscheiden zu können (KG Beschl v 30. 11. 2005 – Az [5] 1 Ss 321/05 [56/059). Ist andererseits der Straftatbestand ausreichend belegt, dann sind Feststellungen zu reinen Strafzumessungsumständen, wie der **Gewerbsmäßigkeit** nach § 263 Abs 3 StGB als Strafzumessungsumstand und nicht als Qualifikationsmerkmal, vom Berufungsgericht autonom zu treffen. Eine wirksame Berufungsbeschränkung ist insoweit möglich (BayObLG NStZ-RR 2003, 209, 210; OLG Köln NStZ-RR 2003, 298, 299). Wenn das Vorliegen einer „nicht geringen Menge" von Betäubungsmitteln gem § 29a Abs 1 S 2 BtMG ausgeschlossen ist, aber **Angaben zum Wirkstoffgehalt der Drogen** fehlen, dann führt dies auch nicht zur Unwirksamkeit der Berufungsbeschränkung auf den Strafausspruch (OLG Frankfurt NStZ-RR 2003, 23 ff; OLG Hamburg OLGSt BtMG § 29 Nr 10; OLG Jena OLGSt BtMG § 29 Nr 16; OLG Oldenburg NStZ-RR 2008, 117, 118; **aA** OLG Koblenz OLGSt StPO § 318 Nr 15; nach Drogenarten differenzierend BayObLG StraFo 2003, 383; zum Erreichen des Grenzbereichs der geringen Menge BayObLG NStZ 2000, 210 f; OLG Oldenburg NStZ-RR 1996, 77, 78). Das Berufungsgericht kann die Feststellungen dann auch bei Beachtung der Berufungsbeschränkung selbst treffen.

Die Wirksamkeit der Berufungsbeschränkung auf die Frage der **Strafaussetzung zur** 20 **Bewährung** setzt voraus, dass die erstinstanzlichen Feststellungen derart vollständig und widerspruchsfrei sind, dass sie eine ausreichende Grundlage für die Legalprognose nach § 56 Abs 1 StGB und gegebenenfalls die Bewertung besonderer Umstände nach § 56 Abs 2 StGB bilden (OLG Hamburg NStZ-RR 2006, 18 ff). Daran fehlt es, wenn im angefochtenen Urteil die Vorstrafen unvollständig mitgeteilt sind (BayObLG NStZ-RR 2004, 336 ff).

D. Hinweispflicht bei Unwirksamkeit der Beschränkung

Das Berufungsgericht muss die Verfahrensbeteiligten dann, wenn es von der Unwirksam- 21 keit einer Berufungsbeschränkung ausgehen will, was gegebenenfalls erst in der Urteilsberatung zu entscheiden ist (Rn 27), zur Vermeidung einer Überraschungsentscheidung rechtzeitig auf diesen Aspekt hinweisen, damit sie ihr Prozessverhalten darauf einrichten können. Das ist ein Gebot, welches sich im Einzelfall aus dem Anspruch des Angeklagten auf rechtliches Gehör und auf ein faires Verfahren ergibt. Die Pflicht zur Erteilung eines Hinweises entfällt freilich, wenn und soweit alle Prozessbeteiligten auch ohne dies um diese Bewertung des Gerichts hinsichtlich der Beschränkungsfrage wissen, weil sich dies aus dem Verhandlungsgeschehen ergibt.

E. Teilrechtskraft

Die Berufungsbeschränkung enthält keinen Verzicht auf den weiter gehenden Rechts- 22 mittelangriff. Teilrechtskraft tritt daher erst durch Ablauf der Frist zur Einlegung der Berufung ein, auch wenn vorher eine Beschränkung erklärt worden war. Nach Ablauf dieser Frist entsteht Teilrechtskraft ohne vorherige Berufungsbeschränkung nur durch die teilweise Zurücknahme des Rechtsmittels. Soweit Teilrechtskraft eintritt, sind vor allem Beweisanträge, die sich alleine auf ein Beweisthema zu dem rechtskräftig abgeschlossenen Verfahrensteil beziehen, iSv § 244 Abs 3 S 2 StPO für die Entscheidung ohne Bedeutung.

I. Vertikale Teilrechtskraft

Vertikale Teilrechtskraft, die der Vollrechtskraft qualitativ am ehesten entspricht, tritt ein, 23 wenn sich die Anfechtung nur auf einzelne von mehreren Taten im prozessualen Sinn bezieht

Eschelbach

und die Verurteilung wegen der anderen Taten rechtskräftig wird, oder wenn die Verurteilung einzelner Angeklagter nicht angegriffen wird (KMR/Brunner StPO § 318 Rn 3). Die vertikale Teilrechtskraft führt dazu, dass einzelne Urteilsteile bereits in einer für sich genommen vollstreckbaren Form vorhanden sind.

24 Teilrechtskraft tritt nicht ein, soweit **mehrere Beschwerdeführer** das Urteil zu denselben Taten im prozessualen Sinn in verschiedenem Umfang anfechten und zumindest einer das Urteil in einem weiteren Umfang angreift als ein anderer. Dann entscheidet zur Vermeidung widersprüchlicher Entscheidungen der weiter gehende Rechtsmittelangriff im Ganzen über den Anfechtungsumfang (Löwe/Rosenberg/Gössel StPO § 318 Rn 5).

25 Die Teilrechtskraft hat keine absolute Wirkung. Sogar vertikale Teilrechtskraft hindert das Berufungsgericht nicht an der **Feststellung eines Verfahrenshindernisses**, das zur Einstellung des Verfahrens führt, obwohl ein selbständiger Urteilsteil gar nicht angefochten ist. Erst recht gilt dasselbe natürlich bei horizontaler Teilrechtskraft.

II. Horizontale Teilrechtskraft

26 Die horizontale Teilrechtskraft, die in der Praxis vor allem den Schuldspruch in Rechtskraft erwachsen lässt, während der Rechtsfolgenausspruch insgesamt oder hinsichtlich bestimmter Teile angefochten wird, führt zur **Hemmung der Vollstreckbarkeit** des Urteils. Sie führt auch dazu, dass das Berufungsgericht den Schuldspruch nicht mehr ohne Rechtsfehler ändern kann; selbst eine Beschränkung der Strafverfolgung nach § 154a StPO kommt insoweit nicht in Frage (OLG Köln VRS 110 [2006], 220 ff). Insoweit besteht eine innerprozessuale Bindungswirkung, aber keine Vollrechtskraft. Horizontale Teilrechtskraft ist bezüglich der Wirksamkeit der Beschränkung des Rechtsmittels auch oft problematisch, weil die Frage, ob dem nicht angefochtenen Urteilsteil ausreichende Tatsachenfeststellungen zugrunde liegen oder die Feststellungen, die für den Rechtsfolgenausspruch relevant sind, daneben auch den Schuldspruch tragen, über die Möglichkeit der Rechtsmittelbeschränkung entscheidet und daran vielfältige Zweifel entstehen können. Durch eine wirksame Beschränkung der Berufung auf das Strafmaß erwächst der Schuldspruch des angefochtenen Urteils in Rechtskraft mit der Folge, dass die ihm zugrunde liegenden Feststellungen für das Berufungsgericht bei seiner Strafzumessungsentscheidung bindend sind.

27 Den **Schuldspruch** betreffen nicht nur die zur Erfüllung der Tatbestandsmerkmale erforderlichen Feststellungen, sondern auch die **Tatsachen, die den Schuldumfang beschreiben**, ohne unbedingt für die rechtliche Bewertung der Tat von Bedeutung zu sein (zum Motiv BayObLG NStZ-RR 2004, 246, 247). Erkennt das Berufungsgericht darin zugleich erhebliche Strafzumessungsaspekte, dann muss es nach einer Erklärung der Beschränkung der Berufung auf den Rechtsfolgenausspruch die dazu getroffenen Feststellungen des erstinstanzlichen Urteils zugrunde legen. Fehlen dort erforderliche Feststellungen, dann darf die Lücke wegen der Teilrechtskraft des Urteils der ersten Instanz an sich nicht durch ergänzende Beweiserhebungen geschlossen werden. Hält das Berufungsgericht aber insoweit nähere Erkenntnisse für erforderlich, dann bleibt ihm nur die Alternative, die **Berufung unbeschränkt durchzuführen** und die Feststellungen zur Schuldfrage insgesamt neu zu treffen. In einer solchen Lage ist die Entscheidung, ob eine Beschränkungswirkung angenommen werden kann, der **Urteilsberatung** vorzubehalten (OLG Koblenz NStZ-RR 2005, 178). Die Gewährung des rechtlichen Gehörs an die Verfahrensbeteiligten (Rn 21) bleibt von besonderer Bedeutung und kann einen Wiedereintritt in die Beweisaufnahme erfordern.

28 Die Teilrechtskraft steht einer **nachträglichen Gesamtstrafenbildung** durch das Berufungsgericht gem § 55 StGB nach einer Ansicht entgegen (OLG Hamburg VRS 107 [2004], 449 ff). Die mit der vorliegenden Vorschrift gewährte Dispositionsfreiheit des Rechtsmittelführers soll ihm die Beschränkung seines Rechtsmittels mit der Wirkung gestatten, dass die nicht angegriffenen Teile der Entscheidung in Rechtskraft erwachsen. Die neu entstandene Gesamtstrafenlage erfordere keine andere Bewertung zu Lasten der Dispositionsfreiheit des Rechtsmittelführers, weil die Bildung der Gesamtstrafe nach Rechtskraft der Entscheidung im Beschlusswege nach § 460 StPO nachträglich erfolgen könne. Deshalb sollen in der Berufungsinstanz solche Tatsachen nicht mehr berücksichtigt werden können, die zu den bindenden Feststellungen im Widerspruch stehen, sogar wenn jene Feststellungen Fehler

enthalten oder wegen einer zwischenzeitlichen Veränderung der Sachlage anders zu treffen wären (OLG Brandenburg NStZ-RR 2007, 196, 197). Danach wirkt sich die Rechtsmittelbeschränkung aufgrund einer – angeblichen – Dispositionsfreiheit aber hinsichtlich der angestrebten Prozessökonomie negativ aus. Feststellungen, die bei Vollrechtskraft nicht an der Rechtskraftwirkung Teil haben, sollen aus Gründen der Ökonomie bindend sein, obwohl das Berufungsgericht als neue Tatsacheninstanz im Strengbeweisverfahren bessere Feststellungen treffen könnte. Das Vollstreckungsgericht soll im Freibeweisverfahren die nachträgliche Gesamtstrafenbildung durch Beschluss vornehmen, obwohl es in weniger schützenden Formen vorgeht. Das Berufungsgericht soll im Strengbeweisverfahren zuerst den falschen Weg beschreiten müssen, damit anschließend das Vollstreckungsgericht im Freibeweisverfahren den Kurs korrigieren kann und muss. Das alles lässt sich mit der Prozessökonomie, welche den rechtlichen Grund für die Möglichkeit der Berufungsbeschränkung bildet, dann nicht mehr begründen. Es herrscht tatsächlich auch keine Dispositionsfreiheit des Berufungsführers, weil er die nachträgliche Gesamtstrafenbildung nicht verhindern kann und zudem kein Grund besteht, ihm eine Wahl zwischen der Entscheidung im Streng- oder Freibeweisverfahren zu gestatten. Eine nicht an Feststellungen, schon gar nicht an falsche, gebundene Entscheidung des Berufungsgerichts nach § 55 StGB hat deshalb Vorrang vor einer Entscheidung im Beschlussverfahren nach § 460 StPO (LG Freiburg Urt v 16. 1. 2008 – Az 7 Ns 320 Js 15990/07 – AK 184/07).

III. Folgen der Teilrechtskraft
1. Bindungswirkung der Tatsachenfeststellungen

Teilrechtskraft hat zum Teil weiter gehende Wirkungen als Vollrechtskraft, vor allem weil 29 dadurch eine Bindung des Berufungsgerichts an die sonst nicht in Rechtskraft erwachsenden Tatsachenfeststellungen entsteht, die den nicht angefochtenen Urteilsteil tragen. Gemeint ist die Bindung des nur in der Straffrage erkennenden Gerichts an die in der Denkfolge vorausgehenden Feststellungen des erstinstanzlichen Gerichts, die dem Schuldspruch zugrunde liegen. Hat das erstinstanzliche Gericht etwa festgestellt, der Angeklagte habe den Straftatbestand nur fahrlässig verwirklicht, dann darf das Berufungsgericht, das über eine wirksam auf den Rechtsfolgenausspruch beschränkte Berufung zu entscheiden hat, nicht bedingten Vorsatz annehmen (OLG Frankfurt NStZ-RR 1997, 45, 46). Die Bindungswirkung gilt auch für **doppelrelevante Tatsachen**, die für den Schuld- und Rechtsfolgenausspruch zugleich Bedeutung haben (BGHSt 29, 359, 366; OLG Köln NStZ 1989, 339, 340). Feststellungen des Berufungsgerichts dürfen daher nach einer wirksamen Berufungsbeschränkung auf den Rechtsfolgenausspruch zu den Feststellungen des erstinstanzlichen Urteils zum Schuldumfang nicht im Widerspruch treten (OLG Frankfurt NStZ-RR 1998, 341 f). Diese Bindungswirkung folgt aus dem **Grundsatz der inneren Einheit** und Widerspruchsfreiheit der Entscheidungen (BGHSt 30, 340, 342). Diese Widerspruchsfreiheit ist dagegen nicht mehr gefährdet, wenn Vollrechtskraft vorliegt; an der Vollrechtskraft nehmen die Urteilsfeststellungen daher nicht mehr teil (BVerfGE 103, 21, 36; BGHSt 43, 106, 107, 108; Bock/Schneider NStZ 2003, 337, 338; Eschelbach FS Widmaier 2008, 127, 144).

Ist die Berufung auf den Rechtsfolgenausspruch beschränkt worden, dann ist eine Wiederholung der den Schuldspruch tragenden und das zweitinstanzliche Gericht bindenden Feststellungen im Berufungsurteil ebenso wie eine besondere Bezugnahme auf das angefochtene Urteil entbehrlich (OLG Hamm NZV 2002, 383, 384), aber andererseits möglich (OLG Hamm NStZ-RR 1997, 369, 370) und unschädlich, solange keine Abweichung von den Feststellungen des Gerichts der ersten Instanz vorgenommen wird. Die bindend gewordenen Teile der früheren Entscheidung werden Teil der aus zwei Urteilen zusammengesetzten Gesamtentscheidung (OLG Köln VRS 96 [1999], 35 ff).

2. Revisionsgerichtliche Kontrolle

Die Frage der Zulässigkeit und Wirksamkeit der Berufungsbeschränkung unterliegt in 31 vollem Umfang der revisionsrechtlichen Überprüfung (OLG Zweibrücken Blutalkohol 41 [2004], 171, 172). Auf eine zulässige Revision ist die Frage der **Wirksamkeit der Berufungsbeschränkung** auch ohne Verfahrensrüge iSv § 344 Abs 2 S 2 StPO aufgrund einer im Ganzen zulässigen Revision, praktisch also aufgrund der Sachrüge, **von Amts wegen zu prüfen** (BayObLG NZV 2001, 353, 354; OLG Düsseldorf VRS 100 [2001], 187 ff). Die irrtümliche Annahme des Berufungsgerichts, die Berufung sei wirksam beschränkt, ist im Revisionsverfahren nur ausnahmsweise unschädlich, nämlich dann, wenn die Revision ihrerseits beschränkt wird (OLG Koblenz Urt v 16. 6. 1977 – Az 1 Ss 207/77). Hat das Berufungsgericht in der fälschlichen Annahme, es liege eine wirksame Berufungsbeschränkung vor, keine eigenen Feststellungen zur Schuldfrage getroffen, dann ist das Berufungsurteil mangels Beschränkung der Revision schon aus diesem Grund aufzuheben (KG Beschl v 17. 4. 2001 – Az [3] 1 Ss 62/01 [23/01]). War die vom Berufungsgericht als unwirksam behandelte Berufungsbeschränkung dagegen wirksam und hat das zweitinstanzliche Gericht deshalb seine Prüfungskompetenz überschritten, so hat das Revisionsgericht unter Beachtung des Verschlechterungsverbots den richtigen Zustand herzustellen (OLG Koblenz OLGSt StPO § 318 Nr 15).

3. Wiederaufnahme des Verfahrens

32 Soweit Teilrechtskraft vorliegt, ist das Urteil nicht mehr mit der Berufung anfechtbar. Es kann aber dann bereits Angriffsgegenstand eines Antrages auf Wiederaufnahme des Verfahrens sein, soweit der rechtskräftige Teil des Urteils einen tauglichen Angriffsgegenstand iSv § 359 StPO und mit Blick auf § 363 StPO darstellt. Mit der Wiederaufnahmemöglichkeit lassen sich allerdings nur zum Teil die Probleme lösen, welche aufgrund der Berufungsbeschränkung für die Wahrheit und Gerechtigkeit des Ergebnisses als Prozessziel entstehen, so etwa, wenn das Urteil nur hinsichtlich des Strafausspruchs dahin angefochten ist, eine erhebliche Verminderung der Schuld des Angeklagten zur Tatzeit nach § 21 StGB festzustellen, wenn sich in der Berufungshauptverhandlung aber ergibt, dass sogar Schuldunfähigkeit iSv § 20 StGB in Frage kommt. Dann kann ein Angriff auf den Schuldspruch nach § 359 Nr 5 StPO mit dem Ziel der Freisprechung des Angeklagten geführt werden. Misslich wirkt in diesem Fall jedoch die Aufspaltung des Verfahrens in zwei Teile, von denen einer gegebenenfalls nach § 140 a GVG bei einem erstinstanzlichen Gericht neu verhandelt wird (OLG Frankfurt NStZ-RR 2006, 275, 276), während der andere aufgrund der Berufung bei dem Gericht höherer Ordnung anhängig bleibt.

§ 319 [Verspätete Einlegung]

(1) Ist die Berufung verspätet eingelegt, so hat das Gericht des ersten Rechtszuges das Rechtsmittel als unzulässig zu verwerfen.

(2) ¹Der Beschwerdeführer kann binnen einer Woche nach Zustellung des Beschlusses auf die Entscheidung des Berufungsgerichts antragen. ²In diesem Falle sind die Akten an das Berufungsgericht einzusenden; die Vollstreckung des Urteils wird jedoch hierdurch nicht gehemmt. ³Die Vorschrift des § 35 a gilt entsprechend.

Überblick

Die Möglichkeit der Verwerfung der Berufung durch einen Beschluss des Gerichts des ersten Rechtszuges dient ebenso wie die revisionsrechtliche Parallelbestimmung des § 346 StPO der Verfahrensbeschleunigung und der Entlastung des Berufungsgerichts. An sich hat die Berufung einen Devolutiveffekt. Jedoch bedarf es einer Entscheidung des Gerichts höherer Ordnung nicht, wenn es um die einfach zu überprüfende Frage geht, ob die Frist zur Einlegung des Rechtsmittels gewahrt ist. Daher gestattet Abs 1 die Verwerfung der Berufung durch den iudex a quo im Beschlussverfahren. Abs 2 sieht wegen der weit reichenden Wirkungen der Berufungsverwerfung die Überprüfung dieser Entscheidung auf Antrag des Beschwerdeführers vor. Er regelt zunächst, dass der Antrag auf Entscheidung des Berufungsgerichts keinen Suspensiveffekt mehr hat. Ferner bestimmt er die Verpflichtung des erstinstanzlichen Gerichts zur Aktenversendung an das Berufungsgericht sowie vorgreiflich zur Belehrung des Beschwerdeführers über den Rechtsbehelf.

Übersicht

	Rn		Rn
A. Normzweck	1	I. Entscheidung	5
B. Verspätete Einlegung der Berufung	2	II. Verfahren vor der Entscheidung	8
I. Verwerfungskompetenz	2	III. Verfahren nach der Entscheidung	10
II. Verknüpfung von Frist und Form	3	D. Entscheidung des Berufungsgerichts	12
III. Fristversäumung und Wiedereinsetzung in den vorigen Stand	4	E. Wiedereinsetzungsantrag und Anrufung des Berufungsgerichts	17
C. Verwerfung der Berufung durch das Amtsgericht	5		

A. Normzweck

Ist die Berufung unzulässig, so wird sie deswegen verworfen. Das kann durch das Gericht des ersten Rechtszugs oder durch das Berufungsgericht erfolgen. Es kann theoretisch auch durch Beschluss oder durch Urteil geschehen, denn es geht um eine prozessuale Frage, die im Freibeweisverfahren zu prüfen ist, welches in einer Hauptverhandlung ebenso gut wie außerhalb derselben durchgeführt werden kann. Die Entscheidung über das Rechtsmittel hat zwar im Allgemeinen das Berufungsgericht zu treffen. Für einfach zu prüfende Aspekte genügt es aber, den iudex a quo einzuschalten. Daher sieht Abs 1 für Fälle der verspäteten Einlegung der Berufung – und nur für diese – ein **vereinfachtes Verfahren** vor, bei dem das **Gericht des ersten Rechtszuges** selbst die gegen sein eigenes Urteil gerichtete Berufung durch **Beschluss ohne Hauptverhandlung** als unzulässig verwerfen kann. Das dient der Prozessökonomie. Verwirft der erstinstanzliche Richter die verspätet eingelegte Berufung jedoch nicht selbst als unzulässig, dann kann und muss immer noch das Berufungsgericht in diesem Sinne entscheiden (§ 322 StPO). Nach Ablehnung eines Wiedereinsetzungsantrages soll nach einem weit gehenden Ansatz sogar das Beschwerdegericht, das in der Hauptsache Revisionsgericht wäre, diese Kompetenz haben (OLG Rostock Beschl v 8. 6. 2009 – Az 1 Ws 128/09). Ist die Berufung jedoch schon vom iudex a quo als unzulässig verworfen, dann kann der Beschwerdeführer die Entscheidung des Berufungsgerichts beantragen. Das erscheint aus Gründen eines effektiven Rechtsschutzes erforderlich, weil die Verwerfung der Berufung immerhin Rechtskraft herbeiführt und der Verwerfungsbeschluss des Amtsgerichts nicht mehr mit Rechtsmitteln anfechtbar ist

1

B. Verspätete Einlegung der Berufung

I. Verwerfungskompetenz

Das Gericht des ersten Rechtszuges hat **ausschließlich die rechtzeitige Einlegung der Berufung** iSv § 314 Abs 1 StPO zu prüfen und nur in dem Fall, dass es die Fristversäumung feststellt, die Berufung als unzulässig zu verwerfen. Für **andere Fälle der Unzulässigkeit** der Berufung, etwa aufgrund eines Rechtsmittelverzichts (KG Beschl v 23. 2. 2000 – Az 3 Ws 673/99), besteht weder eine Prüfungspflicht noch eine Verwerfungskompetenz des erstinstanzlichen Gerichts. Darüber hat also ausschließlich das Berufungsgericht zu entscheiden. Es ist zudem auch an die Annahme des erstinstanzlichen Gerichts, dass die Berufungsfrist versäumt worden sei, nicht gebunden, wenn es nach Abs 2 angerufen wird. Es hat die Frage der Fristversäumung in tatsächlicher und rechtlicher Hinsicht eigenverantwortlich zu prüfen.

2

II. Verknüpfung von Frist und Form

Mit der Frage der fristgerechten Berufungseinlegung ist die Frage der Wahrung der vorgeschriebenen Form verschränkt, weil nur die formgerechte Prozesserklärung die Frist wahrt. Das Gericht des ersten Rechtszuges hat insoweit beiläufig auch über Fragen der Form der Einlegung der Berufung mit zu entscheiden. Ist etwa innerhalb der Frist alleine eine fremdsprachige Erklärung eingegangen, die mit § 184 GVG nicht vereinbar und deshalb unbeachtlich ist (§ 314 StPO Rn 7), dann kann das Gericht die Berufung als unzulässig

3

verwerfen, weil innerhalb der Frist keine formgerechte Berufungseinlegung erfolgt ist. Dies ist gegebenenfalls auch ein besonderer Anlass zur Nachprüfung des Verwerfungsbeschlusses durch das Berufungsgericht auf Antrag des Beschwerdeführers nach Abs 2 S 1.

III. Fristversäumung und Wiedereinsetzung in den vorigen Stand

4 Die Möglichkeit der **Wiedereinsetzung in den vorigen Stand** nach §§ 44 StPO ff **geht** der Verwerfung der Berufung aufgrund von Abs 1 **vor**, weil die Wiedereinsetzung nachträglich dazu führt, dass eine Versäumung der Frist nicht mehr anzunehmen ist. Die Entscheidung nach Abs 1 ist daher zurückzustellen, wenn vorher ein Wiedereinsetzungsantrag eingereicht wird. Ist zuerst die Berufung nach Abs 1 verworfen worden und wird danach ein Wiedereinsetzungsantrag gestellt, dann kann dieser im Ergebnis zumindest dazu führen, dass die Verwerfung der Berufung gegenstandslos wird, wenn das Berufungsgericht dem Beschwerdeführer nachträglich Wiedereinsetzung in den vorigen Stand gewährt. Auch dann ist das Wiedereinsetzungsverfahren vorrangig vor dem Verfahren nach der vorliegenden Vorschrift, das nach Abs 2 auch eine Anrufung des Berufungsgerichts vorsieht. Die Frist für den Antrag auf Entscheidung des Berufungsgerichts läuft aber unabhängig vom Wiedereinsetzungsverfahren.

C. Verwerfung der Berufung durch das Amtsgericht

I. Entscheidung

5 Die Entscheidung des Gerichts des ersten Rechtszuges nach Abs 1 ist **obligatorisch** und sie ist auch dann zu treffen, wenn **nur eines von mehreren Rechtsmitteln** in derselben Sache wegen Fristversäumung unzulässig ist. Entscheidet es nicht, dann sind die **Akten** über die Staatsanwaltschaft (§ 320 StPO) **dem Berufungsgericht vorzulegen** (§ 321 StPO), das seinerseits nach § 322 StPO die Fristversäumung zu prüfen und gegebenenfalls deswegen die Berufung als unzulässig zu verwerfen hat. Es geht also nur die Prozessökonomie nach Abs 1 verloren, wenn das Gericht des ersten Rechtszuges die Berufung trotz verspäteter Einlegung nicht verwirft. Bestehen **Zweifel** daran**,** ob die Berufung rechtzeitig eingelegt ist und können diese nicht behoben werden, dann ist das Rechtsmittel als zulässig eingelegt zu behandeln (KG Beschl v 4. 8. 1997 – Az 3 Ws 405/97). Das gilt auch für eine zuungunsten des Angeklagten eingelegte Berufung der Staatsanwaltschaft (OLG Karlsruhe NJW 1981, 138; **aA** OLG Hamburg JR 1976, 254 mAnm Foth). Es geht nämlich **nicht** um eine Frage der Anwendung des Rechtssatzes „**in dubio pro reo**", sondern um die für alle Berufungsführer zu beantwortende Frage der Möglichkeit einer positiven Feststellung eines Grundes zur Verwerfung des Rechtsmittels als unzulässig.

6 Die Entscheidung ergeht gegebenenfalls durch **Beschluss** ohne mündliche Verhandlung anhand der Aktenlage. Für diese Entscheidung zuständig ist **der Berufsrichter** des erstinstanzlichen Spruchkörpers. Personenidentität mit dem Vorsitzenden des erkennenden Gerichts ist nicht erforderlich; ein Dezernatswechsel oder Vertretungsfall steht daher der Verwerfungsentscheidung nicht entgegen. Beweiserhebungen im **Freibeweisverfahren** vor der Entscheidung nach Aktenlage, etwa über den genauen Eingang einer Berufungsschrift bei der Wachtmeisterei oder an einem Telefaxeingangsgerät sind zulässig und im Einzelfall geboten.

7 Verwirft das Gericht des ersten Rechtszuges die Berufung unter **Überschreitung seiner** auf Fristversäumungen beschränkten **Prüfungskompetenz** oder unter falscher Annahme der tatsächlichen Voraussetzungen als unzulässig, obwohl kein Fall der Fristversäumung vorliegt, dann ist diese Entscheidung dennoch gültig und sie bleibt wirksam, wenn sie nicht angefochten wird.

II. Verfahren vor der Entscheidung

8 Der Verwerfungsbeschluss ergeht **nach Anhörung der der Staatsanwaltschaft** gem § 33 Abs 2 StPO (§ 346 StPO Rn 14). Es ist zur Gewährung rechtlichen Gehörs dann wiederum geboten, die Stellungnahme der Staatsanwaltschaft dem Beschwerdeführer bekannt zu machen und ihm Gelegenheit zur Äußerung dazu zu geben. Das wird oft versäumt, erscheint aber geboten, obwohl eine Verletzung des Anspruchs auf rechtliches Gehör auch

noch im Verfahren nach Abs 2 oder im Wiedereinsetzungsverfahren geheilt werden kann. Solche Rechtsbehelfe sind jedoch nicht von vornherein ein ausreichender Grund zu der Annahme, das rechtliche Gehör müsse nicht unbedingt schon vor der ersten gerichtlichen Entscheidung gewährt werden.

Der Verwerfungsbeschluss des erstinstanzlichen Gerichts, gegen den sich immerhin der Antrag auf Entscheidung des Berufungsgerichts als Rechtsschutzmittel richten kann, ist wegen seiner Anfechtbarkeit auch nach § 34 StPO **zu begründen**. 9

III. Verfahren nach der Entscheidung

Der Beschwerdeführer ist nach der Verwerfung seiner Berufung nach Abs 2 S 3 iVm § 35 a StPO über seine Möglichkeit zu einem Antrag auf Entscheidung des Berufungsgerichts zu **belehren**. Die Belehrung hat besondere Bedeutung für die Frage der Wahrung der Frist nach Abs 2 S 1 und eine eventuelle Wiedereinsetzung in den vorigen Stand bei Versäumung dieser Frist. 10

Beantragt der Beschwerdeführer nicht die Entscheidung des Berufungsgerichts nach Abs 2 S 1, dann ist das Berufungsverfahren mit der Verwerfung des Rechtsmittels durch das Gericht des ersten Rechtszuges beendet, ohne dass die Akten zum Berufungsgericht gelangt sind. Andernfalls sind sie der Staatsanwaltschaft zur weiteren Veranlassung zu übersenden (§ 321 StPO). 11

D. Entscheidung des Berufungsgerichts

Gegen die Verwerfung der Berufung nach Abs 1 gibt es **keine Beschwerde**. Der Beschwerdeführer kann nach Abs 2 S 1 nur einen befristeten Antrag auf Entscheidung des Berufungsgerichts stellen. Dabei handelt es sich um einen **Rechtsbehelf eigener Art** (§ 346 StPO Rn 23) gegen den Verwerfungsbeschluss des Gerichts des ersten Rechtszuges. Das Berufungsgericht prüft die Berufung aufgrund des Antrages aber umfassend auf ihre Zulässigkeit und entscheidet so darüber, ob es im Ergebnis bei der Verwerfung der Berufung sein Bewenden hat. Ein Antrag nach Abs 2 ist zugleich auch darauf zu überprüfen, ob in ihm ein **Wiedereinsetzungsgesuch** enthalten ist. Ist ein **unbenanntes Rechtsmittel** wegen Versäumung der einwöchigen Frist zur Einlegung von Berufung oder Revision verworfen worden, dann ist im Zweifel der Sonderrechtsbehelf des § 319 Abs 2 S 1 StPO vor demjenigen nach § 346 Abs 2 S 1 StPO vorrangig, weil die Berufung Vorrang vor der Revision hat (BayObLG Beschl v 28. 1. 1998 – Az 4 St RR 11/98). 12

Antragsberechtigt ist nur der Beschwerdeführer, der Berufung eingelegt hatte und dessen Rechtsmittel vom erstinstanzlichen Gericht nach Abs 1 verworfen worden ist (§ 346 StPO Rn 24), daneben aber auch bei jugendlichen Angeklagten deren gesetzlicher Vertreter, nicht aber ein Berufungsgegner. Bei Verwerfung der Berufung des gesetzlichen Vertreters, hat der Angeklagte ein eigenes Antragsrecht. 13

Der Antrag ist **binnen einer Woche** (§ 43 StPO) ab Zustellung des Verwerfungsbeschlusses beim Gericht des ersten Rechtszuges zu stellen. Der Eingang beim Berufungsgericht genügt nicht zur Wahrung der Frist, weil der Antrag nicht einer sofortigen Beschwerde gleichsteht. Eine besondere Form ist für den Antrag nicht vorgeschrieben; er ist aber schriftlich oder zumindest durch ein mit Signatur versehene elektronisches Dokument (§ 41 a StPO) einzureichen, weil er ein schriftliches Verfahren in Gang setzt und die Fristwahrung nur anhand des Eingangs eines Schriftstücks zu kontrollieren ist. 14

Über den Antrag **entscheidet** allein **das Berufungsgericht**. Der iudex a quo hat insoweit keine Prüfungskompetenz mehr, das Revisionsgericht hat hier noch keine Kompetenz. Auch die Wahrung der Wochenfrist für den Sonderrechtsbehelf hat der Vorderrichter nicht zu prüfen; eine Abhilfemöglichkeit hat er ebenfalls nicht. Er muss vielmehr in jedem Falle die Akten an das Berufungsgericht übersenden (Abs 2 S 2). Das Berufungsgericht kann den Antrag auf gerichtliche Entscheidung als unzulässig verwerfen, es kann den Beschluss des Gerichts des ersten Rechtszuges aufheben oder ihn bestätigen. Im letzteren Fall ist das Erkenntnisverfahren beendet, andernfalls nimmt es in der Berufungsinstanz seinen weiteren Lauf. Die Rechtskraft ist jedoch auch bei Verwerfung des Antrags auf Entscheidung des Berufungsgerichts oder Bestätigung des erstinstanzlichen Verwerfungsbeschlusses bereits mit 15

Ablauf der Frist zur Einlegung der Berufung eingetreten. Sowohl der Verwerfungsbeschluss des Amtsgerichts als auch die Entscheidung des Berufungsgerichts haben insoweit nur deklaratorische Wirkung. Dagegen tritt die Rechtskraft erst mit der Entscheidung des Berufungsgerichts ein, wenn die Berufung zwar rechtzeitig eingelegt war, sie sich aber aus anderen Gründen als unzulässig erweist. Die Entscheidung des Berufungsgerichts ist – anders als eine parallel gelagerte Wiedereinsetzungsentscheidung (OLG Frankfurt NStZ-RR 2003, 47, 48) – **unanfechtbar** (OLG Koblenz VRS 64 [1983], 283), es sei denn das Amtsgericht sei wegen Kompetenzüberschreitung zur Verwerfung der Berufung nicht befugt gewesen. Dann ist die Entscheidung des Berufungsgerichts wie ein Beschluss nach § 322 Abs 1 StPO zu behandeln, der nach § 322 Abs 2 StPO anfechtbar ist (OLG Düsseldorf VRS 86 [1994], 129 ff).

16 Die Vollstreckbarkeit des angefochtenen Urteils wird durch den Antrag auf Entscheidung des Berufungsgerichts nicht berührt (Abs 2 S 2 Hs 2), der Sonderrechtsbehelf hat **keinen Suspensiveffekt**. Es empfiehlt sich aber für die Vollstreckungsbehörde die Vollstreckung bis zur abschließenden Entscheidung zurückzustellen.

E. Wiedereinsetzungsantrag und Anrufung des Berufungsgerichts

17 Das Wiedereinsetzungsverfahren hat auch gegenüber dem Verfahren nach Abs 2 einen Vorrang, wenn erst nach Verwerfung der Berufung ein Wiedereinsetzungsverfahren betrieben wird. Daher wird im Instanzenzug zuerst über den Wiedereinsetzungsantrag und gegebenenfalls über eine sofortige Beschwerde im Wiedereinsetzungsverfahren entschieden, danach über den Antrag auf Entscheidung des Berufungsgerichts. Das Beschwerdegericht ist aber, weil es nicht mit dem Berufungsgericht identisch ist, mangels sachlicher Zuständigkeit nicht dazu befugt, bei der Verwerfung einer sofortigen Beschwerde, mit der die Versagung einer Wiedereinsetzung nach versäumter Frist zur Berufungseinlegung angefochten wurde, zugleich auch die Berufung als unzulässig zu verwerfen (OLG Oldenburg Beschl v 18. 1. 2008 – Az 1 Ws 41/08; **aA** OLG Stuttgart NStZ 1990, 247).

§ 320 [Aktenvorlage an Staatsanwaltschaft]

¹Ist die Berufung rechtzeitig eingelegt, so hat nach Ablauf der Frist zur Rechtfertigung die Geschäftsstelle ohne Rücksicht darauf, ob eine Rechtfertigung stattgefunden hat oder nicht, die Akten der Staatsanwaltschaft vorzulegen. ²Diese stellt, wenn die Berufung von ihr eingelegt ist, dem Angeklagten die Schriftstücke über Einlegung und Rechtfertigung der Berufung zu.

Überblick

Die Vorschrift betrifft die Aktenbehandlung nach Berufungseinlegung. Danach werden die Akten über die für das Gericht des ersten Rechtszuges zuständige Staatsanwaltschaft weitergeleitet, nachdem die Frist zur Einreichung einer Berufungsrechtfertigung iSv § 317 StPO abgewartet wurde. Die Staatsanwaltschaft stellt nach Aktenvorlage an sie selbst ihre Schriftstücke über Einlegung und Rechtfertigung der Berufung dem Angeklagten zu, soweit es um ihr Rechtsmittel geht. Der weitere Weg der Aktenversendung wird durch § 321 StPO geregelt.

A. Normbedeutung

1 Die Bestimmung behandelt formale **Arbeitsvorgänge**. Das Gericht des ersten Rechtszuges hat danach die Akten dann, wenn eine rechtzeitige Berufungseinlegung zu verzeichnen und das Verfahren deshalb nicht bereits bei diesem Gericht nach § 319 StPO zu beenden ist, der **Staatsanwaltschaft** vorzulegen. Diese stellt danach ihre Schriftsätze selbst dem Angeklagten zu, wenn sie Beschwerdeführerin ist. Andernfalls sind vorherige Zustellungen vom Gericht des ersten Rechtszuges vorzunehmen; spätere Zustellungen bewirkt das Berufungsgericht. Die für das Gericht des ersten Rechtszuges zuständige Staatsanwalt-

schaft bei dem örtlichen Landgericht ist die Adressatbehörde der Aktenvorlage durch das erstinstanzliche Gericht; denn diese hat auch den örtlichen Sitzungsvertreter abgestellt, der in der Regel zugleich Sachbearbeiter sein sollte und den Vorgang am besten kennt. Ist die Staatsanwaltschaft bei dem Berufungsgericht wegen einer anderen örtlichen Zuständigkeit jenes Gerichts eine andere Behörde, dann muss anschließend nach § 321 S 1 StPO weiter verfahren werden. Zur Erfüllung des Anspruches der anderen Verfahrensbeteiligten auf **rechtliches Gehör** ist es einerlei, vom wem, nämlich vom Gericht des ersten Rechtszuges, von der dort zuständigen Staatsanwaltschaft, von der Staatsanwaltschaft bei dem Berufungsgericht oder vom Berufungsgericht, die Verfahrensbeteiligten die zuzustellenden Schriftsätze erhalten, soweit sie nur Gelegenheit zur Kenntnis- und Stellungnahme erlangen.

B. Aktenvorlage an die Staatsanwaltschaft

Die Akten werden nach S 1 nach rechtzeitiger Berufungseinlegung der Staatsanwaltschaft vorgelegt. Zuvor wird nur die **Frist zur Einreichung einer Berufungsbegründung abgewartet**, weil deren fristgerechter Eingang oder der fruchtlose Fristablauf für die Frage maßgebend ist, ob eine Berufungsbeschränkung vorgenommen wird oder das Urteil unbeschadet der Möglichkeit der nachträglichen Teilrücknahme zunächst in vollem Umfang angefochten ist. Wird eine Berufungsrechtfertigung schon vor Fristablauf eingereicht, dann kann auch der weitere Bearbeitungsgang sogleich erfolgen. Der Fristablauf muss dann nicht zusätzlich abgewartet werden, sofern nicht für einen weiteren Beschwerdeführer die Frist noch offen ist, zumal im Gesetz abstrakt-generell gesehen keine Berufungserwiderung vorgesehen ist. Die Regelung, dass ohne Rücksicht auf den Eingang oder das Ausbleiben einer Berufungsrechtfertigung innerhalb der dafür in § 317 StPO vorgesehenen Frist die Akten der Staatsanwaltschaft vorzulegen sind, dient der **Beschleunigung des Verfahrens** und der **gleichmäßigen Aktenbearbeitung**. Das schließt den späteren Eingang einer Berufungsrechtfertigung nicht aus, die aber weder insgesamt für das Berufungsverfahren konstitutiv erforderlich noch in jenem Falle iSv § 317 StPO fristwahrend ist. 2

Arbeitstechnisch sollen zumindest zuvor im Regelfall alle bestimmenden Schriftsätze bei dem Gericht des ersten Rechtszuges zu der Verfahrensakte gelangen und darin gesammelt werden, bevor die Akten über die Staatsanwaltschaft (§ 320 StPO) an das Berufungsgericht (§ 321 StPO) weitergeleitet werden. Funktional zuständig ist dafür bei dem Gericht des ersten Rechtszuges die dortige **Geschäftsstelle**. 3

Wird nach Ablauf der Frist gem § 317 StPO eine **Berufungsrechtfertigung nachgereicht**, so muss diese nach dem gesetzlichen Ablauf der Akte nachgesandt werden. Wird eine Berufungsrechtfertigung angekündigt, die erst nach Ablauf der Frist nach § 317 StPO eingeht, dann kann es im Einzelfall angezeigt sein, deren Eingang bei dem Gericht des ersten Rechtszuges abzuwarten, sofern dies in einem kurzen Zeitraum geschieht und die Sache nicht etwa als Haftsache besonders eilbedürftig ist. Die Verletzung von S 1 ist gegebenenfalls ein bloßer Ordnungsverstoß ohne rechtliche Folgen. Andererseits soll eine längere Verfahrensverzögerung vermieden werden, weshalb das Abwarten des Eingangs eines angekündigten Schriftsatzes, der schließlich mit derselben rechtlichen Wirkung auch noch beim Berufungsgericht eingereicht werden könnte, dann nicht angezeigt erscheint. 4

Die **Staatsanwaltschaft** ist nach der Aktenvorlage an sie die Schaltstelle zwischen den Gerichten des ersten und zweiten Rechtszuges. Sie wird mit diesem Ablauf zugleich iSv § 33 Abs 2 StPO **angehört** (Löwe/Rosenberg/Gössel StPO § 320 Rn 3) und kann, wenn keine gesonderte Anhörung erfolgt ist, spätestens dann ihre Stellungnahmen zum bisherigen Prozessgeschehen durch Vermerke unmittelbar zur Akte bringen. Bis zum Ablauf der Frist zur Ausübung des Wahlrechts hinsichtlich der Art des Rechtsmittels – Berufung oder Sprungrevision – bleibt das Verfahren freilich von Rechts wegen unbeschadet der Aktenversendung **bei dem Gericht des ersten Rechtszuges rechtshängig** und dieses ist danach sowohl für die Entgegennahme von Prozesserklärungen, wie etwa einer Rücknahmeerklärung, als auch gegebenenfalls für den Erlass einer Kostenentscheidung nach Rücknahme des Rechtsmittels zuständig (OLG Jena Beschl v 20. 3. 2007 – 1 Ws 98/07). 5

C. Zustellung durch die Staatsanwaltschaft

6   Die **Staatsanwaltschaft stellt** nach S 2, wenn sie Beschwerdeführerin ist, **ihre eigene Berufung und deren Rechtfertigung** selbst dem Angeklagten oder gegebenenfalls dem gem § 145 a Abs 1 StPO zustellungsbevollmächtigten Verteidiger **zu**, für oder gegen den das Rechtsmittel eingelegt wurde (Nr 157 RiStBV), damit er zur Vorbereitung seiner Verteidigung davon rechtzeitig Kenntnis erhält. **Mitteilungen** an andere Verfahrensbeteiligte werden vom Gesetz hier nicht verlangt. Diese erfolgen regelmäßig durch das Gericht, so gegebenenfalls auch Mitteilungen an den Nebenkläger (Löwe/Rosenberg/Gössel StPO § 320 Rn 4). Die **Zustellung der Berufungsschriften des Nebenklägers** erfolgt dagegen durch das Gericht des ersten Rechtszuges. Der Staatsanwaltschaft werden sie durch die Aktenvorlage nach § 320 StPO, § 321 StPO bekannt gemacht.

7   Wird es **versäumt**, die Berufungsrechtfertigung der Staatsanwaltschaft zuzustellen, so ist dies kein Rechtsfehler, der für sich genommen die Revision begründen könnte. Jedoch kann der Angeklagte zumindest dann, wenn die Berufungsrechtfertigung ergänzende Beweiserhebungen einfordert, die **Aussetzung** der Berufungshauptverhandlung verlangen. Daher empfiehlt es sich, dass jedenfalls das Berufungsgericht auf den Inhalt der Berufungsrechtfertigung der Staatsanwaltschaft möglichst frühzeitig hinweist (Löwe/Rosenberg/Gössel StPO § 320 Rn 9). Andere Verletzungen des verfahrenstechnischen Ablaufs können nur dann rechtliche Bedeutung für den weiteren Gang des Berufungsverfahrens erlangen, wenn sie zusätzlich mit einer Verletzung des Prozessgegners in seinen Ansprüchen auf rechtliches Gehör oder Fairness des Verfahrens verbunden sind, etwa bei zunächst heimlicher Erhebung ergänzender Beweise im Stadium der Vorbereitung der Hauptverhandlung (OLG Köln MDR 1974, 950, 951), zum Beispiel durch kommissarische Vernehmung einer Auskunftsperson.

8   Der Angeklagte hat keinen Anspruch auf förmliche Mitteilung von Erklärungen der Staatsanwaltschaft, die sich nur auf die bezüglich eines Mitangeklagten eingelegte Berufung beziehen, soweit jedenfalls die darin enthaltenen Gesichtspunkte sein eigenes Rechtsmittel nicht berühren (Löwe/Rosenberg/Gössel StPO § 320 Rn 6). Es erscheint aber aus Gründen der Fairness des Verfahrens angezeigt, solche Mitteilungen vorsorglich doch formlos vorzunehmen, weil das Berufungsverfahren eine vollständige neue Tatsacheninstanz ist und – von reinen Verfahrensfragen abgesehen – auf die Sache selbst bezogene Umstände, die den Mitangeklagten betreffen, jedenfalls mittelbar auch Bedeutung für den Angeklagten und seine Verteidigung haben können.

D. Berufungserwiderung

9   Das Gesetz sieht keine Erwiderung des Prozessgegners auf die Berufungsrechtfertigung des Beschwerdeführers vor. Ausgeschlossen ist diese aber auch nicht. Im Fall der Annahmeberufung, die zunächst ein schriftliches Verfahren zur Folge hat, empfiehlt sich sogar eine solche Erwiderung. Deren Adressat ist zweckmäßigerweise das Berufungsgericht, weil die Staatsanwaltschaft die Akten rasch weiterleitet (§ 321 S 2 StPO). Wird die Berufungserwiderung bei der Staatsanwaltschaft eingereicht, nachdem diese die Akten ihrerseits weitergegeben hat, dann muss die Staatsanwaltschaft den Schriftsatz der Akte nachsenden. Das bringt eine vermeidbare Arbeitserschwernis mit sich, ist aber rechtlich zunächst kein relevanter Verfahrensmangel.

§ 321 [Aktenweitergabe an das Berufungsgericht]

¹**Die Staatsanwaltschaft übersendet die Akten an die Staatsanwaltschaft bei dem Berufungsgericht.** ²**Diese übergibt die Akten binnen einer Woche dem Vorsitzenden des Gerichts.**

Überblick

Die Regelung betrifft den weiteren Gang der Aktenversendung, nachdem das Gericht des ersten Rechtszuges die Akten nach § 320 StPO an die bei ihm zuständige Staatsanwaltschaft übersandt hatte. Diese Behörde hat die Akten gegebenenfalls an die Staatsanwaltschaft bei dem Berufungsgericht weiterzugeben, welche ihrerseits die Akten innerhalb einer einwöchigen Frist dem Berufungsgericht vorlegt. Damit ist nur der Weg der Aktenversendung, nicht aber der Bearbeitungsvorgang bei der Staatsanwaltschaft beschrieben, die mit der Aktenkenntnis aber zumindest auch zu allen bisherigen Vorgängen, soweit diese aus den Akten zu ersehen sind, angehört wird. Die Aktenvorlage an das Berufungsgericht führt zur Rechtshängigkeit der Sache bei diesem Gericht.

Übersicht

	Rn		Rn
A. Normbedeutung	1	II. Rechtliche Wirkung	8
B. Aktenvorlage an die Staatsanwaltschaft bei dem Berufungsgericht	2	1. Neue Rechtshängigkeit und ihre Folgen	8
		2. Vorläufige Zuständigkeit	12
C. Aktenvorlage an das Berufungsgericht	4	**D. Ergänzende Beweisermittlungen**	14
I. Arbeitsvorgang	4		

A. Normbedeutung

Die Vorschrift beschreibt im Anschluss an § 320 StPO formale Vorgänge der Aktenübersendung, regelt aber nicht die damit verbundene Art und Weise der staatsanwaltschaftlichen Sachbearbeitung, weil diese von Fall zu Fall verschieden ist. Die für das Berufungsverfahren zuständige Staatsanwaltschaft bei dem Berufungsgericht ist durch Aktenvorlage angehört (§ 33 Abs 2 StPO), denn sie kann zu dem gesamten bisherigen Prozessgeschehen, vor allem zur Einlegung und Begründung der Berufung durch andere Verfahrensbeteiligte durch Aktenvermerke Stellung nehmen. Dazu ist sie als objektive Behörde gehalten, obwohl die Strafprozessordnung das nicht im Einzelnen vorschreibt. Die Aktenvorlage begründet die sachliche Zuständigkeit des Berufungsgerichts. 1

B. Aktenvorlage an die Staatsanwaltschaft bei dem Berufungsgericht

Die **Staatsanwaltschaft bei dem Gericht des ersten und des zweiten Rechtszuges** ist in den meisten Fällen identisch, weil die unterste Behörde in der staatsanwaltschaftlichen Hierarchie nach §§ 141 GVG ff grundsätzlich die Staatsanwaltschaft bei dem Landgericht ist und bei den Amtsgerichten allenfalls eine Zweigstelle besteht. Ist die für das Verfahren der ersten und der zweiten Instanz zuständige Behörde identisch, dann bleibt S 1 der vorliegenden Vorschrift gegenstandslos. 2

Besteht die Staatsanwaltschaft bei dem Gericht des ersten und des zweiten Rechtszuges gegebenenfalls wegen einer Änderung der örtlichen Zuständigkeit aus **verschiedenen Behörden**, dann werden die Akten über die Staatsanwaltschaft bei dem Gericht des ersten Rechtszuges an die Staatsanwaltschaft bei dem Rechtsmittelgericht weitergeleitet. Arbeitstechnisch kann so die Behörde, die für das Verfahren erster Instanz zuständig war, ihren Bearbeitungsvorgang vorläufig durch Vermerke, Berichte oder Übertragung von Kopien aus den Hauptakten in die Handakte vorerst abschließen, damit die Akten dann der anderen Behörde zur weiteren Veranlassung übergeben werden können. Die Staatsanwaltschaft bei dem Gericht des ersten Rechtszuges wird auch aus ihrer Sicht, vor allem durch **Vermerke des Sitzungsvertreters**, auf **Besonderheiten des Prozessgeschehens** in erster Instanz hinweisen, soweit sich diese bisher nicht ausreichend aus den sonstigen Aktenvorgängen ergeben oder wenn weiterer **Aufklärungsbedarf** für die zweite Tatsacheninstanz bestehen sollte. Für die weitere Sachbearbeitung ist dann die **Staatsanwaltschaft bei dem Berufungsgericht** zuständig, die von der vorher zuständigen Behörde ausreichend über alles informiert werden sollte, was aus deren Sicht für das Berufungsverfahren aus staatsanwaltschaftlicher Sicht von Bedeutung sein kann. 3

C. Aktenvorlage an das Berufungsgericht
I. Arbeitsvorgang

4 Die Staatsanwaltschaft bei dem Berufungsgericht hat die Akten **binnen einer Woche** dem Vorsitzenden des Berufungsgerichts vorzulegen. Wie die Sache zuvor zu bearbeiten ist, sagt das Gesetz nicht. Dies ist nur in Nr 156 Abs 1 RiStBV, Nr 158 RiStBV, Nr 158 a RiStBV erläutert, auch dort aber nicht abschließend. Die Staatsanwaltschaft soll, wenn sie selbst Beschwerdeführerin ist, einen **Berufungsantrag** stellen und diesen nach Nr 156 Abs 1 RiStBV **begründen**. Sie benennt nach Nr 158 RiStBV nur die Zeugen und Sachverständigen, die in der Berufungshauptverhandlung aus ihrer Sicht notwendig sind. Damit kann anhand des Protokolls der erstinstanzlichen Hauptverhandlung, des Urteils, der Berufungsbegründung eines anderen Verfahrensbeteiligten und gegebenenfalls der Vermerke des Sitzungsvertreters der Staatsanwaltschaft der Verhandlungsstoff des Berufungsverfahrens auf das Wesentliche konzentriert werden. Auch zur Ersetzung von Vernehmungen durch Protokollverlesungen in zweiter Instanz nach § 325 StPO, welche nach den Maßstäben der Aufklärungspflicht gem § 244 Abs 2 StPO zu beurteilen ist, soll gegebenenfalls vorab Stellung bezogen werden. Über die bloße Bezeichnung der erforderlichen Beweismittel hinaus empfiehlt sich eine Erläuterung des bisherigen Beweisbildes aus der Sicht des Sitzungsvertreters erster Instanz, um die Relevanz oder Bedeutungslosigkeit bestimmter einzelner Beweiserhebungen in der Berufungshauptverhandlung zu erklären. Die Staatsanwaltschaft kann darüber hinaus auch Hinweise zur Rechtslage geben, wenn und soweit diese für den Ladungs- und Verhandlungsplan des Berufungsgerichts von Bedeutung sein können. Schließlich kann zu der Berufungsrechtfertigung eines anderen Verfahrensbeteiligten Stellung genommen und eine **Berufungserwiderung** zu Rechtsmitteln anderer Verfahrensbeteiligter abgegeben werden. Diese ist nicht vorgeschrieben, stellt aber für die objektive Behörde ein nobile officium dar.

5 In Fällen der **Annahmeberufung** hat die Staatsanwaltschaft sich auch zur Zulässigkeit des Rechtsmittels des Angeklagten oder eines Nebenklägers zu äußern und dazu einen Antrag zu stellen (Nr 158 a RiStBV). Andere Fälle der Unzulässigkeit sind entsprechend zu behandeln.

6 Die Aktenvorlage richtet sich **an den Vorsitzenden des Berufungsgerichts**. Dazu muss die Staatsanwaltschaft anhand des gerichtlichen Geschäftsverteilungsplans den zuständigen Spruchkörper ermitteln. Adressiert sie die Akten falsch, so bleibt das aber in der Sache unschädlich; innerhalb des Berufungsgerichts ist die Sache ohnehin anhand des Geschäftsverteilungsplans dem Vorsitzenden des zuständigen Spruchkörpers vorzulegen.

7 Die Vorlage der Akten an das Gericht soll **binnen einer Woche** erfolgen. Das ist eine Ordnungsvorschrift, die im Interesse der Verfahrensbeschleunigung zu beachten ist. Ihre Nichteinhaltung ohne ausreichenden Grund kann in einem erheblichen Maße kann eine **Verfahrensverzögerung** sein, die in besonderen Fällen Rechtsfolgen hat. Eine sachlich zu begründende Verzögerung, etwa aufgrund der Nachreichung von Schriftsätzen, schadet dagegen nicht, ist vor allem in der Revisionsinstanz ohne Belang. Andererseits darf die Staatsanwaltschaft nicht durch Beeinflussung des Zeitpunkts der Aktenvorlage gezielt Einfluss auf Beschwerdeverfahren nehmen, die gegen erstinstanzliche Zwischenentscheidungen erhoben wurden und noch nicht erledigt sind, für die aber die Rechtshängigkeit der Sache bei dem Berufungsgericht zu einem Zuständigkeitswechsel führt.

II. Rechtliche Wirkung
1. Neue Rechtshängigkeit und ihre Folgen

8 Erst mit der Aktenvorlage an das Berufungsgericht wird die Sache dort rechtshängig. Mit der Aktenvorlage sind die Richter des Berufungsgerichts **erkennende Richter** auch iSv § 28 Abs 2 S 2 StPO (KG JR 1981, 168; OLG Karlsruhe NJW 1975, 458, 459). Mit der Aktenvorlage erledigen sich zudem etwaige Beschwerden gegen erstinstanzliche Beschlüsse durch eine **Änderung der sachlichen Zuständigkeit**. Die Zuständigkeit des Landgerichts als Beschwerdegericht oder als Berufungsgericht richtet sich nur danach, ob ihm die Akten vorgelegt worden sind, nicht danach, wie das Landgericht seine Entscheidung verfahrensmäßig einordnen will (OLG Düsseldorf NZV 1992, 202, 203).

Die Zuständigkeitsänderung hat etwa zur Folge, dass mit der Aktenvorlage die weitere 9
Beschwerde gegen eine Haftbeschwerdeentscheidung des Landgerichts nach § 126 Abs 2 S 1
StPO (KG Beschl v 11. 2. 1999 – Az 4 Ws 34/99 - und v 18. 2. 1999 – Az 4 Ws 38/
99) prozessual überholt ist. Diese ist dann als Antrag auf **Haftprüfung** durch das Berufungsgericht zu behandeln (OLG Düsseldorf StV 1993, 482; OLG Hamm Beschl v 16. 10. 2007 –
Az 3 Ws 593/07).

Hatte der Angeklagte gegen die Ablehnung der **Verteidigerbestellung** durch das Amts- 10
gericht Beschwerde eingelegt und ist hierüber bei Vorlage der Akten an den Vorsitzenden
der Berufungskammer noch nicht entschieden, so erledigt sich auch diese Beschwerde. Sie ist
in einen neuen Antrag auf Verteidigerbestellung für die zweite Instanz umzudeuten, über
den das Berufungsgericht zu befinden hat (OLG Stuttgart Die Justiz 2007, 357, 358).

Hatte das Amtsgericht über die **vorläufige Entziehung der Fahrerlaubnis** nach § 111a 11
StPO entschieden und ist gegen dessen Urteil Berufung sowie gegen den Beschluss Beschwerde eingelegt worden, dann behandelt das Berufungsgericht nach der Aktenvorlage die
unerledigte Beschwerde als Aufhebungsantrag gegen die Eilmaßnahme (OLG Naumburg
Blutalkohol 41 [2004], 79, 80; LG Zweibrücken NZV 1992, 499). Umstritten ist nur, ob
dann gegen die landgerichtliche Entscheidung ein Rechtsmittel gegeben ist, das gegen die
Ausgangsentscheidung ohne die prozessuale Überholung nicht gegeben gewesen wäre (dafür
OLG Naumburg aaO; OLG Stuttgart Die Justiz 2002, 248, 249; anders früher OLG Stuttgart
NStZ 1990, 141, 142). Bis zur Aktenvorlage in der Berufungssache ist das Landgericht
Beschwerdegericht und gegen seine Entscheidung ist dann eine weitere Beschwerde im
Verfahren über die vorläufige Entziehung der Fahrerlaubnis nicht statthaft (OLG Hamm
NJW 1969, 149; OLG Stuttgart Die Justiz 2001, 421, 422).

2. Vorläufige Zuständigkeit

In Fällen, in denen das Rechtsmittel als Berufung bezeichnet worden war, kann dies dazu 12
führen, dass die Akten dem Berufungsgericht vorgelegt werden, bevor der Beschwerdeführer
sein **Wahlrecht über** die Bezeichnung des Rechtsmittels als **Berufung oder Revision**
verloren hat. Das Berufungsgericht ist dann zwar mit der Sache befasst, damit ist aber keine
die Zuständigkeit verändernde Sachlage eingetreten (BGHSt 40, 395, 398). Solange der
Übergang zur Revision noch zulässig ist, handelt es sich nur um eine **vorläufige Zuständigkeit des Berufungsgerichts**, da das Rechtsmittel als unter dem Vorbehalt der endgültigen Bestimmung eingelegt gilt. Das Berufungsgericht kann, solange seine Zuständigkeit
nicht festliegt, noch keine endgültigen Maßnahmen treffen. Wird das Rechtsmittel nachträglich als Revision bezeichnet, dann sind die Akten an das Gericht des ersten Rechtszuges
zurückzusenden, damit dort nach § 346 StPO weiter verfahren werden kann.

Freilich ist die Prozesserklärung, dass der Beschwerdeführer von der Berufung zur Revi- 13
sion übergehen will, bei dem Gericht des ersten Rechtszuges abzugeben (BGHSt 40, 395,
397 ff auf Vorlage durch OLG Köln NStZ 1994, 557, 558; überholt dagegen OLG Zweibrücken NStZ 1994, 203, 204). Das führt zu Problemen, wenn und soweit das Berufungsgericht
zwischenzeitlich bereits vorläufige Maßnahmen ergriffen hat. Diese sind nicht mangels
sachlicher Unzuständigkeit unwirksam, aber gegebenenfalls anfechtbar. Vor allem entsteht
durch nachträgliche Zuständigkeitsänderung wieder eine andere Entscheidungskompetenz
für die Bescheidung neuer Anträge über dieselben vorläufigen Maßnahmen. Das ist die
notwendige Konsequenz aus der zeitweiligen Unklarheit über das gewählte Rechtsmittel.

D. Ergänzende Beweisermittlungen

Das Gesetz regelt nicht die Frage, ob und durch welche Behörde die Staatsanwaltschaft 14
außerhalb der Hauptverhandlung zwischen den Instanzen noch **nach ergänzenden Beweisen suchen** kann, deren Existenz und Relevanz erst durch das erstinstanzliche Verfahren und
die Berufungsrechtfertigung deutlich geworden sein kann. Solche ergänzenden Ermittlungen
sind im Gesetz weder vorgeschrieben noch ausgeschlossen. Zuständig ist dafür in erster Linie
die Staatsanwaltschaft bei dem Berufungsgericht (Löwe/Rosenberg/Gössel StPO § 321
Rn 3), weil diese gegebenenfalls anschließend weitere Beweise bei dem Gericht des zweiten
Rechtszuges zu präsentieren hat, damit sie in die Berufungshauptverhandlung eingeführt

werden können. Lässt die Staatsanwaltschaft nach Einlegung der Berufung in erster Instanz vernommene Zeugen nochmals polizeilich vernehmen, dann muss die **Verteidigung** spätestens in der Berufungshauptverhandlung Gelegenheit haben, dazu Stellung zu nehmen und ihre **Beweisteilhabe** darauf zu erstrecken (OLG Köln MDR 1974, 950, 951).

§ 322 [Verwerfung ohne Hauptverhandlung]

(1) ¹Erachtet das Berufungsgericht die Vorschriften über die Einlegung der Berufung nicht für beobachtet, so kann es das Rechtsmittel durch Beschluß als unzulässig verwerfen. ²Andernfalls entscheidet es darüber durch Urteil; § 322 a bleibt unberührt.

(2) Der Beschluß kann mit sofortiger Beschwerde angefochten werden.

Überblick

Ist die Berufung unzulässig, dann muss sie verworfen werden. Soweit nicht schon das Gericht des ersten Rechtszuges nach § 319 StPO entschieden hat, ist dafür das Berufungsgericht zuständig. Die Verwerfung kann entweder nach Abs 1 durch Beschluss oder aber noch in der Berufungshauptverhandlung durch Urteil erfolgen. § 322 a StPO regelt einen Sonderfall, für den jene Norm als lex specialis gilt, die nach Abs 2 S 2 Hs 2 von der vorliegenden Regelung unberührt bleibt.

Übersicht

	Rn		Rn
A. Zweck und Anwendungsbereich der Norm	1	II. Verwerfungsbeschluss (Abs 1 S 1)	10
		III. Verwerfungsurteil (Abs 1 S 2)	13
B. Nichtbeachtung der Vorschriften über die Einlegung der Berufung	3	D. Sofortige Beschwerde gegen den Verwerfungsbeschluss (Abs 2)	15
C. Verwerfung der Berufung durch Beschluss oder Urteil	5	E. Revision	18
I. Verwerfung der Berufung im Ganzen bei Unzulässigkeit	5		

A. Zweck und Anwendungsbereich der Norm

1   Die vorliegende Vorschrift sieht ein **vereinfachtes Verfahren der Verwerfung der Berufung** als unzulässig in einem Beschlussverfahren vor, gestattet aber alternativ auch die Entscheidung durch Urteil. Zur Vereinfachung stellt das Gesetz im Interesse der Verfahrensvereinfachung und Verfahrensbeschleunigung das Beschlussverfahren ohne Hauptverhandlung zur Verfügung, wobei das Berufungsgericht über den Fall der Beschlussverwerfung, die auch durch das Gericht des ersten Rechtszuges wegen verspäteter Einlegung des Rechtsmittels gem § 319 StPO vorgenommen werden kann, hinaus für alle Gründe der Unzulässigkeit der Berufung außer demjenigen des § 313 Abs 2 S 2 StPO gilt. Nur für den Fall der Unzulässigkeit wegen Nichtannahme einer Annahmeberufung gilt daneben § 322 a StPO als Sonderregelung. Die Verwerfung der Berufung als unzulässig, welche im Einzelfall zur Rechtskraft des Urteils erster Instanz führt, ist nach Abs 2 mit der sofortigen Beschwerde **anfechtbar**.

2   Das **Wiedereinsetzungsverfahren** ist hier ebenso wie im Verfahren nach § 319 StPO vorgreiflich (§ 319 StPO Rn 4).

B. Nichtbeachtung der Vorschriften über die Einlegung der Berufung

3   Das Gericht des zweiten Rechtszuges prüft im Verfahren nach der vorliegenden Vorschrift, von § 313 Abs 2 StPO abgesehen, **alle Gründe der Unzulässigkeit** der Berufung, nicht

nur die Frage der Versäumung der gesetzlichen Frist zur Einlegung der Berufung, welche schon das Gericht des ersten Rechtszuges nach § 319 StPO zu prüfen hatte. Dieser Aspekt wird aber vom Berufungsgericht erneut geprüft, auch wenn das erstinstanzliche Gericht die Berufung bewusst nicht verworfen haben sollte. Eine Bindung des Berufungsgerichts an diese Entscheidung des Amtsgerichts besteht gegebenenfalls nicht. Die Prüfung erfolgt **von Amts wegen** ohne Bindung an fakultative Anträge und geäußerte Meinungen der Verfahrensbeteiligten und zwar in einem **Freibeweisverfahren**, für das freilich auch die Instruktionsmaxime gilt.

Das Berufungsgericht prüft im Einzelfall 4

- die **Statthaftigkeit der Berufung** nach § 312 StPO, § 55 Abs 1 JGG,
- die Einhaltung der nach § 314 Abs 1 StPO gebotenen **Form** der Einlegung der Berufung,
- die Einhaltung der **Wochenfrist** nach § 314 StPO für die Berufungseinlegung,
- das Vorhandensein einer **Beschwer**, die in verfassungsrechtlich nicht zu beanstandender Weise auch hier vorausgesetzt wird (VerfGH Sachsen Beschl v 20. 7. 2007 – Az Vf65-IV-07),
- die Unzulässigkeit der nach § 400 StPO nur eingeschränkt zulässigen **Berufung des Nebenklägers** mangels Angabe des Rechtsmittelziels (vgl OLG Jena NStZ-RR 2007, 209, 210),
- die **Berechtigung** des Beschwerdeführers zur Berufungseinlegung nach § 296 StPO bis § 299 StPO (OLG Stuttgart NJW 1949, 916),
- die **Bevollmächtigung** des Verteidigers des Angeklagten oder des Verfahrensbevollmächtigten des Nebenklägers oder eines Nebenbeteiligten zur Berufungseinlegung,
- die **Zulassung des Verteidigers** nach § 138 Abs 2 StPO, wenn dieser das Rechtsmittel eingelegt hat,
- das **Vorliegen eines Berufungsverzichts** nach § 302 S 1 StPO (OLG Düsseldorf VRS 86 [1994], 129 ff; zum Verzicht eines Jugendlichen OLG Brandenburg Beschl v 4. 6. 2004 – Az 1 Ws 50/04), der nun im Anschluss an eine Verfahrensabsprache nicht mehr wirksam ist (§ 302 S 2 StPO),
- das Vorliegen einer **Zurücknahme des Rechtsmittels** (OLG Karlsruhe JR 1992, 302, 303 mAnm Sommermeyer; zur Überbringung der anwaltlichen Rücknahmeerklärung durch einen betrunkenen Angeklagten OLG Hamm VRS 110 [2006], 225 ff),
- das **Vorliegen eines Rechtsmissbrauchs** als Unzulässigkeitsgrund, soweit dieser aufgrund einer ungeschriebenen Missbrauchsgeneralklausel (BGHSt 51, 88, 92) anzuerkennen ist (LG Cottbus Beschl v 15. 7. 2004 – Az 25 Ns 140/04; abl für das Wiederaufnahmeantragsrecht Eschelbach HRRS 2008, 190, 203, 204). Die Frage eines Rechtsmissbrauchs gehört allerdings nach der hier vertretenen Ansicht jedenfalls nicht zu den „Vorschriften über die Einlegung der Berufung" iSv Abs 1 S 1, was inzwischen durch den Regelungsgedanken des § 302 S 2 StPO unterstrichen wird.

C. Verwerfung der Berufung durch Beschluss oder Urteil
I. Verwerfung der Berufung im Ganzen bei Unzulässigkeit

Die Verwerfung der Berufung als unzulässig ist geboten, wenn ein Grund zur Annahme der 5 Unzulässigkeit des Rechtsmittels im Ganzen vorliegt und das unzulässige Rechtsmittel auch nicht in ein anderes **umgedeutet** werden kann (Löwe/Rosenberg/Gössel StPO § 322 Rn 5).

Die vorliegende Vorschrift gilt auch für **Fälle der Annahmeberufung**, wenn und soweit 6 dieses Rechtsmittel aus anderen Gründen als der Nichtannahme unzulässig ist. Nur für Fälle des § 313 Abs 2 StPO gilt § 322a StPO als abschließende Sonderbestimmung.

Eine **Teilentscheidung**, mit der das Rechtsmittel wegen Unzulässigkeit in einem ab- 7 trennbaren Teil des Verfahrensgegenstands verworfen wird, **sieht das Gesetz nicht vor**. Über eine einheitliche Tat desselben Angeklagten muss, auch wenn mehrere Berufungen eingelegt sind, einheitlich entschieden werden. Jedoch kann eine von mehreren Berufungen in derselben Sache nach Abs 1 als unzulässig verworfen werden (OLG Köln Beschl v 6. 3. 2008 – Az 2 Ws 99/08 – BeckRS 2008, 13414).

Ergibt die Nachprüfung andererseits, dass ein Rechtsmittel wegen Zurücknahme im 8 Ganzen nicht mehr vorliegt, so ist dies durch Beschluss auszusprechen, der das Rechtsmittel

für erledigt erklärt (OLG Schleswig SchlHA 1997, 171, 172). Dieser Beschluss ist nach bisheriger Rechtsprechung entsprechend Abs 2 anfechtbar (OLG Düsseldorf MDR 1985, 429; OLG Frankfurt NStZ 1988, 328, 329 mAnm Taschke; OLG Hamburg NJW 1978, 602), obwohl die entsprechende Anwendung von Rechtsmittelvorschriften Bedenken wegen des Grundsatzes der Rechtsmittelklarheit begegnet.

9   Die **Bejahung der Zulässigkeit der Berufung** bedarf dagegen keiner feststellenden Entscheidung. Ergeht ein solcher Beschluss überflüssigerweise doch, dann ist dieser nach § 305 StPO nicht anfechtbar (OLG Frankfurt NStZ-RR 2005, 46, 47). Er bindet auch das Gericht in der Hauptverhandlung nicht.

II. Verwerfungsbeschluss (Abs 1 S 1)

10   Die Verwerfung der Berufung bei Vorliegen eines Grundes für die Annahme der Unzulässigkeit des Rechtsmittels kann durch Beschluss ohne mündliche Verhandlung erfolgen. Dafür ist **der Vorsitzende der kleinen Strafkammer** alleine zuständig (§ 76 Abs 1 S 2 GVG). Dieser prüft im Freibeweisverfahren, ob der Grund für die Annahme der Unzulässigkeit vorliegt. Dieser muss sicher feststehen, damit von der Unzulässigkeit der Berufung ausgegangen werden kann (KG Beschl v 4. 8. 1997 – Az 3 Ws 405/97; OLG Karlsruhe NJW 1981, 138). Die Entscheidungsregel „in dubio pro reo" gilt nicht (OLG Düsseldorf MDR 1984, 604, 605). Es kann auch nicht im Zweifel für die Rechtskraft entschieden werden (OLG Düsseldorf MDR 1969, 1031). Vielmehr muss vor einer Verwerfung des Rechtsmittels als unzulässig sicher feststehen, dass der Tatbestand vorliegt, der die Zulässigkeit ausschließt. Der Beschluss ergeht erst nach **Anhörung der Verfahrensbeteiligten**. Er ist nach seinem Erlass für das Berufungsgericht nicht mehr abänderbar, sondern nur nach Abs 2 anfechtbar. Ein Beschluss, der eine Berufung als unzulässig verwirft, muss auch mit einer **Kostenentscheidung** versehen sein (OLG Bamberg NStE Nr 4 zu § 395 StPO).

11   Der **Verwerfungsbeschluss bedarf** nach § 34 StPO **der Begründung**, weil er nach Abs 2 anfechtbar ist. In der Begründung ist die Annahme der Unzulässigkeit des Rechtsmittels hinsichtlich der Prozesstatsachen und ihrer Bewertung durch das Berufungsgericht zu erläutern. Der Beschluss ist den Verfahrensbeteiligten nach § 35 Abs 2 StPO **zuzustellen**.

12   Ob der Vorsitzende das Beschlussverfahren wählt oder die Verwerfung der Berufung der Hauptverhandlung überlässt, steht in seinem pflichtgemäßen **Ermessen**. Liegt aber unzweifelhaft ein Fall der Unzulässigkeit der Berufung vor, dann reduziert sich das Ermessen im Einzelfall auf Null. Jedoch wirkt sich ein Ermessensfehler nicht aus, wenn das Berufungsgericht das Rechtsmittel doch erst durch Urteil verwirft. Nur **bei zweifelhafter Sach- oder Rechtslage** soll die Entscheidung über die Unzulässigkeit der Berufung der Hauptverhandlung vorbehalten werden (KMR/Brunner StPO § 322 Rn 1).

III. Verwerfungsurteil (Abs 1 S 2)

13   Wird die Berufung nicht schon durch Beschluss als unzulässig verworfen, dann kann sie in der Hauptverhandlung immer noch verworfen werden, was dann aber durch **Prozessurteil** geschehen muss. Das Berufungsgericht prüft die Zulässigkeit des Rechtsmittels also in der Hauptverhandlung erneut und abschließend. An vorherige Überlegungen des Vorsitzenden oder des Beschwerdegerichts im Beschlussverfahren ist das Gericht der Hauptsache nicht gebunden, zumal es in der Hauptverhandlung anders besetzt ist als zuvor. Für die Verwerfung der Berufung als unzulässig durch Urteil in der Hauptverhandlung kommt es deshalb auch nicht darauf an, ob ein Unzulässigkeitsgrund vor der Hauptverhandlung übersehen wurde oder der Vorsitzende sein Ermessen zur Verwerfung der Berufung durch Beschluss zu Unrecht dahin ausgeübt hatte, dass er die Frage der Hauptverhandlung vorbehalten wollte.

14   Zur Verwerfung der Berufung als unzulässig ist in der Hauptverhandlung der Spruchkörper in der dort maßgeblichen Besetzung zuständig, also **mit Schöffen**.

D. Sofortige Beschwerde gegen den Verwerfungsbeschluss (Abs 2)

15   Gegen die Verwerfung der Berufung durch Beschluss steht dem Beschwerdeführer nach Abs 2 die sofortige Beschwerde zur Verfügung, für die § 311 StPO mit seinen Vorschriften

über die Form und Frist dieses Rechtsmittels gilt. **Beschwerdebefugt** ist grundsätzlich nur der Berufungsführer, dessen Rechtsmittel verworfen wurde. Der Angeklagte ist ausnahmsweise aber auch dann dazu befugt, wenn die Berufung seines gesetzlichen Vertreters oder Erziehungsberechtigten verworfen worden ist (OLG Hamm NJW 1973, 1850) und zwar selbst dann, wenn er selbst vorher wirksam auf Rechtsmittel verzichtet hatte.

Abs 2 gilt nicht in Fällen der Verwerfung der **Annahmeberufung** als unzulässig mangels 16 Annahme, denn Abs 2 S 2 Hs 2 lässt § 322 a StPO unberührt, der die Unanfechtbarkeit der Entscheidung vorsieht. Verwirft aber das Berufungsgericht die Berufung nach § 322 a StPO, obwohl gar kein Fall der Annahmeberufung vorliegt, dann ist diese Entscheidung mit der sofortigen Beschwerde entsprechend Abs 2 anfechtbar (OLG Brandenburg OLG-NL 2005, 45, 46; OLG Hamburg JR 1999, 479, 480 mAnm Gössel; OLG Köln NStZ 1996, 150, 151). Das gilt nach einer Ansicht in der Rechtsprechung auch dann, wenn Streit darüber besteht, ob die Berufung ein Annahmerechtsmittel ist (OLG Koblenz NStZ-RR 2000, 306, 307; OLG Stuttgart ZJJ 2009, 156, 157). Das entspricht aber weder dem Wortlaut noch dem Zweck des § 322 a S 2 StPO (OLG Hamm NStZ-RR 2006, 346, 347). Nicht die Verfahrensbeteiligten, sondern das Gericht entscheidet darüber, ob ein Fall der Annahmeberufung vorliegt oder nicht. Daher kommt es auch auf einen Meinungsstreit der Beteiligten nicht an.

Über die sofortige Beschwerde entscheidet das Oberlandesgericht als Beschwerdegericht. 17 Ist die **sofortige Beschwerde verspätet** eingelegt worden, so wird sie ihrerseits als unzulässig verworfen. Der Beschluss über die Verwerfung der Berufung wird dann rechtskräftig; damit tritt zugleich die Rechtskraft des erstinstanzlichen Urteils ein, sofern diese nicht bereits vorher durch Fristablauf eingetreten war. Das Beschwerdegericht ist allerdings nicht dazu befugt, bei der Verwerfung einer Beschwerde, mit der die **Versagung einer Wiedereinsetzung** nach versäumter Berufungseinlegung angefochten wird, zugleich die Berufung als unzulässig zu verwerfen (OLG Frankfurt NStZ 2005, 653, 654; OLG Hamm VRS 87 [1994], 127 ff; OLG Oldenburg Beschl v 18. 1. 2008 – Az 1 Ws 41/08; **aA** OLG Rostock Beschl v 8. 6. 2009 – Az 1 Ws 128/09; OLG Stuttgart NStZ 1990, 247). Ist aber der Verwerfungsbeschluss des Landgerichts angefochten, aus der Sicht des Beschwerdegerichts aber nicht zu beanstanden, dann wird die sofortige **Beschwerde** gegen die Verwerfung der Berufung als unbegründet verworfen. Die Rechtskraftfolgen sind dann dieselben wie bei der Beschwerdeverwerfung als unzulässig.

E. Revision

Wird der Verwerfungsbeschluss des Landgerichts vom Beschwerdegericht aufgehoben, so 18 hat die Hauptverhandlung vor dem Berufungsgericht stattzufinden. Über die Berufung ist dann durch Urteil zu entscheiden, wobei wiederum eine Verwerfung der Berufung als unzulässig möglich ist, weil das Gericht der Hauptsache an die Beschwerdeentscheidung nicht gebunden ist (RGSt 59, 241 ff). Auch wenn das Berufungsgericht nicht zuerst durch Beschluss entschieden hat, kann es in der Hauptverhandlung die Berufung durch Urteil als unzulässig verwerfen. Auch dagegen kann Revision zum Oberlandesgericht eingelegt werden. Das Revisionsgericht hat in diesem Fall die Zulässigkeit der Berufung autonom zu prüfen. Es hat aber auch bei einer zulässigen Revision gegen ein Sachurteil des Berufungsgerichts die Zulässigkeit der Berufung als Sachurteilsvoraussetzung eigenständig **von Amts wegen** zu untersuchen (BayObLG MDR 1994, 607).

Hatte das Revisionsgericht die angefochtene Entscheidung aufgehoben und die Sache an 19 eine andere Berufungskammer zurückverwiesen, wobei es von der Zulässigkeit der Berufung ausgegangen war, dann kann das Landgericht aufgrund der **Bindungswirkung** der Revisionsentscheidung die Berufung nicht mehr aus demselben Grund als unzulässig verwerfen (KG Beschl v 29. 3. 1999 – Az 4 Ws 41, 42/99).

§ 322 a [Entscheidung über Annahme der Berufung]

¹**Über die Annahme einer Berufung (§ 313) entscheidet das Berufungsgericht durch Beschluß.** ²**Die Entscheidung ist unanfechtbar.** ³**Der Beschluß, mit dem die Berufung angenommen wird, bedarf keiner Begründung.**

Überblick

Die Vorschrift regelt das Verfahren im Fall einer Annahmeberufung. Über die Annahme oder Verwerfung als unzulässig mangels Annahme nach § 313 Abs 2 S 2 StPO hat allein das Berufungsgericht zu entscheiden und zwar durch unanfechtbaren Beschluss. Die Verwerfung der Berufung bedarf einer Begründung, die Annahme dagegen nach S 3 der vorliegenden Vorschrift nicht, weil sie zur beschleunigten Fortführung des Berufungsverfahrens führt.

Übersicht

	Rn		Rn
A. Normbedeutung	1	1. Verwerfung der Berufung	6
B. Entscheidung durch Beschluss (S 1)	2	2. Annahme der Berufung	7
I. Anhörung der Verfahrensbeteiligten	2	C. Unanfechtbarkeit (S 2)	9
II. Prüfung der offensichtlichen Unbegründetheit der Berufung	3	D. Möglichkeit einer Sprungrevision	11
III. Zuständigkeit	4	E. Anhörungsrüge gegen den Verwerfungsbeschluss	15
IV. Entscheidungsart	5		

A. Normbedeutung

1 Die Vorschrift wurde zusammen mit § 313 StPO durch das RPflEntlG eingeführt. Sie regelt die Art und Weise des Verfahrens zur Zwischenprüfung über die Annahme der Berufung in den Fällen des § 313 StPO. Sie sieht ein Beschlussverfahren des Berufungsgerichts außerhalb der Hauptverhandlung vor, bestimmt die Unanfechtbarkeit der Entscheidung ungeachtet ihrer gegebenenfalls verfahrensbeendenden Wirkung und hebt hervor, dass die positive Annahmeentscheidung keiner Begründung bedarf, woraus zu erkennen ist, dass die Verwerfung der Berufung als unzulässig mangels Annahme begründet werden muss, was sich auch aus Art 103 Abs 1 GG und § 34 StPO entnehmen lässt. Die Vorschrift gilt auch im Jugendverfahren, wenn es dort um die Anwendung materiellen Erwachsenenstrafrechts geht (OLG Stuttgart ZJJ 2009, 156, 157).

B. Entscheidung durch Beschluss (S 1)

I. Anhörung der Verfahrensbeteiligten

2 Da die Entscheidung des Berufungsgerichts von der Bejahung oder Verneinung der Offensichtlichkeit der Unbegründetheit der Berufung abhängt und das Resultat wegen der Unbestimmtheit der Offensichtlichkeitsbeurteilung unwägbar ist, müssen die Verfahrensbeteiligten vor der Entscheidung so angehört werden, dass sie sich auf die Verwerfungsgründe einrichten können. Das ergibt sich aus Art 103 Abs 1 GG (§ 313 StPO Rn 1). Rechtsähnlich wie im Fall des § 522 Abs 2 S 2 ZPO muss insbesondere der Angeklagte darauf **hingewiesen** werden, dass und warum das Gericht erwägt, das Rechtsmittel als unzulässig mangels Annahme zu verwerfen (KG Beschl v 4. 11. 1998 – Az 5 Ws 619/98 – und v 31. 5. 2005 – Az 3 Ws 228/05; OLG München StV 1994, 237, 238; **aA** Rieß FS Kaiser 1998, 1474; Tolksdorf FS Salger 1995, 393, 405). Die Belehrung des Gerichts des ersten Rechtszuges über die abstrakte Möglichkeit einer Verwerfung der Berufung durch Beschluss mangels Annahme reicht nicht aus (so aber OLG Koblenz NStZ 1995, 251, 252). Eine Pflicht zu einem ausdrücklichen und mit einer Begründung versehen Hinweis des Berufungsgerichts auf die Verwerfungsabsicht besteht vor allem dann, wenn der Angeklagte nicht verteidigt wird und auch dann, wenn er eine Berufungsrechtfertigung abgegeben hat. Im funktional vergleichbaren Beschlussverfahren zur Zurückweisung einer zivilprozessualen Berufung gilt der vorherige Hinweis auf die Entscheidungsabsicht mit entsprechender Begründung vor der unanfechtbaren Entscheidung nach § 522 Abs 2 S 2 ZPO als Mindeststandard. Warum das im Strafprozess mit seinen einschneidenden Folgen nicht gelten soll, bleibt unerfindlich. Auch im Revisionsverfahren wird schließlich mit dem Erfordernis eines begründeten staatsanwaltschaftlichen Verwerfungsantrags und dessen Mitteilung an den Angeklagten nach

§ 349 Abs 3 StPO funktional Vergleichbares geleistet. Für das strafprozessuale Berufungsverfahren als neue Tatsacheninstanz, die keine Berufungsrechtfertigung voraussetzt, muss erst recht ein Hinweis gefordert werden. Der Bagatellcharakter des Vorwurfes allein rechtfertigt wegen der generellen Eingriffsintensität schon eines strafrechtlichen Schuldspruchs keine Ausnahme von den durch die Prozessgrundrechte auf rechtliches Gehör und auf ein faires Verfahren gekennzeichneten Standards.

II. Prüfung der offensichtlichen Unbegründetheit der Berufung

Ob die Berufung offensichtlich unbegründet ist, hat das Berufungsgericht **anhand der Akten** zu prüfen. Eine ergänzende **Beweiserhebung** nach der Instruktionsmaxime des § 155 Abs 2 StPO ist **nicht vorgesehen** (SK-StPO/Frisch StPO § 322 a Rn 10; Tolksdorf FS Salger 1995, 393, 408), denn wenn diese sich aufdrängt, ist die Offensichtlichkeit der Unbegründetheit des Rechtsmittels nicht gegeben. Da die Aufklärungspflicht auch im **Freibeweisverfahren** gilt (vgl in anderem Zusammenhang BVerfGE 70, 297, 309), liegt der Prüfung der Offensichtlichkeit der Unbegründetheit der Berufung also kein Beweisverfahren, sondern letztlich nur eine erweiterte Schlüssigkeitsprüfung anhand der Akten zu Grunde. Mangels einer zwingend vorgeschriebenen Berufungsbegründung bedarf die Überprüfung der Berufung auf ihre offensichtliche Unbegründetheit also einerseits einer erweiterten Tatsachengrundlage als die entsprechende revisionsgerichtliche Prüfung im Verfahren nach § 349 Abs 2 StPO, andererseits darf die Prüfung nicht über den Akteninhalt hinausgehen, weil sonst nicht mehr von einer Offensichtlichkeit des Resultats der zweiten Tatsacheninstanz ausgegangen werden kann.

III. Zuständigkeit

Die Prüfung und Entscheidung der Frage der offensichtlichen Unbegründetheit der Berufung im Sinne von § 313 Abs 2 StPO obliegt gemäß S 1 der vorliegenden Vorschrift alleine dem **Berufungsgericht**. Funktionell zuständig ist **der Vorsitzende** der Berufungskammer (§ 76 Abs 1 S 2 GVG).

IV. Entscheidungsart

Der Vorsitzende entscheidet über die Annahme durch Beschluss außerhalb der Hauptverhandlung. Es wird in einem schriftlichen Verfahren anhand der Akten geprüft, ob das Rechtsmittel in der neuen Tatsacheninstanz rechtlich oder tatsächlich in irgendeinem Punkt zu einem anderen Prozessergebnis führen kann. Im Fall der Nichtannahme erfolgt eine Verwerfung der Berufung als unzulässig (§ 313 Abs 2 S 2 StPO); im Fall der Annahme ist ohne Weiteres das Berufungsverfahren in seinem normalen Ablauf fortzusetzen.

1. Verwerfung der Berufung

Verwirft das Berufungsgericht das im Übrigen zulässige Rechtsmittel, weil es von der offensichtlichen Unbegründetheit der Berufung ausgeht, dann bedarf dies der **Begründung** (KG Beschl v 16. 12. 1997 – Az 4 Ws 245/97; KMR/Brunner StPO § 322 a Rn 3). Der Vorsitzende der Berufungskammer muss in seiner Entscheidung darlegen, das und warum die Entscheidung des Berufungsgerichts in der neuen Tatsacheninstanz in tatsächlicher und rechtlicher Hinsicht im Ergebnis nicht anders ausfallen würde als das angefochtene Urteil. Eine bloß formelhafte Begründung reicht auch bei Fehlen einer Berufungsrechtfertigung, die nicht vorgeschrieben ist, nicht aus (aA OLG Frankfurt NStZ-RR 1996, 78; Löwe/Rosenberg/Gössel StPO § 322 a Rn 8). Dadurch wird nicht ausreichend deutlich, dass das Berufungsgericht anhand des gesamten Akteninhalts die Erfolgsaussichten des Rechtsmittels in der neuen Tatsacheninstanz vollständig geprüft und auf dieser Grundlage zur Annahme der offensichtlichen Unbegründetheit der Berufung gelangt ist, was aber zur Gewährung des rechtlichen Gehörs und eines fairen Verfahrens geboten ist. Auch und erst recht eine **Beweisantizipation** ist nur dann einwandfrei, wenn sie methodisch ebenso wie die antizipierte Beweiswürdigung vorgenommen wird, nämlich unter Beachtung der Sacheinlassung des Angeklagten und unter **Gesamtwürdigung** aller bekannten und verwertbaren Tatsachen und Beweisergebnisse (§ 261 StPO Rn 10). Auch wenn zur Berufungsrechtfertigung **Beweisanträge** angekündigt werden, bedarf die Nichtannahme der Berufung der erläuterten Bescheidung (VerfGH Berlin NVwZ-RR 2005, 73, 74). Die Nichtannahme kommt bei Ankündigung von Beweisanträgen im Grunde nur dann in Frage, wenn voraussichtlich in der Hauptverhandlung eine Ablehnung nach § 244 Abs 3 StPO erfolgen wird, was eine weit reichende Prognose und Beweisantizipation im Freibeweisverfahren voraussetzt.

2. Annahme der Berufung

7   Die Annahme der Berufung hat grundsätzlich durch Beschluss zu erfolgen. Insoweit befreit das Gesetz den Richter vom Begründungszwang, weil dies unschädlich erscheint. Danach ist der Beschluss auch **formlos möglich**. Hat das Berufungsgericht auf die Berufung des Angeklagten bereits einen Termin zur Hauptverhandlung bestimmt und Ladungen ausgesprochen, so ist darin regelmäßig zugleich die Annahme der Berufung zu sehen (OLG Zweibrücken NStZ-RR 2002, 245, 246; KMR/Brunner StPO § 322 a Rn 2).

8   Die positive Annahmeentscheidung kann vom Berufungsgericht **nicht zurückgenommen** und durch einen Verwerfungsbeschluss ersetzt werden. Nach einer anfänglichen Annahme läge auch die Verwerfungsvoraussetzung der offensichtlichen Unbegründetheit nicht mehr vor, so dass die Umkehrung des Ergebnisses der Entscheidung im Annahmeverfahren willkürlich erscheinen müsste. Die Verwerfung der Berufung mangels Annahme kann erst recht vom Berufungsgericht selbst nicht aufgehoben werden, soweit keine Anhörungsrüge vorliegt.

C. Unanfechtbarkeit (S 2)

9   Die Entscheidung ist bei **Verwerfung der Berufung** ebenso wie bei deren **Annahme** unanfechtbar (OLG Hamm Beschl v 8. 9. 2005 – Az 3 Ss 364/05); zur Anfechtbarkeit entsprechend § 322 Abs 2 StPO im Fall des Nichtvorliegens eines Falles der Annahmeberufung s § 322 StPO Rn 16. Dieser **Rechtsmittelausschluss** gilt **für alle Verfahrensbeteiligten**, also auch für den Nebenkläger (KG Beschl v 3. 1. 2002 – Az 5 Ws 783/01). Im Fall der Annahme folgt die Unanfechtbarkeit auch aus dem Regelungsgedanken des § 305 StPO, wonach prozessuale Zwischenentscheidungen im Interesse der Verfahrensbeschleunigung keiner gesonderten Überprüfung durch eine Rechtsmittelinstanz unterliegen sollen. Im Fall der Verwerfung der Berufung als unzulässig mangels Annahme, die zur Rechtskraft des Urteils des erstinstanzlichen Gerichts führt, ist die Unanfechtbarkeit dagegen eine weit reichende Abkürzung des Instanzenzuges. Denn die Unanfechtbarkeit des Verwerfungsbeschlusses führt jedenfalls dazu, dass das Strengbeweisverfahren der zweiten Tatsacheninstanz entfällt. Die Frage, ob auch die **Sprungrevision** noch innerhalb der Revisionsbegründungsfrist ungeachtet der bestehenden Wahlbefugnis des Rechtsmittelführers entfällt, wenn das Berufungsgericht dann bereits die Berufung mangels Annahme als unzulässig verworfen hat, ist umstritten, im Ergebnis aber zu bejahen. Die noch nicht abschließend entschiedene Frage der **Verfassungsmäßigkeit** dieser Verkürzung der Rechtsschutzmöglichkeiten (dafür OLG Frankfurt NStZ-RR 1997, 273, 274) wird hier auch damit bejaht, dass immerhin noch die Anhörungsrüge gemäß § 33 a StPO zur Verfügung steht (KG Beschl v 22. 12. 1999 – Az 4 Ws 280/99). Dann darf diese aber nicht leer laufen, indem gestattet wird, dass das Berufungsgericht die Verwerfung der Berufung nur formelhaft begründet. Eine Harmonisierung mit dem Wideraufnahmerecht fehlt außerdem. Ist die Annahmeberufung als unzulässig wegen offensichtlicher Unbegründetheit verworfen worden, dann kann bei Vorliegen neuer Tatsachen oder Beweismittel gleichwohl ein Wiederaufnahmeantrag eingereicht werden (§ 359 Nr 5 StPO).

10 Die Entscheidung über den unterbliebenen Ausspruch, wer die Kosten und die notwendigen **Auslagen des Nebenklägers** zu tragen hat, soll nach einer in der Rechtsprechung vertretenen Ansicht auch dann mit der sofortigen Beschwerde angefochten werden können, wenn die Berufung mangels Annahme als unzulässig verworfen und dabei dieser Kostenpunkt übersehen wurde (OLG Düsseldorf Rpfleger 2001, 565; OLG Karlsruhe NStZ-RR 2001, 223, 224). Auch das entspricht freilich nicht dem Gesetz, das insoweit ebenfalls nur den Sonderrechtsbehelf des § 33 a StPO kennt.

D. Möglichkeit einer Sprungrevision

Die Berufungsverwerfung mangels Annahme durch das Berufungsgericht entfaltet im 11 Anschluss an diese Entscheidung nach einer Ansicht eine **Sperrwirkung für eine Sprungrevision** desselben Beschwerdeführers (BayObLGSt 1994, 86, 87; OLG Hamm Beschl v 8. 9. 2005 – Az 3 Ss 364/05). Der Rechtsmittelführer kann jedoch nach der Gegenansicht innerhalb der Revisionsbegründungsfrist immer noch entscheiden, ob er das unbestimmt eingelegte Rechtsmittel als Berufung oder Sprungrevision behandelt wissen will, auch wenn die Annahmeberufung bereits als unzulässig verworfen worden ist. Der Verwerfungsbeschluss des Berufungsgerichts soll dann gegenstandslos werden (OLG Frankfurt NStZ-RR 2003, 53). Das trifft indes nicht zu, weil durch die Berufungsverwerfung Rechtskraft eintritt, die nicht allein durch eine ergänzende Prozesshandlung eines Verfahrensbeteiligten zu einem bereits eingelegten und beschiedenen Rechtsmittel ohne gerichtliche Entscheidung durchbrochen wird. Für eine Durchbrechung der Rechtskraft stehen vielmehr allein Sonderrechtsbehelfe zur Verfügung (§ 33 a StPO, § 359 StPO).

Nach Ablauf der Revisionsbegründungsfrist ist ein bisher **unbenanntes Rechtsmittel** 12 endgültig als Berufung zu behandeln. Mit der Verwerfung der Berufung als unzulässig mangels Annahme ist dieses Rechtsmittel erschöpfend behandelt. Für eine Maßnahme des Revisionsgerichts besteht danach weder Raum noch Bedarf (OLG Karlsruhe Beschl v 25. 10. 1995 – Az 1 Ss 151/95).

Nimmt das Landgericht die **Berufung des Nebenklägers** nicht an, so soll die **gleich** 13 **gelagerte Sprungrevision der Staatsanwaltschaft** als Berufung weiterzubehandeln sein (OLG Karlsruhe NStZ 1995, 562, 563; Meyer-Goßner NStZ 1998, 19 ff). § 335 Abs 3 StPO bezweckt nämlich, dass das als Berufung geltende Rechtsmittel nur dann als Revision auflebt, wenn die Berufung des anderen Verfahrensbeteiligten ihre Erledigung ohne eine Sachentscheidung findet (so in anderem Zusammenhang OLG Brandenburg Beschl v 30. 1. 2008 – Az 1 Ss 4/08 – BeckRS 2008, 04868). Dies hat aber im Wortlaut des Gesetzes keinen Ausdruck gefunden. Daher bestehen Bedenken gegen die Annahme, dass die Sprungrevision nach der Verwerfung der Sperrberufung als unzulässig gemäß §§ 313 Abs 2 S 2, 322 a StPO nicht wieder als solche zu behandeln ist. Denn nach § 335 Abs 3 S 1 StPO besteht die Sperrwirkung der Berufung nur, solange die vorgreifliche Berufung nicht als unzulässig verworfen ist. Das aber ist nach der – verfehlten – Konstruktion des § 313 Abs 2 S 2 StPO der Fall (Hartwig NStZ 1997, 111, 112 ff). Die Bewertung der Berufung als offensichtlich unbegründet erfolgt auch allein anhand der Akten ohne Beweisverfahren; sie erfüllt daher den Sinn des § 335 Abs 3 S 1 StPO nicht, weil das notwendige Fundament einer neuen Sachentscheidung fehlt.

Hat das Landgericht neben der **Berufung der Staatsanwaltschaft** auch die als Berufung 14 behandelte **Sprungrevision des Angeklagten** infolge Nichtannahme der Berufung als unzulässig verworfen, dann soll der Verwerfungsbeschluss nach der Rechtsprechung bezüglich der Sprungrevision gegenstandslos sein (BayObLGSt 1993, 232, 233). Auch das begegnet Bedenken, weil eine die Rechtskraft herbeiführende unanfechtbare Gerichtsentscheidung auch nicht allein wegen eines eventuellen Zuständigkeitsfehlers unbeachtlich ist. Hier helfen wiederum nur Sonderrechtsbehelfe (§ 33 a StPO, § 359 Nr 5 StPO).

E. Anhörungsrüge gegen den Verwerfungsbeschluss

Im Fall einer **Verletzung des Anspruchs auf rechtliches Gehör** kann ein Verfahrens- 15 beteiligter gegen jede unanfechtbare Entscheidung die Anhörungsrüge gemäß § 33 a StPO erheben, also auch gegen den unanfechtbaren Verwerfungsbeschluss nach § 313 Abs 2 S 2 StPO, § 322 StPO. Die Erhebung der Anhörungsrüge ist zudem **zur Erschöpfung des Rechtsweges** iSv § 90 Abs 2 S 1 BVerfGG erforderlich (BVerfG Beschl v 17. 4. 2001 – Az 2 BvR 179/01) und zwar auch hinsichtlich der im Verbund mit der Anhörungsrüge erhobenen anderen Grundrechtsrügen (BVerfG Beschl v 4. 9. 2007 – Az 2 BvR 1311/05 – BeckRS 2007, 27180). Eine gegen die Verwerfung mangels Annahme erhobene „sofortige Beschwerde", deren Statthaftigkeit S 2 der vorliegenden Vorschrift entgegensteht, ist, soweit damit eine Verletzung von Art 103 Abs 1 GG **im Annahmeverfahren** geltend gemacht wird, als Anhörungsrüge zu behandeln, über die das Berufungsgericht zu entscheiden hat

(OLG Karlsruhe Die Justiz 2005, 311, 312). Die Möglichkeit der Anhörungsrüge gegen die systemfremde Verwerfung der Berufung als unzulässig mangels Annahme wegen offensichtlicher Unbegründetheit wirft aber eine Reihe von weiteren Fragen auf.

16   Erstens ist nicht abschließend geklärt, ob die Anhörungsrüge nur gegen **originäre Gehörsverletzungen in der letzten Instanz** (so zu § 321 a ZPO BGH NJW 2008, 923, 924) oder auch gegen ungeheilte Gehörsverletzungen des erstinstanzlichen Verfahrens gerichtet werden kann. Nach dem Normzweck des Anhörungsrügengesetzes, das Bundesverfassungsgericht von Gehörsrügen zu entlasten und Rechtsschutz gegen Gehörsverletzungen in jeder Instanz zu gewähren (BVerfGE 107, 395, 410), dürften beide Fälle aber gleichzusetzen sein, sofern die letzte Instanz einen von der Vorinstanz begangenen Gehörsverstoß perpetuiert. Die Verletzung des Anspruches in dem Beschluss (§ 33 a StPO) des Berufungsgerichts kann daher auch darin bestehen, dass eine erstinstanzliche Verletzung des Prozessgrundrechts nicht geheilt, sondern sogar die offensichtliche Unbegründetheit der Berufung angenommen wurde.

17   Zweitens ist unklar, woran die Frage der Gehörsverletzung zu messen ist, weil die **Begründungspflicht für letztinstanzliche Entscheidung** in der Rechtsprechung restriktiv gehandhabt wird. In einem Begründungsdefizit des Verwerfungsbeschlusses des Berufungsgerichts bezüglich solcher Zweifelsfragen, die aus dem Akteninhalt zu erkennen sind, ist aber schon für sich genommen eine Verletzung von Art 103 Abs 1 GG zu sehen. Andernfalls liefe die Anhörungsrüge leer, was nicht der Rechtsschutzgewährleistung des Grundgesetzes entsprechen würde.

18   Drittens ist nicht gesichert, wann eine Verletzung von Art 103 Abs 1 GG wegen fehlender **Hinweise des Berufungsgerichts** an die Verfahrensbeteiligten anzunehmen ist. Wird aber die Berufung des Beschwerdeführers ohne vorherigen Hinweis auf diese Möglichkeit und auf die konkreten Gründe im Einzelfall (Rn 2) dafür verworfen, ohne dass diese Gründe für den Beschwerdeführer etwa auch anhand der Stellungnahme der Staatsanwaltschaft ohne weiteres erkennbar waren, dann kann jedenfalls darin eine Überraschungsentscheidung gesehen werden, die gegen Art 103 Abs 1 GG verstößt und mit der Anhörungsrüge geltend gemacht werden kann.

§ 323 [Vorbereitung der Hauptverhandlung]

(1) ¹**Für die Vorbereitung der Hauptverhandlung gelten die Vorschriften der §§ 214 und 216 bis 225.** ²**In der Ladung ist der Angeklagte auf die Folgen des Ausbleibens ausdrücklich hinzuweisen.**

(2) ¹**Die Ladung der im ersten Rechtszug vernommenen Zeugen und Sachverständigen kann nur dann unterbleiben, wenn ihre wiederholte Vernehmung zur Aufklärung der Sache nicht erforderlich erscheint.** ²**Sofern es erforderlich erscheint, ordnet das Berufungsgericht die Übertragung eines Tonbandmitschnitts einer Vernehmung gemäß § 273 Abs. 2 Satz 2 in ein schriftliches Protokoll an.** ³**Wer die Übertragung hergestellt hat, versieht die eigene Unterschrift mit dem Zusatz, dass die Richtigkeit der Übertragung bestätigt wird.** ⁴**Der Staatsanwaltschaft, dem Verteidiger und dem Angeklagten ist eine Abschrift des schriftlichen Protokolls zu erteilen.** ⁵**Der Nachweis der Unrichtigkeit der Übertragung ist zulässig.** ⁶**Das schriftliche Protokoll kann nach Maßgabe des § 325 verlesen werden.**

(3) **Neue Beweismittel sind zulässig.**

(4) **Bei der Auswahl der zu ladenden Zeugen und Sachverständigen ist auf die von dem Angeklagten zur Rechtfertigung der Berufung benannten Personen Rücksicht zu nehmen.**

Überblick

Die Bestimmung behandelt die Vorbereitung der Berufungshauptverhandlung, welche im Wesentlichen derjenigen der ersten Instanz entspricht. Deshalb nimmt Abs 1 S 1 als spezielle Verweisungsnorm, neben der die allgemeine Verweisung des § 332 StPO gilt, auf die Vorschriften über die Vorbereitung der erstinstanzlichen Hauptverhandlung Bezug, soweit diese nicht, wie etwa die Bestimmung über die Zustellung des Eröffnungsbeschlusses in § 215 StPO, in zweiter Instanz überholt sind. Ein Unterschied der Berufungshauptverhandlung zur erstinstanzlichen Verhandlung besteht darin, dass die Berufung ohne Sachprüfung verworfen werden kann, wenn der Angeklagte unentschuldigt nicht erscheint (§ 329 Abs 1 S 1 StPO). Das setzt seine vorherige Belehrung über diese Möglichkeit voraus, welche Abs 1 S 2 vorschreibt. Durch die erstinstanzliche Prüfung wird bisweilen deutlich, dass einzelne der dort erhobenen Beweise für die neue Sachentscheidung des Berufungsgerichts ohne Bedeutung sind. Dann sind Zeugen und Sachverständige, die in erster Instanz bereits vernommen wurden, zur Hauptverhandlung des Berufungsgerichts nicht mehr zu laden, wie Abs 2 S 1 betont. Ferner können in erster Instanz entstandene Beweismittel in der Berufungshauptverhandlung verstärkt durch Urkundenbeweis verwertet werden. Abs 2 S 2 bis S 6 regelt die Übertragung des Tonbandmitschnitts einer erstinstanzlichen Zeugenaussage in ein schriftliches Protokoll an, das gegebenenfalls nach § 325 StPO verlesen werden kann. Im Übrigen sind im Interesse der möglichst genauen Wahrheitserforschung auch neue Beweismittel in der Berufungshauptverhandlung zulässig; das stellt Abs 3 klar. Eine Präklusion gibt es nicht. Vielmehr sind insbesondere auch die vom Angeklagten in der Berufungsbegründung genannten Zeugen und Sachverständigen gegebenenfalls zu berücksichtigen; das betont Abs 4.

Übersicht

	Rn		Rn
A. Normgehalt.............................	1	E. Tonaufzeichnung einer Zeugenaussage (Abs 2 S 2 bis S 6).......................	6
B. Allgemeine Regeln (Abs 1 S 1).........	2		
C. Belehrung des Angeklagten über die Folgen des Ausbleibens (Abs 1 S 2).......	4	F. Zulässigkeit neuer Beweismittel (Abs 3)...	11
D. Beschränkung der Ladung von Beweispersonen (Abs 2 S 1)....................	5	G. Vom Angeklagten benannte Beweispersonen (Abs 4).............................	12

A. Normgehalt

Die Vorschrift verweist in Abs 1 S 1 im Wesentlichen auf die Vorschriften für die Vorbereitung der erstinstanzlichen Hauptverhandlung, von der sich die Verhandlung der zweiten Tatsacheninstanz nur in einzelnen Details unterscheidet. Erstmals erforderlich ist der Hinweis des Gerichts an den Angeklagten auf die Folgen eines unentschuldigten Ausbleibens, den Abs 1 S 2 gebietet. In der Berufungshauptverhandlung wird die Sache sonst im Ganzen neu verhandelt, so dass im Grundsatz auch alle bisherigen Beweise erneut zu erheben sind. Früher erhobene Beweise können sich andererseits bereits durch die Beweisaufnahme des Amtsgerichts als unerheblich erwiesen haben, so dass die für das Berufungsgericht geltende Aufklärungspflicht nach § 244 Abs 2 StPO nicht deren erneute Erhebung gebietet. Insoweit bedarf es der Ladung von Zeugen und Sachverständigen zur Berufungshauptverhandlung ausnahmsweise dann nicht, wenn sich nach den bisherigen Beweisergebnissen bereits klar abzeichnet, dass es auf sie nicht ankommt (Abs 2 S 1). Ein Tonbandmitschnitt einer erstinstanzlichen Zeugenaussage, der gemäß § 273 Abs 2 S 2 StPO angefertigt worden war, kann in ein schriftliches Protokoll übertragen und in der Berufungshauptverhandlung gemäß § 325 StPO verlesen werden. Abs 2 S 2 bis 6 regelt die Verfahrensförmlichkeiten dafür. Zusätzlich kommen gegebenenfalls neue Beweise hinzu. Diese können in der strafprozessualen Berufungsinstanz, anders als im Zivilprozess nach § 531 Abs 2 ZPO, nicht präkludiert werden, was Abs 3 klarstellt. Auf die vom Beschwerdeführer in der Berufungsrechtfertigung benannten Zeugen oder Sachverständigen ist besonders zu achten (Abs 4); denn insoweit ist auch mit Beweisanträgen in der Hauptverhandlung zu rechnen, wenn das Gericht nicht vorsorglich schon von Amts wegen die Ladung dieser Beweispersonen veranlasst hat.

B. Allgemeine Regeln (Abs 1 S 1)

2   Der Vorsitzende der Berufungskammer muss ebenso wie der erstinstanzliche Richter die **Sache terminieren** (§ 213 StPO, § 332 StPO), unter **Beachtung der Ladungsfristen** (§ 217 StPO) die erforderlichen **Ladungen und Terminsmitteilungen** anordnen (§ 214 Abs 1 StPO, § 216 StPO, § 218 StPO), **Sachbeweise herbeischaffen**, soweit das nicht die Staatsanwaltschaft bewirkt hat (§ 214 Abs 4 StPO, § 221 StPO), **Beweisanträge bescheiden** (§ 219 StPO), den Verfahrensbeteiligten **die geladenen Zeugen und Sachverständigen namhaft machen** (§ 222 Abs 1 StPO). Die Regeln über Besetzungsmitteilungen und Besetzungseinwände nach § 222 a StPO, § 222 b StPO gelten dagegen im Berufungsverfahren nicht (BT-Drs 8/976, 45). Andererseits sind die Regeln über **kommissarische Beweiserhebungen** nach § 223 StPO bis § 225 StPO auch in der Berufungsinstanz anwendbar.

3   Umstritten ist, ob **§ 225 a StPO** im Berufungsverfahren gilt oder ob § 328 StPO exklusiv anzuwenden ist. In Abs 1 S 1 der vorliegenden Vorschrift wird § 225 a StPO nicht in Bezug genommen. Nach dem Gesetz erfolgt eine Zuständigkeitsverweisung durch die Berufungsinstanz gem § 328 Abs 2 StPO durch Urteil. Daher ist das Beschlussverfahren nach § 225 a StPO für die Berufungsinstanz nach dem Gesetz also gerade nicht vorgesehen. Verbreitet wird aus Gründen der Prozessökonomie gleichwohl eine entsprechende Anwendung der Vorschrift befürwortet (BGH NJW 2003, 1404 f; Hegmann NStZ 2000, 574, 575 f; § 225 a StPO Rn 3). Dafür fehlt es allerdings an einer Regelungslücke. Zudem ist die Verweisung auch durch Urteil nach § 328 Abs 2 StPO nur dann erforderlich, wenn kein Fall des § 329 Abs 1 S 1 StPO vorliegt. Dem ist nicht durch Zuständigkeitsverweisung in einem gesetzlich nicht vorgesehenen Beschlussverfahren vor der Hauptverhandlung vorzugreifen. Zudem setzt die Zuständigkeitsverweisung durch das Berufungsgericht nach § 328 Abs 2 StPO eine vorherige Aufhebung des angefochtenen Urteils voraus, die nach dem Gesetz nur durch Urteil und nicht durch Beschluss des Berufungsgerichts erfolgen soll (Löwe/Rosenberg/Gollwitzer StPO § 328 Rn 33). Zudem hat nur ein Verweisungsurteil gegenüber Gerichten niedrigerer Ordnung, die zum Bezirk des Berufungsgerichts als gemeinsames oberes Gericht gehören, eine ausreichende Bindungswirkung. Nach allem erscheint die entsprechende Anwendung von § 225 a StPO verfehlt.

C. Belehrung des Angeklagten über die Folgen des Ausbleibens (Abs 1 S 2)

4   Der Angeklagte, der schon bei der Rechtsmittelbelehrung durch das Gericht des ersten Rechtszuges nach § 35 a S 2 StPO auf die Folgen des unentschuldigten Ausbleibens hingewiesen worden war, muss vom Berufungsgericht bei der Ladung nochmals schriftlich und **ausdrücklich** darüber belehrt werden, dass seine Berufung im **Fall des unentschuldigten Ausbleibens** nach § 329 Abs 1 S 1 StPO verworfen oder gem § 329 Abs 4 StPO seine **Vorführung oder Verhaftung** angeordnet werden kann. Im Fall der Berufung der Staatsanwaltschaft muss auf die Möglichkeit der **Verhandlung in seiner Abwesenheit** gemäß § 329 Abs 2 S 1 StPO hingewiesen werden. Ferner muss der Angeklagte gegebenenfalls auch auf die Möglichkeit aufmerksam gemacht werden, dass er sich gem § 234 StPO in der Verhandlung **vertreten** lassen kann. Eine Bezugnahme auf frühere Belehrungen reicht nicht aus.

D. Beschränkung der Ladung von Beweispersonen (Abs 2 S 1)

5   Nach § 244 Abs 2 StPO sind alle Beweiserhebungen durchzuführen, die sich nach den Umständen des Einzelfalles aufdrängen. In der neuen Hauptverhandlung des Berufungsgerichts sind deshalb **grundsätzlich** auch **alle** diejenigen **Zeugen und Sachverständigen erneut zu vernehmen**, die bereits in der ersten Instanz vernommen worden waren. Abs 2 S 1 gestattet es als **Ausnahme**, die Ladung solcher Zeugen und Sachverständigen zu unterlassen, deren wiederholte Vernehmung zur Aufklärung der Sache **nicht erforderlich** erscheint. Dafür gilt der Beurteilungsmaßstab der Aufklärungspflicht nach § 244 Abs 2 StPO. Danach sind alle Beweispersonen, die überhaupt unmittelbar oder mittelbar sachentscheidungserhebliche Angaben machen können, erneut zu vernehmen, denn das neue Vernehmungsergebnis muss nicht in allen Einzelheiten mit demjenigen der ersten Instanz überein-

stimmen, das auch nur in groben Zügen hinsichtlich der „wesentlichen Ergebnisse" (§ 273 Abs 2 S 1 StPO) und weder wortlautgetreu noch vollständig aus dem Protokoll der erstinstanzlichen Hauptverhandlung zu entnehmen ist. Ergänzende **Fragen und Vorhalte** können zum Beispiel ergänzende Informationen ergeben und **der persönliche Eindruck** der erkennenden Richter von der Beweisperson kann für die Glaubwürdigkeitsbeurteilung von Belang sein. Zeugen oder Sachverständige, die ausnahmsweise nach Abs 2 S 1 nicht geladen werden müssen, sind demnach vor allem solche, deren Aussagen in erster Instanz inhaltlich ergeben haben, dass die Beweispersonen letztlich nichts Sachdienliches zur Beweisfrage beitragen können. Schon die Wiedergabe einer Indiztatsache ist grundsätzlich erheblich, weil erst nach einer umfassenden Gesamtwürdigung aller Tatsachen und Beweise durch das Berufungsgericht nach einem Strengbeweisverfahren klar wird, ob einzelne Informationen erheblich oder unerheblich sind. Von Abs 2 S 1 ist deshalb zurückhaltend Gebrauch zu machen.

E. Tonaufzeichnung einer Zeugenaussage (Abs 2 S 2 bis S 6)

Der Tonbandmitschnitt einer Vernehmung anstelle eines schriftlichen Protokolls der wesentlichen Ergebnisse ist in § 273 Abs 2 S 2 bis S 4 StPO in der Fassung des 1. OpferRRG vorgesehen; in der Praxis spielt er bisher keine Rolle. Er führt in erster Instanz zur Erstellung der genauen akustischen Dokumentation der Aussage, insbesondere um eventuell einem Opfer eine erneute Vernehmung zu ersparen, wenn in zweiter Instanz statt der wiederholten Vernehmung die Verwertung des Tonbandmitschnitts genügt. Das ist **nach Aufklärungsgesichtspunkten** iSv § 244 Abs 2 StPO aber regelmäßig ausgeschlossen, weil die deshalb mitgeschnittene Zeugenaussage von besonderer Beweisbedeutung ist und Abs 2 S 2 keine über § 325 StPO hinausgehende Durchbrechung des Unmittelbarkeitsprinzips und erst recht keine Reduzierung der Aufklärungspflicht gemäß § 244 Abs 2 StPO zur Folge hat. Die gut gemeinte Regelung hat daher geringe praktische Bedeutung.

Abs 2 S 2 bis S 6 der vorliegenden Vorschrift regelt die **Verschriftlichung** des Tonbandmitschnitts der erstinstanzlichen Vernehmung, um den Aussageinhalt im Urkundenbeweis verwertbar zu gestalten. Der Vorzug gegenüber der schriftlichen Aufzeichnung der „wesentlichen Ergebnisse" der erstinstanzlichen Aussage und deren Verwertung in zweiter Instanz als Urkundenbeweis besteht abstrakt gesehen darin, dass damit zumindest **der genaue Wortlaut** der Aussage reproduziert werden kann. Das bleibt aber immer noch hinter dem persönlichen Eindruck der Richter von der Beweisperson und ihrer Aussage zurück. Das Verfahren der Herstellung und Verschriftlichung des Tonbandmitschnitts ist umständlich und im Ergebnis zur Erreichung des Opferschutzzwecks unzureichend (vgl BR-Drs 829/03, 9).

Die Verschriftlichung des Tonbandmitschnitts wird nur angeordnet, „**sofern es erforderlich erscheint**". Das ist außerhalb des Strengbeweisverfahrens im engeren Sinne stets der Fall, denn auch die Verwendung des so entstehenden Wortlautprotokolls zwar nicht als Urkundenbeweis, aber doch als Mittel für Fragen und Vorhalte, ist oft hilfreich. Für Zwecke der Verwendung des Protokolls als Urkundenbeweis (§ 325 StPO), auf die Abs 2 S 6 schließlich abzielt, wird die Maßnahme hingegen kaum jemals „erforderlich" erscheinen, weil das Unmittelbarkeitsprinzip und die Aufklärungspflicht stets gebieten, die für die Wahrheitserforschung im Einzelfall wichtige Zeugenvernehmung zu wiederholen. Ob die Übertragung des Tonbandmitschnitts in ein schriftliches Protokoll dann im Ganzen „erforderlich erscheint", weil das Protokoll nicht als Primärbeweismittel, aber als Sekundärhilfsmittel dienlich sein kann, ist zumindest eine heikle Wertungsfrage. Das Tonbandprotokoll kann schließlich auch ohne Verschriftlichung ergänzend als Augenscheinsobjekt verwendet werden, soweit dadurch das Unmittelbarkeitsprinzip nicht verletzt wird.

Die **Anordnung** der Verschriftlichung des Tonbandmitschnitts trifft bei der Vorbereitung der Hauptverhandlung **der Vorsitzende** der Berufungskammer; er muss prognostizieren, ob es dem Gericht in der Besetzung mit den Schöffen „erforderlich" erscheinen wird, den Tonbandmitschnitt auch im Wege des Urkundenbeweises zu verwerten. Die Übertragung wird vom Vorsitzenden angeordnet und sodann vom **Schreibdienst** des Gerichtes bewirkt. Die ausführende Person hat nach Abs 2 S 3 die **Richtigkeit der Übertragung zu bestätigen** und den Vermerk zu unterzeichnen. Das hat keine Beurkundungsbedeutung, wie bei der Erstellung des Protokolls der Hauptverhandlung. Damit soll vielmehr nur die handelnde Person identifiziert werden können, um später etwaige Zweifelsfragen durch Zeugenbeweis klären zu können. Der **Nachweis der sachlichen Unrichtigkeit** der Übertragung ist **zulässig** (Abs 2 S 5), wobei es nicht nur um der Protokollfälschung iSv § 274 Abs 1 S 2 StPO vergleichbare Fälle, sondern auch um schlichte Übertragungsfehler geht, die etwa bei schlechter Qualität des Mitschnitts, undeutlicher Äußerung oder Verwendung von Dialekten ohne weiteres vorkommen kann. Nach Abs 2 S 4 ist der Staatsanwaltschaft, dem Verteidiger und dem Angeklagten von dem schriftlichen Protokoll eine **Abschrift zu erteilen**; dasselbe gilt – gegebenenfalls – auch für Nebenkläger und Nebenbeteiligte, obwohl diese in der Vorschrift nicht erwähnt sind, weil das Gesetz nur die stets am Verfahren Beteiligten nennt.

10   Zweck der Maßnahme ist die Ermöglichung der **Verlesung des Protokolls** nach Maßgabe des § 325 StPO (Abs 2 S 6). Diese Verlesung scheidet aber aus, wenn aufgrund der Aufklärungspflicht des Gerichts die unmittelbare Zeugenvernehmung geboten ist, was bei erheblicher Beweisbedeutung der Aussage nahezu stets anzunehmen ist. Sie scheidet andererseits auch dann aus, wenn der Aussage gerade keine Beweisbedeutung zukommt; dann kann nämlich auf jede Beweiserhebung zu diesem Beweisthema verzichtet werden. Im Ganzen ist die Regelung also obsolet.

F. Zulässigkeit neuer Beweismittel (Abs 3)

11   Im Strafverfahrensrecht, das nach der Offizialmaxime und dem Instruktionsgrundsatz in besonderem Maße auf Wahrheitserforschung von Amts wegen ausgerichtet ist, gibt es **keine Präklusion von Beweismitteln**, soweit kein Beweisverwertungsverbot mit der Vorwirkung eines Beweiserhebungshindernisses eingreift. Auf einen Beweisantrag und auch von Amts wegen muss deshalb in der Hauptverhandlung neuen Beweisen nachgegangen werden, wenn sie erheblich sind, im Einzelfall aber auch erst nach Beendigung der ersten Tatsacheninstanz auftauchen oder erst dann als bedeutsam erkannt werden. Abs 3 stellt klar, dass neue Beweismittel, die vom Gericht des ersten Rechtszuges nicht verwertet wurden, zulässig sind. Ihre Nutzung ist auch deshalb geboten, damit nicht erst mit einem Wiederaufnahmeantrag gem § 359 Nr 5 StPO der neue Beweisstoff angeführt werden muss.

G. Vom Angeklagten benannte Beweispersonen (Abs 4)

12   Der Angeklagte kann zur Berufungsrechtfertigung insbesondere auf Beweismittel verweisen, die vom Gericht des ersten Rechtszuges nicht verwertet oder nicht ausgeschöpft wurden. Bei der Frage, welche Zeugen oder Sachverständigen zu laden oder welche Sachbeweise für die Hauptverhandlung herbeizuschaffen sind, hat der Vorsitzende auch aus Gründen der Gewährung rechtlichen Gehörs sowie der Wahrnehmung seiner Fürsorgepflicht darauf besonders Bedacht zu nehmen, zumal der Angeklagte andernfalls in der Hauptverhandlung Beweisanträge stellen muss und vorrausichtlich auch stellen wird, wenn er bestimmte Beweismittel bereits in der Berufungsrechtfertigung benannt hatte, diese aber vom Gericht nicht beigezogen werden. Die vorsorgliche Prüfung schon bei der Erstellung des Ladungsplans dient also zugleich der Prozessökonomie und der Verfahrensbeschleunigung.

§ 324 [Gang der Hauptverhandlung]

(1) ¹Nachdem die Hauptverhandlung nach Vorschrift des § 243 Abs. 1 begonnen hat, hält ein Berichterstatter in Abwesenheit der Zeugen einen Vortrag über die Ergebnisse des bisherigen Verfahrens. ²Das Urteil des ersten Rechtszuges ist zu verlesen, soweit es für die Berufung von Bedeutung ist; von der Verlesung der Urteilsgründe kann abgesehen werden, soweit die Staatsanwaltschaft, der Verteidiger und der Angeklagte darauf verzichten.

(2) Sodann erfolgt die Vernehmung des Angeklagten und die Beweisaufnahme.

Überblick

Die Hauptverhandlung des Berufungsgerichts als neue Tatsacheninstanz entspricht in ihrem Ablauf im Wesentlichen der erstinstanzlichen Hauptverhandlung, auf deren Regeln nach § 332 StPO zurückzugreifen ist. Die vorliegende Vorschrift hebt einzelne Besonderheiten hervor. Dazu gehören der Vortrag des Berichterstatters über die Ergebnisse des bisherigen Verfahrens (Abs 1 S 1) und die ausschnittweise Verlesung der Gründe des erstinstanzlichen Urteils, soweit nicht durch alle Verfahrensbeteiligten darauf verzichtet wird (Abs 1 S 2). Daran schließen sich die Vernehmung des Angeklagten und die Beweisaufnahme an. Für die Schlussvorträge (§ 326 StPO) und die gerichtliche Entscheidung (§§ 327 StPO ff) geltend sodann Anschlussnormen.

Übersicht

	Rn		Rn
A. Normzweck	1	III. Verlesung weiterer Entscheidungen	8
B. Vortrag des Berichterstatters (Abs 1 S 1)	2	IV. Verzicht der Verfahrensbeteiligten auf die Verlesung	9
C. Verlesung des erstinstanzlichen Urteils (Abs 1 S 2)	5	**D. Weiterer Gang der Berufungshauptverhandlung (Abs 2)**	11
I. Thematisch begrenzte Verlesung der Urteils	6	**E. Revision**	12
II. Fehlende Beweisfunktion	7		

A. Normzweck

Die Vorschrift regelt **Besonderheiten der Berufungshauptverhandlung**, die sich daraus ergeben, dass ein erstinstanzliches Verfahren vorangegangen ist, ein gerichtliches Urteil über den Anklagevorwurf bereits vorliegt, und der Berufungsangriff hiergegen nur durch Kenntnis der Urteilsgründe verständlich wird sowie auch durch nicht aktenkundige (Laien-) Richter zu bescheiden ist, so dass alle Beteiligten wissen müssen, was vorangegangen war. Dazu muss nach dem **Mündlichkeitsgrundsatz** das **Ergebnis des erstinstanzlichen Verfahrens** in die Berufungshauptverhandlung eingeführt werden. Dies geschieht durch den Bericht eines Berufsrichters (Abs 1 S 1), also regelmäßig des Vorsitzenden. Zudem muss das erstinstanzliche Urteil bekannt gemacht werden (Abs 1 S 2), damit dessen Abänderung oder Bestätigung durch das zweitinstanzliche Urteil aus dem Inbegriff der Hauptverhandlung heraus verständlich wird. Im Übrigen gelten für den **Verhandlungsablauf** in der zweiten Tatsacheninstanz weit gehend dieselben Regeln wie für die erstinstanzliche Hauptverhandlung (§ 332 StPO) verweist. Abs 2 hat insoweit eine Hinweisfunktion. Für das Beweisrecht trifft § 325 StPO eine ergänzende Regelung.

B. Vortrag des Berichterstatters (Abs 1 S 1)

Ein Berufsrichter hat zu Beginn der Berufungshauptverhandlung, die zuvor mit dem Aufruf der Sache und der Präsenzfeststellung sowie der Belehrung und Entlassung der Zeugen aus dem Sitzungssaal ihren Anfang genommen hatte (§ 332 StPO, § 243 Abs 1 u Abs 2 StPO), in Abwesenheit der Zeugen und in Anwesenheit aller Verfahrensbeteiligten einen **Bericht über die Ergebnisse des bisherigen Verfahrens** zu halten. Damit sollen die Verfahrensbeteiligten und die Öffentlichkeit über den Stand der Sache informiert werden (KMR/Brunner StPO § 324 Rn 3). Schöffen können die Rolle des Berichterstatters nicht übernehmen.

Berichterstatter in diesem Sinne ist bei der kleinen Strafkammer als Berufungsgericht **der Vorsitzende**, sofern nicht ein **zweiter Berufsrichter** nach einem Urteil eines erweiterten Schöffengerichts gemäß § 76 Abs 3 S 1 GVG hinzugezogen wird (KMR/Brunner StPO § 324 Rn 4) oder eine große Jugendkammer als Berufungsgericht nach einem Urteil des

4 Der **Vortrag** bezieht sich in rein verfahrensrechtlicher Hinsicht auf die Ergebnisse des erstinstanzlichen Verfahrens, insbesondere auf den **Anklagevorwurf und dessen Bescheidung im Tenor des Urteils** des Amtsgerichts, gegebenenfalls auch nach Abtrennung bestimmter Verfahrensteile. Ergänzend wird der **Berufungsangriff** hinsichtlich der Person des Beschwerdeführers, der Zielrichtung des Rechtsmittels und der Einhaltung der Formalien vorgestellt, damit der zulässige Verfahrensgegenstand der Berufungshauptverhandlung klargestellt ist. Alles was zum Verständnis der mündlichen Erörterungen in der Hauptverhandlung des Berufungsgerichts erforderlich ist und sich nicht aus anderen Prozesshandlungen, wie insbesondere der Verlesung der Urteilsgründe nach Abs 1 S 2, ergibt, soll Gegenstand des Berichts sein. Was dazu gehört, richtet sich nach den Umständen des Einzelfalls. Bei der Berichterstattung können nach § 325 StPO auch **Schriftstücke verlesen** werden, was aber vor Beginn der Beweisaufnahme nur in verfahrensrechtlicher Hinsicht eine ergänzende Informationsfunktion erfüllt und **keine Beweisfunktion** besitzt.

C. Verlesung des erstinstanzlichen Urteils (Abs 1 S 2)

5 Nach dem Vortrag des Berichterstatters und ergänzend hierzu ist das Urteil zu verlesen. Das kann wiederum durch den Berichterstatter selbst, aber auch durch einen anderen Richter oder theoretisch sogar durch den Urkundsbeamten der Geschäftsstelle geschehen (Löwe/Rosenberg/Gollwitzer StPO § 324 Rn 19). Die Verlesung durch einen Schöffen sollte freilich vermieden werden, sie wäre gegebenenfalls aber unschädlich.

I. Thematisch begrenzte Verlesung der Urteils

6 Die **Verlesung des Tenors und der Gründe** des erstinstanzlichen Urteils im Anschluss an den Vortrag des Berichterstatters erfüllt eine **Informationsfunktion**, die derjenigen der Verlesung des Anklagesatzes in der erstinstanzlichen Hauptverhandlung entspricht und diese ersetzt. Eine erneute **Verlesung des Anklagesatzes** durch den Sitzungsvertreter der Staatsanwaltschaft (§ 243 Abs 3 StPO) ist daher in der Berufungshauptverhandlung **nicht erforderlich**. Insbesondere die Schöffen werden durch den Vortrag des Berichterstatters und die ausschnittweise Verlesung der Gründe des erstinstanzlichen Urteils in tatsächlicher und rechtlicher Hinsicht über den strafrechtlichen Vorwurf unterrichtet, der in der Berufungshauptverhandlung im Umfang der Anfechtung erneut aufzuklären ist (HansOLG Hamburg NStZ 1985, 379, 380). Von Bedeutung ist daher vor allem die Verlesung der **Tatsachenfeststellungen und** der **rechtlichen Würdigung** des erstinstanzlichen Gerichts. Die Urteilsverlesung soll dagegen die nicht aktenkundigen Laienrichter nicht vor Beginn der Beweisaufnahme beeinflussen. Daher sind aus demselben Grunde, der dazu führt, dass in erster Instanz das wesentliche Ergebnis der Ermittlungen aus der Anklageschrift nicht verlesen wird, insbesondere die **Beweiswürdigung** und – je nach Lage des Einzelfalls – die **Strafzumessungserwägungen** im erstinstanzlichen Urteil **nicht zu verlesen** (KMR/Brunner StPO § 324 Rn 9). Dies schließt es nicht aus, dass einzelne Aspekte im Vortrag des Berichterstatters oder bei der auszugsweisen Verlesung der erstinstanzlichen Urteilsgründe hervorgehoben werden, was dann angezeigt erscheint, wenn die Berufungsrechtfertigung diese ihrerseits aufgegriffen hatte, oder wenn Beweisverwertungsverbote erörtert werden müssen, die schon Gegenstand der Erörterungen in erster Instanz waren. Im Übrigen erfolgt eine Verlesung der Urteilsgründe nur „**soweit**" das für Zwecke des Verständnisses der Erörterungen in der Berufungshauptverhandlung **erforderlich** ist. Eine vollständige Urteilsverlesung sieht das Gesetz nicht vor. Sie ist nicht erforderlich, soweit Urteilsgründe ausschließlich **Mitangeklagte** betreffen, auf die sich das Berufungsverfahren nicht erstreckt.

II. Fehlende Beweisfunktion

7 Die Verlesung der Urteilsgründe hat keine Beweisfunktion, sie ist nicht Teil der Beweisaufnahme (BayObLG MDR 1973, 692, 693), die gem Abs 2 erst anschließend beginnt, und sie kann daher keine zulässige Grundlage der Beweiswürdigung und Strafzumessung des

Berufungsgerichts bilden. Aus der Verlesung des erstinstanzlichen Urteils nach Abs 1 S 2 allein kann auch nicht in prozessordnungsgemäßer Weise die frühere Einlassung des Angeklagten gegenüber dem Gericht des ersten Rechtszuges für Beweiszwecke entnommen werden (OLG Frankfurt StV 1990, 399). Schweigt der Angeklagte, welcher der Berichterstattung beigewohnt hat, in der Berufungshauptverhandlung, so wird es in der Rechtsprechung zum Teil hingenommen, wenn das Berufungsgericht hierin einen Ausdruck dafür sieht, dass der Angeklagte seine Erklärungen auch für den zweiten Rechtszug gelten lassen wolle (BayObLG MDR 1973, 692, 693). Damit wird dem Schweigen aber noch über den Fall des so genannten Teilschweigens hinaus Beweisbedeutung zugemessen, die ihm mit Rücksicht auf den Grundsatz „nemo tenetur se ipsum accusare" nicht zukommen darf. Nicht ausgeschlossen ist es freilich, das erstinstanzliche Urteil in der Beweisaufnahme nochmals, zur Klarstellung für die Verfahrensbeteiligten nunmehr förmlich als Beweisurkunde zum Nachweis der früheren Einlassung, zu verwerten (OLG Hamm NJW 1974, 1880 ff). Das muss dann aber durch eine besondere Prozesshandlung geschehen, damit für alle Verfahrensbeteiligten klar wird, welche Bedeutung diese Urkundenverlesung hat.

III. Verlesung weiterer Entscheidungen

War der Berufungshauptverhandlung eine Urteilsaufhebung und Zurückverweisung der Sache vorangegangen, dann kann auch die Verlesung weiterer Entscheidungen erforderlich sein, soweit der Sachstand des Berufungsverfahrens nur so verständlich wird (OLG Frankfurt StV 2001, 335 f). Das gilt namentlich im Fall der nur teilweisen Aufhebung eines früheren Urteils, etwa alleine im Strafausspruch. Dann bedarf es zusätzlich der **Verlesung der** das Berufungsgericht **bindenden Feststellungen** zum Schuldspruch aus dem Urteil der früheren Tatsacheninstanz (BayObLG MDR 1982, 249), soweit jedenfalls nicht schon der Vortrag des Berichterstatters dazu ausreichende Informationen enthält (BayObLGSt 1973, 130, 131, 132). 8

IV. Verzicht der Verfahrensbeteiligten auf die Verlesung

Die Verfahrensbeteiligten können auf die Verlesung der Gründe des erstinstanzlichen Urteils verzichten. Nur wenn **alle Beteiligten** einen Verzicht erklären, ist das Berufungsgericht von der Verpflichtung nach Abs 1 S 2 befreit, die Gründe des Urteils auszugsweise zu verlesen. Das Gesetz nennt nur die Staatsanwaltschaft, den Verteidiger und den Angeklagten. Es betrifft nach der Neufassung des § 397 StPO nicht mehr den Nebenkläger. Ein Verzicht des Angeklagten ist entbehrlich, wenn er in der Berufungshauptverhandlung nicht erscheint. 9

Ein Verzicht auf Verlesung bestimmter Teile der Urteilsgründe ist möglich. **Der Vorsitzende** ist **an den Verzicht** aber **nicht gebunden**. Er kann das Urteil trotz Verzichtserklärungen der Verfahrensbeteiligten dennoch verlesen und er kann auch ohne Verzicht der Beteiligten Teile des Urteils von der Verlesung ausnehmen, soweit es darauf nach dem Verfahrensstand und mit Blick auf den vorherigen Vortrag des Berichterstatters für Zwecke der ausreichenden Information der Beteiligten nicht ankommt. 10

D. Weiterer Gang der Berufungshauptverhandlung (Abs 2)

Nach dem Vortrag des Berichterstatters und der Verlesung des erstinstanzlichen Urteils wird der Angeklagte ebenso wie in erster Instanz gemäß § 243 Abs 4 StPO vernommen. Danach beginnt die Beweisaufnahme (§ 244 StPO, § 332 StPO). Insoweit entspricht der Verhandlungsablauf demjenigen beim Amtsgericht, was Abs 2 klarstellt. 11

E. Revision

Für die Beanstandung von Ermessensentscheidungen des Vorsitzenden ist der **Zwischenrechtsbehelf** nach § 238 Abs 2 StPO aus revisionsrechtlicher Sicht entbehrlich. Darauf kommt es nur an, wenn der Vorsitzende eine zwingend vorgeschriebene Maßnahme nach Abs 1 verweigert oder zu Unrecht von einem Verzicht aller Verfahrensbeteiligten auf die Urteilsverlesung ausgehen will. Dann ist die Erhebung des Zwischenrechtsbehelfs zur Erhaltung der Verfahrensrüge erforderlich. 12

13 Das **Vorliegen oder Nichtvorliegen von Rechtsfehlern** (§ 337 StPO) in Form einer Verletzung von Abs 1 S 1 oder Abs 1 S 2 der vorliegenden Vorschrift ist **anhand des Protokolls der Hauptverhandlung zu beurteilen**. Denn der Vortrag des Berichterstatters und die Verlesung des erstinstanzlichen Urteils oder der Verzicht der Verfahrensbeteiligten darauf sind wesentliche Förmlichkeiten der Hauptverhandlung und bedürfen der Protokollierung nach § 273 Abs 1 StPO, die an der Beweiskraft nach § 274 StPO teilnimmt (OLG Hamm NZV 1989, 244, 245). Aber nicht der Inhalt, sondern nur die Tatsache der Berichterstattung und Urteilsverlesung gehört zu den wesentlichen Förmlichkeiten, bezüglich derer das Protokoll formelle Beweiskraft hat (OLG Bremen Beschl v 20. 7. 1988 – Az Ss 105/87). In der Revisionsinstanz kann folgerichtig dann auch wegen des „Verbots der Rekonstruktion der Beweisaufnahme" nicht nachgeprüft werden, ob eine Auslassung im Vortrag des Berichterstatters oder bei der teilweisen Verlesung der Gründe des angefochtenen Urteils Bedeutung für die Verhandlung erlangt hat. Daher kann eine **Unvollständigkeit** des Vortrags des Berichterstatters oder der Urteilsverlesung nicht mit Erfolg als Rechtsfehler gerügt werden.

14 Da das Urteil der ersten Instanz zu verlesen „ist", stellt es einen Rechtsfehler im Sinne von § 337 StPO dar, wenn die Verlesung insgesamt unterlassen wird, ohne dass alle Verfahrensbeteiligten darauf verzichtet hatten (OLG Hamburg NStZ 1985, 379, 380). Auf der in solcher Weise **unterbliebenen Verlesung des Urteils** des ersten Rechtszuges beruht das Berufungsurteil ausnahmsweise dann nicht, wenn es sich bei dem Urteilsgegenstand um einen tatsächlich und rechtlich einfach gelagerten Sachverhalt gehandelt hat, der schon anhand des Vortrags des Berichterstatters leicht zu erfassen ist, und wenn ausgeschlossen werden kann, dass sich auch die Schöffen über den Inhalt der Feststellungen nicht im Klaren waren (BayObLG Beschl v 31. 3. 2000 – Az 1St RR 37/00).

15 Der Vortrag des Berichterstatters und die Verlesung des Urteils erster Instanz stellen wesentliche Teile der Berufungshauptverhandlung dar und setzen die **Anwesenheit aller notwendigen Verfahrensbeteiligten** voraus (OLG Hamm NZV 1989, 244, 245). Die Abwesenheit eine Verfahrensbeteiligten während der Verlesung des erstinstanzlichen Urteils in der Berufungshauptverhandlung kann daher ein absoluter Revisionsgrund gemäß § 338 Nr 5 StPO sein (OLG Düsseldorf NStZ-RR 1999, 144, 145). Findet in einem Fall der notwendigen Verteidigung die Verlesung des erstinstanzlichen Urteils in Abwesenheit des Verteidigers statt, dann kann der Verfahrensfehler weder durch eine spätere kurze Information des Verteidigers durch den Vorsitzenden über den Ablauf der bisherigen Verhandlung noch durch den Verzicht allein des Verteidigers auf eine nochmalige Verlesung des erstinstanzlichen Urteils geheilt werden (OLG Zweibrücken StV 1986, 240, 241), wohl aber durch erneute Verlesung des Urteils oder den Verzicht aller Verfahrensbeteiligter hierauf; denn der Gesetzeszweck ist dann erfüllt.

§ 325 [Verlesung von Schriftstücken]

Bei der Berichterstattung und der Beweisaufnahme können Schriftstücke verlesen werden; Protokolle über Aussagen der in der Hauptverhandlung des ersten Rechtszuges vernommenen Zeugen und Sachverständigen dürfen, abgesehen von den Fällen der §§ 251 und 253, ohne die Zustimmung der Staatsanwaltschaft und des Angeklagten nicht verlesen werden, wenn die wiederholte Vorladung der Zeugen oder Sachverständigen erfolgt ist oder von dem Angeklagten rechtzeitig vor der Hauptverhandlung beantragt worden war.

Überblick

Die Verlesung von Schriftstücken bei der Berichterstattung nach § 324 Abs 1 S 2 StPO hat keine Beweisfunktion und ist ohne weiteres zulässig. Darauf verweist die erste Alternative des ersten Halbsatzes der Vorschrift, die insoweit aber nur deklaratorischer Natur ist. Der Schwerpunkt liegt auf der zweiten Alternative bei der Verlesung von Schriftstücken im Rahmen der Beweisaufnahme. Sie beschränkt das Unmittelbarkeitsprinzip, jedoch nicht die Aufklärungspflicht des Gerichts. Die Vorschrift ist zu weit gefasst. Sie betrifft letztlich nur die Verlesung der Protokolle erstinstanzlicher Vernehmungen, aber nicht sonstiger Schriftstücke, für welche die Regeln über den Urkundenbeweis gelten, soweit die Verlesung Beweiszwecken und nicht alleine Informationszwecken im Sinne der ersten Alternative iVm § 324 Abs 1 S 2 StPO dient. Wenn Zeugen oder Sachverständige bereits zur wiederholten Vernehmung geladen sind oder ihre erneute Vernehmung beantragt wurde, kann ihre Vernehmung – unbeschadet der Aufklärungspflicht – auch nach der vorliegenden Vorschrift nur dann durch eine Urkundenverlesung ersetzt werden, wenn die Staatsanwaltschaft und der Angeklagte sowie gegebenenfalls sein Verteidiger zustimmen und der Angeklagte nicht schon vor der Hauptverhandlung rechtzeitig die Ladung beantragt hatte.

Übersicht

	Rn		Rn
A. Normzweck	1	III. Ausschluss der Protokollverlesung nach Ladung der Beweispersonen oder bei Vorliegen eines Beweisantrages	10
B. Verlesung von Schriftstücken bei der Berichterstattung	2	IV. Ausschluss der Protokollverlesung bei Formfehlern oder Beweisverboten	15
C. Verlesung von Schriftstücken bei der Beweisaufnahme	3	D. Vereidigung	16
I. Verlesung nur von Protokollen der erstinstanzlichen Vernehmungen	4	E. Revision	17
II. Keine Einschränkung der Aufklärungspflicht	7		

A. Normzweck

Die Vorschrift dient der Vereinfachung der Berufungshauptverhandlung und damit der Beschleunigung des Verfahrens. Sie sieht vor allem vor, dass im Rahmen der Beweisaufnahme eine Verlesung von Schriftstücken an die Stelle einer Zeugenvernehmung treten kann. Damit ist aber nach dem Gesamtzusammenhang der Regelung nur das erstinstanzliche Protokoll der früheren Hauptverhandlung gemeint, kein anders Schriftstück. Die Ersetzung des Personalbeweises durch den Sachbeweis kommt freilich auch insoweit nur in Frage, wenn nicht schon die Ladung der Zeugen oder Sachverständigen erfolgt ist oder von dem Angeklagten rechtzeitig vor der Hauptverhandlung beantragt wurde. In diesem Fall darf die Ersetzung der Vernehmung des Zeugen oder Sachverständigen, auch wenn er nicht erschienen ist, nur noch mit Zustimmung der Staatsanwaltschaft und des Angeklagten, gegebenenfalls auch des Verteidigers, erfolgen. Sie scheidet jedoch in jedem Falle aus, wenn die Vernehmung des Zeugen oder Sachverständigen aufgrund der **Aufklärungspflicht** gemäß § 244 Abs 2 StPO von Amts wegen erforderlich ist, weil sie sich zur Wahrheitserforschung im Einzelfall gleichsam aufdrängt. Damit ist der Anwendungsbereich der Norm, die nach ihrem Wortlaut mehr verspricht als sie halten kann, stark eingeschränkt. 1

B. Verlesung von Schriftstücken bei der Berichterstattung

Eine Verlesung von Schriftstücken kann im Rahmen des Vortrags des Berichterstatters oder der Urteilsverlesung nach § 324 Abs 1 StPO erfolgen. Dies erfüllt keine Beweisfunktion. Insoweit ist die vorliegende Regelung deklaratorischer Natur und ohne nennenswerte praktische Bedeutung. 2

C. Verlesung von Schriftstücken bei der Beweisaufnahme

Bedeutsam ist die Regelung bei der Verlesung von Schriftstücken im Rahmen der Beweisaufnahme, die nach dem Vortrag des Berichterstatters, nach der Verlesung des erstinstanzlichen Urteils und nach der Vernehmung des Angeklagten erst beginnt (§ 324 Abs 2 StPO). 3

I. Verlesung nur von Protokollen der erstinstanzlichen Vernehmungen

Die Vorschrift betrifft ungeachtet ihrer weit gefassten Formulierung nicht die Verlesung beliebiger Schriftstücke, wie etwa eines polizeilichen Vernehmungsprotokolls (OLG Köln 4

StV 1983, 97), für welche allein die §§ 249 StPO ff gelten. Die vorliegende Bestimmung regelt allein die **Verlesung des Protokolls der erstinstanzlichen Vernehmungen** nach § 273 Abs 2 und Abs 3 StPO (KMR/Brunner StPO § 325 Rn 5).

5   **Protokolle früherer Hauptverhandlungen** vor derjenigen Verhandlung, in der das angefochtene Urteil ergangen ist, werden von der vorliegenden Vorschrift nicht erfasst; sie sind danach nicht zulässig. Ferner kann nach der vorliegenden Vorschrift nicht das **Protokoll der kommissarischen Vernehmung** eines Zeugen oder Sachverständigen verlesen werden (BayObLG StV 1990, 399, 400). Dafür gelten die allgemeinen Regeln.

6   Wird eine Zeugenvernehmung durch die Protokollverlesung ersetzt, dann ist grundsätzlich der gesamte Inhalt des Protokolls über diese konkrete Vernehmung zu verlesen. Eine **auszugsweise Verlesung** ist nur zulässig, wenn alle Prozessbeteiligten damit ausdrücklich einverstanden sind (OLG Hamburg MDR 1973, 871).

II. Keine Einschränkung der Aufklärungspflicht

7   Die Vorschrift ist nur eine Einschränkung des Unmittelbarkeitsgrundsatzes im Sinne von § 250 StPO, der für sich genommen keinen Verfassungsrang besitzt (BVerfG NJW 2008, 2243, 2244), aber nicht der verfassungsrechtlich bedeutsameren Aufklärungspflicht (BVerfGE 70, 297, 309) gem § 244 Abs 2 StPO. Nur Aussagen nebensächlicher Zeugen dürfen deshalb in der Berufungsverhandlung ohne Zustimmung der Verfahrensbeteiligten verlesen werden, sofern der Angeklagte nicht rechtzeitig deren Ladung beantragt hatte (OLG Zweibrücken NJW 1982, 117).

8   Ob nach dem Maßstab der Aufklärungspflicht auf die Vernehmung eines Zeugen in der Berufungshauptverhandlung verzichtet werden kann, ist deshalb von Fall zu Fall anhand des Beweisthemas und des Aussageinhalts, des Vorliegens oder Nichtvorliegens einer bestreitenden Einlassung des Angeklagten und der Beweislage im Übrigen zu beurteilen (OLG Hamm Beschl v 29. 7. 1986 – Az 4 Ss 859/86). Die Verlesung von erstinstanzlichen Zeugenaussagen ist zulässig, wenn keine Zweifel an der Verlässlichkeit der früheren Aussage besteht und sie insbesondere auch nach ihrem Inhalt und der Beweisbedeutung der Angaben die tragenden Grundlagen der Urteilsfindung nicht in Frage stellen (OLG Koblenz Beschl v 25. 3. 1982 – Az 1 Ss 73/82).

9   Die Aussage darf demnach nur verlesen werden, wenn es nicht auf den **persönlichen Eindruck** von dem Zeugen zur Glaubwürdigkeitsbeurteilung ankommt. Insbesondere kann das Berufungsgericht die Glaubwürdigkeit eines Zeugen, den es nicht selbst vernommen hat, nicht allein anhand des verlesenen Protokolls der erstinstanzlichen Vernehmung anders beurteilen als das Gericht des ersten Rechtszuges (BayObLG JR 1973, 467, 468 mAnm Hanack). Aussagen, die im **Widerspruch zu den Angaben des Angeklagten** stehen oder denen **entscheidende Bedeutung** zukommt, dürfen auch sonst nicht zur Ersetzung der erneuten Vernehmung verlesen werden und zwar selbst dann nicht, wenn die Verfahrensbeteiligten damit einverstanden wären (BayObLG NJW 1992, 1399; OLG Frankfurt Beschl v 22. 8. 1986 – Az 1 Ss 176/86; OLG Zweibrücken NStZ 1992, 147). Die Aufklärungspflicht gebietet insbesondere dann die nochmalige Vernehmung eines Zeugen, wenn „**Aussage gegen Aussage**" steht (OLG Celle Beschl v 20. 10. 1993 – Az 1 Ss 159/93).

III. Ausschluss der Protokollverlesung nach Ladung der Beweispersonen oder bei Vorliegen eines Beweisantrages

10   Die Vorschrift schränkt die schon nach Aufklärungsgrundsätzen nur ausnahmsweise mögliche Protokollverlesung weiter ein, indem sie die Verlesung ausschließt, wenn die Beweisperson vom Berufungsgericht oder von einem dazu befugten Verfahrensbeteiligten **geladen** wurde oder der Angeklagte dies rechtzeitig vor der Hauptverhandlung **beantragt** hatte. Die Sistierung der Beweisperson und deren **Präsenz** in der Hauptverhandlung macht die Protokollverlesung zur Ersetzung der Vernehmung ebenfalls unzulässig. Auch dann, wenn der geladene Zeuge zur Berufungshauptverhandlung nicht erscheint, kann nicht ohne Zustimmung der Verfahrensbeteiligten von der Zeugenvernehmung zur Protokollverlesung übergegangen werden. Jedoch kann ein **Abladung** den Weg zur Protokollverlesung öffnen, wenn der Angeklagte davon benachrichtigt wurde und daraufhin nicht seinerseits die Ladung beantragt (OLG Stuttgart JR 1977, 343, 344 mAnm Gollwitzer). Der Antrag des Angeklag-

ten auf Ladung des Zeugen oder Sachverständigen ist nur relevant, wenn er so rechtzeitig vor der Hauptverhandlung gestellt wird, dass der Vorsitzende die Beweisperson noch zum Termin laden kann und sei es auch nur telefonisch.

Von der Vernehmung der geladenen Zeugen oder Sachverständigen oder derjenigen, deren Ladung der Angeklagten beantragt hat, kann das Gericht zugunsten einer Protokollverlesung nur absehen, wenn die Verfahrensbeteiligten zustimmen. Das Gesetz nennt nur die Staatsanwaltschaft und den Angeklagten als **zustimmungspflichtige Beteiligte**. Nach seinem Sinn und Zweck müssen aber auch der Verteidiger, wenn ein solcher vorhanden ist, gesetzliche Vertreter oder Erziehungsberechtigte von jugendlichen Angeklagten, Privatkläger und Nebenbeteiligte, soweit diese von der Beweisfrage in ihrer Rechtsposition betroffen sind, zustimmen. Nach der Neufassung des § 397 StPO gilt das aber nicht mehr für den Nebenkläger (Meyer-Goßner StPO § 325 Rn 4). 11

Die **Zustimmung** muss durch ausdrückliche oder konkludente Prozesserklärung erfolgen (OLG Stuttgart JR 1977, 343, 344 mAnm Gollwitzer). Aus dem Prozessverhalten muss sich eindeutig ein entsprechender Wille entnehmen lassen. Die stillschweigende Hinnahme einer Protokollverlesung kann jedenfalls nicht als Zustimmung eines nicht verteidigten Angeklagten gewertet werden, sofern er nicht zuvor über die Erforderlichkeit seiner Zustimmung aufgeklärt worden war (OLG Stuttgart JR 1977, 343ff mAnm Gollwitzer). Eine einmal erklärte Zustimmung kann nicht widerrufen, eine fehlende Zustimmung jedoch vom Gericht auch nachträglich eingeholt werden. 12

Die Zustimmungserklärungen der Prozessbeteiligten zur Verlesung des Protokolls einer Zeugenaussage sind wesentliche Förmlichkeiten der Hauptverhandlung, die im **Protokoll** festgehalten werden müssen. Fehlt ein dahin zu deutender Protokollvermerk, dann gelten die Zustimmungen nach § 274 StPO als nicht erfolgt (KG Beschl v 28. 1. 2002 – Az [4] 1 Ss 167/01 [122/01]). 13

Hat der Vorsitzende dem Verteidiger mitgeteilt, dass ein Zeuge am Erscheinen in der Berufungshauptverhandlung gehindert sei und deshalb nach § 325 StPO verfahren werden soll, dann kann der Angeklagte die Verlesung des Vernehmungsprotokolls ohne seine Zustimmung dadurch verhindern, dass er ausdrücklich und rechtzeitig die erneute Ladung des Zeugen beantragt (OLG Hamm MDR 1981, 870). 14

IV. Ausschluss der Protokollverlesung bei Formfehlern oder Beweisverboten

Waren in erster Instanz bei der Vernehmung wesentliche Formvorschriften verletzt worden, dann kann das Vernehmungsprotokoll nicht verlesen werden. Das ist insbesondere der Fall, wenn die Rechte der Verfahrensbeteiligten zur Beweisteilhabe durch Fragen (§ 240 StPO) und Vorhalte oder Stellungnahmen (§ 257 StPO) in unzulässiger Weise beschränkt worden waren, etwa in dem der Angeklagte während der Vernehmung zu Unrecht ausgeschlossen wurde. Auch wesentliche Mängel des Protokolls führen dazu, dass es nicht verlesen werden kann, so insbesondere, wenn es weder vom Vorsitzenden noch vom Urkundsbeamten der Geschäftsstelle unterschrieben wurde. Ein Beweisverwertungsverbot kann ebenfalls zu einem Hindernis für die Protokollverlesung führen, so insbesondere, wenn ein zeugnisverweigerungsberechtigter Zeuge, der in erster Instanz ausgesagt hatte, dem Gericht mitteilt, dass er nun von seinem Aussageverweigerungsrecht Gebrauch machen will. 15

D. Vereidigung

Das Berufungsgericht muss über die Frage, ob eine Vereidigung des Zeugen erforderlich ist oder die uneidliche Vernehmung ausreichend erscheint, nach der Protokollverlesung autonom entscheiden, ohne dass es an die Entscheidung des Gerichts des ersten Rechtszuges gebunden ist. Nach Abschaffung des Regeleides hat dieser Aspekt an Bedeutung verloren. Da die Aussageninhaltsanalyse im Vordergrund der Beweiswürdigung steht, ist die Vereidigung allgemein nur noch selten von Belang. Hält das Berufungsgericht eine eidliche Vernehmung für erforderlich, dann reicht eine Protokollverlesung ohnehin nicht aus. War der Zeuge in der ersten Instanz unter Missachtung eines Eidesverbots vereidigt worden, dann ist die verlesene Aussage als uneidliche zu behandeln. 16

E. Revision

17 Wird eine Zeugenvernehmung durch die Protokollverlesung ersetzt, dann kann bei Nichteinhaltung der Voraussetzungen der vorliegenden Vorschrift mit der Revision eine Verletzung des Unmittelbarkeitsprinzips als relativer Revisionsgrund geltend gemacht werden. Lagen die förmlichen Voraussetzungen der Protokollverlesung vor, dann kann mit Hinweis auf die besondere Beweisbedeutung der Aussage immer noch eine Verletzung der Aufklärungspflicht des Gerichts geltend gemacht werden.

18 Hat sich das Berufungsgericht mit erstinstanzlichen Zeugenaussagen, die durch Verlesung der erstinstanzlichen Vernehmungsprotokolle in die Hauptverhandlung eingebracht wurden, nicht auseinandergesetzt, obwohl diese zu einer Würdigung drängten, da die Verurteilung des Angeklagten auf Indizien beruhte, dann ist nach einer Entscheidung die Beweiswürdigung des Tatgerichts nicht vollständig (OLG Oldenburg StV 2002, 524, 525). Das setzt, sofern sich der Fehler nicht schon aus den Urteilsgründen ergibt, eine Kombination von Sach- und Verfahrensrügen voraus und auch eine gewisse Rekonstruktion der Beweisaufnahme, welche die Revisionsgerichte sonst nicht gestatten.

§ 326 [Schlussvorträge]

¹Nach dem Schluß der Beweisaufnahme werden die Staatsanwaltschaft sowie der Angeklagte und sein Verteidiger mit ihren Ausführungen und Anträgen, und zwar der Beschwerdeführer zuerst, gehört. ²Dem Angeklagten gebührt das letzte Wort.

Überblick

Die Vorschrift modifiziert in S 1 die für die erstinstanzliche Hauptverhandlung geltende Regelung des § 258 Abs 1 StPO dahin, dass die Reihenfolge der Schlussvorträge insoweit geändert wird, als der Beschwerdeführer zuerst plädiert. Das letzte Wort steht, wie immer, dem Angeklagten zu; dies hebt S 2 hervor.

A. Schlussvorträge

1 Eine Änderung der **Reihenfolge der Schlussvorträge** in der Berufungshauptverhandlung gegenüber dem erstinstanzlichen Verfahren besteht darin, dass der **Beschwerdeführer zuerst** plädiert. Sind mehrere Berufungen eingelegt worden, dann hat derjenige Verfahrensbeteiligte, der das erstinstanzliche Urteil im weitesten Umfang angefochten hat, seinen Vortrag zuerst zu halten. Bei gleichem Anfechtungsumfang bleibt es bei der Reihenfolge gemäß § 258 Abs 1 StPO, wonach zuerst der Staatsanwalt und gegebenenfalls der Nebenkläger, dann der Verteidiger und der Angeklagte das Wort ergreifen. **Erwiderungen** der Prozessgegner sind in der Berufungshauptverhandlung, ebenso wie in erster Instanz gemäß § 258 Abs 2 Hs 1 StPO, zulässig.

2 Einem **Verteidiger**, der bei den Schlussvorträgen der anderen Verfahrensbeteiligten nicht anwesend war, aber anschließend vor Verkündung des Urteils wieder erscheint, muss auf seinen Antrag noch Gelegenheit gegeben werden, seinen Schlussvortrag zu halten (OLG Hamm NJW 1970, 1696).

B. Letztes Wort

3 **Der Angeklagte** hat nach S 2 stets das letzte Wort, auch wenn er als Beschwerdeführer zuerst gesprochen hatte oder ein Verteidiger für ihn plädiert hat. Den ihm gleichgestellten **Nebenbeteiligten** steht dieselbe Befugnis zu. Sie haben aber zeitlich vor dem Angeklagten das Wort, der anschließend das allerletzte Wort erhält, was allerdings auf einer psychologisch inzwischen als verfehlt erwiesenen Vorstellung von der besonderen Einprägsamkeit der letzten Äußerung beruht (§ 258 StPO Rn 1).

4 Nach einem **Wiedereintritt in die Beweisaufnahme** muss dem Angeklagten erneut das letzte Wort erteilt werden (BayObLGSt 2001, 105 ff); die zu § 258 Abs 2 StPO entwickelten Grundsätze gelten hier ebenfalls. Wird dem Angeklagten nach dem Vertreter der Staats-

anwaltschaft und den Verteidigern lediglich Gelegenheit zu Ausführungen und Anträgen iSv S 1 gegeben, dann ist ihm damit noch nicht zugleich das letzte Wort iSv S 2 gewährt worden (OLG Hamm StV 2000, 298). Es ist vielmehr **besonders zu erteilen**.

Bei **Nichterscheinen des Angeklagten** in der Berufungshauptverhandlung muss seinem Verteidiger an seiner Stelle das letzte Wort gewährt werden (BayObLG StraFo 1996, 47, 48). Hat sich aber auch der in Vertretung des Angeklagten erschienene Verteidiger entfernt, so liegt darin, dass er keine Gelegenheit zu einer Erwiderung auf die Schlussvorträge des Staatsanwalts und des Nebenklägers hatte, kein Verstoß gegen S 2 (BayObLG VRS 61 [1981], 128, 129). Der Protokollvermerk, dass der Angeklagte das letzte Wort hatte, beweist auch, dass der Verteidiger die Möglichkeit des letzten Wortes hatte (BGH NJW 1979, 1668).

C. Revision

Wird die im Gesetz vorgesehene Reihenfolge nicht eingehalten, dann begründet dies für sich genommen nicht die Revision. S 1 ist eine reine Ordnungsvorschrift.

Revisibel ist im Einzelfall aber die Nichtgewährung des letzten Wortes an den Angeklagten (BGH NJW 1976, 1951), etwa wenn dieser als Berufungsführer zuerst gesprochen hatte und das Gericht ihm versehentlich nicht nochmals zum Schluss das Wort erteilt. Insoweit genügt die Möglichkeit des Beruhens des Berufungsurteils auf dem Rechtsfehler, die sich nur in besonderen Ausnahmefällen ausschließen lässt (OLG Düsseldorf StraFo 2001, 312, 313).

§ 327 [Umfang der Urteilsprüfung]

Der Prüfung des Gerichts unterliegt das Urteil nur, soweit es angefochten ist.

Überblick

Gegenstand der Prüfung des Berufungsgerichts als neue Tatsacheninstanz ist in den Fällen, in denen keine Berufungsbeschränkung vorliegt, nicht das Urteil, sondern die Tat im prozessualen Sinne im Umfang der zugelassenen Anklage. Begrenzt wird der Prüfungsumfang des Berufungsgerichts sonst nur durch eine eventuelle Berufungsbeschränkung auf bestimmte Teile des angefochtenen Urteils nach § 318 StPO; die ausgenommenen Teile binden dann das Gericht der zweiten Instanz an erstinstanzliche Feststellungen und Wertungen.

A. Zu prüfende prozessuale Aspekte

Das Berufungsgericht hat unabhängig von der Frage einer Berufungsbeschränkung in jedem Falle die **Zulässigkeit des Rechtsmittels** zu prüfen. Dabei ist es in der Hauptverhandlung nicht an frühere Bewertungen nach § 319 StPO, § 322 StPO, § 322a StPO gebunden.

Das Berufungsgericht hat ferner das Vorliegen von Prozessvoraussetzungen oder **Prozesshindernissen** von Amts wegen zu prüfen. Das gilt auch dann, wenn die Berufung beschränkt wurde. Ist die Verfolgung der Straftat etwa verjährt, dann muss das Verfahren vom Berufungsgericht eingestellt werden und zwar auch dann, wenn die Berufung auf das Strafmaß beschränkt worden war. Die Beschränkung erweist sich dann als unwirksam.

Das Verfahren des Gerichts des ersten Rechtszuges ist hingegen grundsätzlich nicht vom Berufungsgericht zu überwachen, weil es nicht das erstinstanzliche Urteil auf seine verfahrensrechtlichen Grundlagen zu prüfen, sondern eine eigene Sachentscheidung zu treffen hat, wobei es eventuelle **Verfahrensfehler** des Amtsgerichts heilen kann, indem es selbst die Sache verfahrensfehlerfrei verhandelt.

B. Prüfungsumfang bei unbeschränkter Berufung

Ist die Berufung nicht beschränkt worden oder eine Beschränkung unwirksam, dann reicht der Prüfungsumfang des Berufungsgerichts so weit wie derjenige des erstinstanzlichen Gerichts aufgrund der Anklageschrift im Umfang ihrer Zulassung durch den Eröffnungsbeschluss. Es ist also in der Sache selbst nicht das Urteil des Amtsgerichts nachzuprüfen, sondern **die angeklagte Tat im prozessualen Sinne** des § 264 StPO **umfassend aufzuklären und neu zu bewerten**. Das gilt auch dann, wenn das Gericht des ersten Rechtszuges einzelne Teile der prozessualen Tat nicht berücksichtigt hat. Das Verschlechterungsverbot steht dem gem § 331 Abs 1 StPO bei einer Berufung des Angeklagten nicht entgegen, denn es bezieht sich nicht auf einen Schuldspruch, sondern nur auf den Rechtsfolgenausspruch. Auch erfüllt das erstinstanzliche Urteil, das durch die Berufung suspendiert wurde, hier letztlich keine Begrenzungsfunktion. Das Berufungsgericht muss demnach auch solche strafbaren Handlungen in sein Urteil einbeziehen, die innerhalb desselben einheitlichen Lebenssachverhalts vom Angeklagten begangen, aber vom Gericht des ersten Rechtszuges nicht festgestellt und bewertet wurden. Soweit eine Dauerstraftat vorliegt, müssen sogar die über den Zeitpunkt des Urteils des erstinstanzlichen Gerichts hinausreichenden Teilakte der Tat in das Urteil des Berufungsgerichts einbezogen werden.

5 Das Berufungsgericht ist also nicht darauf beschränkt, das erstinstanzliche Urteil auf Rechtsfehler zu untersuchen. Es prüft vielmehr die gesamte Sach- und Rechtslage autonom und ändert gegebenenfalls den Freispruch, die Verfahrenseinstellung oder den Schuld- und Rechtsfolgenausspruch des Urteils der ersten Instanz ab oder bestätigt ihn durch Verwerfung der Berufung. Die Gründe kann es dabei innerhalb des Rahmens von Anklageschrift und Eröffnungsbeschluss auswechseln. Mangels einer innerprozessualen Bindungswirkung der Feststellungen hat das Berufungsgericht im Fall des unbeschränkten Berufungsangriffs insgesamt neue Tatsachenfeststellungen zu treffen und diese strafrechtlich zu bewerten. Auch an die Berufungsbegründung ist es nicht gebunden.

6 Hat das Amtsgericht die Sachaufklärung, Tatsachenfeststellung und Bewertung einer **selbständigen Tat im prozessualen Sinne**, die Gegenstand von Anklageschrift und Eröffnungsbeschluss war, unterlassen, dann ist dieser selbständige Verfahrensgegenstand noch bei dem Gericht des ersten Rechtszuges anhängig. Das Berufungsgericht darf diesen Verfahrensgegenstand nicht an sich ziehen. Das Rechtsmittelgericht hat insoweit keine Entscheidungskompetenz (für das Revisionsgericht BGHSt 46, 130, 138).

C. Kognitionspflicht bei beschränkter Berufung

7 Legt ein Angeklagter gegen ein **teilweise freisprechendes Urteil** Berufung ein, dann ist grundsätzlich davon auszugehen, dass sein Rechtsmittel auf den Teil des Urteils beschränkt worden ist, der die Verurteilung zum Gegenstand hat. Dem Berufungsgericht ist es in einem derartigen Fall verwehrt, das erstinstanzliche Urteil bezüglich des Tatvorwurfs, hinsichtlich dessen der Freispruch erfolgte, nachzuprüfen (KG Beschl v 21. 12. 1998 – Az [4] 1 Ss 341/98 [127/98]). Hat das Amtsgericht den Angeklagten aber unter Annahme mehrerer selbständiger Handlungen teilweise verurteilt und teilweise freigesprochen, so ist das Berufungsgericht nicht gehindert, eine einheitliche Handlung anzunehmen und wegen des Gesamtvorganges unter Wegfall des Teilfreispruches zu verurteilen, auch wenn nur der Angeklagte Berufung eingelegt hat (BGHSt 21, 256 ff).

8 Ist die Berufung sonst durch eine eindeutige Prozesserklärung wirksam auf bestimmte Teile des Urteils beschränkt, dann beschränkt dies auch den Prüfungsumfang des Berufungsgerichts. Die Dispositionsbefugnis des Rechtsmittelführers geht dem Verschlechterungsverbot nach § 331 Abs 2 StPO vor (OLG Jena BeckRS 2009, 11609). Das Berufungsgericht ist im Fall der Beschränkung **an Feststellungen** des Vorderrichters **in dem rechtskräftigen Teil des angefochtenen Urteils gebunden** und darf auch im Bereich der doppelrelevanten Tatsachen (BGHSt 29, 359 ff; BayObLGSt 1993, 135, 136; BayObLG NStZ 2000, 53) keine widersprechenden neuen Feststellungen treffen (BayObLG Beschl v 29. 9. 1994 – Az 3St RR 93/94). Ergänzende Feststellungen sind freilich zulässig. Ist etwa ein Handeltreiben mit Betäubungsmitteln abgeurteilt, ohne dass die Grenze zur nicht geringen Menge überschritten wurde, und fehlen nähere Feststellungen zur Wirkstoffmenge, dann können und müssen diese Feststellungen, die im Einzelfall nur noch für den Rechtsfolgenausspruch relevant sind, nachgeholt werden (OLG Jena Beschl v 17. 11. 2005 – Az 1 Ss 279/05). Bei einer wirksamen Beschränkung der Berufung auf den Rechtsfolgenausspruch sind dem Berufungsgericht jedoch **ergänzende Feststellungen** verwehrt, die den Schuldumfang zum Nachteil

des Angeklagten wesentlich verändern. So kann das Berufungsgericht bei fahrlässiger Straßenverkehrsgefährdung nicht von vorverlegter Verantwortlichkeit ausgehen, wenn das Amtsgericht die Schuld allein darin gesehen hatte, dass der Angeklagte bei Fahrtantritt seine alkoholbedingte Fahruntüchtigkeit hätte erkennen können (BayObLG NJW 1994, 1358, 1359; OLG Stuttgart Die Justiz 1996, 26, 27, 28; zur nachträglichen Annahme einer actio libera in causa OLG Hamm DAR 1972, 245; OLG Koblenz MDR 1972, 622). Es kann beim Fahrlässigkeitsdelikt nicht weitere Pflichtverstöße als diejenigen feststellen, auf denen der rechtskräftige Schuldspruch beruht (BayObLG VRS 60 [1981], 211, 212). Oder es kann nicht anstelle eines bedingten Vorsatzes, den das Amtsgericht angenommen hatte, dolus directus annehmen (BayObLG Beschl v 9. 7. 1982 – Az RReg 1 St 113/82).

Bei vertikaler Teilrechtskraft können **Teile einer Tat im prozessualen Sinn** der Kognition des Berufungsgerichts entzogen sein. Hat etwa nur der Angeklagte gegen ein Urteil Berufung eingelegt, durch das er wegen unerlaubten Entfernens vom Unfallort verurteilt worden ist und das sich nicht mit dem Vorliegen einer vorangegangenen Straßenverkehrsgefährdung, die den Unfall herbeigeführt hatte, befasst, so darf ihn das Berufungsgericht bei wirksamer Beschränkung der Berufung auf die Entscheidung über den abgeurteilten Tatteil (OLG Karlsruhe MDR 1976, 71 und VRS 58 [1980], 140 ff) nicht wegen der Herbeiführung des Unfalls verurteilen (BayObLGSt 1986, 100 ff). Oder hat das Amtsgericht den Angeklagten vom Vorwurf der Körperverletzung freigesprochen und ihn nur wegen unerlaubten Entfernens vom Unfallort verurteilt, dann darf das Berufungsgericht nicht aufgrund seines Rechtsmittels auch den Teilfreispruch überprüfen (OLG Köln VRS 62 [1982], 283 ff). 9

Durch die wirksame **Beschränkung der Berufung auf das Strafmaß** erwächst der Schuldspruch des angefochtenen Urteils in Rechtskraft. Dies hat auch zur Folge, dass hier – anders als im Fall des unbeschränkten Berufungsangriffs – eine zusätzliche **Verurteilung des Angeklagten wegen weiterer strafbarer Handlungen** innerhalb des einheitlichen Lebenssachverhalts kein Raum ist (KG Blutalkohol 37 [2000], 369). Ist die Berufung auf das Strafmaß beschränkt, dann muss das Berufungsgericht aber aufgrund eigener Überzeugungsbildung Strafzumessungserwägungen anstellen (KG Beschl v 20. 8. 1999 – Az [4] 1 Ss 95/99 [41/99]). 10

Auch an die **rechtliche Bewertung der Tat** durch das Gericht des ersten Rechtszuges ist das Berufungsgericht bei Teilrechtskraft gebunden. Trotz Rechtskraft des Schuldspruchs ist vom Berufungsgericht allerdings eine nach Erlass des erstinstanzlichen Urteils eingetretene Gesetzesänderung jedenfalls dann zu berücksichtigen, wenn in der neuen Fassung der Tatbestand der angewendeten Vorschrift noch enthalten ist, aber sich daraus eine mildere Strafdrohung ergibt (BayObLG Beschl v 29. 7. 1998 – Az 3 St RR 122/98). 11

D. Mehrere Berufungen

Über zulässige Berufungen der Staatsanwaltschaft oder eines Nebenklägers und des Angeklagten ist aufgrund einer einheitlichen Hauptverhandlung **in einem Urteil** zu entscheiden, wenn sie **dieselbe Tat iSv § 264 StPO** zum Gegenstand haben (OLG Düsseldorf NStZ-RR 2001, 246). Ausgenommen ist nur der Fall der Berufungsverwerfung nach § 329 Abs 1 S 1 StPO (§ 329 StPO Rn 34). Bei unterschiedlichem Anfechtungsumfang entscheidet das weiter gehende Rechtsmittel letztlich über den Prüfungsumfang des Berufungsgerichts. Die Entscheidung muss hinsichtlich der Tatsachenfeststellungen und deren rechtlicher Bewertung **einheitlich** ausfallen. 12

E. Revision

Das Revisionsgericht prüft aufgrund der zulässigen Revision von Amts wegen, ob das Berufungsgericht seine **Kognitionspflicht** erfüllt hat oder zu Unrecht von einer Berufungsbeschränkung ausgegangen ist. Hat das Berufungsgericht trotz einer wirksamen Beschränkung der Berufung auf den Rechtsfolgenausspruch auch zu dem in Rechtskraft erwachsenen Schuldspruch entschieden, so ist sein Urteil insoweit aufzuheben (OLG Köln VRS 110 [2006], 120, 121, 122). 13

Hat das Berufungsgericht nach einer wirksamen Beschränkung der Berufung auf den Rechtsfolgenausspruch über die vom Amtsgericht zum Schuldspruch getroffenen **Feststel-** 14

lungen hinaus weitere Tatsachen **zum Schuldumfang** festgestellt und diese strafschärfend bewertet, so liegt ein Rechtsfehler des Berufungsurteils vor, der vom Revisionsgericht von Amts wegen zu beachten ist (BayObLGSt 1988, 173, 173). Bei einer auf den Rechtsfolgenausspruch beschränkten Berufung missachtet das Berufungsgericht aber nicht die Bindungswirkung der zum Schuldspruch getroffenen Feststellungen, wenn es schwere Folgen einer Tat, die das Gericht des ersten Rechtszuges für möglich gehalten hatte, nunmehr als sicher zu Grunde legt und bei der Strafzumessung berücksichtigt (BayObLG Beschl v 11. 10. 1993 – Az 5 St RR 112/93).

15   Entscheidet das Berufungsgericht auf die Berufung der Staatsanwaltschaft zuungunsten des Angeklagten, ohne über dessen zugleich eingelegte Berufung zu entscheiden, so liegt zwar ein Verfahrensfehler vor, auf dem das Urteil mit Blick auf § 401 StPO aber nicht beruht (OLG Düsseldorf NStZ-RR 2001, 246).

§ 328 [Inhalt des Berufungsurteils]

(1) Soweit die Berufung für begründet befunden wird, hat das Berufungsgericht unter Aufhebung des Urteils in der Sache selbst zu erkennen.

(2) Hat das Gericht des ersten Rechtszuges mit Unrecht seine Zuständigkeit angenommen, so hat das Berufungsgericht unter Aufhebung des Urteils die Sache an das zuständige Gericht zu verweisen.

Überblick

Die vorliegende Vorschrift nennt einen Teil der Entscheidungsmöglichkeiten des Berufungsgerichts. Sie bestimmt in Abs 1, dass das Berufungsgericht im Fall der Begründetheit der Berufung nicht etwa das Urteil aufheben und die Sache an das Gericht des ersten Rechtszuges zurückverweisen kann, sondern unter Urteilsaufhebung in der Sache selbst zu entscheiden hat. Damit ist andererseits der Fall der Unbegründetheit der Berufung nicht geregelt, der die Verwerfung der Berufung aufgrund einer autonomen Prüfung der Sach- und Rechtslage des Berufungsgerichts mit dem Ergebnis zur Folge hat, dass der Tenor des angefochtenen Urteils nicht zu beanstanden ist. Abs 2 regelt die Verweisung der Sache durch Urteil des Berufungsgerichts an das zuständige Gericht in dem Fall, dass das Gericht des ersten Rechtszuges seine Zuständigkeit zu Unrecht angenommen hatte. Dort sind Fälle des Fehlens anderer Prozessvoraussetzungen nicht angesprochen, die nach § 206a StPO, § 260 Abs 3 StPO iVm § 332 StPO zu behandeln sind.

Übersicht

	Rn		Rn
A. Normbedeutung	1	III. Art und Wirkung der Verweisung	19
B. Prozessentscheidungen	2	1. Inhalt des Verweisungsurteils	19
C. Sachentscheidung (Abs 1)	7	2. Partielle Bindung des Gerichts niedrigerer Ordnung	20
D. Zuständigkeitsverweisung (Abs 2)	11	3. Bedeutung für das neue erstinstanzliche Verfahren	21
I. Örtliche Unzuständigkeit	12	IV. Formlose Überleitung in ein erstinstanzliches Verfahren	22
II. Sachliche Unzuständigkeit	15		
1. Zuständigkeit von Strafrichter oder Schöffengericht	16	**E. Revision**	23
2. Erstinstanzliche Zuständigkeit von Amtsgericht oder Landgericht	17		

A. Normbedeutung

1   Die Zulässigkeit der Berufung muss in der Hauptverhandlung nochmals ohne Bindung an die früheren Prüfungen nach § 319 StPO, § 322 StPO geprüft werden. Gegebenenfalls ist die Berufung hier durch Urteil (§ 322 Abs 1 S 2 StPO) als unzulässig zu verwerfen. Das Berufungsgericht ist ansonsten eine neue Tatsacheninstanz und dient nicht zuvörderst der Rechts-

kontrolle. Deshalb ist eine allgemeine Möglichkeit der Urteilsaufhebung und Zurückverweisung der Sache durch das Berufungsgericht an das Gericht der Vorinstanz grundsätzlich nicht mehr vorgesehen (BT-Drs 10/1313, 31). Das Berufungsgericht hat vielmehr aufgrund der zulässigen Berufung in der Sache selbst zu entscheiden und zwar auch dann, wenn die Berufung begründet ist, was ergänzend zur Urteilsaufhebung führt; das hebt Abs 1 hervor. Abs 2 betrifft den Sonderfall der fehlerhaften Zuständigkeitsannahme des Gerichts des ersten Rechtszuges und bestimmt, dass das Berufungsgericht in diesem Fall durch Urteil die Sache unter Aufhebung des Urteils der Vorinstanz an das zuständige Gericht des ersten Rechtszuges zu verweisen hat. Für die Prüfung des Vorliegens von Prozesshindernissen gelten in der Berufungsinstanz die allgemeinen Bestimmungen (§ 206a StPO, § 260 Abs 3 StPO iVm § 332 StPO).

B. Prozessentscheidungen

Liegt ein anderes Prozesshindernis als dasjenige der fehlenden sachlichen oder örtlichen **2** Zuständigkeit des Gerichts (Abs 2) vor, dann besagt die vorliegende Vorschrift nicht, wie das Berufungsgericht zu entscheiden hat. Über die Verweisungsnorm des § 332 StPO kommen **§ 206a StPO** und **§ 260 Abs 3 StPO** zur Anwendung (SK-StPO/Frisch StPO § 328 Rn 1). Danach ist das Verfahren bei Vorliegen eines Prozesshindernisses durch Beschluss außerhalb der Hauptverhandlung oder durch Urteil in der Hauptverhandlung einzustellen (BGHSt 33, 167, 169). Insoweit gelten für das Berufungsverfahren keine Besonderheiten gegenüber dem erstinstanzlichen Verfahren, weshalb die vorliegende Vorschrift den Fall nicht besonders erwähnt. Fehlt etwa ein Eröffnungsbeschluss, dann kann dieser in der hierfür nicht zuständigen zweiten Instanz nicht mehr nachgeholt werden. Eine Zurückverweisung der Sache zu diesem Zweck ist auch nicht vorgesehen. Vielmehr ist das Verfahren wegen eines Prozesshindernisses einzustellen (BayObLGSt 1985, 141, 142). Es wird dadurch aber praktisch in den status quo ante versetzt und kann daher in erster Instanz nach einer Eröffnungsentscheidung fortgesetzt werden.

Hatte das Amtsgericht das Verfahren durch Urteil **wegen eines Prozesshindernisses 3** eingestellt und legt dagegen die Staatsanwaltschaft oder ein Nebenkläger in zulässiger Weise Berufung ein, dann ist darüber durch Urteil in der Hauptverhandlung zu entscheiden; denn § 206a StPO ermöglicht keine Entscheidung über das Rechtsmittel, sondern nur die originäre Verfahrenseinstellung des Gerichts. Liegt nach Ansicht des Berufungsgerichts das Verfahrenshindernis, von dem das Amtsgericht ausgegangen war, tatsächlich nicht vor, dann kann das Berufungsgericht nach **hM** ausnahmsweise zur **Vermeidung eines Instanzverlusts** für die Sachprüfung die Sache unter Urteilsaufhebung an das Gericht des ersten Rechtszuges zurückverweisen (OLG Hamm wistra 2006, 37; OLG Karlsruhe NStZ-RR 2005, 208, 209; OLG Koblenz NStZ 1990, 296, 297; OLG Stuttgart NStZ 1995, 301, 302; Meyer-Goßner StPO § 328 Rn 4).

Hat das Gericht des ersten Rechtszuges den Angeklagten nicht wegen der den Gegenstand **4** des Verfahrens bildenden, sondern wegen einer anderen Tat im prozessualen Sinne verurteilt, so muss auf die Berufung des Angeklagten das Berufungsgericht das angefochtene Urteil aufheben, das Verfahren hinsichtlich der nicht angeklagten Tat einstellen und die Sache im Übrigen an das Amtsgericht zurückverweisen (BayObLGSt 1999, 29 ff).

Zur Verfahrenseinstellung durch Beschluss führt auch der Fall des **§ 206b StPO**, der an sich **5** systemwidrig die Einstellung auch in dem Fall vorsieht, dass zwischen dem Zeitpunkt der Beendigung der Tat und der Entscheidung des Gerichts eine **Gesetzesänderung** eintritt, die dazu führt, dass die zur Tatzeit strafbare Handlung nunmehr straflos ist. Das gilt auch im Berufungsverfahren (Löwe/Rosenberg/Gössel StPO § 328 Rn 12). In der Hauptverhandlung ist dagegen unter sonst gleichen Umständen durch freisprechendes Sachurteil zu entscheiden.

Das Berufungsgericht kann im Übrigen unter denselben Voraussetzungen wie in erster **6** Instanz nach den §§ 153 StPO ff das Verfahren nach dem **Opportunitätsprinzip** einstellen (SK-StPO/Frisch StPO § 328 Rn 2).

C. Sachentscheidung (Abs 1)

Ist die Berufung zulässig und liegt kein Verfahrenshindernis vor, dann muss das Berufungs- **7** gericht im Umfang der Anfechtung des amtsgerichtlichen Urteils die **Sach- und Rechts-**

lage insgesamt **neu prüfen**. Eine **Zurückverweisung** der Sache an das Gericht der ersten Instanz sieht die vorliegende Vorschrift seit dem StVÄG 1987 nicht mehr vor (OLG Karlsruhe NStZ-RR 2005, 208, 209). Das Berufungsgericht hat selbst zur Sache zu entscheiden, auch wenn Verfahrensfehler in erster Instanz zu verzeichnen sind (**aA** für den Fall der Befangenheit des erstinstanzlichen Richters LG Köln MDR 1992, 892, 893). Das Berufungsgericht darf etwa ein amtsgerichtliches Urteil nicht deswegen aufheben und die Sache zurückverweisen, weil der Strafrichter die Hauptverhandlung im beschleunigten Verfahren nicht in kurzer Frist durchgeführt hatte (BayObLG NStZ 2003, 51, 52). Nur dann, wenn das Gericht des ersten Rechtszuges zu Unrecht **keine Sachentscheidung getroffen** hatte, etwa weil der Angeklagte nach Einspruch gegen einen Strafbefehl in der Hauptverhandlung nicht erschienen war, ist ausnahmsweise eine Zurückverweisung der Sache zur Vermeidung des Verlusts einer Tatsacheninstanz möglich (BGHSt 36, 139, 142 ff mAnm Gössel JR 1990, 302 ff; KMR/Brunner StPO § 328 Rn 17; **aA** OLG Düsseldorf NStZ 1988, 290 mAnm Meyer-Goßner).

8 Das Ergebnis der eigenen Entscheidung des Berufungsgerichts über die Tatsachenfeststellungen aufgrund einer neuen **Gesamtwürdigung** aller verwertbaren Tatsachen und Beweisergebnisse sowie die eigenverantwortliche materiellrechtliche Bewertung zur Schuld- und Rechtsfolgenfrage entscheidet im Fall der Sachentscheidung des Berufungsgerichts darüber, ob die Berufung begründet ist oder nicht. Ist sie nach diesem Ergebnis unbegründet, dann wird sie deshalb verworfen. Ist sie begründet, dann hebt das Berufungsgericht das erstinstanzliche Urteil auf und erlässt eine eigene Sachentscheidung. Auch eine **Ergänzung des angefochtenen Urteils** ist möglich (SK-StPO/Frisch StPO § 328 Rn 9). Ist die Berufung teilweise begründet und teilweise unbegründet, dann erlässt das Berufungsgericht unter Verwerfung der Berufung im Übrigen eine partiell neue Sachentscheidung. Es kann aber auch zur Klarstellung den Tenor insgesamt neu fassen (KG Beschl v 3. 6. 1997 – Az 3 Ws 285/97).

9 Bei jeder Sachentscheidung muss das Berufungsgericht, auch wenn es die Berufung als unbegründet verwirft, neue Tatsachenfeststellungen treffen (KG NStZ-RR 1998, 11, 12). Es darf nicht einfach die Feststellungen des Gerichts des ersten Rechtszuges übernehmen. Es muss die Beweisgründe eigenständig bewerten und dies im schriftlichen Urteil darstellen. Es darf sich nicht einfach dem Urteil des Amtsgerichts anschließen. Das Berufungsgericht hat ferner die materiell-strafrechtliche Bewertung der Feststellungen eigenständig vorzunehmen und über die Rechtsfolgen der Tat autonom zu entscheiden. Es hat also, soweit keine Berufungsbeschränkung zur Teilrechtskraft führt, ein völlig **neues tatrichterliches Urteil** zu treffen, dessen Inhalt sich nach **§ 267 StPO** richtet.

10 Haben **mehrere Verfahrensbeteiligte** das Urteil des Gerichts des ersten Rechtszuges angefochten und hat deren Rechtsmittel nicht allein aus prozessualen Gründen wegen Unzulässigkeit der Berufung oder unentschuldigten Nichterscheinens des Angeklagten in der Berufungshauptverhandlung keinen Erfolg, dann muss grundsätzlich eine einheitliche neue Sachentscheidung erfolgen.

D. Zuständigkeitsverweisung (Abs 2)

11 Hat das Gericht des ersten Rechtszuges seine Zuständigkeit zu Unrecht angenommen, dann greift Abs 2 ein, wenn nicht vorgreiflich nach § 329 Abs 1 S 1 StPO zu entscheiden ist (SK-StPO/Frisch StPO § 328 Rn 16; Meyer-Goßner StPO § 328 Rn 5; krit Hegmann NStZ 2000, 574, 576, 577), weil der Angeklagte unentschuldigt zur Berufungshauptverhandlung nicht erschienen ist. Das Berufungsgericht darf die Berufung des Angeklagten allerdings nicht nach § 329 Abs 1 StPO verwerfen, wenn in erster Instanz statt des Erwachsenengerichts das Jugendgericht zuständig war (OLG Celle NStZ 1994, 402, 403). Abs 2 betrifft die **Frage der örtlichen und sachlichen Zuständigkeit** des Amtsgerichts, **nicht die funktionelle Zuständigkeit** des erstinstanzlichen Spruchkörpers nach dem Geschäftsverteilungsplan des Amtsgerichts (SK-StPO/Frisch StPO § 328 Rn 16; Meyer-Goßner StPO § 328 Rn 5). Bei **Zuständigkeit einer speziellen kleinen Strafkammer** als Berufungsgericht (kleine Wirtschaftsstrafkammer, kleine Jugendstrafkammer) erfolgt eine formlose Abgabe oder ein Verweisungsbeschluss der allgemeinen kleinen Strafkammer, wenn die Sache zu Unrecht zunächst dorthin gelangt ist (Löwe/Rosenberg/Gössel StPO

§ 328 Rn 49). Die Abgrenzung der erstinstanzlichen **Zuständigkeit der Jugendgerichte** von derjenigen der Erwachsenengerichte steht dagegen der Frage der sachlichen Gerichtszuständigkeit gleich (BGHSt 13, 157, 161; OLG Oldenburg NJW 1981, 1384, 1385 mAnm Rieß NStZ 1981, 304, 305; SK-StPO/Frisch StPO § 328 Rn 20), zumal auch die Gerichtsbesetzung der verschiedenen Spruchkörper unterschiedlich gestaltet ist. Die Fragen der sachlichen Zuständigkeit prüft das Berufungsgericht **von Amts wegen,** ohne dass es in zweiter Instanz dazu einer Rüge des Beschwerdeführers oder eines Einwands eines anderen Verfahrensbeteiligten bedürfte; § 16 S 2 und S 3 StPO bleibt dagegen unberührt (Rn 12). Die Unzuständigkeit des erstinstanzlichen Gerichts führt zur Urteilsaufhebung und Verweisung der Sache an das zuständige Gericht durch Urteil des Berufungsgerichts. Die Fehlerhaftigkeit des Eröffnungsbeschlusses in diesem Punkt führt also nicht zur Einstellung des Verfahrens (OLG Naumburg NStZ 1996, 248). Andererseits beschwert eine gerechtfertigte Verweisung der Sache durch das Berufungsgericht den Angeklagten nicht, wenn sie nicht in der gebotenen Urteilsform, sondern etwa durch Beschluss erfolgt (BGHSt 21, 245, 246).

I. Örtliche Unzuständigkeit

Auch die örtliche Unzuständigkeit des Gerichts des ersten Rechtszuges ist vom Berufungsgericht zu prüfen, ohne dass der Beschwerdeführer in zweiter Instanz einen besonderen Einwand erheben müsste (BayObLG NJW 1987, 3091, 3092). Jedoch muss der Angeklagte **in erster Instanz** rechtzeitig, also spätestens bis zum Beginn seiner Vernehmung in der Hauptverhandlung, einen **Einwand nach § 16 S 2 und S 3 StPO erhoben** haben. Es darf auch keine Zurücknahme dieses Einwands erfolgt sein. 12

Lag der Einwand vor, dann muss das Berufungsgericht aufgrund der zulässigen Berufung das angefochtene Urteil aufheben und die Sache durch Urteil an das örtlich zuständige Gericht verweisen, wenn das Gericht des ersten Rechtszuges nicht örtlich zuständig war. Dabei kommt es nicht darauf an, ob das zuständige Amtsgericht zu dem Gerichtsbezirk des Berufungsgerichts gehört. Kommt die örtliche Zuständigkeit mehrerer anderer Amtsgerichte in Betracht, dann wird das **Wahlrecht der Staatsanwaltschaft übergangen,** sofern das Berufungsgericht nach seiner eigenen Wahl die Sache an ein bestimmtes Gericht verweist. Das nimmt Abs 2 jedoch hin (SK-StPO/Frisch StPO § 328 Rn 18) und die Wahl der Staatsanwaltschaft kann in deren Antrag zum Verfahren nach Abs 2 berücksichtigt werden. Das Berufungsgericht muss deshalb nicht das Verfahren nach § 260 Abs 3 StPO wegen des Verfahrenshindernisses der örtlichen Unzuständigkeit des erstinstanzlichen Gericht einstellen, um das Verfahren in den status quo ante zu versetzen und so der Staatsanwaltschaft die Ausübung ihres Wahlrechts zu ermöglichen. 13

Stellt sich nachträglich heraus, dass Anklageschrift und Eröffnungsbeschluss von einem falschen Tatort ausgegangen waren, dann ändert sich dadurch die örtliche Zuständigkeit grundsätzlich nicht (Löwe/Rosenberg/Gössel StPO § 328 Rn 23). Das gilt aber nicht in dem Fall, in dem die Ermittlungsbehörde den Tatort an einem falschen Platz lokalisiert hat, um die Zuständigkeit eines bestimmten Gerichts zu ergehen; denn gerade dadurch wurde Art 101 Abs 1 S 2 GG verletzt. 14

II. Sachliche Unzuständigkeit

Das Berufungsgericht hat auch die sachliche Zuständigkeit von Amts wegen zu prüfen, wobei aber **§ 269 StPO zu beachten** ist, wonach die Zuständigkeit eines Gerichts der höheren Ordnung diejenige des Gerichts niedrigerer Ordnung einschließt und grundsätzlich keine nachträgliche Zuständigkeitsverschiebung gebietet, solange jedenfalls nicht **objektive Willkür** vorliegt, die Art 101 Abs 1 S 2 GG verletzt (vgl BGHSt 42, 205, 207, 208). Zuständigkeitsverweisungen kommen daher vor allem dann in Frage, wenn statt der erstinstanzlichen Zuständigkeit des Strafrichters diejenige des Schöffengerichts anzunehmen gewesen wäre, was die Zuständigkeit des Berufungsgerichts für sich genommen nicht berührt, oder wenn statt der Zuständigkeit des Amtsgericht in erster Instanz eine große Strafkammer des Landgerichts ohne nachfolgende Berufungsinstanz anzunehmen ist. Es geht also vor allem um Kompetenzüberschreitungen. 15

1. Zuständigkeit von Strafrichter oder Schöffengericht

16   Die Abgrenzung zwischen der Zuständigkeit von Strafrichter und Schöffengericht ist eine Frage der sachlichen Zuständigkeit, die vom Berufungsgericht im Verfahren nach Abs 2 unter Beachtung von § 269 StPO nachzuprüfen ist. Nach § 25 Nr 2 GVG entscheidet der Richter beim Amtsgericht als Strafrichter bei Vergehen, wenn eine höhere Strafe als eine Freiheitsstrafe von zwei Jahren nicht zu erwarten ist. Nach der Neufassung durch das RPflEntlG wird für die Zuständigkeitsverteilung zwischen Strafrichter und Schöffengericht allein an die **anfängliche Straferwartung** angeknüpft; auf die Bedeutung der Sache kommt es nicht mehr an (OLG Koblenz StV 1996, 588 ff). Strafrichter und Schöffengericht haben aber im Ergebnis **denselben Strafbann** (BGHSt 42, 205, 213), so dass der Strafrichter zuständig bleibt, wenn sich erst nach der Eröffnung des Hauptverfahrens vor ihm in der Hauptverhandlung ergibt, dass eine in den Zuständigkeitsbereich des Schöffengerichts fallende Rechtsfolge angemessen ist. Vor diesem Hintergrund gilt nach herrschender Ansicht auch insoweit für die nachträgliche Zuständigkeitsbeurteilung der **Willkürmaßstab** zu Art 101 Abs 1 S 2 GG (OLG Karlsruhe StV 1997, 252, 253 ff). Nur wenn für das Schöffengericht jeder sachliche Grund dafür fehlte, ein beim Strafrichter angeklagtes Verfahren zu übernehmen, hat es dem Angeklagten damit seinen gesetzlichen Richter entzogen (OLG Hamm NStZ-RR 1996, 308, 309). Dann liegt auch eine „mit Unrecht" erfolgte Zuständigkeitsannahme des erstinstanzlichen Gerichts vor, die das Berufungsgericht zur Verweisung nach Abs 2 der vorliegenden Vorschrift zwingt.

2. Erstinstanzliche Zuständigkeit von Amtsgericht oder Landgericht

17   Die kleine Strafkammer als Berufungsgericht ist an den **Strafbann des Amtsgerichts** nach § 24 Abs 2 GVG gebunden. Das gilt auch dann, wenn nachträglich eine neue Gesamtstrafe zu bilden ist, die als solche den amtsgerichtlichen Strafbann überschreitet, nicht aber bei mehreren Gesamtstrafen, die zwar in ihrer Summe, aber nicht einzeln außerhalb des Strafbanns des Amtsgerichts liegen. Reicht der Strafbann nicht aus, dann ist das Berufungsgericht sachlich auch unzuständig, wenn dieses Defizit erst in der Berufungshauptverhandlung auftritt. Das ist etwa bei nachträglichem Eintritt einer qualifizierenden Tatfolge der Fall, wie insbesondere dem **Tod des Verletzten nach der erstinstanzlichen Entscheidung** (Hegmann NStZ 2000, 574, 576). Insoweit ist die Formulierung von Abs 2 missverständlich. Mit Unrecht angenommen wurde die Zuständigkeit des Amtsgerichts also auch dann, wenn sich erst in der Berufungshauptverhandlung ergibt, dass der Strafbann nicht ausreicht (Löwe/Rosenberg/Gössel StPO § 328 Rn 25). Die Sache ist an eine große Strafkammer des Landgerichts als erstinstanzliches Gericht höherer Ordnung zu verweisen (BayObLG StraFo 2000, 230 f). Die als erstinstanzliches Gericht entscheidende große Strafkammer ist danach an eine Berufungsbeschränkung nicht mehr gebunden. Voraussetzung für die Verweisung wegen einer anderen Bewertung des Schuldspruchs durch das Berufungsgericht, die alleine eine Zuständigkeitsänderung begründen könnte, ist freilich, dass auch das Berufungsgericht nicht durch **Teilrechtskraft** an den Schuldspruch der ersten Instanz gebunden ist. Eine vertikale Teilrechtskraft, die verschiedene Taten im Sinne des § 264 StPO trennt, bleibt dagegen auch nach dem Verweisungsurteil des Berufungsgerichts erhalten; die Verweisung transportiert nur eine nicht schon rechtskräftig beschiedene Tat als Prozessgegenstand an das Landgericht als erstinstanzliches Gericht.

18   Nicht jeden **Verdacht** einer Straftat, die zur Zuständigkeit eines Gerichts höherer Ordnung führt, muss das Berufungsgericht zum Anlass nehmen, die Sache an jenes Gericht zu verweisen. Die Voraussetzung eines zur Verweisung ausreichenden Verdachts liegt in seiner Kompetenz (BayObLG JR 1978, 474, 475 mAnm Gollwitzer; SK-StPO/Frisch StPO § 328 Rn 22). Es geht um den Verdachtsgrad, wie er zur Eröffnung des Hauptverfahrens erforderlich ist, also den hinreichenden Tatverdacht. Das Berufungsurteil, mit dem die Sache an die große Strafkammer verwiesen wird, weil die Unterbringung des Angeklagten in einem psychiatrischen Krankenhaus in Betracht komme, muss etwa aufzeigen, dass die Voraussetzungen der Maßregel bei vorläufiger Bewertung wahrscheinlich erfüllt sind und nicht nur als möglich in Betracht kommen (BayObLG NStZ-RR 2000, 177, 178). Steht andererseits das Prozessergebnis aus der Sicht des Berufungsgerichts schon annähernd fest, dann erscheint eine Zurückverweisung der Sache an ein anderes Gericht niedrigerer Ordnung entbehrlich (SK-StPO/Frisch StPO § 328 Rn 16).

III. Art und Wirkung der Verweisung
1. Inhalt des Verweisungsurteils

Das Verweisungsurteil hebt das Urteil des Gerichts des ersten Rechtszuges nur deklaratorisch auf. Unterbleibt ein förmlicher Ausspruch der Urteilsaufhebung, dann wird das angefochtene Urteil dennoch schon durch die Verweisung gegenstandslos (BGHSt 21, 245, 247; Hegmann NStZ 2000, 574, 576). Das Verweisungsurteil ist **zu begründen**. Aus der Begründung muss sich der Grund für die Annahme einer anderen örtlichen oder sachlichen Zuständigkeit ergeben. Dazu muss das Urteil auch Feststellungen treffen, soweit diese erforderlich sind, um die Annahme der anderen Zuständigkeit zu begründen (KK-StPO/Ruß StPO § 328 Rn 10). Die nach § 270 Abs 2 StPO mit Blick auf die dortige Bindungswirkung geforderten Angaben braucht das Verweisungsurteil nach Abs 2 der vorliegenden Vorschrift aber nicht zu enthalten. Das Verweisungsurteil kann zudem keine Kostenentscheidung treffen, weil diese von dem noch offenen Prozessergebnis abhängt.

19

2. Partielle Bindung des Gerichts niedrigerer Ordnung

Ist das Berufungsgericht für das Gericht, an welches es die Sache verweist, das gemeinsame obere Gericht im Sinne von § 14 StPO, § 19 StPO, dann ist das Adressatgericht an das Verweisungsurteil gebunden. Sonst besteht keine Bindungswirkung für das nunmehr erkennende Gericht, das folglich seine Zuständigkeit selbst neu prüfen muss. Es kann die Sache an ein drittes Gericht weiter verweisen. Einer Zurückverweisung steht zwar keine innerprozessuale Bindungswirkung der Berufungsentscheidung entgegen; diese erscheint aber mit Blick auf den Standpunkt des Berufungsgerichts regelmäßig untunlich.

20

3. Bedeutung für das neue erstinstanzliche Verfahren

Das **Verschlechterungsverbot** nach § 331 StPO gilt nach einer Berufung des Angeklagten auch dann, wenn das Verfahren an eine große Strafkammer als erstinstanzliches Gericht verwiesen wird (BGHSt 31, 63, 65; KMR/Brunner StPO § 328 Rn 27; SK-StPO/Frisch StPO § 328 Rn 28; Löwe/Rosenberg/Gössel StPO § 328 Rn 35). **Berufungsbeschränkungen** mit der Folge der horizontalen Teilrechtskraft werden gegenstandslos (BGHSt 34, 159, 165) und eine **Berufungsrücknahme** unmöglich (BGHSt 34, 204, 207, 208), wenn die Sache nach dem Verweisungsurteil des Berufungsgerichts bei einer großen Strafkammer als erstinstanzliches Gericht anhängig geworden ist. Eine vertikale Teilrechtskraft bezüglich einer selbständigen Tat im prozessualen Sinne bleibt dagegen bestehen (SK-StPO/Frisch StPO § 328 Rn 28).

21

IV. Formlose Überleitung in ein erstinstanzliches Verfahren

Soweit das Berufungsgericht mit einem erstinstanzlichen Spruchkörper identisch ist, hatte die Rechtsprechung vor dem RPflEntlG zur Vermeidung eines Verweisungsverfahrens eine formlose Überleitung des Berufungsverfahrens in ein erstinstanzliches Verfahren gestattet. Das ist nun nicht mehr möglich, soweit das Berufungsgericht generell eine kleine Strafkammer und erstinstanzliches Gericht stets eine große Strafkammer ist (Hegmann NStZ 2000, 574, 576). Nur im Bereich der Jugendgerichte gibt es bei der Anfechtung von Urteilen der Jugendschöffengerichte noch eine Zuständigkeit der großen Jugendkammer, bei der dieser Spruchkörper ebenso wie die erstinstanzliche große Jugendkammer besetzt ist. Hier kann theoretisch noch eine formlose oder auch rein faktische Überleitung des Verfahrens erfolgen (BGH NStZ-RR 1997, 22, 23; Löwe/Rosenberg/Gössel StPO § 328 Rn 43), die aber wegen verschiedener Folgeprobleme, auch wegen der Möglichkeit der unterschiedlichen Besetzung der großen Jugendkammer als Berufungsgericht oder als erstinstanzliches Gericht in Fällen der Besetzungsreduktion, möglichst unterbleiben sollte (OLG Jena NStZ-RR 2003, 139; SK-StPO/Frisch StPO § 328 Rn 30; Meyer-Goßner StPO § 328 Rn 11).

22

E. Revision

23 Die **Anfechtung der Sachentscheidung** des Berufungsgerichts mit der Revision erfolgt nach allgemeinen Grundsätzen. Das Revisionsgericht hat seinerseits aber auch die örtliche und sachliche Zuständigkeit der Gerichte der Vorinstanzen nachzuprüfen, auch wenn das Berufungsgericht kein Verweisungsurteil erlassen hat. Das geschieht grundsätzlich **von Amts wegen**, wobei jedoch § 6a StPO sowie § 16 S 2 u S 3 StPO zu beachten sind. Eine Verletzung von Abs 2 – nur (BGH NStZ 2000, 387) – in Fällen der Zuständigkeitsabgrenzung von Strafrichter oder Schöffengericht ist nach BGHSt 42, 205, 210 ff **aufgrund einer Verfahrensrüge** zu prüfen, die den Anforderungen des § 344 Abs 2 S 2 StPO genügen muss. § 269 StPO spielt dagegen keine Rolle, soweit der Prüfung ein Willkürmaßstab zu Grunde gelegt wird (BGHSt 40, 120, 122 ff; BGHSt 47, 116, 119, 120).

24 Wenn das Berufungsgericht eine Rechtsfolge für erforderlich gehalten hatte, die das Amtsgericht und damit auch die kleine Strafkammer gemäß § 24 Abs 2 GVG nicht aussprechen durfte, dann muss es die Sache wegen **Überschreitung des Strafbanns** an die große Strafkammer verweisen. Ist das Landgericht in diesem Fall nicht nach § 328 Abs 2 StPO vorgegangen, so kann dies die Revision begründen (BayObLG StraFo 2000, 230 f). Das Revisionsgericht hat dann das Urteil der Vorinstanz aufzuheben und die Sache an das sachlich zuständige Gericht zu verweisen (OLG Brandenburg NStZ 2001, 611, 612).

25 Auch ein **Verweisungsurteil** des Berufungsgerichts unterliegt der Revision (BGHSt 26, 106 mAnm Foth NJW 1975, 1523, 1524; Hegmann NStZ 2000, 574, 577; zur Beschwer OLG Brandenburg Beschl v 24. 9. 2008 – Az 1 Ss 67/08 – BeckRS 2008, 20924), ebenso ein versehentlich anstelle eines Verweisungsurteils erlassener Verweisungsbeschluss des Berufungsgerichts (SK-StPO/Frisch StPO § 328 Rn 32). Dabei ist umstritten, ob es einer nach § 344 Abs 2 S 2 StPO zu begründenden Verfahrensrüge bedarf, oder ob die Prüfung aufgrund einer zulässigen Revision vom Revisionsgericht von Amts wegen durchzuführen ist (offen gelassen von OLG Hamm Beschl v 17. 2. 2009 – Az 3 Ss 67/09). Wenn es letztlich um die sachliche Zuständigkeit geht, wird eine Prüfung von Amts wegen (§ 6 StPO) zu bevorzugen sein, wobei ohnehin die Tragfähigkeit der Begründung des Verweisungsurteils in Rede steht, das vom Revisionsgericht unschwer erfasst werden kann. Für Verteidiger empfiehlt es sich freilich, vorsorglich eine genaue Erläuterung der Rüge anzubringen. Eine **Beschwer** für den Angeklagten liegt aber nur vor, wenn die Verweisung zu Unrecht erfolgt ist und der Angeklagte wegen Vorliegens objektiver Willkür im Sinne von Art 101 Abs 1 S 2 GG seinem gesetzlichen Richter entzogen wurde (OLG Karlsruhe NStZ 2005, 208).

§ 329 [Ausbleiben des Angeklagten]

(1) ¹Ist bei Beginn einer Hauptverhandlung weder der Angeklagte noch in den Fällen, in denen dies zulässig ist, ein Vertreter des Angeklagten erschienen und das Ausbleiben nicht genügend entschuldigt, so hat das Gericht eine Berufung des Angeklagten ohne Verhandlung zur Sache zu verwerfen. ²Dies gilt nicht, wenn das Berufungsgericht erneut verhandelt, nachdem die Sache vom Revisionsgericht zurückverwiesen worden ist. ³Ist die Verurteilung wegen einzelner von mehreren Taten weggefallen, so ist bei der Verwerfung der Berufung der Inhalt des aufrechterhaltenen Urteils klarzustellen; die erkannten Strafen können vom Berufungsgericht auf eine neue Gesamtstrafe zurückgeführt werden.

(2) ¹Unter den Voraussetzungen des Absatzes 1 Satz 1 kann auf eine Berufung der Staatsanwaltschaft auch ohne den Angeklagten verhandelt werden. ²Eine Berufung der Staatsanwaltschaft kann in diesen Fällen auch ohne Zustimmung des Angeklagten zurückgenommen werden, es sei denn, daß die Voraussetzungen des Absatzes 1 Satz 2 vorliegen.

(3) Der Angeklagte kann binnen einer Woche nach der Zustellung des Urteils die Wiedereinsetzung in den vorigen Stand unter den in den §§ 44 und 45 bezeichneten Voraussetzungen beanspruchen.

(4) ¹Sofern nicht nach Absatz 1 oder 2 verfahren wird, ist die Vorführung oder Verhaftung des Angeklagten anzuordnen. ²Hiervon ist abzusehen, wenn zu erwarten ist, daß er in der neu anzuberaumenden Hauptverhandlung ohne Zwangsmaßnahmen erscheinen wird.

Überblick

Das unentschuldigte Ausbleiben des ordnungsgemäß geladenen und vorab über die Folgen belehrten Angeklagten sowie gegebenenfalls seines bevollmächtigten Vertreters zu Beginn der Berufungshauptverhandlung gebietet dem Berufungsgericht nach Abs 1 S 1 die Verwerfung des Rechtsmittels ohne Sachprüfung. Damit soll verhindert werden, dass der Angeklagte das Verfahren durch die unschwer mögliche Einlegung der Berufung und seine anschließende Mitwirkungsverweigerung verzögert. Die an enge Voraussetzungen geknüpfte Verwerfungsmöglichkeit besteht allerdings nicht im Rahmen einer Neuverhandlung nach Urteilsaufhebung und Zurückverweisung der Sache durch das Revisionsgericht an die Berufungsinstanz (Abs 1 S 2). Abs 1 S 3 sieht für den Fall der Verwerfung der Berufung eine Urteilsänderung in der Weise vor, dass der Wegfall einer Tat wegen Teileinstellung des Verfahrens aufgrund eines Verfahrenshindernisses, nach dem Opportunitätsprinzip oder infolge einer Verfahrensabtrennung klargestellt wird. Aufgrund der Berufung der Staatsanwaltschaft kann in Fällen des unentschuldigten Ausbleibens des Angeklagten unter den weiteren Voraussetzungen von Abs 1 S 1 in seiner Abwesenheit verhandelt werden (Abs 2). Eine Berufungsrücknahme der Staatsanwaltschaft ist dann auch ohne die Zustimmung des Angeklagten möglich. Der Angeklagte kann in den Fällen der Absätze 1 und 2 innerhalb einer Woche ab Zustellung des Urteils Wiedereinsetzung in den vorigen Stand beanspruchen. Wird nicht wegen der Abwesenheit des Angeklagten seine Berufung verworfen oder über die Berufung der Staatsanwaltschaft in seiner Abwesenheit verhandelt, dann kommen Vorführung oder Verhaftung als Zwangsmaßnahmen gegen das Ausbleiben des Angeklagten in der Hauptverhandlung in Betracht.

Übersicht

	Rn		Rn
A. Normbedeutung	1	3. Verwerfungsurteil und Klarstellung des Wegfalls einzelner Taten	34
B. Verwerfung der Berufung des Angeklagten (Abs 1)	6	**C. Verhandlung über die staatsanwaltschaftliche Berufung in Abwesenheit des Angeklagten (Abs 2)**	39
I. Ausbleiben des Angeklagten bei Beginn einer Berufungshauptverhandlung	8		
II. Genügende Entschuldigung	15	**D. Wiedereinsetzung des Angeklagten in den vorigen Stand (Abs 3)**	45
III. Ordnungsgemäße Ladung	19	I. Antragserfordernis	46
IV. Hinweise auf die Folgen des Ausbleibens	24	II. Wiedereinsetzungsgrund	47
V. Fehlende Vertretung	26	III. Verfahren und Entscheidung	50
VI. Verwerfungsurteil	30	**E. Vorführung oder Verhaftung (Abs 4)**	53
1. Vorgreifliche Prüfung der Zulässigkeit der Berufung	31	**F. Revision**	55
2. Vorgreifliche Prüfung eines Prozesshindernisses	32		

A. Normbedeutung

Der Normzweck dieser Ausnahmebestimmung besteht darin zu verhindern, dass der Angeklagte durch sein unentschuldigtes Ausbleiben zu Beginn einer Berufungshauptverhandlung das Verfahren verzögert (BGHSt 27, 236, 238, 239; KMR/Brunner StPO § 329 Rn 1). Ziel ist also eine **Beschleunigung des Verfahrens** (BGHSt 17, 188, 189) und zugleich eine **Missbrauchsabwehr** entweder durch Verwerfung der Berufung des Angeklagten oder durch Verhandlung über die staatsanwaltschaftliche Berufung auch in Abwesenheit des Angeklagten oder schließlich durch Ergreifen von Zwangsmitteln. Der Normzweck wird durch die Maßnahmen nach Abs 1 oder Abs 2 allerdings um den Preis bewirkt, dass eine erschöpfende neue Sachaufklärung in Abwesenheit des Angeklagten entweder ganz entfällt, weil die **Berufung des Angeklagten** nach Abs 1 **ohne Sachprüfung verworfen** wird, oder nach Abs 2 die **Sachaufklärung** aufgrund der Berufung der Staatsanwaltschaft **in Abwesenheit des Angeklagten** in qualitativ schlechterer Weise durchgeführt wird als in einer Hauptverhandlung in seiner Anwesenheit.

2   Die Verwerfung der Berufung des Angeklagten, die gegebenenfalls aufgrund eines Verwirkungsgedankens erfolgt (Schroeder NJW 1978, 308; **aA** BGHSt 15, 287, 289: Verzicht), ist unter den Voraussetzungen des Abs 1 als Reaktion auf das unentschuldigte Ausbleiben zwingend vorgeschrieben, die Verhandlung über die staatsanwaltschaftliche Berufung nach Abs 2 dagegen fakultativ. Die Vorschrift greift mit beiden Varianten nur zu Beginn „einer" Berufungshauptverhandlung, also auch zu Beginn einer Neuverhandlung nach Aussetzung einer früheren Hauptverhandlung. Ausgeschlossen ist aber der **Erlass eines Prozessurteils**, wenn zuvor ein früheres Sachurteil vom Revisionsgericht aufgehoben und die Sache an das Berufungsgericht zurückverwiesen worden war (Abs 1 S 2). In dem Fall, in dem die Staatsanwaltschaft Berufung eingelegt hat, führt das Ausbleiben des Angeklagten dagegen nicht schon für sich genommen zu einer die zweite Instanz beendenden Entscheidung. Die Verhandlung über die staatsanwaltschaftliche Berufung kann aber in Abwesenheit des Angeklagten nach Abs 2 durchgeführt werden und danach ergeht ein **Sachurteil**. Ob in dieser Weise verfahren wird, ist vor allem anhand der Aufklärungsgesichtspunkte des Einzelfalls zu entscheiden.

3   Alternativ kommt die Ergreifung von **Zwangsmaßnahmen** durch Vorführung oder Verhaftung zur Herbeiführung der Anwesenheit des Angeklagten nach Abs 4 in Frage. Wegen ihrer Eingriffsintensität sind diese Maßnahmen jedoch nur unter strikter Beachtung des Grundsatzes der Verhältnismäßigkeit anzuwenden.

4   Soweit das Urteil des Berufungsgerichts nach Abs 1 oder Abs 2 der vorliegenden Vorschrift ergeht, kann der Angeklagte gem Abs 3 die **Wiedereinsetzung in den vorigen Stand** beantragen und diese erreichen, wenn er ohne sein Verschulden am Erscheinen in der Hauptverhandlung verhindert war. Mit der Wiedereinsetzung wird das bisherige Berufungsurteil gegenstandslos und das Verfahren in der zweiten Tatsacheninstanz fortgeführt. Der Sonderrechtsbehelf konkurriert bei seiner Einlegung mit dem Rechtsmittel der Revision, geht ihr aber im Entscheidungsduktus vor.

5   Die vorliegende Vorschrift gilt nicht bei **Berufungen von Nebenklägern** oder Nebenbeteiligten. Für den Fall der **Berufung des gesetzlichen Vertreters** des Angeklagten trifft § 330 StPO eine Sonderregelung. Ob in Jugendverfahren die Berufung des Angeklagten nach Abs 1 StPO verworfen werden kann, ist mit Blick auf § 50 Abs 1 JGG umstritten, wird aber zu Recht auch bejaht, weil § 50 Abs 1 JGG nur das erstinstanzliche Verfahren regelt und das Gesetz sonst keinen direkten Hinweis auf die generelle Unanwendbarkeit der vorliegenden Vorschrift liefert (Schäfer NStZ 1998, 330, 334; **aA** OLG Bremen NJW 1960, 1171). Die restriktive Auslegung der Norm führt aber dazu, dass in der Praxis eine Verwerfung der Berufung eines Jugendlichen durch Prozessurteil jedenfalls selten sein dürfte.

B. Verwerfung der Berufung des Angeklagten (Abs 1)

6   Bleibt der Angeklagte trotz ordnungsgemäßer Ladung und Warnung ohne ausreichende Entschuldigung zu Beginn „einer" Berufungshauptverhandlung über sein Rechtsmittel aus und ist er dann auch nicht in zulässiger Weise vertreten, so hat das Berufungsgericht seine Berufung ohne Sachprüfung zu verwerfen. Dieses strafprozessuale „Versäumnisurteil" beruht auf der widerleglichen Vermutung, dass der Angeklagte, der trotz Ladung und Belehrung über die Folgen des Ausbleibens nicht erscheint, sein Rechtsmittel praktisch nicht weiter verfolgen will. Daraus folgt jedoch das **Gebot einer engen Auslegung** der Norm (OLG München Beschl v 26. 8. 2008 – Az 5 St RR 167/08). Die Verwerfungsmöglichkeit steht nämlich im **Spannungsverhältnis zwischen** dem Verfahrenszweck der Wahrheitserforschung und dem Interesse an Prozessökonomie (BGHSt 17, 188, 189). Insbesondere die Verwerfung der Berufung des unverteidigten Angeklagten begegnet erheblichen Bedenken (Meyer-Mews NJW 2002, 1928 f), weshalb die Vorschrift restriktiv zu handhaben ist (BGHSt 17, 188, 189).

Abs 1 gilt nach bisheriger Rechtsprechung als vereinbar mit der **Verfassung** (Art 19 Abs 4 **7** GG, Art 20 Abs 3 GG, Art 103 Abs 1 GG), ferner mit der Europäischen **Menschenrechtskonvention** (Art 6 Abs 1 u Abs 3 lit c MRK, Art 13 MRK, Art 2 Abs 2 des 7. ZusProtMRK; BayObLG NStZ-RR 2000, 307, 308) und schließlich auch mit dem **Völkerrecht** (Art 14 Abs 5 IPBPR), weil einerseits zwar eine Berufungsverwerfung ohne Sachprüfung erfolgt, andererseits aber der Beschwerdeführer bereits eine volle Tatsacheninstanz zur Verfügung hatte und er selbst die zweite Instanz in pflichtwidriger Weise versäumt. Namentlich Art 19 Abs 4 GG und Art 103 Abs 1 GG schützen nicht denjenigen, der der Wahrnehmung seiner Rechte mit vermeidbarer Gleichgültigkeit gegenübersteht (BVerfG NJW 1993, 847). Das Recht des Angeklagten, **effektiv verteidigt** zu werden, gehört indes zu den Grundlagen eines fairen Verfahrens. Der Angeklagte verliert dieses Recht nicht schon deshalb, weil er zu der Verhandlung nicht erscheint (EGMR NJW 1999, 2353, 2354). Auch das Recht auf wirksamen Verteidigerbeistand bleibt von der vorliegenden Vorschrift unberührt (BayObLG NStZ-RR 2000, 307, 308). Ferner hat die persönliche Anwesenheit des Angeklagten in einer Berufungsverhandlung nach Art 6 Abs 1 MRK nicht dieselbe Bedeutung wie in der ersten Tatsacheninstanz (Meyer-Goßner StPO § 329 Rn 2). Art 14 Abs 5 IPBPR besagt insoweit nicht wesentlich mehr als Art 6 Abs 1 MRK. Das 7. ZusProtMRK ist im Inland noch nicht ratifiziert. Andererseits ist das **Teilhaberecht** des Angeklagten und seines Verteidigers in der Berufungsinstanz auch aus der verfassungs- und menschenrechtlichen Perspektive nicht ohne Belang. Bei der Prüfung der Verletzung des Anspruchs auf effektiven Rechtsschutz, auf rechtliches Gehör und auf ein faires Verfahren müssen die Umstände des konkreten Verfahrens und die Art und Weise berücksichtigt werden, wie die Interessen der Verteidigung vor dem Berufungsgericht geltend gemacht und geschützt worden sind, vor allem im Hinblick auf die von ihm zu entscheidenden Fragen sowie ihre Bedeutung für den Rechtsmittelführer (EGMR Entsch v 8. 1. 2008 Nr 30443/03 – BeckRS 2008, 06520).

I. Ausbleiben des Angeklagten bei Beginn einer Berufungshauptverhandlung

Der Angeklagte muss nach Abs 1 S 1 **bei Beginn des Hauptverhandlungstermins** **8** ausgeblieben sein. Wenn er zunächst erscheint, sich dann aber nachträglich eigenmächtig entfernt, so ist dies kein Fall der vorliegenden Vorschrift, sondern von § 231 StPO. Auch **verspätetes Erscheinen** hindert ein Verwerfungsurteil, wenn es bis zu diesem Zeitpunkt noch nicht ergangen war. Die Pflicht des Angeklagten zur Anwesenheit endet andererseits nicht bei verspätetem Beginn der Hauptverhandlung (OLG Hamm Beschl v 8. 6. 2005 – Az 3 Ws 188/05, 3 Ss 247/05).

Ausbleiben ist zunächst die **physische Abwesenheit** des Angeklagten vom Verhandlungs- **9** ort. Darauf, ob er Äußerungen zur Person oder zur Sache macht, kommt es nicht an.

Entsprechend angewendet wird die Vorschrift nach **hM** auch auf den Fall des Erscheinens **10** des Angeklagten in einem von ihm selbst verschuldeten Zustand der **Verhandlungsunfähigkeit**, besonders nach Alkohol-, Drogen- oder Medikamentenkonsum (BGHSt 23, 331, 334) zu Beginn der Hauptverhandlung, aber nicht erst während der Beweisaufnahme (OLG Frankfurt NStZ-RR 2005, 174, 175), vorausgesetzt der Angeklagte weiß, dass er dadurch die Verhandlung in seiner Anwesenheit unmöglich macht. Unverschuldete Verhandlungsunfähigkeit rechtfertigt nicht die Verwerfung der Berufung nach Abs 1 S 1. Behauptet der Angeklagte nur zu Unrecht, er sei verhandlungsunfähig, dann ist er auch nicht abwesend (KG JR 1969, 270 mAnm E. Schmidt). Die Anforderungen an die Verhandlungsfähigkeit des Angeklagten sind je nach Verfahrensart und Verfahrenslage unterschiedlich. Neben der Schwierigkeit des Verhandlungsgegenstands und dem jeweiligen Verfahrensstand kommt es darauf an, wie und in welchem Ausmaß er darin beeinträchtigt ist, die ihm in der konkreten Verfahrenssituation zu gewährenden Mitwirkungsmöglichkeiten wahrzunehmen (OLG Stuttgart NStZ-RR 2006, 313, 314, 315).

Befindet sich **der Angeklagte in Haft**, dann hat er das Recht auf eine **Vorführung** zur **11** Hauptverhandlung. Ein Fall des unentschuldigten Ausbleibens liegt dagegen vor, wenn der Angeklagte die Vorführung ablehnt. Anders ist es allerdings, wenn er sich lediglich nicht von sich aus darum bemüht. Es ist die Aufgabe des Berufungsgerichts, rechtzeitig die Vorführung des inhaftierten Angeklagten anzuordnen.

12 Maßgeblicher Zeitpunkt für das Ausbleiben im Sinne von Abs 1 S 1 ist der **Beginn einer Berufungsverhandlung**. Bei „einer" Hauptverhandlung muss es also nicht um die erste Verhandlung in der zweiten Instanz gehen. Auch das Ausbleiben zu Beginn einer neuen Hauptverhandlung **nach Aussetzung** einer früheren ist zur Anwendung der Verwerfungsregelung ausreichend (BGHSt 27, 236, 239). Abs 1 kommt ferner zur Anwendung, wenn dem Angeklagten gegen das Ausbleiben in einer früheren Hauptverhandlung nach Abs 3 Wiedereinsetzung in den vorigen Stand gewährt wurde und deshalb die Hauptverhandlung wiederholt werden muss, dann aber der Angeklagte erneut ausbleibt. Das Fernbleiben von einem **Fortsetzungstermin** nach einer Unterbrechung **reicht** hingegen zur Anwendung der vorliegenden Vorschrift **nicht aus**, weil damit nicht der Beginn der Hauptverhandlung versäumt wird (OLG Hamm Beschl v 26. 6. 2008 – Az 5 Ss 266/08 – BeckRS 2008, 20341). Die sofortige Verwerfung der Berufung nach Abs 1 ist aber auch sonst nicht zulässig, wenn das Berufungsgericht schon in einem früheren Termin zur Sache verhandelt hatte (BGHSt 17, 188, 189, 190; BGH NJW 1969, 1393). Dann ist nach § 231 Abs 2 StPO zu verfahren (§ 332 StPO).

13 Der Beginn der Hauptverhandlung wird durch den **Aufruf der Sache** markiert (§ 243 Abs 1 StPO). Ein gegenüber der anberaumten Terminszeit (§ 213 StPO) verspäteter Aufruf ändert nichts an der Pflicht des Angeklagten zum Erscheinen. Ausgeblieben ist der Angeklagte daher bei Aufruf der Sache dann, wenn er nicht **im Sitzungssaal oder in dessen Nähe erreichbar** ist und auch nach **Abwarten** einer angemessenen Zeitspanne, die in der Regel etwa 15 Minuten ab der anberaumten Terminszeit beträgt (OLG Düsseldorf NStZ-RR 2001, 303), unter besonderen Umständen auch mehr (OLG Hamm Beschl v 7. 5. 2007 – Az 3 Ws 225/07; OLG Köln Beschl v 7. 3. 2008 – Az 2 Ws 106/08 = BeckRS 2008, 13413; OLG München VRS 113 [2007], 117 ff), nicht erscheint. Wenn der Angeklagte sich zwar im Saal befindet, aber unerkannt bleibt oder bei der Präsenzfeststellung nicht zu identifizieren ist, so reicht dies für sein Erscheinen nicht aus; er gilt dann als abwesend.

14 Nach **Abs 1 S 2** (BT-Drs 7/551, 86) gilt die Regelung über die Berufungsverwerfung wegen unentschuldigten Ausbleibens des Angeklagten nicht für eine erneute Hauptverhandlung, die begonnen wird, **nachdem das Revisionsgericht** ein früheres Berufungsurteil aufgehoben und **die Sache** an das Berufungsgericht **zurückverwiesen hat** (BGHSt 17, 188, 189; OLG Oldenburg StraFo 2009, 114). Nach einer derartigen Prüfung der Sache und Beanstandung eines bisherigen Sachurteils durch das höherrangige Revisionsgericht soll das Rechtsmittel des Angeklagten nicht ohne jede neue Sacherörterung durch Prozessurteil verworfen werden können, nachdem das Revisionsgericht das bisherige Sachentscheidungsergebnis für angreifbar gehalten hat (BGHSt 27, 236, 240; Meurer NStZ 1987, 540). Eine Ausnahme von dieser Regelung wird dann zugelassen, wenn das Berufungsgericht in der ersten Verhandlung bereits einmal die Berufung des Angeklagten gem Abs 1 S 1 verworfen hatte und dieses Urteil allein aus prozessualen Gründen keinen Bestand hatte. In diesem Fall ist ein Widerspruch zwischen der Entscheidung des Revisionsgerichts und der späteren Verwerfung der Berufung ausgeschlossen (BGHSt 27, 236, 241; OLG Stuttgart NStZ-RR 2005, 241, 242 mAnm Schall NStZ 2005, 586). Ob dasselbe auch gilt, wenn das Revisionsgericht keinen Sachmangel des ersten Urteils angenommen, sondern es „nur" aus verfahrensrechtlichen Gründen aufgehoben hatte, erscheint zweifelhaft (offengelassen durch OLG Oldenburg StraFo 2009, 114).

II. Genügende Entschuldigung

15 Abs 1 S 1 setzt voraus, dass das Ausbleiben nicht genügend entschuldigt ist. Eine Entschuldigung ist dann genügend, wenn die im Einzelfall abzuwägenden Belange des Angeklagten und seine Pflicht zum Erscheinen den Entschuldigungsgrund als triftig erscheinen lassen. Dies gilt dann, wenn dem Angeklagten unter den gegebenen Umständen ein Erscheinen billigerweise nicht **zumutbar** war und ihm infolgedessen wegen seines Fernbleibens nicht der **Vorwurf schuldhafter Pflichtverletzung** gemacht werden kann (OLG München Beschl v 26. 8. 2008 – Az 5 St RR 167/08; PfzOLG Zweibrücken Beschl v 27. 8. 2007 – Az 1 Ws 337/07). Der Begriff der genügenden Entschuldigung darf seinerseits nicht eng ausgelegt werden (OLG Bamberg Beschl v 26. 2. 2008 – Az 3 Ss 118/07). Insbes ist eine genügende Entschuldigung nicht zu verneinen, wenn klar ist, dass der

Angeklagte sein Rechtsmittel durchaus ernsthaft weiter verfolgen will. Auf die Terminslage des Berufungsgerichts kommt es nicht an (OLG München Beschl v 26. 8. 2008 – Az 5 St RR 167/08).

Entscheidend ist nicht, ob sich der Angeklagte genügend entschuldigt hat, sondern ob er **16** genügend entschuldigt ist (OLG Nürnberg Beschl v 19. 1. 2009 – Az 2 St Ss 259/08 – BeckRS 2009, 05948; KMR/Brunner StPO § 329 Rn 19). Das hat das Berufungsgericht **von Amts wegen zu prüfen**. Den Angeklagten trifft weder eine Darlegungspflicht noch eine Pflicht zur Glaubhaftmachung. Vielmehr muss das Gericht, wenn ein konkreter Hinweis auf einen Entschuldigungsgrund vorliegt, dem Umstand im **Freibeweisverfahren** nachgehen (OLG München Beschl v 27. 10. 2008 – Az 5 St RR 200/08), wobei aber nur Beweismittel zu verwerten sind, die dem Berufungsgericht sofort zur Verfügung stehen (BayObLG NStZ-RR 2003, 87, 88). Bescheinigungen, wie ärztliche Atteste, können so lange als genügende Entschuldigung gelten, als nicht deren Unbrauchbarkeit feststeht (OLG Oldenburg BeckRS 2008, 22919; LG Potsdam Urt v 25. 5. 2009 – Az 27 Ns 3/09), es sei denn, die Angaben sind aus der Luft gegriffen oder ersichtlich ungeeignet, das Ausbleiben genügend zu entschuldigen. Zweifel an einer genügenden Entschuldigung dürfen nicht zu Lasten des Angeklagten gehen (OLG Stuttgart VRS 106 [2004], 209 ff; KMR/Brunner StPO § 329 Rn 19), weil dies dem Ausnahmecharakter der Berufungsverwerfung nach Abs 1 S 1 nicht gerecht würde. Das Gericht ist vielmehr gehalten, Zweifeln nachzugehen, etwa durch telefonische Rückfrage bei dem durch Attestvorlage konkludent von der Verschwiegenheitspflicht entbundenen Arzt, der eine „Arbeitsunfähigkeitsbescheinigung" ausgestellt hatte (OLG Nürnberg Beschl v 19. 1. 2009 – Az 2 St Ss 259/08 – BeckRS 2009, 05948). Die Pflicht zur Überprüfung besteht aber natürlich nur in einem vernünftigen Umfang (OLG Bamberg Beschl v 26. 2. 2008 – Az 3 Ss 118/2007).

Bei ungenauen **Angaben des Angeklagten oder einer Beweisperson** ohne genügende **17** Aussagekraft in einer Bescheinigung ist seitens des Gerichts nachzufragen, was sich dahinter verbirgt. Die allgemeine Behauptung verhindert zu sein reicht nicht aus. Entschuldigungsgründe, die nur der Angeklagte kennt, hat letztlich aber dieser darzulegen, damit das Gericht überhaupt einen Anlass und Anknüpfungspunkt zur Nachforschung erhält (OLG Köln StraFo 2006, 413). Fehlt in den gesamten Umständen des Einzelfalls jeder **Hinweis auf einen plausiblen Verhinderungsgrund**, dann kann das Berufungsgericht von einem unentschuldigten Ausbleiben ausgehen. Legt der Angeklagte dem Berufungsgericht eine Bestätigung vor, wonach er sich stationär in einem Krankenhaus befinde, erklärt aber der behandelnde Arzt auf Nachfrage des Gerichts, es sei fraglich, ob er überhaupt krank sei, in jedem Fall sei er verhandlungsfähig, dann besteht kein Anlass mehr zur weiteren Aufklärung (OLG München Beschl v 10. 10. 2006 – Az 4St RR 193/06).

Als genügende Entschuldigungsgründe kommen – je nach Lage des Einzelfalls und nur bei **18** Ursächlichkeit dieses Umstands für das Nichterscheinen (KG Urt v 23. 6. 2008 – Az [2-5] 1 Ss 213/04 [6/05] = BeckRS 2008, 21193) – zum Beispiel in Betracht:

- eine **Erkrankung**, welche auch ohne Verhandlungsunfähigkeit die Anwesenheit des Angeklagten in der Hauptverhandlung unzumutbar erscheinen lässt (OLG Jena Beschl v 12. 4. 2006 – Az 1 Ws 82/06; OLG Hamm Beschl v 26. 4. 2007 – Az 1 Ws 282/07; OLG Köln VRS 111 [2006], 43 ff; OLG Rostock StraFo 2001, 417, 418),
- ein ernst gemeinter **Selbstmordversuch**,
- eine **Inhaftierung** (OLG Braunschweig NStZ 2002, 163, 164), insbes im Ausland (OLG Köln StraFo 2006, 205, 206),
- unaufschiebbare und erhebliche **Verpflichtungen gegenüber Familienangehörigen**, wie die nicht delegierbare Pflege schwer Kranker oder der Beistand bei der Niederkunft der Ehefrau (OLG Celle MDR 1966, 949),
- wichtige und unaufschiebbare **berufliche** (OLG München Beschl v 8. 5. 2006 – Az 4 St RR 66/06) oder dienstliche **Verpflichtungen** gegenüber dem Arbeitgeber oder Dienstherrn oder entsprechend bedeutsame Verpflichtungen eines freiberuflich Tätigen,
- dringende **religiöse Gebote Gläubiger**,
- eine lange geplante Urlaubsreise, die nicht ohne erhebliche finanzielle Verluste storniert werden kann und schon vor Berufungseinlegung vorbereitet worden war, ohne dass Vorsorge für die Verhandlungsteilnahme getroffen werden konnte (OLG Brandenburg Beschl

v 27. 3. 2008 – Az 1 Ss 19/08), oder eine aktuelle **Urlaubsabwesenheit** (OLG Hamm VRS 109 [2005], 40 ff; OLG Oldenburg NdsRpfl 2004, 47, 48),
- eine **medizinische Rehabilitationsmaßnahme**,
- **Mittellosigkeit**, die den Angeklagten an der Reise zum Gerichtsort hindert und ohne Pflichtverletzung nicht durch staatliche Leistungen überbrückt werden kann (OLG Jena Beschl v 24. 5. 2004 – Az 1 Ss 344/03),
- zu kurze **Zeit für Vorbereitungen bei weiter Anreise** zum Gerichtsort bei Nichteinhaltung der Ladungsfrist,
- eine Kollision mit bedeutsamen **öffentlich-rechtlichen Verpflichtungen**, die ausnahmsweise dem Erscheinen vor Gericht vorgehen können, etwa die Ausreise eines ausgewiesenen Ausländers, oder öffentlich-rechtliche Hindernisse, die das Erscheinen unzumutbar machen, wie die drohende Verhaftung bei der Einreise (OLG Hamburg StraFo 2005, 381),
- ein **Unfall**, ein **Fahrzeugdefekt** oder unvorhergesehene **Verkehrsbehinderungen** (OLG Hamm NZV 2003, 49; OLG Köln Beschl v 7. 3. 2008 – Az 2 Ws 106/08 = BeckRS 2008 13413), die auch durch Einberechnung einer angemessenen Zeitreserve nicht mehr überbrückt werden können (nicht bei nur starkem Verkehrsaufkommen, OLG Jena NStZ-RR 2006, 147),
- ein **Irrtum über Zeit und Ort der Hauptverhandlung**,
- eine **falsche Sachbehandlung durch das Gericht**, die das Erscheinen des Angeklagten beeinflusst, wie etwa die Begründung eines Vertrauens des Angeklagten darin, dass das Gericht seinem kurzfristigen Verlegungsantrag stattgeben werde (OLG München NStZ-RR 2006, 20, 21, 22), oder die telefonische Aufforderung alsbald zu erscheinen, ohne Mitteilung einer Frist (OLG Köln StraFo 2004, 143),
- ein **Rechtsirrtum** über die Zulässigkeit einer Vertretung. Wenn aber der geladene Angeklagte zur Berufungsverhandlung nicht erscheint, weil sein Verteidiger ihm erklärt hatte, das Berufungsgericht werde wegen der Stellung eines Antrages auf Entbindung von der Pflicht zum Erscheinen die Berufung nicht sofort verwerfen können, so liegt kein für den Berufungsführer unabwendbarer Zufall vor (OLG Saarbrücken Beschl v 2. 11. 1973 – Az Ws 274/73).

III. Ordnungsgemäße Ladung

19 Abs 1 S 1 kommt nur dann rechtsfehlerfrei zur Anwendung, wenn der Angeklagte zur Hauptverhandlung ordnungsgemäß geladen wurde (OLG Jena Beschl v 7. 11. 2007 – Az 1 Ss 273/07; OLG München Beschl v 26. 8. 2008 – Az 5 St RR 167/08), wobei eine Ersatzzustellung prinzipiell ausreicht (OLG Karlsruhe Beschl v 12. 8. 2008 – Az 2 Ws 193-195/08 – BeckRS 2008, 19581). An einer ordnungsgemäßen Ladung fehlt es hingegen, wenn die Ladung ihm oder seinem zur Entgegennahme von Zustellungen bevollmächtigten Verteidiger nicht **zugegangen** ist. Das kann bei einer Ladung unter der falschen Adresse, der Ersatzzustellung an einem aufgegebenen Aufenthaltsort (OLG Frankfurt NStZ-RR 2003, 174, 175), dem Einwurf des Ladungsschreibens in einen Sammelbriefkasten (OLG Hamm VRS 107 [2004], 109 ff), bei einer fehlerhaften Auslandszustellung oder bei einer Ladung des inhaftierten Angeklagten durch Ersatzzustellung der Fall sein (OLG Dresden NStZ 2005, 398, 399).

20 Eine ordnungsgemäße Ladung fehlt auch dann, wenn das Ladungsschreiben **inhaltliche Fehler** enthält oder unverständlich ist, so dass Zeit und Ort der Hauptverhandlung nicht oder nicht ohne weiteres daraus entnommen werden können. Ein Ladungsfehler ist allerdings unschädlich, wenn er das **Ausbleiben des Angeklagten nicht verursacht** hat (OLG Stuttgart NStZ-RR 2005, 319, 320; Löwe/Rosenberg/Gössel StPO § 329 Rn 4; KK-StPO/Ruß StPO § 329 Rn 3). Ladungsmängel wirken sich dann nicht aus, wenn der Angeklagte auch ohne Ladung Kenntnis von Ort und Zeit der Hauptverhandlung hat (KG Urt v 23. 6. 2008 – Az [2-5] 1 Ss 213/04 [6/05] = BeckRS 2008, 21193).

21 Die ordnungsgemäße Ladung des Angeklagten zur Hauptverhandlung muss im **Freibeweisverfahren** festgestellt werden, bevor das Berufungsgericht sein Rechtsmittel verwirft. Dort gilt die Aufklärungspflicht (allgemein BVerfGE 70, 297, 309), die aber nur eingreift, wenn und soweit ein **konkreter Anhaltspunkt** für die Erforderlichkeit bestimmter Erforschungsmaßnahmen vorhanden ist (OLG Karlsruhe Beschl v 12. 8. 2008 – Az 2 Ws 193-

195/08 = BeckRS 2008, 19581). Der bloße Antrag des Verteidigers, eine Auskunft beim Einwohnermeldeamt darüber einzuholen, dass der Angeklagte zum Zeitpunkt der Ladung unter der angegebenen Anschrift nicht mehr wohnhaft gewesen ist, liefert noch keinen genügenden Anhaltspunkt dafür, dass den Angeklagten entgegen dem durch Postzustellungsurkunde geführten Nachweis die Ladung nicht erreicht haben könnte (OLG Koblenz Beschl v 1. 2. 2007 – Az 1 Ss 7/07).

Eine **öffentliche Zustellung der Ladung**, die in Betracht kommt, wenn ein zur 22 Entgegennahme von Zustellungen Bevollmächtigter nicht vorhanden und die ladungsfähige Anschrift nicht bekannt ist oder die Ladung an die letzte bekannte Adresse des Angeklagten etwa wegen Auslandsaufenthalts (OLG Frankfurt NStZ-RR 2004, 48, 49) nicht bewirkt werden konnte, kann durch Aushang an der Gerichtstafel des Berufungsgerichts, bei dem die Sache anhängig ist (OLG Rostock Beschl v 12. 4. 2007 – Az 1 Ws 326/06; OLG Stuttgart Die Justiz 2006, 235, 236), erfolgen (§ 40 Abs 3 StPO). Die öffentliche Zustellung ist jedoch ein Ausnahmefall (OLG Koblenz Beschl v 3. 4. 2006 – Az 1 Ws 207/06). Sie ist zB nicht bei einem unter Betreuung stehenden Angeklagten anzuwenden (OLG Frankfurt NStZ-RR 2004, 210, 211). Eine öffentliche Zustellung scheidet aus, wenn innerhalb der Frist nach § 40 Abs 1 und 3 StPO die ladungsfähige Anschrift des Berufungsführers noch bekannt wird (OLG Hamm NStZ-RR 2005, 114, 115). Wird dagegen erst nach Bewirkung der öffentlichen Zustellung, aber noch vor Beginn der Hauptverhandlung ein inländischer Aufenthaltsort des Angeklagten bekannt, so ist dieser erneut nach § 37 StPO zu laden (OLG Stuttgart Die Justiz 2001, 227, 228; OLG Oldenburg StraFo 2004, 274, 275).

Die **Einhaltung der Ladungsfrist** gemäß § 217 Abs 1 StPO ist nach der Rechtspre- 23 chung zur Anwendung von Abs 1 S 1 nicht erforderlich (OLG Köln NStZ-RR 2002, 142, 143, 144; LG Stuttgart Die Justiz 1996, 64, 65). Sie dient nur der Vorbereitung der Verteidigung (BGHSt 24, 143, 146), nicht der Aufforderung zum Erscheinen zur Vermeidung einer Verwerfung der Berufung ohne Sachprüfung wegen unentschuldigten Ausbleibens des Angeklagten. Die Nichteinhaltung der Ladungsfrist kann mit einem Aussetzungsantrag kompensiert werden (OLG Düsseldorf VRS 97 [1999], 139, 141), zwingt aber nicht dazu, von der Berufungsverwerfung wegen unentschuldigten Ausbleibens des Angeklagten abzusehen, der gleichwohl zum Erscheinen verpflichtet bleibt.

IV. Hinweise auf die Folgen des Ausbleibens

Zum **Schutz des Angeklagten** vor unvorhergesehenen Folgen seines Ausbleibens ist 24 dieser bei der Ladung auf die Möglichkeit der Verwerfung der Berufung im Fall des unentschuldigten Ausbleibens hinzuweisen. Das gebietet die Fürsorgepflicht des Gerichts für den Angeklagten. Die Hinweise müssen **in der Ladung zum konkreten Hauptverhandlungstermin** enthalten sein (OLG Schleswig SchlHA 2005, 263). Früher erteilte Hinweise reichen nicht aus, auch wenn die neue Ladung darauf Bezug nimmt (OLG Hamm Beschl v 31. 7. 2008 – Az 3 Ss 288/08 = BeckRS 2008, 20908).

Ist der Angeklagte im Berufungsverfahren über eine **Bagatellsache** nicht darauf hinge- 25 wiesen worden, dass in seiner Abwesenheit verhandelt werden kann (§ 232 Abs 1 S 1 StPO), und bleibt er in der Hauptverhandlung unentschuldigt aus, so ist seine Berufung zu verwerfen. Das gilt auch dann, wenn sein mit schriftlicher Vollmacht versehener Verteidiger in der Berufungsverhandlung erscheint (BGHSt 25, 165, 166, 167).

V. Fehlende Vertretung

Die Berufung kann auch bei unentschuldigtem Ausbleiben des Angeklagten nicht nach 26 Abs 1 S 1 verworfen werden, wenn **ein mit Vertretungsvollmacht ausgestatteter Verteidiger** erscheint, zur Vertretung bereit ist (OLG Hamm Beschl v 10. 1. 2006 – Az 2 Ss 509/05) und ein Fall vorliegt, in dem die **Vertretung des Angeklagten nach § 234 Abs 1 StPO zulässig** ist. Liegt kein Fall zulässiger Vertretung vor, dann ist das Erscheinen eines bevollmächtigten Verteidigers unerheblich. Eine tatsächliche Vertretungshandlung, insbes in Form einer **Sacheinlassung**, ist dagegen nicht erforderlich, um den Vertretungsfall anzunehmen, der dem Verwerfungsurteil entgegensteht.

27 Die Vertretung ist bei Bagatelldelikten iSv **§ 232 Abs 1 StPO** zulässig, wobei der Bagatellcharakter (mit prospektiven Rechtsfolgen von Geldstrafe bis zu 180 Tagessätzen, Verwarnung mit Strafvorbehalt, Fahrverbot, Verfall, Einziehung, Vernichtung oder Unbrauchbarmachung) **aus der Sicht des Berufungsgerichts** unter Berücksichtigung der bisherigen Sach- und Rechtslage zu beurteilen ist. Die Verhandlung in Abwesenheit des Angeklagten über die Sache setzt dann allerdings voraus, dass der ordnungsgemäß geladene Angeklagte **bei der Ladung** über § 323 Abs 1 S 2 StPO hinaus gesondert auch **auf diese Möglichkeit hingewiesen** worden war (§ 232 Abs 1 S 1 StPO). Das Berufungsgericht kann im Fall der wirksamen Vertretung des abwesenden Angeklagten zwar nicht dessen Berufung nach Abs 1 S 1 verwerfen. Es hat aber die Möglichkeit, **das persönliche Erscheinen des Angeklagten anzuordnen** (§ 236 StPO, § 332 StPO). Ist das geschehen, dann ist eine Vertretung des Angeklagten nicht zulässig, weshalb im Fall des nicht genügend entschuldigten Ausbleibens des Angeklagten nach **hM** die Berufung wiederum verworfen werden kann. Das Gericht kann in diesem Fall aber auch das Erscheinen des Angeklagten nach Abs 4 erzwingen oder bei vorhandener Vertretung in seiner Abwesenheit zur Sache verhandeln. Wenn das Berufungsgericht nicht in Abwesenheit des Angeklagten verhandeln kann, weil dieser nicht zuvor nach § 232 Abs 1 S 1 StPO auf die Möglichkeit der Vertretung hingewiesen wurde, so ist ein Verwerfungsurteil gemäß Abs 1 S 1 nach der Rechtsprechung möglich. Ist der Angeklagte in zweiter Instanz gemäß § 233 StPO **von seiner Verpflichtung zum Erscheinen entbunden** worden, dann kann im Fall seines Ausbleibens auch dann, wenn keine Vertretung stattfindet, weder die Berufung nach Abs 1 S 1 verworfen noch sein Erscheinen nach Abs 4 erzwungen werden. Jedoch muss das Berufungsgericht einem vom Verteidiger in der Hauptverhandlung gestellten Entpflichtungsantrag nicht unbedingt stattgeben. Lehnt es diesen ab, dann kann die Berufung verworfen werden, auch wenn der Ablehnungsbeschluss dem Angeklagten selbst dann noch nicht zugegangen ist (BGHSt 25, 281, 283 ff mAnm Küper NJW 1974, 1927 ff). Ein Verteidiger, der keine Vertretungsvollmacht besitzt, ist auch nicht dazu befugt, die Entbindung des Angeklagten von der Verpflichtung zum Erscheinen in der Hauptverhandlung zu beantragen (BGHSt 12, 367 ff).

28 Im **Verfahren nach Einspruch gegen einen Strafbefehl** kann der Angeklagte nach § 411 Abs 2 StPO vertreten werden, so dass die Verhandlung in seiner Abwesenheit hier in weiterem Maße zulässig ist als nach §§ 232 StPO ff, insbes auch bei Anordnung des persönlichen Erscheinens des Angeklagten (OLG Dresden StV 2005, 492). Das gilt für die Berufungshauptverhandlung ebenso und diese Vertretung des Angeklagten schließt eine Verwerfung der Berufung nach Abs 1 S 1 aus.

29 Im **Privatklageverfahren** ist eine Vertretung nach § 387 Abs 1 StPO möglich, die ebenfalls die Berufungsverwerfung ausschließt. Bleibt der Privatbeklagte unentschuldigt aus und wird er nicht ordnungsgemäß vertreten, dann muss auch im Privatklageverfahren seine Berufung verworfen werden. Hier gilt § 391 Abs 2 StPO als Spezialbestimmung.

VI. Verwerfungsurteil

30 Die Berufung des Angeklagten ist bei Vorliegen der Voraussetzungen nach Abs 1 ohne Verhandlung zur Sache zu verwerfen; das Berufungsgericht hat keinen Ermessensspielraum. Freilich dient das Verwerfungsurteil nicht dazu, bloße Nachlässigkeiten zu bestrafen (OLG München Beschl v 27. 10. 2008 – Az 5 St RR 200/08), sondern auf einen echten Missbrauch zu reagieren. Ob die Voraussetzungen nach Abs 1 vorliegen, hat das Berufungsgericht von Amts wegen im Freibeweisverfahren hinsichtlich aller relevanten Punkte zu prüfen und dies gegebenenfalls in den Gründen des Verwerfungsurteils zu erörtern. Auf einen Antrag der Staatsanwaltschaft oder eines Nebenklägers kommt es nicht an. Eine Sachprüfung ist vor der Verwerfung der Berufung weder erforderlich noch zulässig. Von Amts wegen mit Vorrang vor den Voraussetzungen des Abs 1 S 1 zu prüfen sind aber einzelne andere prozessuale Aspekte.

1. Vorgreifliche Prüfung der Zulässigkeit der Berufung

31 Die Frage der Zulässigkeit, die schon vor der Berufungsverhandlung vom Gericht des ersten Rechtszuges (§ 319 StPO) und vom Berufungsgericht (§ 322 StPO) geprüft worden war, was aber das – anders besetzte – Berufungsgericht in der Hauptverhandlung nicht

bindet, ist vorrangig vor der Verwerfung der Berufung zu prüfen (BGHSt 30, 98, 100). Ist die Berufung unzulässig, dann wird sie auch in der Berufungshauptverhandlung deswegen durch Urteil verworfen. Auf Abs 1 S 1 kommt es dann nicht an. Die Verwerfung der Berufung wegen Nichterscheinens des Angeklagten ist deshalb nachrangig, weil sie weitere Rechtsbehelfsmöglichkeiten zur Folge hat (Abs 3), die nicht eröffnet werden müssen, wenn eine Verwerfung der Berufung als unzulässig erfolgen kann.

2. Vorgreifliche Prüfung eines Prozesshindernisses

Vorrangig vor der Verwerfung der Berufung nach Abs 1 S 1 ist auch die Einstellung des Verfahrens nach § 206a StPO, § 260 Abs 3 StPO, wenn ein Prozesshindernis vorliegt. Ein Verfahrenshindernis steht nämlich gegebenenfalls auch dem Verfahren nach Abs 1 S 1 entgegen. Das gilt allerdings dann nicht, wenn das Urteil des Amtsgerichts sich mit einem Prozesshindernis befasst und dies verneint hat. Insoweit erfolgt keine Nachprüfung des Urteils durch das Berufungsgericht, wenn der Angeklagte unentschuldigt nicht erscheint und die weiteren Verwerfungsvoraussetzungen vorliegen (Meyer-Goßner StPO § 328 Rn 8). **32**

Hatte das Gericht des ersten Rechtszuges mit Unrecht seine örtliche oder sachliche Zuständigkeit angenommen, dann ist nach § 328 Abs 2 StPO zu verfahren, auch wenn der Angeklagte unentschuldigt nicht in der Berufungshauptverhandlung erschienen ist; denn seine Anwesenheit ist keine Zulässigkeitsvoraussetzung für die Berufung. **33**

3. Verwerfungsurteil und Klarstellung des Wegfalls einzelner Taten

Ist die Berufung zulässig und liegt auch kein Verfahrenshindernis vor, sind aber die Voraussetzungen des Abs 1 gegeben, dann „ist" die Berufung zu verwerfen. Sind **mehrere Berufungen** eingelegt worden und ist nur ein Angeklagter im Sinne des Abs 1 pflichtwidrig und schuldhaft ausgeblieben, so wird nur sein Rechtsmittel verworfen, auch wenn über die Rechtsmittel der anderen Beschwerdeführer noch zu verhandeln ist und gegebenenfalls eine Berufung der Staatsanwaltschaft oder eines Nebenklägers auch den ausgebliebenen Angeklagten betrifft. Eine **getrennte Entscheidung** über die Berufung eines Angeklagten durch Prozessurteil ist hier ausnahmsweise möglich, auch wenn sonst über die Sache selbst aufgrund mehrerer Berufungen stets einheitlich zu entscheiden ist (§ 327 StPO Rn 12). **34**

Im Verwerfungsurteil ist gegebenenfalls der **Inhalt des angefochtenen Urteils** dahin **klarzustellen**, dass einzelne Taten wegen Fehlens von Prozessvoraussetzungen, Verfahrensabtrennung oder Teileinstellung nach dem Opportunitätsprinzip (§ 154 StPO, § 154a StPO) weggefallen sind (Abs 1 S 3). Insoweit wird die Berufung des Angeklagten „mit der Maßgabe verworfen", dass die Verurteilung unter Wegfall einzelner Taten erfolgt ist. Das ist im Allgemeinen nur deklaratorischer Natur. Entfällt durch den Wegfall einzelner Taten auch die zugehörige Einzelstrafe, dann kann das Berufungsgericht freilich auch die restlichen Strafen zu einer **neuen Gesamtstrafe** zusammenzuziehen. Diese Entscheidung kollidiert als **Teilentscheidung in der Sache** gegebenenfalls mit der Entscheidung über eine Berufung der Staatsanwaltschaft. Die Entscheidung nach Abs 1 S 3 hat aber auch dann nur vorläufigen Charakter und sie kann durch das Urteil über die weitere Berufung abgeändert werden. **35**

Das Verwerfungsurteil spricht in seiner **Formel** aus, dass die Berufung des Angeklagten gegen das näher bezeichnete Urteil des Amtsgerichts verworfen wird, gegebenenfalls mit der Maßgabe dass einzelne Taten weggefallen sind. **36**

Die **Gründe** des Verwerfungsurteils (OLG Jena Beschl v 31. 1. 2006 – Az 1 Ss 306/04) haben das Vorliegen der Voraussetzungen nach Abs 1 in tatsächlicher und rechtlicher Hinsicht darzulegen, wobei einerseits keine besondere Ausführlichkeit und Vollständigkeit zu fordern ist, andererseits hinsichtlich der zentralen Fragen, insbes der Annahme des Fehlens einer genügenden Entschuldigung des Angeklagten für sein Ausbleiben, aber doch jedenfalls mehr als nur ein formularmäßiger Text zu verlangen ist. Das Verwerfungsurteil muss so begründet sein, dass das Revisionsgericht die maßgebenden Erwägungen des Berufungsgerichts nachprüfen kann (BayObLG NStZ-RR 2003, 87, 88; OLG Hamm NStZ-RR 2003, 86, 87). Das Verwerfungsurteil muss Ausführungen zu der Pflichtverletzung des Angeklagten in objektiver und subjektiver Hinsicht und zu seinen Entschuldigungsgründen enthalten (OLG Hamm StraFo 2004, 211, 212 und VRS 106 [2004], 294 ff). Konkret in **37**

Betracht kommende Entschuldigungsgründe sind vollständig zu erörtern (OLG Brandenburg Beschl v 27. 3. 2008 – Az 1 Ss 19/08). Mit dem strafrechtlichen Vorwurf brauchen sich die Urteilsgründe dagegen nicht auseinander zu setzen; § 267 StPO gilt hier nicht. Wird aber nach Wegfall einzelner Taten und der diesbezüglichen Einzelstrafen eine neue Gesamtstrafe gebildet, dann ist diese nach allgemeinen Grundsätzen zu begründen.

38   Das Verwerfungsurteil ist dem Angeklagten oder seinem entsprechend bevollmächtigten Verteidiger nach den allgemeinen Regeln **zuzustellen**. Eine Ersatzzustellung ist ebenso zulässig, wie eine öffentliche Zustellung. Die **Belehrung** nach § 35 a S 1 StPO hinzuzufügen.

C. Verhandlung über die staatsanwaltschaftliche Berufung in Abwesenheit des Angeklagten (Abs 2)

39   Hat die Staatsanwaltschaft Berufung eingelegt und bleibt der Angeklagte trotz ordnungsgemäßer Ladung mit Hinweis auf die Möglichkeit der Verhandlung in seiner Abwesenheit ohne ausreichende Entschuldigung zu Beginn der Hauptverhandlung aus, dann kann die Berufung auch ohne den Angeklagten verhandelt werden. Auf eine bestimmte **Strafhöhe im Sinne von § 232 Abs 1 S 1 StPO** kommt es hier nicht an (BGHSt 17, 391, 394 ff). Die Abwesenheitsverhandlung hat bisweilen Vorrang vor der Verhaftung oder Vorführung des Angeklagten zur Erzwingung seiner Anwesenheit (OLG Karlsruhe NStZ-RR 2004, 21, 22). Im Verfahren nach Abs 2 hat das Berufungsgericht aber stets nach pflichtgemäßem Ermessen zu prüfen, ob es in Abwesenheit des Angeklagten verhandeln kann, oder ob dessen Vorführung oder Verhaftung anzuordnen ist (OLG Hamm StV 1997, 346).

40   Die Verhandlung in Abwesenheit des Angeklagten über die staatsanwaltschaftliche Berufung, die auch im Fall ihrer Einlegung zuungunsten des Angeklagten gemäß § 401 StPO zugleich zu dessen Gunsten wirkt, ist aber nur **fakultativ**. Ob sie durchgeführt oder der Versuch unternommen wird, eine Verhandlung unter Mitwirkung des Angeklagten notfalls mit Zwangsmitteln nach Abs 4 herbeizuführen, richtet sich **nach** den Aufklärungsgesichtspunkten des **§ 244 Abs 2 StPO**. Die Bedeutung des persönlichen Eindrucks vom Angeklagten, einer eventuellen Einlassung sowie des Frage- und Antragsrechts des Angeklagten einerseits und der sonstigen Beweise andererseits sind abzuwägen, um zu prüfen, ob die Anwesenheit des Angeklagten für Zwecke der Sachaufklärung der Option einer rascher durchzuführenden Verhandlung in seiner Abwesenheit vorzuziehen ist. Je mehr Umstände des Falles im Wissen des Angeklagten verankert sind und je wichtiger der persönliche Eindruck vom Angeklagten beweisrelevant erscheint, desto wichtiger ist seine Mitwirkung, auch wenn er nicht zu einer Sacheinlassung verpflichtet ist. Je mehr externe Beweise, insbes Sachbeweise, vorhanden sind, desto weniger bedeutsam mag die Mitwirkung des Angeklagten an der Beweisaufnahme erscheinen. Aber auch die rechtliche Problematik der zu erörternden Fragen, einschließlich der Frage der Gewährung einer Strafaussetzung zur Bewährung (OLG Hamburg Beschl v 5. 10. 1982 – Az 2 Ss 99/82; OLG Hamm StV 1997, 346; OLG Karlsruhe NStZ-RR 2004, 21, 22), kann mehr oder weniger deutlich die Entscheidungserheblichkeit der Anwesenheit des Angeklagten ergeben. Freilich kann auch dann, wenn die Staatsanwaltschaft den Wegfall einer Strafaussetzung zur Bewährung erstrebt, die Verhandlung in Abwesenheit des Angeklagten erfolgen, wenn das Berufungsgericht seine Anwesenheit nicht für Zwecke der besseren Sachaufklärung für erforderlich hält (OLG Stuttgart NStZ 1987, 377).

41   Der abwesende Angeklagte kann sich im Fall des Abs 2 durch einen mit schriftlicher Vollmacht ausgestatteten Verteidiger **vertreten** lassen, der für den Angeklagten Prozesshandlungen vornehmen, nach herrschender Meinung aber auch Sacherklärungen abgeben kann. Der Verteidiger kann aber auch unter Erläuterung von Gründen für die Entschuldigung des Angeklagten den Versuch unternehmen, darauf hinzuwirken, dass die Sache vertagt wird, damit der Angeklagte danach an der Hauptverhandlung teilnehmen kann.

42   Wird in Abwesenheit des Angeklagten verhandelt, dann ist zuletzt durch **Sachurteil** über den Verfahrensgegenstand und die Berufung der Staatsanwaltschaft zu entscheiden. Die Gründe des Urteils haben deshalb den Regeln zu § 267 StPO zu entsprechen. Sie müssen zusätzlich darauf eingehen, warum das Gericht die Berufung der Staatsanwaltschaft in Abwesenheit verhandelt hat.

Haben der Angeklagte und die Staatsanwaltschaft Berufung eingelegt, dann ist unter den 43 Voraussetzungen des Abs 1 zuerst die Berufung des Angeklagten zu verwerfen und sodann gegebenenfalls über die Berufung der Staatsanwaltschaft in seiner Abwesenheit zu verhandeln. Das führt zu **getrennten Entscheidungen**, die außerhalb der vorliegenden Regelung tunlichst zu vermeiden sind, hier aber wegen des zwingenden Charakters des Abs 1 S 1 und der Option, über die Berufung der Staatsanwaltschaft in Abwesenheit zu verhandeln, nicht zu vermeiden ist. Die Trennung bleibt nach Aufhebung des Sachurteils über die Berufung der Staatsanwaltschaft auf Revision des Angeklagten erhalten (OLG Stuttgart NStZ 2000, 52, 53). Die sofortige Verwerfung der Berufung des Angeklagten, die beschleunigt ohne Sachprüfung zu erfolgen hat, soll nicht bis zur Entscheidung über die Berufung der Staatsanwaltschaft zurückgestellt werden. Ihr Resultat kann durch das spätere Sachurteil über die staatsanwaltschaftliche Berufung relativiert werden.

Die Staatsanwaltschaft kann gemäß § 303 StPO ihre Berufung grundsätzlich nur mit 44 Zustimmung des Angeklagten **zurücknehmen**, wenn eine Hauptverhandlung bezüglich des Rechtsmittels begonnen hatte. Dieses Zustimmungserfordernis gilt vom Beginn der ersten Hauptverhandlung ab für das gesamte Verfahren. Eine Ausnahme gilt nach Abs 2 S 2 nur für den Fall des unentschuldigten Fernbleibens des Angeklagten von der Berufungshauptverhandlung (OLG München Beschl v 24. 9. 2007 – Az 2 Ws 890, 891/07), dann aber gegebenenfalls auch noch nach einer Aussetzung der Hauptverhandlung (LG Dresden NStZ 1999, 265).

D. Wiedereinsetzung des Angeklagten in den vorigen Stand (Abs 3)

In den Fällen des Abs 1 und Abs 2 kann gem Abs 3 vom Angeklagten Wiedereinsetzung 45 in den vorigen Stand gegen die Versäumung der Anwesenheit in der Hauptverhandlung beantragt werden. Für eine Wiedereinsetzung ist aber kein Raum, wenn der Angeklagte von der Pflicht zum Erscheinen entbunden (§ 233 StPO) oder in der Hauptverhandlung ausreichend vertreten (§ 234 StPO) war. Ergeht dann ein Verwerfungsurteil (Abs 1), so ist dieses Urteil revisibel, ergeht ein Abwesenheitsurteil in der Sache (Abs 2), ist es fehlerfrei.

I. Antragserfordernis

Die Wiedereinsetzung ist nach **hM nicht von Amts wegen** zu gewähren, sondern sie 46 setzt einen **Antrag** des Angeklagten oder seines Verteidigers voraus (OLG Hamm Beschl v 15. 7. 2009 – Az 3 Ws 231/09; § 45 StPO Rn 14), der **binnen einer Woche** ab Zustellung des Urteils bei dem Berufungsgericht zu stellen ist. Gegen eine unverschuldete Versäumung der Frist für diesen Antrag kommt wiederum ein Wiedereinsetzungsantrag in Betracht, mit dem aber die versäumte Rechtshandlung, also der Wiedereinsetzungsantrag gegen die Versäumung der Anwesenheit in der Hauptverhandlung, nachzuholen ist. Die **Gründe** für eine unverschuldete Säumnis sind im Antrag **darzulegen und glaubhaft zu machen**, etwa durch ärztliche Bescheinigung einer Erkrankung des Angeklagten, die ihm das Erscheinen in der Hauptverhandlung unzumutbar gemacht hatte. Die Darlegung und Glaubhaftmachung sind **Zulässigkeitsvoraussetzung** des Antrags (OLG Schleswig SchlHA 2005, 258), die Stichhaltigkeit der angeführten Gründe ist eine Frage der Begründetheit. Jedoch müssen nach der Rechtsprechung sämtliche Umstände, die für die Frage, auf welche Weise es zur Säumnis gekommen ist, so genau dargetan werden, dass dem Berufungsgericht eine Schlüssigkeitsprüfung schon anhand der Behauptungen des Antragstellers eröffnet ist. Die schlichte Behauptung des Angeklagten, krank und verhandlungsunfähig gewesen zu sein und die Vorlage eines ärztlichen Attestes ohne Befundangaben reichen nicht aus (OLG Hamm Beschl v 28. 1. 2008 – Az 3 Ws 28/07; Beschl v 27. 3. 2008 – Az 2 Ws 80, 96/08; KG StraFo 2007, 244 mAnm Schaaf StRR 2007, 105). Das Vorbringen muss substantiiert sein. Die Tatsachen müssen ferner innerhalb der Antragsfrist dem Gericht mitgeteilt werden. Danach können sie noch ergänzt und verdeutlicht werden, aber nicht mehr durch neue Gründe erweitert werden (OLG Schleswig SchlHA 2005, 262). Der Wiedereinsetzungsantrag ist, wenn daneben auch Revision eingelegt wird, spätestens zusammen mit einer Revisionseinlegung einzureichen, um die **Verzichtsfiktion des § 342 Abs 3 StPO** nicht auszulösen.

II. Wiedereinsetzungsgrund

47 Als Wiedereinsetzungsgrund kommt jeder Umstand in Betracht, aus dem sich ergibt, dass der Angeklagte das Erscheinen in der Hauptverhandlung ohne sein Verschulden versäumt hat. Wiedereinsetzung ist in entsprechender Anwendung des Abs 3 aber auch demjenigen Angeklagten ohne Rücksicht auf sein etwaiges Verschulden zu gewähren, der **nicht ordnungsgemäß geladen** worden ist (OLG Frankfurt NStZ-RR 2003, 174, 175; OLG Koblenz Beschl v 3. 4. 2006 – Az 1 Ws 207/06). Insoweit konkurriert das Wiedereinsetzungsverfahren mit der Revision, was aber zur Gewährleistung effektiven Rechtsschutz geboten erscheint (BGHR StPO § 329 Abs 1 S 1 Ladung 1). Im Einzelfall ist auch eine Umdeutung des Wiedereinsetzungsantrages in eine Revision möglich (OLG Köln StV 1989, 53). In beiden Verfahren muss geprüft werden, ob eine wirksame Zustellung vorlag. Bei der Ersatzzustellung der Ladung durch Niederlegung kommt auch der Postzustellungsurkunde hinsichtlich der Frage des tatsächlichen Aufenthalts des Angeklagten keine volle Beweiskraft, aber eine Indizwirkung zu (OLG Karlsruhe BeckRS 2008, 19581; OLG Stuttgart Die Justiz 2003, 489, 490).

48 Auch **ernsthafte Zweifel**, etwa an einer ordnungsgemäßen Belehrung über die Folgen des Ausbleibens, wirken sich bereits zugunsten des Angeklagten aus, dem dann Wiedereinsetzung zu gewähren ist (OLG Schleswig SchlHA 2005, 263). Bei der Prüfung, ob Wiedereinsetzung in den vorigen Stand zu gewähren ist, sind die Gerichte gehalten, den Grundsatz rechtsstaatlicher Verfahrensgestaltung zu beachten; sie dürfen auch bei der Anwendung und Auslegung der Wiedereinsetzungsvorschriften, die letztlich die Gewährung rechtlichen Gehörs an den Angeklagten in der Berufungshauptverhandlung sichern sollen, keine überspannten Anforderungen stellen (BayVerfGH Beschl v 3. 5. 2005 – Az Vf.53-VI-03).

49 Jedoch kann sich der Antragsteller im Wiedereinsetzungsverfahren nicht darauf beschränken geltend zu machen, das Berufungsgericht habe die ihm bekannten **Umstände falsch bewertet** (OLG Hamm wistra 2008, 40; OLG Schleswig SchlHA 2005, 262, 263). Das ist Prüfungsgegenstand der Revision. Ein Wiedereinsetzungsantrag kann deshalb grundsätzlich nur auf neue Tatsachen gestützt werden, nicht auf solche, die das Berufungsgericht bei seiner Entscheidung über die Berufungsverwerfung nach Abs 1 oder die Abwesenheitsverhandlung nach Abs 2 bereits gewürdigt hat. Allenfalls im Zusammenhang mit **zusätzlichen Tatsachen** kann gegen das Verwerfungsurteil mit dem Wiedereinsetzungsantrag vorgegangen werden. Neue Beweismittel für bereits gewürdigte Tatsachen sind zur Begründung eines Wiedereinsetzungsantrags gleichfalls meist nicht geeignet (OLG Jena Beschl v 12. 4. 2006 – Az 1 Ws 82/06). Revision und Wiedereinsetzungsverfahren überschneiden sich aber partiell dann, wenn der Angeklagte mit dem Wiedereinsetzungsantrag einen Entschuldigungsgrund darlegt und glaubhaft macht, dessen Nichtaufklärung durch das Berufungsgericht trotz vorhandenen Aufklärungsansatzes er mit einer Aufklärungsrüge beim Revisionsgericht rügt. Hier sind Rechtsmittel und Rechtsbehelf in dieselbe Zielrichtung gewendet, haben aber doch zum Teil einen anderen Prüfungsmaßstab.

III. Verfahren und Entscheidung

50 Das atypische Wiedereinsetzungsverfahren, das sich gegen ein Urteil richtet, hat weitere prozessuale Konsequenzen. Wird die Berufung des Angeklagten nach Abs 1 verworfen, dann bleiben die Mitglieder der Berufungskammer bis zum Ablauf der Frist für das Gesuch auf Wiedereinsetzung in den vorigen Stand oder bis zur rechtskräftigen Zurückweisung des Wiedereinsetzungsgesuchs **erkennende Richter** im Sinne von § 28 Abs 2 S 2 StPO (OLG Düsseldorf NStZ-RR 2004, 47, 48; OLG Hamm NStZ-RR 2005, 267, 268).

51 Über den Wiedereinsetzungsantrag entscheidet das Berufungsgericht im **Beschlussverfahren** nach Anhörung der Staatsanwaltschaft. Wird dem Angeklagten Wiedereinsetzung in den vorigen Stand gewährt, dann wird das Verfahren in die Lage zu Beginn der Hauptverhandlung zurückversetzt. Das nach Abs 1 oder Abs 2 ergangene Urteil wird gegenstandslos. Die Revision hiergegen ist erledigt.

52 Wird der Wiedereinsetzungsantrag verworfen, so kann dagegen die **sofortige Beschwerde** erhoben werden (§ 46 Abs 2 und Abs 3 StPO). Eine Revision gegen das Urteil des Berufungsgerichts und die sofortige Beschwerde gegen die Zurückweisung des Wiedereinsetzungsantrages werden gegebenenfalls getrennt beschieden, wobei die sofortige Beschwerde

Vorrang genießt, weil sie bei einer stattgebenden Entscheidung dazu führt, dass die Revision gegenstandslos wird. Ein Wiedereinsetzungsantrag gegen die Versäumung der Berufungshauptverhandlung darf aber erst frühestens eine Woche nach Zustellung des Verwerfungsurteils, welche auch die Fertigstellung des Sitzungsprotokolls voraussetzt, abgelehnt werden (OLG Bamberg ZfSch 2007, 408, 409), weil der Angeklagte seinen Wiedereinsetzungsantrag bis zu diesem Zeitpunkt noch fristgerecht ergänzen kann.

E. Vorführung oder Verhaftung (Abs 4)

In den Fällen des Ausbleibens des Angeklagten zur Hauptverhandlung aufgrund seiner Berufung oder der Berufung der Staatsanwaltschaft kann das Gericht, wenn nicht nach Abs 1 oder Abs 2 verfahren wird, die Vorführung oder Verhaftung des Angeklagten anordnen, um eine Verhandlung in seiner Anwesenheit zu ermöglichen. Liegen aber die Voraussetzungen der Verwerfung der Berufung nach Abs 1 sämtlich vor, dann muss die Berufung verworfen werden; das Gericht hat kein Ermessen. Abs 4 S 1 betrifft deshalb bezüglich Abs 1 nur den Fall, dass einige, aber **nicht alle Voraussetzungen für die Verwerfung** der Berufung des Angeklagten **vorliegen**, indem etwa ein Ausnahmefall nach Abs 1 S 2 gegeben ist, oder nicht nur der Angeklagte Berufung eingelegt hat und nicht zugleich nach Abs 1 u Abs 2 verfahren wird. Auch die **Verhandlung** über die Berufung der Staatsanwaltschaft gemäß Abs 2 **in Abwesenheit des Angeklagten** hat **Vorrang** vor der Vorführung oder Verhaftung des Angeklagten gem Abs 4 S 1 (OLG Karlsruhe NStZ-RR 2004, 21, 22), weil die Zwangsmaßnahmen auf andere Weise im Hinblick auf das materielle Freiheitsrecht als die prozessual beschwerende Durchführung der Hauptverhandlung in Abwesenheit des Angeklagten besonders eingriffsintensiv sind. Der Erlass eines Haftbefehls nach Abs 4 S 1 setzt auch voraus, dass der Angeklagte **in der Ladung auf die Möglichkeit der Verhaftung** ausdrücklich **hingewiesen** worden war (OLG Stuttgart MDR 1986, 778).

Ob Maßnahmen nach Abs 4 S 1 zu ergreifen sind und welche der beiden Maßnahmen, Vorführung oder Verhaftung, gewählt ist, muss unter Beachtung des Grundsatzes der **Verhältnismäßigkeit** entschieden werden. Bestehen Anhaltspunkte dafür, dass der Angeklagte demnächst zu einem Verhandlungstermin auch ohne die Zwangsmaßnahmen erscheint, dann ist von der Vorführung oder Verhaftung abzusehen; das stellt Abs 4 S 2 klar. Dies kommt etwa in Betracht, wenn der Verteidiger die Lage des Angeklagten erklärt und nachvollziehbar versichert, er werde sich um dessen Erscheinen bemühen, das auch zu erwarten sei. Liegen dagegen die Voraussetzungen des Abs 4 S 1 vor, dann „ist" die Vorführung oder Verhaftung des Angeklagten anzuordnen. Das Berufungsgericht hat das Verfahren zu fördern und ist deshalb dazu verpflichtet, gegebenenfalls auch die Mittel des Abs 4 S 1 einzusetzen. Dabei hat die **Vorführung** nach dem Verhältnismäßigkeitsgrundsatz **Vorrang vor der Verhaftung**. Nur wenn konkrete Anhaltspunkte dafür bestehen, dass die Vorführung nicht ausreicht, kann der Angeklagte sogleich verhaftet werden. Das ist etwa dann der Fall, wenn er sich verborgen hält, früher schon nicht ohne Zwang bei den Strafverfolgungsorganen zu Terminen trotz Erscheinenspflicht gekommen war oder ein Vorführungsversuch fehlgeschlagen ist. Insoweit gelten hier dieselben Grundsätze wie bei § 230 Abs 2 StPO.

F. Revision

Dem **Nebenkläger** steht gegen ein Urteil, durch das die Berufung des Angeklagten nach Abs 1 verworfen wird, ein Rechtsmittel nicht zu, auch wenn ein Ausspruch über die Erstattung seiner Auslagen fehlt (OLG Hamm NStZ-RR 2001, 288).

Im **Fall des Wahlrechtsmittels** scheidet auch die Revision eines Heranwachsenden, der nach Jugendstrafrecht abgeurteilt worden ist, gegen ein Verwerfungsurteil aus (BGHSt 30, 98, 99 ff mAnm Brunner JR 1982, 124, 125; OLG Düsseldorf MDR 1994, 1141).

Sonst ist die **Revision des Angeklagten gegen das Verwerfungsurteil zulässig**, wenngleich hier eine Sachrüge gegen das Prozessurteil an sich nicht weiter hilft, weil eine Sachprüfung durch das Berufungsgericht nicht stattgefunden hatte. Mit der Revision kann aber aufgrund der allgemeinen Sachrüge geltend gemacht werden, dass ein **Verfahrenshindernis** vorgelegen habe (BGHSt 46, 230, 233 ff mAnm Duttge NStZ 2001, 442 ff; Paulus NStZ 2001, 45, 46), welches zum Anlass genommen werden musste, das Verfahren einzustellen, statt die Berufung des Angeklagten zu verwerfen (restriktiv gegenüber einer Verfahrenseinstellung wegen überlanger Dauer eines Berufungsverfahrens KG Urt v 23. 6. 2008 – Az [2-5] 1 Ss 213/04 [6/05] – BeckRS 2008, 21193).

58 Für die verfahrensrechtliche Rüge (OLG Nürnberg NJW 2009, 1761, 1762), das Ausbleiben des Angeklagten habe nicht als unentschuldigt bewertet werden dürfen, reicht nur ausnahmsweise schon ein pauschales Vorbringen aus, um eine Überprüfung der Urteilsgründe durch das Revisionsgericht daraufhin durchzuführen, ob das Berufungsgericht den **Begriff der genügenden Entschuldigung verkannt** hat (OLG Schleswig SchlHA 2002, 171, 172). Sonst sind nach § 344 Abs 2 S 2 StPO die den Mangel enthaltenen Tatsachen so vollständig und genau mitzuteilen, dass das Revisionsgericht allein anhand der Revisionsbegründung und des Urteils prüfen kann, ob diese Rüge begründet ist, wenn die behaupteten Tatsachen bewiesen werden (KG NStZ-RR 2002, 218, 219; Urt v 23. 6. 2008 – Az [2-5] 1 Ss 213/04 [6/05] – BeckRS 2008, 21193). Das unentschuldigte Ausbleiben des Angeklagten zu Beginn der Berufungsverhandlung ist nämlich keine vom Revisionsgericht von Amts wegen zu prüfende Voraussetzung für die Verwerfung der Berufung nach Abs 1 (BGHSt 15, 287, 288 f).

59 Liegt eine Verletzung des Verschlechterungsverbots nach § 331 Abs 1 StPO vor, weil die vertikale **Teilrechtskraft** nicht beachtet wurde, dann begründet dies schon aufgrund einer allgemeinen Beanstandung die Revision; denn Teilrechtskraft ist bei einer zulässigen Revision auch vom Revisionsgericht von Amts wegen zu prüfen.

60 Vor allem kann aber mit der Revision geltend gemacht werden, dass die **Voraussetzungen für eine Verwerfung** der Berufung wegen unentschuldigten Ausbleibens des Angeklagten nicht vorgelegen hätten. Dazu bedarf es im Allgemeinen einer **Verfahrensrüge** im Sinne von § 344 Abs 2 S 2 StPO (OLG Hamm NStZ-RR 2005, 114, 115; OLG München Beschl v 27. 10. 2008 – Az 5 St RR 200/08; OLG Nürnberg Beschl v 19. 1. 2009 – Az 2 St Ss 259/08 – BeckRS 2009, 05948; KMR/Brunner StPO § 329 Rn 51). Wird etwa das Fehlen einer ordnungsgemäßen Ladung geltend gemacht, sind sämtliche hierfür maßgeblichen Umstände vorzutragen (OLG Stuttgart Die Justiz 2006, 235, 236), ebenso bei der Rüge, das Berufungsgericht habe trotz Vorliegens von Hinweisen auf einen Entschuldigungsgrund seine **Aufklärungspflicht** verletzt (OLG München Beschl v 27. 10. 2008 – Az 5 St RR 200/08). Das Revisionsgericht prüft dann unbeschadet der Möglichkeit der Wiedereinsetzung in den vorigen Stand im Freibeweisverfahren nach, ob ein Ladungsmangel vorliegt (BGHR StPO § 329 Abs 1 S 1 Ladung 1). Die Aufklärungsrüge setzt dann nach allgemeinen revisionsrechtlichen Maßstäben auch voraus, dass der Revisionsführer mitteilt, welcher Befund tatsächlich zu ermitteln gewesen wäre, wenn das Berufungsgericht einem Aufklärungsansatz nachgegangen wäre (**aA** OLG Nürnberg Beschl v 19. 1. 2009 – Az 2 St Ss 259/08 – BeckRS 2009, 05948). Die Verfahrensrüge, die darauf gestützt wird, der Angeklagte sei nicht säumig, sondern durch seinen Verteidiger in der Hauptverhandlung wirksam vertreten worden, ist nur dann ausreichend begründet, wenn vorgetragen wird, dass der Verteidiger den Angeklagten auch hat vertreten wollen (OLG Hamm Beschl v 10. 1. 2006 – Az 2 Ss 509/05).

61 Das Revisionsgericht kann zunächst auch nur anhand der Urteilsgründe die dem Berufungsgericht bekannten Umstände daraufhin würdigen, ob sich hieraus ein Grund zur Annahme des unentschuldigten Fernbleibens des Angeklagten ergeben hat oder nicht (KG Urt v 23. 6. 2008 – Az [2-5] 1 Ss 213/04 [6/05] – BeckRS 2008, 21193). **Weitere Entschuldigungsgründe** können nur mit einer **Aufklärungsrüge** geltend gemacht werden (OLG Schleswig SchlHA 2002, 171). Beanstandet der Angeklagte, das Gericht habe den Sachverhalt weiter aufklären müssen, so muss er darlegen, auf Grund welcher Tatsachen das Gericht sich zu weiterer Aufklärung hätte gedrängt sehen müssen, mit welchen Beweismitteln welche Tatsachen aufzuklären waren, und welches konkrete Ergebnis die Aufklärungsbemühungen gehabt hätten (OLG Hamm Beschl v 9. 12. 2004 – Az 3 Ss 498/04). Die Revision kann dagegen keinen Erfolg haben, soweit der Beschwerdeführer erstmals neue Entschuldigungsgründe vorbringt, die dem Berufungsgericht nicht bekannt waren und die es auch nicht im Sinne eines Aufklärungsansatzes mit Hilfe weiterer Beweiserhebungen im Freibeweisverfahren hätte erfassen können. Das ist vielmehr Gegenstand des Wiedereinsetzungsantrages nach Abs 3.

62 Für die revisionsgerichtliche Überprüfung eines Urteils, durch das die Berufung gegen ein **Verwerfungsurteil nach § 412 S 1 StPO** verworfen worden ist, gelten die gleichen

Grundsätze wie bei einer Revision gegen ein Verwerfungsurteil nach der vorliegenden Vorschrift (OLG Jena Beschl v 24. 5. 2004 – Az 1 Ss 344/03).

Die **Revision gegen ein Sachurteil nach Abs 2** aufgrund der staatsanwaltschaftlichen Berufung folgt allgemeinen revisionsrechtlichen Grundsätzen. Zusätzlich kann aber gerügt werden, dass das Gericht nicht in Abwesenheit des Angeklagten verhandeln durfte. Auch insoweit muss eine Verfahrensrüge mit ausreichender Begründung nach § 344 Abs 2 S 2 StPO erhoben werden. 63

Hatte sich die Sperrberufung eines anderen Verfahrensbeteiligten durch Rücknahme oder Verwerfung als unzulässig erledigt, dann scheidet auch eine Verwerfung der als Berufung behandelten **Sprungrevision** gemäß Abs 1 S 1 der vorliegenden Vorschrift aus. Einem gleichwohl erlassenen Verwerfungsurteil steht in diesem Falle ein vom Revisionsgericht von Amts wegen zu prüfendes Verfahrenshindernis fehlender sachlicher Zuständigkeit entgegen (OLG Bamberg NStZ 2006, 591, 592). 64

§ 330 [Maßnahmen bei Berufung durch gesetzlichen Vertreter]

(1) Ist von dem gesetzlichen Vertreter die Berufung eingelegt worden, so hat das Gericht auch den Angeklagten zu der Hauptverhandlung vorzuladen und kann ihn bei seinem Ausbleiben zwangsweise vorführen lassen.

(2) ¹Bleibt allein der gesetzliche Vertreter in der Hauptverhandlung aus, so ist ohne ihn zu verhandeln. ²Ist weder der gesetzliche Vertreter noch der Angeklagte bei Beginn einer Hauptverhandlung erschienen, so gilt § 329 Abs. 1 entsprechend; ist lediglich der Angeklagte nicht erschienen, so gilt § 329 Abs. 2 Satz 1 entsprechend.

Überblick

Die Vorschrift ergänzt § 298 StPO und § 329 StPO. Sie regelt eine entsprechende Anwendung von § 329 Abs 1 u Abs 2 StPO auf den Fall der Berufung des gesetzlichen Vertreters des Angeklagten.

A. Normbedeutung

§ 329 StPO behandelt in Abs 1 den Fall des Ausbleibens des Angeklagten in der Hauptverhandlung aufgrund seiner Berufung, in Abs 2 den entsprechenden Fall aufgrund der Berufung der Staatsanwaltschaft. Die vorliegende Vorschrift betrifft das **Ausbleiben im Fall der Berufung des gesetzlichen Vertreters** des Angeklagten, der zu dessen Gunsten das Rechtsmittel eingelegt hat, worauf der Angeklagte selbst auf die Rechtsmitteleinlegung verzichtet haben mag. Entsprechendes gilt nach § 67 Abs 3 JGG für den **Erziehungsberechtigten**. Treffen mehrere Berufungen zusammen, dann gilt für das Rechtsmittel des Angeklagten § 329 Abs 1 StPO, für dasjenige der Staatsanwaltschaft § 329 Abs 2 StPO und für die Berufung des gesetzlichen Vertreters oder Erziehungsberechtigten § 330 Abs 2 StPO. 1

Zwangsmaßnahmen nach § 329 Abs 4 S 1 StPO sind in der vorliegenden Vorschrift nicht vorgesehen, jedoch kann das Berufungsgericht den säumigen Angeklagten nach Abs 1 Hs 2 der vorliegenden Vorschrift auch vorführen lassen. Das Ausbleiben des gesetzlichen Vertreters beziehungsweise Erziehungsberechtigten oder des Angeklagten oder das Ausbleiben beider ist in Abs 2 dahin geregelt, dass bei Ausbleiben eines von beiden in dessen Abwesenheit verhandelt werden kann, während bei Ausbleiben beider Verfahrensbeteiligter die Berufung nach § 329 Abs 1 StPO zu verwerfen ist. 2

B. Verfahren aufgrund der Berufung des gesetzlichen Vertreters (Abs 1)

Ist von dem gesetzlichen Vertreter des Angeklagten nach Verurteilung des Angeklagten in erster Instanz Berufung eingelegt worden, dann ist **auch der Angeklagte zur Hauptverhandlung zu laden**; ihn trifft dann auch eine Pflicht zum Erscheinen. Die Ladung hat unter **Hinweis auf die möglichen Folgen des Ausbleibens** in Form einer Verwerfung der 3

Berufung oder einer Anordnung der zwangsweisen Vorführung des Angeklagten im Fall seines Ausbleibens zu erfolgen.

4 Als Zwangsmittel zur Herbeiführung der Anwesenheit des Angeklagten sieht das Gesetz in Abs 1 Hs 2 **nur Vorführung, nicht Verhaftung** vor, dies freilich auch dann, wenn der Angeklagte zwar zu Beginn der Hauptverhandlung erschienen war, aber später ausbleibt; insoweit sind die zeitlichen Anknüpfungspunkte von Abs 1 Hs 2 und Abs 2 S 2 nicht identisch (SK-StPO/Frisch StPO § 330 Rn 3). § 329 Abs 4 StPO gilt hier nicht. Auch die Vorführung ist aber nur anzuordnen, wenn nicht eine Verfahrensweise nach Abs 2 in Verbindung mit § 329 Abs 1 oder Abs 2 StPO in Betracht kommt. Die Vorführung ist **fakultativ** vorgesehen. Der Richter hat nach pflichtgemäßem Ermessen zu entscheiden, wobei **Aufklärungsbelange** einerseits und die Maßnahmen zur **Verfahrensbeschleunigung** nach Abs 2 andererseits abzuwägen sind. In Jugendsachen hat der persönliche Eindruck vom Angeklagten aber regelmäßig besondere Bedeutung für die zutreffende Sachverhaltserforschung (SK-StPO/Frisch StPO § 330 Rn 5).

C. Verfahren bei Ausbleiben von gesetzlichem Vertreter und/oder Angeklagtem (Abs 2)

5 Das **Ausbleiben nur des** ordnungsgemäß geladenen **gesetzlichen Vertreters** oder Erziehungsberechtigten, der für sich genommen nicht zum Erscheinen verpflichtet ist (KK-StPO/Paul StPO § 330 Rn 2), führt dazu, dass über seine Berufung in seiner Abwesenheit zu verhandeln ist. Das gilt nicht nur, wenn der gesetzliche Vertreter oder Erziehungsberechtigte zu Beginn der Hauptverhandlung ausbleibt, sondern auch dann, wenn er später fehlt. Das ergibt sich aus der unterschiedlichen Fassung von Abs 2 S 1 u Abs 2 S 2 (SK-StPO/Frisch StPO § 330 Rn 3). Auf den Grund der Abwesenheit kommt es hier nicht an, weil insoweit nicht auf § 329 Abs 1 S 1 StPO verwiesen, sondern die Rechtsfolge ohne weitere Voraussetzungen in Abs 2 S 1 der vorliegenden Vorschrift gesondert geregelt ist. Der gesetzliche Vertreter oder Erziehungsberechtigte kann sich aber durch einen bevollmächtigten Rechtsanwalt **vertreten** lassen (OLG Bremen NJW 1960, 1171; KK-StPO/Paul StPO § 330 Rn 2).

6 Ist bei Beginn der Hauptverhandlung **weder der gesetzliche Vertreter noch der Angeklagte erschienen**, dann gilt gem Abs 1 S 2 Hs 1 die Regelung des § 329 Abs 1 StPO. Dies bedeutet, dass die Berufung zu verwerfen ist. Voraussetzung sind dafür allerdings das Vorliegen einer ordnungsgemäßen Ladung beider Verfahrensbeteiligter, ein Hinweis auf die Möglichkeit der Berufungsverwerfung in der Ladung, das Fehlen einer ausreichenden Entschuldigung und das Fehlen einer ordnungsgemäßen Vertretung. § 329 Abs 1 S 2 und S 3 StPO gelten auch hier entsprechend.

7 Ist **nur der Angeklagte** unter den Voraussetzungen des § 329 Abs 1 S 1 StPO ausgeblieben, der gesetzliche Vertreter aber anwesend oder seinerseits wirksam vertreten, dann kann die Berufung nicht sofort verworfen werden. Vielmehr ist nach Abs 2 S 2 Hs 2 entsprechend § 329 Abs 2 StPO in seiner Abwesenheit zu verhandeln. Das gilt wiederum nicht, wenn Aufklärungsbelange es erfordern, nur in Anwesenheit des Angeklagten über die Berufung seines gesetzlichen Vertreters zu verhandeln. In diesem Fall ist die Vorführung zu erwägen (Abs 1 Hs 2).

D. Wiedereinsetzung in den vorigen Stand oder Revision

8 Das Urteil über die Berufung des gesetzlichen Vertreters oder Erziehungsberechtigten ist dem Angeklagten zuzustellen, seinem gesetzlichen Vertreter aber nur, wenn es in seiner Abwesenheit verkündet wurde. Die Urteilszustellung an den Angeklagten ist erforderlich, damit er Wiedereinsetzung in den vorigen Stand beantragen kann (SK-StPO/Frisch StPO § 330 Rn 8; Meyer-Goßner StPO § 330 Rn 3). Dies entsprechend § 329 Abs 3 StPO zulässig, obwohl diese Regelung hier nicht ausdrücklich in Bezug genommen wurde. Sie ist dadurch aber – anders als der durch Abs 1 Hs 2 verdrängte § 329 Abs 4 StPO – auch nicht ausgeschlossen. Die Gewährung dieser Rechtsschutzmöglichkeit ist zur Herbeiführung der Rechtsmittelgleichheit erforderlich. Gegen das nach Abs 2 ergangene Urteil kann Revision eingelegt werden (KK-StPO/Paul StPO § 330 Rn 4), soweit nicht § 55 Abs 2 JGG entgegensteht.

§ 331 [Verbot der reformatio in peius]

(1) Das Urteil darf in Art und Höhe der Rechtsfolgen der Tat nicht zum Nachteil des Angeklagten geändert werden, wenn lediglich der Angeklagte, zu seinen Gunsten die Staatsanwaltschaft oder sein gesetzlicher Vertreter Berufung eingelegt hat.

(2) Diese Vorschrift steht der Anordnung der Unterbringung in einem psychiatrischen Krankenhaus oder einer Entziehungsanstalt nicht entgegen.

Überblick

Die Vorschrift schließt es in Abs 1 aus, dass das erstinstanzliche Urteil aufgrund der Berufung des Angeklagten, der zu seinen Gunsten von der Staatsanwaltschaft eingelegten Berufung oder des Rechtsmittels, das sein gesetzlicher Vertreter für ihn eingelegt hat, im Rechtsfolgenausspruch zu seinen Ungunsten verschlechtert wird. Eine Verschlechterung im Schuldspruch ist möglich. Wegen des Sicherungszwecks der Maßregeln nach § 63 StGB und § 66 StGB können diese aber gemäß Abs 2 auch aufgrund der vom Angeklagten oder zu seinen Gunsten eingelegten Berufung angeordnet oder ausgewechselt werden, wofür freilich nur das Landgericht als erste Instanz zuständig ist (§ 24 Abs 2 GVG).

Übersicht

	Rn		Rn
A. Normbedeutung	1	1. Erwachsenenstrafrecht	17
		2. Rechtsfolgen des Jugendstrafrechts	22
B. Verbot der Verschlechterung der Rechtsfolgen	2	VI. Verbot der Änderung der Strafhöhe	26
I. Anwendungsvoraussetzungen	2	1. Einzelne Strafen	26
II. Die Tat als Bezugspunkt	6	2. Gesamtstrafe	30
III. Urteilsausspruch als Bezugspunkt	8	VII. Strafen und Maßregeln	33
IV. Nachteilige Änderung des Schuldspruchs und Schuldumfangs	9	**C. Unterbringung in einem psychiatrischen Krankenhaus oder in der Sicherungsverwahrung (Abs 2)**	37
1. Vorherrschende Meinung	9		
2. Einwände	14		
V. Verbot der Änderung der Strafart	17	**D. Revision**	39

A. Normbedeutung

Die Vorschrift steht in einem Wertungszusammenhang mit der Teilrechtskraft, beruht aber 1 nicht unmittelbar darauf. Sie **schützt den Angeklagten** im Berufungsverfahren durch eine beschränkte Form der Rechtskraft (KK-StPO/Paul StPO § 331 Rn 1), nach dem Wortlaut des Abs 1 allerdings nur **vor einer Verschlechterung des Rechtsfolgenausspruches** in der Art und Höhe der Strafen und Maßregeln, gem Abs 2 aber nicht hinsichtlich der Maßregeln nach § 63 StGB und § 66 StGB. Das entspricht den funktional vergleichbaren Regeln in § 358 Abs 2 StPO und § 373 Abs 2 StPO für das Revisions- und Wiederaufnahmeverfahren. Der Angeklagte und die Verfahrensbeteiligten, welche für ihn das Rechtsmittel einlegen wollen, sollen nach dem Zweck des Abs 1 ohne die Sorge, das Berufungsgericht könne den Rechtsfolgenausspruch verschlechtern, entscheiden, ob sie von der Rechtsmittelbefugnis mit dieser Zielrichtung Gebrauch machen (BGHSt 35, 208, 211, 212). Die Sperrwirkung des Verschlechterungsverbots reicht über das konkrete Berufungsverfahren hinaus und erfasst das gesamte weitere Verfahren, soweit es nur aufgrund der für den Angeklagten oder der durch ihn eingelegten Berufung betrieben wird, also etwa auch im nachfolgenden Revisionsrechtszug oder in einer neuen Tatsacheninstanz nach einer späteren Urteilsaufhebung und Zurückverweisung der Sache. Wenn die **Maßregeln nach § 63 StGB, § 66 StGB** vom Verschlechterungsverbot **ausgenommen** sind (Abs 2), so beruht dies auf deren Sicherungszweck zum Schutz von wichtigen Rechtsgütern vor erheblichen Gefahren durch einen gefährlichen Täter, nicht auf einer eventuellen Günstigkeit der Besserungsmaßregel des § 63 StGB für den Angeklagten. Mit allem beruht die vorliegende

Vorschrift auf einer Abwägung der im Rechtsstaatsprinzip angelegten widerstreitenden Interessen. Das Resultat des relativen Verschlechterungsverbots soll andererseits keine zwingende Folge aus dem Rechtsstaatsgrundsatz und dem darauf beruhenden Prozessgrundrecht auf ein faires Verfahren sein (BGHSt 9, 324, 332; HK-GS/Unger/Halbritter StPO § 331 Rn 1; Meyer-Goßner StPO § 331 Rn 1). Das Verschlechterungsverbot kommt in der Gewichtung unter Vergleich mit Art 103 Abs 3 GG aber einem Verfassungsgebot zumindest nahe (weiter gehend Kretschmer Das strafprozessuale Verbot der reformatio in peius und die Maßregel der Besserung und Sicherung 1999, 63 ff). Die Ausklammerung einer bloßen Verschlechterung des Schuldspruchs aus Abs 1 mit der Folge, dass nach **hM** der Schuldspruch auch zum Nachteil des Angeklagten geändert werden kann, selbst wenn nur er Berufung eingelegt hat (Rn 9 f), begegnet auch Bedenken im Hinblick auf prozessuale Gleichbehandlungsgebote und den Fairnessgrundsatz; davon sollte zumindest zurückhaltend Gebrauch gemacht werden.

B. Verbot der Verschlechterung der Rechtsfolgen
I. Anwendungsvoraussetzungen

2   Abs 1 verbietet die Verschlechterung der Rechtsfolgen für den Fall, dass der Angeklagte oder sein gesetzlicher Vertreter oder die Staatsanwaltschaft zu seinen Gunsten Berufung eingelegt hat. Die **Berufungseinlegung zugunsten des Angeklagten** durch diesen oder seinen gesetzlichen Vertreter versteht sich von selbst. **Die Staatsanwaltschaft** muss dagegen **die Angriffsrichtung** ihres Rechtsmittels **klarstellen**, damit geprüft werden kann, ob sie die Berufung zugunsten oder zuungunsten des Angeklagten eingelegt hat. Das ergibt sich regelmäßig durch eine ausdrückliche Hervorhebung dieses Umstands, aus dem Berufungsantrag oder aus der Berufungsrechtfertigung (Nr 147 Abs 3 S 2 RiStBV). Die Sperrwirkung des Verschlechterungsverbots im weiteren Verfahren gilt im Übrigen auch dann, wenn die Staatsanwaltschaft zwar zuungunsten des Angeklagten Berufung eingelegt hatte, dieses Rechtsmittel sich aber nach **§ 301 StPO** zu seinen Gunsten ausgewirkt hat (BGHSt 13, 41, 42 zu § 358 Abs 2 StPO; BayObLG Beschl v 20. 1. 2000 – Az 5 St RR 295/99).

3   Aus dem Zusammentreffen von Berufungen zugunsten und zuungunsten des Angeklagten ergeben sich weitere Fragen der Anwendbarkeit des Verschlechterungsverbots. Hatten der Angeklagte und zu seinen Ungunsten auch die Staatsanwaltschaft Berufung eingelegt, dann greift Abs 1 uneingeschränkt ein, sobald die **staatsanwaltschaftliche Berufung verworfen** wird (BayObLG Beschl v 1. 2. 2001 – Az 5 St RR 421/00; OLG Brandenburg Beschl v 9. 1. 2009 – Az 1 Ss 74/08, 1 Ws 203/08). Hat die Staatsanwaltschaft ihre zuungunsten des Angeklagten eingelegte Berufung **auf den Strafausspruch beschränkt** und zugleich der Angeklagte unbeschränkt Berufung eingelegt, dann kann das Berufungsgericht nach herrschender Meinung aufgrund der Berufung des Angeklagten auch einen weiteren Schuldumfang feststellen und aufgrund der staatsanwaltschaftlichen Berufung auch die Rechtsfolgen erhöhen, dies aber nur bis zur Obergrenze des schon vom Amtsgericht angewendeten Strafgesetzes (BayObLG NStZ-RR 2000, 379, 380; OLG Köln MDR 1981, 1038, 1039). Das soll auch gelten, wenn das Berufungsgericht aufgrund der unbeschränkten Berufung des Angeklagten den Schuldspruch durch Anwendung eines härteren Strafgesetzes ändert (BGH JZ 1978, 245, 246; BayObLG NStZ-RR 2000, 379, 380). Eine solche **Festschreibung der Strafobergrenze** ist aber inkonsequent im Hinblick auf die von der **hM** zugelassene Schuldspruchverschlechterung aufgrund der Berufung des Angeklagten (Cierniak NStZ 2001, 399, 400; Löwe/Rosenberg/Gössel StPO § 331 Rn 27).

4   Das Verschlechterungsverbot gilt insgesamt nicht, wenn ein **Nebenkläger** unbeschränkt Berufung eingelegt hat.

5   Abs 1 ist im strafrechtlichen **Rehabilitierungsverfahren** entsprechend anwendbar (OLG Brandenburg VIZ 2004, 430).

II. Die Tat als Bezugspunkt

6   Auf Mitangeklagte erstreckt sich das Verschlechterungsverbot nicht. Es bezieht sich in objektiver Hinsicht nur auf die Verurteilung des Angeklagten, durch den oder zu dessen Gunsten die Berufung eingelegt wurde, mit Blick auf die angeklagte **Tat im prozessualen**

Sinne, die durch das Berufungsgericht mangels Berufungsbeschränkung im Ganzen neu zu prüfen ist. Abs 1 bezieht sich andererseits auch auf jede einzelne von mehreren **Handlungen im Sinne des § 53 StGB**. Hat das Gericht des ersten Rechtszuges innerhalb des Anklagegegenstands einzelne Teile der einheitlichen Tat im prozessualen Sinne nicht erfasst, dann ist das Berufungsgericht nach dem allein auf die Rechtsfolgen Bezug nehmenden Abs 1 nicht daran gehindert, diese weiter gehenden Vorwürfe aufzugreifen und sie im **Schuldspruch ergänzend** zu behandeln. Es darf nach Abs 1 dann nur die Rechtsfolgen im Ganzen nicht gegenüber dem angefochtenen Urteil verschärfen.

Bei einem **Dauerdelikt** kann das Berufungsgericht nicht Teile des Delikts, die nach 7 dem erstinstanzlichen Urteil begangen wurden, aburteilen. Das Urteil des Gerichts des ersten Rechtszuges bildet insoweit bereits eine Zäsur, die dazu führt, dass das weitere strafbare Handeln eine neue Tat bildet, die nur gesondert aufgrund einer neuen Anklageschrift und eines diesbezüglichen Eröffnungsbeschlusses abgeurteilt werden kann (BGHSt 9, 324, 326).

III. Urteilsausspruch als Bezugspunkt

Abs 1 bestimmt, dass „das Urteil" im Rechtsfolgenausspruch nicht zum Nachteil des 8 Angeklagten geändert werden darf. Damit werden Rechtsfolgenregelungen in einem **Beschluss** nicht angesprochen. So bezieht sich das Verschlechterungsverbot nicht auf **Bewährungsauflagen** (BGH NJW 1982, 1544; OLG Hamburg NStZ 1981, 363, 364 mAnm Meyer-Goßner; OLG Koblenz NStZ 1981, 154, 155; OLG Oldenburg NStZ-RR 1997, 9, 10; **aA** früher OLG Koblenz JR 1977, 346 mAnm Gollwitzer). Dasselbe gilt für **Weisungen** gemäß § 56c StGB (KG NStZ-RR 2006, 137, 138). Beschlüsse über eine nachträgliche **Gesamtstrafenbildung** nehmen erst recht nicht an dem Verschlechterungsverbot teil (LG Berlin NJW 2000, 3796, 3797), weil § 55 StGB schließlich auch die Rechtskraft durchbricht. **Außerstrafrechtliche Nebenfolgen**, wie disziplinarische oder berufsrechtliche Maßnahmen, werden von Abs 1 ebenfalls nicht umfasst.

IV. Nachteilige Änderung des Schuldspruchs und Schuldumfangs

1. Vorherrschende Meinung

Abs 1 verbietet eine Verschlechterung des Urteilstenors nur in Art und Höhe der Rechts- 9 folgen. Eine Verschlechterung des Schuldspruchs ist daher nach dem Wortlaut der Norm nicht ausgeschlossen (BGHSt 14, 5, 7; Meyer-Goßner StPO § 331 Rn 8; KK-StPO/Paul StPO § 331 Rn 2), erst recht nicht eine Änderung bestimmter Tatsachenfeststellungen, auch wenn sich daraus ein größerer Schuldumfang ergibt. Das Berufungsgericht kann deshalb einen **größeren Schuldumfang** innerhalb derselben Strafnorm oder sogar eine **andere Qualität des Unrechts** und der Schuld in Form der Anwendung eines härteren Strafgesetzes annehmen, solange nur der Rechtsfolgenausspruch das bisherige Maß nicht überschreitet. Das Berufungsgericht kann danach etwa

- aus der Fahrlässigkeitstat ein Vorsatzdelikt,
- aus der versuchten Tat eine vollendete,
- aus dem Unterlassungsdelikt eine aktive Handlung,
- aus der im Zustand der erheblich verminderten Schuldfähigkeit begangenen Tat eine solche des voll Schuldfähigen,
- aus dem Normalfall einen besonders schweren Fall,
- aus der Ordnungswidrigkeit ein Vergehen,
- aus dem Vergehen ein Verbrechen,
- aus dem Grunddelikt eine qualifizierte Tat machen oder auch
- der abgeurteilten Tat eine tateinheitlich begangene weitere Handlung hinzufügen (BGH JZ 1978, 245 f).

Für diese Möglichkeiten der Schuldspruch- oder Schuldumfangsänderung spricht einer- 10 seits der **Wortlaut der Norm**, andererseits der **Wille des Gesetzgebers** des RVereinhG, der ausgeführt hatte, die Neufassung von § 331 StPO, § 358 Abs 2 StPO und § 373 Abs 2 StPO folge der Rechtsprechung des Reichsgerichts zu den früher unterschiedlich gefassten

Regeln über die Grenzen der Verschlechterung im Berufungs-, Revisions- und Wiederaufnahmeverfahren (BT-Drucks 1/530, 50 ff). Daher geht die heute vorherrschende Meinung immer noch davon aus, dass eine Verschlechterung des Schuldspruchs oder der Feststellungen und Wertungen zum Schuldumfang generell nicht ausgeschlossen ist (BGHSt 2, 96, 98; BGHSt 14, 5, 7; HK-GS/Unger/Halbritter StPO § 331 Rn 7; Meyer-Goßner StPO § 331 Rn 8).

11   Die Option der Schuldspruchänderung gestattet von diesem Standpunkt aus folgerichtig nicht zuletzt eine **Konkurrenzkorrektur** sogar in der Weise, dass ein **Teilfreispruch** durch das Amtsgericht, das von Tatmehrheit ausgegangen war und eine der angeblich mehrheitlichen Handlungen als nicht bewiesen erachtet hatte, wegen Annahme von Tateinheit durch das Berufungsgericht **aufgehoben** wird (BGH NStZ-RR 1997, 331, 332; SK-StPO/Frisch StPO § 331 Rn 36). Dagegen müssen indes Bedenken angemeldet werden (Grünwald JZ 1968, 253; Hanack JZ 1973, 659, 661), denn die Aufhebung eines Teilfreispruchs kann für den Angeklagten ebenso wichtig sein wie eine Verschlechterung der Rechtsfolgen. Die Option der Konkurrenzkorrektur führt aber auch zu notwendigen Änderungen auf der Rechtsfolgenseite, so etwa wenn statt der Einheitstat ein tatmehrheitliches Geschehen angenommen werden soll und aus der bisher einheitlichen Strafe nunmehr erstmals in zweiter Instanz neue Einzelstrafen und eine Gesamtstrafe zu bilden sind. Das ist nach der **hM** aufgrund ihrer ganzheitlichen Betrachtung zulässig und bei einer Schuldspruchänderung folgerichtig geboten (BGHSt 21, 256, 259, 260). Hatte das Gericht des ersten Rechtszuges keine Einzelstrafe festgesetzt, dann liegt nämlich eine gerichtliche Entscheidung, deren Änderung nach Abs 1 zum Nachteil des Angeklagten erfolgen würde, nicht vor (BGHR StPO § 331 Abs 1 Einzelstrafe, fehlende 1).

12   Wird der **Schuldspruch geändert**, so zwingt das innerhalb der von Abs 1 geänderten Grenzen allerdings nicht unbedingt zur Änderung des Strafausspruchs und zwar auch dann nicht, wenn eine **mildere Strafnorm** zur Anwendung gelangt. Ist der Strafrahmen der neu angewendeten Strafnorm niedriger als derjenige der vom Gericht des ersten Rechtszuges im Schuldspruch herangezogen worden war oder entfällt ein vom Amtsgericht zusätzlich angewendeter Straftatbestand, dann muss das nicht zwingend eine niedrigere Strafe zur Folge haben, wenn das Berufungsgericht den verbleibenden Vorwurf auf der Rechtsfolgenseite relativ strenger bewertet. Auch der **Wegfall eines Straferhöhungsgrundes** oder die Annahme eines minder schweren Falles muss bei der Strafzumessung im engeren Sinne nicht zu einer niedrigeren Strafe durch das Berufungsgericht führen. Dem Berufungsgericht ist es aber versagt, im Wege der Gesamtstrafenbildung eine als zu niedrig erachtete Einzelstrafenbestimmung des Amtsgerichts zu ändern, um auf die ursprünglich verhängte Gesamtstrafe zu erkennen (OLG Jena OLGSt BtMG § 29 Nr 14). Nimmt das Berufungsgericht erstmals einen **Härteausgleich** vor und verhängt es in seinem Urteil gleichwohl die vom Erstgericht verhängte Einzelstrafe, so stellt dies einen Verstoß gegen das Verschlechterungsverbot dar (OLG München NJW 2006, 1302).

13   Wendet das Berufungsgericht eine Strafnorm an, deren **Strafuntergrenze** bereits die vom Amtsgericht ausgesprochene Strafhöhe überschreitet, so ist es gleichwohl an die Höhe der Rechtsfolgenentscheidung des Gerichts des ersten Rechtszuges gebunden.

2. Einwände

14   Die **hM** erscheint angreifbar. Jedenfalls ein Mehr im Schuldspruch ist nach der zutreffenden Gegenansicht nicht in der Urteilsformel des Berufungsgerichts auszusprechen (Grünwald JZ 1966, 106, 108). Schon der **Wortlaut** des Gesetzes ist, wenngleich er das stärkste Argument der **hM** liefert, jedenfalls **nicht eindeutig**, weil der Schuldspruch mit den Rechtsfolgen vielfältig verknüpft ist (Ganske Der Begriff des Nachteils bei den strafprozessualen Verschärfungsverboten 1960, 26). Der gesetzgeberische Wille liefert ebenfalls kein durchschlagendes Argument, weil der Gesetzgeber auf eine frühere Rechtsprechung verwiesen hat, die ihrerseits verschiedene Akzente gesetzt hatte (Wittschier StV 1986, 173, 176 ff). Der **Normzweck** des Abs 1, den Angeklagten oder die für ihn handelnden anderen Verfahrensbeteiligten nicht von der Rechtsmitteleinlegung abzuschrecken, weil das Berufungsgericht das Urteil verschlechtern könnte, erfasst vielmehr zumindest solche Änderungen des Schuldspruches, die einen höheren Strafrahmen, eine andere Qualität der Tat oder eine andere Stufe

– von der Ordnungswidrigkeit zum Vergehen oder vom Vergehen zum Verbrechen – zur Folge haben (Wittschier StV 1986, 173, 177).

Im Revisionsrechtszug wird von einer Verschlechterung des Schuldspruchs oft mit Hinweis darauf abgesehen, dass **der Angeklagte** durch den zu milden Schuldspruch jedenfalls **nicht beschwert** sei. Das Gebot der prozessualen Gleichbehandlung verlangt dasselbe dann aber auch in der Berufungsinstanz, zumal diese vom Gesetz alternativ zur Verfügung gestellt wird (§ 335 Abs 1 StPO). Die Unabhängigkeit des Berufungsgerichts bei der Tatsachenfeststellung und der Tatbewertung stehen dem nicht entgegen, denn der Berufungsrichter ist nicht gehindert, in den Gründen seines Urteils einen anderen Sachverhalt festzustellen, seine abweichende rechtliche Bewertung darzulegen und dann darauf zu verweisen, dass er sich an der Änderung des Schuldspruchs in der Urteilsformel durch das Verschlechterungsgebot oder mangels Beschwer für den Berufungsführer gehindert sieht (Hanack JZ 1973, 659, 660, 661). 15

Die Option der Schuldspruchänderung führt ferner dazu, dass sich entweder die **sachliche Gerichtszuständigkeit** ändern kann oder aber sich das Berufungsgericht in einem Bereich bewegt, der sonst nicht zu seiner Kompetenz gehört. Durch das Verbot der Verschlechterung der Rechtsfolgen wird freilich meist die Zuständigkeit, soweit sie von einer bestimmten Straferwartung abhängt, perpetuiert. Selbst wenn die im neuen Schuldspruch aufgeführte Norm einen Strafrahmen aufweist, der schon abstrakt zur erstinstanzlichen Zuständigkeit des Landgerichts führen würde, ändert sich an der auf dem falschen Schuldspruch beruhenden Zuständigkeitsbestimmung im Berufungsverfahren nichts. Anders ist es dann, wenn die Zuständigkeit durch eine bestimmte Kategorie von Straftaten bestimmt wird. Hat etwa das Amtsgericht den Angeklagten wegen vorsätzlicher Körperverletzung verurteilt und wird die Tat später zur Körperverletzung mit Todesfolge, weil das Opfer später stirbt, so wäre schon für den neuen Schuldspruch nach § 74 Abs 2 S 1 Nr 8 GVG die Schwurgerichtskammer zuständig und nach § 328 Abs 2 StPO wäre die Sache dorthin zu verweisen. Bei einem wegen des Verschlechterungsverbots verbleibendem Schuldspruch wegen vorsätzlicher Körperverletzung könnte das Landgericht dagegen als Berufungsgericht über das Rechtsmittel entscheiden, zumal der Angeklagte dadurch nicht beschwert ist. Dem härteren Schuldspruch wegen des Verbrechens statt wegen des Vergehens entweder durch das Berufungsgericht oder nach Zuständigkeitsverweisung gem § 328 Abs 2 StPO durch das Schwurgericht kann der Beschwerdeführer in einem solchen Fall nur durch **Berufungsrücknahme** entgehen, wobei er auch in Kauf nehmen muss, dass er zur Vermeidung der drohenden Verschlechterung des Schuldspruchs gegebenenfalls den Kampf um die bestrittene Täterschaft, die Kausalität seines Handelns, die Zurechenbarkeit des Erfolges, den Verletzungsvorsatz, die Rechtswidrigkeit und seine Schuld aufgeben müsste. Gerade dies will das Gesetz jedoch verhindern. 16

V. Verbot der Änderung der Strafart
1. Erwachsenenstrafrecht

Abs 1 verbietet die Verschlechterung der Art der Rechtsfolgen. Das Erwachsenenstrafrecht kennt grundsätzlich nur zwei Strafarten, nämlich die Freiheits- oder Geldstrafe. Daneben kommt noch eine Verwarnung mit Strafvorbehalt oder ein Absehen von Strafe in Frage. 17

Freiheitsstrafe ist im Vergleich mit **Geldstrafe** die härtere Strafart, Geldstrafe ist härter als eine **Verwarnung mit Strafvorbehalt**, die Verwarnung mit Strafvorbehalt härter als ein **Absehen von Strafe**. In dieser Stufenfolge ist dem Berufungsgericht nach Abs 1 eine Verschärfung der Art der Rechtsfolgen verboten. Eine Geldstrafe darf auch dann nicht durch eine Freiheitsstrafe ersetzt werden, wenn deren Vollstreckung zur Bewährung ausgesetzt wird. 18

Eine **Verwarnung mit dem Vorbehalt einer Geldstrafe** darf selbst dann nicht durch eine Geldstrafe ersetzt werden, wenn diese in ihrem Umfang nach Zahl und Höhe der Tagessätze reduziert wird. Eine Verwarnung mit Strafvorbehalt ist die unterste strafrechtliche Sanktionsform, die aber immer noch ihrer Art nach härter ist als die Ahnung mit einer **Geldbuße** wegen einer Ordnungswidrigkeit (OLG Zweibrücken MDR 1992, 1072). Aus einer **Geldbuße wegen einer Ordnungswidrigkeit** darf deshalb im Fall der Schuldspruch- 19 änderung von der Ordnungswidrigkeit zum Vergehen keine Geldstrafe wegen eines Vergehens gemacht werden.

20   Umgekehrt kann eine Ersetzung der **Strafart** stattfinden, wenn die angewendete Strafart **milder** ist als die vom erstinstanzlichen Gericht angewendete Sanktionsform. Also kann eine Freiheitsstrafe auch dann durch Geldstrafe ersetzt werden, wenn **zusätzlich ein Fahrverbot als Nebenstrafe** verhängt wird (BayObLGSt 1977, 153 ff). Das Berufungsgericht darf auch erstmals ein Fahrverbot verhängen, wenn es die Tagessatzzahl der als Hauptstrafe daneben verhängten Geldstrafe herabsetzt (OLG Schleswig NStZ 1984, 90). Andererseits darf auch bei einer Änderung der Strafart zu einer günstigeren Sanktionsform die **Strafhöhe** nicht verschärft werden. So darf die **Zahl der Tagessätze** einer Geldstrafe nicht den Umfang der Freiheitsstrafe übersteigen, zumal eine Ersatzfreiheitsstrafe bei Nichteinbringung der Geldstrafe zu einer qualitativ gleichartigen Belastung führen würde. Das gilt auch dann, wenn wegen Verringerung der Tagessatzhöhe die Summe der Geldstrafe der ersten Instanz nicht überschritten wird (OLG Celle Beschl v 11. 2. 2009 – Az 32 Ss 225/08).

21   Ob eine Freiheitsstrafe mit oder ohne **Strafaussetzung zur Bewährung** verhängt wird, ist keine Frage der Strafart, sondern der Vollstreckung. Jedoch ist die Strafaussetzung zur Bewährung ein derart wichtiger Vorteil, dass er nicht vom Verschlechterungsverbot nach Abs 1 ausgenommen werden kann. Das Verschlechterungsverbot steht daher einer Erhöhung der Freiheitsstrafe, deren Vollstreckung zur Bewährung ausgesetzt ist, ebenso entgegen wie einer Entziehung des Vorteils der Strafaussetzung, selbst wenn er dem Angeklagten vom Amtsgericht rechtsfehlerhaft zugebilligt worden war oder wenn dem Berufungsgericht nachträglich Gründe bekannt werden, die einen Widerruf der Strafaussetzung rechtfertigen könnten. Das Verbot der Verschlechterung der Rechtsfolgen in Bezug auf die Strafaussetzung zur Bewährung gilt auch im Fall der Gesamtstrafenbildung durch das Berufungsgericht, ausgenommen im Fall der nachträglichen Bildung einer Gesamtstrafe mit weiteren Strafen, die noch nicht Gegenstand des erstinstanzlichen Urteils waren. Die Freiheitsstrafe, deren Vollstreckung zur Bewährung ausgesetzt war, kann im Berufungsverfahren ohne Verstoß gegen Abs 1 in eine Geldstrafe abgeändert werden. Auf das subjektive Belastungsempfinden des Angeklagten, der eine vorerst nicht zu vollstreckende Freiheitsstrafe der vollstreckbaren Geldstrafe vorziehen würde, kommt es dafür nicht an.

2. Rechtsfolgen des Jugendstrafrechts

22   Das Verschlechterungsverbot gilt auch bei Anwendung der Rechtsfolgen des materiellen Jugendstrafrechts (KK-StPO/Paul StPO § 331 Rn 8). Diese Rechtsfolgen sind nicht per se milder als solche des Erwachsenenstrafrechts. Innerhalb der Rechtsfolgen des Jugendstrafrechts bedarf es einer **Bewertung des Gesamtübels der Rechtsfolgen**, deren Arten nicht ohne weiteres abstrakt-generell in verschiedene Ränge eingeteilt werden können.

23   Eine **Jugendstrafe** darf nach Abs 1 nicht durch eine Freiheitsstrafe nach dem Erwachsenenstrafrecht ersetzt werden. Die Jugendstrafe mit **Strafaussetzung zur Bewährung** ist milder als eine zu vollstreckende Jugendstrafe und deshalb nach Abs 1 aufrecht zu erhalten. An die Stelle der **Aussetzung der Verhängung einer Jugendstrafe** darf keine Jugendstrafe treten. Unklar ist, ob anstelle einer Jugendstrafe bei Strafaussetzung zur Bewährung ein **Jugendarrest** gesetzt werden darf, was bisweilen wegen der schweren Strafart in der Rechtsprechung bejaht (OLG Schleswig Beschl v 21. 5. 1984 – Az 1 Ss 679/83), wegen der schwereren Konsequenzen der sofortigen Freiheitsentziehung durch Arrest aber in der Literatur verneint wird (Eisenberg JGG § 55 Rn 79 b); denn die Vollstreckung des Jugendarrests, die für sich genommen im Gesetz nicht vorgesehen ist, kann auch dann nicht zur Bewährung ausgesetzt werden, wenn dies bei einer erstinstanzlich verhängten Jugendstrafe angeordnet worden war (OLG Hamm NJW 1971, 1666). Jugendarrest kann aber prinzipiell durch eine **Geldstrafe nach Erwachsenenstrafrecht** ersetzt werden (BayObLG NJW 1970, 2258).

24   **Hilfe zur Erziehung** nach § 12 Nr 2 JGG ist im Allgemeinen weniger schwer wiegend als eine Jugendstrafe oder ein Jugendarrest; das kann aber bei der Durchführung in einem geschlossenen Heim anders zu bewerten sein.

Das Verschlechterungsverbot gilt grundsätzlich auch im Verhältnis von Strafen nach dem   25
Jugendrecht und den dort vorgesehenen **Zuchtmitteln und Erziehungsmaßregeln**. Jedoch kann auch mit Blick auf § 5 Abs 2 JGG nicht generell davon ausgegangen werden, dass
letztere gegenüber echten Strafen, auch im Vergleich mit der Geldstrafe nach Erwachsenenrecht, das weniger schwer wiegende Übel sind. Maßgeblich ist, welche Rechtsfolge im
konkreten Einzelfall tiefer in die Rechtsposition des Angeklagten eingreift, ohne dass es auf
dessen subjektives Empfinden ankommt.

VI. Verbot der Änderung der Strafhöhe

1. Einzelne Strafen

Abs 1 verbietet es auch, bei gleicher Strafart die Rechtsfolge nach ihrer Höhe zu ver-   26
schlechtern. Eine **Freiheitsstrafe** darf nicht durch **längere Dauer der Freiheitsentziehung** erhöht werden. Auch darf nicht durch Verringerung der Anrechnung von Untersuchungshaft oder einer anderen Freiheitsentziehung in dieselbe Richtung gewirkt werden.
Die Erhöhung einer Freiheitsstrafe unter gleichzeitigem Wegfall einer Vermögensstrafe nach
dem seit BVerfGE 105, 135, 152 ff verfassungswidrigen § 43 a StGB verstößt gegen das
Verschlechterungsverbot (BGH NJW 1997, 2335). Nach dem Regelungszweck der vorliegenden Vorschrift wird auch eine Verschlechterung des Anrechnungsvolumens aufgrund der
richterrechtlichen **Vollstreckungslösung** durch BGHSt 52, 124, 129 ff zur Kompensation
von Verfahrensmängeln durch ein fiktiv als vollstreckt geltendes Strafquantum ausgeschlossen.

Bei der **Geldstrafe** erfasst das Verschlechterungsverbot sowohl die Zahl als auch die   27
Höhe der Tagessätze, also das **Gesamtstrafübel**. Das Verschlechterungsverbot gilt allerdings
für die Tagessatzhöhe nicht uneingeschränkt. Bei Verminderung der Zahl der Tagessätze ist
eine Erhöhung des einzelnen Tagessatzes möglich, sofern dadurch die Gesamtsumme der
früheren Geldstrafe nicht überschritten wird (OLG Celle NJW 1976, 121, 122; OLG
Frankfurt Beschl v 8. 12. 1988 – Az 1 Ss 447/88). Die Verhängung einer Geldstrafe statt
einer Freiheitsstrafe verstößt aber auch dann gegen das Verschlechterungsverbot, wenn die
Zahl der Tagessätze die Dauer der früheren Freiheitsstrafe übersteigt und wenn nach den
Vermögens- und Lebensverhältnissen des Angeklagten eine Vollstreckung der Geldstrafe in
Form der Ersatzfreiheitsstrafe höchst wahrscheinlich ist (OLG Hamm NStZ-RR 2008,
118).

Eine Erhöhung der Geldstrafe als Ausgleich für den **Wegfall** oder die Herabsetzung **eines**   28
ebenfalls verhängten **Fahrverbots** ist dagegen grundsätzlich nicht ausgeschlossen (LG Köln
NZV 1999, 99, 100). Jedoch darf selbst in diesem Fall die **Anzahl der Tagessätze** nicht
erhöht werden (KG Beschl v 13. 3. 2000 – Az [3] 1 Ss 61/00 [19/00]; **aA** LG Köln NStZ-RR 1997, 370), da auch die für den Fall der Uneinbringlichkeit der Geldstrafe an ihre Stelle
tretende Ersatzfreiheitsstrafe gegenüber einem Fahrverbot die schwerere Strafe darstellt. Ob
in diesem Fall eine **Erhöhung des Tagessatzes** eine unzulässige Schlechterstellung des
Angeklagten darstellt, beurteilt sich im Einzelfall danach, ob die Veränderung der verhängten
Rechtsfolgen in der Gesamtschau einen Nachteil erkennen lässt. Der Wert, den dem Wegfall
des Fahrverbots beizumessen ist, richtet sich insbesondere nach den wirtschaftlichen Folgen,
die das Fahrverbot für den Angeklagten gehabt hätte (OLG Düsseldorf ZfSch 2006, 587,
588).

Ist eine in das erstinstanzliche Urteil einbezogene **Geldstrafe** schon vor Erlass des Beru-   29
fungsurteils **getilgt** worden, so hat das Berufungsgericht diese vollständig anzurechnen (OLG
Oldenburg StV 2006, 518).

2. Gesamtstrafe

Das Verschlechterungsverbot gilt an sich sowohl für die Einzelstrafen als auch für die   30
Gesamtstrafe (OLG Celle Beschl v 11. 2. 2009 – Az 32 Ss 225/08). Das ist aber nicht
uneingeschränkt der Fall. Bei der Änderung von Gesamtstrafen in Einzelstrafen oder einer
einzelnen Strafe in eine neue Gesamtstrafe darf das **Gesamtstrafübel** bei ganzheitlicher
Betrachtung (KK-StPO/Paul StPO § 331 Rn 4) nicht das Maß der bisherigen Strafe
überschreiten. Dass **neue Einzelstrafen zu bilden** sind, die das Amtsgericht aufgrund

der irrigen Annahme einer einheitlichen Tat noch nicht gebildet hatte, schadet nach **hM** nicht. In diesem Fall darf **nur die neue Gesamtstrafe nicht höher** ausfallen als die bisherige einzelne Strafe. War etwa im erstinstanzlichen Urteil eine Gesamtstrafe aus Einzelstrafen für eine Einheitstat und für weitere Straftaten gebildet worden, und werden im Berufungsurteil einerseits statt der Einheitstat mehrere selbstständige Taten angenommen, fallen andererseits weitere Einzelstrafen weg, dann darf jede der neuen Einzelstrafen die Höhe der früheren Einheitsstrafe erreichen. Allerdings folgt aus dem Verbot der Schlechterstellung in diesem Fall, dass die neue Gesamtstrafe weder die frühere Gesamtstrafe übersteigen noch die Summe aus den nunmehr vorhandenen Einheitsstrafen erreichen darf (OLG München Beschl v 15. 6. 2005 – Az 4 St RR 92/05). Bleiben Gesamtstrafen und Einzelstrafen hingegen dem Grunde nach unberührt, dann gilt das Verschlechterungsverbot auch **für jede Einzelstrafe** (BayObLG NStZ-RR 2004, 22, 23). Es gilt ferner bei der **Bildung mehrerer Gesamtstrafen** (OLG Schleswig SchlHA 2000, 146). Wird eine Gesamtstrafe aus Freiheits- und Geldstrafe aufgehoben und auf beide Strafarten nebeneinander erkannt, so darf die Summe aus der Freiheitsstrafe und den Tagessätzen der Geldstrafe die frühere Gesamtstrafe nicht übersteigen (KG Beschl v 18. 11. 1998 – Az 3 Ws 626/98).

31 Ist Gegenstand des Berufungsverfahrens nur eine Tat und nimmt das Berufungsgericht einen wegen Unmöglichkeit nachträglicher Gesamtstrafenbildung notwendigen **Härteausgleich** durch Herabsetzung der an sich angemessenen Einzelstrafe vor, dann muss es auch bei der Bemessung der fiktiven Einzelstrafe das Verschlechterungsverbot beachten (OLG Koblenz NStZ-RR 2004, 330, 331).

32 Hatte es das Gericht des ersten Rechtszuges **abgelehnt**, aus einer Geld- und einer Freiheitsstrafe **eine Gesamtfreiheitsstrafe zu bilden**, dann hat es bei alleiniger Berufung des Angeklagten nach Abs 1 dabei sein Bewenden (OLG Düsseldorf JR 2001, 477, 478 mAnm Bringewat; OLG Düsseldorf JMBlNRW 2004, 11, 12). Dem Berufungsgericht ist es dann verwehrt, die erstinstanzliche Entscheidung zu korrigieren. Ist hingegen eine originäre **Gesamtstrafenentscheidung nicht getroffen** worden, dann steht das Verschlechterungsverbot deren Nachholung in zweiter Instanz nicht entgegen (OLG Düsseldorf VRS 95 [1998], 248 ff). Hatte das Amtsgericht auch über die Frage der nachträglichen Bildung einer Gesamtstrafe im Sinne von § 55 StGB keine Entscheidung getroffen, dann muss das Berufungsgericht diese nachholen (OLG Hamburg StraFo 1999, 351, 352; OLG Hamm Beschl v 6. 3. 2008 – Az 3 Ss 68/08; OLG Schleswig SchlHA 2003, 182, 183).

VII. Strafen und Maßregeln

33 Das **Verschlechterungsverbot gilt** nach Abs 1 mit der Ausnahme des Abs 2 **auch für Maßregeln** der Besserung und Sicherung. Auch diese dürfen deshalb nach ihrer Art und ihrem Maß weder für sich genommen noch im Zusammentreffen mit Strafen die bisherigen Rechtsfolgen übertreffen. Die Entziehung der Fahrerlaubnis durch das Berufungsgericht stellt etwa einen Verstoß gegen das Verschlechterungsverbot dar, wenn das erstinstanzliche Gericht mangels bestehender Fahrerlaubnis nur eine isolierte Sperre ausgesprochen hatte (OLG Dresden OLG-NL 1998, 192). Ob eine Maßregel nach § 64 StGB neben einer dadurch reduzierten Freiheitsstrafe erstmals im Berufungsurteil angeordnet werden darf, hängt von der Beantwortung der Frage des Vorliegens einer **Beschwer** ab (BayObLG JR 1996, 79, 80).

34 § 61 StGB liefert **keine feste Rangfolge der einzelnen Maßregeln**. Abstrakt-generell kann nur angenommen werden, dass freiheitsentziehende Maßregeln schwerer wiegen als solche, die nicht mit einer Freiheitsentziehung verbunden sind. Nur beim Verhältnis einer Unterbringung in einer Entziehungsanstalt zu einem Berufsverbot erscheint auch dies zweifelhaft. Das Berufsverbot wiegt aber jedenfalls schwerer als eine Entziehung der Fahrerlaubnis oder die Führungsaufsicht.

35 Das **Verhältnis von Maßregeln zu Strafen** ist ebenfalls einzelfallbezogen zu bewerten. Eine Freiheitsstrafe wiegt schwerer als eine nicht freiheitsentziehende Maßregel. Eine Maßregel ohne Freiheitsentziehung, wie das Berufsverbot oder die Entziehung der Fahrerlaubnis, kann intensiver in die Rechtsposition des Angeklagten eingreifen als eine Geldstrafe. Die

Entziehung der Fahrerlaubnis ist das schwerere Übel im Vergleich mit einem Fahrverbot, das andererseits als Nebenstrafe im Zusammenwirken mit einer Hauptstrafe wieder das größere Gewicht erlangen kann. Eine Entziehung der Fahrerlaubnis kann durch Erhöhung einer Geldstrafe kompensiert werden, ohne dass dies generell gegen Abs 1 verstößt. Die Verlängerung der Sperrfrist für die Wiedererteilung der Fahrerlaubnis wird durch eine Bewilligung der Strafaussetzung bei einer Freiheitsstrafe kompensiert.

Das Verschlechterungsverbot gilt auch bezüglich **Einziehung und Verfall** (OLG Hamm AnwBl 1981, 74, 75) sowie der **Unbrauchbarmachung**. Ist in erster Instanz unzulässigerweise auf Einziehung des Miteigentumsanteils des Angeklagten erkannt worden und ergibt die neue Verhandlung, dass er Alleineigentümer ist, so verstößt die Einziehung des Gegenstandes im Ganzen nicht gegen das Verbot der Schlechterstellung (BGH LM Nr 5 zu § 358 StPO).

Der Angeklagte kann nach der Rechtsprechung die Entscheidung des erstinstanzlichen Gerichts, keine **Maßregel** anzuordnen, gemäß § 318 StPO in gleicher Weise **von seinem Rechtsmittelangriff ausnehmen**, wie er sein Rechtsmittel auf eine Maßregelanordnung **beschränken** kann, es sei denn, der innere Zusammenhang zwischen Strafzumessung und Maßregelanordnung steht dieser Aufspaltung entgegen (OLG Zweibrücken Beschl v 20. 2. 2003 – Az 1 Ss 7/03). Beschränkt der Angeklagte seine Berufung gegen ein Urteil, mit dem er zu Freiheitsstrafe, nicht aber zur Unterbringung in einer Entziehungsanstalt verurteilt wurde, wirksam auf die Frage der Strafaussetzung zur Bewährung, so kann das Berufungsgericht demnach nicht die Unterbringung in einer Entziehungsanstalt anordnen (BayObLG JR 1987, 172, 173 mAnm Meyer-Goßner). 36

C. Unterbringung in einem psychiatrischen Krankenhaus oder in der Sicherungsverwahrung (Abs 2)

Abs 2 hat bisher keine große praktische Bedeutung. Er nimmt die Maßregeln der Unterbringung in einem psychiatrischen Krankenhaus oder in der Sicherungsverwahrung vom Verschlechterungsverbot aus. Das gilt nach verbreiteter Meinung freilich auch wiederum **nicht bei einer** auf bestimmte andere Punkte **beschränkten Berufung** (BGH NStZ 1992, 539; Tolksdorf FS Stree/Wessels 1993, 766; **aA** BayObLG JR 1996, 79 mAnm Loos). Nach der zutreffenden Gegenansicht kann die Maßregel aber nicht gezielt von dem Berufungsangriff ausgenommen werden, weil er nach Abs 2 insoweit nicht zur Disposition befugt ist (Meyer-Goßner StPO § 331 Rn 22). Die Rechtsprechung hält eine Ausgrenzung der Maßregel vom Rechtsmittelangriff gleichwohl für möglich, solange eine derartige Beschränkung nicht nach allgemeinen Grundsätzen wegen enger Verknüpfung einer möglichen Maßregelanordnung mit dem sonstigen Inhalt des angefochtenen Urteils ausgeschlossen ist (OLG Düsseldorf StV 2007, 520, 521). 37

Weil für die Maßregelanordnung im Sinn von § 63 StGB, § 66 StGB erstinstanzlich nicht das Amtsgericht (§ 24 Abs 2 GVG), sondern das Landgericht zuständig ist, führt dies zur **Zuständigkeitsverweisung** nach § 358 Abs 2 StPO. Das wird aber oft zur Zurücknahme des zugunsten des Angeklagten eingelegten Rechtsmittels führen. Vor diesem Hintergrund und angesichts der drastischen Verschärfung der Sanktion bestehen **Bedenken gegen die Verfassungsmäßigkeit** der Bestimmung (Kretschmer Das strafprozessuale Verbot der reformatio in peius und die Maßregeln der Besserung und Sicherung 1999), die aber im Ergebnis durch die verfassungsgerichtliche Zulassung der nachträglichen Anordnung der Unterbringung in der Sicherungsverwahrung (BVerfGE 109, 133, 149 ff) beseitigt werden, solange diese wiederum mit Blick auf Art 5 Abs 3 MRK Bestand hat. 38

D. Revision

Ein Verstoß gegen Abs 1 ist vom Revisionsgericht aufgrund einer zulässigen Revision **von Amts wegen zu prüfen** (BGH LM Nr 21 zu § 358 StPO; HK-GS/Unger/Halbritter StPO § 331 Rn 19; Meyer-Goßner StPO § 331 Rn 24; KK-StPO/Paul StPO § 331 Rn 10). 39

Eine nach § 55 Abs 2 JGG unstatthafte Revision wird allerdings nicht dadurch zulässig, dass sie auf eine Verletzung des Verschlechterungsverbots gestützt werden könnte (BayObLGSt 1988, 120 ff mAnm Ostendorf NStZ 1989, 195, 196). Hebt das Revisionsgericht das Urteil auf und verweist es die Sache an die Tatsacheninstanz zurück, dann gilt das **Verschlechterungsverbot**, wenn es vorher eingegriffen hatte, **auch im weiteren Instanzenzug** fort (KK-StPO/Paul StPO § 331 Rn 9). Neuerdings kann das Revisionsgericht aber bei einem Rechtsfehler im Rahmen der Strafbemessung, der auch in einer Verletzung des Verschlechterungsverbots bestehen kann, gem **§ 354 Abs 1a StPO** die Strafe selbst korrigieren (OLG Brandenburg Beschl v 9. 1. 2009 – Az 1 Ss 74/08, 1 Ws 203/08; OLG Celle Beschl v 11. 2. 2009 – Az 32 Ss 225/08).

§ 332 [Verfahrensvorschriften]

Im übrigen gelten die im sechsten Abschnitt des zweiten Buches über die Hauptverhandlung gegebenen Vorschriften.

1 Enthält § 323 Abs 1 S 1 StPO eine Verweisung auf die für die Vorbereitung der erstinstanzlichen Hauptverhandlung maßgeblichen Regeln, so liefert die vorliegende Vorschrift ergänzend eine Verweisung auf die allgemeinen Vorschriften über die Durchführung der Hauptverhandlung. Diese Normen gelten also für die Berufungshauptverhandlung „im Übrigen" ebenfalls, soweit nicht im vierten Abschnitt des dritten Buches speziellere Vorschriften dafür vorhanden sind.

Nach der vorliegenden Vorschrift gelten **die allgemeinen** Bestimmungen über die Hauptverhandlung der ersten Instanz (§ 226 StPO bis § 275 StPO) auch für das Berufungsverfahren, soweit nicht das Gesetz dafür speziellere Regeln aufstellt.

2 Es sind also **zum Beispiel** die §§ 230 StPO ff anwendbar, soweit nicht die § 329 StPO, § 330 StPO vorgehen, ferner die Regeln über die Unterbrechung oder Aussetzung der Hauptverhandlung (§ 228 StPO und § 229 StPO), die Normen über Sitzungsleitung (§ 238 StPO), über Fragerechte (§ 240 StPO), über die Verständigung (§ 257 b StPO und § 257 c StPO), über den Verfahrensgegenstand (§ 264 StPO), soweit nicht § 318 StPO, § 327 StPO und § 331 Abs 1 StPO zu Einschränkungen führen, über gerichtliche Hinweispflichten (§ 265 StPO), über die Beweiswürdigung (§ 261 StPO), über die Beratung und Abstimmung über das Urteil (§ 263 StPO), über das Protokoll (§§ 271 StPO ff) und über den Gang der Hauptverhandlung (§§ 243 StPO ff) mitsamt der Beweisaufnahme (§§ 244 StPO ff) sowie über die Schlussvorträge, soweit nicht § 324 StPO, § 325 StPO und § 326 StPO dafür speziellere Regeln aufstellen.

3 Anstelle der **Verweisungsmöglichkeit außerhalb der Hauptverhandlung** bei fehlender sachlicher Zuständigkeit des Gerichts nach § 225 a StPO gilt nach der hier vertretenen Ansicht mit Blick auf den Vorrang und Vorbehalt des Gesetzes exklusiv die Bestimmung des § 328 Abs 2 StPO, denn als eine die Berufungsinstanz abschließende Entscheidung erfolgt die Verweisung hier grundsätzlich durch Urteil gem § 328 Abs 2 StPO (KMR/Eschelbach StPO § 225 a Rn 7; Glaser Aktuelle Probleme im Rahmen der sachlichen Zuständigkeit der Strafgerichte, insbes die Folgen fehlerhafter Verweisungsbeschlüsse 2002, 61); nach vorherrschender Meinung ist § 225 a StPO demgegenüber auch im Berufungsverfahren anzuwenden (§ 225 a StPO Rn 3; **aA** § 323 StPO Rn 2).

4 Ob die **Einstellung wegen eines Verfahrenshindernisses** im Beschlussverfahren gem § 206 a StPO in der Berufungsinstanz entsprechend gilt, ist gleichfalls umstritten, wird aber ebenfalls mehrheitlich bejaht (§ 323 StPO Rn 2).

5 Die Möglichkeit einer Nachtragsanklage in der zweiten Instanz besteht nicht mehr, soweit nur noch eine kleine Strafkammer oder kleine Jugendkammer ohne erstinstanzliche Zuständigkeit als Berufungsgericht fungiert.

6 Das Berufungsurteil richtet sich, jedenfalls wenn es ein Sachurteil ist, grundsätzlich auch nach § 260 StPO, § 267 StPO, § 268 StPO und § 275 StPO. Nur für Prozessurteile nach § 328 Abs 2 StPO, § 329 Abs 1 StPO und § 330 Abs 2 StPO bestehen Sonderregeln für das Berufungsverfahren. § 268 a StPO gilt auch hier.

Vierter Abschnitt. Revision (§§ 333-358)

§ 333 [Zulässigkeit]

Gegen die Urteile der Strafkammern und der Schwurgerichte sowie gegen die im ersten Rechtszug ergangenen Urteile der Oberlandesgerichte ist Revision zulässig.

Überblick

Die Vorschrift betrifft zusammen mit § 335 StPO die Statthaftigkeit der Revision. Die Revision kann sich nur gegen Urteile richten. Im – oder zugleich mit dem – Urteil getroffene Nebenentscheidungen unterliegen einer gesonderten Anfechtung durch die Beschwerde; im Falle der Urteilsaufhebung werden sie gegenstandslos. Allgemeine Zulässigkeitsvoraussetzung der Revision ist die Beschwer des Revisionsführers. Der Angeklagte ist bei jeder Verurteilung oder Anordnung einer Maßregel – im Anwendungsbereich von § 358 Abs 2 S 3 StPO auch bei unterlassener Anordnung – beschwert, nicht jedoch bei einem Freispruch oder bei Verfahrenseinstellung wegen unbehebbaren Verfahrenshindernissen. Die StA ist demgegenüber befugt, bei jeder nach ihrer Auffassung unrichtigen Sachbehandlung das Urteil zugunsten oder zuungunsten des Angeklagten anzufechten.

Übersicht

	Rn		Rn
A. Gegenstand der Revision	1	B. Beschwer des Revisionsführers	12
I. Anfechtung eines Urteils	1	I. Grundsätze	12
1. Grundsatz	1	II. Angeklagter	15
2. Erstinstanzliche Urteile	4	III. Staatsanwaltschaft	25
3. Berufungsurteile	6	IV. Weitere Beteiligte	26
II. Nebenentscheidungen	8		
III. Ausschluss der Revision	10		

A. Gegenstand der Revision

I. Anfechtung eines Urteils

1. Grundsatz

Die Revision ist – weiter als die Berufung (§ 312 StPO) – grundsätzlich **gegen alle** **Urteile des Amts-, Land- und Oberlandesgerichtes** statthaft; zu Ausnahmen s Rn 10. Mit der Revision nicht anfechtbar sind Beschlüsse. Zur Abgrenzung ist nicht auf die Bezeichnung, sondern auf den Inhalt der Entscheidung und die Gründe abzustellen, auf denen sie beruht (BGHSt 8, 383, 384 = NJW 1956, 478; BGHSt 25, 242 = NJW 1974, 154). Denn die **Wahl einer unzutreffenden Entscheidungsform** hat auf den Rechtsmittelzug keinen Einfluss; sie kann insbes eine an sich statthafte Revision nicht ausschließen (vgl BGHSt 23, 283, 285 = NJW 1970, 1614; Beschl v 14. 4. 1959 – Az 1 StR 127/59; KK-StPO/Kuckein StPO § 333 Rn 3). Ein fälschlich als „Beschluss" bezeichnetes Urteil ist demnach mit der Revision anfechtbar, ein „Urteil", das sich der Sache nach als Beschluss darstellt, dagegen nicht. Bei der Frage des zutreffenden Rechtsmittels – Revision oder Beschwerde – ist in Zweifelsfällen zunächst der Entscheidungsgegenstand in den Blick zu nehmen. 1

Handelt es sich bei der angefochtenen Entscheidung auch der Sache nach um einen **Beschluss**, ist die eingelegte Revision nach § 300 StPO als Beschwerde zu behandeln und nach § 348 StPO analog zu verfahren; das Verfahren ist bei noch ausstehender Abhilfeentscheidung (§ 306 Abs 2 StPO) an das Ausgangsgericht zurückzugeben, sonst an das Beschwerdegericht abzugeben. Da anderenfalls in die Entscheidungskompetenz des Beschwer- 2

StPO § 333

degerichts eingegriffen würde, kann das Rechtsmittel auch bei offenkundiger Unstatthaftigkeit der Beschwerde nicht durch das angerufene Revisionsgericht verworfen werden.

3 **Welche Rechtsfolge das Urteil anordnet**, ist gleichgültig (vgl aber Rn 12 ff zur Frage der Beschwer). Insbesondere führt die Verhängung einer Geldbuße nach dem OWiG in einem strafgerichtlichen Urteil nicht zur Anwendung der § 79 OWiG, § 80 OWiG (BGHSt 35, 290, 297 f = NStZ 1988, 465; BayObLG NJW 1969, 1313; OLG Köln VRS 1984, 104; ThürOLG, Beschl v 20. 7. 2005 – Az 1 Ss 164/05).

2. Erstinstanzliche Urteile

4 Gegen **amtsgerichtliche Urteile** des Strafrichters und des Schöffengerichts ist anstelle der Berufung unmittelbar die Revision als Sprungrevision statthaft (vgl § 335 StPO). Zuständig ist gem. § 121 Abs 1 Nr. 1 b GVG iVm § 335 Abs 2 StPO das Oberlandesgericht (BGHSt 2, 63, 64; **aA** Löwe/Rosenberg/Franke GVG § 121 Rn 6: Zuständigkeit nach § 121 Abs 1 Nr 1 a GVG).

4.1 Bayern hatte als einziges Bundesland durch Einrichtung des **BayObLG** von der Ermächtigung des § 9 EGGVG Gebrauch gemacht. Nach Abschaffung des BayObLG und Wegfall der § 10 BayAGGVG, § 11 BayAGGVG, § 22 BayAGGVG verbleibt es auch hier bei der Zuständigkeit der Oberlandesgerichte.

5 Gegen **landgerichtliche Urteile** der Großen Strafkammern und Schwurgerichte sowie gegen **Urteile der Oberlandesgerichte** im ersten Rechtszug bildet die Revision das einzige Rechtsmittel. Zuständig ist der Bundesgerichtshof (§ 135 Abs 1 GVG). Eine Zuständigkeit des Oberlandesgerichts als Revisionsgericht besteht nach § 121 Abs 1 Nr 1 c GVG ausnahmsweise dann, wenn die Revision gegen ein landgerichtliches Urteil ausschließlich auf die Verletzung von prozessualem oder materiellem Landesrecht gestützt wird.

3. Berufungsurteile

6 Die **landgerichtlichen Berufungsurteile** der Kleinen Straf- und Jugendkammern und der Großen Jugendkammern sind mit der Revision zum Oberlandesgericht (§ 121 Abs 1 Nr 1 b GVG) angreifbar. Unerheblich ist, ob es sich um eine Sachentscheidung nach § 328 Abs 1 StPO, um eine Zurück- oder Höherverweisung nach § 328 Abs 2 StPO (vgl insoweit BGHSt 26, 106 mAnm Foth NJW 1975, 1523) oder um eine Verwerfung der Berufung nach § 329 Abs 1 StPO handelt.

7 Hat das Landgericht ein erstinstanzliches Verfahren mit einem Berufungsverfahren **nach § 237 StPO verbunden**, berührt dies die Selbständigkeit der Verfahren nicht, so dass der Bundesgerichtshof nur über die gegen den erstinstanzlichen Teil gerichtete Revision zu entscheiden hat, das Oberlandesgericht dagegen über die Anfechtung des Berufungsteiles (BGHSt 37, 42). Dagegen ergibt sich eine einheitliche Zuständigkeit bei einer **Verbindung nach § 4 Abs 1 StPO**, die nach einem Urteil im ersten Rechtszug indes nicht mehr erfolgen darf (BGHSt 19, 177).

II. Nebenentscheidungen

8 Die neben dem Urteil nach **§ 268 a StPO** getroffenen Entscheidungen über Bewährungszeit, -auflagen und -weisungen (§§ 56 a StGB ff) oder über Maßnahmen der **Führungsaufsicht** (§§ 68 a StGB ff) unterliegen nicht der Revision, sondern der Beschwerde (§ 305 a Abs 1 StPO). Bei Urteilsaufhebung werden sie gegenstandslos. Bei paralleler Revision und Beschwerde ist das Revisionsgericht gem. **§ 305 a Abs 2 StPO** zur Entscheidung befugt. Ist die Revision unzulässig, ist über sie bei Eingang der Beschwerde bereits entschieden (vgl BGHSt 10, 19), oder ist die Beschwerde mangels Abhilfeentscheidung des Tatrichters bei Abschluss des Revisionsverfahrens noch nicht entscheidungsreif (BGHSt 34, 392 = NJW 1988, 1224; NJW 1992, 2169), ist das Beschwerdegericht zuständig. Dagegen bleibt es trotz Abschluss des Revisionsverfahrens bei der Zuständigkeit des Revisionsgerichts, wenn es versehentlich nicht über die Beschwerde befunden hat (BGH NStZ 1986, 422).

9 Auch die sonstigen in einem Urteil oder mit ihm in gesonderter Beschlussform getroffenen Nebenentscheidungen können nur mit der Beschwerde oder sofortigen Beschwerde

angefochten werden (vgl BGHSt 25, 77; 26, 126). Dies betrifft Entscheidungen über die **Kosten und Auslagen** (§ 464 StPO; BGHSt 25, 77; vgl auch BGH Beschl v 23. 10. 2007 – Az 5 StR 318/07), über die **Aussetzung der Reststrafe** (§ 57 StGB iVm § 454 StPO), über die **Aussetzung der Jugendstrafe** zur Bewährung (§ 59 Abs 1 JGG) und über eine **Strafverfolgungsentschädigung** (§ 8 StrEG; vgl BGH NJW 2007, 3078, 3081). Die gegen das Urteil gerichtete Revision schließt die Anfechtung dieser Entscheidungen grundsätzlich nicht ein. Im Einzelfall ist es allerdings Auslegungsfrage, ob sich das als „Revision" bezeichnete Rechtsmittel tatsächlich allein gegen das Urteil (dann nur Revision), auch gegen die Nebenentscheidung (dann parallele Anfechtung in Form von Revision und Beschwerde, zB BGH Beschl v 10. 10. 2007 – Az 1 StR 450/07; Beschl v 21. 11. 2008 – Az 2 StR 368/08) oder allein gegen diese (dann nur eine – ggf sofortige – Beschwerde) richten soll.

Für das **Verfahren** gilt: Richtet sich das Rechtsmittel **allein gegen die Nebenentscheidung**, ist eine Abgabe an das Ausgangs- oder Beschwerdegericht auszusprechen. Abzugeben ist die Sache auch dann, wenn neben der Beschwerde **nur von einem anderen Verfahrensbeteiligten Revision eingelegt** ist; in diesem Fall fehlt es an dem erforderlichen engen Zusammenhang zwischen den Rechtsmitteln, der eine Entscheidungskompetenz des Revisionsgerichtes begründen könnte (vgl BGH Beschl v 25. 11. 2008 – Az 4 StR 414/08 zu § 464 Abs 3 S 3 StPO und § 8 Abs 3 S 2 StrEG). 9.1

Ist seitens des Beschwerdeführers **auch das Urteil angefochten**, wird bei **Erfolg der Revision** auch der Nebenentscheidung als Annex der Sachentscheidung die Grundlage entzogen (vgl BGH Beschl v 26. 11. 2008 – Az 5 StR 556/08 hinsichtlich Kostenbeschwerde; Urt v 23. 8. 2007 – Az 4 StR 180/07 und Urt v 28. 8. 2007 – Az 5 StR 31/07 [Rn 42] hinsichtlich Strafverfolgungsentschädigung). Ein gesonderter Ausspruch, dass die Beschwerde erledigt oder gegenstandslos sei, hat daher nur klarstellende Bedeutung. Bleibt die **Revision ohne Erfolg**, und wird der Nebenentscheidung auch nicht durch Urteilsaufhebung auf die Revision eines anderen Beteiligten die Grundlage entzogen (vgl BGH Urt v 4. 12. 2008 – Az 4 StR 371/08 [Rn 14]), ist seitens des Revisionsgerichts entsprechend der jeweiligen Zuständigkeitsregeln entweder eine eigene Entscheidung über die Anfechtung der Nebenentscheidung zu treffen (vgl § 464 Abs 3 S 3 StPO, § 59 Abs 5 JGG, § 8 Abs 3 S 2 StrEG; zB BGH Beschl v 21. 11. 2008 – Az 2 StR 368/08; Beschl v 29. 10. 2008 – Az 2 StR 467/08) oder festzustellen, dass über die Beschwerde seitens des Ausgangs- oder Beschwerdegerichtes zu entscheiden ist („Über die Kostenbeschwerde des Angeklagten hat das ... zu befinden", vgl beispielsweise BGH Beschl v 30. 8. 2007 – Az 5 StR 316/07). Bei der Anfechtung von **Kostenentscheidungen** hängt die Entscheidungskompetenz nach § 464 Abs 3 S 3 StPO vom Umfang der Urteilsaufhebung ab: Erfasst diese den Schuldspruch, so ist vom neuen Tatrichter wegen der Möglichkeit eines (Teil-)Freispruches auch über die Kosten und Auslagen neu zu entscheiden. Eine Aufhebung nur des Strafausspruches wirkt sich auf die Kostentragungspflicht des rechtskräftig schuldig gesprochenen Angeklagten dagegen nicht aus; das Revisionsgericht kann hier auch über eine neben der Revision erhobene Kostenbeschwerde abschließend entscheiden (vgl BGH Beschl v 23. 10. 2007 – Az 5 StR 334/07; anders BGH Beschl v 4. 10. 2007 – Az 2 StR 253/07; Beschl v 30. 8. 2007 – Az 4 StR 127/07: Beschwerde gegenstandslos). 9.2

Die **Annexzuständigkeit des Revisionsgerichtes entfällt** mit der Entscheidung über die Hauptsache, wenn bis dahin oder zugleich nicht über die Anfechtung der Nebenentscheidung befunden worden ist. Sie geht auf den Tatrichter oder das Beschwerdegericht über. 9.3

III. Ausschluss der Revision

Die Revision ist nach **§ 441 Abs 3 S 2 StPO** ausgeschlossen bei Berufungen im Verfahren über die nachträgliche und selbständige Einziehung sowie nach **§ 55 Abs 2 S 1 JGG** bei Berufungen in Jugendstrafsachen; eine weitere Anfechtung findet hier – auch bei Verwerfung nach § 329 Abs 1 StPO – nicht statt (BGH NJW 1981, 2422; vgl aber OLG Koblenz NStZ-RR 2008 , 218 [Ls] für den Fall des § 335 Abs 3 StPO). 10

Zur Behandlung von Berufungsbeschränkungen in diesen Fällen vgl BayObLG NJW 1964, 1084; zur Berufungsrücknahme vgl OLG Celle MDR 1964, 537; zum Zusammentreffen einer Staatsanwaltsberufung mit einer Angeklagtenrevision vgl BayObLG StV 2002, 405. 10.1

Einen personenbezogenen Revisionsausschluss enthält **§ 55 Abs 2 S 2 JGG**. Das Jugendstrafrecht nimmt ferner in **§ 55 Abs 1 JGG** auch Entscheidungen über Erziehungsmaßregeln und Zuchtmittel von der Revision aus. Die Revision ist ferner ausgeschlossen gem **§ 10 BinSchVerfG** (Gesetz über 10.2

das gerichtliche Verfahren in Binnenschifffahrtssachen vom 27. 9. 1952, BGBl I 641, zuletzt geändert durch Gesetz vom 26. 6. 1981, BGBl I 553, 558; vgl hierzu BGH NStZ-RR 1998, 367).

11 Im **Ordnungswidrigkeitenrecht** tritt an die Stelle der Revision die Rechtsbeschwerde nach § 79 OWiG, § 80 OWiG.

B. Beschwer des Revisionsführers
I. Grundsätze

12 Vgl zu Fragen der Beschwer zunächst § 296 StPO Rn 7 f, § 312 StPO Rn 13, zu Einschränkungen nach der sog **Rechtskreistheorie** vgl § 337 StPO Rn 58. Jeder durch die Ausgangsentscheidung **beschwerte Verfahrensbeteiligte** kann sich mit der Revision gegen das Urteil wenden. Fehlt es an einer Beschwer (zum Begriff BGHSt 16, 374 = NJW 1962, 404; KK-StPO/Ruß StPO vor § 296 Rn 5) ist die Revision unzulässig (BGHSt 16, 374; 28, 327, 330). Das Revisionsgericht prüft die Frage der Beschwer **von Amts wegen** (BGHSt 38, 4, 7 = NStZ 1991, 501).

13 Die Beschwer muss **unmittelbar aus dem Entscheidungsausspruch** hervorgehen (BGHSt 7, 153; 13, 75, 77; BGHSt 16, 374, 376). Sie kann auch in der **Unterlassung** einer an sich gebotenen Entscheidung liegen, die für den Betroffenen günstiger gewesen wäre (BGHSt 28, 327, 330). Belastungen, die sich allein aus den Entscheidungsgründen ergeben können, reichen nicht.

14 Die Beschwer muss **im Zeitpunkt der Revisionseinlegung** vorliegen. Fällt sie nachträglich weg, wird die Revision gegenstandslos (BGH Beschl v 18. 11. 1991 – Az StB 28/91).

II. Angeklagter

15 Eine **Verurteilung** zu Geld- oder Freiheitsstrafe bedeutet immer eine Beschwer, ebenso die **Anordnung einer Maßregel** der Besserung und Sicherung. Die gilt auch für eine Anordnung nach **§ 64 StGB**, wie sich aus § 331 Abs 2 StPO, § 358 Abs 2 S 3 StPO mittelbar ergibt (vgl BGH Beschl v 24. 10. 2007 – Az 1 StR 481/07 und Rn 21). Allein durch die Urteilsgründe kann der Angeklagte nicht beschwert sein, auch dann nicht, wenn sie eine höhere Strafe als die ausgesprochene aufweisen (BGHSt 34, 11 = NJW 198, 1820). Bei einzelnen Rechtsfehlern, die die Verurteilung nicht insgesamt in Frage stellen, ist stets im Einzelfall zu prüfen, ob der Angeklagte ungünstiger gestellt ist als bei zutreffender Rechtsanwendung. Dabei ist grds. auf den Rechtsfolgenausspruch abzustellen. So fehlt es bei einer fehlerhaften materiell-rechtlichen Beurteilung der Tat an einer Beschwer, wenn bei zutreffendem Schuldspruch zwingend eine höhere Strafe zu verhängen sein würde. Dementsprechend ist das Revisionsgericht auf die Revision des Angeklagten nicht gehindert, im Wege der Schuldspruchberichtigung ohne Änderungen des Rechtsfolgenausspruches eine Verschärfung des Schuldspruches vorzunehmen (vgl § 354 StPO Rn 34, § 358 StPO Rn 15).

15.1 Die Verurteilung wegen Anstiftung statt einer **Wahlfeststellung** zwischen Täterschaft und Anstiftung beschwert den Angeklagten nicht (BGH Beschl v 2. 12. 2008 – Az 3 StR 466/08).

16 Der Angeklagte ist auch beschwert bei **Straffreierklärung**, bei **Verwarnung mit Strafvorbehalt** oder bei **Absehen von Strafe**. Dagegen beschwert ihn die **Strafaussetzung zur Bewährung** als solche nicht, es sei denn, dass die Strafe wegen Anrechnung der erlittenen Untersuchungshaft bereits vollständig verbüßt ist (BGH NJW 1961, 1220). Beschwert ist der Angeklagte auch durch die Entscheidung über eine nicht eingelegte oder zurückgenommene Berufung, sowie bei einem gebotenen, aber **unterlassenen Teilfreispruch**. Erfolgt in einem nicht nach §§ 413 StPO ff geführten Verfahren die Anordnung einer Unterbringung nach § 63 StGB wegen Schuldunfähigkeit des Angeklagten, kann das Fehlen eines Freispruches mit der Revision verfolgt werden (BGH Beschl v 11. 6. 2002 – Az 3 StR 158/02).

17 Eine fehlerhafte **konkurrenzrechtliche Beurteilung** beschwert den Angeklagten, wenn fehlerhaft Tatmehrheit statt der gebotenen Tateinheit angenommen wurde, nicht aber umge-

kehrt bei unzutreffender Verurteilung wegen tateinheitlicher statt tatmehrheitlicher Begehung. Eine Beschwer besteht aber dann, wenn in die einheitliche Verurteilung fehlerhaft Taten einbezogen sind, die nach den Feststellungen oder der Anklage dem Angeklagten nicht zuzuordnen sind (vgl BGH Beschl v 2. 11. 2007 – Az 2 StR 384/07 [Rn 6] für die unzutreffende Annahme eines Organisationsdeliktes).

Die fehlerhafte **Bildung einer Gesamtfreiheitsstrafe** beschwert den Angeklagten, sofern die Einbeziehung von Einzelstrafen rechtsfehlerhaft unterblieben ist oder der Strafausspruch durch fehlerhafte Zäsurbildung in mehrere Gesamtfreiheitsstrafen aufgeteilt wurde. Ausnahmsweise kann eine Beschwer aber dann fehlen, wenn eine rechtsfehlerhaft unterbliebene Gesamtstrafenbildung zu einer Erhöhung des Strafübels – etwa einer höheren Gesamtfreiheitsstrafe durch Einbeziehung von Geldstrafen – geführt hätte (vgl BGH Beschl v 3. 12. 2008 – Az 2 StR 456/08). Eine übersehene Zäsur und die aus diesem Grund fehlerhaft unterlassene Bildung mehrerer Gesamtstrafen statt der verhängten einen beschweren den Angeklagten nicht (vgl BGH Beschl v 21. 11. 2007 – Az 1 StR 527/07). Ausnahmsweise kann sich eine Beschwer aus der fehlerhaften Einbeziehung von Einzelstrafen oder aus einer übersehenen Zäsur aber daraus ergeben, dass die bei rechtsfehlerfreier Gesamtstrafenbildung zu verhängenden Strafen noch im aussetzungsfähigen Bereich liegen könnten (vgl BGH Beschl v 30. 8. 2007 – Az 4 StR 356/07), zumal das Verschlechterungsverbot die Höhe der neu zu verhängenden Strafen einschränkt (vgl § 358 StPO Rn 18 f). Beschwert sein kann der Angeklagte auch dadurch, dass die **Verhängung einer gesonderten Gesamtgeldstrafe** nach § 53 Abs 2 S 2 StGB unterblieben ist, wenn sich die verhängte Gesamtfreiheitsstrafe hierdurch in einen Bereich erhöht hat, der zur Verhängung von Nebenfolgen führen konnte (vgl BGH NStZ 2008, 283 zu § 358 StGB iVm § 45 Abs 2 StGB). 18

Gegen einen **Freispruch** kann der Angeklagte sich nicht wenden, da er eine Beschwer allenfalls durch dessen Gründe geltend machen kann (BGHSt 7, 153 = NJW 1955, 639; 16, 374 = NJW 1962, 404). Dem Angeklagten steht insbes kein Anspruch zu, wegen erwiesener Unschuld freigesprochen zu werden. 19

> Dies gilt auch dann, wenn die Gründe fehlerbehaftet sind, etwa ein **Freispruch „mangels Beweises"** erfolgt, obwohl sich aus den Feststellungen positiv ergibt, dass der Angeklagte die ihm zur Last gelegte Tat nicht begangen hat (insoweit offen gelassen von BVerfGE 6, 7 = NJW 1956, 1833). Der Freispruch beschwert auch denen nicht, wenn er **wegen Schuldunfähigkeit** erfolgt (BGHSt 5, 267, 268 = NJW 1954, 519; **aA** KK-StPO/Kuckein StPO § 337 Rn 41) oder wenn die Gründe offenlassen, ob überhaupt eine Tat vorliegt (BGHSt 16, 374 = NJW 1962, 404). Auch ein **Freispruch aufgrund Verjährung** bei festgestellten Taten anstatt einer an sich gebotenen frühzeitigen Verfahrenseinstellung beschwert den Angeklagten nicht (BGHSt 13, 75, 77 = NJW 1959, 1449). 19.1

> Dass dem Angeklagten bei Freispruch kein Rechtsmittel zur Verfügung steht, begegnet **verfassungsrechtlich** keinen Bedenken (BVerfGE 6, 7, 11 = NJW 1956, 1833, 1834). Nur in Extremfällen, in denen die Gründe des freisprechenden Urteils grundrechtsverletzend wirken, kann das Revisionsgericht sich veranlasst sehen, die Revision durch Annahme einer Beschwer ausnahmsweise als zulässig und – im Umfang notwendiger Klarstellungen – auch als begründet zu behandeln. 19.2

Eine **Verfahrenseinstellung** beschwert den Angeklagten nur, wenn sie wegen eines noch behebbaren Verfahrenshindernisses erfolgt (vgl OLG Stuttgart NJW 1963, 1417). Bei unbehebbaren Hindernissen kann er grdst. keine Revision mit dem Ziel eines Freispruchs einlegen. Dies gilt dann nicht, wenn die Einstellung den – tatsächlich nicht geführten – Nachweis voraussetzt, dass der Angeklagte die Tat begangen hat (BGHSt 23, 257 = NJW 1970, 1466 zu § 115 b BRAO, § 139 Abs 3 Nr 2 BRAO), oder wenn zum Zeitpunkt der Einstellung bereits feststeht, dass ihm eine Straftat nicht nachzuweisen sein wird; der Angeklagte kann in diesen Fällen den Anspruch auf einen Freispruch mit der Revision verfolgen (vgl BGHSt 1, 231, 235; BGHSt 7, 256, 261 = NJW 1955, 838; BGHSt 13, 268, 273 = NJW 1959, 2272; BGHSt 36, 340 = NJW 1990, 2073). 20

Keine Beschwer liegt in der **fehlenden Anordnung einer Maßregel** der Besserung und Sicherung, auch wenn der Angeklagte diese für günstig hält. Der Angeklagte kann daher ein Urteil nicht allein deshalb anfechten, weil gegen ihn neben der Strafe keine Maßregel angeordnet worden ist (BGHSt 28, 327, 333 = NJW 1979, 1949 f; BGHSt 38, 4, 7 = NStZ 21

1991, 5011, 502; BGH NStZ 2007, 213; Beschl v 17. 1. 1995 – Az 1 StR 794/94; offen gelassen von BGH NStZ-RR 2001, 265; NStZ-RR 2000, 43).

21.1   Dies ergibt sich **mittelbar aus § 331 Abs 2 StPO**, **§ 358 Abs 2 S 3 StPO**, welche die nachträgliche Anordnung als Ausnahme zum Verschlechterungsverbot gestatten, mithin von einer den Angeklagten belastenden Wirkung ausgehen (vgl BGHSt 38, 4, 7 = NStZ 1991, 501, 502). Dass bei einer neben einer Freiheitsstrafe ausgesprochenen Anordnung nach **§ 64 StGB** der Angeklagte wegen der Möglichkeit der Anrechnung (§ 67 Abs 4 StGB) und der erleichterten Bewährungsaussetzung (§ 67 Abs 5 StGB) im Einzelfall günstiger stehen könnte, als wenn allein Freiheitsstrafe verhängt worden wäre, ändert hieran nichts, denn der Eintritt eines derartigen Verlaufes ist im Zeitpunkt der Entscheidung nicht abzusehen (eingehend BGHSt 28, 327, 333 f = NJW 1979, 1949, 1950; BGHSt 37, 5, 7 = NJW 1990, 2143; BGHSt 38, 4, 7 = NStZ 1991, 501; krit Tolksdorf FS Stree und Wessels 1993, 753 ff; KK-StPO/Kuckein StPO § 337 Rn 41; Löwe/Rosenberg/Hanack StPO vor § 296 Rn 66).

22   Das Revisionsgericht ist gem § 358 Abs 2 S 3 StPO andererseits nicht gehindert, bei einer umfassenden Revision des Angeklagten das angefochtene Urteil auch oder allein deshalb aufzuheben, weil eine Entscheidung über eine **Unterbringung nach § 64 StGB unterblieben** ist. Dies gilt nur dann nicht, wenn der Angeklagte die Nichtanordnung der Maßregel von seinem Revisionsangriff ausdrücklich ausgenommen hat (vgl BGHSt 37, 5 = NJW 1990, 2143; BGHSt 38, 362 = NJW 1993, 477; BGH NStZ 2008, 392, 393; BGH Beschl v 19. 12. 2007 – Az 5 StR 485/07; Beschl v 11. 12. 2007 – Az 4 StR 576/07; Beschl v 21. 10. 2008 – Az 3 StR 275/08; s auch § 344 StPO Rn 24, § 358 StPO Rn 21). Hat der Angeklagte sich mit der Revision erfolgreich gegen eine Maßregelanordnung gewandt und begehrt er nach Aufhebung der Maßregel im zweiten Durchgang deren Wiederanordnung, ist seine Revision allerdings wegen widersprüchlichen und damit **rechtsmissbräuchlichen Verhaltens** unzulässig (BGH NStZ-RR 2001, 265).

23   Eine fehlerhafte oder unterbliebene Bestimmung der **Vollstreckungsreihenfolge** nach § 67 Abs 2 S 2 StGB beschwert den Angeklagten, da die gesetzlich vorgesehene Bestimmung der Vollstreckung auch der Sicherung des Therapieerfolges dient und nach § 67 Abs 2 S 3 StGB iVm § 67 Abs 5 S 1 StGB gewährleistet ist, dass auch bei Vorwegvollzug eines Teiles der Freiheitsstrafe eine Aussetzung des Strafrestes zum Halbstrafenzeitpunkt möglich ist (BGH NStZ-RR 2009, 105; Beschl v 21. 8. 2007 – Az 3 StR 263/07; Beschl v 29. 8. 2007 – Az 1 StR 378/07; BT-Drs 16/1110, 11). Eines Rückgriffes auf § 358 Abs 2 S 3 StPO bedarf es nicht (aA BGH Beschl v 9. 10. 2007 – Az 5 StR 374/07). Daher ist das Urteil auch auf eine alleinige Angeklagtenrevision insoweit aufzuheben (vgl § 353 StPO Rn 27) und zu neuer bzw. nachträglicher Entscheidung zurückzuverweisen.

23 a   Im Falle einer rechtsstaatswidrigen **Verfahrensverzögerung** wird uneinheitlich beurteilt, ob der Angeklagte durch die Vornahme eines Strafabschlags nach der alten Kompensationslösung statt der nunmehr gebotenen Vollstreckungsanrechnung (vgl BGHSt [GrS] 52, 124 = NJW 2008, 860) bereits nicht beschwert ist, oder ob – und auf welche Weise – die Belastung des Angeklagten bei dessen alleinige Revision erst über § 358 Abs 2 S 2 StPO zu berücksichtigen ist (vgl einerseits BGH NStZ 2008, 478; NStZ-RR 2008, 168; Beschl v 19. 2. 2008 – Az 3 StR 536/07; andererseits BGH NJW 2008, 2451, 2454, NStZ-RR 2008, 244; StV 2008, 400; Schäfer JR 2008, 299). Maßgeblich dürfte eine Einzelfallbetrachtung sein. So ist der Angeklagte jedenfalls in Fällen, in denen dem Angeklagten zur Kompensation ein erheblicher Strafabschlag gewährt wurde, oder die Vollstreckung der auf Grundlage der Kompensationslösung verhängten Freiheitsstrafe erst infolge des Strafabschlages zur Bewährung ausgesetzt werden konnte, nicht beschwert (vgl BGH Beschl v 8. 7. 2008 – Az 3 StR 204/08 = NStZ-RR 2008, 304 [Ls]; OLG Brandenburg Beschl v 23. 3. 2009 – Az 1 Ss 14/09; eingehend § 358 StPO Rn 20 a).

24   Auch eine **prozessual unzutreffende Sachbehandlung** kann den Angeklagten beschweren. Hebt das Berufungsgericht ein Urteil des Erstgerichtes auf und verweist es die Sache weiter, obwohl die Voraussetzungen von **§ 328 Abs 2 StPO** nicht vorliegen, so liegt der Nachteil für den Angeklagten darin, dass die von ihm erstrebte eigene Sachentscheidung unterblieben ist; ob die spätere abschließende Entscheidung dem Angeklagten vorteilhaft sein würde, bleibt unerheblich (BGH NJW 1975, 1236). Zudem kann in diesem Fall das Recht des Angeklagten auf den gesetzlichen Richter berührt sein (OLG Karlsruhe NStZ-RR 2005, 208).

III. Staatsanwaltschaft

Die StA ist aufgrund ihrer Aufgabe als öffentliches Rechtspflegeorgan berechtigt, Entscheidungen **zugunsten oder zu Lasten des Angeklagten anzufechten**, wenn sie auf einer unrichtigen Sachbehandlung beruhen (vgl Nr 147 RiStBV). Ob hierin begrifflich eine Beschwer zu sehen ist, bleibt ohne praktische Bedeutung (vgl KK-StPO/Ruß StPO vor § 296 Rn 6). Allerdings setzt eine zugunsten des Angeklagten eingelegte Revision der StA die Beschwer des Angeklagten voraus (OLG Koblenz NJW 1982, 1770; Löwe/Rosenberg/Hanack StPO § 297 Rn 7).

Eine Anfechtung seitens der StA kann auch gegen ein Urteil erfolgen, dessen Ausspruch dem **Antrag des Sitzungsvertreters** entspricht, oder das auf einer **Verfahrensabsprache** beruht (KG NStZ-RR 2004, 175). Hier wird allerdings in Fällen, in denen die Revision zu Lasten des Angeklagten erfolgt und ein mit der Revision geltend gemachter Verfahrensfehler zumindest auch im Verantwortungsbereich der StA wurzelt, die Unzulässigkeit der entsprechenden Rüge wegen **Rechtsmissbrauches** zu erwägen sein.

25

IV. Weitere Beteiligte

Der **Privatkläger** kann nur nach Maßgabe von § 390 Abs 1 u Abs 2 StPO, der **Nebenkläger** nur hinsichtlich eines Nebenklagedeliktes nach Maßgabe der § 395 StPO, § 400 StPO Revision einlegen. Das Revisionsgericht prüft dabei die Anschlussberechtigung des Nebenklägers ohne Bindung an vorausgehende Entscheidungen, denn sie bildet eine Verfahrensvoraussetzung für das Revisionsverfahren (BGHSt 41, 288, 289; zum Sonderfall einer Nebenklage des durch die angeklagte Tat mutmaßlich Getöteten vgl BGH NStZ 2009, 174). Revisionsbefugt sind auch **Einziehungs- und Verfallsbeteiligte** (§ 433 Abs 1 StPO, § 437 StPO, § 440 Abs 3 StPO, § 442 Abs 1 StPO), der **gesetzliche Vertreter** des Angeklagten (§ 298 StPO) sowie im Jugendstrafverfahren der **Erziehungsberechtigte** (§ 67 Abs 3 JGG). Durch das Urteil nicht beschwert sind Zeugen, Sachverständige, Angehörige der Presse oder Zuschauer, selbst wenn ihnen verfassungsrechtlich verbürgte Rechte (zB Art 5 Abs 1 S 2 GG, vgl BVerfG Beschl v 19. 12. 2007 – Az 1 BvR 620/07) oder Verfahrensgrundsätze (§ 169 GVG) zur Seite stehen.

26

§ 334 (weggefallen)

§ 335 [Sprungrevision]

(1) Ein Urteil, gegen das Berufung zulässig ist, kann statt mit Berufung mit Revision angefochten werden.

(2) Über die Revision entscheidet das Gericht, das zur Entscheidung berufen wäre, wenn die Revision nach durchgeführter Berufung eingelegt worden wäre.

(3) ¹Legt gegen das Urteil ein Beteiligter Revision und ein anderer Berufung ein, so wird, solange die Berufung nicht zurückgenommen oder als unzulässig verworfen ist, die rechtzeitig und in der vorgeschriebenen Form eingelegte Revision als Berufung behandelt. ²Die Revisionsanträge und deren Begründung sind gleichwohl in der vorgeschriebenen Form und Frist anzubringen und dem Gegner zuzustellen (§§ 344 bis 347). ³Gegen das Berufungsurteil ist Revision nach den allgemein geltenden Vorschriften zulässig.

Überblick

§ 335 StPO regelt die Sprungrevision gegen amtsgerichtliche Urteile. Das Rechtsmittel kann zunächst unbestimmt eingelegt werden; die Festlegung auf Berufung oder Revision muss innerhalb der Frist des § 345 Abs 1 StPO erfolgen. Anfechtbar mit der Sprungrevision sind nach Praxis der Rspr auch dem Anwendungsbereich von § 313 StPO unterfallende Urteile. § 335 Abs 3 StPO befasst sich mit dem Sonderfall unterschiedlicher Rechtsmittel von Beteiligten. Die Sprungrevision wird hiernach als Berufung behandelt, sofern sie nur zulässig eingelegt ist; sie lebt als Revision wieder auf, wenn die konkurrierende Berufung zurückgenommen oder als unzulässig verworfen wird. Für ihre Zulässigkeit ist erforderlich, dass sie frist- und formgerecht nach den Voraussetzungen der § 344 StPO bis § 347 StPO begründet worden ist.

Übersicht

	Rn		Rn
A. Allgemeines	1	IV. Anfechtbarkeit in Fällen des § 313 StPO	24
B. Anfechtung mit Sprungrevision (Abs 1)	3	**C. Zuständiges Gericht (Abs 2), prozessuale Handhabung**	27
I. Unbestimmte Anfechtung	3	**D. verschiedenartige Anfechtung (Abs 3)**	31
1. Zulässigkeit unbestimmter Anfechtung, Wahlerklärung	3	I. Normzweck, analoge Anwendung	31
2. Bindung an die Wahl	6	II. Eingangsvoraussetzungen	32
3. Fälle mangelhafter Revision	9	III. Vorrang der Berufung, Entscheidung des Berufungsgerichts (Abs 3 S 1)	35
II. Bestimmtes Rechtsmittel; Rechtsmittelwechsel	10	IV. Revisionsbegründung (Abs 3 S 2), Aufleben der Revision	38
1. Grundsatz	10	1. Zweck der Begründungspflicht, unterlassene Begründung	38
2. Übergang von Berufung zu Revision	13	2. Wegfall der Berufung	39
3. Übergang von Revision zu Berufung	15	3. Sachbehandlung nach Wegfall der Berufung	40
4. Wiederholter Rechtsmittelwechsel	16	V. Erneute Revision (Abs 3 S 3)	42
III. Fristversäumnis und Wiedereinsetzung	17		
1. Einlegungsfrist	17		
2. Frist zur Rechtsmittelwahl	20		
3. Rechtsmittelbegründungsfrist	22		

A. Allgemeines

1 Die Vorschrift bildet eine **Ausnahme zu § 312 StPO, § 333 StPO**, § 121 Abs 1 Nr 1 b GVG, wonach gegen die Urteile des Strafrichters und des Schöffengerichtes allein die Berufung und erst gegen das darauf ergehende Urteil die Revision statthaft ist. Zum Zweck der Verfahrensvereinfachung und -beschleunigung erspart § 335 StPO die Notwendigkeit einer Berufung und bietet die Möglichkeit, an ihrer Stelle unmittelbar Revision einzulegen. Dies ist dann sinnvoll, wenn es den Beteiligten allein darum geht, mögliche Verstöße gegen das Verfahrensrecht oder die Anwendung des sachlichen Rechtes überprüfen zu lassen. Dem Beschwerdeführer geht hierdurch allerdings eine Instanz – in Fällen des § 313 StPO die Möglichkeit einer solchen – verloren.

1.1 Anders verhält es sich bei der Wahlrevision im Jugendgerichtsverfahren nach **§ 55 Abs 2 JGG** und im selbständigen Einziehungsverfahren nach **§ 441 Abs 3 S 2 StPO**, wo den Beteiligten nur ein Rechtsmittel zugebilligt wird und sie der Revision bei Berufungseinlegung verlustig gehen (vgl Schäfer NStZ 1998, 330, 334, 335). In **Anwaltssachen** ist wegen des in § 143 BRAO, § 145 BRAO abschließend geregelten, strikt dreistufigen Verfahrens eine Sprungrevision gegen Urteile des Anwaltsgerichts nicht statthaft (BGH BGHR BRAO § 145 Revision 1).

2 Ist Sprungrevision eingelegt, gelten für das Revisionsverfahren abgesehen von der Sonderregelung des Abs 3 keine prozessualen Besonderheiten. Bei Aufhebung und Zurückverweisung kann gegen das neue tatrichterliche Urteil wiederum Berufung oder Sprungrevision eingelegt werden (Meyer-Goßner StPO § 335 Rn 19).

B. Anfechtung mit Sprungrevision (Abs 1)

I. Unbestimmte Anfechtung

1. Zulässigkeit unbestimmter Anfechtung, Wahlerklärung

3 Der Beschwerdeführer wird eine sachgerechte Wahl seines Rechtsmittels regelmäßig erst nach Kenntnis und Prüfung der Urteilsgründe treffen können. Er kann das Urteil daher innerhalb der Einlegungsfrist der § 314 StPO, § 341 StPO zunächst **in unspezifizierter Weise anfechten** und sich **bis zum Ablauf der Revisionsbegründungfrist (§ 345 Abs 1 StPO) für ein Rechtsmittel entscheiden** (BGHSt 2, 63; BGHSt 5, 338, 339 = NJW 1954, 687; BGHSt 6, 206, 207; BGHSt 17, 44, 49 = NJW 1962, 820; BGHSt 33, 183, 188 = NJW 1985, 2960; BayObLG NJW 1962, 156; KG JR 1999, 125; OLG Düsseldorf NStZ 1983, 471; OLG Naumburg Beschl v 28. 4. 2009 – Az 2 Ss 46/09; KK-StPO/Kuckein StPO § 335 Rn 3).

Hierzu reicht aus, dass der Beschwerdeführer zum Ausdruck bringt, sich noch nicht auf ein Rechtsmittel festlegen zu wollen. Er kann das Urteil schlicht anfechten, „Rechtsmittel" ohne weitere Bezeichnung oder unter deren Vorbehalt einlegen. Auch die alternative („Berufung oder Revision") oder kumulative („Berufung und Revision") Bezeichnung ist möglich. Im Zweifel ist davon auszugehen, dass der Beschwerdeführer sich noch nicht auf ein Rechtsmittel festgelegt hat.   **3.1**

Die **Wahl des Rechtsmittels** muss in der für die Einlegung des jeweiligen Rechtsmittels erforderlichen **Form** – Revision: § 341 StPO, Berufung: § 314 StPO – gegenüber dem Amtsgericht erklärt werden (BGHSt 40, 395, 398 = NJW 1995, 2367; BayObLG NStZ-RR 1998, 51; wistra 2001, 279 f). Entscheidet der Beschwerdeführer sich innerhalb der Frist des § 345 Abs 1 StPO nicht oder genügt seine Wahlerklärung nicht den formellen Anforderungen, so gilt **im Zweifel die Berufung als eingelegt** (BGHSt 33, 183, 189 = NJW 1985, 2960; OLG Naumburg Beschl v 28. 4. 2009 – Az 2 Ss 46/09; Meyer-Goßner StPO § 335 Rn 6). Ebenso ist zu verfahren, wenn die Wahlerklärung Zweifel hinterlässt, die durch Auslegung nicht zu beseitigen sind (BayObLG wistra 2001, 279; OLG Hamm NJW 2003, 1469; OLG Köln MDR 1980, 690; OLG Düsseldorf MDR 1993, 676; Löwe/Rosenberg/Hanack StPO § 335 Rn 10).   **4**

Nach OLG Düsseldorf NStZ-RR 2000, 148, KG NStZ-RR 2002, 177, BayObLG VRS 53, 362, OLG Koblenz MDR 1975, 424 soll bei **widersprüchlichen Erklärungen** von Verteidiger und Angeklagtem nach § 297 StPO analog die Erklärung des Angeklagten maßgeblich sein. Dies kann im Einzelfall zweifelhaft sein, wenn der Angeklagte entgegen der Berufungseinlegung seines Verteidigers Sprungrevision wählt, aber nicht zweifelsfrei feststeht, ob er sich der Bedeutung dieses Rechtsmittels bewusst ist. Zu widersprüchlichen Rechtsmittelklärungen mehrerer Verteidiger vgl auch OLG Hamm NStZ 2006, 184.   **4.1**

Das Wahlrecht geht mit Ablauf der Revisionsbegründungsfrist endgültig unter; eine **nach Fristablauf erklärte Wahl** ist daher unbeachtlich (BayObLGSt 1970, 158; OLG Düsseldorf MDR 1985, 518; ThürOLG Beschl v 21. 2. 2007 – Az 1 Ss 23/07; Meyer-Goßner StPO § 335 Rn 8). Zur Frage der Wiedereinsetzung vgl Rn 17 ff. Zu verfrühten Entscheidungen des Berufungsgerichts vgl Rn 29.   **5**

2. Bindung an die Wahl

Ob der Beschwerdeführer nach zunächst unbestimmter Anfechtung eine innerhalb der Frist des § 345 Abs 1 StPO getroffene Wahl noch **abändern** kann, wird unterschiedlich beurteilt (bejahend: OLG Celle NJW 1982, 397; OLG Karlsruhe StV 1991, 199; abl OLG Köln StV 1996, 369; Meyer-Goßner StPO § 335 Rn 3; KK-StPO/Kuckein StPO § 335 Rn 5; Löwe/Rosenberg/Hanack StPO § 335 Rn 9).   **6**

Hiervon zu unterscheiden ist der Fall, dass das Rechtsmittel von Vornherein als Berufung bezeichnet war und dann zur Revision übergegangen wird (BayObLGSt 1989, 107; vgl Rn 13).   **6.1**

Zutreffend dürfte wie folgt zu differenzieren sein: Eine **noch vor Zustellung des Urteils erklärte Wahl des Rechtsmittels** nach zunächst unbestimmter Anfechtung ist nicht bindend (vgl OLG Zweibrücken MDR 1985, 517; OLG Köln NStZ-RR 196, 175). Der Fall unterscheidet sich nicht von einer unmittelbar bei Einlegung erklärten Rechtsmittelwahl, bei der dem Beschwerdeführer ein Rechtsmittelwechsel regelmäßig zugestanden wird (Rn 10 ff). Mit Zustellung und Kenntnis der Urteilsgründe kann der Beschwerdeführer die Erfolgsaussichten von Berufung und Revision jedoch tragfähig beurteilen, so dass er für die Zeit hiernach an der dann getroffenen Wahl festzuhalten ist.   **7**

8   Keine Bindung erfolgt ferner in Fällen der **Verletzung prozessualer Fürsorgepflichten**. Ein Rechtsmittelwechsel ist daher zuzulassen, wenn der unvertretene Angeklagte vom Gericht ohne nähere Hinweise zur Wahl der Revision veranlasst worden ist (OLG Köln NStZ 1992, 204).

3. Fälle mangelhafter Revision

9   Die Auswahl des Rechtsmittels ist von dem hierdurch vorbestimmten weiteren Verfahren zu trennen. **Hat sich der Beschwerdeführer auf die Revision festgelegt, so ist sein Rechtsmittel entsprechend zu behandeln.** Mängel der Revisionsbegründung können nicht dazu führen, dass im Wege einer Meistbegünstigung entgegen der Rechtsmittelwahl die Revision als Berufung behandelt wird. Dies gilt nicht nur für inhaltliche Mängel, etwa nicht hinreichend ausgeführte Verfahrensrügen. Auch wenn der Revident die Revisionsanträge und die Revisionsbegründung nicht in der Form des § 345 Abs 2 StPO angebracht hat, ist seine Revision unzulässig, sofern er nicht zugleich einen noch zulässigen (Rn 10 f, Rn 15) Wechsel zur Berufung erklärt (vgl KG NStZ-RR 2002, 177; Löwe/Rosenberg/Hanack StPO § 335 Rn 12; Meyer-Goßner StPO § 335 Rn 6). Von den als Gegenansicht angeführten Entscheidungen des **BGH** (BGHSt 2, 63; BGHSt 5, 338; BGHSt 13, 388 = NJW 1960, 494; vgl Meyer-Goßner StPO § 335 Rn 6, KK-StPO/Kuckein StPO § 335 Rn 6) führt nur BGHSt 2, 63, 71 aus, dass ein Verstoß gegen § 345 Abs 1 StPO oder § 345 Abs 2 StPO zur Behandlung einer Revision als Berufung führen soll. Auch diese Entscheidung betrifft jedoch nicht den Fall einer eindeutig gewählten Sprungrevision.

9.1   **BGHSt 13, 388** = NJW 1960, 494 lag der Fall zugrunde, dass der Angeklagte zunächst ohne nähere Erläuterung Revision eingelegt, aber noch innerhalb der Revisionsbegründungsfrist den Übergang zur Berufung erklärt hatte. Diese Erklärung hatte er für den Fall, dass der Übergang nicht zugelassen werde, mit Revisionsanträgen verbunden. Der BGH hatte den Wechsel zur Berufung nicht wegen unzulässiger Revisionsanträge, sondern aufgrund der noch zulässigen Wahlerklärung gebilligt. In **BGHSt 5, 338, 339** wird lediglich im Rahmen eines Überblicks über vorangegangene Rechtsprechung auf BGHSt 2, 63 Bezug genommen, ohne dass es zur Entscheidung der Vorlagefrage darauf ankam, unter welchen Voraussetzungen eine eingelegte Revision als Berufung zu verstehen ist. In **BGHSt 2, 63** schließlich fehlte es zunächst an einer eindeutigen Erklärung, dass Revision eingelegt werde. Erst mit den Revisionsanträgen erklärte der Verteidiger, dass Revision eingelegt sei. Die Entscheidung – insbes der Leitsatz zu 2 – kann vor diesem Hintergrund dahin aufgefasst werden, dass nur schwerwiegende Mängel der Revisionsanträge und der Revisionsbegründung eine zugleich abgegebene Wahlerklärung in Frage stellen können, so dass im Zweifel von Berufung auszugehen ist (vgl Rn 4; näher Löwe/Rosenberg/Hanack StPO § 335 Rn 12).

II. Bestimmtes Rechtsmittel; Rechtsmittelwechsel

1. Grundsatz

10   Der Beschwerdeführer kann statt einer unbestimmten Anfechtung sein Rechtsmittel bereits mit der Einlegung konkret bezeichnen. Bei sofortiger Wahl der Sprungrevision erfolgt die Anfechtung dann durch **Erklärung gegenüber dem Amtsgericht** in der Form des § 341 Abs 1 StPO.

11   Auch hier ist aber regelmäßig davon auszugehen, dass der Revisionsführer sich **noch nicht endgültig festgelegt** hat (BGHSt 17, 44, 48; BGHSt 25, 321, 324 = NJW 1974, 1148; BGHSt 40, 395, 398 = NJW 1995, 2367). Ihm steht daher grundsätzlich offen, bis zum Ablauf der Revisionsbegründungsfrist zum anderen Rechtsmittel überzugehen. Auch rechtskundige Beteiligte – Verteidiger, Staatsanwalt – sind berechtigt, von dem ursprünglich gewählten Rechtsmittel Abstand zu nehmen (vgl OLG Bamberg Urt v 12. 12. 2006 – Az 3 Ss 126/06; Löwe/Rosenberg/Hanack StPO § 335 Rn 18). Zur Form der Erklärung s Rn 4.

12   Eine **Bindung vor Ablauf der Begründungsfrist** ist nur ausnahmsweise anzunehmen. Sie tritt ein, wenn ein Übergang von dem einen zum anderen Rechtsmittel bereits vorgenommen worden ist. Der Beschwerdeführer gibt hierdurch zu erkennen, dass er sich bewusst gegen das vorläufig bezeichnete Rechtsmittels entschieden hat; daran ist er festzuhalten (vgl Rn 16). Aus dem Inhalt des eingelegten Rechtsmittels kann dagegen regelmä-

ßig noch nicht auf eine endgültige Festlegung geschlossen werden. Angesichts der hierbei auftretenden Abgrenzungsschwierigkeiten und des berechtigten Vertrauens des Beschwerdeführers auf seine Wahlfreiheit ist dies nur in eindeutigen Fällen anzunehmen, wenn etwa das alternative Rechtsmittel explizit ausgeschlossen wird. Im Zweifel ist zugunsten des Beschwerdeführers anzunehmen, dass er noch keine endgültige Wahl getroffen hat (vgl Löwe/Rosenberg/Hanack StPO § 335 Rn 18 f mwN).

Zu eng erscheint es daher, den Beschwerdeführer schon **an Formulierungen festzuhalten**, er wähle die Revision, oder er werde die Revision nach Zustellung des Urteils begründen (so aber BGHSt 13, 388 = NJW 1960, 494). Der **BGH** betont zugleich, dass es sich bei einer Bindung an ein „zweifelsfrei" gewähltes Rechtsmittel nur um seltene Fälle handeln soll (BGHSt 13, 388, 392 = NJW 1960, 494). Weiter einschränkend wird in BGHSt 17, 44, 48 bezweifelt, ob Fälle einer Bindung bereits bei Einlegung des Rechtsmittels überhaupt denkbar sind. 12.1

Unbedenklich ist dagegen, dem Stellen von Revisionsanträgen und Einreichen einer auf Verfahrensrügen oder der Sachrüge aufbauenden Revisionsbegründungsschrift Bindungswirkung zuzumessen, denn der Beschwerdeführer bringt hierdurch zum Ausdruck, die gewählte Sprungrevision auch tatsächlich durchführen zu wollen (vgl BGHSt 13, 388 = NJW 1960, 494). 12.2

2. Übergang von Berufung zu Revision

Der **Übergang von der Berufung zur Sprungrevision** ist innerhalb der Revisionsbegründungsfrist zulässig (BGHSt 5, 338; BGHSt 40, 395, 398; BGH NJW 2004, 789; BayObLGSt 1971, 74; NStZ-RR 1998, 51; KG JR 1977, 81; OLG Hamburg NJW 1972, 1146; OLG Zweibrücken NStZ 1994, 204; OLG Bamberg Urt v 12. 12. 2006 – Az 3 Ss 126/06). Die Erklärung muss gegenüber dem Amtsgericht **in der für die Revisionseinlegung erforderlichen Form (§ 341 StPO) angebracht** werden (BGHSt 40, 395; BayObLG NStZ 1998, 51; MDR 1983, 1045). Das Einreichen einer als solche bezeichneten Revisionsbegründungsschrift ist ausreichend (Löwe/Rosenberg/Hanack StPO § 335 Rn 16), sofern diese keine schwerwiegenden Mängel aufweist, die die Wahl in Frage stellen. 13

In **Zweifelsfällen** bleibt es bei der Berufung. Nach Ablauf der Revisionsbegründungsfrist ist daher dem regulären Berufungsverfahren Fortgang zu geben (§§ 320 StPO ff). Wird die Berufungsverhandlung allerdings trotz rechtzeitig erklärten Übergangs zu Revision oder gegen den Willen des Beschwerdeführers vor Ablauf der Revisionsbegründungsfrist durchgeführt, begründet dies die Revision gegen das Berufungsurteil (OLG Frankfurt NStZ 1991, 506). 14

3. Übergang von Revision zu Berufung

Der **Übergang von der Sprungrevision zur Berufung** ist gleichfalls innerhalb der Revisionsbegründungsfrist zulässig (BGHSt 13, 388; BayObLG NStZ-RR 2003, 173; KG NStZ-RR 2002, 177). Die Erklärung erfolgt hier in der **Form des § 314 Abs 1 StPO** gegenüber dem Amtsgericht (BayObLG NStZ-RR 1998, 51). Erklärt ein Angeklagter, der zunächst Revision eingelegt hatte, dass er sich die Wahl zwischen Revision und Berufung offen halten wolle, so ist das Rechtsmittel in Ermangelung einer weiteren Erklärung als Berufung zu behandeln (BayObLGSt 2003, 11 = NStZ-RR 2003, 173). 15

4. Wiederholter Rechtsmittelwechsel

Ein **nochmaliger Wechsel** oder ein **Hin- und Herwechseln** zwischen Berufung und Sprungrevision ist ausgeschlossen (Meyer-Goßner StPO § 335 Rn 12; KK-StPO/Kuckein StPO § 335 Rn 5; **aA** OLG Celle NJW 1982, 397). Der Beschwerdeführer hat mit dem bereits vollzogenen Wechsel des Rechtsmittels einer bewussten Entscheidung Ausdruck verliehen, an der er festzuhalten ist. 16

Für die **Zeit vor Urteilszustellung** gilt insoweit nichts anderes. Dem Beschwerdeführer steht offen, seine endgültige Rechtsmittelwahl auch auf unvollkommener Entscheidungsgrundlage zu treffen. Es besteht keine Veranlassung, ihm hiernach die Möglichkeit zu einer erneuten Korrektur zu geben. Der Fall ist zu unterscheiden von der erstmaligen Wahl des Rechtsmittels nach unbestimmter Anfechtung (s Rn 6). 16.1

III. Fristversäumnis und Wiedereinsetzung

1. Einlegungsfrist

17 Ist **Berufung eingelegt** oder das **Rechtsmittel noch nicht bestimmt**, ist über die Wiedereinsetzung in den vorigen Stand (§ 44 StPO) gegen die Versäumung der Einlegungsfrist durch das Berufungsgericht zu entscheiden (BayObLG NJW 1962, 1927; Löwe/Rosenberg/Hanack StPO § 335 Rn 13).

17.1 Für den Fall unbestimmter Anfechtung folgt dies daraus, dass die Anfechtung ohne weitere Konkretisierung im Zweifel als Berufung behandelt wird. Im beurteilungserheblichen Zeitpunkt des Wiedereinsetzungsantrages ist daher von einer Berufung auszugehen, so dass gem § 46 Abs 1 StPO auch das Berufungsgericht für die Entscheidung zuständig ist.

18 Ist **Sprungrevision eingelegt**, ist nach § 46 Abs 1 StPO das Revisionsgericht zur Entscheidung über den Wiedereinsetzungsantrag berufen. Maßgeblich ist, ob sich die Rechtsmitteleinlegung als Revision darstellt und sie daher ohne Änderung zur Durchführung des Revisionsverfahrens führen würde. Ob die Anfechtung später geändert werden kann, spielt keine Rolle, da Wiedereinsetzung allein auf Grundlage der versäumten und nach § 45 Abs 2 StPO nachgeholten Handlung zu gewähren ist.

19 Entsprechend verhält es sich, wenn der Beschwerdeführer bei versagter oder nicht beantragter Wiedereinsetzung nach Verwerfung durch das Amtsgericht **auf eine Entscheidung des Rechtsmittelgerichtes anträgt**: Ist Berufung oder ein unbestimmtes Rechtsmittel eingelegt, obliegt dem Berufungsgericht die Verwerfung nach § 319 Abs 1 StPO, bei Revisionseinlegung dem Revisionsgericht § 346 Abs 2 StPO.

2. Frist zur Rechtsmittelwahl

20 Die **Versäumung der Rechtsmittelwahl** innerhalb der Frist des § 345 Abs 1 StPO nach rechtzeitiger Rechtsmitteleinlegung ist mit einem Wiedereinsetzungsantrag nicht zu beheben. Ein mit diesem Ziel gestellter Antrag ist unzulässig (BayObLGSt 1962, 158 = NJW 1962; 1927; 1970, 158; 2003, 10 = NStZ-RR 2003, 173; wistra 2001, 279; KG JR 1977, 81; OLG Köln NStZ 1994, 557; OLG Naumburg Beschl v 28. 4. 2009 – Az 2 Ss 46/09; ThürOLG Beschl v 21. 02. 2007 – Az 1 Ss 23/07; OLG Düsseldorf MDR 1991, 78; OLG Hamm NStZ 1991, 601; **aA** OLG Zweibrücken MDR 1979, 956; MDR 1985, 517; wohl auch OLG Düsseldorf NStZ 1983, 471). Dies gilt sowohl für den Fall, dass nach unbestimmter Einlegung gar keine Wahl getroffen wurde, als auch für eine vorläufige Wahl, die der Beschwerdeführer zu korrigieren versäumt hat. Anderes kommt nur in Betracht, wenn das Amtsgericht den Beschwerdeführer **unzureichend über die Rechtsmittel belehrt** hat.

20.1 In der Rechtsprechung ist dies für den Fall der **Belehrung nur über die Möglichkeit der Revision** angenommen worden (LG München I NJW 1956, 1368; **aA** AK-StPO/Maiwald Rn 8: dann immer Berufung). Bei **alleiniger Belehrung über die Berufung** wird eine Wiedereinsetzung zum Zweck des Überganges zur Revision dagegen abgelehnt (OLG Düsseldorf MDR 1985, 518; KG JR 1977, 81). Dem lässt sich nicht folgen: Da die Belehrungspflicht des § 35a StPO sich auch auf die Möglichkeit zur Sprungrevision erstreckt, die dem Beschwerdeführer als Mittel zur beschleunigten und vereinfachten Durchsetzung seiner Rechte zur Verfügung steht, ist auch hier Wiedereinsetzung zu gewähren (Löwe/Rosenberg/Hanack StPO § 335 Rn 19).

21 **Zuständig** zur Entscheidung über die Wiedereinsetzung ist hier das Gericht, das mit dem Rechtsmittel auf Grundlage der bisherigen Rechtsmittelerklärung des Beschwerdeführers befasst ist, bei Revisionseinlegung und gewünschtem Übergang zur Berufung daher das Revisionsgericht (OLG Schleswig MDR 1981, 251; OLG Köln NStZ 1994, 199; **aA** OLG Zweibrücken MDR 1985, 517: Berufungsgericht), sonst das Berufungsgericht.

3. Rechtsmittelbegründungsfrist

22 Wird dem Beschwerdeführer, der die Revision als Rechtsmittel gewählt hat, **Wiedereinsetzung in die Revisionsbegründungsfrist** gewährt, so soll er innerhalb der neu eröffneten Frist die Erklärung abgeben können, dass **zur Berufung übergegangen** werde; er kann diese Erklärung auch anstelle der Revisionsbegründung mit dem Wiedereinsetzungsantrag verbinden (OLG Köln NStZ 1994, 199; OLG Schleswig MDR 1981, 251; OLG Zweibrücken MDR 1981, 517).

Dies erscheint bedenklich, denn mit der Wahl der Revision und dem Wiedereinsetzungsantrag hinsichtlich einer spezifisch für die Revision geltenden Frist ist das **Rechtsmittel festgelegt**. Letztlich dient der Wiedereinsetzungsantrag hier nicht der Revisionsdurchführung, sondern nur als Vehikel einer nachträglichen Rechtsmittelwahl (so auch ausdrücklich OLG Köln NStZ 1994, 199); als solcher ist er aber unzulässig. 22.1

Der **Übergang zur Revision** ist dem Beschwerdeführer durch eine auf die Berufungsbegründung bezogene Wiedereinsetzung nicht möglich, da eine Überschreitung der Frist des § 317 StPO nicht zur Präklusion des verspäteten Vorbringens führt, ein Wiedereinsetzungsantrag daher unzulässig ist (Meyer-Goßner StPO § 335 Rn 13, § 317 Rn 2; anders nach der beabsichtigten Reform des Berufungsrechtes, vgl BR-Drs 660/06; BT-Drs 16/3659). 23

IV. Anfechtbarkeit in Fällen des § 313 StPO

Nach § 335 Abs 1 StPO kann Gegenstand der Sprungrevision nur ein Urteil sein, gegen das die Berufung zulässig ist. Uneinheitlich beurteilt wird daher, ob die Sprungrevision auch in Fällen statthaft ist, die nur eine **Annahmeberufung nach § 313 StPO** zulassen würden. In der Rspr der Oberlandesgerichte wird dies zu Recht bejaht (BayObLG StV 1993, 572; OLG Düsseldorf MDR 1995, 406; KG NStZ-RR 1999, 146, 147; OLG Hamm NJW 2003, 3286, 3287; OLG Karlsruhe NStZ 1995, 562; NJW 2004, 1887, 1888; OLG Stuttgart NStZ-RR 1996, 75; OLG Zweibrücken NStZ 1994, 203; OLG Schleswig SchlHA 2002, 172; ThürOLG Beschl v 10. 4. 2003 – Az 1 Ss 37/03; zustimmend BGHSt 40, 395, 397 = NJW 1995, 2367, 2368). Der Angeklagte kann daher unmittelbar und nicht erst dann Revision einlegen, wenn seine Berufung angenommen wurde und er die Berufungsinstanz durchlaufen hat (so aber Meyer-Goßner StPO § 335 Rn 21; KK-StPO/Ruß StPO § 313 Rn 4; Pfeiffer StPO § 335 Rn 5). Das Revisionsgericht muss auch nicht inzident die Annahmefähigkeit der Berufung nach § 313 Abs 2 StPO überprüfen. 24

Der Wortlaut erlaubt zwar eine Auslegung in beiden Richtungen (vgl KG NStZ-RR 1999, 146, 147). Meyer-Goßner (Meyer-Goßner StPO § 335 Rn 21; NStZ 1998, 22; NJW 2003, 1369) weist auch zutreffend auf unstimmige prozessuale Folgen für den Fall einer beidseitigen Anfechtung hin. Allerdings ist mit Einführung von § 313 StPO durch das RPflEntlG v 11. 1. 1993 (BGBl I 50) keine Umgestaltung des Revisionsrechtes verbunden worden; die Gesetzesbegründung legt vielmehr nahe, dass das Revisionsverfahren unberührt bleiben sollte (BT-Drs 12/1217, 7, 41; BT-Drs 12/3832, 12, 37 ff; vgl KK-StPO/Kuckein StPO § 335 Rn 16). 24.1

Ist eine endgültig gewählte **Berufung durch Beschluss nach § 322 a StPO nicht angenommen** worden, kann nicht mehr zur Revision übergegangen werden (vgl BayObLG StV 1994, 572). Anders verhält es sich, wenn das Rechtsmittel unbestimmt eingelegt war und die Verwerfung nach § 322 a StPO durch das Landgericht noch während laufender Revisionsbegründungsfrist erfolgte. In diesem Fall bleibt die Sprungrevision zulässig, denn die Voraussetzungen für eine Verwerfung lagen (noch) nicht vor (OLG Frankfurt NStZ-RR 2003, 53). 25

Die **Zuständigkeit des Landgerichtes** ergibt sich in derartigen Fällen erst durch die endgültige Erklärung über die Wahl des Rechtsmittels oder nach Ablauf der Begründungsfrist, nicht allein durch die – vorzeitige – Übersendung der Akten (KG NStZ-RR 1999, 146). Solange es dem Beschwerdeführer noch zustand, von einer zunächst gewählten Berufung abzurücken und zur Revision überzugehen, ist das Landgericht zur Entscheidung nach § 322 a StPO noch nicht berufen (Feuerhelm StV 1997, 99, 102; AK/Maiwald Rn 2; **aA** BayObLG StV 1994, 572; Tolksdorf FS Salger, 405; Böttcher/Mayer NStZ 1993, 153, 155). § 322 a S 2 StPO behandelt nur Fälle zulässiger Verwerfungen, steht mithin nicht entgegen. Ein gleichwohl getroffener Verwerfungsbeschluss wird bei zulässiger Wahl der Sprungrevision gegenstandslos. Gleiches gilt für einen Annahmebeschluss, wenn das Landgericht verfrüht die Berufung angenommen hat und der Beschwerdeführer dann zur Revision übergeht (OLG Stuttgart NStZ-RR 1996, 75). 25.1

Eine für den Fall fehlender Berufungsannahme **bedingt eingelegte Sprungrevision** ist unzulässig (OLG Frankfurt NStZ-RR 1996, 174, 175; Meyer-Goßner StPO § 335 Rn 22). 26

C. Zuständiges Gericht (Abs 2), prozessuale Handhabung

27 Aus § 335 Abs 2 StPO ergibt sich in Verbindung mit § 312 StPO und § 121 Abs 1 Nr 1 GVG für den Fall der Sprungrevision einheitlich die **Zuständigkeit des OLG**.

28 Das **Amtsgericht** hat nach Eingang des Rechtsmittels grundsätzlich **nach § 346 StPO, § 347 StPO zu verfahren**. Zuvor muss es allerdings entscheiden, ob tatsächlich Revision oder Berufung (dann § 319 StPO bis § 321 StPO) eingelegt ist. Bestehen hieran Zweifel, oder hat der Beschwerdeführer das Urteil unspezifiziert angefochten, ist jedenfalls die Revisionsbegründungsfrist abzuwarten.

29 Sind die **Akten dem Berufungsgericht zugeleitet** worden, entscheidet dieses in eigener Zuständigkeit über die Art des Rechtsmittels; dies umfasst auch die Frage zulässiger Rechtsmittelwahl oder eines etwaigen Rechtsmittelwechsels (BGHSt 13, 303, 305). Hält es die Anfechtung für eine Revision, gibt es die Sache zurück an das Amtsgericht, damit dieses – insoweit gebunden – das Verfahren nach § 347 StPO einleitet (Meyer-Goßner StPO § 335 Rn 20; Löwe/Rosenberg/Hanack StPO § 335 Rn 27; **aA** KK-StPO/Kuckein StPO § 335 Rn 8: Abgabe an das Revisionsgericht). Hält es das Rechtsmittel für eine Berufung, sollte es vor Anberaumung der Hauptverhandlung oder einer Entscheidung durch Beschluss die Revisionsbegründungsfrist abwarten, da es eine innerhalb der Frist eingegangene Rechtsmittelwahl- oder Wechselerklärung berücksichtigen muss (vgl OLG Frankfurt NStZ 1991, 506 und oben Rn 3, Rn 13). Eine verfrüht ergangene Entscheidung wird durch die fristgerecht eingegangene Wahlerklärung gegenstandslos (OLG Frankfurt NStZ-RR 2003, 53; OLG Stuttgart NJW 2002, 3487; vgl auch KG Beschl v 4. 9. 2000 – Az 1 Ss 192/00).

30 Ist die Sache **an das Revisionsgericht gelangt** und hält dieses das Rechtsmittel für eine Berufung, so bezeichnet es gem § 348 StPO analog das zuständige Berufungsgericht und gibt die Sache mit bindender Wirkung dorthin ab (BGHSt 31, 184 = NJW 1983, 1437; BayObLGSt 1962, 166; 1983, 93; wistra 2001, 279; OLG Köln NStZ 1992, 204; OLG Naumburg Beschl v 28. 4. 2009 – Az 2 Ss 46/09 [Rn 7]).

D. verschiedenartige Anfechtung (Abs 3)

I. Normzweck, analoge Anwendung

31 § 335 Abs 3 StPO soll verhindern, dass bei unterschiedlicher Anfechtung mehrerer Beteiligter **dieselbe Sache bei mehreren Rechtsmittelgerichten anhängig** wird. Für das Zusammentreffen von Rechtsbeschwerde und Berufung bei abgeurteilten Straftaten und Ordnungswidrigkeiten gilt **§ 83 Abs 2 S 1 OWiG**. Zum Sonderfall des Zusammentreffens verschiedener Anfechtungserklärungen desselben Verfahrensbeteiligten in einer Doppelfunktion (Angeklagter und zugleich Nebenkläger) vgl KK-StPO/Kuckein StPO § 335 Rn 15. In weiteren, nicht geregelten Fällen einer Rechtswegaufspaltung kommt eine **analoge Anwendung** der Vorschrift in Betracht (vgl BGHSt 4, 207: Bundes- und Landesrecht).

II. Eingangsvoraussetzungen

32 Gegenstand der Anfechtung muss **dasselbe Urteil** sein; § 335 Abs 3 StPO findet keine Anwendung, wenn es sich um zwei Urteile handelt, die ursprünglich auf dasselbe, vor Urteilserlass jedoch getrennte Verfahren zurückgehen. Umgekehrt kann die Vorschrift nicht durch eine Verfahrenstrennung nach Erlass des angefochtenen Urteils umgangen werden (Pfeiffer StPO § 335 Rn 6).

33 Die Anfechtung muss sich **nicht auf dieselbe Straftat** beziehen. Selbst wenn Teilanfechtungen vorliegen, deren Gegenstände sich nicht berühren, weil sie unterschiedliche prozessuale Taten betreffen, führt dies zu einer Aufspaltung des Rechtsmittelverfahrens (Löwe/Rosenberg/Hanack StPO § 335 Rn 21, 23).

34 **Beteiligte iSv Abs 3** sind alle Verfahrensbeteiligten mit selbständigem Anfechtungsrecht. Angeklagter und Verteidiger gelten als ein Beteiligter; bei unterschiedlichen Anfechtungserklärungen ist § 297 StPO analog anzuwenden (vgl Rn 4.1).

34.1 Beteiligte sind mithin Mitangeklagte, die Staatsanwaltschaft, Privat- und Nebenkläger, Einziehungsberechtigte, gesetzliche Vertreter und Erziehungsberechtigte.

III. Vorrang der Berufung, Entscheidung des Berufungsgerichts (Abs 3 S 1)

Wird konkurrierend Sprungrevision und Berufung eingelegt, gebührt der Berufung als dem umfassenderen Rechtsmittel der Vorrang. **Die eingelegte Sprungrevision wandelt sich allerdings nicht in eine Berufung um.** Sie wird nur „als Berufung behandelt", bleibt aber bedingt bestehen (vgl OLG Köln NStZ-RR 2001, 1986; Löwe/Rosenberg/Hanack § 335 Rn 23). Die Bedingung erlischt mit der sachlichen Entscheidung des Berufungsgerichtes; ausnahmsweise bleibt sie bestehen, wenn das Berufungsurteil gerade die Voraussetzungen von § 335 Abs 3 StPO verkennt und aus diesem Grund aufgehoben wird (BayObLGSt 1984, 116, 119).

Um als Berufung behandelt zu werden, muss die **Revision wirksam nach § 341 StPO eingelegt** sein. Sind Frist oder Form des § 341 StPO nicht gewahrt, kann die Revision auch nicht als formgerechte Berufung behandelt werden; sie ist als unzulässig zu verwerfen. **§ 335 Abs 3 S 2 StPO**, wonach die Vorschriften über die Revisionsbegründung einzuhalten sind, ist dagegen nur bedeutsam für den Fall, dass die Revision als solche wieder auflebt (Rn 38 ff). Wird die Revision nicht oder unzureichend begründet, hindert das die Durchführung der Berufung nicht.

Werden die Akten auf die Revision **fälschlich dem Revisionsgericht zugeleitet**, weil die parallele Berufung oder § 335 Abs 3 StPO übersehen wurde, ist die Sache gem § 348 StPO analog an das Berufungsgericht zurückzuverweisen. Ein versehentlich von dem Revisionsgericht erlassener Beschluss nach § 349 Abs 2 StPO ist gegenstandslos, da eine Revision, über die hätte entschieden werden können, tatsächlich nicht vorlag (vgl KK-StPO/Kuckein StPO § 335 Rn 11 aE).

Über die originäre Berufung und die als Berufung behandelte Revision hat das Berufungsgericht **einheitlich, dh in einem Urteil zu entscheiden**; der Sache nach können die Rechtsmittel unterschiedlich zu behandeln sein. Erweist sich die eine Berufung als begründet, die andere als unbegründet, sind sie mit eigenständigen Kostenentscheidungen zu versehen. Übersieht der Berufungsrichter eines der Rechtsmittel, begründet dies die Revision des betroffenen Rechtsmittelführers (OLG Köln NStZ-RR 2008, 207).

IV. Revisionsbegründung (Abs 3 S 2), Aufleben der Revision

1. Zweck der Begründungspflicht, unterlassene Begründung

Die Revision geht in den Fällen des § 335 Abs 3 StPO nicht unter; sie muss daher nach Abs 3 S 2 **vorsorglich begründet** werden. Der Beschwerdeführer soll hinsichtlich der formellen Voraussetzungen der von ihm eingelegten Revision nicht allein deshalb besser stehen, weil parallel eine – später untergegangene – Berufung eingelegt wurde. Die Einhaltung der §§ 344 StPO bis 347 StPO erlangt allerdings **erst Bedeutung, wenn die konkurrierende Berufung entfällt, die Revision wiederauflebt** und als solche fortgeführt wird (vgl OLG Köln NStZ-RR 2001, 86; OLG Bamberg NStZ 2006, 591). Sind die von Abs 3 S 2 genannten Voraussetzungen bei Wegfall der Berufung nicht erfüllt, so lebt die Revision wieder auf, ist aber als unzulässig zu verwerfen.

2. Wegfall der Berufung

Nach Abs 3 S 1 wird die Revision wieder als solche behandelt, wenn die Berufung zurückgenommen oder als unzulässig verworfen wird. Die zweite Alternative ist aus Gründen der Rechtsmittelklarheit eng auszulegen; mit ihr sind nur Fälle gemeint, in denen bereits die **formellen Voraussetzungen der Berufung nach § 314 StPO nicht vorliegen** (Löwe/Rosenberg/Hanack StPO § 335 Rn 24). So kommt eine Anwendung nicht in Betracht, wenn das Verfahren gegen den Berufungsführer eingestellt wird (OLG Schleswig SchlHA 1995, 159; Meyer-Goßner StPO § 335 Rn 17), wenn die Berufung nach § 322a StPO nicht angenommen wird (OLG Karlsruhe NStZ 1995, 562; Meyer-Goßner StPO § 335 Rn 17; **aA** BayObLG StV 1994, 238; OLG Stuttgart NJW 2002, 3487; KK-StPO/Kuckein StPO § 335 Rn 11), oder wenn sie wegen Nichterscheinens des Berufungsführers nach § 329 Abs 1 StPO verworfen wird (OLG Hamm DAR 2001, 451; OLG Bremen StV 1991, 150; Meyer-Goßner StPO § 335 Rn 17; **aA** KK-StPO/Kuckein StPO § 335 Rn 11).

39.1 Eine Ausnahme wird in der – seltenen – Fallgestaltung zuzulassen sein, dass das Berufungsgericht versehentlich oder nach Abtrennung allein über die konkurrierende Berufung entschieden hat und der dortige **Berufungsführer Revision einlegt**. Zwar liegt dann kein Wegfall der Berufung vor, so dass an sich eine Entscheidung über die als Berufung zu behandelnde Sprungrevision durch das Berufungsgericht nachzuholen wäre. Eine Rechtsmittelaufspaltung liegt aber nicht mehr vor, so dass es nicht nur dem Willen des Rechtsmittelführers, sondern auch dem Sinne und Zweck von § 335 StPO entspricht, wenn nunmehr das Revisionsgericht insgesamt entscheidet (OLG Hamm NStZ 1998, 270).

3. Sachbehandlung nach Wegfall der Berufung

40 Ist die Berufung iSv § 335 Abs 3 S 1 StPO weggefallen, kann die **Revision nicht mehr durch Urteil gem § 329 Abs 1 StPO verworfen** werden (OLG Köln NStZ-RR 2001, 86; OLG Bamberg NStZ 2006, 591).

40.1 Einem gleichwohl ergangenen Urteil steht richtigerweise bereits ein **Verfahrenshindernis** entgegen, das auf die gegen das Verwerfungsurteil gerichtete Revision von Amts wegen und nicht erst auf eine auf § 338 Nr 4 StPO gestützte Verfahrensrüge zu berücksichtigen ist (OLG Bamberg NStZ 2006, 591; KK-StPO/Kuckein StPO § 338 Rn 66; offen gelassen von OLG Köln NStZ-RR 2001, 86). Das Berufungsurteil unterliegt daher der Aufhebung. Das Revisionsgericht kann zugleich über die Sprungrevision gegen das amtsgerichtliche Urteil entscheiden (OLG Köln NStZ-RR 2001, 86; OLG Bamberg NStZ 2006, 591).

40.2 Anders verhält es sich, wenn über die als Berufung behandelte Sprungrevision **im Zeitpunkt des Wegfalls** der konkurrierenden Berufung **bereits nach § 329 Abs 1 StPO entschieden war**. Eine unerledigte – bedingte – Revision ist in diesem Fall nicht mehr vorhanden und kann daher auch nicht mehr aufleben (OLG Köln NStZ-RR 2001, 87).

41 Eine laufende **Hauptverhandlung** ist abzubrechen, eine angesetzte aufzuheben. Das Landgericht hat die Akten an das Amtsgericht zurückzuleiten, damit dieses dem Revisionsverfahren nach § 347 StPO Fortgang gibt. Vgl auch Rn 27 ff.

V. Erneute Revision (Abs 3 S 3)

42 Das ergehende Berufungsurteil ist von allen Rechtsmittelführern, mithin auch von dem nach § 335 Abs 1 StPO verhinderten Revidenten nach den allgemeinen Vorschriften mit der Revision anfechtbar. Dies gilt auch im Jugendstrafverfahren für einen Revisionsführer, dem nach **§ 55 Abs 2 JGG** nur ein Wahlrechtsmittel zugestanden hat (OLG Koblenz NStZ-RR 2008, 218 Ls).

§ 336 [Vorentscheidungen der Vorinstanz]

¹**Der Beurteilung des Revisionsgerichts unterliegen auch die Entscheidungen, die dem Urteil vorausgegangen sind, sofern es auf ihnen beruht.** ²**Dies gilt nicht für Entscheidungen, die ausdrücklich für unanfechtbar erklärt oder mit der sofortigen Beschwerde anfechtbar sind.**

Überblick

§ 336 StPO steht in Zusammenhang mit § 305 S 1 StPO. Überprüft werden mit der Revision gerichtliche Entscheidungen in demselben Verfahren, soweit sie auf das Urteil Einfluss genommen haben. Unanfechtbar sind die in § 336 S 2 StPO genannten Entscheidungen sowie solche, die vor dem Eröffnungsbeschluss ergangen sind. Der Eröffnungsbeschluss selbst nimmt ebenso wie Einstellungsbeschlüsse eine Sonderstellung ein.

Übersicht

	Rn		Rn
A. Systematik	1	II. Verfahrensidentität	9
B. Nachprüfbare Entscheidungen (S 1)	4	III. Entscheidungen vor Eröffnungsbeschluss	12
I. Gerichtliche Vorentscheidungen	5	IV. Einzelfälle	13

	Rn		Rn
C. Unanfechtbare oder mit sofortiger Beschwerde angreifbare Entscheidungen (S 2)	15	**D. Sonderfälle**	19
		I. Verfahrensvoraussetzungen	19
I. Unanfechtbarkeit	16	II. Einstellungsbeschlüsse	21
II. Sofortige Beschwerde	17	III. Verfassungsverstöße	22

A. Systematik

§ 336 S 1 StPO **ergänzt** § 305 S 1 StPO. Nach der dortigen Regelung unterliegen die der Urteilsfällung im Hauptverfahren vorausgehenden Entscheidungen regelmäßig nicht der Beschwerde, da sie nur zusammen mit dem Urteil überprüft werden sollen. § 335 S 1 StPO stellt ebendies klar. 1

Die Vorschrift bezieht sich darüber hinaus auf Entscheidungen im Vor-, Zwischen- und Hauptverfahren, die von § 305 S 1 StPO nicht erfasst werden (vgl Meyer-Goßner StPO § 305 Rn 5). § 344 StPO wird von § 305 S 1 StPO nicht berührt; der inhaltlichen „Beurteilung des Revisionsgerichtes" unterliegen die Entscheidungen nur, wenn ihre behauptete Fehlerhaftigkeit im Rahmen einer zulässigen **Verfahrensrüge** geltend gemacht worden ist (Ausn: Entscheidungen über vAw zu beachtende Verfahrensvoraussetzungen). Die Einschränkung in **§ 336 S 2 Alt 1 StPO** ist systematisch konsequent, wenngleich letztlich nur **klarstellender Natur**: Eine Entscheidung wäre nicht unanfechtbar, könnte sie inzident im Revisionsverfahren einer Überprüfung unterzogen werden. Auch **§ 336 S 2 Alt 2 StPO** wahrt die Rechtsmittelsystematik: Der mit der sofortigen Beschwerde verbundene Zweck, dass über die Rechtmäßigkeit der betroffenen Verfahrensmaßnahme schnell und endgültig Klarheit gewonnen wird, würde mit einer Überprüfbarkeit im Rahmen der Revision unterlaufen. 2

Doppelt überprüfbar sind danach nur solche Maßnahmen, die der einfachen Beschwerde unterliegen und sich auf die Rechtmäßigkeit des ergehenden Urteiles auswirken können. Diese sind vom Revisionsgericht unabhängig davon zu kontrollieren, ob tatsächlich Beschwerde eingelegt wurde und mit welchem Ergebnis diese vom Beschwerdegericht beschieden wurde (BGHSt 26, 191, 192 = NJW 1975, 2304; BGH NJW 1973, 1985; Löwe/Rosenberg/Hanack StPO § 336 Rn 8). 3

B. Nachprüfbare Entscheidungen (S 1)

Überprüft wird **nicht die vorangegangene Entscheidung als solche**, sondern das Urteil, soweit es auf Rechtsfehlern in der vorangegangenen Entscheidung beruhen kann (vgl KK-StPO/Kuckein StPO § 336 Rn 9). Dies ist im Rahmen der regelmäßig zu erhebenden Verfahrensrüge darzutun. 4

I. Gerichtliche Vorentscheidungen

§ 336 StPO erfasst nur **gerichtliche** Vorentscheidungen (BGHSt 6, 326, 328 = NJW 1954, 1855). Hierzu zählen nicht nur Entscheidungen des gesamten Spruchkörpers in Beschlussform, sondern auch Vorentscheidungen oder Anordnungen des Vorsitzenden (BGHSt 7, 281, 282 = NJW 1955, 987; BGHSt 43, 153 = NJW 1997, 3385). 5

Bei **sachleitenden Anordnungen des Vorsitzenden** muss der Revisionsführer die Anordnung nach § 238 Abs 2 StPO beanstandet und eine Beschlussfassung des Gerichtes herbeigeführt haben. Nur wenn die Anordnung bestätigt wird, kann der Revisionsführer ihre Rechtswidrigkeit geltend machen (BGHSt 1, 322, 325; BGHSt 4, 364, 366; NStZ 1982, 432). Vgl § 337 StPO Rn 67. 5.1

Maßnahmen der StA fallen nicht unter § 335 StPO, weil das Urteil auf ihnen nicht beruhen kann (BGHSt 6, 326, 328; BGH NJW 1967, 1869). Eine Ausnahme gilt für Mängel der Anklageschrift, die so schwer wiegen, dass es an einer wirksamen Anklage als Verfahrensvoraussetzung insgesamt fehlt (Löwe/Rosenberg/Hanack StPO § 336 Rn 3). 6

6.1 Ermittlungshandlungen der StA oder Polizei gewinnen zwar Bedeutung für die revisionsrechtliche Beurteilung, wenn sie so fehlerhaft sind, dass die aus ihnen gewonnenen Beweismittel nicht oder nur eingeschränkt verwertbar sind. Eine entsprechende Rüge betrifft aber nicht die Ermittlungshandlung selbst, sondern ihre tatrichterliche Verwertung.

7 Die **Unterlassung gebotener Maßnahmen** fällt nicht unter § 336 StPO, denn eine anfechtbare Entscheidung liegt hier gerade nicht vor. Ob die unterlassene Entscheidung unanfechtbar, mit der einfachen oder mit der sofortigen Beschwerde angreifbar gewesen wäre, ist daher unerheblich. Hiervon zu unterscheiden ist, ob sich der Beschwerdeführer die Unterlassung mit der Revision rügen kann, und ob er sich bereits im tatrichterlichen Verfahren gegen die Unterlassung wenden muss, um sich die Revisionsrüge zu erhalten.

8 § 336 StPO erfasst ferner solche **Entscheidungen, die mit dem Urteil ergehen**, wie etwa die Kosten- und Auslagenentscheidung, die Entscheidung über eine eventuelle Haftentschädigung, Beschlüsse über Bewährungszeit, -auflagen und -weisungen oder über die Fortdauer der Untersuchungshaft. Hierbei handelt es sich um keine Vorentscheidung des Gerichtes (zur Anfechtbarkeit derartiger Beschlüsse vgl § 333 StPO Rn 8 ff).

II. Verfahrensidentität

9 Die Entscheidung muss **in demselben Verfahren getroffen sein**, in dem das angefochtene Urteil ergangen ist (Löwe/Rosenberg/Hanack StPO § 336 Rn 2; KK-StPO/Kuckein StPO § 336 Rn 3; Hilger NStZ 1983, 429). Entscheidungen in anderen Hauptverfahren oder in einem anderen Teilverfahren nach Abtrennung bleiben unberücksichtigt, auch weil es hier an einem Beruhen fehlt.

10 Entsprechendes gilt für **Entscheidungen in einer vorangehenden, ausgesetzten Hauptverhandlung** (BGHSt 31, 15 = NJW 1982, 1712), wenn nicht die Entscheidung in der neuen, zum angefochtenen Urteil führenden Hauptverhandlung fortwirkt; dies betrifft z. B. die Nebenklagezulassung oder die Verteidigerbestellung. Nach bisheriger Rspr kann die **Verwerfung eines Ablehnungsgesuchs** angefochten werden, wenn sie in einer ausgesetzten Hauptverhandlung erfolgte und der betroffene Richter an der nachfolgenden Verhandlung und Entscheidung beteiligt war. Einer erneuten Ablehnung bedarf es nicht (BGHSt 31, 15 = NStZ 1982, 341). Hiervon ist der BGH mittlerweile abgerückt (BGH NJW 2006, 854 obiter); erforderlich sei eine Wiederholung des Ablehnungsgesuches in der neuen Hauptverhandlung.

10.1 Dies erscheint zutreffend: Erheblich kann eine Entscheidung erst im Rahmen der neuen Hauptverhandlung werden, da sie für die angefochtene Entscheidung allein maßgeblich ist und völlig andere Wege als die ausgesetzte Verhandlung gehen kann. Für den betroffenen Verfahrensbeteiligten besteht daher Veranlassung, einen früher gestellten Antrag zu wiederholen. Dementsprechend ist unbestritten, dass die Ablehnung eines Beweisantrages in der früheren Hauptverhandlung den Beteiligten nicht wegen fehlender Erfolgsaussicht davon enthebt, den Antrag in der neuen Hauptverhandlung nochmals anzubringen (vgl Löwe/Rosenberg/Hanack StPO § 336 Rn 9).

11 Im Rahmen der **Revision gegen ein Berufungsurteil** können keine Mängel von Entscheidungen geltend gemacht werden, die dem erstinstanzlichen Urteil vorausgegangen sind (vgl BVerfG Beschl v 15. 3. 1999 – Az 2 BvR 375/99; Meyer-Goßner StPO § 336 Rn 4 mwN). Dagegen kann sich der Revisionsführer nach Zurückverweisung durch das Revisionsgericht und erneutem tatrichterlichen Durchgang im zweiten Revisionsverfahren – abgesehen von Verstößen des neuen Tatrichters gegen § 358 StPO – auf die Fehlerhaftigkeit von dem ersten Verfahren vorangegangenen Entscheidungen berufen, wenn diese nicht bereits der Prüfung im ersten Revisionsverfahren unterlagen. Hier wird allerdings meist fehlendes Beruhen oder Verwirkung (vgl BGHSt 10, 278 = NJW 1957, 207) in Betracht kommen.

III. Entscheidungen vor Eröffnungsbeschluss

12 Entscheidungen aus der Zeit vor Erlass des Eröffnungsbeschlusses, insbesondere **ermittlungsrichterliche Beschlüsse** sollen einer revisionsgerichtlichen Überprüfung nach § 336 S 1 StPO grds entzogen sein, da erst der Eröffnungsbeschluss die maßgebliche Grundlage des

Hauptverfahrens bildet, so dass das Urteil auf vorherigen Entscheidungen nicht beruhen kann; nur wenn diese ausnahmsweise bis zum Urteil fortwirken, soll eine Überprüfung möglich sein (vgl KK-StPO/Kuckein StPO § 336 Rn 5; Meyer-Goßner StPO § 336 Rn 3 mwN; krit Landau/Sander StraFo 1998, 397). Allerdings können gerichtliche Entscheidungen im Vor- und Zwischenverfahren regelmäßig Auswirkungen auf das Urteil haben und damit der Kontrolle des Revisionsgerichtes unterliegen. Etwa überprüft das Revisionsgericht auf eine entsprechende Verfahrensrüge ermittlungsrichterliche Anordnungen im Hinblick auf einer **Verwertbarkeit** des auf ihrer Grundlage gewonnenen Beweismaterials (zB BGHSt 53, 294 = NJW 2009, 2463). Eine fehlerhafte abgelehnte **Verteidigerbestellung** im Ermittlungsverfahren kann gleichfalls als Verfahrensverstoß, ggf in Gestalt des absoluten Revisionsgrundes nach § 338 Nr 8 StPO gerügt werden (vgl BGHSt 46, 93, 103 = NJW 2000, 3505, 3509; BGHSt 47, 172 = NJW 2002, 975). Daher besteht keine Veranlassung, dem Eröffnungsbeschluss vorangehende Entscheidungen vom Anwendungsbereich des § 336 S 1 StPO regelhaft auszunehmen; wie im Hauptverfahren ist allein maßgeblich, ob das Urteil auf Rechtsfehlern in der Vorentscheidung zumindest mittelbar beruhen kann (vgl Rn 4).

IV. Einzelfälle

Überprüfbar sind regelmäßig die **in der Hauptverhandlung ergehenden Beschlüsse** 13 **und Anordnungen**, etwa die Bescheidung von Beweisanträgen, Anordnung von Beweiserhebungen, Maßnahmen der Sachleitung nach § 238 StPO, Terminierungs- und Ladungsverfügungen. Unter § 336 S 1 StPO fallen weiterhin Entscheidungen über die Verfahrensaussetzung (BGHSt 43, 171, 172 = NStZ 1998, 93), die Verfahrensverbindung und -trennung (BGHSt 18, 238, 239 = NJW 1963, 963; BGH NStZ 2001, 129), die Gewährung von Akteneinsicht (BGH NStZ 2000, 46), die Bestellung oder Abberufung eines Pflichtverteidigers (BGHSt 6, 199, 200 = NJW 1954, 1415; BGHSt 39, 310, 312 = NStZ 1993, 600, 601; BGH NStZ 1999, 396, 399) und über die Zulassung der Nebenklage, die das Revisionsgericht im Falle der Nebenklagerevision als Zulassungsvoraussetzung des Rechtsmittels vAw zu prüfen hat (vgl BGHSt 29, 216, 217 = NJW 1980, 1586; BGHSt 41, 288, 289 = NStZ 1996, 149).

Zu Eröffnungs- und Einstellungsbeschlüssen vgl Rn 19 ff. 14

C. Unanfechtbare oder mit sofortiger Beschwerde angreifbare Entscheidungen (S 2)

Die Ausnahme nach § 336 S 2 StPO **hindert jegliche Überprüfung durch das Revi-** 15 **sionsgericht**, ob auf Sach- oder auf Verfahrensrüge, selbst bei einem behaupteten absoluten Revisionsgrund (Löwe/Rosenberg/Hanack StPO § 336 Rn 13). Unberührt bleiben die vAw vorzunehmende Prüfung von Verfahrensvoraussetzungen und solche Vorentscheidungen, die die Zulässigkeit der Revision betreffen.

I. Unanfechtbarkeit

Hierzu gehören Entscheidungen nach § 28 Abs 1 StPO, § 30 StPO, § 46 Abs 2 StPO, 16 § 81c Abs 3 S 4 StPO, § 138d Abs 4 S 3 StPO, § 147 Abs 4 S 2 StPO (vgl BGH NStZ 2000, 46; NStZ-RR 2008, 48 Ls), § 168e S 5 StPO, § 201 Abs 2 S 2 StPO, § 210 Abs 1 StPO, § 225 a Abs 3 S 3, Abs 4 S 2 Hs 2 StPO, § 229 Abs 3 S 2 StPO, § 247a S 2 StPO (vgl aber BGH NStZ 2008, 421 für den Fall des Fehlens eines Gerichtsbeschlusses, sowie § 247a StPO Rn 16f, § 270 Abs 3 S 2 StPO, § 304 Abs 4 S 2 StPO (vgl hierzu BGHSt 27, 96 = NJW 1977, 1829; BGHSt 47, 270 = NStZ 2002, 491), § 304 Abs 5 StPO, § 322a S 2 StPO, § 372 S 2 StPO, § 390 Abs 5 S 2 StPO, § 396 Abs 2 S 2 Hs 2 StPO, § 397a Abs 3 S 2 StPO, § 431 Abs 5 S 1 StPO, § 440 Abs 3 StPO, § 444 Abs 3 S 1 StPO, § 41 S 4 GVG, § 52 Abs 4 GVG, § 53 Abs 2 S 2 GVG, § 54 Abs 3 S 1 GVG (vgl BGHSt 33, 290, 292 = NJW 1986, 1356; BGHSt 30, 149, 150 = NJW 1981, 2073; BGH NStZ 1981, 399), § 171b Abs 3 GVG.

§ 305 S 1 StPO ist wegen § 336 S 1 StPO nicht umfasst.

II. Sofortige Beschwerde

17 Hierunter fallen Entscheidungen nach § 28 Abs 2 S 1 StPO (anders ausdrücklich § 28 Abs 2 S 2 StPO iVm § 338 Nr 3 StPO), § 30 StPO, § 46 Abs 3 StPO, § 81 Abs 4 StPO, § 138 d Abs 4 S 1 StPO, § 206 b S 2 StPO, § 210 Abs 2 StPO (näher Rn 19), § 225 a Abs 3 S 3, Abs 4 S 2 Hs 2 StPO, § 231 a Abs 3 S 3 StPO, § 270 Abs 3 S 2 StPO, § 372 S 1 StPO, § 379 a Abs 3 S 2 StPO, § 383 Abs 2 S 3 StPO, § 431 Abs 5 S 2 StPO, § 440 Abs 3 StPO, § 441 Abs 2 StPO, § 444 Abs 3 S 1 StPO.

18 Ob sofortige Beschwerde tatsächlich eingelegt wurde, ist unerheblich. Die **Anfechtbarkeit mit der einfachen Beschwerde** hindert die Revision nicht.

D. Sonderfälle

I. Verfahrensvoraussetzungen

19 Besonderheiten sind bei Entscheidungen zu beachten, die Verfahrensvoraussetzungen beschreiben (vgl BGHSt 47, 270 = NStZ 2002, 491). Dies betrifft insbes den **Eröffnungsbeschluss** (ausführlich KK-StPO/Kuckein StPO § 336 Rn 7 sowie Kuckein, StraFo 1997, 33). Er unterfällt wegen § 210 Abs 1 StPO grundsätzlich dem Ausschluss nach § 336 S 2 StPO; zugleich handelt es sich um eine vAw zu prüfende Verfahrensvoraussetzung. Das Revisionsgericht hat daher – auch ohne Rüge des Revidenten – zu prüfen, ob der Beschluss **an einem so gravierenden Mangel leidet, dass er als unwirksam anzusehen ist** (vgl BGHSt 10, 278 = NJW 1957, 1244; BGHSt 29, 94 = NJW 1979, 2483; BGH NStZ 1986, 275; NStZ 2002, 294). In diesem Fall ist nach § 206 a StPO zu verfahren (BGH NStZ 1981, 448), wenn nicht ausnahmsweise aufgrund eines behebbaren Mangels eine Zurückverweisung in Betracht kommt (BGHSt 29, 351, 358 = NJW 1981, 133). Leidet der Beschluss an einem Mangel, der seine Wirksamkeit nicht in Frage stellt, ist er einer Nachprüfung entzogen.

19.1 Wurde die **Zuständigkeit des Tatgerichts in verfassungswidriger Weise angenommen**, so hindert weder § 210 Abs 1 StPO noch § 269 StPO ein Eingreifen des Revisionsgerichtes; vielmehr ist ein Verfahrenshindernis anzunehmen (BGHSt 46, 238 = NStZ 2001, 265).

20 Gleiches gilt, wenn eine nach **§ 304 Abs 4 S 2 Hs 1 StPO** unanfechtbare Entscheidung des OLG eine Verfahrensvoraussetzung zum Gegenstand hat (BGHSt 47, 270 = NStZ 2002, 491).

20.1 BGHSt 47, 270 = NStZ 2002, 491 lag die Fallgestaltung zugrunde, dass eine Verfahrenseinstellung des LG nach § 153 Abs 2 StPO unzulässigerweise seitens des Nebenklägers angegriffen wurde, und das OLG, statt die Beschwerde zu verwerfen, den Einstellungsbeschluss aufhob. In dem fortgesetzten Verfahren machte der Angeklagte mit der Revision geltend, dass aufgrund der Einstellung Strafklageverbrauch vorliege. Seine Rüge hatte keinen Erfolg, da die Entscheidung des OLG nicht derart fehlerhaft war, dass ihre Nichtigkeit angenommen werden musste; sie war damit nach § 306 S 2 StPO der weiteren Überprüfung entzogen.

II. Einstellungsbeschlüsse

21 Aus Opportunitätsgründen erfolgende Teileinstellungen sind keine dem Urteil vorangehenden Entscheidungen iSv § 306 S 1 StPO, sondern **stehen unverbunden neben dem Urteil** (Löwe/Rosenberg/Hanack StPO § 336 Rn 5). Entscheidungen nach § 153 Abs 2 StPO (BayObLG 1970, 225), nach § 153 a Abs 2 StPO (OLG Hamm JMBlNW 1980, 104), nach § 153 b Abs 2 StPO, nach § 154 Abs 2 StPO (BGH MDR 1979, 383) und solche nach § 154 a Abs 2 StPO sind daher nicht mit der Revision angreifbar. Revisibel ist dagegen die Fehlanwendung von § 154 e Abs 2 StPO (BGHSt 8, 133).

21.1 Auch die **Nichtanwendung der §§ 153 StPO ff** kann mit der Revision nicht gerügt werden, da das Revisionsgericht die Opportunitätsentscheidung des Tatrichters nicht nachprüfen, sondern eine solche Entscheidung nur selbst treffen kann. Dagegen unterliegt bei einem Freispruch die **unterlassene Wiedereinbeziehung nach § 154 a Abs 3 StPO** der Revision (BGHSt 32, 85 = NStZ 1984, 129); gleiches gilt, wenn nur unter Wiedereinbeziehung die Frage eventueller Verjährung geklärt werden kann (BGHSt 29, 317 = NStZ 1981, 30).

III. Verfassungsverstöße

Ein Ausschluss nach § 336 Abs 2 StPO kommt nicht in Betracht, wenn die betroffene 22
Entscheidung spezifisch **in verfassungsrechtlich geschützte Rechte** eines Beteiligten
eingreift und dies mit der Revision geltend gemacht wird. Dies betrifft insbes die Entziehung des gesetzlichen Richters nach Art 101 Abs 1 S 2 GG (vgl BGHSt 30, 149 = NStZ
1981, 399; BGHSt 31, 3 = NJW 1982, 511; BGHSt 46, 238 = NStZ 2001, 265; Löwe/
Rosenberg/Hanack StPO § 336 Rn 14).

§ 337 [Revisionsgründe]

(1) Die Revision kann nur darauf gestützt werden, daß das Urteil auf einer Verletzung des Gesetzes beruhe.
(2) Das Gesetz ist verletzt, wenn eine Rechtsnorm nicht oder nicht richtig angewendet worden ist.

Überblick

§ 337 StPO bildet die zentrale Vorschrift des Revisionsrechtes, die das Wesen der Revision als ein auf Rechtsprüfung beschränktes Rechtsmittel beschreibt. Der Begriff der Rechtsnorm in § 337 Abs 2 StPO ist weit zu verstehen; er umfasst auch außerstrafrechtliche oder ausländische Rechtsvorschriften sowie Verfassungsrecht. Die Verletzung muss, wenn nicht Prozessvoraussetzungen betroffen sind, gerügt werden. Nach der in § 344 StPO angelegten Unterscheidung kann die Verletzung von Verfahrensvorschriften, die sich auf die prozessuale Sachbehandlung auf dem Weg zum Urteil beziehen, und sachlich-rechtlicher Vorschriften, die die Rechtsanwendung im Urteil betreffen, beanstandet werden. Ein Verfahrensverstoß muss bewiesen sein. Das Revisionsgericht kann sich hierzu des Freibeweisverfahrens bedienen; eine Rekonstruktion der tatrichterlichen Hauptverhandlung oder eine Beweisaufnahme ist ihm aber verwehrt. Die materielle Rechtsprüfung umfasst die durch den Tatrichter vorgenommene Beweiswürdigung und Strafzumessung, ist in ihrem Kontrollumfang in Anbetracht des tatrichterlichen Beurteilungsspielraumes aber wesentlich eingeschränkt. Das Urteil beruht auf der Rechtsverletzung, wenn ein Einfluss des Rechtsfehlers auf das Entscheidungsergebnis nicht ausgeschlossen werden kann. Eine Heilung des Fehlers oder eine zwingend zum gleichen Verfahrensergebnis führende alternative Rechtsanwendung schließt ein Beruhen aus.56

Übersicht

	Rn		Rn
A. Wesen der Revision	1	1. Prüfungsumfang, Anforderungen an Revision	21
B. „Gesetz" iSv § 337 StPO	3	2. Beweis einer Verletzung	26
I. Revisible Rechtsnormen	3	3. Entscheidung	31
1. Prüfungsumfang außerstrafrechtlicher Normen	5	4. Einzelfälle	34
2. Ungeschriebenes Recht	6	III. Formelles Recht	41
3. Verfassungsrecht	7	1. Grundsatz	41
4. Ausländisches Recht, Europarecht	8	2. Beweis einer Verletzung	43
5. Weitere Einzelfälle	10	3. Grenzen revisionsrechtlicher Überprüfung	50
II. Soll- und Ordnungsvorschriften	13	4. Verletzung zu Lasten des Revisionsführers	57
III. Geltung, Vorlagepflichten	14	5. Verfristung, Verzicht, Verwirkung und Missbrauch	60
1. Zeitliche Geltung	14	6. Einzelfälle	73
2. Verfassungswidrigkeit, Vorlage zum BVerfG und EuGH	15	IV. Sachliches Recht	77
C. Verletzung	19	1. Prüfungsgrundlagen, Anforderungen an Revision	77
I. Grundsatz	19		
II. Verfahrensvoraussetzungen	21		

	Rn		Rn
2. Feststellungsmängel	81	I. Grundsatz	122
3. Fehler bei der Beweiswürdigung	87	II. Verfahrensrecht	123
4. Fehler bei der Gesetzesanwendung i. e. S	103	1. Grundsätze	123
		2. Heilung	125
5. Fehler beim Rechtsfolgenausspruch	107	3. Einzelfälle	127
6. Kognitionspflicht	121	III. Sachliches Recht	140
D. Beruhen	122		

A. Wesen der Revision

1 Aus § 337 StPO ergibt sich das **Wesen der Revision** als ein auf die Prüfung von Rechtsfehlern begrenztes Rechtsmittel. Bei allen Abgrenzungsschwierigkeiten (vgl Löwe/Rosenberg/Hanack StPO § 337 Rn 1 ff) lässt sich die **Aufgabenverteilung zwischen Tat- und Revisionsgericht** dahingehend beschreiben, dass dem Tatrichter die Aufklärung und Feststellung des ihm durch die Anklage unterbreiteten Sachverhaltes, die Rechtsanwendung hierauf und die Bemessung gerechter Rechtsfolgen obliegt; er hat mithin über Tat- und Rechtsfragen zu entscheiden. Gegenstand des Revisionsverfahrens ist dagegen allein die Prüfung des tatrichterlichen Urteils darauf, ob es in gesetzmäßiger Weise zustande gekommen ist und aus sich heraus keine Rechtsfehler enthält. Dies schließt die Kontrolle ein, ob die Würdigung des Beweismaterials in rechtlicher Hinsicht die Feststellungen trägt, und ob die Feststellungen ihrerseits eine hinreichende Grundlage für die vorgenommene Rechtsanwendung bieten. Die aus Rechtsgründen nicht zu beanstandenden Tatsachenfeststellungen hat das Revisionsgericht jedoch hinzunehmen; eine erneute Beweisaufnahme findet nicht statt.

1.1 Ausnahmen bilden **durch Freibeweis zu ermittelnde Verfahrensvorgänge**, soweit sie für Verfahrensvoraussetzungen von Bedeutung oder durch eine zulässige und erhebliche Verfahrensrüge behauptet sind (Rn 47). Die vor dem Tatrichter angeklagte prozessuale Tat unterliegt aber niemals erneuter Tatsachenfeststellung durch das Revisionsgericht.

2 Der Beschwerdeführer kann daher weder mit einer **eigenen Würdigung der tatrichterlich erhobenen Beweise** noch mit dem Begehren gehört werden, die Beweisaufnahme zu wiederholen und zu ergänzen. Ihm ist es grundsätzlich auch verwehrt, durch eine **Rekonstruktion der Hauptverhandlung** oder durch einen Hinweis auf die Verfahrensakten darzulegen, der Tatrichter hätte andere Tatsachen feststellen müssen. Revisionsrechtliche Beanstandungen müssen erst recht dann ohne Erfolg bleiben, wenn sie sich – wie in der Praxis nicht selten – darauf beschränken, Rechtsverletzungen auf einer von den tatrichterlichen Feststellungen abweichenden („urteilsfremden") Grundlage zu behaupten.

2.1 Der Beschwerdeführer kann allerdings versuchen, die **prozessualen Grundlagen zu erschüttern**, auf denen das Urteil beruht. Er kann beispielsweise geltend machen, dass die stattgefundene Beweisaufnahme – etwa infolge unterbliebener Belehrung von Zeugen – prozessual fehlerhaft oder – etwa aufgrund übergangener Beweisanträge – unvollständig war. In sachlichrechtlicher Hinsicht kann sich ein Rechtsfehler daraus ergeben, dass der Tatrichter den rechtlichen Rahmen der Tatsachenwürdigung und Rechtsfolgenbemessung verlassen hat. Die Grenzen zwischen Tat- und Rechtsfragen verlaufen hier fließend.

B. „Gesetz" iSv § 337 StPO
I. Revisible Rechtsnormen

3 Der von § 337 StPO gebrauchte Begriff des Gesetzes wird in **§ 7 EGStPO** – nur begrenzt weiterführend – legaldefiniert als **„jede Rechtsnorm"**. Bezeichnet ist damit das gesamte materielle Recht, mithin alle Vorschriften aus den Verfassungen, formellen Gesetzen und Rechtsverordnungen des Bundes und der Länder (vgl Löwe/Rosenberg/Hanack StPO § 337 Rn 7 f; KK-StPO/Kuckein StPO § 337 Rn 8); hierzu zählen auch durch Zustimmungs- und Transformationsgesetze in deutsches Recht überführte völkerrechtliche oder bilaterale Verträge, deren Inhalt sich in Zweifelsfällen vorrangig durch Wortlautauslegung bestimmt (vgl BGH NJW 2008, 595).

4 Im Hinblick auf die Schutzrichtung der Norm beschränkt **§ 339 StPO** die Revisibilität.

1. Prüfungsumfang außerstrafrechtlicher Normen

Der Prüfung des Revisionsgerichtes unterliegen **nicht nur strafrechtliche oder straf-** 5
prozessuale Vorschriften, sondern Rechtsnormen aus allen anderen Rechtsgebieten, soweit sie im konkreten Fall anwendbar sind. Im Falle der häufig zu beachtenden Akzessorietät von Merkmalen in Straftatbeständen zu Normen aus außerstrafrechtlichen Rechtsgebieten ist dem Revisionsgericht – wie vorab dem Tatrichter – ohne Bindung an bestehende fachgerichtliche Rechtsprechung grundsätzlich eine **eigene Überprüfungskompetenz** und -pflicht eingeräumt. Dabei setzt das materielle Strafrecht Grenzen, denn die außerstrafrechtliche Normbefolgung, an deren Verletzung die strafrechtliche Sanktion anknüpft, wird dem Normadressaten regelmäßig nur im Rahmen der von der fachgerichtlichen Rechtsprechung vorgegebenen Auslegung abverlangt werden können.

Insbesondere beim **Steuerstrafrecht** handelt es sich um ein Blankettstrafrecht in dem Sinne, dass 5.1
die Strafvorschriften erst mit den sie ausfüllenden Vorschriften des materiellen Steuerrechts einen anwendbaren Straftatbestand bilden. Tatrichter und Revisionsgericht obliegt daher die Anwendung der materiellen Steuervorschriften im Einzelfall (BGH NStZ 2007, 595; vgl zB auch BGH NStZ 2008, 412; Urt v 1. 7. 2008 – Az 5 StR 156/08; Jäger StraFo 2006, 477). Dies betrifft nicht nur die deutschen Steuergesetze, sondern bei grenzüberschreitenden Sachverhalten auch die insoweit anwendbaren Steuernormen anderer Mitgliedsstaaten der Europäischen Gemeinschaft (vgl zB NStZ 2008, 409, 410).

Weitere Beispiele sind die Verknüpfung von **§ 156 StPO** mit dem Zwangsvollstreckungsrecht 5.2
(vgl OLG Zweibrücken NStZ-RR 2008, 173 zu § 807 ZPO), **§ 246 StGB**, **§ 263 StGB**, **§ 266 StGB** mit dem allgemeinen Zivilrecht (vgl BGH Urt v 27. 11. 2008 – Az 5 StR 96/08 Rn 14 ff; Urt v 29. 8. 2007 – Az 5 StR 103/07), **§ 266a StGB** mit dem Sozialrecht (vgl BGHSt 51, 124 = NJW 2007, 233; NJW 2008, 595; NJW 2009, 528), **§ 270 StGB** mit dem Familienrecht (vgl OLG Hamm NStZ 2008, 342: selbständige Prüfung der Unterhaltspflicht durch die Strafgerichte ohne Bindung an zivilrechtliche Entscheidungen), und **§ 284 StGB** mit dem Verwaltungsrecht (vgl BGH NJW 2007, 3078). Auch können Rechtfertigungsgründe im Einzelfall von zivilrechtlichen Vorfragen abhängen, etwa die Strafbarkeit nach **§ 240 StGB** von dem Bestand eines Zurückbehaltungsrechtes nach § 273 BGB (vgl BGH NJW 2008, 2723, 2725 f).

2. Ungeschriebenes Recht

„Gesetz" iSv §337 StPO ist auch ungeschriebenes Recht wie **Gewohnheitsrecht**, Han- 6
delsbräuche und die allgemein anerkannten **Regeln des Völkerrechts** (Art 25 GG). Revisibel sind auch die anerkannten Auslegungs- und Rechtsanwendungsregeln wie der Grundsatz **in dubio pro reo** (KK-StPO/Kuckein StPO § 337 Rn 16 ff) oder die Mindestanforderungen an die Abfassung in sich verständlicher, widerspruchsfreier und vollständiger Urteile, die eine Überprüfung erst ermöglichen (vgl BGHSt 2, 213 = NJW 1952, 1386).

3. Verfassungsrecht

Mit der Revision kann auch die Verletzung verfassungsrechtlicher Bestimmungen bean- 7
standet werden. In Betracht kommt insbes ein Verstoß gegen Verfahrensgrundrechte wie das **Recht auf den gesetzlichen Richter** (Art 101 Abs 1 S 2 GG), **auf rechtliches Gehör** (Art 103 Abs 1 GG; vgl hierzu etwa BGH Beschl v 27. 11. 2008 – Az 5 StR 526/08 zur Pflicht zum Hinweis auf die beabsichtigte Berücksichtigung ausgeschiedenen Prozessstoffes) und **auf ein faires, rechtsstaatliches Verfahren** (Art 20 Abs 3 GG iVm Art 2 Abs 1 GG; vgl hierzu BGH NStZ 2007, 649 mAnm Niehaus NStZ 2008, 354 zur Verweigerung von Aussagegenehmigungen; BGH NStZ 2008, 46 zur Nichteinhaltung von Zusagen im Rahmen verfahrensbeendender Absprachen). Auch die **Verletzung materieller grundrechtlicher Gewährleistungen** wie etwa ein ungerechtfertigter Eingriff in das Grundrecht der freien Meinungsäußerung (Art 5 Abs 1 GG) infolge einer nicht verfassungskonformen Auslegung und Anwendung einer Vorschrift des materiellen Strafrechtes kann die Revision begründen (vgl etwa BGHSt 51, 244, 246 zu § 86a StGB). Geltend zu machen sind derartige Verstöße allerdings in der hierfür revisionsrechtlich vorgesehenen Form. So bedarf es bei einem Verstoß gegen die verfassungsrechtlichen Verfahrensgarantien **der Erhebung**

einer den Anforderungen von § 344 Abs 2 S 2 StPO **genügenden Verfahrensrüge.** Ein behaupteter Verstoß gegen das Recht auf den gesetzlichen Richter muss als Verstoß gegen § 338 Nr 1 bis Nr 3 StPO in Verbindung mit den die Zuständigkeit regelnden Bestimmungen, eine auf unterbliebenen rechtlichen Hinweisen beruhende Gehörsverletzung als Verletzung von § 265 StPO beanstandet werden. Werden die revisionsrechtlichen Anforderungen nicht beachtet, bliebe auch eine Verfassungsbeschwerde wegen Nichtbeachtung des Grundsatzes der materiellen Subsidiarität (§ 90 Abs 2 BVerfGG) erfolglos.

7.1   Dementsprechend kann im Revisionsverfahren auch nicht isoliert geltend gemacht werden, dass eine Verurteilung im Falle eines rechtsfehlerhaften Urteils oder Verfahrens einen nicht gerechtfertigten Eingriff in den Schutzbereich von **Art 2 Abs 1 GG** darstellt. Auch der Grundsatz der **Verhältnismäßigkeit** hat entweder ausdrücklich (vgl § 62 StGB) oder mittelbar, zB über die Strafzumessungsvorschriften, in die Gestaltung des materiellen oder des Verfahrensrechts Eingang gefunden, so dass in erster Linie dessen Verletzung zu rügen ist.

7.2   **Auf die Sachrüge** prüft das Revisionsgericht in geeigneten Fällen von Amts wegen, ob die angewendeten Vorschriften des materiellen Strafrechtes generell oder in der im konkreten Fall zugrunde liegenden Auslegung verfassungsrechtlichen Bedenken begegnen. In Betracht kommt hier ein Verstoß gegen das Doppelbestrafungsverbot (Art 103 Abs 3 GG), das Rückwirkungsverbot (Art 103 Abs 2 GG), des Bestimmtheitsgrundsatzes (Art 103 Abs 2 GG) und des Vertrauensschutzgebotes (Art 2 Abs 1, Abs 2, Art 20 Abs 3 GG). Vgl insoweit BGH NStZ 2008, 330, 331 zu § 66 b Abs 1 S 2 StGB. Können Bedenken durch eine verfassungskonforme Auslegung Rechnung getragen werden, gebührt dieser der Vorrang. Ist das Revisionsgericht von der Verfassungswidrigkeit der Strafnorm überzeugt, hat es sie nach Art 100 Abs 1 GG dem BVerfG zur Überprüfung vorzulegen (s Rn 15 ff).

4. Ausländisches Recht, Europarecht

8   Rechtsnormen sind auch **ausländische Rechtsvorschriften**, die im Rahmen der Anwendung von § 7 StGB, von § 251 StPO, bei Beurteilung von Rechtshilfemaßnahmen, der Reichweite ausländischer Verurteilungen oder bei Auslegung bilateraler Verträge Bedeutung erlangen können. Sie unterliegen einer eigenständigen Beurteilung durch das Revisionsgericht (vgl BGH NJW 2008, 595, 598). Das Revisionsgericht ist befugt, in Zweifelsfällen im Wege des Freibeweises amtliche **Auskünfte** von in- und ausländischen Behörden, erforderlichenfalls auch ein **Sachverständigengutachten** über Inhalt und Anwendung des ausländischen Rechts einzuholen (vgl BGHSt 23, 156, 164 = NJW 1970, 520; Meyer-Goßner StPO vor § 72 Rn 6; KK-StPO/Senge StPO vor § 72 Rn 1).

9   Unter § 337 StPO fallen auch Vorschriften des **Europarechts**, die insbesondere für die – gemeinschaftskonforme – Auslegung nationaler Vorschriften eine bestimmende Rolle spielen können (vgl zB BGH Urt v 29. 8. 2008 – Az 2 StR 587/07 Rn 53 f = NJW 2009, 89, 93). Insoweit besteht wegen der Vorabentscheidungskompetenz nach Art 234 Abs 3 EGV, § 1 Abs 2 EuGHG allerdings eine Bindung an die einschlägige **Rechtsprechung des EuGH** (vgl BGHSt 51, 124 = NJW 2007, 233).

5. Weitere Einzelfälle

10   Die **Abgrenzung** zwischen revisiblem Recht und Vorschriften, die § 337 StPO nicht unterfallen, ist häufig ohne praktische Bedeutung. Wendet der Tatrichter Vorschriften an, bei denen es sich um keine „Gesetze" iSv § 337 StPO handelt, wird er hiermit regelmäßig anderweitige, revisible Rechtsnormen auszufüllen suchen; hierbei unterlaufende Rechtsfehler unterliegen als Fehlanwendung der ausgefüllten Norm der Kontrolle des Revisionsgerichtes.

11   Unter § 337 StPO fallen auch Staatsverträge (vgl BGH NStZ 2008, 399 zu bilateralen Sozialversicherungsabkommen; BGH Urt v 29. 8. 2008 – Az 2 StR 587/07 [Rn 65] = NJW 2009, 89, 94 zu OECD-Übereinkommen) und Auslieferungsvorschriften, soweit sie sich in formellen Gesetzen niedergeschlagen haben (vgl BGHSt 22, 307 = NJW 1969, 995). Keine Rechtsnorm iSv § 337 StPO, § 7 EGStPO sind Verwaltungsanordnungen (BGH NStZ 1982, 321; BayObLG NJW 1952, 235; OLG Köln NJW 1961, 1127), Dienstvorschriften (BGH BGHSt 20, 315 = NJW 1966, 673) einschließlich der RiStBV und der MiStra, im Verwaltungsweg erlassene Strafvollzugsvorschriften, Unfallverhütungsvorschriften, soweit sie

nicht aufgrund sozialgesetzlicher Ermächtigung erlassen sind (BayObLGSt 1986, 85 = MDR 1987, 80), Allgemeine Geschäftbedingungen, auch soweit sie branchenspezifisch vereinheitlicht sind (zB AGB-Banken, ADSp), Denk- und Erfahrungssätze (vgl Löwe/Rosenberg/Hanack StPO § 337 Rn 11).

Bei **Geschäftsverteilungsplänen** handelt es sich gleichfalls um keine revisiblen Vorschriften (vgl BayObLGSt 1977, 141). Rügefähig nach § 338 Nr 1 StPO ist aber ihr auf Fehlanwendung des GVG beruhendes gesetzwidriges Zustandekommen (vgl BGHSt 3, 353 = NJW 1953, 353) und die willkürliche Fehlanwendung des Geschäftsverteilungsplanes, soweit sie einen Verstoß gegen Art 101 Abs 1 S 2 GG begründet (BGHSt 11, 110; NJW 1975, 1424; näher § 338 StPO Rn 8, § 338 StPO Rn 25 ff). 12

II. Soll- und Ordnungsvorschriften

Bei prozessualen Soll- und Ordnungsvorschriften handelt es sich nach zutreffender Auffassung zwar um § 337 Abs 1 StPO unterfallende Rechtsvorschriften (vgl BGHSt 3, 384). Ein **Beruhen** des Urteils auf einer Verletzung ist jedoch **ausgeschlossen**, so dass die Revision hierauf nicht gestützt werden kann (vgl BGHSt 30, 255, 257; NStZ 1981, 83). Letztlich beruht dies auf der Erwägung, dass solche Vorschriften ein nicht überprüfbares tatrichterliches Ermessen einräumen (kritisch Löwe/Rosenberg/Hanack StPO § 337 Rn 21, 24). Ob es sich um eine Soll- oder Ordnungsvorschrift in diesem Sinne handelt, wird von der Rechtsprechung nicht nach dem Wortlaut, sondern nach dem **Zweck** der missachteten Bestimmung und ihrer **Auswirkung auf die Rechtsstellung des Angeklagten** bestimmt (vgl BGHSt 23, 245; 25, 325 = NJW 1974, 1570 sowie Rn 56). Die Anwendung materiellrechtlicher Vorschriften, die dem Tatrichter ein Ermessen einräumen, ist daraufhin überprüfbar, ob der Tatrichter ihre Eingangsvoraussetzungen zutreffend erkannt hat, ob er sich seines Ermessens bewusst war und dessen Grenzen nicht überschritten hat (vgl Rn 105). 13

III. Geltung, Vorlagepflichten

1. Zeitliche Geltung

Die Revision kann auch darauf gestützt werden, dass eine angewandte Rechtsnorm zeitlich keine Gültigkeit hatte. Bei materiellrechtlichen, die Schuld- und Rechtsfolgenfrage betreffenden Normen kommt es gem **Art 103 Abs 2 GG, § 2 Abs 1 StGB** auf die Geltung zur Tatzeit an, bei dem Angeklagten günstigen Änderungen des materiellen Rechts sowie bei Änderungen des Verfahrensrechtes gem **§ 2 Abs 3 StGB, § 354 a StPO** auf den Zeitpunkt der Entscheidung des Revisionsgerichtes. 14

Prozessuale Normen, insbes solche, die zu Ermittlungsmaßnahmen ermächtigen, sind dagegen rückbezüglich anwendbar in dem Sinne, dass sie auch zur Ermittlung von Sachverhalten vor ihrem Inkrafttreten herangezogen werden können, vgl BGH wistra 2008, 21. 14.1

2. Verfassungswidrigkeit, Vorlage zum BVerfG und EuGH

Die **Anwendung einer verfassungswidrigen Vorschrift** kann gleichfalls mit der Revision gerügt werden. Das Revisionsgericht hat die Verfassungskonformität der angewandten Vorschriften unter Beachtung der Rechtsprechung des Bundesverfassungsgerichts zu prüfen. Auf die Sachrüge kann auch ohne spezifische Beanstandungen des Revisionsführers eine verfassungsrechtliche Überprüfung veranlasst sein; die Vereinbarkeit von Verfahrensvorschriften mit dem GG kann dagegen nur auf eine zulässige Verfahrensrüge untersucht werden. 15

Beispiele: BGH NStZ 2008, 408 zu § 23 Abs 1 S 1 EStG und zu § 93 Abs 7 AO, § 93 b AO (Kontenabrufverfahren); BGH NStZ 2008, 330 (§ 66 b Abs 1 S 2 StGB). 15.1

Hat das **BVerfG** angewendete Vorschriften für **mit dem Grundgesetz unvereinbar** erklärt, folgt daraus grundsätzlich eine **Anwendungssperre**. Hat es jedoch ausgesprochen, dass das bisherige Recht nach Maßgabe der Gründe oder bis zu einem Stichtag, zu dem der Gesetzgeber spätestens eine Neuregelung getroffen haben muss, anwendbar bleibt, so wirkt die Unvereinbarkeitserklärung für strafrechtliche Sachverhalte jedenfalls nicht ex tunc (BGHSt 47, 138 = NStZ 2002, 265 für § 10 Nr 1 VStG aF unter Bezug auf BVerfGE 93, 121). Anders obiter BGH NJW 2007, 1363 für den Sonderfall des § 284 StGB und die „Sportwettenentscheidung" des BVerfG (NJW 2006, 1261): 15.2

Beruht eine fehlende verwaltungsrechtliche Erlaubnis und die darauf gründende Strafbarkeit auf einem verfassungswidrigen Rechtszustand, so entfällt die Strafbarkeit auch in Altfällen, dh für den Tatzeitraum vor der Entscheidung des BVerfG.

16 Bei durchgreifenden Zweifeln an der Verfassungsmäßigkeit eines angewandten Gesetzes, auf dem das Urteil beruht, ist das Revisionsgericht unter Verfahrensaussetzung zur **Vorlage an das Bundesverfassungsgericht nach Art 100 Abs 1 GG** verpflichtet (eingehend Löwe/Rosenberg/Hanack StPO § 337 Rn 25 ff). Dies gilt auch für die Bindungswirkung von völkerrechtlichen Regeln nach Art 25 GG.

16.1 Eine Vorlage wird insbes dann in Betracht kommen, wenn Entscheidungen des BVerfG zu vergleichbaren Rechtsnormen – etwa in parallelen Landesgesetzen – bereits vorliegen (vgl BGH NJW 2007, 3078 [Sportwetten]). Eine Vorlage abgelehnt wurde von BGH NStZ 2008, 330 zur Frage der Verfassungsmäßigkeit von § 66 b Abs 1 S 2 StGB.

16.2 Dass der **Tatrichter** in solchen Fällen nicht bereits seinerseits das Verfahren nach Art 100 Abs 1 GG ausgesetzt hat, begründet dagegen keinen rügefähigen Rechtsverstoß, der für sich genommen zur Aufhebung des Urteils führen könnte (BGHSt 39, 176 = NStZ 1993, 486). Die **Auffassung des Angeklagten**, eine Norm sei verfassungswidrig oder werde in einem anhängigen Verfahren vor dem BVerfG für verfassungswidrig erklärt, entlastet ihn in materiellrechtlicher Hinsicht nicht (BGH wistra 2008, 21; Allgayer wistra 2007, 133, 134), wenn nicht ausnahmsweise aufgrund einer unklaren Rechtslage und entsprechender Aufklärungsbemühungen des Angeklagten ein unvermeidbarer **Verbotsirrtum nach § 17 S 1 StGB** in Betracht kommt (vgl BGH NJW 2007, 3078), eine Vorlage nach Art 100 Abs 1 GG erübrigt sich in diesem Fall.

17 Die Vorlagepflicht besteht auch, wenn ein dieselbe Frage betreffendes Verfahren **vor dem BVerfG bereits anhängig** ist (vgl BVerfGE 34, 321 = NJW 1973, 1319; OLG Köln NJW 1961, 2271). Hegt das Revisionsgericht nur Bedenken an der Verfassungswidrigkeit, ist es davon aber nicht überzeugt, scheidet eine Vorlage aus. Im Falle anderweitig anhängiger Normenkontrollvorlagen, über die eine Entscheidung des BVerfG in absehbarer Zeit zu erwarten ist, kann es jedoch aus prozessökonomischen Gründen das eigene Verfahren **gem § 262 Abs 2 StPO analog aussetzen** und die Entscheidung des BVerfG abwarten (str; nach BGH NJW 1993, 1279, 1280 vertretbare Verfahrensweise; **aA** OLG Köln 1961, 2269, 2270).

18 Bei zweifelhafter Auslegung europarechtlicher Normen besteht **Vorlagepflicht gem Art 234 Abs 3 EGV, § 1 Abs 2 EuGHG** unmittelbar zum EuGH.

18.1 Die Vorlage seitens eines Oberlandesgerichtes zum Bundesgerichtshof nach § 121 Abs 2 GVG oder § 42 Abs 1 IRG ist in diesen Fällen ausgeschlossen. Zu Vorschriften des SDÜ vgl insoweit BGHSt 45, 123, 129 = NJW 1999, 3134; NStZ 2002, 661.

C. Verletzung

I. Grundsatz

19 Die revisionsrechtlichen Überprüfungsvoraussetzungen und der Überprüfungsumfang richten sich danach, ob die Verletzung formellen oder materiellen Rechtes gerügt wird. Zum **formellen Recht** gehören diejenigen Vorschriften, die die Einleitung und den Fortgang des Strafprozesses betreffen, also den prozessförmigen Weg zum Urteil beschreiben (vgl BGHSt 19, 273, 275). Dem **materiellen Recht** gehören dagegen alle Normen an, die für die Schuld- und Straffrage von Bedeutung sind, also den sachlichen Gehalt des Urteiles betreffen (vgl BGHSt 12, 1 = NJW 1958, 1643). Hierzu zählen auch der Grundsatz **in dubio pro reo**, die **Regeln der Logik** und die **Anwendung von Erfahrungssätzen**.

20 Mit der Trennung von formellem und materiellem Recht korrespondiert im Wesentlichen die Unterscheidung, ob eine näher ausgeführte **Verfahrensrüge** zu erheben ist, die zu einer auf den gerügten Verfahrensverstoß beschränkten, aber der Beweiserhebung im Freibeweisverfahren zugänglichen Überprüfung durch das Revisionsgericht führt, oder ob die **Sachrüge** ausreicht, auf die das Revisionsgericht das angefochtene Urteil auf die richtige Anwendung des materiellen Rechtes nach allen Seiten, aber unter strenger Bindung an den Inhalt des Urteiles untersucht. Allerdings kann es zu Überschneidungen kommen: Ist für die sachlich-rechtliche Frage, ob das Urteil alle für die Schuldfrage oder Strafzumessung wesentlichen Umstände vollständig und zutreffend erörtert, die Kenntnis von Verfahrensumständen erforderlich, sind diese im Rahmen einer ausgeführten Verfahrensrüge zu vermitteln (vgl BGH Beschl v 12. 6. 2008 – Az 5 StR 185/08; Brause NStZ 2007, 505, 511). Mittelbar können die im Urteil vorgenommene Beweiswürdigung und die Strafzumessung auch durch – mit der Verfahrensrüge zu beanstandende – Verfahrensfehler betroffen sein, wenn etwa ein Beweismittel oder ein strafbestimmender Umstand einem Verwertungsverbot unterliegt, oder das Tatgericht Zusagen im Rahmen einer verfahrensbeendenden Absprache nicht einhält (vgl BGH NStZ 2008, 416, 417). Eine Sonderstellung nimmt die regelmäßig von Amts wegen zu prüfende Verletzung von **Verfahrensvoraussetzungen** ein.

Auf ein **Verschulden des Tatrichters** an der Gesetzesverletzung kommt es regelmäßig nicht an (BGHSt 22, 266, 267 = NJW 1969, 61); es kann allerdings bei Fragen der Beschränkung der Öffentlichkeit (vgl § 338 StPO Rn 130) oder bei Bemessung des Umfanges einer Kompensation rechtsstaatswidriger Verfahrensverzögerungen eine Rolle spielen. Auch kann, namentlich bei auf fehlerhafte Besetzung gerichteten Verfahrenrügen (vgl § 338 StPO Rn 8 ff); KK-StPO/Kuckein StPO § 338 Rn 21, 46), bedeutsam sein, ob der Tatrichter bei bislang ungeklärten **Rechtsfragen** eine **vertretbare Position** eingenommen hat, auch wenn das Revisionsgericht von dieser abweicht. 20 a

II. Verfahrensvoraussetzungen

1. Prüfungsumfang, Anforderungen an Revision

Die Prüfung von Verfahrensvoraussetzungen durch das Revisionsgericht erfolgt **von Amts wegen**; die Revision braucht das Verfahrenshindernis nicht zu rügen. 21

Dies gilt nur, wenn und soweit ein Verfahrenshindernis tatsächlich besteht. Leidet zB eine Anklage an Konkretisierungsmängeln, die nicht so schwerwiegend sind, dass sie zur Unwirksamkeit der Anklage und des darauf beruhenden Eröffnungsbeschlusses führen, kommt eine Einschränkung der Verteidigungsmöglichkeiten durch die unzureichende Informationswirkung des Anklagesatzes in Betracht. Dieser Mangel muss mit einer Verfahrensrüge beanstandet werden (vgl BGH Beschl v 18. 10. 2007 – Az 4 StR 481/07 [insoweit in NStZ 2008, 352 nicht abgedruckt]). 21.1

Der Prüfungs- und Entscheidungsumfang richtet sich nach der **Art und Reichweite** des Verfahrenshindernisses. Soweit es nicht alle von dem angefochtenen Urteil erfassten Taten und Strafgesetze erfasst (zB bei Fehlen eines Eröffnungsbeschlusses insgesamt), ist es für die betroffene Tat (zB bei Verjährung) oder das betroffene Strafgesetz (zB bei fehlendem Strafantrag), auch bei Tateinheit, gesondert zu untersuchen. An die rechtliche Bewertung der festgestellten Taten durch den Tatrichter ist das Revisionsgericht dabei – außer bei Rechtskraft des Schuldspruches – nicht gebunden. 22

Welche Voraussetzungen an die Revision anzulegen sind, richtet sich – entgegen früherer Rechtsprechung (BGHSt 15, 203 = NJW 1961, 228) – danach, ob das Verfahrenshindernis vor oder nach Erlass des tatrichterlichen Urteils eingetreten ist. Ist das **Verfahrenshindernis bereits vor Urteilserlass** eingetreten, muss die Revision insgesamt zulässig, dh nicht nur formgerecht und rechtzeitig eingelegt, sondern auch **ordnungsgemäß begründet** sein (BGHSt 16, 115 = NJW 1967, 1684; BGHSt 22, 213, 216 = NJW 1968, 2253; BayObLG 1953, 82), gleich welche Rügen mit ihr erhoben werden. Fehlt es daran, ist die Revision trotz des Verfahrensmangels als unzulässig zu verwerfen. 23

Der **BGH** begründet dies damit, dass die Nichtbeachtung der Verfahrensvoraussetzung in diesem Fall in das angefochtene Urteil eingegangen sei mit der Folge, dass die Revision selbst zur Aufdeckung und Beseitigung des Rechtsmangels führen müsse. Der Zugriff auf das Urteil sei dem Revisionsgericht daher nur möglich, wenn alle förmlichen Voraussetzungen der Revision erfüllt seien und das Revisionsgericht selbst mit der Sache befasst werde. Ansonsten könne das Urteil nicht überprüft werden (vgl BGHSt 16, 115 = NJW 1967, 1684; BGHSt 22, 213, 216 = NJW 1968, 2253: „kein Zugang zum Urteil"). Dies überzeugt nicht. Geht man von der Einheitlichkeit des auch die Revisionsinstanz umfassenden Verfahrens aus, steht nicht allein die Überprüfung des angefochtenen Urteils in Frage; vielmehr handelt es sich um eine Verfahrenslage, die originär auch die Durchführung des Revisionsverfahrens hindert. Ein durchgreifender Unterschied zu einem erst nach Urteilserlass eingetretenen Hindernis besteht daher nicht (so noch BGHSt 15, 203 = NJW 1961, 228). 23.1

24 Bei einem erst **nach Urteilserlass eingetretenen Verfahrenshindernis** reicht es aus, dass die Revision statthaft, rechtzeitig und formgerecht eingelegt ist (BGHSt 22, 213, 216 = NJW 1968, 2253). Auf ihre Begründung kommt es nicht an.

24.1 Anders als bei einem dem Urteil vorangehenden Hindernis handelt es sich nach der Begründung des BGH hier nicht um die Nachprüfung eines fehlerhaften Urteils, sondern um Beachtung eines nachträglichen Ereignisses, das eine neue Verfahrenslage geschaffen hat.

25 Eine Prüfungspflicht des Revisionsgerichtes besteht auch bei **beschränkt eingelegter Revision** und damit einhergehender **Teilrechtskraft** des angefochtenen Urteils (BGHSt 21, 242 = NJW 1967, 1476; BGHSt 15, 203, 207 = NJW 1961, 228; BGHSt 13, 128 = NJW 1959, 1331; 11, 393 = NJW 1958, 1307; BGHSt 8, 269 = NJW 1956, 110; BGHSt 6, 304 = NJW 1954, 1776). Das Verfahrenshindernis kann zur Einstellung des Verfahrens insgesamt oder zu einer Gesamtaufhebung und -zurückverweisung führen (vgl § 354 StPO Rn 17), selbst wenn die Revision – etwa bei **Beschränkung auf den Strafausspruch** – auf eine Anfechtung des Schuldspruches ausdrücklich verzichtet (vgl etwa BGHSt 21, 242 = NJW 1967, 1476). Entsprechendes gilt, wenn bei **tatbezogenen Verfahrens- oder Verfolgungshindernissen** wie insbes der Verjährung die Revision auf die Verurteilung wegen Straftaten beschränkt ist, die von dem Hindernis nicht betroffen sind. Auch in diesem Fall kann rechtskraftdurchbrechend eine Einstellung des Verfahrens hinsichtlich der verjährten Tat erfolgen (vgl BGHSt 8, 259 = NJW 1956, 110; **aA** Löwe/Rosenberg/Hanack StPO § 337 Rn 30).

25.1 Allerdings ist bei rechtskräftigem Schuldspruch die **rechtliche Beurteilung** der Taten zugrunde zu legen, die sie in dem angefochtenen Urteil erfahren haben. Das Fehlen eines Strafantrages bleibt daher folgenlos, wenn bei richtiger rechtlicher Beurteilung wegen eines Antragsdeliktes hätte verurteilt werden müssen, tatsächlich aber eine Verurteilung wegen einer Tat erfolgt ist, die ohne Antrag verfolgt werden kann (OLG Braunschweig GA 1954, 347).

2. Beweis einer Verletzung

26 Das Revisionsgericht prüft die Verfahrensvoraussetzungen **selbständig** aufgrund eigener Sachuntersuchung im **Freibeweisverfahren** (BGHSt 16, 164, 166 = NJW 1961, 1979; BGH NStZ 1985, 420; BayObLG NStZ-RR 2001, 271; Meyer-Goßner StPO § 337 Rn 6; näher Rn 43 und § 351 StPO Rn 15). Zu einer Aufklärung im Freibeweisverfahren ist das Revisionsgericht allerdings nur gedrängt, wenn hinreichende Anknüpfungstatsachen für die Möglichkeit eines Verfahrenshindernisses sprechen. Insbesondere muss es – ebenso wenig wie der Tatrichter selbst (vgl Rn 89) – zugunsten des Angeklagten nicht von Annahmen ausgehen, für deren Vorliegen das Beweisergebnis keine konkreten Anhaltspunkte erbracht hat (vgl BGH Beschl v 23. 10. 2008 – 1 StR 526/08). Gebunden ist das Revisionsgericht an die seitens des Tatgerichtes festgestellten **doppelrelevanten Tatsachen**, dh solche, die der Tatrichter zugleich zum Schuldspruch festgestellt hat (vgl BGH StV 1991, 148; StV 1982, 101; MDR 1956, 272; kritisch Löwe/Rosenberg/Hanack StPO § 337 Rn 35). Dies gilt nicht für die **Tatzeit**, wenn sie in ihrer datumsmäßigen Eingrenzung für den Schuldspruch keine Bedeutung hat (BGHSt 22, 90 = NJW 1968, 1148).

27 Der Grundsatz **in dubio pro reo** gilt regelmäßig auch hinsichtlich Verfahrensvoraussetzungen. Bleiben unaufklärbare tatsächliche Zweifel am Vorliegen des Hindernisses, führen sie zur Verfahrenseinstellung (BGHSt 18, 274, 277; BGHSt 46, 349, 352 = NStZ 2002, 328; NJW 1995, 1297, 1299; BGH Beschl v 23. 10. 2008 – Az 1 StR 526/08). Dies gilt insbes zur Frage der Verjährung bei einem im Urteil nicht genau bestimmten Tatzeitpunkt. Lässt sich ausschließen, dass das Tatgericht nähere Feststellungen wird treffen können, so ist bei Bestimmung des Verjährungszeitpunkts zugunsten des Angeklagten davon auszugehen, dass der Angeklagte die abgeurteilten Taten schon zu Beginn des möglichen Tatzeitraumes begangen hat (vgl zB BGH Beschl v 20. 11. 2007 – Az 1 StR 442/07).

28 Demgegenüber muss eine mit der Revision behauptete **Verhandlungsunfähigkeit** des Angeklagten sicher feststehen, um ein Verfahrenshindernis annehmen zu können (BGH Urt v 10. 7. 1973 – Az 5 StR 189/73; NStZ 1984, 329; NStZ 1984, 520).

28.1 Dies betrifft nicht die über § 338 Nr 5 StPO revisiblen **Voraussetzungen der §§ 230– 321 a StPO**. So darf nach § 230 StPO bereits dann nicht weiterverhandelt werden, wenn Bedenken an der Verhandlungsfähigkeit des Angeklagten bestehen. Äußert der **Tatrichter** entsprechende Zweifel, ohne diesen nachzugehen, und liegen auch die Voraussetzungen der § 231 Abs 2 StPO, § 231 a StPO nicht vor, ist eine auf § 338 Nr 5 StPO gestützte Verfahrensrüge daher begründet (BGH NStZ 1984, 520). Bestehen andererseits entsprechende Bedenken an der aus Sicht des Tatrichters nicht, und ergeben sich anderweitige Anhaltspunkte auch nicht aus dem Protokoll, so kann Verhandlungsfähigkeit idR auch seitens des Revisionsgerichtes angenommen werden (BGH NStZ 1984, 329; Urt v 29. 11. 1983 – Az 4 StR 681/83).

Eine **Beeinträchtigung der Geschäfts- und Schuldfähigkeit** hat nicht zwangsläufig die Einschränkung der prozessualen Handlungsfähigkeit zur Folge. Eine im angefochtenen Urteil festgestellte Persönlichkeitsstörung und die hierauf gestützte Annahme der Voraussetzungen von § 21 StGB indizieren eine Verhandlungsunfähigkeit daher nicht. Hiervon ist erst auszugehen, wenn hinreichende Anhaltspunkte dafür vorliegen, dass ein Beteiligter nicht in der Lage ist, die Bedeutung von ihm abgegebener Erklärungen zu erkennen (BGH NStZ 1984, 181; NStZ 1984, 329; Beschl v 28. 7. 2004 – Az 2 StR 199/04). 28.2

In Zweifelsfällen, auch bei fraglicher Verhandlungsfähigkeit im Revisionsverfahren, hat das Revisionsgericht im Wege des Freibeweises Feststellungen zu treffen, die sich auf den gesamten Akteninhalt (vgl BGH NStZ 1983, 280; NStZ-RR 2007, 210; Beschl v 11. 10. 2007 – Az 3 StR 368/07), aber auch auf eine eigens veranlasste Begutachtung des Angeklagten durch einen geeigneten Sachverständigen stützen können (vgl zu Fall Mielke BGHSt 41, 16 = NJW 1995, 1973 und BGHSt 41, 72 = NStZ 1995, 394). 29

Eine nur **vorübergehende Verhandlungsunfähigkeit** bildet kein Prozesshindernis und ist daher nur auf eine entsprechende Verfahrensrüge zu prüfen (BGH NJW 1989, 1742); sie begründet dann aber den absoluten Revisionsgrund des § 338 Nr 5 StPO. Im Revisionsverfahren ist sie nur dann von Amts wegen zu beachten, wenn sie die wirksame Einlegung der Revision betrifft oder eine Grundverständigung des Angeklagten mit seinem Verteidiger über die Fortführung der Revision in Frage steht (vgl BGHSt 41, 69, 71 = NStZ 1995, 390, 391; NStZ 1996, 242). 30

3. Entscheidung

Ein Verfahrenshindernis führt regelmäßig zur **Aufhebung einer Verurteilung** und zu einer von dem Revisionsgericht auszusprechenden **Verfahrenseinstellung nach § 206 a StPO**, soweit das Hindernis reicht (zB BGH Beschl v 21. 10. 2008 – Az 4 StR 440/08; Beschl v 16. 12. 2008 – Az 4 StR 559/08; vgl § 354 StPO Rn 14 ff). Bei behebbaren Hindernissen ist die Sache unter Aufhebung des Schuld- und Strafausspruches an den Tatrichter **zurückzuverweisen** (vgl BGH NStZ 1998, 360, 361; NStZ 2008, 42, 43). Gleiches gilt, wenn **am Vorliegen einer Verfahrensvoraussetzung Bedenken bestehen**, die nur durch ergänzende tatrichterliche Feststellungen ausgeräumt werden können (vgl BGHSt 16, 403; BGHSt 46, 349 = NStZ 2002, 328; Beschl v 16. 11. 2000 – Az 3 StR 457/00). 31

Ist wegen sachlich-rechtlicher oder Verfahrensfehler ohnehin eine Zurückverweisung veranlasst, kann dem neuen Tatrichter auch die Überprüfung von Verfahrensvoraussetzungen aufgegeben werden, an deren Vorliegen sich nach Aktenlage Zweifel aufdrängen. ZB BGH Urt v 20. 12. 2007 – Az 4 StR 459/07: Strafantrag nach § 205 Abs 1 StGB war nur von der Mutter des Geschädigten gestellt; nach Aktenlage blieb aber offen, ob diese das Sorgerecht allein ausübte, ob auch der Vater Strafantrag gestellt oder mit dem gestellten Antrag einverstanden war oder ihn rechtzeitig genehmigt hatte. 31.1

Tateinheitlich begangene Gesetzesverletzungen, die von einem Verfahrens- oder Verfolgungshindernis erfasst sind, scheiden aus dem Verfahren aus; die Verurteilung ist im Wege der **Schuldspruchberichtigung** zu ändern. 32

Eine vorübergehende Verhandlungsunfähigkeit kann eine **vorläufige Verfahrenseinstellung** nach § 205 StPO durch das Revisionsgericht rechtfertigen (BGH NStZ 1996, 242). Ist sie endgültiger Natur, ist das Verfahren nach § 206 a StPO einzustellen, wenn nicht aus Rechtsgründen eine Durchentscheidung des Revisionsgerichts auf Freispruch nach § 349 Abs 4 StPO, § 354 Abs 1 StPO in Betracht kommt (KK-StPO/Kuckein StPO § 351 Rn 1; Widmaier NStZ 1995, 361, 363). 33

4. Einzelfälle

34 Zu den revisionsrechtlich beachtlichen Verfahrensvoraussetzungen gehören
- das Vorliegen von **Anklage** und **Eröffnungsbeschluss**,

34.1 Die Anklage muss nicht nur existieren, sondern auch ihrer **Umgrenzungs- und Informationsfunktion** genügen (BGHSt 40, 44, 47; BGHSt 40, 390, 392; zur Anklageschrift bei Serienstraftaten vgl BGH NStZ 2008, 351). Der Eröffnungsbeschluss darf nicht an so schwerwiegenden Mängeln leiden, dass er unwirksam ist. Unterhalb dieser Schwelle liegende Fehler wirken weder als Verfahrenshindernis, noch sind sie mit der Revision überhaupt angreifbar. Sind Anklage und Eröffnungsbeschluss wirksam, erfolgt die Verurteilung jedoch wegen einer Tat, die **von der Anklage oder dem Eröffnungsbeschluss nicht umfasst** ist, fehlt es gleichfalls an einer Verfahrensvoraussetzung. Hinsichtlich eines **noch offenen Anklagevorwurfs** ist das Verfahren an das Tatgericht zurückzugeben, bei dem die Sache insoweit noch anhängig ist (BGHSt 46, 130 = NJW 2000, 3293). Zum Nachweis einer mündlichen **Nachtragsanklage** (§ 266 Abs 2 StPO) ist auf das Sitzungsprotokoll zurückzugreifen; die Nachtraganklage muss wirksam einbezogen worden sein (vgl aber BGH NJW 1970, 950). Zum Fall einer nicht auf eine Nachtragsanklage erfolgten nachträglichen Eröffnung des Hauptverfahrens in – insoweit fehlerhafter – Besetzung nach § 76 Abs 2 S 1 GVG vgl BGH Beschl v 3. 12. 2008 – Az 3 StR 497/08.

35 - der **Strafantrag** bei Antragsdelikten oder die Bejahung des besonderen **öffentlichen Interesses** durch die Strafverfolgungsbehörden,

35.1 Diese Voraussetzungen können **noch in der Revisionsinstanz hergestellt** werden (BGHSt 3, 73; 6, 157; 6, 285; vgl ferner BGHSt 19, 377 = NJW 1964, 1669).

36 - der Nichteintritt der **Verjährung**,
- die **Verhandlungsfähigkeit** (vgl Rn 28 f, Rn 33),
- die **sachliche Zuständigkeit** (§ 6 StPO, § 269 StPO),
- das Fehlen eines **Strafklageverbrauches** und anderweitiger **Rechtshängigkeit**,

36.1 Betroffen ist insoweit das Verbot der Doppelbestrafung (Art 103 Abs 2 GG). Bei anderweitiger rechtskräftiger Verurteilung ist zwingend einzustellen, auch wenn das angefochtene Urteil früher ergangen ist als das anderweitige, bereits rechtskräftige (BGHSt 9, 192). Vgl ferner BVerfGE 12, 62 = NJW 1961, 867; BGHSt 20, 292, 293 = NJW 1966, 114; BGHSt 28, 119, 121 = NJW 1979, 54; BGHSt 35, 60 = NJW 1988, 1742; BGHSt 36, 151 = NJW 1989, 1740; BGHSt 37, 10, 11 = NJW 1990, 1924; NStZ-RR 1996, 39).

37 - ferner das Fehlen einer bindenden **Ablehnung der Eröffnung** (§ 204 StPO) oder einer **Verfahrenseinstellung nach §§ 153 StPO ff** (zB BGH Beschl v 16. 12. 2008 – Az 4 StR 559/08; Meyer-Goßner StPO § 154 Rn 17), die **Immunität** und die Einhaltung von **Auslieferungsbedingungen** (BGHSt 22, 307 = NJW 1969, 995).

38 Im dreistufigen Rechtszug hat das Oberlandesgericht als Revisionsgericht zu prüfen, ob im anhängigen Verfahren bereits **vor dem Amtsgericht oder im Berufungsverfahren Rechtskraft** eingetreten ist.

38.1 Wurde im **Strafbefehlsverfahren** der Einspruch verspätet oder unwirksam eingelegt, so wird das Verfahren nicht eingestellt, sondern das Urteil aufgehoben und der Einspruch als unzulässig verworfen (BGHSt 13, 306; BayObLG 1961, 138 = NJW 1961, 1637; NJW 1961, 195 = NJW 1962, 119); haben Amts- und Landgericht den Mangel übersehen, werden beide Urteile aufgehoben (OLG Oldenburg MDR 1971, 680). Erweist sich bei einem solchen Rechtsfehler auch die Berufung verspätet eingelegt, so wird nur das Berufungsurteil aufgehoben; das rechtskräftige amtsgerichtliche Urteil bleibt bestehen (BayObLG 1966, 23 = NJW 1966, 1376).

38.2 Eine **unzulässige Berufung** hat grundsätzlich zur Folge, dass das Berufungsurteil aufgehoben und die Berufung als unzulässig verworfen wird (BayObLG 1966, 21 = NJW 1966, 1376). Die Amtspflicht des Revisionsgerichts zur Prüfung der Zulässigkeit einer Angeklagtenberufung entfällt dann, wenn der Eintritt der Rechtskraft des amtsgerichtlichen Urteils nicht von der Berufung des Angeklagten abhängt, weil zugleich eine zulässige unbeschränkte Berufung der StA vorlag (BayObLG NStZ 1994, 48).

38.3 Im Fall einer gegen ein **Berufungsurteil nach § 329 Abs 1 StPO** gerichteten Revision und eines vor Erlass des Urteils eingetretenen Verfahrenshindernisses ist eine in zulässiger Form eingelegte und begründete Revision erforderlich. Die Prüfungskompetenz des Revisionsgerichtes beschränkt sich dann nicht nur darauf, ob die Verwerfungsvoraussetzungen von § 329 Abs 1 StPO vorgelegen haben, sondern richtet sich auch auf das Verfahrenshindernis, selbst wenn nur die allgemeine Sachrüge erhoben ist (BGHSt 46, 230, 234 ff = NJW 2001, 1509, 1510).

Bei **Berufungsbeschränkung** prüft das Revisionsgericht, ob die Beschränkung wirksam war 38.4 (BGHSt 27, 70; BayObLG NStZ 1998, 532; OLG Hamm NJW 1963, 459; OLG Zweibrücken StV 1982, 12). Ist dies nicht der Fall, so ist die Sache zur Nachholung des Berufungsverfahrens über den irrig für rechtskräftig gehaltenen Teil zurückzuverweisen. Bei wirksamer, vom Berufungsgericht aber nicht beachteter Beschränkung liegt Teilrechtskraft des amtsgerichtlichen Urteils vor, so dass das Berufungsurteil insoweit aufzuheben ist.

Nur ausnahmsweise als Verfahrenshindernis wirken gravierende **rechtsstaatswidrige Ver-** 39 **fahrensverzögerungen**; hier kann sich in Extremfällen, wenn eine angemessene Berücksichtigung im Rahmen einer Sachentscheidung nicht mehr in Betracht kommt, ein Verfolgungsverbot ergeben, das das Revisionsgericht zur Verfahrenseinstellung berechtigt (vgl BVerfG NStZ 2001, 261; BGHSt 35, 137, 142 = NJW 1988, 2188; BGHSt 46, 159, 171 = NJW 2001, 1146, 1148). In diesen Fällen ist die – ansonsten grundsätzlich zu rügende (vgl Rn 76 sowie in § 344 StPO § 344 StPO Rn 35 f) – Verfahrensverzögerung von Amts wegen zu beachten (BGH NJW 2001, 1146, 1148).

Verstöße gegen Absprachen unter den Verfahrensbeteiligten begründen grdsl kein 40 Verfahrenshindernis (vgl BGH Beschl v 30. 10. 1987 – Az 3 StR 414/87; KK-StPO/ Kuckein StPO § 337 Rn 25 aE). Hält die StA die **Zusage eines Antrages nach § 154 Abs 2 StPO** nicht ein, folgt auch daraus kein Verfahrenshindernis für die Aburteilung der betroffenen, absprachewidrig nicht eingestellten Tat; die in dem Prozessverhalten liegende Verletzung des Grundsatzes fairer Verfahrensführung muss allerdings auf andere Weise, insbes bei der Strafzumessung, ausgeglichen werden (BGH NStZ 2008, 416).

III. Formelles Recht

1. Grundsatz

Eine Verletzung formellen Rechtes liegt vor, wenn eine vorzunehmende Verfahrenshand- 41 lung unterblieben ist oder fehlerhaft vorgenommen wurde. Das Revisionsgericht prüft dies nicht von Amts wegen. Ein Verfahrensfehler muss vielmehr **konkret gerügt** und der für die Beurteilung erhebliche Tatsachenstoff unter den Voraussetzungen des § 344 Abs 2 S 2 StPO vollständig **vorgetragen** werden. Zu Einzelheiten vgl § 344 StPO Rn 36 ff; zur Auslegung einer Sachrüge als Verfahrensrüge („Umdeutung") vgl § 344 StPO Rn 30.

Prüfungsmaßstab ist die Tatsachen- und Rechtslage (§ 354 a StPO) im **Zeitpunkt der** 42 **Entscheidung des Revisionsgerichtes**. Der Verfahrensstand im Zeitpunkt der Verfahrenshandlung ist allerdings maßgeblich, wenn ihre Zulässigkeit sich hieran ausrichtet (zB Grad des Tatverdachtes bei Ermittlungsmaßnahmen, vgl auch BGHSt 10, 358, 365 = NJW 1957, 1604, 1606).

2. Beweis einer Verletzung

Die Verletzung **muss bewiesen sein**; der Grundsatz **in dubio pro reo gilt nicht** 43 (BGHSt 16, 164, 167 = NJW 1961, 1979; BGHSt 21, 10 = NJW 1966, 603; NJW 1978, 1390; NStZ 2008, 353; Pfeiffer StPO § 337 Rn 5). Ein fehlender Nachweis macht die Rüge unbegründet, nicht unzulässig. Dies gilt auch bei einem von Vornherein aus tatsächlichen oder rechtlichen Gründen **unmöglichen Nachweis**, zB hinsichtlich unter das Beratungsgeheimnis fallender Vorgänge (Meyer-Goßner StPO § 337 Rn 10 mwN). Kann der Nachweis wegen eines im Bereich der Justizorgane anzusiedelnden Fehlers nicht geführt werden, ist dagegen von einer dem Angeklagten günstigen Sachlage auszugehen (vgl OLG Celle StV 1998, 531: Zustellung der Anklageschrift; ThürOLG StraFo 2004, 357: Ladung zur Hauptverhandlung).

Soweit Verfahrensverstöße im Rahmen der Hauptverhandlung behauptet sind, ist Beweis- 44 grundlage in erster Linie das **mit Beweiskraft nach § 274 StPO ausgestattete Hauptverhandlungsprotokoll**. Erklärungen von Verfahrensbeteiligten sind grundsätzlich unbeachtlich, soweit sie einen von dem Protokollinhalt abweichenden Verfahrensverlauf behaupten. Beachtlich ist aber eine **Protokollberichtigung**; dies gilt nach neuerer Rechtsprechung des Bundesgerichtshofes grds auch dann, wenn sie einer bereits erhobenen, zulässigen Verfahrensrüge die Grundlage entzieht (BGHSt 51, 298 = NJW 2007, 2419; gebilligt von BVerfG Beschl v 5. 3. 2009 – Az 2 BvR 2044/07). Die Berichtigung setzt in diesem Fall voraus, dass der Revisionsführer angehört worden ist und sie – falls der Revisionsführer ihr substantiiert widerspricht – begründet wird. Die Einhaltung der formellen und sachlichen Voraussetzungen der Protokollberichtigung unterliegt im Revisionsverfahren dem Freibeweis. Ist das Protokoll nicht ordnungsgemäß berichtigt oder verbleiben hieran Zweifel, so gilt es in der nicht berichtigten Fassung fort (BGHSt 51, 298 = NJW 2007, 2419).

45 Keine Beweiskraft kommt dem Protokoll zu, wenn es erkennbare **Lücken oder Unklarheiten** aufweist (BGHSt 16, 306, 308 = NJW 1962, 165; BGHSt 17, 220, 222 = NJW 1962, 1308; NJW 1976, 978; StV 2001, 101; NStZ 2006, 181). Die Bindungswirkung entfällt auch im Fall einer missbräuchlichen, weil **bewusst unwahren Protokollrüge** (BGHSt 51, 88 = NStZ 2007, 49; vgl Rn 70). An den Protokollinhalt ist das Revisionsgericht im Übrigen dann nicht gebunden, wenn die Rüge einen Verfahrensvorgang betrifft, der **nicht zu den von § 274 StPO erfassten wesentlichen Förmlichkeiten** gehört und daher nicht an der formellen Beweiskraft des Protokolles teilnimmt (BGHSt 22, 26 = NJW 1968, 997; BGH NStZ 2009, 105), oder wenn es sich um Vorgänge handelt, die einer Protokollierung nicht zugänglich sind. So wird eine **schriftliche Verteidigererklärung**, die das Gericht als Anlage zum Protokoll nimmt, nicht Bestandteil des Hauptverhandlungsprotokolls, denn die Feststellung, wie der Angeklagte sich in der Hauptverhandlung mündlich geäußert hat, ist allein den Urteilsgründen vorbehalten; die Verteidigererklärung vermag hierzu nichts beizutragen (BGH NStZ 2009, 173; NStZ 2009, 282). Ebensowenig kann das Protokoll zum Beweis dafür herangezogen werden, dass **nicht protokollierungspflichtige Vorgänge unterblieben** sind, das Tatgericht etwa einen Vorhalt unterlassen habe (BGHSt 22, 26 = NJW 1968, 997), dass es sich nicht zur Beratung zurückgezogen habe (BGH NStZ 2009, 105), oder dass Hinweise, die nicht § 265 Abs 1 StPO unterfallen und daher nicht protokollierungspflichtig sind, unterblieben seien (BGHSt 19, 141 = NJW 1964, 308). Aus dem Schweigen des Protokolls können in diesen Fällen keine abschließenden Erkenntnisse gewonnen werden.

46 Erkenntnisse über den behaupteten Verfahrensverstoß können auch **dem Urteil selbst entnommen** werden (vgl BGHSt 19, 141 = NJW 1964, 308; BayObLG 1995, 151 = MDR 1954, 151). Ergeben sich aus dem Protokoll und dem Urteil keine hinreichenden Erkenntnisse über einen von der Revision behaupteten Verfahrensvorgang, kann ins Gewicht fallen, ob der **Revisionsvortrag unwidersprochen** geblieben ist (BGH StV 2000, 652, 653; NStZ 2008, 353). Tritt der Revisionsgegner in seiner **Gegenerklärung** (§ 347 Abs 1 S 2 StPO) den Behauptungen der Revision nicht entgegen, kann das Revisionsgericht von ansonsten gebotenen freibeweislichen Ermittlungen absehen und die Richtigkeit des Revisionsvortrages unterstellen (BGH NJW 2006, 3362; NStZ-RR 2004, 208; NStZ 2002, 275). Liegen andererseits **miteinander unvereinbare Stellungnahmen** vor, etwa eine Erklärung der Vereidigung und eine dienstliche Erklärung des Sitzungsstaatsanwalts, fehlt es regelmäßig an einer hinreichenden Beweisgrundlage für die Verfahrensrüge (BGH NStZ 1994, 196; NStZ 2008, 363 zum streitigen Ablauf von Vorgesprächen zur Herbeiführung einer verfahrensbeendenden Absprache). Eine den übersandten Akten **seitens des Tatrichters beigefügte Erklärung**, die dem Revisionsvortrag substantiiert entgegentritt, ist gleichfalls zu beachtlich und kann weitere Erhebungen entbehrlich machen (vgl BGH NStZ 2002, 275; StraFo 2003, 379, 380; Beschl v 26. 11. 2003 – Az 1 StR 407/03; Beschl v 12. 1. 2006 – Az 1 StR 491/02).

47 Ergeben sich nach den vorstehenden Grundsätzen keine abschließenden Erkenntnisse, die den behaupteten Verfahrensvorgang bestätigen oder widerlegen, ist das **Freibeweisverfahren** eröffnet. Dem Revisionsgericht steht hierbei ohne Bindung an die strengen Regeln des prozessualen Beweisrechts jede Beweiserhebung offen, die es nach seinem Ermessen zur Überprüfung des behaupteten Verfahrensverstoßes für zweckmäßig hält. Es kann den Akteninhalt auswerten, soweit er den beanstandeten Verfahrensvorgang betrifft, dienstliche Äußerungen der Berufsrichter, der Schöffen und des Sitzungsstaatsanwaltes sowie Stellungnahmen der Instanzverteidiger einholen (zB BGH NStZ 2009, 105), die stenographischen Aufzeichnungen des Protokollführers auswerten (so BGH NJW 1976, 977, 978), von den Möglichkeiten des Urkundenbeweises und der Augenscheineinnahme Gebrauch machen oder sich

amtlicher Auskünfte in- und ausländischer Stellen bedienen. Ihm steht auch offen, schriftliche Zeugenaussagen (BGH NStZ 1993, 349) oder ein Sachverständigengutachten einzuholen (BGH NStZ 2005, 458; KG StV 2002, 123). In der Revisionshauptverhandlung kann es Zeugen vernehmen, den Angeklagten zu dessen Vernehmung vorführen lassen oder einen Sachverständigen mündlich anhören. An Beweisanträge der Verfahrensbeteiligten ist es nicht gebunden, die Aufklärungspflicht entspricht jedoch der des Tatrichters nach § 244 Abs 2 StPO (KK-StPO/Kuckein StPO § 351 Rn 11). Die Beweiserhebung darf aber nicht die dem Tatrichter vorbehaltene Tataufklärung selbst zum Gegenstand haben (fragwürdig daher BGH Beschl v 2. 2. 2004 – Az 5 StR 534/02 [Beweisbeschluss] und NStZ-RR 2004, 270; vgl näher Rn 80.2).

Das Revisionsgericht hat im Freibeweisverfahren auch die **Glaubhaftigkeit** eingeholter dienstlicher Äußerungen und eingeholter Angaben von Zeugen zu prüfen (BGHSt 16, 164 = NJW 1961, 1979; NJW 1995, 1297,1299; NJW 1994, 2904, 2905). Dies gilt nicht, wenn ein Zeuge bereits vom Tatrichter im Strengbeweisverfahren vernommen wurde; die Glaubwürdigkeit des Zeugen und die Glaubhaftigkeit seiner Aussage kann nur einheitlich beurteilt werden. Das Revisionsgericht kann in diesem Fall auch keine dienstliche Stellungnahme des Tatrichters über den Zeugen einholen oder Äußerungen Dritter, die die Zeugenaussage erschüttern sollen (BayObLG NStZ-RR 2001, 271). Der Revisionsführer ist insoweit auf die Erhebung der Aufklärungsrüge angewiesen. 47.1

Im Fall einer zulässig erhobenen **Aufklärungsrüge** kann das Revisionsgericht anhand des ihm von der Revision unterbreiteten Aktenmaterials überprüfen, ob sich eine unterbliebene Beweisaufnahme aufdrängen musste. Auch die **Rüge nach § 261 StPO**, das Urteil beruhe nicht auf dem Inbegriff der Hauptverhandlung, kann im Einzelfall unter Rückgriff auf die Akten überprüft werden. 48

Dies ist – eine entsprechende Verfahrensrüge vorausgesetzt – zB dann möglich, wenn das Urteil sich auf eine ausweislich des Protokolls verlesene Urkunde oder Vernehmungsniederschrift in einer Weise stützt, die dem Inhalt der bei den Akten befindlichen Urkunde eindeutig widerspricht (vgl BGHSt 29, 18, 21 = NJW 1979, 2318; BGH Urt v 12. 8. 1987 – Az 3 StR 250/87; bei Miebach = NStZ 1988, 209, 212). Dagegen kann eine auf § 261 StPO gestützte Rüge keinen Erfolg haben, wenn sie zu einer Rekonstruktion der Beweisaufnahme führen müsste (näher Rn 50 ff). 48.1

Anders als bei der Richterablehnung (vgl § 338 StPO Rn 51 ff) kommen eigene Ermittlungen des Revisionsgerichtes bei der **Ablehnung eines Sachverständigen** nach § 74 Abs 1 StPO nicht in Betracht. Das Revisionsgericht ist hier an die Tatsachen gebunden, die der Tatrichter seiner Entscheidung zugrunde gelegt hat. Es entscheidet allein über die Rechtsfrage, ob über das Ablehnungsgesuch ohne Verfahrensfehler und mit hinreichender Begründung befunden wurde (BGH NStZ 1994, 388; NStZ 1999, 632, 633; NStZ-RR 2002, 66 bei Becker; NStZ 2008, 50; Beschl v 12. 9. 2007 – Az 1 StR 407/07). 49

3. Grenzen revisionsrechtlicher Überprüfung

Dem Revisionsgericht kommt als Rechtsinstanz nicht die Aufgabe zu, die tatrichterlichen Erhebungen und ihre Würdigung im Einzelnen nachzuvollziehen und zu kontrollieren. Da der Tatrichter zu einer umfassenden Dokumentation der Beweisaufnahme in seinem Urteil oder im Hauptverhandlungsprotokoll nicht verpflichtet ist, fehlt es hierzu bereits an einer tragfähigen Grundlage. Dem Revisionsgericht ist es daher in rechtlicher wie tatsächlicher Hinsicht **verwehrt, die tatrichterliche Hauptverhandlung zu rekonstruieren** und darauf gestützt die Tatsachenbeurteilung des Tatrichters durch eine eigene zu ersetzen (BGHSt 10, 208, 210 = NJW 1957, 1039; BGH NJW 2003, 152). Für den Bereich verfahrensrechtlicher Beanstandungen folgt daraus: 50

Die **Beweisaufnahme und die Beweiswürdigung als solche können mit Verfahrensrügen nach § 244 StPO oder § 261 StPO nicht angegriffen werden**. Der Revisionsführer kann daher grundsätzlich nicht damit gehört werden, dass sich die Hauptverhandlung anders zugetragen habe als von dem Urteil zugrunde gelegt. Eine Nachprüfung der Beweisaufnahme durch ihre Rekonstruktion oder Wiederholung ist im Revisionsverfahren ausgeschlossen. Auch Teile der Beweisaufnahme, wie zB der Inhalt von Zeugenaussagen oder eine bestimmte Einlassung des Angeklagten, können nicht überprüft werden (BGHSt 21, 149 = NJW 1967, 213; BGHSt 31, 139, 140 = NJW 1983, 186; BGHSt 43, 212, 214; BGH 51

NJW 2003, 150, 152; NStZ 2009, 282, 283). Mit der Revision kann daher nicht beanstandet werden, ein Beweismittel sei nicht ausgeschöpft worden, weil einem Zeugen bestimmte Fragen nicht gestellt worden seien, weil vorangegangene Vernehmungen aus dem Ermittlungsverfahren in die Vernehmung nicht hinreichend Eingang gefunden hätten, oder weil der Tatrichter sich mit der Einlassung des Angeklagten oder einer Zeugenaussage unzureichend auseinandergesetzt habe (vgl BGH NJW 1992, 2838; NStZ 2000, 156; NStZ 2004, 392; NStZ 2006, 55; Urt v 9. 12. 2008 – Az 5 StR 412/08 Rn 12).

51.1 **Aufzeichnungen eines Prozessbeteiligten** über den Inhalt der Hauptverhandlung, insbes einer Zeugenaussage können nicht zur Widerlegung der tatrichterlichen Feststellungen herangezogen werden (BGHSt 15, 347 = NJW 1961, 789; BGHSt 43, 212 = NJW 1997, 3182); hierzu sind sie auch dann untauglich, wenn sie in die Verhandlung eingeführt und als Anlage zum Protokoll genommen wurden. Gleiches gilt für eine zum Protokoll gereichte Verteidigererklärung, die einer Einlassung des Angeklagten zugrunde lag (BGH NStZ 2009, 173; NStZ 2009, 282; vgl näher Rn 45 und nachfolgend Rn 52). Der Tatrichter ist auch nicht verpflichtet, einen Hinweis darauf zu erteilen, dass er die Aussage abweichend von dem Prozessbeteiligten verstanden hat (BGHSt 43, 212 = NJW 1997, 3182).

52 Die Rüge, dass bestimmte Feststellungen entgegen **§ 261 StPO** nicht aus dem Inbegriff der Hauptverhandlung geschöpft worden seien (**Inbegriffsrüge**, vgl BGHSt 38, 14, 16; BGH NJW 2007, 92, 95 f), hat daher keine Aussicht auf Erfolg, wenn nicht ausgeschlossen werden kann, dass sie auf nicht protokollierungsbedürftige Weise in die Verhandlung eingeführt wurden. Dies ist etwa dann der Fall, wenn Feststellungen auf unprotokollierten Angaben vernommener Zeugen, Sachverständiger oder Mitangeklagter beruhen könnten (vgl BGH Beschl v 22. 11. 2007 – Az 4 StR 397/07), oder wenn der Inhalt einer im Urteil verwerteten, ausweislich des Protokolles aber nicht verlesenen Urkunde auch durch Vorhalte in die Verhandlung eingeführt worden sein kann. Auch die Beanstandung, dass sich **der Angeklagte anders als festgestellt zur Sache eingelassen** hat, kann auf § 261 StPO nicht gestützt werden, sofern der Angeklagte nur überhaupt Angaben gemacht hat, die den im Urteil festgestellten entsprechen könnten. Dies ist bereits dann der Fall, wenn er sich im Rahmen der Vernehmung über seine persönlichen Verhältnisse nicht ausschließbar auch zur Sache geäußert haben kann (vgl BGH Beschl v 13. 9. 2007 – Az 5 StR 296/07). Entspricht die dem Urteil zugrunde liegende Einlassung nicht einer schriftlichen, zu Protokoll gereichten **Verteidigererklärung**, so ist damit kein Verfahrensfehler nachgewiesen. Die schriftliche Niederlegung ändert nichts daran, dass der Angeklagte sich mündlich geäußert und das Gericht den Inhalt seiner Äußerung allein in den Urteilsgründen festzustellen hat (BGH NStZ 2009, 173; NStZ 2009, 282). Da nicht auszuschließen ist, dass der Angeklagte sich in der Hauptverhandlung anders als in der Verteidigererklärung dokumentiert oder über die Erklärung hinaus geäußert hat, ist der Text der Protokollanlage nicht geeignet darzulegen und zu beweisen, wie er sich eingelassen hat. Die Behauptung, der Angeklagte habe sich eingelassen wie in der Protokollanlage dokumentiert, könnte vielmehr nur durch eine Rekonstruktion des Inhaltes der Hauptverhandlung bewiesen werden und hat aus diesem Grund keine Aussicht auf Erfolg (BGH NStZ 2009, 282; vgl auch § 344 StPO Rn 57).

53 Die Behauptung, das Urteil widerspreche dem Akteninhalt (**Rüge der Aktenwidrigkeit**), kann der Revision gleichfalls nicht zum Erfolg verhelfen, wenn ihre Richtigkeit sich nicht bereits aus dem Urteil selbst ergibt. Denn ein derartiger Widerspruch kann, was dem Revisionsgericht nachzuprüfen verwehrt ist, in der Hauptverhandlung ausgeräumt worden sein (BGH NStZ 1992, 599, 600; NStZ 2007, 115).

53.1 **Beispiel**: Der Sachverständige kann Beurteilungen in seinem zu den Akten gereichten vorläufigen Gutachten in der Hauptverhandlung aufgrund dortiger Erkenntnisse korrigiert haben. Ein Zeuge kann seine in früheren Vernehmungsprotokollen dokumentierte Aussage ergänzt, erläutert oder korrigiert haben (BGH NJW 1992, 2840).

54 Gleiches gilt für das Vorbringen, der Tatrichter habe entweder unter Verstoß gegen § 244 Abs 2 StPO versäumt, einen bestimmten Akteninhalt in die Hauptverhandlung einzuführen, oder er habe, falls dies doch geschehen sei, entgegen § 261 StPO unterlassen, den Inhalt zu erörtern. Eine derartige **Alternativrüge** läuft nach der Rechtsprechung des BGH auf eine unzulässige Überprüfung des Urteiles anhand des Akteninhaltes hinaus (BGH NJW 1992,

2840; NStZ 1997, 294; NStZ 1997, 2840; NStZ 2007, 115; Foth NStZ 1992, 446; **aA** Schlothauer StV 1992, 134, 139; Ziegert StV 1996, 279; krit KK-StPO/Kuckein § 337 Rn 26 a aE).

Die Prüfung dieser Rüge führt regelmäßig zu dem Ergebnis, dass sich ein aus einem Vergleich zwischen Urteil und Akteninhalt etwaig ergebender Widerspruch in der Hauptverhandlung aufgelöst haben kann, so dass es einer weiterreichenden Aufklärung, aber auch einer weiteren Erörterung im Hinblick auf § 261 StPO nicht bedurfte (vgl BGH NStZ 1997, 2840; NStZ 1992, 599, 600). Nur in engen **Ausnahmefällen** ist die Rüge zur Aufklärung fundamentaler, nicht erklärlicher Widersprüche zulässig, wenn eine Aufklärung ohne Rekonstruktion von Hauptverhandlung und Akten allein mit den Mitteln des Revisionsrechts unter Rückgriff auf objektive Grundlagen, insbes auf Urkunden möglich ist (BGH NStZ 1997, 296; BGH Beschl v 7. 4. 1999 – Az 4 StR 440/98; vgl auch sogleich Rn 55). **54.1**

Erfolgversprechend kann sich der Revisionsführer gegen die Urteilsfeststellungen daher nur dann wenden, wenn er **ohne Rekonstruktion der Hauptverhandlung den Nachweis führen kann,** dass die im Urteil getroffenen Feststellungen nicht durch die in der Hauptverhandlung verwendeten Beweismittel oder sonstige zum Inbegriff der Hauptverhandlung gehörende Vorgänge gewonnen wurden (vgl BGHSt 43, 212, 215 = NJW 1997, 3182). Dies ist der Fall, wenn das Revisionsgericht durch den objektiven Akteninhalt ohne Weiteres den behaupteten Rechtsfehler feststellen kann (BGH NStZ 1997, 296; krit KK-StPO/Kuckein StPO § 337 Rn 26 a). **55**

Solches ist etwa bei **Protokollierung einer Aussage nach § 273 Abs 3 StPO** möglich, nicht aber nach § 273 Abs 2 StPO, da in diesem Fall nur eine unbeachtliche Protokollrüge vorläge (BGHSt 38, 14 = NStZ 1991, 500; im Einzelnen str, vgl Löwe/Rosenberg/Hanack StPO § 337 Rn 82; Ulsenheimer NJW 1980, 2278; Sarstedt JZ 1965, 293; Pelz NStZ 1993, 363; Sieß NJW 1982, 1628). Ein Gegenbeweis gegen die Feststellungen kommt auch dann in Betracht, wenn die Urteilsfeststellungen den Inhalt einer nach § 273 Abs 1 StPO, § 274 StPO verlesenen, bei den Akten befindlichen Urkunde (vgl BGH MDR 1976, 989; StV 1983, 321; NStZ 1987, 18; Urt v 12. 8. 1987 – Az 3 StR 250/87 = NStZ 1988, 212 bei Miebach) oder ein nach § 251 StPO verlesenes Vernehmungsprotokoll (BGHSt 29, 18, 21 = NJW 1979, 2318) unrichtig oder in wesentlichen Teilen unvollständig (BGH StV 2003, 318) wiedergeben. Der Tatrichter hat dann nachgewiesenermaßen seiner Überzeugungsbildung einen Umstand zugrunde gelegt, der so nicht Gegenstand der Hauptverhandlung war (Verstoß gegen § 261 StPO). Die Rüge bleibt allerdings bereits dann erfolglos, wenn möglich erscheint, dass der Tatrichter die betreffende Urkunde oder Aussage nur **ausgelegt** hat, denn die normative Bewertung des Beweismittels obliegt allein dem Tatrichter (Pfeiffer StPO § 337 Rn 7). Die Grenze zur revisionsgerichtlichen Überprüfbarkeit ist **erst bei einem eindeutigen Widerspruch** oder **einer unvertretbaren Auslegung** erreicht. **55.1**

Als Grundlage eines zulässigen Gegenbeweises kommen weiterhin eine verlesene und als Anlage zum Protokoll genommene **schriftliche Erklärung** (KG StV 2003, 320) und der Inhalt des einem Protokoll nach § 168 a Abs 2 StPO zugrunde liegenden **Tonträgers** (OLG Stuttgart NStZ 1986, 41) in Betracht. Ein bei den Akten befindliches, als Beweismittel gewürdigtes **Lichtbild** kann darauf geprüft werden, ob es für Beweiszwecke ergiebig ist (BGHSt 41, 376, 382). Problematisch ist die revisionsrechtliche Behandlung von **Videoaufzeichnungen** (vgl hierzu Diemer NStZ 2002, 19). Der BGH verneint sie bei Aufzeichnungen nach **§ 255 a Abs 2 S 1 StPO** mit der Erwägung, dass die Vorführung der aufgezeichneten Vernehmung in der Hauptverhandlung die Vernehmung des Zeugen ersetzt, daher so zu behandeln sei, als sei der Zeuge in der Hauptverhandlung gehört worden. Dann entspräche es aber einer Konstruktion der Beweisaufnahme, würde das Revisionsgericht sich die Aufzeichnung selbst ansehen und ihre tatrichterliche Bewertung nachzuvollziehen suchen (BGH NJW 2003, 2761, 2763). Gleiches gilt dementsprechend für Videoaufzeichnungen nach **§ 247 a S 4 StPO** (vgl Hofmann StraFo 2004, 303), anderes dagegen für eine Aufzeichnung nach **§ 255 a Abs 1 StPO**. **55.2**

Beanstandet der Revisionsführer mit einer auf § 261 StPO gestützten Inbegriffsrüge in umgekehrter Zielrichtung, dass der Tatrichter seiner Überzeugungsbildung Umstände **nicht zugrunde gelegt hat, die Gegenstand der Hauptverhandlung gewesen sind,** und die – weil von wesentlichem Gehalt – hätten berücksichtigt werden müssen, muss der Inhalt des als übergangen gerügten Beweismittels oder Hauptverhandlungsvorganges gleichfalls zweifelsfrei feststehen. Dies ist bei Zeugenaussagen regelmäßig – zu Ausnahmen vgl Rn 55.1 – nicht der Fall, kann für Urkunden und Lichtbilder aber zutreffen. So kann ein in der tatrichterlichen Hauptverhandlung verlesenes **55.3** früheres Urteil, durch das ein Belastungszeuge verurteilt wurde, mit dessen Inhalt sich der Tatrichter im angefochtenen Urteil aber nicht auseinandergesetzt hat, zur Begründung einer auf § 261 StPO gestützten Rüge herangezogen werden; wenn der Inhalt des verlesenen Urteils Auswirkungen auf die Beurteilung der Glaubwürdigkeit des Zeugen und damit auf die Überzeugungsbildung des Tatrichters haben könnte, ist die Rüge begründet (BGH NStZ 2008, 475).

56 Ist dem Tatrichter beim Gebrauch einer prozessualen Vorschrift **Ermessen** oder ein **Beurteilungsspielraum** eingeräumt, prüft das Revisionsgericht nur, ob die tatrichterliche Beurteilung auf einem Rechtsirrtum beruhen, insbes, ob der Tatrichter sich seines Ermessens bewusst war und dessen Grenzen nicht überschritten hat (BGHSt 6, 298, 300 = NJW 1954, 1078; BGHSt 22, 266, 267 = NJW 1969, 61; BGHSt 45, 342, 351 = NJW 2000, 1274, 1276). Rechtsfehlerhaft in diesem Sinne ist eine Entscheidung, die unzulässige Erwägungen enthält, nicht an den Wertmaßstäben des Gesetzes ausgerichtet ist oder sich sonst als grob fehlerhaft erweist (vgl BGHSt 15, 390, 393; BGHSt 18, 238 = NJW 1963, 869). Eine Zweckmäßigkeitskontrolle findet nicht statt. An tatsächliche Feststellungen, die der Tatrichter seiner Beurteilung zugrunde gelegt hat, ist das Revisionsgericht gebunden.

4. Verletzung zu Lasten des Revisionsführers

57 Die Verfahrensverletzung muss **den Revisionsführer selbst** und nicht nur andere Verfahrensbeteiligte betreffen (vgl BGHSt 12, 1, 2 = NJW 1958, 1643; BGHSt 10, 119, 121). Ausreichend ist eine **mittelbare Beschwer**, die vorliegt, wenn sich nicht ausschließen lässt, dass sich der einen Dritten betreffende **Verfahrensfehler auch zu Lasten des Revisionsführers** auswirkt (Pfeiffer StPO § 337 Rn 9; KK-StPO/Kuckein StPO § 337 Rn 41). Dies trifft insbes auf die prozessordnungswidrige Heranziehung eines Beweismittels zu, das auch zu Lasten des Angeklagten gewürdigt werden kann, wie zB die fehlende Belehrung der Ehefrau oder des Angehörigen eines Mitangeklagten (BGHSt 27, 139, 141 = NJW 1977, 1161), die Missachtung eines ärztlichen Zeugnisverweigerungsrechtes (BGHSt 33, 148 = NJW 1985, 2203), die Verwertung des Geständnisses eines Mitangeklagten entgegen § 136 a StPO (BGH MDR 1971, 18), oder die fehlerhafte Bescheidung von Beweisanträgen Dritter, wenn sie auf eine auch der Entlastung des revidierenden Angeklagten dienende Beweisaufnahme gerichtet waren (BGH NJW 1952, 273). Vgl im Übrigen § 333 StPO Rn 12 ff.

58 Nicht rügen kann der Angeklagte dagegen den Verstoß gegen Vorschriften, die allein die Interessen eines anderen Verfahrensbeteiligten schützen oder im öffentlichen Interesse aufgestellt sind (**Rechtskreistheorie**, BGHSt 11, 213 = NJW 1958, 557; BGHSt 17, 245, 247 = NJW 1962, 1259). Um solche Vorschriften handelt es sich ua bei § 54 StPO, § 55 StPO, § 70 StPO, § 81 c Abs 1, Abs 2 S 1 StPO, § 146 StPO oder § 258 StPO.

59 Auf einen Verstoß gegen Vorschriften, die die **Beweiserhebung und -verwertung** betreffen, aber **kein** Erhebungs- oder **Verwertungsverbot** vorsehen, kann die Revision nicht gestützt werden, es sei denn, dass im Rahmen einer **Abwägung** dem Schutzinteresse des Angeklagten ausnahmsweise der Vorrang vor dem Strafverfolgungsinteresse des Staates gebührt (vgl BGH StV 2007, 337). Entsprechende Verstöße sind aber, wenn durch sie die Verteidigung beschränkt wurde oder die Qualität des Beweismittels eingeschränkt sein kann, durch verschärfte Anforderungen an die Beweiswürdigung zu kompensieren (vgl BGHSt 46, 93 = NJW 2000, 3505).

59.1 Dies gilt insbes für eine unterlassene Pflichtverteidigerbestellung im Ermittlungsverfahren und Verstöße gegen das Konfrontationsrecht. Eine Verurteilung setzt dann voraus, dass die unter diesen Umständen im Ermittlungsverfahren gewonnenen Zeugenaussagen durch andere gewichtige Gesichtspunkte außerhalb der Aussage bestätigt werden (BGHSt 46, 93; BGH NJW 2007, 237, 239).

5. Verfristung, Verzicht, Verwirkung und Missbrauch

60 Der Revisionsführer kann mit seinem Recht, Verfahrensverletzungen zu rügen, durch Zeitablauf, Einverständnis, Verwirkung und in Missbrauchsfällen ausgeschlossen sein. Eine gleichwohl erhobene Rüge ist unzulässig.

61 **a) Verfristung**

Ist die Beanstandung von Verfahrensverletzungen gesetzlich an bestimmte **Fristen** geknüpft, so bleibt der Verfahrensbeteiligte nach Fristablauf mit der Rüge ausgeschlossen.

Beispielsfälle einer derartigen Fristbindung sind die § 6a S 3 StPO, § 16 S 2 StPO, § 25 StPO, § 217 Abs 2 StPO, § 218 StPO (vgl BGH Beschl v 13. 12. 2005 – Az 5 StR 494/05; NStZ 2005, 646), § 222b Abs 1 S 1 StPO und § 246 Abs 2 S 2 StPO.

b) Einverständnis und Verzicht 62

Ist die Zulässigkeit von – ansonsten ausgeschlossenen – Verfahrenshandlungen gesetzlich an ein **Einverständnis** der Verfahrensbeteiligten geknüpft, so scheidet ein Verfahrensverstoß bei wirksamer Einverständniserklärung aus (zB § 250 Abs 1 Nr 1, Abs 3 Nr 3 StPO). Ein darüber hinausreichender **Verzicht** auf die Einhaltung von Verfahrensvorschriften ist nur in Grenzen zulässig, da die Rechtsstaatlichkeit des Verfahrens als objektiver Zweck der Prozessordnung grundsätzlich nicht zur Disposition der Beteiligten steht (vgl im Einzelnen Meyer-Goßner StPO § 337 Rn 43 ff).

Unverzichtbar sind die Einhaltung der Verfahrensvoraussetzungen (BGH NJW 1967, 2368) 62.1 sowie solcher Vorschriften, deren Verletzung die zwingende Aufhebung nach § 338 Nr 1 bis Nr 6 StPO zur Folge hätte (BGHSt 22, 18, 20; BGHSt 35, 164, 165 = NStZ 1988, 374; NStZ 1993, 198; NJW 1976, 1108). So ist die Weigerung eines inhaftierten Angeklagten, an der Hauptverhandlung teilzunehmen, als Verzicht unbeachtlich, so dass eine Vorführung angeordnet werden muss (BGHSt 25, 317, 318). Bei bloßen Formfehlern kann indes anderes geboten sein (vgl BGH NStZ 2008, 354 zu § 338 Nr 6 StPO und einer auf Öffentlichkeitsausschluss gerichteten Vorsitzendenanordnung). Im Übrigen ist danach zu entscheiden, ob die betroffene Vorschrift der rechtsstaatlichen Ausgestaltung des Verfahrens dient.

Verzichtbar sind beispielsweise die Belehrung nach § 35a StPO (BGH NStZ 1984, 329; OLG 62.2 Hamm NJW 1956, 1330), die Zustellung der Anklageschrift, nicht aber deren Mitteilung überhaupt (OLG Hamburg NStZ 1993, 56), die Ladung nach § 216 StPO und nach § 218 StPO (BGH NStZ 2005, 461; OLG Düsseldorf MDR 1987, 868; BayObLG 1984, 133). Auch auf die Einhaltung von **§ 250 StPO** kann in besonderen Fällen verzichtet werden, so bei Einverständnis mit der Verlesung eines richterlichen Vernehmungsprokolles im Fall der Aussageverweigerung nach § 55 StPO und gleichzeitigem Verzicht auf Vernehmung der Verhörsperson (BGH NStZ 2002, 217). Verzichtbar ist auch das Belehrungsrecht nach § 136 Abs 1 S 2 StPO mit der Folge, dass der Angeklagte einer Verwertung seiner nach fehlender Belehrung getroffenen Aussage zustimmen kann (BGHSt 38, 214). Vgl auch BGH Beschl v 29. 8. 2007 – Az 1 StR 387/07: Einverständnis mit Verlesung einer nichtrichterlichen Beschuldigtenvernehmung in der Hauptverhandlung, gleichwohl Rüge einer Verletzung von **§ 251 Abs 1 Nr 1, § 254 StPO** (offen gelassen im Beschl v 29. 8. 2007 – Az 1 StR 387/07; für Verwirkung in derartigen Fällen Bohlander NStZ 1998, 396, dagegen BGH Beschl v 25. 4. 2001 – Az 5 StR 12/01).

Der Verzicht oder das Einverständnis brauchen **nicht ausdrücklich erklärt** zu werden; das bloße 62.3 Stillschweigen reicht, zumal bei einem unverteidigten Angeklagten, grundsätzlich aber nicht aus (vgl BGHSt 6, 140). Im Anwendungsbereich der sogenannten **„Widerspruchslösung"** (BGHSt 38, 214; vgl Rn 63, § 136 StPO Rn 27) führt die Untätigkeit eines verteidigten oder hinreichend über das Widerspruchsrecht belehrten unverteidigten Angeklagten allerdings zum Ausschluss der Rügemöglichkeit des Verfahrensfehlers. Vgl ferner § 338 StPO Rn 63.

c) Verwirkung und Präklusion 63

Verwirkt ist ein Verfahrensrecht, wenn ein Verfahrensbeteiligter von prozessualen **Zwischenrechtsbehelfen**, insbes von **§ 222b StPO oder § 238 Abs 2 StPO** keinen Gebrauch gemacht hat. Er ist dann mit einer entsprechenden Rüge präkludiert (BGHSt 1, 322, 325; BGHSt 3, 368; NStZ 2007, 320; BGH Beschl v 29. 6. 2006 – Az 3 StR 175/06 Rn 3 und Rn 5; zu Ausnahmen vgl § 238 StPO Rn 17f und Meyer-Goßner StPO § 238 Rn 22 mwN; ausführlich KK-StPO/Schneider StPO § 338 Rn 28 ff auch zu abweichenden Auffassungen). Der Anwendungsbereich von § 238 Abs 2 StPO wird dabei in der Rspr weit ausgelegt (vgl BGH NJW 2009, 931, 932 [nach Beginn der Hauptverhandlung auftretende Besetzungsfehler]; vgl auch KK-StPO/Schneider StPO § 337 Rn 28). Anderes gilt nur für unverteidigte Angeklagte, die von der Existenz der Beanstandungsmöglichkeit nach § 238 Abs 2 StPO keine Kenntnis haben (OLG Köln NJW 1954, 1820; OLG Koblenz StV 1992, 263, 264; Löwe/Rosenberg/Gollwitzer StPO § 238 Rn 46), ferner dann, wenn es sich um einen Verstoß gegen zwingendes, dem Tatgericht keinen Entscheidungsspielraum belassendes Verfahrensrecht handelt (BGHSt 3, 368, 370; BGHSt 38, 260, 261; BGH NJW 1996, 2435; offen gelassen von BGH NJW 207, 230, 231), oder wenn das Unterlassen einer prozessual gebotenen Maßnahme beanstandet wird (BGH NStZ 1981, 71; BGH StV 1988, 472). Zum

Rügeverlust führt auch, wenn der Revisionsführer der **Verwertung eines Beweismittels oder einer Einlassung** des Angeklagten nicht durch einen rechtzeitig erklärten Widerspruch entgegengetreten ist (**"Widerspruchslösung"**, vgl BGHSt 50, 272, 274 = NJW 2006, 707; BGHSt 38, 214 = NJW 1992, 1463; BGHSt 42, 15, 22 = NJW 1996, 1547).

Über die normierten und von der Rechtsprechung für bestimmte Verfahrensgestaltungen entwickelten Zwischenrechtsbehelfe hinaus kann der – von starkem Einzelfallbezug geprägten – revisionsgerichtlichen Rechtsprechung mittlerweile der Grundsatz entnommen werden, dass **der Revisionsführer von allen zumutbaren Möglichkeiten Gebrauch machen muss, einem Verfahrensverstoß noch vor dem Tatrichter entgegenzutreten,** bevor er die Verletzung mit der Revision geltend machen kann. So hat eine Verfahrensrüge, dass ein Hinweis nach **§ 265 StPO** verspätet erteilt worden sei, keinen Erfolg, wenn kein Antrag auf Aussetzung des Verfahrens gestellt worden war (BGH NStZ 2007, 234, 235; BGH Urt v 2. 6. 1982 – Az 2 StR 182/82). Bei einer behaupteten Verletzung des **Rechts auf konfrontative Befragung** ist die – auf eine unzureichende Berücksichtigung in der Beweiswürdigung abzielende – Rüge nur dann zulässig, wenn der Angeklagte bereits in der tatrichterlichen Hauptverhandlung auf die Vernehmung des Belastungszeugen gedrängt und einen entsprechenden Beweisantrag gestellt hat (BGH StV 2007, 569). Der Ausübung unzulässigen Drucks im Rahmen von **Verständigungsgesprächen** hat der Angeklagte durch einen Befangenheitsantrag entgegenzutreten, um nach evtl Zurückweisung den absoluten Revisionsgrund des § 338 Nr 3 StPO geltend machen zu können; eine unmittelbare Rüge der Verletzung des Rechtes auf ein faires Verfahren scheidet aus (BGH NStZ 2009, 168 [Rüge nach § 136a StPO, § 337 StPO bleibt aber erhalten]). Den Verfahrensbeteiligten obliegt auch, für ihn offensichtlichen **Missverständnissen des Gerichts über den Umfang gestellter Anträge** mittels einer Gegenvorstellung entgegenzutreten, anderenfalls eine hierauf gestützte Rüge verwirkt sein kann (BGH NStZ 2008, 299, 300; BGHR StPO § 244 III Rügerecht 2; BGH wistra 2007, 259, 260; Meyer-Goßner StPO vor § 137 Rn 1).

63.1   Nicht jede Hinnahme eines Verfahrensfehlers führt zum Ausschluss des Rügerechtes. Auf eine schlicht rechtsfehlerhafte Bescheidung eines Antrages muss ein Verteidiger nicht hinweisen. Vgl zur Abgrenzung BGH NStZ 2008, 299, 300: Der Tatrichter hatte einen Beweisantrag des Verteidigers mittels Wahrunterstellung (§ 244 Abs 3 S 2 Alt 7 StPO) abgelehnt, die behaupteten und als wahr unterstellten Tatsachen dabei jedoch in sinnentstellender Weise relativiert; die hierauf gestützte Rüge des Angeklagten hatte Erfolg. BGH NStZ 2008, 351, 352: Nicht erschöpfende Würdigung der Zielrichtung eines Beweisantrages und Zurückweisung als ungeeignet (§ 244 Abs 3 S 2 Alt 4 StPO); der Revisionsführer war auch hier an einer entsprechenden Verfahrensrüge nicht gehindert.

63.2   Ob bereits in formeller Hinsicht nach **§ 344 Abs 2 S 2 StPO** die Begründung einer Rüge den Vortrag erfordert, dass Rechtsbehelfe zur tatrichterlichen Behebung des Verfahrensfehlers ausgeschöpft wurden, ist offen. Der BGH hat dies für den Fall angenommen, dass Darlegungen zu einem nach § 238 Abs 2 StPO möglichen Antrag fehlten (vgl BGH NStZ 2007, 234, 235). Eine Abgrenzung wird danach vorzunehmen sein, ob die Prozessordnung ein formalisiertes Antragsrecht bereithält, das im konkreten Fall einschlägig gewesen wäre; in diesem Fall obliegt dem Revisionsführer entsprechender Vortrag. Dem gleichzustellen ist der nach gefestigter Rspr gebotene Widerspruch gegen eine Beweiserhebung oder -verwertung trotz behaupteten Verwertungsverbotes.

63.3   Die **Abgrenzung zu Fällen des Verzichts und Einverständnisses** ist fließend, allerdings ohne praktische Bedeutung. Soweit eine Rügewirkung in Fällen angenommen wird, in denen Prozessbeteiligte von Prozessrechten aufgrund bewusster Entscheidung oder Absprache keinen Gebrauch machen, handelt es sich eher um einen Verzicht. Vgl BGH NStZ 1997, 451: Rüge einer Verletzung von § 258 StPO, weil nur der Wahlverteidiger und nicht auch der Pflichtverteidiger plädierte, obwohl die Verteidiger sich entsprechend abgesprochen hatten. Vereinzelt nimmt der Bundesgerichtshof auch in Fällen erklärten Einverständnisses mit einer bestimmten Verfahrensweise eine Verwirkung an (vgl NStZ 2008, 354 zur Frage des Öffentlichkeitsausschlusses). Insgesamt konstituieren die Fallgruppen im Ergebnis ein **Subsidiaritätsprinzip** revisionsrechtlicher Überprüfung, wonach es dem Revisionsführer obliegt, alle zumutbaren Möglichkeiten wahrzunehmen, den behaupteten Verfahrensfehler bereits im tatrichterlichen Verfahren auszuräumen.

64   **d) Rechtsmissbrauch**

Die Revisionsgerichte nehmen in jüngerer Zeit – häufig in Fällen sog Konfliktverteidigung – vermehrt Fälle des **Rügeausschlusses aufgrund arglistigen, widersprüchlichen**

oder allgemein rechtsmissbräuchlichen Verhaltens an. Der BGH stützt dies auf ein im Strafverfahren **allgemein** geltendes Missbrauchsverbot, das sich aus einer Vielzahl von Einzelvorschriften herleiten lasse (BGHSt 38, 111 = NStZ 1992, 140; BGHSt 51, 88 = NStZ 2007, 49; zustimmend Fischer NStZ 1997, 212, 216 f; Meyer-Goßner StPO Einl Rn 111), etwa aus § 26 a Abs 1 Nr 3 StPO, § 29 Abs 2 StPO, § 137 Abs 1 S 2 StPO, § 138 a Abs 1 Nr 2 StPO, § 241 Abs 1 StPO iVm § 239 Abs 1 StPO, § 244 Abs 3 S 2 StPO, § 245 Abs 2 S 3 StPO und § 266 Abs 3 S 1 StPO (vgl BGHSt 51, 88 = NStZ 2007, 49).

Ein Missbrauch prozessualer Rechte ist danach anzunehmen, wenn ein Verfahrensbeteiligter die ihm durch die Strafprozessordnung eingeräumten Möglichkeiten zur Wahrung seiner verfahrensrechtlichen Belange benutzt, um gezielt **verfahrensfremde oder verfahrenswidrige Zwecke** zu verfolgen (BGHSt 38, 111, 113 = NStZ 1992, 140; NStZ 2006, 249, 250). Das Fernziel, ein von dem Revisionsführer für materiell unrichtig gehaltenes Urteil aus der Welt zu schaffen, bleibt dabei außer Betracht (BGHSt 51, 88 = NStZ 2007, 49). Die bislang ergangene Rechtsprechung ist kasuistisch und nur begrenzt verallgemeinerungsfähig; sie lässt sich zu folgenden Fallgruppen zusammenfassen: 65

– Ein Prozessbeteiligter erwirbt ein **prozessuales Schutzrecht** allein zum Zweck der Verfahrensmanipulation. 66

> Vgl BGHSt 45, 342, 348; Urt v 23. 8. 2007 – Az 4 StR 180/07: Verlöbnis oder Heirat allein zu dem Zweck, hierdurch ein Zeugnisverweigerungsrecht zu erhalten. 66.1

– Der Prozessbeteiligte führt einen Verfahrensfehler absichtlich herbei oder verhindert auf die Wahrung seiner Rechte gerichtete Bemühungen des Gerichtes, um darauf später die Revision stützen zu können. 67

> Vgl BGH NJW 2006, 708: Einnahme von Rattengift durch den Angeklagten und irreführende Angaben auf Nachfragen des Gerichtes mit anschließendem Befangenheitsantrag wegen Verhandelns trotz seines schlechten Gesundheitszustandes. BGH NStZ 1998, 267: Rüge einer Verletzung von § 338 Nr 5 StPO nach Provokation eines Entpflichtungsgrundes für den Pflichtverteidiger. Vgl auch BGH NStZ 1998, 209: Rüge einer Verletzung von § 338 Nr 5 StPO nach eigenmächtigem Entfernen des Verteidigers von der Urteilsverkündung. Auch im Falle der verfahrensfehlerhaften Entfernung des Angeklagten kommt Rechtsmissbrauch in Betracht, wenn die Verteidigung selbst die Entfernung beantragt hatte, vgl BGH NStZ 1993, 198. 67.1

– Der Prozessbeteiligte verfolgt mit der ihm grundsätzlich zustehenden **Wahrnehmung prozessualer Antragsrechte** prozessfremde Zwecke. 68

> Vgl BGH NStZ 2005, 648: Exzessive Beweisantragstellung in Prozessverschleppungsabsicht. Einem derartigen **Missbrauch des Beweisantragsrechts** kann nach neuerer Rspr des BGH durch eine Fristsetzung zur Stellung von Beweisanträgen und Bescheidung hiernach gestellter, unbegründeter Anträge im Urteil begegnet werden (BGH NJW 2009, 605; StV 2007, 563; StV 2006, 113; vgl näher § 244 StPO Rn 29). Unter die Fallgruppe fällt auch ein **unmotiviertes Zuwarten mit einer Antragstellung nach erkanntem Verfahrensfehler**. Vgl insoweit BGH NStZ 2005, 646: Längeres Zuwarten mit einer Antragstellung auf Verfahrensaussetzung; BGH NStZ 2008, 50: Befangenheitsgesuch gegen eine im Ermittlungsverfahren tätig gewesene Übersetzerin sieben Monate nach Beginn der Hauptverhandlung. 68.1

– Das beanstandete Prozessgeschehen entspricht einem Antrag oder Wunsch des Prozessbeteiligten. 69

> Vgl BGH StV 2001, 100: Der Revisionsführer hatte sich mit einer ersten Revision – erfolgreich – gegen die Anordnung seiner Unterbringung nach § 64 StGB gewandt, um im zweiten Durchgang vor dem Revisionsgericht zu beanstanden, dass von der Anordnung abgesehen wurde. BGH StV 2001, 101: Beanstandete Verwertung einer vom Angeklagten verfassten Stellungnahme, die der Angeklagte dem Tatgericht zum Zwecke der Verwertung übergeben worden war. BGH NStZ 2000, 606: Rüge nach § 229 StPO wegen zu karger, keiner hinreichenden Sachverhaltsaufklärung dienender Verfahrensgestaltung an einzelnen Verhandlungstagen, obwohl die Verfahrensgestaltung gerade dem Wunsch der Verteidigung mit Rücksicht auf Terminsschwierigkeiten des Verteidigers entsprach. BGH NStZ 2008, 475: **Besetzungsrüge**, nachdem der Angeklagte bereits in einer ersten Hauptverhandlung erfolgreich einen Besetzungseinwand erhoben hatte, daraufhin mit der Haupt- 69.1

verhandlung neu begonnen wurde und die nunmehr gerügte Besetzung dem ursprünglichen Antrag entsprach.

69.2 Einen Fall **widersprüchlichen Verhaltens** in diesem Sinne behandelt auch BGH Beschl v 13. 12. 2005 – Az 5 StR 494/05: Aktive Verteidigung durch den Pflichtverteidiger unter Mitwirkung an einer verfahrensbeendenden Absprache, gleichwohl Antrag auf Beiordnung eines bislang inaktiven Wahlverteidigers.

70 - Der Revisionsführer beruft sich mit seiner Verfahrensrüge wider besseres Wissen auf einen **unzutreffenden prozessualen Sachverhalt**.

70.1 Vgl BGHSt 51, 88 = NStZ 2007, 49 mAnm Fahl JR 2007, 31 zum Fall der bewusst unwahren Behauptung eines Prozessgeschehens, gestützt auf das insoweit fehlerhafte Protokoll: „Einen ... Rechtsmissbrauch begeht auch ein Beschwerdeführer, der in einer Verfahrensrüge einen Verfahrensverstoß behauptet, obwohl er sicher weiß, dass sich dieser nicht ereignet hat. Denn er verfolgt mit ihr verfahrenswidrige Zwecke. Eine Verfahrensrüge dient dazu, geschehene Verfahrensfehler zu korrigieren. Nur dann, wenn das Verfahrensrecht tatsächlich verletzt worden ist und entweder ein absoluter Revisionsgrund eingreift oder das Beruhen des Urteils auf dem Fehler nicht ausgeschlossen werden kann, unterliegt das Urteil der Aufhebung." Hierzu zählen auch Fälle bewusst ausschnitthaften, hierdurch **sinnentstellenden und irreführenden Rügevortrages** (vgl BGH NStZ-RR 2008, 85; näher § 344 StPO Rn 48 f). Vgl auch EGMR NJW 2007, 2097: Zurückweisung einer Beschwerde wegen Missbrauches nach Art 35 Abs 3 EMRK, da sie bewusst auf einen unrichtigen Tatsachenvortrag gestützt war.

71 Auf die **Verletzung zwingender, unverzichtbarer Verfahrensvorschriften** können die Verfahrensbeteiligten sich auch in Fällen der Arglist oder des Rechtsmissbrauches berufen (BGHSt 15, 306, 308; BGHSt 22, 83, 85). Bei arglistigem Verteidigerverhalten kommt es darauf an, ob der Angeklagte hieran beteiligt war; anderenfalls kann ihm das Verhalten nicht entgegengehalten werden (vgl BGHSt 24, 280, 283).

72 Wegen ihrer Gesetzesbindung und Stellung als öffentliches Rechtspflegeorgan kommt ein Rügeverlust auch bei **missbräuchlichem Verhalten der StA** in Betracht, etwa bei gezielter Herbeiführung und Enttäuschung eines Vertrauenstatbestandes. Einen im Revisionsrecht geregelten Fall missbräuchlichen Verhaltens der StA betrifft **§ 339 StPO**.

6. Einzelfälle

73 Auf eine hinreichend ausgeführte Verfahrensrüge zu prüfen ist die **Einhaltung des Unmittelbarkeitsgebotes bei Verwertung von Beweismitteln** nach den §§ 249 StPO ff, insbes die Verlesung schriftlicher Aussagen, Berichten und Vernehmungsniederschriften.

73.1 Vgl aus der jüngeren Rspr BGH NStZ 2008, 293 (Verwertung von Video- und Tonbandaufzeichnungen einer früheren Zeugenvernehmung nach Geltendmachung des Zeugnisverweigerungsrechtes, verbunden mit eine „Freigabe" der Aufnahmen); BGH StraFo 2007, 510 (Verlesung von Gerichtshilfeberichten), BGH NStZ 2008, 421 (Fehlen eines Gerichtsbeschlusses zur Anordnung einer durchgeführten audiovisuellen Zeugenvernehmung nach § 247 a S 1 StPO); BGH NStZ 2008, 475 (Verlesung eines privatärztlichen Attestes unter Verstoß gegen § 256 Abs 1 Nr 2 StPO); OLG Düsseldorf NStZ-RR 2008, 358 (Verlesung eines Vermerks nach § 256 Abs 1 Nr 5 StPO über eine Videoaufzeichnung statt deren Inaugenscheinnahme).

73.2 Ausnahmsweise **auf die Sachrüge beachtlich** ist eine Verletzung des Unmittelbarkeitsgrundsatzes oder Grundsatzes der bestmöglichen Sachaufklärung dann, wenn der Mangel dazu führt, dass bereits den Feststellungen nicht entnommen werden kann, ob die rechtliche Bewertung auf einer tragfähigen Tatsachengrundlage beruht (vgl OLG Düsseldorf NStZ-RR 2008, 180: Einvernahme eines Polizeibeamten über Bildmaterial und seine Einstufung als kinderpornographisch statt Inaugenscheinnahme des Materials).

74 Zum Gegenstand einer Verfahrensrüge können weiterhin die fehlerhafte **Ablehnung oder Nichtbescheidung eines Beweisantrages oder eines Beweisermittlungsantrages**, sowie Verstöße gegen die Aufklärungspflicht des Tatrichters erhoben werden.

74.1 Rügt der Revisionsführer die fehlerhafte Bescheidung eines Beweisantrages, enthält die Rüge nicht notwendig zugleich die hilfsweise Beanstandung, der Tatrichter habe durch die Nichterhebung des beantragten Beweises seiner Aufklärungspflicht zuwidergehandelt (vgl BGH NStZ

2008, 349, 350), denn hierzu wäre weitergehender Vortrag dazu erforderlich, aufgrund welcher Umstände sich das Gericht zu der vermissten Beweiserhebung gedrängt sehen musste.

Hat der Tatrichter einen Beweisantrag wegen **Bedeutungslosigkeit** der unter Beweis gestellten Indiztatsache zurückgewiesen und dies zulässigerweise mit einer **antizipierenden Beweiswürdigung** begründet, so prüft das Revisionsgericht allein, ob diese Würdigung frei von Rechtsfehlern ist (vgl BGH Beschl v 22. 11. 2007 – Az 3 StR 430/07). Hierzu gelten die Grundsätze für die Überprüfbarkeit der im Urteil vorgenommenen Beweiswürdigung entsprechend (vgl Rn 86 ff). Vgl ferner BGH StV 1994, 172 zur Zurückweisung eines erkennbar als Beweisantrag gestellten Antrages allein durch den Vorsitzenden. BGH Beschl v 2. 10. 2007 – Az 3 StR 373/07: Bei Zurückweisung eines Beweisermittlungsantrages ist eine begründete Entscheidung zumindest des Vorsitzenden erforderlich. Zu den revisionsrechtlich überprüfbaren Voraussetzungen für die Annahme von **Verschleppungsabsicht** vgl BGH NStZ 2007, 659. **74.2**

Zur Erforderlichkeit und Durchführung einer vom Tatrichter zu veranlassenden **audiovisuellen Auslandsvernehmung** vgl BGHSt 45, 188 = NJW 1999, 3788 und Beschl v 9. 10. 2007 – Az 5 StR 344/07. Zur Frage, ob der Tatrichter auf Grundlage undeutlicher Lichtbilder einer Überwachungskamera ein anthropologisches Sachverständigengutachten einholen muss, vgl BGH NStZ 2005, 458. Zur Vernehmung von Vertrauenspersonen der Ermittlungsbehörden (**V-Mann**) vgl BGHSt 32, 115 = NJW 1994, 247 (GrS), zu Sperrerklärung gegen die Vernehmung **verdeckter Ermittler** und des Einsatzes eines audiovisuellen Vernehmungsbehelfes vgl BGHSt 51, 232 – NJW 2007, 1475. Zur Erforderlichkeit eines **Glaubwürdigkeitsgutachtens** vgl BGH StV 2009, 116; NStZ 1991, 47. **74.3**

Auf die Verfahrensrüge überprüfbar ist ferner die **Verwertung eines fehlerhaft gewonnenen** oder aufgrund seiner Natur **Verwertungsbeschränkungen unterliegenden Beweismittels**. Dies gilt nicht nur für den Fall, dass die Revision ein Verwertungsverbot behauptet. Auch Beweisgewinnungsfehler, die im Rahmen der Beweiswürdigung zu kompensieren sind, müssen dem Revisionsgericht durch eine den entsprechenden Verfahrensvorgang ausführende Verfahrensrüge vermittelt werden (s auch Rn 59). **75**

Hierunter fallen insbes behauptete **Verletzungen des Konfrontationsrechtes nach Art 6 Abs 3 EMRK**, die durch eine besonders sorgfältige Beweiswürdigung ausgeglichen werden müssen (vgl EGMR NJW 2006, 2753; BVerfG [Kammer] NJW 2001, 2245; NJW 2007, 204; BGH NJW 2000, 3505; NJW 2003, 74; NJW 2007, 237). Will der Angeklagte geltend machen, dass die Beweiswürdigung diesen Anforderungen nicht entspricht, muss er im Rahmen einer Verfahrensrüge die Verfahrensvorgänge dartun, die den erhöhten Maßstab begründen. Nach BGH StV 2007, 569 ist eine Auseinandersetzung des Tatrichters mit dem Umstand, dass dem Angeklagten keine unmittelbare Befragung eines Belastungszeugen möglich war, nur dann geboten, wenn der Angeklagte auf Vernehmung des Zeugen in der Hauptverhandlung gedrängt und einen entsprechenden Beweisantrag gestellt hatte; auch dies ist von der Revision darzulegen. **75.1**

Dagegen berühren **Kompetenzmängel** die Verwertbarkeit des Beweismittels grds nicht, es sei denn, es liegt ein Fall bewusster Missachtung oder ein gleichgewichtig schwerwiegender Mangel vor (vgl BGH StV 2007, 337; NJW 2007, 2269 [zur Eilkompetenz gem § 105 Abs 1 S 1 StPO]; zur nachrichtendienstlicher Beweisgewinnung und Beweisgewinnung durch Private vgl Schünemann NStZ 2008 305, 309 und Kölbel NStZ 2008, 2 41 [jeweils zur „Liechtensteiner Steueraffäre"]). Auch hierzu muss der Verfahrensvorgang aus dem Ermittlungsverfahren in einer Weise vorgetragen werden, dass das Revisionsgericht die Schwere des Verstoßes beurteilen und etwaige Auswirkungen auf die Verwertbarkeit bestimmen kann.

Die Vernehmung eines Zeugen oder die Einführung von Beweisen über den Inhalt einer früheren Vernehmung trotz **Belehrungsdefiziten** kann gleichfalls nur über eine Verfahrensrüge beanstandet werden, mit der auch darzulegen ist, dass ein spezifizierter **Widerspruch** gegen die Beweiserhebung in der Hauptverhandlung erfolgt ist und zurückgewiesen wurde; der Inhalt des ergangenen Beschlusses ist mitzuteilen (BGHSt 52, 38 = NJW 2007, 3587, 3588). Dies gilt auch für unterlassene Belehrungen über das Recht auf einen konsularischen Beistand nach § 36 Ib 1 WKÜ (BGHSt 52, 38; offen gelassen von BGHSt 52, 110 = NStZ 2008, 356). Nach BGHSt 52, 110 = NStZ 2008, 356 ist ein Widerspruch allerdings entbehrlich, wenn mit der Verfahrensrüge nicht die Verwertung der gewonnenen Aussage, sondern beanstandet wird, der Angeklagte sei auf sonstige Weise in seinen Verteidigungsrechten beschränkt worden. **75.2**

Bei rechtsfehlerhaft erlangten Beweismitteln kann bedeutsam werden, ob ein rechtmäßiger alternativer **Eingriff** zur Erlangung des Beweismaterials hätte führen können (vgl BGH Beschl v 5. 12. 2007 – Az 5 StR 451/07: Erlangung von Telekommunikationsdaten außer durch – fehler- **75.3**

75.4   Bei der Einordnung der unzulässigen **Verwertung des Schweigens des Angeklagten**, des Verhaltens eines Zeugen trotz befugter **Zeugnisverweigerung** oder der Zeugnisverweigerung als solcher (vgl BGH MDR 1981, 157 einerseits; BGHSt 32, 140 = NJW 1984, 1829, 1830; BGH NJW 1980, 794 andererseits) ist zu unterscheiden: Grundsätzlich liegt ein Verstoß gegen ein prozessuales Verwertungsverbot vor, das mit der Rüge einer Verletzung von § 261 StPO geltend zu machen ist (BGHSt 32, 140 = NJW 1984, 1829, 1830; BGH NJW 1980, 794), denn ohne Vermittlung wesentlicher Verfahrensvorgänge wie etwa der Frage, inwieweit der Angeklagte oder der Zeuge sich doch zur Sache geäußert habe (vgl BayObLG NStZ 2003, 388), kann die Gesetzesverletzung nicht beurteilt werden kann. Wenn aber die Urteilsgründe selbst das Schweigen oder die Zeugnisverweigerung sowie ihren Umfang mitteilen, liegt in der Bewertung des Aussageverhaltens ein – auch – materiellrechtlicher, die Beweiswürdigung betreffender Fehler (BGH MDR 1981, 157).

75.5   **Gesetzliche Verwertungsverbote** sind im Allgemeinen nur auf die Verfahrensrüge zu prüfen, da dem Revisionsgericht hierfür Verfahrensstoff vermittelt werden muss. Dies gilt für unterlassene Belehrungen (BGHSt 38, 214, 226), Verstöße gegen § 136a StPO (BGH StV 1996, 360), Verstöße gegen § 252 StPO, die Verwertung von nach § 154 Abs 1 StPO ausgeschiedenem Prozessstoff (BGH NStZ 1993, 501), aber auch für verfassungsrechtlich gebotene Verwertungsbeschränkungen (vgl BVerfGE 80, 367, 374 = BverfG NJW 1990, 563 [Tagebuchaufzeichnungen]). Soweit der Angeklagte behauptet, dass ihm im Rahmen von Verständigungsversuchen oder einer stattgefundenen **Verständigung („Deal")** eine schuldunangemessen milde Strafe angeboten oder er mit einer schuldunangemessen hohen Strafe für den Fall „streitiger" Verhandlung oder einer hohen Differenz zwischen den Strafen mit und ohne Verständigung („Sanktionsschere") unter Druck gesetzt wurde, handelt es sich um eine behauptete Verletzung von § 136a StPO, die mit der Verfahrensrüge darzulegen ist (vgl BGH NStZ 2007, 655; NStZ 2008, 353; vgl auch BGH NStZ 2009, 168: Kein Verstoß gegen das Recht auf ein faires Verfahren). Dagegen soll ein Verstoß gegen **§ 51 BZRG** auf die Sachrüge hin zu berücksichtigen sein (BGHSt 27, 108).

75 a   **Erörterungsmängel im Urteil** sind grds mit der Sachrüge geltend zu machen. Ergibt sich die Erörterungsbedürftigkeit jedoch aus Verfahrensumständen, die das Urteil nicht mitteilt, sind diese mit einer Verfahrensrüge auszuführen. Dies gilt etwa dann, wenn der Tatrichter das Verfahren hinsichtlich einzelner Taten nach § 154 Abs 2 StPO eingestellt hat und sich aufgrund der Beweislage die Notwendigkeit ergibt, auf die ausgeschiedenen Tatvorwürfe im Rahmen der Beweiswürdigung näher einzugehen. So verhält es sich insbes in Fall von Aussage-gegen-Aussage-Konstellationen, in denen die Einstellung Bedeutung für die Glaubwürdigkeit des einzigen Belastungszeugen erlangen kann (BGHSt 44, 153, 160 = NJW 1998, 3788; BGH NStZ-RR 2008, 254, 255; StV 2008, 449; BGH NStZ 2003, 164); unterbleibt eine Mitteilung der Einstellungsgründe und ihre Erörterung, liegt darin ein Mangel des Urteils, der allerdings – weil auf Verfahrensvorgängen jenseits des Urteils beruhend – mit einer Verfahrensrüge geltend zu machen ist (vgl BGH StV 2008, 449; Beschl v 12. 6. 2008 – Az 5 StR 185/08 = NStZ-RR 2008, 313 LS; Beschl v 9. 12. 2008 – Az 5 StR 511/08; Brause NStZ 2007, 505, 511).

75 b   Der **Verstoß gegen Hinweispflichten nach § 265 StPO** muss gleichfalls mit der Verfahrensrüge dargetan werden. Lassen sich die Umstände, auf die nach Auffassung des Revisionsführers gesondert hinzuweisen gewesen wäre, aus anderen Verfahrensvorgängen herleiten, kann dies zum Wegfall der Hinweispflicht führen (zB BGH NStZ 2008, 302, 303: Die Möglichkeit einer Verurteilung nach § 212 StGB statt § 211 StGB ergab sich aus einer früheren Revisionsentscheidung in derselben Sache und aus einem hierauf Bezug nehmenden Haftbefehl), oder dass jedenfalls eine Heilung eines etwaigen Verfahrensfehlers eingetreten ist. Mit der Revision müssen solche Alternativumstände, die der auf § 265 StPO gestützten Rüge den Boden entziehen können, vorgetragen und entkräftet werden (vgl § 344 StPO Rn 48). Einen erteilten Hinweis, dessen Reichweite im Revisionsverfahren in Frage steht, hat das Revisionsgericht auszulegen; dabei kann es zum Verständnis in maßgeblicher Weise die Anklage heranziehen (vgl BGH Beschl v 14. 10. 2008 – Az 4 StR 260/08 Rn 8, insoweit in NStZ 2009, 105 nicht abgedruckt).

76   Eine **rechtsstaatswidrige Verfahrensverzögerung** bildet einen Verfahrensverstoß, da sie eine Verletzung von Art 6 Abs 1 S 1 MRK sowie der Grundsätze über das faire Verfahren

darstellt; auch die vorzunehmende Kompensation ist – jedenfalls nach der neueren Vollstreckungslösung – von materiell-rechtlichen Fragen des Unrechts, der Schuld und der Strafhöhe abgekoppelt, sondern erfüllt einen staatshaftungsähnlichen Anspruch (vgl BGHSt 52, 124 [GrS] = NJW 2008, 260; BGH Beschl v 21. 10. 2008 – Az 4 StR 364/08 Rn 9 f). Dass die Verfahrensverzögerung im Rechtsfolgenausspruch nicht hinreichend berücksichtigt wurde, ist – auch nach der Umstellung auf die Vollstreckungslösung (BGHSt 52, 124 = NJW 2008, 260) – daher grundsätzlich mit der Verfahrensrüge geltend zu machen (vgl BGH Beschl v 3. 4. 2008 – Az 4 StR 89/08 Rn 4; Beschl v 10. 7. 2008 – Az 5 StR 288/08). Der nach § 344 Abs 2 S 2 StPO erforderliche Vortrag muss sich auf alle Umstände beziehen, die für die Länge des Verfahrens ausschlaggebend waren (vgl etwa die in BGH NStZ 2008, 457, 458 dargelegten Kriterien für Wirtschaftsstrafsachen). Nur soweit sich **bereits aus den Urteilgründen hinreichende Anhaltspunkte** für eine vom Angeklagten nicht zu vertretende Verfahrensverzögerung ergeben, die seitens des Tatrichters unzureichend erörtert ist, oder wenn der **Tatrichter die Verzögerung selbst festgestellt und kompensiert** hat, kann sie seitens des Revisionsgerichts auf die Sachrüge hin berücksichtigt werden (BGHSt 49, 342; BGH NStZ 2007, 539; Beschl v 10. 7. 2008 – Az 5 StR 288/08; Beschl v 21. 10. 2008 – Az 4 StR 364/08; vgl auch Rn 119 f, § 344 StPO Rn 35, § 344 StPO Rn 58). Hat die Verzögerung sich erst nach Erlass des tatrichterlichen Urteiles und Ablauf der Revisionsbegründungsfrist – etwa durch verzögerte Übersendung der Akten an den GBA oder GenStA oder durch die Sachbehandlung des Revisionsgerichtes – eingetreten, so hat sie das Revisionsgericht von Amts wegen zu berücksichtigen, sofern die Revision nur zulässig eingelegt ist (BGH NStZ-RR 2008, 208; NStZ 2007, 479; NStZ 2001, 52; vgl Rn 24).

Auch die Behauptung, die **absolute Verfahrenslänge** sei nicht hinreichend berücksichtigt worden, betrifft eine Verletzung formellen Rechts und bedarf der Verfahrensrüge, wenn die Verfahrensdauer sich nicht bereits aus den Urteilsfeststellungen ergibt. **76.1**

IV. Sachliches Recht
1. Prüfungsgrundlagen, Anforderungen an Revision

Die Überprüfung des Urteils auf Verstöße gegen sachliches Recht erfolgt auf die **Sachrüge**, die **nicht näher ausgeführt** zu werden braucht. Das Revisionsgericht prüft die behauptete Rechtsverletzung auch ohne Rügebegründung in allen in Betracht kommenden Richtungen. **77**

Prüfungsgrundlage des Revisionsgerichtes bilden die Urteilsgründe und Abbildungen, auf die im Urteil nach § 267 Abs 1 S 3 StPO verwiesen worden ist (BGHSt 35, 238, 241 = NJW 1988, 3161). Andere Verweisungen sind nicht statthaft (BGH NStZ-RR 2003, 99 [bei Becker]), ihr Gegenstand ist daher nicht heranzuziehen. Zugrunde zu legen sind auch Feststellungen eines Ersturteils, die in einem früheren revisionsgerichtlichen Durchgang aufrechterhalten wurden; sie bilden zusammen mit dem neuen Urteil eine einheitliche instanzabschließende Entscheidung (BGH NStZ-RR 2002, 257, 260 bei Becker, dort Nr 13; Beschl v 9. 12. 2008 – Az 3 StR 519/08). Das Revisionsgericht kann daneben auch offen- oder allgemeinkundige Tatsachen berücksichtigen (vgl OLG Düsseldorf NJW 1993, 2452; BayObLG 1987, 171, 173); ferner ist es nicht gehindert, gerichtskundige Umstände, insbesondere Kenntnisse aus einer früheren Befassung mit dem identischen Verfahren zugrunde zu legen (BGH NStZ-RR 2004, 238, 239; Meyer-Goßner StPO § 337 Rn 25). **78**

Solche urteilsfremden Umstände können einen Feststellungs- oder Beweiswürdigungsmangel aufdecken. Sie können aber auch Lücken in den Urteilsfeststellungen schließen und Widersprüche ausräumen (BGHSt 49, 34, 41 = NStZ 2004, 204). **78.1**

Andere Erkenntnisquellen sind dem Revisionsgericht im Falle der Sachrüge verschlossen. **Unbeachtlich** sind daher die mündliche Urteilsbegründung (BGHSt 7, 363, 370), der Inhalt des Protokolls, Urteilsberichtigungen oder -ergänzungen außerhalb § 267 Abs 4 S 3 StPO. Auch sonstiger **Akteninhalt** darf nicht herangezogen werden. Widersprüche oder Erörterungsmängel können daher nur dann Berücksichtigung finden, wenn sie sich aufgrund von Inkonsistenzen aus dem Urteil selbst ergeben (BGH StV 1992, 2). So kann eine auf die Sachrüge gestützte Revision zB nicht mit der Behauptung gehört werden, das Tatgericht **79**

StPO § 337

habe sich mit einer bestimmten Aussage einer Beweisperson nicht auseinandergesetzt, wenn sich die Aussage nicht aus dem Urteil selbst ergibt (BGH NStZ-RR 2008, 148). Ergeben sich Erörterungsmängel erst aus Verfahrensumständen außerhalb des Urteils, sind diese daher durch eine ausgeführte **Verfahrensrüge** zu vermitteln (vgl BGH Beschl v 12. 6. 2008 – Az 5 StR 185/08; Beschl v 10. 6. 2008 – Az 5 StR 143/08; s auch Rn 99.3)

79.1 Das Revisionsgericht kann aber Verfahrensumstände berücksichtigen, die ihm im Rahmen einer **parallel erhobenen Verfahrensrüge** zur Kenntnis gelangt sind (vgl BGH StV 1993, 176: Rückschlüsse auf die Herkunft von Feststellungen aus einem mit der Verfahrensrüge vorgetragenen Beschluss; **aA** Pfeiffer StPO § 337 Rn 10; Löwe/Rosenberg/Hanack § 337 Rn 104; Schlothauer StV 1993, 177).

80 Erhebungen im **Freibeweisverfahren** (vgl Rn 47) sind im Rahmen sachrechtlicher Überprüfung grdsl unzulässig. Eröffnet ist dem Revisionsgericht aber der **Sachverständigenbeweis** oder die eigene Heranziehung allgemein zugänglichen Quellenmaterials zur Feststellung wissenschaftlicher Erkenntnisse und Erfahrungssätze, soweit es bei der Anwendung sachlichen Rechts darauf ankommt. Seitens des Bundesgerichtshofes ist hierauf insbesondere zur Ermittlung der Wirkung von bestimmten Betäubungsmitteln zum Zweck einer (Neu-)Bestimmung ihres Grenzwertes zur nicht geringen Menge iSv § 29a BtMG zurückgegriffen worden (vgl BGH NJW 2009, 863 [Metamfetamin]; BGHSt 51, 318 = NJW 2007, 2054 [Buprenorphin]). Dagegen darf die Heranziehung von Sachverständigen oder anderer Beweismittel dem Revisionsgericht nicht dazu dienen, die dem Tatrichter vorbehaltene Beweiswürdigung im Einzelfall durch eine eigene Beurteilung von Tatfragen zu ersetzen. Auch die Inaugenscheinnahme von Photos, Film- oder Tonmaterial ist dem Revisionsgericht verwehrt (BGHSt 23, 64, 78 = NJW 1969, 1970; BGHSt 29, 18, 22 = NJW 1979, 2318).

80.1 So kann das Revisionsgericht ein **Beweisfoto** zwar daraufhin überprüfen, ob es zur Identifizierung des Angeklagten generell geeignet ist; dies allerdings nur auf Grundlage des nach § 267 Abs 1 S 3 StPO in Bezug genommen Fotos oder der Beschreibung von Bildqualität und Identifizierungsmerkmalen durch den Tatrichter (BGHSt 41, 376, 379 = NJW 1996, 1420). Fehlt es an einer derartigen Beschreibung des Beweiswertes, liegt ein Erörterungsmangel vor. Eine Inaugenscheinnahme des Fotos selbst ist ohne Bezugnahme unzulässig.

80.2 In einem Einzelfall hat der Bundesgerichtshof auf die Sachrüge die **Einholung eines Sachverständigengutachtens zur Feststellung des Beweiswertes einer Zeugenaussage** angeordnet (Beschl v 2. 2. 2004 – StR 534/02 [Beweisbeschluss]; BGH NStZ-RR 2004, 270 [Revisionsentscheidung]). Zugrunde lag die Verurteilung wegen Mordes im dritten tatrichterlichen Durchgang nach zweimaliger Aufhebung in vorangegangenen Revisionsverfahren. Die Beweiswürdigung stützte sich im Wesentlichen auf die Aussage der einzigen Belastungszeugin, die durch die Tat schwere Hirnverletzungen mit der Folge einer zeitweiligen Amnesie davongetragen hatte. Das Tatgericht hatte auf Grundlage mehrerer Sachverständigengutachten befunden, dass die zurückgekehrte Erinnerung der Zeugin an die Tat trotz vorangehender abweichender Aussagen nicht auf fremdsuggestiven oder posttraumatischen Einflüssen beruhte. Im Revisionsverfahren wurde ein Sachverständiger u. a. mit der Klärung der Frage beauftragt, „ob mit Blick auf die aus dem angefochtenen Urteil ersichtlichen unterschiedlichen Angaben der Nebenklägerin zum Tatgeschehen und aufgrund ihrer festgestellten schweren Hirnverletzung die sichere Feststellung eines zuverlässigen Erinnerungsbildes naturwissenschaftlich noch möglich erscheint" (BGH Beschl v 2. 2. 2004 – Az 5 StR 534/02). Die Revision führte zur Aufhebung des – dritten – tatrichterlichen Urteils wegen Erörterungsmängel; zugleich wurde der Angeklagte nach § 354 Abs 1 StPO durch das Revisionsgericht freigesprochen. Denn nach dem im Revisionsverfahren gehörten Sachverständigen war der Beweiswert der Zeugenaussage ungesichert; weitere Erkenntnisse seien mehr nicht zu gewinnen (BGH NStZ-RR 2004, 270). Die Tatfragen betreffende, revisionsrechtlich daher fragwürdige Beweiserhebung dürfte va durch die besondere Verfahrenssituation erklären lassen. Sie gründet sich daher auf eine **der Verallgemeinerung nicht zugängliche Ausnahmekonstellation**.

2. Feststellungsmängel

81 Das Revisionsgericht prüft auf die Sachrüge, ob die getroffenen Urteilsfeststellungen eine **tragfähige Grundlage für die sachliche Rechtsanwendung** bilden (BGH NJW 1978, 113, 114 f). Die Feststellungen müssen im Fall einer Verurteilung eine **in sich geschlossene Dar-**

stellung des Tatgeschehens enthalten, aus dem sich erkennen lässt, durch welche Tatsachen die einzelnen gesetzlichen **Merkmale des äußeren und inneren Tatbestandes** ausgefüllt werden. Es muss jeder Zweifel darüber ausgeschlossen sein, welchen Sachverhalt der Tatrichter als erwiesen angesehen, und welchen gesetzlichen Tatbestand er daraus abgeleitet und seiner Rechtsfolgenbemessung zugrunde gelegt hat (BGH NStZ-RR 2008, 83; BGH BGHR StPO § 267 Abs 1 Satz 1 Sachdarstellung 13; KK-StPO/Engelhardt StPO § 267 Rn 21). Erfüllen die Feststellungen diese Anforderungen nicht, weil sie **lückenhaft, widersprüchlich oder auf andere Weise unklar** sind, so liegt ein Mangel des Urteils vor, der auf die Sachrüge zu dessen Aufhebung führt (vgl BGH NStZ 2008, 352; NStZ-RR 2008, 273; Beschl v 5. 12. 2008 – Az 2 StR 424/08; Meyer-Goßner StPO § 267 Rn 41). Auch gänzlich **fehlende Feststellungen** sind nicht erst auf eine Verfahrensrüge nach § 338 Nr 7 StPO, sondern bereits auf die Sachrüge hin beachtlich (BGH NStZ 1993, 31 [bei Kusch]; Löwe/Rosenberg/Hanack StPO § 338 Rn 115; zum Sonderfall nicht feststellbarer Tatsachen im Falle eines Freispruches vgl Rn 86).

Fehlerhaft sind die Feststellungen etwa dann, wenn 81.1
- die darin **beschriebenen Taten keine zuverlässige und widerspruchsfreie Zuordnung zu den Schuldsprüchen zulassen**; diese Gefahr besteht insbesondere dann, wenn das Urteil ohne deutliche Trennung der Sachverhalte Fälle mitbeschreibt, die nicht Gegenstand des Schuldspruches sind (vgl BGH Beschl v 5. 12. 2008 – Az 2 StR 424/08);
- sie **widerstreitende Sachverhaltsdarstellungen oder rechnerisch unvereinbare Zahlenangaben** enthalten (vgl BGH Beschl v 25. 9. 2007 – Az 4 StR 390/07: widersprüchliches Zahlenwerk bei Verurteilung nach § 266 StGB);
- sie **bloße Wahrscheinlichkeiten von Sachverhaltsvarianten** darstellen (vgl BGH Beschl v 12. 11. 2008 – Az 2 StR 450/08: verschiedene Möglichkeiten von BAK-Werten beim Angeklagten im Tatzeitpunkt) oder ihnen ein **ersichtlich spekulativer Charakter** zukommt, sie sich etwa zu bloß mutmaßlichen Gedanken, Erwägungen und Motiven verhalten, die sich aus den verwerteten Beweismitteln nicht ergeben (vgl BGH NStZ-RR 2009, 103);
- sie den **der Verurteilung zugrunde liegenden Schuldumfang nicht hinreichend erkennen lassen** (vgl BGH Beschl v 9. 1. 2008 – Az 2 StR 531/07: Keine hinreichenden Mengenangaben von BtM; BGH Beschl v 27. 9. 2007 – Az 5 StR 171/07: Keine hinreichende Bestimmung der Schadenshöhe bei Verurteilung nach § 263 StGB; BGH NStZ 2007, 595: Keine ausreichende Darstellung der Besteuerungsgrundlagen bei Verurteilung nach § 370 AO).

Beschränken sich die Urteilsfeststellungen – etwa auf Grundlage eines die Tatvorwürfe einräu- 81.2
menden Geständnisses – auf die **bloße Wiedergabe des Anklagesatzes**, so kann hierin ein Feststellungsmangel liegen, da die für eine Anklageschrift geltenden Anforderungen an eine Darstellung der Tatvorwürfe hinter den Sachdarstellungsanforderungen für ein Urteil zurückbleiben (vgl BGH NStZ-RR 2008, 83). Bei einer solchen Darstellungsweise ist daher zu prüfen, ob die subjektiven und objektiven Tatbestandsmerkmale der einzelnen Delikte hinreichend belegt sind, und ob sich – insbesondere bei einer Vielzahl von Taten – ersieht, welche der festgestellten Tatsachen welchem Delikt zuzuordnen sind (vgl zu Serientaten auch nachfolgend Rn 83). Feststellungen im Hinblick auf die **Schuldfähigkeit** des Angeklagten müssen erkennen lassen, welchem Störungsbild des § 20 StGB die Erkrankung des Angeklagten gehört (vgl BGH NStZ-RR 2009, 45; zu den Darlegungsanforderungen bei Verwertung eines Sachverständigengutachtens vgl auch Rn 99.8).

Hilfserwägungen, wie es sich verhalten würde, wenn etwas Festgestelltes nicht hätte festgestellt 81.3
werden können oder etwas nicht Festgestelltes feststellbar wäre, können zur Aufhebung des Urteils führen, wenn sie die Eindeutigkeit der Feststellungen in Frage stellen (BGH NStZ-RR 2005, 264, 265; Beschl v 28. 9. 2006 – Az 1 StR 410/06). Unbedenklich sind dagegen ergänzende Feststellungen, an die sich rechtliche Hilfserwägungen knüpfen, die das Urteil zusätzlich stützen (vgl BGH NStZ-RR 2009, 70: Freispruch wegen Notwehr nach § 32 StGB mit zusätzlicher Feststellung eines asthenischen Affektes nach § 33 StGB).

Das Revisionsgericht ist an die Gliederung des tatrichterlichen Urteils allerdings nicht 82
gebunden. Da die schriftlichen **Urteilsgründe eine Einheit bilden**, müssen tatsächliche Angaben daraus auch dann berücksichtigt werden, wenn sie sich in unterschiedlichen Zusammenhängen oder an solchen Stellen im Urteil wiederfinden, in denen sie nach dem üblichen Urteilsaufbau nicht zu erwarten sind. So können Feststellungen in Abschnitten enthalten sein, die der Tatrichter der Beweiswürdigung, der rechtlichen Würdigung oder der Strafzumessung zuschreibt (vgl BGH Urt v 26. 5. 1987 – Az 1 StR 10/87 = BGHR StPO

§ 267 I 1 Feststellungen 1; BGH Beschl v 5. 12. 2008 – Az 2 StR 424/08); sie vermögen **Lücken zu schließen**, die sich eingangs des Urteils in dem als Feststellungen überschriebenen Abschnitt ergeben. Auch vermeintliche Widersprüche in den Feststellungen können durch eine Gesamtschau der Urteilsgründe, nötigenfalls durch deren **Auslegung** aufgelöst werden. Die – im Einzelfall schwer zu bestimmende – Grenze zu einem nicht mehr behebbaren Rechtsfehler verläuft dort, wo dem Revisionsgericht auch bei einer Gesamtbetrachtung keine sichere tatsächliche Grundlage für die rechtliche Würdigung mehr zu Verfügung steht, es den Urteilsgründen daher einen den Schuldspruch nur möglicherweise tragenden Sinn beilegen müsste. Dies kann etwa bei einem **gänzlich unübersichtlichen Urteilsaufbau** mit an verschiedenen Stellen verstreuten Feststellungen der Fall sein (vgl BGH Beschl v 5. 12. 2008 – Az 2 StR 424/08).

83   Bei **Serientaten**, zB bei einer gleichförmig verlaufenden Serie sexueller Missbrauchshandlungen oder bei einer Vielzahl gleichartig begangener Betrugsfälle, bedarf es zur Feststellung der Einzeltaten keiner jeweils ins Einzelne gehenden Tatschilderungen. Zulässig ist bei Taten in großer Anzahl – jedenfalls bei Eigentums- und Vermögensdelikten – auch, allen Taten gemeinsame Umstände „vor die Klammer zu ziehen" oder die Einzelfälle **tabellarisch aufzulisten**, sofern die einzelnen Fälle voneinander abgegrenzt und die Tatbestandsmerkmale aller Delikte hinreichend belegt sind (vgl BGH Beschl v 31. 5. 2005 – Az 2 StR 133/05; s auch § 267 StPO Rn 14). Hieran fehlt es zB dann, wenn sich aus den Feststellungen zu Betrugsvorwürfen keine konkreten Täuschungshandlungen oder kein den Einzeltaten zuzuordnender Vermögensschaden ergibt (vgl BGH NStZ 2008, 352: Fehlende Feststellungen zur Frage der Vermögensgefährdung bei tabellarisch aufgelisteten Fällen des Eingehungsbetruges). Generell müssen die Feststellungen erkennen lassen, welchen Einzeltaten und welchen der diese konstituierenden objektiven und subjektiven Tatbestandsmerkmale zuzuordnen sind. Hieran fehlt es zB dann, wenn bei Vorwürfen zu Urkundenfälschungen die Art der Fälschungshandlung offen bleibt, oder wenn die Taten so allgemein beschrieben werden, dass nicht erkennbar ist, ob ihnen nur eine Tathandlung zugrunde liegt (vgl BGH NStZ-RR 2008, 83). Bei einer gleichförmigen **Serie von Fällen sexuellen Missbrauchs** gegenüber demselben Tatopfer bedarf es nicht zwingend einer Konkretisierung der Einzeltaten nach genauer Tatzeit und exaktem Geschehensverlauf. Die festgestellten Taten müssen aber eine konkrete Anknüpfung im Beweisergebnis finden, aus der sich ergibt, auf welche Umstände der Tatrichter seine Überzeugung von der festgestellten (Mindest-)Anzahl an Straftaten gestützt und dass er nicht auf eine Schätzung zurückgegriffen hat (vgl BGHSt 42, 107, 109 f; BGH Beschl v 9. 6. 2008 – Az 5 StR 169/08; Beschl v 5. 3. 2008 – Az 5 StR 611/07).

83.1   Vgl hierzu **beispielhaft** BGH Beschl v 9. 6. 2008 – Az 5 StR 169/08: Die Verurteilung nach § 176 StGB erfolgte unter schematischer Annahme von zwei Missbrauchsfällen in jeder zweiten Woche ab dem 12. Geburtstag der Geschädigten, ohne dass Urlaubszeiten der Geschädigten und des außerfamiliären Täters berücksichtigt wurden. Die Feststellungen widersprachen auch den Angaben der Geschädigten und anderer Zeugen, wonach der Angeklagte „nur einmal pro Woche oder öfters" zugegen gewesen sei, und enthielten keine Erklärung dafür, warum der Beginn der Missbrauchsserie auf den Geburtstag des Tatopfers datiert war. „Dies ließ besorgen, dass sich das Landgericht rechtsfehlerhaft keine Überzeugung von jeder einzelnen Tat verschafft, sondern ihre Zahl im Wege der Schätzung ohne zureichende Tatsachengrundlage festgelegt hat" (BGH aaO).

83.2   Soweit der Bundesgerichtshof auch bei einer Vielzahl sexueller Übergriffe eine **Individualisierung der Einzeltaten** über die Darstellung eines sich wiederholenden Kerngeschehens hinaus fordert (vgl auch hierzu BGH Beschl v 9. 6. 2008 – Az 5 StR 169/08), stößt dies an praktische Grenzen, wenn der Tatserie – wie häufig – gerade eine schematische Vorgehensweise des Angeklagten unter identischen Begleitumständen zugrunde liegt. Den Darstellungsanforderungen kann dann nur dadurch begegnet werden, dass die Gleichartigkeit der Begehungsweise ausdrücklich als Teil des Beweisergebnisses festgestellt wird.

84   Im Übrigen richtet sich der erforderliche Umfang der einen Schuldspruch tragenden Feststellungen nach dem **Tatbestand des spezifischen Delikts**.

84.1   Bei Vergehen nach **§ 266 a StGB** müssen die Feststellungen die monatlichen Beiträge für jeden Fälligkeitszeitpunkt und hierzu gesondert die Anzahl der Arbeitnehmer, ihre Beschäftigungszeiten und Löhne sowie die Höhe des Beitragssatzes erkennen lassen (BGH NJW 2002, 2480, 2483;

wistra 2006, 425, 426; BGHR StGB § 266 a Sozialabgaben 4 und 5). Bei lückenhaften Erkenntnissen – etwa infolge mangelhafter Aufzeichnungen des Angeklagten – ist der Tatrichter aber befugt, die Höhe der Löhne und daraus die Höhe der vorenthaltenen Sozialversicherungsbeiträge zu schätzen (BGHSt 38, 186, 193; wistra 2007, 220; Beschl v 3. 12. 2007 – 5 StR 504/07). Verfügte der Angeklagte im Fälligkeitszeitpunkt über keine liquiden Mittel mehr, müssen die Feststellungen erkennen lassen, ob er die Erfüllung der Beitragspflichten schon vorher hätte sichern können und dies auch erkannt hat (vgl BGH NJW 2009, 157, 158; wistra 2008, 384). Bei nachträglicher Erfüllung der offenen Beitragsforderungen bedarf es näherer Feststellungen zu den Voraussetzungen von § 266 a Abs 6 S 2 StGB (BGH NJW 2009, 157, 158); zudem muss festgestellt sein, wann die Beitragsschuld beglichen und die Tat hierdurch beendet wurde (BGH NJW 2009, 157, 160). Bei **Insolvenzstraftaten** muss die Darstellung der Liquiditätslage alle relevanten kurzfristig fälligen Verbindlichkeiten einschließlich etwaiger Stundungsabreden und die zu ihrer Tilgung vorhandenen oder herbeizuschaffenden Mittel umfassen; die Mitteilung von Summen aus einem Liquiditätsstatus reicht nicht aus (BGH Urt v 6. 5. 2008 – Az 5 StR 34/08 Rn 39). Zu den an die Feststellung der Zahlungsunfähigkeit zu stellenden Anforderungen vgl ferner BGH NStZ 2003, 546. Bei einem **Betrug** durch Entgegennahme ungesicherter Vorschussleistungen unter Vorspiegelung einer tatsächlich nicht mehr gegebenen Zahlungsfähigkeit bedarf es – über die Voraussetzungen von § 17 Abs 2 InsO hinaus – näherer Feststellung über den Verbleib des Vorschusses und den Willen des Angeklagten zu seiner Verwendung (vgl BGH NJW 2009, 157). Zu den Darstellungsanforderungen für den Fall eines Betruges infolge täuschungsbedingter Erlangung von ec-Karten oder Schecks vgl BGH wistra 2009, 107, Beschl v 11. 12. 2008 – Az 5 StR 536/08.

Bei **Steuerstraftaten** müssen die Feststellungen erkennen lassen, welches steuerlich erhebliche Verhalten des Angeklagten im Rahmen welcher Abgabenart in welchem Besteuerungszeitraum zu welcher Steuerverkürzung geführt hat; hierzu ist regelmäßig die Angabe erforderlich, wann der Angeklagte welche Steuererklärungen abgegeben hat und welche Umsätze oder Einkünfte er dabei verschwiegen oder welche unberechtigten Vorsteuerabzüge oder Betriebsausgaben er dabei geltend gemacht hat. Anzugeben ist zudem, aufgrund welcher Vorschriften des materiellen Steuerrechts, welcher tatsächlichen Besteuerungsgrundlagen und welcher Berechnungsweise sich eine Steuerverkürzung ergibt; dies gilt auch dann, wenn ausländisches Steuerrecht von anderen Mitgliedsstaaten der EG betroffen ist. Der Tatrichter muss im Ergebnis so klare Feststellungen treffen, dass sich für jede Steuerart und für jeden Besteuerungszeitraum die Besteuerungsgrundlagen und die Berechnung der verkürzten Steuer ihrer Höhe nach ergeben (BGH BGHR AO § 370 Abs 1 Berechnungsdarstellung 9; NStZ 2007, 595; Beschl v 13. 9. 2007 – Az 5 StR 292/07; Jäger StraFo 2006, 477). Die ungeprüfte Übernahme von Berechnungen und Schätzungen der Finanzverwaltung ist nicht ausreichend (BGH wistra 2007, 1997, 302; BGHR AO § 370 Abs 1 Berechnungsdarstellung 10; NStZ 2007, 595). Ein Geständnis des Angeklagten kann als Grundlage der Feststellungen nur dann genügen, wenn der Angeklagte aufgrund eigener Sachkunde die Steuerhinterziehungen nachvollziehen kann (BGH wistra 2006, 110; wistra 2006, 66; wistra 2005, 307, Beschl v 13. 9. 2007 – Az 5 StR 292/07). 84.2

Bei einer Verurteilung wegen **Unterhaltspflichtverletzung** müssen die Urteilsgründe Feststellungen nicht nur zu den konkreten (Netto-)Einkommens- und Vermögensverhältnissen des Angeklagten enthalten, sondern auch zur Leistungsfähigkeit und zu ggf. überobligatorischen Leistungen der Kindesmutter, um eine Gefährdung des Lebensbedarfs des unterhaltsberechtigten Kindes zu belegen. Hierzu gehören auch Umstände nach § 1603 Abs 2 BGB (OLG Hamm NStZ 2008, 342). 84.3

Bei Straftaten nach dem **BtMG** sind die Art der Betäubungsmittel, ihre Menge und ihr Wirkstoffgehalt festzustellen (vgl zB BGH NStZ 2008, 471; Beschl v 5. 8. 2008 – Az 3 StR 224/08). 84.4

Feststellungsmängel im Hinblick auf den **Strafausspruch** können sich daraus ergeben, dass die Voraussetzungen eines minder oder besonders schweren Falles oder einzelne Zumessungserwägungen in den Feststellungen keine tatsächliche Grundlage finden. Die einer **nachträglichen Gesamtstrafenbildung** zugrunde liegenden Feststellungen sind lückenhaft, wenn ihnen die Urteilszeitpunkte der früheren Verurteilungen, die Tatzeiten der darin abgeurteilten Taten oder die den früheren Verurteilungen zugrunde liegenden Einzelstrafen nicht zu entnehmen sind (vgl BGH Beschl v 20. 11. 2007 – Az 4 StR 529/07). Die Voraussetzungen verhängter **Maßregeln** müssen gleichfalls vollständig festgestellt sein. Im Falle von § 66 StGB muss das Tatgericht im Urteil die Tatzeiten der Vorverurteilungen sowie zwischenzeitliche Verwahrzeiten mitteilen, um dem Revisionsgericht die Überprüfung einer möglichen Rückfallverjährung zu ermöglichen (BGH NStZ-RR 2009, 104). Auch die **Anwendbarkeit von Jugend- oder Erwachsenenstrafrecht** muss aus den Feststellungen 85 zweifelsfrei hervorgehen; dies ist etwa dann nicht der Fall, wenn eine unbestimmte Tatzeit die Möglichkeit offen lässt, dass der Angeklagte bei einzelnen Taten noch Heranwachsender war, so dass eine Prüfung nach § 32 JGG hätte erfolgen müssen (vgl BGH Beschl v 27. 5. 2008 – Az 4 StR 178/08).

86 Auch im Falle eines **Freispruches** ist der Tatrichter gem § 267 Abs 5 S 1 StPO aus sachlich-rechtlichen Gründen verpflichtet, alles festzustellen und darzulegen, was für die Beurteilung des Tatvorwurfes relevant und zur Überprüfung des Freispruches durch das Revisionsgericht notwendig ist (BGH NJW 2008, 2792, 2793; NStZ-RR 2009, 70). Er muss daher in den Urteilsgründen den Anklagevorwurf, die hierzu getroffenen Feststellungen, die wesentlichen Beweisgründe und seine rechtlichen Erwägungen mitteilen (BGH NStZ-RR 2009, 116; Meyer-Goßner StPO § 267 Rn 33). Soweit dabei die Feststellungen wegen nicht aufklärbarer Tatumstände Lücken aufweisen, scheidet ein revisibler Feststellungsmangel zwar aus. Der Tatrichter muss aber **den Sachverhalt, wie er sich nach dem Ergebnis der Beweisaufnahme darstellt, vollständig darlegen**. Er muss daher in einer geschlossenen Darstellung zunächst diejenigen Tatsachen feststellen, die er für erwiesen hält, bevor er in der Beweiswürdigung ausführt, aus welchen Gründen die für einen Schuldspruch erforderlichen zusätzlichen Feststellungen nicht getroffen werden konnten (BGHSt 37, 21, 22 = NJW 1990, 2477; BGH NStZ-RR 2008, 206, 207). Kommt er zu dem Ergebnis, dass **zum Tatgeschehen keine Feststellungen möglich** sind, weil nach der Beweisaufnahme nichts bleibt, was zu seiner Überzeugung als erwiesen festgestellt werden könnte, sind die hierfür maßgeblichen Gründe so darzulegen, dass das Revisionsgericht prüfen kann, ob der den Entscheidungsgegenstand bildende Sachverhalt erschöpfend gewürdigt worden ist (BGH NStZ-RR 2009, 116). Beschränkt sich das Urteil darauf, den Anklagevorwurf und den Inhalt der Aussagen vernommener Zeugen wiederzugeben (vgl BGH Urt v 21. 11. 2006 – Az 1 StR 392/06), oder die dem Angeklagten günstigste Version des Geschehens festzustellen, ohne hierzu eine Beweiswürdigung vorzunehmen (BGH NJW 2002, 1811, 1812), oder klammert es den Anklagevorwurf und den Inhalt wesentlicher belastender Beweismittel aus seiner Darlegung aus (BGH NStZ-RR 2009, 116), so begründet dies einen auf die Sachrüge revisiblen Darstellungsmangel.

86.1 Im Einzelfall können in einem freisprechenden Urteil auch **Feststellungen zur Person** des Angeklagten angezeigt sein, wenn diese zur Überprüfung des Freispruches auf Rechtsfehler erforderlich sind; dies kommt etwa dann in Betracht, wenn besonderen Befähigungen, charakterlichen Besonderheiten oder anderen Umständen aus dem Leben des Angeklagten – etwa einschlägigen Vorverurteilungen – angesichts seines festgestellten Verhaltens Bedeutung zukommt. Das Fehlen derartiger Feststellungen kann einen durchgreifenden, auf die Sachrüge beachtlichen Rechtsfehler darstellen (vgl BGH NStZ-RR 2009, 116; NStZ-RR 2008, 206; NStZ 2000, 91). Bei einer in Frage stehenden Rechtfertigung durch **Notwehr** ist es geboten, Art und Umfang des Angriffes und der vom Angeklagten ausgeführten Verteidigungshandlungen festzustellen (vgl BGH NStZ-RR 2009, 70).

3. Fehler bei der Beweiswürdigung

87 **a) Grundsatz**

Die Auswahl der Beweismittel und die Art ihrer Auswertung unterfallen dem Verfahrensrecht; der Revisionsführer muss sich hiergegen mit einer Verfahrens-, zB der Aufklärungsrüge wenden. Nur die im Urteil vorgenommene inhaltliche Ausschöpfung der Beweismittel und ihre Würdigung betrifft das sachliche Recht. Die auf die Sachrüge mögliche und gebotene Prüfung der Beweiswürdigung **bezieht sich daher allein auf den Inhalt des tatrichterlichen Urteils** (BGH NStZ-RR 2008, 148, s a BGHSt 35, 238, 241 = NJW 1988, 3161, 3162). Auch der Sache nach ist die Überprüfung erheblich eingeschränkt. Denn die Aufgabe, sich unter dem Eindruck der Hauptverhandlung und auf der Grundlage der vorhandenen Beweismittel eine Überzeugung vom tatsächlichen Geschehen zu verschaffen, obliegt gemäß § 261 StPO allein dem Tatrichter, auf dessen persönlicher Überzeugung von der Schuld oder Unschuld des Angeklagten das Urteil beruht. Die **revisionsgerichtliche Nachprüfung beschränkt sich darauf, ob dem Tatrichter Rechtsfehler unterlaufen sind**. Der Revisionsführer kann daher nicht damit gehört werden, dass eine Würdigung des Beweisergebnisses in einer anderen, ihm günstigerer Weise ebenfalls möglich oder sogar einleuchtender gewesen wäre. Erst recht ist ihm eine eigene Beweiswürdigung unter Einbeziehung urteilsfremder Beweismittel verwehrt. Er ist ebenso wie das Revisionsgericht an die tatrichterlichen Feststellungen und ihre Herleitung im angegriffenen Urteil gebunden (BGH NJW 2003, 150, 152; NJW 2005, 2322, 2326; NStZ-RR 2008, 146; Urt v 17. 7. 2007 – Az 5 StR 186/07).

Auf die Sachrüge ist daher **nicht zu berücksichtigen, dass im Urteil nicht wiedergegebene Umstände** zusätzlich hätten gewürdigt werden müssen, etwa der Inhalt einer bestimmten, nur aus den Akten ersichtlichen Aussage oder eine Verfahrensteileinstellung (BGH NStZ-RR 2008, 313; vgl auch Rn 93, Rn 99.3). Würdigt der Tatrichter ein in die Hauptverhandlung eingeführtes Beweismittel gar nicht, unvollständig oder legt er ihm einen unzutreffenden Inhalt bei, kann eine hiergegen gerichtete Sachrüge, die die Verfahrensumstände vollständig mitteilt, bei sachgerechter Auslegung allerdings als Verfahrensrüge nach § 261 StPO aufzufassen sein (vgl BGH NJW 2007, 92, 95; Urt v 21. 11. 2006 – Az 1 StR 392/06). 87.1

Eine im Urteil **gänzlich fehlende Beweiswürdigung** oder eine abgekürzte Beweiswürdigung aufgrund **fehlerhafter Anwendung von § 267 Abs 4 StPO** führt zur Urteilsaufhebung auf die Sachrüge (vgl BGH StV 1990, 245; zur Möglichkeit nachträglicher Urteilsergänzung vgl § 341 StPO Rn 40, § 346 StPO Rn 22). 87.2

Zur Revisibilität der Beweiswürdigung grundlegend Nack StV 2002, 510 ff., 558 ff. mit zahlreichen Fallbeispielen. Zur revisionsrechtlichen Überprüfbarkeit des Zeugenbeweises Brause NStZ 2007, 505. 88.1

Rechtsfehlerhaft und damit revisibel in diesem Sinne ist die Beweiswürdigung nur, wenn der Tatrichter den **Maßstab für seine subjektive Überzeugung verkannt** hat, oder wenn seine Überzeugung auf keiner tragfähigen Grundlage beruht, weil die **Beweiswürdigung unklar, lückenhaft oder widersprüchlich ist, oder wenn sie mit den Denkgesetzen oder gesichertem Erfahrungswissen nicht in Einklang steht** (stRspr, vgl BGH NJW 2008, 3580, 3584; wistra 2008, 22; NJW 2007, 93, 95; NJW 2006, 925, 928; NStZ-RR 2005, 147; NStZ 2002, 48; NStZ-RR 2000, 171; NStZ 2000, 28; NStZ 1983, 277; Urt v 28. 8. 2007 – Az 5 StR 31/07; Urt v 1. 7. 2008 – Az 1 StR 654/07 Rn 18). Unerheblich ist dagegen, ob das Revisionsgericht die angefallenen Erkenntnisse anders gewürdigt und Zweifel eventuell überwunden hätte, ob eine abweichende Würdigung der Beweise generell näher gelegen hätte, und ob eine gegenteilige Würdigung der Beweise revisionsrechtlich daher gleichfalls hinzunehmen gewesen wäre (BGH NJW 2005, 2322, 2326; NJW 2008, 3580, 3584, 3585). Selbst lebensfremd erscheinende Feststellungen sind durch das Revisionsgericht hinzunehmen, denn die bloße Wahrscheinlichkeit eines Geschehensablaufes bildet keinen Maßstab für die Beweiswürdigung im Strafprozess (BGH NStZ-RR 2009, 90, 91; NStZ-RR 2005, 147; Urt v 1. 7. 2008 – Az 1 StR 654/07). 88

b) Tatrichterliche Überzeugung 89

Die tatrichterliche Überzeugung von der Schuld des Angeklagten bildet eine notwendige Voraussetzung für die Verurteilung (vgl BGHSt 10, 208; NStZ-RR 2004, 238). Äußert der Tatrichter **Zweifel**, die er nicht auszuräumen vermag, und denen nicht nur theoretisches Gewicht zukommt, darf er nicht zur Verurteilung gelangen; anderenfalls liegt ein revisibler Rechtsverstoß vor (Verstoß gegen den Grundsatz in dubio pro reo). Ein hierauf gestützter Freispruch ist durch das Revisionsgericht hinzunehmen. Anderes gilt, wenn die Urteilsgründe erkennen lassen, dass der Tatrichter **überspannte Anforderungen an die für eine Verurteilung erforderliche Gewissheit** gestellt hat (stRspr; vgl BGH wistra 2008, 22; NStZ-RR 2005, 147; NStZ 2004, 35, 36; Urt v 22. 5. 2007 – Az 1 StR 582/06; Urt v 1. 7. 2008 – Az 1 StR 654/07 Rn 18; Urt v 4. 12. 2008 – Az 4 StR 371/08). Denn der Begriff der Überzeugung schließt die Möglichkeit eines anderen, auch gegenläufigen Sachverhaltes nicht aus; vielmehr gehört es zu ihrem Wesen, dass sie objektiv möglichen Zweifeln ausgesetzt sein kann (BGH NStZ-RR 2004, 238; Urt v 1. 7. 2008 – Az 1 StR 654/07 Rn 32). Lässt das angefochtene Urteil daher erkennen, dass der Tatrichter für eine Verurteilung eine absolute, das Gegenteil denknotwendig ausschließende Gewissheit oder zu Lasten des Angeklagten nur zwingende, von niemandem anzweifelbare Schlussfolgerungen ziehen möchte, liegt ein revisibler Rechtsfehler vor. Gleiches gilt für **Zweifel, die sich auf lediglich denktheoretische Alternativabläufe** gründen, für die das Beweisergebnis keine hinreichende Grundlage bietet, durch die der Tatrichter sich aber an einer Verurteilung gehindert sieht. So ist es weder im Hinblick auf den Zweifelssatz noch sonst geboten, zugunsten des Angeklagten Sachverhaltsvarianten zu unterstellen, für deren Vorliegen kein konkreter Anhalt besteht (BGHSt 51, 324, 325; BGH wistra 2008, 22; NJW 2007, 92, 94; NStZ 2007, 278; NStZ-RR 2005, 147; NStZ 2004, 35, 36; Urt v 4. 12. 2008 – Az 1 StR 327/08; Urt v 23. 10. 2007 – Az 1 StR 238/07; Beschl v 25. 4. 2007 – Az 1 StR 124/07, Urt v 1. 7. 2008 – Az 1 StR 654/07 Rn 22; vgl auch BVerfG [Kammer] Beschl v 8. 11. 2006 – Az 2 BvR 1378/06). Dementsprechend muss der Tatrichter einer **Einlassung eines Angeklagten**, für deren Richtigkeit kein Anhalt besteht, auch nicht allein deshalb folgen, weil sie sich nicht widerlegen lässt (zB BGH Urt v 23. 7. 2008 – Az 5 StR 46/08 Rn 9).

89.1 Nach der Rspr genügt für die Überzeugung von einem bestimmten Sachverhalt ein **nach der Lebenserfahrung ausreichendes Maß an Sicherheit, das vernünftige Zweifel ausschließt** (BGHZ 53, 245; BGHSt 10, 208; NStZ-RR 2008, 279; NStZ-RR 1999, 332; Urt v 1. 7. 2008 – Az 1 StR 654/07; Urt v 4. 12. 2008 – 4 StR 371/08 [Rn 9]). Anhaltspunkte für einen derart verfehlten Maßstab richterlicher Überzeugungsbildung ergeben sich häufig aus Formulierungen, ein „zwingender Schluss" oder „zweifelsfreier Nachweis" sei nicht möglich und hindere Feststellungen zum Nachteil des Angeklagten (zB BGH Urt v 1. 7. 2008 – Az 1 StR 654/07). Revisionsrechtlich muss aber immer überprüft werden, ob derartige Wendungen tatsächlich auf einem unzutreffenden rechtlichen Ausgangspunkt beruhen oder sich aus dem Gesamtzusammenhang der Beweiswürdigung ergibt, dass der Tatrichter nur einen bestimmten Schluss nicht ziehen wollte (vgl BGH Urt v 22. 7. 2008 – Az 5 StR 61/08 [Rn 12]). Bei der Unterstellung von dem Angeklagten günstigen Sachverhaltsvarianten können Formulierungen, ein entsprechender Tatablauf sei „**denkbar**", „**vorstellbar" jedoch nicht widerlegbar** auf einen unzutreffenden Überzeugungsmaßstab hinweisen (vgl BGH Urt v 4. 12. 2008 – Az 1 StR 327/08 [insoweit in NStZ 2009, 226 nicht abgedruckt]).

89.2 Wenn der Tatrichter nach umfassender Würdigung des Ergebnisses der Beweisaufnahme **vernünftige Zweifel an der Schuld des Angeklagten** nicht überwinden kann, ist dies vom Revisionsgericht allerdings hinzunehmen; es kommt nicht darauf an, ob das Revisionsgericht die angefallenen Erkenntnisse anders gewürdigt und Zweifel überwunden hätte (vgl BGH NJW 2007, 92, 94; Urt v 20. 12. 2007 – Az 4 StR 459/07; Urt v 28. 8. 2007 – Az 5 StR 31/07 Rn 22). Bei einem **Indizienbeweis** steigen die Anforderungen an die Begründung solcher Zweifel mit Anzahl und Schwere der belastenden Indizien. Insoweit stellt es einen Rechtsfehler dar, wenn der Tatrichter zur Überführung des Angeklagten eine „geschlossene Indizienkette" fordert, denn auch belastende Indizien, die einzeln nebeneinander zur Überführung nicht ausreichen, können in ihrer Gesamtheit die Überzeugung des Tatrichters von der Schuld des Angeklagten begründen (BGH Urt v 29. 8. 2007 – Az 2 StR 284/07; Urt v 20. 12. 2007 – Az 4 StR 459/07).

90 **c) Schlussfolgerungen, insbes im Hinblick auf den subjektiven Tatbestand**
Die Überzeugung des Tatrichters muss von den mitgeteilten Beweistatsachen getragen sein. Eine nicht tragfähige Beweisgrundlage führt auch bei Überzeugung des Tatrichters von der Schuld des Angeklagten zur Urteilsaufhebung (vgl BGH StV 2002, 235; BVerfG [Kammer] NJW 2003, 2444, 2445). **Schlussfolgerungen** des Tatrichters sind vom Revisionsgericht aber hinzunehmen, solange sie vertretbar erscheinen; zwingend oder selbst naheliegend brauchen sie nicht zu sein. Es reicht ihre **denkgesetzliche Möglichkeit und Nachvollziehbarkeit** (stRspr, vgl BGHSt 25, 56, 62 = NJW 1975, 788; BGHSt 29, 18, 20 = NJW 1979, 2318; NStZ-RR 2004, 238; Urt v 1. 7. 2008 – Az 1 StR 654/07; KK-StPO/ Schoreit StPO § 261 Rn 51). Ein revisibler Rechtsfehler folgt daher nicht allein daraus, dass das vom Tatrichter festgestellte Geschehen unwahrscheinlich ist und abweichende, dem Revisionsführer günstigere Feststellungen möglich gewesen wären. Allerdings müssen die tatrichterlichen Folgerungen eine konkrete Wurzel im Beweisergebnis haben. Entfernen sie sich so weit von einer festen Tatsachengrundlage, dass es sich nur noch um – wenn auch nahe liegende – **Vermutungen** handelt, liegt ein auf die Sachrüge beachtlicher Rechtsfehler vor (vgl BGH Beschl v 10. 6. 2008 – Az 5 StR 109/08; BGH NStZ 2000, 586; StV 2000, 620; StV 2000, 67; NStZ 1999, 420; NStZ 1997, 377; StV 1997, 120; StV 1997, 62; NStZ-RR 1996, 374). Der Tatrichter darf daher unbelegte oder fernliegende Umstände nicht unterstellen; er darf einer von mehreren Tatvarianten, für die nach dem Beweisergebnis gleichviel spricht, nicht den Vorzug geben (vgl BGH Urt v 11. 9. 2007 – Az 5 StR 213/07 [Rn 11]; Beschl v 15. 7. 2005 – Az 2 StR 226/05). **Beweisanzeichen für einen Alternativtäter**

müssen tragfähig entkräftet werden (vgl BGH Beschl v 10. 6. 2008 – Az 5 StR 109/08; BVerfG [Kammer] NJW 2003, 2444, 2446; s auch Rn 94). Bei Serientaten darf die Anzahl der einzelnen Delikte nicht im Wege der **Schätzung** bestimmt werden, sondern muss eine erkennbare Grundlage im Beweisergebnis finden (vgl näher Rn 83).

Auch ein Rückschluss vom objektiven auf den **subjektiven Tatbestand** ist nur aufgrund konkreter, im Urteil darzulegender Anhaltspunkte möglich, nicht aber, wenn sich bereits das objektive Tatgeschehen als mehrdeutig darstellt (vgl BGH NStZ-RR 2008, 273, 274). Besondere Anforderungen gelten insoweit für die Annahme **bedingten Tötungsvorsatzes**. Hierbei muss der Tatrichter der **hohen Hemmschwelle** vor Tötung eines Menschen Rechnung zu tragen; aus einer **besonders** hohen Gewaltanwendung allein folgt ein Tötungsvorsatz deshalb noch nicht. Erforderlich ist eine Gesamtschau aller objektiven und subjektiven Tatumstände (BGHSt 36, 1, 9 = NJW 1989, 781; NStZ-RR 2000, 165, 166; NStZ-RR 2008, 93), in der vor allem die konkrete Angriffsweise, die Motivlage, die psychische Verfassung des Angeklagten – hierbei insbesondere die Auswirkungen alkoholbedingter oder psychischer Beeinträchtigungen – und das Nachtatverhalten zu erörtern sind (vgl BGH NStZ 2004, 51, 52; NStZ-RR 2007, 307; NStZ 2007, 150, 151; BGH Urt v 16. 10. 2008 – Az 4 StR 369/08). 91

Selbst Todesdrohungen zwingen nicht zum Schluss auf einen Tötungsvorsatz (vgl BGH Urt v 16. 10. 2008 – Az 5 StR 348/08; Beschl v 25. 9. 2001 – Az 4 StR 353/01); gleiches gilt für einen von dem Angeklagten nach der Tat in der Befürchtung, sein Opfer lebensgefährlich verletzt zu haben, abgesetzten Notruf (BGH Urt v 16. 10. 2008 – Az 5 StR 348/08). Auch bedeutet es keinen Widerspruch, wenn der Tatrichter einen bedingten Tötungsvorsatz nicht festzustellen vermag, den Angriff aber von einem direkten Vorsatz des Angeklagten, das Tatopfer erheblich zu verletzen, getragen sieht (BGH Urt v 23. 8. 2007 – Az 4 StR 295/07). Ein **Gefährdungsvorsatz** hinsichtlich einer konkreten Gefahr für Leib und Leben – etwa im Sinne von § 306 b Abs 2 Nr 1 StGB – steht der Verneinung eines bedingten Tötungsvorsatzes nicht entgegen (vgl BGH Urt v 12. 6. 2008 – Az 4 StR 78/08; s auch BGHSt 22, 67, 73; 26, 176, 182; BGH NStZ 2007, 150, 151). Formulierungen im angefochtenen Urteil, der Angeklagte habe auf das Ausbleiben des Todes nicht vertrauen können, oder es sei für ihn erkennbar gewesen, dass das Überleben des Opfers allein vom Zufall abhänge, tragen die Annahme (bedingten) Tötungsvorsatzes nicht und können die Revision begründen (BGH NStZ 2003, 259, 260; NStZ 2008, 93, 94). Zu nur missverständlichen Wendungen in den Tatsachenfeststellungen vgl BGH StV 2002, 235; Urt v 16. 10. 2008 – Az 5 StR 348/08. 91.1

Bei einer **objektiv hohen, vom Täter erkannten Gefährlichkeit der Tathandlung** drängen sich Ausführungen zu einem möglichen Tötungsvorsatz auf; fehlen sie, liegt ein Erörterungsmangel vor, der auf eine Revision zu Lasten des Angeklagten zur Aufhebung führt (vgl BGH Urt v 16. 11. 2006 – Az 3 StR 296/06; Urt v 21. 8. 2008 – Az 3 StR 236/08; BGHR StGB § 212 Abs 1 Vorsatz, bedingter 35, 57). Insoweit bedarf es konkreter Anhaltspunkte, dass der Angeklagte auf das Ausbleiben des Erfolges ernsthaft vertraut hat (BGH NStZ-RR 2008, 93; Urt v 16. 10. 2008 – Az 4 StR 369/08). (Gleiches gilt bei **systematischen schweren Misshandlungen**, selbst wenn es sich bei dem Tatopfer um das eigene Kind des Angeklagten handelt und daher von einer besonders hohen Hemmschwelle auszugehen ist (vgl BGH NStZ-RR 2007, 304; NStZ 2007, 402). 91.2

Zu den Darlegungsanforderungen zum Nachweis eines **Vergewaltigungsvorsatzes** vgl BGH NStZ 1982, 26; BGHR StGB § 177 Abs 1 Gewalt 8; Urt v 9. 12. 2008 – Az 5 StR 412/08 = StraFo 2009, 75). 91.3

Bei der **Auslegung von mündlichen Äußerungen oder schriftlichen Erklärungen** steht dem Tatrichter ein weiter Ermessensspielraum zu, soweit die Erklärung ihrerseits fehlerfrei festgestellt ist. Die revisionsgerichtliche Prüfung ist auch hier auf Rechtsfehler beschränkt, die darin liegen können, dass nur eine von mehreren Auslegungsmöglichkeiten geprüft wurde, oder dass die vorgenommene Auslegung gegen sprachliche Regeln, Denkgesetze, Erfahrungssätze oder allgemeine Auslegungsregeln verstößt (BGHSt 21, 371, 372; NJW 2004, 2248, 2250; Urt v 29. 8. 2007 – Az 5 StR 103/07 [Rn 30 ff und 59 ff, insoweit in NStZ 2008, 87 nicht abgedruckt]; Pfeiffer StPO § 337 Rn 13). Dies gilt auch für die Auslegung von Verwaltungsanordnungen (BGHSt 31, 314, 316), nicht aber für die – reine Rechtsanwendung darstellende – Auslegung von Gesetzen. **Bei zivilrechtlichen Verträgen** ist eine Prüfung anhand der Auslegungsgrundsätze der § 133 BGB, § 157 BGB, ergänzend nach den für die jeweilige Vertragsform geltenden zivilrechtlichen Vorschriften vorzunehmen (vgl BGH Urt v 29. 8. 2007 – Az 5 StR 103/07). 92

93   **d) Vollständige Erörterung**
Der Tatrichter ist zu einer umfassenden Dokumentation der Beweisaufnahme in seinem Urteil nicht verpflichtet, sondern zur Darstellung einer rational begründeten und tatsachengestützten Beweisführung (vgl BGHSt 15, 347, 348; BGH NStZ 2007, 720; Urt v 9. 12. 2008 – Az 5 StR 412/08; Meyer-Goßner StPO § 267 Rn 12 a). Das Revisionsgericht prüft, ob die im Urteil niedergelegte Beweiswürdigung in diesem Sinne **erschöpfend** ist. Auf die **Sachrüge** unterliegt dabei revisionsrechtlicher Kontrolle allerdings nur, ob sich aus dem Urteil selbst Erörterungslücken ergeben, insbesondere, ob der Tatrichter sich mit der darin festgehaltenen Beweissituation hinreichend auseinander gesetzt hat. Erörterungsmängel, die ihre Grundlage in Umständen außerhalb des Urteiles finden, sind mit einer ausgeführten **Verfahrensrüge** geltend zu machen (hinsichtlich einer Einstellung nach § 154 StPO vgl BGH Beschl v 12. 6. 2008 – Az 5 StR 185/08 = NStZ-RR 2008, 313 LS; s auch Rn 87.1). Gleichfalls kann nur mit einer Verfahrensrüge beanstandet werden, dass der Tatrichter das sich aus der Hauptverhandlung oder den Akten ergebende Beweismaterial unvollständig ausgewertet habe (vgl Rn 50 ff). So kann die Revision grundsätzlich nicht mit der Behauptung gehört werden, das Tatgericht habe sich mit einer bestimmten Aussage einer Beweisperson nicht auseinandergesetzt, wenn sich diese Aussage nicht aus dem Urteil selbst ergibt (BGH NStZ-RR 2008, 148, 149; NJW 2003, 150, 152).

94   In sachlich-rechtlicher Hinsicht ist der Tatrichter gehalten, sich **mit den von ihm zugrunde gelegten Tatsachen unter allen für die Entscheidung wesentlichen Gesichtspunkten auseinandersetzen**, wenn sie geeignet sind, das Beweisergebnis zu beeinflussen (BGHSt 14, 162, 164; BGHSt 25, 285; NJW 2006, 925, 928; NJW 1980, 2423; StV 2001, 440; Urt v 16. 10. 2008 – Az 5 StR 206/08; Urt v 20. 12. 2007 – Az 4 StR 459/07). Er darf aus der Beweisaufnahme hervorgegangene, im Urteil festgestellte Umstände, die den Angeklagten be- oder entlasten können, nicht unerörtert lassen, es sei denn, dass er ihnen aufgrund anderweitiger Beweistatsachen keine entscheidungserhebliche Bedeutung beimisst. Der Tatrichter ist auch gehalten, sich mit **nahe liegenden Möglichkeiten eines von den Feststellungen abweichenden Geschehensablaufes** zu befassen (vgl BGHSt 45, 164 zur Darlegung von Alternativhypothesen; BGH NJW 2007, 384, 387; Beschl v 10. 6. 2008 – Az 5 StR 109/08). Nahe liegend ist eine Möglichkeit dann, wenn sie ohne weitere Darlegung mit den Beweistatsachen nicht weniger gut zu vereinbaren ist als die vom Tatrichter angenommene Möglichkeit (BGH Beschl v 14. 9. 1993 – Az 1 StR 450/93). So muss der Tatrichter eine von ihm selbst an anderer Urteilsstelle erwogene oder von einem Sachverständigen nahe gelegte Tatvariante in seine Beweiswürdigung einbeziehen (BGH NJW 2007, 384, 387; NJW 2007, 92, 95; BGH Beschl v 6. 12. 2007 – Az 5 StR 476/07). Nicht erforderlich ist dagegen eine Auseinandersetzung mit nur theoretisch denkbaren Möglichkeiten eines alternativen Ablaufes. Auch begründet die fehlende Erwähnung einer Indiztatsache in einem bestimmten Beweiszusammenhang nur dann eine revisionsrechtlich relevante Lücke, wenn sie nach ihrer Beweisbedeutung zwingend ausdrücklich zu erörtern war (BGH NJW 2005, 2322, 2326; Urt v 13. 11. 2008 – Az 3 StR 403/08).

94.1   Dementsprechend **muss der Revisionsführer darlegen**, dass auf Grundlage der im Urteil festgestellten Beweistatsachen ein alternativer Geschehensablauf nicht nur denkbar erscheint, sondern nahe liegt, und dass er nicht hinreichend vom Tatrichter erörtert wurde (vgl Nack StV 2002, 510, 514; hinsichtlich einer Falschbelastungshypothese vgl BGH Urt v 9. 12. 2008 – Az 5 StR 412/08). Hat sich der Tatrichter mit einer Alternative im Urteil auseinandergesetzt, fehlt es an einem Darlegungsmangel. Zu prüfen ist dann die Frage, ob die Erörterung die nahe liegende alternative Möglichkeit hat hinreichend entkräften können. Ist dies nicht der Fall, erweist sich die Tatsachengrundlage als nicht tragfähig, weil sie ebenso gut zum alternativen Handlungsablauf passt. Die Verurteilung beruht dann auf einer bloßen Vermutung (vgl BGH StV 2000, 243; StV 1998, 117).

95   Spricht der Tatrichter einen Angeklagten frei, weil er Zweifel an seiner Täterschaft nicht überwinden kann, so ist dies vom Revisionsgericht regelmäßig hinzunehmen (vgl bereits Rn 89). Eine Beweiswürdigung, die im Falle eines **Freispruches** über schwerwiegende, im Urteil mitgeteilte Beweistatsachen oder Verdachtsmomente ohne nähere Erörterung hinweggeht, ist allerdings lücken- und damit rechtsfehlerhaft (vgl BGH wistra 2008, 22; Urt v 21. 12. 2007 – Az 2 StR 372/07). Dies ist insbesondere dann der Fall, wenn der Tatrichter einen festgestellten Umstand, der nach der Lebenserfahrung Schlüsse zu Ungunsten des

Angeklagten zulassen könnte, gar nicht erörtert (vgl BGH Urt v 20. 12. 2007 – Az 4 StR 459/07), ihm eine belastende Indizwirkung abspricht (vgl BGH NStZ-RR 2008, 206, 207; Urt v 21. 12. 2007 – Az 2 StR 372/07; Urt v 28. 11. 2007 – Az 2 StR 447/07) oder eine nahe liegende Schlussfolgerung daraus nicht zieht (BGH NJW 2007, 92, 94). Die Gründe eines freisprechenden Urteils müssen allerdings nicht jeden nur entfernt beweiserheblichen Umstand ausdrücklich würdigen. So begründet die fehlende Erwähnung einer Indiztatsache in einem bestimmten Beweiszusammenhang nur dann eine revisionsrechtlich erhebliche Lücke in der Beweiswürdigung, wenn sie nach ihrer Beweisbedeutung ausdrücklich zu erörtern war (BGH NJW 2005, 2322, 2326; Urt v 18. 9. 2008 – Az 3 StR 296/08). Das Maß der gebotenen Darlegung hängt von der jeweiligen Beweislage ab (vgl BGH Urt v 1. 7. 2008 – Az 1 StR 654/07 Rn 25; vgl zu den Darlegungsanforderungen an ein freisprechendes Urteil ferner Rn 86 sowie § 267 StPO Rn 51).

Geht der Tatrichter von einer **bewussten Falschbezichtigung** durch den einzigen Belastungszeugen aus, muss er die Gründe hierfür darlegen und sich mit allen Aspekten auseinandersetzen, die die Aussage in einem anderen Lichte erscheinen lassen könnten (vgl BGH Urt v 16. 10. 2008 – Az 5 StR 206/08). So ist eine Beweiswürdigung, die die **Unwahrheit eines Teiles der Aussage des einzigen Belastungszeugen** zum Kerngeschehen darlegt und hieraus durchgreifende Bedenken gegen die Glaubhaftigkeit der übrigen Angaben herleitet, revisionsrechtlich nicht zu beanstanden (vgl BGHSt 44, 153, 159 = NJW 1998, 3788; NStZ-RR 2008, 180, 181). Im Falle eines Freispruches nach einem **widerrufenen Geständnis** des Angeklagten muss der Tatrichter erkennen lassen, dass er sich des Beweiswertes des Geständnisses bewusst gewesen ist; er muss es daher unter Würdigung seiner Entstehungsgeschichte, der sonstigen erhobenen Beweise sowie der Umstände und Gründe des Widerrufes auf seine Richtigkeit überprüfen (BGH NStZ 1994, 597; NJW 1967, 2020). Vermögen diese Umstände weder für sich genommen noch in einer Gesamtwürdigung die Überzeugung des Tatrichters von der Täterschaft zu vermitteln, hat das Revisionsgericht dies hinzunehmen (BGH Urt v 18. 9. 2008 – Az 3 StR 296/08).

Entlastenden Angaben des Angeklagten darf der Tatrichter nicht ohne Überprüfung folgen (BGHSt 34, 29, 34; BGH Urt v 1. 12. 2005 – Az 3 StR 243/05; Urt v 21. 12. 2007 – Az 2 StR 372/07). Er muss sie auch nicht deshalb seiner Beurteilung als unwiderlegt zugrunde legen, weil es für das Gegenteil keine Beweise gibt (BGH Urt v 15. 11. 2007 – Az 4 StR 435/07; Urt v 1. 7. 2008 – Az 1 StR 654/07 Rn 20); der Zweifelssatz gilt hierfür nicht (vgl Rn 88). Eine **Einlassung, für deren Richtigkeit keine Anhaltpunkte vorliegen**, deren Gegenteil sich aber gleichfalls nicht feststellen lässt, muss der Tatrichter daher nicht als richtig unterstellen. Er hat vielmehr auf Grundlage des gesamten Beweisergebnisses zu entscheiden, ob die Angaben geeignet sind, seine Überzeugungsbildung zu beeinflussen (vgl BGHSt 51, 324; 34, 29, BGHSt 34; BGH NStZ 2000, 48; Urt v 1. 7. 2008 – Az 1 StR 654/07; Urt v 28. 11. 2007 – Az 2 StR 447/07; Beschl v 7. 11. 2008 – Az 1 StR 581/08 [zum Umfang eigenen BtM-Konsums des Angeklagten]).

Schriftlichen Angaben des Angeklagten, die vom Verteidiger verlesen werden, und zu denen der Angeklagte Nachfragen nicht zulässt, kommt nur ein erheblich geminderter Beweiswert zu, da sie nur beschränkt einer Glaubhaftigkeitsprüfung zugänglich sind (BGH NStZ 2008, 476). Der Tatrichter ist auch nicht gehalten, belastende Umstände mit den Aussagen des Angeklagten in Einklang zu bringen (vgl insoweit BGH Urt v 21. 12. 2007 – Az 2 StR 372/07). Hypothetische entlastende Erwägungen ohne reale Anknüpfungspunkte, die selbst in der Einlassung des Angeklagten keine Grundlage finden, sind jedenfalls rechtsfehlerhaft (vgl BGH NStZ-RR 2009, 90, 91; Urt v 28. 8. 2007 – Az 5 StR 31/07 Rn 38).

Es genügt – insbesondere im Falle eines Indizienbeweises – auch nicht, dass der Tatrichter **einzelne be- oder entlastende Beweistatsachen isoliert abhandelt**. Sieht er sie als erwiesen an, darf er sie nicht vorab aus seiner Bewertung mit der Erwägung ausscheiden, dass sie allein die Überzeugung von der Schuld oder Unschuld des Angeklagten nicht zu tragen vermögen. Auch der **Grundsatz „in dubio pro reo"** findet insoweit keine Anwendung. Er stellt keine Beweis-, sondern eine Entscheidungsregel dar, die das Tatgericht erst dann zu befolgen hat, wenn es nach abgeschlossener Beweiswürdigung nicht die volle Überzeugung von der Täterschaft des Angeklagten zu gewinnen vermag. Auf einzelne Elemente der Beweiswürdigung, insbesondere auf be- oder entlastende Indiztatsachen, ist er daher grundsätzlich nicht anzuwenden (BGH NStZ-RR 2009, 90, 91). Die einzelnen Beweisanzeichen müssen vielmehr in eine **Gesamtwürdigung** eingestellt werden, in der ihre Bedeutung und ihr Gewicht im Verhältnis zueinander zu bewerten sind. So können einzelne Belastungsindizien, die für sich genommen zum Beweis der Täterschaft nicht ausreichen, in ihrer Gesamtheit die für eine Verurteilung notwendige Überzeugung des Tatrichters begründen (vgl BGHSt 44, 153, 158 f = NJW 1998, 3788; BGH NStZ-RR 2004, 238; NStZ-RR 2007, 309, 311). Einer Gesamtwürdigung bedarf es auch hinsichtlich solcher Umstände, die für oder gegen die Zuverlässigkeit von Angaben eines Zeugen oder der Einlassung des Angeklagten sprechen. Der Tatrichter darf sich hier gleichfalls nicht darauf beschränken, die einzelnen Beweistatsachen getrennt voneinander zu würdigen und festzustellen, dass sie jeweils nicht geeignet sind, die Glaubwürdigkeit in Frage zu stellen. Denn selbst wenn jedes Indiz noch keine Bedenken gegen die Aussage aufkommen lässt, so kann doch eine Häufung von – jeweils für sich erklärbaren – Fragwürdigkeiten zu durchgreifenden Zweifeln an ihrer Richtigkeit Anlass geben (BGHR StPO § 261 Indizien 7, fehlende Gesamtwürdigung; BGH Beschl v 10. 2. 2009 – Az 5 StR 12/09).

97.1　Auch **Lücken in der Gesamtabwägung** können die Revision begründen (vgl BGH Urt v 23. 8. 2007 – Az 4 StR 180/07). Bei Konzentration auf ein zentrales Beweismittel kann sich das Tatgericht in revisibler Weise den Blick auf die erforderliche Gesamtwürdigung verstellt haben (vgl BGH Urt v 28. 8. 2007 – Az 5 StR 31/07). **Eine Gesamtbetrachtung kann auch im Hinblick auf verschiedene Taten und Tatkomplexe geboten sein**, wenn hieraus auf eine einheitliche Vorgehensweise oder ein Tatmotiv geschlossen werden kann (vgl BGH wistra 2008, 22; NStZ 2002, 48, 49). Andererseits kommt einer Gesamtwürdigung nur dann eine eigenständige Bedeutung zu, wenn sich Be- und Entlastungselemente überhaupt gegenseitig ergänzen oder verstärken können (vgl BGH Urt v 22. 7. 2008 – Az 5 StR 61/08 [Rn 11]: „kein Selbstzweck").

97.2　Ist die vorgenommene Gesamtwürdigung vollständig und im Ergebnis vertretbar, **ist sie von dem** Revisionsgericht **hinzunehmen**. Das Revisionsgericht kann nicht auf Grundlage einer **lediglich abweichenden Bewertung** einzelner Indiztatsachen oder des Beweisergebnisses in seiner Gesamtheit in die Überzeugungsbildung des Tatrichters eingreifen (BGH Urt v 18. 9. 2008 – Az 3 StR 296/08). Dies gilt unabhängig von der Bedeutung und dem Gewicht des strafrechtlichen Vorwurfs, denn dieser rechtfertigt keine unterschiedliche Handhabung der Grundsätze der revisionsrechtlichen Nachprüfbarkeit (BGH NJW 2005, 2322, 2326). Auch Zweifel muss der Tatrichter nicht an einer konkreten Tatsache festmachen, sondern kann sie aus dem Gesamtzusammenhang der Feststellungen gewinnen.

97.3　Kommen nach der Gesamtwürdigung der Beweistatsachen **verschiedene Tatvarianten** in Betracht, hat der Tatrichter nach dem Zweifelssatz die den Angeklagten am geringsten belastende zugrunde zu legen; bei rechtlicher Gleichwertigkeit kann er zu einer **Wahlfeststellung** gelangen. Zur Frage einer Anwendung des Zweifelssatzes oder der Wahlfeststellung im Verhältnis zwischen Täterschaft und Anstiftung vgl BGHSt 1, 27; BGH NStZ 2000, 197, 199; Beschl v 2. 12. 2008 – Az 3 StR 466/08; Fischer StGB § 1 Rn 22)

98　Ein auf die Sachrüge zu berücksichtigender Darstellungsmangel liegt auch dann vor, wenn die **Darlegungen** so **substanzarm** bleiben, dass sie vom Revisionsgericht nicht nachvollzogen werden können. Dies ist insbes bei **pauschalen, floskelhaften Bewertungen von Zeugenaussagen** („nachvollziehbar", „glaubhaft", „plastisch", „geschlossen") ohne zumindest beispielhafte Tatsachenunterlegung der Fall (vgl BGH StV 2000, 599). Der umfassenden Darstellung einer Zeugenaussage bedarf es im Urteil zwar generell nicht (BGH StV 1986, 6; NStZ-RR 2006, 346; NStZ-RR 2008, 148; s aber Rn 99.3); unzureichend ist aber – jedenfalls hinsichtlich der Angaben eines zentralen Belastungszeugen – die Mitteilung, der Zeuge habe „wie festgestellt" ausgesagt (BGH StraFo 2008, 508). Auch die Bewertung, die Bekundungen eines Zeugen „werden gestützt durch das Ergebnis der Beweisaufnahme im Übrigen", ist ohne Mitteilung der entsprechenden Anknüpfungstatsachen ohne überprüfbaren Gehalt (BGH Beschl v 10. 2. 2009 – Az 5 StR 12/09).

99　Im Übrigen lassen sich generalisierende Aussagen zu den Anforderungen an die dem Tatrichter obliegende Erörterung nicht treffen; sie sind **abhängig von der jeweiligen Beweissituation**.

99.1　Im Falle eines **Indizienbeweises** müssen alle Beweisanzeichen einer besonders sorgfältigen und kritischen Würdigung hinsichtlich ihres Beweiswertes unterzogen werden (BGHSt 12, 311, 315 = NJW 1959, 780; NJW 2007, 92). Lücken- und damit rechtsfehlerhaft bleibt daher eine Beweiswürdigung, wenn sie sich isoliert auf bestimmte be- oder entlastende Beweistatsachen, insbesondere Zeugenaussagen stützt, ohne hierzu den Kontext, die Begleitumstände oder die Einlassung des Angeklagten mitzuteilen und zu erörtern (vgl BGH Beschl v 26. 11. 1999 – Az 2 StR 461/99). So muss bei einer den Angeklagten belastenden **DNA-Spur** die Möglichkeit erörtert werden, ob diese anders als bei Tatbegehung gelegt worden sein kann, wenn es sich um das einzige oder gewichtigste Beweismittel handelt und eine anderweitige Entstehung der Spur nicht ersichtlich außer Betracht bleibt (vgl BGH Beschl v 25. 9. 2007 – Az 4 StR 348/07). Liegen andererseits erhebliche belastende Momente gegen den Angeklagten vor, hält der Tatrichter diese aber nicht für ausreichend, muss er seine Beweiswürdigung auf alle Umstände erstrecken, die für einen möglichen Schuldspruch von Bedeutung sein können (BGH Urt v 28. 8. 2007 – Az 5 StR 31/07).

Äußerungen des Angeklagten vor, bei oder nach Tatbegehung, die für die Beurteilung der subjektiven Tatseite von Bedeutung sein können, sind mitzuteilen und zu bewerten. Bei objektiv mehrdeutigen Äußerungen kommt dem Tatrichter revisionsrechtlich ein großer Spielraum zu, der jedenfalls eine dem Angeklagten günstige Auslegung zulässt (vgl BGH Urt v 29. 8. 2007 – Az 5 StR 103/07 [insoweit in NStZ 2008, 87 nicht abgedruckt]). Zur Frage des Tötungsvorsatzes vgl Rn 90.1 f. **99.2**

In **Aussage-gegen-Aussage**-Konstellationen müssen die Urteilsgründe erkennen lassen, dass der Tatrichter die Aussage des Belastungszeugen einer besonderen Glaubwürdigkeitsprüfung unterzogen hat, und dass er alle Umstande, die seine Entscheidung für oder wider den Wahrheitsgehalt einer Aussage beeinflussen konnten, in seine Überlegung einbezogen hat. Dabei ist in besonderem Maße eine Gesamtwürdigung aller begleitenden Indizien geboten (BGH NStZ-RR 2009, 145, 146; NStZ 2009, 108; NStZ-RR 2008, 370; BGHR StPO § 261 Beweiswürdigung 1 und 14; BGH StV 1998, 580, 581; BGH Beschl v 16. 2. 2000 – Az 3 StR 28/00; Meyer-Goßner StPO § 261 Rn 11 a). Neben einer geschlossenen Darstellung der Aussage des Zeugen (zu BtM-Straftaten vgl BGH StraFo 2008, 508) muss das Urteil Angaben zur Vorgeschichte der Tat, zur Aussageentstehung sowie eine Aussageanalyse enthalten (vgl BGH StV 1993, 176; NStZ-RR 2008, 254). Darzulegen sind auch Alternativhypothesen, soweit sie nach aussagepsychologischen Grundsätzen realistische Erklärungsmöglichkeiten für eine belastende Aussage bieten (BGHSt 45, 164; NStZ 2001, 45; BGH Beschl v 10. 2. 2009 – Az 5 StR 12/09). Erhöhte Begründungsanforderungen bestehen dann, wenn es sich bei dem Belastungszeugen um einen sich mit seiner Aussage selbst entlastenden Mitbeschuldigten handelt (vgl BGH NStZ 2009, 145, 146 sowie Rn 99.6), wenn der Zeuge von einer früheren Aussage abgerückt ist oder wenn der Tatrichter ihm teilweise keinen Glauben schenken will (BGHSt 44, 153, 159 = NJW 1998, 3788; zu Unstimmigkeiten bei bloßem Randgeschehen vgl allerdings BGH Beschl v 23. 8. 2007 – Az 3 StR 301/07). Hat der Tatrichter das **Verfahren hinsichtlich einzelner Taten nach § 154 Abs 2 StPO eingestellt**, ist geboten, die Gründe der Teileinstellung mitzuteilen und zu würdigen, wenn ihnen für die Glaubwürdigkeit des Zeugen Bedeutung zukommen kann (BGHSt 44, 153, 160 = NJW 1998, 3788; BGH NStZ-RR 2008, 254, 255; StV 2008, 449; NStZ 2003, 164); unterbleibt dies, liegt darin ein Erörterungsmangel, der allerdings – weil auf Verfahrensvorgängen jenseits des Urteils beruhend – mit einer **Verfahrensrüge** geltend zu machen ist (vgl BGH StV 2008, 449; Beschl v 12. 6. 2008 – Az 5 StR 185/08 = NStZ-RR 2008, 313 LS; Beschl v 9. 12. 2008 – Az 5 StR 511/08; Brause NStZ 2007, 505, 511). **99.3**

Ist die Beweissituation von **psychischen Besonderheiten in der Person des Belastungszeugen** geprägt, ist im Einzelnen zu erörtern, warum sie der Überzeugung von der Tatschuld nicht entgegenstehen (vgl BGH NStZ 2009, 108; BGH Beschl v 21. 9. 2007 – Az 2 StR 390/07). Wiegen die Auffälligkeiten so schwer, dass sie die **Einholung eines aussagepsychologischen Sachverständigengutachtens** nahe legen, ist die unterlassene Einholung zu begründen. Geschieht dies in nicht hinreichender Weise, kann das Urteil aus diesem Grunde bereits auf die Sachrüge – und nicht erst auf eine zu begründenden Aufklärungsrüge – der Aufhebung unterliegen (vgl BGH NStZ 2009, 108). Ein eingeholtes Gutachten entbindet den Tatrichter nicht, sich aufgrund einer eigenen Würdigung des Gutachteninhaltes und der sonstigen Beweissachen eine Überzeugung von der Glaubwürdigkeit des Zeugen zu verschaffen; dies gilt zumal dann, wenn die Einschätzung des Sachverständigen uneindeutig bleibt (zB BGH Beschl v 26. 11. 2008 – Az 5 StR 506/08 [Rn 13]: Bewertung als „wahrscheinlich", dass die Zeugenaussage auf einem realen Erlebnishintergrund beruhe). Stuft das Gutachten die Aussage als glaubwürdig ein, ist der Tatrichter zwar nicht gehindert, eine abweichende eigene Beurteilung vorzunehmen; er muss die Ausführungen des Sachverständigen dann aber in einer für das Revisionsgericht nachprüfbaren Weise wiedergeben, sich damit konkret auseinandersetzen und seine abweichende Auffassung nachvollziehbar begründen (BGH NStZ-RR 2009, 116; Beschl v 16. 9. 2008 – Az 3 StR 302/08). Zum Sonderfall eines hirnverletzten Tatopfers und einer durch die Verletzung verursachten vorübergehenden Amnesie vgl BGH NStZ-RR 2004, 270. **99.4**

99.5 Besonders kritischer Würdigung ihres Beweiswertes erfordert die Aussage eines **Zeugen vom Hörensagen** (BGH NStZ 1988, 144; andererseits aber BGH Urt v 28. 8. 2007 – Az 5 StR 31/07). Gleiches gilt für eine Täterbeschreibung und das **Wiedererkennen des Täters nach einer Gegenüberstellung oder auf Wahllichtbildvorlagen** (vgl BVerfG [Kammer] NJW 2003, 2444, 2445; BGH BGHR StPO § 261 Identifizierung 3 und 16; Urt v 16. 3. 2004 – Az 5 StR 490/03). Selbst einem wiederholten Wiedererkennen kommt nur beschränkter Beweiswert zu, da der Zeuge sich unbewusst an der früheren Identifizierung orientiert haben kann (BGHSt 16, 204). Kommt dem Wiedererkennen maßgebliche Bedeutung zu (hierzu BGH NStZ 1997, 355), muss die Beweiswürdigung erkennen lassen, dass der Tatrichter sich möglicher suggestiver Beeinflussungen bewusst war, und in welchem Grad die Aussage des Wiedererkennungszeugen mit den in der Hauptverhandlung gewonnenen sonstigen Beweisergebnissen in Einklang steht (BGH NStZ 2003, 493; NStZ 1996, 350; NStZ-RR 2008, 148; Beschl v 9. 10. 2007 – Az 5 StR 344/07 [Rn 23]). Allerdings bedarf es keiner allgemeinen Erörterungen über die Wahrnehmungsfähigkeit von Opfern von Bedrohungen oder Gewalthandlungen, solange der Tatrichter sich der besonderen Beweissituation erkennbar bewusst war. Auch muss der Tatrichter bei einer überzeugenden Täterbeschreibung durch einen Zeugen und flankierenden belastenden Umständen nicht der Erörterung Raum geben, ob der Zeuge nicht einen anderen, dem Angeklagten sehr ähnlich sehenden Täter beschrieben haben könnte (BGH NStZ-RR 2008, 148; vgl auch BGH NStZ 1997, 355).

99.6 Die Beweiswürdigung muss sich auch zum **Einlassungsverhalten von Mitangeklagten** im Haupt- und Ermittlungsverfahren verhalten; dies gilt auch dann, wenn über Mitangeklagte in getrennten Verfahren verhandelt worden ist (vgl BGH wistra 2008, 22; Beschl v 25. 11. 2008 – Az 5 StR 491/08). Besonders eingehender Würdigung bedarf, wenn **die Einlassung eines Mitangeklagten oder die Zeugenaussage eines Tatbeteiligten das einzige belastende Beweismittel von Bedeutung** darstellt (vgl BGHSt 29, 18, 20; BGHSt 47, 220, 23; BGHSt 48, 161, 168; BGH StV 1990, 533; StV 2005, 253, 254; NJW 2007, 237, 239; Beschl v 22. 5. 2007 – Az 5 StR 94/07; Urt v 22. 7. 2008 – Az 5 StR 61/08). Der Tatrichter muss die Plausibilität der Einlassung oder Aussage kritisch prüfen und sich damit auseinandersetzen, dass sie auf eine Selbstentlastung und damit einhergehende Falschbelastung des Angeklagten gerichtet sein kann (vgl BGHSt 50, 80, 85; BGHSt 51, 324, 325; BGH NStZ-RR 2009, 145, 146). So ist eine Beweiswürdigung lückenhaft, wenn die belastende Aussage bereits wegen des darin schlüssig und detailliert geschilderten Tatgeschehens als glaubhaft bewertet wird, obwohl hieraus noch nicht zuverlässig auf die Identität der Beteiligten geschlossen werden kann (BGH StV 2006, 683; StV 2007, 402; Beschl v 1. 2. 2007 – 5 StR 494/06). Bei mehreren den Angeklagten belastenden Mitangeklagten muss der Tatrichter die Möglichkeit einer Abstimmung ihrer Einlassungen in den Blick nehmen (vgl BGH NStZ-RR 2009, 145, 146; Beschl v 22. 5. 11.2008 – Az 5 StR 491/08, jeweils auch zum Beweiswert schriftlicher Erklärungen). Dies gilt erst recht in dem Fall, dass dem Tatbeteiligten aus seiner Aussage Vorteile erwachsen sind, etwa infolge einer **Vergünstigung nach § 31 BtMG** (BGH NStZ-RR 2003, 245; BGH NStZ 2004, 691; OLG Koblenz NStZ 2008, 359; OLG Düsseldorf NStZ-RR 2008, 254 LS); der Tatrichter muss in solchen Fällen in besonderer Weise die Möglichkeit berücksichtigen, dass der Beteiligte zur Selbstentlastung fälschlich den Angeklagten beschuldigt (vgl BGH Beschl v 18. 12. 2007 – Az 5 StR 201/07). War die Aussage eines als Zeugen gehörten Tatbeteiligten in dem gegen ihn gerichteten Verfahren Gegenstand einer **verfahrensbeendenden Absprache**, muss das Zustandekommen und der Inhalt der Absprache in einer für das Revisionsgericht nachvollziehbaren Weise dargestellt werden (BGH NStZ 2008, 173). Fehlt es hieran, bedarf es zum Beleg einer lückenhaften Beweiswürdigung allerdings der **Erhebung einer Verfahrensrüge**, durch die dem Revisionsgericht die maßgeblichen Vorgänge vermittelt werden.

99.7 Die unerörterte **Annahme uneingeschränkter Schuldfähigkeit** kann sich bei Gewaltdelikten, denen keine langfristige Planung vorausgeht, bereits in sachlich-rechtlicher Hinsicht – und nicht allein unter Aufklärungsgesichtspunkten – als rechtsfehlerhaft erweisen; in solchen Fällen drängen insbesondere Anhaltspunkte für eine nicht unerhebliche Alkoholisierung zu einer Auseinandersetzung mit den Voraussetzungen von § 21 StGB (vgl BGH Beschl v 9. 1. 2008 – Az 5 StR 520/07 = NStZ-RR 2008, 167 bei Pfister: Annahme von § 21 StGB nur bei einem Mitangeklagten nach gemeinsamem Alkoholkonsum). Auch bei sonstigen fallbezogenen Besonderheiten, die eine Begutachtung nahe legen, ist eine allein auf das äußere Tatbild gestützte Würdigung lückenhaft (BGH Urt v. 30. 8. 2007 – Az 5 StR 197/07 und Az 5 StR 193/07). Die Annahme eingeschränkter oder aufgehobener Schuldfähigkeit darf sich andererseits nicht allein auf Feststellungen einer psychischen Beeinträchtigung des Angeklagten von Krankheitswert stützen, sondern muss zugleich erkennen lassen, wie sich die Krankheit auf die Einsichts- oder Steuerungsfähigkeit des Angeklagten bei Begehung der Tat konkret ausgewirkt hat (BGHSt 49, 347, 356; Beschl v 24. 7. 23007 – Az 3 StR 261/07; Beschl v 21. 11. 2007 – Az 3 StR 548/07).

Bei einem **Sachverständigenbeweis** muss der Tatrichter die wesentlichen Anknüpfungs- und Befundtatsachen sowie den Erkenntnis- und Wertungsprozess des Sachverständigen so nachvollziehbar darstellen, wie dies zum Verständnis des Gutachtens und zur Beurteilung seiner Schlüssigkeit erforderlich ist, und durch eine eigene Rechtsprüfung erkennen lassen, ob die Darlegungen geeignet sind, die gesetzlichen Tatbestandmerkmale auszufüllen (vgl BGH NStZ-RR 2009, 45; NStZ 2003, 307; NStZ-RR 2003, 232; Beschl v 2. 10. 2007 – Az 3 StR 412/07). Zu § 63 StGB, § 20 StGB, § 21 StGB betreffenden **Schuldfähigkeit- und Prognosegutachten** vgl im Übrigen Bötticher et al NStZ 2006, 537. Zu den Darstellungsanforderungen bei einem **anthropologischen Identitätsgutachten** vgl OLG Hamm NStZ-R 2008, 287 und OLG Jena NStZ-RR 2009, 116. Das Ergebnis einer **DNA-Analyse** ist jedenfalls bei einem Seltenheitswert im Millionenbereich wegen der inzwischen erreichten Standardisierung der molekulargenetischen Untersuchung für die Überzeugungsbildung des Tatrichters hinreichend, dass die untersuchte Tatspur vom Angeklagten herrührt; hiervon unabhängig ist jedoch die Frage zu beurteilen, ob zwischen der Spur und der Tat ein Zusammenhang besteht (BGH NJW 2009, 1159; s auch Rn 99.1).

99.8

Zur Würdigung einer von der Polizei erstellten **operativen Fallanalyse** oder analytischer Bewertung von Serientaten zur Überführung des Täters vgl BGH Urt v 17. 7. 2007 – Az 5 StR 186/07 („Violent Crime Linkage Analysis System").

99.9

Im Falle eines **Geständnisses** sind revisionsrechtlich auch knappe Ausführungen zur Beweiswürdigung hinzunehmen (vgl BGH Urt v 17. 10. 2007 – Az 2 StR 369/07); der Tatrichter hat das Geständnis jedoch zumindest auf Stimmigkeit zu überprüfen (BGH Urt v 6. 12. 2007 – Az 3 StR 325/07). Ob ein **pauschales Einräumen der Tat** als alleinige Beweisgrundlage hinreicht, ist Frage des Einzelfalles (BGH StV 1996, 214); ein nur formales Anerkenntnis genügt hierzu nicht (BGH StV 1999, 410). Beruht das Geständnis auf einer **verfahrensbeendenden Absprache**, muss es wenigstens so konkret sein, dass geprüft werden kann, ob es im Einklang mit der Aktenlage steht, so dass sich keine weitergehende Sachaufklärung aufdrängt. Ein inhaltsleeres Formalgeständnis reicht nicht aus (BGHSt 50, 40, 49 = NJW 2005, 1440, 1442; NJW 2007, 2424; NStZ 2008, 173). Ist lediglich eine seitens des Verteidigers vorformulierte **geständige Einlassung verlesen** und vom Angeklagten bestätigt worden („Verteidigererklärung", vgl BGH NJW 2003, 2692, 2694), sind gleichfalls strenge Anforderungen anzulegen; das Geständnis bedarf besonders kritischer Betrachtung hinsichtlich seiner Substanz, seiner Übereinstimmung mit dem Ermittlungsergebnis sowie dahingehend, ob es tatsächlich von dem Angeklagten akzeptiert wird (vgl BGH NStZ 2008, 173; vgl auch Nr 45 Abs 2 RiStBV). Ein Geständnis oder eine sonstige Sachdarstellung des Angeklagten wird durch einen **Widerruf** nicht beseitigt; die Einlassung ist vielmehr der Beweiswürdigung in vollem Umfang zugrunde zu legen. Der Tatrichter hat unter Einbeziehung der Entstehungsgeschichte des Geständnisses, der Umstände und Gründe des Widerrufes und der sonstigen erhobenen Beweise zu überprüfen und darzulegen, ob der Widerruf seiner Überzeugung von der Täterschaft des Angeklagten entgegensteht (vgl BGH NJW 1967, 2020; NStZ 1994, 597; Urt v 18. 9. 2008 – 3 StR 296/08).

99.10

e) Sonstige Mängel

100

Auch **widersprüchliche Erwägungen** im Rahmen der Beweiswürdigung können die Revision begründen, soweit sie maßgebliches Tatgeschehen betreffen (vgl BGH NJW 2007, 84, 387 [insoweit in BGHSt 51, 144 nicht abgedruckt]). Dies gilt beispielsweise dann, wenn der Tatrichter bei Abweichungen in der Tatschilderung des Belastungszeugen eine Version als die glaubhaftere bezeichnet, seinen Feststellungen dann aber begründungslos die andere zugrunde legt (BGH Beschl v 26. 11. 2008 – Az 5 StR 506/08). Unter einen **Verstoß gegen Denkgesetze** fallen Rechenfehler und Zirkelschlüsse. Ein **Zirkelschluss** liegt vor, wenn aus einem unbewiesenen Beweisanzeichen auf seinen Beweis geschlossen werden soll, oder wenn aus Teilen einer Aussage, die keine externe Bestätigung erfährt, auf die Glaubhaftigkeit der Aussage selbst geschlossen wird (BGHSt 44, 256, 257; StV 1996, 336, 337; StV 2003, 542 f; StV 2005, 487). Ein **Verstoß gegen Erfahrungssätze** bedeutet das Außerachtlassen von auf allgemeiner Lebenserfahrung oder wissenschaftlich gesicherter Erkenntnis gewonnenen Regeln (vgl BGHSt 6, 70, 72; BGHSt 29,18, 20; BGHSt 31, 86, 89; NStZ-RR 2002, 39). Er liegt auch dann vor, wenn der Tatrichter einen tatsächlich nicht bestehenden Erfahrungssatz postuliert und hierauf seine Überzeugung stützt (vgl BGH StV 2000, 69).

Unter Erfahrungssätze fallen va naturwissenschaftliche Erkenntnisse. Das Revisionsgericht kann sich im Wege des **Freibeweisverfahrens** die erforderliche Sachkenntnis verschaffen. Im Regelfall wird die Auswertung (natur)**wissenschaftlicher Literatur** ausreichen (vgl BGH NStZ-RR 2002, 39); auch die Anhörung eines **Sachverständigen** steht ihm aber offen (BGHSt 7, 82, 83; BGHSt 25, 246, 249; BGHSt 33, 133, 136).

100.1

100.2 Weitere Beispiele für einen Verstoß gegen Denkgesetze sind Fehlbeurteilungen der **Beweiskraft von statistisch belegten Häufigkeitswerten** (BGH StV 1996, 583) oder **fehlerhafte Tatzeit-, Entfernung oder Fahrzeitberechnungen** (vgl BGH Beschl v 26. 9. 2007 – Az 1 StR 311/07).

101 Das Verbot, das **Schweigen des Angeklagten** zu seinen Lasten zu werten, unterliegt der Überprüfung auf die Sachrüge, falls in der Beweiswürdigung alle für eine Überprüfung wesentlichen Umstände mitgeteilt sind. So stellt sich als rechtsfehlerhaft dar, wenn das Schweigen des Angeklagten **als belastendes Indiz gewertet** wird, soweit es sich nicht nur um ein Teilschweigen innerhalb einer Einlassung handelt. Von dem Verwertungsverbot erfasst ist auch das Schweigen im Ermittlungsverfahren (BGH Beschl v 7. 4. 1995 – Az 2 StR 20/95; Beschl v 13. 8. 1997 – Az 3 StR 356/97), das Schweigen in der Hauptverhandlung nach anfänglicher Äußerung im Ermittlungsverfahren (BGH NStZ 1999, 47), das vollständige Schweigen zu einer prozessualen Tat im Gegensatz zu Angaben zu einer anderen (kein Teilschweigen, vgl BGH StV 2000, 598; StV 2000, 293) und ausschließlich nonverbales Verhalten während der Hauptverhandlung. Dagegen unterliegt keinen Bedenken, wenn der Tatrichter auch geringfügige **Äußerungen des Angeklagten** in seine Beweiswürdigung einbezieht und ihnen indizielle Bedeutung beimisst (BGH Urt v 17. 7. 2007 – Az 5 StR 186/07).

101.1 Auch eine **belastende Bewertung anderen Verhaltens des Angeklagten** kann sich als auf die Sachrüge zu berücksichtigender Rechtsfehler bei der Beweiswürdigung erweisen, wenn das Verhalten ohne weiteres auch dem Bemühen eines Unschuldigen entspringen kann, eine Verurteilung zu vermeiden oder dem Verfahren zu entgehen. So kann ein Fluchtversuch nicht als Indiz für die Täterschaft gewertet werden (BGH StraFo 2008, 78 = NStZ 2008, 303; Beschl v 17. 11. 1999 – Az 3 StR 462/99), ebenso wenig das Scheitern eines Alibis (BGH StV 1982, 158; StV 1984, 495; StV 1992, 259; NStZ-RR 1996, 363; NStZ-RR 1998, 303) oder die Widerlegung anderer Angaben des Angeklagten (BGHSt 41, 153; StV 1985, 356; StV 1986, 286; StV 1986, 369; StV 1994, 175).

102 Schließlich können auch **Fehler bei der Auslegung der materiellen Strafnormen** (Rn 102) die Beweiswürdigung erfassen, wenn der Tatrichter von zu engen oder zu weiten Normvoraussetzungen ausgeht und – insoweit konsequent – aus seiner Beweiswürdigung erhebliche Umstände ausklammert (vgl BGH NStZ-RR 2007, 309, 311). Auch die Berücksichtigung von Beweismitteln, deren Verwertung verfahrensrechtliche Bestimmungen entgegenstehen, kann im Einzelfall auf die Sachrüge zu beachten sein, so bei berechtigter Zeugnisverweigerung eines Angehörigen (BGH JR 1981, 432) und einem Verstoß gegen § 51 BZRG (BGHSt 27, 108).

4. Fehler bei der Gesetzesanwendung ieS

103 Das Revisionsgericht prüft auf die Sachrüge weiterhin, ob **das sachliche Recht**, insbesondere das materielle Strafrecht auf die getroffenen Feststellungen **richtig angewendet** worden ist. Eine Rechtsverletzung in diesem engen Sinne liegt vor bei einer fehlerhaften Gesetzesauslegung, bei falscher Subsumtion oder bei Anwendung einer ungültigen, nicht mehr existenten oder noch nicht geltenden Rechtsnorm (Verstoß gegen Art 103 Abs 2 GG, § 1 StGB). Von der Sachrüge erfasst sind weiterhin strafrechtlich unzulässige Rechtsanwendungsmethoden wie insbesondere eine die Wortlautgrenze überschreitende Analogie zu Lasten des Angeklagten (Art 103 Abs 2 GG).

103.1 Zulässig ist dagegen eine **Gesetzesauslegung zugunsten des Angeklagten**, die im Wortlaut der betreffenden Norm keinen Niederschlag findet, aber den Vorstellungen des Gesetzgebers entspricht (vgl BGH Urt v 28. 8. 2007 – 1 StR 268/07).

104 Das Revisionsgericht untersucht auch, **ob der Tatrichter seiner Tatsachenprüfung einen unzutreffenden rechtlichen Maßstab zugrunde gelegt hat**, und die getroffenen Feststellungen sich insoweit als unvollständig und daher ungeeignet erweisen, die rechtliche Bewertung zu tragen; dies kommt insbesondere bei der – voller revisionsrechtlicher Prüfung unterliegenden – Auslegung normativer Tatbestandsmerkmale in Betracht. Es prüft andererseits, ob die getroffenen **Feststellungen in rechtlicher Hinsicht vollständig ausgewertet** worden sind. Hieran fehlt es bei gänzlich fehlender Prüfung eines Merkmals des angewandten Straftatbestandes, eines rechtlichen Gesichtspunktes, dessen Erörterung sich nach dem

Urteilsinhalt aufgedrängt hätte (zB Rücktritt vom Versuch), oder bei fehlender oder unvollständiger Erörterung von Straftatbeständen, deren Anwendung auf den festgestellten Sachverhalt nahe gelegen hätte (zB Prüfung von Mordmerkmalen).

Beispiele: BGH Urt v 4. 12. 2007 – Az 5 StR 324/07 (fehlende Prüfung einer -weiteren- ausländerrechtlichen Strafbarkeit); Urt v 31. 1. 2007 – 5 StR 404/06 (fehlende Prüfung waffenrechtlicher Tatbestände); Beschl v 6. 9. 2007 (§ 31 StGB unerörtert); NStZ-RR 2007, 304 (fehlende Zusammenfassung von einzelnen Körperverletzungen zu einer § 225 StGB verwirklichenden Einheit). 104.1

Im Falle eines strafrechtlich nicht relevanten Verhaltens des Angeklagten hat das Revisionsgericht in geeigneten Fällen auch zu prüfen, ob eine Ahndung als Ordnungswidrigkeit in Betracht kommt (zB OLG Oldenburg NStZ-RR 243, 244). 104.2

Von der Pflicht zu vollständiger rechtlicher Würdigung der Feststellungen zu unterscheiden sind die **Kognitionspflicht** des Tatrichters, die sich auf die erschöpfende **Würdigung von Anklage und Eröffnungsbeschluss** bezieht (hierzu Rn 121), und die Einhaltung der von der Anklage und dem Eröffnungsbeschluss gezogenen **Grenzen**, denn Gegenstand der Urteilsfindung kann nur die hierdurch umrissene prozessuale Tat sein. Da insoweit Verfahrensvoraussetzungen betroffen sind, prüft das Revisionsgericht von Amts wegen, ob die Feststellungen und eine hierauf beruhende Verurteilung von Anklage und Eröffnungsbeschluss noch erfasst sind (vgl Rn 21). 104.3

An die **Rechtauffassung des Tatgerichtes** ist das Revisionsgericht nicht gebunden. Dies gilt auch für die Auslegung unbestimmter Rechtsbegriffe, soweit allein die Gesetzesanwendung auf den festgestellten Sachverhalt in Rede steht. Dagegen ist dem Tatrichter bei der **Verknüpfung eines Rechtsbegriffes mit Tatfragen** ein Entscheidungsspielraum zuzubilligen (str, vgl Meyer-Goßner StPO § 337 Rn 33; KK-StPO/Kuckein StPO § 337 Rn 31; Maatz/Wahl, FS BGH 2000, 531, 551; Maatz StraFo 2002, 373). Hat der Tatrichter zB auf Grundlage der insoweit vorzunehmenden Gesamtwürdigung (vgl BGHSt 47, 128, 130) das **Mordmerkmal der niedrigen Beweggründe** nach § 211 Abs 2 StGB in vertretbarer Weise bejaht, so kann das Revisionsgericht die tatrichterliche Beurteilung nicht durch eigene Erwägungen ersetzen (vgl BGH NStZ-RR 2008, 308; Urt v 30. 10. 2008 – Az 4 StR 352/08; Fischer StGB § 211 Rn 15); eine unterbliebene Erörterung des Mordmerkmals kann sich nur dann als rechtsfehlerhaft erweisen, wenn es nach den Umständen nahe liegt (BGH Urt v 4. 12. 2008 – Az 1 StR 327/08 [insoweit in NStZ 2009, 226 nicht abgedruckt]). Hat er von der Anordnung des Verfalls wegen einer **unbilligen Härte nach § 73 c Abs 1 S 1 StGB** abgesehen, unterliegt die Gewichtung der für das Vorliegen einer unbilligen Härte maßgeblichen Umstände nicht der Nachprüfung des Revisionsgerichtes (vgl BGH wistra 2003, 424, 425; wistra 2009, 23). Mit der Revision kann aber beanstandet werden, dass das Tatbestandsmerkmal rechtsfehlerhaft interpretiert wurde, der Tatrichter etwa seine Voraussetzungen verkannt hat (vgl BGH wistra 2009, 23). Räumt eine sachlich-rechtliche Vorschrift dem Tatrichter ein **Ermessen** ein (zB **§ 64 StGB, § 66 Abs 2 StGB; § 67 Abs 2 S 2 StGB, § 73 c Abs 1 S 2 StGB**), ist die ergangene Ermessensentscheidung revisionsrechtlich nur begrenzt überprüfbar. Der Beurteilung des Revisionsgerichtes unterliegt aber, ob der Tatrichter die betreffende, nahe liegend anzuwendende Vorschrift überhaupt geprüft hat, ob er dabei erkannt hat, dass es sich um eine Ermessensvorschrift handelt, ob er Ermessen ausgeübt hat, und ob er für die Ermessensentscheidung maßgebliche Erwägungen außer Betracht gelassen oder unzulässige in seine Abwägung einbezogen hat (vgl BGHSt 15, 390, 393; 18, 238 = NJW 1963, 869; BGH wistra 2009, 23; s auch Rn 56). Dies verlangt zugleich, dass der Tatrichter die für seine Ermessensentscheidung leitenden Erwägungen in einer überprüfbaren Weise im Urteil dargestellt hat (vgl BGH NStZ-RR 2008, 73). Revisionsgerichtlicher Beurteilung unterliegt ferner, ob der Anwendungsbereich der Ermessensvorschrift eröffnet ist, insbes ob ihre tatbestandlichen Eingangsvoraussetzungen vorliegen. Ist dies der Fall, und hat der Tatrichter die Vorschrift aber gleichwohl unerörtert gelassen, kann das Revisionsgericht von einer Zurückverweisung absehen, wenn Besonderheiten des Sachverhaltes eine andere Ermessensausübung als eine Nichtanwendung der Vorschrift ausgeschlossen erscheinen lassen (vgl BGH NStZ 2009, 204 zur Nichtanwendung von § 64 StGB gegenüber einem zur Ausreise verpflichteten ausländischen Angeklagten). 105

Bei einer **unklaren Rechtslage**, die von bislang fehlenden oder widersprüchlichen Entscheidungen und einer uneinheitlichen Verwaltungspraxis, insbes zu außerstrafrechtlichen 106

Vorfragen geprägt ist, steht dem Revisionsgericht zwar eine umfassende Prüfungskompetenz zu (vgl Rn 5 ff); in derartigen Fällen kommt allerdings häufig die Möglichkeit eines unvermeidlichen **Verbotsirrtums nach § 17 S 1 StGB** in Betracht. Ob der Angeklagte sich in einem solchen Irrtum befunden hat, unterliegt der tatrichterlichen Beweiswürdigung und damit einer nur eingeschränkten Überprüfung durch das Revisionsgericht.

106.1   Vgl BGH NJW 2007, 1363 zur Anwendbarkeit von § 284 StGB auf die gewerbliche Vermittlung von Sportwetten im Saarland vor dem Hintergrund einer zur landesrechtlichen Rechtslage in Bayern ergangenen Entscheidung des BVerfG (BVerfG NJW 2006, 1261); BGH NJW 2008, 2723 zur Strafbarkeit nach **§ 356 StGB** in Abkehr von der bisherigen obergerichtlichen Rechtsprechung.

5. Fehler beim Rechtsfolgenausspruch

107   Wie die Beweiswürdigung unterliegt auch die **Strafzumessung** nur einer **eingeschränkten Überprüfung** durch das Revisionsgericht. Sie ist grundsätzlich Sache des Tatrichters, der die wesentlichen be- und entlastenden Umstände festzustellen, sie gegeneinander abzuwägen und auf Grundlage seines von der Tat und der Person des Täters gewonnenen Eindrucks die Strafe zu bestimmen hat. Ein Eingriff des Revisionsgerichtes ist nur möglich, wenn dem Tatrichter bei seiner Entscheidung Rechtsfehler unterlaufen sind; dies ist dann der Fall, wenn die Zumessungserwägungen in sich fehlerhaft sind, wenn sie von unzutreffenden Tatsachen ausgehen, wenn sie einen Verstoß gegen rechtlich anerkannte Strafzwecke erkennen lassen, oder wenn sich die verhängte Strafe nach oben oder unten von ihrer Bestimmung, gerechter Schuldausgleich zu sein, so weit löst, dass sie nicht mehr innerhalb des dem Tatrichter eingeräumten Spielraumes liegt. Darüber hinaus ist eine Ermessenskontrolle ausgeschlossen. In Zweifelsfällen hat das Revisionsgericht die vom Tatgericht vorgenommene Bewertung **bis an die Grenze des Vertretbaren hinzunehmen** (stRspr, vgl BGHSt 3, 179, BGHSt 29, 319, 320; BGHSt 34, 345, 349; NJW 1995, 340; NStZ 2004, 442; NStZ 2006, 568; NStZ-RR 2008, 343; Beschl v 29. 6. 2005 – Az 1 StR 149/05; Urt v 6. 2. 2008 – Az 5 StR 610/07; Urt v 9. 12. 2008 – Az 5 StR 412/08 Rn 26).

107.1   Diese Grundsätze gelten für die Bemessung von Einzelstrafen und der Gesamtstrafe. Vollständig überprüfbar ist allerdings, ob die für die Strafrahmenbestimmung oder für einzelne Zumessungsgründe maßgeblichen tatsächlichen Voraussetzungen **hinreichend festgestellt** sind; dies gilt insbesondere für Fragen des Schuldumfanges (vgl Rn 85). Die Herleitung der die Strafzumessung tragenden Feststellungen ist nach den für die Beweiswürdigung geltenden allgemeinen Grundsätzen revisibel (vgl Rn 87 ff für Schlussfolgerungen des Tatrichters im Hinblick auf tatsächliche, für die Strafzumessung bestimmende Umstände vgl etwa BGH Urt v 9. 12. 2008 – Az 5 StR 412/08 Rn 27). Der **Zweifelssatz** ist anzuwenden, wenn Voraussetzungen für einen Milderungsgrund nahe liegen, aber nicht abschließend aufzuklären sind (vgl BGH NStZ-RR 2008, 9, 10 für § 157 StGB).

107.2   Unzulässig und daher unbeachtlich sind **Hilfserwägungen** zur Strafzumessung. Sie vermögen einen Strafausspruch, der sich in seiner Hauptbegründung als rechtsfehlerhaft erweist, nicht zu tragen (BGHSt 7, 359; BGH NStZ 1998, 305; Beschl v 29. 10. 2008 – 2 StR 386/08 [Rn 8]). Dies betrifft zB Überlegungen in den Urteilsgründen für den hypothetischen Fall, dass andere Feststellungen getroffen worden wären, oder dass eine festgestellte Tat rechtlich anders als geschehen zu beurteilen wäre. Unbeachtlich sind auch Ausführungen, dass ein anderer Strafrahmen zugrunde gelegt worden wäre, wenn gewisse Strafzumessungsgründe nicht berücksichtigt werden dürften (vgl BGH Beschl v 29. 10. 2008 – Az 2 StR 386/08), oder dass eine Strafrahmenverschiebung auch dann nicht vorgenommen worden wäre, wenn die – im Urteil verneinten – Voraussetzungen eines vertypten Milderungsgrundes vorgelegen hätten (BGH Urt v 28. 11. 2007 – Az 2 StR 477/07 für § 21 StGB).

108   Rechtsfehlerhaft in diesem Sinne ist eine **gänzlich unbegründete Strafhöhe** (vgl BGHSt 12, 1 = NJW 1958, 1643) oder die **unterlassene Bildung einer Gesamtstrafe**. Dies gilt auch für die Möglichkeit nachträglicher Gesamtstrafenbildung nach § 55 StGB. Das Schweigen eines Urteils zu § 55 StGB stellt allerdings dann keinen sachlich-rechtlichen Mangel dar, wenn die Voraussetzungen für eine Gesamtstrafenbildung trotz hinreichender Bemühungen des Tatrichters nicht geklärt werden konnten (BGH NStZ-RR 2008, 73). Das Revisionsgericht kann die Gesamtstrafe nicht selbst nachträglich bestimmen (zu Ausnahmen vgl § 354 StPO Rn 26); dementsprechend führt auch eine unterbliebene nachträgliche Gesamtstrafenbildung gemäß § 55 StGB, § 460 StPO zur Zurückverweisung nach § 354 Abs 1 b StPO. Der **Gesamtstrafenausspruch** unterliegt revisionsgerichtlicher Kontrolle dahin, ob die rechtlichen Vorgaben der § 53 StGB, § 54 StGB, § 55 StGB eingehalten sind. Hieran fehlt es etwa dann, wenn die Begründung die nach § 54 Abs 1 S 3 StGB gebotene Zusammenschau der Einzeltaten und der Person des Angeklagten vermissen lässt. Ist aus Einzelgeld- und Einzelfreiheitsstrafen eine einheitliche Gesamtfreiheitsstrafe gebildet worden, so bedarf es bei naheliegender Anwendung von § 53 Abs 2 S 2 StGB, insbesondere bei einer nur knapp nicht mehr aussetzungsfähigen Gesamtstrafe der ausdrücklichen Darlegung, dass der Tatrichter sich der Möglichkeit einer gesonderten Gesamtgeldstrafe bewusst war (BGH NStZ-RR 2002, 264; Beschl v 3. 12. 2007 – Az 5 StR 504/07). Eine Angemessenheitskontrolle der Strafhöhe findet – ebenso wie bei Bildung der Einzelstrafen (vgl Rn 112) – nicht statt. Allerdings prüft das Revisionsgericht auch unterhalb der von § 54 Abs 2 S 1 StGB gezogenen absoluten Grenzen, ob der Tatrichter das ihm nach § 54 Abs 2 S 2 StGB eingeräumte Ermessen nicht überschritten hat und eine **nur sehr geringfügige oder erhebliche Erhöhung der Einsatzstrafe** von den Zumessungserwägungen noch getragen wird. Entfernt sich eine Gesamtstrafe erheblich von der Einsatzstrafe, bedarf dies daher einer gesonderten Begründung, deren Fehlen die Revision begründen kann. Hierbei kommt gesamtstrafenspezifischen Umständen – zB Anzahl der Taten, zeitlicher und situativer Zusammenhang – besonderes Gewicht zu (vgl BGH StV 2006, 402; StV 2007, 633; Beschl v 18. 2. 2009 – Az 2 StR 603/08). Der Gesamtstrafenausspruch kann sich zudem als rechtsfehlerhaft erweisen, wenn er auf unzulässige Strafzumessungsgründe gestützt wird (vgl insoweit Rn 111). Wegen des Erfordernisses einer nur zusammenfassenden Würdigung erweist sich dagegen nicht bereits das Fehlen einzelner – auch bestimmender – Zumessungserwägungen als rechtsfehlerhaft. Bei **Bildung mehrerer Gesamtstrafen** aufgrund einer Zäsurwirkung kann geboten sein, das sich ergebende Gesamtstrafenübel auszugleichen; aus dem Urteil muss erkennbar sein, dass der Tatrichter sich dieser Sachlage bewusst gewesen ist und die verhängten Strafen gleichwohl für schuldangemessen gehalten hat (BGH NStZ-RR 2008, 234).

Zum Sonderfall der Bildung einer **Hauptstrafe nach § 63 StGB-DDR, § 64 StGB-DDR** 108.1 iVm Art 315 Abs 1 EGStGB, § 2 Abs 2 StGB vgl BGH Beschl v 10. 10. 2008 – Az 4 StR 141/08 (Rn 8 ff, in NStZ 2009, 86 insoweit nicht abgedruckt).

Als Grundlage für die Bemessung der Einzelstrafen muss das Urteil in einer für das 109 Revisionsgericht nachvollziehbaren Weise den hierfür gewählten **Strafrahmen erkennen lassen**. Hierfür reicht die Benennung der angewendeten Zumessungsvorschriften aus, wenn sich daraus – auch bei komplexerer Strafrahmenwahl – die Strafober- und Strafuntergrenze eindeutig ermitteln lässt. Eine konkrete, nach Jahren und Monaten bezifferte Angabe des Strafrahmens ist nicht erforderlich. Dies gilt auch im Fall einer oder mehrfacher Strafrahmenverschiebung (BGH NStZ-RR 2009, 43; Beschl v 24. 5. 2006 – Az 1 StR 190/06).

Die **Bestimmung des angewendeten Strafrahmens** unterliegt gleichfalls lediglich 110 einer revisionsgerichtlichen Kontrolle auf Rechtsfehler (zB BGH NJW 1978, 174). Ein auf die Sachrüge zu berücksichtigender Mangel liegt etwa dann vor, wenn eine sich aufdrängende **Erörterung eines besonders oder minder schweren Falles** unterblieben ist, das Urteil bei der Erörterung wesentliche Zumessungsgesichtspunkte unbeachtet oder die gebotene Gesamtwürdigung vermissen lässt (zB BGH Beschl v 10. 7. 2008 – Az 5 StR 265/08 zu § 29a Abs 2 BtMG; Beschl v 25. 11. 2008 – Az 3 StR 484/08 zu § 213 StGB; Urt v 21. 12. 2007 – Az 2 StR 372/07; Beschl v 22. 10. 2007 – Az 5 StR 364/07), die Voraussetzungen eines **Regelbeispiels** verkannt oder Umstände, die den Wegfall der Regelwirkung nahe gelegt hätten, nicht berücksichtigt werden (vgl BGHSt 20, 121, 125; BGH NJW 2009, 528, 531 f zu § 370 Abs 3 S 2 Nr 1 AO; Beschl v 16. 10. 2008 – Az 5 StR 482/08 zu § 243 StGB; NStZ 2009, 150; Beschl v 11. 12. 2008 – Az 5 StR 536/08 zu § 263 Abs 3 StGB). Als Rechtsfehler stellt sich ferner dar, wenn der Tatrichter die Voraussetzungen einer die Strafrahmensenkung erlaubenden Vorschrift (**vertypter Milderungsgrund**, zB § 21 StGB, § 23 Abs 2 StGB, § 46a StGB) verkannt oder nicht hinreichend erörtert hat (zB BGH StraFo 2007, 501; NStZ-RR 2008, 274; Urt v 28. 10. 2008 – Az 5 StR 312/08; Beschl v 25. 11. 2008 – Az 5 StR 500/08 jeweils zu § 21 StGB; Beschl v 10. 10. 2007 – Az 5 StR 248/07 zu § 17 Abs 2 StGB; Beschl v 20. 11. 2007 – Az 4 StR 408/07 zu § 46a StGB). Ob der Tatrichter bei Vorliegen eines vertypten Milderungsgrundes eine Strafrahmenverschiebung nach § 49 Abs 1 StGB vornimmt, unterliegt nur eingeschränkt revisionsgerichtlicher Überprüfung; die Grenze zu einem revisiblen Rechtsfehler ist auch hier erst bei einer nicht mehr vertretbaren Bewertung überschritten (vgl BGH NStZ 2008, 619 und NStZ 2009, 202 zu § 21 StGB bei zu verantwortender Trunkenheit). Eine **rechtsstaatswidrige Verfahrensverzögerung** darf nach der neueren Vollstreckungslösung (vgl Rn 119) nicht bei der Strafrahmenwahl berücksichtigt werden (BGH NStZ-RR 208, 368).

110.1 Als rechtsfehlerhaft erweisen sich häufig auch Fälle des **Zusammentreffens eines vertypten Milderungsgrundes mit den Voraussetzungen eines minder schweren Falles**. So gefährdet es den Bestand des Strafausspruches, wenn bei Vorliegen eines vertypten Milderungsgrundes ein zusätzlicher oder an seine Stelle tretender (§ 50 StGB) minder schwerer Fall nicht erörtert wurde (vgl BGHSt 16, 360, 364 = NJW 1962, 498), oder wenn die Annahme eines minder schweren Falles auf einen vertypten Milderungsgrund ohne vorangehende Prüfung gestützt wurde, ob der minder schwere Fall nicht bereits aufgrund allgemeiner Strafmilderungsgründe ohne „Verbrauch" des vertypten Milderungsgrundes anzunehmen gewesen wäre (BGH StV 1992, 371, 372; NStZ 2008, 338; Urt v 16. 10. 2008 – Az 4 StR 369/08). Der Tatrichter muss dabei zu erkennen geben, dass er sich der unterschiedlichen Höhe der in Betracht kommenden Strafrahmen bewusst war. Er ist nicht gezwungen, der Strafzumessung den niedrigsten Strafrahmen zugrunde zu legen, sondern muss verdeutlichen, dass er im Rahmen seines Beurteilungsspielraumes zwischen mehreren Möglichkeiten gewählt hat. Entsprechende Erörterungspflichten gelten für den Fall, dass **ein vertypter Milderungsgrund dazu herangezogen wird, trotz Vorliegens eines Regelbeispieles einen besonders schweren Fall zu verneinen** (vgl BGH Beschl v 8. 10. 2008 – Az StR 387/08 zu § 21 StGB und § 177 Abs 2 StGB).

110.2 **Knüpft ein Regelbeispiel an die besondere Höhe eines Schadens oder Vermögensverlustes an** (zB § 263 Abs 3 S 2 Nr 2 Alt 1 StGB, § 263a Abs 2 StGB, § 266 Abs 2 StGB, § 370 Abs 3 S 2 AO), darf ein besonders schwerer Fall wegen des Erfordernisses einer Gesamtabwägung aller strafbestimmenden Umstände nicht schematisch ab einer bestimmten absoluten Betragshöhe angenommen werden. Soweit das Regelbeispiel in der obergerichtlichen Rechtsprechung aber durch **Grenzwerte** näher konturiert wurde, (vgl BGHSt 48, 360 für § 263 Abs 3 S 2 Nr 2 Alt 1 StGB [50.000 EUR]; BGH NJW 2009, 528, 531 f für § 370 Abs 3 S 2 Nr 1 AO [bei Schadenseintritt: 50.000 EUR, bei Gefährdung: 100.000 EUR]), ist der Tatrichter hieran insoweit gebunden, als das Erreichen oder die Überschreitung des Grenzwertes einen besonders schweren Fall indiziert und die weitere Prüfung sich darauf zu beschränken hat, ob besondere tat- oder täterbezogene Umstände die Indizwirkung entkräften oder verstärken (vgl BGH NJW 2009, 528, 533). Abweichungen hiervon können die Revision begründen. Dies betrifft auch den Fall, dass die Regelwirkung bei Unterschreitung des Grenzwertes angenommen wird. Eine Strafrahmenverschiebung kann in diesem Fall rechtsfehlerfrei nur auf ein anderes Regelbeispiel oder das Vorliegen eines unbenannten besonders schweren Falles gestützt werden; der Schadenshöhe darf hierbei nur mitbestimmende Wirkung zukommen (BGH NJW 2009, 528, 533).

111 Die **Auswahl und Gewichtung der einzelnen Strafzumessungsgründe** iSv § 46 Abs 1 S 2, Abs 2 StGB ist gleichfalls Sache des Tatrichters. Welchen Umständen er bestimmendes Gewicht beimisst, ist seiner Beurteilung überlassen (BGHSt 3, 179; BGHSt 24, 268 = NJW 1972, 454; BGH NStZ 2000, 419). Einzelne Strafzumessungserwägungen können allerdings, sofern nicht ein Beruhen auszuschließen ist (vgl insoweit § 354 StPO Rn 63), auf die Sachrüge zur Strafaufhebung führen, wenn sie in sich fehlerhaft sind (vgl BGHSt 29, 319, 320). Dies ist insbesondere dann der Fall, wenn ihre **Berücksichtigung unzulässig** ist, etwa bei einem Verstoß gegen das Doppelverwertungsverbot des § 46 Abs 3 StGB (BGH NStZ 1986, 312) oder strafershwerender Berücksichtigung, dass der Angeklagte überhaupt eine Straftat begangen hat (vgl BGH Beschl v 10. 11. 2008 – Az 3 StR 425/08), bei Verwertung getilgter oder tilgungsreifer Vorstrafen (§ 51 BZRG; BGHSt 25, 100 = NJW 1973, 523) oder bei strafschärfender Berücksichtigung generalpräventiver Gesichtspunkte bei hierfür ungeeigneten Taten (vgl BGH wistra 2002, 260). Fehlerhaft sind weiterhin mathematisierende, auf errechnete Durchschnittswerte oder Bruchteile des anwendbaren Strafrahmens abstellende Erwägungen (vgl BGH NStZ-RR 2009, 43: „im unteren Drittel des Strafrahmens"; BGH NStZ 2008, 233: „arithmetisches Mittel von 8 ½ Jahren"; ferner BGH Beschl v 23. 6. 1998 – Az 4 StR 245/98). Revisibel sind auch Zumessungserwägungen, deren **Voraussetzungen von den Feststellungen nicht getragen** werden, oder solche, die sich auf fehlerhaft getroffene Feststellungen stützen (vgl BGHSt 1, 51; vgl bereits Rn 107.1). Dagegen ist der Tatrichter nicht gehindert, diejenigen Umstände, die schon der Bestimmung des Strafrahmens gedient haben, bei Bemessung der Einzelstrafen zu berücksichtigen (BGH NStZ 1997, 337).

Lückenhaft ist die Strafzumessung, wenn das Urteil Umstände, denen bestimmendes Gewicht iSv § 267 Abs 3 S 1 StPO hätte zukommen müssen, nicht berücksichtigt oder hinreichend erörtert, obwohl ihre Voraussetzungen festgestellt sind oder nach den Feststellungen nahe liegen. Dies gilt auch dann, wenn die Anwendung einer für Ausnahmefälle vorgesehenen Zumessungsvorschrift (zB § 47 Abs 1 StGB, § 53 Abs 2 S 2 StGB) nahe gelegen hätte, aber unerörtert geblieben ist. Ein revisibler Rechtsfehler liegt allerdings dann vor, wenn **ein wesentlicher, die Tat, die Person des Täter oder das Nachtatverhalten prägender Gesichtspunkt** in die Zumessungserwägungen nicht aufgenommen wurde (vgl BGH StV 1994, 17; NStZ 2002, 329; NStZ-RR 2008, 343; NStZ 2008, 421 Verlust der Beamtenstellung und -versorgung; NJW 2009, 528, 531 Höhe verkürzter Steuern; Beschl v 16. 10. 2008 – Az 5 StR 482/08 Rückgabe eines entwendeten Fahrzeuges; Beschl v 21. 10. 2008 – Az 4 StR 437/08; NStZ-RR 2009, 58 Aufklärungshilfe bei Betäubungsmitteldelikten/§ 31 BtMG); eine darüber hinausreichende, erschöpfende Aufzählung der Zumessungskriterien ist im Übrigen weder vorgeschrieben noch überhaupt möglich (vgl BGH NStZ-RR 2008, 343; NStZ-RR 2002, 329; StV 1993, 72). Ob ein in diesem Sinne wesentlicher Zumessungsgrund übergangen wurde, beurteilt sich anhand einer **Gesamtschau der Urteilsgründe**. So kann sich aus den Feststellungen, der Beweiswürdigung oder anderweitigen Strafzumessungserwägungen ergeben, dass der Tatrichter einen nicht ausdrücklich als mildernd oder erschwerend bewerteten Umstand bei Bestimmung der Strafe nicht aus dem Blick verloren hat.

In Fällen einer **außergewöhnlichen, schicksalhaften Situation des Angeklagten** bei Tatbegehung können auch **Einzelumstände** der Tat und ihres Vorgeschehens bestimmende Bedeutung gewinnen, so dass ihre unterlassene oder unzureichende Würdigung zur Aufhebung des Strafausspruches führt (vgl BGH NStZ-RR 2006, 270 Tötung des eigenen schwerbehinderten Kindes aus Mitleid; NStZ 2008, 338 versuchter Mitnahmesuizid). In solchen Fällen handelt es sich allerdings eher um einen Eingriff des Revisionsgerichts in die Strafzumessung aufgrund eines Wertungsfehlers bei einer als zu hart empfundenen Strafe. 111.1

Bei Anwendung von **Jugendstrafrecht** muss erkennbar sein, ob der das Strafmaß mitbestimmende Erziehungsgedanke (§ 18 Abs 2 JGG) hinreichend bedacht wurde; dies gilt auch bei einer allein wegen der Schwere der Schuld verhängten Jugendstrafe (BGH StV 2009, 93; NStZ 2008, 258; BGHR JGG § 18 Abs 2 Erziehung 8 und 9). Die Strafzumessung kann sich daher als lückenhaft erweisen, wenn das Urteil keine Angaben dazu enthält, wie der Angeklagte sich seit einer länger zurückliegenden Tat entwickelt hat (BGH Beschl v 16. 10. 2007 – Az 3 StR 329/07). 111.2

Reine **Wertungsfehler** bei der Bemessung der Strafhöhe begründen angesichts des weit gezogenen tatrichterlichen Beurteilungsspielraumes nur selten die Revision. Der Revisionsführer kann grundsätzlich nicht damit gehört werden, dass die vom Tatrichter aufgezeigten Zumessungsgesichtspunkte abweichend zu bewerten und eine derartige Bewertung der Schuld des Angeklagten besser entsprechen würde. Rechtsfehlerhaft ist die Bemessung erst dann, wenn die Grenzen tatrichterlichen Ermessens überschritten sind und die **Strafe unvertretbar hoch oder niedrig** erscheint, weil sie von den angeführten Strafzumessungsgründen nicht mehr getragen wird und sich von ihrer Bestimmung löst, gerechter Schuldausgleich zu sein (vgl Fischer StGB § 46 Rn 115 a).. Dies kommt dann in Betracht, wenn der Tatrichter den Unrechts- und Schuldgehalt einer Tat als hoch eingestuft hat, obwohl sie sich erkennbar im unteren Bereich vergleichbarer Fallgestaltungen bewegt, und wenn die verhängte Strafe sich dementsprechend der Obergrenze des gesetzlichen Strafrahmens annähert oder zumindest die Untergrenze erheblich überschreitet (zB BGH NStZ-RR 2008, 288). Eine Strafmaßrevision kann zu Lasten des Angeklagten begründet sein, wenn sich die Strafe an der Untergrenze des Strafrahmens bewegt, obwohl erheblichen straferschwerenden Gesichtspunkten keine mildernden gegenüberstehen. Maßgeblich ist in beiden Fällen, ob die gefundene Strafe das für vergleichbare Fälle übliche Maß derart deutlich über- oder unterschreitet, dass sie einem gerechten Schuldausgleich nicht mehr entspricht (vgl BGH NStZ-RR 2008, 308, 309). 112

Beispielsfälle aus der Rspr des BGH, in denen eine **milde Strafzumessung (noch) hingenommen** wurde: BGH Urt v 7. 11. 2007 – Az 1 StR 164/07; Urt v 23. 10. 2007 – Az 5 StR 112.1

270/07 (§ 263 StGB, § 263 a StGB); Beschl v 23. 10. 2007 – Az 5 StR 318/07 (Jugendstrafe bei § 212 StGB); Urt v 6. 2. 2008 – Az 5 StR 610/07 (§ 176 StGB); Urt v 29. 10. 2008 – Az 5 StR 456/08 (§ 227 StGB).

112.2 **Beispielsfälle**, in denen eine **zu hohe Strafbemessung** zur Aufhebung des Strafausspruches führte: BGH NStZ-RR 2003, 52 (§ 29 a BtMG, § 30 a BtMG); NStZ-RR 2008, 288 (§ 30 a BtMG); NStZ-RR 2008, 308, 309 (§ 212 StGB: Kindstötung unmittelbar nach Geburt); BGH Urt v 28. 11. 2007 – Az 2 StR 477/07; vgl auch BGH NStZ-RR 2006, 270; Beschl v 5. 12. 2007 – Az 5 StR 471/07 sowie Rn 111.1. Zur **fehlerhaften Verneinung eines minder schweren Falles** vgl BGH Beschl v 10. 7. 2008 – Az 5 StR 265/08 (zu § 29 a Abs 2 BtMG).

112.3 Im **Jugendstrafrecht** kann sich eine im Verhältnis zum verwirkten Unrecht unangemessen milde Strafe als revisibel erweisen, weil nicht hinreichend bedacht wurde, dass hiervon bestätigende Wirkungen auf den jugendlichen Täter ausgehen können (BGH StV 2009, 93; NStZ-RR 1996, 120). Vgl auch Rn 111.2, 117.

112 a In Fällen der **Verursachung eines großen Schadens oder eines Vermögensverlustes erheblichen Ausmaßes** kann die Überschreitung in der obergerichtlichen Rechtsprechung festgelegter Grenzwerte revisionsrechtliche Bedeutung erlangen (vgl BGH NJW 2009, 528, 532 für Steuerstraftaten). Ähnlich der Wirkung eines Regelbeispieles bei der Bestimmung des anzuwendenden Strafrahmens (vgl insoweit Rn 110.2) soll dem Erreichen oder Überschreiten eines bestimmten Betrages hier Indizwirkung für die Strafart oder Mindeststrafhöhe haben, deren Unterschreitung sich nur bei Vorliegen besonders gewichtiger Milderungsgründe noch als schuldangemessen erweist (vgl BGH NJW 2009, 528, 532: ab Hinterziehung iHv 100.000 EUR idR Freiheitsstrafe, ab Hinterziehung iHv 1.000.000 EUR idR Freiheitsstrafe über zwei Jahren).

Bei **Bagatelldelikten** entscheidet sich nach den Verhältnissen des Einzelfalles, ob eine die gesetzliche Mindeststrafe übersteigende Freiheitsstrafe aus Rechtsgründen als nicht mehr schuldangemessen anzusehen ist. An bestimmten Schadensgrenzen kann dies nicht generell festgemacht werden (BGH NJW 2008, 672 auf eine Vorlage, der Verurteilungen zu ein und zwei Monaten Freiheitsstrafe wegen Leistungserschleichung bei einem Schaden von jeweils 1,10 EUR zugrunde lagen). Zur **verfassungsrechtlichen Vereinbarkeit** von Freiheitsstrafen bei geringem Schaden vgl BVerfGE 50, 205, 214; BVerfG [Kammer] Beschl v 9. 6. 1994 – Az 2 BvR 710/94.

112 b Ein **Vergleich mit in anderen Verfahren verhängten Strafen** ist nicht geeignet, um eine nicht mehr angemessene Strafhöhe zu belegen. Auch bei mehreren Tatbeteiligten, die als **Mitangeklagte in demselben Verfahren** verurteilt werden, ist die Strafe für jeden von ihnen individuell unter Abwägung aller jeweils maßgeblichen Umstände zu bestimmen (BGH BGHR StGB § 46 Abs 2 Wertungsfehler 23); allerdings müssen die Strafen in einem gerechten Verhältnis zueinander stehen. Unterschiede in der Strafzumessung, die unerörtert bleiben und sich nicht bereits aus den Feststellungen, etwa aus unterschiedlichen Tatbeiträgen von selbst verstehen, können die Revision begründen (vgl BGH Beschl v 27. 11. 2008 – Az 5 StR 513/08; Beschl v 11. 12. 2008 – Az 5 StR 536/08 Rn 14). In begrenztem Umfang vergleichbar sind auch die in derselben Sache **in mehreren tatrichterlichen Durchgängen verhängten Strafen**. Nach **Aufhebung des Strafausspruches und Zurückverweisung** ist der neue Tatrichter in den Grenzen von § 358 Abs 1, Abs 2 S 1 StPO zwar grds frei bei der Bestimmung der neuen Strafe; er ist insbesondere nicht gehindert, dieselbe Strafe erneut zu verhängen (vgl § 358 StPO Rn 16). Erkennbare Wertungsveränderungen erfordern jedoch eine gesondert Begründung. Setzt der neue Tatrichter etwa verringerte Einzelfreiheitsstrafen fest, muss er darlegen, warum er **dieselbe Gesamtfreiheitsstrafe** wie die im ersten Durchgang verhängte für angemessen hält (BGH wistra 2008, 386, 387). Näherer Begründung bedarf auch, wenn der Tatrichter trotz Feststellung eines im Vergleich zum ersten Durchgang erhöhten oder reduzierten Schuldgehaltes im zweiten Durchgang zu derselben Strafhöhe gelangt (BGH Beschl v 26. 11. 2008 – Az 5 StR 556/08).

113 Auch die Entscheidung über die **Aussetzung der Vollstreckung einer Freiheitsstrafe zur Bewährung** unterliegt einer bloßen Kontrolle auf Rechtsfehler und Vertretbarkeit (BGH NStZ 2001, 366, 367; NStZ 2002, 312; NStZ-RR 2007, 232; Fischer StGB § 56 Rn 25; Lackner/Kühl StGB § 56 Rn 14, 21, 22 mwN). Dem Tatrichter steht für Bewährungsentscheidungen nach § 56 StGB wie auch nach § 67 b StGB (vgl hierzu näher Rn 114)

ein **weiter Beurteilungsspielraum** zu. Das Revisionsgericht hat eine Beurteilung, in die die wesentlichen Umstände von Tat und Täterpersönlichkeit Eingang gefunden haben, daher grundsätzlich hinzunehmen, auch wenn eine andere Würdigung möglich gewesen wäre; der Revisionsführer kann mit einer eigenen Bewertung, die er an die Stelle jener des Urteils setzt, nicht gehört werden (vgl BGH NStZ-RR 2008, 276; NStZ 2007, 303, 304). Allerdings hat der Tatrichter seine Würdigung der Prognosegesichtspunkte nach § 56 Abs 1 StGB und eine nach § 56 Abs 2 StGB erforderliche Gesamtwürdigung von Tat und Persönlichkeit des Täters in einer Weise darzustellen, welche eine revisionsgerichtliche Überprüfung erlaubt. Dies ist bei einem bloßen Hinweis auf seinen persönlichen Eindruck nicht der Fall (BGH Beschl v 11. 6. 2008 – Az 5 StR 145/08). Die Revision begründet auch, wenn der Tatrichter wesentliche Gesichtpunkte nicht in seine Abwägung eingestellt hat (vgl BGH NJW 2009, 528, 533 f zur Frage der Kriminalprognose bei § 56 Abs 2 StGB), wenn seine Erörterung zur Strafaussetzung unzulässige Erwägungen enthält, wenn er einzelnen Gesichtspunkten ein unvertretbares Gewicht beigemessen hat, oder wenn der Erfolg der von ihm versagten Bewährungsaussetzung naheliegend durch nicht erörterte Weisungen und Auflagen herbeigeführt werden könnte (vgl BGHSt 29, 370, 371 = NJW 1981, 409; Beschl v 26. 11. 2008 – Az 5 StR 556/08).

Unzulässig ist eine **Verknüpfung von Strafhöhe und Bewährungsausspruch** dergestalt, dass die Strafe nur deshalb in geringer Höhe verhängt wird, um eine Strafaussetzung nach § 56 Abs 1 oder Abs 2 StGB zu ermöglichen (BGHSt 29, 319, 321 = NJW 1981, 682; NStZ-RR 2008, 369), oder dass – in umgekehrter Zielrichtung – eine Freiheitsstrafe von mehr als zwei Jahren nur deshalb gewählt wurde, um eine Bewährungsaussetzung zu vermeiden. Die **bloße Mitberücksichtigung der Bewährungsfähigkeit** bei der Strafbemessung ist dagegen nicht rechtsfehlerhaft (BGH wistra 2002, 137).   113.1

Beispiele: Eine Strafaussetzung nach § 56 Abs 2 StGB wurde zB hingenommen in BGH Urt v 27. 11. 2008 – Az 5 StR 96/08 (Rn 24); Urt v 7. 11. 2007 – Az 1 StR 164/07 (Rn 16, insoweit in NStZ-RR 2008, 343 nicht abgedruckt); Urt v 23. 10. 2007 – Az 5 StR 270/07; Urt v 6. 2. 2008 – Az 5 StR 610/07. Die Versagung der Strafaussetzung hielt einer Überprüfung nicht stand in BGH NStZ-RR 2008, 8 (keine prognostischen Erwägungen; fehlende Erörterung möglicher Weisungen), Beschl v 26. 11. 2008 – Az 5 StR 556/08 (fehlende Gesamtwürdigung, keine Berücksichtigung verbüßter Untersuchungshaft, herausgestellter Gesichtspunkt früherer Bewährungsversagens für sich nicht tragfähig). Die Ablehnung einer Strafaussetzung zur Bewährung wurde (noch) gebilligt von BGH NJW 2009, 528, 533, 534; NStZ-RR 2007, 232; Urt v 23. 8. 2007 – Az 4 StR 295/07.   113.2

Das Revisionsgericht kann **von einer Entscheidung über eine Versagung der Strafaussetzung absehen**, wenn aus der Strafe und einer rechtskräftig verhängten, nicht aussetzungsfähigen anderweitigen Strafe zwingend eine **nachträgliche Gesamtstrafe** gemäß § 55 StGB zu bilden ist (vgl BGH Beschl v 7. 1. 2009 – Az 5 StR 518/08).   113.3

Die **Anordnung von Maßregeln** erfordert die rechtsfehlerfreie Feststellung ihrer zutreffend erkannten Voraussetzungen. Für eine Unterbringung nach **§ 63 StGB** müssen die Voraussetzung von § 21 StGB sicher feststehen; besondere Prüfungs- und Darlegungsanforderungen ergeben sich bei der Unterbringung aufgrund von Persönlichkeitsstörungen. Bei der Frage der **Vollstreckungsaussetzung einer Maßregel nach § 63 StGB, § 67 b StGB** (vgl BGH NStZ 2008, 92; NStZ-RR 2008, 276) kommt dem Verlauf einer vorläufigen Unterbringung, Therapie- und Resozialisierungserfolgen nach früheren Verurteilungen und dem möglichen sozialen Empfangsraums dem besonderes Gewicht zu; unterbleiben sich insoweit aufdrängende Erörterungen, kann dies die Revision begründen. Dagegen ist die Gefährlichkeit des Täters als ein bereits für die Anordnung der Maßregel erforderlicher Umstand unzureichend, um eine Versagung der Bewährung zu rechtfertigen, da § 67 b StGB ansonsten leer liefe (BGH NStZ-RR 2008, 276, 277; vgl andererseits BGH NStZ-RR 2008, 305 LS). Andererseits darf die Anordnung der Maßregel nicht mit der Erwägung abgelehnt werden, dass bereits die Aussetzung der zugleich verhängten Strafe und die in diesem Rahmen erteilten Bewährungsauflagen hinreichen, um die von dem Angeklagten ausgehende Gefahr zu beseitigen (vgl BGH Urt v 11. 12. 2008 – Az 3 StR 469/08). Bei Anordnung der Unterbringung nach **§ 64 StGB** oder bei Absehen hiervon prüft das Revisionsgericht nach Neufassung der Vorschrift nur, ob das darin eingeräumte Ermessen ausgeübt und seine Grenzen eingehalten wurden; die Ermessensausübung muss daher für das Revisionsgericht nachvollziehbar dargestellt sein.   114

114.1 Dabei ist zu berücksichtigen, dass nach der Gesetzesbegründung (BT-Drs 16/5137, 10, 16; BT-Drs 16/1344, 12) bei Vorliegen der Voraussetzungen von einer Anordnung nur in besonderen Ausnahmefällen abgesehen werden soll. Ist eine Anordnung nach § 64 StGB nicht erkennbar geprüft worden, obwohl sich dies nach den mitgeteilten Umständen aufgedrängt hätte, führt dies trotz der Neufassung der Vorschrift zur Aufhebung, da Ermessen gar nicht ausgeübt wurde (vgl BGH Beschl v 11. 12. 2007 – Az 4 StR 576/07).

115 Bei Anordnung der Sicherungsverwahrung nach **§ 66 StGB** stellt es einen revisiblen Darstellungsmangel dar, wenn das tatrichterliche Urteil die früheren Taten des Angeklagten nicht in einer Weise mitteilt, die eine Überprüfung des symptomatischen Zusammenhanges erlaubt. Im Rahmen von § 66 Abs 2 und Abs 3 StGB gelten die Überprüfungsmaßstäbe zum tatrichterlichen Ermessen (vgl BGH NStZ 1985, 261; NStZ 2004, 438; NStZ 2005, 211, 212; StV 2008, 139). Soweit das Tatgericht ein Berufsverbot (**§ 70 Abs 1 StGB**) angeordnet oder davon abgesehen hat, steht ihm aufgrund des mit der Maßregel verbundenen schwerwiegenden Eingriffs ein weiter Ermessensspielraum zur Verfügung, der nur eingeschränkter revisionsrechtlicher Kontrolle unterliegt (BGH wistra 2007, 343; wistra 2008, 58; Urt v 20. 1. 2004 – Az 1 StR 319/03).

115.1 Nicht überprüfbar im Rahmen des Revisionsverfahrens sind grdsl. Bewährungsweisungen, die einem Berufsverbot nahe kommen (BGH Urt v 7. 11. 2007 – Az 1 StR 164/07; Meyer-Goßner StPO § 268a Rn 10). Ob und unter welchen Voraussetzungen sie zulässig sind, ist einer Überprüfung nur auf das Rechtsmittel der Beschwerde und im Bewährungsverfahren selbst zugänglich (vgl § 333 StPO Rn 8; BGHSt 9, 258, 260; MünchKomm-StGB/Groß § 56c Rn 12, 23; Schönke/Schröder/Stree StGB § 56c Rn 1). Hat der Tatrichter von einem Berufsverbot allerdings auch deshalb abgesehen, weil die angeordnete Weisung nach seiner Überzeugung ausreicht, ist diese Erwägung nur tragfähig, wenn sich die Weisung als zulässig erweist; hierauf hat sich demnach die revisionsgerichtliche Prüfung zu erstrecken (aA BGH Urt v 7. 11. 2007 – Az 1 StR 164/07).

116 Bei allen Maßregeln ist die **tatrichterliche Prognose**, ob der Angeklagte aufgrund seines Zustandes, seines Hanges oder in Ausübung seines Berufes künftig weitere Rechtsverletzungen begehen werde, **nur eingeschränkt auf Nachvollziehbarkeit überprüfbar**, sofern die Prüfungsgrundlagen, insbes Anknüpfung und Inhalt einer eingeholten sachverständigen Bewertung hinreichend dargestellt sind (BGH NStZ 2005, 211, 212). Zulässiges Verteidigungsverhalten darf im Rahmen der Erwägungen zur Prognose des künftigen Verhaltens des Angeklagten nicht zu seinem Nachteil berücksichtigt werden; dies gilt insbes für das Einlassungsverhalten (BGH StV 2008, 139).

117 Der Ausspruch **besonderer Schwere der Schuld (§ 57a Abs 1 Nr 2 StGB)** ist auf die Sachrüge sowohl hinsichtlich der zugrunde liegenden Feststellungen als auch hinsichtlich ihrer Gewichtung überprüfbar (BGHSt 39, 121, 122 = NJW 1993, 1084; BGH NStZ-RR 2009, 103; Meyer-Goßner StPO § 337 Rn 35a); das Revisionsgericht ist dabei aber beschränkt auf die Frage, ob der Tatrichter alle maßgeblichen Umstände bedacht und einer vertretbaren Bewertung zugeführt hat (vgl BGHSt 39, 208, 210; BGHSt 41, 57, 62 = NJW 1995, 2365; BGH StV 1993, 420; NStZ-RR 2009, 103). In gleicher Weise unterliegt im **Jugendstrafrecht** revisionsrechtlicher Beurteilung, ob die Tat Ausdruck **schädlicher Neigungen** gewesen ist oder die Annahme besonderer **Schuldschwere iSv § 17 Abs 2 JGG** rechtfertigt, und daher die Verhängung von Jugendstrafe erfordert (vgl BGH NStZ-RR 2008, 258; BGH Urt v 21. 12. 2007 – Az 2 StR 372/07), oder ob sich eine Milderung nach § 106 Abs 1 JGG rechtfertigt (vgl BGH NStZ-RR 2009, 104). Wegen § 54 Abs 1 JGG gelten für die tatrichterliche Begründung allerdings besondere Anforderungen (OLG Hamm StV 2008, 120); insbes müssen die Urteilsgründe auch bei Verhängung einer Jugendstrafe infolge Schuldschwere erkennen lassen, inwieweit dem **Erziehungsgedanken** bei Zumessung der Strafhöhe Rechnung getragen wurde (BGH NStZ 2008, 258). Eine abstrakte Ausrichtung am verwirklichten Tatbestand reicht nicht aus (BGH StV 2009, 90).

118 Eine **Verfalls- oder Einziehungsanordnung** unterliegt einer vollständigen revisionsgerichtlichen Rechtskontrolle. Diese erstreckt sich auch auf Erörterungsmängel im Hinblick auf die Prüfung der Voraussetzungen von **§ 73c StGB**. Kommt die Anwendung der Ermessensvorschrift des § 73c Abs 1 S 2 StGB in Betracht, überprüft das Revisionsgericht, ob die Vorschrift geprüft, Ermessen ausgeübt, die Ermessensentscheidung unter Einbeziehung aller maßgeblichen Umstände getroffen wurde und in der Sache vertretbar erscheint.

Durch das Revisionsgericht kann eine unterbliebene oder rechtsfehlerhafte Ermessensentscheidung nicht nachgeholt werden (BGH NStZ 1999, 560, 561; Beschl v 29. 10. 2008 – Az 2 StR 247/08; vgl auch § 354 StPO Rn 61).

119 Aussprüche im Strafmaß oder zur Vollstreckungsanrechnung in Fällen **rechtsstaatswidriger Verfahrensverzögerung** oder ihr Unterbleiben sind auf die Sachrüge nur überprüfbar, wenn das Urteil selbst die für die Beurteilung einer Kompensation erforderlichen Verfahrensumstände mitteilt oder sich aus dem Urteil zumindest Anhaltspunkte für eine Verfahrensverzögerung ergeben, die näherer Erörterung bedurft hätten (vgl BGHSt 49, 342; NStZ 2007, 539; Rn 76). Anderes gilt nur dann, wenn die Verzögerung **nach Erlass des angefochtenen Urteils aufgetreten** ist; in diesem Fall ist sie – jedenfalls für die Zeit ab Ablauf der Revisionsbegründungsfrist – von Amts wegen zu berücksichtigen (BGH NStZ-RR 2008, 208; NStZ 2001, 52; Beschl v 23. 7. 2008 – Az 5 StR 283/08). Das Revisionsgericht hat daher bei vermeidbaren, kompensationsbedürftigen Verzögerungen des Revisionsverfahrens im Falle einer Verwerfung der Revision im Übrigen eine Kompensation selbst auszusprechen (BGH NStZ-RR 2008, 208 für die Vollstreckungslösung; vgl auch BGH NStZ 2008, 475 sowie § 354 StPO Rn 52; § 354 StPO Rn 82). Bei Zurückverweisung ist die Verfahrensverzögerung im Falle erneuter Verurteilung durch den Tatrichter vorzunehmen; insoweit empfiehlt sich ein entsprechender Hinweis in der Revisionsentscheidung.

120 Hat der Tatrichter **im Urteil eine rechtsstaatswidrige Verfahrensverzögerung festgestellt**, aber eine unzureichende oder fehlerhafte Kompensation vorgenommen, begründet dies einen auf die Sachrüge zu berücksichtigenden Rechtsfehler. Die Überprüfung beschränkt sich in diesem Fall nicht darauf, ob die Kompensation – wie zutreffend – nach der neueren Vollstreckungslösung (BGHSt 52, 124 [GrS] = NJW 2008, 860 = NStZ 2000, 234 mAnm Bußmann; Vorlagebeschluss in NJW 2007, 3294) oder rechtsfehlerhaft in Form einer Strafreduzierung vorgenommen wurde (vgl Rn 119.1). Das Revisionsgericht prüft auf die Sachrüge auch, ob die Höhe der ausgesprochenen Vollstreckungsanrechnung von den Feststellungen zu den zugrunde liegende Verfahrensumständen getragen wird, und ob die Kompensation in ihrer Höhe rechtlicher Nachprüfung standhält. Dem Tatrichter steht bei **Bemessung der Vollstreckungsanrechnung** zwar ein nicht revisibler Ermessensspielraum zu. Regelmäßig wird sich die Anrechnung aber auf einen eher geringen Bruchteil der ausgesprochenen Strafe zu beschränken haben (BGH NJW 2008, 860, 866; NStZ-RR 2008, 368, 369). Eine außergewöhnlich weit gehende oder – bei einer erheblichen Verzögerung – nur sehr geringfügige Kompensation erfordert eine besondere, revisionsrechtlicher Prüfung unterliegende Begründung (BGH NStZ-RR 2008, 368, 369).

Für Fälle einer **Kompensation nach der bisherigen Strafabschlagslösung** (vgl BGH BGHR § 34 Abs 2 Verfahrensverzögerung 7 und 11; ferner BVerfG NStZ 1997, 591) – insbes in der Übergangszeit zur Vollstreckungslösung – gilt folgendes: Hat der Tatrichter die Verfahrensverzögerung durch bezifferte Herabsetzung der an sich verwirkten Strafen ausgeglichen, bildet dies angesichts der Rechtsprechungsänderung, auf die § 2 Abs 1 StGB keine Anwendung findet, einen revisiblen Rechtsfehler. Das Urteil ist daher im Rechtsfolgenausspruch grundsätzlich aufzuheben und zur Neubemessung der Strafe und Festsetzung einer Vollstreckungsanrechnung zurückzuverweisen (BGH Beschl v 18. 1. 2008 – Az 3 StR 388/07 = StraFo 2008, 250; Beschl v 6. 3. 2008 – Az 3 StR 514/07 = NStZ 2008, 478; vgl andererseits BGH Beschl v 7. 5. 2008 – Az 5 StR 118/08, wo eine Strafreduzierung hingenommen und nur eine übersehene weitere Verzögerung zu einer – zusätzlichen – Kompensation auf Grundlage des Vollstreckungsmodells führte). Inwieweit dies hinsichtlich der Frage der Beschwer und mit Blick auf **§ 358 Abs 2 StPO** auch für eine alleinige **Angeklagtenrevision** gilt, ist umstritten. Nach Entscheidungen des 3. Strafsenats des Bundesgerichtshofes sollen bei einer alleinigen Angeklagtenrevision im zweiten tatrichterlichen Durchgang höhere als die bisher erkannten, reduzierten Einzel- und Gesamtstrafen verhängt werden können; allerdings dürfen die neuen Einzelstrafen die im angefochtenen Urteil als an sich verwirkt und schuldangemessen ausgewiesenen Einzelstrafen nicht übersteigen. Die zu verbüßende Strafe – schuldangemessene (Gesamt-)Strafe abzüglich des als vollstreckt geltenden Teils – soll zudem die im aufgehobenen Urteil verhängte Einzel- oder Gesamtstrafe nicht übersteigen dürfen (BGH Beschl v 18. 1. 2008 – Az 3 StR 388/07 = StraFo 2008, 250; Beschl v 13. 2. 2008 – Az 3 StR 563/07 = NStZ-RR 2008, 168; Beschl v 19. 2. 2008 – Az 3 StR 536/07 unter Hinweis auf die Gesamtverbüßung und den früheren Zeitpunkt für eine mögliche Bewährungsaussetzung).

Richtigerweise wird nach § 358 Abs 2 StPO als Maßstab für die nicht zu überschreitende Strafhöhe allein die vom ersten Tatrichter tatsächlich verhängte, und nicht die fiktive höhere, schuldangemessene Strafe in Betracht kommen (BGH NJW 2008, 2451, 2454, gebilligt von BVerfG [Kammer] Beschl v 10. 3. 2009 – Az 2 BvR 49/09; krit auch BGH StV 2008, 400; Beschl v 10. 4. 2008 – 4 StR 443/07 Rn 16, insoweit in NStZ 2008, 23 nicht abgedruckt; NStZ-RR 2008, 244; Beschl v 2. 4. 2008 – 4 StR 354/07 Rn 37, insoweit in NJW 2008, 1827 nicht abgedruckt; Schäfer JR 2008, 299; KK-StPO/Kuckein StPO § 358 Rn 18 aE). Allerdings würde die an der reduzierten Strafe ansetzende Vollstreckungsanrechnung zu einer Doppelbegünstigung des Angeklagten führen, die sich ihrerseits als in der Strafzumessung rechtsfehlerhaft darstellen könnte. In geeigneten Fällen, insbesondere solchen, in denen der Angeklagte durch den Umfang des Strafabschlages in rechtsfehlerhafter oder zumindest deutlicher Weise überkompensiert erscheint und eine zusätzliche Kompensation nicht mehr rechtsfehlerfrei in Betracht kommt, hat es daher **mangels Beschwer** bei der vorgenommenen Strafreduzierung zu verbleiben (vgl BGH NJW 2008, 2451, 2454; NStZ-RR 2009, 92: rechtsfehlerhafter „doppelter Rabatt" durch Reduzierung von Einzelstrafen und Gesamtstrafe; vgl auch § 333 StPO Rn 23 a und § 358 StPO Rn 20.1).

6. Kognitionspflicht

121   Im Falle einer zu Ungunsten des Angeklagten eingelegten Revision hat das Revisionsgericht auf die Sachrüge auch zu prüfen, ob der Tatrichter mit seiner Erkenntnis den **Unrechtsgehalt der angeklagten Tat ausgeschöpft** hat und damit seiner **Kognitionspflicht** hinreichend gerecht geworden ist. Der Tatrichter muss den gesamten in der Anklage beschriebenen Lebenssachverhalt zum Gegenstand der Hauptverhandlung machen und dabei erforderlichenfalls die Grenzen der angeklagten prozessualen Tat ermitteln (vgl BGH Urt v 11. 9. 2007 – Az 5 StR 213/07 Rn 36 f). Er muss die Tat, wie sie sich nach dem Ergebnis der Hauptverhandlung darstellt, sodann in tatsächlicher und rechtlicher Hinsicht ohne Bindung an die der Anklage oder dem Eröffnungsbeschluss zugrunde gelegte rechtliche Bewertung erschöpfend aburteilen (BGH NStZ 2008, 471, 472; NStZ 1983, 174). Bleibt die Verurteilung hinter der angeklagten Tat zurück, muss den Feststellungen und der Beweiswürdigung in nachvollziehbarer Weise zu entnehmen sein, dass weiterreichende Feststellungen nicht getroffen werden konnten (vgl BGH Urt v 17. 10. 2007 – Az 2 StR 369/07). Erscheint möglich, dass der Angeklagte sich auch in anderweitiger Weise als von dem Tatrichter gewürdigt strafbar gemacht hat, kann dies nach den Feststellungen aber nicht abschließend beurteilt werden, liegt ein revisionsrechtlich beachtlicher Erörterungsmangel vor (BGH Urt v 23. 10. 2007 – Az 1 StR 238/07; Urt v 11. 7. 2008 – Az 5 StR 156/08); gleiches gilt, wenn der Tatrichter vollständige, die Anklage erschöpfende Feststellungen getroffen hat, sie jedoch nicht unter allen in Betracht kommenden rechtlichen Gesichtspunkten würdigt (BGH Urt v 8. 11. 2007 – Az 3 StR 320/07). Auf einen begrenzten Verfolgungswillen der StA kommt es dabei nicht an (BGH NStZ 2008, 471, 472). Zu Aufhebungsumfang und Tenorierung vgl § 353 StPO Rn 6.

121.1   Ergeben sich aus dem Urteil selbst für eine unzureichende Ausschöpfung der Anklage keine Anhaltspunkte, kann die StA in der Revision außerhalb einer Aufklärungsrüge nicht damit gehört werden, dass bei vertiefter Ausschöpfung der erhobenen Beweise, etwa einer weiterreichenden Befragung der vernommenen Zeugen oder mit urteilsfremd angeführten weiteren Beweismitteln der Nachweis weiterer Taten oder einer schwereren Schuldform hätte geführt werden können (BGH Urt v 17. 10. 2007 – Az 2 StR 369/07).

D. Beruhen

I. Grundsatz

122   Anders als in den Fällen des § 338 StPO ist die Revision nur dann begründet, wenn das Urteil **bei zutreffender Gesetzesanwendung in einer dem Revisionsführer günstigeren Weise ausgefallen sein**, es auf der Gesetzesverletzung mithin beruhen könnte. Die Möglichkeit hierzu ist ausreichend (BGHSt 1, 346, 350; BGHSt 8, 15, 158; BGHSt 22, 278, 280). Bei Revisionsverwerfung trotz festgestellten Rechtsfehlers muss ein Zusammenhang

des Rechtsfehlers mit dem Urteil daher ausgeschlossen oder jedenfalls nur theoretisch sein (BGH NJW 1988, 1223, 1224). Maßgeblich ist dabei allein das Beruhen des Urteilsausspruches auf dem Rechtsverstoß.

II. Verfahrensrecht

1. Grundsätze

Ob ein Urteil bei rechtsfehlerfreiem Verfahren zu demselben oder einem anderen Ergebnis geführt hätte, ist angesichts der Vielzahl möglicher Verfahrensverstöße grundsätzlich **Frage des Einzelfalles**. Kann der beanstandete Verfahrensvorgang statt auf die rechtsfehlerhaft angewandte **auf eine andere Vorschrift gestützt** werden, ist er unschädlich (BGHSt 30, 10, 14). Dies gilt dann nicht, wenn die Alternativvorschrift die Ausübung eines tatrichterlichen Ermessens voraussetzt, die das Revisionsgericht nicht ersetzen kann, es sei denn, dass das Ermessen auf die stattgefundene prozessuale Handhabung reduziert gewesen wäre. Bei **Unterlassen einer gebotenen Verfahrenshandlung** kommt es darauf an, ob der Revisionsführer sich bei Vornahme der Handlung in einer das Urteil zu seinen Gunsten beeinflussenden Weise hätten abweichend verhalten können, ob also zB der Angeklagte sich bei Erteilung eines unterlassenen Hinweises (§ 265 StPO) anders als geschehen hätte verteidigen können. 123

Das Urteil kann auch auf **Fehlern nach seinem Erlass** beruhen, soweit seine schriftliche Abfassung betroffen ist (vgl § 338 Nr 7 StPO). Auf Verfahrensverstößen im Ermittlungsverfahren beruht es regelmäßig nicht (vgl § 336 StPO Rn 12), auf die Anwendung von Soll- und Ordnungsvorschriften kann es nicht beruhen (vgl Rn 13). 124

2. Heilung

Nach rechtzeitiger, dh vor Urteilserlass vorgenommener Heilung des Verfahrensverstoßes kann das Urteil auf dem Verstoß nicht mehr beruhen. Dies kommt insbes durch **Nachholung** unterlassener Verfahrenshandlungen in Betracht, durch **Wiederholung** fehlerhaft vorgenommener (BGHSt 30, 74, 76), aber auch durch einen **nachträglichen Verzicht** des Angeklagten auf Einhaltung der Verfahrensvorschrift, soweit dieser zulässig ist (vgl Rn 62 ff). 125

Der Erlass des Eröffnungsbeschlusses kann noch nach Beginn der Hauptverhandlung nachgeholt werden (BGHSt 29, 224; OLG Köln JR 1981, 213), seine Zustellung durch Bekanntgabe in der Hauptverhandlung ersetzt werden (OLG Karlsruhe MDR 1970, 438). Das letzte Wort des Angeklagten kann ebenso nachgeholt werden wie Verfahrenshandlungen, die in Abwesenheit des Angeklagten oder seines Verteidigers vorgenommen wurden. 125.1

Kann nicht ausgeschlossen werden, dass von einer fehlerhaften Verfahrenshandlung das gesamte nachfolgende Prozessgeschehen betroffen ist, muss auch dieses wiederholt werden. Dies kommt zB bei mangelhafter Belehrung des Angeklagten in Betracht, wenn dieser bei zutreffender Belehrung Antrags- und Fragerechte hätte wahrnehmen können. 125.2

Eine **fehlerhafte Zwischenentscheidung** kann unter entsprechendem Hinweis an die Verfahrensbeteiligten durch eine fehlerfreie **ersetzt** werden. Einer Zurücknahme der fehlerhaften Entscheidung bedarf es angesichts der prozessualen Überholung nicht (aA BayObLGSt 1952, 270 = NJW 1953, 433). 126

3. Einzelfälle

Die **fehlende Belehrung** eines aussageverweigerungsberechtigten Zeugen nach § 52 Abs 3 StPO bleibt ohne Auswirkung auf das Urteil, wenn davon auszugehen ist, dass der Zeuge auch bei ordnungsgemäßer Belehrung ausgesagt hätte (vgl BGH StV 2002, 3). Dies kann sich aus früheren Belehrungen des Zeugen über das Verweigerungsrecht oder sonstiger Kenntniserlangung davon ergeben (BGH BGHR § 52 Abs 3 Satz 1 Verletzung 5), aber auch aus seinem bisherigen Prozessverhalten (BGH Beschl v 25. 10. 1993 – 5 StR 569/93) oder aus dem ersichtlichen Interesse des Zeugen am Ausgang des Verfahrens (BGH NJW 1986, 2121, 2122). Zur Aufklärung solcher Umstände kann sich das Revisionsgericht nicht nur des angefochtenen Urteils, sondern auch des gesamten Akteninhaltes bedienen (BGH BGHR StPO § 52 Abs 3 Satz 1 Verletzung 3 und 5; NJW 1986, 2121, 2122). 127

128   Nach gleichen Grundsätzen ist bei Vereidigung eines eidesverweigerungsberechtigten Zeugen ohne Belehrung nach **§ 61 Hs 2 StPO** iVm § 52 StPO ein Beruhen des Urteils auf dem Verfahrensfehler auszuschließen, wenn mit Sicherheit davon auszugehen ist, dass der Zeuge auch nach Belehrung den Eid geleistet hätte (BGH NStZ 2008, 171).

128.1   Dies wird insbes bei einem erwachsenen und anwaltlich beratenen Zeugen in der Rolle des Nebenklägers nahe liegen. Dagegen ist regelmäßig nicht auszuschließen, dass der Tatrichter die Aussage des Zeugen abweichend gewürdigt hätte, wenn dieser nach vorgeschriebener Belehrung die Eidesleistung verweigert hätte, denn der Zeuge würde hierdurch einen überraschenden Unsicherheitsfaktor für die Beurteilung seines Aussageverhaltens schaffen. Für die Frage des Beruhens ist ohne Bedeutung, ob der Tatrichter dem Zeugen auch geglaubt hätte, wenn er von seiner Vereidigung gem § 63 StPO abgesehen hätte (BGH NStZ 2008, 171).

129   Auf einem Verstoß gegen **§ 229 Abs 1 u Abs 4 StPO** beruht das angefochtene Urteil regelmäßig (BGHSt 23, 224, 225 = NJW 1970, 767; NStZ 1992, 550, 551; StV 1995, 623, 624; StV 1996, 3019, 3020; NStZ 2008, 28), wenn nicht außergewöhnliche Umstände eine andere Beurteilung rechtfertigen.

129.1   Solche Umstände sind von BGHSt 23, 224 = NJW 1970, 767 in dem Fall angenommen worden, dass nach fast einjähriger Hauptverhandlung, abgeschlossener Beweisaufnahme und gehaltenen Schlussvorträgen nur noch das letzte Wort des Angeklagten ausstand, die Verhandlung wegen Erkrankung eines Geschworenen aber erst 10 Tage nach Ablauf der Unterbrechungsfrist fortgesetzt werden konnte. Die Schlussvorträge waren schriftlich zu den Akten gereicht worden, die Angeklagten hatten in ihrem letzten Wort auf ihnen wesentliche erscheinende Gesichtspunkte hingewiesen. Vgl auch BGH StV 1994, 5: Über einjährige Hauptverhandlung mit 83 Verhandlungstagen und gehaltenem Schlussvortrag der StA, hiernach Erkrankung des Revisionsführers, Abtrennung des Verfahrens gegen ihn und Fortsetzung gegen die übrigen Angeklagten, Vernehmung des Revisionsführers im Verfahren gegen die Mitangeklagten während der fristüberschreitenden Unterbrechung.

130   Praktisch bedeutsam ist die **fehlerhafte Bescheidung von Beweisanträgen**. Das Urteil beruht hierauf nicht, wenn der Tatrichter die Beweisbehauptung im Urteil als zutreffend zugrunde gelegt hat. Im Übrigen kann das Revisionsgericht gleichwohl prüfen, ob nach den Urteilsausführungen auszuschließen ist, dass das Tatgericht bei zutreffender Sachbehandlung, insbes einer Wahrunterstellung der behaupteten Beweistatsache, zu einem anderen Beweisergebnis gelangt wäre.

130.1   Im Fall der Zurückweisung eines Beweisantrages wegen tatsächlicher Bedeutungslosigkeit (§ 244 Abs 3 S 2 StPO) aufgrund einer – rechtsfehlerhaften – Annahme des Gegenteiles der behaupteten Beweistatsache beruht das Urteil daher nicht auf dem Rechtsfehler, wenn der Tatrichter in Anbetracht des sonstigen Beweisergebnisses auch bei Wahrunterstellung der Beweistatsache zur Überzeugung von der Schuld des Angeklagten hätte kommen müssen (BGH Beschluss v 19. 7. 2007 – Az 3 StR 184/07; Urteil v 19. 9. 2007 – Az 2 StR 248/07).

131   Ist die **Ablehnung eines Beweisantrages** mit dem genannten Ablehnungsgrund fehlerhaft, kann ihn das Revisionsgericht grundsätzlich **nicht durch eine andere Begründung ersetzen** (BGH NStZ 2000, 437; Löwe/Rosenberg/Gollwitzer StPO § 244 Rn 219). Gehen aus dem Ablehnungsbeschluss jedoch die Voraussetzungen eines alternativen, die Ablehnung tragenden Grundes hervor, kann das Revisionsgericht dies berücksichtigen; der Ablehnungsbeschluss ist insoweit auslegungsfähig (BGH NJW 2003, 2761). Es kann auch auf Grundlage des Beweisantrages oder sonstiger, im Urteil mitgeteilter Umstände zu dem Ergebnis gelangen, dass die Beweisaufnahme **aus zwingenden Rechtsgründen unerheblich** gewesen wäre.

131.1   Vgl zB BGH Beschl v 8. 1. 2008 – Az 1 StR 606/07: Die beantragte Vernehmung eines Auslandszeugen zum Nachweis der Voraussetzungen von § 31 BtMG wäre jedenfalls deshalb abzulehnen gewesen, weil die behauptete Aufklärungshilfe feststehen und nicht erst durch eine tatgerichtliche Vernehmung festgestellt werden darf. Ist ein **Beweisantrag vom Tatrichter fälschlich als Beweisermittlungsantrag bewertet** und beschieden worden, so kann hierauf nichts beruhen, wenn der Ablehnungsbeschluss die Voraussetzungen eines Ablehnungsgrundes nach § 244 StPO darlegt und eine Benachteiligung des Angeklagten in Form eines Informationsdefizites durch die unzutreffende rechtliche Einordnung des Antrages auszuschließen ist (vgl BGH Beschl v 7. 5. 2008 – Az 5 StR 634/07; Beschl v 29. 3. 2007 – Az 5 StR 116/07).

Bei rechtsfehlerhafter **Ablehnung eines Hilfsbeweisantrages im Urteil** besteht ein 132
größerer Beurteilungsspielraum des Revisionsgerichts, denn die Frage nach Argumentations- oder Antragsmöglichkeiten durch die Verteidigung bei korrekter Ablehnung stellt sich hier nicht. Die Ablehnung ist in diesem Fall unschädlich, wenn der Antrag mit rechtsfehlerfreier Begründung hätte abgelehnt werden können und wenn die Ablehnungsgründe vom Revisionsgericht aufgrund des Urteilsinhaltes ergänzt werden können oder sich aus den Urteilsgründen ein tragfähiger anderer Ablehnungsgrund ergibt; gleiches gilt, wenn der alternative Ablehnungsgrund offenkundig ist (BGH NJW 1988, 501, 502; NStZ 1998, 98; NStZ 2008, 116). Die bloß abstrakte Möglichkeit eines tragfähigen Alternativgrundes reicht jedoch nicht.

Die **fehlerhafte Gewinnung oder Einführung eines Beweismittels** in die Hauptver- 133
handlung, insbes ein **Verstoß gegen das Unmittelbarkeitsprinzip nach §§ 249 StPO** ist dann bedeutungslos, wenn der Tatrichter seine Entscheidung auf das Beweismittel nicht gestützt hat. An einem Beruhen fehlt es jedenfalls dann, wenn der Tatrichter das bemakelte Beweismittel aus seiner Beweiswürdigung ausdrücklich ausgenommen hat. Auch aus dem Umstand, dass das angefochtene Urteil ausschließlich andere Beweisgrundlagen heranzieht, kann geschlossen werden, dass der Verfahrensfehler ohne Einfluss auf die Überzeugungsbildung geblieben ist (vgl BGH Beschl v 29. 10. 2007 – Az 1 StR 387/07 zu einer polizeilichen Beschuldigtenvernehmung; Beschl v 16. 10. 2007 – Az 3 StR 413/07 zum Geständnis des Angeklagten). Auf dem Verfahrensfehler beruht das Urteil schließlich dann nicht, wenn der Tatrichter erkennbar schon aufgrund anderer Umstände, die er im Urteil würdigt, seine Überzeugung von der Schuld oder Unschuld des Angeklagten gewonnen und das fehlerhaft erlangte Beweismittel nur als zusätzliches Indiz oder als Grundlage einer Hilfserwägung Eingang in das Urteil gefunden hat (vgl BGH NStZ 2009, 173: Verlesung eines Geständnisses des Angeklagten; OLG Düsseldorf NStZ 2008, 358, 359). Bei einer Verletzung des Unmittelbarkeitsgrundsatzes oder des Grundsatzes des sachnäheren Beweismittels muss in allen Fällen allerdings auszuschließen sein, dass das zutreffend heranzuziehende Beweismittel keine dem Beweisergebnis zuwiderlaufenden Erkenntnisse erbracht hätte.

Liegen die Voraussetzungen für eine **Urkundenverlesung nach § 251 Abs 1 StPO** 134
zweifelsfrei vor, so beruht das Urteil auf einer fehlenden Anordnung der Verlesung durch Gerichtsbeschluss nach § 251 Abs 4 S 1 StPO jedenfalls dann nicht, wenn alle Verfahrensbeteiligten mit der Verlesung einverstanden waren (BGH NSZ-RR 2007, 52, 53; Beschl v 22. 11. 2007 – Az 4 StR 497/07).

Auf einem Verstoß gegen **§ 258 Abs 2 und Abs 3 StPO** beruht das Urteil regelmäßig, 135
wenn nicht außergewöhnliche Umstände vorliegen (BGHSt 21, 288, 290 = NJW 1967, 2070; BGHSt 22, 278 = NJW, 1969, 473; aA BayObLGSt 1957, 88, 89 = NJW 1957, 1289: Wirkung wie zwingender Revisionsgrund; s näher § 258 StPO Rn 28 ff). Dies gilt auch für das im Jugendstrafverfahren dem Erziehungsberechtigten von Amts wegen zu erteilende (BGH NStZ 2000, 435) letzte Wort. Ein Beruhen kann hier nicht dadurch ausgeschlossen werden, dass der Erziehungsberechtigte zuvor von seinem Zeugnisverweigerungsrecht Gebrauch gemacht hat und sich möglicherweise auch des letzten Wortes enthalten hätte (BGH NStZ-RR 2008, 291).

Bei einer auf **§ 261 StPO** gestützten Rüge ist ein Beruhen auszuschließen, wenn ein 136
Beweismittel auch **auf andere als in der Revision bezeichneten Weise in die Hauptverhandlung eingeführt** worden sein kann (vgl Rn 52). Regelmäßig wird es bereits an einem vollständigen Revisionsvortrag fehlen, wenn der Revisionsführer entsprechende Alternativen offen lässt. **Teilt das Urteil selbst eine bestimmte Verfahrensweise mit**, kann die Revision es allerdings mit einem Verweis hierauf bewenden lassen. Denn die bloße Möglichkeit einer alternativen Tatsachenerhebung reicht hier nicht aus, um ein Beruhen auszuschließen; diese muss, erforderlichenfalls nach Ermittlungen seitens des Revisionsgerichtes im Freibeweisverfahren, feststehen. Der Revisionsführer kann sich daher darauf beschränken, die Urteilsangaben zu widerlegen (BGH StV 1983, 403; offen gelassen von BGH NStZ 2007, 235). Steht demgegenüber fest, dass das Beweismittel nicht in der angegebenen Weise, sondern anderweitig zum Gegenstand der Hauptverhandlung geworden, kann die Revision hierauf nicht gestützt werden; auf der – fehlerhaften – Urteilsangabe kann die Entscheidung nicht beruhen.

Dies betrifft hauptsächlich Fälle der **Verwertung einer Urkunde**. Trägt der Revisionsführer vor, 136.1
diese sei in der Hauptverhandlung nicht verlesen worden, so kann darauf nichts beruhen, denn auch

die nach dem Vortrag nicht ausschließbare Einführung der Urkunde durch Vorhalt oder Erörterung in der Hauptverhandlung erlaubt ihre Verwertung. Stellt das Urteil selbst auf die „verlesene" Urkunde als Beweismittel ab, so kann nicht offen bleiben, ob eine anderweitige Beweiserhebung erfolgt ist. Steht aber fest, dass der Inhalt des Schriftstückes in der Hauptverhandlung erörtert und nicht bestritten worden ist, kann das Urteil nicht darauf beruhen, dass es nicht verlesen worden ist (BGH NStZ 2007, 235; KK-StPO/Diemer StPO § 249 Rn 52).

136.2 Auf der bloß **fehlerhaften Aufzählung eines tatsächlich nicht** erhobenen, im Rahmen der Beweiswürdigung aber auch nicht **herangezogenen Beweismittels** beruht das Urteil nicht (BGH NJW 1951, 325).

137 Verstöße gegen die Hinweispflicht nach **§ 265 StPO** sind darauf zu untersuchen, ob bei fehlerfreier Erteilung des Hinweises der betroffene Verfahrensbeteiligte sein Prozessverhalten so hätte umstellen können, dass ein Einfluss auf das Urteil nicht ausgeschlossen erscheint. Dabei reicht jede denkbare, ihm günstige Änderung aus. Ist dies auszuschließen, fehlt es an einem Beruhen. Die ergangene Entscheidung beruht auch dann nicht auf einem unterbliebenen oder fehlerhaften Hinweis, wenn der betroffene Umstand in das Urteil nicht eingegangen ist oder es ersichtlich unbeeinflusst gelassen hat; so verhält es sich etwa dann, wenn eine den Schuldumfang oder die Strafzumessung betreffende Tatsache die Strafhöhe ersichtlich nicht mitbestimmt hat.

137.1 Bei einem unterbliebenen Hinweis nach § 265 Abs 2 StPO kann bereits die **Ähnlichkeit des in Betracht kommenden mit dem angeklagten Straftatbestand** bei einem geständigen Angeklagten als ausgeschlossen erscheinen lassen, dass der Angeklagte sich anders und erfolgreicher hätte verteidigen können (zB BGH v 18. 11. 2008 – Az 1 StR 568/08 [insoweit in NStZ-RR 2009, 92 nicht abgedruckt]: Verurteilung nach § 283 Abs 1 Nr 5 StGB statt – wie angeklagt – § 283 b Abs 1 Nr , Abs 3 StGB ohne vorherigen Hinweis). Das Fehlen eines – grds erforderlichen (vgl BGHSt 31, 302, 303) – Hinweises auf die **beabsichtigte Berücksichtigung von Sachverhalten, deren Verfolgung in der Hauptverhandlung nach § 154 Abs 2 StPO eingestellt wurde**, hat auf den Schuldspruch keinen Einfluss, wenn der Angeklagte sämtliche abgeurteilten und eingestellten Taten gestanden hat. Hat der Tatrichter dem Angeklagten die eingestellten Taten jedoch strafschärfend angelastet, so wurde dem Angeklagten die Gelegenheit genommen, durch Anträge zum Schuldgehalt der von der Einstellung betroffenen Taten auf die Strafhöhe Einfluss zu nehmen (BGH Beschl v 27. 11. 2008 – Az 5 StR 526/08; StV 2000, 656; vgl ferner BGH Beschl v 16. 4. 2007 – Az 5 StR 335/06)). Daher beruht der Strafausspruch auf dem Verfahrensfehler.

138 Auf Verstößen gegen **§ 268 Abs 3 S 2 StPO** beruht das Urteil regelmäßig (BGH StV 2007, 458; StraFo 2008, 78; Urt v 30. 5. 2007 – Az 2 StR 22/07), wenn nicht in Ausnahmefällen, insbes bei zeitiger Beratung, eine Auswirkung sich verschlechternder Erinnerung auf das Urteil ausgeschlossen werden kann.

139 Auf einem Verstoß gegen § 189 GVG infolge versehentlicher Nichtvereidigung oder der versehentlich unterlassenen Bezugnahme auf einen allgemein geleisteten **Dolmetschereid** beruht das Urteil nicht, wenn nicht Anhaltspunkte nahe legen, dass der Dolmetscher im Einzelfall gerade aufgrund des Verstoßes nicht gewissenhaft übertragen haben könnte. Jedenfalls bei einem langjährig tätigen Dolmetscher scheidet dies regelmäßig aus (BGH NStZ 2005, 705).

III. Sachliches Recht

140 Das Revisionsgericht muss bei sachlich-rechtlichen Mängeln ausschließen können, dass der Tatrichter bei rechtsfehlerfreier Würdigung zu einem abweichenden Schuldspruch oder einer abweichenden Rechtsfolgenanordnung gelangt wäre. Hierzu kann es bei Fehlern in der **rechtlichen Würdigung im Schuldspruch** alternative Begehungsformen, die von den Feststellungen getragen werden, einbeziehen und würdigen. Bei Verneinung der Strafbarkeit ist die rechtsfehlerhafte Beurteilung eines Tatbestandsmerkmals der betroffenen Strafnorm unschädlich, wenn ein weiteres nach der rechtsfehlerfreien Würdigung oder auf Grundlage der vollständig getroffenen Feststellungen nicht vorliegt. Im Übrigen muss die Beruhensfrage im Einzelfall entschieden werden.

140.1 Bei einem **Verstoß gegen § 2 Abs 3 StGB** kann gewürdigt werden, dass bei Aufhebung der angewandten Strafnorm eine materielle Nachfolgeregelung eingefügt wurde, von der das Verhalten des Angeklagten erfasst wird, und die einen identischen Strafrahmen eröffnet (BGH StraFo 2008, 85 zu § 95 AMG f; Urt v 15. 7. 2005 – Az 2 StR 131/05 zu § 92 a AuslG aF, § 96 AufenthG nF).

Bei Fehlern im Rahmen der **Beweiswürdigung** ist zu prüfen, ob diese die Überzeugungsbildung des Tatrichters beeinflusst haben können, oder ob ein nur unwesentliches Indiz betroffen ist, dessen Wegfall angesichts anderer, bedeutenderer be- oder entlastender Umstände keinen Anlass zu Zweifeln hätte geben können (so zB BGH NStZ 2007, 235, 236; BGH Urt v 17. 7. 2007 – Az 5 StR 186/07 [Rn 29 ff.]; BGH Beschl v 13. 3. 2008 – Az 3 StR 485/07; vgl zu einzelnen fehlerhaft gewonnenen Beweismitteln auch Rn 132). 141

Zum Beruhen bei Fehlern im Strafausspruch vgl ausführlich § 354 StPO Rn 62 ff und § 353 StPO Rn 18 ff. 142

Die Ablehnung der Anordnung einer **Maßregel** beruht nicht darauf, dass der Tatrichter rechtsfehlerhaft eine tatbestandliche Voraussetzung verneint hat, wenn es jedenfalls an einer weiteren fehlt und dies vom Tatrichter selbst erkannt worden ist oder aufgrund der vollständig getroffenen Feststellungen vom Revisionsgericht selbst beurteilt werden kann (vgl BGH Beschl v 6. 9. 2007 – Az 4 StR 267/07 zu § 64 StGB). Die Entscheidung über eine **Einziehung** sichergestellten Bargeldes kann bestehen bleiben, wenn zwar Zweifel am Vorliegen der Einziehungsvoraussetzungen bestehen, jedenfalls aber eine Abschöpfung durch Anordnung des Verfalls von Wertersatz nach § 73 a StGB möglich gewesen wäre und eine Anwendung von § 73 c StGB ersichtlich ausscheidet (BGH Beschl v 7. 1. 2009 – Az 5 StR 451/08). 143

§ 338 [Absolute Revisionsgründe]

Ein Urteil ist stets als auf einer Verletzung des Gesetzes beruhend anzusehen,
1. wenn das erkennende Gericht nicht vorschriftsmäßig besetzt war; war nach § 222 a die Mitteilung der Besetzung vorgeschrieben, so kann die Revision auf die vorschriftswidrige Besetzung nur gestützt werden, soweit
   a) die Vorschriften über die Mitteilung verletzt worden sind,
   b) der rechtzeitig und in der vorgeschriebenen Form geltend gemachte Einwand der vorschriftswidrigen Besetzung übergangen oder zurückgewiesen worden ist,
   c) die Hauptverhandlung nicht nach § 222 a Abs. 2 zur Prüfung der Besetzung unterbrochen worden ist oder
   d) das Gericht in einer Besetzung entschieden hat, deren Vorschriftswidrigkeit es nach § 222 b Abs. 2 Satz 2 festgestellt hat;
2. wenn bei dem Urteil ein Richter oder Schöffe mitgewirkt hat, der von der Ausübung des Richteramtes kraft Gesetzes ausgeschlossen war;
3. wenn bei dem Urteil ein Richter oder Schöffe mitgewirkt hat, nachdem er wegen Besorgnis der Befangenheit abgelehnt war und das Ablehnungsgesuch entweder für begründet erklärt war oder mit Unrecht verworfen worden ist;
4. wenn das Gericht seine Zuständigkeit mit Unrecht angenommen hat;
5. wenn die Hauptverhandlung in Abwesenheit der Staatsanwaltschaft oder einer Person, deren Anwesenheit das Gesetz vorschreibt, stattgefunden hat;
6. wenn das Urteil auf Grund einer mündlichen Verhandlung ergangen ist, bei der die Vorschriften über die Öffentlichkeit des Verfahrens verletzt sind;
7. wenn das Urteil keine Entscheidungsgründe enthält oder diese nicht innerhalb des sich aus § 275 Abs. 1 Satz 2 und 4 ergebenden Zeitraums zu den Akten gebracht worden sind;
8. wenn die Verteidigung in einem für die Entscheidung wesentlichen Punkt durch einen Beschluß des Gerichts unzulässig beschränkt worden ist.

Überblick

§ 338 StPO bezeichnet abschließend Verfahrensmängel, für die unwiderleglich vermutet wird, dass das Urteil auf ihnen beruht (§ 337 StPO), weil sie als besonders schwerwiegend angesehen werden, oder weil ein konkreter Einfluss auf das Urteil bei ihnen regelmäßig nicht nachzuweisen ist. Sie führen in eng umgrenzten Ausnahmefällen nicht zur Aufhebung, wenn das Beruhen denkgesetzlich ausgeschlossen ist. Die einzelnen absoluten Revisionsgründe knüpfen an die Voraussetzungen der verletzten spezifischen Verfahrensvorschriften an. § 338 Nr 1 bis Nr 4 StPO sind bei willkürlicher Verkennung der Zuständigkeit des erkennenden Spruchkörpers oder seiner Mitglieder verletzt. § 338 Nr 1 StPO behandelt dabei hauptsächlich Mängel bei der Schöffenauswahl, beim Zustandekommen des Geschäftsverteilungsplans oder bei seiner Anwendung. Im Anwendungsbereich von § 222 a StPO ist die Rüge bei fehlender rechtzeitiger Beanstandung vor dem Tatrichter präkludiert. Nach § 338 Nr 3 StPO wird ein zurückgewiesener Ablehnungsantrag, der wegen § 28 Abs 2 StPO mit der Revision weiterverfolgt werden kann, durch das Revisionsgericht nach Beschwerdegrundsätzen in der Sache geprüft; nach neuerer Rspr des BVerfG gilt dies allerdings nicht bei einer Fehlanwendung von § 26 a StPO. § 338 Nr 5 StPO knüpft an die Voraussetzungen der § 145 StPO, § 226 StPO, §§ 230 StPO ff, § 185 GVG an; ein absoluter Revisionsgrund liegt nur bei Abwesenheit von einem wesentlichen Teil der Hauptverhandlung vor. Bei einem Angeklagtenausschluss nach § 247 StPO kommt es im Einzelfall darauf an, ob in Abwesenheit durchgeführte Verfahrenshandlungen noch in einem ausreichenden inneren Bezug mit dem Gegenstand der Ausschließung stehen. Entsprechendes gilt für eine auf § 338 Nr 6 StPO wegen Ausschlusses der Öffentlichkeit, gestützte Revision § 338 Nr 6 StPO begründen kann. § 338 Nr 6 StPO ist nicht verletzt bei tatsächlichen Beschränkungen der Teilnahmemöglichkeit aufgrund äußerer Umstände, wenn sie nicht auf ein pflichtwidriges Verhalten des Gerichtes zurückgehen. § 338 Nr 8 StPO erlaubt eine modifizierte Beruhensprüfung, da eine entscheidungswesentliche Einschränkung der Verteidigungsmöglichkeiten vorgelegen haben muss.

Übersicht

	Rn		Rn
A. Absoluter Revisionsgrund	1	5. Vortragserfordernisse	88
I. Wesen des absoluten Revisionsgrundes	1	V. Vorschriftswidrige Abwesenheit (§ 338 Nr 5 StPO)	89
II. Einschränkungen der Beruhensvermutung	2	1. Anwendungsbereich	89
		2. Abwesenheit des Angeklagten	92
B. Einzelne Revisionsgründe	5	3. Abwesenheit des Verteidigers	105
I. Vorschriftswidrige Besetzung (§ 338 Nr 1 StPO)	5	4. Abwesenheit des Staatsanwalts	111
1. Anwendungsbereich	5	5. Abwesenheit des Urkundsbeamten	114
2. Überprüfungsmaßstab, verfassungsrechtliche Anforderungen	8	6. Abwesenheit sonstiger Personen	117
3. Rügepräklusion nach § 222 a StPO, § 222 b StPO	11	7. Vortragserfordernisse	121
		VI. Beschränkung der Öffentlichkeit (§ 338 Nr 6 StPO)	123
4. Einzelne Mängel	18	1. Grundsatz	123
5. Vortragserfordernisse	45	2. Zugang zur Verhandlung, tatsächliche Grenzen	126
II. Mitwirkung ausgeschlossener Richter (§ 338 Nr 2 StPO)	50	3. Ausschluss der Öffentlichkeit	131
III. Mitwirkung abgelehnter Richter (§ 338 Nr 3 StPO)	51	4. Sitzungspolizeiliche Maßnahmen	139a
1. Systematik, Anwendungsbereich	51	5. Vortragserfordernisse	140
2. Prüfung nach Beschwerdegrundsätzen	56	VII. Fehlende oder verspätete Urteilsbegründung (§ 338 Nr 7 StPO)	142
		1. Fehlende Gründe	142
3. Verwerfung nach § 26 a StPO	58	2. Verspätete Begründung	145
4. Sachliche Ablehnungsgründe	70	3. Fehlende oder fehlerhafte ersetzte Unterschrift	147
5. Vortragserfordernisse	77	4. Vortragserfordernisse	151
IV. Unzuständigkeit des Gerichts (§ 338 Nr 4 StPO)	79	VIII. Unzulässige Beschränkung der Verteidigung (§ 338 Nr 8 StPO)	153
1. Anwendungsbereich	79	1. Voraussetzungen	153
2. Örtliche Zuständigkeit	80	2. Kasuistik	157
3. Sachliche Zuständigkeit	81	3. Vortragserfordernisse	158
4. Funktionelle Zuständigkeit	86		

A. Absoluter Revisionsgrund

I. Wesen des absoluten Revisionsgrundes

§ 338 StPO enthält eine abschließende Aufzählung von Verfahrensfehlern, für die ein **Beruhen iSv § 337 StPO unwiderleglich vermutet** wird, weil sie als besonders schwerwiegend angesehen werden oder weil bei ihnen das Beruhen regelmäßig nicht nachzuweisen ist (zB Beschränkung der Öffentlichkeit). Sie sind gleichwohl nicht von Amts wegen zu beachten, sondern setzen eine wirksam erhobene und hinreichend begründete **Verfahrensrüge**, Selbstbetroffenheit und Beschwer des Revisionsführers voraus. 1

> So erfordert etwa die Mitwirkung eines nur von einem Angeklagten abgelehnten Richters oder die Abwesenheit nur eines Angeklagten oder seines Verteidigers (vgl BGHSt 31, 323, 331 = NJW 1983, 2335; KK-StPO/Kuckein StPO § 338 Rn 4) eine nach Verfahrensbeteiligten differenzierte Beurteilung. 1.1

II. Einschränkungen der Beruhensvermutung

Der absolute Verfahrensmangel muss **bis zur Entscheidung fortgewirkt** haben (BGHSt 33, 99 = NJW 1985, 1848). Bemerkt das Gericht den Fehler rechtzeitig, kann es ihn abhängig von seiner Art dadurch **heilen**, dass es den betroffenen Verhandlungsteil prozessordnungsgemäß wiederholt. 2

Ein absoluter Revisionsgrund führt – vorbehaltlich einer wirksamen Teilanfechtung – grundsätzlich zur **Aufhebung des gesamten Urteils**. Dies gilt dann nicht, wenn sich der Gesetzesverstoß nur auf einen **abtrennbaren Teil** der angefochtenen Entscheidung bezieht; die von dem Fehler nicht berührten Urteilsteile haben dann Bestand (BGHSt 32, 270, 275 = NJW 1984, 1245; BGHSt 46, 142, 146 = NJW 2000, 3795, 3796; StV 1981, 3; NStZ 2007, 717). 3

> In Betracht kommt dies hauptsächlich bei Verurteilungen wegen mehrerer prozessualer oder materieller **Einzeltaten**. Betrifft der Verstoß nur das Verfahren hinsichtlich eines Tatvorwurfs, ist auch nur die hierauf bezogene Verurteilung oder der Freispruch hiervon von der Aufhebung umfasst. **Bsp.:** Ausschließlich einen Einzelfall betreffende Zeugenvernehmung unter Verstoß gegen § 247 Abs 1 StPO; Verstoß gegen das Öffentlichkeitsgebot während der nur einen Tatvorwurf betreffenden Beweisaufnahme. 3.1

In Fällen, in denen der **Einfluss des Verfahrensfehlers** auf einen bestimmten Urteilsteil zum Nachteil des Revisionsführers **denkgesetzlich ausgeschlossen** ist, führt auch ein absoluter Revisionsgrund nicht zur Aufhebung (BGH NJW 1977, 443; BGHR StPO § 338 Beruhen 1; NStZ-RR 2002, 102 bei Becker). 4

> Vgl **beispielsweise BGH NStZ-RR 2002, 102** (bei Becker): Die rechtsfehlerhafte Verlesung einer Urkunde zur Aufklärung eines möglichen Tatmotivs hatte auf die Verurteilung nach § 211 StGB und die darauf beruhende Straffestsetzung keinen Einfluss, da diese auf das motivunabhängige Mordmerkmal der Heimtücke gestützt wurde. BGHR StPO § 338 Beruhen 1: Während des vorschriftswidrigen Fehlens des Verteidigers (§ 338 Nr 5 StPO) wurde der Bundeszentralregisterauszug verlesen, dessen Inhalt aber später im Urteil nicht berücksichtigt wurde, da die enthaltenen Verurteilungen nicht einschlägig waren. Vgl andererseits BGH NStZ 1998, 476: Der Tatrichter hatte Erkenntnisse, die bei einer in vorschriftswidriger Abwesenheit des Angeklagten (§ 338 Nr 5 StPO) durchgeführten Beweisaufnahme gewonnen wurden, nur zu Gunsten des Angeklagten gewürdigt. Ein Beruhen war hier gleichwohl nicht auszuschließen, da bei Teilnahme des Angeklagten weitere, ihn möglicherweise entlastenden Umstände hätten zutage treten können. Zu **§ 338 Nr 6 StPO** vgl BGH NStZ 2008, 354; NStZ 1999, 371; BGHR StPO § 338 Nr 6 Ausschluss 3. 4.1

B. Einzelne Revisionsgründe

I. Vorschriftswidrige Besetzung (§ 338 Nr 1 StPO)

1. Anwendungsbereich Ein Besetzungsmangel im Sinne der Vorschrift liegt dann vor, wenn das erkennende Gericht nach der Geschäftsverteilung **nicht zuständig oder personell falsch besetzt** war. Dagegen umfasst § 338 Nr 1 StPO keine Verstöße gegen die örtliche, sachliche oder funktionelle Zuständigkeit; diese unterfallen § 338 Nr 4 StPO oder sind – im Fall der sachlichen Unzuständigkeit – von Amts wegen zu prüfen. Wegen der 5 besonderen Präklusionsvorschriften kann eine Besetzungsrüge **nicht** auch auf § 337 StPO **gestützt** werden (KK-StPO/Kuckein StPO § 338 Rn 25); auch § 338 Nr 5 StPO iVm § 226 StPO scheidet bei einer Rüge der Besetzung der Richterbank aus (s Rn 7). Die interne **Zuständigkeitsverteilung innerhalb des Spruchkörpers** ist grds Teil der vorschriftsgemäßen Besetzung iSv § 338 Nr 1 StPO (vgl Rn 25.1, Rn 31.1). So kann eine fehlerhafte Bestimmung des Vorsitzenden nach § 338 Nr 1 StPO gerügt werden (BGH Beschl v 8. 1. 2009 – Az 5 StR 537/08; KK-Diemer GVG § 21e Rn 4; s auch BGHSt 21, 40, 43; BGHSt 21, 131, 133 zu § 62 Abs 1 GVG aF); dagegen ist die Auswahl des Berichterstatters von § 338 Nr 1 StPO nicht erfasst, da das Verfahrensrecht keinen „gesetzlichen Berichterstatter" kennt (Meyer-Goßner GVG § 21g Rn 2; **aA** KK-StPO/Kuckein StPO § 338 Rn 33).

6 Der Besetzungsmangel muss **das erkennende Gericht**, dh den Spruchkörper in der Besetzung betreffen, der das angegriffene Urteil gefällt hat. Auf einen Mangel in der Person eines durch einen Ergänzungsrichter oder -schöffen abgelösten Richters oder Schöffen (§ 192 Abs 2 und Abs 3 GVG) kann die Revision sich nicht berufen (BGHSt 47, 220 = NJW 2002, 1508); ebenso wenig erfasst § 338 Nr 1 StPO Mängel in der Person eines Ergänzungsrichters oder -schöffen, der nicht eingetreten ist (BGH StV 2002, 178, 179).

7 Erforderlich ist die **ununterbrochene Gegenwart** der zur Urteilsfindung berufenen Personen. Ein Ergänzungsrichter oder -schöffe (§ 192 Abs 2 und Abs 3 GVG) kann für einen ausgefallenen Richter oder Schöffen nur eintreten, wenn er an der Verhandlung von Anfang an teilgenommen hat. Der Mangel kann bei vorübergehendem Ausfall eines Richters oder seinem späteren Eintritt aber dadurch geheilt werden, dass die in nicht vorschriftsgemäßer Besetzung durchgeführten **Teile der Hauptverhandlung wiederholt** werden (Löwe/Rosenberg/Hanack StPO § 338 Rn 43). Findet eine solche Wiederholung nicht statt, begründet dies einen Besetzungsmangel (BGH NJW 2001, 3062). § 338 Nr 1 StPO findet insoweit als speziellere Vorschrift **vor** § 338 Nr 5 StPO Anwendung (BGHSt 44, 361, 365 = NJW 1999, 1724; Löwe/Rosenberg/Hanack StPO § 338 Rn 80). Soweit die Beteiligung von Richtern bei Entscheidungen vor der Hauptverhandlung gerügt wird, ist § 338 Nr 1 StPO nicht betroffen; anwendbar sind allein § 336 StPO, § 337 StPO.

2. Überprüfungsmaßstab, verfassungsrechtliche Anforderungen

8 Der Revisionsgrund vorschriftswidriger Besetzung steht in untrennbarem Zusammenhang mit der Garantie des gesetzlichen Richters nach **Art 101 Abs 1 S 2 GG**. Die Auslegung von § 338 Nr 1 StPO hat sich daher an den verfassungsrechtlichen Anforderungen zu orientieren. Hiernach gilt: Art 101 Abs 1 S 2 GG ist nur durch eine **willkürliche Zuständigkeitsbestimmung** verletzt; dagegen stellt **nicht jede Fehlanwendung** einer einfachgesetzlichen Verfahrensvorschrift zugleich einen Verfassungsverstoß dar (vgl BVerfGE 3, 359 = NJW 1954, 593; BVerfGE 23, 288, 320). Die Grenze zu einem verfassungs- und revisionsrechtlich beachtlichen Besetzungsmangel ist erst überschritten, wenn die Handhabung der die Zuständigkeit bestimmenden Vorschriften unter keinem denkbaren Gesichtspunkt vertretbar ist, sie vielmehr von sachfremden Erwägungen getragen und damit willkürlich erscheint (BVerfGE 87, 2282 = NJW 1993, 381).

8.1 Dies trifft nicht erst bei **vorsätzlichem Handeln** im Sinne einer bewussten Richter"entziehung" – dann aber jedenfalls – zu, sondern immer dann, wenn sich eine Maßnahme, Unterlassung oder Entscheidung so weit vom Grundsatz des gesetzlichen Richters entfernt, dass sie nicht mehr zu rechtfertigen ist (BVerfGE 23, 288, 320 = NJW 1968, 1667; BVerfGE 30, 149, 152 = NJW 1971, 1029). Erfasst sind danach eine auf einer grob fehlerhaften Maßnahme beruhende Gerichtsbesetzung oder der **klare Verstoß gegen eindeutige gesetzliche Zuständigkeitsbestimmungen** (BGHSt 25, 66, 71 = NJW 1973, 476). Auch die Abweichung von einer gefestigten Rechtsprechung des BGH kann eine Rüge nach § 338 Nr 1 StPO begründen (KK-StPO/Kuckein StPO § 338 Rn 21).

9 In einem derartigen Fall hat das Revisionsgericht **auch bei Unanfechtbarkeit nach § 336 S 2 StPO** einzugreifen (vgl BGH NStZ 1982, 476; OLG Karlsruhe NStZ 1981, 272). Auch **§ 269 StPO** findet keine Anwendung, wenn das Gericht höherer Ordnung seine sachliche Zuständigkeit aufgrund sachfremder oder sonst unhaltbarer Erwägungen angenommen hat (BGHSt 38, 212; BGHSt 46, 238, 246 = NJW 2001, 1359; NJW 1993, 1607, 1608).

Bei **Anwendung unklarer, lückenhafter oder sonst auslegungsbedürftiger Bestimmungen** kommt es darauf an, ob die Handhabung als vertretbar anzusehen ist, selbst wenn sie sich nach Auffassung des Revisionsgericht im Ergebnis als unzutreffend erweist (BGHSt 33, 303, 305 = NJW 1986, 144). 10

So stellt es keine Verletzung des gesetzlichen Richters und keinen absoluten Revisionsgrund stellt dar, wenn eine gesetzlich nicht geregelte Zweifelsfrage bei der Schöffenheranziehung vom Tatgericht vertretbar beantwortet worden ist (BGH NStZ 1982, 476), oder wenn eine Zuteilung nach dem Geschäftsverteilungsplan auf einem Irrtum beruht (BGH NStZ 1984, 181: fehlerhaftes Geburtsdatum eines Mitangeklagter in Anklageschrift, daher irrtümliche Annahme, dass der Anfangsbuchstabe seines Namens zuständigkeitsbestimmend sei). 10.1

3. Rügepräklusion nach § 222 a StPO, § 222 b StPO

Die Besetzungsrüge nach § 338 Nr 1 StPO ist ausgeschlossen, wenn dem Revisionsführer eine verfahrensrechtlich abgesicherte Möglichkeit zur Verfügung stand, dem Besetzungsfehler bereits vor dem Tatgericht entgegenzutreten, der Revisionsführer von dieser Möglichkeit aber keinen Gebrauch gemacht hat. Eine derartige Möglichkeit besteht dann, wenn nach § 222 a StPO die Mitteilung der Besetzung vor Beginn der tatrichterlichen Hauptverhandlung vorgeschrieben ist, mithin in erstinstanzlichen Verfahren vor dem Land- und Oberlandesgericht. Die Revisionsrüge der vorschriftswidrigen Besetzung kann hier nur noch unter den **Voraussetzungen von § 338 Nr 1 Hs 2 Buchst a – d StPO** erhoben werden. Zudem kann sie **nur auf solche Umstände gestützt werden, die in dem vor dem Tatrichter erhobenen Besetzungseinwand vorgetragen** wurden (§ 222 b Abs 1 S 3 StPO). Der Revisionsführer ist damit gezwungen, einer von ihm als fehlerhaft erkannten Gerichtsbesetzung schon in der Tatsacheninstanz entgegenzutreten, indem er den zur Erhaltung der Rüge erforderlichen Einwand erhebt (§ 222 b Abs 1 S 1 StPO) oder die Unterbrechung der Hauptverhandlung zur Prüfung der Besetzung verlangt (§ 222 a Abs 2 StPO). § 222 a Abs 3 StPO gewährt ihm hierfür ein **Einsichtsrecht** in die für die Besetzung maßgeblichen Unterlagen (BGHSt 44, 162 = NJW 1999, 154; NJW 1997, 403; vgl Rn 14.1). 11

Die Präklusionsvorschriften der § 222 a StPO, § 222 b StPO, § 338 Nr 1 StPO gelten für **Einwände gegen die Größe der Strafkammer** entsprechend, mithin für die Rüge, die Strafkammer habe in objektiv willkürlicher Weise eine Besetzungsreduktion nach § 76 Abs 2 GVG beschlossen, oder sie habe mit zwei Berufsrichtern ohne vorherigen Beschluss nach § 76 Abs 2 GVG verhandelt (BGHSt 44, 328, 337 = NStZ 1999, 367; BGHSt 44, 361, 364 = NStZ 1999, 365; NStZ-RR 1999, 212, 213; NJW 2003, 3644, 3645; NStZ-RR 2004, 175). Zu nachträglich während bereits begonnener Hauptverhandlung eintretenden Umständen vgl BGH StraFo 2005, 162 sowie Rn 14. 12

Ohne Einschränkung kann die Besetzungsrüge nach § 338 Nr 1 StPO erhoben werden in Fällen, in denen eine **Besetzungsmitteilung nach § 222 a StPO nicht vorgeschrieben** ist. Dies umfasst Verfahren vor dem AG, Berufungsverfahren vor dem LG sowie solche erstinstanzliche Verfahren vor dem LG und OLG, in denen auf einen Besetzungseinwand mit der Hauptverhandlung in geänderter Besetzung neu begonnen worden ist (§ 222 b Abs 2 S 3 StPO). **Mängel in der Person eines Richters** sind von § 222 a StPO, § 222 b StPO gleichfalls nicht erfasst (BGHSt 34, 236 = NJW 1987, 1210 und BGHSt 35, 164 = NJW 1988, 1333 blinder Richter; BGHSt 35, 28, 29 = NJW 1988, 82 Einleitung eines Strafverfahrens gegen Schöffen). Allerdings stellt das Fehlen der nach § 45 Abs 2 DRiG vorgeschriebenen Vereidigung eines Schöffen keinen Mangel in der Person des Schöffen dar, sondern ist vor dem Tatrichter geltend zu machen (BGHSt 48, 290 = NJW 2003, 2545, zur Erkennbarkeit vgl Rn 14.1). 13

Von der Präklusionswirkung ausgeschlossen sind weiterhin Besetzungsfehler, die für den Revisionsführer zu dem Zeitpunkt, zu dem der Besetzungseinwand erhoben werden musste, für den Revisionsführer **objektiv nicht erkennbar** waren, oder die **erst im Laufe der Hauptverhandlung eingetreten** sind (BGHSt 44, 361, 364 = NJW 1999, 1724; BGH StraFo 2005, 162, 163 zur Besetzungsreduktion nach § 76 Abs 2 GVG; Löwe/Rosenberg/ 14

Gollwitzer StPO § 222 b Rn 18). Dies betrifft vor allem die Frage, ob der **Eintritt oder Nichteintritt eines Ergänzungsrichters** zu Recht erfolgt ist (vgl BGHSt 35, 28, 29 = NJW 1988, 82; KK-StPO/Kuckein StPO § 338 Rn 9). In der jüngeren Rechtsprechung ist für derartige Fälle allerdings eine Präklusion unter entsprechender Anwendung von § 222 b StPO iVm § 338 Nr 1 b StPO (BGH NJW 2009, 381, 382 Rn 5) oder von § 238 Abs 2 StPO (BGH NJW 2009, 931, 932 Rn 11 f; Beschl v 8. 1. 2009 – Az 5 StR 537/08) erwogen worden. Eine von Vornherein fehlerhafte Besetzung mit Ergänzungsrichtern oder -schöffen ist nach § 222 a StPO, § 222 b StPO zu Beginn der Hauptverhandlung geltend zu machen, und nicht erst dann, wenn es zum Eintritt kommt (BGH NJW 2001, 3062). Zu gezielten Manipulationen der Gerichtsbesetzung vgl KK-StPO/Kuckein StPO § 338 Rn 9.

14.1 Der Besetzungsmangel muss nicht offensichtlich sein, sofern er nur für den Revisionsführer ermittelbar ist. Die Rspr legt hier **strenge Anforderungen** an. So ist die Besetzungsrüge bei einer **Veränderung der Schöffenliste** präkludiert, wenn der Verteidiger sich durch einen Einblick in die ihm nach § 222 a Abs 3 StPO zugänglichen Besetzungsunterlagen Kenntnis davon verschaffen konnte, wie viele Hauptschöffen gewählt wurden, welche Veränderungen sich in der Schöffenliste ergeben haben, und wie die Auslosung für das betreffende Geschäftsjahr verlaufen ist (BGH NJW 1997, 403), und er einen Besetzungseinwand gleichwohl nicht erhoben hat. Wenn sich ein Berufsrichter unzutreffend als zur Teilnahme an der Hauptverhandlung **verhindert** ansieht und die Gründe hierfür in einem Aktenvermerk niederlegt, ist der Besetzungsmangel gleichfalls objektiv erkennbar, denn der Revisionsführer kann sich durch Akteneinsicht Kenntnis hiervon verschaffen (BGH NStZ 1996, 48). Ob ein **Schöffe vereidigt** wurde, ist für den Revisionsführer erkennbar, da über die Vereidigung nach § 45 Abs 7 DRiG ein Protokoll zu fertigen ist, das zu den Schöffenakten gelangt und zu den für die Besetzung maßgeblichen Unterlagen zählt, in die nach § 222 a Abs 3 StPO Einsicht zu gewähren ist (BGHSt 48, 290 = NJW 2003, 2545). Ob und mit welcher Begründung ein **Besetzungsbeschluss nach § 76 Abs 2 GVG** ergangen ist, kann der Revisionsführer gleichfalls durch Nachfrage bei Gericht oder Einsicht in die Sachakten nachprüfen (BGHSt 44, 361, 364 = NStZ 1999, 365).

14.2 Der Rüge vor dem Tatrichter bedarf es andererseits auch **bei evidenten Besetzungsmängeln**, etwa dann, wenn das Tatgericht den Mangel erkennt und zu beheben sucht. Denn dem Tatgericht soll gerade die Möglichkeit gegeben werden, bei einer begründeten Rüge mit der Hauptverhandlung neu zu beginnen oder den Fehler – etwa durch Wiederholung in fehlerhafter Besetzung vorgenommener Verfahrensteile – zu heilen (BGHSt 48, 290 = NJW 2003, 2545 für die nachgeholte Vereidigung eines Schöffen).

15 Die Mitteilung nach § 222 a Abs 1 StPO muss spätestens **vor Vernehmung des Angeklagten zur Person** erfolgen. Findet vor diesem Zeitpunkt die Auswechselung eines Richters oder Schöffen statt und ergeht hierüber ausreichende Mitteilung, so ist eine Besetzungsrüge vor dem Tatgericht zu erheben (BGH NJW 2001, 3062). Der Revisionsführer muss seinen Einwand selbst erhoben haben; auf das **Vorbringen eines Mitangeklagten** kann er sich nicht berufen (BGH NStZ 1985, 495 bei Pfeiffer). Die **Begründungsanforderungen** entsprechen jenen des § 344 Abs 2 S 2 StPO. Ist der Besetzungseinwand nicht mit einer diesen Anforderungen entsprechenden Begründung erhoben worden, ist er unzulässig und die spätere Revisionsrüge präkludiert (BGHSt 44, 161 = NJW 1999, 154).

16 Über die in § 338 Nr 1 StPO genannten Ausnahmefälle hinaus ist der Revisionsführer mit seiner Rüge **nicht präkludiert**. Eine Präklusion findet auch dann nicht statt, wenn die Mitteilung verspätet erfolgt (vgl KK-StPO/Kuckein StPO § 338 Rn 11) oder wenn dem Revisionsführer entgegen § 222 a Abs 3 StPO kein ausreichender Einblick in die maßgeblichen Unterlagen gewährt wurde (Rieß NJW 1978, 2265, 2269). Beanstandet der Revisionsführer, dass eine auf seinen Antrag nach § 222 a Abs 2 StPO angeordnete **Unterbrechung der Hauptverhandlung zu kurz** gewesen sei, kann auch dies die Revision in analoger Anwendung von § 338 Nr 1 Buchst c StPO begründen (BGHSt 29, 283 = NJW 1980, 2364; NStZ 1986, 209 bei Pfeiffer: 40 Minuten; BGH NJW 1988, 1921: ½ Stunde Überprüfungszeit); dem Revisionsführer obliegt aber, den ergangenen Gerichtsbeschluss unter diesem Gesichtspunkt zu beanstanden (BGH StV 1987, 3).

16.1 Dem Revisionsführer muss jedenfalls Gelegenheit gegeben werden, die Unterlagen nach § 222 a Abs 3 StPO einzusehen und abzugleichen. Eine **angemessene Unterbrechungsdauer** soll nach BGHSt 29, 283 = NJW 1980, 2364 sowie OLG Hamm NJW 1979, 135 **eine Woche** betragen, wenn die Mitteilung erst kurz vor Beginn der Hauptverhandlung ergangen ist.

Hat der Revisionsführer **erfolgreich einen Besetzungseinwand vor dem Tatrichter erho-** 16.2
ben mit der Folge, dass der Tatrichter den sofortigen Neubeginn der Verhandlung in der von dem Revisionsführer begehrten Besetzung angeordnet hat, kann er im Revisionsverfahren mit einer **erneuten Besetzungsrüge**, die seinem ursprünglichen Besetzungseinwand direkt zuwiderläuft, nicht mehr gehört werden. Indem er die von ihm erstrebte Besetzung rügt, handelt er widersprüchlich und damit rechtsmissbräuchlich (BGH NStZ 2008, 475). Wenn nämlich der Revisionsführer allein aufgrund seiner passiven Hinnahme einer Gerichtsbesetzung nach § 222a StPO, § 222b StPO, § 338 Nr 1 StPO mit einer Besetzungsrüge ausgeschlossen ist, so gilt dies erst recht, wenn er bei unveränderter Kenntnis der rügebegründenden Tatsachen die Besetzung beanstanden will, die er im Rahmen eines Verfahrens nach § 222a StPO, § 222b StPO gerade herbeigeführt hat. § 222b Abs 2 S 3 StPO steht dem nicht entgegen (BGH NStZ 2008, 475, 476).

Im **Bußgeldverfahren** finden die § 222a StPO, § 222b StPO keine Anwendung; eine 17
Präklusion findet nicht statt (BGH NStZ 1986, 518).

4. Einzelne Mängel

a) Heranziehung von Schöffen 18
Mängel des Schöffenwahlverfahrens sind grundsätzlich unschädlich, wenn es sich nicht offenkundig um schwere Gesetzesverletzungen handelt (Pfeiffer StPO § 338 Rn 9; KK-StPO/Kuckein StPO § 338 Rn 39).

Regelmäßig handelt es sich um **Mängel außerhalb des Gerichtsbereiches**, die schon aus 18.1
diesem Grund die Revision nicht begründen können (BGHSt 22, 122, 124; vgl auch § 65 ArbGG, § 73 Abs 2 ArbGG). **Nicht mit der Revision angreifbar** sind Fälle fehlender Vorschlagslisten (BGHSt 33, 290 = NJW 1986, 1356), fehlerhafter Vorschlagslisten (BGHSt 22, 122 = NJW 1968, 1436 nicht hinreichende Personenanzahl; BGHSt 38, 47, 51 = NJW 1991, 3043 Liste nach dem Zufallsprinzip), die fehlerhafte Zusammensetzung des Wahlausschusses (BGHSt 26, 206 = NJW 1976, 432; BGHSt 37, 245, 247 = NJW 1991, 1764; anders noch BGHSt 20, 37 = NJW 1964, 2432 und BGHSt 20, 309 = NJW 1966, 359 jeweils zu § 40 Abs 3 GVG), ein Verstoß gegen den Wohnsitzgrundsatz des § 33 Nr 3 GVG (BGH NStZ 1995, 20 bei Kusch), ein Verstoß gegen § 36 Abs 3 S 1 GVG (BGH StV 2001, 156), ein Verstoß gegen § 36 Abs 3 S 2 GVG (BGHSt 43, 96 = NJW 1997, 3036), ein Verstoß gegen § 43 GVG (BGH NJW 1975, 155; NJW 1978, 1744, 1745) sowie die Verletzung von bloßen Sollvorschriften (BGHSt 30, 255, 257 = NJW 1982, 293).

Gravierende, in einen Besetzungsmangel mündende Fehler sind das Fehlen einer eigenen 18.2
Auswahl durch den Wahlausschuss (BGHSt 35, 190 = NJW 1988, 3164 Übernahme der Vorschläge anderer Gremien), eine Auslosung statt einer Wahl durch den Ausschuss (BGHSt 33, 41 = NJW 1984, 2839; BGHSt 33, 126 = NJW 1985, 926), die Entscheidung durch einen nicht konstituierten Wahlausschuss (BVerfGE 3, 181, 184 Wahl des Ausschusses nicht zustande gekommen), die Auswahl von Jugendschöffen aus einer Vorschlagsliste für Erwachsenenschöffen (BGHSt 26, 393) und die Auswahl von Hilfsschöffen aus für andere Bezirke erstellten Vorschlagslisten (BGHSt 29, 144).

Fehler im Auslosungs- und Verteilungsverfahren nach § 45 Abs 2 GVG sind 19
grundsätzlich revisibel (KK-StPO/Kuckein StPO § 338 Rn 39; einschränkend BGH NStZ 1992, 226 bei Kusch). Für den Öffentlichkeitsgrundsatz bei der Auslosung (§ 77 Abs 1 GVG, § 45 Abs 2 S 1 GVG) gelten dieselben Grundsätze wie für die Verfahrensöffentlichkeit vor dem erkennenden Gericht nach § 169 GVG; daher ist der Zugang zu dem Ort der Auslosung zu gewährleisten, und auf die Auslosung unter der Ortsbezeichnung durch Aushang hinzuweisen (BGH NStZ 1984, 89; NStZ 1985, 514; NStZ 2006, 512). Die fehlende Vereidigung des Schöffen (§ 45 DRiG) führt gleichfalls zu einem Besetzungsmangel (BGHSt 48, 290 = NJW 2003, 2545), kann aber unter Wiederholung der betroffenen Verfahrenteile nachgeholt werden.

Eine fehlerhafte Schöffenbesetzung kann sich auch daraus ergeben, dass die sich aus der 20
ordnungsgemäßen Auslosung und dem Sitzungskalender ergebende **Schöffenverteilung nicht eingehalten** wird. Die Geschäftsstelle ist zu Änderungen nicht befugt (BGH StV 1982, 358). Bei Verhinderung eines Schöffen ist der dem zuletzt zugezogenen Hilfsschöffen nachfolgende Hilfsschöffe heranzuziehen (BGHSt 12, 243, 244 = NJW 1959, 395). Zur Bestimmung von Ergänzungsschöffen (§ 192 Abs 2, Abs 3 GVG) vgl § 48 Abs 1 GVG sowie BGH NStZ 1982, 476; gem § 48 Abs 2 GVG treten Ergänzungsschöffen auch vor Beginn

der Hauptverhandlung an die Stelle eines verhinderten Hauptschöffen. Zu den Anforderungen an die Verhinderung eines Schöffen und ihre Feststellung vgl Rn 39.

21 Eine Fehlerquelle bei Heranziehung der Schöffen stellt ferner die **Verlegung des Hauptverhandlungsbeginns** dar. Die Verlegung hat immer vom zeitnächsten ordentlichen Sitzungstag zu erfolgen, der nicht von einer anderen Sitzung belegt ist; mitzuwirken haben die Schöffen, die für diesen Tag berufen sind.

21.1 Vgl BGHSt 43, 270 = NJW 1998, 390; BGHSt 41, 175, 177 = NJW 1996, 267: Der Vorsitzende kann im Rahmen pflichtgemäßen Ermessens ordentliche Sitzungstage nach vorne oder hinten verlegen; hierbei bleibt die Besetzung unverändert, weil die für den ursprünglichen Sitzungstag nach § 45 GVG ausgelosten Schöffen heranzuziehen sind. Allerdings ist er nicht frei in seiner Entscheidung, welchen Sitzungstag er verlegt und welche Schöffen damit für die Sache als gesetzliche Richter zuständig werden. **Maßgeblich für die Schöffenbesetzung ist der zeitnächste freie Sitzungstag** in dem Sitzungszeitraum, in dem die Hauptverhandlung beginnen soll. Liegt der verlegte Sitzungstag genau zwischen zwei freien, für die Strafkammer für einen Verhandlungsbeginn nicht beanspruchten Sitzungstagen, so bestimmt der frühere ordentliche Sitzungstag die Schöffenbesetzung (= nach hinten verlegter Sitzungstag). Eine Verlegung über den unmittelbar zeitlich vorangehenden Sitzungstag oder den unmittelbar zeitlich nachfolgenden Sitzungstag hinaus ist nicht mehr vom Ermessen des Vorsitzenden gedeckt.

21.2 Für die Beurteilung, ob ein zeitnaher freier Sitzungstag zur Verfügung steht, kommt es allein auf die **Geschäftslage der Strafkammer zum Zeitpunkt der Terminierung** an. Stellt sich später heraus, dass die vom Vorsitzenden zugrunde gelegten Voraussetzungen nachträglich nicht mehr zutreffen, etwa weil eine bei Terminierung vorgesehene weitere Sitzung an einem zeitnäheren ordentlichen Sitzungstag wieder abgesetzt wird, so bleibt es bei der Schöffenbesetzung, die zum Zeitpunkt der Terminierung maßgeblich war (vgl BGHSt 41, 175, 177 f).

22 Nehmen fälschlich die Haupt- statt der – zutreffenderweise berufenen – Hilfsschöffen an einem **außerordentlichen Sitzungstag (§ 47 GVG)** teil, begründet dies nur dann die Revision, wenn ein klar zutage liegender Gesetzesverstoß oder ein willkürlicher Eingriff in die Besetzung des Gerichts vorliegt (BGHSt 50, 132 = NJW 2005, 3153). Außerordentliche Sitzungen sind solche, die außerhalb der im Voraus festgelegten ordentlichen Sitzungen stattfinden (vgl BGHSt 11, 54, 55 = NJW 1958, 32). Auf die bloße Verlegung einer Sitzung von einem ordentlichen Sitzungstag (Rn 21) trifft dies nicht zu. Dagegen handelt es sich um eine außerordentliche Sitzung, wenn eine Strafsache auf einen Tag zwischen zwei ordentlichen Sitzungstagen terminiert wird, die zu diesem Zeitpunkt bereits mit Fortsetzungsverhandlungen in anderen Sachen belegt sind; denn in diesem Fall ist die Sitzung nicht lediglich von einem ordentlichen Sitzungstag nach vorn oder hinten verlegt worden (BGHSt 50, 132 = NJW 2005, 3153). Die für die außerordentlichen Sitzungstage ausgelosten Hilfsschöffen sind zur Teilnahme nur dann berufen, wenn die Sitzung auch tatsächlich stattfindet. Wird sie auf einen anderen außerordentlichen Sitzungstag verlegt, sind die für diesen Tag bestimmten Hilfsschöffen heranzuziehen (BGHSt 17, 176 = NJW 1962, 1167).

23 Bei Bildung einer **Hilfsstrafkammer** haben an den Sitzungen, soweit sie an ordentlichen Sitzungstagen beginnen, die für die ordentliche Strafkammer ausgelosten Schöffen mitzuwirken, falls sie nicht bereits von dieser beansprucht sind (BGHSt 25, 174, 175 = NJW 1973, 1139). Denn die Hilfsstrafkammer vertritt die ordentliche Strafkammer in solchen Geschäften, die diese infolge anderweitiger Inanspruchnahme durch ihr zufallende Aufgaben nicht selbst erledigen kann. Sie bewirkt eine zeitweilige Änderung der Besetzung der ordentlichen Strafkammer und der Verteilung ihrer Geschäftsaufgaben. Daher sind auch die für die Strafkammer ausgelosten Schöffen an den für sie bestimmten Tagen zu den Sitzungen der Hilfsstrafkammer einzuberufen (BGHSt 25, 174, 175 = NJW 1973, 1139, 1140).

24 Bei **Neubeginn einer Hauptverhandlung** sind die für den (neuen) ersten Verhandlungstag ausgelosten Schöffen zur Mitwirkung berufen; dies gilt auch dann, wenn die neue Hauptverhandlung an einem Tag beginnt, der auch nach der ursprünglichen Terminierung als Sitzungstag bestimmt war (BGH NJW 2002, 2963).

25 **b) Fehlerhafter Geschäftsverteilungsplan**
Der gesetzliche Richter bestimmt sich aus gesetzlichen Zuständigkeitsregeln in Verbindung mit den Bestimmungen der Geschäftsverteilung des erkennenden Gerichts. Durch beide müssen sich das erkennende Gericht, der zuständige Spruchkörper und seine Besetzung im

Voraus **nach abstrakten Merkmalen bestimmen** lassen (BVerfGE 30, 149, 152 = NJW 1971, 1029; BGHSt 15, 116 = NJW 1960, 2109). Nach § 338 Nr 1 StPO kann gerügt werden, dass der **Geschäftsverteilungsplan (§ 21 e GVG)** solchen Anforderungen nicht entspricht und sich dies auf die Richterbesetzung im konkreten Verfahren ausgewirkt hat.

Die **kammer- oder senatsinternen Mitwirkungsgrundsätze (§ 21 g GVG)** müssen gleichfalls mit abstrakten Merkmalen regeln, welche Richter an der Entscheidung mitzuwirken haben (BGHSt 40, 168 = NJW 1994, 1735; BGH StV 1999 639); sie müssen schriftlich abgefasst sein (BGHSt 40, 168 = NJW 1994, 1735). Aus den Mitwirkungsgrundsätzen muss sich im Einzelfall ableiten lassen, wie der Spruchkörper in den jeweiligen Verfahren besetzt sein wird, etwa eine Verteilung nach Aktenzeichen, Eingangsdatum oder Rechtsgebiet vorsehen (BGHZ 126, 63, 85 = NJW 1994, 1735; BGH NStZ 2000, 50). 25 a

Die Geschäftsverteilung muss auch die **Person des Vorsitzenden erkennen lassen**; die Bestimmung ist Teil der vorschriftsmäßigen Besetzung iSv § 338 Nr StPO (BGHSt 21, 40, 43; BGHSt 21, 131, 133; BGHSt 25, 54, 55; KK-StPO/Diemer GVG § 21 e Rn 4). Eine fehlerhafte Besetzung kann nach § 338 Nr 1 StPO auch mit der Behauptung gerügt werden, aus dem Kreis der vorschriftsmäßig berufenen Richter hätte ein anderer den Vorsitz führen müssen (BGH NJW 2009, 931 für den Fall eines für den ausscheidenden Kammervorsitzenden nachrückenden Ergänzungsrichters). Auch die Person des **Berichterstatters** sollte abstrakt bestimmt sein; eine fehlende oder fehlerhafte Regelung kann allerdings nicht gerügt werden, da das Gesetz in § 21 g GVG keinen „gesetzlichen Berichterstatter" vorsieht (Meyer-Goßner GVG § 21 g Rn 2; Löwe/Rosenberg/Breidling GVG § 21 g Rn 7; **aA** KK-StPO/Kuckein StPO § 338 Rn 33). Dementsprechend kann die Bestellung des Berichterstatters dem Vorsitzenden vorbehalten werden (BGHSt 40, 168 = NJW 1994, 1735; Meyer-Goßner GVG § 21 g Rn 2). 25 b

Gerügt werden kann das **fehlerhafte Zustandekommen des Geschäftsverteilungsplans** nach § 21 e Abs 1 S 1 GVG (BGHSt 3, 353 = NJW 1953, 353). Dies betrifft Fälle, in denen die Geschäftsverteilung nicht von dem hierzu berufenen Präsidium, sondern von Einzelpersonen, zB dem Präsidenten allein bestimmt wurde (BGHSt 3, 353 = NJW 1953, 353). Der Beschluss über die Mitwirkungsgrundsätze muss nach § 21 g Abs 1 GVG erkennen lassen, dass die Mitglieder des Spruchkörpers – und nicht zB der Vorsitzende – die Zuständigkeitsverteilung festgelegt haben (BVerfG [Kammer] NJW 2005, 2540, 2541). 26

Eine **Genehmigung durch das Präsidium** heilt einen solchen Mangel nicht rückwirkend, sondern kann nur als neuer, für die Zukunft wirkender Beschluss ausgelegt werden (vgl BGH NJW 1958, 550). Die nur **fehlerhafte Zusammensetzung** des über den Geschäftsverteilungsplan formal ordnungsgemäß entscheidenden Präsidiums begründet eine Besetzungsrüge dagegen nicht (BVerfGE 31, 47, 53; BGHSt 12, 227 = NJW 1959, 685). Eine – eilbedürftige – Beschlussfassung im Umlaufverfahren ist zulässig (BGHSt 40, 161 = NJW 1999, 154, 155). 26.1

Inhaltliche Mängel weist der Geschäftsverteilungsplan auf, wenn er statt einer abstrakt-generellen Regelung Zuständigkeitsbestimmungen für einzelne Verfahren enthält (BGHSt 20, 37 = NJW 1964, 2432), wenn die Zuordnung der Sache sich nicht aus ihr selbst, sondern aus den Geschäftsabläufen des Gerichtes ergibt (BGHSt 15, 116 = NJW 1960, 2109: Zuordnung nach zeitlichem Eingang unzulässig), bei **Überbesetzung eines Spruchkörpers** in dem Fall, dass der Spruchkörper gleichzeitig zwei Hauptverhandlungen in personell voneinander verschiedenen Sitzgruppen durchführen kann (BVerfGE 22, 282, 286; BGHSt 18, 386 = NJW 1963, 1882; vgl aber BGHSt 33, 234 = NJW 1985, 2840: bei vier Beisitzern grds zulässig, zudem dann, wenn ein ausscheidender Richter nur noch eine laufende Verhandlung zu Ende führt), wenn dem Spruchkörper **kein Vorsitzender** zugewiesen ist (BGHSt 28, 290 = NJW 1979, 1052: „NN" unzureichend, wenn keine Planstelle vorhanden; zu weit dagegen BGHSt 19, 116 = NJW 1964, 167: Besetzung mit namensmäßig noch unbekanntem Richter generell unzulässig), wenn einem Spruchkörper der Vorsitzende nicht hinreichend zur Verfügung steht (vgl BGHSt 8, 17 = NJW 1955, 1447: Überlastung durch Vorsitz in zwei Strafkammern; näher KK-StPO/Kuckein StPO § 338 Rn 32), wenn bei einem Hochschullehrer als Richter die Verhinderung durch die anderweitige Tätigkeit nicht berücksichtigt wird (BGHSt 25, 239 = NJW 1974, 1529), wenn bei einer Doppelzuweisung eine **Vorrangregelung** fehlt (BGHSt 25, 163 = NJW 1973, 1291: Bestimmung durch Präsidenten notwendig), oder wenn **keine ausreichende Vertretungsregelung** vorgesehen 27 ist, so dass die Vertretung für den Einzelfall bestimmt werden muss (BGHR StPO § 338 Nr 1 Beisitzer 3 und 6; NJW 1988, 502).

27.1   Auch ein Verstoß gegen die im GVG vorgesehenen besonderen funktionalen Zuständigkeiten kann eine Rüge nach § 338 Nr 1 StPO begründen. Dies ist etwa der Fall, wenn die von § 74 Abs 2 S 1 GVG bestimmte Konzentration von Schwurgerichtssachen nicht hinreichend gewahrt wird (BGHSt 27, 349 = NJW 1978, 1273: zwei mit Schwurgerichtssachen nicht ausgelastete Strafkammern; andererseits BGHSt 34, 379 = NJW 1988, 1397: Zuweisung allgemeiner Strafsachen an Wirtschaftsstrafkammer zulässig, solange Schwerpunkt bei Wirtschaftsstrafsachen),

27.2   Eine Bestimmung in einem Geschäftsverteilungsplan, wonach auch bei Ausscheiden des die Zuständigkeit begründenden Angeklagten der befasste Spruchkörper seine Zuständigkeit behält, ist unwirksam, wenn das Gericht zur Verhandlung gegen die verbliebenen Angeklagten von Anfang an unzuständig war (BGHSt 38, 376, 380 = NJW 1993, 672).

27.3   Unschädlich ist die **bruchteilsmäßige Unterbesetzung** einer LG-Kammer – etwa mit 2 ½ Richtern – , sofern im Einzelfall drei verschiedene Berufsrichter zur Verhandlung zur Verfügung stehen. Die einfache Überbesetzung eines Spruchkörpers ist gleichfalls nicht zu beanstanden (BGHSt 28, 183, 185 = NJW 1979, 2256).

28   Eine **Änderung der Geschäftsverteilung** im laufenden Geschäftsjahr kann, sofern sie sachlich veranlasst ist, auch bereits anhängige Verfahren erfassen (BVerfGE 95, 332; BGHSt 30, 371 = NJW 1982, 510: zwingender sachlicher Anlass; BGHSt 44, 161, 165 = NJW 1999, 154, 155). Dies betrifft auch die Ersetzung von durch **Eintritt in den Ruhestand** ausscheidenden Richtern nach § 21 e Abs 3 S 1 GVG. Eine Nachfolgeregelung, die einen bereits als Ergänzungsrichter am laufenden Verfahren teilnehmenden Vorsitzenden Richter als **Nachfolger des ausscheidenden Vorsitzenden** bestimmt, ist der zu Beginn des Geschäftsjahres nach § 21 f Abs 2 S 1 GVG getroffenen Vertreterregelung vorgreiflich, so dass der eintretende Richter den Vorsitz übernimmt (BGH NJW 2009, 931, 932). Scheidet ein Richter aus einem Spruchkörper nach begonnener Hauptverhandlung wegen Übertragung eines Richteramtes an einem anderen Gericht aus, so kann die Verhandlung in der ursprünglichen Besetzung fortgesetzt werden, wenn eine **Rückabordnung** nach § 37 DRiG erfolgt und das Präsidium dem Richter die ursprünglichen Geschäfte überträgt (BGH Beschl v 10. 12. 2008 – Az 1 StR 332/08).

29   Die Annahme einer **Überlastung** und die Ausgestaltung einer aufgrund der Überlastungsanzeige einer Strafkammer vorgenommenen Verfahrensumverteilung nach § 21 e Abs 3 GVG sind weitgehend dem Beurteilungsspielraum des Präsidiums überlassen; das Revisionsgericht vermag seine Einschätzung nicht an die Stelle jener des Präsidiums zu setzen (BGH NJW 2000, 1580). Sie kann auf ein Verfahren beschränkt sein (BGHSt 44, 161, 166 = NJW 1999, 154; Urt v 22. 5. 2007 – Az 5 StR 94/07). Allerdings dürfen nicht einzelne Sachen ohne objektive und sachgerechte Kriterien einer anderen Strafkammer zugewiesen werden. Wird hiergegen verstoßen, wird die Zuweisung nicht dadurch zulässig, dass sie durch eine allgemein gehaltene Klausel erfolgt (BGHSt 44, 161, 165 = NJW 1999, 154, 155).

29.1   Einer Überlastung kann auch durch **Bildung einer neuen Strafkammer** begegnet werden. Nicht zu beanstanden ist, wenn das Präsidium bei besonderem Geschäftsanfall im Bereich einer Sonderzuständigkeit, etwa durch Eingang einer oder mehrerer umfangreicher Wirtschaftsstrafsachen, die Neubildung eines entsprechenden Entlastungsspruchkörpers mit fachlich und persönlich hierzu besonders geeigneten Richtern für erforderlich hält (BGH NJW 1976, 60). Die Zuständigkeit einer solchen Hilfsstrafkammer besteht auch bei erheblicher Verzögerung der von der Hauptstrafkammer zu bewältigenden Verfahren fort (vgl BGHSt 31, 389 = NJW 1983, 2952). Eine auf Dauer angelegte Bildung einer derartigen Hilfsstrafkammer ist dagegen unzulässig (BGHSt 33, 303 = NJW 1986, 144); regelmäßig darf sie nicht über das der Errichtung nachfolgende Jahr hinaus bestehen bleiben (BGHSt 33, 303 = NJW 1986, 144). Ein revisibler Verfahrensmangel ergibt sich nicht daraus, dass die für ein bestimmtes Verfahren zuständige Hilfsstrafkammer bereits ein Parallelverfahren entschieden hatte und die befassten Richter in der Anklageschrift als Zeugen aufgeführt sind. Hierin liegt kein Verstoß gegen die Neutralitätspflicht, der nach § 338 Nr 1, 2 oder 3 StPO gerügt werden könnte, da eine Vorbefassung kein tauglicher Ablehnungsgrund ist (BGH Urt v 22. 5. 2007 – Az 5 StR 94/07 Rn 8 ff). Der Vorsitz in einer Hilfsstrafkammer muss nicht von einem Vorsitzenden Richter geführt werden, da § 21 f Abs 1 GVG nur für Kammern gilt, die als ständige Spruchkörper eingerichtet sind (BGHSt 31, 389 = NJW 1083, 2952). Zur Heranziehung der Schöffen zu einer Hilfsstrafkammer vgl BGHSt 25, 174 = NJW 1973, 1139.

Fehlerhaft ist dagegen, wenn eine Änderung des Geschäftsverteilungsplanes wegen Überlastung 29.2
eines Vorsitzenden durch die Vorbereitung einer umfangreichen anderweitigen Strafsache beschlossen wird (BGH NJW 1986, 1884); hier ist allenfalls die Feststellung eines Vertretungsfalles wegen **vorübergehender Verhinderung** angezeigt (Rn 37 ff). Unzulässig ist auch, einer Überlastung durch personelle Verstärkung der betroffenen Strafkammer in der Weise zu begegnen, dass diese mehrere Strafverfahren parallel verhandeln kann (BGHSt 18, 386 = NJW 1963, 1882).

Die **Revision** muss zur **Darlegung eines Ermessensfehlers** vortragen, ob und welche anderen 29.3
Möglichkeiten einer sachgerechteren Umverteilung oder Verfahrensableitung sich für das Präsidium ergeben hätten. Insbes muss deutlich werden, ob der Eingang weiterer, für eine Umverteilung besser geeigneter Verfahren bei Erlass des Entlastungsbeschlusses bereits erkennbar war. Sie muss weiterhin sämtliche Stellungnahmen der beteiligten Richter und Präsidiumsmitglieder zu den Gründen der vorgenommenen Änderung mitteilen (vgl BGH NStZ 1994, 537, 539).

Nicht jeder Fehler des Geschäftsverteilungsplanes begründet eine auf § 338 Nr 1 StPO 30
gestützte Revision. Maßgeblich ist, ob der Mangel den Geschäftsverteilungsplan **insgesamt ungültig** macht, oder – wie regelmäßig – nur zur **Unwirksamkeit einzelner oder auf einzelne Richter bezogener Anordnungen** führt, und ob das mit der Revision angegriffene Verfahren hiervon betroffen war (vgl BGH NStZ 1985, 495 bei Pfeiffer).

c) Fehlerhafte Anwendung des Geschäftsverteilungsplans 31

Bei fehlerhafter Anwendung des Geschäftsverteilungs- oder des internen Mitwirkungsplans findet § 338 Nr 1 StPO nur Anwendung, wenn **objektive Willkür oder Rechtsmissbrauch** vorliegt (BGHSt 11, 110; BGHSt 38, 376, 380 = NJW 1993, 672; KK-StPO/Kuckein StPO § 338 Rn 22). Ein einfacher Rechtsfehler ist daher hinzunehmen; eine offensichtliche oder grob fehlerhafte Abweichung kann gerügt werden (BGHSt 25, 66, 72 = NJW 1973, 476).

Für eine **zulässige Abweichung vom kammer- oder senatsinternen Geschäftsverteilungsplan** gelten nur geringe Anforderungen. Ausreichend ist jeder sachliche Grund. Es kommen 31.1
mithin alle Umstände in Betracht, die eine Vertretung rechtfertigen, wie Krankheit, Urlaub, Abordnung oder vorübergehende Arbeitsüberlastung. Hinreichend sind zudem alle Umstände, die im laufenden Geschäftsjahr auftreten und bei strikter Einhaltung der Geschäftsverteilung zu Verzögerungen in der Bearbeitung von Geschäften, teilweisem Leerlauf im Spruchkörper, ungleichgewichtiger Auslastung der Mitglieder des Spruchkörpers und vermeidbarem doppeltem Arbeitsaufwand führen würden. Der Vorsitzende ist zu einer Abweichung sogar gehalten, wenn dadurch sichergestellt werden kann, dass die Arbeit im Spruchkörper geordnet, stetig und sinnvoll abläuft (BGHSt 29, 162 = NJW 1980, 951 für den Fall einer Abweichung zum Zweck gleichmäßiger Arbeitsauslastung).

Auch für die **Terminierung** und die sich hieraus im Einzelfall ergebende Zuordnung der Sache 31.2
zu einer bestimmten Besetzung genügt es, wenn sie nicht willkürlich, sondern in Ausübung pflichtgemäßen richterlichen Ermessens aus sachgerechten Gründen erfolgt (BGHSt 40, 168 = NJW 1994, 1735).

Eine fehlerhafte Besetzung kann sich durch die **unzutreffende Zuweisung einer Sache** 32
an den Spruchkörper oder durch die **fehlerhafte Mitwirkung einzelner Richter** dieses Spruchkörpers nach den kammerinternen Grundsätzen ergeben. Auch aus der **Terminierungspraxis** kann sich eine sachwidrige Anwendung ergeben, etwa durch Anberaumung eines Verhandlungsbeginns in den letzten Tagen des ablaufenden Geschäftsjahres mit dem alleinigen Zweck, die alte Geschäftsverteilung zur Anwendung zu bringen (BGHSt 19, 382 = NJW 1964, 1866) oder durch fehlerhafte Anberaumung einer außerordentlichen Sitzung nach § 47 GVG (BGHSt 37, 324 = NJW 1991, 1964).

d) Besetzungsreduktion nach § 76 Abs 2 GVG 33

Eine revisible Regelung über die Gerichtsbesetzung enthält **§ 76 Abs 2 GVG**. Die hiernach ergehende Entscheidung ist nicht Teil des Eröffnungsbeschlusses und nimmt daher nicht an dessen Unanfechtbarkeit (§ 210 Abs 1 StPO) teil; andererseits begründet eine Fehlerhaftigkeit kein Verfahrenshindernis (BGH NStZ-RR 1999, 212).

Bei der Entscheidung der Strafkammer, die Hauptverhandlung nach § 76 Abs 2 GVG in 34
reduzierter Besetzung durchzuführen, steht ihr kein Ermessen, allerdings ein **weiter Beurteilungsspielraum** zu (BGHSt 44, 329 = 1999, 1644). Ein Verstoß gegen § 76 Abs 2 GVG begründet die Revision nur, wenn die Entscheidung der Kammer objektiv willkürlich ist. Maßgeblich hierfür ist die Sach- und Rechtslage bei Eröffnung des Hauptverfahrens; später

eingetretene Änderungen bezüglich des Umfangs und der Schwierigkeit der Sache sind nicht mehr zu berücksichtigen. Bei der Bewertung des Umfangs der Sache ist ein quantitativer Maßstab anzulegen. Bedeutsam sind hierbei die Zahl der Angeklagten, der Verteidiger und der notwendigen Dolmetscher, die Zahl der Delikte, die Notwendigkeit von Sachverständigengutachten, der Umfang der Akten und die zu erwartende Dauer der Hauptverhandlung. Die überdurchschnittliche Schwierigkeit der Sache kann sich gleichfalls aus erforderlichen Sachverständigengutachten oder aus der rechtlichen und tatsächlichen Komplexität der Tatvorwürfe ergeben (BGH NStZ-RR 1999, 212).

34.1 Nach BGHSt 44, 329 = NJW 1999, 1644 und NStZ-RR 1999, 212 (Parallelverfahren) ist **bei Anordnung der Zweierbesetzung Zurückhaltung zu üben**, wenn zweifelhaft erscheint, ob Umfang oder Schwierigkeit der Sache die Bestimmung einer Dreierbesetzung notwendig erscheinen lässt. Sachfremd und damit objektiv willkürlich ist es, aus Gründen der Personaleinsparung eine reduzierte Besetzung zu beschließen. Es ist Sache der Justizverwaltung sicherzustellen, dass umfangreiche oder schwierige Verfahren mit drei Berufsrichtern durchgeführt werden. Für den zugrunde liegenden Sachverhalt hat der BGH die Besetzungsreduktion trotz einer Beteiligung von 8 Angeklagten und 10 Verteidigern, 19 Anklagevorwürfen und 70 in der Anklageschrift benannter Zeugen noch nicht als objektiv willkürlich angesehen, da mehrere Angeklagte Geständnisse abgelegt hatten und besondere Schwierigkeiten in tatsächlicher oder rechtlicher Sicht sich nicht erwarten ließen. Vgl andererseits BGH NStZ 2004, 56: Vorschriftswidrige Zweierbesetzung in einer umfangreichen Wirtschaftsstrafsache mit vier nicht geständnisbereiten Angeklagten, mehreren Hundert zur Last gelegten Betrugstaten zum Nachteil zahlreicher Kapitalanleger mit 289 benannten Zeugen sowie Urkunden und Augenscheinsobjekten in über 100 Aktenordnern.

35 Die Anordnung, mit **drei Berufsrichtern** zu entscheiden, unterliegt nach dem Rechtsgedanken von § 269 StPO keiner revisionsrechtlichen Kontrolle (Löwe/Rosenberg/Rieß GVG § 76 Rn 52; offen gelassen von BGH NStZ-RR 1999, 212, 213).

36 Zur Anwendung von **§ 33 b Abs 2 JGG** vgl BayObLG NStZ 1998, 102; NStZ-RR 2001, 49, 50.

37 **e) Verhinderung**
Ob ein **Vertretungsfall** für einen Berufsrichter vorliegt, wird vom Revisionsgericht nur daraufhin überprüft, ob seine **Voraussetzungen grundlegend verkannt** worden sind, weil der angeführte Hinderungsgrund unter keinen Umständen die Notwendigkeit einer Vertretung rechtfertigt.

37.1 **Keinen Vertretungsfall** stellt für sich genommen die Notwendigkeit der Ausbildung richterlichen Nachwuchses dar (BGHSt 26, 382 = NJW 1976, 2029: Notwendigkeit einer „abgerundeten Beurteilung" in der ausscheidenden Richterin für Zivilverfahren, Erprobung des eintretenden Richters in Strafverfahren), anders aber, wenn infolge Abordnungen oder ihrer Beendigung ohnehin ein Wechsel in der Kammerbesetzung einzutreten hatte (BGHSt 27, 397 = NJW 1978, 1444). Ein Vertretungsfall liegt nicht in der Wahrnehmung gesellschaftlicher Verpflichtungen (BGH NStZ 1996, 48: Teilnahme am Festakt einer Steuerberaterkammer). Bei einer **dauerhaften Verhinderung** ist eine Änderung des Geschäftsverteilungsplanes erforderlich (vgl BGHSt 21, 131, 133 = NJW 1966, 2368; BGHSt 26, 382, 383 = NJW 1976, 1029).

38 Der Geschäftsverteilungsplan für das Gericht wie für den einzelnen Spruchkörper muss allerdings für den Fall einer Verhinderung eine **lückenlose Vertretungsregelung** mit Rangreihenfolge der möglichen Vertreter enthalten (BGH NJW 1988, 502). Die gesonderte **Feststellung des Verhinderungsfalles** ist entbehrlich, wenn eine offenkundige Verhinderung von Beisitzern aus tatsächlichen Gründen gegeben ist (BGHSt 18, 162; NStZ 2001, 491). Im Übrigen hängt die Anwendung der Vertretungsregelung von der Feststellung des Vertretungsfalles ab (BGHSt 12, 33, 35 = NJW 1958, 1692; BGHSt 18, 162, 164 = NJW 1963, 1260). Diese obliegt dem Präsidenten, wenn eine spruchkörperübergreifende Vertretung zu bestimmen ist (BGHSt 25, 122 = NJW 1973, 860; StV 1989, 338), bei spruchkörperinternen Vertretungsfällen dem Vorsitzenden (BGH NJW 1968, 512; KK-StPO/Kuckein StPO § 338 Rn 34) und muss vor Beginn der richterlichen Aufgabe getroffen werden (BGHSt 21, 174, 179 = NJW 1967, 637). Der Präsident kann seine Verhinderung selbst feststellen; die Vertretung des Präsidenten und der Spruchkörpervorsitzenden ist gesetzlich in § 21 f GVG und § 21 h GVG geregelt. Die Feststellung der Verhinderung kann noch im Verfahren nach § 222 a StPO, § 222 b StPO nachgeholt werden (BGHSt 30, 268 = NJW 1982, 1404).

Die Bestimmung eines **Sondervertreters** verstößt gegen den Grundsatz des gesetzlichen Richters, wenn die Verhinderung sämtlicher bestellter Vertreter durch eigene Sitzungen nach den im Geschäftsverteilungsplan vorgesehenen Sitzungstagen vorhersehbar war, mithin ein Mangel im Geschäftsverteilungsplan vorlag, der vorrangig hätte behoben werden müssen (BGH StV 1987, 286). Sie ist nur bei nicht zu beanstandender Geschäftsverteilung und einer unvorhersehbaren Verhinderung der planmäßigen Vertreter zu rechtfertigen (vgl BGHSt 27, 209). **38.1**

Ob die **Verhinderung eines Schöffen** iSv § 54 GVG Abs 1 zu Recht angenommen wurde, prüft das Revisionsgericht zwar gleichfalls nur auf Willkür; der Begriff der Verhinderung ist hier jedoch **enger auszulegen** (BGH StV 1982, 60; NStZ 1982, 476; OLG Hamm NStZ 2001, 611). Bedeutung und Gewicht des Schöffenamtes verlangen, dass der Schöffe in zumutbaren Grenzen berufliche und private Interessen zurückstellt. **39**

In seiner **beruflichen Tätigkeit** hat sich der Schöffe daher, soweit möglich, vertreten zu lassen; in dringenden Fällen kann der Wahrnehmung eines unaufschiebbaren Termins durch Verschiebung oder Unterbrechung der Verhandlung begegnet werden (BGH NJW 1977, 443). Selbst berufliche Aufgaben im Ausland oder Entlassungsdrohungen des Arbeitgeber stehen einer Fortführung der Verhandlung mit dem Schöffen nicht zwingend entgegen; in derartigen Fällen wie auch in solchen des Wohnsitzwechsels wird aber auch ein Vorgehen nach § 52 GVG zu prüfen sein (BGH NJW 1978, 2162; NJW 1978, 1169). Dagegen ist bei einem beabsichtigten **Urlaub** des Schöffen (BGH NJW 1977, 443; NStZ 2001, 611), einer durch Attest nachgewiesenen **Erkrankung** (BGHSt 35, 366, 373 = NJW 1989, 1681) oder der dauerhaften Versorgung eines Kleinkindes (BGH NStZ 1982, 476) regelmäßig eine Verhinderung anzunehmen. **Rückfragen oder Nachforschungen** sind nur angezeigt, wenn sich Anhaltspunkte dafür bieten, dass der Schöffe versuchen könnte, sich der Teilnahme an der Verhandlung zu entziehen; idR genügt die formlose Mitteilung des Schöffen (BGH NJW 1977, 443; NStZ 1982, 476). Dass ein Schöffe nicht sogleich, etwa telefonisch, erreichbar ist, rechtfertigt nicht, ihn auf der Schöffenliste zu übergehen (BGHSt 5, 73, 74 = NJW 1954, 82; KK-StPO/Kuckein StPO § 338 Rn 40). Bei **Nichterscheinen des geladenen Schöffen** in der Hauptverhandlung und vergeblichen Versuchen, den Schöffen zu erreichen, liegt ein Verhinderungsfall nach § 54 Abs 2 GVG vor. Die Entbindung eines Schöffen ist nicht widerruflich, sobald die Befreiungsverfügung bei der Schöffengeschäftsstelle eingegangen ist; zuvor ist sie bei Wegfall des Hinderungsgrundes zu korrigieren (BGHSt 30, 149 = NStZ 1981, 2073) **39.1**

Der **Eintritt eines Ergänzungsrichters oder -schöffen** setzt die Feststellung einer Verhinderung voraus (§ 192 Abs 2 GVG). Sie ist vom Vorsitzenden zu treffen und kann formfrei, uU auch konkludent erfolgen; eines Gerichtsbeschlusses bedarf es nicht (BGH NJW 1989, 1681). Bei zeitweiser Verhinderung ist die Feststellung jedenfalls dann gerechtfertigt, wenn die weitere Mitwirkung nur unter Verstoß gegen § 229 StPO möglich wäre (BGH NStZ 1986, 518, 519; Meyer-Goßner GVG § 192 Rn 7). Ist ein Richter demgegenüber nur an einzelnen Tagen nicht in der Lage, an dem laufenden Verfahren weiter mitzuwirken, kann es aber später mit ihm ordnungsgemäß fortgeführt werden, so begründet die zeitweise Verhinderung keinen Vertretungsfall nach § 192 Abs 2 GVG (BGHSt 53, 99 = NJW 2009, 381, 382). Das **Revisionsgericht prüft die Feststellung der Verhinderung nur auf Willkür** (BGHSt 53, 99 = NJW 2009, 381, 383; BGHSt 47, 220 = NJW 2002, 1508 [unzutreffender LS]; BGH Beschl v 28. 7. 1993 – Az 2 StR 78/93). **40**

Bsp: Scheidet ein Richter aus einem Spruchkörper aufgrund der Übertragung des Richteramtes an einem anderen Gericht aus, ist im Falle der **Rückabordnung** ein Verhinderungsfall nicht gegeben; dies gilt jedenfalls dann, wenn die unter Beteiligung des Richters begonnene Hauptverhandlung aufgrund der Rückabordnung noch innerhalb der Fristen des § 229 StPO fortgesetzt werden kann (BGHSt 53, 99 = NJW 2009, 381, 382). **40.1**

f) Besetzungsmängel in der Person des Richters **41**
Das Gericht ist auch dann nicht ordnungsgemäß besetzt, wenn ein Richter oder Schöffe **aus persönlichen oder gesundheitlichen Gründen gehindert** ist, an der Verhandlung teilzunehmen oder ihr zu folgen. Die Fälle gesetzlichen Ausschlusses oder der Befangenheit regeln § 338 Nr 2 und 3 StPO speziell. Im Übrigen findet § 338 Nr 1 StPO Anwendung und genießt Vorrang gegenüber § 338 Nr 5 StPO (KK-StPO/Kuckein StPO § 338 Rn 48).

Nach § 338 Nr 1 StPO kann gerügt werden die **Verhandlungsunfähigkeit** eines Richter oder Schöffen (BGHSt 18, 51 = NJW 1962, 2361; NStZ-RR 2000, 294 bei Kusch), der **42**

Ausschluss eines Schöffen nach **§ 32 Nr 2 GVG** (BGHSt 35, 28, 30 = NJW 1988, 103) oder die Mitwirkung eines Berufsrichters, dem die **Fähigkeit zum Richteramt** fehlt oder aberkannt worden ist. Ein **tauber oder stummer** (insoweit zw) Richter soll aufgrund des Mündlichkeitsprinzipes generell ausgeschlossen sein (Pfeiffer StPO § 338 Rn 10). Ein **blinder** Richter kann als Vorsitzender generell nicht und als Beisitzer jedenfalls nicht bei einem Augenschein mitwirken, bei dem es auf die optische Wahrnehmung ankommt (BGHSt 18, 51 = NJW 1962, 2361; BGHSt 34, 236 = NStZ 1987, 335; BGHSt 35, 164 = NJW 1988, 1333). Die **geistige Abwesenheit** eines ansonsten gesundheitlich nicht eingeschränkten Schöffen oder Richters kann mit § 338 Nr 1 StPO ebenfalls gerügt werden. Hierunter fällt nicht jede vorübergehende Beeinträchtigung der Aufmerksamkeit (BGHSt 2, 14 = NJW 1952, 354), sondern nur solche über einen längeren Zeitraum durch Ablenkung, Ermüdung oder Schlaf (vgl BGHSt 11, 74, 77 = NJW 1958, 31 [Richter schreibt während Plädoyer Urteilsformel nieder]; NStZ 1982, 41 [schlafender Schöffe]). Der bloße Eindruck der Unaufmerksamkeit reicht nicht aus.

43 Auch die **Verwendung eines Richters unter Verstoß gegen die Bestimmungen des DRiG** kann die Revision nach § 338 Nr 1 StPO begründen, sofern nicht allein dienstrechtliche Belange des Richters selbst berührt sind (vgl BGHSt 53, 99 = NJW 2009, 381). Die **Abordnung eines Richters** zur Fortsetzung einer begonnenen Hauptverhandlung ist jedenfalls unbedenklich, sofern die Voraussetzungen von § 37 DRiG erfüllt sind; in diesem Fall bestehen auch gegen eine Rück- und/oder Teilabordnung keine Bedenken; § 27 Abs 2 DRiG steht nicht entgegen (BGHSt 53, 99 = NJW 2009, 381: teilweise Rückabordnung einer VorsRinOLG an das LG). Ein abgeordneter Richter kann jedenfalls dann auch den Vorsitz eines Spruchkörpers übernehmen, wenn es sich um den Vorsitzenden eines anderen Gerichtes handelt (§ 21 f Abs 1 GVG).

44 **g) Unterbrechung oder Aussetzung der Hauptverhandlung**

Das Tatgericht ist wegen der unterschiedlichen Besetzungsfolgen – insbes bei Auswahl der Schöffen – auch **nicht frei, ob es eine Unterbrechung oder Aussetzung der Hauptverhandlung anordnet**. Sofern besondere Vorschriften, insbes § 229 Abs 4 StPO eine Aussetzung nicht vorschreiben, sind für die Zulässigkeit einer Aussetzung die allgemeinen Strafverfahrensgrundsätze wie das **Beschleunigungsgebot und die Konzentrationsmaxime** maßgeblich. Sind in einer Hauptverhandlung noch keine Erträge erzielt worden, die bei einer Unterbrechung fortwirken würden, bei einer Aussetzung aber neu gewonnen werden müssten, so kann das Gericht nach seinem Ermessen entscheiden, ob es die Hauptverhandlung unterbricht oder aussetzt und mit anderer Besetzung neu beginnt (BGH NJW 2007, 3364: kein Ertrag, da bisherige Hauptverhandlung sich auf die Erörterung der Gründe für die Abwesenheit des Angeklagten beschränkte). § 338 Nr 1 StPO ist in diesem Fall lediglich dann verletzt, wenn Anhalt besteht, dass das Gericht **willkürlich** vorgeht und durch seine Entscheidung bewusst auf die Besetzung Einfluss nehmen will.

5. Vortragserfordernisse

45 Der Revisionsführer hat die **Tatsachen** anzugeben, aus denen sich nach seiner Auffassung **die Fehlbesetzung des Gerichtes ergibt**. Im Anwendungsbereich von § 222 a StPO muss er alle Tatsachen mitteilen, die der **Präklusion der Rüge entgegenstehen**, insbesondere den Inhalt des erhobenen Besetzungseinwandes. Einer Mitteilung der Sitzungsniederschrift zum Nachweis des angebrachten Einwandes oder einer Anschlusserklärung bedarf es nicht (vgl BGH StraFo 2009, 23). Der Revisionsführer muss auch konkrete Umstände vortragen, die für eine **willkürliche Handhabung** der die Besetzung regelnden Vorschriften sprechen. Beschränkt er sich auf die bloße Willkürbehauptung, ist sein Vortrag lückenhaft und die Rüge daher unzulässig (BGH NJW 1994, 2703, 2707; StraFo 2009, 23).

46 Zu einem vollständigen Revisionsvortrag gehört – wenn nicht der gesamte Spruchkörper fehlbesetzt sein soll – die **namentliche Nennung** der betroffenen Richter, der rechtlichen Gründe, die ihrer Mitwirkung entgegenstanden, sowie ihrer Tatsachengrundlage. Bei behaupteter Fehlbesetzung mit einem berufsrichterlichen Mitglied muss nicht nur ausgeschlossen sein, dass der betroffene Richter nach dem regulären Geschäftsverteilungsplan ordentliches Mitglied des Spruchkörpers ist, sondern auch, dass **er infolge eines Vertretungsfalles** eingerückt ist (BGHSt 22, 169, 170). Wendet die Revision sich gegen die Annahme eines

Vertretungsfalles, muss sie Äußerungen der Spruchkörper, deren Mitglieder zu Vertretern berufen sind, zu den Vertretungsmöglichkeiten mitteilen (BGH NStZ 2001, 491).

Mit der Rüge, ein Richter habe an Teilen der Hauptverhandlung nicht teilgenommen, sind zumindest bei einer mehrere Angeklagten betreffenden Hauptverhandlung das **Datum der betroffenen Hauptverhandlungstage** und der **Verhandlungsinhalt** vorzutragen, da sonst nicht auszuschließen ist, dass der behauptete Besetzungsfehler sich für den Revisionsführer nicht ausgewirkt hat, da er insoweit keinen wesentlichen Teil der Hauptverhandlung betraf (BGH NStZ-RR 1998, 1, 4 bei Miebach; NJW 1992, 1245)   46.1

Wird der Inhalt, die Anwendung oder die Änderung eines **Geschäftsverteilungsplanes** beanstandet, muss die Revision den Geschäftsverteilungsplan in dem für die beanstandete Besetzung relevanten Bereich mitteilen. Stellungnahmen, die der Landgerichtspräsident, andere Präsidiumsmitglieder oder der Vorsitzende des betroffenen Spruchkörpers zu den Akten gereicht haben, muss die Revision vollständig vorlegen (BGH NJW 1994, 2703, 2707). Vermerke und Mitteilungen über die Gründe der Gerichtsbesetzung sind mitzuteilen (BGH NStZ-RR 1998, 1, 4 bei Miebach). Zu den Darlegungserfordernissen bei Behauptung einer fehlerhaften Verfahrensumverteilung nach § 21e Abs 3 GVG vgl Rn 29.3. Bei einer behaupteten **Fehlbesetzung der Schöffen** kann es erforderlich werden, die Schöffenliste vorzulegen (BGH NStZ 1995, 221 bei Kusch).   47

Ob der Revisionsführer auch darzulegen hat, **welche Besetzung ordnungsgemäß gewesen wäre**, ist fallbezogen zu beurteilen. Erfordert dies umfangreiche Ermittlungen, ohne dass der gerügte Mangel hierdurch in Frage gestellt werden kann, ist ihm dies nicht abzuverlangen (vgl KK-StPO/Kuckein StPO § 338 Rn 52). Für die Benennung der zutreffend berufenen Schöffen vgl einerseits BGH NJW 2002, 2963 (Benennung im konkreten Fall nicht geboten), andererseits BGH NJW 1991, 50; BGHSt 36, 138 = NJW 1989, 1869 (Darlegung geboten). Generell müssen **interne Vorgänge** nicht angegeben, auch nicht ins Blaue behauptet werden (BGHSt 28, 290 = NJW 1979, 1052 [Planstellensituation]; BGHSt 29, 162, 164 = NJW 1980, 951).   47.1

Der Revisionsvortrag muss sich weiterhin vollständig zur form- und fristgerechten Geltendmachung des **Besetzungseinwandes nach § 222b StPO** verhalten (BGH NStZ 2006, 512). Er muss Zeitpunkt und Inhalt seines Einwandes nach den § 222a StPO, § 222b StPO darlegen, insbes alle Tatsachen, auf die er den seinerzeitigen Besetzungseinwand gestützt hat. Die hierauf ergangene Entscheidung, mit dem das Gericht den Besetzungseinwand zurückgewiesen hat, ist vollständig mitzuteilen (BGH StV 1986, 516; NJW 1990, 3219; vgl auch BGH NStZ 2008, 475, 476 unter aa).   48

Das Revisionsgericht kann die für die Besetzung maßgeblichen Tatsachen im **Freibeweisverfahren** prüfen, etwa die Terminslage einer Strafkammer (BGHSt 44, 161 = NJW 1999, 154). Es kann Freibeweis auch zur behaupteten Verhandlungsunfähigkeit eines Schöffen erheben (BGH NStZ 2000, 294 bei Kusch).   49

II. Mitwirkung ausgeschlossener Richter (§ 338 Nr 2 StPO)

§ 338 Nr 2 StPO bezieht sich auf die Ausschlussgründe in **§ 22 StPO, § 23 StPO, § 31 StPO** und auf **§ 148a Abs 2 S 1 StPO**. Entscheidend ist die **Mitwirkung am Urteil**, nicht am Eröffnungsbeschluss (BGHSt 29, 351, 355 = NJW 1981, 133) oder anderer der Hauptverhandlung vorangehender Beschlüsse oder Verfügungen. Der Ausschluss eines Ergänzungsrichters oder -schöffen wirkt sich nicht aus, solange er nicht eingetreten ist; der Ausschluss eines **ersetzten Richters** ist gleichfalls unbeachtlich. Die Präklusionsvorschriften des § 338 Nr 1 StPO gelten nicht. Ein vor dem Tatgericht angebrachtes Ablehnungsgesuch nach § 24 Abs 1 Alt 1 StPO ist nicht erforderlich.   50

Beispielsfälle eines Mitwirkungsverbotes sind die Vernehmung eines Richters zu demselben Tatgeschehen, über das er nunmehr zu urteilen hat (BGHSt 31, 358 = NJW 1983, 2711), eine Anhörung des Richters zu die Schuldfrage betreffenden Wahrnehmungen, auch wenn keine förmliche Vernehmung durchgeführt wurde (BGH NStZ 1998, 93) sowie jedwede Tätigkeit als Staatsanwalt bei Ermittlung der Sache (BGH NStZ 1982, 78: Sachstandsanfrage oder Wiedervorlageverfügung reicht aus). Die vorangehende **Tätigkeit als StA** kann auch dann schädlich sein, wenn der StA zwar ein anderes Verfahren behandelt hatte, dieses aber mit dem nun gegenständli-   50.1

chen Verfahren in einem engen und für die zu treffende Entscheidung bedeutsamen Zusammenhang steht (BGHSt 9, 183 = NJW 1956, 1246; BGHSt 28, 262, 264 = NJW 1979, 2160; NJW 2004, 865).

50.2   **Kein Mitwirkungsverbot** folgt daraus, dass das Gericht eine vor seinen Augen in derselben Hauptverhandlung begangene Straftat abzuurteilen hat (BGHSt 45, 342, 353 = NJW 2000, 1274, 1277), dass Wahrnehmungen des beauftragten Richters zur Schuldfrage durch dienstliche Erklärung in die Verhandlung eingeführt werden (BGH NJW 2000, 1204, aber Verstoß gegen § 261 StPO; offen gelassen von BGH NStZ 2002, 491, 493 für dienstliche Erklärungen über den Inhalt einer früheren Hauptverhandlung, da auch hier § 261 StPO verletzt), oder dass der Richter an einer früheren Verhandlung und Entscheidung, die aufgehoben wurde, teilgenommen hat. Ein Richter ist auch nicht deshalb nach § 22 Nr 5 StPO ausgeschlossen, weil seine Vernehmung als Zeuge zu Umständen, die in Zusammenhang mit dem Verfahren selbst stehen, möglicherweise in Betracht kommt, falls hierzu im Einzelfall eine dienstliche Erklärung nicht ausreicht (BGH NStZ-RR 2009, 85).

50.3   Die Ausschlussgründe sind grundsätzlich eng auszulegen (BGHSt 4, 7 = NJW 1998, 1234). Generell kommt es wie im Fall der Befangenheit darauf an, ob zu besorgen ist, dass der Richter in eine **Konfliktlage** geraten und der Sache nicht mit der erforderlichen Distanz eines unbeteiligten Dritten entgegentreten kann (BGHSt 45, 342, 353 = NJW 2000, 1274, 1277).

III. Mitwirkung abgelehnter Richter (§ 338 Nr 3 StPO)

1. Systematik, Anwendungsbereich

51   § 338 Nr 3 StPO steht in Zusammenhang mit **§ 28 Abs 2 StPO**, wonach die sofortige Beschwerde gegen die ein Ablehnungsgesuch verwerfende oder zurückweisende Entscheidung ausgeschlossen ist, wenn sie einen erkennenden Richter betrifft; sie kann in diesen Fällen nur zusammen mit dem ergehenden Urteil angefochten werden. Der Antragsteller muss sein Ablehnungsgesuch daher mit der Revision weiterverfolgen. Hat es dort Erfolg, führt es als absoluter Revisionsgrund zur Urteilsaufhebung.

51.1   Die Rüge ist damit **Teil der Revision**; die Anfechtung „zusammen mit dem Urteil" bedeutet nicht, dass parallel zur Revision eine gesonderte sofortige Beschwerde eingelegt werden müsste. „Mit Unrecht verworfen" (§ 338 Nr 3 StPO) meint sowohl die Verwerfung als unzulässig als auch die Zurückweisung als unbegründet iSv § 28 Abs 2 StPO. Die Rüge kann auch erhoben werden, wenn eine Entscheidung auf das Gesuch pflichtwidrig unterblieben ist.

52   Das Gesetz ändert mit dieser Systematik aus Gründen der Praktikabilität – die Hauptverhandlung soll durch das Ablehnungsverfahren nicht unnötig verzögert werden – nur den Instanzenzug. Die **Rüge bleibt ihrer Natur nach eine Beschwerde** (BGHSt 27, 98 = NJW 1977, 1829). Dies hat Auswirkungen auf ihren Gegenstand (Rn 53) und den Überprüfungsmaßstab (Rn 56).
       Wann das Ablehnungsgesuch im tatrichterlichen Verfahren angebracht wurde, ist unerheblich, sofern nicht ein Richter betroffen ist, der nicht zur Urteilsfindung berufen ist (dann sofortige Beschwerde); es kann **bereits vor Eröffnung des Hauptverfahrens** oder – im dreistufigen Rechtszug – **bereits vor dem Amtsgericht** geschehen sein (Meyer-Goßner StPO § 338 Rn 24). Die Rüge kann auch auf ein **Ablehnungsgesuch in einer früheren, ausgesetzten Hauptverhandlung** gestützt werden, wenn die zugrundeliegenden Umstände bei Mitwirkung des betroffenen Richters in der späteren Hauptverhandlung, auf die das Urteil ergeht, fortwirken; das Gesuch muss in der neuen Hauptverhandlung dann nicht wiederholt werden (BGHSt 31, 15 = NJW 1982, 1712). Rügeberechtigt ist nur der Angeklagte, der das Ablehnungsgesuch angebracht hat, nicht ein Mitangeklagter (KK-StPO/Kuckein StPO § 338 Rn 62).

53   Die Verfahrensrüge kann **nur auf die Ablehnungsgründe gestützt werden, die Gegenstand des Ablehnungsgesuches gewesen sind**. Dass eine Ablehnung hätte erklärt werden können, oder dass der Richter eine Selbstablehnung hätte erklären müssen (BGH MDR 1966, 24), kann die Rüge nach § 338 Nr 3 StPO nicht begründen. Unbeachtlich sind daher Umstände, die der Revisionsführer im tatrichterlichen Verfahren nicht geltend gemacht hat, selbst wenn sie geeignet sind, eine Besorgnis der Befangenheit zu begründen (vgl BGH Beschl v 11. 11. 2008 – Az 4 StR 480/08 insoweit in NStZ-RR 2009, 85 nicht abgedruckt). Der Revisionsführer ist ferner gehindert, Verfahrensvorgänge, die er zum Ge-

genstand eines Ablehnungsantrages und hiernach einer Rüge nach § 338 Nr 3 StPO hätte machen können, mit einer **anderweitigen Verfahrensrüge** zu beanstanden; insoweit stellen die Regelungen über die Richterablehnung und § 338 Nr 3 StPO die spezielleren Rechtsbehelfe dar (BGH NStZ 2005, 526; Beschl v 21. 10. 2008 – Az 3 StR 305/08; BVerfG [Kammer] Beschl v 8. 12. 2005 – Az 2 BvR 799/05). Dies gilt allerdings nur insoweit, wie die anderweitige Rüge gleichfalls auf die Frage der Unparteilichkeit der befassten Richter abzielt. So wird die Möglichkeit, eine unfaire Verfahrensgestaltung oder einen Verstoß gegen § 136a StPO geltend zu machen, von § 338 Nr 3 StPO nicht eingeschränkt (BGH NStZ 2005, 526 [Absprache über Frage der Sicherungsverwahrung]; BVerfG [Kammer] Beschl v 8. 12. 2005 – Az 2 BvR 799/05).

Gegen die **erstinstanzliche Entscheidung eines OLG**, mit der dieses die Ablehnung eines Richters als unzulässig verwirft oder als unbegründet zurückweist, kann die Rüge nach § 338 Nr 3 StPO nicht gestützt werden, da auch eine sofortige Beschwerde nach § 304 Abs 4 StPO in diesem Fall generell ausgeschlossen ist (BGHSt 27, 96 = NJW 1977, 1829). Bei willkürlicher Verfahrensweise ist die Beanstandung gleichwohl unter dem Gesichtspunkt von Art 101 Abs 1 S 2 GG zu prüfen. 54

Auf die **Ablehnung von Sachverständigen** (§ 74 StPO) findet § 338 Nr 3 StPO keine Anwendung. Eine entsprechende Revisionsrüge ist auf § 337 StPO zu stützen mit der Folge, dass das Beruhen im Einzelfall zu prüfen, das Revisionsgericht auf eine reine Rechtsprüfung der tatrichterlichen Ablehnungsentscheidung beschränkt und an die tatrichterlich festgestellten Tatsachen gebunden ist (BGHSt 8, 226, 232 = NJW 1956, 271; NStZ 1994, 388; NStZ 1999, 632, 633). 55

2. Prüfung nach Beschwerdegrundsätzen

Dem Revisionsgericht liegt mit der Rüge nach § 338 Nr 3 StPO der Sache nach eine Beschwerde nach § 28 Abs 2 StPO vor, die in das Revisionsverfahren verlagert ist (vgl Rn 51 f). Es überprüft die ergangene Entscheidung **nicht nach revisionsrechtlichen Maßstäben**, sondern **entscheidet in der Sache selbst** nach Beschwerdegrundsätzen gem § 309 Abs 2 StPO analog (BVerfG NJW 1977, 1815; BGHSt 1, 34, 36; BGHSt 18, 200, 203 = NJW 1963, 964; BGHSt 21, 85, 88 = NJW 1966, 2321; BGH NStZ 1984, 230; NStZ 1999, 629). Es ist nicht auf die rechtliche Nachprüfung des tatrichterlichen Verwerfungsbeschlusses beschränkt, sondern befindet aufgrund eigener Tatsachenprüfung, ob das Ablehnungsgesuch sachlich gerechtfertigt war; dabei kann es **sein eigenes Ermessen an die Stelle des tatrichterlichen Ermessens** setzen (Meyer/Goßner StPO § 338 Rn 27). Das Revisionsgericht überprüft dabei nur die Ablehnungsgründe, die der Revisionsführer bis zur Ablehnung seines Gesuches in der Tatsacheninstanz vorgebracht hatte (BGHSt 21, 85, 88 = NJW 1960, 2106, 2108). Ein Ablehnungsgesuch ist demnach dann **zu Unrecht verworfen, wenn es sachlich gerechtfertigt war und wenn ihm deshalb hätte stattgegeben werden müssen**. Bei Verfahrensfehlern durch das Tatgericht ist die Rüge nur begründet, wenn das Ablehnungsgesuch nach Auffassung des Revisionsgerichts zulässig und begründet war (BGHSt 18, 200 = NJW 1963, 964: unvorschriftsmäßig besetzte Vertreterkammer; BGHSt 23, 265 = NJW 1970, 1558 Verstoß gegen § 26a Abs 2 S 2 StPO; s. aber BVerfG NJW 2005, 3410 und Rn 60 ff für Fälle willkürlicher Anwendung von § 26a StPO). 56

In den Fällen der **Selbstablehnung eines Richters nach § 30 StPO** kann das Revisionsgericht den Beschluss, durch den die Selbstablehnung beschieden wurde, nicht überprüfen, denn er ist grundsätzlich unanfechtbar (BGHSt 3, 68, 69; BGHSt 25, 122, 127 = NJW 1973, 861). In Fällen einer willkürlichen Entscheidung, bei fehlendem rechtlichem Gehör der Verfahrensbeteiligten (vgl BVerfGE 89, 28 = NJW 1993, 2229) oder bei Nichtbeachtung der Selbstanzeige kommt allerdings eine Anwendung von § 338 Nr 1 StPO in Betracht (BGHSt 25, 122, 127 = NJW 1973, 861; Pfeiffer StPO § 30 Rn 3). 57

Das Revisionsgericht kann eine unterbliebene Entscheidung nach § 30 StPO auch nicht selbst nachholen. Ist eine schlichte Auswechselung des Richters auf die Anzeige hin erfolgt, oder setzt der betroffene Richter seine Tätigkeit fort, ohne dass dies formell beschlossen wurde, so ist das Gericht nicht ordnungsgemäß besetzt (BGHSt 25, 122, 127 = NJW 1973, 861; **aA** noch BGH NJW 1952, 987). 57.1

3. Verwerfung nach § 26 a StPO

58 **a) Bisherige tat- und revisionsgerichtliche Praxis**

Im Interesse der Verfahrensbeschleunigung und zur Eindämmung von Rechtsmissbrauch erlaubt § 26a StPO ein **vereinfachtes Ablehnungsverfahren** bei unzulässigen Ablehnungsgesuchen. Der Anwendungsbereich der Vorschrift ist in der Praxis dahingehend ausgeweitet worden, dass Ablehnungen, deren Begründung aus zwingenden rechtlichen Gründen zur Rechtfertigung eines Ablehnungsgesuches **völlig ungeeignet** ist, begründungslosen Ablehnungsgesuchen nach § 26 Abs 1 Nr 2 StPO gleichstehen und daher nach § 26a StPO beschieden werden können (BGH NStZ-RR 2002, 66; NStZ 1999, 311; gebilligt von BVerfG NJW 1995, 2912). Darüber hinaus wurde in der tatgerichtlichen Praxis vereinzelt – von einer analogen Anwendung der Vorschrift nicht mehr gedeckt – von § 26a StPO auch dann Gebrauch gemacht, wenn ein Ablehnungsantrag offensichtlich unbegründet erschien.

59 War **§ 26a StPO unzutreffend herangezogen** und das Ablehnungsgesuch rechtsfehlerhaft als unzulässig verworfen worden, konnte dies nach früherer Rspr nicht die **Revision** rechtfertigen, wenn das Gesuch in der Sache unbegründet war (BGHSt 23, 200 = NJW 1970, 478; BGHSt 23, 265 = NJW 1970, 1558). Das Revisionsgericht trat auch hier bei unzutreffender Anwendung von § 26a StPO stets in eine eigene Sachprüfung nach Beschwerdegrundsätzen ein.

59.1 Dass erstinstanzlich ein wegen Überschreitung der Kompetenzen nach § 26a Abs 2 S 1 StPO unzuständiges oder jedenfalls nicht ordnungsgemäß besetztes Gericht entschieden hatte, blieb bei dieser, auf das Verständnis der Rüge als Sachbeschwerde gestützten Handhabung unerheblich. Hatte das Tatgericht einen „offensichtlich unbegründeten" Ablehnungsantrag rechtsfehlerhaft nach § 26a StPO verworfen, konnte das Revisionsgericht die auf § 338 Nr 3 StPO gestützte Rüge daher gleichwohl zurückweisen, wenn sich das Ablehnungsgesuch nur in der Sache als unbegründet erwies (vgl BGH StraFo 2004, 238; BGHR § 26a Unzulässigkeit 9). Auch andere Fehler bei der Besetzung des über das Ablehnungsgesuch entscheidenden Spruchkörpers konnten sich hiernach nicht auswirken (BGHSt 18, 200 = NJW 1963, 516; Bedenken aber – obiter – bereits in BGHSt 44, 26, 29 = NJW 1998, 2458).

60 **b) Entscheidungen des BVerfG**

Das **BVerfG** (Beschl v 2. 6. 2005 – Az 2 BvR 625/01 = NJW 2005, 3410; Beschl v 24. 2. 2006 – Az 2 BvR 836/04 = NJW 2006, 3129; Beschl v 5. 7. 2005 – Az 2 BvR 497/03 = NJW 2005, 3414 LS; Beschl v 27. 4. 2007 – Az 2 BvR 1674/06 = NStZ-RR 2007, 275) hat diese Rechtsprechung unter dem Gesichtspunkt von **Art 101 Abs 1 S 2 GG** beanstandet. Danach ist das angegriffene Urteil bei einer **willkürlichen Überschreitung des von § 26a StPO gesetzten, auf bloße Formalentscheidungen und den Abwehr von Missbrauch beschränkten Rahmens** aufzuheben, auch wenn das Ablehnungsgesuch sich in der Sache als unbegründet erweist. Das Revisionsgericht darf den Verfahrensfehler in diesen Fällen nicht durch eine eigene Sachprüfung ausgleichen, da das Regel-Ausnahme-Verhältnis der § 26a StPO, § 27 StPO ansonsten – insbes bei systematischem Ausweichen in das Verfahren nach § 26a StPO angesichts folgenloser Revision – ausgehöhlt würde (BVerfG NJW 2005, 3410, 3414; NJW 2006, 3129, 3132; vgl auch Meyer-Goßner NStZ 2006, 53).

60.1 **BVerfG Beschl v 2. 6. 2005 – Az 2 BvR 625/01** (NJW 2005, 3410) betraf Zurückweisungen von Ablehnungsanträgen nach § 26a StPO, die darauf gestützt waren, dass das Ablehnungsgesuch eines Mitangeklagten nach § 26a StPO verworfen worden war, dass die Strafkammer einen Protokollierungsantrag der Verteidigung zurückgewiesen hatte, und dass keine Einsicht in einen vom Vorsitzenden geführten Aktenordner gewährt wurde. Das BVerfG hat für alle Anträge angenommen, dass sie einer Begründetheitsprüfung bedurft hätten. BVerfG **Beschl v 24. 2. 2006 – Az 2 BvR 836/04** (NJW 2006, 3129) betraf den Fall einer Entscheidung nach § 26a StPO, nachdem Befangenheitsanträge darauf gestützt waren, dass die Anklageschrift unverändert zugelassen worden war, dass der Vorsitzende einen Sachverständigen über den Inhalt von Zeugenaussagen informiert hatte, und dass die Strafkammer einen Beweisantrag abgelehnt und einen hierauf gestützten Befangenheitsantrag nach § 26a StPO zurückgewiesen hatte. Das BVerfG ist für den ersten Ablehnungsgrund der Bewertung des Tatgerichtes beigetreten, dass ein völlig ungeeigneter Ablehnungsgrund vorliege, der ein Vorgehen nach § 26a StPO rechtfertige. Die weiteren Ablehnungsgründe hätten eine Formalentscheidung dagegen nicht erlaubt, sondern eine Auseinandersetzung in der Sache erfordert, die von dem abgelehnten Richter nicht zu leisten war. In BVerfG **Beschl v 27. 4.**

2007 – Az 2 BvR 1674/06 (NStZ-RR 2007, 275) hat das BVerfG eine auf die Vorbefassung gestützte Befangenheitsbegründung als ungeeignet gebilligt, dagegen für eine Befangenheitsrüge, die sich auf die Behandlung früherer Ablehnungsgesuche bezog, die Notwendigkeit einer Sachprüfung angenommen und ein Verfahren nach § 26 a StPO insoweit für unzulässig erklärt.

Nach BVerfG NJW 2005, 3410, 3414 (ebenso in BVerfG Beschl v 5. 7. 2005 – Az 2 BvR 297/03) ist die Sache zur Behebung des Grundrechtsverstoßes an das Tatgericht zurückzuverweisen, „damit dieses in der Zusammensetzung des § 27 StPO über das Ablehnungsgesuch entscheidet". Eine derartige Zurückverweisung zur Nachholung eines einzelnen Verfahrensvorganges ist dem Revisionsrecht jedoch fremd; seine verfahrensrechtlichen Folgen – etwa Aussetzung des Revisionsverfahrens im Übrigen, Heilung des Verfahrensfehlers – wären unklar. Die Revisionsgerichte haben die Vorgabe nicht wörtlich umgesetzt, sondern in entsprechenden Fällen in umfassenderer Weise auf eine Aufhebung und Zurückverweisung zu insgesamt neuer Verhandlung und Entscheidung erkannt (BGHSt 50, 216 = NJW 2005, 3436, 3438). 60.2

Die revisionsgerichtliche Überprüfungssperre gilt allerdings nur dann, wenn die **Anwendung von § 26 a StPO sich als willkürlich oder offensichtlich unhaltbar** darstellt, oder wenn das Tatgericht Inhalt und Reichweite von Art 101 Abs 2 S 1 GG grundlegend verkannt hat (BVerfG NJW 2005, 3410, 3411). Von diesen Fällen verfassungswidriger Rechtsanwendung sind die Fallgestaltungen abzugrenzen, in denen die Verwerfung nach § 26 a StPO in schlicht rechtsfehlerhafter Weise vorgenommen wurde. Dass auch bei Anwendung von § 26 a StPO ein solcher Bereich existiert, kann nach gefestigter verfassungsgerichtlicher Rspr (BVerfGE 3, 359, 365; BVerfGE 67, 90, 95; BVerfGE 86, 133, 143), wonach nicht jeder Gesetzesverstoß bei der Bestimmung des zuständigen Richters zugleich Art 101 Abs 1 S 2 GG verletzt, nicht zweifelhaft sein (vgl Meyer-Goßner NStZ 2006, 53; Bedenken aber in BGH NStZ 2006, 644). Das BVerfG ist hiervon nicht abgegangen, nimmt Willkür allerdings schon dann an, wenn im Rahmen einer auf § 26 a StPO gestützten Entscheidung ein – auch nur oberflächliches – Eingehen auf den Verfahrensgegenstand erforderlich wird (BVerfG NJW 2005, 3410; NJW 2006, 3129, 3132). 61

c) Neuer revisionsrechtlicher Überprüfungsmaßstab 62

Nach der verfassungsgerichtlichen Rechtsprechung ist ein Ablehnungsgesuch nicht mehr nur dann „mit Unrecht verworfen" iSv § 338 Nr 3 StPO, wenn es nach Beurteilung des Revisionsgerichtes sachlich begründet war. Die Rüge kann unabhängig von ihrer Berechtigung in der Sache **auch dann Erfolg haben, wenn das Gesuch infolge einer Fehlanwendung von § 26 a StPO von einem nicht ordnungsgemäß besetzten Gericht beschieden wurde**. Der **BGH** hat die Anforderungen des BVerfG aufgenommen, seine frühere Rspr teilweise aufgegeben und die **Grenzen eigener Sachentscheidung** in Anlehnung an die Vorgaben des BVerfG eng gezogen (BGHSt 50, 216 = NJW 2005, 3436; NStZ 2006, 51; NStZ 2006, 705; NStZ 2008, 46; NStZ-RR 2008, 246; vgl auch OLG München NJW 2007, 449). Danach gilt:

– Ein Ablehnungsgesuch, dessen Begründung aus zwingenden rechtlichen Gründen zur Rechtfertigung eines Ablehnungsgesuchs **völlig ungeeignet** ist oder sich als offensichtlicher Missbrauch des Ablehnungsrechtes darstellt, kann auch weiterhin mit einem Ablehnungsgesuch ohne Angabe des Ablehnungsgrundes iSv § 26 a Abs 1 Nr 1 StPO gleichgesetzt werden; verfassungsrechtlich ist dies unbedenklich (BVerfG 2005, 3410, 3412; BGHSt 50, 216 = NJW 2005, 3436). Allerdings ist das Kriterium der völligen Uneignung **eng auszulegen**, um eine Begründetheitsprüfung im Gewande der Zulässigkeitsprüfung zu verhindern (BGH NStZ 2008, 46). 63

Einzelfälle eines gänzlich ungeeigneten Ablehnungsgrundes sind die Vorbefasstheit des beteiligten Richters (BGHSt 50, 216, 221 = NJW 2005, 3436, 3437 f; NStZ 2006, 429; NJW 2006, 2864), prozessordnungsgemäße Maßnahmen der Verhandlungsleitung (BGH NStZ 2006, 51) oder eine Meinungsverschiedenheit über das Ergebnis der bisherigen Beweisaufnahme, etwa anlässlich der Zurückweisung eines Beweisantrages wegen Bedeutungslosigkeit der Beweistatsache (BGHSt 50, 216, 221 = NJW 2005, 3436, 3437 f; NStZ 2006, 705, 707). Dies gilt allerdings nur, wenn nicht besondere Umstände hinzutreten, die ausnahmsweise den Anschein der Befangenheit begründen können oder zumindest zu einer sachlichen Auseinandersetzung mit dem Ablehnungsvorbringen nötigen (BGHSt 50, 216, 221 = NJW 2005, 3436, 3438; NStZ 2006, 705, 707). So kann es bei einem Befangenheitsgesuch aufgrund von Formulierungen in vorausgehenden Entscheidungen liegen, die nicht zur Besorgnis der Befangenheit führen müssen, den Befangenheitsantrag in seiner 63.1

Begründung aber nicht mehr als völlig haltlos erscheinen lassen (BGH NStZ 2006, 705, 707; BGH NStZ 2008, 46, 47).

64 - Maßgeblich für die **Abgrenzung** zwischen einem zulässigen und einem nach § 26 a StPO zu bescheidenden unzulässigen Ablehnungsgesuch ist demnach die Frage, ob das Ablehnungsgesuch **losgelöst von den konkreten Umständen des Einzelfalles** beurteilt werden kann und durch eine echte Formalentscheidung verworfen werden kann, oder ob der abgelehnte Richter über eine derart formale Prüfung hinaus eine inhaltliche Entscheidung treffen und sich hierdurch zum „Richter in eigener Sache" machen würde. Hierfür muss das Ablehnungsgesuch – erforderlichenfalls durch Auslegung – seinem Inhalt nach vollständig erfasst werden. Im Zweifelsfall ist einem Verfahren nach § 27 StPO der Vorzug zu geben. **„Offensichtlich unbegründete"** Ablehnungsgesuche sind – nach wie vor – von § 26 a StPO nicht erfasst.

64.1 Als **Kontrollüberlegung** bei der Abgrenzung zwischen § 26 a StPO und § 27 StPO kann die Frage dienen, ob bei der Zurückweisung des Ablehnungsantrags ein Eingehen auf den konkreten Verfahrensgegenstand oder bestimmte einzelne Verfahrenvorgänge erforderlich wird (dann § 27 StPO), oder ob es sich um ein Gesuch handelt, das bereits aus dem Verfahrensrecht selbst zu verwerfen ist, etwa weil es vorgeschriebene Verfahrenshandlungen oder die Position des Richters als solche betrifft (vgl Meyer-Goßner NStZ 2006, 53). Die Grenze zu einer Sachbefassung ist überschritten, wenn das Befangenheitsgesuch auf die willkürliche Annahme der Unzulässigkeit eines **früheren Ablehnungsgesuchs** gestützt wird, denn hierbei ist eine inhaltliche Auseinandersetzung mit den Gründen der Vorentscheidung unabdingbar (BGH NStZ-RR 2008, 246).

65 - Ist die Bewertung der Zulässigkeit oder Unzulässigkeit des Ablehnungsgesuchs durch das Tatgericht **nicht willkürlich, sondern schlicht rechtsfehlerhaft**, kommt dem Revisionsgericht wie bisher die volle Beurteilungs- und Entscheidungskompetenz zu (BGH NStZ 2006, 51; NStZ 2007, 161, 162; einschränkend aber BGH NStZ-RR 2008, 246).

65.1 IdR ist eine fehlerhafte Zuordnung zwischen § 26 a StPO und § 27 StPO zugleich willkürlich. Aufgrund des eingeschränkten verfassungsrechtlichen Überprüfungsmaßstabes und der zweiseitigen Grundrechtsrelevanz bei der Abgrenzung – auch eine fehlerhafte Anwendung von § 27 StPO kann Art 101 Abs 1 S 2 GG berühren – verbleibt jedoch **ein nicht verfassungsunmittelbarer Zwischenbereich** (vgl auch BVerfG NJW 3410, 3412: bei uneindeutiger Zulässigkeit § 27 StPO). Einen solchen hat der BGH bislang allerdings nur im Rahmen einer Hilfsbegründung angenommen, nachdem er in seiner Hauptbegründung die Anwendung von § 26 a StPO bereits wegen völliger Ungeeignetheit des Ablehnungsgrundes gebilligt hatte (BGH NStZ 2006, 51, 52). Ein schlichter Rechtsfehler wird in Betracht kommen, wenn der Ablehnungsgrund einer völligen Uneignung nahe kommt und einen so schwachen Verfahrensbezug aufweist, dass der konkrete Kontext der beanstandeten Verfahrenshandlung vertretbar ausgeblendet werden kann. Weiterhin kommen Rechtsfehler bei der Verkennung der formellen Voraussetzungen des Ablehnungsantrages in Betracht (vgl Rn 68).

66 - Ein **Austausch des Verwerfungsgrundes** durch das Revisionsgericht im Binnenbereich von § 26 a StPO ist – weiterhin – zulässig. Hätte das Tatgericht statt auf einen in seinen Voraussetzungen zweifelhaften Unzulässigkeitsgrund auf einen anderen, unzweifelhaft vorliegenden abstellen können, konnte die Anwendung von § 26 a StPO dem Revisionsführer den gesetzlichen Richter nicht entziehen.

66.1 Vgl BGH wistra 2006, 431: Ungeeignete, daher fehlende Begründung iSv § 26 a Abs 1 Nr 2 StPO statt fehlender Glaubhaftmachung iSv 26 Abs 2 StPO; BGH NStZ 2006, 644 (bestätigt von BVerfGE NStZ 2006, 379): Nicht „unverzüglich" iSv § 26 a Abs 1 Nr 1 StPO iVm § 25 Abs 2 S 1 Nr 2 StPO statt fehlende Begründung iSv § 26 a Abs 1 Nr 2 StPO.

66.2 Dem Tatrichter bleibt auch unbenommen, die Verwerfung offensichtlich haltloser Ablehnungsgesuche ohne hinreichende tatsächliche Grundlage auf **§ 26 a Abs 1 Nr 3 StPO** zu stützen, wenn die Ablehnung als Druckmittel oder zur Verfahrensverschleppung missbraucht wird (BGHSt 50, 126 = NJW 2005, 3436).

67 - Bei Überschreitung der Grenzen des § 26 a StPO kann eine **Sachprüfung des Revisionsgerichtes** und eine hierauf beruhende Entscheidung gleichwohl erfolgen, wenn sich das **Gesuch als begründet** erweist (vgl BGH NStZ 2005, 218; OLG München NJW 2007, 449).

Da wegen der Zurückverweisung zu insgesamt neuer Verhandlung eine nachgeholte Sachprüfung   67.1
des Befangenheitsantrages seitens des Tatgerichtes nicht mehr erfolgt, hat das Revisionsgericht die
Wahl, ob es seine Aufhebung auf die formell unzutreffende Verfahrensweise oder auf die gleichfalls
unzutreffende Sachbehandlung stützt.
Ein Vorrang der Verfassungsverletzung besteht – wie auch
sonst bei konkurrierenden Revisionsrügen (vgl § 352 StPO Rn 9) – nicht. Das Revisionsgericht
kann insbes die Abgrenzung zwischen einem schlichten Rechtsfehler und Willkür dahinstehen
lassen, wenn die getroffene Ablehnungsentscheidung sich auch in der Sache als fehlerhaft erweist.

Die genannten Grundsätze gelten auch für eine Verwerfung nach § 26a Abs 1 Nr 3 StPO   68
wegen **Verschleppungsabsicht**. Zur Begründung der Prozessverschleppung wird der Tatrichter indes nicht umhin können, den Verfahrensverlauf, das Verhalten der Prozessbeteiligten und dabei auch sein eigenes Verhalten zu schildern. Durch eine solche – dem
Unzulässigkeitsgrund der Verschleppungsabsicht immanente – Begründung wird er nicht zu
einem „Richter in eigener Sache" (BGH NStZ 2008, 473).

Konsequenterweise müssen die verfassungs- und revisionsrechtlichen Folgen einer verfehl-   69
ten Abgrenzung zwischen § 26a StPO und § 27 StPO auch **bei zu Unrecht angenommenen formellen Unzulässigkeitsgründen**, etwa bei Verspätung des Antrags oder fehlender Glaubhaftmachung Platz greifen (vgl OLG München NJW 2007, 449, 451; Meyer-Goßner StPO § 338 Rn 28). Weiterhin kann auch eine **Anwendung von § 27 StPO dort, wo der Befangenheitsantrag sich eindeutig als unzulässig darstellt** und daher nach
§ 26a StPO hätte behandelt werden müssen, das Recht auf den gesetzlichen Richter
berühren, denn der nach § 27 StPO den betroffenen Richter ersetzende Vertreter ist kein
„besserer" Richter als der ersetzte (vgl BGH NStZ 2006, 51, 52; ferner OLG München
NJW 2007, 449 zu dem Sonderfall, dass die Richterbank weder nach § 26a StPO noch nach
§ 27 StPO richtig besetzt war). Auch hier ist es aber nicht angängig, jede Fehlbeurteilung
der formellen Antragsvoraussetzungen nach §§ 24 StPO ff als verfassungsrechtlich relevante
Willkür anzusehen. Das Revisionsgericht kann in Fällen **unterhalb dieser Schwelle** auch
weiterhin eigenständig prüfen, ob das Ablehnungsgesuch unverzüglich iSv § 25 Abs 1 S 1,
Abs 2 S 2 StPO angebracht (vgl hierzu zB BGHSt 21, 334, 339 = NJW 1968, 710; BGHSt
46, 312 = NJW 2000, 965) oder der Ablehnungsgrund hinreichend glaubhaft gemacht
wurde (vgl hierzu zB BGHSt 21, 334 = NJW 1968, 710).

4. Sachliche Ablehnungsgründe

Vgl zunächst die Erläuterungen zu § 24 StPO. Ein Ablehnungsgrund kommt in Betracht,   70
wenn Umstände vorliegen, die **aus Sicht eines verständigen Verfahrensbeteiligten**
geeignet sind, Misstrauen in die Unparteilichkeit eines Richters zu rechtfertigen (sog.
„individuell-objektiver Maßstab", BGHSt 1, 34, 39; BGHSt 24, 338, 341 = NJW 1972,
1288; BGH Beschl v 18. 11. 2008 – Az 1 StR 541/08; Pfeiffer StPO § 24 Rn 1). Ob der
Richter tatsächlich befangen ist, ist unerheblich (BGHSt 4, 264 = NJW 1953, 1358; BGHSt
45, 312 = NJW 2000, 965).

Eine **fehlerhafte Sachbehandlung** ist für sich nicht geeignet, die Besorgnis der Befan-   71
genheit zu begründen. Die Mitwirkung an Zwischenentscheidungen und dabei geäußerte
Rechtsauffassungen rechtfertigt daher eine Rüge nach § 338 Nr 3 StPO idR nicht. Auch
Verfahrensverstöße, die auf **Irrtum** beruhen, oder unzutreffende Rechtsauffassungen sind
unschädlich. Dies gilt allerdings dann nicht, wenn sie den Anschein einer willkürlichen
Handhabung des sachlichen oder des Verfahrensrechtes erwecken (BGHSt 15, 40, 46 = NJW
1960, 2106; BGHSt 48, 4, 8 = NJW 2002, 3484; BGH NStZ 2008, 349, 350; BayObLG
NStZ-RR 2002, 77; NStZ-RR 2009, 85; Meyer-Goßner StPO § 24 Rn 14).

Vgl BGHSt 48, 4 = NJW 2002, 3484 hinsichtlich einer gutachterlichen Schuldfähigkeitsbeurtei-   71.1
lung und dem Anschein, dass es den befassten Richtern mit der **Beauftragung eines zweiten
Sachverständigen** allein darum ging, das dem Angeklagten günstige Erstgutachten zu widerlegen.
Nach BGH NStZ 2008, 349 (mit abl Anm Schlösser NStZ 2008, 310) begründet es keine Besorgnis
der Befangenheit, wenn der Vorsitzende die **Verlesung einer anwaltlichen Erklärung** über
Äußerungen des Angeklagten nicht zulässt, sondern eine eigene Äußerung des Angeklagten fordert.
Auch die fehlerhafte Ablehnung eines Beweisantrages, der auf Vernehmung einer Sachverständigen
über ein mit dem Vorsitzenden geführtes Telefonat gerichtet war und seitens der Strafkammer nach

dem Rechtsgedanken des § 22 Nr 5 StPO als unzulässig angesehen wurde, begründet nach BGH Beschl v 11. 11. 2008 – Az 4 StR 480/08 (= NStZ-RR 2009, 85) die Revision nicht.

72 Auch eine **Vorbefasstheit** mit der Sache außerhalb der Fälle des § 23 StPO oder mit einem Parallelverfahren ist für sich genommen nicht geeignet, ein Ablehnungsgesuch zu begründen (BGHSt 21, 334 = NJW 1968, 710; BGHSt 24, 336 = NJW 1972, 1288; NStZ 1994, 447; Beschl v 19. 11. 2008 – Az 1 StR 541/08 zur erneuten Befassung des Revisionsgerichts in derselben Sache; BVerfG [Kammer] Beschl v 29. 3. 2007 – Az 2 BvR 412/07; Löwe/Rosenberg/Siolek StPO § 26 Rn 40; vgl auch Rn 63.1). Hinzutreten müssen das Gebot der Sachlichkeit verletzende Äußerungen, Maßnahmen oder sonstiges Verhalten des abgelehnten Richters wie zB abträgliche Werturteile über den Angeklagten oder seinen Verteidiger (vgl BGHSt 24, 336, 338 = NJW 1972, 1288). Tatsächliche oder vermeintliche **Rechtsfehler bei der Vorentscheidung** reichen nicht aus (vgl BGHSt 50, 216 = NJW 2006, 3436; BGH NStZ 2006, 429; NStZ 1999, 311; Beschl v 18. 5. 1994 – Az 3 StR 628/93); anderes kann aber bei groben, insbesondere objektiv willkürlichen Rechtsfehlern oder bei auf Missachtung grundlegender Verfahrensrechte beruhenden prozessualen Verstößen gelten (BGH Beschl v 4. 10. 1984 – Az 4 StR 429/84). Zu einer Ablehnung, weil ein Richter in bestimmter Weise über ein vorangehendes Ablehnungsgesuch entschieden hat, vgl BGH NJW 1992, 763 (insoweit in BGHSt 38, 144 nicht abgedruckt) sowie BGH NStZ 1994, 447.

73 **Vorgespräche mit einzelnen Verfahrensbeteiligten** vermögen die Rüge idR nicht zu begründen, wenn nicht der Eindruck entsteht, dass sie bewusst und ohne sachliche Rechtfertigung unter Ausschluss des Revisionsführers stattgefunden haben. Äußerungen im Zusammenhang mit einer **allseitigen verfahrensbeendenden Absprache** können die Besorgnis der Befangenheit rechtfertigen, wenn der Angeklagte zur Abgabe eines Geständnisses oder anderen Verfahrenshandlungen wie die Rücknahme von Beweisanträgen durch Ankündigung anderenfalls drohender Nachteile gebracht werden soll, oder wenn der Richter den Versuch unternimmt, zu einem bestimmten Verhalten des Angeklagten durch das Versprechen ungesetzlicher Vorteile zu gelangen (vgl BGH NStZ 2005, 526 Sicherungsverwahrung als Gegenstand einer Absprache; BVerfG Beschl v 8. 12. 2005 – Az 2 BvR 799/05).

73.1 Zu **Kontaktaufnahmen des Vorsitzenden mit Verfahrensbeteiligten außerhalb der Hauptverhandlung** vgl BGHSt 42, 46, 47 f = NJW 1996, 1763; NStZ 1985, 36, 37; Beschl v 18. 12. 2007 – Az 1 StR 301/07. Einem Richter ist grundsätzlich nicht verwehrt, zwecks Förderung des Verfahrens mit einzelnen Beteiligten auch außerhalb der Hauptverhandlung das Gespräch zu suchen. Ob ein hierbei nicht einbezogener Verfahrensbeteiligter eine Besorgnis der Befangenheit ableiten kann, hängt davon ab, ob er Grund zu der Annahme haben kann, dass die Richter hierbei vorzeitige Vorstellungen zur Straf- und Schuldfrage geäußert haben, und ob sich das Gespräch zu seinen Ungunsten auswirken kann. So kann ein Telefonat des Vorsitzenden mit einer Sachverständigen, die mit der Glaubwürdigkeitsbeurteilung der Nebenklägerin befasst ist, den Eindruck einer dem Angeklagten nachteiligen Beeinflussung erwecken, wenn der Vorsitzende die Sachverständige über die Inhaftierung des Angeklagten informiert und sie befragt, ob sie an der negativen Beurteilung der Glaubwürdigkeit festhalte (BGH Beschl v 11. 11. 2008 – Az 4 StR 480/08 insoweit in NStZ-RR 2009, 85 nicht abgedruckt).

73.2 Führt der Vorsitzende Vorgespräche mit einzelnen Beteiligten zum Zweck einer **verfahrensabkürzenden Absprache**, kann dies die Besorgnis der Befangenheit begründen, wenn das Verhalten den Eindruck erweckt, dass das Gericht andere Beteiligte von den Gesprächen bewusst ausgeklammert und sich vorzeitig auf eine bestimmte Strafe oder Strafobergrenze festgelegt hat (BGHSt 45, 312, 316 = NJW 2000, 965; BGHR StPO vor § 1/faires Verfahren – Vereinbarung 15 und 16; NStZ 2008, 172). Auf die bloße Ermittlung und Mitteilung einer vorläufigen Prognose zur Strafhöhe kann ein Befangenheitsantrag dagegen jedenfalls dann nicht gestützt werden, wenn die Berufsrichter nicht vorschnell auf den Versuch einer Absprache ausgewichen sind, ohne zuvor pflichtgemäß die Anklage rechtlich und anhand der Akten überprüft zu haben, und wenn die prognostizierte Strafhöhe nicht die Grundsätze gerechten Schuldausgleiches evident missachtet (vgl BGHSt 45, 312, 318 f = NJW 2000, 965; BGHSt 50, 40, 49; NStZ 2008, 172). Die Kontaktaufnahme muss grds erst in der Hauptverhandlung offen gelegt und protokolliert werden; allerdings ist der Eindruck zu vermeiden, dass andere Beteiligte über die Vorgespräche bis zu Hauptverhandlung bewusst in Unkenntnis gelassen werden sollten. Vgl auch BGH NStZ 2008, 172: Anruf des Vorsitzenden beim Verteidiger, um eine

„Prognose" der Berufsrichter über das Strafmaß für den Fall einer glaubhaften geständigen Einlassung mitzuteilen. Spätere Mitteilung an die StA vor Hauptverhandlung, dass ein Geständnis angekündigt sei und hierfür ein bestimmtes Strafmaß für angemessen gesehen werde, sowie Mitteilung des Verteidigers an die StA, dass eine verbindliche Zusage des Vorsitzenden über das Strafmaß vorliege. Die Befangenheitsrüge der StA blieb erfolglos, da der Verteidiger die Mitteilung des Vorsitzenden bei sachgerechter Würdigung nicht als verbindliche Zusicherung mit entsprechenden Bindungswillen verstehen und dem konkreten Geschehen eine bewusst unvollständige Unterrichtung der StA nicht entnommen werden konnte.

Äußerungen eines Richters, durch die ein verständiger Angeklagter den Eindruck 74 gewinnen kann, dass der Richter sich vorzeitig in der Schuldfrage festgelegt, oder dass er ihm gegenüber eine voreingenommene Haltung eingenommen hat, können die Rüge begründen. Hierzu zählt auch die **Verhandlungsführung** des Richters, wenn dieser in grob unsachlicher Weise seinen Unmut über das Verteidigungsverhalten zum Ausdruck bringt, den Angeklagten bedrängt, zur Sache auszusagen oder ein Geständnis abzulegen, oder wenn er den Angeklagten sonst in unangemessener oder ehrverletzender Weise behandelt. Dagegen sind nach Sachlage verständliche **Unmutsäußerungen**, nachdrückliche Vorhalte gegenüber dem Angeklagten, Hinweise auf das nach gegenwärtigem Sachstand zu erwartende Verfahrensergebnis oder auf die Bedeutung eines Geständnisses für die Strafzumessung nicht zu beanstanden (BGH NStZ-RR 2004, 208).

Zu **Einzelfällen, die eine Besorgnis der Befangenheit begründen können**: BGHSt 31, 15 74.1 = NJW 1982, 1712: Aufforderung nach Vernehmung eines Belastungszeugen, der Angeklagte könne „die Hosen herunterlassen". BGH NJW 1961, 789: Bemerkung gegenüber dem Angeklagten vor Eröffnung des Hauptverfahrens, bei ihm handele es sich schon aufgrund der Strafliste um den „Typus des Gewohnheitsverbrechers". BGH NStZ 1999, 629: Äußerung gegenüber dem Betreuer des mutmaßlichen Opfers einer Sexualstraftat, dass eine intensive Therapie erforderlich sei; BGH NStZ-RR 2001, 372: Äußerung gegenüber Angeklagten, dass ein bestimmtes Verhalten von Zeugen niemandem das Recht gebe, diese niederzuschießen, und „das Fehlen einer Einsicht könne beim Strafmaß Berücksichtigung finden". BGH NStZ-RR 2004, 208: „Sie wären der erste Albaner, der sich seine Frau nicht zurechtschnitzt", „Es ist bei Albanern keine Seltenheit, dass sie im Falle der Bedrohung ein Messer ziehen", BayObLG NJW 1993, 2948: „Nach Aktenlage lügen Sie unverschämt", Hinweis, dass mit Inhaftierung wegen Verdunkelungsgefahr gerechnet werden müsse, falls eine Zeugin von der Einlassung abweichende Aussagen mache.

Bloße Unmutsäußerungen rechtfertigen die Besorgnis der Befangenheit auch dann nicht, wenn sie 74.2 **drastisch und volkstümlich formuliert** sind. Sie dürfen nicht isoliert betrachtet werden, sondern müssen in dem Gesamtzusammenhang gesehen werden, in dem sie gefallen sind. Vgl BGH NStZ-RR 196, 2000: „Der Steuerzahler bedankt sich für Ihre Anträge" und „Uns ist hier nichts zu teuer" als Reaktion auf Beweisanträge; BGH NStZ 2000, 325: Unmutsäußerungen über die – auch objektiv betrachtet unverständliche –Befragungspraxis der Verteidigung gegenüber Zeugen. Vgl auch BGH NStZ-RR 2004, 208: „Einem Richter ist es unbenommen, situationsangemessen und auf das Naturell des jeweiligen Angeklagten eingehend, entsprechende Erklärungen und Fragen auch mit Nachdruck und in klarer, dem jeweiligen Angeklagten sicher verständlicher Sprache zu formulieren.

Äußerungen gegenüber der **Presse**, in denen der Richter zur Straf- und Schuldfrage 75 Stellung nimmt, können den Eindruck der Befangenheit erwecken (vgl BGHSt 4, 264: Mitteilung der Anklagevorwürfe als feststehende Tatsachen). Allerdings begründet nicht jeder Umgang mit einem über eine Strafsache berichtenden Presseorgan die Besorgnis der Befangenheit. Entscheidend ist auch hier, ob der Eindruck entsteht, der Richter habe sich persönlich bereits in der Straf- und Schuldfrage festgelegt (BGH NJW 2006, 3290).

Eine **dienstliche Erklärung des abgelehnten Richters** kann ein ursprünglich berech- 76 tigt erscheinendes Misstrauen **ausräumen**, indem der Richter Beweggründe für sein Vorgehen mitteilt, ggf auch einräumt, dass Verfahrenshandlungen ein Irrtum zugrunde lag (BGHSt 4, 264, 269; BGHSt 23, 200, 203; wistra 2002, 267; StV 2004, 356, 357; NStZ-RR 2004, 208; Beschl v 12. 9. 2007 – Az 1 StR 407/07).

5. Vortragserfordernisse

Der Revisionsführer hat nach § 344 Abs 2 S 2 StPO das **Ablehnungsgesuch, die** 77 **dienstlichen Erklärungen der abgelehnten Richter** sowie den ergangenen **Ableh-**

StPO § 338

nungsbeschluss in der Revisionsbegründung vollständig und im Wortlaut mitzuteilen (BGHSt 21, 334 = NJW 1968, 710; StV 1996, 2; NStZ-RR 2002, 134; NStZ-RR 2008, 283). Dem Revisionsgericht müssen weiterhin **sämtliche Einzelumstände des Verfahrensverlaufs** unterbreitet werden, die für die Beurteilung des Verhaltens des abgelehnten Richters von Bedeutung sein können. Das Prozessgeschehen, das dem Ablehnungsgesuch vorausging, ist vollständig mitzuteilen.

77.1 Dies umfasst auch Vorgänge, die für die Beurteilung der Voraussetzungen von § 26 a StPO erheblich werden könnten (vgl BGH Urt v 23. 10. 2007 – Az 1 StR 238/07). Ist der Befangenheitsantrag darauf gestützt, dass Vorgespräche unter Ausklammerung einzelner Beteiligter geführt worden sind, muss die Rüge das weitere Prozessverhalten auch dieser Beteiligter, insbes zu Beginn der Hauptverhandlung bei Bekanntgabe und Protokollierung einer Strafobergrenze mitteilen (BGHSt 50, 40, 42; BGHR StPO § 338 Nr 3 Revisibilität 4 und 5; Urt v 12. 9. 2007 – Az 5 StR 227/07). Einzelne Äußerungen eines Richters, auf die sich die Rüge stützt, sind in ihrem Gesamtzusammenhang, insbes ihrer Vorgeschichte und der Umstände, auf die die Äußerung sich bezieht, in den Einzelheiten darzustellen (BGH NStZ 2000, 325). Je nach Falllage kann erforderlich werden, auch Begleitumstände wie Tonfall, Mimik oder Gestik mitzuteilen (vgl BGH NStZ-RR 2001, 372, 373).

77.2 Die **dienstlichen Erklärungen** der Richter und Staatsanwälte umfassen die dienstliche Äußerung nach § 26 Abs 3 StPO sowie sonstige Äußerungen auf den Ablehnungsantrag. Stellungnahmen anderer Verfahrensbeteiligter sowie Äußerungen, die auf die dienstlichen Erklärungen reagieren, sind gleichfalls vollständig und im Wortlaut mitzuteilen (BGHSt 37, 298, 299; StV 1981, 163; NStZ-RR 1996, 1; NStZ 2000, 194 bei Kusch; Urt v 25. 9. 1997 – Az 1 StR 481/97). Die Erklärungen sind in Zweifelsfällen den im Ablehnungsbeschluss zitierten Erklärungen zuzuordnen (BGH Beschl v 6. 12. 2007 – Az 5 StR 476/07; BGHR StPO § 344 Abs 2 S 2 Befangenheitsrüge 1).

78 Das Revisionsgericht kann im **Freibeweisverfahren** aufklären, ob die in dem Ablehnungsgesuch behaupteten Umstände vorgelegen haben (BGHSt 1, 34 = NJW 1951, 323).

78.1 Da das Revisionsgericht in die Position eines tatrichterlich entscheidenden Beschwerdegerichtes einrückt, dem die eigene Ermittlung eines unvollständigen Sachverhaltes und ergänzende Feststellungen obliegen (vgl Meyer-Goßner StPO § 308 Rn 6; § 309 Rn 9), ist es zu entsprechender Aufklärung auch gehalten (Löwe/Rosenberg/Hanack StPO § 338 Rn 64). Der BGH hält sich demgegenüber die Möglichkeit einer Aufhebung und Zurückverweisung bei unzureichender tatsächlicher Beurteilungsgrundlage ausdrücklich offen (BGHSt 23, 200 = NJW 1970, 478; BGHSt 23, 265 = NJW 1970, 1558; zustimmend Meyer-Goßner StPO § 338 Rn 27; KK-StPO/Kuckein StPO § 338 Rn 63).

78.2 Hiervon zu trennen ist die Frage, ob das Fehlen tatsächlicher Beurteilungsgrundlagen – etwa der nach § 26 Abs 3, § 31 StPO vorgeschriebenen dienstlichen Stellungnahmen – zugleich einen Verfahrensmangel begründet, der auch unter dem Gesichtspunkt von Art 103 Abs 1 GG zur Zurückverweisung führen muss (vgl BGHSt 23, 200 = NJW 1970, 478, 479). Dies ist zu verneinen, soweit – wie auch im Beschwerdeverfahren nach §§ 304 StPO ff erforderlich – der Revisionsführer zu nachgeholten Erhebungen und Stellungnahmen hinreichend gehört wird.

IV. Unzuständigkeit des Gerichts (§ 338 Nr 4 StPO)

1. Anwendungsbereich

79 § 338 Nr 4 StPO betrifft die **örtliche, sachliche und besondere funktionelle (§ 74 Abs 2, § 74 a GVG, § 74 c GVG) Zuständigkeit** des mit der Sache befassten Spruchkörpers. Für Fehler bei Aufstellung und Anwendung des gerichtsinternen Geschäftsverteilungsplans einschließlich der Verteilung einzelner Verfahren auf Spruchkörper mit besonderer Zuständigkeit gilt § 338 Nr 1 StPO (vgl BGHSt 3, 353, 355; BGHSt 31, 389, 390). Die Präklusionsregeln des § 338 Nr 1 StPO finden keine Anwendung.

2. Örtliche Zuständigkeit

80 Will der Revisionsführer den Mangel örtlicher Zuständigkeit beanstanden, muss er den Einwand nach **§ 16 StPO** rechtzeitig erhoben haben; ansonsten ist er mit der Rüge präkludiert (BGHSt 40, 120, 124 = NJW 1994, 2369). Das Revisionsgericht prüft, ob der Einwand ordnungsgemäß erhoben wurde, und ob er – gemessen an den §§ 7 StPO ff – zu

Unrecht zurückgewiesen wurde. Maßgeblich ist der Zeitpunkt des Eröffnungsbeschlusses (Meyer-Goßner StPO § 338 Rn 31). Eine örtliche Zuständigkeit, die durch die **Verbindung zusammenhängender Strafsachen** geschaffen wurde (§ 3 StPO, § 13 StPO; vgl hierzu BGH NJW 2003, 446, 452), bleibt auch dann bestehen, wenn der Grund der Verbindung nach Eröffnung des Hauptverfahrens wegfällt und das Verfahren wieder abgetrennt wird (BGHSt 16, 391, 393 = NJW 1962, 499; BGH NJW 2003 446, 452 insoweit in BGHSt 48, 52 nicht abgedruckt; NStZ 2004, 100).

3. Sachliche Zuständigkeit

Die **Zuständigkeit eines höherrangigen Gerichts** ist gem § 6 StPO in jeder Lage des Verfahrens von Amts wegen zu berücksichtigen (BGHSt 10, 74, 76 = NJW 1957, 511; BGHSt 18, 79, 83 = NJW 1963, 60); einer Verfahrensrüge bedarf es insoweit grds nicht. Dementsprechend begründet eine erforderliche, aber unterlassene Vorlage nach **§ 225 a StPO** oder eine unterbliebene Verweisung nach **§ 270 StPO** ohne weiteres die Revision (vgl Meyer-Goßner StPO § 338 Rn 32a; zur Abgrenzung zwischen § 270 StPO und § 225 a StPO vgl BGH NJW 1999, 157 [fehlender Übernahmebeschluss nach § 225 a StPO] sowie § 270 StPO Rn 1). Sie wird auch von § 47 a JGG nicht gehindert (BGH StraFo 2004, 103). Hat das Tatgericht eine Verweisung nach § 270 StPO ausgesprochen, so ist diese grds wirksam und – auch in revisionsrechtlicher Hinsicht – bindend, selbst wenn der ergangene Beschluss unvollständig, formell fehlerhaft oder sachlich falsch ist (BGHSt 45, 58, 60). Die Bindungswirkung entfällt jedoch, wenn die Verweisung gegen das Verbot willkürlicher Entziehung des gesetzlichen Richters nach Art 101 Abs 1 S 2 GG verstößt (BGHSt 45, 58, 61; BGH Beschl v 11. 12. 2008 – Az 4 StR 376/08; zum Maßstab vgl näher § 270 StPO Rn 10 sowie Meyer/Goßner StPO § 270 Rn 20).

So begründet es die Revision nach § 338 Nr 4 StPO, wenn eine allgemeine Strafkammer des Landgerichts nach Ablauf des in § 6 a StPO bestimmten Zeitraums und ohne rechtzeitige Erhebung eines Zuständigkeitseinwandes seitens des Angeklagten eine Verweisung nach § 270 StPO an eine Schwurgerichtskammer ausspricht in der irrigen Annahme, es handele sich um ein Gericht höherer Ordnung, und das Schwurgericht die Verweisung annimmt (BGH NStZ 2009, 404; vgl auch BGHSt 30, 187 sowie Rn 86).

Die **Zuständigkeit eines niedrigeren Gerichtes** ist wegen § 269 StPO grds unschädlich (BGHSt 1, 346, 348; BGHSt 21, 334, 358), wenn nicht Willkür vorliegt. Bei einer willkürlichen, dh auf sachfremden, sich von den gesetzlichen Maßstäben völlig entfernenden Erwägungen beruht (zum anzulegenden Maßstab näher BGHSt 44, 34, 36 = NJW 1998, 2149; BGH NJW 1993, 1607, 1608) liegt dagegen ein revisibler Verfahrensverstoß vor. Nicht abschließend geklärt ist, ob ein derartiger Verstoß von Amts wegen zu beachten ist (so BGHSt 38, 172, 176 = NJW 1992, 1775; BGHSt 40, 120 = NJW 1994, 2369; BGHSt 44, 34, 36 = NJW 1998, 2149; KK-StPO/Kuckein StPO § 338 Rn 66; Meyer-Goßner StPO § 338 Rn 32), oder ob er eine entsprechende Verfahrensrüge erfordert (so BGHSt 43, 53 = NJW 1997, 2689; BGHSt 42, 205 = NJW 1997, 204; NJW 1993, 1607).

Zutreffenderweise bedarf es einer **Verfahrensrüge**, denn auch Verfassungsverstöße sind nicht schlechterdings als Verfahrenshindernisse zu berücksichtigen, sondern müssen mit der Revision geltend gemacht werden; dies gilt nach § 338 Nr 1 und 3 StPO gerade auch für Verstöße gegen den Grundsatz des gesetzlichen Richters gem Art 101 Abs 1 S 2 GG. Dessen ungeachtet wird es sich für einen Revisionsführer angesichts der unklaren Rechtslage dringend empfehlen, einen als willkürlich angesehenen Verstoß gegen die sachliche Zuständigkeit zu rügen, wenn er ihn berücksichtigt wissen will.

Auch die Beurteilung, ob wegen besonderer Bedeutung der Sache gem **§ 24 Abs 1 Nr 3, § 74 Abs 1 S 2 GVG** vor dem Landgericht verfahren werden soll, ist nur auf Willkür überprüfbar (BGHSt 44, 34, 36 = NJW 1999, 2149; Meyer-Goßner StPO § 338 Rn 32); gleiches gilt – in Fällen der Sprungrevision – für die Frage, ob **statt des befassten Schöffengerichtes der Strafrichter zuständig** gewesen wäre (OLG Düsseldorf NStZ 1996, 206: Prüfung auf Willkür von Amts wegen; anders aber BGHSt 42, 205). Hat das Berufungsgericht eine fehlerhafte Zurückverweisung nach **§ 328 Abs 2 StPO** vorgenommen, so findet – auch bei willkürlichem Vorgehen – eine Prüfung nur auf eine entsprechen-

81

81.1

82

82.1

83

de Verfahrensrüge statt (BGHSt 42, 205 = NJW 1997, 204; NStZ 2000, 387; **aA** OLG Köln NStZ-RR 1996, 178; OLG Brandenburg NStZ 2001, 611; KK-StPO/Kuckein StPO § 338 Rn 66).

84 Zu einem Verstoß gegen **§ 76 Abs 3 GVG** (Besetzung der kleinen Strafkammer bei erweitertem Schöffengericht) vgl OLG Düsseldorf NStZ 1994, 97; zur erstinstanzlichen Zuständigkeit des OLG nach **§ 120 Abs 2 GVG** vgl BGHSt 46, 238 = NStZ 2001, 265. Die **Verbindung oder Trennung** zusammenhängender Verfahren kann, auch wenn sie zuständigkeitsbestimmend gewirkt hat, auf entsprechende Rüge nach § 338 Nr 4 StPO auf Verfahrensfehler oder einen Ermessensfehlgebrauch oder -mißbrauch überprüft werden (BGHSt 18, 238, 239 = NJW 1963, 869; BGHSt 47, 116; NStZ-RR 2001, 129 bei Kusch).

85 Das Revisionsgericht hat bei einem Zuständigkeitsmangel – auch bei willkürlicher Annahme einer höheren Zuständigkeit – **auf Aufhebung und Zurückverweisung an das zuständige Gericht nach § 355 StPO zu erkennen** (vgl BGH Urt v 11. 12. 2008 – Az 4 StR 376/08; Meyer-Goßner StPO § 355 Rn 1). Maßgeblich für die Beurteilung der Zuständigkeit ist die objektive Sachlage auf Grundlage der Urteilsfeststellungen, nicht deren Bewertung durch das Tatgericht. Ist die Straferwartung maßgebend, ist allerdings nicht das tatsächlich verhängte Strafmaß heranzuziehen, sondern in einer ex-ante-Betrachtung zu beurteilen, ob die prognostische Entscheidung vertretbar war (vgl BGHSt 42, 205 = NJW 1997, 204, 206).

4. Funktionelle Zuständigkeit

86 Eine **fehlende oder übergangene besondere funktionelle Zuständigkeit** nach § 74 Abs 2 GVG, § 74 a GVG, § 74 c GVG (Schwurgericht, Staatsschutzkammer, Wirtschaftsstrafkammer) oder ein verkannter Vorrang unter diesen Strafkammern nach § 74 e GVG kann der Revisionsführer nur rügen, wenn er zuvor erfolglos einen **Einwand nach § 6 a StPO erhoben** hat. Das Revisionsgericht prüft, ob der Einwand rechtzeitig angebracht und zu Unrecht zurückgewiesen wurde. Auch für eine zuständigkeitsbegründende Verweisung nach § 270 Abs 1 S 2 StPO bedarf es der Voraussetzungen von § 6 a StPO: Hat eine allgemeine Strafkammer ohne diese Voraussetzungen eine Verweisung an ein Schwurgericht vorgenommen in der – unzutreffenden – Annahme, es handele sich um ein Gericht höherer Ordnung, so begründet dies die Revision, da die funktionelle Zuständigkeit des Schwurgerichtes auf diese Weise nicht begründet werden konnte (BGH NStZ 2009, 404; Meyer-Goßner StPO § 270 Rn 20; vgl Rn 81.1).

86.1 Normative Zuständigkeitsmerkmale wie in § 74 c Abs 1 Nr 6 GVG – Erforderlichkeit besonderer Kenntnisse des Wirtschaftslebens zur Beurteilung des Falles – sind allerdings nur bis zur Entscheidung über die Eröffnung des Hauptverfahrens zu prüfen; ihre Fehlbeurteilung kann die Revision daher nicht begründen (BGH NStZ 1985, 464, 466).

87 Die fehlende oder übergangene **Zuständigkeit der Jugendschutzkammer** nach § 26 GVG, § 74 b GVG kann nach § 338 Nr 4 StPO gerügt werden (vgl BGHSt 42, 39 = NStZ 1996, 246), ohne dass es eines vorherigen Einwandes in der Hauptverhandlung bedarf; die Überprüfung ist hier aber auf eine Willkürkontrolle beschränkt (vgl Meyer-Goßner GVG § 26 Rn 6; **aA** KK-StPO/Kuckein StPO § 338 Rn 68). Eine **Zuständigkeitsverkennung zwischen Jugend- und Erwachsenengerichten** nach §§ 33 JGG ff, § 47 a JGG, § 103 JGG ist ebenfalls nach § 338 Nr 4 StPO zu prüfen (BGHSt 18, 79 = NJW 1963, 60; BGHSt 26, 191, 198; NStZ 1996, 250). Umstritten ist auch hier, ob die Erhebung einer Verfahrensrüge zu fordern ist (so BGHSt 18, 79 = NJW 1963, 60; BGHSt 18, 173, 175, BGHSt 26, 191, 198 = NJW 1975, 2304) oder der Mangel von Amts wegen zu beachten ist (so BGHSt 7, 26 = NJW 1955, 273; BGHSt 26, 191, 199 = NJW 1975, 2304; BGHSt 30, 260 = NJW 1982, 454; NStZ 2000, 388; OLG Oldenburg NJW 1981, 1384). Ein Einwand nach § 6 a StPO ist keine Rügevoraussetzung (BGHSt 30, 260 = NJW 1982, 454; NStZ 2000, 388). Hat statt der allgemeinen Strafkammer ein Jugendgericht entschieden, kann dies nach § 47 a JGG nicht gerügt werden (BGH StraFo 2004, 103 mwN). § 47 a JGG hindert nach Eröffnung des Hauptverfahrens auch eine durch die Abtrennung einer Erwachsenensache veranlasste Verweisung nach § 103 Abs 3 JGG an ein Erwachsenengericht (BGHSt 30, 260 = NJW 1982, 454). Die unzutreffende Verhandlung vor einer allgemeinen Strafkammer kann

dagegen auch der Erwachsene rügen, dessen Verfahren hinzuverbunden wurde (BGHSt 30, 260 = NJW 1982, 454; StV 1985, 357; Löwe/Rosenberg/Hanack StPO § 338 Rn 77; für den umgekehrten Fall [Verbindung und unzutreffende Verhandlung vor Jugendgericht] vgl BGH NJW 1957, 390, 391). An die Feststellung des Alters des Angeklagten durch das Tatgericht ist das Revisionsgericht gebunden, denn es handelt sich um eine doppelrelevante Tatsache, die sowohl die Anwendung des materiellen Rechts als auch die prozessuale Zuständigkeit betrifft (BGH NStZ 2000, 388; KK-StPO/Kuckein StPO § 338 Rn 69).

Zu einer fehlenden Verweisung an ein Jugendgericht nach **§ 270 Abs 1 StPO** vgl BGH StV 2002, 401. Eine Verfolgungsbeschränkung von unter die Zuständigkeit der Jugendgerichte fallenden Tatvorwürfen auf Straftaten allgemeiner Art nach **§ 154a StPO** kann auch von einem an sich unzuständigen allgemeinen Gericht vorgenommen werden (BGH NStZ 1991, 503; NStZ 1996, 244; NStZ 2005, 650; **aA** BayObLGSt 1966, 119; kritisch auch Eisenberg/Sieveking NStZ 1992, 295). 87.1

5. Vortragserfordernisse

Bei Rüge der örtlichen Zuständigkeit muss der Revisionsführer den Einwand nach § 6 StPO und den hierauf ergangenen Beschluss mitteilen (aA OLG Köln StV 2004, 314: Wiedergabe der Begründung des Einwandes entbehrlich). Für den Fall des Gerichtsstands des Zusammenhangs gem § 3 StPO, § 13 StPO bei einer abgetrennten Strafsache vgl BGH NStZ 1993, 499. 88

V. Vorschriftswidrige Abwesenheit (§ 338 Nr 5 StPO)
1. Anwendungsbereich

§ 338 Nr 5 StPO bezieht sich auf **Verstöße gegen solche Vorschriften, die Anwesenheitspflichten für Verfahrensbeteiligte vorschreiben** (§ 145 StPO, § 226 StPO, §§ 230 StPO ff, § 185 GVG). Die Vorschrift dient neben der Sicherung einer ordnungsgemäßen und funktionsfähigen Strafrechtspflege auch der Gewährleistung des Anspruches auf rechtliches Gehör der Verfahrensbeteiligten gem Art 103 Abs 1 GG (vgl BGH NStZ-RR 2008 285 bezogen auf den Angeklagten). Die Abwesenheit von Berufsrichtern oder Schöffen begründet den – insoweit spezielleren – Revisionsgrund des § 338 Nr 1 StPO (BGHSt 44, 361, 365 = NJW 1999, 1724); dies gilt sowohl für das Vorbringen, die Gerichtsbank sei falsch besetzt mit der Folge der Abwesenheit der an sich zuständigen Richter, als auch für die Behauptung körperlicher oder geistiger Abwesenheit der zuständigen Richter (vgl KK-StPO/Kuckein StPO § 338 Rn 71). 89

Eine Abwesenheit anwesenheitspflichtiger Personen begründet nur dann die Rüge nach § 338 Nr 5 StPO, wenn ein **wesentlicher Teil der Hauptverhandlung betroffen** ist (BGHSt 15, 263 = NJW 1961, 149; BGHSt 26, 84, 91 = NJW 1975, 885; NStZ 1983, 36; Gössel NStZ 2000, 181, 182). Eine Abwesenheit bei unwesentlichen Verhandlungsteilen kann zwar nach § 337 StPO gerügt werden; die Rüge wird idR aber daran scheitern, dass sich ein Beruhen des Urteils auf dem Verfahrensverstoß ausschließen lässt. 90

Einen **wesentlichen Teil der Hauptverhandlung stellen dar**: Die Verlesung des Anklagesatzes und die Vernehmung des Angeklagten zur Person (BGHSt 9, 243, 244 = NJW 1956, 1366), die Verlesung des erstinstanzlichen Urteils in der Berufungsverhandlung (OLG Düsseldorf StV 2001, 328), die gesamte Beweisaufnahme (BGHSt 21, 332 = NJW 1968, 167; NStZ 1996, 351) einschließlich der Verlesung des Strafregisterauszuges (BGH NJW 1972, 2006; NStZ 1993, 30 bei Kusch [Beruhen im konkreten Fall denkgesetzlich ausgeschlossen]) und der Einnahme eines Augenscheines auch außerhalb des Sitzungssaales (BGHSt 3, 187 = NJW 1952, 1306; StV 1984, 102; NStZ 1998, 476), Erörterungen über Beweisanträge, Beschlüsse über die Vereidigung von Zeugen (BGHSt 22, 289, 297 = NJW 1969, 703; NStZ 1981, 449), wenn nicht nach § 59 StPO von der Vereidigung abgesehen wird und die Entscheidung unbeanstandet bleibt (BGHSt 51, 81 = NJW 2006, 2934, vgl Rn 100), Beschlüsse über den Ausschluss der Öffentlichkeit (BGH NJW 1979, 276) und des Angeklagten nach § 247 StPO (BGH NStZ-RR 198, 51), die Schlussvorträge (BGH StV 1983, 4), das letzte Wort von Mitangeklagten und die Verlesung der Urteilsformel nach § 268 StPO (BGHSt 16, 178, 180 = NJW 1961, 1980; NStZ 1989, 283, 284). 90.1

90.2   Einen **nur unwesentlichen Hauptverhandlungsteil** bilden die Bekanntgabe der Urteilsgründe (BGHSt 15, 263 = NJW 1961, 419; NStZ-RR 1998, 237: auch § 337 StPO nicht einschlägig, da Beruhen ausgeschlossen; vgl auch NStZ-RR 1996, 337 zur Übersetzung der Urteilsgründe durch Dolmetscher), die Verkündung von Beschlüssen nach § 268a StPO (BGHSt 25, 333 = NJW 1974, 1518), der bloße Aufruf von Zeugen und Sachverständigen (BGHSt 15, 263), ihre Belehrung nach § 57 StPO, die Festsetzung von Ordnungsmitteln nach § 51 StPO (BGH MDR 1975, 23 bei Dallinger) und die Feststellung der Verhandlungsfähigkeit des Angeklagten (BGH NStZ 1994, 228 bei Kusch).

91   Ein Verfahrensfehler nach § 338 Nr 5 StPO kann noch vor dem Tatgericht grundsätzlich dadurch **geheilt** werden, dass der betroffene Verfahrensvorgang in Anwesenheit aller Verfahrensbeteiligten wiederholt wird.

2. Abwesenheit des Angeklagten

92   **a) Grundsatz**
Das Anwesenheitsrecht und die Anwesenheitspflicht des Angeklagten ergeben sich aus § 230 Abs 1 StPO, § 231 Abs 1 S 1 StPO. Ist der Angekl zwar körperlich anwesend, aber **verhandlungsunfähig**, liegt bereits ein Verfahrenshindernis vor, das von Amts wegen zu beachten ist (vgl § 337 StPO Rn 28 ff). Eine Verkennung der Erlaubnis des Weiterverhandelns nach § 231a StPO muss dagegen nach § 338 Nr 5 StPO gerügt werden. Eine vorübergehende Verhandlungsunfähigkeit fällt gleichfalls unter § 338 Nr 5 StPO (vgl BGHSt 36, 119 = NJW 1989, 1742 auch zu möglichen freibeweislichen Erhebungen des Revisionsgerichtes).

93   Eine vorschriftswidrige Abwesenheit des Angeklagten ist nach § 338 Nr 5 StPO nur bedeutsam, wenn er sich **auf einen abgeurteilten Tatvorwurf bezieht**; bei Vorwürfen, die später Gegenstand einer Verfahrensteileinstellung geworden sind (BGH NStZ 1996, 49), oder von denen der Angeklagte freigesprochen wurde, kann das Urteil denklogisch nicht auf dem Verfahrensfehler beruhen. Betrifft der Verfahrensfehler einen einzelnen von mehreren Tatvorwürfen, so kommt es darauf an, ob möglich erscheint, dass die weiteren Verurteilungen hiervon mitbeeinflusst sein könnten; hierbei ist zugunsten des Angeklagten ein strenger Maßstab anzulegen (vgl BGH NJW 2000, 3795). Ebenso verhält es sich, wenn ein Verhandlungsabschnitt betroffen ist, der ausschließlich einem Mitangeklagten gewidmet ist (vgl Rn 105).

94   Der Angeklagte kann auf seine Anwesenheit weder **verzichten**, noch kann das Gericht ihn davon entbinden, wenn nicht ein gesetzlicher Ausnahmefall, insbes nach § 231c StPO vorliegt (vgl hierzu BGH NStZ 1995, 27, 29; NStZ 1996, 22 bei Kusch). Hiervon unberührt bleiben die Fälle möglichen Weiterverhandelns in Abwesenheit nach den § 231 StPO, § 231b StPO, § 247 StPO. Verkennt das Gericht jedoch die Reichweite dieser Vorschriften und setzt die Verhandlung ohne den Angeklagten fort, ist eine Rüge nach § 338 Nr 5 StPO regelmäßig begründet.

95   **b) Ausschluss des Angeklagten nach § 247 StPO**
§ 247 StPO ist als Ausnahmevorschrift zu § 230 StPO **eng auszulegen**. Der Ausschluss muss durch einen **Gerichtsbeschluss** angeordnet werden, der eine einzelfallbezogene, über formelhafte Wendungen hinausreichende Begründung enthalten muss (BGHSt 15, 194 = NJW 1961, 132; NStZ 2002, 44). Bleibt zweifelhaft, ob das Gericht von zulässigen Erwägungen ausgegangen ist, so ist die Rüge nach § 338 Nr 5 StPO begründet (BGHSt 22, 18, 20 = NJW 1968, 806; NJW 2000, 1146). Dies gilt wegen der fehlenden Disponibilität der Anwesenheitspflicht auch dann, wenn der Angeklagte mit der Anordnung einverstanden ist (BGHSt 4, 364 = NJW 1953, 1925; BGHSt 22, 18, 20 = NJW 1968, 806; StV 2002, 8; vgl aber BGH NStZ 2001, 48).

95.1   Zur Klärung der Frage, ob der Angeklagte nach § 247 S 1 StPO auszuschließen ist, kann seine Entfernung auch ohne förmlichen Gerichtsbeschluss erfolgen; dies gilt etwa für die informatorische Befragung einer Zeugin allein zu diesem Zweck (BGH NStZ 2002, 46). Eine **mangelhafte Begründung** für die Entfernung des Angeklagten ist ausnahmsweise unschädlich, wenn das Revisionsgericht mit Sicherheit feststellen kann, dass die sachlichen Voraussetzungen des § 247 StPO vorgelegen haben und vom Gericht nicht verkannt worden sind (BGHSt 15, 194, 196 = NJW 1961, 132; BGHSt 46, 142, 144 = NJW 2000, 3795, 3796; StV 1987, 5, 6; StV 2000, 120).

Während der Abwesenheit des Angeklagten sind **nur die Beweiserhebungen durch-** 96
zuführen, hinsichtlich derer der Ausschluss angeordnet wurde. Darüber hinausreichende Beweisvorgänge können die Revision begründen (BGH NStZ 1986, 564; NStZ 2001, 262; NJW 2003, 597; NStZ 2007, 717; Beschl v 12. 9. 2007 – Az 2 StR 187/07). Sie müssen daher, wenn sie trotzdem stattgefunden haben, nach Wiedereintritt des Angeklagten wiederholt werden.

Dies betrifft beispielsweise vom Zeugen angefertigte Skizzen, die in **Augenschein** genommen 96.1 werden; diese sind wesentlich, wenn sie unmittelbar das Tatgeschehen, etwa die Örtlichkeiten des Tatortes betreffen. Vgl auch BGH NStZ 2007, 717 zu dem Fall, dass die unter Ausschluss des Angeklagten vernommene Zeugin von ihrem mitgeführten Handy SMS-Nachrichten des Angeklagten abruft, die von den Verfahrensbeteiligten in Augenschein genommen werden.

Allerdings umfasst der Ausschluss von der Verhandlung bei einer Zeugenvernehmung 97 **alle Verfahrensvorgänge, die mit der Vernehmung in enger Verbindung stehen** oder sich daraus entwickeln können und daher zu dem von dem Ausschluss betroffenen Verfahrensabschnitt gehören. So umfasst der Ausschluss von einer Zeugenvernehmung auch die **Entscheidung über den Ausschluss der Öffentlichkeit**, wenn ein solcher Ausschluss nach Sachlage wegen des Vernehmungsgegenstandes und der besonderen Schutzbedürftigkeit der Zeugen nahe lag und in einem engen Zusammenhang mit der Ausschließung des Angeklagten steht (BGH NJW 1979, 276; Vernehmung Minderjähriger zu Sexualstraftaten).
Die Ausschließung des Angeklagten erstreckt sich auf eine **Augenscheinseinnahme**, wenn sie am Körper des zu vernehmenden Zeugen erfolgt, mit seiner Aussage in untrennbarem Zusammenhang steht und deshalb vom Grund des Ausschlusses mitumfasst ist (BGH Beschl v 12. 9. 2007 – Az 2 StR 187/07; Hanack JR 1989, 255).

Dies ist der Fall, wenn ein misshandelter Zeuge zur Aussage nur in Abwesenheit des Angeklagten 97.1 bereit ist und im Rahmen der Zeugenvernehmung auch die **Misshandlungsspuren** in Augenschein genommen werden. Der Zeuge wäre bei nachgeholtem Augenschein in noch intensiverer Weise der Begegnung mit dem Angeklagten ausgesetzt als bei einer Vernehmung, so dass der von § 247 StPO verfolgte Zweck der Sachaufklärung und des Zeugenschutzes nicht erreicht werden könnte (vgl BGH Beschl v 12. 9. 2007 – Az 2 StR 187/07 = StraFo 2008, 76). Der Tatrichter muss in einem derartigen Fall daher nicht auf Augenscheinsgehilfen ausweichen. Aus Gründen des **Opferschutzes** kann in entsprechender Anwendung von § 247 S 1 StPO geboten sein, den Angeklagten ausdrücklich auch für die Dauer anderer Augenscheinseinnahmen und der Vereidigung des Zeugen bzw der Entscheidung hierüber auszuschließen (BGHR StPO § 338 Nr 5 Angeklagter 11; NJW 1995, 1478; offen gelassen in Beschl v 12. 9. 2007 – Az 2 StR 187/07 = StraFo 2008, 76; KK/Diemer StPO § 247 Rn 8).

Nach bisheriger Rspr war die Entfernung des Angeklagten nur für die Vernehmung eines 98 Zeugen selbst zulässig, nicht jedoch für die Verhandlung und Entscheidung über die **Vereidigung des Zeugen** (BGHSt 22, 289, 297 = NJW 1969, 703; BGHSt 26, 218, 220 = NJW 1976, 199); ein Verstoß hiergegen begründete die Revision nach § 338 Nr 5 StPO, da die Verhandlung über die Vereidigung und die Vereidigung selbst als wesentlicher Teil der Hauptverhandlung gelten (vgl BGH NStZ 1999, 522). Dies sollte auch dann gelten, wenn der vernommene Zeuge nach § 61 Nr 2 StPO als Verletzter unvereidigt geblieben war (BGH NStZ-RR 1997, 105). Diese Grundsätze beruhten auf dem alten Vereidigungsrecht, in dem die Vereidigung nach § 59 StPO aF den gesetzlichen Regelfall bildete. Durch das 1. JuMoG ist die Regelvereidigung einer im Einzelfall für erforderlich gehaltenen Vereidigung als Ausnahme gewichen. Nach BGHSt 51, 81 = NJW 2006, 2934 begründet die in Abwesenheit des Angeklagten getroffene Entscheidung des Vorsitzenden, dass ein Zeuge entsprechend dem Regelfall des § 59 StPO nF unvereidigt bleibe, jedenfalls dann nicht die Revision, wenn die Vereidigungsfrage nicht kontrovers erörtert oder zum Gegenstand einer gerichtlichen Entscheidung nach § 238 Abs 2 StPO gemacht wurde. Die Entscheidung bildet dann keinen wesentlichen Teil der Hauptverhandlung (BGHSt 51, 81 = NJW 2006, 2934; kritisch bereits BGH NStZ 1998, 425, 426; NStZ 2000, 238). Ob dies auch dann gilt, wenn das Tatgericht die Vereidigung für geboten erachtet oder ein Fall von § 60 StPO vorliegt, ist offen, dürfte für den Fall vollzogener Vereidigung aber zu verneinen sein.

99 Behördliche Beschränkungen bei der **Vernehmung von V-Leuten oder verdeckten Ermittlern** berühren in erster Linie die Aufklärungspflicht des Tatgerichts, können aber auch für § 338 Nr 5 StPO eine Rolle spielen, wenn eine Freigabe des Zeugen nur unter der Voraussetzung der Abwesenheit des Angeklagten erfolgt. Der Ausschluss des Angeklagten von der Hauptverhandlung während der Vernehmung eines V-Mannes oder eines verdeckten Ermittlers setzt jedenfalls voraus, dass sich der Tatrichter in zureichender Weise um eine Aussagegenehmigung durch die oberste Dienstbehörde bemüht hat (vgl BGHSt 32, 32 = NJW 1984, 1973; BGHSt 32, 115 = NJW 1984, 247; NStZ 1982, 42 [V-Mann]; BGHSt 42, 175 = NJW 1996, 2738 [verdeckter Ermittler]). Zur gebotenen Prüfung einer **audiovisuellen Vernehmung** als milderes Mittel vgl BGH NStZ 2001, 608; v.Gemmeren NStZ 2001, 263. Nach BGHSt 51, 232 = NJW 2007, 1475 muss eine von der obersten Dienstbehörde angebotene audiovisuelle Vernehmung eines im Übrigen gesperrten Zeugen durchgeführt werden.

100 Die fehlende, unzureichende oder nicht rechtzeitige **Unterrichtung nach § 247 S 4 StPO** fällt nicht unter § 338 Nr 5 StPO, begründet aber regelmäßig die Revision nach § 337 StPO (vgl BGHSt 38, 260 = NJW 1992, 2241; StV 1983, 52; NJW 1986, 267; NStZ 1999, 522; NStZ-RR 2002, 70 bei Becker, StV 2002, 353).

101 **c) Eigenmächtige Abwesenheit (§ 231 Abs 2 StPO)**
Eine unterbrochene Hauptverhandlung darf nach § 231 Abs 2 StPO ohne den Angeklagten fortgesetzt werden, wenn dieser sich auf freiem Fuß befindet (hierzu BGH NJW 1977, 1928) und der Verhandlung ferngeblieben ist, sofern er zur Anklage bereits vernommen worden ist und das Gericht seine weitere Anwesenheit nicht für erforderlich erachtet. Über den bloßen Wortlaut des § 231 Abs 2 StPO hinaus muss der Angeklagte seine Anwesenheitspflicht **eigenmächtig** verletzt haben. Eigenmächtig handelt, wer **ohne Rechtfertigungs- oder Entschuldigungsgründe wissentlich seiner Anwesenheitspflicht nicht genügt** (vgl BGHSt 37, 249, 251; BGHSt 46, 81, 82 = NJW 2000, 2830; NStZ-RR 2008, 285; NStZ 1999, 418; s auch § 231 StPO Rn 7 f). Dass der Angeklagte in der Absicht handelt, die Durchführung der Hauptverhandlung insgesamt zu vereiteln, ist nicht erforderlich (BGHSt 37, 249, 254; BGH NStZ-RR 2008, 275; **aA** noch BGHSt 16, 178, 183 = NJW 1961, 1980; NStZ 1988, 421, 422; vgl auch BGH StV 1990, 245: Versuch, den Gang der Rechtspflege durch Missachtung der Anwesenheitspflicht zu stören).

101.1 **Eigenmächtig** bleibt der Angeklagte auch dann fern, wenn er sich vor dem angesetzten Termin wissentlich und ohne Not in eine Lage begibt, die für ihn vorhersehbar mit dem erheblichen Risiko verbunden ist, zum angesetzten Termin an einer Verhandlungsteilnahme gehindert zu sein (BGH NStZ-RR 2008, 285). Dies ist zB der Fall, wenn er sich in einen Zustand der Verhandlungsunfähigkeit versetzt (BGH NStZ 2002, 533, 535; NStZ 1986, 372; KK-StPO/Tolksdorf StPO § 231 Rn 3), oder wenn er im Ausland eine Straftat von Gewicht begeht, wegen der er – wie er weiß – mit einer dortigen Verhaftung rechnen muss, oder sich während laufender Hauptverhandlung ohne Not in dieses Land und dort in eine Situation mit hohem Verhaftungsrisiko begibt (BGH NStZ-RR 2008, 285, 286).

101.2 **Eigenmächtiges Handeln liegt** dagegen **nicht vor**, wenn der Angeklagte wegen eines Unfalls im Krankenhaus liegt, wenn er einen Fortsetzungstermin verschlafen hat (BGHR StPO § 231 Abs 2 Abwesenheit, eigenmächtige 7), wenn er sich über den Zeitpunkt eines Fortsetzungstermins nur geirrt hat (BGH StV 1981, 393, 394), wenn er nicht ordnungsgemäß zu einem Fortsetzungstermin geladen wurde (BGHSt 38, 271, 272), wenn das Gericht zumindest den Eindruck des Einverständnisses mit der Abwesenheit erweckt hat (BGHSt 37, 249, 252) oder der Angeklagte aus missverständlichen Äußerungen des Vorsitzenden den Eindruck gewinnen konnte, es stehe ihm frei, ob er erscheine oder nicht (BGH StV 1990, 245). Vgl ferner BGH NStZ-RR 2002, 102 (bei Becker) zu missverständlichen Mitteilungen der Geschäftsstelle über den Zeitpunkt der Urteilsverkündung, und BGH NStZ-RR 2001, 333 zu einer sich mit der Zustellung einer schriftlichen Ladung überschneidenden mündlichen Terminsmitteilung des Vorsitzenden.

101.3 Eine **Belehrung** des Angeklagten über die Möglichkeit, nach § 231 Abs 2 StPO zu verfahren, ist nicht erforderlich (BGHSt 46, 81 = NJW 2000, 2830).

102 Die Eigenmächtigkeit muss tatsächlich vorliegen; eine **irrtümliche Annahme des Gerichtes**, dem die die wahren Gründe und Umstände des Ausbleibens unbekannt sind, reicht nicht aus (BGH StV 1982, 153; NStZ-RR 2001, 333). Stellt sich der Irrtum noch während der Hauptverhandlung heraus, sind die betroffenen Verfahrensteile zu wiederholen, um den

Fehler zu heilen. Die Eigenmächtigkeit muss **nachgewiesen** sein (BGHSt 10, 304, 305; BGHSt 16, 178, 180); im Zweifel ist zu vertagen (vgl BGH NStZ 1986, 422) oder der betroffene Verfahrensabschnitt zu wiederholen (BGH StV 1988, 185). Das **Revisionsgericht prüft selbständig** – erforderlichenfalls im Wege des Freibeweises –, ob die Eigenmächtigkeit auch noch im Zeitpunkt des Revisionsverfahrens nachgewiesen ist, ohne insoweit an die Feststellungen des Tatrichters gebunden zu sein (BGH NStZ 1999, 418, StV 1982, 356; StV 1981, 393, 394).

Auch wenn die Urteilsgründe, das Verhandlungsprotokoll oder ein Beschluss über die Fortsetzung des Verfahrens sich zur Frage der Eigenmächtigkeit nicht verhalten, kann das Revisionsgericht aufgrund eingeholter dienstlicher Erklärungen und des Verteidigungsverhaltens des Angeklagten zu dem Schluss kommen, dass das Tatgericht aufgrund bewusster Nichtwahrnehmung des Termins berechtigt war, das Verfahren fortzusetzen. Vgl die umfangreiche freibeweislich herangezogene Tatsachengrundlage in BGH Beschl v 7. 11. 2007 – Az 1 StR 275/07 = wistra 2008, 110 zu der Frage, ob der Angeklagte mit einer Verhaftung im Ausland rechnen musste, in das er sich während laufender Hauptverhandlung vorübergehend begeben hatte, und ob er die dortige Verhaftung absichtlich herbeigeführt hatte. Ferner BGH NStZ 1999, 418 zu einem Verteidigungsverhalten, das auf Zeitgewinn angelegt war und das angesichts einer sich dem Ende zuneigenden Hauptverhandlung die Bewertung trägt, der Angeklagte habe einen Termin bewusst „platzen" lassen. 102.1

d) Weitere Fälle 103
Eine Abwesenheit des Angeklagten infolge Beurlaubung gem **§ 231 c StPO** (BGH StV 1984, 102), nach Entfernung wegen Ungebühr gem **§ 177 GVG, § 231 b StPO** (hierzu BGHSt 39, 72 = NJW 1993, 1343) oder nach einem Ausschluss gem **§ 51 JGG** (vgl BGH NStZ 2002, 216, 117) kann bei vorschriftswidriger Handhabung die Revision nach § 338 Nr 5 StPO begründen.

Eine **vorübergehende Abtrennung des Verfahrens gegen einen Mitangeklagten** 104 nach § 4 StPO berührt § 338 Nr 5 StPO nur dann nicht, wenn in der dortigen Verhandlung ausschließlich Vorgänge erörtert werden, die mit dem den abwesenden Angeklagten betreffenden Verfahren in keinem inneren Zusammenhang stehen. Unzulässig ist die Abtrennung, wenn die in Abwesenheit des Angeklagten fortgeführte Verhandlung Vorgänge zum Gegenstand hat, welche die gegen den Angeklagten erhobenen Vorwürfe auch nur entfernt berühren (BGHSt 24, 257, 258 = NJW 1972, 545; BGHSt 30, 74 = NJW 1981, 1568). § 338 Nr 5 StPO greift schon dann ein, wenn sich nicht sicher ausschließen lässt, dass die abgetrennte Verhandlung seine Verurteilung mitbetroffen hat (BGHSt 32, 270, 273 = NJW 1984, 1245).

Ein solcher **Zusammenhang fehlt** idR, wenn der abgetrennte Verfahrensteil der Erörterung 104.1 einer Tat im prozessualen oder materiellrechtlichen Sinne dienen soll, die nur dem Mitangeklagten zur Last gelegt wird (vgl BGHSt 24, 257, 258 = NJW 1972, 545, 546). Je nach Fallgestaltung kann aber auch hiervon der abwesende Angeklagte mitbetroffen sein, wenn die Taten mit den ihm zur Last gelegten Tatvorwurf einen Zusammenhang aufweisen und der Verhandlungsteil sich auf das den Zusammenhang vermittelnde Merkmal erstreckt. **Unzulässig ist die Abtrennung** regelmäßig in Fällen, in denen ein einheitliches, beide Angeklagte betreffendes Tatgeschehen zu verhandeln ist (BGHSt 32, 100 = NJW 1984, 501, 502; BGHSt 30, 74 = NJW 1984, 1568). Auch in einem solchen Fall kann aber ausnahmsweise eine auf eine bestimmte Frage eng beschränkte abgetrennte Verhandlung zulässig sein, wenn zweifelsfrei feststeht, dass sie ausschließlich den Mitangeklagten berührt. Vgl BGHSt 32, 100 = NJW 1984, 501, 502 zu der Fallgestaltung, dass die Beteiligung des Angeklagten aufgrund eines Geständnisses und des sonstigen Ergebnisses der bisherigen Beweisaufnahme gesichert erschien, und nur über die noch fragliche Beteiligung des Mitangeklagten abgetrennt verhandelt wurde; BGHSt 32, 270 = NJW 1984, 1245 zur Entgegennahme eines Berichtes der Jugendgerichtshilfe über die persönlichen, familiären und wirtschaftlichen Verhältnisse des Mitangeklagten (zw aber insoweit, als auch die Schlussvorträge hinsichtlich des Mitangeklagten und sein letztes Wort von der Abtrennung erfasst waren und dies hinsichtlich der Schuldfrage unschädlich gewesen sein soll).

Das **Revisionsgericht** kann den Gegenstand des abgetrennten Verhandlungsteiles **im Frei-** 104.2 **beweisverfahren aufklären**, soweit es den äußeren Verhandlungsablauf ohne inhaltliche Rekonstruktion der Verhandlung im Einzelnen betrifft (BGHSt 21, 180, 182 = NJW 1967, 580; BGHSt 32, 270 = NJW 1984, 1245).

104.3   § 338 Nr 5 StPO ist nicht berührt, wenn eine **endgültige Abtrennung beabsichtigt** war, weil das Verfahren gegen den Mitangeklagten entscheidungsreif war und durch Urteil abgeschlossen werden sollte, entgegen dieser Erwartung aber nicht beendet werden konnte (BGHSt 33, 119 = NJW 1985, 1175). Hier kann eine Wiederverbindung der Verfahren erfolgen; allerdings darf Prozessstoff aus der abgetrennten Verhandlung nicht verwertet werden (dann Verstoß gegen § 261, § 337 StPO, nicht § 338 Nr 5 StPO). **§ 231 c StPO** berührt die Zulässigkeit einer Abtrennung nach § 4 StPO nicht (BGHSt 32, 270 = NJW 1984, 1245).

3. Abwesenheit des Verteidigers

105   Vorgeschrieben ist die Anwesenheit eines Verteidigers nur in Fällen **notwendiger Verteidigung nach § 140 StPO**. § 338 Nr 5 StPO ist in diesem Fall verletzt, wenn weder ein bestellter Verteidiger noch ein Wahlverteidiger während wesentlicher Teile der Hauptverhandlung anwesend war (BGHSt 15, 306). Ist der Angeklagte durch mehrere Verteidiger vertreten, genügt die Anwesenheit eines von ihnen. Die für die Abwesenheit des Angeklagten geltenden Einschränkungen, dass der Verhandlungsteil nicht ausschließbar für einen abgeurteilten Tatvorwurf Bedeutung erlangt haben muss und nicht ausschließlich einem Mitangeklagten gelten darf (Rn 93), beziehen sich auch auf den Verteidiger. Beruht das Fehlen darauf, dass der **Verteidiger sich pflichtwidrig entfernt** hat, kann eine hierauf gestützte Rüge nach § 338 Nr 5 StPO im Einzelfall verwirkt sein (BGH NStZ 1998, 209); regelmäßig hat eine Ersatzbestellung nach § 145 StPO jedoch Vorrang.

106   Eine Verletzung von § 338 Nr 5 StPO kann auch darauf gestützt werden, dass dem Angeklagten entgegen § 140 Abs 1 oder Abs 2 StPO **kein Pflichtverteidiger beigeordnet** wurde (BGHSt 15, 306; OLG Karlsruhe NJW 1999, 3061; OLG Hamm NStZ-RR 2001, 373 und StV 2008, 120 zu § 68 Nr 1 JGG; Meyer-Goßner StPO § 338 Rn 41; KK-StPO / Laufhütte StPO § 140 Rn 27).

106.1   Zu den insoweit geltenden verfassungsrechtlichen, auf das Gebot fairen Verfahrens gestützten Anforderungen vgl BVerfGE 46, 202, 210; BVerfGE 70, 297, 322; BVerfGK 6, 326, 331; Beschl v 14. 8. 2007 [Kammer] – Az 2 BvR 1246/07 = NJW 2007, 3563 LS.

107   Der Angeklagte ist auch unverteidigt, wenn es sich bei dem anwesenden Verteidiger **nicht oder nicht mehr um einen zugelassenen Rechtsanwalt handelt** (BGHSt 47, 238 = NJW 2002, 1436; Beschl v 20. 6. 2006 – Az 4 StR 192/06); maßgeblich ist bei einem Widerruf der Anwaltszulassung aber erst die Bestandskraft der Entscheidung (BGH NStZ-RR 2004, 179; NStZ-RR 2008, 67 bei Becker). Das Gericht ist allerdings nicht verpflichtet, einen Verteidiger daraufhin zu überwachen, ob er seine **Tätigkeit ordnungsgemäß ausführt** (BGH StraFo 2006, 454); anderes gilt nur dann, wenn die Unfähigkeit des Verteidigers zu ordnungsgemäßer Verteidigung auf der Hand liegt, etwa Anzeichen für Verhandlungsunfähigkeit vorliegen (BGH MDR 1996, 120 bei Holtz). Die Revision kann daher nicht darauf gestützt werden, dass der Verteidiger die Verteidigung nicht ordnungsgemäß geführt hat (BGHSt 39, 310, 314 = NJW 1993, 3275, 3277) oder er unzureichend vorbereitet war, selbst wenn dies auf einem Verstoß gegen § 145 Abs 3 StPO beruht (BGH NStZ 2000, 212). Auf die Prozesserfahrung und den Bekanntheitsgrad des Verteidigers kommt es generell nicht an (BGH StraFo 2006, 454; **aA** LG Duisburg StV 2006, 600).

108   Für § 338 Nr 5 StPO reicht auch eine **Störung des Vertrauensverhältnisses** zwischen dem Angeklagten und seinem Verteidiger nicht aus. Sie kann bei einem bestellten Verteidiger aber in eine Pflicht des Gerichtes zur Entpflichtung und Neubestellung münden und – bei Unterlassen – die Revision nach § 337 StPO wegen Verstoßes gegen den Grundsatz fairen Verfahrens begründen (BGHSt 39, 310 =NJW 1993, 3275, 3277).

108.1   Bleibt der Pflichtverteidiger allerdings untätig, obwohl seine **Tätigkeit gesetzlich vorgeschrieben** war, liegt ein Fall des § 145 Abs 1 S 1 StPO vor; die unterlassene Bestellung eines neuen Verteidigers begründet daher die Rüge nach § 338 Nr 5 StPO (BGH NStZ 1992, 503 [Weigerung, Schlußvortrag zu halten]). Anders für den Fall, dass der Verteidiger willens und imstande ist, Verfahrenshandlungen durchzuführen, vgl BGH NStZ 1981, 295 (bei Pfeiffer).

109   An einer ordnungsgemäßen Verteidigung fehlt es nicht deshalb, weil eine **schriftliche Vollmacht oder Unterbevollmächtigung** im Zeitpunkt der Verteidigung noch nicht vorgelegen hat (vgl BGH StraFo 2006, 454; OLG Düsseldorf StraFo 1998, 227).

Gegen die dem Verteidiger erteilte **Befugnis zur Erteilung einer Untervollmacht** bestehen 109.1
keine Bedenken, wenn sie in der Verteidigervollmacht vorformuliert ist, da eine solche Möglichkeit
allgemein gebräuchlich ist und daher nicht gegen § 305 c Abs 1 BGB verstößt (BGH StraFo 2006,
454; Jahn/Kett-Straub StV 2005, 601). Eine Vertretung durch einen **Referendar** gem § 139 StPO
umfasst eine formularmäßige Vollmacht allerdings nicht (KG JR 1972, 206; vgl auch LG Berlin
NStZ 2000, 51 für Bevollmächtigung durch Pflichtverteidiger). Besondere Belehrungspflichten
gegenüber dem Angeklagten entstehen dem Gericht nicht bereits deshalb, weil ein Verteidiger in
Untervollmacht auftritt; insbes obliegt ihm nicht, den Angeklagten nach seinem Einverständnis mit
dem Auftreten des Unterbevollmächtigten zu fragen (BGH StraFo 2006, 454).

Ein Verstoß gegen **§ 146 StPO, § 146 a StPO** (Mehrfachverteidigung) fällt nicht unter 110
§ 338 Nr 5 StPO, sondern kann nur nach § 337 StPO gerügt werden (vgl BGHSt 27, 154,
159; NStZ 1986, 513, 514), ebenso Verstöße gegen § 137 Abs 1 S 2 StPO (regelmäßig aber
fehlendes Beruhen, vgl Meyer-Goßner StPO § 137 Rn 12). Ist ein Mitangeklagter unverteidigt, kann die Revision hiermit nicht begründet werden (BGHSt 31, 323, 331; NStZ
1985, 205 bei Pfeiffer/Miebach).

4. Abwesenheit des Staatsanwalts

Zuständigkeitsmängel bei Ausübung des Amtes des Staatsanwaltes begründen die Revi- 111
sion grds nicht. Dies gilt für die örtliche Unzuständigkeit ebenso wie für die funktionelle,
etwa für den Umstand, dass entgegen der Sollvorschrift des § 36 JGG kein Jugend-, sondern
ein allgemeiner Staatsanwalt aufgetreten ist. Ein **Wechsel des Sitzungsvertreters** innerhalb
laufender Hauptverhandlung ist unbedenklich (BGHSt 21, 85 = NJW 1966, 2321, 2322)
und übliche Praxis, eine Mehrfachvertretung der StA von § 227 StPO ausdrücklich zugelassen. Auch wenn in einem Umfangsverfahren der sachbearbeitende StA durch einen nicht
eingearbeiteten Kollegen abgelöst wird, kann hieraus mit der Revision nichts hergeleitet
werden. Nach § 338 Nr 5 StPO beachtlich ist allein der – praktisch nahezu ausgeschlossene
– Fall **sachlicher Unzuständigkeit nach § 142 GVG, § 142 a GVG** (vgl KK-StPO/
Kuckein StPO § 338 Rn 72), zB eine Sitzungsvertretung vor dem Landgericht durch einen
Amtsanwalt.

Nicht von § 338 Nr 5 StPO, sondern allenfalls von § 337 StPO wird der Fall erfasst, dass 112
der **Sitzungsstaatsanwalt in der Hauptverhandlung als Zeuge vernommen** wird und
hiernach seine Aufgabe als Sitzungsvertreter weiter wahrnimmt (BGHSt 14, 265, 267 =
NJW 1960, 1358; BGHSt 21, 85, 89 = NJW 1966, 2321, 2322). Der Staatsanwalt muss
allerdings während seiner Vernehmung vertreten werden. Für die nachfolgende Hauptverhandlung besteht eine Verhinderung nach früherer Rspr fort, soweit die Hauptverhandlung
zu dem Inhalt der Aussage des Staatsanwaltes in engem Bezug (BGHSt 21, 85, 89 = NJW
1966, 2321, 2322: „unlösbarer Zusammenhang") steht. Der Staatsanwalt kann demnach
seine Aufgaben nur bei einer sicheren Abgrenzung von dem aussagegegenständlichen
Tatvorwurf weiter wahrnehmen, etwa dann, wenn die Aussage nur einen anderen Angeklagten oder Anklagevorwurf betrifft. Für die Verhandlung über den aussagegegenständlichen Tatvorwurf muss eine Ablösung des Staatsanwalts erfolgen (BGHSt 21, 85, 89 = NJW
1966, 2321, 2322; NStZ 1983, 135); eine Befassung mit der eigenen Aussage im Rahmen
des Schlussvortrages ist unzulässig (BGH NStZ 1990, 24 f bei Miebach). Ob hieran festzuhalten ist, erscheint angesichts jüngerer Rspr des BGH allerdings fraglich (vgl BGH NStZ
1989, 583; Beschl v 24. 10. 2007 – Az 1 StR 480/07 = NStZ 2008, 353); jedenfalls handelt
es sich bei weiterer Mitwirkung des Staatsanwaltes **nur um einen einfachen Verfahrensverstoß**, der nach § 337 StPO zur Aufhebung des Urteils nur dann führen kann, wenn es
auf ihm beruht.

Dies ist bei bloßen Aussagen über eine dienstliche Befassung, die keine eigene Wahrnehmung des 112.1
Staatsanwaltes im Rahmen vorgenommener Ermittlungshandlungen betreffen, ausgeschlossen. An-
gesichts dessen, dass die § 22 Nr 5 StPO, § 31 StPO im Gegensatz zu als Zeugen vernommenen
Richtern, Schöffen, Urkundsbeamten und Protokollführern einen Ausschluss von Beamten der
Staatsanwaltschaft gerade nicht vorsehen, dürfte richtigerweise **überhaupt kein Verfahrensver-
stoß** anzunehmen sein. Da es sich bei dem Sitzungsstaatsanwalt – zumindest in umfangreicheren
Sachen – zumeist um den im Ermittlungsverfahren mit der Sache befassten Sachbearbeiter handelt,
der bei Ermittlungsmaßnahmen zugegen war oder sie allein durchgeführt hat, wird dieser häufig für

eine zeugenschaftliche Befragung in Betracht kommen, stünde dann aber zu einer sachdienlichen Begleitung der Hauptverhandlung nicht mehr zur Verfügung. Dies widerspräche einer auch im Interesse des Angeklagten liegenden effektiven Gestaltung des Verfahrens, kann eine missbräuchliche Antragstellung hervorrufen und würde zu vermeidbaren Verfahrensverzögerungen führen (vgl BGH NStZ 1989, 583; Beschl v 24. 10. 2007 – Az 1 StR 480/07).

113 Im Übrigen ist eine ununterbrochene Anwesenheit auch des Staatsanwaltes nur bei **wesentlichen Verhandlungsteilen** erforderlich (vgl BGH NStZ-RR 1996, 337: Entfernung während Übersetzung wesentlichen Urteilsgründe).

5. Abwesenheit des Urkundsbeamten

114 Zum Begriff und den Voraussetzungen der Stellung eines Urkundsbeamten vgl **§ 153 GVG**. Seine Anwesenheit ist nach **§ 226 Abs 1 StPO** grds während der gesamten Hauptverhandlung erforderlich (vgl BayObLG NStZ 2002, 16); § 168 S 2 Hs 2 StPO gilt nicht. Nach **§ 226 Abs 2 StPO** darf der Strafrichter (§ 25 GVG) jedoch von der Hinzuziehung eines Urkundsbeamten absehen; die Revision kann hierauf nicht gestützt werden (§ 336 S 2 StPO).

115 Der tätig werdende Protokollführer muss **Urkundsbeamter der Geschäftsstelle eines ordentlichen Gerichtes** sein. Die Zuziehung einer anderen Person, zB einer Verwaltungsangestellten, ist unzulässig, auch wenn sie zur Protokollführung vereidigt ist (BGH NStZ 1981, 31). Der Urkundsbeamte muss nicht bei dem erkennenden Gericht als Urkundsbeamter der Geschäftsstelle tätig sein; einen „gesetzlichen Urkundsbeamten" in diesem Sinne gibt es nicht. Bei Fortsetzung der Hauptverhandlung außerhalb des Gerichtssitzes ist es Sache des Gerichts, ob es sich eines eigenen Urkundsbeamten bedient oder ob es aus Gründen der Wirtschaftlichkeit und Zweckmäßigkeit einen Urkundsbeamten hinzuzieht, der ihm vom Gericht des Verhandlungsortes zur Verfügung gestellt wird (BGH NStZ 1981, 31; NStZ 1983, 213 bei Pfeiffer).

116 Mehrere Urkundsbeamten können den Sitzungsdienst nach § 227 StPO analog untereinander aufteilen (Meyer-Goßner StPO § 226 Rn 7). Auch ein Wechsel von Urkundsbeamten innerhalb der Sitzung oder an verschiedenen Verhandlungstagen ist zulässig (BGHSt 21, 85, 89), muss sich aber im Sitzungsprotokoll widerspiegeln, indem jeder Protokollbeamte den von ihm beurkundeten Teil unterschreibt (BGH wistra 1991, 272).

6. Abwesenheit sonstiger Personen

117 Ein **Dolmetscher** muss bei einem der deutschen Sprache unkundigen Angeklagten nach § 185 Abs 1 GVG grundsätzlich während der gesamten Hauptverhandlung zugegen sein; ist dies nicht der Fall, greift § 338 Nr 5 StPO ein (BGHSt 3, 285; vgl auch BVerfGE 64, 135, 149 = NJW 1983, 2762, 2764). Dem Fehlen eines Dolmetschers steht die Hinzuziehung eines ungeeigneten gleich (NStZ 2000, 275, 276). Kann der Angeklagte sich auch in deutscher Sprache verständigen, ist die – zeitweise – Abwesenheit des Dolmetschers dagegen unschädlich. Ist der **Angeklagte der deutschen Sprache teilweise mächtig**, gehört der Dolmetscher ebenfalls nicht zu den Personen, deren Anwesenheit iSv § 338 Nr 5 StPO während der gesamten Dauer der Hauptverhandlung vorgeschrieben ist. Es bleibt in diesem Fall dem Ermessen des Tatgerichts überlassen, in welchem Umfang es unter Beteiligung des Dolmetschers verhandeln will (BGHSt 3, 385, 386; NStZ 2000; 275, 276; NStZ 1984, 328); ein Ermessensfehler unterfällt § 337 StPO (aA BGH NStZ 1984, 328: § 338 Nr 5 StPO). Formfehler bei der allgemeinen Vereidigung des Dolmetschers (§ 189 Abs 2 GVG) können die Revision nicht begründen (BGH NStZ 1984, 328).

117.1 Bei **Vernehmung des Dolmetschers** des Angeklagten kommt eine Verletzung von § 338 Nr 5 StPO nur in Betracht, wenn nicht ausgeschlossen werden kann, dass der als Zeuge vernommene Dolmetscher seine eigene Vernehmung selbst übersetzt hat (vgl BGHR StPO § 338 Nr 5 Dolmetscher 1), und dass weitere Dolmetscher für dieselbe Sprache im Sitzungssaal anwesend waren, die (auch) für den Angeklagten übersetzt haben könnten (BGH NStZ-RR 2003, 292 bei Becker; Urt v 9. 10. 1980 – Az 4 StR 464/80).

118 Der **Nebenkläger** muss nicht anwesend sein, ist hierzu aber berechtigt (§ 397 Abs 1 S 2 StPO); ist er in seinem Anwesenheitsrecht beschränkt worden, kann dies nicht der Angeklag-

te, jedoch der Nebenkläger selbst nach § 337 StPO rügen. Der **Privatkläger** muss nicht persönlich anwesend sein (§ 378 StPO), erscheint weder er selbst noch ein Vertreter, gilt die Privatklage nach § 391 Abs 2 StPO jedoch als zurückgenommen. Ist in diesem Fall kein Einstellungsurteil nach § 260 Abs 3 StPO (vgl Meyer-Goßner StPO § 391 Rn 16) ergangen, ist nicht § 338 Nr 5 StPO betroffen, sondern es liegt ein von Amts wegen zu beachtendes Verfahrenshindernis vor.

§ 338 Nr 5 StPO gilt nicht für die Abwesenheit eines Vertreters der **Jugendgerichtshilfe** 119 **gem § 50 Abs 3 JGG** (BGHSt 27, 250; NStZ 1985, 448 bei Becker), oder von **Beiständen** nach § 149 StPO und § 69 Abs 1 JGG (Meyer-Goßner StPO § 338 Rn 42). Allerdings kann, wenn ein Beruhen nicht auszuschließen ist, im Einzelfall ein Verstoß gegen § 337 StPO vorliegen (vgl BGH Beschl v 29. 6. 2000 – Az 1 StR 123/00; OLG Saarbrücken NStZ-RR 1999, 284).

Eine Verpflichtung zu ständiger Anwesenheit eines **Sachverständigen** besteht nicht, 120 allerdings kann seine Abwesenheit eine Rüge nach § 337 StPO begründen, etwa bei einem psychiatrischen Gutachter, der seine Beurteilung nach § 246a StPO – auch – aus dem Inbegriff der Hauptverhandlung schöpfen soll (vgl Meyer/Goßner StPO § 338 Rn 43; Pfeiffer StPO § 338 Rn 17 aE).

7. Vortragserfordernisse

Der Revisionsführer muss vortragen, dass es sich bei den in Abwesenheit eines notwendi- 121 gen Beteiligten vollzogenen Verfahrensvorgängen **um einen wesentlichen Teil der Hauptverhandlung gehandelt** hat (BGHSt 15, 263, 264; BGHSt 26, 84, 91). Wird gerügt, der Tatrichter habe in Abwesenheit des Angeklagten über die Vernehmung des Zeugen hinaus Beweiserhebungen durchgeführt, so sind deren Inhalt und eine eventuelle Erläuterung mit einem Zeugen genau mitzuteilen, da sonst nicht ausgeschlossen werden kann, dass es sich tatsächlich nur um einen Vernehmungsbehelf handelte (BGH NStZ-RR 1998, 1, 4 bei Miebach).

Der Inhalt von dem Zeugen angefertigter Skizzen oder einer in Augenschein genommenen SMS 121.1 ist daher mitzuteilen (BGH NStZ 2007, 717). Legen besondere Umstände einen entsprechenden Verfahrensverlauf nicht nahe, muss aber nicht vorgetragen werden, dass keine Heilung des Verfahrensfehlers durch Wiederholung der Verfahrenshandlung in Anwesenheit des betroffenen Beteiligten erfolgt ist (BGH NStZ 2007, 717).

Wird die **Abwesenheit eines Verteidigers** gerügt, muss die Revision darlegen, dass ein 122 Fall notwendiger Verteidigung nach § 140 StPO vorgelegen hat (vgl OLG Hamm NStZ-RR 2001, 373).

VI. Beschränkung der Öffentlichkeit (§ 338 Nr 6 StPO)

1. Grundsatz

Der Grundsatz der Öffentlichkeit (§ 169 S 1 GVG) verlangt, dass jedermann ohne Anse- 123 hung seiner Zugehörigkeit zu bestimmten Gruppen und ohne Ansehung bestimmter persönlicher Eigenschaften die **Möglichkeit** erhalten muss, **an den Verhandlungen des Gerichts als Zuschauer teilzunehmen** (BGHSt 27, 13, 14; NStZ 2006, 512). Beschränkungen sind nur auf gesetzlicher Grundlage zulässig; andernfalls begründen sie die Revision. Allerdings ist nicht jede faktische, aus Sachgründen gerechtfertigte Erschwernis des Zugangs zur Verhandlung eine nach § 338 Nr 6 StPO erhebliche Beschränkung.

Eine **unzulässige Erweiterung der Öffentlichkeit**, namentlich ein öffentliches Verhan- 124 deln in Fällen, in denen ein Ausschluss der Öffentlichkeit geboten gewesen wäre, ist von § 338 Nr 6 StPO nicht erfasst (BGHSt 10, 205, 206 = NJW 1957, 881; BGHSt 23, 82, 85 = NJW 1969, 2107). Die Rüge kann auch nicht darauf gestützt werden, dass in der Hauptverhandlung Personen zugegen waren, auf die sich ein angeordneter Ausschluss der Öffentlichkeit bezog (BGH NStZ 1985, 207 bei Pfeiffer/Miebach).

Der Angeklagte kann seine Privatsphäre daher nur mit einer Rüge nach § 337 StPO zu schützen 124.1 suchen, etwa mit der Behauptung eines Verstoßes gegen § 48 Abs 1 JGG (BGHSt 23, 176; NStZ 1994, 230 bei Kusch); einem Jugendlichen ist auch dies aber verwehrt, wenn im Hinblick auf mitangeklagte Heranwachsende oder Erwachsene nach § 48 Abs 3 S 1 JGG öffentlich verhandelt wird (BGHSt 10, 119, 120 = NJW 1957, 599 LS; NJW 2003, 2036; NJW 2006, 1220). In allen Fällen wird zudem regelmäßig ein Beruhen auszuschließen sein.

125 Auch ein **Verstoß gegen § 169 S 2 GVG** bildet keinen absoluten Revisionsgrund nach § 338 Nr 6 (BGHSt 36, 119 = NJW 1989, 1741). Soweit die Anwesenheit der Presse in unzulässiger Form vor der Verhandlung und während der Verhandlungspausen ausgeschlossen wurde (vgl hierzu BVerfG NJW 2008, 977), betrifft dies nicht die Hauptverhandlung und fällt bereits deshalb nicht unter § 338 Nr 6 StPO; der Angeklagte kann den Ausschluss mangels Beschwer auch nach § 337 StPO nicht rügen. Die betroffenen Pressevertreter können als nicht am Verfahren Beteiligte mit einer Revision keine Rechte geltend machen.

2. Zugang zur Verhandlung, tatsächliche Grenzen

126 Die Öffentlichkeit der Verhandlung **garantiert nicht, dass jedermann immer und unter allen Umständen Zutritt zum Sitzungssaal haben muss** (BGHSt 5, 75 = NJW 1954, 281; BGHSt 27, 13 = NJW 1977, 157), oder dass die anwesenden Zuschauer jeden Vorgang der Hauptverhandlung akustisch oder optisch wahrnehmen können (vgl BGH NStZ 1991, 122 bei Miebach/Kusch für die Vorführung eines Videofilms). Können Zuhörer aus **Platznot** nicht mehr eingelassen werden, verletzt dies § 338 Nr 6 StPO nicht. Das Gericht ist auch bei zu erwartendem starken Publikumsandrang nicht gehalten, seine Sitzung in einen großen Saal zu verlegen oder gar einen solchen anzumieten. Auch wenn Teile des Sitzungssaales (zB Logen oder Galerien) für Zuschauer unzugänglich bleiben und deshalb Interessenten abgewiesen werden müssen, ist dadurch der Grundsatz der Öffentlichkeit der Verhandlung nicht verletzt (BGH DRiZ 1971, 206, 207; NJW 2006, 1220, 1221).

126.1 Die **Auswahl der Zuhörer** darf bei einem beschränkten Platzangebot allerdings nicht personenbezogen erfolgen; anbieten wird sich eine Auswahl nach dem Prioritäts- oder Zufallsprinzip. Die Vorreservierung von Sitzplätzen für eine große Personengruppe verstößt aber dann gegen den Öffentlichkeitsgrundsatz, wenn andere, vor der Gruppe erschiene Interessenten fortgeschickt werden (BGH Beschl v 20. 3. 1975 – Az 4 StR 7/75 für die ausschließliche Anwesenheit von vorangemeldeten Polizeischülern als Zuhörer). Im Hinblick auf die besondere Funktion der **Presse**, deren Anwesenheit die Öffentlichkeit der Verhandlung in besonderem Maße fördert, ist jedoch nicht zu beanstanden, wenn einige – nicht alle – Zuschauerplätze Pressevertretern vorbehalten bleiben (BGH NJW 2006, 1220, 1221; Foth DRiZ 1980, 103). Gegen den Grundsatz der Öffentlichkeit verstößt nicht, wenn der Zugang zum Sitzungssaal nur gegen Vorlage von Einlasskarten gewährt wird, die zuvor in zeitlicher Reihenfolge der Nachfrage ausgegeben wurden (OLG Karlsruhe NJW 1975, 2080, 2081), wenn bei vollbesetztem Zuschauerraum weitere Interessenten abgewiesen werden (BGH NJW 1959, 899), oder wenn in diesem Fall die Türen des Sitzungssaales verschlossen werden (BGHSt 21, 72, 73 = NJW 1966, 1570).

126.2 Aus **Sicherheitsgründen** vorgenommene Ausweiskontrollen (BGHSt 27 13 = NJW 1977, 157), eine Durchsuchung der Zuschauer (BGH JR 1979, 2161, 2162 mAnm Foth) und eine Durchleuchtung mitgeführter Behältnisse sind jedenfalls hinzunehmen (vgl auch OLG Koblenz NJW 1975, 1333). Die Verhandlung hat in diesen Fällen aber erst dann zu beginnen, wenn die Kontrolle rechtzeitig erschienener Zuhörer abgeschlossen sind (BGHSt 28, 341 = NJW 1979, 2622; NStZ 1995, 181, 182; NStZ-RR 2001, 267 bei Becker). Dies gilt nicht, wenn eine Vielzahl von Personen erst unmittelbar vor oder zu dem Zeitpunkt Einlass begehrt, zu dem die Hauptverhandlung planmäßig beginnen soll (BGHSt 28, 341 = NJW 1979, 2622, 2623; NStZ-RR 2001, 267 bei Becker).

127 Andererseits muss der Sitzungssaal so beschaffen sein, dass in ihm Zuschauer in einer Anzahl Platz finden, in der sie noch als Repräsentanten einer keiner besonderen Auswahl unterliegenden Öffentlichkeit angesehen werden können (BGHSt 5, 75, 83 = NJW 1954, 281, 283; ausführlich BayObLG NJW 1982, 396 für den Fall eines einzigen Zuhörerplatzes in dem als Sitzungssaal genutzten Beratungszimmer). Ob die **Nutzung eines unzureichenden Sitzungsraumes** auf ein Verschulden des jeweiligen Tatrichters zurückgeht, oder ob sie – wegen allgemeiner Raumnot – auf Organisationsdefizite der Justizverwaltung zurückgeht, ist ohne Belang. Ohne Bedeutung ist auch, ob tatsächlich Personen in einer die Kapazität des Raumes übersteigenden Anzahl an der Verhandlung beiwohnen wollten (BayObLG NJW 1982, 396).

Bei einem **Ortstermin** mit beengten Verhältnissen oder bei zu befürchtenden Gefährdungen durch starken Andrang, etwa durch Straßenverkehr, können Zuschauer in ihrer Anzahl beschränkt werden (BGH NJW 1979, 779; NJW 2006, 1220, 1221). An einem nicht frei zugänglichen Ort (Vernehmung eines Zeugen am Krankenbett; Augenschein in Privatwohnung oder Betriebsräumen) kann auch das **Hausrecht des Betroffenen** zu einer Beschränkung oder dem Ausschluss von Zuschauern führen (vgl BGHSt 40, 191 = NJW 1994, 2773; NStZ 1981, 311; NStZ 1994, 498; NStZ-RR 2000, 366; Lilie NStZ 1993, 121). Ist der Zutritt allerdings grds möglich, darf er aufgrund der tatsächlichen Umstände nicht unnötig erschwert werden. Bei der Entscheidung über den Umfang einer im Hinblick auf die räumlichen Verhältnisse zu treffenden Beschränkung der Öffentlichkeit ist auch die **Notwendigkeit einer geordneten und ungestörten Verhandlung** im Interesse bestmöglicher Sachaufklärung zu berücksichtigen (vgl BGHSt 21, 72, 73 = NJW 1966, 1570; BGHSt 29, 258, 259 = NJW 1981, 61; NStZ 1984, 134, 135). Die Beurteilung des Tatrichters, ob und inwieweit Öffentlichkeitsbeschränkungen im Hinblick hierauf in Kauf genommen werden müssen, ist **durch das Revisionsgericht nur begrenzt überprüfbar**. Die Würdigung der tatsächlichen örtlichen Verhältnisse obliegt dem Vorsitzenden; die Revision kann nur auf Rechtsfehler bei der Ermessensausübung gestützt werden (BGH NJW 2006, 1220, 1221). So kann der Revisionsführer nicht mit seiner eigenen Bewertung gehört werden, dass nach den tatsächlichen Verhältnissen mehr Zuschauer an der Verhandlung oder dem Ortstermin hätten teilnehmen können. **128**

Der Grundsatz der Öffentlichkeit besagt ferner nicht, dass jedermann immer und unter allen Umständen wissen muss, wann und wo ein erkennendes Gericht eine Hauptverhandlung durchführt; es genügt, dass Interessierte sich hiervon ohne besondere Schwierigkeit Kenntnis verschaffen können (BGHSt 21, 72, 73; NStZ 1982, 476; NStZ 1983, 213 bei Pfeiffer). Eine Erkundigung ist jedenfalls zumutbar (vgl BVerfG NJW 2002, 814). Grundsätzlich muss allerdings ein Hinweis auf die Verhandlung in Form eines Aushanges erfolgen. Wird außerhalb des Gerichtes verhandelt, müssen Termin und Ort der Verhandlung bekannt gegeben werden (BayObLG NJW 1980 2321; OLG Hamm StV 2000, 659); hierzu kann jedoch ausreichen, wenn Ort und Zeit der Weiterverhandlung in öffentlicher Sitzung verkündet worden sind (BGH NStZ 1981, 311). Auch am auswärtigen Verhandlungsort kann abhängig von den tatsächlichen Gegebenheiten ein gesonderter Hinweis angezeigt sein; so muss in einem weitläufigen Gebäude Interessenten durch Aushang oder Vermittlung des Pförtners mitgeteilt werden, wo die Verhandlung stattfindet (vgl KK-StPO/Kuckein StPO § 338 Rn 87). **129**

> Wird weder in einem ergangenen Beschluss noch in einem Aushang der Ort des Fortsetzungstermins hinreichend bezeichnet, ist § 338 Nr 6 StPO verletzt (OLG Hamm StV 2002, 474). Wenn das Gericht ohne entsprechenden Hinweis am Sitzungssaal im Anschluss an die – angekündigte – Einnahme des Augenscheins außerhalb des Gerichtsortes die Verhandlung an Ort und Stelle und anschließend in einem Sitzungssaal des dortigen Amtsgerichtes fortsetzt, ist dies allerdings unbedenklich (BGH NStZ 1983, 213 bei Pfeiffer). Unschädlich soll auch sein, wenn die unterbrochene Hauptverhandlung anders als verkündet in einem anderen Sitzungssaal desselben Gerichtsgebäudes fortgesetzt wird (BGH DRiZ 1981, 193, zw). Vgl ferner OLG Zweibrücken StV 1996, 138 für eine Verhandlung außerhalb der am Gericht schriftlich angebrachten Öffnungszeiten. **129.1**

Eine Verletzung von § 338 Nr 6 StPO liegt nicht vor, wenn eine **faktische Beschränkung der Öffentlichkeit** dem Gericht nicht zuzurechnen ist (vgl BGHSt 21, 72, 74; BGHSt 22, 297; Löwe/Rosenberg/Hanack StPO § 338 Rn 113; Meyer-Goßner StPO § 338 Rn 49 f). Abzustellen ist auf den erkennenden Spruchkörper. § 338 Nr 6 StPO ist daher verletzt, wenn der Vorsitzende oder der Spruchkörper eine unzulässige öffentlichkeitsbeschränkende Anordnung getroffen haben, oder wenn sie **bekannte oder fahrlässigerweise unbekannte Hindernisse nicht beseitigt** haben (BGHSt 22, 297, 301; NStZ 1995, 143). Ein Rechtsirrtum entlastet nicht (BGH JR 1979, 262 mit Anm Foth; OLG Zweibrücken NJW 1995, 3333). Unvorhersehbare Zufälligkeiten können dagegen eine Rüge nach § 338 Nr 6 StPO nicht begründen (vgl BGHSt 21, 72 = NJW 1966, 1570: Zuschlagen der Außentür). Beruht die Beschränkung auf einem **Verschulden nachgeordneter Beamter oder Bediensteter**, kommt es darauf an, ob das Gericht seine Aufsichts- und Weisungspflicht ihnen gegenüber verletzt hat. **130**

130.1 Vgl BGHSt 22, 297 (unzutreffende, vom Gericht unbemerkte Auskunft eines Wachtmeisters, es handele sich um eine nicht-öffentliche Jugendsache) und BGH NStZ-RR 2002, 103 (versehentliche Schließung der Zugangstür zum Verhandlungssaal [bei Kusch]). Bei einem **späten und außerhalb der üblichen Dienstzeiten liegenden Aufruf der Sache** müssen organisatorische Vorkehrungen getroffen sein, die eine Zugänglichkeit des Verhandlungssaales gewährleisten. Kommt es trotz solcher Vorkehrungen zu einem individuellen Fehlverhalten von Justizbediensteten, ist dies unschädlich (vgl OLG Karlsruhe NZV 2004, 241: Verschlossene Gerichtstür während der Schlussvorträge bei einer spät terminierten Sitzung aufgrund Versehens des Wachtmeisters). Bei **auswärtiger Fortsetzung der Hauptverhandlung** gebietet die Aufsichtspflicht, dass das Gericht sich selbst davon überzeugt, dass die Vorschriften über die Öffentlichkeit beachtet sind (BGH StV 1981, 3; OLG Hamm StV 2000, 659). Kontrolliert der Tatrichter den Aushang des Terminzettels nicht, hat er seine Aufsichtspflicht daher verletzt, wenn der Aushang keine hinreichenden Angaben auf den – auch nicht zuvor bekannt gegebenen – Ort eines auswärtigen Termins enthält; die Rüge nach § 338 Nr 6 StPO ist begründet (OLG Hamm StV 2002, 474).

3. Ausschluss der Öffentlichkeit

131 § 338 Nr 6 StPO ist verletzt, wenn ein angeordneter Ausschluss der Öffentlichkeit nicht von den gesetzlichen Voraussetzungen der § 171a GVG, § 171b GVG, § 172 GVG, § 173 GVG, § 175 GVG, § 177 GVG, § 48 JGG, § 109 Abs 1 S 4 JGG gedeckt ist, oder wenn die Vorschriften über das Ausschließungsverfahren nach § 174 GVG nicht beachtet sind, der ergangene Beschluss insbes keine hinreichende Begründung enthält.

132 Der Ausschluss der Öffentlichkeit kann für die gesamte Verhandlung, aber auch für einzelne Verfahrensabschnitte erfolgen. Er muss in letzterem Fall **für jeden Verfahrensabschnitt durch einen gesonderten Beschluss nach § 174 Abs 1 S 2 GVG förmlich angeordnet** werden; eine Anordnung des Vorsitzenden reicht nicht aus und begründet die Revision (vgl BGHSt 17, 220, 222; NStZ 1999, 371; NStZ 2008, 354). Das gilt insbesondere dann, wenn derselbe Zeuge, zu dessen erstmaliger, aber abgeschlossener Vernehmung die Öffentlichkeit ausgeschlossen war, in der laufenden Hauptverhandlung **nochmals unter Ausschluss der Öffentlichkeit vernommen werden soll** (BGH NStZ 2009, 286; NStZ 1992, 447). Eine entsprechende Anordnung des Vorsitzenden kann in diesem Fall einen förmlichen Beschluss nach § 174 Abs 1 S 2 GVG auch dann nicht ersetzen, wenn mit ihr auf den vorangegangenen Ausschließungsbeschluss Bezug genommen wird (BGH NStZ 2009, 286; NStZ 2008, 476).

132.1 Maßgeblich ist, ob die **Vernehmung des Zeugen bereits abgeschlossen** war, der Zeuge insbesondere förmlich entlassen wurde; hierzu können das Sitzungsprotokoll und der weitere Verfahrensgang, insbesondere der zeitliche Abstand zwischen den Vernehmungen Aufschluss geben. Ob zwischen den Verfahrensbeteiligten Einigkeit darüber bestand, dass der Zeuge nochmals ergänzend vernommen werden muss, ist unerheblich (vgl BGH NStZ 2009, 286). Anders verhält es sich nur dann, wenn dem Protokoll zu entnehmen ist, dass die Entlassung des Zeugen sofort zurückgenommen wurde und die für den Ausschließungsbeschluss maßgebliche Interessenlage fortbestand, so dass sich die **zusätzliche Vernehmung mit der vorangegangenen als Einheit** darstellt; ein erneuter Gerichtsbeschluss ist dann ausnahmsweise entbehrlich (BGH NStZ 1992, 447).

132a Das **Einverständnis des Angeklagten mit einem Ausschluss der Öffentlichkeit** oder ein eigener, hierauf gerichteter Antrag kann dazu führen, dass sich der Angeklagte mit der Revision auf einen Mangel in der Form – Vorsitzendenanordnung statt Gerichtsbeschluss – infolge **Verwirkung** nicht berufen kann, sofern die auf den Öffentlichkeitsausschluss gerichtete Entscheidung nur sachlich gerechtfertigt ist. Der BGH hat die Frage bislang offen gelassen, neigt aber ersichtlich dazu, dass die gegenteilige Auffassung „heutigen Vorstellungen von Verfahrensgerechtigkeit in unerträglichem Maße widerspricht und Anlass zur Prüfung einer Verwirkung einer darauf gerichteten Verfahrensrüge gegeben ist" (BGH NStZ 2008, 354; **aA** Meyer-Goßner StPO § 338 Rn 46).

133 Über die Frage, ob die Öffentlichkeit ausgeschlossen werde, kann **nach § 174 Abs 1 S 1 GVG nichtöffentlich verhandelt** werden; liegt ein entsprechender Antrag vor, kann die Anordnung nichtöffentlicher Verhandlung über den Ausschluss wegen der kein Ermessen zulassenden Rechtsfolge des § 174 Abs 1 S 1 Alt 1 GVG auch auf bloße Anordnung des Vorsitzenden ergehen (BGH NStZ 1999, 372). Die **unterlassene Anhörung** der Verfah-

rensbeteiligten nach § 174 Abs 1 S 1 GVG kann nur nach § 337 StPO gerügt werden (BGH NJW 1979, 276). Dagegen ist § 338 Nr 6 StPO verletzt, wenn der ergehende Beschluss nicht **nach § 174 Abs 1 S 2 GVG in öffentlicher Sitzung verkündet** worden ist. Dies gilt auch, wenn die Öffentlichkeit bereits zuvor aus anderem Grund vorübergehend ausgeschlossen war (BGH NStZ 1985, 37; NJW 1980, 2088; NStZ 1996, 202, 203). Ob die Verhandlung über den Ausschluss in Abwesenheit des Angeklagten nach **§ 247 StPO** erfolgen kann, ist Frage des Einzelfalles (vgl BGH NStZ-RR 1996, 139, 140 einerseits; BGH NJW 1979, 276 andererseits; vgl Rn 97). Aus dem Umstand, dass mit dem die Öffentlichkeit beschränkenden Beschluss zugleich eine Anordnung nach § 247 StPO hinsichtlich des Angeklagten ergangen ist, lässt sich für die Begründung des Öffentlichkeitsausschlusses nichts herleiten (BGH NStZ 1983, 324).

Der Beschluss muss **gem § 174 Abs 1 S 3 GVG die Angabe des Ausschließungs-** **134** **grundes in hinreichend bestimmter Form** enthalten (BGHSt 1, 334 = NJW 1952, 153; NStZ 1983, 324); Zweck des Begründungserfordernisses ist die Selbstkontrolle des Gerichtes und die Information der Öffentlichkeit (BGHSt 45, 117 = NJW 1999, 3060). Die herangezogene gesetzliche Bestimmung ist grds mitzuteilen (BGH NStZ 1986, 179; anders NStZ 1989, 442 für den Fall, dass die Begründung die Vorschrift eindeutig erkennen lässt). Hinreichend begründet ist der Beschluss mit der Angabe des Ausschließungsgrundes oder dem Gesetzeswortlaut aber nur, wenn damit der Grund der Ausschließung für den konkreten Fall eindeutig gekennzeichnet ist (BGHSt 27, 117, 119 = NJW 1977, 964 zu § 172 Nr 4 GVG; BGHSt 30, 193, 194 = NJW 1981, 2825 zu § 172 Nr 1 GVG; NStZ-RR 1996, 139). Es reicht nicht, wenn der Ausschließungsgrund sich lediglich aus dem – nicht mitgeteilten – Sachzusammenhang ergibt, oder wenn die in Bezug genommene Vorschrift mehrere Alternativen enthält (BGH NStZ 1983, 324 für § 172 Nr 1 GVG; BGHSt 38, 248, 249 zu 172 Nr 1 GVG und § 171 b GVG; vgl aber Rn 135).

Der bloße Hinweis auf **§ 172 Nr 1 oder § 172 Nr 2 GVG** in dem Gerichtsbeschluss reicht **134.1** daher nicht aus, wenn nicht ersichtlich wird, von welcher der in dieser Vorschrift nebeneinander aufgeführten Ausschließungsmöglichkeiten Gebrauch gemacht werden soll (BGH NStZ 1983, 324 zu § 172 Nr 1 GVG; BGHSt 27, 187 = NJW 1977, 1643 zu § 172 Nr 3 GVG aF [Umstände aus dem persönlichen Lebensbereich, nunmehr § 171 b GVG nF]; StV 2000, 243 für § 172 Nr 2 GVG). Noch ausreichend ist dagegen die Formulierung „Die Öffentlichkeit wird gem § 172 Nr 2 GVG (jetzt: § 171 b GVG) im Rahmen der Erörterung der persönlichen Verhältnisse des Angeklagten ausgeschlossen" (BGHSt 27, 187 = NJW 1977, 1643; Urt v 27. 4. 1976 – Az 5 StR 122/76). Auch die Bezeichnung von **§ 172 Nr 3 GVG** (Offenbarung eines privaten Geheimnisses) reicht zur Begründung des Ausschlusses grundsätzlich nicht aus; dem Beschluss muss in diesem Fall hervorgehen, inwieweit die Erörterung von geheimhaltungsbedürftigen Umständen iSv § 203 StGB zu besorgen war, wenn sich dies aus den Fallumständen nicht aufdrängt (vgl BGH NStZ-RR 1996, 139). Gibt der Beschluss dagegen **§ 172 Nr 1a GVG** als Ausschließungsgrund an, so genügt diese Angabe, da die Vorschrift nur einen einzigen Ausschließungsgrund enthält (BGHSt 41, 145, 146 = NStZ 1996, 50); gleiches gilt für **§ 172 Nr 4 GVG** (BGHSt 27, 117 = NJW 1977, 964; BGHSt 27, 187 = NJW 1977, 1643, 1644; NStZ-RR 1996, 139).

Eine **unzureichende Begründung** sollte nach früherer Rspr die Revision auch dann **135** begründen, wenn der Ausschließungsgrund für die Prozessbeteiligten und die Zuschauer **offen zutage tritt** (BGHSt 2, 56, 57 = NJW 1952, 632; BGHSt 27, 187 = NJW 1977, 1643; offen gelassen von BGH NStZ 1994, 591; vgl auch BGH NStZ 1999, 372 [obiter]). Nach neuerer Rspr (BGHSt 45, 117 = NJW 1999, 3060; NStZ 1999, 92 [Anfragebeschluss]; NStZ-RR 2002, 262 bei Becker) liegt in einem derartigen Fall zwar ein Begründungsmangel vor; dieser wiegt aber nicht so schwer, dass er den absoluten Revisionsgrund des § 338 Nr 6 StPO begründet, wenn

- sich aus den Urteilsgründen und dem Sitzungsprotokoll der Verfahrensablauf bis zum Ausschluss ergibt,
- hieraus ersichtlich ist, dass für die Zuhörer im Gerichtsaal ohne weiteres erkennbar war, auf welche Prozesshandlungen sich der Ausschluss beziehen und warum er erfolgen sollte, und
- auch das Revisionsgericht auf dieser Grundlage sicher ausschließen kann, dass nach der konkreten Sachlage aus rechtlichen Gründen eine andere Entscheidung des Tatgerichts in Betracht kam.

135.1 Liegen diese Voraussetzungen vor, ist es auch unschädlich, wenn der fehlerhafte Beschluss den gesetzlichen Ausschließungsgrund nicht angibt. In BGHSt 45, 117 = NJW 1999, 3060 konnte dementsprechend als Rechtsgrundlage für eine Ausschließung, die sich auf die Vorführung eines Videofilmes über sexuelle Handlungen an dem Tatopfer bezog, § 171 b GVG und § 172 Nr 1 GVG (Gefährdung der Sittlichkeit) herangezogen werden. Vgl andererseits BGH StV 2000, 243 für den Fall, dass die Voraussetzungen von § 172 Nr 2 GVG aus der bisherigen Hauptverhandlung nicht hinreichend hervorgingen.

136 Ob eine **Bezugnahme auf frühere Beschlüsse oder Anträge** ausreicht, ist Frage des Einzelfalles (vgl BGH NStZ 1994, 591: Bezugnahme auf Antrag kann ausreichen; BGHSt 30, 298 = NJW 1982, 948: ausdrückliche Bezugnahme auf früheren Beschluss ausreichend). Der bloße Umstand, dass eine Entscheidung bei gleicher Sachlage vorausging, lässt eine Übertragung der Begründung dieser Entscheidung auf einen neuen, begründungslosen Beschluss nicht zu (BGH NStZ 1982, 169); allerdings wird in einem derartigen Fall nunmehr in Betracht kommen, dass der Ausschließungsgrund offenkundig ist und daher nicht erneut angegeben zu werden braucht.

136.1 Ausreichend ist auch eine Bezugnahme auf die Gründe eines unmittelbar zuvor ergangenen Beschlusses, wenn beide **Entscheidungen als Einheit** angesehen werden können, weil sie unter denselben Voraussetzungen zu derselben Zeugenvernehmung ergangen sind und der zweite Beschluss nur die Aufgabe hatte, die unterbrochene Ausschließungswirkung des ersten, noch nicht erledigten Beschlusses wiederherzustellen (BGH NJW 1979, 276). Die **Bezugnahme auf den Ausschließungsantrag** kann nach diesen Grundsätzen ausreichen, wenn der Antrag hinreichend dokumentiert und einschließlich des wesentlichen Inhalts seiner Begründung nach § 273 Abs 1 StPO protokolliert ist (BGH NStZ 1994, 591 obiter).

137 Das **Revisionsgericht** kann einen fehlerhaft begründeten Ausschließungsgrund nicht durch einen anderen **ersetzen**, selbst wenn sich dessen Voraussetzungen nach den Fallumständen aufdrängen (vgl BGH NStZ-RR 1996, 140). Hat das Tatgericht sich in einem Beschluss auf unterschiedliche Ausschließungsgründe für verschiedene Zeugen gestützt, so soll die fehlerhafte Begründung des Ausschlusses für den einen Zeugen wegen untrennbarer Beurteilung auch den – für sich genommen fehlerfrei begründeten – Ausschluss der Öffentlichkeit bei Vernehmung des anderen erfassen (BGHSt 27, 187 = NJW 1977, 1643, 1644 für § 172 Nr 2 und 4 GVG; zw, da der Fall sich schwerlich anders verhalten kann, als wenn zwei Beschlüsse verkündet worden wären).

138 Beschränkt sich der Ausschluss der Öffentlichkeit auf einen **bestimmten Verfahrensabschnitt**, etwa auf die Dauer der Vernehmung eines Zeugen, so umfasst er alle Verfahrensvorgänge, insbes alle Erklärungen und Anträge der Verfahrensbeteiligten sowie alle Entscheidungen des Gerichte, die mit der Vernehmung **in enger Verbindung stehen oder sich aus ihr entwickeln** und die daher zu diesem Verfahrensabschnitt gehören (BGH NStZ 1983, 213 bei Pfeiffer; StV 1985). Hierzu zählen die Einnahme eines Augenscheines (BGHR GVG § 171 b Abs 1 Augenschein 1; Beschl v 23. 4. 2007 – 4 StR 12/98), Hinweise auf die Veränderung tatsächlicher Umstände, wenn sie aus der Zeugenaussage hervorgehen (BGH NStZ 1999, 371), die Entgegennahme von Anträgen, wenn sie in Zusammenhang mit der Vernehmung stehen (BGH NStZ 1999, 371), die Entscheidung über die Vereidigung des Zeugen (BGHSt 42, 158 = NJW 1996, 2663) und die Entlassung des Zeugen (BGH NJW 2003, 2761, 2763).

138.1 Die **Bestimmung des Termins zur Fortsetzung der Hauptverhandlung** unterfällt nicht dem Schutz des Öffentlichkeitsgrundsatzes, da der Termin auch außerhalb der Hauptverhandlung verlegt werden könnte (BGH NStZ 2002, 46; NJW 2003, 2761; NJW 2004, 865, 867); dass die Terminsbestimmung unter Ausschluss der Öffentlichkeit erfolgt ist, kann daher nicht gerügt werden. Generell kann jede Anordnung, die **zulässigerweise auch außerhalb der Hauptverhandlung** vorgenommen werden oder jedenfalls außerhalb der Hauptverhandlung in Abänderung von Anordnungen in der Hauptverhandlung ergehen kann, auch im Rahmen der Hauptverhandlung während des Ausschlusses der Öffentlichkeit getroffen werden (vgl BGHSt 42, 158 = NJW 1996, 138; NStZ 1984, 134, 135; NStZ-RR 2002, 261 bei Becker). § 338 Nr 6 StPO ist dementsprechend auch dann nicht verletzt, wenn Verfahrensvorgänge, die nicht notwendig in laufender Hauptverhandlung stattzufinden haben, sich unmittelbar nach Unterbrechung der Sitzung zugetragen haben, auch wenn sie in das Hauptverhandlungsprotokoll aufgenommen werden (BGH NStZ 2000, 294 bei Kusch).

Denkgesetzlich ausgeschlossen ist das Beruhen auf einem Verstoß gegen § 338 Nr 6 StPO, wenn Verfahrensvorgänge unter unzulässigem Öffentlichkeitsausschluss Tatteile betreffen, die später nach § 154 a StPO ausgeschieden wurden (BGH NJW 1996, 138), wenn einem nach § 265 StPO erteilten Hinweis keine Bedeutung beikam (BGH NStZ 1999, 371), wenn nichtöffentlich eine Einstellung nach § 154 Abs 2 StPO erfolgt ist (BGH NStZ 1999, 371), oder wenn der betroffene Verfahrensvorgang nur eine unerörterte Bemerkung des Vorsitzenden über das beabsichtigte weitere Verfahren betrifft (vgl BGH NStZ 2000, 294 bei Kusch: Ankündigung, einen weiteren Sachverständigen zu beauftragen). Ist die Anordnung, dass die Verhandlung unterbrochen wird, in unmittelbarem Anschluss an eine nichtöffentliche Zeugenvernehmung erfolgt, ohne dass die Öffentlichkeit bereits wiederhergestellt war, so ist gleichfalls auszuschließen, dass das Urteil hierauf beruht (BGHSt 42, 158 = NJW 1996, 138; NJW 2003, 2761, 2763; NJW 2004, 865, 867). 139

Auf das Fehlen der sachlichen Voraussetzungen des Ausschließungsgrundes kann die Revision im Fall von § 171 b GVG wegen **§ 171 b Abs 3 GVG, § 336 StPO** nicht gestützt werden, wenn nicht eine willkürliche Sachbehandlung nahe liegt (BGH NJW 2004, 865, 867).

4. Sitzungspolizeiliche Maßnahmen

§ 338 Nr 6 StPO kann auch dadurch berührt sein, dass einzelne Personen aufgrund sitzungspolizeilicher Maßnahmen in einer den gesetzlichen Voraussetzungen nicht entsprechenden Weise aus dem Verhandlungsraum entfernt werden (BGHSt 24, 329, 330; 18, 179, 180; **aA** KK-StPO/Diemer § 176 GVG Rn 7), insbesondere, wenn **Zuschauer des Sitzungssaales verwiesen** werden und ihnen die weitere Teilnahme an der Hauptverhandlung untersagt wird. Da derartige Maßnahmen des Vorsitzenden trotz ihrer sitzungspolizeilichen Natur zugleich eine **Sachleitung iSd § 238 Abs 2 StPO** darstellen, setzt eine auf § 338 Nr 6 StPO gestützte Rüge eine rechtzeitige Beanstandung in der Hauptverhandlung und die Herbeiführung eines Gerichtsbeschlusses voraus (BGH Beschl v 29. 5. 2008 – Az 4 StR 46/08; KK-StPO/Tolksdorf StPO § 238 Rn 16; Meyer-Goßner StPO § 238 Rn 13). 139a

Aufforderungen des Gerichtes an einzelne Anwesende, den **Sitzungssaal freiwillig zu verlassen**, verletzen § 338 Nr 6 StPO dann nicht, wenn die Bitte aus Sachgründen erfolgt, nicht den Charakter einer Anordnung hat und der betroffene Zuhörer ihr nicht entgegen seinem Willen folgt (BGH NJW 1989, 465; kritisch Schneiders StV 1990, 91). Sie darf allerdings nicht an alle Anwesenden gerichtet sein, da auf diesem Weg die Ausschließungsvoraussetzungen umgangen werden würden (BGH NStZ 1993, 450; OLG Braunschweig StV 1994, 474). 139.1

5. Vortragserfordernisse

Im Falle tatsächlicher Beschränkungen muss die Revision alle maßgeblichen tatsächlichen Umstände mitteilen; hierzu gehören nicht nur die **örtlichen Verhältnisse**, sondern auch die **Auswahl der Zuhörer** und die Umstände, die diese Auswahl **ermessenfehlerhaft oder willkürlich** erscheinen lassen (BGH NJW 2006, 1220, 1221). Im Falle einer irrtümlichen Öffentlichkeitsbeschränkung ist nicht erforderlich, zu dem Verschulden des Gerichtes vorzutragen, wenn sich dieses nur aus **gerichtsinternen Umständen** ergeben kann (OLG Hamm StV 2002, 474). Da die Verletzung von § 338 Nr 6 StPO nicht voraussetzt, dass eine unzulässige Beschränkung tatsächlich zu einer geringeren Öffentlichkeit in Form einer verringerter Zuhörerzahl geführt hat (vgl BayObLG NJW 1982, 396), bedarf es auch nicht der Darlegung, ob sich von den beanstandeten Umständen tatsächlich jemand von der Teilnahme hat abhalten lassen (OLG Zweibrücken NJW 1995, 3333; **aA** Meyer-Goßner StPO § 338 Rn 50 a). 140

Bei einer fehlerhaften Ausschließung der Öffentlichkeit sind der **beanstandete Beschluss** und ein eventuell in Bezug genommener vorangehender Beschluss mitzuteilen; der Antrag auf Ausschließung ist nur dann wiederzugeben, wenn der Ausschließungsbeschluss auf ihn Bezug nimmt. Weiterhin bedarf es zur Prüfung, ob ein Beruhen des Urteils auf dem Fehler denkgesetzlich ausgeschlossen ist (vgl Rn 4), einer **Bezeichnung des Gegenstandes des** 141 unter Ausschluss der Öffentlichkeit durchgeführten Verhandlungsteiles; im Falle einer Zeugenvernehmung umfasst dies die zumindest pauschale Wiedergabe des Inhaltes der Zeugenaussage (BGH NStZ 2008, 354). Wird allein gerügt, dass bestimmte Verfahrensvorgänge von dem Ausschluss betroffen, von dem Ausschließungsbeschluss aber nicht erfasst gewesen seien, sind diese und der Zeitpunkt der Wiederherstellung der Öffentlichkeit genau zu bezeichnen.

VII. Fehlende oder verspätete Urteilsbegründung (§ 338 Nr 7 StPO)
1. Fehlende Gründe

142 Fehlende Entscheidungsgründe führen idR **schon auf die Sachrüge** zur Aufhebung (vgl aber Rn 149). Als **Ursache für das Fehlen** der Urteilsgründe kommt in Betracht ein Ausscheiden der berufsrichterlichen Mitglieder des Spruchkörpers aus dem Justizdienst vor Urteilsabsetzung (BGH NStZ 1993, 30 bei Kusch), das Versterben des befassten Richters (OLG Celle NJW 1959, 1648) oder eine versehentliche Urteilsverkündung (vgl OLG Zweibrücken NStZ-RR 1997, 10: doppeltes Urteil). Auch eine versehentlich fehlende Abschlussberatung und infolgedessen völlig fehlende Unterschriftsleistung fallen unter § 338 Nr 7 StPO, da in diesem Fall nur der Entwurf von Urteilsgründen vorliegt (näher Rn 149).

143 Fehlenden Urteilsgründen steht es gleich, wenn das Urteil mit ursprünglich ordnungsgemäßer Begründung **abhanden gekommen** ist. Ist eine Abschrift vorhanden, reicht dies jedoch aus, wenn festgestellt werden kann, dass ihr Inhalt dem Original entspricht; eine sonstige verlässliche **Rekonstruktionsmöglichkeit** steht § 338 Nr 7 StPO nur entgegen, wenn dadurch die Garantie gegeben ist, dass die Neufassung eine wörtliche Übereinstimmung mit der ursprünglichen Fassung darstellt (BGH NStZ 1980, 1007; MDR 1980, 274 bei Holtz).

144 Das **teilweise Fehlen der Urteilsgründe** fällt dann unter § 338 Nr 7 StPO, wenn die fehlenden Teile einen abtrennbaren Tatvorwurf betreffen; dies kann, wenn nicht Auswirkungen auf den sonstigen Urteilsinhalt zu besorgen ist, zu einer entsprechenden Teilaufhebung führen. Bloße Lücken oder andere Mängel der Entscheidungsgründe unterfallen § 338 Nr 7 StPO dagegen nicht. So kann das Fehlen von Rubrum oder Tenor der angefochtenen Entscheidung nur nach § 337 StPO gerügt werden (Meyer-Goßner StPO § 338 Rn 55); gleiches gilt für fehlende oder unzureichende Feststellungen (vgl § 337 StPO Rn 81). Auch Begründungsmängel eines versehentlich nach **§ 267 Abs 4 StPO** abgekürzt abgesetzten Urteils sind allein auf die Sachrüge beachtlich.

2. Verspätete Begründung

145 Bereits die **geringfügige Überschreitung** der Fristen des § 275 Abs 1 S 2 und 4 StPO begründet die Revision nach § 338 Nr 7 StPO (BGH StV 1998, 477: zwei Stunden; StraFo 2005, 76: ein Tag); auf die fehlende – auch denkgesetzliche ausgeschlossene – Möglichkeit, ob die Richtigkeit und Vollständigkeit der Urteilsgründe von der Fristüberschreitung beeinflusst sind, kommt es nicht an (BGH NStZ-RR 2003, 6 bei Becker). Die Rüge kann auch von der StA geltend gemacht werden (BGH NStZ 1985, 184). Maßgebend ist grundsätzlich der **Eingang des Urteils bei der Geschäftsstelle**. Allerdings reicht es aus, wenn die Akten rechtzeitig **auf den Weg dorthin gebracht** worden sind.

145.1 Hat der letztunterschreibende Richter die Akten mit dem unterschriebenen Urteil am letzten Tag der Frist auf den Abtrag in seinem Dienstzimmer gelegt, weil die Geschäftsstelle nicht mehr besetzt war, so ist die Frist gewahrt (BGHSt 29,43 = NJW 1980, 298; OLG Bremen StV 1998, 641: bloße Ablieferung des unterschriebenen Urteils im Dienstzimmer des Richters reicht nicht). Dagegen ist die endgültige Urteilsfassung dann nicht fristgerecht zu den Akten gebracht worden, wenn das unterschriebene Urteil zwar innerhalb der Frist zur Geschäftsstelle gelangt ist, der Vorsitzende es sich aber wieder vorlegen lässt und nach Fristablauf noch Änderungen vornimmt; das Urteil hat vielmehr in der Form bei den Akten zu verbleiben, in der es zum Zeitpunkt des Eingangs auf der Geschäftsstelle vorlag (BGH NStZ 1993, 200).

146 Das **Revisionsgericht** prüft die Fristlänge einschließlich der Voraussetzungen ihrer etwaigen Verlängerung nach § 275 Abs 1 S 4 StPO selbständig nach (BGHSt 26, 247 = NJW

1976, 431; vgl auch NStZ-RR 2008, 181 zur Erkrankung des Berichterstatters). Lässt sich die Einhaltung der Frist weder durch den Eingangsvermerk auf der Geschäftsstelle noch im Wege des Freibeweises sicher feststellen, ist von einer Fristüberschreitung auszugehen (KK-StPO/Kuckein StPO § 338 Rn 96).

3. Fehlende oder fehlerhafte ersetzte Unterschrift

Auch Unterschriftsmängel fallen unter § 338 Nr 7 StPO; sie stellen **nicht lediglich eine Unvollständigkeit der Entscheidungsgründe** dar. Zutreffenderweise führt eine fehlende oder unzulässig ersetzte Unterschrift bereits zu fehlenden Urteilsgründen im Sinne der 1. Alternative des Revisionsgrundes, da die zu den Akten gebrachten Gründe von den zur Entscheidung berufenen Richtern nicht legitimiert sind, tatsächlich also ein nicht fertig gestelltes Urteil vorliegt (anders wohl BGHSt 46, 204 = NJW 2001, 838: 2. Alt.). Allerdings ist eine **Verfahrensrüge** zu erheben, da der Mangel seine Grundlage in einer verfahrensrechtlichen Norm (§ 275 Abs 2 StPO) hat und die Prüfung, ob es sich lediglich um einen Urteilsentwurf handelt, nur unter Vermittlung der zugrunde liegenden Verfahrensvorgänge erreicht werden kann. Die aus der Urteilsurkunde ersichtliche Anzahl von Unterschriften genügt hierzu nicht (BGHSt 46, 204 = NJW 2001, 238; **aA** BayObLG NJW 1967, 1578). 147

Die **Unterschriften müssen die endgültige Urteilsbegründung abdecken**, so wie sie Gegenstand der Urteilsberatung war; eine vorläufige Unterschrift oder Ergänzungen ohne das Wissen eines Richters, der die Unterschrift bereits geleistet hat, sind unzulässig, wenn die Änderung oder Ergänzung nicht innerhalb der Frist des § 275 Abs 1 S 2 StPO genehmigt wird (vgl BGHSt 26, 247, 248 = NJW 1976, 431; BGHSt 27, 334, 335 = NJW 1978, 899; NStZ 1984, 378). Das Ersetzen der Unterschrift eines nicht verhinderten, sondern die Unterschrift verweigernden Richters ist nicht möglich. Dagegen ist eine Unterschriftsleistung unter Voranstellung einer abweichenden Auffassung unschädlich, wenn damit nur das Ergebnis einer stattgefundenen Beratung bekundet werden soll (BGHSt 26, 92 = NJW 1975, 1177). 148

Eine fehlende Unterschrift kann nach Ablauf der Frist des § 275 Abs 1 S 2 StPO **nicht nachgeholt** werden (BGHSt 28, 194, 196); liegt sie bei Fristablauf nicht vor, ist § 338 Nr 7 StPO in der 2. Alternative erfüllt. Auch ein Verhinderungsvermerk muss fristgerecht angebracht worden sein (BGH NStZ-RR 2000, 237). 149

Ist die Unterschrift nach § 275 Abs 2 StPO unter Angabe des Grundes **ersetzt worden**, prüft das Revisionsgericht idR nicht nach, ob ein **Verhinderungsgrund tatsächlich vorlag**, wenn der angegebene Grund abstrakt geeignet ist, zu einer Verhinderung zu führen (BGH BGH NJW 1961, 782; BGHSt 31, 212, 214 = NJW 1983, 1745; NJW 1980, 1849; NStZ 1993, 96); dem Tatgericht kommt insoweit ein Beurteilungsspielraum zu, ob es die Unterschrift ersetzt oder dem betroffenen Richter zumutet, seine Unterschrift zu ermöglichen (BGHR StPO § 275 Abs 2 S 2 Verhinderung 3; Löwe/Rosenberg/Gollwitzer StPO § 275 Rn 48). Anders verhält es sich, wenn geltend gemacht wird, dass der Verhinderungsvermerk auf sachfremden Erwägungen beruht, oder wenn der Ersetzungsvermerk die Verhinderung nicht schlüssig ergibt oder gänzlich fehlt (BGHSt 28, 194 = NJW 1979, 663; BGHSt 31, 212, 214 = NJW 1983, 1745); das Revisionsgericht prüft dann das tatsächliche Vorliegen einer Verhinderung im Freibeweisverfahren. 150

> **Anderweitige Dienstgeschäfte** können eine Verhinderung begründen (BGHSt 21, 174 = NJW 1967, 637; BGHSt 31, 212, 214 = NJW 1983, 1745: Betriebsausflug; NJW 1974, 870). Da dies generell der Fall ist, brauchen sie in dem Verhinderungsvermerk nicht näher dargelegt zu werden. Es ist Sache des pflichtgemäßen Ermessens, Dauer, Gewicht und Dringlichkeit der konkurrierenden Amtsgeschäfte gegeneinander abzuwägen. Die **Versetzung eines Richters** hindert rechtlich nicht an der Unterschrift, da mit der Beurkundung nur eine Amtshandlung abgeschlossen wird, die vor dem Ausscheiden begonnen und zum wesentlichen Teil verwirklicht wurde (BGH NStZ 1982, 476, 477; BayObLG NJW 1967, 1578); ist sie allerdings mit einem Wechsel des Dienstortes verbunden, wird regelmäßig eine tatsächliche Verhinderung des versetzten Richters nicht ausgeschlossen werden können (vgl BGH NStZ 1993, 96; NStZ-RR 1999, 46; NStZ-RR 2003, 292 bei Becker). Die bloße tatsächliche, auf keinen besonderen Umständen beruhende **Unerreichbarkeit** am – unveränderten – Dienstort begründet eine Verhinderung nicht (BGHSt 28, 194 = NJW 1979, 330). 150.1

4. Vortragserfordernisse

151 Die Revision muss die **Tatsachen darlegen, die eine Berechnung der sich aus § 275 Abs 1 StPO ergebenden Frist ermöglichen** (BGH NJW 1980, 1292). Geht der Revisionsführer vom Regelfall der Fünfwochenfrist des § 275 Abs 1 S 2 Hs 1 StPO aus, muss er die konkrete Länge der Hauptverhandlung nicht mitteilen oder sonst ausdrücklich ausschließen, dass die Hauptverhandlung so lange gedauert, dass sie eine Verlängerung der Frist nach § 275 Abs 1 S 2 Hs 2 StPO bewirkt hätte (BGHSt 29, 43 = NJW 1980, 298). Die Revision muss aber angeben, an welchem Tag das Urteil verkündet und wann es mit den Gründen zu den Akten gebracht wurde (BGHSt 29, 203 = NJW 1980, 1292). Sie muss insbes mitteilen, auf welchen Tag der Urkundsbeamte den Eingang des von den Berufsrichtern unterzeichneten Urteils vermerkt hat; hierzu ist der Angeklagte über seinen Verteidiger durch Akteneinsicht in der Lage (BGH Beschl v 28. 8. 2007 – Az 1 StR 402/07).

152 Wird mit der Revision beanstandet, dass ein Verhinderungsgrund für die Ableistung der – ersetzten – Unterschrift gefehlt hat, muss der Revisionsführer **Willkür** begründende Umstände substantiiert und schlüssig dartun (BGHSt 31, 212, 214 = NJW 1983, 1745).

VIII. Unzulässige Beschränkung der Verteidigung (§ 338 Nr 8 StPO)

1. Voraussetzungen

153 Auch § 338 Nr 8 StPO vermutet das Beruhen in seinem Anwendungsbereich. Die Voraussetzung, dass die Verteidigung „in einem für die Entscheidung wesentlichen Punkt" beschränkt worden sein muss, führt praktisch jedoch zu einer **modifizierten Beruhensprüfung** (vgl Löwe/Rosenberg/Hanack StPO § 338 Rn 125; Kuckein StraFo 2000, 399; aA Meyer/Goßner StPO § 338 Rn 58: § 338 Nr 8 StPO sei kein absoluter Revisionsgrund). Es muss – auch aufgrund der Bedeutung des Verfahrensverstoßes – die **Möglichkeit eines konkret-kausalen Zusammenhangs** zwischen dem Verfahrensfehler und dem Urteil bestehen (BGHSt 30, 131, 135 = NJW 1981, 2267; BGHSt 44, 82 = NJW 1998, 2296).

154 Eine unzulässige Beschränkung der Verteidigung liegt vor, wenn die Zurückweisung einer Prozesshandlung der Verteidigung **einer Norm des Prozessrechtes zuwiderläuft** (BGHSt 21, 334, 360, BGHSt 30, 131, 137 = NJW 1981, 2267). Sie kommt weiterhin in Betracht, wenn das Gericht gegen den **Grundsatz fairen Verfahrens oder des rechtlichen Gehörs verstößt**, oder wenn es seiner **Fürsorgepflicht nicht gerecht wird** (Meyer-Goßner StPO § 338 Rn 59). § 338 Nr 8 StPO hat allerdings nur eine Auffangfunktion. Es muss sich bei der beanstandeten Beschränkung um einen Verstoß handeln, der in seiner Schwere dem **Gewicht der anderen absoluten Revisionsgründe gleichkommt** (KK-StPO/Kuckein StPO § 338 Rn 101).

155 Die Beschränkung ist nach § 338 Nr 8 StPO nur dann maßgebend, wenn sie in einem **Gerichtsbeschluss in der Hauptverhandlung** begründet liegt (BGH NStZ 1993, 31 bei Kusch). Ein Beschluss vor oder außerhalb der Hauptverhandlung (BGHSt 21, 334, 359 = NJW 1968, 710) oder eine Anordnung des Vorsitzenden (OLG Stuttgart StV 1988, 145) reicht nicht aus. Dies kann erfordern, dass der Angeklagte in der Hauptverhandlung einer Anordnung des Vorsitzenden widerspricht und einen Gerichtsbeschluss nach § 238 Abs 2 StPO herbeiführt. Einem die Verteidigung beschränkenden Beschluss steht es gleich, wenn das Gericht einen gestellten Antrag nicht bescheidet (OLG Bremen NJW 1981, 2827; OLG Düsseldorf StV 1983, 26; KK-StPO/Kuckein StPO § 338 Rn 102).

156 Auf Privat- und Nebenkläger ist § 338 Nr 8 StPO nicht anwendbar (Meyer-Goßner StPO § 338 Rn 58).

2. Kasuistik

157 Die zu § 338 Nr 8 StPO ergangene Rechtsprechung entzieht sich weitgehend einer systematischen Einordnung, sondern gründet sich auf einer einzelfallbezogenen Auslegung der als verletzt gerügten Verfahrensvorschrift.

157.1 Die **Verletzung eines Vertrauenstatbestandes** kann die Revision nach § 338 Nr 8 StPO begründen, wenn der Angeklagte durch das Verhalten des Gerichtes in eine Lage versetzt wurde, die sein Verteidigungsverhalten beeinflusst hat und bei verständiger Einschätzung der Verfahrenslage auch beeinflussen konnte. Maßgeblich sind die Umstände des jeweiligen Verfahrens. Ein nicht gebotener Hinweis oder eine nicht gebotene Frage des Gerichtes allein vermögen den Angeklagten im Allgemeinen nicht allein deshalb zu Schlussfolgerungen zu veranlassen, weil der Hinweis oder die Frage in anderen, vergleichbaren Verfahrenssituationen unterbleibt (BGH StraFo 2006, 454). Eine nicht eingehaltene Zusicherung, bei Verspätung des Verteidigers bis zu einem bestimmten Zeitpunkt **mit dem Verhandlungsbeginn zuzuwarten,** kann dagegen gegen § 338 Nr 8 StPO verstoßen (OLG Celle StV 1989, 8).

Ein nach § 338 Nr 8 StPO revisibler Rechtsverstoß durch **Ablehnung eines Aussetzungs-** **antrages** kommt in Betracht, wenn die Vorbereitung der Verteidigung unverhältnismäßig eingeschränkt ist, wenn etwa der Verteidigung zur Verarbeitung umfangreicher schriftlicher Vorgutachten, auf deren Inhalt ein Sachverständiger sich bei seiner mündlichen Gutachtenerstattung maßgeblich stützt, ein unzureichend kurzer Zeitraum zur Verfügung stand. Auch bei hinreichender Information über das vorläufige Gutachten kann eine Unterbrechung oder Aussetzung geboten sein, wenn der Sachverständige aufgrund neuer Erkenntnisse in seinem in der Hauptverhandlung erstatteten Gutachten in wesentlichen Punkten von dem vorläufigen Gutachten abweicht (vgl BGH Beschl v 12. 9. 2007 – Az 1 StR 407/07). Vgl für weitere Fälle gebotener Aussetzung wegen **unzureichender Vorbereitung der Verteidigung** BGH NJW 2000, 1350, NStZ 1983, 281; NStZ 1985, 29 (verspätete Ladung). Eine nach **§ 145 Abs 3 StPO** fehlerhaft abgelehnte Aussetzung aufgrund eines in einem bestimmten Termin neu auftretenden Verteidigers verletzt § 338 Nr 8 StPO nicht, wenn der ursprüngliche Verteidiger sich an dem Folgetermin zu der durchgeführten Beweisaufnahme hinreichend erklären kann (BGH NStZ 2000, 212). Die Ablehnung einer Unterbrechung nach Verteidigerneubestellung kann aber eine nach § 338 Nr 8 StPO erhebliche Einschränkung der Verteidigung darstellen, wenn zugleich der Angeklagte ohne hinreichenden Grund in Gewahrsam genommen wird (BGH NStZ 2004, 637). Zur Ablehnung der Aussetzung nach § 190 StGB, § 191 StGB vgl BGHSt 21, 34, 360. Die **Verhinderung oder eine Terminschwierigkeit eines Verteidigers** zwingt nicht zur Aussetzung der Hauptverhandlung und verletzt § 338 Nr 8 StPO nicht, wenn das Gericht sich zuvor hinreichend um einen mit dem Verteidiger abgestimmten Termin bemüht hat (BGH NJW 1992, 849; NStZ 1998, 311).

Zu **Beschränkungen des Fragerechts** nach § 241 Abs 2 StPO und § 68a Abs 1 StPO vgl BGHSt 21, 334, 360; NStZ 2001, 138. Nach BGH NStZ 1982, 158 kann auch die rechtsfehlerhafte Zurückweisung von Fragen mangels Sachzusammenhanges nach § 338 Nr 8 StPO bedeutungslos sein, wenn die Verteidigung zuvor während mehrtägiger Befragung ausreichend Gelegenheit hatte, einem Zeugen für die Wahrheitsfindung bedeutsame Fragen zu stellen. Die Ablehnung eines Antrages, den **Verteidiger über Erklärungen des Angeklagten zur Schuldfrage zu vernehmen** oder Fragen hierzu zuzulassen, beschränkt die Verteidigung nicht unzulässig, denn der Verteidigungsstrategie des Angeklagten ist kein tauglicher Gegenstand der Beweisaufnahme. Der Inhalt von Besprechungen des Angeklagten mit seinem Verteidiger dient vielmehr der Vorbereitung der Verteidigung und ist einer Kognition durch das Gericht regelmäßig entzogen (BGHSt 36, 44, 48 = NStZ 1989, 331; NJW 2007, 3010; NStZ 2008, 115). Soweit ein Angeklagter seiner Einlassung durch die Darlegung einer Aussagekonstanz gegenüber seinem Verteidiger weiteres Gewicht verleihen möchte, kommt statt einer Einvernahme des Verteidigers nur die eigene Einlassung des Angeklagten und eine entsprechende Erklärung des Verteidigers in der Hauptverhandlung in Betracht (vgl BGH NStZ 2008, 115, 116, allerdings zweifelnd zum Beweiswert).

Der Angeklagte kann nur in Ausnahmefällen rügen, dass er durch die Ausgestaltung des Rechtes seines Verteidigers auf **Akteneinsicht** in seinen Verteidigungsrechten unfair beschränkt worden ist. Grundsätzlich kann hierauf die Revision schon im Hinblick auf § 336 S 2 StPO iVm § 147 Abs 4 S 2 StPO nicht gestützt werden (BGH NStZ 2000, 46; NStZ-RR 2008, 48 LS). Ein rügefähiger Verfahrensverstoß liegt daher nur dann vor, wenn Akteneinsicht insgesamt verwehrt wurde, sie trotz rechtzeitiger Antragstellung zu spät gewährt wurde oder ihre Ausgestaltung einer Verweigerung nahe kommt (vgl BGH NStZ 1985, 87). Die Ablehnung einer **Beiziehung von Spurenakten** begründet die Rüge nicht; Einsicht kann nur in das verlangt werden, was dem Gericht selbst vorliegt (BGHSt 30, 131 = NJW 1981, 2267). In das Senatsheft des Revisionsgerichtes muss Einsicht nicht gestattet werden (BGH NStZ 2001, 551). Unter § 338 Nr 8 StPO fällt jedoch, wenn dem Angeklagten oder seinem Verteidiger entgegen § 35 Abs 1 S 2 StPO **keine Abschrift eines Beschlusses** erteilt wird, es sei denn, die mündliche Mitteilung der Beschlussgründe ist derart erschöpfend, dass der Angeklagte seine Verteidigung hierauf einstellen kann (offen gelassen von BGH NStZ 2008, 110; vgl Löwe/Rosenberg/Hanack StPO § 338 Rn 129).

Zur zugelassenen **Aussageverweigerung eines Zeugen**, dessen Vernehmung die Verteidigung begehrt, vgl BGHSt 21, 334, 360. Die Ablehnung einer Tonbandaufzeichnung der Aussage eines

Zeugen verstößt nicht gegen § 338 Nr 8 StPO (BGH NStZ 1982, 42). Die **Zurückweisung von Beweisanträgen** ohne inhaltliche Prüfung **als rechtsmissbräuchlich** (BGHSt 29,1 49 = NJW 1980, 1533; vgl aber § 337 StPO Rn 65 ff) oder die Weigerung, Beweisanträge des Verteidigers überhaupt entgegenzunehmen (BGH JR 1980, 218), verstößt gegen § 338 Nr 8 StPO. Bei exzessiver Beweisantragstellung kann das Gericht aber anordnen, dass Beweisanträge nur noch über den Verteidiger zu stellen sind; in Extremfällen kann eine Frist gesetzt werden, nach deren Ablauf gestellte Beweisanträge nicht mehr durch gesonderten Gerichtsbeschluss, sondern erst in den Urteilsgründen beschieden werden (BGH NJW 2005, 2466). § 338 Nr 8 StPO ist hiervon nicht berührt.

157.6   Wird in einer Berufungsverhandlung ein neuer **Sachverständiger** zu Schuldfähigkeitsfragen beauftragt, der sein Gutachten ohne vorherige Untersuchung des Angeklagten erstatten soll, und erfolgt keine Auseinandersetzung mit dem für den Angeklagten günstigen Gutachten aus erster Instanz, kann § 338 Nr 8 StPO verletzt sein (OLG Hamm NStZ 1996, 454). Dass dem Verteidiger bei Exploration des Angeklagten durch einen Sachverständigen kein Anwesenheitsrecht eingeräumt wird, verletzt § 338 Nr 8 StPO nicht (BGH Beschl v 12. 9. 2007 – Az 1 StR 407/07; NStZ 2003, 101).

157.7   Die unterlassene Terminsmitteilung an den Ehepartner als Beistand entgegen **§ 149 Abs 1 S 2 StPO** und die Ablehnung unüberwachter Besuche des Beistandes in der JVA sowie unüberwachter Gespräche in den Verhandlungspausen reichen für § 338 Nr 8 StPO nicht aus (BGHSt 44, 82 = NJW 1998, 2296).

157.8   Die Zuweisung eines **Sitzplatzes für den Verteidiger** im Verhandlungssaal, der seinem Anspruch auf Gleichbehandlung mit den sonstigen Prozessbeteiligten widerspricht und von dem er der Verhandlung unzureichend folgen kann, begründet die Rüge nach § 338 Nr 8 StPO (OLG Köln NJW 1980, 302).

3. Vortragserfordernisse

158   Die Revisionsbegründung muss verdeutlichen, welche **Verteidigungshandlungen** durch den Verfahrensfehler verhindert wurden (vgl BGH NStZ 2008, 110). Die auf § 338 Nr 8 StPO gestützte Rüge ist daher gem § 344 Abs 2 S 2 StPO unzulässig, wenn sie keine Tatsachen aufzeigt, aus denen sich ein **konkreter Zusammenhang** zwischen dem geltend gemachten Verfahrensverstoß und dem Urteil ergeben kann (BGHSt 30, 131, 135 = NJW 1981, 2267; BGHSt 49, 317, 327; NStZ 2008, 115).

159   Die Verfahrensrüge muss ferner ausführen, dass die geltend gemachte Beschränkung in einem in der Hauptverhandlung ergangenen **Gerichtsbeschluss** enthalten ist. Der ergangene Beschluss ist mitzuteilen.

§ 339 [Rechtsnormen zugunsten des Angeklagten]

Die Verletzung von Rechtsnormen, die lediglich zugunsten des Angeklagten gegeben sind, kann von der Staatsanwaltschaft nicht zu dem Zweck geltend gemacht werden, um eine Aufhebung des Urteils zum Nachteil des Angeklagten herbeizuführen.

Überblick

§ 339 StPO betrifft einen Fall rechtsmissbräuchlichen Verhaltens und hat Bedeutung vor allem im Rahmen der absoluten Revisionsgründe. Der Rügeausschluss betrifft nur Verfahrensvorschriften und greift dann nicht ein, wenn die Beachtung der verletzten Rechtsnorm auch in wesentlichem im Allgemeininteresse liegt. § 339 StPO ist auf vergleichbar gelagerte Fälle, insbes auf Revisionen von Privat- und Nebenklägern analog anwendbar

A. Normzweck und Anwendungsbereich

1   Die Vorschrift, deren Anwendungsbereich sich aus dem Wortlaut nicht unmittelbar erschließt, **schränkt § 337 StPO, § 338 StPO ein**. Sie betrifft den Fall, dass eine Rechtsnorm verletzt ist, die dem Angeklagten nur Vorteile bringen kann. Der Angeklagte kann ihre Verletzung rügen, ebenso die StA im Rahmen einer zugunsten des Angeklagten eingelegten

Revision. Da die Verletzung dem Angeklagten aber keine Vorteile gebracht haben kann, verwehrt § 339 StPO der StA, den Rechtsverstoß im Rahmen einer zu Lasten des Angeklagten eingelegten Revision dazu zu nutzen, ein für ihn ungünstigeres Urteil zu erreichen. Die Vorschrift regelt daher letztlich einen Fall **rechtsmissbräuchlichen Verhaltens**.

Beispiel (nach Löwe/Rosenberg/Hanack StPO § 339 Rn 1): Wird dem Angeklagten in Fällen notwendiger Verteidigung entgegen § 140 StPO kein Pflichtverteidiger bestellt, so kann der Rechtsverstoß nur zu seinen Lasten wirken. Ergeht trotz der Einschränkung seiner Verteidigung ein Freispruch, kann die StA sich des Verfahrensverstoßes nicht bedienen, um das Urteil zu Fall zu bringen und eine Verurteilung des Angeklagten zu erreichen. 1.1

Regelmäßig wird es in den von § 339 StPO erfassten Fällen an einem **Beruhen** des Urteils auf der Rechtsverletzung fehlen, denn die Nichtbeachtung einer „lediglich zugunsten des Angeklagten gegebenen" Vorschrift kann nicht zu einem günstigeren Verfahrensergebnis geführt haben. Allerdings kommt es in den Fällen der § 338 Nr 1 bis Nr 7 StPO auf ein Beruhen nicht an; hier spielt § 339 StPO eine tragende Rolle. In den sonstigen Fällen enthebt § 339 StPO das Revisionsgericht von der sonst erforderlichen Beruhensprüfung. 2

Im o g Beispiel (Rn 1.1) ist ausgeschlossen, dass gerade oder auch die fehlende Verteidigerbestellung zum Freispruch geführt hat. Die Möglichkeit, dass der Angeklagte Verteidigungsmittel ergriffen hat, von denen er nach Beratung mit einem Verteidiger Abstand genommen hätte, muss als nur theoretisch außer Betracht bleiben (vgl § 337 StPO Rn 120). Die StA könnte jedoch den absoluten Revisionsgrund des § 338 Nr 5 StPO geltend machen. Dies ist ihr aufgrund § 339 StPO verwehrt. 2.1

§ 339 StPO hindert eine Überprüfung nicht, wenn eine zugunsten des Angeklagten gegebene Rechtsnorm **zum Vorteil des Angeklagten falsch angewendet** worden ist, indem etwa ihr Anwendungsbereich zugunsten des Angeklagten zu weit gezogen wurde (vgl BGH LM § 339 Nr 1; KK-StPO/Kuckein StPO § 339 Rn 4). In diesem Fall kommt eine Urteilsaufhebung zum Nachteil des Angeklagten in Betracht, denn die dem Angeklagten günstige Entscheidung kann hier auch ohne weiteres auf dem Rechtsfehler beruhen. Gleiches gilt, wenn die Rechtsverletzung **zu weiteren Rechtsfehlern geführt hat**, etwa auf Seite der Rechtsfolgen; diese sind ihrerseits überprüfbar. 3

Dies ist etwa der Fall, wenn der Tatrichter einen zu Lasten des Angeklagten wirkenden Verfahrensverstoß in einer gesetzlich nicht vorgesehenen Weise zu kompensieren gesucht hat, etwa durch Verfahrenseinstellung oder bei der Strafzumessung. Der die Revision rechtfertigende Rechtsfehler liegt dann darin, dass die Voraussetzungen der die Rechtsfolgen bestimmenden Vorschriften verkannt worden sind. 3.1

B. Lediglich zugunsten des Angeklagten gegeben
I. Abgrenzung

§ 339 StPO betrifft nur einen **Verstoß gegen Verfahrensvorschriften** (Meyer-Goßner StPO § 339 Rn 3). Erfasst sind vor allem Vorschriften über Verfahrensbefugnisse des Angeklagten oder seines Verteidigers, die der Verbesserung der prozessualen Lage des Angeklagten dienen, insbes seine Verteidigungsmöglichkeiten erweitern. Dass derartigen Rechten immer auch eine objektive, der Verwirklichung des Rechtsstaatsprinzipes dienende Funktion innewohnt, hindert ihre Einordnung als „lediglich zugunsten des Angeklagten gegeben" nicht. Anders verhält es sich, wenn die Vorschrift nicht nur als Reflex der Rechtsstaatlichkeit dient, sondern ganz wesentlich auch **im Allgemeininteresse liegt**. 4

Dies kann wegen der unterschiedlichen Schutzrichtung nicht mit der Abgrenzung gleichgesetzt werden, ob ein Angeklagter auf die Einhaltung der Vorschrift wirksam verzichten kann (Meyer/Goßner StPO § 339 Rn 5) oder ob die Vorschrift unter den Katalog des § 338 Nr 1 bis Nr 7 StPO fällt (KK-StPO/Kuckein StPO § 339 Rn 3); eine solche Unterscheidung hätte zur Folge, dass gerade die Verletzung essentieller Verteidigungsrechte mit der Revision zum Nachteil des Angeklagten geltend gemacht werden kann. Vielmehr wird es auf eine Abwägung des Schutzgehaltes der einzelnen Vorschrift ankommen (vgl Löwe/Rosenberg/Hanack StPO § 339 Rn 3). 4.1

II. Erfasste Vorschriften

5   Unter § 339 StPO fallen § 136 Abs 1 S 2 StPO, § 140 StPO, § 145 StPO, § 146 StPO (vgl Löwe/Rosenberg/Hanack StPO § 339 Rn 4), § 217 StPO (aA OLG Schleswig SchlHA 2003, 193), § 228 Abs 3 StPO, § 231 Abs 2 StPO, § 231 b Abs 4 StPO, § 243 Abs 4 S 1 StPO, § 244 Abs 3 S 2 StPO (Verbot der Wahrunterstellung zuungunsten des Angeklagten: BGH NStZ 1984, 564; OLG Stuttgart NJW 1967, 1627), § 247 S 4 StPO, § 257 StPO, § 258 Abs 2, Abs 3 StPO, § 265 StPO, § 266 Abs 1 StPO; weiterhin **alle unter § 338 Nr 8 StPO fallenden Verfahrensverstöße** (KK-StPO/Kuckein StPO § 339 Rn 2).

III. Nicht erfasste Vorschriften

6   Von § 339 StPO nicht erfasst sind, weil sie zugleich in gewichtigem Maße im öffentlichen Interesse liegen, § 22 StPO, § 23 StPO, § 230 Abs 1 StPO (BGHSt 37, 250), § 244 StPO (BGH NStZ 1994, 95; NJW 1961, 2069), § 246 a StPO (BGH NStZ 1994, 95), § 264 StPO, § 264 a StPO (BGH NJW 1994, 231), § 169 GVG sowie die Vorschriften über die ordnungsgemäße Besetzung des Gerichtes und über die Frist zur Urteilsabsetzung (BGH NStZ 2003, 564; NStZ 1985, 184).

6.1   Ein gewichtiges öffentliches Interesse kommt **allgemein** in allen Vorschriften zum Ausdruck, die in erster Linie dem Fortgang des Strafverfahrens, der Ermittlung der Wahrheit und der Herbeiführung einer gerechten Entscheidung zu dienen bestimmt sind (KK-StPO/Kuckein StPO § 339 Rn 3). **Materiell-rechtliche Vorschriften** sind auf die Sachrüge immer überprüfbar, auch wenn sie sich zugunsten des Angeklagten auswirken wie die Annahme eines minder schweren Falles oder eines persönlichen Strafausschließungsgrundes.

C. Rechtsfolgen

7   Eine entsprechende **Verfahrensrüge der StA ist unzulässig**; ist sie allein erhoben, führt dies zur Unzulässigkeit der Revision als Ganzes. § 301 StPO ist unanwendbar (KK-StPO/Kuckein StPO § 339 Rn 6), da die Vorschrift eine zulässig erhobene Rüge voraussetzt.

D. Analoge Anwendung

8   § 339 StPO gilt für **Revisionen von Privat- und Nebenkläger** entsprechend (Pfeiffer StPO § 339 Rn 1; KK-StPO/Kuckein StPO § 339 Rn 1 mwN; vgl auch BGH NStZ 2006, 349: Kein Rügerecht des Nebenklägers bei Verstößen gegen § 52 Abs 3 StPO).

9   Allgemein wird § 339 StPO der **Grundsatz** entnommen, dass kein Prozessbeteiligter ein Rechtsmittel zuungunsten seines Prozessgegners auf Verfahrensvorschriften stützen kann, deren fehlerfreie Anwendung dem Gegner nur hätte vorteilhaft sein können (vgl BGH NStZ 1995, 610 für das Verfahren nach § 454 StPO; OLG Schleswig SchlHA 2003, 193 für das Rechtsbeschwerdeverfahren; Meyer-Goßner StPO § 339 Rn 6). Der Übergang zum Ausschluss von Verfahrensrügen aufgrund der – auf die Rechtsposition des Revisionsführers abstellenden – sog Rechtskreistheorie ist fliessend (vgl Löwe/Rosenberg/Hanack StPO § 337 Rn 97; s auch § 337 StPO Rn 57).

§ 340 (weggefallen)

§ 341 [Form und Frist]

(1) Die Revision muß bei dem Gericht, dessen Urteil angefochten wird, binnen einer Woche nach Verkündung des Urteils zu Protokoll der Geschäftsstelle oder schriftlich eingelegt werden.

(2) Hat die Verkündung des Urteils nicht in Anwesenheit des Angeklagten stattgefunden, so beginnt für diesen die Frist mit der Zustellung, sofern nicht in den Fällen der §§ 234, 387 Abs. 1, § 411 Abs. 2 und § 434 Abs. 1 Satz 1 die Verkündung in Anwesenheit des mit schriftlicher Vollmacht versehenen Verteidigers stattgefunden hat.

Überblick

§ 341 StPO behandelt die formellen Anforderungen an die Einlegung der Revision; § 345 StPO bildet das Pendant im Hinblick auf die Revisionsbegründung. Die Revisionserklärung muss Anfechtungswillen, Person des Anfechtenden und das angefochtene Urteil erkennen lassen. Eine bedingte Einlegung ist unzulässig. Beschränkungen oder ein Teilverzicht können aber schon mit Einlegung erklärt werden. Der Angeklagte kann sich durch jede dritte Person vertreten lassen, sofern die Vollmacht innerhalb der Anfechtungsfrist erteilt ist. Für die Fristwahrung ist entscheidend der Eingang an der Posteingangsstelle des Ausgangsgerichts; bei Einlegung beim unzuständigen Gericht kommt es darauf an, ob die Weiterleitung innerhalb der Frist des § 341 Abs 1 StPO erfolgt. Für die Anwendung von § 345 Abs 2 StPO reicht eine nur teilweise Abwesenheit; auch die Zustellung eines unvollständigen Urteils setzt die Frist in Gang. Die Fristberechnung richtet sich nach § 43 StPO. Zweifel am rechtzeitigen Eingang der Revisionseinlegung wirken zugunsten des Revisionsführers, wenn der Eingang als solcher nachgewiesen ist.

Übersicht

	Rn		Rn
A. Revisionseinlegung	1	I. Schriftform	18
I. Erklärung	1	II. zu Protokoll der Geschäftsstelle	21
II. Bedingte, vorsorgliche und verfrühte Einlegung	3	**D. Frist**	24
		I. Grundsatz	24
III. Umfang der Anfechtung, Rechtskraft	6	II. Fristbeginn nach Abs 2	28
IV. Mehrere Beteiligte	8	1. Abwesenheit des Angeklagten	28
V. Vertretung, Verhandlungsfähigkeit	9	2. Zustellung	30
1. Vertretung des Angeklagten	9	III. Fristberechnung und Fristwahrung	32
2. Verhandlungsfähigkeit des Angeklagten	11	IV. Wiedereinsetzung	35
B. Adressat	13	**E. Zurücknahme und Verzicht**	38
C. Form	18	**F. Wiederholte Einlegung, Missbrauch**	41

A. Revisionseinlegung

I. Erklärung

Erforderlich zur Revisionseinlegung ist eine Erklärung, die einen **Anfechtungswillen** hinreichend erkennen lässt. Es muss die Änderung der ergangenen Entscheidung erstrebt werden; bloße **Unmutsäußerungen** reichen nicht (Meyer-Goßner StPO § 341 Rn 1; zu weit Löwe/Rosenberg/Hanack StPO § 341 Rn 1). Ist eine Anfechtung ausdrücklich erklärt, so muss die Erklärung grds – zu wiederholter, missbräuchlicher Einlegung vgl Rn 40f – als Revision behandelt werden, auch wenn sie keine sachbezogenen Ausführungen enthält, sondern nur dazu dient, der Verärgerung des Revisionsführers über die ergangene Entscheidung Ausdruck zu verleihen. Die Äußerung, dass das **Urteil nicht angenommen** werde, enthält keine Revisionseinlegung, sondern die Ablehnung eines Rechtsmittelverzichts (Löwe/Rosenberg/Hanack StPO § 341 Rn 1). 1

Der **Begriff „Revision"** muss nicht verwendet werden. Falschbezeichnungen sind gem § 300 StPO unschädlich. Zu nicht eindeutig bezeichneten Rechtsmitteln gegen amtsgerichtliche Urteile, insbes zur Abgrenzung zwischen Berufung und Sprungrevision vgl § 335 StPO Rn 3 ff. Die Revisionserklärung muss allerdings **zweifelsfrei den Beschwerdeführer** (BGHSt 5, 183 = NJW 1954, 243) sowie **das Verfahren und die Identität des angefochtenen Urteils** erkennen lassen. 2

Eine Auslegung zur Ermittlung des betroffenen Verfahrens ist in begrenztem Umfang möglich. So bleibt die **Angabe eines unrichtigen Aktenzeichens** bei ansonsten zutreffender Bezeichnung des Angeklagten und des angefochtenen Urteils unschädlich, da der Gegenstand der Revision daraus hinreichend erkennbar wird (vgl BGH Beschl v 2. 10. 2008 – Az 3 StR 415/08). Dies gilt auch 2.1

dann, wenn im Rechtsmittelschriftsatz versehentlich ein paralleles Verfahren im Betreff und mit Aktenzeichen bezeichnet ist, wenn der Schriftsatz hinreichend klar erkennen lässt, dass es sich um die Einlegung einer Revision handelt, und wenn es das gegen den Angeklagten ergangene, angegriffene Strafurteil mit Datum benennt (BGH wistra 1999, 346). Dass das Rechtsmittel infolge der Falschbezeichnung zunächst einem anderen verfahren zugeordnet wird, ist für die Frage der Fristwahrung ohne Belang. Denn für die Rechtzeitigkeit der Revisionseinlegung ist nach § 341 Abs 1 StPO allein der Eingang „bei dem Gericht", mithin bei dessen Eingangsstelle entscheidend (BGH Beschl v 2. 10. 2008 – Az 3 StR 415/08).

2.2 Die **Person des Revisionsführers** ist so eindeutig zu bezeichnen, dass sich auch aus den Gesamtumständen keinerlei Zweifel ergeben konnten. Eine **Auswechselung** des Rechtsmittelführers durch Auslegung, Umdeutung oder Anfechtung ist nicht möglich (BGH DAR 1996, 180 für den Fall der Revisionseinlegung einer von zwei durch denselben Rechtsanwalt vertretenen Nebenklägerinnen). Eine Revisionseinlegung unter einem **Aliasnamen** reicht jedenfalls dann aus, wenn der Angeklagte (auch) unter diesem Namen im Rubrum des angefochtenen Urteils bezeichnet ist.

II. Bedingte, vorsorgliche und verfrühte Einlegung

3   Eine an eine **Bedingung** geknüpfte Revision ist grundsätzlich unwirksam und daher unzulässig (BGHSt 5, 183 = NJW 1954, 243). Schon der bloße Zweifel, ob das Rechtsmittel an eine Bedingung gebunden ist, führt zur Unzulässigkeit; eine geltungserhaltende Auslegung ist nicht möglich.

3.1   Dies gilt jedenfalls für eine **Verknüpfung mit außerprozessualen Umständen** oder Verfahrensvorgängen, die die Revision nicht unmittelbar selbst betreffen, wie etwa die Revisionseinlegung anderer Verfahrensbeteiligter (OLG Köln NJW 1963, 1073, 1074). Hiervon zu unterscheiden sind **Rechtsbedingungen**, da es sich hierbei nicht um echte Bedingungen im Sinne eines zukünftigen ungewissen Ereignisses handelt. Zulässig ist demnach, wenn die Revision von der Unzulässigkeit einer zugleich eingelegten Berufung abhängig gemacht wird (OLG Köln NJW 1963, 1073, 1074), von der Erfolglosigkeit eines Antrages auf Wiedereinsetzung nach einem Abwesenheitsurteil nach § 342 Abs 2 StPO oder von dem Erlass der anzufechtenden Entscheidung (BGHSt 25, 187, 190 = NJW 1974, 66), in letzterem Fall aber nur, wenn die Entscheidung bei Revisionseinlegung bereits tatsächlich erlassen war (Rn 5).

4   Ist die Revision als **„vorsorglich"** oder „unter Vorbehalt" bezeichnet worden und will der Revisionsführer damit lediglich zum Ausdruck bringen, dass das Rechtsmittel – bei unbedingter Einlegung – unter Umständen nicht durchgeführt werden soll, ist sie zulässig; auch die Bezeichnung als **„fristwahrend"** ist dann unbedenklich. Bietet die Erklärung aber Anhaltspunkte dafür, dass sie nur im Hinblick auf künftige Umstände, insbesondere die Revisionseinlegung anderer Beteiligter erfolgt, so führt dies zur Unzulässigkeit (BGHSt 5, 183 = NJW 1954, 243). Für den Revisionsführer empfiehlt es sich daher, jegliche Zusätze bei seiner Revisionseinlegung zu unterlassen.

5   Ein **vor Urteilserlass eingelegtes Rechtsmittel** ist unzulässig (BGHSt 25, 189; BayObLG 1961, 138 = NJW 1961, 1637). Die Revision kann aber, auch in Fällen des Abs 2, vor Urteilszustellung eingelegt werden; dabei kommt es nicht darauf an, ob der abwesende Revisionsführer von dem Erlass der Entscheidung Kenntnis hatte (vgl BGHSt 25, 187, 189). Der frühestmögliche Zeitpunkt für die Einlegung ist das Ende der Verlesung der Urteilsformel (vgl Löwe/Rosenberg/Hanack StPO § 339 Rn 3).

III. Umfang der Anfechtung, Rechtskraft

6   Der **Anfechtungsumfang** bestimmt sich grds. nach der Begründung der Revision (§ 344 Abs 1 StPO, § 344 StPO Rn 6 ff). Diese kann bereits mit der Revisionseinlegung erfolgen; dass die schriftlichen Urteilsgründe noch nicht zugestellt sind, steht ihrer Wirksamkeit nicht entgegen (BGH Beschl v 29. 8. 1995 – Az 4 StR 299/95).

7   Schon mit der Einlegung kann eine **Revisionsbeschränkung** erklärt werden, in der allerdings kein Verzicht auf eine Erweiterung der Anfechtung liegt, soweit sich dies aus der Erklärung nicht zweifelsfrei ergibt (BGHSt 38, 4, 5 = NJW 1991, 3162; BGHSt 38, 366 = NJW 1993, 476). Auswirkungen hat dies auf die **Rechtskraft** des Urteils. Diese tritt im Umfang des Verzichtes sofort ein.

Bei beschränkter Anfechtung wird die Rechtskraft in dem Umfang **gehemmt**, wie die Anfechtung reicht (§ 343 Abs 1 StPO). Der Revisionsführer kann sein beschränktes Rechtsmittel daher nur bis zum Ablauf der Revisionseinlegungsfrist erweitern (BGHSt 38, 366 = NJW 1993, 476; BayObLG NStZ-RR 1999, 269, 270). Bei einschränkungslos eingelegter Revision wird die Rechtskraft dagegen in vollem Umfang gehemmt. Erst mit Konkretisierung der innerhalb der Frist des § 345 Abs 1 StPO abzugebenden Erklärung tritt ggf. Teilrechtskraft ein. 7.1

Der Verteidiger ist – anders als beim Teilverzicht – auch ohne besondere Ermächtigung nach § 302 Abs 2 StPO befugt, eine beschränkte Revision einzulegen. In einer Teilanfechtung unter Erklärung eines unwirksamen, weil ermächtigungslosen Teilverzichts wird daher regelmäßig eine befugte Revisionsbeschränkung zu sehen sein. 7.2

IV. Mehrere Beteiligte

Revisionen mehrerer Verfahrensbeteiligter, insbesondere mehrerer Angeklagter, stellen **selbständig zu beurteilende Rechtsmittel** dar, auch wenn sie dasselbe Ziel verfolgen. Bei **Revisionseinlegung des Angeklagten und seines Verteidigers** handelt es sich dagegen nur um ein Rechtsmittel (Meyer-Goßner StPO § 341 Rn 2; zur Fristwahrung vgl Rn 32), das durch den Angeklagten oder – bei entsprechender Ermächtigung – seitens des Verteidigers auch einheitlich zurückgenommen werden kann (vgl BGHSt 10, 245 = NJW 1957, 1040). Dagegen wird die Revision des **gesetzlichen Vertreters** gem § 298 StPO oder des **Erziehungsberechtigten** gem § 55 Abs 2 und Abs 3 JGG, § 67 JGG selbständig geführt wird und bleibt von einem Verzicht und einer Rücknahme seitens des Angeklagten unabhängig. 8

Zum Sonderfall einer durch den Verfahrensbevollmächtigten von **zwei Nebenklägern** eingelegten Revision vgl BGH DAR 1996, 180. 8.1

V. Vertretung, Verhandlungsfähigkeit
1. Vertretung des Angeklagten

Die Befugnis des Instanzverteidigers zur Rechtsmitteleinlegung folgt aus **§ 297 StPO**. Eine Vertretung ist aber auch durch **jede andere Person** möglich. Bei Einlegung durch einen Vertreter, insbesondere durch einen noch nicht aufgetretenen Verteidiger, hängt die Wirksamkeit der Revisionseinlegung vom **Bestehen eines Vertretungsverhältnisses** im Zeitpunkt der Erklärung ab. Auch nach Mandatsniederlegung des Wahlverteidigers ist dessen Revisionseinlegung daher beachtlich, wenn er zum Zeitpunkt der Unterzeichnung des Einlegungsschriftsatzes zumindest zur Einlegung der Revision bevollmächtigt war (BGH NStZ 2001, 52, 53). 9

Beachtlich ist auch eine innerhalb der Revisionseinlegungsfrist erklärte **Genehmigung** der Revisionseinlegung seitens des Angeklagten; denn es macht keinen Unterschied, ob der Angeklagte die Einlegung selbst erklärt oder sich – ebenfalls fristgerecht – auf eine bereits abgegebene Erklärung bezieht und sie sich zu Eigen macht. 9.1

Eine Vertretungsbefugnis fehlt in den Fällen der **§ 138 a StPO, § 138 b StPO** oder bei erfolgter Zurückweisung wegen Verstoßes gegen **§ 146 StPO** (BGHSt 26, 335 = NJW 1976, 1414). Ein Verstoß gegen **§ 137 Abs 1 S 2 StPO** ist unschädlich (BGHSt 27, 124 = NJW 1977, 910). Ein **nach § 53 Abs 2 S 1 BRAO allgemein bestellter Vertreter** des zur Revisionseinlegung bevollmächtigten Verteidigers kann den Angeklagten nach § 53 Abs 7 BRAO vertreten (BGH Beschl v 9. 2. 1990 – Az 2 StR 638/89). 9.2

Der **Nachweis der Bevollmächtigung** ist nicht fristgebunden; er kann auch nach Ablauf der Einlegungsfrist erfolgen (BayObLGSt 1, 2; OLG Brandenburg NStZ 1995, 52). War der Verteidiger bei beschränkter Revisionseinlegung zu einer Beschränkung des Rechtsmittels nicht ermächtigt, hat das nur zur Folge, dass ein in der Beschränkung evtl liegender Teilverzicht unwirksam ist, nicht jedoch, dass das Rechtsmittel als unbedingt eingelegt gilt (BGHSt 3, 46). 10

2. Verhandlungsfähigkeit des Angeklagten

Der revidierende Angeklagte muss in der Lage sein, die Bedeutung des Rechtsmittels zu erkennen und **über seine Einlegung eigenverantwortlich zu entscheiden** (BGHSt 41, 11

Wiedner 1487

StPO § 341 Drittes Buch. 4. Abschnitt

16 = NJW 1995, 1973; hierzu BVerfG NJW 1995, 1951). Fehlt hieran bis zum Ablauf der Frist des § 341 StPO, so ist durch das Revisionsgericht eine Verfahrenseinstellung zu prüfen.

11.1 Der Revision eines verhandlungsunfähigen Angeklagten kommt daher zumindest insoweit Wirkung zu, als er die Einstellung des Verfahrens aufgrund seines Zustandes erreichen kann. Das Revisionsgericht prüft die Voraussetzungen der Verhandlungsfähigkeit im **Freibeweisverfahren** nach den Grundsätzen, nach denen es die Verhandlungsfähigkeit während der Hauptverhandlung vor dem Tatrichter überprüft (vgl BGH NStZ 1983, 280; NStZ 2007, 210; Beschl v 11. 10. 2007 – Az 3 StR 368/07). In Zweifelsfällen ist ein Sachverständigengutachten einzuholen (vgl BGHSt 41, 16 = NJW 1995, 1973).

12 Im weiteren **Verlauf des Revisionsverfahrens ist eine durchgängige Verhandlungsfähigkeit** des Angeklagten nicht Voraussetzung. Der Angeklagte muss aber zumindest zu einer zeitweiligen **Grundübereinkunft mit seinem Verteidiger** über die Fortführung oder Rücknahme des Rechtsmittels in der Lage sein (BVerfG NStZ 1995, 391, 392; BGHSt 41, 69, 71 = NStZ 1995, 393; NStZ 1996, 242). Zur Wirksamkeit einer erklärten Revisionsrücknahme muss Verhandlungsfähigkeit im Erklärungszeitpunkt bestehen (vgl BGH Beschl v 11. 10. 2007 – Az 3 StR 368/07).

B. Adressat

13 Adressat der Revisionserklärung ist das **Gericht, das das angefochtene Urteil erlassen hat**. Dies gilt bei Anfechtung eines amtsgerichtlichen Urteils auch für die Erklärung, dass von der ursprünglich eingelegten Berufung zur Sprungrevision übergegangen werde (BGHSt 40, 395 = NJW 1995, 2367; vgl § 335 StPO Rn 13). Bei **Anfechtung eines Berufungsurteils** ist die Erklärung an das Berufungsgericht zu richten, nicht an das erstinstanzliche Amtsgericht. Ausnahmen gelten bei Verbindung der Rechtsmittelerklärung mit einem Wiedereinsetzungsgesuch (§ 45 Abs 1 S 2 StPO) sowie für den nicht auf freiem Fuß befindlichen Angeklagten (§ 299 StPO).

14 Für die Rechtzeitigkeit des Zugangs ist allein entscheidend, wann der Schriftsatz zu der **Eingangsstelle des Ausgangsgerichtes** gelangt ist (Abs 1: „Eingang bei dem Gericht"). Der Eingang bei einer für mehrere Gerichte gebildeten gemeinsamen Posteingangsstelle reicht aus, wenn das zuständige Gericht zu den erfassten Behörden gehört, es sei denn, dass es unrichtig bezeichnet ist. In letzterem Fall muss die Erklärung noch innerhalb der Einlegungsfrist an das zuständige Gericht geleitet worden sein (BGH NJW 1975, 2294; NJW 1983, 123; BayObLG NJW 1988, 714; OLG Frankfurt NStZ-RR 2000, 212; **aA** OLG Düsseldorf StV 1991, 248).

Auf den Eingang bei der zuständigen Abteilung eines Gerichts kommt es nicht an; der weitere Weg des Einlegungsschriftsatzes im Gericht ist für die Frage der Fristwahrung unerheblich (vgl BGH wistra 1999, 346: Schriftsatz wird für längere Zeit wegen fehlerhaften Aktenzeichens einer parallelen Abschiebehaftsache zugeordnet).

15 Hat ein Amtsgericht eine auswärtige **Zweigstelle**, kann die Einlegung der (Sprung-)Revision sowohl bei der Zweigstelle als auch bei dem Stammgericht eingelegt werden, unabhängig davon, welche Stelle mit dem angefochtenen Urteil befasst war (BayObLGSt 1975, 9 = NJW 1975, 946). Gegen Urteile einer **auswärtigen Strafkammer** (§ 78 GVG) oder eines auswärtigen OLG-Senates (§ 116 Abs 2 GVG) kann die Revision bei der auswärtigen Stelle oder beim Stammgericht eingelegt werden (BGHSt 18, 176, 177 = NJW 1963, 548; BGHSt 40, 395, 397 = NJW 1995, 2367; NJW 1967, 107); bei einem Urteil des Stammgerichtes auch bei der auswärtigen Stelle (BayObLG 1975, 9 = NJW 1975, 946; KK-StPO/Kuckein StPO § 341 Rn 6).

16 Wird die Revision **beim unzuständigen Gericht eingelegt**, muss die Erklärung innerhalb der Frist des § 341 Abs 1 StPO an das zuständige Gericht weitergeleitet worden sein (BGH NJW 1975, 2294; Beschl v 17. 7. 2002 – Az 2 StR 174/02). Eine schuldhafte Verzögerung der Weiterleitung kann die Wiedereinsetzung begründen (BVerfG NJW 2002, 3692).

17 Für die **Entgegennahme der Revisionseinlegung zu Protokoll der Geschäftsstelle** ist die Geschäftsstelle des Gerichtes zuständig, dessen Urteil angefochten werden soll; es gelten dieselben Grundsätze wie für die Entgegennahme der schriftlichen Revisionseinlegung.

C. Form

I. Schriftform

Der Schriftform wird durch Einlegung per **Fax**, **Telegramm** oder **Fernschreiben** gewahrt (vgl BGHSt 30, 64 = NJW 1981, 1627; BGHSt 31, 7, 8 = NStZ 1983, 36 für Revisionsbegründung). Das Schriftstück muss gem § 184 GVG **in deutscher Sprache** abgefasst sein (BGHSt 30, 182, 183 = NJW 1982, 532; Beschl v 13. 9. 2005 – Az 3 StR 310/05). Bei fehlender Lesbarkeit ist die Schriftform nicht gewahrt (BGH NJW 1985, 443). 18

Die Erklärung bedarf grundsätzlich einer **Unterschrift** des Angeklagten oder des Verteidigers. Fehlt eine solche, genügt zur Wahrung der Schriftform, wenn aus dem Schriftstück in einer jeden Zweifel ausschließenden Weise ersichtlich ist, von wem es stammt, und dass es sich bei dem Schriftsatz nicht nur um einen Entwurf handelt, sondern er mit Wissen und Wollen des Erstellers dem Gericht zugeleitet worden ist (BGHSt 12, 317 = NJW 1959, 739; NStZ 2002, 558; OLG Oldenburg NJW 1983, 1072). 19

> Vgl BGH NStZ 2002, 558: Ausreichend ist der unter dem Briefkopf des Instanzverteidigers und mit dessen Diktatzeichen versehene, am Tag nach Urteilsverkündung abgefasste Einlegungsschriftsatz, auch wenn er keine Unterschrift trägt. 19.1

Eine Übermittlung per **Computerfax**, dh die elektronische Übertragung der Einlegungserklärung vom Computer des Revisionsführers auf ein Faxgerät des Gerichtes ist jedenfalls dann hinreichend, wenn sie mit eingescannter Unterschrift erfolgt (vgl GmS OGB NJW 2000, 2340). Bei Fehlen einer Unterschrift ist auch hier im Einzelfall zu prüfen, ob aus Gestaltung und Inhalt des Schreibens und aus äußeren Umständen eine Identifizierung des Absenders zuverlässig möglich ist (vgl BVerfG NJW 2002, 3534). Eine Einlegung per E-Mail, SMS oder auf anderem rein elektronischen Weg ist nicht möglich, sofern nicht eine nach § 41a StPO erlassene Rechtsverordnung die Übermittlung elektronischer Dokumente erlaubt (vgl § 345 StPO Rn 24.1). 20

II. zu Protokoll der Geschäftsstelle

Zuständig für die Entgegennahme der Protokollerklärung ist die Geschäftsstelle des Gerichtes, dessen Urteil angefochten werden soll. Für inhaftierte Angeklagte gilt die Sonderregelung des **§ 299 StPO;** sie ist auf andere Beschwerdeführer, etwa einen inhaftierten Nebenkläger, nicht analog anwendbar (vgl Löwe/Rosenberg/Hanack StPO § 341 Rn 11). Geschäftsstelle im Sinne von § 341 StPO ist auch die Rechtsantragsstelle (OLG Hamm RPfleger 1960, 213). Die Revisionseinlegung kann, ohne dass dem Angeklagten hierauf ein Anspruch zukommt (vgl Nr 142 Abs 2 S 2 RiStBV), auch **in der Hauptverhandlung** nach der Urteilsverkündung in Anwesenheit des Gerichts zu Protokoll der Sitzungsniederschrift erklärt werden (BGHSt 31, 109). 21

> Von diesem Sonderfall abgesehen obliegt die Aufnahme gem § 24 Abs 1 S 1 Nr 1 Buchst. b RPflG dem **Rechtspfleger**. Eine Erstellung durch einen Justizangestellten oder Amtsinspektor ist unwirksam (BayObLG NStZ 1993, 193; vgl auch BGH NJW 1952, 1386), kann aber die Wiedereinsetzung rechtfertigen. Trägt die Protokollerklärung die Unterschrift des Angeklagten, kann sie als eigene schriftliche Revisionseinlegung des Angeklagten gewertet werden (OLG Koblenz MDR 1982, 166). Zum Sonderfall der fehlenden Unterschrift des – zuständigen – Rechtspflegers vgl OLG Celle NStZ-RR 1999, 62. 21.1

Die **Unterschrift** des Revisionsführers ist zur Wirksamkeit der Protokollerklärung nicht erforderlich (vgl BGHSt 31, 109). Eine Aufnahme zu Protokoll der **Geschäftsstelle eines unzuständigen Gerichtes** ist wirkungslos; bei rechtzeitiger Übermittlung an das zuständige Gericht kann das Protokoll aber als schriftliche Revisionseinlegung behandelt werden. 22

> Wenn sich – wie regelmäßig bei einem ordnungsgemäß aufgesetzten Protokoll – die Herkunft der Erklärung und der Anfechtungswille des Revisionsführers hinreichend bestimmen lassen, besteht auch in diesem Fall keine Veranlassung, eine Unterschrift des Revisionsführers zu fordern (aA Löwe/Rosenberg/Hanack StPO § 341 Rn 11). Die übersendende Geschäftsstelle handelt in diesem Fall nicht als Vertreter, sondern als Schreibhilfe des Revisionsführers. 22.1

23 Eine **telefonische Einlegung** zu Protokoll der Geschäftsstelle reicht nicht aus (vgl BGHSt 30, 64 = NJW 1981, 1627 für Berufung; KK-StPO/Kuckein StPO § 341 Rn 10, 12). Dass der **Verteidiger** von der Möglichkeit der Protokollerklärung keinen Gebrauch machen dürfe (so Löwe/Rosenberg/Hanack StPO § 341 Rn 11 unter – nicht einschlägigem – Verweis auf OLG Rostock MDR 1994, 402), ergibt sich aus § 341 StPO nicht.

D. Frist

I. Grundsatz

24 Die einwöchige Revisionseinlegungsfrist kann **nicht verlängert** werden; eine gleichwohl gewährte Verlängerung ist wirkungslos, begründet aber die Wiedereinsetzung, wenn die Verlängerung noch innerhalb der Frist beantragt worden ist. Die Frist beginnt nach dem Grundsatz des Abs 1 mit der Urteilsverkündung (§ 268 Abs 2 S 1 StPO), bei Abwesenheit des Angeklagten nach Abs 2 mit Zustellung. Lag dem Urteil eine Absprache zugrunde und ist die hiernach erforderliche qualifizierte Rechtsmittelbelehrung unterblieben, so ist ein gleichwohl erklärter **Rechtsmittelverzicht** zwar unwirksam (BGHSt 50, 40 = NStZ 2005, 389); das dem Angeklagten eröffnete Rechtsmittel kann allerdings nur innerhalb der regulären Rechtsmittelfrist erfolgen, im Fall der Revision mithin nach Maßgabe von § 341 StPO (BGHSt 50, 40, 62 = NStZ 2005, 389; BGH Beschl v 12. 7. 2006 – Az 1 StR 158/06; Beschl v 26. 10. 2005 – Az 1 StR 435/05; Beschl v 11. 5. 2005 – Az 5 StR 124/05; krit KK-StPO/Laufhütte StPO Vor § 137 Rn 8; zur Frage einer eventuellen Wiedereinsetzung vgl Rn 35).

25 Gem § 298 StPO gilt § 341 Abs 2 StPO auch für den **gesetzlichen Vertreter** des Angeklagten. Für den **Nebenkläger** sieht § 401 Abs 2 StPO eine eigene, von § 341 StPO teilweise abweichende Regelung vor; danach ist die Zustellung für den Lauf der Revisionseinlegungsfrist nur dann maßgeblich, wenn der Nebenkläger in der Hauptverhandlung überhaupt nicht anwesend oder vertreten gewesen ist.

25.1 Vgl BGH Beschl v 12. 7. 1994 – Az 5 StR 388/94; Beschl v 18. 12. 2007 – Az 4 StR 541/07: Darauf, ob Nebenklagebefugnisse tatsächlich ausgeübt wurden, kommt es nicht an. OLG Karlsruhe NStZ 2000, 16: Anwesenheit nur im Rahmen einer Zeugenvernehmung reicht nicht. Zustellungen an den Nebenklagevertreter können nach § 397 Abs 1 S 2 StPO, § 378 S 2 StPO mit rechtlicher Wirkung für den Nebenkläger aber nur dann vorgenommen werden, wenn sich eine schriftliche Vollmacht des Vertreters bei den Akten befindet.

26 Auf den **Privatkläger** ist Abs 2 analog anwendbar (KK-StPO/Kuckein StPO § 341 Rn 20; Pfeiffer StPO § 341 Rn 6; aA Meyer-Goßner StPO § 341 Rn 10; Löwe/Rosenberg/Hanack StPO § 341 Rn 22: nur dann, wenn ihm der Verkündungstermin nicht bekannt gemacht wurde). Für den **Einziehungsbeteiligten** läuft die Frist gem § 433 Abs 1 S 1 StPO, § 436 Abs 4 S 1 StPO nur im Fall der Abwesenheit bei der Verkündung mit Zustellung. Für das **Rechtsbeschwerdeverfahren** sieht § 79 Abs 4 OWiG eine Abs 2 nachgebildete Regelung vor.

27 Für die **StA** gilt § 341 Abs 2 StPO entsprechend, wenn ein Sitzungsvertreter bei der Urteilsverkündung (unzulässigerweise) nicht anwesend war (OLG Neustadt NJW 1963, 1074; Meyer-Goßner StPO § 341 Rn 10; aA KK-StPO/Kuckein StPO § 341 Rn 20)

II. Fristbeginn nach Abs 2

1. Abwesenheit des Angeklagten

28 **Aus welchem Grund** der Angeklagten in den Fällen des Abs 2 bei der Urteilsverkündung nicht zugegen war, ist gleichgültig. Auch Fälle der eigenmächtigen oder selbstverschuldeten Abwesenheit sind erfasst. Da die Urteilsverkündung eine Einheit bildet, zu der gem § 268 Abs 2 StPO die Eröffnung der Urteilsgründe gehört, führt auch die **nur teilweise Abwesenheit** zum Fristlauf nach Abs 2 (BGHSt 15, 263, 265 = NJW 1961, 419; BGHSt 25, 234 = NJW 1979, 66; aA Löwe/Rosenberg/Gollwitzer StPO § 314 Rn 27 f). So gilt ein Angeklagter, der sich vor dem Ende der Urteilsverkündung aus dem Saal entfernt oder der entfernt wird, als bei der Verkündung nicht anwesend, auch wenn er bei Verlesung der

Urteilsformel noch zugegen war (BGH NStZ 2000, 498; OLG Stuttgart NStZ 1986, 520; **aA** Paulus NStZ 1986, 521).

Hat der **Tatrichter den Angeklagten als abwesend behandelt**, kommt es nicht darauf an, ob dies zu Recht geschehen ist. So beginnt die Frist für die Anfechtung eines nach § 329 Abs 1 S 1 StPO ergangenen Verwerfungsurteils auch dann erst mit Zustellung, wenn der Angeklagte anwesend war, das Gericht ihn aber als selbstverschuldet verhandlungsunfähig angesehen hat (BayObLG NStZ-RR 1998, 368). 28.1

Die Anwesenheit des **Verteidigers** bei der Urteilsverkündung ist mit Ausnahme der in § 341 Abs 2 Hs 2 StPO genannten Fälle unmaßgeblich. 29

2. Zustellung

Die Frist beginnt mit Zustellung des Urteils **an den Angeklagten oder an den nach § 145a Abs 1 StPO empfangsberechtigten Verteidiger** (vgl BGH NStZ 1998, 237). Das bloße Auftreten des Verteidigers in der Hauptverhandlung ohne Erteilung einer schriftlichen Vollmacht zu den Akten oder Erklärung der Vollmacht zu Protokoll genügt nicht den Anforderungen an eine Zustellungsbevollmächtigung. Eine gleichwohl vorgenommene Zustellung ist unwirksam und setzt die Frist nicht in Gang (BGH NStZ-RR 2009, 144 für die Revisionsbegründungsfrist). Wird an den Angeklagten und seine Verteidiger oder an mehrere Verteidiger zugestellt, so ist nach **§ 37 Abs 2 StPO** die letzte Zustellung für den Fristbeginn maßgeblich. 30

Außer Betracht bleibt dabei aber eine bloße, wenn auch gegen Empfangsbekenntnis bewirkte **Mitteilung an den Angeklagten** von der Verteidigerzustellung oder eine nach RiStBVB Nr 181 Abs 2 vorgenommene Mitteilung einer Urteilsübersetzung. Bei **Mehrfachzustellung** soll es nicht ausreichen, wenn die durch die erste Zustellung in Lauf gesetzte Frist im Zeitpunkt der zweiten Zustellung bereits abgelaufen war (OLG Düsseldorf StV 1996, 473). Eine Ersatzzustellung an den Lebensgefährten reicht nicht aus (BGHSt 34, 250 = NJW 1987, 1562). Auf die Bekanntgabe des Urteils in einer ihm verständlichen Sprache hat ein **ausländischer Angeklagter** keinen Anspruch (BVerfG NJW 1983, 2762); die Zustellung des nicht übersetzten Urteiles setzt daher auch bei einem der deutschen Sprache nicht mächtigen Angeklagten die Frist zumindest dann in Gang, wenn der Angeklagte verteidigt ist. Zur Zustellung im Ausland vgl BGHSt 26, 140 = NJW 1975, 1612. 30.1

Auch die **Zustellung eines unvollständigen oder – unzulässigerweise – abgekürzt abgesetzten Urteils** setzt die Frist nach Abs 2 in Gang (vgl BGHSt 49, 230 = NStZ 2005, 571 für das Rechtsbeschwerdeverfahren). Dies betrifft auch Fälle eines lückenhaften Rubrums (BGH NStZ 1989, 584; NStZ 1994, 47), unvollständigen Tenors (BGH NJW 1999, 800) und fehlender Unterschriften (BGHSt 46, 204). 31

In derartigen Fällen handelt es sich nicht um einen Mangel der Zustellung, sondern um einen Fehler des Urteils selbst (BGHSt 46, 204, 205). Der Zweck des Zustellungsverfahrens, den Adressaten der Urteilsurkunde in die Lage zu versetzen, das vollständige Schriftstück zur Kenntnis zu nehmen, ist erfüllt, denn das Urteil wurde vom Richter in dieser Form abgefasst, als verfahrensabschliessend gewollt und aus dem inneren Dienstbetrieb herausgegeben (BGHSt 49, 230 = NStZ 2005, 571). Für eine die Revisionseinlegungsfrist aufschiebende Wirkung besteht daher kein Grund. 31.1

III. Fristberechnung und Fristwahrung

Die Fristberechnung richtet sich nach **§ 43 StPO**. Bei doppelter Einlegung durch Verteidiger und Angeklagten kommt es wegen der Einheitlichkeit des Rechtsmittels darauf an, ob wenigstens eine der beiden Erklärungen fristgerecht eingegangen ist; die Verspätung der anderen bleibt dann unerheblich (BGH NStZ 1999, 244). Ob der Tatrichter die Revisionseinlegung in rechtlicher Hinsicht als fristgerecht angesehen hat, ist unerheblich (BGH Beschl v 26. 9. 2006 – Az 5 StR 327/06). 32

Bestehen tatsächliche **Zweifel** an der Einhaltung oder Versäumung der Einlegungsfrist, so wirken sie zugunsten des Beschwerdeführers (BGH NJW 1960, 2202; StV 1995, 454; BayObLGSt 1965, 142 = NJW 1966, 947; OLG Braunschweig NJW 1973, 2119, OLG 33

Stuttgart NJW 1981, 471). Lässt sich daher der Tag des Eingangs der Rechtsmittelerklärung des Angeklagten beim Ausgangsgericht nicht mehr aufklären, so ist die Revision des Angeklagten als rechtzeitig eingegangen anzusehen

33.1 Vgl BGH StV 1995, 454: Ungeklärter Zeitpunkt des Faxeinganges beim Landgericht, Vorlage des – rechtzeitige Absendung ausweisenden – Sendeprotokolles durch den Verteidiger. Zweifel an der Rechtzeitigkeit setzen aber voraus, dass der **Eingang einer Einlegungserklärung überhaupt festgestellt** werden kann. Bleibt selbst dies nach Ausschöpfung aller im Freibeweisverfahren gegebenen Ermittlungsmöglichkeiten unklar, muss die Revision als unzulässig behandelt werden; es kommt nur Wiedereinsetzung in Betracht (BGH NStZ 1999, 372, 373). Vgl insoweit OLG Karlsruhe NStZ 1994, 200: Faxeingang als solcher ungeklärt, auch kein Nachweis des Zugangs durch OK-Vermerk auf dem Versendeprotokoll, jedoch gewährte Wiedereinsetzung; ferner OLG Hamm NStZ 1982, 400; OLG Hamburg StV 1994, 122; OLG Düsseldorf MDR 1991, 986

33.2 Bei Zweifeln an der Rechtzeitigkeit einer **zu Ungunsten des Angeklagten eingelegten Revision** seitens der StA oder durch Privat- oder Nebenkläger gelten gleiche Maßstäbe (**aA** OLG Hamburg NJW 1975, 1750; Löwe/Rosenberg/Hanack StPO § 341 Rn 24), denn die Annahme einer Meistbegünstigung des Angeklagten oder des darauf hinauslaufenden Zweifelssatzes hat im Verfahrensrecht keine Grundlage.

34 Die fehlende oder fehlerhafte **Rechtsmittelbelehrung** gem § 35a StPO hindert den Fristlauf nicht, begründet gem § 44 S 2 StPO aber einen Anspruch auf Wiedereinsetzung (vgl BGH NJW 1974, 1335).

IV. Wiedereinsetzung

35 Gegen die Versäumung der Frist zur Revisionseinlegung kann nach den allgemeinen Vorschriften (**§§ 44 StPO ff**) seitens des Revisionsgerichtes (§ 46 Abs 1 StPO) auf Antrag oder von Amts wegen (§ 45 Abs 2 S 3 StPO) Wiedereinsetzung gewährt werden. Bei fehlender Rechtsmittelbelehrung wird die unverschuldete Versäumung gem § 44 S 2 StPO vermutet; dies gilt dann nicht, wenn nach einer Urteilsabsprache keine qualifizierte Belehrung erteilt wurde und der Angeklagte – unwirksamen – **Rechtsmittelverzicht** erklärt hat (BGH Beschl v 20. 9. 2005 – Az 5 StR 354/05; Beschl v 25. 6. 2008 – Az 4 StR 246/08; vgl Rn 39). Der Angeklagte muss in diesem Fall glaubhaft machen, dass er aufgrund unstatthafter Einwirkung auf Rechtsmittel verzichtet und er sich hieran gebunden gesehen hat (BGH Beschl v 25. 6. 2008 – Az 4 StR 246/08). Einem wirksamen Rechtsmittelverzicht kann mit einem Wiedereinsetzungsantrag nicht begegnet werden; da das Urteil rechtskräftig geworden ist, fehlt es an einer Frist, gegen deren Versäumung Wiedereinsetzung möglich wäre (BGH Beschl v 1. 5. 2008 – Az 4 StR 475/07; Beschl v 5. 12. 2008 – Az StR 495/08). Der Antrag ist daher gegenstandslos (BGH Beschl v. 15. 10. 2008 – Az 2 StR 442/08). Gleichfalls rechtfertigt es keine Wiedereinsetzung, wenn der Angeklagte seine Einschätzung über die Erfolgsaussichten einer Revision ändert, nachdem ihm der Verteidiger hiervon – möglicherweise fälschlich – abgeraten hat (BGH NStZ 2001, 160).

36 Eine Wiedereinsetzung kann **auch nach tatrichterlicher Revisionsverwerfung** gem § 346 StPO erfolgen; der ergangene Beschluss wird dann gegenstandslos. Nach einer bereits ergangenen Sachentscheidung des Revisionsgerichtes ist sie nicht mehr möglich (BGHSt 17, 94 = NJW 1962, 818). Der eine Wiedereinsetzung aussprechende Beschluss des Revisionsgerichtes stellt keine positive (Teil-)Entscheidung über die Revision dar, beruht daher nicht auf § 349 Abs 4 StPO, sondern auf § 46 StPO. § 349 StPO findet allein Anwendung auf die Sachentscheidung des Revisionsgerichtes, die zugleich mit dem Ausspruch über die Wiedereinsetzung ergehen kann.

37 Im Falle der Wiedereinsetzung beginnt die **Revisionsbegründungsfrist** mit Zustellung des die Wiedereinsetzung gewährenden Beschlusses (BGHSt 30, 335 = NJW 1982, 1110). Nachdem das BVerfG (NJW 2005, 3131) ausgesprochen hatte, dass ein durch die zwischenzeitliche Rechtskraft gegenstandslos gewordener **Haftbefehl** nicht wieder auflebt und daher nicht ohne weiteres Grundlage einer fortdauernden Freiheitsentziehung bilden kann (krit Mosbacher NJW 2005, 3110), ist in **§ 47 Abs 3 StPO** ausdrücklich die Wirksamkeit der früheren Haftentscheidungen angeordnet; allerdings hat nach § 147 Abs 3 S 2 und 3 StPO eine Überprüfung des Haft- oder Untersuchungsbefehls stattzufinden.

E. Zurücknahme und Verzicht

Zu Fragen der Zurücknahme und des Verzichts vgl zunächst die Anmerkungen zu **38** § 302 StPO. Auf die entsprechenden Prozesserklärungen sind die für Form, Inhalt und Adressaten geltenden **Regeln des § 341 StPO entsprechend anzuwenden** (BGHSt 18, 257, 260 = NJW 1963, 963; NStZ-RR 2000, 305; NStZ 2005, 113, 114). Ist das **Revisionsgericht bereits mit der Sache befasst**, ist die Rücknahmeerklärung an dieses zu richten und erst mit Eingang beim Revisionsgericht – auch bei Nachsendung seitens des Tatgerichtes – wirksam (KK-StPO/Kuckein StPO § 341 Rn 14 mwN). Das Revisionsgericht prüft das Vorliegen und die Wirksamkeit einer Revisionsrücknahme oder eines Rechtsmittelverzichts im **Freibeweisverfahren**. Strenge Anforderungen gelten für die Annahme des Verzichts- und Rücknahmewillens und die Erklärungsbefugnis von **Vertretern**. Die allgemeine, üblicherweise bei Erteilung des Mandates miterteilte Vollmacht des Verteidigers zur Rücknahme von Rechtsmitteln reicht als ausdrückliche **Ermächtigung iSv § 302 Abs 2 StPO** nicht aus (BGH NStZ 2000, 665); anderes gilt bei Beauftragung des Verteidigers speziell zur Durchführung der Revision (BGH NStZ 1998, 531, 532). Sie kann auch mündlich erteilt werden (BGH NStZ 2005, 583; NStZ-RR 2007, 151).

Von der Revision mitgeteilte Erklärungen des Angeklagten gegenüber seinem Verteidiger kann **38.1** das Revisionsgericht **auslegen**. Gelangt es dabei zu dem Ergebnis, dass der Verteidiger die Äußerung des Angeklagten als Ermächtigung zur Revisionsrücknahme auffassen durfte, ist eine von dem Verteidiger erklärte Rücknahme wirksam, ohne dass es weiterer Nachforschungen bedurfte (zB BGH Beschl v 15. 10. 2008 – Az 2 StR 442/08 zur Äußerung des Angeklagten gegenüber seiner Verteidigerin, er „sehe keinen Sinn mehr"). Nachträgliche Erklärungen des Angeklagten, er habe seine Äußerung nicht als Auftrag zur Revisionsrücknahme verstanden wissen wollen, vermögen an der Wirksamkeit der Rücknahme nichts zu ändern.

Verzicht und Rücknahme sind grundsätzlich **unwiderruflich und unanfechtbar 39** (BGHSt 10, 245, 247 = NJW 1957, 1040; BGHSt 45, 51, 53 = NJW 1999, 2449). Nur in Fällen schwerwiegender Aufklärungsmängel (BGHSt 18, 257 = NJW 1963, 963; BGHSt 46, 257, 258 = NJW 2001, 1435; BGH NStZ 2001, 493), unzulässiger Willensbeeinflussung (BGHSt 17, 44, 47 = NJW 1962, 820; NStZ 2001, 220) oder verweigerter Beratung mit dem Verteidiger (vgl BGH NStZ 1999, 364) kann die Durchführung des Revisionsverfahrens geboten sein; in solchen Fällen ist bei Versäumung der Revisionseinlegungs- und begründungsfrist auch die Möglichkeit einer Wiedereinsetzung in den vorigen Stand zu prüfen. Der **nach einer verfahrensabkürzenden Urteilsabsprache erklärte Rechtsmittelverzicht** ist unwirksam, wenn ihm nicht eine qualifizierte Belehrung vorausgegangen ist (BGHSt 50, 40 = NStZ 2005, 389). Der Angeklagte, der in diesem Fall entgegen dem protokollierten Rechtsmittelverzicht Revision einlegt, hat daher darzutun, dass eine Verständigung über das Verfahrensergebnis – und nicht ein lediglich informelles, unverbindliches Vorgespräch (vgl BGH Beschl v 1. 4. 2008 – Az 4 StR 475/07) – stattgefunden hat und die hiernach gebotene qualifizierte Belehrung unterblieben ist. Zur Frage der Revisionseinlegungsfrist und einer evtl Wiedereinsetzung vgl Rn 24, Rn 35. Bei wirksamer Revisionsrücknahme ist eine **erneute Revision ausgeschlossen**.

Hat ein Verfahrensbeteiligter auf Rechtsmittel wirksam verzichtet, ist eine gleichwohl **40** eingelegte Revision unzulässig. Im Falle fraglicher oder bestrittener Wirksamkeit einer Revisionsrücknahme ist in der Regel eine feststellende Klärung ihrer Wirksamkeit durch **förmliche Entscheidung des Revisionsgerichts** geboten (BGH NStZ 2001, 104; Beschl v 15. 10. 2008 – Az 2 StR 442/08). Gelangt das Revisionsgericht zu dem Ergebnis, dass an der Wirksamkeit von Rücknahme oder Verzicht durchgreifende Bedenken bestehen, kann angezeigt sein, dies gleichfalls durch gesonderten Beschluss festzustellen und vor Durchführung des weiteren Revisionsverfahrens dem Tatgericht in entsprechender Anwendung von § 267 Abs 4 S 3 StPO Gelegenheit zu einer **Ergänzung abgekürzter Urteilsgründe** zu geben, sofern der Tatrichter von der Rechtskraft des Urteils ausgehen durfte (vgl BGH NStZ 2008, 646; Beschl v 8. 8. 2001 – Az 5 StR 211/01 = NStZ-RR 2002, 261 [bei Becker]; KK-Engelhardt StPO § 267 Rn 39; Löwe/Rosenberg/Gollwitzer StPO § 267 Rn 145, str). Die hiergegen geäußerten Bedenken (abl BayObLG NStZ 1992, 136; Meyer-Goßner StPO

§ 267 Rn 30; anders auch BGH StV 1990, 245 für den Fall, dass das Tatgericht unzutreffend die Voraussetzungen von § 341 StPO als nicht erfüllt ansah; vgl ferner § 267 StPO Rn 49.1) überzeugen nicht. Die prozessuale Lage kommt jener nach einer Wiedereinsetzung gleich, ohne dass schutzwürdige Belange der Beteiligten der Urteilsergänzung entgegenstünden. Ein unverändertes Urteil würde wegen Darstellungsmängeln auf die Sachrüge der Aufhebung unterliegen mit der Folge einer Wiederholung des tatrichterlichen Verfahrens unter erheblicher Verfahrensverzögerung, ohne dass dies der Sache nach gerechtfertigt wäre.

40.1 **Tenor**: „Es wird festgestellt, dass die Revision des Angeklagten gegen das Urteil des ... durch das Schreiben seines Verteidigers vom ... nicht wirksam zurückgenommen worden ist". In den Beschlussgründen ist das Tatgericht auf die Möglichkeit einer Ergänzung der Urteilsgründe **ab Eingang der zurückzuleitenden Strafakten** (vgl § 267 StPO Rn 46) hinzuweisen. Ein derartiges Vorgehen ist allerdings nur in solchen Fällen zulässig, in denen **das Tatgericht nach der ihm vorliegenden Aktenlage ohne weiteres von der Rechtskraft des Urteils ausgehen durfte**; denn anderenfalls liegt ein dem Tatgericht zuzurechnender sachlicher Fehler des Urteils vor, zu dessen Korrektur kein Anlass besteht (vgl BGH NStZ 2008, 646). Eine Ergänzung des Urteils kommt etwa dann nicht in Betracht, wenn die Unwirksamkeit eines Rechtsmittelverzichts aus einer unterbliebenen qualifizierten Belehrung folgt, wenn das Tatgericht die Revisionseinlegungsfrist falsch berechnet hat, oder wenn es die seitens eines für den Verteidiger allgemein bestellten Vertreters (§ 53 Abs 2 S 1 BRAO) eingelegte Revision als formunwirksam ansieht (BGH MDR 1990, 490 bei Holtz).

F. Wiederholte Einlegung, Missbrauch

41 Eine von demselben Verfahrensbeteiligten wiederholt eingelegte Revision ist, sofern sie noch nicht beschieden ist, als ein **einheitliches Rechtsmittel** zu behandeln. Wiederholt der Revisionsführer sein Rechtsmittel nach Entscheidung, so empfiehlt sich die **nochmalige formelle Behandlung** durch Entscheidung des Revisionsgerichtes unter Mitteilung, dass weitere Eingaben nicht mehr beschieden werden. Auch bei groben **Verunglimpfungen** des Tat- oder Revisionsgerichtes ist die Revision bei erstmaliger Einlegung zu bescheiden; dass der Inhalt derartiger Erklärungen keinen ernsthaften Anfechtungswillen erkennen lässt, wird nur in Extremfällen anzunehmen sein.

§ 342 [Revision und Wiedereinsetzungsantrag]

(1) Der Beginn der Frist zur Einlegung der Revision wird dadurch nicht ausgeschlossen, daß gegen ein auf Ausbleiben des Angeklagten ergangenes Urteil eine Wiedereinsetzung in den vorigen Stand nachgesucht werden kann.

(2) ¹Stellt der Angeklagte einen Antrag auf Wiedereinsetzung in den vorigen Stand, so wird die Revision dadurch gewahrt, daß sie sofort für den Fall der Verwerfung jenes Antrags rechtzeitig eingelegt und begründet wird. ²Die weitere Verfügung in bezug auf die Revision bleibt dann bis zur Erledigung des Antrags auf Wiedereinsetzung in den vorigen Stand ausgesetzt.

(3) Die Einlegung der Revision ohne Verbindung mit dem Antrag auf Wiedereinsetzung in den vorigen Stand gilt als Verzicht auf die letztere.

Überblick

Die Vorschrift betrifft das Zusammentreffen einer Revisionseinlegung und eines Widereinsetzungsantrages im Fall eines Abwesenheitsurteiles.

A. Normzweck, Anwendungsbereich

1 § 342 StPO behandelt die Situation eines Angeklagten, gegen den **nach § 232 StPO, § 329 StPO oder § 412 StPO ein Urteil in Abwesenheit** ergangen ist. Nach § 235 S 1 StPO, § 329 Abs 3 StPO oder § 412 S 1 StPO steht ihm offen, binnen einer Woche nach Zustellung des Urteils Wiedereinsetzung in den vorigen Stand zu beantragen; binnen gleicher Frist kann er nach § 341 Abs 2 StPO aber auch Revision einlegen. Beide Möglichkeiten können parallel ergriffen werden; der Sache nach vorgreiflich ist allerdings der Wiedereinsetzungsantrag, bei dessen Erfolg das Verfahren vor dem Tatrichter fortgeführt wird. § 342 StPO bestimmt hierzu, dass **der Antrag auf Wiedereinsetzung den Beginn der Revisionseinlegungs- und Revisionsbegründungsfrist nicht hinausschiebt**. Will sich ein Angeklagter, der Wiedereinsetzung beantragt, für den Fall der Verwerfung seines Antrages die Revision erhalten, muss er daher „sofort", dh innerhalb der Frist des § 341 Abs 2 StPO die Revision einlegen (§ 342 Abs 1, Abs 2 S 1 StPO) und sie innerhalb der Frist des § 345 StPO begründen (§ 342 Abs 2 S 1 StPO); er darf das Wiedereinsetzungsverfahren nicht abwarten.

„Für den Fall der Verwerfung" (§ 342 Abs 2 S 1 StPO) beschreibt dabei die gesetzliche Bedingung, dass die Revision vom Fortbestand des angefochtenen Urteiles abhängt (KK-StPO/Kuckein StPO § 342 Rn 4). 1.1

§ 342 StPO ist auf eine **Revision des Privatklägers** für den Fall eines Wiedereinsetzungsantrages nach § 391 Abs 4 StPO, für den **Nebenkläger** bei einem Wiedereinsetzungsantrag nach § 401 Abs 3 S 2 StPO analog anwendbar (KK-StPO/Kuckein StPO § 342 Rn 9). Für das **Rechtsbeschwerdeverfahren** vgl § 72 Abs 2 S 2 OWiG, § 74 Abs 4 OWiG, § 79 Abs 3 OWiG. 2

B. Verbindung der Erklärungen, Abs 3

Nach § 342 Abs 2 S 1 StPO bleiben beide Rechtsbehelfe für den Angeklagten nur dann gewahrt, wenn die Revision „für den Fall der Verwerfung" des Wiedereinsetzungsantrages eingelegt wird. Die Bestimmung ist in Zusammenhang mit § 342 Abs 3 StPO zu lesen, wonach eine Revisionseinlegung „ohne Verbindung mit dem Antrag auf Wiedereinsetzung" den Verzicht auf diese bedeutet. Hiernach gilt: 3

Die Revision bleibt dem Angeklagten in jedem Fall erhalten. Insbesondere greift die gesetzliche Vermutung des § 342 Abs 3 StPO **nicht in umgekehrter Weise** dergestalt ein, dass ein isolierter Wiedereinsetzungsantrag als Verzicht auf die Revision aufzufassen wäre (Löwe/Rosenberg/Hanack StPO § 342 Rn 6). Die Revision kann vielmehr innerhalb der Frist des § 341 Abs 2 StPO auch nach dem Wiedereinsetzungsantrag wirksam eingelegt werden. Allerdings ist dann im Hinblick auf Abs 3 zu fordern, dass die Revisionserklärung auf den bereits angebrachten Wiedereinsetzungsantrag Bezug nimmt, wenn dieser nicht durch vermutete Rücknahme in Wegfall geraten soll (KK-StPO/Kuckein StPO § 342 Rn 8). 4

Will der **Angeklagte sich beide Rechtsbehelfe erhalten**, muss er die in § 342 Abs 2 S 1 StPO genannte Bedingung zwar nicht ausdrücklich erklären; er muss auch nicht – wie Abs 3 nahezulegen scheint – den Wiedereinsetzungsantrag und die Revisionseinlegung in demselben Schriftsatz erklären, wenngleich dies zu empfehlen ist. Erforderlich ist aber, dass die **Schriftsätze entweder gleichzeitig bei Gericht eingehen oder der Wiedereinsetzungsantrag bei Eingang der Revision bereits gestellt** ist (KG Beschl v 26. 1. 2000 – Az 5 Ws 74/00). 5

Bei getrennten Schriftsätzen besteht **Gleichzeitigkeit** letztlich nur dann, wenn sie in einem Umschlag oder mit demselben Faxschreiben dem Gericht übersandt werden. Nach OLG Stuttgart NJW 1984, 2900 reicht nicht aus, dass die Erklärungen am selben Tag eingehen; vielmehr kommt es auf die zeitliche Reihenfolge unabhängig von der Länge des dazwischen liegenden Zeitraumes an. An der erforderlichen Verbindung fehlt es bereits, wenn der Wiedereinsetzungsantrag nur kurze Zeit nach der Revisionseinlegung dem Gericht gefaxt wird (im Streitfall: 1 ¾ Stunden Differenz). Nach KG Beschl v 26. 1. 2000 – Az 5 Ws 74/00 soll allerdings eine zwölf Minuten vor dem Wiedereinsetzungsantrag eingehende Revisionserklärung noch einen hinreichenden zeitlichen Zusammenhang begründen. 5.1

Geht die **Revisionserklärung vor dem Wiedereinsetzungsantrag** ein, gilt ausnahmslos die unwiderlegliche gesetzliche Verzichtsvermutung des Abs 3 (vgl OLG Stuttgart NJW 1984, 2900). Der Wiedereinsetzungsantrag ist danach als unzulässig zu verwerfen. 6

Die Vermutung ist unabhängig davon, ob der Angeklagte nach § 35 a StPO, § 235 S 2 StPO oder über die Rechtsfolge des § 342 Abs 3 StPO **belehrt** worden ist (OLG Neustadt NJW 1964, 6.1

1868). Die Erklärung, ein Wiedereinsetzungsantrag werde vorbehalten, entkräftet sie nicht (KK-StPO/Kuckein StPO § 342 Rn 7). Wird die **Revision zurückgenommen,** lebt das Recht auf Wiedereinsetzung nicht wieder auf, auch wenn eine erneute Revision mit einem Wiedereinsetzungsantrag verbunden wird (OLG Neustadt NJW 1964, 1868; OLG Zweibrücken NJW 1965, 1033). Es kommt auch nicht darauf an, ob die Revision zulässig erhoben ist (OLG Stuttgart Justiz 1976, 265).

7   Ist Wiedereinsetzung **gem. § 45 Abs 2 S 3 StPO von Amts wegen** zu gewähren, findet § 342 Abs 3 StPO keine Anwendung (OLG Düsseldorf NJW 1980, 1704; NStZ 1984, 320, 321; OLG Hamburg NStZ-RR 2001, 302; **aA** Meyer-Goßner StPO § 342 Rn 4; KK-StPO/Kuckein StPO § 342 Rn 7; Löwe/Rosenberg/Hanack StPO § 342 Rn 9).

C. Weiteres Verfahren (Abs 2)

8   Die **Revision** ist **nur vorsorglich eingelegt** und begründet; die „weitere Verfügung in Bezug auf die Revision" bleibt bis zur Entscheidung über den Wiedereinsetzungsantrag „ausgesetzt". Der rechtskräftige Abschluss des Wiedereinsetzungsverfahrens ist daher Voraussetzung dafür, dem Revisionsverfahren Fortgang zu geben.

9   Bei **Erfolg des Wiedereinsetzungsantrages** wird das tatrichterliche Urteil beseitigt und die Revision gegenstandslos; eine – auch feststellende – Entscheidung ist nicht mehr veranlasst. Bei **Verwerfung des Wiedereinsetzungsantrages** tritt die mit der Revisionseinlegung verbundene Bedingung ein, so dass die Revision durchzuführen ist. Bei Entscheidung über die Revision ist das Revisionsgericht nicht an die Entscheidung im Wiedereinsetzungsverfahren – auch nicht an eine eigene Beschwerdeentscheidung im Verfahren nach § 46 Abs 3 StPO – gebunden (OLG Düsseldorf NJW 1988, 1681,1682; Löwe/Rosenberg/Hanack StPO § 342 Rn 5).

§ 343 [Hemmung der Rechtskraft]

(1) Durch rechtzeitige Einlegung der Revision wird die Rechtskraft des Urteils, soweit es angefochten ist, gehemmt.

(2) Dem Beschwerdeführer, dem das Urteil mit den Gründen noch nicht zugestellt war, ist es nach Einlegung der Revision zuzustellen.

Überblick

Soweit sie rechtzeitig eingelegt wurde, bewirkt die Revision eine Hemmung der Rechtskraft. Dies gilt nur dann nicht, wenn sie unstatthaft ist oder entgegen einem wirksamen Rechtsmittelverzicht eingelegt wurde. § 343 Abs 2 StPO schreibt die Urteilszustellung für Fälle der Revisionseinlegung nach § 341 Abs 1 StPO vor; sie kann bei verspäteter, nicht statthafter oder entgegen einem Rechtsmittelverzicht eingelegter Revision unterbleiben.

A. Hemmung der Rechtskraft

1   Die Rechtskraft ist durch eine rechtzeitige (§ 341 StPO) Revision gehemmt, also auch dann, wenn das Rechtsmittel sich **aus anderen Gründen als verfristeter Einlegung als unzulässig** erweist (BGHSt 25, 259, 260). Dies gilt nicht, wenn sie unstatthaft ist (OLG Hamm NJW 1973, 1517; Meyer-Goßner StPO § 343 Rn 1; KK-StPO/Kuckein StPO § 343 Rn 1; Löwe/Rosenberg/Hanack StPO § 343 Rn 1; **aA** OLG Stuttgart MDR 1980, 518; BayObLG 1972, 169; zu § 79 OWiG vgl BGHSt 25, 259, 260) oder sie entgegen einem Rechtsmittelverzicht eingelegt wurde (OLG Karlsruhe NStZ 1997, 301). Eine wirksame Beschränkung der Revision führt zur Hemmung der Rechtskraft allein im Umfang der Anfechtung.

2   Die Hemmung **dauert** bis zur Entscheidung des Revisionsgerichtes oder bis Ablauf der Wochenfrist des § 346 Abs 2 StPO nach Entscheidung des Tatgerichtes nach § 346 Abs 1 StPO.

B. Zustellung

Sofern nicht bereits nach § 341 Abs 2 StPO geschehen, ist das Urteil nach Revisions- 3
einlegung zuzustellen; vgl hierzu RiStBV Nr 154. Einer Zustellung **bedarf es nicht**, wenn die Revision **nicht statthaft oder verspätet eingelegt** worden ist (BayObLGSt 1962, 157 = NJW 1962, 1927). Im ersten Fall sind die Akten dem Revisionsgericht zur Entscheidung vorzulegen, im zweiten hat das Tatgericht nach § 346 Abs 1 StPO zu entscheiden. Nachträglich ist jedoch zuzustellen, wenn das Revisionsgericht einem Antrag nach § 346 Abs 2 StPO stattgibt oder ein Wiedereinsetzungsantrag des Revisionsführers gegen die Versäumung der Einlegungsfrist des § 346 Abs 1 StPO Erfolg hat.

Legt ein noch nicht zugelassener **Nebenkläger** Revision ein, der sich erst damit dem 4
Verfahren anschließt, so ist zunächst in Beschlussform über die Anschlussberechtigung zu entscheiden; erst wenn diese festgestellt ist, hat die Zustellung an den Nebenkläger zu erfolgen (Löwe/Rosenbaum/Hanack StPO § 343 Rn 5).

Zuzustellen ist eine **Urteilsausfertigung**; ist nur eine beglaubigte Abschrift zugestellt, führt dies 4.1
aber nicht zu Unwirksamkeit der Zustellung (BGHSt 26, 140, 141). Die Zustellung einer einfachen Abschrift reicht dagegen nicht aus. Die Zustellung erfolgt auf Anordnung des Vorsitzenden. Zur öffentlichen Zustellung (§ 40 StPO) vgl § 37 Abs 1 StPO, § 182 Abs 1 ZPO. Zum Vorgehen bei Verlust der Akten vgl Löwe/Rosenberg/Hanack StPO § 343 Rn 9.

Zuzustellen ist das Urteil bei Angeklagtenrevision dem **Angeklagten selbst** oder gem. 5
§ 145 a Abs 1 StPO seinem Verteidiger, sofern sich eine Vollmacht bei den Akten befindet. Eine Zustellung ist auch an bestellte Zustellungsbevollmächtigte möglich (Ausnahme: § 232 Abs 4 StPO). Bei Revision des gesetzlichen Vertreters ist an diesen, bei paralleler Revision des Angeklagten an beide zuzustellen.

Sind die Akten vor wirksamer Zustellung nach § 347 StPO dem **Revisionsgericht** 6
zugeleitet worden, müssen sie zur Nachholung der Zustellung an das Tatgericht zurückgeleitet werden (Pfeiffer StPO § 347 Rn 4).

§ 344 [Revisionsbegründung]

(1) Der Beschwerdeführer hat die Erklärung abzugeben, inwieweit er das Urteil anfechte und dessen Aufhebung beantrage (Revisionsanträge), und die Anträge zu begründen.

(2) ¹Aus der Begründung muß hervorgehen, ob das Urteil wegen Verletzung einer Rechtsnorm über das Verfahren oder wegen Verletzung einer anderen Rechtsnorm angefochten wird. ²Ersterenfalls müssen die den Mangel enthaltenden Tatsachen angegeben werden.

Überblick

§ 344 StPO bestimmt die Mindestanforderungen an eine zulässige Revisionsbegründung, welche die Revisionsanträge einschließlich einer etwaigen Revisionsbeschränkung, die erhobenen Rügen und im Fall von Verfahrensbeanstandungen deren nähere Begründung umfassen muss. Nach dem Antrag richtet sich der Umfang der möglichen Urteilsaufhebung nach § 353 Abs 1 StPO. Die Revision kann auch ohne ausdrückliche Erklärung in ihrem Umfang beschränkt sein; bei Revisionen der StA ist dies bereits insoweit anzunehmen, wie die gestellten Anträge in der weiteren Revisionsrechtfertigung nicht näher begründet sind. Die Zulässigkeit einer Revisionsbeschränkung richtet sich nach der Teilbarkeit des Urteilsgegenstandes. Beschränkungen auf den Urteilsausspruch wegen einzelner von mehreren rechtlich selbständigen Taten, auf den Rechtsfolgenausspruch oder auf Teile hiervon sind zulässig; ein Schuldspruch aufgrund einer prozessual oder materiellrechtlich einheitlichen Tat ist dagegen grds unteilbar und damit mit der Revision nicht beschränkt angreifbar. Zur Begründung der Anträge ist die Sachrüge hinreichend, die nicht näher ausgeführt zu werden braucht. Demgegenüber sind Verfahrensrügen nach § 344 Abs 2 S 2 StPO zu begründen. Nach den in der Rechtsprechung herausgebildeten hohen Anforderungen muss der Revisionsführer alle den behaupteten Verfahrensfehler begründenden Umstände so vollständig und genau vortragen, dass das Revisionsgericht allein auf Grundlage der Revisionsbegründung prüfen kann, ob ein Verfahrensfehler vorliegt. Dies verbietet Bezugnahmen auf nicht beigefügte Dokumente oder einen Vortrag, der sich auf dem Revisionsführer günstige Umstände beschränkt.

Übersicht

	Rn		Rn
A. Grundsatz, Regelungszweck	1	1. Erhebung	32
B. Revisionsanträge (Abs 1)	3	2. Im Urteil niedergelegte Verfahrensmängel	34
C. Revisionsbeschränkung	6	III. Verfahrensrügen (Abs 2 S 2)	36
I. Zulässigkeit	6	1. Grundsatz	37
II. Erklärung	9	2. Angriffsrichtung	40
III. Wirksamkeit	12	3. Eigener Vortrag, Anlagen und Bezugnahmen	41
IV. Einzelfälle	13	4. Bestimmter Vortrag	44
1. Verfahrensvoraussetzungen	13	5. Vollständigkeit, Negativtatsachen	48
2. Mehrere Taten	14	6. Vortrag zum Beruhen	53
3. Einheitliche Tat	16	7. Einzelfälle	54
4. Rechtsfolgenausspruch	18	IV. Verfahrensvoraussetzungen	59
V. Folgen	27	V. Heilung, Wiedereinsetzung	60
D. Revisionsbegründung (Abs 2)	28	E. Nebenklage	61
I. Bezeichnung des Anfechtungsgrundes	28		
II. Sachrüge	32		

A. Grundsatz, Regelungszweck

1   § 344 StPO regelt den **Mindestumfang der Revisionsbegründung**. Die Vorschrift steht in Zusammenhang mit **§ 352 StPO**: Da die Revision auf bestimmte Beschwerdepunkte beschränkt werden kann und das Urteil vom Revisionsgericht nur insoweit überprüft wird, muss aus der Revisionsbegründung der Anfechtungsumfang hervorgehen. § 344 StPO dient nach der gesetzgeberischen Intention aber auch als notwendige Einschränkung des Rechtsmittels, um eine **effektive Strafrechtspflege** zu gewährleisten und einer – bei umfassender Amtsprüfung eintretenden – Überlastung der Revisionsgerichte vorzubeugen (vgl Gribbohm NStZ 1983, 97 mit Nachweisen aus den Motiven). In der Praxis erweist sich vor allem § 344 Abs 2 S 2 StPO als schwer zu überwindende, gelegentlich bis an die Grenzen des verfassungsrechtlich Zulässigen ausgelegte Zulässigkeitsschranke des Rechtsmittels (vgl BVerfGK 7, 71 = StV 2006, 57).

1.1   Dies spiegelt sich in den **Statistiken des Bundesgerichtshofes** (vgl unter www.bundesgerichtshof.de), denen zufolge etwa drei Viertel aller Revisionen nach § 349 Abs 2 StPO als unbegründet zurückgewiesen und nur etwa 1% als unzulässig behandelt werden, nur unvollkommen wieder, da ein Großteil der einzelnen Verfahrensrügen die Schranke des § 344 Abs 2 S 2 StPO nicht überwindet, die meist parallel erhobene Sachrüge aber eine Unzulässigkeit der Revision als solche verhindert.

2   Die **Revisionsbegründung umfasst** die Revisionsanträge einschließlich einer etwaigen Revisionsbeschränkung, die erhobenen Rügen und – im Falle von Beanstandungen des Verfahrens nach § 344 Abs 2 S 2 StPO – ihre Begründung (vgl Pfeiffer StPO § 344 Rn 1).

Sind die Anforderungen von § 344 StPO nicht beachtet, führt dies zur **Unzulässigkeit der Revision**, bei nicht hinreichender Erhebung oder Begründung nur einzelner Rügen allein zu deren Unzulässigkeit. Sind allerdings **sämtliche erhobenen Rügen unzulässig**, ist die Revision insgesamt als unzulässig zu verwerfen (BGH NJW 1995, 2047). Dies betrifft vor allem den Fall, dass sämtliche Verfahrensrügen gem § 344 Abs 2 S 2 StPO nicht hinreichend ausgeführt sind und eine parallele Sachrüge nicht erhoben ist.

B. Revisionsanträge (Abs 1)

Die Revisionsanträge bestimmen den **Umfang der erstrebten Urteilsaufhebung** nach § 353 Abs 1 StPO und die Grenze der revisionsgerichtlichen Prüfung nach § 352 StPO. Ihr **Fehlen** ist unschädlich, wenn das Ziel der Anfechtung aus der sonstigen Begründung, insbes den erhobenen Rügen ermittelt werden kann (BGH Urt v 4. 12. 2007 – Az 5 StR 324/07 Rn 12 f; StV 1981, 393; NStZ-RR 2000, 38 bei Kusch; OLG Jena NStZ-RR 1998, 144; Gribbohm NStZ 1983, 98). Erforderlichenfalls ist der Antrag anhand der Revisionsbegründung **auszulegen** (KK-StPO/Kuckein StPO § 344 Rn 2). Auf diesem Weg kann – insbes bei Revisionen der StA – auch ein umfassender Aufhebungsantrag einschränkend zu verstehen sein (vgl näher Rn 10).

Beispiele: Eine Sachrüge, die allein hinsichtlich des Strafausspruches ausgeführt ist, legt einen nur darauf gerichteten Aufhebungsantrag nahe. Greift die StA in ihrer Revisionsbegründung mit sachlich-rechtlichen Beanstandungen allein einen in einem Fall erfolgten Freispruch an, folgt eine Beschränkung der Revision auf diesen Fall (BGH NStZ-RR 1997, 359). Beanstandet sie, dass auf Grundlage der Feststellungen eine andere Verurteilung hätte erfolgen müssen, kann darin eine Beschränkung dahingehend gesehen werden, dass die getroffenen Feststellungen vom Revisionsangriff ausgenommen sein sollen; wird dem widersprechend aber auch die Beweiswürdigung angegriffen, ist die Revisionsbegründung dahin auszulegen, dass hilfsweise auch die Aufhebung der Feststellungen beantragt sein soll (BGH Urt v 4. 12. 2007 – Az 5 StR 324/07 Rn 12 f).

Bei einem umfassenden Aufhebungsantrag, aber nur auf die Strafzumessung bezogenen **Verfahrensrügen** ist der Antrag gleichfalls – auch bei einer Angeklagtenrevision – einschränkend auszulegen (vgl BGH NStZ 2008 416, 417: gescheiterte Absprache; keine Beanstandung der Verwertung des Geständnisses, sondern der nicht eingehaltenen Strafobergrenze).

Bleibt das **Anfechtungsziel unklar**, ist die Revision unzulässig; bei widersprüchlichen oder unklaren Beschränkungen ist im Zweifel aber von einem umfassenden Revisionsangriff auszugehen (BGH NStZ-RR 1997, 35). **Im dreistufigen Rechtszug** kann sich auch aus dem Umfang der vorausgehenden Berufung die Zielrichtung der Revision ergeben, vgl OLG Karlsruhe Justiz 1979, 68. Urteilsteile, die **den Revisionsführer nicht beschweren** (zB ein Teilfreispruch den Angeklagten), müssen von der Revision nicht ausdrücklich ausgenommen werden.

In der bloßen **Einlegung** der Revision kann nicht zugleich die Sachrüge oder ein auf Gesamtaufhebung des Urteils gerichteter Antrag gesehen werden (BGH NStZ 1991, 597; NStZ 1982, 190 [bei Pfeiffer/Miebach]; vgl auch BGHSt 38, 4 = NJW 1991, 3162); dagegen ergibt sich aus der **Erhebung der allgemeinen Sachrüge** regelmäßig eine umfassende Anfechtung (BGH NStZ 1983, 359 bei Pfeiffer/Miebach). Dies gilt nach der Rechtsprechung des Bundesgerichtshofs grundsätzlich **auch bei Verurteilungen wegen mehrerer Straftaten** (BGH NStZ 1990, 96). Die Rechtsprechung der Oberlandesgerichte ist restriktiver und fordert bei mehreren selbständigen Taten mitunter eine Spezifizierung der Rüge (vgl OLG Hamm NJW 1976, 68; OLG Zweibrücken NJW 1974, 659; zustimmend Gribbohm NStZ 1983, 98). Bei Revisionen der **StA** lässt der Bundesgerichtshof im Falle von mehreren Angeklagten und Taten die bloße Erhebung der nicht näher ausgeführten Sachrüge jedoch nicht ausreichen (BGH NJW 2003, 389; NStZ-RR 2004, 228 bei Becker).

Die Revisionsanträge müssen **unbedingt** und **innerhalb der Begründungsfrist** gestellt sein. Ihr Bezug auf die Zukunft in Erwartung einer Hauptverhandlung („Ich werde beantragen ...") ist aber unschädlich. Auf die prozessuale Behandlung seitens des Revisionsgerichtes (§ 349 StPO, § 350 StPO, § 354 StPO) müssen sie sich nicht beziehen.

C. Revisionsbeschränkung

I. Zulässigkeit

Die **Möglichkeit einer Revisionsbeschränkung** ergibt sich mittelbar aus § 343 Abs 1 StPO („soweit"); der BGH leitet sie aus § 318 StPO her („bestimmte Beschwerdepunkte"; vgl BGHSt 29, 359 = NJW 1981, 589). Geht aus der Revisionsbegründung eine Beschränkung nicht eindeutig hervor, ist **im Zweifel** von einer umfassenden Urteilsanfechtung auszugehen (BGH NStZ-RR 1997, 35). Auch eine ausdrücklich ausgesprochene, aber unwirksame Beschränkung führt nicht zur Unzulässigkeit der Revision, sondern zu ihrer

Behandlung als unbeschränkt, wenn nicht die unzulässige Beschränkung in eine zulässige – engere – umgedeutet werden kann (vgl BGHSt 3, 46; BGHSt 10, 320).

6.1 Kein Widerspruch liegt darin, dass die Revision auf den Strafausspruch beschränkt, aber mit einer formellen Revisionsrüge ein **Verfahrensfehler nach § 338 Nr 1 bis Nr 8 StPO** geltend gemacht wird, der auch den Schuldspruch berührt und ohne die Beschränkung zur Aufhebung des gesamten Urteil führen würde. Die Beschränkung ist in einem derartigen Fall wirksam (BGH NJW 1995, 1910).

7 Die Revision kann von Vornherein in nur beschränktem Umfang eingelegt worden sein (§ 341 Abs 2 StPO) oder in der Revisionsbegründung beschränkt werden. Die nachträgliche Beschränkung einer zunächst unbeschränkten Anfechtung stellt eine **Teilrücknahme** dar und ist in den zeitlichen Grenzen des § 303 StPO zulässig.

7.1 Eine Teilrücknahme liegt aber nicht vor, wenn die Revision lediglich einschränkungslos eingelegt wurde und erst in der Revisionsbegründung erklärt wird, dass nur beschränkt angefochten werden soll, vgl BGH NStZ 1992, 126.

8 Die **Erweiterung** einer beschränkt eingelegten Revision ist nur innerhalb der Frist des § 341 StPO, nicht in jener des § 345 Abs 1 StPO zulässig (BGHSt 38, 366 = NJW 1993, 476). Ist die Revision erst mit ihrer Begründung beschränkt worden, kann sie innerhalb der Frist des § 345 Abs 1 StPO erweitert werden, wenn in der Beschränkung nicht ausnahmsweise zugleich ein Verzicht zu sehen ist.

II. Erklärung

9 Die Beschränkung der Revision kann sich **ohne ausdrückliche Erklärung** aus der Revisionsbegründung ergeben, wenn aus ihr ein Beschränkungswille des Revisionsführers und der Umfang der Beschränkung zweifelsfrei hervorgehen (BGH NJW 1956, 756).

9.1 Dies ist insbes dann der Fall, wenn die Begründungsschrift nach dem erkennbaren Willen des Revisionsführers vollständig sein, **nicht Vorgebrachtes daher auch nicht gerügt** werden soll (KK-StPO/Kuckein StPO § 344 Rn 5). So verhält es sich, wenn Ausführungen des Angeklagten zur Sachrüge sich allein auf den Rechtsfolgenausspruch beziehen (BGH NJW 1956, 757; NStZ 1996, 23 bei Kusch). Soll der behauptete Rechtsfehler dagegen nur herausgestellt werden („insbesondere"), kommt eine Beschränkung nicht in Betracht.

10 Eine Auslegung ist gem **§ 300 StPO analog** zulässig (vgl BGHSt 43, 149 = NJW 1997, 331) und oft erforderlich. So kann sich auch bei einem unbeschränkten Antrag aus der weiteren Revisionsbegründung ergeben, dass eine Beschränkung gewollt ist. Umgekehrt kann bei einem beschränkten Antrag und einer hierzu in Widerspruch stehenden Begründung anzunehmen sein, dass eine Beschränkung tatsächlich nicht gewollt ist. **Bei Revisionen der StA** hat sich die Auslegung wegen Nr 156 Abs 2 Hs 2 RiStBV **eng an der Revisionsrechtfertigung** zu orientieren; erfasst die Begründung Teile des Urteils nicht, ist auch bei einem unbeschränkten Aufhebungsantrag regelmäßig davon auszugehen, dass diese nicht angegriffen sein sollen.

10.1 **Beispielsfälle**: BGH NStZ-RR 2007, 304, 305 (umfassender Aufhebungsantrag der StA, aber Ausführungen nur zu Verurteilungsfällen, nicht zu Teilfreisprüchen); BGH NStZ 1998, 210 (Anfechtung seitens der StA „vollen Umfangs" mit unbeschränktem Aufhebungs- und Zurückverweisungsantrag, aber Revisionsbegründung nur hinsichtlich einzelner Fälle der Urteilsgründe); BGH NStZ-RR 2003, 6 (Antrag der StA auf Urteilsaufhebung in vollem Umfang, aber ausweislich der Begründung nur hinsichtlich eines Falles und der Gesamtstrafe bei Becker). Vgl andererseits BGHSt 43, 149 = NJW 1997, 3322 (Beschränkung der StA-Revision auf den Strafausspruch mit der Begründung, dass das Tatgericht zu Unrecht Leichtfertigkeit iSv § 261 Abs 5 StGB angenommen habe, so dass insoweit auch der Schuldspruch angegriffen); BGH NStZ 1985, 17 (Beschränkung der Revision auf den Rechtsfolgenausspruch, aber – den Schuldumfang betreffende – Beanstandung, dass der Tatrichter von einem zu hohen BtM-Umsatz ausgegangen sei [bei Pfeiffer]); BGH Urt v 2. 12. 2008 – Az 1 StR 344/08 (gegen Gesamtstrafenbildung gerichtete Ausführungen richteten sich zugleich gegen die Beurteilung des Konkurrenzverhältnisses, betrafen daher auch Schuldspruch). Zur Auslegung einer Angeklagtenrevision vgl BGH NStZ 2008 416, 417 (umfassender Aufhebungsantrag des Angeklagten nach gescheiterter Absprache, aber keine

Beanstandung der Verwertung des Geständnisses, sondern allein der nicht eingehaltenen Strafobergrenze).

Die Beschränkung kann, wenn in ihr nicht ausnahmsweise zugleich ein Verzicht liegt, auch ohne besondere Vollmacht **seitens des Verteidigers** erklärt werden (BGHSt 38, 366 = NJW 1993, 476; vgl aber § 302 Abs 2 StPO). Eine seitens des Angeklagten erklärte Beschränkung ist gem § 297 StPO gegenüber der weiterreichenden Revision seines Verteidigers maßgeblich. Eine weiterreichende Revision des Angeklagten setzt sich, sofern fristgerecht erklärt, gleichfalls gegenüber einer Beschränkung des Verteidigers durch. Fristgerecht abgegebene **Revisionsbegründungen von mehreren Verteidigern** sind kumulativ zu prüfen; auch wenn sie für sich genommen Beschränkungen enthalten. Aus dem Umstand, dass die Revisionsbegründungen als Einheit betrachtet werden müssen, folgt nicht, dass einer **von nur einem Verteidiger beschränkt eingelegten Revision** Wirkung zukommt (aA KK-StPO/Kuckein StPO § 344 Rn 13); vielmehr ist die einheitliche Begründung auszulegen mit dem Ergebnis, dass die erklärte Beschränkung aufgrund des inneren Widerspruches nicht gelten kann. 11

III. Wirksamkeit

Dem in der Revisionsbegründung zum Ausdruck gebrachten Anfechtungswillen muss grundsätzlich Wirkung verschafft werden (BGHSt 29, 359 = NJW 1981, 589), soweit die Beschränkung nur rechtlich möglich ist. Dies richtet sich nach der **Teilbarkeit des Urteilsgegenstandes**. Danach ist eine Revisionsbeschränkung grundsätzlich zulässig, wenn sie einen Teil der Entscheidung betrifft, der losgelöst von dem nicht angegriffenen Teil eine selbständige Beurteilung zulässt, ohne eine Prüfung der Entscheidung im Übrigen erforderlich zu machen (BGHSt 10, 100, 101 = NJW 1956, 680; BGHSt 29, 359, 364 = NJW 1981, 589; BGHSt 41, 57, 59 = NJW 1995, 2365; OLG Hamm NStZ-RR 2001, 300, 301). Die aufgrund des Teilrechtsmittels erst stufenweise entstehende Gesamtentscheidung muss frei von inneren Widersprüchen bleiben und weiterhin als einheitliches Ganzes angesehen werden können (BGHSt 47, 32, 35 = NJW 2001, 3134). Das Revisionsgericht hat dies im Einzelfall von Amts wegen zu beurteilen, erforderlichenfalls erst auf Grundlage des Beratungsergebnisses über die zu treffende Entscheidung (BGHSt 27, 70 = NJW 1977, 442; OLG Köln NStZ 1984, 379). 12

IV. Einzelfälle

1. Verfahrensvoraussetzungen

Das Fehlen von Verfahrensvoraussetzungen kann nur dann isoliert gerügt werden, soweit sie das angefochtene **Urteil als Ganzes betreffen** und **losgelöst vom Straf- und Schuldausspruch geprüft werden können** (BGHSt 2, 385; OLG Braunschweig NJW 1956, 1118; OLG Hamburg MDR 1958, 52). Hinsichtlich der Verjährung ist das nicht der Fall, da bereits die Verjährungsfrist von der richtigen materiellrechtlichen Einordnung der konkreten Tat abhängt. Die Revision kann daher regelmäßig nicht auf die Verjährungsfrage beschränkt werden (BGHSt 2, 385; vgl aber OLG Frankfurt NStZ 1982, 35). Auch das Fehlen sonstiger tatbezogener Verfahrensvoraussetzungen ist mit der Anfechtung des betreffenden Schuldspruches geltend zu machen. 13

2. Mehrere Taten

Bei mehreren rechtlich selbständigen Taten kann die Revision grundsätzlich **auf einzelne Verurteilungen oder Tatvorwürfe** beschränkt werden unabhängig davon, ob es sich bereits verfahrensrechtlich (§ 264 StPO) oder allein sachlich-rechtlich (§ 53 StGB) um mehrere Straftaten handelt (Meyer-Goßner StPO § 318 Rn 9 f). Die StA kann eine zu Lasten des Angeklagten eingelegte Revision demgemäß auf Freisprüche in einzelnen Fällen, der Angeklagte einzelne Verurteilungen beschränken (vgl zB BGH StV 2007, 527; StV 2008, 139). Ist aus den Taten eine Gesamtstrafe gebildet oder eine auf ihnen beruhende Maßregel verhängt worden, sind Gesamtstrafe und Maßregel auch ohne entsprechende Erklärung mitangefochten (vgl BGHSt 8, 268, 271). 14

14.1 Bei **Dauerstraftaten** und einer Beschränkung auf bestimmte Tatzeiträume muss sich aus den Feststellungen eine hinreichende Abgrenzung der einzelnen Taten und Tatzeiträume ergeben, die dem Revisionsgericht eine eigenständige Beurteilung des angegriffenen Teilzeitraumes erlaubt (vgl BGH Urt v 24. 10. 2007 – Az 1 StR 189/07 [Rn 18]).

14.2 Besonderheiten bestehen bei einem **einheitlichen Lebensvorgang**; dieser kann nur durch eine **Zäsurwirkung** in mehrere selbständige Teile aufgespalten werden. Im Falle eines von dem Angeklagten verursachten Verkehrsunfalles und einer Verurteilung wegen fahrlässiger Körperverletzung in Tateinheit mit fahrlässiger Gefährdung des Straßenverkehrs und wegen Unfallflucht in Tateinheit mit Trunkenheit am Steuer kann die Revision nicht auf einen der Tatkomplexe beschränkt werden (BGHSt 25, 72, 75 = NJW 1973, 335; aA noch – obiter – BGHSt 23, 141, 150 = NJW 1970, 255, 257: getrennte Anfechtung auch derselben Dauerstraftat möglich, so auch Löwe/Rosenberg/Hanack StPO § 344 Rn 23). Die schuldhafte Herbeiführung eines Unfalles und die nachfolgende Unfallflucht können jedoch trotz Tatidentität iSv § 264 StPO jeweils isoliert angegriffen werden. Dass beide Taten das Vorliegen eines Unfalls voraussetzen, steht nicht entgegen; das Merkmal muss der angefochtenen Tat aber wegen des Rechtskrafteintrittes hinsichtlich der anderen Tat zugrunde gelegt werden (BGHSt 24, 185, 186 = NJW 1971, 1948, 1949 f).

15 Ist **gerade fraglich, ob mehrere Straftaten vorliegen**, kann die Revision nicht auf eine Tat beschränkt werden (näher Meyer-Goßner StPO § 318 Rn 11).

3. Einheitliche Tat

16 Der Schuldspruch hinsichtlich einer Tat ist **unteilbar**. Eine Rechtsmittelbeschränkung auf einzelne rechtliche Gesichtspunkte eines einheitlichen Schuldspruches, etwa hinsichtlich einzelner Tatbestandsmerkmale einer Norm oder hinsichtlich einzelner Rechtsfragen ist daher ausgeschlossen (BGHSt 19, 46, 48 = NJW 1963, 1987; BGHSt 43, 149 = NJW 1997, 3322; BGHSt 43, 149 = NJW 1997, 3322, 3323). Dies gilt auch für Tateinheit (BGHSt 6, 229, 230 = NJW 1954, 1257; BGHSt 21, 256, 258 = NJW 1967, 1972), selbst wenn der Tatrichter unzutreffend Tatmehrheit angenommen haben sollte (BGH NStZ 1996, 203; NStZ-RR 1996, 267), für Fälle der Gesetzeseinheit (BGH NJW 1980, 769; NStZ 1986, 565), der natürlichen Handlungseinheit (BGH NStZ 1997, 276) und der Bewertungseinheit im Betäubungsmittelrecht.

16.1 Eine weniger strikte Handhabung ist bei **Dauerstraftaten oder Organisationsdelikten** angezeigt. Hier kann eine Rechtsmittelbeschränkung auf die Überprüfung der mit dem Dauer- oder Organisationsdelikt in Tateinheit stehenden Straftat zugelassen werden, zumal die in Tateinheit stehenden Delikte auch bei bereits rechtskräftiger Aburteilung des Dauer- oder Organisationsdeliktes noch getrennt abgeurteilt werden können (vgl BGHSt 29, 288, 293 = NJW 1980, 2718; 39, 390, 391 = NJW 1994, 1015).

16.2 Seitens der StA kann die Revision auf die Rüge beschränkt werden, dass der Tatrichter eine gebotene **Wiedereinbeziehung nach § 154 a Abs 3 S 1 StPO** unterlassen hat (BGH NStZ 1982, 517).

17 Der Revisionsführer kann die getroffenen **Feststellungen in wirksamer Weise vom Revisionsangriff ausnehmen**, indem er seine Rüge darauf beschränkt, dass der Tatrichter auf Grundlage der Feststellungen das Strafgesetz nicht richtig angewandt habe. Dagegen ist eine Beschränkung der Revision allein auf den Schuldspruch unter **Ausklammerung der Rechtsfolgen** unwirksam. Die Anfechtung erfasst immer alle auf dem Schuldspruch beruhenden weiteren Urteilsteile, d. h. jedenfalls den Einzel- und ggf den Gesamtstrafenausspruch (vgl Meyer-Goßner StPO § 318 Rn 14).

4. Rechtsfolgenausspruch

18 Die Revisionsbeschränkung auf den Rechtsfolgenausspruch ist wirksam (BGHSt 19, 46, 48; 33, 59), es sei denn, dass sich **ausnahmsweise eine untrennbare Verknüpfung** der Erörterungen zum Schuld- und Rechtsfolgenausspruch ergibt, so dass eine getrennte Überprüfung des Strafausspruches den nicht angefochtenen Schuldspruch berühren würde. Dies ist insbesondere dann der Fall, wenn die Ablehnung oder Annahme einer – fakultativ eine Strafmilderung nach § 49 StGB ermöglichenden – verminderten **Schuldfähigkeit** nach § 21 StGB nicht rechtsfehlerfrei begründet wurde und sich eine Schuldunfähigkeit nach

§ 20 StGB nicht ausschließen lässt (BGHSt 46, 257, 259 = NJW 2001, 1435, 1436; BGH NJW 2009, 1979, 1980; NStZ-RR 2003, 18). Von einer Überprüfung des Rechtsfolgenausspruches mitbetroffen ist der Schuldspruch zudem immer dann, wenn die Revision ihre Angriffe auf eine fehlerhafte Bestimmung des Schuldumfanges oder sonstige strafmildernde oder -erhöhende Umstände stützt, die in Zusammenhang mit Merkmalen der Tat selbst stehen und daher Tatsachen betreffen, die auch dem Schuldspruch zugrunde liegen (**doppelrelevante Tatsachen**). Der Revisionsführer wendet sich dann der Sache nach auch dagegen, dass der Tatrichter diese Umstände bei der Schuldfrage herangezogen hat. Ob Tatsachen in diesem Sinne doppelrelevant sind und nicht beschränkt auf die Rechtsfolgenfrage überprüft werden können, wird in der Rechtsprechung danach entschieden, ob sie gesetzliche Tatbestandsmerkmale betreffen oder außertatbestandlich angesiedelt sind bzw „äußerlich zu der Tat hinzutreten" (eingehend BGHSt 29, 359 = NJW 1981, 589).

Eine Beschränkung der Revision auf den Rechtsfolgenausspruch setzt ferner voraus, dass **19** die tragenden **Feststellungen zum Schuldspruch eine ausreichende Grundlage für die Prüfung des Rechtsfolgenausspruches** bieten. Daher können auch offensichtliche und schwerwiegende Mängel des Schuldspruchs sowie lückenhafte, widersprüchliche oder sonst unklare Feststellungen einer Beschränkung entgegenstehen, da sich in einem solchen Fall Art und Ausmaß der Schuld nicht in dem zur Überprüfung des Strafausspruches notwendigen Maß bestimmen lassen (vgl BGHSt 33, 59 = NJW 1985, 1089; BGH NStZ 1994, 130; OLG Hamburg NStZ-RR 2006, 18; OLG Köln StraFo 1998, 120, 121; Übersicht mit Einzelfällen bei Meyer-Goßner StPO § 318 Rn 17).

Die Revision kann auch dann auf den Rechtsfolgenausspruch beschränkt werden, wenn **20** **Verfahrensfehler** beanstandet werden, die auch den Schuldspruch berühren und ohne Beschränkung des Rechtsmittels das Urteil insgesamt zu Fall brächten. Dies gilt auch für Verfahrensrügen nach § 338 StPO (BGH NJW 1995, 1910; BGHSt 48, 4 = NJW 2002, 3484).

Innerhalb des Rechtsfolgenausspruches sind weitere Beschränkungen möglich. Sie sind **21** aber im Einzelfall darauf zu prüfen, ob eine angegriffene Rechtsfolge oder ein Teil von ihr mit einem anderen Teil des Rechtsfolgenausspruches in einem Zusammenhang steht, der der Beschränkung entgegensteht. Die Revision kann auf den **Strafausspruch** hinsichtlich einzelner Taten zusammen mit dem Gesamtstrafenausspruch (zB BGH NStZ 2008, 452; Beschl v 3. 12. 2007 – Az 5 StR 504/07), isoliert auf die **Bemessung der Gesamtstrafe** (BGH NStZ-RR 2000, 13) und regelmäßig auch auf die Frage der **Strafaussetzung zur Bewährung** (BGHSt 11, 393, 395; BGHSt 38, 366 = NJW 1993, 476; NStZ 1982, 285, 286) beschränkt werden. Isoliert beanstandet werden können auch die Entscheidungen über die **Anrechnung von** bereits **erlittener Freiheitsentziehung** nach § 51 StGB und über den Anrechnungsmaßstab (§ 51 Abs 4 S 2 StGB; vgl BGHSt 7, 214; wistra 1990, 350; OLG Hamm StV 1999, 652).

Bei einem alleinigen Angriff der **Gesamtstrafe** stehen Fehler bei Bemessung der Einzelstrafen **21.1** der Beschränkung nicht entgegen. Dies gilt auch dann, wenn das Tatgericht bei der Zumessung – wie in der Praxis häufig – auf vorangehende Erwägungen zur Bemessung der Einzelstrafen Bezug genommen hat (offen gelassen von BGH NStZ-RR 2000, 13).

Ein alleiniger Angriff der **Bewährungsentscheidung** ist sowohl zulässig, wenn der Angeklagte **21.2** – oder die StA zu seinen Gunsten – eine Anordnung der Strafaussetzung erstrebt, als auch dann, wenn sich die StA gegen die angeordnete Strafaussetzung wendet. Die Beschränkung ist aber unwirksam, wenn die Bewährungsaussetzung mit der gesamten Straffrage (vgl BGHSt 24, 164; NJW 1983, 1624; NStZ 1982, 285, 286) oder einer Maßregelanordnung, etwa nach § 69 StGB, § 69a StGB (vgl insoweit BGHSt 47, 32, 35 = NJW 2001, 3134) so eng verbunden ist, dass die entstehende Gesamtentscheidung widersprüchlich sein würde. So ist sie nicht zulässig, soweit sie die Entscheidung über eine Nichtanwendung von § 64 StGB ausklammert (BGH NStZ 1994, 449). Auch hier ist zu beachten dass Feststellungsmängel, etwa solche, die die Sachverhalte früherer Urteile betreffen, zur Unwirksamkeit der Beschränkung führen können (vgl BayObLG NStZ-RR, 336; OLG Hamburg NStZ-RR 2006, 18).

Bei **Geldstrafen** ist eine Beschränkung auf die Bemessung der Anzahl der Tagessätze oder **22** ihrer Höhe grundsätzlich möglich. Überschneiden sich aber im Einzelfall die Zumessung der Tagessatzanzahl und -höhe, hat das Revisionsgericht die auf die Tagessatzhöhe beschränkte

Revision auf die Prüfung der Zahl der Tagessätze zu erstrecken (BGHSt 27, 70 = NJW 1977, 442). Unzulässig ist der isolierte Angriff der Entscheidung über Zahlungserleichterungen nach § 42 StGB (OLG Bremen NJW 1954, 522; **aA** Meyer-Goßner StPO § 318 Rn 19) und gegen eine neben Freiheitsstrafe nach § 41 StGB verhängte Geldstrafe.

23 Auf die Annahme oder Ablehnung der **besonderen Schwere der Schuld** gem § 57a Abs 1 S 1 Nr 2 StGB kann die Revision beschränkt werden, da sie den Schuldspruch und die Verhängung der lebenslangen Freiheitsstrafe unberührt lässt (BGHSt 39, 208). Dies gilt auch, wenn die Revision zur Begründung geltend macht, der Tatrichter habe ein Mordmerkmal zu Unrecht verneint (BGHSt 41, 57 = NJW 1995, 2365).

24 Bei **Maßregeln** ist eine Revisionsbeschränkung auf die Anordnung oder Nichtanordnung der Unterbringung nach **§ 63 StGB, § 64 StGB, § 66 StGB** grundsätzlich zulässig (BGHSt 5, 312, 313; BGHSt 38, 362, 364 = NStZ 1993, 97 für § 64 StGB; NJW 1969, 1578 für § 426 StGB aF; NJW 1980, 1055; StV 2008, 139 für § 66 StGB; BGH Urt v 11. 12. 2008 – Az 3 StR 469/08 für § 63 StGB). Der Angeklagte kann von seinem Revisionsangriff die Nichtanordnung von Maßregeln nach den § 63 StGB, § 64 StGB andererseits ausnehmen; das Revisionsgericht ist dann an einer Überprüfung gehindert, selbst wenn sich die Voraussetzungen der Maßregel aus den Urteilsgründen aufdrängen (BGHSt 38, 362 = NJW 1993, 477; NStZ 1992, 539; NStZ 2008, 392, 393). Hat der revidierende Angeklagte die Anordnung einer Maßregel nach § 64 StGB von seinem Revisionsangriff wirksam ausgenommen, sind dem Revisionsgericht auch **Korrekturen der Vollstreckungsreihenfolge** verwehrt (BGH Beschl v 9. 10. 2007 – Az 5 StR 374/07 Rn 49).

24.1 Wegen **§ 5 Abs 3 JGG**, wonach bei Unterbringung von der Verhängung von Jugendstrafe abgesehen werden kann, besteht die Möglichkeit derartiger Beschränkungen **nicht im Jugendstrafrecht**. Da über die Unterbringung allein oder neben der Verhängung von Jugendstrafe nur aufgrund einheitlicher Beurteilung entschieden werden kann, ist es ausgeschlossen, dass die Straf- oder die Maßregelentscheidung vorab isoliert in Rechtskraft erwächst (BGH NStZ-RR 1998, 188; BayObLGSt 1989, 48).

24.2 Bei einem allein gegen die Nichtanordnung der **Sicherungsverwahrung** (§ 66 StGB) gerichteten Revisionsangriff der StA kann eine **untrennbare Verbindung zum Strafausspruch** bestehen, wenn nicht ausgeschlossen werden kann, dass dieser bei Anordnung der Maßregel milder ausgefallen wäre (BGH NJW 1980, 1055, 1056). Die Anordnung des **Vorwegvollzuges nach § 67 StGB** ist selbständig anfechtbar. Ein alleiniger Angriff gegen die Entziehung der Fahrerlaubnis nach **§ 69 StGB** oder eine isolierte Sperre nach **§ 69a Abs 1 S 3 StGB** ist unwirksam, wenn Charaktermängel des Angeklagten die Grundlage der Entscheidung bilden, die zugleich in den abgeurteilten Taten Ausdruck gefunden haben (vgl BGH NJW 1954, 1167, 1168; OLG Frankfurt NZV 1996, 414; OLG Zweibrücken NJW 1983, 1007). Zum Verhältnis der Maßregelanordnung zur Entscheidung über die Strafaussetzung zur Bewährung vgl Rn 21.2.

25 Der Angeklagte kann andererseits nicht eine Maßregel von seinem Revisionsangriff ausnehmen, wenn sie als Rechtsfolge einer angegriffenen Verurteilung verhängt wurde. Unzulässig wäre daher zB ein Angriff gegen eine Verurteilung wegen Betäubungsmitteldelikten unter Ausnahme der verhängten Maßregel nach § 64 StGB.

26 Die Anordnung über den **Verfall oder die Einziehung (§§ 73 StGB ff)** ist grundsätzlich gesondert anfechtbar (BGH NStZ-RR 2008, 275, 276; NStZ 2000, 137; NStZ-RR 1997, 270; Urt v 2. 10. 2008 – Az 4 StR 153/08; BayObLG NStZ-RR 1999, 269; Meyer-Goßner StPO § 318 Rn 22), es sei denn, dass sie nicht unabhängig vom sonstigen Urteilsinhalt geprüft werden kann, weil der Tatrichter sie ersichtlich als Teil einer einheitlichen Sanktionsentscheidung angesehen hat (BGH NStZ-RR 2005, 104). Im Falle einer zum Nachteil des Angeklagten geführten Revision ist auch eine Beschränkung auf die Beanstandung wirksam, dass die Anordnung über den Verfall, den Wertersatzverfall oder die Einziehung rechtsfehlerhaft unterblieben ist oder der Verfallsbetrag zu niedrig bemessen wurde (BGH NStZ 1997, 270; BGH Urt v 4. 2. 2009 – Az 2 StR 504/08; Beschl v 11. 12. 2008 – Az 4 StR 386/08). Dagegen unterliegt eine Einziehung nach § 74 Abs 2 Nr 1 StGB keiner selbständigen Anfechtung, da es sich um eine **Nebenstrafe** und damit um einen Teil der Strafzumessung handelt, so dass – ebenso wie bei Anordnungen nach § 44 StGB – eine Gesamtbetrachtung erforderlich wird (BGH NStZ 1993, 400; Meyer-Goßner StPO § 318 Rn 22).

V. Folgen

Die wirksame Revisionsbeschränkung führt zur **Beschränkung der Überprüfungs- und Aufhebungskompetenz des Revisionsgerichtes**. Im Umfang des nicht angegriffenen Urteilsteiles führt sie zur Teilrechtskraft bzw innerprozessualer Bindungswirkung (vgl Meyer-Goßner StPO § 353 Rn 20). Eine unwirksame Revisionsbeschränkung ist unbeachtlich und hat – wenn sich nicht durch Auslegung des Revisionsbegehrens ein zulässig beschränkter Anfechtungsumfang bestimmen lässt – die volle Überprüfbarkeit des angegriffenen Urteils zur Folge.

27

D. Revisionsbegründung (Abs 2)

I. Bezeichnung des Anfechtungsgrundes

Nach § 344 Abs 1 StPO muss der Revisionsführer seine Anträge begründen. § 344 Abs 2 StPO regelt in verknappter Form die hieran anzulegenden Anforderungen. § 352 Abs 2 StPO stellt ergänzend klar, dass es weiterreichender Angaben nicht bedarf.

28

Erforderlich ist nach § 344 Abs 2 S 1 StPO die Erklärung, ob der Revisionsführer das Urteile mit einer oder mehreren **Verfahrensrügen** („Verletzung einer Rechtsnorm über das Verfahren") oder der **Sachrüge** („Verletzung einer anderen Rechtsnorm") angreift. Eine fehlende ausdrückliche Angabe ist nicht erforderlich, sofern die Angriffsrichtung aus der Begründungsschrift nur überhaupt ermittelt werden kann (Meyer-Goßner StPO § 344 Rn 10).

29

Nicht ausreichend ist die bloße Einlegung der Revision oder ein auf Aufhebung und Zurückverweisung gerichteter Antrag ohne jegliche weitergehende Begründung; eine derartige Erklärung lässt sich auch nicht als Erhebung der allgemeinen Sachrüge deuten (BGH NJW 1991, 710; NStZ 1991, 597; NStZ-RR 1998, 18; NStZ 1981, 298 [bei Pfeiffer]). Unzureichend mit der Folge einer Unzulässigkeit der Revision ist auch die bloße Beschränkung des Rechtsmittels auf einen Teil des Schuldspruches oder auf die Frage der Strafaussetzung zur Bewährung ohne weitere Bezeichnung des Revisionsangriffes (BGH NStZ 1991, 597; Gribbohm NStZ 1983, 98) oder ein nichtssagender, das Wesen der Revision an sich bezeichnender Antrag (Bitte um „rechtliche Prüfung", Prüfung einer „Verletzung des Rechts" oä; weitere Beispiele bei Meyer-Goßner StPO § 344 Rn 11)

29.1

Zielt der Revisionsführer ohne konkrete Darlegungen zur Fehlerhaftigkeit des angegriffenen Urteils nur darauf, eine **Einstellung des Verfahrens** in der Revisionsinstanz nach § 153 a StPO zu erreichen, ist seine Revision gleichfalls unzulässig.

29.2

Ein **Irrtum in der Bezeichnung der Rüge** als Sach- oder Verfahrensrüge ist unschädlich. Auch die **fehlende oder unzutreffende Bezeichnung der verletzten Gesetzesvorschrift** im Rahmen der Verfahrensrüge stellt keinen Mangel der Revisionsbegründung dar (§ 352 Abs 2 StPO); gleiches gilt für die – entbehrliche – Bezeichnung absoluter Revisionsgründe nach § 338 StPO. Maßgeblich ist die rechtliche Bedeutung des Revisionsangriffs, wie er sich aus dem Inhalt der Revisionsbegründung nach ihrem Sinn und Zweck darstellt (BGHSt 19, 273, 275 = NJW 1964, 1234; NJW 2007, 92, 95 f).

30

Hieraus folgt auch, dass **das Revisionsgericht Ausführungen im Rahmen der erhobenen Sachrüge als Verfahrensrüge behandeln** muss, wenn die die Rüge tragenden Tatsachen in der Revisionsbegründung oder in den Urteilsfeststellungen umfassend enthalten sind und der Wille, (auch) einen Verfahrensvorgang zu beanstanden, aus der Begründung hervorgeht. Ein solches Vorgehen stellt entgegen häufiger Bezeichnung keine Umdeutung, sondern eine bloße **Auslegung** des Revisionsvorbringens dar. Vgl BGH NJW 2007, 92, 95 f und Urt v 21. 11. 2006 – Az 1 StR 392/06: Die gegen die Beweiswürdigung gerichtete Sachrüge enthält die auf eine Verletzung von § 261 StPO zielende Beanstandung, dass eine verlesene Urkunde nicht oder nicht vollständig gewürdigt wurde. OLG Karlsruhe NStZ-RR 2005, 208: Erhobene Sachrüge mit der Beanstandung einer fehlerhaften Zurückverweisung entgegen § 328 Abs 1 StPO.

30.1

Bedingte oder hilfsweise erhobene Rügen, die nur geprüft werden sollen, falls sich andere Rügen als unzulässig oder unbegründet erweisen, oder die sich an ein bestimmtes Verhalten anderer Verfahrensbeteiligter knüpfen, sind unzulässig (BGHSt 17, 253). Dies kann auch für **„vorsorglich" vorgebrachte Beanstandungen** gelten (BGH NStZ-RR 2006, 181; StraFo 2006, 454).

31

II. Sachrüge

1. Erhebung

32 Die **formellen Anforderungen** an die Erhebung der Sachrüge sind **gering**. Es genügt die Erklärung, dass die Verletzung sachlichen Rechtes gerügt werde, oder jedes sonstige, auf sachlich-rechtliche Nachprüfung gerichtete Revisionsvorbringen. Solches kann zB darin bestehen, dass der Revisionsführer zum Ausdruck bringt, der objektive Tatbestand der materiellen Strafnorm sei nicht erfüllt, die Beweiswürdigung trage die Annahme des Vorsatzes nicht, oder die Strafzumessung sei fehlerhaft vorgenommen.

32.1 Bereits einem **auf Freispruch gerichteten Antrag** die allgemeine Sachrüge entnehmen zu wollen, geht dagegen zu weit (so aber OLG Hamm NJW 1964, 1736; NJW 1972, 2056). Denn auch Verfahrensrügen können mit dem Antrag auf Freispruch unmittelbar durch das Revisionsgericht verbunden werden, etwa wenn sie mit dem Ziel erhoben sind, dem Urteil die wesentlichen Beweisgrundlagen zu entziehen.

32.2 Ausführungen, die sich auf die **Beweiswürdigung** oder die **Strafzumessung** beziehen, sind auch dann als Erhebung der Sachrüge aufzufassen, wenn der Revisionsführer mit ihnen **in revisionsrechtlich untauglicher Weise** ausschließlich eine eigene Tatsachenbewertung vornimmt, denn sie betreffen die sachliche Rechtsanwendung. Sie führen daher nicht zur Unzulässigkeit der Revision. Anders teilweise die Handhabung des Bundesgerichtshofs (vgl BGHSt 25, 272, 275; BGH NStZ 1991, 597) und mancher Oberlandesgerichte (vgl OLG Düsseldorf NStZ 1993, 99; OLG Hamm NStZ-RR 2001, 117), die aber auf eine Vorprüfung der revisionsrechtlichen Schlüssigkeit sachlich-rechtlicher Ausführungen hinausläuft. Nur dann, wenn sich den Ausführungen des Revisionsführers hinreichend entnehmen lässt, dass er keine Rechtsprüfung, sondern eine erneute Tatsachenerhebung und -würdigung begehrt, liegt keine zulässige Sachrüge vor.

33 Eine Darlegung der behaupteten Rechtsfehler ist nicht erforderlich, für die StA aber nach **Nr 156 Abs 2 RiStBV** vorgeschrieben. Nähere Ausführungen des Revisionsführers zur Sachrüge stellen daher, sofern sie nicht als Beschränkung der Revision aufzufassen sind (Rn 10), nur eine **Anregung** an das ohnehin zu umfassender Sachprüfung verpflichtete Revisionsgericht dar, sein Augenmerk auf die angesprochenen Rechtsfragen zu richten. Sie sind als bloßes Rechtsvorbringen nicht an die Frist des § 345 Abs 1 StPO gebunden.

2. Im Urteil niedergelegte Verfahrensmängel

34 Teilt das Urteil Verfahrensumstände mit, die einen Verfahrensfehler begründen können, ist nicht die Sachrüge, sondern eine auf den Verfahrensmangel bezogene **Verfahrensrüge** zu erheben. Wird mit der Sachrüge unter Bezug auf die Urteilsgründe ein Verfahrensfehler behauptet, kann aber eine Auslegung als Verfahrenrüge vorzunehmen sein (vgl Rn 30).

35 Eine **rechtsstaatswidrige Verfahrensverzögerung** ist grds mit der Verfahrensrüge zu beanstanden (vgl Rn 58). Eine Sachrüge ist ausnahmsweise ausreichend, wenn das Urteil selbst alle maßgeblichen Verfahrensumstände mitteilt oder sich aus ihm zumindest Anhaltspunkte für eine Verzögerung ergeben, die näherer Erörterung bedurft hätten (vgl BGHSt 49, 342; BGH Beschl v 21. 10. 2008 – Az 4 StR 364/08; näher § 337 StPO Rn 76, § 337 StPO Rn 119 f).

35.1 Das Urteil muss hierfür zumindest die wesentlichen Eckdaten des Ermittlungsverfahrens, den Zeitpunkt der Anklageerhebung, jenen der Eröffnung des Hauptverfahrens und des Beginns der Hauptverhandlung mitteilen. Ausreichend kann auch sein, wenn es nur Angaben zu einem einzelnen Verfahrensabschnitt enthält, sich hieraus aber Anhaltspunkte für einen Verstoß gegen Art 6 Abs 1 S 1 EMRK ergeben, etwa bei mehrfacher Aussetzung der Hauptverhandlung. Die Sachrüge bleibt ohne Erfolg, wenn aus den Feststellungen nicht zugleich Gesichtspunkte hervorgehen, die das Verfahren als *rechtsstaatswidrig* verzögert erscheinen lassen; es ist dann allenfalls zu prüfen, ob auf Grundlage der Feststellungen die absolute Verfahrenslänge als allgemeiner Strafmilderungsgrund in Betracht kommt und berücksichtigt wurde. Legen die Urteilsfeststellungen nahe, dass die Verzögerung nicht dem Verantwortungsbereich des Staates entstammt, so obliegt es dem Beschwerdeführer, sich hiermit zu befassen und die Anhaltspunkte durch geeigneten Vortrag zu entkräften. Da in diesem Fall die Feststellungen für sich genommen gerade keinen Schluss auf eine rechtsstaatswidrige Verzögerung zulassen, ist eine Verfahrensrüge zu erheben.

III. Verfahrensrügen (Abs 2 S 2)

Für die formgerechte Erhebung einer Verfahrensrüge verlangt das Gesetz nach seinem Wortlaut **keinen Rechtsvortrag** (vgl bereits Rn 30), sondern allein die Bezeichnung der Tatsachen, die den gerügten Verfahrenmangel enthalten (§ 344 Abs 2 S 2 StPO). Die Rechtsprechung der Revisionsgerichte stellt an die Vollständigkeit des entsprechenden Vortrages allerdings hohe Anforderungen. Im Falle einer nicht hinreichenden Darlegung ist die **Rüge unzulässig**. Fehlt es an der parallelen Erhebung der Sachrüge oder anderer, zulässiger Verfahrensrügen, führt dies zur **Unzulässigkeit der Revision insgesamt** (BGH NJW 1995, 2047). 36

§ 344 Abs 2 S 2 StPO findet Anwendung auch im **Rechtsbeschwerdeverfahren** (BGH NJW 2005, 1381). 36.1

1. Grundsatz

Dem Revisionsgericht obliegt es nicht, die Sachakten durchzusehen und selbständig die Umstände zu ermitteln, die eine erhobene Verfahrensrüge stützen könnten. Der Revisionsführer muss daher **alle Tatsachen, die den behaupteten Verfahrensfehler begründen, vollständig und genau vortragen**, so dass das Revisionsgericht allein auf Grundlage der Revisionsbegründung prüfen kann, ob ein Verfahrensfehler vorliegt, sollten die behaupteten Tatsachen zutreffen (stRspr, BGHSt 3, 213, 214; BGHSt 19, 273, 277; BGHSt 21, 334, 340; BGHSt 29, 203; BGH NStZ 2002, 216; Beschl v 23. 9. 2008 – Az 1 StR 484/08; s auch BVerfGE 112, 185, 212 = NJW 2005, 1999). **Im Urteil mitgeteilte Verfahrensumstände** muss der Revisionsführer ausführen, sofern nicht das Revisionsgericht von dem Urteil aufgrund einer parallel erhobenen Sachrüge ohnehin Kenntnis nehmen muss (BGHSt 36, 384, 385 = NStZ 1990, 349; BGHSt 45, 203, 204 = NJW 2000, 596; BGHSt 46, 189, 190 = NJW 2001, 692; BGH NStZ 2007, 712). Das Revisionsgericht kann auch Akteninhalt heranziehen, der nicht durch die Verfahrensrüge vermittelt, ihm aber **durch eine von Amts wegen vorzunehmende Prüfung bekannt** geworden oder in anderweitigem Rügevortrag enthalten ist. Dies gilt insbesondere für den Inhalt der **Anklageschrift**, die vom Revisionsführer grdsl nicht wiedergegeben zu werden braucht (BGH StV 2002, 588, 589; BGHR StPO § 344 II 2 Hinweispflicht 3). Allerdings empfiehlt sich eine Mitteilung der für die Verfahrensrüge bedeutsamen Umstände im Kontext des Revisionsvortrages. Denn der Vortrag muss **aus sich heraus verständlich** bleiben; es ist nicht Aufgabe des Revisionsgerichtes, eine vorgebrachte Rüge an passender Stelle aus anderweitig in das Revisionsverfahren eingeführten oder ihm von Amts wegen zur Kenntnis gelangten Unterlagen zu ergänzen (BGH NStZ 1987, 36; vgl KK-StPO/Kuckein StPO § 344 Rn 39). Der Revisionsführer sollte daher alle maßgeblichen tatsächlichen Umstände – nötigenfalls wiederholt (vgl Rn 40.2) – im Rahmen der zugehörigen Rüge unabhängig davon vortragen, ob sie dem Revisionsgericht an anderer Stelle zur Kenntnis gelangen könnten. 37

Nicht erforderlich ist die **Angabe der verletzten Verfahrensvorschrift** (BGHSt 19, 273, 276; BGHSt 20, 95, 98); auch eine Falschbezeichnung ist unschädlich und führt nicht zur Beschränkung der Prüfung auf den bezeichneten Rechtsfehler (BGH JR 1956, 228). So ist etwa eine Verfahrensrüge, die als verletzte Vorschrift § 244 Abs 2 StPO bezeichnet, sich nach ihrer Begründung aber als Inbegriffsrüge nach § 261 StPO darstellt, als letztere zu behandeln (BGH NStZ 2008, 475). 38

Die für Verfahrensrügen nach § 344 Abs 2 S 2 StPO geltenden und von der Rechtsprechung näher ausgestalteten Begründungserfordernisse für Verfahrensrügen sind **verfassungsrechtlich** grundsätzlich **nicht zu beanstanden** (BVerfGE 112, 185, 212 = NJW 2005, 1999; BVerfG NJW 1985, 125, 126; BVerfGK 6, 235 = StraFo 2005, 512 = NStZ 2005, 522 mAnm Kuckein NStZ 2005, 697; BVerfGK 7, 71 = StV 2006, 57). Als rechtsstaatswidrig kann sich allerdings erweisen, wenn der Revisionsführer in seinen Rechtsschutzmöglichkeiten durch in ihren Einzelheiten **nicht mehr vorhersehbare Vortragsobliegenheiten** beschränkt wird (BVerfGE 112, 185 = NJW 2005, 1999 zur Inbegriffsrüge nach § 261 StPO; BVerfGK 6, 235 = NStZ 2005, 522, 524), oder wenn das Revisionsgericht Unklarheiten in der Revisionsbegründung nicht durch eine nahe liegende, vom Wortlaut und Sinn gedeckte 39

Auslegung des Revisionsvorbringens beseitigt, sondern eine Verfahrensrüge hieran scheitern lässt (BVerfGK 7, 71 = StV 2006, 57).

39.1 Kritisch zu den von der Rechtsprechung angelegten Maßstäben EGMR Urt v 1. 2. 2007 – Az 78041/01; Gribbohm NStZ 1983, 97, 102; Kutzer StraFo 2000, 326; Wieder StraFo 2000, 328.

2. Angriffsrichtung

40 Der Revisionsführer muss den Gegenstand und die Angriffsrichtung seiner Rüge verdeutlichen und hierzu strukturiert vortragen. Sollten nach den vorgetragenen Tatsachen **mehrere Verfahrensvorgänge und -fehler in Betracht** kommen, muss die Revision erkennen lassen, welche(n) sie geltend macht (BGH NStZ 1998, 636; OLG München NStZ 2006, 353). Dies gilt erst recht im umgekehrten Fall, wenn sich aus dem Tatsachenvortrag eine bestimmte Rechtsverletzung nicht erschließt (vgl BGH Beschl v 29. 6. 2006 – Az 3 StR 175/06). Richtet sich eine Rüge auf Verfahrensvorgänge, die bereits im tatrichterlichen Verfahren mit mehreren Beanstandungen angegriffen worden sind, und stützt sich eine hierauf ergangene **tatrichterliche Vorentscheidung** dementsprechend auf mehrere, voneinander unabhängige Gründe, muss der Revisionsführer angeben, auf welchen seine Rüge zielt. Denn das Revisionsgericht prüft eine Vorentscheidung nur in dem Umfang, in dem sie von der Revision ausweislich ihrer Begründung als rechtsfehlerhaft gerügt ist (BGH Beschl v 12. 9. 2007 – Az 1 StR 407/07; BGH NStZ 2007, 161, 162; KK-StPO/Kuckein StPO § 344 Rn 34; Cirener/Sander JR 2006, 300). Unklar in diesem Sinne ist beispielsweise eine auf einen Ablehnungsantrag gestützte Rüge, der sich seinerseits auf mehrere prozessuale Vorgänge stützt, auf die der ablehnende tatrichterliche Beschluß im Einzelnen eingeht, oder eine Beweisantragsrüge, aus der nicht eindeutig hervorgeht, welche Beweistatsachen und -mittel aus einem mehrere Beanstandungen umfassenden Beweisantrag Gegenstand der Rüge sein sollen (vgl BGHR StPO § 344 II 2 Formerfordernis 1; BGH Urt v 27. 11. 2008 – Az 5 StR 96/08 [Rn 9]).

40.1 Soweit der Revisionsführer einen Verfahrensvorgang unter mehreren rechtlichen Gesichtspunkten beanstandet, liegen mehrere, voneinander unabhängige Verfahrensrügen vor. Zu ihrer Begründung genügt die **Vorlage eines umfangreichen Ablichtungskonvoluts** aus den Sachakten daher auch dann nicht, wenn die Zielrichtung der einzelnen Verfahrensrügen dargestellt ist, die Ablichtungen ihnen aber **nicht im Einzelnen zugeordnet** sind. Dies gilt auch dann, wenn einzelne vorgelegte Schriftstücke nach Auffassung des Revisionsführers mehrfachrelevant sind (BGH Beschl v 24. 6. 2008 – Az 3 StR 515/07).

40.2 Bei zureichender tatsächlicher Darlegung ist das Revisionsgericht andererseits nicht gehindert, eine **Verfahrensbeanstandung unter unterschiedlichen rechtlichen Gesichtspunkten zu würdigen**. Vgl hierzu BGH NStZ 2008, 418: Gerügt war seitens des Angeklagten, dass ein Antrag auf Verfahrensaussetzung nach § 265 Abs 4 StPO erfolglos geblieben war, nachdem das Tatgericht die Einholung eines Sachverständigengutachtens über die Verhandlungsfähigkeit des Angeklagten angeordnet hatte. Der Bundesgerichtshof hat die Rüge dahingehend erörtert, ob die Beweisanordnung als solche oder wenigstens die fehlende schriftliche Vorauserstattung des Gutachtens einen Aussetzungsanspruch begründen konnte.

3. Eigener Vortrag, Anlagen und Bezugnahmen

41 Die Revisionsbegründung muss den **erforderlichen Sachverhalt eigenständig vortragen**; die Darstellung von Verfahrensrügen in einem von den Verteidigern mehrerer Angeklagter eingereichten und gemeinsam unterzeichneten Schriftsatz ist allerdings möglich (BGH NJW 2006, 1220; NStZ 1998, 99). Eine Bezugnahme auf die Akten, insbes auf das Sitzungsprotokoll oder seine Anlagen, auf eigene frühere Schriftsätze des Revisionsführers oder auf Schriftsätze anderer Verfahrensbeteiligter ist unzulässig. Soweit für die Rüge von Bedeutung, ist **jedes Schriftstück vorzulegen** und sein Inhalt mitzuteilen (BGH NStZ 2007, 166; NJW 2006, 1220). **Verweisen vorgelegte Schriftstücke ihrerseits auf weitere Unterlagen**, muss der Revisionsführer auch diese – soweit rügeerheblich – vorlegen. Dies gilt zB für einen gerichtlichen Beschluss, der auf eine vorangegangene Entscheidung oder einen bestimmte Akteninhalt Bezug nimmt (BGH NStZ-RR 1998, 1, 4 bei Miebach; Urt v 27. 11. 2008 – Az 5 StR 96/08 Rn 10), für die Verlängerung von Ermittlungsmaßnahmen,

die in früheren Entscheidungen angeordnet wurden (BGH Beschl v 4. 2. 2009 – 4 StR 476/08 [Telekommunikationsüberwachung]), oder für eigene Anträge, die sich auf vorangehende Schriftsätze oder Urkunden beziehen (BGH Urt v 27. 11. 2008 – Az 5 StR 96/08 Rn 11; Beschl v 5. 7. 2007 – Az 5 StR 170/07). Eine Bezugnahme auf eine beigefügte, vom Angeklagten selbst gefertigte Revisionsbegründung ist gleichfalls unzulässig. Sie verstößt bereits gegen das Formerfordernis des § 345 Abs 1 StPO.

Nach den Anforderungen der revisionsgerichtlichen Rechtsprechung kann sich selbst ein Verweis auf der Revisionsbegründung beigefügte **Anlagen** als unzulässig erweisen. Der Revisionsführer ist daher regelmäßig gehalten, die für den Revisionsvortrag wesentlichen Schriftstücke oder Aktenstellen durch Zitate oder eingefügte Kopien in seinen Begründungsschriftsatz einzuarbeiten. 42

> Da der Revisionsführer zugleich um vollständigen Vortrag bemüht sein muss, führt dies in der Praxis häufig zu schwer lesbaren, da von anderweitigen Schriftstücken durchsetzten Rügeschriften. Der Revisionsführer kann sich hierdurch leicht dem Vorwurf aussetzen, sein Vortrag sei nicht hinreichend strukturiert oder verständlich. Zweckmäßig und den Anforderungen vor § 344 Abs 2 StPO entsprechend ist daher, wenn der Revisionsführer umfangreiche Schriftstücke wie beispielsweise ein Sachverständigengutachten oder eine Vernehmungsniederschrift, die er dem Revisionsgericht vollständig zur Kenntnis bringen muss, als Anlagen zu seiner Revisionsschrift nimmt und in sein Vorbringen bestimmte, in der Anlage gekennzeichnete Kernstellen aufnimmt. Dem Revisionsgericht wird hierdurch erleichtert, von der Urkunde im Zusammenhang – statt verteilt auf mehrere Stellen des Begründungsschriftsatzes – Kenntnis zu nehmen. 42.1

Unzureichend bleibt jedenfalls, wenn der Revisionsführer **umfangreiche Schriftstücke mitteilt**, ohne zu verdeutlichen, aus welchen Passagen sich der gerügte Mangel ergeben soll. Die nicht näher spezifizierte Bezugnahme auf ein der Revisionsbegründung beigefügtes Ablichtungskonvolut (vgl BGH NStZ 2001, 248, 250) führt ebenso wie eine als **bloße Materialsammlung** gestaltete Revisionsbegründung zur Unzulässigkeit der Rüge, da hieraus ein Verfahrensverstoß und seine Grundlagen nicht direkt hervorgehen, das Revisionsgericht vielmehr auf eigenständige Ermittlungen angewiesen wäre (vgl BGH NStZ 2005, 463). „Es ist nämlich nicht Aufgabe des Revisionsgerichtes, eine umfangreiche Blattsammlung daraufhin zu überprüfen, ob die zum Beleg der tatsächlichen Grundlagen der Rügen erforderlichen Unterlagen in dem ungeordneten Anlagenkonvolut enthalten sind" (BGH Beschl v 24. 6. 2008 – Az 3 StR 515/07). Bezieht sich der Revisionsführer auf eine **fremdsprachige Urkunde**, so ist die Vorlage einer deutschen Übersetzung erforderlich (BGH NStZ-RR 1998, 5 bei Miebach). 43

4. Bestimmter Vortrag

Der Revisionsführer muss **bestimmte Tatsachen** vortragen, d. h. einen konkreten Verfahrensvorgang, der die Möglichkeit eines alternativen Geschehens ausschließt. Der beanstandete Verfahrensablauf, die hieran beteiligten Personen, der Inhalt rügegegenständlicher Anträge oder Beweismittel sind genau zu bezeichnen. Bezieht sich etwa eine **Aufklärungsrüge** auf die unterlassene Vernehmung von Zeugen, sind diese zu benennen; ein Verweis darauf, dass sie aus den Akten hervorgehen, reicht nicht aus (BGH NJW 1981, 2071, 2073). Zudem ist anzugeben, welche bestimmten Tatsachen das Gericht hätte aufklären müssen. Die Rechtsbehauptung, das Verfahren sei in einem bestimmten Punkt nicht prozessordnungsgemäß verlaufen, erfordert eine konkrete Mitteilung der Tatsachen, die sie tragen sollen; für sich genommen ist sie unbehelflich. Denn die Bewertung eines Vorganges als nicht ordnungsgemäß kann nur Ergebnis der (revisions-)rechtlichen Überprüfung sein (vgl BGH NJW 2006, 1220, 1222). 44

> So ist die Rüge, es sei keine „ordnungsgemäße Terminsladung" erfolgt, mangels weiterer Darlegungen aus sich heraus nicht verständlich, da die konkreten Umstände der Ladung, die eine solche Bewertung erst rechtfertigen könnten, aus ihr nicht hervorgehen (BGH Beschl v 24. 10. 2006 – Az 1 StR 503/06, insoweit in NStZ 2007, 234 nicht abgedruckt). 44.1

> Auch die **Darlegung eines hypothetischen Verfahrensverlaufs** kann dem Revisionsführer abzuverlangen sein; dies insbes dann, wenn die Verkürzung von Antrags- und Äußerungsrechten oder zu geringe Vorbereitungszeiten für Prozesshandlungen beanstandet werden. § 344 Abs 2 S 2 StPO verlangt hier Ausführungen dazu, welche Anträge gestellt oder Prozesshandlungen bei 44.2

ordnungsgemäßem Ablauf erfolgt wären (vgl BGH Beschl v 29. 6. 2006 – Az 3 StR 175/06: Gerügt war, dass „ungenügend Gelegenheit zur Vorbereitung weiterer Beweisanträge gewährt worden" sei, ohne dass näherer Vortrag erfolgte, welchen Inhalt diese Anträge gehabt hätten). Die Frage betrifft zugleich das mögliche Beruhen des Urteils auf dem behaupteten Verfahrensfehler.

45   Der Revisionsführer muss die vorgebrachten Tatsachen **mit Bestimmtheit behaupten**, dh keinen Zweifel daran lassen, dass sie sich tatsächlich ereignet haben. Die Äußerung einer **Vermutung**, die Erklärung, ein Verfahrensverstoß sei **möglich** oder **wahrscheinlich**, oder die Darlegung bloßer **Zweifel** an der Ordnungsgemäßheit des Verfahrens reichen nicht aus (vgl BGH NJW 1962, 500; NJW 1980, 1292; StraFo 2006, 454). Den Revisionsführer trifft insoweit eine Erkundigungspflicht (vgl aber Rn 51 f).

45.1   Unbehelflich sind daher auch an das Revisionsgericht gerichtete **Anregungen** zur Prüfung von Verfahrensumständen. Vgl BGH StraFo 2006, 454: Die Revision regte hier die Klärung an, ob es sich bei einem unterbevollmächtigten Verteidiger um einen zugelassenen Rechtsanwalt gehandelt habe. Hierin liegt keine Behauptung einer Rechtsverletzung. Es wäre Sache der Revision gewesen, eine Aufklärung durch Rückfrage beim Instanzverteidiger, bei der Rechtsanwaltskammer oder beim Präsidenten des Landgerichtes selbst herbeizuführen und auf das Ergebnis ggf die Revisionsrüge zu stützen (vgl aber Rn 52).

46   An der bestimmten Behauptung einer Rechtsverletzung fehlt es auch bei einer sog **Protokollrüge**. Um eine solche handelt es sich, wenn der Revisionsführer sich zur Darlegung eines prozessrechtswidrigen Vorganges allein auf den Inhalt des Hauptverhandlungsprotokolls bezieht, dabei aber offen lässt, ob der beurkundete Vorgang sich tatsächlich ereignet hat, oder wenn er das Fehlen einer erforderlichen Verfahrenshandlung unter Verweis auf das insoweit schweigende Protokoll rügt, dabei aber offen bleibt, ob die Handlung nicht doch vorgenommen wurde und versehentlich nur nicht protokolliert wurde. Da das angefochtene Urteil nicht auf der Fehlerhaftigkeit des Sitzungsprotokolls beruhen kann, sondern nur auf einem tatsächlichen Mangel des Verfahrens (BGHSt 7, 162), ist damit ein revisibler Rechtsverstoß nicht dargetan. Die Beweiskraft des Verhandlungsprotokolls (§ 274 StPO) kommt in diesen Fällen nicht zum Tragen, weil es bereits an einer zulässig erhobenen Rüge fehlt. In der Revisionsbegründung sollten selbst Formulierungen wie „laut Sitzungsprotokoll" oder „ausweislich des Sitzungsprotokolls" vermieden werden, da sie abhängig vom weiteren Kontext nicht nur als Hinweis auf das Beweismittel für eine aufgestellte Tatsachenbehauptung, sondern dahingehend verstanden werden könnten, dass lediglich der beurkundete Vorgang Gegenstand der Rüge ist (vgl BGH StV 1997, 515).

47   Ein in sich **widersprüchlicher Vortrag** führt zur Unzulässigkeit der Rüge.

47.1   Vgl BGH Urt v 13. 11. 2007 – Az 3 StR 462/06: Rüge, ein Beweisantrag sei nicht beschieden worden, unter gleichzeitiger Beanstandung der Begründung des Ablehnungsbeschlusses. Siehe auch BGH bei Sander/Cirener NStZ-RR 2008, 1; NStZ 2008, 353.

5. Vollständigkeit, Negativtatsachen

48   Die einer Verfahrensrüge zugrunde liegenden Tatsachen müssen **vollständig und im Zusammenhang** mitgeteilt werden; der Revisionsführer muss dem Revisionsgericht einen nachvollziehbaren Lebenssachverhalt zur Prüfung unterbreiten. Eine bruchstückhafte Schilderung des beanstandeten Verfahrensvorganges genügt den Darlegungsanforderungen nicht (vgl etwa BGH Urt v 24. 1. 2006 – Az 5 StR 410/05 zur Darstellung einer polizeilichen Vernehmung). Der Revisionsführer darf sich insbesondere **nicht auf die Wiedergabe ihm günstiger Umstände beschränken**, sondern muss den gesamten Verfahrensvorgang einschließlich solcher Tatsachen vortragen, die seiner Rüge entgegenstehen können (BGH NStZ-RR 2007, 53, 54; Beschl v 23. 9. 2008 – Az 1 StR 484/08). Er muss daher auch solche Umstände mitteilen, die sich im Hinblick auf gesetzliche und von der Rechtsprechung entwickelte Ausnahmetatbestände als bedeutsam erweisen und zur Rechtmäßigkeit des beanstandeten Verfahrensvorgangs führen können. Treten derartige Umstände im Revisionsverfahren – etwa auf Grundlage einer Gegenerklärung der StA oder im Freibeweisverfahren – nachträglich zutage, führt dies zur Unzulässigkeit der Rüge.

Beispiele: Rügt der Revisionsführer die Ablehnung eines **Beweisantrages auf Vernehmung** 48.1
eines Zeugen, muss er mitteilen, dass der Zeuge nachträglich doch noch vernommen wurde. Wendet er sich gegen die prozessordnungswidrige **Verlesung einer Urkunde,** darf er nicht unterschlagen, dass die Verlesung mit seinem oder allseitig erklärten Einverständnis erfolgte (vgl BGH Beschl v 24. 10. 2006 – Az 1 StR 503/06; Beschl v 22. 11. 2007 – Az 4 StR 397/07 [lt. Protokoll Einverständnis mit schriftlichem Anschreiben an Geschädigte und Verlesung der Antworten „gemäß den getroffenen Absprachen"]). Behauptet der Revisionsführer, dass eine Urkunde entgegen § 251 Abs 4 S 1 StPO ohne Gerichtsbeschluss verlesen wurde, muss er mitteilen, dass das Protokoll insoweit eine richterliche Anordnung ausweist (BGH Beschl v 22. 11. 2007 – Az 4 StR 397/07). Rügt der Revisionsführer, dass die **Aussage eines Zeugen gegenüber einem Sachverständigen** nach Zeugnisverweigerung in der Hauptverhandlung nicht hätte verwertet werden dürfen, muss er vortragen, ob und ggf wann eine richterliche Belehrung des Zeugen stattgefunden hat (BGH NStZ 1996, 145; vgl BGHSt 11, 97, 100). Beanstandet der revidierende Angeklagte, dass ihm zur **Verarbeitung eines schriftlichen Gutachtens** nicht ausreichend Zeit verblieben sei, hat er mitzuteilen, ob und wann ihm Akteneinsicht gewährt wurde, durch die er bereits frühzeitig vom Inhalt des Gutachtens Kenntnis erlangt hat (BGH Beschl v 12. 9. 2007 – Az 1 StR 407/07). Beanstandet er, dass ihm angesichts der Länge der Hauptverhandlung und der Anzahl von fast 200 Anklagepunkten **keine ausreichende Vorbereitungszeit für den Schlussvortrag** verblieben sei, so darf er nicht verschweigen, dass während der Hauptverhandlung eine umfassende Teileinstellung des Verfahrens nach § 154 Abs 2 StPO bis auf vier Fälle vorgenommen wurde (BGH Beschl v 29. 6. 2006 – Az 3 StR 175/06). Rügt der Revisionsführer, er habe **nach einer Beweiserhebung keine Möglichkeit zu einer Stellungnahme** erhalten, muss er im Hinblick auf § 257 Abs 2 StPO vortragen, dass er sich zu Wort gemeldet habe, um eine Erklärung abzugeben, ihm dies aber verwehrt worden sei, dass ein Gerichtsbeschluss gem § 238 Abs 2 StPO eingeholt wurde, und inwieweit die behauptete Verfahrensverletzung auf das Urteil Einfluss gehabt haben könnte (BGH Beschl v 24. 10. 2006 – Az 1 StR 503/06 = NStZ 2007, 234, 235; vgl Löwe/Rosenberg/Gollwitzer StPO § 257 Rn 26; KK-StPO/Diemer StPO § 257 Rn 5). Ein Angeklagter, der sich wegen einer seinem Verteidiger **versagten Einsicht in die Akten eines Parallelverfahrens** in seinen Verteidigungsmöglichkeiten beschränkt sieht (§ 338 Nr 8 StPO), muss mitteilen, inwieweit Akteneinsicht tatsächlich gewährt wurde, welche konkreten Informationen der Verteidigung vorenthalten blieben, und welche Verteidigungsmöglichkeiten sich hieraus eröffnet hätten (vgl BGH Urt v 23. 8. 2006 – Az 5 StR 151/06 = StraFo 2006, 459).

Eine Verfahrensrüge, die ausschnitthaft Teile von Verfahrensvorgängen in **sinnentstellender und** 48.2 **irreführender Weise** aneinanderreiht, kann bereits wegen Rechtsmissbrauches zurückgewiesen werden (so auch EGMR NJW 2007, 2097). Vgl BGH NStZ-RR 2008, 85: Vortrag des revidierenden Angeklagten, der Wahlverteidiger sei zur Hauptverhandlung nicht geladen worden; das Gericht habe zudem Terminsverlegungsanträge ignoriert. Verschwiegen war, dass der erst nach Terminsbestimmung mandatierte Wahlverteidiger die Akten rechtzeitig zur Einsicht erhalten hatte und sich aus den Akten die einzelnen Verhandlungstermine ergaben; zudem hatte der Verteidiger erst am Vortag des Verhandlungstermins per Fax um Terminsverlegung gebeten, um kurz darauf seine Mandatsniederlegung mitzuteilen.

Mitgeteilt werden muss auch, ob der Revisionsführer in hinreichender Weise von Zwi- 49 schenrechtsbehelfen Gebrauch gemacht, insbes einen **Gerichtsbeschluss nach § 238 Abs 2 StPO herbeigeführt** hat (vgl BGH NStZ 2007, 234, 235); ein ergangener Beschluss ist vorzulegen. Fehlt es an Vortrag hierzu, ist die Rüge bereits deshalb unzulässig, weil das Revisionsgericht ihre mögliche Verwirkung (vgl § 337 StPO Rn 63) nicht beurteilen kann. In gleicher Weise muss der Angeklagte im Falle eines gerügten Verstoßes gegen Verfahrensgrundsätze des § 136 Abs 1 S 2 StPO oder sonstige Belehrungspflichten mitteilen, ob und wann er im Wege der Gegenvorstellung gegen die beabsichtigte Verwertung der betroffenen Aussage vor dem Tatrichter **Widerspruch erhoben** hat (vgl BGHSt 50, 272, 274 = NJW 2006, 707; BGHSt 38, 214 = NJW 1992, 1463) und wie dieser beschieden wurde; ein ergangener Beschluss ist vorzulegen (BGH NJW 2007, 3587, 3588 f).

Die Vortragspflicht umfasst ferner die **Behauptung von Negativtatsachen**, wenn ein 50 zusätzlicher oder alternativer Verfahrensvorgang nahe liegt, der der Rüge die Grundlage entziehen könnte (BGHSt 45, 248; NStZ 2000, 49, 50, verfassungsrechtlich gebilligt von BVerfG NStZ 2005, 522; näher Sander/Cirener NStZ-RR 2008, 1, 3; Ventzke/Mosbacher NStZ 2008, 262). Der Revisionsführer muss sich in diesem Fall ausdrücklich mit dem potentiell rügevernichtenden Geschehensablauf auseinandersetzen. Er muss ausschließen, dass der behauptete Verfahrensverstoß im Verlaufe des weiteren tatgerichtlichen Verfahrens seine Bedeutung verloren hat, weil etwa eine Heilung des behaupteten Verfahrensmangels stattgefunden hat, der Mangel durch andere prozessuale Vorgänge überholt wurde oder der Revisionsführer das Rügerecht verwirkt hat.

50.1 **Beispiel**: Wird gerügt, dass eine im Urteil verwertete **Urkunde in der Hauptverhandlung nicht verlesen** worden sei (§ 261 StPO), so lässt dies die Möglichkeit offen, dass sie im Selbstleseverfahren oder durch Vorhalt in die Hauptverhandlung eingeführt wurde. Schweigt der Revisionsführer hierzu, ist ein Verfahrensverstoß nicht dargetan (BGH NStZ 2007, 235, 236). Nähere Ausführungen sind dagegen entbehrlich, wenn **das angefochtene Urteil selbst die Verfahrensweise konkretisiert**, etwa von einer verlesenen Urkunde spricht (offen gelassen von BGH NStZ 2007, 235).

50.2 Wann der Revisionsführer in seinem Vortrag ausdrücklich die Möglichkeit eine rügevernichtenden Verfahrensablaufes ausräumen muss, ist **Frage des Einzelfalles**. Nicht jede Rüge muss durch den salvatorischen Zusatz, dass der behauptete Verfahrensfehler sich nicht im weiteren Verlauf des Verfahrens erledigt habe oder geheilt wurde, ergänzt werden. Vgl BGH NStZ 2007, 717: Rügt der Revisionsführer, dass es während eines für die Dauer einer Zeugenvernehmung angeordneten Ausschlusses des Angeklagten zu einer unzulässigen Augenscheinseinnahme gekommen ist (Verstoß gegen § 247 StPO, § 338 Nr 5 StPO), muss er nicht vortragen, dass keine Heilung des Verfahrensfehlers durch Wiederholung der Augenscheinseinnahme in Anwesenheit des Angeklagten erfolgt ist (vgl hierzu Ventzke/Mosbacher NStZ 2008, 262). Zu einer möglichen Verwirkung des Rügerechtes muss nur vorgetragen werden, wenn sie durch besondere Verfahrensumstände nahe liegt (vgl Mosbacher NStZ 2008, 262, 263). Zu Grenzen der Darlegungsobliegenheit vgl auch BVerfGE 112, 185 = NJW 2005, 1999). Eine Vortragspflicht ergibt sich aber bei Rügen, die auf das **Unterbleiben gebotener Verfahrenshandlungen** zu einem bestimmten Zeitpunkt der Hauptverhandlung gestützt werden. Der Revisionsführer muss hier ausschließen, dass die Verfahrenshandlung nicht nachgeholt oder durch alternative Verfahrensvorgänge ersetzt wurde.

51 **§ 344 Abs 2 S 2 StPO verpflichtet nur zum vollständigen Tatsachenvortrag, nicht darüber hinaus zum Beweisantritt**. Erforderlich sind daher nur solche Angaben, die die Schlüssigkeit des Revisionsvortrages betreffen, nicht seine Richtigkeit (BGH NStZ 2007, 235; Beschl v 10. 11. 2008 – Az 3 StR 390/08 Rn 8, insoweit in NStZ 2009, 145 und 173 nicht abgedruckt). Dem Revisionsführer obliegt keine Glaubhaftmachung seines Tatsachenvortrages oder die Angabe oder das Beibringen von Beweismitteln (BGH NStZ 2007, 235; NStZ-RR 2007, 53; NStZ-RR 2003, 334). **Naheliegende Zweifel an der Richtigkeit** seines Vortrages muss er allerdings entkräften.

52 Die **Vortragspflicht** reicht nur so weit, wie **Tatsachen dem Revisionsführer zugänglich** sind. Die Anforderungen hieran sind allerdings hoch; Rückfragen des Revisionsverteidigers beim Instanzverteidiger, Erkundigungen bei der Rechtsanwaltskammer oder eine Einsichtnahme in Verfahrens- oder Begleitakten sind dem Angeklagten zur Begründung seiner Rüge ohne weiteres zumutbar (BGH StraFo 2006, 454; NStZ 2005, 283; vgl auch BVerfGK 6, 235 = StraFo 2005, 512).

52.1 Bei **Besetzungsrügen** hat der Revisionsführer alle Umstände zu ermitteln, die ihm aus dem Geschäftsverteilungsplan und seiner zurückliegenden Handhabung zugänglich sind; auf präsidiumsinterne Vorgänge, zu denen er nur Vermutungen äußern könnte, bezieht sich seine Vortragspflicht dagegen nicht (BGHSt 28, 290, 291 = NJW 1979 1052).

6. Vortrag zum Beruhen

53 Die Revision muss sich mit dem Zusammenhang zwischen Verfahrensverstoß und Urteil zwar nicht unmittelbar befassen; sie muss aber **Tatsachen vortragen, aufgrund derer die Möglichkeit des Beruhens geprüft werden kann** (vgl BGH NStZ-RR 2007, 52, 53; ablehnend noch BGH NStZ 1999, 145, 146; sehr weit andererseits KG StV 2000, 189 m abl Anm Herdegen; vgl auch Sander NStZ-RR 2007, 97, 99; Mosbacher NStZ 2008, 262, 264). Im Falle einer Aufklärungsrüge oder einer Rüge nach § 338 Nr 8 StPO muss die Revision daher Umstände aufzeigen, die dafür sprechen, dass die Beschränkung der Verteidigung oder die unterbliebene Heranziehung weiterer Beweismittel für die Entscheidung konkret-kausale Bedeutung erlangt hat (BGHSt 30, 131, 138 = NJW 1981, 2267; s auch Rn 44.2). Auch in anderen Fällen, in denen ohne weitere Darlegungen ein fehlendes Beruhen nahe liegt, obliegt

dem Revisionsführer ergänzender Vortrag. Dies betrifft zB die Frage alternativen Verhaltens auf einen vermissten Hinweis nach § 265 Abs 1 StPO oder eine unterlassene Belehrung. Die Frage einer eventuellen Heilung des Verfahrensverstoßes gehört bereits zu den unmittelbar mit dem Verfahrensfehler im Zusammenhang stehenden Umständen, zu denen der Revisionsführer sich erklären muss (vgl auch Rn 50).

7. Einzelfälle

Für Verfahrensbeanstandungen nach **§ 338 StPO** siehe dort. 54

Bei einer **Aufklärungsrüge** muss der Revisionsführer angeben, mit welchen konkreten Beweismitteln auf welchem Weg welche Tatsachen hätten aufgeklärt werden müssen. Hierzu gehört im Falle einer vermissten Zeugenvernehmung die Angabe der ladungsfähigen Anschrift der bezeichneten Zeugen, im Falle einer vermissten Inaugenscheinnahme der Vortrag, dass das Augenscheinsobjekt zur Zeit der Hauptverhandlung zur Verfügung stand (vgl BGH NStZ 2006, 713; Urt v 9. 12. 2008 – Az 5 StR 412/08). Die durch die Beweiserhebung erwarteten Beweistatsachen müssen bestimmt bezeichnet sein (vgl BGHR StPO § 344 Abs 2 S 2 Aufklärungsrüge 9). Der Revisionsführer muss weiterhin alle Anknüpfungstatsachen mitteilen, aufgrund derer der Tatrichter sich zu der unterlassenen Beweiserhebung hätte gedrängt sehen müssen (vgl BGH NStZ 2008, 349, 350 f; Urt v 12. 6. 2008 – Az 4 StR 78/08 Rn 16; Urt v 9. 12. 2008 – Az 5 StR 412/08; Urt v 13. 11. 2008 – Az 3 StR 403/08 Rn 5). 55

Mit der Aufklärungsrüge kann grundsätzlich nicht geltend gemacht werden, dass der Tatrichter ein genutztes Beweismittel nicht hinreichend ausgeschöpft habe. Ist ein **Zeuge bereits vernommen worden**, muss die Revision daher darlegen, welche Umstände ausnahmsweise eine Nachvernehmung nahe gelegt haben (vgl Meyer-Goßner StPO § 244 Rn 82). Dabei kann sie sich nicht darauf stützen, dass ihm im Rahmen der stattgefundenen Vernehmung bestimmte Fragen nicht gestellt oder bestimmte Vorhalte nicht gemacht worden seien (BGH Urt v 13. 11. 2008 – Az 3 StR 403/08 [Rn 6]), oder dass vorangegangene Aussagen aus dem Ermittlungsverfahren in die Vernehmung in der Hauptverhandlung nicht hinreichend Eingang gefunden hätten, wenn sich hierfür nicht ausnahmsweise Anhaltspunkte aus dem Urteil selbst ergeben. Auch aus dem Schweigen des Urteils kann regelmäßig noch nicht geschlossen werden, dass das Gericht seine Aufklärungspflicht infolge unterlassener Fragen oder Vorhalte verletzt habe (BGH NStZ 1992, 599). 55.1

Wird die unterlassene Einholung eines **Sachverständigengutachtens** beanstandet, sind alle Anknüpfungstatsachen mitzuteilen. Rügt der Revisionsführer die unterlassene Einholung eines weiteren Gutachtens, muss er mitteilen, warum das eingeholte Gutachten ersichtlich fehlerbehaftet ist oder ein weiterer Gutachter über im Vergleich zum beauftragten Sachverständigen überlegene Sachkenntnis oder Forschungsmittel verfügt. 55.2

Hat sich ein Zeuge in schriftlicher Form, über seinen anwaltlichen Beistand oder in sonstiger Form außerhalb der Hauptverhandlung auf sein **Zeugnisverweigerungsrecht** berufen, muss der Revisionsführer mitteilen, aufgrund welcher besonderen Umstände der Tatrichter gehalten gewesen wäre, gleichwohl auf ein Erscheinen des Zeugen in der Hauptverhandlung hinzuwirken, etwa, dass der Zeuge über die Tragweite seiner Erklärung irrt, oder dass er bei Abwesenheit des Angeklagten (§ 247 StPO, § 247 a StPO) oder Ausschluss der Öffentlichkeit (§ 171 b GVG, § 172 Nr 4 GVG) doch aussagen werde (vgl BGH NStZ 1999, 94; NStZ 2007, 712). Dies gilt auch dann, wenn die polizeiliche Aussage des Zeugen in seinem – zusammen mit der Zeugnisverweigerung erklärten – Einverständnis verwertet wird (BGH NStZ 2007, 712). 55.3

Beanstandet die Revision, dass die **schriftliche Erklärung des Angeklagten oder eines Mitangeklagten** nicht verlesen wurde, muss die Revision mitteilen, welche Vernehmungen des Angeklagten mit welchem Inhalt bereits stattgefunden haben, ob etwaige Vernehmungsergebnisse aus dem Ermittlungsverfahren in die Hauptverhandlung eingeführt wurden, und ob diese von dem Inhalt der schriftlichen Erklärungen abwichen; denn anderenfalls lässt sich nicht beurteilen, ob der Tatrichter sich zu der vermissten Verlesung hätte gedrängt sehen müssen, weil es von den Erklärungen weiteren Erkenntnisgewinn hätte erwarten können (BGH NStZ 2008, 349, 350 f). Zu berücksichtigen ist dabei auch, dass der Beweiswert schriftlicher Erklärungen grundsätzlich geringer anzusetzen ist als jener einer von dem Angeklagten oder von Mitangeklagten abgegebenen mündlichen Einlassung. 55.4

Im Falle der Rüge einer unrechtmäßigen **Ablehnung eines Beweisantrages** sind der Antrag und der ablehnende Gerichtsbeschluss vorzulegen (vgl BGH Urt v 23. 10. 2007 – Az 1 StR 238/07), weiterhin sind alle Tatsachen zu bezeichnen, die den Beschluss fehlerhaft 56 erscheinen lassen (BGHSt 3, 213, 214; NJW 1973, 564; OLG Stuttgart NJW 1968, 1732). Bei einem mehrere Behauptungen und Zeugen umfassenden Beweisantrag muss der Revisionsführer präzise darlegen, welche Beweistatsachen und Beweismittel Gegenstand seiner Rüge sind (BGH BGHR StPO § 344 II 2 Formerfordernis 1; Urt v 27. 11. 2008 – Az 5 StR 96/08 Rn 9).

56.1 Behauptet der Revisionsführer **Mängel in einem eingeholten Sachverständigengutachten**, so hat er das eingeholte Gutachten vollständig vorzulegen (BGH Beschl v 5. 7. 2007 – Az 5 StR 170/07). Stützt sich die beanstandete Ablehnung eines Beweisantrages auf die **Unerreichbarkeit eines Beweismittels**, so sind alle Bemühungen des Tatrichters, das Beweismittel herbeizuschaffen, mitzuteilen (vgl BGH StV 1999, 195). Kritisch zu den Anforderungen der Rechtsprechung KK-StPO/Herdegen StPO § 244 Rn 107.

56a Ein behauptetes **Beweisverwertungsverbot** infolge Verstoßes gegen die Verfahrensgrundsätze des § 136 Abs 1 S 2 StPO, Art 36 Abs 1 b WÜK oder sonstige Belehrungspflichten muss infolge der von der Rechtsprechung entwickelten Widerspruchslösung (BGHSt 50, 272, 274 = NJW 2006, 707; BGHSt 38, 214 = NJW 1992, 1463; BGHSt 39, 349, 352 = NJW 1994, 394; zum WÜK vgl BGHSt 52, 38 = NJW 2007, 3587, 3588) mit dem Vortrag unterlegt werden, dass der Angeklagte im tatrichterlichen Verfahren bis zu dem in § 257 StPO genannten Zeitpunkt einer Verwertung widersprochen hat; ein hierauf ergangener Beschluss ist vorzulegen.

57 Bei behaupteten **Verstößen gegen § 252 StPO** muss der Revisionsführer darlegen, ob eventuelle Ausnahmetatbestände vorgelegen haben, die eine nur mittelbare Verwertung des Beweismittels erlaubt haben, wie etwa ein Einverständnis (vgl BGH NStZ 2007, 712). Zur behaupteten Verletzung des Erklärungsrechts seines Verteidigers gem **§ 257 Abs 2 StPO** muss der Angeklagte vortragen, dass seinem Verteidiger trotz entsprechender Bitte das Wort verwehrt blieb, der erforderliche Gerichtsbeschluss (§ 238 Abs 2 StPO) eingeholt wurde, und in welcher Weise der behauptete Verstoß Einfluss auf das Urteil gehabt haben kann (BGH Beschl v 24. 10. 2006 – Az 1 StR 503/06 = NStZ 2007, 234). Zu den Darlegungsanforderungen für eine Inbegriffsrüge nach **§ 261 StPO**, insbes zum Vortrag sog Negativtatsachen vgl Rn 50.1 sowie BVerfGE 112, 185, 212 = NJW 2005, 1999. Hat der Angeklagte sich in Form einer schriftlich vorbereiteten Verteidigererklärung eingelassen, die als Anlage zum Protokoll der Hauptverhandlung genommen wird, und rügt er, dass das Urteil unter Verstoß gegen § 261 StPO ein dieser Einlassung nicht entsprechendes Geständnis zugrunde gelegt habe, so muss er den Inhalt der Verteidigererklärung nicht vortragen. Denn die Erklärung ändert nichts daran, dass sich der Angeklagte mündlich geäußert und das Gericht den Inhalt der Äußerung allein in den Urteilsgründen festzustellen hat. Der Text der Protokollanlage ist daher nicht geeignet darzulegen, wie er sich in der Hauptverhandlung eingelassen hat, und stellt aus diesem Grund keine den behaupteten Mangel begründende Tatsache dar (vgl BGH NStZ 2009, 282 sowie § 337 StPO Rn 45 und § 337 StPO Rn 52, auch zur fehlenden Erfolgsaussicht der Rüge in der Sache). Rügt der Revisionsführer, das Revisionsgericht habe gegen **§ 265 StPO** verstoßen, muss er rechtliche Hinweise des Tatgerichts, die sich mit der fraglichen Tatsachen- oder Rechtsfrage auch nur annähernd befassen, vorlegen. Er kann nicht nachträglich damit gehört werden, dass ein erteilter Hinweis zwar einschlägig gewesen sei, aber nicht den Anforderungen von § 265 StPO genügt habe, denn es handelt sich hierbei um eine andere, nach Ablauf der Revisionsbegründungsfrist nicht mehr zulässige verfahrensrechtliche Beanstandung (BGH Beschl v 13. 12. 2007 – Az 3 StR 347/07).

58 Die Rüge, das Gericht habe im Rahmen einer **verfahrensbeendenden Absprache** bewusst eine unzutreffende rechtliche Bewertung der Tat versprochen, oder es habe für den Fall streitigen Fortgangs der Verhandlung ein wesentlich höheres als das im Rahmen der Absprache in Aussicht gestellte Strafmaß angedroht („Sanktionsschere"), mithin gegen § 136 a StPO verstoßen, bedarf des konkreten Vortrages, dass die rechtliche Bewertung bzw die Strafhöhen Gegenstand der Verständigungsgespräche gewesen sind (BGH Urt v 27. 4. 2007 – Az 2 StR 523/06 = NStZ 2007, 655).

Behauptet der Angeklagte eine **rechtsstaatswidrige Verfahrensverzögerung** muss er einen realistischen Überblick über den tatsächlichen Ablauf des Strafverfahrens liefern, beginnend mit dem Zeitpunkt, in dem er von der Einleitung des gegen ihn gerichteten

Ermittlungsverfahrens Kenntnis erlangt hat (BGH NJW 2008, 2451, 2452; NStZ-RR 2009, 92; vgl auch BVerfG [Kammer], Beschl v 24. 1. 2009 – 2 BvR 1182/08). Er muss zu allen Umständen vortragen, die für die Länge des Verfahrens ausschlaggebend waren und in die vorzunehmende Gesamtwürdigung (vgl BVerfG NStZ-RR 2005, 346) einbezogen werden müssen. Dies betrifft den von den Justizorganen verursachten Verzögerungszeitraum, die Gesamtdauer des Verfahrens, den ursprünglichen Umfang und die Schwierigkeit des Ermittlungsverfahrens und die mit dem Andauern des schwebenden Verfahrens für den Angeklagten konkret verbundenen Belastungen, mithin auch Umstände, die die Verfahrensdauer als gerechtfertigt erscheinen lassen können.

So muss bei Ermittlungsverfahren gegen eine **Vielzahl von Beschuldigten, mit umfangreichen Ermittlungsmaßnahmen und einem erst allmählich eintretenden Ermittlungserfolg** der Verfahrensverlauf im Einzelnen vorgetragen werden, soweit die Aktenlage und die hieraus zu erlangende Kenntnis des Angeklagten es zulässt, damit das Revisionsgericht die Frage der Verfahrensverzögerung auf vollständiger – in derartigen Fällen typischerweise umfangreicher – Tatsachengrundlage beurteilen kann (zu den maßgeblichen Kriterien für die Verfahrensdauer im gerichtlichen Zwischen- und Hauptverfahren in Wirtschaftsstrafsachen vgl BGH NJW 2008, 2451, 2452). Eine auf einen bestimmten Verfahrensabschnitt beschränkte Darstellung genügt den Anforderungen von § 344 Abs 2 S 2 StPO nicht (vgl BGH NStZ-RR 2009, 92: Vortrag zum Verfahrensablauf zwischen Urteilsverkündung und -zustellung; BGH Beschl v 20. 3. 2008 – 1 StR 488/07: fragmentarische Wiedergabe eines Ermittlungsberichts). 58.1

Soweit auch die Sachrüge erhoben ist, hat das Revisionsgericht **im Urteil mitgeteilte Umstände zum Verfahrensablauf** zu berücksichtigen, so dass hierdurch Lücken im Revisionsvortrag gefüllt werden können. Hat der Tatrichter bereits selbst eine rechtsstaatswidrige Verfahrensverzögerung angenommen, hält der Angeklagte den angenommenen Verzögerungszeitraum indes für unzureichend, muss er die von ihm behauptete – zusätzliche – Verzögerung im Gesamtkontext des Verfahrensganges darstellen (vgl BGH NStZ-RR 2009, 92). Nur die im Urteil angegebenen Verzögerungen und die hierfür vorgenommene Kompensation überprüft das Revisionsgericht auf die Sachrüge (vgl § 337 StPO Rn 76, § 337 StPO Rn 119). 58.2

Verzögerungen im Revisionsverfahren selbst muss der Angeklagte darlegen, soweit sie vor Einritt der Revisionsbegründungsfrist eingetreten sind und er sie daher zumutbar vortragen kann (BGH NStZ 2001, 52; NStZ-RR 2009, 92). Für den Zeitraum hiernach hat das Revisionsgericht etwaige Verfahrensverzögerungen von Amts wegen zu prüfen und in seiner Entscheidung zu berücksichtigen (vgl § 337 StPO Rn 76, § 337 StPO Rn 119) 58.3

IV. Verfahrensvoraussetzungen

Vgl hierzu näher § 337 StPO Rn 21 ff. Die Revision muss bei einem vor Erlass des angefochtenen Urteils eingetretenen Verfahrenshindernis **in zulässiger Weise begründet** sein. Das Verfahrenshindernis an sich muss dabei nicht gerügt werden. Es reicht aus, dass anderweitig in zulässiger Form eingelegte Rügen zur Zulässigkeit der Revision führen. 59

V. Heilung, Wiedereinsetzung

Eine Heilung von Begründungsmängeln ist nach Ablauf der Revisionsbegründungsfrist grundsätzlich nicht mehr möglich (BGHSt 17, 337, 338; KK-StPO/Kuckein StPO § 344 Rn 66). Auch eine Wiedereinsetzung zur Nachholung der Begründung einzelner Rügen ist in der Regel ausgeschlossen (BGHSt 1, 44; BGHSt 14, 330, 332; BGHSt 26, 335, 328; NStZ 1981, 110; vgl näher § 345 StPO Rn 10 f). 60

E. Nebenklage

Aufgrund der Einschränkungen des § 400 Abs 1 StPO bedarf es im Falle der **Nebenklagerevision** eines Revisionsantrages oder einer Revisionsbegründung, welche zweifelsfrei erkennen lässt, dass der Nebenkläger ein zulässiges Ziel verfolgt. Der Nebenkläger muss daher mitteilen, inwieweit er in seiner Stellung als Nebenkläger durch das Urteil beschwert ist, und dass er es mit dem Ziel einer Änderung des Schuldspruches hinsichtlich einer zum Anschluss als Nebenkläger berechtigenden Gesetzesverletzung angreift (BGH NStZ-RR 2009, 57; NStZ-RR 2002, 104 bei Becker; Beschl v 24. 10. 2007 – Az 1 StR 464/07; OLG 61

Hamm NStZ-RR 2003, 20). Eine nach Ablauf der Revisionsbegründungsfrist vorgenommene Beschränkung auf dem Nebenkläger zustehende Revisionsangriffe ist verspätet. Auch die **Erhebung der allgemeinen Sachrüge** reicht nicht aus und führt, wenn sie nicht innerhalb der Revisionsbegründungsfrist spezifiziert wird, zur Unzulässigkeit der Revision (Meyer-Goßner StPO § 400 Rn 6; **aA** Mitsch NStZ 2008, 422 f: zulässig, aber Beschränkung des Prüfungsumfanges des Revisionsgerichtes).

§ 345 [Revisionsbegründungsfrist]

(1) ¹Die Revisionsanträge und ihre Begründung sind spätestens binnen eines Monats nach Ablauf der Frist zur Einlegung des Rechtsmittels bei dem Gericht, dessen Urteil angefochten wird, anzubringen. ²War zu dieser Zeit das Urteil noch nicht zugestellt, so beginnt die Frist mit der Zustellung.

(2) Seitens des Angeklagten kann dies nur in einer von dem Verteidiger oder einem Rechtsanwalt unterzeichneten Schrift oder zu Protokoll der Geschäftsstelle geschehen.

Überblick

§ 345 Abs 1 StPO knüpft zur Berechnung der Revisionsbegründungsfrist an die Einlegungsfrist des § 341 StPO an. Eine Verlängerung der Frist ist nicht möglich. Wiedereinsetzung kann bei Verhinderung oder Übermittlungsfehlern nach allgemeinen Voraussetzungen gewährt werden, nicht aber zum alleinigen Zweck der Nachholung von Sachvortrag oder Rügen. Die von § 345 Abs 2 StPO geforderte Form kann fehlen, wenn die Revisionsbegründung nur formal von einem Verteidiger oder Rechtsanwalt, inhaltlich jedoch vom Angeklagten stammt, oder wenn der Verteidiger durch Distanzierungen erkennen lässt, dass er für die Revisionsbegründung keine Verantwortung übernehmen will. Bei einer Protokollbegründung ist dem Rechtspfleger eine eigene Prüfungspflicht aufgegeben; er muss die Revisionsbegründung daher, wo erforderlich, in eine sachgerechte Form bringen und ihr einen klaren und angemessenen Ausdruck verleihen.

Übersicht

	Rn		Rn
A. Revisionsbegründungsfrist (Abs 1) …	1	1. Persönlicher Anwendungsbereich …	19
I. Fristbeginn …	1	2. Schriftform, Unterschrift …	23
II. Fristberechnung und wahrung …	6	3. Inhaltliche Verantwortung …	25
III. Wiedereinsetzung …	9	III. Protokollerklärung …	29
1. Grundsatz …	9	1. Persönlicher Anwendungsbereich …	29
2. Fallgruppen …	10	2. Zuständigkeit …	31
3. § 45 Abs 2 S 2 StPO …	16	3. Beurkundungs- und Prüfungspflicht	32
B. Form (Abs 2) …	18	4. Verfahren …	36
I. Grundsatz …	18	IV. Mehrfache Revisionsbegründungen …	38
II. Durch Verteidiger oder Rechtsanwalt ..	19	V. Revisionsbegründung der StA …	39

A. Revisionsbegründungsfrist (Abs 1)

I. Fristbeginn

1   Die Revision kann bereits **vor Beginn** der von § 345 Abs 1 StPO bestimmten Frist – frühestens mit ihrer Einlegung – begründet werden. Auf den Fristbeginn oder die Fristlänge hat der Zeitpunkt der Begründung keinen Einfluss (vgl BGHSt 36, 241).

Der Fristbeginn hängt von der Einlegungsfrist und der Zustellung des Urteils ab. **Beginnt die Einlegungsfrist nach § 341 Abs 1 StPO mit Verkündung**, so kommt es darauf an, ob bereits während ihres Laufes das Urteil zugestellt wird (vgl auch § 343 Abs 2 StPO). Ist dies der Fall, schließt sich die Frist des § 345 Abs 1 StPO an die des § 341 Abs 1 StPO an; sie beginnt daher nicht unmittelbar mit Zustellung, sondern grds am Tag nach Ablauf der Einlegungsfrist (vgl näher Rn 6). Wird während der Einlegungsfrist nicht zugestellt, ist der weitere Fristlauf gem § 345 Abs 1 S 2 StPO solange gehemmt, bis Urteilszustellung erfolgt; erst hiermit beginnt der Lauf der Begründungsfrist. Bei **Verkündung in Abwesenheit** beginnt die Einlegungsfrist gem § 341 Abs 2 StPO mit Zustellung; hieran schließt sich der Lauf der Begründungsfrist unmittelbar an (vgl BGHSt 36, 241 = NJW 1990, 460; NStZ 2000, 498; s auch Rn 6 mit Berechnungsbeispielen). Die **Zustellung des Urteils** muss wirksam sein. Sie muss nach § 36 StPO auf richterliche Anordnung ergehen (vgl näher OLG München, Beschl v 24. 6. 2009 – Az 5 St RR 157/09; § 36 StPO Rn 2 ff; KK-StPO/Maul StPO § 36 Rn 2) und an einen Verteidiger erfolgen, dessen Vollmacht sich bei den Akten befindet oder zu Protokoll erklärt wurde. Fehlt es an einer hinreichenden Zustellungsbevollmächtigung, vermag die Zustellung die Revisionsbegründungsfrist selbst dann nicht in Lauf zu setzen, wenn der Verteidiger in der Hauptverhandlung für den Angeklagten aufgetreten ist (BGH NStZ-RR 2009, 144). Unschädlich ist dagegen, wenn der aktenkundig bevollmächtigte Verteidiger in der Hauptverhandlung nicht aufgetreten ist (vgl OLG München, Beschl v 24. 6. 2009 – Az 5 St RR 157/09 [Rn 9]).

Bei **Wiedereinsetzung in die Einlegungsfrist** des § 341 StPO beginnt die Begründungsfrist mit Zustellung des Wiedereinsetzungsbeschlusses, sofern das Urteil zu diesem Zeitpunkt bereits zugestellt war (BGHSt 30, 335 [offen gelassen für Fälle des § 41 Abs 2 StPO]; NJW 1982, 532, 533; BayObLGSt 1976, 153, 159). Eine erneute Zustellung ist nicht erforderlich und führt nicht zu einem Neubeginn der Frist (aA Löwe/Rosenberg/Hanack StPO § 345 Rn 9 für den Fall einer formlosen Bekanntmachung der Wiedereinsetzungsentscheidung). Kommt es nach der Wiedereinsetzung zu einer Urteilsergänzung nach § 267 Abs 4 S 3 StPO, so ist die Zustellung des ergänzten Urteiles maßgeblich (Meyer-Goßner, StPO § 345 Rn 5; für das Rechtsbeschwerdeverfahren BayObLGSt 1996, 101 = NStZ-RR 1997, 247). 2

Im Fall zulässiger **tatrichterlicher Urteilsberichtigung** setzt die Zustellung des Berichtigungsbeschlusses die Begründungsfrist neu in Gang (BGHSt 12, 374 = NJW 1959, 899; NStZ 1991, 195), wenn nicht nur ein unbedeutender Nebenpunkt betroffen ist (BayObLGSt 1982, 12 = MDR 1982, 600: Datum der Hauptverhandlung; OLG Hamm NJW 1956, 923). Auch bei Aufhebung eines tatrichterlichen Verwerfungsbeschlusses nach § 346 Abs 2 StPO beginnt die Begründungsfrist erst mit Zustellung des Aufhebungsbeschlusses (BayObLG StraFo 1997, 248; Meyer-Goßner, StPO § 345 Rn 6; Löwe/Rosenberg/Hanack StPO § 345 Rn 10 mwN). Für den Nebenkläger beginnt die Begründungsfrist mit Zustellung des Zulassungsbeschlusses, wenn er seinen Beitritt erst mit Revisionseinlegung erklärt hat (Meyer-Goßner StPO § 345 Rn 6). 3

Soweit für den Fristlauf die **Urteils- oder eine Beschlusszustellung** maßgeblich ist, muss § 273 Abs 4 StPO – Erfordernis des fertig gestellten Protokolls – beachtet worden sein (BGHSt 37, 287 = NJW 1991, 1902; StV 1995, 568); die Zustellung muss auch im Übrigen gem § 36 Abs 1, § 37 StPO, § 40 StPO, § 41 StPO wirksam sein. 4

Die **Zustellung an den Verteidiger** bewirkt den Fristbeginn, wenn ihm Zustellungsvollmacht erteilt war oder er gem § 145 a StPO zur Entgegennahme ermächtigt war. Zur Zustellung an mehrere Personen, insbes mehrere Verteidiger vgl **§ 37 Abs 2 StPO**. Eine zweite Zustellung ist aber dann unbeachtlich, wenn die Einlegungs- oder Begründungsfrist, die durch die erste Zustellung in Gang gesetzt wurde, bereits abgelaufen ist (BGHSt 34, 171). Ein Fall des § 37 Abs 2 StPO liegt auch dann nicht vor, wenn nur dem Verteidiger zugestellt und dem Angeklagten gem § 145 a Abs 3 S 1 StPO das Urteil formlos unter Hinweis auf die erfolgte Verteidigerzustellung übersandt wird, oder wenn umgekehrt der Verteidiger nach § 145 a Abs 3 S 2 StPO von einer erfolgten Zustellung an den Angeklagten nur unterrichtet wird. Eine nochmalige Zustellung an denselben Empfangsberechtigten ist bedeutungslos (BGH NJW 1978, 60; OLG Hamburg NJW 1965, 1614). Die Zustellung an nur einen von mehreren Verteidigern ist unschädlich und bewirkt den Fristbeginn (BGHSt 34, 371 = NJW 1987, 2824). Maßgeblich ist immer nur die Zustellung der deutschen Urteilsausfertigung, nicht die Übersendung oder Zustellung einer nach Nr 181 Abs 2 RiStBV angefertigten Übersetzung. 4.1

Nicht ordnungsgemäß zugestellt ist das Urteil, wenn die Zustellung nicht durch den Richter verfügt wurde (BGH NStZ 1986, 230; BayObLG 1982, 12 = MDR 1982, 600), oder wenn das 4.2

Empfangsbekenntnis des Verteidigers nicht in Rücklauf gerät, nicht oder nicht vom Pflichtverteidiger (vgl BGH NStZ 1989, 16 [bei Miebach]: durch Sozius des Pflichtverteidigers) unterzeichnet oder mit Vorbehalten versehen ist (vgl KK-StPO/Kuckein StPO § 345 Rn 5 mwN).

4.3 Im Falle **unvollständig zugestellter Urteile** wird die Frist nicht in Lauf gesetzt, es sei denn, der Mangel betrifft nur unerhebliche Urteilsteile, zB unwesentliche Einzelheiten oder ausschließlich Mitangeklagte (BGH StV 1981, 70; NJW 1978, 60; Löwe/Rosenberg/Hanack StPO § 345 Rn 6). Einer wirksamen Zustellung steht jedenfalls entgegen, wenn die Urteilsformel nicht vollständig übermittelt wird (BGH NJW 1978, 60) oder wenn die nach § 275 Abs 2 StPO erforderlichen Unterschriften oder ein Verhinderungsvermerk fehlen (BGHSt 26, 248; vgl andererseits BGH NStZ 1994, 47). Ein Zustellungsmangel liegt aber nur in Fällen vor, in denen die übersandte Ausfertigung oder Abschrift von der Urteilsurschrift abweicht. Leidet das Urteil selbst an einem unvollständigen Tenor, Auslassungen in den Gründen oder einer fehlenden Unterschrift, so handelt es sich um einen Fehler des Entscheidung selbst, der mit der Revision geltend zu machen ist (BGHSt 46, 2054; NJW 1999, 800; NStZ-RR 2003, 85; zum Sonderfall fehlender Bezeichnung von Schöffen oder Richtern vgl BGH NStZ 1989, 584). So ist die Zustellung eines Urteils mit bereits in der Urschrift fehlenden Urteilsgründen wirksam und hindert den Fristlauf nicht, führt aber zum absoluten Revisionsgrund des § 338 Nr 7 StPO.

5 Bei **mehreren Angeklagten** beginnt für jeden die Frist gesondert und abhängig von der an sie oder ihren Verteidiger gerichteten Zustellung. Für den **Nebenkläger** gilt § 401 Abs 1 S 3 StPO. Zur Bedeutung der Begründungsfrist bei mit **Sprungrevision** anfechtbaren amtsgerichtlichen Urteilen vgl § 335 StPO Rn 3 ff.

II. Fristberechnung und -wahrung

6 Die Begründungsfrist beträgt einen Monat; ihre **Verlängerung** ist auch bei schwierigen und umfangreichen Revisionen nicht möglich (BGH NStZ 1988, 20 bei Pfeiffer/Miebach; OLG Düsseldorf NStZ 1984, 91; KK-StPO/Kuckein StPO § 345 Rn 1; a. A. Löwe/Rosenberg/Hanack StPO § 345 Rn 1: in Ausnahmefällen analoge Anwendung von § 554 Abs 2 S 2 ZPO aF = § 551 Abs 2 ZPO nF); zu einer evtl. Wiedereinsetzung in solchen Fällen vgl Rn 12. Erfolgt gleichwohl eine Verlängerung, ist sie unwirksam, kann aber eine Wiedereinsetzung in den vorigen Stand rechtfertigen. Die **Berechnung der Monatsfrist** richtet sich nach **§ 43 Abs 1, Abs 2 StPO**. Dies gilt auch dann, wenn sie sich unmittelbar an die Revisionseinlegungsfrist anschließt (vgl Rn 1). Sie beginnt daher **am Tag nach Ablauf der Einlegungsfrist.** Anders als nach § 188 Abs 2 BGB ist der Tag des Beginns der Monatsfrist nicht mitzuzählen (BGHSt 36, 241 = NJW 1990, 460).

6.1 **Bsp.**: Urteilsverkündung in Anwesenheit des Angeklagten am Montag, dem 11. August; Ablauf der Einlegungsfrist daher gem § 341 Abs 1 StPO am Montag, dem 18. August, 24 Uhr. Ist das Urteil bis zu diesem Tag bereits zugestellt worden, beginnt die Begründungsfrist gem § 345 Abs 1 S 1 StPO am Dienstag, dem 19. August; sie endet am Freitag, dem 19. September, 24 Uhr. Wird das Urteil erst nach dem 18. August zugestellt, beispielsweise am 26. August, so beginnt die Begründungsfrist gem § 345 Abs 1 S 2 StPO erst mit diesem Tag und endet am 26. September, 24 Uhr, einem Freitag. Hat die Urteilsverkündung in Abwesenheit des Angeklagten stattgefunden, so läuft die Einlegungsfrist gem § 341 Abs 2 StPO ab Zustellung. Erfolgt diese am 14. August, einem Donnerstag, läuft die Einlegungsfrist am Donnerstag, dem 21. August ab; die Begründungsfrist beginnt gem § 345 Abs 1 S 1 StPO am Freitag, dem 22. August und endet am Montag, dem 22. September, 24 Uhr.

7 **Nach Fristablauf eingehendes Vorbringen** ist unbeachtlich, sofern damit neue Rügen erhoben werden, Tatsachenvortrag zu schon erhobenen Verfahrensrügen nachgeschoben oder eine beschränkt erhobene Sachrüge erweitert wird (vgl KK-StPO/Kuckein StPO § 344 Rn 66). Denn die gesamte Revisionsbegründung ist innerhalb der Frist des § 345 Abs 1 StPO anzubringen (BGH Beschl v 28. 10. 2008 – Az 3 StR 431/08 [insoweit in NStZ 2009, 168 nicht abgedruckt]). **Rechtsausführungen** zu erhobenen Rügen sind dagegen an die Frist des § 345 Abs 1 StPO nicht gebunden.

8 **Adressat der Revisionsbegründung** ist wie bei der Revisionseinlegung nicht das Revisionsgericht, sondern das Gericht, dessen Urteil angefochten wird. Zu Einzelheiten vgl § 341 StPO Rn 13 ff.

III. Wiedereinsetzung

1. Grundsatz

Eine **Wiedereinsetzung in den vorigen Stand** gegen die Versäumung der Revisions- 9
begründungsfrist ist nach den allgemeinen Vorschriften auf Antrag oder von Amts wegen
möglich (**§§ 44 StPO ff**. Vgl daher zunächst die dortige Kommentierung). Dem Angeklagten ist ein Verschulden seines Verteidigers an der Versäumung der Revisionsbegründungsfrist
grds nicht zuzurechnen (BGHSt 14, 306, 309 = NJW 1960, 1774; KK-StPO/Maul StPO
§ 44 Rn 30; vgl auch BVerfG NJW 1994, 1856), sofern er sich selbst hinreichend um die
Fristeinhaltung bemüht hat (vgl BGHSt 42, 365; KK-StPO/Kuckein StPO § 345 Rn 25
mwN), etwa seinen Verteidiger rechtzeitig mit der Revisionseinlegung und -begründung
beauftragt hatte. Er muss den Verteidiger nicht überwachen (BGH NStZ 1990, 25), darf aber
nicht selbst dazu beigetragen haben, dass der Verteidiger die Frist nicht einhält (zB BGH
NStZ 1997, 95; näher § 44 StPO Rn 22). Wird er diesen Anforderungen gerecht, ist
Wiedereinsetzung auch bei grobem Verschulden des Verteidigers zu gewähren; hierzu wird
zur Glaubhaftmachung allerdings regelmäßig eine anwaltliche Versicherung des Verteidigers
beizubringen sein (vgl BGH Beschl v 30. 4. 2008 – Az 2 StR 183/08). Ein Nebenkläger
muss sich ein Fremdverschulden seines Rechtsanwalts dagegen entsprechend § 85 Abs 2
ZPO zurechnen lassen (BGHSt 30, 309, 310 = NJW 1982, 1544; BGH NStZ-RR 2003,
80; Meyer-Goßner StPO § 44 Rn 19).

Der Antrag auf Wiedereinsetzung in den vorigen Stand kann noch **nach Verwerfung der
Revision als unzulässig** gestellt werden (BGHSt 25, 89, 91 = NJW 1973, 521). Dies gilt
auch für eine Verwerfung durch den Tatrichter nach **§ 346 Abs 1 StPO**. Zuständig für die
Wiedereinsetzung ist auch hier das Revisionsgericht (näher § 346 StPO Rn 29 ff). Die
getroffene Entscheidung über die Verwerfung der Revision wird durch die Wiedereinsetzung
gegenstandslos (vgl Meyer-Goßner StPO § 44 Rn 25); dies sollte in der Wiedereinsetzungsentscheidung deklaratorisch ausgesprochen werden (vgl § 346 StPO Rn 34). Dagegen
schließt eine **das Verfahren abschließende Sachentscheidung** eine Wiedereinsetzung
regelmäßig aus (BGHSt 17, 94 = NJW 1962, 818; BGH NStZ-RR 1996, 201; s aber BGH
Beschl v 18. 6. 2008 – Az 2 StR 485/07); hier ist Abhilfe nur über eine Anhörungsrüge nach
§ 356 a StPO möglich. War die **Revisionsbegründungsfrist tatsächlich nicht versäumt**,
ist der Wiedereinsetzungsantrag gegenstandslos.

2. Fallgruppen

a) Nachholung von Rügen   10

Bei einer bereits frist- und formgerecht begründeten Revision ist eine Wiedereinsetzung
zur **Nachholung einzelner Rügen oder zur Ergänzung ihrer Begründung** grundsätzlich ausgeschlossen. Denn der Revisionsführer hat keine Frist versäumt, sondern lediglich
keine weiteren Rügen innerhalb der Revisionsbegründungsfrist erhoben oder keinen weiteren Sachvortrag zu ihrer Begründung gehalten (BGHSt 1, 44; BGHSt 14, 330 = NJW
1960, 1775; NStZ 1997, 45; NStZ 1981, 110; NStZ 2000, 326; Beschl v 25. 9. 2007 – Az 1
StR 423/07). Dies gilt insbesondere bei einem **Rechtsirrtum** des Revisionsführers, also zB
dann, wenn er erst nach Ablauf der Begründungsfrist von einer neuen höchstrichterlichen
Entscheidung, von einer Gesetzes- oder einer Rechtsprechungsänderung erfährt, die nach
seiner Auffassung zum Erfolg einer zu erhebenden Verfahrensrüge führen würde (vgl BGH
NStZ 1994, 46; NStZ-RR 2002, 66).

Von diesem Grundsatz gelten – auch im Hinblick auf den Grundsatz des rechtlichen 11
Gehörs nach Art 103 Abs 1 GG – allerdings **Ausnahmen**, wenn der rechtzeitigen Anbringung weiterer Rügen oder einer sonstigen Begründungsergänzung ein auf äußeren Umständen beruhendes, dem Revisionsführer nicht zurechenbares Hindernis entgegenstand (BGH
NStZ-RR 2008, 247, 248; vgl näher § 44 StPO Rn 18). So kann eine Wiedereinsetzung
geboten sein bei **nachgewiesener ernsthafter Erkrankung** des unvertretenen Angeklagten
oder des Verteidigers (vgl BGH NStZ 1985, 204) oder anderen **unabweislichen Verhinderungen des Verteidigers** (vgl BGH NStZ-RR 2008, 247: Aussperrung des Verteidigers
aus Kanzlei nach Zerwürfnis mit Sozius). Eine Wiedereinsetzung zur Nachholung der
Revisionsbegründung als Ganzes einzelner Rügen oder zur Ergänzung ihrer Begründung ist

ferner möglich bei unverschuldeten **Übermittlungsfehlern**, etwa dann, wenn die Revisionsbegründung insgesamt, in Teilen oder ein ergänzender Begründungsschriftsatz durch ein vom Angeklagten nicht zu vertretendes Versehen in der Kanzlei seines Verteidigers verspätet bei Gericht eingegangen ist (BGH NStZ 1997, 46). Gleiches gilt bei Ausfall oder Empfangsfehlern eines zum Eingang von Schriftsätzen bereitgehaltenen Faxgerätes des Gerichts (BGH Beschl v 18. 6. 2008 – Az 2 StR 485/07).

Auch sonstige **Hindernisse aus der Sphäre des Gerichts,** die den Verteidiger an einer rechtzeitigen vollständigen Revisionsbegründung gehindert haben, können eine Wiedereinsetzung rechtfertigen. So ist ein Wiedereinsetzungsantrag begründet, wenn dem Verteidiger trotz angemessener Bemühungen nicht rechtzeitig, dh nicht erst wenige Tage vor Ablauf der Begründungsfrist, vollständige **Akteneinsicht** gewährt wurde (BGH NStZ-RR 2008, 282, 283: verspätete Übersendung eines Aktenbandes; NStZ 2009, 173: keine Protokolleinsicht innerhalb Begründungsfrist trotz mehrfacher Nachfragen; vgl auch BGH NStZ 1997, 45, 46). Dies gilt allerdings nur für solche Verfahrensrügen, die ohne Aktenkenntnis nicht begründet werden können (BGH NStZ-RR 2008, 282, 283; StV 1985, 353). Der Angeklagte muss daher in seinem Wiedereinsetzungsantrag für jede Rüge darlegen, dass er durch die fehlende Akteneinsicht an einer ordnungsgemäßen Begründung gehindert war (BGH wistra 1993, 228; wistra 1995, 947; NStZ 1997 45, 46). Da kein Anspruch auf Mitnahme der Akten in das Büro des Verteidigers besteht, kann ein Wiedereinsetzungsantrag hierauf nicht gestützt werden (BGH NStZ-RR 1998, 258; NStZ 1985, 13). Eine Wiedereinsetzung kommt weiter in Betracht, wenn der Revisionsgegner in seiner **Gegenerklärung** tatsächliche Umstände vorbringt oder Urkunden vorlegt, die dem Revisionsführer unbekannt sind und von denen er zuvor nicht hätte Kenntnis erlangen können (vgl BGH StraFo 2006, 454). Ob die nachgereichte Revisionsbegründung den Anforderungen von § 344 Abs 2 S 2 StPO genügt, ist im Revisions- und nicht im Wiedereinsetzungsverfahren zu prüfen (BGHSt 42, 365 = NJW 1997, 1516).

12 **b) Formmängel**

Der **Mangel der nach § 345 Abs 2 StPO vorgeschriebenen Form** kann bei fehlendem Verschulden eine Wiedereinsetzung begründen. So ist einem Angeklagten Wiedereinsetzung zu gewähren, für den innerhalb der Begründungsfrist nur eine vom Sozius seines Pflichtverteidigers unterzeichnete Revisionsbegründungsschrift eingereicht wurde (BGH NStZ 2003, 615). Im Falle einer Protokollerklärung begründet es einen Anspruch auf Wiedereinsetzung, wenn die Revisionsbegründung nicht von einem Urkundsbeamten, sondern einem Justizangestellten oder einer sonst unzuständigen Stelle aufgenommen wurde und sich daher als formunwirksam erweist (BVerfG [Kammer] NStZ-RR 2005, 238, 239). Auch eine **falsche Belehrung** über die Formerfordernisse des § 345 Abs 2 StPO kann zur Wiedereinsetzung führen.

12.1 Vgl OLG Jena NJW 2008, 534: Verweigerung der Protokollierung unter Hinweis, der Angeklagte könne die Begründung selbst verfassen und sein Verteidiger „brauche nur zu unterschreiben". Bei unverteidigten Angeklagten, insbes bei Ausländern kann im Einzelfall auch die fehlende Aushändigung eines Merkblatts nach RiStBV Nr 142 die Wiedereinsetzung begründen (vgl OLG Köln NStZ 1997, 404; BVerfG NJW 1996, 1811).

13 **c) Verspätete, unvollständige oder fehlerhafte Protokollierung nach Abs 2**

Im Falle einer Erklärung der **Revisionsbegründung zu Protokoll der Geschäftsstelle** besteht ein Anspruch auf Protokollierung nur innerhalb der Dienststunden des Gerichtes. Der Angeklagte darf zudem nicht darauf vertrauen, dass der Rechtpfleger ihm während dieser Zeit uneingeschränkt zur Verfügung steht (BGH NStZ 1996, 353; Beschl v 27. 11. 2008 – Az 5 StR 496/08). Der Angeklagte muss daher abhängig vom Umfang der von ihm beabsichtigten Revisionsbegründung dafür Sorge tragen, dass zur Überprüfung, Umgestaltung und Protokollierung der Begründung durch den Rechtspfleger hinreichend Zeit verbleibt. Der Prüfungsaufwand des Rechtspflegers wird seitens des Revisionsgerichts nur dahin überprüft, ob er angesichts des Umfangs der Revision noch angemessen erscheint. Konnte die Revisionsbegründung wegen **später Inanspruchnahme des Rechtspflegers** nicht mehr innerhalb der verbleibenden Revisionsbegründungsfrist protokolliert werden, gibt dies zur Wiedereinsetzung keinen Anlass (vgl BGH Beschl v 27. 11. 2008 – Az 5 StR 496/08 = StraFo 2009, 23: vier Tage bis Fristablauf unzureichend zur Prüfung eines Begründungsentwurfes des Angeklagten von 315 Seiten auf Grundlage umfangreicher Verfahrensakten und eines 105seitigen Urteils). Dem Rechtspfleger soll auch nicht obliegen, den Angeklagten darauf **hinzuweisen**, dass er eine Überprüfung absehbar innerhalb der Revisionsbegründungsfrist nicht wird bewältigen können (vgl BGH Beschl v 27. 11. 2008 – Az 5 StR 496/08 = StraFo 2009, 23, zw.).

Dies dürfte nur für den Fall zutreffen, dass die verbleibende Zeitspanne zur Protokollierung ersichtlich nicht hinreicht. Einem unverteidigten Angeklagten, dem eine Kenntnis der Anforderungen an die Revisionsbegründung und ihre Protokollierung nicht abverlangt wird, würde sonst die Möglichkeit genommen, durch Absehen von einzelnen Rügen die Frist noch zu wahren. Die Erwägung, dass die Möglichkeit einer Revisionsbegründung zu Protokoll der Geschäftsstelle durch einen verteidigten Angeklagten rechtsstaatlich nicht geboten wäre (vgl BGH Beschl v 27. 11. 2008 – Az 5 StR 496/08; NStZ-RR 2008, 312), trägt zur Frage einer Hinweispflicht nichts bei, da das Gesetz die Protokollerklärung auch für verteidigte Angeklagte tatsächlich eröffnet. 13.1

Der Rechtspfleger kann im Übrigen **von der Protokollierung ersichtlich unzulässiger, umfangreicher Rügen absehen**, ohne dass hierdurch eine Wiedereinsetzung zum Zweck der Nachholung und Überprüfung ihrer Zulässigkeit durch das Revisionsgericht geboten wäre (BGH NStZ-RR 2008, 18). Dagegen ist er nicht berechtigt, eine Aufnahme der allgemeinen Sachrüge, einer in ihren Erfolgsaussichten lediglich zweifelhaften Verfahrensrüge oder der Revisionsbegründung insgesamt zu verweigern (vgl OLG Bremen NJW 1954, 46). Inhaltliche **Fehler des Rechtspflegers** begründen grds keinen Anspruch auf Wiedereinsetzung in den vorigen Stand. Erweisen sich protokollierte Verfahrensrügen als unzulässig, ist dem Angeklagten daher ihre Nachbesserung verwehrt (BGH NStZ-RR 2008, 312; vgl Meyer-Goßner StPO § 44 Rn 7 b). Dies gilt auch bei behaupteten Schwierigkeiten ihrer Protokollierung (vgl BGH NStZ-RR 2008, 312). Ausnahmsweise kann es die Wiedereinsetzung rechtfertigen, wenn der Rechtspfleger die Unwirksamkeit der Revisionsbegründung oder die **Unzulässigkeit einzelner Rügen pflichtwidrig verursacht**, indem er etwa von dem Angeklagten unterbreiteten und nach § 344 Abs 2 S 2 StPO ersichtlich erforderlichen Vortrag unberücksichtigt lässt (BGH NJW 1968, 298; NStZ 1997, 48; BayObLG NStZ-RR 1996, 312). Der Rechtspfleger ist aber nicht verpflichtet, durch eine umfassende Rechtsberatung, Umformulierung und Ergänzung der vom Angeklagten beabsichtigten Begründung der Revision zum Erfolg zu verhelfen (vgl näher Rn 32 f). 14

Der Umstand, dass der **Verteidiger des Angeklagten die Revision bereits begründet** hat und der Angeklagte hierüber hinaus weitere Rügen zu Protokoll der Geschäftsstelle anbringen möchte, berechtigt nicht zur Zurückweisung der Protokollierung und kann eine Wiedereinsetzung rechtfertigen (vgl Rn 29; Rn 33). Ferner besteht Anlass zu einer Wiedereinsetzung, wenn die Fristversäumung auf einem **Zuständigkeitsstreit** der Geschäftsstellen mehrerer Gerichte beruht (BGH Beschl v 23. 1. 1997 – Az 1 StR 543/96). 14a

d) Umfangreiche und schwierige Revision 15
Die Organisation rechtzeitiger Erstellung der Revisionsbegründung obliegt dem Verteidiger auch dann, wenn sie **rechtlich oder tatsächlich schwierige Fragen betrifft oder besonders umfangreich** ist. Nur bei besonderen Verfahrenslagen, in denen eine Wiedereinsetzung zur Wahrung des Anspruchs auf rechtliches Gehör (Art 103 Abs 1 GG) und des verfassungsrechtlichen Justizgewährungsanspruches (Art 19 Abs 4 GG) unerlässlich erscheint, kommen **Ausnahmen** in Betracht. So ist bei besonders umfangreichen und schwierigen Sachen von der Rechtsprechung „in notstandsähnlichen Situationen" Wiedereinsetzung gewährt worden, wenn der Verteidiger die Begründungsfrist aufgrund der besonderen Sachlage bewusst hat verstreichen lassen (BGH NJW 1993, 742; Beschl v 12. 1. 1993 – Az 5 StR 568/92). Der BGH hat aber offen gelassen, ob in derartigen Fällen eine Wiedereinsetzung nur noch zur Nachholung der Sachrüge in Betracht kommt (BGH NJW 1993, 742; so OLG Braunschweig NStZ 1996, 298).

3. § 45 Abs 2 S 2 StPO

Nach § 45 Abs 2 S 2 StPO muss die versäumte Revisionsbegründung grundsätzlich innerhalb der Wochenfrist des § 45 Abs 1 StPO nachgeholt werden (BGH NStZ-RR 2008, 282, 16

283). Die Revisionsbegründungsfrist verkürzt sich damit allerdings faktisch von einem Monat auf den Zeitraum von einer Woche ab Wegfall des Hindernisses. Dies ist jedenfalls dann hinzunehmen, wenn den Gegenstand der Wiedereinsetzung nur die Nachholung einzelner Revisionsrügen oder Vortrag zu ihrer Begründung bildet (vgl BGH NStZ 2009, 173, 174). War der Angeklagte allerdings an der Revisionsbegründung insgesamt gehindert und erweist sich diese als objektiv schwierig und umfangreich, ist wegen der entstehenden Unzuträglichkeiten eine Korrektur angebracht. So wird in der Rechtsprechung in besonderen Fallgestaltungen davon ausgegangen, dass die **Frist des § 345 Abs 1 StPO jene des § 45 Abs 1, Abs 2 S 2 StPO verdrängt.**

16.1 So BGHSt 26, 335, 338 für den Fall einer Zurückweisung des Verteidigers nach § 146 StPO aF (jetzt § 146a StPO) mit der Erwägung, dass der für die Fristversäumung ursächliche Umstand die Verfahrensstellung des Angeklagten stärken sollte, bei Festhalten an der kurzen Frist des § 45 StPO eher gegenteiligen Wirkung haben würde. Vgl auch OLG Koblenz NStZ 1991, 42, 43 (fehlende Belehrung über die Möglichkeit einer Begründung zu Protokoll der Geschäftsstelle, zw.) und OLG Zweibrücken MDR 1980, 869 (Kenntnis vom angegriffnen Urteil erst mit Wegfall des Hindernisses) sowie BGH NStZ 2000, 326; StV 1997, 226.

17 In geeigneten Fällen kann dem Revisionsführer – erforderlichenfalls von Amts wegen gem § 45 Abs 2 S 3 StPO – auch **Wiedereinsetzung auch in die Frist des § 45 Abs 2 S 2 StPO** gewährt werden (vgl BGH NStZ 1993, 45, 46). Die nachgeholte Begründung muss nach § 45 Abs 2 S 2 StPO in der gesetzlich vorgesehen Form geschehen. Wiedereinsetzung ist aber schon dann zu gewähren, wenn die nachgeholte Begründung den **Erfordernissen von § 344 Abs 1, Abs 2 S 1 StPO genügt** (BGHSt 42, 365). Ob eine ausgeführte Verfahrensrüge dagegen auch in letzter Hinsicht den Anforderungen von § 344 Abs 2 S 2 StPO genügt, ist nicht im Wiedereinsetzungs-, sondern im Revisionsverfahren selbst zu prüfen.

B. Form (Abs 2)

I. Grundsatz

18 Das **Formerfordernis des Abs 2** hat – wie § 344 StPO – eine Filterfunktion (vgl Gribbohm NStZ 1983, 97, 100). Es bezweckt im eigenen Interesse des Angeklagten, dass die Revision einer Vorprüfung durch eine rechtskundige Person unterzogen wird und in ihrer Begründung den gesetzlichen Anforderungen des § 344 StPO möglichst entspricht (BGHSt 25, 272, 273 = NJW 1974, 655; NJW 1973, 1514; vgl auch BVerfGE 10, 274, 282). Zugleich dient die Vorschrift der Entlastung des Revisionsgerichts, dem grundloses oder unverständliches Revisionsvorbringen erspart bleiben soll (BGHSt 32, 326; NStZ 1987, 336). Die **Beiordnung eines Pflichtverteidigers zum Zweck der Revisionsbegründung** ist im Revisionsverfahren nicht generell, insbesondere nicht bereits wegen der Komplexität des Revisionsrechtes geboten, da das Gesetz gerade die Möglichkeit der Protokollerklärung mit einer – begrenzten – Hilfestellung durch den Urkundsbeamten vorsieht. Sie ist aber dann vorzunehmen, wenn der Urkundsbeamte wegen der Komplexität der Tatsachen- und Rechtsfragen überfordert wäre; dies ist auch dann der Fall, wenn eine sachgerechte Revisionsbegründung ohne eine nicht nur punktuelle **Akteneinsicht** nicht zu leisten wäre (vgl OLG Koblenz StraFo 2007, 117; KG StV 2007, 570). Der Angeklagte muss allerdings eine konkrete (Verfahrens-)Rüge beabsichtigen, die eine Aktenkenntnis voraussetzt; eine Beiordnung kann nicht zum Aufspüren von nur vermuteten Verfahrensfehlern erfolgen (KG NStZ 2007, 663).

18.1 § 345 Abs 2 StPO begegnet **verfassungsrechtlich** keinen Bedenken (BVerfG [Kammer] NJW 1996, 713; BVerfGE 10, 274, 282 [zur Protokollerklärung]; BVerfGE 64, 135, 152 = NJW 1983, 2762, 2764).

18.2 Das Formerfordernis des § 345 Abs 2 StPO gilt auch für den gesetzlichen Vertreter (§ 298 StPO); den Erziehungsberechtigten (§ 67 Abs 3 JGG) und den Einziehungsberechtigten (§ 433 Abs 1 StPO, § 440 Abs 3 StPO). Für den **Privatkläger** gilt § 390 Abs 2 StPO, für den **Nebenkläger** § 390 Abs 2 StPO analog (BGH NJW 1992, 1398).

II. Durch Verteidiger oder Rechtsanwalt

1. Persönlicher Anwendungsbereich

Verteidiger (§ 138 StPO, § 140 StPO) kann der in der Tatsacheninstanz bereits tätig gewordene, aber auch ein gesondert mit der Revisionseinlegung beauftragter Verteidiger sein. Im letzteren Fall muss die Vollmacht innerhalb der Begründungsfrist schriftlich oder mündlich erteilt worden sein; der Nachweis der Vollmacht innerhalb der Begründungsfrist ist dagegen nicht erforderlich (OLG Brandenburg NStZ 1995, 52). Auch ein nach § 138 Abs 2 StPO zugelassener Verteidiger kann die Begründung fertigen. Liegt eine Zulassung noch nicht vor, reicht der mit der Revisionsbegründung gestellte Antrag aus, wenn er positiv beschieden wird (OLG Hamm MDR 1951, 303); die Begründungsschrift ist bis dahin schwebend formunwirksam. 19

Ein die Begründung anfertigender **Rechtsanwalt** muss in Deutschland zugelassen und vor Ablauf der Begründungsfrist (OLG Düsseldorf NJW 1993, 2002; Meyer-Goßner StPO § 345 Rn 12; KK-StPO/Kuckein StPO § 345 Rn 11; **aA** BGH NStZ 2001, 52: bei Unterzeichnung der Begründungsschrift) bevollmächtigt sein; auch hier ist ein späterer Nachweis der Vollmacht möglich. 20

Der Verteidiger darf jedoch nicht wegen gemeinschaftlicher Verteidigung nach § 146 StPO, § 146a StPO von der Verteidigung ausgeschlossen sein (BGHSt 26, 335 = NJW 1976, 1414; BGHSt 26, 367 = NJW 1976, 1902; BGHSt 27, 148 = NJW 1977, 1206). Bei Verstoß gegen § 137 **Abs 1 S 2 StPO** bewirkt eine von mehr als drei Verteidigern unterschriebene Begründungsschrift nicht deren Unwirksamkeit; bei einer Vielzahl von Begründungsschriften kann ein Verteidiger aber nach § 137 S 2 StPO ausgeschlossen werden mit der Folge, dass seine eingereichte Revisionsbegründung unwirksam wird (BGHSt 27, 124 = NJW 1977, 910). 20.1

Ein Verteidiger oder Rechtsanwalt, der von dem bevollmächtigten Verteidiger oder Rechtsanwalt nur **unterbevollmächtigt** worden ist, ohne eine eigene, rechtzeitig erteilte Vollmacht des Angeklagten zu besitzen, darf die Begründung nicht eigenverantwortlich anfertigen und unterzeichnen (BGH StV 1981, 393; StV 1982, 213; NStZ 1996, 21 bei Kusch; OLG Düsseldorf NJW 1993, 2002). Dies hindert den bevollmächtigten Anwalt oder Verteidiger aber nicht daran, den Schriftsatz von einem Mitarbeiter entwerfen zu lassen und ihn dann in eigenem Namen zu unterzeichnen; hierbei ist regelmäßig davon auszugehen, dass er sich den Inhalt des Schriftsatzes nach Sachprüfung zu eigen macht und für ihn die Verantwortung übernimmt (BVerfG NJW 1996, 713). Zusätze auf der Revisionsbegründung, die den Verteidiger als Geschäftsführer oder Prokuristen der Rechtsanwaltsgesellschaft ausweisen, der er angehört, stehen der Annahme, dass er selbst die volle Verantwortung für den Inhalt der Revisionsbegründung übernehmen wolle, nicht entgegen (BGH Beschl v 13. 3. 2008 – Az 3 StR 485/07). 21

Ein **Angeklagter, der Rechtsanwalt ist,** kann die Revision selbst schriftlich begründen und die Begründung selbst unterzeichnen, wenn er noch zugelassen ist und gegen ihn kein Berufsverbot nach § 70 StGB – nicht aber, wenn er ein solche gerade mit der Revision angreift – oder nach §, 150 BRAO, § 155 BRAO verhängt ist (KG NJW 1969, 338; Meyer-Goßner StPO § 345 Rn 13). 22

2. Schriftform, Unterschrift

Die Schriftform verlangt **Lesbarkeit der Begründungsschrift** und ihrer Anlagen (vgl BGHSt 33, 44 = NJW 1985, 443; aber OLG Hamm NStZ-RR 2001, 376: Unleserlichkeit einzelner Worte unschädlich). Die **Unterschrift** muss eigenhändig und vollständig sein (BGHSt 31, 7; NJW 1959, 734); eine Paraphe oder ein Faksimilestempel reicht nicht (BGHSt 12, 317 = NJW 1959, 734; NJW 1976, 966; eingehend zu den Anforderungen Meyer-Goßner StPO Einl. Rn 129). Sie muss die Revisionsbegründung abdecken; dies erfordert die Unterschrift auf dem Begründungsschriftsatz, nicht lediglich auf einem beigefügten Anschreiben (Meyer-Goßner StPO Einl. Rn 130; a. A. Löwe/Rosenberg Hanack § 345 Rn 25). Gesonderte Unterschriften auf beigefügten Anlagen sind nicht erforderlich, sofern sie keine eigenständigen Ausführungen zur Revisionsbegründung enthalten. Die Unterschrift kann nicht dadurch ersetzt werden, dass der Verteidiger die Begründungsschrift persönlich im Gericht abgibt (BGH NJW 1962, 1505). 23

24 Eine von den **Verteidigern mehrerer Angeklagter eingereichte und unterschriebene einheitliche Revisionsbegründung** ist unbedenklich und wirkt für alle vertretenen Angeklagten, wenn sich aus dem Schriftsatz ergibt, dass er von jedem Verteidiger für seinen Mandanten mitverantwortet wird (BGH NStZ 1998, 99: „sachgerecht").

24.1 Eine **telefonische Begründung** ist ausgeschlossen (OLG Hamm NStZ 1996, 321 bei Korte). Die Übermittlung der Revisionsbegründung kann auch per **Fax oder Computerfax** erfolgen, sofern der Originalschriftsatz unterzeichnet ist (vgl Nachweise bei KK-StPO/Kuckein StPO § 345 Rn 17). Dem Unterschriftserfordernis steht ferner nicht entgegen, dass die Revision per Telegramm erfolgt; dem Postbediensteten soll hier eine Übermittlerfunktion zukommen (BGHSt 8, 174 = NJW 1955, 1846). Die Möglichkeit einer Übermittlung als **elektronisches Dokument** per e-mail, SMS oder MMS richtet sich nach § 41a StPO in Verbindung mit den Bestimmungen des Signaturgesetzes. Soweit entsprechende Rechtsverordnungen nach § 41a Abs 2 StPO bereits erlassen sind und deren Anforderungen genügt wird, ist eine elektronische Revisionsbegründung möglich; anderenfalls im Umkehrschluss zu § 41a StPO (noch) nicht.

3. Inhaltliche Verantwortung

25 § 345 Abs 2 StPO setzt nicht voraus, dass der unterzeichnende Verteidiger oder Rechtsanwalt die vorgelegte Begründungsschrift selbst verfasst hat; er muss an der Revisionsbegründung aber **selbst gestaltend beteiligt** gewesen sein und **für ihren gesamten Inhalt die Verantwortung übernehmen** (BGHSt 25, 272, 273 = NJW 1974, 655; NStZ 2000, 211; NStZ-RR 2006, 84; OLG Köln NJW 1975, 890; vgl auch BVerfGE 64, 135, 152; Meyer-Goßner StPO § 345 Rn 16). Das Formerfordernis des § 345 Abs 2 StPO ist daher nicht erfüllt, wenn die Mitwirkung des Verteidigers sich in einer reinen Beurkundung erschöpft, oder wenn der Verteidiger sich von dem Angeklagten die Erhebung einzelner Rügen vorschreiben lässt, die eindeutig aussichtslos sind (BGHSt 25, 272, 273 = NJW 1974, 655). Dies ist etwa dann der Fall, wenn der Verteidiger dem Revisionsgericht eine vom Angeklagten verfasste Revisionsbegründung mit der Bitte um Prüfung vorlegt, oder wenn er eine vom Angeklagten gefertigte Revisionsbegründung lediglich unterschreibt.

25.1 Vgl OLG Jena NJW 2008, 534: „Dieses Schreiben wurde nur von mir persönlich verfasst und trägt nur aus Rechtsgründen die Unterschrift des Anwalts". Zu Zusätzen eines Rechtsanwaltes, der darauf verweist, die Revisionsbegründung **für einen anderen Verteidiger oder Rechtsanwalt erstellt** zu haben („für RA…", „i.A."), vgl OLG Köln NStZ-RR 2007, 57.

26 Gleiches gilt, soweit der Verteidiger in einem eigenen Schriftsatz auf **von dem Angeklagten gefertigte Anlagen** verweist (vgl BGH NStZ 1997, 45), selbst wenn er sie unterzeichnet und behauptet, sie geprüft zu haben (BGH NStZ 1984, 563 für ein beigefügtes Konvolut von 9 Aktenordnern). Ergeben sich nach Form oder Inhalt einer unter dem Briefkopf des Verteidigers vorgelegten Revisionsbegründung hinreichende **Anhaltspunkte dafür, dass sie nicht oder nur in Teilen dem Verteidiger zuzuordnen ist**, führt dies ebenfalls zur Formunwirksamkeit der Revision (vgl BGH Beschl v 26. 7. 2005 – Az 3 StR 36/05). Anhaltspunkte hierfür können sich aus erkennbar rechtunkundigem, laienhaftem oder grob widersprüchlichem Vortrag ergeben, der vom Verteidiger unkorrigiert geblieben ist (BGH NStZ-RR 2006, 112) oder aus dem Umstand, dass eine fachgerechte Begründung abrupt in laienhafte Ausführungen wechselt (BGH NStZ 2000, 211).

27 **Distanzierungen des Verteidigers** vom Inhalt der vorgelegten Begründungsschrift verstoßen ebenfalls gegen § 345 Abs 2 StPO. Eine Distanzierung ist nicht erst dann anzunehmen, wenn der Verteidiger explizit äußert, dass er die Verantwortung für die Revision nicht übernimmt. Es reicht aus, dass er zu verstehen gibt, dass sein Vorbringen allein der Auffassung und dem Wunsch des Angeklagten entspreche (vgl OLG Rostock Beschl v 20. 07. 2009 – Az 1 Ss 191/09).

27.1 **Beispiele** sind einleitende Formulierungen wie „Ich trage auf Wunsch des Angeklagten vor …" oder „Auf Weisung des Angeklagten erhebe ich …" In der Praxis häufiger ist die Verwendung indirekter Rede in den Einzelausführungen: „Der Angeklagte sieht einen Verfahrensfehler darin, …", „Der Verurteilte ist der Auffassung, dass durch das Urteil materielles Recht verletzt worden ist. Im Einzelnen soll hierzu vorgetragen werden …" (Bsp aus BGHSt 25, 272 = NJW 1974, 655).

Rechtsfolge einer von dem Angeklagten lediglich übernommenen oder distanzierenden 28
Revisionsbegründung ist die **Unzulässigkeit der Revision**, soweit die Übernahme oder
Distanzierung sich erstreckt. Dies kann auch die allgemein erhobene **Sachrüge** betreffen,
wenn die Auslegung der Revisionsbegründung ergibt, dass der Verteidiger nicht einmal diese
Rüge verantworten will (BGHSt 25, 272, 273 = NJW 1974, 655, 656).

Eine derart weitreichende Ablehnung ist nur ausnahmsweise anzunehmen, zumal der Verteidiger 28.1
die Sachrüge auch dann vorbringen darf, wenn er die Revision insgesamt für aussichtslos hält (zu
weit daher OLG Rostock Beschl v 20. 07. 2009 – Az 1 Ss 191/09). Distanzierende Äußerungen
hinsichtlich einzelner Ausführungen zur Sachrüge bringen die Sachbeschwerde als unausgeführte
Rüge der Verletzung des materiellen Rechts nicht zu Fall (BGHSt 25, 272, 273 = NJW 1974, 655,
656). Die ersichtliche Übernahme einer insgesamt vom Angeklagten stammenden Revisionsbegründung oder der pauschale Hinweis, dass die Revision nur auf ausdrücklichen Wunsch
begründet werde, führt aber auch hinsichtlich der Sachrüge zur Unzulässigkeit der Revision.

III. Protokollerklärung

1. Persönlicher Anwendungsbereich

Auch der **verteidigte Angeklagte** kann die Revisionsbegründung zu Protokoll der 29
Geschäftsstelle erklären (OLG Hamburg NJW 1966, 2323, 2324). Er kann eine Protokollerklärung selbst dann abgeben, wenn sein Verteidiger die Revision bereits begründet hat.
Einem **Angeklagten, der Rechtsanwalt ist**, steht die Möglichkeit aufgrund seiner prozessualen Stellung gleichfalls offen. Anders als ein mandatierter Verteidiger ist er gerade nicht
beruflich mit der Verteidigung befasst, auch lassen sich bei ihm Kenntnisse auf strafrechtlichem Gebiet nicht notwendig voraussetzen (aA Meyer-Goßner StPO § 345 Rn 9; Löwe/
Rosenberg/Hanack § 345 Rn 15). Der Verteidiger selbst kann sich der Protokollerklärung
nicht bedienen (OLG Düsseldorf MDR 1975, 73). Auch der Nebenkläger kann eine
Revisionsbegründung nicht zu Protokoll erklären (BGH NStZ 1992, 347; vgl Rn 18.2).

Der Angeklagte kann sich bei der Erklärung zu Protokoll **vertreten lassen**. Die Vollmacht 30
muss bei Aufnahme des Protokolls bestehen, kann aber erst später nachgewiesen werden. Zur
Beiordnung eines Pflichtverteidigers s Rn 18 a sowie § 350 StPO Rn 15.1.

2. Zuständigkeit

Funktionell zuständig für die Aufnahme der Revisionsbegründung zu Protokoll ist gem 31
§ 24 RPflG der Rechtspfleger; **örtlich** muss die Protokollerklärung bei der Geschäftsstelle
des Gerichtes, dessen Urteil angefochten wird, abgegeben werden. Die Beurkundung durch
eine hierzu nicht berufene Person oder durch die Geschäftsstelle eines unzuständigen Landgerichtes macht die Revisionsbegründung unwirksam (BGH NStZ 1994, 25 bei Kusch);
geht dies auf einen Organisationsfehler im Bereich der Justiz zurück, kann aber eine Wiedereinsetzung in den vorigen Stand in Betracht kommen (vgl BVerfG [Kammer] NStZ-RR
2005, 238). Für einen inhaftierten Angeklagten gilt **§ 299 StPO**. Vgl im Übrigen § 341
StPO Rn 13.

3. Beurkundungs- und Prüfungspflicht

Der Rechtspfleger ist zur Aufnahme der Revisionsbegründung grundsätzlich verpflichtet. 32
Er ist jedoch keine bloße Schreibkraft des Angeklagten. Vielmehr obliegt ihm eine **eigenständige Prüfung der vom Angeklagten beabsichtigten Revisionsbegründung**; hierin liegt gerade der Sinn des Formerfordernisses. Die Belehrungs-, Beratungs- und Mitwirkungspflichten sind in **Nr 150 RiStBV** im Einzelnen konkretisiert. Danach ist es –
zusammengefasst – die Aufgabe des Protokollbeamten, den wesentlichen Inhalt eines gewünschten Revisionsvorbringens in eine sachgerechte Form zu bringen und ihm einen
klaren und angemessenen Ausdruck zu verleihen (vgl Löwe/Rosenberg/Hanack StPO § 345
Rn 38 mwN). Der Protokollbeamte darf eine vom Angeklagten entworfene Revisionsbegründung daher nicht einfach übernehmen, sei es, dass er sich den Entwurf diktieren lässt
(OLG Hamm NStZ 1982, 257) oder ihn abschreibt, sei es, dass er den Begründungsentwurf
körperlich übernimmt und mit Eingangs- und Schlussformel versieht (BGH NStZ 1988, 449

bei Miebach), ihn als Anlage zum ansonsten inhaltsleeren Protokoll nimmt, schlicht mitunterschreibt (BGH NStZ-RR 1997, 8) oder nur in Empfang nimmt (BGH NStZ-RR 1999, 110).

33 Der Protokollbeamte ist andererseits zu einer mit den Obliegenheiten eines Verteidigers vergleichbaren **Rechtsprüfung** weder verpflichtet noch in der Lage. Dass das Gesetz seine Mitwirkung bei Begründung der Revision vorsieht, verleiht **keinen Anspruch auf Fehlerfreiheit** (BGH NStZ-RR 2008, 312; s auch Rn 14). Rügen mit ungewisser Erfolgsaussicht muss er protokollieren. Einem sachlichen Vorbringen des Angeklagten darf er sich nicht verweigern, sondern nur auf seinen revisionsrechtlich bedeutsamen Gehalt reduzieren, ohne dass wesentliche Teile des vom Angeklagten beabsichtigen Vortrages von der Protokollierung ausgenommen werden dürfen (vgl BVerfGE 10, 274, 282 = NJW 60, 427). Die **Sachrüge** muss in jedem Fall – zumindest unausgeführt – protokolliert werden. Im Bereich von **Verfahrensrügen** ist Sachvortrag im Hinblick auf die Anforderungen des § 344 Abs 2 S 2 StPO eher großzügig aufzunehmen. Dass für den Angeklagten bereits ein Verteidiger eine Revisionsbegründung eingereicht hat, rechtfertigt keine Verweigerung der Protokollierung; der Rechtspfleger kann aber eine Aufnahme identischer Rügen ablehnen, die kein über den Verteidigervortrag hinausreichendes Vorbringen enthalten.

34 Die Protokollierungsobliegenheiten orientieren sich auch am **Umfang der zugrunde liegenden Sache**. Der Protokollbeamte ist bei überschaubaren Sachverhaltkomplexen und einer Verhandlungslänge im unteren oder mittleren Bereich nicht nach Belieben des Angeklagten zu ausufernder Prüfung von dessen Entwurfsschriften verpflichtet (vgl BGH NStZ 1996, 353: Abbruch der Protokollierung nach Aufnahme von mehr als 700 Seiten an 12 Tagen). Er ist bei später Vorlage eines umfangreichen Begründungsentwurfes durch den Angeklagten auch bei **ablaufender Revisionsbegründungsfrist** nicht zu einer beschleunigten Bearbeitung gehalten, sollte aber den Umfang des Entwurfes und den zeitlichen Prüfungsaufwand dokumentieren. Das Revisionsgericht prüft im Rahmen eines Antrages auf Wiedereinsetzung in den vorigen Stand allein, ob die in Anspruch genommene Bearbeitungszeit nicht unverhältnismäßig lang gewesen ist (vgl BGH Beschl v 27. 11. 2008 – Az 5 StR 496/08, s auch Rn 13).

35 Nur eine ausdrückliche Äußerung des Protokollbeamten, dass für die aufgenommene Niederschrift **keine Verantwortung übernommen** werde, kann zur Formunwirksamkeit der Revisionsbegründung führen, nicht aber hinsichtlich einer vom Angeklagten gewollten Sachrüge (KK-StPO/Kuckein StPO § 345 Rn 18). Regelmäßig berühren distanzierende Vermerke etwa des Inhaltes, dass bestimmtes Vorbringen nur auf ausdrücklichen Wunsche des Angeklagten aufgenommen wurde, die Wirksamkeit der Protokollerklärung aber nicht (vgl Löwe/Rosenberg/Hanack StPO § 345 Rn 39 f).

4. Verfahren

36 Eine telefonische Erklärung zu Protokoll ist unzulässig (vgl BGHSt 30, 64 = NJW 1981, 1627 zu § 314 Abs 1 StPO). Bei **mittellosen Angeklagten** kann verfassungsrechtlich geboten sein, ihnen durch einen Fahrgeldgutschein die Anreise zum Sitz des für die Protokollaufnahme zuständigen Gerichtes zu ermöglichen (BayObLG NStZ-RR 2002, 287). Auf die Aufnahme des Protokolls hat der Angeklagte aber nur **innerhalb der regulären Dienststunden** einen Anspruch; er muss seine Revisionsbegründung auch darauf einstellen, dass ihm der Protokollbeamte nicht über seine gesamte Dienstzeit über mehrere Tage hinweg zur Verfügung steht (BGH NStZ 1996, 353; Beschl v 27. 11. 2008 – Az 5 StR 496/08 = StraFo 2009, 23). Allerdings darf der Protokollbeamte sich der Aufnahme einer auch umfangreicheren Revisionsbegründung nicht von Vornherein verweigern. Der Angeklagte muss vom Protokollinhalt **Kenntnis nehmen** können, denn es handelt sich um eine von ihm stammende, genehmigungsbedürftige Erklärung. Das Fehlen eines Genehmigungsvermerkes und der Unterschrift des Angeklagten ist aber unschädlich, wenn sich keine Zweifel ergeben, dass die Erklärung seinem Willen entspricht (BayObLGSt 1961, 177; OLG Karlsruhe NStZ-RR 2007, 23).

37 Ebenfalls unerheblich ist das Fehlen der **Unterschrift des Protokollbeamten**, wenn sich mit hinreichender Sicherheit ergibt, dass das Protokoll von ihm stammt und verantwortet ist, es sich insbes nicht nur um einen Entwurf handelt (OLG Celle StraFo 1998, 428).

IV. Mehrfache Revisionsbegründungen

Mehrfache Begründungen der Revision für denselben Angeklagten sind zulässig, sei 38 es, dass sie durch mehrere Verteidiger erfolgt sind oder dass schriftliche Verteidigererklärungen und eine Protokollerklärung des Angeklagten zusammentreffen. Soweit die Erklärungen formell zulässig sind, handelt es sich bei ihnen verfahrensrechtlich nur um eine einzige, einheitlich zu behandelnde Revisionsbegründung.

V. Revisionsbegründung der StA

Für die Revisionsbegründung der StA reicht einfache **Schriftform ohne Unterschrifts-** 39 **erfordernis** (vgl für die Urschrift aber Nr 149 RiStBV). Sie kann daher in beglaubigter Abschrift übermittelt werden (BGHSt 2, 77) oder einen maschinenschriftlichen Namen mit Beglaubigungsvermerk tragen (vgl GmS OGB NJW 1980, 172).

§ 346 [Verspätete und formwidrige Einlegung]

(1) Ist die Revision verspätet eingelegt oder sind die Revisionsanträge nicht rechtzeitig oder nicht in der in § 345 Abs 2 vorgeschriebenen Form angebracht worden, so hat das Gericht, dessen Urteil angefochten wird, das Rechtsmittel durch Beschluß als unzulässig zu verwerfen.

(2) ¹Der Beschwerdeführer kann binnen einer Woche nach Zustellung des Beschlusses auf die Entscheidung des Revisionsgerichts antragen. ²In diesem Falle sind die Akten an das Revisionsgericht einzusenden; die Vollstreckung des Urteils wird jedoch hierdurch nicht gehemmt. ³Die Vorschrift des § 35 a gilt entsprechend.

Überblick

§ 346 StPO erlaubt eine auf bestimmte Zulässigkeitsmängel beschränkte Vorprüfung der Revision durch das Tatgericht. Die Verwerfungskompetenz des Tatrichters ist auf die in § 346 Abs 1 StPO genannten Fälle beschränkt; liegen – selbst evidente – andere Zulässigkeitsmängel vor oder trifft ein von § 346 Abs 1 StPO genannter Mangel mit einem anderen Unzulässigkeitsgrund zusammen, ist die Revision ohne Entscheidung dem Revisionsgericht zuzuleiten. Erfolgt dennoch eine Entscheidung des Tatrichters, ist diese nicht unwirksam, sondern anfechtbar nach § 346 Abs 2 StPO. Die Entscheidung nach § 346 Abs 2 StPO bildet einen Rechtsbehelf eigener Art, der zur Bestätigung der tatrichterlichen Entscheidung oder zum Fortgang des Revisionsverfahrens nach § 347 StPO führen kann. Bei Wiedereinsetzungsanträgen vor der tatrichterlichen Entscheidung ist die Sache unmittelbar dem Revisionsgericht zur Entscheidung zuzuleiten.

Übersicht

	Rn		Rn
A. Zweck der Vorschrift	1	I. Formelle Voraussetzungen	23
B. Verwerfung durch Tatrichter (Abs 1)	3	II. Verfahren, Vollstreckung	25
I. Verwerfungskompetenz	3	III. Entscheidung	26
1. Fälle des Abs 1	3	D. Verfahren bei Wiedereinsetzungsantrag	29
2. Nicht erfasste Fälle	7		
3. Revisionsrücknahme	10	I. Wiedereinsetzungsantrag vor dem Tatrichter	29
4. Verfahrenshindernisse	11		
II. Verfahren	13	II. Wiedereinsetzungsantrag vor dem Revisionsgericht	33
III. Rechtskraft	20		
C. Entscheidung des Revisionsgerichts (Abs 2)	23		

A. Zweck der Vorschrift

1 Wie § 319 StPO für die Berufung und § 345 Abs 2 StPO im Hinblick auf die formellen Anforderungen an die Revision bezweckt § 346 StPO eine **Aussonderung ersichtlich erfolgloser Revisionen durch eine Vorprüfungsinstanz**. Die Vorschrift dient damit sowohl der Verfahrensvereinfachung wie auch der Entlastung des Revisionsgerichtes, das nach § 346 Abs 2 StPO allerdings in einer erheblichen Anzahl der Verwerfungsfälle nach Abs 1 mit der Sache befasst ist. Sie betrifft – abgesehen von der Vorprüfung durch den Rechtspfleger in Fällen des § 345 Abs 2 Alt 2 StPO – die erste gerichtliche Prüfungsebene der Revision. Die Prüfung durch das Tatgericht („iudex a quo") erfolgt von Amts wegen, ist aber auf die in Abs 1 bezeichneten Fälle eng beschränkt. Passiert die Revision die Vorprüfung, hat das Tatgericht nach § 347 StPO weiter zu verfahren.

2 Zur **Berufung** vgl § 319 Abs 1 StPO. Ein unbestimmtes Rechtsmittel, das im Zweifel als Berufung anzusehen ist (vgl § 335 StPO Rn 4), unterliegt allein § 319 Abs 1 StPO (KK-StPO/Kuckein StPO § 346 Rn 5).

B. Verwerfung durch Tatrichter (Abs 1)

I. Verwerfungskompetenz

1. Fälle des Abs 1

3 Die Prüfungs- und Verwerfungskompetenz des Tatrichters erstreckt sich allein auf die Fragen, **ob die Revision gem § 341 StPO fristgerecht eingelegt und in der Frist und Form des § 345 StPO begründet** worden ist (vgl BGH NStZ 2000, 217; NStZ 2004, 50; NStZ 2005, 150; NJW 2007, 165; wistra 2007, 272 [im Obersatz zu weit, weil auch Formmängel bei Einlegung umfassend]). Einer analogen Anwendung auf andere Unzulässigkeitsgründe ist die Vorschrift nicht zugänglich; derartige Fälle unterliegen allein der Prüfungskompetenz des Revisionsgerichtes. Bei seiner Prüfung von § 341 StPO, § 345 StPO hat das Tatgericht gleichwohl mögliche weitere Gründe in den Blick zu nehmen, aus denen sich eine Unzulässigkeit der Revision ergeben könnte. Denn ein Zusammentreffen mit weiteren, von § 346 Abs 1 StPO nicht erfassten Unzulässigkeitsgründen entzieht dem Tatrichter die Überprüfungskompetenz insgesamt (vgl näher Rn 8).

3.1 Dies verleiht dem Tatrichter in entsprechenden Fällen im Ergebnis doch eine **negative Vorprüfungskompetenz**, denn er muss entscheiden, ob ein weiterer Unzulässigkeitsgrund so ernsthaft in Betracht kommt, dass trotz Verfristung oder Formunwirksamkeit der Revision eine Vorlage nach § 347 Abs 2 StPO vorzunehmen ist.

4 Das Tatgericht hat auch zu beurteilen, ob es eine Eingabe überhaupt **als Revision zu behandeln** hat. Es darf allerdings nur dann nach § 346 Abs 1 StPO verfahren, wenn eine Auslegung nach § 300 StPO zu einem eindeutigen Ergebnis führt (vgl BGH Beschl v 11. 10. 2007 – Az 3 StR 428/07), in Zweifelsfällen hat eine Vorlage an das Revisionsgericht zu erfolgen.

5 Das nicht rechtzeitige **Anbringen der Revisionsanträge** (§ 346 Abs 1 StPO) umfasst das Fehlen einer Revisionsbegründung überhaupt, das Fehlen von – auch durch Auslegung nicht zu ermittelnden (vgl BGH NStZ 1990, 96; NStZ-RR 2000, 38 bei Kusch) – Revisionsanträgen und die fehlende oder verspätete Begründung der Anträge (KK-StPO/Kuckein StPO § 346 Rn 7).

6 Im Fall der **Neben- und Privatklagerevision** erfasst die Prüfungskompetenz des Tatgerichtes neben der Frage der Fristwahrung auch die Einhaltung der Form des – auf den Nebenkläger analog anwendbaren (BGH NJW 1992, 1398) – **§ 390 Abs 2 StPO** (BayObLGSt 1954, 4; Meyer-Goßner StPO § 346 Rn 1).

2. Nicht erfasste Fälle

7 Eine Überprüfung anderer als der in § 346 Abs 1 StPO genannten Zulässigkeitsvoraussetzungen ist dem Tatgericht verwehrt. Es darf insbesondere **nicht prüfen**, ob die **Form des § 341 Abs 1 StPO** bei Einlegung der Revision gewahrt wurde, oder ob die Erklärung überhaupt als Revision auszulegen ist; in Zweifelsfällen muss es nach § 347 StPO verfahren

(OLG Hamburg NJW 1965, 1147). Auch Formfehler der Revisionsbegründung nach § 345 Abs 2 StPO unterliegen der Beurteilung des Revisionsgerichtes (BayObLGSt 1975, 152 = MDR 1976, 248; Meyer-Goßner StPO § 346 Rn 2; KK-StPO/Kuckein StPO § 346 Rn 8). Gleiches gilt für eine möglicherweise **fehlende Vertretungsbefugnis des Verteidigers** nach § 137 Abs 1 S 2, § 146 StPO, § 146 a StPO. Der Tatrichter darf weiterhin nicht über die **Statthaftigkeit der Revision**, die **Beschwer** des Revisionsführers oder über zur Unzulässigkeit führende **Mängel in der Begründung nach § 344 Abs 2 S 2 StPO** befinden. Im Falle einer Nebenklagerevision erfasst seine Prüfungsbefugnis nicht die Frage, ob der Nebenkläger sich mit nach **§ 400 Abs 1 StPO** zulässigem Revisionsvorbringen gegen das Urteil wendet (BGH Beschl v 9. 12. 2008 – Az 2 StR 275/08).

Eine alleinige Kompetenz des Revisionsgerichtes besteht auch dann, wenn ein Mangel der in § 346 Abs 1 StPO bezeichneten Art mit einem weiteren Unzulässigkeitsgrund **zusammentrifft** (BGH NStZ 2000, 217; NStZ-RR 2001, 257, 265 [bei Becker]; NStZ-RR 2005, 150; wistra 2007, 272; Meyer-Goßner StPO § 346 Rn 2). Das Revisionsgericht soll sich in einem solchen Fall umfassend mit der Frage der Zulässigkeit des Rechtsmittels befassen können (vgl BGH NJW 2007, 165; KK-StPO/Kuckein StPO § 346 Rn 3). In der Praxis betrifft dies hauptsächlich den Fall, dass eine **Revision nach wirksamem Rechtsmittelverzicht verspätet eingelegt oder begründet** wird; der Vorrang revisionsgerichtlicher Prüfung folgt dann auch daraus, dass bei wirksamem Rechtsmittelverzicht das Urteil in Rechtskraft erwachsen ist, sich die Frage der Rechtzeitigkeit einer gleichwohl eingelegten Revision daher nicht mehr stellt (BGH NStZ-RR 2003, 292). 8

Das Revisionsgericht hat in diesen Fällen den Beschluss des Tatrichters – obwohl sachlich richtig – **aufzuheben** und selbst die Unzulässigkeit der Revision nach § 349 Abs 1 StPO auszusprechen. Erweist sich ein Rechtsmittelverzicht oder eine Rücknahme als unwirksam, prüft das Revisionsgericht in eigener Kompetenz die Frage der Rechtzeitigkeit und Formgültigkeit der Revision (BGH NJW 2007, 165). 8.1

Überschreitet das Tatgericht seine Überprüfungskompetenz, **führt** dies allerdings **nicht zur Unwirksamkeit seines Beschlusses**. Eine Überprüfung durch das Revisionsgericht findet nur nach Maßgabe von § 346 Abs 2 StPO statt. Unterlässt der Revisionsführer einen Antrag auf Entscheidung des Revisionsgerichtes, erwachsen der Beschluss und damit das angefochtene Urteil in Rechtskraft (BGH NStZ-RR 1999, 34 f bei Kusch; BayObLGSt 1962, 207, 208). 9

3. Revisionsrücknahme

Bei Revisionsrücknahme spricht das Tatgericht **deklaratorisch** aus, dass das Rechtsmittel zurückgenommen ist, und erlegt die **Kosten** dem Revisionsführer auf; dies gilt auch dann, wenn von einem Verfahrensbeteiligten die Wirksamkeit der Rücknahme in Zweifel gezogen wird. Das Revisionsgericht ist hierfür erst zuständig, wenn ihm die Akten zur Entscheidung vorgelegt sind (Meyer-Goßner StPO § 302 Rn 11 f). Hat das Tatgericht eine Entscheidung getroffen, kann sie in **analoger Anwendung von § 346 Abs 2 StPO** einer Überprüfung durch das Revisionsgericht unterzogen werden (vgl BGH NStZ 2005, 113; NStZ-RR 2005, 211; Beschl v 20. 9. 2007 – Az 4 StR 297/07, jeweils ohne Angaben zur Grundlage der revisionsgerichtlichen Überprüfungskompetenz). 10

Die Tenorierung richtet sich bei Erfolglosigkeit des Antrags ausschließlich auf Antragsverwerfung, nicht auch auf Aufhebung des landgerichtlichen Beschlusses und eigener Feststellung der Revisionsrücknahme. 10.1

4. Verfahrenshindernisse

Verfahrenshindernisse berechtigen den Tatrichter nicht zur Urteilsaufhebung oder -abänderung, wenn sie **bereits vor Urteilserlass aufgetreten** sind und vom Tatrichter übersehen wurden (KK-StPO/Kuckein StPO § 346 Rn 2; Meyer-Goßner StPO § 346 Rn 3). Der Tatrichter ist insoweit an den eigenen Urteilsspruch gebunden, den nur das Revisionsgericht beseitigen kann (vgl BGHSt 22, 213, 216 = NJW 1968, 2253, 2254). Eine Prüfungs- 11 kompetenz des Revisionsgerichtes besteht in derartigen Fällen nur, wenn die Revision sich als zulässig erweist, insbesondere fristgerecht eingelegt und begründet worden ist. Verfahrens- oder Verfolgungshindernisse teilen insoweit das Schicksal anderer Rechtsfehler; dem Revisionsgericht muss der Zugang verfahrensrechtlich eröffnet sein (BGHSt 16, 115, 116 = NJW 1961, 1684; BGH 22, 213, 216 = NJW 1968, 2253, 2254; **aA** BGHSt 15, 203 = NJW 1961, 228, vgl § 337 StPO Rn 22 ff). Im Hinblick auf § 346 Abs 1 StPO bedeutet dies, dass das Tatgericht zur Verwerfung der Revision bei nicht fristgerecht eingelegter oder bei nicht frist- oder formgerecht begründeter Revision verpflichtet ist.

12   Ist das Hindernis **erst nach Verkündung des tatrichterlichen Urteils eingetreten**, ist der Tatrichter nicht gehindert, das Verfahren ganz oder in Teilen einzustellen (BayObLGSt 1953, 98; OLG Hamburg 1963, 265; KK-StPO/Kuckein StPO § 346 Rn), sofern die Revision wenigstens rechtzeitig eingelegt worden ist (hierzu BGHSt 22, 213 = NJW 1968, 2253; vgl § 337 StPO Rn 24); dies betrifft insbesondere eine zwischen Erlass des tatrichterlichen Urteils und Entscheidung nach § 346 Abs 1 StPO oder Weiterleitung nach § 347 StPO eingetretene Strafverfolgungsverjährung. Ist die Revision nicht rechtzeitig oder in unzureichender Form begründet worden, hindert dies die Einstellung nicht. Die Revision darf in diesem Fall nicht als unzulässig verworfen werden.

II. Verfahren

13   **Zuständig** ist das mit dem angefochtenen Urteil befasste Gericht. Im Falle der Sprungrevision ist es daher das Amtsgericht (BGHSt 40, 395, 398 = NJW 1995, 2367, 2368). Eine Entscheidung, die vom Tatgericht unter klarem Verstoß gegen seine Zuständigkeit getroffen, wird, ist gegenstandslos (BayObLGSt 1980, 36).

14   Eine **Anhörung** der StA erfolgt nach § 33 Abs 2 StPO. Die Anhörung sonstiger Revisionsgegner ist nicht erforderlich.

15   Der **Verwerfungsbeschluss** ergeht nach Ablauf der in § 345 StPO bezeichneten Fristen. Eine **verfrühte Entscheidung** ist unschädlich, wenn sie im Ergebnis zu Recht ergangen und nicht zu besorgen ist, dass der Revisionsführer durch sie von einer möglichen Heilung des Formfehlers oder rechtzeitiger Nachholung der Revisionsbegründung abgehalten worden ist; dies kann ausgeschlossen erden, wenn sie dem Revisionsführer erst nach Ablauf der Revisionsbegründungsfrist zugestellt worden ist (OLG Frankfurt NStZ 2003, 204, 205). In diesem Fall ist die Entscheidung auf einen Antrag nach Abs 2 vom Revisionsgericht nicht wegen des bloßen Formfehlers aufzuheben (BGH NStZ 1995, 20 bei Kusch; **aA** BayObLG NStZ 1995, 142, aber unzutreffend, da auf dem angeführten Verstoß gegen das rechtliche Gehör nichts beruhen kann).

15.1   Anders, wenn die Entscheidung noch während laufender Begründungsfrist zugestellt wird. Die vorzeitige Entscheidung ist zwar nicht unwirksam; sie enthebt nicht von einem Antrag nach Abs 2; sie ist aber aufzuheben. Die Begründungsfrist wird (erneut) mit Zustellung des Aufhebungsbeschlusses in Lauf gesetzt (BayObLGSt 1993, 204 = wistra 1994, 159).

16   Ist vom Angeklagten als Revisionsführer die **Beiordnung eines Pflichtverteidigers beantragt** worden, ist hierüber vor Beschlussfassung zu entscheiden. Unterbleibt dies, ist der Verwerfungsbeschluss auf einen Antrag nach Abs 2 auch bei zweifelsfreier Verfristung der Revisionsbegründung aufzuheben, ohne dass es eines Antrags des Angeklagten auf Wiedereinsetzung in den vorigen Stand bedarf (BayObLG NStZ 1995, 300).

16.1   Dem Angeklagten ist die Nachholung der Revisionsbegründung erst nach Bescheidung – entweder durch den dann beigeordneten Verteidiger oder, bei Antragsablehnung, durch einen Wahlverteidiger oder durch Protokollerklärung – zuzumuten (BayObLG NStZ 1995, 300). Auch wenn ein Pflichtverteidiger antragsgemäß bestellt ist, sollte mit der Entscheidung nach Abs 1 zumindest bis zum Ablauf der Wiedereinsetzungsfrist des § 45 Abs 1 StPO zugewartet werden (vgl OLG Karlsruhe StV 2005, 77 LS). Zu weiteren Fragen der Wiedereinsetzung vgl Rn 29 ff.

17   Die Entscheidung nach Abs 1 ist in der Weise **zu begründen**, dass sich der Grund der Verwerfung und die zugrunde liegenden Tatsachen, auch eine vom Tatrichter vorgenommene Fristberechnung ergeben. Sie bedarf zudem einer **Kostenentscheidung** nach § 473 Abs 1 StPO (KK-StPO/Kuckein StPO § 346 Rn 12).

Der Verwerfungsbeschluss ist wegen der befristeten Anfechtungsmöglichkeit nach Abs 2 **18** dem Revisionsführer **förmlich zuzustellen**, sonstigen Beteiligten formlos zu übersenden (§ 35 Abs 2 StPO; vgl BGH NStZ 1988, 214 bei Miebach). Der Revisionsführer ist über die Möglichkeit des Antrags nach Abs 2 nach Form, Frist und Gericht, und über die Möglichkeit eines Wiedereinsetzungsantrages **zu belehren** (§ 346 Abs 2 S 3 StPO, § 35 a StPO).

Zu einer **Korrektur seiner Entscheidung** ist der Tatrichter nicht befugt; eine gleich- **19** wohl ergangene Entscheidung ist **wirkungslos** (BayObLGSt 1980, 36 mwN).

III. Rechtskraft

Die formelle Rechtskraft des tatrichterlichen Urteiles tritt **bei Versäumung der Frist** **20** **des § 341 Abs 1 StPO** mit deren Ablauf ein. Der Beschluss nach § 346 Abs 1 StPO, der die Revision wegen der Verspätung verwirft, und die Entscheidung des Revisionsgerichtes nach Abs 2, die den tatgerichtlichen Verwerfungsbeschluss bestätigt, sind in diesem Fall nur deklaratorischer Natur (KK-StPO/Kuckein StPO § 346 Rn 25; Meyer-Goßner StPO § 346 Rn 5).

Bei rechtzeitiger Revisionseinlegung ist die Rechtskraft bis zur abschließenden Ent- **21** scheidung des Tat- oder Revisionsgerichtes gehemmt (§ 343 Abs 1 StPO), auch wenn die Revision aus anderen Gründen unzulässig ist. Dies gilt insbesondere für den Fall einer Versäumung der Revisionsbegründungsfrist; die Rechtskraft tritt nicht bereits mit Ablauf dieser Frist ein (BGHSt 22, 213, 218 = NJW 1968, 2253). Der nach § 346 Abs 1 StPO gefasste Beschluss führt mit **fruchtlosem Ablauf der Antragsfrist des Abs 2** zur Rechtskraft. Ob das Tatgericht seine Verwerfungskompetenz überschritten hat, ist hierbei unerheblich (Ausn: Zuständigkeitsverstoß, vgl BayObLGSt 1980, 36). Ein verspätet gestellter Antrag nach Abs 2 wirkt nicht rechtskraftdurchbrechend (aA OLG Hamburg NJW 1963, 265 für den Fall der Verfolgungsverjährung). Bei **rechtzeitigem Antrag nach Abs 2** ist die Entscheidung des Revisionsgerichtes (vgl für Beschlüsse § 34 a StPO) auch dann maßgeblich, wenn der Antrag verworfen und die Entscheidung des Tatrichters bestätigt wird (BayObLGSt 1962, 207; KK-StPO/Kuckein StPO § 346 Rn 27; Löwe/Rosenberg/Hanack StPO § 346 Rn 24; offen gelassen von BGHSt 22, 2213, 218 = NJW 1968, 2253).

Ist das Tatgericht von einer Versäumnis der Revisionseinlegungsfrist ausgegangen und hat **22** es deshalb sein Urteil in abgekürzter Form nach § 267 Abs 4 S 1 und 2 StPO abgesetzt, so fragt sich, ob im Falle eines erfolgreichen Rechtsbehelfes nach § 341 Abs 2 StPO dem Tatrichter **in entsprechender Anwendung von § 267 Abs 4 S 3 StPO Gelegenheit zur Ergänzung der Urteilsgründe** gegeben werden kann. Dies wird in solchen Fällen zu bejahen sein, in denen das Tatgericht von der Unzulässigkeit der Revision ausgehen durfte, nicht aber bei bloßen Versehen oder dann, wenn es bei pflichtgemäßer Aufklärung zur Zulässigkeit der Revision hätte gelangen können (s aber BGH StV 1990, 245: „Grundsatz der Unabänderlichkeit des Urteils"; vgl § 341 StPO Rn 40).

C. Entscheidung des Revisionsgerichts (Abs 2)

I. Formelle Voraussetzungen

§ 346 Abs 2 StPO bildet einen **Rechtsbehelf eigener Art** (BGHSt 16, 115, 118 = NJW **23** 1961, 1781). Das Revisionsgericht erhält von einer Revision, die nach Abs 1 verworfen wurde, erst Kenntnis und ist über sie erst entscheidungsbefugt, wenn der Revisionsführer nach dieser Vorschrift auf die Entscheidung anträgt. Eine Beschwerde gegen den Beschluss nach Abs 1 ist nicht statthaft (BGHSt 10, 88, 91 = NJW 1957, 637); als solche bezeichnete Eingaben sind als Antrag nach Abs 2 auszulegen (vgl BGH NStZ-RR 2009, 144).

Der Antrag ist **bei dem Ausgangsgericht zu stellen**, das die Entscheidung nach Abs 1 **24** erlassen hat; die Frist wird durch Anbringung am Revisionsgericht nicht gewahrt. Er ist schriftlich anzubringen (Meyer-Goßner StPO § 346 Rn 8: § 306 Abs 1 StPO analog); weitere **Formerfordernisse** bestehen nicht. Insbesondere ist eine Unterschrift nicht erforderlich, sofern der Antragsteller hinreichend erkennbar ist (BGHSt 11, 152, 154 = NJW 1958, 509, 510). Grundsätzlich ist nur der Revisionsführer, dessen Revision nach Abs 1 verworfen worden ist, **antragsbefugt**. Der Angeklagte kann den Antrag auch bei Revision des gesetzlichen Vertreters oder des Erziehungsberechtigten stellen (OLG Celle NJW 1964, 417; OLG Hamm NJW 1973, 1850).

II. Verfahren, Vollstreckung

25 Der Antrag ist seitens des Tatgerichtes dem Revisionsgericht nach § 346 Abs 2 S 2 Hs 1 StPO, § 347 StPO auch dann vorzulegen, wenn er **eindeutig verfristet** ist. Zur Frage der Wiedereinsetzung s Rn 29 ff. Eine **Abhilfebefugnis** des Tatrichters besteht nicht. **§ 346 Abs 2 S 2 Hs 2 StPO** bedeutet eine Durchbrechung von § 449 StPO in den Fällen, in denen der Zulässigkeitsmangel der Revision noch nicht zur Rechtskraft geführt hat und die Antragsfrist nach Abs 2 gewahrt wurde. Die Untersuchungs- geht daher in **Strafhaft** über; Vollstreckungsmaßnahmen sollten im Übrigen bis zur Entscheidung nach Abs 2 ausgesetzt werden.

III. Entscheidung

26 Bei **verspätetem oder sonst mängelbehaftetem Antrag** erfolgt dessen Verwerfung als unzulässig, ohne dass es auf die Frage der Zulässigkeit der Revision noch ankommt.

27 Im Übrigen überprüft das Revisionsgericht die Revision auf ihre **Zulässigkeit nach allen Richtungen und ohne Beschränkungen** (BGHSt 16, 115, 118); dies umfasst auch die Frage, ob überhaupt Revision eingelegt ist (vgl OLG Hamm StraFo 1997, 210). Erweist sich der tatgerichtliche Beschluss als zutreffend, so ist der Antrag nach § 346 Abs 2 StPO, § 349 Abs 1 StPO als unbegründet zu verwerfen; einer Bestätigung oder Aufrechterhaltung des Beschlusses nach Abs 1 bedarf es nicht. Ist die Revision unzulässig, beruht dies jedoch auf Gründen, die **nicht in die tatrichterliche Überprüfungskompetenz** gehören, so ist die Revision – in diesem Fall allein gestützt auf § 349 Abs 1 StPO – als unzulässig zu verwerfen; zusätzlich ist der Beschluss nach Abs 1 aufzuheben. Ist der **Antrag begründet**, so ist grds durch gesonderten Beschluss nur der tatrichterliche Beschluss aufzuheben; das Revisionsverfahren ist sodann nach § 347 StPO fortzusetzen. Bei Entscheidungsreife können die Entscheidungen nach § 346 StPO und die Entscheidung über die Revision auch gemeinsam erfolgen. Bei **Rücknahme der Revision** vor Erlass der Entscheidung nach Abs 1 ist ein Antrag nach Abs 2 nicht mangels Beschwer unzulässig; vielmehr ist der tatrichterliche Beschluss, der nicht mehr ergehen durfte, aufzuheben und die Rücknahme der Revision festzustellen (BGH NStZ 2005, 583). Bei Rücknahme nach Erlass des tatrichterlichen Beschlusses ist dieser gegenstandslos; es bedarf allein einer Kostenentscheidung. Zur Behandlung von Verfahrenshindernissen vgl Rn 11.

28 Die Entscheidung des Revisionsgerichtes ist in allen Fällen wenigstens im Tenor **zu begründen** und – soweit nicht nur der tatrichterliche Beschluss aufgehoben und das Revisionsverfahren hiernach fortgesetzt wird – mit einer **Kostenentscheidung** zu versehen (str, **aA** KK-StPO/Kuckein StPO § 346 Rn 23 mwN zur insoweit uneinheitlichen Rspr des BGH). Sie ist unwiderruflich und unanfechtbar.

D. Verfahren bei Wiedereinsetzungsantrag

I. Wiedereinsetzungsantrag vor dem Tatrichter

29 Ist eine Wiedereinsetzung in die Fristen des § 341 StPO, § 345 StPO beantragt oder kommt sie von Amts wegen in Betracht, so ist dem Tatrichter eine **Beschlussfassung nach § 346 Abs 1 StPO verwehrt**; die Akten sind ohne Anhörung des Revisionsgegners, aber unter Beachtung von § 33 Abs 2 StPO dem **Revisionsgericht zuzuleiten**, denn nur dieses ist nach § 46 Abs 1 StPO zur Entscheidung über die Wiedereinsetzung zuständig. Der Tatrichter ist zu einer eigenen Entscheidung nicht befugt, denn sie hängt von der seiner Beurteilungskompetenz entzogenen Frage der Wiedereinsetzung ab (Meyer-Goßner StPO § 346 Rn 16 ff; str, vgl OLG Frankfurt NStZ-RR 2003, 47, 48 für § 319 StPO); erst recht darf er eine Entscheidung nicht mit einer sachlichen Bescheidung des Wiedereinsetzungantrags verbinden.

29.1 Dies gilt nur dann nicht, wenn er den **Antrag als gegenstandslos** ansieht, weil die in Bezug genommene Frist nicht versäumt ist, und seine Entscheidung auf einen anderen Unzulässigkeitsgrund stützt. Bei **konkurrierendem Frist- und Formverstoß** ist der Tatrichter auch bei beantragter Wiedereinsetzung nicht befugt, allein über den Formverstoß zu entscheiden, da dieser mit einem Unzulässigkeitsgrund zusammentrifft, über den allein das Revisionsgericht zu befinden hat (vgl Rn 8).

Das **Revisionsgericht entscheidet** nach Vorlage zunächst **über den Wiedereinset-** 30 **zungsantrag**. Ist dieser begründet, hat sich das Verfahren nach § 346 StPO erledigt; dies gilt auch bei einem konkurrierenden Formverstoß (vgl Rn 8, Rn 29.1). Dem Revisionsverfahren ist nach § 347 StPO Fortgang zu geben. Ein bereits ergangener tatrichterlicher Beschluss über die Verwerfung der Revision wird durch die Wiedereinsetzung gegenstandslos; das Revisionsgericht sollte dies deklaratorisch in seiner Wiedereinsetzungsentscheidung aussprechen (vgl Rn 34). Bei Entscheidungsreife kann die Entscheidung über den Wiedereinsetzungsantrag mit jener über die Revision verbunden werden. Ist Wiedereinsetzung nicht zu gewähren, entscheidet das Revisionsgericht selbst nach **§ 349 Abs 1 StPO analog**; die Sache ist nicht an den Tatrichter zur Nachholung eines Beschlusses nach Abs 1 zurückzugeben (BayObLGSt 1974, 98; Löwe/Rosenberg/Hanack StPO § 346 Rn 38).

Hat der **Tatrichter** unter Verstoß gegen seine Entscheidungskompetenz einen **Beschluss** 31 **über die Wiedereinsetzung getroffen**, ist zu unterscheiden: Eine **vom Tatrichter versagte Wiedereinsetzung** ist gegenstandslos. Das Revisionsgericht sollte dies gesondert aussprechen; im Übrigen hat es über den Antrag selbst zu entscheiden (einschränkend KK-StPO/Kuckein StPO § 346 Rn 32: parallele sofortige Beschwerde nach § 46 Abs 3 StPO erforderlich). Es ist nicht gehindert, entgegen dem Tatrichter Wiedereinsetzung zu gewähren. Lehnt es eine Wiedereinsetzung wie zuvor der Tatrichter ab, hat es den Verwerfungsbeschluss nach § 346 Abs 1 StPO gleichwohl aufzuheben und die Revision nach § 349 Abs 1 StPO zu verwerfen; der Fall verhält sich nicht anderes als sonstige Fälle der Überschreitung der tatrichterlichen Entscheidungskompetenz. An die **Gewährung der Wiedereinsetzung durch den Tatrichter** ist das Revisionsgericht dagegen gebunden (arg e § 46 Abs 2 StPO; vgl BayObLGSt 1980, 36; Meyer-Goßner StPO § 346 Rn 18, § 46 Rn 7; KK-StPO/Kuckein StPO § 346 Rn 32). In diesem Fall kommt eine Aufhebung des tatrichterlichen Beschlusses nur in Betracht, soweit der Tatrichter mit der Wiedereinsetzung aus einem anderen Unzulässigkeitsgrund eine Entscheidung nach § 346 Abs 1 StPO getroffen hat und diese sich als unzutreffend erweist. Hat der Tatrichter irrtümlich eine Fristversäumnis angenommen und Wiedereinsetzung gewährt oder versagt, ist dies unschädlich. Die Wiedereinsetzung ist dann gegenstandslos (vgl BGHSt 11, 152, 154 = NJW 1958, 509). Bei gewährter Wiedereinsetzung erweist sich die Zuleitung nach § 347 StPO ohne Beschlussfassung gleichwohl als richtig; bei versagter Wiedereinsetzung unterliegt der Beschluss wegen Fristwahrung auf Antrag nach § 346 Abs 2 StPO der Aufhebung.

Ein **nach der Entscheidung nach § 346 Abs 1 StPO beim Tatrichter angebrachter** 32 **Wiedereinsetzungsantrag** muss zugleich als Antrag nach § 346 Abs 2 StPO ausgelegt werden, da der Tatrichter seine Entscheidung nicht mehr abändern kann; er ist daher dem Revisionsgericht zuzuleiten.

II. Wiedereinsetzungsantrag vor dem Revisionsgericht

Ein Wiedereinsetzungsantrag kann auch **mit dem Antrag nach Abs 2 verbunden** 33 werden. Der Antrag nach Abs 2 ist häufig auch ohne ausdrückliche Antragstellung als Wiedereinsetzungsantrag auszulegen (vgl BGH Beschl v 5. 12. 2001 – Az 2 StR 291/01); erforderlichenfalls kommt eine von Amts wegen gewährte Wiedereinsetzung in Betracht. In diesen Fällen gilt:

Ist eine Entscheidung nach § 346 Abs 1 StPO ergangen und ergibt sich, dass die 34 Revisionseinlegungs- oder Revisionsbegründungsfrist **tatsächlich versäumt** wurde, so verbleibt es bei erfolgloser Wiedereinsetzung bei dem tatrichterlichen Beschluss. Das Revisionsgericht hat dann die Ablehnung des Wiedereinsetzungsantrages und die Verwerfung des Antrages nach § 346 Abs 2 StPO auszusprechen. Bei **tatsächlich fehlender Fristversäumnis** ist der Wiedereinsetzungsantrag gegenstandslos und bedarf keiner gesonderten Entscheidung; und der tatrichterliche Beschluss ist auf den begründeten Antrag nach § 346 Abs 2 StPO aufzuheben (zB OLG München, Beschl v 24. 6. 2009 – 5 St RR 157/09). Bei **zu gewährender Wiedereinsetzung** wird der tatrichterliche Verwerfungsbeschluss gegenstandslos (vgl BGH Beschl v 21. 9. 2007 – Az 2 StR 358/07;

BayObLG NJW 1961, 1982; OLG Celle NStZ 1983, 377; KK-StPO/Kuckein StPO § 346 Rn 29); das Revisionsgericht sollte dies zur Klarstellung aussprechen (zB BGH Beschl v 26. 9. 2007 – Az 2 StR 290/07; BGH Beschl v 14. 10. 2008 – Az 4 StR 260/08 insoweit in NStZ 2009, 105 nicht abgedruckt; Beschl v 16. 12. 2008 – Az 3 StR 503/08: „Damit ist der Beschluss des Landgerichts …, mit dem die Revision des Angeklagten als unzulässig verworfen worden ist, gegenstandslos.").

35 Der Fristlauf nach § 346 Abs 2 StPO und die für die Wiedereinsetzung geltende **Antragsfrist des § 45 Abs 1 StPO** sind unabhängig voneinander. Ein Wiedereinsetzungsgesuch kann daher auch noch nach Ablauf der Wochenfrist des § 346 Abs 2 StPO erfolgreich gestellt werden, wenn die Gründe der Versäumung der Revisionseinlegungs- oder Revisionsbegründungsfrist zugleich die Säumnis mit dem Antrag nach Abs 2 rechtfertigen.

§ 347 [Zustellung; Gegenerklärung; Aktenvorlage]

(1) ¹Ist die Revision rechtzeitig eingelegt und sind die Revisionsanträge rechtzeitig und in der vorgeschriebenen Form angebracht, so ist die Revisionsschrift dem Gegner des Beschwerdeführers zuzustellen. ²Diesem steht frei, binnen einer Woche eine schriftliche Gegenerklärung einzureichen. ³Der Angeklagte kann letztere auch zu Protokoll der Geschäftsstelle abgeben.

(2) Nach Eingang der Gegenerklärung oder nach Ablauf der Frist sendet die Staatsanwaltschaft die Akten an das Revisionsgericht.

Überblick

§ 347 StPO regelt den Verfahrensgang nach Durchführung der Vorprüfung gem § 346 StPO bis zur Zuleitung der Akten an das Revisionsgericht. Praktisch bedeutsam für die spätere Sachbehandlung der Revision ist die Möglichkeit einer Gegenerklärung des Revisionsgegners; uU kann auch eine dienstliche Stellungnahme der befassten Tatrichter angezeigt sein. Das Verfahren nach § 347 StPO unterliegt in besonderer Weise dem Beschleunigungsgebot. Der Tatrichter bleibt auch während der Anhängigkeit beim Revisionsgericht zuständig für Entscheidungen über die Untersuchungshaft, fortwirkende Ermittlungsmaßnahmen und vorläufig angeordnete Maßregeln und Nebenfolgen.

Übersicht

	Rn		Rn
A. Anwendungsvoraussetzungen	1	I. Übersendungsweg, Beschleunigungsgebot	8
B. Zustellung	2	II. Umfang der Übersendung	9
C. Gegenerklärung	4	III. Anhängigkeit beim Revisionsgerichts, Zuständigkeit	11
I. Inhalt und Frist	4		
II. Wirkung	6	IV. Fehlerhafte Zustellung nach § 341 StPO, § 345 StPO	15
D. Übersendung, Zuständigkeit des Revisionsgerichtes	8		

A. Anwendungsvoraussetzungen

1 § 347 StPO setzt den **Abschluss des Verfahrens nach § 346 StPO** voraus. Das Tatgericht muss zu dem Ergebnis gekommen sein, dass Form und Frist der § 341 StPO, § 345 StPO gewahrt sind. Im Fall einer Verwerfung nach § 346 Abs 1 StPO muss rechtzeitig und erfolgreich Antrag nach § 346 Abs 2 StPO gestellt worden sein. In dem – in der Praxis häufigen – Fall, dass der Tatrichter die Revision inhaltlich zutreffend, aber unter Überschreitung seiner Prüfungskompetenz als unzulässig verwirft, ist dann ebenfalls nach § 347 StPO zu verfahren.

B. Zustellung

Die Zustellung der Revisionsbegründung ist vom Gericht zu veranlassen und richtet sich nach den §§ 37 StPO ff (KK-StPO/Kuckein StPO § 347 Rn 5). Das Fehlen einer förmlichen Zustellungsanordnung ist unschädlich; § 36 StPO findet mangels Zustellung einer Entscheidung keine Anwendung. Zugestellt wird der **vollständige Begründungsschriftsatz samt Anlagen**, nicht aber persönliche Erklärungen des Angekl, dessen Mitübersendung sich aber empfiehlt. Im Falle mehrfacher Begründungsschriften handelt es sich verfahrensrechtlich um nur eine Revisionsbegründung, die möglichst einheitlich zuzustellen ist. Verspätete Revisionsrügen oder verspätetes tatsächliches Vorbringen zu erhobenen Revisionsrügen braucht nicht zugestellt zu werden. 2

Gegner sind bei Revisionen des Angeklagten, seines gesetzlichen Vertreters oder seines Erziehungsberechtigten die Staatsanwaltschaft und der Privat- oder Nebenkläger und umgekehrt. Bei zugunsten des Angeklagten eingelegter Revision der StA ist dem Angeklagten gleichwohl zuzustellen (Pfeiffer StPO § 347 Rn 1), ebenfalls dem Privat- oder Nebenkläger. 3

C. Gegenerklärung

I. Inhalt und Frist

Die Gegenerklärung ist nur **für die StA nach Nr 162 Abs 2 RiStBV** vorgeschrieben, wenn nicht allein die Sachrüge erhoben ist (Nr 162 Abs 1 RiStBV), im Übrigen muss sie nicht erfolgen. Zum Inhalt der staatsanwaltschaftlichen Gegenerklärung vgl Nr 162 Abs 2 RiStBV. 4

Die StA ist insbes gehalten, über von der Revision behauptete tatsächliche Verfahrensvorgänge, die sich nicht aus dem Sitzungsprotokoll ergeben, dienstliche Stellungnahmen der Berufsrichter, der Schöffen oder des Sitzungsstaatsanwaltes einzuholen und der Gegenerklärung beizufügen (Nr 162 Abs 2 S 7 RiStBV). Dies kann entbehrlich sein, wenn die betreffende Verfahrensrüge offensichtlich nicht den Anforderungen von § 344 Abs 2 S 2 StPO entspricht (anders KK-StPO/Kuckein StPO § 347 Rn 7); da hierüber jedoch das Revisionsgericht zu befinden hat, ist **im Zweifel die Fertigung der Gegenerklärung** geboten. 4.1

Die Frist des § 347 Abs 1 S 2 StPO ist **keine Ausschlussfrist**; auch hiernach eingehendes Vorbringen muss vom Revisionsgericht berücksichtigt werden, solange eine Entscheidung noch nicht erfolgt ist. Die Gegenerklärung ist **dem Gericht vorzulegen**; die StA teilt ihre eigene Gegenerklärung zusätzlich dem Revisionsgegner mit (Nr 162 Abs 3 S 1 RiStBV). Da die Übersendung letztlich aber im Verantwortungsbereich des Gerichtes liegt, obliegt diesem eine Kontrolle. Im Falle neuen tatsächlichen Vorbringens ist die Erklärung zum Nachweis zuzustellen (vgl Nr 162 Abs 3 S 3 RiStBV; Pfeiffer StPO § 347 Rn 2; str, vgl Meyer-Goßner StPO § 347 Rn 3). 5

II. Wirkung

Eine – seitens der StA erforderlichenfalls mit dienstlichen Stellungnahmen der verfahrensbeteiligten Richter und Staatsanwälte unterlegte – Gegenerklärung kann **einer Verfahrensrüge den Boden entziehen und zu ihrer Unzulässigkeit führen**, wenn sie aufzeigt, dass zu den maßgeblichen Verfahrensumständen unvollständig oder falsch vorgetragen wurde (vgl BGH NStZ 2006, 181; Urt v 23. 10. 2007 – Az 1 StR 238/07; Beschl v 24. 10. 2007 – Az 1 StR 503/06 Rn 10, insoweit in NStZ 2007, 234 nicht abgedruckt; näher zur Gegenerklärung der StA mit Beispielen Drescher NStZ 2003, 296). Tritt die StA in ihrer Gegenerklärung andererseits dem Vortrag des Revisionsgegners hinsichtlich einzelner Verfahrensvorgänge **nicht entgegen**, kann das Revisionsgericht von ansonsten möglichen und gebotenen freibeweislichen Ermittlungen absehen und die **Richtigkeit des Revisionsvortrages unterstellen**, zumal dann, wenn auch der Tatrichter zu den fraglichen Vorgängen angehört wurde (BGH NJW 2006, 3362, NStZ-RR 2004, 208; NStZ 2002, 275, 276). 6

Neben der Gegenerklärung kann Veranlassung bestehen, dass auch der **Tatrichter** zu einzelnen Verfahrensvorgängen, die von der Revision gerügt sind, von ihr aber unrichtig oder unvollständig vorgetragen werden, eine **dienstliche Stellungnahme** abgibt und den 7

Akten bei Übersendung beifügt (vgl BGH NStZ 2002, 275; StraFo 2003, 379, 380; Beschl v 26. 11. 2003 – Az 1 StR 407/03; Beschl v 12. 1. 2006 – Az 1 StR 491/02).

D. Übersendung, Zuständigkeit des Revisionsgerichtes

I. Übersendungsweg, Beschleunigungsgebot

8   Nach Ablauf der Frist des § 347 Abs 1 S 2 StPO leitet das Gericht die **Akten an die StA** (Nr 162 Abs 4 RiStBV), die sie nach **formaler Prüfung** (Nr 163 Abs 3 RiStBV) mit einem **Übersendungsbericht** (Nr 164 RiStBV bis Nr 166 RiStBV) an den GenStA weiterleitet (Nr 163 Abs 1 RiStBV). Dieser leitet sie entweder mit einer Stellungnahme unmittelbar an das Oberlandesgericht als Revisionsgericht oder – im zweistufigen Rechtszug – an den Generalbundesanwalt (vgl Nr 163 Abs 1 RiStBV), der sie seinerseits mit einer Stellungnahme dem BGH vorlegt. Dabei ist – insbes in Haftsachen – dem **Beschleunigungsgebot** Rechnung zu tragen (vgl BGHSt 35, 137, 142 = NJW 1988, 2188; NJW 1997, 29; NStZ 1995, 335; BVerfG NJW 2006, 1336). Ein besonderer Umfang der Akten und Schwierigkeit in der Sache erlauben aber eine angemessene Bearbeitungszeit. Kommt es zu unverhältnismäßigen Verzögerungen, so sind diese auch ohne besondere Rüge des Angeklagten bei der Strafzumessung durch Anrechnung auf die Vollstreckung zu berücksichtigen (vgl § 337 StPO Rn 76).

II. Umfang der Übersendung

9   Der dem Revisionsgericht vorzulegende **Aktenumfang** bestimmt sich nach Nr 165 RiStBV, Nr 166 RiStBV. Der Staatsanwaltschaft steht hinsichtlich der Übersendung außerhalb der eigentlichen Verfahrensakten befindlicher Lichtbilder, Unterlagen und Überführungsstücke, auf die das Urteil nicht Bezug nimmt, ein **Ermessensspielraum** zu (Nr 166 Abs 2 S 2 RiStBV). Das Revisionsgericht kann daher nicht unterstellen, dass ihm solche Aktenbestandteile vollständig vorgelegt worden sind, wenn die Revision sich hierauf beruft und der Übersendungsbericht oder die Gegenerklärung der StA sich hierzu nicht verhalten.

10   Eine **unvollständige Übersendung** und hierauf beruhende unvollständige Überprüfung des Revisionsvorbringens durch das Revisionsgericht kann die Gehörsrüge nach § 356a StPO begründen; hierzu ist allerdings erforderlich, dass auf Grund der Revisionsrechtfertigung – etwa im Hinblick auf eine Verfahrensrüge oder auf die infolge der Sachrüge zu prüfenden Urteilsgründe – die Kenntnisnahme der nicht vorgelegten Aktenteile erforderlich gewesen wäre, die nicht bereits seitens des Revisionsführers nach § 344 Abs 2 Satz 2 StPO mitzuteilen gewesen wären (vgl BGH Beschl v 12. 1. 2006 – Az 1 StR 491/02).

III. Anhängigkeit beim Revisionsgerichts, Zuständigkeit

11   Das **Revisionsgericht** ist bereits **mit Einlegung der Revision** zuständig für die Zurückweisung von Verteidigern nach § 146a StPO (OLG Stuttgart NStZ 1985, 39 LS), für die Zulassung der Nebenklage, für die Bescheidung von Wiedereinsetzungsanträgen gegen die Versäumung der Revisionseinlegungs- und Revisionsbegründungsfrist (vgl § 346 StPO Rn 29 ff) und für Anräge nach § 346 Abs 2 StPO.

12   **Anhängig** wird das Verfahren beim Revisionsgericht mit der Vorlage der Akten durch die dortige Staatsanwaltschaft (BGHSt 12, 217; BGHSt 38, 307, 308 = NStZ 1992, 452), auch wenn das Gericht nicht zuständig sein sollte (Löwe/Rosenberg/Hanack StPO § 347 Rn 9) oder bereits zuvor mit einem Antrag nach § 346 Abs 2 StPO befasst war (KK-StPO/Kuckein StPO § 347 Rn 10). Erst **mit Anhängigkeit** ist das **Revisionsgericht zuständig** für die Bestellung eines Beistandes nach § 397a Abs 1 StPO sowie für die Bewilligung von Prozesskostenhilfe an Privat- und Nebenkläger (BGHSt 38, 307 = NStZ 1992, 452; NJW 1999, 2380), für eine Zulassung des Verteidigers nach § 138 Abs 2 StPO (BayObLG MDR 1978, 862) oder eine Verteidigerbestellung nach § 141 Abs 4 StPO (BGH NStZ 1997, 48, 49; **aA** OLG Stuttgart StV 2000, 413) und über Kostenentscheidungen nach Rücknahme der Revision (BGHSt 12, 217; KK-StPO/Kuckein StPO § 347 Rn 11).

Zuvor erlassene **Anordnungen und Beschlüsse des Tatrichters** bleiben wirksam. So erstreckt sich die Zulassung der Nebenklage und die Bestellung eines Beistands gem § 397a Abs 1 StPO auch auf die Revisionsinstanz (BGH NStZ 2000, 552). Die Bestellung eines Verteidigers durch den Tatrichter gilt bis Rechtskraft; auch darüber hinaus ist der bestellte Verteidiger aber befugt, den Angeklagten in einem durch dessen unzulässige Revision eröffneten Revisionsverfahren zu vertreten (BGH NStZ 2001, 104).

12.1

Der **Tatrichter bleibt zuständig** für Entscheidungen über die Untersuchungshaft und vorläufige Unterbringung (§ 126 Abs 2 S 2 StPO, § 126a StPO; aber Zuständigkeit des Revisionsgerichtes nach § 126 Abs 3 StPO, § 120 Abs 1 StPO), über beschlagnahmte Gegenstände und über vorläufig angeordnete Maßnahmen nach § 111a StPO (Entziehung der Fahrerlaubnis) und § 132a StPO (Berufsverbot). Wiedereinsetzungsanträge wegen Versäumung der Hauptverhandlung (vgl § 342 StPO) sind gleichfalls vom Tatrichter zu bescheiden, auch wenn sie der eingelegten Revision die Grundlage entziehen können (BGHSt 22, 52; OLG Stuttgart NJW 1976, 1905).

13

Die **Zuständigkeit des Revisionsgerichts entfällt** nach der Entscheidung über die Hauptsache und fällt zurück an den Tatrichter oder das Beschwerdegericht (vgl BGH Beschl v 5. 10. 2007 – Az 2 StR 440/07 Rn 7: Mit Einverständnis des Verteidigers zurückgestellte Entscheidung über eine Kostenbeschwerde und die Unterlassung einer Entschädigungsentscheidung).

14

IV. Fehlerhafte Zustellung nach § 341 StPO, § 345 StPO

Stellt das Revisionsgericht fest, dass die Revisionsbegründungsfrist mangels wirksamer Urteilszustellung noch nicht in Lauf gesetzt wurde, so müssen die Akten an den Tatrichter zur Nachholung der Zustellung und erneuten Vorlage nach § 347 StPO zurückgegeben werden (OLG Düsseldorf MDR 1994, 87; KK-StPO/Kuckein StPO § 347 Rn 10).

15

§ 348 [Unzuständigkeit des Gerichts]

(1) Findet das Gericht, an das die Akten gesandt sind, daß die Verhandlung und Entscheidung über das Rechtsmittel zur Zuständigkeit eines anderen Gerichts gehört, so hat es durch Beschluß seine Unzuständigkeit auszusprechen.

(2) Dieser Beschluß, in dem das zuständige Revisionsgericht zu bezeichnen ist, unterliegt keiner Anfechtung und ist für das in ihm bezeichnete Gericht bindend.

(3) Die Abgabe der Akten erfolgt durch die Staatsanwaltschaft.

Überblick

§ 348 StPO soll negative Kompetenzkonflikte im Revisionsverfahren vermeiden. Angesprochen ist die sachliche und örtliche Zuständigkeit. Entscheidend für die Verweisungskompetenz ist die Erstbefassung mit der Revision, nicht der Rang des Gerichtes. Eine Weiter- oder Zurückverweisung durch das Empfangsgericht ist ausgeschlossen; dieses kann seiner späteren Entscheidung in der Sache allerdings seine Auffassung über die Zuständigkeit zugrunde legen.

A. Normzweck

§ 348 Abs 2 StPO soll **Kompetenzstreitigkeiten im Revisionsverfahren durch Rück- oder Weiterverweisungen vermeiden** (BGH Beschl v 17. 6. 1999 – Az 4 StR 227/99; KK-StPO/Kuckein StPO § 348 Rn 1).

1

B. Unzuständigkeit (Abs 1)

Die Vorschrift ist anwendbar auf die **sachliche und örtliche Zuständigkeit** (KK-StPO/Kuckein StPO § 348 Rn 1; Pfeiffer StPO § 348 Rn 1; **aA** Meyer-Goßner § 348

2

Rn 6: bei Vorlage an ein funktionell unzuständiges OLG Anwendung von § 16 StPO). Zur Entscheidung berufen ist das Gericht, dem die Akten nach § 347 Abs 2 StPO zuerst zugeleitet worden sind. Eine Entscheidungskompetenz des höheren Gerichtes besteht nicht; dementsprechend kann auch ein Oberlandesgericht, das den Bundesgerichtshof für zuständig hält, nach § 348 Abs 1 StPO mit der Wirkung des § 348 Abs 2 StPO verfahren. § 348 StPO bildet eine Ausnahme zum – nicht anwendbaren – § 269 StPO (vgl Pfeiffer StPO § 348 Rn 1). **Entsprechend anwendbar** ist § 348 StPO, wenn das Oberlandesgericht ein unbenanntes Rechtsmittel nicht als Sprungrevision, sondern als Berufung ansieht (BGHSt 31, 183 = NJW 1983, 1437; BGH NJW 1993, 1808; OLG Naumburg Beschl v 28. 4. 2009 – Az 2 Ss 46/09). Im **Rechtsbeschwerdeverfahren** über die Entscheidung eines Amtsgerichts entscheidet das Oberlandesgericht in analoger Anwendung von § 348 StPO, ob tatsächlich eine sofortige Beschwerde vorliegt, und kann mit bindender Wirkung ein zuständiges Landgericht bezeichnen (BGHSt 39, 162; anders noch BGHSt 31, 361). Die § 14 StPO, § 19 StPO finden keine Anwendung (vgl BGH Beschl v 29. 10. 2008 – Az 2 ARs 467/08).

3   Für sachlich **unzuständig kann sich das OLG halten**, weil es eine Entscheidung des Landgerichtes nicht als Berufungs- sondern als erstinstanzliches Urteil ansieht (vgl Rn 6.1). Umgekehrt kann der **BGH die Sache an ein OLG abgeben**, weil das Landgericht nach seiner Auffassung als Berufungsgericht entschieden hat. Das angegangene Revisionsgericht kann weiterhin für einzelne von mehreren verbundenen Verfahren die Zuständigkeit eines anderen Revisionsgerichtes aussprechen (BGHSt 35, 195 = NJW 1988, 2808; 37, 15 = NJW 1991, 239). Erfasst sind ferner Fälle **irrtümlicher Zuleitung** an das Revisionsgericht.

4   Die Entscheidung ergeht **durch zu begründenden Beschluss** außerhalb der Hauptverhandlung nach Anhörung der StA (§ 33 Abs 2 StPO; **aA** Meyer-Goßner StPO § 348 Rn 2; KK-StPO/Kuckein StPO § 348 Rn 1: keine Anhörung der Beteiligten) oder in der Revisionshauptverhandlung. Erfolgt statt Verweisung eine Entscheidung über die Revision, ist auch diese Entscheidung unanfechtbar.

C. Bindung (Abs 2)

5   Der Abgabebeschluss ist grundsätzlich **bindend und unanfechtbar**. Die Bindungswirkung besteht auch bei einer fehlerhaften Entscheidung des abgebenden Gerichtes, nicht aber bei einer **objektiv willkürlichen** Abgabeentscheidung, da hiermit gegen Art 101 Abs 1 S 2 GG verstoßen würde (offen gelassen von BGH Beschl v 17. 6. 1999 – Az 4 StR 227/99).

6   Das bezeichnete Revisionsgericht muss über die Revision entscheiden; eine **Zurück- oder Weiterverweisung ist ausgeschlossen**. Es ist allerdings nicht gehindert, bei Aufhebung des angefochtenen Urteils eine Zurückverweisung an das Gericht vorzunehmen, das nach seiner Rechtsauffassung für das weitere Verfahren zuständig ist, selbst wenn dies dem Vorgehen der Auffassung des abgebenden Gerichtes widerspricht. Die nach § 348 Abs 2 StPO begründete Zuständigkeit entfaltet für das Verfahren nach der Entscheidung des Revisionsgerichts keine dahingehende Bindungswirkung, dass sie auch bei Aufhebung und Zurückverweisung den weiteren Instanzenzug bestimmt.

6.1   Die Sache ist daher gemäß § 355 StPO an den Spruchkörper zurückzuverweisen, dessen Zuständigkeit bei Entscheidung durch das tatsächlich zuständige Revisionsgericht begründet gewesen wäre. Vgl BGH Beschl v 17. 6. 1999 – Az 4 StR 227/99: Abgabe an den BGH seitens des OLG, das ein vom Landgericht erlassenes Urteil nicht als Berufungs-, sondern als erstinstanzliche Entscheidung ansah. Der BGH vermochte dem nach Auslegung der angefochtenen Entscheidung nicht zu folgen, sah sich aber an die Abgabe gebunden. Die Zurückverweisung erfolgte an eine Berufungskammer des Landgerichts.

§ 349 [Verwerfung ohne Hauptverhandlung]

(1) **Erachtet das Revisionsgericht die Vorschriften über die Einlegung der Revision oder die über die Anbringung der Revisionsanträge nicht für beobachtet, so kann es das Rechtsmittel durch Beschluß als unzulässig verwerfen.**

(2) Das Revisionsgericht kann auf einen Antrag der Staatsanwaltschaft, der zu begründen ist, auch dann durch Beschluß entscheiden, wenn es die Revision einstimmig für offensichtlich unbegründet erachtet.

(3) ¹Die Staatsanwaltschaft teilt den Antrag nach Absatz 2 mit den Gründen dem Beschwerdeführer mit. ²Der Beschwerdeführer kann binnen zwei Wochen eine schriftliche Gegenerklärung beim Revisionsgericht einreichen.

(4) Erachtet das Revisionsgericht die zugunsten des Angeklagten eingelegte Revision einstimmig für begründet, so kann es das angefochtene Urteil durch Beschluß aufheben.

(5) Wendet das Revisionsgericht Absatz 1, 2 oder 4 nicht an, so entscheidet es über das Rechtsmittel durch Urteil.

Überblick

§ 349 StPO beschreibt die Entscheidungsmöglichkeiten des Revisionsgerichts im Beschlusswege. In der Praxis kommt dieser Entscheidungsform die weitaus größte Bedeutung zu; die nach der gesetzlichen Ausgestaltung als Regelfall vorgesehene mündliche Verhandlung bildet die Ausnahme. § 349 Abs 1 StPO betrifft alle Unzulässigkeitsgründe und wird angewendet auch bei deklaratorischer Feststellung einer Rücknahme oder Eigenentscheidung nach fehlerhafter tatrichterlicher Behandlung gem § 346 Abs 1 StPO. Hinreichend ist ein Beschluss mit einfacher Mehrheit. § 349 Abs 2 und Abs 4 StPO erfordern demgegenüber Einstimmigkeit. § 349 Abs 2 StPO setzt nicht voraus, dass alle entscheidungserheblichen Rechtsfragen bereits in der Rechtsprechung geklärt sind. Die Beschlussverwerfung ist bereits dann zulässig, wenn das gefundene Ergebnis nach pflichtgemäßer Einschätzung des Revisionsgerichts durch die Durchführung einer Hauptverhandlung nicht in Zweifel gezogen werden kann. Der StA beim Revisionsgericht obliegt nach § 349 Abs 3 S 1 StPO eine eigenständige Prüfung der Erfolgsaussichten der Revision. Die Gegenerklärung nach § 349 Abs 3 S 2 StPO berechtigt den Revisionsführer nicht zu neuem Tatsachenvortrag oder einer Erweiterung seiner Revision. Die – nur zugunsten des Angeklagten mögliche – Aufhebung nach § 349 Abs 4 StPO bedarf einer zumindest kurzen Begründung; sie kann Entscheidungen nach § 354 Abs 1 StPO enthalten.

Übersicht

	Rn		Rn
A. Systematik, Entscheidungsmöglichkeiten des Revisionsgerichts	1	1. Entscheidungsvoraussetzungen	35
		2. Entscheidungsinhalt, Begründungserfordernisse	38
B. Verwerfung als unzulässig (Abs 1)	6	VI. Rechtskraft, Abänderung, Wiedereinsetzung	44
I. Anwendungsbereich	6		
II. Verfahren	13		
C. Verwerfung als offensichtlich unbegründet (Abs 2, Abs 3)	15	D. Aufhebung (Abs 4)	46
I. Normzweck, Anwendungsbereich	15	I. Voraussetzungen	46
II. Offensichtlich unbegründet	18	II. Entscheidungsinhalt	50
III. Verwerfungsantrag der StA	21	1. Aufhebungsumfang, § 354 Abs 1 StPO	50
1. Grundlage	21		
2. Inhalt	24	2. Tenor	52
3. Bindung des Revisionsgerichts	26	3. Begründungsanforderungen	53
IV. Weiteres Verfahren (Abs 3)	30	III. Rechtskraft, Abänderung	56
1. Mitteilung des Antrags an den Revisionsführer	30	IV. Verfahrenseinstellung	57
2. Gegenerklärung	32	E. Urteilsverfahren (Abs 5)	58
V. Entscheidung des Revisionsgerichts	35	F. Nebenentscheidungen	60

A. Systematik, Entscheidungsmöglichkeiten des Revisionsgerichts

1 Das Gesetz geht im Grundsatz von einer Entscheidung über die Revision durch Urteil nach durchgeführter Hauptverhandlung aus (vgl § 350 StPO, § 351 StPO); § 349 StPO bildet demgegenüber eine **Ausnahmevorschrift**, die eine Entscheidung ohne mündliche Verhandlung im Beschlusswege erlaubt. Diese Systematik geht an der heutigen Praxis vorbei. Nach der Handhabung der Revisionsgerichte spielen die von § 349 StPO eröffneten Entscheidungsformen eine **zentrale Rolle**, während eine Entscheidung über die Revision durch Urteil die Ausnahme bildet.

1.1 Nach der veröffentlichten **Geschäftsstatistik des Bundesgerichtshofes** für das Jahr 2007 wurden über 95% aller Revisionsverfahren nach § 349 StPO entschieden; in 65% aller Fälle wurde die Revision nach § 349 Abs 2 StPO verworfen. Vgl www.bundesgerichtshof.de (Statistik der Strafsenate) und Nack NStZ 1997, 153.

2 Nach Vorlage der Akten gem § 347 Abs 2 StPO und Überprüfung seiner Zuständigkeit gem § 348 StPO kann das Revisionsgericht **wie folgt verfahren** (vgl Pfeiffer StPO § 349 Rn 1; KK-StPO/Kuckein StPO § 349 Rn 2 ff):

3
- Verwerfung der Revision als unzulässig durch Beschluss gem **§ 349 Abs 1 StPO**, ggf iVm § 346 Abs 2 StPO,
- Verwerfung der Revision als offensichtlich unbegründet bei entsprechendem Antrag des GBA oder GenStA durch einstimmig gefassten Beschluss nach **§ 349 Abs 2 StPO**,
- Aufhebung des Urteils zugunsten des Angeklagten durch einstimmig gefassten Beschluss nach **§ 349 Abs 4 StPO**,
- Entscheidung durch Urteil in allen anderen Fällen nach **§ 349 Abs 5 StPO, § 350 StPO, § 351 StPO**,
- **Verfahrenseinstellung** durch Beschluss in den gesetzlich hierfür bestimmten Fällen (zB § 206 a StPO, § 206 b StPO), oder Teileinstellung (zB nach § 154 StPO, § 154 a StPO) in Verbindung mit einer der vorgenannten Entscheidungsformen.

4 Die **Kombination der Entscheidungsmöglichkeiten** ist möglich, etwa bei Teilverwerfung und -aufhebung nach § 349 Abs 2 und Abs 4 StPO. Dies betrifft auch den Fall, dass das Revisionsgericht bei einer in Beschlussform nach § 349 Abs 4 StPO ausgesprochenen Aufhebung des Schuldspruches Feststellungen aufrechterhält, deren Mitaufhebung der Revisionsführer beantragt hatte; da die Revision in diesem Umfang erfolglos bleibt, ist sie insoweit nach § 349 Abs 2 StPO zu verwerfen (zB BGH Beschl v 29. 10. 2008 – Az 5 StR 443/08; Beschl v 30. 9. 2008 – Az 3 StR 384/08; s auch § 353 StPO Rn 34 a). Zulässig ist auch eine unterschiedliche Bescheidung der Revisionen verschiedener Verfahrensbeteiligter durch Beschluss und Urteil. Dabei verstößt es nicht gegen den Anspruch auf rechtliches Gehör des Angeklagten, wenn über die von ihm eingelegte Revision im Beschlussverfahren und nur über die Revision der StA aufgrund Hauptverhandlung entschieden wird (vgl BVerfGE 112, 185 = NJW 2005, 1999, 2000; BGH NJW 1999, 2199). Dagegen ist eine Aufteilung derselben Revision in eine Bescheidung durch Urteil und Beschluss – etwa nach erfolgreichen und erfolglosen Angriffen – unzulässig (Meyer-Goßner StPO § 349 Rn 21, 32; **aA** KK-StPO/Kuckein StPO § 349 Rn 33: prozessual möglich, aber untunlich).

5 Zu einer **Abänderung seiner eigenen Entscheidung** ist das Revisionsgericht außer im Falle einer begründeten Anhörungsrüge nach § 356 a StPO nicht befugt (vgl Rn 44 und Rn 56). Hiervon unberührt bleibt die – jederzeit zulässige – **Berichtigung offensichtlicher Schreib-, Rechen- und Übertragungsfehler**; auch eine Neufassung des Tenors der ergangenen Revisionsentscheidung zum Zweck der Klarstellung steht dem Revisionsgericht offen, soweit hiermit inhaltliche Änderungen nicht verbunden sind (zB BGH Beschl v 24. 10. 2008 – Az 2 StR 587/07).

B. Verwerfung als unzulässig (Abs 1)

I. Anwendungsbereich

6 § 349 Abs 1 StPO umfasst **alle Unzulässigkeitsgründe**, nicht nur – wie angesichts des Wortlautes vermutet werden könnte – einen Verstoß gegen die § 341 StPO, § 345 StPO.

Eine Verwerfung kann **nur einheitlich** als unzulässig erfolgen, mithin nur dann, wenn sich (uU unterschiedliche) Zulässigkeitsmängel auf die gesamte Revision erstrecken und nicht nur einzelne Rügen betreffen. Eine Teilverwerfung kommt nicht in Betracht (KK-StPO/Kuckein StPO § 349 Rn 9).

Hat in Fällen einer nach **§ 341 StPO, § 345 StPO** unzulässigen Revision der Tatrichter nicht nach **§ 346 Abs 1 StPO** entschieden, sondern die Revision fälschlich als zulässig angesehen, verwirft sie das Revisionsgericht selbst nach § 349 Abs 1 StPO; eine Rückgabe an den Tatrichter ist ausgeschlossen (Meyer-Goßner StPO § 349 Rn 1). In Fällen einer tatrichterlichen Verwerfung aus anderen als ihm nach § 346 Abs 1 StPO zugewiesenen Unzulässigkeitsgründen hat das Revisionsgericht den tatrichterlichen Beschluss aufzuheben und – so dieser in der Sache zutreffend war – nach § 349 Abs 1 StPO selbst zu entscheiden. 7

§ 349 Abs 1 StPO betrifft weiterhin Fälle einer **nach § 296 StPO, § 297 StPO, § 298 StPO fehlenden Legitimation** zur Revisionseinlegung, Fälle **mangelnder Beschwer** (vgl § 333 StPO Rn 12 ff) oder einen **Ausschluss der Revision** durch Sondervorschriften (vgl § 333 StPO Rn 10). Entsprechen sämtliche erhobenen Verfahrensrügen nicht den Anforderungen von § 344 Abs 2 S 2 StPO und ist eine Sachrüge parallel nicht erhoben, führt dies ebenfalls zur Verwerfung der Revision als unzulässig. 8

Erfasst sind auch unzulässige Revisionen nach einem **Rechtsmittelverzicht** oder die **Neueinlegung nach einer Rücknahme**. Die Revision richtet sich hier – im Fall der Rücknahme jedenfalls nach Ablauf der Einlegungsfrist – gegen ein bereits rechtskräftiges Urteil. 9

Dem Revisionsgericht obliegt die **Prüfung der Wirksamkeit der Verzichts- oder Rücknahmeerklärungen**. Ist der Rechtsmittelverzicht bereits im Anschluss an die Urteilsverkündung nach einer verfahrensverkürzenden Absprache erklärt worden, ist zu überprüfen, ob er entsprechend den in BGHSt 50, 40 = NJW 2005, 1440 entwickelten Kriterien zustande gekommen ist, insbes, ob dem Angekl eine qualifizierte Rechtsmittelbelehrung erteilt wurde (vgl BGH wistra 2007, 272). Bestehen an der Wirksamkeit keine Zweifel, ist der Verzicht als Prozesshandlung grundsätzlich unwiderruflich und unanfechtbar, es sei denn, dass Anhaltspunkte für eine unzulässige Willensbeeinflussung des verzichtenden Angeklagten bestehen oder der Angeklagte sich der Bedeutung seiner Erklärung – etwa infolge fehlerhafter Beratung durch den Verteidiger oder fehlerhafter Übersetzung durch einen Dolmetscher – nicht im Klaren war. Dies ist aber nicht bereits dann der Fall, wenn der Verteidiger dem Angeklagten einen Rechtsmittelverzicht eindringlich nahe gelegt hat (BGH Beschl v 18. 4. 2007 – Az 2 StR 120/07). 9.1

Bei einer **trotz Rücknahme weiterverfolgten Revision** ist nach § 349 Abs 1 StPO analog **deklaratorisch festzustellen**, dass die Revision wirksam zurückgenommen oder durch Rücknahme erledigt ist (BGH NStZ 2001, 104; Beschl v 11. 10. 2007 – Az 3 StR 368/07; KK-StPO/Kuckein StPO § 349 Rn 6). Dies gilt auch dann, wenn sie durch eine befugte Person (etwa einen von zwei Verteidigern) zurückgenommen und durch eine andere weiterverfolgt wird, denn sie ist auch bei paralleler Einlegung und mehrfacher Begründung als Einheit zu betrachten. Bei Rücknahme durch den Angeklagten geht dessen Wille einem entgegenstehenden Willen seines Verteidigers vor (BGH BGHR StPO § 302 Abs 1 S 1 Rechtsmittelverzicht 7). 10

Eine Vorschrift nicht über die Einlegung der Revision, sondern über ihren Inhalt ist § 337 StPO. Selbst wenn die Revision an **Begründungsmängeln** leidet, weil mit ihr keine Rechtsfehler, sondern **nur tatsächliche Erwägungen des Tatrichters angegriffen** werden, kann hierauf die Verwerfung der Revision als unzulässig nicht gestützt werden (aA OLG Düsseldorf NStZ 1993, 99; Meyer-Goßner StPO § 349 Rn 2; KK-StPO/Kuckein StPO § 349 Rn 8). Allerdings muss nach den Anforderungen von § 344 StPO überhaupt eine wirksame Sachrüge erhoben sein (vgl BGH NStZ 1993, 31 bei Kusch). 11

Die Verwerfung einer **Nebenklägerrevision** nach § 349 Abs 1 StPO kommt in Betracht, wenn der Nebenkläger mit seiner Revision ein nach § 400 StPO insgesamt unzulässiges Ziel verfolgt, etwa mit der Anfechtung des Urteils allein die Verhängung einer anderen Rechtsfolge begehrt, oder aus seinem Revisionsantrag ein zulässiges Ziel nicht hinreichend hervorgeht. 12

II. Verfahren

Die Verwerfung kann **mit einfacher Mehrheit** beschlossen werden (§ 196 Abs 1 GVG). Eines entsprechenden Antrages des GBA oder GenStA bedarf es nicht. Eine **Gegenerklä-** 13 rung des Revisionsführers muss aber zur Wahrung seines Gehörsanspruches abgewartet werden, wenn die Zuschrift des GBA oder GenStA sich zu dem Unzulässigkeitsgrund verhält (vgl OLG Rostock Beschl v 20. 7. 2009 – Az 1 Ss 191/09). Der die Unzulässigkeit begründende Mangel muss zur Überzeugung des Revisionsgerichtes feststehen; erforderlichenfalls sind **Erhebungen im Freibeweisverfahren** anzustellen. Auch wenn § 349 Abs 2 und Abs 3 StPO nicht unmittelbar Anwendung finden, muss den Verfahrensbeteiligten aufgrund ihres Anspruchs auf **rechtliches Gehör** das Ergebnis der Beweisaufnahme mitgeteilt und ihnen die Möglichkeit zur Äußerung gegeben werden (BVerfGE 10, 274 = NJW 1960, 427). Die **Rechtskraft** des angefochtenen Urteils tritt nach § 34a StPO mit Ablauf des Tages der Beschlussfassung ein, wenn das Urteil nicht bereits wegen verspäteter Einlegung der Revision mit Ablauf der Einlegungsfrist rechtskräftig geworden ist. Eine **Wiedereinsetzung** ist – im Unterschied zur Entscheidung im Verfahren nach Abs 2 und Abs 4 – zulässig (BGHSt 25, 89, 91).

14   Das Revisionsgericht ist nicht gezwungen, im Beschlusswege nach § 349 Abs 1 StPO zu entscheiden, sondern kann auch das **Urteilsverfahren** nach § 349 Abs 5 StPO wählen.

C. Verwerfung als offensichtlich unbegründet (Abs 2, Abs 3)

I. Normzweck, Anwendungsbereich

15   § 349 Abs 2 StPO bezweckt eine **Verfahrensbeschleunigung** und **Entlastung der Revisionsgerichte** angesichts einer Vielzahl aussichtsloser, teilweise nur dem Aufschub der Rechtskraft und Strafvollstreckung dienender Revisionen, deren Bearbeitung durch Revisionshauptverhandlung und begründete Entscheidung angesichts unzureichender Revisionsbegründung oder geklärter Rechtsfragen nicht erforderlich ist und die Kapazität der Revisionsgerichte übersteigen würde (vgl KK-StPO/Kuckein StPO § 349 Rn 15; Meyer-Goßner StPO § 349 Rn 7; kritisch Kreuzer StV 1982, 444; Krehl GA 1987, 162). Die Vorschrift ist aufgrund der Absicherung der Revisionsverwerfung durch einen entsprechenden Antrag der StA, das Stellungnahmerecht des Revisionsführers und das Erfordernis einer einstimmigen Entscheidung des Revisionsgerichtes **verfassungsgemäß** (BVerfG NJW 1982, 925; 1987, 2219; NStZ 2002, 487, 488). Insbesondere wahrt sie eine wirksame gerichtliche Kontrolle und gefährdet nicht die Garantie eines effektiven Rechtsschutzes nach Art 19 Abs 4 GG. Zur Frage von Begründungserfordernissen vgl Rn 38 ff, sowie § 356a StPO Rn 12 ff.

16   § 349 Abs 2 StPO findet **Anwendung auf alle Revisionen**, mithin nicht nur solcher des Angeklagten, sondern auch jener der StA (hierzu vgl Rn 25), des Nebenklägers oder des Privatklägers (Meyer-Goßner StPO § 349 Rn 8 f). Bei **Privatklageverfahren**, in denen die StA nicht mitwirkt, ist ein Antrag des Privatklägers nach § 349 Abs 2 StPO nicht erforderlich und das Verfahren nach § 349 Abs 3 StPO nicht durchzuführen (**§ 385 Abs 5 StPO**). Bei dem auf Verwerfung gerichteten Antrag handelt es sich um einen solchen der StA beim Revisionsgericht, mithin des GBA oder GenStA, der von der Rechtsauffassung der örtlichen StA als Revisionsführerin abweichen kann.

16.1   In einem solchen Fall ist seitens des GenStA allerdings ein **Hinweis an die örtliche StA** oder eine eigene Rücknahme der Revision geboten (Nr 168 RiStBV). Auch der GBA wendet sich in der Praxis – verfahrensrechtlich unbedenklich – häufig an den GenStA, um auf Bedenken hinzuweisen und eine Rücknahme der Revision anzuregen.

17   Einer Entscheidung nach § 349 Abs 2 StPO steht nicht entgegen, dass das Revisionsgericht im Falle fehlerhafter Rechtsfolgenbemessung die **verhängte Rechtsfolge nach § 354 Abs 1a S 1 StPO aufrechterhält**. Auch bloße Korrekturen offensichtlicher Fehler im Schuldspruch hindern eine Verwerfung nach § 349 Abs 2 StPO nicht. Fälle „echter" **Schuldspruchberichtigungen in analoger Anwendung von § 354 Abs 1 StPO** (vgl § 354 StPO Rn 34 ff) finden ihre Grundlage dagegen in § 349 Abs 4 StPO, gleich ob sie einen Austausch des angewendeten Straftatbestands, den Übergang von einer schwereren zu einer leichteren Schuldform (etwa Beihilfe statt Täterschaft, Versuch statt Vollendung), oder den Wegfall von – auch tateinheitlich ausgesprochenen – Verurteilungen betreffen. Dies gilt auch dann, wenn die verhängte Rechtsfolge mangels Beruhen bestehen bleibt (vgl zB BGH StraFo 2007, 475 [Änderung tateinheitlicher Verurteilung]; StraFo 2008, 85 [Wegfall von

Einzeltaten]; Beschl v 26. 9. 2007 – Az 2 StR 289/07 [Teileinstellung nach § 154 Abs 2 StPO]; anders BGH NStZ 1994, 25 ; KK-StPO/Kuckein StPO § 349 Rn 29); in diesem Fall liegt eine kombinierte Entscheidung nach § 349 Abs 2 und Abs 4 StPO vor. Zugunsten des Angeklagten vorgenommene Änderungen im Rechtsfolgenausspruch, auch eine seitens des Revisionsgerichtes vorgenommene **Herabsetzung der Strafhöhe nach § 354 Abs 1 a S 2 StPO** beruhen immer auf § 349 Abs 4 StPO.

II. Offensichtlich unbegründet

Eine Revision ist „offensichtlich" unbegründet, wenn für **jeden Sachkundigen ohne** 18 **längere Prüfung erkennbar** ist, dass das Urteil in sachlich-rechtlicher Hinsicht keine Fehler aufweist und die Revisionsrügen des Revisionsführers dem Rechtsmittel nicht zum Erfolg verhelfen können (BVerfG NJW 2002, 814, 815; BGH NStZ 2002, 487, 489; NStZ 2003, 103; KK-StPO/Kuckein StPO § 349 Rn 23). Dies ist nicht nur – aber jedenfalls dann – der Fall, wenn die Revision ohne Anführung erheblicher neuer Gesichtspunkte Rechtsfragen aufwirft, die bereits durch die höchstrichterliche Rechtsprechung hinreichend geklärt sind. Entscheidend ist eine Beurteilung nach dem Sinn und Zweck von § 349 Abs 2 StPO, wonach eine **Hauptverhandlung entbehrlich sein soll, wenn sie das gefundene Ergebnis nicht in Zweifel ziehen kann**. Dementsprechend kann im Beschlusswege auch dann verfahren werden, wenn eine **noch nicht entschiedene Rechtsfrage betroffen** ist, der befasste Spruchkörper jedoch einhellig die Auffassung vertritt, dass die Frage zweifelsfrei in einer bestimmten Richtung zu beantworten ist, und von einer Hauptverhandlung keine neuen Erkenntnisse tatsächlicher oder rechtlicher Art zu erwarten sind (BGH NStZ 2001, 334: „finaler Zusammenhang"; KK-StPO/Kuckein StPO § 349 Rn 24; abl Dahs NStZ 2001, 298). Keine Rolle spielen demnach der Umfang der Revisionsbegründung, die Anzahl der hierin erhobenen Rügen und der für ihre Bearbeitung erforderliche Zeitaufwand (BGH NStZ-RR 2000, 295 bei Kusch; vgl auch BVerfG NJW 1987, 2219). Da § 349 Abs 2 StPO – anders als etwa § 522 Abs 2 ZPO – keine unverzügliche Entscheidung fordert, ist auch die Länge des Revisionsverfahrens kein zur Abgrenzung taugliches Kriterium.

Eine trennscharfe Grenze zwischen „offensichtlicher" und anderen Schwierigkeitsstufen 19 der Unbegründetheit ist nicht zu ziehen (vgl auch Meyer-Goßner StPO § 349 Rn 11). Dem Revisionsgericht steht insoweit ein **weiter Ermessensspielraum** zu, der an verfassungsrechtliche Grenzen erst dann stößt, wenn er eine willkürliche Beurteilung erkennen lässt (vgl BVerfG NStZ 2002, 487, 489). Das Merkmal wird in der Praxis dementsprechend extensiv ausgelegt. Die Revisionsgerichte sind dazu übergegangen, auch problematische und bislang offene Rechtsfragen, die eine umfangreiche Beschlussbegründung erfordern, im Verfahren nach § 349 Abs 2 StPO zu entscheiden, wenn sie nur die Erfolglosigkeit der Revision zum Ergebnis haben. Bei Überwindung erheblicher Bedenken im Rahmen des Beratung wird, auch wenn der Beratungsvorgang keiner Überprüfung zugänglich ist, allerdings „Offensichtlichkeit" eher fern liegen (vgl KK-StPO/Kuckein StPO § 349 Rn 25).

Ob die Begründung des angegriffenen Urteils sich als fehlerfrei erweist, ist unerheblich, 20 solange die ausgesprochene Rechtsfolge auf den Rechtsfehlern offensichtlich **nicht beruht**.

III. Verwerfungsantrag der StA

1. Grundlage

Der Verwerfungsantrag der StA beim Revisionsgericht – GBA oder GenStA – ist **zwin-** 21 **gende Zulässigkeitsvoraussetzung** für eine Verwerfung nach Abs 2. Er setzt eine **eigene, unabhängige Prüfung** der Erfolgsaussichten der Revision durch die StA voraus. Grundlagen sind allein die Revisionsbegründung und eventuell nachgeschobene Ausführungen des Revisionsführers.

> Das Antragserfordernis hat zur Folge, dass es auch dann zu einer Hauptverhandlung kommt, 21.1
> wenn zwischen dem Revisionsgericht und der StA beim Revisionsgericht unterschiedliche Auffassungen darüber bestehen, ob eine Revision offensichtlich unbegründet ist. Nach der Konzeption des Gesetzes ist dem GBA und GenStA damit eine maßgebliche Mitentscheidungsbefugnis über die Gestaltung des Revisionsverfahrens eingeräumt (vgl BVerfGE 59, 98 = NJW 1982, 324).

22 Eine Verfahrensweise, in der das Revisionsgericht dem GBA oder GenStA vorab seine – wenn auch vorläufige – Sichtweise über die Erfolgsaussichten der Revision mitteilt und auf eine Antragstellung hinwirkt („Antragsbestellung"), ist demzufolge unzulässig (BVerfG NStZ 2000, 382 obiter; Meyer-Goßner StPO § 349 Rn 12; Gieg/Widmaier NStZ 2001, 57; **aA** OLG Zweibrücken NJW 2001, 2110: ein „gerichtlicher Anstoß" sei nicht prozessordnungswidrig; Friemel NStZ 2002, 72).

22.1 Nach BVerfG NStZ 2000, 382 begründet ein derartiges Vorgehen eine Besorgnis der Befangenheit der befassten Senatsrichter und steht mit Art 3 Abs 1 und Art 103 Abs 1 GG nicht in Einklang. Dem ist – zumindest im Hinblick auf die Frage der Prozessrechtswidrigkeit – zuzustimmen, denn die vereinfachte Beschlussverwerfung nach § 349 Abs 2 StPO setzt zur Wahrung eines effektiven Verfahrens gerade eine doppelte, voneinander unbeeinflusste Prüfung der Revision voraus. Sind dem Revisionsgericht die Verfahrensakten versehentlich ohne Antrag des GBA oder GenStA übersandt worden, müssen sie deshalb an ihn zur Nachholung des Antrags zurückgeleitet werden, ohne dass das Revisionsgericht seine Rechtsauffassung erkennen lässt.

23 Unbedenklich ist dagegen, wenn das Revisionsgericht auf von der StA möglicherweise übersehene Gesichtspunkte hinweist und eine **Überprüfung des gestellten Antrags anregt** (vgl KG StV 2001, 153).

2. Inhalt

24 Die **Begründung des Verwerfungsantrages** kann knapp gehalten sein; im Fall einer unausgeführten Sachrüge kann sie sich auf die Mitteilung beschränken, dass Rechtsverletzungen nicht erkennbar seien. Bei einer Vielzahl von Verfahrensrügen müssen offensichtlich neben der Sache liegende Beanstandungen nicht gesondert beschieden werden (vgl BVerfG NJW 1987, 2219, 2220). Im Übrigen ist ein Hinweis auf eine gefestigte Rechtsprechung oder eine auf die tragenden Argumente beschränkte Auseinandersetzung mit dem Revisionsvorbringen hinreichend. Die Antragsschrift hat sich allerdings **mit allen nicht offensichtlich abwegigen Rügen zu befassen**. Wirft die Revision problematische Rechtsfragen auf, werden ausführlichere Darlegungen geboten sein, deren Begründungstiefe einer Beurteilung als „offensichtlich unbegründet" widerstreiten kann.

25 Der GBA oder GenStA ist **in der Antragstellung frei**. Er kann von einem Verwerfungsantrag nach § 349 Abs 2 StPO absehen, wenn er die Revision zwar für offensichtlich unbegründet, die Durchführung einer Hauptverhandlung aber aus anderen Gründen für angezeigt hält. In der Praxis stellt der GBA bei **Revisionen der StA**, die sich als offensichtlich unbegründet erweisen, deren Rücknahme er aber nicht erreichen konnte, häufig Antrag auf Bestimmung eines Verhandlungstermins (vgl zB BGH Urt v 8. 11. 2007 – Az 3 StR 309/07). Eine derart nach Person des Revisionsführers unterscheidende, auf behördlicher Rücksichtnahme beruhende Ungleichbehandlung ist nicht unbedenklich.

3. Bindung des Revisionsgerichts

26 Das Revisionsgericht ist seinerseits an einen nach § 349 Abs 2 StPO gestellten Antrag nicht gebunden, sondern kann **Termin zur Hauptverhandlung bestimmen**, selbst wenn es der Revision ebenso wie der GBA oder GenStA nach Beratung keine Erfolgsaussicht beimisst. Auch eine inhaltliche Bindung besteht nicht. Das Revisionsgericht kann die Revision daher nach § 349 Abs 2 StPO verwerfen, auch wenn es die Antragsbegründung der StA **nur im Ergebnis für zutreffend** hält (Meyer-Goßner StPO § 349 Rn 14; Gribbohm NStZ 1983, 97). Zu Begründungserfordernissen in diesem Fall vgl Rn 40 ff; § 356 a StPO Rn 14.

27 Das Revisionsgericht ist an einer Entscheidung nach § 349 Abs 2 StPO ebenfalls nicht gehindert, wenn der GBA oder GenStA eine **Abänderung des Schuldspruches, nicht aber zugleich die Aufhebung oder Abänderung des Rechtsfolgenausspruches beantragt** hat, und das Revisionsgericht von der Änderung des Schuldspruches absehen will (BGH NStZ-RR 1999, 24; Beschl v 26. 4. 2006 – Az 1 StR 151/06; Beschl v 4. 6. 2003 – Az 2 StR 169/03; Beschl v 9. 9. 1997 – Az 1 StR 408/97). Dies gilt auch dann, wenn die beantragte Schuldspruchänderung sich auf eine veränderte konkurrenzrechtliche Beurteilung

stützt, und der GBA oder GenStA die Aufrechterhaltung der verhängten Gesamtstrafe als Einzelstrafe beantragt hat (BGH Beschl v 16. 2. 2005 – Az 2 StR 536/04). **Weitere Fälle einer Entscheidungsbefugnis des Revisionsgerichtes nach § 349 Abs 2 StPO trotz Änderungsantrages** sind

- die beantragte Aufhebung zugunsten eines nichtrevidierenden Mitangeklagten nach **§ 357 StPO** (BGH Beschl v 6. 8. 2007 – Az 4 StR 431/06 Rn 17, insoweit in NStZ 2008, 158 nicht abgedruckt);
- ein auf die Nichtanordnung einer Unterbringung nach **§ 64 StGB** bezogener Aufhebungsantrag, weil dieser nicht allein zugunsten des Angeklagten wirkt (BGH NStZ-RR 1998, 142; Beschl v 17. 9. 2008 – Az 5 StR 423/08 = NStZ-RR 2008, 385 LS; Beschl v 28. 10. 2008 – Az 5 StR 472/08, insoweit in NStZ 2009, 204 nicht abgedruckt);
- ein auf den Ausspruch der **Vollstreckungsreihenfolge** nach § 67 Abs 2 StGB bezogener Änderungsantrag (BGH Beschl v 24. 6. 2008 – Az 4 StR 204/08; Meyer-Goßner StPO § 349 Rn 22);
- bei einer in Frage stehenden **rechtstaatswidrigen Verfahrensverzögerung** ein Antrag auf Verwerfung der Revision als unbegründet, auch wenn darin eine Verfahrensverzögerung bejaht und zur Kompensation eine entsprechende Feststellung seitens des Revisionsgerichtes für erforderlich gehalten wird; das Revisionsgericht ist in diesem Fall nicht gehindert, die Rüge des Angeklagten als unzulässig, weil nicht hinreichend ausgeführt zu behandeln oder die Revision ohne Feststellung einer Verfahrensverzögerung als unbegründet zu verwerfen, da der Schuld- und Strafausspruch durch den Antrag nicht berührt werden (BGH NStZ-RR 2008, 384);
- ein Antrag zur Aufhebung des Strafausspruches zur **nachträglichen Bildung einer Gesamtstrafe**, da der Angeklagte durch die Nichteinbeziehung einer urteilfremden Strafe nicht beschwert ist (BGH NStZ-RR 1999, 39 [bei Kusch]) und
- ein Antrag auf Entscheidung einer Beschwerde im **Adhäsionsverfahren** nach § 406a Abs 2 StPO (BGH NStZ 1999, 260, 261).

Bei Gesetzes- oder Rechtsprechungsänderungen kann eine Rückfrage oder **Auslegung des Antrages** angezeigt sein (vgl BGH Beschl v 14. 2. 2008 – Az 3 StR 416/07 zur zwischenzeitlichen Änderung von der Strafabschlags- zur Vollstreckungslösung in Fällen rechtstaatswidriger Verfahrensverzögerungen).

Revisionen verschiedener Verfahrensbeteiligter, für die jeweils Anträge nach § 349 Abs 2 StPO gestellt sind, können teilweise im Beschluss- und teilweise im Urteilsverfahren entschieden werden. **28**

Ein **ohne Antrag ergangener Beschluss** nach § 349 Abs 2 StPO ist verfahrensfehlerhaft; er kann auf eine Anhörungsrüge des GBA, GenStA oder des Angekl nach § 356a StPO korrigiert werden; in diesem Fall ist die ergangene Entscheidung aufzuheben und Termin zur Hauptverhandlung anzuberaumen. Geschieht dies nicht, ist eine Verfassungsbeschwerde wegen Verstoßes gegen das Willkürverbot begründet (BVerfGE 59, 98 = NJW 1982, 324). **29**

IV. Weiteres Verfahren (Abs 3)

1. Mitteilung des Antrags an den Revisionsführer

Die Mitteilungspflicht nach § 349 Abs 3 S 1 StPO und die Stellungnahmemöglichkeit durch Gegenerklärung nach § 349 Abs 3 S 2 StPO dienen der **Wahrung des rechtlichen Gehörs** des Revisionsführers, da die Antragsschrift Grundlage einer nachfolgenden Verwerfungsentscheidung bildet. Zugleich können sie den Revisionsführer zu Überlegungen hinsichtlich einer möglichen Rücknahme der Revision veranlassen. Die Mitteilung ergeht – regelmäßig veranlasst durch den GBA oder GenStA – entweder an den Revisionsführer unmittelbar oder nach § 145a StPO an dessen Verteidiger, bei mehreren Verteidigern an alle, die eine Revisionsbegründung vorgelegt haben. Hat der Angeklagte seine Revision zu Protokoll der Geschäftsstelle begründet, muss die Antragsschrift auch an ihn mitgeteilt werden, wenn die von ihm erhobenen Rügen über jene seiner Verteidiger hinausgehen (vgl BGH Beschl v 23. 2. 2000 – Az 1 StR 352/99; **aA** Meyer-Goßner StPO § 349 Rn 15); **30** im Übrigen ist eine zusätzliche Mitteilung entbehrlich (BGH NStZ 1995, 21; NStZ 1999, 41).

31 Die Antragsschrift ist zum Nachweis des Fristlaufes nach S 2 **zuzustellen**, dem Verteidiger gegen Empfangsbekenntnis (Einzelheiten bei KK-StPO/Kuckein StPO § 349 Rn 20).

2. Gegenerklärung

32 Der Revisionsführer kann der Antragsschrift des GBA oder GenStA mit der Gegenerklärung **argumentativ entgegentreten** (vgl Park StV 1997, 550); eine weitere Begründung der Revision mit neuem tatsächlichem Vorbringen oder neuen Rügen ist ihm aber verwehrt. Die Gegenerklärung ist **beim Revisionsgericht**, nicht beim GBA oder GenStA einzureichen. Die Formerfordernisse des § 345 Abs 2 StPO gelten nach im Schrifttum vertretener allgemeiner Auffassung nicht (vgl Löwe/Rosenberg/Hanack StPO § 349 Rn 20; KK-StPO/Kuckein StPO § 349 Rn 21; Pfeiffer StPO § 349 Rn 6). Bei der Gegenerklärung nach § 349 Abs 3 S 2 StPO handelt es sich indes um eine Ergänzung der Revisionsbegründung, die der von § 345 Abs 2 StPO bezweckten – auch im Interesse des unvertretenen Angeklagten liegenden – Steuerung und Filterung bedarf (vgl § 345 StPO Rn 18).

33 Die Äußerungsfrist des § 349 Abs 3 S 2 StPO kann nicht verlängert werden (BGH NStZ 2008, 151, Beschl v 27. 2. 2007 – Az 1 StR 8/07 = wistra 2007, 231; Beschl v 6. 12. 2006 – Az 1 StR 532/06; Meyer-Goßner StPO § 349 Rn 17); der Revisionsführer muss sich vielmehr auf eine Entscheidung des Revisionsgerichts nach Fristablauf einrichten (BGH wistra 2007, 231). Da es sich um **keine Ausschlussfrist** handelt, muss nach Fristablauf eingehendes Vorbringen allerdings berücksichtigt werden, solange die Entscheidung des Revisionsgerichtes noch nicht ergangen ist. Ein Zuwarten auf eine angekündigte Stellungnahme ist nicht geboten, kann zur Vermeidung einer Gehörsrüge allerdings angezeigt sein.

34 Die Gegenerklärung kann, muss dem **Revisionsgegner** aber nicht zur Kenntnis zugeleitet werden. Eine **Stellungnahmepflicht** auf die Gegenerklärung besteht nicht (BGH NStZ 2003, 103 mAnm Ventzke; NStZ-RR 2005, 14). Dies gilt auch dann, wenn der Revisionsführer erst in der Gegenerklärung seine Sachrüge näher begründet. Einer erneuten Stellungnahme des GBA oder GenStA bedarf es gleichfalls nicht, da ansonsten das Verfahren des § 349 Abs 3 StPO unterlaufen werden würde (BGH NStZ 2003, 103). Enthält die Gegenerklärung jedoch neuen tatsächlichen oder rechtlichen Vortrag, auf den das Revisionsgericht – uU nach Gewährung einer Wiedereinsetzung – seine Entscheidung stützen will, gebietet Art 103 Abs 1 GG eine Zuleitung.

V. Entscheidung des Revisionsgerichts

1. Entscheidungsvoraussetzungen

35 Das Revisionsgericht ist nicht nur berechtigt, sondern aufgrund des Beschleunigungsgrundsatzes auch verpflichtet, eine **Entscheidung baldmöglichst nach Ablauf der Frist des § 349 Abs 3 S 2 StPO** herbeizuführen; die Frist sollte jedoch abgewartet werden, selbst wenn eine Gegenerklärung bereits vorliegt (aA BGH MDR 1982, 283 [bei Holtz]). Um eine Rüge nach § 356a StPO zu vermeiden, kann bei kurz nach Eingang einer Gegenerklärung ergehenden Entscheidung allerdings angezeigt sein, in der Revisionsentscheidung oder dem Übersendungsschreiben mitzuteilen, dass die Gegenerklärung bei der Entscheidung berücksichtigt wurde.

35.1 Die Mitteilung, dass ein Schriftsatz dem Senat „vorgelegen" habe, reicht hierbei aus und begründet nicht die Besorgnis, das Gericht habe den Schriftsatz nicht hinreichend zur Kenntnis nehmen können (BGH Beschl v 6. 12. 2006 – Az 1 StR 240/06).

36 Der Verwerfungsbeschluss erfordert **Einstimmigkeit**. Diese muss sich auch auf die Offensichtlichkeit, d.h. auf das Vorgehen im Beschlussverfahren beziehen, so dass Einigkeit auch über alle wesentliche Punkte der Verwerfungsbegründung bestehen muss, auch wenn diese nicht schriftlich niedergelegt wird. Halten Mitglieder des befassten Spruchkörpers eine Revision aus unterschiedlichen Erwägungen heraus für unbegründet, widerstreiten sie aber gerade in den von ihnen jeweils für maßgeblich gehaltenen Einzelpunkten, kann nicht nach § 349 Abs 2 StPO entschieden werden.

Über **mehrere Revisionen** unterschiedlicher Verfahrensbeteiligter ist grundsätzlich zwar 37 getrennt zu entscheiden. Das Revisionsgericht ist dabei auch nicht gehindert, teilweise das Beschluss- und teilweise im Urteilsverfahren zu wählen. Regelmäßig sollte aber einer einheitlichen Entscheidung der Vorzug gegeben werden, um den Anschein personenbezogener Unterschiede in der prozessualen Behandlung zu vermeiden (vgl KK-StPO/Kuckein StPO § 349 Rn 22).

2. Entscheidungsinhalt, Begründungserfordernisse

In der **Beschlussformel** muss weder die „offensichtliche" Unbegründetheit noch die 38 Einstimmigkeit oder die Übereinstimmung mit dem Antrag der StA ausgedrückt werden; es reicht die Bezeichnung, dass die Entscheidung nach § 349 Abs 2 StPO ergeht (vgl BGH NStZ 1994, 353).

Die Entscheidung nach § 349 Abs 2 StPO muss **grundsätzlich nicht begründet** wer- 39 den. In der Praxis üblich ist die Tenorierung, dass „die Überprüfung des angefochtenen Urteils keinen Rechtsfehler zum Nachteil des Beschwerdeführers ergeben" habe.

Die die Verwerfung tragenden Gründe ergeben sich aus den Entscheidungsgründen des ange- 39.1 fochtenen Urteils aus dem begründeten Antrag des GBA oder GenStA, aus dem sich – im Ergebnis unerhebliche – Abweichungen von den Entscheidungsgründen ergeben können, und durch das Attribut der „offensichtlichen Unbegründetheit" (BGH NStZ 2003, 103; NStZ 1994, 353; KK-StPO/Kuckein StPO § 349 Rn 16). Lag die Revisionsbegründung oder ein Teil hiervon dem GBA oder GenStA bei Abfassung seiner Antragsschrift nicht vor, kann daher eine – jedenfalls kurze – Begründung durch das Revisionsgericht angezeigt sein (vgl BGH Beschl v 11. 3. 2008 – Az 3 StR 24/08).

Auf den **Verwerfungsantrag** und seine Begründung nimmt das Revisionsgericht regel- 40 mäßig zumindest **schlüssig Bezug** (aA KK-StPO/Kuckein StPO § 349 Rn 25). Es muss sich ihm aber nicht in allen Punkten anschließen, da der Antrag nur eine prozessuale Voraussetzung darstellt (vgl BVerfG NJW 2002, 814, 815); im Falle einer Abweichung empfiehlt es sich aber, diese zu kennzeichnen und die abweichenden Erwägungen kurz herauszustellen (s Rn 41). Das Revisionsgericht ist auch nicht gehindert, nach § 349 Abs 2 StPO ohne nähere Begründung zu entscheiden, wenn der Revisionsführer erst in seiner Gegenerklärung eine umfangreiche Begründung seiner Sachrüge nachgeschoben hat und der GBA oder GenStA seine Stellungnahme auf die in der ursprünglichen Begründungsschrift vorgebrachten Aspekte beschränkt hat (BGH NStZ 2003, 103).

Verfassungsrechtlich bestehen hiergegen grundsätzlich keine Bedenken (BVerfG NJW 41 1982, 925; NJW 1987, 2219; NStZ-RR 2002, 95). Allerdings kann es nicht nur sinnvoll (so obiter BVerfG NJW 2002, 814, 815), sondern geboten sein, auf eine **von der Stellungnahme des GBA oder GenStA abweichende Auffassung** des Revisionsgerichts und einen entsprechenden **Begründungsaustausch** zumindest kurz hinzuweisen (aA obiter BGH Beschl v 5. 4. 2006 – Az 5 StR 35/06), wenn die Entscheidungsgründe des angegriffenen Urteils und die staatsanwaltschaftliche Stellungnahme sich als derart fehler- oder lückenhaft erweist, daß die gleichwohl vorgenommene Revisionsverwerfung ohne einen entsprechenden Hinweis kaum erklärlich wäre und zum Erfolg einer auf eine Verletzung von Art 3 Abs 1 GG, Art 19 Abs 4 GG oder Art 103 Abs 1 GG gestützten Verfassungsbeschwerde führen könnte (vgl auch BVerfG NJW 2005, 3410, 3413: Beurteilungsgrundlage ist iZw die Stellungnahme des GBA).

An einer auch **ausführlichen Begründung** seines Beschlusses ist das Revisionsgericht 42 nicht gehindert; insbes widerstreiten auch längere Ausführungen nicht dem Merkmal der Offensichtlichkeit (vgl Rn 19.1). Außer bei Abweichung vom Inhalt der Antragsschrift werden diese angezeigt sein, wenn die **Antragsschrift sich zu problematischen Fragen nicht verhält**, weil etwa solche durch die Gegenerklärung aufgeworfen werden oder das Revisionsgericht eine Auseinandersetzung auch ohne darauf gerichtete Ausführungen der Revision für erforderlich hält. Zudem kann Veranlassung bestehen, auf eine fehlerhafte oder zumindest bedenkliche Sachbehandlung **hinzuweisen**, die für die revisionsrechtliche Beurteilung – etwa wegen fehlenden Beruhens oder mangels Beschwer – nicht entscheidungserheblich war.

42.1 Deutlich zB BGH Beschl v 20. 9. 20076 – Az 3 StR 336/07 (Nichtannahme eines besonders schweren Falles nach § 263 Abs 3 StGB „nicht verständlich"). Zurückhaltung ist geboten bei Hinweisen zur Sachbehandlung im Vollstreckungsverfahren. Sie berühren die Zuständigkeit der Vollstreckungsgerichte und können nur dann angezeigt sein, wenn bei Überprüfung des angefochtenen Urteils einem Gesichtspunkt erhebliches Gewicht zukam, der für das weitere Verfahren Bedeutung behält. Dies ist insbes bei der Verhängung von Maßregeln für den im Erkenntnis- und Vollstreckungsverfahren relevanten Grundsatz der Verhältnismäßigkeit (§ 62 StGB) der Fall (vgl zB BGH Beschl v 20. 12. 2007 – Az 5 StR 519/07 [„wird ... Gesichtspunkt der Verhältnismäßigkeit besonders zu beachten sein"]).

43 Zur Begründung einer **Revisionsverwerfung durch Urteil** vgl § 353 StPO Rn 2.

VI. Rechtskraft, Abänderung, Wiedereinsetzung

44 Der nach Abs 2 gefasste Beschluss wird **wirksam** mit Unterzeichnung und Hinausgabe zur Geschäftsstelle (vgl BGH NStZ 1994, 96); mit Tagesablauf wird gem § 34 a StPO das angefochtene Urteil rechtskräftig. Der Beschluss kann außerhalb einer erfolgreichen Gehörsrüge nach § 356 a StPO grundsätzlich weder aufgehoben noch abgeändert oder ergänzt werden (BGHSt 17, 94, 97 = NJW 1962, 818; NStZ 1994, 96; NStZ-RR 2000, 295 [bei Kusch]), soweit nicht bloße Berichtigungen ohne inhaltliche Veränderung betroffen sind (vgl Rn 5). Anderes gilt nur, wenn prozessverändernde Ereignisse vor dem Wirksamwerden des Beschlusses eingetreten, dem Revisionsgericht aber nicht bekannt geworden sind (BGH NStZ 1998, 27 [bei Kusch]: Rücknahme; OLG Schleswig NJW 1978, 1016: Tod des Angeklagten).

44.1 Ohne weiteres möglich ist aber die Korrektur offensichtlicher Schreib- oder Rechenfehler im Wege eines **Berichtigungsbeschlusses** (zB BGH Beschl v 3. 8. 2008 – Az 3 StR 378/07).

45 Eine **Wiedereinsetzung** in den vorigen Stand ist nicht möglich, denn es handelt sich um eine rechtskräftige Sachentscheidung, die das Verfahren zum Abschluss gebracht hat (BGHSt 17, 94; BGHSt 23, 102; BGHSt 25, 89, 91; NStZ 1997, 45). Dies gilt auch dann, wenn der Verwerfungsantrag des GBA oder der GenStA allein dem Verteidiger des Angeklagten zugegangen ist (BGH NStZ 1983, 208 bei Pfeiffer/Miebach; NStZ 1997, 45).

D. Aufhebung (Abs 4)

I. Voraussetzungen

46 § 349 Abs 4 StPO dient wie Abs 2 der vereinfachten Erledigung des Revisionsverfahrens zur Verfahrensbeschleunigung und Entlastung des Revisionsgerichtes in rechtlich unproblematisch gelagerten Fällen.

47 Eine Urteilsaufhebung im Beschlussweg ist nur **zugunsten des Angeklagten** möglich. Formal setzt sie nach dem Wortlaut der Vorschrift auch eine zu seinen Gunsten eingelegte Revision voraus, also eine eigene, eine Revision seines gesetzlichen Vertreters oder Erziehungsberechtigten oder eine Revision der StA nach § 296 Abs 2 StPO. § 349 Abs 4 StPO wird darüber hinaus erweiternd ausgelegt, dass auch zuungunsten des Angeklagten eingelegte, jedoch nach **§ 301 StPO** zu seinen Gunsten wirkende Revisionen von StA, Nebenkläger (vgl BGH NJW 1986, 2716, 2717) und Privatkläger (§ 380 Abs 1 S 3 StPO) erfasst sind (BGHSt 44, 68, 82; NStZ-RR 1996, 130, 131; Löwe/Rosenberg/Hanack StPO § 349 Rn 32; aA Meyer-Goßner StPO § 349 Rn 28). Im Ergebnis kann damit **bei jeder Revision** eine Beschlussfassung nach Abs 4 erfolgen.

48 Nach § 349 Abs 4 StPO können auch **Abänderungen des Schuldspruches** durch das Revisionsgericht in analoger Anwendung von **§ 354 Abs 1 StPO** ausgesprochen werden (näher Rn 17). **Teileinstellungen** berühren das gesamte Verfahren und beruhen auf einer unmittelbaren Anwendung der zur Einstellung zwingenden oder zu ihr berechtigenden Vorschrift; soweit sie aber – wie regelmäßig – eine Abänderung des Schuldspruches zur Folge haben, ist auch diese nach § 349 Abs 4 StPO auszusprechen (vgl zB BGH Beschl v 4. 10. 2007 – Az 2 StR 431/07).

48.1 Anders etwa bei seitens des Tatrichters nicht erschöpften Anklage, über die in einzelnen Punkten keine Entscheidung ergangen ist; stellt das Revisionsgericht das Verfahren insoweit nach den § 154

Abs 2 StPO, § 154a Abs 2 StPO ein, wird der Schuldspruch des angefochtenen Urteils nicht berührt (vgl BGH Beschl v 22. 11. 2007 – Az 4 StR 397/07).

Die Beschlussfassung setzt weiterhin voraus, dass das Revisionsgericht das Rechtsmittel im Umfang der Aufhebung **einstimmig** für begründet hält; „**offensichtlich**" begründet braucht es **nicht** zu sein. Es bedarf auch keines auf Aufhebung gerichteten Antrages des GBA oder GenStA und keiner Anhörung des Beschwerdegegners. Hat der GBA oder GenStA Terminsantrag gestellt, muss er allerdings Gelegenheit zur Stellungnahme erhalten (KK-StPO/Kuckein StPO § 349 Rn 37). 49

II. Entscheidungsinhalt

1. Aufhebungsumfang, § 354 Abs 1 StPO

Das Revisionsgericht kann das angefochtene Urteil **ganz oder teilweise aufheben** (§ 353 StPO) und die Sache zu neuer Entscheidung **zurückverweisen** (§ 354 Abs 2 und Abs 3 StPO). Der Umfang der erforderlichen Aufhebung hängt von der Natur des Rechtsfehlers und seinen Auswirkungen auf die Entscheidung ab; vgl hierzu näher die Erläuterungen zu § 353 StPO, welcher seinem Inhalt nach auch für Aufhebungen im Beschlusswege gilt (vgl KK-StPO/Kuckein StPO § 349 Rn 39). Soweit durch die Teilaufhebung der Revisionsantrag nicht erschöpft wird, ist eine parallele Teilverwerfung nach Abs 2 auszusprechen. 50

Nach § 354 Abs 1 StPO kann das Revisionsgericht im Wege des Freispruches (BGHSt 44, 68, 82) oder einer Strafherabsetzung **durchentscheiden**; in analoger Anwendung von § 354 Abs 1 StPO kann es Schuldspruchberichtigungen und Korrekturen im Rechtsfolgenausspruch zugunsten des Angeklagten vornehmen. Auch Entscheidungen nach § 354 Abs 1a S 2 StPO können nach § 349 Abs 4 StPO ergehen (BGH NStZ-RR 2008, 182, 183; NJW 2006, 1605). Das Revisionsgericht kann hierbei auch dann in Beschlussform entscheiden, wenn es dem Antrag des GBA oder GenStA nicht entsprechen möchte (BGHR StPO § 354 Abs 1a Verfahren 3; Meyer-Goßner StPO § 354 Rn 29). 51

2. Tenor

Aus dem Tenor des Aufhebungsbeschlusses muss sich, insbes bei einer Vielzahl von Angeklagten und Taten, **zweifelsfrei der Umfang der Aufhebung** nach Person, Tat und Feststellungsumfang (vgl insoweit § 353 StPO Rn 33 ff) ergeben. Zur Klarstellung kann sich eine Bezugnahme auf die Untergliederung der Feststellungen im tatgerichtlichen Urteil empfehlen (vgl BGH Urt v 21. 12. 2007 – Az 2 StR 372/07). 52

3. Begründungsanforderungen

Bei Aufhebung und Zurückverweisung ist eine zumindest kurze Begründung der die Aufhebung tragenden Rechtsauffassung bereits wegen **§ 358 StPO** erforderlich. Eine – ausdrückliche – **Bezugnahme auf die Ausführungen der GenStA oder des GBA** in der Antragschrift ist allerdings ausreichend, wenn sich aus der Antragsschrift die Gründe für die (Teil-)Aufhebung erschöpfend ergeben. 53

Vgl beispielsweise BGH Beschl v 4. 12. 2007 – Az 3 StR 456/07; Beschl v 10. 10. 2007 – Az 5 StR 359/07. Praxisüblich ist auch ein eingerücktes Zitat der wesentlichen Passagen aus der Antragsschrift mit abschließend erklärter Zustimmung des Revisionsgerichtes (vgl zB BGH Beschl v 5. 12. 2007 – Az 5 StR 599/07; Beschl v 20. 11. 2007 – Az 4 StR 408/07). 53.1

Bei **Kombination mit einer Teilverwerfung** nach § 349 Abs 2 StPO bedarf es insoweit keiner gesonderten Begründung; ein gesonderter Hinweis auf § 349 Abs 2 StPO und ggf die Gründe der Antragsschrift des GBA oder GenStA ist aber praxisüblich und sinnvoll. 54

Zweckmäßig und üblich ist im Falle der Zurückverweisung die Erteilung von **Hinweisen**, wie die Sache im erneuten tatrichterlichen Durchgang behandelt werden könnte. Dies kann Folgefragen betreffen, die sich in der erneuten Verhandlung erst aufgrund der rechtlichen Beurteilung des Revisionsgerichtes stellen, aber auch solche, die für die Revision nicht entscheidungserheblich waren, die im Ausgangsurteil jedoch übersehen oder rechtsfehlerhaft 55 behandelt wurden. An der Bindungswirkung des § 358 Abs 1 StPO nehmen Hinweise nicht teil; ihre Beachtung kann aber eine erneute, erfolgreiche Revision ersparen.

55.1 Die Formulierung kann erkennen lassen, ob es sich um einen bloßen **Vorschlag** – etwa zur weiteren prozessualen Gestaltung – handelt („könnte sich … als hilfreich erweisen") oder um eine **Rechtsauffassung**, deren Nichtbeachtung eine erneute Revision rechtfertigen würde („wird …zu prüfen sein"). Vgl nur beispielhaft BGH Urt v 15. 7. 2005 – 2 StR 131/05, Rn 43 (Prüfung weiterer Straftatbestände); Urt v 20. 12. 2007 – Az 4 StR 459/07, Rn 13 (Strafantrag); Urt v 6. 12. 2007 – Az 3 StR 325/07 Rn 7 f (weitere Beweiserhebungen, Bewertung eines Geständnisses); Urt v 23. 6. 2007 – Az 4 StR 99/07 (Verjährung); NStZ-RR 2007, 304, 306 (Vermeidung einer erneuten Vernehmung des geschädigten Kindes); Beschl v 10. 10. 2007 – Az 5 StR 376/07 (Beschleunigung des weiteren Verfahrens). Das Revisionsgericht kann in geeigneten Fällen auch eine Sachbehandlung nach § 154 Abs 2 StPO anregen (vgl BGH StV 2007, 527).

55.2 Hiervon zu unterscheiden sind Ausführungen, die bei Aufhebung **wegen fehlerhafter Beweiswürdigung** ergehen. Stellt das Revisionsgericht klar, wie das Tatgeschehen rechtlich zu bewerten wäre, falls der neue Tatrichter nach wiederholter Beweisaufnahme zu identischen Feststellungen gelangt, betrifft dies eine von der Revision aufgeworfene Frage; das neue Tatgericht ist an die Bewertung daher gebunden (zB BGH Urt v 21. 12. 2007 – Az 2 StR 372/07).

III. Rechtskraft, Abänderung

56 Zur Wirksamkeit des Aufhebungsbeschlusses und fehlender Änderungsbefugnis des Revisionsgerichtes vgl Rn 5, Rn 44. Bei eigener Entscheidung des Revisionsgerichtes tritt die Rechtskraft des abgeänderten Urteils in Verbindung mit dem Änderungsbeschluss nach § 34 a StPO ein. Bei Teilaufhebung erwächst das angefochtene Urteil in Teilrechtskraft im nach § 34 a StPO bestimmten Zeitpunkt.

IV. Verfahrenseinstellung

57 Verfahrenseinstellungen sind als **Entscheidungsmöglichkeiten eigener Art** im Beschlusswege auf Grundlage und unter den Voraussetzungen der zur Einstellung ermächtigenden Verfahrensvorschrift auszusprechen. Da sie sich immer auch auf den Tenor des angefochtenen Urteils auswirken, beruht dessen Abänderung im Beschlussverfahren jedoch **zugleich auf § 349 Abs 4 StPO**, bedarf mithin der Einstimmigkeit (aA KK-StPO/Kuckein StPO § 349 Rn 43; Meyer-Goßner StPO § 349 Rn 29: bei vom Tatrichter übersehenem Verfahrenshindernis Anwendung von § 349 Abs 4 StPO, bei späterem Eintritt § 206 a StPO). Vgl näher § 354 StPO Rn 14 ff.

E. Urteilsverfahren (Abs 5)

58 Besteht keine Möglichkeit zur Entscheidung in Beschlussform nach § 349 Abs 1, Abs 2 oder Abs 4 StPO oder nimmt sie das Revisionsgericht aufgrund des ihm zustehenden Ermessens nicht wahr, hat es durch Urteil aufgrund mündlicher Verhandlung nach § 349 Abs 5 StPO zu entscheiden; das weitere Verfahren bestimmen dann die **§§ 350 StPO ff**. Dies betrifft insbesondere die **Fälle fehlender Einstimmigkeit oder eine beabsichtigte Entscheidung zu Ungunsten des revidierenden Angeklagten entgegen dem Antrag des GBA oder GenStA**.

59 Lässt § 349 StPO eine Entscheidung im Beschlusswege zu, hat der Revisionsführer **keinen Anspruch auf Durchführung einer mündlichen Verhandlung**; ein solcher ergibt sich insbes nicht aus Art 103 Abs 1 GG (BVerfGE 5, 9, 11; BVerfGE 36, 85, 87 = NJW 1974, 133; BVerfGE 112, 185 = NJW 2005, 1999, 2000; NStZ 2002, 487; StraFo 2007, 370).

F. Nebenentscheidungen

60 Zu parallel eingelegten, im Zusammenhang mit der Revision stehenden **Beschwerden** und der – für die Dauer seiner Sachbefassung regelmäßig gegebenen – Zuständigkeit des Revisionsgerichtes vgl § 333 StPO Rn 9 ff.

Bei Verwerfung der Revision folgt die den Revisionsführer belastende **Kostenentschei-** 61
dung aus § 473 Abs 1 und 2 StPO. In Verfahren gegen Jugendliche ist § 74 JGG zu
beachten; hat der Tatrichter entsprechend verfahren, wird dies auch für das Revisionsgericht
nahe liegen. Bei Zurückverweisung wird die Kostenentscheidung regelmäßig dem Tatrichter
vorbehalten bleiben (vgl zB BGHSt 26, 250, 251). Bei eigener Sachentscheidung des
Revisionsgerichtes ist auch eine eigene Kostenentscheidung zu treffen; hat die Revision nur
geringfügigen Erfolg, wird es häufig unbillig sein, den Revisionsführer auch nur von einem
Teil seiner Kosten zu entlasten.

Bei einem Freispruch ist vom Revisionsgericht grundsätzlich auch die Entscheidung über 62
die **Zubilligung einer Strafverfolgungsentschädigung** nach § 8 StrEG selbst zu treffen;
kann sie im Revisionsverfahren nicht ohne weiteres getroffen werden, weil sie – etwa über
eine Mitverantwortung des Angeklagten – auch Feststellungen tatrichterlicher Art voraussetzt, muss sie dem Tatgericht überlassen werden (KK-StPO/Kuckein StPO § 349 Rn 45
mwN). Nach § 126 Abs 3 StPO, § 120 StPO obliegen dem Revisionsgericht auch die mit
dem Freispruch zusammenhängenden **Haftentscheidungen**.

§ 350 [Hauptverhandlung]

(1) ¹Dem Angeklagten und dem Verteidiger sind Ort und Zeit der Hauptverhandlung mitzuteilen. ²Ist die Mitteilung an den Angeklagten nicht ausführbar, so genügt die Benachrichtigung des Verteidigers.

(2) ¹Der Angeklagte kann in der Hauptverhandlung erscheinen oder sich durch einen mit schriftlicher Vollmacht versehenen Verteidiger vertreten lassen. ²Der Angeklagte, der nicht auf freiem Fuße ist, hat keinen Anspruch auf Anwesenheit.

(3) ¹Hat der Angeklagte, der nicht auf freiem Fuße ist, keinen Verteidiger gewählt, so wird ihm, falls er zu der Hauptverhandlung nicht vorgeführt wird, auf seinen Antrag vom Vorsitzenden ein Verteidiger für die Hauptverhandlung bestellt. ²Der Antrag ist binnen einer Woche zu stellen, nachdem dem Angeklagten der Termin für die Hauptverhandlung unter Hinweis auf sein Recht, die Bestellung eines Verteidigers zu beantragen, mitgeteilt worden ist.

Überblick

Die Vorschrift regelt die Vorbereitung der Revisionshauptverhandlung und die Möglichkeiten der Teilnahme des Angeklagten und seines Verteidigers. Eine Anwesenheitspflicht besteht im Grundsatz weder für den Angeklagten noch seinen Verteidiger. Zur Anwesenheit berechtigt sind beide unter Ausnahme des inhaftierten Angeklagten. Die Pflichtverteidigerbestellung des Tatrichters wirkt nicht für die Revisionshauptverhandlung. Für den inhaftierten Angeklagten ist ein Pflichtverteidiger nach § 350 Abs 3 S 1 StPO zu bestellen; im Übrigen kann eine Verteidigerbestellung nach § 140 Abs 2 StPO erfolgen. Auf Ausbleiben des Pflichtverteidigers muss vertagt werden.

Übersicht

	Rn		Rn
A. Mitteilung der Hauptverhandlung (Abs 1)	1	II. Neubestellung	11
		1. § 350 Abs 3 S 1 StPO	11
B. Anwesenheit (Abs 2)	5	2. § 140 Abs 2 StPO	14
I. Anwesenheitspflicht	5	3. Vornahme der Bestellung	16
II. Anwesenheitsrecht	8	III. Vergütung	18
C. Pflichtverteidigerbestellung (Abs 3)	10	IV. Prozesskostenhilfe	19
I. Fortwirkung	10	D. Wiedereinsetzung	20

A. Mitteilung der Hauptverhandlung (Abs 1)

1   Steht fest, dass das Revisionsgericht nicht nach § 349 Abs 1, Abs 2 oder Abs 4 StPO im Beschlusswege entscheiden kann oder will, bestimmt der Vorsitzende **Termin zur Hauptverhandlung** und ordnet zugleich die Mitteilung hierüber nach § 350 Abs 1 StPO an. Die Terminsmitteilung ist **an alle Verfahrensbeteiligten** zu richten. Sie ergeht sowohl an den Angeklagten als auch an einen eventuellen gesetzlichen Vertreter (§ 149 Abs 2 StPO) sowie an alle Verteidiger, die sich im Revisionsverfahren für den Angeklagten bestellt haben. Die Vorlage einer Verteidigervollmacht ist hierfür keine Voraussetzung. Von einer Benachrichtigung des Angeklagten kann nur im Fall von § 350 Abs 1 S 2 StPO abgesehen werden.

1.1   Dies setzt regelmäßig einen erfolglosen **Mitteilungsversuch** voraus. Hat der Angeklagte im Fall des § 350 Abs 1 S 2 StPO keinen Verteidiger, ist ihm entweder ein Pflichtverteidiger zu bestellen oder die öffentliche Zustellung gem § 40 StPO anzuordnen (vgl Löwe/Rosenberg/Hanack StPO § 349 Rn 4). Nach BayObLG St 1962, 84 soll diese bei einer Revision der StA aber nur zulässig sein, wenn die Revisionsschrift dem Angeklagten zuvor persönlich zugestellt wurde.

2   Ein unverteidigter Angeklagter, der sich nicht auf freiem Fuß befindet, ist gem § 350 Abs 2 S 2 StPO zugleich **über sein Recht nach § 350 Abs 3 S 1 StPO zu belehren**. Dies gilt nicht nur für den inhaftierten Angeklagten, sondern in jedem Fall, in dem der Angeklagte durch behördliche Anordnung in der Wahl seines Aufenthaltsortes beschränkt ist (BGHSt 4, 309; BGHSt 13, 209, 212 = NJW 1959, 1834).

3   Die Benachrichtigung nach Abs 1 ist **keine förmliche Ladung**; die § 217 StPO, § 218 StPO, § 145a Abs 2 StPO gelten nicht (Pfeiffer StPO § 360 Rn 1). Besondere Ladungsfristen sind daher nicht einzuhalten. Die Mitteilung an den Angeklagten kann gem § 145a Abs 1 StPO an den Verteidiger gesandt werden, ohne dass es einer Zustellungsvollmacht gem § 145a Abs 2 StPO bedarf. Eine bestimmte Form ist gleichfalls nicht vorgeschrieben; an den Angeklagten iSv Abs 3 ist die Mitteilung aber zuzustellen, weil sie die Frist des § 350 Abs 3 S 2 StPO in Lauf setzt. Bei einer Terminsverlegung ist die Mitteilung zu wiederholen. Für **Jugendstrafsachen** vgl § 50 Abs 2 JGG, § 67 Abs 2 JGG.

4   Ist die nach § 350 Abs 1 StPO vorgeschriebene **Mitteilung unterblieben**, so soll dies nach verbreiteter Auffassung folgenlos bleiben (OLG Köln NJW 1957, 74; Meyer-Goßner StPO § 350 Rn 11); die Hauptverhandlung kann demnach trotzdem durchgeführt werden. Indes garantiert § 350 Abs 1 StPO ein Mindestmitwirkungsrecht, dessen Verletzung verfassungsrechtlich unter den Gesichtspunkten des rechtlichen Gehörs und des fairen Verfahrens in der Ausprägung prozessualer Waffengleichheit bedeutsam ist (Löwe/Rosenberg/Hanack StPO § 350 Rn 15). Bei unterlassener Mitteilung ist daher der Termin aufzuheben und unter Beachtung von § 350 Abs 1 StPO neu zu bestimmen. Dies gilt erst recht, wenn der Angeklagte nach § 350 Abs 3 S 1 StPO nicht auf sein Recht zur Verteidigerbeiordnung hingewiesen wurde (AK/StPO-Maiwald StPO § 350 Rn 9; **aA** Meyer-Goßner StPO § 350 Rn 11).

B. Anwesenheit (Abs 2)

I. Anwesenheitspflicht

5   Der **persönlichen Beteiligung des Angeklagten** kommt wegen der auf Rechtsfragen beschränkten Überprüfung des Urteils kein Gewicht wie in der Hauptverhandlung vor dem Tatrichter zu. Ein persönlicher Eindruck seitens des Revisionsgerichtes ist nicht erforderlich, eine Einlassung zum Tatvorwurf ist unbehelflich (vgl BGHSt 41, 16, 19 = NJW 1995, 1973, 1974). Eine Anwesenheitspflicht sieht § 350 Abs 2 StPO aus diesen Gründen nicht vor; § 231 Abs 1 StPO gilt nicht. Allerdings kann nach § 236 StPO das persönliche Erscheinen des Angeklagten angeordnet und auch erzwungen werden, wenn er im Freibeweisverfahren angehört werden soll. Bei Inhaftierung kommt in diesem Fall eine von Amts wegen veranlasste Vorführung in Betracht (Meyer-Goßner StPO § 350 Rn 3).

6   Zur Anwesenheit ist auch der **Verteidiger** nicht grundsätzlich verpflichtet; dies gilt unabhängig davon, ob ein Fall notwendiger Verteidigung vorliegt (Pfeiffer StPO § 350 Rn 2). Ein nach Abs 3 beigeordneter oder gem § 140 Abs 2 StPO bestellter Verteidiger hat

den Termin allerdings wahrzunehmen; auf sein Ausbleiben muss vertagt und ggf ein neuer Verteidiger bestimmt werden (BVerfGE 65, 171 = NJW 1984, 113; BGHSt 19, 258, 263 = NJW 1964, 1035; Meyer-Goßner StPO § 350 Rn 5). Dem säumigen Verteidiger können allerdings durch gesonderte Kostenentscheidung gem. § 145 Abs 4 StPO die Kosten seines Ausbleibens auferlegt werden (BGH Urt v 2. 10. 2008 – Az 3 StR 236/08; Meyer-Goßner StPO § 145 Rn 20 f, 24; vgl auch BGHSt 19, 258, 263 = NJW 1964, 1035 zu standesrechtlichen Folgen).

Erscheint der vom Angeklagten beauftragte Wahlverteidiger nicht, hindert dies die Durchführung der Hauptverhandlung nicht; allerdings kann es gegen den Grundsatz des fairen Verfahrens verstoßen, wenn das Revisionsgericht ohne Zuwarten in Abwesenheit des Angeklagten und seines Verteidigers, der sein Kommen angekündigt hatte, verhandelt (BVerfGE 65, 171 = NJW 1984, 113). 6.1

Für **Privat- und Nebenkläger** besteht gleichfalls keine Anwesenheitspflicht, auch wenn sie Revisionsführer sind; dasselbe gilt für Vertreter der revisionsführenden **StA**. Anwesenheitspflicht besteht aber für einen Vertreter der StA beim Revisionsgericht. 7

II. Anwesenheitsrecht

Die **benachrichtigten Verfahrensbeteiligten** haben in der Hauptverhandlung ein Anwesenheitsrecht; dies gilt auch für einen durch staatliche Maßnahmen an seinem Kommen nicht gehinderten Angeklagten. Bei **Verhinderung** durch Krankheit, Urlaub oder andere Gründe besteht allerdings kein Anspruch auf Terminsverlegung oder Wiedereinsetzung in den vorigen Stand. Auch die – zeitweilige – **Verhandlungsunfähigkeit des Angeklagten** steht der Durchführung der Hauptverhandlung grundsätzlich nicht entgegen. 8

Allerdings muss der Angeklagte zu einer auf das Revisionsverfahren bezogenen **Wahrnehmung seiner Interessen überhaupt in der Lage** sein. Er muss daher zumindest die Fähigkeit gehabt haben, über die Einlegung des Rechtsmittels verantwortlich zu entscheiden. Vor der Hauptverhandlung muss er imstande gewesen sein, mit seinem Verteidiger Kontakt aufzunehmen und sich über die Grundzüge der Revisionsdurchführung oder ihrer eventuellen Rücknahme zu verständigen (EGMR EuGRZ 1997, 148; angedeutet in BVerfG NJW 1995, 1951; offen gelassen von BGHSt 41, 16 = NJW 1995, 1973; Widmaier NStZ 1995, 361). Zu einer eigenen Prüfung des angefochtenen Urteils muss er dagegen nicht fähig sein. 8.1

Dass der **Angeklagte unbekannten Aufenthaltes** ist, hindert die Hauptverhandlung nicht, wie sich schon aus § 350 Abs 1 S 2 StPO ergibt (vgl auch BVerfG NJW 1995, 651, 652 zur Rückführung des Angeklagten in das Ausland). Ist der Kontakt zwischen Verteidiger und Angeklagtem allerdings aufgrund staatlicherseits zu verantwortender Maßnahmen abgerissen, kann eine vorläufige Einstellung des Verfahrens geboten sein (OLG Brandenburg NStZ-RR 1005, 49 für den Fall der Abschiebung des Angeklagten). 8.2

Der **inhaftierte Angeklagte** hat gem § 350 Abs 2 S 2 StPO **keinen Anspruch auf Anwesenheit**; dies ist verfassungsrechtlich unbedenklich (BVerfGE 54, 100, 116= NJW 1980, 1943; BVerfGE 65, 171, 177 = NJW 1984, 113). Auf seinen Antrag kann er – in der Praxis selten – nach Ermessen des Revisionsgerichts aus der Haft **vorgeführt** werden. Eine Vorführung von Amts wegen ist möglich, wird aber nur ausnahmsweise in Betracht kommen, etwa dann, wenn unter seiner Mitwirkung Verfahrensvorgänge im Freibeweisverfahren aufgeklärt werden sollen (vgl OLG Koblenz NJW 1958, 2027, 2028; Meyer-Goßner StPO § 350 Rn 3). Einem der deutschen Sprache nicht ausreichend mächtigen Angeklagten, der nach Ankündigung von seinem Anwesenheitsrecht Gebrauch macht, ist ein **Dolmetscher** zu bestellen (BVerfG NJW 1983, 2762). 9

C. Pflichtverteidigerbestellung (Abs 3)

I. Fortwirkung

Eine bereits **vom Tatgericht vorgenommene Pflichtverteidigerbestellung** wirkt fort für die Einlegung und Begründung der Revision einschließlich einer etwaigen Gegenerklärung, so dass es für das Beschlussverfahren nach § 349 Abs 1, Abs 2 oder Abs 4 StPO hiermit sein Bewenden hat (zum Ausnahmefall der Bestellung eines zweiten Pflichtverteidigers im 10

Revisionsverfahren vgl BGH NStZ 1997, 48). Sie wirkt jedoch **nicht für die Wahrnehmung der Revisionshauptverhandlung**; § 140 Abs 1 StPO findet hierauf keine Anwendung. Es bedarf insoweit einer gesonderten Bestellung (BGHSt 19, 258 = NJW 1964, 1035; BGH NStZ 2000, 552; KK-StPO/Kuckein StPO § 350 Rn 11).

II. Neubestellung

1. § 350 Abs 3 S 1 StPO

11 § 350 Abs 3 S 1 StPO **gilt nur für eine Beiordnung zur Teilnahme an der Revisionshauptverhandlung**; zur vorherigen Verteidigerbestellung zur Revisionseinlegung und -begründung vgl Rn 10, Rn 15.1 und Rn 16. Die Bestellung ist bei Vorliegen der Voraussetzungen von § 350 Abs 3 S 1 StPO **zwingend** und nicht abhängig von Schwierigkeitsgrad oder Erfolgsaussichten der Revision. Dem aufgrund staatlicher Zwangsmaßnahmen am Erscheinen verhinderten Angeklagten soll eine Möglichkeit zur Einflussnahme auf die Revisionshauptverhandlung garantiert werden.

11.1 Der inhaftierte Angeklagte wird damit allerdings besser gestellt als ein auf freiem Fuß befindlicher unbemittelter Angeklagter, für den ein Pflichtverteidiger nicht zwingend zu bestellen ist. Verfassungsrechtlich ist das grundsätzlich unbedenklich (BVerfG NJW 1965, 147). Ein Ausgleich ist aber über eine großzügige Anwendung von § 140 Abs 2 StPO geboten.

12 Eine **Wiedereinsetzung** in die Frist des § 350 Abs 3 S 2 StPO ist nicht möglich; eine Beiordnung nach Abs 3 scheidet nach Fristablauf vielmehr aus (Meyer-Goßner StPO § 350 Rn 10; KK-Kuckein StPO § 350 Rn 11). Der Ablauf hindert eine Bestellung nach § 140 Abs 2 StPO aber nicht. Hat der Angeklagte bereits einen **Wahlverteidiger**, setzt die Bestellung nach § 350 Abs 3 S 1 StPO die vorherige Mandatsniederlegung voraus. Eine Bestellung mehrerer Pflichtverteidiger ist grundsätzlich unzulässig. Dies gilt auch bei besonderer Schwierigkeit und besonderem Umfang der Sache. Nur bei kurzfristiger Verhinderung kann statt Entpflichtung des alten und Bestellung des neuen Verteidigers eine zusätzliche Bestellung geboten sein (KK-StPO/Kuckein StPO § 350 Rn 14).

13 Gelangt der Angeklagte vor der Hauptverhandlung auf freien Fuß, wirkt die Bestellung fort, kann aber zurückgenommen werden (Meyer-Goßner StPO § 350 Rn 10).

2. § 140 Abs 2 StPO

14 **§ 350 Abs 3 S 1 StPO schließt § 140 Abs 2 StPO nicht aus**. Eine Bestellung für die Durchführung der Revisionsverhandlung nach § 140 Abs 2 StPO muss – auf Antrag oder von Amts wegen – jedenfalls dann erfolgen, wenn die Schwere der Tat oder die Schwierigkeit der Sache die Mitwirkung eines Verteidigers gebietet (BVerfG NJW 1965, 147; BVerfGE 46, 202 = NJW 1978, 151); abzustellen ist dabei aber auf den **Überprüfungsmaßstab des Revisionsgerichtes**, nicht auf den Umfang und die Schwierigkeiten für den Tatrichter (BGHSt 19, 258, 260 = NJW 1964, 1035; NStZ 2000, 552). Geht es um Rechtsfragen, deren Antwort offensichtlich ist, soll eine Vereidigung nicht geboten sein (BVerfGE 46, 202 = NJW 1978, 151).

15 Zutreffenderweise ist einem auf freiem Fuß befindlichen, unverteidigten Angeklagten jedoch stets **ein Pflichtverteidiger** nach § 140 Abs 2 StPO zu bestellen, sofern die Durchführung einer Hauptverhandlung beabsichtigt ist (vgl EGMR NStZ 1983, 373 für den mittellosen Angeklagten; SK-Wohlers StPO § 350 Rn 21; Meyer-Goßner StPO § 350 Rn 9). Die Besonderheiten des Revisionsverfahrens stehen einer Eigenverteidigung zwar nicht grundsätzlich entgegen. Dass Revisionshauptverhandlung bestimmt wurde, zeigt jedoch, dass – nach Einschätzung des GBA, GenStA oder des Revisionsgerichts selbst – die Lösung der durch die Sache aufgeworfenen Fragen nicht auf der Hand liegt. Bei einer Terminsbestimmung wegen möglicher Urteilsaufhebung zu Lasten des Angeklagten versteht sich das Erfordernis sachgerechter Verteidigung von selbst.

15.1 Allerdings werden die entscheidenden Weichen für eine erfolgreiche Revision des Angeklagten durch die **Revisionsbegründung** gestellt, anhand derer sich erst entscheidet, ob ein Termin zur Hauptverhandlung erforderlich wird. Für den Angeklagten ist daher von wesentlicher Bedeutung, bereits zu diesem Zeitpunkt verteidigt zu sein, so dass er, falls eine Beiordnung noch nicht erfolgt ist, auf eine solche vor dem Tatgericht antragen sollte (vgl Rn 16). Maßstab ist auch hier, ob das

Verfahren nach revisionsrechtlichen Maßstäben als „schwierig" anzusehen ist. Angesichts der Möglichkeit der Begründung zu Protokoll der Geschäftsstelle (§ 345 Ab 2 StPO) ist dafür aber eine rechtliche oder tatsächliche Komplexität zu fordern, die die Möglichkeiten des befassten Urkundsbeamten übersteigt, oder Akteneinsicht zur Begründung einer beabsichtigten konkreten Verfahrensrüge erfordert (vgl KG NStZ 2007, 663; § 345 StPO Rn 18). Im zweistufigen Rechtszug wird zudem dem Kriterium der Schwere der Tat Bedeutung zukommen. Eine Beiordnung ist hier angezeigt, wenn nicht von Vornherein aussichtslose Rügen beabsichtigt sind. So wird die Erhebung der Sachrüge trotz der dadurch ausgelösten umfassenden Prüfungspflicht des Revisionsgerichts nur dann durch einen Verteidiger geboten sein, wenn die Rüge hinsichtlich einzelner Fragen ausgeführt werden soll und offene Rechtsfragen anspricht oder anderweitig nicht ohne Erfolgsaussicht erscheint.

Zum Ausnahmefall der **Bestellung eines zweiten Pflichtverteidigers** im Revisionsverfahren vgl BGH NStZ 1997, 48. **15.2**

3. Vornahme der Bestellung

Die Bestellung erfolgt – auch nach § 140 Abs 2 StPO – durch den **Vorsitzenden des Revisionsgerichtes**, dem auch die Auswahl des Verteidigers obliegt (§ 141 Abs 4 StPO, § 350 Abs 3 S 1 StPO). **Wünsche des Angeklagten** sollten, müssen aber berücksichtigt werden; insbes ist die Beiordnung des bisherigen Wahl- oder Pflichtverteidigers aus der Tatsacheninstanz wegen der gänzlich anderen Anforderungen des Revisionsverfahrens nicht geboten. Allerdings ist der Angeklagte anzuhören (§ 141 Abs 1 S 2 StPO). Die Bestellung eines Verteidigers zur Durchführung des Revisionsverfahrens obliegt dem Vorsitzenden des Gerichtes, dessen Urteil angefochten ist (BGH Beschl v 10. 3. 2005 – Az 4 StR 506/04 insoweit in NStZ-RR 2005, 240 nicht abgedruckt; Beschl v 29. 10. 2008 – Az 2 StR 370/08; Meyer-Goßner StPO § 141 Rn 6; zum Maßstab vgl insoweit Rn 15.1). **16**

Ist eine ausdrückliche Bestellung versehentlich unterblieben, kann die Bestellung auch **schlüssig** durch Duldung des Auftretens eines nicht gewählten Verteidigers erfolgen, wenn an diesen Terminsnachricht ergangen ist (BGH NStZ 1997, 299; OLG Düsseldorf NStZ 1984, 43, 44). Entscheidend ist in einem solchen Fall, wie das Verhalten des Revisionsgerichtes von außen aufzufassen ist, nicht dagegen, ob die Bestellung eines Verteidigers zwingend geboten war. **17**

III. Vergütung

Die Vergütung des bestellten Pflichtverteidigers erfolgt nach **§§ 44 RVG ff** in Verbindung mit Teil 4 des Vergütungsverzeichnisses. Unter den Voraussetzungen der § 42 Abs 1 und Abs 2 RVG, § 51 RVG, § 52 RVG und § 53 RVG kann auf Antrag des Verteidigers seitens des Revisionsgerichts eine **Pauschvergütung** beschlossen werden. Bei Bestellung des Verteidigers für die Revisionshauptverhandlung bezieht sich die Befugnis zur Bewilligung nur auf diesen Verfahrensteil (§ 51 Abs 2 S 2 RVG iVm § 51 Abs 1 S 1 RVG). Abhängig von der Schwierigkeit der Sache und dem für die Vorbereitung der Hauptverhandlung erforderlichen Aufwand kann die gesetzliche Gebühr (228 EUR nach Nr 4132 VV RVG) deutlich überschritten werden (zB BGH Beschl v 1. 7. 2008 – Az 1 StR 582/06: 500 EUR; BGH Beschl v 10. 5. 2006 – Az 2 StR 120/05: 587,50 EUR; BGH Beschl v 11. 10. 2006 – Az 4 StR 567/05 und Beschl v 19. 7. 2006 – Az 2 StR 174/05: 1.000 EUR). **18**

Für den **Wahlverteidiger** gilt allein § 42 Abs 1 RVG (zur Zuständigkeit des Revisionsgerichts vgl § 42 Abs 1 S 5 RVG). Maßgeblich für die „Unzumutbarkeit" nach § 42 Abs 1 S 1 RVG ist der erforderliche Aufwand auf die Sache, soweit dieser tatsächlich betrieben wurde. Ein Verteidiger, der die Revision nur eingelegt oder die unausgeführte Sachrüge erhoben hat, kann eine erhöhte Pauschvergütung nicht beanspruchen, auch wenn die Sache vertiefter Bearbeitung bedurft hätte und solche von einem zweiten Verteidiger auch betrieben wurde. Vgl ferner BGH Beschl v 16. 10. 2007 – Az 4 StR 62/07 (Anhebung auf das Doppelte der Höchstbeträge nach Nr 4130 und 4132 des VV zum RVG wegen rechtlicher Schwierigkeit der Sache). **18.1**

Ist dem Angeklagten ausnahmsweise seitens des Revisionsgerichtes ein (zweiter) **Pflichtverteidiger zur Durchführung des Revisionsverfahrens – und nicht nur zur Wahrnehmung der Revisionshauptverhandlung – bestellt** worden, so erstreckt sich die Befugnis des Revisions- **18.2** gerichtes auf die Bewilligung einer Pauschgebühr für die Tätigkeit im gesamten Revisionsverfahren (vgl BGH NJW 2006, 1534: 3.000 EUR).

IV. Prozesskostenhilfe

19   Die Gewährung gesonderter Prozesskostenhilfe zugunsten des Angeklagten sieht das Gesetz nicht vor. Anderes gilt nur für das **Adhäsionsverfahren** nach § 404 Abs 5 S 1 StPO; in diesem Fall bedarf es entsprechend § 117 Abs 2 und Abs 4 ZPO der Darlegung er wirtschaftlichen Verhältnisse des Angeklagten (vgl BGH Beschl v 10. 6. 2008 – Az 5 StR 109/08 [Rn 7]).

D. Wiedereinsetzung

20   Eine Wiedereinsetzung ist bei unverschuldeter Versäumung der Hauptverhandlung nicht zu gewähren, wohl aber bei Versäumung der Mitteilung nach Abs 1 (OLG Koblenz MDR 1970, 66; Löwe/Rosenberg/Hanack StPO § 350 Rn 15; **aA** KK-StPO/Kuckein StPO § 350 Rn 10; Meyer-Goßner StPO § 350 Rn 11; vgl auch Rn 4).

§ 351 [Gang der Hauptverhandlung]

(1) Die Hauptverhandlung beginnt mit dem Vortrag eines Berichterstatters.

(2) [1]**Hierauf werden die Staatsanwaltschaft sowie der Angeklagte und sein Verteidiger mit ihren Ausführungen und Anträgen, und zwar der Beschwerdeführer zuerst, gehört.** [2]**Dem Angeklagten gebührt das letzte Wort.**

Überblick

Der Gang der Revisionshauptverhandlung richtet sich grds nach den allgemeinen Verfahrensvorschriften; § 351 StPO beschreibt dem Revisionsverfahren geschuldete Besonderheiten. Da das Revisionsgericht seine Entscheidung nicht allein aus dem Inbegriff der Hauptverhandlung gewinnt, ist eine Vorbereitung der Sache durch Votierung, Vorberatung und erforderlichenfalls freibeweisliche Ermittlungen zulässig. Die Hauptverhandlung dient idR allein dem zusammenfassenden Austausch der rechtlichen Argumente. Der Vortrag des Berichterstatters (§ 351 Abs 1 StPO) konzentriert unter die für die Revision wesentlichen Gesichtspunkte. Form und Ablauf, insbes den Erörterungsumfang der Sache bestimmt iÜ der Vorsitzende. Eine Beweiserhebung zu Tatfragen findet nicht statt.

Übersicht

	Rn		Rn
A. allgemeine Verfahrensgrundsätze	1	III. Beweisaufnahme	13
B. Vorbereitung der Hauptverhandlung	4	1. Tatfragen	13
		2. Verfahrensfragen	15
C. Ablauf der Hauptverhandlung	7	IV. Beratung	16
I. Vortrag des Berichterstatters (Abs 1)	7		
II. Anhörung der Beteiligten (Abs 2)	9		

A. allgemeine Verfahrensgrundsätze

1   Für die Revisionshauptverhandlung gelten, soweit sich aus den §§ 350 StPO ff und der Natur des Revisionsverfahrens nichts anderes ergibt, die **allgemeinen Verfahrensvorschriften**, insbes die § 226 StPO, § 243 Abs 1 StPO, §§ 271 StPO ff. Die Verhandlung ist nach § 169 S 1 GVG grundsätzlich **öffentlich**; § 48 JGG gilt aber auch in der Revisionsinstanz (str, wie hier Löwe/Rosenberg/ Wickern GVG § 169 Rn 5; **aA** Meyer-Goßner GVG § 169 Rn 2). Die **Verhandlungsfähigkeit** des Angekl im Zeitpunkt der Hauptverhandlung ist nicht erforderlich.

Bei endgültiger Verhandlungsunfähigkeit oder einer derart massiven Einschränkung, dass eine Übereinkunft mit dem Verteidiger über die Fortführung des Rechtsmittels nicht mehr getroffen werden kann, bleibt nur noch Raum für eine Verfahrenseinstellung nach § 205 StPO oder § 206 a StPO; anders nur dann, wenn im Wege der Durchentscheidung gem § 354 Abs 1 StPO auf Freispruch erkannt werden kann (vgl KK-StPO/Kuckein StPO 351 Rn 1). Zur Vorbereitung der Verhandlung kann eine freibeweisliche Klärung der Verhandlungsfähigkeit, auch zur Bescheidung eventueller Einstellungsanträge erforderlich werden (vgl zum Fall Mielke BGHSt 41, 16 [Zurückweisung des Einstellungsantrags]; BGHSt 41, 72 Revisionsurteil). Zur Feststellung und den Auswirkungen von Verhandlungsunfähigkeit vgl ferner § 337 StPO Rn 28 und § 341 StPO Rn 11 f. 1.1

Liegt noch keine **Vollmacht des Wahlverteidigers** vor, ist diese spätestens in der Hauptverhandlung vorzulegen oder die Bevollmächtigung durch den anwesenden Angeklagten zu bestätigen. 2

Eine **Richterablehnung** ist nach § 25 Abs 1 S 1 StPO nur bis zum Beginn des Vortrags des Berichterstatters zulässig; zu Ausnahmen vgl § 25 Abs 2 StPO. Eine Vorbefasstheit ist grundsätzlich kein Ablehnungsgrund (BGHSt 21, 142, 143; vgl auch BVerfGE 30, 149, 153;); dies gilt sowohl für den Fall, dass die abgelehnten Revisionsrichter bereits mit einer Revision in derselben Sache oder mit einem denselben Angeklagten betreffenden anderweitigen Verfahren befasst waren (vgl BGH Beschl v 19. 11. 2008 – Az 1 StR 541/08), als auch dann, wenn das Revisionsurteil der Aufhebung und Zurückverweisung durch das BVerfG unterliegt (vgl BGH wistra 2007, 426). Der Ablehnungsgrund ist allerdings nicht derart untauglich, dass über den Antrag gem § 27 Abs 1 StPO unter Mitwirkung der abgelehnten Richter entschieden werden könnte. Der auf die Ablehnung ergehende Beschluss ist nach § 356 a StPO mit der Anhörungsrüge anfechtbar (vgl BGH NJW 2009, 1092 sowie § 356 a StPO Rn 3). 3

B. Vorbereitung der Hauptverhandlung

Anders als in der tatrichterlichen Hauptverhandlung gewinnt das Revisionsgericht seine (Rechts-)Erkenntnisse **nicht allein aus dem Inbegriff der Hauptverhandlung**, sondern auch und vor allem – wie im Beschlussverfahren nach § 349 Abs 1, Abs 2 und Abs 4 StPO – aus der schriftlichen Revisionsbegründung und der Antragsschrift des GBA oder GenStA. Die Hauptverhandlung dient dem **zusammenfassenden Austausch der rechtlichen Argumente**, wahrt – wenngleich in begrenzter Weise – das Öffentlichkeitsprinzip und trägt damit auch zur Akzeptanz der revisionsgerichtlichen Rechtsprechung bei. 4

Eine **Vorbefassung** des zuständigen Spruchkörpers des Revisionsgerichts mit der Sache ist bereits zur Entscheidung erforderlich, ob im Urteilswege entschieden werden soll oder muss. Üblich und zulässig ist darüber hinaus die Vorlage eines schriftlichen Entscheidungsvorschlages (**Votum**) durch den Berichterstatter zur Vorbereitung der Hauptverhandlung; eine Festlegung des Berichterstatters auf der dargelegte Auffassung folgt hieraus nicht. In schwierigen Fällen kann auch die Durchführung einer **Vorberatung** angezeigt sein. Das Revisionsgericht ist nicht gehindert, im Freibeweisverfahren zu einzelnen Verfahrensvorgängen bereits Erkenntnisse zu erheben, zB Stellungnahmen der erstinstanzlichen Verfahrensbeteiligten einzuholen. Das Ergebnis ist den Beteiligten des Revisionsverfahrens zu eröffnen, damit diese ihr Vorbringen in der Hauptverhandlung darauf einstellen können. 5

Die **Verbindung** mehrerer bei demselben Senat des Revisionsgerichts anhängiger Verfahren zum Zweck gemeinsamer Verhandlung ist zulässig. 6

C. Ablauf der Hauptverhandlung
I. Vortrag des Berichterstatters (Abs 1)

Entgegen dem Wortlaut von § 351 Abs 1 StPO beginnt die Verhandlung mit dem **Aufruf der Sache und der Feststellung der Anwesenheit** der Prozessbeteiligten (§ 243 Abs 1 StPO); uU ist hiernach zu entscheiden, ob bei Verspätung des Verteidigers zuzuwarten ist (vgl § 350 StPO Rn 6). Erst hiernach **trägt der Berichterstatter den wesentlichen Inhalt des angefochtenen Urteils konzentriert auf die für die Revision erheblichen Gesichtspunkte vor**. Dies umfasst jedenfalls den Gegenstand der Verurteilung mit den 7 zugrunde liegenden Feststellungen, im Falle eines Freispruches den Tatvorwurf. Eine Verlesung ist nicht erforderlich.

7.1 Entbehrlich ist die Wiedergabe des Urteils auch dann nicht, wenn es alle Verfahrensbeteiligten und die Mitglieder des Spruchkörpers – wie regelmäßig – bereits kennen, denn die Berichterstattung dient auch der Information der zugelassenen Öffentlichkeit (aA Meyer-Goßner StPO § 351 Rn 2).

8 **Gegenstand und Umfang weiterreichenden Vortrags** sind abhängig von den erhobenen Rügen; so wird bei Angriffen gegen die Beweiswürdigung angezeigt sein, diese in ihren wesentlichen Punkten darzustellen, bei Verfahrenrügen ist über den beanstandeten Verfahrensvorgang zu berichten. Sind hierzu im Freibeweisverfahren bereits Feststellungen erhoben worden, müssen auch diese mitgeteilt werden. Ausführungen zu den Formalia der Revision sind, wo unproblematisch, entbehrlich. Zusammengefasst sollte aber die inhaltliche Angriffsrichtung der Revision aufgezeigt werden, ohne den Vortrag des Revisionsführers vorwegzunehmen. Nähere Ausführungen zur Angriffsrichtung der Sachrüge sollten grundsätzlich dem Revisionsführer überlassen bleiben; bei einem unvertretenen revidierenden Angeklagten kann aber eine Zusammenfassung angezeigt sein.

8.1 In umfangreichen Sachen, insbes bei Verurteilung wegen mehrerer Taten oder Beanstandung mehrerer, komplexer Verfahrensvorgänge kann in Abstimmung mit den Verfahrensbeteiligten eine **Abschichtung des Vortrages** und der nachfolgenden Anhörung der Beteiligten erfolgen (vgl KK-StPO/Kuckein StPO § 351 Rn 3).

II. Anhörung der Beteiligten (Abs 2)

9 Die Aufzählung des Abs 2 ist unvollständig; anzuhören ist **auch der Vertreter der Neben- oder Privatklage** unabhängig davon, ob er Revisionsführer ist. Unter „Staatsanwaltschaft" ist die **StA beim Revisionsgericht** zu verstehen; ein Anhörungsrecht eines Vertreters der revisionsführenden örtlichen StA besteht nicht. Von der Reihenfolge des § 351 Abs 2 S 1 StPO kann im Einverständnis der Beteiligten abgewichen werden. Bei **mehreren Revisionsführern** sollte der Revision mit der umfassendsten Angriffsrichtung der Vorrang gebühren, im Zweifel jener des Angeklagten. Die Vorträge schließen mit dem jeweiligen Revisionsantrag, der den begehrten Aufhebungsumfang enthalten muss. Erforderlichenfalls ist hierbei seitens des Revisionsgerichtes auf Klarstellungen hinzuwirken.

9.1 Der **GBA oder GenStA** ist frei in seiner **Entscheidung, ob er eine Revision der StA vertritt**. Sein Vertreter kann auf Verwerfung der Revision antragen oder einer Revision des Angeklagten beitreten. Da es sich beim Revisionsverfahren um kein Parteiverfahren handelt, kann das Revisionsgericht in diesem Fall auch gegen die gleichlautenden Anträge von GBA oder GenStA und Verteidigung entscheiden.

10 **Form und Ablauf der Verhandlung** bestimmt im Übrigen der **Vorsitzende**. Er kann auf die Erörterung rechtlicher Gesichtspunkte, die das Revisionsgericht für entscheidungserheblich hält, auf die nähere Erläuterung einzelner Argumente und auf ihre Erwiderung durch die Gegenseite hinwirken. Das Revisionsgericht kann auch eine Abänderung der gestellten Anträge und eine Teileinstellung nach § 154 Abs 2 StPO oder § 154a Abs 2 StPO anregen. Zu einem allgemeinen Rechtsgespräch ist es nicht verpflichtet, wenngleich es sich regelmäßig anbieten wird (BVerfG NJW 1965, 147; BGHSt 22, 336, 339 = NJW 1969, 941). Unter dem Gesichtspunkt der Gewährung rechtlichen Gehörs haben Hinweise zu erfolgen, wenn das Revisionsgericht eine andere Würdigung freibeweislich erhobener Tatsachen als von Parteien ersichtlich vorausgesetzt in Betracht zieht, oder wenn es von gefestigter Rechtsprechung abweichen will (vgl BVerwG NJW 1961, 891; **aA** KK-StPO/Kuckein StPO § 351 Rn 4), letzteres wird ohne vorangehendes Anfrageverfahren allerdings nur selten in Betracht kommen.

10.1 Auf eine mögliche Schuldspruchberichtigung muss das Revisionsgericht nicht hinweisen. Allerdings ist ein **beabsichtigtes Vorgehen nach § 354 Abs 1a S 1 StPO** auf Grundlage der neueren Rechtsprechung des BVerfG (vgl § 354 StPO Rn 76 ff), das eine umfassende, auch tatsächliche Würdigung des zumessungsrelevanten Prozessstoffes fordert, anzukündigen. Auf eine mögliche

Herabsetzung der Rechtsfolgen nach **§ 354 Abs 1 a S 2 StPO** ist der Angeklagte schon durch den erforderlichen Antrag der StA aufmerksam gemacht worden.

Der **Erörterungsumfang** ergibt sich iÜ bei mehreren Revisionen aus der Vorentscheidung nach § 349 StPO, über welches Rechtsmittel mündlich verhandelt wird, aus dem Prüfungsumfang des einzelnen Rechtsmittels nach § 352 StPO und durch den revisionsrechtlichen Überprüfungsmaßstab nach § 337 StPO. **11**

Daher ist über Revisionsangriffe des Angeklagten nicht zu verhandeln, wenn mündliche Verhandlung nur auf die Revision der StA oder des Nebenklägers anberaumt wurde. Sich hieraus im Einzelfall ergebende Unzuträglichkeiten können durch begrenzte Hinnahme auch revisionsfremden Vortrages gemildert werden. Vorzuziehen ist aber die Bestimmung einer mündlichen Verhandlung auf alle Revisionen. Zu nicht erhobenen Rügen oder Tatfragen ist nicht vorzutragen. **11.1**

Das auch in der Revisionshauptverhandlung erforderliche **letzte Wort** (§ 351 Abs 2 S 2 StPO) nimmt in Abwesenheit des Angeklagten dessen Verteidiger wahr (aA Meyer-Goßner StPO § 351 Rn 6). **12**

III. Beweisaufnahme

1. Tatfragen

Eine **Beweisaufnahme zu Tatfragen findet nicht statt**. Dem Revisionsführer ist es nach § 337 StPO verwehrt, die Beweiswürdigung des Tatrichters durch eine eigene zu ersetzen und den festgestellten Sachverhalt hierdurch in Frage zu stellen. Er ist ebenso wie das Revisionsgericht an die die in den Urteilsgründen niedergelegte Mitteilung des Ergebnisses der tatrichterlichen Beweisaufnahme gebunden (vgl BGHSt 21, 149, 151 = NJW 1967, 213; BGHSt 31, 139 = NJW 1983, 186). Das Revisionsgericht darf dementsprechend weder Teile der tatrichterlichen Hauptverhandlung wiederholen noch einzelne Beweiserhebungen und ihre Würdigung in eigener Beweisaufnahme nachprüfen. Dies gilt grundsätzlich auch bei behaupteten Widersprüchen zwischen angefochtenem Urteil und Akteninhalt (vgl näher § 337 StPO Rn 50 ff, 86 ff; Diemer NStZ 2002, 16, 17). **13**

Danach hat sich das Revisionsgericht jeglicher **Überprüfung des Beweiswertes auch einzelner Beweisanzeichen zu enthalten**. Es hat nicht aufzuklären, ob eine Zeugenaussage tatsächlich einen anderen Inhalt gehabt hat oder anders zu verstehen gewesen ist als im angegriffenen Urteil niedergelegt. Es kann Fragen oder Vorhalte, deren Fehlen der Revisionsführer beanstandet, nicht nachholen. Auch die Rüge, das Revisionsgericht habe den Inhalt eines Fotos oder einer Videoaufzeichnung (hierzu eingehend Diemer NStZ 2002, 16) falsch interpretiert, führt nicht zu eigener Bewertung durch das Revisionsgericht, auch wenn ihm das Foto oder die Aufzeichnung vorliegt. Es darf das Beweismittel in der Revisionshauptverhandlung daher nicht in Augenschein nehmen. **13.1**

Um keine Tatfrage handelt es sich aber dann, wenn **im Rahmen einer Aufklärungsrüge der aus dem Akteninhalt überprüfbare Gehalt eines Beweisanzeichens** in Frage steht. Das Revisionsgericht kann sich hier sachverständiger Hilfe bedienen, um zu ermitteln, ob der Tatrichter sich zu weiterer Beweiserhebung gedrängt sehen musste (vgl BGH NStZ 2005, 458 zur Frage, ob von einer Überwachungskamera aufgenommene Fotos ausreichende Anknüpfungstatsachen für ein anthropologisches Sachverständigengutachten bilden). **13.2**

Ausnahmen gelten für den Bereich des materiellen Rechts nur insoweit, als das Revisionsgericht sich Erkenntnisse über wissenschaftliche Erfahrungssätze oder über den Inhalt ausländischen Rechts durch einen Sachverständigen oder durch behördliche Auskunft vermitteln lassen kann (Löwe/Rosenberg/Hanack StPO § 351 Rn 5). **14**

2. Verfahrensfragen

Verfahrensfragen, deren Überprüfung dem Revisionsgericht durch eine zulässige Verfahrensrüge eröffnet ist, sind grundsätzlich im **Freibeweisverfahren** aufzuklären, wenn nicht bereits das Urteil oder das Hauptverhandlungsprotokoll in abschließender Weise über den fraglichen Sachverhalt Auskunft gibt. Das Revisionsgericht ist daher befugt, eigene, nach Auswahl und Durchführung seinem pflichtgemäßem Ermessen unterworfene Erhebungen ohne Beschränkung durch die Regeln des prozessualen Beweisrechts anzustellen (vgl KK- **15**

StPO/Herdegen StPO § 246 Rn 6). Ihm stehen dabei alle Beweismittel zur Verfügung, wenn nicht Beweisverbote bestehen (vgl näher § 337 StPO Rn 43 ff). Der Grundsatz der Öffentlichkeit gilt insoweit nicht; das Revisionsgericht kann die Erhebung daher vor oder in der Revisionshauptverhandlung durchführen. Dem Revisionsgericht ist dabei unbenommen, Zeugen und Sachverständige zur Hauptverhandlung zu laden, um sie im Freibeweisverfahren zu vernehmen. In diesem Fall müssen die Frage- und Erklärungsrechte der Beteiligten gewahrt bleiben; nach Abschluss sind die Beteiligten erneut zu hören. Weiterreichende Beweisantragsrechte ergeben sich aus einer durchgeführten Erhebung nicht.

15.1 Ausgeschlossen ist eine Einvernahme von Zeugen dort, soweit diese zu den betreffenden Punkten bereits vor dem Tatrichter vernommen wurden. Der Zweifelssatz findet keine Anwendung; ist der von der Revision behauptete Vorgang nicht aufklärbar, ist der Mangel nicht bewiesen, die Verfahrensrüge mithin unbegründet.

15.2 Zur **Überprüfung von Prozessvoraussetzungen** gelten die Grundsätze zur freibeweislichen Erhebung über Verfahrensfragen entsprechend; bei fehlender Aufklärbarkeit ist allerdings im Zweifel vom Vorliegen des Hindernisses auszugehen (vgl § 337 StPO Rn 26 ff).

IV. Beratung

16 Die abschließende Beratung erfolgt nach der Hauptverhandlung (**§ 260 Abs 1 StPO**). Die Abstimmung erfolgt nach **§ 196 GVG**; die Entscheidung ergeht danach grundsätzlich mit einfacher Mehrheit. Eine dem Angekl nachteilige eigene Sachentscheidung des Revisionsgerichtes nach § 354 Abs 1 StPO – gleich ob zum Schuld- oder Rechtsfolgenausspruch – muss nach **§ 263 Abs 1 StPO** mit der Mehrheit von zwei Dritteln der Stimmen, bei einem mit fünf Richtern besetzten Spruchkörper daher mit einer Mehrheit von mindestens vier zu eins ergehen (KK-StPO/Kuckein StPO § 351 Rn 7, § 354 Rn 14; Löwe/Rosenberg/Wickern GVG § 196 Rn 2; Pfeiffer StPO § 351 Rn 4).

17 Zur **Verkündung** s § 356 StPO.

§ 352 [Umfang der Urteilsprüfung]

(1) Der Prüfung des Revisionsgerichts unterliegen nur die gestellten Revisionsanträge und, soweit die Revision auf Mängel des Verfahrens gestützt wird, nur die Tatsachen, die bei Anbringung der Revisionsanträge bezeichnet worden sind.

(2) Eine weitere Begründung der Revisionsanträge als die in § 344 Abs. 2 vorgeschriebene ist nicht erforderlich und, wenn sie unrichtig ist, unschädlich.

Überblick

Die Vorschrift bestimmt den Umfang rechtlicher Nachprüfung durch das Revisionsgericht und steht in engem Zusammenhang mit § 344 StPO. Sie gilt – auch außerhalb des Urteilsverfahrens – für jede Revision. Besonderheiten bestehen bei von Amts wegen zu prüfenden Zulässigkeits- und Verfahrensvoraussetzungen. Haben mehrere Rügen Aussicht auf Erfolg, so hat der die weitestreichende Aufhebung gebietende Revisionsgrund den Vorrang; eine Prüfungsreihenfolge für Revisionsrügen gleicher Reichweite besteht nicht.

Übersicht

	Rn		Rn
A. Systematik	1	II. Verfahrensrügen	6
B. Prüfungsumfang	2	III. Sachrüge	7
I. Prüfung von Amts wegen	2	C. Prüfungsreihenfolge	8

A. Systematik

1 § 352 StPO gilt **nicht allein für das Urteilsverfahren**, sondern auch für Revisionen, über die durch Beschluss nach § 349 Abs 2 oder Abs 4 StPO entschieden wird. Die Vorschrift bestimmt allgemeingültig den **Umfang rechtlicher Nachprüfung durch das Revisionsgericht**. Sie stellt klar, dass eine Amtsprüfung des angefochtenen Urteils grundsätzlich ausgeschlossen ist (vgl aber Rn 3 f), und bindet das Revisionsgericht an die Revisionsbegründung.

§ 344 StPO und § 352 StPO bilden den Gegenstand der Revision ohne Unterschied in der Sache aus unterschiedlichen Perspektiven ab: § 344 StPO wendet sich an den Revisionsführer und erlegt ihm Antrags- und Vortragspflichten auf, soweit er seine Beanstandungen berücksichtigt wissen will; § 352 StPO richtet sich an das Revisionsgericht und beschränkt dessen Prüfungsaufgabe auf die vorgelegte Begründung. 1.1

Zum Begriff der Revisionsanträge vgl die Legaldefinition in § 344 Abs 1 StPO. Aus ihnen und der in § 352 Abs 2 StPO in Bezug genommenen Revisionsbegründung nach § 344 Abs 2 StPO, insbes den nach § 344 Abs 2 S 2 StPO bezeichneten Tatsachen ergibt sich der Prüfungsstoff für behauptete Urteils- oder Verfahrensmängel. 1.2

B. Prüfungsumfang
I. Prüfung von Amts wegen

§ 352 StPO beschreibt den Prüfungsumfang des Revisionsgerichtes **nicht erschöpfend**, sondern betrifft die Grundlagen der von dem Revisionsgericht zu treffenden **Sachentscheidung**. Ob es zu einer inhaltlichen Befassung mit der Revisionsbegründung überhaupt kommt, hängt dagegen regelmäßig von einer vorgelagerten Prüfung des Revisionsgerichts unter verschiedenen Gesichtspunkten ab. 2

Die **Zulässigkeit der Revision** hat das Revisionsgericht in jeder Lage des Verfahrens, auch noch in der Hauptverhandlung von Amts wegen zu untersuchen. Die Revisionsbegründung spielt dabei im Hinblick auf ihre Form (§ 344 StPO, § 345 Abs 2 StPO) und ihren rechtzeitigen Eingang (§ 345 Abs 1 StPO) eine Rolle. Daneben umfasst die Prüfung die Form und Frist der Revisionseinlegung (§ 341 StPO), die Beschwer (vgl § 333 StPO Rn 12 ff) und die Anfechtungsbefugnis. Richtet sich die Revision im dreistufigen Rechtszug gegen ein Berufungsurteil, hat das Revisionsgericht auch die **Zulässigkeit der Berufung** von Amts wegen zu prüfen (BayObLGSt 1987, 102; OLG Hamburg NStZ 1985, 568; OLG Frankfurt StV 1987, 289; Meyer-Goßner StPO § 352 Rn 3). Stellt sich dabei heraus, dass die Berufung entgegen der Auffassung des Berufungsgerichts nicht in zulässiger Weise eingelegt war, liegt ein bereits **rechtskräftiges amtsgerichtliches Urteil** vor; das Berufungsurteil ist daher aufzuheben und die Berufung seitens des Revisionsgerichts als unzulässig zu verwerfen (KK-StPO/Kuckein StPO § 352 Rn 22). 3

Bei **mehrseitigen Berufungen**, von denen sich nur eine als zulässig erweist, hat das amtsgerichtliche Urteil im Umfang der zulässigen Anfechtung noch keine Rechtskraft erlangt. Hier ist deshalb zu unterscheiden: Verfolgt der Prozessbeteiligte, welcher in zulässiger Weise Berufung eingelegt hat, seine Anfechtung mit der Revision weiter, so ist das Berufungsurteil erforderlichenfalls auf die Revision aufzuheben und die Sache zu neuer Verhandlung zurückzugeben. Sind die entsprechenden Urteilsteile des Berufungsurteils identisch oder untrennbar miteinander verbunden, ist hiervon auch eine Abänderung des erstinstanzlichen Urteils erfasst, die seitens des Berufungsgerichts auf die unzulässige Berufung der anderen Seite vorgenommen wurde. Beanstandet der Revisionsführer mit einer Verfahrensrüge gerade den Umstand, dass das Berufungsgericht auf die unzulässige Berufung in der Sache entschieden hat, so ist das Berufungsurteil auf seine Revision insoweit aufzuheben, wie es auf die unzulässige Berufung über das erstinstanzliche Urteil verfügt hat; die unzulässige Berufung ist zudem zurückzuweisen. 3.1

Zu letzterem Ausspruch gelangt das Revisionsgericht auch durch die parallele oder isolierte Revision des Beteiligten, der in unzulässiger Weise Berufung eingelegt hat. Revidiert dieser, so steht einer Entscheidung in der Sache zwar nicht die Rechtskraft des amtsgerichtlichen Urteils entgegen, soweit sie durch die zulässige anderweitige Berufung gehemmt wurde (insoweit zutreffend BayObLG NStZ 1994, 48). Die Zulässigkeit seiner Berufung bleibt aber von Amts wegen zu berücksichtigende Voraussetzung für die Sachprüfung seiner Revision, da die Revision keine weiterreichende Überprüfung erlaubt als die vorgelagerte Berufung (vgl KK-StPO/Kuckein StPO § 352 Rn 22; Meyer-Goßner StPO § 352 Rn 3). 3.2

4 Bei **beschränkter Revision** hat das Revisionsgericht auf Grundlage der Revisionsanträge, hilfsweise der Revisionsbegründung die Reichweite und Wirksamkeit der Beschränkung zu beurteilen (vgl § 344 StPO Rn 6 ff). Im dreistufigen Rechtszug hat es von Amts wegen auch zu prüfen, ob eine vorangegangene **Beschränkung der Berufung** wirksam ist (vgl BGHSt 27, 70 = NJW 1977, 442; NStZ 1984, 566; BayObLG NStZ-RR 2003, 17; NStZ 1998, 532; Pfeiffer StPO § 352 Rn 2). Erweist sich eine Beschränkung entgegen der Auffassung des Berufungsgerichts als unwirksam, ist das Berufungsurteil schon auf die Sachrüge aufzuheben und die Sache vom Berufungsgericht jedenfalls zu dem Teil zu verhandeln, der zu Unrecht als rechtskräftig angesehen wurde (vgl BayObLG NStZ-RR 1998, 55; Meyer-Goßner StPO § 352 Rn 3). Gleiches gilt in allen Fällen, in denen das Berufungsgericht unabhängig von etwaigen Berufungsbeschränkungen nicht über alle Angriffe der Berufung entschieden hat (vgl OLG Hamm NJW 1973, 1141, 1143).

4.1 Ist im Verfahren aufgrund **wirksamer Berufungsbeschränkung** dagegen Teilrechtskraft eingetreten, so muss dies vom Revisionsgericht als Verfahrenshindernis beachtet werden (vgl BayObLG NStZ 1998, 532). Hat sich das Berufungsgericht über die durch die wirksame Berufungsbeschränkung gezogenen Grenzen hinweggesetzt und **zu weitreichend entschieden**, so ist der hierauf bezogene Teil des Berufungsurteils aufzuheben und auf diesem Weg das (teil)rechtskräftige amtsgerichtliche Urteil wiederherzustellen. Bei untrennbarer Verbindung der Entscheidungsteile (Bsp.: Berufungsgericht entscheidet nach erneuter Beweisaufnahme über die Schuldfrage neu und bemisst hierauf beruhend die Rechtsfolgen, obwohl mit der Berufung nur die erstinstanzliche Rechtsfolgenbestimmung angegriffen war), kommt eine Gesamtaufhebung und Zurückverweisung in Betracht.

5 Auch **Verfahrensvoraussetzungen** prüft das Revisionsgericht von Amts wegen; soweit sie vor Erlass des angefochtenen Urteils entstanden sind, fordert die Rspr. hier jedoch eine wirksame eingelegte und begründete Revision (vgl § 337 StPO Rn 21 ff). Eine bereits eingetretene **Teilrechtskraft** steht einer auch umfassenden Verfahrenseinstellung nicht entgegen (vgl § 337 StPO Rn 25).

II. Verfahrensrügen

6 Verfahrensmängel werden nach § 344 Abs 2 S 2 StPO nur insoweit berücksichtigt, wie sie durch **ausreichend ausgeführte Verfahrensrügen**, mithin durch eine genaue Bezeichnung des Verfahrensmangels und die Unterbreitung aller zugrunde liegenden Tatsachen einer Überprüfung durch das Revisionsgericht zugänglich gemacht werden. Die Bezeichnung **der verletzten Vorschrift ist nicht erforderlich**, sofern sie sich aus dem Sachvortrag des Revisionsführers hinreichend ergibt; gleiches gilt für die – entbehrliche – Bezeichnung eines der absoluten Revisionsgründe des § 338 StPO (zB BGH Beschl v 11. 12. 2008 – Az 4 StR 376/08). Maßgeblich ist allein der Vortrag, der **innerhalb der Beschwerdefrist** des § 345 Abs 1 StPO erfolgt. Zur Frist bei Wiedereinsetzung in den vorigen Stand vgl § 345 StPO Rn 15.

6.1 Zu den Anforderungen an die Begründung einer Verfahrensrüge vgl näher § 344 Rn 36 ff; zum Beweis eines Verfahrensmangels und der Durchführung des hierauf gerichteten revisionsgerichtlichen Freibeweisverfahrens vgl § 337 StPO Rn 26 ff, § 337 StPO Rn 43 ff und § 351 StPO Rn 15.

6.2 § 352 Abs 2 StPO berechtigt nicht zu falschem, unvollständigem oder irreführendem Sachvortrag im Rahmen einer Verfahrensrüge; der Vortrag muss in jeder Hinsicht den Anforderungen des in Bezug genommenen § 344 Abs 2 StPO entsprechen. „Unschädlich" iSv § 352 Abs 2 StPO ist falscher Tatsachenvortrag daher nur dann, wenn ihm keine entscheidungserhebliche Bedeutung zukommt (Pfeiffer StPO § 352 Rn 6).

III. Sachrüge

7 Die Sachrüge führt bei unbeschränkter Revision unabhängig von ihrer näheren Ausführung und des Herausgreifens einzelner rechtlicher Gesichtspunkte zu einer **umfassenden sachlich-rechtlichen Überprüfung** des angefochtenen Urteils. **Unzutreffende Rechtsausführungen** sind gem § 352 Abs 2 StPO unschädlich. Insbes ist es wegen Verstoßes gegen § 352 Abs 2 Hs 2 StPO nicht angängig, die Revision als unzulässig anzusehen, weil die

Angriffe des Revisionsführers sich in untauglichen Angriffen gegen die Tatsachenwürdigung erschöpfen, sofern ihr nur das Anfechtungsziel einer sachlich-rechtlichen Prüfung entnommen werden kann (anders aber zT die Rspr, vgl BGHSt 25, 272, 275; OLG Hamm NStZ-RR 2001, 117; vgl auch Meyer-Goßner StPO § 344 Rn 19 und § 344 StPO Rn 32.2). **Prüfungsgrundlage der Sachrüge** bilden allein das Urteil, die Anklage und der Eröffnungsbeschluss. Enthält der als Sachrüge bezeichnete Teil des Revisionsvorbringens jedoch Verfahrensbeanstandungen und tatsächliche Ausführungen hierzu, kann eine Auslegung als Verfahrensrüge angezeigt sein (§ 344 StPO Rn 30).

C. Prüfungsreihenfolge

Die Verwerfung der Revision setzt voraus, dass sich alle erhobenen Rügen als unzulässig oder unbegründet erweisen. Haben mehrere Rügen Aussicht auf Erfolg, so hat **der die weitestreichende Aufhebung gebietende Revisionsgrund** den Vorrang (Pfeiffer StPO § 352 Rn 6; Löwe/Rosenberg/Hanack StPO § 352 Rn 12 ff). Unter mehreren Revisionsgründen mit gleicher Reichweite kann das Revisionsgericht nach **Opportunität**, etwa nach Bearbeitungsaufwand und voraussichtlicher Erledigungsdauer auswählen. So wird eine Verfahrensrüge, welche aufwendige Erhebungen im Freibeweisverfahren erfordert, regelmäßig hinter einer Aufhebung wegen eines schon aufgrund des Urteils- oder Protokollinhaltes feststehenden Verfahrensverstoßes zurückzustehen haben. Rügen, die voneinander unabhängige Urteilsteile betreffen, müssen kumulativ geprüft werden.

8

Eine **Rangreihenfolge** zwischen verschiedenen Verfahrensrügen, etwa nach relativen und absoluten Revisionsgründen, besteht ebenso wenig wie zwischen sachlich-rechtlichen und verfahrensrechtlichen Beanstandungen (vgl BGHSt 17, 253 = NJW 1962, 1452). So wird einer zweifelsfrei die Aufhebung gebietenden Verfahrensrüge nach § 337 StPO regelmäßig der Vorrang vor einem auf § 338 StPO gestützten Verstoß oder sachlich-rechtlichen Beanstandungen zukommen, die problematische Rechtsfragen aufwerfen. Das Revisionsgericht ist auch nicht zu einer Aufhebung auf Sachrüge gehalten, weil nur dann eine Erstreckung nach § 357 StPO und eine Bindung nach § 358 Abs 1 StPO eintreten können (Meyer-Goßner StPO § 353 Rn 10; Pfeiffer StPO § 352 Rn 7). Allerdings ist eine Entscheidung auf die Sachrüge geboten, wenn nur dadurch ein Freispruch nach § 354 Abs 1 StPO erfolgen kann (BGHSt 17, 253 = NJW 1962, 1452; KK-StPO/Kuckein StPO § 352 Rn 19).

9

§ 353 [Inhalt des Revisionsurteils]

(1) Soweit die Revision für begründet erachtet wird, ist das angefochtene Urteil aufzuheben.
(2) Gleichzeitig sind die dem Urteil zugrunde liegenden Feststellungen aufzuheben, sofern sie durch die Gesetzesverletzung betroffen werden, wegen deren das Urteil aufgehoben wird.

Überblick

Die Vorschrift regelt den Umfang der Aufhebung im Fall einer erfolgreichen Revision; sie gilt auch für Aufhebungen im Beschlusswege nach § 349 Abs 4 StPO. Der maximale Aufhebungsumfang bestimmt sich nach den Revisionsanträgen (§ 344 StPO). Eine Teilaufhebung des Schuld- oder Rechtsfolgenausspruchs ist hinsichtlich solcher Urteilsteile möglich, die losgelöst von dem nicht aufgehobenen Teil selbständig beurteilt werden können. Die Aufhebung von Feststellungen ist möglichst eng einzugrenzen; das Tatgericht muss die zur Behebung des Rechtsfehlers erforderlichen neuen Feststellungen allerdings widerspruchsfrei zu den aufrechterhaltenen treffen können. Im Umfang aufrechterhaltener Urteilsteile besteht eine innerprozessuale Bindungswirkung. Bestand hat bei Aufhebung des Rechtsfolgenausspruches alle Feststellungen, die nicht ausschließlich die Rechtsfolgen betreffen; dies umfasst auch doppelrelevante Tatsachen. Eine neue Beweisaufnahme ist insoweit ausgeschlossen.

Übersicht

	Rn		Rn
A. Systematik	1	V. Besonderheiten im dreistufigen Rechtszug	32
B. Aufhebung des Urteils (Abs 1)	4	**C. Aufhebung der Feststellungen (Abs 2)**	33
I. Grundsatz	4	I. Grundsatz	33
II. Schuldspruch	8	II. Sachlich-rechtliche Mängel	35
III. Rechtsfolgenausspruch	16	III. Verfahrensmängel und Prozesshindernisse	41
1. Gesamtaufhebung, Wechselwirkung mit Schuldspruchaufhebung	16	**D. Bindung des neuen Tatrichters**	42
2. Strafausspruch	18	I. Gesamtaufhebung	42
3. Maßregeln	23	II. Teilaufhebung	43
4. Nebenaussprüche	27	III. Aufrecht erhaltene Feststellungen	46
IV. Nebenentscheidungen	31		

A. Systematik

1   Die Vorschrift regelt nach ihrer Überschrift und Stellung allein die Aufhebung durch Urteil (§ 349 Abs 5 StPO), gilt ihrem Inhalt nach aber **auch für eine Aufhebung im Beschlusswege (§ 349 Abs 4 StPO)**.

2   Eine **Verwerfung der Revision durch Urteil** ist gesetzlich nicht gesondert geregelt. Sie muss im Gegensatz zu § 349 Abs 2 StPO begründet werden. Es entspricht jedoch üblicher Praxis, dass das Revisionsgericht in Fällen, die zu weiterer Erörterung keinen Anlass geben, in knapper Form die Verurteilung und den Revisionsumfang wiedergibt und sich zur Begründung ganz oder teilweise auf die Ausführungen des GenStA oder GBA bezieht. Dies kann insbesondere bei Strafmaßrevisionen der StA angezeigt sein, die, obwohl offensichtlich unbegründet, mangels eines Verwerfungsantrages des GBA oder GenStA nach § 349 Abs 2 StPO zur Verhandlung gelangen (zB BGH Urt v 26. 9. 2007 – Az 1 StR 276/07; Urt v 8. 11. 2007 – Az 3 StR 309/07; Urt v 29. 10. 2008 – Az 5 StR 382/08; Urt v 18. 11. 2008 – Az 1 StR 372/08).

2.1   Die Verwerfung ist mit Urteilserlass unabänderbar (näher Meyer-Goßner StPO § 353 Rn 1). Mit ihr können Urteilskorrekturen nach § 354 Abs 1 StPO analog (vgl § 354 StPO Rn 32 ff), auch Berichtigungen in der Liste der angewendeten Vorschriften (vgl BGH NJW 1979, 1259, 1260) ausgesprochen werden. Eine „echte" Schuldspruchberichtigung nach § 354 Abs 1 StPO analog enthält demgegenüber eine Teilaufhebung des ursprünglichen Schuldspruches (vgl § 354 StPO Rn 34 ff, § 349 StPO Rn 17). Die Revision ist hier nur „im Übrigen" zu verwerfen, soweit der Rechtsfehler nicht zu weiteren Aufhebungen, etwa im Strafausspruch nötigt.

3   Eine **Einstellung des Verfahrens nach Opportunitätsgesichtspunkten** kann nach § 153 Abs 2 StPO, § 153 b Abs 2 StPO, § 153 c Abs 2 StPO, § 153 e Abs 2 StPO, § 154 Abs 2 StPO, § 154 a Abs 2 StPO § 154 b Abs 4 und § 430 Abs 1 StPO erfolgen, nicht aber nach § 153 a Abs 2 StPO und § 154 e Abs 2 StPO; die Einstellung erfolgt auch in der Hauptverhandlung durch Beschluss. Eine **Einstellung aufgrund eines Verfahrenshindernisses** ergeht unter Aufhebung des angefochtenen Urteils und erfolgt in der Hauptverhandlung durch Prozessurteil gem § 260 Abs 3 StPO. Vgl näher § 354 StPO Rn 14 ff.

B. Aufhebung des Urteils (Abs 1)

I. Grundsatz

4   Der maximale Rahmen einer möglichen Aufhebung bestimmt sich durch die **Revisionsanträge (§ 344 StPO, § 352 StPO)**. Nur in Ausnahmefällen kann das Revisionsgericht hierüber hinausgehen. So umfasst eine Aufhebung wegen **fehlender Prozessvoraussetzungen** auch nicht angegriffene, bereits rechtskräftige Urteilsteile (vgl § 337 StPO Rn 25). Im Einzelfall kann eine Aufhebung trotz zulässiger Anfechtungsbeschränkung auch nicht angegriffene Urteilsteile betreffen, wenn der **rechtsfehlerhafte Teil nicht isoliert beurteilt** werden kann (vgl KK-StPO/Kuckein StPO § 353 Rn 7).

Im Übrigen erfolgt eine Aufhebung nach dem Grundsatz von § 353 Abs 1 StPO nur 5 **insoweit, wie die Revision sich als begründet erweist**. Begründet ist sie, wenn ein Sach- oder Verfahrensmangel nach den § 337 StPO, § 338 StPO festgestellt ist, das Urteil im Fall des § 337 StPO auf dem Mangel beruht, und wenn der Revisionsführer hierdurch beschwert ist. Eine **Teilaufhebung** kann nach den gleichen Grundsätzen ausgesprochen werden, nach denen auch eine Teilanfechtung zulässig wäre; sie muss demnach einen Teil der Entscheidung betreffen, der losgelöst von dem nicht aufgehobenen Teil eine in sich selbständige Beurteilung zulässt, ohne eine neue Prüfung der Entscheidung im Übrigen erforderlich zu machen (BGH NStZ 1997, 276; Pfeiffer StPO § 353 Rn 2; vgl § 344 StPO Rn 12). Erschöpft die Teilaufhebung die Revisionsanträge nicht vollständig, ist die Revision **im Übrigen zu verwerfen**. Dies gilt etwa bei einer bloßen Aufhebung des Strafausspruches entgegen beantragter Gesamtaufhebung, bei einer isoliert vorgenommenen Schuldspruchberichtigung nach § 354 Abs 1 StPO analog, aber auch dann, wenn zwar eine Gesamtaufhebung des Schuldspruches erfolgt ist, aber Feststellungen teilweise oder ganz aufrechterhalten werden, deren (Mit-)Aufhebung beantragt ist (zB BGH Beschl v 29. 10. 2008 – Az 5 StR 443/08; Beschl v 28. 10. 2008 – Az 5 StR 397/08).

Bei **fehlender Erschöpfung des Anklagesatzes** können Schuld- und Rechtsfolgen- 6 ausspruch mit den zugrunde liegenden Feststellungen bestehen bleiben; der Ausspruch ist auf Aufhebung gerichtet insoweit, wie die gebotene Entscheidung unterblieben ist.

> Vgl BGH NStZ 1999, 206: „wird ... mit den zugehörigen Feststellungen insoweit aufgehoben, 6.1
> als das Landgericht das im Anklagesatz beschriebene Nachtatverhalten des Angeklagten nicht zum
> Gegenstand der Urteilsfindung gemacht hat."

Die Aufhebung erfolgt **bei mehreren Revisionsführern** grundsätzlich für jeden von 7 ihnen gesondert und kann nur bei gleichem Umfang im Tenor zusammengefasst werden. Ansonsten muss sie getrennt ausgesprochen werden und kann zu einer unterschiedlichen Tatsachenbindung des neuen Tatrichters führen.

> Vgl – auch **zur Tenorierung** - BGH Beschl v 22. 10. 2007 – Az 5 StR 364/07 (vollständige 7.1
> Urteilsaufhebung mit den Feststellungen zugunsten des einen Angeklagten, Aufhebung des Straf-
> ausspruches mit den Feststellungen auf die Revision des anderen); Urt v 3. 12. 2008 – Az 2 StR 86/
> 08 (Schuldspruchänderung auf Revision des Angeklagten; vollständige Urteilsaufhebung mit den
> Feststellungen auf Revision der StA); Beschl v 6. 8. 2007 – Az 4 StR 431/06 („soweit es ihn und
> den Mitangeklagten ... betrifft, „... insoweit nur bezüglich des Angeklagten").

II. Schuldspruch

Der Schuldspruch ist grds in dem Umfang aufzuheben, in dem er **von den festgestellten** 8 **Rechtsfehlern betroffen** ist. Der rechtsfehlerfreie Teil des Schuldspruches kann aber nur dann gesondert bestehen bleiben, wenn sämtliche ihn tragenden Feststellungen aufrecht erhalten bleiben.

Betrifft der Rechtsfehler nur den **Schuldumfang**, stellt er den Schuldspruch an sich aber 9 nicht in Frage, ist nur der Rechtsfolgenausspruch aufzuheben. Dies ist etwa der Fall, wenn ein Schaden nicht die von dem Tatgericht angenommene Höhe erreicht, sich aus den Feststellungen jedoch eine geringe Höhe ergibt oder jedenfalls sein gänzliches Fehlen auszuschließen ist (vgl BGHSt 32, 22 = NJW 1984, 622; KK-StPO/Kuckein StPO § 353 Rn 13 f), oder wenn das Tatgericht fehlerhaft von einem bereits eingetretenen Vermögensschaden statt richtigerweise von einer schadensgleichen Vermögensgefährdung ausgegangen ist (BGH Beschl v 10. 10. 2007 – Az 2 StR 407/07 [Rn 4]).

Fehler in der Beweiswürdigung zwingen bei tatmehrheitlichen Verurteilungen zur 10 Aufhebung nur insoweit, wie die Schuldsprüche von den aufgezeigten Fehlern beeinflusst sind. Betreffen die Mängel identische oder ähnliche Tatbestandsmerkmale in mehreren Straftatbeständen, ist der Schuldspruch hinsichtlich aller hierauf gestützten Verurteilungen aufzuheben. In ihrer Bewertung fehlerfreie Beweismittel können der Aufrechterhaltung von Mindestfeststellungen allerdings nur dann zugrunde gelegt werden, wenn sie **einzelnen Schuldsprüchen abtrennbar zuzuordnen** sind. Ist ihre Zuordnung zu den festgestellten Taten zweifelhaft oder wird ihr Beweiswert durch eine im Übrigen rechtsfehlerhafte Gesamtwürdigung in Frage gestellt, führt dies zur Gesamtaufhebung des Schuldspruches (vgl BGH Beschl v 22. 5. 2007 – Az 5 StR 94/07). Liegen gravierende Feststellungs- und Beweiswürdigungsmängel vor, so kann auch die Aufhebung eines hiervon nicht unmittelbar betroffenen Schuldspruches veranlasst sein, wenn nicht auszuschließen ist, dass die zugrunde liegenden Taten sich nach dem Ergebnis der neuen Hauptverhandlung als Teile eines einheitlichen Gesamtgeschehens herausstellen (BGH Urt v 28. 11. 2007 – Az 2 StR 477/07). Bei mehreren rechtlich selbständigen Taten unter einheitlicher Motivlage kann eine Aufhebung auch einen für sich beanstandungsfreien Schuldspruch erfassen, um dem neuen Tatrichter Gelegenheit zu geben, **widerspruchsfreie Feststellungen zur subjektiven Tatseite** zu treffen; in derartigen Fällen sollten Feststellungen zum äußeren Tatgeschehen allerdings gesondert aufrecht erhalten werden (vgl BGH Beschl v 8. 10. 2008 – Az 4 StR 233/08 sowie Rn 37).

11 Bei **tateinheitlicher Verurteilung** kommt eine Aufrechterhaltung des von dem Rechtsfehler nicht betroffenen Teiles des Schuldspruchs wegen der Gefahr sich widersprechender Feststellungen regelmäßig nicht in Betracht (vgl BGH NStZ-RR 2009, 121; NStZ 2008, 275, 276; NJW 1993, 2252; Beschl v 14. 11. 2007 – Az 2 StR 458/07 Rn 10; KK-StPO/Kuckein StPO § 353 Rn 12; Meyer-Goßner StPO § 353 Rn 7 a). Ist die Tat unter einem rechtlichen Gesichtspunkt zutreffend beurteilt worden, fehlt aber eine Würdigung mit den zugehörigen Feststellungen, ob der Angeklagte auch unter einem anderen rechtlichen Gesichtspunkt strafbar ist, oder ist der hierzu erfolgte Schuldspruch fehlerhaft, führt dies daher zur Gesamtaufhebung des Schuldspruches (vgl BGHR StPO § 353 Aufhebung 1; Urt v 20. 12. 2007 – Az 4 StR 459/07; Beschl v 17. 4. 2008 – Az 4 StR 634/07 Rn 5). Dies gilt auch bei natürlicher Handlungseinheit (BGH NStZ 1997, 276; Beschl v 6. 9. 2007 – Az 4 StR 409/07) und bei tateinheitlicher Verurteilung wegen einer Tat zum Nachteil mehrerer Tatopfer (vgl BGH Urt v 21. 8. 2008 – Az 3 StR 236/08), ferner auch dann, wenn Tateinheit fälschlich angenommen wurde (BGH NJW 2009, 157, 158). Die Schuldsprüche einer tateinheitlichen Verurteilung können allerdings dann gesondert behandelt werden, wenn eine Zurückverweisung der Sache entbehrlich ist, es daher mit einer **Schuldspruchberichtigung** durch das Revisionsgericht nach § 354 Abs 1 StPO sein Bewenden haben kann (vgl § 354 StPO Rn 40, § 354 StPO Rn 70).

11.1 In Fällen, in denen **keine Gefahr sich widersprechender Entscheidungen** besteht, kann der von dem Mangel nicht betroffene Teil der Verurteilung mit den zugehörigen Feststellungen gleichfalls bestehen bleiben. Dies kommt etwa dann in Betracht, wenn hinsichtlich eines Straftatbestandes allein eine Verfahrensvoraussetzung fehlerhaft beurteilt wurde (BGH NStZ-RR 2007, 5 bei Becker), oder bei einem für eine tateinheitlichen Tat nicht hinreichend geprüften persönlichen Strafausschließungsgrund (BayObLG NStZ-RR 2000, 53). Anders dagegen BGH Urt v 29. 8. 2007 – Az 5 StR 103/07 (Rn 49 ff, insoweit in NStZ 2008, 87 nicht abgedruckt): Die von dem festgestellten Rechtsfehler unberührte tateinheitliche Verurteilung unterlag der Aufhebung, obwohl sämtliche tragenden Feststellungen aufrecht erhalten blieben und „an sich gegen die Annahme dieses Straftatbestandes keine Bedenken" bestanden (aaO Rn 50). Nach einem an den neuen Tatrichter gerichteten Hinweis sollte im zweiten Durchgang allein auf Grundlage der bisherigen Feststellungen erneut ein Schuldspruch wegen des tateinheitlich begangenen Deliktes erfolgen können (aaO Rn 51). Vorzugswürdig erscheint auch hier eine Teilaufrechterhaltung des Schuldspruches.

12 Im Falle **fehlerhafter Beurteilung von Qualifikationsmerkmalen** kann der Schuldspruch bestehen bleiben, wenn die vom Tatrichter bejahte Qualifikation sich als fehlerhaft erweist, sich aus den Feststellungen jedoch ein anderes Qualifikationsmerkmal zweifelsfrei ergibt; allerdings ist § 265 StPO zu beachten. Hat der Tatrichter ein Qualifikationsmerkmal fehlerfrei bejaht, ein weiteres jedoch fehlerhaft unerörtert gelassen, muss der Schuldspruch bestehen bleiben (vgl BGH Urt v 21. 12. 2007 – Az 2 StR 372/07). Dies gilt entsprechend für **Mordmerkmale**: Der Schuldspruch wegen Mordes kann bestehen bleiben, wenn nur eines von mehreren Mordmerkmalen fehlerhaft bejaht wurde (BGHSt 41, 422 = NJW 1996, 471; Meyer-Goßner StPO § 353 Rn 7). Die fehlerhafte Annahme eines besonders schweren oder **minder**schweren Falles berührt den Schuldspruch nicht, sondern betrifft immer nur den Strafausspruch.

13 Hat der Tatrichter die Voraussetzungen der **§ 20 StGB, § 21 StGB** verkannt oder nicht hinreichend aufgeklärt, so führt der Mangel zur Aufhebung des Schuldspruches, wenn angesichts der Besonderheiten in der Person des Angeklagten nicht ausgeschlossen werden kann,

dass er die Tat im Zustand der Schuldunfähigkeit (§ 20 StGB) begangen hat und deshalb freizusprechen wäre. Kommt dies nicht in Betracht, betrifft der Rechtsfehler allein den Strafausspruch und ggf eine verhängte oder unterbliebene Maßregel. Das Revisionsgericht hat eine entsprechende Bewertung unter Berücksichtigung aller ihm im Rahmen der Revision zur Kenntnis gebrachten Umstände vorzunehmen; zu eigenen Sacherhebungen ist es nicht befugt.

ZB BGH Beschl v 17. 10. 2007 – Az 2 StR 462/07; Beschl v 16. 5. 2007 – Az 2 StR 96/07; **13.1** Beschl v 24. 7. 2007 – Az 3 StR 261/07; Beschl v 8. 8. 2007 – Az 2 StR 296/07; Beschl v 21. 11. 2007 – Az 2 StR 548/07; Beschl v 10. 12. 2008 – Az 5 StR 542/08. Die **Feststellungen zum äußeren Tatgeschehen** können in derartigen Fällen regelmäßig aufrechterhalten bleiben. Das Revisionsgericht ist aber auch an einer **Gesamtaufhebung der Feststellungen** nicht gehindert, wenn dies dem neuen Tatrichter die beste Grundlage für eine widerspruchsfreie Sachprüfung bietet (zB BGH Beschl v 22. 10. 2007 – Az 5 StR 364/07).

Im Falle eines tatrichterlichen **Freispruches** kommt es darauf an, ob ein Begründungs- **14** mangel identische oder miteinander zusammenhängende Tatbestandsmerkmale in mehreren Tatvorwürfen betrifft und der Freispruch auf ihr Fehlen gestützt ist (vgl BGH StV 2007, 527 zu § 84 Abs 1 Nr 2 GmbHG und § 283 Abs 1 Nr 7 StGB). Die Beweiswürdigung zu mehreren Tatvorwürfen kann auch im Übrigen so eng zusammenhängen, dass mit Aufhebung eines Freispruchs zu einer Tat auch der Freispruch von einer anderen die Grundlage verliert. Insofern kann – entsprechender Anfechtungsumfang der Revision vorausgesetzt – eine Gesamtaufhebung geboten sein (vgl BGH Urt v 11. 9. 2007 – Az 5 StR 213/07 [Rn 40]). Neben einem rechtsfehlerhaft ergangenen Freispruch sind auch nicht angegriffene und für sich genommen rechtsfehlerfreie Verurteilungen wegen anderer Taten aufzuheben, wenn die abgeurteilte Tat mit der vom Freispruch erfassten in Tateinheit stehen kann (BGH NStZ-RR 2006, 10). Kommt in Fällen der BtM-Kriminalität eine Bewertungseinheit mehrerer Tatvorwürfe in Betracht, kann neben der Aufhebung eines Freispruches gleichfalls die Aufhebung nicht angegriffener Verurteilungen geboten sein (BGH NStZ-RR 2003, 292 bei Becker).

Die als Folge oder neben einer Schuldspruchaufhebung zu treffenden Anordnungen **15** beschreibt **§ 354 StPO**: Bei Gesamtaufhebung des Schuldspruches ohne Möglichkeit weitergehender Feststellungen, die eine erneute Verurteilung tragen könnten, hat das Revisionsgericht zugleich auf **Freispruch** zu erkennen (§ 354 Abs 1 StPO). Führen sachlich-rechtliche Fehler zu einer prinzipiell behebbaren Fehlerhaftigkeit des Schuldspruches, so kommt es darauf an, ob das Revisionsgericht den Schuldspruch selbst **nach § 354 Abs 1 StPO analog korrigieren** oder ergänzen kann (vgl § 354 StPO Rn 34 ff); scheidet dies in Ermangelung ergänzender Feststellungen aus, so ist er aufzuheben und die Sache an das Tatgericht **zurückzuverweisen (§ 354 Abs 2, Abs 3 StPO)**.

III. Rechtsfolgenausspruch

1. Gesamtaufhebung, Wechselwirkung mit Schuldspruchaufhebung

Eine **Aufhebung im Schuldspruch erfasst** grundsätzlich auch den **zugehörigen** **16** **Rechtsfolgenausspruch,** es sei denn, dass der Schuldspruch lediglich berichtigt oder nur eine tateinheitliche Verurteilung aufgehoben wird und die verhängte Rechtsfolge hierauf nicht beruht. Näher zum Beruhen, insbes des Gesamtstrafenausspruches vgl § 354 StPO Rn 64 ff. In Ausnahmefällen kann eine Aufhebung des Rechtsfolgenausspruchs umgekehrt eine Mitaufhebung des zugrunde liegenden Schuldspruches nach sich ziehen, wenn nur auf diesem Weg widerspruchsfreie Feststellungen zu schuld- und strafrelevanten Tatsachen getroffen werden können (vgl BGH StV 1984, 88), etwa bei Fehlerhaftigkeit doppelrelevanter Tatsachen (vgl BGH StV 1983, 140, OLG Frankfurt NStZ-RR 1999, 336).

Eine **Gesamtaufhebung des Rechtsfolgenausspruchs** muss erfolgen, wenn der bean- **17** standete Rechtsfehler sich auf alle angeordneten Rechtsfolgen erstreckt, beispielsweise eine fehlerhafte Anwendung von § 21 StGB den Straf- und Maßregelausspruch betrifft (vgl BGH NStZ 2008, 330 hinsichtlich Sicherungsverwahrung), oder eine zureichende Prüfung der Anwendbarkeit von Jugendstrafrecht unterblieben ist (vgl BGH Beschl v 27. 5. 2008 – Az 4 StR 178/08). Sie ist auch dann angezeigt, wenn die fehlerhafte Anordnung der einen Rechtsfolge nicht ausschließbar auch die – für sich genommen fehlerfreie – Anordnung oder

Nichtanordnung der anderen mitbeeinflusst haben kann (vgl BGH NJW 1981, 204, 2206; näher Rn 24). Dem Revisionsgericht kommt bei der Einschätzung eines solchen Zusammenhanges ein weiter Beurteilungsspielraum zu; in Zweifelsfällen kann es die Gesamtaufhebung bereits deshalb aussprechen, um dem neuen Tatrichter auf diesem Weg eine einheitliche, umfassende Rechtsfolgenbestimmung zu ermöglichen (zB BGH Urt v 29. 11. 2007 – Az 4 StR 386/07).

17.1   **Zwingend** ist eine Gesamtaufhebung dann, wenn der die Strafzumessung betreffende Rechtsfehler auch die Prüfung einer bislang nicht angeordneten Maßregel gebietet. Bei Aufhebung allein des Strafausspruches wäre es dem neuen Tatrichter verwehrt, neben der ihm aufgegebenen neuen Strafbemessung weitere Rechtsfolgen anzuordnen. Regelmäßig betrifft die Gesamtaufhebung jedoch Fälle, in denen die Voraussetzungen von § 21 StGB nicht oder fehlerhaft geprüft wurden. Vgl BGH Urt v 30. 8. 2007 – Az 5 StR 197/07 Rn 12 und Az 5 StR 193/07 Rn 12);

2. Strafausspruch

18   Die **Aufhebung einer oder mehrerer von dem Rechtsfehler betroffener Einzelstrafen** zieht nicht notwendig die Aufhebung der **Gesamtstrafe** nach sich; vgl näher § 354 StPO Rn 67 ff. Umgekehrt berührt eine fehlerhafte Gesamtstrafenbildung grundsätzlich nicht die für sich genommen rechtsfehlerfrei verhängten Einzelstrafen, da es sich bei Bildung der Gesamtstrafe um einen selbständigen Zumessungsakt handelt. Ob neben der Gesamtstrafe eine – für sich genommen rechtsfehlerfrei verhängte – **Maßregel** aufzuheben ist, richtet sich danach, ob die Höhe der Gesamtstrafe ihre Anordnung mit beeinflusst haben kann; ohne besondere Anhaltspunkte in der Begründung des angefochtenen Urteils ist hiervon nicht auszugehen.

19   Das Revisionsgericht ist im Übrigen in seiner Beurteilung frei, ob ein Rechtsfehler, der unmittelbar nur bestimmte Einzelstrafen betrifft und zu deren Aufhebung und zur Aufhebung der Gesamtfreiheitsstrafe führt, auch die weiteren, für sich rechtsfehlerfrei verhängten Einzelfreiheitsstrafen beeinflusst haben kann. Es kann auch **die sonstigen Strafen aufheben, um dem neuen Tatrichter eine umfassende und in sich stimmige Strafzumessung zu ermöglichen** (zB BGH Urt v 2. 12. 2008 – Az 1 StR 344/08 Rn 18; Beschl v 13. 11. 2008 – Az 5 StR 344/08 Rn 6; Beschl v 4. 10. 2007 – Az 2 StR 411/07). Dies kann insbesondere dann angezeigt sein, wenn der Rechtsfehler die **Einsatzstrafe** betrifft, da häufig nicht ausgeschlossen werden kann, dass sie die Höhe weiterer Strafen nach oben oder unten beeinflusst hat; dabei ist ohne Belang, ob die weiteren Strafen aus gänzlich anderen, für sich fehlerfrei beurteilten Tatkomplexen stammen (vgl BGH StV 2007, 402; andererseits BGH Beschl v 15. 10. 2008 – Az 5 StR 482/08). Entsprechendes gilt für Einzelstrafen bei **Serientaten**; leiden die Strafen teilweise an Zumessungsfehlern oder erscheinen nicht hinreichend differenziert, liegt auch hier eine Gesamtaufhebung nahe, da eine gegenseitige Beeinflussung in der Strafhöhe regelmäßig nicht ausgeschlossen werden kann (BGH NStZ-RR 2009, 72, 73).

20   Die fehlerhafte oder unterlassene Bemessung der **Tagessatzhöhe** einer Geldstrafe führt zur Urteilsaufhebung und Zurückverweisung nur insoweit (BGHSt 30, 93 = NJW 1981, 2071; BGHSt 34, 90 = NJW 1987, 199; wistra 2008, 19).

21   Bei **Aufhebung eines Teilfreispruches** und Zurückverweisung insoweit ist die (Mit-)Aufhebung einer neben dem Freispruch verhängten Gesamtfreiheitsstrafe nicht veranlasst, sofern diese für sich genommen rechtsfehlerfrei gebildet ist. Zwar kann im zweiten Durchgang an die Stelle des Freispruches eine – weitere – Verurteilung treten, die eine neue Gesamtstrafenbildung erfordert. Der neue Tatrichter ist in diesem Fall durch die Rechtskraft der bisherigen Gesamtstrafe an ihrer Auflösung und Neubildung nach den Grundsätzen von § 55 StGB aber nicht gehindert (BGH NJW 1983, 1130, 1131 f; Beschl v 21. 6. 2007 – Az 4 StR 69/07 Rn 25, insoweit in NStZ-RR 2007, 309 nicht abgedruckt).

22   Bei einer **rechtsstaatswidrigen Verfahrensverzögerung** und deren fehlender oder fehlerhafter Berücksichtigung war auf Grundlage der früheren, auf eine Strafreduzierung gerichteten **Strafabschlagslösung** der Strafausspruch aufzuheben, um dem neuen Tatrichter eine Neubemessung und verhältnismäßige Herabsetzung der Strafe zu ermöglichen, wenn nicht das Revisionsgericht selbst über das Ausmaß der vorzunehmenden Strafherabsetzung entscheiden konnte. Nach der **Vollstreckungslösung** (BGHSt 52, 124 = NJW 2008, 860)

ist eine Aufhebung des Strafausspruches grundsätzlich nicht veranlasst, denn der neue Tatrichter hat allein das Ausmaß der vorzunehmenden Vollstreckungsanrechnung (neu) zu bestimmen. Bei fehlerhafter Bestimmung der Anrechnung ist daher nur diese aufzuheben; bei gänzlich fehlender Vollstreckungsanrechnung ist das Urteil insoweit aufzuheben, wie die Kompensation unterblieben ist. Ist die Verzögerung auf Grundlage des früheren Rechtsstandes durch Strafreduzierung kompensiert worden, so erweist sich das Urteil ab der Entscheidung des Großen Senats als fehlerhaft, selbst wenn das Vorgehen zum Zeitpunkt des tatrichterlichen Urteilserlasses nicht zu beanstanden war. In solchen **Übergangsfällen** ist der Strafausspruch daher im Grundsatz vollständig aufzuheben. Denn selbst wenn die in den Urteilsgründen festgesetzten, „an sich" verwirkten Einzel- und Gesamtstrafen rechtlicher Überprüfung standhalten, sind sie nicht Gegenstand des Urteilsausspruches geworden, so dass sie nicht isoliert aufrechterhalten und das Urteil nur zur Bestimmung einer angemessenen Vollstreckungsanrechnung zurückverwiesen werden könnte. Der neue Tatrichter hat daher eine neue, ggf erhöhte Straffestsetzung unter gleichzeitiger Bestimmung der Vollstreckungsanrechnung vorzunehmen (zB BGH NStZ 2008, 478). Anderes kann aber unter den Gesichtspunkten der Beschwer und des Verschlechterungsverbotes geboten sein (vgl § 358 StPO Rn 20.1).

Vgl insoweit BGH NJW 2008, 2451, 2454; NStZ-RR 2008, 244. Bei einer auf Revision des Angeklagten erfolgten Schuldspruchänderung oder -aufhebung, die die Aufhebung des Gesamtstrafenausspruches nach sich zieht, können daher die **reduzierten Einzelstrafen aufrecht erhalten** bleiben; der neue Tatrichter hat die bereits erfolgte Kompensation allerdings bei der auf die Gesamtfreiheitsstrafe vorzunehmenden Vollstreckungsanrechnung zu berücksichtigen (BGH Beschl v 11. 6. 2008 – Az 5 StR 193/08). BGH NStZ 2008, 477 betraf den Sonderfall, dass die Einzelstrafen nicht – wie nach der Strafabschlagslösung geboten – reduziert worden waren, sondern die nach Überzeugung der Tatrichter an sich verwirkten Strafhöhen abbildeten. Auch hier konnten die Einzelstrafen daher aufrechterhalten werden; aufzuheben war nur die – reduzierte – Gesamtstrafe, damit nur diese neu festgesetzt und die sie betreffende Vollstreckungsanrechnung bestimmt wird. Unklar dagegen BGH Beschl v 10. 12. 2008 – Az 5 StR 545/08: Trotz Aufhebung der – auf Grundlage der Strafabschlagslösung reduzierten – Einzelstrafen und der Gesamtstrafe wegen einer Abänderung des Schuldspruches soll „der Strafabschlag" isoliert aufrechterhalten bleiben (BGH aaO Rn 4). 22.1

Da die Art der Kompensation eine Rechtsfrage und die Bestimmung ihrer Höhe eine Wertungsfrage darstellt, besteht für eine Aufhebung der vom Tatrichter getroffenen **Feststellungen zur Verfahrensverzögerung** kein Anlass, es sei denn, diese leiden für sich genommen an Rechtsfehlern. Vgl insofern BGH NStZ 2008, 278: Hier waren die Feststellungen zu den in den einzelnen Verfahrensabschnitten aufgetretenen Verzögerungen lückenhaft, und es war statt einer Vollstreckungsanrechnung ein Strafabschlag vorgenommen worden. Tenorierung dann: „... wird im Strafausspruch mit den Feststellungen zu Art, Grund und Ausmaß einer Verfahrensverzögerung aufgehoben; die übrigen Feststellungen bleiben aufrechterhalten" (BGH Urt v 6. 3. 2008 – Az 3 StR 514/07 = NStZ 2008, 478). 22.2

Tenorierung bei fehlerhaft unterbliebener Kompensation nach der Vollstreckungslösung: „... wird aufgehoben, soweit eine Entscheidung über die Kompensation der rechtsstaatswidrigen Verfahrensverzögerung unterblieben ist" (zB BGH Beschl v 14. 2. 2008 – Az 3 StR 416/07; Beschl v 3. 4. 2008 – Az 4 StR 89/08); „... wird aufgehoben, soweit eine Kompensation des Verstoßes gegen Art 6 Abs 1 S 1 MRK nicht vorgenommen worden ist" (zB BGH Beschl v 21. 10. 2008 – Az 4 StR 364/08). 22.3

3. Maßregeln

Vgl zunächst Rn 16 f, Rn 18. Die Aufhebung einer Maßregel nach **§ 64 StGB** wegen unzureichender Darlegung der Erfolgsaussichten der Behandlung kann die Aufhebung eines **parallelen Maßregelausspruches nach § 66 StGB** nach sich ziehen, wenn nicht ausgeschlossen werden kann, dass die Neubeurteilung der Erfolgsaussichten zugleich die Legalprognose des Angeklagten beeinflussen kann (vgl BGH Beschl v 28. 8. 2007 – Az 4 StR 257/07). 23

Ob die Aufhebung einer Maßregel die **Aufhebung eines parallelen Strafausspruches** nach sich zieht, hängt davon ab, ob die Möglichkeit besteht, dass die Verhängung der Maßregel den Strafausspruch mit beeinflusst hat. Dabei wird eine Aufhebung zugunsten des 24

Angeklagten nicht in Betracht kommen, da dies voraussetzt, dass das Fehlen der Maßregel zu einer geringeren Strafe hätte führen können. Bei einer zuungunsten des Angeklagten eingelegten Revision der Staatsanwaltschaft ist die Aufhebung auf den Strafausspruch zu erstrecken, wenn – wie häufig – nicht auszuschließen ist, dass der Tatrichter ohne die Maßregel eine höhere Strafe verhängt haben könnte (verneinend BGH Urt v 14. 8. 2007 – Az 1 StR 201/07 Rn 38, insoweit in NStZ 2007, 700 nicht abgedruckt).

25 Eine Urteilsaufhebung kann auch lediglich insoweit erfolgen, wie die **Anordnung einer Maßregel fehlerhaft abgelehnt** oder ihre **Prüfung insgesamt unterblieben** ist (Tenor: „... wird ... aufgehoben, soweit die Anordnung der Unterbringung des Angeklagten in einer Entziehungsanstalt/einem psychiatrischen Krankenhaus/der Sicherungsverwahrung unterblieben ist", „soweit eine Entscheidung zur Unterbringung des Angeklagten in einer Entziehungsanstalt unterblieben ist", zB BGH Urt v 11. 12. 2008 – Az 3 StR 469/08; Beschl v 21. 10. 2008 – Az 3 StR 382/08). In diesem Fall ist der Frage nachzugehen, ob die Anordnung der Maßregel **zu geringerer Strafe führen** könnte und daher der Strafausspruch zugunsten des Angeklagten mitaufzuheben ist (vgl BGH NStZ 1994, 281; NStZ 1992, 381). Dies wird insbesondere dann in Betracht kommen, wenn die Maßregel auf bislang unzureichend geprüfte tatsächliche Umstände – etwa eine Drogenabhängigkeit des Angeklagten – gestützt werden könnte, die zugleich die Voraussetzungen von § 21 StGB oder zumindest einen allgemeinen Strafmilderungsgrund begründen könnten (BGH Beschl v 11. 2. 2009 – Az 5 StR 13/09). Lässt sich ausschließen, dass das Tatgericht bei Anordnung der Maßregel auf eine geringere Strafe erkannt hätte, berührt die Teilaufhebung den Strafausspruch nicht (zB BGH NStZ-RR 2009, 59; Beschl v 1. 10. 2007 – Az 3 StR 391/07; Beschl v 21. 10. 2008 – Az 3 StR 275/08).

25.1 In **Jugendstrafverfahren** ist wegen § 5 Abs 3 JGG, wonach von Jugendstrafe und Zuchtmitteln bei Anordnungen nach § 63 StGB, § 64 StGB abgesehen werden kann, regelmäßig auch der Strafausspruch mit aufzuheben (vgl BGH Beschl v 6. 9. 2007 – Az 4 StR 318/07).

26 Eine Aufhebung oder Teilaufhebung des Schuld- oder Strafausspruches ergreift eine Maßregel nach **§ 66 StGB**, wenn hierdurch die **formellen Voraussetzungen der Maßregel** entfallen sind.

4. Nebenaussprüche

27 Zu einer fehlerhaften **Vollstreckungsanrechnung bei festgestellten rechtsstaatswidrigen Verfahrensverzögerungen** vgl Rn 22. Bei unterbliebener oder fehlerhafter Bestimmung der **Vollstreckungsreihenfolge nach § 67 Abs 2 StGB** kann eine isolierte Aufhebung erfolgen (zB BGH NStZ-RR 2009, 105), wenn nicht ausnahmsweise anzunehmen ist, dass von dem Rechtsfehler anderweitige Teile des Rechtsfolgenausspruches – vor allem die nach § 64 StGB verhängte Maßregel selbst – beeinflusst worden sein können.

27.1 So kann bei einer fehlerhaften Bestimmung der Vollstreckungsreihenfolge auf Grundlage von § 67 Abs 2 StGB aF die Aufhebung der Maßregelanordnung nach § 64 StGB selbst angezeigt sein, wenn bei Beachtung tatsächlicher Besonderheiten, namentlich bei einer zutreffenden Orientierung der Vollstreckungsreihenfolge am Halbstrafenzeitpunkt nicht auszuschließen ist, dass der Tatrichter von einer Anordnung der Maßregel nach neuem Recht insgesamt abgesehen hätte (vgl BGH Beschl v 24. 10. 2007 – Az 1 StR 481/07). Zur Frage der **Beschwer** bei alleiniger Angeklagtenrevision vgl BGH NStZ-RR 2009, 105 sowie § 333 StPO Rn 23.

27.2 **Tenorierung bei fehlerhaft unterlassener Bestimmung der Vollstreckungsreihenfolge**: „... wird aufgehoben, soweit eine Entscheidung gemäß 67 Abs 2 StGB über die Vollstreckungsreihenfolge unterblieben ist" (zB BGH Beschl v 21. 10. 2008 – Az 4 StR 364/08).

28 Eine fehlerhafte Anwendung von **§ 42 StGB** oder **§ 51 StGB** (BGHSt 7, 124; NJW 1982, 1236) kann zur isolierten Aufhebung der hierauf beruhenden Aussprüche führen. Bei Nichtanrechnung nach § 51 StGB ist eine Aufhebung unter Aufrechterhaltung des Strafausspruches im Übrigen hierauf zu beschränken (BGHSt 7, 124; NJW 1982, 1236, 1237).

29 Ein **Einziehungs- oder Verfallsausspruch** muss insoweit aufgehoben werden, wie das Urteil seine Voraussetzungen nicht belegt. Die Aufhebung kann auch einen Teilbetrag betreffen; die Einziehung oder der Verfall des von dem Rechtsfehler nicht betroffenen Restbetrages bleibt dann bestehen. Bei Gesamtaufhebung des Schuldspruches ist der Ein-

ziehungs- oder Verfallsausspruch notwendig mitbetroffen, seine Aufhebung aber gesondert auszusprechen. Eine Aufhebung kann auch insoweit erfolgen, wie die **Anordnung einer Einziehung oder des Verfalls fehlerhaft unterblieben** ist (zB BGH Urt v 26. 11. 2008 – Az 5 StR 425/08; Urt v 4. 2. 2009 – Az 2 StR 504/08).

Tenorierung bei Teilaufhebung eines Einziehungs- oder Verfallsausspruches: „Auf die Revision des ... wird das Urteil des ... im Ausspruch über die Einziehung des über ... EUR hinausgehenden Betrages aufgehoben; dieser Ausspruch (in Höhe von ...EUR) entfällt." (vgl BGH Beschl v 4. 2. 2007 – Az 2 StR 573/07); „... wird aufgehoben, soweit gegen den Angeklagten ein Wertersatzverfall von mehr als ... EUR angeordnet worden ist; der weitergehende Verfall entfällt." (BGH Beschl v 15. 8. 2007 – Az 2 StR 337/07). Tenorierung bei unterlassener Anordnung: „Auf die Revision der Staatsanwaltschaft wird das Urteil des ... aufgehoben, soweit das Land/Oberlandesgericht davon abgesehen hat, gegen den Angeklagten den Verfall eines Geldbetrages anzuordnen" (BGH Urt v 26. 11. 2008 – Az 5 StR 425/08); „... aufgehoben, soweit beim Angeklagten A von einer Verfallsanordnung insgesamt, beim Angeklagten B von einer den Betrag von ... EUR übersteigenden Verfallsanordnung ... abgesehen wurde." (BGH Urt v 4. 2. 2009 – Az 2 StR 504/08).

29.1

Wird auf die Revision der StA ein Urteil im Schuld- und Rechtsfolgenausspruch unter Zurückverweisung der Sache zu neuer Entscheidung aufgehoben, bleibt ein mit der Verurteilung ergangener **Adhäsionsausspruch** hiervon unberührt. § 406a Abs 3 StPO erfasst diesen Fall nicht, da eine endgültige Sachentscheidung über die der Adhäsionsentscheidung zugrunde liegende Straftat seitens des Revisionsgerichtes nicht getroffen wird. Eine Aufhebung der Adhäsionsentscheidung ist daher dem neuen Tatrichter auf Grundlage des Ergebnisses der neuen Hauptverhandlung vorbehalten. Eine Aufhebung im Revisionsverfahren kommt nur in Betracht, wenn das Revisionsgericht in der Sache entscheidet und die dem Ausspruch zugrunde liegende Verurteilung in Wegfall bringt (BGH Urt v 28. 11. 2007 – Az 2 StR 477/07; BGH NJW 2006, 1890, 1891 zu § 406a StPO). Der Wegfall einer **Nebenfolge** ist bei Aufhebung des zugrunde liegenden Strafausspruches gesondert auszusprechen (vgl BGH Beschl v 8. 1. 2008 – Az 4 StR 468/07 = NStZ 2008, 283, 284 zu § 358 StGB, § 45 Abs 2 StGB).

30

IV. Nebenentscheidungen

Der gesonderten Aufhebung von Nebenentscheidungen bedarf es nicht. Da diese an den Hauptsacheausspruch geknüpft sind, werden sie mit Aufhebung des Urteils ohne gesonderten Ausspruch gegenstandslos.

31

Mit Aufhebung eines Freispruches entfällt die Grundlage für den Ausspruch einer Strafverfolgungsentschädigung (zB BGH Beschl v 28. 8. 2007 – Az 4 StR 305/07 [Rn 4]); mit Aufhebung der Verurteilung entfallen Entscheidungen nach § 268a StPO. Auch der Kostenausspruch des aufgehobenen Urteils entfällt. Gegen Nebenentscheidungen gerichtete Beschwerden werden gegenstandslos (vgl § 333 StPO Rn 8). Bei Teilaufhebungen kann sich allerdings empfehlen, den Wegfall klarstellend auszusprechen.

31.1

V. Besonderheiten im dreistufigen Rechtszug

Neben dem Berufungsurteil ist ausnahmsweise **auch das erstinstanzliche Urteil aufzuheben**, wenn das Berufungsgericht ein Verwerfungsurteil nach § 412 StPO fehlerhaft bestätigt hat, wenn beide Vorinstanzen trotz Rechtskraft eines Strafbefehls entschieden haben oder wenn das Berufungsgericht gegen § 328 Abs 2 StPO verstoßen hat (Meyer-Goßner StPO § 353 Rn 5).

32

C. Aufhebung der Feststellungen (Abs 2)

I. Grundsatz

Die Aufhebung der Feststellungen ist grds **gesondert auszusprechen**; dies gilt auch für eine Gesamtaufhebung oder eine Aufhebung des Strafausspruches („mit den zugehörigen Feststellungen"). Fehlt ein Ausspruch, gelten sie im Zweifel als insgesamt aufgehoben, soweit

33

die Urteilsaufhebung reicht (vgl Löwe/Rosenberg/Hanack StPO § 353 Rn 18), wenn nicht die Gründe der Entscheidung des Revisionsgerichtes anderes nahelegen.

34 Dem Revisionsgericht steht angesichts des zwingenden Wortlautes von § 353 Abs 2 StPO („sofern sie durch die Gesetzesverletzung betroffen werden …") **kein Ermessen** über die Reichweite zu, in der es die tatrichterlichen Feststellungen aufhebt. Eine **Aufhebung ist nur insoweit veranlasst, wie die Feststellungen von dem Rechtsfehler, an dem das Urteil leidet, betroffen** sind. Dem Revisionsgericht obliegt in Fällen eines nicht umfassenden Mangels daher, durch möglichst genaue Eingrenzung der Aufhebung die Neuverhandlung, insbesondere eine neu durchzuführende Beweisaufnahme, auf das zur Behebung des Rechtsfehlers erforderliche Maß zu beschränken (vgl BGHSt 14, 30, 35 = NJW 1960, 1393). Da im Umfang der aufrechterhaltenen Feststellungen eine Tatsachenbindung für den neuen Tatrichter eintritt, ist andererseits zu prüfen, ob die von dem Rechtsfehler betroffenen Feststellungen ohne Wechselwirkung mit anderen Urteilsteilen isoliert ersetzt werden können. Dies ist beispielsweise nicht der Fall, wenn andere Feststellungen auf ihnen beruhen (vgl BGHSt 14, 30, 35 = NJW 1960, 1393). Bei Aufrechterhaltung von Feststellungen ist der neue Tatrichter nicht gehindert, ergänzende weitere Feststellungen zu treffen, soweit diese zu den getroffenen nicht in Widerspruch stehen (vgl näher Rn 46).

34a Soweit das Revisionsgericht bei einer Gesamtaufhebung des Schuld- oder Maßregelausspruches Feststellungen aufrecht erhält, deren (Mit-)Aufhebung der Revisionsführer – etwa wegen behaupteter Beweiswürdigungsfehler – beantragt hat, bleibt die Revision insoweit erfolglos. Im Tenor ist daher auszusprechen, dass die **Revision im Übrigen verworfen** wird (zB BGH Beschl v 29. 10. 2008 – Az 5 StR 443/08; Beschl v 30. 9. 2008 – Az 3 StR 384/08).

II. Sachlich-rechtliche Mängel

35 Soweit sachlich-rechtliche Mängel abgrenzbare Urteilsbestandteile unberührt lassen, erlauben sie eine zumindest teilweise Aufrechterhaltung der getroffenen Feststellungen. Dies gilt etwa bei einer Aufhebung des Strafausspruches, mit der höchstens eine Aufhebung der dem Strafausspruch zugehörigen Feststellungen (zur Reichweite s Rn 45) zu verbinden ist. Erfasst der Rechtsfehler – etwa im Falle von Mängeln in der Beweiswürdigung – das Urteil als Ganzes, unterliegt dieses einschließlich aller getroffenen Feststellungen der Aufhebung.

35.1 Dabei kommt es nicht darauf an, inwieweit in einem neuen tatrichterlichen Durchgang ein abweichender Urteilsausspruch – etwa ein Freispruch statt Verurteilung – zu erwarten steht. Werden durch eine lückenhafte Beweiswürdigung Zweifel an der Täterschaft des Angeklagten nicht ausgeräumt, können zB gleichwohl Feststellungen zum objektiven, täterunspezifischen Tatablauf aufrecht erhalten bleiben, die in einer aufwendigen Beweisaufnahme gewonnen wurden (vgl insoweit auch Rn 41); in Ausnahmefällen können selbst Feststellungen zur Frage der Schuldfähigkeit des Angeklagten Bestand haben, soweit sie ihre Grundlage nicht in den Umständen der fraglichen Tatbeteiligung haben und durch diese auch nicht in Frage gestellt werden können.

36 Bezieht sich der zur Aufhebung führende Rechtsfehler auf den Binnenbereich des Angeklagten, mithin auf **Vorsatz-, Schuld- (insbes Schuldfähigkeits-), oder Motivfragen,** können Feststellungen zum objektiven Tatgeschehen bestehen bleiben und die Aufhebung auf die subjektive Tatseite beschränkt werden (Meyer-Goßner StPO § 353 Rn 15). Die Anordnung kann in diesen Fällen noch enger eingegrenzt werden, indem isoliert die Feststellungen zu dem in Frage stehenden subjektiven Umstand aufgehoben werden – zB Feststellungen zur Schuldfähigkeitsbeurteilung des Angeklagten – oder Feststellungen nur zu einzelnen subjektiven Merkmalen aufrechterhalten bleiben (zB BGH Beschl v 29. 10. 2008 – Az 5 StR 443/08 hinsichtlich der Feststellungen zum natürlichen Vorsatz des Angeklagten). Zu prüfen ist dabei allerdings, ob dem neuen Tatrichter trotz seiner weitreichenden Tatsachenbindung noch eine zusammenhängende Beurteilung der subjektiven Tatseite ermöglicht bleibt. Dies kann eine Aufhebung von Feststellungen hinsichtlich einzelner motivbegründender Umstände (vgl BGH NStZ 2008, 453, 454) oder des Vorsatzes bezüglich einzelner Tatmerkmale (vgl BGH NStZ-RR 2008, 239, 240) verbieten. Eine Teilaufhebung kann umgekehrt auch unter **Aufrechterhaltung von Feststellungen zur Schuldfähigkeitsbeurteilung** erfolgen (BGH Urt v 29. 11. 2007 – Az 4 StR 425/07 und Az 4 StR 386/07

Rn 19), wenn ausgeschlossen erscheint, dass diese durch anderweitige Rechtsfehler der objektiven oder subjektiven Tatseite beeinflusst sind.

Zum Aufhebungsumfang bei fehlerhafter Beurteilung der Frage **bedingten Vorsatzes** vgl BGH NStZ 2008, 453, 454; StV 1983, 360; Urt v 18. 10. 2007 – Az 3 StR 226/07 [Rn 25, insoweit in NStZ 2008, 93 nicht abgedruckt]). Nach BGH NStZ 2008, 453, 454 zählt zu den aufrechterhaltenen objektiven Feststellungen auch der „vom Willen des Angeklagten gesteuerte" objektive Tathergang – hier: tödlicher Schuss aus einer Dienstpistole –, obwohl gerade Erörterungsmängel hinsichtlich des voluntativen Teils des Vorsatzes zur Aufhebung führten. Da der Angeklagte nur einen Tötungsvorsatz bestritten und eine Notwehrlage behauptet, eine willkürliche Schussabgabe aber eingeräumt hatte, war der Aufhebungsumfang gleichwohl zutreffend bestimmt. Er war allerdings nur aus den Gründen der revisionsgerichtlichen Entscheidung zu ersehen. Eine Klarstellung bereits im Tenor wäre bei einer solchermaßen in den subjektiven Bereich übergreifenden Aufrechterhaltung von Feststellungen wünschenswert gewesen. **36.1**

Zu einer fehlerhaften oder unterlassenen **Schuldfähigkeitsbeurteilung** vgl BGHSt 14. 30, 36; BGH NJW 1964, 2213; Beschl v 29. 10. 2008 – Az 5 StR 443/08. Zu subjektiven **Mordmerkmalen** vgl BGH GA 1980, 24. Zur Frage eines möglichen **Verbotsirrtums** vgl OLG Hamburg NJW 1967, 213. Zur Absicht iSv **§ 146 Abs 1 Nr 2 StGB** vgl BGH Beschl v 6. 12. 2007 – Az 5 StR 476/07. Zu den subjektiven Voraussetzungen von **§ 239 b StGB** vgl BGH Urt v 8. 11. 2007 – Az 3 StR 320/07. **36.2**

In objektiver Hinsicht kann die Aufhebung auf **Feststellungen zur Beteiligung des Revisionsführers** begrenzt werden, etwa auf den Umfang seiner Tatbeiträge oder die Frage, ob es sich bei dem Revisionsführer überhaupt um einen Tatbeteiligten handelte. Letzteres kommt dann in Betracht, wenn der zur Aufhebung führende Rechtsfehler sich allein auf die Überzeugung des Tatrichters bezieht, der revidierende Angeklagte habe die – in ihrem Geschehensablauf rechtsfehlerfrei festgestellte – Tat begangen oder an ihr teilgenommen (vgl BGH NStZ 2009, 21, 22; allerdings Verfahrensfehler als Aufhebungsgrund). Möglich ist auch eine eingegrenzte Aufhebung von Feststellungen zum objektiven Tatgeschehen. So können **abgrenzbare Teile der Feststellungen zur äußeren Tatseite**, etwa zum Vor- und Nachtatgeschehen (BGH Urt v 20. 12. 2007 – Az 4 StR 459/07) aufrecht erhalten oder isoliert aufgehoben werden. Auch Feststellungen zu **einzelnen Merkmalen des objektiven Tatbestandes** können einer gesonderten Aufhebung unterliegen oder infolge gesonderter Anordnung bestehen bleiben. **37**

Beispiele: BGH Beschl v 25. 9. 2007 – Az 4 StR 390/07 („mit den die Rechtsgrundlosigkeit der Zahlungen betreffenden Feststellungen"); Urt v 29. 8. 2007 – Az 5 StR 103/07 („aufgehoben ... einschließlich der Feststellungen zum Vermögensnachteil ... und zum Untreuevorsatz. Die Feststellungen zum äußeren Tatgeschehen und zum Vorsatz der Bankrottbeihilfe bleiben aufrechterhalten."); Beschl v 2. 12. 2008 – Az 4 StR 517/08 („mit den Feststellungen zum Ladezustand der verwendeten Schusswaffe"); Beschl v 8. 10. 2008 – Az 4 StR 233/08 („... mit den Feststellungen aufgehoben; jedoch bleiben die Feststellungen zum äußeren Tatgeschehen im dritten Tatkomplex einschließlich derjenigen zu den Verletzungen des Tatopfers, dem Zustand des Tatfahrzeuges und zu der Fahrtstrecke [UA S 10 bis 11, Zeile 18] aufrechterhalten."); Beschl v 2. 12. 2008 – Az 3 StR 441/08 („bleiben die Feststellungen aufrechterhalten mit Ausnahme derjenigen zur Gefahr einer Gesundheitsschädigung der Zeugin ... durch den Brand"). **37.1**

Beruht der Rechtsfehler dagegen auf einem **Darlegungsmangel**, so wird sich zumeist nicht ausschließen lassen, dass der neue Tatrichter nur ergänzende Feststellungen wird treffen können. Um ihm eine widerspruchsfreie neue Sachprüfung zu ermöglichen, sind die getroffenen Feststellungen in diesem Fall mit aufzuheben. Bei einem **zusammenhängenden Gesamtgeschehen** können einzelne Feststellungsmängel zur Gesamtaufhebung der Feststellungen auch hinsichtlich nicht unmittelbar betroffener Taten führen, wenn dem neuen Tatrichter nur auf diesem Wege eine umfassende und widerspruchsfreie Neuaufklärung ermöglicht wird und der Schuldumfang der einen Tat sich auf jenen der weiteren auswirken kann (vgl BGH Urt v 6. 5. 2008 – Az 5 StR 34/08 Rn 20 für wirtschaftsstrafrechtlichen Sachverhalt). Bei insgesamt dürftigen Feststellungen, die ihre Grundlage in einer **Verständigung** vor dem Tatrichter haben, kann gleichfalls eine vollständige Aufhebung angezeigt sein, um dem neuen Tatrichter eine genauere Bestimmung umfassend zu ermöglichen (vgl BGH Beschl v 10. 7. 2008 – Az 5 StR 209/08). **38**

39 Eine Aufhebung von Feststellungen kommt nicht in Betracht, wenn sie von dem zur Aufhebung führenden Rechtsfehler nicht betroffen sind, weil es sich um einen **reinen Subsumtions- oder Wertungsfehler** handelt, oder wenn die getroffenen **Feststellungen nur unvollständig, für sich genommen aber nicht fehlerhaft** sind. Dies kommt insbes bei **Mängeln der Strafzumessung** in Betracht. Ist ein Strafzumessungsgesichtspunkt lediglich unberücksichtigt geblieben, so dass es insoweit nur zusätzlicher Darlegung bedarf, oder handelt es sich um einen bloßen Wertungsfehler, sind die dem Strafausspruch zugehörigen Feststellungen aufrechtzuerhalten. Auch eine zur Aufhebung des Strafausspruches führende Schuldspruchänderung nach § 354 Abs 1 StPO erfordert keine Mitaufhebung von Feststellungen (zB BGH Urt v 30. 10. 2008 – Az 3 StR 156/08 Rn 24; Meyer-Goßner StPO § 353 Rn 16).

39.1 **Beispiele**: BGH Beschl v 27. 9. 2007 – Az 5 StR 171/07 (unvollständige Feststellungen zur Schadenshöhe); Beschl v 23. 10. 2007 – Az 5 StR 161/07 und Urt v 19. 6. 2008 – Az 4 StR 1065/08 (Wertungsfehler bei Strafzumessung); Beschl v 18. 4. 2007 – Az 5 StR 85/07 (Umstellung der Teilnahmeform und konkurrenzrechtlichen Beurteilung); NStZ 2007, 525 (fehlerhafte rechtliche Bewertung von Beweggründen des Angeklagten als niedrig bei § 211 StGB); BGH Beschl v 1. 10. 2007 – Az 3 StR 384/07 (Schuldspruchumstellung von § 242 StGB auf § 257 Abs 1 StGB [Rn 9, insoweit in NStZ 2008, 152 nicht abgedruckt]); Beschl v 11. 6. 2008 – Az 5 StR 145/08 (Schuldspruchänderung von Mittäterschaft zu Beihilfe); Beschl v 16. 10. 2008 – Az 4 StR 465/08 (Wegfall der Qualifikation nach § 177 Abs 3 Nr 2 StGB); Beschl v 30. 09. 2008 – Az 4 StR 359/08 (Wegfall der Qualifikation nach § 244 StGB, insoweit in NStZ 2009, 95 nicht abgedruckt); BGH Beschl v 23. 10. 2008 – Az 3 StR 413/08 (§ 31 BtMG unerörtert).

40 Bei Gestaltung der Aufhebungsanordnung ist das Revisionsgericht frei. Es muss allerdings gewährleisten, dass das Tatgericht die zur Behebung des festgestellten Rechtsfehlers erforderlichen Feststellungen **widerspruchsfrei zu den aufrechterhaltenen** treffen kann. Die Feststellungen können auch punktuell – etwa zum Ausmaß eines entstandenen Schaden – aufgehoben werden. Bei mehreren Taten muss erforderlichenfalls eine Differenzierung vorgenommen werden. Für die Aufhebung eines freisprechenden Urteils gelten insoweit keine Unterschiede (vgl BGH NJW 1992, 382, 384).

III. Verfahrensmängel und Prozesshindernisse

41 Bei Verfahrensmängeln und behebbaren Prozesshindernissen sind die hiervon betroffenen Urteilsteile grundsätzlich **mit den Feststellungen aufzuheben** (KK-StPO/Kuckein StPO § 353 Rn 14, 28). Ausnahmen kommen bei sog Bestrafungsverboten (zB Amnestie, vgl BGHSt 4, 287, 289) in Betracht sowie dann, wenn **sich die die fehlerhaft vorgenommene oder unterlassene Verfahrenshandlung im Hinblick auf ihre Auswirkungen auf das angefochtene Urteil isolieren lässt** (vgl BGHSt 32, 84 zur unterlassenen Wiedereinbeziehung nach § 154 a StPO); in diesem Fall gelten die zuvor beschriebenen Grundsätze zur Teilaufhebung von Feststellungen (Rn 35 ff). Dies kommt insbes bei Aufklärungsmängeln oder im Beweisantragsrecht wurzelnden Verfahrensfehlern in Betracht. Hat der Tatrichter eine weitere Aufklärung des Sachverhaltes verfahrensfehlerhaft unterlassen, kann sich die Aufhebung auf die Feststellungen zu den hiervon betroffenen Sachfragen beschränken. So wird die fehlerhaft unterlassene Einholung eines Sachverständigengutachtens zur Schuldfähigkeit des Angeklagten regelmäßig allein die Feststellungen zur Schuldfähigkeitsbeurteilung berühren (vgl Rn 35). Aufklärungsmängel zum objektiven Tatgeschehen oder der Beteiligung des Angeklagten hieran können zu einer nur hierauf bezogenen Aufhebung der Feststellungen Anlass geben (vgl BGH NStZ 2009, 21, 22).

D. Bindung des neuen Tatrichters
I. Gesamtaufhebung

42 Bei Gesamtaufhebung ist der neue Tatrichter nur an die Rechtsauffassung des Revisionsgerichts nach **§ 358 Abs 1 StPO** gebunden. Der neue Tatrichter hat eigene Feststellungen zu treffen und diese im Urteil mitzuteilen. Das alte Urteil ist im Hinblick auf die neu zu treffenden Feststellungen nichtexistent; jede **Übernahme früherer Feststellungen oder eine Bezugnahme darauf verbietet sich** (BGHSt 24, 274 = NJW 1972, 548; NStZ 1984, 18 bei Pfeiffer; NStZ-RR 2000, 39 bei Kusch).

II. Teilaufhebung

Bei **Teilaufhebung einzelner in Tatmehrheit stehender Taten** ist der neue Tatrichter 43 an die Feststellungen zu den in Rechtskraft erwachsenen Taten nicht gebunden (Meyer-Goßner StPO § 353 Rn 19). Dies soll allerdings dann nicht gelten, wenn prozessuale Tatidentität iSv § 264 StPO besteht (BGHSt 28, 119; **aA** Löwe/Rosenberg/Hanack StPO § 353 Rn 27).

Bei **Aufhebung des Rechtsfolgenausspruches** sind die Feststellungen zum Schuld- 44 spruch bindend (BGHSt 30, 340; NStZ 1982, 483); die Aufhebung bezieht sich nur auf solche Umstände tatrichterlicher Sachverhaltsdarstellung, die ausschließlich die Straffrage betreffen (BGHSt 24, 274, 275 = NJW 1972, 548; NJW 1982, 1295). Daher sind auch **doppelrelevante Tatsachen** bindend festgestellt und vom neuen Tatrichter seiner Bewertung der Rechtsfolgen zugrunde zu legen (BGHSt 24, 274; NStZ 1988, 214; Winkler StraFo 2004, 369) unabhängig davon, ob sie auf Beweisaufnahme beruhen oder zugunsten des Angeklagten unterstellt worden sind (BGH NStZ 1988, 88). Zumindest auch **dem Schuldspruch zugehörig sind** Feststellungen zur Person, zu den Tatzeiten und -umständen, auch soweit sie das Tatgeschehen nur näher beschreiben (BGH NJW 1982, 1295), sowie zu den gesetzlichen Tatbestandsmerkmalen (BGHSt 24, 274).

An der Bindungswirkung nimmt **nicht nur das Mindestmaß an Tatsachen teil, ohne das** 44.1 **der Schuldspruch keinen Bestand hätte.** Auch wenn schon ein Teil der festgestellten Tatsachen ausgereicht hätte, um den gesetzlichen Tatbestand zu erfüllen, so gehören die darüber hinausreichenden Tatsachen gleichwohl zum Schuldspruch. Auch solche Feststellungen, die nur den **Schuldumfang** betreffen, die rechtliche Beurteilung aber nicht in Frage stellen, unterliegen der Bindung (BGHSt 28, 119, 121 = NJW 1979, 54; NJW 1982, 1295). So ist eine neue Beweisaufnahme unzulässig zur Vorsatzart (BGHSt 10, 71, 73 = NJW 1957, 433), zum Grad des Fahrlässigkeitsvorwurfes (BGH Beschl v 17. 11. 1978 – Az 2 StR 632/78), zum Maß der Pflichtwidrigkeit oder zur Schadenshöhe (BGH NStZ 1981, 448), zum Zeitpunkt des Tatentschlusses (BGH Urt v 14. 11. 1978 – Az 1 StR 439/78), über das tatauslösende Moment (BGH Beschl v 15. 4. 1977 – Az 2 StR 87/77) über die Beweggründe für die Tatbegehung (BGH Beschl v 23. 2. 1979 – Az 2 StR 728/78) und über die Beteiligung Dritter (BGH NJW 1982, 1295).

Alle Tatsachen, die das **Tatgeschehen im Sinne eines geschichtlichen Vorganges umschrei-** 44.2 **ben,** nehmen an der Bindungswirkung teil, auch wenn sie nicht von den Merkmalen des gesetzlichen Tatbestandes erfasst sind. Vgl BGH NJW 1982, 1295: „Erst die den Schuldspruch näher beschreibenden Feststellungen über die einzelnen, auch außertatbestandlichen Tatmodalitäten, die Handlungsabläufe und die Identität der Handelnden machen das Tatgeschehen als geschichtlichen Vorgang einmalig und unverwechselbar." Innerprozessuale Bindungswirkung kommt auch jenen Teilen der Sachverhaltsschilderung zu, aus denen der erste Tatrichter im Rahmen der Beweiswürdigung seine Überzeugung von der Schuld des Angeklagten abgeleitet hat, mithin allen auf den Tathergang und die subjektive Tatseite bezogenen Indiztatsachen.

Allein dem Rechtsfolgenausspruch zuzuordnen sind dagegen Feststellungen zur 45 verminderten Schuldfähigkeit des Angeklagten (BGH NStZ-RR 2009, 148; StV 2001, 179; NStZ-RR 1997, 237), Feststellungen zu den Tatfolgen (BGH StraFo 2004, 143; StV 2007, 23), zum Nachtatverhalten (BGH NStZ-RR 2005, 262 bei Becker), und zur Bewertung der Tat als minder oder besonders schwer. Soweit eine Aufhebung des Rechtsfolgenausspruches mit den Feststellungen erfolgt ist, müssen diese Umstände neu festgestellt und in rechtlicher Hinsicht neu bewertet werden (vgl zu erforderlichen Neuerhebungen zum Grad der Alkoholisierung des Angeklagten BGH NStZ-RR 2009, 148). Kommt es in der neuen Hauptverhandlung allerdings zu Erkenntnissen, die den getroffenen Feststellungen zum Schuldausspruch widersprechen, dürfen sie dem Strafausspruch nicht zugrunde gelegt werden (BGH NStZ 1982, 29; NStZ-RR 1996, 203).

III. Aufrecht erhaltene Feststellungen

Im Umfang aufrechterhaltener Feststellungen besteht eine **innerprozessuale Bindungs-** 46 **wirkung**; eine neue Beweisaufnahme ist insoweit ausgeschlossen (BGHSt 14, 30, 38; OLG Koblenz NJW 1983, 1921). Auch eine Uminterpretation der aufrechterhaltenen Feststellungen darf nicht vorgenommen werden (BGH NStZ-RR 2006, 317). Im neuen Urteil bedarf es **keiner Wiederholung oder Inbezugnahme der aufrechterhaltenen Feststellungen**, wenngleich sich dies zum Zweck einer geschlossenen Sachdarstellung regelmäßig als sinnvoll erweisen wird. Denn die von der Aufhebung nicht betroffenen, in Rechtskraft erwachsenen Teile des Ersturteils behalten eigenständige Bedeutung für das weitere Verfahren, auch wenn sie im neuen Urteil keine Erwähnung finden; sie bilden zusammen mit diesem eine einheitliche instanzabschließende Entscheidung (BGH NStZ-RR 2002, 257, 260 bei Becker Nr 13; Beschl v 9. 12. 2008 – Az 3 StR 519/08).

47   Der neue Tatrichter kann – im Falle unvollständiger Feststellung: muss – seiner Beurteilung aber neue, ergänzende Feststellungen zugrunde legen; diese dürfen den aufrechterhaltenen nicht widersprechen. Er kann ergänzende Feststellungen auch im Hinblick auf solche Umstände treffen, die von den aufrechterhaltenen Feststellungen erfasst sind. Die neu getroffenen Feststellungen müssen mit den aufrechterhaltenen ein **einheitliches und widerspruchsfreies Ganzes** bilden (BGHSt 7, 283, 287 = NJW 1955, 917; 28, 119, 121 = NJW 1979, 54; 29, 359, 366 = NJW 1981, 589). Ergeben sich in der neuen Hauptverhandlung den aufrechterhaltenen Feststellungen widersprechende Erkenntnisse, können diese nicht zugrunde gelegt werden. Bedenklich erscheint dies in Fällen, in denen die neue Hauptverhandlung zweifelsfrei die Schuldunfähigkeit des Angeklagten (offen gelassen von BGH StraFo 1998, 163) oder seine Unschuld ergibt (offen gelassen von BGH NJW 1982, 1295).

48   Bei einer Aufhebung wegen Beweiswürdigungs- oder Feststellungsmängel kann bei einem komplexen Tatgeschehen angezeigt sein, den **neuen Tatrichter darauf hinzuweisen**, welcher ergänzenden Bewertung, Erörterung und Feststellung es nach Auffassung des Revisionsgerichtes bedarf (vgl BGH Urt v 29. 11. 2007 – Az 4 StR 425/07).

48.1   Eine **Verlesung von aufgehobenen Feststellungen** des früheren Urteils zum Beweis deren Inhaltes ist unzulässig; sie können nach § 249 S 2 StPO nur zum Beweis dafür verlesen werden, dass die Beweisaufnahme im ersten Durchgang in der in den Urteilsgründen niedergelegten Weise gewertet worden ist (BGHSt 6, 141, 142; NStZ 1994, 25 bei Kusch). Gleiches gilt für die Vernehmung der früheren Tatrichter über ihre Entscheidungsfindung. Zulässig ist aber eine Einvernahme zum Beweis eines Geständnisses oder einer bestimmten Einlassung des nunmehr schweigenden Angeklagten.

§ 354 [Eigene Sachentscheidung; Zurückverweisung]

(1) Erfolgt die Aufhebung des Urteils nur wegen Gesetzesverletzung bei Anwendung des Gesetzes auf die dem Urteil zugrunde liegenden Feststellungen, so hat das Revisionsgericht in der Sache selbst zu entscheiden, sofern ohne weitere tatsächliche Erörterungen nur auf Freisprechung oder auf Einstellung oder auf eine absolut bestimmte Strafe zu erkennen ist oder das Revisionsgericht in Übereinstimmung mit dem Antrag der Staatsanwaltschaft die gesetzlich niedrigste Strafe oder das Absehen von Strafe für angemessen erachtet.

(1 a) ¹Wegen einer Gesetzesverletzung nur bei Zumessung der Rechtsfolgen kann das Revisionsgericht von der Aufhebung des angefochtenen Urteils absehen, sofern die verhängte Rechtsfolge angemessen ist. ²Auf Antrag der Staatsanwaltschaft kann es die Rechtsfolgen angemessen herabsetzen.

(1 b) Hebt das Revisionsgericht das Urteil nur wegen Gesetzesverletzung bei Bildung einer Gesamtstrafe (§§ 53, 54, 55 des Strafgesetzbuches) auf, kann dies mit der Maßgabe geschehen, dass eine nachträgliche gerichtliche Entscheidung über die Gesamtstrafe nach den §§ 460, 462 zu treffen ist. ³Entscheidet das Revisionsgericht nach Absatz 1 oder Absatz 1a hinsichtlich einer Einzelstrafe selbst, gilt Satz 1 entsprechend. ⁴Die Absätze 1 und 1a bleiben im Übrigen unberührt.

(2) ¹In anderen Fällen ist die Sache an eine andere Abteilung oder Kammer des Gerichtes, dessen Urteil aufgehoben wird, oder an ein zu demselben Land gehörendes anderes Gericht gleicher Ordnung zurückzuverweisen. ²In Verfahren, in denen ein Oberlandesgericht im ersten Rechtszug entschieden hat, ist die Sache an einen anderen Senat dieses Gerichts zurückzuverweisen.

(3) Die Zurückverweisung kann an ein Gericht niederer Ordnung erfolgen, wenn die noch in Frage kommende strafbare Handlung zu dessen Zuständigkeit gehört.

Überblick

Im Falle einer Urteilsaufhebung nach § 353 StPO stehen dem Revisionsgericht die in § 354 StPO bestimmten Entscheidungsmöglichkeiten offen. § 354 Abs 1 StPO erlaubt in ausdrücklich genannten Fällen eine eigene Sachentscheidung des Revisionsgerichts auf Grundlage des tatrichterlich festgestellten Sachverhaltes ohne Zurückverweisung. In analoger Anwendung der Vorschrift kann das Revisionsgericht auch eine Schuldspruchberichtigung aussprechen, wenn die getroffenen Feststellungen die Verurteilung in der abgeänderten Form tragen und § 265 StPO nicht entgegensteht. Im Rahmen der Strafzumessung kann es nach § 354 Abs 1 StPO analog in eng umgrenzten Fallgruppen eingreifen, wenn etwa bei wertender Betrachtung nur noch eine bestimmte Strafe ernsthaft in Betracht kommt. Die Aufrechterhaltung der verhängten Rechtsfolge ist ferner auf Grundlage von § 337 StPO möglich, wenn sie auf den festgestellten Rechtsfehlern oder einer vorgenommenen Schuldspruchberichtigung nicht beruht. Lässt sich dies nicht ausschließen, kommt eine Anwendung von § 354 Abs 1a StPO in Betracht, die nach der Rspr des BVerfG indes nur bei reinen Strafzumessungsfehlern, nach Anhörung des Angeklagten und unter Berücksichtigung von diesem vorgebrachter Umstände zulässig ist, nicht aber nach einer Abänderung des Schuldspruches. In den von § 354 Abs 1, Abs 1a und Abs 1b StPO nicht erfassten Fällen ist eine Aufhebung und Zurückverweisung nach § 354 Abs 2 und Abs 3 StPO unter Auswahl des Tatgerichts nach der im Aufhebungsumfang bestehenden Zuständigkeit auszusprechen.

Übersicht

	Rn		Rn
A. Anwendungsbereich	1	2. Strafkorrektur bei fehlendem Ermessensspielraum	44
I. Fälle des § 353 Abs 1 SPO	2	3. Aufrechterhaltung einer Einzelstrafe bei Wegfall der Gesamtstrafe	46
II. Fälle des § 353 Abs 2 StPO	4	4. Aufrechterhaltung einer Gesamtstrafe als Einzelstrafe	48
B. Eigene Sachentscheidung (Abs 1)	5	5. Verletzung zwingender Bemessungsvorschriften	49
I. Eingangsvoraussetzungen	5	6. Neubildung einer Gesamt- oder Einheitsstrafe	51
II. Freispruch	8	7. Verfahrensverzögerung	52
III. Einstellung	14	V. Weitere Anordnungen	53
1. Allgemeines	14	1. Strafaussetzung zur Bewährung	53
2. Vorrang des Freispruches	15	2. Anrechnung von Freiheitsentziehung und Bewährungsleistungen	55
3. Einstellung wegen Verfahrens- oder Verfolgungshindernissen	17	3. Maßregeln	58
4. § 153 StPO, § 154 StPO, § 154a StPO	21	4. Andere Fälle	61
5. Tenorierung	23	**D. Rechtsfolgenausspruch: Beruhen, Angemessenheit nach Abs 1a**	62
IV. Straffestsetzung	25	I. Fehlendes Beruhen	62
1. Absolut bestimmte Strafe	25	1. Strafzumessungsfehler	63
2. Gesetzlich niedrigste Strafe, Absehen von Strafe	26	2. Strafrahmenänderung	64
C. Analoge Anwendung von Abs 1	29	3. Wegfall von Einzelstrafen und tateinheitlichen Verurteilungen	67
I. Grundsatz	29	II. Angemessenheitsprüfung und Herabsetzung nach Abs 1a	72
II. Offensichtliche Versehen, Klarstellungen	31	1. Überblick	72
III. Schuldspruchberichtigung	34	2. Frühere Handhabung	74
1. Voraussetzungen	34	3. Entscheidungen des BVerfG	76
2. Einzelfälle	38	4. Verbleibender Anwendungsbereich	79
3. Entgegenstehende Rechtskraft	42		
IV. Strafausspruch	43		
1. Nachgeholte Einzelstraffestsetzung	43		

StPO § 354
Drittes Buch. 4. Abschnitt

	Rn		Rn
E. Nachträgliche Gesamtstrafenbildung (Abs 1 b)	84	III. Zurückverweisung an ein anderes Gericht (Abs 2)	96
F. Zurückverweisung, Verfahren vor dem neuen Tatrichter (Abs 2 und Abs 3)	88	IV. Zurückverweisung an ein Gericht niederer Ordnung (Abs 3)	98
I. Grundsatz	88	V. Verfahren vor dem neuen Tatrichter	99
II. Zurückverweisung an einen anderen Spruchkörper desselben Gerichtes (Abs 2)	90		

A. Anwendungsbereich

1   § 354 StPO regelt die **an eine Urteilsaufhebung nach § 353 StPO geknüpften Entscheidungsfolgen**.

I. Fälle des § 353 Abs 1 SPO

2   Beschränkt sich die Aufhebung auf den Schuldspruch (§ 353 Abs 1 StPO), kann das Revisionsgericht unter engen Voraussetzungen eine **eigene Sachentscheidung ohne Zurückverweisung** an das Tatgericht treffen. An die Stelle des Schuldspruches kann ein Freispruch oder Teilfreispruch treten; in den von § 354 Abs 1 und Abs 1 a StPO bestimmten Fällen ist eine eigene Rechtsfolgenentscheidung möglich. Bei rechtsfehlerhafter Bewertung eines vollständig und fehlerfrei festgestellten Tatgeschehens kommt auch eine Schuldspruchberichtigung in Betracht. Betreffen die Rechtfehler auch die Beweiswürdigung und die Feststellungen, oder erfordert die vom Tatrichter abweichende rechtliche Bewertung des Revisionsgerichtes ergänzende Feststellungen, hat das Revisionsgericht zu bewerten, ob solche möglich erscheinen; hierbei steht ihm ein Beurteilungsspielraum zu. Kommt es zu dem Ergebnis, dass aufgrund des Zeitablaufes oder sonstiger, den getroffenen Feststellungen zu entnehmender Umstände des Einzelfalles neue Erkenntnisse nicht mehr zu erwarten sind, kann es von einer Zurückverweisung zum Zweck ergänzender Tataufklärung absehen (vgl BGH Urt v 18. 4. 2007 – Az 5 StR 506/06 Rn 13). Auch Kombinationen der einzelnen Entscheidungsmöglichkeiten hinsichtlich unterschiedlicher Taten sind möglich (vgl BGH NStZ 2008, 409).

3   Die Möglichkeit eigener Sachentscheidung dient nicht nur der **Verfahrensökonomie**, sondern auch dem **Schutz des Angeklagten**, dem eine erneute Verhandlung ohne Ertrag erspart werden soll, und in entsprechenden Fällen auch dem **Opferschutz**. Hieraus rechtfertigt sich die von der Rechtsprechung im Wege der Analogiebildung vollzogene Erweiterung des Anwendungsbereiches von § 354 StPO.

II. Fälle des § 353 Abs 2 StPO

4   Bei Mitaufhebung der Feststellungen **scheidet eine eigene Sachentscheidung aus**, da ihr die Grundlage entzogen ist; die Sache ist nach § 354 Abs 2 und Abs 3 StPO zu neuer Verhandlung und Entscheidung zurückzuverweisen. Bei Teilaufhebung der Feststellungen kann im Umfang der bloßen Schuldspruchaufhebung eine eigene Sachentscheidung nach § 354 Abs 1 und Abs 1 a StPO getroffen und im Übrigen zurückverwiesen werden; so bei Schuldspruchberichtigung durch das Revisionsgericht, Aufhebung des Strafausspruches mit den zugehörigen Feststellungen und Zurückverweisung insoweit an das Tatgericht.

B. Eigene Sachentscheidung (Abs 1)

I. Eingangsvoraussetzungen

5   Das Revisionsgericht ist zu tatsächlichen Erörterungen selbst nicht befugt. Eine Entscheidung auf Grundlage von § 354 Abs 1 StPO erfolgt daher allein **auf Grundlage des tatrichterlich festgestellten Sachverhaltes**. Zugleich muss auszuschließen sein, dass der Tatrichter **weitergehende Feststellungen treffen kann**, die einer Sachentscheidung nach Abs 1 die Grundlage entziehen könnten. Hierbei steht dem Revisionsgericht ein Beurtei-

lungsspielraum zu; es kann die möglichen Beweismittel, ihre Qualität und – im Fall des Zeugenbeweises – ihre wahrscheinliche Verschlechterung infolge des Zeitablaufes in den Blick nehmen.

Dagegen kann das Revisionsgericht nicht im Wege des Freibeweisverfahrens tatsächliche Feststellungen dazu treffen, ob eine weitere Sachaufklärung in einem erneuten tatrichterlichen Durchgang möglich erscheint (anders für einen Ausnahmefall BGH Beschl v 2. 2. 2004 – Az 5 StR 534/02 und NStZ-RR 2004, 270, vgl näher § 337 StPO Rn 80.2). 5.1

Eine eigene Sachentscheidung ist dem Revisionsgericht verwehrt, wo bereits die **Feststellungen prozessordnungswidrig gewonnen** sind; auf ihrer Grundlage kann auch nicht auf den denkbar mildesten Schuld- und Strafausspruch durchentschieden werden (vgl BGH Beschl v 25. 4. 2001 – Az 5 StR 12/01). 5.2

Die **Entscheidungsmöglichkeiten des Revisionsgerichts** werden von § 354 Abs 1 StPO **nicht abschließend aufgezählt**; in analoger Anwendung der Vorschrift ist das Revisionsgericht auch befugt, den aufgehobenen Schuld- oder Rechtsfolgenausspruch teilweise durch eine eigene Sachentscheidung zu ersetzen (vgl Rn 29 ff). Auch die Anordnung des ersatzlosen Wegfalles eines Teiles des Schuldspruches oder einer bestimmten Rechtsfolge stellt eine solche Sachentscheidung dar; sie setzt voraus, dass auf die Aufhebung aus Rechtsgründen zu erkennen ist und auch ergänzende Feststellungen zur Rechtfertigung des aufgehobenen Ausspruches oder eines anderen, an seine Stelle tretenden nicht in Betracht kommen. 6

§ 354 Abs 1 StPO betrifft Urteilsaufhebungen wegen sachlich-rechtlicher Fehler oder wegen des Fehlens von Verfahrensvoraussetzungen; bei reinen **Verfahrensfehlern** kommt eine Entscheidung nach § 354 Abs 1 StPO grundsätzlich nicht in Betracht (KK-StPO/Kuckein StPO § 354 Rn 2). 7

II. Freispruch

Das Revisionsgericht muss freisprechen, wenn die vollständig und fehlerfrei getroffenen **Feststellungen ergeben, dass der Angeklagte sich unter keinem rechtlichen Gesichtspunkt strafbar gemacht hat**. Gleiches gilt dann, wenn den Feststellungen Rechtfertigungs-, Entschuldigungs- oder persönliche Strafausschließungsgründe zu entnehmen sind, die einer Strafbarkeit zwingend entgegenstehen (vgl BGHSt 13, 274 = NJW 1960, 52; BGHSt 51, 124 = NJW 2007, 233; NJW 2007, 1602). Es muss **auszuschließen sein, dass eine neue Hauptverhandlung zu neuen, den Angeklagten belastenden Erkenntnissen führen kann** (BGHSt 35, 357, 361; BGHSt 46, 53, 61; NStZ-RR 2008, 273, 274; NStZ-RR 2004, 270; NJW 1999, 1562). Maßstab ist insoweit das Gebot umfassender Sachaufklärung und erschöpfender Beweiswürdigung (BGHSt 28, 162, 164 = NJW 1979, 378). Das Revisionsgericht entscheidet hierüber auf Grundlage des angefochtenen Urteils, nicht des Akteninhaltes (Löwe/Rosenberg/Hanack StPO § 354 Rn 2; Meyer-Goßner StPO § 354 Rn 3; **aA** obiter KG NStZ-RR 2006, 276; OLG Köln NJW 1979, 729, 730), soweit dieser nicht dem Revisionsgericht durch eine zulässige Verfahrensbeanstandung vermittelt worden ist. Für die Möglichkeit neuer Erkenntnisse müssen sich im Tatsächlichen wurzelnde Anhaltspunkte ergeben. Eine bloße Vermutung reicht nicht aus, der Rückgriff auf Erfahrungswissen ist aber zulässig (vgl BGH NJW 1999, 1562, 1564; KG NStZ-RR 2006, 276; KK-StPO/Kuckein StPO § 354 Rn 3). Eine eigene Tatsachenaufklärung ist dem Revisionsgericht verwehrt (anders BGH Beschl v 2. 2. 2004 – Az 5 StR 534/02 und NStZ-RR 2004, 270, vgl näher § 337 StPO Rn 80.2). 8

Ein Freispruch durch das Revisionsgericht nach § 354 Abs 1 StPO wird in erster Linie bei einer rechtlichen Fehlbewertung erschöpfend getroffener Feststellungen durch den Tatrichter in Betracht kommen. Hierunter fällt auch, dass das Tatgericht einen Freispruch hinsichtlich einzelner Taten übersehen hat, oder wenn es nach **konkurrenzrechtlicher Umbewertung** ohne (Teil-)Freispruch den Eröffnungsbeschluss nicht erschöpfen würde (vgl BGH NStZ-RR 2008, 287: Annahme von Tateinheit statt Tatmehrheit, Verurteilung nur wegen einer der tateinheitlich angeklagten Taten). 8.1

Im Falle von **Mängeln der Beweiswürdigung** muss nach dem Urteils- und ggf dem Akteninhalt auszuschließen sein, dass in einem erneuten Durchgang Tatsachen festgestellt werden könnten, die für eine Verurteilung tragfähig wären, eine Verbesserung der Beweislage durch Heranziehung bislang ungenutzter Beweismittel oder ein Erkenntnisgewinn durch erneute Ausschöpfung der 8.2

bisherigen mithin ausscheiden. Da es in einem solchen Fall endgültig an einer hinreichend hohen Wahrscheinlichkeit der Tatbegehung fehlt, ist freizusprechen (BGH NJW 1999, 1562, 1564; NStZ-RR 2004, 270, 271).

9 Bei einer vom Tatgericht vorgenommenen Verfolgungsbeschränkung nach **§ 154 a StPO** muss die Möglichkeit einer Wiedereinbeziehung nach § 154 a Abs 3 StPO in den Blick genommen werden. Ein Freispruch kann daher nicht erfolgen, wenn sich nicht ausschließen lässt, dass auf Grundlage der ausgeschiedenen Tatvorwürfe verurteilt werden könnte (zB BGH Urt v 29. 8. 2008 – Az 2 StR 587/07 Rn 60, 72 = NJW 2009, 89, 93, 95).

9.1 Das Revisionsgericht selbst ist zu einer Einbeziehung nicht gehalten (BGHSt 21, 326, 328 = NJW 1968, 116; NJW 1988, 2483, 2485). Es kann von einem Freispruch absehen und die Sache zurückverweisen, um dem Tatgericht die Prüfung einer Einbeziehung nach § 154 a Abs 3 StPO zu ermöglichen (BGH NJW 1984, 1469, 1471; BGH Urt v 29. 8. 2008 – Az 2 StR 587/07 Rn 60, 72 = NJW 2009, 89, 93, 95). Erweist sich eine Verurteilung aus Rechtsgründen oder auf Grundlage einer prognostizierbaren Sachaufklärung aber auch insoweit als ausgeschlossen, ist es an einem – umfassenden – Freispruch nicht gehindert. Es kann zur Beurteilung dieser Frage auf die Akten zurückgreifen, da das Urteil insoweit keine Entscheidungsgrundlage vermittelt und es sich bei der Pflicht zur umfassenden Aburteilung der durch die Anklage unterbreiteten Taten um eine von Amts wegen zu beachtende Verfahrenspflicht handelt (vgl BGHSt 32, 84 = NJW 1984, 136).

10 Eine **Beschränkung der Revision auf den Rechtsfolgenausspruch** hindert eine Durchentscheidung auf Freispruch jedenfalls dann nicht, wenn der Schuldspruch auf einem nicht oder nicht mehr anwendbaren Gesetz beruht (BGHSt, 20, 116, 119 = NJW 1965, 453).

11 Von abtrennbaren Schuldvorwürfen – nicht bei Tateinheit oder nur einer prozessualen Tat – kann das Revisionsgericht den Angeklagten unter den vorgenannten Voraussetzungen im Wege des **Teilfreispruches** freisprechen (vgl BGH NJW 1973, 473, 475) und die Revision im Übrigen verwerfen, wenn nicht eine neue Gesamtstrafenbildung, die Bildung einer neuen Einzelstrafe wegen einer verbleibenden Tat oder eine Neuentscheidung über eine verhängte Maßregel erforderlich wird (vgl OLG Hamm NJW 1979, 438 sowie Rn 67 ff), oder die Sache im Übrigen wegen anderer als den zum Teilfreispruch führenden Rechtsfehlern aufheben und zurückverweisen.

12 Von § 354 Abs 1 StPO ist auch der Fall erfasst, dass das Revisionsgericht eine parallel zur Strafe oder isoliert angeordnete **Maßregel** wegen Fehlens ihrer Voraussetzungen und Ausschluss weiterreichender Feststellungen in Wegfall bringt und über den entsprechenden Antrag der Staatsanwaltschaft ablehnend entscheidet. Dies betrifft Anordnungen nach § 63 StGB, § 64 StGB, § 66 StGB, aber auch die Verhängung der ursprünglich vorbehaltenen Sicherungsverwahrung nach § 66 a StGB und die nachträgliche Verhängung der Sicherungsverwahrung nach § 66 b StGB. Die Tenorierung richtet sich in diesem Fall auf den Wegfall der Maßregel (vgl BGH Beschl v 14. 4. 2008 – Az 5 StR 19/08 = NStZ 2008, 453, Beschl v 19. 10. 2007 – Az 3 StR 378/07: „Die Anordnung der Sicherungsverwahrung entfällt"). Im Sicherungsverfahren oder im Verfahren auf Anordnung der nachträglichen Sicherungsverwahrung richtet sich der Tenor auf Urteilsaufhebung mit den getroffenen Feststellungen und auf Zurückweisung des auf Anordnung der Maßregel gerichteten, näher bezeichneten Antrages der Staatsanwaltschaft.

12.1 Wegen ihres engen, auf Ausnahmefälle beschränkten Anwendungsbereiches ist bei Anordnungen nach **§ 66 a StGB, § 66 b StGB** von der Möglichkeit der Durchentscheidung seitens des BGH häufig Gebrauch gemacht worden (vgl BGH Beschl v 19. 10. 2007 – Az 3 StR 378/07 = NStZ-RR 2008, 39 LS; BGH NStZ 2008, 332; BGH, StraFo 2007, 514 zu § 66 a StGB). Lässt sich allerdings nicht mit letzter Sicherheit ausschließen, dass von dem neuen Tatrichter die Voraussetzungen der Maßregel – insbes „neue" Tatsachen im Sinne von § 66 b StGB – festgestellt werden können, ist die Sache demgegenüber an das Tatgericht zurückzuverweisen (vgl BGH Beschl v 10. 10. 2007 – Az 5 StR 376/07 Rn 8). Gleiches gilt, wenn eine auf Grundlage von § 66 b Abs 3 StGB ergangene Anordnung nachträglicher Sicherungsverwahrung aus Rechtsgründen nicht ergehen durfte, aber die Anordnung der Maßregel auf Grundlage der – bislang nicht geprüften – Voraussetzungen von § 66 b Abs 1 oder Abs 2 StGB in Betracht kommt (vgl BGH Beschl v 10. 2. 2009 – Az 4 StR 314/07 unter Bezug auf BGH Beschl v 7. 10. 2008 – Az GSSt 1/08). Bei Aufhebung einer auf § 66 a StGB gestützten Maßregel ist das Ausgangsurteil, in dem der Vorbehalt ausgesprochen wurde, zu bezeichnen: „Die im Urteil ... vorbehaltene Anordnung der Sicherungsverwahrung unterbleibt." (vgl BGH Beschl v 11. 9. 2007 – Az 3 StR 323/07).

Nach Freispruch oder einer auf Aufhebung einer Maßregel gerichteten Durchentscheidung hat das Revisionsgericht zugleich einen bestehenden **Haft- oder Unterbringungsbefehl** nach § 120 Abs 1 S 2 StPO, § 126 Abs 3 StPO, § 126a Abs 3 StPO, § 275a Abs 5 StPO aufzuheben und bei Vollzug die Freilassung des Beschuldigten anzuordnen. In den Fällen der § 66a StGB, § 66b StGB fallen weitere Entscheidungen im Zusammenhang mit einer nach § 68f StGB eintretenden **Führungsaufsicht** in die Zuständigkeit des Landgerichtes. Die **Kosten- und Auslagenentscheidung** nach § 464 Abs 1 und Abs 2 StPO obliegt dem Revisionsgericht; die Entscheidung nach **§ 8 Abs 1 StrEG** kann es selbst treffen, aber auch insoweit eine Zurückverweisung aussprechen. Ob das Revisionsgericht die Nebenentscheidungen in den Tenor der Revisionsentscheidung selbst aufnimmt oder sie durch gesonderten Beschluss trifft, obliegt seinem Ermessen (zB BGH Beschl v 22. 7. 2008 – Az 5 StR 274/08). 13

Ist wegen eines Teilfreispruches **bereits vom Tatrichter eine Entschädigung zuerkannt** worden, kann das Revisionsgericht den Ausspruch von der Aufhebung ausnehmen (vgl BGH Beschl v 21. 10. 2008 – Az 4 StR 440/08). 13.1

III. Einstellung

1. Allgemeines

§ 354 Abs 1 StPO bezieht sich nur auf **Einstellungen nach § 260 Abs 3 StPO oder – im Beschlusswege – gem § 206a StPO**, nicht auf Opportunitätsentscheidungen nach §§ 153 StPO ff. Neben der endgültigen Verfahrenseinstellung ist auch die Aufhebung des angefochtenen Urteils auszusprechen. 14

2. Vorrang des Freispruches

Bei Vorliegen eines Verfahrenshindernisses gilt der Grundsatz des **Vorrangs des Freispruches vor der Verfahrenseinstellung** (vgl BGHSt 46, 130 = NJW 2000, 3293, 3294). Danach ist ausnahmsweise nicht auf Einstellung, sondern auf Freispruch zu erkennen, wenn sich aus dem angefochtenen Urteil zugleich ergibt, dass der Angeklagte aus tatsächlichen oder rechtlichen Gründen freizusprechen wäre (KK-StPO/Schoreit StPO § 260 Rn 49f; Löwe/Rosenberg/Gollwitzer StPO § 260 Rn 100). 15

Vgl für das Fehlen eines erforderlichen Strafantrages BGHSt 1, 231, 235; BGHSt 7, 256, 261 = NJW 1955, 838; für das Eingreifen von Straffreiheit BGHSt 13, 268, 272 = NJW 1959, 2272; für die Verneinung öffentlichen Interesses BGHSt 20, 333, 335 = NJW 1966, 460); für Fälle der Verjährung BGHSt 44, 209, 219 = NJW 1999, 508; NStZ-RR 1996, 299. 15.1

Dies gilt nicht, wenn eine **nicht angeklagte Tat** abgeurteilt oder von ihr freigesprochen wurde, da das Verfahren dann beim Tat- und infolgedessen beim Revisionsgericht in sachlicher Hinsicht nicht anhängig ist. Da die Anklage erst die Grundlage für das gerichtliche Verfahren bildet, kann ohne sie eine Sachentscheidung unter keinem rechtlichen Gesichtspunkt ergehen (BGHSt 46, 130 = NJW 2000, 3293). 16

3. Einstellung wegen Verfahrens- oder Verfolgungshindernisses

Im Falle eines **Verfahrens- oder Verfolgungshindernisses** hat das Revisionsgericht das Verfahren nach § 260 Abs 3 StPO oder § 206a Abs 1 StPO selbst einzustellen, wenn sich das Hindernis aus den Feststellungen ergibt oder im Freibeweisverfahren, zB unter Rückgriff auf die Verfahrensakten festgestellt werden kann (vgl § 337 StPO Rn 26f). Ist das Hindernis behebbar oder sind ergänzende Feststellungen vonnöten, die eine umfangreiche Beweisaufnahme erfordern, die nur das Tatgericht leisten kann, ist die Sache – soweit sich das Hindernis auswirkt – unter Aufhebung des Schuld- und Strafausspruches zurückzuverweisen. Die tatrichterlich bereits getroffenen Feststellungen werden in solchen Fällen regelmäßig aufrechterhalten bleiben können. 17

17.1 Häufigster Anwendungsfall ist der Eintritt der **Verfolgungsverjährung**. Das Revisionsgericht kann hier auf Grundlage der Feststellungen und des Akteninhaltes die Zeit der Taten sowie das Vorliegen, den Inhalt und den Zeitpunkt eventueller Unterbrechungstatbestände ermitteln. Vgl beispielsweise BGH Beschl v 11. 12. 2007 – Az 4 StR 279/07;

17.2 Ist die genaue **Tatzeit** durch den Tatrichter nicht festgestellt worden, ergibt sich aus dem gegebenen Zeitrahmen aber die Möglichkeit der Verjährung, so hat das Revisionsgericht zu beurteilen, ob nähere Feststellungen möglich erscheinen oder ausgeschlossen werden können. Im letzteren Fall ist unter Anwendung des Zweifelssatzes (vgl BGHSt 33, 271, 277) Verjährung anzunehmen.

18 Eine Einstellung ist auch insoweit auszusprechen, wie dem tatrichterlichen Ausspruch **keine wirksame Anklage** und **kein wirksamer Eröffnungsbeschluss** zugrunde liegen. Zwar ist in diesem Fall das Verfahren beim Tat- und Revisionsgericht in sachlicher Hinsicht nicht anhängig (vgl Rn 16), so dass die Einstellung insoweit ins Leere geht. Das Verfahren ist tatsächlich aber geführt worden und muss zu einem formellen Abschluss gebracht werden; anderenfalls könnte auch keine verfahrensabschließende Kostenentscheidung ergehen (BGHSt 46, 130 = NJW 2000, 3293, 3295). Bei **Tod des Angeklagten** während des Revisionsverfahrens ist das Verfahren nicht von selbst beendet (so noch BGHSt 34, 184 = NJW 1987, 661), sondern förmlich nach § 206 a Abs 1 StPO einzustellen (BGHSt 45, 108 = NJW 1999, 3644; NStZ-RR 2008, 146). In diesem Fall kann nach **§ 467 Abs 3 S 2 Nr 2 StPO** davon abgesehen werden, die notwendigen Auslagen des Angeklagten der Staatskasse aufzuerlegen; dies wird immer dann in Betracht kommen, wenn die revisionsrechtliche Überprüfung ergibt, dass das Rechtsmittel keine Aussicht auf Erfolg gehabt hätte (vgl BGH NStZ-RR 2003, 103 f bei Becker; Beschl v 12. 1. 2007 – Az 2 StR 485/06). Zur Möglichkeit der Wiederaufnahme im Sonderfall eines nur vorgetäuschten Todes vgl BGH NStZ 2008, 296 sowie Rn 20. Auch eine – nur in Ausnahmefällen vorzunehmende – Einstellung wegen einer **rechtsstaatswidrigen Verfahrensverzögerung** kann vom Revisionsgericht vorgenommen werden.

18.1 So ist das Verfahren nach einer willkürlichen und schwerwiegenden Verletzung des Beschleunigungsgebotes bei zugleich geringer Aussicht erneuter Verurteilung nach Zurückverweisung von BGH NJW 1988, 2188 eingestellt worden. Abgelehnt wurde eine Verfahrenseinstellung von BGH Beschl v 23. 8. 2007 – Az 3 StR 273/04 in einem Fall langer Verfahrensdauer vor dem BVerfG.

19 Bei nur **vorübergehenden Verfahrenshindernissen**, etwa vorübergehender Verhandlungsunfähigkeit ist eine vorläufige Einstellung nach § 205 StPO auszusprechen; ebenso bei fehlenden Verfahrensvoraussetzungen, die noch geschaffen werden können (vgl einerseits BGH NJW 2008, 595, 598 [Spezialität], andererseits BGH NJW 1985, 1720 [fehlender Eröffnungsbeschluss in Berufung]). Hinsichtlich abtrennbarer Schuldvorwürfe kann das Verfahren auch **teilweise eingestellt** werden (BGHSt 8, 269; NJW 1970, 905).

20 Ist das Verfahren seitens des Revisionsgerichts aufgrund irrtümlicher Annahme der tatsächlichen Voraussetzungen des Verfahrenshindernisses eingestellt worden, kann jedenfalls dann, wenn der Irrtum durch ein **täuschendes Verhalten des Angeklagten** verursacht wurde, der Einstellungsbeschluss seitens des Revisionsgerichts **aufgehoben** werden. Die Bestands- oder Rechtskraft des Einstellungsbeschlusses steht nach dem Rechtsgedanken von § 362 StPO nicht entgegen. Das Verfahren ist in dem Verfahrensstand fortzusetzen, in dem es sich vor der Einstellungsentscheidung befand (BGH NJW 2008, 1008 = NStZ 2008, 296 m zust Anm Rieß: Vorlage einer gefälschten Todesbescheinigung über den sich tatsächlich verborgen haltenden Angeklagten).

20.1 BGH NJW 2008, 1008 = NStZ 2008, 296 betraf eine Einstellung im Beschlusswege nach § 206 a StPO, lässt sich aber auf eine Einstellung durch Urteil nach § 260 Abs 3 StPO übertragen (aA Rieß NStZ 2008, 299: Wiederaufnahmeverfahren nach §§ 359 StPO ff). Auf fehlerhafte Einstellungsentscheidungen, die ihre Ursache im Bereich der Justiz haben, ist die Entscheidung dagegen nicht ohne weiteres übertragbar. Hier wird – ebenso wie in Fällen bloßen Rechtsirrtums – entsprechend der bislang **hM** in Rspr (vgl BayObLG JR 1970, 391; OLG Köln NJW 1981, 2208: Abhandenkommen von Aktenteilen) und Literatur (vgl Löwe/Rosenberg/Rieß StPO § 206 a Rn 77 f; KK-StPO/Tolksdorf StPO § 206 a Rn 15; SK-StPO/Paeffgen StPO § 206 a Rn 31) eine Verfahrensfortsetzung ausgeschlossen und eine Lösung allenfalls über die Einleitung eines neuen Verfahrens zu suchen sein.

4. § 153 StPO, § 154 StPO, § 154 a StPO

Eine **Einstellung nach Opportunitätsgesichtspunkten** erfolgt unmittelbar auf Grundlage der §§ 153 StPO ff, **nicht nach § 354 Abs 1 StPO**. Das Revisionsgericht kann auf Antrag oder mit Zustimmung des GBA oder GenStA Einstellungen nach § 154 Abs 2 StPO oder Beschränkungen nach § 154 a Abs 2 StPO aussprechen („in jeder Lage des Verfahrens"), wo ihm dies zur Vermeidung einer ansonsten vorzunehmenden, aber unverhältnismäßigen Urteilsaufhebung, Zurückverweisung und Neuverhandlung zweckmäßig erscheint. In besonderen Verfahrensgestaltungen – mehrfache vorangehende Zurückverweisung, nicht anders zu kompensierende rechtsstaatswidrige Verfahrensverzögerung – kann auch eine Gesamtverfahrenseinstellung nach § 153 StPO ausgesprochen werden. Das Revisionsgericht kann auch den Verfall oder die Einziehung nach **§ 430 Abs 1 StPO, § 442 Abs 1 StPO** von der Verfolgung ausnehmen (zB BGH Beschl v 7. 1. 2009 – Az 5 StR 518/08). 21

Eine Einstellung aus verfahrensökonomischen Gründen kann insbes angezeigt sein, wenn die ausstehende Klärung zweifelhafter Tat- und Rechtsfragen für das Gesamtergebnis von untergeordneter Bedeutung ist, weil das Schwergewicht des Schuldvorwurfes bei den rechtsfehlerfrei abgeurteilten Delikten liegt und die wegen des fraglichen Tatvorwurfes zu erwartende Strafe nicht mehr beträchtlich ins Gewicht fällt, oder wenn neue, den Tatvorwurf belegende Feststellungen aufgrund des Zeitablaufes seit der Tat auch im neuen tatrichterlichen Durchgang kaum zu erwarten sind. Auch der Grundsatz der Verfahrensbeschleunigung kann bei langer Verfahrensdauer maßgeblich für eine vorzunehmende Teileinstellung sprechen (vgl BGH NStZ-RR 2009, 51).

Beispielsfälle: BGH, NStZ-RR 2009, 51 (Zueignungsabsicht bei einem tateinheitlichen Raub nicht hinreichend belegt, Schwergewicht des Schuldvorwurfes bei anderen Taten); NStZ 2007, 595 (Steuerhehlerei auf ungesicherter Grundlage bei **lange zurückliegendem Tatzeitraum**); BGH Beschl v 30. 10. 2007 – Az 4 StR 454/07 (Nothilfesituation ist auf Grundlage der Feststellungen nicht sicher auszuschließen); BGH Beschl v 24. 10. 2007 – Az 5 StR 308/07 (**zweifelhafte konkurrenzrechtliche Beurteilung der abgeurteilten Taten** [§ 177 Abs 2 StGB und § 224 StGB]); Beschl v 25. 6. 2008 – Az 4 StR 104/08 (Zahlungsunfähigkeit für Verurteilung nach § 401 Abs 2 AktG nicht hinreichend belegt). 21.1

Steht die konkurrenzrechtliche Einordnung des einzustellenden Tatvorwurfes in Frage, kann die Einstellung **alternativ auf § 154 Abs 2 StPO und § 154 a Abs 2 StPO gestützt** werden (vgl BGH Beschl v 8. 10. 2008 – Az 3 StR 359/08: mögliche Bewertungseinheit bei Verstößen gegen das BtMG). Eine Einstellung ist geboten, wenn der Tatrichter **entgegen einer bereits vorgenommenen Einstellung** nach den §§ 153 StPO ff, die sich zweifelsfrei aus dem Protokoll oder dem sonstigen Akteninhalt ergibt, die entsprechenden Taten **versehentlich abgeurteilt** hat. Handelt es sich um eine Verwechslung, aufgrund derer zugleich vermeintlich eingestellte Taten nicht zur Aburteilung gelangt sind, ist das Verfahren wegen dieser noch beim Tatgericht anhängig (vgl BGH Beschl v 18. 4. 2007 – Az 2 StR 144/07). 21.2

Vom Revisionsgericht kann umgekehrt die **Wiedereinbeziehung ausgeschiedener Tatteile** ausgesprochen werden. Auch die unrichtige **Beschränkung der Strafverfolgung** kann das Revisionsgericht rückgängig machen (KK-StPO/Kuckein StPO § 354 Rn 24). 21.3

Einer vorherigen **Anhörung des Angeklagten** bedarf es grds nicht, da er durch die teilweise Einstellung des Verfahrens regelmäßig nicht beschwert ist (BGH NStZ 1995, 18; Meyer-Goßner StPO § 154 Rn 20). Eine Anhörung kann aber angezeigt sein, wenn die Taten durch einen tatsächlichen oder rechtlichen Zusammenhang miteinander verknüpft sind und die eingestellte Tat daher bei Bewertung der abgeurteilten mitberücksichtigt wurde (vgl BGH NStZ-RR 2008, 183). Die Teileinstellung erfordert eine Korrektur des Schuldspruches und – sofern nicht ein Beruhen ausgeschlossen werden kann – die Neubildung einer etwaigen Gesamtstrafe. 22

5. Tenorierung

Auszusprechen ist bei **vollständiger Einstellung nach § 206 a Abs 1 StPO oder § 260 Abs 3 StPO** nur die Verfahrenseinstellung, ohne dass es einer gesonderten Aufhebung bedarf. Das betroffene Urteil ist damit ipso iure gegenstandslos (BGHSt 51, 34 = NJW 2006, 2275; BGHR StPO § 467 Abs 3 Verfahrenshindernis 2; Beschl v 10. 7. 2001 – Az 1 StR 23

235/01). Die Kosten- und Auslagenentscheidung ist nach § 467 Abs 1, Abs 3 S 2 StPO zu treffen.

24   Eine **Teileinstellung** nach **§§ 153 StPO ff** ist gesondert auszusprechen; im Fall des **§ 154 a StPO** ist zu tenorieren, auf welchen Vorwurf die Strafverfolgung beschränkt wird (vgl BGH Beschl v 23. 8. 2007 – Az 3 StR 273/04; Beschl v 24. 2. 2009 – Az 4 StR 482/08). Soweit Einstellungen nach **§ 260 Abs 3 StPO oder § 206 a Abs 1 StPO** Einzeltaten betreffen, die in Tatmehrheit verwirklicht wurden, ist die Einstellung für diese gesondert auszusprechen. Im Falle tateinheitlich verwirklichter Taten oder Gesetzesverletzungen ist keine Einstellung auszusprechen, sondern die tateinheitliche Verurteilung in Wegfall zu bringen (zB BGH Beschl v 9. 10. 2007 – Az 4 StR 444/07; Beschl v 5. 10. 2007 – Az 2 StR 441/07). Eine Teileinstellung nach §§ 153 StPO ff oder nach § 206 a Abs 1 StPO zieht eine **Schuldspruchberichtigung** nach sich, die in entsprechender Anwendung von § 354 Abs 1 StPO auszusprechen ist (zB BGH Beschl v 24. 2. 2009 – Az 4 StR 482/08). Ein Wegfall der auf die eingestellten Taten entfallenden Einzelstrafen braucht nicht gesondert ausgesprochen zu werden. Zur Aufhebung oder Aufrechterhaltung einer ausgesprochenen **Gesamtfreiheitsstrafe** vgl Rn 67 ff; zu **Nebenentscheidungen** vgl Rn 13.

24.1   Sind **Teile einer einheitlichen Tat**, die aufgrund natürlicher Handlungseinheit oder eines Organisationsdeliktes miteinander verbunden sind, von einem die Einstellung gebietenden Verfahrenshindernis betroffen, sind diese gleichfalls ohne gesonderten Ausspruch der Verfahrenseinstellung aus der Verurteilung auszuscheiden. Anders aber, wenn es sich bei zutreffender konkurrenzrechtlicher Beurteilung um selbständige Taten handelt; in diesem Fall ist die Einstellung auszusprechen. Vgl BGH Beschl v 2. 11. 2007 – Az 2 StR 384/07 für den Fall der Einbeziehung nicht angeklagter Taten in ein einheitliches Organisationsdelikt.

IV. Straffestsetzung
1. Absolut bestimmte Strafe

25   Eine absolut bestimmte Strafe iSv § 354 Abs 1 StPO sieht das Gesetz in **§ 211 StGB** (hierzu vgl BVerfGE 54, 100, 115 = NJW 1980, 1943, 1945; BGH NJW 1978, 1336) und in **§§ 6 VStGB ff** vor.

25.1   Analog soll § 354 Abs 1 StPO angewandt werden können, wenn der **Tatrichter das gesetzliche Höchstmaß der Strafe überschritten** hat, aber anzunehmen ist, dass er jedenfalls auf die höchstzulässige Strafe erkannt hätte (vgl OLG Celle NJW 1953, 1683; KK-StPO/Kuckein StPO § 354 Rn 9). Für gangbar wird auch eine **Verhängung der gesetzlich zulässigen Höchststrafe** gehalten, wenn das Revisionsgericht eine Schuldspruchkorrektur nach § 354 Abs 1 StPO vorgenommen hat und ausschließen kann, dass der Tatrichter auf eine darunter liegende Strafe erkannt hätte (vgl BGH NStZ 1992, 297). Dies erscheint nicht unbedenklich, da in derartigen Fällen zugleich ein Irrtum über den anzuwendenden Strafrahmen vorliegt, der grundsätzlich eine Neuzumessung durch den Tatrichter erfordert (vgl Rn 64); zudem ist dem Revisionsgericht eine eigene Angemessenheitsprüfung zumindest in Fällen der Schuldspruchkorrektur nach der neueren Rechtsprechung des BVerfG versperrt (vgl Rn 76 ff).

25.2   Um eine analoge Anwendung von § 354 Abs 1 StGB handelt es sich auch, wenn **bei Festsetzung der Strafe nach Art und Höhe jeder Ermessensspielraum des Tatrichters ausscheidet** (hierzu Rn 44; aA KK-StPO/Kuckein StPO § 354 Rn 8: § 354 StPO unmittelbar).

2. Gesetzlich niedrigste Strafe, Absehen von Strafe

26   Die von § 354 Abs 1 StPO erlaubte niedrigstmögliche Straffestsetzung betrifft Fälle **fehlerhafter Strafzumessung** und die Folgen einer in analoger Anwendung von § 354 Abs 1 StPO ausgesprochenen **Schuldspruchkorrektur** oder eines Wegfalles von Einzelstrafen aus sonstigen Gründen. In diesen Fällen kann es bei außerordentlicher Verfahrenslänge oder sonst aus prozessökonomischen Gründen angezeigt sein, von einer Zurückverweisung abzusehen (vgl zB BGHSt 39, 353, 371 = NJW 1994, 267; NStZ 1989, 238). Festgesetzt werden kann auch die nach den Grundsätzen von § 39 StGB, § 54 Abs 1 StGB niedrigste in Betracht kommende **Gesamtstrafe** (vgl BGH NStZ 2001, 245, NStZ-RR 2008, 239; BGH Beschl v 4. 12. 2008 – Az 3 StR 497/08; Meyer-Goßner StPO § 354 Rn 27; vgl auch Rn 51) oder im Falle einer Geldstrafe der nach § 40 Abs 2 S 3 StGB **niedrigste Tagessatz**

in Höhe von 1 EUR (vgl BGH Beschl v 16. 12. 2008 – Az 3 StR 503/08, dort allerdings in analoger Anwendung von § 354 Abs 1 StPO).

Ein **Absehen von Strafe** ist auf Antrag des GBA oder GenStA möglich, soweit das materielle Strafrecht diese Rechtsfolge vorsieht. 27

Dies ist der Fall bei § 83a StGB, § 84 Abs 4, Abs 5 StGB, § 85 Abs 3 StGB, § 86 Abs 4 StGB, § 86a Abs 3 StGB, § 87 Abs 3 StGB, § 89 Abs 3 StGB, § 98 Abs 2 StGB, § 99 Abs 3 StGB, § 113 Abs 4 StGB, § 129 Abs 5, Abs 6 StGB, § 129a Abs 4, Abs 5 StGB, § 139 Abs 1 StGB, § 157 StGB, § 158 Abs 1 StGB, § 174 Abs 54 StGB, § 182 Abs 4 StGB, § 218a Abs 4 S 2 StGB, § 314a StGB, § 315 Abs 4 StGB, § 315b Abs 6 StGB, § 330b Abs 1 StGB, § 29 Abs 5 BtMG, § 31 BtMG, § 20 Abs 2 VereinsG. 27.1

Das Revisionsgericht kann auch eine **Straffreierklärung nach § 199 StGB** aussprechen (Meyer-Goßner StPO § 354 Rn 11) oder statt einer vorbehaltlosen Strafe eine Verwarnung unter Vorbehalt dieser Strafe aussprechen (OLG Celle StV 1988, 109). 28

C. Analoge Anwendung von Abs 1

I. Grundsatz

Das Revisionsgericht ist bei vergleichbaren Sachverhalten auch in anderen als in den von § 354 Abs 1 StPO ausdrücklich bezeichneten Fällen berechtigt, in der Sache selbst zu entscheiden und Fehler des Tatrichters bei der Gesetzesanwendung zu korrigieren. Vorauszusetzen ist, dass eine solche Entscheidung **ohne Änderung oder Ergänzung der tatrichterlichen Feststellungen** getroffen werden kann und **keine dem Tatrichter vorbehaltene Wertung** oder Beurteilung enthält (vgl BGH Beschl v 15. 1. 2007 – Az 3 StR 390/07). 29

Verfassungsrechtlich ist dies unbedenklich (vgl BVerfG [Kammer] NStZ 2001, 187, 188; Beschl v 1. 3. 2000 – Az 2 BvR 2049/99). Sofern Art und Höhe der Rechtsfolgen nicht zuungunsten des Angeklagten abgeändert werden (§ 358 Abs 2 S 2 StPO), kann auf seine oder eine zu seinen Gunsten eingelegte Revision auch eine ihm ungünstige Änderung erfolgen, insbes eine Abänderung des Schuldspruches. 30

II. Offensichtliche Versehen, Klarstellungen

Jederzeit berichtigen kann das Revisionsgericht **offenkundige Schreib- oder Rechenfehler**. Es kann auch dann klarstellend eingreifen, wenn eine sich aus den Urteilsgründen oder der Urteilsverkündung ergebende **Verurteilung** oder anderweitige Anordnung **im Tenor keinen, keinen eindeutigen oder sonst fehlerhaften Ausdruck** gefunden hat (BGHSt 45, 367 = NJW 2000, 1962; KK-StPO/Kuckein StPO § 354 Rn 20). Voraussetzung hierfür ist immer, dass der feststehende Wille des Tatrichters im Tenor lediglich unvollkommen Ausdruck gefunden hat, mag dies auch auf einer rechtsirrigen Auffassung des Tatrichters über die Darstellungsanforderungen des Tenors beruhen. Setzt das Revisionsgericht dagegen eine eigene Sachbewertung an die Stelle jener des Tatrichters, handelt es sich um eine Schuldspruchberichtigung (Rn 34 ff). Führt die Klarstellung zu einer dem Angeklagten ungünstigeren Tenorierung, berührt dies das Verschlechterungsverbot nicht, weil das Urteil in der Sache nicht geändert wurde. Eine Korrektur scheidet aus, wenn der unterbliebene Ausspruch sich als rechtsfehlerhaft erweisen würde (vgl BGH Beschl v 10. 12. 2008 – Az 5 StR 551/08 zum Fall einer ausweislich der Urteilsgründe gewollten, nach § 67 Abs 2 S 3 StGB jedoch ausgeschlossenen Anordnung des Vorwegvollzuges). 31

Das Erfordernis einer Berichtigung in diesem Sinne beruht meist auf einem **Widerspruch zwischen dem Tenor und der Verkündung oder den Urteilsgründen** (zB BGH Urt v 2. 12. 2008 – Az 1 StR 416/08 = NJW 2009, 528, 529). Die Ursache ist unter Heranziehung des Protokolls, erforderlichenfalls durch Auslegung der Wille des Tatrichters zu ermitteln. Führt dies zu keinem zweifelsfreien Ergebnis, ist von **der dem Angeklagten günstigeren Alternative** auszugehen (vgl BGH JZ 1952, 282); bei nicht aufklärbaren erheblichen Widersprüchen kann auch aufgehoben und zurückverwiesen werden. 32

32.1 Beispiele: Seitens des Revisionsgerichtes kann ausgesprochen werden die **Nachholung oder Ergänzung des Schuldspruches**, soweit er sich aus den Urteilsgründen ergibt (OLG Hamm NJW 1981, 697), die **Ergänzung um eine Sperrfrist nach § 69 a StGB und den Kostenausspruch**, wenn sie sich aus dem verkündeten Tenor ergeben (BGH Beschl v 15. 1. 2009 – Az 4 StR 472/08); die **Ergänzung oder Berichtigung der Schuldform** (Beschl v 20. 9. 2007 – Az 4 StR 334/07 [Versuchsstrafbarkeit statt versehentlich tenorierter Vollendung]), die **Festsetzung einer sich aus den Gründen ergebenden niedrigeren Strafe** (BGH JZ 1952, 282; BGHSt 34, 11 = NJW 1986, 1820; aber BGH NStZ 1995, 220 bei Kusch: Zurückverweisung wegen nicht auflösbarem Widerspruch; vgl zur klarstellenden Festsetzung einer sich bereits aus dem Tenor ergebenden niedrigeren Strafe ferner BGH NStZ-RR 2000, 292 bei Kusch), die Festsetzung einer sich aus dem Protokoll ergebenden Strafhöhe (BGH NStZ-RR 2002, 100 bei Kusch), die **Berichtigung versehentlich ausgesprochener Tateinheit in Tatmehrheit** (OLG Hamm VRS 44, 424, 426), der **Wegfall eines unzulässigen Teilfreispruches** (BGH Urt v 27. 11. 2008 – Az 5 StR 96/08 Rn 22 f; OLG Karlsruhe NJW 1973, 1989, 1990) **oder seine erforderliche Ergänzung** (BGH Beschl v 30. 8. 2007 – Az 5 StR 247/07; Beschl v 21. 10. 2008 – Az 4 StR 440/08). Korrigiert werden kann auch die **Anzahl abgeurteilter Einzeltaten**, vgl hierzu BGH Beschl v 4. 9. 2007 – Az 4 StR 393/07 (Korrektur des Urteilsdatums einer einbezogenen Strafe); BGH Beschl v 20. 12. 2007 – Az 5 StR 519/07 (Klarstellung des Schuldspruches in Übereinstimmung mit Verkündung); Beschl v 24. 10. 2007 – Az 1 StR 481/07 (Klarstellung der Anzahl der abgeurteilten Fälle in Übereinstimmung mit Verkündung und Urteilsgründen); NJW 2009, 528, 529 (Klarstellung der abgeurteilten Fälle in Übereinstimmung mit den Urteilsgründen bei Verkündungsversehen), Beschl v 22. 10. 2007 – Az 5 StR 432/07 (Korrektur der abgeurteilten Fälle in Übereinstimmung mit Verkündung entgegen der Urteilsgründe); NStZ 2000, 386 (Zählfehler der abgeurteilten Taten im Tenor).

33 Das Revisionsgericht kann auch eine **sachlich fehlerhafte Tenorierung korrigieren**, etwa die fehlerhafte Aufnahme von Regelbeispielen oder einer mittäterschaftlichen Tatbegehung in Wegfall bringen (zB BGH Beschl v 6. 2. 2009 – Az 2 StR 340/08; Beschl v 21. 10. 2008 – Az 3 StR 382/078 insoweit in NStZ-RR 2009, 59 nicht abgedruckt) oder den Schuldspruch sprachlich **der gesetzlichen Bezeichnung des Straftatbestandes angleichen, insbes Qualifikationstatbestände ergänzen** (zB BGH Beschl v 6. 12. 2007 – Az 5 StR 478/07: Tenorierung der Qualifikation nach § 177 Abs 3 StGB; BGH Beschl v 6. 2. 2009 – Az 2 StR 340/08: Tenorierung der Qualifikation nach § 260 Abs 1 Nr 1 StGB; Beschl v 4. 11. 2008 – 4 StR 196/08: Tenorierung der Qualifikation nach § 356 Abs 2 StGB; vgl aber BGH NStZ 2000, 254). Bei kompliziertem und intransparentem Schuldspruch – etwa bei einer Vielzahl von Straftaten und Beteiligten – kann eine klarstellende Neufassung geboten sein (zB BGH Urt v 15. 7. 2005 – Az 2 StR 131/05).

33.1 Vgl ferner BGH Beschl v 19. 11. 2008: Ergänzung des Tenors einer Einheitsjugendstrafe um die Nennung weiterer Urteile, die in ein – genanntes – einbezogenes Urteil einbezogen waren. Bei Einbeziehung einer weiteren Strafe in eine – nachträgliche – Gesamtstrafe handelt es sich dagegen um eine Schuldspruchberichtigung (vgl Rn 51).

III. Schuldspruchberichtigung

1. Voraussetzungen

34 Das Revisionsgericht kann den **Schuldspruch in der Sache ändern**, wenn die rechtsfehlerfrei getroffenen Feststellungen die Verurteilung in der abgeänderten Form in objektiver wie subjektiver Hinsicht tragen und **auszuschließen ist, dass der abgeänderte Schuldspruch durch ergänzende Feststellungen in Frage gestellt** werden kann, die Möglichkeiten der Sachaufklärung zu dem geänderten Vorwurf mithin ersichtlich ausgeschöpft sind (vgl BGH NStZ 2009, 85; BGH NJW 2009, 863, 866 aE). Unter diesen Umständen kommt auch eine – bei einer Angeklagtenrevision von § 358 StPO nicht gehinderte (vgl § 358 StPO Rn 15) – Verschärfung des Schuldspruches in Betracht (zB BGH NStZ 2008, 278: Verurteilung wg. § 227 StGB statt § 224 StGB, § 222 StGB).

35 Eine Schuldspruchberichtigung darf – auch zugunsten des Angeklagten (aA KK-StPO/ Kuckein StPO § 354 Rn 15) – nicht vorgenommen werden, wenn **§ 265 StPO** entgegensteht. Das Revisionsgericht hat daher immer zu prüfen, ob der geänderte Schuldvorwurf bereits aus der Anklage hervorging (zB BGH Beschl v 11. 2. 2009 – Az 2 StR 529/08

insoweit in NStZ-RR 2009, 202 nicht abgedruckt), der Angeklagte auf ihn später hingewiesen wurde, oder er sich gegen den geänderten Tatvorwurf ersichtlich nicht anders und erfolgreicher hätte verteidigen können. Kann dies nicht ausgeschlossen werden, muss zurückverwiesen werden.

Bei **Umstellung des Tenors von einer Verteilung wegen vollendeter Tat auf einen Schuldspruch wegen Versuches** muss daher ausgeschlossen sein, dass der Angeklagte zu einem eventuellen strafbefreienden Rücktritt nichts weiteres hätte vorbringen können; dies ist etwa dann der Fall, wenn sich aus den Feststellungen zweifelsfrei das Fehlschlagen des Versuches ergibt (BGH Beschl v 29. 11. 2007 – Az 4 StR 549/07). Bei Wegfall erschwerender Umstände, durch die die Verteidigung des Angeklagten nicht berührt sein kann, ist ein Hinweis entbehrlich; dies betrifft vor allem die Änderung des Schuldspruches infolge **Wegfalles einer Tatqualifikation** (vgl BGH NStZ 2009, 95 aE; Beschl v 16. 10. 2008 – Az 4 StR 465/08; Meyer-Goßner StPO § 265 Rn 9). Zur **Aufnahme einer Qualifikation** vgl BGH NJW 2006, 1823, 1824: Zulässige Verschärfung des Schuldspruches von einfacher zu gefährlicher Körperverletzung, da dem Angeklagten in der Anklage Heimtückemord vorgeworfen und ihm in der Hauptverhandlung der rechtliche Hinweis erteilt worden war, dass eine Verurteilung wegen Körperverletzung mit Todesfolge in Betracht komme. 35.1

Eine Schuldspruchänderung kommt nicht in Betracht, soweit nur der **Schuldumfang** in Frage steht. Das Revisionsgericht kann hier auf insoweit unzureichende Feststellungen hinweisen oder den Schuldumfang in den Gründen der Revisionsentscheidung selbst abschließend bestimmen, und die Sache zu neuer Rechtsfolgenbestimmung an den Tatrichter zurückgeben (vgl BGH NStZ 1994, 586), sofern es ein Beruhen nicht auszuschließen vermag (vgl Rn 62 ff). 36

Zur Frage der **Aufhebung oder Aufrechterhaltung der verhängten Strafe** in Fällen der Schuldspruchberichtigung s Rn 64 ff, 67 ff. 37

2. Einzelfälle

Das Revisionsgericht kann auf Grundlage seiner eigenen, vom Tatgericht abweichenden rechtlichen Bewertung an die Stelle der Strafnorm, auf die sich die vom Tatrichter ausgesprochene Verurteilung stützt, eine **Verurteilung aufgrund einer oder mehrerer anderer Strafnormen** setzen. 38

ZB BGH NStZ 2008, 278: § 227 StGB statt § 224 StGB, § 222 StGB; StraFo 2007, 473: § 265 StGB statt § 306a StGB; Beschl v 1. 10. 2007 – Az 3 StR 384/07 (insoweit in NStZ 2008, 152 nicht abgedruckt): § 257 Abs 1 StGB statt § 242 StGB; Urt v 18. 12. 2007 – Az 1 StR 86/05 = NStZ 2008, 279: § 224 StGB, § 239 StGB, § 240 StGB statt § 239b StGB; Beschl v 13. 9. 2007 – Az 5 StR 292/07: § 266 StGB, § 242 StGB statt § 283 Abs 1 StGB; Urt v 23. 7. 2008 – Az 5 StR 46/08: § 250 Abs 2, § 22 StGB statt § 240 StGB; Beschl v 11. 7. 2008 – Az 5 StR 202/08: § 240 StGB, § 22 StGB statt § 241 StGB; BGH Urt v 4. 12. 2008 – Az 4 StR 438/08: § 212 StGB, § 22 StGB und § 227 StGB statt § 212 StGB; Beschl v 11. 2. 2009 – Az 2 StR 529/08: § 255 StGB, § 250 StGB statt § 249 StGB, § 250 StGB. 38.1

Dies umfasst die Berichtigung hin zu einer Verurteilung wegen eines **Qualifikationstatbestandes** statt des vom Tatrichter angenommenen Grundtatbestandes oder umgekehrt eine Verurteilung nur wegen des Grundtatbestandes statt der vom Tatrichter angenommenen Qualifikation (zB BGHSt 51, 18 = NJW 2006, 1823, 1824: § 224 Abs 1 StGB statt § 223 StGB; BGH Urt v 18. 12. 2007 – Az 1 StR 301/07 = NStZ 2008, 280: § 251 StGB statt § 250 StGB; Beschl v 16. 10. 2008 – Az 4 StR 465/08: Wegfall der Qualifikation nach § 177 Abs 3 StGB). Das Revisionsgericht kann auch eine **weitere tateinheitliche Verurteilung** aussprechen (vgl BGH Urt v 4. 12. 2007 – Az 5 StR 324/07 zu Verstößen gegen das AufenthG). Möglich ist auch eine Umstellung von **Vollendungs- auf Versuchsstrafbarkeit** (zB BGH Beschl v 4. 11. 2008 – Az 4 StR 411/08; Beschl v 29. 11. 2007 – Az 4 StR 549/07; BGH Beschl v 19. 9. 2007 – Az 3 StR 359/07, vgl aber Rn 35.1), von **Versuchs- auf Vollendungsstrafbarkeit** (zB BGH NStZ 2008, 286; Beschl v 3. 12. 2008 – Az 2 StR 425/08) oder eine **Änderung der Beteiligungsform**. Dies betrifft vor allem die Abänderung von einer Verurteilung wegen Täterschaft zu einer solchen wegen Beihilfe. § 358 StPO steht solchen Abänderungen bei unverändertem Rechtsfolgenausspruch nicht entgegen (vgl § 358 StPO Rn 15). 39

39.1 Vgl insoweit BGH StraFo 2007, 475 (zu § 315 c StGB), Beschl v 19. 9. 2007 – 3 StR 359/07 (zu § 146 StGB); weiterhin die nach dem Beschluss des Großen Senats zum Handeltreiben mit Betäubungsmitteln (BGHSt 50, 252) vorzunehmende Abgrenzung zwischen Täterschaft und Beihilfe in den **Kurierfällen** (hierzu BGHSt 51, 219 = NStZ 2007, 238) und die hierauf beruhende häufige Korrektur des Schuldspruches (etwa BGH Urt v 17. 10. 2007 – Az 2 StR 369/07; Beschl v 15. 8. 2007 – Az 2 StR 342/07; Beschl v 25. 6. 2008 – Az 4 StR 230/08). Zu einer Änderung von Mittäterschaft zu Anstiftung vgl BGH Beschl v 19. 9. 2007 – Az 3 StR 359/07 (zu § 267 StGB). Andererseits BGH Urt v 21. 11. 2007 – Az 2 StR 468/07; Beschl v 21. 9. 2007 – Az 2 StR 358/07: Keine Schuldspruchänderung wegen Möglichkeit weiterer Feststellungen, da der Tatrichter die auf Beihilfe abzielende Einlassung des Angeklagten in fehlerhafter Anwendung des Zweifelssatzes zugrunde gelegt hatte.

40 Das Revisionsgericht kann auch einzelne **Verurteilungen wegen tatmehrheitlich begangener Taten in Wegfall bringen**. Soweit dies durch Teileinstellung oder einen Teilfreispruch geschieht, findet § 354 Abs 1 StPO unmittelbare Anwendung. Es kann **tateinheitliche Verurteilungen aus dem Schuldspruch ausscheiden** (BGHSt 10, 404, 405 = NJW 1957, 1845; ferner zB BGH Beschl v 25. 11. 2008 – Az 4 StR 500/08; zum Sonderfall einer berufsgerichtlichen Verurteilung vgl BGHSt 33, 225, 229 = NJW 1985, 3032, 3033) sowie die **konkurrenzrechtliche Beurteilung umstellen von Tatmehrheit zu Tateinheit** oder umgekehrt (vgl BGH Urt v 4. 12. 2008 – Az 4 StR 438/08; Beschl v 4. 11. 2008 – Az 4 StR 196/08). Zur Nachholung einer **Wahlfeststellung** vgl BGHSt 25, 182, 186 = NJW 1973, 1466, 1804 sowie NStZ 2008, 281 (Wahlfeststellung zwischen § 263 StGB und § 263 a StGB statt Alleinverurteilung wg § 263 StGB).

40.1 Vgl **beispielsweise** BGH NStZ-RR 2003, 293; BGH Beschl v 29. 04. 2008 – Az 4 StR 125/08 (gleichartige Tateinheit infolge eines einheitlichen Beitrages des Mittäters zu mehreren Taten); BGH NStZ-RR 2008 168 (gleichartige Tateinheit infolge einer einheitlichen Beihilfehandlung zu mehreren Haupttaten); Beschl v 6. 12. 2007 – 5 StR 478/07; Urt v 24. 10. 2007 – Az 2 StR 232/07 (Bewertungseinheit nach BtMG); Beschl v 11. 12. 2007 – Az 4 StR 576/07 und Beschl v 28. 8. 2007 – Az 4 StR 323/07 (natürliche Handlungseinheit); StraFo 2009, 167 (Tateinheit entgegen § 21 Abs 1 S 1 OWiG). Zur **Beachtung des Verschlechterungsverbotes** bei Zurückverweisung zur Festsetzung neuer Einzelstrafen vgl BGH NStZ-RR 2008, 168, 169 f sowie § 358 StPO Rn 16.3.

40.2 Hauptsächlicher Anwendungsfall des Wegfalls einer Verurteilung wegen einer tateinheitlich begangenen Tat ist deren Verjährung; vgl beispielsweise BGH Urt v 18. 4. 2007 – Az 5 StR 506/06; Beschl v 5. 10. 2007 – Az 2 StR 441/07. Zur evtl. Aufrechterhaltung der verhängten Gesamtstrafe als Einzelstrafe in diesen Fällen vgl Rn 48.

41 Bei einem von der Revision **angegriffenen tatrichterlichen Freispruch** verbietet sich regelmäßig eine Entscheidung des Revisionsgerichtes über einen an die Stelle tretenden Schuldspruch. Selbst wenn sich aus den Feststellungen eine Strafbarkeit des Angeklagten ergibt, wird hier nicht auszuschließen sein, dass ergänzende Feststellungen über entlastende Umstände, die für das Tatgericht auf Grundlage seiner Rechtsauffassung entbehrlich waren, getroffen werden können. Dem Angeklagten ist wegen fehlender Beschwer zudem nicht möglich, sich gegen Verfahrensfehler zu wenden, die sich nach einer rechtskräftigen Umbewertung der Feststellungen durch das Revisionsgericht nunmehr zu seinen Lasten ausgewirkt haben können (vgl BGHSt 48, 77 = NJW 2003, 522, 527 f; StV 1999, 415; OLG Koblenz NStZ-RR 1998, 364, 365; KK-StPO/Kuckein StPO § 354 Rn 13).

41.1 In **Ausnahmefällen**, in denen Feststellungen keiner Ergänzung fähig erscheinen und in objektiver wie subjektiver Hinsicht einen Schuldspruch tragen, tendieren die Revisionsgerichte gleichwohl dazu, in analoger Anwendung von § 354 Abs 1 StPO in der Sache zu entscheiden (vgl BGHSt 36, 277, 283 = NJW 1990, 918, 920; OLG Stuttgart NJW 1980, 1007, 1009; OLG Düsseldorf JR 1994, 201, 202; NJW 1986, 2518; OLG Koblenz NJW 1986, 1700) und nur zur Straffestsetzung zurückzuverweisen. Eine **verfassungsrechtliche Grenze** besteht aber dann, wenn das Revisionsgericht die den Schuldspruch tragenden Feststellungen aufgrund einer eigenen Würdigung des Beweisergebnisses des Tatgerichtes treffen müsste und damit gegen die gesetzliche Aufgabenverteilung zwischen Tat- und Revisionsgericht, mithin gegen Art 101 Abs 1 S 2 GG verstieße (BVerfG NStZ 1991, 499 mAnm Foth NStZ 1992, 444).

41.2 Bringt das Revisionsgericht ohne sachliche Änderung des Urteils lediglich einen **unzulässigen Teilfreispruch** in Wegfall (zB OLG Karlsruhe NJW 1973, 1989, 1990) oder **ergänzt es den**

Tenor um einen **Teilfreispruch**, der bereits in den Gründen der tatrichterlichen Entscheidung angelegt ist (zB BGH Beschl v 30. 8. 2007 – Az 5 StR 247/07; Beschl v 21. 10. 2008 – Az 4 StR 440/08), handelt es sich um eine bloße Korrektur des Tenors im Wege der Klarstellung (vgl Rn 31 ff).

3. Entgegenstehende Rechtskraft

Ist der Schuldspruch infolge wirksamer Revisionsbeschränkung rechtskräftig geworden, **scheiden Änderungen aus**. Dies gilt nur dann nicht, wenn er auf Grundlage der auch insoweit vollständigen Feststellungen gem § 354 a StPO einer zwischenzeitlichen Gesetzesänderung angepasst werden soll (BGHSt 20, 116, 120 = NJW 1965, 453). 42

IV. Strafausspruch
1. Nachgeholte Einzelstraffestsetzung

§ 354 Abs 1 StPO ermöglicht eine **nachgeholte Einzelstraffestsetzung**. Danach berechtigt § 354 Abs 1 StPO das Revisionsgericht, auf entsprechenden Antrag des GBA oder des GenStA Einzelstrafen nachträglich festzusetzen, deren Bestimmung **durch den Tatrichter versehentlich unterlassen** wurde (BGH Beschl v 15. 10. 2007 – Az 1 StR 373/07; Beschl v 9. 5. 2007 – Az 2 StR 142/07; Beschluss vom 20. 12. 2006 – Az 2 StR 515/06). Das Revisionsgericht hat dann auf entsprechenden Antrag des GBA oder GenStA die nach den Umständen des Falles niedrigstmögliche Strafe zu wählen. Dabei muss es sich nicht um die in dem jeweiligen Straftatbestand vorgesehene Strafuntergrenze handeln, sofern aus den tatrichterlichen Ausführungen zweifelsfrei hervorgeht, dass eine höhere Strafe verhängt worden wäre (zB BGH Beschl v 22. 4. 1997 – Az 1 StR 73/97). Ist eine Strafnorm ohne Untergrenze im Strafrahmen betroffen, ergibt sich aus den Strafzumessungsgründen des angefochtenen Urteiles aber, dass der Tatrichter für die übersehene Festsetzung eine **kurze Freiheitsstrafe (§ 47 Abs 1 StGB)** als unerlässlich angesehen hat, kann der GBA oder GenStA gem § 354 Abs 1 StPO auf das **Mindestmaß von einem Monat** (§ 38 Abs 2 StGB) antragen und das Revisionsgericht hierauf erkennen (vgl BGH Beschl v 25. 9. 2007 – Az 4 StR 207/07). Das Verschlechterungsverbot steht dem nicht entgegen (BGHR StPO § 358 Abs 2 Satz 1 Einzelstrafe, fehlende 1). Ist für eine verhängte Geldstrafe die **Höhe des Tagessatzes** nicht bestimmt worden, kann sie auf die Mindesthöhe von 1 EUR (§ 40 Abs 2 S 3 StGB) festgesetzt werden (zB BGH Beschl v 16. 12. 2008 – Az 3 StR 503/08; Beschl v 7. 1. 2009 – Az 3 StR 564/08). Der Angeklagte ist hierdurch nicht beschwert. 43

2. Strafkorrektur bei fehlendem Ermessensspielraum

§ 354 Abs 1 StPO wird für entsprechend anwendbar gehalten, wenn nach Lage des Falles ein **Ermessen über Art und Höhe der zu verhängenden Rechtsfolge ausscheidet**. Eine Zurückverweisung ist daher nicht veranlasst, „wenn das Revisionsgericht zu der Überzeugung gelangt ist, dass gegen den Revisionsführer aus Rechtsgründen, weil jede andere Strafe kein gerechter Schuldausgleich wäre, eine bestimmte Strafe verhängt werden muss; in einem solchen Fall muss es diese Strafe aussprechen und darf die Sache nicht an den Tatrichter zurückverweisen" (BGHR StPO § 354 Abs 1 Strafausspruch 12; wistra 2007, 231). 44

Betroffen sind daher regelmäßig **Fälle in einem besonders schuldschweren Bereich der betroffenen Strafvorschrift**. In BGHR StPO § 354 Abs 1 Strafausspruch 12 handelte es sich um eine hinrichtungsähnlich begangene, tateinheitliche Tötung zweier Menschen, für die der Tatrichter rechtsfehlerhaft eine lebenslange Freiheitsstrafe verhängt hatte; der BGH hatte hier selbst auf die höchste zeitige Freiheitsstrafe von 15 Jahren erkannt. Bedenklich, weil eher § 354 Abs 1 a StPO unterfallend dagegen BGH Beschl v 7. 5. 2008 – 5 StR 634/07 (Strafreduzierung auf Antrag des GBA nach Wegfall von zwei aus insgesamt 13 Fällen des Handeltreibens mit BtM). Zur weiteren Kasuistik vgl Meyer-Goßner StPO § 354 Rn 27. 44.1

Bei **Serientaten** mit vom Tatrichter in Abhängigkeit von der Schadenshöhe gestaffelter Einzelstrafhöhe kann die Strafe in analoger Anwendung von § 354 Abs 1 StPO auch der für die Einzeltat zutreffenden Strafstaffel entnommen werden, wenn die Tat keine Besonderheiten aufweist, die sie 44.2

von den sonstigen Taten abhebt. In diesem Fall tragen die Zumessungserwägungen des Tatrichters die nachträglich festgesetzte Strafe. Die Gesamtstrafe ist von der nachträglichen Festsetzung regelmäßig nicht betroffen. Wurde die Einzelstrafe nur versehentlich – etwa aufgrund eines Schreib- oder Übertragungsfehlers – im Urteil nicht schriftlich festgehalten, kann davon ausgegangen werden, dass der Tatrichter sie bei der Gesamtstrafenbildung tatsächlich berücksichtigt hat. Bei einer Vielzahl sonstiger Taten wird im Übrigen auszuschließen sein, dass die Gesamtstrafe auf der unterlassenen Festsetzung beruht. Ihre Erhöhung wäre durch das Verschlechterungsverbot bei alleiniger Angeklagtenrevision ohnehin ausgeschlossen. Dass der Angeklagte infolge der nachträglichen Festsetzung bei einer späteren Auflösung und Neubildung der Gesamtstrafe nach § 460 StPO Nachteile erleiden kann, verhindert das Verschlechterungsverbot, wonach neue Gesamtstrafen die Summe der bisherigen und neu hinzugekommener Strafen nicht überschreiten dürfen (BGHSt 15, 164 ff; Meyer-Goßner StPO § 460 Rn 19).

45 Im Grenzbereich zu einer eigenen Strafzumessung durch das Revisionsgericht nach Abs 1 a befinden sich Fallgestaltungen, in denen ein Ermessensspielraum zwar grdsl gegeben ist, das Revisionsgerichts aber – soweit möglich unter Berücksichtigung des tatrichterlichen Willens – **auf eine milde Strafe erkennt, deren Unterschreitung nach den Gesamtumständen des Falles und den mitgeteilten Zumessungserwägungen nicht in Betracht kommt**. Ein solches Vorgehen kommt zB in Betracht bei der nachträglichen Gewährung eines seitens des Tatrichters unterlassenen **Härteausgleichs** (vgl BGH NStZ-RR 2009, 43; NStZ-RR 2008, 370; NStZ 1997, 380 bei Kusch und NStZ-RR 1997, 131). Vgl ferner BGH NStZ-RR 2002, 103 bei Becker: Anwendung von **§ 53 Abs 2 StGB** durch das Revisionsgericht unter eigener Festsetzung der Freiheitsstrafhöhe.

3. Aufrechterhaltung einer Einzelstrafe bei Wegfall der Gesamtstrafe

46 Bringt das Revisionsgericht eine oder mehrere Verurteilungen wegen einer oder mehrerer tatmehrheitlich begangener Einzeltaten in Wegfall, so dass die **Verurteilung wegen einer einzigen Tat verbleibt**, so entfallen die Gesamtstrafe und die für die weggefallenen Taten verhängten Einzelstrafen. Die für die verbleibende Tat verhängte Einzelstrafe wird hiervon regelmäßig nicht berührt. Sie kann daher **als alleinige Strafe bestehen bleiben**, ohne dass es eines weitergehenden Strafzumessungsaktes bedarf (vgl beispielsweise BGH Beschl v 30. 10. 2007 – Az 4 StR 454/07).

47 Gleiches gilt für den Fall, dass das Revisionsgericht eine **Maßregel endgültig entfallen lässt**. Lässt sich ausschließen, dass die Bemessung einer parallel verhängten Strafe von der Anordnung der Maßregel unberührt geblieben ist, kann auch diese isoliert Bestand haben.

4. Aufrechterhaltung einer Gesamtstrafe als Einzelstrafe

48 In Höhe einer rechtsfehlerhaft verhängten Gesamtstrafe kann auch eine Einzelstrafe verhängt werden, wenn sich lediglich die **konkurrenzrechtliche Beurteilung geändert hat**, der neu bemessenen Einzelstrafe mithin der gleiche Lebenssachverhalt und damit derselbe Unrechts- und Schuldgehalt zugrunde liegt wie der ursprünglichen Gesamtstrafe. So verhält es sich bei Annahme einer einheitlichen Beihilfe statt einzelner Beihilfehandlungen zu den jeweiligen Haupttaten (vgl BGH NStZ 1997, 296; StraFo 1997, 274; Basdorf NStZ 1997, 423). Voraussetzung ist auch hier, dass der Tatrichter nach Lage des Falles hätte bei zutreffender rechtlicher Würdigung nicht anders verurteilt; dies wird insbes bei einer ohnehin maßvollen Strafhöhe anzunehmen sein.

5. Verletzung zwingender Bemessungsvorschriften

49 Hat der Tatrichter zwingende Strafzumessungsvorschriften nicht beachtet, kann das Revisionsgericht korrigierend eingreifen. Hierunter fällt die **Herabsetzung einer das Höchstmaß überschreitenden Strafe** auf das gesetzliche Höchstmaß (vgl BGH NStZ-RR 2000, 39). Eine lebenslange Freiheitsstrafe, der mehrere Einzelstrafen zugrunde liegen, kann um den Ausspruch ergänzt werden, dass sie als Gesamtstrafe verhängt ist; hierbei wird es sich aber regelmäßig um die bloße Korrektur eines Tenorierungsversehens handeln. Hierunter fallen auch Verletzungen von **§ 39 StGB**. Hat der Tatrichter eine Freiheitsstrafe von mehr als einem Jahr – auch – in Wochen bemessen, kann das Revisionsgericht den in Wochen bemessenen Strafanteil in Wegfall bringen, da davon auszugehen ist, dass der Tatrichter bei Beachtung von § 39 StGB jedenfalls die solchermaßen verringerte Strafe verhängt hätte (BGH Beschl v 24. 8. 2007 – Az 2 StR 352/07). Die Tagessatzzahl oder -höhe kann auf das gesetzliche Mindestmaß erhöht werden (BGHSt 27, 359, 366; Meyer-Goßner StPO § 354 Rn 25 b).

Bei Verstößen gegen **§ 54 Abs 2 S 1 StGB** kann das Revisionsgericht die verhängte 50 Gesamtfreiheitsstrafe herabsetzen, wenn nur eine geringfügige, erforderlichenfalls unter Abweichung von § 39 StGB (vgl BGH NStZ 1996, 187; NStZ-RR 2004, 137) vorzunehmende Reduzierung in Betracht kommt und auszuschließen ist, dass der Tatrichter unter Beachtung von § 54 Abs 2 S 1 StGB eine geringere Gesamtfreiheitsstrafe verhängt hätte.

> Vgl BGH Beschl v 24. 8. 2007 – Az 2 StR 352/07: Tatrichterlich verhängte Einzelfreiheitsstrafe 50.1 von zwei Jahren, fünf Monaten und zwei Wochen, Einbeziehung einer anderweitig verhängten Geldstrafe in Höhe von 30 Tagessätzen zu einer nach § 55 StGB gebildeten Gesamtfreiheitsstrafe von zwei Jahren und sechs Monaten. Der BGH nahm hier zunächst eine Reduzierung der unter Verstoß gegen § 39 StGB verhängten Einzelfreiheitsstrafe auf zwei Jahre und fünf Monate vor und senkte die Gesamtfreiheitsstrafe, welche nunmehr gegen § 54 Abs 2 S 1 StGB verstoßen hätte, auf zwei Jahre, fünf Monate und zwei Wochen.

6. Neubildung einer Gesamt- oder Einheitsstrafe

Auf Antrag der Staatsanwaltschaft kann das Revisionsgericht auch ein weiteres Urteil in 51 eine verhängte Einheitsstrafe (vgl BGH Beschl v 4. 9. 2007 – Az 4 StR 250/07) oder eine **weitere Strafe in eine verhängte Gesamtstrafe einbeziehen**, anstatt das Urteil aufzuheben und die Sache zurückzuverweisen oder nach § 354 Abs 1 b StPO zu verfahren. In Betracht kommt dies allerdings nur, wenn die Einbeziehung ersichtlich übersehen wurde und wegen der Geringfügigkeit der anderweitig verhängten Strafe eine Erhöhung der Einheits- oder Gesamtstrafe nicht oder eine solche der Gesamtstrafe nur um das Mindestmaß in Betracht kommt. Bei **Wegfall einer oder mehrerer Einzelstrafen** kann das Revisionsgericht, sofern es ein Beruhen des Gesamtstrafenausspruches nicht auszuschließen vermag (vgl Rn 67), in geeigneten Fällen die Gesamtstrafe nach § 54 StGB oder § 55 StGB durch eine **Mindesterhöhung der Einsatzstrafe** neu bilden; der Angeklagte ist hierdurch nicht beschwert (vgl BGH NStZ-RR 2008, 239). Ein derartiges Vorgehen lässt sich auch unter eine unmittelbare Anwendung von § 354 Abs 1 StPO in Form einer Festsetzung der „gesetzlich niedrigsten Strafe" fassen (vgl Rn 26). Dabei ist aber zu prüfen, ob nicht ausnahmsweise die Verhängung einer gesonderten Geldstrafe nach § 53 Abs 2 S 2 StGB in Betracht kommt (vgl BGH Beschl v 4. 12. 2008 – Az 3 StR 497/08). Kommt eine Herabsetzung auf das Mindestmaß der Gesamtstrafe nicht in Betracht, muss zurückverwiesen oder nach § 354 Abs 1 a S 2 StPO verfahren werden. Dies gilt auch für Fälle der **fehlerhaften nachträglichen Einbeziehung einer Einzelstrafe**; das Revisionsgericht kann die Einbeziehung entfallen lassen und eine Strafermäßigung auf die um das Mindestmaß erhöhte Gesamtstrafe nach § 354 Abs 1 StPO oder eine Kompensation durch eine angemessene Herabsetzung nach § 354 Abs 1 a S 2 StPO aussprechen (vgl BGH NStZ-RR 2009, 74).

> Einen Sonderfall behandelt BGH NStZ-RR 2009, 44: Dort hatte das Tatgericht fälschlich von 51.1 der nachträglichen Einbeziehung einer Geldstrafe abgesehen, der **Zäsurwirkung** zugekommen wäre, so dass zwei Gesamtfreiheitsstrafen hätten gebildet werden müssen. Dass dies unterblieben war, belastete den Angeklagten für sich genommen allerdings nicht. „Um jede Beschwer zu vermeiden", bezog der BGH die Geldstrafe entsprechend § 55 Abs 1 StGB, § 354 Abs 1 StPO in die einheitlich gebildete Gesamtstrafe ein. Hierdurch sei der Angeklagte besser gestellt, als wenn gegen ihn zwei Gesamtstrafen gebildet und dabei infolge des Verschlechterungsverbotes einzelne Einzelstrafen unter Beibehaltung der bisherigen Gesamtstraflast reduziert werden würden.

7. Verfahrensverzögerung

Bei einer rechtsstaatswidrigen Verfahrensverzögerung konnte das Revisionsgericht auf 52 Grundlage der bisherigen Kompensationslösung **von einer Zurückverweisung absehen und die gebotene Strafermäßigung selbst festsetzen**, wenn weitere Verzögerungen geeignet waren, den Verfahrensmangel erheblich zu intensivieren (BGH NStZ 1997, 29; NStZ 1998, 28 bei Kusch; KK-StPO/Kuckein StPO § 354 Rn 10). Gleichermaßen kann nunmehr auf Grundlage der **Vollstreckungslösung** (BGH NJW 2008, 860) verfahren werden; auch hier kann das Revisionsgericht zur Vermeidung weiterer Verfahrensverzögerungen eine Kompensation durch Vollstreckungsanrechnung selbst aussprechen und begründen. Dies gilt insbesondere dann, wenn eine vermeidbare, kompensationsbedürftige **Verfahrensverzögerung im Revisionsverfahren selbst** eingetreten, die Revision im Übrigen aber zu verwerfen ist. Richtigerweise handelt es sich um einen **Anwendungsfall von § 354 Abs 1 a S 2 StPO**, da die Rechtsfolgenzumessung betroffen ist (mittlerweile stRspr vgl BGH NStZ-RR 2008, 208; NStZ 2008, 475; Beschl v 7. 5. 2008 – Az 5 StR 118/08; Beschl v 10. 7. 2008 – Az 5 StR 288/08; Beschl v 23. 7. 2008 – Az 5 StR 283/08; Beschl v 15. 10. 2008 – Az 5 StR 473/08; vgl – auch zur Tenorierung – Rn 82 sowie § 337 StPO Rn 119).

V. Weitere Anordnungen

1. Strafaussetzung zur Bewährung

53   Nur ausnahmsweise kommt **die Bewilligung von Strafaussetzung zur Bewährung** durch das Revisionsgericht in Betracht. Hierfür müssen die einer Ergänzung nicht bedürftigen Feststellungen des angefochtenen Urteils ergeben, dass die Voraussetzungen für eine Bewährung zweifelsfrei vorliegen, der **Ermessensspielraum des Tatrichters** mithin **auf die Bewilligung der Strafaussetzung reduziert** war (BGH StV 1996, 265, 266; StV 1992, 13; Beschl v 8. 1. 1993 – Az 2 StR 616/92). Die nach § 268 a StPO zu treffenden Entscheidungen und die vorzunehmenden Belehrungen bleiben allerdings Sache des Tatgerichts; eine eigene Zurückverweisung hierfür ist nicht veranlasst.

54   Umgekehrt kann das Revisionsgericht auf eine zuungunsten des Angeklagten eingelegte Revision ausnahmsweise die vom Tatrichter gewährte **Strafaussetzung versagen**, wenn ihre Voraussetzungen mit Sicherheit nicht vorliegen, sich insbes auch nicht nach Zurückverweisung neu ergeben könnten (BGH NJW 1994, 39; NStZ 1983, 167).

2. Anrechnung von Freiheitsentziehung und Bewährungsleistungen

55   Das Revisionsgericht kann auch die **Anrechnung von erlittener Untersuchungshaft** anordnen, soweit diese vom Tatrichter fehlerhaft unterlassen wurde (BGH NJW 1978, 1636; StV 1994, 603, StV 1999, 312). Dies schließt die Bestimmung ein, auf welche Strafe die Untersuchungshaft anzurechnen ist (BGH NJW 1992, 123, 125).

56   Zulässig sind auch die Bestimmungen unterlassener oder fehlerhafter Anrechnung von Freiheitsentziehung im Ausland und die hiermit verbundene **Bestimmung des Anrechnungsmaßstabes nach § 51 Abs 4 S 2 StGB** (BGH NJW 1986, 1555, 1557). Für Mitgliedstaaten der EU wird dabei nur eine Anrechnung im Maßstab 1:1 in Betracht kommen.

56.1   Vgl für Belgien BGH Beschl v 19. 11. 2008 – Az 2 StR 428/08; für Luxemburg BGH Beschl v 15. 8. 2007 – Az 2 StR 337/07; für Griechenland BGH Beschl v 18. 10. 2007 – Az 4 StR 493/07; für Dänemark BGH Beschl v 13. 9. 2007 – Az 5 StR 296/07 und Beschl v 10. 7. 2008 – Az 5 StR 288/08; für Polen BGH Beschl v 16. 10. 2007 – Az 3 StR 351/07. Nur im Ausnahmefall – etwa bei noch nicht sichergestellter Angleichung der Haftbedingungen in neuen Mitgliedsstaaten – kann eine Anrechnung zu einem großzügigeren Maßstab angezeigt sein; Voraussetzung hierfür ist allerdings, dass sich die konkreten Haftumstände aus dem Urteil ergeben oder sie allgemeinbekannt sind. Für Russland hat der Bundesgerichtshof das Verhältnis von einem Fall auf 1:1,5 bestimmt, in dem der Angeklagte selbst Weißrusse war, so dass die Haft „in einem seiner Heimat zumindest ähnlichen Kulturkreis" vollzogen worden sei (BGH Beschl v 7. 1. 2009 – Az 5 StR 490/08)

56.2   Sollten hinsichtlich der Umstände der erlittenen Haft ergänzende Feststellungen erforderlich werden, kann statt der unverhältnismäßigen Belastung mit einer auf diesen Punkt beschränkten Zurückverweisung und Neuverhandlung zugunsten des Angeklagten ein großzügiger Maßstab festgesetzt werden. Nur in Fällen, in denen wegen langer Auslandshaft der Anrechnungsmaßstab wesentliche Bedeutung für die Länge der zu verbüßenden Strafe gewinnt oder Anhaltspunkte für besonders gravierende Belastungen aufgrund der Haftbedingungen bestehen, kommt eine Zurückverweisung in Betracht.

Das Revisionsgericht kann auch in Fällen selbst entscheiden, in denen eine **Anrech-** **nungsentscheidung aufgrund erbrachter Bewährungsleistungen** nach § 58 Abs 2 S 2 StGB, § 56 f Abs 3 S 2 StGB unterblieben ist (BGH NStZ 2001, 163, 164 mwN). 57

3. Maßregeln

Eine eigene Anordnung von Maßregeln durch das Revisionsgericht scheidet aus. Das Revisionsgericht kann aber Anordnungen über die **Vollstreckungsreihenfolge nach § 67 Abs 2 StGB** korrigieren. Neben der Anordnung, dass der vom Tatrichter bestimmte Vorwegvollzug ersatzlos entfällt (vgl BGH Beschl v 31. 10. 2007 – Az 2 StR 354/07: Erledigung durch Polizei- und Untersuchungshaft; Beschl v 30. 10. 2007 – Az 4 StR 451/07: Bedarf längerfristiger Behandlung, Nähe zum Zwei-Drittel-Zeitpunkt), kann es in analoger Anwendung von § 354 Abs 1 StPO auf entsprechenden Antrag des GBA oder GenStA den Ausspruch auch inhaltlich abändern, wenn er rechtsfehlerhaft erscheint, die getroffenen Feststellungen etwa eine Abweichung vom Grundsatz des § 67 Abs 1 StGB nicht tragen (vgl BGH NJW 2008, 1173; Beschl v 8. 1. 2008 – Az 4 StR 550/07; offen gelassen von BGH Beschl v 12. 2. 2008 – Az 1 StR 657/07). Weil es sich um einen reinen Rechenvorgang handelt, welcher auf eindeutigen gesetzlichen Vorgaben beruht, kann es auch die **Dauer des Vorwegvollzuges** selbst festlegen, dh darüber bestimmen, welcher Teil der neben einer Maßregel nach § 64 StGB verhängten Freiheitsstrafe gem § 67 Abs 2 S 3, Abs 5 S 1 StGB vorab zu vollstrecken ist (vgl BGH NJW 2008, 1173; NStZ-RR 2008, 182; Beschl v 18. 11. 2008 – Az 4 StR 360/08; Beschl v 8. 4. 2008 – Az 4 StR 21/08; Beschl v 27. 3. 2008 – Az 3 StR 69/08). Voraussetzung ist, dass der Strafausspruch keinen Rechtsfehler aufweist und die zur Therapie erforderliche Dauer der Unterbringung rechtsfehlerfrei festgestellt ist. Weiterhin muss auszuschließen sein, dass durch die Abänderung nach der tatrichterlichen Bewertung die Anordnung der Maßregel als solche in Frage gestellt wird. Eine Korrektur der Vollstreckungsreihenfolge scheidet aus, wenn der revidierende Angeklagte die Anordnung der Maßregel von seinem Revisionsangriff ausgenommen hat (BGH Beschl v 9. 10. 2007 – Az 5 StR 374/07 Rn 4). 58

> Unter den genannten Voraussetzungen handelt es sich bei der Bestimmung des Vorwegvollzuges nicht um einen wertenden Akt der eigentlichen Strafzumessung (BGH Beschl v 15. 11. 2007 – Az 3 StR 390/07), für den nach § 354 Abs 1 a StPO und in verfassungsrechtlicher Hinsicht strengere Anforderungen gelten würden (vgl BVerfG NStZ 2007, 598 und Rn 82 ff). Die Bestimmung der Länge des Vorwegvollzuges bleibt dann ein von § 67 Abs 2 S 3, Abs 5 S 1 StGB vorgegebener reiner Rechenvorgang. Durch die gesetzlichen Vorgaben ist zugleich ausgeschlossen, dass der Angeklagte durch die Vornahme der Änderung durch das Revisionsgericht beschwert sein kann. 58.1

Hat der Tatrichter eine Maßregel nach § 69 StGB angeordnet, kann das Revisionsgericht – ohne Verstoß gegen das Verschlechterungsverbot auch auf eine Revision des Angeklagten – die nach **§ 69 Abs 3 S 2 StGB** zwingende Anordnung des Führerscheineinzuges nachholen, wenn sie versehentlich unterblieben ist. Es kann nach dem Rechtsgedanken von § 354 Abs 1 4. Alt StPO auf entsprechenden Antrag des GBA oder GenStA auch die Mindestsperrfrist von drei Monaten nach **§ 69 a Abs 4 S 2 StGB** festsetzen (BGHR StGB § 69 a Abs 1 Dauer 5). 59

Im Falle eines **Berufsverbotes** kann das Revisionsgericht bei einer unterbliebenen Anordnung der Verbotsdauer oder bei Widersprüchen zwischen Tenor und Gründen die Mindestdauer von einem Jahr nach **§ 70 Abs 1 S 1 StGB** selbst festsetzen (BGH Beschl v 24. 7. 2001 – Az 4 StR 182/01; OLG Oldenburg NJW 1965, 509, 510). Es kann das ausgesprochene Berufsverbot auch inhaltlich konkretisieren oder beschränken, wenn die Feststellungen das Verbot im ausgesprochenen Umfang nicht hinreichend tragen (vgl BGH NStZ-RR 2008, 368 bei Pfister). 60

4. Andere Fälle

Das Revisionsgericht kann auf die Anordnung eines **Verfalls** oder einer **Einziehung** selbst erkennen, wenn die Voraussetzungen hierzu zweifelsfrei festgestellt sind und eine andere tatrichterliche Entscheidung ausgeschlossen erscheint (vgl BGH NStZ-RR 2008, 275, 276: unterbliebener Ausspruch des Verfalls bei nachträglicher Gesamtstrafenbildung; vgl auch BGH Beschl v 7. 5. 2008 – Az 5 StR 634/07 Rn 7 f). Dies ist nicht der Fall, wenn noch ergänzende tatrichterliche Feststellungen zur Anwendung der Härtevorschrift 61 des § 73 c StGB in Betracht kommen, aufgrund derer von der Anordnung des Verfalls ganz oder teilweise abgesehen werden könnte (BGH Urt v 26. 11. 2008 – Az 5 StR 425/08; Beschl v 11. 12. 2008 – Az 4 StR 386/08). Unter gleichen Bedingungen kann das Revisionsgericht eine Verfalls- oder Einziehungsanordnung auch ersatzlos aufheben (vgl zB BGH Beschl v 8. 5. 2008 – Az 4 StR 166/08; Urt v 29. 8. 2008 – Az 2 StR 587/07 Rn 74 = NJW 2009, 89, 95 für Wertersatzverfall) oder im Umfang reduzieren, ohne dass es einer Zurückverweisung bedarf. Möglich sind weiterhin Ergänzungen des tatrichterlichen Ausspruches etwa dann, wenn darin der betroffene Gegenstand, seine Art oder Menge nicht hinreichend konkretisiert ist (BGHSt 8, 205, 211 = NJW 1956, 149; NStZ 1992, 226 bei Kusch), oder dass die tatrichterliche Tenorierung den Anforderungen des § 111 i StPO nicht genügt.

Den Ausspruch einer **Veröffentlichungsbefugnis nach § 200 StGB** kann das Revisionsgericht nachholen, wenn es diejenige Form wählt, die den Angekl am wenigsten beschwert (BGHSt 3, 73, 76). Korrekturen sind weiterhin möglich im **Adhäsionsausspruch** nach § 406 StPO. Das Revisionsgericht kann aussprechen, dass – entgegen der vom Tatrichter getroffenen Entscheidung – von einer Entscheidung ganz oder in Teilen abgesehen wird; es kann auch den Zinsausspruch korrigieren.

61.1   Vgl BGH Beschl v 21. 12. 2007 – Az 2 StR 472/07; Beschl v 27. 9. 2007 – Az 4 StR 324/07. Hat das Revisionsgericht über den strafrechtlichen Teil der Revision durch Beschluss nach § 349 Abs 2 oder Abs 4 StPO entschieden, so kann es auch über die Zubilligung der Entschädigung **abweichend vom Antrag des GBA oder GenStA** entscheiden (BGH NStZ 1999, 260).

D. Rechtsfolgenausspruch: Beruhen, Angemessenheit nach Abs 1 a

I. Fehlendes Beruhen

62   Eine Änderung des Rechtsfolgenausspruches nach § 354 Abs 1 a StPO oder – nach Zurückverweisung – durch den neuen Tatrichter ist **bereits nach § 337 StPO** ausgeschlossen, wenn der Ausspruch auf dem festgestellten Rechtsfehler **nicht beruht**, mithin ausgeschlossen werden kann, dass der bisherige Tatrichter auf der durch das Revisionsgericht veränderten rechtlichen Grundlage eine abweichende Rechtsfolgenentscheidung getroffen hätte. Einer entsprechenden Prüfung kommt aufgrund der restriktiven Rechtsprechung des BVerfG zu § 354 Abs 1 a StPO wieder **größere Bedeutung** zu. Ist das Revisionsgericht der Auffassung, dass die verhängte Strafe trotz des Rechtsfehlers zutreffend bemessen ist, kann es aber nicht ausschließen, dass sie seitens des Tatrichters auf rechtsfehlerfreier Grundlage abweichend bestimmt worden wären, muss es dagegen nach § 354 Abs 1 a StPO verfahren oder die Sache unter Aufhebung des Rechtsfolgenausspruches an den Tatrichter zurückgeben. Die Grenze zwischen einer Anwendung von § 337 StPO und § 354 Abs 1 a StPO ist fließend. Ist höchst unwahrscheinlich, dass der Tatrichter den Angeklagten ohne den festgestellten Rechtsfehler bessergestellt hätte, und ist eine solche Besserstellung auch rechtlich nicht geboten, so kann die ausgesprochene Rechtsfolge bereits wegen fehlenden Beruhens aufrechterhalten bleiben.

1. Strafzumessungsfehler

63   Ein Beruhen kann zu verneinen sein, wenn der Rechtsfehler nur **einen einzelnen Strafzumessungsgrund betrifft**, und die bemessene Strafe hiervon unbeeinflusst erscheint. Dies kommt in Betracht, wenn nach den sonstigen, rechtsfehlerfreien Strafzumessungserwägungen des Tatgerichts **andere Strafzumessungsgründe für die verhängte Strafe im Vordergrund standen** und die fehlerhafte oder unterlassene Strafzumessungserwägung deren Gewicht nicht annähernd erreicht, zudem dann, wenn die verhängte Strafe moderat erscheint oder sich sogar an der unteren Grenze des noch Vertretbaren bewegt. Bei einzelnen, nur sprachlich missglückten Wendungen im Rahmen umfangreicher anderweitiger Strafzumessungserwägungen wird – zumal bei maßvollem Strafausspruch – gleichfalls naheliegen, dass die beanstandete Urteilspassage keinen Einfluss auf die Strafhöhe gehabt haben kann (vgl etwa BGH Beschl v 17. 4. 2007 – Az 5 StR 434/06; Beschl v 31. 10. 2008 – Az 2 StR 358/08; Beschl v 10. 2. 2009 – Az 5 StR 592/08).

Das Revisionsgericht kann bei Feststellungsmängeln auch berücksichtigen, dass die rechtsfehlerfrei festgestellten Tatsachen zwar einen geringeren Schuldumfang begründen würden, zugleich aber eine **andere Begehungsform** anzunehmen sein würde. Dies spielt insbes im Bereich der Betäubungsmitteldelikte eine Rolle. Vgl zB BGH Beschl v 17. 10. 2007 – Az 2 StR 445/07: Der Verurteilung wegen Einfuhr von Betäubungsmitteln und Handeltreibens lagen nur unzureichende Feststellungen zu den zum Eigenverbrauch bestimmten BtM zugrunde; hierauf beruhte der Strafausspruch aber nicht, da er sich wesentlich aus der eingeführten Gesamtmenge bestimmte BtM und hinsichtlich des Eigenverbrauches täterschaftlicher Erwerb oder Besitz anzunehmen gewesen wäre. Vgl ferner BGH NJW 2009, 863, 866 zum Fall einer übersehenen Bewertungseinheit von Einfuhr und Handeltreiben mit Betäubungsmitteln, eines dafür aber tatmehrheitlich hinzutretenden Erwerbes in Tateinheit mit Einfuhr einer zum Eigenkonsum bestimmten Menge. 63.1

Bei **fehlerhafter Gesamtstrafenbildung** infolge einer unberücksichtigten Zäsur kann auszuschließen sein, dass bei Zäsur die Summe der beiden zu bildenden Gesamtstrafen geringer als die tatsächlich verhängte Gesamtstrafe gewesen wäre (vgl BGH StraFo 2007, 510). 63.2

2. Strafrahmenänderung

Ein Beruhen ist regelmäßig nicht auszuschließen, wenn der Strafzumessungsfehler die Strafrahmenwahl, beispielsweise die **fehlerhafte Annahme eines besonders schweren oder minder schweren Falles** betrifft, oder wenn eine Schuldspruchberichtigung zu einer **Verurteilung mit einem nach oben oder unten geänderten Strafrahmen** führt. Im Fall einer durch Schuldspruchberichtigung bewirkten Strafrahmenverschiebung gilt dies auch dann, wenn die Feststellungen und damit das Tatbild hiervon unberührt bleiben, der Tatrichter daher alle für die neue Verurteilung konstitutiven Merkmale bereits in seine Strafzumessung eingestellt hat. 64

Vgl zum **Wegfall einer Qualifikation** und der hierdurch niedrigeren Strafrahmenuntergrenze BGH Beschl v 16. 10. 2008 – Az 4 StR 465/08. Zur Änderung **von mittäterschaftlicher Verurteilung zur Verurteilung wegen** Beihilfe BGH Beschl v 15. 8. 2007 – Az 342/07; Beschl v 10. 10. 2007 – 5 StR 359/07; Beschl v 22. 10. 2008 – Az 2 StR 286/08. Zu einer übersehenen Milderung nach § 28 Abs 1. § 49 Abs 1 StGB vgl BGH Beschl v 30. 10. 2007 – Az 4 StR 127/07. Eine Schuldspruchänderung von **Mittäterschaft zu Anstiftung** berührt den Strafausspruch wegen des nach § 26 StGB identischen Strafrahmens demgegenüber regelmäßig nicht (vgl BGH Beschl v 19. 9. 2007 – Az 3 StR 359/07). 64.1

Ausnahmsweise kann die **Strafrahmenänderung aber dann unerheblich** sein, wenn der vom Tatrichter zugrunde gelegte Strafrahmen von dem zutreffenderweise anzulegenden nur unmaßgeblich abweicht und die verhängten Strafen sich nicht in der Nähe der verschobenen Ober- oder Untergrenze des Strafrahmens bewegen. 65

Beispielsfälle: BGH Urt v 24. 10. 2007 – Az 2 StR 232/07 (tatrichterlicher Strafrahmen zwei Jahre bis elf Jahre drei Monate, nach Schuldspruchänderung ein Monat bis 15 Jahre, verhängte Freiheitsstrafen von fünf und sechs Jahren); andererseits BGH Beschl v 8. 10. 2008 – Az 4 StR 387/08 (tatrichterlicher Strafrahmen ein Jahr bis fünfzehn Jahre, möglicher – unerörterter – alternativer Strafrahmen sechs Monate bis elf Jahre drei Monate, verhängte Freiheitsstrafe von drei Jahren, die sich nach den tatrichterlichen Erwägungen „deutlich im unteren Bereich des Strafrahmens" bewegen sollte); ferner BGH NStZ 2009, 86 aE (§ 178 StGB aF statt § 177 Abs 1 StGB aF iVm § 23 Abs 2 StGB, § 49 Abs 1 StGB). 65.1

Die **Annahme eines zu niedrigen Strafrahmens** kann sich nicht zu Lasten des Angeklagten ausgewirkt haben. Vielmehr ist der Angeklagte durch den Rechtsfehler bereits nicht beschwert. 65.2

Führt eine **Schuldspruchänderung** zu einer Verurteilung wegen einer Straftat, deren Strafandrohung mit dem vom Tatrichter angenommenen **Strafrahmen identisch** ist, kommt es allein darauf an, ob der geänderte Tatvorwurf eine andere Strafzumessung rechtfertigen könnte. Dies wird sich jedenfalls dann ausschließen lassen, wenn der den Unrechts- und Schuldgehalt bestimmende Lebenssachverhalt auch für die Neubewertung herangezogen werden musste, sich mithin nur die rechtliche Einordnung des Tatgeschehens geändert hat (vgl Rn 69). Betrifft die Schuldspruchänderung nur eine von mehreren **tateinheitlich verwirklichten Taten**, ist ein Beruhen regelmäßig auszuschließen, sofern die Strafe dem höheren Strafrahmen des von der Änderung unberührten Deliktes entnommen wurde und auch nach der Schuldspruchänderung entnommen werden kann. 66

66.1	Die bedeutsamste Fallgruppe bilden dabei die sog. **Kurierfälle** bei Betäubungsmitteldelikten: Ist tatrichterlich eine Verurteilung wegen Einfuhr von BtM in Tateinheit mit täterschaftlichem Handeltreiben erfolgt, kann bei einer revisionsgerichtlichen Änderung der Verurteilung auf Einfuhr von BtM in Tateinheit mit Beihilfe zum Handeltreiben der dem Strafrahmen des Einfuhrdeliktes entnommene Strafausspruch aufrechterhalten bleiben, sofern der wesentliche Schuldgehalt der Tat – wie regelmäßig – in der unerlaubten Einfuhr von BtM liegt (zB BGH Beschl v 16. 8. 2007 – Az 2 StR 305/07; Beschl v 25. 6. 2008 – Az 4 StR 230/08). Zum Fall der Umstellung einer tateinheitlichen Verurteilung von Vollendungs- auf Versuchsstrafbarkeit BGH Beschl v 4. 11. 2008 – Az 4 StR 411/08 (insoweit in NStZ 2009, 100 nicht abgedruckt).

66.2	Bei Anwendung von **Jugendstrafrecht** erfordert eine Schuldspruchänderung selbst dann nicht notwendig die Aufhebung einer verhängten Jugendstrafe, wenn sie zu einer deutlichen Strafrahmenverschiebung oder der Abänderung der konkurrenzrechtlichen Beurteilung – auch von Tateinheit zu Tatmehrheit – führt. Denn nach **§ 18 Abs 1 S 3 JGG** finden die Strafrahmen des allgemeinen Strafrechtes keine Anwendung; die Höhe der Jugendstrafe bemisst sich in erster Linie vielmehr nach dem Maß der notwendigen erzieherischen Einwirkung (vgl § 17 Abs 2, § 18 Abs 2 JGG). Nach **§ 31 Abs 1 JGG** ist zudem auch bei mehreren Straftaten auf eine einheitliche Jugendstrafe zu erkennen. Der Strafausspruch kann daher Bestand haben, wenn die Schuldspruchänderung angesichts des auf unveränderten Feststellungen beruhenden Tatbildes die notwendige Dauer der erzieherischen Einwirkung nicht in Frage stellt und auch Belange des gerechten Schuldausgleiches von dem fortbestehenden Strafausspruch nicht berührt werden (vgl BGH Urt v 4. 12. 2008 – Az 4 StR 438/08: § 212 StGB, § 22 StGB in Tatmehrheit zu § 227 StGB statt § 212 StGB).

3. Wegfall von Einzelstrafen und tateinheitlichen Verurteilungen

67	Bleiben bei einer verhängten Gesamtfreiheitsstrafe nach **Wegfall von tatmehrheitlichen Verurteilungen und den hierfür verhängten Einzelstrafen** mindestens zwei Einzelstrafen bestehen (vgl sonst Rn 48), so kommt es darauf an, ob der Tatrichter ohne die weggefallenen Strafen auf eine niedrigere Gesamtfreiheitsstrafe erkannt hätte. Dies wird bei einer Vielzahl von Einzeltaten, namentlich solcher im zwei- oder dreistelligen Bereich jedenfalls dann auszuschließen sein, wenn Taten in Wegfall geraten, die den verbleibenden gleichen oder zumindest in Gewicht und Strafhöhe keine herausragende Stellung einnehmen.

67.1	**Beispiele**: BGH Beschl v 18. 4. 2007 – Az 2 StR 144/07 (364 Fälle der Untreue, Wegfall von 9 Fällen); Beschl v 23. 10. 2007 – Az 4 StR 419/07 (14 Fälle des – teilweise schweren – sexuellen Missbrauchs, Wegfall eines nicht schweren Falles); Beschl v 5. 10. 2007 – Az 2 StR 440/07 (9 Fälle des sexuellen Missbrauchs, Einsatzstrafe 3 Jahre 9 Monate, Wegfall der geringsten Einzelstrafe von 6 Monaten); Beschl v 12. 7. 2007 – Az 3 StR 237/07 (10 BtM-Delikte, Einsatzstrafe 1 Jahr 9 Monate, Wegfall eines von 4 Fällen mit der geringsten Strafhöhe von 10 Monaten); Beschl v 16. 10. 2007 – Az 3 StR 351/07 (2 Angeklagte, jeweils 18 Fälle der Hehlerei mit Gesamtfreiheitsstrafen von 4 Jahren und von 3 Jahren und 6 Monaten, überwiegend Einzelstrafen von 1 Jahr 6 Monaten, Wegfall jeweils eines Falles hiervon); Beschl v 26. 9. 2007 – Az 2 StR 289/07 (40 Delikte, Gesamtfreiheitsstrafe von 4 Jahren bei Einsatzstrafe von einem Jahr, Wegfall einer Strafe iHv 6 Monaten); Beschl v 4. 10. 2007 – Az 2 StR 431/07 (Wegfall einer Geldstrafe von 50 Tagessätzen bei weiteren zT mehrjährigen Freiheitsstrafen); Beschl v 20. 11. 2007 – Az 1 StR 442/07 (350 Sexualstraftaten, Wegfall von 3 Fällen mit im Vergleich geringer Strafhöhe); Beschl v 25. 6. 2008 – Az 4 StR 104/08 (49 Fälle des Betruges und versuchten Betruges, Wegfall eines Falles unterlassener Insolvenzanmeldung); Beschl v 2. 10. 2008 – Az 3 StR 396/08 (2 Fälle der Vergewaltigung mit Einzelstrafen von jeweils 3 Jahren und 6 Monaten, Wegfall eines Falles der Freiheitsberaubung mit Einzelstrafe von 3 Monaten); Beschl v 16. 12. 2008 – Az 4 StR 559/08 (9 verbleibende Freiheitsstrafen zwischen 1 Jahr 3 Monaten und 2 Jahren 9 Monaten, Wegfall der geringsten Strafe von 1 Jahr); NStZ 2009, 57 (10 BtM-Delikte, Wegfall tateinheitlicher Verurteilungen wegen Besitzes von BtM).

67.2	Im Fall der **Verjährung von Einzeltaten** ist das Revisionsgericht zudem nicht gehindert, das im Urteil festgestellte Gesamtverhalten zu berücksichtigen (vgl BGH Beschl v 28. 9. 1993 – Az 1 StR 576/93; Beschl v 21. 11. 1996 – Az 1 StR 613/96); beachtlich ist zudem, dass hinreichend festgestellten verjährten Taten – wenngleich nicht mit demselben Gewicht wie nicht verjährte Straftaten – straferschwerende Bedeutung zukommt (vgl BGH Beschl v 8. 10. 1996 – Az 1 StR 584/96; Beschl v 8. 3. 2006 – Az 1 StR 67/06; Beschl v 23. 10. 2007 – Az 4 StR 419/07; Beschl v 20. 11. 2007 – Az 1 StR 442/07). Bei **Einstellung des Verfahrens hinsichtlich einer Einzeltat wegen unklarer konkurrenzrechtlicher Einordnung** kann das Beruhen nicht allein deshalb ausgeschlossen werden, weil der Schuldgehalt sich bei Tateinheit mit einer verbleibenden Tat erhöhen würde und für diese eine höhere Einzelstrafe festzusetzen gewesen wäre, denn diese Erwägung betrifft nur eine der beiden denkbaren Alternativen rechtlicher Einordnung (vgl BGH Beschl v 8. 10. 2008 – Az 3 StR 359/08 [Bewertungseinheit]).

Dagegen beruht der Strafausspruch auf einer weggefallenen Einzelstrafe regelmäßig dann, wenn sie die **Einsatzstrafe** darstellt oder wenn es sich bei Serientaten mit einer am Schaden orientierten Strafstaffelung um eine von nur wenigen **Strafen der höchsten Strafstufe** handelt. 68

Ein Beruhen kann auch bei bloßer **Änderung der konkurrenzrechtlichen Beurteilung** von Tatmehrheit zu Tateinheit auf unveränderter tatsächlicher Grundlage ausgeschlossen werden. Die Strafzumessungserwägungen des Tatrichters tragen hier regelmäßig die geänderte Verurteilung, weil der **Unrechts- und Schuldgehalt** des festgestellten Sachverhaltes, auf dem die Strafzumessung beruht, **unverändert** geblieben ist. Die Strafe für das einheitliche Delikt kann in diesem Fall seitens des Revisionsgerichtes auf die **höchste der ursprünglich verhängten Einzelstrafen** festgesetzt werden, denn es lässt sich ausschließen, dass der Tatrichter bei zutreffender konkurrenzrechtlicher Beurteilung eine niedrigere Strafe verhängt hätte (vgl BGH NStZ-RR 2003, 293). Dies gilt aber nicht, wenn Strafzumessungsfehler bei Bemessung der ursprünglichen Einzelstrafen hinzutreten (vgl BGH Beschl v 11. 12. 2007 – Az 4 StR 576/07). 69

Im Fall der Anwendung von **Jugendstrafrecht** ist zu beachten, dass unabhängig von der konkurrenzrechtlichen Beurteilung nach § 31 Abs 1 JGG die Rechtsfolge ohnehin einheitlich zu bestimmen ist. Aufgrund einer nur rechtlichen Umbewertung bei unveränderten Feststellungen wird daher regelmäßig auszuschließen sein, dass sich die Dauer der notwendigen erzieherischen Einwirkung geändert haben oder Gesichtspunkte des Schuldausgleiches eine Strafänderung gebieten könnten (vgl § 17 Abs 2 JGG). S auch Rn 66.2. 69.1

Bei **Wegfall einer tateinheitlich verwirklichten Straftat** steht dem Revisionsgericht gleichfalls offen, die verhängte Einzelstrafe wegen des unveränderten Schuldgehaltes der Tat aufrecht zu erhalten, wenn sie nicht für den der Zumessung zugrunde liegenden Strafrahmen bestimmend gewesen ist (hierzu Rn 71). Die verhängte Strafe kann insbesondere bestehen bleiben, wenn der Tatrichter lediglich das festgestellte Tatbild, nicht aber den rechtlichen Umstand der Verwirklichung von zwei Straftatbeständen in seine Erwägungen einbezogen hat, wenn er strafschärfend nur solche Umstände in Ansatz gebracht hat, die der aufrechterhaltenen Verurteilung zuzurechnen sind (vgl BGH Urt v 18. 4. 2007 – Az 5 StR 506/06 Rn 18), wenn er die tateinheitliche Verurteilung nur klarstellend ausgesprochen hat (vgl BGH Beschl v 24. 10. 2007 – Az 5 StR 308/07) oder wenn die fortbestehende Verurteilung wegen eines Deliktes erfolgt, das im Vergleich zur weggefallenen Tat ein deutlich höheres Gewicht aufweist (zB BGH Beschl v 5. 12. 2008 – Az 2 StR 491/08 insoweit in NStZ-RR 2009, 122 nicht abgedruckt). Auch eine schon auf Grundlage der tateinheitlichen Verurteilung äußerst maßvolle Strafe und die fehlende Mitberücksichtigung der tateinheitlichen Tat bei der Strafzumessung können die Bewertung rechtfertigen, dass das Tatgericht ohne die tateinheitliche Tat keine noch mildere Strafe verhängt hätte (zB BGH Beschl v 3. 4. 2008 – Az 4 StR 89/08 Rn 3). Berücksichtigt werden kann auch, dass die tatbestandliche Begehungsweise der weggefallenen Tat, sofern sie rechtsfehlerfrei festgestellt ist, im Rahmen der verbleibenden Verurteilung als straferschwerend gewertet werden kann (vgl BGH Urt v 29. 8. 2007 – Az 5 StR 103/07 insoweit in NStZ 2008, 87 nicht abgedruckt). Dies gilt insbes in Fällen des Wegfalls einer tateinheitlich verwirklichten Tat infolge **Verjährung**, da auch verjährten Straftaten – wenngleich mit geringerem Gewicht – strafschärfende Bedeutung zukommt (BGH NStZ-RR 2009, 43; NStZ 2008, 146). Aufgrund dieser Erwägung kann ausnahmsweise selbst in Fällen, in denen der Tatrichter die Verwirklichung mehrerer Straftatbestände ausdrücklich zu Lasten des Angeklagten gewertet hat, ein Beruhen auszuschließen sein. 70

Vgl BGH NStZ 2008, 146 für § 174 StGB (verjährt) und § 176 StGB. Anders für einen derartigen Fall – Strafaufhebung – dagegen BGH NStZ-RR 2009, 43 und Beschl v 11. 9. 2007 – Az 3 StR 330/07, sowie Beschl v 10. 6. 2008 – Az 5 StR 132/08 (§ 177 StGB und § 223 StGB verjährt). 70.1

Bringt das Revisionsgericht die Verurteilung wegen einer **tateinheitlich verwirklichten Ordnungswidrigkeit** aufgrund eines Verstoßes gegen § 21 Abs 1 S 1 OWiG in Wegfall, kann der 70.2

Strafausspruch aufrechterhalten bleiben, selbst wenn die tateinheitliche Verwirklichung im Urteil straferschwerend gewertet wurde. Denn eine derartige Bewertung ist auch bei Anwendung von § 21 OWiG zulässig. Die danach verdrängte Ordnungswidrigkeit kann insbesondere dann nach allgemeinen Grundsätzen bei der Strafzumessung berücksichtigt werden, wenn sie einen anderen Unrechtsgehalt erfasst (BGHSt 23, 342, 345). Liegt ein solcher Fall vor, kann unterstellt werden, dass der Tatrichter auch bei Beachtung von § 21 OWiG keine geringere Strafe verhängt hätte (vgl BGH StraFo 2009, 167 für § 30 Abs 1 Nr 4 BtMG und § 24a Abs 2 StVG).

71 Eine Aufrechterhaltung des Strafausspruches kommt auch dann in Betracht, wenn die tateinheitlich verwirklichten Straftatbestände **denselben Strafrahmen** aufweisen (vgl BGH Beschl v 25. 11. 2008 – Az 4 StR 500/08). Dagegen scheidet sie aus, wenn das Gesetz für **die weggefallene tateinheitliche Straftat die schwerere Strafandrohung** vorsieht, die der Tatrichter gem § 52 Abs 2 StGB seiner Strafbemessung zugrunde legen musste, auch wenn dies allein eine nach § 52 Abs 2 S 2 StGB zu berücksichtigende höhere Untergrenze des Strafrahmens betrifft (zB BGH NStZ-RR 2009, 43; Beschl v 27. 9. 2007 – Az 5 StR 171/07; s andererseits aber BGH NStZ-RR 2009, 51 für den Fall, dass die verhängte Strafe sich im oberen Bereich des Strafrahmens bewegt). Ein Beruhen lässt sich regelmäßig auch dann nicht ausschließen, wenn der Tatrichter die Strafhöhe in bestimmender Weise (auch) mit Umständen begründet hat, die allein der weggefallenen Verurteilung zuzurechnen sind, oder wenn er die **tateinheitliche Verletzung mehrerer Straftatbestände ausdrücklich strafschärfend berücksichtigt** hat. Dies gilt zumal dann, wenn die verhängte Strafe in Anbetracht des Tatbildes oder sonstiger strafmildernder Umstände hoch angesetzt erscheint.

71.1 ZB BGH NStZ-RR 2009, 51; NStZ-RR 2009, 43; NStZ 2007, 647; Urt v 24. 10. 2007 – Az 2 StR 232/07; Urt v 18. 4. 2007 – Az 5 StR 506/06; Beschl v 10. 12. 2008 – Az 5 StR 545/08.

71a Bei **Abänderung einer tateinheitlichen Verurteilung** gelten die vorstehenden Gesichtspunkte entsprechend (vgl BGH StraFo 2007, 475).

II. Angemessenheitsprüfung und Herabsetzung nach Abs 1a

1. Überblick

72 Mit dem im Rahmen des 1. JuMoG eingefügten § 354 Abs 1a StPO wollte der Gesetzgeber die Kompetenz des Revisionsgerichts bei Mängeln der Rechtsfolgeentscheidung erweitern, um die Abwicklung von **Strafverfahren zu beschleunigen** und **justitielle Ressourcen zu schonen** (BT-Drs 15/3482, 21f). § 354 Abs 1a StPO geht über die Beruhensrechtsprechung hinaus (aA OLG Celle NStZ 2005, 163, 164); alleiniger Maßstab ist, ob sich die verhängte Rechtsfolge bei wertender Beurteilung durch das Revisionsgericht als angemessen erweist oder einer unangemessenen Strafe durch Herabsetzung begegnet werden kann (BGH NStZ 2005, 465). Die Anwendung von § 354 Abs 1a S 1 StPO führt zur **Revisionsverwerfung**, wenn sie nicht – nach BVerfG [Kammer] NJW 2007, 2977 nunmehr unzulässig – nach einer Abänderung des Schuldspruches erfolgt.

73 § 354 Abs 1a StPO ist **verfassungsgemäß nach Maßgabe der von BVerfG NJW 2007, 2977 aufgestellten Grundsätze**. Hiernach ist eine Entscheidung nur bei reinen Strafzumessungsfehlern, nach Anhörung des Angeklagten und unter Berücksichtigung von diesem vorgebrachter Umstände zulässig, nicht aber nach einer Abänderung des Schuldspruches.

2. Frühere Handhabung

74 In früherer Praxis hatten die Revisionsgerichte eine Angemessenheitsprüfung auf Grundlage der **nach § 46 StGB erheblichen Umstände** vollzogen, soweit sie **durch das Urteil mitgeteilt** waren oder dem Revisionsgericht von Amts wegen zur Kenntnis gelangten (vgl BGH NStZ 2005, 465). Eine eigene Entscheidung des Revisionsgerichtes war ausgeschlossen, wenn es für die Zumessung in besonderem Maße auf den persönlichen Eindruck von dem Angeklagten ankam oder wenn aufgrund besonderer Anhaltspunkte zu erwarten war, dass eine zweite Hauptverhandlung für ihn ein günstigeres Ergebnis hervorbringen würde (BGH NStZ 2005, 465; NStZ-RR 2005, 272 LS). Ein **Hinweis** auf eine beabsichtigte

Aufrechterhaltung der Rechtsfolge als angemessen nach § 354 Abs 1 a S 1 StPO erfolgte nicht.

Die revisionsgerichtliche Rechtsprechung hat die durch § 354 Abs 1 a StPO eingeräumte Befugnis weiterhin auf Fälle einer **Schuldspruchberichtigung** erweitert, um Bedürfnissen nach einer Verfahrensvereinfachung und -beschleunigung Rechnung zu tragen (BGHR StPO § 354 Abs 1 a Verfahren 3; BGHR StPO § 354 Abs 1 a S 2 Herabsetzung 1). Dies betraf Fälle, in denen das Revisionsgericht Verurteilungen im Schuldspruch geändert oder wegen tatmehrheitlich verwirklichter Taten oder einer tateinheitlich verwirklichten Gesetzesverletzung hatte entfallen lassen oder eine Änderung der konkurrenzrechtlichen Beurteilung herbeigeführt hatte. Auf Antrag des GBA oder GenStA wurden unter Anwendung von § 354 Abs 1 a StPO die von der Schuldspruchänderung betroffene Einzelstrafe und die mitbetroffene Gesamtstrafe, bei Wegfall von Einzelstrafen allein die Gesamtstrafe herabgesetzt. 75

Vgl BGHSt 49, 371 (Verfolgungsbeschränkung nach § 154 a StPO im Revisionsverfahren); BGH Beschl v 18. 4. 2007 – Az 3 StR 127/07 (Änderung von Qualifikation [§ 30 a Abs 2 BtMG] auf den Grundtatbestand); NStZ 2007, 595 (Wegfall von Einzelstrafen wegen fehlerhafter steuerstrafrechtlicher Beurteilung). 75.1

Bei den Angeklagten begünstigenden Rechtsfehlern und einer auf Revision der StA ausgesprochenen **Schuldspruchänderung zu Lasten des Angeklagten**, etwa einer Verurteilung wegen eines Straftatbestandes mit erhöhtem Strafrahmen oder Hinzutreten einer tateinheitlichen Verurteilung, wurde in analoger Anwendung von § 354 Abs 1 a StPO die gefundene Strafe gleichfalls aufrecht erhalten, wenn diese sich als angemessen erweist (BGHSt 51, 18 = NJW 2006, 1823, 1824; Urt v 4. 12. 2007 – 5 StR 324/07). Da es sich hierbei um eine Analogie ausschließlich zugunsten des Angeklagten handelt, dürfte diese Rechtsprechung nach wie vor verfassungsrechtlich unbedenklich und von der zu § 354 Abs 1 a StPO ergangenen einschränkenden Rechtsprechung des Bundesverfassungsgerichts nicht berührt sein. 75.2

3. Entscheidungen des BVerfG

Mit Beschlüssen vom 14. 6. 2007 (Az 2 BvR 136/05, 1447/05 [Senat] = NJW 2007, 2977), vom 14. 8. 2007 (Az 2 BvR 760/07 [Kammer] = NStZ 2007, 710) und vom 10. 10. 2007 (Az 2 BvR 1977/05 [Kammer]) hat das **BVerfG** den **Anwendungsbereich von § 354 Abs 1 a StPO in verfassungskonformer Auslegung erheblich eingeschränkt**. Es hat ausgesprochen, dass eine Prüfung der Angemessenheit oder Herabsetzung der Strafe durch das Revisionsgericht nach § 354 Abs 1 a StPO wegen Verletzung von Art 101 Abs 1 S 2 GG **nach einer Schuldspruchänderung ausscheidet**. Angesichts des Wortlautes von § 354 Abs 1 a StPO und der Gesetzesbegründung ermächtige die Vorschrift zu eigener Sachentscheidung nur bei reinen Zumessungsfehlern (BVerfG NJW 2007, 2977, 2982; Beschl v 10. 10. 2007 – Az 2 BvR 1977/05 jeweils für § 354 Abs 1 a S 1 StPO; NStZ 2007, 710 für § 354 Abs 1 a S 2 StPO). 76

In Fällen fehlerhafter Zumessungserwägungen kommt eine eigene Sachentscheidung nach § 354 Abs 1 a StPO nur dann in Betracht, wenn dem Revisionsgericht für den Prozess der Straffindung „ein lückenloser, wahrheitsorientiert ermittelter und aktueller Strafzumessungssachverhalt" zur Verfügung steht (BVerfG NJW 2007, 2977, 2979). Da das Revisionsgericht nicht selbst feststellen kann, ob ihm ein derartiger Sachverhalt vom Tatgericht unterbreitet wird, hat es zur Absicherung den Angeklagten im Revisionsverfahren anzuhören. Es muss ihn daher in Kenntnis von einer beabsichtigten Entscheidung nach § 354 Abs 1 a StPO setzen, ihm Gelegenheit geben, hiergegen vorzutragen, und das Vorbringen bei seiner Entscheidung berücksichtigen. Das Revisionsgericht muss seinen Hinweis mit konkreten Ausführungen verbinden, warum sich die verhängte Strafe trotz der im tatrichterlichen Urteil festgestellten Zumessungsfehler als angemessen darstellt; eine derartige Begründung, uU auch ein Hinweis insgesamt ist dann entbehrlich, wenn der Angeklagten durch einen mit Gründen versehenen Antrag des GBA oder GenStA von einer möglichen Strafzumessungsentscheidung des Revisionsgerichtes Kenntnis erlangt hat (BVerfG NJW 2007, 2977, 2980). 77

Das Revisionsgericht hat Einwände, die der Angeklagte gegen die Aktualität und Richtigkeit des Strafzumessungssachverhaltes erhebt, zu berücksichtigen und eine **Plausibilitäts-** 78

prüfung vorzunehmen. Erscheinen die Gründe stichhaltig, hat es von einer eigenen Entscheidung abzusehen. Entscheidet es nach § 354 Abs 1 a StPO, hat es seine Entscheidung **zu begründen**, wenn sich die zumessungsrelevanten Umstände nicht aus den Wertungen und Feststellungen des Tatgerichtes, einer Stellungnahme des Angeklagten und des GBA oder GenStA sowie des vorangegangenen Hinweises nachvollziehen lassen. Eine Begründungspflicht besteht auch bei Entscheidungen im Beschlusswege nach § 349 Abs 2 StPO.

78.1   Nicht ausreichend sind – wie in einem der durch das BVerfG entschiedenen Fälle geschehen – Hinweise auf das verwirklichte Tatunrecht und die gravierenden Tatfolgen, wenn diese Erwägungen schon das Tatgericht geleitet haben und das Revisionsgericht von einer Herabsetzung des Schuldgehaltes ausgegangen ist (BVerfG NJW 2007, 2977, 2982).

4. Verbleibender Anwendungsbereich

79   Die in den Entscheidungen des BVerfG genannten Anwendungskriterien sind **nur bedingt praxisgeeignet**. Der Maßstab für die dem Revisionsgericht abverlangte Plausibilitätsprüfung ist unklar. Für Rechtsausführungen des Angeklagten kann sie nicht gelten; bei tatsächlichen Ausführungen fragt sich, wann solche trotz fehlender Überprüfungsmöglichkeit als stichhaltig zugrunde gelegt oder als nicht stichhaltig zurückgewiesen werden können. Als **Erkenntnisgrundlage** kann insoweit nur das angefochtene – indes fehlerhafte – Urteil dienen. Soweit die Entscheidungen des BVerfG nicht dahin zu verstehen sind, dass der Angeklagte auf die Darlegung tatsächlicher Umstände aus dem Zeitraum zwischen tatrichterlichem Urteil und der Revisionsentscheidung beschränkt sein soll, müssten zumindest Angriffe gegen die tatrichterlichen Feststellungen an dem für die Sachrüge geltenden revisionsrechtlichen Maßstab gemessen werden, soll nicht jede dem angegriffenen Urteil widerstreitende Behauptung zur zwingenden Zurückverweisung führen.

80   Dem **Begründungserfordernis** steht entgegen, dass § 354 Abs 1 a StPO das Revisionsgericht nach dem Wortlaut zu einer eigenen Angemessenheitsprüfung ermächtigt, es mithin nach seiner eigenen Rechtsauffassung und Wertung entscheiden kann, die von jener des Tatrichters gerade abweicht. Es kann also durchaus „strenger" zumessen als der Tatrichter; die geforderte Darlegung müsste sich dann aber auf die Mitteilung beschränken, dass sich trotz des aufgetretenen Zumessungsfehlers, etwa eines übergangenen Milderungsgrundes, nach vollständiger Abwägung aller für und gegen den Angeklagten sprechenden Gesichtspunkte, insbes des Tatbildes, der Person des Angeklagten, der Tatfolgen und der Folgen für den Angeklagten die verhängte Strafe als angemessen darstellt. Dies soll nach BVerfG NJW 2007, 2977, 2982 aber gerade nicht hinreichen. Damit wird dem Revisionsgericht mehr abverlangt als dem Tatrichter nach dem Maßstab revisionsrechtlicher Überprüfung.

80.1   Insgesamt werden die Anforderungen des BVerfG zu einer **Rückkehr zur früheren Beruhensrechtsprechung der Revisionsgerichte** und zu vermehrten Zurückverweisungen führen (vgl Peglau, JR 2008, 79; vgl andererseits BGH NStZ-RR 2009, 74 zur Herabsetzung einer Gesamtstrafe nach § 354 Abs 1 a Satz 2 StPO); der Gewinn für den Angeklagten ist zweifelhaft, da der neue Tatrichter – insbes bei Hinweisen des Revisionsgerichtes auf die Angemessenheit der ursprünglich verhängten Rechtsfolge – bei einer nicht wesentlichen Verlängerung des Verfahrens nicht gehindert ist, dieselbe Strafe erneut zu verhängen.

81   Erwägt das Revisionsgericht gleichwohl, nach § 354 Abs 1 a StPO vorzugehen, hat es darauf Bedacht zu nehmen, dass kein **die Gesamtheit der Strafzumessung betreffender Wertungsfehler** vorliegt, der einer Korrektur durch eine neue Gesamtabwägung mit Gewichtung aller in Betracht kommenden Strafzumessungsgründe bedarf. In diesem Fall besteht keine zureichende Grundlage für eine eigene Strafzumessung, so dass die Neubewertung dem Tatrichter vorbehalten werden muss (vgl BGH NStZ 2008, 233; NStZ-RR 2008, 182, 183). Dagegen stehen **fehlende oder fehlerhafte einzelne Strafzumessungserwägungen** einer Strafzumessung nach § 354 Abs 1 a StPO nicht entgegen, wenn sie nicht ausnahmsweise einen zentralen Gesichtspunkt betreffen. Maßgeblich ist, ob dem Revisionsgericht auch unter Berücksichtigung der Stellungnahme des Angeklagten ein zutreffend ermittelter, vollständiger und aktueller Strafzumessungssachverhalt zur Verfügung steht, oder ob ihm die tatsächlichen Grundlagen für eine Strafzumessung fehlen (vgl BGH NStZ 2008, 233; Beschl v 24. 2. 2009 – Az 4 StR 609/08; Beschl v 8. 10. 2008 – Az 4 StR 226/08). Die Anwendung eines **fehler-**

haften Strafrahmens kann zumindest dann durch das Revisionsgericht korrigiert werden, wenn keine grundlegende Verkennung vorliegt (vgl BGH NStZ-RR 2008, 182, 183: fehlerhafte Annahme einer – eher geringfügig – zu hohen Untergrenze des Strafrahmens).

Ein Vorgehen nach § 354 Abs 1a StPO bietet sich an bei einer zu Ungunsten des Angeklagten geführten **Strafmaßrevision der StA**. Zeigt die Revision einen Rechtsfehler in der Strafzumessung oder die Möglichkeit eines solchen Fehlers auf, kann das Revisionsgericht die verhängte Strafe als angemessen im Sinne von § 354 Abs 1a S 1 StPO aufrechterhalten, ohne dass es der vorherigen Anhörung des hierdurch ausschließlich begünstigten Angeklagten bedarf (vgl BGH Urt v 11. 12. 2008 – Az StR 483/08; für eine Anhörung der StA in solchen Fällen allerdings Peglau, JR 2008, 79, 81). Auch bei einer auf Revision der StA zu Lasten des Angeklagten vorgenommenen Schuldspruchberichtigung dürfte § 354 Abs 1a Satz 1 StPO weiterhin analoge Anwendung finden, da sich die Aufrechterhaltung der Strafe hier allein zugunsten des Angeklagten auswirkt (vgl BGHSt 51, 18 = NJW 2006, 1823, 1824; Urt v 4. 12. 2007 – Az 5 StR 324/07 sowie Rn 75.1). Ein Rückgriff auf die Vorschrift empfiehlt sich auch in Fällen einer **rechtsstaatswidrigen Verfahrensverzögerung**, in denen der Tatrichter die gebotene Kompensation nicht oder in fehlerhafter Weise vorgenommen hat. Von einer Zurückverweisung kann hier zur Vermeidung weiterer Verzögerungen abgesehen werden (vgl BVerfG NStZ 2007, 710; BGH Urt v 8. 2. 2007 – Az 3 StR 493/06; BGH NStZ 1997, 29); dies gilt auch für Verzögerungen, die erst im Revisionsverfahren selbst eingetreten sind (zB BGH Beschl v 27. 11. 2008 – Az 5 StR 495/08). Auch nach der Umstellung auf die Vollstreckungslösung (BGH [GrS] NJW 2008, 860) ist wegen des Gewichtes der zu treffenden Anrechnungsentscheidung kein bloßer Nebenausspruch betroffen, der über eine analoge Anwendung von § 354 Abs 1 StPO korrigiert werden könnte; vielmehr ist im Verfahren nach § 354 Abs 1a S 2 StPO eine Anrechnung auf entsprechenden Antrag des GBA oder GenStA vom Revisionsgericht selbst festzusetzen (mittlerweile stRspr, vgl BGH NStZ-RR 2008, 208; NStZ 2008, 475; Beschl v 15. 10. 2008 – Az 5 StR 473/08; s auch Rn 52). Den Vorgaben des BVerfG ist dabei durch eine Anhörung des Angeklagten, die auch in der Übersendung des auf Anrechnung gerichteten Antrages des GBA oder GenStA liegen kann, und einer Begründung des Anrechnungsumfanges Rechnung zu tragen (vgl BGH NStZ-RR 2008, 208, 209).

Nach BVerfG NStZ 2007, 710 soll das Revisionsgericht eine eigene Entscheidung aber nicht treffen können, wenn **Verzögerungen im Revisionsverfahren** zu einer außergewöhnlichen, vom Revisionsgericht nicht vorherzusehenden Belastung des Angeklagten geführt haben, da solche Umstände vom Tatgericht zu würdigen sind. Zu einer eigenen Entscheidung des Revisionsgerichtes auf Grundlage der bisherigen Kompensationslösung vgl BGH Beschl v 27. 9. 2007 – Az 4 StR 251/07.

Tenorierung: „Die Revision des Angeklagten gegen ... wird mit der Maßgabe verworfen, dass zur Entschädigung für die überlange Dauer des Revisionsverfahrens ... Monate der verhängten Freiheitsstrafe als vollstreckt gelten" (BGH Urt v 1. 4. 2008 – Az 5 StR 357/07 = NStZ 2008, 475); „Auf die Revision des Angeklagten wird das Urteil ... dahin ergänzt, dass von der verhängten Freiheitsstrafe ... Monate Freiheitsstrafe als Entschädigung für die rechtsstaatswidrige Verfahrensverzögerung als vollstreckt gelten" (BGH Urt v 6. 3. 2008 – Az 3 StR 376/07 = NStZ-RR 2008, 208).

Zu Besonderheiten einer vom Revisionsgericht vorgenommenen Anrechnung im **Jugendstrafverfahren** vgl BGH StV 2009, 93.

Das Revisionsgericht ist nicht gehindert, **entgegen einem auf Strafherabsetzung lautenden Antrag des GBA oder GenStA** durch Beschluss eine **Zurückverweisung** zur neuen Strafbemessung durch den Tatrichter auszusprechen (BGH Beschl v 8. 11. 2007 – Az 4 StR 522/07; Meyer-Goßner StPO § 354 Rn 29). Ihm ist andererseits unbenommen, auf **von dem Revisionsführer unbeanstandete Ausführungen in der Antragschrift Bezug zu nehmen** und eine Aufrechterhaltung der Strafhöhe oder eine angemessene Herabsetzung durch Tenorentscheidung herbeizuführen (zB BGH Beschl v 30. 10. 2007 – Az 4 StR 503/07; Beschl v 5. 11. 2008 – Az 1 StR 607/08). Auch bei Abweichung von dem seitens des GBA oder GenStA beantragten Vollstreckungsabschlag kann eine Entscheidung im Beschlusswege ergehen (vgl BGH Beschl v 23. 7. 2008 – Az 5 StR 283/08 für Unterschreitung des beantragten Abschlags; Meyer-Goßner StPO § 354 Rn 29).

E. Nachträgliche Gesamtstrafenbildung (Abs 1 b)

84 § 354 Abs 1 b StPO betrifft Rechtsfehler bei Bildung der Gesamtstrafe. Erfasst sind Fälle, in denen eine **Gesamtstrafenbildung unterlassen wurde oder fehlerhaft erfolgt** ist (OLG Frankfurt NStZ-RR 2005, 81; OLG Nürnberg NStZ-RR 2007, 72), in denen das Revisionsgericht eine nachträglich nach § 55 StGB gebildete Gesamtstrafe **nicht überprüfen kann**, weil das Urteil die hierzu erforderlichen Angaben – insbes Tatzeiten, Urteilszeitpunkte und Vollstreckungsstand – nicht enthält (vgl BGH Beschl v 20. 11. 2007 – Az 4 StR 529/07; Beschl v 4. 10. 2007 – Az 2 StR 253/07), oder wenn durch Teilfreispruch, Einstellung oder Schuldspruchkorrektur **Einzelstrafen ausgeschieden** wurden und die Gesamtstrafe daher neu zu bilden ist (BGH NJW 2005, 376). § 354 Abs 1 b StPO findet bei Rechtsfehlern zugunsten und zu Lasten des Angeklagten Anwendung (BGH NStZ-RR 2007, 107). Sofern eine tatrichterliche Neubewertung der Zumessungsgesichtspunkte erforderlich wird, ist das Beschlussverfahren nach § 462 a StPO allerdings ungeeignet (BGH StV 2006, 402).

85 Die Entscheidung kann im Beschlusswege nach **§ 349 Abs 4 StPO** ergehen. Einer ausdrücklichen Zurückverweisung an das nach § 462 a Abs 3 StPO zuständige Gericht bedarf es nicht (BGH NJW 2004, 3788 unter Bezug auf die Gesetzesbegründung).

85.1 Tenorierung: „… wird im Ausspruch über die Gesamtstrafe mit der Maßgabe aufgehoben, dass eine nachträgliche gerichtliche Entscheidung über die Gesamtstrafe nach den § 460 StPO, § 462 StPO zu treffen ist."

86 Bei einer Zurückverweisung nach Abs 1 b kann die Entscheidung über die **Kosten** des Revisionsverfahrens dem Nachverfahren nach § 460 StPO, § 462 StPO vorbehalten werden; das Revisionsgericht kann hierüber aber bereits selbst entscheiden, wenn abzusehen ist, dass das Rechtsmittel nur einen geringfügigen Teilerfolg haben wird (vgl BGH NJW 2004, 3788, 3789; NJW 2005, 1205; Beschl v 18. 10. 2007 – Az 4 StR 404/07).

87 War das Revisionsgericht an einer Aufhebung und Zurückverweisung zwecks nachträglicher Gesamtstrafenbildung nach § 354 Abs 1 b StPO gehindert, sollte darauf aufmerksam gemacht werden, dass eine solche nach § 460 StPO, § 55 StGB in Betracht kommt.

87.1 Vgl Beschl v 4. 12. 2007 – Az 5 StR 491/07 („wird nach Rechtskraft der letzten anderweitigen Verurteilung eine einheitliche Gesamtstrafenbildung … in Betracht kommen").

F. Zurückverweisung, Verfahren vor dem neuen Tatrichter (Abs 2 und Abs 3)

I. Grundsatz

88 Die Zurückverweisung ist erforderlich, wenn das Revisionsgericht **nicht nach § 354 Abs 1 oder Abs 1 a StPO entscheidet**; auszusprechen ist eine „Zurückverweisung zu neuer Verhandlung und Entscheidung". Auf welche Urteilsteile sie sich erstreckt, ist unter Bezug auf die Aufhebungsanordnung klarzustellen. Die **Auswahl des Gerichtes** steht im pflichtgemäßen Ermessen des Revisionsgerichtes; verfassungsrechtlich ist dies nach Art 101 Abs 1 S 2 GG unbedenklich (vgl BVerfG NJW 2007, 2977, 2981; BVerfGE 20, 336, 345 = NJW 1967, 99).

89 Die **Kostenentscheidung** hinsichtlich des Revisionsverfahrens ist, wenn sie das Revisionsgericht wegen eines nur geringen möglichen Erfolges auch des neuen Durchganges nicht selbst trifft, dem neuen Tatgericht ausdrücklich zu übertragen.

II. Zurückverweisung an einen anderen Spruchkörper desselben Gerichtes (Abs 2)

90 Zurückverwiesen wird, abhängig von der Art des angegriffenen Urteils, an das **Gericht des ersten Rechtszuges oder an das Berufungsgericht**. Im dreistufigen Rechtszug ist außer in Fällen der Sprungrevision eine **Zurückverweisung an das Amtsgericht** auch dann angezeigt, wenn bereits das Berufungsgericht an das Amtsgericht hätte zurückverweisen müssen und das erstinstanzliche Urteil mitaufgehoben wurde.

So muss **an das AG** zurückverwiesen werden, wenn es den Einspruch gegen einen Strafbefehl 90.1
rechtsfehlerhaft nach § 412 Abs 1 StPO verworfen hat und das Berufungsgericht hiergegen nicht
eingeschritten ist (Meyer-Goßner StPO § 354 Rn 35).

Der **Spruchkörper** ist nur der Art nach („Abteilung" oder „Kammer") zu bezeichnen, 91
nicht aber konkret; dies ist Aufgabe des Geschäftsverteilungsplanes des jeweiligen Gerichtes.
Ob ein gleichwertiger Spruchkörper derselben Art besteht, muss das Revisionsgericht nicht
prüfen, da die Justizverwaltungen im Hinblick auf § 354 Abs 2 StPO zur Einrichtung eines
Ersatzspruchkörpers verpflichtet sind; eine Ergänzung des Geschäftsverteilungsplanes nach
§ 21 e GVG ist möglich und zur Vermeidung einer Doppelbefassung auch erforderlich (BGH
NStZ 1981, 489 für den Fall zweimaliger Zurückverweisung).

§ 354 Abs 2 StPO verlangt nur die Entscheidung eines anderen, nicht aber eines anders 92
besetzten Spruchkörpers. Die **Mitwirkung einer oder mehrerer der früheren Richter** ist
daher nicht ausgeschlossen, wenn sie sich durch zwischenzeitliche Änderungen in der Geschäftsverteilung ergibt (BGHSt 20, 252; BGHSt 24, 336, 337; BGHSt 30, 149, 154 = NJW
1971, 1029; KK-StPO/Kuckein StPO § 354 Rn 30). Es kann sich auch um denselben Einzelrichter oder Berichterstatter handeln (BGH NStZ 1981, 298); § 23 StPO greift nicht ein.

Der frühere Richter kann auch als Staatsanwalt an der neuen Verhandlung teilnehmen (BGH 92.1
NStZ 1991, 595). Allerdings darf der Geschäftsverteilungsplan für die Besetzung des Auffangspruchkörpers nicht zwingend den erstentscheidenden Richter vorsehen (OLG Hamm NStZ-RR
2005, 212; Pfeiffer StPO § 354 Rn 11).

Der Vorrang eines Spruchkörpers mit **besonderer funktioneller Zuständigkeit** (Jugend- 93
kammer, Schwurgericht, Wirtschaftsstrafkammer, Staatsschutzkammer; vgl § 74 e GVG, § 47 a
JGG) ist auch bei der Zurückverweisung zu beachten. Hat im ersten Durchgang ein Spruchkörper dieser Art entschieden, so hat das Revisionsgericht an einen gleichartigen unter ausdrücklicher Bezeichnung zurückzuverweisen (zB „an eine andere als Schwurgericht zuständige
Strafkammer"), wenn nicht die Voraussetzungen der besonderen funktionellen Zuständigkeit
durch Rechtskraft von Urteilsteilen, Ausscheiden von Tatvorwürfen oder eine bindende Bewertung des Revisionsgerichts weggefallen sind. Richtet sich ein verbundenes Verfahren gegen
Erwachsene und Jugendliche oder Heranwachsende nunmehr nur noch gegen den Erwachsenen, weil allein dieser revidiert oder nur im Hinblick auf eine ihn betreffende Entscheidung eine
Zurückverweisung erfolgt, so ist statt der Jugendkammer eine allgemeine Strafkammer oder die
Schwurgerichtskammer des Landgerichts mit der Sache zu befassen (vgl BGHSt 35, 267 = NJW
1988, 3216). Ist im neuen Durchgang nicht mehr über den die Zuständigkeit des Schwurgerichtes begründenden besonders schweren Tatvorwurf zu befinden, ist gleichfalls an eine
allgemeine Strafkammer zurückzuverweisen (BGH NJW 1994, 3304, 3305).

Ob in diesen Fällen nach § 354 Abs 2 StPO oder nach § 354 Abs 3 StPO zu verfahren ist, wird 93.1
– ohne praktische Auswirkung – unterschiedlich beurteilt. Als Gerichte niederer Ordnung kommen
Spruchkörper ohne besondere funktionelle Zuständigkeit gegenüber solchen mit Sonderzuständigkeit nach § 74 Abs 2 GVG; § 74 a GVG und § 74 c GVG nur in Betracht, wenn man **§ 209 a
StPO** für entsprechend anwendbar hält. Gegen eine solche Anwendung hat sich – zutreffend, weil
ohne praktisches Bedürfnis – der BGH in BGHSt 35, 267 = NJW 1988, 3216, 3217 ausgesprochen.
Die Handhabung ist gleichwohl unterschiedlich (vgl BGH NJW 1994, 3304, 3305: Zurückverweisung nach § 354 Abs 3 StPO vom Schwurgericht an eine allgemeine Strafkammer). Auch bei
Anwendung von § 354 Abs 3 StPO kommt aber zugleich eine Verweisung an ein örtlich anderes
Gericht nach § 354 Abs 2 StPO in Betracht.

Dem Revisionsgericht steht auch offen, eine spezielle Zurückverweisung vorzunehmen, 94
wenn ein besonderer Spruchkörper im ersten Durchgang nicht entschieden hat, aber **hätte
entscheiden müssen**. Da die Verweisung konstitutiv die Zuständigkeit des neuen Tatrichters begründet, hat sich ohne besondere Angabe einer besonderen funktionellen Zuständigkeit im Tenor der Revisionsentscheidung allerdings der allgemein zuständige Auffangspruchkörper mit der Sache zu befassen (aA KK-StPO/Kuckein StPO § 354 Rn 31).

Bei **Zurückverweisung an das Amtsgericht** ist auszusprechen, ob der Strafrichter oder 95
das Schöffengericht mit der Sache befasst werden soll; in Jugendsachen ist auf den funktionellen Vorrang zu achten. In **Staatsschutzsachen** nach § 120 GVG hat der BGH die
Sache an einen anderen Senat des befassten OLG zurückzuverweisen.

StPO § 354   Drittes Buch. 4. Abschnitt

95.1   Das Revisionsgericht kann auch nach § 270 StPO, § 355 StPO eine Verweisung an ein höheres Gericht aussprechen, nicht aber eine Änderung der örtlichen Zuständigkeit vornehmen (vgl BGHSt 18, 261 = NJW 1963, 965).

III. Zurückverweisung an ein anderes Gericht (Abs 2)

96   Bei Zurückverweisung an ein anderes Gericht gleicher Ordnung steht dem Revisionsgericht ein **Auswahlermessen** zu, das pflichtgemäß auszuüben ist (vgl BVerfG NJW 2007, 2977, 2981; BVerfGE 20, 336 = NJW 1967, 99). Sachliche Gesichtspunkte, die eine Verweisung rechtfertigen können, sind eine der Rechtsfindung unzuträgliche, etwa durch Spannungen zwischen Gericht und Staatsanwaltschaft gekennzeichnete Atmosphäre an dem ursprünglichen Tatgericht, die Größe und Belastung des ursprünglichen Tatgerichts oder Umstände, die vermuten lassen, dass eine Verhandlung vor einem anderen Gericht die größere Gewähr für eine Beachtung der Rechtsauffassung des Revisionsgerichtes bietet. So kann die Missachtung von Hinweisen, die in einem vorangegangenen Revisionsverfahren in derselben Sache erteilt wurden, oder ein Verstoß gegen eine nach § 358 Abs 1 StPO bindende Rechtsauffassung des Revisionsgerichtes eine Zurückverweisung nach § 354 Abs 2 StPO rechtfertigen (vgl BGH Urt v 2. 10. 2008 – Az 3 StR 236/08; Urt v 21. 8. 2008 – Az 3 StR 236/08 insoweit in NStZ-RR 2009, 24 nicht abgedruckt).

97   Der **Bundesgerichtshof** kann an jedes Gericht desselben Bundeslandes, ein **Oberlandesgericht** an jedes Gericht seines Bezirkes zurückverweisen (BGHSt 21, 191, 192 = NJW 1967, 789).

IV. Zurückverweisung an ein Gericht niederer Ordnung (Abs 3)

98   An ein Gericht niedrigerer Ordnung kann zurückverwiesen werden, wenn dessen **Strafgewalt im Hinblick auf den noch zu verhandelnden Teil ausreicht**. Ist im zweistufigen Rechtszug vom neuen Tatrichter nur noch über Tatvorwürfe oder eine Strafhöhe zu befinden, für die die Strafgewalt des Amtsgerichtes ausreicht, verweist der BGH die Sache daher an den Strafrichter oder das Schöffengericht zurück (vgl BGH NStZ-RR 2008, 9, 10; BGH Beschl v 26. 9. 2007 – Az 2 StR 290/07). Dem Revisionsgericht steht auch insoweit ein Auswahlermessen zu; eine an der Strafprognose orientierte Zurückverweisung ist wegen § 269 StPO nicht zwingend vorzunehmen.

98.1   Zur Anwendung bei Zurückverweisungen in Fällen wegfallender funktioneller Sonderzuständigkeit vgl Rn 93.

V. Verfahren vor dem neuen Tatrichter

99   Die Zurückverweisung erfolgt regelmäßig **zu neuer Verhandlung und Entscheidung**, führt daher zur Eröffnung einer neuen Tatsacheninstanz, die allerdings **doppelt begrenzt** ist: Neu zu verhandeln und zu entscheiden ist allein im Umfang der Aufhebung (vgl § 353 StPO Rn 42 ff); zudem ist der neue Tatrichter gem § 358 Abs 1 StPO an die Rechtsauffassung des Revisionsgerichtes gebunden (vgl § 358 StPO Rn 2 ff). Die Entscheidung erfolgt erneut durch Urteil, das wiederum mit der Revision – im Falle neuer amtsgerichtlicher Verhandlung auch mit der Berufung – angegriffen werden kann.

99.1   Nach Art der Zurückverweisung – nach § 354 Abs 1 b StPO, zur Durchführung eines Nachverfahrens nach § 439 StPO oder zur Nachholung von Nebenentscheidungen – kommt aber auch ein Beschlussverfahren in Betracht. Der neue Tatrichter ist auch nicht gehindert, das Verfahren nach § 206 a StPO oder §§ 153 StPO f im Beschlusswege einzustellen (KK-StPO/Kuckein StPO § 354 Rn 40).

100   Der neue Tatrichter muss im Umfang der Aufhebung **eigene Feststellungen treffen** und diese im neuen Urteil mitteilen; jede Bezugnahme oder Verweisung auf aufgehobene Teile der früheren Entscheidung verbietet sich (BGHSt 24, 274 = NJW 1972, 548; NStZ 1983, 213). Auch die Formulierung, dass die früheren Feststellungen sich „bestätigt" hätten, ist zu vermeiden (vgl BGH NStZ 1984, 18 bei Pfeiffer). Beweis kann allerdings unter Heranziehung der in der früheren Beweisaufnahme verwendeten Beweismittel erhoben werden; sind diese nicht oder nicht mehr in gleicher Qualität verfügbar, auch

durch Vernehmung der früheren Verfahrensbeteiligten über das Ergebnis der früheren Beweisaufnahme. Der neue Tatrichter hat bei der Beweisaufnahme im Übrigen freie Hand; er ist insbes nicht an die Beweismittel oder die Beweisfragen des ersten Durchganges gebunden. Sind durch Nachermittlungen nach dem ersten Urteil neue be- oder entlastende Umstände zutage getreten, können diese daher in die neue Verhandlung eingeführt werden.

Ist keine Gesamtaufhebung ausgesprochen worden, ist das **frühere Urteil zur Feststellung der Bindungswirkung aufrechterhaltener Urteilsteile nach § 249 Abs 1 StPO zu verlesen** oder in anderer Weise bekannt zu machen (BGH NJW 1962, 59, 60); auf die aufrechterhaltenen Feststellungen kann dann im neuen Urteil verwiesen werden (BGHSt 33, 59 = NJW 1985, 1089). Eine Verlesung des Revisionsurteiles ist nicht erforderlich, kann aber zur Feststellung des Aufhebungs- und Bindungsumfanges nach § 358 Abs 1 StPO sinnvoll sein (vgl KK-StPO/Kuckein StPO § 354 Rn 44). 101

Das neue Urteil muss den allgemeinen Anforderungen genügen. Es muss insbes einen **eigenständigen Schuld- und Rechtsfolgenausspruch** enthalten, darf also nicht das alte Urteil „bestätigen" oder „wiederherstellen" (KK-StPO/Kuckein StPO § 354 Rn 45). Die **Kostenentscheidung** bezieht sich auf das Gesamtverfahren einschließlich des Revisionsverfahrens, wenn nicht insoweit bereits das Revisionsgericht ausnahmsweise eine eigene Kostenentscheidung getroffen hat. Bei einer Zurückverweisung an ein anderes Gericht hat gleichwohl das Erstgericht das Kostenfestsetzungsverfahren durchzuführen, denn es ist das „Gericht des ersten Rechtszuges" iSv § 464b StPO, §§ 103 ZPO ff (BGH NStZ 1991, 145; OLG Stuttgart NStZ-RR 2003, 127; Pfeiffer StPO § 354 Rn 15). 102

§ 354 a [Entscheidung bei Gesetzesänderung]

Das Revisionsgericht hat auch dann nach § 354 zu verfahren, wenn es das Urteil aufhebt, weil zur Zeit der Entscheidung des Revisionsgerichts ein anderes Gesetz gilt als zur Zeit des Erlasses der angefochtenen Entscheidung.

Überblick

§ 354 a StPO erstreckt § 2 StGB auf das Revisionsverfahren. Gesetzesänderungen sind daher auch nach Erlass der tatrichterlichen Entscheidung zu berücksichtigen und können zu einer auch rechtskraftdurchbrechenden Aufhebung führen. Neben Änderungen, die die Voraussetzungen und des Umfangs der strafrechtlichen Verurteilung betreffen, betrifft § 354 a StPO auch Änderungen des Verfahrensrechtes; diese wirken aber nur ex nunc, lassen zurückliegende Verfahrenshandlungen daher unberührt. Änderungen in der höchstrichterlichen Rspr fallen nicht unter § 354 a StPO. § 357 StPO findet bei einer Aufhebung aufgrund § 354 a StPO keine Anwendung.

A. Allgemeines

§ 354 a StPO stellt klar, dass **§ 2 StGB** auch für das Revisionsverfahren gilt. Das Revisionsgericht muss daher nach § 2 Abs 3 StGB Milderungen berücksichtigen, die nach dem Erlass der angefochtenen Entscheidung in Kraft getreten sind. Zugleich ist es an die Sonderregelungen des § 2 Abs 4 und Abs 6 StGB gebunden. Eine bereits **eingetretene Teilrechtskraft** zum Schuldspruch steht einer Aufhebung wegen zwischenzeitlicher Gesetzesänderung nicht entgegen; gegebenenfalls kann gem § 354 Abs 1, § 354 a StPO auch eine Durchentscheidung auf Freispruch oder Einstellung nach § 206 b StPO erfolgen (OLG Düsseldorf NJW 1991, 710). Wenn die Strafvorschrift durch eine andere mit milderer Rechtsfolge ersetzt worden ist, ist der Rechtsfolgenausspruch aufzuheben (BGHSt 20, 116; NJW 1975, 1038). 1

Unter eine Gesetzesänderung iSv § 2 StGB, § 354 a StPO fällt auch eine Nichtigkeits- oder Teilnichtigkeitserklärung durch das **BVerfG** (BGHSt 41, 6, 7 = NJW 1995, 2424). 2

B. Erfasste Rechtsänderungen

I. Sachliches Recht

3 Das geänderte Gesetz muss die **Voraussetzungen und den Umfang der strafrechtlichen Verurteilung betreffen**. Hierzu zählen Änderungen der tatbestandlichen Voraussetzungen, Umbenennungen und -strukturierungen von Strafnormen, soweit sie den Schuldspruch betreffen (vgl BGH NStZ 1998, 510 zum 33. StRÄndG und seinen Auswirkungen auf § 17 StGB), Milderungen in der Strafandrohung (BGHSt 5, 207, 208 = NJW 1954, 360; 20, 116, 118 = NJW 1965, 453), der Wegfall von Strafschärfungsgründen (BGHSt 23, 237, 238) und Erweiterungen der Möglichkeit zur Strafaussetzung (BGHSt 26, 1, 2 = NJW 1975, 63). Verstöße gegen zwischenzeitlich eingeführte Verwertungsverbote fallen nur dann unter § 354 a StPO, wenn sie als sachlich-rechtlicher Mangel zu werten sind (BGHSt 25, 81, 82 = NJW 1973, 524; BGHSt 27, 108, 109 = NJW 1977, 816; OLG Stuttgart NStZ 1984, 274 jeweils für § 49 BZRG; vgl § 337 StPO Rn 75.5, § 337 StPO Rn 101).

3.1 Beispiele aus jüngerer Zeit sind (Teil-)Aufhebungen, die durch die **Änderung von § 64 StGB, § 67 StGB** durch Gesetz v 20. 7. 2007 (BGBl I 1327) veranlasst waren; insoweit gilt § 2 Abs 6 StGB, wonach bei Maßregeln der Besserung und Sicherung das neue Recht in jeder Lage des Verfahrens anzuwenden und daher auch vom Revisionsgericht zugrunde zu legen ist (vgl BGH Beschl v 12. 9. 2007 – Az 2 StR 187/07; Beschl v 11. 12. 2007 – Az 4 StR 345/07). Der Angeklagte ist von einer nachträglichen Entscheidung über die Vollstreckungsreihenfolge nicht beschwert (BGH Beschl v 9. 8. 2007 – Az 4 StR 283/07).

4 Voraussetzung der Berücksichtigung ist eine wirksam erhobene **Sachrüge** (BGHSt 26, 94 = NJW 1975, 1038; Pfeiffer StPO § 354 a Rn 1).

II. Verfahrensvorschriften

5 Änderungen des Verfahrensrechtes wirken regelmäßig **nur ex nunc**, lassen zurückliegende Verfahrenshandlungen daher unberührt (BGHSt 26, 288, 289 = NJW 1976, 1275; OLG Hamm NJW 1975, 701, 702; KK-StPO/Kuckein StPO § 354 a Rn 5). Das Revisionsgericht hat auf eine entsprechende Verfahrensrüge daher nur zu beurteilen, **ob der Tatrichter das Verfahren nach der Rechtsänderung entsprechend der neuen Rechtslage fortgeführt hat**, während sich Änderungen nach Erlass und Absetzung des tatrichterlichen Urteils nicht auswirken.

5.1 Dies gilt entsprechend für Änderungen, die das **Rechtsmittelverfahren** betreffen. Bei Wegfall eines Rechtsmittels bleibt ein bereits eingelegtes Rechtsmittel aber zulässig, wenn nicht das Änderungsgesetz anderes ausdrücklich regelt (BVerfG NJW 1993, 1123 zu § 10 AsylVfG – Wegfall der Beschwerde).

5.2 Eine **Heilung** von Verfahrensfehlern ist in dem umgekehrten Fall möglich, dass die verletzte Bestimmung nachträglich in einer Weise geändert wurde, die den ursprünglich fehlerbehafteten Verfahrensablauf nunmehr ermöglicht (OLG Hamburg NJW 1975, 988 zu § 48 Abs 1 OWiG; Meyer-Goßner StPO § 354 a Rn 4).

III. Verfahrensvoraussetzungen

6 Da Verfahrenshindernisse von Amts wegen zu beachten sind, muss – unabhängig von § 354 a StPO – auch **eine nach dem tatrichterlichen Urteil neu eingeführte oder verschärfte Prozessvoraussetzung** vom Revisionsgericht berücksichtigt werden (BGHSt 21, 367, 369 = NJW 1968, 900; KK-StPO/Kuckein StPO § 354 Rn 6). Fällt eine Prozessvoraussetzung nach Erlass des tatrichterlichen Urteils weg, so ist der Fall so zu behandeln, als hätte sie von Anfang an nicht vorgelegen (BGHSt 20, 22, 27 = NJW 1964, 2359; BGHSt 21, 367, 369 = NJW 1968, 900).

6.1 Vgl ferner BGHSt 46, 310, 317 = NJW 2001, 2102, 2107 zum Strafantragserfordernis nach § 301 Abs 1 StGB; BGH NStZ 2000, 251 und BVerfG NStZ 2000, 251 zum Ruhen der Verjährung nach § 78 b Abs 1 StGB.

IV. Tatsächliche Veränderungen, Rechtauffassungen

Änderungen in der höchstrichterlichen Rechtsprechung fallen nicht unter § 354 a 7
StPO, sind vom Revisionsgericht aber zu berücksichtigen, sofern dieses nicht die Durchführung eines Vorlageverfahrens beabsichtigt. **Tatsächliche Veränderungen** sind ohne Belang, auch soweit sie die Entscheidungsgrundlage des angefochtenen Urteils betreffen. Dies gilt auch für Rechtstatsachen wie eine zwischenzeitlich eingetretene Tilgungsreife einer Eintragung im BZR (BGH NStZ 1994, 229 [bei Kusch]); dies soll nicht gelten, wenn das Revisionsgericht eine eigene Sachentscheidung nach § 354 Abs 1 StPO trifft (OLG Celle NZV 1994, 332, zw).

Eine nach Erlass des angefochtenen Urteils eingetretene **rechtsstaatswidrige Verfahrensverzögerung** hat das Revisionsgericht jedoch von Amts wegen zu beachten; der BGH (NStZ 1995, 335; NStZ 1995, 1101) zieht hierfür § 354 a StPO in analoger Anwendung heran. 8

C. Verfahren und Entscheidung des Revisionsgerichts

Dem Revisionsgericht stehen bei einer Anwendung von § 354 a StPO über den Wortlaut 9
der Vorschrift hinaus **sämtliche Entscheidungsformen nach § 349 StPO, § 354 StPO** offen. Bei einer Durchentscheidung in direkter oder analoger Anwendung von § 354 Abs 1 StPO ist immer zu prüfen, ob **§ 265 StPO** beachtet ist. Der von der Gesetzesänderung betroffene Schuldspruch kann daher nur berichtigt werden, wenn auszuschließen ist, dass der Angeklagte sich hiergegen anders hätte verteidigen können. Ein Freispruch setzt voraus, dass die Tat unter keinem anderen, durch die Gesetzesänderung nicht betroffenen und konkurrenzrechtlich nunmehr eröffneten Gesichtspunkt strafbar ist (vgl BGHSt 24, 106 = NJW 1971, 1189).

Erweist sich ein angegriffener **Freispruch** jedenfalls durch die eingetretene Gesetzesänderung als richtig, ist die Revision zu verwerfen. Fällt bei Verurteilung die Strafbarkeit nachträglich weg, kann nach **§ 206 b StPO** verfahren werden (KK-StPO/Kuckein StPO § 354 a Rn 13; Löwe/Rosenberg/Hanack StPO § 354 a Rn 8; **aA** OLG Düsseldorf NStZ 1991, 133: Freispruch nach § 354 Abs 1 StPO). 10

Eine Aufhebung nach § 354 a StPO ist auf **nichtrevidierende Mitangeklagte** nicht zu 11
erstrecken, da das angefochtene Urteil zum Zeitpunkt seines Erlasses fehlerfrei war, die Aufhebung daher nicht wegen einer Gesetzesverletzung bei Anwendung des Strafgesetzes erfolgt ist, wie von § 357 StPO vorausgesetzt (BGHSt 20, 77, 78 = NJW 1965, 52; BGHSt 41, 6, 7 = NJW 1995, 2424; NStZ-RR 1999, 15).

§ 355 [Verweisung an das zuständige Gericht]

Wird ein Urteil aufgehoben, weil das Gericht des vorangehenden Rechtszuges sich mit Unrecht für zuständig erachtet hat, so verweist das Revisionsgericht gleichzeitig die Sache an das zuständige Gericht.

Überblick

Bei einem sachlichen, örtlichen und funktionellen Zuständigkeitsmangel des Tatgerichtes sowie bei auf der Geschäftsverteilung beruhenden Mängeln sieht § 355 StPO eine Behebung über die Zurückverweisung nach § 354 Abs 2 und Abs 3 StPO vor. § 355 StPO ist die allgemeine Verpflichtung des Revisionsgerichts zu entnehmen, in jedem Verfahren, in dem ein unzuständiges Gericht das Urteil gesprochen hat, die Sache nach § 355 StPO vor das zuständige Gericht zu bringen, wenn die Revision die Aufhebung und Zurückverweisung rechtfertigt.

A. Systematik, Normzweck

§ 355 StPO knüpft an **§ 338 Nr 4 StPO** an und sieht als **Sondervorschrift zu § 354** 1
Abs 2 und Abs 3 StPO eine Behebung des im Revisionsverfahren festgestellten Mangels vor.

B. Zuständigkeitsmangel

2 § 355 StPO erfasst Fälle **fehlender sachlicher, örtlicher und funktioneller Zuständigkeit des Tatgerichtes** sowie Zuständigkeitsmängel aufgrund **fehlerhaften Geschäftsverteilungsplans** oder seiner fehlerhaften Anwendung (vgl BGHSt 38, 376, 380 = NJW 1993, 672; BGHSt 44, 121, 124 = NJW 1999, 157, 158). Eine Überschreitung der sachlichen Zuständigkeit ist von Amts wegen zu beachten (BGHSt 18, 79, 81 = NJW 1963, 60, 61); ihre Unterschreitung ist – außer in Fällen objektiver Willkür – nach § 269 StPO unbeachtlich (vgl § 338 Rn 81 ff). Sonstige Verstöße sind nur auf eine wirksam erhobene Verfahrensrüge beachtlich. Dies gilt auch für eine übersehene besondere funktionelle Zuweisung iSv § 209 a StPO. Die Verweisung an das Schöffengericht anstelle des erstentscheidenden – unzuständigen – Strafrichters holt das Revisionsgericht in Anwendung von § 355 StPO, § 328 Abs 2 StPO nach (Meyer-Goßner StPO § 355 Rn 5)

3 Begründet – etwa wegen fehlender Rüge – nicht der Zuständigkeitsmangel, sondern ein **anderer Verfahrensfehler** die Aufhebung, ist § 355 StPO entsprechend anzuwenden (BGHSt 13, 378, 382 = NJW 1960, 493). Gleiches gilt für den Fall, dass sich ein zuständiges Gericht für unzuständig erklärt hat. Das Revisionsgericht ist wegen Art 101 Abs 1 S 2 GG generell verpflichtet, **in jedem Verfahren, in dem ein unzuständiges Gericht das Urteil gesprochen hat**, die Sache nach § 355 StPO vor das zuständige Gericht zu bringen, wenn die Revision die Aufhebung und Zurückverweisung rechtfertigt (BGH NStZ 1996, 346; KK-StPO/Kuckein StPO § 355 Rn 4). Ergibt sich dagegen erst nach Erlass des angefochtenen Urteils, etwa durch Zurückverweisung nur hinsichtlich eines Angeklagten oder durch Ausscheiden von Tatvorwürfen die Zuständigkeit eines anderen als des erstentscheidenden Gerichtes, ist § 354 Abs 2 oder Abs 3 StPO anzuwenden (aA KK-StPO/Kuckein StPO § 354 Rn 5).

C. Entscheidung des Revisionsgerichts

4 Für die **Entscheidung** gelten im Vergleich mit § 354 Abs 2 und Abs 3 StPO keine Besonderheiten; sie kann in einem **Beschluss nach § 349 Abs 4 StPO oder im Revisionsurteil** ausgesprochen (BGHSt 26, 106, 109 = NJW 1975, 1236), notfalls auch nachgeholt werden, wenn sie versehentlich nicht ausgesprochen wurde (Pfeiffer StPO § 355 Rn 3). Kommen mehrere zuständige Gerichte in Betracht, ist die StA nach § 33 StPO anzuhören; das OLG als Revisionsgericht sollte nach Möglichkeit innerhalb des eigenen Bezirkes verweisen.

5 Nach **§ 270 StPO analog** gilt mit der Zurückverweisung die Zuständigkeit des Empfangsgerichts als begründet. Die Verweisung wirkt zugleich als ein das Hauptverfahren eröffnender Beschluss (KK-StPO/Kuckein StPO § 355 Rn 8).

5.1 Bei einer Unzuständigkeit aufgrund einer **unwirksamen Verfahrensverbindung** kann die Verbindung im Revisionsverfahren nachgeholt werden, wenn das Revisionsgericht zugleich das gemeinschaftliche obere Gericht iSv § 4 Abs 2 StPO ist.

5.2 Eine Zurückverweisung nach § 355 StPO ist nicht dadurch gehindert, dass das Revisionsgericht durch einen Beschluss nach **§ 348 Abs 2 StPO** in der eigenen Zuständigkeit gebunden war. Es hat auch in diesem Fall die Zuständigkeit des Tatgerichtes nach seiner Rechtsauffassung, nicht nach der des abgebenden Revisionsgerichtes zu bestimmen (BGH Beschl v 17. 6. 1999 – Az 4 StR 227/99).

§ 356 [Urteilsverkündung]

Die Verkündung des Urteils erfolgt nach Maßgabe des § 268.

Die Vorschrift ergänzt § 351 StPO für den Ablauf der Hauptverhandlung. Der Verweis auf § 268 StPO umfasst auch die Frist des § 268 Abs 3 S 2 StPO.

1 Neben § 268 StPO gelten für die Urteilverkündung **§ 173 GVG** und **§ 48 Abs 1 JGG**. Für die Verkündung kann ein besonderer Termin bestimmt werden; insoweit gilt dann die **Frist des § 268 Abs 3 S 2 StPO**. § 268 Abs 3 S 3 StPO ist nicht anwendbar, soweit auf § 229 Abs 3 StPO verwiesen wird (vgl Meyer-Goßner StPO § 356 Rn 1).

Der **Anwesenheit** des Angeklagten oder seines Verteidigers bedarf es nicht; notwendig ist 2
allerdings die Teilnahme der StA. **Rechtskraft** des Revisionsurteils tritt mit Beendigung der
Verkündung ein, ebenso die Rechtskraft des angegriffenen Urteils, wenn nicht das Revisionsgericht eine Aufhebung und Zurückverweisung der Sache ausspricht oder die Revision
wegen verspäteter Einlegung zurückweist (dann Rechtskraft mit – fruchtlosem – Ablauf der
Einlegungsfrist).

Die **Urteilsabsetzung** muss nicht in den Fristen des § 275 Abs 1 StPO erfolgen (Löwe/ 3
Rosenberg/Hanack StPO § 356 Rn 3), da tatsächliche Feststellungen auf Grundlage der
Hauptverhandlung – abgesehen von den eher seltenen, tatrichterlicher Beweisaufnahme
nicht vergleichbaren Erhebungen im Freibeweisverfahren abgesehen – nicht zu treffen sind.
Für die **Unterzeichnung** gelten § 275 Abs 2 S 1 und S 2 StPO.

Eines Hinweises auf die Möglichkeit einer Verfassungsbeschwerde bedarf es nicht. Eine 4
Zustellung des schriftlichen Urteils ist gleichfalls nicht vorgeschrieben, kann zum Nachweis
aber sinnvoll sein, wenn unmittelbar an die Rechtskraft Pflichten des Angeklagten geknüpft
sind (zB § 145 c StGB; vgl Rieß/Hilger NStZ 1987, 153). § 145 a StPO ist anwendbar.

§ 356 a [Wiedereinsetzung in den vorherigen Stand]

¹Hat das Gericht bei einer Revisionsentscheidung den Anspruch eines Beteiligten auf rechtliches Gehör in entscheidungserheblicher Weise verletzt, versetzt es insoweit auf Antrag das Verfahren durch Beschluss in die Lage zurück, die vor dem Erlass der Entscheidung bestand. ²Der Antrag ist binnen einer Woche nach Kenntnis von der Verletzung des rechtlichen Gehörs schriftlich oder zu Protokoll der Geschäftsstelle beim Revisionsgericht zu stellen und zu begründen. ³Der Zeitpunkt der Kenntniserlangung ist glaubhaft zu machen. ⁴§ 47 gilt entsprechend.

Überblick

§ 356 a StPO dient – gegenüber § 33 a StPO speziell – der nachträglichen Abhilfe von Gehörsverstößen im Revisionsverfahren. Der betroffene Verfahrensbeteiligte kann mit seinem Antrag geltend machen, dass das Revisionsgericht Tatsachen verwertet habe, zu denen er nicht gehört worden sei, dass sein Vortrag vom Revisionsgericht nicht zur Kenntnis genommen oder berücksichtigt worden sei, oder dass er in sonstiger Weise nicht hinreichend am Revisionsverfahren beteiligt wurde. Er muss zugleich darlegen, dass ein solcher Verstoß sich in entscheidungserheblicher Weise niedergeschlagen hat. Rechtliche Beanstandungen der ergangenen Entscheidung begründen die Rüge nicht; unbehelflich ist daher das Vorbringen, das Revisionsgericht hätte auf Grundlage des Revisionsvorbringens anders entscheiden müssen. Nachgeschobener Tatsachen- oder Rechtsvortrag kann über § 356 a StPO nicht berücksichtigt werden.

Übersicht

	Rn		Rn
A. Normzweck und Anwendungsbereich	1	III. Gehörsverletzung durch sonstige Verletzung von Beteiligungsrechten	15
B. Gehörsverletzung	6	1. Verfahren nach § 349 Abs 3 StPO	15
I. Grundsatz	6	2. Einstellungsanträge	17a
II. Gehörsverletzung durch übergangenen Vortrag	7	3. Mündliche Verhandlung	18
1. Neuer oder nachgeholter Vortrag	7	C. Entscheidungserheblichkeit	20
2. Rechtliche Beanstandungen	9	D. Verfahren und Entscheidung	21
3. Fehlende Kenntnisnahme durch das Revisionsgericht	10	I. Formelle Anforderungen	21
4. Entscheidungen nach § 349 Abs 2 StPO	12	II. Entscheidung über die Rüge	25

A. Normzweck und Anwendungsbereich

1 § 356 a StPO dient der Gewährleistung **rechtlichen Gehörs (Art 103 Abs 1 GG)** im Revisionsverfahren. Die Vorschrift setzt zugleich den Plenumsbeschluss des BVerfG v 30. 4. 2003 (BVerfGE 107, 395 = NJW 2003, 1924) um, wonach die einzelnen Prozessordnungen bei entscheidungserheblichen Gehörsverstößen Abhilfemöglichkeiten zum Zweck einer Selbstkorrektur bereitstellen müssen (vgl zum Zweck der Vorschrift auch BGH JR 2007, 172). Die praktische Bedeutung von § 356 a StPO hat sich weitestgehend darauf beschränkt, Revisionsführern, die sich in ihrem Anspruch auf rechtliches Gehör verletzt sehen, im Hinblick auf § 90 Abs 2 BVerfGG den **Weg zur Verfassungsbeschwerde zu ebnen**; eine Abhilfe im Revisionsverfahren ist bislang die Ausnahme geblieben.

1.1 In den Jahren 2007 und 2008 war beim Bundesgerichtshof von insgesamt 86 erledigten Anhörungsrügen keine einzige erfolgreich; vgl www.bundesgerichtshof.de (Statistik der Strafsenate).

2 § 356 a StPO ist **im Verhältnis zu § 33 a StPO die speziellere Regelung** (vgl Löwe/Rosenberg/Graalmann-Scheerer § 33 a Rn 28). Wegen der strengeren formellen Voraussetzungen von § 356 a StPO (Antrag, Form und Frist, Glaubhaftmachung) kommt eine Anwendung von § 33 a StPO – ebenso wie des für das Beschwerdeverfahren geltenden § 311 a StPO – auf Gehörsverletzungen im Revisionsverfahren nicht in Betracht (BGH NStZ 2007, 236; Beschl v 6. 2. 2009 – Az 1 StR 541/08; OLG Nürnberg NJW 2007, 1013); auch nach Absicht des Gesetzgebers sollte die unbefristete Möglichkeit einer Rechtskraftdurchbrechung der Revisionsentscheidung ausgeschlossen sein (BR-Drs 663/04, 43; BT-Drs 15/3706, 18). Eine als Rüge nach § 33 a StPO bezeichnete Beanstandung ist daher gem § 300 StPO als Gehörsrüge nach § 356 a StPO auszulegen. Unter § 33 a StPO und § 311 a StPO (vgl KK-StPO/Engelhardt StPO § 311 a Rn 1) fallen dagegen Gehörsrügen gegen **Beschwerdeentscheidungen des Revisionsgerichts** gem § 304 Abs 4 StPO.

3 Um eine „Revisionsentscheidung" iSv § 356 a StPO handelt es sich bei jeder **der in den §§ 346 StPO, § 349 StPO, § 354 StPO vorgesehenen Entscheidungsformen**. § 356 a StPO umfasst daher auch Urteile der Revisionsgerichte (BGH JR 2007, 172) und Entscheidungen nach § 346 Abs 2 StPO, soweit die Revision hierdurch verworfen wird (OLG Jena NJW 2008, 534), denn auf den Antrag nach § 346 Abs 2 StPO prüft das Revisionsgericht die Zulässigkeit der Revision in umfassender Weise und führt bei Verwerfung die Rechtskraft des angefochtenen Urteiles herbei.

Auch gegen **Entscheidungen des Revisionsgerichtes über einen Befangenheitsantrag**, der im Revisionsverfahren angebracht wurde, kann eine Anhörungsrüge nach § 356 a StPO angebracht werden (BGH NJW 2009, 1092), da es sich um ein selbständiges Zwischenverfahren handelt, das mit Zurückweisung des Ablehnungsgesuches durch eine nicht weiter überprüfbare Endentscheidung abgeschlossen wird. Nach der Rechtsprechung des BVerfG würde in derartigen Fällen anderenfalls eine Rechtsschutzlücke entstehen, die mit Art 103 Abs 1 GG und dem Grundsatz effektiven Rechtsschutzes nach Art 2 Abs 1 GG iVm Art 20 Abs 3 GG nicht vereinbar wäre (BVerfGE 119, 292; BVerfG [Kammer] Beschl v 31. 7. 2008 – Az 1 BvR 416/08; Beschl v 12. 1. 2009 – Az 1 BvR 3113/08). Eine anderweitige, unbefristete Anfechtung scheidet aus (BGH NJW 2009, 1092, 1093).

4 § 356 a StPO findet über § 46 Abs 1 OWiG, § 79 Abs 3 OWiG auch Anwendung im **Rechtsbeschwerdeverfahren** (OLG Frankfurt NStZ-RR 2007, 211). Nach **§ 55 Abs 4 JGG** gilt die Vorschrift ferner, soweit Rechtsfolgen im Jugendstrafverfahren nicht angefochten werden können (§ 55 Abs 1 JGG), und bei Gehörsverletzungen im durch die Revision nicht überprüfbaren Berufungsverfahren (§ 55 Abs 2 JGG).

5 Ob eine Anwendung von § 356 a StPO bei **Verletzung anderer grundlegender Verfahrensrechte** als des Gehörsanspruches in Betracht kommt, ist in der Rspr bislang offen geblieben. Bei offenkundigen entscheidungserheblichen Grundrechtsverstößen ist dies zu bejahen; in solchen Fällen ist zugleich die Fristenschranke des § 356 a S 2 StPO analog anzuwenden (BGH NStZ-RR 2008 68 bei Becker; Beschl v 7. 2. 2006 – Az 5 StR 481/05, jeweils obiter). Ein nach § 25 Abs 2 S 2 StPO verspätetes Ablehnungsgesuch kann aber nicht über § 356 a StPO mit der Begründung nachgeholt werden, Art 101 Abs 1 S 2 GG sei verletzt (vgl OLG Nürnberg NJW 2007, 1013).

B. Gehörsverletzung

I. Grundsatz

Nach der **Rechtsprechung des BVerfG** umfasst der Anspruch auf rechtliches Gehör nach Art 103 Abs 1 GG das Recht eines Verfahrensbeteiligten, Kenntnis von allen verfahrensbedeutsamen Vorgängen zu erhalten, sich hierzu äußern zu können und mit seiner Äußerung Berücksichtigung zu finden. Aus dem Gehörsrecht folgt keine Pflicht des Gerichtes, auf jede Einzelheit des Vorbringens eines Beteiligten ausdrücklich einzugehen; erst recht lässt sich aus dem Gehörsrecht der materielle Inhalt einer Entscheidung nicht herleiten. Wenn nicht außergewöhnliche Umstände vorliegen, kann grundsätzlich davon ausgegangen werden, dass das Gericht entgegengenommenen Vortrag einer Partei auch zur Kenntnis genommen und erwogen hat. (vgl BVerfGE 22, 267, 273; BVerfGE 42, 364, 367; BVerfGE 58, 353, 356; BVerfGE 69, 145, 148; BVerfGE 101, 106, 129). Diese Grundsätze gelten auch für das Revisionsverfahren. Eine erfolgreiche Gehörsrüge setzt in materieller Hinsicht daher voraus, dass das Revisionsgericht zum Nachteil des Antragstellers **Tatsachen oder Beweisergebnisse verwertet hat, zu denen der Antragsteller nicht gehört wurde,** dass es bei seiner Entscheidung **Vorbringen übergangen** hat, das es hätte berücksichtigen müssen, oder dass der Revisionsführer in anderer gehörsrelevanter Weise **nicht hinreichend am Revisionsverfahren beteiligt** wurde.

6

II. Gehörsverletzung durch übergangenen Vortrag

1. Neuer oder nachgeholter Vortrag

Durch **neuen Rechts- oder Tatsachenvortrag** kann eine Gehörsverletzung nicht belegt werden; für seine Würdigung ist nach rechtskräftigem Abschluss des Verfahrens kein Raum (vgl BGH Beschl v 12. 2. 2008 – Az 1 StR 275/07). Das Verfahren von § 356 a StPO dient nicht der Nachholung von Revisionsrügen, dem Nachschieben von Revisionsvortrag oder der Heilung der Unzulässigkeit von im Revisionsverfahren bereits erhobenen Rügen; die Frist- und Formerfordernisse der § 344 StPO, § 345 StPO bleiben durch den Rechtsbehelf unberührt. Eine nicht oder nicht formgerecht im Revisionsverfahren erhobene Verfahrensrüge überprüft das Revisionsgericht daher im Verfahren nach § 356 a StPO nicht (BGH NStZ-RR 2007, 133 [bei Becker]; BT-Drs 15/3966, 47). Dies gilt auch dann, wenn der Revisionsführer behauptet, dass das tatrichterliche Urteil auf einem Gehörsverstoß **beruht,** er eine diesbezügliche Revisionsrüge indes unterlassen hat (BGH Beschl v 12. 1. 2006 – Az 1 StR 491/02).

7

Hat sich der Revisionsführer an der Erhebung einzelner Rügen oder an tatsächlichem Vortrag zu erhobenen Rügen bei Begründung der Revision gehindert gesehen, kann § 356 a StPO jedenfalls dann nicht zu einer nachträglichen Berücksichtigung führen, wenn die tatsächlichen Grundlagen der Rügen ihm bekannt oder fahrlässigerweise unbekannt waren. Anders verhält es sich bei Vortrag, der aus justizinternen Ursachen verhindert wurde und nicht bereits im Wege einer Wiedereinsetzung in den vorigen Stand angebracht werden konnte.

7.1

Ablehnungsgesuche, die gem § 25 Abs 2 S 2 StPO nur bis zum letzten Wort des Angeklagten zulässig sind, können auch im Anhörungsrügeverfahren nicht mehr angebracht werden (BGH Beschl v 22. 11. 2006 – Az 1 StR 180/06 = JR 2007, 172; OLG Nürnberg NJW 2007, 1013). Die Rüge ist sowohl nach § 26 a Abs 1 Nr 1 StPO als auch deshalb unzulässig, weil sie zur Begründung eines Gehörsverstoßes ungeeignet ist (OLG Nürnberg NJW 2007, 1013). Das Ablehnungsgesuch kann nur dann nachgeholt werden, wenn die Anhörungsrüge aus anderen Gründen Erfolg hat und das Verfahren fortgesetzt wird.

8

2. Rechtliche Beanstandungen

Das Anhörungsrügeverfahren **dient nicht dazu, die angegriffene Entscheidung nochmals in der Sache überprüfen zu lassen** (BGH Beschl v 8. 7. 2008 – Az 3 StR 97/08; Meyer-Goßner StPO § 356 a Rn 1). Unbehelflich ist daher die Beanstandung, das Revisionsgericht habe fehlerhaft entschieden. Dies betrifft auch Rügen, das Revisionsgericht habe **Vorbringen nicht hinreichend in Erwägung gezogen oder sich nicht ausrei-**

9

chend damit auseinandergesetzt. Tatsächlich macht der Antragsteller auch hiermit lediglich geltend, dass die angegriffene Entscheidung auf falscher Rechtsanwendung beruhe (vgl BGH Beschl v 6. 11. 2006 – Az 1 StR 50/06 = NStZ-RR 2007, 57 LS; Beschl v 2. 10. 2008 – Az 3 StR 272/08, Beschl v 24. 7. 2008 – Az 3 StR 515/07). Eine Gehörsrüge bleibt in diesen Fällen erfolglos, denn der Revisionsführer wurde gehört, nur nicht erhört (BGH NStZ-RR 2009, 119).

9.1   Der Revisionsführer kann mit der Behauptung übergangenen Rechtsvortrages daher nur gehört werden, wenn er eine auf der Grundlage der bisherigen revisionsgerichtlichen Rspr erfolgversprechende Beanstandung angebracht hatte, die das Revisionsgericht hätte ausdrücklich behandeln müssen, so dass eine fehlende Berücksichtigung nahe liegt. Dies wird in Anbetracht dessen, dass dem Revisionsgericht eine Begründung seiner Entscheidung grundsätzlich nicht obliegt, nur in Ausnahmefällen, etwa bei einer evidenten **Divergenz** zur bisherigen Rspr des Revisionsgerichts anzunehmen sein.

9.2   Das rechtliche Gehör ist auch dann nicht verletzt, wenn ein Verfahrensbeteiligter infolge seiner eigenen Einschätzung der Rechtslage Vortrag zu bestimmten Einzelpunkten unterlässt und **angesichts der Revisionsentscheidung Rechtsvortrag nachholen möchte**. Eine Gehörsrüge kann hier nur dann Erfolg haben, wenn das Revisionsgericht seine Entscheidung in überraschender Weise auf einen bestimmten rechtlichen oder tatsächlichen Gesichtspunkt gestützt hat. Ist die Frage in einer anberaumten Revisionshauptverhandlung erörtert worden, scheidet eine Gehörsverletzung jedenfalls aus (BGH Beschl v 6. 11. 2006 – Az 1 StR 50/06 = NStZ-RR 2007, 57 LS).

3. Fehlende Kenntnisnahme durch das Revisionsgericht

10   Liegt ein rechtzeitig eingegangener **Schriftsatz** dem Spruchkörper bei seiner Entscheidung nicht vor, kann das die Rüge nach § 356 a StPO begründen. Dies gilt auch für nach Ablauf der Revisionsbegründungsfrist – berücksichtigungsfähig ist insoweit allerdings nur ergänzender Rechtsvortrag – oder nach der Frist des § 349 Abs 3 S 2 StPO eingehende Schriftsätze, solange das Revisionsgericht noch keine Entscheidung getroffen hat. Nach der Entscheidung eingehende Schriftsätze können unter keinem Gesichtspunkt die Gehörsrüge begründen (Meyer-Goßner StPO § 356 a Rn 2). Zur Kenntnisnahme von Schriftsätzen durch GenStA oder GBA vgl Rn 17.

11   Ein Gehörsverstoß ist nicht mit der – nach der Praxis der Revisionsgerichte regelmäßig zutreffenden – Behauptung verbunden, nicht alle befassten Richter hätten die **Akten gelesen**. Art 103 Abs 1 GG schreibt nicht vor, auf welche Weise das Gericht das Vorbringen eines Verfahrensbeteiligten zur Kenntnis zu nehmen hat; der **Vortrag des Berichterstatters** ist hierfür jedenfalls ein geeigneter Weg. Sinn der Tätigkeit eines Kollegialgerichtes ist es nicht, dass alle Mitglieder die Akten oder einzelne Schriftstücke hieraus vollständig lesen, sondern dass sie nach Information über deren wesentlichen Gehalt die bedeutsamen Fragen im Spruchkörper erörtern (vgl BVerfG NJW 1987, 2219, 2220; BGH NStZ 1994, 353).

4. Entscheidungen nach § 349 Abs 2 StPO

12   Wird die Revision durch Beschluss nach § 349 Abs 2 StPO mit einer **Tenorbegründung** zurückgewiesen, lässt sich allein hieraus kein Gehörsverstoß ableiten. Eine Begründung letztinstanzlicher, mit ordentlichen Rechtsmitteln nicht weiter angreifbarer Entscheidungen ist von Verfassungs wegen nicht geboten (vgl BVerfGE 50, 287, 289 f = NJW 1979, 1161; BVerfGE 65, 293, 295; BVerfG [Kammer] NStZ 2002, 487; NJW 1982, 925; Beschl v 29. 3. 2007 – Az 2 BvR 120/07 = BeckRS 2007 22872; Beschl v 27. 5. 2002 – 2 BvR 667/02 = BeckRS 2002 30261649; BGH NStZ-RR 2009, 119). Die maßgeblichen Gründe für die Zurückweisung der Revision ergeben sich im Übrigen aus den Entscheidungsgründen des angefochtenen Urteils und dem **begründeten Antrag des GBA oder GenStA**, den der Verwerfungsbeschluss nach § 349 Abs 2 StPO voraussetzt, und auf den er **konkludent Bezug nimmt** (BGHR StPO § 349 Abs 2 Verwerfung 7; NStZ-RR 2009, 119; Beschl v 2. 9. 2008 – Az 5 StR 74/08 = BeckRS 2008, 20322; Beschl v 24. 10. 2006 – Az 4 StR 118/06; Beschl v 9. 5. 2007 – Az 2 StR 530/06; Beschl v 28. 8. 2007 – Az 5 StR 72/07).

12.1   Ein Gehörsverstoß liegt daher nicht vor, wenn das Revisionsvorbringen seitens des GBA oder GenStA **in der Antragsschrift behandelt** wurde. Eine ausdrückliche Auseinandersetzung des

Revisionsgerichtes mit den erhobenen Rügen ist dann auch im Hinblick auf den Gehörsanspruch des Revisionsführers nicht geboten (vgl BGH Beschl v 28. 8. 2007 – Az 5 StR 72/07). **Rügen, die ersichtlich neben der Sache liegen** und einen Rechtsfehler nicht annähernd aufzeigen, müssen weder durch den GBA oder GenStA noch durch das Revisionsgericht ausdrücklich beschieden werden. Gleiches gilt für Beanstandungen, die bereits im tatrichterlichen Urteil zutreffend abgehandelt wurden; dies betrifft auch behauptete Erörterungsmängel, wenn eine Erörterung tatsächlich stattgefunden hat oder ersichtlich nicht veranlasst war. Der GBA oder GenStA kann sich hier, ohne dass der Revisionsführer dies als Gehörsverstoß beanstanden kann, auf einen Verwerfungsantrag mit der Begründung beschränken, dass das angegriffene Urteil keine Rechtsfehler erkennen lässt.

13 Ein Anhaltspunkt für eine Gehörsverletzung ergibt sich auch nicht daraus, dass das Revisionsgericht im Rahmen einer nach § 349 Abs 2 StPO ergangenen Entscheidung **nur auf vereinzelte Revisionsrügen eingeht**. Ein derartiges Vorgehen liegt in der Natur des Verfahrens nach § 349 Abs 2 StPO, das dem Revisionsgericht freistellt, auf einzelne Punkte des Vorbringens des Revisionsführers einzugehen, etwa auf solche, die seitens der Staatsanwaltschaft in abweichender oder nicht erschöpfender Weise beantwortet worden sind. Hieraus kann nicht geschlossen werden, dass das Gericht die von ihm nicht ausdrücklich beschiedenen Rügen nicht zur Kenntnis genommen und in Erwägung gezogen hätte (vgl BVerfGE 96, 205, 216 = NJW 1997, 2310; BVerfG [Kammer] StraFo 2007, 463; BGH NStZ-RR 2009, 119). Dies gilt auch für Ausführungen des Angeklagten im Rahmen seiner Gegenerklärung nach § 349 Abs 3 S 2 StPO; das **Schweigen auf Ausführungen in der Gegenerklärung** offenbart vielmehr, dass der neue Vortrag ungeeignet gewesen ist, das Vorbringen des GenStA oder GBA zur Erfolglosigkeit der erhobenen Revisionsrügen zu entkräften (vgl BGHR StPO § 349 Abs 2 Verwerfung 7; NStZ-RR 2009, 119).

14 **Folgt das Revisionsgericht dem Verwerfungsantrag nur im Ergebnis, nicht aber in der Begründung**, sollte es hierauf allerdings hinweisen und seine eigenen Rechtsauffassung darstellen (vgl BGH Beschl v 9. 5. 2007 – Az 2 StR 530/06; Beschl v 20. 2. 2004 – Az 2 StR 116/03; andererseits – obiter – BGH Beschl v 11. 9. 2007 – Az 5 StR 276/07: keine Begründungspflicht auch in einem solchen Fall). Dies gilt auch für den Fall, dass die Revisionsbegründung oder Teile hiervon dem GBA oder GenStA bei Abfassung seiner Antragsschrift nicht vorgelegen haben (vgl BGH Beschl v 11. 3. 2008 – Az 3 StR 24/08). In diesen Fällen ist die konkludente Bezugnahme auf die Antragsschrift allein nicht geeignet, die Verwerfung der Revision zu stützen. Weist die Antragsschrift des GBA oder GenStA Mängel auf, die der Revisionsführer in seiner Gegenerklärung aufzeigt, oder die sich schon im Hinblick auf die Revisionsbegründung ergeben, und sieht sich das Revisionsgericht hierdurch zu einem Begründungsaustausch oder einer Begründungsergänzung veranlaßt, ohne dies äußerlich kenntlich zu machen, kann dies das Gehör des Revisionsführers verletzen.

14.1 Geht die Antragsschrift des GBA oder GenStA auf bestimmte Beanstandungen der Revision nicht ein, und verhält sich auch der Verwerfungsbeschluss hierzu nicht, so kann die nachträgliche Einholung einer Stellungnahme den Begründungsmangel nicht heilen (missverständlich BGH NStZ 2008, 67 bei Becker); das Revisionsgericht kann aber – auch durch Bezugnahme auf die nachgereichte Stellungnahme – verdeutlichen, dass es das als übergangen gerügte Vorbringen tatsächlich berücksichtigt hat und es in der Sache erfolglos geblieben ist.

III. Gehörsverletzung durch sonstige Verletzung von Beteiligungsrechten
1. Verfahren nach § 349 Abs 3 StPO

15 Das rechtliche Gehör kann verletzt sein, wenn weder dem Angeklagten noch seinem Verteidiger die **Antragsschrift des GBA oder der GenStA mitgeteilt** wurde. Dagegen reicht es aus, wenn der Verwerfungsantrag des GenStA oder des GBA allein dem Verteidiger des Angeklagten zugestellt worden ist. Einer zusätzlichen Mitteilung an den Angeklagten bedarf es nicht (BGH Beschl v 30. 10. 2007 – Az 4 StR 227/07; Meyer-Goßner StPO § 349 Rn 15).

16 Eine **Entscheidung vor Ablauf der Äußerungsfrist der § 349 Abs 3 S 2 StPO** kann die Rüge nach § 356 a StPO gleichfalls begründen. Da die Äußerungsfrist nicht verlängert werden kann (BGH Beschl v 27. 2. 2007 – Az 1 StR 8/07; Meyer-Goßner StPO § 349

Rn 17) und eine bald mögliche Entscheidung nach Fristablauf aufgrund des Beschleunigungsgrundsatzes auch verfassungsrechtlich geboten ist (BVerfG NJW 2006, 668, 669; NJW 2006, 1336, 1337), kann ein fehlendes Zuwarten des Revisionsgerichtes nach Fristablauf das rechtliche Gehör dagegen nicht verletzten. Bei Beschlussfassung unmittelbar nach Eingang einer verspäteten oder ergänzenden Stellungnahme des Angeklagten empfiehlt sich zur Vermeidung eines Anhörungsrügeverfahrens allerdings der Hinweis in dem ergangenen Beschluss oder einem Begleitschreiben, dass der betreffende Schriftsatz vorgelegen hat und berücksichtigte wurde.

16.1   Der in die Entscheidung aufgenommene ergänzende Vermerk „Der Schriftsatz der Verteidigung vom ... lag vor" ist ohne weiteres dahin zu verstehen, dass der Schriftsatz bei der Beratung vorgelegen hat und sein Inhalt berücksichtigt wurde (BGH Beschl v 31. 7. 2006 – Az 1 StR 240/06).

17   Das Revisionsgericht ist regelmäßig auch nicht verpflichtet, die Gegenerklärung des Revisionsführers oder sonstige nach der Antragstellung des GBA oder der GenStA eingereichte Stellungnahmen der Staatsanwaltschaft **zur erneuten Stellungnahme zuzuleiten** (BGHR StPO § 349 Abs 2 Verwerfung 7; Beschl v 9. 5. 2007 – Az 2 StR 530/06).

17.1   Im Verfahren über die Zulassung der **Rechtsbeschwerde** ist eine Übersendung der Stellungnahme des GenStA nicht geboten (OLG Frankfurt NStZ-RR 2007, 211, 212); Ausnahmen können zur Vermeidung einer Überraschungsentscheidung angezeigt sein.

2. Einstellungsanträge

17a   Das rechtliche Gehör ist regelmäßig nicht dadurch verletzt, dass dem Angeklagten ein Einstellungsantrag des GBA oder GenStA nicht mitgeteilt wurde, denn er ist durch die Einstellung regelmäßig nicht beschwert (BGH NStZ 1995, 18). Anders kann es sich dann verhalten, wenn die abgeurteilte Straftat mit jener, hinsichtlich derer die Einstellung erfolgen soll, in einem tatsächlich oder rechtlich Zusammenhang steht; eine Anhörung ist in diesem Fall geboten (BGH NStZ-RR 2008, 183).

3. Mündliche Verhandlung

18   Eine Gehörsverletzung folgt **nicht daraus, dass das Revisionsgericht ohne Hauptverhandlung entschieden hat** (vgl BVerfG StraFo 2007, 370); erst recht kann sie nicht daraus hergeleitet werden, dass nicht vorab über den Antrag des Revisionsführers auf Durchführung einer Hauptverhandlung entschieden wurde (BVerfG Beschl v 20. 6. 2007 – Az 2 BvR 746/07, insoweit in StraFo 2007, 370 nicht abgedruckt; BGH Beschl v 28. 11. 2007 – Az 2 StR 415/07).

19   Ist Hauptverhandlung anberaumt, soll eine Gehörsverletzung bei **Abwesenheit von Verteidiger und Angeklagtem** der Gesetzesbegründung zufolge (BT-Drs 15/3706, 17) aber daraus folgen können, dass ihnen der **Termin nicht rechtzeitig oder unzutreffend mitgeteilt** wurde oder dass sie unverschuldet am Erscheinen verhindert sind. Dies dürfte im Hinblick auf den Angeklagten nur insoweit zutreffen, wie dieser unvertreten ist und seinem Erscheinen unverschuldete oder dem Gericht zurechenbare Hinderungsgründe entgegenstehen. Dagegen ist eine Verletzung rechtlichen Gehörs ausgeschlossen, wenn Angeklagte oder Verteidiger im Termin anwesend sind (BT-Drs 15/3706, 17).

C. Entscheidungserheblichkeit

20   Da der Gehörsverstoß entscheidungserheblich sein muss, hat der Revisionsführer mit der Gehörsrüge **vorzutragen, welchen Vortrag er bei rechtzeitigem Gehör gehalten hätte**, wenn dies nicht – weil die Missachtung eines dem Revisionsgericht vorliegenden Schriftsatzes gerügt wird – auf der Hand liegt. Unterlässt er solchen Vortrag, ist seine Rüge bereits unzulässig; die Frage, ob der Angeklagte sich anders als geschehen hätte verteidigen können, stellt sich hiernach nicht (anders Meyer-Goßner StPO § 356 a StPO Rn 3).

Das Revisionsgericht hat hiernach zu prüfen, ob das übergangene Vorbringen Veranlassung zu einer abweichenden Entscheidung gegeben hätte. Kann es ausschließen, dass es bei

Berücksichtigung des als übergangen gerügten Vorbringens anders entschieden hätte, ist die Rüge unbegründet; bleiben Zweifel offen, ist das Verfahren nach § 356 a S 1 StPO fortzusetzen. Unabhängig hiervon kann unabhängig vom Vorbringen des Revisionsführers aber bereits aus Rechtsgründen auszuschließen sein, dass eine Gehörsverletzung sich in entscheidungserheblicher Weise ausgewirkt hat.

> ZB BGH Beschl v 11. 3. 2008 – Az 4 StR 454/07 = NStZ-RR 2008, 183: Die unterbliebene Unterrichtung des Angeklagten vom Einstellungsantrag des GBA nach § 154 Abs 2 StPO hatte auf den verbleibenden Schuldspruch und die hierfür verhängte Strafe jedenfalls im Ergebnis keinen Einfluss. 20.1

D. Verfahren und Entscheidung

I. Formelle Anforderungen

Eine Entscheidung erfolgt **nur auf rechtzeitigen Antrag des Betroffenen**, sie ist – anders als bei § 33 a StPO oder § 311 a StPO – nicht von Amts wegen möglich. Antragsberechtigt ist nur ein im Verfahren Äußerungsberechtigter. „Beteiligter" iSv § 356 a S 1 StPO ist auch die **StA** beim Revisionsgericht. § 356 a StPO sichert – insoweit über Art 103 Abs 1 GG hinausreichend – im Sinne materieller Gerechtigkeit die Vollständigkeit der Entscheidungsgrundlage; hierzu kommt der StA nach ihrer prozessualen Funktion maßgebliches Gewicht zu (aA Meyer-Goßner StPO § 356 a Rn 5, § 33 a Rn 3). 21

Kenntnis von der Gehörsverletzung (§ 356 a S 2 StPO) bedeutet die Kenntnis der tatsächlichen Umstände, aus denen sich der Gehörsverstoß ergibt (BGH NStZ 2007, 236; Beschl v 13. 8. 2008 – Az 1 StR 162/08; Beschl v 7. 3. 2006 – Az 5 StR 362/05). Sie tritt regelmäßig mit Kenntnis von der ergangenen Revisionsentscheidung ein. Da die Revisionsgerichte zu einer förmlichen Zustellung ihrer Entscheidungen mit Zustellungsnachweis nicht gehalten sind, ist der Zeitpunkt der Kenntniserlangung **mitzuteilen und nach § 356 a S 3 StPO glaubhaft zu machen**. Hierfür gilt die Wochenfrist für die Stellung des Antrags (BGH NStZ 2005, 462; NStZ 2007, 236; KK-StPO/Kuckein StPO § 356 a Rn 11). Eine eigene eidesstattliche Erklärung des Antragstellers ist zur Glaubhaftmachung ungeeignet (BGH Beschl v 5. 3. 2008 – Az 2 StR 486/06) Von der Glaubhaftmachung kann nur abgesehen werden, wenn den Akten die Rechtzeitigkeit der Anhörungsrüge eindeutig zu entnehmen ist (BGH NStZ 2007, 236). Eine **Wiedereinsetzung** in die Frist ist möglich (Meyer-Goßner StPO § 356 a Rn 6); sie ist im Hinblick darauf, dass es sich bei § 356 a StPO um einen außerordentlichen Rechtsbehelf nach rechtskräftigem Abschluss des Strafverfahrens handelt, im Interesse der Rechtssicherheit allerdings an erhöhte Anforderungen geknüpft. Ein **Verteidigerverschulden** soll bei verspäteter Einlegung der Rüge dem Angeklagten nach § 93 Abs 2 S 6 BVerfGG analog zuzurechnen sein (BGH Beschl v 13. 8. 2008 – Az 1 StR 162/08 obiter). 22

> Eine Unkenntnis von der Bedeutung der Anhörungsrüge für die Zulässigkeit einer Verfassungsbeschwerde (vgl § 90 Abs 2 BVerfGG) stellt keine die Wiedereinsetzung erfordernde Verhinderung iSv § 44 Abs 1 StPO dar (BGH Beschl v 13. 8. 2008 – Az 1 StR 162/08). 22.1

Die von **§ 356 a S 2 StPO** vorgeschriebene Form entspricht der des **§ 341 StPO** für die Einlegung der Revision; die Rüge kann daher auch vom Angeklagten selbst erhoben werden. Eine fehlende Begründung führt zur Unzulässigkeit des Antrags (§ 356 a S 2 StPO). Eine völlig ungeeignete Begründung steht rechtlich einer fehlenden Begründung gleich; der Revisionsführer muss daher zumindest die Möglichkeit aufzeigen, dass eine Gehörsverletzung vorliegt (OLG Nürnberg NJW 2007, 1013; vgl zu § 321 a ZPO Zöller/Vollkommer ZPO § 321 a Rn 13). 23

Das Revisionsgericht ist nicht verpflichtet, vor seiner Entscheidung dem Revisionsführer die nach den internen Mitwirkungsgrundsätzen zur Entscheidung berufenen **Richter namhaft zu machen**, den Berichterstatter bekannt zu geben oder gesondert den senatsinternen Geschäftsverteilungsplan mitzuteilen (BGH Beschl v 9. 5. 2007 – Az 2 StR 530/06). 24

> Der Revisionsführer hat zwar Anspruch auf Einsicht in die gerichtlichen Geschäftsverteilungspläne, dies jedoch nur nach Maßgabe von § 21 e GVG, § 21 g GVG. Die Bekanntgabe des Berichterstatters ist gesetzlich nicht vorgesehen, da es sich hierbei um keine Ausprägung des gesetzlichen Richters iSv Art 101 Abs 1 S 2 GG handelt. 24.1

II. Entscheidung über die Rüge

25 Das Revisionsgericht muss **nicht in derselben Besetzung**, in der die Entscheidung über die Revision ergangen ist, über die Rüge entscheiden (BGH NStZ-RR 2002, 100 [bei Becker] zur Gegenvorstellung). Die Gehörsrüge ist **zurückzuweisen**, wenn sie sich wegen Fehlen der formellen Anforderungen als unzulässig erweist, oder wenn sie mangels eines Gehörsverstoßes oder wegen seiner fehlenden Entscheidungserheblichkeit unbegründet ist.

25.1 Anders BGH Beschl v 2. 10. 2008 – Az 3 StR 272/08; Beschl v 24. 7. 2008 – Az 3 StR 515/07: Bei Unzulässigkeit **Verwerfung** der Rüge.

25.2 Die Revisionsgerichte sind teilweise dazu übergegangen, Anhörungsrügen bereits dann **als unzulässig zu behandeln, wenn sich dem Rügevorbringen die Behauptung eines Gehörsverstoßes nicht hinreichend entnehmen** lässt, etwa im Falle einer im Gewande von § 356a StPO vorgenommenen sachlichen Beanstandung der Revisionsentscheidung (zB BGH Beschl v 2. 10. 2008 – Az 3 StR 272/08; Beschl v 24. 7. 2008 – Az 3 StR 515/07). Dem Gesetz lässt sich eine solch vorgelagerte Schlüssigkeitsprüfung nicht entnehmen; zutreffenderweise dürfte die Rüge auch in solchen Fällen als – freilich evident – unbegründet zurückzuweisen sein.

26 Der Zurückweisungsbeschluss ist mit einer **Kostenentscheidung** zu versehen; die Kostentragung des Antragstellers folgt aus einer entsprechenden Anwendung von § 465 Abs 1 StPO (BGH Beschl v 8. 3. 2006 – Az 2 StR 387/91; Beschl v 31. 7. 2006 – Az 1 StR 240/06; Beschl v 9. 5. 2007 – Az 2 StR 530/06; OLG Köln NStZ 2006, 181; OLG Jena NStZ 2008, 534, 535; **aA** OLG Nürnberg NJW 2007, 1013, 1014: § 473 Abs 7 StPO).

26.1 Die erfolglose Anhörungsrüge löst gem Nr 3900 Kostenverzeichnis zum GKG eine Festgebühr von 50 EUR aus. **Tenorierung**: „Der Antrag der …, das Verfahren wegen Verletzung seines Anspruches auf rechtliches Gehör in die Lage vor Erlass der Senatsentscheidung vom … zurückzuversetzen, wird auf seine Kosten abgelehnt".

27 Bei **erfolgreicher Rüge** ist – uU nach vorangehender Gewährung von Vollstreckungsaufschub nach § 356a S 4 StPO, § 47 Abs 2 StPO – eine Zurückversetzung wie im Falle der Wiedereinsetzung in den vorigen Stand auszusprechen. Bei Gehörsverstößen hinsichtlich abtrennbarer Verfahrensteile kann dies teilweise geschehen; allerdings hat das Revisionsgericht hier wie im Rahmen von § 353 StPO abzuschätzen, ob in dem Fall, dass sich die Revision bei Fortführung des Verfahrens als begründet erweist und zur Aufhebung führen muss, der Rechtsfehler auch andere Urteilsteile miterfassen würde. Einer Aufhebung der ursprünglichen Entscheidung bedarf es nicht; Haftentscheidungen und andere Anordnungen leben nach § 47 Abs 3 StPO nF wieder auf. Nach Anhörung der anderen Verfahrensbeteiligten ist **neu über die Revision zu entscheiden**; der Ausspruch lautet entweder auf Aufrechterhaltung der ursprünglichen Entscheidung oder auf ihre Abänderung. Die Frist des § 345 StPO wird durch die Fortsetzung des Verfahrens – es handelt sich um kein neues Revisionsverfahren – nicht berührt; neuer Vortrag kann daher bis auf jenen, der wegen des Gehörsverstoßes zuzulassen ist, nicht mehr erfolgen.

§ 357 [Revisionserstreckung auf Mitverurteilte]

¹**Erfolgt zugunsten eines Angeklagten die Aufhebung des Urteils wegen Gesetzesverletzung bei Anwendung des Strafgesetzes und erstreckt sich das Urteil, soweit es aufgehoben wird, noch auf andere Angeklagte, die nicht Revision eingelegt haben, so ist zu erkennen, als ob sie gleichfalls Revision eingelegt hätten.** ²**§ 47 Abs. 3 gilt entsprechend.**

Überblick

§ 357 StPO ordnet aus Gründen materieller Gerechtigkeit eine rechtskraftdurchbrechende Erstreckung der Urteilsaufhebung zugunsten eines Nichtrevidenten an. Die Erstreckung bezieht sich nur auf eine Aufhebung, die tragend auf sachlichrechtliche Mängel gestützt wird, und auf Urteilsaufhebungen aufgrund von Verfahrenshindernissen, die bereits vor Erlass des tatrichterlichen Urteils bestanden haben. Sie setzt voraus, dass dasselbe Urteil, dieselbe Tat im prozessualen Sinne und derselbe Rechtsfehler betroffen sind. Die Anordnung erfolgt unhängig vom Willen des nichtrevidierenden Angeklagten.

Übersicht

	Rn		Rn
A. Grundsatz.........................	1	III. Identität der Tat und des Rechtsfehlers	8
B. Voraussetzungen..................	3	**C. Entscheidung des Revisionsgerichts,**	
I. Nichtrevidierender Mitangeklagter......	3	**neue Verhandlung**...........................	12
II. Aufhebung des Urteils	5		

A. Grundsatz

§ 357 StPO greift aus **Gründen materieller Gerechtigkeit** – zur Vermeidung von „das 1 Rechtsgefühl verletzenden Ungleichheiten bei Aburteilung einer Mehrheit von Personen" (BGHSt 12, 335, 341 = NJW 1959, 894, 896) – in die bezüglich eines nichtrevidierenden Mitangeklagten eingetretene **Rechtskraft** ein, indem die Wirkung einer Urteilsaufhebung auch auf diesen erstreckt wird. § 357 StPO ist als Ausnahmevorschrift **eng auszulegen** (BGH Beschl v 21. 10. 2008 – Az 4 StR 364/08 [Rn 10]; KK-StPO/Kuckein StPO § 357 Rn 23). Die Vorschrift ist weder im Beschwerde- noch im Berufungsverfahren analog anwendbar. Sie gilt gem § 79 Abs 3 OWiG im Rechtsbeschwerdeverfahren (BGHSt 24, 208 = NJW 1971, 2272; wistra 1991, 30; Pfeiffer StPO § 357 Rn 1), bei einer zulassungsbedürftigen Rechtsbeschwerde aber nur, wenn sie im Falle ihrer Einlegung seitens des Nichtrevidenten zuzulassen wäre (BayObLG NStZ 1999, 518 LS). Ob die Aufhebung im Urteilsverfahren oder nach § 349 Abs 4 StPO erfolgt, ist unerheblich; auch nach der **Person des Revidenten** (Angeklagter selbst, StA zugunsten oder zuungunsten des Angeklagten) ist nicht zu unterscheiden.

Dass § 357 StPO die Erstreckung nur in bestimmten Fällen, insbesondere nur bei mate- 2 riell-rechtlich begründeten Aufhebungen anordnet, ist **verfassungsrechtlich** unbedenklich (BVerfG NJW 1985, 125).

B. Voraussetzungen

I. Nichtrevidierender Mitangeklagter

§ 357 StPO findet auch Anwendung auf einen Mitangeklagten, der **in unzulässiger** 3 **Weise Revision eingelegt** hatte, und dessen Rechtsmittel vom Tatgericht nach § 346 Abs 1 StPO oder durch das Revisionsgericht verworfen wurde, oder bei einer beschränkten Revision des Mitangeklagten, wenn diese sich nicht auf den aufhebungserheblichen Rechtsfehler bezieht. Gleiches gilt für einen Angeklagten, der ursprünglich Revision eingelegt hatte, diese aber **zurückgenommen** hat (BGH NJW 1958, 560; NJW 1996, 2663, 2665), und für Fälle des Rechtsmittelverzichts (KK-StPO/Kuckein StPO § 357 Rn 12). Keine Anwendung findet § 357 StPO dagegen im Jugendstrafverfahren auf einen Mitangeklagten, der Berufung eingelegt hat und dessen Revision nach **§ 55 Abs 2 JGG** unzulässig ist (BGHSt 51, 34 = NJW 2006, 2275).

Der **entgegenstehende Wille des Nichtrevidenten** ist unbeachtlich (vgl Rn 12). Selbst 4 wenn der nichtrevidierende Angeklagte das Urteil akzeptiert, wenn er es im Wege einer verfahrensbeendenden Absprache selbst mit herbeigeführt hat, und wenn ihm die neue Verhandlung im Hinblick auf eine fortdauernde Untersuchungs- statt Strafhaft oder auf Zeit- und Kostenfolgen höchst unerwünscht ist, hat die Aufhebungserstreckung zu erfolgen (vgl BGHSt 20, 77, 78 = NJW 1965, 52, 53; KK-StPO/Kuckein StPO § 357 Rn 1).

II. Aufhebung des Urteils

Ob das Revisionsgericht eine **Aufhebung durch Urteil oder durch Beschluss** nach 5 § 349 Abs 4 StPO ausspricht, ist unerheblich (BGHSt 24, 208, 213 = NJW 1971, 2272; OLG Celle NJW 1969, 1977). § 357 StPO gilt auch für **Verfahrenseinstellungen** unabhängig davon, ob sie nach § 206 a StPO oder § 260 Abs 3 StPO erfolgen. Ebenso kommt es nicht darauf an, ob eine eigene Sachentscheidung nach § 354 Abs 1 StPO erfolgt oder das Revisionsgericht eine Zurückverweisung ausspricht. **Teilaufhebungen** lösen in ihrem Umfang die Rechtsfolge des § 357 StPO aus, auch soweit sie nur auf den Strafausspruch (zB BGHSt 22, 114, 118 = NJW 1968, 1435; NStZ-RR 2002, 103: Anwendung von § 51 Abs 4 StGB [bei Kusch]; OLG Düsseldorf NStZ 1983, 456 [Ls]), die Anordnung von Maßregeln, von Verfall (BGHR StGB § 73 Gewinn 2) oder Einziehung (BGHSt 21, 66, 69 = NJW 1966, 1465) gerichtet sind. Dies gilt auch für **Schuldspruchberichtigungen** in analoger Anwendung von § 354 Abs 1 StPO, soweit diese mit einer Teilaufhebung des ursprünglichen Urteilsspruches und des Strafausspruches einhergehen (BGH NJW 1952, 274; OLG Bremen NJW 1958, 432; KK-StPO/Kuckein StPO § 357 Rn 2). Bleibt die Änderung ohne Auswirkung auf den Rechtsfolgenausspruch, hat die Erstreckung indes zu unterbleiben (vgl Rn 12).

6 § 357 StPO findet Anwendung **nur bei Aufhebungen aufgrund sachlich-rechtlicher Mängel**, nicht aber bei Verfahrensmängeln (zur Abgrenzung vgl § 337 StPO Rn 19; Meyer-Goßner StPO § 337 Rn 8; SK-StPO/Frisch StPO § 337 Rn 61); der Sachmangel muss die Entscheidung zumindest **mittragen**. Dies ist der Fall bei kumulativ auf einen Verfahrens- und einen Sachfehler gestützten Aufhebungen, nicht aber bei – praktisch seltenen – Hilfsbegründungen, Hinweisen oder obiter dicta, die sich auf sachlich-rechtliche Fragen beziehen. Das Revisionsgericht ist andererseits wegen § 357 StPO nicht gehalten, der Aufhebung auf die Sachrüge den Vorzug zu geben oder die Aufhebung damit parallel zu begründen, um eine Revisionserstreckung zu erreichen; die damit verbundene Einflussnahme auf die Anwendung von § 357 StPO ist verfassungsrechtlich unbedenklich (BVerfG NJW 1985, 125).

Eine Gesetzesverletzung liegt auch dann vor, wenn das Tatgericht ein vor Erlass seines Urteils eingetretenes **Verfahrenshindernis** nicht beachtet hat, das Revident und Nichtrevidenten gleichermaßen betrifft (BGHSt 19, 320, 321 = NJW 1964, 1380 für fehlenden Strafantrag; BGHSt 24, 208 = NJW 1971, 2272 für Verfolgungsverjährung; BGH NStZ 1987, 239 für fehlenden Eröffnungsbeschluss). Eine Aufhebung wegen **fehlender Kompensation einer rechtsstaatswidrigen Verfahrensverzögerung** nach dem Vollstreckungsmodell erstreckt sich nicht auf den nichtrevidierenden Mitangeklagten, denn sie erfolgt nicht wegen einer sachlich-rechtlichen Gesetzesverletzung, ist insbesondere nicht an Fragen des Unrechts, der Schuld- oder Strafhöhe orientiert; vielmehr erfolgt die Kompensation wegen verfahrensrechtlicher Missachtung von Art 6 Abs 1 S 1 MRK und des Gebotes der Gewährung fairen Verfahrens. Dies gilt auch dann, wenn die Aufhebung ausnahmsweise auf die Sachrüge erfolgt, weil sie sich bereits aus den Urteilsgründen ergibt (BGH Beschl v 21. 10. 2008 – Az 4 StR 364/08; zur Strafabschlagslösung nach früherer Rechtslage vgl BGH NStZ 1996, 328).

6.1 Auch Verfahrensfehler, die **absolute Revisionsgründe** iSv § 338 StPO begründen, führen nicht zur Rechtsfolge des § 357 StPO (BGHSt 17, 176, 179 = NJW 1962, 1167; BGHSt 37, 329 = NJW 1991, 1964, 1965 jeweils für § 338 Nr 1 StPO). Im Fall der Urteilsaufhebung nach § 337 Nr 7 StPO erfolgt eine Erstreckung auf den Nichtrevidenten bei völligem Fehlen der Urteilsgründe (BGH BGHR StPO § 338 Nr 7 Entscheidungsgründe 2; BGHSt 46, 204, 207 = NJW 838, 839; OLG Celle NJW 1959, 1647), nicht aber bei bloßem Fehlen einer Unterschrift (BGHR StPO § 275 Abs 2 Satz 1 Unterschrift 3) oder bei fehlender Ergänzung eines abgekürzten Urteils nach § 267 Abs 4 S 3 StPO (KG NStZ 1998, 55).

6.2 Bei **Einstellungen nach § 154 StPO, § 154 a StPO**, die im Hinblick auf einen Verfahrensmangel erfolgen, findet keine Erstreckung der die damit einhergehenden Teilaufhebung statt (BGH NStZ-RR 2002, 103 [bei Kusch]).

7 Nicht anwendbar ist § 357 StPO bei nach Erlass des angefochtenen Urteils eingetretenen **Gesetzesänderungen**, die das Revisionsgericht nach § 354 a StPO zu berücksichtigen hat, da insoweit keine Gesetzesverletzung bei Erlass des Urteils vorgelegen hat (BGHSt 20, 77, 78 = NJW 1965, 52; BGHSt 41, 6, 7 = NJW 1995, 2424; NStZ-RR 2003, 335); bei einer zwischenzeitlich eingetretenen **Änderung der Rechtsprechung** ist jedoch eine Erstreckung auszusprechen (KK-StPO/Kuckein StPO § 357 Rn 6).

7.1 Nach BGHSt 41, 6 = NJW 1995, 2424 kommt eine Anwendung auch bei einer zwischenzeitlich erklärten (Teil-)Nichtigkeit einer Vorschrift (hier: § 64 StGB) durch das BVerfG nicht in Betracht.

III. Identität der Tat und des Rechtsfehlers

§ 357 StPO setzt voraus, dass die Verurteilung durch **dasselbe Urteil** erfolgt ist (Pfeiffer **8** StPO § 357 Rn 4). Eine nur zT gemeinsame Verhandlung, aber gesonderte Aburteilung nach **Abtrennung** reicht nicht (OLG Stuttgart NJW 1970, 66).

Im dreistufigen Rechtszug kann § 357 StPO bei **Anfechtung des Berufungsurteils** nicht auf **8.1** Mitangeklagten angewandt werden, die keine Berufung eingelegt haben (OLG Stuttgart NJW 1970, 66). Im Jugendstrafverfahren steht § 55 Abs 2 StPO einer Anwendung von § 357 StPO entgegen (BGHSt 51, 34 = NJW 2006, 2275).

Die Mitangeklagten müssen durch das Urteil wegen **derselben Tat zumindest im** **9** **prozessualen Sinn** verurteilt worden sein. Entscheidend ist der zugrunde liegende tatsächliche Lebensvorgang, nicht seine rechtliche Beurteilung; die Beteiligung der Angeklagten hieran muss sich bei natürlicher Betrachtung zu einem einheitlichen tatsächlichen Ganzen verflechten. An solcher Einheitlichkeit fehlt es, wenn die Beteiligung des einen von dem anderen gelöst werden kann, ohne dass der Sinnzusammenhang des Gesamtgeschehens wesentlich gestört würde (BGHSt 12, 335, 341 = NJW 1959, 894, 896; NJW 1955, 1566). Nicht erforderlich ist ein Zusammenhang iSv § 3 StPO; der Tatherfolg kann daher auch das Ergebnis entgegengesetzt wirkender Beteiligung der Angeklagten sein (BGHSt 12, 335, 341 = NJW 1959, 894, 896).

Eine solche **Tatidentität ist zu bejahen, wenn** zwei Kraftfahrer durch fahrlässige Handlungen **9.1** beider zusammenstoßen (BGHSt 12, 335 341 = NJW 1959, 894, 896); wenn es aufgrund nacheinander erfolgender Fehlbehandlungen von zwei Ärzten zu einem Körperschaden kommt (BGHSt 31, 348, 357 = NJW 1983, 2097, 2099); wenn Mutter und Tochter nacheinander mit Tötungsvorsatz auf den tyrannischen Familienvater einschlagen (BGH NJW 1966, 1823, 1824); bei Diebstahl und Hehlerei; bei einem Verbrechen und Nichtanzeige desselben (§ 138 StGB); bei einer gemeinsamen, auch gegeneinander gerichteten Beteiligung an einer Schlägerei gem § 231 StGB (KK-StPO/Kuckein StPO § 357 Rn 9). **Keine Erstreckung** nach § 357 StPO kommt zB in Betracht bei voneinander unabhängigen Betrugsfällen, auch wenn der wirtschaftliche Hintergrund derselbe war (BGH NStZ 1996, 327 [bei Kusch])

Die Angeklagten müssen **von demselben Rechtsfehler betroffen** sein. Der Fehler **10** müsste daher auch im Falle einer Revision des Nichtrevidenten zur Urteilsaufhebung geführt haben. Dies betrifft **Feststellungsmängel**, soweit sie beide Angeklagten betreffen. Ein **Beweiswürdigungsfehler** kann die Beweiswürdigung zum Nachteil aller Angeklagten erfassen und zur Aufhebung insgesamt führen, wenn die Beweismittel gemeinsam gewürdigt wurden und zur Überzeugung von der Schuld aller Angeklagten geführt haben. Bei identischer Beweislage gilt dies auch dann, wenn das Urteil gegen den Nichtrevidenten abgekürzt abgesetzt wurde. Zur Anwendung von § 357 StPO führen weiterhin **Fehler bei der materiell-rechtlichen Beurteilung**, soweit sie die Rechtsanwendung auf die Taten aller Angeklagter beeinflusst haben. So kann insbesondere eine fehlerhafte Würdigung der Tatbeteiligung bei einem inneren Zusammenhang zur Mitaufhebung führen (zB BGH Urt v 21. 11. 2007 – Az 2 StR 468/07: unzutreffende Abgrenzung zwischen Täterschaft und Teilnahme beim Handeltreiben mit Betäubungsmitteln auch beim als Mittäter verurteilten Nichtrevidenten; ferner BGH NStZ 1996, 507).

Die Revision ist auf den Nichtrevidenten **insoweit zu erstrecken, wie der gemeinsame Rechtsfehler reicht**. So bleiben Verurteilungen wegen Taten unberührt, die nur einen der Angeklagten betreffen; tateinheitliche Verurteilungen sind allerdings in jedem Fall miterfasst (vgl § 353 StPO Rn 11). Der Aufhebungsumfang zugunsten des Nichtrevidenten kann daher formell weiter reichen als jener zugunsten des Revidenten. Dies ist etwa dann der Fall, wenn der Revident wegen weiterer, tatmehrheitlich begangener Taten rechtsfehlerfrei verurteilt wurde, das Urteil daher nur hinsichtlich des Nichtrevidenten in vollem Umfang der Aufhebung unterliegt (vgl BGH Beschl v 2. 12. 2008 – Az 3 StR 441/08). Der Revisionserstreckung steht auch nicht entgegen, dass der Nichtrevident aufgrund einer schwerwiegenderen Straftatbestandes oder einer gravierenderen Beteiligungsform – etwa Täterschaft statt Beihilfe – verurteilt und gegen ihn eine höhere Strafe verhängt wurde.

§ 357 StPO findet auch Anwendung bei **Fehlern der Rechtsfolgenentscheidung**, **11** wenn diese sich nicht spezifisch in der Person des Revidenten oder dessen Tatbeitrag gründen. Bei vergleichbaren persönlichen Voraussetzungen kann daher ein Fehler bei Versagung der Strafaussetzung zur Bewährung zur Rechtsfolge des § 357 StPO führen (BGH StV 1992, 417). Dagegen wirkt ein reiner Wertungsfehler bei Gesamtabwägung der Zumessungsgründe, soweit er ausnahmsweise die Revision begründet (vgl § 337 StPO Rn 112 f), wegen seines persönlichen Bezuges nicht zugunsten eines Mitangeklagten (vgl BGH Beschl v 10. 7. 2008 – Az 5 StR 209/08 Rn 3; Beschl v 11. 12. 2008 – Az 5 StR 536/08 Rn 16). Auch eine Aufhebung wegen Nichtanwendung von **§ 64 StGB** kann nicht auf den Nichtrevidenten übertragen werden, da die Entscheidung bei jedem Angeklagten auf individuellen Erwägungen beruht (BGH NStZ 1999, 15; BGHR StPO § 357 Erstreckung 4). Gleiches soll für die fehlerhafte Bestimmung der Vollstreckungsreichenfolge nach § 67 Abs 2 StGB gelten (BGH NJW 1991, 2431, 2432); bei einem Verstoß gegen § 67 Abs 2 S 2 StGB nach Neufassung der Vorschrift dürfte dies indes nicht mehr gelten (vgl BGH Beschl v 21. 10. 2008 – Az 4 StR 364/08).

11.1 Keine Erstreckung findet statt im Zusammenhang mit der **Kompensation rechtsstaatswidriger Verfahrensverzögerungen** nach dem sog Vollstreckungsmodell, denn Grundlage einer hierauf beruhenden (Teil-)Aufhebung bildet ein Verstoß gegen das Gebot fairen Verfahrens, mithin keine Gesetzesverletzung bei Anwendung des Strafgesetzes (BGH Beschl v 21. 10. 2008 – Az 4 StR 364/08 dort Rn 9 ff; vgl näher Rn 6).

C. Entscheidung des Revisionsgerichts, neue Verhandlung

12 Die Anwendung von § 357 StPO erfolgt **von Amts wegen** und **ohne Rücksicht auf einen uU entgegenstehenden Willen des Nichtrevidenten**; seine vorherige Anhörung ist nicht erforderlich (BGHSt 20, 77, 80 = NJW 1965, 52; Meyer-Goßner StPO § 357 Rn 16; **aA** Löwe/Rosenberg/Hanack StPO § 357 Rn 24). Die Erstreckung muss zugunsten des Nichtrevidenten wirken. Insoweit gilt derselbe Maßstab wie bei § 358 Abs 2 StPO (vgl § 358 StPO Rn 15 f). Das Revisionsgericht hat daher von einer Erstreckung abzusehen, wenn sie nur den Schuldspruch betrifft, beim Nichtrevidenten aber ebenso wie beim Revisionsführer **Auswirkungen auf den Strafausspruch ausgeschlossen** werden können (vgl BGHSt 37, 5, 9 = NJW 1990, 2143; KK-StPO/Kuckein StPO § 357 Rn 17; anders BGH NStZ 1997, 379 bei Kusch; NStZ 1996, 506, 507). Bei Anwendung von § 357 StPO ergeht der den Nichtrevidenten betreffende Ausspruch in der Weise, als handelte es sich um einen revidierenden Mitangeklagten; für beide Angeklagten ist in der Sache selbst (§ 354 Abs 1 StPO) oder durch Zurückverweisung (§ 354 Abs 2, Abs 3 StPO) zu entscheiden. Ist die Erstreckung unterblieben, kommt eine nachträgliche Änderung oder Ergänzung der ergangenen Entscheidung nach § 357 StPO nicht in Betracht (BGH StV 2002, 12). Mangels Beteiligung des Nichtrevidenten am Revisionsverfahren ist auch eine Rüge nach § 356 a StPO ausgeschlossen.

13 Für den Nichtrevidenten gelten **im weiteren Verfahren keine Besonderheiten**. Er ist zur Anwesenheit in der neuen Hauptverhandlung verpflichtet, auch wenn er kein Interesse an einer Neuverhandlung hat (Pfeiffer StPO § 357 Rn 7). Ihm stehen die allgemeinen Rechtsmittel gegen das neu ergehende Urteil zu.

§ 358 [Bindung des Untergerichts; Verbot der reformatio in peius]

(1) Das Gericht, an das die Sache zur anderweiten Verhandlung und Entscheidung verwiesen ist, hat die rechtliche Beurteilung, die der Aufhebung des Urteils zugrunde gelegt ist, auch seiner Entscheidung zugrunde zu legen.

(2) ¹Das angefochtene Urteil darf in Art und Höhe der Rechtsfolgen der Tat nicht zum Nachteil des Angeklagten geändert werden, wenn lediglich der Angeklagte, zu seinen Gunsten die Staatsanwaltschaft oder sein gesetzlicher Vertreter Revision eingelegt hat. ²Wird die Anordnung der Unterbringung in einem psychiatrischen Krankenhaus aufgehoben, hindert diese Vorschrift nicht, an Stelle der Unterbringung eine Strafe zu verhängen. ³Satz 1 steht auch nicht der Anordnung der Unterbringung in einem psychiatrischen Krankenhaus oder einer Entziehungsanstalt entgegen.

Überblick

An die tragenden Gründe der Urteilsaufhebung ist nach § 358 Abs 1 StPO jedes hiernach mit der Sache befasste Gericht gebunden, auch das Revisionsgericht selbst bei nochmaliger Revision. Tragend sind Ausführungen auch bei kumulativer Begründung, solche zu einer Hauptbegründung und zu Vorfragen, nicht dagegen Hinweise und obiter dicta. Voraussetzung für eine Bindung ist eine vergleichbare Sach- und Verfahrenslage im erneuten Durchgang. Das Verschlechterungsverbot nach § 358 Abs 2 StPO betrifft nur die Abänderung der Rechtsfolgen des angefochtenen Urteils zum Nachteil des Angeklagten, nicht aber Änderungen des Schuldspruches. § 358 Abs 2 S 3 StPO sieht eine Ausnahme für Maßregeln nach § 63 StGB, § 64 StGB vor; der neu eingefügte § 358 Abs 2 S 2 StPO betrifft Verfahrenslagen, in denen bei erstmals im zweiten Durchgang festgestellter Schuldfähigkeit eine Bestrafung ausgeschlossen wäre.

Übersicht

	Rn		Rn
A. Bindungswirkung (Abs 1)	1	B. Verbot der Schlechterstellung (Abs 2)	13
I. Adressat	1	I. Grundsatz	13
II. Umfang	2	II. Schuld- und Strafausspruch	15
1. Grundsatz	?	III. Maßregeln	21
2. Einzelfragen	5	IV. Prüfung durch Revision	24
III. Wegfall und Grenzen der Bindung	10		
IV. Prüfung durch Revision	12		

A. Bindungswirkung (Abs 1)

I. Adressat

§ 358 Abs 1 StPO richtet sich an **jedes Gericht, das nach Zurückverweisung mit der Sache befasst ist**. Gebunden ist daher nicht allein das Gericht, an das unmittelbar zurückverwiesen worden ist, sondern jedes andere nach ihm befasste, etwa das Landgericht als Berufungsgericht nach einer Zurückverweisung an das AG (Pfeiffer StPO § 358 Rn 1) oder das Revisionsgericht selbst bei erneuter Revision in der Sache (BVerfGE 4, 5 = NJW 1954, 1153; BGH NJW 1953, 1880; vgl aber Rn 10).

II. Umfang

1. Grundsatz

Bindend ist die Rechtsauffassung des Revisionsgerichtes, **soweit sie die Aufhebung trägt** (vgl BGHSt 18, 376, 378 = NJW 1963, 1627; NStZ 1999, 154, 155). Dabei ist unmaßgeblich, ob Sach- oder Verfahrensmängel betroffen sind.

Bei einer Aufhebung mit **kumulativer Begründung** – etwa bei Aufhebung aufgrund eines Sach- und eines Verfahrensmangels – sind sämtliche Rechtsansichten bindend (BGHSt 37, 350, 352 = NJW 1991, 2300, 2301); bei **Haupt- und Hilfsbegründung** sind es allein die Rechtsausführungen zur Hauptbegründung (aA KK-StPO/Kuckein StPO § 338 Rn 5: Schwerpunkt der Begründung ist entscheidend). Auch die Beurteilung von **Vorfragen** nimmt an der Bindungswirkung teil; um solche handelt es sich aber nur, wenn sie wenigstens mittelbar zu der die Aufhebung begründenden Frage geführt haben.

So hat der neue Tatrichter bei einer Sachbehandlung des Revisionsgerichtes davon auszugehen, dass dem Verfahren Prozesshindernisse nicht entgegenstehen; er kann solche Hindernisse nur aufgrund neu eingetretener Tatsachen annehmen (vgl Löwe/Rosenberg/Hanack StPO § 358 Rn 4). Gebilligt sind andererseits nicht alle Ausführungen des Tatrichters, die das Revisionsgericht unbeanstandet lässt, die mit dem Aufhebungsgrund aber in keiner Beziehung stehen (BGHSt 3, 357 = NJW 1953, 351).

2

3

3.1

4 Nicht gebunden ist der neue Tatrichter an **Hinweise** des Revisionsgerichts für die Gestaltung des weiteren Verfahrens, ausdrücklich **dahingestellte Erwägungen** und **obiter dicta** hinsichtlich solcher Rechtsfragen, die für die Revision nicht (mehr) entscheidungserheblich waren. Allerdings kann die Missachtung derartiger Hinweise die Revision im zweiten Durchgang der Sache begründen, wenn die zugrunde liegenden Rechtsfragen dort entscheidungserheblich werden. Soweit das Revisionsgericht mitteilt, dass der neue Tatrichter zu bestimmten Tat- oder Rechtsfragen näher Stellung nehmen sollte oder hierzu „Gelegenheit erhält", sind auch solche Ausführungen nicht bindend (BGHSt 33, 172, 174 = NJW 1985, 415), wenn sie nicht einen so engen Bezug zu der aufhebungsursächlichen Rechtsfrage haben, dass sich ihre fehlende Befolgung zugleich als Missachtung der der Aufhebung unmittelbar zugrunde liegenden Rechtsauffassung darstellt (KK-StPO/Kuckein StPO § 358 Rn 6).

2. Einzelfragen

5 An der Bindungswirkung nehmen **alle rechtlichen Ausführungen teil, die für die Aufhebung maßgeblich waren**, auch Erfahrungssätze (Meyer-Goßner StPO § 338 Rn 6) oder die Beurteilung der Verfassungsmäßigkeit angewandter Gesetze (BVerfGE 6, 222, 242 = NJW 1957, 625, 627). Der Tatrichter hat auch fehlerhafte Rechtsansichten des Revisionsgerichtes hinzunehmen (KK-StPO/Kuckein StPO § 358 Rn 4). Die Grenze liegt bei einer offensichtlichen Verfassungswidrigkeit der revisionsgerichtlichen Rechtsauffassung, der sich das Tatgericht nicht beugen muss (HessStGH NStZ 2002, 162; Löwe/Rosenberg/Hanack StPO § 358 Rn 10).

6 An die Auffassung des Revisionsgerichtes zur **Beweiswürdigung** ist der neue Tatrichter nur im Hinblick auf den konkreten rechtlichen Aufhebungsgrund gebunden; ein bestimmtes Beweisergebnis ist ihm nicht vorgegeben. Weist das neue tatrichterliche Urteil im Wesentlichen die gleichen Beweiswürdigungsfehler auf wie das aufgehobene, so liegt nicht nur erneut ein diesbezüglicher Mangel vor, sondern zugleich ein Verstoß gegen § 358 Abs 1 StPO (vgl BGH NStZ 2000, 551; Urt v 21. 8. 2008 – Az 3 StR 236/08). Entsprechendes gilt für eine Aufhebung wegen eines **Erörterung- oder Aufklärungsmangels** bei nicht erschöpfender Würdigung der getroffenen Feststellungen oder der Anklage (vgl § 337 StPO Rn 104, § 337 StPO Rn 121); setzt das Tatgericht sich auch im zweiten Durchgang nicht mit den seitens des Revisionsgerichts aufgeworfenen Tatsachen- oder Rechtsfragen auseinander, ohne dass diese anderweitig ihre Bedeutung verloren haben, verstößt dies gegen § 358 Abs 1 StPO (vgl BGH Urt v 2. 10. 2008 – 3 StR 236/08).

7 Bei **Aufhebung wegen eines Verfahrensfehlers** erstreckt sich die Bindung isoliert auf die zugrunde liegende verfahrensrechtliche Beurteilung; bei der Schuld- und Rechtsfolgenfrage ist der neue Tatrichter frei, soweit nicht § 358 Abs 2 StPO entgegensteht.

8 Wird das Urteil im **Strafausspruch** mit den zugehörigen Feststellungen aufgehoben, so bleibt der Tatrichter an die den Schuldspruch tragenden Feststellungen gebunden, auch wenn sie als sog **doppelrelevante Tatsachen** auch den Strafausspruch betreffen (BGHSt 24, 274, 275). Hierzu gehören alle Umstände, die das Tatgeschehen im Sinne eines geschichtlichen Vorgangs beschreiben; wegen der Einheitlichkeit des aus dem aufrechterhaltenen Schuldspruch und dem im zweiten Durchgang getroffenen Strafausspruch bestehenden Urteils dürfen sich keine Widersprüche ergeben (vgl BGHSt 7, 283, 287; NStZ 1988, 214 bei Miebach).

9 Voraussetzung für die Bindung ist **Verfahrensidentität**; der Tatrichter ist daher an Ausführungen, die hinsichtlich eines früheren Mitangeklagten in einem abgetrennten Verfahren ergangen sind, nicht gebunden (BGH Beschl v 25. 9. 2007 – Az 4 StR 348/07; Urt v 18. 3. 2007 – Az 4 StR 533/03). Hat er ein Parallelverfahren zu verhandeln, in dem sich die angesprochenen Rechtsfragen erneut stellen, ist er an einer abweichenden Entscheidung gleichfalls nicht gehindert.

III. Wegfall und Grenzen der Bindung

10 Bei **nachträglicher Gesetzesänderung** entfällt die Bindung (vgl § 206 b StPO, § 354 a StPO). Dies gilt auch bei einer **Aufgabe der Rechtsauffassung des Revisionsgerichtes**

(GmS-OHG BGHZ 60, 392, 396 = NJW 1973, 1273; BGHSt 33, 356, 358 = NJW 1986, 1774); hat sich seine Rechtsprechung während des laufenden Verfahrens geändert, muss sich der mit der Sache neu befasste Tatrichter hieran orientieren (KK-StPO/Kuckein StPO § 358 Rn 13). Das Revisionsgericht ist aber nicht befugt, seine geäußerte Rechtsauffassung anlässlich seiner zweiten Befassung mit der Sache zu ändern, da insoweit die verfahrensbezogene Bindung entgegensteht (Pfeiffer StPO § 358 Rn 3). Bei Einstellung des Verfahrens aufgrund eines Prozesshindernisses ist die Aufnahme des Verfahrens möglich, wenn der Mangel geheilt wird (BGHSt 20, 77, 80 = NJW 1965, 52).

Im Übrigen wirkt die Bindung nur insoweit, wie die Rechtsauffassung das neue Verfahren tatsächlich betrifft, dh **nur bei gleicher Verfahrens- oder Sachlage**. Führen zulässige neue Feststellungen zu einer anderen Tatsachengrundlage, kann die rechtliche Beurteilung des Revisionsgerichtes gegenstandslos geworden sein; ebenso dann, wenn eine bestimmte Verfahrenslage, die zur Aufhebung geführt hat, nicht erneut entsteht. 11

IV. Prüfung durch Revision

Das durch eine zweite Revision mit der Sache befasste Revisionsgericht prüft nicht von Amts wegen, sondern bei einer Missachtung der Bindung im sachlich-rechtlichen Bereich auf die **Sachrüge**, ob der Tatrichter die Bindungswirkung eingehalten hat (BGH NStZ 1993, 552; NStZ 2000, 551, 552; StV 2002, 14). Bei einem sich wiederholenden Verfahrensfehler ist eine **Verfahrensrüge** mit entsprechendem Sachvortrag nach § 344 Abs 2 S 2 StPO erforderlich; nur die rechtliche Beurteilung des darzulegenden Mangels ist in diesem Fall vorgegeben. 12

B. Verbot der Schlechterstellung (Abs 2)

I. Grundsatz

Der Angeklagte soll von der Einlegung der Revision nicht dadurch abgehalten werden, dass er eine Verschlechterung seiner Position befürchten muss (BGHSt 7, 86, 87 = NJW 1955, 600; BGHSt 45, 308, 310 = NJW 2000, 748, 749). Das Verbot der Schlechterstellung gilt nicht nur für den neuen Tatrichter nach Zurückverweisung, sondern **auch für das Revisionsgericht**. 13

> Wenn die Feststellungen eine weiterreichende Verurteilung nahe gelegt hätten, das Revisionsgericht an entsprechenden Urteilskorrekturen aber durch § 358 Abs 2 StPO gehindert ist, kann ein entsprechender **Hinweis** angebracht sein. „Es beschwert den Angeklagten nicht, dass er nicht auch wegen ... verurteilt worden ist"; zB BGH Beschl v 17. 4. 2007 – Az 5 StR 434/06. 13.1

Über den Wortlaut von § 358 Abs 2 StPO hinaus gilt das Verschlechterungsverbot auch, wenn eine **zuungunsten des Angeklagten eingelegte Revision** allein zu seinen Gunsten Erfolg hat (BGHSt 13, 41, 42 = NJW 1959, 950; BGHSt 38, 66, 67 = NJW 1992, 516). 14

II. Schuld- und Strafausspruch

§ 358 Abs 2 StPO **betrifft nur die Abänderung der Rechtsfolgen, nicht des Schuldspruches**. Das Verschlechterungsverbot schützt den Angeklagten daher nur vor Abänderungen der Rechtsfolgen in Art und Höhe zu seinem Nachteil, nicht aber vor einer Veränderung und **Verschärfung des Schuldspruches** (BGHSt 21, 256, 259; NStZ-RR 1997, 331, 332; wistra 2007, 262, 265). So steht § 358 Abs 2 StPO Berichtigungen des Urteilstenors auch in einer den Schuldspruch erweiternden Weise nicht entgegen; etwa kann die Verurteilung wegen eines Grundtatbestandes um eine Tatqualifikation erweitert (vgl BGHSt 14, 5, 7; BGH NStZ 2006, 34, 35; Beschl v 30. 10. 2008 – Az 3 StR 156/08 Rn 22; Beschl v 3. 12. 2008 – Az 2 StR 425/08; KK-StPO/Kuckein StPO § 358 Rn 18) oder eine Verurteilung wegen Versuches in eine solche wegen einer vollendeten Tat (zB BGH NStZ 2008, 286; Beschl v 3. 12. 2008 – Az 2 StR 425/08) abgeändert werden. Ein infolge Tateinheit unberechtigter Teilfreispruch kann seitens des Revisionsgerichts auf Revision des Angeklagten beseitigt werden (vgl BGH NStZ-RR 2003, 6 bei Becker). An die Stelle der Verurteilung wegen einer Gesetzesverletzung kann 15 das Revisionsgericht mehrere tateinheitlich verwirklichte Straftatbestände setzen (vgl BGH Beschl v 13. 9. 2007 – Az 5 StR 292/07: § 266 StGB in Tateinheit mit § 242 StGB statt Verurteilung wegen § 283 Abs 1 StGB). Die **Kostenentscheidung** darf zu Ungunsten des Angeklagten geändert (BGHSt 5, 52 = NJW 1954, 122; NStZ-RR 2003, 6 [bei Becker]), ein **Schmerzensgeld** zugunsten des Verletzten im Adhäsionsverfahren nachträglich auferlegt werden (BGHR § 358 Abs 2 Nachteil 11; KK-StPO/Kuckein StPO § 358 Rn 18).

16 Dagegen **verbietet sich eine Verschärfung von Art und Höhe der ausgeurteilten Sanktionsfolge** (BGHSt 7, 86 = NJW 1955, 600). Dies betrifft sowohl die Einzelstrafen als auch die Gesamtstrafe. Das Verschlechterungsverbot hindert damit die Verhängung von **Erwachsenen- statt Jugendstrafe** (BGHSt 29, 269 = NJW 1980, 1967), die Verhängung von – auch zur Bewährung ausgesetzter – **Freiheits- statt Geldstrafe** (BGH StV 1997, 465) oder die – bislang unterbliebene – Feststellung der besonderen **Schwere der Schuld** (BGH NStZ 1993, 449; NStZ 2000, 194). Korrekturen der Rechtsfolgenentscheidung nach § 354 Abs 1 StPO analog verbieten sich nach § 358 Abs 2 StPO aber nicht generell; so kann die **Höhe von Tagessätzen** zu einer Geldstrafe nachträglich festgelegt werden (BGHSt 30, 93, 97 = NJW 1981, 2071), ebenso die **Höhe versehentlich nicht festgesetzter Einzelstrafen** (BGH NStZ-RR 2009, 202; NStZ 1994, 229 bei Kusch). Eine im ersten tatrichterlichen Durchgang versehentlich nicht festgesetzte Einzelstrafe kann nach Zurückverweisung auch vom neuen Tatrichter bestimmt werden, ohne dass § 358 Abs 2 StPO entgegensteht (BGH NStZ-RR 2009, 202). Eine Entscheidung über die Anrechnung erlittener Freiheitsentziehung nach **§ 51 StGB** darf der neue Tatrichter abändern; es ist ihm insbesondere nicht verwehrt, anstelle der bisher vollen Anrechnung der Untersuchungshaft hiervon nunmehr nach § 51 Abs 1 S 2 StGB abzusehen. In diesem Fall darf sich das Maß der zu vollstreckenden Strafe für den Angeklagten aber insgesamt nicht erhöhen (BGH wistra 1990, 350). § 358 Abs 2 StPO gebietet auch nicht, bei **Wegfall von Einzelstrafen** eine verhältnismäßig reduzierte Gesamtstrafe festzusetzen (KK-StPO/Kuckein StPO § 358 Rn 27). Der neue Tatrichter ist durch § 358 Abs 2 StPO auch **nicht gehindert, dieselben Rechtsfolgen zu verhängen** (BGHSt 7, 86, 87 = NJW 1955, 600); allerdings bestehen dann erhöhte Begründungsanforderungen. Bei erheblich gemildertem Schuldvorwurf kann die Beibehaltung der Rechtsfolge daher ausnahmsweise eine Strafmaßrevision nach § 337 StPO begründen; dies gilt zB dann, wenn der neue Tatrichter auf dieselbe Gesamtfreiheitsstrafe trotz reduzierten Einzelstrafen erkennt (BGH wistra 2008, 356). Bei **Änderung der konkurrenzrechtlichen Beurteilung von Tatmehrheit zu Tateinheit** (vgl § 354 StPO Rn 39) und Zurückverweisung zur Festsetzung einer Einzelstrafe für die einheitliche Tat steht das Verschlechterungsverbot der Festsetzung einer höheren Einzelstrafe als selbst der höchsten aus den bislang verhängten Einzelstrafen nicht entgegen, denn der Unrechtsgehalt der nun zusammengefassten Tat liegt höher. Es ist allein geboten, dass die Summe der entfallenden bisherigen Einzelstrafen und die bisherige Gesamtstrafe nicht überschritten werden (BGH NStZ-RR 2008, 168, 169 f; BGHR StPO § 358 Abs 2 Nachteil 12; Beschl v 29. 4. 2008 – Az 4 StR 125/08). Zudem hat es bei Einzelgeldstrafen zu verbleiben, soweit sie in dem betroffenen Komplex verhängt worden sind (BGH NStZ-RR 2008, 168, 169 f).

17 Bei zugleich **zugunsten und zuungunsten des Angeklagten eingelegten Revisionen** kommt es darauf an, inwieweit die Aufhebung auch zu Lasten des Angeklagten erfolgt ist. Ist die zu seinen Ungunsten eingelegte Revision komplett erfolglos, verbleibt es einschränkungslos bei der Wirkung von § 358 Abs 2 StPO. Haben beide Revisionen zum Strafausspruch Erfolg, ist der neue Tatrichter in den Grenzen des rechtskräftigen Schuldspruches bei der Bemessung frei. Hat die Revision des Angeklagten zum Schuld- und Strafausspruch Erfolg, die zu seinen Ungunsten eingelegte dagegen nur zum Strafausspruch, kann der neue Tatrichter einen schwereren Straftatbestand anwenden, einen größeren Tatumfang zugrunde legen und auf eine höhere Strafe erkennen; er muss die Strafe aber aus dem Strafrahmen der im ersten Durchgang angewandten Strafnorm schöpfen (BGH NJW 1986, 332; BayObLG NStZ-RR 2000, 379). Umgekehrt – Erfolg zugunsten nur hinsichtlich Strafmaß, zuungunsten auch zum Schuldspruch – gilt diese Beschränkung nicht.

18 Bei fehlerhafter Bildung einer **Gesamtstrafe** können auf die Revision des Angeklagten nicht einbeziehungsfähige Strafen aus der gebildeten Gesamtstrafe ausgeschieden werden. Bei

erneuter Gesamtstrafenbildung darf die Summe aus der neuen Gesamtstrafe und der nicht einbeziehungsfähigen Strafen die im angefochtenen Urteil festgesetzte Strafe jedoch nicht überschreiten (BGH Beschl v 30. 10. 2007 – Az 4 StR 486/07; ferner Beschl v 6. 11. 2008 – 4 StR 495/08). Umgekehrt kann eine im ersten Durchgang versäumte Einbeziehung einer Einzelstrafe in eine Gesamtstrafe nachgeholt werden, einbeziehungsfähige Einzelstrafe nachträglich gem § 55 StGB in eine verhängte Gesamtfreiheitsstrafe einbezogen oder mit einer anderen verhängten Einzelstrafe erstmals zu einer Gesamtfreiheitsstrafe zusammengefasst werden; dabei ist – bei Zusammenfassung von zwei Einzelstrafen bereits nach § 54 Abs 1 S 2, Abs 2 S 1 StGB – zu beachten, dass die neu verhängte Gesamtfreiheitsstrafe die Summe der ursprünglich verhängten Strafen nicht überschreitet. Führt die nachträgliche Einbeziehung zu einer Zäsur der ursprünglich verhängten Gesamtstrafe, können nachträglich zwei Gesamtstrafen gebildet werden, die in ihrer Summe indes die bisherige Straflast aus Einzel- und Gesamtstrafe nicht überschreiten dürfen; infolgedessen kann nach § 54 StGB geboten sein, Einzelstrafen zu reduzieren (vgl aber BGH NStZ-RR 2009, 44, wo von der Bildung von zwei Gesamtstrafen abgesehen und die Einzelstrafe unter dem Gesichtspunkt der Beschwer in die fälschlich einheitlich verhängte Gesamtstrafe einbezogen wurde). Eine im ersten Durchgang versäumte Einbeziehung einer Einzelstrafe in eine Gesamtstrafe soll auch dann nachgeholt werden können, wenn dies zur Versagung der Strafaussetzung führt (KK-StPO/Kuckein StPO § 358 Rn 19); dies dürfte indes nur dann zutreffen, wenn die einbezogene – ursprünglich ausgesetzte – Strafe zu einer Erhöhung der ohnehin nicht ausgesetzten Gesamtstrafe führt (so die Gestaltung bei BGH NStZ 1997, 73 [bei Kusch]), nicht aber, wenn die Gesamtstrafe erst durch den weiteren Zusammenzug in einen nicht mehr aussetzungsfähigen Bereich gerät. Der Einbeziehung einer Geldstrafe in eine Gesamtfreiheitsstrafe steht § 358 Abs 2 StPO entgegen, soweit sich hierdurch die Gesamtfreiheitsstrafe erhöht (vgl BGH NStZ 1998, 34).

Ist eine nach § 55 StGB gebildete nachträgliche Gesamtfreiheitsstrafe durch das Revisionsgericht aufgehoben und die Sache an das Tatgericht zurückverwiesen worden, so ist die Gesamtstrafenbildung in der neuen Verhandlung **nach Maßgabe der Vollstreckungssituation zum Zeitpunkt der ersten tatrichterlichen Verhandlung** zu beurteilen, weil dem Angeklagten ein insoweit erlangter Rechtsvorteil nicht genommen werden darf. Dies gilt auch für den Fall, dass eine ursprünglich einbezogene Einzelstrafe zwischen erster und zweiter tatrichterlicher Entscheidung vollstreckt wurde und damit wegen Erledigung aus der Gesamtstrafenbildung auszuscheiden wäre; eine derartige Strafe ist gleichwohl einzubeziehen (BGH NStZ-RR 2009, 44; NStZ 2001, 645; Beschl v 6. 11. 2008 – Az 4 StR 496/08; Beschl v 13. 11. 2007 – Az 3 StR 415/07; Beschl v 18. 1. 2000 – Az 4 StR 633/99; Fischer StGB § 55 Rn 37 a). Nicht berücksichtigen darf der neue Tatrichter dagegen Strafen, welche nach dem Maßstab der § 55 StGB, § 54 StGB ohnehin nicht gesamtstrafenfähig gewesen wären (BGH Beschl v 13. 11. 2007 – Az 3 StR 415/07).

Bei **Aufhebung eines Teilfreispruches und einer aufrechterhaltenen Verurteilung zu einer Gesamtfreiheitsstrafe** kann es dazu kommen, dass eine im ersten Durchgang statt des Freispruches erfolgte – weitere – Verurteilung eine neue Gesamtstrafenbildung erfordert. Der neue Tatrichter ist durch die Rechtskraft der bisherigen Gesamtstrafe an ihrer Auflösung nicht gehindert; er hat insoweit nach den Grundsätzen von § 55 StGB zu verfahren (BGH NJW 1983, 1130, 1131 f; Beschl v 21. 6. 2007 – Az 4 StR 69/07 [Rn 25, insoweit in NStZ-RR 2007, 309 nicht abgedruckt]). 18.1

Ist das tatrichterliche Urteil wegen fehlender Berücksichtigung wesentlicher Strafmilderungsgründe aufgehoben worden, und ist die **Strafzumessung auch im zweiten Durchgang seitens des Revisionsgerichts beanstandet worden**, so muss der neu befasste – dritte – Tatrichter auch die bei der ersten Aufhebung beanstandeten Zumessungsfehler berücksichtigen und ist an die im Ursprungsurteil ausgesprochene Strafe als Obergrenze gebunden.. 19

Vgl BGH NStZ 2007, 539: Aufhebung wegen unzureichender Berücksichtigung der durch Mehrfacherkrankung massiv erhöhten Straf- und Verfahrensempfindlichkeit des Angeklagten, im zweiten Durchgang nicht hinreichend kompensierte Verfahrensverzögerungen, die zur erneuten Aufhebung führten. Der dritte befasste Tatrichter hatte daher unter Beachtung von § 358 StPO der 19.1

Strafempfindlichkeit, der Verfahrensverzögerung und der durch die Kombination von beidem (lange Untersuchungshaft) Rechnung zu tragen.

19a Nicht gebunden ist der neue Tatrichter an **die der früheren Strafzumessung zugrunde liegenden Rechtsauffassungen und Wertungen**. Er hat die Einordnung der Tat innerhalb des Strafrahmens nach seinem eigenen pflichtgemäßen Ermessen vorzunehmen und ist nur im Ergebnis, nicht aber in der Begründung an die frühere Strafhöhe als Obergrenze gebunden (vgl OLG Brandenburg Beschl v 23. 3. 2009 – Az 1 Ss 14/09). Zu beachten hat er insoweit nur die der Bindungswirkung nach § 358 Abs 1 StPO unterfallenden tragenden Rechtsansichten des Revisionsgerichtes, soweit sie die Strafzumessung betreffen. Gebunden ist er auch an die strafzumessungsrelevanten Feststellungen des Erstgerichtes, soweit sie nicht der Aufhebung unterliegen.

20 Im Falle einer **rechtsstaatswidrigen Verfahrensverzögerung** war auf Grundlage der bisherigen **Strafabschlagslösung** eine Aufhebung des Strafausspruches und Zurückverweisung der Sache veranlasst, wenn das Revisionsgericht nicht selbständig über das Ausmaß der vorzunehmenden Strafherabsetzung entscheiden konnte. Der neue Tatrichter hatte dann die an sich – ohne Verletzung des Beschleunigungsgebotes – verwirkte Strafe in einem neuen, eigenständigen Bemessungsakt zu bestimmen, und im Verhältnis hierzu das Ausmaß der Kompensation festzulegen. An die Höhe der früheren Strafe war er bei Bestimmung der verwirkten Strafe nicht gebunden. Sie bildete lediglich die Obergrenze für die um das Ausmaß der Kompensation reduzierte, letztlich verhängte Strafe (BGHSt 45, 308 = NJW 2000, 748; Beschl v 11. 4. 2007 – Az 3 StR 115/07; vgl auch OLG Brandenburg Beschl v 23. 3. 2009 – Az 1 Ss 14/09). Nach der neuen **Vollstreckungslösung** (BGHSt 52, 124 = NJW 2008, 860) ist bei einer fehlenden oder nicht hinreichenden Berücksichtigung der Verfahrensverzögerung im Rahmen der Vollstreckungsanrechnung, eine Zurückverweisung unter Strafaufhebung nicht mehr veranlasst, sondern nur insoweit, wie eine Vollstreckungsanrechnung auf die verhängte – und insoweit rechtskräftige – Strafe unterblieben ist. An die im Ersturteil ausgesprochene Anrechnung ist der neue Tatrichter bei einer alleinigen Angeklagtenrevision als Untergrenze gebunden.

20.1 Schwieriger verhält es sich in **Übergangsfällen**, mithin in solchen, in denen der Tatrichter noch nach der bisherigen Strafabschlagslösung verfahren hat. Das tatrichterliche Urteil ist mit der Entscheidung des Großen Senats rechtsfehlerhaft geworden; § 2 Abs 1 StGB gilt nicht. Es ist daher grundsätzlich im Rechtsfolgenausspruch aufzuheben und zur Neubemessung der Strafe und Festsetzung einer Vollstreckungsanrechnung zurückzuverweisen (vgl § 337 StPO Rn 120 f; § 353 StPO Rn 22). Im zweiten Durchgang wären die Strafen allerdings ohne Abschlag auf dem schuldangemessenen Niveau festzusetzen. Sie würden regelmäßig höher als im ersten Ausspruch ausfallen und oft über das bewährungsfähige Maß hinausreichen, andererseits infolge der Vollstreckungsanrechnung nur teilweise und bis zu einer meist frühzeitig möglichen Reststrafenaussetzung zu verbüßen sein. Damit fragt sich, ob den Angeklagten eine Strafreduzierung nach dem alten Kompensationsmodell im Vergleich zur Vollstreckungslösung überhaupt beschwert, und inwieweit ihm eine Umstellung der Kompensation iSv § 358 Abs 2 S 2 StPO zum Nachteil gereicht. In der jüngeren Rechtsprechung des Bundesgerichtshofes wird dies uneinheitlich beurteilt: Nach Entscheidungen des 3. Strafsenats ist auch auf eine Angeklagtenrevision eine Aufhebung vorzunehmen und der neue Tatrichter nur an die im Ersturteil als eigentlich verwirkt bezeichneten „fiktiven" Einzel- und Gesamtstrafen gebunden. Er darf bis zu dieser Obergrenze daher höhere als die im Ersturteil tatsächlich erkannten Einzel- und Gesamtstrafen verhängen. Die nach der Vollstreckungslösung zu verbüßende Strafe (schuldangemessene Strafe abzüglich des für vollstreckt erklärten Teils) soll allerdings die im alten Urteil tatsächlich verhängte Einzel- oder Gesamtstrafe nicht übersteigen dürfen (vgl BGH Beschl v 18. 1. 2008 – Az 3 StR 388/07 = StraFo 2008, 250; Beschl v 13. 2. 2008 – Az 3 StR 563/07 = NStZ 2008, 168; Beschl v 19. 2. 2008 – Az 3 StR 536/07; Urt v 6. 3. 2008 – Az 3 StR 514/07 = NStZ 2008, 476). Der Angeklagte stehe sich hierdurch nicht schlechter; denn er habe keine höhere Gesamtverbüßung zu gewärtigen als durch den früheren Urteilsausspruch. Durch die Vorverlagerung des Zeitpunktes für eine mögliche Bewährungsaussetzung erhalte er vielmehr einen Vorteil (vgl BGH NStZ-RR 2008, 168). Anders verhalte es sich nur im Fall einer Vollstreckungsaussetzung zur Bewährung im ersten Urteil (BGH Beschl v 8. 7. 2008 – Az 3 StR 204/08 = NStZ-RR 2008, 304 LS).

Dem sind die anderen Senate des Bundesgerichtshofes zu Recht entgegengetreten (BGH NJW 2008, 2451, 2454 [1. StrS]: Strafabschlag als mildere Lösung in Übergangsfällen; BGH Beschl v

10. 4. 2008 – Az 4 StR 443/07 [Rn 16, insoweit in NStZ 2008, 23 nicht abgedruckt]: zumindest eine aussetzungsfähige Strafe muss erhalten bleiben; BGH StV 2008, 400 [2. StrS]; NStZ-RR 2008, 244 [5. StrS]; Beschl v 2. 4. 2008 – Az 5 StR 354/07 [Rn 37, insoweit in NJW 2008, 1827 nicht abgedruckt]; Schäfer JR 2008, 299; KK-StPO/Kuckein StPO § 358 Rn 18 aE). Allein der höhere Strafausspruch stellt eine von § 358 Abs 2 S 2 StPO erfasste Schlechterstellung dar. Hinzu kommen mögliche nachteilige Folgewirkungen infolge der höheren Strafe (näher Schäfer JR 2008, 302), die durch die ungesicherte Möglichkeit einer früheren Anwendung von § 57 StGB nicht ausgeglichen werden. Da eine Bindung des neuen Tatrichters an die im Ersturteil verhängte, verringerte Strafe und eine hieran anknüpfende Vollstreckungsanrechnung aber zu einer Doppelbegünstigung des Angeklagten führen würde, die sich ihrerseits als in der Strafzumessung rechtsfehlerhaft darstellen könnte, dürfte die zutreffende Lösung darin bestehen, jedenfalls einen im Ersturteil vorgenommenen erheblichen Strafabschlag bereits mangels Beschwer bestehen zu lassen (vgl BGH NJW 2008, 2451, 2454; NStZ-RR 2008, 244; NStZ-RR 2009, 92; OLG Brandenburg, Beschl v23. 3. 2009 – 1 Ss 14/09; s auch BGH Beschl v 11. 6. 2008 – Az 5 StR 193/08: Aufrechterhaltung reduzierter Einzelfreiheitsstrafen; vgl auch BVerfG [Kammer] Beschl v 10. 3. 2009 – Az 2 BvR 49/09).

Eine Divergenzanfrage nach § 132 GVG, die zu einer Vereinheitlichung der Rechtsprechung führen könnte, ist auch künftig nicht zu erwarten. Schon bisher ist eine Anfragepflicht unter Hinweis auf Besonderheiten der vom 3. StrS entschiedenen Einzelfälle verneint worden (vgl BGH NJW 2008, 2451, 2454; NStZ-RR 2008, 244; so auch BVerfG [Kammer] Beschl v 10. 3. 2009 – Az 2 BvR 49/09; kritisch Schäfer JR 2008, 303). Die Frage wird im Übrigen mit Zeitablauf und Übernahme der Vollstreckungslösung durch die Tatgerichte an Bedeutung verlieren.

III. Maßregeln

§ 358 Abs 2 S 3 StPO nimmt vom Verschlechterungsverbot Maßregeln nach § 63 StGB und § 64 StGB aus. Dass nur der Angeklagte Revision eingelegt hat, hindert die Nachholung einer unterbliebenen Unterbringungsanordnung daher grundsätzlich nicht; sie kann zusätzlich oder an Stelle der aufgehobenen Strafe oder anderer Maßnahmen verhängt werden (BGHSt 37, 5 = NJW 1990, 2143; BGH NStZ-RR 2009, 59; NStZ-RR 2009, 48; NStZ-RR 2008, 107). Der Angeklagte kann diese Folge vermeiden, indem er die Nichtverhängung der Maßregel von seinem Revisionsangriff ausnimmt (BGHSt 38, 362 = NJW 1993, 477; NStZ 1992, 539; NStZ 2008, 392, 393; NStZ-RR 2009, 48; vgl § 344 StPO Rn 24). Entsprechendes gilt für eine fehlerhafte oder unterlassene **Entscheidung über die Vollstreckungsreihenfolge** nach § 67 Abs 2 S 2 StGB; der Angeklagte ist durch eine erneute oder nachgeholte Entscheidung jedoch bereits nicht beschwert (vgl BGH NStZ-RR 2009, 105 sowie § 333 StPO Rn 23), so dass es eines Rückgriffes auf § 358 Abs 2 S 3 StPO insoweit nicht bedarf. 21

Bei einem **auf § 20 StGB beruhenden Freispruch** und erfolgreichen Revisionsangriff einer Anordnung nach § 63 StGB hatte der neue Tatrichter unabhängig von dem rechtskräftigen Freispruch neue Feststellungen zu treffen (BGH NStZ 1989, 84). Ergaben diese eine volle oder lediglich eingeschränkte Schuldfähigkeit des Angeklagten, war nach bisheriger Rechtslage bei zugunsten des Angeklagten eingelegter Revision eine Strafverhängung aber ausgeschlossen; auch ein isolierter Schuldspruch ohne Straffestsetzung schied aus (BGHSt 16, 374, 385; Meyer-Goßner DRiZ 1989, 55). Nach der neu eingeführten Regelung des **§ 358 Abs 2 S 2 StPO**, die Einzelfällen geschuldet war, in denen die Tat eines nachträglich als zumindest eingeschränkt schuldfähig erkannten Angeklagten mangels zu Lasten eingelegter Revision der StA sanktionslos blieb (vgl BGH Beschl v 24. 7. 2001 – Az 4 StR 268/01; BT-Drs 16/1344, 17), ist ein Strafausspruch möglich. Das neue Tatgericht bleibt jedoch gehindert, in seiner neuen Entscheidung die Unterbringung erneut und daneben Strafe zu verhängen. Bei im ersten Durchgang verhängter Strafe und Maßregel darf das Strafmaß nicht verschärft werden (BT-Drs 16/1344, 18). Der neue Tatrichter darf die aufgehobene Maßregelanordnung nach § 63 StGB, § 64 auch nicht durch eine Verhängung von Sicherungsverwahrung ersetzen (BGHSt 25, 38 = NJW 1973, 107). 22

Die beabsichtigte Ausnahme der **Sicherungsverwahrung** vom Verschlechterungsverbot (vgl im Gesetzgebungsverfahren BT-Drs 16/1344, 2, 18) ist nicht Gesetz geworden. Für die zeitliche Geltung von § 358 Abs 2 S 2 StPO nF ist § 2 Abs 2 StGB, nicht § 2 Abs 6 StGB maßgeblich, da 22.1

23 Bei einer vom Tatgericht verhängten Maßregel nach § 69 StGB kann das Revisionsgericht auch auf die Revision des Angeklagten den Maßregelausspruch dahin ergänzen, dass der Führerschein des Angeklagten eingezogen wird. Der Nachholung der nach § 69 Abs 3 S 2 StGB zwingenden Anordnung steht das Verschlechterungsverbot nicht entgegen (BGHSt 5, 168, 178; Beschl v 4. 9. 2007 – Az 4 StR 393/07).

IV. Prüfung durch Revision

24 § 358 Abs 2 StPO begründet eine einseitige, **zugunsten des Angeklagten wirkende Teilrechtskraft**, die als Verfahrenshindernis wirkt. Verstöße gegen das Verschlechterungsverbot sind daher **von Amts wegen** zu berücksichtigen (BGHSt 11, 322 = NJW 1958, 1059; NJW 1979, 936).

Viertes Buch. Wiederaufnahme eines durch rechtskräftiges Urteil abgeschlossenen Verfahrens (§§ 359-373 a)

§ 359 [Wiederaufnahme zugunsten des Verurteilten]

Die Wiederaufnahme eines durch rechtskräftiges Urteil abgeschlossenen Verfahrens zugunsten des Verurteilten ist zulässig,
1. wenn eine in der Hauptverhandlung zu seinen Ungunsten als echt vorgebrachte Urkunde unecht oder verfälscht war;
2. wenn der Zeuge oder Sachverständige sich bei einem zuungunsten des Verurteilten abgelegten Zeugnis oder abgegebenen Gutachten einer vorsätzlichen oder fahrlässigen Verletzung der Eidespflicht oder einer vorsätzlichen falschen uneidlichen Aussage schuldig gemacht hat;
3. wenn bei dem Urteil ein Richter oder Schöffe mitgewirkt hat, der sich in Beziehung auf die Sache einer strafbaren Verletzung seiner Amtspflichten schuldig gemacht hat, sofern die Verletzung nicht vom Verurteilten selbst veranlaßt ist;
4. wenn ein zivilgerichtliches Urteil, auf welches das Strafurteil gegründet ist, durch ein anderes rechtskräftig gewordenes Urteil aufgehoben ist;
5. wenn neue Tatsachen oder Beweismittel beigebracht sind, die allein oder in Verbindung mit den früher erhobenen Beweisen die Freisprechung des Angeklagten oder in Anwendung eines milderen Strafgesetzes eine geringere Bestrafung oder eine wesentlich andere Entscheidung über eine Maßregel der Besserung und Sicherung zu begründen geeignet sind;
6. wenn der Europäische Gerichtshof für Menschenrechte eine Verletzung der Europäischen Konvention zum Schutze der Menschenrechte und Grundfreiheiten oder ihrer Protokolle festgestellt hat und das Urteil auf dieser Verletzung beruht.

Überblick

Die Wiederaufnahme des Strafverfahrens ermöglicht in engen Grenzen die Durchbrechung der Rechtskraft zugunsten materieller Wahrheit.

Literatur

Asper Rechtsfolgen der Aufhebung eines die Fahrerlaubnis entziehenden Urteils im Wiederaufnahmeverfahren – Anmerkungen zu einer Anmerkung zu der Entscheidung des BayObLG NJW 1992, 1120, NStZ 1994, 171;

Bajohr Die Aufhebung rechtsfehlerhafter Strafurteile im Wege der Wiederaufnahme 2008;

Böse Die Unzulässigkeit einer Wiederaufnahme nach § 364 Satz 1 StPO bei Einstellung des Strafverfahrens wegen der behaupteten Tat nach den §§ 153 ff. StPO, JR 2005, 12;

Czerner Inter partes- versus erga omnes-Wirkung der EGMR-Judikate in den Konventionsstaaten gemäß Art 46 EMRK, AVR 2008, 345;

Deml Zur Reform der Wiederaufnahme des Strafverfahrens 1979;

Dippel Zur Reform des Rechts der Wiederaufnahme des Verfahrens im Strafprozeß, GA 1972, 97;

Eisenberg Aspekte des Verhältnisses von materieller Wahrheit und Wiederaufnahme des Verfahrens gem §§ 359 ff. StPO, JR 2007, 360;

Eschelbach Abspachepraxis versus Wiederaufnahme des Verfahrens, HRRS 2008, 190;

Förschner Der Deal und seine Folgen ... Geständniswiderruf und Wiederaufnahme, StV 2008, 443;

Fuchs Wiederaufnahmeverfahren und in dubio pro reo – OLG Köln, NJW 1968, 2119, JuS 1969, 516

Funcke Die Korrektur des Strafausspruches zugunsten des Verurteilten im Wege der Wiederaufnahme des Strafverfahrens 1995;

Gössel Anmerkung zu BGH JR 2003, 515, JR 2003, 517;

ders Über fehlerhafte Rechtsanwendung und den Tatsachenbegriff im Wiederaufnahmeverfahren, NStZ 1993, 565;

Graßhof Auswirkungen der neuen Sitzblockade-Entscheidung des BVerfG – Wiederaufnahme aller bisherigen Verfahren oder nur der nach der ersten verfassungsgerichtlichen Entscheidung ergangenen Strafurteile?, NJW 1995, 3085;

Groß Folgen der Aufhebung eines die Fahrerlaubnis entziehenden Urteils im Wiederaufnahmeverfahren, Zugleich eine Anmerkung zu BayObLG NJW 1992, 1120, NStZ 1993, 221;

ders Entgegnung, NStZ 1994, 173;

Grüner/Wasserburg Die Mitwirkungspflicht der Staatsanwaltschaft im Wiederaufnahmeverfahren zugunsten des Verurteilten, NStZ 1999, 286;

Grünewald Die Wiederaufnahme des Strafverfahrens zuungunsten des Angeklagten, ZStW 2008, 545;

Günther Verbot der antizipierten Beweiswürdigung im strafprozessualen Wiederaufnahmeverfahren?, MDR 1974, 93;

Hassemer Verhandlungsfähigkeit des Verurteilten im Wiederaufnahmeverfahren, NJW 1983, 2353;

Hellebrand Geständniswiderruf und Wiederaufnahmeverfahren, NStZ 2004, 413;

ders Geständniswiderruf und Wiederaufnahmeverfahren – Urteilsabsprachen unter dem Aspekt des Wiederaufnahmerechts nach der Rechtsprechung des BVerfG, NStZ 2008, 374;

Jokisch Gemeinschaftsrecht und Strafverfahren 2000;

Kleinknecht Das Legalitätsprinzip nach Abschluß des gerichtlichen Strafverfahrens FS Bruns, 475;

Krägeloh Verbesserungen im Wiederaufnahmerecht durch das Erste Gesetz zur Reform des Strafverfahrensrechts (1. StVRG), NJW 1975, 137;

Laubenthal Wiederaufnahme des Verfahrens zugunsten eines vor Rechtskraft des verkündeten Urteils verstorbenen Angeklagten?, GA 1989, 20;

Loos Unzulässigkeit der Wiederaufnahme – Schuldspruchänderung, NStZ 2003, 680;

Marxen/Tiemann Die Wiederaufnahme in Strafsachen, 2. Aufl. 2006;

dies Die geplante Reform der Wiederaufnahme zuungunsten des Angeklagten, ZIS 2008, 188;

Moosbacher Freiheit durch Säumnis: Keine Haftfortdauer bei Wiedereinsetzung, NJW 2005, 3110;

Peters Fehlerquellen im Strafprozeßrecht – Eine Untersuchung der Wiederaufnahmeverfahren in der Bundesrepublik Deutschland, Bd 3, 1974;

ders Strafprozeß, 4. Aufl. 1985;

Rieß Zur Wiederaufnahmefähigkeit bei Verurteilungen auf Grund der Anwendung von Regelbeispielen FS Gössel, 657;

ders Nebenkläger und Wiederaufnahme nach neuem Recht, NStZ 1988, 15;

Satzger Die Europäisierung des Strafrechts 2001;

Scherzberg/Thiée Die Wiederaufnahme zu Ungunsten des Angeklagten, ZRP 2008, 80;

Schneidewin Konkurrierende Wiederaufnahmegründe, JZ 1957, 537;

Schünemann Das strafprozessuale Wiederaufnahmeverfahren propter nova und der Grundsatz „In dubio pro reo", ZStW 84 (1972), 870;

Strate Der Verteidiger in der Wiederaufnahme, StV 1999, 228;

Swoboda, Das Recht der Wiederaufnahme in Europa, HRRS 2009, 188;

Wasserburg Die Wiederaufnahme des Strafverfahrens 1983;

Wasserburg Die Pflichtverteidigerbestellung unter besonderer Berücksichtigung des Wiederaufnahmerechts, GA 1982, 304;

Waßmer Die Wiederaufnahme in Strafsachen – Bestandsaufnahme und Reform, Jura 2002, 454;

Ziemann Die Schuldspruchänderung im Wiederaufnahmerecht, JR 2006, 409

Übersicht

	Rn		Rn
Literatur		III. Strafbare Amtspflichtverletzungen (Nr 3)	15
A. Grundlagen	1	IV. Aufhebung eines zivilgerichtlichen Urteils (Nr 4)	18
I. Regelungszweck	1	V. Neue Tatsachen oder Beweismittel (Nr 5)	20
II. Überblick über das Wiederaufnahmeverfahren	2	1. Tatsachen und Beweismittel	20
III. Gegenstand der Wiederaufnahme	3	2. Neuheit von Tatsachen oder Beweismitteln	23
IV. Relative und absolute Wiederaufnahmegründe	6	3. Geeignetheit von Tatsachen oder Beweismitteln	30
V. Wiederaufnahmeziele	7	4. Beibringung neuer Tatsachen oder Beweismittel	34
B. Wiederaufnahmegründe zugunsten des Verurteilten	8	VI. Verletzung der Europäischen Menschenrechtskonvention (Nr 6)	35
I. Unechte oder verfälschte Urkunden (Nr 1)	8	VII. Wiederaufnahmegrund gemäß § 79 Abs 1 BVerfGG	36
II. Falsche Aussagen oder Gutachten (Nr 2)	12		

A. Grundlagen

I. Regelungszweck

1   Die §§ 359 StPO ff sollen einen Zielkonflikt lösen, der dem Rechtsstaatsprinzip und dem Gedanken des Rechtsfriedens immanent ist: Die Rechtskraft dient einerseits der Rechtssicherheit, kann aber andererseits dem Ziel der materiellen Wahrheit im Sinne der Gerechtigkeit im Einzelfall entgegenstehen (vgl BVerfG MDR 1975, 468, 469; BGH NJW 2003, 1261, 1262). Sowohl materielle Wahrheit als auch Rechtskraft vermögen dem Rechtsfrieden zu dienen. Daher ist ein gesetzlicher Rahmen zur Beseitigung rechtskräftiger Fehlurteile erforderlich. Die Fälle der Rechtskraftdurchbrechung sind in den § 359 StPO sowie § 79 Abs 1 BVerfGG und § 18 ZEG abschließend geregelt.

II. Überblick über das Wiederaufnahmeverfahren

2   Je nach Erfolg hat das Wiederaufnahmeverfahren mehrere Stufen:

Im sog Additionsverfahren (§ 368 StPO) wird über die Zulässigkeit des Antrags entschieden, indem vorgeschriebene Form, Geltendmachung eines gesetzlichen Wiederaufnahmegrundes und Eignung der Beweismittel (im Rahmen einer Schlüssigkeitsprüfung) geprüft werden.

Im sog Probationsverfahren (§§ 369 StPO f) wird über die Begründetheit des Antrags entschieden, indem – soweit erforderlich – eine Beweisaufnahme über den Wiederaufnahmegrund erfolgt.

In der erneuten Hauptverhandlung (§ 370 Abs 2 StPO, § 373 StPO) wird ohne Bindung an das frühere Urteil über die Sache neu und selbständig verhandelt (BGHSt 14, 64, 66). Daher kann die erneute Hauptverhandlung allenfalls insofern als dritte Stufe des Wiederaufnahmeverfahrens bezeichnet werden, als ihre Durchführung von der Wiederaufnahmeanordnung abhängt und ein Verbot der reformatio in peius (§ 373 Abs 2 S 1 StPO) sowie eine spezielle Zuständigkeitsregelung (§ 140a GVG) gelten. Ziel der erneuten Hauptverhandlung ist aber nicht die Überprüfung des vorausgegangenen Urteils, sondern eine eigenständige neue Entscheidung.

III. Gegenstand der Wiederaufnahme

Gegenstände der Wiederaufnahme sind durch rechtskräftiges Urteil (§ 359 StPO, § 362 StPO) oder durch rechtskräftigen Strafbefehl (§ 373 a StPO) abgeschlossene Verfahren.

Statthaft ist die Wiederaufnahme bei rechtskräftigen Sachurteilen (BGH NStZ 1995, 221), nicht jedoch bei Einstellungsurteilen und sonstigen Prozessurteilen, die keine Sachentscheidung treffen und daher keine materielle Rechtskraft entfalten. Dabei genügt sowohl vertikale Teilrechtskraft, also bezüglich einer von mehreren selbständigen Taten oder eines von mehreren Angeklagten (vgl BGHSt 14, 85, 88), als auch horizontale Teilrechtskraft, dh insbesondere Rechtskraft des Schuldspruchs (OLG München NJW 1981, 593; OLG Frankfurt NStZ 1983, 426; OLG Celle StV 1990, 537; OLG Hamm NStZ-RR 1997, 371; OLG Jena StraFo 1997, 116, 117; **aA** die früherere Rspr, vgl OLG Hamburg MDR 1951, 245 f; OLG Frankfurt NJW 1951, 975, 976, OLG Düsseldorf NJW 1954, 1499). Denn die Beseitigung eines der materiellen Wahrheit widersprechenden Schuldspruchs darf nicht vom Vorliegen eines darauf beruhenden rechtskräftigen Rechtsfolgenausspruchs abhängig gemacht werden (Marxen/Tiemann Rn 26; vgl OLG Düsseldorf NJW 1951, 677), wie sich aus dem Regelungsziel der Einzelfallgerechtigkeit und bei Berücksichtigung des Beschleunigungsgebotes gemäß Art 6 Abs 1 EMRK ergibt (KK-StPO/Schmidt StPO Vor § 359 Rn 12). Horizontale Rechtskraft ist von dem Begriff der Rechtskraft in § 359 StPO, § 362 StPO erfasst. Insoweit können Wiederaufnahme- und Rechtsmittelverfahren unabhängig voneinander betrieben werden. § 28 Abs 2 S 2 StPO ist im Wiederaufnahmeverfahren nicht entsprechend anwendbar (OLG Frankfurt (1. Strafsenat), NStZ-RR 2008, 378; **aA** OLG Frankfurt (2. Strafsenat), NStZ-RR 2007, 148).

Für verfahrensabschließende Beschlüsse, die an die Stelle eines Urteils treten, kommt – abgesehen von der Spezialregelung der § 174 Abs 2 StPO, § 211 StPO und über den Wortlaut der §§ 359 StPO ff hinaus – eine Analogie zu den Wiederaufnahmeregelungen in Betracht: Die ungeplante Gesetzeslücke folgt aus der Einführung gesetzlicher Regelungen zu urteilsersetzenden Beschlüssen nach Schaffung der Wiederaufnahmevorschriften. Ähnlichkeit im Hinblick auf den Normzweck ergibt sich daraus, dass diese Beschlüsse materielle Rechtskraft und urteilsähnliche Wirkung entfalten (vgl Marxen/Tiemann Rn 29 f; KK-StPO/Schmidt StPO Vor § 359 Rn 14, der allerdings von „Auslegung" statt Analogie spricht). Wiederaufnahme ist daher möglich bei Beschlüssen nach § 206 b StPO, § 349 Abs 2 u Abs 4 StPO (BGH NStZ 1985, 496) und § 371 Abs 1 u Abs 2 StPO, nicht jedoch bei § 56 f StGB, § 67 g StGB und § 460 StPO (LG Bremen StV 1990, OLG Hamburg StV 2000, 568; OLG Stuttgart wistra 2001, 239; BayObLG GA 1955, 310) sowie bei § 109 StVollzG (OLG Hamburg NStZ 2001, 391), bei den Angeklagten nicht beschwerenden Entscheidungen nach §§ 153 StPO ff (anders Marxen/Tiemann Rn 34 f zu § 153a) sowie bei § 383 Abs 2 StPO (OLG Zweibrücken NJW 1996, 2246; OLG Frankfurt NJW 1996, 3353). Zu den allgemeinen und besonderen Zulässigkeitsvoraussetzungen s § 363 StPO, § 365 StPO.

IV. Relative und absolute Wiederaufnahmegründe

Relative Wiederaufnahmegründe zugunsten des Verurteilten setzen begrifflich voraus, dass sie sich im abgeschlossenen Verfahren zuungunsten des Verurteilten ausgewirkt haben (§ 359 Nr 1, Nr 2 StPO) oder dass ihr Vorbringen nunmehr zur Erreichung eines günstigeren Urteils geeignet ist (§ 359 Nr 5 StPO). Absolute Wiederaufnahmegründe führen demgegenüber ohne diese Voraussetzungen zur Wiederaufnahme (§ 359 Nr 3, Nr 4, Nr 6 StPO, § 79 Abs 1 BVerfG).

V. Wiederaufnahmeziele

Zulässige Wiederaufnahmeziele für alle Wiederaufnahmeanträge zugunsten des Verurteilten ergeben sich aus § 359 Nr 5 StPO: Freisprechung, geringere Bestrafung (nur) in Anwendung eines milderen Strafgesetzes (vgl § 363 StPO), wesentlich andere Entscheidung über eine Maßregel der Besserung und Sicherung sowie die endgültige Verfahrenseinstellung, da sie der Freisprechung praktisch gleich steht (OLG Bamberg NJW 1955, 1121). Mit der Wiederaufnahme nach § 359 Nr 1 bis Nr 4 und Nr 6 StPO kann eine bloße Schuldspruchänderung bezweckt werden, weil § 363 Abs 1 StPO bei diesem Wiederaufnahmeziel keine Anwendung findet (BGHSt 48, 153, 156). Die Feststellung der Nichtigkeit eines Urteils ist kein geeignetes Ziel der Wiederaufnahme (KK-StPO/Schmidt StPO Vor § 359 Rn 15 a).

B. Wiederaufnahmegründe zugunsten des Verurteilten
I. Unechte oder verfälschte Urkunden (Nr 1)

8   § 359 StPO erfasst als Urkunde jede verkörperte Gedankenerklärung, die zum Beweis im Rechtsverkehr geeignet und bestimmt ist und ihren Aussteller erkennen lässt (materiell-rechtlicher Urkundenbegriff des § 267 StGB, aA Marxen/Tiemann Rn 136 f mwN, die den prozessualen Urkundenbegriff des § 249 Abs 1 StPO anwenden) sowie in Analogie technische Aufzeichnungen (§ 268 StGB, vgl KK-StPO/Schmidt StPO § 359 Rn 6).

9   Ob die Urkunde unecht oder verfälscht ist, richtet sich ebenfalls nach materiellem Recht. § 359 Nr 1 StPO setzt (im Wortlaut anders als Nr 2 und Nr 3) nicht zwingend eine Straftat voraus (nur wenn eine solche behauptet wird, gilt § 364, aA Marxen/Tiemann Rn 139 mwN).
Die Urkunde muss (zur Täuschung oder unabsichtlich) als echt vorgebracht, dh in die Hauptverhandlung ordnungsgemäß als Beweismittel – nicht lediglich im Wege des Vorhalts – eingeführt worden sein.

10 Zuungunsten des Verurteilten vorgebracht ist die Urkunde, wenn nicht auszuschließen ist, dass sie für den Verurteilten eine nachteilige Wirkung auf die gerichtliche Entscheidung hatte (Meyer-Goßner StPO § 359 Rn 8).

11 In der Antragsbegründung müssen bezeichnet werden:
• die Urkunde,
• die Tatsachen, aus denen die Unechtheit oder Verfälschung folgt,
• die Umstände aus denen sich die Einführung als Beweismittel in die Hauptverhandlung ergibt und die Gesichtspunkte, welche die Möglichkeit einer nachteiligen Verwertung begründen,
• sowie – bei Behauptung einer Straftat – die Voraussetzungen des § 364 StPO.

II. Falsche Aussagen oder Gutachten (Nr 2)

12 Vorausgesetzt ist ein Aussagedelikt gemäß § 153 StGB bis § 155 StGB, § 163 StGB durch einen Zeugen, Sachverständigen oder Dolmetscher, die ersteren gemäß § 185 GVG, § 191 GVG gleichstehen. Sämtliche Strafbarkeitsvoraussetzungen müssen vorliegen (OLG Hamburg NJW 1969, 2159, 2160 – fehlende Strafmündigkeit; KG JZ 1997, 629 – Schuldausschließungsgrund), ansonsten kann nur Wiederaufnahme nach § 359 Nr 5 StPO beantragt werden.

13 Das Zeugnis ist abgelegt oder das Gutachten abgegeben, wenn es in die Hauptverhandlung – gegebenenfalls auch durch Verlesung gemäß § 251 StPO oder im Wege audiovisueller Vernehmung gemäß § 247 a StPO – eingeführt wurde.

14 Zu Ungunsten des Verurteilten abgegeben kann die jeweilige Erklärung nur sein, wenn sie Grundlage der Beweiswürdigung war (vgl BGHSt 31, 365, 371). Das ist ebenso darzulegen, wie die Bezeichnung der Aussage oder des Gutachtens sowie die Umstände, aus denen sich ihre Unwahrheit ergibt. Es gelten § 370 Abs 1 StPO (Kausalitätsvermutung) und § 364 StPO (Marxen/Tiemann Rn 150 f).

III. Strafbare Amtspflichtverletzungen (Nr 3)

15 Die Straftat (zB § 239 StGB, § 340 StGB, § 357 StGB, § 267 StGB, § 274 StGB, § 331 StGB, § 332 StGB, § 339 StGB, § 343 StGB, § 344 StGB) des mitwirkenden Richters oder Schöffen muss sich (unmittelbar) auf die Sache beziehen, dh nicht nur bei Gelegenheit des Strafverfahrens begangen worden sein (zB § 185 StGB).

16 § 359 Nr 3 StPO regelt einen absoluten Wiederaufnahmegrund, ein Beruhen ist nicht erforderlich (BGH NStZ 1983, 424). Fand jedoch die behauptete Amtspflichtverletzung im ersten Rechtszug statt und wurde das erstinstanzliche Urteil in einer Rechtsmittelinstanz mit dem Erfolg überprüft, dass die Möglichkeit einer Auswirkung der Pflichtverletzung auf das

rechtskräftige Urteil gänzlich ausgeschlossen ist, liegt der Wiederaufnahmegrund des § 359 Nr 3 StPO nicht vor (BGHSt 31, 365, 372). Die Wiederaufnahme ist nach § 359 Nr 3 StPO aE auch ausgeschlossen, wenn die Pflichtverletzung vom Verurteilten selbst (auch durch Kettenanstiftung) veranlasst ist (SK-StPO/Frister/Deiters StPO § 359 Rn 30).

In der Antragsbegründung sind der Richter bzw. Schöffe sowie dessen strafbare Amtspflichtverletzung unter Beachtung des § 364 StPO zu bezeichnen. 17

IV. Aufhebung eines zivilgerichtlichen Urteils (Nr 4)

Erfasst sind (über den Wortlaut hinaus) aufgehobene zivil-, arbeits-, finanz-, sozial- und verwaltungsgerichtliche Urteile (Marxen/Tiemann Rn 159 mwN) sowie – entgegen BGHSt 23, 86, 94 – dem Urteil zugrunde liegende rechtswidrige Verwaltungsakte, die im Verwaltungsrechtsweg aufgehoben wurden (BVerfGE 22, 21, 27). Begründet ist das Strafurteil auf das andere Urteil, wenn dieses ein bindendes Gestaltungsurteil oder urkundliche Beweisgrundlage war. 18

In der Antragsbegründung sind das aufgehobene Urteil (bzw der Verwaltungsakt) die Umstände, aus denen sich ergibt, dass das Strafurteil darauf gegründet ist, wie das aufhebende Urteil einschließlich dessen Rechtskraft anzugeben. 19

V. Neue Tatsachen oder Beweismittel (Nr 5)

1. Tatsachen und Beweismittel

Tatsachen im Sinne des Wiederaufnahmerechts sind – in Übereinstimmung mit dem weiten Tatsachenbegriff des materiellen Strafrechts – alle dem Beweis zugänglichen Ereignisse, Vorgänge und Zustände, die in Gegenwart oder Vergangenheit in die Wirklichkeit getreten sind (vgl BGHSt 39, 75, 80; Eisenberg JR 2007 360, 362). Die Weite des Begriffs findet ihre Einschränkung hauptsächlich in den Merkmalen der Neuheit (Rn 24 ff) und Geeignetheit (Rn 31 ff). Damit strebt Nr 5 nicht die Herstellung von Einzelfallgerechtigkeit allgemein an – dann müsste neben neuen Tatsachen und Beweisen auch eine fehlerhafte Rechtsanwendung zur Wiederaufnahme führen –, sondern lediglich die Berücksichtigung materieller Wahrheit. Rechtsfehler finden nur in den engen Grenzen der Nr 3 und Nr 6 sowie durch § 79 Abs 1 BVerfGG Berücksichtigung; im Übrigen ist bei Rechts(anwendungs)fehlern das dritte Buch der StPO über die Rechtsmittel einschlägig. Hiervon ist das spezielle – auf die erstrebte Rechtskraftdurchbrechung mit Ausnahmecharakter ausgerichtete – Wiederaufnahmerecht der StPO strikt zu trennen. 20

Tatsachen können sich auf alle tatsächlichen Urteilsgrundlagen beziehen, also beispielsweise auf den Sachverhalt, das relevante Alter des Verurteilten (vgl LG Landau NStZ-RR 2003, 28), das Vorliegen von Rechtfertigungs-, Schuld- und Strafausschließungsgründen, auf Prozessvoraussetzungen (Strafantrag, Verjährung), Vorstrafen für eine Gesamtstrafenbildung (vgl LG Duisburg NStZ 2005, 104) sowie Verstöße gegen das Doppelbestrafungsverbot gemäß Art 103 Abs 3 GG (OLG Saarbrücken NStZ-RR 2003, 180; LG Frankfurt/M NStZ-RR 2003, 80), gleiches gilt für den Widerruf einer Aussage oder eines Geständnisses (vgl BGH NJW 1977, 59; OLG Stuttgart NJW 1999, 375; zum Widerruf eines im Rahmen einer Absprache gemachten Geständnisses LG Landau, StV 2009, 237; AG Starnberg StV 2008, 516) und die Glaubwürdigkeit eines Zeugen (OLG Düsseldorf NStZ-RR 1999, 245; BVerfG StV 2003, 226, die jedoch unzutreffend Fragen der Geeignetheit mit denjenigen des Vorliegens einer Tatsache vermischen) sowie die Glaubhaftigkeit einer Aussage. Keine Tatsachen im Sinne des § 359 Nr 5 StPO sind sog Rechtstatsachen (BGH NJW 1993, 1482 entgegen Peters Fehlerquellen, 65, vgl ders Strafprozess, 674 f, von dem der Begriff stammt, der solche Umstände bezeichnen soll, die sich auf die rechtlichen Grundlagen der Verurteilung beziehen) und rechtliche Bewertungen, also Änderungen der angewendeten Gesetze oder der Rechtsprechung (BVerfGE 12, 338, 340; BGHSt 39, 75, 79; OLG Düsseldorf JR 1998, 124), fehlerhafte Anwendungen materiellen Rechts (BGH MDR 1993, 167; vgl BGH wistra 1991, 30) oder Verfahrensfehler (KG GA 1974, 25). Über Verfahrensmängel wie etwa Verstöße gegen § 136 a StPO oder aber Verstöße gegen die höchstrichterliche Rechtsprechung zu Verfahrensabsprachen entscheidet nicht das Wiederaufnahmegericht, sondern das zuständige Rechtsmittelgericht (LG Landau StV 2009, 237). 21

22 Beweismittel sind die förmlichen Beweismittel der StPO, dh Zeugen, Sachverständige, Urkunden und Augenzeugen, nicht jedoch der Angeklagte selbst (KG JR 1976, 76 m abl Anm Peters). Personale Beweismittel sind die Aussagepersonen selbst, nicht ihre Erklärungen (KK-StPO/Schmidt StPO § 359 Rn 23 mwN). Daher sind veränderte Aussagen keine neuen Beweismittel, sondern allenfalls neue Tatsachen (ebenso wie ein Geständniswiderruf des Angeklagten).

2. Neuheit von Tatsachen oder Beweismitteln

23 Die Neuheit der Tatsachen oder Beweismittel schränkt den Anwendungsbereich des Wiederaufnahmegrundes nach § 359 Nr 5 StPO wesentlich ein. Die Bestimmung der Neuheit setzt einen Vergleich voraus zwischen dem, was Gegenstand des ursprünglichen Strafverfahrens war, und dem, was nun für das Wiederaufnahmeverfahren an Tatsachen und Beweismitteln vorliegt. Entscheidender Zeitpunkt, ab dem sich Neuheit ergeben kann, ist der Erlass des Urteils (soweit es in Rechtskraft erwächst). Bei Beschlüssen ohne vorangegangene Hauptverhandlung sowie bei Strafbefehlen ist der Akteninhalt entscheidender Anknüpfungspunkt (Meyer-Goßner StPO § 373a Rn 4; vgl. BVerfG NJW 2007, 207), wobei auch erkennbar unberücksichtigte Akteninhalte als neu anzusehen sind (Marxen/Tiemann Rn 178). Es müssen nicht sowohl Tatsachen, als auch Beweismittel neu sein. Sind die Tatsachen neu, können die Beweismittel bereits früher benutzt worden sein; sind die Tatsachen bereits bekannt, müssen die Beweismittel neu sein (Eisenberg JR 2007, 360, 362).

24 Neu sind Tatsachen, soweit sie bei der Überzeugungsbildung des erkennenden Gerichts nicht berücksichtigt wurden (BVerfG NJW 2007, 207, 208; BVerfG StV 2003, 225; vgl OLG Düsseldorf NJW 1987, 2030; OLG Frankfurt NJW 1978, 841). Unerheblich ist der Grund der Nichtberücksichtigung. Es kommt nicht darauf an, ob das Gericht die Tatsachen aus dem Akteninhalt hätte kennen und berücksichtigen müssen (zum Vergessen von zuvor bekannten Tatsachen durch das Gericht vgl OLG Frankfurt NJW 1978, 841), oder ob der Angeklagte die Tatsache zwar kannte, aber (gegebenenfalls sogar absichtlich) nicht vorgebracht hat (vgl OLG Düsseldorf NStZ 1993, 504; OLG Frankfurt JR 1984, 40 mAnm Peters; LG Saarbrücken NStZ 1989, 546 mAnm Gössel). Auch der Widerruf eines Geständnisses, das im Rahmen einer Absprache gemacht wurde bzw. die Umstände, auf die sich der Geständniswiderruf stützt (Förschner StV 2008, 443 zu AG Starnberg StV 2008, 516), können eine neue Tatsache darstellen.

25 Nicht neu sind Tatsachen, wenn sie lediglich unmittelbar denknotwendiges (und damit vom Gericht berücksichtigtes) Gegenteil einer festgestellten Tatsache sind (BGH NStZ 2008, 218, vgl weitergehend OLG Karlsruhe NJW 1958, 1247; **aA** OLG Frankfurt NJW 1978, 841, 842). Sind aber lediglich bestimmte Schlussfolgerungen aus einer Anknüpfungstatsache gezogen worden, so kann eine veränderte Anknüpfungstatsache, aus der sich nunmehr das Gegenteil einer dem rechtskräftigen Urteil zugrunde gelegten Feststellung folgern ließe, neu sein, wenn sie nicht vom Gericht berücksichtigt wurde (vgl Peters Fehlerquellen Bd 3, 79; Eisenberg JR 2007, 360, 362). Nicht neu sind Tatsachen, die ohne Erörterung in der Hauptverhandlung vom Gericht unter Verstoß gegen § 261 StPO verwertet (und so berücksichtigt) wurden (OLG Hamm GA 1957, 90; **aA** Meyer-Goßner StPO § 359 Rn 30 mwN).

26 Beweismittel sind neu, wenn sie vom Gericht erkennbar nicht berücksichtigt wurden. Dies kann jedoch nicht schon daraus geschlossen werden, das eine Auseinandersetzung mit Beweisergebnissen im Urteil nicht stattgefunden hat (vgl Eisenberg JR 2007, 360, 363).

Zeugen sind neu, wenn sie nicht gehört wurden (bei Vernehmung nur zu einem anderen Beweisthema kommt eine neue Tatsache in Betracht, vgl Marxen/Tiemann Rn 187; **aA** Löwe/Rosenberg/Gössel StPO § 359 Rn 110 mwN), sei es, weil sie die Aussage verweigerten (OLG Hamm JR 1981, 439; OLG Koblenz NStZ-RR 2005, 272), nicht erschienen sind (unzutreffend einschränkend OLG Oldenburg MDR 1985, 518 für den Fall, dass der Angeklagte nichts gegen die unterlassene Vernehmung eines zur Berufungshauptverhandlung geladenen, aber nicht erschienenen Zeugen unternommen hat), nicht erreichbar waren (OLG Hamm NJW 1956, 803), nicht benannt wurden (OLG Frankfurt JR 1984, 40 mAnm Peters) oder der Angeklagte auf ihre Vernehmung verzichtet hatte (OLG Köln NJW 1963, 967). Ein früherer Mitangeklagter, der als Zeuge vernommen werden soll, ist – zumal Mitangeklagte anders als Zeugen kein Beweismittel sind – ein neuer Zeuge (Marxen/

Tiemann Rn 189; **aA** OLG Düsseldorf JZ 1985, 452; OLG Hamm NStZ 1981, 155 geht von neuen Tatsachen aus).

Sachverständige sind neu, wenn sie im ursprünglichen Strafverfahren nicht gehört wurden (Gössel NStZ 1993, 565, 567; HK-StPO/Krehl StPO § 359 Rn 20; Meyer ZRP 1993, 284), da Sachverständige selbst als Beweismittel anzusehen sind. Nicht die Neuheit, sondern die Geeignetheit ist in Frage gestellt, wenn bereits ein anderer Sachverständiger in dem Verfahren vernommen wurde und der neue Sachverständige auf gleicher Tatsachengrundlage lediglich zu anderen Schlussfolgerungen gelangt (anders BGHSt 31, 365, 370; KG NJW 1991, 2505, 2507; OLG Düsseldorf NStZ 1987, 245: kein neues Beweismittel) oder über größere Sachkunde bzw bessere Forschungsmittel verfügt oder aus einem anderen speziellen Forschungsgebiet stammt (OLG Düsseldorf NStZ 1987, 245; HK-StPO/Krehl StPO § 359 Rn 20: insoweit Behauptung neuer Tatsachen) bzw im Ursprungsverfahren das Gericht aufgrund eigener Sachkunde keinen Sachverständigen gehört hat (KK-StPO/Schmidt StPO § 359 Rn 26). Soweit behauptet wird, der ursprünglich vernommene Sachverständige komme nunmehr zu anderen Ergebnissen, ist nicht von einem neuen Beweismittel, sondern von neuen Tatsachen auszugehen (vgl OLG Hamburg JR 2000, 380). 27

Urkunden sind neu, wenn sie im rechtskräftig abgeschlossenen Strafverfahren nicht gemäß § 249 Abs 1 oder Abs 2 StPO als Beweismittel in die Hauptverhandlung eingeführt wurden (Eisenberg JR 2007, 360, 364). Daher ist eine Urkunde neu, wenn sie lediglich zum Vorhalt verwendet wurde, allerdings kann dann die Geeignetheit in Frage gestellt sein (vgl Löwe/Rosenberg/Gössel StPO § 359 Rn 109). Während eine fehlerhafte Wahrnehmung der Urkunde ihre Neuheit begründen kann, schließt die lediglich fehlerhafte Würdigung bei Berücksichtigung die Neuheit aus (HK-StPO/Krehl StPO § 359 Rn 21; Marxen/Tiemann Rn 194). 28

Augenschein stellt ein neues Beweismittel dar, wenn ursprünglich keine Inaugenscheinnahme erfolgt oder das Augenscheinsobjekt fehlerhaft wahrgenommen worden ist (Marxen/Tiemann Rn 195 mwN; **aA** Meyer-Goßner StPO § 359 Rn 36 für den Fall, dass der Augenschein durch andere Beweismittel ersetzt wurde). Ob durch den Augenschein eine neue Erkenntnis gewonnen, beispielsweise die Glaubhaftigkeit einer Zeugenaussage erschüttert werden kann, ist eine Frage der Geeignetheit (**aA** Meyer-Goßner StPO § 359 Rn 36 unter Hinweis auf OLG Frankfurt NJW 1966, 2423). 29

3. Geeignetheit von Tatsachen oder Beweismitteln

Die Geeignetheit neuer Tatsachen oder Beweismittel ist für die Zulässigkeit des Wiederaufnahmeantrags erforderlich und muss sich – allein oder in Verbindung mit den früher erhobenen Beweisen – im Hinblick auf die in Nr 5 genannten Wiederaufnahmeziele ergeben. Dabei ist zunächst die Erheblichkeit gegenüber dem rechtskräftigen Urteil im Sinne der abstrakten Relevanz festzustellen (abstrakte Erheblichkeitsprüfung) und sodann zu prüfen, ob konkret eine hinreichende Erfolgsaussicht besteht (konkrete Geeignetheitsprüfung). 30

Geeignet, die Freisprechung des Angeklagten zu begründen, sind Tatsachen oder Beweismittel, welche die Täterschaft ausschließen bzw einen Rechtfertigungs-, Schuldausschließungs- oder Strafausschließungsgrund begründen können. Die Geeignetheit wird nicht dadurch ausgeschlossen, dass die vorgebrachten Entlastungen ihrerseits neue belastende Beweisergebnisse erbrächten (vgl BVerfG NJW 1995, 2035), beispielsweise wenn der Verurteilte eine fremde Tat auf sich genommen hatte und nunmehr eine Verurteilung wegen einer Straftat nach § 164 StGB, § 258 StGB zu erwarten ist. Denn unabhängig davon wäre bezüglich der vorgetäuschten Straftat die Freisprechung des Angeklagten begründet (BGHSt 32, 146, 148f). Wird eine Verurteilung, die auf das Institut der Wahlfeststellung zurückgegriffen hat, durch den Wiederaufnahmeantrag angegriffen, reicht es für die Geeignetheit zur Freisprechung aus, wenn die Tatsachen oder Beweismittel eine der beiden Straftaten ausschließen, wegen derer wahlweise verurteilt wurde (KK-StPO/Schmidt StPO § 359 Rn 31 mwN). Geeignetheit zur Teilfreisprechung bei tatmehrheitlicher Verurteilung genügt. Keine Freisprechung im Sinne des Nr 5 ist die Straffreierklärung bei wechselseitig begangenen Beleidigungen nach § 199 StGB (KG HRR 35, 560; Meyer-Goßner StPO § 359 Rn 38). Der Freisprechung stehen endgültige Verfahrenseinstellungen wegen fehlenden Strafantrages (OLG Bamberg NJW 1955, 1122), Verjährung, 31

Strafunmündigkeit oder des Verbotes der Doppelbestrafung gleich (KK-StPO/Schmidt StPO § 359 Rn 34).

32 Geeignet eine geringere Bestrafung zu begründen, sind Tatsachen oder Beweismittel im Sinne der Nr 5, wenn sie zur Anwendung eines milderen Strafgesetzes führen. Dies ist der Fall bei Verurteilung wegen Beihilfe statt Anstiftung oder Täterschaft, wegen Versuchs statt Vollendung (OLG Hamm NJW 1964, 1040; OLG Oldenburg NJW 1953, 435), nach Jugendstrafrecht statt allgemeinem Strafrecht (OLG Hamburg NJW 1952, 1150), wegen einer Privilegierung (Berücksichtigung strafmindernder Umstände) statt des Grundtatbestandes (OLG Hamm NJW 1955, 565), wegen des Grundtatbestandes statt einer Qualifikation (abweichende Mindest- oder Höchststrafe), wegen Tateinheit statt Tatmehrheit (OLG Hamm 1980, 717), bei Annahme eines vermeidbaren Verbotsirrtums, nicht jedoch bei erstrebter Verurteilung wegen eines minderschweren Falles oder Nichtvorliegens eines zuvor angenommen besonders schweren Falles oder der Strafaussetzung zur Bewährung (Meyer-Goßner StPO § 359 Rn 41 mwN). Die minderschwere Bestrafung muss im Hinblick auf die Hauptstrafe, nicht lediglich eine Nebenstrafe, erstrebt werden (HK-StPO/Krehl StPO § 359 Rn 26).

33 Geeignet, eine wesentlich andere Entscheidung über eine Maßregel der Besserung und Sicherung zu begründen, sind Tatsachen oder Beweismittel, wenn eine angeordnete Maßregel des § 61 StGB wegfällt (OLG Bremen NStZ 1981, 318), erheblich verkürzt oder durch eine der Art nach mildere Maßregel ersetzt wird (vgl Marxen/Tiemann Rn 215).

4. Beibringung neuer Tatsachen oder Beweismittel

34 Beigebracht sind Tatsachen oder Beweismittel, wenn sie so genau bezeichnet sind, dass das Wiederaufnahmegericht sie unmittelbar beiziehen und benutzen kann; bloße Vermutungen genügen nicht (HK-StPO/Krehl StPO § 359 Rn 28 f). Stehen die im Wiederaufnahmeantrag vorgebrachten Tatsachen oder Beweismittel in einem inneren Widerspruch zu denjenigen, die im ursprünglichen Strafverfahren vorgebracht wurden, ergibt sich eine (verfassungsrechtlich nicht zu beanstandende, BVerfG NJW 1994, 510) besondere Darlegungspflicht: Es ist zu erläutern, weshalb sie neu und geeignet sind (BGH NJW 1977, 59; OLG Düsseldorf NStZ 2004, 454).

So sind bei einem Geständniswiderruf die Motive für die Leistung des falschen Geständnisses und den verspäteten Widerruf nachvollziehbar darzulegen (BGH NJW 1977, 59). Auch ein Geständnis im Rahmen einer Verfahrensabsprache entfaltet grundsätzlich keine Bindungswirkung dahingehend, dass ein Wiederaufnahmeverfahren generell unzulässig wird (KG StraFo 2006, 169; Eschelbach HRRS 2008, 190, 203). Es gilt aber eine erweiterte Darlegungspflicht BayVerfGH NStZ 2004, 447; LG Landau, StV 2009, 237; Förschner StV 2008, 443, 444; **aA** Eschelbach HRRS 2008, 190, 204). Der nun geschilderte Verfahrensablauf muss dabei hinreichend wahrscheinlich sein (BVerfG BeckRS 2007, 23783; KG StraFo 2006, 169, **aA** Eschelbach HRRS 2008, 190, 207, der für einen Möglichkeitsmaßstab plädiert).

Auch beim inhaltlichen Abweichen von der ursprünglichen Einlassung gilt der Maßstab der Nachvollziehbarkeit (OLG Frankfurt StV 1984, 17; OLG Bremen NJW 1981, 2827; KG JR 1975, 166) und bei nunmehriger Berufung auf einen Zeugen, auf den zuvor verzichtet wurde (OLG Düsseldorf NStZ 1993, 504). Ebenso sind nachvollziehbare Gründe für eine behauptete Veränderung des Aussageverhaltens eines Zeugen oder Mitangeklagten anzugeben (OLG Köln NStZ 1991, 98). Die Steigerung der Darlegungspflicht darf aber nicht dazu führen, die Anforderungen an die Geeignetheit neuer Tatsachen dahingehend zu überspannen, dass nunmehr eine Gewissheit der Erreichung des Wiederaufnahmeziels verlangt würde (BVerfG BeckRS 2007, 23783; eingehend Hellebrand NStZ 2008, 374, 378).

VI. Verletzung der Europäischen Menschenrechtskonvention (Nr 6)

35 Der Wiederaufnahmegrund der durch den Europäischen Gerichtshof für Menschenrechte (EGMR) festgestellten Verletzung der Europäischen Menschenrechtskonvention (Nr 6) stellt insofern einen Sonderfall im Wiederaufnahmerecht dar, als er die Rechtskraftdurchbrechung nicht (allein) zugunsten materieller Wahrheit vorsieht, sondern – im Sinne der konventions-

freundlichen Ausgestaltung des innerstaatlichen Rechts (BT-Drs 13/10333, 4) – zugunsten fehlerfreier Rechtsanwendung. Indes regelt § 359 Nr 6 StPO einen relativen Wiederaufnahmegrund: Schon aus dem Wortlaut ergibt sich, dass das Urteil auf „dieser", dh der festgestellten Verletzung, beruhen muss. Damit vermag sich nur derjenige Verurteilte, der selbst vor dem EGMR obsiegt hat, auf § 359 Nr 6 StPO zu berufen (Meyer-Goßner StPO § 359 Rn 52; Bajohr S 89 f; Czerner, AVR 2008, 345, 364; **aA** Marxen/Tiemann Rn 281; für eine Gesetzesänderung Swoboda HRRS 2009, 188, 192; Czerner, AVR 2008, 345, 364). Im Wiederaufnahmeantrag muss das Beruhen unmittelbar verständlich dargelegt werden (OLG Stuttgart NStZ-RR 2000, 243). Weder im Wege der Auslegung noch im Rahmen einer Analogie kann § 359 Nr 6 StPO auf Fälle gemeinschaftsrechtswidriger Strafurteile angewandt werden (Bajohr, 107 ff); der Gesetzgeber sollte diesem Umstand durch Schaffung einer entsprechenden gesetzlichen Regelung abhelfen (Bajohr, 121 ff).

VII. Wiederaufnahmegrund gemäß § 79 Abs 1 BVerfGG

Einen absoluten Wiederaufnahmegrund (im Sinne materieller Gerechtigkeit) regelt § 79 Abs 1 BVerfGG: „Gegen ein rechtskräftiges Strafurteil, das auf einer mit dem Grundgesetz für unvereinbar oder nach § 78 für nichtig erklärten Norm oder auf der Auslegung einer Norm beruht, die vom Bundesverfassungsgericht für unvereinbar mit dem Grundgesetz erklärt worden ist, ist die Wiederaufnahme des Verfahrens nach den Vorschriften der Strafprozessordnung zulässig." 36

Die Norm bezieht sich damit ausdrücklich nur auf rechtskräftige Strafurteile, nicht auf Beschlüsse nach § 153 Abs 2 StPO (OLG Zweibrücken NJW 1996, 2246; Meyer-Goßner StPO Vor § 359 Rn 7). Gem § 95 Abs 3 S 3 BVerfGG gilt § 79 BVerfGG entsprechend, wenn der Verfassungsbeschwerde gegen ein Gesetz stattgegeben wird oder der Verfassungsbeschwerde gegen eine Entscheidung stattgegeben wird, weil die aufgehobene Entscheidung auf einem verfassungswidrigen Gesetz beruht. Wenn ein Landesverfassungsgericht eine landesrechtliche Norm (oder ihre Anwendung) für nicht landesverfassungskonform erklärt hat, ist § 79 Abs 1 BVerfGG entsprechend anzuwenden (Marxen/Tiemann Rn 519 mwN). Diskutiert wird eine analoge Anwendung auch bei gemeinschaftsrechtswidrigen Strafurteilen (Jokisch, 229; Satzger, 681 ff). Bei Kammerentscheidungen des BVerfG sei eine analoge Anwendung hingegen abzulehnen (Bajohr, 33). § 79 Abs 1 BVerfGG betrifft – gerade auch nach dem offenen Wortlaut – nicht nur Normen des materiellen Rechts (so Löwe/Rosenberg/Gössel StPO Vor § 359 Rn 161; vgl BVerfGE 11, 263, 265), sondern ist auch auf verfahrens- bzw gerichtsverfassungsrechtliche Gesetze anwendbar, wobei aber das Beruhen bei letzteren besonders zu prüfen ist (Marxen/Tiemann Rn 522; Bajohr, 68; vgl BGHSt 42, 314, 318 f, wo die Frage offen gelassen wurde). Umstritten ist die unmittelbare Anwendung des § 79 Abs 1 Var 3 BVerfGG auf Strafurteile, die auf der vom BVerfG für verfassungswidrig erklärten geistigen Auslegung des Gewaltbegriffs in § 240 StGB beruhen (dafür Bajohr, 56 ff; **aA** Graßhof NJW 1995, 3085, 3086 ff, der aber für eine analoge Anwendung plädiert). Lediglich rechtsfehlerhafte Urteile können im Wiederaufnahmeverfahren gemäß § 79 Abs 1 BVerfGG nicht aufgehoben werden (OLG Köln NStZ-RR 2008, 213).

§ 360 [Keine Hemmung der Vollstreckung]

(1) Durch den Antrag auf Wiederaufnahme des Verfahrens wird die Vollstreckung des Urteils nicht gehemmt.

(2) Das Gericht kann jedoch einen Aufschub sowie eine Unterbrechung der Vollstreckung anordnen.

Überblick

§ 360 StPO bringt zum Ausdruck, dass ein Wiederaufnahmeantrag grundsätzlich keinen Suspensiveffekt hat (Abs 1), aber im Sinne materieller Gerechtigkeit eine Vollstreckung von Fehlurteilen frühzeitig verhindert werden kann (Abs 2).

A. Keine Hemmung der Vollstreckung (Abs 1)

1   Eine aufschiebende Wirkung kommt dem Antrag auf Wiederaufnahme nach Abs 1 nicht zu. Der rechtskräftig Verurteilte vermag nicht allein durch einen Wiederaufnahmeantrag einen Aufschub oder eine Unterbrechung der Strafvollstreckung herbeizuführen. Erst die Anordnung der Wiederaufnahme und der Erneuerung der Hauptverhandlung durch den Beschluss nach § 370 Abs 2 StPO machen die (weitere) Vollstreckung (durch Beseitigung der Rechtskraft) unzulässig.

B. Anordnung von Aufschub oder Unterbrechung (Abs 2)
I. Voraussetzung der Anordnung

2   Voraussetzung für die Anordnung von Aufschub oder Unterbrechung ist der begründete Anlass zu der Annahme, dass der Wiederaufnahmeantrag Erfolg haben wird (LG Gießen NJW 1994, 465, 467; HK-StPO/Krehl StPO § 360 Rn 3; Marxen/Tiemann Rn 491). Die behaupteten Wiederaufnahmetatsachen und benannten Beweise müssen einen solchen Grad innerer Wahrscheinlichkeit haben, dass die Vollstreckung im Hinblick auf das Wiederaufnahmeverfahren bedenklich erscheint (OLG Hamm JMBl NRW 1980, 276; JMBl NRW 1990, 140, 141; OLG Karlsruhe Justiz 1979, 233; LG Gießen NJW 1994, 465, 467). Nicht ausreichend sind die bloße Möglichkeit einer erfolgreichen Wiederaufnahme oder schon die Zulässigkeit des Antrags auf Wiederaufnahme nach § 368 StPO (HK-StPO/Krehl StPO § 360 Rn 3; Marxen/Tiemann Rn 491; vgl OLG Hamm MDR 1978, 691 f). Eine Wertung parallel zu § 112 Abs 1 StPO, nach der die Vollstreckung aufzuschieben oder zu unterbrechen wäre, wenn aus Sicht des Wiederaufnahmegerichts kein dringender Tatverdacht mehr besteht (so SK-StPO/Frister/Deiters StPO § 360 Rn 4 f; KMR/Eschelbach StPO § 360 Rn 18 f), ist unzutreffend, da für den rechtskräftig Verurteilten die Unschuldsvermutung nicht gilt und die Rechtskraft der Verurteilung mit Antragstellung gerade noch nicht durchbrochen ist. Das rechtskräftige Urteil als Bezugspunkt ist indes nicht erst dann erschüttert, wenn der Wiederaufnahmeantrag mit „einiger Sicherheit" Erfolg haben wird (OLG Hamm MDR 1978, 671, 672), sondern schon, wenn dies mit einer „gewissen Wahrscheinlichkeit" eintritt (OLG Hamm JMBl NRW 1980, 276; JMBl NRW 1990, 140; OLG Karlsruhe Justiz 1979, 237; LG Gießen NJW 1994, 465, 467; vgl AK/Loos StPO § 360 Rn 4: überwiegende Wahrscheinlichkeit).

3   Eine Unterbrechung der Vollstreckung kann nicht nur dann geboten sein, wenn eine Freisprechung angestrebt wird, sondern auch, wenn in Anwendung eines milderen Strafgesetzes eine (erheblich) geringere Bestrafung erfolgen soll (LG Aschaffenburg StV 2005, 238, 239: Vergehen statt Verbrechen).

4   Die Anordnung nach § 360 Abs 2 StPO kann wieder aufgehoben werden, wenn ihre Voraussetzungen wegfallen. Sie wird gegenstandslos, sobald ein Beschluss nach § 370 StPO (Abs 1 oder Abs 2) Rechtskraft erlangt.

II. Gegenstand der Anordnung nach Abs 2

5   Gegenstände der Anordnung nach Abs 2 können grundsätzlich alle vollstreckbaren Rechtsfolgen sein, dh Strafen (auch Einzelstrafen bei Gesamtstrafe, OLG Hamm JMBl NRW 1990, 1409), freiheitsentziehende Maßregeln nach § 63 StGB bis § 66 StGB (OLG Hamm NStZ-RR 1997, 327), aber auch Sperren von Befugnissen, zB Berufsverbot nach § 70 StGB und Fahrverbot nach 44 StGB, sowie Verfall und Einziehung (vgl HK-StPO/Kehl StPO § 360 Rn 2). Da aber die Entziehung der Fahrerlaubnis nach § 69 StGB nicht vollstreckt wird, sondern die Fahrerlaubnis mit Urteilsrechtskraft erlischt, kann sich die Anordnung nach § 360 Abs 2 StPO nicht darauf beziehen (HK-StPO/Schmidt StPO § 360 Rn 6 mwN).

III. Verfahren

6   Ausschließlich das Gericht – nicht die Staatsanwaltschaft als Vollsteckungsbehörde – kann durch Beschluss nach § 360 Abs 2 den Aufschub oder die Unterbrechung der Vollstreckung

anordnen (Marxen/Tiemann Rn 494 mwN; **aA** Meyer-Goßner StPO § 360 Rn 4: „Vollstreckungsaufschub durch die Vollstreckungsbehörde"). Zuständig ist das Wiederaufnahmegericht nach § 140a GVG, bei sofortiger Beschwerde gegen Beschlüsse nach § 368 Abs 1 StPO, § 370 Abs 1 StPO das Beschwerdegericht. Die Entscheidung erfolgt ohne mündliche Verhandlung durch Beschluss (von Amts wegen oder auf Antrag). Hat nicht die Staatsanwaltschaft den Antrag gestellt, ist sie gemäß § 33 Abs 2 StPO anzuhören.

Der Beschluss nach Abs 2 kann nach § 372 S 1 StPO mit sofortiger Beschwerde 7 angefochten werden (BGH NJW 1978, 431; OLG Frankfurt NJW 1965, 314; OLG Koblenz NJW 1961, 1418; OLG Düsseldorf NJW 1958, 1248). Die Staatsanwaltschaft ist stets beschwerdeberechtigt, der Verurteilte im Fall eines ablehnenden Beschlusses. Die Entscheidung des Beschwerdegerichts ist unanfechtbar (OLG Düsseldorf NJW 1958, 1248).

§ 361 [Vollstreckung und Tod keine Ausschlussgründe]

(1) Der Antrag auf Wiederaufnahme des Verfahrens wird weder durch die erfolgte Strafvollstreckung noch durch den Tod des Verurteilten ausgeschlossen.

(2) Im Falle des Todes sind der Ehegatte, der Lebenspartner, die Verwandten auf- und absteigender Linie sowie die Geschwister des Verstorbenen zu dem Antrag befugt.

Überblick

Die Vorschrift dient dem Rehabilitationsinteresse des Verurteilten, das weder durch bereits erfolgte Strafvollstreckung noch durch den Tod endet.

A. Anwendungsbereich

Der Anwendungsbereich des § 361 StPO ist davon geprägt, dass rechtskräftige Verurtei- 1 lungen diskriminierend wirken und eine Rehabilitierung erfordern können. Daher stehen der Strafvollstreckung die (in Abs 1 nicht ausdrücklich genannte) Vollstreckungsverjährung, Begnadigung und Amnestie gleich; die Wiederaufnahme wird auch nicht durch die Tilgung der Verurteilung im Bundeszentralregister gehindert (KK-StPO/Schmidt StPO § 361 Rn 1). Stirbt der Verurteilte vor Rechtskraft des Urteils, gilt für ihn noch die Unschuldsvermutung des Art 6 Abs 2 EMRK, so dass eine entsprechende Anwendung des § 361 nicht geboten ist (BGH NStZ 1983, 179; **aA** Marxen/Tiemann Rn 4 mwN, die auf die faktische Belastung abstellen). Anstelle des verstorbenen Antragstellers können die in Abs 2 genannten Angehörigen das Wiederaufnahmeverfahren durch ausdrückliche Erklärung weiter betreiben (BGHSt 43, 169, 171).

B. Antragsberechtigte

Antragsberechtigt ist im Falle des Todes des Verurteilten neben den in § 361 Abs 2 StPO 2 genannten (zu denen der geschiedene Ehegatte ebenso wenig gehört, wie nichtverwandte gesetzliche Vertreter und Erziehungsberechtigte) die Staatsanwaltschaft, die mit Blick auf den Normzweck des § 361 StPO die Wiederaufnahme nur zugunsten des Verurteilten beantragen darf (Marxen/Tiemann Rn 498 mwN). Die in Abs 2 bezeichneten Angehörigen eines Verstorbenen, unter dessen Namen ein anderer verurteilt wurde, können analog § 361 Abs 2 StPO die Berichtigung des Urteils verlangen (Meyer-Goßner StPO § 361 Rn 3; Peters Fehlerquellen Bd 3 S 117 f).

Ergeben sich Schwierigkeiten bzgl der Sach- und Rechtslage, so ist den in § 361 Abs 2 3 StPO genannten Angehörigen des Verstorbenen analog § 364a StPO auf Antrag ein Verteidiger für das Wiederaufnahmeverfahren zu bestellen (OLG Stuttgart NStZ 1999, 587; **aA** KK-StPO/Schmidt StPO § 364a Rn 3; SK-StPO/Frister/Deiters StPO § 364a Rn 11). Für das Verfahren ist § 371 Abs 1 StPO (keine Hauptverhandlung gegen verstorbenen Verurteilten) zu beachten.

§ 362 [Wiederaufnahme zuungunsten des Angeklagten]

Die Wiederaufnahme eines durch rechtskräftiges Urteil abgeschlossenen Verfahrens zuungunsten des Angeklagten ist zulässig,
1. wenn eine in der Hauptverhandlung zu seinen Gunsten als echt vorgebrachte Urkunde unecht oder verfälscht war;
2. wenn der Zeuge oder Sachverständige sich bei einem zugunsten des Angeklagten abgelegten Zeugnis oder abgegebenen Gutachten einer vorsätzlichen oder fahrlässigen Verletzung der Eidespflicht oder einer vorsätzlichen falschen uneidlichen Aussage schuldig gemacht hat;
3. wenn bei dem Urteil ein Richter oder Schöffe mitgewirkt hat, der sich in Beziehung auf die Sache einer strafbaren Verletzung seiner Amtspflichten schuldig gemacht hat;
4. wenn von dem Freigesprochenen vor Gericht oder außergerichtlich ein glaubwürdiges Geständnis der Straftat abgelegt wird.

Überblick

Die Wiederaufnahme zuungunsten des Angeklagten ermöglicht in engen Grenzen einen Eingriff in das verfassungsrechtliche Verbot der Doppelbestrafung (Art 103 Abs 3 GG).

Übersicht

	Rn		Rn
A. Grundlagen	1	II. Glaubwürdiges Geständnis durch den Freigesprochenen (Nr 4)	5
I. Normzweck und Einschränkungen	1	1. Freispruch	5
II. Antragsberechtigung	2	2. Glaubhaftes Geständnis	6
III. Keine Geltung des Legalitätsprinzips	3	III. Neue Tatsachen oder Beweismittel in § 362 StPO	10
B. Wiederaufnahmegründe	4		
I. Nr 1 bis Nr 3	4		

A. Grundlagen

I. Normzweck und Einschränkungen

1 Zugunsten materieller Wahrheit, die (in den Grenzen des § 363 StPO) Grundlage einer gerechten Bestrafung sein soll, ist auch eine Wiederaufnahme zuungunsten des Angeklagten unter den nicht beliebig erweiterbaren Voraussetzungen des § 362 StPO verfassungsrechtlich zulässig (BVerfG NJW 1953, 1137; BVerfGE 3, 248, 252; BVerfGE 12, 62, 66; vgl Eisenberg JR 2007, 360, 361, auch zur Diskussion um die Einführung eines weiteren Wiederaufnahmegrundes zuungunsten des Angeklagten für den Fall, dass sich nachträglich ergibt, dass die Tat nicht unter dem Einfluss eines Zustandes im Sinne des § 63 StGB begangen worden ist, BT-Drs 16/1344, BT-Drs 16/5137). Im Hinblick auf Art 103 Abs 3 GG ist § 362 StPO restriktiv auszulegen (HK-StPO/Krehl StPO § 362 Rn 1; vgl v. Münch/Kunig/Kunig GG Art 103 Rn 47). Die Strafverfolgungsverjährung steht der Wiederaufnahme entgegen (OLG Nürnberg NStZ 1988, 555; Meyer-Goßner StPO § 362 Rn 1 mwN; **aA** BGH MDR 1979, 1311; OLG Düsseldorf NJW 1988, 2251 f).

II. Antragsberechtigung

2 Antragsberechtigt ist die Staatsanwaltschaft, außerdem der Privatkläger (§ 390 Abs 1 S 2 StPO), nicht jedoch der Nebenkläger (Rieß NStZ 1988, 15).

III. Keine Geltung des Legalitätsprinzips

3 § 152 Abs 2 StPO ist systematisch dem Verfahren im ersten Rechtszug (2. Buch der StPO) zugeordnet; im Wiederaufnahmeverfahren (4. Buch) gilt das Legalitätsprinzip nicht, zumal

die Überprüfung der tatsächlichen Grundlagen einer rechtskräftigen Verurteilung bei der Entscheidung über die Wiederaufnahme über „zureichende tatsächliche Anhaltspunkte" hinausgeht (Kleinknecht Bruns FS 1978, 475, 476 f; Marxen/Tiemann Rn 293; Meyer-Goßner StPO § 362 Rn 1; **aA** KK-StPO/Schmidt StPO § 362 Rn 4; HK-StPO/Krehl StPO § 362 Rn 1). Die §§ 351 StPO ff finden entsprechende Anwendung mit der Einschränkung, dass eine Zustimmung des Gerichts nicht erforderlich ist (Meyer-Goßner StPO § 362 Rn 1).

B. Wiederaufnahmegründe

I. Nr 1 bis Nr 3

Die Wiederaufnahmegründe Nr 1 bis Nr 3 entsprechen § 359 Nr 1 bis Nr 3, ohne dass es darauf ankommt, ob der Angeklagte die Pflichtverletzungen (insbesondere nach Nr 3) veranlasst hat (**aA** Grünewald ZStW 2008, 545, 562, 574 ff). Ist der Angeklagte im rechtskräftigen Urteil verurteilt worden, muss § 363 StPO beachtet werden (Meyer-Goßner StPO § 362 Rn 3; KK-StPO/Schmidt StPO § 362 Rn 8). Nr 2 ist nicht anwendbar, wenn für den Zeugen ein Schuldausschließungsgrund gegeben ist (KG JZ 1997, 629 mAnm Marxen). 4

II. Glaubwürdiges Geständnis durch den Freigesprochenen (Nr 4)

1. Freispruch

Nr 4 lässt (anders als Nr 1 bis Nr 3) ausschließlich die Wiederaufnahme zuungunsten **eines Freigesprochenen** zu. Selbst wenn die verhängte Strafe zu derjenigen, die wegen einer gestandenen erheblich schwereren Tat zu verhängen wäre, außer Verhältnis steht, ist Nr 4 nicht anwendbar (KK-StPO/Schmidt StPO § 362 Rn 9 mwN; **aA** Peters Strafprozess S 678). Bei angenommener Täterschaft kann sich die Wiederaufnahme auf den Gegenstand eines Teilfreispruchs beziehen (OLG Celle Nds Rpfl 1959, 120; Meyer-Goßner StPO § 362 Rn 4). Die Maßregelanordnung gegen einen Schuldunfähigen im Sicherungsverfahren gemäß §§ 413 StPO ff steht einem Freispruch gleich, nicht jedoch die Zuchtmittelanordnung (nach Schuldspruch) im Jugendstrafrecht (Meyer-Goßner StPO § 362 Rn 4; KK-StPO/Schmidt StPO § 362 Rn 9, beide mwN). 5

2. Glaubhaftes Geständnis

Erforderlich ist ein Geständnis des Freigesprochenen selbst (Marxen/Tiemann Rn 310) bzgl der abgeurteilten Tat im strafprozessualen Sinne (§ 264 StPO) (HK-StPO/Krehl StPO § 362 Rn 5; Meyer-Goßner StPO § 362 Rn 5; KK-StPO/Schmidt StPO § 362 Rn 12). Es genügt das Eingestehen des äußeren Tatbestandes sowie der Täterschaft; ein Bestreiten von Vorsatz, Rechtswidrigkeit oder Schuld soll unerheblich sein (BayObLGSt 21, 226; KK-StPO/Schmidt StPO § 362 Rn 11 mwN; **aA** SK-StPO/Frister/Deiters StPO § 362 Rn 16; HK-StPO/Krehl StPO § 362 Rn 5). 6

Die Glaubhaftigkeit („Glaubwürdigkeit") des Geständnisses bewertet das Wiederaufnahmegericht nach pflichtgemäßem Ermessen unter Berücksichtigung insbesondere der Lebenserfahrung und des denkgesetzlich Möglichen (SK-StPO/Frister/Deiters StPO § 362 Rn 18). Ein Widerruf steht der Glaubhaftigkeit des Geständnisses nicht ohne weiteres entgegen (OLG Hamm GA 1957, 123). 7

Nach dem Freispruch muss das Geständnis abgelegt sein. Dies ist auch dann der Fall, wenn der Freispruch zum Zeitpunkt des Geständnisses noch nicht rechtskräftig war (KK-StPO/Schmidt StPO § 362 Rn 13). 8

In der Antragsbegründung zu bezeichnen sind Inhalt und Zeitpunkt des Geständnisses sowie die Person oder Stelle („vor Gericht oder außergerichtlich"), vor der es abgelegt wurde; darüber hinaus sind die tatsächlichen Grundlagen der Glaubhaftigkeit anzugeben. 9

III. Neue Tatsachen oder Beweismittel in § 362 StPO

Ein zu § 359 Nr 5 StPO vergleichbarer Wiederaufnahmegrund wegen neuer Tatsachen oder Beweismittel ist in § 362 StPO nicht geregelt. Nach einem Gesetzentwurf des Bundes- 10 rates (BT-Drs 16/7957) in der vergangenen Legislaturperiode sollte künftig für bestimmte Straftaten (Mord und mit lebenslanger Freiheitsstrafe zu ahnenden Verbrechen nach dem VStGB) eine Wiederaufnahme zuungunsten Freigesprochener auch dann möglich sein, wenn aufgrund neuer, wissenschaftlich anerkannter technischer Untersuchungsmethoden neue Tatsachen oder Beweismittel beigebracht werden, die zur Überführung des Freigesprochenen geeignet sind. Die Prüfung dieses Vorschlags wird auch im Koalitionsvertrag genannt (Koalitionsvertrag, 108).

Ausweislich der Gesetzesbegründung sollte hierdurch insbesondere erreicht werden, dass in Fällen schwerster Kriminalität ein rechtskräftiger Freispruch aufgehoben werden kann, wenn eine später vorgenommene DNA-Analyse den Freigesprochenen belastet (BT-Drs 16/7957, 7).

11 Schon im Rahmen der Sachverständigenanhörung im März 2009 wurde zutreffend auf erhebliche Bedenken an der Verfassungskonformität des Gesetzesvorhabens hingewiesen. Der Entwurf ist mit dem verfassungsrechtlich verbürgten „ne bis in idem" Grundsatz (Art 103 Abs 3 GG) nicht in Einklang zu bringen. Die in § 362 Nr 1 bis Nr 4 StPO vorgesehenen Durchbrechungen des Verbots der Doppelbestrafung stehen nur deshalb in Einklang mit Art 103 Abs 3 GG, weil sie bereits zum Zeitpunkt der Schaffung des GG anerkannt waren und daher als immanente Grundrechtsschranken fortwirken (BVerfGE 2, 249, 252; kritisch hierzu Neumann Jung FS 2007, 655, 657 ff). Dies gilt jedoch nicht für die zusätzliche Beweisgewinnung infolge der Entwicklung neuer kriminaltechnischer Untersuchungsmethoden, so dass der Entwurf die verfassungsrechtliche Wertung missachtet, wonach eine Wiederaufnahme zuungunsten Freigesprochener allein auf Grund einer späteren Veränderung der Beweislage gerade nicht statthaft ist (Marxen/Tiemann ZIS 2008, 188, 189; Scherzberg/Thiée ZRP 2008, 80, 81; Grünewald ZStW 2008, 545, 570 ff). Zugleich steht er in nicht aufzulösendem Widerspruch zu Art 3 Abs 1 GG, da er sonstige schwerwiegende Straftaten (zB § 212 Abs 2 StGB, § 176 b StGB) sowie anders als im technischen Wege gewonnene Beweismittel und Tatsachen von der Wiederaufnahmemöglichkeit ausschließt, obgleich hierfür kein sachlich rechtfertigender Grund existiert (Marxen/Tiemann ZIS 2008, 188, 193).

12 Zweifel bestehen auch an der rechts- und kriminalpolitischen Notwendigkeit des Reformvorhabens. Das positive Ergebnis einer DNA-Analyse liefert allenfalls ein bedeutsames Indiz für die Tatbegehung durch den Angeklagten, ist für sich genommen aber nicht geeignet einen unzweifelhaften Nachweis seiner Schuld zu liefern (BGHSt 38, 320, 322 ff) und kann daher die mit einer doppelten Strafverfolgung einhergehenden Belastungen nicht rechtfertigen (Scherzberg/Thiée ZRP 2008, 80, 82). Selbst in denjenigen Konstellationen, in denen Fortschritte in der Untersuchungstechnik tatsächlich die Überführung von Tätern eines Tötungsdeliktes verbessern können, liefern sie noch keine Aussage über die Abgrenzung zwischen Mord und Totschlag, die aber gerade über die Anwendbarkeit des Wiederaufnahmegrundes entscheiden soll (Marxen/Tiemann ZIS 2008, 188, 194). Insgesamt ist es abzulehnen, aufgrund von als besonders schwerwiegend empfundenen Einzelfällen, Eingriffe in die Grundstruktur des Rechts auf Wiederaufnahme zuungunsten des Angeklagten vorzunehmen (Marxen/Tiemann ZIS 2008, 188, 194; Grünewald ZStW 2008, 545, 578 f). Mit Blick auf parallele Entwicklungen in England ist außerdem fraglich, ob die geplante Einschränkung auf bestimmte Straftaten so Bestand hätte oder ob dies nicht nur der erste Schritt auf dem Weg der Erosion des Grundsatzes der Rechtssicherheit im Strafverfahren wäre (Swoboda HRRS 2009, 188, 197).

§ 363 [Unzulässigkeit]

(1) Eine Wiederaufnahme des Verfahrens zu dem Zweck, eine andere Strafbemessung auf Grund desselben Strafgesetzes herbeizuführen, ist nicht zulässig.

(2) Eine Wiederaufnahme des Verfahrens zu dem Zweck, eine Milderung der Strafe wegen verminderter Schuldfähigkeit (§ 21 des Strafgesetzbuches) herbeizuführen, ist gleichfalls ausgeschlossen.

Überblick

Sowohl für die Wiederaufnahme zugunsten als auch zuungunsten des Angeklagten beschränkt § 363 StPO deren zulässige Zwecke dahingehend, dass eine lediglich andere Strafzumessungsentscheidung (aufgrund desselben Strafgesetzen oder wegen Anwendung des § 21 StGB) nicht erstrebt werden kann.

A. Andere Strafbemessung

§ 363 StPO gilt nur für die Bemessung der Hauptstrafen, nicht jedoch für Maßregeln der Besserung und Sicherung (aA KK-StPO/Schmidt StPO § 363 Rn 3) oder Nebenstrafen und Nebenfolgen (Meyer-Goßner StPO § 363 Rn 2; HK-StPO/Krehl StPO § 363 Rn 1). Keine Anwendung findet § 363 Abs 1 StPO auf einen Wiederaufnahmeantrag, der eine Änderung des Schuldspruchs zum Ziel hat, selbst „wenn ein wegen mehrfacher tateinheitlicher Verletzung desselben Strafgesetzes Verurteilter sich nur gegen die Anzahl der ihm zur Last gelegten Gesetzesverletzungen wendet", weil insoweit keine Verurteilung „aufgrund desselben Strafgesetzes" im Sinne von § 363 Abs 1 StPO vorliegt (BGHSt 48, 153, 156 f; aA Gössel JR 2003, 518; Meyer-Goßner StPO § 363 Rn 2, Ziemann JR 2006, 409). Ebenfalls keine Anwendung findet § 363 StPO auf Verfahren nach § 79 Abs 1 BVerfGG (BGHSt 18, 339, 343; Bajohr, 39 ff; aA LG Berlin NJW 2001, 2271).

B. Dasselbe Strafgesetz (Abs 1)

Der Zweck, eine andere Strafbemessung aufgrund desselben Strafgesetzes herbeizuführen, ist unzulässig (Abs 1). Ein anderes Strafgesetz muss nicht in einem anderen Paragraphen geregelt sein (Meyer-Goßner StPO § 363 Rn 3; KK-StPO/Schmidt StPO § 363 Rn 4). Entscheidend ist, ob ein selbständiger Tatbestand vorliegt oder zumindest Tatumstände geregelt sind, bei deren Vorliegen die Strafbarkeit erhöht oder vermindert wird (BGHSt 11, 361, 362 f; KK-StPO/Schmidt StPO § 363 Rn 4; HK-StPO/Krehl StPO § 363 Rn 2). Eine zwingende Änderung des Strafrahmens ist nicht erforderlich; es genügt, dass unter Anwendung des anderen Strafgesetzes milder bestraft werden kann (KK-StPO/Schmidt StPO § 363 Rn 5), zB bei Versuch (vgl § 23 Abs 2 StGB) statt Vollendung (OLG Hamm NJW 1964, 1040; OLG Oldenburg NJW 1953, 435). Unbenannte besonders schwere oder minderschwere Fälle (zB § 213 Var 2 StGB, § 224 Abs 1 Hs 2 StGB) genügen anders als benannte Strafänderungsgründe (zB § 213 Var 1 StGB) nicht. Selbst Strafschärfungsgründe mit Regelbeispielen stellen kein anderes Gesetz im Sinne des § 363 Abs 1 StPO dar (OLG Düsseldorf NStZ 1984, 571; Löwe/Rosenberg/Gössel StPO § 363 Rn 13; aA SK-StPO/Frister/Deiters StPO § 363 Rn 16; AK/Loos StPO § 363 Rn 9). Ein anderes Strafgesetz ist gegeben bei Beihilfe statt Anstiftung oder Täterschaft, Jugendstrafrecht statt allgemeinem Strafrecht (OLG Hamburg NJW 1952, 1150), Anrechnung von Auslandshaft gemäß § 51 Abs 3 StGB (OLG Stuttgart NJW 1968, 2206), bei Berücksichtigung eines Täter-Opfer-Ausgleichs oder der Schadenswiedergutmachung nach § 46 a StGB (Rieß FS Gössel 657, 662), Qualifikationen und Privilegierungen (OLG Hamm NJW 1955, 565) sowie Tateinheit statt Tatmehrheit (OLG Hamm 1980, 717).

C. Verminderte Schuldfähigkeit (Abs 2)

Der verfassungskonforme (BVerfGE 5, 22) Abs 2 trifft eine Zulässigkeitsbeschränkung, die noch über Abs 1 hinausgeht. Zwar regelt § 21 StGB keinen benannten Strafmilderungsgrund, doch ist eine Wiederaufnahme mit dem Zweck, eine darauf gerichtete Strafmilderung herbeizuführen, unzulässig. Die Regelung steht auch einer Wiederaufnahme entgegen, mit der durch Anwendung des § 21 StGB eine Aussetzung der Strafe zur Bewährung erreicht werden (OLG Stuttgart Justiz 1982, 166) oder wenn anstelle einer lebenslangen eine zeitige Freiheitsstrafe treten soll (OLG Düsseldorf JMBl NRW 1990, 46).

Soweit nach BGH (GSSt) die Anwendung des Strafrahmens des § 49 Abs 1 Nr 1 StGB wegen außergewöhnlicher Umstände in Fällen heimtückischer Tötung in Betracht kommt, ist eine Wiederaufnahme schon nach Abs 1 ausgeschlossen, weil es sich um einen unbenannten Strafmilderungsgrund handelt (BGHSt 30, 105, 120 f; vgl AK/Loos StPO § 363 Rn 10), ohne dass es auf eine entsprechende Anwendung des Abs 2 ankäme (**aA** OLG Bamberg NJW 1982, 1714).

§ 364 [Behauptung einer Straftat]

¹**Ein Antrag auf Wiederaufnahme des Verfahrens, der auf die Behauptung einer Straftat gegründet werden soll, ist nur dann zulässig, wenn wegen dieser Tat eine rechtskräftige Verurteilung ergangen ist oder wenn die Einleitung oder Durchführung eines Strafverfahrens aus anderen Gründen als wegen Mangels an Beweis nicht erfolgen kann.** ²**Dies gilt nicht im Falle des § 359 Nr. 5.**

Überblick

§ 364 StPO stellt eine besondere Zulässigkeitsvoraussetzung für solche Wiederaufnahmegründe zuungunsten oder zugunsten des Angeklagten auf, die auf die Behauptung einer Straftat gegründet sind (§ 362 Nr 1 bis Nr 3 StPO bzw § 359 Nr 1 bis Nr 3 StPO, wobei wegen S 2 praktische Bedeutung vor allem für § 359 Nr 3 StPO verbleibt).

A. Rechtskräftige Verurteilung und Verfolgungshindernisse (S 1)

1   Grundsätzlich ist die rechtskräftige Verurteilung des Täters Voraussetzung für die Zulässigkeit eines Wiederaufnahmeantrags, der auf die Behauptung einer Straftat gegründet werden soll (S 1 Var 1). Der Schuldspruch muss die sichere Feststellung einer Straftat im Sinne des § 364 Abs 1 StPO enthalten, um die Wiederaufnahme legitimieren zu können; Wahlfeststellung reicht dazu nicht aus (SK-StPO/Frister/Deiters StPO § 364 Rn 5; Marxen/Tiemann Rn 286 mwN). Eine Ausnahme von diesem Erfordernis lässt S 1 Var 2 zu, wenn die Einleitung oder Durchführung eines Strafverfahrens aus anderen Gründen als wegen mangels an Beweisen nicht erfolgen kann. Dazu zählen Strafverfolgungshindernisse (Tod, Verhandlungsunfähigkeit, Verjährung, Amnestie, Fehlen der deutschen Gerichtsbarkeit), Abwesenheit und unbekannter Aufenthalt (BGHSt 48, 153, 155), Einstellung nach §§ 153 StPO ff (Böse JR 2005, 12), insbesondere nach § 154 Abs 1 StPO (OLG Düsseldorf GA 1980, 393). Voraussetzung ist in diesen Fällen, dass das Antragsvorbringen einen konkreten Tatverdacht im Sinne des § 152 Abs 2 StPO begründet (BGHSt 48, 153, 155; OLG Düsseldorf GA 1980, 393, 396; KK-StPO/Schmidt StPO § 364 Rn 6 mwN; **aA** SK-StPO/Frister/Deiters StPO § 364 Rn 7; Marxen/Tiemann Rn 287 fordern hinreichenden Tatverdacht). Die auf die Behauptung einer Straftat gegründete Wiederaufnahme scheidet aus, wenn im Hinblick auf die behauptete Straftat ein rechtskräftiger Freispruch aus Mangel an Beweis erfolgt ist.

B. Keine Beschränkung im Falle des § 350 StPO (S 2)

2   Die Beschränkung des S 1 – das grundsätzliche Erfordernis einer rechtskräftigen Verurteilung – gilt nach S 2 nicht im Fall der auf neue Tatsachen oder Beweismittel gegründeten Wiederaufnahme nach § 359 Nr 5 StPO. Damit wird die praktische Bedeutung von § 359 Nr 1 bis Nr 3 StPO gemindert: Der Verurteilte hat eine Wahlmöglichkeit zwischen der auf neue Tatsachen oder Beweismittel gegründeten Wiederaufnahme einerseits und § 359 Nr 1 bis Nr 3 StPO andererseits (Marxen/Tiemann Rn 289). Ein Vorrang von § 359 Nr 1 bis Nr 3 StPO gegenüber § 359 Nr 5 StPO im Sinne einer Spezialität oder aus Gründen der Subsidiarität ist der gesetzlichen Regelung, nach der die Wiederaufnahmegründe selbstständig nebeneinander stehen, nicht zu entnehmen, auch wenn bereits eine Verurteilung wegen einer Straftat im Sinne der Nr 1 bis Nr 3 erfolgt ist (SK-StPO/Frister/Deiters StPO § 364 Rn 1; **aA** Meyer-Goßner StPO § 364 Rn 3; Schneidewin JZ 1957, 537). § 364 S 2 StPO ermöglicht, dass der Verurteilte seinen Wiederaufnahmeantrag nach § 359 Nr 5 StPO auf neue Tatsachen oder Beweismittel gründet, aus denen sich die Unglaubwürdigkeit eines Belastungszeugen ergibt, ohne dass die Voraussetzungen des § 364 S 1 StPO erfüllt sein

müssen (OLG Celle NJW 1967, 216; OLG Hamburg NJW 1957, 601; vgl OLG Düsseldorf GA 1980, 393, 396 f).

Indes ist das Wiederaufnahmegericht nicht an die vom Antragsteller gewählte Bezeichnung des Wiederaufnahmeantrags gebunden (KK-StPO/Schmidt StPO § 364 Rn 4), vielmehr muss es diejenige Vorschrift anwenden, die für den Antragsteller jeweils günstiger ist (OLG Düsseldorf GA 1980, 393, 397; Marxen/Tiemann Rn 289 mwN). Es prüft daher von Amts wegen, ob ein nach § 359 Nr 1 bis Nr 3 StPO unzulässiger Antrag nach § 359 Nr 5 StPO zulässig wäre, oder ob ein auf § 359 Nr 5 StPO gestützter Antrag nicht einfacher nach § 359 Nr 1 bis Nr 3 StPO erfolgreich wäre (KK-StPO/Schmidt StPO § 364 Rn 4 mwN; aA OLG Hamburg JR 2001, 207 m abl Anm Krehl). 3

C. Antragsbegründung

In der Antragsbegründung ist in den Fällen des S 1 entweder das rechtskräftige Urteil wegen der behaupteten Straftat zu bezeichnen oder es sind die tatsächlichen Umstände anzugeben, die den konkreten Straftatverdacht begründen, sowie diejenigen Gründe, die der Einleitung oder Durchführung eines Strafverfahrens entgegenstehen (HK-StPO/Krehl StPO § 364 Rn 4). 4

§ 364 a [Verteidiger für Wiederaufnahmeverfahren]

Das für die Entscheidungen im Wiederaufnahmeverfahren zuständige Gericht bestellt dem Verurteilten, der keinen Verteidiger hat, auf Antrag einen Verteidiger für das Wiederaufnahmeverfahren, wenn wegen der Schwierigkeit der Sach- oder Rechtslage die Mitwirkung eines Verteidigers geboten erscheint.

Überblick

§ 364 a StPO regelt die Pflichtverteidigerbestellung für das Wiederaufnahmeverfahren.

A. Anwendungsbereich

I. Unverteidigter Verurteilter

Der Anwendungsbereich des § 364 a StPO ist nur eröffnet, wenn der Verurteilte zum Zeitpunkt der Stellung des Antrags auf Pflichtverteidigerbestellung keinen Verteidiger hat. Dies ist nicht der Fall, wenn bereits nach § 364 b StPO ein Pflichtverteidiger bestellt ist. Ebenso gilt eine frühere Vollmacht bzw Pflichtverteidigerbestellung bis zur Rechtskraft des Beschlusses zur Anordnung der Wiederaufnahme des Verfahrens und Erneuerung der Hauptverhandlung nach § 370 Abs 2 StPO fort (OLG Düsseldorf NStZ 1983, 235; OLG Koblenz MDR 1983, 252). Beantragt ein Wahlverteidiger, ihn zum Pflichtverteidiger zu bestellen, liegt darin die schlüssige Erklärung, die Wahlverteidigung solle mit der Bestellung enden (OLG Stuttgart NStZ-RR 2003, 114; OLG Düsseldorf MDR 1988, 431). Der Verurteilte gilt indes nicht als unverteidigt, wenn der frühere Verteidiger es nach sachlicher Prüfung wegen fehlender Erfolgsaussicht ablehnt, einen Wiederaufnahmeantrag zu stellen (OLG Bremen AnwBl 1964, 288; Marxen/Tiemann Rn 464 mwN). Die Voraussetzungen des § 364 a StPO gelten nicht nur für die erstmalige Verteidigerbestellung; sie sind auch zu prüfen, wenn der bisherige Pflichtverteidiger wegfällt (KK-StPO/Schmidt StPO § 364 a Rn 2; aA Wasserburg GA 1982, 304, 322). 1

II. Wiederaufnahmeverfahren

Im Gegensatz zu § 364 b StPO gilt § 364 a StPO erst ab Beginn des (gesamten) Wiederaufnahmeverfahrens. Es ist jedoch nicht erforderlich, dass bereits ein Wiederaufnahmeantrag gestellt ist; nach dem Sinn des § 364 a StPO gelten dessen (im Vergleich zu 364 b) erleichterte Voraussetzungen auch schon für die Antragstellung selbst (KK-StPO/Schmidt StPO § 364 a Rn 5 mwN; aA Wasserburg GA 1982, 304, 322). Die Pflichtverteidigerbestellung nach 2

§ 364a StPO ist auch im laufenden Wiederaufnahmeverfahren möglich, zB bei Schwierigkeiten der Sach- und Rechtslage im Hinblick auf die Beweisaufnahme nach § 369 StPO (Meyer-Goßner StPO § 364a Rn 3). In einer nach Beschluss gem § 370 Abs 2 StPO erneuerten Hauptverhandlung muss gemäß §§ 140 StPO f über die notwendige Verteidigung entschieden werden (Wasserburg GA 1982, 304, 309).

3   Da das Beschwerdeverfahren nach § 372 StPO als Teil des Wiederaufnahmeverfahrens anzusehen ist, kann eine Pflichtverteidigerbestellung nach § 364a StPO auch auf die sofortige Beschwerde gegen die Verwerfung der Wiederaufnahme beschränkt werden (OLG Karlsruhe NStZ-RR 2003, 116; **aA** OLG Rostock NStZ-RR 2004, 273, 274; OLG Stuttgart NStZ-RR 2003, 114, 115).

III. Anspruchsberechtigung des Verurteilten

4   § 364a StPO sieht nach seinem Wortlaut (nur) für den Verurteilten den Anspruch auf einen Pflichtverteidiger vor. Die Vorschrift bezieht sich damit – wie vom Gesetzgeber bezweckt (BT-Drs 7/551, 52) – nur auf die Wiederaufnahme zugunsten des Verurteilten (Löwe/Rosenberg/Gössel StPO § 364a Rn 2; Marxen/Tiemann Rn 459; Meyer-Goßner StPO § 364a Rn 1; KK-StPO/Schmidt StPO § 364a Rn 3; vgl Krägeloh NJW 1975, 137 ff; **aA** SK-StPO/Frister/Deiters StPO § 364a Rn 13, die den Anwendungsbereich des § 364a StPO auch für § 362 Nr 1 bis Nr 3 StPO eröffnet sehen). Indes kommt bei der Wiederaufnahme zuungunsten des Angeklagten mit Blick auf Art 6 Abs 3 lit c EMRK eine Pflichtverteidigerbestellung analog § 140 Abs 2 StPO in Betracht (OLG Düsseldorf NJW 1989, 676; vgl Meyer-Goßner StPO § 364a Rn 1; KK-StPO/Schmidt StPO § 364a Rn 4). § 364a StPO ist auf die in § 361 Abs 2 StPO genannten Angehörigen eines verstorbenen Verurteilten analog anzuwenden (OLG Stuttgart NStZ 1999, 587; **aA** KK-StPO/Schmidt StPO § 364a Rn 3; SK-StPO/Frister/Deiters StPO § 364a Rn 11).

B. Gebotenheit wegen Schwierigkeit der Sach- oder Rechtslage

5   Die Pflichtverteidigerbestellung nach § 364a StPO setzt voraus, dass die Mitwirkung eines Verteidigers wegen der Schwierigkeit der Sach- oder Rechtslage geboten erscheint. Eine solche liegt vor, wenn der Verurteilte unter Berücksichtigung seiner individuellen Fähigkeiten aus konkreten sachlichen oder rechtlichen Gründen Schwierigkeiten haben wird, sachgerechte Anträge zu stellen, seine Interessen bei der Beweisaufnahme sinnvoll wahrzunehmen oder die Erklärung nach § 69 Abs 4 StPO abzugeben (Löwe/Rosenberg/Gössel StPO § 364a Rn 8; Meyer-Goßner StPO § 364a Rn 6; HK-StPO/Krehl StPO § 364a Rn 5). Die Schwere der Tat (vgl § 140 Abs 2 StPO), die Rechtsfolgen oder der Rang des zuständigen Wiederaufnahmegerichts vermögen die Schwierigkeit der Sach- oder Rechtslage nicht zu begründen (Marxen/Tiemann Rn 466; Meyer-Goßner StPO § 364a Rn 6).

6   Die Gebotenheit fehlt bei einem offensichtlich mutwilligen oder aussichtslosen Antrag (Meyer-Goßner StPO § 364a Rn 5 mwN). Die Anforderungen an die Gebotenheit dürfen indes nicht zu hoch angesetzt werden, da nicht vorab über die Erfolgsaussichten der Wiederaufnahme zu entscheiden ist (vgl Marxen/Tiemann Rn 468).

C. Antrag, Antragsberechtigung und Zuständigkeit

7   Die Pflichtverteidigerbestellung nach § 364a StPO erfolgt nur auf Antrag. Antragsberechtigt sind der Verurteilte und die Staatsanwaltschaft, ggf. der gesetzliche Vertreter oder Erziehungsberechtigte (Marxen/Tiemann Rn 472 mwN). Der Antragsinhalt muss – durch knappe Angaben zu Wiederaufnahmeziel und Wiederaufnahmegründen – die Prüfung der Gebotenheit wegen Schwierigkeit der Sach- oder Rechtslage ermöglichen (OLG Karlsruhe GA 1976, 344 f; Meyer-Goßner StPO § 364a Rn 7).

8   Zuständig ist nach § 367 Abs 1 S 1 StPO iVm § 140a GVG das Gericht, das über den Wiederaufnahmeantrag zu entscheiden hat; der Antrag nach § 364a StPO kann aber gemäß § 367 Abs 1 S 2 StPO vom Verurteilten auch bei dem Gericht eingereicht werden, dessen Urteil angefochten wird (vgl Marxen/Tiemann Rn 474). Die Entscheidung ergeht ohne mündliche Verhandlung, § 367 Abs 2 StPO. Regelmäßig sollte der vom Verurteilten be-

nannte Rechtsanwalt des Vertrauens beigeordnet werden (Meyer-Goßner StPO § 364 a Rn 8; HK-StPO/Krehl StPO § 364 a Rn 7).

Gegen den ablehnenden Beschluss ist, da § 372 S 1 StPO nicht für die Entscheidung nach § 364 a StPO gilt, die einfache Beschwerde nach § 304 StPO zulässig (BGH NJW 1976, 431; OLG Karlsruhe GA 1976, 344). Entscheidungen des OLG sind unanfechtbar (BGH NJW 1976, 431 f). 9

§ 364 b [Verteidiger für Vorbereitung des Wiederaufnahmeverfahrens]

(1) ¹Das für die Entscheidungen im Wiederaufnahmeverfahren zuständige Gericht bestellt dem Verurteilten, der keinen Verteidiger hat, auf Antrag einen Verteidiger schon für die Vorbereitung eines Wiederaufnahmeverfahrens, wenn
1. hinreichende tatsächliche Anhaltspunkte dafür vorliegen, daß bestimmte Nachforschungen zu Tatsachen oder Beweismitteln führen, welche die Zulässigkeit eines Antrags auf Wiederaufnahme des Verfahrens begründen können,
2. wegen der Schwierigkeit der Sach- oder Rechtslage die Mitwirkung eines Verteidigers geboten erscheint und
3. der Verurteilte außerstande ist, ohne Beeinträchtigung des für ihn und seine Familie notwendigen Unterhalts auf eigene Kosten einen Verteidiger zu beauftragen.
²Ist dem Verurteilten bereits ein Verteidiger bestellt, so stellt das Gericht auf Antrag durch Beschluß fest, daß die Voraussetzungen der Nummern 1 bis 3 des Satzes 1 vorliegen.
(2) Für das Verfahren zur Feststellung der Voraussetzungen des Absatzes 1 Satz 1 Nr. 3 gelten § 117 Abs. 2 bis 4 und § 118 Abs. 2 Satz 1, 2 und 4 der Zivilprozeßordnung entsprechend.

Überblick

§ 364 b StPO regelt (unter engeren Voraussetzungen als § 364 a StPO) die Pflichtverteidigerbestellung schon für die Vorbereitung des Wiederaufnahmeverfahrens.

A. Anwendungsbereich

I. Vorbereitung des Wiederaufnahmeverfahrens

Die Vorbereitung des Wiederaufnahmeverfahrens beginnt bereits mit solchen Nachforschungen, die erst zu neuen Tatsachen oder Beweismitteln führen können. Die rechtskundige tatsächliche Hilfe, welche durch einen Pflichtverteidiger gewährleistet sein soll, kann bei Vorliegen der Voraussetzungen des § 364 b StPO damit in den Zeitraum erstreckt werden, in dem noch offen ist, ob überhaupt ein Wiederaufnahmeantrag gestellt werden wird. Der bestellte Pflichtverteidiger erhält die Gebühren auch, wenn von einer Antragstellung abgeraten wird (§ 17 Nr 12 RVG iVm VV 4136 RVG; zu den Auslagen vgl § 46 Abs 3 S 3 RVG). Mit § 364 b StPO unterstützt das Gesetz aktiv die Ermittlung materieller Wahrheit als Grundlage eines Wiederaufnahmeverfahrens (nach § 359 Nr 5 StPO) zur evtl Durchbrechung der Rechtskraft. Damit dient § 364 b StPO nicht allein Interessen des Verurteilten (für den die Unschuldsvermutung nicht mehr gilt), sondern auch Allgemeininteressen des Rechtsstaates. 1

Vor diesem Hintergrund sollte de lege ferenda auf die Voraussetzung der finanziellen Bedürftigkeit des Verurteilten (§ 364 b Abs 1 Nr 3 StPO) verzichtet werden (SK-StPO/Frister/Deiters StPO § 364 b Rn 2). Die Beschränkungen nach Nr 1 und Nr 2 des § 364 b Abs 1 S 1 StPO sind ausreichend, um eine unnötige finanzielle Belastung des Staates zu verhindern. 2

II. Unverteidigter Verurteilter

Zum unverteidigten Verurteilten (Abs 1 S 1) s § 364 a StPO Rn 1. Besteht bereits eine Pflichtverteidigerbestellung, stellt das Gericht nach Abs 1 S 2 fest, dass die Voraussetzungen 3

StPO § 364 b

der Nr 1 bis Nr 3 für das Vorbereitungsverfahren vorliegen. Damit steht der Pflichtverteidiger hinsichtlich Gebühren und Auslagen bzgl der Nachforschungen so, als sei er nach § 364 b Abs 1 S 1 StPO neu bestellt.

B. Nachforschungen zur Erlangung von Tatsachen oder Beweismitteln

4   Der Pflichtverteidiger soll zur Vorbereitung eines Wiederaufnahmeantrages nach § 359 Nr 5 StPO Nachforschungen anstellen, die der Erlangung von neuen Tatsachen oder Beweismitteln dienen. Eigene Ermittlungen des Verteidigers, zB Zeugenvernehmungen, das Einholen von Sachverständigengutachten und Auskünften (vgl OVG Berlin NJW 1961, 2082 f) sowie Akteneinsicht (bzgl Spurenaktevergleich BVerfG NStZ 1983, 273) sind (in den allgemeinen Grenzen anwaltlicher Ermittlungen) ausdrücklich zulässig (Marxen/Tiemann Rn 456 mwN).

5   Die Staatsanwaltschaft ist berechtigt, de lege lata aber nicht verpflichtet, den Verteidiger (ggf auf dessen Anregung) bei seinen Ermittlungen zu unterstützen oder eigene Ermittlungen anzustellen; § 160 Abs 2 StPO gilt nach seiner systematischen Einordnung nicht für das Wiederaufnahmeverfahren (HK-StPO/Krehl StPO § 364 b Rn 2; Marxen/Tiemann Rn 457; Meyer-Goßner StPO § 364 b Rn 3; Pfeiffer StPO § 364 b Rn 5; KK-StPO/Schmidt StPO § 364 b Rn 2; **aA** SK-StPO/Frister/Deiters StPO § 364 b Rn 9; Grüner/Wasserburg NStZ 1999, 286, 290; AK/Loos StPO § 364 b Rn 10; Peters Fehlerquellen Bd 3, 115).

C. Voraussetzungen Abs 1 S 1 Nr 1 bis Nr 3

6   Die Voraussetzungen für die Pflichtverteidigerbestellung zur Vorbereitung des Wiederaufnahmeverfahrens sind in Abs 1 S 1 Nr 1 bis Nr 3 geregelt. Sie müssen kumulativ erfüllt sein, um die Pflichtverteidigerbestellung zu begründen.

I. Tatsächliche Anhaltspunkte zur Erfolgsaussicht der Nachforschungen (Nr 1)

7   Die Voraussetzung der hinreichenden tatsächlichen Anhaltspunkte dafür, dass bestimmte Nachforschungen zu Tatsachen oder Beweismitteln führen, welche die Zulässigkeit eines Wiederaufnahmeantrages begründen können, ist das Pendant des Wiederaufnahmeverfahrens zum Anfangsverdacht im Ermittlungsverfahren nach § 152 Abs 2 StPO (Meyer-Goßner StPO § 364 b Rn 5; KK-StPO/Schmidt StPO § 364 b Rn 4). Die hinreichenden tatsächlichen Anhaltspunkte müssen bereits vorliegen. Indes dürfen im Hinblick auf den regelmäßig beschränkten Zugang des Verurteilten zu entsprechenden Erkenntnisquellen an die Tatsachengrundlagen keine überzogenen Anforderungen gestellt werden (vgl SK-StPO/Frister/Deiters StPO § 364 b Rn 5). Eine hinreichende Erfolgsaussicht des zu erwartenden Wiederaufnahmeantrages muss noch nicht gegeben sein (OLG Karlsruhe GA 1976, 344; vgl aber OLG Düsseldorf StV 1991, 457). Die Tatsachen selbst können, da § 364 b Abs 2 S 1 Nr 1 StPO nur von „Anhaltspunkten" spricht, noch entfernt sein (vgl Marxen/Tiemann Rn 481). Es reicht aus, wenn aufgrund tatsächlicher Umstände eine konkrete Möglichkeit der Erlangung neuer Tatsachen oder Beweismittel besteht, die zur Wiederaufnahme berechtigen können (SK-StPO/Frister/Deiters StPO § 364 b Rn 4; vgl HK-StPO/Krehl StPO § 364 b Rn 1; Meyer-Goßner StPO § 364 b Rn 5; KK-StPO/Schmidt StPO § 364 b Rn 4: „nicht nur entfernte Möglichkeit"). Bloße Vermutungen reichen nicht aus (OLG Karlsruhe GA 1976, 344; KMR/Eschelbach StPO § 364 b Rn 24; HK-StPO/Krehl StPO § 364 b Rn 1; Meyer-Goßner StPO § 364 b Rn 5).

II. Gebotenheit wegen Schwierigkeit der Sach- oder Rechtslage (Nr 2)

8   Bezugspunkt der Schwierigkeit der Sach- oder Rechtslage ist nicht ein mögliches späteres Wiederaufnahmeverfahren, sondern der konkrete Nachforschungs- und Ermittlungsbedarf (Meyer-Goßner StPO § 364 b Rn 6; KK-StPO/Schmidt StPO § 364 b Rn 5). Gebotenheit wegen Schwierigkeit der Sach- oder Rechtslage wird ohne weiteres schon dann anzunehmen sein, wenn der Verurteilte inhaftiert ist (SK-StPO/Frister/Deiters StPO § 364 b Rn 6; HK-StPO/Krehl StPO § 364 b Rn 4). Aber auch für auf freiem Fuß befindliche Verurteilte kann es – insbesondere im Hinblick auf Schwierigkeiten der Rechtslage – unzumutbar sein, die erforderlichen Nachforschungen ohne sach- und fachkundige Hilfe anzustellen (SK-StPO/

Frister/Deiters StPO § 364 b Rn 6 f; HK-StPO/Krehl StPO § 364 b Rn 4). Zur Gebotenheit vgl im Übrigen § 364 a StPO Rn 5.

III. Finanzielle Bedürftigkeit des Verurteilten (Nr 3)

Die Pflichtverteidigerbestellung bereits für die Vorbereitung des Wiederaufnahmeverfahrens nach § 364 b StPO setzt (anders als § 364 a StPO aber auch § 140 StPO) die finanzielle Bedürftigkeit des Verurteilten voraus: Er muss außerstande sein, ohne Beeinträchtigung des für ihn und seine Familie notwendigen Unterhalts auf eigene Kosten die Verteidigerbeauftragung zu übernehmen. Nach Abs 2 gelten für das Verfahren zur Feststellung der Bedürftigkeit die § 117 Abs 2 bis Abs 4 ZPO, § 118 Abs 2 S 1, S 2 und S 4 ZPO entsprechend. Durch die entsprechende Anwendung der Vorschriften über die Prozesskostenhilfe (insbesondere Angaben über persönlich und wirtschaftliche Verhältnisse mittels amtlichen Vordrucks und ggf Glaubhaftmachung) sollte einerseits eine Schlechterstellung finanziell schwächer gestellter Verurteilter, andererseits einen Missbrauch der Möglichkeiten verhindert werden (BT-Drs 7/511, 89; vgl Marxen/Tiemann Rn 483; SK-StPO/Frister/Deiters StPO § 364 b Rn 10). Das Gericht kann die Feststellung der finanziellen Bedürftigkeit bei Versäumnissen des Antragstellers ablehnen, aber auch eigene Ermittlungen anstellen (HK-StPO/Krehl StPO § 364 b Rn 5; Marxen/Tiemann Rn 484). 9

D. Antrag, Antragsberechtigung und Zuständigkeit

Die Pflichtverteidigerbestellung nach § 364 b StPO erfolgt nur auf Antrag. Antragsberechtigt sind der Verurteilte, die Staatsanwaltschaft, ggf der gesetzliche Vertreter oder Erziehungsberechtigte. Der Antragsinhalt muss – durch nachvollziehbare Angaben zu den tatsächlichen Anhaltspunkten und knappe Bezeichnung der Nachforschungen sowie (nicht notwendig detaillierten) Angaben zu den erhofften Tatsachen und Beweismitteln – die Prüfung der Erfolgsaussichten nach Abs 1 S 1 Nr 1 sowie der Gebotenheit wegen Schwierigkeit der Sach- und Rechtslage nach Nr 2 ermöglichen (vgl Marxen/Tiemann Rn 485 mwN). Hinzu kommen die Angaben zur Bedürftigkeit nach Abs 1 S 1 Nr 3 und Abs 2. Zur Zuständigkeit und einfachen Beschwerde vgl § 364 a StPO Rn 8 f. 10

§ 365 [Allgemeine Vorschriften für den Antrag]

Die allgemeinen Vorschriften über Rechtsmittel gelten auch für den Antrag auf Wiederaufnahme des Verfahrens.

Überblick

§ 365 StPO bestimmt die Anwendbarkeit der allgemeinen Vorschriften über Rechtsmittel für das gesamte Wiederaufnahmeverfahren bis zur Entscheidung über die Begründetheit nach § 370 StPO, nicht jedoch darüber hinaus für das wiederaufgenommene Verfahren in der Erneuerung der Hauptverhandlung.

Übersicht

	Rn		Rn
A. Allgemeine Vorschriften über Rechtsmittel	1	VI. § 301 StPO (Wiederaufnahme auf Antrag der Staatsanwaltschaft)	9
B. Einzelne allgemeine Vorschriften	2	VII. § 302 StPO (Zurücknahme, Verzicht)	10
I. Beschwer	2	VIII. § 303 StPO (Zustimmung des Gegners)	12
II. § 296 StPO (Antragsberechtigte)	3	IX. Privatklage	13
III. § 297 StPO (Verteidiger)	5	X. Nebenklage	14
IV. § 298 StPO (gesetzlicher Vertreter)	6		
V. § 299 StPO, § 300 StPO (inhaftierter Verurteilter und falsche Bezeichnungen)	7		

A. Allgemeine Vorschriften über Rechtsmittel

1 Der Verweis auf die allgemeinen Vorschriften über Rechtsmittel bezieht sich auf die § 296 StPO bis § 303 StPO. Darüber hinaus gelten auch die Vorschriften über Rechtsmittelbeschränkungen (§ 318 StPO, § 327 StPO, § 344 Abs 1 StPO, § 352 Abs 1 StPO) im Wiederaufnahmeverfahren entsprechend (BGHSt 11, 361, 363, 364).

B. Einzelne allgemeine Vorschriften

I. Beschwer

2 Voraussetzung für den Antrag auf Wiederaufnahme ist eine Beschwer des Antragstellers (HK-StPO/Krehl StPO § 365 Rn 2; KK-StPO/Schmidt StPO § 365 Rn 2). Die Staatsanwaltschaft ist bei einer unrichtigen Entscheidung stets als beschwert anzusehen (Marxen/Tiemann Rn 52). Die Beschwer muss sich aus dem Urteilstenor ergeben. Dazu genügt auch ein Schuldspruch bei Absehen von Strafe nach § 60 StGB, die Straffreierklärung nach § 199 StGB oder die Verhängung einer belastenden Rechtsfolge nach §§ 9 JGG ff, §§ 13 JGG ff, § 27 JGG (HK-StPO/Krehl StPO § 365 Rn 2; Meyer-Goßner StPO Vor § 359 Rn 6). Belastende Ausführungen in den Urteilsgründen (Freispruch mangels Beweis oder Einstellung nach § 260 Abs 3 StPO) begründen als solche keine Beschwer.

II. § 296 StPO (Antragsberechtigte)

3 § 296 StPO ist uneingeschränkt anwendbar. Sowohl die Staatsanwaltschaft (auch zugunsten des Verurteilten, § 296 Abs 2 StPO) als auch jeder verhandlungsfähige (auch minderjährige und schuldunfähige) Verurteilte sind antragsberechtigt. Zur Antragsbefugnis im Falle des Todes des Verurteilten trifft § 361 Abs 2 StPO eine Spezialregelung.

4 Zuständig ist die Staatsanwaltschaft bei dem nach § 140 a GVG für Entscheidungen über Wiederaufnahmeverfahren zuständigen Gericht. Eine Mitwirkung des früher mit der Sache befassten Staatsanwaltes ist zwar nicht gesetzlich ausgeschlossen, nach Nr 170 Abs 1 RiStBV aber zu vermeiden.

III. § 297 StPO (Verteidiger)

5 § 297 StPO findet uneingeschränkt Anwendung: Für den Verurteilten kann der (bestellte oder bevollmächtigte) Verteidiger die Wiederaufnahme beantragen, jedoch nicht gegen den ausdrücklichen Willen des Verurteilten (und auch nicht nach dessen Tod; vgl HK-StPO/Krehl StPO § 365 Rn 4; Meyer-Goßner StPO § 365 Rn 3). Der Verurteilte kann den Wiederaufnahmeantrag des Verteidigers jederzeit zurücknehmen (HK-StPO/Krehl StPO § 365 Rn 4).

IV. § 298 StPO (gesetzlicher Vertreter)

6 § 298 StPO gilt, ohne dass es auf die dort genannte Frist ankäme: Der gesetzliche Vertreter eines Verurteilten kann selbstständig, dh ggf auch gegen den Willen des Verurteilten, die Wiederaufnahme des Verfahrens beantragen. Endet die gesetzliche Vertretung vor der Entscheidung nach § 370 StPO und tritt der Verurteilte nicht selbst als Antragsteller ein, wird das Verfahren formlos eingestellt (SK-StPO/Frister/Deiters StPO § 365 Rn 7; HK-StPO/Krehl StPO § 365 Rn 4; AK/Loos StPO § 365 Rn 6; Meyer-Goßner StPO § 365 Rn 4; **aA** Löwe/Rosenberg/Gössel StPO § 365 Rn 6; KK-StPO/Schmidt StPO § 365 Rn 5: Verwerfung wegen Unzulässigkeit nach § 368 Abs 1 StPO).

V. § 299 StPO, § 300 StPO (inhaftierter Verurteilter und falsche Bezeichnungen)

7 § 299 StPO und § 300 StPO gelten als Erleichterungen auch im Wiederaufnahmeverfahren, wobei § 299 Abs 2 StPO mangels Frist bedeutungslos ist. Für sofortige Beschwerden gem § 372 S 1 StPO gelten sie bereits unmittelbar (SK-StPO/Frister/Deiters StPO § 365 Rn 8 f).

Der nicht auf freiem Fuß befindliche Beschuldigte kann die Erklärungen, die sich auf das 8
Wiederaufnahmeverfahren beziehen, zu Protokoll der Geschäftsstelle des Amtsgerichts geben, in dessen Bezirk die Anstalt liegt, in der er auf behördliche Anordnung verwahrt wird
(§ 299 Abs 1 StPO). Ein Irrtum in der Bezeichnung des Wiederaufnahmeantrags ist unschädlich (§ 300 StPO).

VI. § 301 StPO (Wiederaufnahme auf Antrag der Staatsanwaltschaft)

§ 301 StPO gilt nicht nur im wiederaufgenommenen Verfahren (darauf beschränkend 9
Löwe/Rosenberg/Gössel StPO § 365 Rn 8; Meyer-Goßner StPO § 365 Rn 5; KK-StPO/
Schmidt StPO § 365 Rn 8), sondern wegen des Wortlauts von § 365 StPO „auch für den
Antrag auf Wiederaufnahme des Verfahrens", zumal die Wiederaufnahmegründe zuungunsten des Angeklagten mit denjenigen zugunsten des Verurteilten teilweise übereinstimmen
(SK-StPO/Frister/Deiters StPO § 365 Rn 10). Ein von der Staatsanwaltschaft gestellter
Wiederaufnahmeantrag zuungunsten des Angeklagten (zB nach § 362 Nr 3 StPO) kann die
Wirkung haben, dass er (bereits) nach dem Probationsverfahren (§§ 369 StPO f) zugunsten
des Angeklagten (zB § 359 Nr 3 StPO) wirkt.

VII. § 302 StPO (Zurücknahme, Verzicht)

§ 302 StPO gilt nur teilweise für den Antrag auf Wiederaufnahme des Verfahrens. Die 10
Zurücknahme des Antrags ist bis zu einer Entscheidung nach § 370 StPO oder § 371 StPO
möglich (KG JR 1984, 393; Löwe/Rosenberg/Gössel StPO § 365 Rn 10). § 302 Abs 1 S 1
StPO kann mangels Frist im Wiederaufnahmeverfahren keine Wirkung entfalten. Nicht in
Betracht kommen ein Verzicht auf das Wiederaufnahmerecht oder gar dessen Verwirkung
(Löwe/Rosenberg/Gössel StPO § 365 Rn 10; KK-StPO/Schmidt StPO § 365 Rn 9;
Meyer-Goßner StPO § 365 Rn 6).

§ 302 Abs 1 S 2 StPO gilt: Ein von der Staatsanwaltschaft zugunsten des Verurteilten 11
gestellter Wiederaufnahmeantrag kann ohne dessen Zustimmung nicht zurückgenommen
werden. Ebenso gilt § 302 Abs 2 StPO, so dass der Verteidiger zur Rücknahme eines
Wiederaufnahmeantrages einer ausdrücklichen Ermächtigung bedarf (vgl OLG Braunschweig NJW 1960, 1970).

VIII. § 303 StPO (Zustimmung des Gegners)

§ 303 StPO entfaltet für das Wiederaufnahmeverfahren keine Geltung (Löwe/Rosenberg/ 12
Gössel StPO § 365 Rn 11; HK-StPO/Krehl StPO § 365 Rn 5; KK-StPO/Schmidt StPO
§ 365 Rn 11; **aA** SK-StPO/Frister/Deiters StPO § 365 Rn 12).

IX. Privatklage

Ein Privatkläger kann gemäß § 390 Abs 1 S 2 StPO zuungunsten des Angeklagten die 13
Wiederaufnahme des Verfahrens nach § 362 StPO beantragen (diesbezüglich ist Prozesskostenhilfe möglich, § 379 Abs 3 StPO).

X. Nebenklage

Der Nebenkläger kann die Wiederaufnahme nicht beantragen (nach Änderung des § 397 14
Abs 1 StPO durch das Opferschutzgesetz vom 18. 12. 1986, BGBl I 2496; vgl LG Münster
NStZ 1989, 588).

Auch für die Möglichkeit des Nebenklägers, sich dem Wiederaufnahmeantrag eines 15
anderen Verfahrensbeteiligten anzuschließen (befürwortend OLG Stuttgart NStZ 1988, 42,
43; Rieß NStZ 1988, 15, 16), fehlt die gesetzliche Grundlage (SK-StPO/Frister/Deiters
StPO § 365 Rn 3; HK-StPO/Krehl StPO § 365 Rn 7; Marxen/Tiemann Rn 46). Allerdings kann sich der Nebenkläger im wiederaufgenommenen Verfahren nach § 395 StPO ff
der erhobenen öffentlichen Klage anschließen.

Bezüglich des Einziehungsbeteiligten gelten § 433 Abs 1 S 1 StPO, § 437 StPO, § 439 16
Abs 6 StPO (KMR/Eschelbach StPO § 365 Rn 8), bezüglich des Adhäsionsverfahrens
§ 406 a StPO.

§ 366 [Inhalt und Form des Antrages]

(1) In dem Antrag müssen der gesetzliche Grund der Wiederaufnahme des Verfahrens sowie die Beweismittel angegeben werden.

(2) Von dem Angeklagten und den in § 361 Abs. 2 bezeichneten Personen kann der Antrag nur mittels einer von dem Verteidiger oder einem Rechtsanwalt unterzeichneten Schrift oder zu Protokoll der Geschäftsstelle angebracht werden.

Überblick

§ 366 StPO stellt für die Praxis bedeutsame Voraussetzungen zu Antragsinhalt und -form auf.

A. Inhalt des Antrags

I. Gesetzlicher Grund der Wiederaufnahme

1   Der Antrag auf Wiederaufnahme muss eine in sich geschlossene und aus sich heraus verständliche Darstellung des geltend gemachten Wiederaufnahmegrundes enthalten, wobei Verweisungen auf andere Schriftstücke, auch frühere Wiederaufnahmeanträge, nicht statthaft sind (OLG Stuttgart NJW 1965, 1239; NStZ-RR 2000, 243; OLG Hamburg StraFo 2003, 430). Die notwendige Angabe des gesetzlichen Grundes der Wiederaufnahme setzt nicht voraus, dass die jeweilige gesetzliche Vorschrift genannt wird (SK-StPO/Frister/Deiters StPO § 366 Rn 2 mwN). Vielmehr sind die Tatsachen anzugeben, aus denen sich der gesetzliche Wiederaufnahmegrund ergibt (SK-StPO/Frister/Deiters StPO § 366 Rn 2; Löwe/Rosenberg/Gössel StPO § 366 Rn 2; KK-StPO/Schmidt StPO § 366 Rn 2). Bis zur Entscheidung über den Wiederaufnahmeantrag kann ergänzendes Vorbringen zusammen mit dem anfänglich unvollständigen Antrag die geforderte geschlossene Sachdarstellung ergeben (OLG Düsseldorf wistra 1993, 159). In Ausnahmefällen („wenn der Mangel in einem zu wenig an Inhalt besteht und ohne weiteres heilbar erscheint") kann die prozessuale Fürsorgepflicht dem Gericht gebieten, dem Antragsteller Gelegenheit zu geben, den Antrag zu vervollständigen (OLG Hamm NJW 1980, 717). In der Beschwerdeinstanz können die erforderlichen Tatsachen nicht mehr nachgeschoben werden (OLG München MDR 1982, 250; KK-StPO/Schmidt StPO § 366 Rn 2).

II. Angabe der Beweismittel

2   Die Beweismittel, die den Wiederaufnahmegrund belegen, müssen so genau bezeichnet werden, dass das Gericht sie beiziehen und für die Beweisaufnahme nach § 369 Abs 1 StPO benutzen kann (OLG Nürnberg MDR 1964, 771). Bei Zeugen müssen zumindest Tatsachen mitgeteilt werden, die ihre Ermittlung ermöglichen (Meyer-Goßner StPO § 366 Rn 2).

III. Angabe des Wiederaufnahmeziels

3   Neben dem angegriffenen Urteil (KK-StPO/Schmidt § 366 Rn 1 mwN) ist das Ziel der Wiederaufnahme anzugeben, damit das Gericht Schlüssigkeit und Relevanz prüfen kann (Günther MDR 1974, 93, 98; AK/Loos StPO § 366 Rn 1; Meyer-Goßner StPO § 366 Rn 1; KK-StPO/Schmidt StPO § 366 Rn 1; aA SK-StPO/Frister/Deiters StPO § 366 Rn 4).

B. Form

I. Vom Verteidiger oder Rechtsanwalt unterzeichnete Schrift

4   § 366 Abs 2 StPO entspricht der Regelung des § 345 Abs 2 StPO für Revisionsbegründungen. Die Formvorschrift gilt nicht für die Staatsanwaltschaft, jedoch außer für den Angeklagten und die in § 361 Abs 2 StPO bezeichneten Personen (Ehegatten, Lebenspartner, bestimmte Verwandte und Geschwister) auch für gesetzliche Vertreter (§ 298 StPO) und Erziehungsberechtigte nach § 67 Abs 3 JGG (SK-StPO/Frister/Deiters StPO § 366

Rn 6). Der Antrag muss vom Verteidiger oder Rechtsanwalt eigenhändig unterschrieben sein. Soweit Zusätze zur Unterzeichnung ergeben, dass der Verteidiger oder Rechtsanwalt die Verantwortung nicht übernehmen will, ist dem Formerfordernis nicht genügt (Meyer-Goßner StPO § 366 Rn 4). Umgekehrt genügt die Übernahme der Verantwortung durch Verteidiger oder Rechtsanwalt mit bloßer Unterzeichnung nicht. § 366 Abs 2 StPO soll gewährleisten, dass der Wiederaufnahmeantrag in geeigneter Form gesetzmäßig und sachgerecht ist; daher muss der Verteidiger oder Rechtsanwalt selbst gestaltend an dem Inhalt der Darstellungen in der Antragsschrift mitwirken (OLG Hamm NStZ 1988, 571, 572; Löwe/Rosenberg/Gössel StPO § 366 Rn 13; KK-StPO/Schmidt StPO § 366 Rn 14; Meyer-Goßner StPO § 366 Rn 4; **aA** SK-StPO/Frister/Deiters StPO § 366 Rn 7).

II. Zu Protokoll der Geschäftsstelle

Wird der Wiederaufnahmeantrag zu Protokoll der Geschäftsstelle eingebracht, genügt es nicht, wenn der sachlich zuständige Rechtspfleger (§ 24 Abs 1 Nr 2 RPflG) nur auf eine vom Antragsteller selbst gefertigte und mit Anlagen versehene Antragsschrift Bezug nimmt. Vielmehr handelt es sich um eine schwierige Prozesserklärung, bei der der Rechtspfleger als rechtskundige Gerichtsperson eine Vorprüfung vornehmen soll (KG Berlin VRS 99, 460, 461; OLG Bamberg MDR 1961, 529). Der Formvorschrift ist daher auch nicht genügt, wenn sich der Rechtspfleger den Inhalt des Protokolls lediglich vom Antragsteller diktieren lässt (OLG Düsseldorf JR 1992, 124, 125). Umgekehrt darf der Rechtspfleger aber nicht wesentliche Teile des vom Antragsteller beabsichtigten Vortrags weglassen, sonst entschiede nicht das Gericht, sondern der Rechtspfleger über die Zulässigkeit des Wiederaufnahmeantrags (BVerfGE 10, 274, 283; KK-StPO/Schmidt StPO § 366 Rn 15). 5

§ 367 [Entscheidung über die Zulassung und Anträge nach §§ 364a und 364b]

(1) ¹Die Zuständigkeit des Gerichts für die Entscheidungen im Wiederaufnahmeverfahren und über den Antrag zur Vorbereitung eines Wiederaufnahmeverfahrens richtet sich nach den besonderen Vorschriften des Gerichtsverfassungsgesetzes. ²Der Verurteilte kann Anträge nach den §§ 364a und 364b oder einen Antrag auf Zulassung der Wiederaufnahme des Verfahrens auch bei dem Gericht einreichen, dessen Urteil angefochten wird; dieses leitet den Antrag dem zuständigen Gericht zu.

(2) Die Entscheidungen über Anträge nach den §§ 364a und 364b und den Antrag auf Zulassung der Wiederaufnahme des Verfahrens ergehen ohne mündliche Verhandlung.

Überblick

§ 367 StPO trifft in Abs 1 S 1 eine Regelung zur Zuständigkeit unter Verweis auf § 140a GVG, in Abs 1 S 2 eine Vereinfachung der Antragseinreichung und in Abs 2 eine Bestimmung zur Entscheidung ohne mündliche Verhandlung.

A. Zuständigkeit

I. Zuständiges Wiederaufnahmegericht

Die Zuständigkeit des Wiederaufnahmegerichts bestimmt sich nach § 367 Abs 1 S 1 StPO iVm § 140a GVG. Grundsätzlich entscheidet im Wiederaufnahmeverfahren gemäß § 140a Abs 1 S 1 GVG ein anderes Gericht mit gleicher sachlicher Zuständigkeit als das Gericht, gegen dessen Entscheidung sich der Antrag zur Wiederaufnahme des Verfahrens richtet. Richtet sich der Wiederaufnahmeantrag gegen ein im Revisionsverfahren erlassenes Urteil, entscheidet ein anderes Gericht gleicher Ordnung (§ 140a Abs 1 S 2 GVG). Nach § 140a Abs 2 GVG bestimmt das Präsidium des OLG vor Beginn des Geschäftsjahres die örtliche Zuständigkeit. Nach § 140a Abs 3 bis Abs 5 GVG entscheidet ausnahmsweise ein anderer Spruchkörper desselben Gerichts, gegen dessen Entscheidung sich der Wiederaufnahme- 1 antrag richtet. Gemäß § 23 Abs 2 StPO ist ein Richter, der bei einer durch einen Wiederaufnahmeantrag angefochtenen Entscheidung mitgewirkt hat, von der Mitwirkung bei Entscheidungen im Wiederaufnahmeverfahren ausgeschlossen. Das die Wiederaufnahme durchführende Gericht ist auch für das Kostenfestsetzungsverfahren zuständig (LG Karlsruhe StraFo2008, 265; **aA** OLG Hamm NStZ-RR 2008, 128).

II. Zuständigkeit der Staatsanwaltschaft

2   Zuständige Staatsanwaltschaft für das Wiederaufnahmeverfahren ist gemäß § 143 Abs 1 GVG iVm § 140 a GVG die Staatsanwaltschaft beim Wiederaufnahmegericht. Die Zuständigkeit für die Vollstreckung des Urteils, gegen das sich der Wiederaufnahmeantrag richtet, wird hierdurch nicht berührt (Löwe/Rosenberg/Gössel StPO § 367 Rn 5; Meyer-Goßner StPO § 367 Rn 2).

B. Einreichung von Anträgen durch den Verurteilten

3   Nur für Anträge des Verurteilten – sowie entsprechend für die nach § 361 Abs 2 StPO antragsberechtigten Angehörigen (KK-StPO/Schmidt StPO § 367 Rn 5) – nicht aber für solche der Staatsanwaltschaft oder des Privatklägers, bestimmt Abs 1 S 2 als Erleichterung, dass die genannten Anträge außer beim Wiederaufnahmegericht auch bei dem Gericht eingereicht werden können, dessen Urteil angefochten wird. Damit muss der Verurteilte als Antragsteller nicht das Gericht ermitteln, das als Wiederaufnahmegericht zuständig ist (HK-StPO/Krehl StPO § 367 Rn 5). Die Weiterleitung vom früheren Gericht an das zuständige Wiederaufnahmegericht nach Abs 1 S 2 Hs 2 kann sowohl durch Verfügung des Vorsitzenden (Meyer-Goßner StPO § 367 Rn 3) als auch durch Beschluss des Gerichts (BGH bei Kusch NStZ 1996, 327; BGHR StPO § 367 Zuständigkeit 1; SK-StPO/Frister/Deiters StPO § 367 Rn 2) erfolgen. Besteht der Antragsteller ausdrücklich auf eine Entscheidung des unzuständigen Gerichts, ist sein Antrag gemäß § 368 Abs 1 StPO als unzulässig zu verwerfen (BGH GA 1985, 419; Meyer-Goßner StPO § 367 Rn 3; KK-StPO/Schmidt StPO § 367 Rn 5).

C. Entscheidungen ohne mündliche Verhandlung

4   Die Entscheidungen über die Pflichtverteidigerbestellungen nach § 364 a StPO, § 364 b StPO und über den Antrag auf Zulassung der Wiederaufnahme des Verfahrens ergehen ohne mündliche Verhandlung (durch Beschluss). Gemäß § 76 Abs 1 S 2 GVG wird die Entscheidung ohne Beteiligung von Schöffen getroffen.

D. Entscheidung durch ein unzuständiges Gericht

5   Entscheidungen des sachlich unzuständigen Gerichts sind grundsätzlich wirksam (OLG Hamm JMBl NRW 1957, 155; HK-StPO/Krehl StPO § 367 Rn 8; KK-StPO/Schmidt StPO § 367 Rn 7). Erklärt das AG statt des zuständigen Berufungsgerichts die Wiederaufnahme für zulässig, ist das LG daran gebunden (OLG Düsseldorf JMBl NRW 1979, 259; Meyer-Goßner StPO § 367 Rn 5; KK-StPO/Schmidt StPO § 367 Rn 7). Wird statt des AG das LG mit dem Wiederaufnahmeantrag befasst, kann (und muss) es die Sache an das sachlich und örtlich zuständige AG abgeben (OLG Frankfurt NStZ-RR 2006, 275, 276; OLG Oldenburg StV 1992, 102; Meyer-Goßner StPO § 367 Rn 5; **aA** Löwe/Rosenberg/Gössel StPO § 367 Rn 36 ff).

6   Ein örtlich unzuständiges Gericht, das einen Wiederaufnahmeantrag für zulässig erklärt hat, muss (wenn der Beschluss nicht angefochten wird) die Beweise nach § 369 StPO erheben und gemäß § 370 StPO über die Begründetheit entscheiden (Löwe/Rosenberg/Gössel StPO § 367 Rn 41, Meyer-Goßner StPO § 367 Rn 5; KK-StPO/Schmidt StPO § 367 Rn 8). Die Abgabe an das örtlich zuständige Gericht erfolgt mit der Anordnung der Wiederaufnahme (HK-StPO/Krehl StPO § 367 Rn 9; Meyer-Goßner StPO § 367 Rn 5; KK-StPO/Schmidt StPO § 367 Rn 8). Sofern gegen den Beschluss eines örtlich unzuständigen Gerichts sofortige Beschwerde eingelegt wird, hebt das OLG den Beschluss auf und verweist die Sache an das örtlich zuständige Gericht (OLG Saarbrücken OLGSt § 367 S 5;

HK-StPO/Krehl StPO § 367 Rn 9; Meyer-Goßner StPO § 367 Rn 5; KK-StPO/Schmidt StPO § 367 Rn 8; **aA** Löwe/Rosenberg/Gössel StPO § 367 Rn 42).

§ 368 [Verwerfung wegen Unzulässigkeit]

(1) Ist der Antrag nicht in der vorgeschriebenen Form angebracht oder ist darin kein gesetzlicher Grund der Wiederaufnahme geltend gemacht oder kein geeignetes Beweismittel angeführt, so ist der Antrag als unzulässig zu verwerfen.

(2) Andernfalls ist er dem Gegner des Antragstellers unter Bestimmung einer Frist zur Erklärung zuzustellen.

Überblick

§ 368 StPO regelt die weitreichende Zulässigkeitsprüfung, in deren Rahmen – ohne förmliche Beweisaufnahme – der Beweiswert von Beweismitteln zu prüfen ist.

Übersicht

	Rn		Rn
A. Gegenstände der Zulässigkeitsprüfung	1	2. Geeignetheit von Tatsachen und Beweismitteln	6
B. Zulässigkeitsprüfung einzelner gesetzlicher Wiederaufnahmegrunde	3	C. Verfahren	10
I. § 359 Nr 1 bis Nr 4 StPO, § 362 Nr 1 bis Nr 4 StPO	3	I. Entscheidung durch Beschluss	10
II. Zulässigkeitsprüfung bei § 359 Nr 5 StPO	4	II. Zustellung des Zulassungsbeschlusses an Antragsgegner	11
1. Neuheit von Tatsachen und Beweismitteln	5	III. Sofortige Beschwerde	12

A. Gegenstände der Zulässigkeitsprüfung

Gegenstände der Zulässigkeitsprüfung nach § 368 StPO sind insbesondere die Einhaltung 1 der in § 366 Abs 2 StPO vorgeschriebenen Form des Wiederaufnahmeantrags, die Geltendmachung eines gesetzlichen Grundes der Wiederaufnahme (§ 359 StPO, § 362 StPO, § 363 StPO, § 364 StPO, § 366 Abs 1 StPO), Beschwer und Antragsberechtigung gemäß den allgemeinen Vorschriften sowie die Geeignetheit der angeführten Beweismittel und Tatsachen.

Liegen die Zulässigkeitsvoraussetzungen vor, stellt das Gericht die Zulässigkeit in einem 2 Beschluss fest. Liegen leicht behebbare Zulässigkeitsmängel vor, ist dem Antragsteller unter Fristsetzung Gelegenheit zur Antragsergänzung zu gewähren (OLG Hamm NJW 1980, 717; KK-StPO/Schmidt StPO § 368 Rn 1). Ist ein Mangel nicht behebbar, wird der Wiederaufnahmeantrag durch Beschluss nach Abs 1 als unzulässig verworfen.

B. Zulässigkeitsprüfung einzelner gesetzlicher Wiederaufnahmegrunde

I. § 359 Nr 1 bis Nr 4 StPO, § 362 Nr 1 bis Nr 4 StPO

Im Rahmen der Zulässigkeit der gesetzlichen Wiederaufnahmegründe nach § 359 Nr 1 bis 3 Nr 3 StPO, § 362 Nr 1 bis Nr 3 StPO wird das Vorliegen der bezeichneten Straftaten und der nach § 364 S 1 StPO erforderlichen rechtskräftigen Verurteilung geprüft. Liegt keine rechtskräftige Verurteilung vor, müssen die tatsächlichen Anhaltspunkte für den konkreten Tatverdacht und die Hinderungsgründe für die Einleitung und Durchführung eines Strafverfahrens (§ 364 S 1 Var 2 StPO) angegeben werden. Hinsichtlich der relativen Wiederaufnahmegründe der § 359 Nr 1 u Nr 2 StPO, § 362 Nr 1 u Nr 2 StPO ist der Wiederaufnahmeantrag bereits unzulässig, wenn ein ursächlicher Zusammenhang zwischen dem Urteil und der behaupteten Straftat ausgeschlossen werden kann (Löwe/Rosenberg/Gössel StPO § 368 Rn 12; Meyer-

Goßner StPO § 368 Rn 2; KK-StPO/Schmidt StPO § 368 Rn 5). Geeignete Beweismittel für die der gesetzlichen Wiederaufnahmegründe der § 359 Nr 1 bis Nr 4 StPO, § 362 Nr 1 bis 3 StPO sind die straf- und zivilgerichtlichen Urteile, für § 362 Nr 4 StPO Urkunden bzgl des vor Gericht oder außergerichtlich abgelegten Geständnisses (Meyer-Goßner StPO § 368 Rn 2). Die Glaubwürdigkeit des Geständnisses ist noch nicht in der Zulässigkeitsprüfung zu klären, sondern Gegenstand der Begründetheitsprüfung nach § 370 StPO (Löwe/Rosenberg/Gössel StPO § 368 Rn 14; Meyer-Goßner StPO § 368 Rn 2; **aA** KMR/Paulus StPO § 368 Rn 7: Glaubwürdigkeit als Gegenstand des Additionsverfahrens, Prüfung der Wahrheit des Geständnisses im Probationsverfahren).

II. Zulässigkeitsprüfung bei § 359 Nr 5 StPO

4   Sehr detaillierte Anforderungen ergeben sich für die Zulässigkeitsprüfung beim gesetzlichen Wiederaufnahmegrund des § 359 Nr 5 StPO.

1. Neuheit von Tatsachen und Beweismitteln

5   Anhand des Urteils und Akteninhalts ist als Zulässigkeitsvoraussetzung die Neuheit von Tatsachen und Beweismitteln zu prüfen (vgl § 359 StPO Rn 24 ff). Die Neuheit von Tatsachen und Beweismitteln muss – da der Satz in dubio pro reo insoweit nicht gilt – positiv festgestellt werden (OLG Frankfurt NJW 1978, 841; OLG Hamm GA 1957, 90). Neuheit von Tatsachen ist nicht schon deshalb anzunehmen, weil sie in dem Urteil nicht genannt sind (OLG Hamm GA 1957, 90; Löwe/Rosenberg/Gössel StPO § 368 Rn 16; HK-StPO/Krehl StPO §368 Rn 4; Meyer-Goßner StPO § 368 Rn 5; KK-StPO/Schmidt StPO § 368 Rn 8). Vielmehr spricht ihre Erwähnung in den Akten dafür, dass sie dem Gericht bekannt waren und von ihm berücksichtigt wurden (Löwe/Rosenberg/Gössel StPO § 368 Rn 16; Meyer-Goßner StPO § 368 Rn 5; KK-StPO/Schmidt StPO § 368 Rn 8; vgl Marxen/Tiemann Rn 182). Hatte der Antragsteller zum Zeitpunkt der Hauptverhandlung Kenntnis bestimmter Tatsachen, folgt daraus die widerlegliche Vermutung, dass er diese auch geltend gemacht hat (OLG Hamm Rpfleger 1963, 82; Meyer-Goßner StPO § 368 Rn 5; KK-StPO/Schmidt StPO § 368 Rn 8; **aA** Löwe/Rosenberg/Gössel StPO § 368 Rn 16). Wegen der Beweiskraft des Sitzungsprotokolls (§ 274 StPO) sind Beweismittel als neu anzusehen, wenn sie darin nicht erwähnt sind (Meyer-Goßner StPO § 368 Rn 6; KK-StPO/Schmidt StPO § 368 Rn 8).

2. Geeignetheit von Tatsachen und Beweismitteln

6   Im Additionsverfahren wird bzgl der Beweismittel zum einen deren allgemeine Geeignetheit geprüft. Diese fehlt, wenn die entsprechende Beweiserhebung unzulässig (§ 244 Abs 3 S 1 StPO) oder gänzlich ungeeignet ist (Wasserburg Die Wiederaufnahme des Strafverfahrens, 195; OLG München NStZ 1984, 380).

7   Zum anderen müssen die Tatsachen und Beweismittel speziell im Hinblick auf die zulässigen Wiederaufnahmeziele des § 359 Nr 5 StPO geeignet sein, das angegriffene Urteil zu erschüttern (BGHSt 17, 303, 304; BGH NStZ 2000, 218; OLG Düsseldorf NJW 1993, 504). Zur Prüfung der Schlüssigkeit des Vorbringens wird vom Gericht unterstellt, dass die unmittelbar im Wiederaufnahmeantrag behaupteten Tatsachen richtig sind und die benannten Beweismittel den vom Antragsteller behaupteten Erfolg haben (BGHSt 17, 303, 304). Bei offensichtlicher Unwahrheit oder Unmöglichkeit des Vorbringens gilt diese Wahrunterstellung nicht (BGH NJW 1977, 59; OLG Hamm MDR 1974, 250; OLG Nürnberg MDR 1964, 171).

8   Die Prüfung der Geeignetheit eines Beweismittels iSd § 359 Nr 5 StPO, § 368 StPO erschöpft sich nicht in einer abstrakten Schlüssigkeitsprüfung; die Beweiskraft des neuen Beweismittels ist bereits im Zulässigkeitsverfahren zu bewerten, soweit das ohne förmliche Beweisaufnahme möglich ist (BGH NStZ 2000, 218; BGHSt 17, 303, 304; OLG Jena NStZ-RR 2005, 379; KG JR 1975, 166; OLG Braunschweig NJW 1958, 1984; vgl BVerfG NStZ 1995, 43; zur Unzulässigkeit einer Vorwegnahme der Beweiswürdigung s Eisenberg JR 2007, 360, 365; SK-StPO/Frister/Deiters StPO § 359 Rn 61). Um die (Neuheit und) Geeignetheit bewerten zu können, müssen die im Wiederaufnahmeantrag vorgebrachten

Gesichtspunkte in jedem Fall zum gesamten Akteninhalt und den Urteilsfeststellungen in Beziehung gesetzt werden (Marxen/Tiemann Rn 239; vgl KG NJW 1992, 450; LG Gießen NJW 1994, 465; kritisch hinsichtlich der Beweisantizipation im Wiederaufnahmeverfahren nach einer Verfahrensabsprache Eschelbach HRRS 2008, 190, 205). Nach der Rspr des BGH ist die Prüfung der Geeignetheit „vom Standpunkt des erkennenden Gerichts, dh desjenigen Richters, der den Angeklagten rechtskräftig verurteilt hatte, vorzunehmen" (BGHSt 18, 225, 226; vgl BGHSt 17, 303, 304; 19, 365, 366).

Dieser Ansatz ist nur insoweit zutreffend, als die Wiederaufnahme systematisch von 9 Revision und Berufung abzugrenzen ist; diesem Gedanken kann aber schon dadurch Rechnung getragen werden, dass eine Bindung des Wiederaufnahmegerichts an die Rechtsauffassung des erkennenden Gerichts angenommen (Eisenberg JR 2007, 360, 366; Löwe/Rosenberg/Gössel StPO § 359 Rn 157 ff) und eigene Tatsachenfeststellungen des Wiederaufnahmegerichts im Zulassungsverfahren als unzulässig angesehen werden (BVerfG NStZ 1995, 43). Ohne erneute Hauptverhandlung darf der festgestellte Tatverlauf in einer Kernfrage der Beweisaufnahme nicht durch einen anderen ersetzt werden (BVerfG BeckRS 2007, 23783; vgl Hellebrand NStZ 2008, 374, 378). Dem Regelungszweck der Wiederaufnahmevorschriften, die Berücksichtigung materieller Wahrheit zur evtl Rechtskraftdurchbrechung zu ermöglichen, entspricht es indes nicht, auch eine Bindung des Wiederaufnahmegerichts an die Beweiswürdigung des erkennenden Gerichts anzunehmen. Letztlich ist ein Sich-Hineinversetzen in die zurückliegende Beweiswürdigung eines anderen (vgl § 140a GVG) Gerichts methodisch unmöglich (Eisenberg JR 2007, 360, 367; KMR/Eschelbach StPO Vor § 359 Rn 11; Löwe/Rosenberg/Gössel StPO § 359 Rn 157 ff; Förschner StV 2008, 443, 445). Das Wiederaufnahmegericht sollte im Interesse der Ermittlung materieller Wahrheit selbständig und eigenverantwortlich die tatsächlichen Grundlagen der Wiederaufnahme würdigen können (Eisenberg JR 2007, 360, 367; Marxen/Tiemann Rn 229).

C. Verfahren

I. Entscheidung durch Beschluss

Über die Zulässigkeit wird ohne mündliche Verhandlung (nach Anhörung der Staats- 10 anwaltschaft, § 33 Abs 2 StPO, und ggf auch des Privat- oder Nebenklägers) durch (gem § 34 StPO mit Gründen versehenen) Beschluss entschieden, in dem entweder der Antrag als unzulässig verworfen oder für zulässig erklärt wird. In Fällen des § 53 StGB kann die Zulassung für eine oder mehrere Taten erklärt und im Übrigen verworfen werden (BGHSt 14, 85, 88; vgl HK-StPO/Krehl StPO § 368 Rn 9; KK-StPO/Schmidt StPO § 368 Rn 17). Die Wiederaufnahme kann auch auf den Strafausspruch beschränkt für zulässig erklärt werden (BGHSt 11, 361, 365; vgl Meyer-Goßner StPO § 368 Rn 12). Wurden im Antrag mehrere Wiederaufnahmegründe geltend gemacht, kann die Zulassung auf einzelne beschränkt werden (OLG Hamburg GA 1957, 317; HK-StPO/Krehl StPO § 368 Rn 9; KK-StPO/Schmidt StPO § 368 Rn 17). Innerhalb eines Wiederaufnahmegrundes kann jedoch nur eine einheitliche Entscheidung ergehen (BGH NJW 1966, 2177; OLG Frankfurt NJW 1955, 73; Löwe/Rosenberg/Gössel StPO § 368 Rn 33; KK-StPO/Schmidt StPO § 368 Rn 17). Der Verwerfungsbeschluss führt zu einem Verbrauch des Wiederaufnahmevorbringens, sofern nicht lediglich aus formellen Gründen verworfen wird (OLG Braunschweig NJW 1966, 993, 994; KK-StPO/Schmidt StPO § 368 Rn 20).

II. Zustellung des Zulassungsbeschlusses an Antragsgegner

Nur für den Fall des Zulassungsbeschlusses bestimmt Abs 2, dass dieser dem Gegner des 11 Antragstellers zuzustellen ist. Der Antragsteller erhält den Zulassungsbeschluss formlos (HK-StPO/Krehl StPO § 368 Rn 10). Die Frist, die dem Antragsgegner zur Erklärung bestimmt wird, ist keine Ausschlussfrist und kann verlängert werden (HK-StPO/Krehl StPO § 368 Rn 10). Formvorschriften, insbes § 366 Abs 2 StPO, gelten für die Erklärung des Antragsgegners nicht (Meyer-Goßner StPO § 368 Rn 13). Auch besteht keine Pflicht zur Abgabe der Erklärung (Löwe/Rosenberg/Gössel StPO § 368 Rn 37).

III. Sofortige Beschwerde

12 Sowohl der Zulassungs-, als auch der Verwerfungsbeschluss sind nach § 372 S 1 StPO mit der sofortigen Beschwerde anfechtbar. Nur das Beschwerdegericht kann den angefochtenen Beschluss aufheben oder abändern (HK-StPO/Krehl StPO § 368 Rn 11; KK-StPO/Schmidt StPO § 368 Rn 18).

§ 369 [Beweisaufnahme über das Begründetsein]

(1) Wird der Antrag für zulässig befunden, so beauftragt das Gericht mit der Aufnahme der angetretenen Beweise, soweit dies erforderlich ist, einen Richter.

(2) Dem Ermessen des Gerichts bleibt es überlassen, ob die Zeugen und Sachverständigen eidlich vernommen werden sollen.

(3) ¹Bei der Vernehmung eines Zeugen oder Sachverständigen und bei der Einnahme eines richterlichen Augenscheins ist der Staatsanwaltschaft, dem Angeklagten und dem Verteidiger die Anwesenheit zu gestatten. ²§ 168 c Abs. 3, § 224 Abs. 1 und § 225 gelten entsprechend. ³Befindet sich der Angeklagte nicht auf freiem Fuß, so hat er keinen Anspruch auf Anwesenheit, wenn der Termin nicht an der Gerichtsstelle des Ortes abgehalten wird, wo er sich in Haft befindet, und seine Mitwirkung der mit der Beweiserhebung bezweckten Klärung nicht dienlich ist.

(4) Nach Schluß der Beweisaufnahme sind die Staatsanwaltschaft und der Angeklagte unter Bestimmung einer Frist zu weiterer Erklärung aufzufordern.

Überblick

§ 369 StPO regelt eine vorläufige (die ggf erneuerte Hauptverhandlung nicht vorwegnehmende) Beweiserhebung, die der Vorbereitung der Entscheidung über die Begründetheit nach § 370 StPO dient.

Übersicht

	Rn		Rn
A. Aufnahme der angetretenen Beweise	1	I. Anwesenheitsberechtigte	6
I. Beauftragung eines Richters	1	II. Entfallen des Anwesenheitsrecht, insbes Dienlichkeit (Abs 3 S 3)	7
II. Erforderliche Beweisaufnahme	2	III. Benachrichtigung	8
B. Vereidigung von Zeugen oder Sachverständigen	5	D. Schlussanhörung	10
C. Anwesenheit bei der Beweisaufnahme (Abs 3)	6	E. Anfechtung	11

A. Aufnahme der angetretenen Beweise

I. Beauftragung eines Richters

1 Soweit Beweise aufgenommen werden sollen, wird ein Richter mit der mit der Beweisaufnahme beauftragt. Der beauftrage Richter muss bei der späteren Beschlussfassung des Wiederaufnahmegerichts nicht mitwirken (OLG Jena NStZ-RR 1997, 47). Auch kann ein Kollegialgericht die Beweisaufnahme in voller Besetzung durchführen (Löwe/Rosenberg/Gössel StPO § 369 Rn 12; KK-StPO/Schmidt StPO § 369 Rn 6). Andererseits kann auch im Wege der Rechtshilfe nach §§ 156 GVG ff der Richter eines anderen Gerichts um die Beweisaufnahme ersucht werden (OLG Düsseldorf JMBl NRW 1979, 261; HK-StPO/Krehl StPO § 369 Rn 3). Ein beauftragter Richter ist an den Umfang der Beweisaufnahme, wie er im beauftragenden Beschluss vorgesehen ist, gebunden (BGH NJW 1954, 891) und kann die Beweisaufnahme nicht seinerseits an Staatsanwaltschaft oder Polizei delegieren bzw auf deren Vorermittlungen zurückgreifen (Meyer-Goßner StPO § 369 Rn 3, 6; HK-StPO/Krehl

StPO § 369 Rn 3; vgl. OLG Celle MDR 1991, 2077; **aA** OLG Braunschweig NStZ 1987, 377 m abl Anm Gössel).

II. Erforderliche Beweisaufnahme

Eine Beweisaufnahme findet nach Abs 1 nur insoweit statt, als sie erforderlich ist. Erforderlich ist die Beweisaufnahme, wenn die Entscheidung über die Begründetheit nach § 370 StPO davon abhängt, dass das Wiederaufnahmevorbringen tatsächlich zutreffend ist (vgl KK-StPO/Schmidt StPO § 369 Rn 2; BGHSt 17, 303, 304). An der Erforderlichkeit fehlt es, wenn die Begründetheit des Wiederaufnahmeantrags bereits aus einem rechtskräftigen Urteil (§ 359 Nr 1 bis Nr 4 StPO, § 362 Nr 1 bis Nr 3 StPO) oder unmittelbar aus einer Urkunde (§ 359 Nr 5 StPO, § 362 Nr 4 StPO) folgt (Meyer-Goßner StPO § 369 Rn 2). Die Beweiserhebung ist entbehrlich bei Offenkundigkeit (KG JR 1984, 393). Soweit von Entbehrlichkeit der Beweisaufnahme ausgegangen wird, ist dies in dem späteren Beschluss nach § 370 StPO zu begründen (Löwe/Rosenberg-Gössel StPO § 369 Rn 6; HK-StPO/Krehl StPO § 369 Rn 2). Eine Wahrunterstellung oder der schlichte Verzicht auf eine Prüfung der Beweise sind nicht zulässig (Löwe/Rosenberg/Gössel StPO § 369 Rn 4; Meyer-Goßner StPO § 369 Rn 2; KK-StPO/Schmidt StPO § 369 Rn 2).

Für die Beweiserhebung des § 369 StPO gelten dieselben Regeln wie für die Beweisaufnahme in einer Hauptverhandlung (BGHSt 17, 303, 304): Nicht zugelassen sind daher Zeugenerklärungen zu Protokoll der Geschäftsstelle (OLG Düsseldorf MDR 1976, 778), eidesstattliche Versicherungen (BGHSt 17, 303) oder schriftliche Gutachten außerhalb der Grenzen des § 256 StPO (OLG Hamm MDR 1977, 778; HK-StPO/Krehl StPO § 369 Rn 3; Meyer-Goßner StPO § 369 Rn 4).

Im Interesse der Ermittlung materieller Wahrheit (vgl BVerfG StV 2003, 223) ist über den Wortlaut des § 369 Abs 1 StPO, der lediglich von den angetretenen Beweisen spricht, der Untersuchungsgrundsatz dergestalt anzuwenden, dass von Amts wegen alle erforderlichen Beweise zur Überprüfung des Antragsvorbringens auszuschöpfen sind (OLG Hamburg StV 2003, 229; OLG Zweibrücken GA 1993, 463, 465; OLG Stuttgart StV 1990, 539; Meyer-Goßner StPO § 369 Rn 5; **aA** Marxen/Tiemann Rn 365; HK-StPO/Krehl StPO § 369 Rn 2). Begrenzt ist die Beweiserhebung allerdings auf die zugelassen Wiederaufnahmegründe (OLG Bremen OLGSt § 359, S 55; Meyer-Goßner StPO § 369 Rn 5).

B. Vereidigung von Zeugen oder Sachverständigen

Im Hinblick auf die weitreichenden Auswirkungen der möglichen Anordnung einer Wiederaufnahme, die zu einer Rechtskraftdurchbrechung führt, ist schon für die Beweisaufnahme nach § 369 StPO die Vereidigung von Zeugen oder Sachverständigen zugelassen (vgl Meyer-Goßner StPO § 369 Rn 8). Über die Vereidigung entscheidet nach pflichtgemäßem Ermessen das Wiederaufnahmegericht, nicht der beauftragte Richter (HK-StPO/Krehl StPO § 369 Rn 4; KK-StPO/Schmidt StPO § 369 Rn 5). Kommt eine Freisprechung ohne Hauptverhandlung nach § 371 Abs 1, Abs 2 StPO in Betracht, wird regelmäßig eine Vereidigung anzuordnen sein (RGSt 29, 64). Eine Berufung auf den früher geleisteten Eid nach § 67 StPO ist nicht möglich (RGSt 18, 417, 419; Löwe/Rosenberg/Gössel StPO § 369 Rn 15; KK-StPO/Schmidt StPO § 369 Rn 5).

C. Anwesenheit bei der Beweisaufnahme (Abs 3)

I. Anwesenheitsberechtigte

Nach Abs 3 steht das Anwesenheitsrecht der Staatsanwaltschaft, dem Angeklagten und dem Verteidiger zu, in Fällen des § 361 Abs 2 StPO den dort genannten Antragstellern, nach § 385 Abs 1 S 1 StPO dem Privatkläger (ggf im Beistand eines oder vertreten durch einen Rechtsanwalt, § 378 StPO), nach § 67 Abs 1 JGG im Jugendstrafverfahren dem Erziehungsberechtigten oder dem gesetzlichen Vertreter. Der Nebenkläger hat (entgegen Löwe/Rosenberg/Gössel StPO § 369 Rn 18; Meyer-Goßner StPO § 369 Rn 9; KMR/Paulus StPO § 369 Rn 10; KK-StPO/Schmidt StPO § 369 Rn 9) nach der Neuregelung durch das Opferschutzgesetz mangels Beteiligtenstellung im Wiederaufnahmeverfahren kein Anwesenheitsrecht bei der Beweisaufnahme im Probationsverfahren (sondern erst in der erneuerten Hauptverhandlung, SK-StPO/Frister/Deiters StPO § 369 Rn 14; HK-StPO/Krehl StPO § 369 Rn 5; Marxen/Tiemann Rn 372).

Der Angeklagte oder Verurteilte kann nach § 369 Abs 3 S 2 StPO iVm § 168 c Abs 3 StPO von der Anwesenheit bei der Beweisaufnahme ausgeschlossen werden, wenn seine Anwesenheit den Untersuchungszweck gefährden würde.

II. Entfallen des Anwesenheitsrecht, insbes Dienlichkeit (Abs 3 S 3)

7   Nach Abs 3 S 3 entfällt das Anwesenheitsrecht des Angeklagten unter drei Voraussetzungen: (1.) Er befindet sich nicht auf freiem Fuß, (2.) der Termin wird nicht in einem Gerichtsgebäude am Haftort abgehalten und (3.) seine Mitwirkung ist der mit der Beweiserhebung bezweckten Klärung nicht dienlich. Der Begriff der Dienlichkeit ist weit auszulegen (OLG Frankfurt StV 1990, 538; Löwe/Rosenberg-Gössel StPO § 369 Rn 20; KMR/Paulus StPO § 369 Rn 10; Meyer-Goßner StPO § 369 Rn 19). Regelmäßig ist davon auszugehen, dass der Angeklagte der mit der Beweiserhebung bezweckten Aufklärung durch Vorhalte gegenüber Zeugen und Sachverständigen dienen kann (Marxen/Tiemann Rn 369; vgl. AK/Loos StPO § 369 Rn 15). Die Dienlichkeit entfällt nicht schon bei Anwesenheit eines Verteidigers (Löwe/Rosenberg/Gössel StPO § 369 Rn 20; HK-StPO/Krehl StPO § 369 Rn 5; Marxen/Tiemann Rn 369; Meyer-Goßner StPO § 369 Rn 10). Über die Dienlichkeit entscheidet formlos der mit der Beweisaufnahme beauftragte Richter. Fehlende Dienlichkeit ist eingehend zu begründen (Krägeloh NJW 1975, 137, 139). Nimmt der Richter Dienlichkeit an, hat er die Vorführung des anwesenheitsberechtigten Verurteilten (sofern dieser erscheinen will) anzuordnen (Marxen/Tiemann Rn 370).

III. Benachrichtigung

8   Die Anwesenheitsberechtigten sind nach § 369 Abs 3 S 2 StPO iVm § 224 Abs 1 StPO, § 225 StPO vor dem zur Beweisaufnahme anberaumten Termin zu benachrichtigen. Formlose Benachrichtigung genügt, förmliche Zustellung ist angesichts der Bedeutung für das gesamte Wiederaufnahmeverfahren sinnvoll (OLG Bremen MDR 1967, 61). Der Angeklagte ist selbständig neben dem Verteidiger zu benachrichtigen; der Verteidiger gilt allerdings nach § 145 a Abs 1 StPO als empfangsbevollmächtigt für den Angeklagten (Löwe/Rosenberg/Gössel StPO § 369 Rn 23; Marxen/Tiemann Rn 373; Meyer-Goßner StPO § 369 Rn 11). Die Benachrichtigungspflicht nach § 369 Abs 3 S 2 StPO, § 224 Abs 1 S 1 StPO besteht auch bei fehlendem Anwesenheitsrecht. Sie unterbleibt aber gem § 369 Abs 3 S 2 StPO, § 224 Abs 1 S 2 StPO, wenn sie den Untersuchungserfolg gefährden würde. Die Benachrichtigung ist nur rechtzeitig erfolgt, wenn eine ausreichende Zeit zur Vorbereitung für die Anwesenheitsberechtigten oder ihre Vertreter verbleibt (Marxen/Tiemann Rn 373; Meyer-Goßner StPO § 369 Rn 11).

9   Nach § 369 Abs 3 S 2 StPO iVm § 224 Abs 1 S 3 StPO ist das über die Beweisaufnahme aufgenommene Protokoll der Staatsanwaltschaft und dem Verteidiger vorzulegen, gleichgültig, ob sie bei der Beweisaufnahme anwesend waren (Marxen/Tiemann Rn 374; Meyer-Goßner StPO § 369 Rn 12; KK-StPO/Schmidt StPO § 369 Rn 11). Der Staatsanwaltschaft werden die Akten übersandt, dem Verteidiger wird Akteneinsicht gewährt oder das Protokoll übersandt (Löwe/Rosenberg/Gössel StPO § 369 Rn 24; Marxen/Tiemann Rn 374).

D. Schlussanhörung

10   Die Schlussanhörung nach Abs 4 soll die Gewährung rechtlichen Gehörs sicherstellen (KK-StPO/Schmidt StPO § 369 Rn 12). Sie ist zwingend, auch wenn die Beteiligten schon vor dem Ende der Beweisaufnahme Erklärungen abgegeben haben (OLG Düsseldorf NJW 1982, 839; HK-StPO/Krehl StPO § 369 Rn 8; Meyer-Goßner StPO § 369 Rn 13). Die Aufforderung zur Erklärung ist unter Fristsetzung an alle Beteiligten zu richten, die ein Anwesenheitsrecht bei der Beweisaufnahme hatten (Meyer-Goßner StPO § 369 Rn 13). In der Erklärung soll zum Ergebnis der Beweisaufnahme Stellung genommen werden. Das Ergebnis der Beweisaufnahme muss den Anzuhörenden daher bekannt sein, was bei Staats-

anwaltschaft und Verteidigung schon nach § 369 Abs 3 S 2 StPO iVm § 224 Abs 1 S 3 StPO gewährleistet ist. Wie die übrigen Beteiligten, insbesondere der nicht verteidigte Angeklagte, vom Ergebnis der Beweisaufnahme unterrichtet werden, steht im Ermessen des Vorsitzenden (Löwe/Rosenberg/Gössel StPO § 369 Rn 26; HK-StPO/Krehl StPO § 369 Rn 8; Marxen/Tiemann Rn 377; Meyer-Goßner StPO § 369 Rn 13). Geeignet ist die Übersendung einer Protokollabschrift (HK-StPO/Krehl StPO § 369 Rn 8; Marxen/Tiemann Rn 377). In der Erklärung kann zu den erhobenen Beweisen ebenso Stellung genommen wie eine neue Beweiserhebung beantragt werden (HK-StPO/Krehl StPO § 369 Rn 8; Meyer-Goßner StPO § 369 Rn 13). Nach neuen Beweiserhebungen muss erneut die Schlussanhörung gewährleistet werden (Meyer-Goßner StPO § 369 Rn 13; KK-StPO/Schmidt StPO § 369 Rn 13).

E. Anfechtung

Entsprechend § 305 StPO unterliegen Art und Umfang der Beweisaufnahme nicht der Beschwerde (OLG Hamm MDR 1969, 950; OLG Frankfurt NJW 1965, 314; HK-StPO/Krehl StPO § 369 Rn 9; KK-StPO/Schmidt StPO § 369 Rn 14). Nach § 304 Abs 1 StPO ist die Beschwerde aber gegen die Ausschließung des Angeklagten oder gegen die Ablehnung seines Vorführungsantrags zulässig (Löwe/Rosenberg/Gössel StPO § 369 Rn 28; Meyer-Goßner StPO § 369 Rn 14; KK-StPO/Schmidt StPO § 369 Rn 14). Die Beschwerde wird aber mit Abschluss der Beweisaufnahme gegenstandslos (OLG Hamm JMBl NRW 1972, 239; Meyer-Goßner StPO § 369 Rn 14; KK-StPO/Schmidt StPO § 369 Rn 14). Eine unterbliebene Schlussanhörung wird nicht vom Beschwerdegericht nachgeholt; es wird an das Wiederaufnahmegericht zurückverwiesen (OLG Frankfurt NStZ 1983, 427; KK-StPO/Schmidt StPO § 369 Rn 15). 11

§ 370 [Entscheidung über das Begründetsein]

(1) Der Antrag auf Wiederaufnahme des Verfahrens wird ohne mündliche Verhandlung als unbegründet verworfen, wenn die darin aufgestellten Behauptungen keine genügende Bestätigung gefunden haben oder wenn in den Fällen des § 359 Nr. 1 und 2 oder des § 362 Nr. 1 und 2 nach Lage der Sache die Annahme ausgeschlossen ist, daß die in diesen Vorschriften bezeichnete Handlung auf die Entscheidung Einfluß gehabt hat.

(2) Andernfalls ordnet das Gericht die Wiederaufnahme des Verfahrens und die Erneuerung der Hauptverhandlung an.

Überblick

Mit dem Beschluss nach § 370 StPO, durch den entweder der Wiederaufnahmeantrag (ganz bzw teilweise) als unbegründet verworfen oder die Wiederaufnahme des Verfahrens angeordnet wird, wird das Probationsverfahren abgeschlossen.

Übersicht

	Rn		Rn
A. Verwerfung des Wiederaufnahmeantrags (Abs 1)	1	B. Anordnung der Wiederaufnahme	4
I. Zusammenhang mit der Zulässigkeitsprüfung nach § 368 StPO	1	I. Inhalt des Beschlusses	4
II. Genügende Bestätigung	2	II. Wirkungen der Wiederaufnahmeanordnung	7
III. Einfluss auf die Entscheidung in den Fällen der § 359 Nr 1 u Nr 2 StPO, § 362 Nr 1 u Nr 2 StPO	3	C. Anfechtung	8

A. Verwerfung des Wiederaufnahmeantrags (Abs 1)
I. Zusammenhang mit der Zulässigkeitsprüfung nach § 368 StPO

1   Die Verwerfung des Wiederaufnahmeantrags nach Abs 1 ergeht (ebenso wie die Anordnung nach Abs 2) ohne mündliche Verhandlung durch Beschluss. Eine Beschlussfassung über die Begründetheit setzt die (ggf mit dem Beschluss nach § 370 StPO verbundene, OLG München MDR 1974, 775; OLG Bremen GA 1960, 216) Erklärung der Zulässigkeit nach § 368 StPO voraus (Meyer-Goßner StPO § 370 Rn 2). Wird vom Gericht erst zum Abschluss des Probationsverfahrens das Fehlen einer Zulässigkeitsvoraussetzung festgestellt, kann es den Wiederaufnahmeantrag auch jetzt noch nach § 368 Abs 1 StPO als unzulässig verwerfen (OLG Hamburg GA 1967, 317; Löwe/Rosenberg/Gössel StPO § 370 Rn 6 f; HK-StPO/Krehl StPO § 370 Rn 1; Marxen/Tiemann Rn 382; KMR/Paulus StPO § 370 Rn 4; **aA** Meyer-Goßner StPO § 370 Rn 2 bzgl Formmängeln nach § 366 Abs 2 StPO).

II. Genügende Bestätigung

2   Die Wiederaufnahmetatsachen haben genügende Bestätigung gefunden, wenn auf Grund der Beweisaufnahme nach § 369 StPO ihre Richtigkeit hinreichend wahrscheinlich ist (HK-StPO/Krehl StPO § 370 Rn 3; Meyer-Goßner StPO § 370 Rn 4). Ein voller Beweis, der jeden Zweifel ausschließt, ist nicht erforderlich (BVerfG NStZ 1990, 499; BGHSt 42, 314, 323; BGHSt 37, 356, 360; OLG Frankfurt StV 1996, 139; HK-StPO/Krehl StPO § 370 Rn 3; Meyer-Goßner StPO § 370 Rn 4; KK-StPO/Schmidt StPO § 370 Rn 5). Keine genügende Bestätigung der Wiederaufnahmetatsachen liegt vor, wenn die Grundlage des angegriffenen Urteils nicht erschüttert erscheint (OLG Saarbrücken OLGSt § 369 S 1; KG JR 1984, 393, KK-StPO/Schmidt StPO § 370 Rn 2). Auch genügt nicht schon die bloße Möglichkeit, dass das Wiederaufnahmevorbringen zutreffend ist (so aber SK-StPO/Frister/Deiters StPO § 370 Rn 13; Schünemann ZStW 84 [1972], 870, 898). Im Rahmen der Begründetheitsprüfung gilt weder „in dubio pro reo" noch „im Zweifel für die Rechtskraft" (Eisenberg JR 2007, 360, 367; KK-StPO/Schmidt StPO § 370 Rn 4). Allerdings ist zu berücksichtigen, dass die Anwendung des Grundsatzes „in dubio pro reo" in der evtl erneuerten Hauptverhandlung zu einer für den Verurteilten günstigen Entscheidung zu führen vermag (OLG Bremen NJW 1957, 1730; Fuchs Wiederaufnahmeverfahren und in dubio pro reo – OLG Köln, NJW 1968, 2119, JuS 1969, 516, 519; Meyer-Goßner StPO § 370 Rn 4; KK-StPO/Schmidt StPO § 370 Rn 4). Zur Frage, inwieweit sich das Wiederaufnahmegericht auf den Standpunkt des erkennenden Gerichts stellen muss, vgl § 368 StPO Rn 8 f.

III. Einfluss auf die Entscheidung in den Fällen der § 359 Nr 1 u Nr 2 StPO, § 362 Nr 1 u Nr 2 StPO

3   In den Fällen der § 359 Nr 1 u Nr 2 StPO, § 362 Nr 1 u Nr 2 StPO wird der Wiederaufnahmeantrag als unbegründet verworfen, wenn die Annahme ausgeschlossen ist, dass die dort beschriebenen Handlungen auf die Entscheidung Einfluss gehabt haben. Aus § 370 Abs 1 StPO folgt eine gesetzliche Vermutung für den ursächlichen Zusammenhang zwischen der Handlung nach § 359 Nr 1 u Nr 2 StPO, § 362 Nr 1 u Nr 2 StPO und dem Urteil, die widerlegt werden kann (BGHSt 19, 365, 365 f; HK-StPO/Krehl StPO § 370 Rn 2; Meyer-Goßner StPO § 370 Rn 5). Schon wenn diese gesetzliche Vermutung nicht widerlegt werden kann, ist die Wiederaufnahme anzuordnen (BGHSt 19, 365, 366); der Antragsteller muss den ursächlichen Zusammenhang nicht seinerseits belegen (Meyer-Goßner StPO § 370 Rn 5; KMR/Paulus StPO § 370 Rn 14).

B. Anordnung der Wiederaufnahme
I. Inhalt des Beschlusses

4   Ist der Wiederaufnahmeantrag begründet, hat das Gericht die Wiederaufnahme des Verfahrens durch zu begründenden (§ 34 StPO) Beschluss ohne mündliche Verhandlung anzuordnen. Zudem ist die Erneuerung der Hauptverhandlung anzuordnen, sofern nicht eine

Freisprechung ohne Hauptverhandlung nach § 371 StPO erfolgt. In diesen Fällen kann die Wiederaufnahmeanordnung auch mit dem Beschluss nach § 371 Abs 1 oder Abs 2 StPO verbunden werden (OLG Bremen JZ 1956, 100; Löwe/Rosenberg/Gössel StPO § 370 Rn 4; KK-StPO/Schmidt StPO § 370 Rn 11; nach RGSt 47, 166, 169 bedarf es insoweit keiner Wiederaufnahmeanordnung). § 210 Abs 3 StPO ist auf eine solche Entscheidung nicht entsprechend anwendbar (OLG Frankfurt, NStZ-RR 2008, 378).

Die Anordnung der Wiederaufnahme ist notwendige Prozessvoraussetzung für das weitere Verfahren (BGHSt 18, 339, 340 f; LG Ravensburg NStZ-RR 1998, 112; RGSt 35, 351, 353; Löwe/Rosenberg/Gössel StPO § 370 Rn 29; Marxen/Tiemann Rn 389; KMR/Paulus StPO § 370 Rn 19; KK-StPO/Schmidt StPO § 370 Rn 12). Liegen mehrere selbständige Taten iSd § 264 StPO vor, kann ein Wiederaufnahmeantrag zum Teil für begründet und zum Teil für unbegründet erklärt werden (BGHSt 14, 85, 88; weitergehend – auch für Fälle der Tatidentität nach § 264 StPO teilweise Wiederaufnahme erlaubend – Löwe/Rosenberg/ Gössel StPO § 370 Rn 30; Meyer-Goßner StPO § 370 Rn 8). Die Wiederaufnahmeanordnung kann auf den Strafausspruch beschränkt werden (BGHSt 11, 361, 364; OLG Hamm NJW 1953, 1765; Meyer-Goßner StPO § 370 Rn 8). 5

Wird die Wiederaufnahme des Verfahrens angeordnet, unterbleibt aber die grundsätzlich auszusprechende Anordnung der Erneuerung der Hauptverhandlung, so ist dies ebenso unschädlich (Meyer-Goßner StPO § 370 Rn 17) wie der umgekehrte Fall, in dem nur die Erneuerung der Hauptverhandlung, nicht jedoch die Wiederaufnahme ausdrücklich angeordnet wird (SK-StPO/Frister/Deiters StPO § 370 Rn 21; Löwe/Rosenberg/Gössel StPO § 370 Rn 48; KK-StPO/Schmidt StPO § 370 Rn 9). Fehlt aber eine Anordnung nach Abs 2 gänzlich, muss das Verfahren auch nach Beginn der erneuerten Hauptverhandlung wieder in den Stand des Probationsverfahrens zurückversetzt werden (Löwe/Rosenberg/ Gössel § 370 Rn 29; SK-StPO/Frister/Deiters StPO § 370 Rn 21). 6

II. Wirkungen der Wiederaufnahmeanordnung

Die Wirkungen der Wiederaufnahmeanordnung sind: 7
- Beseitigung der Rechtskraft des Urteils (BGHSt 14, 64, 66; BGHSt 19, 280, 282; BGHSt 21, 373, 375; Löwe/Rosenberg/Gössel StPO § 370 Rn 31; KMR/Paulus StPO § 370 Rn 21; KK-StPO/Schmidt StPO § 370 Rn 13); es tritt erneute Rechtshängigkeit ein (Löwe/Rosenberg/Gössel StPO § 370 Rn 35; Marxen/Tiemann Rn 393). Das Verfahren wird in den Stand vor dem weggefallenen Urteil (also nach Erlass des Eröffnungsbeschlusses, BGHSt 14, 64, 66, oder ggf nach Anberaumung der Berufungsverhandlung, RGSt 77, 282, 284) zurückversetzt (OLG Frankfurt GA 1980, 282; Löwe/Rosenberg/Gössel StPO § 370 Rn 35; Marxen/Tiemann Rn 393; Meyer-Goßner StPO § 370 Rn 10);
- Unzulässigkeit der weiteren Strafvollstreckung aus dem Urteil (OLG Bremen NJW 1956, 316; KK-StPO/Schmidt StPO § 370 Rn 18). Eine Teilwiederaufnahme bewirkt den Wegfall einer Gesamtstrafe (BGHSt 14, 85, 89; OLG Koblenz NStZ 1991; 555; SK-StPO/ Frister/Deiters StPO § 370 Rn 23), wobei aber die weitere Vollstreckung nicht berührter Einzelstrafen zulässig bleibt (Löwe/Rosenberg/Gössel StPO § 370 Rn 38);
- Wiederaufleben entzogener Rechte des Verurteilten, zB Eigentum an eingezogenen Sachen (Marxen/Tiemann Rn 394; Meyer-Goßner StPO § 370 Rn 11). Eine entzogene Fahrerlaubnis lebt rückwirkend wieder auf, so dass eine evtl Strafbarkeit gem § 21 Abs 1 Nr 1 StVG wegfällt (OLG Frankfurt NStZ-RR 2000, 23; BayObLG NJW 1992, 1120; Asper NStZ 1994, 171, 173; **aA** SK-StPO/Frister/Deiters StPO § 370 Rn 24; Groß NStZ 1993, 221; ders NStZ 1994, 173);
- Entfallen von Maßregeln der Besserung und Sicherung, die wegen der Tat, auf die sich die Wiederaufnahme bezieht, verhangen wurden (Marxen/Tiemann Rn 394; KMR/Paulus StPO § 370 Rn 23);
- Ende des Ruhens der Verjährungsfrist, welche jedoch nicht wieder neu zu laufen beginnt (OLG Nürnberg NStZ 1988, 555; OLG Köln DAR 1979, 344; HK-StPO/Krehl StPO § 370 Rn 5; Meyer-Goßner StPO § 370 Rn 14; KK-StPO/Schmidt StPO § 370 Rn 19; **aA** OLG Düsseldorf NStZ-RR 2001, 142; OLG Frankfurt MDR 1978, 513; Löwe/ Rosenberg/Gössel StPO § 370 Rn 39 mwN);

• kein Wiederaufleben von Zwangsmaßnahmen, die jedoch erneut angeordnet werden können (Löwe/Rosenberg/Gössel StPO § 370 Rn 46; Meyer-Goßner StPO § 370 Rn 15; Moosbacher NJW 2005, 3110, 3111).

C. Anfechtung

8 Der Verwerfungsbeschluss nach Abs 1 kann gem § 372 S 1 StPO mit der sofortigen Beschwerde angegriffen werden. Gegen die Wiederaufnahmeanordnung steht dem Angeklagten die sofortige Beschwerde zu. Nach § 372 S 2 StPO ist der Anordnungsbeschluss zur Wiederaufnahme unanfechtbar, selbst wenn er erschlichen wurde (OLG Köln NJW 1955, 314; Meyer-Goßner StPO § 370 Rn 19).

§ 371 [Freisprechung ohne Hauptverhandlung]

(1) Ist der Verurteilte bereits verstorben, so hat ohne Erneuerung der Hauptverhandlung das Gericht nach Aufnahme des etwa noch erforderlichen Beweises entweder auf Freisprechung zu erkennen oder den Antrag auf Wiederaufnahme abzulehnen.

(2) Auch in anderen Fällen kann das Gericht, bei öffentlichen Klagen jedoch nur mit Zustimmung der Staatsanwaltschaft, den Verurteilten sofort freisprechen, wenn dazu genügende Beweise bereits vorliegen.

(3) ¹Mit der Freisprechung ist die Aufhebung des früheren Urteils zu verbinden. ²War lediglich auf eine Maßregel der Besserung und Sicherung erkannt, so tritt an die Stelle der Freisprechung die Aufhebung des früheren Urteils.

(4) Die Aufhebung ist auf Verlangen des Antragstellers im elektronischen Bundesanzeiger bekannt zu machen und kann nach dem Ermessen des Gerichts auch auf andere geeignete Weise veröffentlicht werden.

Überblick

§ 371 StPO dient der effektiven und prozessökonomischen Rehabilitierung des Verurteilten, indem nicht allein das frühere Urteil wegfällt, sondern eine Freisprechung ohne Hauptverhandlung erfolgt.

A. Bereits verstorbener Verurteilter (Abs 1)
I. Keine Hauptverhandlung

1 Abs 1 ergänzt § 361 StPO, nach welchem ein Wiederaufnahmeverfahren durch den Tod des Verurteilten nicht ausgeschlossen ist. Nach Abs 1 findet keine Hauptverhandlung gegen Verstorbene statt. Selbst eine erneute Hauptverhandlung gegen einen Mitangeklagten berechtigt nicht dazu (Löwe/Rosenberg/Gössel StPO § 371 Rn 5; Meyer-Goßner StPO § 371 Rn 1; KMR/Paulus StPO § 371 Rn 2). Für eine evtl erforderliche Beweisaufnahme gilt § 369 Abs 1 StPO, so dass diese durch den beauftragten oder ersuchten Richter vorzunehmen ist (HK-StPO-Krehl StPO § 371 Rn 1; Meyer-Goßner StPO § 371 Rn 2; aA SK-StPO/Frister/Deiters StPO § 371 Rn 7). Die Zeugenvernehmung kann ohne die Beschränkung des § 369 Abs 2 StPO erfolgen (SK-StPO/Frister/Deiters StPO § 371 Rn 7; Löwe/Rosenberg/Gössel StPO § 371 Rn 6; AK/Loos StPO § 371 Rn 5; Meyer-Goßner StPO § 371 Rn 2; KMR/Paulus StPO § 371 Rn 6). Das Anwesenheitsrecht gilt ohne die Beschränkung des § 369 Abs 3 StPO (Löwe/Rosenberg/Gössel StPO § 371 Rn 6; KMR/Paulus StPO § 371 Rn 6).

II. Beschlussform und -inhalt

2 Die Entscheidung nach Abs 1 ergeht in Form eines Beschlusses (BGHSt 8, 383, 384; BGHSt 14, 64, 66; SK-StPO/Frister/Deiters StPO § 371 Rn 9; KK-StPO/Schmidt StPO

§ 371 Rn 1). Der Grundsatz „in dubio pro reo" gilt (Löwe/Rosenberg/Gössel StPO § 371 Rn 9; AK/Loos StPO § 371 Rn 7; Meyer-Goßner StPO § 371 Rn 4; KK-StPO/Schmidt StPO § 371 Rn 2; **aA** KMR/Paulus StPO § 371 Rn 9). Das Wiederaufnahmegericht kann nach Abs 1 nur auf Freisprechung erkennen oder den Wiederaufnahmeantrag ablehnen. Anders als bei § 373 StPO kann es keine mildere Strafbestimmung anwenden (SK-StPO/Frister/Deiters StPO § 371 Rn 2).

Dem Freispruch steht die Verfahrenseinstellung wegen eines Verfahrenshindernisses gleich 3 (SK-StPO/Frister/Deiters StPO § 371 Rn 2; Löwe/Rosenberg/Gössel StPO § 371 Rn 11; Meyer-Goßner StPO § 371 Rn 3; KMR/Paulus StPO § 371 Rn 4; KK-StPO/Schmidt StPO § 371 Rn 1).

III. Tod eines Verurteilten im Wiederaufnahmeverfahren

Stirbt der Verurteilte nach Stellung des Wiederaufnahmeantrags, ist Abs 1 anwendbar, 4 wenn an die Stelle des verstorbenen Antragstellers ein anderer Berechtigter (Angehöriger nach § 361 Abs 2 StPO oder Staatsanwaltschaft) tritt; dieser muss ausdrücklich erklären, das Wiederaufnahmeverfahren weiterzubetreiben (BGHSt 43, 169, 170). Abs 1 findet auch dann Anwendung, wenn die Wiederaufnahme bereits vor dem Tod des Verurteilten angeordnet worden war (BGHSt 21, 373, 375; **aA** SK-StPO/Frister/Deiters StPO § 371 Rn 3 mwN).

B. Andere Fälle der sofortigen Freisprechung (Abs 2)
I. Regelungszweck

Die Entscheidung nach Abs 2 liegt im Ermessen des Gerichts (SK-StPO/Frister/Deiters 5 StPO § 371 Rn 11; Meyer-Goßner StPO § 371 Rn 10). Schon der Vergleich mit der besonderen Konstellation des Abs 1 legt nahe, dass Abs 2 nur in Ausnahmefällen zur Anwendung kommt (vgl 171 Abs 1 S 2 RiStBV); denn die ihrem Wesen nach nur vorläufige Beweiserhebung des § 369 StPO kann durch § 371 Abs 2 StPO zur Grundlage einer endgültigen Freisprechung werden (SK-StPO/Frister/Deiters StPO § 371 Rn 12). „Zweck dieser Regelung ist (…), dass, wenn auf Grund der neuen Beweislage mit einer an Sicherheit grenzenden Wahrscheinlichkeit nur der Freispruch des Verurteilten in einer etwaigen neuen Hauptverhandlung zu erwarten wäre, der damit verbundene Aufwand an Zeit, Arbeitskraft und Kosten vermieden werden und deshalb ein abgekürztes Verfahren ohne Hauptverhandlung Platz greifen soll. Dieser prozesswirtschaftliche Gesichtspunkt der Vereinfachung und Beschleunigung rechtfertigt es in einem Fall, in dem keine den Verurteilten auch nur teilweise beschwerende Entscheidung, sondern ausschließlich sein Freispruch sicher zu erwarten ist, diese Entscheidung im Beschlussweg ohne Hauptverhandlung zu erlassen" (BGHSt 14, 65, 66, 67).

II. Anhörung und Zustimmung

Der Verurteilte ist zwar vor der Freisprechung anzuhören (KK-StPO/Schmidt StPO § 371 6 Rn 5), mit Blick auf den Regelungszweck bedarf es aber nicht seiner Zustimmung (OLG Frankfurt NJW 1965, 314; SK-StPO/Frister/Deiters StPO § 371 Rn 10; **aA** OLG Koblenz NStZ-RR 1987, 111, 112; Meyer-Goßner StPO § 371 Rn 10; KMR/Paulus StPO § 371 Rn 14). Hingegen ist die Zustimmung der Staatsanwaltschaft bei öffentlichen Klagen, dh außer im Privatklageverfahren, erforderlich. Die Staatsanwaltschaft soll nach 171 Abs 1 u Abs 2 Hs 1 RiStBV nur in Ausnahmefällen zustimmen, wenn „einwandfrei festgestellt ist, dass der Verurteilte zur Zeit der Tat geisteskrank war, oder wenn seine Unschuld klar zutage tritt und es wegen der besonderen Umstände des Falles unzweckmäßig ist, die Hauptverhandlung zu erneuern".

III. Freisprechung und Verfahrenseinstellung

Abs 2 gilt unmittelbar für die Freisprechung und analog für die Verfahrenseinstellung 7 wegen eines Verfahrenshindernisses (Löwe/Rosenberg/Gössel StPO § 371 Rn 18; Marxen/Tiemann Rn 444; Meyer-Goßner StPO § 371 Rn 8; KMR/Paulus StPO § 371 Rn 12; vgl

LG Duisburg NStZ 2004, 104). Die Verfahrenseinstellung aus Opportunitätsgründen nach § 153 StPO wird man der Freisprechung jedoch nicht gleichstellen können (Marxen/Tiemann Rn 446; Meyer-Goßner StPO § 371 Rn 8; KMR/Paulus StPO § 371 Rn 12; **aA** OLG Hamm JMBlNRW 1981, 285; SK-StPO/Frister/Deiters StPO § 371 Rn 13; Löwe/Rosenberg/Gössel StPO § 371 Rn 18).

C. Aufhebung des früheren Urteils (Abs 3)

8   Nach Abs 3 S 1 ist im Beschlusstenor (vgl zur Beschlussform BGHSt 8, 383, 384; BGHSt 14, 65, 67) mit der Freisprechung die Aufhebung des früheren Urteils zu verbinden. An die Stelle der Freisprechung tritt nach Abs 3 S 2 die Aufhebung des früheren Urteils, wenn selbständig eine Maßregel der Besserung und Sicherung angeordnet war.

D. Bekanntmachung (Abs 4)

9   Der Rehabilitierung nach Abs 1 und Abs 2 kann zwar keine Urteilsverkündung in der Hauptverhandlung dienen, aber die öffentliche Bekanntmachung (Löwe/Rosenberg/Gössel StPO § 371 Rn 26; Meyer-Goßner StPO § 371 Rn 12; KK-StPO/Schmidt StPO § 371 Rn 8). Veröffentlicht wird nur der Beschlusstenor (KK-StPO/Schmidt StPO § 371 Rn 8). Nur der Antragsteller kann die Veröffentlichung im elektronischen Bundesanzeiger verlangen, nicht jedoch die Staatsanwaltschaft (Meyer-Goßner StPO § 371 Rn 12). Das Verlangen des Antragstellers ist an keine Frist gebunden (Löwe/Rosenberg/Gössel StPO § 371 Rn 27). Liegt das grundsätzliche Bekanntmachungsverlangen des Antragstellers vor, kann die Aufhebung nach dem Ermessen des Gerichts auf andere geeignete Weise auf Staatskosten bekannt gemacht werden; dies liegt insbesondere in Fällen nahe, in welchen das Ausgangsverfahren ein größeres Medieninteresse gefunden hatte (SK-StPO/Frister/Deiters StPO § 371 Rn 16).

E. Anfechtung

10   Gegen die Entscheidungen nach § 371 Abs 1 u Abs 2 StPO ist die sofortige Beschwerde nach § 372 StPO gegeben (BGHSt 8, 383, 384). Nach erteilter Zustimmung iSd Abs 2 kann die Staatsanwaltschaft den Beschluss nicht anfechten (Meyer-Goßner StPO § 371 Rn 13; KK-StPO/Schmidt StPO § 371 Rn 9), nach verweigerter Zustimmung der Staatsanwaltschaft iSd Abs 2 kann der Verurteilte nicht erfolgreich anfechten (OLG Frankfurt NJW 1965, 314; Meyer-Goßner StPO § 371 Rn 13).

§ 372 [Sofortige Beschwerde]

¹Alle Entscheidungen, die aus Anlaß eines Antrags auf Wiederaufnahme des Verfahrens von dem Gericht im ersten Rechtszug erlassen werden, können mit sofortiger Beschwerde angefochten werden. ²Der Beschluß, durch den das Gericht die Wiederaufnahme des Verfahrens und die Erneuerung der Hauptverhandlung anordnet, kann von der Staatsanwaltschaft nicht angefochten werden.

Überblick

§ 372 StPO soll zügige Vermittlung von Rechtssicherheit im Wiederaufnahmeverfahren gewährleisten.

A. Zulässigkeit der sofortigen Beschwerde
I. Statthaftigkeit der sofortigen Beschwerde

1   Die sofortige Beschwere nach § 311 StPO ist statthaft gegen Entscheidungen, die sich unmittelbar auf die Zulässigkeit oder Begründetheit des Wiederaufnahmeantrages oder die Strafvollstreckung beziehen. Das sind die Entscheidungen nach § 360 Abs 2 StPO, § 368 Abs 1 StPO, § 370 StPO, § 371 Abs 1 u Abs 2 StPO (OLG Koblenz NJW 1961, 1418;

Meyer-Goßner StPO § 371 Rn 1). Gegen Entscheidungen nach § 364a StPO, § 364b StPO ist hingegen die einfache Beschwerde nach § 304 StPO statthaft. Bloß vorbereitende Entscheidungen, etwa über die Bestellung eines Sachverständigen, sind unanfechtbar (OLG Frankfurt NJW 1965, 314; SK-StPO/Frister/Deiters StPO § 372 Rn 3; HK-StPO/Krehl StPO § 372 Rn 2). „Gericht des ersten Rechtszuges im Sinne dieser Vorschrift ist nicht das Gericht, das erstinstanzlich im rechtskräftig abgeschlossenen Verfahren, sondern das Gericht, das erstinstanzlich über die Zulässigkeit und Begründetheit des Wiederaufnahmeantrags entschieden hat" (BGHSt 37, 356, 357; vgl Meyer-Goßner StPO § 372 Rn 1).

II. Anfechtungsberechtigung

Anfechtungsberechtigt sind grundsätzlich Antragsteller und Staatsanwaltschaft. Nach S 2 ist die sofortige Beschwerde durch die Staatsanwaltschaft gegen den Beschluss nach § 370 Abs 2 StPO ausgeschlossen. S 2 gilt analog für den Privatkläger, da dessen Rechte nicht weiter reichen als diejenigen der Staatsanwaltschaft (OLG Stuttgart MDR 1970, 165; Meyer-Goßner StPO § 372 Rn 4; vgl SK-StPO/Frister/Deiters StPO § 372 Rn 4). Wird der Beschluss nach § 368 StPO mit dem nach § 370 Abs 2 StPO verbunden, bleibt (nur) derjenige nach § 368 StPO für die Staatsanwaltschaft selbständig anfechtbar (Löwe/Rosenberg/Gössel StPO § 372 Rn 12; KK-StPO/Schmidt StPO § 372 Rn 3).

III. Form und Nachschieben neuer Tatsachen

Eine sofortige Beschwerde muss nicht in der für den Wiederaufnahmeantrag bestimmten Form des § 366 Abs 2 StPO, sondern lediglich in der des § 306 Abs 1 StPO eingelegt werden (OLG Hamm MDR 1968, 166; Meyer-Goßner StPO § 372 Rn 6). Im Rahmen der sofortigen Beschwerde sind nur Konkretisierungen und Ergänzungen der bereits vorgetragenen Tatsachen und Beweismittel zulässig: „Die vom Beschwerdeführer in der Rechtsmittelbegründung vorgetragenen neuen Tatsachen und Beweismittel dürfen zur Begründung des Wiederaufnahmebegehrens nicht berücksichtigt werden, weil ein Nachschieben neuer Tatsachen und Beweismittel nicht zulässig ist (BGHR StPO § 359 Neue Tatsache 6; vgl Meyer-Goßner StPO § 372 Rn 7 mwN).

IV. Zuständigkeit

Zuständiges Beschwerdegericht ist das dem Wiederaufnahmegericht übergeordnete Gericht (KK-StPO/Schmidt StPO § 372 Rn 7). Grundsätzlich entscheidet das Beschwerdegericht selbst in der Sache (§ 309 Abs 2 StPO). Eine Zurückverweisung wird erforderlich, wenn ein nach § 23 Abs 2 StPO ausgeschlossener Richter bei der angegriffenen Entscheidung mitgewirkt hat (OLG Bremen NJW 1966, 605; OLG Saarbrücken NJW 1966, 167; KK-StPO/Schmidt StPO § 372 Rn 7) oder der Wiederaufnahmeantrag zu Unrecht nach § 368 StPO als unzulässig verworfen wurde (OLG Frankfurt NJW 1983, 2399; HK-StPO/Krehl StPO § 372 Rn 6).

B. Rechtskraft und Verbrauch des Wiederaufnahmevorbringens

Die Rechtskraft der Beschwerdeentscheidung führt nur insoweit zu einem Verbrauch des Wiederaufnahmevorbringens, als darüber eine Sachentscheidung ergeht (OLG Hamburg JR 2000, 380; Meyer-Goßner StPO § 371 Rn 9).

§ 373 [Urteil nach erneuter Hauptverhandlung; Verbot der reformatio in peius]

(1) In der erneuten Hauptverhandlung ist entweder das frühere Urteil aufrechtzuerhalten oder unter seiner Aufhebung anderweit in der Sache zu erkennen.

(2) ¹Das frühere Urteil darf in Art und Höhe der Rechtsfolgen der Tat nicht zum Nachteil des Verurteilten geändert werden, wenn lediglich der Verurteilte, zu seinen Gunsten die Staatsanwaltschaft oder sein gesetzlicher Vertreter die Wiederaufnahme des Verfahrens beantragt hat. ²Diese Vorschrift steht der Anordnung der Unterbringung in einem psychiatrischen Krankenhaus oder einer Entziehungsanstalt nicht entgegen.

Überblick

In der erneuten Hauptverhandlung wird nicht das vorausgegangene Urteil, dessen Rechtskraft nunmehr durchbrochen ist, überprüft, sondern selbständig nach den allgemeinen Regeln verhandelt.

A. Zuständigkeit

1   Die erneuerte Hauptverhandlung findet vor dem nach § 140 a GVG zuständigen Gericht statt. Eine besondere Zuständigkeit – beispielsweise eine solche des Schwurgerichts – richtet sich nach der besonderen Zuständigkeit für das Urteil, gegen das der Wiederaufnahmeantrag gerichtet war (BGHSt 14, 64, 66).

B. Ablauf der erneuerten Hauptverhandlung

2   Für den Ablauf der erneuerten Hauptverhandlung gelten die allgemeinen Vorschriften. Es besteht allerdings eine Bindung des Wiederaufnahmegerichts an den die Wiederaufnahme anordnenden Beschluss, denn dieser bildet als Prozessvoraussetzung die Rechtsgrundlage der Hauptverhandlung des Wiederaufnahmeverfahrens; die erneute Verhandlung und Entscheidung darf nicht weiter erstreckt werden, als der Anordnungsbeschluss es gestattet (BGHSt 14, 85, 87, 88; BGHSt 18, 339, 340, 341). Das zuständige Gericht hat den Wiederaufnahmebeschluss (nur) darauf zu prüfen, ob er als Prozessvoraussetzung förmlich und sachlich rechtswirksam ist (BGHSt 18, 339, 341).

3   Zu erneuern sind insbesondere:
- die Verlesung des Anklagesatzes nach § 243 Abs 3 S 1 StPO bzw des Urteils des ersten Rechtszuges in einer erneuerten Berufungshauptverhandlung (Meyer-Goßner StPO § 373 Rn 2),
- die Bestellung eines Pflichtverteidigers (die mit der Anordnung nach § 370 Abs 2 StPO endet, SK-StPO/Frister/Deiters StPO § 373 Rn 7),
- die gesamte Beweisaufnahme ohne Beschränkungen auf Beweise aus früherer Hauptverhandlung oder Probationsverfahren (Marxen/Tiemann Rn 412),
- Zeugenvernehmung und -vereidigung (KK-StPO/Schmidt StPO § 373 Rn 4),
- rechtliche Hinweise an den Angeklagten nach § 265 Abs 1 u Abs 2 StPO (Löwe/Rosenberg/Gössel StPO § 373 Rn 15).

4   Eine Verlesung der Entscheidungsgründe des Wiederaufnahmebeschlusses ist unzulässig, wenn Schöffen an der erneuerten Hauptverhandlung teilnehmen (AK/Loos StPO § 373 Rn 7; vgl BGH MDR 1961, 250; **aA** SK-StPO/Frister/Deiters StPO § 373 Rn 4 f). Die Verlesung von Vernehmungsniederschriften aus der früheren Hauptverhandlung oder dem Probationsverfahren ist nur unter den Voraussetzungen des § 251 StPO zulässig (Marxen/Tiemann Rn 413).

C. Entscheidung und Tenorierung

5   Eine Einschränkung in den Entscheidungsmöglichkeiten ergibt sich aus Abs 1 nicht. Lediglich die Tenorierung sieht eine Anknüpfung an das frühere Urteil vor, indem dieses entweder aufrechtzuerhalten ist oder unter seiner Aufhebung anderweitig erkannt wird. Jegliche Abweichung vom früheren Urteil führt zu dessen Aufhebung (vgl Löwe/Rosenberg/Gössel StPO § 373 Rn 27). Ein Wiederaufnahmeverfahren, das mit der Beseitigung der rechtlichen Folgen eines Strafurteils bzw. eines Strafbefehls endet, führt nicht zwingend dazu, dass Maßnahmen einer Fahrerlaubnisbehörde, die in der Zeit zwischen der Rechtskraft der Entscheidung und der Wiederaufnahme getroffen wurden, rückwirkend danach zu beurteilen wären, als habe die frühere – zunächst – rechtskräftige strafgerichtliche Entscheidung nicht bestanden (OVG Lüneburg NJW 2009, 1160).

6   Das Verfahren kann auch wegen eines neuen Verfahrenshindernisses nach § 206 a StPO, § 260 Abs 3 StPO (Löwe/Rosenberg/Gössel StPO § 373 Rn 17; Meyer-Goßner StPO § 373 Rn 4 a) und aus Opportunitätsgesichtspunkten nach §§ 153 StPO ff eingestellt werden (HK-StPO/Krehl StPO § 373 Rn 4; KK-StPO/Schmidt StPO § 373 Rn 6). Auch kann das

Verfahren durch Zurücknahme eines Rechtsmittels nach § 302 StPO nach Anfechtung eines Berufungs- oder Revisionsurteils durch die Wiederaufnahme sowie durch die Zurücknahme der Klage oder des Einspruchs im Strafbefehlsverfahren nach § 411 Abs 3 S 2 StPO beendet werden (Löwe/Rosenberg/Gössel StPO § 373 Rn 18; HK-StPO/Krehl StPO § 373 Rn 4; Marxen/Tiemann Rn 404; KK-StPO/Schmidt StPO § 373 Rn 6, 11; **aA** Meyer-Goßner StPO § 373 Rn 4; KMR/Paulus StPO § 373 Rn 10).

Zu beachten ist das Verbot der reformatio in peius nach Abs 2, das demjenigen aus § 331 StPO, § 358 Abs 2 StPO entspricht. 7

§ 373 a [Verfahren bei Strafbefehl]

(1) Die Wiederaufnahme eines durch rechtskräftigen Strafbefehl abgeschlossenen Verfahrens zuungunsten des Verurteilten ist auch zulässig, wenn neue Tatsachen oder Beweismittel beigebracht sind, die allein oder in Verbindung mit den früheren Beweisen geeignet sind, die Verurteilung wegen eines Verbrechens zu begründen.

(2) Im übrigen gelten für die Wiederaufnahme eines durch rechtskräftigen Strafbefehl abgeschlossenen Verfahrens die §§ 359 bis 373 entsprechend.

Überblick

§ 373 a StPO regelt die Wiederaufnahme gegen Strafbefehle und erweitert abschließend die Wiederaufnahmegründe zu Ungunsten des Verurteilten bei Strafbefehlen.

A. Grundlagen

Die aktuelle Fassung des § 373 a StPO regelt die Wiederaufnahme eines durch rechts- 1 kräftigen Strafbefehl abgeschlossenen Verfahrens dahingehend, dass nicht nur die Wiederaufnahmeregelungen zugunsten, sondern auch – mit der Erweiterung des Abs 1 – diejenigen zuungunsten des Verurteilten gelten (BT-Drs 10/1313, 32; KK-StPO/Schmidt StPO § 373 a Rn 1; vgl SK-StPO/Frister/Deiters StPO § 373 a Rn 1). Die (erweiterte) Möglichkeit der Rechtskraftdurchbrechung bei Strafbefehlen ist vom BVerfG als verfassungsrechtlich unbedenklich angesehen worden (BVerfGE 3, 248; BVerfG NStZ 1984, 325).

B. Wiederaufnahmegrund nach Abs 1: Einstufung als Verbrechen

Abs 1 regelt einen Wiederaufnahmegrund, der über § 362 StPO hinausgeht. Allerdings 2 betrifft er nicht die Fälle, in denen aufgrund einer fehlerhaften rechtlichen Wertung statt eines Verbrechens ein Vergehen angenommen worden ist. Vielmehr ist – im Einklang mit den Prinzipien des Wiederaufnahmerechts – der Wiederaufnahmegrund nach Abs 1 nur dann gegeben, wenn sich die fehlerhafte Einstufung aus neuen Tatsachen oder Beweismitteln ergibt (SK-StPO/Frister/Deiters StPO § 373 a Rn 7; HK-StPO/Krehl StPO § 373 a Rn 2; KK-StPO/Schmidt StPO § 373 a Rn 7). Die neuen Tatsachen, die zur Einstufung als Verbrechen führen, können entweder schon zum Zeitpunkt des Strafbefehls vorgelegen haben oder nachträglich eingetreten sein, insbesondere bei Eintritt einer schweren Folge nach Rechtskraft des Strafbefehls (KK-StPO/Schmidt StPO § 373 a Rn 5). Entscheidender Anknüpfungspunkt zur Bestimmung der Neuheit von Tatsachen oder Beweismitteln ist bei Strafbefehlen der Akteninhalt (BVerfG NJW 2007, 207; NJW 1993, 2735, 2736; StV 2003, 225; Meyer-Goßner StPO § 373 a Rn 4).

C. Zuständigkeit und Entscheidung

Zuständig für Additionsverfahren (§ 368 StPO) und Probationsverfahren (§§ 369 StPO f) 3 ist das nach § 140 a GVG zu bestimmende Amtsgericht. Der Amtsrichter und ggf das Schöffengericht legen, wenn gemäß § 370 Abs 2 StPO die Wiederaufnahme des Verfahrens und die Erneuerung der Hauptverhandlung angeordnet wird, die Sache nach § 225 a Abs 1 StPO bei dem Gericht höherer Ordnung vor, dessen sachliche Zuständigkeit für die Aburteilung wegen des Verbrechens gegeben ist (HK-StPO/Krehl StPO § 373a Rn 4; KK-StPO/ Schmidt StPO § 373a Rn 11). In der erneuerten Hauptverhandlung wird entsprechend § 373 StPO der Strafbefehl aufrechterhalten oder unter seiner Aufhebung anderweit in der Sache erkannt.

Fünftes Buch. Beteiligung des Verletzten am Verfahren (§§ 374-406h)

Erster Abschnitt. Privatklage (§§ 374-394)

§ 374 [Zulässigkeit; Klageberechtigte]

(1) Im Wege der Privatklage können vom Verletzten verfolgt werden, ohne daß es einer vorgängigen Anrufung der Staatsanwaltschaft bedarf,
1. ein Hausfriedensbruch (§ 123 des Strafgesetzbuches),
2. eine Beleidigung (§§ 185 bis 189 des Strafgesetzbuches), wenn sie nicht gegen eine der in § 194 Abs. 4 des Strafgesetzbuches genannten politischen Körperschaften gerichtet ist,
3. eine Verletzung des Briefgeheimnisses (§ 202 des Strafgesetzbuches),
4. eine Körperverletzung (§§ 223 und 229 des Strafgesetzbuches),
5. eine Nachstellung (§ 238 Abs. 1 des Strafgesetzbuches) oder eine Bedrohung (§ 241 des Strafgesetzbuches),
5a. eine Bestechlichkeit oder Bestechung im geschäftlichen Verkehr (§ 299 des Strafgesetzbuches),
6. eine Sachbeschädigung (§ 303 des Strafgesetzbuches),
6a. eine Straftat nach § 323a des Strafgesetzbuches, wenn die im Rausch begangene Tat ein in den Nummern 1 bis 6 genanntes Vergehen ist,
7. eine Straftat nach den §§ 16 bis 19 des Gesetzes gegen den unlauteren Wettbewerb,
8. eine Straftat nach § 142 Abs. 1 des Patentgesetzes, § 25 Abs. 1 des Gebrauchsmustergesetzes, § 10 Abs. 1 des Halbleiterschutzgesetzes, § 39 Abs. 1 des Sortenschutzgesetzes, § 143 Abs. 1, § 143a Abs. 1 und § 144 Abs. 1 und 2 des Markengesetzes, § 51 Abs. 1 und § 65 Abs. 1 des Geschmacksmustergesetzes, den §§ 106 bis 108 sowie § 108b Abs. 1 und 2 des Urheberrechtsgesetzes und § 33 des Gesetzes betreffend das Urheberrecht an Werken der bildenden Künste und der Photographie.

(2) [1]Die Privatklage kann auch erheben, wer neben dem Verletzten oder an seiner Stelle berechtigt ist, Strafantrag zu stellen. [2]Die in § 77 Abs. 2 des Strafgesetzbuches genannten Personen können die Privatklage auch dann erheben, wenn der vor ihnen Berechtigte den Strafantrag gestellt hat.

(3) Hat der Verletzte einen gesetzlichen Vertreter, so wird die Befugnis zur Erhebung der Privatklage durch diesen und, wenn Körperschaften, Gesellschaften und andere Personenvereine, die als solche in bürgerlichen Rechtsstreitigkeiten klagen können, die Verletzten sind, durch dieselben Personen wahrgenommen, durch die sie in bürgerlichen Rechtsstreitigkeiten vertreten werden.

Überblick

Bei den in Abs 1 abschließend aufgezählten Delikten (Rn 6) kann als Durchbrechung des Offizialprinzips (Rn 1) ausnahmsweise der Verletzte (Rn 11) als Privatkläger (Rn 2) die Strafverfolgung betreiben. Gleiches gilt für die sonstigen Strafantragsberechtigten nach Abs 2 (Rn 13). Zuständig ist jeweils das Amtsgericht (Rn 4). Bei der Verfolgung von Antragsdelikten ist nach hM ein wirksamer Strafantrag des Verletzten selbst erforderlich (Rn 12). Zudem ist eine Privatklage nur möglich, wenn mit dem Privatklage- kein Offizialdelikt innerhalb ein und derselben prozessualen Tat zusammentrifft (Rn 7 ff). Für den nicht prozessfähigen Verletzten handelt der gesetzliche Vertreter (Abs 3; Rn 14 ff).

Übersicht

	Rn		Rn
A. Grundlagen	1	C. Privatklage durch sonstige Strafantragsberechtigte (Abs 2)	13
B. Privatklage durch den Verletzten (Abs 1)	6	D. Prozessfähigkeit des Privatklägers (Abs 3)	14
I. Privatklage- und Offizialdelikte	6		
II. Privatklageberechtigung	11		

A. Grundlagen

Die Strafverfolgung obliegt grundsätzlich allein dem Staat (sog **Offizialmaxime**; vgl 1 § 152 Abs 1 StPO). Mit diesem Anklagemonopol geht einher, dass die Staatsanwaltschaft grundsätzlich jeder verfolgbaren Straftat nachzugehen hat und bei hinreichendem Tatverdacht zur Erhebung der öffentlichen Klage verpflichtet ist (sog **Legalitätsprinzip**; vgl § 152 Abs 2 StPO). Die in § 374 StPO genannten Vergehen (Rn 6) berühren die Allgemeinheit jedoch mitunter so wenig, dass kein öffentliches Interesse an der Strafverfolgung besteht (§ 376 StPO; s § 376 StPO Rn 2). Damit der Verletzte hier gleichwohl sein (durch § 374 StPO rechtlich anerkanntes) Bedürfnis nach Genugtuung für das erlittene Unrecht befriedigen kann (dazu SK-StPO/Velten StPO Vor § 374 Rn 15 ff), ist ihm **ausnahmsweise** selbst überlassen, den staatlichen Strafanspruch im Wege der **Privatklage** durchzusetzen. Kommentierte Formulare für Verfahrenshandlungen in Privatklageverfahren finden sich bei Hamm/Lohberger Beck'sches Formularbuch für den Strafverteidiger Abschn XIII B.

In der Praxis wird von dem Institut der Privatklage kaum noch Gebrauch gemacht. Während es 1.1 bis etwa 1930 jährlich zwischen 80.000 und 120.000 Verfahren gab, waren es 1971 lediglich rund 14.000, 1981 9.782 und 1994 2.359 (Zahlen nach Löwe/Rosenberg/Hilger StPO Vor § 374 Rn 4). In den letzten Jahren hat sich dieser Trend fortgesetzt: 2002 wurden von insgesamt 857.046 Strafverfahren vor dem Amtsgericht 892 durch eine Privatklage eingeleitet, 2003 823 von 878.770, 2004 794 von 890.627, 2005 700 von 891.643, 2006 564 von 849.745, 2007 schließlich 528 von 843.859 Verfahren. Ein Vergleich dieser Angaben mit der – zuletzt stetig ansteigenden – Anzahl derjenigen Verfahren, welche die Staatsanwaltschaften auf den Privatklageweg verwiesen haben (2002: 155.508 von 4.598.290 Verfahren insgesamt; 2003: 163.537 von 4.766.070; 2004: 168.271 von 4.994.776; 2005: 170.951 von 4.971.762; 2006: 174.039 von 4.876.989; 2007: 212.948 von 4.969.157; 2008: 222.659 von 4.903.552), zeigt, dass inzwischen lediglich im Promille-Bereich auf die Möglichkeit der Privatklage zurückgegriffen wird. Ein Grund hierfür liegt nicht zuletzt in den fehlenden Erfolgsaussichten der Kläger, die vor Gericht selten eine Verurteilung des Beschuldigten erzielen (2002: 113; 2003: 89; 2004: 120; 2005: 97; 2006: 81; 2007: 69). Das Privatklageverfahren ist somit faktisch nur noch eine weitere Einstellungsmöglichkeit für die Strafverfolgungsbehörden und dient mehr denn je ihrer Entlastung (Löwe/Rosenberg/Hilger StPO Vor § 374 Rn 4 mwN; SK-StPO/Velten StPO Vor § 374 Rn 10). Insbesondere aus diesem Grund fordern kritische Stimmen zunehmend die Abschaffung der Privatklage (Löwe/Rosenberg/Hilger StPO Vor § 374 Rn 13 mwN; SK-StPO/Velten StPO Vor § 374 Rn 28 ff; vgl auch KMR/Stöckel StPO Vor § 374 Rn 20 ff; Grebing GA 1984, 1, 6 ff; befürwortend hingegen Reichert ZRP 1997, 492, 496 ff: Ausweitung der Privatklage auf den Diebstahl geringwertiger Sachen).

Jede natürliche Person, auch ein Jugendlicher (vgl § 80 Abs 2 S 1 JGG), kann **Privat-** 2 **kläger** sein. Im Privatklageverfahren nimmt er im Wesentlichen die Position des Staatsanwalts ein. Anders als die Staatsanwaltschaft ist der Privatkläger aber nicht an das Legalitätsprinzip gebunden. Er ist also nicht dazu verpflichtet, das Privatklagedelikt zu verfolgen, sondern kann sowohl bereits von der Erhebung der Privatklage als auch von ihrer weiteren Durchführung – vor allem durch Vergleich (s § 380 StPO Rn 8; § 391 StPO Rn 6 f) oder Klagerücknahme gem § 391 StPO – absehen bzw die Privatklage auf einen von mehreren Beschuldigten bzw eine von mehreren Taten beschränken (Löwe/Rosenberg/Hilger StPO Vor § 374 Rn 5; Meyer-Goßner StPO Vor § 374 Rn 5).

3   Eine gegen den **Angeklagten** im Wege der Privatklage erlangte Verurteilung hat dieselben Folgen wie eine Verurteilung in einem anderen Strafverfahren. Insbesondere wird die Strafe nach den allgemeinen Vorschriften vollstreckt und in das Bundeszentralregister eingetragen (Löwe/Rosenberg/Hilger StPO Vor § 374 Rn 5; Meyer-Goßner StPO Vor § 374 Rn 1; KMR/Stöckel StPO Vor § 374 Rn 5). Unzulässig ist eine Privatklage gegen Jugendliche (§ 80 Abs 1 S 1 JGG), es sei denn im Wege der Widerklage (§ 80 Abs 2 S 1 JGG; vgl § 388 StPO Rn 4). War der Täter zum Zeitpunkt der Tat Heranwachsender, dh zwischen 18 und 21 Jahre alt, gelten hingegen die allgemeinen Vorschriften der §§ 374 StPO ff (vgl § 2 JGG, § 109 Abs 1 und Abs 2 JGG). Entscheidend ist jeweils das Alter zur Zeit der Tat (§ 1 Abs 2 JGG).

4   Sachlich zuständig für Privatklageverfahren sind ausschließlich die Amtsgerichte, namentlich der **Strafrichter** (§ 25 Nr 1 GVG) bzw bei Heranwachsenden der Jugendrichter (§ 108 Abs 2 JGG). Die örtliche Zuständigkeit bestimmt sich nach den allgemeinen Vorschriften der §§ 7 StPO ff; § 7 Abs 2 S 2 StPO (§ 7 StPO Rn 8) enthält eine Sonderregelung für Beleidigungen in Druckschriften (vgl dazu BGHSt 11, 56 = NJW 1958, 229).

5   Das Gericht ist wie in jedem Strafverfahren dazu verpflichtet, den Sachverhalt gem § 244 Abs 2 StPO von Amts wegen aufzuklären (§ 384 Abs 3 StPO; § 384 StPO Rn 7 f). Auch ansonsten gelten vorbehaltlich abweichender Regelungen in den §§ 374 StPO ff die allgemeinen Vorschriften. Bei der Privatklage handelt es sich somit – trotz der Beteiligung natürlicher Personen als Kläger und Angeklagter – um kein echtes Parteiverfahren (Löwe/Rosenberg/Hilger StPO Vor § 374 Rn 5; Meyer-Goßner StPO Vor § 374 Rn 1).

B. Privatklage durch den Verletzten (Abs 1)

I. Privatklage- und Offizialdelikte

6   Abs 1 enthält in seinen Nrn 1-8 einen **abschließenden Katalog** derjenigen Taten, die im Wege der Privatklage verfolgt werden können. Bei sämtlichen sonstigen Delikten (sog Offizialdelikte) ist eine Privatklage ausgeschlossen. Auch Straftatbestände, die lediglich an einen Verstoß gegen ein Privatklagedelikt anknüpfen (etwa sog Presseinhaltsdelikte nach den Landespresse- und -mediengesetzen wie die Verbreitung von Druckwerken mit strafbarem, zB beleidigendem Inhalt; BayObLG AfP 1983, 275; Meyer-Goßner StPO § 374 Rn 2), sind nicht erfasst.

7   Ist jemand sowohl durch ein **Privatklage-** als auch durch ein **Offizialdelikt** verletzt, so ist maßgebend, ob sie eine oder zwei prozessuale Taten iSd § 155 Abs 1 StPO, § 264 StPO bilden. Unerheblich ist die materiellrechtliche Betrachtung, dh ob die Delikte in Tateinheit oder Tatmehrheit stehen oder ggf ein Tatbestand von dem anderen verdrängt wird.

8   Stellen Privatklage- und Offizialdelikt **verschiedene Taten** im verfahrensrechtlichen Sinne dar, so kann wegen des Privatklagedelikts Privatklage erhoben werden. Dies gilt unabhängig davon, wie das Offizialdelikt behandelt wird; kommt es insoweit zur Anklage, können Privatklage- und Offizialverfahren grds gem § 4 StPO verbunden werden (Ausnahme: Verhandlung vor dem Schwurgericht wegen § 384 Abs 5 StPO; § 384 StPO Rn 10). Der Charakter des Privatklageverfahrens bleibt davon aber unberührt, es sei denn, dass die Staatsanwaltschaft die Verfolgung nach § 377 Abs 2 S 1 StPO (§ 377 StPO Rn 4 ff) übernimmt (Löwe/Rosenberg/Hilger StPO § 374 Rn 17; KMR/Stöckel StPO § 374 Rn 14).

9   Sind Privatklage- und Offizialdelikt **im Rahmen einer prozessualen Tat** verwirklicht, ist das Offizialverfahren vorrangig und die Privatklage unzulässig (Meyer-Goßner StPO § 374 Rn 3; KMR/Stöckel StPO § 374 Rn 15). Im Rahmen des Offizialverfahrens ist vielmehr das Privatklagedelikt mitzuverfolgen und zwar unabhängig von einem insoweit bestehenden öffentlichen Interesse iSd § 376 StPO (§ 376 StPO Rn 2). Das **Gericht** muss eine gleichwohl erhobene Privatklage zurückweisen, selbst wenn die Staatsanwaltschaft den Verletzten auf den Privatklageweg verwiesen hatte. Ausreichend ist der hinreichende, vom Gericht unabhängig von der Staatsanwaltschaft zu beurteilende (OLG Neustadt MDR 1961, 955) Verdacht der Verwirklichung eines Offizialdelikts.

9.1   Dass Gericht und Staatsanwaltschaft unabhängig voneinander und somit auch unterschiedlich betrachten können, ob neben dem Privatklage- auch ein Offizialdelikt vorliegt, kann insbes

folgende Konsequenzen haben (Löwe/Rosenberg/Hilger StPO § 374 Rn 21 f; KMR/Stöckel StPO § 374 Rn 20 ff):
- Ist nach Ansicht der **Staatsanwaltschaft nur** ein **Privatklagedelikt** gegeben, an dessen Verfolgung sie das öffentliche Interesse verneint, verweist sie den Verletzten auf den Privatklageweg. Betreibt dieser nun das Privatklageverfahren und bejaht der Strafrichter den hinreichenden Verdacht auch in Bezug auf ein Offizialdelikt, wird er die Akten der Staatsanwaltschaft gem § 377 Abs 1 S 2 StPO vorlegen. Übernimmt sie das Verfahren nicht, wird der Strafrichter gleichwohl die Privatklage gem § 383 Abs 1 StPO zurückweisen. Ist der Beschluss rechtskräftig und bleibt die Staatsanwaltschaft bei ihrer Auffassung, steht dem Verletzten nur die Möglichkeit eines Klageerzwingungsverfahrens bzw die allgemeine Dienstaufsichtsbeschwerde zur Verfügung. Obwohl nur Streit um das Vorliegen (des hinreichenden Verdachts) eines Offizialdelikts besteht, führt dies dazu, dass dem Verletzten wegen des Privatklagedelikts eine abschließende Entscheidung in der Sache versagt bleiben kann.
- Geht die Staatsanwaltschaft davon aus, dass innerhalb einer prozessualen Tat sowohl ein **Privatklage- als auch** ein **Offizialdelikt** verwirklicht sind, hat sie die öffentliche Klage zu erheben. Teilt das Gericht in dem Offizialverfahren die Ansicht der Staatsanwaltschaft nicht und sieht nur das Privatklagedelikt als gegeben an, erfolgt nur deswegen eine Verurteilung. Dies mag problematisch erscheinen, weil nur ein Privatklagedelikt abgeurteilt wird, selbst wenn an dessen Verfolgung kein öffentliches Interesse bestanden haben sollte (KMR/Stöckel StPO § 374 Rn 22). Anders als in der umgekehrten Konstellation kommt es immerhin aber zu einer Sachentscheidung über die Verwirklichung eines Privatklagedelikts.

Bei einer **Einstellung** gem § 170 Abs 2 StPO durch die **Staatsanwaltschaft** kann der 10 Verletzte wahlweise das Klageerzwingungsverfahren – bzgl beider Delikte – betreiben (vgl § 172 Abs 2 S 3 StPO) oder die Privatklage – nur in Bezug auf das Privatklagedelikt – erheben. Entscheidet sich der Verletzte für den letztgenannten Weg, riskiert er aber die Zurückweisung der Privatklage durch das Gericht, wenn es einen hinreichenden Verdacht in Bezug auf das Offizialdelikt annimmt (vgl Rn 9; Löwe/Rosenberg/Hilger StPO § 374 Rn 23, StPO § 376 Rn 24 f; Meyer-Goßner StPO § 374 Rn 3). Bei einer Einstellung nach den §§ 153 StPO ff hingegen, die sich nicht auf einzelne Tatbestände, sondern auf die gesamte Tat im prozessualen Sinn bezieht, ist das Verfahren insgesamt ab- und eine Privatklage somit ausgeschlossen (Löwe/Rosenberg/Hilger StPO § 374 Rn 25, StPO § 376 Rn 26 ff; Meyer-Goßner StPO § 376 Rn 11; KMR/Stöckel StPO § 374 Rn 17 f; **aA** Klußmann MDR 1974, 362, 363; dagegen Kuhlmann MDR 1974, 897, 898).

II. Privatklageberechtigung

Privatklageberechtigt ist grds der **Verletzte**, dh derjenige, der durch die Tat unmittelbar in 11 den dadurch geschützten Rechtsgütern beeinträchtigt ist (RGSt 69, 107, 108; Meyer-Goßner StPO § 374 Rn 5; KMR/Stöckel StPO § 374 Rn 1; Hilger GA 2007, 287). Die Klageberechtigung geht allerdings verloren, wenn der Verletzte wirksam auf sein Recht **verzichtet**, insbes im Rahmen eines Vergleichs (s § 380 StPO Rn 8; § 391 StPO Rn 6 f).

Verletzter iSd § 374 Abs 1 StPO ist: 11.1
- Nr 1: beim Hausfriedensbruch der Inhaber des Hausrechts, zB der Eigentümer, im Falle der Gebrauchsüberlassung der (Unter-)Mieter bzw Pächter (Löwe/Rosenberg/Hilger StPO § 374 Rn 4; Meyer-Goßner StPO § 374 Rn 5; KMR/Stöckel StPO § 374 Rn 2);
- Nr 2: bei der Beleidigung der Beleidigte; in den Fällen des § 189 StGB haben die gem § 194 Abs 2 S 1 iVm § 77 Abs 2 StGB Strafantragsberechtigten ein eigenes Privatklagerecht nach § 374 Abs 2 StPO (KMR/Stöckel StPO § 374 Rn 3; zu § 374 Abs 2 StPO s Rn 13);
- Nr 3: bei der Verletzung des Briefgeheimnisses zunächst der Absender, ab Zugang des Schriftstücks der Empfänger (Löwe/Rosenberg/Hilger StPO § 374 Rn 7; Meyer-Goßner StPO § 374 Rn 5);
- Nr 4: bei der Körperverletzung die in ihrer körperlichen Integrität verletzte Person;
- Nr 5: bei der Nachstellung bzw Bedrohung nur das unmittelbare Opfer der Nachstellung bzw der Adressat der Drohung, nicht dagegen Dritte, die zur Kontaktaufnahme mit dem Opfer verwendet werden (vgl § 238 Abs 1 Nr 2 und 3 StGB) bzw an denen die angedrohte Verletzung (vgl § 238 Abs 1 Nr 4 StGB) bzw das angedrohte Verbrechen (§ 241 StGB) verübt werden sollen (Löwe/Rosen-

berg/Hilger StPO § 374 Rn 10); kritisch zur Ausgestaltung der Nachstellung gem § 238 StGB als Privatklagedelikt Buettner ZRP 2008, 124 ff;
- Nr 5 a: bei Bestechlichkeit oder Bestechung im geschäftlichen Verkehr alle Mitbewerber, darüber hinaus auch der Geschäftsherr des Angestellten oder Beauftragten, wenn die Tat ihm gegenüber pflichtwidrig war (BGHSt 31, 207, 210 = NJW 1983, 1919, 1920; Fischer StGB § 301 Rn 4);
- Nr 6: bei der Sachbeschädigung der Eigentümer, nach hA darüber hinaus auch Nutzungsberechtigte wie insbes Mieter (Meyer-Goßner StPO § 374 Rn 5);
- Nr 6 a: beim Vollrausch der Verletzte der Rauschtat (s soeben Nr 1 bis Nr 6);
- Nr 7: bei einer Straftat gem § 16 UWG insbes die Wettbewerber, bei § 16 Abs 2 UWG auch der Abnehmer der beworbenen Ware; Verletzte der § 17 UWG bis § 19 UWG sind der Inhaber der Geschäfts- und Betriebsgeheimnisse bzw der Rechteinhaber der anvertrauten Vorlage (Löwe/Rosenberg/Hilger StPO § 374 Rn 13; KMR/Stöckel StPO § 374 Rn 9);
- Nr 8: bei einer der aufgezählten Straftaten des Nebenstrafrechts der Inhaber des jeweiligen Rechts (Löwe/Rosenberg/Hilger StPO § 374 Rn 14).

12 Nicht notwendig ist, dass der Verletzte vor Erhebung der Privatklage die Staatsanwaltschaft anruft (Abs 1). Ist allerdings das Privatklagedelikt – wie stets außer bei § 241 StGB (Nr 5) – zugleich ein Antragsdelikt, so muss fristgerecht ein wirksamer **Strafantrag** nach § 77 StGB gestellt worden sein. Insoweit verlangt die **hM** einen Strafantrag des Verletzten selbst (bzw seines gesetzlichen Vertreters); dass ein anderer Berechtigter Strafantrag erhebt, soll hingegen nicht genügen (BayObLG JZ 1965, 371 m abl Anm Sarstedt; HK-StPO/Kurth StPO § 374 Rn 12; Meyer-Goßner StPO § 374 Rn 6; KK-StPO/Senge StPO § 374 Rn 5; SK-StPO/Velten StPO § 374 Rn 31). Dies vermag allerdings – anders als in den Fällen des Abs 2 (s Rn 13) – nicht zu überzeugen, da auch im Offizialverfahren wegen eines reinen Antragsdelikts der Strafantrag eines beliebigen Verletzten ausreicht (Löwe/Rosenberg/Hilger StPO § 375 Rn 3 ff; KMR/Stöckel StPO § 375 Rn 3 ff). Im Ergebnis wird sich dieser Streit aber oftmals nicht auswirken, da der Strafantrag auch in der – innerhalb der Antragsfrist des § 77 b StGB eingereichten – Privatklage selbst zu erblicken ist (OLG Düsseldorf JMBlNW 1962, 198; HK-StPO/Kurth StPO § 374 Rn 12; KK-StPO/Senge StPO § 374 Rn 4) und bei den höchstpersönlichen Rechtsgütern (zB Ehre, körperliche Unversehrtheit) ohnehin jeder Verletzte nur für seine eigene Person einen Strafantrag stellen kann (Löwe/Rosenberg/Hilger StPO § 375 Rn 6; KMR/Stöckel StPO § 375 Rn 5).

C. Privatklage durch sonstige Strafantragsberechtigte (Abs 2)

13 Ist das Privatklagedelikt zugleich ein Antragsdelikt, so sind außer dem Verletzten auch alle Strafantragsberechtigten befugt, Privatklage zu erheben (Abs 2 S 1). Dies sind Personen, die entweder selbstständig **neben dem Verletzten** (zB der Dienstvorgesetzte in § 194 Abs 3 S 1 StGB, § 230 Abs 2 StGB; vgl dazu § 77 a StGB) oder **an seiner Stelle** (zB Ehegatten, Lebenspartner und Kinder bei Tod des Verletzten; § 77 Abs 2 StGB) antragsberechtigt sind. Aus dem in Abs 2 normierten Zusammenhang von Privatklageberechtigung und Strafantragsbefugnis wird hier aber generell (zT in Abweichung von Rn 12) gefolgert, dass der Klageberechtigte selbst fristgerecht einen wirksamen Strafantrag gestellt haben muss; der Strafantrag des Verletzten oder eines anderen Berechtigten soll hingegen nicht genügen (Löwe/Rosenberg/Hilger StPO § 374 Rn 32; Meyer-Goßner StPO § 374 Rn 7; KMR/Stöckel StPO § 374 Rn 28; **aA** Sarstedt JZ 1965, 372, 373). Da die in § 77 Abs 2 StGB genannten Personen unter Umständen (zB bei Ablauf der Antragsfrist vor Tod des Verletzten) überhaupt nicht rechtzeitig einen Strafantrag stellen können, reicht es insoweit aus, dass der vor ihnen Berechtigte den Strafantrag fristgerecht gestellt hat (Abs 2 S 2).

D. Prozessfähigkeit des Privatklägers (Abs 3)

14 Da der **Privatkläger** trotz Geltendmachung des staatlichen Strafanspruchs kein öffentliches Amt ausübt, muss er nach den zivilverfahrensrechtlichen Grundsätzen der § 51 ZPO, § 52 ZPO prozessfähig sein (OLG Hamm NJW 1961, 2322). Ansonsten fehlt es an einer **Prozessvoraussetzung**, so dass die Klage nach § 383 Abs 1 StPO zurückzuweisen bzw das Verfahren nach § 206 a StPO, § 260 Abs 3 StPO einzustellen ist (Meyer-Goßner StPO § 374

Rn 9). Wird der Kläger im Laufe des Verfahrens prozessfähig (insbes durch Erreichen der Volljährigkeit) und betreibt er die Privatklage weiter, so wird deren Unzulässigkeit geheilt (Löwe/Rosenberg/Hilger StPO § 374 Rn 39; Meyer-Goßner StPO § 374 Rn 9).

Der prozessunfähige Privatkläger gilt lediglich im Streit um seine Prozessfähigkeit als prozessfähig; **14.1** in diesem Fall kann er bis zur rechtskräftigen Feststellung seiner Prozessunfähigkeit auch Rechtsmittel einlegen, um seine Prozessfähigkeit zu überprüfen (OLG Hamm NJW 1961, 2322; KMR/Stöckel StPO § 374 Rn 32).

Hat der Verletzte einen **gesetzlichen Vertreter** (zB Eltern gem § 1629 BGB; Betreuer **15** gem § 1902 BGB), so ist allein dieser zur Erhebung der Privatklage befugt (Abs 3). Dies gewährt dem Vertreter aber kein eigenes Privatklagerecht; Privatkläger bleibt vielmehr der (prozessunfähige) Verletzte, in dessen Namen der gesetzliche Vertreter im Verfahren lediglich Anträge stellt und Erklärungen abgibt. Allerdings erlangt der gesetzliche Vertreter die Stellung eines Verfahrensbeteiligten, so dass er vor der Entscheidung des Gerichts zu hören ist und er verfahrensrechtliche Erklärungen abgeben kann (OLG Düsseldorf JMBlNW 1962, 198; HK-StPO/Kurth StPO § 374 Rn 18; Meyer-Goßner StPO § 374 Rn 9). Hat der prozessunfähige Verletzte selbst Privatklage erhoben, kann dieser Mangel durch Genehmigung des gesetzlichen Vertreters geheilt werden, sofern die Klage noch nicht zurückgewiesen wurde (KK-StPO/Senge StPO § 374 Rn 3). Die Zustimmung des Angeklagten ist nicht erforderlich (Meyer-Goßner StPO § 374 Rn 9).

Auch **Personenvereine** (zB rechtsfähige und nicht rechtsfähige Vereine, oHG und KG, **16** GmbH und AG) können Verletzte iSd § 374 StPO sein (etwa bei Beleidigung einer Personengemeinschaft; LG Würzburg NJW 1959, 1934, 1935). Sie können daher Privatklage erheben, sofern sie als solche in einer bürgerlichen Rechtsstreitigkeit parteifähig sind (vgl § 50 ZPO). Gleiches gilt für ihre gebietlichen Gliederungen oder sonstigen Unterorganisationen (OLG Düsseldorf NJW 1979, 2525). Die Klagebefugnis wird hier durch diejenigen Personen wahrgenommen, die den Verein in bürgerlichen Rechtsstreitigkeiten vertreten (zB Geschäftsführer einer GmbH gem § 35 GmbHG; Gesellschafter einer oHG gem § 125 HGB). Ausreichend ist zB die Unterzeichnung der Privatklage eines nicht rechtsfähigen Vereins durch den Geschäftsführer im Namen und im Auftrag des Vorstandes (OLG Düsseldorf NJW 1979, 2525).

§ 375 [Mehrere Klageberechtigte]

(1) Sind wegen derselben Straftat mehrere Personen zur Privatklage berechtigt, so ist bei Ausübung dieses Rechts ein jeder von dem anderen unabhängig.

(2) Hat jedoch einer der Berechtigten die Privatklage erhoben, so steht den übrigen nur der Beitritt zu dem eingeleiteten Verfahren, und zwar in der Lage zu, in der es sich zur Zeit der Beitrittserklärung befindet.

(3) Jede in der Sache selbst ergangene Entscheidung äußert zugunsten des Beschuldigten ihre Wirkung auch gegenüber solchen Berechtigten, welche die Privatklage nicht erhoben haben.

Überblick

Die Privatklage kann auch von mehreren Berechtigten (Rn 1) erhoben werden. Ist ein Verfahren aber bereits eingeleitet, kann ihm nur noch beigetreten werden (Rn 3). Über die Beitrittserklärung entscheidet das Gericht durch Beschluss (Rn 5). Entscheidungen im Privatklageverfahren in der Sache (Rn 8) führen zum Strafklageverbrauch wegen der verfolgten prozessualen Tat (Rn 7).

A. Allgemeines

Die Vorschrift regelt den Fall, dass **mehrere Personen zur Erhebung der Privatklage** **1** **berechtigt** sind. Dies kann darauf beruhen, dass ein und dasselbe Privatklagedelikt mehrere Verletzte (dazu § 374 StPO Rn 11.1) oder mehrere Privatklageberechtigte (vgl § 374 Abs 2 StPO; s § 374 StPO Rn 13) aufweist (Meyer-Goßner StPO § 375 Rn 1).

B. Ausübung der Klageberechtigung (Abs 1 und Abs 2)

2 Sind mehrere Personen privatklageberechtigt, so können sie ihr Recht **unabhängig** von den anderen Klageberechtigten ausüben (Abs 1). Dies schließt nach allgemeiner Ansicht jedoch nicht aus, dass die Privatklage auch von den Berechtigten gemeinsam **erhoben** werden kann (Löwe/Rosenberg/Hilger StPO § 375 Rn 2; KMR/Stöckel StPO § 375 Rn 2). An demselben Tag wegen derselben Tat getrennt erhobene Privatklagen werden von Amts wegen zu einem Verfahren verbunden (KK-StPO/Senge StPO § 375 Rn 4; KMR/Stöckel StPO § 375 Rn 8).

3 Hat ein Berechtigter bereits Privatklage erhoben, so kann ein anderer Berechtigter dem eingeleiteten Verfahren nur noch **beitreten** (Abs 2); eine gleichwohl erhobene Klage wird entsprechend § 300 StPO als Beitrittserklärung ausgelegt (LG Krefeld AnwBl 1981, 27; Löwe/Rosenberg/Hilger StPO § 375 Rn 9; KMR/Stöckel StPO § 375 Rn 8).

4 Der Beitritt ist bis zum rechtskräftigen Abschluss des Verfahrens sowie im Anschluss daran zum Zweck seiner Wiederaufnahme möglich (Löwe/Rosenberg/Hilger StPO § 375 Rn 11; HK-StPO/Kurth StPO § 375 Rn 8; SK-StPO/Velten StPO § 375 Rn 11). Er kann schriftlich oder zu Protokoll der Geschäftsstelle, in der Hauptverhandlung auch mündlich erklärt werden. Die Förmlichkeiten der §§ 380 StPO f sind für den Beitritt nicht zu beachten (Löwe/Rosenberg/Hilger StPO § 375 Rn 7; Meyer-Goßner StPO § 375 Rn 4).

5 Das **Gericht** entscheidet über den Beitritt durch **Beschluss**. Tritt der Privatklageberechtigte vor Eröffnung des Hauptverfahrens bei, geschieht dies im Eröffnungsbeschluss, bei späterer Beitrittserklärung durch besonderen Beschluss (Löwe/Rosenberg/Hilger StPO § 375 Rn 12). Lässt das Gericht den Beitritt zu, wird der Beigetretene zu einem selbstständigen, dh von Zulässigkeit, Rücknahme etc der beigetretenen Privatklage unabhängigen Privatkläger (Meyer-Goßner StPO § 375 Rn 6; KMR/Stöckel StPO § 375 Rn 6).

6 Gegen den zulassenden Beschluss steht dem Angeklagten kein **Rechtsmittel** zu; gegen den ablehnenden Beschluss kann der Beitrittswillige hingegen Beschwerde gem § 304 Abs 1 StPO einlegen (Löwe/Rosenberg/Hilger StPO § 375 Rn 12; Meyer-Goßner StPO § 375 Rn 5).

C. Wirkung der Sachentscheidung (Abs 3)

7 Jede rechtskräftige Sachentscheidung führt zum **Strafklageverbrauch** wegen der angeklagten prozessualen Tat iSd § 264 StPO, unabhängig davon, ob die Entscheidung im Privatklage- oder Offizialverfahren ergeht. Dies gilt gem Abs 3 auch gegenüber Berechtigten, die keine Privatklage erhoben haben.

8 Zu den **Sachentscheidungen** iSd Abs 3 zählen Urteile, die auf Freispruch, Verurteilung oder Straffreierklärung erkennen, der Zurückweisungsbeschluss nach § 383 Abs 1 StPO, sofern er auf fehlendem hinreichenden Tatverdacht oder auf Gründen des sachlichen Rechts beruht, sowie die Verfahrenseinstellung nach § 383 Abs 2 StPO (Löwe/Rosenberg/Hilger StPO § 375 Rn 14 ff; Meyer-Goßner StPO § 375 Rn 8; KMR/Stöckel StPO § 375 Rn 10). Keine Sachentscheidungen sind hingegen Zurückweisung der Klage nach § 383 Abs 1 StPO und Einstellung durch Urteil (zB nach § 389 Abs 1 StPO), soweit sie aus verfahrensrechtlichen Gründen ergehen. Ebenso wenig erfasst ist die Zurücknahme der Privatklage, insbes im Rahmen eines Vergleichs (Löwe/Rosenberg/Hilger StPO § 375 Rn 17 ff; KMR/Stöckel StPO § 375 Rn 11; s dazu § 391 StPO Rn 6 f).

§ 376 [Erhebung der öffentlichen Klage]

Die öffentliche Klage wird wegen der in § 374 bezeichneten Straftaten von der Staatsanwaltschaft nur dann erhoben, wenn dies im öffentlichen Interesse liegt.

Überblick

Bei Privatklagedelikten wird die öffentliche Klage nur erhoben (Rn 5), wenn dies im öffentlichen Interesse (Rn 2) liegt. Ob die Staatsanwaltschaft von dieser Möglichkeit zur

Durchbrechung des Legalitätsprinzips (Rn 1) Gebrauch macht und den Anzeigesteller auf den Privatklageweg verweist (Rn 6), liegt in ihrem Ermessen (Rn 4).

A. Allgemeines

In **Durchbrechung** des Legalitätsprinzips (vgl § 374 StPO Rn 1) wird gem § 376 StPO **1** bei Privatklagedelikten nur dann öffentliche Klage erhoben, wenn dies im **öffentlichen Interesse** liegt. Verfehlungen jugendlicher Beschuldigter, gegen die eine Privatklage ausgeschlossen ist (§ 80 Abs 1 S 1 JGG; s § 374 StPO Rn 3), werden darüber hinaus auch dann verfolgt, wenn dies Gründe der Erziehung oder ein berechtigtes Interesse des Verletzten, das dem Erziehungszweck nicht entgegensteht, erfordern (§ 80 Abs 1 S 2 JGG).

B. Öffentliches Interesse

Ein öffentliches Interesse ist in der Regel dann gegeben, wenn zum einen der Rechts- **2** frieden über den **Lebenskreis des Verletzten** hinaus gestört bzw dem Verletzten wegen seiner persönlichen Beziehung zum Täter die Erhebung der Privatklage nicht zugemutet werden kann und zum anderen die Strafverfolgung ein **gegenwärtiges Anliegen der Allgemeinheit** ist. Maßgebende Kriterien sind das Ausmaß der Rechtsverletzung, die Rohheit oder Gefährlichkeit der Tat, die niedrigen Beweggründe des Täters oder die Stellung des Verletzten im öffentlichen Leben (Nr 86 Abs 2 RiStBV). Die Interessen des Beschuldigten, insbes an einer Verfahrenseinstellung gem §§ 153 StPO f, sind nicht zu berücksichtigen (Meyer-Goßner StPO § 376 Rn 1; KMR/Stöckel StPO § 376 Rn 4; **aA** Rieß NStZ 1981, 1, 8), ebenso wenig verfahrensökonomische Erwägungen (Löwe/Rosenberg/Hilger StPO § 376 Rn 1).

Ein öffentliches Interesse ist zu **bejahen**: **2.1**
- bei Beleidigungen bei einer wesentlichen Ehrenkränkung oder im Falle des § 188 StGB; vielfach keine wesentlichen Ehrenkränkungen sind Familienzwistigkeiten, Hausklatsch und Wirtshausstreitigkeiten (Nr 229 Abs 1 RiStBV); dass der Dienstvorgesetzte einen Strafantrag nach § 194 Abs 3 StGB stellt, führt nur im Falle der Beleidigung von Justizangehörigen in der Regel zur Bejahung des öffentlichen Interesses (Nr 232 Abs 1 RiStBV);
- bei Körperverletzungen insbes dann, wenn eine rohe Tat, eine erhebliche Misshandlung oder eine erhebliche Verletzung vorliegt (Nr 233 RiStBV);
- bei Kindesmisshandlungen ist – sofern nicht erfolgversprechende sozialpädagogische, familientherapeutische oder andere unterstützende Maßnahmen eingeleitet wurden (Nr 235 Abs 3 RiStBV) – eine Verweisung auf den Privatklageweg in der Regel nicht angezeigt (Nr 235 Abs 2 S 2 RiStBV);
- bei Straftaten des unlauteren Wettbewerbs, wenn eine nicht nur geringfügige Rechtsverletzung vorliegt, zB bei § 16 Abs 1 UWG durch die unrichtigen Angaben ein erheblicher Teil der Verbraucher irregeführt werden kann oder in den Fällen des § 16 Abs 2 UWG insgesamt ein hoher Schaden droht, die Teilnehmer einen nicht unerheblichen Beitrag zu leisten haben oder besonders schutzwürdig sind (Nr 260 RiStBV);
- bei Straftaten des Nebenstrafrechts aus § 374 Abs 1 Nr 8 StPO, wenn eine nicht nur geringfügige Schutzrechtsverletzung vorliegt; zu berücksichtigen sind vor allem das Ausmaß der Schutzrechtsverletzung, der eingetretene oder drohende wirtschaftliche Schaden sowie die vom Täter erstrebte Bereicherung (Nr 261 RiStBV); kritisch und eingehend hierzu Heghmanns NStZ 1991, 112, 114 ff.; zum öffentlichen Interesse an der Verfolgung von Softwarepiraterie Meier/Böhm wistra 1992, 166, 167 f; zum öffentlichen Interesse bei Urheberrechtsverletzungen in Tauschbörsen Beck/Kreißig NStZ 2007, 304, 308 ff, die aus generalpräventiven Erwägungen eine Verweisung auf den Privatklageweg nur im Einzelfall zulassen wollen.

Der Begriff des öffentlichen Interesses iSd § 376 StPO ist identisch mit dem des § 153 **3** Abs 1 S 1 StPO (s § 153 StPO Rn 20 ff; Meyer-Goßner StPO § 376 Rn 1). Hiervon zu unterscheiden ist der (engere) Begriff des **besonderen öffentlichen Interesses**, bei dessen Vorliegen die Staatsanwaltschaft auch ohne Strafantrag des Verletzten ein relatives Antragsdelikt von Amts wegen verfolgen darf. Wird das besondere öffentliche Interesse an der Strafverfolgung bejaht, liegt darin zugleich das notwendige öffentliche Interesse iSd § 376 StPO (Meyer-Goßner StPO § 376 Rn 3; KMR/Stöckel StPO § 376 Rn 5).

3.1 **Relative Antragsdelikte** sind im StGB in den § 182 Abs 5 StGB, § 183 Abs 2 StGB, § 205 Abs 1 S 2 StGB, § 230 Abs 1 S 1 StGB, § 235 Abs 7 StGB, § 238 Abs 4 StGB, § 248a StGB (ggf iVm § 248c Abs 3 StGB, § 257 Abs 4 S 2 StGB, § 259 Abs 2 StGB, § 263 Abs 4 StGB, § 265a Abs 3 StGB, § 266 Abs 2 StGB, § 266b Abs 2 StGB), § 301 Abs 1 StGB, § 303c StGB angeordnet. Zum besonderen öffentlichen Interesse an der Strafverfolgung von Körperverletzungen vgl Nr 234 Abs 1, Nr 243 Abs 3 RiStBV, von Kindesmisshandlungen Nr 235 Abs 2 RiStBV, von Bestechlichkeit und Bestechung im geschäftlichen Verkehr gem §§ 299 StGB f Nr 242a RiStBV, von Verletzungen von Geschäfts- und Betriebsgeheimnissen gem § 17 UWG bis § 19 UWG Nr 260a RiStBV sowie von Schutzrechtsverletzungen nach den in § 374 Abs 1 Nr 8 StPO genannten Strafvorschriften Nr 261a RiStBV.

C. Entscheidung der Staatsanwaltschaft

4   Die Entscheidung der Staatsanwaltschaft, ob an der Erhebung der öffentlichen Klage ein öffentliches Interesse besteht, liegt in ihrem **Ermessen**. Zur Vorbereitung ihrer Entscheidung kann die Staatsanwaltschaft Ermittlungen anstellen (Nr 86 Abs 3 RiStBV).

4.1   Die Staatsanwaltschaft entscheidet von Amts wegen, ob sie das öffentliche Interesse an der Verfolgung eines Privatklagedelikts bejaht. Dem steht nicht entgegen, dass der Privatklageberechtigte die Erhebung öffentlicher Klage beantragen kann (§ 158 StPO). In diesem Fall muss die Staatsanwaltschaft dem Antragsteller einen begründeten Bescheid erteilen, wenn sie keine öffentliche Klage erhebt oder das Verfahren einstellt (§ 171 StPO; Nr 89 RiStBV, Nr 91 Abs 2 RiStBV).

5   **Bejaht** die Staatsanwaltschaft das öffentliche Interesse, hat sie die öffentliche Klage zu erheben. Ein entsprechender Aktenvermerk oder Hinweis in der Anklageschrift ist nicht erforderlich (BGHSt 6, 282, 284 = NJW 1954, 1536; OLG Oldenburg GA 1959, 187; OLG Stuttgart JR 1953, 349). Die Entscheidung der Staatsanwaltschaft ist gerichtlich nicht überprüfbar (OLG Oldenburg GA 1959, 187; Löwe/Rosenberg/Hilger StPO § 376 Rn 15; HK-StPO/Kurth StPO § 376 Rn 8; Meyer-Goßner StPO § 376 Rn 7; KMR/Stöckel StPO § 376 Rn 9ff; vgl auch BVerfGE 51, 176 = NJW 1979, 1591 zum „besonderen öffentlichen Interesse"; **aA** Husmann MDR 1988, 727, 728ff; Keller GA 1983, 497, 512ff; Kröpil DRiZ 1986, 19, 20f; vgl auch OLG Bremen MDR 1961, 167, 168). Der Verletzte kann sich der öffentlichen Klage in den Fällen des § 395 StPO als **Nebenkläger** anschließen.

6   Wird das öffentliche Interesse von der Staatsanwaltschaft **verneint**, ist das Ermittlungsverfahren einzustellen und der Anzeigesteller auf den **Privatklageweg** zu verweisen. Der Anzeigesteller kann gegen die Einstellung des Verfahrens nur mit der Gegenvorstellung bzw im Wege der Dienstaufsichtsbeschwerde vorgehen (HK-StPO/Kurth StPO § 376 Rn 6; KK-StPO/Senge StPO § 376 Rn 2). Ausgeschlossen – und wegen der Möglichkeit des Verletzten, Privatklage zu erheben, auch nicht erforderlich – ist die Betreibung eines Klageerzwingungsverfahrens (§ 172 Abs 2 S 3 StPO). Ebenso wenig zulässig ist ein Antrag nach §§ 23 EGGVG ff (Meyer-Goßner StPO § 376 Rn 6; KMR/Stöckel StPO § 376 Rn 7).

7   **Ändert** die Staatsanwaltschaft ihre Ansicht nachträglich und verneint das zunächst bejahte öffentliche Interesse, so ist zu unterscheiden: **Vor Eröffnung des Hauptverfahrens** ist dies ohne Weiteres möglich und der Verletzte auf den Privatklageweg zu verweisen (vgl bereits Rn 6). Ist die öffentliche Klage bereits erhoben, stellt die Verneinung des öffentlichen Interesses zugleich deren Rücknahme gemäß § 156 StPO dar (Löwe/Rosenberg/Hilger StPO § 376 Rn 16; KMR/Stöckel StPO § 376 Rn 12). **Nach** Eröffnung des Hauptverfahrens ist die Rücknahme der öffentlichen Klage hingegen ausgeschlossen. Hier kommt nur in Betracht, die nachträgliche Verneinung des öffentlichen Interesses in eine Zustimmung zur Einstellung des Verfahrens nach § 153 Abs 2 StPO umzudeuten (Löwe/Rosenberg/Hilger StPO § 376 Rn 18; Meyer-Goßner StPO § 376 Rn 8; KMR/Stöckel StPO § 376 Rn 12; **aA** OLG Stuttgart NJW 1961, 1126; HK-StPO/Kurth StPO § 376 Rn 9).

8   Treffen ein Privatklagedelikt und eine **Ordnungswidrigkeit** zusammen, muss die Staatsanwaltschaft bei Verneinung des öffentlichen Interesses die Sache an die Verwaltungsbehörde abgeben (§ 43 Abs 1 OWiG). Dies kann zu verfahrensrechtlichen Problemen führen. So ist denkbar, dass der Betroffene sowohl im Wege der Privatklage verurteilt wird als auch von der Verwaltungsbehörde, die nicht um das Privatklageverfahren weiß, einen Bußgeldbescheid erhält (Löwe/Rosenberg/Hilger StPO § 376 Rn 10). Des Weiteren ist möglich, dass der Verletzte zwar keine Privatklage erhebt, der Betroffene aber Einspruch gegen einen erlasse-

nen Bußgeldbescheid einlegt. In diesem Fall muss das Gericht das Bußgeldverfahren in das Strafverfahren überleiten (vgl § 81 OWiG), in dessen Rahmen auch das Privatklagedelikt mit abzuurteilen ist (BayObLG MDR 1977, 246, 247; LG Oldenburg MDR 1981, 421 f; krit zu dieser Rechtsfolge Kellner MDR 1977, 626, 627). Auf dieses Risiko sollte der Betroffene rechtzeitig vor der Überleitung hingewiesen werden (Löwe/Rosenberg/Hilger StPO § 376 Rn 11; KMR/Stöckel StPO § 376 Rn 16).

§ 377 [Mitwirkung des Staatsanwalts; Übernahme]

(1) ¹Im Privatklageverfahren ist der Staatsanwalt zu einer Mitwirkung nicht verpflichtet. ²Das Gericht legt ihm die Akten vor, wenn es die Übernahme der Verfolgung durch ihn für geboten hält.

(2) ¹Auch kann die Staatsanwaltschaft in jeder Lage der Sache bis zum Eintritt der Rechtskraft des Urteils durch eine ausdrückliche Erklärung die Verfolgung übernehmen. ²In der Einlegung eines Rechtsmittels ist die Übernahme der Verfolgung enthalten.

Überblick

Im Privatklageverfahren hat die Staatsanwaltschaft weder eine Mitwirkungspflicht (Rn 1) noch ein Mitwirkungsrecht (Rn 3). Sie kann aber das Verfahren jederzeit (Rn 4) durch ausdrückliche Erklärung bzw Einlegung eines Rechtsmittels (Rn 6) übernehmen, so dass das Privatklageverfahren als gewöhnliches Strafverfahren fortgeführt wird (Rn 8 ff) und der Privatkläger aus dem Verfahren ausscheidet (Rn 11).

A. Mitwirkung der Staatsanwaltschaft (Abs 1)

Die Staatsanwaltschaft trifft im Privatklageverfahren **keine Mitwirkungspflicht** (Abs 1 **1** S 1). Da sie weder vom Privatkläger informiert werden muss noch seitens des Gerichts zur Hauptverhandlung geladen wird oder ihr Entscheidungen zugestellt werden, weiß sie zumeist nicht einmal von einem anhängigen Privatklageverfahren.

Kenntnis erhält die Staatsanwaltschaft zwingend lediglich dann, wenn der **Privatkläger** **2** **Rechtsmittel** gegen das erstinstanzliche Urteil einlegt (§ 390 Abs 3 S 1 StPO; s § 390 StPO Rn 7) oder bei **Aktenvorlage durch das Gericht**. Hält das Gericht die Übernahme der Verfolgung für geboten, so ist es verpflichtet, die Akten der Staatsanwaltschaft vorzulegen (Abs 1 S 2). Beide Regelungen verfolgen den Zweck, die Staatsanwaltschaft zu informieren und ihr die Gelegenheit zu gewähren, die Strafverfolgung zu übernehmen.

Ohne ausdrückliche Erklärung der Übernahme nach Abs 2 (Rn 6) steht der Staatsanwalt- **3** schaft **kein Mitwirkungsrecht** zu. Insbesondere ist ihr verwehrt, in die Prozessführung des Privatklägers einzugreifen, sei es durch bloße Stellungnahmen oder durch Anträge gegenüber dem Gericht (Löwe/Rosenberg/Hilger StPO § 377 Rn 2; Meyer-Goßner StPO § 377 Rn 2; KMR/Stöckel StPO § 377 Rn 2 f; **aA** KK-StPO/Senge StPO § 377 Rn 2). Die Staatsanwaltschaft darf aber an der Hauptverhandlung als Beobachter teilnehmen sowie Akteneinsicht verlangen, um über die Gebotenheit der Übernahme der Strafverfolgung nach Abs 2 entscheiden zu können.

B. Übernahmerecht der Staatsanwaltschaft (Abs 2)

I. Voraussetzungen

Die Staatsanwaltschaft ist zwar zur Mitwirkung in einem Privatklageverfahren weder **4** verpflichtet (Rn 1) noch berechtigt (Rn 3), kann aber das Verfahren **in jeder Lage** der Sache übernehmen. Ein entgegenstehender Wille des Privatklägers ist unbeachtlich (zu den Rechtsfolgen für ihn Rn 11 f). Das Übernahmerecht besteht von dem Eingang der Privatklage bei Gericht **bis zum Eintritt der Rechtskraft des Urteils** (Abs 2 S 1). Nicht möglich ist nach **hM** daher die Übernahme des Verfahrens, um einen Antrag auf Wiederaufnahme des Verfahrens gem §§ 359 StPO ff zu stellen (BayObLGSt 30, 19, 22; HK-StPO/

Valerius 1679

StPO § 377

Kurth StPO § 377 Rn 5; Meyer-Goßner StPO § 377 Rn 5; KK-StPO/Senge StPO § 377 Rn 5; **aA** Löwe/Rosenberg/Hilger StPO § 377 Rn 6; KMR/Stöckel StPO § 377 Rn 8; Pentz MDR 1965, 885, 886).

5   Für die Übernahme **zuständig** ist ausschließlich die Staatsanwaltschaft bei demjenigen Landgericht, das dem Amtsgericht des anhängigen Privatklageverfahrens übergeordnet ist. Andere Staatsanwaltschaften sind selbst dann nicht zuständig, wenn ein Gerichtsstand nach §§ 7 StPO ff in ihrem Bezirk begründet ist (BGHSt 11, 56, 61 f = NJW 1958, 229, 230; SK-StPO/Velten StPO § 377 Rn 6).

6   Erforderlich ist gem Abs 2 S 1 grds eine **ausdrückliche Erklärung** der Staatsanwaltschaft gegenüber dem mit der Sache befassten Gericht. Dem Privatkläger ist die Übernahme gem Nr 172 Abs 2 S 1 RiStBV mitzuteilen (hierzu auch Rn 11). Einer ausdrücklichen Erklärung bedarf es zudem in den Fällen des Abs 1 S 2 (Löwe/Rosenberg/Hilger StPO § 377 Rn 7; Meyer-Goßner StPO § 377 Rn 3; KMR/Stöckel StPO § 377 Rn 9; **aA** OLG Saarbrücken NJW 1964, 679, 680; HK-StPO/Kurth StPO § 377 Rn 4). Lediglich in der **Einlegung eines Rechtsmittels** gegen das erstinstanzliche Urteil ist die Übernahme der Verfolgung enthalten (Abs 2 S 2), so dass keine gesonderte Übernahmeerklärung notwendig ist. Hierbei gilt die für den Privatkläger laufende Rechtsmittelfrist ebenso für die Staatsanwaltschaft (Löwe/Rosenberg/Hilger StPO § 377 Rn 12).

7   Der **Übernahmegrund** (zB Bejahung des öffentlichen Interesses gem § 376 StPO) muss nicht mitgeteilt werden. Geht die Staatsanwaltschaft von einem Zusammentreffen von Privatklage- und Offizialdelikt aus, muss sie mit der Übernahme nicht bis zur Einstellung des Privatklageverfahrens durch das Gericht nach § 389 Abs 1 StPO warten (OLG Celle NJW 1962, 1217, 1218; OLG Düsseldorf JMBlNW 1964, 80; Löwe/Rosenberg/Hilger StPO § 377 Rn 14 ff; Meyer-Goßner StPO § 377 Rn 10; KMR/Stöckel StPO § 377 Rn 7).

II. Rechtsfolgen

8   Durch die Übernahme wird das Privatklageverfahren in seiner derzeitigen Lage **als gewöhnliches Strafverfahren fortgeführt** (BGHSt 11, 56, 61 = NJW 1958, 229, 230). Als Prozesshandlung ist die Übernahmeerklärung unwiderruflich und bindend (OLG Saarbrücken NJW 1959, 163; HK-StPO/Kurth StPO § 377 Rn 9; KMR/Stöckel StPO § 377 Rn 20).

9   Ist im Zeitpunkt der Übernahme das **Privatklageverfahren noch nicht eröffnet**, kann die Staatsanwaltschaft beim zuständigen Gericht sogleich die Eröffnung des Hauptverfahrens beantragen (OLG Braunschweig NdsRpfl 1967, 140). Die Vorlage einer Anklageschrift ist nicht erforderlich, empfiehlt sich aber wegen § 207 StPO vor allem dann, wenn die Tat zugleich als Offizialdelikt verfolgt wird (Löwe/Rosenberg/Hilger StPO § 377 Rn 8; KMR/Stöckel StPO § 377 Rn 10). Der Staatsanwaltschaft sind nach **hM** sowohl – mangels Erhebung öffentlicher Klage – Rücknahme nach § 156 StPO als auch – wegen Erhebung der Anklage durch den Privatkläger – Verfahrenseinstellung nach § 170 Abs 2 S 1 StPO verwehrt (LG Göttingen NJW 1956, 882; Meyer-Goßner StPO § 377 Rn 7; KMR/Stöckel StPO § 377 Rn 17; SK-StPO/Velten StPO § 377 Rn 14; **aA** Löwe/Rosenberg/Hilger StPO § 377 Rn 19; KK-StPO/Senge StPO § 377 Rn 10).

10 Erfolgt die Übernahme **nach Eröffnung des Hauptverfahrens**, ist ein neuer Eröffnungsbeschluss nicht erforderlich. Verfolgt die Staatsanwaltschaft die Tat auch als Offizialdelikt, bedarf es einer entsprechenden Mitteilung an das Gericht (zweckmäßig in der von § 200 StPO vorgesehenen Form; Meyer-Goßner StPO § 378 Rn 8) und eines richterlichen Hinweises an den Angeklagten nach § 265 StPO. Der Strafrichter bleibt selbst dann zuständig, wenn für das Offizialverfahren ein anderes Gericht zuständig gewesen wäre (BGHSt 11, 56, 61 = NJW 1958, 229, 230; Löwe/Rosenberg/Hilger StPO § 377 Rn 21; SK-StPO/Velten StPO § 377 Rn 9).

11 Der **Privatkläger** scheidet aus dem Verfahren aus, kann aber unter den Voraussetzungen des § 395 StPO seinen Anschluss als Nebenkläger erklären. Außerdem erhält er seine notwendigen Auslagen ersetzt, sofern der Angeklagte wegen des Privatklagedelikts verurteilt wird (§ 472 Abs 3 S 2 StPO). Auf **Nebenklagebefugnis** und **Kostenfolge** muss die Staatsanwaltschaft den Privatkläger in ihrer an ihn gerichteten Mitteilung, die Verfolgung übernommen zu haben, hinweisen (Nr 172 Abs 2 S 1 RiStBV).

Nach Übernahme der Verfolgung im Privatklageverfahren ist eine Widerklage nicht mehr zulässig. Eine bereits erhobene **Widerklage** wird, sofern die Staatsanwaltschaft sie nicht ebenfalls übernimmt, zu einer reinen Privatklage, die gem § 4 StPO von dem nunmehrigen Offizialverfahren durch gerichtlichen Beschluss abgetrennt werden kann (Meyer-Goßner StPO § 377 Rn 11; KMR/Stöckel StPO § 377 Rn 16). 12

§ 378 [Beistand und Vertreter des Klägers]

¹Der Privatkläger kann im Beistand eines Rechtsanwalts erscheinen oder sich durch einen mit schriftlicher Vollmacht versehenen Rechtsanwalt vertreten lassen. ²Im letzteren Falle können die Zustellungen an den Privatkläger mit rechtlicher Wirkung an den Anwalt erfolgen.

Der Privatkläger kann sich von einem Rechtsanwalt (Rn 2) vertreten lassen (Rn 1), an den dann insbes Zustellungen erfolgen können (Rn 4). Das Teilnahmerecht des Privatklägers an der Hauptverhandlung bleibt unberührt (Rn 3). 1

Der Privatkläger ist **berechtigt**, einen Rechtsanwalt als Beistand oder als Vertreter zu beauftragen (S 1). Gleiches gilt für den Angeklagten gem § 387 Abs 1 StPO (§ 387 StPO Rn 1 ff). Im Falle der Vertretung ist eine schriftliche Vollmacht erforderlich. Ein Zwang zur Einschaltung eines Anwalts besteht – abgesehen von den Fällen der § 385 Abs 3 StPO, § 390 Abs 2 StPO – nicht.

Nach dem Wortlaut der Vorschrift kann nur ein **Rechtsanwalt** hinzugezogen werden, nicht jedoch ein Hochschullehrer (Löwe/Rosenberg/Hilger StPO § 378 Rn 3 f; Meyer-Goßner StPO § 378 Rn 3; KMR/Stöckel StPO § 378 Rn 2). Allerdings kann der Anwalt nach § 387 Abs 2 StPO iVm § 139 StPO die Angelegenheit mit Zustimmung des Privatklägers einem **Rechtsreferendar** übertragen. Der Anwalt ist nach den § 217 StPO, § 218 Abs 1 StPO zu laden (OLG Celle MDR 1966, 256, 257). 2

Trotz der Einschaltung eines Rechtsanwalts darf der Privatkläger selbst an der Hauptverhandlung **teilnehmen** (Woesner NJW 1959, 704, 705, 706), im Falle seiner Verhandlungsunfähigkeit sogar ihre Aussetzung verlangen (KG JR 1961, 106; OLG Bremen GA 1959, 151, 152). Wird er anwaltlich vertreten, muss er allerdings – außer im Falle der Anordnung nach § 387 Abs 3 StPO (zur Rechtsfolge bei Fernbleiben s § 391 Abs 2 StPO) – nicht vor Gericht erscheinen. 3

Fungiert der Rechtsanwalt als Vertreter des Privatklägers, können **Zustellungen** sowie andere, nicht förmlich zuzustellende Bekanntmachungen (Meyer-Goßner StPO § 378 Rn 7) mit rechtlicher Wirkung an den Anwalt erfolgen. Dazu ist nach **hM** erforderlich, dass sich die schriftliche Vollmacht bei den Akten befindet (Löwe/Rosenberg/Hilger StPO § 378 Rn 9; Meyer-Goßner StPO § 378 Rn 7; KMR/Stöckel StPO § 378 Rn 5; **aA** KK-StPO/Senge StPO § 378 Rn 3; offen gelassen von BGH NStZ 1995, 47). Entsprechend § 145a Abs 1 StPO muss sich die Vollmacht aber nicht ausdrücklich auf Zustellungen erstrecken (Löwe/Rosenberg/Hilger StPO § 378 Rn 9; Meyer-Goßner StPO § 378 Rn 7; **aA** KMR/Stöckel StPO § 378 Rn 5). Zum Fristenlauf bei doppelter Zustellung s § 37 Abs 2 StPO. 4

§ 379 [Sicherheitsleistung; Prozesskostenhilfe]

(1) Der Privatkläger hat für die dem Beschuldigten voraussichtlich erwachsenden Kosten unter denselben Voraussetzungen Sicherheit zu leisten, unter denen in bürgerlichen Rechtsstreitigkeiten der Kläger auf Verlangen des Beklagten Sicherheit wegen der Prozeßkosten zu leisten hat.

(2) ¹Die Sicherheitsleistung ist durch Hinterlegung in barem Geld oder in Wertpapieren zu bewirken. ²Davon abweichende Regelungen in einer auf Grund des Gesetzes über den Zahlungsverkehr mit Gerichten und Justizbehörden erlassenen Rechtsverordnung bleiben unberührt.

(3) Für die Höhe der Sicherheit und die Frist zu ihrer Leistung sowie für die Prozeßkostenhilfe gelten dieselben Vorschriften wie in bürgerlichen Rechtsstreitigkeiten.

Überblick

Der Privatkläger hat auf – ggf nachträgliches (Rn 2) – Verlangen des Beschuldigten Sicherheit zu leisten, wenn er seinen gewöhnlichen Aufenthalt nicht in der Europäischen Union oder dem Europäischen Wirtschaftsraum hat (Rn 1). Über Höhe (Rn 5) und Frist (Rn 6) der Sicherheitsleistung entscheidet das Gericht durch Beschluss (Rn 4). Unter den Voraussetzungen der §§ 114 ZPO ff kann der Privatkläger Prozesskostenhilfe erhalten (Rn 8), nicht hingegen der Beschuldigte (Rn 9). Das Gericht entscheidet hierüber durch – nur für den Privatkläger anfechtbaren (Rn 11 f) – Beschluss (Rn 10).

A. Sicherheitsleistung des Privatklägers

I. Voraussetzungen

1 Um einen Kostenausfall beim Beschuldigten zu verhindern, muss der Privatkläger unter den Voraussetzungen des § 379 Abs 1 StPO iVm § 110 ZPO Sicherheit leisten. Demnach ist der Privatkläger, der seinen **gewöhnlichen Aufenthalt** weder in einem Mitgliedstaat der Europäischen Union noch des Europäischen Wirtschaftsraums (Island, Liechtenstein und Norwegen) hat, **auf Verlangen des Beschuldigten** verpflichtet, wegen der diesem voraussichtlich erwachsenden Kosten Sicherheit zu leisten. Ein gewöhnlicher Aufenthalt besteht in der Regel ab einem Aufenthalt von sechs Monaten (Thomas/Putzo/Hüßtege ZPO § 110 Rn 3). Die Staatsangehörigkeit des Privatklägers ist ohne Bedeutung.

2 Treten die Voraussetzungen des § 110 Abs 1 ZPO erst im Laufe des Verfahrens ein (insbes bei einem Wohnortwechsel des Privatklägers), kann der Beschuldigte auch **nachträglich** Sicherheit verlangen (§ 111 ZPO). Ebenso kann der Beschuldigte die Leistung einer weiteren Sicherheit fordern, wenn sich nachträglich ergeben sollte, dass die geleistete Sicherheit nicht ausreicht (§ 112 Abs 3 ZPO), zB wenn der Privatkläger Berufung einlegt (OLG Frankfurt NJW 1980, 2032). Ohne solche neue Umstände ist es dem Beschuldigten hingegen nicht möglich, in der Rechtsmittelinstanz erstmalig eine Sicherheitsleistung zu verlangen (OLG Celle NJW 1955, 724, 725).

3 Der Privatkläger ist von der Verpflichtung zur Sicherheitsleistung **befreit**, wenn ihm gem § 122 Abs 1 Nr 2 ZPO Prozesskostenhilfe bewilligt wurde oder ein Ausnahmefall des § 110 Abs 2 Nr 1 bis Nr 4 ZPO vorliegt.

II. Entscheidung des Gerichts

4 Das Gericht entscheidet über das Verlangen des Beschuldigten durch **Beschluss**. Wird Sicherheitsleistung angeordnet, kann der Privatkläger Beschwerde nach § 304 Abs 1 StPO einlegen (OLG Celle NJW 1955, 724, 725).

5 Die **Höhe** der zu bewirkenden Sicherheit steht im **Ermessen** des Gerichts (Abs 3 iVm § 112 Abs 1 ZPO). Der Anordnung ist derjenige Betrag zugrunde zu legen, den der Beschuldigte wahrscheinlich aufwenden muss (§ 112 Abs 2 ZPO), und zwar für sämtliche Instanzen, die der Privatkläger anrufen kann (OLG Celle NJW 1955, 724, 725). Die Kosten für eine etwaige Widerklage des Beschuldigten gem § 388 StPO bleiben außer Betracht (§ 112 Abs 2 S 2 ZPO).

6 In der Anordnung der Sicherheitsleistung muss das Gericht zugleich eine **Frist** bestimmen (§ 113 S 1 ZPO). Leistet der Privatkläger innerhalb der Frist nicht, ist auf Antrag des Beschuldigten durch besonderen Beschluss die Klage für zurückgenommen zu erklären bzw das Rechtsmittel des Privatklägers zu verwerfen (§ 113 S 2 ZPO). §§ 391 StPO f finden keine Anwendung (Löwe/Rosenberg/Hilger StPO § 379 Rn 12; Meyer-Goßner StPO § 379 Rn 6; KMR/Stöckel StPO § 379 Rn 3; **aA** BayObLGSt 1956, 4 ff).

7 Die Sicherheitsleistung ist durch **Hinterlegung von Bargeld oder Wertpapieren** zu bewirken (Abs 2 S 1), alternativ durch **unbare Zahlung** gem einer aufgrund des ZahlVGJG vom 22. 12. 2006 (BGBl I 3416) erlassenen Rechtsverordnung (Abs 2 S 2). Nicht möglich

ist entgegen § 108 Abs 1 S 2 ZPO der Rückgriff auf eine schriftliche, unwiderrufliche, unbedingte und unbefristete Bankbürgschaft.

B. Prozesskostenhilfe
I. Voraussetzungen

Unter den Voraussetzungen der §§ 114 ZPO ff kann der **Privatkläger** auf Antrag (vgl 8 § 117 ZPO) Prozesskostenhilfe erhalten. Gem § 114 S 1 ZPO ist vor allem erforderlich, dass
- der Privatkläger nach seinen persönlichen und wirtschaftlichen Verhältnissen die **Kosten** der Prozessführung **nicht**, nur zum Teil oder nur in Raten **aufbringen** kann (vgl dazu § 115 ZPO) und
- die Privatklage **hinreichende Aussicht auf Erfolg** bietet und **nicht mutwillig** erscheint. Nicht Erfolg versprechend ist ein Privatklageverfahren, das voraussichtlich nach § 383 Abs 2 S 1 StPO eingestellt werden wird (Löwe/Rosenberg/Hilger StPO § 379 Rn 16; Meyer-Goßner StPO § 379 Rn 9). Mutwillig ist eine Privatklage dann, wenn der Verletzte sie nicht erheben würde, wenn er die Kosten selbst aufbringen müsste (Löwe/Rosenberg/ Hilger StPO § 379 Rn 17; Kaster MDR 1994, 1073, 1074).

Für den **Beschuldigten** kommt die Gewährung von Prozesskostenhilfe nicht in Betracht 9 (OLG Düsseldorf NStZ 1989, 92; LG Essen NStZ 1986, 329), es sei denn in seiner Funktion als Widerkläger (Meyer-Goßner StPO § 379 Rn 7; Kaster MDR 1994, 1073, 1074). Ein Verteidiger kann dem Beschuldigten nur unter den Voraussetzungen des § 140 Abs 2 StPO beigeordnet werden (BVerfGE 63, 380, 391 = NJW 1983, 1599). Die Vorschrift des § 121 ZPO, insbes Abs 2 Alt 2, wonach bei anwaltlicher Vertretung des Gegners (hier des Privatklägers) ein Anwalt beigeordnet werden kann, ist auf den Beschuldigten nicht anwendbar, da der dahinter stehende Grundsatz der Waffengleichheit wegen der gerichtlichen Aufklärungspflicht im Privatklageverfahren nicht greift (BVerfGE 63, 380, 391 ff = NJW 1983, 1599, 1600; OLG Düsseldorf JMBlNW 1988, 178, 179; LG Essen NStZ 1986, 329; Kaster MDR 1994, 1073, 1074; **aA** Behn NStZ 1984, 103, 104, 105); zur Beiordnung eines Rechtsanwalts für den Privatkläger Rn 10.

II. Entscheidung des Gerichts

Über den Antrag auf Prozesskostenhilfe entscheidet das Gericht durch **Beschluss**. Wird 10 Prozesskostenhilfe **bewilligt**, setzt das Gericht fest, welche Monatsraten und ggf aus dem Vermögen zu zahlende Beträge der Privatkläger zu leisten hat (vgl § 120 Abs 1 ZPO). Die Bewilligung von Prozesskostenhilfe ist immer nur für den jeweiligen Rechtszug möglich (§ 119 Abs 1 S 1 ZPO); höhere Instanzen müssen jedoch nicht prüfen, ob das Rechtsmittel Aussicht auf Erfolg hat oder mutwillig eingelegt wird (§ 119 Abs 1 S 2 ZPO). Ein Rechtsanwalt wird dem Privatkläger nur unter den Voraussetzungen des § 121 ZPO beigeordnet.

Gem § 121 ZPO wird dem Privatkläger ein Rechtsanwalt seiner Wahl beigeordnet, wenn 10.1
- eine **Vertretung** durch Anwälte **vorgeschrieben** ist (Abs 1): im Privatklageverfahren bei Akteneinsicht (§ 385 Abs 3 StPO) und Anträgen auf Revision und Wiederaufnahme des Verfahrens (§ 390 Abs 2 StPO);
- die Vertretung durch einen Rechtsanwalt **erforderlich erscheint** (Abs 2 Alt 1), insbes wenn die Sach- und Rechtslage von besonderer Schwierigkeit ist; entgegen § 121 Abs 2 Alt 2 ZPO ist hingegen – wie bereits beim Beschuldigten (Rn 9) – unerheblich, ob der Gegner durch einen Rechtsanwalt vertreten ist (BVerfGE 63, 380, 393, 394 = NJW 1983, 1599, 1600; LG Essen NStZ 1986, 329; Meyer-Goßner StPO § 379 Rn 10; SK-StPO/Velten StPO § 379 Rn 15; vgl zur Nebenklage KG JR 1982, 169, 170; OLG Düsseldorf MDR 1986, 166, 167; OLG Frankfurt NStZ 1986, 42, 43; OLG Hamburg MDR 1985, 605, 606; **aA** Behn NStZ 1984, 103, 105).

Die Beiordnung eines nicht in dem Bezirk des Prozessgerichts niedergelassenen Rechtsanwalts ist gem § 121 Abs 3 ZPO möglich, wenn dadurch keine zusätzlichen Kosten entstehen (OLG Hamm NJW 1983, 1507; Meyer-Goßner StPO § 379 Rn 10).

Gegen den Bewilligungsbeschluss kann der Beschuldigte mangels Beschwer **keine** 11 **Rechtsmittel** einlegen (Meyer-Goßner StPO § 379 Rn 18; KMR/Stöckel StPO § 379

Rn 13; OLG Stuttgart MDR 1986, 75), ebenso wenig die Landeskasse (Meyer-Goßner StPO § 379 Rn 18; **aA** LG Essen NStZ 1986, 329, 330 m insoweit abl Anm Dehn).

12 Wird der Antrag auf Prozesskostenhilfe (ganz oder teilweise) **abgelehnt**, ist der Beschluss des Gerichts mit Gründen zu versehen (§ 34 StPO). Der Privatkläger kann hiergegen Beschwerde gem § 304 Abs 1 StPO einlegen (BayObLG NJW 1951, 164; HK-StPO/Kurth StPO § 379 Rn 9; KMR/Stöckel StPO § 379 Rn 5; SK-StPO/Velten StPO § 379 Rn 6; **aA** Löwe/Rosenberg/Hilger StPO § 379 Rn 31; vgl auch OLG Stuttgart MDR 1986, 75, 76: Beschwerdeverfahren nach § 127 ZPO), so dass entgegen § 127 Abs 2 S 2 ZPO, § 567 Abs 1 ZPO auch gegen einen ablehnenden Beschluss des Landgerichts als Berufungsinstanz Beschwerde erhoben werden kann (OLG Celle MDR 1957, 374; Meyer-Goßner StPO § 379 Rn 17; KMR/Stöckel StPO § 379 Rn 12; vgl auch OLG Hamburg NJW 1969, 944; ebenso auf Grundlage der **aA** Löwe/Rosenberg/Hilger StPO § 379 Rn 32). Unzulässig ist eine Beschwerde gegen Beschlüsse des Oberlandesgerichts (§ 304 Abs 4 S 2 StPO). Die Wertgrenze des § 304 Abs 3 StPO (vgl OLG Frankfurt RPfl 1955, 79, 80) sowie die Ausschlussregel des § 305 S 1 StPO (BayObLG NJW 1951, 164, 165; OLG Hamburg NJW 1969, 944) finden keine Anwendung.

§ 379 a [Gebührenvorschuss]

(1) Zur Zahlung des Gebührenvorschusses nach § 16 Abs. 1 des Gerichtskostengesetzes soll, sofern nicht dem Privatkläger die Prozeßkostenhilfe bewilligt ist oder Gebührenfreiheit zusteht, vom Gericht eine Frist bestimmt werden; hierbei soll auf die nach Absatz 3 eintretenden Folgen hingewiesen werden.

(2) Vor Zahlung des Vorschusses soll keine gerichtliche Handlung vorgenommen werden, es sei denn, daß glaubhaft gemacht wird, daß die Verzögerung dem Privatkläger einen nicht oder nur schwer zu ersetzenden Nachteil bringen würde.

(3) ¹Nach fruchtlosem Ablauf der nach Absatz 1 gestellten Frist wird die Privatklage zurückgewiesen. ²Der Beschluß kann mit sofortiger Beschwerde angefochten werden. ³Er ist von dem Gericht, das ihn erlassen hat, von Amts wegen aufzuheben, wenn sich herausstellt, daß die Zahlung innerhalb der gesetzten Frist eingegangen ist.

Überblick

Der Privatkläger – nicht hingegen der Widerkläger (Rn 3) – muss für den jeweiligen Rechtszug einen (Gerichts-)Gebührenvorschuss entrichten (Rn 1). Das Gericht muss (Rn 4) ihm hierfür eine angemessene und eindeutige Frist (Rn 5) setzen. Bis der Vorschuss gezahlt wird, soll das Gericht zunächst untätig bleiben (Rn 8). Nach Ablauf der Frist (Rn 10) wird die Klage durch Beschluss zurückgewiesen (Rn 9), was die erneute Erhebung der Privatklage jedoch nicht ausschließt (str; Rn 12). Von dem Gebührenvorschuss ist der Auslagenvorschuss (Rn 2) zu unterscheiden.

A. Gebührenvorschuss

1 Während § 379 StPO die Sicherheitsleistung des Privatklägers wegen der Prozesskosten des Beschuldigten betrifft (§ 379 StPO Rn 1), regelt § 379 a StPO den vom Privatkläger aufzubringenden Vorschuss für die **Gerichtsgebühren**. Gem § 16 Abs 1 S 1 GKG hat der Privatkläger für Privatklage, Rechtsmittel sowie die Anträge auf Wiederaufnahme und selbstständige Einziehungsanordnung nach § 440 StPO, § 441 StPO **für den jeweiligen Rechtszug** einen Gebührenvorschuss zu entrichten.

1.1 Die Höhe des Gebührenvorschusses richtet sich nach den Nummern 3311, 3321, 3331, 3340, 3410, 3431, 3441 und 3450 des Kostenverzeichnisses (Anlage 1 des GKG). Er reicht von 30 EUR (sämtliche Anträge im Rahmen des Einziehungsverfahrens) bis 240 EUR (Vorschuss für die Revisionsinstanz im Rahmen des Privatklageverfahrens).

Keine Anwendung findet die Vorschrift auf den **Auslagenvorschuss** für beantragte 2 gerichtliche Handlungen gem § 17 GKG. Zahlt der Privatkläger den Auslagenvorschuss nicht, führt dies nicht zur Zurückweisung der Privatklage, sondern es unterbleibt die jeweilige Handlung (zB keine Ladung von Zeugen), deren Kosten durch den Vorschuss gedeckt werden sollten (Löwe/Rosenberg/Hilger StPO § 379 a Rn 2).

Der **Widerkläger** muss generell **keinen Gebührenvorschuss** zahlen (§ 16 Abs 1 S 2 3 GKG), sondern allenfalls einen Auslagenvorschuss (§ 17 Abs 4 S 1 GKG). Der **Privatkläger** ist von dem Gebührenvorschuss hingegen nur befreit, wenn ihm Prozesskostenhilfe bewilligt wird (s § 379 StPO Rn 8 ff) oder Gebührenfreiheit zusteht.

B. Fristbestimmung des Gerichts

Das Gericht ist – entgegen dem Wortlaut des **Abs 1** („soll") – dazu verpflichtet (Löwe/ 4 Rosenberg/Hilger StPO § 379 a Rn 6; Meyer-Goßner StPO § 379 a Rn 2; SK-StPO/ Velten StPO § 379 a Rn 5), dem Privatkläger per Beschluss eine **Frist zur Zahlung des Gebührenvorschusses** zu setzen. Gericht iSd Abs 1 ist der gesamte Spruchkörper, nicht der Vorsitzende allein (OLG Schleswig GA 1957, 425, 426), was in der ersten Instanz freilich ohne Bedeutung bleibt (zur Zuständigkeit für die Privatklage s § 374 StPO Rn 4); zur entsprechenden Anwendung der Vorschrift im Rechtsmittelverfahren s § 390 Abs 4 StPO (§ 390 StPO Rn 9 f).

In dem Beschluss muss eine **angemessene** (zumindest mehr als sechs Tage; OLG Celle 5 OLGSt S 1) **Frist** bestimmt werden. Die Wirksamkeit der Fristsetzung erfordert zudem, dass Beginn und Ende der Frist eindeutig bezeichnet werden (OLG Hamm JMBlNW 1958, 165). Darüber hinaus ist der Privatkläger in dem Beschluss darauf **hinzuweisen** (Abs 1 aE), dass gem Abs 3 S 1 die Privatklage nach fruchtlosem Fristablauf zurückzuweisen ist.

Gegen die gerichtliche Zahlungsaufforderung mit Fristsetzung kann der Privatkläger 6 die (einfache) **Beschwerde** nach § 304 Abs 1 StPO einlegen (BayObLG NJW 1955, 1199, 1200). Soll hingegen nur eine Fristverlängerung erreicht werden, genügt ein entsprechender Antrag. Von Amts wegen kann ein Fristenaufschub geboten sein, wenn dem Gericht durch die Rechtsschutzversicherung oder einen Dritten mitgeteilt wird, dass der Vorschuss alsbald gezahlt werde (OLG Celle NJW 1966, 1670, 1671; Löwe/Rosenberg/Hilger StPO § 379 a Rn 9; Meyer-Goßner StPO § 379 a Rn 3; krit Schöndorf NJW 1966, 2076). Allerdings darf die Frist jeweils noch nicht abgelaufen sein (OLG Hamm NJW 1973, 1206).

Gegenstandslos wird die **Fristsetzung**, wenn der Privatkläger vor Ablauf der Frist 7 Antrag auf Prozesskostenhilfe (§ 379 StPO Rn 8 ff) stellt (HK-StPO/Kurth StPO § 379 a Rn 4; Meyer-Goßner StPO § 379 a Rn 4; KK-StPO/Senge StPO § 379 a Rn 2; **aA** OLG Hamm NJW 1973, 1206; KMR/Stöckel StPO § 379 a Rn 2: Fristverlängerung bis zur Entscheidung über den Antrag).

C. Rechtsfolgen bei Nichtzahlung
I. Untätigkeit des Gerichts (Abs 2)

Solange kein Vorschuss entrichtet wird, soll grds **keine gerichtliche Handlung** vor- 8 genommen werden (Abs 2). Etwas anderes gilt nur dann, wenn der Privatkläger glaubhaft macht (s § 45 StPO Rn 7 ff), dass die Verzögerung ihm einen nicht oder nur schwer zu ersetzenden **Nachteil** brächte (zB bei Wiederholungsgefahr des gegen ihn verübten Privatklagedelikts; Meyer-Goßner StPO § 379 a Rn 6). Ein Verstoß gegen die Sollvorschrift führt jedoch nicht zur Unwirksamkeit der gerichtlichen Handlung (BayObLG NJW 1958, 1149, 1150; Löwe/Rosenberg/Hilger StPO § 379 a Rn 11; SK-StPO/Velten StPO § 379 a Rn 7), zB des Eröffnungsbeschlusses.

II. Zurückweisung der Privatklage (Abs 3)

Wird bis zum **Ablauf der Frist** der Gebührenvorschuss nicht oder nicht vollständig 9 gezahlt, ist die Privatklage durch einen mit Gründen zu versehen (§ 34 StPO) **Gerichtsbeschluss zurückzuweisen** (Abs 3 S 1). Dies gilt allerdings nicht, wenn ein zu hoher

Vorschuss festgesetzt wurde, unabhängig davon, ob der Privatkläger zumindest den vorgeschriebenen Vorschuss gezahlt hat (BayObLG NJW 1954, 1735; Löwe/Rosenberg/Hilger StPO § 379 a Rn 6; KMR/Stöckel StPO § 379 a Rn 2). Ebenso hindert eine unangemessen kurz bemessene Frist (s Rn 5) die Folge des Abs 3 S 1.

10 Für die **Fristwahrung** ist bei der Versendung von Zahlungsmitteln (zB Gerichtskostenmarken) maßgeblich, an welchem Tag sie bei der Gerichtskasse eingegangen sind (OLG Hamm NJW 1960, 547, 548). Ansonsten genügt der Eingang des Überweisungsauftrags bei der Bank innerhalb der Frist (OLG Hamm NJW 1954, 733, 734; JMBlNW 1958, 165; OLG Stuttgart MDR 1974, 1037, 1038; **aA** LG Heilbronn NJW 1979, 2219). Nicht erforderlich innerhalb der Frist ist der Nachweis der rechtzeitigen Zahlung (OLG Hamm NJW 1960, 547; Löwe/Rosenberg/Hilger StPO § 379 a Rn 12; vgl Abs 3 S 3).

11 Ein fehlendes **Verschulden** des Privatklägers an der Fristversäumnis ist **unerheblich** (OLG Bamberg NJW 1949, 835, 836), kann aber einen Anspruch auf Wiedereinsetzung in den vorigen Stand gem §§ 44 StPO f begründen (Löwe/Rosenberg/Hilger StPO § 379 a Rn 12; Meyer-Goßner StPO § 379 a Rn 10).

12 Der Zurückweisungsbeschluss nach Abs 3 S 1 soll nach wohl hA entsprechend § 391 Abs 2 StPO als Rücknahme der Privatklage mit der Rechtsfolge des § 392 StPO anzusehen sein, da der Kläger durch Verstreichenlassen der Frist zeige, kein Interesse mehr an der Durchführung des Verfahrens zu haben (BayObLG NJW 1956, 758, 759; OLG Hamm NJW 1953, 717; LG Bonn NStZ 1991, 204, 205; Meyer-Goßner StPO § 379 a Rn 11; KK-StPO/Senge StPO § 379 a Rn 5). Dem wird zu Recht entgegengehalten, dass zum einen vor Eröffnung des Hauptverfahrens die gem § 391 Abs 2 StPO erforderliche Androhung der Einstellung nicht möglich ist und zum anderen die Vorschrift nur fiskalische Interessen schütze, die einen Ausschluss der Privatklage lediglich infolge eines nicht fristgerecht entrichteten Gebührenvorschusses nicht gebieten (OLG Hamburg NStZ 1989, 244 f; Löwe/Rosenberg/Hilger StPO § 379 a Rn 16; HK-StPO/Kurth StPO § 379 a Rn 8; KMR/Stöckel StPO § 379 a Rn 6; SK-StPO/Velten StPO § 379 a Rn 11 ff; vgl auch LG Düsseldorf NJW 1959, 2080, 2081). Die **erneute Erhebung der Privatklage** ist demnach durch den Zurückweisungsbeschluss nach Abs 3 S 1 nicht ausgeschlossen.

13 Gegen den Zurückweisungsbeschluss nach Abs 3 steht dem **Privatkläger** nur die **sofortige Beschwerde** iSd § 311 StPO zur Verfügung (Abs 3 S 2). Von Amts wegen ist der Beschluss aufzuheben, wenn sich herausstellt, dass die gesetzte Frist nicht versäumt wurde (Abs 3 S 3). Wird der Antrag des **Beschuldigten** auf Zurückweisung der Privatklage abgelehnt, kann er hiergegen mangels Beschwer nicht vorgehen (Löwe/Rosenberg/Hilger StPO § 379 a Rn 13; Meyer-Goßner StPO § 379 a Rn 12).

§ 380 [Sühneversuch]

(1) ¹Wegen Hausfriedensbruchs, Beleidigung, Verletzung des Briefgeheimnisses, Körperverletzung (§§ 223 und 229 des Strafgesetzbuches), Bedrohung und Sachbeschädigung ist die Erhebung der Klage erst zulässig, nachdem von einer durch die Landesjustizverwaltung zu bezeichnenden Vergleichsbehörde die Sühne erfolglos versucht worden ist. ²Gleiches gilt wegen einer Straftat nach § 323 a des Strafgesetzbuches, wenn die im Rausch begangene Tat ein in Satz 1 genanntes Vergehen ist. ³Der Kläger hat die Bescheinigung hierüber mit der Klage einzureichen.

(2) Die Landesjustizverwaltung kann bestimmen, daß die Vergleichsbehörde ihre Tätigkeit von der Einzahlung eines angemessenen Kostenvorschusses abhängig machen darf.

(3) Die Vorschriften der Absätze 1 und 2 gelten nicht, wenn der amtliche Vorgesetzte nach § 194 Abs. 3 oder § 230 Abs. 2 des Strafgesetzbuches befugt ist, Strafantrag zu stellen.

(4) Wohnen die Parteien nicht in demselben Gemeindebezirk, so kann nach näherer Anordnung der Landesjustizverwaltung von einem Sühneversuch abgesehen werden.

Überblick

Bei bestimmten Straftaten (Rn 4) muss vor (Rn 12) Erhebung der Privatklage grds (zu Ausnahmen Rn 5 ff) ein Sühneversuch vor der Vergleichsbehörde (Rn 1) vorgenommen werden. Bei erfolgreichem Verlauf endet das Sühneverfahren in einem Vergleich (Rn 8). Ansonsten wird dem Privatkläger eine Bescheinigung ausgestellt (Rn 9), die dem Nachweis des erfolglosen Sühneversuchs als von Amts wegen zu prüfende (Rn 10) Klagevoraussetzung (Rn 11) dient.

Übersicht

	Rn		Rn
A. Sühneverfahren	1	III. Abschluss	8
I. Zuständigkeit	1	**B. Privatklageverfahren**	10
II. Voraussetzungen	4		

A. Sühneverfahren

I. Zuständigkeit

Der Sühneversuch soll vor übereilten Privatklagen schützen und dient somit einerseits dem öffentlichen Interesse, andererseits kommt ihm auch eine Befriedungs- und Aussöhnungsfunktion zu (Löwe/Rosenberg/Hilger StPO § 380 Rn 23 mwN). Für das Sühneverfahren zuständig ist die **Vergleichsbehörde**, die nach der Vorschrift durch die jeweilige Landesjustizverwaltung, in der Praxis aber durch den Landesgesetzgeber (zu den Gründen Löwe/Rosenberg/Hilger StPO § 380 Rn 3 ff) bestimmt wird. 1

Übersicht über die Vergleichsbehörden der Länder (siehe auch Löwe/Rosenberg/Hilger StPO § 380 Rn 6 ff; HK-StPO/Kurth StPO § 380 Rn 11 ff): 1.1
- **Baden-Württemberg**: Gemeinden (§ 37 Satz 1 BWAGGVG);
- **Bayern**: Gemeinden (Art 49 Abs 1 BayAGGVG);
- **Berlin**: Schiedsamt (§ 35 SchiedsamtsG);
- **Brandenburg**: gemeindliche Schiedsstelle (§ 32 SchiedsstellenG);
- **Bremen**: Rechtspfleger als Sühnebeamter beim Amtsgericht (§ 2 AGStPO iVm Verordnung vom 30. 12. 1958);
- **Hamburg**: öffentliche Rechtsauskunfts- und Vergleichsstelle (§ 1 Verordnung vom 4. 2. 1946);
- **Hessen**: Schiedsamt (§ 30 SchiedsamtsG);
- **Mecklenburg-Vorpommern**: gemeindliche Schiedsstelle (§ 35 SchiedsstellenG);
- **Niedersachsen**: Schiedsamt (§ 37 SchiedsamtsG);
- **Nordrhein-Westfalen**: Schiedsamt (§ 34 SchiedsamtsG);
- **Rheinland-Pfalz**: Schiedsperson (§ 9 SchiedsamtsO);
- **Saarland**: Schiedsleute (§ 30 SchiedsO);
- **Sachsen**: gemeindliche Schiedsstelle (§ 1 Abs 3 Schieds- und GütestellenG);
- **Sachsen-Anhalt**: gemeindliche Schiedsstelle (§ 35 SchiedsstellenG);
- **Schleswig-Holstein**: Schiedsamt (§ 35 SchiedsO);
- **Thüringen**: gemeindliche Schiedsstelle (§ 35 SchiedsstellenG).

Die Landesjustizverwaltung kann gem **Abs 2** bestimmen, dass die Vergleichsbehörde ihre Tätigkeit von der Einzahlung eines angemessenen Kostenvorschusses abhängig machen darf. Können nach den landesrechtlichen Vorschriften Bevollmächtigte oder Beistände zurückgewiesen werden, gilt dies nicht für Rechtsanwälte (§ 225 Abs 1 S 2 BRAO). 2

Die Vergleichsbehörde ist zwar ein **Organ der Rechtspflege** (BGHZ 36, 193, 196 f = NJW 1962, 485, 486), jedoch kein Strafverfolgungsorgan, da das Sühneverfahren dem Strafverfahren lediglich vorgelagert ist. Sie unterliegt somit nicht der Belehrungspflicht gem § 136 Abs 1 S 2 StPO (Löwe/Rosenberg/Hilger StPO § 380 Rn 23; Meyer-Goßner StPO § 380 Rn 7; KK-StPO/Senge StPO § 380 Rn 7; differenzierend SK-StPO/Velten StPO § 380 Rn 8 f). 3

II. Voraussetzungen

4 Vorgeschrieben ist der Sühneversuch nur bei bestimmten, in Abs 1 S 1 **abschließend aufgezählten Straftaten**, zudem beim **Vollrausch** gem § 323a StGB, wenn im Rausch eines der enumerierten Delikte begangen wurde (Abs 1 S 2). Trifft hiermit ein sonstiges Privatklagedelikt im Rahmen einer prozessualen Tat iSd § 264 StPO zusammen, ist der Sühneversuch entbehrlich (Löwe/Rosenberg/Hilger StPO § 380 Rn 41). Gleiches gilt für die Widerklage, für den Beitritt zu einem bereits eingeleiteten Privatklageverfahren gem § 375 Abs 2 StPO sowie für die Nachtragsanklage (s § 384 StPO Rn 1.1).

5 Gem **Abs 3** ist der Sühneversuch bei Beleidigungen und Körperverletzungen iSd § 223 StGB, § 229 StGB nicht erforderlich, wenn der **amtliche Vorgesetzte** nach § 194 Abs 3 bzw § 230 Abs 2 StGB **strafantragsberechtigt** ist. Ausreichend ist allein die entsprechende Befugnis des Vorgesetzten; Abs 3 ist somit auch dann anwendbar, wenn nur der Privatkläger selbst Strafantrag gestellt hat (Meyer-Goßner StPO § 380 Rn 14; KMR/Stöckel StPO § 380 Rn 12).

6 **Abs 4** sieht vor, dass von einem Sühneversuch abgesehen werden kann, wenn die Parteien **in verschiedenen Gemeindebezirken wohnen**. Während in diesem Fall der Sühneversuch in Bayern gem Art 49 Abs 2 BayAGGVG generell entbehrlich ist, sehen andere landesrechtliche Vorschriften (Rn 1.1) vor, dass das Gericht eine Befreiung vom Sühneversuch nur auf **Antrag** erteilen darf (vgl LG Hamburg NJW 1973, 382, 383). Der Antrag muss – ebenso wie sonst der Sühneversuch (s Rn 12) – vor Erhebung der Privatklage gestellt und verbeschieden sein (LG Bonn MDR 1973, 784; LG Verden MDR 1974, 862; KK-StPO/Senge StPO § 380 Rn 10; **aA** LG Flensburg SchlHA 1966, 171; LG Hannover NdsRpfl 1966, 18, 19). Zur Begründetheit eines solchen Antrags AG Göttingen SchAZtg 2006, 81 f.

7 Ein Sühneversuch ist außerdem entbehrlich, wenn die zuständige **Vergleichsbehörde** noch **nicht eingerichtet** wurde, da das Versäumnis des Staates dem Privatkläger nicht zum Nachteil gereichen darf (BezG Meiningen NStZ 1992, 404; Löwe/Rosenberg/Hilger StPO § 380 Rn 45; Meyer-Goßner StPO § 380 Rn 16; KMR/Stöckel StPO § 380 Rn 13; SK-StPO/Velten StPO § 380 Rn 22; Rieß NJ 1992, 245, 246; **aA** LG Neubrandenburg NStZ 1995, 149, 150; HK-StPO/Kurth StPO § 380 Rn 10; Kurth NStZ 1997, 1).

III. Abschluss

8 Ein **erfolgreiches** Sühneverfahren endet in dem **Sühnevergleich**. Er beinhaltet den unwiderruflichen Verzicht des Verletzten auf sein Privatklagerecht, die Rücknahme eines Strafantrags hingegen nur bei ausdrücklicher Vereinbarung (Meyer-Goßner StPO § 380 Rn 8). Der Vergleich stellt ein **Verfahrenshindernis** dar, so dass eine gleichwohl erhobene Privatklage nach § 383 Abs 1 StPO zurückzuweisen bzw ein bereits eröffnetes Verfahren einzustellen ist (Löwe/Rosenberg/Hilger StPO § 380 Rn 38). Auf andere Beteiligte (zB Staatsanwaltschaft, weitere Privatklageberechtigte) hat der Vergleich keine Auswirkungen.

8.1 Auch ein **außergerichtlicher Vergleich** außerhalb sowohl des Sühne- als auch des Privatklageverfahrens (dazu § 391 StPO Rn 6 f) ist möglich (BGH NJW 1974, 900; KG NJW 1960, 2207 f; **aA** Hartung NJW 1961, 523, 524; ders ZStW 63 (1951), 412, 414), insbesondere in Bezug auf nicht in Abs 1 S 1 und 2 genannte Privatklagedelikte. Zwar hat er keine unmittelbare Wirkung, kann aber von den Beteiligten im Privatklageverfahren vorgetragen werden, ohne dass er zuvor auf dem Zivilrechtsweg durchgesetzt werden muss (Meyer-Goßner StPO Vor § 374 Rn 17; KMR/Stöckel StPO Vor § 374 Rn 19; **aA** SK-StPO/Velten StPO Vor § 374 Rn 39; vgl auch BGH NJW 1974, 900 m abl Anm Meyer NJW 1974, 1325). Gelingt dem Beschuldigten der Nachweis, dass der Privatkläger wirksam auf sein Privatklagerecht verzichtet hat, ist die Privatklage ebenfalls nach § 383 Abs 1 StPO zurückzuweisen bzw ein bereits eröffnetes Verfahren einzustellen (KG NJW 1960, 2207, 2208; Löwe/Rosenberg/Hilger StPO § 391 Rn 27; Meyer-Goßner StPO Vor § 374 Rn 17; KK-StPO/Senge StPO § 391 Rn 6; KMR/Stöckel StPO Vor § 374 Rn 19; **aA** SK-StPO/Velten StPO Vor § 374 Rn 37).

9 Ist die Sühne **erfolglos** versucht, stellt die Vergleichsbehörde darüber eine **Bescheinigung** aus, die der Privatkläger mit der Klage einzureichen hat (Abs 1 S 3). Unterbleibt dies versehentlich, kann die Bescheinigung bis zur Entscheidung des Gerichts über die Zulässigkeit der Privatklage nachgereicht werden (LG Ansbach MDR 1971, 416; LG München I

NJW 1956, 74; LG Stuttgart NJW 1963, 1792, 1793; Löwe/Rosenberg/Hilger StPO § 380 Rn 25; KMR/Stöckel StPO § 380 Rn 7). Im Rahmen seiner Fürsorgepflicht ist das Gericht ggf sogar zu einer Aufforderung zur Vorlage der Bescheinigung unter Fristsetzung angehalten (LG Bonn MDR 1973, 784), zumindest wenn der Privatkläger nicht anwaltlich vertreten wird (LG Stuttgart NJW 1963, 1792, 1793). Von Eingang des Antrags auf Durchführung des Sühneversuchs bis zur Ausstellung der Bescheinigung ruht die Strafantragsfrist (§ 77b Abs 5 StGB).

B. Privatklageverfahren

Im Privatklageverfahren ist **von Amts wegen** zu prüfen, ob ein erfolgloser Sühneversuch 10 vorliegt (Löwe/Rosenberg/Hilger StPO § 380 Rn 23; KMR/Stöckel StPO § 380 Rn 3). Ist der Sühneversuch unterblieben, so ist die Klage als **unzulässig** zurückzuweisen (vgl OLG Hamm NJW 1984, 249; LG Aachen NJW 1961, 524; LG Düsseldorf NJW 1965, 1446). Die Kosten des Verfahrens sowie die dem Beschuldigten erwachsenen notwendigen Auslagen trägt der Privatkläger (§ 471 Abs 2 StPO).

Der Sühneversuch ist allerdings keine Prozess-, sondern eine **Klagevoraussetzung**, die 11 nur bis zum Eröffnungsbeschluss zu beachten ist. Übersieht das Gericht das Fehlen des Sühneversuchs und eröffnet das Hauptverfahren, ist dieser Mangel daher geheilt (BayObLG NJW 1958, 1149, 1150 f; OLG Hamburg NJW 1956, 522; LG Neubrandenburg NStZ 1995, 149; Löwe/Rosenberg/Hilger StPO § 380 Rn 36; KK-StPO/Senge StPO § 380 Rn 8). Der Mangel bleibt beachtlich, wenn das Gericht die Eröffnung des Hauptverfahrens – sei es auch aus anderen, zB tatsächlichen Gründen – abgelehnt hat (LG Hamburg NJW 1973, 382, 383; Meyer-Goßner StPO § 380 Rn 10; **aA** LG Trier MDR 1966, 607).

Der Sühneversuch muss **vor Erhebung der Privatklage** unternommen werden. Ist die 12 Privatklage bereits erhoben, kann der Sühneversuch nicht mehr nachgeholt werden (LG Aachen NJW 1961, 524; LG Hamburg NJW 1973, 382 f; LG München I NJW 1956, 74; Löwe/Rosenberg/Hilger StPO § 380 Rn 26; Meyer-Goßner StPO § 380 Rn 10; Kraus NJW 1953, 173; **aA** LG Aachen NJW 1956, 1611; LG Ansbach MDR 1971, 416; Reiff NJW 1956, 500). Nachgereicht werden darf lediglich die Sühnebescheinigung über einen tatsächlich vor Klageerhebung erfolgten wie erfolglosen Sühneversuch (Rn 9).

Dem Verletzten bleibt jedoch die Möglichkeit, **erneut Privatklage** zu erheben (OLG 13 Hamm NJW 1984, 249; LG Düsseldorf NJW 1965, 1446; LG Neubrandenburg NStZ 1995, 149; LG Stuttgart NJW 1963, 1792, 1793; Meyer-Goßner StPO § 380 Rn 12; **aA** LG Bonn NJW 1964, 417 m abl Anm Heinrich NJW 1964, 1087; LG Bonn MDR 1966, 606; LG Lübeck MDR 1976, 511, 512; LG Verden MDR 1975, 247, 248 m abl Anm Kölsch MDR 1975, 903), dieses Mal unter Beachtung des erfolglosen Sühneversuchs als Klagevoraussetzung. Allerdings darf der Sühneversuch erst nach Zurückweisung der ersten Privatklage unternommen werden (Löwe/Rosenberg/Hilger StPO § 380 Rn 34; Meyer-Goßner StPO § 380 Rn 12; KMR/Stöckel StPO § 380 Rn 6).

§ 381 [Klageerhebung]

¹**Die Erhebung der Klage geschieht zu Protokoll der Geschäftsstelle oder durch Einreichung einer Anklageschrift.** ²**Die Klage muß den in § 200 Abs. 1 bezeichneten Erfordernissen entsprechen.** ³**Mit der Anklageschrift sind zwei Abschriften einzureichen.**

Zu den inhaltlichen (Rn 3) und formellen (Rn 4) Erfordernissen an die Erhebung einer 1 Privatklage (Rn 1).

Die Privatklage kann gem **S 1** durch **Einreichung einer Anklageschrift** bei dem örtlich zuständigen Amtsgericht (s § 374 StPO Rn 4) oder zu **Protokoll der Geschäftsstelle**, dann auch bei einem unzuständigen Amtsgericht (Löwe/Rosenberg/Hilger StPO § 381 Rn 2; Meyer-Goßner StPO § 381 Rn 1), erhoben werden. Letzterenfalls wird sie aber erst mit Eingang beim sachlich und örtlich zuständigen Gericht wirksam (KMR/Stöckel StPO § 381 Rn 3).

StPO § 382

Fünftes Buch. 1. Abschnitt

2   **Unzulässig** ist die Klageerhebung unter einer Bedingung, zB der Bewilligung von Prozesskostenhilfe (dazu § 379 StPO Rn 8 ff; Löwe/Rosenberg/Hilger StPO § 381 Rn 5; Meyer-Goßner StPO § 381 Rn 2; SK-StPO/Velten StPO § 381 Rn 5; **aA** LG Frankfurt/M NJW 1953, 798; LG Köln MDR 1958, 622, 623; HK-StPO/Kurth StPO § 381 Rn 2; KMR/Stöckel StPO § 381 Rn 4). Zu den Rechtsfolgen bei Mängeln der Klageerhebung s § 382 StPO Rn 4 ff.

3   Inhaltlich muss die Klage den **Erfordernissen des § 200 Abs 1 StPO** entsprechen (**S 2**). Demnach hat sie den Beschuldigten (anzugeben sind dessen Name und Anschrift, nicht dagegen sein Geburtsdatum; LG Krefeld NJW 2005, 3438, 3439), die ihm zur Last gelegte Tat sowie Zeit und Ort ihrer Begehung, die gesetzlichen Merkmale der Straftat und die anzuwendenden Strafvorschriften, das Gericht und die Beweismittel zu bezeichnen (vgl dazu Bohlander NStZ 1994, 420, 421). Nicht erforderlich ist hingegen die Darstellung des wesentlichen Ergebnisses der Ermittlungen iSd § 200 Abs 2 StPO. Der Verweis auf andere Schriftstücke ist möglich, wenn Abschriften dieser Schriftstücke beigelegt werden (Löwe/Rosenberg/Hilger StPO § 381 Rn 3; Meyer-Goßner StPO § 381 Rn 1).

4   Gem **S 3** sind mit der Anklageschrift zwei Abschriften einzureichen, von denen eine für den Beschuldigten bestimmt ist (HK-StPO/Kurth StPO § 381 Rn 6; KK-StPO/Senge StPO § 381 Rn 4). Bei Klageerhebung zu Protokoll der Geschäftsstelle ist dies nicht erforderlich, sondern wird durch das Gericht veranlasst.

§ 382 [Mitteilung der Klage]

Ist die Klage vorschriftsmäßig erhoben, so teilt das Gericht sie dem Beschuldigten unter Bestimmung einer Frist zur Erklärung mit.

Überblick

Ist die Privatklage vorschriftsgemäß erhoben (Rn 1), wird sie dem Beschuldigten mitgeteilt (Rn 2). Ansonsten unterbleibt die Mitteilung (Rn 4) und wird die Privatklage durch anfechtbaren Beschluss (Rn 5 f) abgewiesen.

A. Vorschriftsmäßige Erhebung der Privatklage

1   Die **vorschriftsmäßige Erhebung** der Klage setzt lediglich voraus, dass die § 379 StPO bis § 381 StPO gewahrt sind. Die Prozessvoraussetzungen (zB Zuständigkeit des Gerichts und Zulässigkeit der Privatklage) hat das Gericht hingegen erst bei der Entscheidung über die Eröffnung des Hauptverfahrens gem § 383 Abs 1 S 1 StPO zu prüfen. Aktenvorlage an die Staatsanwaltschaft nach § 377 Abs 1 S 2 StPO (§ 377 StPO Rn 2) ist bereits zum jetzigen Zeitpunkt möglich (vgl Meyer-Goßner StPO § 382 Rn 4).

1.1   Außer der Pflicht zur Aktenvorlage an die Staatsanwaltschaft gem § 377 Abs 1 S 2 StPO treffen das Gericht nach Erhebung der Privatklage zahlreiche andere Mitteilungspflichten, die von Amts wegen zu beachten sind. Dies betrifft vor allem die Übermittlung personenbezogener Daten des Beschuldigten in den Fällen des **§ 14 EGGVG** sowie nach Nr 4 Abs 1 S 1 Nr 2, Nr 15 Abs 2, Nr 16 Abs 3, Nr 19 Abs 2, Nr 21 Abs 2, Nr 22 Abs 3, Nr 23 Abs 3, Nr 24 Abs 2, Nr 26 Abs 2, Nr 28 Abs 2, Nr 39 Abs 2 und Nr 40 Abs 2 **MiStra**.

2   Ist die Privatklage vorschriftsmäßig erhoben, wird dies dem Beschuldigten (bzw seinem Verteidiger; § 145 a Abs 1 StPO) mitgeteilt. In der **Mitteilung an den Beschuldigten** wird ihm eine Erklärungsfrist gesetzt, innerhalb derer er einzelne Beweiserhebungen beantragen und Einwendungen gegen die Eröffnung des Hauptverfahrens vorbringen kann (vgl § 201 StPO). Durch die Mitteilung wird keine Vernehmung angeordnet, so dass eine Belehrung entsprechend § 136 Abs 1 S 2 StPO nicht erforderlich ist (KMR/Stöckel StPO § 382 Rn 2; **aA** SK-StPO/Velten StPO § 382 Rn 3).

3   Die Mitteilung hat zu unterbleiben, wenn der Beschuldigte **von der deutschen Gerichtsbarkeit befreit** ist, da bereits die Mitteilung eine unzulässige Ausübung der Gerichtsbarkeit wäre (KMR/Stöckel StPO § 382 Rn 7). Vielmehr ist die Klage sofort zurück-

Privatklage **§ 383 StPO**

zuweisen (s Rn 6). Für die Mitteilung der Privatklage an einen Abgeordneten ist wegen seiner **Immunität** die Genehmigung des Parlaments erforderlich, die der Privatkläger selbst beantragen muss (Meyer-Goßner StPO § 382 Rn 1; vgl auch Nr 192 Abs 4 RiStBV).

B. Nicht vorschriftsmäßige Erhebung der Privatklage

Ist die Privatklage nicht vorschriftsmäßig erhoben, ergeht **keine Mitteilung** an den Beschuldigten. Ist der Mangel noch zu beheben, wird dem Privatkläger zu diesem Zweck unter Angabe des Mangels eine Frist gesetzt. Nach fruchtlosem Ablauf der Frist wird die Klage zurückgewiesen, ebenso von vornherein bei einem nicht behebbaren Mangel (Löwe/Rosenberg/Hilger StPO § 382 Rn 2; KMR/Stöckel StPO § 382 Rn 5). 4

Die Zurückweisung wegen eines **behebbaren Mangels** erfolgt durch einen – in § 382 StPO angelegten, wenngleich nicht ausdrücklich erwähnten – **besonderen Beschluss**. Gegen ihn kann die einfache **Beschwerde** nach § 304 Abs 1 StPO eingelegt werden (LG Hannover NdsRpfl 1966, 18, 19; Meyer-Goßner StPO § 382 Rn 3; KK-StPO/Senge StPO § 382 Rn 2; KMR/Stöckel StPO § 382 Rn 8), sofern keine Sondervorschriften eingreifen (zB § 379a Abs 3 S 2 StPO; § 379a StPO Rn 13). Erneute, nunmehr vorschriftsmäßige Erhebung der Privatklage ist möglich (vgl § 380 StPO Rn 13). 5

Wird die Privatklage dagegen wegen eines **nicht behebbaren Mangels** oder wegen fehlender deutscher Gerichtsbarkeit (Rn 3) zurückgewiesen, handelt es sich dabei um einen **Zurückweisungsbeschluss** gem § 383 Abs 1 S 1 StPO (HK-StPO/Kurth StPO § 382 Rn 3; KMR/Stöckel StPO § 382 Rn 8; vgl auch KK-StPO/Senge StPO § 382 Rn 1), so dass eine erneute Erhebung der Privatklage nur unter besonderen Voraussetzungen möglich ist (§ 383 StPO Rn 9). Gegen diesen Beschluss steht dem Privatkläger die **sofortige Beschwerde** (§ 390 Abs 1 S 1 StPO iVm § 210 Abs 2 StPO) zu. 6

§ 383 [Eröffnungsbeschluss; Zurückweisung; Einstellung]

(1) ¹Nach Eingang der Erklärung des Beschuldigten oder Ablauf der Frist entscheidet das Gericht darüber, ob das Hauptverfahren zu eröffnen oder die Klage zurückzuweisen ist, nach Maßgabe der Vorschriften, die bei einer von der Staatsanwaltschaft unmittelbar erhobenen Anklage anzuwenden sind. ²In dem Beschluß, durch den das Hauptverfahren eröffnet wird, bezeichnet das Gericht den Angeklagten und die Tat gemäß § 200 Abs. 1 Satz 1.

(2) ¹Ist die Schuld des Täters gering, so kann das Gericht das Verfahren einstellen. ²Die Einstellung ist auch noch in der Hauptverhandlung zulässig. ³Der Beschluß kann mit sofortiger Beschwerde angefochten werden.

Überblick

Das Gericht muss von Amts wegen (Rn 1) bestimmte Voraussetzungen prüfen (Rn 2), bei deren Vorliegen das Hauptverfahren durch nicht anfechtbaren (Rn 8) Beschluss zu eröffnen ist (Rn 5). Einzelne Beweiserhebungen zur Vorbereitung der Entscheidung sind möglich (Rn 3). Ist die Schuld des Täters gering (Rn 10), ermöglicht Abs 2 in jeder Lage des Verfahrens (Rn 11) dessen Einstellung durch Beschluss (Rn 13). Der Einstellungsbeschluss ist für den Privatkläger anfechtbar (Rn 15 f), die Kostenentscheidung auch für den Beschuldigten (Rn 17).

Übersicht

	Rn		Rn
A. Eröffnung des Hauptverfahrens (Abs 1)	1	B. Einstellung wegen Geringfügigkeit (Abs 2)	10
I. Entscheidungsfindung des Gerichts (Abs 1 S 1)	1	I. Voraussetzungen	10
II. Entscheidung des Gerichts	5	II. Entscheidung des Gerichts	13
III. Rechtsmittel	8	III. Rechtsmittel	15

Valerius 1691

A. Eröffnung des Hauptverfahrens (Abs 1)

I. Entscheidungsfindung des Gerichts (Abs 1 S 1)

1 Sobald die Erklärung des Beschuldigten zur erhobenen Privatklage eingegangen bzw die ihm gesetzte Erklärungsfrist (s § 382 StPO Rn 2) abgelaufen ist, entscheidet das Gericht nach Maßgabe der §§ 199 StPO ff über die **Eröffnung des Hauptverfahrens**. Ob die Voraussetzungen hierfür gegeben sind, hat das Gericht von Amts wegen zu prüfen.

2 **Voraussetzung** für die Eröffnung des Hauptverfahrens ist, dass
- sowohl die allgemeinen Prozessvoraussetzungen als auch die besonderen Voraussetzungen der Privatklage, insbesondere Klageberechtigung (§ 374 StPO Rn 11 f), Prozessfähigkeit (§ 374 StPO Rn 14 ff) und Sühnebescheinigung (§ 380 StPO Rn 9), gegeben sind sowie
- nach den in der Klageschrift mitgeteilten Tatsachen ausschließlich ein Privatklagedelikt (§ 374 StPO Rn 7 ff) vorliegt, dessen der Beschuldigte hinreichend verdächtig erscheint (vgl § 203 StPO).

2.1 Ob der Beschuldigte des Privatklagedelikts hinreichend verdächtig ist, seine Verurteilung also wahrscheinlich ist, kann das Gericht wegen im Regelfall fehlender staatlicher Ermittlungstätigkeit allein anhand der in der Privatklage vorgebrachten Tatsachen beurteilen. Allerdings ist der Privatkläger gem § 381 S 2 StPO, § 200 Abs 1 S 2 StPO nur zur Angabe der Beweismittel verpflichtet, nicht hingegen zu deren Einreichung (Löwe/Rosenberg/Hilger StPO § 383 Rn 8; KMR/Stöckel StPO § 383 Rn 7; **aA** LG Wuppertal JR 1967, 350, 351 m abl Anm Sarstedt; Nierwetberg NStZ 1989, 212, 214). Das Gericht hat daher grds nur die Schlüssigkeit, nicht aber die Richtigkeit des Vorbringens in der Privatklage zu überprüfen; dies bleibt der Hauptverhandlung vorbehalten (Meyer-Goßner StPO § 383 Rn 5). Im Zweifelsfalle – vor allem wenn der Beschuldigte den Tatvorwurf bestreitet – sind lediglich einzelne Beweiserhebungen des Gerichts nach § 202 StPO (vgl dazu Rn 3) zulässig (Löwe/Rosenberg/Hilger StPO § 383 Rn 9; KK-StPO/Senge StPO § 383 Rn 5; KMR/Stöckel StPO § 383 Rn 10).

3 Zur besseren Aufklärung der Sache kann das Gericht – sowohl von Amts wegen als auch auf Antrag – einzelne **Beweiserhebungen** anordnen (§ 202 S 1 StPO). Die Anordnung erfolgt durch nicht anfechtbaren Beschluss (§ 202 S 2 StPO). Das Gericht kann die Anordnung selbst ausführen oder die Polizei oder seine eigene Geschäftsstelle damit beauftragen (BayVerfGH NJW 1962, 531; OLG Zweibrücken NJW 1966, 685, 686). Ebenso ist das Ersuchen um Rechtshilfe nach § 157 GVG, § 158 GVG zulässig (OLG Zweibrücken NJW 1966, 685, 686).

4 Bei richterlicher Beweiserhebung haben die Parteien ein **Anwesenheitsrecht** (§ 168 c StPO, § 168 d StPO). Soll ein Beweis, der in Abwesenheit einer Partei erhoben wurde, zu ihrem Nachteil verwendet werden, ist ihr zuvor **rechtliches Gehör** zu gewähren (BVerfGE 8, 184, 185 = NJW 1958, 1723). Ebenso muss das Gericht den Privatkläger zuvor anhören, wenn es zu seinem Nachteil allgemeinkundige Tatsachen berücksichtigt (BVerfGE 12, 110, 112, 113).

II. Entscheidung des Gerichts

5 Liegen die Voraussetzungen nach Rn 2 vor, wird das Hauptverfahren durch Beschluss eröffnet (Abs 1 S 2). Der **Eröffnungsbeschluss** muss den Angeklagten und die Tat gem § 200 Abs 1 S 1 StPO bezeichnen und tritt somit an die Stelle des Anklagesatzes der Staatsanwaltschaft im Offizialverfahren (vgl auch § 384 Abs 2 StPO zur Verlesung des Beschlusses). Durch seinen Erlass wird die Privatklage **rechtshängig** (Meyer-Goßner StPO § 383 Rn 6; KK-StPO/Senge StPO § 383 Rn 6).

6 Liegen die Voraussetzungen für die Eröffnung des Hauptverfahrens nicht vor, wird die Privatklage durch **Beschluss zurückgewiesen**. Dabei handelt es sich der Sache nach um einen Nichteröffnungsbeschluss nach § 204 Abs 1 StPO (Löwe/Rosenberg/Hilger StPO § 383 Rn 13; KK-StPO/Senge StPO § 383 Rn 7; KMR/Stöckel StPO § 383 Rn 14; SK-StPO/Velten StPO § 383 Rn 17; **aA** Meyer-Goßner StPO § 383 Rn 7: § 34 StPO), so dass sich aus dessen Gründen ergeben muss, ob die Klage aus tatsächlichen oder aus Rechtsgründen zurückgewiesen wird. Zur Kostenfolge s § 471 Abs 2 StPO.

Besteht aus Sicht des Gerichts ein hinreichender Verdacht, dass ein **Offizialdelikt verwirklicht** ist (vgl § 374 StPO Rn 9), ergeht der Zurückweisungsbeschluss nur, wenn die Staatsanwaltschaft das Verfahren nicht gem § 377 Abs 2 StPO (§ 377 StPO Rn 4 ff) übernimmt. Nach Rechtskraft des Beschlusses muss das Gericht die Sache jedenfalls an die Staatsanwaltschaft abgeben. Ergibt sich der Verdacht eines Offizialdelikts erst nach verhandelter Sache, muss das Verfahren hingegen durch Urteil eingestellt werden (§ 389 Abs 1 StPO; § 389 StPO Rn 1 ff).

III. Rechtsmittel

Der Beschluss, das Hauptverfahren zu **eröffnen** (Rn 5), ist weder durch den Angeklagten noch durch den Privatkläger anfechtbar (§ 210 Abs 1 StPO). Gleiches gilt für die Staatsanwaltschaft, die allerdings (zB bei Annahme der Verwirklichung eines Offizialdelikts) von ihrem Übernahmerecht gem § 377 Abs 2 S 1 StPO Gebrauch machen kann (Löwe/Rosenberg/Hilger StPO § 383 Rn 14; KMR/Stöckel StPO § 383 Rn 15).

Gegen den **Zurückweisungsbeschluss** (Rn 6 f) kann der Privatkläger hingegen die **sofortige Beschwerde** nach § 311 StPO einlegen (§ 390 Abs 1 S 1 StPO iVm § 210 Abs 2 StPO; Meyer-Goßner StPO § 383 Rn 9; KK-StPO/Senge StPO § 383 Rn 8). Ist der Beschluss rechtskräftig, ist erneute Erhebung der Privatklage möglich, allerdings

- bei Ablehnung der Privatklage wegen fehlenden hinreichenden Tatverdachts oder aus Gründen des sachlichen Rechts nur aufgrund neuer Tatsachen oder Beweismittel (entsprechend § 211 StPO),
- bei Ablehnung der Privatklage aus verfahrensrechtlichen Hindernissen nur nach deren Beseitigung (Löwe/Rosenberg/Hilger StPO § 383 Rn 17; KMR/Stöckel StPO § 383 Rn 17).

B. Einstellung wegen Geringfügigkeit (Abs 2)

I. Voraussetzungen

Als Spezialregelung gegenüber § 153 StPO, § 153 a StPO im Offizialverfahren (Löwe/Rosenberg/Hilger StPO § 383 Rn 20; KMR/Stöckel StPO § 383 Rn 18) ermöglicht Abs 2 der Vorschrift, das Verfahren wegen Geringfügigkeit einzustellen. Die Schuld des Täters ist **gering**, wenn sie erheblich unter dem Durchschnitt des Schuldgehalts bei anderen Vergehen gleicher Art liegt (Meyer-Goßner StPO § 383 Rn 13). Nicht erforderlich ist, dass die Schuld bereits erwiesen ist. Das Verfahren kann vielmehr auch dann eingestellt werden, wenn sich die Schuld des Täters nicht von vornherein ausschließen lässt, im Falle ihres Vorliegens aber gering wäre (BVerfGE 74, 358, 372 ff = NJW 1987, 2427, 2428; Löwe/Rosenberg/Hilger StPO § 383 Rn 22; Meyer-Goßner StPO § 383 Rn 12; KMR/Stöckel StPO § 383 Rn 20). Eine Einstellung aus anderen Gründen (zB fehlender hinreichender Tatverdacht bei nicht geringer Schuld; fehlende Nachweismöglichkeit der geringen Schuld; Straflosigkeit aus Rechtsgründen) ist nicht möglich; hier muss die Klage nach Abs 1 zurückgewiesen bzw nach bereits durchgeführter Hauptverhandlung der Angeklagte freigesprochen werden (Löwe/Rosenberg/Hilger StPO § 383 Rn 21; KMR/Stöckel StPO § 383 Rn 19).

Die Einstellung wegen Geringfügigkeit ist – nach Eingang der Erklärung des Beschuldigten bzw Fristablauf (vgl Abs 1 S 1) – **in jeder Verfahrenslage** möglich, insbesondere auch noch in der Hauptverhandlung (Abs 2 S 2). Ebenso können Berufungs- (s § 390 Abs 5 S 1 StPO) und Revisionsgerichte (OLG Neustadt MDR 1957, 568; Löwe/Rosenberg/Hilger StPO § 383 Rn 28; KMR/Stöckel StPO § 383 Rn 23) das Verfahren einstellen, ferner das Beschwerdegericht, das über die sofortige Beschwerde des Privatklägers gegen den Zurückweisungsbeschluss (Rn 6 f) entscheidet (BayObLGSt 52, 94, 95 f; OLG Hamburg NJW 1953, 1933). Unzulässig ist die Einstellung jedoch im Rahmen der Beschwerde gegen die Ablehnung von Prozesskostenhilfe (BayObLGSt 57, 40; Meyer-Goßner StPO § 383 Rn 14).

Die **Zustimmungen** des Privatklägers und des Beschuldigten sind **nicht erforderlich** (Löwe/Rosenberg/Hilger StPO § 383 Rn 25). Allerdings ist der Privatkläger zuvor nach § 385 Abs 1 S 1 StPO iVm § 33 Abs 3 StPO zu hören, insbesondere wenn zu seinem Nachteil neue Beweisergebnisse berücksichtigt werden sollen (BVerfGE 8, 208, 209). Dem Beschuldigten ist rechtliches Gehör nur dann zu gewähren, wenn ihm die Kosten und die notwendigen Auslagen des Privatklägers auferlegt werden sollen (BVerfGE 25, 40, 43; KMR/Stöckel StPO § 383 Rn 22; zu den Kosten Rn 13).

II. Entscheidung des Gerichts

13   Die **Einstellung** erfolgt – auch in der Hauptverhandlung (KG JR 1956, 351, 352; JR 1969, 472, 473) – durch **Beschluss**. Er ist den Parteien nach § 35 StPO bekanntzumachen. Die **Kosten** des Verfahrens und die notwendigen Auslagen der Beteiligten kann das Gericht angemessen verteilen oder nach pflichtgemäßem Ermessen einem der Beteiligten auferlegen (§ 471 Abs 3 Nr 2 StPO); sollen dem Beschuldigten Kosten auferlegt und dies mit seiner Schuld begründet werden, muss allerdings der Sachverhalt – abweichend von Rn 10 – zuvor bis zur Schuldspruchreife ermittelt worden sein und einen Schuldausspruch rechtfertigen (BVerfGE 74, 358, 375 f = NJW 1987, 2427, 2428 f; NJW 1992, 1611; VerfGH Berlin NStZ-RR 2001, 203, 203 f; LG Freiburg NStZ 1988, 146, 147; LG Potsdam NStZ-RR 2003, 158, 159; krit Krehl NJW 1988, 3254, 3255). Ansonsten bleibt es bei der Kostenfolge des § 471 Abs 2 StPO. Die Erteilung von Auflagen wie nach § 153 a StPO ist unzulässig; insoweit ist an einen gerichtlichen Vergleich der Parteien (s § 391 StPO Rn 6 f) zu denken.

14   Wird die Einstellung **abgelehnt**, ist keine ausdrückliche Entscheidung erforderlich. Ein gleichwohl ergangener Beschluss ist weder anfechtbar noch entfaltet er irgendeine Rechtskraft, so dass er der späteren Einstellung des Verfahrens nicht entgegensteht (Meyer-Goßner StPO § 383 Rn 19).

III. Rechtsmittel

15   Gem Abs 2 S 3 kann der **Einstellungsbeschluss** mit der **sofortigen Beschwerde** angefochten werden. Unzulässig ist die Beschwerde hingegen im Berufungsverfahren (§ 390 Abs 5 S 2 StPO) sowie gegen die Einstellung des Beschwerdegerichts (BayObLGSt 1952, 94, 96; OLG Hamburg NJW 1953, 1933; OLG Neustadt NJW 1952, 1349 f). Die Wiederaufnahme des rechtskräftig eingestellten Verfahrens ist nach **hM** nicht möglich (OLG Bremen NJW 1959, 353; Löwe/Rosenberg/Hilger StPO § 383 Rn 43; Meyer-Goßner StPO § 383 Rn 24; KK-StPO/Senge StPO § 383 Rn 17; **aA** OLG Neustadt NJW 1961, 2363: §§ 359 StPO ff entsprechend).

16   **Beschwerdeberechtigt** sind Privatkläger und Staatsanwaltschaft, mangels Beschwer hingegen grds nicht der Beschuldigte (LG Berlin JR 1972, 207; LG Freiburg NStZ 1988, 146; LG Potsdam NStZ-RR 2003, 158; Löwe/Rosenberg/Hilger StPO § 383 Rn 35; Meyer-Goßner StPO § 383 Rn 22; **aA** LG Hannover NdsRpfl 1966, 23; LG Mosbach MDR 1964, 616; LG Trier MDR 1975, 951, 952; Meynert MDR 1973, 7 ff). In der sofortigen Beschwerde durch die Staatsanwaltschaft liegt sogleich die Übernahme des Verfahrens (§ 377 Abs 2 S 2 StPO).

17   Gegen die **Kostenentscheidung** können die Parteien, auch der Beschuldigte (LG Dortmund MDR 1974, 690; LG Freiburg NStZ 1988, 146, 147; LG Potsdam NStZ-RR 2003, 158, 159; Meyer-Goßner StPO § 383 Rn 22; KMR/Stöckel StPO § 383 Rn 28 f; Gössel JR 1981, 127, 129; **aA** LG Berlin JR 1972, 207; LG Düsseldorf JurBüro 1982, 738, 739), **sofortige Beschwerde** einlegen (§ 464 Abs 3 S 1 StPO).

§ 384 [Weiteres Verfahren]

(1) ¹Das weitere Verfahren richtet sich nach den Vorschriften, die für das Verfahren auf erhobene öffentliche Klage gegeben sind. ²Jedoch dürfen Maßregeln der Besserung und Sicherung nicht angeordnet werden.

(2) § 243 ist mit der Maßgabe anzuwenden, daß der Vorsitzende den Beschluß über die Eröffnung des Hauptverfahrens verliest.

(3) Das Gericht bestimmt unbeschadet des § 244 Abs. 2 den Umfang der Beweisaufnahme.

(4) Die Vorschrift des § 265 Abs. 3 über das Recht, die Aussetzung der Hauptverhandlung zu verlangen, ist nicht anzuwenden.

(5) Vor dem Schwurgericht kann eine Privatklagesache nicht gleichzeitig mit einer auf öffentliche Klage anhängig gemachten Sache verhandelt werden.

Überblick

Für das Privatklageverfahren gelten grds die Vorschriften für das Offizialverfahren (Rn 1); deren Zwangsmittel sind allerdings nur eingeschränkt anwendbar (Rn 2 ff). Zudem sind die Ausnahmen in Abs 1 S 2 bis Abs 4 (Rn 5 ff) zu beachten, wonach insbes das Gericht den Umfang der Beweisaufnahme bestimmt (Rn 7). Vor dem Schwurgericht ist eine gemeinsame Verhandlung von Privatklage- und Offizialverfahren nicht möglich (Rn 10).

A. Anwendung der Vorschriften für die öffentliche Klage (Abs 1 S 1)

Grds gelten für das weitere Privatklageverfahren, dh ab Eröffnung des Hauptverfahrens 1 gem § 383 StPO, die **Vorschriften für das Offizialverfahren** (Abs 1 S 1). Ausnahmeregelungen enthalten Abs 1 S 2 bis Abs 4 (s Rn 5 ff) sowie die §§ 385 StPO ff.

Auch für das Privatklageverfahren **einschlägig** sind demnach: 1.1
- §§ 48 StPO ff, §§ 72 StPO ff über Zeugen und Sachverständige;
- § 206 a StPO über die Einstellung des Verfahrens außerhalb der Hauptverhandlung;
- grds §§ 213 StPO ff, §§ 226 StPO ff über die (Vorbereitung der) Hauptverhandlung mit Ausnahme der Verweisungsmöglichkeiten gem § 225 a StPO, § 270 StPO sowie der in Abs 2 bis Abs 4 genannten Fälle (s Rn 6 ff); auch die Nachtragsanklage ist im Privatklageverfahren zulässig, sofern die Voraussetzungen des § 266 StPO gegeben sind, der Angeklagte insbes zugestimmt hat; ein erfolgloser Sühneversuch ist nicht erforderlich (Meyer-Goßner StPO § 384 Rn 3);
- §§ 296 StPO ff (Rechtsmittel) und §§ 359 StPO ff (Wiederaufnahme des Verfahrens);
- §§ 449 StPO ff (Strafvollstreckung und Kosten des Verfahrens).

Lediglich eingeschränkt anwendbar sind die **Zwangsmittel** der öffentlichen Klage. Zu- 2 lässig sind in der Regel – unter besonderer Beachtung des Grundsatzes der Verhältnismäßigkeit – **Ordnungsmaßnahmen** gegen ungehorsame Zeugen und Sachverständige nach § 51 StPO, § 70 StPO, § 77 StPO sowie **sitzungspolizeiliche Maßnahmen** nach den §§ 176 GVG ff (Löwe/Rosenberg/Hilger StPO § 384 Rn 23 f; Meyer-Goßner StPO § 384 Rn 9 f).

Ebenso zulässig sind **weniger eingriffsintensive Ermittlungsmaßnahmen** wie die 3 meisten Fälle der Beschlagnahme und Durchsuchung. Auch hier verlangt der Grundsatz der Verhältnismäßigkeit besonders sorgfältige Beachtung (Löwe/Rosenberg/Hilger StPO § 384 Rn 22; KMR/Stöckel StPO § 384 Rn 2).

Statthaft ist etwa die **Beschlagnahme** von Beweismitteln nach § 94 StPO sowie von Einzie- 3.1 hungsgegenständen nach §§ 111 b StPO ff, uU auch die allgemeine Beschlagnahme von Schriften nach §§ 111 m StPO f (Löwe/Rosenberg/Hilger StPO § 384 Rn 22; Meyer-Goßner StPO § 384 Rn 7). Ausgeschlossen ist in der Regel hingegen die Postbeschlagnahme nach § 99 StPO (Meyer-Goßner StPO § 99 Rn 12).

Die **Durchsuchung** ist zulässig, sofern sie zum Zwecke der Beschlagnahme geschieht (§§ 102 3.2 StPO ff, § 111 b Abs 4 StPO), nicht dagegen, wenn sie der Ergreifung des Beschuldigten dient (Löwe/Rosenberg/Hilger StPO § 384 Rn 22; Meyer-Goßner StPO § 384 Rn 8; KK-StPO/Senge StPO § 384 Rn 6).

Ausgeschlossen sind hingegen **heimliche Zwangsmittel** (zB Überwachung der Tele- 4 kommunikation nach § 100 a StPO und akustische Überwachung gemäß § 100 f StPO; Meyer-Goßner StPO § 384 Rn 8 a) sowie solche, welche die **körperliche Bewegungsfreiheit des Beschuldigten** einschränken. So darf im Privatklageverfahren zwar noch eine vorläufige Festnahme gem § 127 StPO zur Identitätsfeststellung ergehen (Löwe/Rosenberg/ Hilger StPO § 384 Rn 20; KMR/Stöckel StPO § 384 Rn 2; weiter gehend Meyer-Goßner StPO § 127 Rn 22; Geerds GA 1982, 237, 248 f: auch bei Fluchtverdacht). Dagegen darf weder ein Haftbefehl erlassen noch die Unterbringung nach § 81 StPO angeordnet werden (OLG Hamburg JR 1955, 394). Solche Maßnahmen sind erst dann möglich, wenn die Staatsanwaltschaft von ihrem Übernahmerecht nach § 377 Abs 2 StPO Gebrauch macht und somit das öffentliche Interesse an der Strafverfolgung gem § 376 StPO bejaht (OLG Karlsruhe MDR 1974, 332; Meyer-Goßner StPO § 384 Rn 5).

B. Ausnahmen (Abs 1 S 2 bis Abs 4)

5 **Unzulässig** ist im Privatklageverfahren die Anordnung von **Maßregeln der Besserung und Sicherung** nach §§ 61 StGB ff (**Abs 1 S 2**). Hält das Gericht eine solche Maßregel (zB die Entziehung der Fahrerlaubnis, § 69 StGB) für geboten, muss es die Übernahme durch die Staatsanwaltschaft gem § 377 Abs 1 S 2 StPO anregen bzw die Privatklage nach § 383 Abs 1 StPO zurückweisen oder – nach Eröffnung des Hauptverfahrens – das Verfahren nach § 389 Abs 1 StPO (in der Hauptverhandlung) bzw § 206 a StPO (außerhalb der Hauptverhandlung) einstellen (Löwe/Rosenberg/Hilger StPO § 384 Rn 2; KMR/Stöckel StPO § 384 Rn 4).

6 Die nach § 243 Abs 3 S 1 StPO vorgesehene Verlesung des Anklagesatzes durch den Staatsanwalt wird durch die **Verlesung des Eröffnungsbeschlusses** (vgl bereits § 383 StPO Rn 5) durch den Vorsitzenden ersetzt (**Abs 2**).

7 Auch im Privatklageverfahren erfolgt die Feststellung der für Schuld und Rechtsfolge relevanten Tatsachen nach den Grundsätzen des Strengbeweises. Den Umfang der **Beweisaufnahme** im Privatklageverfahren bestimmt aber gem **Abs 3** das Gericht (aA für das Berufungsverfahren Schlothauer StV 1995, 46, 47; hiergegen Meyer-Goßner StPO § 384 Rn 13). Beweisanträge der Prozessbeteiligten sind demnach nur als Beweisanregungen zu verstehen, deren Ablehnung nicht an die in § 244 Abs 3 bis Abs 5 StPO genannten Ablehnungsgründe gebunden ist. Vielmehr muss das Gericht ihnen nur nachgehen, wenn und soweit dies seiner **Wahrheitserforschungspflicht** gem § 244 Abs 2 StPO entspricht (Meyer-Goßner StPO § 384 Rn 14; KMR/Stöckel StPO § 384 Rn 6).

7.1 Insbesondere gilt im Privatklageverfahren nach **hM** nicht das Verbot der **Vorwegnahme der Beweiswürdigung** (OLG Köln JMBlNW 1955, 131, 132; HK-StPO/Kurth StPO § 384 Rn 12; Meyer-Goßner StPO § 384 Rn 14; KK-StPO/Senge StPO § 384 Rn 3; KMR/Stöckel StPO § 384 Rn 6 f; vgl auch BayObLG NJW 1970, 1202, 1203). Möglich ist demnach die Ablehnung eines Beweisantrags mit der Begründung, dass

- die Sachlage bereits genügend geklärt sei (**aA** SK-StPO/Velten StPO § 384 Rn 11; krit auch Woesner NJW 1959, 704, 706 f) bzw
- das vorgetragene Beweismittel die Überzeugung des Gerichts nicht erschüttern könne (krit Löwe/Rosenberg/Hilger StPO § 384 Rn 7).

7.2 Ebenso kann das Gericht die Vernehmung von **Zeugen und Sachverständigen**, welche die Prozessbeteiligten gem § 386 Abs 2 StPO **unmittelbar geladen** haben, auch ohne einen Grund nach § 245 Abs 2 S 2 und 3 StPO ablehnen (Löwe/Rosenberg/Hilger StPO § 384 Rn 9; Meyer-Goßner StPO § 384 Rn 14). **Unzulässig** ist hingegen die Zurückweisung eines Beweisantrags wegen **Verspätung** (vgl § 246 Abs 1 StPO; Löwe/Rosenberg/Hilger StPO § 384 Rn 6; Meyer-Goßner StPO § 384 Rn 14).

7.3 Aus Gründen der Chancengleichheit kann der Privatkläger nicht **Zeuge** im Privatklageverfahren sein (ebenso wenig sein gesetzlicher Vertreter; OLG Düsseldorf JMBlNW 1962, 198), da dies ihm ermöglichte, seinen Vorwurf mit dem Eid zu bekräftigen, was dem Angeklagten in Bezug auf seine Einlassung verwehrt ist (BayObLG MDR 1953, 377; NJW 1961, 2318; Löwe/Rosenberg/Hilger StPO § 384 Rn 13; Meyer-Goßner StPO Vor § 374 Rn 6; KMR/Stöckel StPO Vor § 374 Rn 10; vgl auch SK-StPO/Velten StPO Vor § 374 Rn 44 ff). Allerdings ist dem Gericht nicht verwehrt, im Rahmen seiner freien Beweiswürdigung gem § 261 StPO seine Entscheidung allein auf die glaubhafte Erklärung des Privatklägers zu stützen (BayObLG MDR 1953, 377, 378; Löwe/Rosenberg/Hilger StPO § 384 Rn 15; HK-StPO/Kurth StPO § 374 Rn 21; KMR/Stöckel Vor § 374 Rn 11; Woesner NJW 1959, 704, 706).

8 Abs 3 betrifft allerdings nur den Umfang der Beweisaufnahme, nicht die förmliche Behandlung von Beweisanträgen. Insoweit ist bei Ablehnung durch das Gericht ebenso wie im Offizialverfahren (vgl § 244 Abs 6 StPO) ein **Beschluss** erforderlich, der die entscheidenden rechtlichen und tatsächlichen Erwägungen wiedergeben muss (§ 34 StPO; BayObLGSt 1951, 347, 348; Löwe/Rosenberg/Hilger StPO § 384 Rn 6; KMR/Stöckel StPO § 384 Rn 8; Woesner NJW 1959, 704, 706; vgl auch BayObLG NJW 1970, 1202, 1203).

9 Auch im Privatklageverfahren besteht die **Pflicht zum richterlichen Hinweis** gem § 265 StPO. Allerdings kann der Beschuldigte nicht unter den Voraussetzungen des § 265 Abs 3 StPO die Aussetzung der Hauptverhandlung verlangen (**Abs 4**).

C. Privatklage- und Offizialverfahren vor dem Schwurgericht (Abs 5)

Soweit Privatklage- und Offizialverfahren überhaupt gemeinsam verhandelt werden können (s § 374 StPO Rn 8), ist dies gem Abs 5 jedenfalls nicht vor dem Schwurgericht möglich. Allerdings ist die Vorschrift nahezu bedeutungslos, seitdem Pressevergehen keine Schwurgerichtssachen mehr sind (Löwe/Rosenberg/Hilger StPO § 384 Rn 19; Meyer-Goßner StPO § 384 Rn 17). Unberührt bleibt die Möglichkeit der Staatsanwaltschaft, von ihrem Übernahmerecht gem § 377 Abs 2 StPO (§ 377 StPO Rn 4 ff) Gebrauch zu machen. 10

§ 385 [Stellung des Privatklägers; Ladungen; Akteneinsicht]

(1) ¹Soweit in dem Verfahren auf erhobene öffentliche Klage die Staatsanwaltschaft zuzuziehen und zu hören ist, wird in dem Verfahren auf erhobene Privatklage der Privatkläger zugezogen und gehört. ²Alle Entscheidungen, die dort der Staatsanwaltschaft bekanntgemacht werden, sind hier dem Privatkläger bekanntzugeben.

(2) Zwischen der Zustellung der Ladung des Privatklägers zur Hauptverhandlung und dem Tag der letzteren muß eine Frist von mindestens einer Woche liegen.

(3) ¹Das Recht der Akteneinsicht kann der Privatkläger nur durch einen Anwalt ausüben. ²§ 147 Abs. 4 und 7 sowie § 477 Abs. 5 gelten entsprechend.

(4) In den Fällen der §§ 154 a und 430 ist deren Absatz 3 Satz 2 nicht anzuwenden.

(5) ¹Im Revisionsverfahren ist ein Antrag des Privatklägers nach § 349 Abs. 2 nicht erforderlich. ²§ 349 Abs. 3 ist nicht anzuwenden.

Überblick

Der Privatkläger übernimmt im Wesentlichen die Rolle des Staatsanwalts (Rn 1) und hat daher grds auch dessen Rechte (Rn 3). Dem Privatkläger sind Entscheidungen bekanntzumachen (Rn 4) und steht ein Recht auf Akteneinsicht zu (Rn 9). Die Strafverfolgung kann nur mit seiner Zustimmung beschränkt werden (Rn 10). Im Falle einer Ladung des Privatklägers (Rn 6) ist die Frist des Abs 2 (Rn 7) zu beachten. Eine offensichtlich unbegründete Revision kann das Gericht durch Beschluss verwerfen (Rn 11).

A. Allgemeines

Im Privatklageverfahren übernimmt der Kläger die **Rolle des Staatsanwalts**, so dass er im Wesentlichen auch dieselben Rechte und Pflichten hat (vgl § 374 StPO Rn 2). Etwas anderes gilt, wenn diese Ausdruck der hoheitlichen Gewalt sind (vgl dazu Löwe/Rosenberg/Hilger StPO § 385 Rn 1) – der Privatkläger übt gerade kein öffentliches Amt aus (vgl § 374 StPO Rn 14) – oder das Gesetz etwas anderes bestimmt (zB Verlesung des Eröffnungsbeschlusses gem § 384 Abs 2 StPO). 1

Da der Privatkläger Partei des Verfahrens ist, ist er insbes **nicht zur Objektivität verpflichtet**. Zwar müssen seine Angaben wahrheitsgemäß vorgetragen werden, allerdings muss er – anders als die Staatsanwaltschaft nach § 160 Abs 2 StPO – den Beschuldigten entlastende Umstände nicht ermitteln (Löwe/Rosenberg/Hilger StPO § 385 Rn 2; KMR/Stöckel StPO § 385 Rn 2). 2

B. Einzelne Rechte des Privatklägers
I. Zuziehung und Anhörung (Abs 1 S 1)

Der Privatkläger ist im Privatklageverfahren in demselben Umfang zuzuziehen und anzuhören wie die Staatsanwaltschaft im Offizialverfahren. Dies umfasst ua 3

- das **Anwesenheitsrecht** außerhalb (zB bei Beweiserhebungen) und in der Hauptverhandlung (vgl § 378 StPO Rn 3),
- das **Antragsrecht**, zB zur Beweiserhebung (vgl aber § 384 StPO Rn 7) oder zur Beanstandung sachleitender Maßnahmen (vgl § 238 Abs 2 StPO),

- das **Fragerecht** (vgl § 240 Abs 2 S 1 StPO),
- das **Recht zum Schlussvortrag** bzw auf Erwiderung (§ 258 Abs 1 und Abs 2 StPO),
- den **Anspruch auf rechtliches Gehör** in sowie außerhalb der Hauptverhandlung (§ 33 StPO entsprechend; Meyer-Goßner StPO § 385 Rn 4; KMR/Stöckel StPO § 385 Rn 3; vgl dazu BVerfGE 14, 8, 11 = NJW 1962, 580).

II. Bekanntmachung von Entscheidungen (Abs 1 S 2)

4   Entscheidungen, die im Offizialverfahren der Staatsanwaltschaft bekannt gemacht werden, sind im Privatklageverfahren dem Privatkläger bekanntzumachen. Die Bekanntmachung erfolgt nach § 35 StPO, dh bei Anwesenheit des Klägers durch Verkündung (§ 35 Abs 1 StPO), ansonsten durch Zustellung bzw formlose Mitteilung (§ 35 Abs 2 StPO). Auf die Bekanntmachung durch Zustellung findet § 41 StPO keine Anwendung. Ist die Entscheidung durch ein befristetes Rechtsmittel anfechtbar, bedarf die Entscheidung einer **Rechtsmittelbelehrung** (§ 35 a StPO).

5   Hat der Privatkläger einen **Rechtsanwalt** beauftragt, kann unter den Voraussetzungen des § 378 S 2 StPO (§ 378 StPO Rn 4) auch ihm die Entscheidung bekanntgegeben werden. Für den Privatkläger als Beschuldigten im Rahmen der Widerklage gilt dies jedoch nur unter den Voraussetzungen des § 145 a Abs 3 StPO (Löwe/Rosenberg/Hilger StPO § 385 Rn 5; KMR/Stöckel StPO § 385 Rn 4).

III. Ladung zur Hauptverhandlung (Abs 2)

6   Eine **Ladung des Privatklägers** kommt nur in Betracht, wenn der Beschuldigte Widerklage erhebt (vgl bereits Rn 5) oder das Gericht gem § 387 Abs 3 StPO sein persönliches Erscheinen angeordnet hat. Im letzteren Falle muss die Ladung auf die Folgen des § 391 Abs 2 und 3 StPO bei Nichterscheinen hinweisen. § 216 Abs 1 S 1 StPO findet hingegen auf den Privatkläger keine Anwendung (Meyer-Goßner StPO § 385 Rn 7); zur Vorführung des Angeklagten s § 387 Abs 3 StPO (§ 387 StPO Rn 5).

7   Abs 2 sieht – ebenso wie § 217 Abs 1 StPO – vor, dass zwischen Zustellung der Ladung zur Hauptverhandlung und dieser selbst mindestens eine Woche liegen muss. Tag der Zustellung sowie Tag der Hauptverhandlung bleiben bei Berechnung der **Ladungsfrist** unberücksichtigt.

8   Ist die Ladungsfrist **nicht eingehalten**, kann der Privatkläger entsprechend § 217 Abs 2 StPO die Aussetzung der Hauptverhandlung verlangen (Meyer-Goßner StPO § 385 Rn 8; KMR/Stöckel StPO § 385 Rn 5). Allerdings steht es ihm auch frei, auf die Einhaltung der Frist zu verzichten (§ 217 Abs 3 StPO).

IV. Recht auf Akteneinsicht (Abs 3)

9   Der Privatkläger hat zwar ein grds **uneingeschränktes Recht auf Akteneinsicht**, kann dies aber nur durch einen **Rechtsanwalt** ausüben (S 1). Dem Privatkläger können entsprechend § 147 Abs 7 StPO lediglich Auskünfte und Abschriften erteilt werden, soweit dies nicht den Untersuchungszweck gefährdet und überwiegende schutzwürdige Interessen Dritter nicht entgegenstehen. Zur Entscheidung über die Gewährung von Akteneinsicht S 2 iVm § 147 Abs 7 S 2, Abs 5 StPO. Zum Einblick in personenbezogene Informationen S 2 iVm § 477 Abs 5 StPO.

V. Aufhebung der Strafverfolgungsbeschränkung (Abs 4)

10   Die **Beschränkung der Strafverfolgung** nach § 154 a StPO, § 430 StPO kann das Gericht nur mit Zustimmung des Privatklägers vornehmen (vgl § 154 a Abs 2 StPO, § 430 Abs 1 StPO). Das Gericht kann die Beschränkung jedoch in jeder Lage des Verfahrens wieder **aufheben**. Ein entgegenstehender Wille des Privatklägers ist insoweit unbeachtlich; ebenso wenig muss das Gericht einem auf Aufhebung der Beschränkung gerichteten Antrag entsprechen (Löwe/Rosenberg/Hilger StPO § 385 Rn 17; Meyer-Goßner StPO § 385 Rn 10). Die Prozessbeteiligten sind jeweils zu hören, um ihr Prozessverhalten auf die

(Aufhebung der) Beschränkung der Strafverfolgung einrichten zu können (Meyer-Goßner StPO § 385 Rn 10; KMR/Stöckel StPO § 385 Rn 9).

VI. Revision (Abs 5)

Das Revisionsverfahren richtet sich – vorbehaltlich abweichender Regelung in § 390 StPO – nach den §§ 333 StPO ff. Erachtet das Gericht die Revision (des Angeklagten oder des Privatklägers; OLG Stuttgart NJW 1967, 792, 793 m zust Anm Roxin; Meyer-Goßner StPO § 385 Rn 11; vgl auch OLG Köln NJW 1968, 561, 562) jedoch einstimmig für offensichtlich unbegründet, so ist ihre **Verwerfung durch Beschluss** abweichend von § 349 Abs 2 StPO auch dann möglich, wenn kein Antrag des Privatklägers vorliegt (S 1). § 349 Abs 3 StPO findet keine Anwendung (S 2). **11**

§ 386 [Ladung von Zeugen und Sachverständigen]

(1) Der Vorsitzende des Gerichts bestimmt, welche Personen als Zeugen oder Sachverständige zur Hauptverhandlung geladen werden sollen.
(2) Dem Privatkläger wie dem Angeklagten steht das Recht der unmittelbaren Ladung zu.

Das Gericht bestimmt über die Ladung von Zeugen und Sachverständigen (Rn 1). Das Recht von Privatkläger und Angeklagtem zur unmittelbaren Ladung bleibt unberührt (Rn 2). **1**
Über den Umfang der Beweisaufnahme im Privatklageverfahren entscheidet gem seiner Pflicht zur Wahrheitserforschung aus § 244 Abs 2 StPO das **Gericht** (§ 384 Abs 3 StPO). Dementsprechend sieht **Abs 1** vor, dass der Vorsitzende **bestimmt**, welche **Zeugen und Sachverständigen** zur Hauptverhandlung geladen werden. Dem Privatkläger und dem Angeklagten sind die geladenen Beweispersonen rechtzeitig namhaft zu machen (§ 222 Abs 1 S 1 StPO).
Die Entscheidung des Gerichts ist unabhängig von etwaigen Anträgen der **Prozessbeteiligten**, die lediglich Beweisanregungen darstellen (§ 384 StPO Rn 7). § 219 StPO findet daher keine Anwendung (HK-StPO/Kurth StPO § 386 Rn 2; Meyer-Goßner StPO § 386 Rn 2; KMR/Stöckel StPO § 386 Rn 2; **aA** Löwe/Rosenberg/Hilger StPO § 386 Rn 2). Davon unberührt bleibt das **Recht der unmittelbaren Ladung** von Beweispersonen (**Abs 2**), zu deren Vernehmung das Gericht ebenso nur im Rahmen des § 244 Abs 2 StPO verpflichtet ist (§ 384 StPO Rn 7.2). **2**

> Auch durch die Prozessbeteiligten geladene Zeugen und Sachverständige müssen (dem Gericht und der anderen Prozesspartei) rechtzeitig namhaft gemacht werden (vgl § 222 Abs 2 StPO). Kann die unmittelbar geladene Beweisperson zur Sachaufklärung beitragen, hat das Gericht ihr auf Antrag die gesetzliche Entschädigung aus der Staatskasse zuzusprechen (§ 220 Abs 3 StPO). **2.1**

Zur Verlesung von Vernehmungsprotokollen im **Berufungsverfahren** vgl § 325 StPO. Als Vorladung der Beweisperson iS dieser Vorschrift gilt jedoch nicht die unmittelbare Ladung durch den Privatkläger (Löwe/Rosenberg/Hilger StPO § 386 Rn 5; Meyer-Goßner StPO § 386 Rn 3; KMR/Stöckel StPO § 386 Rn 3). **3**

§ 387 [Vertretung in der Hauptverhandlung]

(1) In der Hauptverhandlung kann auch der Angeklagte im Beistand eines Rechtsanwalts erscheinen oder sich auf Grund einer schriftlichen Vollmacht durch einen solchen vertreten lassen.
(2) Die Vorschrift des § 139 gilt für den Anwalt des Klägers und für den des Angeklagten.

(3) Das Gericht ist befugt, das persönliche Erscheinen des Klägers sowie des Angeklagten anzuordnen, auch den Angeklagten vorführen zu lassen.

Überblick

Auch der Angeklagte kann sich durch einen Rechtsanwalt (Rn 2) vertreten lassen (Rn 1), so dass er nicht vor Gericht erscheinen muss (Rn 3). Allerdings kann das Gericht das persönliche Erscheinen von Kläger und Angeklagtem anordnen (Rn 4).

A. Beauftragung eines Rechtsanwalts

1   Ebenso wie der Privatkläger (s § 378 S 1 StPO; § 378 StPO Rn 1) ist der Angeklagte berechtigt, einen Rechtsanwalt als **Beistand** oder als **Vertreter** zu beauftragen. Im letzteren Falle bedarf es einer schriftlichen Vollmacht, die dem Gericht zu Beginn der Hauptverhandlung vorzuliegen hat (Meyer-Goßner StPO § 387 Rn 4).

2   Hinzugezogen werden darf nach dem Wortlaut der Vorschrift nur ein **Rechtsanwalt**, weder hingegen ein Hochschullehrer noch eine andere Person iSd § 138 Abs 2 StPO (OLG Hamburg MDR 1966, 256; LG Braunschweig AnwBl 1968, 165, 166 f; Meyer-Goßner StPO § 387 Rn 2; KMR/Stöckel StPO § 387 Rn 1; KK-StPO/Senge StPO § 387 Rn 4; **aA** LG Berlin RPfl 1953, 592; LG Dortmund RPfl 1954, 319, 321 f; LG Wuppertal JMBlNW 1959, 257). Abs 2 ermöglicht dem beauftragten Anwalt, mit Zustimmung des Vertretenen die Vertretung gem § 139 StPO einem **Rechtsreferendar** zu übertragen. Unter den Voraussetzungen des § 140 Abs 2 StPO kann auch im Privatklageverfahren ein Pflichtverteidiger bestellt werden (§ 379 StPO Rn 9).

3   Fungiert der Rechtsanwalt als Vertreter des Angeklagten, muss dieser – vorbehaltlich einer Anordnung nach Abs 3 (Rn 4) – nicht in der Hauptverhandlung erscheinen. Gegen einen weder persönlich erschienenen noch wirksam vertretenen Angeklagten darf nur unter den Voraussetzungen der § 232 Abs 1 S 1 StPO, § 233 StPO verhandelt werden (Meyer-Goßner StPO § 387 Rn 1; KMR/Stöckel StPO § 387 Rn 3).

B. Anordnung des persönlichen Erscheinens

4   Gem **Abs 3** kann das Gericht durch – unanfechtbaren (OLG Celle NJW 1953, 1933, 1934) – Beschluss das persönliche Erscheinen des Klägers sowie des Angeklagten anordnen. Erforderlich ist, dass die Anwesenheit der Prozessbeteiligten der Aufklärung der Sachlage dienen oder zu einer Beendigung des Verfahrens durch einen gerichtlichen Vergleich (s dazu § 391 StPO Rn 6 f) führen kann (Meyer-Goßner StPO § 387 Rn 6). Die Anordnung des persönlichen Erscheinens ist auch im Berufungsverfahren zulässig, nicht hingegen in der Revisionsverhandlung (Löwe/Rosenberg/Hilger StPO § 387 Rn 15; Meyer-Goßner StPO § 387 Rn 6; KMR/Stöckel StPO § 387 Rn 6; Woesner NJW 1959, 704, 707).

5   Sind die Prozessbeteiligten trotz der Anordnung (auch nach einer angemessenen Wartezeit; vgl § 329 StPO Rn 13) **nicht erschienen**, so ist zu unterscheiden:
- Bei Säumnis des Privatklägers gilt die Klage als zurückgenommen bzw wird diese im Berufungsverfahren verworfen (§ 391 Abs 2 und Abs 3 StPO; § 391 StPO Rn 11 ff).
- Bei Nichterscheinen des Angeklagten gelten (auch im Berufungsverfahren; § 332 StPO) die §§ 230 StPO ff bzw bei Berufung des Angeklagten § 329 StPO. Das Gericht kann den säumigen Angeklagten **vorführen** lassen (Abs 3 aE); ein Haftbefehl ist jedoch ausgeschlossen (vgl § 384 StPO Rn 4).

§ 388 [Widerklage]

(1) Hat der Verletzte die Privatklage erhoben, so kann der Beschuldigte bis zur Beendigung des letzten Wortes (§ 258 Abs. 2 Halbsatz 2) im ersten Rechtszug mittels einer Widerklage die Bestrafung des Klägers beantragen, wenn er von diesem gleichfalls durch eine Straftat verletzt worden ist, die im Wege der Privat-

klage verfolgt werden kann und mit der den Gegenstand der Klage bildenden Straftat in Zusammenhang steht.

(2) ¹Ist der Kläger nicht der Verletzte (§ 374 Abs. 2), so kann der Beschuldigte die Widerklage gegen den Verletzten erheben. ²In diesem Falle bedarf es der Zustellung der Widerklage an den Verletzten und dessen Ladung zur Hauptverhandlung, sofern die Widerklage nicht in der Hauptverhandlung in Anwesenheit des Verletzten erhoben wird.

(3) Über Klage und Widerklage ist gleichzeitig zu erkennen.

(4) Die Zurücknahme der Klage ist auf das Verfahren über die Widerklage ohne Einfluß.

Überblick

Ist der Angeklagte selbst Verletzter eines Privatklagedelikts (Rn 5) und besteht ein Zusammenhang mit der gegen ihn erhobenen Privatklage (Rn 6), so kann er bei dem hierfür zuständigen Gericht (Rn 7) Widerklage (Rn 1) gegen den Verletzten der erhobenen Privatklage (Rn 4) erheben, sofern letztere zulässig ist (Rn 3). Die Widerklage ist durch eigenen Beschluss zu eröffnen (str; Rn 10). Über Privat- und Widerklage ist grds gleichzeitig zu entscheiden (Rn 11 ff).

A. Allgemeines

Die Widerklage ist eine **besondere Form der Privatklage** (Meyer-Goßner StPO § 388 **1** Rn 1; KMR/Stöckel StPO § 388 Rn 1), deren Voraussetzungen und Verfahren sich – vorbehaltlich spezieller Regelungen wie insbes in § 388 StPO – somit grds nach den allgemeinen Vorschriften der §§ 374 StPO ff richtet. Da mit der Privatklage jedoch bereits eine Klage erhoben ist, entfallen für den Widerkläger die Verpflichtung zur Sicherheitsleistung (§ 379 StPO), zur Zahlung des Gebührenvorschusses (s § 379a StPO Rn 3) sowie zum Sühneversuch (§ 380 StPO).

Anstelle der Widerklage kann der verletzte Beschuldigte auch eine selbstständige Privat- **2** klage erheben. Dieses **Wahlrecht** kann das Gericht nicht durch eine Umdeutung der Privat- in eine Widerklage unterlaufen. Möglich ist lediglich die Verbindung der beiden (selbstständigen, mit vertauschten Parteirollen betriebenen) Privatklageverfahren gem § 237 StPO (OLG Düsseldorf NJW 1954, 123; Löwe/Rosenberg/Hilger StPO § 388 Rn 18; Meyer-Goßner StPO § 388 Rn 2; KMR/Stöckel StPO § 388 Rn 3).

B. Erhebung der Widerklage (Abs 1 und Abs 2)

I. Voraussetzungen

Die Widerklage setzt voraus, dass eine **zulässige Privatklage** erhoben wurde, die sämt- **3** liche Prozessvoraussetzungen (vgl § 383 StPO Rn 2) erfüllt. Wird ein (bereits bestehender) Mangel der Privatklage erst nach Erhebung der Widerklage entdeckt, bleibt sie unzulässig (BayObLGSt 1952, 114, 115). Nachträglich eintretende Mängel der Privatklage lassen die Widerklage hingegen unberührt, die nunmehr als abzutrennende Privatklage fortgesetzt wird (KMR/Stöckel StPO § 388 Rn 4). Gleiches gilt, falls die Staatsanwaltschaft nach Erhebung der Widerklage nur die Privatklage gem § 377 Abs 2 StPO übernimmt (§ 377 StPO Rn 12).

Die Widerklage richtet sich stets **gegen den Verletzten**, so dass die mit Privat- und **4** Widerklage verfolgten Delikte dieselben Personen (in vertauschten Rollen) betreffen. Unerheblich ist, ob die Privatklage von dem Verletzten selbst (Abs 1; ggf vertreten nach § 374 Abs 3 StPO) oder von einem sonstigen Klageberechtigten nach § 374 Abs 2 StPO (Abs 2) erhoben wird. Im ersten Fall ist ausnahmsweise (s § 374 StPO Rn 3) auch Widerklage gegen einen Jugendlichen zulässig (§ 80 Abs 2 S 1 JGG), im letztgenannten Fall müssen die Verfahrensvoraussetzungen des Abs 2 S 2 beachtet werden (s Rn 9).

Gegenstand der Widerklage kann gem Abs 1 nur ein **Privatklagedelikt** iSd § 374 Abs 1 **5** StPO sein. Im Falle eines Antragsdelikts ist – ebenso wie bei der Privatklage (s § 374 StPO

Rn 12) – erforderlich, dass fristgerecht ein wirksamer **Strafantrag** gestellt wurde. Bei wechselseitig begangenen Taten (zB Beleidigungen, Körperverletzungen) kann das Antragsrecht jedoch bis zur Beendigung des letzten Wortes im ersten Rechtszug ausgeübt werden, auch wenn zu diesem Zeitpunkt die Antragsfrist schon verstrichen ist (§ 77 c StGB).

6   Die Straftaten, die durch Privat- und Widerklage verfolgt werden, müssen in **Zusammenhang** stehen (Abs 1 aE). Ausreichend ist bereits ein loser sachlicher Zusammenhang (BGHSt 17, 194, 197 = NJW 1962, 1069), solange die gemeinsame Verhandlung von Privat- und Widerklage zweckmäßig erscheint (Löwe/Rosenberg/Hilger StPO § 388 Rn 13; Meyer-Goßner StPO § 388 Rn 7; KMR/Stöckel StPO § 388 Rn 5). Vor allem eine reaktive Verknüpfung der Taten wie in § 199 StGB ist nicht erforderlich.

II. Verfahren

7   Für die Widerklage ist das **Gericht der Privatklage zuständig**, unabhängig ob dessen örtliche Zuständigkeit nach den allgemeinen Vorschriften der §§ 7 StPO ff gegeben wäre. Der derart begründete Gerichtsstand bleibt auch bei nachträglicher Erledigung der Privatklage bestehen (Löwe/Rosenberg/Hilger StPO § 388 Rn 19; Meyer-Goßner StPO § 388 Rn 9).

8   **Zeitlich** kann die Widerklage gegen die bereits erhobene, noch nicht erledigte Privatklage bis zur Beendigung des letzten Wortes im ersten Rechtszug erhoben werden (Abs 1). Finden (zB infolge Zurückweisung durch das Rechtsmittelgericht) mehrere Hauptverhandlungen im ersten Rechtszug statt, ist die letzte Hauptverhandlung maßgebend (Löwe/Rosenberg/Hilger StPO § 388 Rn 6; KMR/Stöckel StPO § 388 Rn 8).

9   Die Widerklage ist in der **Form** und mit dem **Inhalt** des § 381 StPO zu erheben. In der Hauptverhandlung genügt die mündliche Erklärung (OLG Hamburg NJW 1956, 1890, 1890), sofern sie im Sitzungsprotokoll festgehalten wird (Meyer-Goßner StPO § 388 Rn 11). Richtet sich die Widerklage gegen den vom Privatkläger personenverschiedenen Verletzten, muss diesem die Widerklage zugestellt und er zur Hauptverhandlung geladen werden, sofern die Widerklage nicht während der Hauptverhandlung und in seiner Anwesenheit erhoben wird (Abs 2 S 2).

10   Ist die Widerklage vorschriftsmäßig erhoben, **teilt** das Gericht sie dem Verletzten nach § 382 StPO **mit**. Bei Erhebung in der Hauptverhandlung in Anwesenheit des Verletzten genügt, dass er mündlich gehört wird. Liegen die Voraussetzungen des § 383 StPO für die Widerklage vor, so wird das Hauptverfahren über sie eröffnet. Aus Gründen der Rechtsstaatlichkeit und Klarheit des Verfahrens bedarf es hierfür eines eigenen **Eröffnungsbeschlusses** (LG Duisburg MDR 1953, 633; Löwe/Rosenberg/Hilger StPO § 388 Rn 23 f; Meyer-Goßner StPO § 388 Rn 14; KMR/Stöckel StPO § 388 Rn 12; **aA** BayObLG NJW 1958, 1149, 1150; OLG Hamburg NJW 1956, 1890; HK-StPO/Kurth StPO § 388 Rn 13; KK-StPO/Senge StPO § 388 Rn 2).

C. Entscheidung über Privat- und Widerklage (Abs 3 und Abs 4)

11   Gem **Abs 3** ist über Privat- und Widerklage **gleichzeitig zu entscheiden**. Wie sich bereits aus Abs 4 ergibt, gilt diese Regelung aber nicht absolut. Sie will vielmehr nur verhindern, dass die nach § 4 Abs 1 StPO mögliche Verfahrenstrennung ohne hinreichenden Anlass geschieht. Aus wichtigen Zweckmäßigkeitsgründen bleibt eine Trennung hingegen zulässig, zB wenn nur eine der beiden Klagen entscheidungsreif ist (Löwe/Rosenberg/Hilger StPO § 388 Rn 35; Meyer-Goßner StPO § 388 Rn 15; **aA** SK-StPO/Velten StPO § 388 Rn 16).

12   Ebenso wenig steht Abs 3 der Rücknahme der Privatklage (**Abs 4**), ihrer Zurückweisung bei nachträglichen Mängeln (Rn 3) oder wegen fehlenden Tatverdachts (BayObLG NJW 1958, 1149, 1150), sowie ihrer Einstellung wegen Geringfügigkeit nach § 383 Abs 2 StPO (OLG Düsseldorf MDR 1962, 327; Löwe/Rosenberg/Hilger StPO § 388 Rn 29; Meyer-Goßner StPO § 388 Rn 15; KMR/Stöckel StPO § 388 Rn 14 f; **aA** BGHSt 17, 194, 198 ff = NJW 1962, 1069, 1070; HK-StPO/Kurth StPO § 388 Rn 14; KK-StPO/Senge StPO § 388 Rn 11; Hanack JZ 1974, 54, 55: einheitliche Entscheidung durch Urteil) entgegen. Die Widerklage bleibt hiervon unberührt und wird dann als selbstständige Privatklage

fortgesetzt (Meyer-Goßner StPO § 388 Rn 17). Entsprechendes gilt für den umgekehrten Fall der Erledigung der Widerklage.

Ohnehin findet Abs 3 nur Anwendung, wenn Privat- und Widerklage gemeinsam **in** 13 **demselben Rechtszug** anhängig sind (Meyer-Goßner StPO § 388 Rn 16). So führt zur Verfahrenstrennung, wenn nur einer der Prozessbeteiligten Rechtsmittel einlegt bzw das Rechtsmittelgericht das angefochtene Urteil nur aufgrund einer der beiden Klagen aufhebt (BayObLG NJW 1966, 944, 945; Löwe/Rosenberg/Hilger StPO § 388 Rn 31 f; Meyer-Goßner StPO § 388 Rn 16; KMR/Stöckel StPO § 388 Rn 16; **aA** BayObLGSt 1952, 114, 115).

§ 389 [Einstellungsurteil]

(1) Findet das Gericht nach verhandelter Sache, daß die für festgestellt zu erachtenden Tatsachen eine Straftat darstellen, auf die das in diesem Abschnitt vorgeschriebene Verfahren nicht anzuwenden ist, so hat es durch Urteil, das diese Tatsachen hervorheben muß, die Einstellung des Verfahrens auszusprechen.

(2) Die Verhandlungen sind in diesem Falle der Staatsanwaltschaft mitzuteilen.

Überblick

Entsteht in der Hauptverhandlung der hinreichende Verdacht (Rn 3) eines Offizialdelikts, ist die Privatklage unzulässig (Rn 1) und vom Gericht durch Urteil einzustellen (Rn 2). Erwächst das anfechtbare (Rn 5) Urteil in Rechtskraft, ist eine erneute Privatklage ausgeschlossen (Rn 6).

A. Einstellungsurteil des Gerichts

Das Privatklageverfahren setzt voraus, dass ausschließlich Delikte des § 374 Abs 1 StPO 1 verfolgt werden. Besteht hingegen der hinreichende Verdacht, dass im Rahmen ein und derselben prozessualen Tat zugleich ein Offizialdelikt vorliegt, ist die **Privatklage unzulässig** (§ 374 StPO Rn 9).

Das Gericht muss das Verfahren in diesem Fall 2
- durch (einen mit Gründen zu versehenen; § 34 StPO) **Beschluss** nach § 383 Abs 1 S 1 StPO **zurückweisen**, wenn der Verdacht der Verwirklichung eines Offizialdelikts bereits aufgrund des Klagevorbringens besteht (s § 383 StPO Rn 7),
- durch Beschluss nach § 206 a Abs 1 StPO vor bzw außerhalb der Hauptverhandlung **einstellen**, wenn der Verdacht erst nach Eröffnung des Hauptverfahrens entsteht, bzw
- in der Hauptverhandlung („nach verhandelter Sache") durch **Urteil** nach § 389 Abs 1 StPO **einstellen**.

> Wird trotz hinreichenden Verdachts eines Offizialdelikts kein Einstellungs-, sondern ein Sach- 2.1
> urteil erlassen, hindert dies nicht den Eintritt des **Strafklageverbrauchs**. Die weitere Verfolgung der Tat im Offizialverfahren ist daher nicht mehr möglich (LG Hamburg NJW 1947/48, 352, 353 m zust Anm Sieveking).

Voraussetzung für das Einstellungsurteil nach § 389 Abs 1 StPO ist, dass das Gericht vom 3 Vorliegen eines Offizialdelikts ausgeht. Ausreichend ist der **hinreichende Verdacht**; eine vollständige Aufklärung des Sachverhalts ist dazu nicht erforderlich (BayObLGSt 1953, 260; Meyer-Goßner StPO § 389 Rn 3; KMR/Stöckel StPO § 389 Rn 3; **aA** SK-StPO/Velten StPO § 389 Rn 5: Überzeugung des Gerichts notwendig). In dem Urteil sind die Tatsachen hervorzuheben, die den Verdacht eines Offizialdelikts begründen.

Unerheblich ist, ob das Gericht gem § 377 Abs 1 S 2 StPO der Staatsanwaltschaft – ggf 4 unter Unterbrechung oder Aussetzung der Hauptverhandlung – die **Akten vorgelegt** hat (dazu Löwe/Rosenberg/Hilger StPO § 389 Rn 5 ff). **Abs 2** der Vorschrift sieht aber vor, dass der Staatsanwaltschaft die Verhandlungen jedenfalls nach dem Einstellungsurteil mitzuteilen sind, damit sie überprüfen kann, ob die Einleitung eines Offizialverfahrens geboten ist.

B. Weiteres Verfahren

5 Das Einstellungsurteil kann mit den gewöhnlichen Rechtsmitteln durch die Prozessbeteiligten, dh durch Privatkläger und Angeklagten, angefochten werden. Ebenso ist die Staatsanwaltschaft zur Einlegung von **Rechtsmitteln** befugt, worin nach § 377 Abs 2 S 2 StPO zugleich die Erklärung der Übernahme der Verfolgung liegt (§ 377 StPO Rn 6).

6 Erwächst das Urteil in Rechtskraft, so ist eine erneute Privatklage unzulässig. Nicht ausgeschlossen ist jedoch die **Erhebung öffentlicher Klage** durch die Staatsanwaltschaft wegen des Offizialdelikts (vgl BayObLG NJW 1959, 2274). Gegen einen insoweit ablehnenden Bescheid kann der Privatkläger das Klageerzwingungsverfahren nach § 172 Abs 2 StPO betreiben (Meyer-Goßner StPO § 389 Rn 5).

7 Abs 1 ist auch im **Berufungsverfahren** anwendbar. Hat allein der Angeklagte das erstinstanzliche Sachurteil angefochten und wird nach dem Einstellungsurteil der Rechtsmittelinstanz gem Abs 1 die öffentliche Klage erhoben, so gilt das Verschlechterungsverbot gem § 331 StPO, § 358 Abs 2 StPO (BayObLGSt 1961, 124, 127 ff; Löwe/Rosenberg/Hilger StPO § 389 Rn 11; KMR/Stöckel StPO § 389 Rn 9; SK-StPO/Velten StPO § 389 Rn 10; **aA** Meyer-Goßner StPO § 389 Rn 6).

§ 390 [Rechtsmittel des Privatklägers]

(1) ¹Dem Privatkläger stehen die Rechtsmittel zu, die in dem Verfahren auf erhobene öffentliche Klage der Staatsanwaltschaft zustehen. ²Dasselbe gilt von dem Antrag auf Wiederaufnahme des Verfahrens in den Fällen des § 362. ³Die Vorschrift des § 301 ist auf das Rechtsmittel des Privatklägers anzuwenden.

(2) Revisionsanträge und Anträge auf Wiederaufnahme des durch ein rechtskräftiges Urteil abgeschlossenen Verfahrens kann der Privatkläger nur mittels einer von einem Rechtsanwalt unterzeichneten Schrift anbringen.

(3) ¹Die in den §§ 320, 321 und 347 angeordnete Vorlage und Einsendung der Akten erfolgt wie im Verfahren auf erhobene öffentliche Klage an und durch die Staatsanwaltschaft. ²Die Zustellung der Berufungs- und Revisionsschriften an den Gegner des Beschwerdeführers wird durch die Geschäftsstelle bewirkt.

(4) Die Vorschrift des § 379 a über die Zahlung des Gebührenvorschusses und die Folgen nicht rechtzeitiger Zahlung gilt entsprechend.

(5) ¹Die Vorschrift des § 383 Abs. 2 Satz 1 und 2 über die Einstellung wegen Geringfügigkeit gilt auch im Berufungsverfahren. ²Der Beschluß ist nicht anfechtbar.

Überblick

Der beschwerte (Rn 3) Privatkläger hat gem Abs 1 dieselben Rechtsmittel (Rn 2) wie die Staatsanwaltschaft im Offizialverfahren (Rn 1), kann allerdings nicht Rechtsmittel zugunsten des Angeklagten einlegen (Rn 4). Anträge auf Revision und Wiederaufnahme muss gem Abs 2 ein Rechtsanwalt unterzeichnen (Rn 5). Vorlage und Einsendung der Akten erfolgen nach Abs 3 an und durch die Staatsanwaltschaft (Rn 7). Für jede Rechtsmittelinstanz bedarf es nach Abs 4 eines Gebührenvorschusses (Rn 9). Bei geringer Schuld des Angeklagten kann gem Abs 5 das Verfahren auch in der Berufungsinstanz durch Beschluss eingestellt werden (Rn 11).

A. Rechtsmittelbefugnis des Privatklägers (Abs 1)

1 Der **Privatkläger** – sei es der Verletzte bzw für ihn dessen gesetzlicher Vertreter (§ 374 Abs 1, Abs 3 StPO) oder ein sonstiger Klagebefugter, der von seinem Recht aus § 374 Abs 2 StPO Gebrauch macht – hat dieselben Rechtsmittel wie die Staatsanwaltschaft im Offizialverfahren (Abs 1 S 1). Gleiches gilt für den nach § 375 Abs 2 StPO **Beigetretenen** und den durch die Privatklage Beschuldigten in seiner Funktion als **Widerkläger**. Als Beschuldigten

– sei es durch die Privat- oder durch die Widerklage – stehen den Prozessbeteiligten hingegen die Rechtsmittel des Angeklagten zu.

Als mögliche **Rechtsmittel** stehen dem Privatkläger somit Berufung, (ggf Sprung-)Revision sowie die einfache oder sofortige Beschwerde zu. Darüber hinaus kann er Antrag auf Wiederaufnahme zuungunsten des Angeklagten gem § 362 StPO stellen (Abs 1 S 2). 2

Erforderlich ist eine **Beschwer** des Privatklägers durch die anzufechtende Entscheidung. Es genügt das Anliegen, eine Verschärfung des Urteils herbeizuführen (OLG Hamm NJW 1961, 2322). Dies gilt unabhängig davon, ob das Gericht den Anträgen des Privatklägers entsprochen hat. Mangels dessen öffentlicher Stellung reicht hingegen nicht aus, bloße Rechtsfragen klären zu wollen (Löwe/Rosenberg/Hilger StPO § 390 Rn 5; Meyer-Goßner StPO § 390 Rn 3; KMR/Stöckel StPO § 390 Rn 3). 3

> Eine Beschwer des Privatklägers wurde zB angenommen, wenn der Angeklagte vom Vorwurf der üblen Nachrede (§ 186 StGB) unter Berufung auf die Wahrnehmung berechtigter Interessen (§ 193 StGB) freigesprochen wurde, ohne auf die Nichterweislichkeit der Wahrheit der fraglichen Tatsachenaussage einzugehen (BGHSt 11, 273 = NJW 1958, 797). 3.1

Anders als der Staatsanwaltschaft (§ 296 Abs 2 StPO) ist es dem Privatkläger nicht möglich, ein **Rechtsmittel zugunsten des Angeklagten** einzulegen (OLG Hamburg NJW 1958, 1313; Löwe/Rosenberg/Hilger StPO § 390 Rn 6; Meyer-Goßner StPO § 390 Rn 6; KMR/Stöckel StPO § 390 Rn 5; vgl auch BGHSt 37, 136 = NJW 1990, 2479 zur Nebenklage). Hat der Privatkläger ein Rechtsmittel eingelegt, so hat dies jedoch gem § 301 StPO zur Folge, dass die angefochtene Entscheidung auch zugunsten des Angeklagten abgeändert oder aufgehoben werden kann (Abs 1 S 3). 4

B. Verfahren (Abs 2 bis Abs 4)

I. Form (Abs 2) und Frist

Gem Abs 2 kann der Privatkläger Anträge auf Revision und Wiederaufnahme nur mittels einer **von einem Rechtsanwalt unterzeichneten Schrift** anbringen. Eine Anbringung zu Protokoll der Geschäftsstelle ist in Abweichung von § 345 Abs 2 StPO, § 366 Abs 2 StPO nicht möglich. Der unterzeichnende Rechtsanwalt muss die volle Verantwortung für den Inhalt der Schrift übernehmen (Meyer-Goßner StPO § 390 Rn 7). 5

Die **Fristen** zur Einlegung von Berufung bzw Revision beginnen gem § 314 Abs 1 StPO jeweils mit der Verkündung des Urteils. Ob der Privatkläger sich vor der Verkündung bereits entfernt, ist entsprechend § 401 Abs 2 S 1 StPO unerheblich, sofern er in der Hauptverhandlung anwesend oder durch einen Anwalt vertreten war (OLG Frankfurt NStZ-RR 1996, 43, 44; Löwe/Rosenberg/Hilger StPO § 390 Rn 9 ff; Meyer-Goßner StPO § 390 Rn 4; Kurth NStZ 1997, 1). Etwas anderes (Fristbeginn mit Zustellung des Urteils) gilt, wenn dem Privatkläger der Verkündungstermin nicht bekanntgegeben wurde (Löwe/Rosenberg/Hilger StPO § 390 Rn 12; Meyer-Goßner StPO § 390 Rn 4; KMR/Stöckel StPO § 390 Rn 2). 6

II. Mitwirkung von Staatsanwaltschaft und Geschäftsstelle (Abs 3)

Die im Offizialverfahren nach § 320 StPO, § 321 StPO in der Berufung sowie § 347 StPO in der Revision vorgesehene **Vorlage und Einsendung der Akten** an und durch die Staatsanwaltschaft erfolgt auch im Privatklageverfahren (Abs 3 S 1). Dadurch soll sichergestellt werden, dass die Staatsanwaltschaft Kenntnis von dem Privatklageverfahren erhält und die Gebotenheit der Übernahme der Verfolgung nach § 377 Abs 2 StPO überprüfen kann (Meyer-Goßner StPO § 390 Rn 8). 7

Die **Zustellung** der Berufungs- und Revisionsschrift an den Gegner des Rechtsmittelführers bewirkt – auf Anordnung des Vorsitzenden (§ 36 Abs 1 S 1 StPO) – die Geschäftsstelle des Gerichts (Abs 3 S 2). 8

III. Zahlung des Gebührenvorschusses (Abs 4)

§ 379 a StPO gilt entsprechend (Abs 4), so dass der **Privatkläger** (bzw der Angeklagte in seiner Funktion als Widerkläger) für jede einzelne Rechtsmittelinstanz einen Vorschuss für 9 die Gerichtsgebühren zu entrichten hat (s § 379 a StPO Rn 1). Den Angeklagten sowie den Privatkläger als Widerbeklagten trifft dagegen keine Vorschusspflicht (OLG Bamberg NJW 1949, 835, 836). Das Rechtsmittel- bzw Wiederaufnahmegericht darf die **Frist** zur Zahlung (§ 379 a Abs 1 StPO) erst nach Ablauf der Begründungsfrist des § 317 StPO setzen (Meyer-Goßner StPO § 390 Rn 10).

10 **Unterbleibt** die **fristgerechte Zahlung**, gelten die Folgen des § 379 a Abs 3 StPO entsprechend. Demnach wird das Rechtsmittel bzw der Antrag auf Wiederaufnahme als unzulässig verworfen (S 1), wogegen die sofortige Beschwerde eingelegt werden kann (S 2).

C. Einstellung im Berufungsverfahren (Abs 5)

11 Ist die Schuld des Rechtsmittelgegners gering, so kann das (Berufungs- oder Beschwerde-) Gericht auch in der Berufungsinstanz das Verfahren durch **Beschluss** einstellen (Abs 5 S 1; vgl bereits § 383 StPO Rn 11). Der Beschluss ist **unanfechtbar** (Abs 5 S 2). Dies gilt selbst bei Verletzung des rechtlichen Gehörs (OLG Celle MDR 1956, 759; OLG Hamm MDR 1952, 248, 249) oder fehlerhafter Einstellung durch Urteil (BayObLGSt 1951, 302, 303 f). Ebenso unanfechtbar ist die Kostenentscheidung (§ 464 Abs 3 S 1 Hs 2 StPO).

§ 391 [Klagerücknahme; Wiedereinsetzung]

(1) ¹Die Privatklage kann in jeder Lage des Verfahrens zurückgenommen werden. ²Nach Beginn der Vernehmung des Angeklagten zur Sache in der Hauptverhandlung des ersten Rechtszuges bedarf die Zurücknahme der Zustimmung des Angeklagten.

(2) Als Zurücknahme gilt es im Verfahren des ersten Rechtszuges und, soweit der Angeklagte die Berufung eingelegt hat, im Verfahren des zweiten Rechtszuges, wenn der Privatkläger in der Hauptverhandlung weder erscheint noch durch einen Rechtsanwalt vertreten wird oder in der Hauptverhandlung oder einem anderen Termin ausbleibt, obwohl das Gericht sein persönliches Erscheinen angeordnet hatte, oder eine Frist nicht einhält, die ihm unter Androhung der Einstellung des Verfahrens gesetzt war.

(3) Soweit der Privatkläger die Berufung eingelegt hat, ist sie im Falle der vorbezeichneten Versäumungen unbeschadet der Vorschrift des § 301 sofort zu verwerfen.

(4) Der Privatkläger kann binnen einer Woche nach der Versäumung die Wiedereinsetzung in den vorigen Stand unter den in den §§ 44 und 45 bezeichneten Voraussetzungen beanspruchen.

Überblick

Der Privatkläger kann jederzeit die Privatklage (ggf nur zum Teil; Rn 2) ohne Zustimmung des Gerichts oder des Angeklagten, sofern dessen Vernehmung zur Sache in der Hauptverhandlung noch nicht begonnen hat (Rn 3), zurücknehmen (Rn 1). Die notwendige Rücknahmeerklärung (Rn 5) wird häufig in einem Vergleich (Rn 6) abgegeben. Durch die Rücknahme entfällt eine Prozessvoraussetzung, so dass das Verfahren über die jeweilige Privatklage (Rn 10) durch anfechtbare Entscheidung (Rn 18 f) einzustellen bzw zurückzuweisen ist (Rn 8). Unter den Versäumnissen des Abs 2 wird die Rücknahme fingiert (Rn 11), zB bei Nichterscheinen bzw eigenmächtigen Sich-Entfernens des Klägers (Rn 12); im Berufungsrechtszug gilt dies aber nur eingeschränkt (Rn 15 f). Wiedereinsetzung ist möglich (Rn 17).

Übersicht

	Rn		Rn
A. Zurücknahme der Privatklage (Abs 1)	1	B. Fingierte Zurücknahme der Privatklage (Abs 2 und Abs 3)	11
I. Voraussetzungen	1	C. Rechtsmittel	17
II. Rücknahmeerklärung	5		
III. Rechtsfolgen	8		

A. Zurücknahme der Privatklage (Abs 1)

I. Voraussetzungen

Der Privatkläger kann **in jeder Lage des Verfahrens** die Privatklage zurücknehmen (**Abs 1 S 1**), dh zu jedem Zeitpunkt ab ihrer Erhebung bis hin zum rechtskräftigen Abschluss des Verfahrens. Möglich ist somit auch eine Rücknahme der Privatklage im Revisionsverfahren (Dallinger JZ 1953, 432, 442) oder innerhalb der Rechtsmittelfrist gegen ein Urteil. Letzterenfalls genügt die bloße Rücknahmeerklärung (s Rn 5); die Einlegung eines Rechtsmittels ist nicht erforderlich (Meyer-Goßner StPO § 391 Rn 5).

Die Rücknahme ist **teilbar** und kann auch für lediglich einzelne, abtrennbare Teile der Privatklage erklärt werden. So kann sich die Rücknahme nur auf einen von mehreren Beschuldigten oder auf eine von mehreren prozessualen Taten erstrecken. Ebenso kann bei der Verbindung mehrerer Privatklagen jeder Privatkläger unabhängig von den anderen seine Klage zurücknehmen (Meyer-Goßner StPO § 391 Rn 4; KMR/Stöckel StPO § 391 Rn 5).

Die Rücknahme bedarf grds weder der **Zustimmung des** Gerichts noch des **Angeklagten**. Etwas anderes gilt, wenn die Vernehmung des Angeklagten zur Sache in der Hauptverhandlung des ersten Rechtszuges bereits begonnen hat. Dann hat der Angeklagte ein Recht auf eine gerichtliche Entscheidung über den ihm gegenüber erhobenen Vorwurf, so dass die Klagerücknahme seiner Zustimmung bedarf (**Abs 1 S 2**; s dazu Rieß NStZ 2000, 120, 121).

Sofern die Privatklage wegen eines Antragsdelikts erhoben wurde, kann der Privatkläger eine Sachentscheidung allerdings auch durch Zurücknahme des Strafantrags nach § 77 d StGB verhindern (Meyer-Goßner StPO § 391 Rn 6). Zumeist, wenngleich nicht zwingend, wird die Rücknahme der Privatklage auch als **Rücknahme des Strafantrags** auszulegen sein (Löwe/Rosenberg/Hilger StPO § 391 Rn 1; Meyer-Goßner StPO § 391 Rn 2; KMR/Stöckel StPO § 391 Rn 3).

II. Rücknahmeerklärung

Die Rücknahme kann durch den Privatkläger oder den von ihm bevollmächtigten Rechtsanwalt erklärt werden. In der Hauptverhandlung muss die **Rücknahmeerklärung** mündlich zur Sitzungsniederschrift gegeben werden (Meyer-Goßner StPO § 391 Rn 3). Außerhalb der Hauptverhandlung muss sie schriftlich oder zu Protokoll der Geschäftsstelle erfolgen; wirksam wird sie dann mit Zugang bei dem Gericht der Privatklage.

Häufig wird die Rücknahme in einem **Vergleich** (zum Vergleich im Sühneverfahren bzw zum außergerichtlichen Vergleich s § 380 StPO Rn 8) erklärt. Der Vergleich soll das Privatklageverfahren unwiderruflich beenden, indem einerseits der Kläger seine Privatklage sowie ggf auch den Strafantrag zurücknimmt, andererseits der Angeklagte zB eine Ehrenerklärung abgibt, sich zur Zahlung von Schadensersatz oder einer Geldbuße zugunsten einer gemeinnützigen Einrichtung sowie der (vollständigen oder anteiligen) Kosten des Verfahrens verpflichtet und eine ggf erhobene Widerklage zurücknimmt (Meyer-Goßner StPO Vor § 374 Rn 9).

   In der Praxis ist es üblich, den Vergleich unter **Vorbehalt des Widerrufs** innerhalb einer bestimmten Frist zu schließen, zB um die Abgabe der öffentlichen Ehrenerklärung bzw den Eingang der vereinbarten Geldzahlung abzuwarten. Die darin liegende Durchbrechung des Grundsatzes der Bedingungsfeindlichkeit von Prozesserklärungen (vgl OLG Neustadt NJW 1961, 1984 zur Unanfechtbarkeit und Unwiderruflichkeit einer Rücknahmeerklärung) rechtfertigt sich durch das verfolgenswerte Anliegen, das Privatklageverfahren in gegenseitigem Einvernehmen abzuschließen (Meyer-Goßner StPO Vor § 374 Rn 11; KMR/Stöckel StPO Vor § 374 Rn 15; **aA** SK-StPO/Velten StPO Vor § 374 Rn 41: Unwirksamkeit der unter Vorbehalt des Widerrufs erfolgten Klagerücknahme).

   Verstreicht die Frist, ohne dass ein Widerruf erfolgt, ist der Vergleich wirksam; ein Antrag auf Wiedereinsetzung in den vorigen Stand ist nicht möglich (LG Würzburg NJW 1954, 768, 769). Ein wirksamer Vergleich kann zudem nicht angefochten werden, auch nicht in Bezug auf seine zivilrechtlichen Regelungen (LG Frankfurt/M NJW 1959, 1454, 1455 mit abl Anm Kubisch NJW 1959, 1935 f; Meyer-Goßner StPO Vor § 374 Rn 11).

6.3 Der Vergleich ist, soweit er einen vollstreckbaren Inhalt hat, ein **Vollstreckungstitel** iSd § 794 Abs 1 Nr 1 ZPO (LG Kassel NJW 1951, 373, 374; LG Wuppertal MDR 1957, 501).

7 Die Prozessbeteiligten müssen die **Vergleichserklärung** in der Hauptverhandlung bei gleichzeitiger Anwesenheit abgeben (Meyer-Goßner StPO Vor § 374 Rn 10; **aA** Löwe/Rosenberg/Hilger StPO § 391 Rn 20). Wie die einfache Rücknahmeerklärung (Rn 5) ist auch der Vergleich in der Sitzungsniederschrift zu beurkunden.

III. Rechtsfolgen

8 Die wirksame Rücknahme der Privatklage an sich führt nicht zur Beendigung des Verfahrens, ebenso wenig der Abschluss eines Vergleichs zwischen den Prozessbeteiligten. Da die Rücknahme aber den Wegfall einer Prozessvoraussetzung zur Folge hat, ist das **Verfahren** entweder durch Beschluss nach § 206 a Abs 1 StPO oder in der Hauptverhandlung durch Urteil nach § 260 Abs 3 StPO **einzustellen** (Löwe/Rosenberg/Hilger StPO § 391 Rn 10 ff; HK-StPO/Kurth StPO § 391 Rn 5; Meyer-Goßner StPO § 391 Rn 7; KK-StPO/Senge StPO § 391 Rn 10; vgl auch Bloy GA 1980, 161, 170; **aA** LG Kassel NJW 1951, 373, 374; LG Wuppertal MDR 1957, 501; KMR/Stöckel StPO § 391 Rn 7; SK-StPO/Velten StPO § 391 Rn 14: nur deklaratorische Entscheidung). Erfolgt die Rücknahme bereits vor Eröffnung des Hauptverfahrens, wird die Klage durch Beschluss nach § 383 Abs 1 S 1 StPO **zurückgewiesen** (Löwe/Rosenberg/Hilger StPO § 391 Rn 13; Meyer-Goßner StPO § 391 Rn 7). Zu den Wirkungen der Rücknahme s § 392 StPO.

9 Gem § 471 Abs 2 StPO trägt jeweils der Privatkläger die **Kosten** des Verfahrens sowie die notwendigen Auslagen des Beschuldigten. Eine abweichende Kosten- und Auslagenverteilung in einem Vergleich ist hierfür grds ohne Bedeutung, kann aber vom Gericht nach § 470 S 2 StPO bzw im Falle erhobener Widerklage nach § 471 Abs 3 Nr 3 StPO in seiner Kostenentscheidung berücksichtigt werden. Anderenfalls sind § 29 Nr 2 GKG, § 31 Abs 2 S 1 GKG zu beachten, wonach die Kosten zunächst bei demjenigen geltend gemacht werden sollen, der sie im Vergleich übernommen hat.

10 Die Rücknahme bezieht sich nur auf die jeweilige **Privatklage** (vgl auch bereits Rn 2). Sie hat weder Einfluss auf die Privatklagebefugnis anderer Berechtigter noch auf eine ggf erhobene Widerklage (§ 388 Abs 4 StPO; s § 388 StPO Rn 12). Umgekehrt bleibt auch die Privatklage von der Rücknahme der Widerklage unberührt (OLG Düsseldorf NJW 1954, 123). Ebenso wenig steht die Klagerücknahme der **Erhebung der öffentlichen Klage** entgegen; bei Antragsdelikten ist jedoch zu beachten, dass mit der Klagerücknahme idR auch der Strafantrag zurückgenommen wird (Rn 4) und dadurch ein Prozesshindernis entsteht (OLG Stuttgart JR 1953, 349 mAnm Kohlhaas).

B. Fingierte Zurücknahme der Privatklage (Abs 2 und Abs 3)

11 Die Privatklage **gilt** gem Abs 2 **als zurückgenommen**, wenn

- der ordnungsgemäß **geladene** und auf die Folgen seines Ausbleibens hingewiesene (§ 385 StPO Rn 6) Kläger in der Hauptverhandlung unentschuldigt (BayObLGSt 1951, 471 f; Löwe/Rosenberg/Hilger StPO § 391 Rn 43) weder erscheint noch durch einen Rechtsanwalt vertreten wird;
- der Kläger in der Hauptverhandlung oder in einem anderen Termin (zB kommissarische Vernehmung nach § 223 StPO oder Augenscheinseinnahme nach § 225 StPO; Meyer-Goßner StPO § 391 Rn 10) nicht erscheint, obwohl das Gericht das **persönliche Erscheinen** des Privatklägers **angeordnet** hat (§ 387 Abs 3 StPO; s § 387 StPO Rn 4); Vertretung durch einen Rechtsanwalt genügt insoweit nicht;
- der Kläger eine **Frist nicht einhält**, die ihm unter Androhung der Einstellung des Verfahrens gesetzt wurde.

12 Abs 2 bezweckt, dass der Privatkläger während der Verfahrenstermine durch das Gericht befragt werden oder die erforderlichen Prozesshandlungen zum Fortgang des Verfahrens vornehmen kann. Demzufolge steht dem Nichterscheinen des Klägers das **eigenmächtige Sich-Entfernen** gleich (OLG Bremen NJW 1957, 474). Der Privatkläger muss auch nach den Schlussvorträgen, insbes während der Urteilsverkündung noch anwesend sein, da auch zu diesem Zeitpunkt Fragen an beide Parteien auftreten können (Löwe/Rosenberg/Hilger StPO § 387 Rn 7 f, § 391 Rn 32; KMR/Stöckel StPO § 391 Rn 12; SK-StPO/Velten StPO § 391 Rn 23; aA BayObLG NJW 1962, 1168 f; HK-StPO/Kurth StPO § 391 Rn 9; Meyer-Goßner StPO § 391 Rn 12; KK-StPO/Senge StPO § 391 Rn 12; Woesner NJW 1959, 704, 705). Ob der Angeklagte mit dem vorzeitigen Weggang des Klägers einverstanden ist, bleibt ohne Belang (Löwe/Rosenberg/Hilger StPO § 391 Rn 31; Meyer-Goßner StPO § 391 Rn 13; aA Woesner NJW 1959, 704, 705).

Eine mit einer **Fristsetzung** verbundene Androhung ist wegen des Wortlauts der Vorschrift („Einstellung") erst nach Eröffnung des Hauptverfahrens zulässig (LG Düsseldorf NJW 1959, 2080, 2081; Löwe/Rosenberg/Hilger StPO § 391 Rn 34; Meyer-Goßner StPO § 391 Rn 14; aA LG Essen NJW 1956, 392, 393). Die Androhung der Einstellung ist unzulässig, wenn der Privatkläger dadurch zu einem Prozessverhalten veranlasst werden soll, zu dem er rechtlich nicht verpflichtet ist (zB Begründung der eingelegten Berufung; Löwe/Rosenberg/Hilger StPO § 391 Rn 33; Meyer-Goßner StPO § 391 Rn 15; KMR/Stöckel StPO § 391 Rn 15). Ebenso wenig kann der Privatkläger auf diese Weise zur Zahlung eines Auslagenvorschusses angehalten werden, dessen Nichtzahlung lediglich das Ausbleiben der betreffenden gerichtlichen Handlung nach sich zieht (LG Heidelberg NJW 1964, 680; LG Zweibrücken MDR 1974, 422; Meyer-Goßner StPO § 391 Rn 15; KMR/Stöckel StPO § 391 Rn 15; vgl auch OLG Hamm NJW 1965, 878, 879; aA LG Karlsruhe NJW 1963, 66, 67; Wenzel NJW 1964, 2284, 2285 f; vgl § 379 a StPO Rn 2). 13

Bei der fingierten Rücknahme ist das Verfahren ebenso durch Beschluss bzw in der Hauptverhandlung durch Urteil nach § 260 Abs 3 StPO **einzustellen** (vgl Rn 8). Der Zustimmung des Angeklagten bedarf es nur in den Fällen des Abs 1 S 2 (Rn 3). 14

Im **Berufungsrechtszug** führen die unter Rn 11 genannten Versäumnisse nur dann zur fingierten Rücknahme der Privatklage, wenn (zumindest auch) der **Angeklagte** die Berufung eingelegt hat (Abs 2). Ob der Angeklagte selbst säumig ist, bleibt unerheblich (Löwe/Rosenberg/Hilger StPO § 391 Rn 38; KMR/Stöckel StPO § 391 Rn 19). 15

Bei einer Berufung allein des **Privatklägers** hingegen gilt bei einem nicht entschuldigten (BayObLGSt 1951, 471 f; OLG Schleswig SchlHA 1959, 56; Löwe/Rosenberg/Hilger StPO § 391 Rn 43) Versäumnis die Regelung des **Abs 3**. 16

- Demnach ist die Privatklage ohne Verhandlung zur Sache durch Urteil **zu verwerfen**, wenn der Angeklagte in erster Instanz freigesprochen wurde.
- Ansonsten ist im Hinblick auf § 301 StPO das Berufungsverfahren ohne den Privatkläger fortzuführen, wenn nach Aktenlage eine für den Angeklagten günstige Entscheidung zu erwarten ist (Meyer-Goßner StPO § 391 Rn 17; vgl dazu Rieß NStZ 2000, 120, 121 f).

C. Rechtsmittel

Gem **Abs 4** kann der Privatkläger bei den **Versäumungen** des Abs 2 (iVm Abs 3) unter den Voraussetzungen der §§ 44 StPO f Wiedereinsetzung in den vorigen Stand beantragen. Die Wochenfrist beginnt bereits mit dem versäumten Termin bzw dem Ablauf der nicht eingehaltenen Frist, nicht erst mit der Zustellung der Einstellungsentscheidung (Meyer-Goßner StPO § 391 Rn 18). Die Wiedereinsetzung ist gem § 46 Abs 2 StPO unanfechtbar; gegen den ablehnenden Beschluss ist die sofortige Beschwerde zulässig (§ 46 Abs 3 StPO). 17

Gegen den **Einstellungsbeschluss** bei (fingierter) Klagerücknahme kann entsprechend § 206 a Abs 2 StPO die sofortige Beschwerde nach § 311 StPO erhoben werden. Beschwerdeberechtigt sind neben Privatkläger und Angeklagtem auch die Staatsanwaltschaft zur Übernahme der Verfolgung gem § 377 Abs 2 S 2 StPO. Gegen das Einstellungs**urteil** nach § 260 Abs 3 StPO können hingegen Berufung und Revision eingelegt werden. 18

Wird die beantragte **Einstellung** des Verfahrens durch Beschluss **abgelehnt**, ist die einfache Beschwerde nach § 304 Abs 1 StPO zulässig (Löwe/Rosenberg/Hilger StPO § 391 Rn 45; KK-StPO/Senge StPO § 391 Rn 16; KMR/Stöckel StPO § 391 Rn 23). 19

§ 392 [Wirkung der Rücknahme]

Die zurückgenommene Privatklage kann nicht von neuem erhoben werden.

1   Die erneute Erhebung einer zurückgenommenen Privatklage ist nicht möglich (Rn 1). Andere Privatklagen sowie die öffentliche Klage bleiben davon unberührt (Rn 2).

Bei wirksamer (auch nur nach § 391 Abs 2 StPO fingierter) Rücknahme der Privat- oder Widerklage ist ihre **erneute Erhebung** sowohl als Privat- als auch als Widerklage **ausgeschlossen** (Löwe/Rosenberg/Hilger StPO § 392 Rn 1; Meyer-Goßner StPO § 392 Rn 1; KMR/Stöckel StPO § 392 Rn 2). Etwas anderes gilt nur, wenn die Klage bereits wegen fehlender Prozessvoraussetzungen zurückgenommen wurde (OLG Braunschweig NJW 1953, 957 mAnm Dünnebier JZ 1953, 562; Löwe/Rosenberg/Hilger StPO § 392 Rn 3).

2   Die Rücknahme und ihre Folgen nach § 392 StPO gelten nur für die jeweilige Privat- oder Widerklage. Der Ausschluss erneuter Klageerhebung erstreckt sich somit weder auf eine neue Privatklage gegen einen anderen Beschuldigten noch auf die Privatklage anderer Klageberechtigter. Auch die Erhebung öffentlicher Klage durch die Staatsanwaltschaft ist nach wie vor möglich (OLG Stuttgart JR 1953, 349; Löwe/Rosenberg/Hilger StPO § 392 Rn 2; KMR/Stöckel StPO § 392 Rn 2; vgl bereits § 391 StPO Rn 10).

§ 393 [Tod des Privatklägers]

(1) Der Tod des Privatklägers hat die Einstellung des Verfahrens zur Folge.

(2) Die Privatklage kann jedoch nach dem Tode des Klägers von den nach § 374 Abs. 2 zur Erhebung der Privatklage Berechtigten fortgesetzt werden.

(3) Die Fortsetzung ist von dem Berechtigten bei Verlust des Rechts binnen zwei Monaten, vom Tode des Privatklägers an gerechnet, bei Gericht zu erklären.

Überblick

Bei Tod des Privatklägers ist das Verfahren einzustellen (Rn 1) und über die Kosten zu entscheiden (Rn 2). Sonstige Privatklageberechtigte können das Verfahren aber durch fristgerechte (Rn 5) Erklärung (Rn 6) fortsetzen.

A. Einstellung des Verfahrens (Abs 1)

1   Stirbt der Privatkläger, wird das Verfahren durch Beschluss gem § 206 a StPO bzw bei Tod während der Hauptverhandlung durch Urteil gem § 260 Abs 3 StPO **eingestellt** (Löwe/Rosenberg/Hilger StPO § 393 Rn 1; Meyer-Goßner StPO § 393 Rn 1; KK-StPO/Senge StPO § 393 Rn 1; Bloy GA 1980, 161, 171; **aA** KMR/Stöckel StPO § 393 Rn 1; SK-StPO/Velten StPO § 393 Rn 2: nur deklaratorische Entscheidung). Dies gilt auch im Wiederaufnahmeverfahren (Meyer-Goßner StPO § 390 Rn 5). Ist über die Privatklage zum Teil bereits rechtskräftig entschieden und zB nur noch die Kostenfrage anhängig, wird gleichwohl das gesamte Verfahren eingestellt (OLG Hamm NJW 1978, 654; Löwe/Rosenberg/Hilger StPO § 393 Rn 1; KMR/Stöckel StPO § 393 Rn 4).

2   Mit dem Einstellungsbeschluss bzw durch späteren besonderen Beschluss (BayObLG NJW 1960, 2065) wird auch über die **Kosten** entschieden. Gem § 471 Abs 2 StPO fallen die Kosten des Verfahrens sowie die dem Beschuldigten erwachsenen notwendigen Auslagen den Erben des verstorbenen Privatklägers zur Last. Bei mehreren Privatklägern dürfen die durch den Verstorbenen verursachten Kosten nicht auf die übrigen Prozessbeteiligten verteilt werden, sondern ist ein selbstständiger Kostenbeschluss erforderlich (BayObLG NJW 1960, 2065; Meyer-Goßner StPO § 393 Rn 2).

3   Kann das Verfahren gem Abs 2 **fortgesetzt** werden (s dazu Rn 5 f), empfiehlt es sich, seine Einstellung erst nach Ablauf der Frist des Abs 3 zu beschließen. Wird das Verfahren

schon vorher eingestellt, ist die Einstellung nach wirksamer Fortsetzungserklärung wieder aufzuheben (Meyer-Goßner StPO § 393 Rn 1). Ansonsten können die Fortsetzungsberechtigten den Beschluss nach § 206 a Abs 2 StPO mit der sofortigen Beschwerde nach § 311 StPO anfechten. Gleiches gilt, wenn das Gericht die Fortsetzung des Verfahrens ablehnt (Meyer-Goßner StPO § 393 Rn 5; KMR/Stöckel StPO § 393 Rn 9; **aA** HK-StPO/Kurth StPO § 393 Rn 9: einfache Beschwerde gem § 304 StPO).

Von der Einstellung des Verfahrens unberührt bleibt die Klagebefugnis anderer Privatklageberechtigter sowie das Recht der Staatsanwaltschaft zur Übernahme nach § 377 Abs 2 StPO bzw zur Erhebung öffentlicher Klage. 4

B. Fortsetzung des Verfahrens (Abs 2 und Abs 3)

Anstelle des Verstorbenen können die **sonstigen Klageberechtigten** iSd § 374 Abs 2 5 StPO die Privatklage fortsetzen (Abs 2). Die **Zweimonatsfrist** des Abs 3 (zur Berechnung § 43 StPO) läuft ab dem Tode des Privatklägers. Wird die Frist versäumt, ist wegen der ausdrücklich in Abs 3 vorgesehenen Rechtsfolge („bei Verlust des Rechts") die Wiedereinsetzung in den vorigen Stand ausgeschlossen (Löwe/Rosenberg/Hilger StPO § 393 Rn 7; Meyer-Goßner StPO § 393 Rn 6; KMR/Stöckel StPO § 393 Rn 11).

Die **Fortsetzungserklärung** ist gegenüber dem mit der Sache befassten Gericht schriftlich oder zu Protokoll der Geschäftsstelle abzugeben (Abs 3). Nach wirksamer Erklärung wird das Verfahren in der Lage fortgesetzt, in der es sich zum Zeitpunkt des Todes des Privatklägers befunden hat. Bezieht sich die Klageberechtigung nicht auf alle im Privatklageverfahren verfolgten Delikte, wird bei Tatmehrheit das Verfahren wegen der nicht fortsetzungsfähigen Vergehen eingestellt, bei Tateinheit hingegen nur wegen der fortsetzungsfähigen Taten entschieden (Löwe/Rosenberg/Hilger StPO § 393 Rn 5; Meyer-Goßner StPO § 393 Rn 4; KMR/Stöckel StPO § 393 Rn 7; **aA** SK-StPO/Velten StPO § 393 Rn 8). 6

§ 394 [Bekanntmachung an den Beschuldigten]

Die Zurücknahme der Privatklage und der Tod des Privatklägers sowie die Fortsetzung der Privatklage sind dem Beschuldigten bekanntzumachen.

Rücknahme der Privatklage und Tod des Privatklägers sind dem Beschuldigten in der Regel durch formlose Mitteilung (Rn 2) bekanntzumachen (Rn 1). 1
Die Vorschrift bestimmt, dass dem Beschuldigten sowohl die Rücknahme der Privatklage gem § 391 StPO als auch der Tod des Privatklägers (§ 393 Abs 1 StPO) bzw die nach § 393 Abs 2 und Abs 3 StPO erklärte Fortsetzung der Privatklage **bekanntzumachen** sind.

Die Bekanntmachung kann gem § 35 Abs 2 S 2 StPO durch **formlose Mitteilung** erfolgen, da sie keine Frist in Lauf setzt. Gleichwohl empfiehlt sich die förmliche Zustellung iSd § 35 Abs 2 S 1 StPO zumindest in den Fällen des § 391 Abs 1 S 2 StPO, wenn die Rücknahme der Privatklage der Zustimmung des Beschuldigten bedarf, sowie der Fortsetzung der Privatklage nach § 393 Abs 2 StPO (Löwe/Rosenberg/Hilger StPO § 394 Rn 2; Meyer-Goßner StPO § 394 Rn 2). 2

Zweiter Abschnitt. Nebenklage (§§ 395–402)

§ 395 [Befugnis zum Anschluss als Nebenkläger]

(1) Der erhobenen öffentlichen Klage oder dem Antrag im Sicherungsverfahren kann sich mit der Nebenklage anschließen, wer verletzt ist durch eine rechtswidrige Tat nach

1. den §§ 174 bis 182 des Strafgesetzbuches,
2. den §§ 211 und 212 des Strafgesetzbuches, die versucht wurde,
3. den §§ 221, 223 bis 226 und 340 des Strafgesetzbuches,
4. den §§ 232 bis 238, 239 Absatz 3, §§ 239a, 239b und 240 Absatz 4 des Strafgesetzbuches,
5. § 4 des Gewaltschutzgesetzes,
6. § 142 des Patentgesetzes, § 25 des Gebrauchsmustergesetzes, § 10 des Halbleiterschutzgesetzes, § 39 des Sortenschutzgesetzes, den §§ 143 bis 144 des Markengesetzes, den §§ 51 und § 65 des Geschmacksmustergesetzes, den §§ 106 bis 108b des Urheberrechtsgesetzes, § 33 des Gesetzes betreffend das Urheberrecht an Werken der bildenden Künste und der Photographie und den §§ 16 bis 19 des Gesetzes gegen den unlauteren Wettbewerb.

(2) Die gleiche Befugnis steht Personen zu,
1. deren Kinder, Eltern Geschwister, Ehegatten oder Lebenspartner durch eine rechtswidrige Tat getötet wurden oder
2. die durch einen Antrag auf gerichtliche Entscheidung (§ 172) die Erhebung der öffentlichen Klage herbeigeführt haben.

(3) Wer durch eine andere rechtswidrige Tat, insbesondere nach den §§ 185 bis 189, 229, 244 Absatz 1 Nummer 3, §§ 249 bis 255 und 316a des Strafgesetzbuches, verletzt ist, kann sich der erhobenen öffentlichen Klage mit der Nebenklage anschließen, wenn dies aus besonderen Gründen, insbesondere wegen der schweren Folgen der Tat, zur Wahrnehmung seiner Interessen geboten erscheint.

(4) ¹Der Anschluss ist in jeder Lage des Verfahrens zulässig. ²Er kann nach ergangenem Urteil auch zur Einlegung von Rechtsmitteln geschehen.

(5) ¹Wird die Verfolgung nach § 154a beschränkt, so berührt dies nicht das Recht, sich der erhobenen öffentlichen Klage als Nebenkläger anzuschließen. ²Wird der Nebenkläger zum Verfahren zugelassen, entfällt eine Beschränkung nach § 154a Absatz 1 oder 2, soweit sie die Nebenklage betrifft.

Überblick

Die Nebenklage dient dazu, durch aktive Beteiligung den besonderen Opferinteressen und -belangen im Strafverfahren Geltung zu verschaffen. Als erste Vorschrift des Zweiten Abschnitts bestimmt § 395 StPO den Kreis derjenigen Verletzten, die sich dem Straf- oder Sicherungsverfahren als Nebenkläger anschließen können. Die nachfolgenden Vorschriften dieses Abschnitts konkretisieren die Zulassungsvoraussetzungen und die Rechtsstellung des Nebenklägers. Die § 395 StPO, § 397 StPO und § 397a StPO des 2. Abschnitts wurden durch das am 1. 10. 2009 in Kraft getretene Gesetz zur Stärkung der Rechte von Verletzten und Zeugen im Strafverfahren (2. OpferrechtsreformG) geändert und in weiten Teilen neu gefasst. Das Recht der Nebenklage wurde vollständig vom Recht der Privatklage entkoppelt, womit die Bedeutung der Nebenklage als eigenständiges Rechtsinstitut bekräftigt ist.

Übersicht

	Rn		Rn
A. Allgemeines	1	2. Verfahren gegen Jugendliche und Heranwachsende	8
I. Zweck und Funktion der Nebenklage	1	3. Der Nebenkläger und andere Verfahrensbeteiligungen	9
II. Entwicklung zum Instrument des Opferschutzes	4	II. Verzicht und Vergleich	10
III. Rechtspraktischer Hintergrund	5	1. Verzicht	10
IV. Rechtsstellung des Nebenklägers	6	2. Vergleich	11
B. Stellung des Nebenklägers	7	**C. Voraussetzungen der Befugnis zur Nebenklage**	12
I. Anwendungsbereich	7		
1. Verfahren gegen Erwachsene	7		

	Rn		Rn
I. Der Verletzte als Berechtigter zur Nebenklage	12	3. Prozessuale Tat	22
II. Durch rechtswidrige Taten Verletzte als Berechtigte (Abs 1)	13	4. Möglichkeit der Tatbegehung ist ausreichend	23
		5. Strafantragserfordernisse	24
III. Hinterbliebene als Berechtigte (Abs 2 Nr 1)	14	6. Prozesshindernisse	25
		VII. Anschlusserklärung und Beschränkungen (Abs 4 und Abs 5)	26
IV. Antragsteller im Klageerzwingungsverfahren (Abs 2 Nr 2)	15	1. Vor Rechtskraft	26
		2. Nach Rechtskraft	27
V. Verletzte mit besonderen Gründen (Abs 3)	16	3. Wiederaufnahme des Verfahrens	28
VI. Weitere Voraussetzungen	20	4. Ende der Nebenklage	29
1. Prozessfähigkeit	20	5. Nebenklage und Verfolgungsbeschränkungen nach § 154 a StPO	30
2. Rechtswidrige Tat	21		

A. Allgemeines

I. Zweck und Funktion der Nebenklage

Die Nebenklage soll den besonderen Opferinteressen- und belangen durch eine **aktive** **Beteiligung** im Strafverfahren Geltung verschaffen. Durch die Nebenklage werden durch bestimmte rechtswidrige Taten Verletzte, die nach kriminologischen und viktimologischen Erkenntnissen besonders schutzbedürftig erscheinen, auf ihren Antrag hin mit eigenen Rechten ausgestattete, selbstständige und unabhängige Verfahrenbeteiligte. 1

Dem Verletzten soll sowohl Schutz gegen ungerechtfertigte Schuldzuweisungen und Herabwürdigungen gewährt, als auch eine opferbezogene Verfahrensgestaltung unter Einbeziehung der entsprechenden Fürsorgepflichten durch Staatsanwaltschaft und Gericht ermöglicht werden (vgl HK-GS/Rössner StPO § 395 Rn 1 ff mwN). Die Nebenklage dient auch dem Interesse des Opfers daran, den Verfahrensbeteiligten seine besonderen Belastungen zu verdeutlichen und seinen Interessen auf Wiedergutmachung und staatliche Respektierung seines Leids, in geeigneten Fällen durch Kombination mit dem Adhäsionsverfahren, Geltung zu verschaffen (HdA/Weiner Rn 91 ff). Die Rechte des Nebenklägers sollen diesem die Möglichkeit eröffnen als Verletzter seine Interpretation der Tatgeschehnisse darzustellen (vgl BT-Drs 10/5305, 13). Ein Nebenaspekt ist die Opfergerechtigkeit, wenn der Verletzte durch eine angemessene Täterbestrafung Rehabilitation sowie ideelle Wiedergutmachung erfährt und Normvertrauen bilden kann (HK-GS/Rössner StPO § 395 Rn 3 mwN; SK-StPO/Velten StPO Vor §§ 395 Rn 7 bis Rn 10). Daneben tritt der Aspekt der privaten Kontrolle der Staatsanwaltschaft durch die Möglichkeit der Klageerzwingung gem § 395 Abs 2 Nr 2 StPO. Die Nebenklage ist trotz ihrer Bezeichnung keine wirkliche Klage. Der Nebenkläger ist nicht befugt, einen bestimmten Lebensvorgang (Tat iSd § 264 StPO) selbst vor ein Gericht zu bringen. Sie ermöglicht dem Verletzten, sich in bestimmten Fällen der öffentlichen Klage der Staatsanwaltschaft anzuschließen. 2

Umstritten ist, ob die Nebenklage dem Opfer überschießende Rache- oder Vergeltungsinteressen zugesteht (dagegen: HK-GS/Rössner StPO § 395 Rn 3 mwN, **aA** Meyer-Goßner StPO Vor § 395 Rn 1 mwN). Für eine gewisse Funktionsbeschränkung der Nebenklage sprechen zwar die Regelungen in § 400 Abs 1 StPO, die dem Nebenkläger keinen Einfluss auf Art und Höhe der Bestrafung zugestehen und die Ausdehnung der Nebenklage auf das Sicherungsverfahren, dessen Rechtsfolgen von Schuldfragen unabhängig sind (HK-GS/Rössner StPO § 395 Rn 3). Die Nebenklage beinhaltet jedoch eine auch verfahrensrechtlich gesicherte Genugtuungsfunktion. Der Nebenkläger verfügt durch die § 395 Abs 4 S 2 StPO u § 401 Abs 1 S 1 StPO über eigene Rechtsmittel, soweit er in seiner Stellung als Nebenkläger beschwert ist. Dies ist dann der Fall, wenn das angeklagte und verhandelte Nebenklagedelikt fehlerhaft behandelt wurde. Zudem wurde ihm die staatliche Anerkennung, dass ihm Unrecht und Leid geschehen ist, versagt (HdA/Weiner Rn 63 f). Auch dagegen kann er sich mit der Nebenklage wehren, da ihm insoweit staatlicherseits keine Genugtuung für das erlittene Unrecht gewährt wurde. 3

II. Entwicklung zum Instrument des Opferschutzes

4   Die Nebenklage hat sich von einem ursprünglich weitgehend auf Vergeltungsstreben und Genugtuungsinteressen ausgerichteten Zweck hin, seit Beginn der 1980er-Jahre zu einer opferschützenden Institution entwickelt (HK-GS/Rössner StPO § 395 Rn 1 mwN). Sie ist heute, insbesondere auch in Kombination mit dem Adhäsionsverfahren, im Strafprozess das bedeutendste **Opferschutzinstrument** (HdA/Weiner Rn 91 ff). Der Zweck der Nebenklage wurde herkömmlich meist im Vergeltungsstreben und Genugtuungsinteresse des Verletzten gesehen (BGHSt 28, 272). Durch verschiedene Gesetzgebungsvorhaben, beginnend mit dem Opferschutzgesetz vom 18. 12. 1986, begann eine Entwicklung, die das Ziel verfolgte, die Rechtsstellung des Verletzten im Strafverfahren aufzuwerten. Weitere Gesetzesvorhaben wie beispielsweise ZeugenschutzG v 30. 4. 1998, GewaltschutzG v 17. 12. 2001, OpferrechtsreformG v 24. 6. 2004 bis hin zum 2. Justizmodernisierungsgesetz aus dem Jahre 2006 mit der begrenzten Zulassung der Nebenklage in Verfahren gegen Jugendliche folgten (vgl Widmaier/Kauder MAH Strafverteidigung § 53 Rn 2 ff mwN; sowie die Darstellungen in: HK-StPO/Kurth StPO § 395 Rn 1 ff; Weiner Opfer- u. Verletztenrechte, 7 ff). Durch das am 1. 10. 2009 in Kraft getretene Gesetz zur Stärkung der Rechte von Verletzten und Zeugen im Strafverfahren v 3. 7. 2009 (2. OpferrechtsreformG) wurde der Kreis der Nebenklageberechtigten in § 395 StPO erweitert, wobei gleichzeitig die Bestimmung in weiten Teilen neu gefasst wurde (BGBl I 2280). Das Gesetz räumt vor allem besonders schutzbedürftigen Opfern spezielle Rechte ein. So sind ua Opfer von Wohnungseinbruchsdiebstahl, Raub, Erpressung und Zwangsheirat nunmehr auch grundsätzlich zur Nebenklage berechtigt (vgl Rn 19). Die Berechtigung zur Nebenklage wird damit auf die Verletzten schwerwiegender Aggressionsdelikte ausgedehnt (BT-Drs 16/12098). Im ebenfalls neu gefassten § 397 a StPO wurde der Kreis derjenigen erweitert, die einen Anspruch auf Beiordnung eines kostenlosen Opferanwaltes haben, unabhängig von deren wirtschaftlicher Situation (vgl § 397 a StPO Rn 1 ff) Ebenso wie in anderen Vorschriften (zB § 247 S 2 GVG, § 255 Abs 2 GVG; § 172 GVG) wurde die Schutzaltersgrenze für jugendliche Opfer vom 16. auf das 18. Lebensjahr angehoben und damit internationalen Bestimmungen angepasst. Alle diese Gesetze normieren eine gesicherte Rechtsstellung des Verletzten mit der Möglichkeit aktiver Beteiligung am Verfahren und dem Recht auf Schadenswiedergutmachung. Der Schutz des Verletzten sowie seine legitimen Interessen und Bedürfnisse auf Beteiligung, Information, Beistand und Schadensausgleich sind dabei vorrangige Motive. Diese Entwicklung ist nicht unumstritten und wird seit jeher kritisch begleitet, da nachteilige Auswirkungen auf die Rechtstellung des Beschuldigten bzw Angeklagten befürchtet werden (vgl dazu HK-StPO/Kurth StPO § 395 Rn 4 mwN).

III. Rechtspraktischer Hintergrund

5   Die heutigen Nebenklagen werden auf rund 11.000 Fälle veranschlagt (HK-GS/Rössner StPO § 395 Rn 2). Ihre Bedeutung gewinnt sie aus dem Gewicht der begangenen Delikte, da bei den erstinstanzlichen landgerichtlichen Verfahren ein erheblicher Anstieg festzustellen ist (vgl HK-GS/Rössner StPO § 395 Rn 2, danach im Vergleich 1971: 543 Fälle; 1981: 935 Fälle; 1991: 1.561 Fälle; 2002: 2.234 Fälle). Eine besondere Anwendungshäufigkeit ist bei Opfern von Sexualstraftaten belegt, wonach zwei von drei Opferzeugen nach Vergewaltigung den Anschluss als Nebenkläger erklärten, sonst nur jeder fünfte Nebenklageberechtigte (vgl HK-GS/Rössner StPO § 395 Rn 2 mwN). Gerade die einkommensunabhängige Beiordnung eines „Opferanwaltes auf Staatskosten" nach § 397 a Abs 1 StPO bei besonders schweren Straftaten erleichtert den Zugang zur Nebenklage im Strafprozess.

IV. Rechtsstellung des Nebenklägers

6   Die Nebenklage gewährt eine **umfassende Beteiligungsbefugnis** im Strafverfahren, die am stärksten in der Hauptverhandlung zum Tragen kommt (vgl Rn 1 zu den Rechten im Einzelnen § 397 StPO Rn 2). Im Gegensatz zur Privatklage nach den §§ 374 StPO ff ist die Nebenklage kein selbständiges originäres Verfahren, sondern eine Erweiterung der staatlichen Strafverfolgung um bestimmte Teilnahmebefugnisse. Dabei ist der Nebenkläger ein mit besonderen Rechten ausgestatteter Verfahrensbeteiligter (§ 397 StPO Rn 2 ff). Er ist Ver-

treter seiner selbstständigen Opferschutzinteressen. Dabei ist er unabhängig von der Staatsanwaltschaft; dies obwohl er bestimmte Rechte hat, die sonst nur der Staatsanwaltschaft zustehen. Nebenkläger und Staatsanwaltschaft stehen dennoch rechtlich völlig unabhängig nebeneinander. Die zur Interessenwahrung notwendigen Befugnisse für den Nebenkläger bestehen aus einem umfassenden Recht auf Anwesenheit in der Hauptverhandlung sowie zur Mitgestaltung des Verfahrens, insbesondere bei der Beweisgewinnung und -erhebung (§ 397 StPO Rn 2). So kann er mit Erklärungen, Fragen und Anträgen das Verfahren beeinflussen und Rechtsmittel hinsichtlich eines unterbliebenen Schuldspruchs einlegen (§ 400 StPO Rn 1, § 401 StPO Rn 1). Das Gericht entscheidet gem § 396 Abs 2 StPO über die Nebenklageberechtigung nach Anhörung der Staatsanwaltschaft und nur im Falle des § 396 Abs 3 StPO auch des Angeschuldigten.

B. Stellung des Nebenklägers

I. Anwendungsbereich

1. Verfahren gegen Erwachsene

Die Nebenklage ist uneingeschränkt zulässig im Strafverfahren gegen Erwachsene und im 7 Sicherungsverfahren nach den §§ 413 StPO ff. Jugendliche können mit gesetzlichen Vertretern ebenfalls uneingeschränkt als Nebenkläger gegen Erwachsene auftreten.

2. Verfahren gegen Jugendliche und Heranwachsende

Im Verfahren gegen einen Jugendlichen ist die Nebenklage seit Inkrafttreten des 2. JuMoG 8 v 22. 12. 2006 (BGBl I 3416) bei schweren Verbrechen nach Maßgabe des § 80 Abs 3 JGG eingeschränkt zulässig.

Gegen Heranwachsende ist die Nebenklage ohne die Beschränkungen von § 80 Abs 3 JGG zulässig, was auch in verbundenen Verfahren gegen Erwachsene bzw. Erwachsene und Jugendliche gilt (BGHSt 41, 288; Meyer-Goßner StPO Vor § 395 Rn 6 mwN). Durch die teilweise Zulassung der Nebenklage gegen Jugendliche ist BGHSt 41, 288 bestätigt, abzulehnen ist daher die **aA** LG Zweibrücken StV 2009, 88.

Umstritten ist die Frage des prozessualen Zusammentreffens einer Jugend- mit einer Heranwachsenden-Tat. Mit Ausnahme der Fälle des § 80 Abs 3 JGG wird die Nebenklage als unzulässig angesehen, auch soweit sie gegen die Tat gerichtet ist, die im Heranwachsenden-Alter begangen wurde (KG NStZ 2007, 44; OLG Oldenburg NStZ 2006, 521, Meyer-Goßner StPO Vor § 395 Rn 6 mwN; **aA** Brocke NStZ 2007, 8).

3. Der Nebenkläger und andere Verfahrensbeteiligungen

Die Beteiligung als Nebenkläger schließt nicht aus, dass dieser in weiteren Prozessrollen 9 im gleichen Verfahren auftreten kann oder muss. So kann ein Mitangeklagter zur Nebenklage gegen einen anderen Angeklagten zugelassen werden, wenn die Anklage eine andere prozessuale Tat betrifft, die ihn verletzt hat. Ausgeschlossen ist die Nebenklage bei Mittäterschaft oder Teilnahme an derselben Tat (BGH NJW 1978, 330). Für die Kollision mit der Zeugenstellung ergibt sich aus § 397 Abs 1 StPO zum einen die Vereinbarkeit mit der Nebenklage und zum anderen, dass die Nebenklagerechte den teilnahmeausschließenden Vernehmungsregeln nach § 58 Abs 1 StPO, § 243 Abs 3 S 1 StPO vorgehen (§ 397 Abs 1 StPO). Um den Wert seiner Aussage nicht zu gefährden, sollte im Einzelfall der Nebenkläger, der gleichzeitig Zeuge ist, erst dann an der Hauptverhandlung teilnehmen, wenn seine Vernehmung als Zeuge abgeschlossen ist.

II. Verzicht und Vergleich

1. Verzicht

Der Nebenkläger kann sich verpflichten, auf ein mögliches Strafantragsrecht oder die 10 Nebenklage zu verzichten (BGH NStZ-RR 1998, 305, 306; Meyer-Goßner StPO Vor § 395 Rn 12). Die vom Verzichtenden abgegebene Erklärung muss aber deutlich werden lassen, dass er die prozessuale Bedeutung und Tragweite der Erklärung kennt (BGH NStZ 1986, 209)

2. Vergleich

11   Der Nebenklageberechtigte kann sich durch einen Vergleich verpflichten, sich nicht als Nebenkläger dem Verfahren anzuschließen, auf sein Strafantragsrecht zu verzichten oder beides zurückzunehmen, sofern entsprechende Erklärungen schon abgegeben wurden (Meyer-Goßner StPO Vor § 395 Rn 13). Dies ist meist von bestimmten materiellen oder immateriellen Wiedergutmachungsleistungen abhängig. Der Verletzte sollte § 470 Abs 1 S 1 StPO beachten. Diese Kostenregelung bestimmt, dass der Nebenkläger sämtliche Kosten tragen müsste, wenn sich der Angeklagte nicht dazu bereit erklärt (§ 470 Abs 1 S 2 StPO). Weiter ist beim Vergleich zwischen dem Verletzten und dem Täter zu unterscheiden, ob es sich um ein absolutes (§ 185 StGB) oder relatives (§ 232 StGB, § 248a StGB) Antragsdelikt oder ein Offizialdelikt handelt (vgl Haas NJW 1988, 1347). Beim reinen Antragsdelikt genügt der Vergleich zwischen Opfer und Täter, um durch Zurücknahme des Strafantrags das Verfahren zu beenden. In den übrigen genannten Fällen müssen je nach Verfahrensstand Staatsanwaltschaft und Gericht in den Verständigungsprozess eingeschaltet werden, insbesondere wenn die Beteiligten mit ihrem Vergleich eine Einstellung nach §§ 153, 153a StPO oder ein Absehen von Strafe nach §§ 46a StGB, 153b StPO in Verknüpfung mit einer Schadenswiedergutmachung erreichen wollen. Solche Verständigungen halten sich zwar im Rahmen des prozessual Zulässigen (BGHSt 42, 46), ihre Bedeutung dürfte geringer werden, da nach der Stärkung des Adhäsionsverfahren dort gem § 405 StPO umfassende Vergleichsregelungen im Verfahren selbst möglich sind (HdA/Havliza/Stang Rn 106 ff).

C. Voraussetzungen der Befugnis zur Nebenklage

I. Der Verletzte als Berechtigter zur Nebenklage

12   Nur der **unmittelbar Verletzte** ist nebenklageberechtigt (RGSt 62, 209; Meyer-Goßner StPO § 395 Rn 3). Dies ist nur derjenige, der unmittelbar in seinen höchstpersönlichen Rechtsgütern verletzt wurde. Bei Körper- und Persönlichkeitsverletzungen ist daher nur der Verletzte selbst nebenklageberechtigt. Die Nebenklage steht nur den in § 395 aufgeführten – lebenden – Personen zu; das Gericht hat sich im Zweifelsfall von der Existenz des Verletzten im Wege des Freibeweises zu überzeugen (BGH NStZ 2009, 174). Die Anschlussberechtigung geht folglich nicht auf Angehörige iSd § 77 Abs 2 StGB über, falls der Nebenklageberechtigte sterben sollte (BGH NStZ 2006, 351); ausgenommen die für Angehörige abschließende Sonderregelung in § 395 Abs 2 Nr 1. Bei Tatbeständen mit mehrfachem Schutzzweck, wie zB § 239a StGB, § 239b StGB, kann es mehrere unmittelbar Verletzte geben, wie den Entführten selbst und das durch seine Geiselnahme erpresste weitere Opfer. Die Nebenklage ist bei strafbaren Formen der Vorbereitungshandlung nach § 30 StGB ausgeschlossen (OLG Stuttgart NStZ 1990, 298; Meyer-Goßner StPO § 395 Rn 3).

II. Durch rechtswidrige Taten Verletzte als Berechtigte (Abs 1)

13   § 395 Abs 1 bis Abs 3 enthalten eine abschließende Aufzählung der zur Nebenklage Berechtigten. Die durch bestimmte rechtswidrige, nicht zwingend schuldhaft, begangene Taten Verletzten sind in katalogartig aufgeführten Fällen zur Nebenklage berechtigt.

Abs 1 wurde durch das 2. OpferrechtsreformG mit Wirkung zum 1. 10. 2009 neu gefasst und der Kreis der Berechtigten wurde erweitert (vgl Rn 4).

Der Deliktskatalog enthält in Abs 1 Nr 1 die meisten Sexualdelikte des StGB, namentlich § 174 StGB bis § 182 StGB; in Nr 2 sind die versuchten Tötungsdelikte § 211 StGB, § 212 StGB aufgeführt; Nr 3 entspricht der Nr c der bis 30. 9. 2009 gültigen aF und enthält die Delikte gegen die körperliche Unversehrtheit; Nr 4, der die Straftaten gegen die persönliche Freiheit umfasst, entspricht ebenfalls weitgehend der alten Gesetzeslage und erfasst auch den Straftatbestand der Nachstellung bzw des Stalking nach § 238 StGB, der bislang in Nr 1e erfasst war; zusätzlich wurden aufgenommen: das Delikt des Kinderhandels nach § 236 StGB, die Fälle der Nötigung in besonders schweren Fällen nach § 240 Abs 4 StGB und damit die

Nötigung zur Zwangsheirat, die Nötigung zum Schwangerschaftsabbruch sowie die Nötigung unter Missbrauch der Befugnisse oder der Stellung als Amtsträger; Verstöße gegen gerichtliche Maßnahmen zum Schutz vor Gewalt nach § 4 Gewaltschutzgesetz sind in Nr 5 erfasst.

In Nr 6 sind die Verletzten von gewerblichen Schutzrechten aufgeführt. Die Berechtigung und der Standort sind systemwidrig, weil es sich nicht um Straftaten gegen höchstpersönliche Rechtsgüter handelt und das jeweilige Delikt nicht die Schwere der Delikte gegen Leib oder Leben erreicht. Im Rahmen des Gesetzgebungsverfahrens zum 2. OpferrechtsreformG sollten diese Wettbewerbsverstöße ausgenommen werden, sind aber aus rechtspolitischen Gründen beibehalten worden (vgl BT-Drs 16/12098, 48).

III. Hinterbliebene als Berechtigte (Abs 2 Nr 1)

Nach einem vollendeten Tötungsdelikt erhalten anstelle des getöteten Opfers dessen nahe Angehörige, die in Abs 2 Nr 1 aufgeführt sind, auf Antrag selbstständige Nebenklagebefugnisse. Rechtswidrige Taten iSd Abs 2 Nr 1 sind nicht nur die Straftaten gegen das Leben gem. §§ 211 StGB ff, sondern auch die durch den Tötungserfolg qualifizierten Straftaten (BGHSt 44, 97, 99; BGH NStZ-RR 2008, 352; BGH NJW 2008, 2199), sofern die Voraussetzungen von § 18 StGB vorliegen (Meyer-Goßner StPO § 395 Rn 7). In Betracht kommen daher § 176b StGB, § 178 StGB, § 221 Abs 2 StGB, § 227 StGB, § 239 Abs 2 StGB, § 251 StGB, § 306c StGB (vgl § 74 Abs 2 GVG). Dabei ist gleichgültig ist, ob der Tötungserfolg vorsätzlich oder fahrlässig herbeigeführt wurde. Der Täterschaft steht die Teilnahme gleich, nicht jedoch der Versuch der Straftat (BGH StV 2006, 351).

Zum Anschluss berechtigt ist jeder Angehörige, der in Abs 2 Nr 1 aufgeführt ist, unabhängig davon, ob sich schon ein anderer der Berechtigten angeschlossen hat. Nicht nebenklageberechtigt sind der geschiedene Ehe- oder Lebenspartner, Stiefvater, Onkel und Tante (vgl Meyer-Goßner StPO § 395 Rn 8 mwN u Bsp), Enkel, auch nicht in Ausnahmefällen (OLG Köln BeckRS 2008, 25579); wohl aber Halbgeschwister (OLG Düsseldorf NJW 1958, 394).

IV. Antragsteller im Klageerzwingungsverfahren (Abs 2 Nr 2)

Die Zulassung nach Abs 2 Nr 2 (aF: Abs 1 Nr 3) nach einem erfolgreichen Klageerzwingungsverfahren erfasst einen deliktsunabhängigen Sonderfall.

Ein selbstständiges Antragsrecht hat der Verletzte einer Straftat in dem Fall, wenn er erfolgreich das Klageerzwingungsverfahren nach § 172 StPO betrieben hat und die Anklage auf Anordnung des Oberlandesgerichts nach § 175 StPO erhoben wurde. Die Anschlussbefugnis geht dann über die der Katalogtaten des Abs 1 Nr 1 bis Nr 5 hinaus. Umstritten sind die Fälle, in denen die Anklage auf Anordnung des Generalstaatsanwalts oder des Justizministeriums erhoben wurde (bejahend: OLG München NStZ 1986, 376; ablehnend: OLG Frankfurt NJW 1979, 994; Meyer-Goßner StPO § 395 Rn 6 mwN). Begründet wird letzteres damit, dass in einer solchen Situation mit einer nachlässigen Verfahrensführung durch die Staatsanwaltschaft nicht mehr zu rechnen sei.

Der Antragsteller könnte in so einer Situation seinen Antrag auf Erhebung der öffentlichen Klage für erledigt erklären und die Feststellung begehren, dass der Klageerzwingungsantrag erfolgreich war; im Erfolgsfall käme ihm die Nebenklageberechtigung nach § 395 Abs 1 Nr 3 StPO – seit 1. 10. 2009: Abs 2 Nr 2 – zu (vgl OLG München NStZ 1986, 376).

V. Verletzte mit besonderen Gründen (Abs 3)

Im Gegensatz zu den formalen, an der Deliktskategorie orientierten Zulassungsentscheidung, wird im Rahmen der Nebenklagemöglichkeiten nach Abs 3 inhaltlich geprüft, ob der Verletzte im konkreten Fall **spezielle Schutzinteressen** hat.

Abs 3 wurde durch das 2. OpferrechtsreformG zum 1. 10. 2009 neu gefasst (vgl Rn 4). Er ist ein Auffangtatbestand, der insbesondere Opfern von Straftaten, die im Einzelfall als **besonders schwerwiegende Delikte** einzuordnen sind, eine Berechtigung zum Anschluss als Nebenkläger einräumt, wenn besondere Gründe dafür vorliegen (BT-Drs 16/12098, 49).

17 Die, in der bis 30. 9. 2009 gültigen Fassung in Abs 1 Nr 1 b erfassten Beleidigungsdelikte der § 185 StGB bis § 189 StGB wurden mit den erstmals aufgenommen Delikten des Wohnungseinbruchsdiebstahls (§ 244 Abs 1 Nr 3 StGB), den Raubdelikten bzw Delikten der räuberischen Erpressung nach § 249 StGB bis § 255 StGB sowie dem räuberischen Angriff auf Kraftfahrer nach § 316 a StGB und der ursprünglich allein in Abs 3 aF erfassten fahrlässigen Körperverletzung nach § 229 StGB in einer Vorschrift zusammengefasst. Bei diesen Delikten ist nun die Nebenklage (wie bislang bereits bei § 229 StGB) zulässig, wenn dies aus besonderen Gründen, insbesondere wegen der **schweren Folgen der Tat**, zur Interessenwahrnehmung des Verletzten geboten ist. Dies bedeutet im Gegensatz zur aF vor dem Inkrafttreten des 2. OpferrechtsreformG zum 1. 10. 2009 für die Verletzten von Beleidigungsdelikten, dass auch bei ihnen zusätzlich besondere Gründe vorliegen müssen. Im Rahmen des Gesetzgebungsverfahrens zum 2. OpferrechtsreformG war es umstritten, ob die Beleidigungsdelikte überhaupt weiterhin zur Nebenklage berechtigten sollten (vgl Celebi ZRP 2009, 110). Die gefundene Regelung ist als Kompromissregelung der Befürworter und Gegner einer Beibehaltung anzusehen.

18 Praktische Bedeutung hatte der unbestimmte Rechtsbegriff der **besonderen Gründe** bislang vor allem bei Verkehrsstrafsachen. Zur Konkretisierung, wann „besondere Gründe" vorliegen, weist das Gesetz auf die **schweren Folgen der Tat** hin. Anknüpfungspunkt ist daher zunächst der Grad der verursachten Verletzungen. Nach überwiegender Meinung besteht bei schweren Verletzungen ein Anschlussgrund (Meyer-Goßner StPO § 395 Rn 11). Als schwere Verletzungen kommen etwa Brüche mit längerer Heilungsdauer oder Verletzungen, die stationär oder operativ behandelt werden müssen, in Betracht. Leichte Verletzungen, wie zB leichte Prellungen oder Verstauchungen sowie reine Vermögens- oder Sachschäden schließen eine Nebenklagebefugnis aus (vgl Beulke DAR 1988, 114, 116). Bei mittleren Verletzungen, wie zB einfache Knochenbrüche ohne Komplikationen ist weiter zu differenzieren. Insbesondere wenn der Beschuldigte den Vorwurf eines erheblichen Mitverschuldens macht, besteht beim Opfer ein erhebliches Interesse daran, sich gegen die möglicherweise unberechtigten Schuldzuweisungen zu wehren. Weiter könnte auf die Schwere des Verkehrsverstoßes und darauf abgestellt werden, ob es Schwierigkeiten bei der Schadensregulierung gibt (vgl Meyer-Goßner StPO § 395 Rn 11 mwN).

19 Diese an § 229 StGB entwickelten Kriterien gelten auch für die neu hinzugekommenen Delikte. Es erklärt sich aus der Natur der übrigen Delikte heraus, dass die für die Fälle des § 229 StGB entwickelten Kriterien für die Annahme der besonderen Gründe nicht vollumfänglich auf die neu hinzugekommen Delikte übertragen werden können, zumal es sich im Gegensatz zur fahrlässigen Körperverletzung nach § 229 StGB bei jenen überwiegend um vorsätzlich begangene Aggressionsdelikte handelt. Besondere Gründe liegen bei den neu hinzugekommen Delikten dann vor, wenn schwere Folgen der Tat vorliegen. **Schwere Folgen** sind gegeben, wenn beim Verletzten körperliche oder seelische Schäden mit einem gewissen Grad an Erheblichkeit eingetreten oder zu erwarten sind (vgl BT-Drs 16/12098, 49). Dies können Gesundheitsschädigungen, Traumata oder erhebliche Schockerlebnisse sein. Der Schweregrad der Folgen muss aber nicht die Schwelle der „schweren körperlichen oder seelischen Schäden" wie in § 397 a Abs 1 Nr 3 StPO erreichen (vgl § 397 a StPO Rn 3) erreichen. Besondere Gründe können, ähnlich wie bisher in den Fällen des § 229 StGB, auch darin liegen, dass das Opfer **schwere Schuldzuweisungen** des Täters abzuwehren hat. Bei der Beurteilung ist auf die Gesamtsituation des Verletzten abzustellen. Dies ergibt sich aus der Verwendung des unbestimmten Rechtsbegriffs „aus besonderen Gründen zur Wahrnehmung der Interessen geboten." Dabei sind die opfer- bzw verletztenspezifischen Gesichtspunkte zu berücksichtigen. Dem Nebenkläger bzw dem Nebenklagevertreter obliegt es, die besonderen Gründe umfassend und erschöpfend zu beschreiben und darzulegen.

VI. Weitere Voraussetzungen

1. Prozessfähigkeit

20 Der Nebenkläger muss prozessfähig nach § 51 ZPO, § 52 ZPO, dh uneingeschränkt geschäftsfähig iSd §§ 104 BGB ff sein. Anderenfalls muss der gesetzliche Vertreter den

Anschluss erklären und die Nebenklagerechte wahrnehmen, ohne dass dieser die Rechtsstellung des Verletzten erhält (BayObLG JR 1957,149; Meyer-Goßner StPO Vor § 395 Rn 7; **aA** Eisenberg GA 1998, 32). Die Vertretung steht demjenigen zu, der die Personensorge hat (Meyer-Goßner StPO Vor § 395 Rn 7 mwN). Sofern sich das Verfahren gegen einen Elternteil richtet, ist für den minderjährigen Verletzten ein Ergänzungspfleger zu bestellen (OLG Stuttgart Justiz 1999, 348). Ergänzungspfleger und anwaltlicher Nebenklägervertreter können personenidentisch sein.

2. Rechtswidrige Tat

Die Tat muss rechtswidrig iSd § 11 Abs 1 Nr 5 StGB, nicht aber schuldhaft, begangen sein. Die Schuld wird regelmäßig erst im Gerichtsverfahren festgestellt. Ist ein Vollrausch gem § 323 a StGB Gegenstand des Verfahrens, so ist die Nebenklage nur zulässig, wenn eine Katalogtat des § 395 StPO die Rauschtat darstellt (BGH NStZ-RR 1998, 305). 21

3. Prozessuale Tat

Bei einem einheitlichen Tatgeschehen iSd § 264 StPO, dh vor allem bei Gesetzes- oder Idealkonkurrenz, ist der Anschluss auch möglich, wenn nur das Offizialdelikt angeklagt ist (BGHSt 29, 216, 218). Es ist daher ohne Bedeutung, wenn die Staatsanwaltschaft die rechtliche Bewertung nicht auf das Nebenklagedelikt stützt (BGHSt 29, 216, 218; vgl auch Rn 31). 22

4. Möglichkeit der Tatbegehung ist ausreichend

Während für die Anklage hinreichender Tatverdacht nach den §§ 170 Abs 1, 203 StPO vorliegen muss, genügt für die Anschlussberechtigung zur Nebenklage die Möglichkeit der Tatbegehung (BGH NStZ-RR 2002, 340 mwN; NStZ-RR 2002, 103, 104; NStZ-RR 2008, 352; s § 396 StPO Rn 8). Danach genügt die Möglichkeit eines tatbestandsmäßigen und rechtswidrigen Angriffs auf das Opfer. 23

5. Strafantragserfordernisse

Sofern bei fehlendem oder nicht fristgerecht gestellten Strafantrag des Verletzten die Staatsanwaltschaft das besondere öffentliche Interesse an der Strafverfolgung bejaht oder der Dienstvorgesetzte einen solchen nach § 194 Abs 3 StGB, § 230 Abs 2 StGB stellt, ist der Anschluss auch ohne Strafantrag des Verletzten zulässig (BGH NStZ 1992, 452). Dies gilt auch, wenn das Verfahren nur auf Grund des Strafantrags eines anderen Berechtigten in Gang gekommen ist. 24

Die Nebenklage eines Verletzten ohne Strafantrag ist auch dann uneingeschränkt zuzulassen, selbst wenn das Offizialverfahren nur aufgrund des Antrags eines weiteren Strafantragsberechtigten (KMR/Stöckel StPO § 395 Rn 9; bzgl absoluter Antragsdelikte einschränkend Meyer-Goßner StPO § 395 Rn 5) betrieben wird.

6. Prozesshindernisse

Prozesshindernisse, wie zB der Eintritt der Verfolgungsverjährung oder der Verbrauch der Strafklage, schließen die Anschlussberechtigung aus. Sofern sie speziell das nebenklagefähige Delikt betreffen, ist die Nebenklage ausgeschlossen, auch wenn wegen derselben Tat (§ 264 StPO) ein Offizialverfahren angeklagt ist (KMR/Stöckel StPO § 395 Rn 5 ff). 25

VII. Anschlusserklärung und Beschränkungen (Abs 4 und Abs 5)

1. Vor Rechtskraft

Die Anschlusserklärung der Nebenklage nach Abs 4 ist in jeder Lage des Verfahrens, auch noch im Rechtsmittelverfahren. dh von der Erhebung der öffentlichen Klage, als frühestem möglichem Zeitpunkt (Abs 1), bis zum Fristablauf von Rechtsmitteln nach ergangenem Urteil, als letztem Termin, möglich. Eine vor Anklagerhebung oder im Strafbefehlsverfahren abgegebene Anschlusserklärung ist schwebend unwirksam und wird erst mit der Anklageerhebung bzw im Strafbefehlsverfahren mit Terminsanberaumung oder der Ablehnung des 26

Strafbefehlsantrags wirksam (§ 396 Abs 1 S 2 u S 3 StPO). Der Anschluss kann jedoch noch zur Einlegung eines Rechtsmittels bzw im Rechtsmittelverfahren erfolgen. Bei Anschluss erst nach einem Urteil zur Rechtsmitteleinlegung ist der neue Nebenkläger an die Rechtsmittelfrist der StA gebunden (s § 401 StPO Rn 4 ff). Nach versäumter Rechtsmittelfrist bleibt dem Nebenkläger nur die Möglichkeit, sich einem anderweitig in Gang gekommenen Rechtsmittelverfahren anzuschließen.

2. Nach Rechtskraft

27   Nach rechtskräftigem Abschluss des Verfahrens ist ein Anschluss als Nebenkläger in der Regel nicht mehr möglich (BGH StraFo 2005, 513; BGH NStZ-RR 2002, 261); es sei denn, dass die Anschlusserklärung auf Grund von Verzögerungen bei den Justizbehörden nicht rechtzeitig zur Akte gelangt ist (OLG Hamm NStZ-RR 2003, 335 f). Nach Rechtskraft des Urteils entfallen nicht nur die Anfechtung mit ordentlichen Rechtsmitteln, sondern auch die außerordentlichen rechtskraftdurchbrechenden Rechtsbehelfe (OLG Hamm NStZ-RR 2003, 335, 336).

Eine Wiedereinsetzung in den vorigen Stand scheitert, weil für den nur anschlussberechtigten, aber noch nicht beteiligten Nebenkläger nach § 399 Abs 1 StPO keine eigenen Fristen als Voraussetzung des § 44 StPO in Gang gesetzt werden (KK-StPO/Senge StPO § 395 Rn 17).

Im Falle, dass Zweifel bestehen, ob die Anschlusserklärung vor oder nach Rechtskraft eingegangen ist, ist die Nebenklage nicht von vornherein unzulässig, sondern im Einzelfall ist im Rahmen des gerichtlichen Ermessens zwischen dem Zweck des Opferschutzes, dem Grund der möglichen Verspätung unter Berücksichtigung, ob und wenn ja, in welcher Form der Berechtigte über die Möglichkeit zur Nebenklage nach § 406 h StPO informiert wurde, abzuwägen (**aA** Meyer-Goßner StPO § 395 Rn 12).

3. Wiederaufnahme des Verfahrens

28   Die Wiederaufnahme des Verfahrens nach §§ 359 StPO ff kann der Nebenkläger mangels gesetzlich eingeräumter Befugnis nicht erreichen. Er kann sich allerdings im Falle einer durch einen anderen Beteiligten betriebenen Wiederaufnahme dem dann zustande gekommenen Verfahren (erneut) anschließen.

4. Ende der Nebenklage

29   Die Nebenklage endet durch den jederzeit möglichen Widerruf nach § 402 Abs 1 StPO, unabänderlichen Verzicht (KMR/Stöckel StPO § 395 Rn 22), Vergleich (Rn 12) oder Tod des Nebenklägers, § 402 Abs 1 StPO.

5. Nebenklage und Verfolgungsbeschränkungen nach § 154 a StPO

30   Abs 5 wurde aus systematischen Gründen durch das 2. OpferrechtsreformG (vgl Rn 4) zum 1. 10. 2009 neu in § 395 StPO eingefügt. Der neue Abs 5 entspricht wörtlich dem bisherigen § 397 Abs 2 StPO. Sie soll sicherstellen, dass die Beschränkung der Strafverfolgung aus prozessökonomischen Gesichtspunkten gem § 154 a StPO nicht zu Lasten eines Nebenklagebefugten geht (vgl Rn 20). Deshalb kann der Nebenkläger die Verfolgung eines bereits nach § 154 a StPO eingestellten Nebenklagedelikts durch seinen Anschluss wieder aufleben lassen, wenn es Teil einer sonst angeklagten Tat im prozessualen Sinn ist. Mit der Zulassung des Nebenklägers wird die Nebenklagetat automatisch wieder in das Verfahren einbezogen (BGH NJW 1975, 1749; OLG Düsseldorf NStZ-RR 1999, 116). Ein klarstellender Gerichtsbeschluss wird jedoch gefordert (KMR/Stöckel StPO § 397 Rn 13). Das Interesse des Nebenklägers genießt damit Vorrang vor dem Interesse an einer Verfahrensvereinfachung bzw -beschleunigung.

§ 396 [Anschlusserklärung]

(1) ¹**Die Anschlußerklärung ist bei dem Gericht schriftlich einzureichen.** ²**Eine vor Erhebung der öffentlichen Klage bei der Staatsanwaltschaft oder dem Gericht**

eingegangene Anschlußerklärung wird mit der Erhebung der öffentlichen Klage wirksam. ³Im Verfahren bei Strafbefehlen wird der Anschluß wirksam, wenn Termin zur Hauptverhandlung anberaumt (§ 408 Abs. 3 Satz 2, § 411 Abs. 1) oder der Antrag auf Erlaß eines Strafbefehls abgelehnt worden ist.

(2) ¹Das Gericht entscheidet über die Berechtigung zum Anschluß als Nebenkläger nach Anhörung der Staatsanwaltschaft. ²In den Fällen des § 395 Abs. 3 entscheidet es nach Anhörung auch des Angeschuldigten darüber, ob der Anschluß aus den dort genannten Gründen geboten ist; diese Entscheidung ist unanfechtbar.

(3) Erwägt das Gericht, das Verfahren nach § 153 Abs. 2, § 153a Abs. 2, § 153b Abs. 2 oder § 154 Abs. 2 einzustellen, so entscheidet es zunächst über die Berechtigung zum Anschluß.

Überblick

Auf den schriftlichen Antrag des Verletzten entscheidet das Gericht, unter Berücksichtigung von Vorschriften zur Anhörung anderer Beteiligter, über die Berechtigung zum Anschluss als Nebenkläger.

Übersicht

	Rn		Rn
A. Form der Anschlusserklärung	1	II. Anhörung der Prozessbeteiligten	11
B. Adressat der Anschlusserklärung	2	III. Rechtsqualität	12
C. Wirksamwerden der Anschlusserklärung	3	IV. Dauer der Zulassungswirkung	13
		V. Die ablehnende Zulassungsentscheidung	14
I. Grundsatz	3		
II. Strafbefehlsverfahren	4	VI. Einstellung nach §§ 153 StPO ff.	15
1. Normalfall	4		
2. Strafbefehlsverfahren kommt nicht zustande	5	G. Widerruf des Zulassungsbeschlusses	16
3. Verfahren nach § 408a StPO	6	H. Rechtsbehelfe	17
D. Zuständigkeit	7	I. Beschwerde	17
E. Prüfungsumfang	8	II. Revision	18
F. Der Zulassungsbeschluss und seine Wirkung	10	1. Revision des Nebenklägers	19
		2. Revision des Angeklagten	20
I. Der Zulassungsbeschluss	10	3. Unanfechtbarkeit der Nebenklagezulassung nach Abs 2 S 2	21

A. Form der Anschlusserklärung

Die Anschlusserklärung muss nach Abs 1 S 1 schriftlich bei Gericht eingereicht werden. Dieses Erfordernis ist erfüllt, wenn sie zu Protokoll der Geschäftsstelle oder zum Verhandlungsprotokoll gem § 271 StPO gegeben wird (BayObLG NJW 1958, 1598). Eine Übermittlung durch Telefax, Telegramm oder Fernschreiben ist ausreichend (KMR/Stöckel StPO § 396 Rn 1). Nicht notwendig ist die handschriftliche Unterzeichnung (Meyer-Goßner StPO § 396 Rn 2 mwN). Der Antragsteller kann sich vertreten lassen, die bloße Bestellung eines Rechtsanwaltes ist aber nicht ausreichend (Meyer-Goßner StPO § 396 Rn 3). Die Erklärung muss ihrem Inhalt nach eindeutig und zweifelsfrei sein, ein Begründung ist nicht erforderlich (KMR/Stöckel StPO § 396 Rn 2). 1

B. Adressat der Anschlusserklärung

Die Anschlusserklärung ist an das mit der Sache befasste Gericht zu richten. Wird sie bereits im Vorverfahren eingelegt (Abs 1 S 2), was in der Praxis der Regelfall ist, so müssen Polizei oder Staatsanwaltschaft die Erklärung zu den Akten nehmen und an das Gericht weiterreichen; vorher entfaltet sie wegen schwebender Unwirksamkeit keine Wirkung. 2

C. Wirksamwerden der Anschlusserklärung

I. Grundsatz

3   Zu beachten ist, dass sich der Nebenkläger zur Wahrung seiner Interessen nicht zwingend als Nebenkläger dem Verfahren anschließen muss. Der nebenklageberechtigte Verletzte kann sich auch nach § 406 g vor oder nach Erhebung der Anklage eines Rechtsanwalts als Beistand bedienen, ohne seinen Anschluss als Nebenkläger zu erklären. Für den Fall der beantragten Führung der Nebenklage nach § 395 StPO gilt, dass die Anschlusserklärung frühestens mit der Erhebung der öffentlichen Klage Wirksamkeit erlangt (Abs 1 S 2). Bei einem schon anhängigen Offizialverfahren tritt die Wirkung mit Eingang der Erklärung bei Gericht sofort ein (BGH NStZ-RR 1999, 39).

II. Strafbefehlsverfahren

1. Normalfall

4   Der Normalfall, dass die Staatsanwaltschaft den Strafbefehlsantrag stellt und dieser, möglicherweise auch mit einer, mit dem Richter abgesprochenen Abänderung (§ 408 Abs 3 S 2 StPO) erlassen (§ 408 Abs 3 S 1 StPO) oder nach Ablauf der Einspruchsfrist des Angeklagten rechtskräftig wird (§ 410 Abs 2 StPO), lässt einer Anschlusserklärung keine Chance des Wirksamwerdens (HK-GS/Rössner StPO § 396 Rn 3).

2. Strafbefehlsverfahren kommt nicht zustande

5   Wenn ein Hauptverhandlungstermin anberaumt oder ein Strafbefehlsantrag abgelehnt wird, bedeutet dies für die Anschlussmöglichkeit im Strafbefehlsverfahren, dass dann nach Abs 1 S 3 die Anschlusserklärung mit dem Erlass des Beschlusses über die Ablehnung des Antrags (§ 408 Abs 2 S 1 StPO) oder mit der Terminsanberaumung nach Einspruch (§ 408 Abs 3 S 2 StPO, § 411 Abs 1 S 2 StPO) wirksam wird. Die Anschlusserklärung bleibt auch wirksam, wenn der Beschuldigte zwar Einspruch einlegt, vor Anberaumung einer Hauptverhandlung das Verfahren aber nach § 153 Abs 2 StPO, § 153 a Abs 2 StPO eingestellt wird; nach dem eindeutigen Gesetzeswortlaut des Abs 3 muss das Gericht zunächst über den Anschluss entscheiden (LG Köln MDR 1984, 776; **aA** HK-GS/Rössner StPO § 396 Rn 3 mwN).

3. Verfahren nach § 408 a StPO

6   Im Verfahren nach § 408 a StPO ist das Gericht nach dem Gesetzeswortlaut nicht gehindert, dem Antrag der Staatsanwaltschaft zu folgen.

D. Zuständigkeit

7   Die Entscheidung trifft das zur Zeit der Antragstellung mit dem Verfahren befasste Gericht. Für die Rechtsmittelinstanzen folgt das aus § 395 Abs 4 S 2 StPO. Die Zulassungsentscheidung eines nicht befassten Gerichts ist wirkungslos; sie muss vom zuständigen Gericht neu getroffen werden (KMR/Stöckel StPO § 396 Rn 5).

E. Prüfungsumfang

8   Bei den Anschlusserklärungen nach § 395 Abs 1 und Abs 2 StPO sind die Zugehörigkeit zum Delikts- und Personenkreis von § 395 StPO, Strafantragserfordernisse und sonstige Prozesshindernisse sowie vor allem die Möglichkeit der Feststellung einer rechtswidrigen Tat nach § 395 Abs 1 StPO zu prüfen (BGH NStZ-RR 2002, 340; Meyer-Goßner StPO § 396 Rn 10). Dabei ist nicht maßgeblich, ob ein hinreichender Tatverdacht gem § 170 Abs 1 StPO, § 203 StPO hinsichtlich des Nebenklagedelikts besteht; es ist ausreichend, dass die Verurteilung wegen einer Anschlussstraftat möglich erscheint (LG Koblenz NJW 2004, 305; BGH NStZ-RR 2002, 340; NStZ-RR 2008, 352). Daher sind als Prüfungsgrundlage die Anklageschrift sowie der Vortrag des Antragstellers ausreichend. Allerdings muss das Begehren als Nebenkläger aufzutreten auf die Schutzfunktion dieser Institution bezogen sein (HK-

GS/Rössner StPO § 396 Rn 4). Das ist nicht der Fall, wenn der Nebenkläger einen Freispruch des Angeklagten (OLG Schleswig NStZ-RR 2000, 270) oder eine Mediation (HK-GS/Rössner StPO § 396 Rn 4) anstrebt.

Beim Sonderfall der in § 395 Abs 3 StPO aufgeführten Delikte und Voraussetzungen 9 entscheidet das Gericht nach § 395 Abs 3 StPO, § 396 Abs 2 StPO darüber hinaus, ob der Anschluss aus besonderen Gründen geboten ist. Der Verletzte muss die relevanten Tatsachen, insbesondere zu den Tatfolgen, glaubhaft machen (Beulke DAR 1988, 117; KMR/Stöckel StPO § 396 Rn 8).

F. Der Zulassungsbeschluss und seine Wirkung

I. Der Zulassungsbeschluss

Die Entscheidung nach Abs 1 S 1 ergeht in Beschlussform vom Gericht als Spruchkörper 10 in oder außerhalb der Hauptverhandlung. Der Vorsitzende entscheidet nicht allein. Positive wie negative Entscheidungen sind ausdrücklich zu treffen und niederzulegen, da sie sowohl mit dem Rechtsmittel der Beschwerde als auch der Revision anfechtbar sind und daher nach § 34 begründet werden müssen.

Im Falle der Entscheidung nach § 396 Abs 2 S 2 StPO iVm § 395 Abs 3 StPO sind erhöhte Anforderungen an die Begründungspflicht zu stellen, da dieser Beschluss unanfechtbar ist.

II. Anhörung der Prozessbeteiligten

Vor dem Zulässigkeitsbeschluss ist nach Abs 2 S 1 regelmäßig die Staatsanwaltschaft zu 11 hören. Dem Angeschuldigten wird dieses Recht nicht zugestanden (KMR/Stöckel StPO § 396 Rn 7; Meyer-Goßner StPO § 395 Rn 11; **aA** SK-StPO/Velten StPO § 395 Rn 6). Dagegen ist beim Zulassungsbeschluss nach § 395 Abs 3 StPO, § 396 Abs 2 S 2 StPO die Anhörung des Angeschuldigten vorgeschrieben.

III. Rechtsqualität

Der Zulassungsbeschluss hat nur deklaratorische Wirkung. Die Stellung als Nebenkläger 12 wird bereits durch die Anschlusserklärung, die eine prozessrechtliche Bewirkungshandlung ist, begründet (BGH NStZ 1999, 39; KMR/Stöckel StPO § 396 Rn 11; zur Begründung im Einzelnen AK/Rössner StPO § 396 Rn 8). Ein nicht zur Nebenklage Berechtigter kann daher auch nicht durch einen (irrigen) Gerichtsbeschluss Nebenkläger werden (BGH NStZ-RR 2001, 135).

Dagegen ist der Zulassungsbeschluss in den Fällen des § 395 Abs 3 StPO konstitutiv. Aufgrund der Sonderregeln § 395 Abs 3 StPO, § 396 Abs 2 StPO folgt hier der Anschlusserklärung eine inhaltliche Prüfung durch das Gericht hinsichtlich der materiellrechtlichen besonderen Gründe für den Anschluss nach (OLG Düsseldorf NStZ-RR 1997, 11; OLG Düsseldorf NStZ 1994, 49; KMR/Stöckel StPO § 396 Rn 2). In der praktischen Konsequenz sind Prozesshandlungen, wie die Rechtsmitteleinlegung, solange nicht wirksam, bis der gerichtliche Zulassungsbeschluss ergangen ist (OLG Düsseldorf NStZ-RR 1997, 11; **aA** SK-StPO/Velten StPO § 396 Rn 12).

IV. Dauer der Zulassungswirkung

Die Zulassung der Nebenklage wirkt über die jeweilige Instanz hinaus bis zum rechts- 13 kräftigen Abschluss des Verfahrens und umfasst damit auch die Revisionsinstanz (BGH Beschl v 14. 11. 2007 – Az 2 StR 501/07; BGH NStZ 2000, 52).

V. Die ablehnende Zulassungsentscheidung

Der den Anschluss ablehnende Beschluss hat sowohl bei einem Nebenklageanschluss nach 14 § 395 Abs 1 u Abs 2 StPO als auch nach § 395 Abs 3 StPO konstitutive Qualität (HK-GS/Rössner StPO § 396 Rn 6; KMR/Stöckel StPO § 396 Rn 12). Er beseitigt nämlich im ersten Fall die ursprünglich mit der Anschlusserklärung erlangte Stellung des Nebenklägers ex tunc, Erklärungen oder Anträge aus der Zeit vor dem Ablehnungsbeschluss werden gegenstandslos (HK-GS/Rössner StPO § 396 Rn 6). Die Nichtzulassungsentscheidung hat allerdings keine Bestandskraft, so dass der Anschluss mit neuem Vorbringen später wieder erklärt werden kann (BGHSt 41, 288, 289; Meyer-Goßner StPO § 396 Rn 17). Der Nebenkläger kann insbesondere mit einem Rechtsmittel die Ablehnung der Zulassung angreifen, worin eine neue zulässige Anschlusserklärung liegt, über die das Rechtsmittelgericht zu befinden hat (BGH MDR 1970, 732; Meyer-Goßner StPO § 395 Rn 17).

VI. Einstellung nach §§ 153 StPO ff

15 Sofern das Gericht im Zwischenverfahren eine Einstellung gem §§ 153 StPO ff erwägt, so muss es nach Abs 3 bei Vorliegen einer Anschlusserklärung zunächst über die Berechtigung zum Anschluss entscheiden; es sollte dem Nebenkläger Gelegenheit zur Stellungnahme einräumen (vgl BVerfG NJW 1995, 317). Allerdings ist die Zustimmung des Nebenklägers zu einer späteren Einstellung nicht vorgeschrieben.

G. Widerruf des Zulassungsbeschlusses

16 Der Zulassungsbeschluss ist nicht zur Rechtskraft fähig. Ein Widerruf ist in jeder Lage des Verfahrens zulässig, beispielsweise wenn sich ergibt, dass dem Beschluss von vornherein die rechtlichen Grundlagen gefehlt haben oder diese entfallen sind (Meyer-Goßner StPO § 396 Rn 16). Unzulässig ist allerdings im laufenden Verfahren ein Widerruf mit der Begründung, das Nebenklagedelikt sei nicht erwiesen oder nicht beweisbar (OLG Düsseldorf NStZ 1997, 204).

H. Rechtsbehelfe

I. Beschwerde

17 Gegen den Zulassungsbeschluss nach Abs 2 S 1, gleich welchen Inhalts, können die Betroffenen stets einfache Beschwerde nach § 304 StPO einlegen, da der Zulassungsbeschluss keine bindende Wirkung entfaltet. § 305 StPO schließt die Beschwerde nicht aus, da die Nebenklage auf den urteilsunabhängigen Opferschutz im Verfahren zielt und daher selbständige prozessuale Bedeutung hat (OLG Düsseldorf NStZ 1997, 204; KMR/Stöckel StPO § 396 Rn 14; Meyer-Goßner StPO § 396 Rn 19).

Gegen eine ablehnende Entscheidung können sich Staatsanwaltschaft und Nebenklagebefugter wehren; gegen die Zulassung können die Staatsanwaltschaft und der Angeschuldigte vorgehen. Bei Ablehnung ist, wegen der insoweit isoliert zu betrachtenden Kostenfolge (§ 472 Abs 1 StPO), auch nach Rechtskraft des Urteils eine Beschwerde des Nebenklagebefugten zulässig (OLG Hamm JZ 1972, 252; **aA** OLG Zweibrücken StV 1982, 66). Die Beschwerde ist beim iudex a quo einzulegen. Fristbindung besteht nicht. Eine Begründung ist zwar nicht vorgeschrieben, im Hinblick auf eine Revision aber angeraten.

II. Revision

18 Die gesetzeswidrige Nichtzulassung bzw Zulassung als Nebenkläger stellt eine nicht richtige Anwendung des Verfahrensrechts iSd § 337 StPO dar und kann somit zur Revision nach §§ 333 StPO ff führen.

1. Revision des Nebenklägers

19 Die von Amts wegen zu prüfende Anschlussbefugnis des Nebenklägers ist Voraussetzung für das Revisionsverfahren (BGHSt 29, 216, 217; Meyer-Goßner StPO § 396 Rn 20).

Ist im Fall der rechtswidrigen Nichtzulassung nicht auszuschließen, dass der Nebenkläger für die Entscheidung der Sache wesentliche Erklärungen oder Beweismittel hätte beitragen können, greift der Revisionsgrund des § 337 StPO durch (BGH NStZ 1999, 259; KMR/Stöckel StPO § 396 Rn 18). Dabei ist aber der Rahmen des § 400 StPO zu beachten. Auf die mangelnde Unterstützung durch den Nebenkläger könnte sich auch die Staatsanwaltschaft in einem von ihr initiierten Revisionsverfahren berufen, bei der Revision wegen rechtswidriger Nebenklagezulassung ist § 337 StPO ebenfalls Beurteilungsgrundlage (HK-GS/Rössner StPO § 396 Rn 14).

2. Revision des Angeklagten

Sofern der Angeklagte Revision einlegt, wird die Anschlussbefugnis nur auf seine entsprechende Rüge hin geprüft. Wegen der richterlichen Aufklärungspflicht bei Abwesenheit des Nebenklägers dürfte die Verfahrensverletzung als Revisionsgrund in der Regel nicht durchgreifen, da das Urteil in der Regel nicht darauf beruhen dürfte (BGH NStZ 1994, 26; Meyer-Goßner StPO § 396 Rn 21 mwN; differenzierend HK-GS/Rössner StPO § 396 Rn 13). 20

3. Unanfechtbarkeit der Nebenklagezulassung nach Abs 2 S 2

Die Entscheidung über die materielle Zulassungsberechtigung in den Fällen des § 395 Abs 3 StPO ist gem Abs 2 S 2 unanfechtbar. Durch diese gesetzliche Festlegung ist eine solche Entscheidung im gesamten Verfahren, von der Erhebung der öffentlichen Klage bis zum rechtskräftigen Abschluss nach einer Revision (§ 336 S 2 StPO), nicht zu korrigieren (OLG Düsseldorf NStZ 1994, 49, 50). Ein erneuter Antrag auf Zulassung der Nebenklage in der Rechtsmittelinstanz ist zulässig. Neue Tatsachen brauchen nicht vorgebracht werden. Das Rechtsmittelgericht hat nach Maßgabe des § 395 Abs 3 StPO selbstständig über die Anschlussberechtigung zu entscheiden (HK-StPO/Kurth StPO § 396 Rn 31; KMR/Stöckel StPO § 396 Rn 20; Letzgus NStZ 1989, 353; Rieß/Hilger NStZ 1987, 154 Fn 201; Beulke DAR 1988, 118, SK-StPO/Velten StPO § 396 Rn 20, **aA** OLG Düsseldorf NStZ 1994, 49, 50; Meyer-Goßner StPO § 396 Rn 23). Maßgeblich ist § 395 Abs 4 S 1 StPO, wonach der Nebenkläger den Anschluss in jeder Lage des Verfahrens erklären kann (ebenso HK-StPO/Kurth StPO § 396 Rn 31). 21

§ 397 [Rechte des Nebenklägers]

(1) [1]Der Nebenkläger ist, auch wenn er als Zeuge vernommen werden soll, zur Anwesenheit in der Hauptverhandlung berechtigt. [2]Er ist zur Hauptverhandlung zu laden; § 145 a Absatz 2 Satz 1 und § 217 Absatz 1 und 3 gelten entsprechend. [3]Die Befugnis zur Ablehnung eines Richters (§§ 24, 31) oder Sachverständigen (§ 74), das Fragerecht (§ 240 Absatz 2), das Recht zur Beanstandung von Anordnungen des Vorsitzenden (§ 238 Absatz 2) und von Fragen (§ 242), das Beweisantragsrecht (§ 244 Absatz 3 bis 6) sowie das Recht zur Abgabe von Erklärungen (§§ 257, 258) stehen auch dem Nebenkläger zu. [4]Dieser ist, soweit gesetzlich nichts anderes bestimmt ist, im selben Umfang zuzuziehen und zu hören wie die Staatsanwaltschaft. [5]Entscheidungen, die der Staatsanwaltschaft bekannt gemacht werden, sind auch dem Nebenkläger bekannt zu geben; § 145 a Absatz 1 und 3 gilt entsprechend.

(2) [1]Der Nebenkläger kann sich des Beistands eines Rechtsanwalts bedienen oder sich durch einen solchen vertreten lassen. [2]Der Rechtsanwalt ist zur Anwesenheit in der Hauptverhandlung berechtigt. [3]Er ist vom Termin der Hauptverhandlung zu benachrichtigen, wenn seine Wahl dem Gericht angezeigt oder er als Beistand bestellt wurde.

Überblick

§ 397 StPO bestimmt die Rechte des Nebenklägers in der Hauptverhandlung. Die Vorschrift des 2. Abschnitts wurde neben anderen durch das am 1. 10. 2009 in Kraft getretene Gesetz zur Stärkung der Rechte von Verletzten und Zeugen im Strafverfahren (2. OpferrechtsreformG) geändert und in weiten Teilen neu gefasst.

Übersicht

	Rn		Rn
A. Allgemeines	1	I. Recht auf Anwesenheit nach Ladung (Abs 1 S 1und S 2)	2
B. Die Verfahrensrechte des Nebenklägers	2	II. Ablehnungsrechte (Abs 1 S 3)	3

	Rn		Rn
III. Fragerecht (Abs 1 S 3)	4	VII. Information und Beteiligung (Abs 1 S 4 und S 5)	8
IV. Beanstandung von Anordnungen und Fragen (Abs 1 S 3)	5	VIII. Anwaltlicher Beistand (Abs 2)	9
V. Abgabe von Erklärungen und Plädoyer (Abs 1 S 3)	6	IX. Weitere ungeschriebene Rechte	10
VI. Beweisantragsrecht (Abs 1 S 3)	7	X. Dem Nebenkläger nicht zustehende Rechte	11
		XI. Akteneinsichtsrecht	12

A. Allgemeines

1   Die Regelungen orientieren sich am Zweck der Nebenklage und sollen dem Nebenkläger eine gesicherte Schutzposition während des Gerichtsverfahrens vermitteln. In der bis zum 30. 9. 2009 geltenden Fassung enthielt die Vorschrift in unübersichtlicher Form klarstellende Hinweise (Abs 1 S 1 u Abs 2 aF), Teilverweisungen auf das Privatklageverfahren (Abs 1 S 2 aF) sowie enumerative Einzelübertragungen (Abs 1 S 3 aF). Durch das am 1. 10. 2009 in Kraft getretene Gesetz zur Stärkung der Rechte von Verletzten und Zeugen im Strafverfahren v 3. 7. 2009 (2. OpferrechtsreformG) wurde diese Vorschrift neu gefasst (BGBl I 2280). Abs 1 S 1 blieb inhaltlich unverändert, es wurde lediglich zur Vereinfachung auf die Worte „nach erfolgtem Anschluss" verzichtet, weil Nebenkläger iSd S 1 nur sein kann, wer sich zuvor der öffentlichen Klage angeschlossen hat (BT-Drs 16/12098, 49). S 2 übernimmt inhaltlich die bisherige Regelung, verzichtet allerdings auf den Verweis auf die Vorschriften zur Privatklage und gibt den Regelungsgehalt unmittelbar wieder. Nebenklage und Privatklage sind mittlerweile so verschiedenartig ausgestaltet und angelegt, dass sich Verweise auf die Privatklage überholt haben (vgl BT-Drs 16/12098, 50). Während S 3 unverändert blieb, wurden S 4 und S 5 aus den vorgenannten Gründen geändert und inhaltlich klargestellt. Der bisherige Abs 2 wurde inhaltlich unverändert aus systematischen Gründen als Abs 5 dem § 395 StPO angefügt. Der inhaltlich insoweit neu gefasste Abs 2 stellt klar, dass sich der Verletzte jederzeit eines anwaltlichen Beistands bedienen kann; dieser ist vom Termin der Hauptverhandlung zu benachrichtigen. Die bisherige Verweisung in Abs 2 S 1 auf die Vorschriften der Privatklage wurde ebenfalls aufgegeben.

Der Grundsatz des fair trial gilt auch für den Nebenkläger. Mehrere Nebenkläger können durch einen Rechtsanwalt vertreten werden, es gilt nicht das Verbot der Mehrfachvertretung nach § 146 StPO (OLG Oldenburg Beschl v 19. 2. 2008 – Az 1 Ws 110/08 nv). Der Nebenkläger hat als Verfahrensbeteiligter auch das Recht zur Stellungnahme im Rahmen einer Verständigung bzw Verfahrensabsprache („Deal"), § 257 c Abs 3 S 3 StPO.

Hinzuweisen ist auf § 187 Abs 2 GVG. Danach steht einem der deutschen Sprache nicht mächtigen Nebenkläger ein Anspruch auf unentgeltliche Dolmetscherleistung zu, auch außerhalb der Hauptverhandlung für deren Vorbereitung sowie für die Vorbereitung der damit zusammenhängenden Verfahrenshandlungen (OLG Hamburg NJW 2005, 1135).

B. Die Verfahrensrechte des Nebenklägers

I. Recht auf Anwesenheit nach Ladung (Abs 1 S 1und S 2)

2   Der Nebenkläger hat das Recht während der gesamten Hauptverhandlung anwesend zu sein. Dies gilt auch dann, wenn er gleichzeitig als Zeuge vernommen werden soll. Es besteht für den Nebenkläger keine Anwesenheitspflicht. Das persönliche Erscheinen des Nebenklägers kann nicht angeordnet werden. Nur wenn das Gericht den Nebenkläger als Zeugen lädt, muss er dem nachkommen und zum Vernehmungstermin erscheinen, dort wahrheitsgemäß aussagen und die Aussage ggf auf entsprechende Anordnung beeiden (§ 48 StPO, § 51 StPO, § 57 StPO, § 59 StPO). In der Praxis ist es weitgehend üblich und unter Gesichtspunkten der Glaubhaftigkeit ihrer Aussage angezeigt, dass die Nebenkläger im Fall einer gleichzeitigen Zeugenstellung erst nach ihrer Zeugenvernehmung an der Hauptverhandlung teilnehmen, womit vermieden werden kann, den Wert ihrer Zeugenaussage zu schwächen.

Der Nebenkläger ist seitens des Gerichts formell zu laden. Die Bestimmungen von § 145 a Abs 2 S 1 StPO und § 217 Abs 1 und Abs 3 StPO gelten entsprechend.

II. Ablehnungsrechte (Abs 1 S 3)

Nach Abs 1 S 3 hat der Nebenkläger das Recht zur Ablehnung von Richtern nach § 24 StPO, § 31 StPO und von Sachverständigen nach § 74 StPO. Für die Beschränkung des Ablehnungsrechts nach § 25 Abs 2 StPO ist nicht die Kenntnis des Nebenklägers, sondern die seines Nebenklägervertreters maßgeblich (BGHSt 37, 264). 3

III. Fragerecht (Abs 1 S 3)

Der Nebenkläger kann Angeklagte, Zeugen und Sachverständige befragen, § 240 Abs 2 StPO. Ist der Nebenkläger Mitangeklagter, so ist die Befragung nach § 240 Abs 2 S 2 StPO ausgeschlossen. 4

IV. Beanstandung von Anordnungen und Fragen (Abs 1 S 3)

Anordnungen des Vorsitzenden nach § 238 Abs 2 StPO und Fragen, insbesondere des Verteidigers, kann der Nebenkläger beanstanden und eine gerichtliche Entscheidung herbeiführen, § 240 Abs 2 StPO, § 242 StPO. 5

V. Abgabe von Erklärungen und Plädoyer (Abs 1 S 3)

Der Nebenkläger hat das generelle Erklärungsrecht zu einzelnen Prozessereignissen (§ 257 StPO) sowie die Möglichkeit zum Schlussvortrag (§ 258 StPO). Dieser erfolgt nach dem Plädoyer der Staatsanwaltschaft und vor dem des Angeklagten (BGH NJW 2001, 3137). Dazu gehört auch das, sich aus § 258 Abs 2 Hs 2 StPO, § 397 Abs 1 S 3 StPO ergebende Recht zur Erwiderung. Diesem kommt nicht dasselbe Gewicht zu wie dem letzten Wort des Angeklagten, daher begründet die Verweigerung dieses Rechts nur dann die Revision des Nebenklägers, wenn und soweit das Urteil gerade auf diesem Fehler beruht (BGH NJW 2001, 3137). 6

VI. Beweisantragsrecht (Abs 1 S 3)

Eine besondere Bedeutung kommt dem Beweisantragsrecht gem § 244 Abs 3 bis Abs 6 StPO zu. Der Nebenkläger erhält trotz der umfassenden Aufklärungspflicht des Gerichts (§ 244 Abs 2 StPO) die gleiche Formalbefugnis wie der Angeklagte und die Staatsanwaltschaft. Derartige Anträge können nur im Rahmen der Anschlussberechtigung gestellt werden, bei Tatmehrheit ist das Beweisantragsrecht auf das Nebenklagedelikt beschränkt. Bei Tateinheit oder Gesetzeskonkurrenz bezieht sich das Beweisantragsrecht regelmäßig auf den gesamten Tatkomplex (Meyer-Goßner StPO § 397 Rn 10). 7

VII. Information und Beteiligung (Abs 1 S 4 und S 5)

S 4 und 5 bestimmen, soweit gesetzlich nichts anderes bestimmt ist, eine weitere Gleichstellung der Rechte des Nebenklägers mit denen der Staatsanwaltschaft. Er ist im selben Umfang zuzuziehen und zu hören wie die Staatsanwaltschaft. Dies gilt insbesondere vor der Einstellung des Verfahrens nach §§ 153 StPO ff, die aber von der Zustimmung des Nebenklägers nicht abhängt (BGHSt 28, 272, 273). Nach S 5 sind auch die Entscheidungen des Gerichts, die der Staatsanwaltschaft bekannt gemacht werden, dem Nebenkläger bekannt zu geben. Für Ladungen und Zustellungen gilt § 145 a Abs 1 und Abs 3 StPO entsprechend. 8

VIII. Anwaltlicher Beistand (Abs 2)

S 1 u 2 stellt klar, was bislang auch bereits anerkannt war. Der Nebenkläger kann sich jederzeit eines rechtsanwaltlichen Beistands bedienen oder sich von ihm vertreten lassen. Dies ergab sich bislang aus einer Verweisung auf die Privatklagevorschriften über Abs 1 S 2 auf § 378 S 1 StPO. Auch dieser Verweis wurde im Rahmen des 2. OpferrechtsreformG aufgegeben und in der neuen Fassung wurde die Rechtsstellung klargestellt. 9

Der neu eingeführte S 3, der dem Gericht die Pflicht auferlegt den anwaltlichen Nebenklägervertreter vom Termin zur Hauptverhandlung zu benachrichtigen, soll sicherstellen, dass der Rechtsanwalt des Opfers gleichzeitig vom Termin der Hauptverhandlung benachrichtigt wird. Dies ist bislang in der Praxis häufig unterblieben. Es ist für den Nebenkläger in aller Regel von besonderer Bedeutung, von einer rechtskundigen Person vertreten zu werden. Allein die Mitteilung an den Verletzten reicht hierfür nicht aus, weil dieser nicht selten schon damit überfordert ist, seinen Rechtsanwalt zeitgerecht zu informieren (BT-Drs 16/12098, 51). Außerdem gehen die Nebenkläger in der Regel auch davon aus, dass der beauftragte Rechtsanwalt ebenfalls vom Gericht benachrichtigt wird. Voraussetzung ist allerdings, dass der Rechtsanwalt sich gegenüber dem Gericht legitimiert hat oder schon als Beistand bestellt wurde.

IX. Weitere ungeschriebene Rechte

10   Auch wenn der Katalog des Abs 1 grundsätzlich abschließend sein soll, geht der Gesetzgeber davon aus, dass sich auch ohne ausdrückliche Regelung aus der Stellung des Nebenklägers ergebe, dass dieser durch Anträge auf eine sachgerechte Ausübung der dem Gericht nach § 244 Abs 2 StPO obliegenden Aufklärungspflicht sowie auf einen sachgerechten Verfahrensablauf hinzuwirken befugt ist (vgl BT-Drs 10/5305, 13). In diesem Rahmen werden ihm weitere Rechte zugestanden, wenn sie für die Zweckerreichung der Nebenklage notwendig sind (HK-GS/Rössner StPO § 397 Rn 1, Meyer-Goßner StPO § 397 Rn 11 mwN, für abschließende Regelung: SK-StPO/Velten StPO § 397 Rn 5, HK-StPO/Kurth StPO § 397 Rn 13). Anträge, die den besonderen Opferschutzbelangen des Nebenklägers entsprechen, sind zulässig. Dem Nebenkläger steht auch das Recht auf unmittelbare Ladung von Beweispersonen zu, wobei dann § 222 StPO, § 245 Abs 2 StPO gelten (Meyer-Goßner StPO § 397 Rn 10; **aA** SK-StPO/Velten StPO § 397 Rn 8).

X. Dem Nebenkläger nicht zustehende Rechte

11   Wegen der weitgehend abschließenden Regelung des Abs 1 und weil besondere Opferschutzbelange des Nebenklägers regelmäßig nicht berührt sein dürften, ist anerkannt, dass der Nebenkläger grundsätzlich nicht befugt ist, Anträge auf Aussetzung der Hauptverhandlung nach § 246 Abs 2 StPO, § 265 Abs 4 StPO, auf Protokollierung des Grundes für die Urkundenverlesung nach § 255 StPO, vollständige Niederschreibung von Vorgängen, Aussagen und Äußerungen im Protokoll der Hauptverhandlung nach § 273 Abs 3 StPO, Vereidigung des Sachverständigen nach § 79 Abs 1 S 2 StPO zu stellen (vgl Meyer-Goßner StPO § 397 Rn 11). Das Gericht ist grundsätzlich auch nicht verpflichtet, die Zustimmung oder den Verzicht des Nebenklägers einzuholen, sofern bestimmte Prozesshandlungen oder ihr Unterlassen von der Zustimmung oder dem Verzicht der Staatsanwaltschaft und des Angeklagten abhängig sind, Verzicht nach § 324 Abs 1 S 2 StPO auf die Verlesung des Urteils der 1. Instanz, Beweisverzicht nach § 245 Abs 1 S 2 StPO, Verlesung von Protokollen nach § 251 Abs 1 Nr 1, Abs 2 Nr 3 StPO, Verlesung von Niederschriften nach § 325 Hs 2 StPO im Rahmen der Berufungsrücknahme nach § 303 S 2 StPO oder nach Rücknahme des Einspruchs im Strafbefehlsverfahren nach § 411 Abs S 4 StPO, § 303 S 2 StPO (vgl Meyer-Goßner StPO § 397 Rn 12).

XI. Akteneinsichtsrecht

12   Abs 1 S 2 aF verwies bislang auf die Vorschriften der Privatklage zum Recht auf Akteneinsicht durch einen Rechtsanwalt, § 385 Abs 3 StPO. Der entsprechende Verweis wurde nicht übernommen. Maßgeblich ist insoweit für das Akteneinsichtsrecht des Nebenklägers und seines Rechtsanwaltes allein § 406 e (§ 406 e StPO Rn 1 ff). Da die Nebenkläger zu dem von § 406 e Abs 1 S 2 StPO erfassten Personenkreis gehören, entspricht die Rechtslage inhaltlich weitgehend der der bisherigen Verweisungsregelung. Der Gesetzgeber war von dem Willen getragen, das Akteneinsichtsrecht der Verletzten, Nebenklagebefugten und Nebenkläger allein in § 406 e StPO zu regeln, was insbesondere dem besseren Verständnis dienen sollte (BT-Drs 16/12098, 55). Rechtsnachteile sollen sich für den Verletzten daraus allerdings nicht ergeben.

§ 397 a [Opferanwalt und Prozesskostenbeihilfe]

(1) Dem Nebenkläger ist auf seinen Antrag ein Rechtsanwalt als Beistand zu bestellen, wenn er
1. durch ein Verbrechen nach den §§ 176 a, 177, 179, 232 und 233 des Strafgesetzbuches verletzt ist,
2. durch eine versuchte rechtswidrige Tat nach den §§ 211 und 212 des Strafgesetzbuches verletzt oder Angehöriger eines durch eine rechtswidrige Tat Getöteten im Sinne des § 395 Absatz 2 Nummer 1 ist,
3. durch ein Verbrechen nach den §§ 226, 234 bis 235, 238 bis 239 b, 249, 250, 252, 255 und 316 a des Strafgesetzbuches verletzt ist, das bei ihm zu schweren körperlichen oder seelischen Schäden geführt hat oder voraussichtlich führen wird, oder
4. durch eine rechtswidrige Tat nach den §§ 174 bis 182, 221, 225, 226, 232 bis 235, 238 Absatz 2 und 3, §§ 239 a, 239 b, 240 Absatz 4, §§ 249, 250, 252, 255 und 316 a des Strafgesetzbuches verletzt ist und er bei Antragstellung das 18. Lebensjahr noch nicht vollendet hat oder seine Interessen selbst nicht ausreichend wahrnehmen kann.

(2) ¹Liegen die Voraussetzungen für eine Bestellung nach Absatz 1 nicht vor, so ist dem Nebenkläger für die Hinzuziehung eines Rechtsanwalts auf Antrag Prozesskostenhilfe nach denselben Vorschriften wie in bürgerlichen Rechtsstreitigkeiten zu bewilligen, wenn er seine Interessen selbst nicht ausreichend wahrnehmen kann oder ihm dies nicht zuzumuten ist. ²§ 114 Satz 1 zweiter Halbsatz und § 121 Absatz 1 bis 3 der Zivilprozessordnung sind nicht anzuwenden.

(3) ¹Anträge nach den Absätzen 1 und 2 können schon vor der Erklärung des Anschlusses gestellt werden. ²Über die Bestellung des Rechtsanwalts, für die § 142 Absatz 1 entsprechend gilt, und die Bewilligung der Prozesskostenhilfe entscheidet der Vorsitzende des mit der Sache befassten Gerichts. ³In den Fällen des Absatzes 2 ist die Entscheidung unanfechtbar.

Überblick

Die Vorschrift ermöglicht besonders schutzwürdigen Verletzten, sich für die Führung der Nebenklage einen Rechtsanwalt als Beistand beiordnen zu lassen. Dies erfolgt für den Verletzten einkommensunabhängig, nach Abs 1 Nr 1 u Nr 2 bei bestimmten schweren Delikten ohne dass weitere Voraussetzungen erforderlich sind, nach Abs 1 Nr 3 u Nr 4 bei bestimmten schweren Delikten und weiteren Voraussetzungen, wie entweder schweren Folgen der Tat oder für Verletzte bis zum 18. Lebensjahr oder bei Unfähigkeit der Interessenwahrnehmung. Abs 2 ermöglicht die Bewilligung von Prozesskostenhilfe, sofern die Voraussetzungen einer Bestellung nach Abs 1 nicht vorliegen. Verfahrenstechnische Regelungen sind in Abs 3 enthalten.

Übersicht

	Rn		Rn
A. Allgemeines	1	C. Beiordnung mit Prozesskostenhilfe (Abs 2)	8
B. Privilegierte Beiordnung (Abs 1)	2	I. Sachliche Voraussetzungen	8
I. Bestimmte schwere Delikten (Abs 1 Nr 1 u Nr 2)	2	1. Unfähigkeit oder Unzumutbarkeit	9
		2. Schwierige Sach- oder Rechtslage	10
II. Bestimmte Delikte und schwere Folgen (Abs 1 Nr 3)	3	3. Aspekt der „Waffengleichheit"	11
		II. Persönliche Voraussetzungen	12
III. Bestimmte Delikte und Alter bis zum 18. Lebensjahr (Abs 1 Nr 3 Alt 1)	5a	D. Das Bewilligungsverfahren	13
		I. Antrag	13
IV. Bestimmte Delikte und Unfähigkeit (Abs 1 Nr 3 Alt 2)	6	II. Zuständigkeit	14

	Rn		Rn
III. Prüfungsumfang	15	4. Wechsel und Aufhebung der Beiordnung	20
1. Inhaltliche Prüfung	15		
2. Anhörung	16	**E. Rechtsmittel**	21
IV. Umfang und Wirkung der Beiordnung	17	I. Unanfechtbarkeit	21
1. Umfang und Rückwirkung	17	II. Beschwerde	22
2. Wirkung der Bestellung nach Abs 1	18	III. Revision	23
3. Wirkung der Bestellung nach Abs 2	19		

A. Allgemeines

1   Durch das Zeugenschutzgesetz aus dem Jahre 1998 wurde eine langjährige Forderung von Opferschutzverbänden nach dem sogenannten „Opferanwalt auf Staatkosten" für **besonders schutzbedürftige Opfer schwerster Straftaten** umgesetzt. Der Staat übernimmt einkommensunabhängig die Rechtsanwaltskosten bei bestimmten, besonders schweren Delikten. Durch das am 1. 10. 2009 in Kraft getretene Gesetz zur Stärkung der Rechte von Verletzten und Zeugen im Strafverfahren v 3. 7. 2009 (2. OpferrechtsreformG) wurde die Vorschrift in weiten Teilen neu gefasst und gestaltet, wobei auch der Kreis der Berechtigten erweitert wurde (BGBl I 2280). Abs 1 ist eine Spezialvorschrift für den Nebenkläger, die der Beiordnung eines Zeugenbeistands nach § 68 b StPO vorgeht. Bei „Wahrung der berechtigten Forderung des Opferschutzes" sind sowohl die in Abs 1 Nr 3 u Nr 4 aufgeführten Delikte neu aufgenommen als auch weitere Änderungen eingeführt worden (BT-Drs 16/12098, 51 f). Die bisherige Schutzaltersgrenze in Abs 1 S 2 wurde nun in Abs 1 Nr 4 vom 16. auf das 18. Lebensjahr angehoben; gleichzeitig wurde der Deliktskatalog in Abs 1 Nr 3 u Nr 4 (zB § 240 Abs 4 StGB, § 249 StGB, § 250 StGB, § 255 StGB, § 316 a StGB) erweitert. Opfern von Verbrechen gegen das Leben, die sexuelle Selbstbestimmung und des Menschenhandels wird, unabhängig von ihrer wirtschaftlichen Situation, das Kostenrisiko der Nebenklagebeteiligung abgenommen, unter 18 Jahren auch bei Vergehen zB gegen die sexuelle Selbstbestimmung, ohne dass weitere Voraussetzungen dafür vorliegen müssen. Bei den in Abs 1 Nr 3 und Nr 4 aufgeführten Delikten müssen über das Betroffen sein von einem der dort genannten Straftaten, weitere alternative Voraussetzungen erfüllt sein, entweder schwere Folgen der Tat, ein Alter des Verletzten bis zum 18. Lebensjahr oder eine Unfähigkeit der Interessenwahrnehmung. Begründet wird diese Privilegierung mit dem besonderen Schutzbedürfnis bestimmter Verletzter; darüber hinaus sollen die Nebenkläger nicht aus Sorge um das Kostenrisiko davon abgehalten werden, sich eines anwaltlichen Beistands zu bedienen (vgl BT-Drs 16/12098, 52). Das Kostenrisiko trägt nunmehr der Staat. Nach erfolgter Bewilligung hat der beigeordnete Rechtsanwalt einen Kostenerstattungsanspruch gegenüber der jeweiligen Landeskasse; sein Honorar bestimmt sich nach dem RVG, dort Teil 4 VV. Entscheidungen nach den § 469 StPO, § 470 StPO bleiben möglich.

Die Bestellung eines Beistands für den Nebenklageberechtigten gem § 397 a Abs 1 StPO geht der Prozesskostenhilfe nach Abs 2 vor, denn sie ist für den Antragsteller günstiger, da sie unabhängig von seinen wirtschaftlichen Verhältnissen wahrzunehmen ist (BGH NStZ-RR 2008, 255). Das bisher für die Bewilligung von Prozesskostenhilfe in Abs 2 geforderte Kriterium der „Schwierigkeit der Sach- oder Rechtslage" wurde als Voraussetzung aufgegeben. In den Fällen nach Abs 2 besteht die Möglichkeit einer Bewilligung von Prozesskostenhilfe bei Vorliegen der allgemein nach den §§ 114 ZPO ff üblichen und der in Abs 2 modifizierten Bedingungen. Abs 3 bündelt verfahrenstechnische Regelungen, die bisher weitgehend wörtlich in § 397 a Abs 1 und Abs 3 StPO (idF bis 30. 9. 2009) enthalten waren. Rechtsbehelfe gegen die Entscheidung sind zugelassen und über § 406 g Abs 3 StPO wird die Privilegierung auf das Vorverfahren erstreckt.

B. Privilegierte Beiordnung (Abs 1)

I. Bestimmte schwere Delikten (Abs 1 Nr 1 u Nr 2)

2   Abs 1 sieht die einkommensunabhängige Beiordnung eines Rechtsanwalts auf Staatskosten für einen engen Kreis der Nebenkläger vor. In den Fällen der Nr 1 und Nr 2 geht das Gesetz

von einer **generellen Schutzbedürftigkeit** der Verletzten bei den **enumerativ aufgeführten Verbrechen** (Nr 1) und **rechtswidrigen Taten** (Nr 2) aus; weitere Anforderungen für die einkommensunabhängige Beiordnung eines Rechtsanwaltes für den Nebenkläger bestehen nicht. In Abs 1 Nr 1 wird dem weithin anerkannten Gedanken Rechnung getragen, dass gerade bei Opfern von Sexualverbrechen ein gesteigertes Bedürfnis besteht, dass ihnen auf Antrag ein Rechtsanwalt zur Seite gestellt wird. Entsprechendes gilt auch für die Opfer von Menschenhandel, insbesondere denjenigen Opfern eines Menschenhandels zum Zweck der sexuellen Ausbeutung (vgl BT-Drs 16/12098, 52). Als allgemein besonders schutzbedürftig sind auch anerkannt die Verletzten von versuchten Tötungsdelikten nach den § 211 StGB, § 212 StGB sowie die Hinterbliebenen vollendeter Tötungsdelikte.

II. Bestimmte Delikte und schwere Folgen (Abs 1 Nr 3)

Voraussetzung für eine Beiordnung ist neben dem Vorliegen eines bestimmten Deliktes (Verbrechen nach Nr 3) das Vorhandensein oder die Erwartung von schweren körperlichen oder seelischen Schäden. 3

Die in Nr 3 aufgeführten Delikte sind „in konsequenter Fortführung der Gedanken des Opferschutzes" und entsprechend der Forderung von Opferschutzverbänden sowie einer Bundesratsinitiative zur Stärkung des Opferschutzes im Strafverfahren (BT-Drs 16/7617) mit aufgenommen worden (BT-Drs 16/12098, 52 f). Soweit Fälle der schweren Körperverletzung mit aufgenommen wurden, ist die Vorschrift gegenüber der bisherigen Rechtslage erweitert. Die Möglichkeit des Verletzten, seine Interessen im Strafverfahren als Nebenkläger unabhängig von seinen Einkommensverhältnissen auf Kosten des Staates wahrzunehmen, rechtfertigt sich aus den schweren Schäden, die oftmals ein Leben lang andauern (BT-Drs 16/12098, 52). Neu aufgenommen wurden die Verbrechenstatbestände der Delikte nach § 234 StGB bis 235 StGB, § 238 StGB bis § 239 b StGB, § 249 StGB, § 250 StGB, § 252 StGB, § 255 StGB und § 316 a StGB. Die Aufnahme dieser Delikte ist ebenfalls von den berechtigten Interessen des Opferschutzes getragen. Die Intensität des Einwirkens und die von den Opfern regelmäßig zu ertragenden Folgen rechtfertigen die Aufnahme. Verbrechen der schweren Freiheitsberaubung, des erpresserischen Menschenraubs und der Geiselnahme lösen typischerweise bei den dadurch Verletzten ein erhöhtes Schutzbedürfnis aus, da diese unter den Folgen der Taten oftmals lange zu leiden haben; entsprechendes gilt für die schwerwiegenden Aggressionsdelikte § 249 StGB, § 250 StGB, § 252 StGB, § 255 StGB und § 316 a StGB, wobei die Aufnahme der genannten Delikte Forderungen von Opferschutzverbänden entspricht (BT-Drs 16/12098, 52 f). Gleichzeitig sind auch Erkenntnisse kriminologischer und viktimologischer Forschung umgesetzt worden. 4

Weitere Voraussetzung ist neben dem Vorhandensein eines der in Nr 3 aufgeführten Delikte, dass die Tat beim Nebenkläger zu **schweren körperlichen oder seelischen Schäden** geführt hat oder voraussichtlich führen wird. Damit soll klargestellt werden, dass nicht jeder Nebenkläger die Bestellung eines Rechtsanwaltes als Beistand beanspruchen kann, sondern nur derjenige, der besonders schutzbedürftig ist (BT-Drs 16/12098, 53). Die Schutzbedürftigkeit ergibt sich aus der Schwere des Delikts und den schweren körperlichen oder seelischen Folgen der Tat. Dieses Erfordernis der besonderen Folgen gilt zusätzlich zu den Anforderungen nach § 395 Abs 3 StPO, der für die Berechtigung zur Führung der Nebenklage bei den dort aufgeführten Delikten der hier relevanten § 249 StGB, § 252 StGB, § 255 StGB und § 316 a StGB bereits „besondere Gründe" verlangt. 5

Die Regelung der eingetretenen oder zu erwartenden körperlichen oder seelischen Folgen orientiert sich vorrangig am Schweregrad der in § 226 StGB und § 239 Abs 3 Nr 2 StGB genannten Folgen der Tat (BT-Drs 16/12098, 53). Das bedeutet, dass in körperlicher Hinsicht eine schwere bzw erhebliche und dauerhafte Gesundheitsschädigung eingetreten oder zu erwarten ist, in psychischer Hinsicht eine erhebliche Schädigung von eben solchem Gewicht (BT-Drs 16/12098, 53). Einigkeit besteht darüber, dass der Begriff der schweren Gesundheitsschädigung iSv § 239 Abs 3 Nr 2 StGB weiter ist als der Begriff iSv § 226 StGB, wobei sich umgekehrt daraus ergibt, dass immer dann, wenn eine schwere Folge iSv § 226 StGB eingetreten ist, auch eine schwere Gesundheitsschädigung iSv § 239 Abs 3 Nr 2 StGB vorliegt (Schroth NJW 1998, 2861, 2865). Es genügt, dass der Verletzte in eine ernste langwierige Krankheit verfällt oder seine Arbeitskraft erheblich beeinträchtigt wird (BT-Drs

13/8587, 28). Schwere körperliche oder seelische Schäden liegen auch dann vor, wenn umfangreiche Heil- oder Rehabilitationsmaßnahmen zur Wiederherstellung der Gesundheit erforderlich sind, was auch für **psychische Traumata** gilt (Schroth NJW 1998, 2861, 2865). In solchen Fällen liegt eine schwere körperliche oder seelische Folge iSv § 397 a Abs 1 Nr 3 StPO vor, da der Verletzte dann in seinen Möglichkeiten zur Lebensführung und Selbstverwirklichung erheblich eingeschränkt ist (vgl Schroth NJW 1998, 2861, 2865). Um die vom Gesetzgeber geforderte Annäherung an die schweren Folgen des § 226 StGB (vgl BT-Drs 16/12098, 53) zu erreichen, wird man grundsätzlich kurzfristige und vorübergehende Gesundheitsstörungen nicht berücksichtigen können. Das soziale Entschädigungsrecht bietet hinsichtlich des erforderlichen Zeitraums einer „langwierigen Krankheit" Orientierung, da § 1 Abs 1 OEG den, dem Strafrecht weitgehend angenäherten Tatbestand, des „vorsätzlichen, rechtswidrigen tätlichen Angriffs" enthält. In Anlehnung an das soziale Entschädigungsrecht (§ 1 Abs 1 OEG iVm § 30 Abs 1 BVG) sind Gesundheitsstörungen dann vorübergehend, wenn diese nicht länger als sechs Monate andauern. Letztlich kommt es bei der Beurteilung jedoch immer auf eine Einzelfallbewertung an, die insgesamt aus einer Gesamtschau der Schwere des Delikts iVm mit den schweren körperlichen oder seelischen Schäden vorzunehmen ist (vgl BT-Drs 16/12098, 53). Es soll demjenigen Nebenkläger, der besonders schutzbedürftig ist, ein kostenloser Rechtsanwalt beigeordnet werden (vgl BT-Drs 16/12098, 53).

III. Bestimmte Delikte und Alter bis zum 18. Lebensjahr (Abs 1 Nr 4 Alt 1)

5 a Voraussetzung für eine Beiordnung ist neben dem Vorliegen eines bestimmten Delikts (rechtswidrige Tat nach Nr 4) ein Alter bis zum **18. Lebensjahr** bei Antragstellung.
Sofern der Nebenkläger zum Zeitpunkt der Antragstellung das 18. Lebensjahr noch nicht vollendet hat, erfolgt auf seinen Antrag hin die Bestellung eines Rechtsanwaltes auch bei Straftaten gegen die sexuelle Selbstbestimmung nach § 174 StGB bis § 182 StGB (Vergehen, bei Verbrechen erfolgt Beiordnung nach Nr 1) sowie in den Fällen der § 221 StGB, § 225 StGB, § 226 StGB, § 232 StGB bis § 235 StGB, § 238 Abs 2 und Abs 3 StGB, § 239 a StGB und § 239 b StGB, § 240 Abs 4 StGB, § 249 StGB, § 250 StGB, § 252 StGB, § 255 StGB und § 316 a StGB. Die bisherige Schutzaltersgrenze von 16 Jahren wurde mit Inkrafttreten des 2. OpferrechtsreformG zum 1. 10. 2009 auf 18 Jahre angehoben (BGBl I 2280). Die Anhebung der Altersgrenze entspricht der Erfahrung, dass sich die Belastungen eines Opfers nicht wesentlich unterscheiden, ob es 16 oder 17 Jahre alt ist; darüber hinaus soll mit der Anhebung der Schutzaltersgrenze zahlreichen internationalen Abkommen, denen die Bundesrepublik Deutschland beigetreten ist, entsprochen werden (vgl BT-Drs 16/12098, 66). Mit der Aufnahme des Deliktes der Aussetzung nach § 221 StGB soll gerade für den Fall der Vernachlässigung von Kindern ein Zeichen gesetzt werden; die Aufnahme der Nötigung in einem besonders schweren Fall nach § 240 Abs 4 StGB erfasst Fälle besonderer Schutzbedürftigkeit der Opfer, neben der Zwangsheirat, die Nötigung zur sexuellen Handlung oder zum Schwangerschaftsabbruch (vgl BT-Drs 16/12098, 53).

IV. Bestimmte Delikte und Unfähigkeit (Abs 1 Nr 4 Alt 2)

6 Voraussetzung für eine Beiordnung ist neben dem Vorliegen eines bestimmten Deliktes (rechtswidrige Tat nach Nr 4), dass der Nebenkläger seine Interessen selbst nicht ausreichend wahrnehmen kann. Der Nebenkläger muss entweder Opfer einer Straftat gegen die sexuelle Selbstbestimmung nach den § 174 StGB bis § 182 StGB, die Vergehen sind (bei Verbrechen erfolgt die Beiordnung nach Nr 1) geworden oder von einem Fall der § 221 StGB, § 225 StGB, § 226 StGB, § 232 StGB bis § 235 StGB, § 238 Abs 2 und Abs 3 StGB, § 239 a StGB und § 239 b StGB, § 240 Abs 4 StGB, § 249 StGB, § 250 StGB, § 252 StGB, § 255 StGB und § 316 a StGB betroffen sein.

7 Die Bestellung erfordert dann weiter, dass der Verletzte aufgrund seiner psychischen oder physischen Situation ersichtlich nicht in der Lage ist, seine Interessen ausreichend selbst wahrzunehmen. Die Beantwortung der Frage, ob der Verletzte seine Interessen **selbst nicht ausreichend wahrnehmen** kann, orientiert sich zunächst an der Auslegung von § 140 Abs 2 StPO. Dieser entsprechend ist eine Beiordnung möglich, wenn das Opfer (analog der

Situation des Angeklagten bei § 140 Abs 2 StPO, der sich nicht selbst verteidigen kann) besondere persönliche Defizite bei der Wahrnehmung seiner Interessen, wie die eingeschränkter geistiger Kräfte und des (psychischen) Gesundheitszustands aufweist, vor allem wenn sie Folgen der Tat sind (HK-GS/Rössner StPO § 397a Rn 7); s § 140 StPO Rn 19; Rn 20). Die Unfähigkeit ist ggf nach verletzten- bzw opferspezifischen Gesichtspunkten zu bestimmen, da dies Sinn und Zweck des Gesetzes entspricht. Die Opfer von Zwangsverheiratungen dürften regelmäßig auch unter den Personenkreis der Verletzten fallen, die ihre Interessen nicht selbst ausreichend wahrnehmen können (BT-Drs 16/12098, 53). In Betracht kommen daher auch die Fälle, in denen das Opfer aufgrund seiner persönlichen Lebens- und Beziehungssituation durch ein Handeln in eigener Sache überfordert oder zusätzlich über das Tatgeschehen hinaus besonders belastet würde. Eine ausreichende Wahrnehmung kann auch dann nicht möglich sein, wenn der Nebenkläger an einer Lese- oder Rechtschreibschwäche leidet (LG Hildesheim NJW 2008, 454).

C. Beiordnung mit Prozesskostenhilfe (Abs 2)

I. Sachliche Voraussetzungen

Anders als bei der Prozesskostenhilfe für den Privatkläger nach § 379 Abs 3 StPO stellt Abs 2 S 1 von der sonst geläufigen zivilprozessualen Regelung (§ 114 Abs 1 S 1 ZPO) abweichende selbständige sachliche Voraussetzungen auf. Nur die wirtschaftlichen und persönlichen Voraussetzungen richten sich nach §§ 114 ZPO ff. Die beiden in Abs 1 S 1 genannten sachlichen Voraussetzungen der Prozesskostenhilfe gelten alternativ. Durch das am 1. 10. 2009 in Kraft getretene Gesetz zur Stärkung der Rechte von Verletzten und Zeugen im Strafverfahren v 3. 7. 2009 (2. OpferrechtsreformG) wurde das bisherige Erfordernis der schwierigen Sach- und Rechtslage als eigenständiges Kriterium aufgegeben (BGBl I 2280). Maßgeblich ist damit grundsätzlich allein die persönliche Situation des Verletzten. Die Schwierigkeit der Sach- und Rechtslage gilt aber künftig als ungeschriebenes Anspruchsmerkmal weiter, sofern der Gedanke des Opferschutzes dies erfordert. Auch in Zukunft wird bei schwieriger Sach- und Rechtslage in aller Regel ein Anspruch des Nebenklägers auf Gewährung von Prozesskostenhilfe zu gewähren sein, weil er in diesen Fällen seine Interessen ohne anwaltlichen Beistand zumeist nicht selbst ausreichend wahrnehmen können wird (BT-Drs 16/12098, 54). Die Alternativen lehnen sich eng an die allgemeinen Gründe bei der Pflichtverteidigung (§ 140 Abs 2 StPO) an, insoweit können die dort entwickelten Auslegungsgrundsätze herangezogen werden (HK-GS/Rössner StPO § 397a Rn 5 mwN; KMR/Stöckel StPO § 397a Rn 9). Sie sind letztlich nach verletzten- bzw opferspezifischen Gesichtspunkten auszulegen. Im Gegensatz zur Bewilligung im Zivilprozess oder der Bewilligung von Prozesskostenhilfe im Adhäsionsverfahren nach § 404 Abs 5 StPO kommt es auf die Erfolgsaussicht der Rechtsverfolgung, also einer Verurteilung des Angeklagten, nicht an. Abs 2 S 3 erklärt § 114 S 1 ZPO ausdrücklich für nicht anwendbar.

1. Unfähigkeit oder Unzumutbarkeit

Die Bewilligung von Prozesskostenhilfe setzt ferner voraus, dass der Nebenkläger nicht fähig ist, seine Interessen selbst ausreichend wahrzunehmen oder trotz Fähigkeit ihm dies nicht zuzumuten ist. Zur Unfähigkeit der Selbstwahrnehmung: (vgl Rn 6, Rn 7).

Die Unzumutbarkeit – trotz der vorhandenen Fähigkeiten – die eigenen Interessen auch ohne Mitwirkung eines Rechtsanwaltes wahrzunehmen, kann insbesondere auf der psychischen Betroffenheit des Nebenklägers durch die Tat und den Tatfolgen beruhen (Meyer-Goßner StPO § 397a Rn 9). Sie ist nach verletzten- bzw. opferspezifischen Gesichtspunkten zu bestimmen (ebenso HK-StPO/Kurth StPO § 397a Rn 26 mwN). Bei Anzeichen von Hilflosigkeit, Schwäche und Isolation infolge der Tat ist es für den Nebenkläger häufig unzumutbar, ohne Rechtsanwalt dem Täter und dem Gericht im Verfahren gegenüberzutreten; sekundäre Viktimisierung soll so entgegen gewirkt werden (HK-GS/Rössner StPO § 397a Rn 7). In Betracht kommen daher die Fälle, bei denen das Opfer aufgrund seiner persönlichen Lebens- und Beziehungssituation durch ein Handeln in eigener Sache überfordert oder zusätzlich über das Tatgeschehen hinaus besonders belastet würde. Dies ist zB in Fällen schweren Stalkings gegeben (Mosbacher NStZ 2007, 665).

2. Schwierige Sach- oder Rechtslage

10 Für den Fall, dass eine Beiordnung über die Möglichkeit der Unzumutbarkeit oder Unfähigkeit nicht möglich ist, besteht auch in Zukunft (vgl Rn 7) bei schwieriger Sach- und Rechtslage in aller Regel ein zusätzlicher Anspruch des Nebenklägers auf Gewährung von Prozesskostenhilfe, weil er in diesen Fällen seine Interessen ohne anwaltlichen Beistand zumeist nicht selbst ausreichend wahrnehmen können wird (BT-Drs 16/12098, 54). Die Voraussetzungen sind ebenfalls nach verletzten- bzw opferspezifischen Gesichtspunkten zu bestimmen (vgl Rn 6). Eine schwierige Sach- und Rechtslage ist in der Regel dann gegeben, wenn aus der vernünftigen Sicht des Nebenklägers der Sachverhalt verwickelt ist, Spezialkenntnisse erfordert oder komplizierte bzw umstrittene Rechtsfragen auftauchen oder Beweisanträge durch den Nebenkläger gestellt werden müssen (Löwe/Rosenberg/Hilger StPO § 397a Rn 9). Nicht betroffen ist der Rechtskreis des Opfers bei Fragen, die nur die Angeklagtenposition betreffen, wie zB bei der Bestellung eines Pflichtverteidigers oder der Erhebung persönlichkeitsbezogener Sanktionstatsachen (HK-GS/Rössner StPO § 397a Rn 6).

Nicht als strafrechtliche Belange des Opferschutzes haben zivilrechtliche Ansprüche im Adhäsionsverfahren zu gelten (BGH NJW 2001, 2468). Die Sonderregelung von § 404 Abs 5 StPO ist zu beachten; sie regelt diese Fallkonstellation abschließend. Im Falle, dass das Gericht die Sach- oder Rechtslage als nicht schwierig angesehen hat (was in der Gerichtspraxis bis zum Inkrafttreten der nF zum 1. 10. 2009 häufig der Fall war), bot die kombinierte Vorgehensweise mit Anträgen zur Nebenklage und im Adhäsionsverfahren dem Verletzten dennoch die Möglichkeit, am Verfahren gegen den Täter teilzunehmen und dort seinen besonderen Opferbelangen Geltung zu verschaffen (HdA/Weiner Rn 63ff). Das Prozesskostenhilfebewilligungsverfahren im Adhäsionsverfahren erfolgte dann vollumfänglich nach den §§ 114 ZPO ff und stellte dabei nicht auf die Schwierigkeit der Sach- u Rechtslage ab. Auch nach der neuen Rechtslage verbleibt die Möglichkeit der getrennten Antragstellung, da die jeweiligen Beiordnungsvoraussetzungen nach wie vor unterschiedlich sind.

3. Aspekt der „Waffengleichheit"

11 Allein der Umstand, dass der Angeklagte anwaltlich vertreten ist, begründet keinen Anspruch des Nebenklägers auf Prozesskostenhilfe. Die rein formale Entscheidung verbietet Abs 2 S 2, indem dieser den in § 121 Abs 2 S 1 ZPO enthaltenen Grundsatz ausschließt. Umgekehrt findet sich das Prinzip der „Waffengleichheit" als Regelbeispiel im Strafprozess zugunsten des Angeklagten, wenn dem Verletzten ein Rechtsanwalt beigeordnet worden ist (§ 140 Abs 2 S 1 aE). Ein darauf bauender Analogieschluss zugunsten des Nebenklägers wird wegen der unterschiedlichen Rollen von Angeklagtem und Nebenkläger als nicht möglich angesehen, offenkundig soll der Angeklagte insoweit privilegiert werden (HK-GS/Rössner StPO § 397a Rn 9 mwN). Allerdings sind im Rahmen beider Alternativen nach Abs 2 S 1 im Einzelfall die Voraussetzungen zu prüfen (inhaltlich zur aF SK-StPO/Velten StPO § 397a Rn 12f; HK-GS/Rössner StPO § 397a Rn 9).

II. Persönliche Voraussetzungen

12 Die Bedürftigkeit nach § 397a Abs 2 S 1 StPO iVm § 114 S 1 ZPO, § 115 ZPO liegt vor, wenn der Nebenkläger die Kosten für einen Rechtsanwalt nicht, nur zum Teil oder in Raten aufbringen kann. Die Belastungsgrenze für Ratenzahlungen ergibt sich aus der Tabelle zu § 115 Abs 1 S 5 ZPO. Ratenzahlungen werden vom Gericht durch Beschluss festgesetzt (§ 120 Abs 1 ZPO) und erst dann bewilligt, wenn sich der Gesamtbetrag auf mindestens fünf Raten beläuft (§ 115 Abs 4 ZPO). Bei Zumutbarkeit muss der Nebenkläger auf sein Vermögen zurückgreifen (§ 115 Abs 3 S 1 ZPO). Der Nebenkläger muss neben der ausgefüllten Erklärung entsprechende Belege beifügen (§ 117 Abs 2 u Abs 4 ZPO). Im höheren Rechtszug kann darauf Bezug genommen werden, sofern sich die wirtschaftlichen Verhältnisse nicht geändert haben (BGH NStZ 1988, 214).

D. Das Bewilligungsverfahren

I. Antrag

Eine Beiordnung erfolgt nur auf Antrag, Abs 3. Ein Rechtsanwalt darf mehrere Nebenkläger gleichzeitig vertreten und diesen beigeordnet werden. Das Verbot der Mehrfachvertretung analog § 146 StPO gilt nicht (OLG Oldenburg Beschl v 19. 2. 2008 – Az 1 Ws 110/08 nv). Dies wird damit begründet, dass es regelmäßig keine Interessenkollisionen gibt (vgl Rn 20).

II. Zuständigkeit

Die Entscheidung trifft nach Abs 3 S 2 entgegen der früheren Regelung der Vorsitzende des mit der Sache befasste Gerichts, also das Tatgericht, bei dem die öffentliche Klage erhoben wurde; das Berufungs- oder Revisionsgericht nach Eingang der Akten dort (BGH NJW 1999, 2380). Der Rechtsanwalt wird durch den Vorsitzenden entsprechend § 142 Abs 1 StPO allein beigeordnet. In der Praxis erfolgt die Bewilligung regelmäßig in dem Beschluss des Gerichts in dem über die Anschlussberechtigung des Nebenklägers nach § 396 StPO entschieden wird. Nach S 1 kann der Antrag nach Abs 1 und Abs 2 schon vor der Erklärung über den Anschluss gestellt werden.

III. Prüfungsumfang

1. Inhaltliche Prüfung

Bei den in Abs 1 Nr 1 und Nr 2 genannten privilegierten Opfern von Verbrechen bzw Vergehen besteht ein Anspruch auf Bestellung des Rechtsanwalts ohne besondere inhaltliche Prüfung. Die Bestellung setzt einen Antrag des Opfers voraus (Abs 1 S 1), der an das für den Anschluss gem § 396 StPO zuständige Gericht zu richten ist. Die Auswahl des Rechtsanwalts orientiert sich nach Abs 3 S 2 an den Kriterien des § 142 Abs 1 StPO. Bei der Beurteilung der privilegierten Tat gilt der beim Nebenklageanschluss übliche Verdachtsgrad (§ 396 StPO Rn 8). Danach muss die Verurteilung des Angeklagten möglich erscheinen, wobei für die Bestimmung der Tat nicht eine frühere, sondern die materiell-rechtliche Gesetzeslage zum Zeitpunkt der Beschlussfassung maßgeblich ist (BGH NStZ-RR 2003, 101). Dies ist insbesondere bei Sexualstraftaten bedeutsam.

§ 397 a Abs 3 StPO gestattet, dass der stets notwendige Antrag schon vor der Anschlusserklärung (§ 396 Abs 1 S 1 StPO) erfolgt. Der unvermögende Nebenkläger soll die Chance bekommen, sein Kostenrisiko vor der Anschlusserklärung abzuschätzen. Eine Entscheidung über den Antrag auf Prozesskostenhilfe ist erst möglich, wenn das zuständige Gericht schon mit der Strafsache befasst ist (Abs 3 S 2). Die wirtschaftlichen Verhältnisse müssen dargelegt werden.

2. Anhörung

Zum Antrag des Nebenklägers ist nach § 33 Abs 2 StPO nur die Staatsanwaltschaft zu hören. Eine Anhörung des Angeschuldigten findet nicht statt, auch nicht in den Fällen des Abs 2 entsprechend § 118 Abs 1 ZPO, weil er nicht einmal zur Frage der Anschlussbefugnis nach § 396 StPO gehört wird (Meyer-Goßner StPO § 397 a Rn 13; **aA** HK-GS/Rössner StPO § 397 a Rn 11 mwN).

IV. Umfang und Wirkung der Beiordnung

1. Umfang und Rückwirkung

Eine rückwirkende Kraft haben die Bestellung des Rechtsanwaltes und die Bewilligung von Prozesskostenhilfe nur dann, wenn der Antrag nicht rechtzeitig beschieden worden ist und der Antragsteller mit seinem Antrag bereits alles für die Bestellung des Beistands oder der Bewilligung der Prozesskostenhilfe Notwendige getan hat (OLG Hamm NStZ 2003, 335; BVerfG NStZ-RR 1997, 69). Sofern keine wirksame Anschlusserklärung vorlag, ist die Bestellung eines Beistands nach § 397 a Abs 1 S 1 StPO nach rechtskräftigem Abschluss des

Verfahrens nicht mehr zulässig (BGH NStZ 2008, 255). Ansonsten ist der Zugang des Bewilligungsbeschlusses maßgeblich (Meyer-Goßner StPO § 397 a Rn 15). Einem nach § 395 Abs 1 Nr 1 a u Nr 2 StPO zum Anschluss berechtigten Nebenkläger ist auf seinen Antrag und unabhängig von seiner finanziellen Lage und dem Schwierigkeitsgrad der Sach- u. Rechtslage auch dann ein Beistand zu bestellen, wenn sich bereits ein Rechtsanwalt für ihn gemeldet hat und tätig war (KG Berlin StraFo 2008, 47).

Eine Beiordnung unter Beschränkung auf die Vergütung eines ortsansässigen Rechtsanwaltes ist unzulässig (OLG Brandenburg StraFo 2006, 214).

2. Wirkung der Bestellung nach Abs 1

18 Die Bestellung nach Abs 1 wirkt für das gesamte weitere Verfahren bis zum rechtskräftigen Abschluss des Verfahrens fort und erstreckt sich somit auch auf die Revisionshauptverhandlung (BGH Beschl v 11. 2. 2008 – Az 2 StR 603/07; BGH NStZ 2000, 552). Die unterschiedliche Reichweite zu der Beiordnung nach Abs 2 rechtfertigt sich aus dem Umstand, dass die Bestellung nach Abs 1 nicht von wertungsbedürftigen Umständen abhängt. Im Rahmen der Beiordnung ist es unerheblich, ob der Angeklagte wegen eines in Abs 1 S 1 bezeichneten Delikts erstinstanzlich verurteilt worden ist (BGH NStZ-RR 2003, 293).

3. Wirkung der Bestellung nach Abs 2

19 Die Bestellung nach Abs 2 gilt nur für einen Rechtszug (§ 119 Abs 1 ZPO) und ist daher in jeder Instanz neu und unbeschränkt zu überprüfen, gilt aber nach Aufhebung des Urteils in der Rechtsmittelinstanz nach Zurückweisung an die Vorinstanz weiter (Meyer-Goßner StPO § 397 a Rn 17). Eine Beiordnung umfasst nicht das Adhäsionsverfahren (BGH NJW 2001, 2486), insofern kommt dann die Bewilligung von Prozesskostenhilfe nach § 404 Abs 5 StPO in Betracht.

4. Wechsel und Aufhebung der Beiordnung

20 Sofern mehrere Nebenkläger von einem Rechtsanwalt vertreten werden (vgl Rn 13) und eine entsprechende Beiordnung nach Abs 1 erfolgt ist, setzt ein Antrag auf Änderung oder Aufhebung der Beiordnung voraus, dass analog § 143 StPO Gründe dafür vorliegen müssen oder ersichtlich sind, dies zB bei einem Interessenkonflikt (vgl OLG Oldenburg Beschl v 19. 2. 2008 – Az 1 Ws 110/08 nv).

Die Aufhebung des Bewilligungsbeschlusses nach Abs 2 ist nur unter den Voraussetzungen von § 124 ZPO möglich (Meyer-Goßner StPO § 397 a Rn 16).

E. Rechtsmittel

I. Unanfechtbarkeit

21 Allein die Entscheidung über eine Beiordnung nach Abs 2 ist nach Abs 3 S 3 unanfechtbar. Weder in positiver noch negativer Form oder hinsichtlich ihres Inhalts ist sie vom Nebenkläger, Angeschuldigten oder der Staatsanwaltschaft zu beseitigen. Die Revisionsrüge ist nach § 336 S 2 StPO in gleicher Weise unzulässig. Ansonsten gilt das Rechtsmittel der Beschwerde.

II. Beschwerde

22 Für die Entscheidung über die Bestellung eines Rechtsanwalts nach Abs 1 gelten die allgemeinen Anfechtungsgrundsätze, da Abs 1, im Gegensatz zu Abs 2 iVm Abs 3 S 3, ausdrücklich nicht für unanfechtbar erklärt wird. Die Beschwerde nach § 304 ist daher grundsätzlich zulässig (OLG Köln NStZ-RR 2000, 285). Das Beschwerderecht steht Antragsteller und Staatsanwaltschaft offen, gegen die Bestellung aber nur der Staatsanwaltschaft; mangels Beschwer jedoch nicht dem Angeschuldigten (OLG Hamm NJW 2006, 2057 mwN).

Gegen die Auswahl des Beistands kann nur der Antragsteller, nicht aber der beigeordnete Rechtsanwalt im eigenen Namen Beschwerde einlegen (Meyer-Goßner StPO § 397a Rn 19).

III. Revision

Die nach § 337 StPO grundsätzlich für alle Beteiligten mögliche Revision kommt für den Nebenkläger nur dann in Betracht, wenn das Urteil infolge der unrichtigen bzw der Ablehnung der Bestellung eines Rechtsanwalts darauf beruht, wenn zB wenn die Beweisaufnahme durch die (Nicht-)Beteiligung eines Rechtsanwalts einen anderen Verlauf genommen hätte. 23

§ 398 [Verfahren]

(1) Der Fortgang des Verfahrens wird durch den Anschluß nicht aufgehalten.

(2) Die bereits anberaumte Hauptverhandlung sowie andere Termine finden an den bestimmten Tagen statt, auch wenn der Nebenkläger wegen Kürze der Zeit nicht mehr geladen oder benachrichtigt werden konnte.

Überblick

Während des laufenden Verfahrens räumt § 398 StPO der Verfahrensökonomie weitgehend Vorrang vor den Interessen des Nebenklägers ein.

A. Fortgang des Verfahrens

Die Vorschrift stellt in Abs 1 klar, dass der Anschluss des Nebenklägers für Durchführung und Fortgang des Strafverfahrens ohne Einfluss sind. Von der freiwilligen Mitwirkung des teilnahmebefugten Nebenklägers hängt der Fortgang des Verfahrens nicht ab. Daher kann die Wiederholung prozessualer Maßnahmen auch nicht verlangt werden. 1

B. Bereits anberaumter Termin

Abs 2 bestimmt, dass bereits anberaumte gerichtliche Termine selbst bei begründeter Verhinderung des Nebenklägers oder seines Vertreters stattfinden. Allerdings hat das Gericht im Rahmen des hinsichtlich der Terminierung eingeräumten Ermessens die Belange des Nebenklägers zu berücksichtigen (OLG Bamberg StraFo 1999, 237, 238). Ein Anspruch des Nebenklägers auf Vertagung dürfte aber zumindest in den Fällen des § 246 Abs 2 StPO (verspätete Namhaftmachung einer Beweisperson) und § 265 Abs 4 StPO (Veränderung des rechtlichen Gesichtspunktes) vorliegen (BGH NJW 1979, 1310). 2

Sofern bereits die Ladung des Nebenklägers unterblieben ist, so ist das Urteil auf die Revision des Nebenklägers hin regelmäßig aufzuheben (OLG Düsseldorf StraFo 2001, 102). Ansonsten ist dem Nebenkläger rechtliches Gehör bereits durch die Ladung gewährt worden (Meyer-Goßner StPO § 398 Rn 3 mwN). Dem Gericht bleibt es natürlich unbenommen, jederzeit auf die Belange des Nebenklägers Rücksicht zu nehmen.

§ 399 [Bekanntmachung früherer Entscheidungen]

(1) Entscheidungen, die schon vor dem Anschluß ergangen und der Staatsanwaltschaft bekanntgemacht waren, bedürfen außer in den Fällen des § 401 Abs. 1 Satz 2 keiner Bekanntmachung an den Nebenkläger.

(2) Die Anfechtung solcher Entscheidungen steht auch dem Nebenkläger nicht mehr zu, wenn für die Staatsanwaltschaft die Frist zur Anfechtung abgelaufen ist.

StPO § 400 Fünftes Buch. 2. Abschnitt

Überblick

Abs 1 konkretisiert den auch in § 398 StPO enthaltenen Grundsatz, dass der Nebenkläger dem Verfahren in dem Stadium beitritt, in dem es sich zum Zeitpunkt seines Anschlusses befindet.

A. Mitteilung früherer Entscheidungen

1   Dem Nebenkläger müssen alle Entscheidungen bekannt gemacht werden, die nach der Anschlusserklärung erlassen werden, auch wenn der Zulassungsbeschluss noch aussteht (KK-StPO/Senge StPO § 399 Rn 1; Meyer-Goßner StPO § 399 Rn 1). Bekannt gemacht werden müssen ihm auch die Fälle des § 401 Abs 1 S 2 StPO. Damit konkretisiert Abs 1 den Grundsatz des § 398 Abs 1 StPO für gerichtliche Entscheidungen vor dem Anschluss. Sie bedürfen abweichend von § 35 StPO keiner Bekanntmachung an den Nebenkläger. Bei Anschlusserklärung im Fall der Rechtsmitteleinlegung ist dem Nebenkläger gem § 395 Abs 4 S 2 StPO, § 401 Abs 1 S 2 StPO das Urteil als Basis seiner weiteren Prozesshandlungen sofort zuzustellen, um ua die Rechtsmittelbegründungsfrist (§ 401 Abs 1 S 3 StPO) in Gang zu setzen.

B. Anfechtungsfristen

2   Abs 2 bindet die Anfechtungsbefugnis des Nebenklägers, der den Anschluss erst nach ergangener Entscheidung in der Regel zusammen mit dem Rechtsmittel erklärt (§ 395 Abs 4 S 2 StPO; § 401 Abs 1 S 2 StPO) an die für die Staatsanwaltschaft gültigen Fristen. Eine Wiedereinsetzung in den vorigen Stand bei entschuldigter Versäumung der staatsanwaltschaftlichen Rechtsmittelfrist scheidet daher aus, da der Nebenkläger nur die gegen die Staatsanwaltschaft laufenden, nicht aber eine eigene Frist iSv § 44 StPO versäumen kann (BGH NStZ 1988, 136, 214; Meyer-Goßner StPO § 399 Rn 3).

3   Sofern allerdings die Anschlusserklärung rechtzeitig erfolgt, nicht aber die spätere Einlegung des Rechtsmittels, so ist der Antrag auf Wiedereinsetzung möglich. Hat der Nebenkläger Anschlusserklärung und Rechtsmittel rechtzeitig vor Ablauf der Rechtsmitteleinlegungsfrist der Staatsanwaltschaft eingelegt, so wird er selbständiger Rechtsmittelführer. Er ist vom weiteren Vorgehen der Staatsanwaltschaft dann unabhängig. Wenn der Nebenkläger Anschlusserklärung und Rechtsmittel erst nach Fristablauf einlegt, ist das Urteil für den Nebenkläger unanfechtbar (BGH NStZ 1984, 18). Hat die Staatsanwaltschaft oder ein anderer Nebenkläger die Entscheidung rechtzeitig angefochten, so führt die Anschlusserklärung zur üblichen Verfahrensbeteiligung des Nebenklägers gem § 396 StPO, da diese zu jeder Zeit möglich ist (§ 395 Abs 4 S 1 StPO).

§ 400 [Rechtsmittelbefugnis des Nebenklägers]

(1) Der Nebenkläger kann das Urteil nicht mit dem Ziel anfechten, daß eine andere Rechtsfolge der Tat verhängt wird oder daß der Angeklagte wegen einer Gesetzesverletzung verurteilt wird, die nicht zum Anschluß des Nebenklägers berechtigt.

(2) ¹Dem Nebenkläger steht die sofortige Beschwerde gegen den Beschluß zu, durch den die Eröffnung des Hauptverfahrens abgelehnt oder das Verfahren nach den §§ 206 a und 206 b eingestellt wird, soweit er die Tat betrifft, auf Grund deren der Nebenkläger zum Anschluß befugt ist. ²Im übrigen ist der Beschluß, durch den das Verfahren eingestellt wird, für den Nebenkläger unanfechtbar.

Überblick

Diese Vorschrift befasst sich mit dem Umfang der Rechtsmittelbefugnis des Nebenklägers. Gem § 395 Abs 4 S 2 StPO, § 401 Abs 1 S 1 StPO hat der Nebenkläger das grundsätzliche Recht Rechtsmittel einzulegen, § 400 StPO schränkt dieses ein.

Nebenklage § 400 StPO

Übersicht

	Rn		Rn
A. Voraussetzungen	1	1. Sachrüge	6
B. Beschränkungen der Urteilsanfechtung	2	2. Verfahrensrüge	7
I. Deliktsbeschränkung	2	**C. Prüfungsumfang des Rechtsmittelgerichts**	8
II. Kasuistik zur Beschränkung	3		
1. Anwendbarkeit des Rechtsmittels	3	**D. Anfechtung verfahrensbeendender Beschlüsse**	9
2. Nichtanwendbarkeit des Rechtsmittels	4	**E. Anfechtung einer nachteiligen Auslagenentscheidung**	10
III. Berufung	5		
IV. Revision	6		

A. Voraussetzungen

Der Nebenkläger ist grundsätzlich berechtigt, Rechtsmittel einzulegen (§ 395 Abs 4 S 2 StPO, § 401 Abs 1 S 1 StPO). Er ist dabei aber nur soweit berechtigt, wie er auch in seiner Stellung als Nebenkläger beschwert ist (BGHSt 29, 216, 218; OLG Köln NStZ 1994, 298). Strafurteile können daher grundsätzlich nur dann angefochten werden, wenn der Angeklagte wegen eines angeklagten Nebenklagedelikts freigesprochen wurde (Abs 1); Beschlüsse mit denen die Eröffnung des Hauptverfahrens abgelehnt oder das Verfahren wegen Verfahrenshindernissen oder Gesetzesänderung eingestellt wird, soweit eine Nebenklagetat betroffen ist (Abs 2 S 1). Einstellungsbeschlüsse, vor allem nach den §§ 153 StPO ff sind nicht anfechtbar (Abs 2 S 2). Sonstige gerichtliche Entscheidungen, die § 399 StPO nicht explizit nennt, können nach den jeweiligen Zulassungsvoraussetzungen angefochten werden, soweit der Nebenkläger beschwert ist. Entscheidungen über die Untersuchungshaft oder die vorläufige Unterbringung des Beschuldigten berühren die Rechtsstellung des Nebenklägers (OLG Düsseldorf NJW 1998, 395) ebenso wenig wie eine Verletzung der Belehrungspflicht über ein Zeugnisverweigerungsrecht des Nebenklägers nach § 52 StPO (BGH NStZ 2006, 349). Er ist allerdings dann in seinen Rechten beschwert, wenn seine Anträge auf Anordnung strafprozessualer Eingriffe durch die Beweismittel für das Nebenklagedelikt gewonnen werden können, abgelehnt worden sind (Meyer-Goßner StPO § 400 Rn 1).

B. Beschränkungen der Urteilsanfechtung

I. Deliktsbeschränkung

Alle nicht der Nebenklage unterfallenden Delikte sind einer Anfechtung nicht zugänglich. 2 Für die Nebenklagedelikte (§ 395 Abs 1 StPO) gilt, dass eine Anfechtung nur dann möglich ist, wenn die rechtswidrig unterbliebene Verurteilung wegen eines Nebenklagedelikts geltend gemacht wird. Dabei ist es unerheblich, ob es sich um einen Freispruch, eine tateinheitliche Verurteilung unter Außerachtlassen des Nebenklagedelikts oder um einen Schuldspruch wegen eines geringeren Nebenklagedelikts handelt (Meyer-Goßner StPO § 400 Rn 4 mwN). Für diese verbleibenden Delikte werden alle rein rechtsfolgenbezogenen Rechtsmittel für unzulässig erklärt.

II. Kasuistik zur Beschränkung

1. Anwendbarkeit des Rechtsmittels

Mangelnde Anwendung einer Qualifikationsnorm, § 177 Abs 3 StGB statt § 177 Abs 2 3 StGB (BGH NStZ 2001, 420), § 226 Abs 2 StGB statt § 226 Abs 1 StGB (BGH StraFo 2001, 207); Änderung des Konkurrenzverhältnisses von Tateinheit zu Tatmehrheit (BGH NStZ 2000, 219); Verurteilung wegen Vollendung statt Versuch (Meyer-Goßner StPO § 400 Rn 3 mwN); Freispruch wegen Schuldunfähigkeit, obwohl Maßregel nach § 63 StGB angeordnet oder auch nicht angeordnet wurde (BGH NStZ 1995, 609).

2. Nichtanwendbarkeit des Rechtsmittels

4   Anderer Schuldumfang durch Annahme weiterer Mordmerkmale oder einer anderen Rechtsfolge der Tat oder die Feststellung besonderer Schwere der Schuld iSv § 57a Abs 1 S 1 Nr 2 StGB (BGH StraFo 2007, 245); ausschließliche Anfechtung der Nichtanwendung von Jugendstrafrecht nach § 105 Abs 1 Nr 1 JGG (BGH StraFo 2007, 245); Rüge der Nichtanwendung des § 177 Abs 2 StGB bei Verurteilung nach § 177 Abs 1 StGB (BGH NStZ-RR 2003, 306); Nichtanwendung des § 213 StGB (BGH NStZ-RR 2000, 40); Nichtverhängung von Sicherungsverwahrung (BGH StV 1997, 624); Hinzutreten einer weiteren Tatbestandsalternative (BGH NJW 1999, 2449; BGH NStZ-RR 1997, 371); auf die Revision des Nebenklägers werden nur die zur Nebenklage berechtigenden Strafvorschriften geprüft, nicht dagegen, ob des das Tatgericht fälschlich unterlassen hat, in den Schuldspruch ein tateinheitlich in Betracht kommendes, nicht zur Nebenklage berechtigendes Delikt aufzunehmen (BGH NStZ-RR 2009, 24).

III. Berufung

5   Die Berufung kann nach § 317 StPO, § 318 StPO generell und ohne Begründung eingelegt werden. Insoweit ist zu unterstellen, dass sie sich auf das Nebenklagedelikt bezieht. Wenn allerdings der Nebenkläger Berufung eingelegt hat, die nur eingeschränkt zulässig ist, muss er das Berufungsziel angeben, damit das Berufungsgericht in der Lage ist, die Zulässigkeit des Rechtsmittels zu prüfen (OLG Thüringen NStZ-RR 2007, 209). Im Fall, dass der Angeklagte wegen eines Nebenklagedelikts verurteilt worden ist und sich dabei kein Anhalt unrichtiger Rechtsanwendung ergibt, ist eine Berufungsbegründung erforderlich (OLG Düsseldorf NStZ 1994, 507).

IV. Revision

1. Sachrüge

6   Vorstehendes (Rn 5) gilt auch für die Revision im Falle der allgemeinen Sachrüge nach § 337 StPO, § 344 Abs 2 StPO. Das bedeutet für den Nebenkläger, dass außer bei einem eindeutigen Bezug zu einer für ein Nebenklagedelikt relevanten Rechtsverletzung, eine spezifizierte Sachrüge verlangt wird (vgl Meyer-Goßner StPO § 400 Rn 6; HK-GS/Rössner StPO § 400 Rn 6, beide mwN). Die Begründung der Revision muss daher erkennen lassen, dass der Nebenkläger mit seinem Rechtsmittel ein zulässiges Ziel verfolgt, dh es ist innerhalb der Revisionsbegründungsfrist klarzustellen, dass ein Urteil nicht mit dem Ziel einer höheren Bestrafung des Angeklagten, sondern mit dem Ziel der Änderung des Schuldspruchs (BGH Beschl v 18. 10. 2007 – Az 4 StR 425/07) oder mit dem Ziel einer Verurteilung wegen einer Straftat, die die Berechtigung des Nebenklägers zum Anschluss an das Verfahren begründet (BGH Beschl v 18. 12. 2007 – Az 3 StR 522/07) angefochten wird.

2. Verfahrensrüge

7   Die regelmäßig zu begründende Verfahrensrüge nach § 344 Abs 2 S 2 StPO muss bezüglich eines Nebenklagedelikts einen Verfahrensmangel rügen.

C. Prüfungsumfang des Rechtsmittelgerichts

8   Von der zuvor dargestellten Frage der Zulässigkeit ist die des Umfangs der Nachprüfung zu unterscheiden. Die Prüfung des Rechtsmittelgerichts bei zulässiger Berufung oder Revision erstreckt sich nur auf die richtige Anwendung der Vorschriften über das Nebenklagedelikt (BGHSt 41, 140, 144). Es wird also nur geprüft, ob Nebenklagedelikte nicht, nicht zutreffend oder unvollständig gewürdigt worden sind (BGHSt 43, 15; Meyer-Goßner StPO § 400 Rn 7).

D. Anfechtung verfahrensbeendender Beschlüsse

9   Abs 2 erstreckt den Grundsatz der begrenzten Beschwerde des Nebenklägers auch auf das Zwischenverfahren sowie weitere verfahrensbeendende Beschlüsse. Demzufolge kann

der Nebenkläger nach Abs 2 S 1 den Nichteröffnungsbeschluss (§ 204 StPO), Beschlüsse über die Einstellung des Verfahrens nach § 206 a StPO, § 206 b StPO mit der sofortigen Beschwerde nur insoweit anfechten, als der jeweilige Beschluss die Nebenklagetaten betrifft. Entsprechendes gilt bei der Ablehnung eines beantragten Strafbefehls, § 408 Abs 2 S 2 StPO, die Entscheidung der Verweisung an ein rangniedrigeres Gericht (§ 209 StPO) ist ebenfalls nicht anfechtbar (OLG Karlsruhe NStZ 1989, 442). Abs 2 S 2 entzieht sonstige verfahrenseinstellende Beschlüsse der Anfechtung des Nebenklägers. Dies gilt aufgrund des Gesetzeswortlauts vor allem für Einstellungen nach § 153 Abs 2 StPO, § 153 a Abs 2 StPO, § 153 b Abs 2 StPO; aber auch für § 205 StPO (Meyer-Goßner StPO § 400 Rn 9; aA Rieß NStZ 2001, 355). In derartigen Konstellationen ist bei Heranziehung des Rechtsgedankens von § 396 Abs 3 StPO dem Nebenkläger zuvor rechtliches Gehör zu gewähren.

E. Anfechtung einer nachteiligen Auslagenentscheidung

Eine sofortige Beschwerde des Nebenklägers gegen die für ihn nachteilige Auslagenentscheidung wird durch die Beschränkung der Rechtsmittelbefugnis nach § 400 Abs 1 StPO, § 464 Abs 3 S 1 Hs 2 StPO nicht ausgeschlossen (OLG Brandenburg NStZ-RR 2009, 158, OLG Celle NdsRpfl 2008, 50; OLG Hamm NStZ-RR 2006, 95; OLG Karlsruhe NStZ-RR 2004, 120; aA OLG Frankfurt NStZ-RR 1996, 218; Meyer-Goßner StPO § 464 Rn 17). Dem Nebenkläger in derartigen Fällen die Möglichkeit zu nehmen, gegen die ihn beschwerende Kostenentscheidung vorzugehen, würde dem Ziel des Gesetzgebers mit der Neuregelung des Rechts der Nebenklage im Opferschutzgesetz „erste gesetzliche Maßnahmen zur Verbesserung der Rechtsstellung des Verletzten im Strafverfahren zu verwirklichen" (BT-Drs 10/5305, 8) zuwider laufen (OLG Celle NdsRpfl 2008, 50). Außerdem ist es möglich, den unterbliebenen Ausspruch nach § 33 a StPO (vgl Meyer-Goßner StPO § 400 Rn 12 mwN) nachzuholen. Im Rahmen der dann folgenden Kostentscheidung über den Rechtsbehelf ist bzgl der Gerichtskosten § 21 GKG zu beachten (vgl OLG Oldenburg NStZ-RR 2006, 191).

§ 401 [Rechtsmittel des Nebenklägers]

(1) ¹Der Rechtsmittel kann sich der Nebenkläger unabhängig von der Staatsanwaltschaft bedienen. ²Geschieht der Anschluß nach ergangenem Urteil zur Einlegung eines Rechtsmittels, so ist dem Nebenkläger das angefochtene Urteil sofort zuzustellen. ³Die Frist zur Begründung des Rechtsmittels beginnt mit Ablauf der für die Staatsanwaltschaft laufenden Frist zur Einlegung des Rechtsmittels oder, wenn das Urteil dem Nebenkläger noch nicht zugestellt war, mit der Zustellung des Urteils an ihn auch dann, wenn eine Entscheidung über die Berechtigung des Nebenklägers zum Anschluß noch nicht ergangen ist.

(2) ¹War der Nebenkläger in der Hauptverhandlung anwesend oder durch einen Anwalt vertreten, so beginnt für ihn die Frist zur Einlegung des Rechtsmittels auch dann mit der Verkündung des Urteils, wenn er bei dieser nicht mehr zugegen oder vertreten war; er kann die Wiedereinsetzung in den vorigen Stand gegen die Versäumung der Frist nicht wegen fehlender Rechtsmittelbelehrung beanspruchen. ²Ist der Nebenkläger in der Hauptverhandlung überhaupt nicht anwesend oder vertreten gewesen, so beginnt die Frist mit der Zustellung der Urteilsformel an ihn.

(3) ¹Hat allein der Nebenkläger Berufung eingelegt, so ist diese, wenn bei Beginn einer Hauptverhandlung weder der Nebenkläger noch für ihn ein Rechtsanwalt erschienen ist, unbeschadet der Vorschrift des § 301 sofort zu verwerfen. ²Der Nebenkläger kann binnen einer Woche nach der Versäumung unter den Voraussetzungen der §§ 44 und 45 die Wiedereinsetzung in den vorigen Stand beanspruchen.

(4) Wird auf ein nur von dem Nebenkläger eingelegtes Rechtsmittel die angefochtene Entscheidung aufgehoben, so liegt der Betrieb der Sache wiederum der Staatsanwaltschaft ob.

Überblick

Diese Bestimmung normiert die formalen Details der Rechtsmittelbefugnis des Nebenklägers und die Folgen seines Nichterscheinens.

A. Rechtsmittelberechtigung
I. Eigene unabhängige Rechtsmittel des Nebenklägers

1   Der Nebenkläger hat eine eigene Rechtsmittelbefugnis. Die Befugnis zur Rechtsmitteleinlegung folgt auch schon aus § 395 Abs 4 S 2 StPO. Dabei ist er von anderen Verfahrensbeteiligten, insbesondere der Staatsanwaltschaft, unabhängig. Es stehen ihm die Rechtsbehelfe bzw -mittel der Beschwerde, sofortigen Beschwerde, Berufung und Revision zur Verfügung.

II. Funktion der Staatsanwaltschaft

2   Die Staatsanwaltschaft ist zur Mitwirkung verpflichtet, sie hat das Verfahren zu betreiben, an der Hauptverhandlung teilzunehmen, zu dem Rechtsmittel Stellung zu nehmen und den Schlussvortrag nach § 258 StPO zu halten (Meyer-Goßner StPO § 401 Rn 2 mwN). Abs 4 bestätigt den allgemeinen Grundsatz, dass das Betreiben des Offizialverfahrens der Staatsanwaltschaft obliegt, selbst im Falle der Rückverweisung der Strafsache an den erstinstanzlichen Richter.

B. Voraussetzungen der Rechtsmittelbefugnis
I. Inhaltliche Voraussetzungen

3   Es müssen alle Voraussetzungen der Anschlussbefugnis nach § 395 StPO, § 396 StPO erfüllt und der Nebenkläger muss prozessfähig sein. Die allgemeinen Zulässigkeitsanforderungen des jeweiligen Rechtsmittels müssen vorliegen. Der Nebenkläger muss funktionsspezifisch beschwert sein (§ 400 StPO Rn 1). Revisionsanträge nach § 390 Abs 2 StPO sind von einem Rechtsanwalt zu unterzeichnen (BGH NJW 1992, 1398; Meyer-Goßner StPO § 401 Rn 1). Es ist mitzuteilen, dass das Urteil mit dem Ziel einer Änderung des Schuldspruchs hinsichtlich einer zum Anschluss als Nebenkläger berechtigten Gesetzesverletzung angefochten wird (BGH NStZ-RR 2009, 57).

II. Formale Voraussetzungen
1. Die Rechtsmittelfristen bei Anschluss nach Urteilserlass

4   Der Nebenkläger kann sich dem Verfahren auch noch nach Urteilserlass anschließen, um Rechtsmittel einzulegen und das Urteil überprüfen zu lassen, § 395 Abs 4 S 2 StPO. Gem § 399 Abs 2 StPO ist er an den für die Staatsanwaltschaft geltenden Zeitraum gebunden. Nach Abs 2 S 2 ist dem Nebenkläger dann das Urteil sofort zuzustellen. Die Frist zur Begründung bestimmt sich nach Abs 1 S 3.

2. Die weiteren Rechtsmittelfristen

5   Es sind die Fristen zur Einlegung und Begründung des Rechtsmittels zu unterscheiden. Abs 2 regelt die Fristen für einen im Verfahren vor Erlass des Urteils zugelassenen Nebenkläger unter Berücksichtigung seiner Anwesenheit. War der Nebenkläger in der Hauptverhandlung (partiell) anwesend oder durch einen Anwalt vertreten, so beginnt nach Abs 2 S 1 die Rechtsmitteleinlegungsfrist wie üblich mit der Verkündung des Urteils (§ 314 Abs 1 StPO, § 341 Abs 1 StPO).

Für den ständig abwesenden Nebenkläger beginnt die Rechtsmitteleinlegungsfrist erst mit der Zustellung der Urteilsformel, Abs 2 S 3. Gleiches gilt, wenn der Nebenkläger nur als Zeuge geladen war und nach der Vernehmung sofort wieder entlassen wurde (OLG Karlsruhe NStZ-RR 2000, 254).

Die Begründungsfrist (§ 317 StPO, § 345 Abs 1 StPO) beginnt für den Nebenkläger entweder mit Ablauf der für die Staatsanwaltschaft geltenden Einlegungsfrist oder mit der Urteilszustellung an den Nebenkläger, je nachdem welcher der spätere Zeitpunkt ist (Meyer-Goßner StPO § 401 Rn 4).

C. Verwerfung bei Nichterscheinen des Nebenklägers

Sofern zu Beginn der Berufungsverhandlung weder der Nebenkläger noch sein Rechtsanwalt erschienen ist, ist die Berufung sofort zu verwerfen. Der Beginn der Hauptverhandlung ist die angesetzte Terminsstunde, nicht der Aufruf zur Sache (OLG Düsseldorf NStZ-RR 2001, 303; aA OLG Frankfurt NStZ-RR 2001, 85). Entsprechend der Rechtsprechung zu den § 228 StPO, § 329 StPO und § 412 StPO ist eine angemessene Zeit, in der Regel 15 Minuten zu warten (VerfGH Berlin NJW 2004, 1158; OLG Düsseldorf NStZ-RR 2001, 303), bei angekündigter unverschuldeter Verspätung auch länger (KG NStZ 2002, 218). 6

Abs 3 S 1 überträgt die Regelung zum ausgebliebenen Angeklagten bei Beginn einer Hauptverhandlung gem § 329 Abs 1 StPO mit der Einschränkung des § 301 StPO auch auf den Nebenkläger. Das Ausbleiben beim Aufruf der Sache führt ausnahmsweise dann nicht zur Verwerfung der Berufung, wenn § 301 StPO eingreift, dh wenn das Gericht bei der aktenmäßigen Prüfung die Chance einer günstigen Entscheidung für den Angeklagten erkennt (Meyer-Goßner StPO § 401 Rn 6). Abs 3 kommt nicht zur Anwendung, wenn auch die Staatsanwaltschaft oder der Angeklagte Berufung eingelegt haben. Die Berufung des abwesenden Nebenklägers wird dann mitverhandelt, da seine Anschlusserklärung auch ohne Anwesenheit wirksam ist. Das Rechtsmittel wäre aber nach Abs 3 S 1 später zu verwerfen, wenn die Rechtsmittel der anderen Beteiligten zurückgenommen würden (Meyer-Goßner StPO § 401 Rn 7).

§ 402 [Widerruf; Tod des Nebenklägers]

Die Anschlußerklärung verliert durch Widerruf sowie durch den Tod des Nebenklägers ihre Wirkung.

Überblick

Geregelt werden die Wirkungen von Widerruf oder Tod des Nebenklägers.

A. Widerruf der Anschlusserklärung

Im Gegensatz zur Anschlusserklärung (§ 396 Abs 1 StPO) ist für deren Widerruf keine bestimmte Form vorgesehen, eine formlose Erklärung ist daher ausreichend. Ein (konkludenter) Widerruf ist darin gesehen worden, dass der Nebenkläger seine Nebenklagerechte über längere Zeit bewusst nicht ausgeübt hat (OLG Hamm NJW 1971, 394). Der Widerruf ist jederzeit bis zum rechtskräftigen Verfahrensabschluss und auch in der Revisionsinstanz zulässig und beendet die Nebenklage mit sofortiger Wirkung. Ansonsten wird das Offizialverfahren ohne Rücksicht auf die frühere Nebenklage fortgesetzt. Der Widerruf kann nur dem Gericht gegenüber erklärt werden, da er auf die dem Gericht vorliegende Anschlusserklärung bezogen ist. Der einseitige Widerruf der Anschlusserklärung bedeutet regelmäßig keinen Verzicht auf das Recht zur Nebenklage. Der Nebenkläger kann aber durch eine entsprechend eindeutige prozessuale Erklärung in Kenntnis der Konsequenzen auch dauerhaft auf sein Nebenklagerecht verzichten. Ein Widerruf oder Verzicht führen zum Verlust späterer Ansprüche auf Auslagenerstattung, da diese erst nach rechtskräftiger Verurteilung (§ 472 Abs 1 StPO) oder nach einer Einstellung (§ 472 Abs 2 StPO) entstehen. Die Wirkung des Widerrufs erstreckt sich nur auf die Zukunft, bereits ergangene Urteile und Beschlüsse bleiben bestandskräftig, noch nicht beschiedene Anträge und Rechtsmittel werden gegenstandslos (Meyer-Goßner StPO § 402 Rn 2 mwN). 1

B. Tod des Nebenklägers

2 Die Nebenklage endet mit dem Tod des Nebenklägers. Das Verfahren gegen den Angeklagten wird ohne Nebenklage einfach fortgeführt. Ein noch nicht beschiedenes alleiniges Rechtsmittel des Nebenklägers gilt als zurückgenommen (BGH NStZ 1997, 49). Ein vom Revisionsgericht zurückverwiesenes Verfahren wird auch nach dem Tod des rechtsmittelführenden Nebenklägers in der ersten Instanz von der Staatsanwaltschaft weiter betrieben (§ 401 Abs 4 StPO). Anders als beim selbstverantwortlichen Widerruf entfällt beim Tod des Nebenklägers nicht der Anspruch auf Auslagenerstattung. Nach einer Verurteilung hat der Angeklagte die Auslagen an den Nachlass zu erstatten (OLG Stuttgart NJW 1960, 115; Meyer-Goßner StPO § 402 Rn 6). Ist der Nebenkläger verstorben, sind die Angehörigen nicht entsprechend § 393 Abs 2 StPO berechtigt, in das Verfahren einzutreten (BGH NStZ 2009, 174). Anderes gilt, wenn der Nebenkläger an den Tatfolgen verstorben ist. Nach einem Tod des ursprünglich originären Verletzten infolge der Tat, sind von diesem Zeitpunkt an die Angehörigen nach Beendigung der früheren Nebenklage gem § 395 Abs 2 Nr 1 StPO selbstständig anschlussberechtigt (ebenso HK-StPO/Kurth, § 402 Rn 8, **aA** MeyerGoßner StPO § 402 Rn 4 mwN). Die Zulässigkeit der Nebenklage ergibt sich sowohl aus dem eindeutigen Gesetzeswortlaut als auch aufgrund der Zulässigkeit der Angehörigennebenklage nach § 395 Abs 2 StPO. Im Übrigen entspricht dies auch den Opferschutzzwecken der Nebenklage (vgl § 395 StPO Rn 1).

Dritter Abschnitt. Entschädigung des Verletzten (§§ 403-406 c)

§ 403 [Voraussetzungen]

Der Verletzte oder sein Erbe kann gegen den Beschuldigten einen aus der Straftat erwachsenen vermögensrechtlichen Anspruch, der zur Zuständigkeit der ordentlichen Gerichte gehört und noch nicht anderweit gerichtlich anhängig gemacht ist, im Strafverfahren geltend machen, im Verfahren vor dem Amtsgericht ohne Rücksicht auf den Wert des Streitgegenstandes.

Überblick

Die Vorschriften des 3. Abschnitts regeln das sog Adhäsions- oder Anhangsverfahren, mit dem es dem Verletzten einer Straftat ermöglicht wird, seine zivilrechtlich gegen den Schädiger entstandenen Ansprüche im Strafverfahren geltend zu machen. Das Adhäsionsverfahren ist maßgeblich zuletzt durch das OpferrechtsreformG v 24. 6. 2004 reformiert worden, mit dem die Anwendungshäufigkeit dieser Verfahrensart gesteigert werden sollte. Zu zahlreichen Mustern und Beispielen siehe Weiner/Ferber Handbuch des Adhäsionsverfahrens 2008.

A. Antragsberechtigter

1 Antragsberechtigt sind der Verletzte oder sein Erbe, und zwar unabhängig von ihrer Stellung im Verfahren. Der Adhäsionsantragsteller kann daher auch zugleich Nebenkläger, Privatkläger oder Mitangeklagter sein, etwa im Falle einer gegenseitigen Körperverletzung (KMR/Stöckel StPO § 404 Rn 1; Löwe/Rosenberg/Hilger StPO § 403 Rn 1). **Verletzter** im Sinne dieser Vorschrift ist nach allgemeiner Auffassung, wer unmittelbar aus der Straftat einen vermögensrechtlichen Anspruch erworben hat, sowie nach **hM** darüber hinaus der mittelbar Verletzte, also zB Ehegatten (Meyer-Goßner StPO § 404 Rn 2; Löwe/Rosenberg/ Hilger StPO § 403 Rn 1; Pfeiffer StPO § 403 Rn 1, KMR/Stöckel StPO § 403 Rn 1; **aA** SK-StPO/Velten StPO § 403 Rn 3). Über den Wortlaut der Vorschrift hinaus ist nach allgemeiner Auffassung auch der **Erbe** des Erben antragsberechtigt (Meyer-Goßner StPO § 404 Rn 3; KMR/Stöckel StPO § 403 Rn 2; Löwe/Rosenberg/Hilger StPO § 403 Rn 2). Ob auch nach Inkrafttreten des OpferRRG noch stets die Vorlage eines Erbscheins

erforderlich ist (so die bislang einhellige Auffassung, vgl dazu Meyer-Goßner StPO § 404 Rn 3; SK-StPO/Velten StPO § 403 Rn 4; Löwe/Rosenberg/Hilger StPO § 403 Rn 2), erscheint fraglich, da sich aus § 406 StPO nF ergibt, dass Verfahrensverzögerungen nicht stets zur Ungeeignetheit führen.

Andere **Rechtsnachfolger**, wie Abtretungs- oder Pfändungspfandgläubiger sind nicht antragsberechtigt. 2

Nach neuer und richtiger Auffassung ist der **Insolvenzverwalter** auch dann antragsberechtigt, wenn die Schädigung vor Eröffnung des Insolvenzverfahrens eingetreten ist (so OLG Celle NJW 2007, 3795; SK-StPO/Velten StPO § 403 Rn 4; Pfeiffer StPO § 403 Rn 1; Löwe/Rosenberg/Hilger StPO § 403 Rn 4; KMR/Stöckel StPO § 404 Rn 3; KK-StPO/Engelhardt StPO § 403 Rn 7; anders noch OLG Frankfurt NStZ 2007, 168; Meyer-Goßner StPO § 403 Rn 5). 3

Der Antragsteller muss nach einhelliger Auffassung **prozessfähig** im Sinne des Zivilprozessrechts (§ 51 ZPO bis § 55 ZPO) oder gesetzlich vertreten sein (Löwe/Rosenberg/Hilger StPO § 403 Rn 5; KMR/Stöckel StPO § 403 Rn 5; Meyer-Goßner StPO § 403 Rn 6). 4

B. Antragsgegner

Antragsgegner ist der **Beschuldigte**, also die Person, gegen die sich das Strafverfahren richtet. Ein Antrag gegen einen Haftpflichtversicherer (§ 3 PflVG) ist demnach unzulässig. 5

Gegen einen **Jugendlichen** darf nach § 81 JGG kein Adhäsionsverfahren durchgeführt werden, und zwar auch, wenn das Verfahren vor den allgemeinen Strafgerichten geführt wird (§ 104 Abs 1 Nr 14 JGG). 6

Gegen **Heranwachsende** ist das Adhäsionsverfahren nach Inkrafttreten des 2. JuMoG uneingeschränkt zulässig. 7

Der Antragsgegner muss nach einhelliger Auffassung **verhandlungsfähig** sein. Prozessfähigkeit ist hingegen grundsätzlich nicht erforderlich, wohl aber für einen etwaigen Vergleichsabschluss (KMR/Stöckel StPO § 403 Rn 7; Löwe/Rosenberg/Hilger StPO § 403 Rn 9; Meyer-Goßner StPO § 403 Rn 9). 8

Ob die Bestellung eines **Pflichtverteidigers** nach § 140 StPO auch die Befugnis zur Vertretung des Angeklagten im Adhäsionsverfahren umfasst, ohne dass es einer zusätzlichen Bestellung bedürfte, ist umstritten (dafür: OLG Köln BeckRS 2005, 07953; OLG Hamm BeckRS 2001, 30183875; OLG Schleswig NStZ 1998, 101; OLG Hamburg NStZ-RR 2006, 347; dagegen: OLG Zweibrücken BeckRS 2007, 00818; OLG München StV 2004, 38; OLG Saarbrücken StV 2000, 433; OLG Celle BeckRS 2008, 01177; OLG Bamberg BeckRS 2008, 24774; OLG Stuttgart BeckRS 2009, 10521). 9

C. Vermögensrechtlicher Anspruch

Nur **vermögensrechtliche** Ansprüche, die aus der Straftat erwachsen sind, können im Adhäsionsverfahren geltend gemacht werden. Dies sind alle Ansprüche, die aus Vermögensrechten abgeleitet oder auf vermögenswerte Leistungen gerichtet sind, also zB Schadensersatz-, Schmerzensgeld-, Herausgabe- oder Bereicherungsansprüche. 10

Für den geltend gemachten Anspruch müssen die **ordentlichen Gerichte** sachlich zuständig sein, wobei beim Amtsgericht Ansprüche ohne Rücksicht auf den Wert des Streitgegenstandes geltend gemacht werden können. Daraus folgt zugleich, dass im Adhäsionsverfahren kein **Anwaltszwang** nach § 78 ZPO besteht (Löwe/Rosenberg/Hilger StPO § 403 Rn 15; SK-StPO/Velten StPO § 403 Rn 8). Der Anspruch darf nicht anderweitig **rechtshängig** sein. 11

D. Strafverfahren

Der Anspruch kann „im Strafverfahren" geltend gemacht werden und nach nahezu einhelliger Meinung nicht „im **Strafbefehlsverfahren**", solange es nicht zur Hauptverhandlung kommt (BGH NJW 1982, 1047; Meyer-Goßner StPO § 403 Rn 12; SK-StPO/Velten 12

StPO § 403 Rn 9). Diese Auffassung ist zutreffend, da der Gesetzgeber die Möglichkeit zum Erlass eines Versäumnisurteils nicht vorgesehen hat.

§ 404 [Antrag des Verletzten]

(1) ¹Der Antrag, durch den der Anspruch geltend gemacht wird, kann schriftlich oder mündlich zur Niederschrift des Urkundsbeamten, in der Hauptverhandlung auch mündlich bis zum Beginn der Schlußvorträge gestellt werden. ²Er muß den Gegenstand und Grund des Anspruchs bestimmt bezeichnen und soll die Beweismittel enthalten. ³Ist der Antrag außerhalb der Hauptverhandlung gestellt, so wird er dem Beschuldigten zugestellt.

(2) ¹Die Antragstellung hat dieselben Wirkungen wie die Erhebung der Klage im bürgerlichen Rechtsstreit. ²Sie treten mit Eingang des Antrages bei Gericht ein.

(3) ¹Ist der Antrag vor Beginn der Hauptverhandlung gestellt, so wird der Antragsteller von Ort und Zeit der Hauptverhandlung benachrichtigt. ²Der Antragsteller, sein gesetzlicher Vertreter und der Ehegatte oder Lebenspartner des Antragsberechtigten können an der Hauptverhandlung teilnehmen.

(4) Der Antrag kann bis zur Verkündung des Urteils zurückgenommen werden.

(5) ¹Dem Antragsteller und dem Angeschuldigten ist auf Antrag Prozeßkostenhilfe nach denselben Vorschriften wie in bürgerlichen Rechtsstreitigkeiten zu bewilligen, sobald die Klage erhoben ist. ²§ 121 Abs. 2 der Zivilprozeßordnung gilt mit der Maßgabe, daß dem Angeschuldigten, der einen Verteidiger hat, dieser beigeordnet werden soll; dem Antragsteller, der sich im Hauptverfahren des Beistandes eines Rechtsanwalts bedient, soll dieser beigeordnet werden. ³Zuständig für die Entscheidung ist das mit der Sache befaßte Gericht; die Entscheidung ist nicht anfechtbar.

Überblick

§ 404 StPO regelt in Abs 1 bis Abs 4 die Formalien der Antragstellung und Wirkungen des Antrags und in Abs 5 die Prozesskostenhilfebewilligung.

A. Ordnungsmäßigkeit des Antrags, Abs 1

1 Der Antrag ist unzulässig, wenn er inhaltlich nicht den Anforderungen des § 404 Abs 1 StPO entspricht. Der Antrag muss also den **Gegenstand** und **Grund** (Lebenssachverhalt) des Anspruchs bezeichnen. Dazu gehört ein inhaltlich **bestimmter**, also vollstreckungsfähiger Antrag, der bei geforderten Geldbeträgen idR zu beziffern ist. Auch bei Schmerzensgeldansprüchen ist die Angabe der ungefähren Größenordnung weiterhin erforderlich zur Bestimmung des Streitwertes und des Beschwerdewertes sowie für die Kostenentscheidung (Zöller/Greger ZPO § 253 Rn 14).

2 Ebenfalls zu benennen sind der **Schädiger** (Name, Adresse, alternativ Geburtsdatum) und der **Verletzte** (Name, Adresse, alternativ – etwa bei Geheimhaltungsinteresse – Geburtsdatum und -ort).

3 **Feststellungsanträge** sind bei Vorliegen eines rechtlichen Interesses nach § 256 Abs 1 ZPO zulässig.

4 Die Benennung der **Beweismittel** ist nicht zwingend erforderlich, da der Aufklärungsgrundsatz auch im Adhäsionsverfahren gilt.

5 Die **Form** des Antrags ergibt sich aus § 404 Abs 1 S 1 StPO. Wird der Antrag innerhalb der Hauptverhandlung gestellt, ist er zu protokollieren (§ 273 Abs 1 StPO).

6 Der spätestmögliche **Zeitpunkt** der Antragstellung ist in § 404 Abs 1 S 1 StPO geregelt (Schlussvortrag der StA, dazu BGH NStZ 1998, 447). Der Antrag kann auch erstmals im Berufungsverfahren gestellt werden. Der frühestmögliche Zeitpunkt der Antragstellung ergibt sich aus dem Beschuldigtenstatus des Antragsgegners.

Der Antrag kann zunächst unter dem **Vorbehalt** möglicher Prozesskostenbewilligung gestellt werden oder nur angekündigt werden. 7

B. Wirkungen des Antrags, Abs 2 und Abs 3

Rechtshängigkeit tritt nach Abs 2 S 2 bereits mit Eingang des Antrags bei Gericht ein, 8 also nicht erst mit Zustellung des Antrags.

Wird der Antrag vor Beginn der Hauptverhandlung gestellt, erwirbt der Antragsteller 9 damit zugleich ein **Teilnahmerecht** an der Hauptverhandlung, § 404 Abs 3 StPO, der als Ausnahmeregelung zu § 243 Abs 2 StPO aufzufassen ist. **Teilnahmepflicht** besteht nicht. Der Adhäsionskläger kann sich durch einen Rechtsanwalt oder eine andere geeignete Person (§ 157 ZPO, § 138 Abs 2 StPO) vertreten lassen.

C. Stellung des Adhäsionsklägers in der Hauptverhandlung

Die **weiteren Rechte** des Adhäsionsklägers in der Hauptverhandlung sind nicht gesondert 10 normiert. Es entspricht jedoch einhelliger Auffassung, dass ihm ein Frage- und Beanstandungsrecht gemäß § 243 StPO, § 238 Abs 2 StPO, ein Erklärungsrecht nach § 257 StPO, das Beweisantragsrecht und das Recht zum Schlussvortrag zustehen (vgl insoweit schon BGH NJW 1956, 1767). Nach BVerfG BeckRS 2007, 20571, ist auch klargestellt, dass ihm auch ein Recht auf Richterablehnung zusteht.

Soweit der Antragsteller seinen Antrag bereits vor der Hauptverhandlung gestellt hat, 11 bedarf es keiner förmlichen Stellung des Antrags in der Hauptverhandlung nicht (BGH NJW 1991, 1243). Dem entspricht, dass der Angeklagte keinen Klageabweisungsantrag stellen muss. Allerdings müssen sowohl der Antragsteller als auch der Angeklagte in der Hauptverhandlung zum Adhäsionsantrag gehört werden (vgl dazu schon BGH NJW 1956, 1767), was zu protokollieren ist (BGH NJW 1991, 1243). Auch vor beabsichtigten Verfahrenseinstellungen, die den Antragsteller betreffen, ist **rechtliches Gehör** zu gewähren.

Das weitere Verfahren richtet sich nach der StPO. Demnach darf nur der mündlich 12 vorgetragene und erörterte Prozessstoff dem Urteil zugrunde gelegt werden (BGH NJW 1991, 1243). Zur Frage der Geltung des § 139 ZPO im Adhäsionsverfahren dürfte das Bestehen einer entsprechenden richterlichen **Hinweispflicht** im Ergebnis unstreitig sein (vgl. dazu Loos GA 2006, 195 ff).

D. Antragsrücknahme, Abs 4

Die Antragsrücknahme nach Abs 4 ist bis zur Verkündung des Urteils, auch in der 13 Berufungsinstanz, möglich und bedarf nicht der Zustimmung des Beschuldigten. Der Antragsrücknahme kommt keine Sperrwirkung zu, da es an einer dem § 392 StPO vergleichbaren Regelung fehlt (**hM**, vgl nur Meyer-Goßner StPO § 404 Rn 13; KMR/Stöckel StPO § 404 Rn 19; **aA** Köckerbauer NStZ 1994, 305, 307).

E. Prozesskostenhilfe, Abs 5

Die **Bewilligung** von Prozesskostenhilfe richtet sich nach den §§ 114 ZPO ff und 14 verlangt daher a) hinreichende Erfolgsaussichten der beabsichtigten Rechtsverfolgung oder -verteidigung, b) keine Mutwilligkeit und c) das Vorliegen der persönlichen und wirtschaftlichen Verhältnisse für die Bewilligung von Prozesskostenhilfe, was durch eine Erklärung auf dem amtlichen Vordruck mit entsprechenden Belegen (§ 117 ZPO) nachgewiesen wird. Die Entscheidung ist gemäß § 404 Abs 5 S 3 StPO unanfechtbar, § 127 ZPO gilt daher nicht, auch nicht für nachträgliche Entscheidungen nach § 124 ZPO, gegen die dann die Erinnerung nach § 11 Abs 2 RPflG gegeben ist (OLG Stuttgart NStZ-RR 2007, 254).

Die **Beiordnung** eines Rechtsanwalts ist in § 404 Abs 5 S 2 StPO geregelt. Sofern 15 ohnehin ein Verteidiger oder ein Verletztenbeistand nach § 397a StPO am Verfahren beteiligt sind, sollen diese beigeordnet werden. Zur Beiordnung des Pflichtverteidigers s § 403 StPO Rn 9.

§ 405 [Vergleich]

(1) ¹Auf Antrag des Verletzten oder seines Erben und des Angeklagten nimmt das Gericht einen Vergleich über die aus der Straftat erwachsenen Ansprüche in das Protokoll auf. ²Es soll auf übereinstimmenden Antrag der in Satz 1 Genannten einen Vergleichsvorschlag unterbreiten.

(2) Für die Entscheidung über Einwendungen gegen die Rechtswirksamkeit des Vergleichs ist das Gericht der bürgerlichen Rechtspflege zuständig, in dessen Bezirk das Strafgericht des ersten Rechtszuges seinen Sitz hat.

Überblick

Die Vorschrift ist neu eingefügt worden durch das OpferrechtsreformG und stellt klar, dass ein Vergleichsabschluss im Adhäsionsverfahren zulässig ist.

A. Vergleichsabschluss, Abs 1 S 1

1   Der im Adhäsionsverfahren geschlossene Vergleich stellt einen **Vollstreckungstitel** dar (§ 794 Abs 1 Nr 1 ZPO), beendet die Rechtshängigkeit des Adhäsionsanspruchs und kann als **Strafmilderungsgrund** nach § 46 Abs 2 StGB oder im Rahmen des § 46a StGB berücksichtigt werden. Der Vergleich kann sich auch auf eingestellte Taten oder nichtvermögensrechtliche Leistungen beziehen. Zur **Verfahrensweise** sollten die § 162 Abs 1 ZPO, § 160 Abs 3 Nr 1 ZPO beachtet werden. Ein Vergleichsabschluss außerhalb der Hauptverhandlung ist nicht vorgesehen (vgl dazu Ferber NJW 2004, 2562, 2564).

B. Vergleichsvorschlag, Abs 1 S 2

2   Der gerichtliche Vergleichsvorschlag ist als Entscheidung innerhalb der Hauptverhandlung mit den Schöffen zu beraten und abzustimmen (§ 30 GVG). Der übereinstimmende Antrag ist zu Protokoll zu nehmen. Soll der Antrag abgelehnt werden, etwa weil sich das Gericht nicht zu einem frühen Zeitpunkt festlegen will, hat dies im Beschlusswege zu erfolgen.

C. Einwendungen, Abs 2

3   Über Einwendungen gegen die Wirksamkeit des Vergleichs entscheidet das Zivilgericht. Dabei ist im Hinblick auf die sachliche Zuständigkeit die **Streitwertgrenze** zu beachten (so auch Schneckenberger in: Weiner/Ferber Handbuch des Adhäsionsverfahrens 2008, Rn 126; aA Plüür/Herbst, Das Gesetz zur Verbesserung der Rechte von Verletzten im Strafverfahren vom 24. Juni 2004 und seine Auswirkungen auf das Adhäsionverfahren, Internetseite des Kammergerichts, 24)

4   Abzugrenzen sind die Einwendungen gegen den Vergleich von bloßen Anträgen auf **Protokollberichtigung** gemäß § 271 StPO.

§ 406 [Entscheidung]

(1) ¹Das Gericht gibt dem Antrag in dem Urteil statt, mit dem der Angeklagte wegen einer Straftat schuldig gesprochen oder gegen ihn eine Maßregel der Besserung und Sicherung angeordnet wird, soweit der Antrag wegen dieser Straftat begründet ist. ²Die Entscheidung kann sich auf den Grund oder einen Teil des geltend gemachten Anspruchs beschränken; § 318 der Zivilprozessordnung gilt entsprechend. ³Das Gericht sieht von einer Entscheidung ab, wenn der Antrag unzulässig ist oder soweit er unbegründet erscheint. ⁴Im Übrigen kann das Gericht von einer Entscheidung nur absehen, wenn sich der Antrag auch unter Berücksichtigung der berechtigten Belange des Antragstellers zur Erledigung im Strafverfahren nicht eignet. ⁵Der Antrag ist insbesondere dann zur Erledigung im Strafverfahren nicht geeignet, wenn seine weitere Prüfung, auch soweit eine Entschei-

dung nur über den Grund oder einen Teil des Anspruchs in Betracht kommt, das Verfahren erheblich verzögern würde. ⁶Soweit der Antragsteller den Anspruch auf Zuerkennung eines Schmerzensgeldes (§ 253 Abs. 2 des Bürgerlichen Gesetzbuches) geltend macht, ist das Absehen von einer Entscheidung nur nach Satz 3 zulässig.

(2) Erkennt der Angeklagte den vom Antragsteller gegen ihn geltend gemachten Anspruch ganz oder teilweise an, ist er gemäß dem Anerkenntnis zu verurteilen.

(3) ¹Die Entscheidung über den Antrag steht einem im bürgerlichen Rechtsstreit ergangenen Urteil gleich. ²Das Gericht erklärt die Entscheidung für vorläufig vollstreckbar; die §§ 708 bis 712 sowie die §§ 714 und 716 der Zivilprozessordnung gelten entsprechend. ³Soweit der Anspruch nicht zuerkannt ist, kann er anderweit geltend gemacht werden. ⁴Ist über den Grund des Anspruchs rechtskräftig entschieden, so findet die Verhandlung über den Betrag nach § 304 Abs. 2 der Zivilprozeßordnung vor dem zuständigen Zivilgericht statt.

(4) Der Antragsteller erhält eine Abschrift des Urteils mit Gründen oder einen Auszug daraus.

(5) ¹Erwägt das Gericht, von einer Entscheidung über den Antrag abzusehen, weist es die Verfahrensbeteiligten so früh wie möglich darauf hin. ²Sobald das Gericht nach Anhörung des Antragstellers die Voraussetzungen für eine Entscheidung über den Antrag für nicht gegeben erachtet, sieht es durch Beschluss von einer Entscheidung über den Antrag ab.

Überblick

Die Entscheidung über den Adhäsionsantrag ergeht durch ein stattgebendes Urteil und/oder eine Absehensentscheidung. Eine Klageabweisung erfolgt nicht.

A. Stattgebendes Urteil, Abs 1 S 1 und S 2, Abs 2, Abs 3 S 4

Erweist sich der Adhäsionsantrag nach dem Ergebnis der Hauptverhandlung als zulässig 1 und begründet, spricht das Gericht den Anspruch wie in einem Zivilurteil zu. Die Anforderungen an einen zivilrechtlichen Tenor (Vollstreckbarkeit) sind dabei zu beachten. Neu geschaffen durch das OpferrechtsreformG wurde die Möglichkeit eines **Anerkenntnisurteils** in Abs 2. Grund- oder Teilurteile sind zulässig, **Grundurteile** auch dann, wenn der Rechtsstreit zur Höhe entscheidungsreif ist (BGH NJW 2002, 3560). Die Verhandlung über den Betrag findet dann vor dem Zivilgericht statt, § 406 Abs 3 S 4 StPO. Zu zahlreichen Formulierungsvorschlägen und Mustern siehe Weiner/Ferber Handbuch des Adhäsionsverfahrens 2008. Feststellungsurteile werden – wegen der Ähnlichkeit mit einem Grundurteil – als zulässig angesehen (BGH NJW 2002, 3560).

Für die Abfassung der **Urteilsgründe** gelten die strafprozessualen Regeln (SK-StPO/ 2 Velten StPO § 406 Rn 2).

Die **Kostenentscheidung** richtet sich nach § 472a Abs 1 StPO. 3

B. Die Absehensentscheidung, Abs 1 S 3 bis S 6, Abs 3 S 3, Abs 5

Das Gericht sieht von einer Entscheidung über den Antrag ab, wenn er unzulässig oder 4 unbegründet ist oder wenn er sich zur Erledigung im Strafverfahren nicht eignet.

Die **Unzulässigkeit** des Antrags kann sich aus zivilprozessualen (zB keine deutsche 5 Gerichtsbarkeit, entgegenstehende Rechtskraft) oder strafprozessualen (Tatbestandsvoraussetzungen von § 403 StPO) Gesichtspunkten ergeben.

Gleiches gilt für die **Unbegründetheit**. Unbegründet ist der Antrag insbesondere dann, 6 wenn der Angeklagte weder schuldig gesprochen, noch gegen ihn eine Maßregel der Besserung und Sicherung angeordnet wird. Die Verurteilung muss wegen der Straftat im materiell-rechtlichen Sinne (Tateinheit) erfolgen, aus der sich der Adhäsionsanspruch ergibt (ebenso SK-StPO/Velten StPO § 405 Rn 5; Löwe/Rosenberg/Hilger StPO § 405 Rn 7).

Zivilrechtlich unbegründet ist der Adhäsionsanspruch beispielsweise, wenn der geltend gemachte Verdienstausfall nicht nachgewiesen wird.

7 Die **Nichteignung** zur Erledigung im Strafverfahren ist nach der Neufassung durch das OpferrechtsreformG nur dann ein Absehensgrund, wenn nicht ein Anspruch auf **Schmerzensgeld** geltend gemacht wird, so dass in diesen Fällen bei faktischer Nichteignung nur die Möglichkeit bleibt, sich auf ein Grundurteil zu beschränken.

8 Die Entscheidung über die Frage der Nichteignung ist eine **Ermessenentscheidung** (dazu grundlegend OLG Hamburg NStZ-RR 2006, 347). Folgende Gesichtspunkte können in die Entscheidung mit einbezogen werden, wobei sich die Nichteignung auch aus einer Gesamtbetrachtung ergeben kann: Höhe und Umfang der Klageforderung, Haftungsgefahr für den Pflichtverteidiger, schwierige bürgerlich-rechtliche Fragestellungen (BGH BeckRS 2006, 08967), erhebliche Verfahrensverzögerung (insbes in Haftsachen, vgl LG Hildesheim BeckRS 2007, 04799, bestätigt durch OLG Celle Beschl v 22. 2. 2007 – Az 1 Ws 74/07).

9 Aus § 406 Abs 5 StPO folgt für das Gericht, das eine – vollständige (dazu Meyer-Goßner StPO § 406 Rn 14, str) – Absehensentscheidung in Betracht zieht, eine **Hinweispflicht** und eine Pflicht zur Entscheidung durch **Beschluss** mit der (eingeschränkten) Anfechtungsmöglichkeit nach § 406 a Abs 1 StPO. Der Beschluss ist mit einer Kostenentscheidung nach § 472 a Abs 2 StPO zu versehen (Muster bei Weiner/Ferber Handbuch des Adhäsionsverfahrens 2008).

C. Rechtskraft und vorläufige Vollstreckbarkeit, Abs 3 S 1, 2

10 Nach § 406 Abs 3 S 1 StPO steht die Entscheidung über den Adhäsionsantrag einem **Zivilurteil** gleich, dh zur Rechtskraft finden § 322 ZPO, § 323 ZPO und § 325 ZPO Anwendung. Eine Einschränkung der Rechtskraftwirkung findet sich in § 406 a Abs 3 StPO; zur Rechtskraft s auch dort.

11 Die Entscheidung zur **vorläufigen Vollstreckbarkeit** richtet sich nach Abs 3 S 2 nach den einschlägigen zivilprozessualen Vorschriften.

§ 406 a [Rechtsmittel]

(1) ¹Gegen den Beschluss, mit dem nach § 406 Abs. 5 Satz 2 von einer Entscheidung über den Antrag abgesehen wird, ist sofortige Beschwerde zulässig, wenn der Antrag vor Beginn der Hauptverhandlung gestellt worden und solange keine den Rechtszug abschließende Entscheidung ergangen ist. ²Im Übrigen steht dem Antragsteller ein Rechtsmittel nicht zu.

(2) ¹Soweit das Gericht dem Antrag stattgibt, kann der Angeklagte die Entscheidung auch ohne den strafrechtlichen Teil des Urteils mit dem sonst zulässigen Rechtsmittel anfechten. ²In diesem Falle kann über das Rechtsmittel durch Beschluss in nichtöffentlicher Sitzung entschieden werden. ³Ist das zulässige Rechtsmittel die Berufung, findet auf Antrag des Angeklagten oder des Antragstellers eine mündliche Anhörung der Beteiligten statt.

(3) ¹Die dem Antrag stattgebende Entscheidung ist aufzuheben, wenn der Angeklagte unter Aufhebung der Verurteilung wegen der Straftat, auf welche die Entscheidung über den Antrag gestützt worden ist, weder schuldig gesprochen noch gegen ihn eine Maßregel der Besserung und Sicherung angeordnet wird. ²Dies gilt auch, wenn das Urteil insoweit nicht angefochten ist.

Überblick

In Abs 1 ist eine Beschwerdemöglichkeit des Verletzten vorgesehen, sofern das Gericht eine Absehensentscheidung vor dem Urteil durch Beschluss gemäß § 406 Abs 5 StPO getroffen hat. Abs 2 regelt die Rechtsmittelmöglichkeiten des Angeklagten, Abs 3 betrifft das Schicksal des Adhäsionsurteils bei Aufhebung des Schuldspruchs.

A. Beschwerde des Antragstellers

Unter den in Abs 1 genannten Voraussetzungen kann der Antragsteller sofortige Beschwerde gegen den Beschluss nach § 406 Abs 5 StPO einlegen. Im Übrigen, also insbesondere bei einer Absehensentscheidung im Urteil, steht ihm kein Rechtsmittel zu. 1

B. Rechtsmittel des Angeklagten

Der Angeklagte hat die ihm nach der StPO zustehenden Rechtsmittel und kann das Urteil insgesamt oder beschränkt auf den zivil- oder strafrechtlichen Teil anfechten. Sofern er nur den **strafrechtlichen Teil** anficht, ist str, ob der zivilrechtliche Teil in Rechtskraft erwächst (so BGH Urt v 28. 11. 2007 – Az 2 StR 477/07 für ein Rechtsmittel der StA; **aA** SK-StPO/Velten StPO § 406 a Rn 7). Das weitere Verfahren hinsichtlich der Adhäsionsentscheidung bei Aufhebung des Schuldspruchs ist in Abs 3 geregelt. Allein die Aufhebung und Zurückverweisung durch das Revisionsgericht führt nicht zur Aufhebung der Adhäsionsentscheidung, die vielmehr dem Tatrichter vorbehalten ist (BGH NJW 2008, 1239). 2

Sofern der Angeklagte nur den **zivilrechtlichen Teil** anficht, muss er dies mit dem „sonst zulässigen Rechtsmittel" tun, womit das strafprozessual zulässige Rechtsmittel gemeint ist. Die Regelung in Satz 2, wonach durch Beschluss entschieden werden kann, erweitert dabei die Möglichkeiten des Gerichts nur für die Fälle, in denen das Berufungsgericht die Berufung des Angeklagten zurückweisen möchte, da eine Aufhebung des Adhäsionsurteils in Form der Absehensentscheidung ohnehin durch Beschluss möglich ist. Die Regelung in Satz 3 wird allgemein als überflüssig kritisiert (vgl nur Meyer/Goßner StPO § 406 a Rn 6), ist jedoch nach der hier vertretenen Auffassung nur als Sonderregelung für die Fälle zu verstehen, in denen der Angeklagte gegen den strafrechtlichen Teil des Urteils gerade keine Berufung eingelegt hat. 3

§ 406 b [Vollstreckung]

¹**Die Vollstreckung richtet sich nach den Vorschriften, die für die Vollstreckung von Urteilen und Prozessvergleichen in bürgerlichen Rechtsstreitigkeiten gelten.** ²**Für das Verfahren nach den §§ 323, 731, 767, 768, 887 bis 890 der Zivilprozeßordnung ist das Gericht der bürgerlichen Rechtspflege zuständig, in dessen Bezirk das Strafgericht des ersten Rechtszuges seinen Sitz hat.** ³**Einwendungen, die den im Urteil festgestellten Anspruch selbst betreffen, sind nur insoweit zulässig, als die Gründe, auf denen sie beruhen, nach Schluß der Hauptverhandlung des ersten Rechtszuges und, wenn das Berufungsgericht entschieden hat, nach Schluß der Hauptverhandlung im Berufungsrechtszug entstanden sind.**

§ 406 b StPO verweist für die Zwangsvollstreckung und für zivilprozessuale Nachtragsentscheidungen auf die zivilprozessualen Vorschriften. Zuständig für diese Entscheidungen sind die Zivilgerichte, wobei nur § 732 ZPO (Erinnerung gegen Erteilung der Vollstreckungsklausel) davon ausgenommen ist. S 3 trifft ergänzende Regelungen für die Vollstreckungsabwehrklage gem § 767 ZPO (vgl dazu auch BGH NJW 1982, 1047).

§ 406 c [Wiederaufnahme des Verfahrens]

(1) ¹**Den Antrag auf Wiederaufnahme des Verfahrens kann der Angeklagte darauf beschränken, eine wesentlich andere Entscheidung über den Anspruch herbeizuführen.** ²**Das Gericht entscheidet dann ohne Erneuerung der Hauptverhandlung durch Beschluß.**

(2) **Richtet sich der Antrag auf Wiederaufnahme des Verfahrens nur gegen den strafrechtlichen Teil des Urteils, so gilt § 406 a Abs. 3 entsprechend.**

Ein Wiederaufnahmeverfahren kann nur der Angeklagte, nicht aber der Antragsteller betreiben, da letzterem auch bei einer Absehensentscheidung der Zivilrechtsweg noch offen steht. 1

Der Angeklagte kann mit seinem Wiederaufnahmeantrag gegen beide Teile des Urteils, nur gegen den strafrechtlichen oder nur gegen den zivilrechtlichen Teil vorgehen.

2 Wendet er sich nur gegen den **strafrechtlichen Teil**, bestimmt § 406 c Abs 2 StPO, dass § 406 a Abs 3 StPO entsprechend gilt, der für Rechtsmittel nur gegen den strafrechtlichen Teil die Auswirkungen auf den Adhäsionsausspruch regelt.

3 Wendet er sich nur gegen den **zivilrechtlichen Teil**, bestimmt § 406 c Abs 1 StPO, dass eine wesentlich andere Entscheidung erstrebt werden muss, also etwa ein Wegfall des Anspruchs oder eine erhebliche Reduzierung.

Vierter Abschnitt. Sonstige Befugnisse des Verletzten (§§ 406d-406h)

§ 406 d [Mitteilungen an den Verletzten]

(1) Dem Verletzten sind auf Antrag die Einstellung des Verfahrens und der Ausgang des gerichtlichen Verfahrens mitzuteilen, soweit es ihn betrifft.

(2) Dem Verletzten ist auf Antrag mitzuteilen, ob

1. dem Verurteilten die Weisung erteilt worden ist, zu dem Verletzten keinen Kontakt aufzunehmen oder mit ihm nicht zu verkehren;

2. freiheitsentziehende Maßnahmen gegen den Beschuldigten oder den Verurteilten angeordnet oder beendet oder ob erstmalig Vollzugslockerungen oder Urlaub gewährt werden, wenn er ein berechtigtes Interesse darlegt und kein überwiegendes schutzwürdiges Interesse des Betroffenen am Ausschluss der Mitteilung vorliegt; in den in § 395 Absatz 1 Nummer 1 bis 5 genannten Fällen sowie in den Fällen des § 395 Absatz 3, in denen der Verletzte zur Nebenklage zugelassen wurde, bedarf es der Darlegung eines berechtigten Interesses nicht.

(3) ¹Mitteilungen können unterbleiben, sofern sie nicht unter einer Anschrift möglich sind, die der Verletzte angegeben hat. ²Hat der Verletzte einen Rechtsanwalt als Beistand gewählt, ist ihm ein solcher beigeordnet worden oder wird er durch einen solchen vertreten, so gilt § 145 a entsprechend.

Überblick

Die Regelungen des 4. Abschnitts erkennen den Verletzten als selbstständigen Verfahrensbeteiligten an. Er fasst die für alle Verletzten gelten Vorschriften zusammen, soweit sie nicht, aus systematischen Gründen in anderen Zusammenhängen zu regeln sind. Die Bestimmungen gelten mit unterschiedlicher Ausgestaltung für Verletzte, Nebenklagebefugte und Nebenkläger gemeinsam. Gem § 2 JGG gelten sie grundsätzlich auch im Jugendstrafverfahren.

Die Bestimmungen des 4. Abschnitts sind durch das OpferschutzG v 18. 12. 1986 (BGBl I 2496) in die StPO aufgenommen worden. Durch die Neuregelung soll der Verletzte als selbständiger Verfahrensbeteiligter anerkannt werden (BT-Drs 10/5305, 16).

Durch das am 1. 10. 2009 in Kraft getretene Gesetz zur Stärkung der Rechte von Verletzten und Zeugen im Strafverfahren v 3. 7. 2009 (2. OpferrechtsreformG) wurde § 406 d Abs 2 Nr 2 StPO den ebenfalls geänderten Vorschriften des Kreises der Nebenklageberechtigten in § 395 Abs 1 und Abs 3 StPO angepasst; die Regelungen zur Akteneinsicht der Verletzten, Nebenklagebefugten und Nebenkläger wurde gemeinsam in § 406 e StPO geregelt, § 406 f StPO erstreckt die Anwesenheitsbefugnis des Rechtsanwalts von Verletzten auch auf polizeiliche Vernehmungen; § 406 g StPO wurde mit dem Ziel besseren Verständnisses sprachlich neu gefasst und ergänzt, § 406 h StPO wurde ebenfalls neu gefasst sowie um weitere wichtige Hinweispflichten auf das Opferentschädigungsgesetz und das zivilrechtliche Gewaltschutzgesetz ergänzt (BGBl I 2280).

A. Allgemeines

Der Begriff des Verletzten ist nach dem Sinn und Zweck der jeweiligen Vorschriften zu bestimmen. Dem Gesetzesziel entsprechend, dem Opfer einer Straftat zur Wahrnehmung seiner Interessen eine gesicherte Rechtsposition einzuräumen, entspricht es, den Begriff des Verletzten weit auszulegen. Der Verletztenbegriff der §§ 406 d StPO ff wird herkömmlich überwiegend in Übereinstimmung mit demjenigen in § 172 StPO definiert (vgl § 172 StPO Rn 2) und verlangt eine unmittelbare Rechtsgutsverletzung durch die Straftat (vgl Meyer-Goßner StPO Vor 406 d Rn 2 mwN). Der Verletztenbegriff entspricht aber auch dem weiteren Begriff des § 403 StPO für den Verletzten als Antragsteller im Adhäsionsverfahren (vgl § 403 StPO Rn 1). Dies ergibt sich nicht nur daraus, dass der Verletzte regelmäßig infolge der Tat über vermögensrechtliche Ansprüche gegen den Täter verfügt, sondern auch aus der vom Gesetzgeber angestrebten Stärkung der Rechtsstellung der Opfer von Straftaten. Damit steht der Begriff des Verletzten gleichzeitig auch im Einklang mit dem Begriff des Opfers in Art 1a des Rahmenbeschlusses des Rates v 15. 3. 2001 über die Stellung des Opfers im Strafverfahren (ABl EG Nr L 82/1 v 22. 3. 2001). Nach Art 1a des Rahmenbeschlusses ist ein Opfer, „eine natürliche Person, die einen Schaden, insbesondere eine Beeinträchtigung ihrer körperlichen oder geistigen Unversehrtheit, seelisches Leid oder einen wirtschaftlichen Verlust als direkte Folge von Handlungen oder Unterlassungen erlitten hat, die einen Verstoß gegen das Strafrecht eines Mitgliedsstaats darstellen." Der Insolvenzverwalter ist nicht Verletzter (OLG Hamm NStZ-RR 1996, 11), sein Recht auf Akteneinsicht richtet sich daher nach § 475 StPO und nicht nach § 406 e StPO (LG Mühlhausen wistra 2006, 76). Die Vorschriften des 4. Abschnittes gelten gemäß § 2 JGG grundsätzlich auch im Jugendstrafverfahren, ausgenommen sind die § 406 e Abs 1 S 2 StPO und § 406 g StPO, soweit diese eine Nebenklagebefugnis voraussetzen und die Nebenklage im Verfahren gegen Jugendliche gemäß § 80 Abs 3 JGG zulässig bzw unzulässig ist.

B. Regelungsgehalt des § 406 d StPO

I. Unterrichtungspflichten zum Stand des Verfahrens

§ 406 d Abs 1 StPO ergänzt § 171 StPO. Auch derjenige Verletzte, der nicht § 171 StPO unterfällt, ist auf seinen Antrag hin über die Einstellung des Verfahrens durch die Staatsanwaltschaft nach § 170 Abs 2 StPO oder gem §§ 153 StPO ff zu unterrichten. Im gerichtlichen Verfahren wird eine Mitteilungspflicht für das Gericht über den Ausgang des Verfahrens normiert, die erst dann zu erfüllen ist, wenn die Entscheidung unanfechtbar ist (HK-GS/Ferber StPO § 406 d Rn 5 mwN). Weitergehende Mitteilungen sind durch Abs 1 aber nicht ausgeschlossen (vgl zur dabei erforderlichen Interessenabwägung: Löwe/Rosenberg/Hilger StPO § 406 d Rn 2). Geht der Antrag nach Abs 1 erst nach Abschluss des gerichtlichen Verfahrens ein, trifft die Unterrichtungspflicht die aktenführende Stelle (Nr 140 Abs 2 RiStBV). Form und Inhalt der Mitteilung sind nicht vorgeschrieben. Nach Sinn und Zweck der Vorschrift sollte dies in schriftlicher und verständlicher Form erfolgen.

II. Unterrichtungspflichten über freiheitsentziehende Maßnahmen

Mit dieser Regelung wird nicht nur dem Sicherheitsbedürfnis vieler Opfer Rechnung getragen, sondern auch einer Vorgabe in Art 4 Abs 3 des Rahmenbeschlusses der Europäischen Union v 15. 3. 2001 über die Stellung des Opfers im Strafverfahren entsprochen (Abl EG Nr L 82 v 22. 3. 2001; Ferber NJW 2004, 2563). Freiheitsentziehende Maßnahmen iSd Abs 2 sind Untersuchungshaft oder einstweilige Unterbringung (§ 126 a StPO), ferner die Vollstreckung der Freiheitsstrafe oder freiheitsentziehenden Maßregeln iSd § 63 StGB bis § 65 StGB. Die Begriffe „Vollzugslockerungen" und „Urlaub" knüpfen an die Regelungen im StVollzG an (§ 11 StVollzG, § 13 StVollzG, § 43 Abs 7 StVollzG, § 124 StVollzG). Zu beachten sind aber dazu und darüber hinaus die, seit der Förderalismusreform 2006, nach und nach erlassenen Justizvollzugsgesetze der Länder. Diese sehen ähnliche, teilweise weitergehende Regelungen zu den Auskunftsrechten der Verletzten vor (zB § 192 Abs 3 NJVollzG).

Soweit der Verletzte nach § 406 d Abs 2 Nr 2 StPO grundsätzlich ein berechtigtes Interesse am Erhalt der dort näher bezeichneten Informationen darlegen muss, entfällt diese Pflicht für die Nebenklageberechtigten nach § 395 Abs 1 Nr 1 bis Nr 5 StPO. In diesen Fällen geht das berechtigte Interesse der Verletzten am Erhalt der Information stets dem Interesse des Beschuldigten oder Verurteilten vor. Voraussetzung für die Auskunftserteilung ist für Verletzte eines der aufgeführten nebenklagefähigen Delikte der bloße Antrag. Bei den Verletzten, die nach § 395 Abs 3 StPO zur Nebenklage berechtigt sind, kann die besondere Schutzbedürftigkeit ab dem Zeitpunkt ihrer Zulassung als Nebenkläger angenommen werden, da ab diesem Zeitpunkt eine Vergleichbarkeit mit den Fällen des Abs 1 Nr 1 bis Nr 5 besteht (BT-Drs 16/12098, 55). Ansonsten ist ein berechtigtes Interesse darzulegen, dem kein überwiegendes schutzwürdiges Interesse des Betroffenen entgegensteht. Ein berechtigtes Interesse ist anzunehmen, wenn weitere rechtswidrige Angriffe des Beschuldigten oder Verurteilten nicht auszuschließen sind. Ein schutzwürdiges Interesse dieser Personen ist außerdem anzunehmen, wenn Vergeltungsmaßnahmen des Verletzten oder seiner Angehörigen zu befürchten sind (Meyer-Goßner StPO § 406 d Rn 5; KMR/ Stöckel StPO § 406 d Rn 7).

III. Einschränkung der Mitteilungspflicht

4   Sofern der Verletzte nicht unter der von ihm zuletzt angegebenen Anschrift erreichbar ist, entfällt nach Abs 3 die Mitteilungspflicht. Für diesen Fall gilt jedoch § 145 a StPO entsprechend. Es ist nicht erkennbar, dass der Gesetzgeber durch den Verweis auf § 145 a StPO weitergehende Verpflichtungen als für diesen Anwendungsfall schaffen wollte (HK-GS/ Ferber StPO § 406 d Rn 8). Nach Sinn und Zweck des Opferschutzgedankens bleibt es dem Gericht allerdings unbenommen, in geeigneten Fällen zB die Anschrift des Verletzten festzustellen, und ihn zu informieren. Dies ist verletztenspezifisch zu bestimmen.

IV. Belehrung

5   Die Belehrung über das Antragsrecht erfolgt gemäß § 406 h StPO vgl § 406 h StPO Rn 1 ff.

§ 406 e [Akteneinsicht]

(1) ¹Für den Verletzten kann ein Rechtsanwalt die Akten, die dem Gericht vorliegen oder diesem im Falle der Erhebung der öffentlichen Klage vorzulegen wären, einsehen sowie amtlich verwahrte Beweisstücke besichtigen, soweit er hierfür ein berechtigtes Interesse darlegt. ²In den in § 395 genannten Fällen bedarf es der Darlegung eines berechtigten Interesses nicht.

(2) ¹Die Einsicht in die Akten ist zu versagen, soweit überwiegende schutzwürdige Interessen des Beschuldigten oder anderer Personen entgegenstehen. ²Sie kann versagt werden, soweit der Untersuchungszweck, auch in einem anderen Strafverfahren, gefährdet erscheint. ³Sie kann auch versagt werden, wenn durch sie das Verfahren erheblich verzögert würde, es sei denn, dass die Staatsanwaltschaft in den in § 395 genannten Fällen den Abschluss der Ermittlungen in den Akten vermerkt hat.

(3) ¹Auf Antrag können dem Rechtsanwalt, soweit nicht wichtige Gründe entgegenstehen, die Akten mit Ausnahme der Beweisstücke in seine Geschäftsräume oder seine Wohnung mitgegeben werden. ²Die Entscheidung ist nicht anfechtbar.

(4) ¹Über die Gewährung der Akteneinsicht entscheidet im vorbereitenden Verfahren und nach rechtskräftigem Abschluß des Verfahrens die Staatsanwaltschaft, im übrigen der Vorsitzende des mit der Sache befaßten Gerichts. ²Gegen die Entscheidung der Staatsanwaltschaft nach Satz 1 kann gerichtliche Entscheidung durch das nach § 162 zuständige Gericht beantragt werden. ³Die §§ 297 bis 300, 302, 306 bis 309, 311 a und 473 a gelten entsprechend. ⁴Die Entscheidung des Gerichts ist unanfechtbar, solange die Ermittlungen noch nicht abgeschlossen sind.

Sonstige Befugnisse des Verletzten   § 406 e StPO

⁵Diese Entscheidungen werden nicht mit Gründen versehen, soweit durch deren Offenlegung der Untersuchungszweck gefährdet werden könnte.

(5) Unter den Voraussetzungen des Absatzes 1 können dem Verletzten Auskünfte und Abschriften aus den Akten erteilt werden; die Absätze 2 und 4 sowie § 478 Abs. 1 Satz 3 und 4 gelten entsprechend.

(6) § 477 Abs. 5 gilt entsprechend.

Überblick

§ 406 e StPO regelt das Akteneinsichtsrecht der Verletzten, Nebenklagebefugten und Nebenkläger.

Übersicht

	Rn		Rn
A. Allgemeines	1	3. Zeitpunkt	5
		III. Mitgabe der Akten	5
B. Voraussetzungen des Akteneinsichtsrechts	2	IV. Entscheidung und Rechtsmittel	6
I. Anforderungen des Abs 1	2	V. Auskunftserteilung	7
II. Versagungsgründe des Abs 2	3	VI. Zweckbindung	8
1. Entgegenstehende schutzwürdige Interessen	3	VII. Verfahren gegen Jugendliche	9
2. Verzögerung und Gefährdung des Untersuchungszwecks	4		

A. Allgemeines

Durch das am 1. 10. 2009 in Kraft getretene Gesetz zur Stärkung der Rechte von Verletzten und Zeugen im Strafverfahren v 3. 7. 2009 (2. OpferrechtsreformG) wurden die Regelungen zur Akteneinsicht der Verletzten, Nebenklagebefugten und Nebenkläger gemeinsam in § 406 e StPO geregelt (BGBl I 2280). Klargestellt ist, was bislang nicht ausdrücklich geregelt war, dass auch für den Nebenkläger das Akteneinsichtsrecht, insbesondere wegen Gefährdung des Untersuchungszwecks, versagt werden kann. Die bisherige Regelung, wonach ab dem Zeitpunkt zu dem die Zulassung zur Nebenklage erfolgte, sich das Akteneinsichtsrecht des Nebenklägers nach § 397 Abs 1 S 2 StPO, § 385 Abs 1 bis Abs 3 StPO richtete, wurde aufgehoben. Die Vorschrift hat auch ihre Bedeutung für den nicht nebenklageberechtigten Verletzten. Es gilt der Verletztenbegriff des § 406 d StPO (vgl § 406 d StPO Rn 1a). Verletzter ist auch der zur Nebenklage Befugte (Riedel/Wallau NStZ 2003, 393, 394) für den erleichterte Voraussetzungen gelten, § 406 e Abs 1 S 2 StPO. Das Akteneinsichtsrecht des Verletzten steht unter der Bedingung, dass dieses nur durch einen Rechtsanwalt ausgeübt werden kann. Dies gilt auch wenn er selbst Verletzter ist (Hilger NStZ 1988, 441). Dem Recht auf Akteneinsicht unterfallen alle Akten und die amtlich verwahrten Beweisstücke, die dem Gericht vorliegen oder die im Fall der Erhebung der öffentlichen Klage vorzulegen wären. Der Aktenbegriff des § 406 e StPO ist damit der gleiche wie in § 147 StPO, § 199 Abs 2 StPO.

Davon umfasst sind auch Aufzeichnungen von als nicht beweiserheblich eingeschätzten Telefongesprächen im Rahmen einer Telefonüberwachung (BGH Urt v 18. 6. 2009 – Az 3 StR 8909).

§ 406 e Abs 6 StPO, § 477 Abs 5 StPO sind Schutzgesetz iSd § 1004 Abs 1 BGB, § 823 Abs 2 BGB (LG Mannheim PStR 2007, 145).

B. Voraussetzungen des Akteneinsichtsrechts

I. Anforderungen des Abs 1

Das Recht auf Akteneinsicht steht dem Verletzten (Rn 1) zu. Auch ein Schadensersatzanspruch nach § 826 BGB ist geeignet, die Verletzteneigenschaft zu begründen (LG Berlin

Weiner   1755

WM 2008, 1470). Bei einem Aussagedelikt entfällt die Verletzteneigenschaft iSd § 406 e StPO, wenn sich das Aussagedelikt letztlich nicht auf die ergangene Entscheidung ausgewirkt hat (LG Dresden StV 2006, 11). Im Regelfall setzt die Einsichtnahme die Darlegung eines berechtigten Interesses voraus, ausgenommen ist der nebenklageberechtigte Verletzte. Ein berechtigtes Interesse liegt dann vor, wenn die Akteneinsicht der Prüfung der Frage dienen soll, ob eine Beschwerde oder ein Klageerzwingungsantrag nach § 172 StPO eingelegt werden soll, auch für die Prüfung der Frage, ob und in welchem Umfang der Verletzte gegen den Beschuldigten zivilrechtliche Ansprüche geltend machen kann (BVerfG NJW 2007, 1052; LG Mannheim PStR 2007, 145; Meyer-Goßner StPO § 406 e Rn 3). Das Akteneinsichtsrecht kann soweit reichen, dass es zu einer nach materiellem Zivilrecht unzulässigen Beweisgewinnung im Wege der „Ausforschung" führt (LG Mühlhausen wistra 2006, 76; LG Bielefeld wistra 1995, 118; Kuhn ZRP 2005, 125, 127; **aA** Meyer-Goßner StPO § 406 e Rn 3, Löwe/Rosenberg/Hilger StPO § 406 e Rn 7; KMR/Stöckel StPO § 406 e Rn 12; Riedel/Wallau NStZ 2003, 393). Das Einsichtsrecht dient nicht dazu, dem Rechtsanwalt des Verletzten zu ermöglichen, weitere Verletzte durch Veröffentlichungen als Mandanten zu gewinnen (LG Mannheim PStR 2007, 145). Das berechtigte Interesse ist darzulegen, eine Glaubhaftmachung ist demnach nicht erforderlich (Meyer-Goßner StPO § 406 e Rn 3; StPO § 406 e Rn 6; **aA** Riedel/Wallau NStZ 2003, 392, 395). Notwendig ist ein schlüssiger Vortrag des berechtigten Interesses. Bei mehreren Taten ist dem Verletzten in der Regel Akteneinsicht in die Aktenbestandteile betreffend aller gleichartigen Taten zu gewähren und nicht nur der Tat, bei der selbst die Verletzteneigenschaft besteht (LG Berlin WM 2008, 1470).

II. Versagungsgründe des Abs 2
1. Entgegenstehende schutzwürdige Interessen

3   Der Versagungsgrund nach Abs 2 S 1 liegt dann vor, wenn entgegenstehende schutzwürdige Interessen des Beschuldigten oder anderer Personen überwiegen. Das Interesse dieser Personen an Geheimhaltung muss größer sein als das Interesse des Verletzten an Offenlegung. Als schutzwürdige Interessen sind anerkannt die Wahrung des Steuergeheimnisses (LG München wistra 2006, 240), kein hinreichender Tatverdacht hinsichtlich der Verletzteneigenschaft des Anzeigeerstatters (LG Köln StraFo 2005, 78), Erkenntnisse zu internen familiären Verhältnissen, dem Intimbereich, zu Gesundheit und Psyche (Löwe/Rosenberg/Hilger StPO § 406 e Rn 9). Zu berücksichtigen ist aber auch der Umstand, dass die Akteneinsicht durch einen Rechtsanwalt erfolgt, der als „Organ der Rechtspflege" Beschränkungen unterliegt (BVerfG NJW 2007, 1052; HK-GS/Ferber StPO § 406 e Rn 6). Versagung des Einsichtsrechts ist bei überwiegendem Interesse des Beschuldigten zulässig; die über die Akteneinsicht entscheidende Stelle hat gegenläufige Interessen gegeneinander abzuwägen (LG Krefeld NStZ 2009, 112; LG Köln BeckRS 2008, 23649).

2. Verzögerung und Gefährdung des Untersuchungszwecks

4   Der weitere Versagungsgrund nach Abs 2 S 2 liegt vor, wenn durch die Akteneinsicht der Untersuchungszweck gefährdet erscheint oder das Verfahren erheblich verzögert würde. Aus der Formulierung „kann" folgt, dass im Einzelfall auch bei erheblichen Verfahrensverzögerungen die Akteneinsichtsgewährung zulässig sein kann (BGH wistra 2006, 25; HK-GS/Ferber StPO § 406 e Rn 7). Eine Verzögerung um wenige Tage ist nicht ausreichend (Meyer-Goßner StPO § 406 e Rn 6).

Eine Gefährdung des Untersuchungszwecks liegt vor, wenn die Sachaufklärung und Wahrheitsfindung beeinträchtigt werden könnte, insbesondere dann, wenn die Kenntnis des Verletzten vom Akteninhalt die Unbefangenheit, die Zuverlässigkeit oder den Wahrheitsgehalt einer von ihm zu erwartenden Zeugenaussage beeinträchtigen könnte (Löwe/Rosenberg/Hilger StPO § 406 e Rn 13). So soll dem Verletzten vor seiner richterlichen Zeugenvernehmung in der Regel die Akteneinsicht verweigert werden können (KMR/Stöckel StPO § 406 e Rn 15); teilweise wird auch vertreten, dass dem Verletzten solange die Akteneinsicht zu verwehren ist, wie die Verteidigung noch nicht Einsicht nehmen konnte (LG München wistra 2006, 240). Stets zu prüfen ist, ob dem Geheimhaltungsinteresse durch eine partielle Versagung der Akteneinsicht genügt werden kann (BVerfG NJW 2007, 1052).

Sonstige Befugnisse des Verletzten § 406 e StPO

Daraus folgt eine Pflicht zur entsprechenden Aktenführung, so dass persönlichkeitsrechtlich relevante Unterlagen, etwa medizinische Gutachten oder Registerauskünfte, leicht getrennt werden können (HK-GS/Ferber StPO § 406 e Rn 9).

Verfahrensverzögerungen durch Akteneinsicht an mehrere Verletzte lassen sich dadurch vermeiden, dass diese einen gemeinsamen Rechtsanwalt zur Akteneinsicht bevollmächtigen (Meyer-Goßner StPO § 406 e Rn 7).

3. Zeitpunkt

Ein uneingeschränktes Akteneinsichtsrecht besteht nach dem Abschluss der Ermittlungen, § 406 e Abs 2 S 3 StPO. Dies ergibt sich aus dem Wort „auch". Nach Erhebung der öffentlichen Klage stehen Verletzte, Nebenklagebefugte und Nebenkläger dem Angeschuldigten gleich, § 147 Abs 2 StPO. Zur Wahrnehmung ihrer Interessen steht ihnen nach Abschluss der Ermittlungen ebenso wie dem Angeschuldigten ein uneingeschränktes Akteneinsichtsrecht zu.

III. Mitgabe der Akten

Die Entscheidung über die Mitgabe der Akten steht im Ermessen der Staatsanwaltschaft oder des Gerichts. Obwohl der Rechtsanwalt an sich keinen Anspruch auf Übersendung oder Mitgabe der Akten in seine Kanzlei hat (Meyer-Goßner StPO § 406 e Rn 8) ist dies geübte Praxis. Die Entscheidung ist nach Abs 3 S 3 unanfechtbar. 5

IV. Entscheidung und Rechtsmittel

Für die Entscheidung ist vor Anklageerhebung die Staatsanwaltschaft, danach bis zum rechtskräftigen Abschluss der Vorsitzende des Gerichts zuständig. Die Polizei darf nur ausnahmsweise nach Ermächtigung durch die Staatsanwaltschaft Einsicht gewähren, § 406 e Abs 5 StPO iVm § 478 Abs 1 S 3 StPO. Die Entscheidung des Gerichts ist zu begründen und bekannt zu geben, § 34 StPO, § 35 StPO. Die Begründung kann nach Abs 4 S 5 unterbleiben. Gegen die Entscheidung der Staatsanwaltschaft über die Akteneinsicht kann nach § 162 StPO gerichtliche Entscheidung beantragt werden, Abs 4 S 2. Dies ist dann in der Regel der Ermittlungsrichter. Vor der Entscheidung ist dem Beschuldigten rechtliches Gehör zu gewähren (BVerfG NStZ 2005, 242). Str. ist, ob auch Dritten, die personenbezogene Daten in das Verfahren gegeben haben, rechtliches Gehör zu gewähren ist (so Löwe/Rosenberg/Hilger StPO § 406 e Rn 16; aA Meyer-Goßner StPO § 406 e Rn 9). Die richterliche Entscheidung ist nach Abs 4 S 4 nur solange nicht anfechtbar, wie die Ermittlungen noch nicht abgeschlossen sind. Sofern dem Beschuldigten zuvor kein rechtliches Gehör gewährt wurde, besteht seine Anfechtungsmöglichkeit auch noch nach vollzogener Akteneinsicht zur Feststellung der Rechtswidrigkeit der Gewährung (LG Stralsund StraFo 2006, 76). Ein bei der Entscheidung unterlaufener Verfahrensverstoß führt nicht zu einem Beweisverwertungsverbot (BGH NJW 2005, 1519). Für die Zeit nach Abschluss der Ermittlungen galt in der bis 30. 9. 2009 geltenden Fassung des § 406 e Abs 4 S 3 StPO, dass die Entscheidung des Vorsitzenden unanfechtbar war. Durch das 2. OpferrechtsreformG (vgl Rn 1) wurde diese Regelung aufgehoben. Es besteht die Möglichkeit der Beschwerde nach den §§ 304 StPO ff. Die Beschwerdemöglichkeit besteht auch nach rechtskräftigem Abschluss des Hauptverfahrens. Begründet wird dies im Rahmen des 2. OpferrechtsreformG mit der konsequenten Fortsetzung der Stärkung des Opferschutzes. Das Akteneinsichtsrecht ist nicht nur für alle Verletzten von besonderer Bedeutung, insbesondere auch dann, wenn sie im Wege des Adhäsionsverfahrens Schadensersatzansprüche geltend machen wollen; es sollen auch Wertungswidersprüche vermieden werden, wenn beispielsweise dasselbe Gericht, das die Voraussetzungen eines Verletzten, der sich als nebenklagebefugt angesehen als nicht gegeben erachtet hat, dann unanfechtbar über das Akteneinsichtsrecht entscheidet (BT-Drs 16/12098, 57 f). 6

V. Auskunftserteilung

Abs 5 ermöglicht dem Verletzten, der nicht von einem Rechtsanwalt vertreten wird, die Möglichkeit, Auskünfte und Abschriften aus den Akten zu erlangen. Durch die Verweisun- 7 gen auf Abs 1, Abs 2 u Abs 4 werden die Voraussetzungen (Abs 1), die Versagungsgründe (Abs 2) und die Anfechtbarkeit der Entscheidung (Abs 4) geregelt. Durch den Verweis auf § 478 Abs 1 S 3 u S 4 StPO wird für die Staatsanwaltschaft die Möglichkeit geschaffen, die Auskünfte durch die Polizei erteilen zu lassen.

VI. Zweckbindung

8   Abs 6 stellt durch den Verweis auf § 477 Abs 5 StPO klar, dass der datenschutzrechtlich begründete Grundsatz der Zweckbindung bei der Akteneinsicht und bei der Auskunftserteilung zu beachten ist.

VII. Verfahren gegen Jugendliche

9   Die Vorschriften des 4. Abschnittes gelten gemäß § 2 JGG grundsätzlich auch im Jugendstrafverfahren, ausgenommen ist aber § 406 e Abs 1 S 2 StPO, soweit diese eine Nebenklagebefugnis voraussetzen und die Nebenklage im Verfahren gegen Jugendliche gemäß § 80 Abs 3 JGG zulässig bzw unzulässig ist.

§ 406 f [Beistand und Vertreter des Verletzten]

(1) ¹Verletzte können sich des Beistands eines Rechtsanwalts bedienen oder sich durch einen solchen vertreten lassen. ²Einem zur Vernehmung des Verletzten erschienenen anwaltlichen Beistand ist die Anwesenheit gestattet.

(2) ¹Bei einer Vernehmung von Verletzten ist auf deren Antrag einer zur Vernehmung erschienenen Person ihres Vertrauens die Anwesenheit zu gestatten, es sei denn, dass dies den Untersuchungszweck gefährden könnte. ²Die Entscheidung trifft die die Vernehmung leitende Person; die Entscheidung ist nicht anfechtbar. ³Die Gründe einer Ablehnung sind aktenkundig zu machen

Überblick

§ 406 f StPO gibt jedem, und damit auch dem nicht nebenklageberechtigten Verletzten, das Recht sich des Beistands eines Rechtsanwalts zu bedienen sowie sich von ihm vertreten zu lassen und/oder sich von einer Person des Vertrauens begleiten zulassen.

A. Allgemeines

1   § 406 f Abs 1 StPO regelt das Recht auf einen anwaltlichen Verletztenbeistand für jeden Verletzten, während § 406 g StPO für den Nebenklageberechtigten weitergehende Befugnisse bis hin zur gerichtlichen Beiordnung schafft. Die Verletzten, die sich eines rechtsanwaltlichen Beistands nach Abs 1 bedienen, müssen grundsätzlich dessen Kosten selbst tragen (BVerfG NStZ 1983, 374; **aA** für rechtlich und tatsächlich schwierige Fälle OLG Stuttgart NStZ 1992, 340); eine Überwälzung auf den verurteilten Angeklagten ist nicht möglich (Meyer-Goßner StPO § 406 f Rn 1). Durch das am 1. 10. 2009 in Kraft getretene Gesetz zur Stärkung der Rechte von Verletzten und Zeugen im Strafverfahren v 3. 7. 2009 (2. OpferrechtsreformG) wurde die Bestimmung nicht nur sprachlich neu gefasst; sondert sie dehnt die Anwesenheitsbefugnis des anwaltlichen Beistands nun auch auf die polizeiliche Vernehmung aus (BGBl I 2280). Abs 2 gewährleistet die Begleitung des Verletzten zur Vernehmung durch eine Person des Vertrauens.

B. Rechte und Rechtsstellung des Beistands

2   Das Recht des Verletzten, sich eines Rechtsanwalts als Beistand zu bedienen gilt nach übereinstimmender Auffassung schon im Ermittlungsverfahren. Das **Teilnahmerecht** des Beistands bei gerichtlichen und staatsanwaltschaftlichen Vernehmungen entspricht den für Beschuldigte geltenden Regelungen in § 168 c Abs 1 StPO und § 163 a Abs 3 S 2 StPO. Für die polizeiliche **Vernehmung** besteht, eingeführt durch das 2. OpferrechtsreformG,

ein Teilnahmerecht nach § 406 f Abs 1 StPO (vgl für die aF: so bereits HK-GS/Ferber StPO § 406 f Rn 2 mwN, Löwe/Rosenberg/Hilger StPO § 406 f Rn 3; **aA** Meyer-Goßner StPO § 406 f Rn 2). Der Beistand wird weder von der Vernehmung benachrichtigt noch zur Hauptverhandlung geladen. Dies folgt aus einem Umkehrschluss aus § 406 g Abs 2 S 2 StPO, da dieser nur eine Benachrichtigungspflicht für den anwaltlichen Beistand des nebenklagebefugten Verletzten vorsieht. Der Rechtsanwalt des Nebenklägers wird nach § 397 Abs 2 S 3 StPO vom Termin benachrichtigt. Der Verletzte darf im Hinblick darauf, dass er einen Beistand bestellen will oder sein Rechtsbeistand verhindert ist, nicht das Erscheinen oder die Aussage verweigern (BGH NStZ 1989, 484; Löwe/Rosenberg/Hilger StPO § 406 f Rn 3; **aA** LG Hildesheim StV 1985, 229; LG Zweibrücken NJW 1999, 3792). Der Rechtsanwalt ist berechtigt, für die Verletzten von allen Befugnissen Gebrauch zu machen, die diesen zustehen (BT-Drs 16/12098, 58 f). So darf der Beistand den Verletzten bei der Vernehmung beraten, er hat nach § 238 StPO, § 242 StPO das Recht zur Beanstandung von Fragen, die an den Verletzten gerichtet werden und in der Hauptverhandlung kann er den Ausschluss der Öffentlichkeit nach § 171 b GVG beantragen, aber nicht anstelle des Verletzten Fragen beantworten (Meyer-Goßner StPO § 406 f Rn 3). Auch eine Vertretung, etwa im Rahmen des § 175 Abs 2 S 2 GVG ist zulässig (HK-GS/Ferber § 406 f Rn 4). Der anwaltliche Beistand darf zB auch Maßnahmen nach § 58 a StPO, § 168 e StPO, § 247 StPO, § 247 a StPO und § 255 a StPO beantragen (BT-Drs 16/12098, 58). Umstritten ist, ob gegen den Beistand Ordnungsmaßnahmen nach § 164 StPO, § 177 GVG, § 178 GVG ergriffen werden können (vgl Löwe/Rosenberg/Hilger StPO § 406 f Rn 3).

C. Recht auf Begleitung durch Vertrauensperson

Abs 2 hat in der Praxis insbesondere Bedeutung als ein von der Rechtsstellung des Verletzten ableitbares „**Verletztenbegleitungsrecht**" für die Mitarbeiter von Opferhilfeeinrichtungen, die Verletzte als Opferzeugen auf deren Wunsch zu Vernehmungen begleiten. Die Zulassung durch den die Vernehmung leitenden Beamten oder den Richter ist insbesondere bei Gewalt- und Sexualdelikten angezeigt. Durch das 1. OpferrechtsreformG (vgl § 395 StPO Rn 4) ist ein Rechtsanspruch des Verletzten auf Anwesenheit einer Vertrauensperson bei jeder Vernehmung geschaffen worden. Den Verletzten soll damit menschlicher Beistand, psychosoziale und psychologische Hilfe ermöglicht werden, gleichzeitig kann dadurch die Vernehmung und mithin die Sachverhaltsaufklärung erleichtert werden. Bis dahin hatte eine derartige Begleitung gelegentlich zu Schwierigkeiten bei der Zulassung geführt. Die Rechte nach Abs 1 hat die Vertrauensperson allerdings nicht.

Die Begleitung darf nach Abs 2 S 1 nur dann abgelehnt werden, wenn eine Gefährdung des Untersuchungszwecks anzunehmen ist, was der Fall bei Gefahren für die Wahrheitsfindung oder drohendem Beweismittelverlust, etwa infolge einer zeitlichen Verzögerung der Fall sein kann (Neuhaus StV 2004, 620, 622). Sofern die begleitende Vertrauensperson die Vernehmung stört, kann sie nach § 164 StPO oder bei gerichtlichen Vernehmungen nach § 177 GVG ausgeschlossen werden (Löwe/Rosenberg/Hilger StPO § 406 f Rn 4). Die Entscheidung über die Zulassung ist nicht anfechtbar und damit auch nicht revisibel, § 336 S 2 StPO (Meyer-Goßner StPO § 406 f Rn 6; **aA** Neuhaus StV 2004, 620, 622 bei Willkür). Gleichwohl sind die Ablehnungsgründe nach Abs 3 S 2 aktenkundig zu machen.

Ist der Vertrauensperson die Anwesenheit gestattet, gilt dies auch dann, wenn in der Hauptverhandlung die **Öffentlichkeit ausgeschlossen** wird (BT-Drs 16/12098, 59).

§ 406 g [Beistand des nebenklagebefugten Verletzten]

(1) ¹Nach § 395 zum Anschluss mit der Nebenklage Befugte können sich auch vor Erhebung der öffentlichen Klage und ohne Erklärung eines Anschlusses eines Rechtsanwalts als Beistand bedienen oder sich durch einen solchen vertreten lassen. ²Sie sind zur Anwesenheit in der Hauptverhandlung berechtigt, auch wenn sie als Zeugen vernommen werden sollen. ³Ist zweifelhaft, ob eine Person nebenklagebefugt ist, entscheidet über das Anwesenheitsrecht das Gericht nach Anhörung der

Person und der Staatsanwaltschaft; die Entscheidung ist unanfechtbar. ⁴Nebenklagebefugte sind vom Termin der Hauptverhandlung zu benachrichtigen, wenn sie dies beantragt haben.

(2) ¹Der Rechtsanwalt des Nebenklagebefugten ist zur Anwesenheit in der Hauptverhandlung berechtigt; Absatz 1 Satz 3 gilt entsprechend. ²Er ist vom Termin der Hauptverhandlung zu benachrichtigen, wenn seine Wahl dem Gericht angezeigt oder es als Beistand bestellt wurde. ³Die Sätze 1 und 2 gelten bei richterlichen Vernehmungen und der Einnahme richterlichen Augenscheins entsprechend, es sei denn, dass die Anwesenheit oder die Benachrichtigung des Rechtsanwalts den Untersuchungszweck gefährden könnte.

(3) ¹§ 397 a gilt entsprechend für
1. die Bestellung eines Rechtsanwalts und
2. die Bewilligung von Prozesskostenhilfe für die Hinzuziehung eines Rechtsanwalts.

²Im vorbereitenden Verfahren entscheidet das nach § 162 zuständige Gericht.

(4) ¹Auf Antrag dessen, der zum Anschluß als Nebenkläger berechtigt ist, kann in den Fällen des § 397 a Abs. 2 einstweilen ein Rechtsanwalt als Beistand bestellt werden, wenn
1. dies aus besonderen Gründen geboten ist,
2. die Mitwirkung eines Beistands eilbedürftig ist und
3. die Bewilligung von Prozeßkostenhilfe möglich erscheint, eine rechtzeitige Entscheidung hierüber aber nicht zu erwarten ist.

²Für die Bestellung gelten § 142 Abs. 1 und § 162 entsprechend. ³Die Bestellung endet, wenn nicht innerhalb einer vom Richter zu bestimmenden Frist ein Antrag auf Bewilligung von Prozeßkostenhilfe gestellt oder wenn die Bewilligung von Prozeßkostenhilfe abgelehnt wird.

Überblick

Die Bestimmung erweitert für den nebenklagebefugten Verletzten die Möglichkeiten zur Teilnahme an der Hauptverhandlung, zur Heranziehung und den Beistand eines Rechtsanwaltes über die Möglichkeiten des § 406 f StPO hinaus; dies auch bereits im Vorverfahren. Abs 1 bestimmt die Rechte, die dem Nebenklagebefugten selbst zustehen, Abs 2 bestimmt die Befugnisse des beigezogenen Rechtsanwaltes. Abs 3 und Abs 4 regeln die Beiordnung eines anwaltlichen Beistandes im Vorverfahren.

Übersicht

	Rn		Rn
A. Voraussetzungen	1	IV. Einstweiliger Verletztenbeistand	5
B. Die Rechte im Einzelnen	2	**C. Verfahren**	6
I. Die Rechte des Nebenklagebefugten	2		
II. Die Befugnisse des Beistands	3	**D. Kosten**	7
III. Beiordnung des Rechtsanwalts und Wirkung	4	**E. Jugendstrafverfahren**	8

A. Voraussetzungen

1   Der nebenklageberechtigte Verletzte kann sich vor oder nach Erhebung der Anklage eines Rechtsanwalts als Beistand bedienen, auch ohne seinen Anschluss als Nebenkläger zu erklären. Ob die Voraussetzungen für den Anschluss als Nebenkläger vorliegen, entscheidet je nach Verfahrensstadium der Staatsanwalt oder der Richter. Im Vorverfahren ist maßgebend, ob der Anfangsverdacht (iSd § 152 StPO) eines Nebenklagedelikts gegeben ist (Meyer-Goßner StPO § 406 g Rn 3), wobei die Tat noch nicht ermittelt sein muss (LG Baden-Baden NStZ-RR 2000, 52). Die Entscheidung präjudiziert nicht die spätere Ent-

scheidung über die Zulassung des Verletzten als Nebenkläger (Meyer-Goßner StPO § 406 g Rn 3). Sie ist nach den allgemeinen Bestimmungen anfechtbar. Die Vorschrift gilt auch im Sicherungsverfahren.

B. Die Rechte im Einzelnen
I. Die Rechte des Nebenklagebefugten

§ 406 g StPO erweitert für den nebenklageberechtigten Verletzten die Möglichkeiten zur 2
Teilnahme an der Hauptverhandlung (Abs 1 S 2) und zur Heranziehung eines Rechtsbeistandes über die Möglichkeiten des § 406 f StPO hinaus, der für alle Verletzten gilt. Dies ist unabhängig von der Anschlusserklärung als Nebenkläger. Sobald der Anschluss als Nebenkläger erfolgt ist, richten sich die Rechte des Verletzten nach den §§ 397 StPO ff. Das Recht des Nebenklagebefugten (ebenso wie das des Nebenklägers) an der gesamten Hauptverhandlung teilzunehmen, geht den Regelungen des § 58 Abs 1 S 1 StPO und des § 243 Abs 2 S 1 StPO vor, nach denen Zeugen grundsätzlich in Abwesenheit der später zu hörenden Zeugen zu vernehmen sind (BT-Drs 16/12098, 60). Über die Nebenklageberechtigung entscheidet im Zweifelsfall nach S 3 das Gericht nach Anhörung der Person und der Staatsanwaltschaft (HK-GS/Ferber StPO § 406 g Rn 2). Eine Anhörung des Angeklagten ist nicht vorgesehen. Die Entscheidung ist mit der Folge des § 336 S 2 StPO unanfechtbar. Sofern der Nebenklagebefugte dies beantragt hat, ist er vom Termin zur Hauptverhandlung zu benachrichtigen.

II. Die Befugnisse des Beistands

Die Befugnisse des Beistands nach Abs 2 umfassen die des Beistands nach § 406 f StPO, 3
gehen aber erheblich darüber hinaus. Er ist nicht nur berechtigt, während der Vernehmung des Verletzten in der Hauptverhandlung anwesend zu sein, sondern uneingeschränkt während der gesamten Hauptverhandlung, auch wenn diese nicht öffentlich ist. Durch das am 1. 10. 2009 in Kraft getretene Gesetz zur Stärkung der Rechte von Verletzten und Zeugen im Strafverfahren v 3. 7. 2009 (2. OpferrechtsreformG) wurden die Abs 1 bis Abs 3 neu gefasst, die in der aF in Abs 2 S 1 Hs 2 vorhandene Regelung, „soweit diese nicht öffentlich ist", wurde in dieser Form nicht übernommen (BGBl I 2280). Aus den Gesetzesmaterialien ergeben sich keine Anhaltspunkte, dass eine einschränkende Regelung gewollt war, vielmehr wird dieses Recht damit begründet, dass insoweit auch der Nebenklagebefugte selbst uneingeschränkt anwesenheitsbefugt ist, ohne dass dies in § 406 g Abs 1 S 2 StPO ausdrücklich für ihn bestimmt würde (BT-Drs 16/12098, 59 ff).Weitergehende Mitwirkungsrechte in der Hauptverhandlung hat der Beistand nicht. Der Vorsitzende kann ihm aber im Rahmen seiner Sachleitungsbefugnis gestatten, einzelne Fragen zu stellen (BGH NStZ 2005, 222). Anträge für den Verletzten sind im Rahmen des § 406 f Abs 1 StPO zulässig. Die Pflicht des Gerichts zur Benachrichtigung von Vernehmungsterminen, richterlichen Augenscheinsnahmen wurde bislang durch einen Verweis in Abs 2 aF auf § 168 c Abs 5 StPO u § 224 Abs 1 StPO geregelt. Durch das 2. OpferrechtsreformG wurden diese Bestimmungen in Abs 2 S 2 und S 3 neu gefasst und um das Recht auf Benachrichtigung vom Termin zur Hauptverhandlung erweitert. Voraussetzung ist, dass der Rechtsanwalt seine Vertretung dem Gericht angezeigt hat oder er bereits als Beistand bestellt wurde; wobei das Interesse des nebenklageberechtigten Verletzten an einer Beteiligung im weiteren Verlauf des Strafverfahrens in seinem Verhalten deutlich bleiben muss (BGH NStZ 1997, 49).

Außerhalb der Hauptverhandlung ist der Beistand grundsätzlich bei allen parteiöffentlichen Vernehmungen des Beschuldigten (Meyer-Goßner StPO § 406 g Rn 4), der Zeugen und Sachverständigen und bei der Einnahme des richterlichen Augenscheins zu gestatten (Abs 2 S 2). Dies gilt auch bei nicht öffentlichen Haftprüfungsterminen, soweit es die Opferschutzbelange des Verletzten gebieten (**aA** LG Freiburg Beschl v 21. 12. 2006 – Az 3 Qs 129/06 nv); insbesondere dann zB wenn der Beschuldigte durch Verdunkelungshandlungen auf den Verletzten einwirkt oder für den Verletzten die Gefahr von Rachehandlungen zu befürchten ist. Der Verletzte kann als Zeuge die Auskunft über den Inhalt der Beratungsgespräche mit seinem Beistand verweigern (OLG Düsseldorf NStZ 1991, 503; ebenso Meyer-Goßner StPO § 406 g Rn 4 mwN zur aA).

III. Beiordnung des Rechtsanwalts und Wirkung

4   Nach Abs 3 S 1 bestimmt sich die Bestellung eines Rechtsanwalts oder die Bewilligung von Prozesskostenhilfe nach § 397 a Abs 2 StPO (vgl § 397 a StPO Rn 1 ff). Für die Entscheidung darüber enthält S 2 eine besondere Zuständigkeitsregelung. Eine rückwirkende Bestellung ist zulässig (KG Beschl v 7. 3. 2005 – Az 1 AR 217/05 nv). Wird dem zum Anschluss als Nebenkläger Berechtigten ein Rechtsanwalt als Verletztenbeistand nach § 406 g Abs 3 S 1 StPO iVm § 397 a Abs 1 StPO bestellt, so gilt dies auch für das gesamte weitere Verfahren (BGH Beschl v 8. 10. 2008 – Az 1 StR 497/08).

IV. Einstweiliger Verletztenbeistand

5   Nach Abs 4 besteht für diejenigen nebenklageberechtigten Verletzten, die nicht Verletzter eines der in § 397 a Abs 1 StPO genannten Delikte geworden sind, unter bestimmten Voraussetzungen die Möglichkeit, ihnen einstweilig einen Rechtsanwalt als Beistand zu bestellen. Hauptanwendungsfälle sind Vernehmungen oder Augenscheinseinnahmen zu Beginn des Ermittlungsverfahrens oder sich kurzfristig am Anfang einer Hauptverhandlung ergebende Notwendigkeiten; besondere Gründe iSd Abs 4 Nr 1 ergeben sich idR aus einer besonderen Schutz- oder Beistandsbedürftigkeit des Verletzten unter dem Gesichtspunkt der Zumutbarkeit (HK-GS/Ferber StPO § 406 g Rn 8). Regelmäßig besteht bei Vorliegen dieser Kriterien auch das Eilbedürfnis nach Nr 2. Die Bewilligung von Prozesskostenhilfe darf nicht ausgeschlossen erscheinen (Nr 3), demnach müssen Anhaltspunkte für das Vorliegen der persönlichen und sachlichen Voraussetzungen der Prozesskostenhilfe bestehen. Die Prüfung erfolgt aufgrund der Angaben des Antragstellers und nach dem bisherigen Ermittlungsergebnis (Löwe/Rosenberg/Hilger StPO § 406 g Rn 26).

C. Verfahren

6   Die Staatsanwaltschaft ist gem § 33 Abs 2 StPO zu hören, der Beschuldigte nicht (Löwe/Rosenberg/Hilger StPO § 406 g Rn 26; **aA** KMR/Stöckel StPO § 406 g Rn 2). Zuständig für die Entscheidung ist gem der Verweisung in § 406 g Abs 4 S 2 StPO während des Ermittlungsverfahrens der Ermittlungsrichter (§ 162 StPO), sonst der Vorsitzende (§ 142 StPO). Die Fristbestimmung in § 406 g Abs 4 S 3 StPO erfolgt nicht, wenn eine nur kurzfristige Bestellung den Interessen des Verletzten genügt (Löwe/Rosenberg/Hilger StPO § 406 g Rn 27; KMR/Stöckel StPO § 406 g Rn 28 unter Hinweis auf die Gesetzesmaterialien; **aA** Meyer-Goßner StPO § 406 g Rn 11; SK-StPO/Velten StPO § 406 g Rn 11; KK-StPO/Engelhardt StPO § 406 g Rn 5). Das Ende der Bestellung ist aus Gründen der Rechtssicherheit nach einhelliger Auffassung ausdrücklich auszusprechen.

D. Kosten

7   Die Kosten für die Heranziehung des Beistandes werden wie Nebenklagekosten behandelt, § 472 Abs 3 S 1 StPO iVm Abs 1 u Abs 2, § 473 Abs 1 S 2 StPO. Danach hat sie der verurteilte Angeklagte zu erstatten. Wird dem zum Anschluss als Nebenkläger Berechtigten ein Rechtsanwalt als Verletztenbeistand nach § 406 g Abs 3 S 1 StPO iVm § 397 a Abs 1 StPO bestellt, so gilt dies auch für das Revisionsverfahren mit der Kostentragungspflicht des Verurteilten (BGH Beschl v 8. 10. 2008 – Az 1 StR 497/08 = NStZ 2009, 287).

E. Jugendstrafverfahren

8   Im Strafverfahren gegen Jugendliche ist nach der beschränkten Zulassung der Nebenklage durch das 2. JuMoG gegen Jugendliche § 406 g StPO insoweit im Rahmen des § 80 Abs 3 JGG anwendbar. Im Übrigen str, vgl zur alten Rechtslage, generell ablehnend: BGH NStZ-RR 2003, 95; generell zustimmend: OLG München NJW 2003, 597; OLG Koblenz NJW 2000, 2436). Die ablehnenden Ansichten werden darauf gestützt, dass die Wahrnehmung durchaus erziehungsschädliche Auswirkungen haben könnte (vgl HK-StPO/Kurth, § 406 g Rn 19 mwN). Bedenken, dass der Erziehungsgedanke des Jugendgerichtsverfahrens dadurch Schaden nehmen könnte, greifen allerdings bei einer sachgerechten Nebenklagevertretung

Sonstige Befugnisse des Verletzten § 406h StPO

nach neuerem Verständnis nicht durch (vgl HK-GS/Rössner StPO § 395 Rn 1 ff; HdA/Weiner Rn 92 ff; aA Eisenberg JGG § 80 Rn 18). Außerdem hat es durchaus einen erzieherischen Effekt, dem jugendlichen Täter die Folgen seiner Tat aufzuzeigen.

§ 406h [Hinweis auf Befugnisse]

¹Verletzte sind möglichst frühzeitig, regelmäßig schriftlich und soweit möglich in einer für sie verständlichen Sprache auf ihre aus den §§ 406d bis 406g folgenden Befugnisse und insbesondere auch darauf hinzuweisen, dass sie
1. sich unter den Voraussetzungen der §§ 395 und 396 dieses Gesetzes oder des § 80 Absatz 3 des Jugendgerichtsgesetzes der erhobenen öffentlichen Klage mit der Nebenklage anschließen und dabei nach § 397a beantragen können, dass ihnen ein anwaltlicher Beistand bestellt oder für dessen Hinzuziehung Prozesskostenhilfe bewilligt wird,
2. nach Maßgabe der §§ 403 bis 406c dieses Gesetzes und des § 81 des Jugendgerichtsgesetzes einen aus der Straftat erwachsenen vermögensrechtlichen Anspruch im Strafverfahren geltend machen können,
3. nach Maßgabe des Opferentschädigungsgesetzes einen Versorgungsanspruch geltend machen können,
4. nach Maßgabe des Gewaltschutzgesetzes den Erlass von Anordnungen gegen den Beschuldigten beantragen können sowie
5. Unterstützung und Hilfe durch Opferhilfeeinrichtungen erhalten können, etwa in Form einer Beratung oder einer psychosozialen Prozessbegleitung.
²Liegen die Voraussetzungen einer bestimmten Befugnis im Einzelfall offensichtlich nicht vor, kann der betreffende Hinweis unterbleiben. ³Gegenüber Verletzten, die keine zustellungsfähige Anschrift angegeben haben, besteht keine Hinweispflicht. ⁴Die Sätze 1 und 3 gelten auch für Angehörige und Erben von Verletzten, soweit ihnen die entsprechenden Befugnisse zustehen.

Überblick

In dieser Norm sind die Hinweise zusammengefasst, die dem Verletzten über seine Rechte und Hilfsmöglichkeiten zu geben sind.

Übersicht

	Rn		Rn
A. Allgemeines	1	3. Hinweis auf Adhäsionsverfahren	5
B. Regelungsgehalt	2	4. Hinweis auf das Opferentschädigungsgesetz	6
I. Zuständigkeit, Inhalt und Form	2	5. Hinweis auf das Gewaltschutzgesetz	7
II. Die Hinweispflichten im Einzelnen	3	6. Hinweis auf Opferhilfeeinrichtungen	8
1. Hinweis auf die Befugnisse der Verletztenrechte	3	7. Hinweis an Angehörige oder Erben	9
2. Hinweis auf Nebenklagemöglichkeiten	4	III. Folgen einer Nichtinformation	10

A. Allgemeines

Der Verletzte muss um seine Rechte wissen, damit er sie nutzen kann. Der Gesetzgeber 1 hat die Informationspflichten daher zu einer **zwingenden Verpflichtung** ausgestaltet. In der bis zum 30. 9. 2009 gültigen Fassung, die aufgrund des 1. OpferrechtsreformG v 24. 6. 2004 (BGBl I 1354) hinsichtlich der gegenüber Verletzten bestehenden Informationspflichten diese bereits erweitert und zwingender ausgestaltet hatte, war der Verletzte über seine Befugnisse nach § 406d StPO bis § 406g StPO, nach § 395 StPO, § 397a StPO sowie über die Möglichkeit des Adhäsionsverfahren und die Möglichkeit durch eine Opferhilfeeinrichtung Hilfe zu erhalten zu informieren. Durch das Gesetz zur Stärkung der Rechte von

Verletzten und Zeugen im Strafverfahren (2. OpferrechtsreformG), welches zum 1. 10. 2009 in Kraft getreten ist, wurde § 406 h StPO neu gefasst sowie um weitere wichtige Hinweispflichten auf das OpferentschädigungsG und das zivilrechtliche Gewaltschutzgesetz ergänzt (BGBl I 2280).

B. Regelungsgehalt

I. Zuständigkeit, Inhalt und Form

2 Zuständig ist regelmäßig die Polizei beim Erstkontakt mit dem Verletzten. Ansonsten und im weiteren Ermittlungsverfahren die Staatsanwaltschaft und danach das Gericht. Durch das 2. OpferrechtsreformG wurde in S 1 Hs 1 festgelegt, dass die Informationen „möglichst frühzeitig" zu erfolgen haben. Dies ist in der Regel beim Erstkontakt mit der Polizei der Fall, entweder bei der Erstattung der Strafanzeige nach § 158 Abs 1 StPO oder bei der ersten Vernehmung zur Sache. Damit entspricht die Regelung Art 4 Abs 1 S 1 des Rahmenbeschlusses des Rates v 15. 3. 2001 über die Stellung des Opfers im Strafverfahren (ABl EG Nr L 82/1 v 22. 3. 2001).Die Staatsanwaltschaft prüft, ob die Polizei die Belehrungen erteilt hat, und holt sie ggf nach, Nr 4 d Abs 1 RiStBV. Nach Anklageerhebung hat das Gericht zu informieren. Form, Inhalt und Zeitpunkt der Hinweise waren in der aF nicht im Einzelnen geregelt und konnten nach den Besonderheiten des Einzelfalls ausgestaltet werden (BT-Drs 10/6124, 16). Das Gesetz verlangt nunmehr, dass Verletzte „**regelmäßig schriftlich**" und soweit möglich in einer für sie **verständlichen Sprache**" zu informieren sind. Auch diese Regelung entspricht damit Art 4 Abs 1 S 1 des Rahmenbeschlusses des Rates v 15. 3. 2001 über die Stellung des Opfers im Strafverfahren (ABl EG Nr L 82/1 v 22. 3. 2001). Die Unterrichtung kann im Ausnahmefall nach wie vor mündlich erfolgen, ist aber wie bisher aktenkundig zu machen (vgl zur aF: Löwe/Rosenberg/Hilger StPO § 406 h Rn 2). Dies ergibt sich aus einem Umkehrschluss aus S 2. Zweckmäßig ist die in der Praxis bislang weitgehend schon gebräuchliche Aushändigung von verschieden entwickelten Vordrucken. Für die Zeit ab dem 1. 10. 2009 (Inkrafttreten des 2. OpferrechtsreformG) sind die Merkblätter anzupassen und zu übersetzen. Die Fassung der Merkblätter sollte sich daran orientieren, welche Sprachen von Verletzten, die in Deutschland Strafanzeige erstatten, häufig gesprochen werden (BT-Drs 16/12098, 62). **Entbehrlich** kann nach S 2 die Information dann sein, wenn von vornherein offensichtlich ist, dass die Voraussetzungen einer bestimmten Befugnis nicht vorliegen können. In den Gesetzesmaterialien findet sich das Beispiel des Nichtvorhandenseins einer gesundheitlichen Schädigung iSv Nr 3 (vgl BT-Drs 16/12098, 64). Im Einzelfall kann es allerdings schwierig sein, entsprechendes sicher abzuschätzen. Manche physischen Verletzungen sind nicht sofort sichtbar, psychische Verletzungen bilden sich oftmals erst später aus, zB die Posttraumatische Belastungsstörung (PTBS nach ICD 10/F 43.1). Zur Vermeidung von Fehlannahmen oder Fehleinschätzungen mit möglicherweise weitreichenden Konsequenzen für den Verletzten empfiehlt sich daher regelmäßig die Aushändigung eines allumfassenden Vordrucks. S 3 erfasst eine weitere Ausnahme von der Pflicht zur Information. Zu denken ist insbesondere an Massenverfahren (zB bei über das Internet begangene Betrugsstraftaten (BT-Drs 16/12098, 64).

II. Die Hinweispflichten im Einzelnen

1. Hinweis auf die Befugnisse der Verletztenrechte

3 Inhaltlich sind die sich aus S 1 Hs 1 ergebenden Hinweispflichten gegenüber den bisherigen in § 406 h Abs 1 Hs 1 StPO unverändert geblieben. Es ist auf die Befugnisse aus § 406 d StPO bis § 406 g StPO hinzuweisen.

2. Hinweis auf Nebenklagemöglichkeiten

4 Es ist nach S 1 Nr 1 auf die Möglichkeiten der Nebenklage in Verfahren gegen Erwachsene und Jugendliche sowie die Möglichkeiten der Beiordnung eines Rechtsanwalts hinzuweisen.

3. Hinweis auf Adhäsionsverfahren

Der Hinweis nach Nr 2 hat zum Inhalt, dass ein Strafverfahren gegen den Beschuldigten 5
anhängig ist und das die Möglichkeit besteht, den Entschädigungsanspruch in diesem Verfahren geltend zu machen. Für die Staatsanwaltschaft bestimmt sich der Inhalt nach Nr 173 RiStBV. Inhaltlich muss der Hinweis auch Angaben enthalten, wie der Anspruch geltend gemacht werden kann (vgl Muster für die Staatsanwaltschaft HdA/Wolf Rn 271 ff). Von dem Hinweis ist nur abzusehen, wenn ein Antrag nach §§ 403 StPO ff nicht in Betracht kommt.

4. Hinweis auf das Opferentschädigungsgesetz

Den Forderungen von Opferschutzverbänden nachkommend wurden sowohl dieser als 6
auch die folgenden Hinweise aufgenommen (vgl BT-Drs 16/12098, 62). Es ist nach Nr 3 auf mögliche Versorgungsansprüche nach dem Gesetz über die Entschädigung für Opfer von Gewalttaten (Opferentschädigungsgesetz –OEG) hinzuweisen. Diese Regelung entspricht damit Art 4 Abs 1 S 2 Buchst g des Rahmenbeschlusses des Rates v 15. 3. 2001 über die Stellung des Opfers im Strafverfahren (ABl EG Nr L 82/1 v 22. 3. 2001).

Nach § 1 Abs 1 OEG hat derjenige einen Anspruch auf Versorgung nach dem OEG iVm dem Bundesversorgungsgesetz (BVG), der im Geltungsbereich des Gesetz oder auf einem deutschen Schiff oder Luftfahrzeug infolge eines vorsätzlichen, rechtswidrigen tätlichen Angriffs gegen seine oder eine andere Person oder durch dessen rechtmäßige Abwehr eine gesundheitliche Schädigung erlitten hat. Es handelt sich um einen sozialrechtlichen Anspruch auf zB Versorgungsleistungen wie Heilbehandlung oder Rentenleistungen, der gegenüber dem Staat nur aufgrund eines Antrages seitens der Verletzten an die jeweilige Versorgungsbehörde geltend gemacht werden kann. Wichtig für den Verletzten ist nicht nur die Information an sich, sondern insbesondere die frühzeitige. Nach § 60 Abs 1 S 1 BVG beginnt die Beschädigtenversorgung mit dem Monat, in dem ihre Voraussetzungen erfüllt sind, frühestens mit dem Antragsmonat; nach § 2 ist die Versorgung auch für Zeiträume vor der Antragstellung möglich, sofern der „Antrag innerhalb eines Jahres nach Eintritt der Schädigung" gestellt wird. Zu beachten ist, dass seit 1. 7. 2009 auch eine Entschädigung bei Auslandtaten möglich ist (BGBl I 1580). Voraussetzungen und Leistungen nach § 3a OEG sind allerdings anders ausgestaltet als bei Ansprüchen nach § 1 OEG.

5. Hinweis auf das Gewaltschutzgesetz

Nr 4 entspricht Art 4 Abs S 1 Buchst e des Rahmenbeschlusses des Rates v 15. 3. 2001 7
über die Stellung des Opfers im Strafverfahren (ABl EG Nr L 82/1 v 22. 3. 2001). Der Verletzte ist auf das Gesetz zum zivilrechtlichen Schutz vor Gewalttaten und Nachstellungen (Gewaltschutzgesetz-GewSchG) v 11. 12. 2001 hinzuweisen. § 1 GewSchG ermöglicht, zivilgerichtliche Maßnahmen (zB Bannmeilen oder Näherungsverbote) zum Schutz vor Gewalt sowie zum Schutz vor Verfolgung, Belästigung und Nachstellungen (Stalking). § 2 GewSchG ermöglicht die Überlassung einer gemeinsamen Wohnung. Der frühzeitige Hinweis ist deshalb so wichtig, weil damit dem Opfer ein zeitlich lückenloser Schutz vor Gewalt gesichert werden kann; in den allermeisten Fällen erfolgt zuvor zunächst ein polizeirechtlicher Platzverweis, der grundsätzlich auf 14 Tage beschränkt ist (vgl § 3 BadWürttPolG; Art 16 BayPaG; § 29a BerlASOG; § 16a BbgPolG; § 14a BremPolG; § 12a HbgSOG; § 31 Hess SOG; § 52 MVSOG; § 17 NdsSOG; § 34a NWPolG; § 13 RhPfPOG; § 12 SaarPolG; § 21 SächsPolG; § 36 SOGLSA; § 201a SchlLVwGHPG; § 18 ThürPAG). In diesem Zeitraum kann dann im Wege der einstweiligen Anordnung eine zivilgerichtliche Entscheidung für einen längeren Zeitraum von regelmäßig bis zu sechs Monaten beantragt werden.

6. Hinweis auf Opferhilfeeinrichtungen

Der Verletzte soll auf außerrechtliche Möglichkeiten der Hilfe durch Opferhilfeeinrich- 8
tungen für Kriminalitätsopfer hingewiesen werden. Opferhilfeeinrichtungen iSv Nr 5 sind örtliche (zB Frauenhäuser, BISS-Stellen) oder überörtliche Einrichtungen (zB der bundesweit tätige Weisse Ring oder niedersachsenweit die Stiftung Opferhilfe Niedersachsen). Damit sich Verletzte von den durch die Opferschutzeinrichtungen angebotenen Hilfsmög-

lichkeiten ein besseres Bild machen können, wurden in Nr 5 zwei Hilfsangebote beispielhaft aufgeführt (BT-Drs 16/12098, 63). Der Begriff der psychosozialen Prozessbegleitung wird allerdings nicht definiert. Eine solche soll nach den Gesetzesmaterialien dadurch gekennzeichnet sein, dass „insbesondere Verletzte von schweren Sexual- oder sonstigen Gewalttaten unter anderem von besonders geschulten Mitarbeitern der Opferschutzverbände begleitet werden, die mit den üblichen Abläufen solcher Verhandlungen und den Möglichkeiten, sie für Verletzte möglichst schonend auszugestalten, vertraut sind (BT-Drs 16/12098, 64). Es ist dabei sicherzustellen, dass eine bewusste oder unbewusste Beeinflussung der Zeugenaussage des Verletzten vermieden wird (BT-Drs 16/12098, 63).

7. Hinweis an Angehörige oder Erben

9   S 3 dehnt die Hinweispflichten auch auf Angehörige und Erben aus. Sie sind ebenso schutzwürdig wie die Verletzten selbst (BT-Drs 16/12098, 64). Neben der Nebenklagebefugnis für Angehörige nach § 395 Abs 2 Nr 2 StPO ist die Durchführung eines Adhäsionsverfahrens nach §§ 403 StPO ff für Erben von Bedeutung. In Betracht kommen zB ein vom Verletzten zu Lebzeiten noch erworbener Schmerzensgeldanspruch, die Geltendmachung von Schadensersatz, wie etwa Beerdigungskosten oder eine Geldrente, vgl § 844 BGB. Weiterhin sind von Bedeutung Versorgungsansprüche nach § 1 Abs 8 OEG (vgl BT-Drs 16/12098, 64).

III. Folgen einer Nichtinformation

10   Fraglich ist, welche Folgen sich aus einem Verstoß gegen § 406 h Abs 1 u Abs 2 StPO ergeben. In Betracht kommt vor allem eine Wiedereinsetzung gemäß § 44 StPO (Böttcher FS Widmaier, 81). Dies wird mit der Begründung abgelehnt, dass wegen eines unterbliebenen Hinweises und eines deshalb versäumten Termins Wiedereinsetzung nicht gewährt werden kann, weil das Verfahren durch den Verletzten grundsätzlich nicht aufgehalten werden soll (Meyer-Goßner StPO § 406 h Rn 7 mwN; Wenske NStZ 2008, 434); vgl § 398 StPO, § 399 StPO. Ein Verstoß gegen § 406 h Abs 1 StPO führt nicht zu einer Anschluss- und Rechtsmittelberechtigung des Nebenklageberechtigten nach rechtskräftigem Abschluss des Strafverfahrens (BVerfG Beschl v 9. 10. 2007 – Az 2 BvR 1671/07). Der Verstoß ist auch nicht revisibel, weder der Angeklagte noch ein Nebenkläger kann mit Aussicht auf Erfolg eine Rüge darauf stützen, dass ein vorgeschriebener Hinweis verspätet erteilt worden oder ganz unterblieben ist (Neuhaus StV 2004, 621).

Sechstes Buch. Besondere Arten des Verfahrens (§§ 407-448)

Erster Abschnitt. Verfahren bei Strafbefehlen (§§ 407-412)

§ 407 [Zulässigkeit]

(1) ¹Im Verfahren vor dem Strafrichter und im Verfahren, das zur Zuständigkeit des Schöffengerichts gehört, können bei Vergehen auf schriftlichen Antrag der Staatsanwaltschaft die Rechtsfolgen der Tat durch schriftlichen Strafbefehl ohne Hauptverhandlung festgesetzt werden. ²Die Staatsanwaltschaft stellt diesen Antrag, wenn sie nach dem Ergebnis der Ermittlungen eine Hauptverhandlung nicht für erforderlich erachtet. ³Der Antrag ist auf bestimmte Rechtsfolgen zu richten. ⁴Durch ihn wird die öffentliche Klage erhoben.

(2) ¹Durch Strafbefehl dürfen nur die folgenden Rechtsfolgen der Tat, allein oder nebeneinander, festgesetzt werden:
1. Geldstrafe, Verwarnung mit Strafvorbehalt, Fahrverbot, Verfall, Einziehung, Vernichtung, Unbrauchbarmachung, Bekanntgabe der Verurteilung und Geldbuße gegen eine juristische Person oder Personenvereinigung,
2. Entziehung der Fahrerlaubnis, bei der die Sperre nicht mehr als zwei Jahre beträgt sowie
3. Absehen von Strafe.

Verfahren bei Strafbefehlen § 407 StPO

²Hat der Angeschuldigte einen Verteidiger, so kann auch Freiheitsstrafe bis zu einem Jahr festgesetzt werden, wenn deren Vollstreckung zur Bewährung ausgesetzt wird.
(3) Der vorherigen Anhörung des Angeschuldigten durch das Gericht (§ 33 Abs. 3) bedarf es nicht.

Überblick

§ 407 StPO regelt als erste Norm des ersten Abschnitts im sechsten Buch die Zulässigkeit des Strafbefehlsverfahrens und die formalen Anforderungen an den Erlass eines Strafbefehls.

Übersicht

	Rn		Rn
A. Allgemeines	1	1. Absehen von Strafe, § 407 Abs 2 Nr 3 StPO	14
I. Verfahrensart	1	2. Verwarnung mit Strafvorbehalt, § 407 Abs 2 Nr 1 StPO	15
II. Entstehungsgeschichte	2	3. Geldstrafe	16
III. Anwendungsbereich	3	4. Freiheitsstrafe	17
IV. Systematische Bedenken	4	5. Nebenfolgen	18
B. Zulässigkeit des Strafbefehlsverfahrens	5	6. Geldbuße nach § 30 OWiG	19
I. Zuständigkeit des Strafrichters oder des Schöffengerichts	5	7. Bußgeld bei Tatmehrheit	20
		V. Mehrheit von Beschuldigten	21
II. Vergehen	6	VI. Ausnahmen	22
III. Strafbefehlsantrag der Staatsanwaltschaft	7	1. Jugendgerichtsverfahren	22
		2. Verfahren gegen Abwesende	23
1. Antragszuständigkeit	8	**C. Rechtliches Gehör**	24
2. Hinreichender Tatverdacht	9		
3. Schriftlichkeit des Antrags	10	**D. Rechtshängigkeit**	25
4. Inhaltliche Anforderungen an den Antrag	11	**E. Nebenklage und Adhäsionsverfahren**	26
5. Entbehrlichkeit der Hauptverhandlung	12	I. Nebenklage	26
IV. Zulässige Rechtsfolgen	13	II. Adhäsionsverfahren	27

A. Allgemeines

I. Verfahrensart

Das Strafbefehlsverfahren ist ein schriftliches Verfahren, das auch als summarisches Verfahren 1 bezeichnet wird (BVerfGE 3, 248). Auf den entsprechenden Antrag der Staatsanwaltschaft erlässt der Amtsrichter allein nach Prüfung des Akteninhalts einen Strafbefehl mit einer Tatsachen- und Schuldfeststellung und der Bestimmung einer oder mehrerer der in § 407 Abs 2 StPO bezeichneten Rechtsfolgen, ohne dass der Angeklagte in diesem Stadium des Strafverfahrens Gelegenheit erhält, sich zu verteidigen, § 407 Abs 3 StPO. Mithin dient das Strafbefehlsverfahren der beschleunigten Verfahrenserledigung, indem es abweichend von dem das Strafverfahrensrecht im Übrigen beherrschenden Mündlichkeitsgrundsatz in verfassungsrechtlich unbedenklicher Weise (BVerfGE 3, 248, 253; BVerfGE 25, 158; BGHSt 29, 305, 307) eine Schuldfeststellung und Rechtsfolgenbestimmung ohne eine Überzeugungsbildung des Gerichts aufgrund einer Hauptverhandlung und ohne ein darauf gestütztes Urteil ermöglicht. Mit diesem Verfahrensinstitut wird hingenommen, dass hinsichtlich des Erlasses eines Strafbefehls geringere Anforderungen an die gebotene Sachprüfung gestellt werden; es genügt hierfür schon ein hinreichender Tatverdacht, den das Gericht aus einer Würdigung des Akteninhalts schöpft. Da der Angeklagte durch rechtzeitige Einspruchseinlegung die Durchführung einer Hauptverhandlung erzwingen kann, stellt der Strafbefehl nur eine vorläufige Entscheidung dar. Deshalb ist das Strafbefehlsverfahren auch mit Art 6 Abs 1 EMRK vereinbar.

II. Entstehungsgeschichte

2   Nach den seit 1871 vermehrt für verschiedene Rechtsgebiete geschaffenen Institutionen der – ursprünglich in § 413 StPO geregelten – gerichtlichen Strafverfügung (zur Ahndung von Übertretungen, vgl LG Osnabrück NJW 1956, 883; KK-OWiG/Bohnert Einl Rn 6) und des Strafbescheides der Verwaltungsbehörden, der selbstständige Sanktionsfestsetzungen durch die Verwaltung erlaubte (mit Anfechtungsverfahren, die außerhalb des ordentlichen Strafverfahrens lagen), ist der Strafbefehl zunächst als Sanktionsmechanismus für Bagatellstraftaten, die in der Zuständigkeit des Strafrichters lagen, geschaffen worden. Eine Bedeutungssteigerung erfuhr diese Verfahrensart durch das StVÄG 1979, das auch in Schöffengerichtssachen den Erlass eines Strafbefehls zuließ: Durch das StVÄG 1987 ist der Vorrang des Strafbefehlsantrags in § 407 Abs 1 S 2 StPO verankert worden; zugleich ist durch den neu eingefügten § 408 a StPO unter bestimmten Voraussetzungen die Zulässigkeit des Erlasses eines Strafbefehls noch nach Eröffnung des Hauptverfahrens und sogar in der Hauptverhandlung gegen den abwesenden Angeklagten und nach § 410 Abs 2 StPO die Möglichkeit der Beschränkung des Einspruchs auf bestimmte Beschwerdepunkte eröffnet worden. Den Schlusspunkt setzte das RPflEntlG v 11. 1. 1993, das den Anwendungsbereich des Strafbefehlsverfahrens auf die Verhängung von Freiheitsstrafe bis zu einem Jahr ausdehnte.

III. Anwendungsbereich

3   Das Strafbefehlsverfahren ist inzwischen nicht nur auf die massenhafte Erledigung der Bagatellkriminalität angelegt, sondern wird auch auf Fälle mittlerer Kriminalität angewendet. So ist nach § 407 Abs 2 Nr 2 StPO die Verhängung einer Geldstrafe bis zu 360 Tagessätzen, bei mehreren zu ahndenden Taten eine Gesamtgeldstrafe bis zu 720 Tagessätzen (§ 54 Abs 2 S 2 StGB) bzw. nach § 407 Abs 3 StPO die Verurteilung zu einer Freiheitsstrafe von bis zu einem Jahr möglich, sofern die Vollstreckung dieser Freiheitsstrafe zur Bewährung ausgesetzt wird. Das Strafbefehlsverfahren stellt inzwischen die am häufigsten angewandte Verfahrensart dar, ohne die die Strafgerichtsbarkeit nicht mehr funktionieren würde. Darüber hinaus ist diese Verfahrensart aufgrund der Erfassung der mittleren Kriminalität und insbesondere der Wirtschaftskriminalität zum bevorzugten Instrument der Verfahrensabsprache geworden, indem Verfahren mit der Verhängung hoher Geldstrafen ohne Hauptverhandlung und Urteil, also ohne Zeitverlust und Aufsehen abgeschlossen werden können. Ohnehin dürfte der Strafbefehl neben den anderen praktizierten bzw. in der Gesetzgebung favorisierten Verfahrensarten das geeignetere Instrument für den „deal" im Strafprozess sein.

IV. Systematische Bedenken

4   Das „summarische" Strafbefehlsverfahren begegnet zunächst in dogmatischer Hinsicht den Bedenken, dass Strafen meist vorschnell und ohne hinreichendes rechtliches Gehör ausgesprochen würden, dass sich die Betroffenen oft aus verschiedensten Gründen, vornehmlich aus Gleichgültigkeit, Resignation oder Ängstlichkeit, selbst gegen unberechtigte Strafaussprüche nicht zur Wehr setzen und dass schließlich dem Strafbefehl kein Warneffekt zukommt. In praktischer Hinsicht wird insbesondere befürchtet, dass die Strafjustiz dazu neigen könnte, die verhängten Strafen zu niedrig zu bemessen, um so der Gefahr eines Einspruchs des Beschuldigten zu begegnen (Schmidt-Hieber NJW 1982, 1020). Zutreffend ist daran, dass insbesondere im amtsanwaltlichen Dezernat, in dem das Strafbefehlsverfahren am meisten Anwendung findet, häufig vor Antragstellung die Einholung eines BZR-Auszugs unterbleibt, so dass nicht selten erheblich und auch einschlägig vorbestrafte Beschuldigte mit einer unangemessen niedrigen Sanktion belegt werden.

B. Zulässigkeit des Strafbefehlsverfahrens

I. Zuständigkeit des Strafrichters oder des Schöffengerichts

5   Die StA kann den Antrag auf Erlass eines Strafbefehls sowohl zum **Strafrichter** als auch zum **Schöffengericht** stellen. Strafbefehlsanträge zum Schöffengericht sind aber regelmäßig nur noch im Verfahren nach § 408 a StPO denkbar, nachdem durch das RPflEntlG 1993 die Strafgewalt des Strafrichters auf zwei Jahre angehoben worden ist und es für die Zuständigkeit

Verfahren bei Strafbefehlen § 407 StPO

des Strafrichters auf die Bedeutung der Sache nicht mehr ankommt, § 25 GVG (vgl OLG Oldenburg NStZ 1994, 449 mAnm Fuhse NStZ 1995, 165; LG Stuttgart wistra 1994, 40 mAnm Hohendorf; KK-StPO/Fischer StPO § 407 Rn 1; Meyer-Goßner StPO § 408 Rn 6).

II. Vergehen

Nur die Rechtsfolgen eines **Vergehens** (§ 12 Abs 2 StGB), also nicht eines Verbrechens (§ 12 Abs 1 StGB), dürfen durch Strafbefehl ohne Hauptverhandlung festgesetzt werden. Die Regelung knüpft insoweit an § 24 GVG, § 25 GVG an. 6

III. Strafbefehlsantrag der Staatsanwaltschaft

Erste – unabdingbare – Voraussetzung des Strafbefehlsverfahrens ist ein **schriftlicher Antrag der Staatsanwaltschaft;** eine Ausnahme hiervon gilt nur im Falle eines Strafbefehls nach Eröffnung des Hauptverfahrens nach § 408 a StPO, der in der Hauptverhandlung mündlich zu Protokoll erklärt werden kann (s § 408 a StPO Rn 10). Liegt ein solcher schriftlicher Antrag nicht vor, ermangelt es – wie beim Fehlen einer Anklageschrift im üblichen Verfahren – an einer wesentlichen Prozessvoraussetzung; Folge wäre die Unwirksamkeit eines gleichwohl erlassenen Strafbefehls (einen beispielhaften Antrag siehe Mustertext). 7

1. Antragszuständigkeit

Grundsätzlich liegt die Antragszuständigkeit bei der Staatsanwaltschaft. Im Steuerstrafverfahren kann jedoch die Finanzbehörde, die die Ermittlungen wegen der Steuerhinterziehung nach § 386 AO selbständig geführt hat, nach § 400 AO den Antrag auf Erlass eines Strafbefehls stellen. 8

2. Hinreichender Tatverdacht

Der Strafbefehlsantrag stellt die Erhebung der öffentlichen Klage dar (Abs 1 S 4). Er tritt daher gleichberechtigt neben die Anklageerhebung nach § 199 StPO, § 200 StPO und muss daher auch den Anforderungen an eine Anklageschrift gemäß § 200 StPO genügen. Es muss also genügender Anlass zur Erhebung der öffentlichen Klage bestehen, dh der Angeschuldigte muss der Tat im Sinne des § 170 StPO hinreichend verdächtig sein. 9

3. Schriftlichkeit des Antrags

Der Antrag ist nach der ausdrücklichen Regelung in Abs 1 S 1 **schriftlich** zu stellen. Mängel in der Schriftform des Antrags, insbesondere eine fehlende Unterschrift, sollen indes wie auch bei „sonstigen" Mängeln einer Anklageschrift (vgl BGHSt 40, 44) keine Auswirkungen auf die Wirksamkeit des daraufhin erlassenen Strafbefehls haben (OLG Hamburg NStZ 1988, 522; OLG Stuttgart NStZ 1998, 100), nur das Fehlen jeglichen Antrags soll ein Verfahrenshindernis begründen (s § 408 a StPO Rn 9). 10

4. Inhaltliche Anforderungen an den Antrag

Die inhaltlichen Anforderungen ergeben sich nicht aus § 407 Abs 1 StPO, sondern aus § 408 Abs 3 StPO, wonach der Antrag auf Erlass eines Strafbefehls und der Strafbefehl einander zu entsprechen haben. Der Antrag der Staatsanwaltschaft auf Erlass des Strafbefehls hat mithin die nach § 409 Abs 1 Nr 1 bis Nr 6 StPO vorgegebenen Einzelheiten zu enthalten. Wegen der gebotenen Übereinstimmung von staatsanwaltschaftlichem Antrag und gerichtlicher Entscheidung sind die Staatsanwaltschaften nach Nr 176 RiStBV gehalten, einen Strafbefehlsentwurf dem Strafrichter mit dem Antrag zuzuleiten, einen Strafbefehl dieses Inhalts zu erlassen, was auf die Unterzeichnung des vorgelegten Entwurfs hinausläuft; zum Inhalt eines Strafbefehls s § 409 StPO Rn 2 bis 11. 11

5. Entbehrlichkeit der Hauptverhandlung

Die StA ist **verpflichtet,** einen Strafbefehlsantrag zu stellen, wenn sie nach dem Ergebnis der Ermittlungen **eine Hauptverhandlung nicht für erforderlich erachtet.** Dies ist dann 12

Temming 1769

der Fall, wenn nicht zu erwarten ist, dass die in einer Hauptverhandlung durchgeführte Beweisaufnahme zu einem anderen Ergebnis als die polizeilichen Ermittlungen führen würde, und wenn sich die angemessenen Rechtsfolgen auch ohne eine Hauptverhandlung bestimmen lassen, ferner wenn Gründe der Spezial- oder Generalprävention die Durchführung einer Hauptverhandlung nicht für geboten erscheinen lassen (Nr 175 Abs 3 S 1 RiStBV, vgl Meyer-Goßner StPO § 407 Rn 9; KMR/Metzger StPO § 407 Rn 26). Für das Strafbefehlsverfahren kommen daher insb Massenverfahren in Betracht, namentlich im Bereich der Verkehrs-, Eigentums- und Vermögenskriminalität. Darauf, ob ein Einspruch des Beschuldigten zu erwarten ist, kommt es nicht an (so Nr 175 Abs 3 S 2 RiStBV), auch nicht, wenn der Beschuldigte im Ermittlungsverfahren angekündigt hat, er werde einen Strafbefehl keinesfalls akzeptieren (**aA** KK-StPO/Fischer StPO § 407 Rn 3). Ebenso hat der Beschuldigte keinen Rechtsanspruch darauf, dass die Sache im Strafbefehlswege erledigt wird (Meyer-Goßner StPO § 407 Rn 9).

IV. Zulässige Rechtsfolgen

13 Im Strafbefehlsverfahren dürfen nur die nachfolgend aufgeführten Rechtsfolgen verhängt werden; die Verhängung einer anderen als der in § 407 Abs 2 StPO aufgeführten Rechtsfolgen führt nicht zur Nichtigkeit des Strafbefehls.

1. Absehen von Strafe, § 407 Abs 2 Nr 3 StPO

14 Mit der Einfügung des § 407 Abs 2 Nr 3 StPO durch das RpflEntlG ist der Streit beendet, ob auch im Wege eines Strafbefehls von Strafe abgesehen werden kann (vgl Mansperger NStZ 1984, 258). Danach ist im Strafbefehl auch ein Absehen von Strafe nach § 60 StGB oder nach Vorschriften des Besonderen Teils des StGB (§ 83a StGB, § 84 Abs 4 und Abs 5 StGB, § 85 Abs 3 StGB, § 86 Abs 4 StGB, § 86a Abs 3 StGB, § 87 Abs 3 StGB, § 89 Abs 3 StGB, § 98 Abs 2 StGB, § 99 Abs 3 StGB, § 113 Abs 4 StGB, § 129 Abs 5 und Abs 6 StGB, § 129a Abs 5 StGB, § 139 Abs 1 StGB, § 157 StGB, § 158 Abs 1 StGB, § 174 Abs 4 StGB, § 182 Abs 4 StGB, § 218 Abs 3 StGB, § 233 StGB, § 311c StGB, § 315 Abs 6 StGB, § 315b Abs 6 StGB, § 316a Abs 2 StGB, § 323 Abs 5 StGB, § 330b StGB) oder des Nebenstrafrechts (etwa § 20 Abs 2 VereinsG, § 31 BtMG) möglich. Da die Staatsanwaltschaft selbst geeignet erscheinende Verfahren nach § 153b StPO einstellen kann, wird ein praktisches Bedürfnis für die Erledigung durch Strafbefehl nur dann bestehen, wenn in Ermittlungsverfahren erhebliche Kosten angefallen sind, die dem Beschuldigten im Strafbefehl abweichend von der Einstellung nach § 153b StPO überbürdet werden können, oder eine Sicherungsmaßregel nach § 69 StGB, § 69a StGB geboten erscheint (vgl KK-StPO/Fischer StPO § 407 Rn 18). In letzterem Fall besteht für eine Kombination beider Verfahrensarten nach § 153b StPO und § 407 StPO weder ein Bedürfnis noch eine Möglichkeit (**aA** Schlüchter Rn 787.3).

14.1 Beispielhaft käme ein Absehen von Strafe im Strafbefehlsverfahren etwa in einem Fall in Betracht, in dem ein Kraftfahrer altersbedingt nicht mehr fahrtüchtig gewesen ist und einen Verkehrsunfall mit Fremdsachschaden und einer schwerwiegenden Eigenschädigung verursacht hat. Da der Staatsanwaltschaft in dem Fall, in dem sie selbst ein Absehen von Strafe beantragen würde, die Möglichkeit einer Einstellung des Verfahrens nach § 153b StPO offensteht, empfiehlt sich ein Strafbefehl nur zur Durchsetzung von Nebenfolgen, wie etwa der notwendigen Entziehung der Fahrerlaubnis, um nicht im beschriebenen Fall dem Beschuldigten die Entscheidung die Entscheidung zu überlassen, ob er den Führerschein zurückgibt oder behält. Die Tenorierung lautet: „Sie sind einer fahrlässigen Gefährdung des Straßenverkehrs schuldig. Von Ihrer Bestrafung wird abgesehen. Ihnen wird jedoch die Fahrerlaubnis entzogen; die Straßenverkehrsbehörde darf Ihnen vor Ablauf von…keine neue Fahrerlaubnis erteilen. Sie tragen die Kosten des Verfahrens."

2. Verwarnung mit Strafvorbehalt, § 407 Abs 2 Nr 1 StPO

15 Diese in einem Strafbefehl festsetzbare Rechtsfolge ist in § 59 StGB bis § 59c StGB geregelt. Zugleich ist ein (gesonderter) Beschluss über die Bewährungszeit und die Bewährungsauflagen nach § 268a Abs 1 StPO in Verbindung mit § 59a StGB zu erlassen.

Die Rechtsfolge wird im Strafbefehl üblicherweise wie folgt tenoriert: „Sie werden hiermit **15.1** verwarnt; die Verhängung einer Geldstrafe von x Tagessätzen zu je y EUR bleibt vorbehalten."

3. Geldstrafe

Ihre Zulässigkeit ergibt sich entweder aus dem Straftatbestand, der Geldstrafe oder Frei- **16** heitsstrafe vorsieht, oder aus § 47 Abs 2 StGB, § 49 Abs 2 StGB, wonach nur auf Geldstrafe erkannt werden darf. Sie kann bis zu der gesetzlich vorgesehenen Höhe, in Fällen einer Gesamtgeldstrafe bis zu 360 Tagessätzen festgesetzt werden (§ 40 Abs 1 S 2 StGB, § 54 Abs 2 S 2 StGB). Die Geldstrafe ist auch im Strafbefehl nach Anzahl und Höhe der **Tagessätze** festzusetzen; eine zusätzliche Angabe der Gesamtsumme ist nicht erforderlich, aber sinnvoll. Soweit im Strafbefehl mehrere materiellrechtliche Taten geahndet und daher eine Gesamtgeldstrafe verhängt werden soll, hat der Strafbefehl auch sämtliche Einzelstrafen aufzuführen. **Zahlungserleichterungen** (§ 42 StGB) sind im Entwurf vollständig aufzuführen. Eines Hinweises auf die bei Nichtzahlung kraft Gesetzes verwirkte **Ersatzfreiheitsstrafe** (§ 43 StGB) bedarf es -wie auch bei der Urteilsformel (§ 260 Abs 4 StPO)- nicht (OLG Bremen NJW 1975, 1524). Da erlittene Untersuchungshaft oder eine andere Freiheitsentziehung nach § 51 Abs 1 S 1 StGB grundsätzlich von Gesetzes wegen auf die Geldstrafe anzurechnen ist, bedarf es eines besonderen Ausspruchs im Strafbefehl nicht. Die richterliche Anordnung der Nichtanrechnung der Untersuchungshaft gemäß § 51 Abs 1 S 2 StGB setzt einen entsprechenden Antrag der StA voraus (KK-StPO/Fischer StPO Rn 9; Löwe/Rosenberg/Gössel StPO § 407 Rn 20).

Die Tenorierung lautet in der Regel: „Gegen Sie wird eine Geldstrafe von __ Tagessätzen zu je **16.1** __ EUR verhängt" Oder: „Gegen Sie wird eine Gesamtgeldstrafe von __ Tagessätzen zu je __ EUR verhängt. Die Einzelstrafen betragen: Für die Tat zu Ziffer 1: __ Tagessätze, für die Tat zu Ziffer 2. __ Tagessätze." Zahlungserleichterungen lauten regelmäßig: „Es wird Ihnen gestattet, die Geldstrafe in monatlichen Teilbeträgen von __ EUR, fällig erstmals am 10. des auf die Rechtskraft folgenden Monats zu zahlen. Die Folgeraten sind jeweils bis zum 10. eines jeden Monats einzuzahlen. Zahlen Sie nicht oder nicht rechtzeitig, entfällt diese Vergünstigung. In diesem Falle ist der gesamte Restbetrag auf einmal fällig."

4. Freiheitsstrafe

Seit der Einfügung des Abs 2 S 2 in § 407 StPO durch das RPflEntlG ist auch die **17** Verhängung einer Freiheitsstrafe von bis zu einem Jahr zulässig. Voraussetzung ist, dass die Vollstreckung der Freiheitsstrafe zur Bewährung ausgesetzt wird, zu deren Ausgestaltung ein gesonderter Beschluss zu erlassen ist, und der Angeklagte einen Verteidiger hat (zu den systematischen und dogmatischen Bedenken vgl KK-StPO/Fischer StPO § 407 Rn 8a, 8b). Die Freiheitsstrafe kann auch eine Gesamtfreiheitsstrafe sein; zur notwendigen Auflistung der Einzelstrafen im Strafbefehl gilt das zur Gesamtgeldstrafe Ausgeführte. Da nach Abs 2 S 1 die Rechtsfolgen allein oder nebeneinander verhängt werden dürfen (und zwar unzweifelhaft eine Freiheitsstrafe zusammen mit einer Maßregel nach § 69 StGB, § 69a StGB), dürfte nicht ausgeschlossen sein, in den gesetzlich vorgesehenen Fällen (§ 53 Abs 2 S 2 StGB) eine (Gesamt-) Freiheitsstrafe von bis zu einem Jahr mit einer (Gesamt-)Geldstrafe zu kombinieren. Gegen einen **Heranwachsenden** ist das Strafbefehlsverfahren zur **Verhängung einer Freiheitsstrafe** nach § 109 Abs 3 JGG ausgeschlossen (Meyer-Goßner StPO § 407 Rn 10; KK-StPO/Fischer StPO § 407 Rn 8).

Hinsichtlich der Strafaussetzung zur Bewährung bedarf es eines gesonderten Beschlusses, in dem **17.1** die Bewährungsdauer sowie die Auflagen und Weisungen festzusetzen sind. Nach **hM** soll hierbei der Amtsrichter an den Antrag der Staatsanwaltschaft nicht gebunden sein (so Meyer-Goßner StPO § 407 Rn 22; Schellenberg NStZ 1994, 571). Auch wenn es einer förmlichen Zustellung des Bewährungsbeschlusses wegen § 305a StPO nicht bedarf (Böttcher/Mayer NStZ 1993, 156), erscheint es sinnvoll, den Bewährungsbeschluss dem zuzustellenden Strafbefehl beizufügen.

5. Nebenfolgen

Im Strafbefehl können als Nebenfolgen der Verfall, die Einziehung, die Vernichtung und **18** Unbrauchbarmachung, die Bekantgabe der Verurteilung im Sinne des § 200 StGB, das

Fahrverbot sowie die Entziehung der Fahrerlaubnis nach § 69 StGB, § 69a StGB bei einer Höchstdauer der Sperrfrist von zwei Jahren angeordnet werden.

18.1   **Verfall und Einziehung** sind als in §§ 73 StGB ff geregelt. Hierunter fallen auch der Verfall und die Einziehung von Wertersatz nach § 73a StGB, § 74c StGB. Richtet sich die Anordnung des Verfalls oder der Einziehung gegen einen Dritten (§ 73 Abs 4 StGB, § 74 Abs 2 Nr 2 StGB), so muss dessen Beteiligung nach § 431 Abs 1 StPO, § 442 Abs 2 StPO im Strafbefehlsantrag beantragt und im Strafbefehl angeordnet werden. Der Strafbefehl muss den Nebenbeteiligten als weiteren Betroffenen des Verfahrens ausweisen und ist ihm förmlich zuzustellen.

18.2   **Vernichtung und Unbrauchbarmachung** sind Unterarten der Einziehung. Während es die Vernichtung im rechtstechnischen Sinne nur noch in vereinzelten Nebengesetzen gibt (§ 37 KUrhG), ist die Unbrauchbarmachung in § 74b Abs 2 Nr 1 StGB, § 74d Abs 1 StGB geregelt.

18.3   Bei öffentlich begangenen Beleidigungen kann auf Antrag des Verletzten nach § 103 Abs 2 StGB, § 165 StGB, § 200 StGB die **Verurteilung wegen der Beleidigung öffentlich bekannt gemacht** werden. Die Art der Bekanntmachung ist nach § 200 Abs 2 StGB im Urteil zu bestimmen; entsprechendes hat für den Strafbefehl zu gelten.

18.4   Das **Fahrverbot** als Nebenstrafe setzt die Verhängung einer Hauptstrafe in Form einer Geld- oder Freiheitsstrafe voraus; insoweit ist die in Abs 2 eröffnete Kombinationsmöglichkeit der Sanktionen bei dem Fahrverbot eingeschränkt. Die Dauer des Fahrverbots ist in dem Entwurf zu bezeichnen. Von dem entsprechenden Antrag der Staatsanwaltschaft darf der Amtsrichter nicht abweichen. Die Berechnung der Dauer ergibt sich kraft Gesetzes aus § 44 Abs 2 und 3 StGB ff, die Anrechnung einer vorläufigen Entziehung der Fahrerlaubnis aus § 51 Abs 5 StGB.

18.5   Im Wege des Strafbefehls kann die **Entziehung der Fahrerlaubnis** als einzige der nach § 61 StGB vorgesehenen Maßregeln der Besserung und Sicherung allerdings nur bei einer Sperrfrist von nicht mehr als zwei Jahre angeordnet werden. Die Sperre ist nach Jahren oder vollen Monaten zu bestimmen und muss gleichfalls schon im Strafbefehlsantrag genau bezeichnet sein; aufgrund des eindeutigen Wortlauts kommt eine isolierte Sperrfrist nach § 69a Abs 1 S 2 StGB als zulässige Sanktion im Strafbefehlsverfahren nicht in Betracht. Wird in dem Strafbefehl von der Entziehung der Fahrerlaubnis trotz Vorliegens einer Straftat im Sinne des § 69 Abs 1, Abs 2 StGB abgesehen, muss der Strafbefehl wegen der Bindung der Verwaltungsbehörde an die strafgerichtliche Entscheidung nach § 4 Abs 3 StVG hierzu eine Begründung enthalten, § 409 Abs 1 S 3 StPO iVm § 267 Abs 6 S 2 StPO. Der nach § 69a Abs 5 S 2 StGB für die Fristberechnung maßgeblichen Verkündung eines Urteils steht der Erlass des Strafbefehls, nicht erst seine Zustellung gleich (vgl BGHSt 33, 230, 232 = NJW 1986, 200; KK-StPO/Fischer StPO § 407 Rn 17).

6. Geldbuße nach § 30 OWiG

19   Soweit eine Geldbuße gegen eine juristische Person oder eine Personenvereinigung nach § 30 OWiG im Strafbefehlswege verhängt wird, handelt es sich um das sog. **verbundene Verfahren,** das sich sowohl gegen den Täter der Anknüpfungstat als auch gegen den Verband richtet (§ 30 Abs 4 S 1 OWiG). Das Verfahrensrecht und die Beteiligungsrechte der juristischen bzw. Personenvereinigung richten sich bei der Festsetzung der Verbandsgeldbuße grundsätzlich nach dem Verfahrensrecht, das für die Anknüpfungstat gilt. Im Strafverfahren ist daher **§ 444 StPO** als prozessuale Ergänzung zu § 30 OWiG einschlägig. Diese Vorschrift verweist im Wesentlichen auf das Verfahren bei der Einziehung und auf die Rechtsstellung eines Einziehungsbeteiligten nach §§ 431 StPO ff (kritisch hierzu Löwe/Rosenberg/Gössel StPO § 444 Rn 6). Die Beteiligung wird im Strafbefehlsentwurf beantragt und im Strafbefehl angeordnet. Da der Strafbefehl insoweit auch gegen die juristische Person oder Personenvereinigung erlassen wird, ist er ihr auch zuzustellen. In dem Antrag ist die Höhe der Geldbuße genau zu bestimmen.

7. Bußgeld bei Tatmehrheit

20   Ferner ist möglich, eine Ordnungswidrigkeit, die mit der Straftat in einem Zusammenhang im Sinne des § 42 Abs 1 OWiG steht und **tatmehrheitlich** begangen worden ist, in den Strafbefehl miteinzubeziehen, § 64 OWiG. Es wird dann wegen der Straftat eine Geld- oder Freiheitsstrafe und wegen der Ordnungswidrigkeit eine Geldbuße verhängt.

20.1   Streitig ist, ob in einem Strafbefehl gegen eine Person wegen einer Straftat eine Strafe und gegen eine andere Person wegen einer Ordnungswidrigkeit eine Geldbuße festgesetzt werden kann, falls ein sachlicher Zusammenhang nach § 42 OWiG gegeben ist (so Krüger NJW 1969, 1336; **aA** Frieling NJW 1969, 1058).

V. Mehrheit von Beschuldigten

Der Staatsanwaltschaft ist unbenommen, einen Strafbefehl gegen mehrere Beschuldigte zu 21 beantragen, sofern die Voraussetzungen einer entsprechenden Verfahrensverbindung vorliegen Krüger NJW 1969, 1336). Hingegen ist es dem Ermessen des Richters überlassen, nach den Grundsätzen der Verbindung und Trennung von Verfahren in einem Strafbefehl die Rechtsfolgen gegen die mehreren Beschuldigten anzuordnen oder gesonderte Strafbefehle zu erlassen; auch kann er im Wege der Verfahrenstrennung gegen einzelne Beschuldigte Strafbefehl erlassen und gegen andere Hauptverhandlung anberaumen, wenn er nach § 408 Abs 3 StPO gegen einen antragsgemäßen Erlass insoweit Bedenken hat.

VI. Ausnahmen

1. Jugendgerichtsverfahren

Gegen einen zur Tatzeit **Jugendlichen** darf nach § 79 Abs 1 JGG ein Strafbefehl weder 22 beantragt noch erlassen werden. Gegen **Heranwachsende** (§ 1 Abs 2 JGG) darf ein Strafbefehl nur beantragt und erlassen werden, wenn nicht Jugend-, sondern Erwachsenenstrafrecht (mit Ausnahme der Verhängung einer Freiheitsstrafe, s Rn 17) angewendet werden soll, § 109 Abs 2 S 1 JGG. Gleichwohl bleibt für den Erlass des Strafbefehls der Jugendrichter (§ 108 Abs 2 JGG) oder der Vorsitzende des Jugendschöffengerichts (§ 108 Abs 3 JGG mit § 30 Abs 2 GVG) zuständig. Ein zu Unrecht gegen einen **Jugendlichen** oder gegen einen einem Jugendlichen gleichgestellten Heranwachsenden ergangener **Strafbefehl** ist nicht unwirksam und auch der Rechtskraft zugänglich. Im Falle eines zulässigen Einspruchs ersetzt der Strafbefehlsantrag die Anklage und der Strafbefehl den Eröffnungsbeschluss, so dass der dem Verfahren bisher anhaftende Mangel damit geheilt wird (BayObLG NJW 1957, 838; Eisenberg JGG § 79 Rn 6; KK-StPO/Fischer StPO § 407 Rn 26). Ist ein derart unzulässiger Strafbefehl in Rechtskraft erwachsen, kann – anders als bei Festsetzung von gesetzlich nicht zulässigen Rechtsfolgen – die Vollstreckung nicht nach § 458 Abs 1 StPO angegriffen werden (vgl Löwe/Rosenberg/Gössel StPO vor § 407 Rn 51). Die Nichtbeachtung von § 109 Abs 3 JGG begründet, jedenfalls wenn das Geburtsdatum des Beschuldigten im Strafbefehl aufgeführt ist, auch keinen Wiederaufnahmegrund nach § 359 Nr 5 StPO (KK-StPO/Fischer StPO Rn 27).

2. Verfahren gegen Abwesende

Gegen Abwesende im Sinne des § 276 StPO, also gegen solche Beschuldigte, deren 23 Aufenthalt unbekannt ist oder die sich im Ausland aufhalten, soll nach einer Auffassung (entgegen dem Wortlaut des § 408a Abs 1 StPO) grundsätzlich kein Strafbefehl ergehen (so Meyer-Goßner StPO § 407 Rn 4; KK-StPO/Fischer StPO § 407 Rn 35, beide unter Hinweis auf Nr 175 Abs 2 S 1 RiStBV). Richtig an dieser Auffassung ist nur, daß in den Fällen des unbekannten Aufenthalts des Beschuldigten ein Strafbefehlsverfahren unstatthaft sein könnte, weil nach herrschender, aber zu Recht bestrittener Meinung die öffentliche Zustellung des Strafbefehls unzulässig sein soll (so OLG Düsseldorf NJW 1997, 2965; KMR/Metzger StPO § 407 Rn 39; KK-StPO/Fischer StPO §407 Rn 36; Meyer-Goßner StPO § 407 Rn 4 und § 409 Rn 21; Löwe/Rosenberg/Gössel StPO vor § 407 Rn 48; **aA** LG München MDR 1981, 71; Schmid MDR 1978, 98; Löwe/Rosenberg/Wendisch StPO § 40 Rn 1). Zulässig ist dagegen ein Strafbefehlsantrag, wenn der Beschuldigte einen **Zustellungsbevollmächtigten** bestellt hat (§ 116a Abs 3 StPO, § 127a Abs 2 StPO, § 132 Abs 1 Nr 2 StPO; vgl Greßmann NStZ 1991, 216). Auch steht ein Auslandsaufenthalt des Beschuldigten dem Erlass eines Strafbefehls nicht entgegen, wenn der Aufenthaltsort des Beschuldigten bekannt und eine Zustellung des Strafbefehls im Wege der Rechtshilfe möglich ist (im Bereich des Schengener Durchführungsübereinkommens s Art 52 Abs 1 SDÜ).

C. Rechtliches Gehör

24 Wird der Beschuldigte im Ermittlungsverfahren entgegen § 163a Abs 1 StPO, an dessen Geltung Abs 3 nichts ändert, nicht von der Polizei, der Staatsanwaltschaft oder dem Gericht spätestens vor dem Abschluss der Ermittlungen als solcher vernommen, macht dies einen gleichwohl erlassenen Strafbefehl nicht unwirksam (vgl Oske MDR 1968, 885). Zum Antrag der StA auf Erlass eines Strafbefehls wird der Angeschuldigte nicht gehört; der Strafbefehl wird ohne seine vorherige Anhörung erlassen (Abs 3). Dem Erfordernis der Gewährung rechtlichen Gehörs ist durch die Möglichkeit der Einspruchseinlegung nach § 410 Abs 1 StPO genügt (BVerfGE 25, 158).

D. Rechtshängigkeit

25 Aus der in Abs 1 S 4 enthaltenen Regelung, wonach der Strafbefehlsantrag der Anklageerhebung gleichsteht, ergibt sich zugleich nach hM, dass mit dem Erlass des Strafbefehls Rechtshängigkeit eintritt (KK-StPO/Fischer StPO Vor § 407 Rn 5; Meyer-Goßner StPO Vor § 407 Rn 3 unter Hinweis auf § 433 Abs 1 S 2 StPO; Löwe/Rosenberg/Gössel StPO Vor § 407 Rn 36; **aA** OLG Karlsruhe NStZ 1991, 602: erst mit Beginn der Hauptverhandlung). Diese Rechtshängigkeit einer Sache in einem Strafbefehlsverfahren steht einer Anklageerhebung in einem anderen Verfahren wegen derselben prozessualen Tat entgegen, auch wenn die Rechtshängigkeit im Strafbefehlsverfahren wegen des möglichen Zeitpunkts der Rücknahme von Anklage und Einspruch nach § 411 Abs 3 S 1 StPO eine geringere Bedeutung hat als im normalen Strafverfahren. Die Rechtskraft des Strafbefehls verbraucht die Strafklage (BGHSt 27, 271; BGH NJW 1978, 59). Wird die prozessuale Tat vor Rechtskraft des Strafbefehls erneut vor einem Gericht höherer Ordnung anhängig gemacht wird, kann dieses Gericht wegen seiner umfassenden Aburteilungsbefugnis die Strafbefehlssache durch einen Verfahrensakt eigener Art an sich ziehen (BGHSt 36, 186).

E. Nebenklage und Adhäsionsverfahren

I. Nebenklage

26 Der Geschädigte kann sich als Nebenkläger nach § 396 Abs 1 S 3 StPO erst anschließen, wenn gemäß § 408 Abs 3 S 2 StPO, § 411 Abs 1 S 2 StPO Termin zur Hauptverhandlung anberaumt oder nach § 408 Abs 2 StPO der Antrag auf Erlass eines Strafbefehls abgelehnt worden ist; in letzterem Falle kann die Anschlusserklärung zur Einlegung der sofortigen Beschwerde gegen die Ablehnung des Strafbefehlsantrages erfolgen, § 210 Abs 2 StPO, § 400 Abs 2 S 1 StPO. Die Ablehnung des Strafbefehlsantrags ist demjenigen, der sich als Nebenkläger anschließen wollte, nach § 406d StPO mitzuteilen. Wird dagegen der beantragte Strafbefehl erlassen und nicht angefochten, so bleibt ein zuvor erklärter Anschluss wirkungslos und erledigt sich von selbst (Löwe/Rosenberg/Gössel StPO Vor § 407 Rn 41). Wird der Einspruch zurückgenommen (§ 411 Abs 3 StPO), bleibt die Anschlusserklärung wirksam, so dass der Angeklagte dann auch die notwendigen Auslagen des Nebenklägers zu tragen hat. Hierzu ist eine ausdrückliche Entscheidung, und zwar im Beschlusswege nach § 464b StPO zu treffen (Löwe/Rosenberg/Hilger StPO § 472 Rn 14; Meyer-Goßner StPO § 472 Rn 10a). Auch soweit wegen der Rechtskraft des Strafbefehls der Anschluss des Nebenklageberechtigten nicht wirksam wird, kommt die Aufnahme einer Kostenentscheidung nach § 472 Abs 3 S 1 StPO in den Strafbefehl nicht in Betracht.

II. Adhäsionsverfahren

27 Auf eine Entschädigung des Verletzten im Adhäsionsverfahren wird nur aufgrund einer Hauptverhandlung in einem Urteil erkannt, § 406 Abs 1 StPO. Daher kommt eine entsprechende Entscheidung über einen Anspruch im Sinne des § 403 StPO im Strafbefehl nicht in Betracht (BGH NJW 1982, 1048; Granderath NStZ 1984, 400; Löwe/Rosenberg/

Hilger StPO § 403 Rn 19 mwN). Ein entsprechender Antrag erlangt erst in der Hauptverhandlung Wirksamkeit.

§ 408 [Entscheidungsmöglichkeiten des Richters]

(1) ¹Hält der Vorsitzende des Schöffengerichts die Zuständigkeit des Strafrichters für begründet, so gibt er die Sache durch Vermittlung der Staatsanwaltschaft an diesen ab; der Beschluß ist für den Strafrichter bindend, der Staatsanwaltschaft steht sofortige Beschwerde zu. ²Hält der Strafrichter die Zuständigkeit des Schöffengerichts für begründet, so legt er die Akten durch Vermittlung der Staatsanwaltschaft dessen Vorsitzenden zur Entscheidung vor.

(2) ¹Erachtet der Richter den Angeschuldigten nicht für hinreichend verdächtig, so lehnt er den Erlaß eines Strafbefehls ab. ²Die Entscheidung steht dem Beschluß gleich, durch den die Eröffnung des Hauptverfahrens abgelehnt worden ist (§§ 204, 210 Abs. 2, § 211).

(3) ¹Der Richter hat dem Antrag der Staatsanwaltschaft zu entsprechen, wenn dem Erlaß des Strafbefehls keine Bedenken entgegenstehen. ²Er beraumt Hauptverhandlung an, wenn er Bedenken hat, ohne eine solche zu entscheiden, oder wenn er von der rechtlichen Beurteilung im Strafbefehlsantrag abweichen oder eine andere als die beantragte Rechtsfolge festsetzen will und die Staatsanwaltschaft bei ihrem Antrag beharrt. ³Mit der Ladung ist dem Angeklagten eine Abschrift des Strafbefehlsantrags ohne die beantragte Rechtsfolge mitzuteilen.

Überblick

Diese durch Art 1 Nr 30 StVÄG 1987 neugefasste Regelung enthält -allerdings keine erschöpfenden- Regelungen darüber, wie der Amtsrichter über einen Antrag der Staatsanwaltschaft auf Erlass eines Strafbefehls entscheiden kann. **Abs 1** verhält sich zur Frage der sachlichen Unzuständigkeit, dies in unvollständiger und im Umfang der Regelung inzwischen überflüssiger Weise (Rn 1); die Entscheidung bei örtlicher Unzuständigkeit ergibt sich hingegen aus allgemeinem Recht. **Abs 2** behandelt die Möglichkeit, einen Strafbefehlsantrag abzulehnen, und die damit verbundenen Folgen (Rn 5, Rn 6), **Abs 3** regelt die Voraussetzungen eines Erlasses des Strafbefehls (Rn 10) und die Alternative der Anberaumung einer Hauptverhandlung (Rn 9).

Übersicht

	Rn		Rn
A. Verneinung der eigenen Zuständigkeit	1	I. Ablehnung des Erlasses des Strafbefehls	5
I. Sachliche Unzuständigkeit	1	II. Anberaumung einer Hauptverhandlung	9
II. Örtliche Unzuständigkeit	3	III. Erlass des Strafbefehls	11
B. Entscheidung in der Sache	4	IV. Weitere Entscheidungsmöglichkeiten	12

A. Verneinung der eigenen Zuständigkeit

I. Sachliche Unzuständigkeit

Nach Abs 1 kann der Vorsitzende des Schöffengerichts die Sache an den Strafrichter mit bindender Wirkung abgeben, wenn er dessen Zuständigkeit für gegeben erachtet, der Staatsanwaltschaft steht das Recht der sofortigen Beschwerde zu. Umgekehrt kann der Strafrichter die Sache dem Vorsitzenden des Schöffengerichts zur Entscheidung vorlegen; hier ist die Vorlage nicht bindend. Diese Regelung ist ohne praktische Bedeutung, da wegen des möglichen Höchstmaßes der zu verhängenden Freiheitsstrafe nach Änderung des § 25 GVG durch das RPflEntlG das Schöffengericht stets unzuständig ist; der Erlass eines Strafbefehls durch das Schöffengericht kommt nur noch in dem von Absatz 1 nicht erfassten Falle des § 408 a StPO in Betracht (vgl Meyer-Goßner StPO § 408 Rn 6).

2   Hält das Amtsgericht die Zuständigkeit des Landgerichts oder gar des Oberlandesgerichts für gegeben, hat es sich durch Beschluss für unzuständig zu erklären; hiergegen kann die Staatsanwaltschaft einfache Beschwerde (**aA** Löwe/Rosenberg/Gössel StPO § 408 Rn 8: sofortige Beschwerde) einlegen (Meyer-Goßner StPO § 408 Rn 4). Insbesondere ist dem Amtsgericht nicht die Möglichkeit eröffnet, die Sache entsprechend § 209 Abs 2 StPO dem übergeordneten Gericht zur Übernahme vorzulegen (KK-StPO/Fischer StPO § 408 Rn 8), weil der Strafbefehlsantrag die gebotene Anklage nicht ersetzen kann (so aber KMR/Metzger StPO § 408 Rn 7).

2.1   Die Möglichkeit, dass das Amtsgericht für die ihm vorgelegte Sache unzuständig sein könnte, dürfte nur dann bestehen, wenn sich bereits aus dem Akteninhalt ergibt, dass wegen des verwirklichten Delikts die Zuständigkeit eines höherrangigen Gerichts gegeben ist, etwa, wenn entgegen der Würdigung der Staatsanwaltschaft nicht lediglich ein Diebstahl (geringwertiger Sachen), sondern nach den Ermittlungen ein (schwerer) räuberischer Diebstahl vorgelegen haben dürfte.

II. Örtliche Unzuständigkeit

3   Verneint das Amtsgericht seine örtliche Zuständigkeit, so hat es nach § 16 StPO zu verfahren, indem es sich durch Beschluss für unzuständig erklärt; das statthafte Rechtsmittel der Staatsanwaltschaft hiergegen ist die einfache Beschwerde. Das Amtsgericht kann weder den Strafbefehlsantrag ablehnen noch die Sache an das örtlich zuständige Gericht verweisen (vgl BGHSt 13, 186, 188; BGHSt 16, 391, 392; BGHSt 23, 79, 82; Löwe/Rosenberg/Rieß StPO § 204 Rn 7; KK-StPO/Fischer StPO § 408 Rn 2), sondern sich nur durch Beschluss für unzuständig erklären. Nach der Unzuständigkeitserklärung des zunächst angerufenen Amtsgerichts kann die Staatsanwaltschaft den Strafbefehlsantrag bei einem anderen Amtsgericht neu stellen.

B. Entscheidung in der Sache

4   Bestehen an der Zuständigkeit des angerufenen Amtsgerichts keine Zweifel, so hat der Strafrichter zu prüfen, ob aufgrund des Ergebnisses der Ermittlungen ein hinreichender Tatverdacht, also eine überwiegende Wahrscheinlichkeit des Beweises solcher tatsächlichen Umstände besteht, die eine Strafbarkeit nach der im Strafbefehlsantrag vorgenommenen rechtlichen Würdigung begründen und die beantragte Rechtsfolge rechtfertigen. Der Richter ist dabei an die Beurteilung der Staatsanwaltschaft nicht gebunden (Abs 3 S 2), sondern zu einer eigenen Bewertung berechtigt und verpflichtet. Je nach dem Ergebnis dieser Prüfung hat der Amtsrichter in der Sache die Auswahl aus drei Entscheidungsmöglichkeiten:

I. Ablehnung des Erlasses des Strafbefehls

5   Steht von vornherein fest, dass (1) der aufgrund der Ermittlungen überwiegend wahrscheinliche Vorgang aus Rechtsgründen nicht strafbar ist, (2) ein nicht behebbares Verfahrenshindernis besteht, zu dem die Verhandlungsunfähigkeit allerdings nicht gehört, oder (3) bereits nach Aktenlage offensichtlich ist, dass tatsächliche Zweifel am Schuldnachweis nicht zu überwinden sein werden (fehlender hinreichender Tatverdacht), hat der Amtsrichter den Antrag auf Erlass des Strafbefehls zu verwerfen. Hier gelten die zur Nichteröffnung des Verfahrens entwickelten Grundsätze. Bloße Zweifel am Tatnachweis, deren Klärung in einer Hauptverhandlung zu erwarten ist, reichen nicht aus; in einem solchen Fall ist nach Abs 3 S 2 Hauptverhandlung anzuberaumen.

5.1   Ausgehend vom prozessualen Tatbegriff betrifft die Ablehnung den einheitlichen prozessualen Vorgang. Sind Gegenstand des Strafbefehls mehreren selbstständigen Taten und ist nur ein Teil dieser Vorwürfe mängelbehaftet, so ist **Teilablehnung** zulässig (Meyer-Goßner StPO § 408 Rn 8; KK-StPO/Fischer StPO § 408 Rn 10; **aA** KMR/Metzger StPO § 408 Rn 15). Die StA kann hiergegen entspr § 210 Abs 2 StPO sofortige Beschwerde erheben. Nach Rechtskraft der Teilablehnung ist ein Teilerlass des Strafbefehls im Umfang des nicht abgelehnten Antrags möglich.

Selbst wenn eine Verurteilung wegen einer Straftat aus tatsächlichen oder materiell-rechtlichen Gründen nicht in Betracht käme, stünde der Ablehnung eines Strafbefehlsantrags entgegen, wenn der beweisbare Vorgang eine **Ordnungswidrigkeit** darstellen würde, § 82 Abs 1 OWiG. 6

Bei rechtskräftiger Ablehnung des Strafbefehls nimmt auch die Verfolgung einer Ordnungswidrigkeit an dem im Rahmen des § 211 StPO eintretenden Strafklageverbrauchs teil (BayObLG NStZ 1983, 418). Verbleibt nach der Prüfung des Strafbefehlsantrages lediglich der Vorwurf einer Ordnungswidrigkeit, muss der Richter die Staatsanwaltschaft zur Zurücknahme ihres Antrags veranlassen oder Hauptverhandlung nach Abs 3 S 2 anberaumen (BGHSt 23, 342, 346). Hat der Strafbefehlsantrag der Staatsanwaltschaft verschiedene prozessuale Taten als Straftat und Ordnungswidrigkeit gegen einen oder mehrere Beschuldigte zum Gegenstand und liegen hinsichtlich der Straftatvorwürfe die Voraussetzungen des Abs 2 vor, so kann der Erlass eines Strafbefehls wegen Unzuständigkeit des Strafrichters zur Aburteilung isolierter Ordnungswidrigkeiten (s § 82 Abs 2 OWiG) insgesamt abgelehnt werden (**aA** KK-StPO/Fischer StPO § 408 Rn 12, wonach die Staatsanwaltschaft bei rechtskräftiger [Teil-]Ablehnung des Antrags hinsichtlich der Straftat den Strafbefehlsantrag im Übrigen zurücknehmen soll). 6.1

Der Ablehnungsbeschluss hat die Wirkungen einer Nichteröffnung nach § 210 Abs 2 StPO, insbesondere die der eingeschränkten Rechtkraftwirkung aus § 211 StPO. Aus dem Beschluss muss hervorgehen, ob er auf tatsächlichen oder auf Rechtsgründen beruht (Abs 2 S 2 iVm § 204 Abs 1 StPO). Für seine Zustellung und Anfechtung gelten die zur Nichteröffnung geltenden Grundsätze. 7

Der Beschluss ist der Staatsanwaltschaft, die entsprechend § 210 StPO sofortige Beschwerde einlegen kann, gemäß § 41 StPO zuzustellen. Ebenso ist der Beschluss über die Ablehnung des Strafbefehlserlasses dem Nebenkläger, dessen Anschluss nach § 396 Abs 1 S 2 StPO mit dieser Entscheidung wirksam geworden ist (s § 396 StPO Rn 5), förmlich zuzustellen, da dem Nebenkläger das Recht der sofortigen Beschwerde zusteht (§ 396 Abs 1 S 3 StPO, § 400 Abs 2 S 1 StPO). Dem – bislang ahnungslosen (§ 407 Abs 3 StPO) – Beschuldigten wird der Ablehnungsbeschluss formlos mitgeteilt (Abs 2 S 2 iVm § 204 Abs 2 StPO; vgl auch Nr 178 Abs 4 RiStBV; **aA** Meyer-Goßner StPO § 408 Rn 8), wobei dem Beschluss eine Abschrift des Strafbefehlsantrags beigefügt wird (enger KK-StPO/Fischer StPO § 408 Rn 11: entsprechend Abs 3 S 3 ohne die beantragte Rechtsfolge). Dem Verletzten wird die Ablehnung des Antrags mitgeteilt, wenn er nach § 406 d Abs 1 StPO eine Mitteilung über den Ausgang des gerichtlichen Verfahrens beantragt hat. 7.1

Eine Ausnahme gilt indes für die Entscheidung des Beschwerdegerichts. Da das Landgericht den Strafbefehl nicht selbst erlassen kann, hat es seine Entscheidung bei abweichender tatsächlicher Würdigung oder rechtlicher Bewertung auf die Aufhebung des Ablehnungsbeschlusses und Zurückverweisung zur neuen Entscheidung zu beschränken. 8

Das Amtsgericht hat dann die Wahl, ob es unter Beachtung der Auffassung des Rechtsmittelgerichts den Strafbefehl erlässt oder Hauptverhandlung anberaumt. Hinsichtlich dieser Wahl ist das Amtsgericht an Weisungen des Beschwerdegerichts nicht gebunden. 8.1

II. Anberaumung einer Hauptverhandlung

Neben den beiden Möglichkeiten einer divergierenden rechtlichen Bewertung des angeklagten Sachverhalts und der abweichenden Zumessung der beantragten Strafe sieht Abs 3 S 2 die **Anberaumung der Hauptverhandlung** für den Fall vor, dass der Strafrichter Bedenken hat, ohne eine solche zu entscheiden. Hierfür kommt sowohl in Betracht, dass Zweifel am Tatnachweis oder der Vorwerfbarkeit (insb der Schuldfähigkeit) bestehen könnten, die selbst für die Ablehnung des Strafbefehlsantrags noch nicht ausreichen, als auch, dass der Strafbefehlsantrag selbst den denkbaren Tatvorwurf nicht ausschöpft. Die überwiegende Wahrscheinlichkeit einer Verurteilung bleibt aber Voraussetzung für die Anberaumung der Hauptverhandlung (vgl KK-StPO/Fischer StPO § 408 Rn 4). Auch wenn es der Wortlaut des Abs 3 S 2 („und die Staatsanwaltschaft bei ihrem Antrag beharrt") nahe legt, ist der Richter vor der Terminsanberaumung nicht gehalten, zunächst ein Einvernehmen mit der Staatsanwaltschaft herbeizuführen. 9

9.1 Zum einen empfiehlt sich die Anberaumung der Hauptverhandlung, wenn das Ergebnis der Ermittlungen eine überwiegende Wahrscheinlichkeit einer Verurteilung nicht nahe legt, dies aber letztlich erst nach Würdigung einer eigenen richterlichen Beweiswürdigung zuverlässig beurteilt werden kann; dies gilt insbesondere für die Würdigung be- oder entlastender Zeugenaussagen. Zum anderen kann der Amtsrichter, wenn ihm nach dem Akteninhalt der Tatvorwurf mit dem Strafbefehlsantrag nicht ausgeschöpft erscheint, dieses in der Hauptverhandlung klären und, wenn sich die Tat nicht als ein Vergehen, sondern als ein Verbrechen erweist, das Verfahren in der Hauptverhandlung an das übergeordnete Gericht nach § 270 StPO verweisen.

10 Die Terminsanberaumung erfolgt entsprechend §§ 213 StPO ff. Der – vorbehaltlich des Sonderfalls nach § 408 b StPO – nicht unterrichtete Beschuldigte wird zu der Hauptverhandlung unter gleichzeitiger **Mitteilung des Strafbefehlsantrags** ohne die beantragten Rechtsfolgen geladen (**Abs 3 S 3**). Der Strafbefehlantrag tritt an die Stelle der Anklageschrift und dient dazu, den Angeklagten auf seine Verteidigung vorzubereiten. In Ermangelung eines Eröffnungsbeschlusses entspräche die Hauptverhandlung einem beschleunigten Verfahren, wenn dieses nicht nunmehr in § 420 StPO eine besondere Verfahrensart erfahren hätte (s dazu § 420 StPO Rn 1).

III. Erlass des Strafbefehls

11 Der Amtsrichter erlässt den Strafbefehl, wenn er sich für zuständig hält und die tatsächliche Würdigung, die rechtliche Bewertung und die vorgeschlagene Rechtsfolge in dem Strafbefehltrag nach seiner Überzeugung tragen kann. Die antragsgemäße Entscheidung setzt die völlige Übereinstimmung zwischen der Staatsanwaltschaft und dem Gericht voraus. Eine inhaltliche Abänderung des Strafbefehlsentwurfs in der Entscheidung macht den Strafbefehl indes nicht unwirksam (Löwe/Rosenberg/Gössel StPO § 408 Rn 38).

IV. Weitere Entscheidungsmöglichkeiten

12 Der Amtsrichter kann aus verschiedenen Gründen die Akten der Staatsanwaltschaft zurücksenden, wenn er Bedenken hat, den Strafbefehl zu erlassen, sei es, dass er den Vorgang für nicht hinreichend aufgeklärt hält, sei es, dass er das vorgeworfene Verhalten für nicht strafwürdig hält und auf eine informelle Verfahrenserledigung drängt. Schließlich kommt auch in Betracht, dass der Strafbefehlsantrag den Anforderungen an eine ordnungsgemäße Anklageerhebung nicht genügt (§ 200 StPO Rn 4). Diese Verfahrensweise verzögert indes nur das Verfahren, da in den erstgenannten Fällen die Anberaumung der Hauptverhandlung und im letztgenannten Fall die Ablehnung des Strafbefehlsantrags als sofortige Entscheidung in Betracht kommen.

12.1 Hält der Richter den Sachverhalt für unzureichend aufgeklärt, kann er entsprechend § 202 StPO die Erhebung einzelner Beweise anordnen und die Staatsanwaltschaft um die Vornahme dieser Ermittlungen bitten; verpflichtet soll die Staatsanwaltschaft hierzu nicht sein, s im Einzelnen § 202 StPO Rn 5. Weigert sich die Staatsanwaltschaft, die Ermittlungen durchzuführen, ist das Gericht gehalten, diese Beweiserhebungen entsprechend §§ 223 StPO ff selbst durchzuführen. Auch kann der Richter der Staatsanwaltschaft den Strafbefehlsantrag mit der Anregung zurückgeben, diesen zurückzunehmen und das Verfahren nach §§ 153 StPO f mit oder ohne Auflagen einzustellen. Derartige Fälle eignen sich in aller Regel zur Durchführung einer Hauptverhandlung.

§ 408 a [Strafbefehlsantrag nach Eröffnung des Hauptverfahrens]

(1) ¹Ist das Hauptverfahren bereits eröffnet, so kann im Verfahren vor dem Strafrichter und dem Schöffengericht die Staatsanwaltschaft einen Strafbefehlsantrag stellen, wenn die Voraussetzungen des § 407 Abs. 1 Satz 1 und 2 vorliegen und wenn der Durchführung einer Hauptverhandlung das Ausbleiben oder die Abwesenheit des Angeklagten oder ein anderer wichtiger Grund entgegensteht. ²In der Hauptverhandlung kann der Staatsanwalt den Antrag mündlich stellen; der wesentliche Inhalt des Strafbefehlsantrages ist in das Sitzungsprotokoll aufzunehmen. ³§ 407 Abs. 1 Satz 4, § 408 finden keine Anwendung.

(2) ¹Der Richter hat dem Antrag zu entsprechen, wenn die Voraussetzungen des § 408 Abs. 3 Satz 1 vorliegen. ²Andernfalls lehnt er den Antrag durch unanfechtbaren Beschluß ab und setzt das Hauptverfahren fort.

Überblick

Diese durch Art 1 Nr 31 des StVÄG 1987 geschaffene und durch das 1. JuMoG modifizierte Regelung ermöglicht den Übergang eines „normalen" Strafverfahrens in ein Strafbefehlsverfahren, indem auch nach Anklageerhebung und Eröffnung des Hauptverfahrens auf Antrag der Staatsanwaltschaft ein Strafbefehl erlassen werden kann.

Übersicht

	Rn		Rn
A. Bedeutung der Regelung	1	III. Wichtiger Grund	6
B. Voraussetzungen	2	1. Ausbleiben des Angeklagten	7
I. Anwendungsbereich	2	2. Abwesenheit des Angeklagten	8
1. Zuständigkeit	2	3. Sonstige wichtige Gründe	9
2. Sachlicher und zeitlicher Anwendungsbereich	3	C. Notwendiger Inhalt des Antrags	10
II. Tatbestandsmerkmale des § 407 StPO	5	D. Richterliche Entscheidung	11

A. Bedeutung der Regelung

Nach dieser Regelung kann auch im Verlauf eines normalen Strafverfahrens, und zwar erst nach Eröffnung des Hauptverfahrens, in ein Strafbefehlsverfahren übergegangen werden. Hinweise zum Anwendungsbereich der Bestimmung gibt Nr 175 a RiStBV. Wie zu erwarten war, hat sich in der Praxis der mit der Vorschrift erhoffte Beschleunigungseffekt nicht eingestellt. Dass ein Angeklagter, der zur Hauptverhandlung nicht erscheint, einen gegen ihn dann erlassenen Strafbefehl ohne Einspruch hinnehmen wird, ist eher fern liegend (so auch KK-StPO/Fischer StPO § 408 a Rn 4). Zudem ist in systematischer Hinsicht höchst fragwürdig, ob eine Strafsache, in der ein Strafbefehlsverfahren nicht angezeigt erschien und daher Anklage erhoben worden ist, nunmehr dann, wenn sich die Durchführung einer Hauptverhandlung als schwierig erweist, als geeignet erscheinen soll, durch Strafbefehl erledigt zu werden. Bei Schaffung der Vorschrift hatte der Gesetzgeber wohl ersichtlich die Fälle vor Augen, in denen vom Angeklagten, nachdem er nicht zur Hauptverhandlung erschienen war, entweder ein Einspruch nicht zu erwarten oder sein Nichterscheinen auch in der Hauptverhandlung nach Einspruch wahrscheinlich sein würde. Ob die Justiz die Saumseligkeit eines Angeklagten ausnutzen können soll, erscheint zweifelhaft. **1**

B. Voraussetzungen

I. Anwendungsbereich

1. Zuständigkeit

Die Vorschrift findet nur im Verfahren vor dem Strafrichter und dem Schöffengericht Anwendung. Insoweit gilt die in § 407 Abs 1 S 1 StPO enthaltene Einschränkung, dass nur im amtsgerichtlichen Verfahren der Erlass eines Strafbefehls zulässig ist, fort, so dass auch der Erlass eines Strafbefehls nach § 408 a StPO in der zweiten Instanz vor dem Landgericht unstatthaft ist. **2**

2. Sachlicher und zeitlicher Anwendungsbereich

Der Erlass eines Strafbefehls nach dieser Vorschrift setzt einen bereits erlassenen **Eröffnungsbeschluss** gemäß § 203 StPO voraus. Damit ist die Vorschrift **nicht anwendbar** nach Anklageerhebung und vor Erlass des Eröffnungsbeschlusses; dies erscheint auch entbehrlich, da in diesem Verfahrensstadium die Staatsanwaltschaft gemäß § 156 StPO die Anklage jeder- **3** zeit wieder zurücknehmen kann. Die Regelung findet aber auch keine Anwendung im beschleunigten Verfahren, solange (§ 419 Abs 3 StPO!) darin die Eröffnung des Hauptverfahrens nicht beschlossen worden ist, § 418 Abs 1 StPO; erst mit der Eröffnung des Hauptverfahrens nach § 419 Abs 3 StPO ist der Weg zu § 408 a StPO eröffnet. Erst recht kann in einer Hauptverhandlung über den Einspruch gegen einen Strafbefehl kein erneuter Strafbefehl nach § 408 a StPO ergehen, da auch hier ein Eröffnungsbeschluss nicht vorliegt; gleiches gilt für die nach § 408 Abs 3 S 2 StPO statt eines Strafbefehls anberaumte Hauptverhandlung (vgl Zähres NStZ 2002, 296). Auch ist es ausgeschlossen, das Verfahren nach Einspruch gegen den nach § 408 a StPO erlassenen Strafbefehl zu wiederholen.

4   Der Antrag auf Erlass eines Strafbefehls kann vor einer – ggf noch nicht terminierten – oder nach einer ausgesetzten Hauptverhandlung und – nach der Einfügung des § 408 a Abs 1 S 2 StPO durch das 1. JuMoG – auch in der Hauptverhandlung gestellt werden (anders noch OLG Hamburg NStZ 1988, 522).

II. Tatbestandsmerkmale des § 407 StPO

5   Die allgemeinen Voraussetzungen für den Erlass eines Strafbefehls nach § 407 Abs 1 u Abs 2 müssen gegeben (s dort § 407 StPO Rn 6 bis Rn 10) und der Strafbefehl auf die nach § 407 Abs 2 u Abs 3 StPO zulässigen Sanktionen gerichtet sein (s § 407 StPO Rn 12 bis Rn 18). Nach **hM** ist für die Zulässigkeit des Verfahrens nach § 408 a StPO unerheblich, ob der Eröffnungsbeschluss die Tat als **Vergehen** oder als **Verbrechen** gewertet hat, solange nur der Strafbefehlsantrag den Tatvorwurf als Vergehen bewertet (Rieß JR 1988, 135; KK-StPO/Fischer StPO § 408 a Rn 6; KMR/Metzger StPO § 408 a Rn 11; aA Meyer-Goßner StPO § 408 a Rn 3). Ferner ist auch im Verfahren nach § 408 a StPO eine vorherige Anhörung des Angeklagten nicht erforderlich, § 407 Abs 3 StPO, § 407 Abs 1 S 4 StPO, § 408 StPO finden sinnvoller im Verfahren nach § 408 a StPO keine Anwendung, was sich auch aus § 408 a Abs 1 S 4 StPO ergibt. Der zugelassene und anwesende **Nebenkläger** ist dagegen zum Antrag zu hören; eine Möglichkeit, den Übergang ins Strafbefehlsverfahren – mit der Folge des Fortfalls des Adhäsionsverfahrens – zu verhindern, hat er nicht (KK-StPO/Fischer StPO § 408 a Rn 14).

III. Wichtiger Grund

6   Die Anwendung der Vorschrift setzt einen der **Durchführung einer Hauptverhandlung** entgegenstehenden **wichtigen Grund** voraus. Als solchen wichtigen Grund benennt § 408 a StPO beispielhaft das **Ausbleiben oder** die **Abwesenheit des Angeklagten.**

1. Ausbleiben des Angeklagten

7   Ausbleiben des Angeklagten setzt nicht nur das Fernbleiben des Angeklagten von der Hauptverhandlung, sondern auch eine wirksame Ladung voraus, denn anderenfalls würde es sich nicht um einen wichtigen Grund handeln, der der Durchführung der Hauptverhandlung entgegenstehen würde. Ob das Fernbleiben entschuldigt ist, soll gerade keine Rolle spielen (s Nr 175 a lit b RiStBV). Erst recht soll gegen einen unentschuldigt fehlenden Angeklagten Strafbefehl beantragt werden, Nr 175 a lit c RiStBV.

7.1   Der Fall eines im Inland lebenden Angeklagten, dessen Vorführung unverhältnismäßig wäre (so KK-StPO/Fischer StPO § 408 a Rn 9), dürfte dagegen nicht einmal theoretisch denkbar sein.

2. Abwesenheit des Angeklagten

8   Abwesenheit des Angeklagten ist hier im Sinne des § 276 StPO zu verstehen. Nach **hM** dürfte, auch wenn sie sich hierzu in diesem Zusammenhang nicht verhält, nicht der Fall gemeint sein, dass der Aufenthalt des Angeklagten unbekannt ist, da hier der Erlass eines Strafbefehls wegen der Unzulässigkeit einer öffentlichen Zustellung unzweckmäßig erscheint, s auch § 407 StPO Rn 21. Der Gesetzgeber dachte dabei an die Fälle, in denen der Angeklagte mit bekanntem Aufenthalt im Ausland lebt, seine Einlieferung zur Durchführung der Hauptverhandlung aber nicht möglich oder nicht angemessen wäre (Nr 175 a lit a RiStBV).

3. Sonstige wichtige Gründe

Im Übrigen reicht nach dem Gesetzeswortlaut jeder andere wichtige Grund aus, der der Durchführung einer in Anwesenheit des Angeklagten durchzuführenden Hauptverhandlung entgegensteht. Nr 175 a lit d RiStBV benennt hierfür als Beispiel das Ausbleiben eines wichtigen Zeugen, dessen frühere Aussage nicht nach § 251 StPO verlesen werden kann. Tatsächlich sind derartige anderweitige „wichtige Gründe" in der Regel nicht geeignet, den Erlass eines Strafbefehls sinnvoll erscheinen zu lassen, da Hinderungsgründe für die Durchführung einer Hauptverhandlung zumeist in der Verteidigung des Angeklagten begründet sind, wie etwa dann, wenn die Verlesung einer in Nr 175 a lit d RiStBV bezeichneten Zeugenaussage an der verweigerten Zustimmung des Angeklagten scheitert. Vielmehr dürfte sich hinter einem solchen wichtigen Grund eine Verfahrensabsprache verbergen, die dem Richter die Gelegenheit verschafft, zur Abkürzung des Verfahrens und Vermeidung der Mühe einer Urteilsabsetzung vom ordentlichen Verfahren zum Strafbefehlsverfahren überzugehen (so KMR/Metzger StPO § 408 a Rn 13; dagegen SK-StPO/Weßlau StPO § 408 a Rn 10; KK-StPO/Fischer StPO § 408 a Rn 9).

C. Notwendiger Inhalt des Antrags

Der Strafbefehlsantrag nach § 408 a StPO muss wie der Antrag nach § 407 StPO den in § 409 Abs 1 StPO vorgeschriebenen Inhalt haben und auf eine bestimmte Rechtsfolge gerichtet sein. Vor der Hauptverhandlung muss der Antrag schriftlich gestellt werden; in der Hauptverhandlung genügt nach dem durch das 1. JuMoG eingefügten Abs 1 S 2 ein mündlich gestellter und protokollierter Antrag (anders noch OLG Hamburg NStZ 1988, 522 m zust Anm Rieß JR 1989, 169; OLG Oldenburg MDR 1990, 946). Mängel der Protokollierung oder der Schriftform des Antrags sollen nach **hM** keinen Einfluss auf die Wirksamkeit des daraufhin erlassenen Strafbefehls haben; nur das Fehlen jeglichen Antrags soll ein Verfahrenshindernis begründen (OLG Hamburg NStZ 1988, 522; OLG Stuttgart NStZ 1998, 100; Rieß JR 1989, 172). Für ein Beispiel eines solchen Strafbefehls siehe Mustertext.

D. Richterliche Entscheidung

Zwischen Antrag und Strafbefehl muss **vollständige Übereinstimmung** bestehen. Dabei ist auch auf eine Erschöpfung des Verfahrensstoffs zu achten. Dies ist unproblematisch, wenn der gesamte Vorwurf der Anklage zum Gegenstand des Strafbefehls gemacht wird; in diesem Falle kann im Strafbefehl auf den Anklageinhalt Bezug genommen werden. Gleiches gilt für den Fall, dass der Anklagevorwurf im Strafbefehl in Bezug auf die angeklagte Tat reduziert wird. Im Übrigen muss der Teil der selbständigen Tatvorwürfe, die nicht mehr aufrechterhalten werden sollen, vor Erlass des Strafbefehls nach § 154 StPO ausgeschieden werden. Da der Strafbefehl nicht **aufgrund** der Hauptverhandlung ergeht und daher vor seiner Rechtskraft nicht an die Stelle eines Urteils tritt, wirken beim Schöffengericht die Schöffen nicht mit (§ 30 Abs 2 GVG; vgl Rieß JR 1988, 135; JR 1989, 172). Der Strafbefehl ist auch nicht in der Hauptverhandlung zu verkünden; sondern dem Angeklagten **zuzustellen** (vgl Nr 179 Abs 1 S 1 RiStBV). Der Staatsanwaltschaft und dem Nebenkläger wird er formlos mitgeteilt.

Will der Richter dem Antrag nicht entsprechen, so lehnt er den Erlass eines Strafbefehls durch **unanfechtbaren Beschluss** ab (Abs 2 S 2). Eine Begründung des Beschlusses ist nicht erforderlich; er ist formlos mitzuteilen (§ 35 Abs 2 S 2 StPO). Das **Verfahren** ist dann nach den allgemeinen Regeln **fortzusetzen**.

§ 408 b [Verteidigerbestellung durch Richter]

¹**Erwägt der Richter, dem Antrag der Staatsanwaltschaft auf Erlaß eines Strafbefehls mit der in § 407 Abs. 2 Satz 2 genannten Rechtsfolge zu entsprechen, so bestellt er dem Angeschuldigten, der noch keinen Verteidiger hat, einen Verteidiger.** ²**§ 141 Abs. 3 findet entsprechende Anwendung.**

Überblick

Diese Vorschrift erweitert den Katalog der § 117 Abs 4 StPO, § 140 StPO, § 231 a Abs 4 StPO, § 364 a StPO, § 364 b StPO, § 418 Abs 4 StPO, § 434 Abs 2 StPO um einen weiteren Fall notwendiger Verteidigung.

A. Anwendungsbereich

1   Die Verhängung einer Freiheitsstrafe in einem Strafbefehl gemäß § 407 Abs 2 S 2 StPO ist, auch wenn die Vollstreckung der erkannten Freiheitsstrafe stets zur Bewährung ausgesetzt werden muss, ein Fall notwendiger Verteidigung.

B. Bestellung eines Verteidigers

I. Antrag

2   Die Staatsanwaltschaft beantragt regelmäßig die Beiordnung eines Verteidigers spätestens mit dem Abschluss der Ermittlungen und dem Antrag auf Erlass eines Strafbefehls mit der in § 407 Abs 2 S 2 StPO bezeichneten Rechtsfolge; auf einen derartigen Antrag kommt es für die nach § 408 b StPO gebotene Beiordnung eines Verteidigers, zu der das Gericht von Amts wegen verpflichtet ist, indes nicht an. Wie sich aus dem Verweis in S 2 auf § 141 Abs 3 StPO ergibt, kann die Staatsanwaltschaft einen solchen Antrag schon vor Abschluss der Ermittlungen stellen, ohne dass die Voraussetzungen einer notwendigen Verteidigung nach § 140 Abs 2 StPO vorliegen müssen; eine derart frühe Mitwirkung eines Verteidigers im Ermittlungsverfahren dient ersichtlich dazu, der Staatsanwaltschaft einen Ansprechpartner für eine einvernehmliche Verfahrenserledigung zu verschaffen, und spricht eindeutig für die gesetzgeberische Intention, das Institut des Strafbefehls als Mittel der Verfahrensabsprache vor allem in Fällen der mittleren (Wirtschafts-)Kriminalität einzusetzen.

2.1   Streitig war bislang, ob es hierbei zu einer förmlichen Absprache zwischen den Verfahrensbeteiligten und dem Gericht mit entsprechender Bindungswirkung kommen kann (so HK-StPO/Kurth StPO § 407 Rn 4; **aA** Meyer-Goßner StPO § 408 b Rn 2). Der Gesetzgeber hat bei der Schaffung der § 202 a StPO nF, § 212 StPO nF, § 243 Abs 4 StPO nF, § 257 c StPO nF diese Möglichkeit der „informellen Verfahrenserledigung" ersichtlich nicht bedacht; es spricht jedoch aufgrund der gleichartigen Sach- und Interessenlage alles dafür, diese für den Angeklagten günstigen Bestimmungen sinngemäß auch auf das Strafbefehlsverfahren anzuwenden, woraus sich sowohl die Bindungswirkung des Gerichts an die Verfahrensabsprache als auch die Pflicht des Richters, eine Verständigung aktenkundig zu machen, ergeben.

II. Voraussetzungen der Beiordnung

3   Der Strafrichter hat dem Angeschuldigten bereits dann einen Verteidiger zu bestellen, wenn ein Antrag auf Erlass eines Strafbefehls mit der in § 407 Abs 2 S 2 StPO genannten Rechtsfolge bei Gericht anhängig ist, der Richter **erwägt**, diesem Antrag zu entsprechen, und der Angeschuldigte bisher unverteidigt ist. Die Beiordnung hat daher nach dem Gesetzeswortlaut vor dem Erlass des Strafbefehls zu erfolgen. Dabei soll der Richter dem Angeschuldigten und dem beigeordneten Verteidiger mit der Beiordnungsanordnung zugleich eine Abschrift des Strafbefehlsantrag der Staatsanwaltschaft übersenden und zugleich Gelegenheit geben, hierzu innerhalb einer angemessen bestimmten Frist Stellung zu nehmen (Meyer-Goßner StPO § 408 b Rn 3); zwingend geboten ist die Gewährung rechtlichen Gehörs nicht. Eine Verpflichtung zur Beiordnung besteht umgekehrt nicht, wenn der Richter Bedenken gegen den beantragten Erlass des Strafbefehls mit der Folge hat, dass er entweder den Erlass des beantragten Strafbefehls aus tatsächlichen oder rechtlichen Gründen ablehnt oder Termin zur Hauptverhandlung anberaumt. Im letzterem Fall hat er eine Verteidigerbeiordnung nach § 140 Abs 2 StPO zu prüfen, wofür er aber regelmäßig nur Anlass hat, wenn er die beantragte Rechtsfolge überschreiten will. Eine ausdrückliche Ablehnung des Antrags der Staatsanwaltschaft auf Beiordnung ist bei den in § 408 Abs 2 und Abs 3 S 2 StPO zu treffenden Entscheidungen nicht erforderlich.

Abweichend hiervon soll der Richter nach der –unklaren (vgl KK-StPO/Fischer StPO § 408 b Rn 6) – Verweisung in S 2 auch schon im Ermittlungsverfahren einen Verteidiger beiordnen können, ohne dass ihm überhaupt ein Antrag auf Erlass eines Strafbefehls vorliegt; in der Regel wird die sachgerechte Erledigung der Strafsache im Strafbefehlswege erst bei Abschluss der Ermittlungen beurteilt werden, bis zu diesem Zeitpunkt der Richter eine Verteidigerbeiordnung nur mit dem Vorliegen der Voraussetzungen des § 140 Abs 2 StPO rechtfertigen können. Unterbleibt die Beiordnung entgegen der zwingenden Vorschrift, etwa weil auch ein entsprechender Antrag von der Staatsanwaltschaft versehentlich versäumt wurde, so ist der Verstoß folgenlos, da entweder ein zulässiger Einspruch zur Hauptverhandlung führt oder der Strafbefehl rechtskräftig wird (KK-StPO/Fischer StPO § 408 b Rn 4).

III. Auswahl des Verteidigers

Da weitere Einzelheiten der Verteidigerbestellung nicht geregelt sind, ist streitig, ob § 142 **4** StPO ff (insbes etwa hinsichtlich der Anhörung nach § 142 Abs 1 StPO oder der Zustellungsvollmacht gemäß § 145 a StPO) unmittelbar oder entsprechend anzuwenden sind (so HK-StPO/Kurth StPO § 408 b Rn 5; Siegismund/Wickern wistra 1993, 91; Schellenberg NStZ 1994, 570; Böttcher/Mayer NStZ 1993, 156; **aA** Meyer-Goßner StPO § 408 b Rn 4; KMR/Metzger StPO § 408 b Rn 10; Lutz NStZ 1998, 395; Hohendorf MDR 1993, 598; Pfeiffer StPO § 409 Rn 4). Für eine unmittelbare Anwendung der §§ 142 StPO ff spricht, dass mit der Verweisung in S 2 auf § 141 Abs 3 StPO der Spielraum des Richters nach S 1 erweitert werden sollte.

IV. Wirkung der Bestellung

Entsprechend streitig ist in diesem Zusammenhang, ob sich die Verteidigerbestellung auf **5** das Strafbefehlsverfahren einschließlich des Einspruchs beschränkt, sondern bis zum Abschluss der Hauptverhandlung (ggf einschließlich der zweiten Instanz) fortwirkt (so HK/Kurth StPO § 408 b Rn 6; (KK-StPO/Fischer StPO § 408 b Rn 8; Siegismund/Wickern wistra 1993, 91; Schellenberg NStZ 1994, 570; Böttcher/Mayer NStZ 1993, 156; Brackert/Staechelin StV 1995, 547; **aA** OLG Düsseldorf NStZ 2002, 390; Meyer-Goßner StPO § 408 b Rn 6; KMR/Metzger StPO § 408 b Rn 10; Lutz NStZ 1998, 395; Hohendorf MDR 1993, 598).

§ 409 [Inhalt des Strafbefehls]

(1) [1]Der Strafbefehl enthält
1. die Angaben zur Person des Angeklagten und etwaiger Nebenbeteiligter,
2. den Namen des Verteidigers,
3. die Bezeichnung der Tat, die dem Angeklagten zur Last gelegt wird, Zeit und Ort ihrer Begehung und die Bezeichnung der gesetzlichen Merkmale der Straftat,
4. die angewendeten Vorschriften nach Paragraph, Absatz, Nummer, Buchstabe und mit der Bezeichnung des Gesetzes,
5. die Beweismittel,
6. die Festsetzung der Rechtsfolgen,
7. die Belehrung über die Möglichkeit des Einspruchs und die dafür vorgeschriebene Frist und Form sowie den Hinweis, daß der Strafbefehl rechtskräftig und vollstreckbar wird, soweit gegen ihn kein Einspruch nach § 410 eingelegt wird.
[2]Wird gegen den Angeklagten eine Freiheitsstrafe verhängt, wird er mit Strafvorbehalt verwarnt oder wird gegen ihn ein Fahrverbot angeordnet, so ist er zugleich nach § 268 a Abs. 3 oder § 268 c Satz 1 zu belehren. [3]§ 111 i Abs. 2 sowie § 267 Abs. 6 Satz 2 gelten entsprechend.

(2) Der Strafbefehl wird auch dem gesetzlichen Vertreter des Angeklagten mitgeteilt.

Überblick

Die Vorschrift bestimmt den notwendigen Inhalt eines Strafbefehls.

Übersicht

	Rn		Rn
A. Notwendiger Inhalt	1	8. Rechtsbehelfsbelehrung	9
I. Allgemeines	1	9. Belehrung in besonderen Fällen	10
II. Einzelheiten	2	10. Besondere Feststellungen und Begründungen	11
1. Angaben zur Person	2		
2. Namen des Verteidigers	3	**B. Erlass des Strafbefehls**	12
3. Tatbezeichnung	4	I. Unterzeichnung	12
4. Angewendete Vorschriften	5	II. Wirksamkeit des Strafbefehls	13
5. Beweismittel	6		
6. Festsetzung der Rechtsfolgen	7		
7. Kostenentscheidung	8	**C. Zustellung**	14

A. Notwendiger Inhalt

I. Allgemeines

1 Hinsichtlich der in Abs 1 S 1 Nr 1 bis Nr 5 vorgeschriebenen Einzelheiten hat der Inhalt eines Strafbefehls (und damit der von der Staatsanwaltschaft vorgelegte Entwurf) den Anforderungen an eine Anklageschrift zu entsprechen (§ 200 Abs 1 StPO). Wegen der zu § 200 Abs 1 StPO bestehenden Unterschiede und Eigenheiten der Bundesländer ist ein einheitliches Muster in der RiStBV nicht vorgesehen (Zum Beispiel eines solchen Strafbefehlsentwurfs für die nördlichen und westlichen Bundesländer s Mustertext).

II. Einzelheiten

Abs 1 schreibt als Inhalt eines Strafbefehls folgende Einzelheiten vor:

1. Angaben zur Person

2 Die nach Abs 1 S 1 Nr 1 erforderlichen **Angaben zur Person** des Angeklagten und etwaiger Nebenbeteiligter dienen der Identifizierung der Betroffenen (BGHSt 23, 336, 339; KK-StPO/Fischer StPO § 409 Rn 3); diesem Erfordernis wird nur genügt, wenn den zur Anklageschrift in Nr 110 Abs 2 lit a RiStBV bezeichneten Voraussetzungen genügt wird.

2.1 Nach Nr 110 Abs 2 lit a RiStBV sind anzugeben Vor- und Familienname, gegebenenfalls auch ein abweichender Geburtsname (§1355 Abs 2 BGB), Geburtstag und -ort, Beruf und Wohnort, Familienstand und Staatsangehörigkeit. Bei juristischen Personen oder Personenvereinigungen als Nebenbeteiligte im Sinne des § 444 StPO ist die Angabe der genauen Firmenbezeichnung, des Sitzes sowie der vertretungsberechtigten Organe erforderlich. Lückenhafte Angaben sind grds unschädlich; ist eine zweifelsfreie Identifizierung nicht möglich, macht dies den Strafbefehl unwirksam (HK-StPO/Kurth StPO § 409 Rn 2). Einwendungen gegen die Identität des Täters sind sachlicher Natur und können nur auf einen zulässigen Einspruch des im Strafbefehl bezeichneten Adressaten geprüft werden (Meyer-Goßner StPO § 409 Rn 1).

2. Namen des Verteidigers

3 Die Unterlassung der in Abs 1 S 1 Nr 2 geforderten **Bezeichnung des Verteidigers** ist unschädlich.

3. Tatbezeichnung

4 Für die nach Abs 1 S 1 Nr 3 erforderliche **Bezeichnung der Tat** gelten die zu § 200 Abs 1 StPO aufgestellten Grundsätze. Im Strafbefehl ist neben den gesetzlichen Merkmalen der verwirklichten Strafvorschrift der historische Lebenssachverhalt so eingehend zu schil-

dern, dass die Tat hinreichend individualisiert ist. Diesem aus der Bestimmung der Rechtskraft folgenden Erfordernis ist nur genügt, wenn der dem Strafbefehl zugrunde gelegte Vorgang in persönlicher, sachlicher und rechtlicher Hinsicht von anderen Lebenssachverhalten eindeutig abgegrenzt werden kann (Umgrenzungsfunktion).

Die Individualisierung der Tat durch die Beschreibung, dass der Angeklagte eine bestimmte Handlung zu einer möglichst konkretisierbaren Tatzeit und einem entsprechend bestimmbaren Tatort begangen hat und ggf ein entsprechender Taterfolg eingetreten ist, dient zum einen der Information des Beschuldigten (Unterrichtungsfunktion) und zum anderen der Bestimmung des Verfahrensgegenstandes und des Umfangs der Rechtskraft (BGHSt 23, 336, 339; BGH NStZ 1984, 229; BayObLG wistra 1991, 195; OLG Düsseldorf NJW 1989, 2145 mAnm Rieß NStZ 1991, 99; OLG Düsseldorf NStZ-RR 1997, 113; OLG Karlsruhe wistra 1994, 319; KK-StPO/Fischer StPO § 409 Rn 5). Führt eine unzureichende Umschreibung der dem Angeklagten zur Last gelegten Tat zu nicht behebbaren Zweifeln an der Identität der Tat, macht dies den Strafbefehl unwirksam (so SK-StPO/Weßlau StPO § 409 Rn 11; HK-StPO/Kurth StPO § 409 Rn 5; **aA** OLG Düsseldorf NStZ 1991, 99; Meyer-Goßner StPO § 409 Rn 4; KMR/Metzger StPO § 409 Rn 12; KK-StPO/Fischer StPO § 409 Rn 23, da erst nach dem Einspruch der Strafbefehl die Funktion einer Anklageschrift übernimmt); nach zulässigem Einspruch ist bei einem derartigen Mangel das Verfahren wegen Fehlens einer Prozessvoraussetzung einzustellen, ohne dass der Anklagevorwurf mit Hilfe des Akteninhalts ergänzt werden dürfte (BGHSt 23, 336, 340), und zwar außerhalb der Hauptverhandlung durch Beschluss nach § 206 a StPO oder in der Hauptverhandlung durch Einstellungsurteil nach § 260 Abs 3 StPO. **4.1**

4. Angewendete Vorschriften

Nach Abs 1 S 1 Nr 4 sind die **angewendeten Vorschriften** zu bezeichnen. Insoweit entspricht diese Bestimmung wortgleich § 260 Abs 5 S 1 StPO, während § 200 Abs 1 StPO nur von den „anzuwendenden Vorschriften" spricht. **5**

Abs 1 S 1 Nr 4 verlangt nicht ausdrücklich auch die rechtliche Bezeichnung der Tat, zB als „unerlaubtes Entfernen vom Unfallort"; dies ist aber erforderlich, da dem Strafbefehl im Falle seiner Rechtskraft urteilsersetzende Funktion zukommt und die Tatbezeichnung im Hinblick auf die spätere Mitteilung der Verurteilung zum Bundeszentralregister wichtig ist (so Meyer-Goßner StPO § 409 Rn 5; KK-StPO/Fischer StPO § 409 Rn 6; HK-StPO/Kurth StPO § 409 Rn 6). Es genügt daher grundsätzlich nicht, wenn der Strafbefehl im Zusammenhang mit der Auflistung der einschlägigen materiell-rechtlichen Strafvorschriften die Tat als Vergehen kennzeichnet. Im Übrigen berühren derartige Auslassungen sowie Fehler bei der Bezeichnung der angewendeten Vorschriften die Wirksamkeit des Strafbefehls nicht. **5.1**

5. Beweismittel

Die Regelung in Abs 1 S 1 Nr 5 über die Bezeichnung der **Beweismittel** entspricht § 200 Abs 1 StPO; es gelten die zu den wesentlichen Inhalten einer Anklageschrift entwickelten Grundsätze (s § 200 StPO Rn 15). **6**

Die Bezeichnung der konkret zu bezeichnenden Beweismittel soll den Angeklagten in den Stand setzen zu erkennen, auf welche Beweismittel die Anklagebehörde den Tatvorwurf stützt. Soweit die Auffassung vertreten wird, die Auflistung der Beweismittel soll dem Angeklagten die Prüfung ermöglichen, ob die Tat beweisbar oder ein Einspruch aussichtsreich ist (HK-StPO/Kurth StPO § 409 Rn 7; Meyer-Goßner StPO § 409 Rn 6), dürfte dem Angeklagten eine solche Beurteilung ohne Kenntnis des konkreten Akteninhalts kaum möglich sein. Das Fehlen der Beweismittel im Strafbefehl ist für dessen Wirksamkeit ohne Bedeutung (vgl OLG Frankfurt NJW 1970, 160; OLG Celle NJW 1970, 441; OLG Hamm NJW 1970, 579; Löwe/Rosenberg/Gössel StPO § 409 Rn 13, 15); nach zulässigem Einspruch entnimmt der Angeklagte der Ladung und den damit verbundenen Hinweisen das Beweisaufnahmeprogramm. **6.1**

6. Festsetzung der Rechtsfolgen

Die nach Abs 1 S 1 Nr 6 erforderliche Bestimmung der Rechtsfolgen muss so genau erfolgen, dass aus dem Strafbefehl vollstreckt werden kann. So ist eine Geldstrafe nach der Tagessatzanzahl und -höhe im Strafbefehl festzusetzen; bei einer Gesamtgeldstrafe sind auch **7** die Einzelgeldstrafen, aus denen die Gesamtstrafe gebildet worden ist, aufzuführen. Entsprechendes gilt für Gesamtfreiheitsstrafen. Fehlt im Strafbefehl die Bestimmung der Rechtsfolge oder sieht der Strafbefehl eine unzulässige Rechtsfolge vor, wird die Wirksamkeit des Strafbefehls differenziert behandelt: Fehlt die Rechtsfolgenbestimmung gänzlich, soll der Strafbefehl unwirksam und unbeachtlich mit der Folge sein, dass ein neuer Strafbefehl erlassen werden kann (OLG Düsseldorf MDR 1984, 690; KMR/Metzger StPO § 409 Rn 20; HK-StPO/Kurth StPO § 409 Rn 9; KK-StPO/Fischer StPO § 409 Rn 24; **aA** Meyer-Goßner StPO § 409 Rn 7; Löwe/Rosenberg/Gössel StPO § 409 Rn 17). Unzulässige Rechtsfolgen, wozu nicht nur die nach § 407 Abs 2 StPO **unzulässigen** (etwa die Verhängung eines Berufsverbots), sondern auch **unvollständige Rechtsfolgen** (Entziehung der Fahrerlaubnis ohne Bestimmung der Sperrfrist, Fahrverbot ohne Bestimmung seiner Dauer) gehören, sollen zum einen nicht vollstreckungsfähig sein (Ausnahme: Unterschreitung des gesetzlichen Mindestmaßes, vgl BGHSt 27, 176, 179), zum anderen aber auch nicht nachträglich -auch nicht durch einen neuen Strafbefehl- ergänzt werden können (vgl KK-StPO/Fischer StPO § 409 Rn 26, 27).

7. Kostenentscheidung

8   Gemäß § 464 Abs 1 StPO ist der Strafbefehl mit einer Kostenentscheidung zu versehen, die in aller Regel nach § 465 Abs 1 StPO dem Angeklagten die Kosten des Verfahren auferlegt

8.1   Denkbar ist auch, den Angeklagten nach § 465 Abs 2 StPO teilweise von den Verfahrenkosten freizustellen; zu den Voraussetzungen einer solchen Freistellung s dort § 465 StPO Rn 7 ff).

8. Rechtsbehelfsbelehrung

9   Die Rechtsbehelfsbelehrung nach Abs 1 S 1 Nr 7 hat sich auf Form und Frist des Einspruchs sowie auf die Rechtsfolgen aus § 410 Abs 3 StPO zu beziehen. Erteilt wird die Belehrung dem Angeklagten und dem einspruchsberechtigten Nebenbeteiligten, nicht dagegen dem gesetzlichen Vertreter (Meyer-Goßner StPO § 409 Rn 9).

9.1   Das Fehlen der Belehrung stellt entsprechend § 44 S 2 StPO einen Wiedereinsetzungsgrund dar.

9. Belehrung in besonderen Fällen

10   Bei Verhängung einer Freiheitsstrafe, deren Vollstreckung zwingend nach § 407 Abs 2 StPO zur Bewährung auszusetzen ist, und bei einer Verwarnung mit Strafvorbehalt ist der Angeklagten gemäß § 268a Abs 3 StPO zu belehren. Diese Belehrung hat im Strafbefehl zu erfolgen (für ein Beispiel einer Belehrung nach § 268a Abs 3 StPO s Mustertext). Auch hat bei Festsetzung eines Fahrverbots eine Belehrung nach § 268c StPO zu erfolgen.

10. Besondere Feststellungen und Begründungen

11   Abs 1 sieht in S 3 nur für die Feststellung zum Zwecke der Rückgewinnungshilfe nach § 111i Abs 2 StPO und beim Absehen von einer Maßregel nach § 69 StGB, § 69a StGB besondere Ausführungen im Strafbefehl vor.

11.1   Hinsichtlich der Rückgewinnungshilfe ist lediglich die Feststellung im Sinne des § 111i Abs 2 StPO erforderlich; einer besonderen Begründung bedarf es nicht. Eine Begründung ist lediglich für den Verzicht auf die Maßregel nach § 69 StGB, § 69a StGB wegen der Bindungswirkung der Verwaltungsbehörde nach § 4 Abs 3 StVG geboten. Im Übrigen bedürfen die im Strafbefehl verhängten Rechtsfolgen – selbst einer Freiheitsstrafe (**aA** KK-StPO/Fischer StPO § 409 Rn 8a) – keiner Begründung (Meyer-Goßner StPO § 409 Rn 7).

B. Erlass des Strafbefehls

I. Unterzeichnung

12   Erlassen wird der Strafbefehl als gerichtliche Entscheidung sui generis (aA HK-StPO/ Kurth StPO § 409 Rn 15: Beschluss), da sie in einem schriftlichen Verfahren ergeht, mit

der Unterzeichnung. Nach **hM** soll dabei ein Hand- oder Faksimilezeichen genügen, sofern dem die Person des Richters (Meyer-Goßner StPO § 409 Rn 13; Löwe/Rosenberg/Gössel StPO § 409 Rn 36) bzw die Willensäußerung eines Richters (so OLG Stuttgart MDR 1970, 68; HK-StPO/Kurth StPO § 409 Rn 15) zweifelsfrei zu entnehmen ist. Da der Strafbefehl in seinen Wirkungen einem Urteil gleichsteht, ist nicht einzusehen, warum nicht der Strafbefehl wie bei einem Urteil (§ 275 Abs 2 StPO) mit der vollen Unterschrift des Richters zu versehen ist. Außerdem sollte der Richter das Datum einsetzen, auch wenn davon die Wirksamkeit des Strafbefehls nicht abhängt (KK-StPO/Fischer StPO § 409 Rn 15).

Vollständige Unterzeichnung setzt – wie bei den schriftlichen Urteilsgründen – einen Schriftzug voraus, der zwar nicht lesbar sein, aber doch noch als „Schriftzug", dh als ein aus Buchstaben Gebildetes erkennbar sein muss (OLG Oldenburg NStZ 1988, 145). Bloße Striche oder geometrische Figuren genügen nicht. Es muss ein Mindestmaß an Ähnlichkeit mit dem ausgeschriebenen Namen in der Weise vorhanden sein, dass ein Dritter, der den Namen des Unterzeichnenden kennt, diesen Namen aus dem Schriftbild noch herauslesen kann (vgl auch BGHSt 12, 317, 318, 319). 12.1

II. Wirksamkeit des Strafbefehls

Wann der Strafbefehl erlassen und **mit Außenwirkung** wirksam wird, ist streitig. Nach einer Ansicht ist er mit der Wirkung der Unabänderbarkeit und Anfechtbarkeit erlassen, wenn er auf Grund einer richterlichen Entscheidung in den Geschäftsgang gelangt ist (KK-StPO/Fischer StPO § 409 Rn 16 unter Berufung auf BGHSt 25, 187, 189; BGHSt 33, 230, 232); nach der Gegenansicht ist er mit der Unterzeichnung erlassen, so dass er mit dem Einspruch angefochten werden kann, unabänderlich aber erst, wenn er nach Unterzeichnung und Zuleitung an die Geschäftsstelle von dieser zur Zustellung oder Miteilung an Außenstehende abgesandt worden ist (BayObLG NStZ-RR 1997, 143; Meyer-Goßner StPO § 409 Rn 14; HK-StPO/Kurth StPO § 409 Rn 17, KMR-StPO/Metzger StPO § 409 Rn 36). 13

Ändern kann der Richter den Strafbefehl vor seinem Wirksamwerden ohnehin nur, um eine vorher fehlende Übereinstimmung mit dem von der Staatsanwaltschaft vorgelegten Entwurf herbeizuführen. 13.1

C. Zustellung

Der Strafbefehl ist gemäß § 35 Abs 2 S 1 StPO entweder dem Angeklagten oder dem Verteidiger (§ 145a Abs 1 StPO) förmlich zuzustellen. Hat der Angeklagte einen Zustellungsbevollmächtigten, so genügt die förmliche Zustellung an diesen. Eine Ersatzzustellung ist zulässig (BVerfG NJW 1969, 1103, 1531, BGH NJW 1968, 557), nach bestrittener Auffassung aber nicht eine öffentliche Zustellung (s § 407 StPO Rn 22). Nicht sprachkundigen Ausländern ist der Strafbefehl mit einer Übersetzung des Strafbefehls und der Rechtsbehelfsbelehrung zuzustellen (Nr 181 Abs 2 RiStBV, vgl auch Greßmann NStZ 1991, 218). Der gesetzliche Vertreter erhält den Strafbefehl nur formlos, Abs 2. Eine Unterrichtung der Staatsanwaltschaft oder des Nebenklageberechtigten von der Zustellung des Strafbefehls findet nicht statt (HK-StPO/Kurth StPO § 409 Rn 20). 14

§ 410 [Einspruchsfrist; Rechtskraft]

(1) ¹Der Angeklagte kann gegen den Strafbefehl innerhalb von zwei Wochen nach Zustellung bei dem Gericht, das den Strafbefehl erlassen hat, schriftlich oder zu Protokoll der Geschäftsstelle Einspruch einlegen. ²Die §§ 297 bis 300 und § 302 Abs. 1 Satz 1, Abs. 2 gelten entsprechend.

(2) Der Einspruch kann auf bestimmte Beschwerdepunkte beschränkt werden.

(3) Soweit gegen einen Strafbefehl nicht rechtzeitig Einspruch erhoben worden ist, steht er einem rechtskräftigen Urteil gleich.

Überblick

Diese Vorschrift regelt die Einzelheiten des Rechtsbehelfs des Einspruchs und die von einem Strafbefehl ausgehenden Rechtskraftwirkungen.

A. Der Einspruch

I. Rechtsnatur des Einspruchs

1 Der Einspruch ist in Ermangelung eines Devolutiveffekts Rechtsbehelf, nicht Rechtsmittel. Daher sind gemäß § 410 Abs 1 S 2 StPO die allgemeinen Vorschriften über Rechtsmittel, soweit sie sich nicht auf die StA beziehen, nur entsprechend anwendbar. Allerdings hat der Einspruch Suspensiveffekt, denn er führt gemäß § 411 Abs 1 S 2 StPO zur Anberaumung einer Hauptverhandlung.

II. Zulässigkeit des Einspruchs

1. Einspruchsberechtigte

2 Zum Einspruch **berechtigt** sind der **Angeklagte,** ferner der durch die im Strafbefehl angeordnete Rechtsfolge betroffene **Verfalls-** oder **Einziehungsbeteiligte** (§ 438 StPO, § 442 Abs 2 StPO), der **Nebenbeteiligte iSd** § 444 Abs 2 S 2 StPO, also die durch die Verhängung eines Bußgelds nach § 30 OWiG betroffene **juristische Person bzw. Personenvereinigung** und der **Betroffene,** falls nur eine Ordnungswidrigkeit Gegenstand des ihn betreffenden Strafbefehls ist (s hierzu § 407 StPO Rn 20; zum Verfahren s § 438 Abs 2 StPO iVm § 439 Abs 3 S 1 StPO, § 442 Abs 2, Abs 3 StPO).

2.1 Durch die Verweisung in Abs 1 S 2 ist klargestellt, dass der **Verteidiger** Einspruch nur mit dem Willen des Angeklagten einlegen kann (§ 297 StPO), der **gesetzliche Vertreter** des Angeklagten dies jedoch gegen dessen Willen tun kann (§ 298 Abs 1 StPO); in einem solchen Fall ist streitig, ob die Möglichkeit einer **Verschlechterung** gemäß § 411 Abs 4 StPO gegeben ist (weitere Nachweise bei § 411 StPO Rn 10).

2. Form und Frist

3 Die Einspruchsfrist beträgt –wie beim Einspruch gegen den Bußgeldbescheid nach § 67 Abs 1 S 1 OWiG – zwei Wochen. Zur Fristberechnung siehe § 43 StPO. Der Einspruch kann auch schon **vor Zustellung des Strafbefehls** eingelegt werden, sofern der Strafbefehl schon erlassen worden ist; anderenfalls entwickelt der Einspruch keine Wirkung (BGHSt 25, 187, 189). Ist die Frist zur Einlegung des Einspruchs ohne Verschulden versäumt, kann gem § 44 StPO um Wiedereinsetzung in den vorigen Stand nachgesucht werden.

3.1 Da dem Angeklagten vor Erlass des Strafbefehls kein rechtliches Gehör gewährt wird (§ 407 Abs 3 StPO), ist ein großzügiger Maßstab an die schuldlose Fristversäumung anzulegen (BVerfG NJW 1991, 351, 2208). Da der Angeklagte mit der Zustellung eines Strafbefehls nicht zu rechnen braucht, reicht eine berufs- oder urlaubsbedingte Abwesenheit, allerdings nicht nur zum Zeitpunkt der Zustellung, in aller Regel aus. Der Antrag ist binnen einer Woche seit Kenntnis von der abgelaufenen Frist zu stellen; innerhalb dieser Frist ist auch der Einspruch nachzuholen (=einzulegen). Die gebotene Tenorierung lautet dann entweder: „Der Einspruch gegen den Strafbefehl des Amtsgerichts .... vom ... (.. Cs .. /..) sowie der Antrag auf Wiedereinsetzung in den vorigen Stand wegen Versäumung der Frist zur Einlegung desselben werden kostenpflichtig verworfen" oder: „Der Angeklagte wird in den Stand vor Versäumung der Frist zur Einlegung des Einspruchs gegen den Strafbefehl des Amtsgerichts .... vom ... (.. Cs .. /..) auf seine Kosten wieder eingesetzt." Gegen die abschlägige Entscheidung bezüglich der Wiedereinsetzung und des Einspruchs selbst ist jeweils das Rechtsmittel der sofortigen Beschwerde zum Landgericht gegeben (s § 46 Abs 3 StPO, § 411 Abs 1 StPO).

4 Der Form ist nach Abs 1 S 1 grds nur genügt, wenn der Einspruch schriftlich oder zu Protokoll der Geschäftsstelle eingelegt wird. Fernschriftliche Einlegung ist statthaft, auch die Einlegung per Telefax (vgl BGHSt 31, 7 = NJW 1982, 1470). Nach **hM** soll eine fehlende Unterschrift nicht schaden, wenn der Wille zur Einlegung des Rechtsbehelfs unzweifelhaft

und die Person des Einspruchsführers aus dem Schriftstück deutlich erkennbar ist (vgl BayObLG NJW 1980, 2367). Aufgrund des durch das JustizkommunikationsG v 22. 3. 2005 (BGBl I 837, vgl dazu allgemein Viefhues NJW 2005, 1009 ff) eingefügten § 41 a StPO genügt zur Einlegung des Einspruchs auch die elektronische Post, wobei die besonderen Voraussetzungen des § 41 a StPO (spezielle Internetzugangseinrichtung der Behörde) in Verbindung mit dem SigG (Verwendung einer elektronischen Signatur) zu beachten sind (näheres hierzu bei § 41 a StPO Rn 9 ff).

Die **fernmündliche Einlegung** im Sinne einer fernmündlichen Erklärung zu Protokoll ist im Gegensatz zum Ordnungswidrigkeitenrecht (BGHSt 29, 173 = NJW 1980, 1290) nicht ausreichend (so BGHSt 30, 64; OLG Zweibrücken StV 1982, 415; Löwe/Rosenberg/Gössel StPO § 410 Rn 10; KK-StPO/Fischer StPO § 410 Rn 4; **aA** Löwe/Rosenberg/Gössel StPO Vor § 42 Rn 10 ff). 4.1

Einer Begründung bedarf der Einspruch nicht, allerdings gilt ein ohne nähere Erläuterung 5 versehener Einspruch als unbeschränkt eingelegt.

3. Beschränkung des Rechtsbehelfs

Nach dem durch das StVÄG 1987 eingefügten Abs 2 kann der Einspruch auf bestimmte 6 Beschwerdepunkte beschränkt werden, und zwar wie dies bei Rechtsmitteln gegen Urteile zulässig ist (KK-StPO/Fischer StPO § 410 Rn 5). Eine Beschränkung des Einspruchs ist somit in vertikaler (hinsichtlich einzelner von mehreren Taten) als auch in horizontaler (auf bestimmte Teile des Strafbefehlsausspruchs) Hinsicht zulässig. In vertikaler Hinsicht kommt eine Beschränkung des Rechtsbehelfs auf bestimmte selbstständige Taten in Betracht, wobei es nicht darauf ankommen soll, ob es sich um selbstständige Taten im prozessualen Sinn (§ 264 StPO) oder um mehrere materiell-rechtlich selbstständige Taten (§ 53 StGB), die prozessual eine Einheit bilden, handelt. Soweit der Einspruch in horizontaler Hinsicht beschränkt wird, kommt dies nur hinsichtlich des Rechtsfolgenausspruchs bei Anerkennung des Schuldspruchs oder Teile des Rechtsfolgenausspruchs in Betracht, soweit diese einer isolierter Beurteilung zugänglich sind. Hierfür gelten die zu § 318 StPO aufgestellten Grundsätze (s § 318 StPO Rn 10). Ist die Beschränkung unwirksam, so gilt der Einspruch als unbeschränkt eingelegt (HK-StPO/Kurth StPO § 410 StPO Rn 14).

So ist die Beschränkung eines Einspruchs auf die Frage der eingeschränkten Schuldfähigkeit 6.1 wegen der Einheitlichkeit der Schuldfeststellung nicht möglich. Beim Rechtsfolgenausspruch soll zwar die Anzahl der Tagessätze losgelöst von der Tagessatzhöhe angefochten werden können, wegen der Wechselwirkung aber nicht ein Fahrverbot losgelöst von der Anzahl oder der Höhe der Tagessätze (HK-StPO/Kurth StPO § 410 Rn 13).

Hinsichtlich der Kostenentscheidung ist bei Beschränkung des Einspruchs auf bestimmte Be- 6.2 schwerdepunkte nach **hM** nicht § 473 StPO, sondern § 465 StPO oder § 467 StPO (ggf auch in Kombination) anzuwenden (OLG Stuttgart NStZ 1989, 589; KK-StPO/Fischer StPO § 410 Rn 14; Mertens NStZ 1988, 473).

III. Verzicht und Rücknahme

Der Angeklagte kann auf die Einlegung eines Einspruchs verzichten, wie er auch den 7 Einspruch nach § 411 Abs 3 StPO wieder zurücknehmen kann. Einzelheiten siehe hierzu bei § 302 StPO, § 411 StPO (§ 302 StPO Rn 14 ff und § 411 StPO Rn 9).

B. Rechtskraft

Der nicht mit einem form- und fristgerechten Einspruch angefochtene Strafbefehl er- 8 wächst nach dem durch das StVÄG 1987 eingefügten Abs 2 entgegen einer früher vertretenen Auffassung in der Rechtsprechung (BGHSt 28, 69) gleich einem rechtskräftigem Urteil in – uneingeschränkter – formeller und materieller Rechtskraft. Dies betrifft sowohl die Unabänderbarkeit als auch die Vollstreckung sowie den Strafklageverbrauch; eine Durchbrechung der Rechtskraft ist nur in den Grenzen des § 473 a StPO möglich. Bei einer Mehrheit von Angeklagten wirkt der Einspruch eines Angeklagten nur für diesen; hinsichtlich der anderen Angeklagten tritt Rechtskraft ein. Gleiches gilt für den Nebenbeteiligten nach § 438 Abs 2 StPO, § 442 StPO, § 444 StPO, bei dessen Einspruch auch nur die angegriffene Nebenfolge nicht in Rechtskraft erwächst und grundsätzlich zu dem in § 439 Abs 3 StPO, § 441 StPO geregelten Beschlussverfahren führt.

8.1   Eine horizontale Teilrechtskraft, etwa eine Rechtskraft des Schuldspruchs, soll indes eine Einstellung des Verfahrens nach §§ 153 StPO ff, § 206 a StPO, § 260 Abs 3 StPO nicht hindern (so Löwe/Rosenberg/Beulke StPO § 153 Rn 61; Gössel JR 1982, 273).

§ 411 [Verwerfung wegen Unzulässigkeit; Termin zur Hauptverhandlung]

(1) ¹Ist der Einspruch verspätet eingelegt oder sonst unzulässig, so wird er ohne Hauptverhandlung durch Beschluß verworfen; gegen den Beschluß ist sofortige Beschwerde zulässig. ²Andernfalls wird Termin zur Hauptverhandlung anberaumt. ³Hat der Angeklagte seinen Einspruch auf die Höhe der Tagessätze einer festgesetzten Geldstrafe beschränkt, kann das Gericht mit Zustimmung des Angeklagten, des Verteidigers und der Staatsanwaltschaft ohne Hauptverhandlung durch Beschluss entscheiden; von der Festsetzung im Strafbefehl darf nicht zum Nachteil des Angeklagten abgewichen werden; gegen den Beschluss ist sofortige Beschwerde zulässig.

(2) ¹Der Angeklagte kann sich in der Hauptverhandlung durch einen mit schriftlicher Vollmacht versehenen Verteidiger vertreten lassen. ²§ 420 ist anzuwenden.

(3) ¹Die Klage und der Einspruch können bis zur Verkündung des Urteils im ersten Rechtszug zurückgenommen werden. ²§ 303 gilt entsprechend. ³Ist der Strafbefehl im Verfahren nach § 408 a erlassen worden, so kann die Klage nicht zurückgenommen werden.

(4) Bei der Urteilsfällung ist das Gericht an den im Strafbefehl enthaltenen Ausspruch nicht gebunden, soweit Einspruch eingelegt ist.

Überblick

Diese Bestimmung regelt die Folgen eines unzulässigen und eines zulässigen Einspruchs gegen den Strafbefehl, ferner die Möglichkeiten der Rücknahme der Anklage bzw. des Einspruchs.

Übersicht

	Rn		Rn
A. Unzulässiger Einspruch	1	2. Befugnisse des Vertreters	5
B. Zulässiger Einspruch/Beschlussverfahren	2	III. Anwendung des § 420 StPO	6
		IV. Rücknahme der Anklage oder des Einspruchs	7
C. Hauptverhandlung	3	1. Klagerücknahme	8
I. Verfahrensgrundsätze	3	2. Einspruchsrücknahme	9
II. Vertretung	4		
1. Vertretungsvollmacht	4	D. Urteil	10

A. Unzulässiger Einspruch

1   Der nicht fristgerecht eingelegte oder sonst unzulässige Einspruch wird gemäß Abs 1 S 1 nach Anhörung der Staatsanwaltschaft ohne Hauptverhandlung durch Beschluss verworfen. Sonst unzulässig ist der Einspruch, wenn er nicht in der gebotenen Form oder nicht von der einspruchsberechtigten Person eingelegt worden ist. Gegen diesen Beschluss ist das Rechtsmittel der sofortigen Beschwerde zum Landgericht gegeben. Wird trotz Unzulässigkeit des Einspruchs versehentlich Hauptverhandlung anberaumt, so ist der Einspruch durch ein –nach den allgemeinen Regeln anfechtbares- Urteil gem § 260 StPO als unzulässig zu verwerfen.

1.1   Streitig ist, ob ein in Verkennung der Unzulässigkeit des Einspruchs ergangenes Sachurteil überhaupt Rechtskraftwirkung entfalten kann, wo schon der Strafbefehl wegen der Unzulässigkeit des Einspruchs in Rechtskraft erwachsen ist (bejahend die **hM**, vgl BGHSt 13, 306, 309; HK-StPO/

Kurth StPO § 411 Rn 5; Meyer-Goßner StPO § 411 Rn 12). Wird ein solches – falsches – Sachurteil mit einem Rechtsmittel angefochten, so ist nach **hM** zu differenzieren: Grundsätzlich ist auf das Rechtsmittel eines Verfahrensbeteiligten das Urteil aufzuheben und der Einspruch als unzulässig zu verwerfen (vgl BGHSt 13, 306; BGHSt 26, 183), jedoch ist bei einem Rechtsmittel des Angeklagten eine Abänderung des Strafbefehls im angefochtenen Urteil zugunsten des Angeklagten wegen des Verbots der reformatio in peius zu erhalten (so BGHSt 18, 127, 130; HK-StPO/Kurth StPO Rn 4; KK-StPO/Fischer StPO § 411 Rn 5; **aA** Meyer-Goßner StPO § 411 Rn 12, wonach wegen des Vorrangs der Rechtskraftwirkung das falsche Sachurteil stets aufzuheben und der Einspruch als unzulässig zu verwerfen ist).

B. Zulässiger Einspruch/Beschlussverfahren

Bei rechtzeitigem Einspruch des Angeklagten oder nach gewährter Wiedereinsetzung in den vorigen Stand ist grds Termin zur Hauptverhandlung anzuberaumen (zu den Folgen der Einsprüche von Nebenbeteiligten s § 438 StPO, § 444 StPO (§ 438 StPO Rn 4 und § 444 StPO Rn 15). Der Strafbefehlsantrag übernimmt die Aufgabe einer Anklage, der Strafbefehl die des Eröffnungsbeschlusses, so dass auch die Anforderungen an den Inhalt einer Anklage als Prozessvoraussetzung auf den Strafbefehl zu übertragen sind (OLG Düsseldorf NStZ 1991, 99; HK-StPO/Kurth StPO § 411 Rn 6, Meyer-Goßner StPO § 411 Rn 3). Nach dem durch das 1. JuMoG eingefügten Abs 1 S 3 kann das Gericht aber auch nach Zustimmung des Angeklagten, des Verteidigers **und** der Staatsanwaltschaft ohne Hauptverhandlung durch Beschluss entscheiden, wenn sich der Einspruch gegen den Strafbefehl auf die Höhe der Tagessätze der festgesetzten Geldstrafe beschränkt. Dabei darf das Amtsgericht – abweichend von Abs 4 – von der Festsetzung im Strafbefehl nicht zum Nachteil des Angeklagten abweichen. 2

Da die Festsetzung der Tagessatzhöhe in der Regel eine Aufklärung der Einkommensverhältnisse durch Beweiserhebung in der Hauptverhandlung erfordert, kommt diese Verfahrensweise in der Praxis nur bei einer Verfahrensabsprache der Verfahrensbeteiligten („**Deal**") in Betracht. Das Beschlussverfahren kommt nach dem Wortlaut der Regelung ohnehin nur in Betracht, wenn ein Verteidiger im Strafverfahren mitwirkt. 2.1

C. Hauptverhandlung

I. Verfahrensgrundsätze

Der Gang der Hauptverhandlung folgt den allgemeinen Grundsätzen nach §§ 213 StPO ff. Nach Aufruf der Sache, Feststellung der Anwesenden, Vernehmung des Angeklagten zur Person und Verlesung des Strafbefehls folgt die Feststellung, dass der Einspruch form- und fristgerecht eingelegt worden ist; danach ist der Angeklagte nach Belehrung über sein Aussageverweigerungsrecht zur Sache zu vernehmen. Daran schließen sich die Beweisaufnahme nach §§ 243 StPO ff, die Schlussvorträge der Verfahrensbeteiligten, das letzte Wort und das Urteil an. 3

II. Vertretung

1. Vertretungsvollmacht

Abs 2 S 1 gestattet ausnahmsweise eine Verhandlung in Abwesenheit des Angeklagten, sofern dieser durch einen ordnungsgemäß bevollmächtigten Verteidiger vertreten wird. Dies gilt auch für eine auf einen nach § 408 a StPO erlassenen Strafbefehl (vgl HK-StPO/Kurth StPO § 411 Rn 8). Erforderlich ist eine zu Beginn der Hauptverhandlung vorliegende **Vertretungsvollmacht**, dh eine Erklärung des Angeklagten, einen Verteidiger mit der **Vertretung** in der Hauptverhandlung zu beauftragen; eine bloße Verteidigungsvollmacht genügt nicht (so OLG Saarbrücken NStZ 1999, 265; OLG Karlsruhe NStZ 1983, 43). Die Regelung gilt auch für das Berufungsverfahren und stellt nach allgM eine zulässige Vertretung im Sinne des § 329 Abs 1 StPO dar (Löwe/Rosenberg/Gössel StPO § 411 Rn 35 mwN). Bei der Vertretungsbefugnis verbleibt es auch, wenn das Gericht gemäß § 236 StPO das persönliche Erscheinen des Angeklagten angeordnet hat; auch bei einem eigenmächtigen Ausbleiben des Angeklagten ist eine Verwerfung des Einspruchs nach § 412 StPO aus- 4 geschlossen (Meyer-Goßner StPO § 411 Rn 4); auch hier besteht nur die Möglichkeit, die Anwesenheit des Angeklagten durch die in § 230 StPO genannten Mittel zu erzwingen.

4.1 Im Übrigen bleibt von Abs 1 S 1 das Recht des Angeklagten auf Anwesenheit unberührt, so dass trotz Vorliegens einer Vertretungsvollmacht nicht in Abwesenheit des Angeklagten verhandelt werden darf, wenn der Angeklagte erklärt hat, an der Verhandlung teilnehmen zu wollen (OLG Karlsruhe StV 1986, 289).

2. Befugnisse des Vertreters

5 Im Falle einer wirksam erteilten Vertretungsvollmacht und eines entsprechenden Vertretungswillens tritt der Verteidiger an die Stelle des Angeklagten und kann für ihn Erklärungen abgeben, Anträge namens des Angeklagten stellen und sich sogar zur Sache einlassen.

5.1 Ob der als Vertreter auftretende Verteidiger für den abwesenden Angeklagten wirksam ein Geständnis ablegen kann (so noch Löwe/Rosenberg/Gössel StPO § 411 Rn 29; zur Wirksamkeit eines in Gegenwart des Angeklagten abgelegten Geständnisses des Verteidigers vgl BGH NStZ 1994, 352; einschränkend BGH NStZ 1990, 447; ebenso OLG Saarbrücken NStZ 2006, 183, OLG Hamm NStZ-RR 2002, 14), erscheint im Hinblick auf die Abkehr der Rechtsprechung vom formalen Geständnisbegriff in § 244 Abs 1 StPO (vgl BGH NStZ 1999, 93; dazu auch Meyer-Goßner NStZ 1992, 167) zweifelhaft.

III. Anwendung des § 420 StPO

6 Nach Abs 2 S 2 findet auf die Hauptverhandlung nach Einspruch gegen einen Strafbefehl die vereinfachte Beweisaufnahme des beschleunigten Verfahrens nach § 420 StPO Anwendung. Streitig ist, ob sich das vereinfachte Verfahren nach § 420 Abs 1 bis Abs 3 StPO auf die erste Instanz beschränkt oder auch in der Berufungsverhandlung Anwendung findet (so wegen der Betonung der Eigenständigkeit des Strafbefehlsverfahrens in allen Instanzen Meyer-Goßner StPO § 411 Rn 7; Pfeiffer StPO § 411 Rn 6; **aA** KK-StPO/Graf StPO Vor § 417 Rn 3; Schlothauer StV 1995, 46; Loos/Radtke NStZ 1996, 9; HK-StPO/Kurth StPO § 411 Rn 14 unter Hinweis auf die Beschränkung auf das amtsgerichtliche Verfahren).

IV. Rücknahme der Anklage oder des Einspruchs

7 Nach Abs 3 können Strafbefehlsantrag und Einspruch bis zur Verkündung des Urteils des ersten Rechtszuges zurückgenommen werden; danach ist eine Rücknahme in beiderlei Hinsicht ungeachtet des Bestands dieses Urteils unzulässig (so LG München NJW 1981, 65; **aA** für den Fall der Aufhebung des erstinstanzlichen Urteils in der Sprungrevision und Zurückverweisung der Sache an das Amtsgericht OLG Hamm MDR 1980, 161; Meyer-Goßner StPO § 411 Rn 9; Löwe/Rosenberg/Gössel StPO § 411 Rn 51; HK-StPO/Kurth StPO § 411 Rn 20; Groth NStZ 1983, 9; Meurer JuS 1987, 884).

1. Klagerücknahme

8 Die Staatsanwaltschaft kann den Antrag auf Erlass eines Strafbefehls nach § 407 StPO (nicht dagegen eines Strafbefehls nach § 408a Abs 3 S 3 StPO) vom Eingang beim Amtsgericht bis zur Urteilsverkündung in erster Instanz zurücknehmen. Nach dem Wortlaut des Gesetzes kann entgegen einer verbreiteten Auffassung die Staatsanwaltschaft die „Klage" nach Erlass des Strafbefehls auch noch vor einem Einspruch des Angeklagten zurücknehmen (OLG Karlsruhe NStZ 1991, 602; **aA** Meyer-Goßner StPO § 411 Rn 8; HK-StPO/Kurth StPO § 411 Rn 15; KK-StPO/Fischer StPO § 411 Rn 22; KMR/Metzger StPO § 411 Rn 19; SK-StPO/Weßlau StPO § 411 Rn 20; Mayer NStZ 1992, 605: erst nach Einspruch); die zeitliche Grenze stellt die volle Rechtskraft des Strafbefehls dar. Da die gegenteilige Auffassung in dem Wortlaut des Gesetzes keine Stütze findet, ist für die Möglichkeit der Klagerücknahme eine Beschränkung auf den Rechtsfolgenausspruch oder Teile davon wegen einer denkbaren Teilrechtskraft unbeachtlich (so auch OLG Karlsruhe NStZ 1991, 602 mwN; **aA** ist die hM, vgl Meyer-Goßner StPO § 411 Rn 8; KK-StPO/Fischer StPO Rn 28; SK-StPO/Weßlau StPO § 411 Rn 20; HK-StPO/Kurth StPO § 411 Rn 15 unter Berufung auf BR-Drs 10/1313, 38). Nach Beginn der Hauptverhandlung kann – entspre-

chend der Rechtsmittelrücknahme (§ 303 StPO) – die mit dem Strafbefehl verbundene Anklage nur mit Zustimmung des Angeklagten (zum Gegnerbegriff s § 303 StPO Rn 3) zurückgenommen werden, Abs 3 S 2. Mit der Rücknahme der „Klage" erlangt die Staatsanwaltschaft die volle Dispositionsbefugnis über das Verfahren zurück.

2. Einspruchsrücknahme

Eine Einspruchsrücknahme schließt die Teilrücknahme des Rechtsbehelfs im Sinne einer Beschränkung gemäß § 410 Abs 2 StPO ein (s § 410 StPO Rn 6). In der Hauptverhandlung bedarf sie der Zustimmung der Staatsanwaltschaft, nicht jedoch des Nebenklägers (§ 303 S 2 StPO). Vollständige Rücknahme begründet Rechtskraft iSd § 410 Abs 3 StPO, Beschränkung Teilrechtskraft, soweit die Rücknahme reicht. Nach Rücknahme des Einspruchs bedarf es keiner Kostenentscheidung außer ggf einer solchen nach § 472 StPO (vgl KMR/Metzger StPO § 411 Rn 29). 9

D. Urteil

Bei unbeschränktem Einspruch entscheidet das Amtsgericht ohne Bindung an den Strafbefehlsantrag; das **Verschlechterungsverbot** iSd § 331 StPO, § 358 Abs 2 StPO gilt insoweit nicht (allgM, vgl Meyer-Goßner StPO § 411 Rn 11). Dies soll auch gelten, wenn der gesetzliche Vertreter – ggf gegen den Willen des Angeklagten – Einspruch eingelegt hat (KMR/Metzger StPO § 411 Rn 32; Meyer-Goßner StPO § 411 Rn 11; HK-StPO/Kurth StPO § 411 Rn 23; **aA** Löwe/Rosenberg/Gössel StPO § 410 Rn 4; KK-StPO/Fischer StPO § 411 Rn 34). Ist der Einspruch beschränkt eingelegt worden und insoweit Teilrechtskraft eingetreten, kann der rechtskräftige Teil – allerdings nicht zwingend – im Tenor aufgenommen werden („Der gemäß dem Strafbefehl vom … rechtskräftig des … schuldige Angeklagte wird zu … verurteilt."). 10

§ 412 [Ausbleiben des Angeklagten]

¹Ist bei Beginn einer Hauptverhandlung der Angeklagte weder erschienen noch durch einen Verteidiger vertreten und ist das Ausbleiben nicht genügend entschuldigt, so ist § 329 Abs. 1, 3 und 4 entsprechend anzuwenden. ²Hat der gesetzliche Vertreter Einspruch eingelegt, so ist auch § 330 entsprechend anzuwenden.

Überblick

Diese Vorschrift bestimmt die Folgen des unentschuldigten Ausbleibens des Angeklagten in der auf den Einspruch gegen den Strafbefehl anberaumten Hauptverhandlung.

Übersicht

	Rn		Rn
A. Einspruchsverwerfung	1	III. Rechtsmittel und -behelfe	7
I. Voraussetzungen	2	1. Wiedereinsetzung in den vorigen Stand	7
1. Zulässiger Einspruch	2	2. Berufung	8
2. Wirksame Zustellung des Strafbefehls	3	3. Revision	9
3. Ordnungsgemäße Ladung	4	B. Behandlung des Einspruchs des gesetzlichen Vertreters	10
4. Unentschuldigtes Ausbleiben des Angeklagten	5		
II. Verwerfungsurteil	6		

A. Einspruchsverwerfung

Bei unentschuldigtem Ausbleiben des Angeklagten wird der Einspruch grundsätzlich entsprechend § 329 StPO durch Prozessurteil als unzulässig verworfen. Gleiches gilt für den 1

StPO § 412

Einspruch einer juristischen Person oder Personenvereinigung, gegen die im Strafbefehl eine Geldbuße festgesetzt worden ist und auf deren Antrag nach § 444 Abs 2 S 2 StPO iVm § 441 Abs 3 S 1 StPO Hauptverhandlung anberaumt worden ist, in der sie nicht ordnungsgemäß vertreten wird.

I. Voraussetzungen

1. Zulässiger Einspruch

2   Voraussetzung dieses „Versäumnisurteils" ist zunächst ein zulässiger Einspruch des Angeklagten; ist dagegen Termin zur Hauptverhandlung gemäß § 408 Abs 3 S 2 StPO anberaumt worden, kommt eine Verwerfung entsprechend § 329 StPO nicht in Betracht. Wird trotz Unzulässigkeit des Einspruchs Hauptverhandlung anberaumt, zu der der Angeklagte nicht erscheint, ist der Einspruch durch Urteil gemäß § 260 StPO als unzulässig zu verwerfen.

2. Wirksame Zustellung des Strafbefehls

3   Nach **hM** setzt die Verwerfung des Einspruchs nach § 412 StPO die Feststellung der wirksamen Zustellung des Strafbefehls voraus; anderenfalls ist die Hauptverhandlung abzubrechen und die Zustellung des Strafbefehls nachzuholen. Dass dem Angeklagten der Strafbefehl formlos zur Kenntnis gelangt ist, genügt nicht (so BayObLG NStZ-RR 1999, 243; Meyer-Goßner StPO § 412 Rn 2; KMR/Fezer StPO § 412 Rn 3; Löwe/Rosenberg/Gössel StPO § 412 Rn 5; **aA** OLG Zweibrücken NStZ 1994, 602; KK-StPO/Fischer StPO § 412 Rn 3); allerdings ist der förmliche Nachweis nicht erforderlich, wenn der Zugang anderweitig beweisen wird (KK-StPO/Fischer StPO § 407 Rn 35).

3. Ordnungsgemäße Ladung

4   Ferner ist eine ordnungsgemäße Ladung des Angeklagten zur Hauptverhandlung auf seinen Einspruch gegen den Strafbefehl erforderlich. Ob es sich dabei um die erste Hauptverhandlung oder eine weitere nach Aussetzung der Hauptverhandlung handelt, ist dabei bedeutungslos (KK-StPO/Fischer StPO § 421 Rn 2); ist indes im Verfahren bereits ein Sachurteil ergangen, so scheidet ein Prozessurteil wegen unentschuldigten Ausbleibens des Angeklagten aus. In der Ladung ist der Angeklagte entsprechend § 329 Abs 1 S 2 StPO auf die Folgen des Ausbleibens gemäß § 412 StPO hinzuweisen, selbst wenn es sich um eine wiederholte Ladung handelt (HK-StPO/Kurth StPO § 412 Rn 6). Die Nichteinhaltung der Ladungsfrist hindert dagegen die Einspruchsverwerfung nach § 412 StPO nicht, kann aber Anlass zur Prüfung eines unverschuldeten Ausbleibens geben.

4. Unentschuldigtes Ausbleiben des Angeklagten

5   Schließlich darf zu Beginn der Hauptverhandlung weder der Angeklagte noch ein von ihm bevollmächtigter Vertreter erschienen sein und das Ausbleiben des Angeklagten auch nicht genügend entschuldigt sein. Es gelten hier die zu § 329 StPO (s § 329 StPO Rn 15 ff) entwickelten Grundsätze. Wesentlich ist dabei, dass diese Entschuldigung auch noch in der Berufungsinstanz vorgetragen und glaubhaft gemacht werden kann.

II. Verwerfungsurteil

6   Der Erlass des Versäumnisurteils entsprechend § 329 StPO ist bei Vorliegen der Voraussetzungen zwingend; die sachliche Richtigkeit des Strafbefehls bleibt ungeprüft. Damit sind auch etwaige Verfahrenshindernisse wie etwa ein fehlender Strafantrag oder eine inzwischen eingetretene Verjährung, unbeachtlich, so dass auch für eine Verfahrenseinstellung nach § 206a StPO bzw § 260 Abs 3 StPO kein Raum ist (so zu Recht Meyer-Goßner StPO § 412 Rn 2; ders in NJW 1978, 528; **aA** OLG Karlsruhe NJW 1978, 840; KK-StPO/Fischer StPO § 412 Rn 12; HK-StPO/Kurth StPO § 412 Rn 3; Sieg NJW 1978, 1846). Die Tenorierung lautet auf Verwerfung des Einspruchs des Angeklagten, und zwar ohne den Zusatz einer Kostenentscheidung.

Eine Kostenentscheidung unterbleibt, weil § 473 StPO nur auf Rechtsmittel, nicht aber auf **6.1**
Rechtsbehelfe wie den Einspruch Anwendung findet und sich die Kostentragungspflicht des
Angeklagten bereits aus dem durch das Verwerfungsurteil rechtskräftig gewordenen Strafbefehl
ergibt.

III. Rechtsmittel und -behelfe
1. Wiedereinsetzung in den vorigen Stand

Dem Angeklagten steht gegen das Versäumnisurteil nach § 412 StPO neben den Wahl- **7**
rechtsmitteln der Berufung und der Revision der Antrag auf Wiedereinsetzung in den
vorigen Stand gemäß § 329 Abs 3 StPO zu, der nach § 412 S 1 StPO iVm § 329 Abs 3
StPO unter den Voraussetzungen der § 44 StPO, § 45 StPO zu stellen ist. Dieser Antrag
kann neben einem gleichzeitig eingelegten Rechtsmittel der Berufung oder Revision gestellt
werden; zum Verhältnis zwischen Wiedereinsetzung und Berufung siehe § 315 StPO, zwischen Wiedereinsetzung und Revision siehe § 342 StPO. Hinsichtlich der nach § 329 Abs 3
StPO beachtlichen Wiedereinsetzungsgründe siehe dort § 329 StPO Rn 45. Wird antragsgemäß Wiedereinsetzung in den vorigen Stand gewährt, ist das Versäumnisurteil mit dem
entsprechenden Beschluss gegenstandslos.

2. Berufung

Im Falle der zulässigen Berufung prüft das Landgericht, ob die Voraussetzungen für eine **8**
Verwerfung nach § 412 StPO vorgelegen haben; in eine Prüfung der sachlichen Richtigkeit
des Strafbefehls tritt es ebenso wenig wie das Amtsgericht ein; § 313 StPO findet auf diese
Berufung daher keine Anwendung (Meyer-Goßner StPO § 412 Rn 10). Die Frage der
Entschuldigung des Ausbleibens ist im Strengbeweiswege zu prüfen. Ist die Berufung begründet, so hebt das Berufungsgericht das angefochtene Versäumnisurteil auf und verweist
die Sache entgegen § 328 StPO an das Amtsgericht zurück (BGHSt 36, 139 = JR 1990,
301 m zust Anm Gössel; KK-StPO/Fischer StPO § 412 Rn 19; Meyer-Goßner StPO § 412
Rn 10; Löwe/Rosenberg/Gössel StPO § 412 Rn 47; KMR/Metzger StPO § 412 Rn 23;
HK-StPO/Kurth StPO § 412 Rn 13; **aA** OLG Düsseldorf NStZ 1988, 290 m abl Anm
Meyer-Goßner).

Hat das Amtsgericht fälschlich in der Sache entschieden, statt den Einspruch im Wege des **8.1**
Versäumnisurteils zu verwerfen, so hat das Landgericht das Sachurteil aufzuheben und nach § 412
StPO, § 329 Abs 1 StPO selbst zu entscheiden (so KK-StPO/Fischer StPO § 412 Rn 20; KMR/
Metzger StPO § 412 Rn 30; Löwe/Rosenberg/Gössel StPO § 412 Rn 50; HK-StPO/Kurth
StPO § 412 Rn 13), statt die Sache zur Einspruchsverwerfung an das Amtsgericht zurückzuverweisen (so aber LG München NStZ 1983, 427; Meyer-Goßner StPO § 412 Rn 10). Ähnlich hat
das Berufungsgericht bei einer vom Amtsgericht übersehenen Unzulässigkeit des Einspruchs das
Versäumnisurteil des Amtsgerichts aufzuheben und den Einspruch selbst zu verwerfen (BGHSt 13,
306).

3. Revision

Auf die allgemeine Sachrüge wird das angefochtene Urteil nur darauf hin geprüft, ob die **9**
für die Merkmale des § 412 StPO erforderlichen Tatsachen ausgeführt sind. Die Richtigkeit
der tatsächlichen Feststellungen wird in der Revisionsinstanz – hinsichtlich des unentschuldigten Ausbleibens auch nicht im Wege des Freibeweises (BGH NJW 1979, 2319) – nicht
geprüft.

B. Behandlung des Einspruchs des gesetzlichen Vertreters

Durch Abs 2 ist § 330 StPO entsprechend anwendbar. Daher darf nach Einlegung des **10**
Einspruchs durch den gesetzlichen Vertreter ein Verwerfungsurteil nicht ergehen, wenn
entweder der gesetzliche Vertreter, der Angeklagte oder ein ordnungsgemäß bevollmächtigter
Vertreter erschienen ist (näheres dazu bei § 330 StPO Rn 5).

Zweiter Abschnitt. Sicherungsverfahren (§§ 413-416)

§ 413 [Voraussetzungen des Antrags]

Führt die Staatsanwaltschaft das Strafverfahren wegen Schuldunfähigkeit oder Verhandlungsunfähigkeit des Täters nicht durch, so kann sie den Antrag stellen, Maßregeln der Besserung und Sicherung selbständig anzuordnen, wenn dies gesetzlich zulässig ist und die Anordnung nach dem Ergebnis der Ermittlungen zu erwarten ist (Sicherungsverfahren).

Überblick

Die § 413 StPO bis § 416 StPO enthalten Verfahrensregelungen für die nach § 71 StGB vorgesehene selbständige Anordnung von Maßregeln der Besserung und Sicherung nach § 63 StGB, § 64 StGB, § 69 StGB, § 69a StGB, § 70 StGB, § 413 StPO selbst regelt die Voraussetzungen eines solchen „objektiven Verfahrens".

Übersicht

	Rn		Rn
A. Allgemeines	1	I. Undurchführbarkeit des Strafverfahrens	4
I. Entstehungsgeschichte	1	1. Schuldunfähigkeit	5
II. Sinn und Zweck der Regelung	2	2. Verhandlungsunfähigkeit	6
III. Besonderheiten des Sicherungsverfahrens	3	II. Wahrscheinlichkeit der Maßregelanordnung	7
		III. Antragsschrift	8
B. Voraussetzungen des Sicherungsverfahrens	4	C. Zulässigkeit eines Verfahrenswechsels	9

A. Allgemeines

I. Entstehungsgeschichte

1 Durch eine –allerdings Jahrzehnte alte Forderungen aufgreifende (Schönke/Schröder/Stree StGB Rn 5 vor §§ 61 ff)- NS-Gesetzgebung reinsten Wassers (GewohnheitsverbrecherG v 24. 11. 1933, RGBl I 1000) ist mit § 42b StGB aF die Zweispurigkeit im materiellen Strafrecht (Maßregeln der Besserung und Sicherung neben oder statt der Verhängung von Strafe) begründet und als das prozessuale Gegenstück zum Strafverfahren das selbstständige Sicherungsverfahren nach §§ 413 StPO ff in das Strafverfahrensrecht eingefügt worden. Der Gesetzgeber hat dieses System nach dem Krieg beibehalten, auch die Wortwahl (Bezeichnung des Betroffenen als Beschuldigten in § 415 StPO).

II. Sinn und Zweck der Regelung

2 § 71 StGB sieht die selbständige Anordnung der Unterbringung in einem psychiatrischen Krankenhaus oder in einer Entziehungsanstalt, der Entziehung der Fahrerlaubnis sowie eines Berufsverbots auch dann vor, wenn die Durchführung eines Strafverfahrens wegen Schuldunfähigkeit oder Verhandlungsunfähigkeit des Betroffenen ausgeschlossen erscheint. Das Sicherungsverfahren ist somit die verfahrensrechtliche Ergänzung des § 71 StGB (BGHSt 31, 132, 134); es bezweckt die Sicherung der Allgemeinheit vor gefährlichen Tätern (BGHSt 22, 1, 3) und stellt ein objektives Verfahren (BGHSt 22, 185; BGH NJW 2001, 3277; Löwe/Rosenberg/Gössel StPO Vor § 413 Rn 4; KK-StPO/Fischer StPO § 413 Rn 3) dar, das dazu dient, die Allgemeinheit vor gefährlichen, aber schuldunfähigen oder verhandlungsunfähigen Straftätern zu schützen (BGHSt 22, 1). Insoweit entspricht es wesensmäßig dem

objektiven Einziehungsverfahren nach § 440 (BGHSt 46, 345, 348; Löwe/Rosenberg/ Gössel StPO Vor § 413 Rn 4).

Der Katalog des § 71 StGB ist abschließend; die Durchführung des Sicherungsverfahrens mit dem Ziel der Verhängung einer anderen Maßregel, insbesondere einer Sicherungsverwahrung nach § 66 StGB (etwa gegen einen verhandlungsunfähigen Täter) kommt nicht in Betracht. **2.1**

III. Besonderheiten des Sicherungsverfahrens

Das Sicherungsverfahren unterscheidet sich von seiner Ausgestaltung her wesentlich vom Strafverfahren: Das Sicherungsverfahren ist ein Fall der notwendigen Verteidigung, § 140 Abs 1 Nr 7 StPO. Das Legalitätsprinzip gilt nicht; die Entscheidung über die Beantragung des Sicherungsverfahrens liegt im pflichtgemäßen Ermessen der Staatsanwaltschaft und folgt somit dem Opportunitätsprinzip (BGHSt 47, 52; Löwe/Rosenberg/Gössel StPO § 413 Rn 21; KK-StPO/Fischer StPO § 413 Rn 14). Bei einem Sicherungsverfahren soll ein Sachverständiger bereits im Vorverfahren eingeschaltet werden, seine Vernehmung in der Hauptverhandlung ist gemäß § 415 Abs 5 StPO zwingend. Eine Nebenklage ist in Abkehr von der früheren Rechtsprechung (BGH NJW 1974, 2244; Kusch NStZ 1992, 30; BGH – Az 2 StR 369/95; BGHR § 395 Ausschlussbefugnis 1; OLG Hamm StV 1992, 460; OLG München MDR 1994, 402; OLG Oldenburg NStZ-RR 1996, 310; OLG Karlsruhe Die Justiz 2000, 68; offen gelassen noch in BGH NStZ 1996, 244) im Sicherungsverfahren zulässig, wenn die Anlasstat zu den in § 395 StPO aufgeführten rechtswidrigen Taten zählt (so BGHSt 47, 202; OLG Nürnberg NJW 1999, 3647; OLG Düsseldorf NStZ-RR 2000, 18; JR 1999, 253 m zust Anm Gössel; OLG Frankfurt NStZ-RR 2000, 17; OLG Schleswig SchlHA 2000, 148; OLG Hamburg NJW 2001, 238; OLG Karlsruhe NStZ-RR 2001, 114; OLG Braunschweig Nds RPfl 2001, 413; OLG Stuttgart Die Justiz 2001, 33; OLG Köln NJW 1993, 3279; OLG Frankfurt NJW 1994, 3243; OLG Hamburg NJW 1997, 1719; OLG Saarbrücken NStZ 1997, 453; vgl auch KK-StPO/Fischer StPO § 414 Rn 4; Meyer-Goßner StPO § 414 Rn 1; HK-StPO/Kurth StPO § 414 Rn 4). Für ein Adhäsionsverfahren ist dagegen im Sicherungsverfahren kein Raum. Die Durchführung eines Sicherungsverfahrens ist gegen **Jugendliche** und **Heranwachsende** zulässig, soweit gegen sie die isolierte Anordnung von Maßregeln in Betracht kommt, § 2 JGG, § 7 JGG, § 105 JGG. **3**

Das Fehlen der strafrechtlichen Verantwortlichkeit nach § 3 JGG aufgrund fehlender Reife stellt keine Schuldunfähigkeit iSd § 71 StGB dar (allgM, vgl HK-StPO/Kurth StPO § 413 Rn 8). Hingegen hindert die mangelnde Reife iSd § 3 JGG beim Zusammentreffen entwicklungsbedingter und krankhafter Störungen, die einerseits die Nichtverantwortlichkeit nach § 3 JGG, andererseits einen geistigen Zustand iS des § 21 StGB begründen, die Unterbringung in einem psychiatrischen Krankenhaus und damit die Durchführung des Sicherungsverfahrens nicht (BGHSt 26, 67 = JR 1976, 116 m zust Anm Brunner). **3.1**

B. Voraussetzungen des Sicherungsverfahrens
I. Undurchführbarkeit des Strafverfahrens

Voraussetzung ist, dass die Staatsanwaltschaft das Strafverfahren wegen Schuldunfähigkeit oder Verhandlungsunfähigkeit nicht durchführt, sei es, dass sie von der Erhebung einer Anklage absieht, sei es dass sie eine erhobene Anklage zurücknimmt. **4**

1. Schuldunfähigkeit

Ein Sicherungsverfahren ist nicht nur bei nachgewiesener Schuldunfähigkeit, sondern über den Wortlaut der § 71 StGB, § 413 StPO auch dann zulässig, wenn eine Schuldunfähigkeit eines erheblich vermindert schuldfähigen Täters, gegen den eine Unterbringung nach § 63 StGB angeordnet werden kann (vgl BGHSt 18, 167; BGHSt 22, 1: Löwe/Rosenberg/Gössel StPO § 413 Rn 4; KMR/Paulus StPO § 413 Rn 9; Meyer-Goßner StPO § 413 Rn 4), nicht ausgeschlossen werden kann (BGHSt 22, 1; HK-StPO/Kurth StPO § 413 Rn 3). Gegen nur vermindert Schuldfähige ist das Sicherungsverfahren hingegen nicht vorgesehen (BGHSt 31, 132, 136). **5**

2. Verhandlungsunfähigkeit

6 Wegen **Verhandlungsunfähigkeit** (zu dem Begriff vgl Meyer-Goßner StPO Einl Rn 97) ist das Strafverfahren undurchführbar, wenn feststeht oder zumindest nicht auszuschließen ist, dass der Beschuldigte körperlich oder geistig nicht in der Lage ist, einer Verhandlung zu folgen, die Bedeutung der einzelnen Verfahrenakte zu erfassen, sich sachgerecht zu verteidigen und wirksame Prozesserklärungen abzugeben (BGH NJW 1995, 1973). Dieser Zustand muss auf absehbare Zeit bestehen, also nicht nur vorübergehend sein (sonst vorläufige Einstellung nach § 205 StPO); hierfür genügt indes, dass nicht ausgeschlossen werden kann, dass der Beschuldigte auf Dauer nicht verhandlungsfähig ist (KK-StPO/Fischer StPO § 413 Rn 9). Soweit ein vom Betroffenen vorsätzlich und schuldhaft herbeigeführter Zustand der Verhandlungsunfähigkeit vorliegt, geht § 231 a StPO dem Sicherungsverfahren vor (KMR/ Paulus StPO § 413 Rn 10).

II. Wahrscheinlichkeit der Maßregelanordnung

7 Die Anordnung der Maßregelanordnung muss nach dem Akteninhalt, insbesondere nach dem gemäß § 414 Abs 3 StPO einzuholenden fachpsychiatrischen Gutachten zu erwarten sein. Dies bedeutet eine überwiegende Wahrscheinlichkeit entsprechend dem hinreichenden Tatverdacht nach § 203 StPO in bezug auf eine rechtswidrige Anlasstat des Beschuldigten und die weiteren Voraussetzungen der beantragten Maßregel der Besserung oder Sicherung.

III. Antragsschrift

8 Schließlich bedarf es eines Antrags der Staatsanwaltschaft auf Durchführung des Sicherungsverfahrens. Diesen stellt die Staatsanwaltschaft nach pflichtgemäßen Ermessen ohne Bindung an das Legalitätsprinzip iSd § 152 Abs 2 StPO. Dabei hat sie den Grundsatz der Verhältnismäßigkeit zu beachten und auch zu prüfen, ob der Zweck der Maßregel auch auf andere Weise und durch weniger einschneidende Maßnahmen erreicht werden kann (BGH NJW 1971, 1849).

C. Zulässigkeit eines Verfahrenswechsels

9 Stellt sich im Sicherungsverfahren die – wenn auch nur eingeschränkte – Schuldfähigkeit des Beschuldigten heraus, so kann nach Maßgabe des § 416 StPO in das Strafverfahren übergegangen werden. Eine Überleitung des Strafverfahrens in das Sicherungsverfahren ist hingegen gesetzlich nicht vorgesehen und daher unzulässig (BGH NStZ 1994, 297; NStZ 1995, 609). In diesem Fall hat das Gericht den Angeklagten freizusprechen und im Übrigen eine Unterbringung in einem psychiatrischen Krankenhaus anordnen. Dies gilt auch bei einer erst nachträglich festgestellten Verhandlungsunfähigkeit (BGHSt 46, 345).

§ 414 [Verfahren]

(1) Für das Sicherungsverfahren gelten sinngemäß die Vorschriften über das Strafverfahren, soweit nichts anderes bestimmt ist.

(2) [1]Der Antrag steht der öffentlichen Klage gleich. [2]An die Stelle der Anklageschrift tritt eine Antragsschrift, die den Erfordernissen der Anklageschrift entsprechen muß. [3]In der Antragsschrift ist die Maßregel der Besserung und Sicherung zu bezeichnen, deren Anordnung die Staatsanwaltschaft beantragt. [4]Wird im Urteil eine Maßregel der Besserung und Sicherung nicht angeordnet, so ist auf Ablehnung des Antrages zu erkennen.

(3) Im Vorverfahren soll einem Sachverständigen Gelegenheit zur Vorbereitung des in der Hauptverhandlung zu erstattenden Gutachtens gegeben werden.

Überblick

Diese Vorschrift regelt die inhaltliche Ausgestaltung des Sicherungsverfahrens und den Gang der Hauptverhandlung.

A. Anwendbarkeit der allgemeinen Vorschriften

Die allgemeinen Vorschriften gelten sinngemäß und auch nur subsidiär; sie treten zurück, **1** wenn ihrer Anwendung die besondere Funktion des Sicherungsverfahrens entgegensteht. Da der Antrag auf Durchführung des Sicherungsverfahrens gemäß Abs 2 S 1 der Erhebung der öffentlichen Klage entspricht, richtet sich das Verfahren zunächst nach § 201 StPO, § 202 StPO. Dem Beschuldigten ist spätestens jetzt gemäß § 140 Abs 1 Nr 7 StPO ein Verteidiger zu bestellen. Bei hinreichender Wahrscheinlichkeit der Anordnung der beantragten Maßregel ist das Hauptverfahren nach § 203 StPO, § 207 StPO zu eröffnen, anderenfalls die Eröffnung des Hauptverfahrens gemäß § 204 StPO abzulehnen. Der Gang der Hauptverhandlung richtet sich vorbehaltlich der Sonderregelung des § 415 StPO nach §§ 213 StPO ff. Unanwendbar sind –wegen § 413 StPO- die Vorschriften über die Verhandlungsunfähigkeit (§ 206a StPO, § 260 Abs 3 StPO); zur Zulässigkeit der Nebenklage siehe § 413 StPO Rn 3).

B. Antragsschrift

Die Antragsschrift steht einer Anklage in Funktion und Rechtsfolgen gleich. Sie ist einer- **2** seits Prozessvoraussetzung und bewirkt die Rechtshängigkeit des Verfahrens bei Gericht. Die Antragsschrift muss -insbesondere bei der Tatbezeichnung hinsichtlich der Umschreibungs- und Informationsfunktion einer Anklageschrift – inhaltlich den Anforderungen des § 200 StPO genügen (s dazu § 200 StPO Rn 4 ff). Die Antragsschrift hat ferner die von der Staatsanwaltschaft angestrebte Maßregel der Besserung und Sicherung zu bezeichnen. Zulässig ist, mit einer Anklageschrift im Strafverfahren hilfsweise einen Sicherungsantrag für den Fall zu verbinden, dass das Gericht bei Eröffnung des Hauptverfahrens von einer Schuld- oder dauernden Verhandlungsunfähigkeit ausgeht (BGHSt 47, 53).

C. Zuständigkeiten

Mit Ausnahme der Unterbringung in einem psychiatrischen Krankenhaus, die der aus- **3** schließlichen Zuständigkeit des Landgerichts zugewiesen ist (§ 74 Abs 1 S 2 GVG), sind die Amtsgerichte nach der Streichung der Regelung in § 74 Abs 1 S 2 GVG aF, die eine Zuständigkeit des Landgerichts wegen der besonderen Bedeutung des Falles vorsah, für die Verhängung aller übrigen Maßregeln der Besserung und Sicherung grundsätzlich zuständig. Nach **hM** greift die besondere Zuständigkeitsregelung Platz, die im Falle der (zumindest eingeschränkten) Schuldfähigkeit gelten würde, also des Schwurgerichts (§ 74 Abs 2 GVG) bzw der Wirtschaftsstraf- oder Staatsschutzkammer (§ 74a GVG, § 74c GVG); entsprechendes gilt für die bei Straftaten der in § 120 Abs 1 u Abs 2 S 1 GVG bezeichneten Art gegebene Zuständigkeit der erstinstanzlichen Oberlandesgerichte (vgl OLG Stuttgart NStZ 1987, 292; KK-StPO/Fischer StPO § 414 Rn 15). In Jugendsachen ist abweichend hiervon auch das Jugendschöffengericht auch für die Maßregel nach § 63 StGB zuständig, es sei denn, es handelt sich – entsprechend den ausgeführten Grundsätzen – um ein Kapitaldelikt (§ 41 Abs 1 Nr 1 JGG, § 108 Abs 1 JGG) oder eine Umfangssache (§ 41 Abs 1 Nr 3 JGG).

D. Verfahrensabschließende Entscheidung

I. Einstellungen

Nach Sinn und Zweck der § 153 StPO, § 153a StPO kommt eine Einstellung des **4** Verfahrens nach diesen Bestimmungen nicht in Betracht, da sie jeweils einen bestimmten Grad der „Schuld" voraussetzen, die dem Betroffenen des Sicherungsverfahrens eben nicht vorgeworfen werden kann. Hingegen sind Einstellungen nach § 154 StPO, § 154a StPO ebenso möglich wie nach § 206 a StPO, § 260 Abs 3 StPO, sofern ein – nicht in einer Verhandlungsunfähigkeit liegendes – Verfahrenshindernis besteht.

II. Urteil

5   Tenoriert wird die dem Antrag stattgebende Entscheidung in Form der Anordnung der Besserung und Sicherung (zB: „Der Beschuldigte wird in einem psychiatrischen Krankenhaus/in einer Entziehungsanstalt untergebracht"), die negative Entscheidung lautet entsprechend Abs 2 S 3: „Der Antrag der Staatsanwaltschaft auf Unterbringung des Beschuldigten in ... wird abgelehnt." Da es eines Schuldspruchs ermangelt, brauchen die der Maßregel zugrunde liegenden Anlasstaten nicht im Tenor ausgeführt zu werden. Die Urteilsgründe haben den Anforderungen an ein Strafurteil nach § 260 StPO zu genügen; Hierzu gehört eine Darstellung der festgestellten Taten und der tatsächlichen Voraussetzungen der Maßregel sowie einer Würdigung der hierfür erforderlichen Beweise.

III. Rechtshängigkeit und Rechtskraftwirkung

1. Rechtshängigkeit

6   Anklageerhebung und gleichzeitiger Sicherungsantrag wegen derselben Tat schließen sich nach Eröffnung des Hauptverfahrens gegenseitig aus; ein rechtshängiges Sicherungsverfahren steht einem Strafverfahren wegen der nämlichen prozessualen Tat entgegen und umgekehrt; das jeweils noch anhängige Verfahren ist wegen des anderen rechtshängigen Verfahrens durch Antragsrücknahme zu erledigen, im Falle der Rechtshängigkeit von Straf- und Sicherungsverfahren ist das Sicherungsverfahren nach § 414 Abs 1 StPO, § 206 a StPO einzustellen (BGHSt 22, 185). Eine Verbindung eines subjektiven Verfahrens mit einem Sicherungsverfahren kommt nur bei fehlender Tatidentität iSd § 264 StPO gemäß § 4 StPO in Betracht.

2. Rechtskraftwirkung

7   Das die Maßregel anordnende oder ablehnende Urteil verbraucht die Strafklage sowohl für den Strafanspruch als auch für den Sicherungsanspruch (BGHSt 11, 319; BGHSt 16, 198), und zwar unabhängig, ob das Sicherungsverfahren wegen Verhandlungsunfähigkeit oder Schuldunfähigkeit durchgeführt worden ist; gleiches gilt auch für ein wegen einer Tat abgeschlossenes Strafverfahren, dessen Rechtskraft einen erneuten Antrag nach § 413 StPO hindert. Bei Verhandlungsunfähigkeit tritt mit dem Urteil im Sicherungsverfahren auch Strafklageverbrauch hinsichtlich der grundsätzlich möglichen Bestrafung ein (Löwe/Rosenberg/Gössel StPO § 414 Rn 32).

E. Sachverständiger

8   Abs 3 verlangt eine Mitwirkung eines Sachverständigen über den in § 80 a StPO geregelten Umfang hinaus; das Gutachten eines Sachverständigen ist daher schon im Ermittlungsverfahren einzuholen. Die Mitwirkung eines Sachverständigen in der Hauptverhandlung folgt aus § 415 Abs 5 StPO; § 246 a StPO.

§ 415 [Hauptverhandlung ohne Beschuldigten]

(1) Ist im Sicherungsverfahren das Erscheinen des Beschuldigten vor Gericht wegen seines Zustandes unmöglich oder aus Gründen der öffentlichen Sicherheit oder Ordnung unangebracht, so kann das Gericht die Hauptverhandlung durchführen, ohne daß der Beschuldigte zugegen ist.

(2) ¹In diesem Falle ist der Beschuldigte vor der Hauptverhandlung durch einen beauftragten Richter unter Zuziehung eines Sachverständigen zu vernehmen. ²Von dem Vernehmungstermin sind die Staatsanwaltschaft, der Beschuldigte, der Verteidiger und der gesetzliche Vertreter zu benachrichtigen. ³Der Anwesenheit des

Staatsanwalts, des Verteidigers und des gesetzlichen Vertreters bei der Vernehmung bedarf es nicht.

(3) Fordert es die Rücksicht auf den Zustand des Beschuldigten oder ist eine ordnungsgemäße Durchführung der Hauptverhandlung sonst nicht möglich, so kann das Gericht im Sicherungsverfahren nach der Vernehmung des Beschuldigten zur Sache die Hauptverhandlung durchführen, auch wenn der Beschuldigte nicht oder nur zeitweise zugegen ist.

(4) ¹Soweit eine Hauptverhandlung ohne den Beschuldigten stattfindet, können seine früheren Erklärungen, die in einem richterlichen Protokoll enthalten sind, verlesen werden. ²Das Protokoll über die Vorvernehmung nach Absatz 2 Satz 1 ist zu verlesen.

(5) ¹In der Hauptverhandlung ist ein Sachverständiger über den Zustand des Beschuldigten zu vernehmen. ²Hat der Sachverständige den Beschuldigten nicht schon früher untersucht, so soll ihm dazu vor der Hauptverhandlung Gelegenheit gegeben werden.

Überblick

Diese Regelung erlaubt es, die Hauptverhandlung ganz oder teilweise in Abwesenheit des Angeklagten durchzuführen.

A. Abwesenheitsverhandlung nach Abs 1 und Abs 3
I. Unmöglichkeit oder Unzumutbarkeit des Erscheinens

Auch im Sicherungsverfahren gilt grundsätzlich § 230 StPO, wonach die Hauptverhandlung grds in Anwesenheit des Beschuldigten durchzuführen ist. Hiervon sieht Abs 1 eine Ausnahme vor, wonach die Hauptverhandlung in vollständiger Abwesenheit des Angeklagten durchgeführt werden kann, wenn das Erscheinen des Beschuldigten vor Gericht aufgrund seines Zustands unmöglich oder aus Gründen der öffentlichen Sicherheit oder Ordnung unangebracht ist. „Zustand" bedeutet Transportunfähigkeit, Gefahr der Selbstschädigung oder drohender Eintritt einer gesundheitlichen Schädigung, nicht dagegen die bloße durch den geistigen Zustand des Beschuldigten bedingte Verhandlungsunfähigkeit (so Meyer-Goßner StPO § 415 Rn 2; KK-StPO/Fischer StPO § 415 Rn 4, Rn 5). Aus Gründen der Sicherheit und Ordnung ist das Erscheinen des Beschuldigten unangebracht, wenn aufgrund objektiver Umstände (etwa nach einer gutachterlichen Stellungnahme des Sachverständigen) zu erwarten ist, dass der Beschuldigte den Transport erschweren oder durch prozessordnungswidriges Verhalten die Hauptverhandlung stören wird.

II. Vorvernehmung

Formale Voraussetzung der Abwesenheitsverhandlung nach Abs 1 ist ein begründeter Beschluss des Gerichts, mit dem (zweckmäßigerweise zugleich) die **Vorvernehmung** des Beschuldigten angeordnet wird. Diese entspricht den kommissarischen Vernehmungen nach § 231 a StPO, § 233 Abs 2 StPO und bezweckt, dem Beschuldigten rechtliches Gehör zu gewähren. Die Beteiligten müssen von Ort und Zeit der Vorvernehmung unterrichtet werden, der Beschuldigte ist – entgegen des Wortlauts von Abs 2 S 2 – entsprechend § 216 StPO förmlich zu laden, wenn er sich auf freiem Fuß befindet (Löwe/Rosenberg/Gössel StPO § 415 Rn 4). Die Vernehmung hat durch einen beauftragten Richter unter Hinzuziehung eines ärztlichen **Sachverständigen** zu erfolgen, der auch während der gesamten Vernehmung zugegen sein muss; der Anwesenheit der Verfahrensbeteiligten bedarf es nicht. Macht die Vernehmung aufgrund des Zustands des Beschuldigten keinen Sinn, darf sie abgebrochen werden (aA KK-StPO/Fischer StPO § 415 Rn 6, wonach bei vollständiger dauerhafter Vernehmungsunfähigkeit ein Sicherungsverfahren insgesamt ausscheiden soll); es darf indes nicht auf sie gänzlich verzichtet werden.

Erscheint der auf freiem Fuß befindliche Beschuldigte trotz ordnungsgemäßer Ladung nicht zur Vorvernehmung, so stellt sich die Frage nach der Erzwingbarkeit seines Erscheinens. Wird § 216

Abs 1 StPO entsprechend angewendet, so müsste die zwangsweise Vorführung oder gar die Verhaftung des Beschuldigten zulässig sein. Da diese Zwangsmittel jedoch eine Vorwerfbarkeit des Ausbleibens voraussetzen, dürfte ihre Anwendung in der Praxis oft nicht in Betracht kommen.

III. Teilweise Abwesenheit des Beschuldigten

3   Im Verlauf der mit dem Beschuldigten begonnenen Hauptverhandlung kann auf die Anwesenheit des Beschuldigten verzichtet werden, wenn der Zustand des Beschuldigten dies erfordert oder eine ordnungsgemäße Durchführung der Hauptverhandlung unmöglich ist und der Beschuldigte bereits zur Sache vernommen worden ist.

3.1   Nimmt der Beschuldigte im späteren Verlauf wieder an der Hauptverhandlung teil, so ist das Gericht nicht entsprechend § 247 Abs 1 S 3 StPO gehalten, ihn über das in seiner Abwesenheit Verhandelte zu unterrichten (Meyer-Goßner StPO § 415 Rn 9).

B. Gang der Abwesenheitsverhandlung

4   Der Beschuldigte hat im Falle der Abwesenheitsverhandlung nach den Abs 1 und Abs 2 das Recht, sich gemäß § 234 StPO durch einen mit schriftlicher Vollmacht versehenen Verteidiger vertreten zu lassen (dort § 234 StPO Rn 2 ff); unabhängig davon ist die ständige Anwesenheit des nach § 140 Abs 1 Nr 7 StPO notwendigen **Verteidigers** bei einer Verhandlung in vollständiger oder auch nur teilweise gegebener Abwesenheit des Beschuldigten stets erforderlich. Die Verlesung der Niederschrift über die Vorvernehmung in der Hauptverhandlung ist nach Abs 4 S 2 zwingend vorgeschrieben. Andere Protokolle über richterliche Vernehmungen können verlesen werden, Abs 4 S 1. In Ergänzung des § 414 Abs 3 StPO sieht Abs 5 die Vernehmung eines Sachverständigen in der Hauptverhandlung vor. § 246 a StPO, der die zwingende Anwesenheit eines Sachverständigen in der Hauptverhandlung vorschreibt, findet auf die Abwesenheitsverhandlung nach § 415 StPO keine Anwendung (BGH NJW 1967, 990; StV 1999, 470); vielmehr ist die ständige Anwesenheit des Sachverständigen in der Hauptverhandlung – anders als bei der Vorvernehmung – nicht schlechthin, sondern nur nach Maßgabe der Amtsermittlungspflicht geboten.

C. Anfechtbarkeit

5   Die Anordnung der Abwesenheitsverhandlung kann aufgrund § 305 S 1 StPO nicht mit der Beschwerde, sondern nur im Rahmen der Revision mit der Verfahrensrüge des absoluten Revisionsgrundes des § 338 Nr 5 StPO angegriffen werden.

§ 416 [Übergang zum Strafverfahren]

(1) [1]**Ergibt sich im Sicherungsverfahren nach Eröffnung des Hauptverfahrens die Schuldfähigkeit des Beschuldigten und ist das Gericht für das Strafverfahren nicht zuständig, so spricht es durch Beschluß seine Unzuständigkeit aus und verweist die Sache an das zuständige Gericht.** [2]**§ 270 Abs. 2 und 3 gilt entsprechend.**

(2) [1]**Ergibt sich im Sicherungsverfahren nach Eröffnung des Hauptverfahrens die Schuldfähigkeit des Beschuldigten und ist das Gericht auch für das Strafverfahren zuständig, so ist der Beschuldigte auf die veränderte Rechtslage hinzuweisen und ihm Gelegenheit zur Verteidigung zu geben.** [2]**Behauptet er, auf die Verteidigung nicht genügend vorbereitet zu sein, so ist auf seinen Antrag die Hauptverhandlung auszusetzen.** [3]**Ist auf Grund des § 415 in Abwesenheit des Beschuldigten verhandelt worden, so sind diejenigen Teile der Hauptverhandlung zu wiederholen, bei denen der Beschuldigte nicht zugegen war.**

(3) **Die Absätze 1 und 2 gelten entsprechend, wenn sich im Sicherungsverfahren nach Eröffnung des Hauptverfahrens ergibt, daß der Beschuldigte verhandlungsfähig ist und das Sicherungsverfahren wegen seiner Verhandlungsunfähigkeit durchgeführt wird.**

Überblick

Diese Regelung erlaubt den Übergang vom Sicherungsverfahren in das Strafverfahren, wenn sich die ursprüngliche Annahme einer Verhandlungs- oder Schuldunfähigkeit als unzutreffend erwiesen hat und der Beschuldigte richtigerweise in einem Strafverfahren hätte angeklagt werden müssen.

A. Überleitung in das Strafverfahren

I. Voraussetzungen

Während es einen Übergang vom Strafverfahren in das Sicherungsverfahren nicht gibt (BGH NStZ 1994, 297; HK-StPO/Kurth StPO § 416 Rn 4, s § 413 StPO Rn 9), sieht Abs 1 für den Fall der Schuldfähigkeit und Abs 2 für den Fall der Verhandlungsfähigkeit die Überleitung vom Sicherungsverfahren in das Strafverfahren vor. Die Verhandlungs- oder Schuldfähigkeit muss – entweder aufgrund neuer Erkenntnisse oder einer Neubewertung der schon bekannten Umstände – feststehen, bloße Zweifel an der Verhandlungs- oder Schuldunfähigkeit genügen nicht (BGHSt 16, 198, 199 = NJW 1961, 2170; Meyer Goßner StPO § 416 Rn 3; KK-StPO/Fischer StPO § 416 Rn 1; abweichend Löwe/Rosenberg/Gössel StPO § 416 Rn 1, der die überwiegende Wahrscheinlichkeit der Schuld- oder Verhandlungsfähigkeit ausreichen lässt).

II. Zeitpunkt

Entgegen dem Wortlaut des § 416 Abs 1 StPO soll der Übergang zum Strafverfahren auch schon vor der Eröffnung des Hauptverfahrens zulässig sein, indem das Gericht auf den Sicherungsantrag der Staatsanwaltschaft das Hauptverfahren als Strafverfahren eröffnet, falls es von (nunmehr) bestehender Schuld- bzw Verhandlungsfähigkeit ausgeht (Löwe/Rosenberg/Gössel StPO § 416 StPO Rn 3; KK-StPO/Fischer StPO § 416 Rn 7; Schlüchter Rn 802), wofür allerdings wegen der Möglichkeit der Antragsrücknahme kein Bedürfnis besteht.

B. Entscheidungsmöglichkeiten

I. Verweisung bei Unzuständigkeit des Gerichts

Ist das Gericht zur Verhandlung der Strafsache nicht zuständig, so verweist es unter Erklärung seiner eigenen Unzuständigkeit gemäß Abs 1 die Sache an das zuständige Gericht. Da § 269 StPO in diesem Zusammenhang keine Anwendung findet, kann sowohl an ein höheres als auch ein niedrigeres Gericht verwiesen werden (BGHSt 21, 34; 357; Meyer-Goßner StPO Rn 6). Aufgrund der Verweisung in Abs 1 S 2 bedarf es eines Verweisungsbeschlusses mit den in § 270 Abs 2 StPO vorgeschriebenen Inhalt. Die Bindungswirkung folgt aus der entsprechenden Anwendung des § 270 Abs 3 StPO (zu den Einzelheiten s § 270 StPO Rn 9 ff). In diesem Zeitpunkt ist spätestens die Nebenklage statthaft.

II. Fortsetzung des Verfahrens bei Zuständigkeit des Gerichts

Bei eigener Zuständigkeit des mit dem Sicherungsverfahren befassten Gerichts für die Strafsache wird dem Sicherungsverfahren als Strafverfahren durch einen rechtlichen Hinweis des Vorsitzenden Fortgang gegeben, wenn das Gericht von bestehender Schuld- bzw Verhandlungsfähigkeit ausgeht. Dabei muss es sich nicht auf neue Tatsachen oder Beweismittel stützen, eine Neubewertung der bisherigen Umstände reicht aus, nicht dagegen bloßer Zweifel an der Schuld- oder Verhandlungsunfähigkeit. Erfolgt der Hinweis vor der Hauptverhandlung, so hat er schriftlich zu erfolgen. Der in der Hauptverhandlung gegebene Hinweis stellt eine wesentliche Förmlichkeit iSd § 273 Abs 1 StPO dar. Der nunmehr als Angeklagter geltende Beschuldigte hat das Recht, unter bloßer Behauptung der ungenügenden Vorbereitung seiner Verteidigung eine Aussetzung der Hauptverhandlung zu verlangen. Der Anspruch auf Aussetzung umfasst auch eine Unterbrechung. Ob dem Aussetzungsantrag auch durch eine Unterbrechung Rechnung getragen werden kann (so HK-StPO/Kurth StPO § 416 Rn 6; **aA** Meyer-Goßner StPO § 416 Rn 7; KK-StPO/Fischer StPO § 416

StPO § 417

Rn 5), erscheint mit Rücksicht auf die neuere Rechtsprechung zu § 265 Abs 3 StPO (BGHSt 48, 183; vgl dazu Mitsch NStZ 2004, 396; anders noch BGH StV 1993, 288) zweifelhaft. Soweit nach § 415 Abs 1 oder Abs 3 StPO in Abwesenheit des Angeklagten verhandelt worden ist, sind diese Teile der Verhandlung gemäß Abs 2 S 3 nachzuholen, da sie nicht verwertbar sind.

2a. Abschnitt. Beschleunigtes Verfahren (§§ 417-429)

§ 417 [Voraussetzungen des Antrags]

Im Verfahren vor dem Strafrichter und dem Schöffengericht stellt die Staatsanwaltschaft schriftlich oder mündlich den Antrag auf Entscheidung im beschleunigten Verfahren, wenn die Sache auf Grund des einfachen Sachverhalts oder der klaren Beweislage zur sofortigen Verhandlung geeignet ist.

Überblick

Das beschleunigte Verfahren, ursprünglich in §§ 212 StPO ff als ein nach den für das Normalverfahren geltenden Vorschriften ablaufendes Verfahren geregelt, dessen Beschleunigungs- und Entlastungseffekt allein in der Verkürzung des gerichtlichen Zwischenverfahrens lag, ist aufgrund des VerbrBekG an diese Stelle der StPO verschoben und auch inhaltlich in der Gestaltung der Regelungen über die Beweisaufnahme mit dem Zweck ihrer Vereinfachung verändert worden (BT-Drs 12/6853, 35). Vom normalen Strafverfahren unterscheidet sich das beschleunigte Verfahren durch den ersatzlosen Verzicht auf die Durchführung eines Zwischenverfahrens (§§ 201 StPO ff) und eine schriftliche Anklageschrift, durch eine Ladungsfrist von 24 Stunden (§ 418 Abs 2 S 3 StPO) und eine vereinfachte Beweisaufnahme (§ 420 StPO), ferner durch die Möglichkeit einer Hauptverhandlungshaft gemäß § 127b StPO. War schon das bisherige beschleunigte Verfahren hinsichtlich der verkürzten Aufklärungs- und Verteidigungsmöglichkeiten Kritik ausgesetzt, haben sich diese Bedenken mit der Neuregelung -vor allem hinsichtlich der Hauptverhandlungshaft nach § 127b StPO und der Beschränkung der Berufung in Bagatellsachen nach § 313 StPO – verstärkt (Meyer-Goßner StPO Vor § 417 Rn 3, 6; SK-StPO/Paeffgen StPO § 417 Rn 4 ff; AK/Loos StPO § 417 Rn 6 ff; Bandisch StV 1994, 153, 157; Dahs NJW 1995, 553, 556; Fezer ZStW 106 [1994], 37; Hamm StV 1994, 456; Loos/Radtke NStZ 1996, 7, 11; Neumann StV 1994, 273, 275, 276; Scheffler NJW 1994, 2191; einschränkend Sprenger NStZ 1997, 574; Lemke/Rothstein-Schubert ZRP 1997, 488, 490 ff). In der Praxis wird von diesem Verfahrensinstitut nur zurückhaltend Gebrauch gemacht, was weniger an dem Fehlen der personellen und organisatorischen Voraussetzungen als eher an den Schwierigkeiten bei der Beschaffung der Beweismittel (etwa von BZR- Auszügen oder Blutalkoholgutachten) oder der Beiordnung eines Verteidigers in Fällen des § 418 Abs 4 StPO liegt.

A. Anwendungsbereich

1   Der Anwendungsbereich der §§ 417 StPO ff ist umstritten; nach wohl **hM** beschränkt er sich auf das Verfahren vor dem Amtsgericht bis zur Verkündung des erstinstanzlichen Urteils; sodann wird mit der Einlegung eines Rechtsmittels gegen dieses Urteil ohne weiteres in das Normalverfahren übergegangen, was insbesondere für die im Rechtsmittelzug geltenden Ladungsfristen, die Fortdauer einer Verteidigerbeiordnung, die Begrenzung der Strafgewalt und den Umfang der Beweisaufnahme von Bedeutung ist (so BayObLG NStZ 2005, 403, 404 mAnm Metzger 405, 406; OLG Hamburg StV 2000, 299, 301; OLG Stuttgart StV 1998, 585, 587; Löwe/Rosenberg/Gössel StPO Vor § 417 Rn 35 ff; AK/Loos StPO § 418 Rn 18, § 419 Rn 18 und § 420 Rn 26 bis Rn 29; KMR/Metzger StPO § 419 Rn 37; **aA** Loos/Radtke NStZ 1996, 7, 8; Ranft NStZ 2004, 424 ff; Meyer-Goßner StPO § 419 Rn 14, Rn 15, § 420 Rn 12). Wird das Verfahren nach Durchführung eines Rechtsmittels – etwa nach erfolgreicher Sprungrevision- beim Amtsgericht wieder anhängig, soll nach einer

bestrittenen Ansicht das beschleunigte Verfahren nicht wieder aufleben (so KK-StPO/Graf StPO § 417 Rn 5; KMR/Metzger StPO § 419 Rn 49; SK-StPO/Paeffgen StPO § 407 Rn 31); allerdings soll das Fehlen einer schriftlichen Anklage und eines Eröffnungsbeschlusses die Fortsetzung des Verfahrens als normales Verfahren nicht hindern (vgl KK-StPO/Graf aaO; Loos/Radtke NStZ 1996, 7, 9) was wiederum überzeugend für die Fortsetzung des beschleunigten Verfahrens in der erneuten Hauptverhandlung vor dem Amtsgericht spricht (so auch Löwe/Rosenberg/Gössel StPO Vor § 417 Rn 48).

Gegen Jugendliche ist das beschleunigte Verfahren nach § 79 Abs 2 JGG unzulässig. Stattdessen kann im vereinfachten Jugendverfahren nach §§ 76 JGG ff eine beschleunigte Ahndung erzielt werden. Auf Heranwachsende findet § 79 Abs 2 JGG keine Anwendung; bei diesen erscheint eine beschleunigte Ahndung häufig auch angezeigt (vgl aber auch HK-StPO/Zöller StPO § 417 Rn 2). Keine Anwendung findet das beschleunigte Verfahren auch bei Mitgliedern der Truppen eines NATO- Entsendestaates, deren zivilem Gefolge und deren Angehörigen (Art 27 NTS-ZA). 1.1

B. Voraussetzungen

I. Eignung der Sache zur sofortigen Verhandlung

Während § 212 a StPO aF noch kumulativ einen einfachen Sachverhalt und die Möglichkeit einer sofortigen **Aburteilung** erforderte, macht der Wortlaut dieser Vorschrift die Zulässigkeit des beschleunigten Verfahrens – in logisch fragwürdiger Alternativität – lediglich davon abhängig, ob die Sache entweder aufgrund des einfachen Sachverhalts oder der klaren Beweislage zur sofortigen **Verhandlung** geeignet ist. Dies ist aber nur dann der Fall, wenn die Hauptverhandlung vergleichsweise in einer wesentlich kürzeren Zeit als im gewöhnlichen Strafverfahren durchgeführt werden kann, was bei einem einfachen Sachverhalt und einer schwierigen Beweislage genauso wenig der Fall sein dürfte wie bei einem leicht beweisbaren, aber komplizierten Sachverhalt (vgl OLG Stuttgart StV 1998, 586; KK-StPO/ Graf StPO § 417 Rn 7; Löwe/Rosenberg/Gössel StPO § 417 Rn 26; Meyer-Goßner StPO § 417 Rn 16; HK-StPO/Zöller StPO § 417 Rn 9; Sprenger NStZ 1997, 574; **aA** König/ Seitz NStZ 1995, 4). Welcher Zeitraum einer „sofortigen Verhandlung" zugrunde zu legen ist, ist streitig; nach einer Ansicht soll Termin zur Hauptverhandlung innerhalb von zwei Wochen (KK-StPO/Graf StPO § 417 Rn 10; Löwe/Rosenberg/Gössel StPO § 417 Rn 32), nach **aA** (KMR-StPO/Metzger StPO § 417 Rn 15) innerhalb eines Monats anzuberaumen sein. Beide Auffassungen stehen zu dem insoweit eindeutigen Gesetzeswortlaut in § 418 Abs 1 S 2 StPO, wonach zwischen dem Antrag der Staatsanwaltschaft und dem Beginn der Hauptverhandlung nicht mehr als sechs Wochen liegen sollen, im Widerspruch. Der Eignung zur sofortigen Verhandlung kann entgegenstehen, wenn der Beschuldigte keine ausreichende Gelegenheit zur Vorbereitung seiner Verteidigung hatte, wobei allerdings die Notwendigkeit der Übersetzung der mündlich vorgetragenen Anklage in der Hauptverhandlung kein Hindernis darstellen soll (OLG Stuttgart NStZ 2005, 471). 2

Ob sich die Durchführung des beschleunigten Verfahrens mit der Geschäftslage des Amtsgerichts verträgt (so HK-StPO/Zöller StPO § 417 Rn 12; **aA** AK/Loos StPO § 417 Rn 25), ist in rechtlicher Hinsicht belanglos; allerdings dürfte die durch eine Überlastung des entsprechenden amtsgerichtlichen Dezernat verursachte Überschreitung der durch das 1. JuMoG v 24. 8. 2004 (BGBl I 2198) in § 418 Abs 1 S 2 StPO eingefügten Sechswochenfrist regelmäßig zur Ablehnung des Antrags führen (s § 418 StPO Rn 1), dies aber erst nach Ablauf der Frist. 2.1

1. Einfacher Sachverhalt

Einfach gelagert ist der Sachverhalt, wenn er – ungeachtet einer schwierigen Beweisführung – in tatsächlicher Hinsicht leicht überschaubar ist (KK-StPO/Graf StPO § 417 Rn 8; Meyer-Goßner StPO § 417 Rn 15); eine Vielzahl von abzuurteilenden Taten oder das Erfordernis der Erforschung der Täterpersönlichkeit (etwa bei zahlreichen Vorstrafen oder einer zur Tatzeit nicht ausschließbaren verminderte Schuldfähigkeit) sprechen dagegen. Rechtliche Probleme spielen hierbei keine Rolle (Löwe/Rosenberg/Gössel StPO § 417 Rn 27; KK-StPO/Graf StPO § 407 Rn 8; **aA** Loos/Radtke NStZ 1995, 572; HK-StPO/ Zöller StPO § 417 Rn 10). 3

2. Klare Beweislage

4 Eine klare Beweislage liegt entweder bei einem geständigen Angeklagten oder bei einer geringen Anzahl eindeutiger Sachbeweise, die zwanglos zur Überführung des Angeklagten geeignet sind, vor. Die Beweismittel müssen sofort verfügbar sein. Allein der Umstand, dass der Beschuldigte eine Reihe von Beweisanträgen zu seiner Entlastung angekündigt hat, spricht nicht gegen eine klare Beweislage (HK-StPO/Zöller StPO § 417 Rn 11; KK-StPO/ Graf StPO § 417 Rn 9).

II. Antrag der Staatsanwaltschaft

5 Der Antrag auf Entscheidung im beschleunigten Verfahren ist Prozessvoraussetzung. Er kann schriftlich oder mündlich bei dem zuständigen Gericht gestellt werden, regelmäßig wird der schriftliche Antrag zugleich mit einer den Anforderungen des § 200 Abs 1 StPO genügenden Anklage verbunden werden. Seit dem VerbrBekG ist die Beantragung der Entscheidung im beschleunigten Verfahren nicht mehr – wie nach § 212a StPO aF – in das Ermessen des Staatsanwalts gestellt, vielmehr ist dieser bei Vorliegen der Voraussetzungen zum Antrag verpflichtet. Auch nach Erhebung einer Anklage oder Beantragung eines Strafbefehls kann der Staatsanwalt den Antrag auf Entscheidung im beschleunigten Verfahren stellen, indem und soweit er die Anklage bzw. den Antrag auf Erlass eines Strafbefehls zurücknehmen kann (also nicht nach Eröffnung des Hauptverfahrens, vgl Löwe/Rosenberg/Gössel StPO § 417 Rn 14; Meyer-Goßner StPO § 417 Rn 12; **aA** KK-StPO/Graf StPO § 417 Rn 5; SK-StPO/Paeffgen StPO § 417 Rn 10; HK-StPO/ Kurth StPO § 417 Rn 7). Streitig ist ferner, ob der Antrag auf Entscheidung im beschleunigten Verfahren bis zur Vernehmung des Angeklagten zur Sache (so OLG Oldenburg NJW 1961, 1127; Meyer-Goßner StPO § 417 Rn 13; Löwe/Rosenberg/ Gössel StPO § 418 Rn 19; KK-StPO/Graf StPO § 417 Rn 5) oder bis zur Urteilsverkündung (so OLG Celle NStZ 1983, 233; HK- StPO/Kurth StPO § 417 Rn 8) zurückgenommen werden kann.

III. Zuständigkeit des Amtsgerichts

6 Das beschleunigte Verfahren kann sowohl vor dem Strafrichter als auch vor dem Schöffengericht beantragt werden. Die Möglichkeit, nicht nur beim Strafrichter, sondern sogar beim Schöffengericht ein beschleunigtes Verfahrens anhängig zu machen, geht noch auf die ursprüngliche Fassung des § 212 StPO zurück. Nach der Anhebung der Strafgewalt des Strafrichters in § 25 GVG kommt ein beschleunigtes Verfahren vor dem Schöffengericht nur für die Ahndung eines Verbrechens in Betracht, wobei wegen der Strafobergrenze in § 419 Abs 1 S 2 StPO verwirklichte Strafmilderungsgründe die Bestrafung zu einer Freiheitsstrafe von nicht mehr als einem Jahr ermöglichen müssen.

§ 418 [Durchführung der Hauptverhandlung; Ladung; Anklageschrift]

(1) ¹Stellt die Staatsanwaltschaft den Antrag, so wird die Hauptverhandlung sofort oder in kurzer Frist durchgeführt, ohne daß es einer Entscheidung über die Eröffnung des Hauptverfahrens bedarf. ²Zwischen dem Eingang des Antrags bei Gericht und dem Beginn der Hauptverhandlung sollen nicht mehr als sechs Wochen liegen.

(2) ¹Der Beschuldigte wird nur dann geladen, wenn er sich nicht freiwillig zur Hauptverhandlung stellt oder nicht dem Gericht vorgeführt wird. ²Mit der Ladung wird ihm mitgeteilt, was ihm zur Last gelegt wird. ³Die Ladungsfrist beträgt vierundzwanzig Stunden.

(3) ¹Der Einreichung einer Anklageschrift bedarf es nicht. ²Wird eine solche nicht eingereicht, so wird die Anklage bei Beginn der Hauptverhandlung mündlich erhoben und ihr wesentlicher Inhalt in das Sitzungsprotokoll aufgenommen. ³§ 408a gilt entsprechend.

(4) Ist eine Freiheitsstrafe von mindestens sechs Monaten zu erwarten, so wird dem Beschuldigten, der noch keinen Verteidiger hat, für das beschleunigte Verfahren vor dem Amtsgericht ein Verteidiger bestellt.

Überblick

Diese Vorschrift regelt die verfahrensrechtlichen Besonderheiten des beschleunigten Verfahrens, das sich unter anderem durch das Fehlen eines Zwischenverfahrens, die Entbehrlichkeit einer schriftlichen Anklage und eine extrem kurze Ladungsfrist auszeichnet.

A. Vorbereitung der Hauptverhandlung

I. „Sofortige" bzw „kurzfristige" Terminsanberaumung

Auf den Antrag der Staatsanwaltschaft auf Entscheidung im beschleunigten Verfahren beraumt der Amtsrichter umgehend Termin zur Hauptverhandlung an, wenn keine Verfahrenshindernisse gegeben sind und ein hinreichender Tatverdacht besteht; anderenfalls lehnt er eine Verhandlung im beschleunigten Verfahren nach § 419 Abs 1 S 1 StPO ab (vgl Meyer-Goßner StPO § 418 Rn 3; HK-StPO/Zöller StPO § 418 Rn 2). Einer Anklageschrift bedarf es dafür ebenso wenig wie der Eröffnung des Hauptverfahrens; § 201 StPO, § 202 StPO, § 205 StPO finden keine Anwendung. Abweichend von der früher hM, nach der binnen höchstens zwei Wochen seit Antragstellung die Hauptverhandlung stattzufinden hatte (OLG Düsseldorf StV 1999, 202; OLG Stuttgart NJW 1998, 3134; 1999, 511 m zust Anm Scheffler NStZ 1999, 268; KK-StPO/Graf StPO § 418 Rn 5), soll die Dauer zwischen Antragseingang und Hauptverhandlung nach dem durch das 1. JuMoG v 24. 8. 2004 (BGBl I 2198) eingefügten Abs 1 S 2 nicht mehr als sechs Wochen betragen (krit dazu Meyer-Goßner StPO § 418 Rn 5). Für die Terminsanberaumung gilt § 213 StPO. Wird die Hauptverhandlung im beschleunigten Verfahren unterbrochen oder ausgesetzt, schließt dies die –weitere– Annahme der Eignung der Sache für eine Entscheidung im beschleunigten Verfahren aus, sofern nicht innerhalb der Frist nach § 418 Abs 1 S 2 StPO die Hauptverhandlung fortgesetzt oder erneut begonnen werden kann (OLG Hamburg NStZ 1983, 40; enger noch OLG Karlsruhe NJW 1999, 3061; Löwe- Rosenberg/Gössel StPO § 417 Rn 32; KK-StPO/Graf StPO § 419 Rn 8).

Nach einer vor Einfügung von Abs 1 S 2 verbreiteten Rechtsprechung sollte die Überschreitung der Zwei-Wochen-Frist einen Revisionsmangel darstellen (so OLG Stuttgart NJW 1998, 3134; NJW 1999, 511 mAnm Scheffler NStZ 1999, 266; OLG Karlsruhe NJW 1999, 3062; OLG Hamburg NStZ 1999, 266; aA Löwe/Rosenberg/Gössel StPO § 417 Rn 42 unter Hinweis auf § 336 S 2 StPO; ebenso HK-StPO/Zöller StPO § 418 Rn 3); entsprechend soll das Landgericht in der Berufungsinstanz bei Überschreitung der Frist das amtsgerichtliche Urteil aufheben und die Sache an das Amtsgericht zurückverweisen (Meyer-Goßner StPO § 419 Rn 13). Da es sich bei der Frist in Abs 1 S 2 nunmehr um eine Sollvorschrift handelt, dürfte eine Fristüberschreitung jetzt unschädlich sein.

II. Ladung des Angeklagten

Eine Ladung des Angeklagten ist nur erforderlich, wenn sich der Angeklagten auf freiem Fuß befindet und nicht freiwillig zur Hauptverhandlung erscheint. Die Ladung hat der Amtsrichter anzuordnen (§ 214 StPO), sie hat förmlich (§ 216 StPO iVm § 35 Abs 2 StPO) unter Hinweis auf die in § 216 Abs 1 StPO genannten Folgen und unter Mitteilung des Strafvorwurfs (Abs 2 S 2) zu geschehen; diese Mitteilung hat den Anforderungen des § 200 StPO zu genügen (Meyer-Goßner StPO § 418 Rn 7). Die Ladungsfrist beträgt 24 Stunden, Abs 2 S 3; eine längere Ladungsfrist soll aus rechtsstaatlichen Gründen (Art 6 Abs 3 EMRK) in Einzelfällen geboten sein können (so Meyer-Goßner StPO § 418 Rn 8; KK-StPO/Graf StPO § 418 Rn 7; Löwe/Rosenberg/Gössel StPO § 418 Rn 23; KMR/Metzger StPO § 418 Rn 22; Loos/Radtke NStZ 1995, 573). Im Übrigen bedarf es der Ladung nicht, wenn der Angeklagte aus staatlichem Gewahrsam vorgeführt wird, sei es aus Polizeigewahrsam (§ 127 b Abs 1 StPO), Strafhaft, Unterbringung in einem psychiatrischen Krankenhaus oder einer Entziehungsanstalt oder aus Untersuchungshaft in dieser (§ 127 b Abs 2 StPO iVm

§ 128 Abs 2 StPO) oder anderer Sache. In diesem Zusammenhang gewinnt die Hauptverhandlungshaft nach § 127 b StPO, § 128 StPO eine besondere Bedeutung.

III. Notwendige Verteidigung

3   Bei einer Straferwartung von sechs Monaten (Gesamt-)Freiheitsstrafe oder mehr ist dem Angeklagten nach Abs 4 ein Verteidiger zu bestellen. Die Staatsanwaltschaft beantragt die Beiordnung eines Verteidigers zugleich mit dem Antrag auf Aburteilung im beschleunigten Verfahren; an den Antrag ist das Gericht nicht gebunden, insbesondere kann es von einer Bestellung absehen, wenn es die Prognose der Staatsanwaltschaft bezüglich der Straferwartung nicht teilt. Stellt sich die in § 418 Abs 4 StPO beschriebene Straferwartung erst während der Hauptverhandlung heraus, ist die Hauptverhandlung auszusetzen und der Antrag auf Entscheidung im beschleunigten Verfahren abzulehnen; eine Nachholung der Beiordnung und eine Wiederholung der bisherigen Verhandlungsteile (so aber BayObLG NStZ 1998, 372; OLG Karlsruhe NJW 1999, 3061; HK-StPO/Zöller StPO § 418 Rn 10) dürften dem Sinn des beschleunigten Verfahrens widersprechen. Da nach bestrittener Ansicht §§ 140 StPO ff wie bei § 408 b StPO entsprechend gelten (s § 408 b StPO Rn 4 f), ist dem Angeklagten zur Auswahl des Verteidigers nach § 142 Abs 1 S 2 StPO rechtliches Gehör zu gewähren (Loos/Ratke NStZ 1996, 10; KK-StPO/Graf StPO § 418 Rn 12; **aA** Meyer-Goßner StPO § 418 Rn 14). Streitig, ist ferner, ob die Beiordnung auch für das Berufungsverfahren fort gilt (so Meyer-Goßner StPO § 418 Rn 15; AK/Loos StPO § 418 Rn 17; **aA** König/Seitz NStZ 1995, 4; KK-StPO/Graf StPO § 418 Rn 15; HK-StPO/Zöller StPO § 418 Rn 11), was mit dem grundsätzlichen Meinungsstreit zum Anwendungsbereich der §§ 417 StPO ff abhängt (s o § 417 StPO Rn 1). Wird mit der **hM** der Anwendungsbereich der §§ 417 StPO ff auf das erstinstanzliche Verfahren bis zur Verkündung des Urteils erster Instanz beschränkt, ist der Beschuldigte in der Rechtsmittelinstanz konsequenterweise ebenso unverteidigt wie in dem Falle, in dem das Amtsgericht in der Hauptverhandlung mangels Eignung der Sache eine Entscheidung im beschleunigten Verfahren nach § 419 Abs 2 StPO ablehnt und im normalen Strafverfahren nach Eröffnung des Hauptverfahrens Termin zur Hauptverhandlung anberaumt (krit KK-StPO/Graf StPO § 418 Rn 14).

B. Gang der Hauptverhandlung

4   Nach Aufruf der Sache und Vernehmung des Angeklagten zur Person erhebt der Staatsanwalt die Anklage, und zwar wird die Anklage verlesen, wenn sie vorher schriftlich eingereicht worden ist, anderenfalls wird sie mündlich zu Protokoll erklärt; insoweit ist die den Anforderungen des § 200 StPO genügende Anklage Prozessvoraussetzung und zugleich wesentliche Förmlichkeit iSd § 273 Abs 1 StPO (Meyer-Goßner StPO § 418 Rn 9). Sodann erfolgt die Vernehmung des Beschuldigten zur Sache; mit ihrem Beginn wird das Verfahren –allerdings (unter dem Vorbehalt einer Entscheidung nach § 419 Abs 2 StPO) auflösend bedingt (KK-StPO/Graf StPO § 418 Rn 4)- rechtshängig. Daran schließt sich die Beweisaufnahme mit den Besonderheiten des § 420 StPO an. Im Übrigen gelten für die Durchführung der Hauptverhandlung die allgemeinen Vorschriften. Nach der durchweg bedenklichen Regelung in Abs 3 S 3 kann in der Hauptverhandlung – insbesondere beim Ausbleiben des Beschuldigten – in das **Strafbefehlsverfahren** übergegangen werden, indem auf Antrag der Staatsanwaltschaft gemäß § 408 a StPO ein Strafbefehl gegen den Beschuldigten erlassen wird; einem solchen Antrag hat der Amtsrichter gemäß § 408 a Abs 2 StPO unter den Voraussetzungen des § 408 Abs 3 StPO zu entsprechen.

4.1   Die Anwendung der allgemeinen Vorschriften soll trotz der Eigenschaft des beschleunigten Verfahrens als besondere Verfahrensart nicht nur eine Verbindung eines beschleunigten Verfahrens mit einem Normalverfahren zwecks gemeinsamer Verhandlung nach § 237 StPO, sondern sogar eine **Verbindung** nach § 4 StPO erlauben, wobei sich der weitere Verfahrensablauf nach den Vorschriften über die Durchführung des normalen Strafverfahrens richtet (KK-StPO/Graf StPO Vor § 417 Rn 4). Unproblematisch ist eine Verbindung des beschleunigten Verfahrens mit einem normalen Strafverfahren nach § 4 StPO, wenn der Amtsrichter die Durchführung des beschleunigten Verfahrens nach § 419 Abs 3 StPO ablehnt, das Verfahren eröffnet und sodann mit dem

Normalverfahren verbindet; auch zulässig müsste dann aber auch sein, eine innerhalb der Frist des § 418 Abs 1 S 2 StPO terminiertes beschleunigtes Verfahren mit einem normalen Verfahren zu verbinden (unklar OLG Düsseldorf NStZ 1997, 613), wobei auf die Hauptverhandlung insgesamt § 420 StPO keine Anwendung findet.

C. Rechtsmittel

Die Durchführung des beschleunigten Verfahrens ist mit der Beschwerde nicht anfechtbar (Meyer-Goßner StPO § 418 Rn 1; KK-StPO/Graf StPO § 418 Rn 17). Gegen ein im beschleunigten Verfahren ergangenes Urteil sind vielmehr wie im „normalen" Verfahren **Berufung** und **Revision** zulässig; diese Rechtsmittel folgen den allgemeinen Grundsätzen. Insbesondere beschränkt sich der Anwendungsbereich der §§ 417 StPO ff nach ihrem Wortlaut sowie nach ihrem Sinn und Zweck auf das erstinstanzliche Verfahren vor dem Amtsgericht, so dass das beschleunigte Verfahren mit der Verkündung des amtsgerichtlichen Urteils endet. Mit der Einlegung eines Rechtsmittels wird das beschleunigtes Verfahren ohne weiteres als normales Strafverfahren fortgesetzt (BayObLG NStZ 2005, 403, 404 mAnm Metzger 405, 406; OLG Hamburg StV 2000, 299, 301; OLG Stuttgart StV 1998, 585, 587; Löwe/Rosenberg/Gössel StPO Vor § 417 Rn 35 ff; AK/Loos StPO § 418 Rn 18; KMR/Metzger StPO § 419 Rn 37; Loos/Radtke NStZ 1996, 7, 8, 9 Fn 79; **aA** Ranft NStZ 2004, 424 ff; Meyer-Goßner StPO § 419 Rn 12; ders GS Meurer 2002, 421). 5

§ 419 [Entscheidung des Gerichts; Strafmaß]

(1) ¹Der Strafrichter oder das Schöffengericht hat dem Antrag zu entsprechen, wenn sich die Sache zur Verhandlung in diesem Verfahren eignet. ²Eine höhere Freiheitsstrafe als Freiheitsstrafe von einem Jahr oder eine Maßregel der Besserung und Sicherung darf in diesem Verfahren nicht verhängt werden. ³Die Entziehung der Fahrerlaubnis ist zulässig.

(2) ¹Die Entscheidung im beschleunigten Verfahren kann auch in der Hauptverhandlung bis zur Verkündung des Urteils abgelehnt werden. ²Der Beschluß ist nicht anfechtbar.

(3) Wird die Entscheidung im beschleunigten Verfahren abgelehnt, so beschließt das Gericht die Eröffnung des Hauptverfahrens, wenn der Angeschuldigte einer Straftat hinreichend verdächtig erscheint (§ 203); wird nicht eröffnet und die Entscheidung im beschleunigten Verfahren abgelehnt, so kann von der Einreichung einer neuen Anklageschrift abgesehen werden.

Überblick

Diese Regelung idF des Verbrechensbekämpfungsgesetzes enthält – neben der in Abs 1 geregelten Beschränkung der Rechtsfolgenkompetenz – in den Abs 2 und Abs 3 die unterschiedlichen Entscheidungsmöglichkeiten des Amtsrichters im beschleunigten Verfahren. Abweichend von der praxisnahen früheren Regelung in § 212b StPO, wonach der Amtsrichter die Aburteilung im beschleunigten Verfahren ablehnen konnte und damit die Sache in die Zuständigkeit der Staatsanwaltschaft zurückfiel, wenn sich die Sache zur Verhandlung in diesem Verfahren nicht eignete, enthält § 419 StPO wesentlich kompliziertere Regelungen, die nach **hM** (vgl nur Sprenger NStZ 1997, 574; Loos/Radtke NStZ 1996, 7) konzeptionell misslungen und nicht geeignet sind, dem beschleunigten Verfahren eine erhöhte Akzeptanz zu verschaffen.

A. Beschränkte Rechtsfolgenkompetenz

Nach Abs 1 S 2 hat der Amtsrichter im beschleunigten Verfahren zu verhandeln, wenn sich die Sache für dieses Verfahren eignet (zu den Voraussetzungen s § 417 StPO Rn 1 ff). Eine wesentliche Bedeutung kommt dabei der eingeschränkten Rechtsfolgenkompetenz des 1

Amtsgerichts im beschleunigten Verfahren nach Abs 1 S 2 zu, wonach keine höhere Freiheitsstrafe als von einem Jahr und keine Maßregel der Besserung oder Sicherung verhängt werden darf; hiervon ist die Entziehung der Fahrerlaubnis ausgenommen, ebenso ist die Verhängung eines Fahrverbots nach § 44 StGB zulässig. Die Strafobergrenze gilt auch für die Bildung einer Gesamtstrafe bei Einbeziehung einer rechtskräftigen Vorverurteilung (OLG Celle NStZ 1983, 233; Löwe/Rosenberg/Gössel StPO § 419 Rn 3). Hierbei handelt es sich nicht um eine besondere Verfahrensvoraussetzung des beschleunigten Verfahrens (so OLG Hamm JR 1978, 120; OLG Celle NStZ 1983, 233; Meyer-Goßner StPO § 419 Rn 16; HK-StPO/Zöller StPO § 419 Rn 12; SK-StPO/Paeffgen StPO § 419 Rn 14), sondern um eine Rechtsfolgengrenze für die auf die erste Instanz beschränkte Verfahrensart (BGHSt 35, 251; KK- StPO/Graf StPO Vor § 417 Rn 3; Treier NStZ 1983, 234), was sich insbesondere im Rechtsmittelzug auswirkt.

B. Ablehnung mangels Eignung

2   Nach der nicht zusammenhängenden Regelung in Abs 2 u Abs 3 kann der Antrag auf Entscheidung im beschleunigten Verfahren vom Eingang des Antrags bei Gericht bis zur Urteilsverkündung in der Hauptverhandlung abgelehnt werden, wenn sich die Sache nicht für das beschleunigte Verfahren eignet. Dies soll dann der Fall sein, wenn ein Verfahrenshindernis besteht, es am hinreichenden Tatverdacht fehlt, die Rechtsfolgenkompetenz nicht ausreicht oder die schwierige Beweislage eine sofortige Aburteilung hindert, insbesondere nach Lage des Einzelfalls eine angemessene Verteidigung des Beschuldigten nicht gewährleistet erscheint (Meyer-Goßner StPO § 419 Rn 3). Der Ablehnungsbeschluss ist nach § 34 StPO zu begründen und nach § 35 StPO bekanntzugeben; eine Kosten- und Auslagenentscheidung hat zu unterbleiben, da das gerichtliche Verfahren mit dem Ablehnungsbeschluss noch nicht beendet ist. Der Beschluss ist unanfechtbar, § 419 Abs 2 S 2 StPO.

3   Die Ablehnung des Antrags beseitigt die Rechtshängigkeit der Sache bei Gericht aber nicht. Zugleich mit der Ablehnung des Antrags hat der Amtsrichter nach der Neufassung durch das VerbrBekG über die Eröffnung des Hauptverfahrens zu entscheiden, wenn es einen hinreichenden Tatverdacht bejaht und Verfahrenshindernisse nicht bestehen; vor einer solchen Entscheidung ist dem Angeklagten rechtliches Gehör zu gewähren (vgl HK-StPO/Krehl StPO § 419 Rn 4). Bejaht der Amtsrichter einen hinreichenden Tatverdacht, hält die Sache aber zur Verhandlung im beschleunigten Verfahren für ungeeignet, hat er sodann in das normale Verfahren überzugehen und über die Eröffnung des Hauptverfahrens zu entscheiden; ob für den Übergang in das normale Verfahren eine mündliche erhobene und nach § 273 StPO protokollierte Anklage genügt, ist streitig (so KK-StPO/Graf StPO § 419 Rn 13; KMR/Metzger StPO § 419 Rn 24; aA Löwe/Rosenberg/Gössel StPO § 419 Rn 37; HK-StPO/Zöller StPO § 419 Rn 6), aber aus dem Gesamtzusammenhang der Regelungen in § 418 StPO, § 419 StPO zu bejahen. Eine – zumindest in der Hauptverhandlung des beschleunigten Verfahrens protokollierte – Anklage und der Eröffnungsbeschluss stellen eine Prozessvoraussetzung für das weitere Verfahren dar; ihr Fehlen führt zur Einstellung des Verfahrens (OLG Köln NStZ 2004, 281; zw daher BGH NStZ 2000, 442).

4   Verneint der Amtsrichter indes in dem Ablehnungsbeschluss einen hinreichenden Tatverdacht oder liegt ein Verfahrenshindernis vor, hat er – abweichend von § 204 StPO – nach Abs 3 statt der Nichteröffnung des Hauptverfahrens die Akten mit der Ablehnung des Antrags ohne förmlichen Beschluss schlicht an die StA zurückzugeben (Löwe/Rosenberg/Gössel StPO § 419 Rn 33; HK-StPO/Zöller StPO § 419 Rn 7). Für diesen Fall sieht Abs 3 Hs 2 vor, dass die Staatsanwaltschaft entweder von der Einreichung einer neuen Anklageschrift absehen kann, wobei sie die bisher erhobene Anklage zurücknimmt und das Verfahren anderweitig durch Einstellung nach § 170 Abs 2 StPO, §§ 153 StPO ff erledigt (vgl Meyer-Goßner StPO § 419 Rn 9), oder die Akten dem Gericht – ggf im Falle eines vorher nur mündlich erhobenen Antrags zugleich mit einer schriftlichen Anklage – zur Entscheidung über die Eröffnung des Hauptverfahrens wieder vorlegt. Im letzteren Fall ist das normale Verfahren eröffnet, wobei das Gericht Aufklärungsmängel des Ermittlungsverfahrens selbst nach § 202 StPO auszugleichen hat.

C. Rechtsmittel

Dass im beschleunigten Verfahren verhandelt worden ist, kann weder in der Berufungs- noch in der Revisionsinstanz beanstandet werden, insbesondere ist die Frage der Eignung der Sache für das beschleunigte Verfahren weder im Berufungsverfahren noch revisionsrechtlich überprüfbar (str, so BayObLGSt 1997, 15; OLG Hamburg NJW 1966, 1278 m abl Anm Jerusalem; Schröer NStZ 1999, 214; AK/Loos StPO § 419 Rn 16; Schröer NStZ 1999, 214; Meyer-Goßner StPO § 419 Rn 12; HK-StPO/Kurth StPO § 419 Rn 6; **aA** OLG Düsseldorf StV 1999, 202; OLG Stuttgart NJW 1999, 511; OLG Hamburg NStZ 1999, 266; KK-StPO/Graf StPO § 419 Rn 18; KMR/Metzger StPO § 419 Rn 41). Gleiches hat auch für eine Überschreitung der in § 418 Abs 1 S 2 StPO bezeichneten Frist zu gelten, da es sich nur um eine Sollvorschrift handelt (HK-StPO/Zöller StPO § 419 Rn 10; **aA** OLG Düsseldorf NJW 2003, 1470; OLG Stuttgart NJW 1999, 511; OLG Hamburg NStZ 1999, 266; KK-StPO/Graf StPO § 419 Rn 18; Meyer-Goßner StPO § 419 Rn 13; Ranft NStZ 2004, 427).

Findet die Hauptverhandlung während eines wesentlichen Teils in Abwesenheit der nach § 418 Abs 4 StPO notwendigen Verteidigung statt, stellt dies den absoluten Revisionsgrund des § 338 Nr 5 StPO dar (Meyer-Goßner StPO § 418 Rn 18); Beurteilungsmaßstab ist hierfür das amtsgerichtliche Erkenntnis, nicht dagegen die –nicht überprüfbare- Prognoseentscheidung des Gerichts, die ihre Bestätigung in dem erkannten Strafmaß gefunden hat.

Hat das Amtsgericht seine **Rechtsfolgenkompetenz** nach § 418 Abs 1 S 2 StPO überschritten, so hat die streitige dogmatische Einordnung der Beschränkung der Rechtsfolgenkompetenz für die **Berufung** folgende Konsequenzen: Wird mit der hier vertretenen Auffassung die Regelung als Rechtsfolgengrenze interpretiert und beschränkt sich der Anwendungsbereich der §§ 417 StPO ff auf das erstinstanzliche Verfahren, ist das Berufungsgericht an die in § 419 Abs 1 S 2 StPO normierte Beschränkung der Strafgewalt nicht gebunden; es kann – unter Beachtung des Verschlechterungsverbots gemäß § 331 StPO – auf eine höhere als die in § 419 Abs 1 S 2 StPO bestimmte Strafe erkennen, sei es, dass das Amtsgericht seine Rechtsfolgenkompetenz nach § 418 Abs 1 S 2 StPO überschritten hat (KK-StPO/Graf StPO § 419 Rn 19; Loos/Radtke NStZ 1996, 7), sei es, dass das Berufungsgericht selbst auf eine höhere als die nach § 419 Abs 1 S 2 StPO zulässige Rechtsfolge erkennen will; nach der Gegenansicht hat das Berufungsgericht die Sache – abweichend von § 328 StPO – an das Amtsgericht zurückzuverweisen, das sodann nach § 419 Abs 3 StPO zu entscheiden hat (OLG Hamm JR 1978, 120 OLG Hamm JR 1978, 120; Meyer-Goßner StPO § 419 Rn 17; HK-StPO/Zöller StPO § 419 Rn 12); soweit nach dieser Ansicht dem Amtsgericht auch die – bestrittene (s § 417 StPO Rn 1) – Möglichkeit verbleibt, die Sache im beschleunigten Verfahren weiterzuverhandeln (Meyer-Goßner aaO; HK-Zöller aaO), dürfte dies bereits n dem Gebot der beschleunigten Verhandlung iSd § 418 Abs 1 S 2 StPO scheitern. Einen dritten Weg beschreitet der BGH (BGHSt 35, 251), indem dem Berufungsgericht die Befugnis zugestanden wird, die Rechtsfolge unter Beachtung der beschränkten Strafgewalt nach § 419 Abs 1 S 2 StPO neu zuzumessen. Bei der **Sprungsrevision** soll nach einer Ansicht die Überschreitung der Rechtsfolgenkompetenz nach § 419 Abs 1 S 2 StPO von Amts wegen (OLG Celle NStZ 1983, 233; OLG Hamm JR 1978, 120; Meyer-Goßner StPO § 419 Rn 185; HK-StPO/Zöller StPO § 419 Rn 12; SK-StPO/Paeffgen StPO § 419 Rn 17), nach der Gegenmeinung (OLG Stuttgart NStZ-RR 2002, 339; KK-StPO/Graf StPO § 419 Rn 20; AK/Loos StPO § 419 Rn 10; Treier NStZ 1983, 234) nur auf eine zulässig erhobene Verfahrensrüge geprüft werden, wobei dann auch darzulegen wäre, ob das Urteil im normalen Strafverfahren anders ausgefallen wäre (OLG Stuttgart aaO); ungeachtet dessen hat das Amtsgericht auf die Aufhebung des Urteils und Zurückverweisung der Sache nach § 419 Abs 3 StPO zu verfahren.

§ 420 [Beweisaufnahme]

(1) Die Vernehmung eines Zeugen, Sachverständigen oder Mitbeschuldigten darf durch Verlesung von Niederschriften über eine frühere Vernehmung sowie von

Urkunden, die eine von ihnen stammende schriftliche Äußerung enthalten, ersetzt werden.

(2) Erklärungen von Behörden und sonstigen Stellen über ihre dienstlichen Wahrnehmungen, Untersuchungen und Erkenntnisse sowie über diejenigen ihrer Angehörigen dürfen auch dann verlesen werden, wenn die Voraussetzungen des § 256 nicht vorliegen.

(3) Das Verfahren nach den Absätzen 1 und 2 bedarf der Zustimmung des Angeklagten, des Verteidigers und der Staatsanwaltschaft, soweit sie in der Hauptverhandlung anwesend sind.

(4) Im Verfahren vor dem Strafrichter bestimmt dieser unbeschadet des § 244 Abs. 2 den Umfang der Beweisaufnahme.

Überblick

Diese Vorschrift sieht als Schwerpunkt der mit dem VerbrBekG geschaffenen Neuregelung des beschleunigten Verfahrens eine Vereinfachung der Beweisaufnahme im beschleunigten Verfahren vor, wobei vor allem Abs 4 eine wesentliche Einschränkung der Verteidigungsmöglichkeiten durch die Abschaffung des sachlichen Beweisantragsrechts nach § 244 Abs 3 bis Abs 5 StPO, § 245 Abs 2 StPO enthält.

A. Verfahrensarten

1   Mit § 420 StPO, der im Zusammenhang mit § 384 Abs 3 StPO, § 411 Abs 2 S 2 StPO zu sehen ist, hat der Gesetzgeber drei unterschiedliche Verfahrensarten in der Strafprozessordnung geschaffen, die je nach Verfahrensstand wechseln können: So gelten im normalen Verfahren nach Anklageerhebung §§ 226 StPO ff, im beschleunigten Verfahren vor dem Strafrichter oder dem Schöffengericht § 420 Abs 1 bis Abs 3 StPO und, soweit vor dem Strafrichter anhängig, auch § 420 Abs 4 StPO; letzteres gilt nach § 411 Abs 2 S 2 StPO auch für das Strafbefehlsverfahren. Wird in einer amtsgerichtlichen Hauptverhandlung, sei es in einem normalen Strafverfahren oder im beschleunigten Verfahren, nach § 408 a StPO Strafbefehl erlassen und hiergegen Einspruch eingelegt, richtet sich das Verfahren nach § 411 Abs 2 S 2 StPO iVm § 420 Abs 1 bis Abs 3 StPO und, soweit vor dem Strafrichter anhängig, auch nach § 420 Abs 4 StPO (krit hierzu Meyer-Goßner StPO § 420 Rn 2f). In der Berufungsinstanz findet § 420 StPO insgesamt keine Anwendung, da das beschleunigte Verfahren mit der Rechtsmitteleinlegung in das Regelverfahren übergeht (s § 417 StPO Rn 1).

B. Vereinfachtes Verfahren

I. Erleichterte Urkundenverlesung nach den Abs 1 bis Abs 3

2   Nach Abs 1 können entsprechend § 77 a Abs 1 OWiG **Vernehmungsniederschriften** und schriftliche Äußerungen über den Regelungsgehalt des § 251 StPO hinaus verlesen werden. Vernehmungsniederschriften sind iSd § 251 Abs 1 StPO zu verstehen (s § 251 StPO Rn 5 ff). Der Unterschied zu § 251 Abs 1 StPO ist wegen des Zustimmungserfordernisses in Abs 3 marginal und erschöpft sich darin, dass die Zustimmung des unverteidigten Beschuldigten genügt (KK-StPO/Graf StPO § 420 Rn 3; **aA** Ranft NStZ 2004, 424).

3   Ferner können **behördliche Erklärungen**, auch soweit es sich nicht um solche iS de § 256 Abs 1 Nr 1 lit a u Nr 5 StPO handelt, wie nach § 77 a Abs 2 OWiG in die Hauptverhandlung durch Verlesung eingeführt werden. O und inwieweit der Begriff der behördlichen Erklärungen über den in § 256 Abs 1 Nr 5 StPO verwandten hinausgeht, ist fraglich, da § 256 Abs 1 Nr 5 StPO durch das 1. JuMoG, also nach der Schaffung des § 420 StPO durch das VerbrBekG eingefügt worden ist (zur alten Rechtslage vgl etwa BGH NStZ 1995, 143) und nunmehr auch Aktenvermerke über dienstliche Wahrnehmungen, Erkenntnisse und Untersuchungen erfasst (zur Einführung von Aktenvermerken über Vernehmungsinhalte s § 256 StPO Rn 21).

4   Beides – Einführung von Vernehmungsniederschriften und behördlichen Erklärungen – setzt die **Zustimmung** des Angeklagten, des Verteidigers, soweit er anwesend ist, und der

Staatsanwaltschaft voraus. Die Anordnung ergeht wie nach § 251 Abs 4 S 3 u S 4 StPO durch Gerichtsbeschluss. Ob nach Abs 1 auch Niederschriften über Vernehmungen zeugnisverweigerungsberechtigter Personen ohne weiteres verlesen werden dürfen, ist zu bezweifeln (so KK-StPO/Graf StPO § 420 Rn 4), auch wenn es sich um richterliche Aussagen handelt (KK-StPO/Graf StPO § 420 Rn 4; **aA** Meyer-Goßner StPO § 420 Rn 5; HK-StPO/Krehl StPO § 420 Rn 2).

II. Einschränkung des Beweisantragsrechts in Abs 4

Im beschleunigten Verfahren (entsprechend in der Hauptverhandlung auf den Einspruch gegen den Strafbefehl) vor dem Strafrichter können nach der den § 384 Abs 3 StPO, § 77 Abs 1 OWiG nachgebildeten Regelung in Abs 4 Beweisanträge ohne Bindung an § 244 Abs 3 bis Abs 5 StPO abgelehnt werden; dies gilt auch für Beweisanträge auf Erhebung der von den Verfahrensbeteiligten herbeigeschafften präsenten Beweismittel nach § 245 Abs 2 StPO (s auch § 384 StPO Rn 7.2). Die Ablehnung von Beweisanträgen setzt nur noch voraus, dass das Gericht die Erhebung des angebotenen Beweises zur Erforschung der Wahrheit nicht für erforderlich hält; sie erfolgt durch Gerichtsbeschluss, der zu begründen und wie der Beweisantrag zu protokollieren ist, wobei sich die Begründung darauf beschränken kann, dass die Beweiserhebung zur Wahrheitsforschung nicht erforderlich ist (KK-StPO/Graf § 420 Rn 8; Meyer-Goßner StPO § 420 Rn 11). Der Beweisantrag, den zu stellen den Verfahrensbeteiligten unbenommen ist, verkümmert damit zur bloßen Beweisanregung, der das Gericht nur noch aus Gründen der Amtsaufklärungspflicht § 244 Abs 2 StPO) zu entsprechen hat (s dazu auch § 384 StPO, § 384 StPO Rn 7). Insoweit enthält Abs 4 zugleich eine Ausnahme vom Verbot der Beweisantizipation (vgl König/Seitz NStZ 1995, 5; **aA** Ranft NStZ 2004, 430). Dabei ist der Strafrichter im beschleunigten Verfahren nicht gehalten, jede nur denkbare Erkenntnisquelle bis auf den letzten Rest auszuschöpfen. Maßstab bleibt die Amtsaufklärungspflicht nach § 244 Abs 2 StPO (s § 244 StPO Rn 11 ff).

4

§§ 421-429 (weggefallen)

Dritter Abschnitt. Verfahren bei Einziehungen und Vermögensbeschlagnahmen (§§ 430-443)

§ 430 [Absehen von der Einziehung]

(1) Fällt die Einziehung neben der zu erwartenden Strafe oder Maßregel der Besserung und Sicherung nicht ins Gewicht oder würde das Verfahren, soweit es die Einziehung betrifft, einen unangemessenen Aufwand erfordern oder die Herbeiführung der Entscheidung über die anderen Rechtsfolgen der Tat unangemessen erschweren, so kann das Gericht mit Zustimmung der Staatsanwaltschaft in jeder Lage des Verfahrens die Verfolgung der Tat auf die anderen Rechtsfolgen beschränken.

(2) ¹Im vorbereitenden Verfahren kann die Staatsanwaltschaft die Beschränkung vornehmen. ²Die Beschränkung ist aktenkundig zu machen.

(3) ¹Das Gericht kann die Beschränkung in jeder Lage des Verfahrens wieder aufheben. ²Einem darauf gerichteten Antrag der Staatsanwaltschaft ist zu entsprechen. ³Wird die Beschränkung wieder aufgehoben, so gilt § 265 entsprechend.

Überblick

§ 430 StPO regelt als erste Bestimmung des 3. Abschnitts über das Verfahren bei Einziehungen und Vermögensbeschlagnahmen die Möglichkeit, entsprechend § 154 a StPO mit Zustimmung der Staatsanwaltschaft von Einziehung und Verfall abzusehen.

A. Grundsätzliches

1 Diese Regelung knüpft an die materiellrechtliche Rechtsfolge an, dass in dem Strafverfahren gegen eine Person mit der Bestrafung zugleich die Einziehung nach (§ 74 StGB) bzw. der Verfall oder Verfall von Wertersatz (§ 73 StGB, § 73 a StGB) angeordnet wird, sofern der Angeklagte Betroffener der Maßnahme ist. Soweit ein Dritter in diesem („subjektiven") Verfahren gegen einen Angeklagten Betroffener der Maßnahme ist (§ 431 StPO), ist dieser in dem Strafverfahren zu beteiligen. Für beide Fallgestaltungen sieht § 430 StPO eine erleichterte Erledigung dieses Teils des Strafverfahrens vor, indem unter bestimmten Voraussetzungen in jeder Lage des Verfahrens von der Sanktion der Einziehung abgesehen werden kann.

1.1 Unerheblich ist, ob die Einziehung oder die ihr gleichstehende Nebenfolge nach materiellem Recht zwingend vorgeschrieben oder nur fakultativ vorgesehen ist (Löwe/Rosenberg/Gössel StPO § 430 Rn 2; HK-StPO/Kurth StPO § 430 Rn 1; Meyer-Goßner StPO § 430 Rn 1). Keine Bedeutung kann jedoch die Frage gewinnen, ob sich nach materiellem Recht (etwa nach § 73 c StGB, § 74 b StGB) eine Einziehung verbietet (so aber Löwe/Rosenberg/Gössel StPO § 430 Rn 21; KMR/Metzger StPO § 430 Rn 2; AK/Günther StPO § 430 Rn 2; KK-StPO/Schmidt StPO § 430 Rn 2). Diese Auffassung übersieht, dass diese Regelung der Verfahrensökonomie dient und gerade schwierige Bewertungsfragen, die ein Absehen von Verfall und Einziehung nach § 73 c StGB, § 74 b StGB oder aufgrund des allgemeinen Verhältnismäßigkeitsgrundsatzes mit sich bringt, auf verfahrensrechtlichem Wege überflüssig machen soll.

B. Anwendungsbereich

2 § 430 StPO erfasst zunächst nur die Einziehung nach § 74 StGB. § 442 Abs 1 StPO erweitert den Anwendungsbereich um den Verfall und weitere gesetzliche Nebenfolgen (s dort § 442 StPO Rn 1).

C. Voraussetzungen

3 Die Beschränkung ist unter folgenden drei gleichrangigen alternativen Voraussetzungen möglich:

I. Verzichtbarkeit

4 Die Beschränkung der Verfolgung der Tat auf die anderen Rechtsfolgen (als diejenige der Einziehung) kommt zunächst – wie nach § 154 StPO, § 154 a StPO – dann in Betracht, wenn die Einziehung im Verhältnis zu den anderen verhängten Rechtsfolgen nicht ins Gewicht fällt, dh auf sie – auch im Hinblick auf die Verteidigung der Rechtsordnung – verzichtet werden kann. Hier gelten die zu § 154 StPO, § 154 a StPO entwickelten Maßstäbe.

II. Unverhältnismäßiger Aufwand

5 Alternativ besteht die Möglichkeit eines Absehens von der Einziehung, wenn das Verfahren, soweit es die Einziehung betrifft, einen unangemessenen Aufwand erfordern würde. Unangemessener Aufwand ist nicht mit einer Verfahrensverzögerung gleichzusetzen (HK-StPO/Kurth StPO § 430 Rn 4; einschränkend KK-StPO/Schmidt StPO § 430 Rn 4); es soll genügen, wenn die Klärung der Einziehungsfrage (etwa hinsichtlich der Eigentumsverhältnisse an dem einzuziehenden Gegenstand) Kosten verursachen oder einen erheblichen Aufwand an Beweiserhebung mit sich bringen würde, was in keinem vernünftigen Verhältnis zur Bedeutung der Nebenfolge stehen würde.

III. Unangemessene Verzögerung

6 Schließlich ist als dritte Möglichkeit angeführt, dass das Verfahren, soweit es die Einziehung betrifft, die Herbeiführung der Entscheidung über die anderen Rechtsfolgen der Tat unangemessen erschweren könnte. Diese Alternative soll sich zum einen auf eine denkbare Wechselwirkung auf die sonstigen Rechtsfolgen, insbesondere die Hauptstrafen beziehen, da nach einer insoweit verfehlten Rechtsprechung deren Verhängung von einer ebenfalls angeordneten Einziehung beeinflusst wird und damit auch hinausgezögert werden kann (BGH StV 1986, 58; BGH StV 1987, 389; BGH bei Detter NStZ 2000, 187 (Nr 12); BGH Beschl v 14. 6. 2000 – Az 2 StR 217/00; anders beim Verfall, dessen Anordnung erstaunlicherweise nicht zu einer Strafmilderung führen soll, vgl BGH NStZ 1995, 491; NStZ 2000, 137; NStZ 2001, 312; NStZ-RR 1996, 129; LK/Schmidt StGB § 73 Rn 7, 11 ff). Zum anderen soll damit auch die Fallgestaltung erfasst sein, dass die Klärung der Einziehungsfrage den Fortgang und Abschluss des Verfahrens insgesamt unverhältnismäßig verzögert würde (HK-StPO/ Kurth StPO § 430 Rn 5).

D. Zuständigkeit

Nach Abs 2 erfolgt die Beschränkung im Ermittlungsverfahren durch staatsanwaltschaftliche Verfügung. Wie sich aus Abs 2 S 2 ergibt, genügt das bloße Fehlen eines entsprechenden Antrags der Staatsanwaltschaft in der Anklageschrift nicht, um von einer stillschweigenden Beschränkung auszugehen. Nach Anklageerhebung obliegt die Entscheidung über die Beschränkung – wie nach § 154 StPO, § 154 a StPO – dem Gericht, das für die Beschränkung der Zustimmung der Staatsanwaltschaft bedarf. Die Beschränkung kann das Gericht jederzeit von sich aus wieder rückgängig machen (Abs 3 S 1), auf entsprechenden Antrag der Staatsanwaltschaft ist es dazu verpflichtet (Abs 3 S 2). Die gerichtliche Entscheidung über die Beschränkung und ihre Aufhebung ergeht jeweils durch Beschluss. Bei Aufhebung der Beschränkung erklärt Abs 3 S 3 – abweichend von § 154 a Abs 3 S 3 StPO, der nur auf § 265 Abs 4 StPO verweist – § 265 StPO insgesamt für entsprechend anwendbar; aus diesem redaktionellen Versehen ist aber wegen der fehlenden Vergleichbarkeit der Regelungsmaterie nicht der Schluss zu ziehen, dass der Angeklagte nach § 265 Abs 3 StPO Aussetzung verlangen könnte (**aA** wohl KK-StPO/Schmidt StPO § 430 Rn 8).

7

E. Rechtsmittel

Die Gerichtsentscheidung nach Abs 1 ist wegen § 305 S 1 StPO nicht isoliert, sondern nur mit der Revision anfechtbar, selbst für die Staatsanwaltschaft in dem Fall, dass das Gericht ohne ihre Zustimmung das Verfahren beschränkt oder einem Antrag auf Wiedereinbeziehung entgegen Abs 3 S 2 nicht entsprochen hat (so KK-StPO/Schmidt StPO § 430 Rn 9; Löwe/Rosenberg/Gössel StPO § 430 Rn 20; Meyer-Goßner StPO § 430 Rn 9; Schmidt Nachtr II Rn 10; KMR/Paulus StPO § 430 Rn 13; AK/Günther StPO § 430 Rn 28; **aA** HK-StPO/Kurth StPO § 430 Rn 8).

8

Da die Ermessensentscheidung nach Abs 1 als solche irrevisibel ist, ist weder die mit Zustimmung der Staatsanwaltschaft beschlossene Beschränkung noch ihr Nichtgebrauch für den Angeklagten in der Revision angreifbar (Löwe/Rosenberg/Gössel StPO § 430 Rn 21; KMR/Paulus StPO § 430 Rn 13). Die Staatsanwaltschaft muss die unterbliebene Einziehung, die ihren Grund in einer ohne ihre Zustimmung beschlossenen Beschränkung hat, mit einer – diese Vorgänge darlegenden – Verfahrensrüge beanstanden.

8.1

F. Beschränkung nach formloser Einziehung

Fraglich ist, ob es nach einer häufig vereinbarten formlosen oder außergerichtlichen Einziehung (s Nr 180 Abs 4 RiStBV; vgl hierzu auch HK-StPO/Kurth StPO Vor § 430 Rn 10 und die Mindermeinung von Thode NStZ 2000, 62) noch einer – in diesem Zusammenhang in der Praxis nie beobachteten – Beschränkung nach § 430 StPO bedarf. Da sich die formlose Einziehung in der Erklärung des Angeklagten erschöpft, auf jedwede Eigentumsrechte an dem sonst der Einziehung unterliegenden Gegenstand und seine Herausgabe zu verzichten, und Dereliktionserklärung einer Einziehung nicht entgegensteht, müsste das Gericht der Systematik des Gesetzes folgen, die den Verzicht auf eine zwingende Rechtsfolge, wie sie § 74 StGB vorschreibt, stets von einer entsprechenden Verfahrensbeschränkung abhängig macht.

9

§ 431 [Anordnung der Einziehungsbeteiligung]

(1) ¹Ist im Strafverfahren über die Einziehung eines Gegenstandes zu entscheiden und erscheint glaubhaft, daß

1. der Gegenstand einem anderen als dem Angeschuldigten gehört oder zusteht oder
2. ein anderer an dem Gegenstand ein sonstiges Recht hat, dessen Erlöschen im Falle der Einziehung angeordnet werden könnte (§ 74 e Abs. 2 Satz 2 und 3 des Strafgesetzbuches),

so ordnet das Gericht an, daß der andere an dem Verfahren beteiligt wird, soweit es die Einziehung betrifft (Einziehungsbeteiligter). ²Das Gericht kann von der Anordnung absehen, wenn infolge bestimmter Tatsachen anzunehmen ist, daß die Beteiligung nicht ausführbar ist. ³Das Gericht kann von der Anordnung auch dann absehen, wenn eine Partei, Vereinigung oder Einrichtung außerhalb des räumlichen Geltungsbereichs dieses Gesetzes zu beteiligen wäre, die Bestrebungen gegen den Bestand oder die Sicherheit der Bundesrepublik Deutschland oder gegen einen der in § 92 Abs 2 des Strafgesetzbuches bezeichneten Verfassungsgrundsätze verfolgt, und wenn den Umständen nach anzunehmen ist, daß diese Partei, Vereinigung oder Einrichtung oder einer ihrer Mittelsmänner den Gegenstand zur Förderung ihrer Bestrebungen zur Verfügung gestellt hat; in diesem Falle genügt es, vor der Entscheidung über die Einziehung des Gegenstandes den Besitzer der Sache oder den zur Verfügung über das Recht Befugten zu hören, wenn dies ausführbar ist.

(2) Das Gericht kann anordnen, daß sich die Beteiligung nicht auf die Frage der Schuld des Angeschuldigten erstreckt, wenn
1. die Einziehung im Falle des Absatzes 1 Nr. 1 nur unter der Voraussetzung in Betracht kommt, daß der Gegenstand dem Angeschuldigten gehört oder zusteht, oder
2. der Gegenstand nach den Umständen, welche die Einziehung begründen können, dem Einziehungsbeteiligten auch auf Grund von Rechtsvorschriften außerhalb des Strafrechts ohne Entschädigung dauernd entzogen werden könnte.

(3) Ist über die Einziehung des Wertersatzes gegen eine juristische Person oder eine Personenvereinigung zu entscheiden (§ 75 in Verbindung mit § 74 c des Strafgesetzbuches), so ordnet das Gericht deren Beteiligung an.

(4) Die Verfahrensbeteiligung kann bis zum Ausspruch der Einziehung und, wenn eine zulässige Berufung eingelegt ist, bis zur Beendigung der Schlußvorträge im Berufungsverfahren angeordnet werden.

(5) ¹Der Beschluß, durch den die Verfahrensbeteiligung angeordnet wird, kann nicht angefochten werden. ²Wird die Verfahrensbeteiligung abgelehnt oder eine Anordnung nach Absatz 2 getroffen, so ist sofortige Beschwerde zulässig.

(6) Erklärt jemand bei Gericht oder bei der Staatsanwaltschaft schriftlich oder zu Protokoll oder bei einer anderen Behörde schriftlich, daß er gegen die Einziehung des Gegenstandes keine Einwendungen vorbringen wolle, so wird seine Verfahrensbeteiligung nicht angeordnet oder die Anordnung wieder aufgehoben.

(7) Durch die Verfahrensbeteiligung wird der Fortgang des Verfahrens nicht aufgehalten.

Überblick

Diese Vorschrift regelt die verfahrensrechtliche Beteiligung eines durch eine mögliche Einziehung betroffenen Dritten im subjektiven Verfahren.

Übersicht

	Rn		Rn
A. Bedeutung der Regelung	1	III. Nachweis	5
B. Voraussetzungen der Beteiligung	2	C. Beteiligungsanordnung	6
I. Einziehungsbeteiligung	3	I. Entscheidungsform und Rechtsmittel	6
II. Verfallsbeteiligung	4	II. Beschränkung der Beteiligung (Abs 2)	7

	Rn		Rn
III. Absehen von einer Beteiligungsanordnung	8	D. Einfluss der Beteiligung auf das Strafverfahren	10
IV. Erstreckung auf juristische Personen	9		

A. Bedeutung der Regelung

In dieser Regelung werden die Voraussetzungen und das Verfahren bestimmt, ob und wie 1 ein Dritter, welcher selbst nicht Angeklagter ist, als Nebenbeteiligter zum Verfahren hinzugezogen wird. Ausdrücklich ist nur der **Einziehungsbeteiligte** in § 431 StPO genannt, allerdings ist die Vorschrift nach § 442 Abs 1 StPO auch auf den **Verfallsbeteiligten** und sonstige durch die in § 442 Abs 1 StPO bezeichnete Nebenentscheidungen Betroffene anzuwenden, wobei aber § 442 Abs 2 StPO für bestimmte Arten des Verfalls abweichende Sonderregelungen enthält.

B. Voraussetzungen der Beteiligung

Die Regelung erfordert zunächst, dass der Einziehungsbeteiligte nicht Beschuldigter des 2 Verfahrens ist; auch die Eigenschaft als nachrangiger Mitbeschuldigter, etwa als ein der Beihilfe Verdächtiger, schließt eine Nebenbeteiligung aus, sofern die Beschuldigung im nämlichen Verfahren erhoben wird; etwas anderes gilt bei fehlender Verfahrensidentität (KMR/Paulus StPO § 431 Rn 6).

I. Einziehungsbeteiligung

Die Einziehungsbeteiligung ist anzuordnen, wenn die Einziehung eines Gegenstands 3 hinreichend wahrscheinlich ist und glaubhaft erscheint, dass entweder der Gegenstand dem Nebenbeteiligten gehört bzw dieser ein dingliches Recht daran hat oder der Nebenbeteiligte ein sonstiges Recht an dem Gegenstand hat, dessen Erlöschen im Falle der Einziehung gemäß § 74 e Abs 2 S 2 und S 3 StGB angeordnet werden könnte. Die Frage der Einziehung beurteilt sich nach §§ 74 StGB ff; von Bedeutung ist dabei auch, ob nach § 74 b Abs 1 StGB von einer Einziehung Abstand genommen oder eine Verfolgungsbeschränkung nach § 430 StPO vorgenommen worden ist oder werden wird (vgl HK-StPO/Kurth StPO § 431 Rn 3). Der Gegenstand gehört jemandem oder steht diesem zu, wenn der Betreffende Eigentümer, Miteigentümer zur gesamten Hand oder nach Bruchteilen ist (KK-StPO/Schmidt StPO § 431 Rn 6); bei Vorbehalts- und Sicherungseigentum ist eine formale, keine wirtschaftliche Betrachtungsweise maßgebend (BGH NJW 1971, 2235), so dass die Rechtsstellung des Vorbehaltseigentümers oder des Sicherungsgebers nicht geschützt ist (BGHSt 24, 222; KK-StPO/Schmidt StPO § 431 Rn 6). Die in Nr 2 bezeichneten Nebenbeteiligten sind die Inhaber beschränkt dinglicher Rechte (etwa Pfandrechte oder Nießbrauch), wenn mit der Einziehung das Erlöschen dieser Rechte angeordnet werden könnte; schuldrechtliche Ansprüche oder der tatsächliche Besitz bleiben außer Betracht.

II. Verfallsbeteiligung

Gleiches gilt bezüglich der Verfallsbeteiligung gemäß § 431 Abs 1 S 1 Nr 1 StPO iVm 4 § 442 Abs 1 StPO, sofern im Strafverfahren gemäß § 73 StGB über den Verfall eines Vermögensvorteils oder des Wertersatzes gemäß § 73 a StGB zu entscheiden ist und der verfallene Vermögensvorteil einem Dritten gehört, der ihn für die Tat oder sonst in Kenntnis der Tatumstände gewährt hat (§ 73 Abs 4 StGB); soweit in § 442 Abs 1 StPO insgesamt auf § 431 Abs 1 StPO und damit auch auf Nr 2 verwiesen wird, geht dieser Verweis wegen § 73 d Abs 1 S 2 StGB und dem Fehlen einer dem § 74 e Abs 2 S 2 und S 3 StPO entsprechenden Regelung fehl. Ferner ist die Beteiligung vorgesehen, wenn der Verfall nach § 73 Abs 3 StGB gegen einen nicht im Verfahren beschuldigten Dritten angeordnet werden kann, § 442 Abs 2 StPO.

III. Nachweis

5   Der Nachweis wird durch Glaubhaftmachung geführt. Dies bedeutet einen gewissen Grad der Wahrscheinlichkeit, das dem Dritten ein Recht an dem Gegenstand zusteht, wobei keine zu strengen Anforderungen an den Nachweis gestellt werden dürfen, um den Dritten die Wahrung seiner Rechte durch die Beteiligung am Verfahren zu ermöglichen.

C. Beteiligungsanordnung

I. Entscheidungsform und Rechtsmittel

6   Die Beteiligung wird vom Gericht von Amts wegen durch unanfechtbaren Beschluss angeordnet (Abs 5), ohne dass es eines Antrags der Staatsanwaltschaft oder des Betroffenen bedarf. Regelmäßig wird die Staatsanwaltschaft aber einen derartigen Antrag stellen, indem sie den Dritten in der Anklageschrift aufführt und mit einer entsprechenden Begründung seine Beteiligung beantragt. Die Entscheidung ist ab Anklageeingang bei Gericht und bis zum Urteil – ggf bei einer Berufung bis zu den in der Verhandlung gehaltenen Schlussvorträgen – zulässig (Abs 4), so dass die Beteiligung im Revisionsverfahren nicht mehr angeordnet werden kann. Im Strafbefehlsverfahren ist die Beteiligung des Dritten auf Antrag der Staatanwaltschaft – spätestens – im Strafbefehl anzuordnen; danach ist dies nur nach dem zulässigen Einspruch des Angeklagten wieder zulässig. Für die Anhörung und die Bekanntmachung gelten § 33 StPO, § 35 StPO, § 35a StPO. Schlüssiges Verhalten des Gerichts ersetzt die Beteiligungsanordnung nicht (aA OLG Zweibrücken NJW 1970, 1758; HK-StPO/Kurth StPO § 431 Rn 10; KK-StPO/Schmidt StPO § 431 Rn 13). Wird die Beteiligung abgelehnt oder nach Abs 2 beschränkt, so ist hiergegen die sofortige Beschwerde gegeben (Abs 5 S 2).

II. Beschränkung der Beteiligung (Abs 2)

7   Wird die Beteiligung ohne Einschränkung angeordnet, erstreckt sie sich auf die Schuldfrage, soweit die Einziehung damit im Zusammenhang steht. Hingegen kann das Gericht nach Abs 2 die Beteiligung des von der Einziehung betroffenen Dritten beschränken, wenn entweder eine Dritteinziehung nach Lage der Dinge nicht in Betracht kommt, mithin die Einziehung bereits daran scheitern würde, wenn dem Nebenbeteiligten ein Recht an dem Gegenstand zustehen würde, und daher die Schuldfrage insoweit nicht von Belang wäre, oder der Gegenstand – iSd § 74f Abs 2 Nr 3 StGB – nach den Umständen des Einzelfalls dem Nebenbeteiligten auch aufgrund von Rechtsvorschriften dauerhaft entzogen werden könnte, die außerhalb des Strafrechts (etwa im Polizeigesetz des jeweiligen Bundeslandes) liegen. Für den Verfall ist die Regelung nicht von Bedeutung, da nach § 73 Abs 1 S 1 StGB als Anknüpfungstat jede rechtswidrige Tat genügt (KK-StPO/Schmidt StPO § 431 Rn 20; aA Meyer-Goßner StPO § 431 Rn 18). Soweit eine Einziehung nach § 74a StGB beabsichtigt ist, kann der Einziehungsbeteiligte von der Erörterung der Schuldfrage nach Abs 2 Nr 1 nicht ausgeschlossen werden, da das Erlöschen seines Rechts von seiner schuldhaften Beteiligung an der Tat abhängt (KK-StPO/Schmidt StPO § 431 Rn 22; Löwe-Rosenberg/Gössel StPO § 431 Rn 55). Gleiches gilt für die Beteiligung eines beschränkt dinglich Berechtigten, soweit eine Anordnung nach § 74e Abs 2 S 2, S 3 StGB in Betracht kommt (Schmidt aaO unter Hinweis auf die amtliche Begründung, vgl BT-Drs V/1319, 76). In beiden Fällen muss der Einziehungsbeteiligte Gelegenheit erhalten, sich zur Frage der Schuld des Angeklagten zu äußern, die hier eine materielle Grundlage der Einziehung bildet.

III. Absehen von einer Beteiligungsanordnung

8   Nach Abs 1 S 2 und S 3 kann von der Beteiligung abgesehen werden, wenn die Beteiligung nicht ausführbar, sei es, dass die Anschrift des Dritten unbekannt ist, sei es, dass die Person des Dritten nicht mit verhältnismäßigem Aufwand zu ermitteln ist, ferner, wenn es um die Beteiligung von im Ausland gelegenen oder international organisierten (Meyer-Goßner StPO § 431 Rn 13; aA HK-StPO/Kurth StPO § 431 Rn 15) Parteien, Vereinigungen oder sonstigen Einrichtungen geht und die Annahme begründet ist, dass diese den Gegenstand zur Förderung ihrer verfassungsfeindlichen oder sicherheitsgefährdenden Bestre-

bungen zur Verfügung gestellt hat; in einem solchen Falle genügt es, wenn der tatsächliche Inhaber der Sachherrschaft über den Gegenstand gehört wird, ohne dass dessen Beteiligung geboten ist. Ferner ist von einer Beteiligung des betroffenen Dritten abzusehen, wenn der Dritte erklärt, auf Einwendungen gegen die Einziehung zu **verzichten** (Abs 6). Ist seine Beteiligung bereits angeordnet, wird sie aufgehoben; der Dritte ist damit nicht Verfahrensbeteiligter und kann als Zeuge vernommen werden.

IV. Erstreckung auf juristische Personen

Soweit eine juristische Person oder eine Personenvereinigung von der Einziehung betroffen ist, gelten Abs 1 und Abs 2 entsprechend; Abs 3 berücksichtigt die Möglichkeit, gegen eine juristische Person oder Personenvereinigung auch die Einziehung von Wertersatz nach § 75 StGB, § 74c StGB anzuordnen. 9

D. Einfluss der Beteiligung auf das Strafverfahren

Nach Abs 7 soll die Verfahrensbeteiligung den Gang des Verfahrens nicht aufhalten. Die Regelung entspricht dem Wortlaut des § 398 Abs 1 StPO, demzufolge der Nebenkläger dem Verfahren so beitritt, wie er es vorfindet, ohne eine Wiederholung prozessualer Vorgänge verlangen zu können, so dass er die bisherigen Vorgänge gegen sich gelten lassen muss. Dies muss für den Nebenbeteiligten in gleichem Maße gelten, hindert dann aber auch nicht, dass der Nebenbeteiligte nach § 439 Abs 1 StPO seine Rechte im Nachverfahren geltend macht. 10

§ 432 [Anhörung im vorbereitenden Verfahren]

(1) ¹Ergeben sich im vorbereitenden Verfahren Anhaltspunkte dafür, daß jemand als Einziehungsbeteiligter in Betracht kommt, so ist er zu hören, wenn dies ausführbar erscheint. ²§ 431 Abs. 1 Satz 3 gilt entsprechend.

(2) Erklärt derjenige, der als Einziehungsbeteiligter in Betracht kommt, daß er gegen die Einziehung Einwendungen vorbringen wolle, und erscheint glaubhaft, daß er ein Recht an dem Gegenstand hat, so gelten, falls er vernommen wird, die Vorschriften über die Vernehmung des Beschuldigten insoweit entsprechend, als seine Verfahrensbeteiligung in Betracht kommt.

Überblick

Die Regelung gewährleistet die Gewährung rechtlichen Gehörs, wenn ein Dritter durch eine mögliche Einziehung betroffen ist.

A. Regelungszweck

Sinn und Zweck der Bestimmung ist nicht nur die Aufklärung der tatsächlichen Umstände in Bezug auf die mögliche Beteiligung eines Dritten hinsichtlich einer Einziehung und die Klärung, ob Einwendungen dieses Dritten zu erwarten sind (§ 431 Abs 6 StPO), sondern auch die Gewährung des rechtlichen Gehörs (HK-StPO/Kurth StPO § 432 Rn 2). 1

B. Anhörung des Einziehungsbeteiligten

Auch wenn dem von der Einziehung betroffenen Dritten die Befugnisse eines Einziehungsbeteiligten erst auf Grund des konstitutiven Beschlusses zustehen, durch den seine Verfahrensbeteiligung förmlich angeordnet wird, stehen ihm schon vorher gewisse prozessuale Rechte zu (KK-StPO/Schmidt StPO § 432 Rn 1). So hat der Dritte einen Anspruch darauf, dass er bei Ermittlungen über eine ihn betreffende Einziehung gehört wird, um von vornherein eine drohende Einziehung abzuwenden. Die Pflicht zur Anhörung im vorbereitenden Verfahren entsteht bereits dann, wenn Anhaltspunkte dafür bestehen, dass eine andere Person als der Beschuldigte ein Recht an einem Gegenstand hat, dessen Einziehung in Betracht kommt. Dies ist in aller Regel jedenfalls spätestens dann der Fall, wenn eine 2

Beschlagnahme wegen einer zukünftigen Einziehung angeordnet worden ist und Hinweise auf die Rechte eines Dritten bestehen.

3 Von der Anhörung kann in den Fällen des § 431 Abs 1 S 2 (fehlende Ausführbarkeit) oder S 3 StPO (s § 431 StPO Rn 8) abgesehen werden. Verzichtbar ist die Anhörung auch dann, wenn die Einstellung des Ermittlungsverfahrens nach § 170 Abs 2 StPO und auch kein selbstständiges Verfahren nach § 440 StPO zu erwarten ist, ferner wenn die Rechtsfolge der Einziehung bereits vor der Anhörung nach § 430 StPO aus dem Verfahren ausgeschieden worden ist oder der Dritte schon in diesem Stadium des Verfahrens auf seine Beteiligung nach § 431 Abs 6 StPO verzichtet hat (KK-StPO/Schmidt StPO § 432 Rn 3).

4 Die Anhörung unterliegt keiner gesetzlich geregelten Form; sie kann mündlich oder schriftlich erfolgen. Erklärt der Dritte, gegen eine Einziehung keine Einwendungen erheben zu wollen, so muss eine derartige Erklärung nach § 431 Abs 6 StPO schriftlich abgegeben werden, damit das Gericht von einer Einziehungsbeteiligung absehen kann.

C. Vernehmung des Einziehungsbeteiligten

5 Ergibt sich aus der Anhörung oder aus einer anderweitigen Erklärung des Dritten, dass dieser Einwendungen gegen die Einziehung vorbringen werde, und erscheint glaubhaft, dass der Dritte ein Recht an dem Einziehungsgegenstand hat, so sind auf eine etwaige (nicht zwingend vorgegebene) Vernehmung des Dritten die Regelungen über die Beschuldigtenvernehmung entsprechend anzuwenden (§ 136 StPO, § 163a StPO). Ob der Dritte vernommen wird, steht im Ermessen der Ermittlungsbehörden. Die Vernehmung soll stattfinden, wenn die bloße Anhörung nicht ausreicht, um eine angemessene Verteidigung des Dritten zu ermöglichen oder den Verfolgungsorganen eine sachgerechte Beurteilung der Einziehungs- und Beteiligungsfrage zu gestatten (Löwe/Rosenberg/Gössel StPO § 432 Rn 10). Einen Anspruch auf Vernehmung hat der Dritte nicht (KK-StPO/Schmidt StPO § 432 Rn 6).

§ 433 [Stellung des Einziehungsbeteiligten im Hauptverfahren]

(1) ¹Von der Eröffnung des Hauptverfahrens an hat der Einziehungsbeteiligte, soweit dieses Gesetz nichts anderes bestimmt, die Befugnisse, die einem Angeklagten zustehen. ²Im beschleunigten Verfahren gilt dies vom Beginn der Hauptverhandlung, im Strafbefehlsverfahren vom Erlaß des Strafbefehls an.

(2) ¹Das Gericht kann zur Aufklärung des Sachverhalts das persönliche Erscheinen des Einziehungsbeteiligten anordnen. ²Bleibt der Einziehungsbeteiligte, dessen persönliches Erscheinen angeordnet ist, ohne genügende Entschuldigung aus, so kann das Gericht seine Vorführung anordnen, wenn er unter Hinweis auf diese Möglichkeit durch Zustellung geladen worden ist.

Überblick

Diese Bestimmung räumt dem Einziehungsbeteiligten einerseits ein weitreichendes Maß an Verfahrensrechten ein, erlaubt sie dem Gericht andererseits aber auch, die Anwesenheit des Einziehungsbeteiligten in der Hauptverhandlung zu erzwingen.

A. Verfahrensrechtliche Stellung des Dritten

I. Befugnisse

1 Der Nebenbeteiligte hat – jedoch erst mit der Anordnung seiner Beteiligung – die Befugnisse, die einem Angeklagten zustehen, soweit nicht in § 436 Abs 2 StPO, § 437 Abs 1 StPO etwas anderes bestimmt ist. Er hat also Anspruch auf rechtliches Gehör, ein Fragerecht nach § 240 Abs 2 StPO in der Beweisaufnahme und kann Anträge (wie etwa Ablehnungsgesuche, vgl OLG Karlsruhe NJW 1973, 1658) stellen (zu den Grenzen von Beweisanträgen s aber § 436 Abs 2 StPO) sowie Rechtsbehelfe und –mittel (wie dem Einspruch gegen einen Strafbefehl, § 438 StPO) einlegen; auch steht ihm ein letztes Wort zu (BGH NJW 1962,

Verfahren bei Einziehungen § 434 StPO

501). Er erlangt damit aber nicht die Rechtsstellung des Angeklagten und ist diesem nicht gleichgestellt. Allerdings kann er, solange er beteiligt ist und soweit die Beteiligung am Strafverfahren reicht, auch nicht Zeuge sein. Ein Verschulden seines Vertreters muss er sich zurechnen lassen (HK-StPO/Kurth StPO § 433 Rn 2).

II. Maßgebender Zeitpunkt

Der Einziehungsbeteiligte erlangt nach Abs 1 S 1 die Befugnisse eines Angeklagten mit 2 der **Eröffnung des Hauptverfahrens** gemäß § 203 StPO, § 207 StPO, da erst in diesem Zeitpunkt die Möglichkeit einer Einziehung besteht. Abs 1 S 2 stellt klar, dass im beschleunigten Verfahren maßgeblicher Zeitpunkt, mit welchem dem Nebenbeteiligten die Befugnisse eines Angeklagten zustehen, der Beginn der Hauptverhandlung und im Strafbefehlsverfahren der Erlass des Strafbefehls ist, dies allerdings mit der Einschränkung, dass die Einziehungsbeteiligung nicht zu einem späteren Zeitpunkt angeordnet wird.

III. Verhandlungsfähigkeit

Nach einer Auffassung setzt die Wahrnehmung der Befugnisse Verhandlungsfähigkeit, 3 nicht aber auch Geschäftsfähigkeit voraus (so aber RGSt 29, 52), so dass verhandlungsfähige Minderjährige für die Ausübung ihrer Befugnisse, auch für Erklärungen nach § 431 Abs 6 StPO nicht der Einwilligung des gesetzlichen Vertreters bedürfen (Meyer-Goßner StPO § 433 Rn 7, HK- StPO/Kurth StPO § 433 Rn 3; KK-StPO/Schmidt StPO § 433 Rn 5).

B. Persönliches Erscheinen

Grundsätzlich ist der Nebenbeteiligte nicht verpflichtet, an der Hauptverhandlung teil- 4 zunehmen, § 436 Abs 1 StPO; auch kann er sich in jeder Lage des Verfahrens vertreten lassen. Das Gericht kann aber zur besseren Aufklärung das persönliche Erscheinen des Nebenbeteiligten anordnen, Abs 2 S 1, insbesondere um eine Gegenüberstellung mit Zeugen oder Angeklagten zu ermöglichen. Um der Anordnung nach S 1 ihre Durchsetzbarkeit zu verleihen, sieht S 2 die Vorführung des Nebenbeteiligten vor. Voraussetzung hierfür ist, dass der Nebenbeteiligte unter Hinweis auf die Möglichkeit einer zwangsweisen Vorführung durch Zustellung wirksam geladen worden ist und er ohne genügende Entschuldigung ausgeblieben ist. Soweit der Einziehungsbeteiligte als Zeuge, etwa im Falle einer nach § 431 Abs 2 StPO beschränkten Beteiligungsanordnung zur Schuldfrage geladen und vernommen werden darf, können gegen ihn auch ggf die Zwangsmittel nach § 48 StPO, § 51 StPO angewendet werden.

§ 434 [Vertretung]

(1) ¹Der Einziehungsbeteiligte kann sich in jeder Lage des Verfahrens auf Grund einer schriftlichen Vollmacht durch einen Rechtsanwalt oder eine andere Person, die als Verteidiger gewählt werden kann, vertreten lassen. ²Die für die Verteidigung geltenden Vorschriften der §§ 137 bis 139, 145 a bis 149 und 218 sind entsprechend anzuwenden.

(2) Das Gericht kann dem Einziehungsbeteiligten einen Rechtsanwalt oder eine andere Person, die als Verteidiger bestellt werden darf, beiordnen, wenn die Sach- oder Rechtslage schwierig ist oder wenn der Einziehungsbeteiligte seine Rechte nicht selbst wahrnehmen kann.

Überblick

Die Regelung bestimmt in Anknüpfung an § 433 StPO die Befugnis des Nebenbeteiligten, sich in der Hauptverhandlung vertreten zu lassen, sowie die Möglichkeit der Beiordnung eines Verteidigers.

A. Bevollmächtigter Vertreter des Beteiligten

I. Wirkungen einer Vertretung

1   Grundsätzlich ist der Nebenbeteiligte zu einer persönlichen Mitwirkung an der Hauptverhandlung nicht verpflichtet, wenn nicht nach § 433 Abs 2 StPO sein persönliches Erscheinen angeordnet worden ist. Entsprechend § 234 StPO kann sich der Nebenbeteiligte in jeder Lage des Verfahrens, also auch schon im Ermittlungsverfahren (KK-StPO/Schmidt StPO § 434 Rn 2) durch eine Person vertreten lassen, die auch als Verteidiger gewählt werden könnte (S 1 iVm § 138 StPO, § 139 StPO). Der Vertreter muss sich durch Vorlage einer schriftlichen Vollmacht legitimieren (KK-StPO/Schmidt StPO § 434 Rn 4). Dem Vertreter sollen schon im Ermittlungsverfahren die Befugnisse eines Verteidigers nach § 145 a StPO, § 147 StPO zustehen (so Meyer-Goßner StPO § 434 Rn 1; Löwe/Rosenberg/Gössel StPO § 434 Rn 2, 5).

II. Befugnisse des Vertreters

2   Nach Abs 1 S 2 sind hinsichtlich der Befugnisse des Vertreters § 137 StPO bis § 139 StPO, § 145 a StPO bis § 149 StPO und § 218 StPO entsprechend anzuwenden. Zum Vertreter kann daher nur eine Person bestellt werden, die auch nach § 138 StPO, § 139 StPO zum Verteidiger bestellt werden kann (Abs 1). Aus der Verweisung folgt ferner, dass der Vertreter als Beistand tätig wird und die Zahl der Vertreter auf drei beschränkt ist. Die Terminsmitteilung kann nach § 435 Abs 1 StPO dem Vertreter zugestellt werden. Aus der entsprechenden Anwendung des § 146 StPO ergibt sich ferner das Verbot der Mehrfachvertretung, so dass der Vertreter des Nebenbeteiligten nicht auch zugleich Verteidiger oder Vertreter eines weiteren Einziehungs- oder Verfallbeteiligten sein kann (so HK-StPO/Kurth StPO § 434 Rn 4; KK-StPO/Schmidt StPO § 434 Rn 3; **aA** hinsichtlich der Vertretung verschiedenartiger Nebenbeteiligter Meyer-Goßner StPO § 434 Rn 5). Der Vertreter kann Akteneinsicht begehren und in den Grenzen der § 297 StPO, § 302 Abs 2 StPO Rechtsmittel einlegen.

B. Beiordnung eines Vertreters

3   Die Regelung über die Beiordnung eines Vertreters in Abs 2 ist ausschließlicher Natur; ein Rückgriff auf §§ 140 StPO ff verbietet sich daher. Daher entscheidet nach dem Wortlaut – nicht wie nach § 140 StPO – das Gericht und nicht der Vorsitzende. Die Beiordnung erfolgt für das Hauptverfahren und nicht schon für das Ermittlungsverfahren (so Meyer-Goßner StPO § 434 Rn 2; HK-StPO/Kurth StPO § 434 Rn 5; **aA** Löwe/Rosenberg/Gössel StPO § 434 Rn 6; AK/Günther StPO § 434 Rn 6; KMR/Metzger StPO § 434 Rn 2; KK-StPO/Schmidt StPO § 434 Rn 6). Die Beiordnung setzt entsprechend der Formulierung in § 140 Abs 2 StPO entweder eine Schwierigkeit der Sach- und Rechtslage oder die Unfähigkeit des Nebenbeteiligten in der Wahrnehmung seiner Rechte voraus. Allein etwa die Klärung der Eigentumsverhältnisse ist nicht ausreichend, um die gebotene Schwierigkeit annehmen zu können. Sprachschwierigkeiten des Nebenbeteiligten sind im Sinne einer Unfähigkeit, seine Rechte wahrnehmen zu können, ebenfalls nicht geeignet, um eine Beiordnung zu rechtfertigen (**aA** HK-StPO/Kurth StPO § 434 Rn 7); hier genügt die Beiordnung eines Dolmetschers. Die Beiordnung ist mangels Beschwer grundsätzlich nicht, ihre Ablehnung mit der einfachen Beschwerde anfechtbar (KK-StPO/Schmidt StPO § 434 Rn 9).

§ 435 [Terminsnachricht über Hauptverhandlung]

(1) Dem Einziehungsbeteiligten wird der Termin zur Hauptverhandlung durch Zustellung bekanntgemacht; § 40 gilt entsprechend.

(2) Mit der Terminsnachricht wird ihm, soweit er an dem Verfahren beteiligt ist, die Anklageschrift und in den Fällen des § 207 Abs. 2 der Eröffnungsbeschluß mitgeteilt.

Verfahren bei Einziehungen § 436 StPO

(3) Zugleich wird der Einziehungsbeteiligte darauf hingewiesen, daß
1. auch ohne ihn verhandelt werden kann und
2. über die Einziehung auch ihm gegenüber entschieden wird.

Überblick

Die Regelung bestimmt, in welcher Weise der Einziehungsbeteiligte von der Hauptverhandlung unterrichtet wird.

A. Terminsmitteilung

Abs 1 sieht seinem Wortlaut nach nur eine Terminsmitteilung, nicht dagegen eine Ladung entsprechend § 216 StPO vor. Dem Einziehungsbeteiligten bleibt es somit überlassen, ob er an der Hauptverhandlung teilnehmen und seine prozessualen Befugnisse wahrnehmen will oder nicht (BT-Drs V/1319, 78). Die Terminsmitteilung ist förmlich zuzustellen (§ 37 StPO); nach Abs 1 Hs 2 ist auch die öffentliche Zustellung nach § 40 StPO zulässig. Der Einhaltung der Ladungsfrist nach § 217 StPO bedarf es im Verhältnis zum Einziehungsbeteiligten, was sich schon wegen § 431 Abs 7 StPO von selbst versteht, nicht (s § 431 StPO Rn 10). Hat sich für den Einziehungsbeteiligten ein Vertreter zu den Akten gemeldet, ist auch diesem der Hauptverhandlungstermin bekanntzugeben (§ 434 Abs 1 S 2 StPO iVm § 218 StPO). Eine förmliche Ladung und keine bloße Terminsnachricht erhält der Einziehungsbeteiligte dagegen, wenn nach § 433 Abs 2 StPO sein persönliches Erscheinen angeordnet worden ist.

1

B. Weitergehende Unterrichtung

I. Mitteilung von Anklage und Eröffnungsbeschluss

Der Terminsnachricht ist nach Abs 2 grundsätzlich der Teil der Anklageschrift, dessen Inhalt den Einziehungsbeteiligten betrifft, beizufügen, um den Einziehungsbeteiligten über den Grund seiner Beteiligung zu informieren und ihm auf diese Weise die Möglichkeit zu verschaffen, sich gegen die drohende Einziehung zu wehren. Die Regelung ist auf das beschleunigte Verfahren jedenfalls dann nicht anwendbar, wenn mit dem Antrag auf Durchführung des beschleunigten Verfahrens keine Anklageschrift vorgelegt wird (KK-StPO/Schmidt StPO § 435 Rn 6), was in einem solchen Falle für die Unzulässigkeit einer Nebenbeteiligung im beschleunigten Verfahren spricht (so Löwe/Rosenberg/Gössel StPO § 435 Rn 14). Bei öffentlicher Zustellung entfällt schon wegen § 353 d Nr 3 StGB die Beifügung der Anklageschrift. Bei abweichender Würdigung im Eröffnungsbeschluss ist auch dieser, soweit für die Einziehung von Belang, der Terminsnachricht beizufügen.

2

II. Rechtsbelehrungen nach Abs 3

Abs 3 bestimmt, dass der Einziehungsbeteiligte in der Terminsnachricht darauf hinzuweisen ist, dass auch in seiner Abwesenheit verhandelt und auch über die Einziehung mit Wirkung gegen ihn entschieden werden kann.

3

§ 436 [Hauptverhandlung]

(1) ¹Bleibt der Einziehungsbeteiligte in der Hauptverhandlung trotz ordnungsgemäßer Terminsnachricht aus, so kann ohne ihn verhandelt werden. ²§ 235 ist nicht anzuwenden.

(2) Auf Beweisanträge des Einziehungsbeteiligten zur Frage der Schuld des Angeklagten ist § 244 Abs. 3 Satz 2, Abs. 4 bis 6 nicht anzuwenden.

(3) ¹Ordnet das Gericht die Einziehung auf Grund von Umständen an, die einer Entschädigung des Einziehungsbeteiligten entgegenstehen, so spricht es zugleich aus, daß dem Einziehungsbeteiligten eine Entschädigung nicht zusteht. ²Dies gilt

nicht, wenn das Gericht eine Entschädigung des Einziehungsbeteiligten für geboten hält, weil es eine unbillige Härte wäre, sie zu versagen; in diesem Falle entscheidet es zugleich über die Höhe der Entschädigung (§ 74f Abs. 3 des Strafgesetzbuches). ³Das Gericht weist den Einziehungsbeteiligten zuvor auf die Möglichkeit einer solchen Entscheidung hin und gibt ihm Gelegenheit, sich zu äußern.

(4) ¹War der Einziehungsbeteiligte bei der Verkündung des Urteils nicht zugegen und auch nicht vertreten, so ist ihm das Urteil zuzustellen. ²Das Gericht kann anordnen, daß Teile des Urteils, welche die Einziehung nicht betreffen, ausgeschieden werden.

Überblick

§ 436 StPO schränkt in Abs 1 u Abs 2 die allgemein in § 433 StPO normierte Rechtsstellung des Nebenbeteiligten in verschiedener Hinsicht wieder ein. Abs 3 verhält sich zur Frage der Entschädigung, Abs 4 zur Zustellung des Urteils nach Abwesenheitsverhandlung.

A. Abwesenheitsverhandlung

1   Dem Nebenbeteiligten steht es grundsätzlich frei, ob er in dem Verfahren seine Rechte wahrnehmen will oder nicht (zur Ausnahme nach § 433 Abs 2 StPO s § 433 StPO Rn 4). Es wird daher – dem in § 431 Abs 7 StPO verankerten Grundsatz folgend – **ohne den Nebenbeteiligten** verhandelt, wenn er trotz ordnungsgemäßer Terminsnachricht nicht zur Hauptverhandlung erscheint und sich auch nicht iSd § 434 StPO vertreten lässt. Entsprechendes gilt, wenn sich der Nebenbeteiligte im Verlauf der Hauptverhandlung entfernt (Meyer-Goßner StPO § 436 Rn 1). Die Möglichkeit, in Abwesenheit des Nebenbeteiligten (weiter) zu verhandeln, besteht auch dann, wenn das Gericht ursprünglich das persönliche Erscheinen des Nebenbeteiligten angeordnet hat und der Nebenbeteiligte der Verhandlung ferngeblieben ist oder sich später entfernt hat (KK-StPO/Schmidt StPO § 436 Rn 1). Nach der Klarstellung in Abs 1 S 2 ist – dem in § 431 Abs 7 StPO normierten Grundsatz folgend – auch im Falle einer schuldlosen Säumnis eine **Wiedereinsetzung in den vorigen Stand** ausgeschlossen. Der nicht zur Hauptverhandlung erschienene Nebenbeteiligte kann das Urteil anfechten oder bei Rechtskraft der Einziehungsentscheidung seine Einwendungen gemäß § 439 StPO im Nachverfahren unter dem Vorbehalt der unverschuldeten Säumnis (s § 439 StPO Rn 4) geltend machen.

B. Beweisaufnahme

2   Da für den Nebenbeteiligten nur vermögensrechtliche Belange auf dem Spiel stehen, schränkt Abs 2 das Beweisantragsrecht zur Frage der Schuld dergestalt ein, dass es sich nicht um bescheidungspflichtige Beweisanträge, sondern nur um Beweisanregungen handelt, da § 244 Abs 3 S 2 und Abs 4 bis Abs 6 StPO nicht anwendbar sind und das Gericht im Verhältnis zum Nebenbeteiligten nur an die Amtsaufklärungspflicht gebunden ist. Insoweit verpflichtet auch ein Antrag auf eine unzulässige Beweiserhebung iSd § 244 Abs 3 S 1 StPO nicht zu einer Bescheidung durch Beschluss (**aA** HK-StPO/Kurth StPO § 436 Rn 4). Dies gilt ohnehin nur für den Fall, dass eine Anordnung nach § 431 Abs 2 StPO nicht erfolgt ist. Wortlaut und Zweck der Regelung zwingen indes nicht dazu, den Ausschluss des Beweisantragsrechts nach Abs 2 auch auf Beweisanträge gemäß § 245 Abs 2 StPO zu erstrecken (so aber HK-StPO/Kurth StPO § 436 Rn 4; KK-StPO/Schmidt StPO § 436 Rn 4).

C. Entschädigungsregelung

3   Abs 3 knüpft an die Entschädigungsregelung in § 74f StGB an und stellt eine Ausnahmeregelung dar. Haben Dritte durch die Einziehung eine Einbuße in ihrem Eigentum oder in einem beschränkt dinglichen Recht erlitten, sind etwaige Entschädigungsansprüche

grundsätzlich gegen die oberste Justizbehörde oder die von ihr bestimmte Dienststelle zu richten, denn diese entscheidet auch über die Verwertung des Gegenstands, wenn diese noch nicht erfolgt ist (§ 68 a StVollstrO). Verweigert diese die Entschädigung, sind die aus dem enteignenden Eingriff iSd Art 14 Abs 3 S 2, S 3 GG folgenden Entschädigungsansprüche vor den Zivilgerichten durchzusetzen (vgl BayObLG VRS 46, 271, 275; KG NJW 1978, 2406, 2407; vgl auch die amtliche Begründung in BT-Drs V/1319, 73). Hiervon nimmt Abs 3 die Fälle aus, in denen dem Nebenbeteiligten eine Entschädigung versagt wird oder in denen hiervon eine Ausnahme zu machen ist, wenn die grundsätzlich zulässige Versagung der Entschädigung eine unbillige Härte darstellen würde, wobei letzteres auch über die Höhe der Entschädigung zu entscheiden ist. Soweit Abs 3 S 1 darauf abstellt, dass sich die Rechtsfolge der Versagung der Entschädigung unmittelbar aus den Voraussetzungen der Einziehung selbst ergibt, bedeutet dies, dass der Gegenstand entweder dem Täter gehört (§ 74 Abs 2 Nr 1 StGB) oder den Nebenbeteiligten ein besonderer Vorwurf trifft (§ 74 a Nr 1 und Nr 2 StGB, § 74 f Abs 2 Nr 1 und Nr 2 StGB). Für die Versagung einer Entschädigung bei einer Einziehung aus Sicherungsgründen (§ 74 f Abs 2 Nr 3 StGB) ist Abs 3 nicht einschlägig (Löwe/Rosenberg/Gössel StPO § 436 Rn 14; HK-StPO/Kurth StPO § 436 Rn 6). Nach S 3 ist der Nebenbeteiligte auf die Möglichkeit einer solchen Entscheidung hinzuweisen, was zweckmäßigerweise mit der Terminsnachricht und den damit zu verbindenden Hinweisen geschieht. Unterbleibt der Hinweis und bleibt der Nebenbeteiligte in der Hauptverhandlung aus, ist das Gericht an einer Versagung der Entschädigung nach Abs 3 nicht gehindert.

D. Zustellung

Nach Abs 4 S 1 ist das Urteil dem in der Hauptverhandlung ausgebliebenen Nebenbeteiligten unabhängig von dessen ordnungsgemäßen Ladung zuzustellen, da erst mit Ablauf der Rechtsmittelfrist das Urteil gegenüber dem Nebenbeteiligten rechtskräftig wird. Gemeint sind damit die schriftlichen Urteilsgründe iSd § 267 StPO, soweit sie für die Einziehungsentscheidung von Belang sind (Abs 4 S 2). Auch eine Zustellung an den Vertreter nach § 434 StPO genügt (§ 145 a StPO). Bei unbekanntem Aufenthalt des nach § 431 Abs 1 StPO förmlich beteiligten Dritten erfolgt die öffentliche Zustellung. Da mit der Zustellung dem Nebenbeteiligten Gelegenheit gegeben werden soll, seine Rechte im Rechtsmittelverfahren geltend zu machen, ist eine Zustellung nicht geboten, wenn eine Einziehung nicht angeordnet worden ist (**aA** Meyer-Goßner StPO § 436 Rn 5; KK-StPO/Schmidt StPO § 436 Rn 13; Löwe/Rosenberg/Gössel StPO § 436 Rn 21; HK-StPO/Kurth StPO § 436 Rn 11). 4

§ 437 [Rechtsmittelverfahren]

(1) ¹Im Rechtsmittelverfahren erstreckt sich die Prüfung, ob die Einziehung dem Einziehungsbeteiligten gegenüber gerechtfertigt ist, auf den Schuldspruch des angefochtenen Urteils nur, wenn der Einziehungsbeteiligte insoweit Einwendungen vorbringt und im vorausgegangenen Verfahren ohne sein Verschulden zum Schuldspruch nicht gehört worden ist. ²Erstreckt sich hiernach die Prüfung auch auf den Schuldspruch, so legt das Gericht die zur Schuld getroffenen Feststellungen zugrunde, soweit nicht das Vorbringen des Einziehungsbeteiligten eine erneute Prüfung erfordert.

(2) Im Berufungsverfahren gilt Absatz 1 nicht, wenn zugleich auf ein Rechtsmittel eines anderen Beteiligten über den Schuldspruch zu entscheiden ist.

(3) Im Revisionsverfahren sind die Einwendungen gegen den Schuldspruch innerhalb der Begründungsfrist vorzubringen.

(4) ¹Wird nur die Entscheidung über die Höhe der Entschädigung angefochten, so kann über das Rechtsmittel durch Beschluß entschieden werden, wenn die Beteiligten nicht widersprechen. ²Das Gericht weist sie zuvor auf die Möglichkeit eines solchen Verfahrens und des Widerspruchs hin und gibt ihnen Gelegenheit, sich zu äußern.

Überblick

Diese Bestimmung regelt die Besonderheiten der Rechtsmittel des Nebenbeteiligten gegen ein Urteil, in dem eine Einziehung angeordnet worden ist.

A. Grundsätzliches

1   Bei förmlich angeordneter Einziehungsbeteiligung (§ 431 StPO) ist der Nebenbeteiligte gemäß § 433 StPO wie der Angeklagte zur Einlegung von Rechtsmitteln befugt. Ist die Beteiligung hingegen nicht angeordnet worden, ist das Rechtsmittel eines durch die Einziehungsanordnung in seinen Rechten Betroffenen unzulässig (BGH NStZ 1995, 248). Ferner setzt das Rechtsmittel eines Nebenbeteiligten eine Beschwer, also eine Einziehungs- oder Verfallsordnung voraus (Meyer-Goßner StPO § 437 Rn 1). Das Verschulden seines Vertreters iSd 434 StPO bei Versäumung der Rechtsmittelfrist muss sich der Nebenbeteiligte zurechnen lassen (HK-StPO/Kurth StPO § 437 Rn 1).

B. Beschränkung der Überprüfung der Schuldfrage

2   Ist nicht schon die Schuldfrage von der Einziehungsbeteiligung nach § 431 Abs 2 StPO ausgenommen, kann der Nebenbeteiligte die Einziehungsentscheidung nur insoweit anfechten, als die besonderen Einziehungsvoraussetzungen des § 74 Abs 2 Nr 2 StGB oder des § 74 a StGB nicht vorgelegen haben bzw eine Entschädigung versagt worden ist. Dagegen ist es ihm grundsätzlich verwehrt, in der Rechtsmittelinstanz nochmals den Schuldspruch des angefochtenen Urteils zur Nachprüfung zu stellen.

I. Beschränkung auf eine Instanz

3   Eine Ausnahme erfährt dieser Grundsatz durch Abs 1 insoweit, als der Schuldspruch in der Rechtsmittelinstanz überprüft werden kann, wenn der Nebenbeteiligte in der Rechtsmittelinstanz Einwendungen erhebt und in erster Instanz ohne sein Verschulden zum Schuldspruch nicht gehört worden ist, was vom Rechtsmittelgericht von Amts wegen im Wege des Freibeweises geprüft wird (BayObLG NStZ 1994, 442; KK-StPO/Schmidt StPO § 437 Rn 4). Regelmäßig wird letzteres vorliegen, wenn der Nebenbeteiligte schuldlos der Hauptverhandlung ferngeblieben ist. Ist dagegen der Nebenbeteiligte in erster Instanz bzw im Berufungsverfahren bereits mit Einwendungen zum Schuldspruch gehört oder aufgrund seines Verschuldens nicht gehört worden, werden in der sich daran anschließenden Rechtsmittelinstanz Einwendungen zum Schuldspruch nicht mehr berücksichtigt.

II. Berufungsverfahren

4   Für das Berufungsverfahren bestimmt Abs 1 S 2 die weitere Einschränkung, dass das Rechtsmittelgericht nicht zu einer Wiederholung der gesamten Beweisaufnahme zur Frage der Schuld des Angeklagten verpflichtet ist, sondern nur soweit Beweis erheben muss, wie es die Einwendungen des Nebenbeteiligten erfordern. Im Übrigen legt das Berufungsgericht die bereits in erster Instanz getroffenen Feststellungen seiner Entscheidung zugrunde. Diese Einschränkung gilt nach Abs 2 nicht, soweit auf die Berufung der Staatsanwaltschaft, des Nebenklägers oder des Angeklagten der Schuldspruch insgesamt zu überprüfen ist.

III. Revisionsverfahren

5   Der Nebenbeteiligte hat im Revisionsverfahren die Einwendungen im Rahmen einer ordnungsgemäß erhobenen Revisionsrüge innerhalb der Revisionsbegründungsfrist anzubringen, Abs 3.

C. Anfechtung der Entschädigung

6   Abs 4 knüpft an die vom Tatrichter – ausnahmsweise – auszuurteilende Entschädigung iSd § 436 Abs 3 S 2 StPO an. Hat der Tatrichter auf eine Entschädigung für die Einziehung erkannt, so gestattet Abs 4 – ähnlich § 406 a Abs 2 S 2 StPO für das Adhäsionsverfahren –

dem Rechtsmittelgericht, durch Beschluss zu entscheiden, sofern keiner der Verfahrensbeteiligten dieser Verfahrensweise widerspricht und das Gericht nach pflichtgemäßem Ermessen diese Verfahrensweise für angemessen hält. Nach Abs 4 S 2 sollen die Verfahrensbeteiligten auf diese Möglichkeit hingewiesen werden und rechtliches Gehör erhalten. Der Widerspruch soll keiner Schriftform bedürfen, sondern auch konkludent erklärt werden können (HK-StPO/Kurth StPO § 437 Rn 8; KK-StPO/Schmidt StPO § 437 Rn 10). Hat das Berufungsgericht durch Beschluss über das Rechtsmittel des Nebenbeteiligten entschieden, ist hiergegen kein weiteres Rechtsmittel gegeben.

§ 438 [Einziehung durch Strafbefehl]

(1) ¹Wird die Einziehung durch Strafbefehl angeordnet, so wird der Strafbefehl auch dem Einziehungsbeteiligten zugestellt. ²§ 435 Abs. 3 Nr. 2 gilt entsprechend.

(2) Ist nur über den Einspruch des Einziehungsbeteiligten zu entscheiden, so gelten § 439 Abs. 3 Satz 1 und § 441 Abs. 2 und 3 entsprechend.

Überblick

§ 438 StPO regelt das Verfahren der Beteiligung des Einziehungsbeteiligten im Strafbefehlsverfahren.

A. Allgemeines

Die Vorschrift setzt, ohne dass dies anderen Orts eine ausdrückliche Regelung erfahren hat, zunächst voraus, dass eine auch gegenüber einem Dritten wirkende Einziehung (§ 431 StPO) auch im Strafbefehlswege angeordnet werden kann. Dies allerdings bedingt, dass das Gericht auf den Antrag der Staatsanwaltschaft sowohl die Beteiligung des Dritten als auch die Einziehung selbst vor Erlass des Strafbefehls oder im Strafbefehl anordnet (vgl Meyer-Goßner StPO § 431 Rn 22). Zuvor ist dem Dritten im Ermittlungsverfahren gemäß § 432 StPO rechtliches Gehör zu gewähren. In dem in der Praxis häufigen Fall, dass die materiell-rechtliche Betroffenheit eines Dritten von einer Einziehung im Strafverfahren nicht erkannt wird und die Beteiligungsanordnung deshalb unterbleibt, wird der Dritte allein dadurch, dass er in seinen Rechten beeinträchtigt wird, nicht zum Verfahrensbeteiligten; er ist zum Einspruch nicht befugt (Löwe/Rosenberg/Gössel StPO § 438 Rn 2; Meyer-Goßner StPO § 438 Rn 1), sondern auf das Nachverfahren nach § 439 StPO verwiesen. 1

Legt der Angeklagte Einspruch gegen den Strafbefehl ein, so ist dem Gericht allerdings wieder die Möglichkeit eröffnet, die Einziehungsbeteiligung anzuordnen und auf diese Weise über die Einziehung auch mit Wirkung gegen den Dritten zu entscheiden. 1.1

B. Zustellung des Strafbefehls

Im Falle der Anordnung der Einziehungsbeteiligung ist der Strafbefehl dem Einziehungsbeteiligten –mit der Rechtsbehelfsbelehrung gemäß § 407 Abs 1 Nr 7 StPO – zuzustellen. Dem Strafbefehl ist die Belehrung nach § 435 Abs 3 Nr 2 StPO beizufügen, was sinngemäß bedeutet, dass die Einziehungsanordnung auch im Verhältnis zu dem Einziehungsbeteiligten wirksam wird. Soweit der Einziehungsbeteiligte einen Vertreter hat, kann auch diesem anstelle des Einziehungsbeteiligten der Strafbefehl zugestellt werden, § 434 Abs 1 S 2 StPO, § 145 a StPO. 2

C. Weiteres Verfahren nach Einspruch

I. Einspruch des Angeklagten

Hat der Angeklagte allein oder neben dem Einziehungsbeteiligten Einspruch eingelegt, gelten § 435 StPO, § 436 StPO. Bleibt der Nebenbeteiligte trotz ordnungsgemäßer Terminsnachricht aus und wird auch nicht durch einen hierfür bevollmächtigten Vertreter vertreten, 3 wird ohne ihn gegen den erschienenen Angeklagten verhandelt; § 412 StPO findet keine -entsprechende- Anwendung (KK-StPO/Schmidt StPO § 438 Rn 5).

II. Einspruch des Einziehungsbeteiligten

4   Hat der Angeklagte keinen Einspruch eingelegt, einen solchen zurückgenommen oder ist er nach wirksamem Einspruch gegen den Strafbefehl trotz ordnungsgemäßer Ladung der Hauptverhandlung ferngeblieben, so dass sein Einspruch nach § 412 StPO verworfen wird (BayObLG NStZ 1994, 442; Meyer-Goßner StPO § 438 Rn 6), so findet auf den einzig verbleibenden Einspruch des Einziehungsbeteiligten nach Absatz 2 ein **vereinfachtes Verfahren** statt. Das Gericht entscheidet nach § 438 Abs 2 StPO iVm § 441 Abs 2 StPO grds im Beschlusswege ohne Hauptverhandlung; auf Antrag der Staatsanwaltschaft oder des (mit „sonst ein Beteiligter" gemeinten) Nebenbeteiligten oder bei entsprechendem – von Amts wegen gefassten – Gerichtsbeschluss findet eine mündliche Verhandlung statt, auf die sinngemäß die Vorschriften über die Hauptverhandlung anzuwenden sind. Im Übrigen findet eine Beschränkung der Nachprüfung der Einziehung nach Maßgabe des § 439 Abs 3 StPO insoweit statt, als das Gericht den Schuldspruch nicht nachprüft, wenn nach den Umständen, welche die Einziehung begründet haben, im Strafverfahren eine Anordnung nach § 431 Abs 2 StPO zulässig gewesen wäre, ohne dass es auf eine entsprechende Anordnung ankommt (KK-StPO/Schmidt StPO § 438 Rn 7). Ob diese Anordnung nach § 431 Abs 2 StPO schon im Strafbefehl enthalten ist, ist aber dann unbeachtlich, wenn sie nicht zulässig war (HK-StPO/Krehl StPO § 438 Rn 6). Erscheint der Nebenbeteiligte nicht zur mündlichen Verhandlung und ist er auch nicht ordnungsgemäß vertreten (§ 234 StPO), wird gleichwohl in Abwesenheit des Nebenbeteiligten verhandelt und entschieden (Meyer-Goßner StPO § 438 Rn 9). Zu den Rechtsmitteln gegen eine Entscheidung durch Beschluss nach Abs 2 oder Urteil nach Abs 3 ist auf § 441 StPO zu verweisen (s § 441 StPO Rn 5).

§ 439 [Nachverfahren]

(1) ¹Ist die Einziehung eines Gegenstandes rechtskräftig angeordnet worden und macht jemand glaubhaft, daß er
1. zur Zeit der Rechtskraft der Entscheidung ein Recht an dem Gegenstand gehabt hat, das infolge der Entscheidung beeinträchtigt ist oder nicht mehr besteht, und
2. ohne sein Verschulden weder im Verfahren des ersten Rechtszuges noch im Berufungsverfahren die Rechte des Einziehungsbeteiligten hat wahrnehmen können,
so kann er in einem Nachverfahren geltend machen, daß die Einziehung ihm gegenüber nicht gerechtfertigt sei. ²§ 360 gilt entsprechend.

(2) ¹Das Nachverfahren ist binnen eines Monats nach Ablauf des Tages zu beantragen, an dem der Antragsteller von der rechtskräftigen Entscheidung Kenntnis erlangt hat. ²Der Antrag ist unzulässig, wenn seit Eintritt der Rechtskraft zwei Jahre verstrichen sind und die Vollstreckung beendet ist.

(3) ¹Das Gericht prüft den Schuldspruch nicht nach, wenn nach den Umständen, welche die Einziehung begründet haben, im Strafverfahren eine Anordnung nach § 431 Abs. 2 zulässig gewesen wäre. ²Im übrigen gilt § 437 Abs. 1 entsprechend.

(4) Wird das vom Antragsteller behauptete Recht nicht erwiesen, so ist der Antrag unbegründet.

(5) Vor der Entscheidung kann das Gericht mit Zustimmung der Staatsanwaltschaft die Anordnung der Einziehung aufheben, wenn das Nachverfahren einen unangemessenen Aufwand erfordern würde.

(6) Eine Wiederaufnahme des Verfahrens nach § 359 Nr. 5 zu dem Zweck, die Einwendungen nach Absatz 1 geltend zu machen, ist ausgeschlossen.

Überblick

Wer durch die Anordnung einer Einziehung oder eines Verfalls in seinen Rechten unmittelbar beeinträchtigt wird, hat unter den Voraussetzungen des § 439 StPO die Wahl, ob er im Nachverfahren eine Aufhebung der Maßnahme erwirken oder stattdessen den Entschädigungsanspruch nach § 74 f StGB im Zivilprozess verfolgen will (Löwe/Rosenberg/ Gössel StPO § 439 Rn 3). § 439 StPO regelt das sog Nachverfahren, in dem ein Dritter, der durch eine rechtskräftige Einziehungsentscheidung in einem Recht beeinträchtigt und dem im Strafverfahren ohne sein Verschulden **kein ausreichendes rechtliches Gehör** gewährt worden ist, in Durchbrechung der Rechtskraft eine Überprüfung der Wirkung der Einziehung ihm gegenüber verlangen kann. In dem Nachverfahren wird nachträglich geprüft, ob die Einziehung (bzw der Verfall, § 442 StPO) auch gegenüber dem Dritten zu rechtfertigen ist.

Übersicht

	Rn		Rn
A. Grundsätzliches................	1	III. Antragsberechtigter............	7
B. Materielle Voraussetzungen.....	2	**D. Entscheidung**...................	8
I. Rechtskräftige Einziehungs- bzw. Verfallsentscheidung................	2	I. Behandlung unzulässiger Anträge.....	8
II. Rechtsbeeinträchtigung........	3	II. Entscheidung über zulässige Anträge...	9
III. Schuldlose Versäumung der Rechtswahrnehmung................	4	III. Opportunitätsregel.............	10
C. Antrag....................	5	**E. Einschränkung der Wiederaufnahmemöglichkeiten**................	11
I. Form......................	5		
II. Frist......................	6	**F. Vollstreckung**................	12

A. Grundsätzliches

Die Regelung über das Nachverfahren entspricht im Wesentlichen § 33 a StPO, § 311 a **1** StPO. Mit ihr wird den Einziehungsbeteiligten und – interessenten sowie sonstigen Nebenbeteiligten und Beteiligungsinteressenten (§ 442 Abs 1 StPO) entsprechend dem verfassungsrechtlichen Gebot des Art 103 Abs 1 GG nachträglich rechtliches Gehör gegen die rechtskräftige Anordnung der Einziehung oder des Verfalls eingeräumt. Zugleich wird mit der Bestimmung für den Bereich des Einziehungsverfahrens die Rechtsweggarantie des Art 19 Abs 4 GG konkretisiert (BT-Drs V/1319, 74).

B. Materielle Voraussetzungen

I. Rechtskräftige Einziehungs- bzw. Verfallsentscheidung

Erste Voraussetzung des Nachverfahrens ist eine (formell) **rechtskräftige** Anordnung der **2** Einziehung eines Gegenstandes mit Wirkung für alle Prozessbeteiligten; eine solche liegt auch bei einer Teilrechtskraft vor, soweit diese die Einziehungsentscheidung erfasst. Die rechtskräftige Anordnung eines Vorbehalts der Einziehung nach § 74 b Abs 2 StGB steht der Einziehung gleich (Löwe/Rosenberg/Gössel StPO § 439 Rn 11), nicht dagegen die Anordnung der Einziehung des Wertersatzes nach § 74 c StGB, § 76 StGB, weil sie nur den Täter und daher den Angeklagten treffen kann.

II. Rechtsbeeinträchtigung

Nach Abs 1 S 1 Nr 1 ist ferner erforderlich, dass der Dritte glaubhaft macht, zur Zeit der **3** Rechtskraft der Entscheidung ein Recht an dem Gegenstand gehabt zu haben, das infolge der Entscheidung beeinträchtigt ist oder nicht mehr besteht. Maßgebender Zeitpunkt für den Bestand des glaubhaft zu machenden Drittrechts ist die Rechtskraft der Entscheidung, weil hierdurch die Wirkungen der Einziehung nach den materiell- rechtlichen Bestimmungen der § 74e StGB, § 74f StGB eintreten (KK-StPO/Schmidt StPO § 439 Rn 5). Auch der schon nach § 431 StPO förmlich am Verfahren beteiligte Dritte ist von der Verpflichtung zur Glaubhaftmachung nicht befreit, denn die im Urteil getroffenen Feststellungen können den zum Zeitpunkt der förmlichen Beteiligungsanordnung vorgelegenen Anschein der materiellen Berechtigung ausgeräumt haben (vgl BT-Drs V/1319, 81).

3.1   Die Mittel der Glaubhaftmachung sind nicht allgemein definiert, vielmehr ist die Glaubhaftmachung nur fragmentarisch, nämlich an dieser Stelle und bei der Ablehnung von Richtern und Sachverständigen, der Wiedereinsetzung und im Zusammenhang mit § 51 Abs 2 StPO, § 56 StPO angesprochen. Glaubhaftmachung bedeutet, dass die beigebrachten freibeweislichen Beweismittel die behaupteten Tatsachen als wahrscheinlich erscheinen lassen (vgl BGH NStZ 1991, 144); hierzu gehört etwa die eidesstattliche Versicherung eines Zeugen, nicht aber die eigene (RGSt 57, 53; RGSt 70, RGSt 266).

III. Schuldlose Versäumung der Rechtswahrnehmung

4   Der Dritte muss nach Abs 1 S 1 Nr 2 überdies glaubhaft machen, dass er ohne sein Verschulden weder im ersten Rechtszug noch in der Berufungsinstanz in der Lage war, seine Rechte wahrzunehmen; die Wahrnehmung der Rechte im Revisionsverfahren schließt wegen der beschränkten Rügemöglichkeiten das Nachverfahren nicht aus (vgl Meyer-Goßner StPO § 439 Rn 5; KK-StPO/Schmidt StPO § 439 Rn 6). Dies kommt ohne Einschränkung dann in Betracht, wenn der Dritte gar nicht förmlich beteiligt worden ist. In diesem Fall kann eine – ohnehin nicht leistbare- Glaubhaftmachung der negativen Tatsache, dass dem Dritten unbekannt geblieben war, dass ein in seinem Eigentum stehender Gegenstand mit der Straftat in Zusammenhang stand, nicht verlangt werden; vielmehr ist eine Glaubhaftmachung nur zur Widerlegung solcher feststehenden Umstände, die eine entsprechende Kenntnis des Dritten nahe legen, zu verlangen. Wesentlich strenger sind die Anforderungen der Nr 2 an die unverschuldete Rechtsverteidigung, wenn der Dritte nach § 431 StPO förmlich beteiligt worden ist; hier muss der Nebenbeteiligte glaubhaft machen, dass er als Einziehungsbeteiligter schuldlos gehindert war, an der Hauptverhandlung teilzunehmen oder sich darin vertreten zu lassen (§ 434 StPO); dies kann nur der Nebenbeteiligte geltend machen, der nicht vom Termin unterrichtet war oder aufgrund Krankheit oder anderer wichtiger Gründe an der Terminswahrnehmung gehindert war, sofern er aufgrund dieser Umstände auch nicht imstande war, für eine Vertretung zu sorgen.

4.1   Verfahrensrechtliche Beschränkungen nach § 431 Abs 2 StPO sind mit den zulässigen Rechtsmitteln anzufechten (§ 431 Abs 5 S 2 StPO) und berechtigen nicht zum Nachverfahren.

C. Antrag

I. Form

5   Der Antrag ist schriftlich oder zu Protokoll des Urkundsbeamten der Geschäftsstelle des zuständigen Gerichts zu stellen (§ 441 Abs 1 S 1 StPO).

II. Frist

6   Nach Abs 2 S 1 ist der Antrag innerhalb einer Frist von einem Monat nach Ablauf des Tages, an dem der Antragsteller von der – wenn auch später rechtskräftig gewordenen – Entscheidung positive Kenntnis erlangt hat, zu stellen; die Fristwahrung ist objektive Bedingung für das Nachverfahren und vom Antragsteller nachzuweisen; wie bei allen anderen Prozessvoraussetzungen gilt auch hier der Zweifelsgrundsatz zugunsten des Antragstellers nicht (so OLG Hamm VRS 47, 369; VRS 50, 305; **aA** Meyer-Goßner StPO § 439 Rn 10; KMR/Paulus StPO § 439 Rn 17; AK/Günther StPO § 439 Rn 15; HK-StPO/Kurth StPO § 439 Rn 11; ähnlich Löwe/Rosenberg/Gössel StPO § 439 Rn 26; KK-StPO/Schmidt StPO § 439 Rn 10). Die Frist berechnet sich nach § 43 StPO. Soweit wegen des kenntnisgebundenen Fristbeginns überhaupt von einer unverschuldeten Fristversäumung gesprochen werden kann, kommt in diesen engen Grenzen die eher theoretische Möglichkeit einer Wiedereinsetzung in den vorigen Stand wegen Versäumung der Frist gemäß § 44 StPO, § 45 StPO in Betracht. Eine solche Wiedereinsetzung ist nach Ablauf der absoluten Ausschlussfrist gemäß Abs 2 S 2, wonach ein Antrag nach Ablauf von zwei Jahren seit Eintritt

der formellen Rechtskraft und inzwischen beendeter Vollstreckung unzulässig ist, ausgeschlossen (Löwe/Rosenberg/Gössel StPO § 439 Rn 28; KMR/Paulus StPO § 439 Rn 13; HK-StPO/Kurth StPO § 439 Rn 10; KK-StPO/Schmidt StPO § 439 Rn 9). Die Fristverlängerung bis zum Abschluss der Vollstreckung beruht auf der Erwägung, dass in den Fällen des § 73 Abs 3 StGB der vom Verfall betroffene Dritte erst durch Vollstreckungsmaßnahmen von der rechtsbeeinträchtigenden Entscheidung erfahren könnte (BT-Drs 7/550, 307).

III. Antragsberechtigter

Antragsberechtigt ist der in seinen Rechten betroffene Dritte, sei es der nach § 431 StPO 7 förmlich Beteiligte oder nur der Beteiligungsinteressent, sei es sein gesetzlicher Vertreter (§ 298 StPO) und der gewählte oder beigeordnete Vertreter (§ 434 StPO).

D. Entscheidung
I. Behandlung unzulässiger Anträge

Bei Fehlen einer der unter Rn 2 ff und Rn 5 ff dargelegten Zulässigkeitsvoraussetzungen 8 wird der Antrag durch Beschluss (§ 441 Abs 2 StPO) als unzulässig verworfen. Da es sich dabei ausnahmslos um Prozessvoraussetzungen für das Nachverfahren handelt, können Zweifel an ihrer Einhaltung in tatsächlicher Hinsicht nicht dazu führen, den Antrag als zulässig zu behandeln (s aber oben Rn 6).

II. Entscheidung über zulässige Anträge

Bei zulässigen Anträgen werden die Voraussetzungen der Einziehungsentscheidung 9 überprüft. Nach Abs 3 wird der **Schuldspruch** nicht in die Überprüfung der Rechtmäßigkeit einer Einziehungsentscheidung einbezogen, wenn im Strafverfahren nach den jeweiligen Umständen, welche die Einziehung begründet haben, eine Beteiligungsbeschränkung nach § 431 Abs 2 StPO zulässig gewesen wäre; maßgebend ist daher nicht, ob eine Beschränkung angeordnet worden ist, sondern ob sie – nach dem Inhalt der Urteilsgründe – hätte angeordnet werden können. In einem solchen Falle ist das Gericht im Nachverfahren an den der Einziehungsentscheidung zugrunde liegenden Schuldspruch gebunden. Umgekehrt soll eine Beteiligungsbeschränkung unbeachtlich sein, wenn sie nach den Gründen des Urteils nicht hätte ergehen dürfen (Meyer-Goßner StPO § 439 Rn 11). Im Übrigen ist aufgrund der in § 439 Abs 3 S 2 StPO bestimmten Anwendung des § 437 Abs 1 StPO die Überprüfung des Schuldspruchs wie im Rechtsmittelverfahren eingeschränkt (s § 437 StPO Rn 4). Gelingt dem Antragsteller der Nachweis des Rechts an dem eingezogenen Gegenstand nicht, ist der Antrag als unbegründet zu verwerfen; dies gilt auch bei nicht behebbaren Zweifeln, Abs 4. Ist das Recht bewiesen, prüft das Gericht, ob die Einziehung im Verhältnis zum Antragsteller –auch in Ansehung des festgestellten Rechts- gerechtfertigt ist; dabei wirken sich tatsächliche Zweifel – anders als bei der Feststellung des behaupteten Rechts – zugunsten des Antragstellers aus (BT-Drs V/1319, 81; AK/Günther StPO § 439 Rn 26). Ist der Antrag begründet, wird die Anordnung der Einziehung aufgehoben. Die **Aufhebung** beseitigt rückwirkend den Eigentums- und Rechtsübergang auf den Staat und stellt den vor der Einziehungsentscheidung bestandenen Rechtszustand wieder her. Ist der eingezogene Gegenstand hingegen bereits verwertet, kann der Antragsteller Ansprüche aus ungerechtfertigter Bereicherung gegen den Justizfiskus im Zivilrechtsweg geltend machen.

III. Opportunitätsregel

Abs 5 enthält eine dem § 430 StPO entsprechende Regelung, wonach das Gericht mit 10 Zustimmung der Staatsanwaltschaft die Anordnung aus Opportunitätsgründen aufheben kann. Voraussetzung ist, dass die Prüfung der Einziehung im Nachverfahren einen unangemessenen Aufwand erfordern würde.

E. Einschränkung der Wiederaufnahmemöglichkeiten

11 Nach Abs 6 ist die Wiederaufnahme des Verfahrens aufgrund neuer Tatsachen und Beweismittel gemäß § 359 Nr 5 StPO zum Zwecke der Beseitigung der rechtskräftig angeordneten Einziehung ausgeschlossen. Die Regelung hat mit dem Nachverfahren nur insoweit einen Sachzusammenhang, als der von der Einziehung Betroffene, soweit er Einwendungen im Sinne des Abs 1 erheben will, auf die Durchführung des Nachverfahrens beschränkt ist. Eine Wiederaufnahme des Verfahrens aus den sonstigen Gründen des § 359 StPO ist hingegen nicht ausgeschlossen.

F. Vollstreckung

12 Die Vollstreckung des rechtskräftigen Urteils wird durch den Antrag auf Einleitung des Nachverfahrens nicht gehemmt; allerdings kann das Gericht nach Abs 1 S 2 iVm § 360 StPO einen Aufschub oder eine Unterbrechung der Vollstreckung anordnen. Im Unterschied zu § 442 Abs 2 S 3 StPO setzt die Verweisung auf § 360 StPO einen begründeten Anlass zu der Annahme voraus, dass der Antrag auf Einleitung des Nachverfahrens Erfolg haben werde (dort § 360 StPO Rn 2).

§ 440 [Selbständiges Einziehungsverfahren]

(1) Die Staatsanwaltschaft und der Privatkläger können den Antrag stellen, die Einziehung selbständig anzuordnen, wenn dies gesetzlich zulässig und die Anordnung nach dem Ergebnis der Ermittlungen zu erwarten ist.

(2) ¹In dem Antrag ist der Gegenstand zu bezeichnen. ²Ferner ist anzugeben, welche Tatsachen die Zulässigkeit der selbständigen Einziehung begründen. ³Im übrigen gilt § 200 entsprechend.

(3) Die §§ 431 bis 436 und 439 gelten entsprechend.

Überblick

§ 440 StPO regelt – ergänzt durch § 441 StPO – das sog objektive Verfahren, das sich nicht als Strafverfahren gegen eine bestimmte Person richtet, sondern in dem die Einziehung (oder eine sonstige nach § 442 Abs 1 StPO gleichstehende Nebenfolge) selbständig ohne eine gleichzeitige Entscheidung über die Schuldfrage angeordnet wird. Die materiell- rechtliche Zulässigkeit ergibt sich dabei aus § 76 a StGB.

A. Grundsätzliches

1 Die Bestimmung regelt – sehr fragmentarisch – die Voraussetzungen und die Art und Weise des objektiven Verfahrens, in dem die Einziehung (oder eine dieser nach § 442 Abs 1 StPO gleichgestellte Nebenfolge) ohne gleichzeitige Entscheidung über die Schuldfrage isoliert angeordnet wird.

I. Materiell- rechtliche Zulässigkeit

2 Nach Abs 1 setzt das objektive Verfahren voraus, dass die selbständige Anordnung einer Nebenfolge materiell- rechtlich zulässig ist. Dies richtet sich nach § 76 a StGB, nämlich danach, ob die Durchführung des subjektiven Verfahrens entweder aus tatsächlichen oder aus rechtlichen Gründen unmöglich ist. Dieses alternative Merkmal ist eine von Amts wegen – im Freibeweiswege – zu prüfende Prozessvoraussetzung (Meyer-Goßner StPO § 440 Rn 7). Streitig ist, ob die Entscheidung darüber, ob ein subjektives Verfahren undurchführbar ist, den Strafverfolgungsbehörden obliegt und diese Bewertung von den Gerichten hinsichtlich der tatsächlichen Hinderungsgründe nur im Rahmen einer Plausibilitätskontrolle nachprüfbar ist (so OLG Celle NJW 1958, 1837; OLG Hamm NJW 1970, 1754, 1755; Meyer-Goßner StPO § 440 Rn 8; AK/Günther StPO § 440 Rn 8) oder die Unmöglichkeit der Verfolgung oder Verurteilung einer bestimmten Person durch das Gericht frei und umfäng-

lich überprüft werden kann und muss (so OLG Hamm NJW 1953, 1683; OLG Düsseldorf NJW 1967, 1142, 1143; Löwe/Rosenberg/Gössel StPO § 440 Rn 34 f; KK-StPO/Schmidt StPO § 440 Rn 3; KMR-StPO/Paulus StPO § 440 Rn 8; HK-StPO/Kurth StPO § 440 Rn 3).

1. Tatsächliche Hinderung eines subjektiven Verfahrens

Nach § 76a Abs 1 StGB kann auf Verfall und Einziehung eines Gegenstands oder des Wertersatzes oder auf Unbrauchbarmachung selbständig erkannt werden, wenn wegen der Straftat aus tatsächlichen Gründen keine bestimmte Person zur Verantwortung gezogen werden kann und die Voraussetzungen, unter denen die Einziehung oder die dieser in § 442 Abs 1 StPO gleichgestellte Maßnahme vorgeschrieben oder zugelassen ist, im übrigen aber vorliegen. Hiervon ist auszugehen, wenn der Täter überhaupt oder aus einer Auswahl mehrerer Tatverdächtiger nicht ermittelt werden konnte oder sich verborgen hält (OLG Celle wistra 2009, 38). Der Tod des Beschuldigten gilt ebenfalls als Verfahrenshindernis im Sinne dieser Vorschrift (OLG Frankfurt NStZ-RR 2006, 39).

2. Rechtliche Hinderungsgründe

Gemäß § 76a StGB kann unter den Voraussetzungen des § 74 Abs 2 Nr 2, Abs 3 StGB und des § 74d StGB darüber hinaus die Einziehung angeordnet werden, wenn aus rechtlichen Gründen keine bestimmte Person verfolgt werden kann und das Gesetz nichts anderes bestimmt (s aber § 76a Abs 2 S 2 StGB). Hierzu zählen die Verfolgungsverjährung oder andere Verfolgungshindernisse wie die Verhandlungsunfähigkeit oder das Fehlen deutscher Gerichtsbarkeit nach § 18 GVG, § 19 GVG. Schließlich sieht § 76a Abs 3 StGB ein objektives Verfahren in den Fällen vor, in denen eine bestimmte Person zwar verfolgt werden könnte, jedoch von einer Strafe abgesehen wird oder das Verfahren nach § 153 StPO, § 153a StPO, § 154 StPO, § 383 Abs 2 StPO, § 45 JGG, § 47 JGG eingestellt wird.

II. Überwiegende Wahrscheinlichkeit

Die Anordnung muss nach dem Ermittlungsergebnis zu erwarten sein; dies bedeutet, dass – wie bei Erhebung einer Anklage – eine überwiegende Wahrscheinlichkeit für die beantragte Einziehungsanordnung bestehen muss (Meyer-Goßner StPO § 440 Rn 4).

B. Antrag

I. Opportunitätsprinzip

Die Durchführung des objektiven Verfahrens setzt in förmlicher Hinsicht einen Antrag voraus, zu dem die Staatsanwaltschaft, gemäß § 401 StPO auch die Finanzbehörde bzw der Privatkläger berechtigt ist. Zur Antragstellung ist die Staatsanwaltschaft nicht verpflichtet; vielmehr steht die Einleitung des objektiven Verfahrens in ihrem pflichtgemäßen – gerichtlich nicht nachprüfbaren – Ermessen unabhängig davon, ob die Anordnung der Nebenfolge nach materiellem Recht zwingend ist. Gleichermaßen ist es in das Ermessen der Staatsanwaltschaft gestellt, den Umfang des Antrags zu bestimmen.

II. Inhalt und Form

Nach Abs 2 sind in dem Antrag neben der genauen Bezeichnung des einzuziehenden Gegenstands die Tatsachen anzugeben, die die Zulässigkeit der selbständigen Einziehung begründen. Dabei muss der Antrag den an eine Anklageschrift zu stellenden Anforderungen in formaler und inhaltlicher Hinsicht -insbesondere hinsichtlich der tatsächlichen und rechtlichen Bezeichnung der Anlasstat- genügen (HK-StPO/Kurth StPO § 440 Rn 7). Da im objektiven Verfahren kein Zwischenverfahren vorgesehen ist, ist der Antrag unmittelbar auf die selbständige Anordnung der Einziehung oder einer gleichstehenden Maßnahme zu richten.

C. Drittbeteiligung

8 Im weiteren Verfahren sind die Personen zu beteiligen, die von der Maßnahme im Falle ihrer Anordnung betroffen sein würden. Gemäß Abs 3 sind § 431 StPO bis § 436 StPO und 439 StPO entsprechend anzuwenden. An die Stelle der das subjektive Verfahren bestimmenden Anklageschrift tritt die Antragsschrift. Nach deren Eingang erst kann die Beteiligung angeordnet werden. Dem Beteiligten wird mit dem Beteiligungsbeschluss die Antragschrift mit dem Hinweis, dass er gemäß § 441 Abs 3 StPO mündliche Verhandlung beantragen kann, zugestellt; beabsichtigt das Gericht ohnehin, durch Urteil zu entscheiden, erhält der Nebenbeteiligte die Antragsschrift mit der Terminsnachricht, § 435 StPO.

D. Wechsel zwischen den Verfahrensarten

9 Während ein Übergang vom objektiven Verfahren in das subjektive Verfahren schon in Ermangelung einer Anklage und eines Zwischenverfahrens ausgeschlossen ist, kann grundsätzlich von einem gegen eine bestimmte Person gerichteten (subjektiven) Verfahren in ein objektiven Verfahren übergeleitet werden (BGH NJW 1990, 3029; KK-StPO/Schmidt StPO § 440 Rn 15; HK-StPO/Kurth StPO § 440 Rn 20). Die selbstständige Anordnung der Einziehung oder Unbrauchbarmachung kann, soweit diese Maßnahmen etwa im Falle des § 74 d StGB Sicherungscharakter haben, auch im weiter anhängigen (subjektiven) Strafverfahren ausgesprochen werden, wenn der Angeklagte aus tatsächlichen oder rechtlichen Gründen freigesprochen oder das Verfahren gegen ihn wegen eines Verfahrenshindernisses eingestellt worden ist (BGHSt 6, 62; BGHSt 21, 367; BGH NJW 1969, 1818). Ob das subjektive Strafverfahren fortgeführt oder dieses in das objektive Verfahren übergeleitet wird, hängt von einem Antrag der StA ab (KK-StPO/Schmidt StPO § 440 Rn 15). Ist ein subjektives Verfahren wegen des Bestehens eines Verfahrenshindernisses einzustellen, kann das Verfahren als objektives Verfahren fortgeführt werden, wenn die Staatsanwaltschaft einen entsprechenden Antrag stellt (BGH NJW 1990, 3029).

§ 441 [Verfahren bei nachträglicher und selbständiger Einziehung]

(1) ¹Die Entscheidung über die Einziehung im Nachverfahren (§ 439) trifft das Gericht des ersten Rechtszuges, die Entscheidung über die selbständige Einziehung (§ 440) das Gericht, das im Falle der Strafverfolgung einer bestimmten Person zuständig wäre. ²Für die Entscheidung über die selbständige Einziehung ist örtlich zuständig auch das Gericht, in dessen Bezirk der Gegenstand sichergestellt worden ist.

(2) Das Gericht entscheidet durch Beschluß, gegen den sofortige Beschwerde zulässig ist.

(3) ¹Über einen zulässigen Antrag wird jedoch auf Grund mündlicher Verhandlung durch Urteil entschieden, wenn die Staatsanwaltschaft oder sonst ein Beteiligter es beantragt oder das Gericht es anordnet; die Vorschriften über die Hauptverhandlung gelten entsprechend. ²Wer gegen das Urteil eine zulässige Berufung eingelegt hat, kann gegen das Berufungsurteil nicht mehr Revision einlegen.

(4) Ist durch Urteil entschieden, so gilt § 437 Abs. 4 entsprechend.

Überblick

Die Bestimmung ergänzt die Regelungen über das Nachverfahren (§ 439 StPO) und das objektive Verfahren (§ 440 StPO) hinsichtlich der Zuständigkeit des erkennenden Gerichts und der für beide Verfahren maßgebenden Verfahrensweise.

A. Zuständigkeiten

I. Nachverfahren

Im Nachverfahren ist das Gericht des ersten Rechtszuges zuständig, auch wenn aufgrund Aufhebung und Zurückverweidung in der Revision ein anderer Spruchkörper oder ein anderes Gericht mit der Sache erneut befasst gewesen ist (KK-StPO/Schmidt StPO § 441 Rn 2). Es findet also eine erneute Befassung des erstinstanzlichen Tatgerichts mit der angegriffenen Einziehungsentscheidung statt.

II. Objektives Verfahren

Für die Entscheidung im objektiven Verfahren ist das Gericht sachlich und örtlich zuständig, das im subjektiven Verfahren zuständig wäre. Bei rechtlicher Unmöglichkeit der Durchführung des subjektiven Verfahrens handelt es sich um das Gericht, das zur Verhandlung gegen den der Tat Verdächtigen berufen wäre. Bei Undurchführbarkeit des subjektiven Verfahrens aus tatsächlichen Gründen kann die Zuständigkeit in örtlicher Hinsicht grundsätzlich nach dem Tatortprinzip und in sachlicher Hinsicht nach der zu erwartenden fiktiven Straferwartung bestimmt werden.

B. Entscheidungsformen

I. Beschlussverfahren

Das Gericht entscheidet sowohl im Nachverfahren als auch im objektiven Verfahren grundsätzlich durch Beschluss, Abs 2. Durch Beschluss wird in jedem Falle über solche Anträge auf Durchführung des Nachverfahrens, die infolge Verspätung oder sonstiger Zulässigkeitsmängel als unzulässig zu verwerfen sind, entschieden; entsprechendes gilt bei unzulässigen Anträgen auf Durchführung des objektiven Verfahrens. Im Übrigen entscheidet das Gericht über zulässige Anträge, ggf nach Erhebung von Beweisen im Freibeweiswege, grundsätzlich im Beschlussverfahren.

II. Mündliche Verhandlung

Gemäß Abs 3 S 1 kann nach dem Ermessen des Gerichts über einen zulässigen Antrag aufgrund mündlicher Verhandlung entschieden werden. Zur Durchführung einer mündlichen Verhandlung ist das Gericht verpflichtet, wenn ein entsprechender Antrag eines Verfahrensbeteiligten, dh der Staatsanwaltschaft, des antragstellenden Privatklägers oder des Nebenbeteiligten vorliegt. Gleiches gilt iÜ, wenn nur der Nebenbeteiligte gegen einen Strafbefehl Einspruch eingelegt hat, § 438 Abs 2 StPO. Einer besonderen Form außer der Schriftform bedarf der Antrag nicht; das Gericht kann aber zur Stellung des Antrags auf Durchführung der mündlichen Verhandlung eine verbindliche Frist setzen (**aA** wohl Löwe/Rosenberg/Gössel StPO § 441 Rn 12; KMR/Paulus StPO § 441 Rn 7). Für die mündliche Verhandlung gelten nach Abs 3 S 1 die Vorschriften über die Hauptverhandlung entsprechend. Gemäß § 436 StPO ist der Nebenbeteiligte grundsätzlich nicht zum Erscheinen verpflichtet und kann sich durch einen gewählten Vertreter in seinen Befugnissen vertreten lassen, § 434 StPO. Im objektiven Verfahren verliest der Staatsanwalt den dem Anklagesatz entsprechenden Teil der Antragsschrift (vgl § 243 Abs 3 S 1 StPO). Die Beweisaufnahme richtet sich vorbehaltlich der Sonderregelungen der § 431 Abs 2 StPO, § 436 Abs 2 StPO und § 439 Abs 3 StPO nach den allgemeinen Bestimmungen über das Strengbeweisverfahren. Im objektiven Verfahren nach § 440 StPO und im Nachverfahren nach § 439 StPO erfolgt die gerichtliche Entscheidung über die beantragte Einziehung mit einfacher Stimmenmehrheit (§ 196 GVG). Wird im objektiven Verfahren die beantragte Einziehung angeordnet, so gilt für die Anforderungen an die Konkretisierung der eingezogenen Gegenstände nichts anderes als im subjektiven Verfahren. Das Nachverfahren gemäß § 439 StPO gestaltet sich sinnvollerweise wie eine Berufungsverhandlung, indem das rechtskräftige Urteil verlesen wird. Wichtig ist, dass in beiden Verfahrensarten dem erschienenen Nebenbeteiligten das letzte Wort zu erteilen ist (BGHSt 17, 28, 32).

4.1 Der frühere Angeklagte ist im Nachverfahren Zeuge, ebenso im objektiven Verfahren die Person, die im Falle eines subjektiven Verfahrens Beschuldigter gewesen wäre (Löwe/Rosenberg/Gössel StPO § 441 Rn 17; AK/Günther StPO § 441 Rn 16; Meyer-Goßner StPO § 441 Rn 5).

C. Rechtsmittel

5 Hat das Gericht im objektiven Verfahren oder im Nachverfahren durch Beschluss entschieden, hat der durch die Entscheidung beschwerte Beteiligte hiergegen das Rechtsmittel der sofortige Beschwerde, § 441 Abs 2 StPO. Urteile werden nach den allgemeinen Bestimmungen mit der Besonderheit angefochten, dass amtsgerichtliche Urteile nach der § 55 Abs 2 JGG entsprechenden Regelung des Abs 3 S 2 nur wahlweise mit der Berufung oder der Revision angefochten werden können. Wird nur die Höhe einer in einem Urteil ausgesprochenen Entschädigung angefochten, so kann nach dem durch Abs 4 in Bezug genommen § 437 Abs 4 StPO durch Beschluss über das Rechtsmittel entschieden werden.

§ 442 [Der Einziehung gleichstehende Rechtsfolgen; Beteiligte]

(1) Verfall, Vernichtung, Unbrauchbarmachung und Beseitigung eines gesetzwidrigen Zustandes stehen im Sinne der §§ 430 bis 441 der Einziehung gleich.

(2) ¹Richtet sich der Verfall nach § 73 Abs. 3 oder § 73a des Strafgesetzbuches gegen einen anderen als den Angeschuldigten, so ordnet das Gericht an, daß der andere an dem Verfahren beteiligt wird. ²Er kann seine Einwendungen gegen die Anordnung des Verfalls im Nachverfahren geltend machen, wenn er ohne sein Verschulden weder im Verfahren des ersten Rechtszuges noch im Berufungsverfahren imstande war, die Rechte des Verfahrensbeteiligten wahrzunehmen. ³Wird unter diesen Voraussetzungen ein Nachverfahren beantragt, so sollen bis zu dessen Abschluß Vollstreckungsmaßnahmen gegen den Antragsteller unterbleiben.

Überblick

Diese Bestimmung bezieht den Verfall (§ 73 StGB), die Vernichtung (§ 37 KUrhG), die Unbrauchbarmachung (§ 74 d StGB) und die Beseitigung eines gesetzwidrigen Zustands (§ 30 WZG, § 144 MarkenG, § 145 MarkenG) in den Anwendungsbereich der §§ 430 StPO ff ein.

A. Gleichstellungsklausel in Abs 1

1 Abs 1 erstreckt den Anwendungsbereich der nur für die Einziehung geltenden Verfahrensvorschriften der § 430 StPO bis § 441 StPO auch auf die Nebenfolgen des Verfalls, der Vernichtung, der Unbrauchbarmachung und der Beseitigung eines gesetzwidrigen Zustandes iSd 30 WZG und des § 144 Abs 4 MarkenG iVm § 145 Abs 4 MarkenG. Die Einziehung des Wertersatzes ist, soweit sie im subjektiven Verfahren die Rechte Dritter berühren kann, in § 431 Abs 3 StPO geregelt.

B. Sonderregelungen für den Verfall in Abs 2

2 Abs 2 regelt die Beteiligung eines Dritten, gegen den sich eine Verfallsanordnung nach §§ 73 StGB, § 73a StGB richtet, teilweise abweichend von §§ 431 StPO ff (s auch § 431 StPO Rn 4). Dass der Dritte am Verfahren zu beteiligen ist, wie S 1 hervorhebt, ist gegenüber § 431 Abs 1 StPO keine Besonderheit. Eine Abweichung stellen indes die weiteren Regelungen in S 2 und S 3 dar, die den Besonderheiten des Verfalls Rechnung tragen sollen. §§ 431 StPO ff sind hingegen auf die Verfallsanordnungen nach § 73 Abs 4 StGB, § 74a StGB aufgrund der Verweisung in § 442 Abs 1 StPO unmittelbar anzuwenden (vgl BT-Drs 7/550, 307).

§ 443 [Vermögensbeschlagnahme]

(1) ¹Das im Geltungsbereich dieses Gesetzes befindliche Vermögen oder einzelne Vermögensgegenstände eines Beschuldigten, gegen den wegen einer Straftat nach
1. den §§ 81 bis 83 Abs. 1, den §§ 94 oder 96 Abs. 1, den §§ 97a oder 100, den §§ 129 oder 129a, auch in Verbindung mit § 129b Abs. 1, des Strafgesetzbuches,
2. einer in § 330 Abs. 1 Satz 1 des Strafgesetzbuches in Bezug genommenen Vorschrift unter der Voraussetzung, daß der Beschuldigte verdächtig ist, vorsätzlich Leib oder Leben eines anderen oder fremde Sachen von bedeutendem Wert gefährdet zu haben, oder unter einer der in § 330 Abs. 1 Satz 2 Nr 1 bis 3 des Strafgesetzbuches genannten Voraussetzungen oder nach § 330 Abs. 2, § 330a Abs. 1, 2 des Strafgesetzbuches,
3. §§ 51, 52 Abs. 1 Nr 1, 2 Buchstabe c und d, Abs. 5, 6 des Waffengesetzes, § 34 Abs. 1 bis 6 des Außenwirtschaftsgesetzes oder nach § 19 Abs. 1 bis 3, § 20 Abs. 1 oder 2, jeweils auch in Verbindung mit § 21, oder § 22a Abs. 1 bis 3 des Gesetzes über die Kontrolle von Kriegswaffen oder
4. einer in § 29 Abs. 3 Satz 2 Nr. 1 des Betäubungsmittelgesetzes in Bezug genommenen Vorschrift unter den dort genannten Voraussetzungen oder einer Straftat nach den §§ 29a, 30 Abs 1 Nr. 1, 2, 4, § 30a oder § 30b des Betäubungsmittelgesetzes

die öffentliche Klage erhoben oder Haftbefehl erlassen worden ist, können mit Beschlag belegt werden. ²Die Beschlagnahme umfaßt auch das Vermögen, das dem Beschuldigten später zufällt. ³Die Beschlagnahme ist spätestens nach Beendigung der Hauptverhandlung des ersten Rechtszuges aufzuheben.

(2) ¹Die Beschlagnahme wird durch den Richter angeordnet. ²Bei Gefahr im Verzug kann die Staatsanwaltschaft die Beschlagnahme vorläufig anordnen; die vorläufige Anordnung tritt außer Kraft, wenn sie nicht binnen drei Tagen vom Richter bestätigt wird.

(3) Die Vorschriften der §§ 291 bis 293 gelten entsprechend.

Überblick

Die Vorschrift ist durch das OrgKG v 15. 7. 1992 (BGBl I 1302) eingefügt und durch verschiedene Folgegesetze (31. StrÄndG v 27. 6. 1994, BGBl I 1440, 6. StrRG v 26. 1. 1998, BGBl I 164, 6. StRG v 26. 1. 1998, BGBl I 164, das 34. StrÄndG v 22. 8. 2002, BGBl I 3390 und das WaffRNeuRG v 1. 10. 2002, BGBl I 3696) erweitert worden. Systematische Stellung und der Ort der Regelung sind zweifelhaft: Die in § 443 StPO geregelte Vermögensbeschlagnahme ist weder eine dem Verfall oder der Einziehung gleichstehende endgültige Entscheidung, noch ist sie eine Vorstufe zum Verfall oder zur Einziehung, sondern ein der Beschlagnahme gleichkommendes, vorläufiges Mittel in bestimmten Strafverfahren, um den Beschuldigten zur Teilnahme am Verfahren zu zwingen und an der Verfügung über sein Vermögen zu hindern.

A. Allgemeines

Die Vermögensbeschlagnahme ist – neben dem nach dem Urteil des BVerfG (NJW 2002, 1779) obsolet gewordenen § 111p StPO – auch in §§ 290 StPO ff geregelt und geht in ihren rechtlichen Wirkungen weiter als der dingliche Arrest nach § 111d StPO, der lediglich einen Vollstreckungstitel, nicht jedoch die Vollstreckungsmaßnahme selbst darstellt. Die Wirkung der Vermögensbeschlagnahme besteht aufgrund der in Abs 3 für anwendbar erklärten Norm des § 292 StPO in einem absoluten Verfügungsverbot, das mit der Bekanntmachung im Bundesanzeiger eintritt (zu den Einzelheiten s § 292 StPO Rn 1). Abweichend von § 290 StPO, der für die Anordnung einer Vermögensbeschlagnahme einen dringenden Tatverdacht verlangt, genügt bereits die Erhebung einer Anklage wegen einer in Abs 1 S 1 Nr 1 bis Nr 4 genannten Katalogtat. Die durch das 34. StrÄndG eingefügte Möglichkeit, auch nur auf einzelne Gegenstände zuzugreifen, soll dem Verhältnismäßigkeitsgrundsatz Rechnung tragen.

B. Voraussetzungen der Vermögensbeschlagnahme

2   Die Vermögensbeschlagnahme setzt gemäß Abs 1 S 1 die Erhebung der öffentlichen Klage oder den Erlass eines Haftbefehls wegen einer der in Abs 1 genannten Katalogtaten voraus; in letzterem Falle kann die Vermögensbeschlagnahme schon im Ermittlungsverfahren angeordnet werden. Diese Anklage oder dieser Haftbefehl muss eine Straftat aus dem Deliktskatalog des Abs 1 S 1, also nur die dort in Nr 1 bestimmten Staatsschutzdelikte bzw. die sonstigen in den Nr 2 bis Nr 4 aufgeführten Tatbestände der organisierten Kriminalität zum Gegenstand haben.

C. Zuständigkeit

3   Zuständig für die Beschlagnahmeanordnung ist entweder der jeweilige Ermittlungsrichter (§ 162 StPO, § 169 StPO) oder das mit der Verhandlung der Anklage befasste Tatgericht. Bei Gefahr im Verzug (vgl zum Begriff § 98 StPO Rn 2) kann die Staatsanwaltschaft die Beschlagnahme unter den Voraussetzungen des Abs 1 S 1 vorläufig anordnen, Abs 2 S 2. Diese vorläufige Anordnung tritt automatisch außer Kraft, wenn sie nicht binnen drei Tagen nach Erlass vom zuständigen Richter bestätigt wird. Der Richter hat -unabhängig von der zutreffenden Bewertung der Gefahr im Verzug- diese Bestätigung durch (mit der einfachen Beschwerde anfechtbaren) Beschluss zu erteilen, wenn die Voraussetzungen der Vermögensbeschlagnahme nach Abs 1 gegeben sind und er diese Maßnahme nach pflichtgemäßem Ermessen für geboten erachtet (KK-StPO/Schmidt StPO § 443 Rn 3; AK-StPO/Günther StPO § 443 Rn 11; KMR-StPO/Paulus StPO § 443 Rn 4).

D. Vollziehung

4   Der Vollzug der Vermögensbeschlagnahme gestaltet sich nach § 291 StPO bis § 293 StPO, auf die in Abs 3 verwiesen wird. Der richterliche Beschlagnahmebeschluss bzw. die staatsanwaltschaftliche Anordnungsverfügung ist nach § 291 StPO im Bundesanzeiger bekannt zu machen; damit verliert der Beschuldigte im Sinne eines absoluten Veräußerungsverbots gemäß § 134 BGB das Recht, über das in Beschlag genommene Vermögen unter Lebenden zu verfügen. Der mit Gründen versehene Beschluss ist, soweit dies ausführbar ist und nicht den Zweck der Beschlagnahme gefährdet, dem Beschuldigten nach § 35 Abs 2 S 2 StPO bekanntzumachen, was für sich allerdings nur ein relatives Veräußerungsverbot iSd § 135 BGB begründet (Meyer-Goßner StPO § 443 Rn 3; HK-StPO/Kurth StPO § 443 Rn 5; abw Löwe/Rosenberg/Gössel StPO § 443 Rn 7). Gemäß Abs 1 S 3 ist die Vermögensbeschlagnahme spätestens nach Beendigung der erstinstanzlichen Hauptverhandlung aufzuheben.

Vierter Abschnitt. Verfahren bei Festsetzung von Geldbuße gegen juristische Personen und Personenvereinigungen
(§§ 444-448)

§ 444 [Verfahren bei Festsetzung von Geldbuße gegen juristische Personen und Personenvereinigungen]

(1) ¹Ist im Strafverfahren über die Festsetzung einer Geldbuße gegen eine juristische Person oder eine Personenvereinigung zu entscheiden (§ 30 des Gesetzes über Ordnungswidrigkeiten), so ordnet das Gericht deren Beteiligung an dem Verfahren an, soweit es die Tat betrifft. ²§ 431 Abs. 4, 5 gilt entsprechend.

(2) ¹Die juristische Person oder die Personenvereinigung wird zur Hauptverhandlung geladen; bleibt ihr Vertreter ohne genügende Entschuldigung aus, so kann ohne sie verhandelt werden. ²Für ihre Verfahrensbeteiligung gelten im übrigen die §§ 432 bis 434, 435 Abs. 2 und 3 Nr. 1, § 436 Abs. 2 und 4, § 437 Abs. 1 bis 3,

§ 438 Abs. 1 und, soweit nur über ihren Einspruch zu entscheiden ist, § 441 Abs. 2 und 3 sinngemäß.

(3) ¹Für das selbständige Verfahren gelten die §§ 440 und 441 Abs. 1 bis 3 sinngemäß. ²Örtlich zuständig ist auch das Gericht, in dessen Bezirk die juristische Person oder die Personenvereinigung ihren Sitz oder eine Zweigniederlassung hat.

Überblick

Die Vorschrift stellt die prozessuale Ergänzung zu § 30 OWiG dar, der es ermöglicht sowohl im Bußgeld- als auch im **Strafverfahren** (zusätzlich) eine Geldbuße gegen eine juristische Person oder Personenvereinigung zu verhängen. Durch § 444 StPO wird das rechtliche Gehör für die juristische Person oder Personenvereinigung gewährleistet. Sie ist am Verfahren gegen den Täter zu beteiligen. Zudem enthält § 444 Abs 3 StPO eine Regelung für den Fall, dass gemäß § 30 Abs 4 OWiG nur die Geldbuße in einem selbständigen Verfahren verhängt werden soll.

Übersicht

	Rn		Rn
A. Anwendungsbereich und Normzweck	1	D. Strafbefehlsverfahren	13
B. Ermittlungsverfahren	3	E. Rechtsmittelverfahren	15
C. Verfahren nach Anklageerhebung	7	F. Selbstständiges Verfahren	17

A. Anwendungsbereich und Normzweck

§ 444 StPO gilt unmittelbar nur für das **Strafverfahren**, gewinnt über § 46 OWiG jedoch auch – ergänzende – Bedeutung für das **Bußgeldverfahren** nach dem Ordnungswidrigkeitengesetz (KK-OWiG/Rogall OWiG § 30 Rn 214). Im Bußgeldverfahren ist zudem § 88 OWiG zu beachten. 1

Nach § 30 Abs 1 OWiG kann neben der Sanktion gegen den Angeklagten bzw Betroffenen im Urteil zusätzlich eine Geldbuße gegen die juristische Person oder Personenvereinigung ausgesprochen werden. Diese sog **Verbandsgeldbuße** kommt in Betracht, soweit es sich um eine betriebsbezogene (vgl hierzu OLG Celle NJW 2005, 1816) Straftat oder Ordnungswidrigkeit eines der in § 30 Abs 1 OWiG genannten Repräsentanten handelt, die dieser unter Verletzung von Pflichten der juristischen Person oder Personenvereinigung oder in deren Interesse begangen hat. Liegen diese Voraussetzungen vor und soll deswegen eine Verbandsgeldbuße verhängt werden, so ist die juristische Person am Verfahren zu beteiligen. Dies gebietet der Grundsatz des rechtlichen Gehörs (Art 103 Abs 1 GG). § 444 StPO gewährleistet dies, indem er der juristischen Person oder Personenvereinigung in Anlehnung an die Regelungen über den Einziehungsbeteiligten (§§ 431 StPO ff) die Stellung eines **Nebenbeteiligten** (OLG Hamm NJW 1973, 1851) mit den in § 444 Abs 2 StPO näher bezeichneten Rechten zuweist. Werden dem Beschuldigten mehrere Taten zur Last gelegt, bezieht sich die Beteiligung der juristischen Person oder Personenvereinigung gemäß § 444 Abs 1 S 1 StPO aE nur auf diejenigen, die betriebsbezogene Handlungen zum Gegenstand haben. 2

B. Ermittlungsverfahren

Auch wenn die förmliche Beteiligung erst nach Erhebung der öffentlichen Klage beschlossen werden kann (KK-StPO/Schmidt StPO § 444 Rn 2), besteht für die Staatsanwaltschaft gemäß § 444 Abs 2 StPO iVm § 432 Abs 1 StPO die Pflicht, bereits im Ermittlungsverfahren die juristische Person oder Personenvereinigung anzuhören, wenn sie die Verhängung einer Geldbuße nach § 30 OWiG anstrebt. Die Anhörung erfolgt durch Vernehmung ihrer **Vertreter**. Wer dies ist, bestimmt sich nach dem Zivilrecht (vgl hierzu KK-OWiG/Rogall OWiG § 30 Rn 177). Der Beschuldigte selbst ist nach **hM** von der Vertretung ausgeschlos- 3 sen. Ist (und bleibt) er während des Verfahrens der einzige Vertretungsberechtigte, kann die Staatsanwaltschaft auf die Bestellung eines Pflichtverteidigers für die juristische Person oder Personenvereinigung gemäß § 444 Abs 2 S 2 StPO iVm § 434 Abs 2 StPO hinwirken, der dann anzuhören ist (KK-OWiG/Rogall § 30 Rn 180). Die Bestellung ist bereits im Vorverfahren möglich (KK-StPO/Schmidt StPO § 434 Rn 6). Sie erübrigt sich, soweit der Verband bereits selbst einen Verteidiger gewählt hat, was ihm jederzeit möglich ist (§ 444 Abs 2 S 2 StPO iVm § 434 Abs 1 StPO). Dieser kann nach **hM** trotz § 146 StPO gleichzeitig Verteidiger des Beschuldigten sein (vgl BVerfG NJW 1977, 1629; kritisch hierzu Göhler OWiG § 88 Rn 14).

4 Die Anhörung der Vertreter im Ermittlungsverfahren folgt den Regeln der **Beschuldigtenvernehmung**, wie sich aus § 444 Abs 2 S 2 StPO iVm § 432 Abs 2 StPO ergibt. Andere Mitglieder der juristischen Person oder Personenvereinigung sind, soweit sie nicht selbst Beschuldigte des Verfahrens sind, als Zeugen zu vernehmen, ggf unter Beachtung von § 55 StPO.

5 Wegen § 39 Abs 1 Nr 3 InsO ist ggf auch der **Insolvenzverwalter** der juristischen Person oder der Personenvereinigung zu hören und am weiteren Verfahren zu beteiligen (vgl BGH NStZ 1999, 573).

6 Die Staatsanwaltschaft soll gemäß Nr 180a Abs 2 RiStBV in den dort genannten Fallgruppen Geldbußen gegen juristische Personen oder Personenvereinigungen beantragen. Darüber hinaus besteht für sie keine gesetzliche Verpflichtung, auf eine Anordnung gemäß § 30 OWiG hinzuwirken (aA wohl Meyer-Goßner StPO § 444 Rn 5). Dies ergibt sich aus dem Wortlaut dieser Bestimmung („kann") und folgt aus der systematischen Ausgestaltung der Verbandssanktion als Bußgeldtatbestand im Ordnungswidrigkeitengesetz. Es gilt daher das **Opportunitätsprinzip**. Einer entsprechenden Anwendung von § 154 StPO oder § 430 StPO bedarf es daher nicht, falls die Anordnung unterbleiben soll (KK-StPO/Schmidt StPO § 444 Rn 6). Will die Staatsanwaltschaft aber im gerichtlichen Verfahren die Festsetzung eines Bußgeldes erreichen, muss sie die juristische Person oder Personenvereinigung in der **Anklageschrift** oder dem Strafbefehlsantrag (vgl § 411 Abs 2 Nr 1 StPO aE) benennen und deren Beteiligung nach § 444 StPO beantragen. Zudem hat sie den Sachverhalt darzulegen, der die Sanktion rechtfertigt (Nr 110 Abs 5 RiStBV).

C. Verfahren nach Anklageerhebung

7 Auch wenn die Anklageschrift nur unzureichende oder gar keine Ausführungen zu einer möglichen Geldbuße nach § 30 OWiG enthält, kann das Gericht eine solche aussprechen. Soll diese Sanktion verhängt werden, muss das Gericht ggf auch ohne entsprechenden Antrag der Staatsanwaltschaft die Beteiligung der juristischen Person oder Personenvereinigung anordnen. Die Anordnung sollte alsbald nach Erhebung der öffentlichen Klage, spätestens mit dem Eröffnungsbeschluss ergehen. Sie kann aber auch noch bis zur Festsetzung der Geldbuße und im Berufungsverfahren bis zur Beendigung der Schlussvorträge nachgeholt werden, § 444 Abs 1 S 2 StPO iVm § 431 Abs 4 StPO. Allerdings ist dann die Hauptverhandlung zu unterbrechen und ggf zu wiederholen, um in ausreichendem Maße rechtliches Gehör zu gewähren. Auf § 431 Abs 7 StPO wird deswegen in § 444 Abs 1 S 2 StPO bewusst nicht verwiesen (KK-StPO/Schmidt StPO § 444 Rn 5).

8 Die Anordnung der Beteiligung erfolgt durch **Beschluss**, der nicht anfechtbar ist (§ 444 Abs 1 S 2 StPO iVm § 431 Abs 4 StPO). Die Ablehnung der Beteiligung kann (nur) von der Staatsanwaltschaft mit sofortiger Beschwerde angefochten werden (§ 444 Abs 1 S 2 StPO iVm § 431 Abs 4 StPO). Der Verband selbst ist durch die Ablehnung der Beteiligung nicht beschwert. Gegen ihn darf ohne Beteiligung keine Sanktion verhängt werden (siehe auch unten Rn 17).

9 Zwar gilt auch für das Gericht das **Opportunitätsprinzip** hinsichtlich der Verhängung einer Geldbuße nach § 30 OWiG (oben Rn 6). Gleichwohl hat es zumindest die Beteiligung nach § 444 StPO anzuordnen, wenn die Staatsanwaltschaft einen entsprechenden Antrag stellt und das Vorliegen der tatbestandlichen Voraussetzungen des § 30 OWiG hinreichend wahrscheinlich ist. Der Antrag der Staatsanwaltschaft kann nicht mit der alleinigen Begründung abgelehnt werden, das Gericht werde sein Ermessen („kann") in der Weise ausüben, dass von der im Übrigen zulässigen Anordnung abgesehen wird (OLG Celle NStZ-RR 2005, 82).

Bei Anordnung der Beteiligung erhält die juristische Person oder Personenvereinigung in der Hauptverhandlung die prozessualen **Befugnisse eines Angeklagten** (§ 444 Abs 2 S 1 StPO iVm § 433 Abs 1 StPO). Ausgeübt werden diese Befugnisse durch ihren Vertreter. Der Vertreter wird zur Hauptverhandlung geladen (§ 444 Abs 2 S 1 StPO). Bei mehreren berechtigten Vertretern sind alle zu laden. Mit der **Ladung** wird die Anklageschrift, soweit sie die juristische Person oder Personenvereinigung betrifft, und ein evtl hiervon abweichender Eröffnungsbeschluss zugestellt (§ 444 Abs 2 S 2 StPO iVm § 435 Abs 2 StPO). Die Ladungsfrist des § 217 StPO ist einzuhalten. In der Ladung ist darauf hinzuweisen, dass ohne die juristische Person oder Personenvereinigung verhandelt werden kann, wenn sie unentschuldigt in der Hauptverhandlung nicht vertreten ist (§ 444 Abs 2 StPO iVm § 435 Abs 3 Nr 1 StPO).

Zu den Befugnissen der Nebenbeteiligten gehört es auch, **Beweisanträge** zu stellen. Ihren Beweisanträgen zur Frage der **Schuld** des Angeklagten ist jedoch vom Gericht nur nachzugehen, soweit dies die Aufklärungspflicht gebietet. Dies ergibt sich aus § 436 Abs 2 StPO iVm § 444 Abs 2 S 2 StPO (kritisch hierzu KK-OWiG/Rogall OWiG § 30 Rn 191).

Das **Urteil**, das die Verbandsgeldbuße anordnet, hat die Nebenbeteiligte mit Angabe von Name, Anschrift und Vertretungsberechtigten zu bezeichnen, damit die Vollstreckung betrieben werden kann. War die juristische Person oder Personenvereinigung in der Hauptverhandlung nicht vertreten, ist ihr das Urteil gemäß § 436 Abs 4 StPO iVm § 444 Abs 2 S 2 StPO zuzustellen.

D. Strafbefehlsverfahren

Die Geldbuße nach § 30 OWiG kann auch durch Strafbefehl angeordnet werden (§ 407 Abs 2 Nr 1 StPO aE). Spätestens mit Erlass des Strafbefehls, der auch der juristischen Person oder Personenvereinigung zugestellt werden muss (§ 444 Abs 2 S 2 StPO iVm § 438 Abs 1 StPO), ist die Beteiligung gemäß § 444 StPO anzuordnen. Die Rechtsprechung sieht allerdings im Erlass eines Strafbefehls mit einer solchen Sanktion zugleich die (konkludente) Anordnung der Beteiligung, und gewährleistet somit eine Einspruchsmöglichkeit der juristischen Person oder Personenvereinigung auch für den Fall, dass eine ausdrückliche Anordnung der Beteilgung unterblieben ist (OLG Karlsruhe NStZ 1987, 79; krit KK-OWiG/Rogall OWiG § 30 Rn 183).

Wurde nur von der Nebenbeteiligten Einspruch gegen den Strafbefehl eingelegt, so kann das Gericht bei allseitigem Einverständnis hierüber durch Beschluss entscheiden (§ 441 Abs 2 StPO iVm § 444 Abs 2 S 2 StPO aE); wurde über den Einspruch durch Urteil entschieden, so kann hiergegen nur wahlweise Berufung oder Revision eingelegt werden (§ 441 Abs 3 StPO iVm § 444 Abs 2 S 2 StPO aE).

E. Rechtsmittelverfahren

Zu den Befugnissen der Nebenbeteiligten gehört es auch, gegen ein Urteil Rechtsmittel einzulegen (§ 433 Abs 1 S 1 StPO iVm § 444 Abs 2 S 2 StPO). Noch stärker als beim Beweisantragsrecht werden die Befugnisse der juristischen Person oder Personenvereinigung aber im Rechtsmittelverfahren eingeschränkt, soweit die Überprüfung des **Schuldspruchs** gegen den Angeklagten in Rede steht. Dies ergibt sich aus dem Verweis auf § 437 Abs 1 bis Abs 3 StPO in § 444 Abs 2 StPO. Nur wenn die Nebenbeteiligte gegen den Schuldspruch Einwendungen erhebt und ohne ihr Verschulden erstinstanzlich nicht gehört wurde, zB mangels Ladung zum Hauptverhandlungstermin, kann sie hierauf ein nur von ihr (vgl § 437 Abs 2 StPO) eingelegtes Rechtsmittel stützen (§ 437 Abs 1 S 1 StPO). Ihr steht insoweit also nur eine Tatsacheninstanz zur Verfügung.

Wie beim Einspruch gegen einen Strafbefehl (siehe oben Rn 13) ist die juristische Person oder Personenvereinigung zur Einlegung von Rechtsmitteln auch dann befugt, wenn gegen sie im Urteil eine Geldbuße festgesetzt wurde, ohne dass zuvor ihre Beteiligung förmlich beschlossen wurde (KK-OWiG/Rogall OWiG § 30 Rn 192).

F. Selbstständiges Verfahren

17 § 444 Abs 3 StPO ergänzt § 30 Abs 4 OWiG. Diese Vorschrift ermöglicht die selbstständige Verhängung einer Geldbuße, wenn eine Verfolgung des Repräsentanten aus Opportunitätsgründen unterbleibt, was im Strafverfahren nur gem. §§ 153 StPO ff möglich ist. Fehlt es hingegen bereits an einer verfolgbaren Tat des Repräsentanten, kommt auch eine Verbandsgeldbuße nicht in Betracht (KK-OWiG/Rogall OWiG § 30 Rn 147). Wird der Repräsentant verfolgt, kommt ein selbstständiges Verfahren nicht in Betracht, vielmehr ist das Verfahren gegen ihn und die juristische Person gemeinsam zu führen; eine **Aufspaltung des Verfahrens** wäre unzulässig (OLG Jena BeckRS 2007, 05393).

18 Das selbstständige Verfahren setzt einen entsprechenden Antrag der Staatsanwaltschaft voraus, für den § 200 StPO entsprechend gilt (§ 440 Abs 2 S 3 StPO iVm § 444 Abs 3 StPO). Sachlich und örtlich zuständig ist das Gericht, das für das Verfahren gegen den Täter zuständig wäre (§ 444 Abs 3 StPO iVm § 441 Abs 1 S 1 StPO). Darüber hinaus eröffnet § 444 Abs 3 S 2 StPO eine zusätzliche örtliche Zuständigkeit. Für das Verfahren verweist § 444 Abs 3 S 1 StPO wie beim Strafbefehlsverfahren auf die Bestimmungen in § 441 Abs 2 und Abs 3 StPO (s o Rn 14).

§§ 445-448 (weggefallen)

Siebentes Buch. Strafvollstreckung und Kosten des Verfahrens (§§ 449-473)

Erster Abschnitt. Strafvollstreckung (§§ 449-463 d)

§ 449 [Vollstreckbarkeit]

Strafurteile sind nicht vollstreckbar, bevor sie rechtskräftig geworden sind.

Überblick

Die Vorschrift stellt mit dem Erfordernis der Rechtskraft die zentrale inhaltliche Vollstreckungsvoraussetzung auf.

A. Vollstreckung

I. Begriff der Strafvollstreckung

1 Unter **Strafvollstreckung ieS** des 1. Abschnitts des 7. Buchs der StPO sind alle Maßnahmen zu verstehen, die auf Verwirklichung oder Änderung des Rechtsfolgenausspruchs eines Strafurteils gerichtet sind. **Rechtsgrundlagen** der Vollstreckung sind neben §§ 449 StPO ff die StVollstrO sowie bei Geldstrafen die JBeitrO und die EBAO (Einforderungs- und Beitreibungsanordnung v 1. 4. 2001, BAnz 9164), die als innerdienstliche Verwaltungsvorschriften für die Gerichte freilich keine bindende Wirkung entfalten (BVerfGE 29, 312, 315, 316 = NJW 1970, 2287). Bei Jugendlichen und Heranwachsenden gelten ergänzend die §§ 82 JGG ff, bei Soldaten Art 5 EGWStG. Nur iwS ist auch der im StVollzG sowie in §§ 90 JGG ff geregelte **Strafvollzug** Teil der Strafvollstreckung.

II. Vollstreckungspflicht

2 Die Pflicht zur Vollstreckung ist nicht ausdrücklich normiert, wurde vom Gesetzgeber aber als selbstverständlich vorausgesetzt (Löwe/Rosenberg/Wendisch StPO § 449 Rn 6). Sie entfällt lediglich dann, wenn sich die Wirksamkeit der verhängten Rechtsfolge unmittelbar aus der Rechtskraft der Entscheidung ergibt, zB bei § 44 Abs 2 S 1 StGB, § 69 Abs 3 S 1

Strafvollstreckung　　　　　　　　　　　　　　　　　　　　**§ 449 StPO**

StGB, § 45 StGB, § 45a Abs 1 StGB, § 70 Abs 4 S 1 StGB, § 73e StGB. Die Vollstreckung beschränkt sich hier auf Maßnahmen zur Abänderung. In besonders geregelten Ermessensfällen kann sich die Vollstreckungshandlung in einem Aufschub, Aussetzen oder Absehen von der Vollstreckung realisieren (vgl § 455 Abs 3 StPO, §§ 455a StPO ff).

B. Vollstreckungsvoraussetzungen

I. Vollstreckungsgegenstand

Gegenstand der Vollstreckung sind über den Wortlaut der Norm hinaus nicht nur Straf- **3** urteile, sondern **alle vollstreckungsfähigen Entscheidungen**, die auf eine Strafe, Nebenstrafe, Nebenfolge oder Maßregel lauten (vgl § 1 Abs 1 StVollstrO). Dazu gehören vor allem Strafbefehle, Gesamtstrafen- und Widerrufsbeschlüsse. Die Vollstreckung inländischer Urteile im Ausland regelt § 71 IRG, die Vollstreckung ausländischer Urteile im Inland §§ 48 IRG ff. Die Vollstreckung von Straferkenntnissen der DDR ist grds zulässig, es gelten jedoch Einschränkungen. Vgl insg Meyer-Goßner StPO Vor §§ 449 Rn 7 ff. Für Bußgeldentscheidungen gelten die §§ 89 OWiG ff.

II. Rechtskraft

Die Vollstreckung setzt die **formelle Rechtskraft** des Straferkenntnisses voraus; eine **4** vorläufige Vollstreckbarkeit ist der StPO grundsätzlich fremd. Dabei kommt es auf die **absolute Rechtskraft** gegenüber allen Prozessbeteiligten an, die relative Rechtskraft gegenüber dem Angeklagten genügt nicht (Meyer-Goßner StPO § 449 Rn 5).

Der **Zeitpunkt der Rechtskraft** tritt bei unanfechtbaren Entscheidungen mit ihrem **5** Erlass, bei anfechtbaren mit Fristablauf, bei allseitigem Rechtsmittelverzicht mit dem Zeitpunkt der Wirksamkeit der letzten Verzichtserklärung ein; letzteres gilt entsprechend bei Rechtsmittelrücknahme (Pfeiffer StPO § 449 Rn 3). Im Sonderfall der zwar rechtzeitig eingelegten, aber verfristet begründeten Revision tritt Rechtskraft nach **hM** nicht bereits mit dem Ablauf der Begründungsfrist oder dem Erlass des Verwerfungsbeschlusses gem § 346 Abs 1 StPO, sondern erst mit Ablauf der Frist des § 346 Abs 2 S 1 StPO bzw der Entscheidung des Revisionsgerichts ein (vgl BGHSt 22, 213, 218, 219 = NJW 1968, 2253; Löwe/Rosenberg/Wendisch StPO § 449 Rn 12 ff); im Übrigen gilt § 346 Abs 2 S 2 Hs 2 StPO.

Teilrechtskraft (Rechtskraft nur eines Teils der Urteilsformel) führt grundsätzlich zu **6** Teilvollstreckbarkeit. Dies gilt in Fällen der **vertikalen Teilrechtskraft** (Rechtskraft bei einem von mehreren Angeklagten oder bei einer von mehreren Taten) sowohl trotz § 357 StPO gegenüber dem rechtskräftig Abgeurteilten (vgl § 19 S 1 StVollstrO) als auch trotz der Möglichkeit der Gesamtaufhebung wegen eines infizierenden Einzelstrafausspruchs gegenüber einer von mehreren Einzelstrafen. Tritt der Fall des § 357 StPO ein oder führt das gegen eine Einzelstrafe eingelegte Rechtsmittel zur Aufhebung auch der nicht angefochtenen Teile, entfällt die Rechtskraft rückwirkend und Vollstreckung bzw Vollzug sind einzustellen. **Horizontale Teilrechtskraft** (Rechtskraft nur einzelner abtrennbarer Teile einer Verurteilung wegen einer Tat, vgl § 52 Abs 4 S 2 StGB) führt ebenfalls zu Teilvollstreckbarkeit. Vgl ausführlich KK-StPO/Appl StPO § 449 Rn 11 ff.

Teilvollstreckung ist trotz grundsätzlich bestehender Vollstreckungspflicht (Rn 2) und **7** geltendem Beschleunigungsgrundsatz (vgl § 2 Abs 1 StVollstrO) nur bei einem echten und unabweisbaren Bedürfnis anzuordnen; der Vollstreckungsbehörde steht dabei ein **Ermessen** zu. In keinem Fall darf dem Verurteilten durch die Teilvollstreckung ein Nachteil entstehen. Die Teilvollstreckung darf daher nur bis zur Grenze der geringst möglichen späteren Gesamtstrafe angeordnet werden und muss entfallen, solange die Möglichkeit besteht, dass die neu zu bildende Gesamtstrafe zur Bewährung ausgesetzt wird. Bei geringfügigen Einzelstrafen ist sie regelmäßig untunlich (Meyer-Goßner StPO § 449 Rn 11).

C. Vollstreckungshindernisse

Vollstreckungshindernisse sind von Amts wegen zu beachten und machen die Vollstre- **8** ckung unzulässig. Vollstreckungshindernisse sind Verjährung (§ 79 StGB, § 79a StGB, § 79b StGB), Amnestie, Begnadigung (§ 452 StPO), Vollzugsuntauglichkeit (§ 455 StPO), Voll-

Klein

streckungsaufschub (§ 456 StPO), Reststrafenbewährung (§ 454 StPO), Immunität und der auslieferungsrechtliche Grundsatz der Spezialität. Bei **Strafaussetzung zur Bewährung** liegt bis zur Rechtskraft des Widerrufsbeschlusses schon kein vollstreckungsfähiges Strafurteil vor (OLG Hamm NStZ 1983, 459). Vgl insgesamt KK-StPO/Appl StPO § 449 Rn 22 f mwN.

§ 450 [Anrechnung von Untersuchungshaft und Führerscheinentziehung]

(1) Auf die zu vollstreckende Freiheitsstrafe ist unverkürzt die Untersuchungshaft anzurechnen, die der Angeklagte erlitten hat, seit er auf Einlegung eines Rechtsmittels verzichtet oder das eingelegte Rechtsmittel zurückgenommen hat oder seitdem die Einlegungsfrist abgelaufen ist, ohne daß er eine Erklärung abgegeben hat.

(2) Hat nach dem Urteil eine Verwahrung, Sicherstellung oder Beschlagnahme des Führerscheins auf Grund des § 111 a Abs. 5 Satz 2 fortgedauert, so ist diese Zeit unverkürzt auf das Fahrverbot (§ 44 des Strafgesetzbuches) anzurechnen.

Überblick

Der Anwendungsbereich von Abs 1 der Vorschrift ist beschränkt auf den Fall, dass das Gericht die Anrechnung der Untersuchungshaft gem § 51 Abs 1 S 2 StGB untersagt hat; im Übrigen greift die Anrechnungsvorschrift des § 51 Abs 1 S 1 StGB. Abs 2 der Vorschrift regelt die Anrechnung bei Führerscheinentziehung im Fall des § 111 a Abs 5 S 2 StPO und ergänzt damit § 51 Abs 5 StGB.

A. Anrechnung von Untersuchungshaft (Abs 1)

I. Anwendungsbereich

1   Untersuchungshaft ist die vor Rechtskraft des Strafausspruchs erlittene Freiheitsentziehung. Sie wird nach **§ 51 Abs 1 S 1 StGB** kraft Gesetzes auf die Strafe angerechnet, ohne dass es eines besonderen Urteilsausspruchs bedürfte. Die Anrechnungsvorschrift von Abs 1 ist insoweit ohne Bedeutung. Der Anwendungsbereich von Abs 1 beschränkt sich daher auf die Nichtanrechnungsanordnung nach **§ 51 Abs 1 S 2 StGB**, der wiederum er als lex specialis Grenzen setzt (LG Nürnberg-Fürth Rpfleger 1970, 67; Löwe/Rosenberg/Wendisch StPO § 450 Rn 1 ff; KK-StPO/Appl StPO § 450 Rn 2; Meyer-Goßner StPO § 450 Rn 3; vgl auch § 39 Abs 2 S 1 StVollstrO).

2   Eine parallele Anwendung findet Abs 1 gem § 2 JGG im Verfahren gegen Jugendliche und Heranwachsende, indem er auch dort die ausnahmsweise Nichtanrechnung der Untersuchungshaft (**§ 52 a Abs 1 S 2 JGG, § 109 JGG**) auf die Zeit bis zur relativen Rechtskraft beschränkt (KK-StPO/Appl StPO § 450 Rn 12).

II. Regelungsgehalt

3   Abs 1 **beschränkt die Möglichkeit der Nichtanrechnung von Untersuchungshaft** (§ 51 Abs 1 S 2 StGB, § 52 a Abs 1 S 2 JGG), die ihrerseits eine Ausnahme vom Grundsatz der Anrechnung kraft Gesetzes (§ 51 Abs 1 S 1 StGB, § 52 a Abs 1 S 1 JGG) ist, auf die Zeit bis zum Eintritt der **relativen Rechtskraft**. Hat der Angeklagte alles dafür getan, dass sein Urteil rechtskräftig wird, so soll das Verhalten anderer Beteiligter nicht zu seinem Nachteil gewertet werden (OLG Frankfurt NJW 1970, 1140). Relative Rechtskraft tritt ein, wenn das Urteil für den Angeklagten unanfechtbar geworden ist, also bei Rechtsmittelverzicht, bei Rücknahme des Rechtsmittels oder mit Ablauf der Rechtsmittelfrist (vgl BGH NJW 1955, 1488).

4   Ein Rechtsmittel des Verteidigers (§ 297 StPO) zählt **wie ein Rechtsmittel des Angeklagten**, nicht aber das von der StA zu seinen Gunsten (§ 296 Abs 2 StPO) eingelegte Rechtsmittel. Das Rechtsmittel des gesetzlichen Vertreters (§ 298 StPO) bzw Erziehungsberechtigten (§ 67 Abs 3 JGG) hindert die Anrechnung nach Abs 1 nicht. Übernimmt der

Angeklagte nach Eintritt der Volljährigkeit das Rechtsmittel, entfällt die Anrechnung mit dem Tag der Übernahme (LG Bamberg NJW 1967, 68; KK-StPO/Appl StPO § 450 Rn 9; Meyer-Goßner StPO § 450 Rn 6). Die **relative Rechtskraft entfällt**, wenn das Urteil auf das Rechtsmittel eines anderen aufgehoben und die Sache zurückverwiesen wird (Meyer-Goßner StPO § 450 Rn 7). Bei **relativer Teilrechtskraft,** vgl § 449 StPO (§ 449 StPO Rn 6) gilt Abs 1 für die Vollstreckung der entspr Einzelstrafe. Angerechnet wird die Untersuchungshaft bis zur vollen Höhe der zu vollstreckenden Einzelstrafe (Meyer-Goßner StPO § 450 Rn 8).

Die **Strafzeitberechnung** erfolgt durch die Vollstreckungsbehörde (§ 451 StPO) nach § 39 Abs 4 StVollstrO.

III. Ende der Untersuchungshaft

Auch jenseits des Anwendungsbereichs von Abs 1 ist umstritten, ob die Untersuchungshaft automatisch mit **Eintritt der absoluten Rechtskraft** in Strafhaft übergeht oder ob es hierzu des förmlichen Rechtsakts der Einleitung der Strafvollstreckung bedarf. Die Frage hat erhebliche Bedeutung für die Rechtsgrundlage der Haft, ihre Ausgestaltung sowie für die Zuständigkeit für Haftentscheidungen (ausf KK-StPO/Appl StPO § 450 Rn 10 ff). Nach maßgeblicher Rspr des BGH (vgl BGHSt 38, 63 = NJW 1992, 518) wandelt sich die Untersuchungshaft mit absoluter Rechtskraft automatisch in Strafhaft um, die förmliche Einleitung der Vollstreckung ist nicht konstitutiv (aA Pfeiffer StPO § 450 Rn 3 mwN). Zur **Organisationshaft** in der praktisch notwendigen Übergangsphase zwischen Untersuchungshaft und Strafhaft/Maßregelvollzug vgl § 112 StPO Rn 36.

B. Anrechnung von Führerscheinentzug (Abs 2)

Die Anrechnung der Dauer einer vorläufigen Entziehung der Fahrerlaubnis nach § 111 a StPO auf das Fahrverbot nach § 44 StGB erfolgt kraft Gesetzes nach **§ 51 Abs 5 StGB.** Der **Anwendungsbereich** von Abs 2 beschränkt sich daher auf die Konstellation des **§ 111 a Abs 5 S 2 StPO,** nach der die vorläufige Entziehung der Fahrerlaubnis nicht mehr angeordnet ist, der Angeklagte aber im Hinblick auf das statt dessen ausgesprochene Fahrverbot gleichwohl zunächst auf die Rückgabe seines bereits in amtlichem Gewahrsam befindlichen Führerscheins verzichtet. Diese Zeit ist nach Abs 2 unverkürzt auf das Fahrverbot anzurechnen.

§ 450 a [Anrechnung einer im Ausland erlittenen Freiheitsentziehung]

(1) ¹Auf die zu vollstreckende Freiheitsstrafe ist auch die im Ausland erlittene Freiheitsentziehung anzurechnen, die der Verurteilte in einem Auslieferungsverfahren zum Zwecke der Strafvollstreckung erlitten hat. ²Dies gilt auch dann, wenn der Verurteilte zugleich zum Zwecke der Strafverfolgung ausgeliefert worden ist.

(2) Bei Auslieferung zum Zwecke der Vollstreckung mehrerer Strafen ist die im Ausland erlittene Freiheitsentziehung auf die höchste Strafe, bei Strafen gleicher Höhe auf die Strafe anzurechnen, die nach der Einlieferung des Verurteilten zuerst vollstreckt wird.

(3) ¹Das Gericht kann auf Antrag der Staatsanwaltschaft anordnen, daß die Anrechnung ganz oder zum Teil unterbleibt, wenn sie im Hinblick auf das Verhalten des Verurteilten nach dem Erlaß des Urteils, in dem die dem Urteil zugrunde liegenden tatsächlichen Feststellungen letztmalig geprüft werden konnten, nicht gerechtfertigt ist. ²Trifft das Gericht eine solche Anordnung, so wird die im Ausland erlittene Freiheitsentziehung, soweit ihre Dauer die Strafe nicht überschreitet, auch in einem anderen Verfahren auf die Strafe nicht angerechnet.

Überblick

Die Vorschrift ergänzt § 51 Abs 3 S 2, Abs 1 StGB um die Anrechnung von Auslieferungshaft zum Zwecke der Strafvollstreckung.

A. Anwendungsbereich

1 Eine aufgrund eines deutschen Auslieferungsersuchens zum Zwecke der **Strafverfolgung** im Ausland erlittene Freiheitsentziehung wird gem **§ 51 Abs 3 S 2, Abs 1 StGB** auf die Strafe angerechnet. **§ 450 a StPO** regelt ergänzend die Anrechnung der im Ausland erlittenen Freiheitsentziehung aufgrund eines deutschen Auslieferungsersuchens zum Zwecke der Straf**vollstreckung** (vgl BVerfGE 29, 312 = NJW 1970, 2287).

2 Erfolgt die Auslieferungshaft **zugleich** zum Zwecke der Strafverfolgung wie der Strafvollstreckung, so hat die Anrechnung auf die zur Vollstreckung anstehende Strafe Vorrang (**Abs 1 S 2**). Nur der nicht verbrauchte Rest steht dann für eine Anrechnung nach § 51 Abs 3 S 2, Abs 1 StGB zur Verfügung (BGH NStZ 1985, 497).

B. Regelungsgehalt

I. Anrechnung von Auslieferungshaft (Abs 1 u Abs 2)

3 Angerechnet wird nur die Haft in einem **Auslieferungsverfahren** (Abs 1 S 1). Der Begriff des Auslieferungsverfahrens ist dabei weit auszulegen. Er umfasst alle Freiheitsentziehungen im Ausland zu dem Zweck, den Verurteilten der deutschen Strafvollstreckung zuzuführen (KK-StPO/Appl StPO § 450 a Rn 3; Meyer-Goßner StPO § 450 a Rn 2). Eine Anrechnung erfolgt auch, wenn es letztlich zu keiner Auslieferung kommt, weil der Verurteilte freiwillig ins Inland zurückkehrt (Meyer-Goßner StPO § 450 a Rn 2). Abschiebehaft wird allerdings nicht angerechnet (OLG Koblenz GA 1981, 575).

4 Die Anrechnung ist Teil der **Strafzeitberechnung** und damit **Aufgabe der Vollstreckungsbehörde** (§ 451 StPO). Die Vollstreckungsbehörde bestimmt **entspr § 51 Abs 4 S 2 StGB** den **Umrechnungsmaßstab** nach pflichtgemäßem Ermessen (OLG Stuttgart MDR 1986, 779; KK-StPO/Appl StPO § 450 a Rn 8). Sind die ausländischen Haftumstände den deutschen Haftbedingungen vergleichbar, ist der Maßstab 1:1 anzuwenden. Davon ist bei Freiheitsentziehungen in EU-Staaten grundsätzlich auszugehen, wobei jedoch immer eine Einzelfallentscheidung stattzufinden hat (BGH BeckRS 2003, 05068 = Az 5 StR 124/03). Übersteigt das im Ausland erlittene Haftübel das Niveau des Inlands, kann eine höhere Anrechnungsquote zugrunde gelegt werden (vgl im Einzelnen die Länderübersicht bei Fischer StGB § 51 Rn 19). Die anrechnungsfähige Zeit endet mit der Übernahme des Verurteilten durch deutsche Beamte und dem Beginn der deutschen Strafzeit (§ 38 Nr 2 Hs 2 StVollstrO). Über **Einwendungen** gegen die Strafzeitberechnung entscheidet das Gericht gem § 458 Abs 1 StPO; das Ermessen des Gerichts ist auf die sofortige Beschwerde (§ 462 Abs 3 StPO) vom Beschwerdegericht in vollem Umfang nachzuprüfen (KG NStZ-RR 1997, 350).

5 Die Anrechnung erfolgt immer auf die höchste **erkannte** Strafe (**Abs 2**), nicht auf den höchsten Strafrest. Nichtverbrauchte Reste werden auf die nächsthöhere Strafe angerechnet (Pfeiffer StPO § 450 a Rn 4).

II. Anordnung der Nichtanrechnung (Abs 3)

6 Die in Abs 3 geregelte Nichtanrechnung bedarf als **Ausnahme** wie im Fall des § 51 Abs 1 S 2 StGB der **ausdrücklichen richterlichen Anordnung**. Zuständig ist die StVK (§ 462 StPO, § 462 a StPO) auf Antrag der StA als Strafverfolgungsbehörde (Katholnigg NStZ 1982, 195).

7 Die Nichtanrechnung ist nur bei Vorliegen **erschwerender Gründe** gerechtfertigt, die im Verhalten des Verurteilten nach dem Erlass des zu vollstreckenden Urteils liegen müssen (Abs 3 S 1). **Nicht ausreichend** hierfür ist die – den Regelfall des Abs 1 darstellende (OLG Stuttgart StV 2003, 629) – Flucht ins Ausland, erfolge sie auch aus dem Hafturlaub (OLG Karlsruhe MDR 1984, 165) oder von einer Außenarbeitsstelle (OLG Zweibrücken GA 1983, 280). **Ausreichen** kann dagegen der gewaltsame Ausbruch aus der Anstalt oder die Verbringung der Beute ins Ausland (Meyer-Goßner StPO § 450 a Rn 6).

§ 451 [Vollstreckungsbehörden]

(1) Die Strafvollstreckung erfolgt durch die Staatsanwaltschaft als Vollstreckungsbehörde auf Grund einer von dem Urkundsbeamten der Geschäftsstelle zu

erteilenden, mit der Bescheinigung der Vollstreckbarkeit versehenen, beglaubigten Abschrift der Urteilsformel.

(2) Den Amtsanwälten steht die Strafvollstreckung nur insoweit zu, als die Landesjustizverwaltung sie ihnen übertragen hat.

(3) ¹Die Staatsanwaltschaft, die Vollstreckungsbehörde ist, nimmt auch gegenüber der Strafvollstreckungskammer bei einem anderen Landgericht die staatsanwaltschaftlichen Aufgaben wahr. ²Sie kann ihre Aufgaben der für dieses Gericht zuständigen Staatsanwaltschaft übertragen, wenn dies im Interesse des Verurteilten geboten erscheint und die Staatsanwaltschaft am Ort der Strafvollstreckungskammer zustimmt.

Überblick

Die Vorschrift bestimmt zum einen die StA als grds zuständige Vollstreckungsbehörde und stellt zum anderen mit dem Erfordernis einer Vollstreckbarkeitsbescheinigung die zentrale formale Voraussetzung der Strafvollstreckung auf.

A. StA als Vollstreckungsbehörde

I. Sachliche Zuständigkeit

Sachlich zuständig für die Strafvollstreckung ist grds die **StA** (Abs 1, § 36 Abs 2 S 1 StPO). **Ausnahmen** von diesem Grundsatz sind die Zuständigkeit des **Jugendrichters** als Vollstreckungsleiter im Verfahren gegen Jugendliche und Heranwachsende (§§ 82 JGG ff, § 110 JGG) und die von **Bundeswehrbehörden** für die Vollstreckung an Soldaten der Bundeswehr (Art 5 Abs 1 EGWStG). Eine Übertragung der Vollstreckung auf die **Amtsanwaltschaft** nach **Abs 2** ist wegen § 145 Abs 2 GVG nur in den zur Zuständigkeit des AG gehörenden Sachen zulässig; von der Befugnis hat nur der Freistaat Bayern Gebrauch gemacht (Bek v 15. 10. 1968, BayJMBl 103). 1

Gerichte sind mit der Strafvollstreckung grundsätzlich nur im Rahmen von Nachtragsentscheidungen und im Nachverfahren sowie zur Klärung von Zweifelsfragen befasst. **Ausnahmen** gelten für bereits im Urteil aussprechbare Vollstreckungsanordnungen (§ 456c StPO, § 42 StGB) sowie für die Überwachung der **Bewährung** (§ 453b Abs 2 StPO). 2

II. Funktionale Zuständigkeit

Funktionell sind die Geschäfte grds dem **Rechtspfleger** übertragen (§ 31 Abs 2 S 1 RPflG), Ausnahmen – Vorlage an den StA – bestimmen § 31 Abs 2a RPflG (zwingend) und § 31 Abs 2b RPflG (fakultativ). Der StA bleibt dem Rechtspfleger gegenüber weisungsbefugt (§ 31 Abs 2c S 3, Abs 6 S 3 RPflG) und entscheidet über Einwendungen gegen Entscheidungen des Rechtspflegers, soweit kein anderer Rechtsbehelf gegeben ist (§ 31 Abs 6 S 2 RPflG). Stellungnahmen gegenüber dem Gericht (§ 453 Abs 1 S 2 StPO, § 454 Abs 1 S 2 StPO, § 460 StPO, § 461 Abs 2 StPO, § 462 Abs 2 S 1 StPO) gibt der StA, nicht der Rechtspfleger ab, da hier die StA als Strafverfolgungsbehörde und nicht als Strafvollstreckungsbehörde tätig wird (vgl Katholnigg NStZ 1982, 195). 3

Die Vollstreckung von Geldbußen und Auflagen kann durch Rechtsverordnung der Landesregierung dem **Urkundsbeamten der Geschäftsstelle** übertragen werden (§ 36b Abs 1 Nr 5 RPflG). Der ersetzte Rechtspfleger bleibt in diesem Fall weisungsbefugt und entscheidet über Einwendungen gegen Maßnahmen des Urkundsbeamten (§ 36b Abs 4 RPflG). 4

III. Instantielle Zuständigkeit

Sachlich zuständig ist grds die **StA beim jeweiligen LG**. Abweichend davon ist die GenStA zuständig, wenn das OLG in 1. Instanz, und der GBA, wenn das OLG in Ausübung der Gerichtsbarkeit des Bundes (§ 120 GVG, § 142a GVG) entschieden hat (vgl § 4 StVollstrO). Es besteht eine Notzuständigkeit der GenStA nach § 6 StVollstrO. 5

StPO § 451

IV. Örtliche Zuständigkeit

6 Örtlich zuständig ist die **StA beim Gericht des 1. Rechtszugs** (§ 7 Abs 1 StVollstrO). Bei Zurückverweisung durch das Revisionsgericht an ein anderes Gericht und bei einer Entscheidung in einem wieder aufgenommenen Verfahren gelten diese als Gericht des 1. Rechtszugs (§ 462a Abs 6 StPO, § 7 Abs 2 StVollstrO). Bei einer nachträglichen Gesamtstrafe richtet sich die örtliche Zuständigkeit nach dem Gericht, das sie gebildet hat (§ 7 Abs 4 StVollstrO). Hilfsweise besteht eine Notzuständigkeit nach § 7 Abs 3 StVollstrO, § 143 Abs 2 GVG.

7 Die örtliche Zuständigkeit der StA beim Gericht des 1. Rechtszugs bleibt von der **Zuständigkeitskonzentration der StVK** nach § 462a Abs 1 StPO zunächst unberührt, da eine entspr Regelung für den Bereich der Vollstreckungsbehörde nicht existiert (**Abs 3 S 1**). Die einmal zuständige StA bleibt folglich selbst dann zuständig, wenn die Zuständigkeit der StVK in einem anderen Bundesland konzentriert wird (KK-StPO/Appl StPO § 451 Rn 24). Gleichfalls unberührt bleibt die Zuständigkeit der StA von einer Abgabe der nach § 453 StPO zu treffenden Entscheidung durch das Gericht des 1. Rechtszugs an das Wohnsitzgericht gem § 462a Abs 2 S 2 StPO (LG Dortmund NStZ 1988, 381; Löwe/Rosenberg/Wendisch StPO § 451 Rn 71; Meyer-Goßner StPO § 451 Rn 20; **aA** LG Bonn NStZ 1981, 453).

8 Nach **Abs 3 S 2** kann die StA ihre Aufgabe im Fall des § 462a Abs 1 StPO jedoch der **StA am Ort der StVK übertragen**, wenn diese einverstanden ist und die Übertragung im Interesse des Verurteilten geboten erscheint. Dies ist zB bei der Koordinierung mehrerer hintereinander zu vollstreckender Freiheitsstrafen zu einer einzigen bedingten Entlassung der Fall (KK-StPO/Appl StPO § 451 Rn 26). Mit der Übernahme geht auch die Rechtsmittelberechtigung im Vollstreckungsverfahren auf die übernehmende StA über. Endet die Konzentrationszuständigkeit der StVK, endet auch die durch Übernahme begründete Zuständigkeit der StA an deren Ort.

9 Eine entspr Anwendung von Abs 3 S 2 auf die Konstellation der Abgabe an das Wohnsitzgericht gem § 462a Abs 2 S 2 StPO wird von Teilen der Literatur befürwortet (vgl KK-StPO/Appl StPO § 451 Rn 26; Pfeiffer StPO § 451 Rn 11; AnwK-StPO/Krekeler/Löffelmann/Kirchhof StPO § 451 Rn 8); ein praktisches Bedürfnis hierfür hat sich bislang jedoch noch nicht ergeben.

10 Im **Beschwerdeverfahren** ist das der StVK übergeordnete OLG zuständig. Verfahrensbeteiligt ist die GenStA beim zuständigen OLG, nicht (stets) die der StA übergeordnete GenStA (KK-StPO/Appl StPO § 451 Rn 29).

V. Kompetenzkonflikte

11 Im Falle eines Kompetenzkonflikts bez der sachlichen, instantiellen oder örtlichen Zuständigkeit entscheidet die höhere Vollstreckungsbehörde; das ist **idR der GenStA** als höhere Aufsichtsbehörde (§ 147 Nr 3 GVG, § 21 Nr 1 StVollstrO). Mehrere GenStAe müssen sich einigen, § 143 Abs 3 GVG gilt nicht. Notfalls entscheidet der gemeinsame JM (§ 147 Nr 2 GVG). JM verschiedener Bundesländer müssen sich einigen; eine gerichtliche Entscheidung ist nicht vorgesehen (vgl KK-StPO/Appl StPO § 451 Rn 13; Meyer-Goßner StPO § 451 Rn 10).

VI. Vollstreckungshilfe

12 Soll eine Vollstreckungshandlung außerhalb des Landes vorgenommen werden, in dem die Vollstreckungsbehörde ihren Sitz hat, kann sie die örtlich zuständige StA des anderen Landes um Vollstreckungshilfe ersuchen. Die Einzelheiten der Vollstreckungshilfe sind in § 162 GVG, § 163 GVG, § 9 StVollstrO sowie der Ländervereinbarung vom 8. 6. 1999 (Anhang zur StVollstrO) geregelt (vgl ausführlich Löwe/Rosenberg/Wendisch StPO § 451 Rn 15).

B. Vollstreckbarkeitsbescheinigung als Vollstreckungsvoraussetzung

13 Die Vollstreckbarkeitsbescheinigung nach Abs 1 ist die **notwendige urkundliche Grundlage der Vollstreckung**, sie ist dies auch für Strafbefehl, Gesamtstrafenbeschluss, urteilsvertretende Beschlüsse über Nebenfolgen und für Nachtragsentscheidungen (vgl Mey-

er-Goßner StPO § 451 Rn 13). Sie besteht aus der mit der **Bescheinigung der (Teil-) Rechtskraft** versehenen Urschrift oder beglaubigten Abschrift der Urteilsformel (§ 13 Abs 2 StVollstrO); die Urteilsgründe müssen noch nicht unbedingt vorliegen (§ 13 Abs 3 S 1 StVollstrO). **Zuständig** für die Erteilung der Vollstreckbarkeitsbescheinigung ist der Urkundsbeamte der Geschäftsstelle (Abs 1).

Vollstreckungshindernisse hat der Urkundsbeamte nicht zu prüfen. Wird er gleichwohl auf sie aufmerksam, muss er die Vollstreckungsbehörde darauf hinweisen. Bei **Zweifeln über die Vollstreckbarkeit** der Entscheidung muss der Urkundsbeamte selbst entscheiden, eine Vorlage an das Gericht ist unzulässig. Erkennt der Urkundsbeamte im Nachhinein die Unrichtigkeit seiner Entscheidung, hat er die Bescheinigung zu widerrufen. 14

Gegen die Entscheidung des Urkundsbeamten können Vollstreckungsbehörde bzw Verurteilter auf **Entscheidung des Gerichts** antragen; gegen dessen Entscheidung ist die einfache Beschwerde statthaft. Die Vollstreckungsbehörde selbst überprüft die Vollstreckbarkeitsbescheinigung nicht auf ihre inhaltliche, wohl aber auf ihre formale Richtigkeit (KK-StPO/Appl StPO § 451 Rn 18; Meyer-Goßner StPO § 451 Rn 17 f). 15

§ 452 [Begnadigungsrecht]

¹In Sachen, in denen im ersten Rechtszug in Ausübung von Gerichtsbarkeit des Bundes entschieden worden ist, steht das Begnadigungsrecht dem Bund zu. ²In allen anderen Sachen steht es den Ländern zu.

Überblick

Die Vorschrift regelt die Verteilung der Zuständigkeit von Bund und Ländern für die Erteilung von Gnadenerweisen; das Gnadenrecht als solches setzt sie voraus.

A. Inhalt des Begnadigungsrechts

Begnadigung ist die Milderung oder Aufhebung von rechtskräftig ausgesprochenen, noch bestehenden Rechtsnachteilen im Wege der **Ermessensentscheidung** für den Einzelfall durch einen Akt der **Exekutive**, der nicht der Zustimmung des Betroffenen bedarf (KK-StPO/Appl StPO § 452 Rn 1). Das Begnadigungsrecht ist folglich eine verwaltungsrechtliche Angelegenheit. Das Institut des Begnadigungsrechts ist (verfassungs-)rechtlich nicht festgeschrieben, wird von der Rechtsordnung jedoch in seinem historisch überkommenen Sinn vorausgesetzt (BVerfGE 25, 352, 358 ff = NJW 1969, 1895; krit Hömig DVBl 2007, 1328). Der Gnadenerweis ist ein Vollstreckungshindernis, so dass die Vollstreckung danach nicht mehr zulässig ist. 1

B. Träger des Begnadigungsrechts

Dem **Bund** steht das Begnadigungsrecht in den Staatsschutzstrafsachen zu, wenn das OLG in 1. Instanz Gerichtsbarkeit des Bundes ausgeübt hat (Art 96 Abs 5 GG, § 120 Abs 1, Abs 2 GVG). Zuständig ist der Bundespräsident (Art 60 Abs 2 GG), der das Gnadenrecht auf andere Behörden delegieren kann (Art 60 Abs 3 GG). Dies ist erfolgt durch Anordnung v 5. 10. 1965 (BGBl I 1573), geändert durch Anordnung v 3. 11. 1970 (BGBl I 1513). Im Übrigen sind die **Länder** Träger des Gnadenrechts (S 2); zuständig sind regelmäßig die Ministerpräsidenten bzw die Senate. Auch dort hat eine weitgehende Delegation auf nachgeordnete Behörden stattgefunden (zu den Gnadenordnungen der einzelnen Bundesländer vgl die Fundstellennachw in Schönfelder Deutsche Gesetze Nr 90 Anm zu § 452). 2

Bei **Gesamtstrafen**, in die Einzelstrafen der Gerichtsbarkeit des Bundes und (verschiedener) Länder einbezogen sind, steht das Gnadenrecht dem Gnadenrechtsträger zu, dessen Gerichtsbarkeit das Gericht bei der Entscheidung über die Gesamtstrafe ausgeübt hat (vgl Vereinbarung der Gnadenrechtsinhaber v 27. 10. 1971, abgedr bei Schätzler Handbuch des Gnadenrechts 2. Aufl 1992, Abschn 2.4, 27). 3

C. Verfahren und Justitiabilität

4 Das Gnaden**verfahren** richtet sich im Einzelnen nach den Gnadenordnungen der Länder bzw der entspr Anordnung des Bundespräsidenten (Fundstellennachw bei Schönfelder Nr 90 Anm zu § 452). Zu den von der Gnadenbehörde vorzunehmenden Ermittlungen gehören idR die Anhörungen des Betroffenen sowie der beteiligten Gerichte und Behörden, insbes der JVA.

5 **Erteilung und Ablehnung** des Gnadenerweises unterliegen wesensgemäß **keiner gerichtlichen Nachprüfung** (BVerfGE 25, 352 = NJW 1969, 1895), es handelt sich um rechtswegfreie Regierungsakte. **Rücknahme und Widerruf** eines bereits erteilten Gnadenerweises sind dagegen **gem §§ 23 EGGVG ff anfechtbar**, weil dem Verurteilten hier eine gesicherte Rechtsposition nachträglich entzogen wird (BVerfGE 30, 108 = NJW 1971, 795). Zu Zulässigkeitsanforderungen und inhaltlicher Erfolgsaussicht des Antrags nach § 23 EGGVG vgl die Rspr-Übersicht von Rinio NStZ 2006, 438.

§ 453 [Nachträgliche Entscheidung über Strafaussetzung zur Bewährung oder Verwarnung mit Strafvorbehalt]

(1) ¹Die nachträglichen Entscheidungen, die sich auf eine Strafaussetzung zur Bewährung oder eine Verwarnung mit Strafvorbehalt beziehen (§§ 56a bis 56g, 58, 59a, 59b des Strafgesetzbuches), trifft das Gericht ohne mündliche Verhandlung durch Beschluß. ²Die Staatsanwaltschaft und der Angeklagte sind zu hören. ³Hat das Gericht über einen Widerruf der Strafaussetzung wegen Verstoßes gegen Auflagen oder Weisungen zu entscheiden, so soll es dem Verurteilten Gelegenheit zur mündlichen Anhörung geben. ⁴Ist ein Bewährungshelfer bestellt, so unterrichtet ihn das Gericht, wenn eine Entscheidung über den Widerruf der Strafaussetzung oder den Straferlaß in Betracht kommt; über Erkenntnisse, die dem Gericht aus anderen Strafverfahren bekannt geworden sind, soll es ihn unterrichten, wenn der Zweck der Bewährungsaufsicht dies angezeigt erscheinen läßt.

(2) ¹Gegen die Entscheidungen nach Absatz 1 ist Beschwerde zulässig. ²Sie kann nur darauf gestützt werden, daß eine getroffene Anordnung gesetzwidrig ist oder daß die Bewährungszeit nachträglich verlängert worden ist. ³Der Widerruf der Aussetzung, der Erlaß der Strafe, der Widerruf des Erlasses, die Verurteilung zu der vorbehaltenen Strafe und die Feststellung, daß es bei der Verwarnung sein Bewenden hat (§§ 56f, 56g, 59b des Strafgesetzbuches), können mit sofortiger Beschwerde angefochten werden.

Überblick

Die Vorschrift regelt das im Vergleich zu § 462 StPO besondere Verfahren (Abs 1) sowie die Anfechtbarkeit (Abs 2) der in Abs 1 genannten Nachtragsentscheidungen.

Übersicht

	Rn		Rn
A. Anwendungsbereich	1	III. Rechtsbehelfe (Abs 2)	9
B. Regelungsgehalt	4	1. Allgemeines	9
I. Die Entscheidung (Abs 1 S 1)	4	2. Einfache Beschwerde	11
II. Anhörungspflichten (Abs 1 S 2 bis S 4)	5	3. Sofortige Beschwerde	13

A. Anwendungsbereich

1 Strafaussetzung zur Bewährung und Verwarnung mit Strafvorbehalt werden im Urteil angeordnet (§ 260 Abs 4 S 4 StPO), die nähere Ausgestaltung (§§ 56 StGB ff) erfolgt durch gesonderten (Bewährungs-)Beschluss (§ 268a StPO). **Nach Rechtskraft des Urteils** sind

Strafvollstreckung **§ 453 StPO**

regelmäßig weitere Entscheidungen veranlasst, nämlich die Entscheidung über den Widerruf der Strafaussetzung (§ 56 f StGB), den Erlass der Strafe (§ 56 g StGB), die Abänderung oder Aufhebung des Bewährungsbeschlusses (§ 56 e StGB, § 59 a Abs 2 StGB), die Verurteilung zu der vorbehaltenen Strafe (§ 59 b Abs 1 StGB) oder die Feststellung, dass es bei der Verwarnung sein Bewenden hat (§ 59 b Abs 2 StGB). Abs 1 regelt das Verfahren für diese Nachtragsentscheidung, Abs 2 bestimmt die zulässigen Rechtsbehelfe.

Str ist die Frage, ob und in welchem Umfang der versehentlich **vergessene Bewährungsbeschluss** nach § 268 a StPO entspr § 453 StPO **nachgeholt** werden kann (ausf KK-StPO/Appl StPO § 453 Rn 3 mwN). Nach zutr Ansicht ist der nachträgliche Erlass jedenfalls eines **beschwerenden Beschlusses unzulässig**, soweit sich nicht der vom Gericht beabsichtigte Inhalt des Bewährungsbeschlusses aus den Urteilsgründen ergibt. (Deklaratorisch) Festzustellen ist aus Gründen der Klarheit allein die gesetzliche Mindestbewährungsfrist (OLG Hamm NStZ-RR 2000, 126; OLG Köln NStZ-RR 2000, 338; OLG Düsseldorf StV 2001, 225; OLG Dresden NJ 2001, 323; KK-StPO/Appl StPO § 453 Rn 3; **aA** OLG Celle BeckRS 2007, 12338 – Az 32 Ss 86/07). Die Möglichkeit nachträglicher Anordnungen gem § 56 e StGB bei Veränderung objektiver Umstände bleibt in jedem Fall unberührt (KK-StPO/Appl StPO § 453 Rn 3). 2

Entspr Anwendung findet § 453 StPO bei der Vollstreckung von Maßregeln der Besserung und Sicherung (§ 463 Abs 1 StPO) sowie für Nachtragsentscheidungen im Rahmen der Führungsaufsicht (§ 463 Abs 2 StPO). 3

B. Regelungsgehalt
I. Entscheidung (Abs 1 S 1)

Die **Entscheidung** ergeht ohne mündliche Verhandlung durch begründeten (§ 34 StPO) Beschluss (Abs 1 S 1) ohne Kostenentscheidung (OLG Köln NStZ 1999, 534; OLG Braunschweig NStZ-RR 2001, 185). Ist wegen erneuter Straffälligkeit der Widerruf der Strafaussetzung beabsichtigt, hat die Widerrufsentscheidung so rechtzeitig zu erfolgen, dass eine nahtlose Anschlussvollstreckung gewährleistet ist (OLG Brandenburg BeckRS 2008, 20917 – Az 1 Ws 157/08; BeckRS 2008, 26223 – Az 1 Ws 198/08). **Zuständig** ist regelmäßig das Gericht des 1. Rechtszugs (§ 462 a Abs 2 S 1 StPO), soweit sich der Verurteilte nicht in anderer Sache in Strafhaft befindet und die Zuständigkeit der StVK (§ 462 a Abs 1 StPO) gegeben ist. 4

II. Anhörungspflichten (Abs 1 S 2 bis S 4)

Die StA als Strafverfolgungsbehörde (Katholnigg NStZ 1982, 195) und der Verurteilte sind immer zu hören (**Abs 1 S 2**). Wird die Anhörung der StA versehentlich vergessen, ist dies unschädlich (OLG Düsseldorf NStZ 1982, 349). Die **Anhörung des Verurteilten** muss ihm Gelegenheit geben, sich zu allen dem Gericht vorliegenden nachteiligen Umständen zu äußern; eine mündliche Anhörung ist nicht grds erforderlich (BVerfG NStZ-RR 2008, 26; vgl aber Abs 1 S 3). Ist eine Anhörung des Verurteilten (zB wegen unbekannten Aufenthalts) nicht möglich, kann die Entscheidung ohne Anhörung ergehen und gem § 40 StPO öffentlich zugestellt werden (KK-StPO/Appl StPO § 453 Rn 8). Das rechtliche Gehör kann ggf im Nachverfahren gem § 33 a StPO nachgeholt werden (BGHSt 26, 127 = NJW 1975, 2211; OLG Hamm BeckRS 2009, 21369 – Az 3 Ws 9/08). Der Erlass eines Sicherungshaftbefehls (§ 453 c StPO) zur Erzwingung des rechtlichen Gehörs ist unzulässig (KK-StPO/Appl StPO § 453 Rn 11). 5

Bei einem Widerruf der Strafaussetzung wegen Verstoßes gegen Auflagen oder Weisungen (§ 56 f Abs 1 Nr 2, Nr 3 StGB) **soll** der Verurteilte auch **mündlich** gehört werden (**Abs 1 S 3**); die mündliche Anhörung ist **zwingend**, wenn eine weitere Sachaufklärung möglich erscheint und keine schwerwiegenden Gründe entgegenstehen (OLG Brandenburg BeckRS 2009, 05937 – Az 1 Ws 212/08; Meyer-Goßner StPO § 453 Rn 7). In jedem Fall muss sich aus den Akten ergeben, dass sich das Gericht der Möglichkeit einer mündlichen Anhörung bewusst war (OLG Stuttgart MDR 1987, 164). Der Verurteilte ist förmlich zur Anhörung zu laden (LG Saarbrücken NStZ-RR 2000, 245; Pfeiffer StPO § 453 Rn 3); die Erzwingung der Anhörung ist jedoch unzulässig (vgl Rn 5). **Zuständig** ist das über den 6

Klein

Widerruf entscheidende Gericht, die Anhörung durch den ersuchten Richter ist jedoch möglich (OLG Stuttgart NStZ 1987, 43).

7   Vor einer Entscheidung über den Widerruf der Strafaussetzung oder über den Straferlass ist die **Unterrichtung des Bewährungshelfers** veranlasst (**Abs 1 S 4 HS 1**), um die Entscheidungsgrundlage zu verbreitern. Der Bewährungshelfer kann zur Anhörung des Verurteilten hinzugezogen werden. Die vor einer Widerrufsentscheidung zumindest gebotene Anforderung eines schriftlichen Berichts (OLG Düsseldorf NStZ 1996, 616) ist mit dem Hinweis auf den möglichen Widerruf zu verbinden (OLG Bremen BeckRS 2008, 03101 – Az Ws 23-08). Ist kein Bewährungshelfer bestellt, kann sich das Gericht gem § 463d HS 2 StPO der Gerichtshilfe bedienen (§ 463d StPO Rn 4).

8   Die Unterrichtung des Bewährungshelfers über aus anderen Strafverfahren bekannt gewordene Erkenntnisse (**Abs 1 S 4 Hs 2**) ist nicht auf die Fälle eines anstehenden Widerrufs oder Erlasses beschränkt. Sie unterliegt der strengen Zweckbindung des § 479 StPO (Löwe/Rosenberg/Graalmann-Scherer StPO Nachtrag § 453 Rn 1 ff).

III. Rechtsbehelfe (Abs 2)

1. Allgemeines

9   Soweit die Nachtragsentscheidung nicht unmittelbar zur Vollstreckbarkeit des Urteils führt oder das Verfahren beendet, ist die einfache Beschwerde statthaft (Abs 2 S 1). In den übrigen Fällen ist die sofortige Beschwerde gegeben (Abs 2 S 3), da nur so die für die anstehende Vollstreckung benötigte formelle **Rechtskraft** geschaffen wird, vgl § 449 StPO (§ 449 StPO Rn 4 ff: Rechtskraft als Vollstreckungsvoraussetzung). Die isolierte Anfechtung einer von mehreren Weisungen ist entspr § 318 StPO grds möglich, soweit Trennbarkeit besteht (vgl § 318 StPO Rn 10 ff).

10 **Beschwerdeberechtigt** sind der Verurteilte und die StA, auch zu dessen Gunsten (Meyer-Goßner StPO § 453 Rn 10). Das Beschwerdegericht entscheidet grds selbst **in der Sache**. Eine Zurückverweisung erfolgt nur, wenn die Anhörung unterblieben ist und sich nicht aus den Akten ergibt, dass das Gericht sein Ermessen über die Durchführung einer Anhörung ausgeübt hat (OLG Stuttgart MDR 1987, 164).

2. Einfache Beschwerde

11 Im Verfahren der **einfachen Beschwerde** (§ 304 StPO) gilt – außer bei der Rüge der nachträglichen Verlängerung der Bewährungszeit (Abs 2 S 2 Alt 2) – gem Abs 2 S 2 Alt 1 ein **eingeschränkter Prüfungsmaßstab**: Das Beschwerdegericht überprüft nur die **Gesetzmäßigkeit der Anordnung** iS einer Rechtmäßigkeitskontrolle, dh insb das Vorliegen einer gesetzlichen Grundlage sowie die Einhaltung der Ermessensgrenzen, des Verhältnismäßigkeits- und des Bestimmtheitsgrundsatzes (Meyer-Goßner StPO § 453 Rn 12 mwN; vgl § 305a Abs 1 S 2 StPO). Eine Zweckmäßigkeitskontrolle iS einer eigenen Ermessensentscheidung steht dem Beschwerdegericht nicht zu (OLG Frankfurt NStZ-RR 1998, 126).

12 Eine besondere **Begründungsobliegenheit** des Verurteilten iS einer Zulässigkeitsvoraussetzung der Beschwerde ist dem Wortlaut von Abs 2 S 2 nicht zu entnehmen (str; wie hier KK-StPO/Appl StPO § 453 Rn 14; Meyer-Goßner StPO § 453 Rn 11; **aA** OLG München NStZ 1988, 524; Pfeiffer StPO § 453 Rn 6).

3. Sofortige Beschwerde

13 Die **sofortige Beschwerde** (§ 311 StPO) ist neben den in Abs 2 S 3 genannten Fällen entspr auch dann statthaft, wenn das Gericht den Erlass der beantragten Entscheidung **ablehnt** (str, wie hier OLG Stuttgart NStZ 1995, 53; Meyer-Goßner StPO § 453 Rn 13; **aA** Pfeiffer StPO § 453 Rn 7 mwN). Beantragt die StA den Widerruf einer Bewährung und verlängert das Gericht nur die Bewährungszeit, ist daher die sofortige Beschwerde statthaft, da in der Verlängerung zugleich die Ablehnung des Widerrufs liegt (OLG Düsseldorf NStZ-RR 2002, 28). Trotz grds fehlender Vollzugshemmnis (§ 307 Abs 1 StPO) besteht die vollstreckungsrechtliche Übung, entspr § 449 StPO die Beschwerdeentscheidung abzuwarten, sofern von ihr die Vollstreckbarkeit oder weitere Vollstreckung abhängt. Der sofortigen

Beschwerde kann damit praktisch **aufschiebende Wirkung** zukommen (Meyer-Goßner StPO § 307 Rn 1).

Die Prüfung erfolgt in vollem Umfang und unter Ausübung **eigenen Ermessens** (OLG Stuttgart NStZ 1995, 53). Das Beschwerdegericht kann den **Widerrufsgrund austauschen**, solange dem Verurteilten rechtliches Gehör gewährt wird (OLG Düsseldorf MDR 1983, 68).

Ist bei öffentlicher Zustellung (oben Rn 5) die Wochenfrist (§ 311 Abs 2 StPO) abgelaufen, bleibt die sofortige Beschwerde ausgeschlossen, der Verurteilte ist auf die Möglichkeit der Wiedereinsetzung zu verweisen (KK-StPO/Appl StPO § 453 Rn 8). Hat der Verurteilte allerdings gegen die Weisung verstoßen, etwaige Wohnsitzwechsel mitzuteilen, ist Wiedereinsetzung nicht zu gewähren (OLG Düsseldorf NStZ 2003, 167). Das rechtliche Gehör kann ggf im **Nachverfahren gem § 33 a StPO** nachgeholt werden (BGHSt 26, 127 = NJW 1975, 2211).

Eine **Zurücknahme des rechtskräftigen Widerrufsbeschlusses** aus Gründen der materiellen Gerechtigkeit ist nicht möglich, auch nicht entspr § 359 Nr 5 StPO (str; wie hier OLG Hamburg StV 2000, 568; OLG Stuttgart wistra 2001, 239; KK-StPO/Appl StPO § 453 Rn 17, § 458 Rn 15; Meyer-Goßner StPO vor § 359 Rn 5; **aA** OLG Düsseldorf MDR 1993, 67; Pfeiffer StPO § 453 Rn 8). Nach der abschließenden gesetzlichen Regelung bleibt eine solche Billigkeitskorrektur dem Gnadenverfahren vorbehalten (KK-StPO/Appl StPO § 458 Rn 15).

15

16

§ 453 a [Belehrung bei Strafaussetzung oder Verwarnung mit Strafvorbehalt]

(1) ¹Ist der Angeklagte nicht nach § 268 a Abs. 3 belehrt worden, so wird die Belehrung durch das für die Entscheidungen nach § 453 zuständige Gericht erteilt. ²Der Vorsitzende kann mit der Belehrung einen beauftragten oder ersuchten Richter betrauen.

(2) Die Belehrung soll außer in Fällen von geringer Bedeutung mündlich erteilt werden.

(3) ¹Der Angeklagte soll auch über die nachträglichen Entscheidungen belehrt werden. ²Absatz 1 gilt entsprechend.

Überblick

Die Vorschrift regelt die Nachholung der entgegen § 268 a Abs 3 StPO unterbliebenen Belehrung (Abs 1, Abs 2) sowie die Belehrung über Nachtragsentscheidungen gem § 56 a Abs 2 StGB, § 56 e StGB, § 59 a Abs 2 StGB.

A. Nachholung der Belehrung (Abs 1)

Ist die nach § 268 a Abs 3 StPO vorgeschriebene Belehrung versehentlich oder wegen Abwesenheit des Angeklagten unterblieben, wird sie gem Abs 1 nachgeholt. **Zuständig** ist das nach § 453 StPO zuständige Gericht, also regelmäßig das Gericht des 1. Rechtszugs (§ 462 a Abs 2 S 1 StPO), soweit nicht der Verurteilte in anderer Sache in Strafhaft sitzt und die StVK zuständig ist (§ 462 a Abs 1 StPO) oder die Sache an das Wohnsitzgericht abgegeben wurde (§ 462 a Abs 2 S 2 StPO). Die Belehrung erteilt der Vorsitzende, der jedoch einen beauftragten (Mitglied des Kollegialgerichts) oder ersuchten (Rechtshilfe, § 157 GVG) Richter betrauen kann (Abs 1 S 2).

Die Belehrung **soll gem Abs 2 mündlich** erfolgen. Der Verurteilte ist vorzuladen, sein Erscheinen kann jedoch nicht erzwungen werden (OLG Celle MDR 1963, 523). Die Belehrung ergeht dann schriftlich. In jedem Fall ist sie aktenkundig zu machen (Löwe/Rosenberg/Wendisch StPO § 453 a Rn 2). Lediglich in Fällen geringer Bedeutung (zB Verwarnung mit Strafvorbehalt, vgl Meyer-Goßner StPO § 453 a Rn 2) kann von der mündlichen Nachholung der Belehrung abgesehen werden. Hier ergibt sich ein gewisser Wertungswiderspruch zu § 409 Abs 1 S 2 StPO, wonach im Strafbefehlsverfahren schon die originäre Belehrung grds schriftlich erfolgt (krit KK-StPO/Appl StPO § 453 a Rn 2).

1

2

3   Die Unterlassung der Belehrung bleibt wie ihre Fehlerhaftigkeit **ohne Auswirkung** auf das Urteil. Sie kann allerdings bei einer Widerrufsentscheidung den dem Verurteilten zu machenden subjektiven Vorwurf entfallen lassen (KK-StPO/Appl StPO § 453 a Rn 1).

B. Belehrung über nachträgliche Entscheidung (Abs 3)

4   Abs 3 S 1 ist eine **Sollvorschrift**. Bei einer den Verurteilten **beschwerenden** Nachtragsentscheidung nach § 56 a Abs 2 S 2 StGB, § 56 e StGB, § 59 a Abs 2 StGB ist die Belehrung erforderlich. Sie kann bereits mit der Begründung (§ 34 StPO, § 453 StPO) des belastenden Nachtragsbeschlusses selbst erfolgen und ist, da Abs 3 S 2 nicht auf Abs 2 verweist, auch im Übrigen schriftlich möglich (Löwe/Rosenberg/Wendisch StPO § 453 a Rn 4; KK-StPO/ Appl StPO § 453 a Rn 4).

§ 453 b [Überwachung des Verurteilten]

(1) Das Gericht überwacht während der Bewährungszeit die Lebensführung des Verurteilten, namentlich die Erfüllung von Auflagen und Weisungen sowie von Anerbieten und Zusagen.

(2) Die Überwachung obliegt dem für die Entscheidungen nach § 453 zuständigen Gericht.

Überblick

Die Vorschrift weist die Aufgabe der Überwachung der Lebensführung des Verurteilten während der Bewährungszeit dem nach § 453 StPO zuständigen Gericht zu, eine Eingriffsgrundlage enthält sie nicht.

A. Anwendungsbereich

1   Die Vorschrift ist anwendbar bei Strafaussetzung zur Bewährung (§ 56 StGB) und bei Verwarnung mit Strafvorbehalt (§ 59 StGB). Sie gilt entspr bei Aussetzung des Strafrests (§ 454 Abs 4 S 1 StPO) und bei Sicherungsmaßregeln (§ 463 Abs 1 StPO). Keine Anwendung findet sie bei Führungsaufsicht (§ 68 a StGB, § 68 g StGB; vgl KK-StPO/Appl StPO § 453 b Rn 1) sowie bei Strafaussetzung im Gnadenwege, Überwachungsbehörde ist hier die Gnadenbehörde (Meyer-Goßner StPO § 453 b Rn 1).

B. Regelungsgehalt

2   Die Vorschrift enthält allein eine **Aufgabenzuweisung**, eine selbständige Eingriffsgrundlage gibt sie nicht (BVerfG NJW 1995, 2279). Eingriffe sind vielmehr materiell zu begründen (§§ 56 StGB ff). Die **Überwachung** hat die gesamte Lebensführung des Verurteilten zum Gegenstand, soweit sie von Bedeutung für eine Nachtragsentscheidung (§ 453 StPO) sein kann. In Betracht kommen neben erneuter Straffälligkeit Verstöße gegen Auflagen und Weisungen sowie die Nichterbringung freiwilliger Leistungen iSv § 265 a StPO (Abs 1).

3   **Zuständig** ist das nach § 453 StPO zuständige Gericht (Abs 2), also das Gericht des 1. Rechtszuges (§ 462 a Abs 2 S 1 StPO), soweit nicht der Verurteilte in anderer Sache in Strafhaft sitzt und die StVK zuständig ist (§ 462 a Abs 1 StPO). Das Gericht wird bei der Überwachung durch den Bewährungshelfer (§ 56 d Abs 3 StGB) oder die Gerichtshilfe (§ 463 d StPO) unterstützt. Die StA wirkt bei der Überwachung nicht mit, unterrichtet das Gericht aber über ihr bekannt gewordene relevante Umstände, zB neue Straftaten des Verurteilten (vgl Nr 13 MiStra).

§ 453 c [Vorläufige Maßnahmen vor Widerruf der Aussetzung]

(1) Sind hinreichende Gründe für die Annahme vorhanden, daß die Aussetzung widerrufen wird, so kann das Gericht bis zur Rechtskraft des Widerrufsbeschlusses,

um sich der Person des Verurteilten zu versichern, vorläufige Maßnahmen treffen, notfalls, unter den Voraussetzungen des § 112 Abs. 2 Nr. 1 oder 2, oder, wenn bestimmte Tatsachen die Gefahr begründen, daß der Verurteilte erhebliche Straftaten begehen werde, einen Haftbefehl erlassen.

(2) ¹Die auf Grund eines Haftbefehls nach Absatz 1 erlittene Haft wird auf die zu vollstreckende Freiheitsstrafe angerechnet. ²§ 33 Abs. 4 Satz 1 sowie die §§ 114 bis 115 a, 119 und 119 a gelten entsprechend.

Überblick

Die Vorschrift regelt die Voraussetzungen, den notwendigen Inhalt sowie die Rechtsfolgen eines Sicherungshaftbefehls und anderer Sicherungsmaßnahmen. Sie entspricht damit für die Zeit vor Rechtskraft des Widerrufsbeschlusses der Vorschrift des § 457 StPO und dem dort geregelten Vollstreckungshaftbefehl.

A. Anwendungsbereich

Die Vorschrift findet **Anwendung** auf die Bereiche der Strafaussetzung zur Bewährung (§§ 56 StGB ff, § 183 Abs 3, Abs 4 StGB, §§ 21 JGG ff, § 14 a Abs 1 WStG), der Strafrestaussetzung (§ 57 StGB, § 57 a StGB, § 454 Abs 1 StPO) sowie der Aussetzung freiheitsentziehender Maßnahmen (§ 67 b StGB, § 67 c StGB). **Nicht anwendbar** ist sie auf die Aussetzung eines Berufsverbots (§ 70 a StGB, § 70 b StGB), die Verwarnung mit Strafvorbehalt (§ 59 a StGB), die Änderung der Vollstreckungsreihenfolge (§ 67 StGB) sowie die Strafaussetzung im Gnadenwege (KK-StPO/Appl StPO § 453 c Rn 1). 1

Mit **Rechtskraft des Widerrufsbeschlusses** endet der Anwendungsbereich der Vorschrift (Abs 1), danach gilt § 457 StPO. 2

B. Regelungsgehalt

I. Absehbarkeit des Widerrufs

Voraussetzung für den Erlass einer Sicherungsmaßnahme nach Abs 1 ist das Vorliegen hinreichender Gründe für die Annahme des Widerrufs. **Gründe** für den Widerruf ergeben sich aus dem einschlägigen materiellen Recht. **Hinreichend** sind sie, wenn der Widerruf nach gegenwärtigen Erkenntnissen mit hoher Wahrscheinlichkeit erfolgen wird (BT-Drs 7/551, 97; KK-StPO/Appl StPO § 453 c Rn 3; Meyer-Goßner StPO § 453 c Rn 3). 3

Bei **Begehung einer erneuten Straftat** (§ 56 f Abs 1 Nr 1 StGB) ist bis zum Vorliegen einer rechtskräftigen Verurteilung die **Unschuldsvermutung** zu beachten (EGMR NJW 2004, 43). Ein Widerruf kommt ohne rechtskräftige Aburteilung der Anlasstat daher in der Regel nur bei Vorliegen eines **richterlichen Geständnisses** in Betracht (BVerfG NJW 2005, 817; OLG Düsseldorf NJW 2004, 790; OLG Stuttgart NJW 2005, 83; OLG Dresden BeckRS 2007, 10651 = StV 2007, 639). Nach (unzutr) weitergehender Ansicht soll auch die noch anfechtbare Feststellung der Schuld in einer Hauptverhandlung im Strengbeweisverfahren durch das zugleich für das Widerrufsverfahren zuständige Gericht ausreichen (BVerfG – Az 2 BvR 1448/08; Meyer-Goßner StPO § 453 c Rn 4; Peglau NStZ 2004, 248, 251; Krumm NJW 2005, 1832, 1833). 4

II. Vorläufige Maßnahmen

Das Ergreifen vorläufiger Sicherungsmaßnahmen steht unter der Voraussetzung ihrer Notwendigkeit, die insbesondere bei (drohendem) unbekanntem Aufenthalt des Verurteilten gegeben ist. Unter den zur Verfügung stehenden Fahndungsmitteln (Ausschreibung zur Aufenthaltsermittlung gem Nr 39 RiStBV ff, Auferlegung einer Meldepflicht gem § 56 c Abs 2 Nr 2 StGB) ist nach dem Grundsatz der **Verhältnismäßigkeit** das jeweils mildeste zu ergreifen. Der Erlass eines Sicherungshaftbefehls kommt nur als letztes Mittel in Betracht (OLG Celle NStZ 2004, 627). 5

III. Sicherungshaftbefehl

6 **Voraussetzung** (= Haftgrund) für den Erlass des Sicherungshaftbefehls ist nach Abs 1, dass entweder der Verurteilte flüchtig ist (§ 112 Abs 2 Nr 1 StPO), Fluchtgefahr vorliegt (§ 112 Abs 2 Nr 2 StPO) oder die Gefahr besteht, dass er erhebliche Straftaten begehen wird. Letzteres wird insb bei den Widerrufsgründen nach § 56 f Abs 1 Nr 2 StGB, § 67 g Abs 2 StGB in Betracht kommen (Pfeiffer StPO § 453 c Rn 5), das Vorliegen einer Katalogtat nach § 112 a StPO ist jedoch nicht erforderlich (Meyer-Goßner StPO § 453 c Rn 10).

7 Str ist das Verhältnis von Sicherungshaftbefehl zu **öffentlicher Zustellung des Widerrufsbeschlusses** (vgl § 453 StPO Rn 5) mit anschließendem Vollstreckungshaftbefehl gem § 457 StPO. Nach zutr Auffassung stehen die beiden Möglichkeiten in keinem Vorrang- oder gar Ausschlussverhältnis zueinander, das Gericht hat insofern folglich ein echtes Wahlrecht (ausf Meyer-Goßner StPO § 453 c Rn 11 mwN).

8 Der **Inhalt** des Sicherungshaftbefehls entspricht dem des Untersuchungshaftbefehls (Abs 2 S 2 iVm § 114 StPO), wobei der dringende Verdacht einer Straftat durch die Absehbarkeit des Bewährungswiderrufs (oben Rn 3) ersetzt wird. Zusätzlich ist die maximale Dauer der Inhaftierung entsprechend der (noch) zu verbüßenden (Rest-)Strafe anzugeben. Vgl den Musterentwurf in den Formularen im Anhang dieses Kommentars. Auch im Übrigen sind die **Vorschriften über die Untersuchungshaft** entspr anwendbar (Abs 2 S 2). Mangels Verweisung gelten die Vorschriften über die Haftprüfung sowie die Außervollzugsetzung des Haftbefehls allerdings nicht (KK-StPO/Appl StPO § 453 c Rn 6).

9 Die **Vollstreckung** der Sicherungshaft ist bis zur Rechtskraft des Widerrufsbeschlusses noch **kein Teil der Strafvollstreckung**. Die Festnahme kann daher nicht mit Maßnahmen analog § 457 Abs 3 StPO unterstützt werden (OLG Celle BeckRS 2009, 18415 – Az 2 Ws 103/09). Auch gilt § 31 Abs 2 S 1 RPflG nicht, vielmehr ist ein schriftliches Aufnahmeersuchen des Richters an die JVA erforderlich (Meyer-Goßner StPO § 453 c Rn 13). Im Übrigen gilt § 36 Abs 2 S 1 StPO, der weitere Vollzug richtet sich nach § 171 StVollzG. Mit Rechtskraft des Widerrufsbeschlusses geht die Sicherungshaft ohne weiteres in Strafhaft über und die Vollstreckungsbehörde (§ 451 StPO) wird zuständig. Die erlittene Sicherungshaft wird gem Abs 2 S 1 auf die zu vollstreckende Freiheitsstrafe **angerechnet**; ihre Höchstdauer ist daher auf das Maß der zu vollstreckenden Strafe beschränkt. Eine Entschädigung gem § 2 Abs 1 StrEG bei später ausbleibendem Widerruf steht dem Verurteilten nicht zu (OLG Düsseldorf MDR 1982, 958).

IV. Zuständigkeit

10 **Zuständig** für das Ergreifen der Sicherungsmaßnahmen ist das Gericht, das auch über den Widerruf zu entscheiden hat (§ 453 StPO), grds also das Gericht des 1. Rechtszugs (§ 462 a Abs 2 S 1 StPO). Zur Zuständigkeit in der Vollstreckung vgl Rn 9. Im **Jugendstrafrecht** kann der Jugendrichter anstelle der StVK zuständig sein (§ 82 Abs 1 S 2 JGG). Für die Vollstreckung gilt § 58 Abs 2 JGG (weiterführend KK-StPO/Appl StPO § 453 c Rn 8 f).

V. Rechtsbehelfe

11 Gegen die Anordnung der vorläufigen Sicherungsmaßnahmen einschließlich des Sicherungshaftbefehls ist die **einfache Beschwerde** (§ 304 StPO) statthaft, Haftprüfung findet nicht statt (oben Rn 8). Die mündliche Anhörung des Verurteilten ist über das nach Festnahme weiterlaufende Widerrufsverfahren gesichert. Die weitere Beschwerde nach § 310 StPO ist gleichfalls ausgeschlossen (str, wie hier OLG Frankfurt NStZ-RR 2002, 15; KK-StPO/Appl StPO § 453 c Rn 10; Meyer-Goßner StPO § 453 c Rn 17, jeweils mwN auch zur Gegenmeinung). Die Beschwerdeentscheidung ist mit einer Kostenentscheidung zu versehen (OLG Oldenburg BeckRS 2007, 14943 – Az 1 Ws 478/07).

§ 454 [Aussetzung des Strafrestes]

(1) ¹Die Entscheidung, ob die Vollstreckung des Restes einer Freiheitsstrafe zur Bewährung ausgesetzt werden soll (§§ 57 bis 58 des Strafgesetzbuches) sowie die Entscheidung, daß vor Ablauf einer bestimmten Frist ein solcher Antrag des Ver-

urteilten unzulässig ist, trifft das Gericht ohne mündliche Verhandlung durch Beschluß. ²Die Staatsanwaltschaft, der Verurteilte und die Vollzugsanstalt sind zu hören. ³Der Verurteilte ist mündlich zu hören. ⁴Von der mündlichen Anhörung des Verurteilten kann abgesehen werden, wenn
1. die Staatsanwaltschaft und die Vollzugsanstalt die Aussetzung einer zeitigen Freiheitsstrafe befürworten und das Gericht die Aussetzung beabsichtigt,
2. der Verurteilte die Aussetzung beantragt hat, zur Zeit der Antragstellung
   a) bei zeitiger Freiheitsstrafe noch nicht die Hälfte oder weniger als zwei Monate,
   b) bei lebenslanger Freiheitsstrafe weniger als dreizehn Jahre
   der Strafe verbüßt hat und das Gericht den Antrag wegen verfrühter Antragstellung ablehnt oder
3. der Antrag des Verurteilten unzulässig ist (§ 57 Abs. 7, § 57 a Abs. 4 des Strafgesetzbuches).
⁵Das Gericht entscheidet zugleich, ob eine Anrechnung nach § 43 Abs. 10 Nr. 3 des Strafvollzugsgesetzes ausgeschlossen wird.

(2) ¹Das Gericht holt das Gutachten eines Sachverständigen über den Verurteilten ein, wenn es erwägt, die Vollstreckung des Restes
1. der lebenslangen Freiheitsstrafe auszusetzen oder
2. einer zeitigen Freiheitsstrafe von mehr als zwei Jahren wegen einer Straftat der in § 66 Abs. 3 Satz 1 des Strafgesetzbuches bezeichneten Art auszusetzen und nicht auszuschließen ist, daß Gründe der öffentlichen Sicherheit einer vorzeitigen Entlassung des Verurteilten entgegenstehen.
²Das Gutachten hat sich namentlich zu der Frage zu äußern, ob bei dem Verurteilten keine Gefahr mehr besteht, daß dessen durch die Tat zutage getretene Gefährlichkeit fortbesteht. ³Der Sachverständige ist mündlich zu hören, wobei der Staatsanwaltschaft, dem Verurteilten, seinem Verteidiger und der Vollzugsanstalt Gelegenheit zur Mitwirkung zu geben ist. ⁴Das Gericht kann von der mündlichen Anhörung des Sachverständigen absehen, wenn der Verurteilte, sein Verteidiger und die Staatsanwaltschaft darauf verzichten.

(3) ¹Gegen die Entscheidungen nach Absatz 1 ist sofortige Beschwerde zulässig. ²Die Beschwerde der Staatsanwaltschaft gegen den Beschluß, der die Aussetzung des Strafrestes anordnet, hat aufschiebende Wirkung.

(4) ¹Im übrigen gelten die Vorschriften der §§ 453, 453 a Abs. 1 und 3 sowie der §§ 453 b, 453 c und 268 a Abs. 3 entsprechend. ²Die Belehrung über die Aussetzung des Strafrestes wird mündlich erteilt; die Belehrung kann auch der Vollzugsanstalt übertragen werden. ³Die Belehrung soll unmittelbar vor der Entlassung erteilt werden.

Überblick

Die Vorschrift regelt das Verfahren der Reststrafenaussetzung zur Bewährung. Die materiellrechtlichen Voraussetzungen der Aussetzungsentscheidung sind §§ 57 StGB ff zu entnehmen. Gem § 463 Abs 3, Abs 4 StPO ist die Vorschrift in modifizierter Form auch bei Aussetzungsentscheidungen über Maßnahmen der Besserung und Sicherung anwendbar, vgl § 463 StPO (§ 463 StPO Rn 3).

Übersicht

	Rn		Rn
A. Entscheidung des Gerichts	1	III. Form	16
I. Zuständigkeit	1	IV. Inhalt	17
II. Verfahren	2		
1. Einleitung des Verfahrens	2	**B. Weiteres Verfahren**	20
2. Anhörungspflichten	4		
3. Sachverständigengutachten	12	**C. Rechtsbehelfe**	21

A. Entscheidung des Gerichts
I. Zuständigkeit

1   Zuständig ist gem § 462a Abs 1 S 1 StPO grds die **StVK**. Die Zuständigkeit der StVK bleibt gem § 462a Abs 1 S 2 StPO auch nach Entlassung des Verurteilten erhalten (§ 462a StPO Rn 3). Das **Gericht des 1. Rechtszugs** ist nur zuständig (§ 462a Abs 2 S 1 StPO), wenn der nach § 57 Abs 1, Abs 2 StGB maßgebliche Zeitpunkt durch Anrechnung von Untersuchungshaft bereits vor Rechtskraft des Urteils erreicht wurde und sich der Verurteilte bei Rechtskraft in Freiheit befindet (OLG Hamm NStZ 2002, 223) oder wenn das OLG erstinstanzlich entschieden hat (§ 462a Abs 5 StPO, s § 462a StPO Rn 15). Bei Jugendstrafe ist der **Jugendrichter** als Vollstreckungsleiter zuständig (§ 462a StPO Rn 19).

II. Verfahren
1. Einleitung des Verfahrens

2   Das Verfahren wird auf Antrag oder von Amts wegen eingeleitet. Antragsberechtigt sind der Verurteilte, sein gesetzlicher Vertreter, sein Verteidiger sowie die StA. Ein **Antrag** ist stets und in angemessener Frist zu bescheiden (OLG Karlsruhe MDR 1977, 861). Ein um mehrere Monate verfrühter oder ein vorfristiger Antrag (§ 57 Abs 7 StGB, § 57a Abs 4 StGB) sind ebenso unzulässig wie der Antrag eines Nichtberechtigten; letzterer ist jedoch uU als Anregung für eine Prüfung von Amts wegen zu verstehen.

3   **Von Amts wegen** ist zu entscheiden, wenn der Verurteilte demnächst 2/3 einer zeitigen oder 15 Jahre einer lebenslangen Freiheitsstrafe verbüßt haben wird (BGHSt 27, 302 = NJW 1978, 551); ebenso über eine Halbstrafenaussetzung bei Erstverbüßern nach § 57 Abs 2 Nr 1 StGB (vgl § 454b Abs 2 Nr 1 StPO). Eine weitere Prüfung von Amts zum 2/3-Zeitpunkt wird in letzterem Fall entbehrlich (str; wie hier Meyer-Goßner StPO § 454 Rn 5; aA KK-StPO/Appl StPO § 454 Rn 6). Die Prüfung von Amts wegen **unterbleibt**, wenn der Verurteilte die gem § 57 Abs 1 S 1 Nr 3 StGB, § 57a Abs 1 S 1 Nr 3 StGB erforderliche Einwilligung in die bedingte Reststrafenaussetzung nicht erteilt. Die Einwilligung kann freilich noch im Beschwerdeverfahren nachgeholt werden (OLG Karlsruhe MDR 1977, 333).

2. Anhörungspflichten

4   **a) Anhörung der JVA**
Die gem Abs 1 S 2 erforderliche Anhörung der JVA erfolgt gem § 36 Abs 2 S 1 StVollstrO durch eine von der Vollstreckungsbehörde (§ 451 StPO) rechtzeitig vor dem maßgeblichen Zeitpunkt einzuholende Stellungnahme. Örtlich zuständig ist die JVA, in der sich der Verurteilte zurzeit befindet; wurde der Verurteilte erst kürzlich verlegt, ist auch die frühere Anstalt zu hören (OLG Hamburg MDR 1957, 311). Die Stellungnahme muss ein eindeutiges Votum zur Frage der bedingten Entlassung enthalten (Pfeiffer StPO § 454 Rn 3). **Entbehrlich** ist die Stellungnahme der JVA, wenn der Antrag des Verurteilten von vornherein unzulässig ist (Abs 1 S 4 Nr 3), wenn sich der Verurteilte bereits seit längerem auf freiem Fuß befindet, wenn erst kürzlich eine Stellungnahme abgegeben wurde (OLG Düsseldorf NStZ 1988, 95) oder wenn die materiellen Voraussetzungen für eine Aussetzung gem § 57 Abs 2 Nr 2 StGB, § 57a Abs 1 S 1 Nr 2 StGB ohnehin nicht vorliegen (Meyer-Goßner StPO § 454 Rn 13).

5   **b) Anhörung der StA (Abs 1 S 2)**
Nachdem die Stellungnahme der JVA eingeholt ist, sind die Akten gem § 36 Abs 2 S 4 StVollstrO der StA als Strafverfolgungsbehörde zu übergeben, die gleichfalls eine bestimmte Entscheidung beantragen muss. Funktional zuständig ist der StA; eine Übertragung auf den Rechtspfleger ist nicht zulässig.

6   **c) Anhörung des Verurteilten**
Der Verurteilte ist **mündlich** zu hören (Abs 1 S 3). Die Anhörung erfolgt durch das Gericht; eine Übertragung auf die JVA ist unzulässig. Ist ein Kollegialgericht zuständig, ist idR die Anhörung durch den gesamten Spruchkörper erforderlich (OLG Düsseldorf NStZ-RR 2002, 191), dies gilt insbes im Fall des § 57a StGB (OLG Brandenburg NStZ 1996,

405) und im Fall der Sicherungsverwahrung (OLG Nürnberg NStZ-RR 2004, 318). Im Einzelfall kann die Anhörung auch einem Mitglied des Spruchkörpers als beauftragtem Richter (OLG Rostock NStZ 2002, 109), ausnahmsweise auch einem ersuchten Richter übertragen werden (BVerfGE 86, 288 = NJW 1992, 2947, 2954; BGHSt 28, 138 = NJW 1979, 116). Die Gründe für das Abweichen von der Regel der Kollegialanhörung sind im Übertragungsbeschluss anzugeben (OLG Stuttgart NStZ 1983, 92).

Den **Ort** der Anhörung bestimmt das Gericht nach pflichtgemäßem Ermessen; die 7 Vorführung des Verurteilten ist zulässig. Eine bestimmte **Form** der Anhörung ist gesetzlich nicht vorgeschrieben. Die audiovisuelle Anhörung des Verurteilten ist jedenfalls mit dessen Einverständnis zulässig (OLG Frankfurt NStZ-RR 2006, 357); die telefonische Anhörung genügt jedoch nicht. Ein förmliches Anhörungsprotokoll ist nicht erforderlich; das Vorbringen des Verurteilten ist jedoch mindestens in einem Aktenvermerk festzuhalten (KG NStZ 2007, 119). Zweck der Dokumentationspflicht ist es, dem Verurteilten sowie dem Beschwerdegericht die Überprüfbarkeit der Entscheidung zu ermöglichen (OLG Hamm NStZ-RR 2004, 383).

Obwohl mangels Vernehmungscharakters ein förmliches **Anwesenheitsrecht des Ver-** 8 **teidigers** aus § 168c Abs 1 StPO nicht besteht, folgt dies aus dem Grundsatz des fairen Verfahrens (BVerfG NJW 1993, 2301). Die Benachrichtigung obliegt grds dem Verurteilten. Wird der Anhörungstermin kurzfristig angesetzt, hat das Gericht den Verteidiger zu benachrichtigen; dies wird jedenfalls bei einer Frist von weniger als einer Woche geboten sein (OLG Naumburg BeckRS 2007, 18472 – Az 1 Ws 318/07: § 217 Abs 1 StPO analog). Verlegungsanträgen des Verteidigers ist stattzugeben, wenn dies nach der Bedeutung der Sache angezeigt ist (OLG Frankfurt NStZ-RR 2004, 155). Dem Verteidiger ist Gelegenheit zu geben, sich mündlich wie schriftlich zu äußern und eigene Anträge zu stellen (§ 33 Abs 3 StPO).

d) Absehen von der mündlichen Anhörung des Verurteilten 9

Von der mündlichen Anhörung des Verurteilten kann gemäß Abs 1 S 4 und darüber hinaus aus weiteren Gründen abgesehen werden:

Gesetzliche Gründe sind erstens die vollumfängliche Übereinstimmung zwischen StA, 10 JVA und Gericht über eine positive Entscheidung über die Aussetzung einer zeitigen Freiheitsstrafe (**Abs 1 S 4 Nr 1**). Bei einer vom Gericht beabsichtigten Verschärfung der vorgeschlagenen Auflagen (OLG Düsseldorf MDR 1985, 868) und bei lebenslanger Freiheitsstrafe (Wortlaut) bleibt die Anhörung erforderlich. Zweitens ist die Anhörung entbehrlich, wenn der Verurteilte die Aussetzung verfrüht beantragt (**Abs 1 S 4 Nr 2**). Eine Antragstellung drei Monate vor Entlassungszeitpunkt ist nicht als verfrüht anzusehen (OLG Düsseldorf MDR 1987, 1046). Drittens kann die Anhörung bei Unzulässigkeit des Antrags entfallen (**Abs 1 S 4 Nr 3**).

Weitere Gründe, die eine mündliche Anhörung des Verurteilten entfallen lassen können, 11 liegen vor bei unbekanntem Aufenthalt (OLG Düsseldorf NStZ-RR 2000, 315) oder bei Geisteskrankheit des Verurteilten (OLG Düsseldorf NStZ 1985, 94), bei einem ausdrücklichen Verzicht des Verurteilten auf die Anhörung (BGH NJW 2000, 1663) oder der Weigerung, sich zur bereits terminierten Anhörung vorführen zu lassen (OLG Düsseldorf NStZ 1987, 524) sowie bei Verweigerung der gem § 57 Abs 1 S 1 Nr 3 StGB, § 57a Abs 1 S 1 Nr 3 StGB erforderlichen Einwilligung in die bedingte Reststrafenaussetzung (OLG Hamburg MDR 1979, 516). Einer Anhörung bedarf es auch dann nicht, wenn bei Wiederholung des Aussetzungsantrags die letzte Anhörung nicht lange zurückliegt, der persönliche Eindruck noch fortwirkt und sich zwischenzeitlich keine neuen Gesichtspunkte ergeben haben (OLG Düsseldorf StV 1996, 44: mehr als 3 Monate sind zu lang). Schließlich soll nach der Rspr von einer Anhörung abgesehen werden können, wenn der Verurteilte sie mit großer Wahrscheinlichkeit zu Beschimpfungen und Hetzreden missbrauchen würde (OLG Düsseldorf NStZ 1988, 243).

3. Sachverständigengutachten

Unter den Voraussetzungen des Abs 2 S 1 ist ein Sachverständigengutachten einzuholen. 12 Die Pflicht zur Begutachtung wird jedoch erst dann ausgelöst, wenn das Gericht eine **positive Aussetzungsentscheidung** grds für verantwortbar hält (OLG Celle NStZ-RR

1999, 179), sie besteht folglich nicht, wenn aufgrund bereits vorliegender Gutachten oder wegen der besonderen Schwere der Schuld eine Aussetzung von vornherein ausscheidet (BVerfG NJW 2002, 2773; BGH NJW 2000, 1663; OLG Rostock NJW 2003, 1334). Ist eine positive Aussetzungsentscheidung beabsichtigt, kann von der Einholung eines Sachverständigengutachtens nur ausnahmsweise und nur im Fall des Abs 2 S 1 Nr 2 abgesehen werden, wenn zweifelsfrei feststeht, dass vom Verurteilten keine Gefahr für die öffentliche Sicherheit ausgeht und dies das Gericht aus eigener Sachkunde beurteilen kann (vgl Abs 2 S 1 Nr 2 Hs 2; OLG Frankfurt NStZ 1998, 639; OLG Zweibrücken NJW 2005, 3439). Vor der Aussetzung einer lebenslangen Freiheitsstrafe (Abs 2 S 1 Nr 1) ist die Begutachtung in jedem Fall zwingend vorgeschrieben.

13 Die **Eignung des Sachverständigen** (zB Psychiater oder Psychologe) richtet sich nach den Umständen des Einzelfalls (BVerfGK 6, 326 = BeckRS 2005, 31142; OLG Karlsruhe NStZ-RR 2006, 93). Grds kann auch der Anstaltspsychologe als Sachverständiger herangezogen werden (KG NStZ 1999, 319; OLG Karlsruhe NStZ-RR 1999, 253; OLG Hamm NStZ-RR 2008, 189). Mit zunehmender Dauer des Freiheitsentzugs steigen jedoch die verfassungsrechtlichen Anforderungen an die Sachverhaltsaufklärung, insbes ist der Gefahr einer repetitiven Routinebeurteilung durch die sorgfältige Auswahl eines (externen) Gutachters entgegenzuwirken (BVerfGE 117, 71 = NJW 2007, 1933, 1939).

14 **Inhaltlich** hat sich das Gutachten an den materiellen Voraussetzungen einer Aussetzungsentscheidung auszurichten (§ 57 Abs 1 StGB, § 57a Abs 1 StGB, § 67d Abs 2 StGB); der genaue Gutachtenauftrag ist vom Gericht zu erteilen. Das Gutachten muss namentlich zu der Frage Stellung nehmen, ob die Strafaussetzung „unter Berücksichtigung des Sicherheitsinteresses der Allgemeinheit verantwortet werden kann" (§ 57 Abs 1 S 1 Nr 2 StGB) und hierzu eine **Gefährlichkeitsprognose** abgeben (Abs 2 S 2; vgl OLG Bamberg NStZ-RR 1999, 122; OLG Nürnberg NStZ-RR 2002, 154). Verweigert sich der Verurteilte der Begutachtung, kann diese nicht gem § 81 StPO erzwungen werden. Die Aussetzung ist dann allerdings abzulehnen, soweit die Verweigerung grundlos erfolgte (OLG Düsseldorf StV 1985, 377; OLG Karlsruhe NStZ 1991, 207; OLG Celle NStZ-RR 2008, 260).

15 Gem Abs 2 S 3 ist der Sachverständige **mündlich zu hören.** Aufgrund der Mitwirkungsrechte (Abs 2 S 3 HS 2) von StA, Verurteiltem, Verteidiger und JVA ist berechtigten Terminsverlegungsanträgen Rechnung zu tragen. Die mündliche Anhörung des Sachverständigen ist entbehrlich, wenn bereits die Begutachtung als solche nicht erforderlich gewesen wäre (OLG Jena NStZ 2000, 224; vgl auch Rn 12); dies gilt allerdings nicht, wenn sich das Gericht gerade auf das Ergebnis des schriftlichen Gutachtens stützen will (OLG Hamm NStZ 2005, 55). Verzichten der Verurteilte, der Verteidiger und die StA auf die mündliche Anhörung, kann (Ermessen) das Gericht von ihr absehen (Abs 2 S 4). Die Verzichtserklärung des Verurteilten muss dabei ausdrücklich und eindeutig erfolgen (OLG Hamm NStZ-RR 2008, 189); sie kann auch nicht ohne weiteres der Verzichtserklärung seines Verteidigers entnommen werden, die dieser kraft eigener Verfahrensbeteiligung vornimmt (OLG Jena NStZ 2007, 421).

III. Form

16 Die Entscheidung ergeht ohne mündliche Verhandlung durch **Beschluss** (Abs 1 S 1). Der Beschluss ist zu begründen (§ 34 StPO), er unterliegt aber nicht den gleichen Begründungsanforderungen wie ein Strafurteil nach § 267 StPO (BVerfG NJW 2002, 2773). Jedoch muss die Begründung einer ablehnenden Entscheidung desto substantiierter ausfallen, je länger die Freiheitsentziehung bereits andauert (BVerfGE 117, 71 = NJW 2007, 1933, 1940). Der Beschluss ist zuzustellen; eine Verkündung im Anhörungstermin ist unzulässig (Meyer-Goßner StPO § 454 Rn 40).

IV. Inhalt

17 Bei **positiver Aussetzungsentscheidung** ist der Entlasszeitpunkt kalendermäßig zu bestimmen, eine rückwirkende Anordnung ist unzulässig (OLG Zweibrücken JR 1977, 292). Der Zeitpunkt ist so zu bestimmen, dass individuell erforderliche Entlassungsvorbereitungen getroffen werden können (KK-StPO/Appl StPO § 454 Rn 32). Die nach § 57 Abs 3 StGB,

§ 57a Abs 3 StGB erforderlichen Anordnungen sind in den Beschluss aufzunehmen. Gem Abs 1 S 5 entscheidet das Gericht zugleich darüber, ob die Anrechnung der Freistellung von der Arbeit auf den Entlassungszeitpunkt (§ 43 Abs 10 Nr 3 StVollzG) ausgeschlossen wird. Die Entlassungsverfügung selbst ist wegen der aufschiebenden Wirkung einer etwaigen sofortigen Beschwerde der StA (Abs 3 S 2) der Vollstreckungsbehörde vorbehalten und kann vom Gericht nicht vorgenommen werden (vgl Rn 24).

Bei **negativer Aussetzungsentscheidung** kann das Gericht zugleich oder durch gesonderten Beschluss Sperrfristen nach § 57 Abs 7 StGB, § 57a Abs 4 StGB festsetzen. Bei der Aussetzung einer **lebenslänglichen Freiheitsstrafe** ist das Vollstreckungsgericht hinsichtlich der Frage der besonderen Schwere der Schuld (§ 57a Abs 1 S 1 Nr 2 StGB) an die Feststellungen des Tatgerichts gebunden. Auf dieser Grundlage hat das Vollstreckungsgericht im Wege einer vollstreckungsrechtlichen Gesamtwürdigung und unter Einbeziehung der Gutachten nach Abs 2 zu entscheiden, ob und bis wann die Vollstreckung wegen besonderer Schuldschwere fortzusetzen ist (BVerfGE 86, 288 = NJW 1992, 2947; ausf Meyer-Goßner StPO § 454 Rn 41a; Pfeiffer StPO § 454 Rn 15). 18

Eine **Kostenentscheidung** ist nicht erforderlich (OLG Karlsruhe NStZ 1998, 272). 19

B. Weiteres Verfahren

Das weitere Verfahren nach einer positiven Aussetzungsentscheidung bestimmt sich nach Abs 4. Gem Abs 4 S 2, S 3 ist der Verurteilte unmittelbar vor der Entlassung mündlich über die Aussetzung des Strafrests und die damit verbundenen Bewährungsanordnungen (§ 268a Abs 3 StPO) zu belehren. Die **Belehrung** ist Sache des Vorsitzenden (§ 268a Abs 3 S 1 StPO), sie kann aber dem beauftragten oder ersuchten Richter (Abs 4 S 2 iVm § 453a Abs 1 S 2 StPO) oder der JVA (Abs 4 S 2 Hs 2) übertragen werden. Für das weitere **Nachtragsverfahren** gelten §§ 453 StPO ff entspr (Abs 4 S 1). 20

C. Rechtsbehelfe

Die Entscheidungen nach Abs 1 sind mit **sofortiger Beschwerde** anfechtbar (Abs 3 S 1). Die Weigerung, eine Entscheidung nach Abs 1 zu treffen, kann mit einfacher (Untätigkeits-) Beschwerde angefochten werden (OLG Düsseldorf NStZ 1994, 454), beschwerdeberechtigt ist auch die StA (OLG Jena BeckRS 2009, 11634 – Az 1 Ws 516/08). Statthafter Rechtsbehelf ist die einfache Beschwerde auch dann, wenn allein die Festsetzung der Bewährungszeit und die Anordnung von Auflagen angefochten werden (§ 453 Abs 2 StPO). Vorbereitende Entscheidungen des Gerichts und einzelne Stellungnahmen der Beteiligten sind nicht anfechtbar (§ 305 S 1 StPO; OLG Düsseldorf NStZ 1999, 590). 21

Beschwerdeberechtigt sind der Verurteilte und die StA. An einem Rechtsschutzbedürfnis des Verurteilten fehlt es, wenn er die Verweigerung der für die positive Aussetzungsentscheidung erforderlichen Einwilligung (§ 57 S 1 Nr 3 StGB) im Beschwerdeverfahren aufrecht erhält oder wenn die Freiheitsstrafe zwischenzeitlich vollständig verbüßt wurde, ohne dass dem Gericht eine Verfahrensverzögerung zur Last zu legen ist (OLG Hamm BeckRS 2008, 00056 – Az 3 Ws 665/07). 22

Das Beschwerdegericht **entscheidet** gem § 309 Abs 2 StPO in der Sache selbst ohne die Beschränkungen des § 453 Abs 2 S 2 StPO. Eigene Anhörungspflichten bestehen nicht, Abs 1 S 3 gilt nicht. Jedoch kann das Beschwerdegericht die erstinstanzlich unterbliebene Anhörung von StA und JVA heilen (OLG Düsseldorf NStZ 1983, 190). Ist jedoch die zwingend gebotene Anhörung des Verurteilten selbst (OLG Düsseldorf NStZ 1993, 406) oder die Einholung eines Sachverständigengutachtens (OLG Köln NStZ-RR 2000, 317; OLG Jena BeckRS 2009, 00095 – Az 1 Ws 426/08) unterblieben, muss die Sache zurückverwiesen werden. 23

Die sofortige Beschwerde der StA gegen den positiven Aussetzungsbeschluss entfaltet **aufschiebende Wirkung** (Abs 3 S 2). Der Verurteilte darf daher grds erst mit Rechtskraft des Beschlusses entlassen werden; sofern nicht die StA eindeutig erklärt hat, ihr Beschwerderecht nicht wahrnehmen zu wollen (OLG Karlsruhe NJW 1976, 814). 24

Die **formelle Rechtskraft** der Entscheidung steht der wiederholten Prüfung der Aussetzungsfrage nicht entgegen. Dies kann auf Antrag oder auch von Amts wegen geschehen 25

(Meyer-Goßner StPO § 454 Rn 52). Zur Vermeidung zweckloser Wiederholungsanträge kann das Gericht gem § 57 Abs 7 StGB, § 57 a Abs 4 StGB Sperrfristen festsetzen, während deren ein erneuter Antrag unzulässig ist (Abs 1 S 4 Nr 3). Das Gnadenrecht bleibt hiervon unberührt (KK-StPO/Appl StPO § 454 Rn 41).

§ 454 a [Beginn der Bewährungszeit; Aufhebung der Aussetzung des Strafrestes]

(1) Beschließt das Gericht die Aussetzung der Vollstreckung des Restes einer Freiheitsstrafe mindestens drei Monate vor dem Zeitpunkt der Entlassung, so verlängert sich die Bewährungszeit um die Zeit von der Rechtskraft der Aussetzungsentscheidung bis zur Entlassung.

(2) ¹Das Gericht kann die Aussetzung der Vollstreckung des Restes einer Freiheitsstrafe bis zur Entlassung des Verurteilten wieder aufheben, wenn die Aussetzung aufgrund neu eingetretener oder bekanntgewordener Tatsachen unter Berücksichtigung des Sicherheitsinteresses der Allgemeinheit nicht mehr verantwortet werden kann; § 454 Abs. 1 Satz 1 und 2 sowie Abs. 3 Satz 1 gilt entsprechend. ²§ 57 Abs. 5 des Strafgesetzbuches bleibt unberührt.

Überblick

Die Vorschrift regelt nach ihrem Wortlaut die Folgen einer frühzeitigen Entscheidung über die Reststrafenaussetzung nach § 454 StPO. Gem Abs 1 verlängert sich die Bewährungszeit um die Zeit bis zur Entlassung. Gem Abs 2 kann eine frühzeitige günstige Prognose aufgrund veränderter Tatsachengrundlage nachträglich korrigiert werden. Darüber hinaus eröffnet die Vorschrift aber auch die Möglichkeit, eine unbotmäßige Vollzugsbehörde zur Anordnung von Vollzugslockerungen zu zwingen.

A. Regelungszweck und Anwendungsbereich

1   Das Gericht ist gehalten, die Entscheidung nach § 454 Abs 1 S 1 StPO **möglichst frühzeitig** zu treffen. Die Vollzugsbehörde soll dadurch in die Lage versetzt werden, geeignete Entlassungsvorbereitungen treffen und damit die soziale Wiedereingliederung des Verurteilten ermöglichen zu können. Eine bestimmte zeitliche Vorgabe lässt sich freilich auch Abs 1 nicht entnehmen. Die Entscheidung setzt grundsätzlich das Vorliegen einer gesicherten Sozialprognose voraus (OLG Frankfurt NStZ-RR 2001, 311; vgl. aber unten Rn 1.1); dies kann früher oder später als drei Monate vor dem Entlasszeitpunkt der Fall sein (OLG Zweibrücken NStZ 1991, 207). **Zweck der Vorschrift** ist es zu verhindern, dass der Verurteilte aus der zu seinen Gunsten ergehenden frühzeitigen Entscheidung ungerechtfertigte Vorteile zieht. Sie gilt entspr bei freiheitsentziehenden Sicherungsmaßregeln (§ 463 Abs 1 StPO).

1.1   Über diesen herkömmlichen Anwendungsbereich der Vorschrift hinaus eröffnet § 454 a StPO dem Gericht zudem die Möglichkeit, dem Freiheitsgrundrecht des Verurteilten gegenüber einer grundlos **untätigen Vollzugsbehörde** zur Wirksamkeit zu verhelfen und diese durch eine Aussetzungsentscheidung zur Anordnung von Lockerungsmaßnahmen für die verbleibende Zeit der Haft zu zwingen. Vom Erfordernis einer gesicherten positiven Sozialprognose im Zeitpunkt der Aussetzungsentscheidung kann in diesem Fall ausnahmsweise abgesehen werden, das Sicherheitsinteresse der Gemeinschaft tritt insoweit hinter das **Resozialisierungsinteresse des Verurteilten** zurück (BVerfG NJW 2009, 1941, 1945; OLG Köln BeckRS 2009, 19403 – Az 2 Ws 250/09). Diese Vorgehensweise wird sich allerdings nur in extremen Fällen anbieten, im Allgemeinen dürften im Aussetzungsverfahren zu erteilende Hinweise an die Vollzugsbehörde genügen.

B. Verlängerung der Bewährungszeit (Abs 1)

2   Die Bewährungszeit beginnt mit der Rechtskraft der Aussetzungsentscheidung (§ 56 a Abs 2 S 1 StGB) und damit uU bereits deutlich vor der Entlassung des Verurteilten (vgl Rn 1). Damit nicht zu viel Bewährungszeit abgelaufen ist, bevor der Verurteilte überhaupt

entlassen wurde und sich ernsthaft bewähren kann, bestimmt Abs 1 die **automatische Verlängerung** der Bewährungszeit um die Zeit zwischen Rechtskraft des Aussetzungsbeschlusses und Entlassung, soweit die Dreimonatsgrenze erreicht wurde. Die Dreimonatsfrist berechnet sich gem § 43 StPO; sie beginnt mit Rechtskraft des Aussetzungsbeschlusses (str; wie hier Meyer-Goßner StPO § 454a Rn 2; Löwe/Rosenberg/Wendisch StPO § 454a Rn 7; **aA** KK-StPO/Appl StPO § 454a Rn 4: Beschlussdatum).

C. Aufhebung der Strafrestaussetzung (Abs 2)

Mit der Frühzeitigkeit der Entscheidung ist stets das Risiko einer Fehlentscheidung verbunden. Häufig zeigen gerade die mit einer frühzeitigen Entlassungsentscheidung einhergehenden Vollzugslockerungen, dass der Verurteilte den in ihn gesetzten Erwartungen nicht gerecht wird. Abs 2 erweitert daher die Befugnis des Gerichts über die Möglichkeit des Widerrufs hinaus, eine einmal getroffene **Prognoseentscheidung zu korrigieren** (OLG Jena NStZ-RR 2007, 283). 3

Voraussetzung ist gem Abs 2 S 1 das Vorliegen neuer oder neu bekannt gewordener Tatsachen. Dabei sind auch neue, noch nicht rechtskräftig abgeurteilte Straftaten zu berücksichtigen; die Unschuldsvermutung steht insoweit nicht entgegen (BVerfG NJW 1994, 377; OLG Jena NStZ-RR 2007, 283). Insoweit gelten andere Voraussetzungen als bei einem Widerruf gem § 56f StGB (OLG Hamm BeckRS 2008, 03532 – Az 2 Ws 341/07; vgl dazu § 453c StPO u dort § 453c StPO Rn 4). Die Aufhebungsbefugnis nach Abs 2 besteht unabhängig von der Dreimonatsgrenze des Abs 1. 4

Das nach dem Wortlaut bestehende Ermessen des Gerichts („kann") verdichtet sich im Hinblick auf das zu beachtende Sicherheitsinteresse der Allgemeinheit bei Vorliegen der Aufhebungsvoraussetzungen zu einer **gebundenen Entscheidung** (Löwe/Rosenberg/ Graalmann-Scherer StPO Nachtr § 454a Rn 7). Die Möglichkeit des Widerrufs der Strafaussetzung (§ 57 Abs 5 StGB) bleibt unberührt (Abs 2 S 2) und geht der Entscheidung nach Abs 2 S 1 vor (str; vgl BVerfG NJW 1994, 377; wie hier OLG Frankfurt NStZ-RR 1997, 176; KK-StPO/Appl StPO § 454a Rn 7). Ist noch ungeklärt, ob gem § 57 Abs 5 StGB zu widerrufen ist, kann das Gericht gem Abs 2 S 1 einen vorläufigen Aufschub der Haftentlassung anordnen (OLG Hamburg NStZ 1999, 55). 5

Das **Verfahren** bestimmt sich gem Abs 2 S 1 HS 2 entspr § 454 Abs 1 S 1, S 2 StPO. Die mündliche Anhörung des Verurteilten entspr § 454 Abs 1 S 3 StPO ist daher nicht erforderlich, kann aber gleichwohl zweckmäßig sein. Gem Abs 2 S 1 HS 2 iVm § 454 Abs 3 S 1 StPO ist die Aufhebungsentscheidung nach Abs 2 S 1 mit **sofortiger Beschwerde** anfechtbar. Mangels aufschiebender Wirkung der sofortigen Beschwerde (§ 307 Abs 1 StPO) kann sich die Haftentlassung über den eigentlich vorgesehenen Entlassungszeitpunkt hinaus bis zur Rechtskraft der Entscheidung verzögern. 6

§ 454b [Vollstreckung von Freiheitsstrafen und Ersatzfreiheitsstrafen]

(1) Freiheitsstrafen und Ersatzfreiheitsstrafen sollen unmittelbar nacheinander vollstreckt werden.

(2) ¹Sind mehrere Freiheitsstrafen oder Freiheitsstrafen und Ersatzfreiheitsstrafen nacheinander zu vollstrecken, so unterbricht die Vollstreckungsbehörde die Vollstreckung der zunächst zu vollstreckenden Freiheitsstrafe, wenn
1. unter den Voraussetzungen des § 57 Abs. 2 Nr. 1 des Strafgesetzbuches die Hälfte, mindestens jedoch sechs Monate,
2. im übrigen bei zeitiger Freiheitsstrafe zwei Drittel, mindestens jedoch zwei Monate, oder
3. bei lebenslanger Freiheitsstrafe fünfzehn Jahre
der Strafe verbüßt sind. ²Dies gilt nicht für Strafreste, die auf Grund Widerrufs ihrer Aussetzung vollstreckt werden. ³Treten die Voraussetzungen für eine Unterbrechung der zunächst zu vollstreckenden Freiheitsstrafe bereits vor Vollstreckbarkeit der später zu vollstreckenden Freiheitsstrafe ein, erfolgt die Unterbrechung rückwirkend auf den Zeitpunkt des Eintritts der Vollstreckbarkeit.

StPO § 454 b

(3) Hat die Vollstreckungsbehörde die Vollstreckung nach Absatz 2 unterbrochen, so trifft das Gericht die Entscheidungen nach den §§ 57 und 57a des Strafgesetzbuches erst, wenn über die Aussetzung der Vollstreckung der Reste aller Strafen gleichzeitig entschieden werden kann.

Überblick

Die Vorschrift koordiniert die Vollstreckung mehrerer nicht gesamtstrafenfähiger Freiheitsstrafen. Diese sind hintereinander (Abs 1) bis zum jeweils möglichen Aussetzungszeitpunkt zu vollstrecken (Abs 2), um dann abschließend aufgrund einer Gesamtschau aufeinander abgestimmte Entscheidungen über die Aussetzung aller noch ausstehenden Strafreste treffen zu können (Abs 3).

A. Regelungszweck und Anwendungsbereich

1   Hintergrund der Vorschrift ist der Grundsatz der **vollstreckungsrechtlichen Selbstständigkeit** mehrerer nicht gesamtstrafenfähiger Strafen (BGHSt 34, 159 = NJW 1987, 1211). Mehrere zu vollstreckende Strafen werden nicht zusammengerechnet, sondern jede für sich einzeln vollstreckt. Die Vorschrift **koordiniert** diese einzelnen Vollstreckungsverfahren: Abs 1 ordnet die unmittelbare Abfolge der zu vollstreckenden Strafen an, um zwischenzeitige kurze Entlassungen des Verurteilten zu vermeiden. Abs 2 und Abs 3 regeln ein Verfahren zur Gewährleistung einer einheitlichen Grundlage (Sozialprognose) für die einzeln zu treffenden Aussetzungsentscheidungen, damit es in den verschiedenen Vollstreckungsverfahren nicht zu einander widersprechenden Entscheidungen über die Verantwortbarkeit einer Reststrafenaussetzung kommt.

2   Bei Gesamtstrafenfähigkeit der einzelnen Strafen (§ 460 StPO) ist § 454 b StPO nicht anwendbar. Entspr **Anwendung** findet die Vorschrift auf die Vollstreckung freiheitsentziehender Maßregeln (§ 463 Abs 1 StPO). Die Zurückstellungsmöglichkeit nach § 35 BtMG bleibt grds unberührt (ausf OLG Stuttgart NStZ-RR 2009, 28; KK-StPO/Appl StPO § 454 b Rn 4 a; aA KG BeckRS 2009, 12730 = NStZ-RR 2009, 255 LS). Für Jugendstrafe ist § 454 b StPO ohne Bedeutung (OLG Frankfurt NStZ-RR 2000, 95).

B. Regelungsgehalt
I. Grundsatz der unmittelbaren Abfolge (Abs 1)

3   Freiheitsstrafen und Ersatzfreiheitsstrafen sind unmittelbar hintereinander zu vollstrecken, um kurzzeitige Entlassungen zu vermeiden (Abs 1, § 43 Abs 1 StVollstrO). Die Vollstreckungsreihenfolge sowie die Modalitäten der Zusammenarbeit der verschiedenen Vollstreckungsbehörden sind in **§ 43 StVollstrO** geregelt.

II. Unterbrechung der einzelnen Vollstreckungen (Abs 2)

4   Zur Gewährleistung einer Entscheidung nach Abs 3 wird die Vollstreckung der jeweils zunächst zu vollstreckenden Freiheitsstrafe unterbrochen, sobald die zeitlichen Voraussetzungen für eine Reststrafenaussetzung vorliegen (Abs 2 S 1). Die Unterbrechung ist **zwingend** und jeweils **rechtzeitig** vor dem nach Abs 2 S 1 Nr 1 bis Nr 3 bestimmten Zeitpunkt vorzunehmen. War dies mangels Vollstreckbarkeit der später zu vollstreckenden Strafe objektiv noch nicht möglich, erfolgt die Unterbrechung **rückwirkend** auf den Zeitpunkt des Eintritts der Vollstreckbarkeit (Abs 2 S 3). Gleiches muss gelten, wenn die rechtzeitige Unterbrechung aufgrund eines Fehlers der Vollstreckungsbehörde unterblieben ist. Da dieses Versäumnis dem Verurteilten nicht zum Nachteil gereichen darf (BVerfG NStZ 1988, 474), ist in diesem Fall entspr Abs 2 S 3 gleichfalls eine Rückwirkung vorzunehmen (so jetzt auch KK-StPO/Appl StPO § 454 b Rn 5 ff).

5   Die **zeitlichen Voraussetzungen** für eine Unterbrechung sind in Abs 2 S 1 Nr 1 bis Nr 3 geregelt. **Erstverbüßung** iSd Abs 2 S 1 Nr 1 iVm § 57 Abs 2 Nr 1 StGB liegt auch dann vor, wenn der Verurteilte zuvor bereits Ersatzfreiheitsstrafe (OLG Stuttgart StV 1994, 250), nicht aber, wenn er bereits Jugendstrafe verbüßt hat (OLG Karlsruhe NStZ 1989, 323).

Das Erstverbüßerprivileg gilt nicht nur für die erste, sondern auch für die nachfolgend vollstreckten Strafen, selbst wenn die Summe der unmittelbar nacheinander zu vollstreckenden Strafen 2 Jahre übersteigt (OLG Köln BeckRS 2007, 08743 = NStZ-RR 2007, 251 LS; vgl im Übrigen BeckOK v. Heintschel-Heinegg/v. Heintschel-Heinegg StGB § 57 Rn 13).

Lehnt das Gericht die Strafaussetzung zum Halbstrafenzeitpunkt ab, ist die Vollstreckung gem Abs 2 S 1 Nr 2 zum 2/3-Zeitpunkt zwingend erneut zu unterbrechen. Der **Unterbrechungszwang** besteht auch dann, wenn das Gericht die Aussetzung eines einzelnen Strafrests bereits abgelehnt hat, sich nun aber herausstellt, dass eine weitere Strafe zu vollstrecken ist (OLG Düsseldorf StV 1990, 121; Meyer-Goßner StPO § 454 b Rn 6). Ausgenommen vom Unterbrechungszwang sind gem Abs 2 S 2 lediglich Strafreste, die **nach Widerruf** ihrer Aussetzung vollstreckt werden; sie sind vollständig vorwegzuvollstrecken (§ 43 Abs 2 Nr 1 S 2 StVollstrO). 6

Zuständig für die Anordnung der Unterbrechung ist die StA als Vollstreckungsbehörde (§ 451), funktional zuständig ist der Rechtspfleger (§ 31 Abs 2 S 1 RPflG). 7

III. Gleichzeitige Aussetzungsentscheidung (Abs 3)

Die Entscheidung über die Reststrafenaussetzung muss beim Vollzug mehrerer Freiheitsstrafen solange zurückgestellt werden, bis über die Aussetzung der Vollstreckung aller Strafreste gleichzeitig entschieden werden kann (Abs 3). Die StVK (§ 462a Abs 1 StPO) trifft ihre Entscheidung folglich erst **vor dem Ende der letzten Anschlussvollstreckung**; ein auf frühere Einzelentscheidung gerichteter Antrag ist unzulässig (Meyer-Goßner StPO § 454 b Rn 11). Auf der anderen Seite ist das Gericht dann auch zu einer konzentrierten Entscheidung hinsichtlich aller Strafen verpflichtet, es darf die Entscheidung nicht bzgl einzelner Strafreste aussetzen (OLG Düsseldorf StV 1990, 122). 8

Die **Entscheidung** selbst ergeht für jeden Strafrest gesondert, wenn auch aufgrund einer Gesamtschau und einer einheitlichen Sozialprognose (OLG Hamm MDR 1987, 512). Dabei kann es zu unterschiedlichen Ergebnissen kommen, wenn die günstige Sozialprognose eine Aussetzung der zeitigen Freiheitsstrafen, die bes Schwere der Schuld jedoch die Fortsetzung der Vollstreckung einer lebenslangen Freiheitsstrafe gebieten (Meyer-Goßner StPO § 454 b Rn 11). IdR wird die Entscheidung aber parallel ausfallen. Bei negativer Entscheidung sind die Strafreste in der ursprünglichen Reihenfolge weiter zu vollstrecken. 9

C. Rechtsbehelfe

Gegen die Entscheidung der **Vollstreckungsbehörde** nach Abs 2 können gem § 458 Abs 2 StPO Einwendungen erhoben werden, über die das Gericht entscheidet, vgl § 458 StPO (§ 458 StPO Rn 6). Gegen die Entscheidung des Gerichts ist sofortige Beschwerde statthaft (§ 462 Abs 3 StPO). Gegen die Ablehnung einer Unterbrechung nach Abs 2 S 2 soll nach wenig überzeugender Rspr der subsidiäre Rechtsweg nach §§ 23 EGGVG ff eröffnet sein (BGH NJW 1991, 2030). 10

Gegen die Entscheidung der **StVK** nach Abs 3 kann gem § 454 Abs 3 StPO sofortige Beschwerde erhoben werden, vgl § 454 StPO (§ 454 StPO Rn 21 ff). Sind für die verschiedenen Strafen verschiedene Vollstreckungsbehörden örtlich zuständig, sind diese nur für die jeweils in ihren Zuständigkeitsbereich fallenden Strafreste beschwerdeberechtigt (OLG Düsseldorf StV 1994, 553). In der Folge kann die nach Abs 3 getroffene einheitliche Entscheidung im Beschwerdeverfahren wieder auseinander fallen, wenn die beteiligten Vollstreckungsbehörden unterschiedlich von ihrem Beschwerderecht Gebrauch machen (OLG Hamm BeckRS 2008, 20340 – Az 3 Ws 323/08). 11

§ 455 [Aufschub der Vollstreckung einer Freiheitsstrafe]

(1) Die Vollstreckung einer Freiheitsstrafe ist aufzuschieben, wenn der Verurteilte in Geisteskrankheit verfällt.

(2) Dasselbe gilt bei anderen Krankheiten, wenn von der Vollstreckung eine nahe Lebensgefahr für den Verurteilten zu besorgen ist.

(3) Die Strafvollstreckung kann auch dann aufgeschoben werden, wenn sich der Verurteilte in einem körperlichen Zustand befindet, bei dem eine sofortige Vollstreckung mit der Einrichtung der Strafanstalt unverträglich ist.

(4) ¹Die Vollstreckungsbehörde kann die Vollstreckung einer Freiheitsstrafe unterbrechen, wenn
1. der Verurteilte in Geisteskrankheit verfällt,
2. wegen einer Krankheit von der Vollstreckung eine nahe Lebensgefahr für den Verurteilten zu besorgen ist oder
3. der Verurteilte sonst schwer erkrankt und die Krankheit in einer Vollzugsanstalt oder einem Anstaltskrankenhaus nicht erkannt oder behandelt werden kann

und zu erwarten ist, daß die Krankheit voraussichtlich für eine erhebliche Zeit fortbestehen wird. ²Die Vollstreckung darf nicht unterbrochen werden, wenn überwiegende Gründe, namentlich der öffentlichen Sicherheit, entgegenstehen.

Überblick

Die Vorschrift regelt die vorübergehende Aussetzung der Vollstreckung einer Freiheitsstrafe (Strafausstand) wegen gesundheitsbedingter Vollzugsuntauglichkeit des Verurteilten. Der Strafausstand kann als Strafaufschub vor Beginn des Vollzugs (Abs 1 bis Abs 3) oder als Strafunterbrechung nach Beginn des Vollzugs (Abs 4) erfolgen.

A. Anwendungsbereich

1   Die Vorschrift regelt Aufschub und Unterbrechung von (auch lebenslangen) Freiheitsstrafen wegen gesundheitsbedingter Vollzugsuntauglichkeit des Verurteilten. Sie findet nach Maßgabe von § 463 Abs 1, Abs 5 StPO entspr Anwendung auf den Aufschub freiheitsentziehender Sicherungsmaßregeln. Im Bereich der Bundeswehr gilt für die Unterbrechung Art 6 EGWStG. Für den Vollzug von Untersuchungshaft gilt § 455 StPO nicht.

B. Regelungsgehalt

I. Strafaufschub (Abs 1 bis Abs 3)

2   Abs 1 bis Abs 3 nennen die drei Fallgruppen des Strafaufschubs wegen Krankheit. Der Begriff der **Geisteskrankheit** iSv Abs 1 ist weniger streng organisch auszulegen als in § 20 StGB (vgl hierzu BeckOK v. Heintschel-Heinegg/Eschelbach StGB § 20 Rn 12 ff), iSe Relevanzkriteriums ist er allerdings erst erfüllt, wenn die vorrangigen Möglichkeiten des Behandlungsvollzugs (vgl § 7 Abs 2 Nr 6 StVollzG) nicht ausreichen (OLG München NStZ 1981, 240; KK-StPO/Appl StPO § 455 Rn 6). Bei in Schüben auftretender Geisteskrankheit wird Strafaufschub nur für die jeweilige Dauer des Schubes bewilligt (Meyer-Goßner StPO § 455 Rn 4). Bei Vorliegen der Voraussetzungen ist der Strafaufschub **zwingend** zu gewähren; das gilt auch dann, wenn die Geisteskrankheit bereits bei Urteilsverkündung vorlag, jedoch erst nachträglich erkannt wurde (Pfeiffer StPO § 455 Rn 2).

3   Die **Besorgnis naher Lebensgefahr** (Abs 2) setzt mehr voraus als die bloße Möglichkeit, eine bestehende Krankheit könne sich verschlimmern (OLG Düsseldorf NJW 1991, 765). Erforderlich ist vielmehr ein mit Dauer der zu vollstreckenden Freiheitsstrafe steigendes Maß an Wahrscheinlichkeit (OLG München NStZ 1981, 240). Die Lebensgefahr muss gerade **durch den Vollzug** verursacht werden, besteht sie unabhängig davon, scheidet Abs 2 aus (OLG Düsseldorf NJW 1991, 765). Eine HIV-Infektion ohne Ausbruch der Krankheit (LG Ellwangen NStZ 1988, 330), Selbstmordgefahr (KG NStZ 1994, 255; vgl § 88 StVollzG) oder die Drohung eines nahen Angehörigen mit Selbstmord (OLG Köln NStZ 1985, 381) reichen nicht. Vollzugsinterne Behandlungsmöglichkeiten sind vorrangig auszuschöpfen (vgl OLG Karlsruhe NStZ 1991, 53). Liegen die Voraussetzungen von Abs 2 vor, ist Strafaufschub **zwingend** zu gewähren, ggf auch gegen den Willen des Verurteilten (Meyer-Goßner StPO § 455 Rn 5).

4   **Unverträglichkeit der sofortigen Vollstreckung** (Abs 3) liegt iSe Verhältnismäßigkeitskriteriums vor, wenn die Vollstreckung entweder der Anstalt oder dem Verurteilten

nicht zugemutet werden kann; dabei ist allerdings das grds Interesse an der alsbaldigen Strafvollstreckung zu berücksichtigen (vgl BGH NJW 1993, 2927, 2929). Abs 3 ist idR zu bejahen, wenn die notwendige ärztliche Behandlung im Vollzug nicht möglich wäre. Eine Schwangerschaft reicht hierfür idR nicht aus (Meyer-Goßner StPO § 455 Rn 6). Die Entscheidung liegt im pflichtgemäßen **Ermessen** der Vollstreckungsbehörde.

Die **Dauer des Strafaufschubs** bemisst sich bis zum Wiedereintritt der Vollzugstauglichkeit. Der Strafaufschub kann durch förmliche Entscheidung oder durch formloses Hinausschieben des Strafantritts gewährt werden. IdR wird er zeitlich begrenzt und nach erneuter Prüfung der Voraussetzung ggf verlängert. Der Aufschub endet mit Fristablauf oder durch Verfügung der Vollstreckungsbehörde und Ladung zum Strafantritt (KK-StPO/Appl StPO § 455 Rn 9). 5

Strafaufschub nach Abs 1 bis Abs 3 stellt ein **Vollstreckungshindernis** dar vgl § 449 StPO (§ 449 StPO Rn 8). Während des Aufschubs ruht die Vollstreckungsverjährung (§ 79 a Nr 2 a StGB). 6

II. Strafunterbrechung (Abs 4)

Erkrankt der Verurteilte während des Vollzugs so schwer, dass er stationär behandelt werden muss, gibt es **drei Möglichkeiten**, die zueinander in einem Stufenverhältnis stehen: Vorrangig erfolgt die Behandlung innerhalb des Vollzugs in einem Anstaltskrankenhaus oder auf der Krankenabteilung einer JVA (**§ 65 Abs 1 StVollzG**). Ist dies nicht möglich, erfolgt sie außerhalb des Vollzugs, jedoch unter Fortdauer des Strafvollstreckungsverhältnisses und unter Anrechnung auf die Strafzeit (**§ 65 Abs 2 StVollzG iVm § 461 StPO**). Nur unter den besonderen Voraussetzungen des **Abs 4** schließlich wird der Vollzug für die Dauer der externen Krankenbehandlung unterbrochen, die Dauer der Krankenbehandlung wird in diesem Fall nicht angerechnet. Dieser Fall des Abs 4 ist gegenüber den beiden erstgenannten Möglichkeiten nachrangig (BVerfG NStZ-RR 2003, 345), da es im Interesse aller ist, den einmal begonnenen Vollzug möglichst schnell zu Ende zu führen (KK-StPO/Appl StPO § 455 Rn 10). 7

Grund für die Unterbrechung muss eine schwere Erkrankung von erheblicher, jedoch nicht notwendig unabsehbarer Dauer sein (Abs 4 S 1). Die Gründe Abs 4 S 1 Nr 1 und Abs 4 S 1 Nr 2 entsprechen Abs 1 und Abs 2. Eine sonstige schwere Erkrankung iSd Abs 4 S 1 Nr 3 liegt vor, wenn die Voraussetzungen des § 65 Abs 2 StVollzG erfüllt sind. Hinzutreten muss in allen Fällen die erhebliche Dauer der voraussichtlichen Krankenbehandlung (Abs 4 S 1), die in das Verhältnis zur Strafzeit insgesamt zu setzen ist (vgl § 45 Abs 2 StVollstrO). Im Ergebnis ist eine Gesamtabwägung zwischen dem Vollstreckungsinteresse der Allgemeinheit und dem Gesundungsinteresse des Verurteilten vorzunehmen (BVerfG NStZ-RR 2003, 345; KG BeckRS 2006, 12982 = StV 2008, 87). Jenseits der gesetzlich normierten Unterbrechungsgründe ist es mit Art 1 Abs 1 GG unvereinbar, einen unheilbar erkrankten und von Todesnähe gezeichneten Verurteilten weiter in Haft zu behalten (BVerfGE 72, 105, 116 = NJW 1986, 2241; OLG Hamburg NStZ-RR 2006, 285). Behält die Vollzugsbehörde die Verfügungsgewalt über den Verurteilten auch während seines Krankenhausaufenthalts, ist die Unterbrechung unwirksam und es gilt § 65 Abs 2 StVollzG iVm § 461 StPO (OLG Hamburg NStZ 1999, 589). 8

Ausgeschlossen ist die Strafunterbrechung, wenn überwiegende Gründe namentlich der **öffentlichen Sicherheit** entgegenstehen (Abs 4 S 2). Das ist der Fall, wenn der Verurteilte trotz oder gerade wegen seiner Krankheit so gefährlich ist, dass die Fortsetzung des Vollzugsgewahrsams im Interesse der Allgemeinheit geboten ist, zB wegen Fluchtgefahr oder der Gefahr der Begehung weiterer Straftaten (Meyer-Goßner StPO § 455 Rn 12). 9

Die Unterbrechung nach Abs 4 steht im pflichtgemäßen **Ermessen** der Vollzugsbehörde. Sie bedarf der förmlichen Entscheidung (§ 46 Abs 1 StVollstrO). Für das weitere **Verfahren** vgl § 46 StVollstrO. Während der Unterbrechung ruht die Vollstreckungsverjährung (§ 79 Nr 2 a StGB). 10

III. Zuständigkeit und Rechtsbehelfe

Zuständig ist die Vollstreckungsbehörde (§ 451 StPO). Sie entscheidet auf Antrag des Verurteilten oder von Amts wegen. 11

12 Über Einwendungen gegen Entscheidungen der Vollstreckungsbehörde entscheidet das **Gericht** (§ 458 Abs 2 StPO). Entscheidungen nach Abs 1 und Abs 2 sind dabei voll zu überprüfen, Entscheidungen nach Abs 3 und Abs 4 dagegen nur auf Einhaltung der Ermessensgrenzen (KG NStZ 1994, 255; OLG Hamm NStZ-RR 2009, 189; KK-StPO/Appl StPO § 455 Rn 17). Gegen die Entscheidung des Gerichts gem § 458 Abs 2 StPO ist **sofortige Beschwerde** (§ 311 StPO) statthaft (§ 462 Abs 3 S 1 StPO). Gem § 462 Abs 3 S 2 StPO hat die sofortige Beschwerde der StA gegen die Anordnung der Unterbrechung nach Abs 4 aufschiebende Wirkung.

§ 455 a [Aufschub oder Unterbrechung aus Gründen der Vollzugsorganisation]

(1) Die Vollstreckungsbehörde kann die Vollstreckung einer Freiheitsstrafe oder einer freiheitsentziehenden Maßregel der Besserung und Sicherung aufschieben oder ohne Einwilligung des Gefangenen unterbrechen, wenn dies aus Gründen der Vollzugsorganisation erforderlich ist und überwiegende Gründe der öffentlichen Sicherheit nicht entgegenstehen.

(2) Kann die Entscheidung der Vollstreckungsbehörde nicht rechtzeitig eingeholt werden, so kann der Anstaltsleiter die Vollstreckung unter den Voraussetzungen des Absatzes 1 ohne Einwilligung des Gefangenen vorläufig unterbrechen.

Überblick

Die Vorschrift regelt den Ausstand (Aufschub und Unterbrechung) der Vollstreckung von Freiheitsstrafen oder freiheitsentziehenden Maßregeln der Besserung und Sicherung aus vollzugstechnischen Gründen, die nicht in der Person des Verurteilten liegen.

A. Voraussetzungen

1 **Gründe der Vollzugsorganisation** (Abs 1) sind alle Gründe, die sich aus den Bedürfnissen und Anforderungen eines geordneten, den gesetzlichen Vorschriften entsprechenden Vollzugs in der Anstalt ergeben (Löwe/Rosenberg/Wendisch StPO § 455 a Rn 2). Hierzu zählen die Überbelegung einer Anstalt, Katastrophenfälle (Seuche, Brand), notwendige Baumaßnahmen sowie die Notwendigkeit, Platz für Gefangene schwerer Kriminalität zu schaffen (vgl § 146 StVollzG und hierzu BT-Drs 7/918, 102 f). Auch der Erlass eines Haftbefehls gegen einen Strafgefangenen kann aufgrund der speziellen Haftanforderungen des § 122 StVollzG die Unterbrechung rechtfertigen (Meyer-Goßner StPO § 455 a Rn 1). Gründe, die in der Person des Verurteilten liegen, fallen nicht unter § 455 a StPO (KG NStZ 1983, 334); hier greifen ggf § 455 StPO, § 456 StPO.

2 Der Strafausstand ist **ausgeschlossen**, wenn **überwiegende Gründe der öffentlichen Sicherheit** entgegenstehen (Abs 1 aE). Diese können allgemeiner Art sein (zB kann eine vorübergehende Überbelegung zur Verteidigung der Rechtsordnung hinzunehmen sein) oder in der Person des Verurteilten liegen (zB bei Fluchtgefahr oder der Gefahr der Begehung neuer Straftaten), Meyer-Goßner StPO § 455 a Rn 2. In jedem Fall hat eine Interessenabwägung stattzufinden.

B. Zuständigkeit

3 Zuständig für die Entscheidung über den Strafausstand ist grds die **Vollstreckungsbehörde** (Abs 1). Funktional ist der Rechtspfleger zuständig (§ 31 Abs 2 S 1 RPflG), der die Zustimmung der obersten Justizbehörde einzuholen hat (§ 46 a Abs 1 StVollstrO). Die Zustimmung des Verurteilten ist nicht erforderlich. Die Entscheidung steht im pflichtgemäßen **Ermessen** der Behörde.

4 In **Eilfällen** kommt dem Anstaltsleiter eine Notkompetenz zu (**Abs 2**). Vollstreckungsbehörde und oberste Justizbehörde sind unverzüglich zu unterrichten (§ 46 a Abs 2 StVollstrO).

C. Wirkungen und Rechtsbehelfe

Während des Strafausstands **ruht** die **Vollstreckungsverjährung** (§ 79 a Nr 2 a StGB). 5
Eine Anrechnung auf die Strafzeit findet nicht statt.

Gegen die Entscheidung der Vollstreckungsbehörde können **keine Einwendungen nach** 6
§ 458 StPO erhoben werden (Umkehrschluss aus § 458 Abs 2 StPO). Der Verurteilte werde
durch den Strafausstand nicht belastet (vgl KG NStZ 1983, 334). Doch kann zB eine
Unterbrechung kurz vor Strafzeitende durchaus belastend für den Verurteilten sein, da sich
sein endgültiges Strafende hinauszögert. Nach zutr Ansicht ist daher der Rechtsweg nach
Art 23 EGGVG ff eröffnet (Überprüfung der Ermessensgrenzen). Vgl KK-StPO/Appl
StPO § 455 a Rn 6; **aA** Meyer-Goßner StPO § 455 a Rn 6.

§ 456 [Vorübergehender Aufschub]

(1) Auf Antrag des Verurteilten kann die Vollstreckung aufgeschoben werden, sofern durch die sofortige Vollstreckung dem Verurteilten oder seiner Familie erhebliche, außerhalb des Strafzwecks liegende Nachteile erwachsen.

(2) Der Strafaufschub darf den Zeitraum von vier Monaten nicht übersteigen.

(3) Die Bewilligung kann an eine Sicherheitsleistung oder andere Bedingungen geknüpft werden.

Überblick

Die Vorschrift regelt den vorübergehenden Aufschub (nicht: die Unterbrechung) der
Strafvollstreckung in persönlichen Härtefällen.

A. Anwendungsbereich

Die Vorschrift gilt grds für **alle Strafarten, die der Vollstreckung bedürfen**, dh auch für 1
die einer besonderen Vollstreckung bedürftigen Nebenstrafen und Nebenfolgen (nicht bei
automatischer Wirksamkeit mit Rechtskraft gem § 44 StGB, § 45 StGB, § 73 e Abs 1 S 1
StGB, § 74 e Abs 1 StGB) sowie für Sicherungsmaßregeln (§ 463 Abs 1 StPO) mit Ausnahme
der Sicherungsverwahrung (§ 463 Abs 5 S 3 StPO). Für die Vollstreckung der Geldstrafe ist
§ 456 StPO allerdings aufgrund des weitergehenden § 459 a StPO ohne praktische Bedeutung;
für die Ersatzfreiheitsstrafe ist § 459 f StPO, für das Berufsverbot § 456 c StPO lex specialis.

Der Anwendungsbereich erstreckt sich über den Erstantritt der Strafe hinaus auch auf den 2
Fall des **Aufschubs des Strafrests** nach vorangegangener Strafunterbrechung (Löwe/Rosenberg/Wendisch StPO § 456 Rn 3).

Eine **Unterbrechung** der Strafvollstreckung ist nach dieser Vorschrift (auch analog) nicht 3
möglich (BGHSt 19, 148, 150 = NJW 1964, 166, 167, **aA** Volckart NStZ 1982, 496); hier ist
allenfalls der Gnadenweg eröffnet (KK-StPO/Appl StPO § 456 Rn 9). Vgl aber unten Rn 7.

B. Regelungsgehalt

Erhebliche Nachteile iSd Abs 1 sind Folgen persönlicher, wirtschaftlicher oder ideeller 4
Art, die außerhalb des Strafzwecks liegen, über das gewöhnliche Strafübel hinausgehen und
durch den Aufschub vermeidbar wären, zB Erkrankung des Ehepartners bei unversorgten
Kindern (OLG Zweibrücken NJW 1974, 70), bevorstehender (Teil-)Abschluss einer Berufsausbildung oder eines Studiums (LG Bochum StV 2008, 88; weitere Rspr-Nachweise bei
Heimann StV 2001, 54, 56), geschäftlich zwingende Anwesenheit eines Selbständigen (OLG
Karlsruhe StV 2000, 213). Vgl zum Ganzen LG Nürnberg-Fürth BeckRS 2008, 07695 – Az 2
Qs 3/08; Heimann StV 2001, 54. **Keine Berücksichtigung** finden Umstände, die der
Verurteilte in Kenntnis der Verurteilung bewusst herbeigeführt hat (OLG Schleswig NStZ
1992, 558). Auch im Vollzug selbst liegende Härten werden nicht erfasst, weshalb Strafaufschub
allein zum Freiwerden eines günstigeren Vollstreckungsplatzes (zB Mutter-Kind-Einrichtung)
nach § 456 StPO nicht möglich sein soll (LG Nürnberg-Fürth BeckRS 2008, 07695).

5　Die **Höchstdauer** des Vollstreckungsaufschubs beträgt **vier Monate** (Abs 2). Die Frist beginnt mit dem Tag, für den der Verurteilte zum Strafantritt geladen wurde (OLG Düsseldorf NStZ 1992, 149) oder an dem er nach einer Unterbrechung in die Anstalt zurückkehren sollte (KK-StPO/Appl StPO § 456 Rn 6). Nachteile iSd Abs 1, die über vier Monate andauern würden, sind daher von vornherein nicht geeignet, einen Aufschub zu rechtfertigen (OLG Schleswig NStZ 1992, 558). Insoweit ist allenfalls ein Gnadenerweis möglich (OLG Düsseldorf NStZ 1992, 149).

6　Die Bewilligung des Strafaufschubs kann von einer **Sicherheitsleistung** (entspr § 116 Abs 1 Nr 4 StPO, § 116a Abs 1, Abs 2 StPO, § 123 StPO, § 124 StPO) oder anderen Bedingungen (zB Meldeauflage, Hinterlegung von Reisedokumenten) abhängig gemacht werden (**Abs 3**). Der Verfall der Sicherheitsleistung kann nur vom Gericht ausgesprochen werden (§ 124 StPO, § 462a Abs 2 StPO; Meyer-Goßner StPO § 456 Rn 7).

7　Die Entscheidung ergeht nur **auf Antrag** des Verurteilten (Abs 1). Der Antrag ist vor Beginn des Vollzugs zu stellen, da die Unterbrechung nicht von § 456 StPO erfasst wird. Der Antrag ist ohne aufschiebende Wirkung, wird jedoch durch Strafantritt nicht gegenstandslos, sondern bleibt als Antrag auf Aufschub bestehen (obwohl der Sache nach nunmehr Unterbrechung beantragt wird). Vgl KK-StPO/Appl StPO § 456 Rn 7.

8　Die Entscheidung ergeht in **pflichtgemäßem Ermessen** (Heimann StV 2001, 54, 56, 57), ein Rechtsanspruch des Verurteilten besteht nicht. Auch bei Vorliegen der Voraussetzungen kann die Vollstreckungsbehörde daher den Aufschub verweigern, wenn der Strafzweck die sofortige Vollstreckung gebietet (Meyer-Goßner StPO § 456 Rn 5).

C. Zuständigkeit und Rechtsbehelfe

9　**Zuständig** ist die Vollstreckungsbehörde (§ 451 StPO), funktional der Rechtspfleger (§ 31 Abs 2 S 1 RPflG).

10　Über Einwendungen gegen die Entscheidung der Vollstreckungsbehörde entscheidet das **Gericht** (§ 458 Abs 2 StPO), auch wenn die Vollstreckung zwischenzeitlich begonnen hat (OLG Stuttgart NStZ 1985, 331; Meyer-Goßner StPO § 456 Rn 9; **aA** OLG München NStZ 1988, 294: prozessuale Überholung). Das Gericht prüft nur die Einhaltung der Grenzen des Ermessens. Gegen die Entscheidung des Gerichts ist sofortige Beschwerde (§ 311 StPO) statthaft (§ 462 Abs 3 S 1 StPO). Ist die Beschwerde des Verurteilten iSe Ermessensreduzierung auf Null begründet, bewilligt das Beschwerdegericht selbst den Aufschub (OLG Karlsruhe StV 2000, 213).

§ 456a [Absehen von Vollstreckung bei Auslieferung oder Landesverweisung]

(1) Die Vollstreckungsbehörde kann von der Vollstreckung einer Freiheitsstrafe, einer Ersatzfreiheitsstrafe oder einer Maßregel der Besserung und Sicherung absehen, wenn der Verurteilte wegen einer anderen Tat einer ausländischen Regierung ausgeliefert, an einen internationalen Strafgerichtshof überstellt oder wenn er aus dem Geltungsbereich dieses Bundesgesetzes ausgewiesen wird.

(2) ¹Kehrt der Ausgelieferte, der Überstellte oder der Ausgewiesene zurück, so kann die Vollstreckung nachgeholt werden. ²Für die Nachholung einer Maßregel der Besserung und Sicherung gilt § 67c Abs. 2 des Strafgesetzbuches entsprechend. ³Die Vollstreckungsbehörde kann zugleich mit dem Absehen von der Vollstreckung die Nachholung für den Fall anordnen, dass der Ausgelieferte, der Überstellte oder Ausgewiesene zurückkehrt, und hierzu einen Haftbefehl oder einen Unterbringungsbefehl erlassen sowie die erforderlichen Fahndungsmaßnahmen, insbesondere die Ausschreibung zur Festnahme, veranlassen; § 131 Abs. 4 sowie § 131a Abs. 3 gelten entsprechend. ⁴Der Verurteilte ist zu belehren.

Überblick

Bei der Vorschrift handelt es sich um das vollstreckungsrechtliche Gegenstück zu § 154b Abs 2, Abs 3 StPO. Geregelt wird die Möglichkeit des Absehens von (weiterer) Vollstreckung, wenn der Verurteilte wegen einer anderen Tat ausgeliefert oder überstellt oder wenn er ausgewiesen wird (Abs 1). Abs 2 regelt das mögliche Nachholen der Vollstreckung bei einer Rückkehr des Verurteilten in das Bundesgebiet.

A. Normzweck und Anwendungsbereich

Die Vorschrift **bezweckt** die Entlastung des Vollzugs bei Straftätern, die das Bundesgebiet 1 aufgrund hoheitlicher Anordnung verlassen müssen und denen gegenüber die (weitere) Vollstreckung weder unter dem Gesichtspunkt der Resozialisierung noch unter dem der Prävention sinnvoll wäre (OLG Frankfurt NStZ-RR 1999, 126; Meyer-Goßner StPO § 456a Rn 1).

Seit der Einführung des Art 16 Abs 2 S 2 GG erstreckt sich unter den dort genannten 2 Voraussetzungen der **Anwendungsbereich** des § 456a StPO für die Fälle der Auslieferung und Überstellung auch auf Deutsche. Insgesamt steht § 456a StPO im Anwendungsbereich von Überstellung und Auslieferung gleichberechtigt neben der Möglichkeit (zB gem § 71 IRG; ÜberstellungsÜbk), die Strafe oder Maßregel im Ausland vollstrecken zu lassen (KK-StPO/Appl StPO § 456a Rn 1; **aA** Meyer-Goßner StPO § 456a Rn 1: § 456a StPO wird verdrängt). Die Vorschrift gilt für alle Freiheitsstrafen, Ersatzfreiheitsstrafen und Maßregeln einschließlich der lebenslangen Freiheitsstrafe, auch wenn die besondere Schwere der Schuld festgestellt ist.

B. Regelungsgehalt

I. Absehen von Vollstreckung (Abs 1)

Auslieferung (§§ 2 IRG ff) und Überstellung an einen internationalen Strafgerichtshof 3 (§§ 2 IStGHG ff) müssen aufgrund einer anderen Tat erfolgen (ne bis in idem); die Ausweisung dient dagegen grds nicht dazu, einer ausländischen Macht die Ausübung von Strafverfolgungs- oder Strafvollstreckungsmaßnahmen zu ermöglichen (vgl Löwe/Rosenberg/Wendisch StPO § 456a Rn 5). Der Ausweisung (§§ 53 AufenthG ff) stehen die Abschiebung (§ 58 AufenthG), die Zurückschiebung (§ 57 AufenthG) sowie die Pflicht zur Ausreise gem § 50 AufenthG gleich (OLG Hamm NStZ 1983, 524). Die Maßnahme muss **vollziehbar** angeordnet sein und demnächst durchgeführt werden; Bestandskraft der Maßnahme ist nicht erforderlich (ausf VGH Kassel BeckRS 2007, 28378 = ESVGH 58, 95; **aA** OLG Karlsruhe BeckRS 2007, 13804 – Az 2 VAs 18/07; KK-StPO/Appl StPO § 456a Rn 3; Meyer-Goßner StPO § 456a Rn 3).

Die Entscheidung ergeht von Amts wegen (vgl § 17 StVollstrO) oder auf Antrag und steht 4 im **Ermessen** der Vollstreckungsbehörde (§ 451 StPO). Die Einwilligung des Verurteilten ist nicht erforderlich (OLG Frankfurt NStZ-RR 1999, 126). Von der Vollstreckung kann **ganz oder teilweise** abgesehen werden (vgl § 17 Abs 1 StVollstrO: „ob und inwieweit"). Abzuwägen sind die Umstände der Tat, die Schwere der Schuld, die Dauer des bislang verbüßten Teils der Strafe (KG StV 1992, 428), das öffentliche Interesse an einer nachhaltigen Strafvollstreckung (OLG Hamm NStZ 1983, 524), familiäre und soziale Belange des Verurteilten (OLG Celle NStZ 1981, 405) sowie die tatsächlichen Umstände der im Ausland zu erwartenden Vollstreckungspraxis (OLG Celle StV 2000, 380). Die Voraussetzungen sind idR spätestens zum Halbstrafenzeitpunkt zu prüfen (KK-StPO/Appl StPO § 456a Rn 3a). Die Entscheidung sollte vor einer Entscheidung nach § 454 StPO ergehen, steht dieser aber nicht entgegen (OLG Düsseldorf NStZ 2000, 333). Nach den von den Ländern erlassenen **Richtlinien** (s das Fundstellenverzeichnis Rn 4.1) ist regelmäßig die Hälfte der Strafe zu vollstrecken; eine feste Mindestverbüßungsdauer besteht aber selbst bei lebenslangen Freiheitsstrafen und besonderer Schwere der Schuld nicht (OLG Frankfurt NStE Nr 2 zu § 456a). Mit Vollverbüßung endet der Anwendungsbereich von § 456a StPO (vgl OLG Celle NStZ 2008, 221).

Ein Überblick über die Länderrichtlinien zur Ermessensausübung bei Anwendung des § 456a 4.1 StPO findet sich bei Schmidt Verteidigung von Ausländern 2. Aufl 2005, Rn 421 ff. Die amtlichen Fundstellen lauten wie folgt:
- BW: AV v 17. 10. 1996, Justiz 1996, 500.
- Bay: Weisung des Bayer Staatsministeriums des Innern v 16. 5. 2002 – IA2-2084.21-8 – unveröffentlicht.

StPO § 456 a   Siebentes Buch. 1. Abschnitt

- Bln: keine bes Regelung
- Bbg: AV des Ministers der Justiz und für Bundes- und Europagelegenheiten v 20. 3. 1997, JMBl 1997, 38.
- Brem: AV des Senators für Justiz und Verfassung v 25. 9. 1992 – unveröffentlicht.
- Hmb: Schreiben der Justizbehörde v 27. 1. 1992 – unveröffentlicht.
- H: Runderlass des JM v 9. 12. 1994, JMBl 1995, 4.
- M-V: Dienstanweisung 2/92 (2) des GenStA v 9. 12. 1997 – unveröffentlicht.
- N: AV des JM v 5. 8. 1997, NdsRPfl 1997, 194.
- NRW: RV des JM v 20. 8. 1985 (9174-III A.2) – unveröffentlicht.
- RhPf: Rundschreiben des JM v 23. 4. 2001, Justizbl RhPf 2001, 212.
- S: AV des JM Nr 1/1995 v 6. 1. 1995 (4300-27) – unveröffentlicht.
- Sachs: VwVorschrift des JM v 25. 4. 1996, JMBl 1996, 69.
- LSA: AV des JM vom 23. 3. 2000 (4300-207.15) – unveröffentlicht.
- SH: Rundverfügung des GenStA v 25. 2. 1994 StPO (472-45), SchlHA 1994, 85.
- Thür: VwV des JM v 4. 5. 1995 (4300-1/92), JMBl 1995, 31.

5   Die positive Entscheidung bedarf keiner Begründung (OLG Karlsruhe NStZ 2008, 222); die ablehnende Entscheidung ist dagegen zu **begründen** (§ 34 StPO; KG StV 1989, 26). Das Gericht muss sich allerdings nicht auf einen späteren Zeitpunkt festlegen, bis zu dem die Vollstreckung fortzusetzen ist (OLG Frankfurt NStZ 1993, 303; Löwe/Rosenberg/Wendisch StPO § 456 a Rn 9).

II. Nachholen der Vollstreckung (Abs 2)

6   Kehrt der Verurteilte in das Bundesgebiet zurück, lebt der Strafanspruch des Staates wieder auf; die Vollstreckung kann nachgeholt werden, solange noch keine Vollstreckungsverjährung (§ 79 StGB) eingetreten ist (Abs 2 S 1). Die Rückkehr muss **freiwillig** erfolgt sein (KG NStZ-RR 2004, 312).

7   Die Nachholung kann als **Vorweganordnung** bereits mit der Entscheidung nach Abs 1 getroffen und mit Sicherungs- und Fahndungsmaßnahmen verbunden werden, die maßgeblichen Vorschriften gelten entsprechend (Abs 2 S 3). Die Entscheidungen über die Nachholung, über den Erlass einer Vorweganordnung sowie über den Erlass von Sicherungs- und Fahndungsmaßnahmen stehen im **Ermessen** der Vollstreckungsbehörde; die hierbei zu berücksichtigenden Gesichtspunkte entsprechen denen der Entscheidung nach Abs 1 (vgl Rn 4). Nach der Sollvorschrift des § 17 Abs 2 S 1 StVollstrO verdichtet sich der Strafanspruch idR zu einer **Anordnungspflicht** nach Abs 2. Die in der Vorweganordnung liegende Ermessensentscheidung ist bei der Rückkehr des Verurteilten ggf zu überprüfen, wenn sich in der Zwischenzeit neue Gesichtspunkte ergeben haben (OLG Hamburg NStZ-RR 1999, 123).

8   Der Verurteilte ist über die Möglichkeit der Nachholung in einer für ihn verständlichen Sprache zu **belehren** (Abs 2 S 4; § 17 Abs 2 S 2 StVollstrO). Über den Zeitpunkt des Eintritts der Vollstreckungsverjährung muss nicht belehrt werden (OLG Stuttgart BeckRS 2008, 21148 – Az 2 Ws 252/08). Die Belehrung ist aktenkundig zu machen und kann der JVA übertragen werden (§ 17 Abs 2 S 3, S 4 StVollstrO). Bei fehlender oder unzureichender Belehrung ist die Nachholung der Vollstreckung unzulässig (OLG Stuttgart Rpfleger 1981, 120). Die Belehrung kann allerdings in qualifizierter Form nachgeholt werden, indem der Verurteilte Gelegenheit erhält, sein Verbleiben im Bundesgebiet im Hinblick auf Abs 2 zu überdenken (OLG Karlsruhe NStZ 1994, 254).

9   Wird die Vollstreckung gem Abs 2 nachgeholt, kommt ein erneutes Absehen nach Abs 1 nur in Ausnahmefällen in Betracht (OLG Frankfurt NStZ-RR 2001, 93; OLG Hamm BeckRS 2008, 16441 – Az 1 VAs 11/08).

C. Rechtsbehelfe

10   Gegen die ein Absehen nach Abs 1 **versagende Entscheidung** der Vollstreckungsbehörde ist für den Verurteilten der Rechtsweg nach §§ 23 EGGVG ff eröffnet (OLG Celle StV 2000, 380). Die Ausländerbehörde ist dagegen mangels eigener Betroffenheit nicht antrags-

befugt (OLG Hamm BeckRS 2007, 16704 – Az 1 VAs 41/07). Der Verurteilte muss zunächst das Vorverfahren nach § 21 StVollstrO durchlaufen (§ 24 Abs 2 EGGVG), in dem die nach § 21 Abs 1 StVollstrO zuständige Beschwerdebehörde eine eigene Ermessensentscheidung zu treffen hat. Das Gericht prüft allein die Feststellung des zutreffenden Sachverhalts sowie die Einhaltung der Ermessensgrenzen (OLG Koblenz NStZ 1996, 255).

Eine nach Abs 1 **positive Entscheidung** ist für den Verurteilten mangels Beschwer nicht anfechtbar (OLG Frankfurt NStZ-RR 1999, 126). Die Vollstreckungsbehörde kann eine einmal getroffene, den Verurteilten begünstigende positive Entscheidung nach Abs 1 nur entspr § 48 VwVfG, § 49 VwVfG zurücknehmen oder widerrufen (OLG Karlsruhe NStZ 2008, 222). 11

Gegen die **Anordnung der Nachholung** nach Abs 2 kann der Verurteilte sofort oder nach Rückkehr Einwendungen erheben, über die das Gericht entscheidet (§ 458 Abs 2 StPO, § 462 StPO). 12

§ 456 b (weggefallen)

§ 456 c [Aufschub und Aussetzung des Berufsverbotes]

(1) ¹Das Gericht kann bei Erlaß des Urteils auf Antrag oder mit Einwilligung des Verurteilten das Wirksamwerden des Berufsverbots durch Beschluß aufschieben, wenn das sofortige Wirksamwerden des Verbots für den Verurteilten oder seine Angehörigen eine erhebliche, außerhalb seines Zweckes liegende, durch späteres Wirksamwerden vermeidbare Härte bedeuten würde. ²Hat der Verurteilte einen gesetzlichen Vertreter, so ist dessen Einwilligung erforderlich. ³§ 462 Abs. 3 gilt entsprechend.

(2) Die Vollstreckungsbehörde kann unter denselben Voraussetzungen das Berufsverbot aussetzen.

(3) ¹Der Aufschub und die Aussetzung können an die Leistung einer Sicherheit oder an andere Bedingungen geknüpft werden. ²Aufschub und Aussetzung dürfen den Zeitraum von sechs Monaten nicht übersteigen.

(4) Die Zeit des Aufschubs und der Aussetzung wird auf die für das Berufsverbot festgesetzte Frist nicht angerechnet.

Überblick

Die Vorschrift regelt als Spezialvorschrift zu § 456 StPO den Aufschub und die Unterbrechung eines Berufsverbots in persönlichen Härtefällen und dient damit der Einzelfallkorrektur der allgemeinen Regel aus § 70 Abs 4 S 1 StGB.

A. Anwendungsbereich

Das Berufsverbot wird mit Rechtskraft des Urteils wirksam (§ 70 Abs 4 S 1 StGB), sofern nicht ein vorläufiges Berufsverbot nach § 132 a StPO angeordnet wird. Die Vorschrift erlaubt den Aufschub und die Unterbrechung der Maßnahme, um Härtefällen Rechnung tragen zu können. Auf das **Fahrverbot** nach § 44 StGB ist sie **nicht entspr anwendbar**, auch wenn es sich im Einzelfall (Berufskraftfahrer) wie ein Berufsverbot auswirkt (KK-StPO/Appl StPO § 456 c Rn 1; aA OLG Köln NJW 1987, 80, 82; Schönke/Schröder/Stree StGB § 44 Rn 20). 1

B. Regelungsgehalt

Die **inhaltlichen Voraussetzungen** entsprechen denen des § 456 Abs 1 StPO s § 456 StPO (§ 456 StPO Rn 4). Relevant sind allein Härten für den Verurteilten und seine Angehörigen (§ 11 Abs 1 Nr 1 a StGB). Private Nachteile Dritter (zB Arbeitgeber oder Arbeitnehmer des Verurteilten) sind nicht zu berücksichtigen, wohl aber das öffentliche Interesse an einer weiteren Berufsausübung (§ 55 Abs 2 S 1 StVollstrO). Die Vorschrift dient 2 insbes dazu, dem Verurteilten bei ansonsten drohender Existenzgefährdung Zeit für die Suche nach einem Nachfolger oder Vertreter einzuräumen.

3 **Zuständig** für den Aufschub ist zunächst das **erkennende Gericht**. Die Entscheidung muss „bei Erlass des Urteils" ergehen (Abs 1 S 1), also in der Hauptverhandlung und in der dafür vorgesehenen Besetzung unter Einschluss der Laienrichter. Der Beschluss muss jedoch (anders als § 268a Abs 1 StPO) nicht zwingend mit dem Urteil verkündet werden, sondern kann schriftlich bekannt gemacht werden. Mit dem Ende der Hauptverhandlung endet die Zuständigkeit des Gerichts (KK-StPO/Appl StPO § 456c Rn 2; Meyer-Goßner StPO § 456c Rn 3; Löwe/Rosenberg/Wendisch StPO § 456c Rn 5f). Ab Rechtskraft ist allein die **Vollstreckungsbehörde** (§ 451 StPO) zuständig, es kommt nun die Verlängerung des vom Gericht ausgesprochenen Aufschubs oder die Unterbrechung in Betracht (Abs 2).

4 Die Entscheidung ergeht **auf Antrag oder von Amts wegen** mit Einwilligung des Verurteilten bzw seines gesetzlichen Vertreters (Abs 1 S 2). Vor einer Aussetzung durch die Vollstreckungsbehörde sollen die zuständigen Verwaltungsbehörden und berufsständischen Organisationen gehört werden (§ 55 Abs 3 StVollstrO). Die Entscheidung ergeht im pflichtgemäßen **Ermessen**. Eine ablehnende Entscheidung ist zu begründen (§ 34 StPO).

5 Zur Verknüpfung mit einer **Sicherheitsleistung** und anderen Bedingungen (Abs 3 S 1) s § 456 StPO (§ 456 StPO Rn 6). Die **Höchstdauer** von Aufschub und Unterbrechung beträgt in der Summe sechs Monate ab Rechtskraft des Urteils (§ 70 Abs 4 S 1 StGB) und beginnt bei zwischenzeitlicher Vollstreckung nicht von vorne (Abs 3 S 2; vgl § 55 Abs 2 S 2 StVollstrO). Eine längerfristige Aussetzung ist dem Gericht nur nach § 70a StGB, § 463 Abs 5 StPO, § 462 StPO möglich. Auf die erkannte Dauer des Berufsverbots wird die Zeit des Aufschubs bzw der Unterbrechung **nicht angerechnet** (Abs 4).

C. Rechtsbehelfe

6 Gegen eine **Entscheidung des Gerichts nach Abs 1** haben StA und Verurteilter den Rechtsbehelf der sofortigen Beschwerde (Abs 1 S 3, § 462 Abs 3 StPO). Die Wahrnehmung der Beschwerdemöglichkeit ist unabhängig von der Anfechtung des Urteils in der Hauptsache (Meyer-Goßner StPO § 456c Rn 9).

7 Gegen eine **Entscheidung der Vollstreckungsbehörde nach Abs 2** kann der Verurteilte Einwendungen erheben, über die nach § 458 Abs 2 StPO das Gericht entscheidet. Gegen die Entscheidung des Gerichts ist wiederum die sofortige Beschwerde von StA und Verurteiltem statthaft (§ 462 Abs 1 S 1 StPO, § 462 Abs 3 StPO).

§ 457 [Haftbefehl; Steckbrief]

(1) § 161 gilt sinngemäß für die in diesem Abschnitt bezeichneten Zwecke.

(2) ¹Die Vollstreckungsbehörde ist befugt, zur Vollstreckung einer Freiheitsstrafe einen Vorführungs- oder Haftbefehl zu erlassen, wenn der Verurteilte auf die an ihn ergangene Ladung zum Antritt der Strafe sich nicht gestellt hat oder der Flucht verdächtig ist. ²Sie kann einen Vorführungs- oder Haftbefehl auch erlassen, wenn ein Strafgefangener entweicht oder sich sonst dem Vollzug entzieht.

(3) ¹Im übrigen hat in den Fällen des Absatzes 2 die Vollstreckungsbehörde die gleichen Befugnisse wie die Strafverfolgungsbehörde, soweit die Maßnahmen bestimmt und geeignet sind, den Verurteilten festzunehmen. ²Bei der Prüfung der Verhältnismäßigkeit ist auf die Dauer der noch zu vollstreckenden Freiheitsstrafe besonders Bedacht zu nehmen. ³Die notwendig werdenden gerichtlichen Entscheidungen trifft das Gericht des ersten Rechtszuges.

Überblick

Die Vorschrift ermöglicht der Vollstreckungsbehörde das Ergreifen von Zwangsmaßnahmen zur Sicherung des Vollzugs einer Freiheitsstrafe oder Ersatzfreiheitsstrafe und regelt zugleich deren Voraussetzungen. Sie wird ergänzt durch § 33 StVollstrO.

A. Anwendungsbereich

Die Vorschrift findet Anwendung auf die Vollstreckung von Freiheitsstrafen. Daneben gilt sie sinngemäß für die Vollstreckung freiheitsentziehender Maßnahmen (§ 463 Abs 1 StPO) und entspr für die Vollstreckung von Erzwingungshaft und von gerichtlich verhängter Ordnungs- und Zwangshaft (§ 87 Abs 2 Nr 3 StVollstrO, § 88 Abs 1 StVollstrO, jeweils iVm § 33 StVollstrO).

B. Regelungsgehalt

I. Ermittlungshandlungen (Abs 1)

Die Vollstreckungsbehörde ist nach Maßgabe des Abs 1 berechtigt, alle der Strafverfolgungsbehörde nach **§ 161 StPO** (vgl § 161 StPO Rn 4 ff) zustehenden Ermittlungshandlungen vorzunehmen oder durch den Polizeidienst vornehmen zu lassen, sofern sie dem Zweck der Sicherung des Strafvollzugs dienen.

II. Vorführungs- und Haftbefehl (Abs 2)

Stellt sich der rechtskräftig Verurteilte trotz ordnungsgemäßer Ladung (§ 27 StVollstrO) unentschuldigt nicht dem Vollzug, ist er der Flucht verdächtig, ist er aus dem bereits laufenden Vollzug entwichen oder entzieht er sich sonst dem bereits laufenden Vollzug (zB durch Fernbleiben nach einem Freigang oder Hafturlaub), so kann die Vollstreckungsbehörde Vorführungs- oder Haftbefehl erlassen. Es gilt der Grundsatz der **Verhältnismäßigkeit** (vgl Abs 3 S 2). Geeignete Fahndungsmaßnahmen sind daher vorrangig auszuschöpfen, auch ist der Vorführungsbefehl bei gleicher Eignung (Nähe zur JVA, bekannter Aufenthaltsort) im Verhältnis zum Haftbefehl das mildere Mittel. Der Vorführungs- oder Haftbefehl kann **vorsorglich** bereits mit der Ladung für den Fall ergehen, dass sich der Verurteilte nicht ordnungsgemäß stellt (§ 33 Abs 3 StVollstrO). Die **§§ 112 StPO ff gelten nicht** (KK-StPO/Appl StPO § 457 Rn 2; Meyer-Goßner StPO § 457 Rn 10; Pfeiffer StPO § 457 Rn 4); maßgeblich für Voraussetzungen und Inhalt des Vorführungs- und Haftbefehls ist vielmehr **§ 33 StVollstrO**.

Der **Vollzug** des Vollstreckungshaftbefehls erfolgt durch die Polizei (§ 33 Abs 5 StVollstrO). Mit der Überführung des Verurteilten in den Strafvollzug wird der Vollstreckungshaftbefehl gegenstandslos (OLG Hamm NStZ 1982, 524). Als Zeitpunkt des Strafbeginns gilt derjenige der Festnahme (§ 38 Nr 2 StVollstrO).

III. Sonstige Maßnahmen (Abs 3)

Unter den Voraussetzungen des Abs 2 kann die Vollstreckungsbehörde auch alle übrigen der Strafverfolgungsbehörde zustehenden Maßnahmen ergreifen, soweit sie der Ergreifung des Verurteilten und nicht der Beweissicherung dienen (Abs 3 S 1). In Betracht kommen dem Grundsatz nach **sämtliche Fahndungs- und Überwachungsmaßnahmen** der § 94 StPO bis § 132 StPO (zB der **Vollstreckungssteckbrief** gem § 131 StVollstrO, § 34 Abs 1 StVollstrO; vgl dazu Löwe/Rosenberg/Wendisch StPO § 457 Rn 27 f) sowie die Vermögensbeschlagnahme (vgl OLG Düsseldorf NStZ 1997, 103). Die **Voraussetzungen der jeweiligen Maßnahme** sowie der Grundsatz der **Verhältnismäßigkeit** sind jeweils zu beachten, insbes ist auf die Dauer der (noch) zu vollstreckenden Freiheitsstrafe Bedacht zu nehmen (Abs 3 S 2; § 34 Abs 2 StVollstrO).

IV. Zuständigkeit

Zuständig für den Erlass der Maßnahme (auch des Vollstreckungshaftbefehls) ist die Vollstreckungsbehörde (§ 451 StPO), funktional der Rechtspfleger (§ 31 Abs 2 S 1 RPflG). Art 104 Abs 2 S 1 GG ist dadurch nicht verletzt, weil die danach notwendige richterliche Entscheidung bereits in dem rechtskräftigen Straferkenntnis zu sehen ist, dessen Durchsetzung der Vollstreckungshaftbefehl dient (BGHSt 13, 97, 100 = NJW 1959, 1285; BGHSt 23, 380, 386 = NJW 1971, 333).

7 Vom Vollstreckungshaftbefehl stillschweigend umfasst ist die Anordnung der **Durchsuchung** der Wohnung des Verurteilten zum Zwecke seiner Ergreifung (**str**; wie hier OLG Düsseldorf NJW 1981, 2133; Meyer-Goßner StPO § 457 Rn 11; Löwe/Rosenberg/Wendisch StPO § 457 Rn 23 ff; zweifelnd KK-StPO/Appl StPO § 457 Rn 11; **aA** Pfeiffer StPO § 457 Rn 5). Für die Durchsuchung bei einem Dritten (§ 103 StPO) ist aber ein gesonderter richterlicher Beschluss erforderlich (§ 105 StPO; OLG Celle StV 1982, 561). Zuständig hierfür wie für die **Anordnung weiterer richterlich anzuordnender Maßnahmen** nach Abs 3 S 1 ist das Gericht des 1. Rechtszuges (Abs 3 S 3).

V. Rechtsbehelfe

8 Ein Antrag auf gerichtliche Entscheidung ist nicht vorgesehen (vgl § 458 Abs 2 StPO, § 459 h StPO, § 462 StPO). Eröffnet ist der Rechtsweg nach **§§ 23 EGGVG ff**. Der Verurteilte muss hierfür zunächst das Vorverfahren nach § 21 StVollstrO durchlaufen (§ 24 Abs 2 EGGVG). Die Überprüfung eines mit Vollzug erledigten Vollstreckungshaftbefehls kann nur noch über einen **Feststellungsantrag nach § 28 Abs 1 S 4 EGGVG** erreicht werden (BVerfG NStZ-RR 2004, 253; OLG Frankfurt NStZ-RR 2005, 325; OLG Hamm BeckRS 2008, 23871 – Az 1 VAs 63/08).

§ 458 [Gerichtliche Entscheidungen bei Strafvollstreckung]

(1) Wenn über die Auslegung eines Strafurteils oder über die Berechnung der erkannten Strafe Zweifel entstehen oder wenn Einwendungen gegen die Zulässigkeit der Strafvollstreckung erhoben werden, so ist die Entscheidung des Gerichts herbeizuführen.

(2) Das Gericht entscheidet ferner, wenn in den Fällen des § 454 b Abs. 1 und 2 sowie der §§ 455, 456 und 456 c Abs. 2 Einwendungen gegen die Entscheidung der Vollstreckungsbehörde erhoben werden oder wenn die Vollstreckungsbehörde anordnet, daß an einem Ausgelieferten oder Ausgewiesenen die Vollstreckung einer Strafe oder einer Maßregel der Besserung und Sicherung nachgeholt werden soll, und Einwendungen gegen diese Anordnung erhoben werden.

(3) ¹Der Fortgang der Vollstreckung wird hierdurch nicht gehemmt; das Gericht kann jedoch einen Aufschub oder eine Unterbrechung der Vollstreckung anordnen. ²In den Fällen des § 456 c Abs. 2 kann das Gericht eine einstweilige Anordnung treffen.

Überblick

Die Vorschrift weist dem Gericht die Zuständigkeit für die Klärung von Zweifeln über die Auslegung des Urteils sowie über die Strafzeitberechnung zu (Abs 1) und eröffnet den Rechtsweg für Einwendungen gegen die Zulässigkeit (das „Ob") der Strafvollstreckung (Abs 1) sowie für Einwendungen gegen einige abschließend aufgezählte Entscheidungen der Vollstreckungsbehörde (Abs 2). Abs 3 eröffnet die Möglichkeit einstweiligen Rechtsschutzes.

A. Anwendungsbereich

1 § 458 weist dem Gericht (§ 462 StPO, § 462a StPO) die Zuständigkeit für die Klärung bestehender Zweifel über die Auslegung des Urteils sowie über die Strafzeitberechnung zu und eröffnet den Rechtsweg für Einwendungen gegen die Zulässigkeit (das „Ob") der Zwangsvollstreckung (Abs 1) sowie für Einwendungen gegen die in Abs 2 abschließend aufgezählten Entscheidungen der Vollstreckungsbehörde. § 459 h StPO ist lex specialis zu § 458 StPO. Für die Vollstreckung von Sicherungsmaßnahmen gilt § 458 StPO entspr (§ 463 Abs 1 StPO). Im Rahmen dieses Anwendungsbereichs wird der subsidiäre Rechtsweg nach §§ 23 EGGVG ff verdrängt (§ 23 Abs 3 EGGVG). Im Übrigen, insbes gegen Einzelmaßnahmen (das „Wie") der Strafvollstreckung, ist der Rechtsweg nach §§ 23 EGGVG ff oder §§ 109 StVollzG ff eröffnet (BGHSt 19, 240 = NJW 1964, 780).

B. Regelungsgehalt

I. Klärung von Zweifeln und grundsätzliche Einwendungen (Abs 1)

Abs 1 geht von einem **Erstentscheidungsrecht der Vollstreckungsbehörde** aus. Das 2 Gericht entscheidet nicht von sich aus; der Fall wird ihm vielmehr von der Vollstreckungsbehörde vorgelegt. Die Zuständigkeit des Gerichts gem Abs 1 bestimmt sich nach **drei Fallgruppen**:

Zweifel über die **Auslegung des Urteils** können sich zB aus einem Widerspruch 3 zwischen der Urteilsformel und den Gründen oder aus dem Verlust der Akten ergeben und müssen sich zumindest teilweise auf den Strafausspruch oder die Kostenentscheidung (OLG Düsseldorf NStZ-RR 2000, 287) auswirken. Sachliche Änderungen oder Ergänzungen sind nicht zulässig; auch sind der Bestand und die Rechtmäßigkeit des Urteils nicht zu prüfen (KK-StPO/Appl StPO § 458 Rn 2, Rn 5 a).

Zweifel über die **Strafzeitberechnung** können sich zB aus der Anrechnung von Unter- 4 suchungshaft oder anderer Freiheitsentziehung, aber auch aus einer beschränkten Auslieferungsbewilligung ergeben. Die Vollstreckungsbehörde legt ihre Berechnungen dem Gericht vor, das eine eigene Berechnung vorzunehmen hat (BVerfG NStZ-RR 2003, 379).

Einwendungen gegen die **Zulässigkeit (das „Ob") der Strafvollstreckung** lassen sich 5 auf das Fehlen allgemeiner Vollstreckungsvoraussetzungen bzw das Vorliegen von Vollstreckungshindernissen (Identitätsverwechslung, fehlende Rechtskraft, Verjährung, Begnadigung, Strafaussetzung zur Bewährung, bereits erfolgte Vollstreckung) stützen (Meyer-Goßner StPO § 458 Rn 10). Der Bestand und die Rechtmäßigkeit des Urteils sind nicht zu prüfen. **Einwendungsberechtigt** sind der Verurteilte, sein Bevollmächtigter und gesetzlicher Vertreter sowie Nebenbeteiligte iSd § 431 StPO, § 442 StPO. Die Einwendungsberechtigung kann bei gravierenden Grundrechtseingriffen auch bei zwischenzeitlicher Erledigung ein Fortsetzungsfeststellungsinteresse begründen (OLG Frankfurt NJW 1998, 1165, unzutr daher OLG Celle BeckRS 2009, 06747 – Az 1 Ws 623/08). Die StA ist weder als Vollstreckungsbehörde noch als Strafverfolgungsbehörde einwendungsberechtigt. Bei eigenen Zweifeln kann die Vollstreckungsbehörde folglich keine gerichtliche Klärung herbeiführen (OLG Rostock NStZ 1994, 303), wohl aber den Verurteilten auf ihre Zweifel hinweisen. Die Einwendungen sind formlos zu erheben; die Vollstreckungsbehörde hat ein Abhilferecht.

II. Einzelne Einwendungen nach Abs 2

Zusätzlich zu den nach Abs 1 Fallgruppe 3 zu erhebenden grundsätzlichen Einwendungen 6 können auch gegen die in Abs 2 genannten **konkreten Entscheidungen der Vollstreckungsbehörde** Einwendungen erhoben werden; die Aufzählung in Abs 2 ist allerdings **abschließend**. Einwendungen gegen andere Entscheidungen sind gem § 458 unzulässig und werden nach §§ 23 EGGVG ff bzw §§ 109 StVollzG ff behandelt. Zur Einwendungsberechtigung und zum Einwendungsverfahren s oben Rn 5. Soweit der Vollstreckungsbehörde Ermessen zusteht (§ 454 b Abs 1 StPO, § 455 Abs 3, Abs 4 StPO, § 456 StPO), übt das Gericht nur eine **Rechtmäßigkeitskontrolle** aus, die Ermessensentscheidung der Vollstreckungsbehörde hat es zu akzeptieren (KK-StPO/Appl StPO § 458 Rn 3).

III. Vorläufige Anordnung (Abs 3)

Die Befassung des Gerichts ist **ohne Suspensiveffekt**, der Fortgang der Vollstreckung 7 wird hierdurch nicht gehemmt (Abs 3 S 1 Hs 1). Das Gericht kann aber auf Antrag oder von Amts wegen eine vorläufige Regelung treffen, wenn und soweit es mit einem Verfahren nach Abs 1 oder Abs 2 befasst ist (KG BeckRS 2007, 12325 = StV 2008, 202).

C. Rechtsbehelfe

Gegen die Entscheidung des Gerichts ist **sofortige Beschwerde** statthaft (§ 462 Abs 3 8 StPO). Weitere Beschwerde ist ausgeschlossen. Nach rechtskräftigem Abschluss des Verfahrens können erneute Einwendungen erhoben werden, wenn neue Tatsachen oder Beweismittel vorliegen (OLG Düsseldorf StV 1993, 87). Die Ablehnung einer vorläufigen Maßnahme nach Abs 3 ist nicht anfechtbar (OLG Nürnberg NStZ 2003, 390).

§ 459 [Vollstreckung der Geldstrafe]

Für die Vollstreckung der Geldstrafe gelten die Vorschriften der Justizbeitreibungsordnung, soweit dieses Gesetz nichts anderes bestimmt.

Überblick

Die Vorschrift erklärt die Bestimmungen der JBeitrO für anwendbar, soweit nicht vorrangige Bestimmungen der StPO entgegenstehen. Die JBeitrO wird ergänzt durch die EBAO und die StVollstrO.

A. Grundzüge des Beitreibungsverfahrens

1 **Anwendungsbereich.** Die Vollstreckung der **Geldstrafe** richtet sich grds nach den Vorschriften der JBeitrO. Ergänzend gelten die Bestimmungen der EBAO (Einforderungs- und Beitreibungsanordnung v 1. 4. 2001, BAnz 9164) sowie der StVollstrO. § 459 StPO gilt entspr für die Vollstreckung von **Nebenfolgen**, die zu einer Geldzahlung verpflichten (§ 459 g Abs 2 StPO). **Verfahrenskosten** werden gleichzeitig mit der Geldstrafe beigetrieben (§ 1 Abs 2 EBAO), sofern nicht die Verbindung nach § 15 EBAO gelöst und die Gerichtskasse für die Einforderung der Kosten zuständig wird (§ 1 Abs 5 EBAO).

2 **Zuständig** ist die StA als Vollstreckungsbehörde (§ 451 Abs 1 StPO; § 2 Nr 1 EBAO), funktional zuständig ist der Rechtspfleger (§ 31 Abs 2 S 1 RPflG). Die Geschäfte können auf den Urkundsbeamten der Geschäftsstelle übertragen werden (§ 36 b Abs 1 Nr 5 RPflG).

3 **Verfahren.** Die Einforderung der Geldstrafe erfolgt durch Übersendung einer Zahlungsaufforderung (§ 5 EBAO). Nach Ablauf der Zahlungsfrist und fruchtloser Mahnung (§ 5 JBeitrO) leitet die Vollstreckungsbehörde die Beitreibung ein (§ 8 EBAO), welche entspr den Regeln der ZPO erfolgt (§ 6 JBeitrO). Statt des Gerichtsvollziehers wird der Justizvollziehungsbeamte tätig (§ 6 Abs 3 JBeitrO); der Pfändungs- und Überweisungsbeschluss wird von der Vollstreckungsbehörde (Rechtspfleger oder Urkundsbeamter) erlassen (§ 6 Abs 2 S 2 JBeitrO). Die Abnahme der eidesstattlichen Versicherung beantragt die Vollstreckungsbehörde beim zuständigen Gerichtsvollzieher, die Vollstreckung in unbewegliches Vermögen beim zuständigen AG (§ 7 JBeitrO). Für eine Wohnungsdurchsuchung zum Zwecke der Pfändung ist ein richterlicher Beschluss des nach § 462 StPO, § 462 a StPO zuständigen Gerichts erforderlich (Art 13 Abs 2 GG; BVerfGE 51, 97 = NJW 1979, 1539; AG Braunschweig NJW 1980, 1968). Bei Gefahr in Verzug genügt die Anordnung der Vollstreckungsbehörde (BVerfGE 51, 97 = NJW 1979, 1539).

B. Rechtsbehelfe

4 Über Einwendungen des Verurteilten gegen die Zulässigkeit der Vollstreckung als solche und gegen Entscheidungen nach § 459 a StPO, § 459 c StPO, § 459 e StPO und § 459 g StPO entscheidet das Gericht (**§ 458 StPO, § 459 h StPO**). Während des Beitreibungsverfahrens sind die in **§ 6 Abs 1 Nr 1 JBeitrO** in Bezug genommenen zwangsvollstreckungsrechtlichen Rechtsbehelfe statthaft, soweit sie nicht den Vollstreckungsanspruch als solchen, sondern die Art und Weise der Vollstreckung betreffen (ausf KK-StPO/Appl StPO § 459 Rn 7).

§ 459 a [Zahlungserleichterungen]

(1) Nach Rechtskraft des Urteils entscheidet über die Bewilligung von Zahlungserleichterungen bei Geldstrafen (§ 42 des Strafgesetzbuches) die Vollstreckungsbehörde.

(2) [1]Die Vollstreckungsbehörde kann eine Entscheidung über Zahlungserleichterungen nach Absatz 1 oder nach § 42 des Strafgesetzbuches nachträglich ändern oder aufheben. [2]Dabei darf sie von einer vorausgegangenen Entscheidung zum Nachteil des Verurteilten nur auf Grund neuer Tatsachen oder Beweismittel abweichen.

(3) ¹Entfällt die Vergünstigung nach § 42 Satz 2 des Strafgesetzbuches, die Geldstrafe in bestimmten Teilbeträgen zu zahlen, so wird dies in den Akten vermerkt. ²Die Vollstreckungsbehörde kann erneut eine Zahlungserleichterung bewilligen.

(4) ¹Die Entscheidung über Zahlungserleichterungen erstreckt sich auch auf die Kosten des Verfahrens. ²Sie kann auch allein hinsichtlich der Kosten getroffen werden.

Überblick

Die Vorschrift ergänzt § 42 StGB um die Zeit nach Rechtskraft des Strafurkenntnisses. Zuständig für die erstmalige Gewährung von Zahlungserleichterungen (Abs 1) oder die Änderung diesbezüglich vom Gericht getroffener Entscheidungen (Abs 2) ist nunmehr die Vollstreckungsbehörde. Die Vorschrift gilt entspr für Nebenfolgen, die zu einer Geldleistung verpflichten (§ 459 g Abs 2 StPO).

A. Regelungsgehalt

I. Zahlungserleichterungen (Abs 1)

Mit der Rechtskraft des Urteils und der damit eintretenden Vollstreckbarkeit endet die 1
Zuständigkeit des Gerichts für die Gewährung von Zahlungserleichterungen iSd § 42 StGB. **Zuständig** ist nunmehr die StA als Vollstreckungsbehörde (§ 451 StPO), funktional zuständig ist der Rechtspfleger (§ 31 Abs 2 S 1 RPflG), dessen Aufgabe dem Urkundsbeamten der Geschäftsstelle übertragen werden kann (§ 36 b Abs 1 Nr 5 RPflG).

Die **inhaltlichen Voraussetzungen** für die Gewährung einer Zahlungserleichterung 2
(Stundung/Zahlungsfrist oder Ratenzahlung, vgl § 42 S 1 StGB) richten sich nach § 42 StGB: Bei **Unzumutbarkeit** der sofortigen Zahlung iSd § 42 S 1 StGB ist die Zahlungserleichterung auf Antrag oder von Amts wegen **zwingend** zu gewähren (OLG Stuttgart StV 1993, 475; LG Berlin StV 2002, 33); die Entscheidung kann mit einer Verfallklausel (§ 42 S 2 StGB) verbunden werden. Bei **Gefährdung von Ersatzansprüchen des Verletzten** iSd § 42 S 3 StGB soll die Zahlungserleichterung gewährt werden; die Vollstreckungsbehörde hat insoweit folglich ein intendiertes **Ermessen** (vgl Meyer-Goßner StPO § 459 a Rn 3).

Die Gewährung einer Zahlungserleichterung hat das **Ruhen der Vollstreckungsverjäh-** 3
rung zur Folge (§ 79 a Nr 2 c StGB). Der Vollstreckungsaufschub nach § 456 bleibt daneben möglich, ist aber ohne praktische Bedeutung.

II. Nachträgliche Änderungen (Abs 2)

Die Vollstreckungsbehörde kann nicht nur ihre eigene, sondern auch die Entscheidung 4
des Tatrichters über die Gewährung von Zahlungserleichterungen nachträglich abändern (Abs 2 S 1). Die Entscheidung steht im **Ermessen** der Vollstreckungsbehörde und ergeht auf Antrag oder von Amts wegen. In Betracht kommen die Gewährung oder Aufhebung einer Zahlungserleichterung, die Verlängerung einer Zahlungsfrist, die Änderung der Höhe der zu leistenden Ratenzahlung sowie die Streichung oder Auferlegung einer Verfallsklausel.

Bei einer **Änderung zugunsten des Verurteilten** ist die Vollstreckungsbehörde grds 5
frei. Sie darf den Zweck der Geldstrafe allerdings nicht aus den Augen verlieren; die Geldstrafe muss spürbar bleiben. Bei einer **Änderung zuungunsten des Verurteilten** darf die Vollstreckungsbehörde nur neue Tatsachen oder Beweismittel verwerten (Abs 2 S 2). Neu sind alle Tatsachen oder Beweismittel, die Gericht oder Vollstreckungsbehörde bei der letzten Entscheidung noch nicht berücksichtigt haben, entweder weil sie erst später entstanden sind oder weil sie noch nicht bekannt waren oder übersehen wurden (Meyer-Goßner StPO § 459 a Rn 5; Löwe/Rosenberg/Wendisch StPO § 459 a Rn 10). In Betracht kommen insbes eine Veränderung der wirtschaftlichen Verhältnisse des Verurteilten oder das Unterlassen der Schadenswiedergutmachung. Entspr § 56 f StGB kann eine Vergünstigung auch ohne ausdrückliche Verfallklausel (§ 42 S 2 StGB) widerrufen werden, wenn der Verurteilte seine Zahlungspflicht gröblich und beharrlich verletzt (Meyer-Goßner StPO § 459 a Rn 6).

III. Verfallklausel (Abs 3)

6   Zahlt der Verurteilte im Fall der angeordneten Verfallklausel gem § 42 S 2 StGB einen Teilbetrag nicht, entfällt die gewährte Zahlungserleichterung ohne Rücksicht auf Verschulden des Verurteilten **von selbst**, eine Entscheidung der Vollstreckungsbehörde ist nicht erforderlich. Die Beitreibung der gesamten damit fälligen Geldstrafe ist ohne weiteres nach zwei Wochen möglich (§ 459 c StPO). Der Verfall ist lediglich aus Klarstellungsgründen in den Akten zu vermerken (Abs 3 S 1), er ist unanfechtbar. Der Vollstreckungsbehörde ist es jedoch nicht verwehrt, eine erneute Zahlungserleichterung zu bewilligen (Abs 3 S 2, Abs 2).

IV. Verfahrenskosten (Abs 4)

7   Anders als bei der Gewährung einer Zahlungserleichterung durch das Gericht gem § 42 StGB erstreckt sich die Entscheidung der Vollstreckungsbehörde auch auf die **Kosten des Verfahrens** (Abs 4 S 1), sofern nicht die Vollstreckungsbehörde die Kosten von der Zahlungserleichterung ausnimmt (Meyer-Goßner StPO § 459 a Rn 7) oder die Zahlungserleichterung auf die Kosten beschränkt (Abs 4 S 2).

B. Rechtsbehelfe

8   Über Einwendungen des Verurteilten entscheidet gem § 31 Abs 6 S 1 RPflG, § 459 h StPO das Gericht (§ 462 Abs 1 StPO, § 462 a Abs 1, Abs 2 StPO). Gegen den Gerichtsbeschluss ist sofortige Beschwerde zulässig (§ 462 Abs 3 S 1 StPO).

§ 459 b [Verrechnung von Teilbeträgen]

Teilbeträge werden, wenn der Verurteilte bei der Zahlung keine Bestimmung trifft, zunächst auf die Geldstrafe, dann auf die etwa angeordneten Nebenfolgen, die zu einer Geldzahlung verpflichten, und zuletzt auf die Kosten des Verfahrens angerechnet.

Überblick

Die Vorschrift regelt die gesetzliche Reihenfolge der Verrechnung von Teilbeträgen, soweit der Verurteilte selbst keine vorrangige Anrechnungsbestimmung getroffen hat.

A. Anwendungsbereich

1   Die Vorschrift gilt nicht nur bei Ratenzahlungsvereinbarungen (§ 42 StGB, § 459 a StPO), sondern auch bei der eigenmächtigen Teilzahlung (vgl § 6 EBAO), der zwangsweisen Eintreibung von Teilbeträgen, bei der Vollstreckung mehrerer Titel sowie bei der Verrechnung mit einer späteren Gesamtstrafe.

B. Regelungsgehalt

2   **Vorrangig** ist grundsätzlich die **Anrechnungsbestimmung** des Verurteilten. Eine von der gesetzlichen Regelung abweichende Bestimmung kann zB sinnvoll sein, um die vorrangige Verrechnung mit einer zu einer Geldleistung verpflichtenden Nebenfolge (§ 459 g Abs 2 StPO) und damit die Freigabe einer sichergestellten Sache (§§ 111 b StPO ff) zu erreichen (Löwe/Rosenberg/Wendisch StPO § 459 b Rn 5; Meyer-Goßner StPO § 459 b Rn 1). Das Bestimmungsrecht gilt auch bei zwangsweise beigetriebenen Leistungen (KK-StPO/Appl StPO § 459 b Rn 3).

3   Im Übrigen regelt § 459 b StPO die **Anrechnungsreihenfolge** im Interesse des Verurteilten so, dass die ihm nachteiligere Schuld zuerst getilgt wird: Angerechnet wird zunächst auf die Geldstrafe, da nur insoweit Ersatzfreiheitsstrafe gem § 459 e StPO droht (Pfeiffer StPO § 459 b Rn 1). Bei der Vollstreckung mehrerer Geldstrafen wird entspr § 366 Abs 2 BGB zunächst mit der Strafe verrechnet, die am ehesten verjährt (KK-StPO/Appl StPO

§ 459 b Rn 4). Bei einer nachträglichen Gesamtstrafe bestimmt sich der Maßstab für die Anrechnung zuvor bereits auf eine Einzelstrafe geleisteter Teilleistungen entspr § 51 Abs 2 StGB nach der jeweiligen Tagessatzhöhe der Einzelstrafe und nicht nach der Tagessatzhöhe der Gesamtstrafe, frühere Zahlungen haben also straftilgende Wirkung in dem bei Entrichtung geltenden Anrechnungsmaßstab (BGHSt 28, 360, 364 = NJW 1979, 2523; krit Meyer-Goßner NStZ 1991, 434, 435; KK-StPO/Appl StPO § 459 b Rn 3: Anrechnung auf Nennbetrag der Gesamtstrafe).

C. Rechtsbehelfe

§ 459 h StPO ist nach dem eindeutigen Wortlaut nicht eröffnet (aA Löwe/Rosenberg/ **4** Wendisch StPO § 459 h Rn 7: analoge Anwendung); dem Verurteilten verbleibt der Rechtsbehelf nach § 21 StVollStrO, §§ 23 EGGVG ff (KK-StPO/Appl StPO § 459 b Rn 5; Meyer-Goßner StPO § 459 b Rn 5).

§ 459 c [Beitreibung der Geldstrafe]

(1) Die Geldstrafe oder der Teilbetrag der Geldstrafe wird vor Ablauf von zwei Wochen nach Eintritt der Fälligkeit nur beigetrieben, wenn auf Grund bestimmter Tatsachen erkennbar ist, daß sich der Verurteilte der Zahlung entziehen will.
(2) Die Vollstreckung kann unterbleiben, wenn zu erwarten ist, daß sie in absehbarer Zeit zu keinem Erfolg führen wird.
(3) In den Nachlaß des Verurteilten darf die Geldstrafe nicht vollstreckt werden.

Überblick

Die Vorschrift regelt die Beitreibung von Geldstrafen. Sie wird von den subsidiär geltenden JBeitrO und EBAO ergänzt vgl § 459 StPO (§ 459 StPO Rn 1 ff).

A. Regelungsgehalt
I. Schonfrist (Abs 1)

Geldstrafe und Verfahrenskosten werden grds mit Rechtskraft fällig (§ 449 StPO; § 63 **1** Abs 2 S 1 GKG). Um dem Verurteilten Gelegenheit zu geben, das Geld zu beschaffen oder einen Antrag nach § 459 a StPO zu stellen, bestimmt Abs 1 eine regelmäßige **Schonfrist von zwei Wochen**. In dieser Zeit ist der Verurteilte zur Zahlung aufzufordern (§ 5 EBAO) und zu mahnen (§ 5 JBeitrO), erst danach ist die Beitreibung einzuleiten (§ 8 EBAO). Die Wirksamkeit der Beitreibung wird allerdings durch das Unterschreiten der Schonfrist nicht berührt (Meyer-Goßner StPO § 459 c Rn 2).

Die **sofortige Beitreibung** nach Abs 1 Hs 2 erfordert das Vorliegen tatsächlicher Anhalts- **2** punkte; das bloße Verstreichenlassen einer Zahlungsfrist genügt nicht. Verdachtsgründe können sein der häufige Wechsel von Wohnung und Arbeitsplatz oder das Verbringen von Vermögenswerten ins Ausland (Meyer-Goßner StPO § 459 c Rn 3).

II. Unterbleiben der Vollstreckung (Abs 2)

Die Unterbleibensanordnung nach Abs 2 eröffnet die Möglichkeit, Ersatzfreiheitsstrafe zu **3** verhängen (§ 459 e Abs 2 StPO); sie ist daher restriktiv zu handhaben. Die **Erwartung der Uneinbringlichkeit** (§ 43 StGB) muss von Dauer sein und sich auf bestimmte und zeitnahe Tatsachen stützen, zB auf bereits erfolglos absolvierte Vollstreckungsversuche, die Abgabe der eidesstattlichen Versicherung, die Einleitung eines Insolvenzverfahrens oder das Unterschreiten der Pfändungsfreigrenzen (vgl BVerfG NJW 2006, 3626, 3627; Meyer-Goßner StPO § 459 c Rn 5).

III. Tod des Verurteilten (Abs 3)

Mit dem Tod des Verurteilten endet das Vollstreckungsverhältnis automatisch (KK-StPO/ **4** Appl StPO § 459 c Rn 9). Eine Vollstreckung der höchstpersönlichen Strafe in den Nachlass findet nicht statt, eine bereits begonnene Vollstreckung ist abzubrechen (Abs 3). Dies gilt nicht für Nebenfolgen, die zu einer Geldzahlung verpflichten (e contr § 459 g Abs 2 StPO) und nicht für die Kosten des Verfahrens (e contr § 465 Abs 3 StPO).

B. Rechtsbehelfe

5   Über Einwendungen des Verurteilten (Abs 1) bzw seiner Erben (Abs 3) gegen die Entscheidung des Rechtspflegers entscheidet das Gericht (§ 31 Abs 6 S 1 RPflG; § 459 h StPO). Die Entscheidung nach Abs 2 ist für sich genommen mangels Beschwer nicht angreifbar, der Verurteilte kann sich gegen die gesonderte Anordnung nach § 459 e StPO wenden (KK-StPO/Appl StPO § 459 c Rn 12).

§ 459 d [Absehen von der Vollstreckung der Geldstrafe]

(1) Das Gericht kann anordnen, daß die Vollstreckung der Geldstrafe ganz oder zum Teil unterbleibt, wenn
1. in demselben Verfahren Freiheitsstrafe vollstreckt oder zur Bewährung ausgesetzt worden ist oder
2. in einem anderen Verfahren Freiheitsstrafe verhängt ist und die Voraussetzungen des § 55 des Strafgesetzbuches nicht vorliegen
und die Vollstreckung der Geldstrafe die Wiedereingliederung des Verurteilten erschweren kann.

(2) Das Gericht kann eine Entscheidung nach Absatz 1 auch hinsichtlich der Kosten des Verfahrens treffen.

Überblick

Die eng auszulegende Vorschrift ergänzt § 41 StGB um die Zeit nach Rechtskraft des Straferkenntnisses. Sie ermöglicht das (teilweise) Absehen von der Vollstreckung einer Geldstrafe, soweit dies im Hinblick auf eine Freiheitsstrafe und die Resozialisierung des Verurteilten geboten ist. Praktisch führt ihre Anwendung zum Wegfall der Geldstrafe.

A. Regelungsgehalt

I. Freiheitsstrafe und Geldstrafe in demselben Verfahren (Abs 1 Nr 1)

1   **Voraussetzung** für eine Anordnung nach Abs 1 Nr 1 ist erstens, dass die daneben (§ 41 StGB) verhängte Freiheitsstrafe vollständig vollstreckt oder zur Bewährung ausgesetzt ist; und zweitens die Erwartung ernster Wiedereingliederungsschwierigkeiten des Verurteilten bei zusätzlicher Vollstreckung der Geldstrafe oder Nebenfolge gem § 459 g Abs 2 StPO. Diese Erwartung muss auf neue oder **nachträglich** (nach Rechtskraft) bekannt gewordene tatsächliche Umstände gestützt sein (OLG Koblenz MDR 1981, 870); die Vorschrift dient nicht der Korrektur der rechtskräftigen Entscheidung des Tatgerichts auf gleich gebliebener Entscheidungsgrundlage (KK-StPO/Appl StPO § 459 d Rn 3).
2   Die Unterbleibensanordnung steht im **Ermessen** des Gerichts. Da sie praktisch einem Straferlass gleichkommt, ist sie als Ausnahme zum Gebot der effektiven Strafvollstreckung **restriktiv** zu handhaben und kommt erst in Betracht, wenn die Resozialisierung gerade durch die zusätzliche Vollstreckung der Geldstrafe erschwert würde und weniger weit reichende Möglichkeiten (insbes gem § 459 a StPO, aber auch gem § 459 f StPO) nicht ausreichen (vgl OLG Jena NStZ-RR 2006, 286; KK-StPO/Appl StPO § 459 d Rn 4).

II. Freiheitsstrafe und Geldstrafe in unterschiedlichen Verfahren (Abs 1 Nr 2)

3   Gem Abs 1 Nr 2 ist die Unterbleibensanordnung auch möglich, wenn Freiheitsstrafe und Geldstrafe aus verschiedenen Straferkenntnissen nebeneinander stehen und die nachträgliche Bildung einer Gesamtstrafe gem § 55 StGB nicht möglich ist. Trotz des insoweit anderen Wortlauts („verhängt" statt „vollstreckt") soll die Unterbleibensanordnung idR **entspr**

Abs 1 Nr 1 erst dann möglich sein, wenn die Freiheitsstrafe vollstreckt oder zur Bewährung ausgesetzt ist (vgl OLG Jena NStZ-RR 2004, 383; OLG Jena NStZ-RR 2006, 286; Löwe/Rosenberg/Wendisch StPO § 459 d Rn 8; KK-StPO/Appl StPO § 459 d Rn 6; Meyer-Goßner StPO § 459 d Rn 7).

III. Kosten (Abs 2)

Abs 2 ermöglicht die Erstreckung der Unterbleibensanordnung auf die Kosten des Verfahrens, die – anders als in § 459 a Abs 4 S 1 StPO – nicht automatisch miterfasst sind. Eine Anordnung nach Abs 2 setzt die Verurteilung zu einer Geldstrafe voraus, eine Freiheitsstrafe allein reicht nicht. Eine isolierte Anordnung hinsichtlich der Kosten ist nicht möglich („auch") (BGHSt 31, 244, 246 = NJW 1983, 1687: Niederschlagung nach Kostenrecht); die Anordnung muss jedoch nicht notwendig deckungsgleich mit der Entscheidung über die Geldstrafe sein und kann sich auf einen Teilbetrag beschränken. Im Übrigen gelten die Voraussetzungen des Abs 1. 4

IV. Zuständigkeit und Verfahren

Zuständig ist das gem § 462 StPO, § 462 a StPO zuständige Gericht. Die StVK bleibt auch nach vollständiger Erledigung der Freiheitsstrafe zuständig (BGHSt 30, 263 = NJW 1982, 393). Die Prüfung erfolgt auf Antrag oder von Amts wegen. Die Entscheidung ergeht nach Anhörung von StA und Verurteiltem ohne mündliche Verhandlung durch Beschluss (§ 462 Abs 1 S 1, Abs 2 StPO). 5

B. Rechtsbehelfe

Statthaft ist die sofortige Beschwerde (§ 462 Abs 3 S 1 StPO). 6

§ 459 e [Vollstreckung der Ersatzfreiheitsstrafe]

(1) Die Ersatzfreiheitsstrafe wird auf Anordnung der Vollstreckungsbehörde vollstreckt.

(2) Die Anordnung setzt voraus, daß die Geldstrafe nicht eingebracht werden kann oder die Vollstreckung nach § 459 c Abs. 2 unterbleibt.

(3) Wegen eines Teilbetrages, der keinem vollen Tage Freiheitsstrafe entspricht, darf die Vollstreckung der Ersatzfreiheitsstrafe nicht angeordnet werden.

(4) [1]Die Ersatzfreiheitsstrafe wird nicht vollstreckt, soweit die Geldstrafe entrichtet oder beigetrieben wird oder die Vollstreckung nach § 459 d unterbleibt. [2]Absatz 3 gilt entsprechend.

Überblick

Die Vorschrift entspricht in vollstreckungsrechtlicher Hinsicht § 43 StGB und regelt die Vollstreckung der Ersatzfreiheitsstrafe bei Uneinbringlichkeit der Geldstrafe. Verfahrensrechtlich wird sie ergänzt durch § 50 StVollstrO, § 51 StVollstrO, §§ 22 StVollstrO ff.

A. Regelungsgehalt

I. Anordnung der Ersatzfreiheitsstrafe

Die Vollstreckung der Ersatzfreiheitsstrafe ergeht auf **förmliche Anordnung** der Vollstreckungsbehörde (§ 451 StPO). Funktional zuständig ist der Rechtspfleger (§ 31 Abs 2 S 1 RPflG). Die Anordnung ist aktenkundig zu machen; eine vorherige Anhörung des Verurteilten ist nicht erforderlich (OLG Nürnberg NStZ 2008, 224). Inhaltlich setzt die Anordnung voraus, dass die Geldstrafe nicht eingebracht werden kann und dass keine Vollstreckungshindernisse nach § 459 a StPO, § 459 c StPO, § 459 d StPO, § 459 f StPO vorliegen (Abs 2). 1

2   Angeordnet wird die Vollstreckung so vieler Tage Ersatzfreiheitsstrafe, wie **volle Tagessätze** der Geldstrafe uneinbringlich geblieben sind (§ 43 S 2 StGB). Beträgt der offene Rest weniger als einen vollen Tagessatz, kann deswegen keine Ersatzfreiheitsstrafe angeordnet werden (Abs 3); die Geldstrafe als solche bleibt aber bis zum Eintritt der Vollstreckungsverjährung vollstreckbar (vgl § 50 Abs 2 S 2 StVollstrO).

II. Abwendungsbefugnis

3   Die Vollstreckung der Ersatzfreiheitsstrafe darf nicht erfolgen, soweit die Geldstrafe bezahlt oder erfolgreich beigetrieben wurde oder eine Anordnung nach § 459 d StPO ergangen ist (Abs 3). Die Leistung begründet ein Vollstreckungshindernis (OLG Düsseldorf NJW 1980, 250; OLG Zweibrücken MDR 1987, 782). Die **Zahlung** ist jederzeit, auch während der Haft möglich; der Verurteilte ist dann sofort zu entlassen (§ 51 Abs 4 StVollstrO). Geht ein Teilbetrag ein, wird die Ersatzfreiheitsstrafe entspr gekürzt, bleibt im Übrigen aber vollstreckbar (OLG Nürnberg NStZ 2008, 224; Meyer-Goßner StPO § 459 e Rn 5).

4   Die Vollstreckung der Ersatzfreiheitsstrafe kann zudem gem Art 293 EGStGB durch Erbringung unentgeltlicher **gemeinnütziger Arbeit** abgewendet werden, während der die Vollstreckungsverjährung gem § 79 a Nr 2 a StGB ruht (KK-StPO/Appl StPO § 459 e Rn 12). Das Nähere regeln die entspr Rechtsverordnungen der Länder (vgl die Fundstellennachweise in Schönfelder Deutsche Gesetze Nr 85 a Anm zu Art 293). Eine Strafrestaussetzung zur Bewährung ist bei Ersatzfreiheitsstrafe unzulässig (str, ausf KK-StPO/Appl StPO § 459 e Rn 8; **aA** OLG Koblenz NStZ 1995, 254).

B. Rechtsbehelfe

5   Über Einwendungen gegen Entscheidungen des Rechtspflegers entscheidet gem § 31 Abs 6 S 1 RPflG, **§ 459 h StPO** das Gericht (§ 462 StPO, § 462 a StPO). Gegen die Entscheidung des Gerichts ist sofortige Beschwerde statthaft (§ 462 Abs 3 StPO).

6   Der Rechtsweg gegen eine Entscheidung über die Abwendung der Ersatzfreiheitsstrafe durch **gemeinnützige Arbeit** (vgl Rn 4) ist landesrechtlich determiniert und entzieht sich damit einer bundeseinheitlichen Regelung (BGH BeckRS 2009, 20519). Zum Streitstand vgl einerseits OLG Karlsruhe NStZ-RR 2009, 220: § 459 h StPO, andererseits OLG Dresden NStZ 1999, 160; OLG Jena – Az 1 VAs 1/08: §§ 23 EGGVG ff.

§ 459 f [Absehen von der Vollstreckung der Ersatzfreiheitsstrafe]

Das Gericht ordnet an, daß die Vollstreckung der Ersatzfreiheitsstrafe unterbleibt, wenn die Vollstreckung für den Verurteilten eine unbillige Härte wäre.

Überblick

Die Härteklausel regelt als lex specialis zu § 456 StPO den (vorübergehenden) Aufschub der Vollstreckung der Ersatzfreiheitsstrafe, zu deren Erlass führt sie nicht.

A. Regelungsgehalt

1   **Unbillige Härte** iSd Vorschrift besteht aus **drei Elementen** (OLG Düsseldorf MDR 1985, 76): Erstens muss der Verurteilte auch bei äußerster Anstrengung seiner Kräfte außer Stande sein, die Geldstrafe zumindest in Raten zu bezahlen; die bloße – auch unverschuldete – **Mittellosigkeit** reicht hierfür nicht (OLG Düsseldorf MDR 1983, 341). Zweitens muss eine **günstige Prognose** dahingehend bestehen, dass der Strafzweck auch durch die bloße Verhängung der Geldstrafe erreicht werden kann; bei einer ungünstigen Prognose und der Notwendigkeit der nachhaltigen Einwirkung auf den Verurteilten kommt § 459 f StPO nicht in Betracht (OLG Düsseldorf MDR 1985, 76). Drittens müsste die Vollstreckung der Ersatzfreiheitsstrafe zu einer außerhalb des Strafzwecks liegenden **zusätzlichen Härte** für den Verurteilten führen, die geradezu ungerecht wäre (BGHSt 27, 90, 93 = NJW 1977, 815;

Strafvollstreckung   § 459 g StPO

OLG Jena NStZ-RR 2006, 286, 287). Dies kann zB bei der Gefährdung einer hinreichend konkreten Betäubungsmitteltherapie der Fall sein (OLG Schleswig StV 1998, 673).

Die Anordnung bewirkt lediglich den **Aufschub** der Vollstreckung der Ersatzfreiheits- 2 strafe, nicht den Erlass der Strafe. Die Beitreibung der Geldstrafe kann daher weiter versucht werden (§ 49 Abs 2 S 2 StVollstrO). Bei geänderten Umständen (zB Änderung der wirtschaftlichen Verhältnisse, Verstreichenlassen zumutbarer Verdienstmöglichkeiten) kann die Anordnung trotz Rechtskraft (vgl § 462 Abs 3 StPO) widerrufen werden (vgl § 49 Abs 2 S 2 StVollstrO aE; KK-StPO/Appl StPO § 459f Rn 3; Meyer-Goßner StPO § 459f Rn 3).

B. Zuständigkeit und Rechtsbehelfe

Zuständig ist gem § 462 StPO, § 462a StPO das Gericht. Die Entscheidung ergeht auf 3 Antrag oder von Amts wegen; die Vollstreckungsbehörde hat sie bei Vorliegen der Voraussetzungen anzuregen (§ 49 Abs 2 S 1 StVollstrO). Gegen die Entscheidung des Gerichts ist **sofortige Beschwerde** statthaft (§ 462 Abs 3 StPO).

§ 459 g [Vollstreckung von Nebenfolgen]

(1) ¹Ist der Verfall, die Einziehung oder die Unbrauchbarmachung einer Sache angeordnet worden, so wird die Anordnung dadurch vollstreckt, daß die Sache dem Verurteilten oder dem Verfalls- oder Einziehungsbeteiligten weggenommen wird. ²Für die Vollstreckung gelten die Vorschriften der Justizbeitreibungsordnung.

(2) Für die Vollstreckung von Nebenfolgen, die zu einer Geldzahlung verpflichten, gelten die §§ 459, 459a, 459c Abs. 1 und 2 und § 459d entsprechend.

Überblick

Die Vorschrift regelt die Vollstreckung von Nebenfolgen, die zu Besitzeinräumung (Abs 1) oder zu einer Geldzahlung (Abs 2) verpflichten.

A. Regelungsgehalt

I. Vollstreckung in Sachen (Abs 1)

Abs 1 regelt die Vollstreckung von Nebenfolgen, die auf die funktional dauerhafte Besitz- 1 entziehung beim Verurteilten und auf die **Besitzeinräumung** zugunsten des Justizfiskus abzielen (zur nur vorübergehenden Beschlagnahme zB von Führerscheinen vgl § 463b StPO (§ 463b StPO Rn 1). Erfasst werden gleichermaßen bewegliche (auch der Kfz-Brief eines eingezogenen Kfz; BGH NJW 1964, 1413) wie unbewegliche Sachen (Grundstücke). Da das Eigentum bei **Verfall** (§ 73e Abs 1 StGB) oder **Einziehung** (§ 74e Abs 1 StGB) automatisch auf den Staat übergeht (§ 60 StVollstrO), bedarf es der Vollstreckung nur, soweit der Verurteilte die Sache nicht freiwillig herausgibt oder sich die Sache bereits anderweitig (zB durch Beschlagnahme) im Besitz des Staates befindet.

Bei der isolierten Anordnung der **Unbrauchbarmachung** (§ 74d Abs 1 S 2 StGB, 2 § 74b Abs 2 Nr 1 StGB) gilt die Besonderheit, dass das Eigentum des Verurteilten unberührt bleibt. Die nunmehr unschädliche Sache ist dem Verurteilten daher nach der Unbrauchbarmachung zurückzugeben (§ 63 Abs 3 StVollstrO).

Die Vollstreckung erfolgt nach Abs 1 S 1 durch **Wegnahme** (§ 61 StVollstrO); die 3 Begründung mittelbaren Besitzes (§ 868 BGB) reicht aus. Gegenüber dem Verurteilten gilt die Anordnung der Nebenfolge zugleich als Vollstreckungstitel; dies gilt auch gegenüber Nebenbeteiligten, soweit das Erlöschen ihrer Rechte angeordnet wurde (§ 74e Abs 2 S 2 StGB). Andernfalls ist Klage zu erheben (§ 61 Abs 3 StVollstrO). Befindet sich die Sache im Besitz eines Dritten, so ist gleichfalls Herausgabeklage gem § 985 BGB zu erheben (§ 61 Abs 4 StVollstrO).

Das **Vollstreckungsverfahren** richtet sich nach der JBeitrO (Abs 1 S 2), die im Wesent- 4 lichen auf die ZPO verweist (§ 6 Abs 1 JBeitrO). Insbes soll die Vollstreckungsbehörde bei

Klein   1885

Unauffindbarkeit der Sache Antrag auf Abgabe einer eidesstattlichen Versicherung über den Verbleib stellen (§ 6 Abs 1 Nr 1 JBeitrO, § 883 Abs 2 ZPO, § 7 JBeitrO, § 62 Abs 1 StVollstrO). Zur Notwendigkeit eines richterlichen Beschlusses für eine Wohnungsdurchsuchung s § 459 StPO (§ 459 StPO Rn 3). Bei Unausführbarkeit der Vollstreckung ist von der Vollstreckungsbehörde die Beantragung der nachträglichen Anordnung von Verfall oder Einziehung des Wertersatzes (§ 76 StGB) durch das Gericht (§ 462 StPO, § 462a StPO) zu prüfen (§ 62 Abs 2 StVollstrO). Zur **Verwertung** vgl § 63 StVollstrO.

5   Beim zwischenzeitlichen **Tod des Verurteilten** oder Nebenbeteiligten ist der Todeszeitpunkt maßgeblich: Da das Eigentum bei Einziehung und Verfall mit Rechtskraft übergeht, verbleibt es bei einem späteren Todeszeitpunkt beim Eigentumserwerb des Fiskus; die Herausgabe ist dann vom Erben wie von einem Dritten zu verlangen (vgl Rn 3), da der Titel gegenüber dem Erben nicht gilt.

II. Vollstreckung in Rechte

6   Bei für verfallen erklärten oder eingezogenen Rechten bedarf es keiner gesonderten Vollstreckung, weil der Fiskus mit der Rechtskraft des Strafekenntnisses automatisch die Gläubigerstellung erwirbt (vgl § 61 Abs 5 StVollstrO; KK-StPO/Appl StPO § 459g Rn 7).

III. Vollstreckung in das Vermögen (Abs 2)

7   Nebenfolgen, die zu einer Geldzahlung verpflichten, sind Verfall und Einziehung des Wertersatzes (§ 73a StGB, § 74c StGB) sowie die Abführung des Mehrerlöses (§ 8 WiStG). Nach Abs 2 werden sie mit **zwei Ausnahmen** vollstreckungsrechtlich **wie Geldstrafen** behandelt: Erstens bleibt die Vollstreckung in den Nachlass möglich (§ 459c Abs 3 StPO gilt nicht), und zweitens ist die Festsetzung der Ersatzfreiheitsstrafe ausgeschlossen (§ 459e StPO gilt nicht).

B. Zuständigkeit, Rechtsbehelfe

8   **Zuständig** ist die Vollstreckungsbehörde (§ 451 StPO), funktional zuständig der Rechtspfleger (§ 31 Abs 2 S 1 RPflG). Über Einwendungen gegen die Entscheidung des Rechtspflegers entscheidet gem § 31 Abs 6 S 1 RPflG, **§ 459h StPO** das Gericht (§ 462 StPO, § 462a StPO). Gegen die Entscheidung des Gerichts ist sofortige Beschwerde statthaft (§ 462 Abs 3 StPO).

§ 459h [Zuständigkeit des Gerichts bei Einwendungen]

Über Einwendungen gegen die Entscheidungen der Vollstreckungsbehörde nach den §§ 459a, 459c, 459e und 459g entscheidet das Gericht.

Überblick

Die Vorschrift bestimmt im Rahmen ihres Anwendungsbereichs einen einheitlichen Rechtsweg. Sie ist lex specialis zu § 458 StPO und zu §§ 23 EGGVG ff.

A. Regelungsgehalt und Verhältnis zu anderen Vorschriften

1   **Entscheidungen** iSd Vorschrift sind alle tatsächlichen Maßnahmen oder Anordnungen, die im Vollzug der genannten Vorschriften ergehen und den Betroffenen beschweren, nicht jedoch innerdienstliche Vermerke und klarstellende Verfügungen. Unerheblich ist dabei, ob die Vollstreckungsbehörde bei der Entscheidung einen Ermessensspielraum hatte. Von § 459h StPO erfasst werden im Rahmen des Gegenstandskatalogs der Vorschrift **Einwendungen**, die nicht den Bestand oder die Höhe der Forderung, also die Vollstreckung als solche (dann § 458 StPO) oder die Art und Weise der Ausführung der Zwangsvollstreckung (dann Zivilvollstreckungsrecht, § 6 Abs 1 Nr 1 JBeitrO) betreffen. Zivilprozessualer Vollstreckungsschutz (§ 765a ZPO, § 813a ZPO, § 30a ZVG) aufgrund persönlicher oder wirt-

schaftlicher Verhältnisse bleibt allerdings in jedem Fall ausgeschlossen, insoweit sind § 459 StPO, § 459a StPO, § 459h StPO abschließend (KK-StPO/Appl StPO § 459h Rn 3). § 439 StPO ist im Rahmen seines Anwendungsbereichs seinerseits lex specialis; §§ 23 EGGVG ff leges generales.

Einwendungsberechtigt sind der Verurteilte und sonst unmittelbar betroffene Nebenbeteiligte oder Dritte, nicht dagegen die StA (weder als Verfolgungs- noch als Vollstreckungsbehörde; vgl Meyer-Goßner StPO § 459h Rn 3). Vgl im Übrigen § 459a StPO Rn 8, § 459c StPO Rn 5, § 459e StPO Rn 5, § 459g StPO Rn 8. 2

B. Zuständigkeit und Rechtsbehelfe

Gegen die Entscheidung des Gerichts (§ 462 StPO, § 462a StPO) ist sofortige Beschwerde statthaft (§ 462 Abs 3 StPO). 3

§ 459i [Vollstreckung der Vermögensstrafe]

(1) Für die Vollstreckung der Vermögensstrafe (§ 43a des Strafgesetzbuches) gelten die §§ 459, 459a, 459b, 459c, 459e, 459f und 459h sinngemäß.

(2) In den Fällen der §§ 111o, 111p ist die Maßnahme erst nach Beendigung der Vollstreckung aufzuheben.

Die Vorschrift ist seit der Entscheidung des BVerfG über die Verfassungswidrigkeit und Nichtigkeit von § 43a StGB (BVerfGE 105, 135 = NJW 2002, 1779) ohne praktischen Anwendungsbereich.

§ 460 [Nachträgliche Gesamtstrafenbildung]

¹Ist jemand durch verschiedene rechtskräftige Urteile zu Strafen verurteilt worden und sind dabei die Vorschriften über die Zuerkennung einer Gesamtstrafe (§ 55 des Strafgesetzbuches) außer Betracht geblieben, so sind die erkannten Strafen durch eine nachträgliche gerichtliche Entscheidung auf eine Gesamtstrafe zurückzuführen. ²Werden mehrere Vermögensstrafen auf eine Gesamtvermögensstrafe zurückgeführt, so darf diese die Höhe der verwirkten höchsten Strafe auch dann nicht unterschreiten, wenn deren Höhe den Wert des Vermögens des Verurteilten zum Zeitpunkt der nachträglichen gerichtlichen Entscheidung übersteigt.

Überblick

Das Verfahren gem § 460 StPO dient der Nachholung der vom Tatrichter unterlassenen Bildung einer Gesamtstrafe gem § 55 StGB. Mit ihm soll erreicht werden, dass der Verurteilte durch die getrennte Aburteilung weder einen Vorteil erlangt noch einen Nachteil erleidet. Für das Jugendstrafverfahren gilt § 66 JGG.

Übersicht

	Rn		Rn
A. Regelungsgehalt	1	2. Wirkung	12
I. Unterbliebene Entscheidung gem § 55 StGB	1	IV. Zuständigkeit, Verfahren, Form	13
II. Einzubeziehende Strafen	4	V. Gesamtvermögensstrafe (S 2)	14
III. Nachtragsentscheidung	7	B. Rechtsbehelfe	15
1. Inhalt	7		

A. Regelungsgehalt

I. Unterbliebene Entscheidung gem § 55 StGB

1   Liegen die Voraussetzungen für die Bildung einer Gesamtstrafe vor, muss der Tatrichter sie grundsätzlich vornehmen; er darf sie nicht dem Beschlussverfahren nach § 460 StPO überlassen (BGHSt 12, 1, 5 ff = NJW 1958, 1643). "**Außer Betracht geblieben**" iSd S 1 ist § 55 StGB, wenn der Tatrichter die Gesamtstrafe gleichwohl – ob vorwerfbar oder nicht – ohne nähere Prüfung nicht gebildet hat. Dabei ist unerheblich, ob dies aus Rechtsunkenntnis oder aus tatsächlicher Unkenntnis von der früheren Verurteilung geschehen ist (BGHSt 35, 208, 214 = NStZ 1988, 284, 285). Rechtmäßig kann die Gesamtstrafenbildung außer Betracht geblieben sein, weil die frühere Verurteilung noch nicht rechtskräftig war (OLG Stuttgart NJW 1957, 1813), weil der Verurteilte einen aussichtsreichen Wiedereinsetzungsantrag gestellt hat (BGHSt 23, 98 = NJW 1969, 2210), weil die Vorstrafenakten trotz gewissenhafter Vorbereitung des Tatrichters nicht zum Termin zur Verfügung standen (BGH NStZ 2005, 32) oder weil die Strafgewalt des Tatgerichts nicht ausgereicht hätte (BGHSt 34, 204 = NJW 1987, 1212). Ein früheres Urteil ist ferner dann nicht heranzuziehen, wenn es bereits zur Bildung einer anderen, noch nicht rechtskräftigen Gesamtstrafe gedient hat, da andernfalls die Gefahr der Doppelbestrafung bestünde (BGHSt 20, 292 = NJW 1966, 114).

2   Dagegen findet § 460 StPO **keine Anwendung**, wenn der Tatrichter die Bildung einer Gesamtstrafe – wenn auch rechtsfehlerhaft – ausdrücklich abgelehnt (OLG Hamburg NStZ 1992, 607) oder wenn er bewusst auf eine gesonderte Geldstrafe gem § 53 Abs 2 S 2 StGB erkannt hat (BGHSt 35, 208, 212 = NStZ 1988, 284); dann ist § 55 StGB nämlich nicht „außer Betracht geblieben".

3   **Entspr anwendbar** ist § 460 StPO, wenn aufgrund nachträglicher Gesamtstrafenbildung aus einer aufgelösten früheren Gesamtstrafe eine einzelne Freiheitsstrafe verblieben ist, über deren Strafaussetzung zur Bewährung nicht befunden wurde (OLG Zweibrücken NStZ 1996, 303); und wenn im Wiederaufnahmeverfahren eine nicht zur Bewährung ausgesetzte Gesamtfreiheitsstrafe entfallen ist und das Gericht es versäumt hat, über die Bewährung einer verbleibenden Einzelfreiheitsstrafe zu befinden (OLG Koblenz NStZ 1991, 555).

II. Einzubeziehende Strafen

4   Einbezogen werden nicht die früheren Urteile, sondern die in ihnen ausgesprochenen **Einzelstrafen**. Gesamtstrafen werden nach Maßgabe des § 55 StGB aufgelöst. Ist die Festsetzung von Einzelstrafen in dem Urteil rechtsfehlerhaft unterblieben, dürfen im Beschlussverfahren gem § 460 StPO weder die fehlenden Einzelstrafen durch fiktive Einzelstrafen ersetzt noch die Gesamtstrafe als Einzelstrafe behandelt werden; die Strafe ist vielmehr bei der Gesamtstrafenbildung außer Betracht zu lassen (BGHSt 41, 374 = NStZ 1996, 288). Der Verurteilte ist jedoch im Wege des Härteausgleichs zu kompensieren (BGHSt 43, 34 = NStZ 1997, 486).

5   Die Strafen müssen **rechtskräftig** sein (S 1), maßgeblich hierfür ist der Zeitpunkt der Beschlussfassung nach § 460 StPO. **Einzubeziehen** sind sowohl Urteile als auch Strafbefehle (§ 410 Abs 3 StPO) sowie Verurteilungen zu einer vorbehaltenen Strafe (§ 453 StGB iVm § 59 b StGB). Nach zutr Auffassung ist auch eine vorbehaltene Strafe einzubeziehen (vgl § 59 c Abs 2 StGB; OLG Frankfurt BeckRS 2007, 19935 = NStZ 2009, 268 LS; LG Darmstadt NStZ-RR 2008, 199; Meyer-Goßner StPO § 460 Rn 8). Jugendstrafen (§ 66 JGG), Ersatzfreiheitsstrafen, ausländische Strafen und Geldbußen sind nicht einzubeziehen.

6   Die einzubeziehenden Strafen dürfen zum Zeitpunkt des Urteils noch nicht **erledigt** (verbüßt, verjährt oder erlassen) gewesen sein; maßgeblich ist also der für § 55 StGB geltende Zeitpunkt. War die frühere Verurteilung bereits zur Zeit des Urteils erledigt, lagen die Voraussetzungen für die Bildung einer Gesamtstrafe bereits nach § 55 StGB nicht vor; auch § 460 StPO ist dann nicht anwendbar. Ist die Erledigung erst nach dem Urteil eingetreten, hätte der Tatrichter § 55 StGB anwenden müssen; § 460 StPO ist daher anwendbar. Die gem § 460 StPO zu bildende Gesamtstrafe ist dann anteilsmäßig um die erledigte Einzelstrafe zu kürzen (Meyer-Goßner StPO § 460 Rn 13), dabei darf ggf die Untergrenze des § 54 Abs 1 S 1 StGB unterschritten werden (BGHSt 31, 102 = NStZ 1983, 260). **Nicht einbezogen** werden sollen allerdings zwischenzeitlich nach § 56 g StGB erlassene Bewährungs-

strafen (KG JR 1976, 202; KK-StPO/Appl StPO § 460 Rn 14: nicht mehr entziehbarer Vorteil). Str ist, ob eine noch nicht erlassene Freiheitsstrafe auf Bewährung trotz Ablaufs der Bewährungszeit einzubeziehen ist. Nach **hM** ist eine Einzelfallentscheidung unter Beachtung des Verhältnismäßigkeitsprinzips zu treffen (BVerfG NJW 1991, 558; BGH NStZ 1991, 330; KK-StPO/Appl StPO § 460 Rn 14). Sind **sämtliche Einzelstrafen erledigt**, scheidet § 460 StPO aus (KG JR 1976, 202).

III. Nachtragsentscheidung

1. Inhalt

Durch § 460 StPO soll der Verurteilte so gestellt werden, als ob der letzte Tatrichter eine 7 Gesamtstrafe gem § 55 StGB gebildet hätte. Der Verurteilte soll im Verhältnis hierzu also **nicht besser und nicht schlechter** gestellt werden (BGHSt 32, 190, 193 = NStZ 1984, 260); dies schließt eine Verschlechterung im Verhältnis zu den getrennten Einzelstrafen allerdings gerade nicht aus (LG Lüneburg BeckRS 2008, 20867 = Rpfleger 2009, 413, vgl auch unten Rn 9). Insbes dient das Nachtragsverfahren gem § 460 StPO nicht der Korrektur der tatrichterlichen Entscheidung; die Angemessenheit der Einzelstrafen ist nicht zu prüfen.

Die einzubeziehenden Strafen bilden daher zugleich die Unter- und die Obergrenze der 8 zu bildenden Gesamtstrafe. Die **Untergrenze** der neuen Gesamtstrafe wird durch die höchste Einzelstrafe (vgl § 54 Abs 1 S 2 StGB) bzw eine aufzulösende frühere Gesamtstrafe (BGHSt 7, 180 = NJW 1955, 758, 759) gebildet. Die **Obergrenze** besteht in der Summe der Einzelstrafen (vgl § 54 Abs 2 S 1 StGB) bzw der Summe der aufzulösenden früheren Gesamtstrafe zzgl der neuen Einzelstrafen (BGHSt 15, 164, 168 = NJW 1960, 2153). Bei lebenslanger Freiheitsstrafe als Einsatzstrafe soll der Beschlussrichter im Nachtragsverfahren die bes Schwere der Schuld feststellen können (OLG Hamm NStZ 1996, 301). Bei der Bildung einer **Gesamtgeldstrafe** ist die Gesamtsumme der Strafe maßgeblich, nicht die Tagessatzhöhe. Entscheidend sind die wirtschaftlichen Verhältnisse beim letzten Tatrichter (BGHSt 27, 359 = NJW 1978, 1169). Bereits erbrachte Tilgungsleistungen werden mit dem zum Zeitpunkt der Entrichtung geltenden Maßstab angerechnet (BGHSt 28, 360 = NJW 1979, 2523; s § 459 b StPO Rn 3). Auch im Übrigen werden verbüßte Teile der Strafe angerechnet (§ 51 Abs 2 StGB; ausf KK-StPO/Appl StPO § 460 Rn 25 b).

Über die Frage der **Strafaussetzung zur Bewährung** der neuen Gesamtstrafe ist neu 9 und grds ohne Bindung an die Vorentscheidungen zu entscheiden. Allein maßgeblich ist der Zeitpunkt der Beschlussfassung nach § 460 StPO (BGHSt 30, 168 = NJW 1981, 2311). Bewährung kann daher selbst dann versagt werden, wenn alle Einzelfreiheitsstrafen zur Bewährung ausgesetzt worden waren (OLG Hamm MDR 1975, 948); und selbst dann gewährt werden, wenn alle Einzelfreiheitsstrafen unbedingt verhängt worden waren (KK-StPO/Appl StPO § 460 Rn 25 a; Pfeiffer StPO § 460 Rn 10; **aA** Meyer-Goßner StPO § 460 Rn 17). Wird die neue Gesamtfreiheitsstrafe zur Bewährung ausgesetzt, sind die Bewährungszeit sowie die Auflagen und Weisungen neu festzusetzen. Frühere Auflagen und Weisungen fallen weg, sofern sie nicht ausdrücklich aufrechterhalten werden (Meyer-Goßner StPO § 460 Rn 17).

Nebenstrafen, Nebenfolgen und Maßnahmen iSd § 11 Abs 1 Nr 8 StGB dürfen in 10 dem Beschluss nach § 460 StPO nicht erstmals angeordnet werden. Sind sie in einer der einbezogenen Strafen verhängt worden, müssen sie ausdrücklich aufrechterhalten werden, andernfalls sie in Wegfall geraten (Meyer-Goßner StPO § 460 Rn 18).

Im Übrigen gelten für die Bestimmung der nachträglichen Gesamtstrafe die gleichen 11 Grundsätze wie bei **§ 55 StGB**; auf die Kommentierungen hierzu wird verwiesen.

2. Wirkung

Bis zur Rechtskraft des Beschlusses nach § 460 StPO bleibt die Vollstreckung aus den 12 früheren Urteilen möglich (KG NStZ-RR 2004, 286). Der Widerruf einer einzubeziehenden Bewährungsstrafe soll jedoch regelmäßig hinter dem anstehenden Gesamtstrafenverfahren zurückstehen, da dieses ohnehin eine **Neuordnung der Vollstreckungsgrundlagen** vornimmt (KG NStZ 2007, 422). Mit Rechtskraft des Beschlusses nach § 460 StPO werden die darin aufgegangenen Einzelstrafen und aufgelösten Gesamtstrafen gegenstands-

StPO § 461

los (KG NJW 2003, 2468); der spätere Widerruf einer rechtskräftig einbezogenen Bewährungsstrafe geht ins Leere (BGH BeckRS 2004, 08090 = 2 ARs 189/04). Grundlage der Vollstreckung ist nunmehr allein der Gesamtstrafenbeschluss gem § 460 StPO. Mit Rechtskraft des Beschlusses beginnt die Vollstreckungsverjährung (OLG Zweibrücken NStZ 1991, 454). Der Widerruf einer im Gesamtstrafenbeschluss gewährten Strafaussetzung zur Bewährung gem § 56f Abs 1 Nr 1 StGB ist nur aufgrund neuer, nach Erlass des Beschlusses begangener Straftaten zulässig (OLG Düsseldorf StV 1991, 30; OLG Stuttgart MDR 1992, 1067).

IV. Zuständigkeit, Verfahren, Form

13 **Zuständig** ist das Gericht des 1. Rechtszugs (§ 462a Abs 3 StPO). Der Beschluss ergeht von Amts wegen oder auf Antrag des Verurteilten bzw der StA als Strafverfolgungsbehörde. Der Verurteilte sowie die StA sind **anzuhören**, soweit sie nicht den Antrag selbst gestellt haben (§ 462 Abs 2 StPO). Der Beschluss ist zu **begründen** (§ 34 StPO), dabei sind die einbezogenen Einzelstrafen (Tatzeit, Urteilsdatum, Einzelstrafe) zu nennen und die Persönlichkeit des Täters sowie die Gesamtheit der einzelnen Taten zu würdigen (vgl § 267 Abs 3 StPO, § 54 Abs 1 S 3 StGB).

V. Gesamtvermögensstrafe (S 2)

14 S 2 ist seit der Entscheidung des BVerfG über die Verfassungswidrigkeit und Nichtigkeit von § 43a StGB (BVerfGE 105, 135 = NJW 2002, 1779) ohne praktischen Anwendungsbereich.

B. Rechtsbehelfe

15 Der Beschluss ist mit **sofortiger Beschwerde** anfechtbar (§ 462 Abs 3 StPO). Die sofortige Beschwerde kann beschränkt werden, zB auf die Frage der Strafaussetzung. Das Beschwerdegericht entscheidet gem § 309 Abs 2 StPO auch bei mangelhafter Begründung selbst in der Sache. Bei Beschwerde nur zugunsten des Verurteilten gilt das Verschlechterungsverbot (OLG Zweibrücken NJW 1968, 310).

§ 461 [Anrechnung von Krankenhausaufenthalt]

(1) Ist der Verurteilte nach Beginn der Strafvollstreckung wegen Krankheit in eine von der Strafanstalt getrennte Krankenanstalt gebracht worden, so ist die Dauer des Aufenthalts in der Krankenanstalt in die Strafzeit einzurechnen, wenn nicht der Verurteilte mit der Absicht, die Strafvollstreckung zu unterbrechen, die Krankheit herbeigeführt hat.

(2) Die Staatsanwaltschaft hat im letzteren Falle eine Entscheidung des Gerichts herbeizuführen.

Überblick

Die Vorschrift regelt die Anrechnung der Dauer eines stationären Krankenhausaufenthalts außerhalb des nicht unterbrochenen Vollzugs (§ 65 Abs 2 StVollzG) auf die Strafzeit. Sie steht in Zusammenhang mit § 455 Abs 4 StPO und § 65 Abs 1 StVollzG.

A. Anwendungsbereich

1 Erkrankt der Verurteilte während des Vollzugs so schwer, dass er stationär behandelt werden muss, gibt es **drei Möglichkeiten**, die zueinander in einem Stufenverhältnis stehen: Vorrangig erfolgt die Behandlung innerhalb des Vollzugs in einem Anstaltskrankenhaus oder auf der Krankenabteilung einer JVA (**§ 65 Abs 1 StVollzG**). Ist dies nicht möglich, erfolgt sie außerhalb des Vollzugs, jedoch unter Fortdauer des Strafvollstreckungsverhältnisses (**§ 65 Abs 2 StVollzG**). Für diesen Fall trifft § 461 StPO eine Anrechnungsbestimmung. Nur

unter den besonderen Voraussetzungen des **§ 455 Abs 4 StPO** schließlich wird der Vollzug für die Dauer der externen Krankenbehandlung unterbrochen, die Dauer der Krankenbehandlung wird in diesem Fall nicht angerechnet. Dieser Fall des § 455 Abs 4 StPO ist gegenüber den beiden erstgenannten Möglichkeiten nachrangig (BVerfG NStZ-RR 2003, 345), da es im Interesse aller ist, den einmal begonnenen Vollzug möglichst schnell zu Ende zu führen (KK-StPO/Appl StPO § 455 Rn 10).

§ 461 StPO gilt entspr für freiheitsentziehende Maßnahmen der Besserung und Sicherung (§ 463 Abs 1 StPO). 2

B. Regelungsgehalt

I. Regelfall: Anrechnung (Abs 1 Hs 1)

Erfordert das Krankheitsbild eine stationäre Behandlung außerhalb des Vollzugs, liegen 3 die Voraussetzungen des § 455 Abs 4 S 1 StPO (längerfristige, schwere Erkrankung; vgl § 455 StPO Rn 8) jedoch nicht vor, ist der Verurteilte unter Fortdauer des Strafvollstreckungsverhältnisses, aber außerhalb der Vollzugsörtlichkeiten zu behandeln. Die Dauer des Krankenbehandlung ist in diesem Fall grundsätzlich auf die Strafzeit **anzurechnen** (Abs 1 Hs 1).

Krankheit iSv Abs 1 ist jede körperliche und geistige Erkrankung, die eine stationäre 4 Behandlung erforderlich macht (Meyer-Goßner StPO § 461 Rn 2). Maßgeblich ist die exante-Sicht des diagnostizierenden Arztes (KK-StPO/Appl StPO § 461 Rn 3; Pfeiffer StPO § 461 Rn 2), erfasst werden folglich auch der unbestätigte Verdacht sowie die simulierte Erkrankung (vgl aber Abs 1 Hs 2 und unten Rn 7).

Vom Vollzug getrennt ist eine Krankenanstalt, wenn sie organisatorisch und verwal- 5 tungstechnisch nicht eingegliedert und weisungsunabhängig ist (Pfeiffer StPO § 461 Rn 3). Der Verurteilte gilt als dorthin **gebracht**, wenn er sich unabhängig von seinem eigenen Willen dort befindet und er weiterhin der Verfügungsgewalt der Vollstreckungsbehörde untersteht (OLG Stuttgart MDR 1989, 1124; OLG Hamburg NStZ 1999, 589; OLG Hamm BeckRS 2008, 07726 – Az 3 Ws 65/08). Die Strafvollstreckung muss zuvor bereits begonnen haben, ein bereits erfolgter Strafantritt ist jedoch nicht erforderlich. § 461 StPO ist anwendbar, wenn sich der Verurteilte während eines Hafturlaubs selbst in ein Krankenhaus begibt (OLG Hamm NStZ 1983, 287; vgl § 13 Abs 5 StVollzG), nicht aber, wenn er während einer Strafunterbrechung ein Krankenhaus aufsucht (OLG Celle MDR 1968, 782).

Zuständig für die Anrechnung ist die Vollstreckungsbehörde (§ 451 StPO). Bei Ein- 6 wendungen des Verurteilten entscheidet das Gericht (§ 458 StPO, § 462 StPO). Gegen die Entscheidung des Gerichts ist die sofortige Beschwerde zulässig (§ 462 Abs 3 S 1 StPO).

II. Ausnahme: Nichtanrechnung (Abs 1 Hs 2)

Hat der Verurteilte in der **Absicht, den Vollzug zu unterbrechen**, die Krankheit 7 selbst herbeigeführt oder lediglich **vorgetäuscht**, erfolgt ausnahmsweise keine Anrechnung (Abs 1 Hs 2). Eine ggf weitergehende Absicht (zB Fluchtvorbereitung, Arbeitsvermeidung, Abwechslung vom Vollzugsalltag) ist unerheblich (KK-StPO/Appl StPO § 461 Rn 11).

Zuständig für die Entscheidung über die Nichtanrechnung ist gem Abs 2 das Gericht 8 (§ 462 StPO, § 462 a StPO) auf Antrag der StA als Strafverfolgungsbehörde (Katholnigg NStZ 1982, 195). Die Entscheidung des Gerichts ist mit sofortiger Beschwerde anfechtbar (§ 462 Abs 3 S 1 StPO).

§ 462 [Verfahren bei gerichtlichen Entscheidungen; sofortige Beschwerde]

(1) ¹Die nach § 450 a Abs. 3 Satz 1 und den §§ 458 bis 461 notwendig werdenden gerichtlichen Entscheidungen trifft das Gericht ohne mündliche Verhandlung durch Beschluß. ²Dies gilt auch für die Wiederverleihung verlorener

Fähigkeiten und Rechte (§ 45 b des Strafgesetzbuches), die Aufhebung des Vorbehalts der Einziehung und die nachträgliche Anordnung der Einziehung eines Gegenstandes (§ 74 b Abs. 2 Satz 3 des Strafgesetzbuches), die nachträgliche Anordnung von Verfall oder Einziehung des Wertersatzes (§ 76 des Strafgesetzbuches) sowie für die Verlängerung der Verjährungsfrist (§ 79 b des Strafgesetzbuches).

(2) ¹Vor der Entscheidung sind die Staatsanwaltschaft und der Verurteilte zu hören. ²Das Gericht kann von der Anhörung des Verurteilten in den Fällen einer Entscheidung nach § 79 b des Strafgesetzbuches absehen, wenn infolge bestimmter Tatsachen anzunehmen ist, daß die Anhörung nicht ausführbar ist.

(3) ¹Der Beschluß ist mit sofortiger Beschwerde anfechtbar. ²Die sofortige Beschwerde der Staatsanwaltschaft gegen den Beschluß, der die Unterbrechung der Vollstreckung anordnet, hat aufschiebende Wirkung.

Überblick

Die Vorschrift regelt das Verfahren (Abs 1, Abs 2) sowie die Anfechtbarkeit (Abs 3) der in Abs 1 genannten Entscheidungen im Strafvollstreckungsverfahren. Abweichende Regelungen treffen § 453 StPO, § 454 StPO für die dort genannten speziellen Bereiche.

A. Entscheidung (Abs 1)

1   Entscheidungen nach Abs 1 ergehen im schriftlichen Verfahren ohne mündliche Verhandlung durch **Beschluss**. Eine mündliche Anhörung ist zulässig und ggf geboten (Rn 2). Notwendige Ermittlungen können im Freibeweisverfahren vorgenommen werden; das Gericht (§ 462 a Abs 2 StPO) kann sich auch der StA, der Polizei, der Gerichtshilfe oder eines ersuchten oder beauftragten Richters bedienen. Der Beschluss ist zu begründen (§ 34 StPO) und förmlich zuzustellen; eine Verkündung im Rahmen eines Anhörungstermins ist unzulässig (vgl Meyer-Goßner StPO § 462 Rn 1).

B. Anhörungspflichten (Abs 2)

2   **Anzuhören** sind die StA als Strafverfolgungsbehörde (Katholnigg NStZ 1982, 195), der Verurteilte sowie alle übrigen durch die Entscheidung unmittelbar Betroffenen. Eine mündliche Anhörung ist grds nicht erforderlich, kann im Einzelfall aber geboten sein (vgl OLG Frankfurt NStZ-RR 2001, 348). In den Fällen des Abs 2 S 2 wird das rechtliche Gehör nach öffentlicher Zustellung durch § 33 a StPO, § 44 StPO gewahrt.

C. Sofortige Beschwerde (Abs 3)

3   Gegen den Beschluss nach Abs 1 ist **sofortige Beschwerde** zulässig (Abs 3 S 1), soweit nicht das OLG als Gericht des 1. Rechtszugs entschieden hat (dann gilt § 304 Abs 4 S 2 Nr 5 StPO; vgl BGHSt 30, 25 = NJW 1982, 115). Sofortige Beschwerde ist auch dann statthaft, wenn die Entscheidung nach § 57 StGB bereits vom Tatgericht im Urteil getroffen wurde (BGHSt 25, 242 = NJW 1974, 154). Hat das Gericht nur über eine Verfahrensfrage und nicht zur Sache entschieden, ist einfache Beschwerde gegeben (OLG Düsseldorf NStZ 1981, 366). Beschwerdeberechtigt sind die Anhörungsberechtigten (Rn 2). Hat das unzuständige Gericht entschieden (fehlerhafte Besetzung, StVK statt Gericht des 1. Rechtszugs), entscheidet das gemeinsame Beschwerdegericht gem § 309 Abs 2 StPO in der Sache (OLG Hamm NStZ 1992, 407; KG NStZ 1994, 255); gleiches gilt bei einem Anhörungsfehler.

4   Zu Abs 3 S 2 s Kommentierung zu § 455 StPO (§ 455 StPO Rn 12). Im Übrigen gilt § 307 Abs 1 StPO. Allerdings besteht trotz grds fehlender Vollzugshemmnis (§ 307 Abs 1 StPO) die vollstreckungsrechtliche Übung, entspr § 449 StPO die Beschwerdeentscheidung abzuwarten, sofern von ihr die Vollstreckbarkeit oder weitere Vollstreckung abhängt. Der sofortigen Beschwerde kann damit praktisch auch jenseits von Abs 3 S 2 **aufschiebende Wirkung** zukommen (Meyer-Goßner StPO § 307 Rn 1).

§ 462 a [Zuständigkeit der Strafvollstreckungskammer und des Gerichts des ersten Rechtszuges]

(1) ¹Wird gegen den Verurteilten eine Freiheitsstrafe vollstreckt, so ist für die nach den §§ 453, 454, 454 a und 462 zu treffenden Entscheidungen die Strafvollstreckungskammer zuständig, in deren Bezirk die Strafanstalt liegt, in die der Verurteilte zu dem Zeitpunkt, in dem das Gericht mit der Sache befaßt wird, aufgenommen ist. ²Diese Strafvollstreckungskammer bleibt auch zuständig für Entscheidungen, die zu treffen sind, nachdem die Vollstreckung einer Freiheitsstrafe unterbrochen oder die Vollstreckung des Restes der Freiheitsstrafe zur Bewährung ausgesetzt wurde. ³Die Strafvollstreckungskammer kann einzelne Entscheidungen nach § 462 in Verbindung mit § 458 Abs. 1 an das Gericht des ersten Rechtszuges abgeben; die Abgabe ist bindend.

(2) ¹In anderen als den in Absatz 1 bezeichneten Fällen ist das Gericht des ersten Rechtszuges zuständig. ²Das Gericht kann die nach § 453 zu treffenden Entscheidungen ganz oder zum Teil an das Amtsgericht abgeben, in dessen Bezirk der Verurteilte seinen Wohnsitz oder in Ermangelung eines Wohnsitzes seinen gewöhnlichen Aufenthaltsort hat; die Abgabe ist bindend.

(3) ¹In den Fällen des § 460 entscheidet das Gericht des ersten Rechtszuges. ²Waren die verschiedenen Urteile von verschiedenen Gerichten erlassen, so steht die Entscheidung dem Gericht zu, das auf die schwerste Strafart oder bei Strafen gleicher Art auf die höchste Strafe erkannt hat, und falls hiernach mehrere Gerichte zuständig sein würden, dem Gericht, dessen Urteil zuletzt ergangen ist. ³War das hiernach maßgebende Urteil von einem Gericht eines höheren Rechtszuges erlassen, so setzt das Gericht des ersten Rechtszuges die Gesamtstrafe fest; war eines der Urteile von einem Oberlandesgericht im ersten Rechtszuge erlassen, so setzt das Oberlandesgericht die Gesamtstrafe fest. ⁴Wäre ein Amtsgericht zur Bildung der Gesamtstrafe zuständig und reicht seine Strafgewalt nicht aus, so entscheidet die Strafkammer des ihm übergeordneten Landgerichts.

(4) ¹Haben verschiedene Gerichte den Verurteilten in anderen als den in § 460 bezeichneten Fällen rechtskräftig zu Strafe verurteilt oder unter Strafvorbehalt verwarnt, so ist nur eines von ihnen für die nach den §§ 453, 454, 454 a und 462 zu treffenden Entscheidungen zuständig. ²Absatz 3 Satz 2 und 3 gilt entsprechend. ³In den Fällen des Absatzes 1 entscheidet die Strafvollstreckungskammer; Absatz 1 Satz 3 bleibt unberührt.

(5) ¹An Stelle der Strafvollstreckungskammer entscheidet das Gericht des ersten Rechtszuges, wenn das Urteil von einem Oberlandesgericht im ersten Rechtszuge erlassen ist. ²Das Oberlandesgericht kann die nach den Absätzen 1 und 3 zu treffenden Entscheidungen ganz oder zum Teil an die Strafvollstreckungskammer abgeben. ³Die Abgabe ist bindend; sie kann jedoch vom Oberlandesgericht widerrufen werden.

(6) Gericht des ersten Rechtszuges ist in den Fällen des § 354 Abs. 2 und des § 355 das Gericht, an das die Sache zurückverwiesen worden ist, und in den Fällen, in denen im Wiederaufnahmeverfahren eine Entscheidung nach § 373 ergangen ist, das Gericht, das diese Entscheidung getroffen hat.

Überblick

Die Vorschrift regelt die sachliche, örtliche und funktionale Zuständigkeit von StVK und Gericht des 1. Rechtszugs für die Nachtragsentscheidungen der Strafvollstreckung. Vorrangig für Entscheidungen bei der Vollstreckung einer Freiheitsstrafe ist die Zuständigkeit der StVK als des sach- und ortsnäheren Spruchkörpers (Abs 1), soweit nicht das OLG erstinstanzlich entschieden hat (Abs 5). Nur im Übrigen (Abs 2) sowie für Gesamtstrafenentscheidungen (Abs 3) ist das Gericht des 1. Rechtszugs originär zuständig. Abs 4 konzentriert die Zuständigkeit für parallel verlaufende, nicht gesamtstrafenfähige Vollstreckungsverfahren bei einem Gericht.

Übersicht

	Rn		Rn
A. Zuständigkeit der StVK (Abs 1)	1	**D. Zuständigkeitskonzentration (Abs 4)**.	13
I. Sachliche und funktionale Zuständigkeit	1	**E. Zuständigkeit des OLG (Abs 5)**	15
II. Örtliche Zuständigkeit	4		
III. Abgabe an Gericht des 1. Rechtszugs (Abs 1 S 3)	6	**F. Zuständigkeit bei Revision und Wiederaufnahme (Abs 6)**	16
B. Zuständigkeit des Gerichts des 1. Rechtszugs (Abs 2)	7	**G. Weiterführende Hinweise**	17
I. Subsidiäre Zuständigkeit (Abs 2 S 1)	7	I. Negativer Kompetenzkonflikt und Sperrwirkung der Entscheidung eines unzuständigen Gerichts	17
II. Abgabe an das Wohnsitzgericht (Abs 2 S 2)	9	II. Zuständigkeit bei Jugendstrafe	19
C. Zuständigkeit bei Gesamtstrafenentscheidungen (Abs 3)	11	III. Zuständigkeit der StA als Vollstreckungsbehörde	20

A. Zuständigkeit der StVK (Abs 1)

I. Sachliche und funktionale Zuständigkeit

1 Die StVK ist eine Strafkammer mit bes **funktionaler Zuständigkeit**, die bei allen LGen besteht, in deren Bezirk eine Anstalt zum Vollzug von Freiheitsstrafen oder freiheitsentziehenden Maßnahmen liegt (§ 78 a Abs 1 S 1 GVG). Die StVK ist grds für alle in Abs 1 S 1 genannten Entscheidungen zuständig. Die Zuständigkeit des jeweiligen Gerichts des 1. Rechtszugs wird insoweit verdrängt, soweit nicht das OLG entschieden hat (Abs 5, s Rn 15). Ratio legis ist die Errichtung eines orts- und sachnahen spezialisierten Spruchkörpers.

2 Voraussetzung der Zuständigkeit ist die **Vollstreckung einer Freiheitsstrafe** (Abs 1 S 1). Davon umfasst sind die Erwachsenen-Freiheitsstrafe (§ 38 StGB), die Ersatzfreiheitsstrafe (§ 43 StGB) sowie der Strafarrest gegen Soldaten (§ 9 WStG), nicht aber die Untersuchungshaft (BGH NStZ 1990, 230 Nr 28; vgl dazu § 450 StPO u dort § 450 StPO Rn 6) oder die Sicherungshaft nach § 453 c StPO (BGH NStZ-RR 2005, 69 Nr 16); auch nicht die Jugendstrafe (s dazu Rn 19). Für freiheitsentziehende Maßregeln (§ 463 Abs 1 StPO) sowie die Führungsaufsicht (§ 463 Abs 7 StPO) gilt § 462 a StPO entspr. Die Zuständigkeit der StVK beginnt mit der (Wieder-) **Aufnahme des Verurteilten in die JVA**; die bloße Einleitung der Vollstreckung genügt nicht (OLG Düsseldorf StraFo 1998, 430). Die sachliche Zuständigkeit beginnt automatisch, eine konkrete Befassung der StVK mit dem Verurteilten ist nicht erforderlich (BGHSt 30, 223 = NJW 1982, 248).

3 **Fortwirkung der sachlichen Zuständigkeit (Abs 1 S 2).** Gem Abs 1 S 2 wirkt die Zuständigkeit über den Zeitpunkt der (vorzeitigen) Entlassung des Verurteilten hinaus und endet erst mit vollständiger Erledigung der Strafvollstreckung. Praktische Anwendungsbeispiele der eng auszulegenden Ausnahme zu Abs 1 S 1 (OLG Hamburg NStZ 1982, 48) sind die Unterbrechung (§ 360 Abs 2 StPO, § 455 Abs 4 StPO, § 455 a StPO), die Reststrafenaussetzung (§ 454 StPO), das Absehen von der weiteren Vollstreckung (§ 456 a StPO), die Zurückstellung nach § 35 BtMG, § 36 BtMG (beachte aber BGH NStZ 2008, 472) oder auch die Flucht des Verurteilten. Nicht erforderlich ist, dass die StVK bereits nach Abs 1 S 1 tätig geworden war (KK-StPO/Appl StPO § 462 a Rn 12; Meyer-Goßner StPO § 462 a Rn 15; **aA** Pfeiffer StPO § 462 a Rn 5). Die Zuständigkeit endet erst mit der vollständigen Erledigung der Vollstreckung, mit der Begründung einer neuen originären (örtlichen) Zuständigkeit einer anderen StVK durch die Aufnahme des Verurteilten in eine andere JVA (vgl aber Rn 5) oder durch die vollständige Neuordnung der Vollstreckungsgrundlagen durch einen Gesamtstrafenbeschluss gem § 460 StPO (vgl dazu § 460 StPO Rn 12 und BGH BeckRS 2009, 13998 – Az 2 ARs 98/09: Ende der Zuständigkeit der StVK, wenn Geldstrafe, die im Wege der Ersatzfreiheitsstrafe vollstreckt wird, vom erkennenden Gericht in eine zur Bewährung ausgesetzte Gesamtfreiheitsstrafe einbezogen und der Verurteilte mit der Verkündung aus der Strafhaft entlassen wird).

II. Örtliche Zuständigkeit

Die örtliche Zuständigkeit der StVK bestimmt sich nach dem **Sitz der JVA**, in die der 4
Verurteilte zur Vollstreckung aufgenommen ist (Abs 1 S 1). Bei Außenstellen ist der Sitz der
Anstaltsleitung maßgeblich (BGHSt 28, 135 = NJW 1978, 2561). Bei dauerhafter Verlegung
des Verurteilten in eine andere Anstalt wechselt die örtliche Zuständigkeit; dies gilt nicht bei
nur vorübergehender Verlegung zB zu ärztlicher Behandlung oder bei Verschubung zB zur
Wahrnehmung eines Gerichtstermins (KK-StPO/Appl StPO § 462 a Rn 15).

Perpetuatio fori. War eine StVK vor der Verlegung mit einer Sache befasst, bleibt sie für 5
dieses konkrete Verfahren bis zu seinem Abschluss zuständig (Abs 1 S 1; BGHSt 26, 165 =
NJW 1975, 1847). „**Befasst**" ist die StVK mit einer Sache, sobald eine Entscheidung
beantragt oder von Amts wegen erforderlich wird, auch wenn die StVK selbst bislang untätig
geblieben ist, etwa weil die Akten noch nicht vollständig vorlagen. Insbes reicht es aus, wenn
Tatsachen aktenkundig werden, die eine Entscheidung (zB gem § 453 StPO) rechtfertigen
können (zB durch Übersendung eines negativen Bewährungsberichts oder einer neuen
Verurteilung; vgl BGHSt 26, 187 = NJW 1975, 2352; BGHSt 30, 189 = NJW 1981, 2766;
OLG Zweibrücken BeckRS 2009, 19355 – Az 1 Ws 139/09). Ausreichen soll auch das
Herannahen des maßgeblichen Zeitpunkts nach § 57 StGB (OLG Dresden NStZ-RR 2005,
122; OLG Frankfurt/M NStZ-RR 2008, 29). Das „Befasstsein" endet erst mit der abschließenden Entscheidung oder mit Erledigung in sonstiger Weise, zB durch Rücknahme des
Antrags (Meyer-Goßner StPO § 462 a Rn 12).

III. Abgabe an Gericht des 1. Rechtszugs (Abs 1 S 3)

Gem Abs 1 S 3 kann (Ermessen) die StVK einzelne Entscheidungen an das Gericht des 6
1. Rechtszugs abgeben. Abgegeben werden können nur die genannten Entscheidungen,
eine entspr Anwendung auf Entscheidungen nach § 453 StPO, § 454 StPO ist ausgeschlossen (BGHSt 26, 352 = NJW 1976, 1646). Die Entscheidung ergeht ohne Anhörung des
Gerichts des 1. Rechtszugs durch Beschluss. Die Abgabe ist für das Gericht des 1. Rechtszugs bindend (Abs 1 S 3 Hs 2), von der StVK kann sie widerrufen werden (Löwe/Rosenberg/Wendisch StPO § 462 a Rn 38). Vgl unten Rn 17.

B. Zuständigkeit des Gerichts des 1. Rechtszugs (Abs 2)

I. Subsidiäre Zuständigkeit (Abs 2 S 1)

Soweit nicht die StVK nach Abs 1 zuständig ist, ist die originäre **Auffangzuständigkeit** 7
des Gerichts des 1. Rechtszugs gegeben. Umfassend ist dies nur für die Vollstreckung von
Bewährungs- sowie von Geldstrafen der Fall. Im Bereich der Freiheitsstrafenvollstreckung ist
die Zuständigkeit des Gerichts des 1. Rechtszugs nur für die Zeit zwischen Einleitung der
Vollstreckung und Aufnahme des Verurteilten in die JVA sowie dann gegeben, wenn der
nach § 57 Abs 1, Abs 2 StGB maßgebliche Zeitpunkt durch Anrechnung von Untersuchungshaft bereits vor Rechtskraft des Urteils erreicht wurde und sich der Verurteilte bei
Rechtskraft in Freiheit befindet (OLG Hamm NStZ 2002, 223). Eine weitere Zuständigkeit
besteht nach Abs 5, wenn das OLG erstinstanzlich entschieden hat (s Rn 15). Hat das
Gericht des 1. Rechtszugs vor Vollstreckungsbeginn entschieden und ist ein Rechtsmittel
dagegen noch anhängig, verbleibt es insoweit auch bei Aufnahme des Verurteilten in eine
JVA bei der Zuständigkeit des Rechtsmittelgerichts (BGHSt 33, 111 = NJW 1985, 872).

Gericht des 1. Rechtszugs ist die **1. Tatsacheninstanz**, auch wenn der Verurteilte in der 8
1. Instanz freigesprochen und erst in 2. Instanz verurteilt wurde. Bei Zurückverweisung nach
erfolgreicher Revision oder Wiederaufnahme gilt Abs 6 (s Rn 16). Bei der Vollstreckung
eines Gesamtstrafenbeschlusses ist Gericht des 1. Rechtszugs das Gericht, das den Beschluss
erlassen hat (OLG Hamm NJW 1976, 1648).

II. Abgabe an das Wohnsitzgericht (Abs 2 S 2)

Das Gericht des 1. Rechtszugs kann (Ermessen) die nach § 453 StPO zu treffenden Nach- 9
tragsentscheidungen ganz oder teilweise an das **ortsnähere AG** des Wohnsitzes oder gewöhn-

StPO § 462 a   Siebentes Buch. 1. Abschnitt

lichen Aufenthalts abgeben (Abs 2 S 2). Abgegeben wird an das AG (Strafrichter), nicht an das Schöffengericht (BGHSt 10, 288, 290 = NJW 1957, 1243; BGH NJW 1966, 2022).

10   Die Abgabe ist für das Wohnsitzgericht **bindend** (Abs 2 S 2 Hs 2; vgl unten Rn 17). Das Wohnsitzgericht kann die Zuständigkeit bei einem Wohnsitzwechsel des Verurteilten nicht selbst auf das nunmehr zuständige AG weiter übertragen (BGH NStZ 1997, 379 Nr 25). Dies obliegt dem Gericht des 1. Rechtszugs (BGHSt 26, 204 = NJW 1976, 154), das auch im Übrigen nicht an die Abgabe gebunden ist und die Sache durch Beschluss wieder an sich ziehen kann (BGHSt 11, 80 = NJW 1958, 191).

C. Zuständigkeit bei Gesamtstrafenentscheidungen (Abs 3)

11   Abweichend von Abs 1 ist für die nachträgliche Bildung von Gesamtstrafen (§ 460 StPO) immer das Gericht des 1. Rechtszugs zuständig, auch wenn sich der Verurteilte in Strafhaft befindet. Bei Urteilen verschiedener Gerichte bestimmt sich die Zuständigkeit in der **Reihenfolge** des Abs 3 S 2 nach den Kriterien **schwerste Strafart, höchste Strafe, jüngstes Urteil**; die Zuständigkeit des OLG als Gericht des 1. Rechtszugs geht vor (Abs 2 S 3 Hs 2). Kommt es wegen gleicher Strafart auf die Strafhöhe an, werden nur die Einzelstrafen verglichen (BGH NJW 1976, 1512); dabei kommt es auf Nebenstrafen und Nebenfolgen nicht an (BGHSt 11, 293 = NJW 1958, 876). Bei Geldstrafen zählt nur die Anzahl der Tagessätze, nicht die Gesamtsumme (BGH NJW 1986, 1117). Kommt es wegen gleicher Strafhöhe auf das Urteilsdatum an, zählt das Berufungsurteil, auch wenn die Berufung verworfen wurde. Der Zeitpunkt der Revisionsentscheidung ist nur maßgeblich, wenn das Revisionsgericht das Strafmaß gem § 354 Abs 1 StPO selbst festgesetzt hat (Meyer-Goßner StPO § 462 a Rn 27).

12   Reicht die **Strafgewalt** des an sich zuständigen AG nicht aus, ist das übergeordnete LG zuständig (Abs 3 S 4), an das entspr § 270 StPO zu verweisen ist. Sind gem § 55 StGB mehrere Gesamtstrafen zu bilden, ist das nach Abs 3 für die Bildung der 1. Gesamtstrafe zuständige Gericht insgesamt zuständig (KK-StPO/Appl StPO § 462 a Rn 32).

D. Zuständigkeitskonzentration (Abs 4)

13   Abs 4 bestimmt in Ergänzung zu Abs 2 eine Zuständigkeitskonzentration, um der Gefahr einer Entscheidungszersplitterung durch die Zuständigkeit unterschiedlicher Gerichte bei Vorliegen mehrerer rechtskräftiger, nicht gesamtstrafenfähiger und noch nicht erledigter Verurteilungen zu begegnen (BGH NStZ 1993, 230 Nr 17). Konzentriert zuständig ist **nur noch ein Vollstreckungsgericht**, auch wenn die Zuständigkeit in dem jeweiligen Einzelverfahren an sich nicht gegeben wäre (BGHSt 26, 118 = NJW 1975, 1238; BGH NStZ 2000, 446).

14   Vorrangig zuständig ist immer das OLG, wenn eine der Verurteilungen vom **OLG** als Gericht des 1. Rechtszugs erlassen wurde (Abs 4 S 2 iVm Abs 3 S 3 Hs 2, Abs 5). Zweitrangig ist die **StVK** zuständig, sofern die Voraussetzungen des Abs 1 S 1 auch nur in einem der Verfahren vorliegen (Abs 4 S 3). Die Zuständigkeit der StVK bleibt über Abs 1 S 2 und die Vollstreckung der zuständigkeitsbegründenden Freiheitsstrafe hinaus bis zur Erledigung aller Verurteilungen bestehen, für die die StVK infolge des Konzentrationsprinzips zuständig geworden ist (BGH NStZ-RR 2008, 124). Zur örtlichen Zuständigkeit der StVK s Rn 4 f. Soweit weder das OLG noch die StVK zuständig sind, bestimmt sich die Zuständigkeit des **Gerichts des 1. Rechtszugs** gem Abs 4 S 2 entspr Abs 3 S 2 in dieser Reihenfolge nach den Kriterien schwerste Strafart, höchste Strafe, jüngstes Urteil. Abweichend von Abs 3 S 2 kommt es bei der Bemessung der Strafhöhe nicht auf die Einzelstrafe, sondern auf die Gesamtstrafe an (BGHSt 27, 68 = NJW 1977, 397).

E. Zuständigkeit des OLG (Abs 5)

15   Abweichend von Abs 1 ist **immer das OLG** zuständig, wenn es erstinstanzlich entschieden hat. Die Zuständigkeit der StVK nach Abs 1 S 1 und Abs 4 S 3 wird insoweit selbst dann verdrängt, wenn der Verurteilte in Strafhaft sitzt. Das OLG kann (Ermessen) die zu treffenden Nachtragsentscheidungen aber ganz oder teilweise an die StVK abgeben (Abs 5 S 2). Die Abgabe ist für die StVK bindend, vom OLG kann sie jedoch widerrufen werden (Abs 5 S 3, vgl unten Rn 17).

F. Zuständigkeit bei Revision und Wiederaufnahme (Abs 6)

Bei wiederholter erstinstanzlicher Entscheidung gilt nach Abs 6 das **neue Tatgericht** als 16
Gericht des 1. Rechtszugs, auch wenn es das neue Urteil als Berufungsgericht erlassen hat
(Meyer-Goßner StPO § 462 a Rn 38). Dies gilt auch, wenn das Urteil nur im Strafausspruch
aufgehoben worden ist, nicht aber, soweit die Zurückverweisung nur Nebenstrafen oder
Nebenfolgen betroffen hat. Bei mehreren Angeklagten ändert sich die Zuständigkeit nur,
soweit die Aufhebung und Zurückverweisung reicht (OLG Frankfurt NJW 1972, 1065).

G. Weiterführende Hinweise

I. Negativer Kompetenzkonflikt und Sperrwirkung der Entscheidung eines unzuständigen Gerichts

Im Falle eines **negativen Kompetenzkonflikts** gelten § 14 StPO, § 19 StPO. Da die 17
Abgabe für das empfangende Gericht gem Abs 1 S 3, Abs 2 S 2, Abs 4 S 3, Abs 5 S 3 jeweils
bindend ist und zudem im Ermessen des abgebenden Gerichts steht, kann im Vorlageverfahren nur die objektive Willkür der Abgabeentscheidung geltend gemacht werden. Das
Fehlen bes Gründe für die Abgabe allein reicht hierfür jedoch nicht aus (BGH NStZ 1992,
399; BGH NStZ-RR 2003, 242). Nicht bindend soll allerdings die Abgabeentscheidung
eines seinerseits nicht (mehr) zuständigen Gerichts sein (BGH BeckRS 2009, 02175 – Az 2
ARs 517/08). Weiterführend KK-StPO/Appl StPO § 462 a Rn 27.

Hat ein Gericht in Verkennung seiner Unzuständigkeit eine Entscheidung erlassen, soll 18
diese Entscheidung, solange sie fortgilt, ungeachtet ihrer Rechtsfehlerhaftigkeit die nachfolgende Befassung durch das eigentlich zuständige Gericht **sperren**, um widersprüchliche
Entscheidungen zu vermeiden (OLG Hamburg BeckRS 2007, 19606 – Az 2 Ws 248/07).

II. Zuständigkeit bei Jugendstrafe

§ 462 a StPO gilt nicht für die Vollstreckung der Jugendstrafe. Vollstreckungsleiter ist der 19
Jugendrichter (§ 82 Abs 1 JGG, § 110 Abs 1 JGG). Dies gilt auch, wenn die Jugendstrafe
im Erwachsenenvollzug vollstreckt wird (BGHSt 27, 329 = NJW 1978, 835), und wenn
neben der Jugendstrafe aus einer weiteren Verurteilung Freiheitsstrafe vollstreckt wird
(BGHSt 28, 351 = NJW 1979, 1837; BGH NStZ-RR 2007, 190: parallele Zuständigkeit
von Jugendrichter und StVK). Die Zuständigkeit des Jugendrichters endet erst mit Abgabe
gem § 89 a Abs 3 JGG, § 85 Abs 6 JGG.

III. Zuständigkeit der StA als Vollstreckungsbehörde

Die Zuständigkeit der StA als Vollstreckungsbehörde bleibt von dem Wechsel, der Über- 20
tragung oder der Konzentration der Zuständigkeit des Gerichts nach dieser Vorschrift grds
unberührt (vgl § 451 Abs 3 StPO, s § 451 StPO Rn 7). Etwas anderes gilt nur für die
Neubestimmung des Gerichts des 1. Rechtszugs gem Abs 6: Hier folgt die örtliche Zuständigkeit der StA dem nunmehr zuständigen Gericht (§ 7 Abs 2 StVollstrO, s § 451 StPO
Rn 6).

§ 463 [Vollstreckung von Maßregeln der Besserung und Sicherung]

**(1) Die Vorschriften über die Strafvollstreckung gelten für die Vollstreckung von
Maßregeln der Besserung und Sicherung sinngemäß, soweit nichts anderes bestimmt ist.
(2) § 453 gilt auch für die nach den §§ 68 a bis 68 d des Strafgesetzbuches zu
treffenden Entscheidungen.
(3) [1]§ 454 Abs. 1, 3 und 4 gilt auch für die nach § 67 c Abs. 1, § 67 d Abs. 2
und 3, § 67 e Abs. 3, den §§ 68 e, 68 f Abs. 2 und § 72 Abs. 3 des Strafgesetzbuches
zu treffenden Entscheidungen. [2]In den Fällen des § 68 e des Strafgesetzbuches
bedarf es einer mündlichen Anhörung des Verurteilten nicht. [3]§ 454 Abs. 2 findet**

unabhängig von den dort genannten Straftaten in den Fällen des § 67 d Abs. 2 und 3, des § 67 c Abs. 1 und des § 72 Abs. 3 des Strafgesetzbuches entsprechende Anwendung, soweit das Gericht über die Vollstreckung der Sicherungsverwahrung zu entscheiden hat; im Übrigen findet § 454 Abs. 2 bei den dort genannten Straftaten Anwendung. [4]Zur Vorbereitung der Entscheidung nach § 67 d Abs. 3 des Strafgesetzbuches sowie der nachfolgenden Entscheidungen nach § 67 d Abs. 2 des Strafgesetzbuches hat das Gericht das Gutachten eines Sachverständigen namentlich zu der Frage einzuholen, ob von dem Verurteilten aufgrund seines Hanges weiterhin erhebliche rechtswidrige Taten zu erwarten sind. [5]Dem Verurteilten, der keinen Verteidiger hat, bestellt das Gericht für das Verfahren nach Satz 4 einen Verteidiger.

(4) [1]Im Rahmen der Überprüfungen nach § 67 e des Strafgesetzbuches soll das Gericht nach jeweils fünf Jahren vollzogener Unterbringung in einem psychiatrischen Krankenhaus (§ 63) das Gutachten eines Sachverständigen einholen. [2]Der Sachverständige darf weder im Rahmen des Vollzugs der Unterbringung mit der Behandlung der untergebrachten Person befasst gewesen sein noch in dem psychiatrischen Krankenhaus arbeiten, in dem sich die untergebrachte Person befindet. [3]Dem Sachverständigen ist Einsicht in die Patientendaten des Krankenhauses über die untergebrachte Person zu gewähren. [4]§ 454 Abs. 2 gilt entsprechend. [5]Der untergebrachten Person, die keinen Verteidiger hat, bestellt das Gericht für das Verfahren nach Satz 1 einen Verteidiger.

(5) [1]§ 455 Abs. 1 ist nicht anzuwenden, wenn die Unterbringung in einem psychiatrischen Krankenhaus angeordnet ist. [2]Ist die Unterbringung in einer Entziehungsanstalt oder in der Sicherungsverwahrung angeordnet worden und verfällt der Verurteilte in Geisteskrankheit, so kann die Vollstreckung der Maßregel aufgeschoben werden. [3]§ 456 ist nicht anzuwenden, wenn die Unterbringung des Verurteilten in der Sicherungsverwahrung angeordnet ist.

(6) [1]§ 462 gilt auch für die nach § 67 Abs. 3 und Abs. 5 Satz 2, den §§ 67 a und 67 c Abs. 2, § 67 d Abs. 5 und 6, den §§ 67 g, 67 h und 69 a Abs. 7 sowie den §§ 70 a und 70 b des Strafgesetzbuches zu treffenden Entscheidungen. [2]Das Gericht erklärt die Anordnung von Maßnahmen nach § 67 h Abs. 1 Satz 1 und 2 des Strafgesetzbuchs für sofort vollziehbar, wenn erhebliche rechtswidrige Taten des Verurteilten drohen.

(7) Für die Anwendung des § 462 a Abs. 1 steht die Führungsaufsicht in den Fällen des § 67 c Abs. 1, des § 67 d Abs. 2 bis 6 und des § 68 f des Strafgesetzbuches der Aussetzung eines Strafrestes gleich.

Überblick

Die Vorschrift erklärt §§ 449 StPO ff für die Vollstreckung von Maßregeln insgesamt für sinngemäß anwendbar (Abs 1), soweit nicht die Abs 2 bis Abs 7 Sonderregelungen treffen. Konkretisierend gelten §§ 44 StVollstrO ff, § 53 StVollstrO, § 54 StVollstrO. Insbes Abs 3, Abs 4 der Vorschrift tragen der verfassungsgerichtlich vorgegebenen strengen Formalisierung des Verfahrens Rechnung.

Übersicht

	Rn		Rn
A. Generelle Verweisung (Abs 1)	1	III. Anwendbarkeit von § 455 StPO, § 456 StPO (Abs 5)	6
B. Sonderregelungen (Abs 2 bis Abs 6)	2	IV. Anwendbarkeit von § 462 StPO, Krisenintervention (Abs 6)	7
I. Anwendbarkeit von § 453 StPO auf Führungsaufsicht (Abs 2)	2		
II. Anwendbarkeit von § 454 StPO auf Aussetzungsentscheidungen (Abs 3, Abs 4)	3	**C. Zuständigkeit der StVK (Abs 1, Abs 7)**	9

A. Generelle Verweisung (Abs 1)

Für die Vollstreckung von Maßregeln (§ 61 StGB) gelten § 455a StPO, § 456a StPO 1 unmittelbar, § 456c StPO gilt ausschließlich. Im Übrigen erklärt Abs 1 §§ 449 StPO ff für entspr anwendbar, soweit Abs 2 bis Abs 7 nichts anderes bestimmen. Zusätzliche Abweichungen ergeben sich aus dem materiellen Recht, zB aus § 67e StGB (OLG Karlsruhe NStZ 1992, 456). Ergänzend gelten § 44 StVollstrO, § 44a StVollstrO, § 44b StVollstrO, § 53 StVollstrO, § 54 StVollstrO.

B. Sonderregelungen (Abs 2 bis Abs 6)

I. Anwendbarkeit von § 453 StPO auf Führungsaufsicht (Abs 2)

Gem Abs 2 ist § 453 StPO auch bei Nachtragsentscheidungen über die Führungsaufsicht 2 anzuwenden. Die Rechtsfolgenverweisung verweist insbes auf das Verfahren und das eigenständige Rechtsmittelrecht des § 453 StPO (KK-StPO/Appl StPO § 463 Rn 3).

II. Anwendbarkeit von § 454 StPO auf Aussetzungsentscheidungen (Abs 3, Abs 4)

§ 454 StPO gilt auch für die in **Abs 3 S 1** genannten Aussetzungsentscheidungen, die 3 den Aussetzungsentscheidungen gem § 57 StGB, § 57a StGB entsprechen. Für diese Entscheidungen gelten die Verfahrensvorschriften des § 454 StPO, soweit nicht in Abs 3, Abs 4 anderes bestimmt ist. Insbes ist der Verurteilte gem § 454 Abs 1 S 3 StPO grds **anzuhören**. Eine über § 454 Abs 1 S 4 StPO hinausgehende Einschränkung dessen enthält **Abs 3 S 2**. Die ursprünglich in **Abs 3 S 3** ggü § 454 Abs 2 StPO bestehende Erweiterung der Pflicht, „unabhängig von den dort genannten Straftaten" ein **Sachverständigengutachten** einzuholen, wurde wegen überlanger Dauer der Begutachtungsverfahren durch Anfügung von Abs 3 S 3 Hs 2 mit Gesetz v 16. 7. 2007 (BGBl I 1327) wieder weitgehend rückgängig gemacht und besteht jetzt nur noch bei Vollstreckung der Sicherungsverwahrung (BR-Drs 400/05, 32; zur Sicherungsverwahrung vgl OLG Frankfurt NStZ-RR 2009, 221).

Der mit Gesetz v 16. 7. 2007 (BGBl I 1327) neu eingefügte **Abs 4** stellt in Ergänzung 4 zu § 67e StGB unter den genannten Bedingungen das Regelerfordernis („soll") **externer** (Abs 4 S 2; dazu OLG Brandenburg BeckRS 2008, 04881 – Az 1 Ws 319/07) **Begutachtung** nach jeweils fünf Jahren auf. Damit werden verfassungsgerichtliche Vorgaben umgesetzt, wonach die Wirkkraft des Freiheitsgrundrechts umso strengere Anforderungen an die Sachverhaltsaufklärung stellt, je länger die Unterbringung bereits dauert (BR-Drs 400/05, 14f, 33; vgl BVerfGE 70, 297, 309ff = NJW 1986, 767; BVerfGK 5, 40 = NJW 2006, 211; ausf zur Neuregelung BVerfG BeckRS 2009, 33209 – Az 2 BvR 2543/08). Von der Begutachtung kann nur in eng begrenzten Ausnahmefällen abgesehen werden (OLG Oldenburg NStZ 2008, 225; OLG Karlsruhe Justiz 2008, 145; OLG Frankfurt NStZ-RR 2008, 292); der bislang anerkannte Ausnahmetatbestand der zweifelsfrei fortbestehenden Gefährlichkeit des Verurteilten dürfte iSd strikten Prozeduralisierung der Sachaufklärung allerdings nicht mehr dazu gehören (vgl BVerfG BeckRS 2009, 33209). Das Gutachten soll zum Prüftermin vorliegen, ein „Gutachtenstau" rechtfertigt kein Abweichen (BVerfG BeckRS 2009, 33209).

Im Einzelfall kann die Begutachtung schon vor Ablauf des Fünfjahreszeitraums geboten 5 sein (OLG Zweibrücken BeckRS 2008, 11943); landesgesetzliche Regelungen des Maßregelvollzugs, die eine externe Begutachtung in kürzeren Zeitintervallen vorsehen, bleiben ohnehin unberührt (vgl Schneider NStZ 2008, 68, 72 mwN).

III. Anwendbarkeit von § 455 StPO, § 456 StPO (Abs 5)

Abs 5 regelt Ausnahmen von den im Übrigen anwendbaren Vorschriften über die **Unter-** 6 **brechung** der Maßregelvollstreckung. § 455 Abs 1 StPO ist nur in den Fällen der § 64 StGB und § 66 StGB (Abs 5 S 2), nicht aber im Fall des § 63 StGB anwendbar (Abs 5 S 1). Bei der Sicherungsverwahrung ist die Unterbrechung gem § 455 Abs 2 StPO (OLG Celle NJW 1967, 692), nicht aber der vorübergehende Aufschub gem § 456 StPO zulässig (Abs 5 S 3).

IV. Anwendbarkeit von § 462 StPO, Krisenintervention (Abs 6)

7   **Abs 6 S 1** bestimmt (redundant zu Abs 1) für das Verfahren und die Anfechtbarkeit in den bezeichneten (nicht in Abs 2 und Abs 3 genannten) Fällen § 462 StPO für entspr anwendbar.

8   Der mit Gesetz v 13. 4. 2007 (BGBl I 513) eingefügte **Abs 6 S 2** gibt dem Gericht die Möglichkeit, bei Vorliegen der Voraussetzungen die sofortige Vollziehbarkeit von **Kriseninterventionsmaßnahmen** nach § 67 h Abs 1 StGB anzuordnen. Die nach dem Gesetzeswortlaut zwingende, nach der Gesetzesbegründung (BT-Drs 16/1993, 24) optionale Regelung trägt damit der bes Eilbedürftigkeit dieser Maßnahmen Rechnung und begegnet der vollstreckungsrechtlichen Übung, trotz fehlender Vollzugshemmnis von Beschwerde und sofortiger Beschwerde (§ 307 Abs 1 StPO) gleichwohl entspr § 449 StPO die Beschwerdeentscheidung abzuwarten, sofern von ihr die Vollstreckbarkeit oder weitere Vollstreckung abhängt (vgl BT-Drs 16/1993, 24 unter Verweis auf Meyer-Goßner StPO § 307 Rn 1; KMR/Stöckel StPO § 463 Rn 14 a).

C. Zuständigkeit der StVK (Abs 1, Abs 7)

9   Gem Abs 1 gilt § 462 a StPO sinngemäß, so dass die StVK entspr § 462 a Abs 1 StPO für Nachtragsentscheidungen bei freiheitsentziehenden Maßregeln zuständig ist. Darüber hinaus enthält Abs 7 eine gesetzliche Fiktion, die in den genannten Fällen die nicht freiheitsentziehende Maßnahme der **Führungsaufsicht** der Aussetzung eines Strafrests gleichsetzt und damit entspr § 462 a Abs 1 S 2 StPO die Zuständigkeit der StVK auch für Nachtragsentscheidungen im Rahmen der Führungsaufsicht begründet. Dies gilt aber nicht für Nachtragsentscheidungen nur gelegentlich der Führungsaufsicht (str; wie hier KMR/Stöckel StPO § 463 Rn 22; Meyer-Goßner StPO § 463 Rn 13; **aA** OLG Hamburg NStZ 1988, 197). Abs 7 gilt in Ergänzung zu § 68 f StGB auch für § 68 Abs 1 StGB bei angeordneter Führungsaufsicht nach Verbüßung von weniger als zwei Jahren; sonst gilt ohnehin § 68 f StGB (KK-StPO/Appl StPO § 463 Rn 7).

§ 463 a [Befugnisse und Zuständigkeit der Aufsichtsstellen]

(1) ¹Die Aufsichtsstellen (§ 68 a des Strafgesetzbuches) können zur Überwachung des Verhaltens des Verurteilten und der Erfüllung von Weisungen von allen öffentlichen Behörden Auskunft verlangen und Ermittlungen jeder Art, mit Ausschluß eidlicher Vernehmungen, entweder selbst vornehmen oder durch andere Behörden im Rahmen ihrer Zuständigkeit vornehmen lassen. ²Ist der Aufenthalt des Verurteilten nicht bekannt, kann der Leiter der Führungsaufsichtsstelle seine Ausschreibung zur Aufenthaltsermittlung (§ 131 a Abs. 1) anordnen.

(2) ¹Die Aufsichtsstelle kann für die Dauer der Führungsaufsicht oder für eine kürzere Zeit anordnen, daß der Verurteilte zur Beobachtung anläßlich von polizeilichen Kontrollen, die die Feststellung der Personalien zulassen, ausgeschrieben wird. ²§ 163 e Abs. 2 gilt entsprechend. ³Die Anordnung trifft der Leiter der Führungsaufsichtsstelle. ⁴Die Erforderlichkeit der Fortdauer der Maßnahme ist mindestens jährlich zu überprüfen.

(3) ¹Auf Antrag der Aufsichtsstelle kann das Gericht einen Vorführungsbefehl erlassen, wenn der Verurteilte einer Weisung nach § 68 b Abs. 1 Satz 1 Nr. 7 oder Nr. 11 des Strafgesetzbuchs ohne genügende Entschuldigung nicht nachgekommen ist und er in der Ladung darauf hingewiesen wurde, dass in diesem Fall seine Vorführung zulässig ist. ²Soweit das Gericht des ersten Rechtszuges zuständig ist, entscheidet der Vorsitzende.

(4) ¹Örtlich zuständig ist die Aufsichtsstelle, in deren Bezirk der Verurteilte seinen Wohnsitz hat. ²Hat der Verurteilte keinen Wohnsitz im Geltungsbereich dieses Gesetzes, so ist die Aufsichtsstelle örtlich zuständig, in deren Bezirk er seinen gewöhnlichen Aufenthaltsort hat und, wenn ein solcher nicht bekannt ist, seinen letzten Wohnsitz oder gewöhnlichen Aufenthaltsort hatte.

Überblick

Die Vorschrift regelt die Überwachungsbefugnisse (Abs 1 bis Abs 3) sowie die örtliche Zuständigkeit (Abs 4) der für die Durchführung der Führungsaufsicht zuständigen Stelle.

A. Überwachung des Verurteilten (Abs 1 bis Abs 3)
I. Aufgabe

Die Führungsaufsicht (§ 61 Nr 4 StGB) obliegt den dafür zuständigen Aufsichtsstellen **1** (§ 68 a StGB, Art 295 EGStGB). Zu den Aufgaben der Aufsichtsstelle gehört es, im Einvernehmen mit dem Gericht und mit Unterstützung des Bewährungshelfers das Verhalten des Verurteilten und die Erfüllung erteilter Weisungen zu überwachen (§ 68 a Abs 3 StGB). Das Zusammenwirken von Aufsichtsstelle und Vollstreckungsbehörde (§ 451 StPO) regelt § 54 a StVollstrO.

II. Befugnisse

Zur Erfüllung dieser Aufgabe nach Rn 1 stehen der Aufsichtsstelle die Befugnisse nach **2** Abs 1 bis Abs 3 zu.

Gem Abs 1 S 1 kann die Aufsichtsstelle direkt und ohne Einhaltung des Dienstwegs von **3** jeder öffentlichen Behörde **Auskunft**, Akteneinsicht und die Übersendung von Schriftstücken verlangen. Auch kann sie selbständig formlos oder förmlich **Ermittlungen** anstellen oder von anderen Behörden im Wege der Amtshilfe verlangen, zB Zeugen befragen und Sachverständigengutachten einholen (lassen). **Zwangsmittel** stehen der Aufsichtsstelle dabei nicht zur Verfügung. Weigert sich eine ersuchte Behörde, bleibt allein die Dienstaufsichtsbeschwerde; weigert sich eine Privatperson, bleibt allein die Einschaltung des Gerichts mit der Bitte um Verhängung der Zwangsmittel (Meyer-Goßner StPO § 463 a Rn 5).

Nach dem mit Gesetz v 13. 4. 2007 (BGBl I 513) neu eingefügten Abs 1 S 2 hat die **4** Aufsichtsstelle die zusätzliche Befugnis der **Ausschreibung des Verurteilten zur Aufenthaltsermittlung**. Für die Maßnahme gelten die nach § 131 a Abs 1 StPO bestehenden Grundsätze, insbes auch die Zulässigkeit der Ausschreibung in allen Fahndungshilfsmitteln der Strafverfolgungsbehörden. Der Verhältnismäßigkeitsgrundsatz ist allerdings zu beachten (BT-Drs 16/1993, 25).

Zur rechtzeitigen Feststellung von Weisungsverstößen oder einer gefährlichen Entwick- **5** lung des Verurteilten kann der Verurteilte (Abs 2 S 1) und/oder sein Kfz-Kennzeichen (Abs 2 S 2 iVm § 163 e Abs 2 StPO), nicht aber eine Kontaktperson, zur **Beobachtung anlässlich von polizeilichen Kontrollen** ausgeschrieben werden (KMR/Stöckel StPO § 463 a Rn 10). Zuständig ist der Leiter der Führungsaufsichtsstelle (Abs 2 S 3); über die Anfechtung der Anordnung entscheidet das nach § 68 a Abs 3 StGB zuständige Gericht (s Rn 7; OLG München NStZ-RR 2007, 287). Der Verhältnismäßigkeitsgrundsatz ist in bes Maße zu beachten (vgl Abs 2 S 4); insbes ist die Heimlichkeit der Maßnahme oftmals nicht erforderlich (vgl BT-Drs 12/989, 45).

Bis zur Einfügung von Abs 3 durch das Gesetz v 13. 4. 2007 (BGBl I 513) gab es neben **6** § 145 a StGB keine Handhabe, Weisungen in der Führungsaufsicht **zwangsweise durchzusetzen**. Nunmehr kann (Ermessen) das Gericht den Verurteilten bei der Aufsichtsstelle oder dem Bewährungshelfer (§ 68 b Abs 1 S 1 Nr 7 StGB) oder bei einem Arzt oder einem Psychotherapeuten (§ 68 b Abs 1 S 1 Nr 11 StGB) vorführen lassen. Eine entspr Anwendung auf die zwangsweise Durchsetzung weiterer Weisungen ist angesichts der umfangreichen Verhältnismäßigkeitserwägungen des Gesetzgebers nicht möglich (vgl BT-Drs 16/1993, 19; Peglau NJW 2007, 1558, 1560). Im anwendbaren Bereich gelten die von der Rspr zu § 230 Abs 2 StPO entwickelten Verhältnismäßigkeitsanforderungen (BT-Drs 16/1993, 25).

B. Zuständigkeit (Abs 4)

Die örtliche Zuständigkeit der **Aufsichtsstelle** bestimmt sich nach Abs 4. Sachlich zu- **7** ständiges **Gericht** (§ 68 a Abs 1, Abs 3 StGB) ist die StVK, wenn die Führungsaufsicht nach Vollstreckung einer Freiheitsstrafe oder freiheitsentziehenden Maßregel eintritt, und das

Gericht des 1. Rechtszugs, wenn sich der Verurteilte vor dem Eintritt der Führungsaufsicht nicht im Vollzug befand (ausf KK-StPO/Appl StPO § 463a Rn 7 ff). Im Falle des Abs 3 entscheidet dann der Vorsitzende (Abs 3 S 3).

§ 463 b [Beschlagnahme von Führerscheinen]

(1) Ist ein Führerschein nach § 44 Abs. 2 Satz 2 und 3 des Strafgesetzbuches amtlich zu verwahren und wird er nicht freiwillig herausgegeben, so ist er zu beschlagnahmen.

(2) Ausländische Führerscheine können zur Eintragung eines Vermerks über das Fahrverbot oder über die Entziehung der Fahrerlaubnis und die Sperre (§ 44 Abs. 2 Satz 4, § 69 b Abs. 2 des Strafgesetzbuches) beschlagnahmt werden.

(3) [1]Der Verurteilte hat, wenn der Führerschein bei ihm nicht vorgefunden wird, auf Antrag der Vollstreckungsbehörde bei dem Amtsgericht eine eidesstattliche Versicherung über den Verbleib abzugeben. [2]§ 883 Abs. 2 bis 4, die §§ 899, 900 Abs. 1 und 4 sowie die §§ 901, 902, 904 bis 910 und 913 der Zivilprozeßordnung gelten entsprechend.

Überblick

Die Vorschrift regelt die vorübergehende Beschlagnahme von Führerscheinen zum Zwecke der amtlichen Gewahrsamnahme für die Dauer eines Fahrverbot (Abs 1) oder – bei einer ausländischen Fahrerlaubnis – zum Zwecke der Eintragung eines Vermerks über Fahrverbot oder Entziehung der Fahrerlaubnis (Abs 2). Die Vorschrift wird ergänzt durch § 59 a StVollstrO.

A. Regelungszweck

1   Bei der Anordnung eines Fahrverbots (§ 44 StGB) oder bei der Entziehung einer ausländischen Fahrerlaubnis (§ 69 b StGB) wird der Führerschein nicht eingezogen (bei Einziehung gilt § 459 g StPO), sondern bleibt im Eigentum des Verurteilten und wird lediglich vorübergehend in amtlichen Gewahrsam genommen. Erst die **Gewahrsamnahme** setzt die Frist des bereits mit Rechtskraft wirksamen (§ 44 Abs 2 S 1 StGB) Fahrverbots in Gang (§ 44 Abs 3 S 1 StGB). Verweigert der Verurteilte die freiwillige Herausgabe des Führerscheins, ist dieser nach Abs 1 zu beschlagnahmen.

B. Durchführung der Beschlagnahme

2   Das Verfahren richtet sich nach **§ 59 a StVollstrO**. Vor der Anordnung der Beschlagnahme fordert die Vollstreckungsbehörde den Verurteilten zur Herausgabe aus und belehrt ihn, soweit noch nicht geschehen (vgl § 268 c StPO, § 409 StPO), über den Beginn der Fahrverbotsfrist. Verweigert der Verurteilte die Herausgabe, ordnet die Vollstreckungsbehörde die Beschlagnahme an (§ 59 a Abs 3 StVollstrO). Zuständig ist der Rechtspfleger (§ 31 Abs 2 S 1 RPflG), der die Polizei mit der Durchführung der Beschlagnahme beauftragt. Das rechtskräftige Urteil umfasst nach zutreffender **hM** auch die Berechtigung zur **Durchsuchung** der Wohnung des Verurteilten, nicht aber eines Dritten, wenn dies zur Durchführung der Beschlagnahme erforderlich ist (vgl LG Berlin NZV 2006, 385; KK-StPO/Appl StPO § 463 b Rn 1; Meyer-Goßner StPO § 463 b Rn 1; jeweils mwN zur Gegenauffassung). Bei einem von der Bußgeldbehörde angeordneten Fahrverbot bedarf es einer zusätzlichen richterlichen Durchsuchungsanordnung (Meyer-Goßner StPO § 463 b Rn 1).

3   § 59 a StVollstrO regelt auch die weiteren Einzelheiten von Verwahrung (Abs 1) und Rücksendung (Abs 2) des Führerscheins sowie von der Berechnung der Verbotsfrist (Abs 5). Bei Anrechnungszweifeln kann der Verurteilte eine gerichtliche Entscheidung nach § 458 Abs 1 StPO herbeiführen (KK-StPO/Appl StPO § 463 b Rn 2).

C. Ausländische Führerscheine

Führerscheine, die von einer Behörde eines Mitgliedstaats der EU oder eines anderen Vertragsstaats des EWR-Abk ausgestellt worden sind, werden wie deutsche Führerscheine behandelt, sofern der Verurteilte seinen ordentlichen Wohnsitz im Inland hat (§ 44 Abs 2 S 3 StGB, § 59a Abs 3 S 1 StVollstrO). Nur im Übrigen unterliegen ausländische Führerscheine nach Abs 2 einem **beschränkten Beschlagnahmeverbot**. Sie dürfen nur vorübergehend zum Zweck der Eintragung eines Vermerks über das Fahrverbot (§ 44 Abs 2 S 4 StGB) oder über die Entziehung der Fahrerlaubnis und die Sperre (§ 69b Abs 2 S 2 StGB, § 56 Abs 2 S 3 StVollstrO) für die Dauer des Eintragungsvorgangs beschlagnahmt werden und müssen danach sofort wieder zurückgegeben werden.

D. Eidesstattliche Versicherung

Wird der Führerschein beim Verurteilten nicht vorgefunden, ist der Verurteilte verpflichtet, auf Antrag der Vollstreckungsbehörde an Eides Statt zu versichern, dass er den Führerschein nicht besitze und auch nicht wisse, wo dieser sich befinde (Abs 3 iVm **§ 883 Abs 2 ZPO**). Eine vergebliche vorherige Wohnungsdurchsuchung ist nicht zwingend erforderlich (KK-StPO/Appl StPO § 463b Rn 4); auf der anderen Seite kann bei Vorliegen entsprechender Anhaltspunkte auch noch nach Abgabe der eidesstattlichen Versicherung eine wiederholte Durchsuchung grundsätzlich zulässig sein (Löwe/Rosenberg/Wendisch StPO § 463b Rn 4). Zuständig für die Abnahme der Versicherung ist der Gerichtsvollzieher des AG am Wohnsitz des Verurteilten (Abs 3 iVm § 899 Abs 1 ZPO). Für das (Erzwingungs-)Verfahren gelten die in Abs 3 S 2 genannten Vorschriften §§ 900 ZPO ff.

§ 463c [Öffentliche Bekanntmachung der Verurteilung]

(1) Ist die öffentliche Bekanntmachung der Verurteilung angeordnet worden, so wird die Entscheidung dem Berechtigten zugestellt.

(2) Die Anordnung nach Absatz 1 wird nur vollzogen, wenn der Antragsteller oder ein an seiner Stelle Antragsberechtigter es innerhalb eines Monats nach Zustellung der rechtskräftigen Entscheidung verlangt.

(3) ¹Kommt der Verleger oder der verantwortliche Redakteur einer periodischen Druckschrift seiner Verpflichtung nicht nach, eine solche Bekanntmachung in das Druckwerk aufzunehmen, so hält ihn das Gericht auf Antrag der Vollstreckungsbehörde durch Festsetzung eines Zwangsgeldes bis zu fünfundzwanzigtausend Euro oder von Zwangshaft bis zu sechs Wochen dazu an. ²Zwangsgeld kann wiederholt festgesetzt werden. ³§ 462 gilt entsprechend.

(4) Für die Bekanntmachung im Rundfunk gilt Absatz 3 entsprechend, wenn der für die Programmgestaltung Verantwortliche seiner Verpflichtung nicht nachkommt.

Überblick

Die Vorschrift regelt die Vollstreckung einer als Nebenfolge ausgesprochenen öffentlichen Bekanntmachung einer Verurteilung, ihre Modalitäten und ihre zwangsweise Durchsetzung. § 463c StPO wird ergänzt durch § 59 StVollstrO.

A. Regelungszweck

Die Vorschrift ergänzt in vollstreckungsrechtlicher Hinsicht die einschlägigen materiell-rechtlichen Vorschriften über die öffentliche Bekanntmachung der Verurteilung (§ 103 Abs 2 StGB, § 165 Abs 1 StGB, § 200 Abs 1 StGB, § 111 UrhG, § 142 Abs 6 PatG), die nach ihrer Rechtsnatur der **Genugtuung des Verletzten** dienen soll. Die im Urteil (oder im Strafbefehl, § 407 Abs 2 Nr 1 StPO) ausgesprochene Bekanntgabe bleibt dabei entgegen der früheren Regelung Aufgabe der Vollstreckungsbehörde, sie ist nicht vom Verletzten selbst zu besorgen.

B. Vollzugsverlangen des Berechtigten

2 Der materiellrechtlich Berechtigte kann regelmäßig erst nach Vorliegen der Entscheidungsgründe abschließend beurteilen, ob die öffentliche Bekanntmachung der Verurteilung auch wirklich seinem Willen entspricht (vgl Löwe/Rosenberg/Wendisch StPO § 467 c Rn 8). Um ihm die Möglichkeit zu geben, von seinem Recht keinen Gebrauch zu machen, wird die Anordnung zur Bekanntmachung daher von seinem **nachträglichen Vollzugsverlangen** abhängig gemacht und nur vollzogen, wenn der Berechtigte oder sein Rechtsnachfolger bzw Vertreter (§ 77 Abs 2, Abs 3 StGB, § 165 Abs 1 S 2 StGB) es binnen Monatsfrist verlangen (Abs 2).

3 Die Frist des Abs 2 wird gemäß Abs 1 durch förmliche **Zustellung** (§ 37 StPO) in Lauf gesetzt. Zuzustellen ist eine Ausfertigung des erkennenden Teils der Entscheidung, bei der weitere Taten des Verurteilten sowie Namen und Taten von Verurteilten, auf die sich die Veröffentlichungsbefugnis nicht bezieht, auszulassen sind (vgl § 59 Abs 1 S 2 StVollstrO). Für die Berechnung der Monatsfrist gilt § 43 StPO, Wiedereinsetzung ist möglich (§ 44 StPO).

C. Vollzug der Bekanntmachung

4 **Art und Umfang** der Bekanntmachung ergeben sich aus dem Entscheidungsausspruch, die dortige Anordnung muss ohne weiteres vollzogen werden können. In der Entscheidung sind daher das Presseorgan und die Stelle der Veröffentlichung genau zu bezeichnen; bei Bekanntmachungen im Rundfunk gilt entsprechendes für die Sendung, in der die Verurteilung zu verlesen ist (KK-StPO/Appl StPO § 463 c Rn 4). Die Entscheidungsformel soll auch den Namen des Verletzten enthalten (vgl Nr 231 RiStBV). Bei Zweifeln über Art und Umfang der Bekanntmachungsanordnung entscheidet gemäß § 458 Abs 1 StPO, § 462 StPO, § 462 a Abs 1 S 1 StPO das Gericht des ersten Rechtszugs (KK-StPO/Appl StPO § 463 c Rn 4).

5 Der Vollzug der Bekanntmachung obliegt der Vollstreckungsbehörde (§ 451 StPO, § 31 Abs 2 S 1 RPflG). Die Bekanntmachung wird mittels allgemeiner Presse- und Rundfunkorgane vollzogen, die insofern in die Pflicht genommen werden (vgl Abs 3 S 1: „seiner Verpflichtung"). Es handelt sich insofern also nicht etwa um eine zivilrechtliche Veröffentlichungspflicht, für die der Medienvertreter selbst die Ursache gesetzt hätte, sondern um eine eigenständige öffentlich-rechtliche **Inpflichtnahme** (vgl BT-Drs 7/550, 315; ausführlich Löwe/Rosenberg/Wendisch StPO § 463 c Rn 11 ff). Die Veröffentlichungskosten (zB Einrückungsgebühren) werden im üblichen Rahmen erstattet.

6 Die **Kosten** von Zustellung (Abs 1) und Bekanntmachung sind Verfahrenskosten. Sie werden daher zunächst von der Staatskasse übernommen, sind im Ergebnis jedoch vom Verurteilten zu tragen (§ 464 a Abs 1 StPO, § 465 Abs 1 StPO, § 59 StVollstrO).

D. Zwangsmittel

7 Verweigert sich der zuständige Vertreter des Publikationsmediums ohne hinreichenden Grund seiner Pflicht zur Veröffentlichung, können gegen ihn nach Abs 3, Abs 4 **Zwangsmittel** festgesetzt werden. Die Festsetzung von Zwangsgeld hat aus Gründen der Verhältnismäßigkeit Vorrang; sie kann nach Abs 3 S 2 wiederholt werden. Der Höchstbetrag nach Abs 3 S 1 gilt dann jeweils gesondert und nicht für den Gesamtbetrag (BT-Drs 7/1261, 32). Im Übrigen gelten die allgemeinen Bestimmungen der §§ 6 EGStGB ff.

8 Antragsberechtigt ist die Vollstreckungsbehörde. Die Entscheidung über die Festsetzung trifft nicht die StVK, sondern das Gericht des 1. Rechtszugs (BGH NStZ 1987, 428; Löwe/Rosenberg/Wendisch StPO § 463 c Rn 17). Die Entscheidung ergeht entspr § 462 StPO im Beschlussverfahren (Abs 3 S 3). Der zur Bekanntmachung Verpflichtete ist zuvor anzuhören (§ 462 Abs 3 S 1 StPO). Er kann **Einwendungen** erheben, wenn das Verlangen der Vollstreckungsbehörde nicht der Festlegung im Urteil entspricht oder die Frist nach Abs 2 verstrichen ist. Desgleichen kann er in seltenen Ausnahmefällen die Unzumutbarkeit der Veröffentlichung einwenden, etwa wenn dadurch seine Publikation nachhaltig geschädigt würde (KK-StPO/Appl StPO § 463 c Rn 6).

§ 463 d [Gerichtshilfe]

Zur Vorbereitung der nach den §§ 453 bis 461 zu treffenden Entscheidungen kann sich das Gericht oder die Vollstreckungsbehörde der Gerichtshilfe bedienen; dies kommt insbesondere vor einer Entscheidung über den Widerruf der Strafaussetzung oder der Aussetzung des Strafrestes in Betracht, sofern nicht ein Bewährungshelfer bestellt ist.

Überblick

Die Vorschrift regelt den Einsatz der Gerichtshilfe im Vollstreckungsverfahren. Für das Ermittlungsverfahren entspricht ihr § 160 Abs 3 S 2 StPO. Aufgabe der Gerichtshilfe im Vollstreckungsverfahren ist es, die für die Erstellung einer Sozialprognose erforderlichen Umstände zu ermitteln, in denen der Verurteilte lebt.

A. Aufgaben der Gerichtshilfe

StA und Gericht können die für eine sachgerechte Nachtragsentscheidung relevanten Umstände (Persönlichkeit, soziales Umfeld und wirtschaftliche Verhältnisse des Verurteilten) oft nur unzureichend selbst erforschen. Dies gilt zumal, wenn sich der Verurteilte auf freiem Fuß befindet. Ebenso wie im Ermittlungsverfahren (§ 160 Abs 3 S 2 StPO, s § 160 StPO Rn 10) ist es daher Aufgabe der Gerichtshilfe, mit den Möglichkeiten der Sozialarbeit die Tatsachen zu **ermitteln**, die etwa für das Erstellen einer belastbaren Sozialprognose notwendig sind. Die Einrichtung der Gerichtshilfe ist Aufgabe der Landesjustizverwaltung (Art 294 EGStGB). Ihre Tätigkeit überschneidet sich mit der der Bewährungshilfe; in einigen Bundesländern ist dem durch die Zusammenlegung zu einem einheitlichen sozialen Dienst auch organisatorisch Rechnung getragen. 1

Ein konkretisierter Ermittlungsauftrag an die Gerichtshilfe ist nicht erforderlich, kann im Einzelfall aber durchaus geboten sein. Der Gerichtshelfer wird zur Erfüllung seiner Aufgabe insbesondere mit dem Verurteilten selbst Kontakt aufzunehmen haben. Hinzu dürften regelmäßig Erkundigungen im privaten wie beruflichen Umfeld des Verurteilten treten. In jedem Fall ist der Gerichtshelfer auf die **freiwillige Mithilfe des Betroffenen** angewiesen, er verfügt über keine Befugnis zu Zwangseingriffen (KG JR 1988, 39; Löwe/Rosenberg/ Wendisch StPO § 463 d Rn 4). Das Ergebnis der Ermittlungen ist regelmäßig in einem schriftlichen Gerichtshilfebericht niederzulegen. 2

B. Auftraggeber der Gerichtshilfe

Der Gerichtshilfe bedienen können sich nach dem Wortlaut der Norm zunächst das Gericht und die Vollstreckungsbehörde. Hinzu tritt die StA auch als Strafverfolgungsbehörde, um ihre Anträge im gerichtlichen Nachverfahren vorzubereiten (KK-StPO/Appl StPO § 463 d Rn 2). Auch die Führungsaufsichtsstellen, die zuständigen Gnadenstellen und die mit Vergünstigungen nach dem BZRG befassten Stellen können auf die Dienste der Gerichtshilfe zurückgreifen (vgl Löwe/Rosenberg/Wendisch StPO § 463 d Rn 4). 3

Die Einschaltung der Gerichtshilfe steht nach dem klaren Wortlaut der Norm zunächst im **Ermessen** der zuständigen Stelle. Für den Fall einer Entscheidung über den Widerruf der Strafaussetzung oder der Aussetzung des Strafrests legt das Gesetz nach HS 2 die Einschaltung der Gerichtshilfe jedoch ausdrücklich nahe, soweit nicht ein Bewährungshelfer bestellt ist. Auch in diesem Fall ist sie jedoch nicht zwingend erforderlich (KG JR 1988, 39; **aA** LG Bonn NStZ 1986, 574) und kann unterbleiben, wenn sie keine zusätzlichen Erkenntnisse verspricht (Meyer-Goßner StPO § 463 d Rn 1), etwa wenn der Verurteilte von vornherein die Zusammenarbeit verweigert. Andernfalls kann die Nichteinschaltung der Gerichtshilfe **ermessensfehlerhaft** sein und einen Verfahrensfehler begründen, der in Abweichung von § 309 Abs 2 StPO eine Aufhebung und Rückverweisung rechtfertigen kann (KK-StPO/ Appl StPO § 463 d Rn 3). 4

C. Verwertung des Gerichtshilfeberichts

5   Der schriftliche Bericht der Gerichtshilfe wird Bestandteil der Akten und unterliegt der Akteneinsicht des Verteidigers nach § 147 StPO. Vor der im Übrigen unproblematischen Verwertung im Beschlussverfahren (§ 462 StPO) ist dem Verurteilten oder demjenigen, zu dessen Nachteil entschieden wird (zB dem Verfalls- oder Einziehungsbeteiligten nach § 459 g Abs 1 StPO), **rechtliches Gehör** nach § 33 Abs 3 StPO zu gewähren (Meyer-Goßner StPO § 463 d Rn 3).

Zweiter Abschnitt. Kosten des Verfahrens (§§ 464-473 a)

§ 464 [Kostenentscheidung]

(1) Jedes Urteil, jeder Strafbefehl und jede eine Untersuchung einstellende Entscheidung muß darüber Bestimmung treffen, von wem die Kosten des Verfahrens zu tragen sind.

(2) Die Entscheidung darüber, wer die notwendigen Auslagen trägt, trifft das Gericht in dem Urteil oder in dem Beschluß, der das Verfahren abschließt.

(3) ¹Gegen die Entscheidung über die Kosten und die notwendigen Auslagen ist die sofortige Beschwerde zulässig; sie ist unzulässig, wenn eine Anfechtung der in Absatz 1 genannten Hauptentscheidung durch den Beschwerdeführer nicht statthaft ist. ²Das Beschwerdegericht ist an die tatsächlichen Feststellungen, auf denen die Entscheidung beruht, gebunden. ³Wird gegen das Urteil, soweit es die Entscheidung über die Kosten und die notwendigen Auslagen betrifft, sofortige Beschwerde und im übrigen Berufung oder Revision eingelegt, so ist das Berufungs- oder Revisionsgericht, solange es mit der Berufung oder Revision befaßt ist, auch für die Entscheidung über die sofortige Beschwerde zuständig.

Überblick

Die Vorschrift bestimmt, dass in allen, ein gerichtliches Verfahren abschließenden Entscheidungen (Rn 3) einheitlich (Rn 2) über die Kosten und die notwendigen Auslagen zu entscheiden ist. Dies gilt auch für Beschwerdeverfahren (Rn 6) und einige Fälle des Nachtragsverfahrens (Rn 7). Endet das Verfahren ohne gerichtliche Entscheidung, ergeht über die Kosten eine selbstständige Kostenentscheidung (Rn 8). Die Kostengrundentscheidung ist Grundlage der Kostenfestsetzung (Rn 9) und kann mit der sofortigen Beschwerde angefochten werden (Rn 10). Diese ist ein selbständiger Rechtsbehelf, muss ausdrücklich erklärt werden (Rn 13) und ist nur statthaft, wenn auch die Hauptsache anfechtbar ist (Rn 11).

Übersicht

	Rn		Rn
A. Entscheidung über Kosten und Auslagen	1	VI. Nachholung/Ergänzung der Kostenentscheidung	9
B. Verfahrensabschließende Entscheidungen	4	C. Sofortige Beschwerde	10
I. Das Verfahren endgültig beendende Entscheidungen	4	I. Statthaftigkeit	10
II. Vorläufige Verfahrenseinstellung	5	II. Einlegung der Beschwerde	13
III. Beschwerdeverfahren	6	III. Beschwerdeberechtigung	14
IV. Kostenentscheidung im Nachtragsverfahren	7	IV. Sonstige Zulässigkeitsvoraussetzungen	15
		V. Zuständigkeit	16
V. Verfahrensende ohne Entscheidung	8	VI. Bindung an die tatsächlichen Feststellungen	17
		VII. Kein Verbot der Schlechterstellung	18

A. Entscheidung über Kosten und Auslagen

Die StPO enthält verfahrensrechtliche und materiellrechtliche Kostenbestimmungen. Die **verfahrensrechtlichen** Vorschriften bestimmen, wann eine Kostenentscheidung zu erfolgen hat, die **materiellrechtlichen** Normen, wer die Verfahrenskosten trägt. Die Höhe der Kosten wird in den Verfahren nach § 464 b StPO und § 19 Abs 2 GKG festgesetzt. 1

In jedem gerichtlichen Verfahren ist in der verfahrensabschließenden Entscheidung über die Kosten und die notwendigen Auslagen zu befinden. § 464 Abs 1 StPO und § 464 Abs 2 StPO sind als **Einheit** zu sehen. Ein Ausspruch über die Kosten hat stets zu erfolgen, ein Anspruch über die notwendigen Auslagen nur dann, wenn sie von einem anderen Verfahrensbeteiligten zu erstatten sind (Löwe/Rosenberg/Hilger StPO § 464 Rn 19). 2

§ 464 StPO findet auf Entscheidungen der Staatsanwaltschaft keine Anwendung. 3

B. Verfahrensabschließende Entscheidungen

I. Das Verfahren endgültig beendende Entscheidungen

Jeder Strafbefehl und **jedes Urteil** ist mit einer Kostenentscheidung zu versehen. Ausgenommen sind lediglich zurückverweisende Urteile (§ 473 StPO Rn 1). Einem Urteil stehen die als Urteilsersatz zugelassenen Beschlüsse nach § 204 StPO, § 206 a StPO, § 206 b StPO, § 319 StPO, § 319 Abs 1 StPO, § 322 Abs 1 StPO, § 346 StPO, § 349 StPO, § 441 Abs 2 StPO gleich. Mit einer Kostenentscheidung zu versehen sind weiterhin die ein Verfahren endgültig beendenden Entscheidungen, insb die nach § 153 Abs 2 StPO, § 153 b Abs 2 StPO und die endgültigen Einstellungsbeschlüsse nach § 153 a StPO. Dasselbe gilt für § 154 Abs 2 StPO (OLG Düsseldorf VRS 73, 457, 458; Löwe/Rosenberg/Hilger StPO § 464 Rn 12, **aA** BayObLG NJW 1969, 1448; differenzierend OLG Karlsruhe NJW 1975, 1425, 1426: isolierte Kostenentscheidung nur bei § 154 Abs 4 StPO). 4

II. Vorläufige Verfahrenseinstellung

Keine Kostenentscheidung ergeht bei einer vorläufigen Einstellung nach § 153 a Abs 2 StPO oder § 205 StPO. Ebenfalls wird im Beschluss nach § 154 a Abs 2 StPO nicht über die Kosten entschieden (BGH StV 1993, 135 LS), es sei denn, die Einstellung erfolgt wegen eines selbstständigen Teils einer Tat (Meyer-Goßner StPO § 464 Rn 7). 5

III. Beschwerdeverfahren

Auch die **Beschwerdeentscheidung** ist eine verfahrensabschließende Entscheidung (BGH NJW 2007, 3652; **aA** OLG Düsseldorf NStZ 1988, 194; Michaelowa ZStW 94, 969, 999: keine Auslagenentscheidung; **aA** Löwe/Rosenberg/Hilger StPO § 464 Rn 8: nur bei Entscheidungen gegen Nicht-Beschuldigte und nach Rechtskraft der Hauptsache gegen den Beschuldigten; **aA** OLG Celle MDR 1970, 349: nur bei einem selbstständigen Zwischenverfahren). Dies gilt auch bei der Beschwerde eines Dritten. Hilft das Ausgangsgericht der Beschwerde im vollen Umfang ab, trifft es mit der **Abhilfe** eine Kostenentscheidung (LG Mainz Rpfleger 1974, 74; KK-StPO/Gieg StPO § 464 Rn 3). Keine Kosten- und Auslagenentscheidung erfolgt, wenn der Erlass eines Haftbefehls oder der Antrag nach § 111 a StPO abgelehnt wird (Meyer-Goßner StPO § 464 Rn 11). 6

IV. Kostenentscheidung im Nachtragsverfahren

Da nach § 464 a Abs 1 S 2 StPO die verfahrensabschließende Entscheidung auch die Kosten der Vollstreckung umfasst, trifft das Gericht im Nachtragsverfahren grundsätzlich keine Kosten- und Auslagenentscheidung. Abweichendes gilt nur, wenn es sich nicht um Kosten des **üblichen Vollstreckungsverlaufs** handelt (Hilger NStZ 1989, 491; **aA** KG NStZ 1989, 490; dazu § 464 a StPO Rn 6) und wenn einer Beschwerde eines Verurteilten stattgegeben wird (OLG Hamm NJW 1975, 2112). 7

V. Verfahrensende ohne Entscheidung

8   Endet ein gerichtliches Verfahren ohne Entscheidung, so hat das Gericht über die Kosten und notwendigen Auslagen durch **selbstständigen Beschluss** zu befinden, zB nach § 467 a Abs 1 StPO, § 469 Abs 2 StPO, § 473 Abs 1 StPO. Dies gilt auch beim Tod des Angeklagten (BGH NJW 1999, 3644, 3646). Zur zeitlichen Grenze der Nachholung einer isolierten Entscheidung s OLG Köln BeckRS 2007, 65331.

VI. Nachholung/Ergänzung der Kostenentscheidung

9   Eine ausdrückliche Kostenentscheidung ist erforderlich, da ohne sie eine Kostenfestsetzung unterbleibt. In einem solchen Fall trägt die Staatskasse die Verfahrenskosten und die notwendigen Auslagen verbleiben bei demjenigen, dem sie entstanden sind. Fehlt eine Kostenentscheidung oder ist sie unvollständig, kann eine Berichtigung nur im Rahmen der **sofortigen Beschwerde** erfolgen. Eine Ergänzung durch den judex a quo ist unzulässig (KG NStZ-RR 2004, 190, auch zur Umdeutung eines fristgerechten Kostenfestsetzungsantrags in eine sofortige Beschwerde, mwN; abw LG Zweibrücken NStZ-RR 2008, 359, 360). Ist die Entscheidung hingegen rechtskräftig, kann der Kostenausspruch nach **§ 33 a StPO** nachgeholt oder berichtigt werden (OLG Düsseldorf VRS 84, 446). Offenbare Unrichtigkeiten können nach Maßgabe von § 319 ZPO berichtigt werden (OLG Hamm JMBlNW 1976, 105).

C. Sofortige Beschwerde

I. Statthaftigkeit

10   Gegen die Kosten- und Auslagenentscheidung ist die sofortige Beschwerde nach § 311 StPO statthaft. Sie kann isoliert oder neben dem Rechtsmittel in der Hauptsache eingelegt werden. Mit ihr kann die fehlerhafte Kostenentscheidung oder deren Fehlen gerügt werden (OLG Düsseldorf VRS 95, 116). Die Berufung und die Revision führen hingegen nicht zur Überprüfung der Kostenentscheidung (BayObLG VRS 74, 369, 370). Hat das Hauptsacherechtsmittel Erfolg, wird auch die Nebenentscheidung aufgehoben und eine Kostenbeschwerde gegenstandslos. Diese ist als **selbstständiger Rechtsbehelf** neben einem Rechtsmittel in der Hauptsache daher nur sinnvoll, wenn die Kosten- und Auslagenentscheidung unabhängig von dem Ausspruch in der Hauptsache angefochten wird (Meyer-Goßner StPO § 464 Rn 20).

11   Die Beschwerde ist nur zulässig, wenn die **Anfechtung der Hauptsache** statthaft ist. Dies gilt auch bei einer gesetzeswidrigen Kostenentscheidung (OLG Düsseldorf MDR 1993, 376), deren gänzlichem Fehlen (OLG Düsseldorf VRS 98, 148) oder deren Nachholung in unzulässiger Weise (KG VRS 40, 122). Wird durch einen Beschluss die Nachholung einer unanfechtbaren Entscheidung abgelehnt (OLG Düsseldorf MDR 1988, 164) oder eine Entscheidung in unzulässiger Weise geändert, bleibt dieser unanfechtbar (Meyer-Goßner StPO § 464 Rn 18, **aA** OLG Schleswig SchlHA 1985, 131 [E/LS]). Zur Statthaftigkeit der Beschwerde reicht es aus, wenn ein Teil der Hauptsache anfechtbar ist und dieser mit dem unanfechtbaren Teil in der Kostenentscheidung untrennbar verknüpft ist (OLG Hamburg NStZ 1991, 100, 101).

12   Ist in der Hauptsache ein Rechtsmittel statthaft und scheitert es zB an der Beschwer, gilt die Einschränkung von § 464 Abs 3 S 1 StPO nicht (KG BeckRS 2008, 08515).

II. Einlegung der Beschwerde

13   Die Einlegung der Beschwerde muss **ausdrücklich** erklärt werden, indem der Angeklagte innerhalb der Beschwerdefrist zum Ausdruck bringt, dass er die Kostenentscheidung angreift (BGHSt 25, 77, 81). Die Einlegung der Berufung, Revision (BGHSt 26, 126) oder eines unbenannten Rechtsmittels genügt nicht (OLG München JR 1981, 126). Jedoch ist § 300 StPO zu beachten und das Begehren des Angeklagten auszulegen. Wendet er sich nur die Kostenentscheidung, ist eine Berufung oder Revision in eine Beschwerde umzudeuten (OLG Düsseldorf NStZ-RR 1999, 252).

III. Beschwerdeberechtigung

Beschwerdeberechtigt ist, wer durch den Inhalt der Kostenentscheidung belastet ist. Dies ist für die Staatskasse die StA, nicht der Bezirksrevisor, welche auch zugunsten des Angeklagten tätig werden kann. Nach dem Tod des Angeklagten sind dessen Erben beschwerdeberechtigt (Löwe/Rosenberg/Hilger StPO § 463 Rn 21) und der (Pflicht-) Verteidiger (OLG Karlsruhe, NStZ-RR 2003, 286 mN; **aA** OLG München NStZ 2003, 501 mN). Ein unbeschränkter Rechtsmittelverzicht umfasst auch die Kostenbeschwerde (OLG Hamm MDR 1971, 776). 14

IV. Sonstige Zulässigkeitsvoraussetzungen

IÜ gelten die Voraussetzungen der sofortigen Beschwerde nach § 311 StPO, insb die Wertgrenze des § 304 Abs 3 StPO (200 EUR). 15

V. Zuständigkeit

Über die Beschwerde entscheidet nach § 464 Abs 3 S 3 StPO das übergeordnete **Beschwerdegericht**. Ist gleichzeitig Berufung oder Revision eingelegt – nicht ausreichend ist ein Antrag auf deren Zulassung (BayObLG MDR 1976, 951) – entscheidet das Rechtsmittelgericht auch über die Kostenbeschwerde, wenn beide Rechtsbehelfe von derselben Person eingelegt sind (BGH NStZ 1997, 238; **aA** BayObLG VRS 74, 369, 370, soweit sich Revision und Beschwerde auf denselben Angeklagten beziehen). Die Entscheidungsbefugnis des Rechtsmittelgerichts endet, wenn es mit dem Rechtsmittel nicht mehr befasst ist, jedenfalls mit der Entscheidung über das Rechtsmittel (BGH MDR 1978, 282 [H], **aA** KG JR 1973, 427), bei Rücknahme des Rechtsmittels (BGH NStZ-RR 2001, 267 [B]; BGH NStZ-RR 2009, 96) oder bei sonstiger Erledigung. 16

VI. Bindung an die tatsächlichen Feststellungen

Das Beschwerdegericht ist an die tatsächlichen Feststellungen der Ausgangsentscheidung gebunden, soweit die Entscheidung über die Kosten und Auslagen auf ihnen beruht (OLG Karlsruhe MDR 1974, 690). Bindend sind ausschließlich die **maßgebenden Feststellungen** des Urteils (BGHSt 26, 29, 31), nicht aber Vermutungen, Wahrscheinlichkeitsurteile (OLG Düsseldorf JurBüro 1986, 246), Rechtsmeinungen oder Ermessensfragen. Fehlen die erforderlichen Feststellungen, ist die Kostenentscheidung aufzuheben und die Sache zur erneuten Entscheidung über die Kosten zurückzuverweisen. Ist der Sachverhalt einfach und ergeben sich die maßgebenden Tatsachen aus den Akten, kann das Beschwerdegericht selbst entscheiden (BGHSt 26, 29, 33). 17

VII. Kein Verbot der Schlechterstellung

Das Verbot der Schlechterstellung gilt für die Kostenbeschwerde nicht (BGHSt 5, 32). Diese wirkt, wenn sie von einem mehrerer Nebenkläger eingelegt wird, nur für den Beschwerdeführer (OLG Hamm MDR 1973, 1041; **aA** OLG Düsseldorf JMBlNW 1972, 867). 18

§ 464 a [Kosten des Verfahrens; notwendige Auslagen]

(1) ¹Kosten des Verfahrens sind die Gebühren und Auslagen der Staatskasse. ²Zu den Kosten gehören auch die durch die Vorbereitung der öffentlichen Klage entstandenen sowie die Kosten der Vollstreckung einer Rechtsfolge der Tat. ³Zu den Kosten eines Antrags auf Wiederaufnahme des durch ein rechtskräftiges Urteil abgeschlossenen Verfahrens gehören auch die zur Vorbereitung eines Wiederaufnahmeverfahrens (§§ 364a und 364b) entstandenen Kosten, soweit sie durch einen Antrag des Verurteilten verursacht sind.

(2) Zu den notwendigen Auslagen eines Beteiligten gehören auch
1. die Entschädigung für eine notwendige Zeitversäumnis nach den Vorschriften, die für die Entschädigung von Zeugen gelten, und

2. die Gebühren und Auslagen eines Rechtsanwalts, soweit sie nach § 91 Abs 2 der Zivilprozeßordnung zu erstatten sind.

Überblick

Die Norm definiert die Kosten des Verfahrens als Gerichtsgebühren (Rn 2) und Auslagen der Staatskasse (Rn 3). Zu letzteren gehören insb die Kosten der Vorbereitung der öffentlichen Klage (Rn 4), eines Wiederaufnahmeantrags (Rn 7) sowie die Vollstreckungskosten (Rn 6). Weiterhin wird bestimmt, dass zu den notwendigen Auslagen eines Beteiligten die Entschädigung für Zeitversäumnis (Rn 8) und die notwendigen Rechtsanwaltskosten (Rn 9) gehören. Die Beauftragung eines Rechtsanwalts ist idR notwendig (Rn 9), jedoch der Höhe nach auf die gesetzlichen Gebühren (Rn 15) eines ortsansässigen (Rn 17) Wahlverteidigers (Rn 12) beschränkt. Die Beteiligten können weitere notwendige Auslagen geltend machen (Rn 20), wobei Kosten für eigene Ermittlungen (Rn 21) und Privatgutachten (Rn 22) grds nicht zu erstatten sind.

Übersicht

	Rn		Rn
A. Kosten des Verfahrens	1	2. Unzulässige Mehrfachverteidigung	11
B. Auslagen der Staatskasse	3	3. Wahl- und Pflichtverteidiger	12
I. Kosten zur Vorbereitung der öffentlichen Klage	4	4. Gesetzliche Gebühren werden erstattet	15
II. Kosten der Vollstreckung	6	5. Auslagen des Verteidigers	16
III. Kosten der Vorbereitung eines Wiederaufnahmeantrags	7	6. Reisekosten auswärtiger Verteidiger	17
		7. Kostenerstattung in eigener Sache	18
C. Notwendige Auslagen eines Beteiligten	8	8. Leistungen Dritter	19
I. Notwendige Zeitversäumnis Nr 1	8	III. Sonstige Auslagen	20
II. Verteidigerkosten Nr 2	9	1. Aufwendungen eines Beteiligten	20
1. Notwendigkeit der Verteidigertätigkeit	9	2. Eigene Ermittlungen/Gutachten	21
		IV. Auslagen Dritter	23

A. Kosten des Verfahrens

1 Mit Verfahren sind das Strafverfahren, das Sicherungsverfahren und das selbstständige Verfalls- und Einziehungsverfahren einschließlich des Ermittlungs- und Vollstreckungsverfahrens gemeint. Die dort entstehenden Kosten und notwendigen Auslagen der Beteiligten werden nach § 464 b StPO festgesetzt.

2 Die im Erkenntnisverfahren entstehenden Kosten des Verfahrens sind die **Gerichtsgebühren** und **Auslagen der Staatskasse** und werden nach § 1 GKG erhoben (vgl Nr 3110 KVGKG f, Nr 9000 KVGKG f). Die Vollstreckungskosten richten sich nach der JVKostO sowie den sie ergänzenden Verwaltungsvorschriften (OLG Karlsruhe Rpfleger 1991, 338).

B. Auslagen der Staatskasse

3 Dazu gehören insb die **Pflichtverteidigervergütung** (BGH Rpfleger 1979, 412), die Auslagen anderer Behörden sowie die Entschädigung der Zeugen und Sachverständigen bei Erscheinen vor Gericht, Dolmetscher- und Übersetzerkosten hingegen nur nach Maßgabe von § 464 c StPO.

I. Kosten zur Vorbereitung der öffentlichen Klage

4 Diese umfassen sämtliche zur **Aufklärung der Tatbeteiligung** des Angeklagten erforderlichen Auslagen, soweit die Ermittlungen die prozessuale Tat betreffen, deretwegen die Verurteilung erfolgt (LG Mannheim Rpfleger 1963, 196), und die Kosten der Ergreifung des

Täters. Hierzu zählen Aufwendungen aller strafverfolgend tätig gewordener Behörden (OLG Koblenz NStZ 1995, 563 zu Auslagen der Finanzbehörden), auch Kosten eines Gutachters (OLG Koblenz NStZ-RR 1998, 127 zu Gutachten von Wirtschaftsreferenten), der Telefonüberwachung nebst Dolmetscherkosten (OLG Schleswig SchlHA 2003, 206 [D/D]), der Blutalkoholbestimmung und des Abschleppens und Verwahrens eines PKW (LG Berlin NStZ 2006, 56), auch bei Verzicht auf das Eigentum (OLG Koblenz JurBüro 1995, 541), sowie Reisekosten.

Dazu gehören auch verfassungsrechtlich unbedenklich (BVerfG NStZ-RR 1999, 255) die 5 Kosten der **Untersuchungshaft**, es sei denn der Beschuldigte hat gearbeitet oder sich ernsthaft um Arbeit bemüht (OLG Nürnberg NStZ-RR 1999, 190) einschließlich der Kosten einer Zwangsernährung (aA LG Frankfurt/M NJW 1977, 1924).

II. Kosten der Vollstreckung

Die Kostenentscheidung erstreckt sich verfassungsrechtlich unbedenklich (BVerfG Rpfle- 6 ger 2007, 107) auf die der Entscheidung folgenden Vollstreckungskosten. Diese umfassen die Kosten des Pflichtverteidigers im Vollstreckungsverfahren (LG Koblenz NStZ-RR 1999, 128), eines Gutachtens nach § 454 Abs 2 StPO (BGH NJW 2000, 1128, BVerfG JR 2006, 480; **aA** OLG Hamm NStZ 2001, 167; Eisenberg JR 2006, 57), nicht aber eines Gutachtens zur Prüfung der Haftfähigkeit (OLG Koblenz NStZ 1997, 256; **aA** Peglau NJW 2003, 870, 871, sofern das Gericht und nicht die Staatsanwaltschaft das Gutachten einholt).

III. Kosten der Vorbereitung eines Wiederaufnahmeantrags

Die Kostenentscheidung im Wiederaufnahmeverfahren nach § 473 Abs 6 StPO erstreckt 7 sich auch auf die Kosten von dessen Vorbereitung, § 364 a StPO, § 364 b StPO, um den Verurteilten von der Stellung aussichtsloser Anträge abzuhalten (Krägeloh NJW 1975, 137, 139); vgl § 45 Abs 4 RVG.

C. Notwendige Auslagen eines Beteiligten

I. Notwendige Zeitversäumnis Nr 1

Durch den **Rechtsfolgenverweis** auf das ZSEG (OLG Hamm NStZ 1996, 356; **aA** 8 OLG Hamm NJW 1973, 259) ist dem Beteiligten der Aufwand einschl Verdienstausfall wegen Vernehmungen durch Gericht, Staatsanwaltschaft und Polizei (OLG Karlsruhe Justiz 1987, 156, **aA** OLG Frankfurt JurBüro 1983, 886: nur bei gerichtlichen Vorladungen; m abl Anm Mümmler) sowie für Reisen zum Verteidiger (LG Krefeld NJW 1972, 1098) nebst Besprechungen (OLG Koblenz NJW 1965, 1289) zu ersetzen. Dies gilt auch, wenn der Angeklagte für die Hauptverhandlung bezahlten Urlaub nimmt (OLG Karlsruhe Justiz 1987, 156; **aA** Meyer-Goßner StPO § 464 a Rn 6). Zu notwendigen Kosten der Anwesenheit des Nebenklägers in der Hauptverhandlung OLG Bamberg JurBüro 1985, 1047.

II. Verteidigerkosten Nr 2

1. Notwendigkeit der Verteidigertätigkeit

Kosten eines Rechtsanwalts als Verteidiger, Nebenkläger- oder als Privatklagevertreter 9 oder Vertreter eines Zeugen gegen einen Ordnungsgeldbeschluss sind mit der Maßgabe des § 91 Abs 2 ZPO notwendige Auslagen. Dem Rechtsanwalt steht ein Hochschullehrer gleich (OLG Düsseldorf NStZ 1996, 99; **aA** LG Gießen AnwBl 1987, 499 m abl Anm Herrmann).

Grundsätzlich darf sich jeder der vorgenannten Beteiligten **in jeder Lage des Verfahrens** eines Verteidigers bedienen. Im Kostenfestsetzungsverfahren darf deshalb nicht geprüft werden, ob die Zuziehung eines Rechtsanwalts notwendig oder der Bedeutung des Falles angemessen war (OLG Düsseldorf NStZ 1990, 204; zum Einspruch eines Rechtsanwalts gegen einen Beschluss nach § 51 StPO LG Frankenthal JurBüro 1986, 1675; **aA** LG Hannover ebd). Dies gilt auch für das Verfahren nach §§ 53 OWiG f (OLG Düsseldorf

Rpfleger 1982, 390). Notwendig sind abw von § 109 a Abs 2 OWiG auch Kosten, die der Angeklagte bei einer Einlassung bereits im Ermittlungsverfahren hätte vermeiden können (Mümmler JurBüro 1989, 844; **aA** LG Koblenz JurBüro 1989, 842).

10   Abweichendes gilt im Falle einer von der StA eingelegten Revision: vor Zustellung der Revisionsschrift besteht **keine Notwendigkeit** für ein anwaltliches Tätigwerden (OLG Düsseldorf NStZ 1992, 299; **aA** OLG Stuttgart StV 1993, 651), anders aber wenn die StA durch Einlegung eines Rechtsmittels die von der StVK angeordnete bedingte Entlassung verhindert; dann ist im Abwarten nicht zuzumuten (OLG Düsseldorf NStZ 1990, 204). Nicht notwendig sind Verteidigerkosten auch, wenn ein Angeklagter, mag er auch schuldunfähig sein, zur Hauptverhandlung aufgrund Auslandsreise nicht erscheint (LG Krefeld JurBüro 1986, 1539) oder wenn durch anwaltliches Tätigwerden nicht die Interessen des Angeklagten vertreten werden und nicht ein sachgerechtes Urteils angestrebt wird (KG NStZ 2007, 119: Revision gegen Berufungsverwerfung nach § 329 Abs 2 StPO und Wiedereinsetzungsantrag ohne Begründung).

2. Unzulässige Mehrfachverteidigung

11   Ein Verstoß gegen das Verbot der Mehrfachverteidigung lässt den Gebührenanspruch des Anwalts **entfallen** (LG Freiburg NStZ 1985, 330 mwN, **aA** LG Essen AnwBl 1981, 23 mwN: Anwalt erhält Gebühren bis zur Zurückweisung).

3. Wahl- und Pflichtverteidiger

12   Grundsätzlich werden verfassungsrechtlich unbedenklich (BVerfG NJW 2004, 3319) nur die Kosten eines **ortsansässigen** Wahlverteidigers erstattet, Kosten mehrerer Verteidiger nur, wenn sie die Kosten eines Wahlverteidigers nicht übersteigen oder wenn in der Person des Verteidigers ein Wechsel eintreten musste (OLG Düsseldorf Rpfleger 1975, 256). IÜ erfolgt auch in schwierigen und umfangreichen Verfahren keine Erstattung von Gebühren eines zweiten Wahlverteidigers (OLG Hamburg MDR 1983, 429; differenzierend bei Serientaten OLG Stuttgart Rpfleger 1974, 403). Jedoch sind Kosten eines weiteren Anwalts, der einen Termin zur kommissarischen Vernehmung wahrnimmt, bis zur Höhe der fiktiven Reisekosten des Hauptverteidigers anzusetzen (LG Bayreuth JurBüro 1983, 1841).

13   Bei Bestellung des Wahlverteidigers zum Pflichtverteidiger kann nur der Unterschiedsbetrag zwischen Kosten der **Pflichtverteidigung** und Wahlverteidigerkosten verlangt werden (OLG Karlsruhe NStZ 1981, 404). Hat der Beschuldigte einen Wahlverteidiger und bestellt das Gericht noch einen Pflichtverteidiger, ist die Pflichtverteidigervergütung auf die Wahlverteidigerkosten nicht regelmäßig anzurechnen (BVerfG NStZ 1984, 561, 562 m zust Anm Senge). Dasselbe gilt, wenn eine Pflichtverteidigerbestellung nach Legitimierung eines Wahlverteidigers aufgehoben wird (Senge aaO), anders nur, wenn der Beschuldigte vor Pflichtverteidigerbestellung Gelegenheit zur Anhörung erhält, diese aber ungenutzt lässt (Senge aaO). Hat das Gericht neben einem vorhandenen Wahlverteidiger einen Pflichtverteidiger zur Sicherung eines reibungslosen Verfahrensablaufs bestellt und wurde dies nicht allein wegen des Verhaltens des Angeklagten oder des Wahlverteidigers erforderlich, sind die Wahlverteidigerkosten in voller Höhe zu erstatten (OLG Hamm NStZ 1983, 571). Bei zwei Wahlverteidigern, von denen einer als Pflichtverteidiger beizuordnen gewesen wäre, können die Wahl- und die hypothetisch festzusetzenden Pflichtverteidigergebühren festgesetzt werden (KG NStZ 1994, 451, 452).

Werden zwei Pflichtverteidiger, die zugleich Wahlverteidiger sind, beigeordnet, so verbleibt es bei der Begrenzung auf Kosten für einen Wahlverteidiger (OLG Hamburg JurBüro 1994, 295, 296), nicht aber bei der Bestellung von zwei Pflichtverteidigern (OLG Düsseldorf StV 2006, 32). Ausnahmsweise ist eine Erstattung von Kosten eines **ausländischen** Rechtsanwalts bei Festnahme im Ausland mit anschließendem Auslieferungsverfahren zulässig (OLG Hamburg NStZ 1988, 370).

14   Im **Steuerstrafverfahren** sind neben Rechtsanwaltskosten Gebühren und Auslagen eines Angehörigen der steuerberatenden Berufe zu erstatten, wenn die gemeinsame Verteidigung erforderlich ist (KG NStZ 1982, 207).

4. Gesetzliche Gebühren werden erstattet

Erstattet werden die gesetzlichen Gebühren. Diese bestimmen sich nach RVG. Beim 15
Fehlen einer Gebührenordnung gilt § 408 S 2 AO analog. **Honorarvereinbarungen** bleiben gänzlich außer Betracht (BGH Rpfleger 1979, 412, 413; Mümmler JurBüro 1984, 1281, 1284 mN; **aA** H. Schmidt AnwBl 1984, 266).

5. Auslagen des Verteidigers

Erstattungspflichtig sind die im Einzelfall notwendigen Auslagen des Verteidigers wie 16
Reisekosten zu auswärtigen Terminen, Schreibgebühren, Kopierkosten im erforderlichen Umfang (OLG Karlsruhe NJW 1972, 1480). Eine Informationsreise auch ins Ausland kann bei einem sehr schweren Vorwurf notwendig sein, wenn sie der Beschaffung eines Entlastungsbeweises dient (OLG Celle 1969, 413), nicht aber die bloße Tatortbesichtigung (OLG Köln BeckRS 2009, 09118).

6. Reisekosten auswärtiger Verteidiger

Mehrkosten für die Beauftragung eines auswärtigen, dh nicht am Gerichtsort ansässigen 17
Verteidigers (Nr 7003 VVRVG f) sind nur zu erstatten, wenn dessen Hinzuziehung zur zweckentsprechenden Verteidigung **notwendig** war, ausnahmsweise jedoch, wenn die Verteidigung so entscheidende Schwierigkeiten in sich birgt, dass die Beschuldigtenrechte nur als hinreichend gewahrt angesehen werden können, wenn dieser durch einen mit der zu behandelnden Materie besonders vertrauten Anwalt verteidigt wird; ein guter Ruf wegen besonders guter Rechtskenntnisse reicht nicht aus (OLG Düsseldorf NStZ 1981, 451; **aA** OLG Koblenz NJW 1971, 1147 bei besonderem Vertrauensverhältnis; Sommermeyer NStZ 1990, 267, 270: freie Wahl im LG-Bezirk); anders bei schwerwiegenden Vorwürfen insb Schwurgerichtssachen, zumal wenn der Beschuldigte einen Anwalt an seinem Wohnort beauftragt, die Hauptverhandlung aber woanders stattfindet (OLG Zweibrücken Rpfleger 1972, 71), wenn vor Ort kein Fachanwalt für Strafrecht zugelassen ist (AG Staufen NStZ 2001, 109) oder wenn der Beschuldigte davon ausgehen durfte, dass das Verfahren an seinem Wohnsitz/Bürositz stattfindet (OLG Celle StV 1986, 1537). Bei erheblichen Reisekosten eines auswärtigen Verteidigers, wenn der Beschuldigte in andere JVA verlegt wird und das Pflichtverteidigerhonorar durch Reisekosten aufgezehrt wird, kann eine Kürzung unzulässig sein (BVerfG NJW 2001, 1269).

7. Kostenerstattung in eigener Sache

Einem sich selbst verteidigenden Rechtsanwalt steht **kein** anwaltlicher **Gebühren-** 18
anspruch zu (EGH Stuttgart AnwBl 1983, 331; **aA** OLG Frankfurt NJW 1973, 1991). Dies ist verfassungsrechtlich unbedenklich (BVerfG NJW 1980, 1677). Dasselbe gilt für den beschuldigten Rechtsanwalt im Privatklageverfahren (BVerfG NJW 1994, 242), anders aber als Privat- oder Nebenkläger (OLG Hamm Rpfleger 1999, 565).

8. Leistungen Dritter

Vorleistungen oder Erstattungen von Rechtsschutzversicherungen, Arbeitgebern, Gewerk- 19
schaften oder Berufsverbänden bleiben **außer Betracht** (OLG Zweibrücken Rpfleger 1992, 406).

III. Sonstige Auslagen
1. Aufwendungen eines Beteiligten

Zu erstatten sind Kosten einer Informationsreise des auswärts wohnenden Beschuldigten 20
zum Verteidiger am Gerichtsort (OLG Hamburg Rpfleger 1972, 414), Fahrtkosten gemäß JVEG zum Gericht oder zur StA nebst Verpflegungs- und Übernachtungskosten während der Hauptverhandlung (Meyer-Goßner StPO § 464 a Rn 15), auch vor dem Revisionsgericht (OLG Koblenz NJW 1965, 1289, einschr OLG Hamm NJW 1973, 259; **aA** LG Mannheim NJW 1965, 1822, 1824; Meyer-Goßner StPO § 464 a Rn 15); nicht aber Kosten

StPO § 464 b

für die Beschaffung einer Sicherheitsleistung zur Abwendung von Untersuchungshaft (OLG Karlsruhe Rpfleger 1971, 72) oder Reisekosten der Ehefrau zum Besuch des Beschuldigten in der Untersuchungshaft (OLG Düsseldorf Rpfleger 1975, 256)

2. Eigene Ermittlungen/Gutachten

21   Aufwendungen für **eigene Ermittlungen** oder Beweiserhebungen durch den Beschuldigten sind grds nicht notwendig, da die Staatsanwaltschaft vAw zu ermitteln und die Beweise auch zugunsten des Beschuldigten zu erheben hat. Eine Ersatzpflicht besteht deshalb nur, wenn der Beschuldigte zunächst alle prozessualen Mittel zur Erhebung des gewollten Beweises ausgeschöpft hat (OLG Hamburg NStZ 1983, 284; krit Dahs NStZ 1991, 354). Dies gilt insbesondere für Detektivkosten (OLG Hamm NJW 1968, 1537; anders aber im Privatklageverfahren: LG Hildesheim NJW 1965, 1446).

22   Kosten für ein **Privatgutachten** (dazu Jakubetz JurBüro 1999, 564) sind nur anzusetzen, wenn das Gutachten zur Abwehr des Anklagevorwurfs unbedingt notwendig war (OLG Koblenz Rpfleger 1978, 148), sich die Prozesslage des Beschuldigten andernfalls alsbald verschlechtert hätte (OLG Düsseldorf NStZ 1997, 511), der Beschuldigte damit rechnen musste, dass ein solches Gutachten keinesfalls erhoben wird (OLG Hamm NStZ 1989, 588) oder bei komplizierten technischen Sachverhalten, wenn das Privatgutachten das Verfahren gefördert hat (OLG Frankfurt VRS 42, 430), jedenfalls aber aus dem Grundsatz der Waffengleichheit, wenn eine Gegenprobe wie in § 43 LFBG zulässig ist (OLG Düsseldorf NStZ 1991, 353; m zust Anm Dahs). Entsprechendes gilt für Auslagen der geladenen und gestellten Zeugen (**aA** D Meyer JurBüro 1984, 655, 660). Kosten eines Rechtsgutachtens werden nur zur Klärung ganz fern liegender Rechtsgebiete erstattet (OLG Celle Rpfleger 1994, 225, 226). Ein vom **Nebenkläger** in Auftrag gegebenes Gutachten muss dagegen lediglich zur Wahrung der eigenen Rechte erforderlich sein (BVerfG NJW 2006, 136, 138).

IV. Auslagen Dritter

23   Auslagen Dritter sind grds nicht zu erstatten (OLG Hamm NJW 1953, 1445), ausgenommen Verteidigerkosten, für die der gesetzliche Vertreter aufgekommen ist (LG Bückeburg NJW 1960, 1026), und die notwendigen Auslagen eines Dritten kraft eigenen Rechts iSv § 298 StPO, § 67 JGG (Meyer-Goßner StPO § 464 a Rn 17).

§ 464 b [Kostenfestsetzung]

¹**Die Höhe der Kosten und Auslagen, die ein Beteiligter einem anderen Beteiligten zu erstatten hat, wird auf Antrag eines Beteiligten durch das Gericht des ersten Rechtszuges festgesetzt.** ²**Auf Antrag ist auszusprechen, dass die festgesetzten Kosten und Auslagen von der Anbringung des Festsetzungsantrags an zu verzinsen sind.** ³**Auf die Höhe des Zinssatzes, das Verfahren und auf die Vollstreckung der Entscheidung sind die Vorschriften der Zivilprozessordnung entsprechend anzuwenden.**

Überblick

Auf Grundlage der für ihn bindenden Kostenentscheidung des Gerichts (Rn 2) setzt der Rechtspfleger die Kosten und Auslagen der Beteiligten fest (Rn 3). Gegen diese Entscheidung findet die sofortige Beschwerde statt (Rn 5).

A. Kostenentscheidung

1   Im Kostenfestsetzungsverfahren werden nur die **Kosten und Auslagen der Beteiligten** festgesetzt, die Gerichtskosten hingegen nach § 19 Abs 2 GKG und die Pflichtverteidigerkosten nach § 55 RVG.

2   Die Kostenfestsetzung erfolgt auf der Grundlage der Kosten- und Auslagenentscheidung gemäß § 464 StPO. Diese ist **bindend**, selbst wenn sie grob fehlerhaft ist (OLG Karlsruhe

JurBüro 1988, 1073 m abl Anm Mümmler; **aA** LG Aschaffenburg JurBüro 1985, 1046). Die Auslegung einer unklaren Kostenentscheidung ist zulässig, § 464 StPO (§ 464 StPO Rn 9). Aufgrund eines im Privatklageverfahren geschlossenen Vergleichs kann keine Kostenfestsetzung beantragt werden (Meyer-Goßner StPO § 464 b Rn 1).

B. Verfahren

Für das Verfahren gelten die §§ 103 ZPO f entspr. Zuständig ist der **Rechtspfleger** (§ 21 Nr 1 RPflG) des Gerichts erster Instanz, auch nach Zurückverweisung an ein anderes Gericht (BGH NStZ 1991, 145). Die Festsetzung erfolgt nur auf den nicht fristgebundenen **Antrag** eines Beteiligten, dessen Rechtsnachfolger oder Verteidiger. Letzterer bedarf dazu einer besonderen Vollmacht (vgl zur Auslegung OLG München Rpfleger 1968, 32). Zum Verfahren Nr 145 RiStBV. Nach Anhörung der Beteiligten ergeht ein zu begründender (LG Krefeld MDR 1981, 157; vgl aber VVJMBW Justiz 2001, 399) Beschluss mit Rechtsbehelfsbelehrung (LG Bautzen Rpfleger 2000, 183).

3

Zum **Prüfungsumfang** des Rechtspflegers s auch KK-StPO/Gieg StPO § 464 b Rn 3. Auf Antrag ist der Erstattungsbetrag gemäß § 247 BGB frühestens ab Rechtskraft zu verzinsen.

4

C. Rechtsbehelf

Gegen die Entscheidung des Rechtspflegers findet die **sofortige Beschwerde** nach den Grundsätzen der StPO statt (BGH NJW 2003, 763). Diese ist nach § 311 Abs 2 S 1 StPO binnen einer Woche einzulegen (OLG Celle Rpfleger 2001, 97 mN; **aA** OLG Düsseldorf Rpfleger 2001, 96 mN: Zweiwochenfrist nach § 569 ZPO; sehr str). Kein Anwaltszwang (OLG Düsseldorf NStZ 2003, 324). Die Abhilfebefugnis des Rechtspflegers beschränkt sich auf den Fall des § 311 Abs 2 S 2 StPO (OLG Düsseldorf Rpfleger 1999, 234; **aA** OLG Stuttgart NJW 1999, 368). Das Beschwerdegericht entscheidet in der Besetzung nach § 76 Abs 1 S 1 GVG iVm § 73 GVG und nicht durch einen Einzelrichter (Meyer-Goßner StPO § 464 b Rn 7; **aA** OLG Düsseldorf NStZ 2003, 324). Die selbständige Anschlussbeschwerde ist zulässig (OLG Hamm JurBüro 1983, 1216; **aA** OLG Düsseldorf OLGSt § 464 S 3).

5

Mit der Beschwerde kann nur die **Nachprüfung** der Rechtspflegerentscheidung begehrt werden, nicht aber eine weitere Kostenerstattung, für die eine solche Entscheidung fehlt (OLG Hamm NJW 1966, 2074, 2075). Das Verbot der Schlechterstellung gilt nicht (OLG Düsseldorf MDR 1991, 370; **aA** OLG München AnwBl 1979, 198; sehr str). Das Beschwerdegericht entscheidet auch über die Kosten des Rechtsmittels. Eine Rechtsbeschwerde findet nicht statt (BGH NJW 2003, 763).

6

§ 464 c [Kosten bei Bestellung eines Dolmetschers oder Übersetzers]

Ist für einen Angeschuldigten, der der deutschen Sprache nicht mächtig, hör- oder sprachbehindert ist, ein Dolmetscher oder Übersetzer herangezogen worden, so werden die dadurch entstandenen Auslagen dem Angeschuldigten auferlegt, soweit er diese durch schuldhafte Säumnis oder in sonstiger Weise schuldhaft unnötig verursacht hat; dies ist außer im Falle des § 467 Abs. 2 ausdrücklich auszusprechen.

Kosten eines Dolmetschers oder Übersetzers **für Beschuldigte**, die der deutschen Sprache nicht mächtig oder die hör- oder sprachbehindert sind, sind gemäß § 6 Abs 3 lit e EMRK grds von der Staatskasse zu tragen (Nr 9005 KVGKG). Ausscheidbare Kosten für die Vernehmung von Zeugen unter Hinzuziehung eines Dolmetschers bleiben unberührt (LG Koblenz NStZ-RR 2000, 30).

1

Wird ein von einem deutschsprachigen Beschuldigten im Ausland begangenes Delikt im Inland verfolgt, fallen die Kosten für die Übersetzung der fremdsprachigen Verfahrensakten der Staatskasse zur Last (LG Trier NStZ-RR 2009, 159).

2   Kommt es zu keiner Verurteilung, trägt der Angeklagte die Dolmetscherkosten nur nach Maßgabe des § 467 Abs 2 StPO, ohne dass es einer gesonderten Erwähnung im Kostenausspruch bedarf. Bei einer Verurteilung trägt der Angeklagte seine Dolmetscherkosten insoweit, wie er sie **schuldhaft**, dh durch unentschuldigte Säumnis oder Verspätung oder schuldhaft falsche Angaben über seine Sprache gemacht hat und unnötige Kosten entstanden sind (Schnigula JurBüro 1989, 889, 899). Dies ist in der Kostenentscheidung auszusprechen.

§ 464 d [Verteilung der Auslagen nach Bruchteilen]

Die Auslagen der Staatskasse und die notwendigen Auslagen der Beteiligten können nach Bruchteilen verteilt werden.

Sind Auslagen der Staatskasse oder notwendige Auslagen der Beteiligten zu verteilen, zB bei einem Teilfreispruch nach § 467 StPO, kann das Gericht nach seinem **Ermessen** die überkommene Differenztheorie (§ 465 StPO Rn 9) anwenden (OLG Karlsruhe NStZ 1998, 317, 318; **aA** LG Frankfurt/M NStZ-RR 1997, 191) oder Quoten festsetzen. Eine Kostenquotelung bei der Kostenfestsetzung ist auch dann zulässig, wenn in der Kostengrundentscheidung eine solche nicht getroffen wurde und es sich nicht um einen leicht überschaubaren Fall handelt (OLG Köln NStZ-RR 2004, 384).

§ 465 [Kostenpflicht des Verurteilten]

(1) ¹Die Kosten des Verfahrens hat der Angeklagte insoweit zu tragen, als sie durch das Verfahren wegen einer Tat entstanden sind, wegen derer er verurteilt oder eine Maßregel der Besserung und Sicherung gegen ihn angeordnet wird. ²Eine Verurteilung im Sinne dieser Vorschrift liegt auch dann vor, wenn der Angeklagte mit Strafvorbehalt verwarnt wird oder das Gericht von Strafe absieht.

(2) ¹Sind durch Untersuchungen zur Aufklärung bestimmter belastender oder entlastender Umstände besondere Auslagen entstanden und sind diese Untersuchungen zugunsten des Angeklagten ausgegangen, so hat das Gericht die entstandenen Auslagen teilweise oder auch ganz der Staatskasse aufzuerlegen, wenn es unbillig wäre, den Angeklagten damit zu belasten. ²Dies gilt namentlich dann, wenn der Angeklagte wegen einzelner abtrennbarer Teile einer Tat oder wegen einzelner von mehreren Gesetzesverletzungen nicht verurteilt wird. ³Die Sätze 1 und 2 gelten entsprechend für die notwendigen Auslagen des Angeklagten.

(3) Stirbt ein Verurteilter vor eingetretener Rechtskraft des Urteils, so haftet sein Nachlaß nicht für die Kosten.

Überblick

Wird der Angeklagte verurteilt (Rn 1), trägt er nach dem Grundsatz der Kosteneinheit sämtliche Kosten des Verfahrens (Rn 2). Ausgenommen sind nur Auslagen des Gerichts, die Dritten auferlegt werden (Rn 3) oder wegen eines groben Verfahrensfehlers entstanden sind (Rn 4). Jugendliche und diesen gleichgestellte Heranwachsende können von den Verfahrenskosten freigestellt werden (Rn 5). Zur Kostenfolge bei Tod des Angeklagten s Rn 6. Im Falle eines fiktiven Teilfreispruchs können der Staatskasse aus Billigkeitsgründen die Auslagen der Staatskasse und des Angeklagten ganz oder teilweise auferlegt werden (Rn 8), indem diese nach Bruchteilen verteilt oder nach der Differenztheorie berechnet werden (Rn 9). Dies gilt entspr für den Teilfreispruch (Rn 10).

Übersicht

	Rn		Rn
A. Grundsatz der Kostentragungspflicht § 465 Abs 1 StPO	1	III. § 74 JGG	5
		IV. Tod des Verurteilten § 465 Abs 3 StPO	6
I. Verurteilung	1		
II. Kostenfolge	2	**C. Auslagenteilung nach § 465 Abs 2 StPO**	7
B. Einschränkungen des Grundsatzes	3	I. Fiktiver Teilfreispruch	7
I. Von Dritten zu tragende Kosten	3	II. Teilfreispruch	10
II. § 8 GKG	4		

A. Grundsatz der Kostentragungspflicht § 465 Abs 1 StPO

I. Verurteilung

Eine Verurteilung liegt vor, wenn das Urteil eine **Schuldfeststellung** trifft und irgend- 1
welche **Unrechtsfolgen** festsetzt (BGHSt 14, 391, 393), insb Geld- oder Freiheitsstrafe,
Verwarnung mit Strafvorbehalt, Absehen von Strafe (§ 465 Abs 1 S 2 StPO), Erziehungsmaßnahmen und Zuchtmittel iSd JGG, die Vorbewährung nach § 27 JGG. Die Verhängung
einer Maßregel iSv § 61 StGB, nicht aber einer sonstigen Nebenfolge (BGHSt 14, 391, 393),
im Falle eines Freispruchs wegen Schuldunfähigkeit (OLG Oldenburg NJW 1964, 2439,
2440) oder im Verfahren nach § 413 StPO reicht aus. Gleiches gilt, wenn lediglich die
Sperrwirkung des § 373 Abs 2 StPO die Bestrafung verhindert. Zur Straffreierklärung s
§ 468 StPO.

II. Kostenfolge

Der Verurteilte hat die Kosten des Verfahrens zu tragen. Da jeder Verfahrensbeteiligte seine 2
Auslagen trägt, wenn nichts anderes bestimmt wird, unterbleibt im Urteil ein Ausspruch über
die Auslagen des Verurteilten. Nach dem **Grundsatz der Kosteneinheit** werden die Kosten
des gesamten Verfahrens – auch nach Zurückverweisung – erfasst, wenn zB die Verurteilung
erst nach einem Freispruch und Zurückverweisung erfolgt (BGH NStZ-RR 2006, 32). Dies
gilt auch, wenn die Sache an ein anderes Gericht verwiesen wird (OLG Oldenburg NStZ
1996, 405).

B. Einschränkungen des Grundsatzes

I. Von Dritten zu tragende Kosten

Kosten, die **einem Dritten auferlegt** werden, sind ausgenommen, ohne dass es in der 3
Kostengrundentscheidung zu erwähnen wäre (BGH NJW 1997, 2963); eine klarstellende
Ergänzung der Entscheidung kann nicht verlangt werden (OLG Dresden NStZ-RR 2000,
30). Gegen die Aufhebung der den Dritten belastenden Entscheidung steht dem Verurteilten
die Beschwerde zu (OLG Düsseldorf VRS 87, 437).

II. § 8 GKG

Nach § 8 GKG ist von der Erhebung von Kosten abzusehen, die bei richtiger Behandlung 4
der Sache nicht entstanden wären. Dies umfasst aber nicht die Erstattung insoweit entstande-
ner Auslagen des Verurteilten (BGH NStZ 2000, 499). § 8 GKG verlangt, dass das Gericht
einen **schweren Verfahrensfehler** begangen hat (OLG Düsseldorf JurBüro 1996, 655), zB
die Verweigerung rechtlichen Gehörs (OLG Köln NJW 1979, 1834), die falsche Besetzung
des Gerichts (BGH NStZ 1989, 191). Über das Absehen der Kostenerhebung wird in der
Kostenentscheidung oder im Kostenansatzverfahren entschieden (BGH DAR 1999, 208).
Überlässt das Gericht die Anordnung dem Kostenansatzverfahren, muss der Verurteilte sein
Anliegen nach § 21 GKG verfolgen (BGH NStZ-RR 2008, 31; D. Meyer JurBüro 1991,
175 zur Umdeutung der Beschwerde in einen Antrag nach § 21 GKG).

III. § 74 JGG

5   Im Verfahren gegen **Jugendliche und Heranwachsende** kann nach § 74 JGG, § 109 Abs 2 JGG ganz oder teilweise davon abgesehen werden, dem Verurteilten die Kosten aufzuerlegen; er trägt seine eigenen Auslagen jedoch stets selbst (BGH NStZ 1989, 239 m abl Anm Brunner).

IV. Tod des Verurteilten § 465 Abs 3 StPO

6   Die Kostenpflicht des Verurteilten hängt von der **Rechtskraft der Kostenentscheidung** ab. Stirbt der Angeklagte vorher, ist das Verfahren einzustellen (§ 206 a StPO Rn 7). Der Nachlass haftet nicht für die Verfahrenskosten, anders aber bei Tod nach Rechtskraft.

C. Auslagenteilung nach § 465 Abs 2 StPO

I. Fiktiver Teilfreispruch

7   Aus **Billigkeitsgründen** können die Auslagen der Staatskasse und des Verurteilten ganz oder teilweise der Staatskasse auferlegt werden. Die Kosten brauchen nicht ausscheidbar zu sein, soweit nur Mehrkosten entstanden sind (BGHSt 25, 109, 116).

8   Sie müssen durch Untersuchungen wie Zeugenvernehmungen und Sachverständigengutachten zur Aufklärung bestimmter Umstände, die für den Verurteilten günstig ausgegangen sind, verursacht worden sein (Bode NJW 1969, 2139) oder sich auf Taten beziehen, derentwegen keine Verurteilung, aber auch kein Freispruch erfolgte, § 465 Abs 2 S 2 StPO, sog **fiktiver Freispruch** (zur Nichtverurteilung im Falle eines abtrennbaren Tatteils s LG München I NStZ 1999, 384, im Falle von Tateinheit s OLG Düsseldorf JurBüro 1989, 126). In solchen Fällen wird die Belastung des Verurteilten mit solchen Kosten häufig unbillig sein, zB bei Verurteilung wegen einer Ordnungswidrigkeit statt einer Straftat. Der Staatskasse sind die gesamten Auslagen des Verurteilten aufzuerlegen, wenn anzunehmen ist, dass er den Bußgeldbescheid hingenommen hätte (OLG Stuttgart Justiz 1987, 160). Andererseits findet § 465 Abs 2 StPO keine Anwendung, wenn die Verurteilung lediglich leichter wiegt als der ursprüngliche Vorwurf (BGH NStZ 1986, 210).

9   Das Gericht kann nach § 464 d StPO die Kosten und Auslagen nach Quoten verteilen oder die sog. **Differenztheorie** anwenden. Mit dieser wird im Kostenfestsetzungsverfahren ermittelt, welche Auslagen dem Verurteilten entstanden wären, wenn allein die zur Verurteilung führenden Taten Gegenstand des Verfahrens wären; die in diesem Fall entstandenen notwendigen Auslagen (fiktiven Kosten) fallen ihm zur Last. Von den Mehrkosten, die durch die zum Freispruch führenden Taten entstanden sind, soll er freigestellt werden. Bei den Verteidigergebühren wird der das fiktive Honorar übersteigende rechnerische Teil der einheitlichen Verteidigergebühr erstattet (OLG Nürnberg BeckRS 2007, 10778).

II. Teilfreispruch

10   § 465 Abs 2 StPO findet nur innerhalb einer prozessualen Tat iSv § 264 StPO Anwendung (OLG Zweibrücken MDR 1966, 351; **aA** Sommermeyer MDR 1991, 932), da im Falle eines **Teilfreispruchs** § 467 StPO eingreift. Auf diesen findet die Verurteilung in die Kosten nach Bruchteilen oder nach der Differenztheorie entspr § 465 Abs 2 StPO Anwendung. Hat ein Teilfreispruch neben der Verurteilung keine Bedeutung, trägt der Verurteilte seine gesamten Auslagen selbst (OLG Stuttgart MDR 1975, 598).

11   Die vorgenannten Grundsätze finden auf die teilweise Eröffnung des Hauptverfahrens und die Teileinstellung entsprechende Anwendung (Meyer-Goßner StPO § 465 Rn 10).

11.1   Formulierungsvorschlag bei Verurteilung nach Bruchteilen:
Von den Kosten des Verfahrens und den notwendigen Auslagen des Angeklagten tragen die Staatskasse ¾ und der Verurteilte ¼.
Wahlweise bei einem fiktiven Teilfreispruch (§ 465 StPO):
Der Angeklagte trägt die Kosten des Verfahrens. Ausgenommen sind die Verfahrenskosten und die notwendigen Auslagen des Angeklagten hinsichtlich des Verdachts der gefährlichen Körperverletzung, diese trägt die Staatskasse.

Kosten des Verfahrens §§ 466, 467 StPO

Wahlweise bei einem Teilfreispruch (§ 465 StPO, § 467 StPO):
Der Angeklagte trägt die Kosten des Verfahrens, soweit er verurteilt wurde, die Staatskasse die Kosten des Verfahrens und die notwendigen Auslagen des Angeklagten, soweit er freigesprochen wurde.

§ 466 [Haftung Mitverurteilter]

¹Mitangeklagte, gegen die in Bezug auf dieselbe Tat auf Strafe erkannt oder eine Maßregel der Besserung und Sicherung angeordnet wird, haften für die Auslagen als Gesamtschuldner. ²Dies gilt nicht für die durch die Tätigkeit eines bestellten Verteidigers oder eines Dolmetschers und die durch die Vollstreckung, die einstweilige Unterbringung oder die Untersuchungshaft entstandenen Kosten sowie für Auslagen, die durch Untersuchungshandlungen, die ausschließlich gegen einen Mitangeklagten gerichtet waren, entstanden sind.

Die Vorschrift begründet die gesamtschuldnerische Haftung Mitangeklagter (OLG Koblenz NStZ-RR 1999, 160: bei Zusammentreffen mit § 74 JGG nur Haftung nach Kopfteilen). Die Verurteilung muss in einem **gemeinsamen Verfahren** erfolgen, jedoch nicht notwendig in demselben Urteil oder Rechtszug (OLG Koblenz NStZ-RR 2002, 160). 1

Die Mitangeklagten müssen **innerhalb einer prozessualen Tat** (OLG Karlsruhe Justiz 2006, 13, 14) in gleicher Richtung mitgewirkt haben (OLG Celle NJW 1960, 2305). Dies gilt für Mittäter, Beteiligte, fahrlässige Nebentäter (BayObLG Rpfleger 1960, 306) und bei Begünstigung, Hehlerei, Strafvereitelung (Meyer-Goßner StPO § 466 Rn 1; aA OLG Celle NJW 1960, 2305), Beteiligung an einer Schlägerei, Bestechung und Bestechlichkeit, nicht aber bei wechselseitigen Körperverletzungen, bei Prozessbetrug und Meineid (OLG Celle MDR 1970, 1030) oder bei unterlassener Hilfeleistung im Verhältnis zum Verursacher der Notlage (OLG Hamm NJW 1961, 1833). 2

Die Haftung gilt kraft Gesetzes und nur für die **Auslagen der Staatskasse**. Ausgenommen nach § 466 S 2 StPO sind Pflichtverteidiger- und Dolmetscherkosten (vgl § 464 c StPO), Haft- und Vollstreckungskosten. Dies gilt ebenso für Kosten von Untersuchungshandlungen und Beweiserhebungen, die ausschließlich einen Angeklagten betreffen, nicht aber, wenn bei Entstehung der Kosten der andere Mitangeklagte noch nicht Beschuldigter war (OLG Koblenz NStZ-RR 2002, 160). Zuständig ist der Kostenbeamte nach § 8 Abs 3 KostVfg (BGH NStZ 1986, 210). Der Anspruch nach § 426 BGB zwischen den Mitangeklagten ist im Zivilprozess durchzusetzen (OLG Koblenz Rpfleger 1990, 36). 3

§ 467 [Kosten und notwendige Auslagen bei Freispruch]

(1) Soweit der Angeschuldigte freigesprochen, die Eröffnung des Hauptverfahrens gegen ihn abgelehnt oder das Verfahren gegen ihn eingestellt wird, fallen die Auslagen der Staatskasse und die notwendigen Auslagen des Angeschuldigten der Staatskasse zur Last.

(2) ¹Die Kosten des Verfahrens, die der Angeschuldigte durch eine schuldhafte Säumnis verursacht hat, werden ihm auferlegt. ²Die ihm insoweit entstandenen Auslagen werden der Staatskasse nicht auferlegt.

(3) ¹Die notwendigen Auslagen des Angeschuldigten werden der Staatskasse nicht auferlegt, wenn der Angeschuldigte die Erhebung der öffentlichen Klage dadurch veranlaßt hat, daß er in einer Selbstanzeige vorgetäuscht hat, die ihm zur Last gelegte Tat begangen zu haben. ²Das Gericht kann davon absehen, die notwendigen Auslagen des Angeschuldigten der Staatskasse aufzuerlegen, wenn er
1. die Erhebung der öffentlichen Klage dadurch veranlaßt hat, daß er sich selbst in wesentlichen Punkten wahrheitswidrig oder im Widerspruch zu seinen späteren Erklärungen belastet oder wesentliche entlastende Umstände verschwiegen hat, obwohl er sich zur Beschuldigung geäußert hat, oder
2. wegen einer Straftat nur deshalb nicht verurteilt wird, weil ein Verfahrenshindernis besteht.

(4) Stellt das Gericht das Verfahren nach einer Vorschrift ein, die dies nach seinem Ermessen zuläßt, so kann es davon absehen, die notwendigen Auslagen des Angeschuldigten der Staatskasse aufzuerlegen.

(5) Die notwendigen Auslagen des Angeschuldigten werden der Staatskasse nicht auferlegt, wenn das Verfahren nach vorangegangener vorläufiger Einstellung (§ 153 a) endgültig eingestellt wird.

Überblick

Wird der Angeschuldigte nicht verurteilt, werden der Staatskasse die Kosten und notwendigen Auslagen des Angeschuldigten auferlegt (Rn 1). Abweichendes gilt für Kosten, die von Dritten zu tragen sind (Rn 2) oder die durch schuldhafte Säumnis des Angeschuldigten entstehen (Rn 3) sowie für notwendige Auslagen des Angeschuldigten, der seine Täterschaft nur vorgetäuscht hat (Rn 4). Verursacht der Angeschuldigte die Klageerhebung durch unwahre oder widersprüchliche Angaben (Rn 5) oder durch Verschweigen wesentlicher entlastender Umstände (Rn 8), kann das Gericht ihn mit seinen Auslagen belasten. Das Gleiche gilt, wenn das Gericht das Verfahren nur wegen Vorliegens eines Verfahrenshindernisses (Rn 11) oder nach einer Vorschrift einstellt, die dies nach seinem Ermessen zulässt (Rn 13). Sollen die notwendigen Auslagen des Angeschuldigten der Staatskasse auferlegt werden, ist dies im Tenor ausdrücklich auszusprechen (Rn 15).

Übersicht

	Rn		Rn
A. Kostentragungspflicht der Staatskasse	1	IV. Verschweigen wesentlicher Umstände § 467 Abs 3 S 2 Nr 1 StPO	8
B. Einschränkungen des Grundsatzes	3	V. Verfahrenshindernis § 467 Abs 3 S 2 Nr 2 StPO	11
I. Schuldhafte Säumnis § 467 Abs 2 StPO	3	VI. Einstellung nach Ermessen § 467 Abs 4 StPO, § 467 Abs 5 StPO	13
II. Unrichtige Selbstanzeige § 467 Abs 3 S 1 StPO	4		
III. Unwahre oder widersprüchliche Einlassung § 467 Abs 3 S 2 Nr 1 StPO	5	C. Kostenausspruch	15

A. Kostentragungspflicht der Staatskasse

1   Endet das Gerichtsverfahren **ohne Verurteilung, vgl § 465 StPO** (§ 465 StPO Rn 1), sind die Kosten und die notwendigen Auslagen des Angeschuldigten iSv § 464 a StPO der Staatskasse des Landes aufzuerlegen, dem das Gericht der 1. Instanz angehört.

2   Fallen Kosten einem **Dritten** zur Last, zB Zeugen nach § 51 StPO, bleiben diese in der Kostengrundentscheidung außer Betracht (Foth NJW 1973, 887). Der Freigesprochene kann seine Auslagen direkt von der Staatskasse verlangen (LG Münster NJW 1974, 1342), die beim Dritten Regress nehmen kann (D. Meyer JurBüro 1989, 1633, 1636).

B. Einschränkungen des Grundsatzes

I. Schuldhafte Säumnis § 467 Abs 2 StPO

3   Versäumt der Angeschuldigte schuldhaft einen **Termin oder** eine **Frist**, trägt er die insoweit entstandenen Kosten. Nicht ausreichend ist ein sonstiges schuldhaftes Verhalten wie die verspätete Benennung von Beweisen oder das nicht rechtzeitige Vorbringen eines Entschuldigungsgrunds (OLG Stuttgart Justiz 1987, 116, 117). Die Norm gilt nicht analog nach fluchtbedingtem Eintritt der absoluten Verfolgungsverjährung (BVerfG NStZ 1993, 195).

II. Unrichtige Selbstanzeige § 467 Abs 3 S 1 StPO

4   Der Angeschuldigte trägt seine Auslagen selbst, wenn er die Klageerhebung durch **unwahre Selbstanzeige** veranlasst hat. Weder müssen die Voraussetzungen von § 145 d StGB vorliegen, noch bedarf es einer förmlichen Strafanzeige. Es genügt eine Selbstbezichtigung gegen-

über einer Strafverfolgungsbehörde. Führt eine Strafanzeige nicht zur Anklage, gilt § 469 StPO.

III. Unwahre oder widersprüchliche Einlassung § 467 Abs 3 S 2 Nr 1 StPO

Abweichend von § 467 Abs 3 S 1 StPO müssen bereits Verdachtsmomente vorgelegen haben (OLG Oldenburg VRS 67, 125), und der Angeschuldigte muss in seiner Eigenschaft als Beschuldiger (**aA** Meyer-Goßner StPO § 467 Rn 8: auch bei nur informatorischer Anhörung) die **Anklageerhebung** durch wahrheitswidrige oder widersprüchliche Erklärungen zumindest **mitverursacht** haben (OLG Braunschweig NJW 1973, 158). Dies ist nicht der Fall, wenn die Strafverfolgungsbehörde die entlastenden Umständen kannte (LG Duisburg AnwBl 1974, 228). Bei einem Widerruf sich selbst belastender Angaben kommt es auf die Wahrheit der einen oder anderen Aussage nicht an, es sei denn, der Angeschuldigte hat sein Geständnis vor Anklageerhebung widerrufen und den wahren Täter benannt (OLG Koblenz VRS 45, 374).

§ 467 Abs 3 StPO gilt nicht entsprechend, wenn sich der Angeschuldigte nicht um entlastendes Beweismaterial bemüht hat (OLG Düsseldorf VRS 64, 210) oder bei widersprüchlichen Angaben in der 1. und 2. Instanz (OLG Koblenz MDR 1982, 252; **aA** OLG Düsseldorf NStZ 1992, 557).

In seiner **Ermessensentscheidung** sieht das Gericht idR davon ab, die Auslagen des Angeschuldigten der Staatskasse aufzuerlegen, falls keine besonderen entlastenden Gründe vorliegen (OLG Frankfurt NJW 1972, 784). Der Angeschuldigte muss die belastende Wirkung der Angaben nicht erkannt und billigend in Kauf genommen haben, fahrlässige Unkenntnis genügt (Meyer-Goßner StPO § 467 Rn 8; **aA** OLG Braunschweig NJW 1973, 158).

IV. Verschweigen wesentlicher Umstände § 467 Abs 3 S 2 Nr 1 StPO

Der Angeschuldigte muss vor Anklageerhebung **Angaben gemacht** haben. Hat er gänzlich geschwiegen und macht er erst vor Gericht Angaben, gilt § 467 Abs 1 StPO. Eine entsprechende Anwendung kommt nicht in Betracht (OLG Koblenz MDR 1982, 252; **aA** OLG München NStZ 1984, 185 mN).

Das Verschweigen muss sich auf **wesentliche Umstände** beziehen. Dazu gehören nicht Vermutungen, sondern zB ein Alibi, beim Betrug die Kenntnis des Tatopfers (OLG Saarbrücken NJW 1975, 292), ein Nachtrunk bei der Trunkenheitsfahrt (OLG Frankfurt NJW 1978, 1017) und die einen Rechtfertigungs- oder Entschuldigungsgrund begründenden Tatsachen.

In der Ermessensentscheidung berücksichtigt das Gericht, ob dem Angeschuldigten das **Nichtverschweigen zumutbar** war. Dies gilt idR nicht, wenn er einen nahen Angehörigen belasten würde (OLG Hamm MDR 1977, 1042), anders aber bei Personen, bei denen er kein Zeugnisverweigerungsrecht besitzt (LG Münster MDR 1972, 261; **aA** OLG Düsseldorf JurBüro 1983, 1850).

V. Verfahrenshindernis § 467 Abs 3 S 2 Nr 2 StPO

Das Gericht kann davon absehen, der Staatskasse die Auslagen des Angeschuldigten aufzuerlegen, wenn allein wegen eines Verfahrenshindernisses keine Verurteilung erfolgen kann, es aber bei Hinwegdenken dieses Hindernisses mit Sicherheit zu einer Verurteilung gekommen wäre (BGH NStZ 1995, 406). Eine solche **Schuldspruchreife** kann nur nach vollständig durchgeführter Hauptverhandlung und dem letzten Wort des Angeklagten eintreten (BVerfG NJW 1992, 1612, 1613; StraFo 2008, 368), so dass § 467 Abs 3 S 2 Nr 2 StPO nur Anwendung findet, wenn das Verfahrenshindernis nach dem letzten Wort des Angeklagten bekannt wird (Hilger NStZ 2000, 332; **aA hM** BGH NStZ 2000, 330, 331: auch dann, wenn nach weitgehend durchgeführter Hauptverhandlung ein erheblicher Tatverdacht besteht und keine Umstände erkennbar sind, die bei Fortführung der Hauptverhandlung die Verdichtung des Tatverdachts zur Feststellung der Tatschuld in Frage stellen würden).

Die Vorschrift findet Anwendung, wenn im Fall der Tateinheit für das leichtere Delikt ein Verfahrenshindernis besteht und das schwerere nicht nachzuweisen ist (OLG Köln MDR 1970, 610), nicht aber im Fall des § 206 b StPO (OLG München NJW 1974, 873).

Ist das Verfahrenshindernis vor Klageerhebung entstanden, sind die Auslagen des Angeschuldigten idR der Staatskasse aufzuerlegen (OLG Karlsruhe NStZ 1981, 228) und zwar unabhängig vom Zeitpunkt von der Erkennbarkeit. In den übrigen Fällen trägt der Angeschuldigte seine ab Entstehung des Hindernisses entstehenden Kosten selbst, wenn weitere Gründe hinzutreten, die eine andere Regelung unbillig erscheinen lassen (Meyer-Goßner StPO § 467 Rn 18).

VI. Einstellung nach Ermessen § 467 Abs 4 StPO, § 467 Abs 5 StPO

13 Stellt das Gericht das Verfahren nach seinem Ermessen ein (§ 153 StPO, § 153 b StPO, § 153 e StPO, § 154 StPO, § 154 b StPO), werden der Staatskasse im Regelfall die Auslagen des Angeschuldigten auferlegt, § 467 Abs 1 StPO. Davon kann das Gericht absehen und entgegen § 467 Abs 3 S 2 Nr 2 StPO maßgebend auf den **Grad des Tatverdachts** abstellen, solange es dem Angeschuldigten keine strafrechtliche Schuld zuweist (BVerfG NJW 1990, 598; EGMR NJW 1988, 2157; krit Kühl NJW 1988, 3233). Eine Kostenteilung nach Instanzen ist zulässig (BGH NStZ 1991, 47, 48).

14 Dies gilt nicht für die Einstellung nach **§ 153 a StPO**. In diesem Fall trägt der Angeschuldigte seine notwendigen Auslagen stets selbst.

C. Kostenausspruch

15 Will das Gericht die notwendigen Auslagen des Angeschuldigten der Staatskasse auferlegen, ist dies **auszusprechen**. Dies ist nicht der Fall, wenn der Staatskasse lediglich die Verfahrenskosten auferlegt werden. Eine andere Auslegung scheidet aus (KG NStZ-RR 2004, 190 mN; **aA** OLG Naumburg NStZ-RR 2001, 189 mN), nicht aber bei Freispruch „auf Kosten der Staatskasse" (OLG Düsseldorf Rpfleger 1994, 315; **aA** Meyer-Goßner StPO § 467 Rn 20). Umgekehrt kann eine unbedingt ausgesprochene Belastung der Staatskasse mit den notwendigen Auslagen des Angeschuldigten nachträglich nicht einschränkend ausgelegt werden (OLG Zweibrücken Rpfleger 1979, 344; **aA** LG Flensburg JurBüro 1985, 1049). Anfechtbare Kostenentscheidungen nach § 467 Abs 2 StPO und nach den Ermessensvorschriften, falls sie vom Regelfall abweichen, sind zu begründen, § 34 StPO.

§ 467 a [Kosten der Staatskasse bei Klagerücknahme und Einstellung]

(1) ¹Nimmt die Staatsanwaltschaft die öffentliche Klage zurück und stellt sie das Verfahren ein, so hat das Gericht, bei dem die öffentliche Klage erhoben war, auf Antrag der Staatsanwaltschaft oder des Angeschuldigten die diesem erwachsenen notwendigen Auslagen der Staatskasse aufzuerlegen. ²§ 467 Abs. 2 bis 5 gilt sinngemäß.

(2) Die einem Nebenbeteiligten (§ 431 Abs. 1 Satz 1, §§ 442, 444 Abs. 1 Satz 1) erwachsenen notwendigen Auslagen kann das Gericht in den Fällen des Absatzes 1 Satz 1 auf Antrag der Staatsanwaltschaft oder des Nebenbeteiligten der Staatskasse oder einem anderen Beteiligten auferlegen.

(3) Die Entscheidung nach den Absätzen 1 und 2 ist unanfechtbar.

Überblick

Nimmt die StA eine Anklage zurück (Rn 1) und stellt sie das Verfahren ein (Rn 2), entscheidet das zuvor befasste (Rn 4) Gericht auf Antrag (Rn 3) über die notwendigen Auslagen der Beteiligten durch isolierte Kostenentscheidung (Rn 5).

A. Zurücknahme der Klage und Verfahrenseinstellung

1 Erforderlich ist die **Zurücknahme einer Anklage** durch die StA (zur Rücknahme der Privatklage s § 471 Abs 2 StPO). Dem steht die Zurücknahme eines Antrags auf Erlass eines Strafbefehls vor dessen Erlass, eines Antrags nach § 400 AO, § 406 Abs 1 AO sowie nach

§ 417 StPO gleich (Meyer-Goßner StPO § 467 a Rn 3). Eine erweiternde Auslegung auf zeitlich frühere Einstellungen ist ausgeschlossen (BGH NJW 1975, 2341, 2343; auch bei anderen Fallgestaltungen vgl OLG Celle NStZ 1988, 196).

Die StA, nicht das Gericht, muss das Verfahren **endgültig einstellen**, gleichgültig nach welcher Vorschrift (Oske MDR 1969, 712, 714; anders nur bei § 153 a StPO gemäß § 467 Abs 5 StPO). Mit der Einstellung muss eine Entscheidung nach StrEG zu treffen sein (Meyer-Goßner StPO § 467 a Rn 2). 2

B. Gerichtliche Entscheidung

Das Gericht entscheidet auf form- und fristlosen **Antrag** der StA oder des Angeschuldigten. Es wartet die Frist des § 172 Abs 2 S 1 StPO entspr § 9 Abs 3 StrEG ab (Löwe/Rosenberg/Hilger StPO § 467 a Rn 13; aA KMR/Stöckel StPO § 467 a Rn 16). § 14 StrEG gilt entspr (Löwe/Rosenberg/Hilger StPO § 467 a Rn 20). Die Entscheidung ist nach § 467 a Abs 3 StPO unanfechtbar. 3

Zuständig ist das Gericht, bei dem die Anklage erhoben war, auch wenn es tatsächlich unzuständig war (Löwe/Rosenberg/Hilger StPO § 467 a Rn 16). 4

Das Gericht trifft gemäß § 467 a Abs 1 StPO über die notwendigen Auslagen des Angeschuldigten und ggf gemäß § 467 a Abs 2 StPO über die notwendigen Auslagen der Verfalls- und Einziehungsberechtigten nach Maßgabe des § 467 StPO mit Ausnahme von § 467 Abs 1 StPO eine **isolierte Kostenentscheidung**. 5

Es ist an die Einstellungsverfügung der StA gebunden und erhebt Freibeweis nur über die besonderen Voraussetzungen der Auslagenentscheidung (Meyer-Goßner StPO § 467 a Rn 15). 6

§ 468 [Straffreierklärung]

Bei wechselseitigen Beleidigungen wird die Verurteilung eines oder beider Teile in die Kosten dadurch nicht ausgeschlossen, daß einer oder beide für straffrei erklärt werden.

Bei einer Straffreierklärung iSv § 199 StGB oder § 233 StGB ist das Gericht an § 465 StPO nicht gebunden und kann nach seinem **Ermessen** über die Auslagen des Gerichts entscheiden, indem es dem Angeklagten die Kosten ganz oder teilweise auferlegt oder von der Auferlegung von Kosten gänzlich absieht; Entsprechendes gilt, wenn der andere Teil im gleichen Verfahren verurteilt wird (KK-StPO/Gieg StPO § 468 Rn 1). Einem Zeugen können nach § 468 StPO keine Kosten aufgebürdet werden. Anderenfalls ist die Beschwerde nach § 464 Abs 3 StPO statthaft (Löwe/Rosenberg/Hilger StPO § 468 Rn 4). 1

Gerichtskosten fallen nicht an. Seine **notwendigen Auslagen** trägt der Angeklagte stets selbst. 2

§ 469 [Kostenpflicht des Anzeigenden]

(1) ¹Ist ein, wenn auch nur außergerichtliches Verfahren durch eine vorsätzlich oder leichtfertig erstattete unwahre Anzeige veranlaßt worden, so hat das Gericht dem Anzeigenden, nachdem er gehört worden ist, die Kosten des Verfahrens und die dem Beschuldigten erwachsenen notwendigen Auslagen aufzuerlegen. ²Die einem Nebenbeteiligten (§ 431 Abs. 1 Satz 1, §§ 442, 444 Abs. 1 Satz 1) erwachsenen notwendigen Auslagen kann das Gericht dem Anzeigenden auferlegen.

(2) War noch kein Gericht mit der Sache befaßt, so ergeht die Entscheidung auf Antrag der Staatsanwaltschaft durch das Gericht, das für die Eröffnung des Hauptverfahrens zuständig gewesen wäre.

(3) Die Entscheidung nach den Absätzen 1 und 2 ist unanfechtbar.

Es genügt, dass öffentlich oder gegenüber einem Amtsträger ein Sachverhalt behauptet wird, der geeignet ist, ein Ermittlungsverfahren einzuleiten oder fortdauern zu lassen, und 1 auch für dessen Einleitung oder Fortdauer ursächlich ist, vgl § 164 StGB. Die **Unwahrheit** dieser Tatsachenbehauptung muss feststehen; ein Freispruch trotz fortbestehendem Tatverdacht genügt nicht (OLG Hamm NJW 1973, 1850). Dem Anzeigendem muss Vorsatz oder **Leichtfertigkeit** vorzuwerfen sein (BeckOK v. Heintschel-Heinegg/Kudlich StGB § 15 Rn 32).

2 Ist das Verfahren bereits anhängig, entscheidet das Gericht vAw oder auf Antrag eines Beteiligten. Wurde das Verfahren vorgerichtlich eingestellt oder erfolgt die Einstellung nach Klagerücknahme (Meyer-Goßner StPO § 469 Rn 9; **aA** OLG Bremen JZ 1953, 471), entscheidet das für die Eröffnung des Hauptverfahrens zuständige Gericht auf **Antrag der StA**, nicht aber auf Antrag des Beschuldigten (AG Lüdinghausen NStZ-RR 2003, 382).

3 Das Gericht trifft **zwei Entscheidungen**: zunächst überbürdet es die Verfahrenskosten und notwendigen Auslagen des Beschuldigten und ggf anderer Beteiligter nach § 467 StPO der Staatskasse und dann nach Anhörung der Beteiligten durch gesonderten unanfechtbaren Beschluss nach § 469 StPO dem Anzeigeerstatter (BayObLG NJW 1958, 1933).

§ 470 [Kosten bei Zurücknahme des Strafantrags]

¹**Wird das Verfahren wegen Zurücknahme des Antrags, durch den es bedingt war, eingestellt, so hat der Antragsteller die Kosten sowie die dem Beschuldigten und einem Nebenbeteiligten (§ 431 Abs. 1 Satz 1, §§ 442, 444 Abs. 1 Satz 1) erwachsenen notwendigen Auslagen zu tragen.** ²**Sie können dem Angeklagten oder einem Nebenbeteiligten auferlegt werden, soweit er sich zur Übernahme bereit erklärt, der Staatskasse, soweit es unbillig wäre, die Beteiligten damit zu belasten.**

Überblick

Die Norm regelt die Kostentragungspflicht, wenn das Verfahren aufgrund eines Strafantrags eingeleitet oder weitergeführt wurde und der Strafantrag zurückgenommen wird (Rn 1). Grundsätzlich trägt der Antragsteller die Verfahrenskosten (Rn 2), nach Eröffnung des Hauptverfahrens kann das Gericht eine abweichende Entscheidung treffen (Rn 3). Zum Verfahren s Rn 4.

A. Rücknahme eines Strafantrags

1 Die Norm setzt voraus, dass ein Antrag iSv § 77 d StGB (nicht § 77 e StGB) zurückgenommen wird und die Einleitung oder weitere Durchführung des Verfahrens durch diesen **bedingt** war. Durch den Antrag bedingt ist das Verfahren, wenn er zulässig und wirksam war und das Verfahren ohne ihn nicht eingeleitet oder weiterbetrieben worden wäre (Meyer-Goßner StPO § 470 Rn 2). Die Vorschrift ist unanwendbar, wenn die StA bei Verfahrenseinleitung Tateinheit zwischen einem Antrags- und einem Offizialdelikt angenommen und das öffentliche Interesse bejaht hat, ohne dass es zu einer Verurteilung wegen des Offizialdelikts kommt (Löwe/Rosenberg/Hilger StPO § 470 Rn 2); anders aber bei Zusammentreffen eines Antrags- und Offizialdelikts, wenn der Strafantrag im Laufe des (Rechtsmittel-) Verfahrens zurückgenommen wird und eine Verurteilung insoweit aufzuheben ist (OLG Nürnberg BeckRS 2009, 20312).

B. Kostenfolge

2 Nach § 470 S 1 StPO, der in jedem Verfahrensabschnitt anwendbar ist, trägt der **Antragsteller** grundsätzlich die Verfahrenskosten und notwendigen Auslagen der Beteiligten. Ist der Antragsteller Dienstvorgesetzter, sind die Kosten dessen Anstellungskörperschaft aufzuerlegen (Löwe/Rosenberg/Hilger StPO § 470 Rn 5). Mehrere ihren Antrag zurücknehmende Antragsteller haften als Gesamtschuldner (Meyer-Goßner StPO § 470 Rn 4).

3 Nach Eröffnung des Hauptverfahrens kann das Gericht eine **abweichende Kostenentscheidung** (D. Meyer JurBüro 1984, 1627; aA KK-StPO/Gieg StPO § 470 Rn 2) treffen, insb dem Angeklagten die Kosten auferlegen, wenn er sich zu deren Übernahme, auch

stillschweigend, bereit erklärt hat (LG Potsdam NStZ 2006, 655). Der Antragsteller kann die Rücknahme des Strafantrags davon abhängig machen, dass er von jeder Kostenlast befreit wird (BGHSt 9, 149). Der Staatskasse dürfen die Kosten nur auferlegt werden, soweit die Belastung anderer mit den Kosten unbillig wäre.

Über die Kosten entscheidet das Gericht vAw oder auf Antrag **in der verfahrensbeen-** 4 **denden Entscheidung**, bei Einstellung durch die StA auf deren Antrag durch isolierte Kostenentscheidung entspr § 469 Abs 2 StPO (Meyer-Goßner StPO § 470 Rn 7).

§ 471 [Privatklagekosten]

(1) In einem Verfahren auf erhobene Privatklage hat der Verurteilte auch die dem Privatkläger erwachsenen notwendigen Auslagen zu erstatten.

(2) Wird die Klage gegen den Beschuldigten zurückgewiesen oder wird dieser freigesprochen oder wird das Verfahren eingestellt, so fallen dem Privatkläger die Kosten des Verfahrens sowie die dem Beschuldigten erwachsenen notwendigen Auslagen zur Last.

(3) Das Gericht kann die Kosten des Verfahrens und die notwendigen Auslagen der Beteiligten angemessen verteilen oder nach pflichtgemäßem Ermessen einem der Beteiligten auferlegen, wenn
1. es den Anträgen des Privatklägers nur zum Teil entsprochen hat;
2. es das Verfahren nach § 383 Abs. 2 (§ 390 Abs. 5) wegen Geringfügigkeit eingestellt hat;
3. Widerklage erhoben worden ist.

(4) ¹Mehrere Privatkläger haften als Gesamtschuldner. ²Das gleiche gilt hinsichtlich der Haftung mehrerer Beschuldigter für die dem Privatkläger erwachsenen notwendigen Auslagen.

Überblick

§ 471 StPO regelt die Kosten der Privatklage.

A. Allgemeines

Die allgemeinen Regeln der § 465 StPO bis § 470 StPO bleiben anwendbar, soweit § 471 1 StPO nichts anderes bestimmt. § 471 StPO gilt für alle Rechtszüge, wobei an die Stelle der Staatsanwaltschaft bzw der Staatskasse der Privatkläger tritt.

I. Kosten und Auslagen bei Verurteilung

Wird das Privatklageverfahren mit einer Verurteilung abgeschlossen, hat der Verurteilte 2 nach § 465 Abs 1 StPO die Kosten der Staatskasse sowie nach Abs 1 die dem Privatkläger erwachsenen notwendigen Auslagen zu tragen. Letzteres muss das Gericht ausdrücklich aussprechen, wie sich aus § 464 Abs 2 StPO ergibt. Wird der Angeklagte für straffrei nach § 199 StGB erklärt ist Abs 3 Nr 1 neben § 468 StPO anzuwenden, idR werden dem Privatkläger die Kosten aufzuerlegen sein (Meyer-Goßner StPO § 471 Rn 5 mwN).

II. Kosten und Auslagen bei Nichtverurteilung

Sofern das Privatklageverfahren auf andere Weise als durch Verurteilung, durch Nicht- 3 eröffnung des Hauptverfahrens (§ 383 Abs 1 StPO), Freispruch oder (endgültige) Einstellung beendet wird, muss der Privatkläger die Gebühren und Auslagen der Staatskasse und die dem Beschuldigten erwachsenen notwendigen Auslagen tragen (Abs 2). Des Weiteren hat der Privatkläger seine eigenen Auslagen zu tragen (OLG Zweibrücken NJW 1970, 2307). Dies gilt auch dann, wenn das Verfahren eingestellt wird, weil sich die verhandelte Sache als Offizialdelikt (§ 389 StPO) herausstellt (BayObLG NJW 1959, 2274; **aA** Traub NJW 1969, 710) oder die Klage nach § 391 Abs 1 oder Abs 2 StPO zurückgenommen wird (LG Hagen NJW 1955, 1646). Beim Tod des Privatklägers greift ebenfalls Abs 2, sofern das Verfahren nicht von den in § 393 Abs 2 StPO aufgeführten Berechtigen weitergeführt wird (Meyer-Goßner StPO § 471 Rn 3 mwN). Die Übernahme der Strafverfolgung durch die Staatsanwaltschaft ist keine Verfahrenseinstellung (§ 377 Abs 2 StPO), das Verfahren wird als gewöhnliches Strafverfahren weitergeführt; für die Kostenentscheidung kommt es dann auf den Ausgang des Strafverfahrens an (§ 472 Abs 3 S 2 StPO).

Die kostenrechtlichen Konsequenzen eines Vergleichs, der meist mit einer Klagerücknahme (§ 391 StPO) verbunden ist, sind vom Gesetzgeber nicht geregelt worden. Die Beteiligten können dies selbst im Vergleich regeln. Dieser Vergleich ist zwar ein Vollstreckungstitel iSv § 794 Abs 1 Nr 1 ZPO, aber keine Kostengrundentscheidung (LG Marburg JurBüro 1981, 239). Da der Beschuldigte unverurteilt bleibt, müsste der Privatkläger an sich nach Abs 2 zwingend mit den Kosten belastet werden. Da dies aber dem Zustandekommen des Vergleichs entgegenstehen kann, ist vorzugswürdig, die Kostenfolgen bei Klagerücknahme § 470 S 2 StPO zu entnehmen (Löwe/Rosenberg/Hilger StPO § 471 Rn 21; KK-StPO/Franke StPO § 471 Rn 6). Abweichend von dem Grundsatz des Abs 2 kann dann auch der Angeklagte mit den Kosten belastet, ausnahmsweise können die Kosten sogar der Staatskasse auferlegt werden (HK-GS/Meier StPO § 471 Rn 2).

III. Kosten- und Auslagenentscheidung nach Ermessen

4   Abweichend von den Regelungen in Abs 1 und Abs 2 ist eine Ermessensentscheidung des Gerichts in den drei in Abs 3 genannten Fallkonstellationen möglich, wobei die Vorschrift für alle Rechtszüge gilt (Meyer-Goßner StPO § 471 Rn 4). Ein Zurückbleiben hinter den Anträgen des Privatklägers (Nr 1) liegt bei Teilnichtverurteilung iSd § 465 Abs 2 StPO (KK-StPO/Gieg StPO § 471 Rn 4), bei Teilfreispruch, teilweiser Einstellung und teilweiser Nichteröffnung des Hauptverfahrens (§ 383 Abs 1 StPO) vor.

Die Regelung für Einstellungen wegen Geringfügigkeit (Nr 2) ergänzt § 467 Abs 4 StPO, wonach dem Beschuldigten die Erstattung der eigenen Auslagen versagt werden kann. Im Fall der Regelung der Widerklage (Nr 3) bilden die Verfahrenskosten und die notwendigen Auslagen beider Beteiligter eine unteilbare Einheit (Meyer-Goßner StPO § 471 Rn 7). Daher muss über Kosten und Auslagen ausdrücklich entschieden werden (BayObLG 55, 238). Dabei ist nicht Voraussetzung, dass über die Widerklage (§ 388 StPO) bereits entschieden ist; ihre Erhebung genügt. In sämtlichen in Abs 3 genannten Konstellationen bezieht sich die Ermessensfreiheit des Gerichts sowohl auf die Gerichtskosten (§ 464a Abs 1 StPO) als auch auf die außergerichtlichen Auslagen der Beteiligten (HK-GS/Meier StPO § 471 Rn 3). Das Gericht kann die Kosten und Auslagen entweder zwischen den Beteiligten nach Bruchteilen oder Verfahrensabschnitten verteilen oder in vollem Umfang nur einem der Beteiligten auferlegen (HK-GS/Meier StPO § 471 Rn 3). Bei seiner Entscheidung nach Abs 3 Nr 1 hat das Gericht zu berücksichtigen, dass die Regelung auf dem Erfolgsprinzip beruht (KK-StPO/Gieg StPO § 471 Rn 5). Daher muss idR das Verhältnis des erstrebten zu dem erreichten Erfolg bestimmend sein.

In den Fällen des Abs 3 Nr 2 darf der Beschuldigte mit den Kosten und den Auslagen des Privatklägers nur belastet werden, wenn seine Schuld erwiesen ist (BVerfG NJW 1992, 611).

Kriterien für die Ermessensentscheidung bei der Widerklage nach Abs 3 Nr 3 können insoweit nur das beiderseitige Maß der Schuld und das kostenverursachende Verhalten einer Partei sein (KK-StPO/Franke StPO § 471 Rn 5; **aA** HK-GS/Meier StPO § 471 Rn 3, schlägt wechselseitige Aufhebung der Kosten vor).

B. Haftung als Gesamtschuldner

5   Als Gesamtschuldner haften mehrere Privatkläger in den Fällen des Abs 2, in denen des Abs 3 nur insoweit, als sie in der gerichtlichen Kostenverteilung gemeinsam belastet werden (Meyer-Goßner StPO § 471 Rn 8). Im Falle des Abs 1 haften mehrere Beschuldigte als Gesamtschuldner, soweit sie wegen derselben Tat verurteilt worden sind (Löwe/Rosenberg/Hilger StPO § 471 Rn 37). Entsprechendes gilt, wenn und soweit die notwendigen Auslagen mehreren Beschuldigten ohne Einzelaufteilung auferlegt werden (Meyer-Goßner StPO § 471 Rn 8). Für die Auslagen der Staatskasse haften die Beschuldigten nach Maßgabe des § 466 StPO.

§ 472 [Nebenklagekosten]

(1) ¹Die dem Nebenkläger erwachsenen notwendigen Auslagen sind dem Angeklagten aufzuerlegen, wenn er wegen einer Tat verurteilt wird, die den Nebenkläger betrifft. ²Hiervon kann ganz oder teilweise abgesehen werden, soweit es unbillig wäre, den Angeklagten damit zu belasten.

(2) ¹Stellt das Gericht das Verfahren nach einer Vorschrift, die dies nach seinem Ermessen zuläßt, ein, so kann es die in Absatz 1 genannten notwendigen Auslagen ganz oder teilweise dem Angeschuldigten auferlegen, soweit dies aus besonderen Gründen der Billigkeit entspricht. ²Stellt das Gericht das Verfahren nach vorangegangener vorläufiger Einstellung (§ 153a) endgültig ein, gilt Absatz 1 entsprechend.

(3) ¹Die Absätze 1 und 2 gelten entsprechend für die notwendigen Auslagen, die einem zum Anschluß als Nebenkläger Berechtigten in Wahrnehmung seiner Befugnisse nach § 406g erwachsen sind. ²Gleiches gilt für die notwendigen Auslagen eines Privatklägers, wenn die Staatsanwaltschaft nach § 377 Abs. 2 die Verfolgung übernommen hat.

(4) § 471 Abs. 4 Satz 2 gilt entsprechend.

Überblick

§ 472 StPO regelt die Kosten der Nebenklage.

Übersicht

	Rn		Rn
A. Allgemeines	1	III. Billigkeitsentscheidung nach Abs 1 S 2	5
B. Die Kostenregelungen im Einzelnen	2	IV. Kosten bei Einstellung	6
I. Freispruch, Nichteröffnung und Ermessenseinstellung	3	V. Kosten bei Beteiligung nur als Nebenklageberechtigter	7
II. Kosten bei Verurteilung des Angeklagten	4	VI. Haftung als Gesamtschuldner	8

A. Allgemeines

§ 472 StPO bestimmt in Abs 1 S 1, dass der Angeklagte im Fall seiner Verurteilung über 1 die Gebühren und Auslagen der Staatskasse (§ 465 Abs 1 StPO) hinaus, die dem Nebenkläger erwachsenen notwendigen Auslagen zu tragen hat. Gleiches gilt nach Abs 3 für den Nebenklagebefugten nach § 406g StPO und den Privatkläger nach § 377 Abs 2 StPO. Wenn das Verfahren wegen einer Ermessensvorschrift eingestellt wird, verbleiben die Auslagen idR beim Nebenkläger (Abs 2). § 472 Abs 1 S 2 u Abs 2 S 1 StPO erlauben Korrekturen nach Billigkeitsgesichtspunkten. Einer Verurteilung steht es gleich, wenn eine Maßregel der Besserung und Sicherung nach § 63 StGB, § 64 StGB, § 69 StGB verhängt wird (OLG Hamm NStZ 1988, 379). § 465 StPO, § 467 StPO werden analog angewendet.

B. Die Kostenregelungen im Einzelnen

Voraussetzung für die Erstattung ist, dass die Nebenklage vom Gericht zugelassen wurde 2 (§ 396 Abs 2 StPO). Widerruft der Nebenkläger die Anschlusserklärung, so verliert er den Anspruch auf Auslagenerstattung (§ 402 StPO); stirbt er vor Rechtskraft des Urteils, so bleibt der Anspruch bestehen (Meyer-Goßner StPO § 472 Rn 1).

Die Nebenklagekosten müssen dem Verurteilten ausdrücklich auferlegt werden; allein die Verurteilung in die Kosten des Verfahrens genügt nicht, da Abs 1 S 2 eine Stellungnahme des Gerichts zur Billigkeit der Auslagenerstattung erfordert (KG JR 1989, 392). Die Billigkeitsentscheidung nach Abs 2 ist zu begründen. Zu den Rechtsfolgen fehlender Auslagenentscheidungen vgl § 400 StPO Rn 10. Eine sofortige Beschwerde des Nebenklägers gegen

StPO § 472

die für ihn nachteilige Auslagenentscheidung wird durch die Beschränkung der Rechtsmittelbefugnis nach § 400 Abs 1 StPO, § 464 Abs 3 S 1 Hs 2 StPO nicht ausgeschlossen; die Begründetheit der sofortigen Beschwerde bemisst sich nach § 472 Abs 1 StPO (OLG Brandenburg NStZ-RR 2009, 158, OLG Celle NdsRpfl 2008, 50):

I. Freispruch, Nichteröffnung und Ermessenseinstellung

3   Im Fall eines Freispruchs des Angeklagten, einer Nichteröffnung des Hauptverfahrens oder einer Einstellung des Verfahrens nach § 206 a StPO, § 206 b StPO, § 260 Abs 3 StPO trägt der Nebenkläger seine Kosten selbst. Er kann aber die Erstattung derjenigen Kosten verlangen, die durch die Säumnis des Angeklagten entstanden sind, § 467 Abs 2 StPO analog (OLG Saarbrücken NStZ-RR 1997, 158 mwN; HK-GS/Meier StPO § 472 Rn 4; **aA** Meyer-Goßner StPO § 472 Rn 2 mwN). Bisher wird abgelehnt, dass der Nebenkläger Kostenerstattungsansprüche gegen den freigesprochenen Angeklagten auf dem Zivilrechtsweg geltend machen kann (Meyer-Goßner StPO § 472 Rn 2; BGH NJW 1957, 1593). Daher ist der Nebenkläger zur Vermeidung seines Kostenrisikos jedenfalls immer gut beraten, wenn er möglichst früh Beiordnungsanträge nach § 397 a StPO, § 406 g StPO stellt.

Ob die notwendigen Auslagen des Nebenklägers in keinem Fall der Staatskasse überbürdet werden dürfen (Meyer-Goßner StPO § 472 Rn 3 mwN älterer Rechtsprechung) ist fraglich. Jedenfalls ist dies zur Vermeidung unnötiger Härten im Einzelfall möglich. Maßgeblich ist das Schutzbedürfnis des Verletzten. Dieser Gedanke findet auch in der vereinfachten Beiordnung für besonders schutzbedürftige Opfer nach § 397 a StPO seinen Ausdruck. Die durch Anträge des Nebenklägers der Staatskasse entstandenen Auslagen sind gerichtliche Auslagen und fallen, auch wenn der Angeklagte nicht verurteilt wird, grundsätzlich der Staatskasse zur Last (Löwe/Rosenberg/Hilger StPO § 472 Rn 4).

II. Kosten bei Verurteilung des Angeklagten

4   Die Erstattungspflicht nach Abs 1 setzt voraus, dass der Angeklagte wegen einer Tat verurteilt wird, die den Nebenkläger betrifft. Die Voraussetzung ist nach **hM** erfüllt, wenn die Verurteilung auf einer Norm beruht, die ein dem Nebenkläger zustehendes Recht unmittelbar schützt, und wenn sie denselben historischen Vorgang iSd § 264 StPO betrifft (BGH NStZ 1998, 28; NStZ 1997, 74; Meyer-Goßner StPO § 472 Rn 6; **aA** Löwe/Rosenberg/Hilger StPO § 472 Rn 12). Das ist der Fall: im Falle einer Verurteilung nach § 323 a StGB, sofern sich die Rauschtat gegen den Nebenkläger gerichtet hat (BGHSt 20, 284; Kotz NStZ-RR 1999, 166); im Falle des § 323 c StGB (BGH NJW 2002, 1356), Verurteilung nach § 315 b StGB (BGH NStZ-RR 2006, 127). Nicht: Verurteilung nach § 142 StGB (OLG Düsseldorf MDR 1981, 958); Verurteilung nach § 316 StGB (BayObLG NJW 1968, 1732).

III. Billigkeitsentscheidung nach Abs 1 S 2

5   Nach § 472 Abs 1 S 2 StPO kann das Gericht im Rahmen der Billigkeit ganz oder teilweise (Bruchteile oder Verfahrensabschnitte) davon absehen, den Angeklagten mit den notwendigen Auslagen des Nebenklägers zu belasten. Dabei sind die Umstände des Einzelfalls umfassend zu würdigen (BGH NStZ 1999, 261). Ob die Kosten der Staatskasse im Einzelfall auferlegt werden können ist str (Rn 3).

In den Fällen einer Teilnichtverurteilung iSd § 465 Abs 2 StPO, des Teilfreispruchs oder der teilweisen Einstellung und sofern die auf den überschießenden Teil bezogene Mitwirkung des Nebenklägers bei diesem zur Entstehung besonderer Auslagen geführt hat (BGH StraFo 2005, 438), kann dies berücksichtigt werden. Berücksichtigt werden kann auch, wenn das Gericht einen erheblichen Mitverschuldensanteil des Nebenklägers bei der Tatbegehung feststellt (LG Stuttgart StV 1993,139) oder wenn der Nebenkläger durch sein Prozessverhalten die zügige Durchführung des Verfahrens behindert hat, in dem er unnötige Beweisanträge gestellt hat, die nicht dem Schutzzweck der Nebenklage dienen (BGH NStZ 1999, 261; KG NStZ-RR 1999, 223). In solchen Fällen kann es unbillig sein, dem Angeklagten mit den gesamten Auslagen des Nebenklägers zu belasten (KG NStZ-RR 1999, 223). Der Nebenkläger darf jedoch nicht in der berechtigten Wahrnehmung seiner prozessualen Befugnisse eingeschränkt werden (Rieß/Hilger NStZ 1987, 207). In Betracht kommen daher nur solche

Handlungen, die unter Missbrauch der Nebenklagebefugnisse vermeidbare Auslagen verursacht haben (Löwe/Rosenberg/Hilger StPO § 472 Rn 15). Die Grenze ist also dort, wo sich der Nebenkläger noch im Rahmen des nach den §§ 395 StPO ff zulässigen bewegt. Da der Nebenkläger auch immer ein persönliches Genugtuungsinteresse wahrnimmt (BGH NStZ 1999, 261; und wenn er sich insoweit im Rahmen der Schutzzwecke der Nebenklage bewegt vgl § 395 StPO Rn 1), ist er mit Kosten nicht zu belasten. Contra legem ist es daher einzelnen Personengruppen die Kosten aufzuerlegen (so aber bei Polizeibeamten: AG Goslar Urteil v 2. 7. 2007 – Az 22 Ds 201 Js 5512/07 nv). Außerdem würden wegen des unkalkulierbaren Kostenrisikos Nebenkläger in unzulässiger Weise daran gehindert, ihre, ihnen nach den §§ 395 StPO ff zustehenden Rechte, wahrzunehmen. Auch bei einer nachträglich auf das Strafmaß beschränkten und nur in diesem Rahmen erfolgreichen Berufung sind die Kosten grundsätzlich dem Angeklagten aufzuerlegen (LG Köln NStZ-RR 2009, 126).

Eine ausdrückliche Entscheidung über die notwendigen Auslagen des Nebenklägers ist immer zu treffen, die Billigkeitsentscheidung nach S 2 ist zu begründen (Meyer-Goßner StPO § 472 Rn 10). Sofern der Nebenkläger nicht erfolgreich sofortige Beschwerde nach § 464 Abs 3 S 1 Hs 1 StPO einlegt, verbleiben ihm die Kosten (Meyer-Goßner StPO § 472 Rn 10). Umstritten sind die Fälle, in denen die Auslagenentscheidung unterbleibt (§ 400 StPO Rn 10).

IV. Kosten bei Einstellung

Sofern das Verfahren nach Opportunitätsgesichtspunkten eingestellt wird, kann der Angeschuldigte zur Auslagenerstattung herangezogen werden (Abs 2). Wird das Verfahren nach einer Vorschrift eingestellt, die dies nach dem Ermessen des Gerichts zulässt (vgl § 467 Abs 4 StPO), können die Auslagen des Nebenklägers dem Angeschuldigten auferlegt werden, soweit dies der Billigkeit entspricht (OLG München NJW 2003, 3072). Wird das Verfahren dagegen gem § 153a StPO nach der Erfüllung von Auflagen und Weisungen endgültig eingestellt (vgl § 467 Abs 5 StPO), müssen die Auslagen dem Angeschuldigten zwingend auferlegt werden, es sei denn, dass dies unbillig ist (S 2). Dabei ist zu berücksichtigen, dass der Beschuldigte durch die bereits feststehenden Tatsachen verständlichen Anlass zur Nebenklage gegeben hat (Meyer-Goßner StPO § 472 Rn 12 mwN). 6

V. Kosten bei Beteiligung nur als Nebenklageberechtiger

Die notwendigen Auslagen eines nebenklageberechtigten Verletzten, der an sich zum Anschluss als Nebenkläger berechtigt wäre, jedoch nur einen Rechtsanwalt nach § 406 g StPO hinzuzieht sowie von Privatklägern vor Übernahme der Strafverfolgung durch die Staatsanwaltschaft, sind den Auslagen des Nebenklägers gleichgestellt (Abs 3). Das Gleiche gilt für die Hinzuziehung des Beistands schon im Vorverfahren, sofern es später zur Verurteilung des Beschuldigten kommt, wobei ein Strafbefehl ausreichend ist (Löwe/Rosenberg/Hilger StPO § 472 Rn 14; LG Traunstein DAR 1991, 316). Wird dem zum Anschluss als Nebenkläger Berechtigten ein Rechtsanwalt als Verletztenbeistand nach § 406 g Abs 3 S 1 StPO iVm § 397 a Abs 1 StPO bestellt, so gilt dies auch für das Revisionsverfahren mit der Kostentragungspflicht des Verurteilten (BGH Beschl v 8. 10. 2008 – Az 1 StR 497/08 = NStZ 2009, 287). 7

VI. Haftung als Gesamtschuldner

Abs 4 verweist hinsichtlich der Haftung für die notwendigen Auslagen des Nebenklägers auf die gesamtschuldnerische Haftung nach § 471 Abs 4 S 2 StPO. 8

§ 472 a [Adhäsionsverfahren]

(1) Soweit dem Antrag auf Zuerkennung eines aus der Straftat erwachsenen Anspruchs stattgegeben wird, hat der Angeklagte auch die dadurch entstandenen besonderen Kosten und die notwendigen Auslagen des Verletzten zu tragen.

(2) ¹Sieht das Gericht von der Entscheidung über den Antrag ab, wird ein Teil des Anspruchs dem Verletzten nicht zuerkannt oder nimmt der Verletzte den Antrag

zurück, so entscheidet das Gericht nach pflichtgemäßem Ermessen, wer die insoweit entstandenen gerichtlichen Auslagen und die insoweit den Beteiligten erwachsenen notwendigen Auslagen trägt. ²Die gerichtlichen Auslagen können der Staatskasse auferlegt werden, soweit es unbillig wäre, die Beteiligten damit zu belasten.

Überblick

Die Vorschrift regelt Kosten des Adhäsionsverfahren der § 403 StPO bis § 406 c StPO.

A. Vollständiges Obsiegen des Antragstellers

1 Bei vollständigem Erfolg des Antragstellers im Adhäsionsverfahren nach den §§ 403 StPO ff hat der diesbezüglich verurteilte Angeklagte nach Abs 1 die durch das Adhäsionsverfahren entstandenen besonderen Kosten und die notwendigen Auslagen des Verletzten bzw seines Erben zu tragen. Für Grund- u Teilurteile gilt, dass ein voller Erfolg des Adhäsionsantragstellers dann nicht mehr gegeben ist, wenn statt eines begehrten Leistungsurteils lediglich ein Festellungs- oder Grundurteil ergeht; in diesen Fällen hat der Kostenentscheidung nach Abs 2 zu erfolgen (HdA/Schneckenberger Rn 180; Meyer-Goßner StPO § 472 a Rn 2). Anders als im Zivilprozess (§ 93 ZPO) kann der Angeklagte die Kostenlast nicht durch ein sofortiges Anerkenntnis abwenden (Meier/Dürre JZ 2006, 23).

B. Absehen von der Entscheidung

2 Trifft das Gericht hingegen eine Entscheidung nach Abs 2, entscheidet es über die Verteilung nach pflichtgemäßem Ermessen. Dies gilt auch dann, wenn das Gericht entgegen dem weitergehenden Antrag des Verletzten nur ein Grund- oder Teilurteil erlässt. Hat der Verletzte den Adhäsionsantrag zurückgenommen, dürfte die Belastung des Angeklagten mit den angefallenen Auslagen regelmäßig in entsprechender Anwendung von § 269 Abs 3 S 2 ZPO nicht in Betracht kommen.

Soweit dem Antrag des Adhäsionsantragstellers bzw- klägers nicht entsprochen wird, hat eine dementsprechende Quotelung zu erfolgen, wobei bei unbezifferten Anträgen (idR Schmerzensgeld) zunächst der Streitwert festzusetzen ist, da sich nur so das Verhältnis des gegenseitigen Obsiegens und Unterliegens feststellen lässt (HdA/Schneckenberger Rn 182). Die Streitwertfestsetzung erfolgt nach § 3 ZPO iVm §§ 12 GKG ff. § 92 Abs 2 ZPO kann entsprechend herangezogen werden, wobei die Besonderheiten des Adhäsionsverfahren als Annex zum Strafverfahren zu berücksichtigen sind. Der Antragsteller unterliegt nicht, sondern es wird lediglich „im Übrigen von einer Entscheidung" abgesehen (HdA/Schneckenberger Rn 182). Dem Angeklagten kann die Übernahme der Kosten zugemutet werden, da er das Verfahren durch sein Verhalten veranlasst hat, wobei sowohl der Grundsatz des § 465 StPO als auch berücksichtigt werden kann, dass der vom Antragsteller gewählte Weg günstiger ist, als in einem gesonderten Zivilprozess (HdA/Schneckenberger Rn 183). Danach ist vertretbar, dem Angeklagten die Kosten aufzuerlegen, wenn der Antragsteller mit wenigstens 2/3 seines Antrags durchdringt (HdA/Schneckenberger Rn 183). Ein Fall der Unbilligkeit iSv Abs 2 S 2 mit der Folge, dass die Staatskasse die gerichtlichen Auslagen und jeder der Beteiligten seine eigenen trägt, kann auch dann vorliegen, wenn das Gericht nach der Entstehung besonderer Auslagen, zB durch eine Beweisaufnahme, von der Entscheidung über den Adhäsionsantrag abgesehen hat (Löwe/Rosenberg/Hilger StPO § 472 a Rn 3). Wird das Verfahren gem § 153 a StPO endgültig eingestellt, wodurch der bis dahin zulässige und begründete Adhäsionsantrag „ins Leere läuft", trägt der Angeklagte die Kosten des Verfahrens (AG Meppen Beschl v 23. 12. 2008 – Az 21 Cs 825 Js 45580/07 – 620/07 nV).

C. Verfahren und Rechtsmittel

3 Über die Verteilung der Kosten und Auslagen wird in der das Verfahren abschließenden Entscheidung befunden (§ 464 Abs 1 u Abs 2 StPO). Dies ist im Urteil oder durch Beschluss besonders auszusprechen (Löwe/Rosenberg/Hilger StPO § 472 a Rn 4), was auch im Straf-

befehlsverfahren gilt; ggf hat das Gericht eine isolierte Auslagenentscheidung zu treffen (LG Rottweil NStZ 1988, 523).

Die Anfechtbarkeit richtet sich nach § 464a Abs 3 S 1 Hs 2 StPO iVm § 406a StPO (Löwe/Rosenberg/Hilger StPO § 472a Rn 4; krit Köckerbauer NStZ 1994, 311). Danach steht dem Antragsteller die Kostenbeschwerde grundsätzlich nicht zu, sofern eine Anfechtung der Hauptentscheidung nicht statthaft ist. Hauptentscheidung iSv § 464 Abs 3 StPO ist im Falle eines Antrags nach §§ 403 StPO ff die Entscheidung des Strafgerichts über den vermögensrechtlichen Anspruch, womit auch eine Kostenbeschwerde gem § 464 Abs 3 S 1 StPO unzulässig ist (HdA/Ferber/Weiner Rn 217). Dem Angeklagten steht die sofortige Beschwerde zu, soweit er nach Abs 1 oder Abs 2 Kosten und Auslagen zu tragen hat.

§ 472 b [Kosten bei Nebenfolgen]

(1) ¹Wird der Verfall, die Einziehung, der Vorbehalt der Einziehung, die Vernichtung, Unbrauchbarmachung oder Beseitigung eines gesetzwidrigen Zustandes angeordnet, so können dem Nebenbeteiligten die durch seine Beteiligung erwachsenen besonderen Kosten auferlegt werden. ²Die dem Nebenbeteiligten erwachsenen notwendigen Auslagen können, soweit es der Billigkeit entspricht, dem Angeklagten, im selbständigen Verfahren auch einem anderen Nebenbeteiligten auferlegt werden.

(2) Wird eine Geldbuße gegen eine juristische Person oder eine Personenvereinigung festgesetzt, so hat diese die Kosten des Verfahrens entsprechend den §§ 465, 466 zu tragen.

(3) Wird von der Anordnung einer der in Absatz 1 Satz 1 bezeichneten Nebenfolgen oder der Festsetzung einer Geldbuße gegen eine juristische Person oder eine Personenvereinigung abgesehen, so können die dem Nebenbeteiligten erwachsenen notwendigen Auslagen der Staatskasse oder einem anderen Beteiligten auferlegt werden.

Dem Nebenbeteiligten iSv § 431 StPO, § 442 StPO und § 444 StPO können die durch seine Beteiligung entstandenen **Auslagen der Staatskasse** auferlegt werden, insb durch unbegründete Einwendungen verursachte (Meyer-Goßner StPO § 472b Rn 2). Seine notwendigen Auslagen trägt der Nebenbeteiligte selbst. Sie können im subjektiven Verfahren dem Angeklagten aus Billigkeitsgründen, im objektiven Verfahren, da § 465 StPO insoweit nicht gilt (RGSt 74, 326, 334), anderen Nebenbeteiligten jeweils ganz oder teilweise auferlegt werden. Dies geschieht idR, wenn ein Nebenbeteiligte schuldlos in das Verfahren hineingezogen wird, und muss vom Gericht ausdrücklich festgestellt werden. 1

Eine nach **§ 30 OWiG** zu einer **Geldbuße** verurteilte juristische Person oder Personenvereinigung steht dem Verurteilten kostenrechtlich gleich, § 472b Abs 2 StPO, und haftet ggf als Gesamtschuldner. 2

Wird von einer Maßnahme iSv § 472b Abs 1 S 1 StPO oder einer Geldbuße nach § 472b Abs 2 StPO **abgesehen**, können die notwendigen Auslagen des Nebenbeteiligten der Staatskasse oder einem anderen Nebenbeteiligten auferlegt werden. Dies gilt auch im selbstständigen Verfahren (Meyer-Goßner StPO § 472b Rn 6). 3

§ 473 [Kosten bei zurückgenommenem oder erfolglosem Rechtsmittel]

(1) ¹Die Kosten eines zurückgenommenen oder erfolglos eingelegten Rechtsmittels treffen den, der es eingelegt hat. ²Hat der Beschuldigte das Rechtsmittel erfolglos eingelegt oder zurückgenommen, so sind ihm die dadurch dem Nebenkläger oder dem zum Anschluß als Nebenkläger Berechtigten in Wahrnehmung seiner Befugnisse nach § 406g erwachsenen notwendigen Auslagen aufzuerlegen. ³Hat im Falle des Satzes 1 allein der Nebenkläger ein Rechtsmittel eingelegt oder durchgeführt, so sind ihm die dadurch erwachsenen notwendigen Auslagen des

Beschuldigten aufzuerlegen. ⁴Für die Kosten des Rechtsmittels und die notwendigen Auslagen der Beteiligten gilt § 472 a Abs. 2 entsprechend, wenn eine zulässig erhobene sofortige Beschwerde nach § 406 a Abs. 1 Satz 1 durch eine den Rechtszug abschließende Entscheidung unzulässig geworden ist.

(2) ¹Hat im Falle des Absatzes 1 die Staatsanwaltschaft das Rechtsmittel zuungunsten des Beschuldigten oder eines Nebenbeteiligten (§ 431 Abs. 1 Satz 1, §§ 442, 444 Abs. 1 Satz 1) eingelegt, so sind die ihm erwachsenen notwendigen Auslagen der Staatskasse aufzuerlegen. ²Dasselbe gilt, wenn das von der Staatsanwaltschaft zugunsten des Beschuldigten oder eines Nebenbeteiligten eingelegte Rechtsmittel Erfolg hat.

(3) Hat der Beschuldigte oder ein anderer Beteiligter das Rechtsmittel auf bestimmte Beschwerdepunkte beschränkt und hat ein solches Rechtsmittel Erfolg, so sind die notwendigen Auslagen des Beteiligten der Staatskasse aufzuerlegen.

(4) ¹Hat das Rechtsmittel teilweise Erfolg, so hat das Gericht die Gebühr zu ermäßigen und die entstandenen Auslagen teilweise oder auch ganz der Staatskasse aufzuerlegen, soweit es unbillig wäre, die Beteiligten damit zu belasten. ²Dies gilt entsprechend für die notwendigen Auslagen der Beteiligten.

(5) Ein Rechtsmittel gilt als erfolglos, soweit eine Anordnung nach § 69 Abs. 1 oder § 69 b Abs. 1 des Strafgesetzbuches nur deshalb nicht aufrechterhalten wird, weil ihre Voraussetzungen wegen der Dauer einer vorläufigen Entziehung der Fahrerlaubnis (§ 111 a Abs. 1) oder einer Verwahrung, Sicherstellung oder Beschlagnahme des Führerscheins (§ 69 a Abs. 6 des Strafgesetzbuches) nicht mehr vorliegen.

(6) Die Absätze 1 bis 4 gelten entsprechend für die Kosten und die notwendigen Auslagen, die durch einen Antrag
1. auf Wiederaufnahme des durch ein rechtskräftiges Urteil abgeschlossenen Verfahrens oder
2. Auf ein Nachverfahren (§ 439)
verursacht worden sind.

(7) Die Kosten der Wiedereinsetzung in den vorigen Stand fallen dem Antragsteller zur Last, soweit sie nicht durch einen unbegründeten Widerspruch des Gegners entstanden sind.

Überblick

Die Norm regelt die Kostentragungslast für Rechtsmittel. In jeder verfahrensabschließenden Sachentscheidung ist auch über die Kosten eines Rechtsmittels zu entscheiden (Rn 1). Ausgehend vom Veranlasserprinzip (Rn 2) kommt es auf den Erfolg des Rechtsmittels an (Rn 3). Das Gesetz unterscheidet zwischen vollem Erfolg (Rn 11), Teilerfolg (Rn 15) und Erfolglosigkeit (Rn 8) des Rechtsmittels und regelt den Fall des erfolgreichen beschränkten Rechtsmittels gesondert (Rn 14). Die Zurücknahme des Rechtsmittels steht dem erfolglosen Rechtsmittel gleich (Rn 8). Über jedes Rechtsmittel ist gesondert und zwar nach Kosten und notwendigen Auslagen der Beteiligten zu entscheiden (Rn 17). Dies gilt insbesondere bei Beteiligung eines Nebenklägers (Rn 18). Im Privatklageverfahren tritt der Privatkläger im Wesentlichen an die Stelle der Staatskasse (Rn 22). Schließlich regelt die Vorschrift die Kosten für das Wiederaufnahme- und Nachverfahren (Rn 23) sowie für den Wiedereinsetzungsantrag (Rn 24).

Übersicht

	Rn		Rn
A. Rechtsmittel	1	E. Voller Erfolg eines Rechtsmittels	11
B. Kostentragungspflicht	2	I. Unbeschränktes Rechtsmittel	11
C. Erfolg des Rechtsmittels	3	II. Beschränktes Rechtsmittel	14
D. Zurücknahme oder Erfolglosigkeit eines Rechtsmittels	8	F. Teilerfolg eines Rechtsmittels	15
		G. Mehrere Rechtsmittel	17

	Rn		Rn
H. Besonderheiten der Nebenklage.......	18	J. Wiederaufnahme- und Nachverfahren	23
I. Besonderheiten der Privatklage.........	22	K. Wiedereinsetzung........................	24

A. Rechtsmittel

Die **abschließende Sachentscheidung** über ein Rechtsmittel (Berufung, Revision, Beschwerde), einen Wiederaufnahmeantrag und ein Nachverfahren ist mit einer Kosten- und Auslagenentscheidung zu versehen, nicht aber die Entscheidung über einen Einspruch gegen einen Strafbefehl (OLG Stuttgart NStZ 1989, 589 mN; **aA** OLG München NStZ 1988, 241; diff Meyer JurBüro 1989, 1330, 1332: ggf § 465 Abs 2 StPO); vgl auch § 161 a Abs 3 S 3 StPO. Die Entscheidung über die Kosten des Rechtsmittels trifft das Rechtsmittelgericht, wenn der Erfolg des Rechtsmittels feststeht, und zwar auch dann, wenn die Sache zurückverwiesen wird, § 328 Abs 2 StPO, § 354 Abs 2 StPO, § 355 StPO (BGH BeckRS 2007, 13654). Anderenfalls befindet das zur Entscheidung in der Sache berufene Gericht auch über die Kosten des Rechtsmittels. Wird ein Rechtsmittel zurückgenommen, fällt dasjenige Gericht, welches mit der Sache befasst ist, eine selbstständige Kostenentscheidung (vgl dazu KK-StPO/Gieg StPO § 473 Rn 2). Bei der Zurücknahme nur eines von mehreren Rechtsmitteln kann darüber auch im Urteil entschieden werden (BayObLG JZ 1955, 553). 1

B. Kostentragungspflicht

Bei der Kostentragungspflicht gilt das **Veranlasserprinzip** (vgl Meyer DAR 1973, 231, 233). So haften der Rechtsmittelführer, aber auch der vollmachtslose Vertreter (KG Rpfleger 1971, 193) oder der gegen den Willen des Beschuldigten handelnde Verteidiger (OLG Frankfurt NJW 1991, 3164), jedoch der gesetzliche Vertreter als Revisionsführer nach § 298 StPO, § 67 JGG nur mit dem Vermögen des Beschuldigten, soweit es seiner Verwaltung untersteht (BGH NJW 1956, 520). § 74 JGG gilt nur für das Rechtsmittel des Beschuldigten selbst (Meyer-Goßner StPO § 473 Rn 8; **aA** OLG Hamburg MDR 1969, 73). Bei Tod des Beschuldigten nach Rechtsmitteleinlegung gilt § 467 StPO entsprechend. 2

C. Erfolg des Rechtsmittels

Maßgebend für die Kostentragungslast ist der **Erfolg des Rechtsmittels**. Dieser richtet sich nach dem endgültigen Verfahrensausgang und ist die erstrebte und im Wesentlichen erreichte günstige Änderung der mit dem Rechtsmittel angefochtenen Entscheidung, ohne dass den Schlussanträgen in der Rechtsmittelinstanz entscheidende Bedeutung zukommt (OLG München NStZ-RR 1997, 192). Die bloße Aufhebung eines Urteils und Zurückverweisung durch das Revisionsgericht stellt für sich noch keinen Erfolg im kostenrechtlichen Sinne dar (BGH StraFo 2008, 529). Teileinstellungen nach § 154 StPO oder nach § 154 a StPO bleiben für die Beurteilung des Erfolgs außer Betracht (KG BeckRS 2009, 12722). 3

Voller Erfolg eines Rechtsmittels des Beschuldigten ist neben Freispruch und Verfahrenseinstellung auch die Herabsetzung der Strafe um mindestens ein Viertel, wenn eine Strafmilderung erstrebt und in das Ermessen des Gerichts gestellt wird (OLG Frankfurt NJW 1979, 1515). Bei einem beschränkten Rechtsmittel ist voller Erfolg zu bejahen, wenn der Rechtsmittelführer sein in den Schlussanträgen erklärtes Ziel im Wesentlichen erreicht (OLG Düsseldorf NStZ 1985, 380), zB wenn ein Betroffener sich gegen Geldbuße und Fahrverbot wendet und nur das Fahrverbot in Wegfall gerät (OLG Bamberg BeckRS 2008, 19980). Ein unbeschränktes Rechtsmittel der StA hat vollen Erfolg, wenn statt eines Freispruchs nunmehr ein Schuldspruch erfolgt, auch wenn das Strafmaß hinter dem Antrag der StA zurückbleibt (Meyer-Goßner StPO § 473 Rn 25), nicht aber, wenn die Straferhöhung einer Strafmaßberufung wesentlich geringer als die angestrebte ist (BayObLG NJW 1960, 255, 257). 4

Erfolglos ist ein Rechtsmittel, wenn es unzulässig oder unbegründet ist oder nur zu einem ganz unwesentlichen Teil Erfolg hat oder nach Zurückverweisung ein Urteil ergeht, 5 das den Angeklagten nicht besser stellt als das aufgehobene (BGH NStZ 1989, 191; krit Hilger NStZ 1991, 603, 604) oder im Bewährungsbeschluss lediglich eine geringere Geldauflage angeordnet wird (OLG Celle NStZ 2008, 359).

6 Als erfolglos gilt ein Rechtsmittel nach § 473 Abs 5 StPO auch, wenn eine Anordnung nach § 69 Abs 1 StGB oder § 69b Abs 1 StGB im Berufungsurteil wegfällt, weil sie durch die Dauer der Maßnahmen nach § 111a StPO oder § 69a Abs 6 StGB hinfällig ist. Die abweichende Entscheidung muss auf der Veränderung der Umstände durch **bloßen Zeitablauf** beruhen (Meyer-Goßner StPO § 473 Rn 30). Die Vorschrift ist als Ausnahme eng auszulegen und gilt nicht entspr für den Fall, dass durch Zeitablauf eine Vorstrafe tilgungsreif wird und deshalb die Verurteilung milder ausfällt (Hilger NStZ 1991, 603, 604; D. Meyer JurBüro 1992, 145; **aA** OLG Düsseldorf NStZ 1985, 380 mN).

7 Einen **Teilerfolg** erzielt der Angeklagte, wenn die Strafe nicht unwesentlich gemildert wird (OLG Hamm MDR 1973, 1041: ¼), eine Freiheitsstrafe zur Bewährung ausgesetzt wird, nicht aber bei einer bloßen Schuldspruchänderung (BGH JR 1956, 69), auch nicht, wenn wegen Fahrlässigkeit statt wegen Vorsatzes verurteilt wird (OLG Hamm MDR 1993, 376; **aA** OLG Düsseldorf VRS 69, 225), anders aber uU, wenn die Schuldspruchänderung für den Angeklagten besondere Bedeutung für sein berufliches Fortkommen hat (OLG München NJW 1973, 864).

D. Zurücknahme oder Erfolglosigkeit eines Rechtsmittels

8 Die Kosten eines erfolglos eingelegten Rechtsmittels treffen den, der es eingelegt hat, § 473 Abs 1 S 1 StPO. Die Zurücknahme eines Rechtsmittels steht dessen Erfolglosigkeit gleich (zur Zurücknahme nach Urteilsberichtigung s OLG Saarbrücken VRS 49, 436).

9 Hat die StA erfolglos zuungunsten des Angeklagten Rechtsmittel eingelegt, werden der Staatskasse die notwendigen Auslagen des Angeklagten nach § 473 Abs 2 S 1 StPO auferlegt. Dies gilt auch, wenn es nach einer Zurückverweisung bei der früheren Verurteilung bleibt (BGHSt 18, 231).

10 Wird eine Beschwerde nach § 406a StPO wegen einer Entscheidung in der Sache nachträglich unzulässig, verweist § 473 Abs 1 S 4 StPO für die Kostenentscheidung auf § 472a Abs 2 StPO.

E. Voller Erfolg eines Rechtsmittels
I. Unbeschränktes Rechtsmittel

11 Führt das **Rechtsmittel des Beschuldigten** zum Freispruch oder zur Verfahrenseinstellung, gilt § 467 StPO für die gesamten Verfahrenskosten (OLG Karlsruhe NJW 1974, 469). § 473 Abs 3 S 2 Nr 1 StPO findet keine Anwendung. Im Falle einer Verurteilung gehören die Kosten eines erfolgreichen Rechtsmittels der StA zuungunsten des Beschuldigten zu den Verfahrenskosten und sind vom Angeklagten nach § 465 StPO zu tragen (BGHSt 19, 226, 228).

12 Durch ein erfolgreiches **Rechtsmittel der StA** zugunsten des Angeklagten wird dieser so gestellt, als ob er es selbst eingelegt habe (Meyer-Goßner StPO § 473 Rn 16). Die Staatskasse trägt die Kosten (BGHSt 19, 226, 228) und nach § 473 Abs 2 S 2 StPO die Auslagen des Angeklagten. Dies gilt auch, wenn die StA das Rechtsmittel einlegt, um ein gesetzmäßige Entscheidung ohne Rücksicht auf die Wirkung für den Angeklagten herbeizuführen (BGH NJW 1963, 820).

13 IÜ trägt bei einem erfolgreichen **Beschwerde** des Beschuldigten oder Nebenbeteiligten die Staatskasse die Verfahrenskosten und die notwendigen Auslagen des Beschwerdeführers nach § 467 StPO analog (Meyer-Goßner StPO § 473 Rn 2; **aA** OLG Hamm NJW 1975, 2112). Beruht der Erfolg einer Beschwerde des Beschuldigten darauf, dass er erst mit deren Einlegung die zum Obsiegen führenden Tatsachen vorgetragen hat, trägt er seine Auslagen selbst (OLG Hamburg NStZ 1997, 31). Übt das Beschwerdegericht sein Ermessen zugunsten des Beschuldigten anders aus als das Vordergericht, verbleibt es bei der Kostentragungslast der Staatskasse (Meyer-Goßner StPO § 473 Rn 2; **aA** OLG Hamburg NJW 1974, 325).

II. Beschränktes Rechtsmittel

Nach § 473 Abs 3 StPO trägt die Staatskasse die notwendigen Auslagen des Rechtsmittel- 14
führers, der mit einem beschränkt eingelegten Rechtsmittel erfolgreich ist. Für § 473 Abs 3
StPO muss das Rechtsmittel bereits **bei Einlegung oder Begründung** beschränkt werden,
anderenfalls handelt es sich um eine nach § 473 Abs 1 StPO zu behandelnde Teilrücknahme
(KG NJW 1970, 2129; **aA** OLG München JurBüro 1985, 906). Dann trägt die Staatskasse
nur die Kosten und notwendigen Auslagen, die auch bei anfänglicher Beschränkung des
Rechtsmittels entstanden wären (OLG München NStZ-RR 1997, 192).

Ist die Beschränkung aus Rechtsgründen **unzulässig**, gilt § 473 Abs 3 StPO, wenn der
Beschwerdeführer von vornherein erklärt, nur ein beschränktes Ziel zu verfolgen, und dieses
erreicht (BGHSt 19, 226, 229).

F. Teilerfolg eines Rechtsmittels

Führt ein Rechtsmittel zu einem Teilfreispruch, gilt § 467 StPO. § 473 Abs 4 StPO findet 15
als Ausnahme zu § 473 Abs 1 StPO bei einem Teilerfolg hinsichtlich einer **prozessualen
Tat** Anwendung (OLG Düsseldorf Rpfleger 1996, 303).

Neben der Frage nach dem Maß des Teilerfolgs (BGH NStZ-RR 2008, 350, 351) kommt 16
es für eine **Billigkeitsentscheidung** nach § 473 Abs 4 StPO darauf an, ob der Beschuldigte
die angefochtene Entscheidung hingenommen hätte, wenn sie entsprechend der neuen Entscheidung gelautet hätte (BGH NStZ 1987, 86). Dies wird idR zu verneinen sein, wenn der
Angeklagte erneut ein Rechtsmittel einlegt (BGH StraFo 2008, 529). Im Falle des Teilerfolgs
kann das Gericht die Gebühren **ermäßigen** (BayObLG DAR 1982, 256; **aA** OLG Hamm
MDR 1973, 1041: zwingend), indem eine Quote oder ein Betrag festgesetzt wird, oder von
deren Erhebung absehen (OLG Hamm MDR 1981, 427; **aA** Löwe/Rosenberg/Hilger StPO
§ 473 Rn 47 Fn 136). Dasselbe gilt für die Auslagen der Staatskasse und Beteiligten in der
Rechtsmittelinstanz (Meyer-Goßner StPO § 473 Rn 28). Zur Billigkeitsentscheidung bei
divergierenden Angaben des Beschuldigten in den Instanzen s OLG Frankfurt NStZ-RR
2007, 158 mN. Nach OLG Zweibrücken BeckRS 2009, 08975 sind bei der Billigkeitsentscheidung auch Fehler im Verantwortungsbereichs des Gerichts zu berücksichtigen.

G. Mehrere Rechtsmittel

Rechtsmittel verschiedener Verfahrensbeteiligter werden kostenrechtlich getrennt behan- 17
delt (BGHSt 19, 226, 228). Sind die Rechtsmittel der StA und des Beschuldigten erfolglos
oder werden sie zurückgenommen, trägt der Beschuldigte die Kosten des Rechtsmittelverfahrens mit Ausnahme der durch das Rechtsmittel der StA verursachten ausscheidbaren
Kosten (OLG Hamburg NJW 1975, 130; **aA** OLG Zweibrücken NJW 1974, 659: sämtliche
Mehrkosten). Können solche Kosten nicht anfallen, sind ihm sämtliche Verfahrenskosten
aufzuerlegen (BayObLG NJW 1963, 601). Bei mehreren Rechtsmittelführern trägt jeder die
Kosten seines erfolglosen Rechtsmittels. § 466 StPO gilt entsprechend.

H. Besonderheiten der Nebenklage

Bei einem erfolglosen oder zurückgenommenen (beschränkten) **Rechtsmittel des Be-** 18
schuldigten sind diesem auch die Kosten des zu Recht zugelassenen Nebenklägers aufzuerlegen, § 473 Abs 1 S 2 StPO, falls der Schuldspruch das Nebenklagedelikt betrifft (BGH
NStZ 1997, 74; BGH NStZ 2009, 263), und zwar auch, wenn die StA ebenfalls erfolglos
Rechtsmittel eingelegt hat (OLG Hamburg MDR 1970, 1029). Hat der Beschuldigte mit
seinem (beschränkten) Rechtsmittel Erfolg, trägt der Nebenkläger seine Kosten selbst (Meyer-Goßner StPO § 473 Rn 23; **aA** OLG Hamm NStZ-RR 1998, 221, 222: § 472 Abs 1
StPO). Beim Teilerfolg eines Rechtsmittels des Beschuldigten gilt § 473 Abs 4 S 2 StPO
entspr (OLG Köln BeckRS 2008, 25642; **aA** OLG Düsseldorf JurBüro 1991, 853).

Bei einem erfolglosen **Rechtsmittel der StA** zuungunsten des Beschuldigten trägt der 19
Nebenkläger seine Auslagen selbst (BGH NStZ 2006, 67). Bei einem Teilerfolg hingegen
kann das Gericht dem Beschuldigten die Auslagen des Nebenklägers ganz oder teilweise

auferlegen. Bei einem vollen Erfolg trägt der Beschuldigte die Auslagen des Nebenklägers vollständig.

20 Bleibt das **Rechtsmittel der Nebenklage** erfolglos, hat diese dem Beschuldigten die Auslagen zu erstatten, § 473 Abs 1 S 3 StPO. Die Staatskasse trägt die Kosten als Gesamtschuldner mit der Nebenklage ausnahmsweise im Fall des § 301 StPO, wenn der Beschuldigte freigesprochen wird (BayObLG NJW 1959, 1236; **aA** RGSt 41, 349, 352: nur die Staatskasse). Im Erfolgsfalle sind dem Beschuldigten die Kosten der Nebenklage aufzuerlegen. Bei einem Teilerfolg der Nebenklage gelten § 473 Abs 4 StPO und § 472 StPO entspr, wobei die Staatskasse keinesfalls die Auslagen des Beschuldigten zu tragen hat (HK-StPO/Krehl StPO § 473 Rn 24).

21 Legen Beschuldigter und Nebenkläger **nebeneinander Rechtsmittel** ein und bleiben diese erfolglos, trägt jeder seine Auslagen (BGH NStZ 1993, 230; s BGH NStZ 1999, 167 zu nicht deckungsgleichen Rechtsmitteln). Bleiben die Rechtsmittel des Beschuldigten und der StA erfolglos, trägt jener die Kosten der Nebenklage (SchlHOLG JurBüro 1985, 556). Haben Rechtsmittel der StA und der Nebenklage keinen Erfolg, tragen diese die Gerichtskosten je zur Hälfte, die Staatskasse trägt daneben die Auslagen des Beschuldigten (BGH NStZ-RR 2006, 128).

I. Besonderheiten der Privatklage

22 Die Regeln zur Kostenerstattung zwischen StA und Beschuldigten gelten entspr mit der Maßgabe, dass an die Stelle der Staatskasse der Privatkläger tritt. Für erfolglose und zurückgenommene Rechtsmittel gelten § 473 Abs 1 StPO und § 471 Abs 1 StPO analog. Auf ein in vollem Umfang erfolgreiches Rechtsmittel des Angeklagten oder ein teilweise erfolgreiches unbeschränktes findet § 471 Abs 3 Nr 1 StPO Anwendung (BGH NJW 1962, 1926) genauso wie bei erfolglosen Rechtsmitteln beider Beteiligten (BayObLG Rpfleger 1961, 81).

J. Wiederaufnahme- und Nachverfahren

23 Das Wiederaufnahme- und das Nachverfahren werden wie ein Rechtsmittel behandelt, dessen Vorschriften entspr gelten. Entzieht eine Urteilsberichtigung dem Antrag den Boden, gilt § 467 StPO statt § 473 Abs 1 StPO (Perels NStZ 1985, 538). Die Anordnung der Wiederaufnahme entspricht der Zurückverweisung und ergeht ohne Kostenentscheidung (KK-StPO/Franke StPO § 473 Rn 14). In der neuen Hauptverhandlung wird über die Kosten des gesamten Verfahrens entschieden.

K. Wiedereinsetzung

24 Nur die stattgebende Entscheidung über den Wiedereinsetzungsantrag ist mit einer Kostenentscheidung zu versehen. Der Antragsteller trägt seine notwendigen Auslagen auch bei einem erfolgreichen Antrag und auch im Falle des Freispruchs, wenn diese nicht durch einen unbegründeten Widerspruch des Gegners verursacht wurden. In diesem Fall sind sie dem Gegner aufzuerlegen (Müller NJW 1962, 238).

§ 473 a [Kosten bei gesonderten Entscheidung über die Rechtmäßigkeit einer Ermittlungsmaßnahme]

¹Hat das Gericht auf Antrag des Betroffenen in einer gesonderten Entscheidung über die Rechtmäßigkeit einer Ermittlungsmaßnahme oder ihres Vollzuges zu befinden, bestimmt es zugleich, von wem die Kosten und die notwendigen Auslagen der Beteiligten zu tragen sind. ²Diese sind, soweit die Maßnahme oder ihr Vollzug für rechtswidrig erklärt wird, der Staatskasse, im Übrigen dem Antragsteller aufzuerlegen. ³§ 304 Absatz 3 und § 464 Absatz 3 Satz 1 gelten entsprechend.

A. Kostenentscheidung

1 Ab dem 1. 10. 2009 (G v 29. 7. 2009, BGBl I 2280) sind Entscheidungen über die Rechtmäßigkeit einer Ermittlungsmaßnahme oder deren Vollzugs mit einer Entscheidung über Kosten und Auslagen zu versehen, § 473a S 1 StPO. Die Kostenentscheidung erfolgt **von Amts wegen**.

Inwieweit eine Maßnahme und ihr Vollzug auf ihre Rechtmäßigkeit hin überprüft werden 2 kann, ergibt sich aus den allgemeinen Vorschriften, insbesondere § 81g Abs 5 S 4 StPO, § 98 Abs 2 S 2 StPO (analog) oder § 101 Abs 7 S 2 StPO. § 473a StPO findet zudem auf folgende weitere Maßnahmen der StA im Ermittlungsverfahren entsprechende Anwendung: § 111l Abs 6 S 2 StPO, § 147 Abs 5 S 3 StPO, § 161a Abs 3 S 2 StPO, § 163a Abs 3 S 4 StPO, § 406e Abs 4 S 3 StPO, § 478 Abs 3 S 2 StPO.

B. Kostentragungslast

§ 473a S 2 StPO regelt die Kostentragungslast. Soweit die streitgegenständliche Maßnah- 3 me rechtswidrig ist, fallen die Kosten und Auslagen der Beteiligten der Staatskasse zur Last, im Übrigen dem Betroffenen. Es gelten die allgemeinen Regeln.

C. Rechtsmittel

Gegen die Entscheidung ist die sofortige Beschwerde **statthaft**, sofern die Entscheidung 4 in der Hauptsache angefochten werden kann, § 473a StPO iVm § 464 Abs 3 S 1 StPO. Die Beschwerde ist nicht statthaft in den Fällen des § 161a Abs 3 S 3 StPO und des § 163a Abs 3 S 5 StPO; in den Fällen des § 406e Abs 4 S 4 StPO und des § 478 Abs 3 S 3 StPO ist sie erst dann statthaft, wenn die Ermittlungen abgeschlossen sind, § 170 StPO.

Die sofortige Beschwerde ist weiterhin unstatthaft, wenn das Gericht wie im Fall des § 101 5 Abs 7 S 4 StPO über den Antrag auf Überprüfung der Rechtmäßigkeit in der **verfahrensabschließenden Entscheidung** befindet. Insoweit gelten die allgemeinen Regeln (BT-Drs 16/12098, 40).

Zudem muss der Beschwerdewert 200 EUR übersteigen, § 304 Abs 3 StPO. 6

Achtes Buch. Erteilung von Auskünften und Akteneinsicht, sonstige Verwendung von Daten für verfahrensübergreifende Zwecke, Dateiregelungen, länderübergreifendes staatsanwaltschaftliches Verfahrensregister (§§ 474-495)

Erster Abschnitt. Erteilung von Auskünften und Akteneinsicht, sonstige Verwendung von Daten für verfahrensübergreifende Zwecke (§§ 474-482)

§ 474 [Auskünfte und Akteneinsicht für Justizbehörden und andere öffentliche Stellen]

(1) Gerichte, Staatsanwaltschaften und andere Justizbehörden erhalten Akteneinsicht, wenn dies für Zwecke der Rechtspflege erforderlich ist.

(2) ¹Im Übrigen sind Auskünfte aus Akten an öffentliche Stellen zulässig, soweit
1. die Auskünfte zur Feststellung, Durchsetzung oder zur Abwehr von Rechtsansprüchen im Zusammenhang mit der Straftat erforderlich sind,
2. diesen Stellen in sonstigen Fällen auf Grund einer besonderen Vorschrift von Amts wegen personenbezogene Daten aus Strafverfahren übermittelt werden dürfen oder soweit nach einer Übermittlung von Amts wegen die Übermittlung weiterer personenbezogener Daten zur Aufgabenerfüllung erforderlich ist oder
3. die Auskünfte zur Vorbereitung von Maßnahmen erforderlich sind, nach deren Erlass auf Grund einer besonderen Vorschrift von Amts wegen personenbezogene Daten aus Strafverfahren an diese Stellen übermittelt werden dürfen.

²Die Erteilung von Auskünften an die Nachrichtendienste richtet sich nach § 18 des Bundesverfassungsschutzgesetzes, § 10 des MAD-Gesetzes und § 8 des BND-Gesetzes sowie den entsprechenden landesrechtlichen Vorschriften.

(3) Unter den Voraussetzungen des Absatzes 2 kann Akteneinsicht gewährt werden, wenn die Erteilung von Auskünften einen unverhältnismäßigen Aufwand erfordern würde oder die Akteneinsicht begehrende Stelle unter Angabe von Gründen erklärt, dass die Erteilung einer Auskunft zur Erfüllung ihrer Aufgabe nicht ausreichen würde.

(4) Unter den Voraussetzungen der Absätze 1 oder 3 können amtlich verwahrte Beweisstücke besichtigt werden.

(5) Akten können in den Fällen der Absätze 1 und 3 zur Einsichtnahme übersandt werden.

(6) Landesgesetzliche Regelungen, die parlamentarischen Ausschüssen ein Recht auf Akteneinsicht einräumen, bleiben unberührt.

Überblick

§ 474 StPO regelt vor allem die Erteilung von Akteneinsicht und Auskünften an Justizbehörden für Zwecke der Rechtspflege und die Erteilung von Auskünften und ausnahmsweise von Akteneinsicht für sonstige öffentliche Stellen für verfahrensübergreifende Zwecke.

Übersicht

	Rn		Rn
A. Bedeutung	1	II. Übermittlungszwecke	13
B. Anwendungsbereich	2	E. Akteneinsicht für sonstige öffentliche Stellen (Abs 3)	18
C. Akteneinsicht für Zwecke der Rechtspflege (Abs 1)	5	F. Besichtigung amtlich verwahrter Beweisstücke (Abs 4)	20
I. Justizbehörden	5		
II. Umfang	6	G. Übersendung von Akten zur Einsichtnahme (Abs 5)	21
III. Erforderlichkeit für Zwecke der Rechtspflege	8		
D. Auskünfte an sonstige öffentliche Stellen (Abs 2)	11	H. Akteneinsicht parlamentarischer Untersuchungsausschüsse (Abs 6)	22
I. Öffentliche Stellen	11	I. Zuständigkeit und Rechtsbehelfe	23

A. Bedeutung

1 Ein Eingriff in das aus Art 2 GG iVm Art 1 Abs 1 GG abgeleitete **Recht auf informationelle Selbstbestimmung** (BVerfGE 65, 1 = BVerfG NJW 1984, 419 „Volkszählungsurteil") setzt auch im Bereich der **Strafrechtspflege** eine **hinreichend bestimmte gesetzliche Eingriffsgrundlage** voraus. Dabei kann das öffentliche Interesse an einer wirksamen Strafverfolgung und an einer möglichst vollständigen Wahrheitsermittlung im Strafverfahren „als ein wesentlicher Auftrag eines rechtsstaatlichen Gemeinwesens" (BVerfGE 107, 299, 316 = BVerfG NJW 2003, 1787, 1789 mwN) mit dem Schutz der informationellen Selbstbestimmung kollidieren (hierzu zB HK-StPO/Temming StPO Vor §§ 474 ff Rn 9). **§ 474 StPO** regelt **als Eingriffsgrundlage** (SK-StPO/Weßlau StPO § 474 Rn 1), unter welchen Voraussetzungen **in einem Strafverfahren rechtmäßig erhobene personenbezogene Daten an Justizbehörden oder sonstige öffentliche Stellen für „verfahrensübergreifende"** („verfahrensexterne", „verfahrensfremde") **Zwecke** (also für einen anderen als den ursprünglichen Erhebungszweck) **übermittelt werden dürfen**. Zur Gesetzgebungsgeschichte vgl HK-StPO/Temming StPO Vor §§ 474 ff Rn 1 ff; Löwe/Rosenberg/Hilger StPO Vor § 474 Rn 1.

B. Anwendungsbereich

§ 474 StPO ist nur anwendbar, wenn die **Übermittlung** der in einem Strafverfahren 2 erhobenen personenbezogenen Daten **im Wege der Gewährung von Akteneinsicht oder der Auskunftserteilung für verfahrensübergreifende Zwecke** erfolgt, also mit einer „**Zweckumwandlung**" dieser Daten verbunden ist (Hilger NStZ 2001, 15).

Für die **Übermittlung personenbezogener Daten innerhalb eines Strafverfahrens** (also für 2.1 „verfahrensimmanente Zwecke") an die mitwirkenden (auch über- und untergeordneten) Justizbehörden und an andere öffentliche Stellen gilt § 474 StPO nicht, hier greifen ggf andere Regelungen (zB § 27 Abs 3 StPO, § 41 StPO, § 163 Abs 2 StPO, § 306 Abs 2 StPO, § 320 StPO, § 321 StPO, § 347 StPO, § 354 StPO, § 355 StPO). Dazu gehört auch die Wahrnehmung von Weisungs-, Kontroll- und Aufsichtsaufgaben übergeordneter Stellen (Pfeiffer StPO § 474 Rn 1).

§ 474 StPO ist **anwendbar**, wenn Daten für ein Verfahren angefordert werden, das **eine** 3 **andere prozessuale Tat** zum Gegenstand hat, dagegen nicht, wenn die Daten für Zwecke eines anderen Strafverfahrens, in dem aber **dieselbe prozessuale Tat** (gegen einen anderen Beschuldigten) verhandelt wird, übermittelt werden sollen (Löwe/Rosenberg/Hilger StPO Vor § 474 Rn 7).

§ 474 StPO erfasst lediglich den „**Informationsausgang**" an die dort genannten öffent- 4 lichen Stellen, während der „Informationseingang" in § 161 StPO, § 163 StPO, § 202 StPO und § 244 Abs 2 StPO geregelt ist (Löwe/Rosenberg/Hilger StPO Vor § 474 Rn 2).

C. Akteneinsicht für Zwecke der Rechtspflege (Abs 1)

I. Justizbehörden

Nach **Abs 1** erhalten **Gerichte, Staatsanwaltschaften und andere Justizbehörden** 5 **des Bundes und der Länder** Einsicht in die Akten eines (anderen) laufenden oder abgeschlossenen Strafverfahrens, **wenn und soweit dies für Zwecke der Rechtspflege erforderlich ist**. Der Kreis der **berechtigten Justizbehörden** wird **durch den Begriff „für Zwecke der Rechtspflege" bestimmt** („**funktionsorientierte Lösung**"), (vgl KK-StPO/Schoreit EGGVG § 23 Rn 10; HK-StPO/Temming StPO § 474 Rn 2; Hilger NStZ 2001, 15).

Hierzu gehören auch die **im repressiven Bereich tätige Polizei** und die **Finanzbehörden**, 5.1 soweit sie **in Steuerstraftaten als Ermittlungsbehörden** tätig sind (vgl § 386 Abs 2 AO, § 399 Abs 1 AO, § 402 Abs 1 AO, § 404 Abs 1 AO). Für Zwecke der Rechtspflege werden die Justizbehörden auch zur **Verfolgung von Ordnungswidrigkeiten** (vgl § 46 Abs 2 OWiG), in **Vollzugsangelegenheiten** (SK-StPO/Weßlau StPO § 474 Rn 8), bei der **Rechtshilfe** (SK-StPO/Weßlau StPO § 474 Rn 8) und entsprechend § 23 EGGVG für **Aufgaben nach dem BZRG** tätig (HK-StPO/Temming StPO § 474 Rn 2; Hilger NStZ 2001, 15; für Gnadensachen vgl HK-StPO/ Temming StPO § 474 Rn 2). Keine Justizbehörde ist das deutsche Mitglied von **Eurojust** (SK-StPO/Weßlau StPO § 474 Rn 7). Zur Akteneinsicht von **parlamentarischen Untersuchungsausschüssen** vgl Rn 22.

II. Umfang

Gegenstand der Akteneinsicht sind **alle Akten iSd § 199 Abs 2 S 2 StPO** (§ 199 StPO 6 Rn 5), nicht Dateien (Löwe/Rosenberg/Hilger StPO § 474 Rn 5).

Abs 1 erfasst auch die **Erteilung von Auskünften aus Akten als Minus** gegenüber der 7 Akteneinsicht (Meyer-Goßner StPO § 474 Rn 2; SK-StPO/Weßlau StPO § 474 Rn 9). Jedoch muss sich die ersuchende Stelle (im Rahmen der Erforderlichkeit s Rn 8) hierauf ebenso wenig wie auf eine Teilakteneinsicht verweisen lassen (HK-StPO/Temming StPO § 474 Rn 4). Auch **Bild-Ton-Aufzeichnungen nach § 58a StPO** (§ 58a StPO Rn 18) können unter den dort bezeichneten Voraussetzungen der ersuchenden Justizbehörde zur Verfügung gestellt werden (Meyer-Goßner StPO § 474 Rn 4; **aA** Brodersen NJW 2000, 2536, 2540). Nach § 58a Abs 2 S 6 StPO ist insbesondere eine Einwilligung des Zeugen notwendig. Einschränkungen ergeben sich jedoch aus § 477 Abs 2 StPO (§ 477 StPO Rn 2) (KK-StPO/Gieg StPO § 474 Rn 2).

III. Erforderlichkeit für Zwecke der Rechtspflege

8 Voraussetzung jeder Akteneinsicht ist (**als Konkretisierung des allgemeinen Verhältnismäßigkeitsgrundsatzes**) ihre **Erforderlichkeit**, die auch ihren Umfang bestimmt (Meyer-Goßner StPO § 474 Rn 4). **Erforderlichkeit** setzt voraus, dass die in den Akten enthaltenen Daten für Zwecke eines bestimmten Verfahrens oder Vorgangs **benötigt** werden, **kein gleich geeignetes** im Hinblick auf den Eingriff in das Recht auf informationelle Selbstbestimmung **milderes Mittel** (zB Auskunftserteilung, Teilakteneinsicht) zur Verfügung steht und die Akteneinsicht auch **nicht außer Verhältnis zur Bedeutung der Sache** steht (SK-StPO/Weßlau StPO § 474 Rn 11). Gegenüber einer erneuten Informationserhebung ist die Akteneinsicht idR das mildere Mittel (SK-StPO/Weßlau StPO § 474 Rn 11).

9 Die Erforderlichkeit ist **von der die Akteneinsicht begehrenden Justizbehörde zu prüfen**, die ersuchte Stelle muss keine weiteren Nachforschungen anstellen (KK-StPO/Gieg StPO § 474 Rn 2; OLG Stuttgart NStZ 2008, 359, 360). Eine **Darlegung der Erforderlichkeit** der Akteneinsicht kann die ersuchte Stelle nicht verlangen (HK-StPO/Temming StPO § 474 Rn 5). Sie ist auch nicht notwendig, insb dann nicht, wenn ein Gericht in einem Verfahren mit Amtsermittlungsgrundsatz seine Befugnis zur Akteneinsicht gegenüber der Staatsanwaltschaft (zB gem § 99 Abs 1 VwGO, § 86 Abs 1 FGO, § 119 Abs 1 SGG) gebraucht (BT-Drs 14/1484, 26; Meyer-Goßner StPO § 474 Rn 4; SK-StPO/Weßlau StPO § 474 Rn 12; HK-StPO/Temming StPO § 474 Rn 5).

10 Die ersuchte Stelle hat hinsichtlich der Gewährung der Akteneinsicht **kein Ermessen** (Löwe/Rosenberg/Hilger StPO § 474 Rn 7; SK-StPO/Weßlau StPO § 474 Rn 13). Die Akteneinsicht ist jedoch **zu versagen**, wenn die Voraussetzungen des § 477 Abs 2 StPO (§ 477 StPO Rn 2) vorliegen.

D. Auskünfte an sonstige öffentliche Stellen (Abs 2)

I. Öffentliche Stellen

11 **Andere öffentliche Stellen** erhalten grundsätzlich nur **Auskünfte aus den Akten** (zur Akteneinsicht s Rn 18). **Öffentliche Stellen** sind **alle hoheitlich tätigen Stellen**, die (funktionell) nicht Justizbehörden iSd Abs 1 sind (Rn 5). Der Begriff ist **eng auszulegen**, insbesondere in **Abgrenzung zu** unter § 475 StPO fallende **Privatpersonen** und **sonstigen Stellen** (SK-StPO/Weßlau StPO § 474 Rn 14). **Privatwirtschaftlich tätige Unternehmen** sind, auch wenn sie Aufgaben der öffentlichen Verwaltung wahrnehmen, keine öffentlichen Stellen iSd Abs 2, sondern sonstige Stellen iSd § 475 StPO (SK-StPO/Weßlau StPO § 474 Rn 14).

12 Nicht unter S 1 fällt die Übermittlung von Daten aus Strafverfahren an Polizeibehörden, soweit sie präventiv tätig werden. Hierfür gilt § 481 StPO. Nach **S 2** richten sich Auskünfte an Nachrichtendienste nach **§ 18 BVerfSchG, § 10 MADG, § 8 BNDG** und nach den entsprechenden landesrechtlichen Vorschriften.

II. Übermittlungszwecke

13 S 1 Nr 1 bis Nr 3 regelt **abschließend**, unter welchen **Voraussetzungen** die Erteilung von Auskünften an sonstige öffentliche Stellen zulässig ist. Die Übermittlungsbefugnis besteht jedoch nur, wenn die Übermittlung für einen auf einen konkreten Einzelvorgang bezogenen **Zweck** (und nicht nur abstrakt) **erforderlich** ist (SK-StPO/Weßlau StPO § 474 Rn 20; Meyer-Goßner StPO § 474 Rn 6). Der Begriff der **Erforderlichkeit** ist **eng auszulegen** (SK-StPO/Weßlau StPO § 474 Rn 20). Anders als bei Abs 1 (Rn 9) **entscheidet** hier **die ersuchte Stelle** – unter Beachtung des § 477 Abs 2 StPO (§ 477 StPO Rn 2) –, ob und welche Daten sie weitergibt (HK-StPO/Temming StPO § 474 Rn 7).

14 Nach **Nr 1** sind Auskünfte **zulässig**, soweit sie zur **Feststellung, Durchsetzung oder zur Abwehr von Rechtsansprüchen im Zusammenhang mit der Straftat** erforderlich sind. Erfasst sind vor allem Fälle staatlicher Haftung (zB Versorgungsansprüche) bzw Regressansprüche aus Straftaten (Löwe/Rosenberg/Hilger StPO § 474 Rn 9).

Nach **Nr 2 Alt 1** ist die Auskunft stets zulässig, wenn den öffentlichen Stellen **auf Grund** 15
einer besonderen Vorschrift (zB §§ 12 EGGVG ff) **von Amts wegen personenbezogene Daten aus Strafverfahren übermittelt werden dürfen**.
Nach **Nr 2 Alt 2** können nach einer Übermittlung von Amts wegen der ersuchenden 16
Stelle weitere personenbezogene Daten übermittelt werden, **soweit dies zur Aufgabenerfüllung erforderlich ist**. Dies gilt unabhängig von der Nachberichts- und Unterrichtungspflicht in § 20 EGGVG (Meyer-Goßner StPO § 474 Rn 6).
Nach **Nr 3** können Auskünfte erteilt werden **zur Vorbereitung von Maßnahmen**, 17
nach deren Erlass auf Grund einer besonderen Vorschrift von Amts wegen personenbezogene Daten aus Strafverfahren an diese öffentlichen Stellen übermittelt werden dürfen.

> Beispiele sind vorsorgliche Klärungen vor der Verleihung von Orden (§ 4 Abs 2 des Gesetzes 17.1
> über Titel, Orden und Ehrenzeichen) und die in § 14 Abs 1 Nr 5 und Nr 7 EGGVG aufgezählten
> Erlaubnisse, Genehmigungen oder Zulassungen (Brodersen NJW 2000, 2536, 2540; SK-StPO/
> Weßlau StPO § 474 Rn 19).

E. Akteneinsicht für sonstige öffentliche Stellen (Abs 3)

Nach **Abs 3** kann öffentlichen Stellen iSd Abs 2 (Rn 11) **ausnahmsweise statt Aus-** 18
kunft Akteneinsicht gewährt werden, wenn entweder die **Auskunftserteilung gem**
Abs 2 einen unverhältnismäßigen Aufwand erfordern würde oder die die **Akteneinsicht begehrende Stelle unter Angaben von Gründen erklärt, dass die Auskunftserteilung gem Abs 2 zur Erfüllung ihrer Aufgabe nicht ausreichen** würde. Akteneinsicht kann auch durch Überlassung von Aktenkopien erteilt werden, § 477 StPO (§ 477 StPO Rn 1).

Die Entscheidung, ob **ausnahmsweise** Akteneinsicht gewährt wird, steht im **pflicht-** 19
gemäßen Ermessen der ersuchten Stelle (Einzelheiten bei SK-StPO/Weßlau StPO § 474 Rn 22 mwN). Dabei ist zu beachten, dass der Schutz der informationellen Selbstbestimmung nur ausnahmsweise hinter Effektivitätserwägungen zurückbleiben soll (vor allem bei besonders sensiblen persönlichen Daten wie zB medizinischen und psychologischen Gutachten [vgl Nr 186 Abs 2 RiStBV]).

F. Besichtigung amtlich verwahrter Beweisstücke (Abs 4)

Gem **Abs 4** können **unter den Voraussetzungen der Abs 1** (Rn 5) **und 3** (Rn 18) 20
amtlich verwahrte Beweisstücke (s § 147 StPO Rn 18) **besichtigt werden** (Einzelheiten bei SK-StPO/Weßlau StPO § 474 Rn 23).

G. Übersendung von Akten zur Einsichtnahme (Abs 5)

Gem **Abs 5** können Akten **in den Fällen des Abs 1** (Rn 5) **und Abs 3** (Rn 18) **zur** 21
Einsicht übersandt werden. Die Entscheidung steht – vorbehaltlich des § 477 Abs 2 StPO (§ 477 StPO Rn 2) – im **pflichtgemäßen Ermessen der ersuchten Stelle** (s aber Nr 187 Abs 1 RiStBV).

H. Akteneinsicht parlamentarischer Untersuchungsausschüsse (Abs 6)

Abs 6 stellt klar (vgl BVerwGE 109, 258 = BVerwG NJW 2000, 160), dass **landes-** 22
gesetzliche Regelungen, die parlamentarischen Ausschüssen ein Recht auf Akteneinsicht einräumen, unberührt bleiben (Einzelheiten bei SK-StPO/Weßlau StPO § 474 Rn 24). Die Akteneinsichts- und Auskunftsrechte der **parlamentarischen Untersuchausschüsse des Deutschen Bundestages** ergeben sich unmittelbar aus Art 44 Abs 2 S 1 GG (Meyer-Goßner StPO § 474 Rn 9; HK-GS/Hölscher StPO § 474 Rn 10).

I. Zuständigkeit und Rechtsbehelfe

Zur **Zuständigkeit** und zu den **Rechtsbehelfen** vgl § 478 StPO. 23

§ 475 [Auskünfte und Akteneinsicht für Privatpersonen]

(1) Für eine Privatperson und für sonstige Stellen kann, unbeschadet der Vorschrift des § 406 e, ein Rechtsanwalt Auskünfte aus Akten erhalten, die dem Gericht vorliegen oder diesem im Falle der Erhebung der öffentlichen Klage vorzulegen wären, soweit er hierfür ein berechtigtes Interesse darlegt. ²Auskünfte sind zu versagen, wenn der hiervon Betroffene ein schutzwürdiges Interesse an der Versagung hat.

(2) Unter den Voraussetzungen des Absatzes 1 kann Akteneinsicht gewährt werden, wenn die Erteilung von Auskünften einen unverhältnismäßigen Aufwand erfordern oder nach Darlegung dessen, der Akteneinsicht begehrt, zur Wahrnehmung des berechtigten Interesses nicht ausreichen würde.

(3) ¹Unter den Voraussetzungen des Absatzes 2 können amtlich verwahrte Beweisstücke besichtigt werden. ²Auf Antrag können dem Rechtsanwalt, soweit Akteneinsicht gewährt wird und nicht wichtige Gründe entgegenstehen, die Akten mit Ausnahme der Beweisstücke in seine Geschäftsräume oder seine Wohnung mitgegeben werden. ³Die Entscheidung ist nicht anfechtbar.

(4) Unter den Voraussetzungen des Absatzes 1 können auch Privatpersonen und sonstigen Stellen Auskünfte aus den Akten erteilt werden.

Überblick

§ 475 StPO regelt, unter welchen Voraussetzungen in einem Strafverfahren rechtmäßig erhobene personenbezogene Daten an nicht am Verfahren beteiligte Privatpersonen sowie an sonstige Stellen übermittelt werden dürfen und müssen.

Übersicht

	Rn		Rn
A. Anwendungsbereich	1	C. Akteneinsicht (Abs 2)	11
B. Auskünfte aus den Akten (Abs 1)	5	D. Besichtigung amtlich verwahrter Beweisstücke (Abs 3 S 1)	12
I. Auskunft über einen Rechtsanwalt aus den Akten (S 1)	5	E. Mitgabe der Akten (Abs 3 S 2)	13
II. Darlegung eines berechtigten Interesses (S 1)	7	F. Auskünfte an Privatpersonen und sonstige Stellen (Abs 4)	14
III. Versagen bei schutzwürdigem Interesse (S 2)	10	G. Zuständigkeit und Rechtsbehelfe	15

A. Anwendungsbereich

1 § 475 StPO regelt die (**verfahrensübergreifende**) **Übermittlung von Daten aus laufenden oder abgeschlossenen Strafverfahren an Privatpersonen**, die nicht Verfahrensbeteiligte sind, und an **sonstige Stellen**, die nicht öffentliche Stellen iSd § 474 StPO (§ 474 StPO Rn 11) sind. Die Vorschrift hat eine **Doppelnatur**: Sie ist sowohl **gesetzliche Grundlage für Eingriffe in das Recht auf informationelle Selbstbestimmung des Betroffenen** (BVerfG NJW 2009, 2876) als auch **materielle Anspruchsgrundlage des Antragstellers** (SK-StPO/Weßlau StPO § 475 Rn 1).

2 § 475 StPO ist **nicht anwendbar** für **Beschuldigte** (§ 147 StPO Rn 1 ff), **Privatkläger** (§ 385 StPO Rn 9), **Nebenkläger** (§ 397 StPO Rn 3), **Verletzte** (§ 406 e StPO Rn 1 ff), **Einziehungsbeteiligte** (§ 434 StPO Rn 2), **Verfallsbeteiligte** (§ 442 StPO Rn 1) und **juristische Personen als Nebenbeteiligte** (§ 444 StPO Rn 2) (vgl Pfeiffer StPO § 475 Rn 1), findet aber **Anwendung** auf den **nicht verletzten Zeugen**, auch wenn für ihn ein Zeugenbeistand bestellt wurde (OLG Hamburg NJW 2002, 1590; KG NStZ 2008, 587 dazu NJW-Spezial 2008, 441; SK-StPO/Weßlau StPO § 475 Rn 12; s aber § 477 StPO Rn 31), auf Verteidiger in einem anderen Verfahren (BGH NStZ 2009, 51, 52) und auf den

Insolvenzverwalter (LG Frankfurt/M StV 2003, 495; LG Hildesheim NJW 2008, 531, 533; Meyer-Goßner StPO § 475 Rn 1; SK-StPO/Weßlau StPO § 475 Rn 12).

Bei einem **rechtskräftig abgeschlossenen Verfahren** gibt es grundsätzlich keine Verfahrensbeteiligten mehr; ob § 475 StPO oder die genannten verfahrensbezogenen Informationsrechte greifen, ist differenzierend festzustellen (vgl hierzu umfassend SK-StPO/Weßlau StPO § 475 Rn 6). 3

Soweit **juristische Personen** (zB privatwirtschaftlich tätige Unternehmen [s § 474 StPO Rn 11], Kreditinstitute, Versicherungsunternehmen, Interessenverbände) Auskunft begehren, schließt dies die Kenntnisnahme der bei diesen tätigen Personen ein (HK-StPO/Temming StPO § 475 Rn 1). 3.1

§ 475 StPO ist auf die **Informationsübermittlung an die Presse** nicht anwendbar (auch nicht auf Anfrage; Löwe/Rosenberg/Hilger StPO § 475 Rn 2; SK-StPO/Weßlau StPO § 475 Rn 9 mwN; **aA** OVG Münster NJW 2001, 3803; Meyer-Goßner StPO § 475 Rn 1; s auch Lindner StV 2008, 210; Meier FS Schreiber, 331). Informationsansprüche der Presse ergeben sich vielmehr aus den entsprechenden spezielleren Landespressegesetzen (vgl SK-StPO/Weßlau StPO § 475 Rn 9). Gleiches gilt für die **Informationsübermittlung an das Fachschrifttum zu Publikationszwecken** (BVerwG NJW 1997, 2694; SK-StPO/Weßlau StPO § 475 Rn 10 mwN; **aA** LG Berlin NJW 2002, 838; Meyer-Goßner StPO § 475 Rn 7), diese hat jedenfalls in anonymisierter Form zu erfolgen (SK-StPO/Weßlau StPO § 475 Rn 10). 4

B. Auskünfte aus den Akten (Abs 1)

I. Auskunft über einen Rechtsanwalt aus den Akten (S 1)

Die Auskunftserteilung erfolgt (wie in den Fällen der § 147 StPO, § 385 StPO, § 406 e StPO) grundsätzlich **über einen Rechtsanwalt** (BVerfG NJW 2002, 2307, 2308; vgl zur verfassungsrechtlichen Problematik der Beschränkung des persönlichen Informationszugangs auch BVerfG NJW 2003, 883; SK-StPO/Weßlau StPO § 475 Rn 13; s aber Abs 4 [Rn 14]). 5

Die **Akten**, aus denen die Auskunft erteilt wird, sind solche gem **§ 199 Abs 2 S 2 StPO**. Da nach dem Wortlaut nur Verfahrensakten erfasst sind, sind regelmäßig keine Auskünfte aus Spurenakten zu erteilen (krit Weßlau FS Hamm, 841, 847 ff). 6

II. Darlegung eines berechtigten Interesses (S 1)

Die Erteilung von Auskünften aus den Akten ist nur bei **Darlegung eines berechtigten Interesses** zulässig. Die Tatsachen, aus denen sich Grund und Umfang der benötigten Auskunft ergeben, müssen schlüssig dargelegt werden; eine Glaubhaftmachung oder gar ein Beweis sind nicht erforderlich (Meyer-Goßner StPO § 475 Rn 2 mwN). 7

Berechtigtes Interesse ist ein verständiges, durch die Sachlage gerechtfertigtes Interesse (Löwe/Rosenberg/Hilger StPO § 475 Rn 5; s auch § 406 e StPO Rn 2) und muss kein „rechtliches" Interesse sein (**hM** vgl Meyer-Goßner StPO § 475 Rn 2; SK-StPO/Weßlau StPO § 475 Rn 16 mwN). Es ergibt sich aber auch **nicht allein daraus, dass die Akte personenbezogene Daten enthält** (LG Frankfurt/M StV 2003, 495; Meyer-Goßner StPO § 475 Rn 2 mwN); hier richtet sich der Auskunftsanspruch nach **§ 19 BDSG** (SK-StPO/Weßlau StPO § 475 Rn 19). 8

Abschließende **spezialgesetzliche Regelungen** (zB BZRG, § 406 e StPO oder in den Landespressegesetzen [s Rn 4]) sind bei der Prüfung des berechtigten Interesses zu berücksichtigen (SK-StPO/Weßlau StPO § 475 Rn 20). 8.1

Ein berechtigtes Interesse kann **zB** vorliegen (SK-StPO/Weßlau StPO § 475 Rn 18 ff; Löwe/Rosenberg/Hilger StPO § 475 Rn 5) bei (Vorbereitung der) Verteidigung in einer Straf- oder Ordnungswidrigkeitensache (BGH BeckRS 2006, 11390 = StV 2008, 295, 296), bei Abwehr oder Geltendmachung (zivil-)rechtlicher, insb. insolvenzrechtlicher Ansprüche (LG Hildesheim NJW 2008, 531, 533 mwN; krit Koch FS Hamm, 289, 292), zur ordnungsgemäßen Ausführung einer Revisionsrüge (BGH NStZ 2009, 51, 52) oder wenn eine „gegnerische" amtliche Stelle Daten gem 8.2

§ 474 StPO über den Antragsteller erhalten hat. Zum berechtigten Interesse beim Abruf von Kontostammdaten nach § 24 c Abs 3 S 1 Nr 2 KWG s BVerfG NJW 2007, 2464, 2473.

9   Die Entscheidung gem Abs 1 S 1 ist vorbehaltlich der Regelung des S 2 und des § 477 Abs 2 StPO (§ 477 StPO Rn 2) eine **Entscheidung nach pflichtgemäßem Ermessen**, wobei in der Praxis kaum Raum für eine Ermessensausübung bleiben dürfte (Löwe/Rosenberg/Hilger StPO § 475 Rn 9).

III. Versagen bei schutzwürdigem Interesse (S 2)

10   Die Auskunftserteilung ist gem S 2 zu versagen, **wenn und soweit der hiervon Betroffene ein schutzwürdiges Interesse an der Versagung hat** (zB Schutz der Intimsphäre oder von Geschäfts- oder Betriebsgeheimnissen, s LG München I MMR 2008, 561). Nicht erforderlich ist, dass das schutzwürdige Interesse des Betroffenen das des Antragstellers überwiegt (LG Dresden StV 2006, 11, 13; Koch FS Hamm, 289, 297; Löwe/Rosenberg/Hilger StPO § 475 Rn 7; **aA** Meyer-Goßner StPO § 475 Rn 3 mwN). Dabei ist auch eine **Teilauskunft** in Betracht zu ziehen (SK-StPO/Weßlau StPO § 475 Rn 23 mwN). Zwingende Versagungsgründe ergeben sich auch aus **§ 477 Abs 2 StPO** (§ 477 StPO Rn 2) und **§ 477 Abs 3 StPO** (§ 477 StPO Rn 8).

C. Akteneinsicht (Abs 2)

11   Unter den Voraussetzungen des Abs 1 (Rn 5) kann **nach pflichtgemäßem Ermessen** (**ausnahmsweise**) statt Auskünften aus den Akten Akteneinsicht gewährt werden, wenn die Erteilung von Auskünften einen unverhältnismäßigen Aufwand erfordern oder nach Darlegung des Antragstellers (bzw seines Rechtsanwalts) zur Wahrnehmung des berechtigten Interesses nicht ausreichen würde.

11.1   Aktenteile, auf die sich das berechtigte Interesse von vornherein nicht erstreckt (insb bei besonders sensiblen Daten), sind zu entheften (Meyer-Goßner StPO § 475 Rn 4 mwN; LG Regensburg NStZ 1985, 233, 234).

D. Besichtigung amtlich verwahrter Beweisstücke (Abs 3 S 1)

12   Unter den Voraussetzungen des Abs 2 (Rn 11) können nach **S 1 amtlich verwahrte Beweisstücke** (ausnahmsweise) **besichtigt** werden (s. auch § 147 StPO Rn 18). Die Entscheidung liegt **im pflichtgemäßen Ermessen** der ersuchten Stelle.

E. Mitgabe der Akten (Abs 3 S 2)

13   Nach **S 2** können auf Antrag dem Rechtsanwalt, soweit Akteneinsicht gewährt wird und wichtige Gründe nicht entgegenstehen (zB wenn die Staatsanwaltschaft die Akten selbst benötigt und Doppel- bzw Drittakten aus nachvollziehbaren Gründen nicht verfügbar sind, vgl Löwe/Rosenberg/Hilger StPO § 475 Rn 11), die **Akten** mit Ausnahme der Beweisstücke in **seine Geschäftsräume oder in seine Wohnung mitgegeben werden** (vgl auch § 406 e StPO Rn 5). Diese Entscheidung ist gem **S 3 unanfechtbar**.

F. Auskünfte an Privatpersonen und sonstige Stellen (Abs 4)

14   Abweichend von der Regelung des Abs 1 (Rn 5) können **gem Abs 4** auch **Privatpersonen** und sonstige Stellen **direkt Auskunft aus den Akten** erhalten. Akteneinsicht (Abs 2, Rn 11) oder Besichtigung der Beweisstücke (Abs 3 S 1, Rn 12) können dagegen nicht gewährt, wohl aber Abschriften aus den Akten überlassen werden (§ 477 Abs 1 StPO, s § 477 StPO Rn 1; vgl Meyer-Goßner StPO § 475 Rn 7, dort auch weitere Einzelheiten).

G. Zuständigkeit und Rechtsbehelfe

15   Zur **Zuständigkeit** und zu den **Rechtsbehelfen** vgl § 478 StPO.

§ 476 [Übermittlung personenbezogenener Daten zu Forschungszwecken]

(1) ¹Die Übermittlung personenbezogener Daten in Akten an Hochschulen, andere Einrichtungen, die wissenschaftliche Forschung betreiben, und öffentliche Stellen ist zulässig, soweit
1. dies für die Durchführung bestimmter wissenschaftlicher Forschungsarbeiten erforderlich ist,
2. eine Nutzung anonymisierter Daten zu diesem Zweck nicht möglich oder die Anonymisierung mit einem unverhältnismäßigen Aufwand verbunden ist und
3. das öffentliche Interesse an der Forschungsarbeit das schutzwürdige Interesse des Betroffenen an dem Ausschluss der Übermittlung erheblich überwiegt.

²Bei der Abwägung nach Satz 1 Nr. 3 ist im Rahmen des öffentlichen Interesses das wissenschaftliche Interesse an dem Forschungsvorhaben besonders zu berücksichtigen.

(2) ¹Die Übermittlung der Daten erfolgt durch Erteilung von Auskünften, wenn hierdurch der Zweck der Forschungsarbeit erreicht werden kann und die Erteilung keinen unverhältnismäßigen Aufwand erfordert. ²Andernfalls kann auch Akteneinsicht gewährt werden. ³Die Akten können zur Einsichtnahme übersandt werden.

(3) ¹Personenbezogene Daten werden nur an solche Personen übermittelt, die Amtsträger oder für den öffentlichen Dienst besonders Verpflichtete sind oder die zur Geheimhaltung verpflichtet worden sind. ²§ 1 Abs. 2, 3 und 4 Nr. 2 des Verpflichtungsgesetzes findet auf die Verpflichtung zur Geheimhaltung entsprechende Anwendung.

(4) ¹Die personenbezogenen Daten dürfen nur für die Forschungsarbeit verwendet werden, für die sie übermittelt worden sind. ²Die Verwendung für andere Forschungsarbeiten oder die Weitergabe richtet sich nach den Absätzen 1 bis 3 und bedarf der Zustimmung der Stelle, die die Übermittlung der Daten angeordnet hat.

(5) ¹Die Daten sind gegen unbefugte Kenntnisnahme durch Dritte zu schützen. ²Die wissenschaftliche Forschung betreibende Stelle hat dafür zu sorgen, dass die Verwendung der personenbezogenen Daten räumlich und organisatorisch getrennt von der Erfüllung solcher Verwaltungsaufgaben oder Geschäftszwecke erfolgt, für die diese Daten gleichfalls von Bedeutung sein können.

(6) ¹Sobald der Forschungszweck es erlaubt, sind die personenbezogenen Daten zu anonymisieren. ²Solange dies noch nicht möglich ist, sind die Merkmale gesondert aufzubewahren, mit denen Einzelangaben über persönliche oder sachliche Verhältnisse einer bestimmten oder bestimmbaren Person zugeordnet werden können. ³Sie dürfen mit den Einzelangaben nur zusammengeführt werden, soweit der Forschungszweck dies erfordert.

(7) ¹Wer nach den Absätzen 1 bis 3 personenbezogene Daten erhalten hat, darf diese nur veröffentlichen, wenn dies für die Darstellung von Forschungsergebnissen über Ereignisse der Zeitgeschichte unerlässlich ist. ²Die Veröffentlichung bedarf der Zustimmung der Stelle, die die Daten übermittelt hat.

(8) Ist der Empfänger eine nichtöffentliche Stelle, finden die Vorschriften des Dritten Abschnitts des Bundesdatenschutzgesetzes auch Anwendung, wenn die Daten nicht in oder aus Dateien verarbeitet werden.

Überblick

§ 476 StPO regelt die Übermittlung und Verwendung von in einem Strafverfahren rechtmäßig erhobenen personenbezogenen Daten für Forschungszwecke.

Übersicht

	Rn		Rn
A. Bedeutung	1	dem schutzwürdigen Interesse des Betroffenen (Nr 3)	7
B. Voraussetzungen (Abs 1)	2	C. Form der Übermittlung (Abs 2)	9
I. Empfänger	2	D. Begrenzung des Empfängerkreises (Abs 3)	10
II. Voraussetzungen im Einzelnen (Nr 1 bis Nr 3)	4	E. Zweckbindung (Abs 4)	11
1. Allgemein	4	F. Datensicherheit (Abs 5, Abs 6)	13
2. Erforderlichkeit (Nr 1)	5	G. Veröffentlichung (Abs 7)	15
3. Unmöglichkeit der Anonymisierung oder Unverhältnismäßigkeit des Anonymisierungsaufwands (Nr 2)	6	H. Anwendbarkeit des BDSG (Abs 8)	16
4. Überwiegen des öffentlichen Interesses an der Forschungsarbeit gegenüber		I. Zuständigkeit und Rechtsbehelfe	17

A. Bedeutung

1 § 476 StPO regelt, unter welchen Voraussetzungen in einem Strafverfahren rechtmäßig erhobene personenbezogene Daten für wissenschaftliche Zwecke an Forschungseinrichtungen übermittelt und von diesen verwendet werden dürfen. Die Vorschrift ist gesetzliche Grundlage für Eingriffe in das Recht auf informationelle Selbstbestimmung des Betroffenen, siehe auch § 474 StPO Rn 1, nicht aber materielle Anspruchsgrundlage für den Forscher (**hM** Löwe/Rosenberg/Hilger StPO § 476 Rn 10; **aA** SK-StPO/Weßlau StPO § 476 Rn 2 mwN).

1.1 Zu der (problematischen) Gegenüberstellung von Schutz der informationellen Selbstbestimmung und Wissenschaftsfreiheit vgl Löwe/Rosenberg/Hilger StPO § 476 Rn 2; SK-StPO/Weßlau StPO § 476 Rn 3 jew mwN.

B. Voraussetzungen (Abs 1)

I. Empfänger

2 Empfänger der übermittelten Daten können nur **Hochschulen** (auch private Hochschulen und Fachhochschulen, vgl Graalmann-Scheerer NStZ 2005, 434, 435) und **andere (auch private) Forschung betreibende Einrichtungen** und **öffentliche Stellen** sein, letztere jedoch nur, soweit sie die Daten für Forschungszwecke benötigen (Löwe/Rosenberg/Hilger StPO § 476 Rn 3; SK-StPO/Weßlau StPO § 476 Rn 7).

2.1 Ob **Doktoranden** und **Habilitanden** als Privatpersonen gem § 475 StPO Auskunft oder Akteneinsicht erhalten können, ist str (bejahend Meyer-Goßner StPO § 476 Rn 1; Graalmann-Scheerer NStZ 2005, 434, 435; **aA** SK-StPO/Weßlau StPO § 476 Rn 8).

3 § 476 StPO ist nur auf die genannten Einrichtungen und Stellen anwendbar, wenn dort **unabhängige wissenschaftliche (vor allem kriminologische und rechtstatsächliche) Forschung** – sei es als Eigen- oder als Auftragsforschung – betrieben wird, denn nur diese fällt unter den Schutzbereich der Wissenschaftsfreiheit (SK-StPO/Weßlau StPO § 476 Rn 7; HK-StPO/Temming StPO § 476 Rn 2). Auf populärwissenschaftliche Forschung ist § 476 StPO nicht anwendbar (SK-StPO/Weßlau StPO § 476 Rn 7).

II. Voraussetzungen im Einzelnen (Nr 1 bis Nr 3)

1. Allgemein

4 Dem Antragsteller obliegt hinsichtlich der in Nr 1 bis Nr 3 geregelten (kumulativen) Voraussetzungen der Übermittlung eine **umfangreiche Darlegungspflicht** (Graalmann-Scheerer NStZ 2005, 434, 435). Außerdem hat die ersuchte Stelle von Amts wegen zu prüfen, ob nicht ein zwingender Versagungsgrund gem **§ 477 Abs 2 StPO** (§ 477 StPO Rn 2) vorliegt (hierzu Graalmann-Scheerer NStZ 2005, 434, 436; SK-StPO/Weßlau StPO § 476 Rn 17 ff).

2. Erforderlichkeit (Nr 1)

Nach **Nr 1** muss die Übermittlung von Daten für die **Durchführung bestimmter** 5
(= konkreter) **wissenschaftlicher Forschungsarbeiten erforderlich** sein, dh für die
Aufgabenerfüllung geeignet sein, es darf kein gleich geeignetes milderes Mittel zur Verfügung
stehen und die mit der Akteneinsicht verbundene Zweckumwandlung darf nicht außer
Verhältnis zur Bedeutung der Sache stehen (SK-StPO/Weßlau StPO § 476 Rn 9).

> Das daraus resultierende Erfordernis, das Forschungsvorhaben und den Umfang der erforderli- 5.1
> chen Daten genau zu beschreiben (Graalmann-Scheerer NStZ 2005, 434, 435), führt in der Praxis
> zu Problemen (SK-StPO/Weßlau StPO § 476 Rn 9).

3. Unmöglichkeit der Anonymisierung oder Unverhältnismäßigkeit des Anonymisierungsaufwands (Nr 2)

Nach **Nr 2** ist die Übermittlung nur zulässig, wenn eine **Nutzung anonymisierter** 6
Daten zu dem Forschungszweck nicht möglich ist (oder nicht ausreicht, s Meyer-
Goßner StPO § 476 Rn 1) oder die **Anonymisierung mit einem unverhältnismäßigen**
Aufwand verbunden ist.

> Letzteres wird bei größeren Forschungsvorhaben in Strafsachen die Regel sein (Graalmann- 6.1
> Scheerer NStZ 2005, 434, 435 f; SK-StPO/Weßlau StPO § 476 Rn 10).

4. Überwiegen des öffentlichen Interesses an der Forschungsarbeit gegenüber dem schutzwürdigen Interesse des Betroffenen (Nr 3)

Nach **Nr 3** ist die Übermittlung nur **zulässig, wenn das öffentliche Interesse an** 7
der Forschungsarbeit das schutzwürdige Interesse des Betroffenen an dem Aus-
schluss der Übermittlung erheblich überwiegt (Einzelheiten bei Graalmann-Scheerer
NStZ 2005, 434, 436; SK-StPO/Weßlau StPO § 476 Rn 11 ff). Das Grundrecht auf
informationelle Selbstbestimmung (Art 2 Abs 1 GG iVm Art 1 GG) und die durch Art 5
Abs 3 GG geschützte Freiheit der Wissenschaft und Forschung sind gegeneinander abzuwägen.

> Das **öffentliche Interesse an der Forschungsarbeit** ist nicht identisch mit dem wissenschaftli- 7.1
> chen Interesse (vgl SK-StPO/Weßlau StPO § 476 Rn 14). Dieses ist jedoch iRd öffentlichen
> Interesses bei der Abwägung besonders zu berücksichtigen (§ 476 Abs 1 S 2 StPO). Grundsätzlich
> liegen Erkenntnisse, die von Forschungsvorhaben zu erwarten sind, auch im öffentlichen Interesse
> (Pfeiffer StPO § 476 Rn 2). Dagegen soll die Verwendung der Daten für eine Habilitationsschrift
> ein öffentliches Interesse allein noch nicht begründen (OLG Hamm JR 1997, 170, 172 mit Anm
> Schlüchter/Duttge). Gleiches gilt für methodisch unzulängliche Forschungsvorhaben und für solche, die offensichtlich für die Erlangung persönlicher Daten oder als Instrument im wirtschaftlichen
> Konkurrenzkampf missbraucht werden sollen (BT-Drs 14/1484, 27; Meyer-Goßner StPO § 476
> Rn 1).

Bei **Einwilligung** des Betroffenen (vgl § 4 Abs 1 BDSG, § 40 Abs 3 BDSG) liegt kein 8
schutzwürdiges Interesse vor, wobei die Einholung und der erforderliche Nachweis der
Einwilligung in der Praxis erhebliche Schwierigkeiten bereitet (vgl Graalmann-Scheerer
NStZ 2005, 434, 436). Auf die Einholung einer Einwilligung darf die Forschungseinrichtung
nicht verwiesen werden (Löwe/Rosenberg/Hilger StPO § 476 Rn 8; Graalmann-Scheerer
NStZ 2005, 434, 436; SK-StPO/Weßlau StPO § 476 Rn 16 mwN).

C. Form der Übermittlung (Abs 2)

Nach dem Wortlaut des **Abs 2** erfolgt die Übermittlung der Daten **idR durch** 9
Auskunftserteilung (S 1). Nur wenn dadurch der Zweck der Forschungsarbeit nicht
erreicht werden kann oder die Erteilung einen unverhältnismäßigen Aufwand erfordert,
kann **ausnahmsweise Akteneinsicht** gewährt werden (**S 2**). In der **Praxis** ist jedoch die
Akteneinsicht die Regel und die Auskunftserteilung die Ausnahme (Graalmann-Scheerer
NStZ 2005, 434, 437). Wird Akteneinsicht gewährt, **können die Akten zur Einsicht-**

nahme übersandt werden (**S 3**; Einzelheiten bei Graalmann-Scheerer NStZ 2005, 434, 437).

9.1 Für die Prüfung, ob Akteneinsicht gewährt werden kann, ist nicht nur der Forschungsplan, sondern auch ein für die Durchführung einer Aktenanalyse verwendeter Erhebungsbogen vorzulegen (Graalmann-Scheerer NStZ 2005, 434, 437).

D. Begrenzung des Empfängerkreises (Abs 3)

10 Gem **Abs 3** dürfen die Daten nur an solche Personen übermittelt werden, die **Amtsträger** oder **für den öffentlichen Dienst besonders Verpflichtete (S 1)** sind oder **zur Geheimhaltung verpflichtet** worden sind (**S 2** iVm § 1 Abs 2, Abs 3, Abs 4 Nr 2 Verpflichtungsgesetz). Dies muss bereits im Antrag detailliert dargelegt werden (Graalmann-Scheerer NStZ 2005, 434, 437). Bei Verletzung der Geheimhaltungspflicht kommt eine Strafbarkeit nach § 203 Abs 2 S 1 Nr 1 oder Nr 2 StGB in Betracht (KK-StPO/Gieg StPO § 476 Rn 4).

E. Zweckbindung (Abs 4)

11 Gem **S 1** dürfen die Daten nur für die Forschungsarbeit verwendet werden, für die sie übermittelt worden sind.

11.1 Sie dürfen grundsätzlich weder für andere Forschungsarbeiten (auch nicht desselben Forschers oder derselben Einrichtung) verwendet werden und sie dürfen auch nicht an Personen weitergegeben werden, auf die sich die erteilte Genehmigung nicht bezieht (Graalmann-Scheerer NStZ 2005, 434, 438; kritisch zu dieser **engen Zweckbindung** SK-StPO/Weßlau StPO § 476 Rn 23).

12 Allerdings können unter den Voraussetzungen der Abs 1 (Rn 2), Abs 2 (Rn 9) und Abs 3 (Rn 10) die **Daten für andere Forschungszwecke verwendet oder weitergegeben** werden (**S 2**). Hierfür bedarf es der **(vorherigen) Zustimmung** der Stelle, die die Übermittlung der Daten angeordnet hat. Diese ist vom ursprünglichen Antragsteller unter Vorlage entsprechender Unterlagen einzuholen (Graalmann-Scheerer NStZ 2005, 434, 438).

F. Datensicherheit (Abs 5, Abs 6)

13 Gem **Abs 5** sind die übermittelten Daten **gegen unbefugte Kenntnisnahme durch Dritte** (dh solche, die nicht zum Personenkreis des Abs 3 [Rn 10] gehören) **zu schützen** (**S 1**). Die Forschungseinrichtung hat dafür zu sorgen, dass die **Verwendung der personenbezogenen Daten räumlich und organisatorisch getrennt** von der Erfüllung solcher Verwaltungsaufgaben und Geschäftszwecke erfolgt, für die diese Daten gleichfalls von Bedeutung sein können (**S 2**).

13.1 Zu den Mindestanforderungen an ein bei der Antragstellung vorzulegendes Datenschutzkonzept vgl Graalmann-Scheerer NStZ 2005, 434, 438.

14 **Abs 6** (Einzelheiten bei Graalmann-Scheerer NStZ 2005, 434, 439) schreibt die **Anonymisierung der personenbezogenen Daten** vor (**S 1**). Solange dies nicht möglich ist, sind besondere **Aufbewahrungsregeln** zu beachten (**S 2 und S 3**).

G. Veröffentlichung (Abs 7)

15 Gem **Abs 7** dürfen die nach Abs 1 bis Abs 3 übermittelten Daten nur **veröffentlicht** werden, **wenn dies für die Darstellung der Forschungsergebnisse über Ereignisse der Zeitgeschichte unerlässlich ist** (**S 1**). Die Veröffentlichung bedarf der **(vorherigen) Zustimmung** der übermittelnden Stelle (**S 2**). Die Veröffentlichung von Einzelangaben ist auch zulässig, soweit sich diese nur mit unverhältnismäßig großem Aufwand an Zeit, Kosten und Arbeitskraft einer bestimmten Person zuordnen lassen (BT-Drs 14/1484, 28; SK-StPO/Weßlau StPO § 476 Rn 26; Pfeiffer StPO § 476 Rn 7).

H. Anwendbarkeit des BDSG (Abs 8)

Ist der Empfänger eine **nichtöffentliche Stelle**, finden **gem Abs 8** die Vorschriften des Dritten Abschnitts des BDSG (§ 27 BDSG bis § 38 a BDSG) Anwendung, auch wenn die Daten nicht in oder aus Dateien verarbeitet werden. 16

I. Zuständigkeit und Rechtsbehelfe

Zur **Zuständigkeit** und zu den **Rechtsbehelfen** vgl § 478 StPO. 17

§ 477 [Zulässigkeit der Datenübermittlung]

(1) Auskünfte können auch durch Überlassung von Abschriften aus den Akten erteilt werden.

(2) ¹Auskünfte aus Akten und Akteneinsicht sind zu versagen, wenn der Übermittlung Zwecke des Strafverfahrens, auch die Gefährdung des Untersuchungszwecks in einem anderen Strafverfahren, oder besondere bundesgesetzliche oder entsprechende landesgesetzliche Verwendungsregelungen entgegenstehen. ²Ist eine Maßnahme nach diesem Gesetz nur bei Verdacht bestimmter Straftaten zulässig, so dürfen die auf Grund einer solchen Maßnahme erlangten personenbezogenen Daten ohne Einwilligung der von der Maßnahme betroffenen Personen zu Beweiszwecken in anderen Strafverfahren nur zur Aufklärung solcher Straftaten verwendet werden, zu deren Aufklärung eine solche Maßnahme nach diesem Gesetz hätte angeordnet werden dürfen. ³Darüber hinaus dürfen personenbezogene Daten, die durch eine Maßnahme der in Satz 2 bezeichneten Art erlangt worden sind, ohne Einwilligung der von der Maßnahme betroffenen Personen nur verwendet werden
1. zur Abwehr einer erheblichen Gefahr für die öffentliche Sicherheit,
2. für die Zwecke, für die eine Übermittlung nach § 18 des Bundesverfassungsschutzgesetzes zulässig ist, sowie
3. nach Maßgabe des § 476.
⁴§ 100 d Abs. 5, § 100 i Abs. 2 Satz 2 und § 108 Abs. 2 und 3 bleiben unberührt.

(3) In Verfahren, in denen
1. der Angeklagte freigesprochen, die Eröffnung des Hauptverfahrens abgelehnt oder das Verfahren eingestellt wurde oder
2. die Verurteilung nicht in ein Führungszeugnis für Behörden aufgenommen wird und seit der Rechtskraft der Entscheidung mehr als zwei Jahre verstrichen sind,
dürfen Auskünfte aus den Akten und Akteneinsicht an nichtöffentliche Stellen nur gewährt werden, wenn ein rechtliches Interesse an der Kenntnis der Information glaubhaft gemacht ist und der frühere Beschuldigte kein schutzwürdiges Interesse an der Versagung hat.

(4) ¹Die Verantwortung für die Zulässigkeit der Übermittlung trägt der Empfänger, soweit dieser eine öffentliche Stelle oder ein Rechtsanwalt ist. ²Die übermittelnde Stelle prüft in diesem Falle nur, ob das Übermittlungsersuchen im Rahmen der Aufgaben des Empfängers liegt, es sei denn, dass besonderer Anlass zu einer weitergehenden Prüfung der Zulässigkeit der Übermittlung besteht.

(5) ¹Die nach den §§ 474, 475 erlangten personenbezogenen Daten dürfen nur zu dem Zweck verwendet werden, für den die Auskunft oder Akteneinsicht gewährt wurde. ²Eine Verwendung für andere Zwecke ist zulässig, wenn dafür Auskunft oder Akteneinsicht gewährt werden dürfte und im Falle des § 475 die Stelle, die Auskunft oder Akteneinsicht gewährt hat, zustimmt. ³Wird eine Auskunft ohne Einschaltung eines Rechtsanwalts erteilt, so ist auf die Zweckbindung hinzuweisen.

Überblick

§ 477 StPO fasst die für die Akteneinsicht und die Auskunftserteilung gem §§ 474 StPO ff geltenden Voraussetzungen an die Zulässigkeit der Datenübermittlung zusammen.

Übersicht

	Rn		Rn
A. Auskunft durch Überlassung von Abschriften (Abs 1)	1	IV. Übermittlungsbegrenzung bei besonderen Ermittlungsmaßnahmen (S 2, S 3 u S 4)	5
B. Übermittlungsverbote (Abs 2)	2	C. Weitere Übermittlungsbeschränkungen (Abs 3)	8
I. Vorbemerkung	2		
II. Entgegenstehende Zwecke des Strafverfahrens (S 1 Alt 1)	3	D. Verantwortlichkeit für die Zulässigkeit (Abs 4)	9
III. Besondere Verwendungsregeln (S 1 Alt 2)	4	E. Zweckbindung (Abs 5)	11

A. Auskunft durch Überlassung von Abschriften (Abs 1)

1   Gem **Abs** 1 können Auskünfte (zur Verfahrenserleichterung) auch durch **Überlassung von Abschriften (Kopien)** aus den Akten erteilt werden.

1.1   Akten sollen von vorneherein so geführt werden, dass die Anfertigung von Abschriften, aber auch eine teilweise Akteneinsicht erleichtert wird (Löwe/Rosenberg/Hilger StPO § 477 Rn 2).

B. Übermittlungsverbote (Abs 2)

I. Vorbemerkung

2   Abs 2 regelt insbesondere, unter welchen Voraussetzungen **personenbezogene Daten, die mit besonders eingriffsintensiven Maßnahmen** rechtmäßig erlangt wurden, für andere Zwecke verwendet werden dürfen (Puschke/Singelnstein NJW 2008, 113, 117; Singelnstein ZStW 120 [2008], 854, 877). Abs 2 wurde neu gefasst durch das Gesetz zur Neuregelung der Telekommunikationsüberwachung und anderer verdeckter Ermittlungsmaßnahmen sowie zur Umsetzung der Richtlinie 2006/24/EG v 21. 12. 2007 (BGBl I 3198, hierzu Puschke/Singelnstein NJW 2008, 113; Bär MMR 2008, 215).

II. Entgegenstehende Zwecke des Strafverfahrens (S 1 Alt 1)

3   Auskünfte aus Akten und Akteneinsicht sind (**zwingend**) **zu versagen, wenn der Übermittlung Zwecke des Strafverfahrens entgegenstehen** (S 1 Alt 1). Allerdings hat die entscheidende Stelle einen weitgehenden **Beurteilungsspielraum** (Löwe/Rosenberg/Hilger StPO § 477 Rn 3).

3.1   Zu berücksichtigende Zwecke sind zB eine mögliche Gefährdung des Untersuchungszwecks, nach nun ausdrücklicher gesetzlicher Regelung auch eines anderen Strafverfahrens, allgemeine ermittlungstaktische Erwägungen, die Vermeidung einer erheblichen Verfahrensverzögerung oder einer erheblichen oder unnötigen Belastung der ersuchten Stelle (vgl im einzelnen Löwe/Rosenberg/Hilger StPO § 477 Rn 3; SK-StPO/Weßlau StPO § 477 Rn 3; HK-StPO/Temming StPO § 477 Rn 3). Zu beachten sind aber auch speziellere Regelungen anderer Verfahrensordnungen (zB die Sperrerklärung gem § 99 Abs 1 S 2 VwGO; vgl hierzu Pfeiffer StPO § 477 Rn 2). Die Rspr sieht den Untersuchungszweck zB dann gefährdet, wenn „verfahrensgefährdete" Zeugen oder deren Beistände Akteneinsicht beantragen (KG NStZ 2008, 587, zu Recht krit Koch FS Hamm, 289, 295 f). In diesen Fällen sei eine unbefangene Aussage nicht mehr zu gewährleisten (vgl auch NJW-Spezial 2008, 441).

III. Besondere Verwendungsregeln (S 1 Alt 2)

4   Auskünfte aus Akten und Akteneinsicht sind weiter (**zwingend**) **zu versagen, wenn der Übermittlung besondere bundesgesetzliche oder entsprechende landesgesetzliche Verwendungsregelungen** (innerhalb der StPO oder nach dem jeweiligen Erhebungsgesetz s umfassend SK-StPO/Weßlau StPO § 477 Rn 4 ff) entgegenstehen (**S 1 Alt 2**). Ob eine entsprechende Übermittlungsbeschränkung vorliegt, ist grundsätzlich von der übermittelnden Stelle auf der Grundlage der Darlegungen der ersuchenden Stelle zu prüfen (Einzelheiten bei Löwe/Rosenberg/Hilger StPO § 477 Rn 10).

Verwendungsregelungen aus der StPO sind zB (Löwe/Rosenberg/Hilger StPO § 477 Rn 6; **4.1**
SK-StPO/Weßlau StPO § 477 Rn 8 ff): § 58 a Abs 2 StPO, § 69 Abs 3 StPO, § 100 d Abs 5 StPO,
§ 100 i Abs 2 S 2, Abs 3 StPO, § 108 Abs 2 StPO, § 136 a Abs 3 S 2 StPO, § 161 Abs 2 StPO,
§ 168 e S 4 StPO, § 247 a S 5 StPO, § 254 StPO, § 477 Abs 2 S 2 StPO. **Keine Verwendungsregeln** sind die Gegenstände betreffenden § 81 a Abs 3 StPO, § 81 g Abs 2 StPO oder die Vernichtungsregeln der § 98 b StPO, § 100 i Abs 2 S 2 StPO, § 101 Abs 8 StPO, § 163 d Abs 4 S 2 StPO (SK-StPO/Weßlau StPO § 477 Rn 9). Zur Einordnung von Beweisverwertungsverboten nach rechtswidriger Beweisgewinnung und von verfassungsunmittelbaren Verwertungsverboten ausführlich SK-StPO/Weßlau StPO § 477 Rn 12 ff.

Verwendungsregelungen außerhalb der StPO können zB sein (s Löwe/Rosenberg/Hilger StPO **4.2**
§ 477 Rn 8; SK-StPO/Weßlau StPO § 477 Rn 15 ff) § 30 AO, § 97 InsO, § 35 SGB I, §§ 67
SGB X ff, § 78 SGB X, § 4 Zeugenschutzharmonisierungsgesetz, § 51 BZRG, § 52 BZRG, § 63
Abs 4 BZRG.

IV. Übermittlungsbegrenzung bei besonderen Ermittlungsmaßnahmen (S 2, S 3 u S 4)

Nach S 2 dürfen **auf Grund einer Maßnahme, die nur bei Verdacht bestimmter** 5
Straftaten zulässig ist und deshalb besonders eingriffsintensiv ist, rechtmäßig erlangte Daten ohne Einwilligung der von der Maßnahme betroffenen Personen zu Beweiszwecken **in anderen Strafverfahren** (dh für andere prozessuale Taten als die Anlasstat) nur zur Aufklärung solcher Straftaten verwendet werden, zu deren Aufklärung eine solche Maßnahme ebenfalls hätte angeordnet werden dürfen (Gedanke des „hypothetischen Ersatzeingriffs" [vgl BT-Drs 16/5846, 66]; Einzelheiten bei Meyer-Goßner StPO § 477 Rn 6; Singelnstein ZStW 120 [2008], 854, 880; zur Änderung der Anordnungsvoraussetzungen zwischen Durchführung der Maßnahme und Verwendung der gewonnenen Erkenntnisse BGH NStZ 2009, 224 = MMR 2009, 180 mAnm Sankol). Von Abs 2 S 2 werden Daten aus allen (heimlichen und offenen) Erhebungsmaßnahmen erfasst, bei denen sich der Verdacht auf einen in irgendeiner Form eingeschränkten Kreis von Taten beziehen muss (Singelnstein ZStW 120 [2008], 854, 878). Diese Beschränkung gilt jedoch nur bei Verwendung zu Beweiszwecken, nicht für den Ansatz für weitere Ermittlungen („Spurenansatz") (Zöller StraFo 2008, 24; Meyer-Goßner StPO § 477 Rn 5; Puschke/Singelnstein NJW 2008, 113, 117; diff Singelnstein ZStW 120 [2008], 854, 887).

Gem **S 3** dürfen nach S 2 (Rn 5) ohne Einwilligung des Betroffenen erhobene Daten 6
ansonsten **nur zur Abwehr einer erheblichen Gefahr für die öffentliche Sicherheit** (Nr 1), für Zwecke, für die **nach § 18 BVerfSchG** eine Übermittlung zulässig ist (Nr 2) und nach Maßgabe des **§ 476 StPO** (Nr 3) verwendet werden.

Gem **S 4** bleiben § 100 d Abs 5 StPO, § 100 i Abs 2 S 2 StPO und § 108 Abs 2, Abs 3 7
StPO unberührt. S 4 geht als speziellere Regelung **§ 481 StPO** vor (§ 481 StPO Rn 5; vgl Puschke/Singelnstein NJW 2008, 113, 117).

C. Weitere Übermittlungsbeschränkungen (Abs 3)

In den Fällen, in denen das Verfahren entweder mit einem Freispruch, einer Ablehnung 8
der Eröffnung des Hauptverfahrens (§ 204 StPO) oder einer Einstellung abgeschlossen wurde (Nr 1) oder die Verurteilung nicht in ein Führungszeugnis für Behörden (§ 32 Abs 2 BZRG) aufgenommen wurde (S 2), so dass **ein erhöhtes Schutzbedürfnis des früheren Beschuldigten** besteht, ist bei einem Informationsersuchen nach § 475 StPO das rechtliche Interesse an der Information nicht nur darzulegen, sondern auch glaubhaft zu machen. Außerdem darf der frühere Beschuldigte kein schutzwürdiges Interesse an der Versagung haben. Liegen diese Voraussetzungen nicht vor, kann eine Übermittlung auch nicht mit ermittlungstaktischen Gründen gerechtfertigt werden (BVerfG NJW 2009, 2876, 2877).

D. Verantwortlichkeit für die Zulässigkeit (Abs 4)

Grundsätzlich ist die **übermittelnde Stelle für die Zulässigkeit der Übermittlung** 9
uneingeschränkt allein verantwortlich (Meyer-Goßner StPO § 477 Rn 4; HK-GS/ Hölscher StPO § 477 Rn 10). Sind **Rechtsanwälte und öffentliche Stellen Empfänger**, sind diese **für die Zulässigkeit der Übermittlung verantwortlich** (S 1), der Prüfungs-

maßstab der übermittelnden Stelle ist insoweit beschränkt (S 2) (Einzelheiten bei SK-StPO/ Weßlau StPO § 477 Rn 34).

10   Ob eine **unzulässige Übermittlung oder Verwendung** ein **Verwertungsverbot** nach sich zieht, ist gesetzlich nicht geregelt und differenzierend zu beantworten (Einzelheiten bei SK-StPO/Weßlau StPO § 477 Rn 41).

E. Zweckbindung (Abs 5)

11   Gem **S 1** dürfen die nach § **474 StPO** und § **475 StPO** erlangten personenbezogenen Daten **nur zu dem Zweck verwendet werden, für den die Auskunft oder Akteneinsicht gewährt wurde („Zweckbindung")**. Verwendet ein Rechtsanwalt die erlangten Daten dennoch in einem anderen Verfahren, macht er sich schadensersatzpflichtig, da § 477 Abs 5 StPO ein Schutzgesetz iSd § 823 Abs 2 BGB ist (OLG Braunschweig NJW 2008, 3294; vgl auch Leipold/Beukelmann NJW-Spezial 2008, 474). Für die Übermittlung zu Forschungszwecken gilt § **476 Abs 4 StPO** (§ 476 StPO Rn 11).

12   Gem **S 2** ist – dies relativierend – bei **Übermittlung an öffentliche Stellen gem § 474 StPO** eine **Verwendung für andere Zwecke** zulässig, wenn dafür Auskunft oder Akteneinsicht gewährt werden dürfte. Bei einer **Übermittlung an Private oder sonstige Stellen gem § 475 StPO** muss zusätzlich die Zustimmung der übermittelnden Stelle vorliegen.

13   Wird eine Auskunft ohne Einschaltung eines Rechtsanwalts direkt erteilt, ist der Antragsteller auf die Zweckbindung hinzuweisen (**S 3**).

§ 478 [Entscheidung über Auskunftserteilung und Akteneinsicht; beigezogene Akten]

(1) ¹Über die Erteilung von Auskünften und die Akteneinsicht entscheidet im vorbereitenden Verfahren und nach rechtskräftigem Abschluss des Verfahrens die Staatsanwaltschaft, im Übrigen der Vorsitzende des mit der Sache befassten Gerichts. ²Die Staatsanwaltschaft ist auch nach Erhebung der öffentlichen Klage befugt, Auskünfte zu erteilen. ³Die Staatsanwaltschaft kann die Behörden des Polizeidienstes, die die Ermittlungen geführt haben oder führen, ermächtigen, in den Fällen des § 475 Akteneinsicht und Auskünfte zu erteilen. ⁴Gegen deren Entscheidung kann die Entscheidung der Staatsanwaltschaft eingeholt werden. ⁵Die Übermittlung personenbezogener Daten zwischen Behörden des Polizeidienstes oder eine entsprechende Akteneinsicht ist ohne Entscheidung nach Satz 1 zulässig.

(2) Aus beigezogenen Akten, die nicht Aktenbestandteil sind, dürfen Auskünfte nur erteilt werden, wenn der Antragsteller die Zustimmung der Stelle nachweist, um deren Akten es sich handelt; Gleiches gilt für die Akteneinsicht.

(3) ¹In den Fällen des § 475 kann gegen die Entscheidung der Staatsanwaltschaft nach Absatz 1 gerichtliche Entscheidung durch das nach § 162 zuständige Gericht beantragt werden. ²Die §§ 297 bis 300, 302, 306 bis 309, 311a und 473a gelten entsprechend. ³Die Entscheidung des Gerichts ist unanfechtbar, solange die Ermittlungen noch nicht abgeschlossen sind. ⁴Diese Entscheidungen werden nicht mit Gründen versehen, soweit durch deren Offenlegung der Untersuchungszweck gefährdet werden könnte

Überblick

§ 478 StPO enthält Verfahrensvorschriften hinsichtlich der Erteilung von Auskünften und der Akteneinsicht gem § 474 StPO bis § 477 StPO, insbesondere zur Zuständigkeit (Abs 1) und zur Anfechtbarkeit von Entscheidungen (Abs 3).

A. Zuständigkeit (Abs 1)

1   Für die **Entscheidung** über die Auskunftserteilung und die Gewährung von Akteneinsicht ist im **Vorverfahren** und **nach rechtskräftigem Abschluss des Verfahrens** gem S 1 die **Staatsanwaltschaft zuständig, im Übrigen der Vorsitzende des mit der Sache befassten Gerichts**. **Innerbehördlich zuständig** ist der **Behördenleiter** (vgl Nr 189

Erteilung von Auskünften und Akteneinsicht § 479 StPO

Abs 2 RiStBV); wenn von einem Antrag mehrere Verfahren betroffen sind, wird eine gemeinschaftliche übergeordnete Stelle auf eine einheitliche Entscheidung hinwirken (Meyer-Goßner StPO § 478 Rn 1). In den Fällen des § 386 Abs 1, 2 AO ist die **Finanzbehörde** (§ 399 AO) zuständig (Meyer-Goßner StPO § 478 Rn 1). Die Staatsanwaltschaft bleibt auch nach Erhebung der öffentlichen Klage oder vergleichbarer Verfahrenshandlungen (§ 407 Abs 1 S 4 StPO; § 414 Abs 2 StPO, § 418 Abs 3 S 2 StPO vgl Meyer-Goßner aaO) zur **Auskunftserteilung befugt (S 2)**. Die Entscheidung ist zu begründen (Einzelheiten bei Graalmann-Scheerer NStZ 2005, 434, 439).

Die **Polizeibehörde** ist **grundsätzlich nicht befugt, selbstständig Auskünfte zu** 2 **erteilen** oder Akteneinsicht zu gewähren (SK-StPO/Weßlau StPO § 478 Rn 4). Die **Staatsanwaltschaft** kann – und zwar auch im Zwischen- und Hauptverfahren (SK-StPO/Weßlau StPO § 478 Rn 6 mwN; **aA** Meyer-Goßner StPO § 478 Rn 2) – **die Polizeibehörde**, die die Ermittlungen führt oder geführt hat, **ermächtigen**, in den Fällen des § 475 StPO Akteneinsicht und Auskünfte zu erteilen. Gegen deren Entscheidung kann die Entscheidung der Staatsanwaltschaft eingeholt werden (**S 4**). Für die **Übermittlung personenbezogener Daten** (einschließlich der Akteneinsicht) **zwischen Behörden des Polizeidienstes** zu Zwecken der Strafverfolgung bedarf es keiner Entscheidung gem S 1 (**S 5**) (zur Kritik vgl nur SK-StPO/Weßlau StPO § 478 Rn 12 mwN).

B. Rechtliches Gehör

Da die Erteilung von Auskünften aus Verfahrensakten oder die Gewährung von Akten- 3 einsicht in der Regel einen **Eingriff** in Grundrechtspositionen, namentlich **in das Recht auf informationelle Selbstbestimmung**, solcher Personen darstellt, deren personenbezogene Daten auf diese Weise zugänglich gemacht werden, hat die Akteneinsicht gewährende oder die Auskunft erteilende Stelle **die Betroffenen regelmäßig anzuhören** (BVerfG NJW 2007, 1052; vgl bereits BVerfG NStZ-RR 2005, 242 mwN; Koch FS Hamm, 289, 298 f). Wird dies versäumt, ist der Betroffene **nachträglich zu unterrichten** (KK-StPO/Gieg StPO § 478 Rn 3; Meyer-Goßner StPO § 478 Rn 2a mwN).

C. Beiakten (Abs 2)

Akteneinsicht und Auskunftserteilung aus **Beiakten** (zB Zivilprozessakten, Insolvenzak- 4 ten), sind nur zulässig, wenn der **Antragsteller die Zustimmung der aktenführenden Stelle nachweist**.

D. Rechtsbehelfe (Abs 3)

(Nur) in den Fällen des **§ 475 StPO** kann gegen ablehnende und stattgebende **Entschei-** 5 **dungen der Staatsanwaltschaft** gem Abs 1 (Rn 1) gerichtliche Entscheidung nach Maßgabe des § 162 StPO beantragt werden (**S 1**) (s auch KG NStZ 2008, 587). Die § 297 StPO bis § 300 StPO, § 302 StPO, § 306 StPO bis § 309 StPO, § 311a StPO und § 473a StPO gelten entsprechend (**S 2**). Die **Entscheidung des Gerichts ist unanfechtbar**, solange die Ermittlungen noch nicht abgeschlossen sind (**S 3**). Die Entscheidungen werden nicht mit Gründen versehen, soweit durch deren Offenlegung der Untersuchungszweck gefährdet werden könnte (**S 4**).

In den Fällen des **§ 474 StPO** und des **§ 476 StPO** steht dem Antragsteller, soweit er Träger 6 eigener Rechte ist, sowie dem dadurch beschwerten Beschuldigten gegen **Entscheidungen der Staatsanwaltschaft** der Rechtsweg nach §§ 23 EGGVG ff offen (Meyer-Goßner StPO § 478 Rn 4 mwN str, **aA** Löwe/Rosenberg/Hilger StPO § 478 Rn 16: §161a Abs 3 StPO analog). Gegen **Entscheidungen des Vorsitzenden** nach § 474 StPO und § 476 StPO ist bei Beschwer die **Beschwerde nach § 304 Abs 1 StPO** (§ 304 StPO Rn 1) statthaft (Graalmann-Scheerer NStZ 2005, 434, 440; Meyer-Goßner StPO § 478 Rn 4 jew mwN).

§ 479 [Datenübermittlung von Amts wegen]

(1) Von Amts wegen dürfen personenbezogene Daten aus Strafverfahren Strafverfolgungsbehörden und Strafgerichten für Zwecke der Strafverfolgung sowie den

zuständigen Behörden und Gerichten für Zwecke der Verfolgung von Ordnungswidrigkeiten übermittelt werden, soweit diese Daten aus der Sicht der übermittelnden Stelle hierfür erforderlich sind.

(2) Die Übermittlung personenbezogener Daten von Amts wegen aus einem Strafverfahren ist auch zulässig, wenn die Kenntnis der Daten aus der Sicht der übermittelnden Stelle erforderlich ist für
1. die Vollstreckung von Strafen oder von Maßnahmen im Sinne des § 11 Abs. 1 Nr. 8 des Strafgesetzbuches oder die Vollstreckung oder Durchführung von Erziehungsmaßregeln oder Zuchtmitteln im Sinne des Jugendgerichtsgesetzes,
2. den Vollzug von freiheitsentziehenden Maßnahmen,
3. Entscheidungen in Strafsachen, insbesondere über die Strafaussetzung zur Bewährung oder deren Widerruf, in Bußgeld- oder Gnadensachen.

(3) § 477 Abs. 1, 2 und 5 sowie § 478 Abs. 1 und 2 gelten entsprechend; die Verantwortung für die Zulässigkeit der Übermittlung trägt die übermittelnde Stelle.

A. Allgemein

1   479 StPO regelt die **Befugnis** zur **(verfahrensübergreifenden) Übermittlung personenbezogener Daten aus Strafverfahren von Amts wegen** (also ohne vorheriges Auskunftsersuchen) an **Strafverfolgungsbehörden und Strafgerichte für Zwecke der Strafverfolgung** (Abs 1) bzw für **sonstige Zwecke der Strafrechtspflege** (Abs 2 Nr 1 bis Nr 3) („**Spontanmitteilungen**", Löwe/Rosenberg/Hilger StPO § 479 Rn 1). Zur Entstehungsgeschichte Löwe/Rosenberg/Hilger StPO § 479 Rn 1; SK-StPO/Weßlau StPO § 479 Rn 1.

B. Übermittlung für Zwecke der Strafverfolgung (Abs 1)

2   **Von Amts wegen** dürfen gem Abs 1 Daten an **Strafverfolgungsbehörden** (Staatsanwaltschaft, Finanzbehörden gem § 386 AO, § 399 AO, § 402 AO, § 404 AO, Polizei im repressiven Bereich) **und Strafgerichte übermittelt werden**, soweit sie **aus der Sicht der übermittelnden Stelle für Zwecke der Strafverfolgung wegen einer anderen prozessualen Tat erforderlich sind** (Meyer-Goßner StPO § 479 Rn 2; Löwe/Rosenberg/Hilger StPO § 479 Rn 2). Erforderlich ist nur eine **Schlüssigkeitsprüfung**, allerdings ist eine Übermittlung **ohne jeglichen Anlass unzulässig** und vor der Übermittlung muss idR beim Empfänger **nachgefragt** werden (SK-StPO/Weßlau StPO § 479 Rn 5 mwN).

3   § 479 StPO enthält nur eine **Befugnis, keine Pflicht** zur Spontanmitteilung (Löwe/Rosenberg/Hilger StPO § 479 Rn 4) und regelt auch nicht, wie der Empfänger mit der Information zu verfahren hat (Löwe/Rosenberg/Hilger StPO § 479 Rn 3).

C. Übermittlung für sonstige Zwecke (Abs 2)

4   Gem **Abs 2** ist die **Übermittlung von Amts wegen von Daten für sonstige in Nr 1 bis Nr 3 aufgezählte Zwecke der Strafrechtspflege zulässig**: nach Nr 1 für Zwecke der Vollstreckung in anderen Verfahren verhängter strafrechtlicher Sanktionen, nach Nr 2 für Zwecke des Vollzugs freiheitsentziehender Maßnahmen und nach Nr 3 für Entscheidungen in anderen Strafsachen (insb – aber nicht nur – über die Strafaussetzung zur Bewährung, deren Widerruf, in Bußgeld- und Gnadensachen).

D. Grenzen und Zuständigkeit (Abs 3)

5   Abs 3 verweist auf **§ 477 Abs 1 StPO** (§ 477 StPO Rn 1), **§ 477 Abs 2 StPO** (§ 477 StPO Rn 2) und **§ 477 Abs 5 StPO** (§ 477 StPO Rn 11), **478 Abs 1 StPO** (§ 478 StPO Rn 1) und **§ 478 Abs 2 StPO** (§ 478 StPO Rn 4). Für die **Zulässigkeit** der Übermittlung ist die **übermittelnde Stelle verantwortlich**. Weitere Einzelheiten zum Verfahren bei SK-StPO/Weßlau StPO § 479 Rn 13 ff.

§ 480 [Unberührt bleibende Vorschriften]

Besondere gesetzliche Bestimmungen, die die Übermittlung personenbezogener Daten aus Strafverfahren anordnen oder erlauben, bleiben unberührt.

Die Vorschrift **stellt klar, dass besondere gesetzliche Regelungen**, die die Übermittlung personenbezogener Daten aus Strafverfahren anordnen oder erlauben (zB § 117 b BRAO, § 95 BHO weitere Beispiele bei Löwe/Rosenberg/Hilger StPO § 480 Rn 2; SK-StPO/Weßlau StPO § 480 Rn 4 ff) **unberührt bleiben** (krit zu dieser Vorschrift im Hinblick auf das verfassungsrechtliche Gebot der Normenklarheit SK-StPO/Weßlau StPO § 480 Rn 1).

§ 481 [Verwendung personenbezogener Daten durch die Polizeibehörden]

(1) ¹**Die Polizeibehörden dürfen nach Maßgabe der Polizeigesetze personenbezogene Daten aus Strafverfahren verwenden.** ²**Zu den dort genannten Zwecken dürfen Strafverfolgungsbehörden an Polizeibehörden personenbezogene Daten aus Strafverfahren übermitteln.** ³**Die Sätze 1 und 2 gelten nicht in den Fällen, in denen die Polizei ausschließlich zum Schutz privater Rechte tätig wird.**
(2) Die Verwendung ist unzulässig, soweit besondere bundesgesetzliche oder entsprechende landesgesetzliche Verwendungsregelungen entgegenstehen.

Überblick

Die Vorschrift regelt die Befugnis der Polizei zur Verwendung personenbezogener Daten aus Strafverfahren für polizeirechtliche Zwecke.

A. Allgemein

§ 481 StPO erlaubt die nahezu umfassende **Zweckumwandlung** („Umwidmung") **von** 1 **Daten aus Strafverfahren für polizeirechtliche (präventive) Zwecke** (zur Gefahrenabwehr) nach Maßgabe der Polizeigesetze. Erforderlich ist eine derartige **Befugnisnorm**, weil dadurch ein erneuter **Eingriff in das verfassungsrechtlich geschützte Recht auf informationelle Selbstbestimmung** erfolgt, auch wenn sich die Daten bereits bei der Polizei befinden (Meyer-Goßner StPO § 481 Rn 1; HK-StPO/Temming StPO § 481 Rn 2; differenzierend SK-StPO/Weßlau StPO § 481 Rn 1 f mwN).

B. Zulässigkeit der Zweckumwandlung (Abs 1)

I. Zweckumwandlung vorhandener Daten (S 1)

S 1 betrifft den Regelfall, dass die **für präventive Zwecke erforderlichen Daten sich** 2 **bereits bei der Polizei befinden**, die diese aufgrund ihrer repressiven Tätigkeit erlangt hat. Eine Übermittlung erfolgt nicht, wohl aber eine Verwendung (Verarbeitung bzw Nutzung, Meyer-Goßner StPO § 481 Rn 1). Erlaubt wird in Form einer **Generalklausel** (Meyer-Goßner StPO § 481 Rn 1) bzw „**Öffnungsklausel**" (Pfeiffer StPO § 481 Rn 1) eine „**nahezu umfassende Umwidmung**" (SK-StPO/Weßlau StPO § 481 Rn 2 mwN) der repressiv gewonnenen Daten **nach Maßgabe der Polizeigesetze**. Die **Polizeigesetze** regeln nicht nur die **Verwendungszwecke**, sondern **auch die Voraussetzungen und die Grenzen der Verwendung der Daten zu den jeweiligen Zwecken** (SK-StPO/Weßlau StPO § 481 Rn 7).

Dies bedeutet eine „**nahezu vollkommene Außerkraftsetzung des Zweckbindungs-** 2.1 **gebots**", die „Datenherrschaft über Repressivdaten" durch die Polizeibehörden, vor dem Hintergrund einer Tendenz zur „Überwindung der herkömmlichen Unterscheidung zwischen Repression und Prävention durch eine „operative Dimension" (SK-StPO/Weßlau StPO § 481 Rn 3). Diese

StPO § 482   Achtes Buch. 2. Abschnitt

gesetzgeberische Entscheidung, die auf das **Bedürfnis nach einer möglichst effektiven Gefahrenabwehr** gestützt wird (so auch Pfeiffer StPO § 481 Rn 2), ist zu Recht auf **Kritik** gestoßen (vgl die umfassenden Nachweise bei SK-StPO/Weßlau StPO aaO). Darüber hinaus ist ungeklärt, ob der Gesetzgeber der StPO überhaupt eine diesbezügliche **Regelungskompetenz** hat (SK-StPO/Weßlau StPO § 481 Rn 4; Löwe/Rosenberg/Hilger StPO § 481 Rn 2f).

II. Übermittlung von Daten (S 2)

3   S 2 erlaubt die **Übermittlung personenbezogener Daten aus Strafverfahren an Polizeibehörden für die in den Polizeigesetzen genannten Zwecke**, wenn sich diese nicht bei der Polizei befinden, sondern bei den Strafverfolgungsbehörden (zB der Staatsanwaltschaft, zum Begriff der Strafverfolgungsbehörden vgl SK-StPO/Weßlau StPO § 481 Rn 9).

3.1   S 2 gilt für die **Übermittlung auf Ersuchen oder von Amts wegen** (Meyer-Goßner StPO § 481 Rn 1), wobei sich hier Zweifelsfragen im Hinblick auf das jeweils einzuhaltende Verfahren ergeben, zB im Hinblick auf die Anwendbarkeit der §§ 12 EGGVG ff bei Übermittlungen von Amts wegen (SK-StPO/Weßlau StPO § 481 Rn 10 f mwN).

III. Ausnahmeregelung (S 3)

4   Ausnahmsweise sind **S 1, S 2 nicht anwendbar, wenn die Polizei ausschließlich zum Schutz privater Rechte tätig wird (S 3).**

C. Entgegenstehende Verwendungsregelungen (Abs 2)

5   Die Verwendung ist **unzulässig, soweit besondere** bundesgesetzliche oder entsprechende landesgesetzliche **Verwendungsregeln** (auch aus der StPO, s SK-StPO/Weßlau StPO § 481 Rn 13) **entgegenstehen.**

§ 482 [Information der befassten Polizeibehörde durch die Staatsanwaltschaft]

(1) Die Staatsanwaltschaft teilt der Polizeibehörde, die mit der Angelegenheit befasst war, ihr Aktenzeichen mit.

(2) ¹Sie unterrichtet die Polizeibehörde in den Fällen des Absatzes 1 über den Ausgang des Verfahrens durch Mitteilung der Entscheidungsformel, der entscheidenden Stelle sowie des Datums und der Art der Entscheidung. ²Die Übersendung eines Abdrucks der Mitteilung zum Bundeszentralregister ist zulässig, im Falle des Erforderns auch des Urteils oder einer mit Gründen versehenen Einstellungsentscheidung.

(3) In Verfahren gegen Unbekannt sowie bei Verkehrsstrafsachen, soweit sie nicht unter die §§ 142, 315 bis 315 c des Strafgesetzbuches fallen, wird der Ausgang des Verfahrens nach Absatz 2 von Amts wegen nicht mitgeteilt.

(4) Wird ein Urteil übersandt, das angefochten worden ist, so ist anzugeben, wer Rechtsmittel eingelegt hat.

A. Allgemein

1   § 482 StPO regelt lediglich eine verfahrensinterne **Nachberichtspflicht** und **keine zweckumwandelnde Informationsübermittlung oder -verwendung** (SK-StPO/Weßlau StPO § 482 Rn 1; Löwe/Rosenberg/Hilger StPO § 482 Rn 2). §§ 12 EGGVG ff sind nicht anwendbar (Löwe/Rosenberg/Hilger StPO § 482 Rn 2). Die Vorschrift verliert im Hinblick auf die Zunahme automatisierter Kommunikationsverfahren (§ 488 StPO) praktisch an Bedeutung (SK-StPO/Weßlau StPO § 482 Rn 1, dort auch zur Entstehungsgeschichte).

B. Staatsanwaltschaftliches Aktenzeichen (Abs 1)

2   Gem Abs 1 teilt die **Staatsanwaltschaft** der **Polizeibehörde,** die mit der Angelegenheit befasst war, ihr **Aktenzeichen** mit.

Dateiregelungen § 483 StPO

Zu den **Polizeibehörden** gehören auch die in § 402 AO, § 404 AO genannten Finanzbehörden, die Zollfahndungsämter und die mit der Steuerfahndung betrauten Dienststellen der Landesfinanzbehörden (Meyer-Goßner StPO § 482 Rn 1). 2.1

C. Benachrichtigung über den Ausgang des Verfahrens (Abs 2, Abs 3, Abs 4)

Gem **Abs 2 S 1** teilt die **Staatsanwaltschaft** der vorbefassten Polizeibehörde (Abs 1, Rn 2) den Ausgang des Verfahrens durch Mitteilung der Entscheidungsformel, der entscheidenden Stelle, des Datums und der Art der Entscheidung mit. **In der Regel** betrifft dies **rechtskraftfähige Entscheidungen**, ausreichend ist aber auch eine vorläufig abschließende Entscheidung (SK-StPO/Weßlau StPO § 482 Rn 4; Meyer-Goßner StPO § 482 Rn 1, s auch Abs 4, Rn 6). 3

Gem **Abs 2 S 2** kann die Mitteilung in der Weise erfolgen, dass ein **Abdruck der Mitteilung zum Bundeszentralregister** übersandt wird, wenn **erforderlich** (hierzu SK-StPO/Weßlau StPO § 482 Rn 5) auch das **Urteil** oder eine mit Gründen versehene **Einstellungsentscheidung**. 4

Gem **Abs 3 entfällt die Übermittlungspflicht** in Verfahren gegen Unbekannt und in minder schweren Verkehrsstrafsachen. 5

Wenn – ausnahmsweise (s Rn 3) – ein **(noch nicht rechtskräftiges) Urteil**, das angefochten worden ist, übersandt wird, ist anzugeben, wer Rechtsmittel eingelegt hat (**Abs 4**). 6

Zweiter Abschnitt. Dateiregelungen (§§ 483-491)

§ 483 [Datenverarbeitung für Zwecke des Strafverfahrens]

(1) Gerichte, Strafverfolgungsbehörden einschließlich Vollstreckungsbehörden, Bewährungshelfer, Aufsichtsstellen bei Führungsaufsicht und die Gerichtshilfe dürfen personenbezogene Daten in Dateien speichern, verändern und nutzen, soweit dies für Zwecke des Strafverfahrens erforderlich ist.

(2) Die Daten dürfen auch für andere Strafverfahren, die internationale Rechtshilfe in Strafsachen und Gnadensachen genutzt werden.

(3) Erfolgt in einer Datei der Polizei die Speicherung zusammen mit Daten, deren Speicherung sich nach den Polizeigesetzen richtet, so ist für die Verarbeitung und Nutzung personenbezogener Daten und die Rechte der Betroffenen das für die speichernde Stelle geltende Recht maßgeblich.

Überblick

Die Generalklausel des Abs 1 regelt die Befugnis zur Speicherung, Veränderung und Nutzung rechtmäßig erhobener personenbezogener Daten in Dateien für Zwecke eines bestimmten Strafverfahrens. Abs 2 erlaubt die Nutzung dieser Daten auch für andere Strafverfahren. Gem Abs 3 ist bei sog Mischdateien das Polizeirecht maßgeblich.

A. Befugnis zur Speicherung, Veränderung und Nutzung von Daten (Abs 1)

Abs 1 erlaubt in einer **Generalklausel** die **Speicherung, Veränderung und Nutzung rechtmäßig** (aufgrund einer gesonderten Ermächtigungsgrundlage) **erhobener personenbezogener Daten in Dateien** durch Gerichte, Strafverfolgungsbehörden (auch Polizei s Abs 3 [Rn 5], Finanzbehörden) einschließlich der Vollstreckungsbehörden, Bewährungshelfer, Führungsaufsichtsstellen und Gerichtshilfe für Zwecke eines bestimmten Strafverfahrens. Die **Übermittlung** richtet sich nach § 487 StPO; das **Sperren** und **Löschen** nach § 489 StPO. 1

Die **Begriffe** sind dem **BDSG** entnommen (Löwe/Rosenberg/Hilger StPO Vor § 483 Rn 8): 2

2.1 **Personenbezogene Daten** sind Einzelangaben über persönliche und sachliche Verhältnisse einer bestimmten oder bestimmbaren natürlichen Person (§ 3 Abs 1 BDSG). **Datei** ist eine Sammlung personenbezogener Daten, die gleichartig aufgebaut und nach bestimmten Merkmalen zugänglich ist und ausgewertet werden kann; sie kann automatisiert oder nicht automatisiert (zB als Kartei) sein (§ 3 Abs 2 BDSG; vgl Löwe/Rosenberg/Hilger StPO Vor § 483 Rn 15 f; SK-StPO/Weßlau StPO Vor § 483 Rn 7 f). **Speichern** ist das Erfassen, Aufnehmen oder Aufbewahren personenbezogener Daten auf einem Datenträger (§ 3 Abs 4 S 2 Nr 1 BDSG); **Verändern** das inhaltliche Umgestalten gespeicherter personenbezogener Daten (§ 3 Abs 4 S 2 Nr 2 BDSG); **Nutzen** ist jede Verwendung personenbezogener Daten, soweit es sich nicht um eine **Verarbeitung** (Speichern, Verändern, Löschen und Übermitteln vgl § 3 Abs 4 S 1 BDSG) handelt (§ 3 Abs 5 BDSG).

3 Die **Befugnis** ist eng an den **Erhebungszweck** gebunden (BVerfG NJW 2009, 2431, 2438; Meyer-Goßner StPO § 483 Rn 2). Deshalb sind die Daten so zu kennzeichnen, dass klar ist, zu welchem Strafverfahren sie gehören (Löwe/Rosenberg/Hilger StPO § 483 Rn 7). Der **Anwendungsbereich** erfasst grundsätzlich alle Abschnitte des Strafverfahrens und alle Daten (SK-StPO/Weßlau StPO § 483 Rn 4 f), zB Emails (hierzu BVerfG NJW 2009, 2431). **Grenze** ist nur die **Erforderlichkeit** (Einzelheiten bei SK-StPO/Weßlau StPO § 483 Rn 7; vgl § 489 StPO Rn 3).

3.1 Zulässig ist damit **zB** die Datenverarbeitung in Spurendokumentationsdateien (sog „Spudok"-Dateien), Fahndungsdateien, Auswertungen ermöglichende Dateien (etwa in Wirtschaftsstrafsachen im Hinblick auf die Analyse des Betriebssystems, der Buchhaltung, des Finanzflusses) oder Dateien, die eine ökonomische Bearbeitung von „Massenverfahren" ermöglichen (Löwe/Rosenberg/Hilger StPO § 483 Rn 5; SK-StPO/Weßlau StPO § 483 Rn 6).

B. Nutzung für andere Strafverfahren (Abs 2)

4 Entgegen der engen Zweckbindung des Abs 1 (Rn 1) lässt **Abs 2** die Nutzung (Rn 2.1) personenbezogener Daten (Rn 2.1) **auch für andere Strafverfahren**, die internationale Rechtshilfe in Strafsachen und Gnadensachen zu. § 481 StPO und § 487 StPO, soweit in der Mehrfachnutzung eine Übermittlung liegt, bleiben unberührt (Meyer-Goßner StPO § 483 Rn 4; krit Radtke FS Meyer-Goßner, 321, 336; SK-StPO/Weßlau StPO § 483 Rn 11 f).

C. Polizeiliche Dateien (Abs 3)

5 Bei der Speicherung von personenbezogenen Daten aus einem Strafverfahren (Repressivdaten") zusammen mit Daten, deren Speicherung sich nach Polizeigesetzen handelt (Präventivdaten") in gemeinsamen polizeilichen Dateien („**Mischdateien**"), gilt gem Abs 3 für die **Verarbeitung** (Rn 2.1) und **Nutzung** (Rn 2.1) das für die speichernde Stelle geltende Recht, also **Polizeirecht** (krit hierzu Löwe/Rosenberg/Hilger StPO § 483 Rn 11; KK-StPO/Gieg StPO § 483 Rn 5; Singelnstein ZStW 120 [2008], 854, 874). Dies gilt jedoch **nicht bei gesonderter Speicherung** der Daten (HK-StPO/Temming StPO § 483 Rn 6).

§ 484 [Datenverarbeitung für Zwecke künftiger Strafverfahren]

(1) Strafverfolgungsbehörden dürfen für Zwecke künftiger Strafverfahren
1. die Personendaten des Beschuldigten und, soweit erforderlich, andere zur Identifizierung geeignete Merkmale,
2. die zuständige Stelle und das Aktenzeichen,
3. die nähere Bezeichnung der Straftaten, insbesondere die Tatzeiten, die Tatorte und die Höhe etwaiger Schäden,
4. die Tatvorwürfe durch Angabe der gesetzlichen Vorschriften,
5. die Einleitung des Verfahrens sowie die Verfahrenserledigungen bei der Staatsanwaltschaft und bei Gericht nebst Angabe der gesetzlichen Vorschriften

in Dateien speichern, verändern und nutzen.

(2) [1]Weitere personenbezogene Daten von Beschuldigten und Tatbeteiligten dürfen sie in Dateien nur speichern, verändern und nutzen, soweit dies erforderlich ist, weil wegen der Art oder Ausführung der Tat, der Persönlichkeit des Beschuldigten

oder Tatbeteiligten oder sonstiger Erkenntnisse Grund zu der Annahme besteht, dass weitere Strafverfahren gegen den Beschuldigten zu führen sind. ²Wird der Beschuldigte rechtskräftig freigesprochen, die Eröffnung des Hauptverfahrens gegen ihn unanfechtbar abgelehnt oder das Verfahren nicht nur vorläufig eingestellt, so ist die Speicherung, Veränderung und Nutzung nach Satz 1 unzulässig, wenn sich aus den Gründen der Entscheidung ergibt, dass der Betroffene die Tat nicht oder nicht rechtswidrig begangen hat.

(3) ¹Das Bundesministerium der Justiz und die Landesregierungen bestimmen für ihren jeweiligen Geschäftsbereich durch Rechtsverordnung das Nähere über die Art der Daten, die nach Absatz 2 für Zwecke künftiger Strafverfahren gespeichert werden dürfen. ²Dies gilt nicht für Daten in Dateien, die nur vorübergehend vorgehalten und innerhalb von drei Monaten nach ihrer Erstellung gelöscht werden. ³Die Landesregierungen können die Ermächtigung durch Rechtsverordnung auf die zuständigen Landesministerien übertragen.

(4) Die Verwendung personenbezogener Daten, die für Zwecke künftiger Strafverfahren in Dateien der Polizei gespeichert sind oder werden, richtet sich, ausgenommen die Verwendung für Zwecke eines Strafverfahrens, nach den Polizeigesetzen.

Überblick

§ 484 StPO regelt die Zulässigkeit und den Umfang der (vorsorglichen) Speicherung, Veränderung und Nutzung personenbezogener Daten aus Strafverfahren für die Zwecke künftiger Strafverfahren.

A. Befugnis zur Speicherung, Veränderung und Nutzung von Daten (Abs 1)

Abs 1 regelt die **Zulässigkeit** und den **Umfang der Speicherung, Veränderung und** 1
Nutzung (nicht aber der Erhebung) **personenbezogener Daten aus Strafverfahren in Dateien für Zwecke künftiger Strafverfahren** (zu der Begrifflichkeit s § 483 StPO Rn 2.1). Diese gesetzliche Verankerung eines **Strafverfolgungsregisters** bezweckt die **Vorsorge** für künftige Strafverfahren, die Prävention für repressive Aufgaben (Pöllähne GA 2006, 807, 808). **Nr 1 bis Nr 5** regeln **enumerativ, welche Daten** eines bestimmten Beschuldigten von den Strafverfolgungsbehörden gespeichert, verändert oder genutzt werden dürfen (Einzelheiten zu den diesen „**Basisdatensatz**" [SK-StPO/Weßlau StPO § 484 Rn 9] bildenden Personen- und Vorgangsdaten HK-StPO/Temming StPO § 484 Rn 3 ff). Hierdurch wird der Datenumfang auf sog „**Aktenhinweissysteme**" begrenzt (Meyer-Goßner StPO § 484 Rn 1; HK-StPO/Temming StPO § 484 Rn 2; SK-StPO/Weßlau StPO § 484 Rn 10 mwN). Die Speicherung etc. muss **erforderlich** und **angemessen** sein (Löwe/Rosenberg/Hilger StPO § 484 Rn 7; SK-StPO/Weßlau StPO § 484 Rn 10 f; vgl § 489 StPO Rn 3), Fälle der Bagatellkriminalität sind jedoch nicht von vornherein ausgeschlossen.

Die Speicherung etc kann gleichzeitig Zwecken des **§ 483 StPO** und des **§ 484 StPO** 2
dienen (Meyer-Goßner StPO § 484 Rn 1). Die Vorschriften des **§ 481 StPO** und des **§ 487 StPO** bleiben unberührt (Meyer-Goßner StPO § 484 Rn 1).

B. Weitergehende Befugnisse (Abs 2, Abs 3)

I. Voraussetzungen (Abs 2)

Abs 2 regelt, unter welchen **Voraussetzungen andere als die in Abs 1** (s Rn 1) **auf-** 3
gezählten personenbezogenen Daten von Beschuldigten und Tatbeteiligten (zu diesem Begriff SK-StPO/Weßlau StPO § 484 Rn 13) **für zukünftige Strafverfahren** in Dateien gespeichert, verändert und genutzt (vgl zu den datenschutzrechtlichen Begriffen § 483 StPO Rn 2.1) werden dürfen. Gem **S 1** muss dies **erforderlich** sein, weil wegen der Art oder Ausführung der Tat, der Persönlichkeit des Beschuldigten oder Tatbeteiligten oder sonstiger Erkenntnisse **Grund zu der Annahme besteht, dass weitere Strafverfahren gegen den**

Beschuldigten zu führen sind. Dies ist **positiv** festzustellen (Pfeiffer StPO § 484 Rn 3; Stuckenberg FG Hilger, 25, 37).

4   Bei Verfahrenserledigung durch rechtskräftigen Freispruch, unanfechtbare Ablehnung der Eröffnung des Hauptverfahrens oder nicht nur vorläufige Einstellung ist die Speicherung etc nach **S 2 unzulässig**, wenn sich aus den Gründen der Entscheidung ergibt, dass der Betroffene die Tat nicht oder nicht rechtswidrig begangen hat (krit zu dieser Einschränkung SK-StPO/Weßlau StPO § 484 Rn 18).

II. Konkretisierung durch Rechtsverordnung (Abs 3)

5   Zulässigkeitsvoraussetzung ist gem Abs 3 weiter der **Erlass einer Rechtsverordnung** durch das BMJ und die Landesregierungen (zur Delegation auf die Landesministerien s S 3), durch die **Abs 2** (Rn 3) hinsichtlich der Daten **konkretisiert** werden soll. Da solche Rechtsverordnungen bisher – soweit ersichtlich – nicht erlassen worden sind (Meyer-Goßner StPO § 484 Rn 4; Pollähne GA 2006, 807, 813), ist derzeit eine Speicherung etc weiterer Daten gem Abs 2 unzulässig. Davon ausgenommen sind gem **S 2** sog „**flüchtige**" Dateien (Meyer-Goßner StPO § 484 Rn 4).

C. Polizeiliche Dateien (Abs 4)

6   Die **Verwendung** (§ 483 StPO Rn 2.1) **personenbezogener Daten in Dateien der Polizei für Zwecke künftiger Strafverfahren** richtet sich nach den **Polizeigesetzen**. Ausnahme ist die **Verwendung für Zwecke eines Strafverfahrens**, hier bleibt es bei den Regelungen der StPO (Einzelheiten bei SK-StPO/Weßlau StPO § 484 Rn 22).

§ 485 [Datenverarbeitung für Zwecke der Vorgangsverwaltung]

¹**Gerichte, Strafverfolgungsbehörden einschließlich Vollstreckungsbehörden, Bewährungshelfer, Aufsichtsstellen bei Führungsaufsicht und die Gerichtshilfe dürfen personenbezogene Daten in Dateien speichern, verändern und nutzen, soweit dies für Zwecke der Vorgangsverwaltung erforderlich ist.** ²**Eine Nutzung für die in § 483 bezeichneten Zwecke ist zulässig.** ³**Eine Nutzung für die in § 484 bezeichneten Zwecke ist zulässig, soweit die Speicherung auch nach dieser Vorschrift zulässig wäre.** ⁴**§ 483 Abs. 3 ist entsprechend anwendbar.**

1   **S 1** ermächtigt – soweit erforderlich (hierzu SK-StPO/Weßlau StPO § 485 Rn 3; vgl § 489 StPO Rn 3) – Gerichte, Strafverfolgungsbehörden einschließlich Vollstreckungsbehörden, Bewährungshelfer, Führungsaufsichtsstellen und die Gerichtshilfe personenbezogene Daten in Dateien für Zwecke der **Vorgangsverwaltung** zu speichern, verändern und nutzen (zu den datenschutzrechtlichen Begriffen s § 483 StPO Rn 2.1). Vorgangsverwaltung ist die Anlegung von Dateien zur Erfassung des bestehenden Akten- und Dateimaterials (Archivierung) (HK-StPO/Temming StPO § 485 Rn 2; Einzelheiten bei SK-StPO/Weßlau StPO § 485 Rn 1).

2   Gem **S 2** ist eine **Nutzung** von ausschließlich zu Zwecken der Vorgangsverwaltung gespeicherter Daten **auch zu Zwecken eines Strafverfahrens** (§ 483 StPO) zulässig; **S 3** erlaubt die **Nutzung für zukünftige Strafverfahren**, soweit eine Speicherung auch nach § 484 StPO zulässig wäre.

3   Gem **S 4** ist § 483 Abs 3 StPO (§ 483 StPO Rn 5) entsprechend anwendbar.

§ 486 [Gemeinsame Dateien]

(1) Die personenbezogenen Daten können für die in den §§ 483 bis 485 genannten Stellen in gemeinsamen Dateien gespeichert werden.

(2) Bei länderübergreifenden gemeinsamen Dateien gilt für Schadenersatzansprüche eines Betroffenen § 8 des Bundesdatenschutzgesetzes entsprechend.

Die Vorschrift regelt in Form einer Generalklausel klarstellend (Löwe/Rosenberg/Hilger 1
StPO § 486 Rn 1) die **Zulässigkeit der Speicherung personenbezogener Daten in
gemeinsamen Dateien** (zu den datenschutzrechtlichen Begriffen s § 483 StPO Rn 2.1) für
die in § 483 StPO, § 484 StPO und § 485 StPO genannten Stellen für die dort genannten
(auch unterschiedlichen) Zwecke (Löwe/Rosenberg/Hilger StPO § 486 Rn 5). Die **Einzelheiten** (Art der Datei, technische und organisatorische Ausgestaltung) sind nicht gesetzlich
vorgegeben (Löwe/Rosenberg/Hilger StPO § 486 Rn 3). Eine (gemeinsame) **Errichtungsanordnung** gem § 490 StPO ist erforderlich (Löwe/Rosenberg/Hilger StPO § 486
Rn 9), die auch die Einzelheiten bestimmt (SK-StPO/Weßlau StPO § 486 Rn 5).

Zulässig sind **landesinterne** (aufgrund einer Vereinbarung, Löwe/Rosenberg/Hilger 2
StPO § 486 Rn 6) oder **länderübergreifende** gemeinsame Dateien (Einzelheiten bei SK-
StPO/Weßlau StPO § 486 Rn 3; Löwe/Rosenberg/Hilger StPO § 486 Rn 6). Für landesinterne gemeinsame Dateien gelten die **Landesdatenschutzgesetze** (Meyer-Goßner StPO
§ 486 Rn 1; HK-GS/Hölscher StPO § 487 Rn 2). Eine **länderübergreifende gemeinsame Datei für Zwecke künftiger Strafverfahren** ist wegen der Regelung in §§ 492
StPO ff **unzulässig** (Löwe/Rosenberg/Hilger StPO § 486 Rn 6). Gem **Abs 2** gilt bei
länderübergreifenden gemeinsamen Dateien für Schadensersatzansprüche § 8
BDSG entsprechend.

Die jeweils speichernden Stellen haben **Zugriff nur auf die für sie gespeicherten** 3
Daten, im Übrigen handelt es sich um eine Übermittlung nach § 487 StPO (SK-StPO/
Weßlau StPO § 486 Rn 4).

§ 487 [Übermittlung gespeicherter Daten]

(1) ¹Die nach den §§ 483 bis 485 gespeicherten Daten dürfen den zuständigen
Stellen übermittelt werden, soweit dies für die in diesen Vorschriften genannten
Zwecke, für Zwecke eines Gnadenverfahrens oder der internationalen Rechtshilfe
in Strafsachen erforderlich ist. ²§ 477 Abs. 2 und § 485 Satz 3 gelten entsprechend.

(2) ¹Außerdem kann Auskunft aus einer Datei erteilt werden, soweit nach den
Vorschriften dieses Gesetzes Akteneinsicht oder Auskunft aus den Akten gewährt
werden könnte. ²Entsprechendes gilt für Mitteilungen nach den §§ 479, 480 und 481
Abs. 1 Satz 2.

(3) ¹Die Verantwortung für die Zulässigkeit der Übermittlung trägt die übermittelnde Stelle. ²Erfolgt die Übermittlung auf Ersuchen des Empfängers, trägt
dieser die Verantwortung. ³In diesem Falle prüft die übermittelnde Stelle nur, ob
das Übermittlungsersuchen im Rahmen der Aufgaben des Empfängers liegt, es sei
denn, dass besonderer Anlass zu einer weitergehenden Prüfung der Zulässigkeit
der Übermittlung besteht.

(4) ¹Die nach den §§ 483 bis 485 gespeicherten Daten dürfen auch für wissenschaftliche Zwecke übermittelt werden. ²§ 476 gilt entsprechend.

(5) Besondere gesetzliche Bestimmungen, die die Übermittlung von Daten aus
einem Strafverfahren anordnen oder erlauben, bleiben unberührt.

(6) ¹Die Daten dürfen nur zu dem Zweck verwendet werden, für den sie übermittelt worden sind. ²Eine Verwendung für andere Zwecke ist zulässig, soweit die
Daten auch dafür hätten übermittelt werden dürfen.

Überblick

Die Vorschrift regelt die Übermittlung der nach § 483 StPO bis § 485 StPO gespeicherten Daten für die in diesen Vorschriften genannten Zwecke, für Zwecke eines Gnadenverfahrens oder der internationalen Rechtshilfe an die hierfür zuständigen Stellen.

A. Allgemein

Die Vorschrift regelt die **Zulässigkeit und die Grenzen der Übermittlung** (Rn 1.1) **der** 1
nach § 483 StPO bis § 485 StPO gespeicherten Daten durch die speichernde Stelle

für die in diesen Vorschriften genannten Zwecke, für Zwecke eines Gnadenverfahrens oder der internationalen Rechtshilfe. Sie ist als „Öffnungsklausel" „Grundlage eines umfassenden Netzwerkes der Datenübermittlung und -verwendung innerhalb der Strafrechtspflege und von dieser ausgehend" (Löwe/Rosenberg/Hilger StPO § 487 Rn 1).

1.1 **Übermittlung** ist nach dem hier maßgeblichen **§ 3 Abs 4 S 2 Nr 3 BDSG** (Löwe/Rosenberg/Hilger StPO Vor § 483 Rn 24) das Bekanntgeben gespeicherter oder durch Datenverarbeitung gewonnener Daten an einen Dritten (§ 3 Abs 8 S 2 BDSG, also einen anderen als die speichernde Stelle), in der Weise, dass die Daten an den Dritten weitergegeben werden oder der Dritte zur Einsicht oder zum Abruf bereit gehaltene Daten einsieht oder abruft.

B. Datenübermittlung (Abs 1)

2   Gem Abs 1 S 1 ist die **Übermittlung der nach § 483 StPO, § 484 StPO und § 485 StPO gespeicherten Daten** durch die speichernde Stelle zulässig, **soweit dies für in diesen Vorschriften genannten Zwecken** (also für Zwecke eines bestimmten Strafverfahrens, zur Vorsorge für künftige Strafverfahren, für die Vorgangsverwaltung), **für Zwecke eines Gnadenverfahrens** oder **der internationalen Rechtshilfe** erforderlich ist. **Empfänger** sind die Stellen, die nach diesen Vorschriften zuständig sind, dh auch die repressiv tätige Polizei und Finanzbehörden (Einzelheiten bei SK-StPO/Weßlau StPO § 487 Rn 2). Da der **Anlass nicht geregelt** ist, ist sowohl die Übermittlung von Amts wegen als auch auf Ersuchen zulässig (Löwe/Rosenberg/Hilger StPO § 487 Rn 3; SK-StPO/Weßlau StPO § 487 Rn 5).

3   Gem S 2 gelten die **Übermittlungsverbote** des § 477 Abs 2 StPO (§ 477 StPO Rn 2) und § 485 S 3 StPO (§ 485 StPO Rn 2) entsprechend.

C. Auskunft aus der Datei (Abs 2)

4   Statt einer Akteneinsicht oder einer Auskunft aus Akten ist eine **Dateiauskunft** zulässig, soweit Akteneinsicht oder Auskunft aus Akten nach den Vorschriften der StPO (zB nach § 474 StPO, § 475 StPO, § 476 StPO) zulässig ist. Abs 2 soll keine über eine Akteneinsicht oder Aktenauskunft hinausgehende Auskunftserteilung ermöglichen (Löwe/Rosenberg/Hilger StPO § 487 Rn 6). Es besteht auch **kein Anspruch** auf Einsicht, es sei denn, die Datei ist Bestandteil der Akten (Löwe/Rosenberg/Hilger StPO § 487 Rn 7 f).

D. Verantwortung (Abs 3)

5   Gem **S 1** trägt die **Verantwortung** für die Zulässigkeit der Übermittlung die übermittelnde Stelle, es sei denn, die Übermittlung erfolgt auf Ersuchen **(S 2, S 3)**.

E. Weitere Regelungen (Abs 4-6)

6   **Abs 4** stellt klar, dass die nach § 483 StPO bis § 485 StPO gespeicherten Daten auch **für wissenschaftliche Zwecke** übermittelt werden dürfen, wenn die Voraussetzungen des § 476 StPO erfüllt sind. **Abs 5** entspricht § 480 StPO. **Abs 6** regelt die **Zweckbindung**.

§ 488 [Automatisierte Datenübermittlung]

(1) ¹Die Einrichtung eines automatisierten Abrufverfahrens oder eines automatisierten Anfrage- und Auskunftsverfahrens ist für Übermittlungen nach § 487 Abs. 1 zwischen den in § 483 Abs. 1 genannten Stellen zulässig, soweit diese Form der Datenübermittlung unter Berücksichtigung der schutzwürdigen Interessen der Betroffenen wegen der Vielzahl der Übermittlungen oder wegen ihrer besonderen Eilbedürftigkeit angemessen ist. ²Die beteiligten Stellen haben zu gewährleisten, dass dem jeweiligen Stand der Technik entsprechende Maßnahmen zur Sicherstellung von Datenschutz und Datensicherheit getroffen werden, die insbesondere die Vertraulichkeit und Unversehrtheit der Daten gewährleisten; im Falle der Nutzung allgemein zugänglicher Netze sind dem jeweiligen Stand der Technik entsprechende Verschlüsselungsverfahren anzuwenden.

(2) ¹Für die Festlegung zur Einrichtung eines automatisierten Abrufverfahrens gilt § 10 Abs. 2 des Bundesdatenschutzgesetzes entsprechend. ²Diese bedarf der Zustimmung der für die speichernde und die abrufende Stelle jeweils zuständigen Bundes- und Landesministerien. ³Die speichernde Stelle übersendet die Festlegungen der Stelle, die für die Kontrolle der Einhaltung der Vorschriften über den Datenschutz bei öffentlichen Stellen zuständig ist.

(3) ¹Die Verantwortung für die Zulässigkeit des einzelnen Abrufs trägt der Empfänger. ²Die speichernde Stelle prüft die Zulässigkeit der Abrufe nur, wenn dazu Anlass besteht. ³Die speichernde Stelle hat zu gewährleisten, dass die Übermittlung personenbezogener Daten zumindest durch geeignete Stichprobenverfahren festgestellt und überprüft werden kann. ⁴Sie soll bei jedem zehnten Abruf zumindest den Zeitpunkt, die abgerufenen Daten, die Kennung der abrufenden Stelle und das Aktenzeichen des Empfängers protokollieren. ⁵Die Protokolldaten dürfen nur für die Kontrolle der Zulässigkeit der Abrufe verwendet werden und sind nach zwölf Monaten zu löschen.

Überblick

Die Vorschrift regelt als lex specialis zu § 10 BDSG die Zulässigkeit von „Online-Verfahren" für Datenübermittlungen gem § 487 StPO zwischen den in § 483 StPO genannten Stellen.

A. Zulässigkeit automatisierter Verfahren (Abs 1)

Gem S 1 ist unter den **Voraussetzungen des § 487 Abs 1 StPO** (§ 487 StPO Rn 2) 1 die **Einrichtung eines automatisierten Abrufs-, Anfrage- und Auskunftsverfahrens** (Online-Verfahren) für die **Übermittlung** (§ 487 StPO Rn 1) zwischen den in § 483 Abs 1 StPO (§ 483 StPO Rn 1) genannten Stellen **grundsätzlich zulässig, soweit** diese Form der Datenübermittlung unter Berücksichtigung der schutzwürdigen Belange der Betroffenen wegen der Vielzahl der Übermittlungen oder wegen ihrer besonderen Eilbedürftigkeit **angemessen ist.** Bei den **schutzwürdigen Interessen der Betroffenen** (§ 3 Abs 1 BDSG) sind die Größe des Empfängerkreises, der Verwendungszweck, aber auch die Art und Sensitivität der Daten zu berücksichtigen (SK-StPO/Weßlau StPO § 488 Rn 10; Löwe/Rosenberg/Hilger StPO § 488 Rn 8).

Gem **S 2** müssen die beteiligten Stellen den **Datenschutz** und die **Datensicherheit** 2 gewährleisten, im Falle der Nutzung allgemein zugänglicher Netze (Telefax, Telefon) sind Verschlüsselungsverfahren anzuwenden (Einzelheiten bei SK-StPO/Weßlau StPO § 488 Rn 11 ff).

B. Festlegung (Abs 2)

S 1 verweist hinsichtlich der Festlegungen, die vor Inbetriebnahme der Online-Verfahren 3 zu treffen sind, **auf § 10 Abs 2 BDSG**. Die speichernde und die abrufende Stelle haben durch **schriftliche Festlegungen** die Kontrolle der **Zulässigkeit der Einrichtung** des Verfahrens (nicht der Einzelabrufe, s Abs 3 Rn 6) zu ermöglichen (SK-StPO/Weßlau StPO § 488 Rn 14; Löwe/Rosenberg/Hilger StPO § 488 Rn 10). Möglichst konkret und detailliert sind festzulegen: Anlass und Zweck des Verfahrens (einschließlich Angemessenheitsprüfung), Empfänger, Art der Daten und die nach § 9 BDSG erforderlichen Maßnahmen (Löwe/Rosenberg/Hilger § 488 StPO Rn 9, 11).

Die schriftlichen Festlegungen bedürfen der **Zustimmung der Justizverwaltungen (S 2).** 4

Die speichernde Stelle hat die Festlegungen der für sie **zuständigen Datenschutzbehör-** 5 **de zu übersenden (S 3).**

C. Verantwortung und Kontrolle für Einzelabrufe (Abs 3)

Für die **Zulässigkeit** des **Einzelabrufs** ist der **Empfänger verantwortlich (S 1).** Die 6 Zulässigkeit des Einzelabrufs ist nicht geregelt (Rn 1, Einzelheiten bei Löwe/Rosenberg/Hilger StPO § 488 Rn 13 ff). **Die speichernde Stelle prüft** die Zulässigkeit des Einzelabrufs nur **anlassbezogen** (S 2). Sie muss aber eine Überprüfung durch die Einrichtung wirksamer **Stichprobenverfahren** ermöglichen (S 3). Sie soll außerdem **bei jedem zehnten Abruf** zumindest den Zeitpunkt, die abgerufenen Daten, die Kennung der abrufenden Stelle und das Aktenzeichen des Empfängers **protokollieren** (S 4), jedoch nur zur Kontrolle der Zulässigkeit (S 5). Diese **Protokolldaten** sind nach zwölf Monaten **zu löschen** (S 5).

§ 489 [Berichtigung, Löschung und Sperrung gespeicherter Daten]

(1) Personenbezogene Daten in Dateien sind zu berichtigen, wenn sie unrichtig sind.

(2) [1]Sie sind zu löschen, wenn ihre Speicherung unzulässig ist oder sich aus Anlass einer Einzelfallbearbeitung ergibt, dass die Kenntnis der Daten für die in den §§ 483, 484, 485 jeweils bezeichneten Zwecke nicht mehr erforderlich ist. [2]Es sind ferner zu löschen
1. nach § 483 gespeicherte Daten mit der Erledigung des Verfahrens, soweit ihre Speicherung nicht nach den §§ 484, 485 zulässig ist,
2. nach § 484 gespeicherte Daten, soweit die Prüfung nach Absatz 4 ergibt, dass die Kenntnis der Daten für den in § 484 bezeichneten Zweck nicht mehr erforderlich ist und ihre Speicherung nicht nach § 485 zulässig ist,
3. nach § 485 gespeicherte Daten, sobald ihre Speicherung zur Vorgangsverwaltung nicht mehr erforderlich ist.

(3) [1]Als Erledigung des Verfahrens gilt die Erledigung bei der Staatsanwaltschaft oder, sofern die öffentliche Klage erhoben wurde, bei Gericht. [2]Ist eine Strafe oder eine sonstige Sanktion angeordnet worden, ist der Abschluss der Vollstreckung oder der Erlass maßgeblich. [3]Wird das Verfahren eingestellt und hindert die Einstellung die Wiederaufnahme der Verfolgung nicht, so ist das Verfahren mit Eintritt der Verjährung als erledigt anzusehen.

(4) [1]Die speichernde Stelle prüft nach festgesetzten Fristen, ob nach § 484 gespeicherte Daten zu löschen sind. [2]Die Frist beträgt
1. bei Beschuldigten, die zur Zeit der Tat das achtzehnte Lebensjahr vollendet hatten, zehn Jahre,
2. bei Jugendlichen fünf Jahre,
3. in den Fällen des rechtskräftigen Freispruchs, der unanfechtbaren Ablehnung der Eröffnung des Hauptverfahrens und der nicht nur vorläufigen Verfahrenseinstellung drei Jahre,
4. bei nach § 484 Abs. 1 gespeicherten Personen, die zur Tatzeit nicht strafmündig waren, zwei Jahre.

(5) Die speichernde Stelle kann in der Errichtungsanordnung nach § 490 kürzere Prüffristen festlegen.

(6) [1]Werden die Daten einer Person für ein weiteres Verfahren in der Datei gespeichert, so unterbleibt die Löschung, bis für alle Eintragungen die Löschungsvoraussetzungen vorliegen. [2]Absatz 2 Satz 1 bleibt unberührt.

(7) [1]An die Stelle einer Löschung tritt eine Sperrung, soweit
1. Grund zu der Annahme besteht, dass schutzwürdige Interessen einer betroffenen Person beeinträchtigt würden,
2. die Daten für laufende Forschungsarbeiten benötigt werden oder
3. eine Löschung wegen der besonderen Art der Speicherung nicht oder nur mit unverhältnismäßigem Aufwand möglich ist.

[2]Personenbezogene Daten sind ferner zu sperren, soweit sie nur zu Zwecken der Datensicherung oder der Datenschutzkontrolle gespeichert sind. [3]Gesperrte Daten dürfen nur für den Zweck verwendet werden, für den die Löschung unterblieben ist. [4]Sie dürfen auch verwendet werden, soweit dies zur Behebung einer bestehenden Beweisnot unerlässlich ist.

(8) Stellt die speichernde Stelle fest, dass unrichtige, zu löschende oder zu sperrende personenbezogene Daten übermittelt worden sind, so ist dem Empfän-

ger die Berichtigung, Löschung oder Sperrung mitzuteilen, wenn dies zur Wahrung schutzwürdiger Interessen des Betroffenen erforderlich ist.

(9) Anstelle der Löschung der Daten sind die Datenträger an ein Staatsarchiv abzugeben, soweit besondere archivrechtliche Regelungen dies vorsehen.

Überblick

Die Vorschrift dient durch Regelungen über die Berichtigung, Löschung und Sperrung von Daten der verfassungsrechtlich vorgegebenen „Verfahrenssicherung".

Übersicht

	Rn		Rn
A. Allgemein	1	E. Datensperrung (Abs 7)	7
B. Datenberichtigung (Abs 1)	2	F. Nachberichtspflicht (Abs 8)	9
C. Datenlöschung (Abs 2, Abs 3, Abs 6, Abs 9)	3	G. Rechtsbehelfe	10
D. Prüffristen (Abs 4, Abs 5)	6		

A. Allgemein

Die Vorschrift dient der **verfassungsrechtlich gebotenen Verfahrenssicherung** (Löwe/Rosenberg/Hilger StPO § 489 Rn 1; SK-StPO/Weßlau StPO § 489 Rn 1; s auch BVerfG NJW 2009, 2431, 2438). Sie **erfasst nach §§ 483, 484 und 485 StPO** gespeicherte Daten, **nicht** jedoch **Daten der Polizei** in den Fällen des § 483 Abs 3 StPO (§ 483 StPO Rn 5), § 484 Abs 4 StPO (§ 484 StPO Rn 6) und § 485 S 4 StPO (§ 485 StPO Rn 3) (Meyer-Goßner StPO § 489 Rn 1; HK-GS/Hölscher StPO § 489 Rn 2). 1

B. Datenberichtigung (Abs 1)

Unrichtige personenbezogene **Daten** in Dateien **sind zu berichtigen** (Einzelheiten bei SK-StPO/Weßlau StPO § 489 Rn 2). Dabei müssen nach dem Grundsatz der Aktenklarheit und -wahrheit die ursprüngliche Speicherung und deren Änderung nachvollziehbar bleiben (Meyer-Goßner StPO § 489 Rn 2). 2

C. Datenlöschung (Abs 2, Abs 3, Abs 6, Abs 9)

Personenbezogene Daten sind – von Amts wegen und unverzüglich (SK-StPO/Weßlau StPO § 489 Rn 4) – zu **löschen**, also unkenntlich zu machen (§ 3 Abs 4 S 2 Nr 5 BDSG), **wenn ihre Speicherung unzulässig ist oder sich aus Anlass einer Einzelfallbetrachtung** (hierzu OLG Dresden MMR 2003, 592, 593) **ergibt, dass die Kenntnis der Daten** für die in § 483 StPO, § 484 StPO, § 485 StPO genannten Zwecke **nicht mehr erforderlich** ist (S 1) (hierzu OLG Dresden MMR 2003, 592, 593; OLG Frankfurt NStZ-RR 2008, 183, 184; KG StraFo 2009, 337). Eine solche Einzelfallbetrachtung ist zumindest bei einem konkreten Löschungsantrag vorzunehmen (OLG Hamburg StV 2009, 234, 235). **S 2 Nr 1 bis Nr 3** regelt je nach Verfahrenszweck weitere Löschungsvoraussetzungen. 3

Nach § 483 StPO in einer Strafverfahrensdatei **gespeicherte Daten** sind mit Verfahrenserledigung zu löschen, wenn ihre Speicherung nicht nach § 484 StPO oder § 485 StPO zulässig ist (Nr 1). Allerdings soll § 483 Abs 3 StPO den § 489 Abs 2 S 2 Nr 1 StPO verdrängen, so dass sich die Löschung von Mischdaten nach Polizeirecht bemisst (OVG Lüneburg NdsRpfl 2008, 352). **Abs 3** definiert, was als **Verfahrenserledigung** gilt. 3.1

Nach § 484 StPO für künftige Strafverfahren **gespeicherte Daten** sind zu löschen, wenn die nach Abs 4 (Rn 6) vorzunehmende Prüfung ergibt, dass die Kenntnis der Daten für den Speicherungszweck nicht mehr erforderlich ist und ihre Speicherung nicht nach § 485 StPO zulässig ist (Nr 2). 3.2

StPO § 490   Achtes Buch. 2. Abschnitt

3.3   Nach § 485 StPO in einer Vorgangsverwaltungsdatei **gespeicherte Daten** sind zu löschen, wenn die Speicherung nicht mehr erforderlich ist (Nr 3) (vgl hierzu OLG Hamburg StV 2009, 234).

4   Nach der „**Mitführungsklausel**" des Abs 6 (Löwe/Rosenberg/Hilger StPO § 489 Rn 12; SK-StPO/Weßlau StPO § 489 Rn 16 f) **unterbleibt eine Löschung**, wenn die Daten für ein weiteres Verfahren in der Datei gespeichert werden. Abs 2 S 1 (Rn 3) bleibt davon unberührt.

5   Die Abgabe an ein Staatsarchiv nach **archivrechtlichen Regelungen** geht der Löschung vor (Abs 9).

D. Prüffristen (Abs 4, Abs 5)

6   Abs 4 bestimmt nach Alter des Beschuldigten gestaffelt und je nach Art der Verfahrenserledigung bestimmte **Aussonderungsprüffristen** als Höchstfristen.
  Die speichernde Stelle kann jedoch gem Abs 5 in der Errichtungsanordnung gem § 490 StPO **kürzere Fristen** festlegen.

E. Datensperrung (Abs 7)

7   **An die Stelle einer Löschung** (Rn 3) **tritt** (ausnahmsweise) unter bestimmten in S 1 und S 2 **abschließend geregelten** (HK-StPO/Temming StPO § 489 Rn 10) Voraussetzungen eine **Sperrung** gespeicherter Daten. Sperrung ist das Kennzeichnen gespeicherter personenbezogener Daten, um ihre weitere Nutzung oder Verarbeitung einzuschränken (§ 3 Abs 4 S 2 Nr 4 BDSG).

7.1   Eine Sperrung kommt in Betracht, **wenn** unter Berücksichtigung der Umstände des Einzelfalls (Löwe/Rosenberg/Hilger StPO § 489 Rn 13) **schutzwürdige Interessen einer betroffenen Person beeinträchtigt sein könnten (S 1 Nr 1)**. Für den Betroffenen potentiell günstige Informationen sollen später noch zu Beweiszwecken verfügbar bleiben.

7.2   Weiter ist die Sperrung zulässig, **wenn die Daten für laufende Forschungsarbeiten benötigt werden (S 1 Nr 2)** (Einzelheiten bei HK-StPO/Temming StPO § 489 Rn 12).

7.3   Auch wenn die Löschung wegen der besonderen Art der Speicherung nur mit unverhältnismäßig großem Aufwand möglich ist, ist eine Sperrung zulässig (**S 1 Nr 3**). Dies hat praktisch fast nur bei nicht-automatisierten Dateien Bedeutung (SK-StPO/Weßlau StPO § 489 Rn 24 mwN).

7.4   Personenbezogene Daten sind ferner zu sperren, soweit sie nur zur **Datensicherheit oder Datenschutzkontrolle** gespeichert sind (**S 2**).

8   S 3 enthält eine **Zweckbindungsklausel**, betrifft aber nur die Fälle des S 1 Nr 1 (Rn 7.1) und Nr 2 (Rn 7.2) (HK-StPO/Temming StPO § 489 Rn 15). Davon abweichend dürfen gesperrte Daten verwendet werden, soweit dies zur **Behebung einer bestehenden Beweisnot** unerlässlich ist (**S 4**).

F. Nachberichtspflicht (Abs 8)

9   Wenn **unrichtige, zu löschende oder zu sperrende personenbezogene Daten übermittelt** worden sind, ist **dem Empfänger** die Berichtigung, Löschung oder Sperrung **mitzuteilen**, sofern dies zur Wahrung schutzwürdiger Interessen des Betroffenen erforderlich ist.

G. Rechtsbehelfe

10   Sofern die Staatsanwaltschaft einem Antrag auf Löschung nicht nachkommt, ist der Rechtsweg nach § 23 EGGVG eröffnet (BVerfG StV 2007, 226; OLG Zweibrücken NStZ 2007, 55; Meyer-Goßner StPO § 489 Rn 9; KK-StPO/Gieg StPO § 489 Rn 7; vgl aber auch Löwe/Rosenberg/Hilger StPO § 489 Rn 16, der daneben die analoge Anwendung von § 161 a StPO vorschlägt).

§ 490 [Errichtungsanordnung für automatisierte Dateien]

¹Die speichernde Stelle legt für jede automatisierte Datei in einer Errichtungsanordnung mindestens fest:

1. die Bezeichnung der Datei,
2. die Rechtsgrundlage und den Zweck der Datei,
3. den Personenkreis, über den Daten in der Datei verarbeitet werden,
4. die Art der zu verarbeitenden Daten,
5. die Anlieferung oder Eingabe der zu verarbeitenden Daten,
6. die Voraussetzungen, unter denen in der Datei verarbeitete Daten an welche Empfänger und in welchem Verfahren übermittelt werden,
7. Prüffristen und Speicherungsdauer.

²Dies gilt nicht für Dateien, die nur vorübergehend vorgehalten und innerhalb von drei Monaten nach ihrer Erstellung gelöscht werden.

Für jede automatisierte Datei hat die speichernde Stelle (§ 3 Abs 7 BDSG) eine **Errichtungsanordnung** zu erstellen. Es handelt sich um eine **unerlässliche „Datenschutzmaßnahme"** (Löwe/Rosenberg/Hilger StPO § 490 Rn 1). § 490 StPO ist lex specialis zu § 18 Abs 2 BDSG (Löwe/Rosenberg/Hilger StPO § 490 Rn 1). Dabei sind die in **S 1 Nr 1 bis Nr 7** genannten **Mindestfestlegungen** zu treffen. 1

Dies gilt **nicht für Kurzzeitdateien** („flüchtige Dateien"), also solche, die nur vorübergehend vorgehalten und innerhalb von drei Monaten nach ihrer Erstellung gelöscht werden (S 2). 2

§ 491 [Auskunft an Betroffene]

(1) ¹Dem Betroffenen ist, soweit die Erteilung oder Versagung von Auskünften in diesem Gesetz nicht besonders geregelt ist, entsprechend § 19 des Bundesdatenschutzgesetzes Auskunft zu erteilen. ²Auskunft über Verfahren, bei denen die Einleitung des Verfahrens bei der Staatsanwaltschaft im Zeitpunkt der Beantragung der Auskunft noch nicht mehr als sechs Monate zurückliegt, wird nicht erteilt. ³Die Staatsanwaltschaft kann die Frist des Satzes 2 auf bis zu 24 Monate verlängern, wenn wegen der Schwierigkeit oder des Umfangs der Ermittlungen im Einzelfall ein Geheimhaltungsbedürfnis fortbesteht. ⁴Über eine darüber hinausgehende Verlängerung der Frist entscheidet der Generalstaatsanwalt, in Verfahren der Generalbundesanwaltschaft der Generalbundesanwalt. ⁵Die Entscheidungen nach den Sätzen 3 und 4 und die Gründe hierfür sind zu dokumentieren. ⁶Der Antragsteller ist unabhängig davon, ob Verfahren gegen ihn geführt werden oder nicht, auf die Regelung in den Sätzen 2 bis 5 hinzuweisen.

(2) ¹Ist der Betroffene bei einer gemeinsamen Datei nicht in der Lage, die speichernde Stelle festzustellen, so kann er sich an jede beteiligte speicherungsberechtigte Stelle wenden. ²Über die Erteilung einer Auskunft entscheidet diese im Einvernehmen mit der Stelle, die die Daten eingegeben hat.

Überblick

Die Vorschrift gewährt dem Betroffenen ein verfassungsrechtlich gebotenes Recht auf Auskunft über die über ihn gespeicherten Daten. Sie verweist – vorbehaltlich einer spezielleren Regelung in der StPO – grundsätzlich auf § 19 BDSG.

A. Auskunftsanspruch (Abs 1)

I. Auskunft (S 1)

§ 491 StPO ist eine **verfassungsrechtlich gebotene Verfahrensvorschrift**, die das allgemeine Persönlichkeitsrecht und das darin enthaltene Recht auf informationelle Selbstbestimmung schützt (Löwe/Rosenberg/Hilger StPO § 491 Rn 1; SK-StPO/Weßlau StPO § 491 Rn 1 mwN). S 1 gewährt **dem Betroffenen** (§ 3 Abs 1 BDSG) **entsprechend § 19 BDSG ein (subjektives) Recht, auf Antrag** (§ 19 Abs 1 S 1, S 2, S 3 BDSG) **Auskunft** darüber zu bekommen, **ob und welche Daten zu seiner Person gespeichert sind** (zum 1

Inhalt der Auskunft § 19 Abs 1 S 1 Nr 1 bis Nr 3 BDSG; Einzelheiten bei SK-StPO/ Weßlau StPO § 491 Rn 11 ff). Nur so kann er seine Rechte zB gem § 489 StPO geltend machen. **Auskunftspflichtig** (vgl § 3 Abs 7 BDSG) ist jede Stelle, die nach der StPO personenbezogene Daten aus einem Strafverfahren speichert (Löwe/Rosenberg/Hilger StPO § 491 Rn 4). Zum Rechtsschutz gegen ablehnende Entscheidungen insb der Staatsanwaltschaft s BGH NStZ-RR 2009, 145.

II. Anwendungsbereich

2   Die **Vorschriften der StPO** (zB § 147 StPO) **gehen** als **bereichsspezifische Regelungen** § 491 StPO iVm § 19 BDSG **vor** (BGH NStZ-RR 2009, 145; Löwe/Rosenberg/ Hilger StPO § 491 Rn 2; krit hierzu – auch im Hinblick auf die Verfassungsmäßigkeit – Weßlau FS Hamm 841, 845 ff). Diese gelten somit **nicht für Verfahrensbeteiligte** und **auch nicht für Auskünfte und Akteneinsicht gem § 475 StPO** (hM, vgl BVerfG NJW 2009, 2431, 2437; BGH NStZ-RR 2009, 145; Meyer-Goßner StPO § 491 Rn 1; KK-StPO/Gieg StPO § 491 Rn 1; Löwe/Rosenberg/Hilger StPO § 491 Rn 2; **aA** SK-StPO/ Weßlau StPO § 491 Rn 6).

III. Ausnahmen (S 2 bis S 4)

3   Die **Ausnahmeregelungen** in S 2 bis S 4 sind im Hinblick auf die Bedeutung des verfassungsrechtlich geschützten Auskunftsanspruchs **eng auszulegen** (Meyer-Goßner StPO § 491 Rn 2). Das Auskunftsrecht ist nach der **bisherigen Dauer** des Verfahrens gestaffelt.

3.1   Auskunft über Verfahren, bei denen die Einleitung des Verfahrens bei der Staatsanwaltschaft bei Antragsstellung noch nicht mehr als sechs Monate zurückliegt, wird nicht erteilt (**S 2**). Bei älteren Verfahren kann diese Frist auf bis zu 24 Monate verlängert werden, wenn wegen der Schwierigkeit oder des Umfangs der Ermittlungen (zB in komplexen Wirtschaftsstrafverfahren) im Einzelfall ein Geheimhaltungsbedürfnis besteht (**S 3**). Eine darüber hinausgehende Verlängerung kann nur der Generalstaatsanwalt bzw der Generalbundesanwalt anordnen (**S 4**). In den Fällen des S 3 und 4 ist die Entscheidung zu dokumentieren (**S 5**). Unabhängig von einem anhängigen Verfahren ist der Antragsteller auf die Regelungen der S 2 bis S 5 hinzuweisen (**S 6**).

4   Soweit eine Auskunftssperre nicht (mehr) besteht, ist die Auskunft gem § 19 BDSG zu erteilen, wobei auch hier wiederum gem § 19 Abs 2 bis Abs 4 BDSG (eng auszulegende) Ausnahmen zu beachten sind (Meyer-Goßner StPO § 491 Rn 3; Einzelheiten bei SK-StPO/Weßlau StPO Rn 17 ff; KK-StPO/Gieg StPO § 491 Rn 5; vgl auch BVerfG NJW 2009, 2431, 2437).

B. Verfahren bei gemeinsamen Dateien (Abs 2)

5   Abs 2 enthält eine **Verfahrensvereinfachung** für den Betroffenen, wenn die Daten in einer gemeinsamen Datei gem § 486 StPO gespeichert sind.

Dritter Abschnitt. Länderübergreifendes staatsanwaltschaftliches Verfahrensregister (§§ 492-495)

§ 492 [Umfang des Registers; Verwendung der Daten]

(1) Das Bundesamt für Justiz (Registerbehörde) führt ein zentrales staatsanwaltschaftliches Verfahrensregister.

(2) ¹In das Register sind
1. die Personendaten des Beschuldigten und, soweit erforderlich, andere zur Identifizierung geeignete Merkmale,
2. die zuständige Stelle und das Aktenzeichen,
3. die nähere Bezeichnung der Straftaten, insbesondere die Tatzeiten, die Tatorte und die Höhe etwaiger Schäden,

4. die Tatvorwürfe durch Angabe der gesetzlichen Vorschriften,
5. die Einleitung des Verfahrens sowie die Verfahrenserledigungen bei der Staatsanwaltschaft und bei Gericht nebst Angabe der gesetzlichen Vorschriften einzutragen. ²Die Daten dürfen nur für Strafverfahren gespeichert und verändert werden.

(3) ¹Die Staatsanwaltschaften teilen die einzutragenden Daten der Registerbehörde zu dem in Absatz 2 Satz 2 genannten Zweck mit.²Auskünfte aus dem Verfahrensregister dürfen nur Strafverfolgungsbehörden für Zwecke eines Strafverfahrens erteilt werden.³§ 5 Abs. 5 Satz 1 Nr. 2 des Waffengesetzes und § 8a Absatz 5 Satz 1 Nummer 2 des Sprengstoffgesetzes bleiben unberührt; die Auskunft über die Eintragung wird insoweit im Einvernehmen mit der Staatsanwaltschaft, die die personenbezogenen Daten zur Eintragung in das Verfahrensregister mitgeteilt hat, erteilt, wenn hiervon eine Gefährdung des Untersuchungszwecks nicht zu besorgen ist.

(4) ¹Die in Absatz 2 Satz 1 Nr. 1 und 2 genannten Daten dürfen nach Maßgabe des § 18 Abs. 3 des Bundesverfassungsschutzgesetzes, auch in Verbindung mit § 10 Abs. 2 des Gesetzes über den Militärischen Abschirmdienst und § 8 Abs. 3 des Gesetzes über den Bundesnachrichtendienst, auf Ersuchen auch an die Verfassungsschutzbehörden des Bundes und der Länder, das Amt für den Militärischen Abschirmdienst und den Bundesnachrichtendienst übermittelt werden. ²§ 18 Abs. 5 Satz 2 des Bundesverfassungsschutzgesetzes gilt entsprechend.

(4a) ¹Kann die Registerbehörde eine Mitteilung oder ein Ersuchen einem Datensatz nicht eindeutig zuordnen, übermittelt sie an die ersuchende Stelle zur Identitätsfeststellung Datensätze zu Personen mit ähnlichen Personalien. ²Nach erfolgter Identifizierung hat die ersuchende Stelle alle Daten, die sich nicht auf den Betroffenen beziehen, unverzüglich zu löschen. ³Ist eine Identifizierung nicht möglich, sind alle übermittelten Daten zu löschen. ⁴In der Rechtsverordnung nach § 494 Abs. 4 ist die Anzahl der Datensätze, die auf Grund eines Abrufs übermittelt werden dürfen, auf das für eine Identifizierung notwendige Maß zu begrenzen.

(5) ¹Die Verantwortung für die Zulässigkeit der Übermittlung trägt der Empfänger. ²Die Registerbehörde prüft die Zulässigkeit der Übermittlung nur, wenn besonderer Anlaß hierzu besteht.

(6) Die Daten dürfen unbeschadet des Absatzes 3 Satz 3 und des Absatzes 4 nur in Strafverfahren verwendet werden.

Überblick

§ 492 StPO ist Rechtsgrundlage für die Errichtung des länderübergreifenden zentralen staatsanwaltschaftlichen Verfahrensregisters, das beim Bundesamt für Justiz geführt wird.

A. Allgemein

§ 492 StPO ist **Rechtsgrundlage** für das 1994 geschaffene **zentrale staatsanwaltschaftliche Verfahrensregister (ZStV)**, das im Gesamtzusammenhang mit dem staatsanwaltschaftlichen Informationssystem (SISY) steht (Schneider NJW 1996, 302, 303). Einzelheiten regelt die **Verordnung über den Betrieb des ZStV** (ZStVBetrV, abgedruckt bei Meyer-Goßner StPO § 494 Rn 12). Der Registerbetrieb ist 1999 aufgenommen worden (Meyer-Goßner StPO § 492 Rn 1). Das ZStV tritt neben die bereits bestehenden Register nach dem BZRG. 1

Zweck des ZStV ist es, die **Funktionsfähigkeit der Strafrechtspflege** durch Beschleunigung, Koordination, Konzentration und Intensivierung der Strafverfolgung und Strafvollstreckung **zu verbessern**. 2

Im Einzelnen (vgl Löwe/Rosenberg/Hilger StPO Vor § 492 Rn 2f; Meyer-Goßner StPO § 492 Rn 1): Die Ermittlung überörtlich agierender Täter und Mehrfachtäter soll erleichtert werden. Verfahrenskonzentrationen sollen erreicht werden. Außerdem soll eine verlässliche Grundlage für Einstellungen gem §§ 153 StPO ff geschaffen werden. Ferner dient das ZStV in gewissem Umfang auch der Vorsorge für künftige Strafverfolgung. 2.1

B. Registerbehörde (Abs 1)

3 Das durch Gesetz vom 17. 12. 2006 (BGBl I 3171) errichtete **Bundesamt für Justiz** (mit Sitz in Bonn) führt als Registerbehörde iSd §§ 492 StPO ff das ZStV.

C. Inhalt (Abs 2)

4 Im ZStV werden **alle staatsanwaltschaftlichen Ermittlungsverfahren** gesammelt, **die sich gegen einen bestimmten bekannten Täter richten** (also nicht Verfahren gegen Unbekannt); eine Beschränkung auf Verfahren mit erheblicher oder überörtlicher Bedeutung ist nicht vorgesehen (Meyer-Goßner StPO § 492 Rn 4; Pfeiffer StPO § 492 Rn 2). Die erforderlichen Angaben ergeben sich aus **S 1 Nr 1 bis Nr 5** (Einzelheiten bei Löwe/Rosenberg/Hilger § 492 Rn 5 ff).

5 Die Daten dürfen **nur für Strafverfahren gespeichert** und verändert werden **(S 2)**.

D. Mitteilungen (Abs 3 S 1)

6 Die **Staatsanwaltschaft** ist **verpflichtet**, der **Registerbehörde** (Rn 3) **die einzutragenden Daten mitzuteilen**. Diese Verpflichtung trifft auch **Finanzbehörden**, soweit sie die Ermittlungen führen (§ 386 AO, § 399 AO; Meyer-Goßner StPO § 492 Rn 6; Löwe/Rosenberg/Hilger StPO § 492 Rn 20). Es erfolgen somit **mindestens zwei Meldungen durch die Staatsanwaltschaft**: die Mitteilung über die Einleitung und die über die Erledigung des Verfahrens (Meyer-Goßner StPO § 492 Rn 5; Löwe/Rosenberg/Hilger StPO § 492 Rn 21).

E. Auskünfte (Abs 3 S 2 bis 5, Abs 4, Abs 4 a), Verantwortung (Abs 5), Zweckbindung (Abs 6)

7 Auskünfte aus dem ZStV erhalten nur **Strafverfolgungsbehörden für Zwecke eines Strafverfahrens** (**Abs 2 S 2**), also zB nicht Gerichte, Verwaltungsbehörden in Bußgeldverfahren, Gnadenbehörden (Löwe/Rosenberg/Hilger StPO § 492 Rn 26). **§ 5 Abs 5 S 1 Nr 2 WaffG** und **§ 8 a Abs 5 S 1 SprengG** bleiben **unberührt (Abs 3 S 3)**.

8 Auskunftsberechtigt sind auch die in **Abs 4** genannten **Dienste** (Verfassungsschutzbehörden, BND, MAD).

9 **Abs 4 a** regelt den Fall, dass die Registerbehörde eine Mitteilung oder ein Ersuchen einem Datensatz nicht eindeutig zuordnen kann (sog Sonderanfragen und Ähnlichenservice, vgl hierzu Meyer-Goßner StPO § 492 Rn 9).

10 Die **Verantwortung** für die Zulässigkeit der Übermittlung trägt gem **Abs 5 S 1** der **Empfänger** (§ 3 Abs 8 S 1 BDSG). Die **Registerbehörde** prüft die Zulässigkeit nur, **wenn besonderer Anlass** hierzu besteht (**Abs 5 S 2**).

11 Unbeschadet des Abs 3 S 3 (Rn 7) und Abs 4 (Rn 8) dürfen die Daten **nur in Strafverfahren verwendet** werden (**Abs 6**).

§ 493 [Automatisierte Abrufverfahren]

(1) ¹Die Übermittlung der Daten erfolgt im Wege eines automatisierten Abrufverfahrens oder eines automatisierten Anfrage- und Auskunftsverfahrens, im Falle einer Störung der Datenfernübertragung oder bei außergewöhnlicher Dringlichkeit telefonisch oder durch Telefax. ²Die beteiligten Stellen haben zu gewährleisten, dass dem jeweiligen Stand der Technik entsprechende Maßnahmen zur Sicherstellung von Datenschutz und Datensicherheit getroffen werden, die insbesondere die Vertraulichkeit und Unversehrtheit der Daten gewährleisten; im Falle der Nutzung allgemein zugänglicher Netze sind dem jeweiligen Stand der Technik entsprechende Verschlüsselungsverfahren anzuwenden.

(2) ¹Für die Festlegungen zur Einrichtung eines automatisierten Abrufverfahrens findet § 10 Abs. 2 des Bundesdatenschutzgesetzes Anwendung. ²Die Registerbehörde übersendet die Festlegungen dem Bundesbeauftragten für den Datenschutz.

das genaue Datum ist unverzüglich mitzuteilen **(S 4)**; zur verfassungsrechtlichen Problematik des vorgesehenen Aufschubs der Löschung Meyer-Goßner StPO § 494 Rn 8 f mwN.

C. Datensperrung und Nachberichtspflicht (Abs 3)

Hinsichtlich der ausnahmsweise an die Stelle der Löschung tretenden **Sperrung** verweist Abs 3 auf **§ 489 Abs 7 StPO** (§ 489 StPO Rn 7), hinsichtlich der **Nachberichtspflicht** auf **§ 489 Abs 8 StPO** (§ 489 StPO Rn 9). 5

D. Rechtsverordnung (Abs 4)

Aufgrund eines Urteils des BVerfG (BVerfGE 100, 249 = BVerfG NVwZ 1999, 977) ist am 23. 9. 2005 eine die bisherige Errichtungsanordnung des BMJ ersetzende und die näheren Einzelheiten regelnde Rechtsverordnung, die **Verordnung über den Betrieb des ZStV** (ZSTVBetrV abgedruckt bei Meyer-Goßner StPO § 494 Rn 12), erlassen worden. 6

§ 495 [Entscheidung über Auskunftserteilung]

¹Dem Betroffenen ist entsprechend § 19 des Bundesdatenschutzgesetzes Auskunft aus dem Verfahrensregister zu erteilen; § 491 Abs. 1 Satz 2 bis 6 gilt entsprechend. ²Über die Erteilung einer Auskunft entscheidet die Registerbehörde im Einvernehmen mit der Staatsanwaltschaft, die die personenbezogenen Daten zur Eintragung in das Verfahrensregister mitgeteilt hat. ³Soweit eine Auskunft aus dem Verfahrensregister an eine öffentliche Stelle erteilt wurde und der Betroffene von dieser Stelle Auskunft über die so erhobenen Daten begehrt, entscheidet hierüber diese Stelle im Einvernehmen mit der Staatsanwaltschaft, die die personenbezogenen Daten zur Eintragung in das Verfahrensregister mitgeteilt hat.

Die Vorschrift gewährt dem **Betroffenen** (§ 3 Abs 1 BDSG), auch wenn er verfahrensbeteiligt ist (Meyer-Goßner StPO § 495 Rn 1), auf Antrag einen verfassungsrechtlich gebotenen **Auskunftsanspruch entsprechend § 19 BDSG (S 1)**. Es gelten die Ausnahmeregelungen des **§ 491 Abs 1 S 2 bis S 4 StPO** entsprechend (§ 491 StPO Rn 3); **(S 1)**. 1

Über die Auskunftserteilung **entscheidet die Registerbehörde** (§ 492 StPO Rn 3) **im Einvernehmen mit der Staatsanwaltschaft**, die ihr die Daten gem § 492 Abs 3 S 1 StPO (§ 492 StPO Rn 6) übermittelt hat **(S 2)**. 2

Soweit einer **anderen öffentlichen Stelle** eine Auskunft aus dem ZStV erteilt wurde, entscheidet diese über die Auskunft an den Betroffenen wiederum nur im Einvernehmen mit der Staatsanwaltschaft, die ihr die Daten gem § 492 Abs 3 S 1 StPO (§ 492 StPO Rn 6) übermittelt hat **(S 3)**. 3

Gerichtsverfassungsgesetz (Auszug)

GVG

Erster Titel. Gerichtsbarkeit (§§ 1-21) (Auszug)

§ 18 [Exterritorialität von Mitgliedern der diplomatischen Missionen]

¹Die Mitglieder der im Geltungsbereich dieses Gesetzes errichteten diplomatischen Missionen, ihre Familienmitglieder und ihre privaten Hausangestellten sind nach Maßgabe des Wiener Übereinkommens über diplomatische Beziehungen vom 18. April 1961 (Bundesgesetzbl. 1964 II S. 957 ff.) von der deutschen Gerichtsbarkeit befreit. ²Dies gilt auch, wenn ihr Entsendestaat nicht Vertragspartei dieses Übereinkommens ist; in diesem Falle findet Artikel 2 des Gesetzes vom 6. August 1964 zu dem Wiener Übereinkommen vom 18. April 1961 über diplomatische Beziehungen (Bundesgesetzbl. 1964 II S. 957) entsprechende Anwendung.

Überblick

Die Vorschrift verweist auf die Immunität (Rn 1) von Mitgliedern diplomatischer Missionen (Rn 3 ff), die ihnen nach dem Wiener Übereinkommen über diplomatische Beziehungen (Rn 2) zuteil wird. Gegen die danach bevorrechtigten Personen, insbesondere gegen Diplomaten (Rn 5), dürfen keine Maßnahmen der Gerichtsbarkeit vorgenommen werden (Rn 8). Zudem sind ihre Person und ihre Wohnung unverletzlich (Rn 9); gleiches gilt für die diplomatische Mission als solche (Rn 10). Die Immunität stellt ein grds nur zeitlich begrenztes (Rn 16) Verfahrenshindernis dar (Rn 12 f). Gleichwohl ergangene Entscheidungen sind nach hA nichtig (Rn 14; str), immunitätsverletzende Ermittlungshandlungen ziehen ein Beweisverwertungsverbot nach sich (Rn 15).

Übersicht

	Rn		Rn
A. Allgemeines	1	1. Bevorrechtigter Personenkreis	3
		2. Umfang der Immunität	8
B. Befreiung von der deutschen Gerichtsbarkeit	3	3. Verfahrensrechtliche Folgen	12

A. Allgemeines

1   Die § 18 GVG bis § 21 GVG (zur Entstehungsgeschichte SK-StPO/Frister GVG vor §§ 18-21 Rn 5 ff) regeln die **Immunität** bestimmter Personen, dh ihre Befreiung von der deutschen Gerichtsbarkeit. Sie wird von der heute herrschenden Funktionstheorie mit ihrer Notwendigkeit begründet, den bevorrechtigten Personen die Erfüllung ihrer Aufgaben zu ermöglichen und somit dem Interesse der zwischenstaatlichen Beziehungen zu dienen (BGHSt 32, 275, 288 = NJW 1984, 2048, 2049; Löwe/Rosenberg/Böttcher GVG § 18 Rn 1; SK-StPO/Frister GVG vor §§ 18-21 Rn 33; Wolf EuGRZ 1983, 401, 402; vgl auch EGMR NJW 1999, 1173, 1174).

Als Synonyme der Immunität werden oftmals die Begriffe der **Exemtion** (vgl dazu Fliedner 1.1
ZRP 1973, 263, 264) und der **Exterritorialität** verwendet. Von Exterritorialität kann aber an sich
nur bei Räumlichkeiten, nicht dagegen bei Personen gesprochen werden; zudem ist der Begriff
irreführend, da auch die Räumlichkeiten diplomatischer Missionen und konsularischer Vertretungen
zum Inland zählen, insbes dort begangene Straftaten Inlandstaten nach § 3 StGB darstellen (SK-
StPO/Frister GVG vor §§ 18-21 Rn 13; Kissel/Mayer GVG § 18 Rn 18; Oehler ZStW 91 [1979],
395, 396; Schwenk MDR 1958, 805, 806).

Völkerrechtliche Regelungen der Immunität finden sich vornehmlich in dem Wiener 2
Übereinkommen über diplomatische Beziehungen (WÜD) sowie dem Wiener Übereinkommen über konsularische Beziehungen (WÜK). Beide Übereinkommen sind in Deutschland in Kraft getreten und somit hierzulande geltendes Recht, auf das § 18 S 1 GVG (WÜD)
sowie § 19 Abs 1 S 1 GVG (WÜK) lediglich verweisen (Kissel/Mayer GVG § 18 Rn 4;
Engel ZVglRWiss 87 (1988), 33, 44; Fliedner ZRP 1973, 263, 265). § 20 GVG bezieht sich
auf Exterritoriale außerhalb des diplomatischen und konsularischen Dienstes.

Dem **Wiener Übereinkommen über diplomatische Beziehungen** (WÜD) vom 18. 4. 1961 2.1
wurde durch Gesetz vom 6. 8. 1964 (BGBl II 957) zugestimmt. Seit dem 11. 12. 1964 ist das
Übereinkommen in Deutschland in Kraft. Die darin geregelten Vorrechte und Immunitäten für
Mitglieder diplomatischer Missionen sollen ihnen dabei helfen, ihre Aufgaben wirksam wahrzunehmen, dh ua ihren Entsendestaat zu vertreten sowie dessen freundschaftliche Beziehungen zum
Empfangsstaat zu fördern und ihre wirtschaftlichen, kulturellen und wissenschaftlichen Beziehungen
auszubauen. Das auf Vorarbeiten der Völkerrechtskommission der Vereinten Nationen beruhende
WÜD hat bislang 186 Vertragsparteien (Stand: 1. 9. 2009; aktuelle Übersicht auf http://treaties.un.
org/Pages/ViewDetails.aspx?src=TREATY&mtdsg_no=III-3&chapter=3&lang=en).

Das **Wiener Übereinkommen über konsularische Beziehungen** (WÜK) vom 24. 4. 1963 2.2
ist in Deutschland aufgrund des Zustimmungsgesetzes vom 26. 8. 1969 (BGBl II 1585) gültig. In
Kraft trat das WÜK am 7. 10. 1971. Seine Regelung der Vorrechte und Immunitäten dient dem
Zweck, den konsularischen Vertretungen die wirksame Wahrnehmung ihrer Aufgaben im Namen
ihres Entsendestaates zu gewährleisten und zur Entwicklung freundschaftlicher Beziehungen
zwischen den Nationen beizutragen. Bislang weist das Übereinkommen 172 Vertragsparteien auf
(Stand: 1. 9. 2009; aktuelle Übersicht auf http://treaties.un.org/Pages/ViewDetails.aspx?src=
TREATY&mtdsg_no=III-6&chapter=3&lang=en).

B. Befreiung von der deutschen Gerichtsbarkeit
1. Bevorrechtigter Personenkreis

Immunität genießen vornehmlich die **Mitglieder der** in Deutschland errichteten **diplo-** 3
matischen Missionen (Botschaften, Apostolische Nuntiatur). Dazu zählen der Missionschef
(Botschafter, Gesandte, Minister, Nuntien, Internuntien oder Geschäftsträger; Art 14 WÜD)
und die Mitglieder des diplomatischen Personals, des Verwaltungs- und technischen Personals
sowie das dienstliche Hauspersonal der Mission (vgl Art 1 lit a bis lit d, lit f WÜD). Darüber
hinaus erfasst § 18 S 1 GVG ausdrücklich die **Familienmitglieder** dieser Personengruppen
sowie ihre **privaten Hausangestellten**, die nicht bei der Mission selbst, sondern lediglich
im häuslichen Dienst eines ihrer Mitglieder beschäftigt und nicht Bedienstete des Entsendestaats sind (Art 1 lit h WÜD).

Die Befreiung gilt unabhängig davon, ob der Entsendestaat der in S 1 genannten Personen 4
dem WÜD beigetreten ist (S 2; zum Ratifikationsstand Rn 2.1). Dadurch besteht in
Deutschland eine einheitliche Rechtslage für die Angehörigen des ausländischen diplomatischen Dienstes (Meyer-Goßner GVG § 18 Rn 1).

Von der Ermächtigung in Art 2 des Zustimmungsgesetzes zum WÜD vom 6. 8. 1964 4.1
(BGBl II 957), in diesen Fällen durch Rechtsverordnung die Immunität zu erweitern oder zur
Herstellung und Gewährleistung der Gegenseitigkeit einzuschränken, hat die Bundesregierung
bislang keinen Gebrauch gemacht (Löwe/Rosenberg/Böttcher GVG § 18 Rn 1; SK-StPO/Frister
GVG § 18 Rn 1).

Die in S 1 genannten Personen (Rn 3) sind **nach Maßgabe des WÜD** von der deutschen 5
Gerichtsbarkeit **befreit** und unterliegen einem abgestuften Immunitätsschutz (Löwe/Rosen-
berg/Böttcher GVG § 18 Rn 2). Art 31 Abs 1 S 1 WÜD sieht dabei eine (völlige) Immuni-

GVG § 18   Gerichtsverfassungsgesetz (Auszug)

tät von der Strafgerichtsbarkeit des Empfangsstaats für **Diplomaten** vor. Diplomaten sind der Missionschef sowie die Mitglieder des diplomatischen Personals, dh die in diplomatischem Rang stehenden Mitglieder des Personals der Mission (Art 1 lit d, e WÜD). Diplomaten, die Angehörige des Empfangsstaates bzw dort ständig ansässig sind, genießen Immunität allerdings – vorbehaltlich ihrer Erweiterung durch den Empfangsstaat – nur in Bezug auf Amtshandlungen, die sie in Ausübung ihrer dienstlichen Tätigkeit vornehmen (Art 38 Abs 1 WÜD).

5.1 Die Beschränkung der Immunität auf **Amts**handlungen, welche die bevorrechtigte Person in Ausübung ihrer dienstlichen Tätigkeit vornimmt, ist von der sog Amtsimmunität zu unterscheiden, die für sämtliche Handlungen in Zusammenhang mit der dienstlichen Tätigkeit gilt (vgl sogleich Rn 6 sowie § 19 GVG Rn 7). So kann die Autofahrt eines Konsuls (vgl § 19 GVG Rn 7.1) oder eines Mitglieds des dienstlichen Hauspersonals (vgl III B 6 des Rundschreibens des Bundesministers des Innern vom 17. 8. 1993; dazu Rn 7) in dienstlichen Angelegenheiten zwar der Amtsimmunität unterfallen; als eine im Namen des Entsendestaats erfolgte Amtshandlung ist sie indes nicht zu betrachten (SK-StPO/Frister GVG § 18 Rn 7).

6 Darüber hinaus steht die Immunität **Familienmitgliedern** zu, die zum Haushalt eines Diplomaten gehören und die nicht Angehörige des Empfangsstaats sind (Art 37 Abs 1 WÜD), ferner **Mitgliedern des Verwaltungs- und technischen Personals** der Mission und den zu ihrem Haushalt gehörenden Familienmitgliedern, wenn sie weder Angehörige des Empfangsstaats noch in demselben ständig ansässig sind (Art 37 Abs 2 S 1 WÜD). Die **Mitglieder des dienstlichen Hauspersonals** der Mission, die weder Angehörige des Empfangsstaats noch in demselben ständig ansässig sind, sind von der Gerichtsbarkeit lediglich in Bezug auf ihre in Ausübung ihrer dienstlichen Tätigkeit vorgenommenen Handlungen befreit (Art 37 Abs 3 WÜD). **Private Hausangestellte** von Mitgliedern der Mission genießen keine strafrechtliche Immunität (Art 37 Abs 4 S 2 WÜD).

6.1 Dem Empfangsstaat steht es frei, die im WÜD vorgesehene Immunität der in Rn 6 genannten Nichtdiplomaten, sofern sie Angehörige des Empfangsstaates oder dort ansässig sind, zu erweitern oder zu beschränken, sofern dadurch die betreffenden Personen nicht ungebührlich in der Wahrnehmung ihrer Aufgaben behindert werden (Art 38 Abs 2 WÜD). Ferner kann der Empfangsstaat privaten Hausangestellten, die weder Angehörige des Empfangsstaates noch dort ansässig sind, Immunität gewähren (Art 37 Abs 4 S 2 WÜD). Von diesen Möglichkeiten hat die Bundesrepublik Deutschland keinen Gebrauch gemacht.

7 Je nach Reichweite ihrer Befreiung von der inländischen Gerichtsbarkeit erhalten Diplomaten und andere bevorrechtigte Personen vom Auswärtigen Amt verschiedenfarbige Ausweise, deren Farbzuweisung sich aus dem gleichnamigen **Rundschreiben des Bundesministers des Innern** vom 17. 8. 1993 (GMBl 591; in Auszügen abgedruckt bei KK-StPO/Hannich GVG § 18 Rn 12) ergibt. Die Auffassung des Auswärtigen Amtes ist aber – generell (Rn 12) – für die Justizbehörden nicht verbindlich (vgl Nr 193 Abs 2 **RiStBV**). Auch darüber hinaus enthalten das Rundschreiben des Bundesministers des Innern sowie die Nr 193 RiStBV ff als Verwaltungsvorschriften Richtlinien für das Verhalten der Strafverfolgungsbehörden gegenüber den Mitgliedern einer diplomatischen Mission und anderen bevorrechtigten Personen.

2. Umfang der Immunität

8 Immunität bedeutet, dass gegen die bevorrechtigte Person keinerlei Maßnahmen der Gerichtsbarkeit vorgenommen werden dürfen, einschließlich der Strafverfolgung (Katholnigg GVG Vor § 18 Rn 2). Die Einleitung oder Fortführung eines **Strafverfahrens** gegen sie hat daher zu unterbleiben, erst recht die Verurteilung zu einer Geld- oder Freiheitsstrafe. Wegen § 46 Abs 1 OWiG gilt nichts anderes für das Bußgeldverfahren, so dass auch die Verhängung eines Bußgelds oder die Verwarnung mit Verwarnungsgeld nicht gestattet sind. Darüber hinaus sind grds sämtliche hoheitliche Handlungen unzulässig, die eine Ausübung der inländischen Gerichtsbarkeit darstellen (vgl Nr 195 Abs 1 RiStBV), im Strafverfahren vor allem **Ermittlungsmaßnahmen** der Polizei, der Staatsanwaltschaft oder der Gerichte (zB Durchsuchung und Beschlagnahme, Festnahme und Haft).

Bereits die **Bestimmung des Gerichtsstandes** ist demnach unzulässig (BGHSt 33, 97, 98 = **8.1**
NJW 1985, 639; aA Blumenwitz JZ 1985, 614, 615). Auch **Zustellungen** stellen eine Ausübung
der staatlichen Gerichtsbarkeit dar (vgl AG Bonn MDR 1965, 144, 145) und sind stets unter
Vermittlung des Auswärtigen Amtes vorzunehmen (Nr 196 Abs 1 bis Abs 5 RiStBV). Etwas anderes
gilt nur, wenn die bevorrechtigte Person als Privatkläger oder Nebenkläger durch einen mit
schriftlicher Vollmacht versehenen Rechtsanwalt vertreten ist; in diesem Fall kann nach § 378 StPO
an den Anwalt zugestellt werden (Nr 196 Abs 6 RiStBV).

Die Immunität gewährt zudem **Unverletzlichkeitsgarantien** für **Person** (Art 29 S 1 **9**
WÜD) **und Privatwohnung** (Art 30 Abs 1 WÜD; jeweils ggf iVm Art 37 WÜD). So sind
Festnahme und jegliche Haft gem Art 29 S 2 WÜD ausgeschlossen. Die Unverletzlichkeit ist
auch zu beachten, wenn sich das Ermittlungsverfahren nicht gegen die bevorrechtigte Person
selbst, sondern gegen einen Dritten richtet (Kissel/Mayer GVG § 18 Rn 18).

Treten bevorrechtigte Personen als Zeugen auf, so sind Zwangsmaßnahmen unzulässig (Nr 197 **9.1**
Abs 1 S 1 RiStBV), da sie gem Art 31 Abs 2 WÜD nicht zu einer Aussage verpflichtet sind. Ebenso
wenig dürfen nach hA Ordnungsmaßnahmen nach §§ 177 GVG f verhängt werden (Löwe/Rosen-
berg/Böttcher GVG § 18 Rn 7; SK-StPO/Frister GVG vor §§ 18-21 Rn 50; aA Kissel/Mayer
GVG § 18 Rn 7: Ordnungsmaßnahme nach § 177 GVG zulässig; KK/Pfeiffer GVG § 18 Rn 11:
Ahndung von Ungebühr nach § 178 GVG möglich).

Neben den Mitgliedern diplomatischer Missionen ist die **Mission** als solche **unverletzlich** **10**
(Art 22 Abs 1 WÜD). Amtshandlungen (zB Durchsuchung, Beschlagnahme, Überwachung
der Telekommunikation; BGHSt 36, 396, 400 = NJW 1990, 1799, 1800) in ihren Räumen
bedürfen daher der Zustimmung ihres Leiters (vgl Nr 199 RiStBV). Ohne eine solche
Zustimmung dürfen Amtshandlungen auch nicht gegenüber Personen vorgenommen werden, die nicht von der inländischen Gerichtsbarkeit befreit sind (Nr 199 Abs 2 RiStBV).

Ein **Verzicht** auf die Immunität im jeweiligen Einzelfall ist möglich. So kann die bevor- **11**
rechtigte Person selbst darüber entscheiden, ob sie sich für eine Vernehmung bereit erklärt
(vgl Nr 197 Abs 1 S 2 RiStBV; weitergehend Kissel/Mayer GVG § 18 Rn 21; Meyer-
Goßner GVG § 18 Rn 5: Verzicht für jegliche einzelne Beweiserhebung möglich; aA SK-
StPO/Frister GVG vor §§ 18-21 Rn 53). Darüber hinaus sehen Art 32 Abs 1 und 2 WÜD
vor, dass der Entsendestaat selbst auf die Immunität von der Gerichtsbarkeit einer bevorrechtigten Person durch ausdrückliche Erklärung verzichten kann. Der Verzicht ist grds
unwiderruflich (BVerfGE 46, 342, 402 = NJW 1978, 485, 494; SK-StPO/Frister GVG vor
§§ 18-21 Rn 54).

3. Verfahrensrechtliche Folgen

Die Immunität stellt ein **Verfahrenshindernis** dar, das von Amts wegen in jeder Ver- **12**
fahrenslage zu beachten ist (BVerfGE 46, 342, 359 = NJW 1978, 485, 486; BGHZ 10, 350,
354 = NJW 1953, 1826, 1827; Löwe/Rosenberg/Böttcher GVG § 18 Rn 6; aA Oehler
ZStW 91 (1979), 395, 411: persönlicher Strafausschließungsgrund). Ob ein Verfahrenshindernis besteht, entscheidet die jeweils zuständige Behörde (zB Staatsanwaltschaft, Gericht) in
eigener Zuständigkeit (vgl Nr 193 Abs 2 RiStBV). Selbst Äußerungen des Auswärtigen
Amtes sind unverbindlich (BGHSt 32, 275, 276 = NJW 1984, 2048, 2049), wenngleich
ihnen ein besonderes Gewicht zuteil wird (OLG Karlsruhe Justiz 1983, 133, 134; Löwe/
Rosenberg/Böttcher GVG § 18 Rn 6; SK-StPO/Frister GVG vor §§ 18-21 Rn 43).

Das Verfahrenshindernis hat zur Folge, dass sich die Gerichte mit der Sache überhaupt **13**
nicht beschäftigen, ein Straf- bzw Ordnungswidrigkeitenverfahren also nicht einmal eröffnen
dürfen (Meyer-Goßner GVG § 18 Rn 4: „**Befassungsverbot**"; ebenso SK-StPO/Frister
GVG vor §§ 18-21 Rn 38). Wurde das Verfahren bereits eröffnet, ist es ohne Rücksicht auf
seine Entscheidungsreife einzustellen.

Unter Verletzung der Immunität ergangene **Entscheidungen** sollen nichtig sein, da sie **14**
von einer absolut unzuständigen Stelle erlassen werden (BayObLG NJW 1960, 162; KK-
StPO/Hannich GVG § 18 Rn 7; offen gelassen von BGH NJW-RR 2003, 1218, 1219).
Allerdings seien Rechtsmittel gegen die nichtige Entscheidung zulässig, um ihre Unbeacht-
lichkeit klarstellen zu lassen (Löwe/Rosenberg/Böttcher GVG § 18 Rn 6; Kissel/Mayer
GVG § 18 Rn 6; vgl auch BayObLG NJW 1960, 162). Dann erscheint aber umso fraglicher,

warum eine strafrechtliche Entscheidung ausnahmsweise nichtig sein soll, was in der StPO selbst nicht vorgesehen ist (SK-StPO/Frister GVG vor §§ 18-21 Rn 46; Katholnigg GVG Vor § 18 Rn 2; Meyer-Goßner GVG § 18 Rn 4).

15 Ebenso sind **Ermittlungshandlungen** gegen bevorrechtigte Personen einzustellen; auch Maßnahmen der Beweissicherung sind ausgeschlossen (SK-StPO/Frister GVG vor §§ 18-21 Rn 38). Aus trotz Immunität vorgenommenen Ermittlungen gewonnene Erkenntnisse unterliegen einem strafprozessualen Verwertungsverbot (BGHSt 36, 396, 398 = NJW 1990, 1799), wenn der Beschuldigte in den Schutzbereich der jeweiligen Immunität fällt (BGHSt 37, 30, 32, 33 = NJW 1990, 1801, 1802; Löwe/Rosenberg/Böttcher GVG § 18 Rn 6; SK-StPO/Frister GVG vor §§ 18-21 Rn 38).

16 Die Immunität ist **begrenzt** auf den Zeitraum der dienstlichen Tätigkeit, angefangen von der Einreise in den Empfangsstaat bzw der Notifizierung ihrer Ernennung bis zur Ausreise bzw zum Ablauf der dafür gewährten angemessenen Frist (Art 39 Abs 1 und Abs 2 WÜD). Der Wegfall der Immunität und somit der Wegfall eines Verfahrenshindernisses hat zur Folge, dass die Strafverfolgung wieder zulässig ist (Löwe/Rosenberg/Böttcher GVG § 18 Rn 7; Kissel/Mayer GVG § 18 Rn 19). Dies gilt allerdings wegen Art 39 Abs 2 S 2 WÜD nicht für Handlungen, welche die bevorrechtigte Person in Ausübung ihrer dienstlichen Tätigkeit als Mitglied der Mission vorgenommen hat (sog **funktionelle Immunität**).

§ 19 [Exterritorialität von Mitgliedern der konsularischen Vertretungen]

(1) ¹**Die Mitglieder der im Geltungsbereich dieses Gesetzes errichteten konsularischen Vertretungen einschließlich der Wahlkonsularbeamten sind nach Maßgabe des Wiener Übereinkommens über konsularische Beziehungen vom 24. April 1963 (Bundesgesetzbl. 1969 II S. 1585 ff.) von der deutschen Gerichtsbarkeit befreit.** ²**Dies gilt auch, wenn ihr Entsendestaat nicht Vertragspartei dieses Übereinkommens ist; in diesem Falle findet Artikel 2 des Gesetzes vom 26. August 1969 zu dem Wiener Übereinkommen vom 24. April 1963 über konsularische Beziehungen (Bundesgesetzbl. 1969 II S. 1585) entsprechende Anwendung.**

(2) Besondere völkerrechtliche Vereinbarungen über die Befreiung der in Absatz 1 genannten Personen von der deutschen Gerichtsbarkeit bleiben unberührt.

Überblick

Bestimmte Mitglieder konsularischer Vertretungen (Rn 2 f) sind für Handlungen in Wahrnehmung ihrer konsularischen Aufgaben von der deutschen Gerichtsbarkeit zumindest für den Zeitraum ihrer dienstlichen Tätigkeit (Rn 13) befreit (Rn 7). Berufskonsularbeamten sind zudem in ihrer Person grds unverletzlich (Rn 9), ebenso in beschränktem Umfang die konsularische Vertretung als solche (Rn 10).

Übersicht

	Rn		Rn
A. Allgemeines	1	1. Bevorrechtigter Personenkreis	2
B. Befreiung von der deutschen Gerichtsbarkeit	2	2. Umfang der Immunität	7
		3. Verfahrensrechtliche Folgen	12

A. Allgemeines

1 Die Vorschrift enthält eine dem § 18 GVG entsprechende Regelung der Immunität der Mitglieder konsularischer Vertretungen. Sie verweist auf das Wiener Übereinkommen über konsularische Beziehungen (WÜK) v 24. 4. 1963 (s § 18 GVG Rn 2.2), dessen Regelungen – ebenso wie das WÜD – in Deutschland geltendes Recht darstellen (§ 18 GVG Rn 2).

§ 19 Abs 1 S 1 GVG ist demzufolge lediglich deklaratorischer Natur (Löwe/Rosenberg/ Böttcher GVG § 19 Rn 1).

B. Befreiung von der deutschen Gerichtsbarkeit
1. Bevorrechtigter Personenkreis

Von der deutschen Gerichtsbarkeit befreit sind die **Mitglieder konsularischer Vertre-** 2
tungen (Generalkonsulat, Konsulat, Vizekonsulat und Konsularagenturen; vgl Art 1 Abs 1 lit a WÜK). Dazu zählen zunächst die **Konsularbeamten**, dh die mit der Wahrnehmung konsularischer Aufgaben beauftragten Personen einschließlich des Leiters der konsularischen Vertretung (Art 1 Abs 1 lit c, lit d und lit g WÜK). Konsularbeamten sind – wie auch § 19 Abs 1 S 1 GVG klarstellt – nicht nur die Berufskonsularbeamten, sondern auch die Wahlkonsularbeamten (auch Honorarkonsularbeamte; Art 1 Abs 2 WÜK), die allerdings weniger Vorrechte genießen (vgl Art 58 WÜK).

Darüber hinaus gehören die **Bediensteten des Verwaltungs- oder technischen Per-** 3
sonals sowie die **Mitglieder des dienstlichen Hauspersonals**, dh die bei der konsularischen Vertretung selbst als Hausbedienstete beschäftigten Personen, zu den bevorrechtigten Personen (Art 1 Abs 1 lit e bis g WÜK). Dies gilt aber nicht, wenn sie im Empfangsstaat eine **private Erwerbstätigkeit** ausüben (Art 57 Abs 2 lit a WÜK). Berufskonsularbeamten ist es von vornherein untersagt, im Empfangsstaat einen freien Beruf oder eine gewerbliche Tätigkeit zum Zwecke des persönlichen Gewinns auszuüben (Art 57 Abs 1 WÜK).

Gem Art 58 Abs 3 WÜK sind Bedienstete des Verwaltungs- oder technischen Personals außer- 3.1
dem von der Immunität ausgenommen, wenn sie in einer von einem Wahlkonsularbeamten geleiteten konsularischen Vertretung beschäftigt sind. Diese Einschränkung ist hierzulande aber nicht von Bedeutung, da die Bundesrepublik Deutschland die Vorschriften des Kapitels II des WÜK nach ihrer Erklärung gegenüber dem Generalsekretär der Vereinten Nationen vom 8. 4. 1974 (BGBl II 945) so auslegt, dass sie für alle Berufsbediensteten einer konsularischen Vertretung gelten sollen, auch wenn diese von einem Wahl- oder Honorarkonsularbeamten geleitet wird.

Die im gemeinsamen Haushalt mit einem Mitglied der konsularischen Vertretung nach 4
Rn 2 f lebenden **Familienangehörigen** sowie die **Mitglieder seines Privatpersonals** sind nicht von der Gerichtsbarkeit befreit.

Ebenso wie bei § 18 GVG (§ 18 GVG Rn 4) ist unerheblich, ob der Entsendestaat des 5
geschützten Personenkreises dem WÜK **beigetreten** ist (zum Ratifikationsstand § 18 GVG Rn 2.2). Zwar sieht § 19 Abs 1 S 2 Hs 2 GVG die entsprechende Anwendung von Art 2 des Zustimmungsgesetzes zum WÜK vor, wonach die Bundesregierung in diesem Fall durch Rechtsverordnung die gewährten Befreiungen erweitern bzw für Herstellung und Gewährleistung der Gegenseitigkeit einschränken darf. Von dieser Ermächtigung hat die Bundesregierung bislang jedoch keinen Gebrauch gemacht (Löwe/Rosenberg/Böttcher GVG § 19 Rn 1; SK-StPO/Frister GVG § 19 Rn 1).

Abs 2 sieht in Einklang mit Art 73 WÜK vor, dass besondere völkerrechtliche Verein- 6
barungen zwischen den Vertragsstaaten, welche die Bestimmungen des WÜK bestätigen, ergänzen, vervollständigen oder deren Geltungsbereich erweitern, unberührt bleiben. Allerdings ist das WÜK bei der Auslegung dieser Übereinkünfte zu berücksichtigen (BGHSt 36, 396, 402 = NJW 1990, 1799, 1800; SK-StPO/Frister GVG § 19 Rn 3).

2. Umfang der Immunität

Die Mitglieder konsularischer Vertretungen erfahren eine deutlich geringere Befreiung 7
von der deutschen Gerichtsbarkeit als die Mitglieder diplomatischer Vertretungen nach § 18 GVG. Immunität (zum Inhalt § 18 GVG Rn 8) gegenüber den Strafverfolgungs- und den Verwaltungsbehörden genießen lediglich (Berufs- sowie gem Art 58 Abs 2 S 1 WÜK auch Wahl-; Löwe/Rosenberg/Böttcher GVG § 19 Rn 6; SK-StPO/Frister GVG § 19 Rn 5; **aA** KK-StPO/Hannich GVG § 19 Rn 6; Kissel/Mayer GVG § 19 Rn 7) **Konsularbeamte** und **Bedienstete des Verwaltungs- oder technischen Personals**, weder dagegen Familienangehörige noch dienstliches oder privates Hauspersonal. Die Immunität beschränkt sich zudem nur auf Handlungen, die in Wahrnehmung konsularischer Aufgaben (vgl Art 5

GVG § 19 Gerichtsverfassungsgesetz (Auszug)

WÜK) vorgenommen werden (sog **Amtsimmunität**; Art 43 Abs 1 WÜK), also mit der dienstlichen Tätigkeit in einem inneren Zusammenhang stehen (BGHSt 36, 396, 401 = NJW 1990, 1799, 1800; SK-StPO/Frister GVG § 19 Rn 11).

7.1 Problematisch ist die Gewährung der Amtsimmunität insbes bei Ordnungswidrigkeiten und Straftaten im **Straßenverkehr**. Verstöße gegen Verkehrsvorschriften unterliegen der Amtsimmunität, wenn der Gebrauch des Kraftfahrzeugs in einem engen sachlichen Zusammenhang mit der wirksamen Wahrnehmung konsularischer Aufgaben steht (BayObLG NJW 1974, 431; OLG Düsseldorf NZV 1997, 92, 93; OLG Hamburg NStZ 1988, 509; OLG Karlsruhe NJW 2004, 3273). Andererseits ist der Zusammenhang im Hinblick auf die Aufgaben der Konsulate, kommerzielle, wirtschaftliche, kulturelle und wissenschaftliche Beziehungen zwischen dem Entsendestaat und dem Empfangsstaat zu fördern und zwischen ihnen freundschaftliche Beziehungen zu pflegen (vgl Art 5 lit b WÜK), nicht zu eng auszulegen und im Zweifel die Amtsimmunität zu bejahen (OLG Schleswig VRS 62, 277, 278; Löwe/Rosenberg/Böttcher GVG § 19 Rn 10; SK-StPO/Frister GVG § 19 Rn 12: Kissel/Mayer GVG § 19 Rn 4).

7.2 Beispiele aus der Rechtsprechung für **bestehende** Amtsimmunität:
- Hin- und Rückfahrt zu einer Podiumsdiskussion, an der in Vertretung des Konsulats teilgenommen wurde (LG Stuttgart NZV 1995, 411, 412).

7.3 Beispiele aus der Rechtsprechung, in denen Amtsimmunität **abgelehnt** wurde:
- Fahrt zwischen Privatwohnung und Konsulat (OLG Hamm GA 1967, 286, 287);
- Heimfahrt von einer nach Beendigung des Dienstes privat besuchten Gaststätte (OLG Düsseldorf NZV 1997, 92, 93);
- Besuch eines an der Reeperbahn gelegenen Stimmungslokals mit einer Handelsdelegation des Entsendestaates nach dem offiziellen Besuchsprogramm als geselliges Beisammensein auf privater Ebene (OLG Hamburg NStZ 1988, 509; vgl auch AG Hannover NdsRpfl 1975, 127; **aA** SK-StPO/Frister GVG § 19 Rn 12; KK-StPO/Hannich GVG § 19 Rn 3: Fahrten zu gesellschaftlichen Treffen sind wegen der Notwendigkeit vielfältiger Kontaktpflege grds erfasst).

8 Ist der Konsularbeamte **Angehöriger des Empfangsstaats** oder dort **ständig ansässig**, genießt er Immunität lediglich in Bezug auf in Wahrnehmung seiner konsularischen Aufgaben vorgenommene **Amtshandlungen** (Art 71 Abs 1 S 1 WÜK). Anderen Mitgliedern der konsularischen Vertretung, die Angehörige des Empfangsstaats oder dort ständig ansässig sind, stehen Immunitäten nur in dem vom Empfangsstaat zugelassenen Umfang zu (Art 71 Abs 2 S 1 WÜK).

9 Die **persönliche Unverletzlichkeit** im Sinne des Ausschlusses von Festnahme, Untersuchungshaft und sonstigen Beschränkungen der persönlichen Freiheit (zB Blutentnahmen) wird nur **Berufskonsularbeamten** zuteil. Dies gilt allerdings nicht bei (privaten) schweren strafbaren Handlungen des Beamten, was bei einer gesetzlichen Mindestfreiheitsstrafe von drei Jahren oder mehr anzunehmen ist (SK-StPO/Frister GVG § 19 Rn 15; Meyer-Goßner GVG § 19 Rn 3; **aA** Löwe/Rosenberg/Böttcher GVG § 19 Rn 11; vgl auch Jabloner-Fugger NJW 1964, 712, 713: konkrete Straferwartung von fünf Jahren). Erforderlich ist eine Entscheidung der zuständigen Justizbehörde (Art 41 Abs 1 WÜK), dh Richter oder Staatsanwaltschaft einschließlich ihrer Hilfsbeamten (SK-StPO/Frister GVG § 19 Rn 16; vgl auch IV B 2 des Rundschreibens des BMI (s dazu § 18 GVG Rn 7); **aA** Kissel/Mayer GVG § 19 Rn 5: keine Zuständigkeit der Hilfsbeamten der Staatsanwaltschaft).

9.1 Die Ladung des Mitglieds einer konsularischen Vertretung als **Zeuge** ist möglich. Berufskonsularbeamte können jedoch die Aussage verweigern, ohne dass gegen sie Zwangs- oder Strafmaßnahmen verhängt werden dürfen (Art 44 Abs 1 S 3 WÜK). Wahlkonsularbeamten (Art 58 Abs 2 WÜK), Bediensteten des Verwaltungs- oder technischen Personals sowie Mitgliedern des dienstlichen Hauspersonals kommt hingegen nur ein Zeugnisverweigerungsrecht in Bezug auf Angelegenheiten zu, die mit der Wahrnehmung ihrer Aufgaben zusammenhängen (Art 44 Abs 1 S 2 iVm Abs 3 WÜK); Ordnungs- und Zwangsmaßnahmen bei unberechtigter Zeugnisverweigerung sind hier möglich (SK-StPO/Frister GVG § 19 Rn 18).

10 Auch die **konsularische Vertretung als solche** genießt im Vergleich zur diplomatischen Mission (vgl § 18 GVG Rn 10) nur einen eingeschränkten Schutz. Lediglich diejenigen konsularischen Räumlichkeiten, welche die konsularische Vertretung ausschließlich für ihre dienstlichen Zwecke benutzt, dürfen nur mit Zustimmung des Leiters der konsularischen

Vertretung oder einer von ihm bestimmten Person oder des Chefs der diplomatischen Mission des Entsendestaats betreten werden (Art 31 Abs 2 S 1 WÜK; vgl Nr 199 Abs 1 RiStBV). Amtshandlungen in diesen Räumen sind ansonsten unzulässig. Entgegen Art 58 Abs 1 WÜK ist unerheblich, ob die Vertretung von einem Berufs- oder Honorarkonsularbeamten geleitet wird (vgl Rn 3.1).

Ein **Verzicht** auf die Immunität (Rn 7 f) bzw die persönliche Unverletzlichkeit der Konsularbeamten (Rn 9) ist möglich, bedarf allerdings einer ausdrücklichen Erklärung des Entsendestaats (Art 45 Abs 1 und Abs 2 WÜK). 11

3. Verfahrensrechtliche Folgen

Zur Immunität als Verfahrenshindernis s § 18 GVG Rn 12 ff. Erkenntnisse, die durch immunitätsverletzende Ermittlungen (zB Telefonüberwachung eines Konsulats) gewonnen werden, unterliegen einem strafprozessualen **Beweisverwertungsverbot** (BGHSt 36, 396, 398 = NJW 1990, 1799), dürfen aber in Strafverfahren gegen nicht bevorrechtigte Personen verwendet werden (BGHSt 37, 30, 32, 33 = NJW 1990, 1801, 1802). Das Unterbleiben der nach Art 36 Abs 1 lit b S 3 WÜK erforderlichen Belehrung (s hierzu Art 36 WÜK Rn 3 ff) über das Recht eines Festgenommenen mit fremder Staatsangehörigkeit auf unverzügliche Benachrichtigung seiner konsularischen Vertretung begründet zwar kein Beweisverwertungsverbot (BGHSt 52, 48, 54, 55 = NStZ 2008, 168, 169; BGHSt 52, 110, 114 ff = NStZ 2008, 356, 357; Esser JR 2008, 271, 275, 276; vgl auch BVerfG NStZ 2007, 159, 160, 161), ist nach dem 5. Strafsenat aber dadurch zu kompensieren, dass ein zahlenmäßig bestimmter Teil der verhängten Freiheitsstrafe als vollstreckt gilt (BGHSt 52, 48, 56 = NStZ 2008, 168, 169; zust Schomburg/Schuster NStZ 2008, 593, 595 ff; krit Streng JZ 2008, 979, 985; Weigend StV 2008, 39, 44); allg zur Vollstreckungslösung Art 6 EMRK Rn 26 ff. Dagegen wendet sich aber der 3. Strafsenat, wonach jedenfalls bei alsbaldiger Nachholung der Belehrung eine Kompensation entbehrlich sein soll (BGHSt 52, 110, 118 f = NStZ 2008, 356, 357; zust Esser JR 2008, 271, 277; krit Schomburg/Schuster NStZ 2008, 593, 597; offen gelassen von BGHSt 52, 48, 58 = NStZ 2008, 168, 170). 12

Die Immunität ist **zeitlich begrenzt** auf den Zeitraum der dienstlichen Tätigkeit, angefangen von der Einreise in den Empfangsstaat bzw der Aufnahme der Tätigkeit bis zur Ausreise bzw zum Ablauf der dafür gewährten angemessenen Frist (Art 53 Abs 1 und Abs 3 WÜK). Nach Wegfall der Immunität ist die Strafverfolgung wieder möglich (vgl § 18 GVG Rn 16). Eine Ausnahme für unbegrenzte Zeit und somit dauerhafte Immunität sieht Art 53 Abs 4 WÜK für Handlungen vor, die ein Konsularbeamter oder ein Bediensteter des Verwaltungs- oder technischen Personals in Wahrnehmung seiner Aufgaben vorgenommen hat (sog **funktionelle Immunität**). 13

§ 20 [Weitere Exterritoriale]

(1) Die deutsche Gerichtsbarkeit erstreckt sich auch nicht auf Repräsentanten anderer Staaten und deren Begleitung, die sich auf amtliche Einladung der Bundesrepublik Deutschland im Geltungsbereich dieses Gesetzes aufhalten.

(2) Im übrigen erstreckt sich die deutsche Gerichtsbarkeit auch nicht auf andere als die in Absatz 1 und in den §§ 18 und 19 genannten Personen, soweit sie nach den allgemeinen Regeln des Völkerrechts, auf Grund völkerrechtlicher Vereinbarungen oder sonstiger Rechtsvorschriften von ihr befreit sind.

Überblick

Immunität genießen Repräsentanten anderer Staaten sowie ihre Begleitung (Rn 2), die sich auf amtliche Einladung der Bundesrepublik (Rn 3) in Deutschland aufhalten. Nach den allgemeinen Regeln des Völkerrechts sind auch ausländische Staatsoberhäupter sowie Regierungschefs und -mitglieder (Rn 4) sowie geschlossene Truppenverbände (Rn 5) von der deutschen Gerichtsbarkeit befreit.

A. Allgemeines

1   Außer den Mitgliedern diplomatischer Missionen (§ 18 GVG) und konsularischer Vertretungen (§ 19 GVG) sind gem § 20 GVG von der deutschen Gerichtsbarkeit befreit:
- Repräsentanten anderer Staaten und deren Begleitung, die sich auf amtliche Einladung der Bundesrepublik in Deutschland aufhalten (Abs 1; dazu Rn 2 f);
- sonstige Personen, soweit sie nach den allgemeinen Regeln des Völkerrechts oder aufgrund völkerrechtlicher Vereinbarungen oder sonstiger Rechtsvorschriften Immunität genießen (Abs 2; dazu Rn 4 ff).

B. Repräsentanten anderer Staaten (Abs 1)

2   Zu den **Repräsentanten anderer Staaten** zählen neben dem Staatsoberhaupt und den Mitgliedern der Regierung auch die Repräsentanten anderer Verfassungsorgane (SK-StPO/Frister GVG § 20 Rn 2). Ihre **Begleitung** sind die Personen, die auf der von der Bundesrepublik akzeptierten Delegationsliste stehen (BT-Drs 10/1447, 14).

2.1   § 20 Abs 1 GVG wurde durch das Zweite Gesetz zur Änderung des Bundeszentralregistergesetzes (2. BZRÄndG) vom 17. 7. 1984 (BGBl I 990) eingeführt. Geschichtlicher Hintergrund war die Einladung an den damaligen Staatsratsvorsitzenden der DDR Erich Honecker, gegen den in der Bundesrepublik Strafanzeigen befürchtet wurden und auch bereits eine Anzeige wegen Freiheitsberaubung vorlag (zu den Geschehnissen Blumenwitz JZ 1985, 614, 615). Nach hA in der Bundesrepublik Deutschland existierte das Deutsche Reich mit der Errichtung der Bundesrepublik fort, wenngleich im Hinblick auf die räumliche Ausdehnung lediglich Teilidentität gegeben war. Demzufolge war die Deutsche Demokratische Republik ein anderer Teil Deutschlands und konnte im Verhältnis zur Bundesrepublik Deutschland nicht als Ausland angesehen werden (BVerfGE 36, 1, 15 ff mwN = NJW 1973, 1539, 1540; BVerfGE 37, 57, 64 = NJW 1974, 893, 894). Daher war umstritten, ob der Staatsratsvorsitzende der DDR als deren faktisches Staatsoberhaupt bereits nach den allgemeinen Regeln des Völkerrechts (s dazu Rn 4) von der deutschen Gerichtsbarkeit befreit war (so BGHSt 33, 97, 98 = NJW 1985, 639; **aA** Löwe/Rosenberg/Böttcher GVG § 20 Rn 1; Blumenwitz JZ 1985, 614, 615 ff m krit Erwiderung Truckenbrodt DRiZ 1985, 423 ff).

3   Die in Rn 2 genannten Personen sind nur von der deutschen Gerichtsbarkeit befreit, wenn sie sich auf **amtliche** – offizielle und eindeutige (Löwe/Rosenberg/Böttcher GVG § 20 Rn 2; SK-StPO/Frister GVG § 20 Rn 3) – **Einladung der Bundesrepublik**, dh durch die Verfassungsorgane des Bundes wie Bundespräsident, Bundesregierung, Bundestag und Bundesrat (Löwe/Rosenberg/Böttcher GVG § 20 Rn 2; **aA** SK-StPO/Frister GVG § 20 Rn 4: nur Bundespräsident und Bundesregierung), in Deutschland aufhalten. Die Einladung eines Bundeslandes genügt nicht; dies gilt selbst dann, wenn der Besuch mit dem Bund abgestimmt ist oder auf seine Veranlassung hin erfolgt (Löwe/Rosenberg/Böttcher GVG § 20 Rn 2; SK-StPO/Frister GVG § 20 Rn 4; Meyer-Goßner GVG § 20 Rn 2; **aA** Katholnigg GVG § 20 Rn 1).

C. Sonstige Personen (Abs 2)

4   Nach den **allgemeinen Regeln des Völkerrechts** sind Staatsoberhäupter und Regierungschefs und -mitglieder ausländischer Staaten von der Gerichtsbarkeit des Empfangsstaates befreit. Für Staatsoberhäupter gilt dies unabhängig davon, ob sie sich in amtlicher Eigenschaft in dem Gastgeberland aufhalten; nach dem Ende ihrer Amtszeit kommt ihnen aber nur funktionelle Immunität, dh beschränkt auf ihre amtlichen Handlungen, zu (SK-StPO/Frister GVG § 20 Rn 7; zur Problematik Kreß GA 2003, 25, 27 ff). Regierungschefs und -mitglieder genießen von vornherein nur bei amtlichen Besuchen Immunität (Kissel/Mayer GVG § 20 Rn 12; KK/Pfeiffer GVG § 20 Rn 2; weiter gehend SK-StPO/Frister GVG § 20 Rn 9: umfassende persönliche Immunität für Regierungschefs und Außenminister; zu Ausnahmen von der Immunität Folz/Soppe NStZ 1996, 576, 578 ff), ebenso das jeweilige Gefolge und die Familienmitglieder (Löwe/Rosenberg/Böttcher GVG § 20 Rn 4; Oehler ZStW 91 [1979], 395, 398 f).

Gerichtsverfassungsgesetz (Auszug) § 20 GVG

Allgemeine Regeln des Völkerrechts sind Regeln, die von der überwiegenden Mehrheit der 4.1
Staaten – nicht notwendigerweise der Bundesrepublik – im Bewusstsein rechtlicher Verpflichtung
anerkannt und ausgeübt werden (BVerfGE 15, 25, 35 = NJW 1963, 435, 437; BVerfGE 46, 342,
367 = NJW 1978, 485, 487). Sie sind bereits nach Art 25 S 1 GG Bestandteil des Bundesrechts und
gehen gem Art 25 S 2 GG dem einfachen Recht vor. Die ausdrückliche Regelung in § 20 Abs 2
GVG ist somit nur deklaratorisch (Kissel/Mayer GVG § 20 Rn 2; Engel ZVglRWiss 87 (1988), 33,
45). Gleiches gilt für die **völkerrechtlichen Vereinbarungen** (vgl Rn 6), die bereits aufgrund
ihrer jeweiligen Zustimmungsgesetze dem deutschen Recht angehören, sowie die **sonstigen
Rechtsvorschriften** als einseitige Rechtsakte der Bundesrepublik Deutschland (vgl Rn 7). Ergibt
sich eine Immunität nach den allgemeinen Regeln des Völkerrechts und stößt das erkennende
Gericht bzgl der Reichweite oder der Existenz einer völkerrechtlichen Regel auf ernst zu nehmende und entscheidungserhebliche Zweifel, ist die Frage gem Art 100 Abs 2 GG dem Bundesverfassungsgericht vorzulegen (BVerfGE 15, 25, 30 ff = NJW 1963, 435, 436 f; BVerfGE 96, 68, 77 ff =
NJW 1998, 50, 51).

Völkerrechtlichem Gewohnheitsrecht entspricht die Verleihung persönlicher Immunität an **Son-** 4.2
derbotschafter (auch ad hoc-Botschafter), die mit einer besonderen politischen Aufgabe betraut
werden. Sie können durch individuelle, ggf auch erst nachträgliche Absprache zwischen Entsendeund Empfangsstaat ebenso wie reguläre Mitglieder der diplomatischen Missionen von der Gerichtsbarkeit des Empfangsstaates befreit werden (BGHSt 32, 275, 289 = NJW 1984, 2048, 2049 m Bespr
Bockslaff NJW 1984, 2742, 2743 sowie Anm Oehler JR 1985, 79 f). Mit Beendigung seiner
Spezialmission endet die Befreiung des Sonderbotschafters von der Gerichtsbarkeit, so dass ihm nur
noch funktionelle Immunität zuteil wird (OLG Düsseldorf NJW 1986, 2204, 2205 = NStZ 1987,
87, 88 mAnm Jakobs; SK-StPO/Frister GVG § 20 Rn 11).

Immunität genießen nach den allgemeinen Regeln des Völkerrechts außerdem **geschlos-** 5
sene Truppenverbände, die sich befugt in dienstlicher Eigenschaft in Deutschland aufhalten, darüber hinaus die Besatzungen an Bord ausländischer Kriegsschiffe und anderen
hoheitlichen Zwecken dienender Staatsschiffe und Luftfahrzeuge (Löwe/Rosenberg/Böttcher GVG § 20 Rn 4; SK-StPO/Frister GVG § 20 Rn 12; Kissel/Mayer GVG § 20 Rn 13).
Einzelne Angehörige fremder Truppen sind hingegen nicht von der inländischen Gerichtsbarkeit befreit (BGH NStZ 2004, 402; Kissel/Mayer GVG § 20 Rn 13).

Sonderregelungen zur Exterritorialität enthält das **NATO-Truppenstatut** (NTS) vom 19. 6. 5.1
1951 (BGBl II 1961, 1190). Demnach obliegt die Gerichtsbarkeit für Angehörige der in dem
verbündeten Aufnahmestaat stationierten Truppen ausschließlich dem Entsende- bzw dem Aufnahmestaat, wenn die jeweilige Handlung allein nach deren Recht strafbar ist (Art VII Abs 2 lit a, b
NTS). Ansonsten besteht eine konkurrierende Zuständigkeit mit dem regelmäßigen Vorrecht des
Aufnahmestaats, seine Gerichtsbarkeit auszuüben (vgl Art VII Abs 1, Abs 3 lit b NTS).

Auf dieses Vorrecht kann die Bundesrepublik Deutschland auf Ersuchen des jeweiligen Entsende- 5.2
staates gem Art 19 Abs 1 des Zusatzabkommens zum NATO-Truppenstatut vom 3. 8. 1959 (NTSZA; BGBl II 1961, 1218) – unter Vorbehalt der Rücknahme – **verzichten**. Dies lässt die deutsche
Gerichtsbarkeit zwar unberührt (BGHSt 28, 96, 98 f = NJW 1978, 2457, 2458 m zust Anm Oehler
JR 1980, 126, 127; OLG Nürnberg NJW 1975, 2151, 2152, 2153; OLG Stuttgart NJW 1977,
1019, 1020; Schwenk NJW 1965, 2242, 2243), begründet aber ein Vorrecht des Entsendestaates.
Die deutsche Gerichtsbarkeit kann daher nur noch ausgeübt werden, wenn:
- Belange der deutschen Rechtspflege dies erfordern (vgl dazu Teil II des Unterzeichnungsprotokolls zum Zusatzabkommen zum NATO-Truppenstatut vom 3. 8. 1959 (NTS-ZA-UProt;
BGBl II 1961, 1313) zu Art 19 Abs 2 NTS-ZA) und daher für den betreffenden Einzelfall der
Verzicht (durch die Staatsanwaltschaft; Teil II Kap 1 Art 3 des Gesetzes zum NATO-Truppenstatut
und zu den Zusatzvereinbarungen vom 18. 8. 1961; BGBl II 1183) innerhalb der vorgesehenen
Frist zurückgenommen wird (Art 19 Abs 3 NTS-ZA) oder
- der Entsendestaat von seinem Vorrecht keinen Gebrauch macht. In diesem Fall ist die Rücknahme
des Verzichts durch die Staatsanwaltschaft nicht erforderlich (OLG Nürnberg NJW 1975, 2151,
2152, 2153).

Neben dem WÜD (§ 18 GVG) und dem WÜK (§ 19 GVG) existiert eine Vielzahl 6
völkerrechtlicher Vereinbarungen, die eine Befreiung von der inländischen Gerichtsbarkeit vorsehen. Zur Vereinbarkeit der Immunität internationaler Organisationen mit Art 6
Abs 1 EMRK s EGMR NJW 1999, 1173 ff; zum Umsetzungsbedarf entsprechender Vereinbarungen Wenckstern NJW 1987, 1113, 1114 ff.

Valerius 1983

GVG § 21 Gerichtsverfassungsgesetz (Auszug)

6.1 **Beispiele** für völkerrechtliche Vereinbarungen (ausführliche Zusammenstellung bei Kissel/Mayer GVG § 20 Rn 15 ff):
- Übereinkommen vom 13. 2. 1946 über die Vorrechte und Immunitäten der **Vereinten Nationen** (BGBl II 1980, 943);
- Abkommen vom 21. 11. 1947 über die Vorrechte und Befreiungen der Sonderorganisationen der Vereinten Nationen (BGBl II 1954, 639);
- Allgemeines Abkommen vom 2. 9. 1949 über die Vorrechte und Befreiungen des **Europarates** (BGBl II 1954, 494);
- Protokoll vom 19. 6. 1997 über die Vorrechte und Immunitäten für **Europol** (BGBl II 1998, 975);
- **NATO**-Truppenstatut vom 19. 6. 1951 mit Zusatzabkommen vom 3. 8. 1959 (BGBl II 1961, 1190, 1218; vgl dazu Rn 5.1 f).

7 **Sonstige Rechtsvorschriften** sind dem nationalen Recht der Bundesrepublik Deutschland zugehörige einseitige Rechtsakte, zB Befreiungen aufgrund von Ermächtigungen wie jeweils in Art 2 der Zustimmungsgesetze zum WÜD (vgl § 18 GVG Rn 4.1) bzw zum WÜK (§ 19 GVG Rn 5).

§ 21 [Ersuchen eines internationalen Strafgerichtshofes]

Die §§ 18 bis 20 stehen der Erledigung eines Ersuchens um Überstellung und Rechtshilfe eines internationalen Strafgerichtshofes, der durch einen für die Bundesrepublik Deutschland verbindlichen Rechtsakt errichtet wurde, nicht entgegen.

1 In Ausführung des Römischen Statuts des Internationalen Strafgerichtshofes (Rn 1) ermöglicht die Vorschrift, seinem bzw dem Ersuchen eines anderen internationalen Strafgerichtshofes (Rn 2) um Überstellung und Rechtshilfe zu entsprechen.

Die Vorschrift wurde eingefügt durch das Gesetz zur Ausführung des **Römischen Statuts des Internationalen Strafgerichtshofes** vom 21. 6. 2002 (BGBl I 2144). Sie lässt die Immunität vor nationalen Strafgerichten unberührt (BT-Drs 14/8527, 99), stellt aber die nach den Immunitätsregeln der § 18 GVG bis § 20 GVG ausgeschlossene deutsche Gerichtsbarkeit insoweit wieder her, als dem Ersuchen eines internationalen Strafgerichtshofes um Überstellung und Rechtshilfe – vgl für den Internationalen Strafgerichtshof in Den Haag (IStGH) §§ 2 IStGHG ff und §§ 40 IStGHG ff – entsprochen werden kann.

1.1 Der **Internationale Strafgerichtshof** (IStGH) wurde durch das Römische Statut des Internationalen Strafgerichtshofes vom 17. 7. 1998 (IStGHSt; Zustimmungsgesetz vom 4. 12. 2000, BGBl II 1393), das am 1. 1. 2002 in Kraft trat, errichtet. Dem IStGH wird eigene Völkerrechtspersönlichkeit zuteil (Art 4 Abs 1 S 1 IStGHSt). Gem Art 5 Abs 1 S 1 IStGHSt richtet er über schwerste Verbrechen, welche die internationale Gemeinschaft als Ganzes berühren, insbesondere den Völkermord (Art 6 IStGHSt), Verbrechen gegen die Menschlichkeit (Art 7 IStGHSt) und Kriegsverbrechen (Art 8 IStGHSt); vgl dazu auch §§ 6 VStGB ff vom 26. 6. 2002 (BGBl I 2254), in Kraft getreten am 30. 6. 2002. Die strafrechtliche Verantwortlichkeit für diese Taten ist gem Art 27 Abs 1 IStGHSt unabhängig von einer amtlichen Eigenschaft des Täters als zB Staats- oder Regierungschef, Regierungs- oder Parlamentsmitglied. Etwaige Immunitäten nach innerstaatlichem oder Völkerrecht hindern den Gerichtshof nicht an der Ausübung seiner Gerichtsbarkeit (Art 27 Abs 2 IStGHSt). Diese Regelung entspricht der Entwicklung im modernen Völkerstrafrecht, dass bei schwersten Verbrechen wie insbesondere Völkermord der Immunitätsschutz zurückzutreten hat (Löwe/Rosenberg/Böttcher GVG § 20 Rn 5; SK-StPO/Frister GVG vor §§ 18-21 Rn 23 ff; zur Thematik allgemein Kreß NStZ 2000, 617, 620 ff).

2 Der Anwendungsbereich der Vorschrift erstreckt sich ihrem Wortlaut nach nicht nur auf Ersuchen des IStGH, sondern **jedes beliebigen internationalen Strafgerichtshofes**, der durch einen für die Bundesrepublik Deutschland verbindlichen Rechtsakt errichtet wurde.

Internationaler Strafgerichtshof iSd Vorschrift sind neben dem IStGH derzeit der **Jugoslawien**-Strafgerichtshof (vgl das Gesetz über die Zusammenarbeit mit dem Internationalen Strafgerichtshof für das ehemalige Jugoslawien vom 10. 4. 1995; BGBl I 485) sowie der **Ruanda**-Strafgerichtshof (vgl das Gesetz über die Zusammenarbeit mit dem Internationalen Strafgerichtshof für Ruanda vom 4. 5. 1998; BGBl I 843), die ihren Sitz ebenso jeweils in Den Haag haben.

2.1

Zweiter Titel. Allgemeine Vorschriften über das Präsidium und die Geschäftsverteilung (§§ 21a-21j) (Auszug)

§ 21 e [Aufgaben des Präsidiums]

(1) [1]Das Präsidium bestimmt die Besetzung der Spruchkörper, bestellt die Ermittlungsrichter, regelt die Vertretung und verteilt die Geschäfte. [2]Es trifft diese Anordnungen vor dem Beginn des Geschäftsjahres für dessen Dauer. [3]Der Präsident bestimmt, welche richterlichen Aufgaben er wahrnimmt. [4]Jeder Richter kann mehreren Spruchkörpern angehören.

(2) Vor der Geschäftsverteilung ist den Richtern, die nicht Mitglied des Präsidiums sind, Gelegenheit zur Äußerung zu geben.

(3) [1]Die Anordnungen nach Absatz 1 dürfen im Laufe des Geschäftsjahres nur geändert werden, wenn dies wegen Überlastung oder ungenügender Auslastung eines Richters oder Spruchkörpers oder infolge Wechsels oder dauernder Verhinderung einzelner Richter nötig wird. [2]Vor der Änderung ist den Vorsitzenden Richtern, deren Spruchkörper von der Änderung der Geschäftsverteilung berührt wird, Gelegenheit zu einer Äußerung zu geben.

(4) Das Präsidium kann anordnen, daß ein Richter oder Spruchkörper, der in einer Sache tätig geworden ist, für diese nach einer Änderung der Geschäftsverteilung zuständig bleibt.

(5) Soll ein Richter einem anderen Spruchkörper zugeteilt oder soll sein Zuständigkeitsbereich geändert werden, so ist ihm, außer in Eilfällen, vorher Gelegenheit zu einer Äußerung zu geben.

(6) Soll ein Richter für Aufgaben der Justizverwaltung ganz oder teilweise freigestellt werden, so ist das Präsidium vorher zu hören.

(7) [1]Das Präsidium entscheidet mit Stimmenmehrheit. [2]§ 21i Abs. 2 gilt entsprechend.

(8) [1]Das Präsidium kann beschließen, dass Richter des Gerichts bei den Beratungen und Abstimmungen des Präsidiums für die gesamte Dauer oder zeitweise zugegen sein können. [2]§ 171b gilt entsprechend.

(9) Der Geschäftsverteilungsplan des Gerichts ist in der von dem Präsidenten oder aufsichtführenden Richter bestimmten Geschäftsstelle des Gerichts zur Einsichtnahme aufzulegen; einer Veröffentlichung bedarf es nicht.

Überblick

Nach dem Grundsatz des gesetzlichen Richters muss der zur Entscheidung berufene Richter von vornherein feststehen (Rn 1). Der zu diesem Zweck erstellte Geschäftsverteilungsplan kann nur geändert werden, wenn bestimmte in Abs 3 aufgezählte Gründe wie insbes Überlastung (Rn 5 f) und dauernde Verhinderung (Rn 9 f) oder ein vergleichbarer Fall (Rn 2) die Änderung erfordern (Rn 3). Trotz Änderung der Geschäftsverteilung kann ein Spruchkörper oder Richter für eine Sache zuständig bleiben (Rn 11), wenn er hier bereits tätig geworden ist (Rn 12). Ist das Gericht nicht vorschriftsgemäß besetzt, so liegt ein absoluter Revisionsgrund vor (Rn 13).

GVG § 21 e

Übersicht

	Rn		Rn
A. Allgemeines	1	IV. Wechsel eines Richters	8
B. Änderung der Geschäftsverteilung (Abs 3)	2	V. Dauernde Verhinderung eines Richters	9
I. Allgemeines	2	**C. Fortdauer der Zuständigkeit (Abs 4)**	11
II. Überlastung	5	**D. Revision**	13
III. Ungenügende Auslastung	7		

A. Allgemeines

1   Der **Geschäftsverteilungsplan** dient der Umsetzung des **Gebots des gesetzlichen Richters** gem Art 101 Abs 1 S 2 GG (vgl auch § 16 S 2 GVG). Demnach müssen für jeden Einzelfall nicht nur das (sachlich und örtlich) zuständige Gericht, sondern auch der zuständige Spruchkörper (institutionelle Geschäftsverteilung nach § 21 e GVG) sowie die dort mitwirkenden Mitglieder (spruchkörperinterne Geschäftsverteilung nach § 21 g GVG) vorab feststehen und dürfen nicht erst nachträglich bestimmt werden (BVerfGE 17, 294, 298, 299 = NJW 1964, 1020, 1021; BVerfGE 40, 356, 361 = NJW 1976, 283, 284; BGHSt 28, 290, 291 = NJW 1979, 1052). Der zur Entscheidung berufene konkrete Richter muss also eindeutig („blindlings") ermittelt werden können, so dass sachfremde Einflüsse ausgeschlossen sind (BVerfGE 95, 322, 329 = NJW 1997, 1497, 1498; BVerfG NJW 2005, 2689, 2690; NJW 2009, 1734; Löwe/Rosenberg/Breidling GVG § 21 e Rn 5; SK-StPO/Velten GVG § 21 e Rn 1). Deswegen wird die (institutionelle) Verteilung der Geschäfte von dem Präsidium des Gerichts (Abs 1 S 1) vor Beginn des Geschäftsjahres sowie für dessen gesamte Dauer (sog Jährlichkeitsprinzip) vorgenommen (Abs 1 S 2).

1.1   Um den Grundsatz des gesetzlichen Richters zu wahren, muss der Geschäftsverteilungsplan den zuständigen Spruchkörper bzw den zuständigen einzelnen Richter (zB Ermittlungsrichter) durch **hinreichend bestimmte sowie allgemeine und abstrakte Merkmale** festlegen. Zulässig ist insbes die Verteilung nach dem Anfangsbuchstaben des Familiennamens des Beschuldigten bzw nach seinem Wohnsitz, nach der Endziffer des Aktenzeichens, ferner nach Rechtsgebieten, dem Schwerpunkt des Einzelfalles oder nach dem Herkunftsgerichtsbezirk der anhängigen Sache (BVerfGE 95, 322, 331 f = NJW 1997, 1497, 1499). Bei mehreren Beschuldigten kann zum Ausschluss von Manipulationen zB auf den Nachnamen des ältesten oder des im Alphabet an erster bzw letzter Stelle stehenden Beschuldigten abgestellt werden (Löwe/Rosenberg/Breidling GVG § 21 e Rn 27 f); unzureichend ist der Verweis auf die in der Anklageschrift gewählte Reihenfolge (Meyer-Goßner GVG § 16 Rn 5; vgl dagegen noch BGH NJW 1958, 1503; OLG Nürnberg NJW 1963, 502).

1.2   Unzulässig ist eine Verteilung der Geschäfte nach der **zeitlichen Reihenfolge ihres Eingangs** bei der Geschäftsstelle, wenn dadurch bei dem gleichzeitigen Eingang mehrerer Sachen der Geschäftsstellenbeamte die Bestimmung des gesetzlichen Richters in der Hand hat (BGHSt 15, 116, 117 f = NJW 1960, 2109). Anderes gilt, wenn durch entsprechende Vorkehrungen ein Einfluss des Geschäftsstellenbeamten ausgeschlossen ist, zB er lediglich eine Kennziffer vergibt, anhand derer die Registraturbeamten wiederum unabhängig das für die Geschäftsverteilung schließlich maßgebliche Ordnungszeichen verteilen (BGHZ 40, 91, 95 ff = NJW 1963, 2071, 2072, 2073; vgl auch BGH NStZ 1990, 138).

B. Änderung der Geschäftsverteilung (Abs 3)

I. Allgemeines

2   Während des laufenden Geschäftsjahres darf der Geschäftsverteilungsplan unter engen Voraussetzungen geändert werden. Entgegen dem Wortlaut des Abs 3 S 1 („nur") sind die dort aufgezählten **Änderungsgründe** jedoch **nicht abschließend**. Die Vorschrift ist vielmehr in vergleichbaren Fällen – zB die gesetzliche Begründung neuer Sachzuständigkeiten des Gerichts oder die Erhöhung oder Verringerung der Zahl der Spruchkörper – entspre-

chend anwendbar (BGHSt 27, 209, 210 = NJW 1977, 1696; BGH NStZ 1981, 489; Löwe/Rosenberg/Breidling GVG § 21 e Rn 44; Katholnigg GVG § 21 e Rn 9; Kissel/Mayer GVG § 21 e Rn 109; **aA** SK-StPO/Velten GVG § 21 e Rn 24).

Infolge des Änderungsgrundes muss eine **Änderung** des Geschäftsverteilungsplans "nötig" (Abs 3 S 1 aE), dh nicht mehr bis zum folgenden Geschäftsjahr aufschiebbar sein, ohne die Effizienz des Geschäftsablaufs zu gefährden (SK-StPO/Velten GVG § 21 e Rn 27). Der Anlass für die Änderung darf jedoch nicht konkret vorhersehbar gewesen sein (BGHSt 25, 239, 241 = NJW 1974, 109 f; Löwe/Rosenberg/Breidling GVG § 21 e Rn 44; SK-StPO/Velten GVG § 21 e Rn 24). Ist eine Änderung nach diesen Maßstäben zulässig, so kann sie auch (BVerfG NJW 2005, 2689, 2690; BGHSt 30, 371, 373 f = NJW 1982, 1470, 1471; NStZ 2007, 537 f; NJW 2009, 931, 932; KK-StPO/Diemer GVG § 21 e Rn 14; Kissel/Mayer GVG § 21 e Rn 115; **aA** SK-StPO/Velten GVG § 21 e Rn 28) oder ausnahmsweise sogar ausschließlich (BVerfG NJW 2009, 1734 zur Wahrung des verfassungsrechtlichen Beschleunigungsgebotes in Haftsachen bereits anhängige Verfahren) betreffen. Notwendig ist aber eine umfassende Dokumentation und Darlegung der Gründe, welche die Umverteilung erfordern und rechtfertigen, um den Anschein einer willkürlichen Zuständigkeitsverschiebung auszuschließen (BVerfG NJW 2009, 1734, 1735; BGH NStZ 2009, 651, 652). 3

Über Notwendigkeit und konkrete Umsetzung einer Änderung entscheidet das Präsidium nach pflichtgemäßem Ermessen (BGH NJW 2000, 1580, 1581) durch **Beschluss**, der wegen der Auflegungspflicht gem Abs 9 (zum Auskunftsanspruch bei Unmöglichkeit bzw Unzumutbarkeit der Einsichtnahme OLG Frankfurt NStZ-RR 2006, 208) der **Schriftform** bedarf. Vor dem Beschluss ist den Vorsitzenden Richtern der betroffenen Spruchkörper Gelegenheit zur Äußerung zu geben (Abs 3 S 2). Die Erforderlichkeit einer Anhörung der von der Änderung betroffenen Richter ergibt sich aus Abs 5 (Kissel/Mayer GVG § 21 e Rn 46). 4

II. Überlastung

Die Überlastung eines Spruchkörpers bzw eines einzelnen Richters muss zumindest vorübergehender Natur sein, dh es müssen über einen längeren Zeitraum erheblich mehr Eingänge als Erledigungen zu verzeichnen sein, so dass mit einer Bearbeitung der Sachen innerhalb eines angemessenen Zeitraums nicht zu rechnen ist (BGH NJW 2004, 865; SK-StPO/Velten GVG § 21 e Rn 26). 5

Um seine Überlastung zu beseitigen, können dem Spruchkörper weitere Richter zugewiesen oder Sachen auf einen anderen Spruchkörper übertragen werden. Auch dies muss nach **abstrakten Merkmalen** geschehen (vgl Rn 1.1); so darf dem überlasteten Spruchkörper weder nur für bestimmte Sitzungen oder eine einzelne Sache ein Richter zugewiesen (BGHSt 10, 179, 180 f = NJW 1957, 800) noch lediglich besonders umfangreiche Sachen abgenommen werden (KG StV 1981, 14). Eine Neuregelung muss vielmehr generell gelten und zB mehrere anhängige Verfahren und eine unbestimmte Vielzahl künftiger, gleichartiger Fälle erfassen (BVerfG NJW 2005, 2689, 2690; BGHSt 7, 23, 25 = NJW 1955, 152; BGHSt 44, 161, 166 = NJW 1999, 154, 155; BVerwG NJW 1984, 2961). 6

Wegen der Überlastung kann auch ein **Hilfsspruchkörper** (zB die Hilfsstrafkammer am Landgericht) gebildet werden (BGHSt 11, 106, 107 = NJW 1958, 429, 430; NJW 2000, 1580, 1583; NStZ 2009, 651, 652; **aA** SK-StPO/Velten GVG § 21 e Rn 44; kritisch auch Frisch NStZ 1987, 265 ff, 304 ff). Sie kann für einen bestimmten Zeitraum oder bis zum (ggf erst im nächsten Geschäftsjahr liegenden; BGHSt 31, 389, 391 = NStZ 1984, 84, 85; BGHSt 33, 303, 304 = NJW 1986, 144, 145; Meyer-Goßner GVG § 21 e Rn 16; **aA** Frisch NStZ 1984, 86 f) Eintritt eines sicher eintretenden, vom Willen Einzelner unabhängigen Ereignisses eingerichtet werden (zB Entscheidung in einer Strafsache; BGHSt 21, 260, 262 f = NJW 1967, 1868, 1869; BGHSt 31, 389, 391 f = NStZ 1984, 84, 85). Unzulässig ist eine Umgehung der Hilfsstrafkammer, indem etwa der überlasteten Strafkammer zwei weitere Richter zugeteilt werden, so dass sie gleichzeitig in verschiedenen Besetzungen zwei Hauptverhandlungen durchführen kann (BGHSt 33, 234, 236 f = NJW 1985, 2840; vgl auch BGHSt 18, 386 ff). 6.1

III. Ungenügende Auslastung

7 Geringe Eingangszahlen oder der völlige Wegfall von Aufgaben kann eine ungenügende Auslastung eines Spruchkörpers bzw eines einzelnen Richters herbeiführen. Die nötige Änderung des Geschäftsverteilungsplans kann bei Überbesetzung eines Spruchkörpers in der Verringerung der Anzahl seiner Mitglieder oder der – wiederum nach allgemeinen Merkmalen vorzunehmenden (Rn 6) – Zuweisung weiterer Geschäfte bestehen (Löwe/Rosenberg/Breidling GVG § 21 e Rn 49).

IV. Wechsel eines Richters

8 Der Wechsel iSd Abs 3 S 1 besteht in jedem Ausscheiden oder Hinzutreten eines einzelnen Richters. Der Wegfall eines Richters kann auf dessen Versetzung, Entlassung, Ruhestand (BGH NJW 2009, 931, 932) oder Tod beruhen. Das hinzutretende Mitglied kann ein ausgeschiedenes ersetzen oder auch ein neuer zusätzlicher Richter sein. Unerheblich ist jeweils die amtsrechtliche Stellung des Richters (zB Richter auf Lebenszeit, Richter auf Probe, abgeordneter Richter; Löwe/Rosenberg/Breidling GVG § 21 e Rn 50; vgl auch BGHSt 22, 237, 238 f = NJW 1968, 2388).

8.1 Unzulässig ist eine Änderung des Geschäftsverteilungsplans, wenn ein Richter nur im Interesse seiner **Ausbildung** vorzeitig einem anderen Spruchkörper zugeteilt werden soll (BGHSt 26, 382, 383 = NJW 1976, 2029 mAnm Rieß JR 1977, 300, 301). Etwas anderes gilt jedoch dann, wenn eine solche Zuweisung im Zusammenhang mit einer aus anderen Gründen erforderlichen Änderung der Geschäftsverteilung in Betracht kommt (BGHSt 27, 397, 398 = NJW 1978, 1444, 1445; Löwe/Rosenberg/Breidling GVG § 21 e Rn 50; Kissel/Mayer GVG § 21 e Rn 113; **aA** SK-StPO/Velten GVG § 21 e Rn 29; Peters JR 1979, 82).

V. Dauernde Verhinderung eines Richters

9 **Dauernd verhindert** ist ein Richter, der zwar nicht aus dem Spruchkörper ausscheidet, jedoch auf nicht absehbare Zeit (BGH NJW 2003, 150, 154; Katholnigg GVG § 21 e Rn 9: mehr als drei Monate; **aA** SK-StPO/Velten GVG § 21 e Rn 26: sechs Monate oder mehr) aus rechtlichen oder tatsächlichen Gründen nicht in der Lage ist, seine ihm nach dem Geschäftsverteilungsplan obliegenden Aufgaben wahrzunehmen (Kissel/Mayer GVG § 21 e Rn 144; Meyer-Goßner GVG § 21 f Rn 4). Eine nur vorübergehende Verhinderung, etwa infolge der Vorbereitung einer außergewöhnlich umfangreichen Strafsache, genügt nicht (BGH NJW 1986, 1884, 1885).

10 Wird aufgrund der Verhinderung eine Änderung des Geschäftsverteilungsplans nötig, kann sie nach **hM** von vornherein befristet auf die Zeit der Verhinderung vorgenommen werden. Nach Wegfall der Verhinderung ist dann ohne Weiteres wieder die ursprüngliche Geschäftsverteilung maßgebend (BGHSt 21, 250, 252 = NJW 1967, 1622; Löwe/Rosenberg/Breidling GVG § 21 e Rn 52; **aA** Kissel/Mayer GVG § 21 e Rn 114).

C. Fortdauer der Zuständigkeit (Abs 4)

11 Ist ein Spruchkörper oder Richter in einer Sache bereits tätig geworden, für die er nach einer **geänderten Geschäftsverteilung** – sei es infolge des jährlichen Geschäftsverteilungsplans gem Abs 1 S 1 oder infolge einer Änderung gem Abs 3 S 1 (Löwe/Rosenberg/Breidling GVG § 21 e Rn 55; Meyer-Goßner GVG § 21 e Rn 17) – nicht mehr zuständig wäre, so kann das Präsidium gem Abs 4 die Fortdauer der Zuständigkeit für diese Sache anordnen. Die Anordnung kann auch erst nach der Änderung der Geschäftsverteilung getroffen werden (Löwe/Rosenberg/Breidling GVG § 21 e Rn 60).

12 **Tätig geworden** ist der Richter bereits dann, wenn er – ggf auch nur im Vorverfahren – eine Entscheidung getroffen oder eine sonstige Prozesshandlung vorgenommen hat (Löwe/Rosenberg/Breidling GVG § 21 e Rn 55; Meyer-Goßner GVG § 21 e Rn 17; weiter gehend Katholnigg GVG § 21 e Rn 10; Kissel/Mayer GVG § 21 e Rn 149: Eingang der Sache genügt).

Gerichtsverfassungsgesetz (Auszug) § 21 f GVG

Keine Anwendung findet die Vorschrift, wenn die **Hauptverhandlung** bereits **eröffnet** ist und in das neue Geschäftsjahr hinüberreicht (BGHSt 8, 250, 251 = NJW 1956, 110, 111; BGHSt 33, 234, 236 = NJW 1985, 2840); die fortdauernde Zuständigkeit der Schöffen ergibt sich in diesem Fall aus § 50 GVG, § 77 Abs 1 GVG. 12.1

D. Revision

Die nicht vorschriftsgemäße Besetzung des Gerichts ist ein **absoluter Revisionsgrund** gem § 338 Nr 1 StPO. Ob der Geschäftsverteilungsplan gesetzmäßig ist, unterliegt demnach zwar grds der Nachprüfung durch das Revisionsgericht (BGHSt 3, 353, 355 = NJW 1953, 353). Infolge des weiten Gestaltungsspielraums des Präsidiums kann die Aufstellung oder Änderung des Geschäftsverteilungsplans aber nur mit Erfolg gerügt werden, wenn er **willkürliche Anordnungen** enthält, die gerade den im anhängigen Verfahren zuständigen Richter nicht als gesetzlichen erscheinen lassen (BGHSt 22, 237, 239 f = NJW 1968, 2388; NJW 2000, 1580, 1581; BeckRS 2009, 12503 Tz 14; BVerwG NJW 1988, 1339; Kissel/Mayer GVG § 21 e Rn 120). 13

Die Besetzungsrüge ist insbes begründet, wenn die Verteilung der Geschäfte nicht anhand **abstrakter Merkmale** (vgl Rn 1.1 f) erfolgt (BGHSt 15, 116, 117 f = NJW 1960, 2109; BVerwG NJW 1984, 2961). Nicht ausreichend ist hingegen allein die abstrakte Möglichkeit eines Missbrauchs der Geschäftsverteilung (BVerfGE 9, 223, 230 = NJW 1959, 871, 872; BGHZ 40, 91, 98 = NJW 1963, 2071, 2073; BGH NStZ 1990, 138). 13.1

Bei Änderung der Geschäftsverteilung muss der hierzu erforderliche Beschluss (Rn 4) den Änderungsgrund nachvollziehbar darlegen, um eine Überprüfung zu ermöglichen (BGH NStZ 2007, 537, 537 f; BeckRS 2009, 12503 Tz 17). So müssen ihm etwa die Umstände zu entnehmen sein, welche die Annahme einer Überlastung rechtfertigen (BVerfG NJW 2005, 2689, 2690). Da die Änderungsgründe die Entscheidungsgrundlage für die Umverteilung der Geschäftsaufgaben bilden, müssen sie grundsätzlich schon zum Zeitpunkt der Präsidiumsentscheidung dokumentiert sein; etwaige Begründungsmängel müssen spätestens bis zur Entscheidung über einen erhobenen Besetzungseinwand gemäß § 222 b StPO ausgebessert sein (BGH BeckRS 2009, 12503 Tz 18 ff). Zu den Anforderungen an die Zulässigkeit der Besetzungsrüge BGHSt 40, 218, 240 = NStZ 1994, 537, 539; BGHSt 44, 161, 162 f = NJW 1999, 154, 155; NStZ 2007, 536, 537; NStZ 2009, 651, 653 f. 13.2

Eine versehentliche **Abweichung vom Geschäftsverteilungsplan** (zB Zuweisung an einen nicht zuständigen Spruchkörper infolge eines falsch angegebenen Geburtsdatums eines Mitbeschuldigten) begründet nicht die Revision (BGH NStZ 1984, 181). 14

§ 21 f [Vorsitz in den Spruchkörpern]

(1) Den Vorsitz in den Spruchkörpern bei den Landgerichten, bei den Oberlandesgerichten sowie bei dem Bundesgerichtshof führen der Präsident und die Vorsitzenden Richter.

(2) ¹Bei Verhinderung des Vorsitzenden führt den Vorsitz das vom Präsidium bestimmte Mitglied des Spruchkörpers. ²Ist auch dieser Vertreter verhindert, führt das dienstälteste, bei gleichem Dienstalter das lebensälteste Mitglied des Spruchkörpers den Vorsitz.

Überblick

Der Vorsitz in den Spruchkörpern der Gerichte ist dem Präsident und den Vorsitzenden Richtern überlassen (Rn 1), damit sie einen richtungsweisenden Einfluss auf deren Geschäftsgang und Rechtsprechung ausüben können (Rn 3). Bei vorübergehender (Rn 4), rechtlich nachprüfbar (Rn 7) festzustellender (Rn 6) Verhinderung (Rn 5) wird ein Vertreter bestellt (Rn 8), bei dessen Verhinderung wiederum das dienstälteste Mitglied des Spruchkörpers den Vorsitz führt (Rn 9). Verstöße gegen die Vorschrift können einen absoluten Revisionsgrund darstellen (Rn 10 f).

A. Vorsitzender (Abs 1)

1 Den **Vorsitz** eines Spruchkörpers bei den Gerichten (Strafkammer beim LG, Strafsenat beim OLG bzw BGH) übernehmen der Präsident des Gerichts und die Vorsitzenden Richter (Abs 1). Die Amtsgerichte werden in der Vorschrift nicht erwähnt, da in deren Spruchkörpern ohnehin nur ein Berufsrichter mitwirkt (Ausnahme: erweitertes Schöffengericht gem § 29 Abs 2 GVG), dem dann sogleich der Vorsitz anfällt.

1.1 Auf **Hilfsspruchkörper** (§ 21 e GVG Rn 6.1) als lediglich vorübergehend eingerichtete Spruchkörper findet die Vorschrift nach **hM** keine Anwendung. Ansonsten führte dies mangels überzähliger Vorsitzenderstellen häufig dazu, dass ein Vorsitzender mehr als einen Spruchkörper leiten müsste (BGHSt 12, 104, 105 ff = NJW 1959, 108, 109; BGHSt 31, 389, 392 ff = NStZ 1984, 84, 85 f; Löwe/Rosenberg/Breidling GVG § 21 f Rn 12 f; KK-StPO/Diemer GVG § 21 f Rn 1; Katholnigg GVG § 21 f Rn 2; Meyer-Goßner GVG § 21 f Rn 12; **aA** SK-StPO/Velten GVG § 21 f Rn 3; Frisch NStZ 1984, 86, 88 f; krit auch Kissel/Mayer GVG § 21 f Rn 7).

2 Die Bestimmung des Vorsitzenden gehört zur Besetzung der Spruchkörper und ist daher Aufgabe des Präsidiums (vgl § 21 e Abs 1 S 1 GVG). Es ist möglich, einem Richter den Vorsitz **in mehreren Strafkammern** zu erteilen (BGHSt 2, 71, 72; BGHSt 28, 290, 292 = NJW 1979, 1052). Ebenso kann ein Vorsitzender Richter zugleich in einem anderen Spruchkörper Beisitzer sein (BGHZ 88, 1, 6 f = NJW 1984, 129, 130 f), allerdings nur vorübergehend (Löwe/Rosenberg/Breidling GVG § 21 f Rn 11; Kissel/Mayer GVG § 21 f Rn 5; **aA** Fischer DRiZ 1967, 52, 53). Der Wortlaut der Vorschrift steht der Abordnung eines Vorsitzenden Richters (zB eines OLG) an ein anderes Gericht (zB an ein LG) als Vorsitzender Richter nicht entgegen (BGH NJW 2009, 381, 382).

3 Dem Vorsitzenden obliegt vornehmlich die Leitung der Verhandlung in der Sitzung sowie bei den Beratungen. Es muss stets – insbes bei überbesetzten Spruchkörpern oder wenn ein Richter Vorsitzender in zwei Spruchkörpern ist (Rn 2) – sichergestellt sein, dass er einen **richtungsweisenden Einfluss** auf den Geschäftsgang und die Rechtsprechung seines Spruchkörpers hat (BGHSt 2, 71, 72 f; Löwe/Rosenberg/Breidling GVG § 21 f Rn 3; Kissel/Mayer GVG § 21 f Rn 4; vgl auch BVerfG NJW 2004, 3482, 3483; BGHZ 37, 210, 213 = NJW 1962, 1570, 1571). Dazu ist erforderlich, dass er zumindest drei Viertel seiner Aufgaben als Vorsitzender selbst wahrnehmen kann (Löwe/Rosenberg/Breidling GVG § 21 f Rn 5; Kissel/Mayer GVG § 21 f Rn 4; Meyer-Goßner GVG § 21 f Rn 11; vgl auch BGHZ 37, 210, 216 ff = NJW 1962, 1570, 1571 f; SK-StPO/Velten GVG § 21 f Rn 2).

B. Vertretung bei Verhinderung (Abs 2)

I. Verhinderung des Vorsitzenden (Abs 2 S 1)

4 Verhinderung ist die lediglich **vorübergehende Verhinderung** (in vollem Umfang), die sich über einen überschaubaren Zeitraum erstreckt (BGHSt 21, 131, 132 ff = NJW 1966, 2368, 2369; NJW 1974, 1572, 1573; BGHZ 164, 87, 90 = NJW 2006, 154, 155; OLG Hamburg StV 2003, 11). Dem steht nach der Rechtsprechung die ständige Verhinderung des Vorsitzenden Richters für einen Teil seiner spezifischen Aufgaben gleich (BGH NJW 1970, 901; NJW 1995, 335, 336; OLG Düsseldorf StV 1994, 533; **aA** OLG Frankfurt NJW 1969, 854, 855; NJW 1969, 2214, 2215 f). Bei dauernder Verhinderung (in vollem Umfang) ist hingegen ohne erhebliche Verzögerung gem § 21 e Abs 3 GVG ein neuer Vorsitzender zu bestimmen (BGH NStZ 1989, 32; NJW 2009, 931, 932; BVerwG NJW 1986, 1366, 1367).

5 Die Verhinderung kann sowohl auf rechtlichen als auch auf tatsächlichen **Gründen** beruhen (vgl § 21 e GVG Rn 9). Allerdings muss der Verhinderungsgrund grds jeweils im konkreten Einzelfall vorliegen. Bei einer ständigen Teilverhinderung des Vorsitzenden kann aber eine Entlastung nach allgemeinen Merkmalen im spruchkörperinternen Mitwirkungsplan nach § 21 g GVG erfolgen (BGH NJW 1995, 335, 336; **aA** OLG Düsseldorf StV 1994, 533).

5.1 Zu den **rechtlichen Hinderungsgründen** zählen zB Ausschluss und Ablehnung wegen Besorgnis der Befangenheit gem § 22 StPO bis § 24 StPO, vorläufige Diensthebung im Rahmen eines Dienststrafverfahrens (BSG MDR 1963, 960) oder das Erscheinen des Vorsitzenden als geladener Zeuge in dem jeweiligen Verfahren (BGHSt 7, 44, 46 = NJW 1955, 152, 153; BGHSt 7, 330, 331 = NJW 1955, 1239, 1240).

Tatsächliche Hinderungsgründe sind zB Krankheit (BGH NStZ 1989, 32, 33; BGHZ 16, 254, 256; BGHZ 164, 87, 90 ff = NJW 2006, 154, 155; OLG Neustadt MDR 1961, 344), Urlaub (BGHSt 17, 223, 224 = NJW 1962, 1166), Abordnung (BGHZ 16, 254, 256 f), Überlastung (BGHSt 21, 174, 175 = NJW 1967, 637, 638) sowie die infolge unmöglicher rechtzeitiger Vorbereitung fehlende Kenntnis der Prozessakten (BGHSt 15, 390, 391 ff = NJW 1961, 1076, 1077; BGHSt 21, 40, 42 f = NJW 1966, 941). 5.2

Ein tatsächlicher Hinderungsgrund ist auch die **Vakanz des Amtes** nach Ausscheiden des bisherigen Vorsitzenden. Allerdings muss hier die Wiederbesetzung der freien Stelle in angemessener Zeit bzw unverzüglich erfolgen (BVerfG NJW 1983, 1541; BGHSt 8, 17, 21 = NJW 1955, 1447, 1448; BVerwG NJW 1986, 1366, 1367; BSG NJW 2007, 2717, 2718 ff m Bespr Werner NJW 2007, 2671; vgl auch Rn 4). Geschieht dies nicht, liegt eine vorübergehende Verhinderung nur vor, wenn besondere Umstände des Einzelfalls der zügigen Auswahl und Ernennung des geeigneten Nachfolgers entgegenstehen (OLG Hamburg NStZ 1984, 570 mwN; Löwe/Rosenberg/Breidling GVG § 21 f Rn 27). Haushaltsrechtliche Sparmaßnahmen vermögen die nur verzögerte Wiederbesetzung des Amtes nicht zu rechtfertigen (OLG Hamburg NStZ 1984, 570, 571). Zur Thematik auch OLG Oldenburg StV 2003, 12. 5.3

Die **Feststellung** seiner Verhinderung kann der Vorsitzende Richter selbst treffen, wenn sie ausschließlich auf Rechtsprechungsaufgaben seines Spruchkörpers beruht und sich nicht auf andere Spruchkörper auswirkt (BGH NJW 1968, 512, 513; NJW 1995, 335; Kissel/Mayer GVG § 21 f Rn 19; **aA** SK-StPO/Velten GVG § 21 f Rn 8: Zuständigkeit des Spruchkörpers insgesamt). Ansonsten obliegt die Feststellung dem Präsidenten des Gerichts (BGHSt 21, 174, 176 f mwN = NJW 1967, 637, 638; BGHSt 30, 268, 269 = NStZ 1982, 295, 296 mAnm Rieß; OLG Düsseldorf StV 1994, 533). 6

Eine bestimmte Form ist für die Feststellung nicht vorgeschrieben, jedoch empfiehlt sich ein schriftlicher Aktenvermerk (BGH NJW 1968, 512, 513; NJW 1974, 870). Jedenfalls muss sie in einer für das Revisionsgericht **rechtlich nachprüfbaren Weise** erfolgen (BGHSt 12, 33, 36 = NJW 1958, 1692, 1693; BGHSt 21, 174, 179 = NJW 1967, 637, 639). Die Feststellung ist entbehrlich, wenn die Verhinderung offensichtlich ist, zB bei Erkrankung, Urlaub oder Vorsitz in einer gleichzeitig anstehenden anderen Sache (BGHSt 18, 162, 164 = NJW 1963, 1260, 1261; Löwe/Rosenberg/Breidling GVG § 21 f Rn 20). 7

Ist der Vorsitzende verhindert, führt der vom Präsidium bestellte **Vertreter** (s § 21 e Abs 1 S 1 GVG) den Vorsitz (Abs 2 S 1). Es ist sowohl möglich, ein Mitglied zum regelmäßigen Vertreter des Vorsitzenden zu berufen (Meyer-Goßner GVG § 21 f Rn 9), als auch mehrere Richter zum Vertreter zu bestellen (Löwe/Rosenberg/Breidling GVG § 21 f Rn 17), wenn deren Reihenfolge bestimmt wird (OLG Hamm StV 2004, 366, 367; vgl auch OLG Hamm StV 1998, 6, 7). Wegen § 28 Abs 2 S 2 DRiG ist erforderlich, dass der Vertreter Richter auf Lebenszeit ist; darüber hinaus muss er ein ständiges Mitglied des Spruchkörpers sein (BGHSt 1, 265, 266; BGHSt 20, 61, 62 f = NJW 1965, 58). Unterbleibt die Ernennung eines Vertreters, ist die Vertretung stillschweigend in der Regel dem dienstältesten Mitglied des Spruchkörpers übertragen (vgl auch Abs 2 S 2). 8

II. Verhinderung des Vertreters (Abs 2 S 2)

Ist auch der Vertreter des Vorsitzenden verhindert, führt das **dienstälteste Mitglied** des Spruchkörpers den Vorsitz (Abs 2 S 2). Hat der Spruchkörper kein Mitglied mehr, das Richter auf Lebenszeit ist (vgl § 28 Abs 2 S 2 DRiG), kann das Präsidium das ständige Mitglied eines anderen Spruchkörpers als Vertreter bestimmen (BGH NJW 1959, 1141; BGHSt 21, 40, 42 = NJW 1966, 941). 9

Keine Anwendung findet Abs 2 in der **Hauptverhandlung**. Hier vertritt der dienstälteste der an der Hauptverhandlung mitwirkenden vorsitzfähigen Richter den verhinderten Vorsitzenden, um eine Wiederholung der Verhandlung zu vermeiden (Löwe/Rosenberg/Breidling GVG § 21 f Rn 35; Meyer-Goßner GVG § 21 f Rn 15). 9.1

C. Revision

Ein Verstoß gegen die Vorschrift kann die Besetzungsrüge begründen. So liegt ein **absoluter Revisionsgrund** nach § 338 Nr 1 StPO vor, wenn der ständige Vorsitz nicht 10

GVG § 21 g Gerichtsverfassungsgesetz (Auszug)

einem Vorsitzenden Richter übertragen wird (OLG Hamm StV 1998, 6, 7) oder der Vorsitzende Richter infolge der Gestaltung seiner dienstlichen Verhältnisse nicht mehr in der Lage ist, einen richtungsweisenden Einfluss auf seinen Spruchkörper auszuüben (BGHSt 25, 54, 56 = NJW 1973, 205; Löwe/Rosenberg/Breidling GVG § 21 f Rn 4).

11 Wird der Vorsitzende **vertreten**, ist das Gericht dann nicht vorschriftsmäßig besetzt, wenn es an der erforderlichen Feststellung der Verhinderung (Rn 6 f) fehlt (BGHSt 12, 33, 36 = NJW 1958, 1692, 1693; NStZ 1988, 325) oder ein nicht ständiges Mitglied die Vertretung übernommen hat (BGHSt 1, 265, 266; BGHSt 20, 61, 63 = NJW 1965, 58). Ob tatsächlich eine Verhinderung vorlag, ist nur im Falle der Willkür revisibel; allerdings kann das Revisionsgericht überprüfen, ob der Rechtsbegriff der Verhinderung verkannt wurde (BGHSt 12, 33, 34 = NJW 1958, 1692, 1693; NJW 1995, 335, 336).

§ 21 g [Geschäftsverteilung innerhalb des Spruchkörpers]

(1) ¹Innerhalb des mit mehreren Richtern besetzten Spruchkörpers werden die Geschäfte durch Beschluss aller dem Spruchkörper angehörenden Berufsrichter auf die Mitglieder verteilt. ²Bei Stimmengleichheit entscheidet das Präsidium.

(2) Der Beschluss bestimmt vor Beginn des Geschäftsjahres für dessen Dauer, nach welchen Grundsätzen die Mitglieder an den Verfahren mitwirken; er kann nur geändert werden, wenn es wegen Überlastung, ungenügender Auslastung, Wechsels oder dauernder Verhinderung einzelner Mitglieder des Spruchkörpers nötig wird.

(3) Absatz 2 gilt entsprechend, soweit nach den Vorschriften der Prozessordnungen die Verfahren durch den Spruchkörper einem seiner Mitglieder zur Entscheidung als Einzelrichter übertragen werden können.

(4) Ist ein Berufsrichter an der Beschlussfassung verhindert, tritt der durch den Geschäftsverteilungsplan bestimmte Vertreter an seine Stelle.

(5) § 21 i Abs. 2 findet mit der Maßgabe entsprechende Anwendung, dass die Bestimmung durch den Vorsitzenden getroffen wird.

(6) Vor der Beschlussfassung ist den Berufsrichtern, die von dem Beschluss betroffen werden, Gelegenheit zur Äußerung zu geben.

(7) § 21 e Abs. 9 findet entsprechende Anwendung.

Überblick

Der Grundsatz des gesetzlichen Richters (Rn 1) erfordert eine spruchkörperinterne Festlegung der zur Entscheidung berufenen Richter, nicht jedoch des bestellten Berichterstatters (Rn 3; str), durch einen abstrakt formulierten (Rn 2), nur unter engen Voraussetzungen abänderbaren (Rn 7) Geschäftsverteilungs- und Mitwirkungsplan. Er wird in Schriftform (Rn 6) von dem jeweiligen Spruchkörper beschlossen (Rn 4). Verstöße gegen die Vorschrift können einen absoluten Revisionsgrund darstellen (Rn 8).

A. Allgemeines

1 Während § 21 e GVG die Verteilung der Geschäfte auf die einzelnen Spruchkörper sowie deren Besetzung bestimmt, regelt § 21 g GVG die **Geschäftsverteilung innerhalb des jeweiligen Spruchkörpers**. Dies dient insbes bei übersetzten Spruchkörpern der Umsetzung des Grundsatzes des gesetzlichen Richters gem Art 101 Abs 1 S 2 GG (ebenso § 16 S 2 GVG; vgl BVerfG NJW 1995, 2703, 2704, 2705; BVerfGE 95, 322, 328 f = NJW 1997, 1497, 1498; Kissel/Mayer GVG § 21 g Rn 1); zu den daraus abgeleiteten, wachsenden Anforderungen nach der Rechtsprechung Löwe/Rosenberg/Breidling GVG § 21 g Rn 4 f; Kissel/Mayer GVG § 21 g Rn 4 ff, jeweils mN.

1.1 Zuletzt und umfassend geändert wurde die Vorschrift durch das Gesetz zur Stärkung der Unabhängigkeit der Richter und Gerichte vom 22. 12. 1999 (BGBl I 2598); dazu allgemein Kissel NJW 2000, 460 ff. Seitdem ergeht der **Beschluss** über die spruchkörperinterne Geschäftsverteilung nicht mehr durch den Vorsitzenden, sondern durch alle dem **Spruchkörper** angehörenden Berufsrichter (Abs 1 S 1; s Rn 4). Dadurch soll eine möglichst einverständliche Aufteilung der Verfahren gewährleistet werden (BT-Drs 14/597, 5).

B. Geschäftsverteilungs- und Mitwirkungsplan

I. Inhalt

Der Beschluss bestimmt für die Dauer eines Geschäftsjahres (BGH NJW 1999, 796, 797; BGHSt 49, 130, 133 = NJW 2004, 2992, 2993) neben der Verteilung der Geschäfte (Abs 1 S 1) auch die Grundsätze, nach denen die Mitglieder des Spruchkörpers an den Verfahren mitwirken (Abs 2 Hs 1). Der Geschäftsverteilungs- und Mitwirkungsplan muss derart **abstrakt formuliert** sein, dass sich daraus für jedes einzelne Verfahren von vornherein die konkrete Besetzung des Spruchkörpers ergibt (vgl zur institutionellen Geschäftsverteilung bereits § 21 e GVG Rn 1.1 f). Die Verwendung unbestimmter Begriffe ist dadurch nicht ausgeschlossen, allerdings sind vermeidbare Spielräume zu verhindern (BVerfGE 95, 322, 329 = NJW 1997, 1497, 1498; NJW 2005, 2540, 2541; BGHSt 49, 130, 133 = NJW 2004, 2992, 2993; Löwe/Rosenberg/Breidling GVG § 21 g Rn 15; KK-StPO/Diemer GVG § 21 g Rn 5; Kissel/Mayer GVG § 21 g Rn 34). 2

Nach welchen Kriterien die Mitwirkung im Spruchkörper zu bestimmen ist, unterliegt der **Gestaltungsfreiheit** des Spruchkörpers (BGHZ 126, 63, 80 = NStZ 1994, 443, 445; Löwe/ Rosenberg/Breidling GVG § 21 g Rn 15; Meyer-Goßner GVG § 21 g Rn 4). Insbesondere kommt die Anknüpfung an Aktenzeichen, Eingangsdatum, den Herkunftsgerichtsbezirk der anhängigen Sache, an Rechtsgebiete (BVerfGE 95, 322, 331 = NJW 1997, 1497, 1499; NJW 2005, 2540, 2541; BGH NStZ 2000, 50, 51) sowie an den Sachzusammenhang bzw die besondere Eilbedürftigkeit (BGHZ 126, 63, 80 = NStZ 1994, 443, 445; **aA** SK-StPO/Velten GVG § 21 g Rn 5) in Betracht. Unzulässig ist hingegen eine Anknüpfung an bestimmte Sitzungstage, da dann die Zuweisung der Sache allein von der Terminierung abhängig ist (BVerfGE 95, 322, 331 = NJW 1997, 1497, 1499; BGH NStZ 2000, 50, 51). Die kammerinterne Geschäftsverteilung kann die anstehende Pensionierung eines Richters berücksichtigen, indem sie ihn nicht mehr mit Verfahren bedenkt, bei denen die Hauptverhandlungen aller Voraussicht nach über seine Altersgrenze hinaus andauern (LG Düsseldorf NStZ-RR 2008, 45). 2.1

Seit der Änderung der Vorschrift im Jahre 1999 (s Rn 1.1) ist umstritten, ob der Geschäftsverteilungsplan auch die **Bestellung des Berichterstatters** zu beinhalten hat oder diese nach wie vor dem Vorsitzenden vorbehalten bleiben kann (so BVerfGE 95, 322, 331 = NJW 1997, 1497, 1498, 1499; BGH NJW 2009, 931, 932; Löwe/Rosenberg/Breidling GVG § 21 g Rn 18; KK-StPO/Diemer GVG § 21 g Rn 1; Kissel/Mayer GVG § 21 g Rn 41; Meyer-Goßner GVG § 21 g Rn 2; **aA** SK-StPO/Velten GVG vor §§ 21 a ff Rn 11 ff; Sangmeister NJW 1998, 721, 726 wegen des faktischen Einflusses des Berichterstatters auf die Entscheidung). Seine Festlegung ist aber zumindest dann erforderlich, wenn der Mitwirkungsplan an seine Person die Zusammensetzung des Spruchkörpers oder die Bestimmung des Einzelrichters knüpft (BVerfG NJW 1995, 2703, 2706; BVerfGE 95, 322, 330 f = NJW 1997, 1497, 1498). 3

II. Beschlussfassung

Der Beschluss wird mit der **Mehrheit** der Berufsrichter des jeweiligen Spruchkörpers getroffen. Bei Stimmengleichheit entscheidet das Präsidium (Abs 1 S 2). Ist ein Berufsrichter an der Beschlussfassung verhindert, vertritt ihn sein durch den Geschäftsverteilungsplan bestimmter Vertreter (Abs 4; krit Löwe/Rosenberg/Breidling GVG § 21 g Rn 9; Meyer-Goßner GVG § 21 g Rn 7). In Eilfällen erlässt gem Abs 5 iVm § 21 i Abs 2 GVG der Vorsitzende den Beschluss (Löwe/Rosenberg/Breidling GVG § 21 g Rn 10). 4

Abs 6 sieht vor, dass den von dem Beschluss betroffenen Berufsrichtern vor der Beschlussfassung **Gelegenheit zur Äußerung** zu geben ist. Relevant ist dies vornehmlich für an der Beschlussfassung verhinderte sowie für diejenigen Richter, die dem Spruchkörper im Zeitpunkt der Beschlussfassung noch nicht angehören, aber später von dem Mitwirkungsplan erfasst werden (Löwe/Rosenberg/Breidling GVG § 21 g Rn 11; Meyer-Goßner GVG § 21 g Rn 7). 5

GVG § 24 Gerichtsverfassungsgesetz (Auszug)

6 Der Beschluss ist **schriftlich** abzufassen (BVerfGE 95, 322, 328 = NJW 1997, 1497, 1498; BGHSt 49, 130, 135 = NJW 2004, 2992, 2993; BGHZ 126, 63, 86 = NStZ 1994, 443, 445). Gem Abs 7 iVm § 21 e Abs 9 GVG ist der Geschäftsverteilungs- und Mitwirkungsplan in der dazu bestimmten Geschäftsstelle des Gerichts zur Einsichtnahme aufzulegen.

III. Änderung

7 Aus denselben Gründen wie in § 21 e Abs 3 GVG (§ 21 e GVG Rn 5 ff), bezogen auf die einzelnen Mitglieder des Spruchkörpers, kann der Mitwirkungsplan geändert werden (Abs 2 HS 2). Auch hier ist zu beachten, dass wegen des Grundsatzes des gesetzlichen Richters Abweichungen nur für den Einzelfall oder aus beliebigen sachlichen Gründen unzulässig sind (Löwe/Rosenberg/Breidling GVG § 21 g Rn 20). Die Änderung ist gem Abs 7 iVm § 21 e Abs 9 GVG zur Einsichtnahme aufzulegen (vgl Rn 6). Abs 3 ist eine Sonderregelung für den Zivilprozess, die im Strafverfahren nicht anwendbar ist.

C. Revision

8 Werden die Geschäfte innerhalb des Spruchkörpers nicht anhand **abstrakter Merkmale** verteilt, stellt dies einen **absoluten Revisionsgrund** gem § 338 Nr 1 StPO dar (BGH NStZ 2000, 50, 51). Gleiches gilt bei willkürlicher oder sonst missbräuchlicher Nichteinhaltung der aufgestellten Mitwirkungsgrundsätze (BGHSt 21, 250, 255 = NJW 1967, 1622, 1623; BGHSt 29, 162, 163 = NJW 1980, 951). In der Revisionsbegründung sind die spruchkörperinternen Grundsätze anzugeben, die sich aus dem gem Abs 7 aufliegenden Mitwirkungsplan ergeben (Meyer-Goßner GVG § 21 g Rn 11).

Dritter Titel. Amtsgerichte (§§ 22-27) (Auszug)

§ 24 [Zuständigkeit in Strafsachen]

(1) In Strafsachen sind die Amtsgerichte zuständig, wenn nicht
1. die Zuständigkeit des Landgerichts nach § 74 Abs. 2 oder § 74a oder des Oberlandesgerichts nach § 120 begründet ist,
2. im Einzelfall eine höhere Strafe als vier Jahre Freiheitsstrafe oder die Unterbringung des Beschuldigten in einem psychiatrischen Krankenhaus, allein oder neben einer Strafe, oder in der Sicherungsverwahrung (§§ 66 bis 66 b des Strafgesetzbuches) zu erwarten ist oder
3. die Staatsanwaltschaft wegen der besonderen Schutzbedürftigkeit von Verletzten der Straftat, die als Zeugen in Betracht kommen, des besonderen Umfangs oder der besonderen Bedeutung des Falles Anklage beim Landgericht erhebt.

(2) Das Amtsgericht darf nicht auf eine höhere Strafe als vier Jahre Freiheitsstrafe und nicht auf die Unterbringung in einem psychiatrischen Krankenhaus, allein oder neben einer Strafe, oder in der Sicherungsverwahrung erkennen.

Überblick

Die Vorschrift regelt die erstinstanzliche Gerichtszuständigkeit in Strafsachen. Danach sind grundsätzlich die Amtsgerichte sachlich zuständig. Ausnahmsweise fällt die Zuständigkeit den Landgerichten oder Oberlandesgerichten zu. Das gilt für Schwurgerichts- und Staatsschutzsachen, die nach bestimmten Deliktsgruppen gemäß § 74 Abs 2 GVG, § 74a GVG, § 120 GVG den Schwurgerichts- oder Staatsschutzkammern oder -senaten zugewiesen sind (Abs 1 Nr 1). Es gilt ferner bei der Erwartung einer Überschreitung des amtsgerichtlichen Strafbanns durch Verhängung einer Freiheitsstrafe von mehr als vier Jahren oder durch Anordnung der Unterbringung des Angeklagten in einem psychiatrischen Krankenhaus oder in der Sicherungsverwahrung (Abs 1 Nr 2). Es gilt schließlich, wenn zum Opferzeugenschutz, wegen des besonderen Umfangs oder der besonderen Bedeutung der Sache Anklage beim Landgericht erhoben wird (Abs 1 Nr 3). In den Fällen von Abs 1 Nr 2 und Nr 3 GVG liegen im Sinne von Art 101 Abs 1 S 2 GG kritisch zu bewertende, nur bei einschränkender Auslegung noch verfassungskonforme „bewegliche Zuständigkeiten" vor, die von einer Prognose bei der Anklageerhebung und der Eröffnungsentscheidung abhängig sind. Nachträgliche Umstände ändern im Allgemeinen nichts an der einmal begründeten sachlichen Zuständigkeit (§ 269 StPO). Sonst ist nach § 270 StPO oder § 328 Abs 2 StPO zu verfahren, insbes wenn der Strafbann des Gerichts, bei dem die Sache aktuell anhängig ist, nicht mehr ausreicht. Abs 2 der vorliegenden Vorschrift legt fest, dass der Strafbann des Amtsgerichts generell auf Freiheitsstrafe bis zu vier Jahren begrenzt ist und die Anordnung der Unterbringung des Angeklagten in einem psychiatrischen Krankenhaus oder in der Sicherungsverwahrung nicht umfasst.

Übersicht

	Rn		Rn
A. Normbedeutung	1	IV. Anklageerhebung zum Landgericht wegen des besonderen Umfangs der Sache	14
B. Zuständigkeit der Amtsgerichte mit Ausnahmen (Abs 1)	5	V. Anklageerhebung zum Landgericht wegen der besonderen Bedeutung der Sache	16
I. Schwurgerichts- und Staatsschutzsachen	7		
II. Anklageerhebung beim Landgericht wegen der Rechtsfolgenerwartung	9	**C. Strafbann der Amtsgerichte (Abs 2)**	18
III. Anklageerhebung beim Landgericht zum Opferzeugenschutz	12	**D. Sofortige Beschwerde und Revision**	19

A. Normbedeutung

Mit der **Garantie des gesetzlichen Richters** will Art 101 Abs 1 S 2 GG der Gefahr 1 vorbeugen, dass die Justiz sachfremden Einflüssen ausgesetzt wird. Es soll vermieden werden, dass durch eine auf den Einzelfall bezogene Auswahl der zur Entscheidung berufenen Richter das Ergebnis der Entscheidung beeinflusst werden kann, gleichgültig, von welcher Seite eine solche Manipulation ausgeht (BVerfGE 95, 322, 327). Daraus folgt, dass in abstrakt-generellen Regelungen vorausbestimmt werden muss, wer „gesetzlicher" Richter ist. Dies setzt zudem einen Bestand von Rechtssätzen voraus, die für jeden Fall den Richter bezeichnen, der für die Entscheidung zuständig sein soll. Art 101 Abs 1 S 2 GG verpflichtet demnach zunächst den Gesetzgeber dazu, abstrakt-generelle Regelungen zu treffen, aus denen sich der gesetzliche Richter ergibt. Diese Regelungen müssen auch hinreichend bestimmt sein. Das schließt die Verwendung unbestimmter Rechtsbegriffe allerdings nicht endgültig aus (BVerfGE 95, 322, 329). Das Gebot, den im Einzelfall zur Mitwirkung berufenen Richter **so genau wie möglich** zu bestimmen, hat jedoch zur Folge, dass überall dort, wo dies nach dem vom Gesetzgeber gewählten Regelungskonzept ohne Beeinträchtigung der Effektivität der Rechtsprechung möglich ist, die Zuständigkeitsbestimmung anhand von Kriterien zu erfolgen hat, die subjektive Wertungen weitgehend entbehrlich machen. Auch die vorliegende Vorschrift ist an diesem Maßstab zu messen. Bei ihrer Auslegung und Anwendung durch die Gerichte gilt die Einschränkung der Verletzung von spezifischem Verfassungsrecht nach der **Willkürformel** der Rechtsprechung (vgl BVerfGE 95, 322, 333), die freilich ihrerseits dogmatisch angreifbar erscheint (Voßen Die Rechtsprechung des Bundesverfassungsgerichts zur Rechtsweggarantie des Art 19 Abs 4 GG, den Verfahrensgarantien nach Art 101 Abs 1 S 2 GG, Art 103 Abs 1 GG und zum Prozessrecht der Fachgerichte 2002, 223 ff). Durch erhebliche Veränderungen in der Prozesslandschaft sind vor allem die Einwendungen gegen die generelle Vereinbarkeit der beweglichen Zuständigkeiten mit Art 101 Abs 1 S 2 GG (Arnold Die Wahlbefugnis der Staatsanwaltschaft bei der Anklageerhebung 2007, 164 ff) mehr denn je beachtlich.

Die vorliegende Vorschrift bestimmt die sachliche Zuständigkeit in Strafsachen nach dem 2 Erwachsenenrecht; für Jugendstrafverfahren gelten § 39 JGG bis § 41 JGG. Die **sachliche Gerichtszuständigkeit** nach dem Erwachsenenrecht liegt **grundsätzlich bei den Amts-**

gerichten, die durch Strafrichter oder Schöffengerichte entscheiden (§ 25 GVG, § 28 GVG). Ausnahmen werden in Abs 1 Nr 1 durch eine an Deliktstypen ausgerichtete Sonderzuständigkeit von speziellen Spruchkörpern der Landgerichte und Oberlandesgerichte gemacht, denen **Schwurgerichts- und Staatsschutzsachen** besonders zugewiesen sind (§ 74 Abs 2 GVG, § 74a GVG und § 120 GVG). Abs 1 Nr 2 regelt eine Zuständigkeitsgrenze anhand einer bestimmten **Rechtsfolgenerwartung**, die von Fall zu Fall aufgrund einer Prognose zu bestimmen ist und deshalb als bewegliche Zuständigkeit keine exakte Bestimmung der Gerichtszuständigkeit liefert. Die Regelung ist deshalb im Hinblick auf das Gesetzlichkeitsprinzip des Art 101 Abs 1 S 2 GG in Frage gestellt worden, zumal der Staatsanwalt bei der Anklageerhebung die Erstauswahl des zuständigen Gericht trifft, also das Adressatgericht zunächst von der Exekutive bestimmt wird (Herzog StV 1993, 609 ff). Dies gilt seit BVerfGE 9, 223, 227 ff bei einschränkender Auslegung als **verfassungskonform**, weil danach einerseits der **Staatsanwaltschaft kein Ermessen**, sondern nur ein **Beurteilungsspielraum** zugebilligt wird, und andererseits deren Auswahlentscheidung einer vollen **inhaltlichen Nachprüfung durch die Gerichte** unterliegt.

3 Das überzeugt nach wiederholten Änderungen des Zuständigkeitssystems und angesichts der Änderungen der Rechtsanwendung durch die raumgreifende Absprachenpraxis heute allenfalls noch bedingt (SK-StPO/Degener GVG § 24 Rn 23 ff), zumal die praktische Wirkung der gerichtlichen Nachkontrolle gegenüber der anfänglichen Zuständigkeitsauswahl durch die Staatsanwaltschaft in Zeiten einer chronischen Überlastung der Strafjustiz zunehmend zu wünschen übrig lässt (Arnold ZIS 2008, 92, 95 ff). Abs 1 Nr 3 nennt auch weitere, in der Rechtsprechung bisher im Hinblick auf Art 101 Abs 1 S 2 GG noch gar nicht näher untersuchte bewegliche Zuständigkeiten, indem auch unabhängig von den Fällen der Nr 1 und Nr 2 Anklage zum Landgericht erhoben werden kann, und zwar wegen der besonderen **Schutzbedürftigkeit von Verletzten** der Straftat, die als Zeugen in Betracht kommen, wegen des besonderen **Umfangs der Sache** oder wegen der besonderen **Bedeutung der Sache**. Diese weiteren Fälle einer beweglichen Zuständigkeit, welche die verfassungsrechtlichen Bedenken gegen das Regelungssystem fortbestehen lassen, bedürfen ebenfalls zumindest von Fall zu Fall einer sorgfältigen Prüfung. Die Minimierung von Umfang und Bedeutung der Sache durch **Urteilsabsprachen** nach § 257 c StPO kann sich auch auf die Zuständigkeitsauswahl in einer Weise auswirken, dass die Einhaltung von Art 101 Abs 1 S 2 GG nun kaum noch gewährleistet ist (§ 257 c StPO Rn 1.5).

4 Schließlich wird in Abs 2 der **Strafbann der Amtsgerichte**, also die Obergrenze der insgesamt durch diese Gerichte auszusprechenden Rechtsfolgen, allgemein auf Freiheitsstrafe bis zu vier Jahren begrenzt und es werden die besonders eingriffsintensiven Maßregeln der Unterbringung in einem psychiatrischen Krankenhaus oder in der Sicherungsverwahrung ausgenommen.

B. Zuständigkeit der Amtsgerichte mit Ausnahmen (Abs 1)

5 Die sachliche Gerichtszuständigkeit ist eine **Verfahrensvoraussetzung** für die gerichtliche Untersuchung. Sie ist grundsätzlich in jeder Lage des Verfahrens von Amts wegen zu prüfen, wobei aber **§ 269 StPO** im Interesse der Verfahrensbeschleunigung die Zuständigkeit eines Gerichts der höheren Ordnung ab der Eröffnung des Hauptverfahrens perpetuiert (BGHSt 46, 238, 240). Bei der Zuständigkeitsprüfung nach der Anklageerhebung sind zunächst auch noch Eingrenzungen zu beachten, die der Eröffnungsbeschluss vornimmt (BGHSt 29, 341, 342). Allgemein ist bei der Frage der Zuständigkeit die objektive Sachlage zum Zeitpunkt der Eröffnungsentscheidung zugrunde zu legen (BGHSt 47, 16, 21; KK-StPO/Hannich GVG § 24 Rn 12). Nach der **Eröffnung des Hauptverfahrens** sind die durch den Prozessverlauf veränderbaren Faktoren der besonderen Bedeutung des Falles im Sinne von Abs 1 Nr 3 nicht mehr zu prüfen (Meyer-Goßner GVG § 24 Rn 10). Auch eine Verfahrenstrennung nach Eröffnung des Hauptverfahrens lässt die Zuständigkeit des höherrangigen Gerichts nicht entfallen, wenn sie zuvor durch eine Verweisung begründet worden war (BGHSt 47, 116, 117 f), ebenso eine Urteilsabsprache nach § 257 c StPO, die auch einen verengten richterlichen „Strafrahmen" zur Folge hat.

6 Die sachliche Zuständigkeit in Strafsachen in der ersten Instanz liegt nach Abs 1 grundsätzlich bei den Amtsgerichten. Sie wird durch Ausnahmeregeln in Abs 1 von der erstinstanzli-

chen Zuständigkeit der Landgerichte und Oberlandesgerichte abgegrenzt. Der nachfolgende Instanzenzug richtet sich nach der Eingangszuständigkeit. Der für die Amtsgerichte begrenzte Strafbann pflanzt sich im **Instanzenzug** fort, so dass auch eine kleine Strafkammer beim Landgericht als Berufungsgericht nach Abs 2 keine höhere Strafe als Freiheitsstrafe bis zu vier Jahren verhängen und nicht die Unterbringung des Angeklagten in einem psychiatrischen Krankenhaus oder in der Sicherungsverwahrung anordnen darf.

I. Schwurgerichts- und Staatsschutzsachen

Traditionell liegt die Zuständigkeit für **Tötungsverbrechen und** bei erfolgsqualifizierten **Delikten mit Todesfolge** bei den **Schwurgerichtskammern** der Landgerichte, ohne dass dies etwa im Verhältnis zu großen Jugendkammer (§ 41 JGG) Ausdruck einer bestimmten Rangordnung wäre (BGHSt 26, 191, 194). Den Schwurgerichtskammern werden die Strafsachen über die im Katalog des § 74 Abs 2 GVG genannten Delikte zugewiesen (zu vergessenen Zuständigkeitsbereichen Rieß NStZ 2008, 546 ff). Dabei kommt es nicht darauf an, dass zugleich Begleittaten angeklagt sind, die für sich genommen nicht zur Zuständigkeit der Schwurgerichtskammern gehören.

7

Ähnlich wie die Schwurgerichtssachen sind auch die **Staatsschutzsachen** durch Straftatenkataloge in § 74 a GVG, § 120 GVG festgelegt und dadurch den Landgerichten (zum Regelungsgrund BGHSt 13, 378, 380 f) sowie Oberlandesgerichten zur ausschließlichen Zuständigkeit in erster Instanz zugewiesen. **Wirtschaftsstrafsachen** nach § 74 c GVG sind nicht in Abs 1 Nr 1 erwähnt, weil sie nur dann zur Zuständigkeit der Wirtschaftsstrafkammern der Landgerichte gehören, wenn die Rechtsfolgenerwartung den Strafbann des Amtsgerichts (Abs 2) übersteigt (Abs 1 Nr 2) oder wenn sie von besonderer Bedeutung sind (Abs 1 Nr 3).

8

II. Anklageerhebung beim Landgericht wegen der Rechtsfolgenerwartung

Nach Abs 1 Nr 2 entscheidet eine Rechtsfolgenprognose über die sachliche Zuständigkeit von Amtsgericht oder Landgericht (KK-StPO/Hannich GVG § 24 Rn 4). Danach ist das Amtsgericht nur zuständig, wenn keine höhere Strafe als **Freiheitsstrafe bis zu vier Jahren** und keine Verhängung einer Maßregel der **Unterbringung in einem psychiatrischen Krankenhaus** (anders bei den Jugendgerichten, BVerfG NJW 1986, 771 ff mAnm Eisenberg NJW 1986, 2408 ff) oder in der **Sicherungsverwahrung** zu erwarten ist. Die Zuständigkeitsabgrenzung nach der Rechtsfolgenerwartung ist der häufigste Abgrenzungsfall. Er beruht auf unsicheren Prämissen, galt aber in der Rechtsprechung schon vor den Einschränkungen durch das Gebot der einschränkenden Auslegung durch BVerfGE 9, 223, 227 ff als verfassungskonform (BGHSt 9, 367, 369; BGH NJW 1958, 918, 919). Davon ist die Rechtsprechung ungeachtet aller Änderungen der Rahmenbedingungen in der Folgezeit nicht abgerückt (krit Achenbach FS Wassermann 1985, 949, 851; Arnold ZIS 2008, 92 ff). Die Absprachenpraxis nach § 257 c StPO kann Anlass dazu bieten, dass auch über das Zuständigkeitssystem neu nachgedacht werden muss, wenn Ergebnisabsprachen, die auch zu abweichenden Strafhöhen gegenüber dem konventionellen Verfahren führen, eher zufällig bisweilen vor, manchmal auch erst nach Eröffnung des Hauptverfahrens erfolgen und damit zugleich die Rechtsfolgenerwartung verändern.

9

Die **Prognose** im überkommenen Strafverfahrensrecht ist zunächst – ohne Ermessen, nur aufgrund eines überprüfbaren Beurteilungsspielraums – von der Staatsanwaltschaft bei der Anklageerhebung und sodann vom Gericht des ersten Rechtszuges bei der Eröffnungsentscheidung anzustellen. Dafür sind die Umstände maßgeblich, welche als vorläufige Tatsachenfeststellungen zur Schuld- und Rechtsfolgenfrage bei der Annahme des hinreichenden Tatverdachts anhand des gesamten Aktenstoffs zu Grunde zu legen sind (KG Beschl v 3. 3. 2000 – Az 4 Ws 46/00). Ermittlungen zu den Rechtsfolgenfragen sind dafür regelmäßig nur in dem von § 160 Abs 2 StPO gekennzeichneten Rahmen anzustellen. Kommt aber etwa eine Maßregel nach § 63 StGB in Frage, dann hat auch das Gericht nach Anklageerhebung noch ein Sachverständigengutachten hierüber einzuholen, wenn dieses nicht schon vor Anklageerhebung eingeholt worden war und sich diese Aufklärungsmaßnahme nach dem Maßstab des § 155 Abs 2 StPO aufdrängt. Die sachliche Zuständigkeit des Landgerichts

10

wegen der Maßregel nach § 63 StGB ist freilich nur gegeben, wenn die Unterbringung in einem psychiatrischen Krankenhaus aufgrund konkreter Umstände mit einiger Wahrscheinlichkeit zu erwarten ist (BayObLG NStZ-RR 2000, 177, 178). Es reicht nicht aus, wenn lediglich die Möglichkeit einer Unterbringungsanordnung besteht (OLG Rostock Urt v 14. 5. 2004 – Az 1 Ss 44/04).

11 Für die Zuständigkeitsabgrenzung spielen Geldstrafen, Nebenstrafen, Nebenfolgen und Maßregeln der Besserung und Sicherung außer denjenigen nach § 63 StGB und § 66 StGB keine Rolle. Entscheidend ist, ob voraussichtlich der Strafbann des Amtsgerichts zur angemessenen Aburteilung des Vorwurfes ausreicht oder nicht.

III. Anklageerhebung beim Landgericht zum Opferzeugenschutz

12 Durch Straftaten geschädigte Personen, die als Tatzeugen in Betracht kommen, können nach der gesetzgeberischen Vorstellung durch eine Wiederholung der Tatsacheninstanz weiter unzumutbar belastet werden. Deshalb trachtet das Gesetz in seiner Neufassung danach, ihnen die zweite Tatsacheninstanz zu ersparen. Dazu kann die Staatsanwaltschaft Anklage beim Landgericht erheben, wenn dies zum Schutze von Verletzten wegen ihrer besonderen Schutzbedürftigkeit angezeigt erscheint. Auch die besondere Schutzbedürftigkeit, die mit Blick auf das Regel- und Ausnahmeverhältnis von amts- und landgerichtlicher Zuständigkeit **deutlich über das normale Maß der Belastungen** von Opferzeugen durch die Verhandlungssituation hinausgehen muss (LG Hechingen NStZ-RR 2006, 51 ff), ist durch eine Prognose von Ursachen und Wirkungen, wie sie sich voraussichtlich nach dem Ergebnis der Hauptverhandlung darstellen werden, festzustellen. Die besondere Schutzbedürftigkeit eines Zeugen kann sich nach der Vorstellung des Gesetzgebers aus der tief greifenden Wirkung der angeklagten Straftat auf den Verletzten ergeben, insbesondere bei Gewaltdelikten, Sexualstraftaten oder sonstigen Delikten gegen höchstpersönliche Rechtsgüter (Meyer-Goßner StPO § 24 GVG Rn 6). Entscheidend ist die individuelle Beeinträchtigung des jeweiligen Verletzten. Erhebt die Staatsanwaltschaft wegen der besonderen Schutzbedürftigkeit eines Zeugen als Tatopfer Anklage zum Landgericht, dann hat sie die das Zuständigkeitsmerkmal begründenden Umstände in der Anklageschrift oder zumindest in der Begleitverfügung **zu erläutern** (OLG Hamburg NStZ 2005, 654, 655; einschränkend KK-StPO/Hannich GVG § 24 Rn 6 a; Meyer-Goßner GVG § 24 Rn 6).

12.1 Primäre Viktimisierung ist die Erlangung der Opferrolle durch eine strafbare Handlung. Durch die Reaktionen des sozialen Umfelds, von Polizeibeamten, Rechtsanwälten, Richtern und Ärzten oder Sachverständigen kann eine Intensivierung des direkten Opferwerdens erfolgen; dies wird als **sekundäre Viktimisierung** bezeichnet, die es durch Verringerung der Instanzen zu vermeiden gilt. Oftmals wird das Wiedergeben des Tathergangs durch Tatopfer als psychische Belastung und als entwürdigend empfunden. Das ist aber von Person zu Person unterschiedlich stark ausgeprägt und kann nicht abstrakt generell als ausreichender Grund für eine Verringerung des Instanzenzuges durch Anklageerhebung zum Landgericht nach Abs 1 Nr 3 bewertet werden.

13 Es bestehen vor allem Bedenken gegen die gesetzliche Regelung, weil hier die **Opferrolle** von Belastungszeugen und die Annahme einer schweren Schädigung dieser Personen durch den Angeschuldigten **antizipiert** wird (Heghmanns DRiZ 2005, 288, 291). Auch ist die Gefahr einer sekundären Viktimisierung und ihrer Folgen nicht kalkulierbar. Das gilt namentlich wegen der Unwägbarkeiten des Eintritts oder Ausbleibens sowie gegebenenfalls der chronischen Verfestigung oder vorübergehenden Natur einer posttraumatischen Belastungsstörung, deren bloße Gefahr nach § 176 a Abs 2 Nr 3 StGB ein Qualifikationstatbestand ist, deren Realisierung sich aber uU erst nach Jahren verifizieren oder falsifizieren lässt, und die daher nicht einmal annähernd prognostizierbar erscheint (vgl Matt/Renzikowski/Eschelbach StGB § 176 a StGB Rn 23). Die Antizipation der Opferrolle und des Schutzbedürfnisses kollidiert vor diesem Hintergrund mit der Unschuldsvermutung zugunsten des Angeschuldigten (Salditt StV 2002, 273 ff). Mit Blick auf andere Mittel zum Zeugenschutz ist die Reduzierung des Instanzenzuges zum Schutz von mutmaßlichen Opferzeugen vor sekundärer Viktimisierung unter gleichzeitiger Verringerung der Verteidigungsmöglichkeiten für den Angeschuldigten nicht erforderlich (SK-StPO/Degener GVG § 24 Rn 36). Die Einordnung der „Geschädigten" in die Opferrolle und ihre Behandlung als Prozesssubjekt und akten-

kundige Quasipartei des Prozesses führt schließlich auch zu einer markanten **Desavouierung der Zeugenrolle** (Schünemann FS Hamm 2008, 687, 690 ff).

Gerade in dem sensiblen Bereich der Sexualdelikte, bei denen meist „Aussage gegen Aussage" **13.1** steht, ist die **Zahl der falschen Vorwürfe** wesentlich größer als es meist angenommen wird (vgl Burgheim/Friese Sexualdelinquenz und Falschbezichtigung 2006, 11 ff). In Fällen eines „Missbrauchs mit dem Missbrauch" (vgl das Beispiel einer falschen Verdächtigung durch eine Borderlinekranke bei Sabine Rückert Unrecht im Namen des Volkes, 2007; zur Borderlinestörung als Quelle für Falschaussagen über sexuellen Missbrauch Böhm/Meuren/Storm-Wahlich Praxis der Rechtspsychologie 2002, 209 ff; sa § 261 StPO Rn 6.3) kann sich der Schutz des angeblichen Opfers in das Gegenteil verkehren, weil dem in Wahrheit geschädigten Angeschuldigten die Möglichkeit einer zuverlässigen Aufdeckung der falschen Verdächtigung in einer weiteren Instanz erschwert wird (im Ergebnis unrichtig daher in einem weiteren Borderlinefall BVerfG Beschl v 1. 8. 2006 – Az 2 BvR 1362/06; sa § 261 StPO Rn 6.2). Das daraus resultierende Dilemma des an sich berechtigten Interesses an dem Schutz wahrer Opfer unter gleichzeitiger Aufrechterhaltung der Verteidigungsmöglichkeiten von Angeschuldigten (Geipel StV 2008, 271 ff) kann letztlich erst überwunden werden, wenn de lege ferenda zumindest die genaue Dokumentation von Zeugenaussagen und deren nachträgliche Überprüfung auch mit Hilfe von Sachverständigen ermöglicht wird. Die verschiedenen Instanzenzüge mit einer oder zwei Tatsacheninstanzen führen jedenfalls bisher auch mangels Dokumentation der Aussageninhalte in der Hauptverhandlung zu einem grob ungleichartigen Rechtsschutzstandard.

IV. Anklageerhebung zum Landgericht wegen des besonderen Umfangs der Sache

Auch der besondere Umfang der Sache begründet eine Zuständigkeit des Landgerichts, **14** weil besonders umfangreiche Sachen in **Großverfahren** zum einen die Zuständigkeit einer Strafkammer mit zwei oder drei Berufsrichtern anstelle der Zuständigkeit eines Spruchkörpers des Amtsgerichts mit nur einem Berufsrichter sachdienlich ist und zum anderen wirkliche Großverfahren wegen ihres immensen Aktenumfangs praktisch kaum in mehr als einer Tatsacheninstanz verhandelt werden können. Das Abgrenzungskriterium ist freilich vage, durch die Möglichkeiten der Verfahrensabtrennung nach §§ 2 StPO ff sowie der Verfahrensreduzierung nach § 154 StPO oder § 154 a StPO und durch Verständigungen zunehmend unbestimmt. Die Instanzenregelung trifft mit alledem heute auf eine grundlegend veränderte Prozesslandschaft, in der die Amtsgerichte mit einem oder zwei Berufsrichtern (§ 29 Abs 2 GVG), die Strafkammern nur noch mit zwei oder drei Berufsrichtern (§ 76 Abs 1 und Abs 2 S 1 GVG) verhandeln. Bei dieser Lage ist der historisch gewachsene Unterschied zwischen den Rechtszügen mit einer oder zwei Tatsacheninstanzen kaum noch vermittelbar, nachdem er früher jedenfalls auch durch die deutlich stärkere Besetzung der einzigen Tatsacheninstanz in Strafkammersachen, ferner durch die Existenz einer gerichtlichen Voruntersuchung und schließlich durch eine Konzipierung der Wiederaufnahme propter nova gem § 359 Nr 5 StPO als funktionaler Berufungsersatz begründbar erschienen war.

Die früher überlegene **Gerichtsbesetzung** der Strafkammern ist von fünf auf zwei Berufsrichter **14.1** im Lauf der Zeit deutlich **geschrumpft**, die **gerichtliche Voruntersuchung gestrichen** worden und die **Wiederaufnahme** des Verfahrens wird **übermäßig restriktiv gehandhabt**. Außerdem ist der Umfang der Sache in Zeiten von verfahrensabkürzenden Urteilsabsprachen (§ 257 c StPO) zu einer relativen Größe geworden, denn auch Umfangsverfahren werden nicht selten in eintägiger Hauptverhandlung konsensual erledigt. Im Ganzen haben sich die Bedingungen für die Akzeptierung unterschiedlicher Instanzenzüge nachhaltig geändert, ohne dass dies in der Rechtsprechung auf erkennbare Resonanz gestoßen wäre. Die Frage der Vereinbarkeit des Instanzensystems mit Art 3 Abs 1 GG, Abs 3 GG, Art 20 Abs 3 GG, Art 101 Abs 1 S 2 GG ist jedoch neu zu formulieren und bei ernsthafter Betrachtung der Lage im Ergebnis zu verneinen.

Indes muss die Zuständigkeitsentscheidung am konventionellen Verhandlungstyp und an der **14.2** Prozesssituation zur Zeit der Eröffnungsentscheidung orientiert werden. Normative Zuständigkeitsmerkmale werden danach nicht stets von Amts wegen weiter in Frage gestellt (Glaser Aktuelle Probleme im Rahmen der sachlichen Zuständigkeit der Strafgerichte 2001, 43). **Nachträgliche Änderungen des Verfahrensumfangs** und der Art und Weise der prozessualen Behandlung müssen daher bei der Bewertung des besonderen Umfangs der Sache außer Betracht bleiben (sa § 29 GVG Rn 8). Ist schon vor der Eröffnungsentscheidung eine **Verständigung** über Umfang und Ergebnis der Hauptverhandlung nach § 202 a StPO informell vereinbart worden, dann dürfte das andererseits eigentlich nicht unbeachtlich sein. Die Zuständigkeit des Landgerichts wegen des Umfangs der Sache ist danach nur noch bedingt durch das Nichtzustandekommen der Verständigung im Sinne von § 257 c Abs 3 StPO begründet. Das ist mit Art 101 Abs 1 S 2 GG kaum noch in Einklang zu bringen.

15   Ein besonderer Umfang der Sache kann sich aus der **Zahl** der Angeklagten, der Zahl der angeklagten Taten, der Zahl der zu vernehmenden Zeugen und Sachverständigen, sowie der Zahl der zu verwendenden Urkunden und Augenscheinsobjekte, dementsprechend aus dem Umfang des Aktenmaterials und der zu mit allem erwartenden besonders langen **Verhandlungsdauer** ergeben (KG Beschl v 29. 6. 2001 – Az 3 Ws 327/01). Diese Vorgabe liefert variable Parameter für eine insgesamt nur vage definierte Zuständigkeitsgrenze, die durch die Absprachenpraxis endgültig ihre Konturen verliert. Jedenfalls muss die ausnahmsweise dem Landgericht zugewiesene Sache sich vom Durchschnitt der bei den Schöffengerichten anhängigen Sachen deutlich abheben (BT-Drs 15/1976, 19; Kissel/Mayer GVG § 24 Rn 14), zumal diese wegen eines relativ größeren Umfang einer Sache nach § 29 Abs 2 S 1 GVG auch als erweiterte Schöffengerichte verhandeln könnten (OLG Saarbrücken wistra 2002, 118, 119), was aber in der Praxis fast niemals geschieht und seinerseits mit Art 101 Abs 1 S 2 GG kaum vereinbar ist.

V. Anklageerhebung zum Landgericht wegen der besonderen Bedeutung der Sache

16   Die besondere Bedeutung des Falles ist auch ein **unbestimmter Rechtsbegriff**, der einerseits in vollem Umfang gerichtlicher Nachprüfung unterliegt, andererseits durch die Unbestimmtheit der Zuständigkeitsmerkmale den Anforderungen des Art 101 Abs 1 S 2 GG an gesetzlicher Vorausbestimmung des zuständigen Gerichts kaum noch entspricht (Herzog StV 1993, 609, 611; Glaser Aktuelle Probleme im Rahmen der sachlichen Zuständigkeit der Strafgerichte 2001, 22 ff). Ein Ermessensspielraum bei der Auswahl des Adressatgerichts der Anklage steht der Staatsanwaltschaft auch hier nicht zu (OLG Saarbrücken wistra 2002, 118, 119 f). Eine besondere Bedeutung der Sache, welche ausnahmsweise die Anklageerhebung zum Landgericht rechtfertigt, kann sich **aus tatsächlichen oder rechtlichen Aspekten** des Falles ergeben (BGHSt 47, 16, 19). Sie soll insbesondere folgen aus

- dem **Ausmaß der Rechtsverletzungen** (BGHSt 44, 34, 37) mit Ausnahme der unverschuldeten Tatfolgen (Schroeder MDR 1965, 177, 178),
- einer – unter Gleichheitsgesichtspunkten nach Art 3 Abs 1 und Abs 3 GG bedenklich (SK-StPO/Degener GVG § 24 Rn 28) – **hervorgehobenen Stellung von Täter oder Opfer in der Gesellschaft**; etwa bei Bestechlichkeitsdelikten durch Klinikärzte (OLG Karlsruhe StV 2003, 13, 14 mAnm Heghmanns),
- dem besonderen über ein nur regionales Aufsehen hinaus gehenden (OLG Karlsruhe NStZ-RR 2000, 60, 62) **Interesse der Öffentlichkeit** an dem Fall, auch in den Medien (BGHSt 44, 34, 36 f; **aA** Löwe/Rosenberg/Siolek GVG § 24 Rn 17), wonach aber in einer mit Art 101 Abs 1 S 2 GG unvereinbaren Weise praktisch der Pressespiegel über die Gerichtszuständigkeit entscheidet, oder auch aus
- dem besonderen Interesse an einer möglichst **raschen Klärung einer grundsätzlichen**, für eine Vielzahl gleichgelagerter Fälle bedeutsamen **Rechtsfrage** durch den BGH (OLG Naumburg ZfSch 2001, 137 f; Meyer-Goßner GVG § 24 Rn 8; differenzierend KK-StPO/Hannich GVG § 24 Rn 7; abl SK-StPO/Degener GVG § 24 Rn 30), womit aber zumindest im Ansatz § 121 GVG missachtet wird.

17   Die Staatsanwaltschaft hat, wenn sie die besondere Bedeutung des Falles annimmt, die diesbezüglichen Umstände **im wesentlichen Ergebnis der Ermittlungen anzugeben**, sofern diese jedenfalls nicht offensichtlich sind (BGH NStZ-RR 1998, 336). Für die gerichtliche Entscheidung kommt es auf den Befund zur Zeit des Eröffnungsbeschlusses an. Ist dann schon eine konsensuale Lösung absehbar mit der Folge, dass die Sache ihre besondere Bedeutung verliert, dann kann die Zuständigkeit des Gerichts der höheren Ordnung eigentlich kaum aufrechterhalten werden; andererseits ist die Verständigung an das Gericht gebunden, dass sich darauf einlässt. Diese Situation verdeutlicht die zugespitzte Problematik der beweglichen Zuständigkeiten in einer Zeit zunehmender Urteilsabsprachen.

C. Strafbann der Amtsgerichte (Abs 2)

§ 24 Abs 2 GVG enthält das absolute Verbot, auf eine den Strafbann überschreitende 18
Sanktion zu erkennen; bis zu einem solchen Erkenntnis ist die Zuständigkeit im Hinblick auf Abs 1 Nr 2 nur an der Straferwartung orientiert (BGHSt 45, 58, 60). Die Rechtsfolgenkompetenz der Amtsgerichte beträgt, von Geldstrafen, Nebenstrafen, Nebenfolgen und Maßregeln außer denjenigen nach § 63 StGB und § 66 StGB abgesehen (SK-StPO/Degener GVG § 24 Rn 43), Freiheitsstrafe bis zu vier Jahren. Jeder Spruchkörper des Amtsgerichts, der nach Erwachsenenstrafrecht entscheidet, hat diese Kompetenz, auch der Strafrichter, dessen Zuständigkeit gegenüber derjenigen des Schöffengerichts nur von einer Rechtsfolgenerwartung abgegrenzt ist (§ 25 Nr 2 GVG), die sich insoweit aber nicht realisieren muss. Der Strafbann betrifft auch **Gesamtstrafen**, aber nicht mehrere selbständig nebeneinander verhängte Gesamtstrafen (BGHSt 34, 159 ff mAnm Fezer JR 1988, 89 ff, Schnarr NStZ 1987, 236, 237), deren Summe folglich auch bei der Verhängung durch ein Amtsgericht die Grenze von vier Jahren überschreiten kann, ohne dass eine Verletzung von Abs 2 eintritt. Der Strafbann des Amtsgerichts gilt ebenfalls für das **Berufungsgericht** (BayObLG StraFo 2000, 230 f; KK-StPO/Hannich GVG § 24 Rn 15).

D. Sofortige Beschwerde und Revision

Macht das Gericht höherer Ordnung von seiner Kompetenz nach § 209 Abs 1 StPO zur 19
Eröffnung des Hauptverfahrens vor dem Gericht niedrigerer Ordnung Gebrauch, so steht der Staatsanwaltschaft dagegen zunächst die **sofortige Beschwerde** zu (§ 210 Abs 2 StPO). Das Beschwerdegericht prüft selbständig, ob die Zuständigkeitsvoraussetzungen vorliegen (KK-StPO/Hannich GVG § 24 Rn 13). Die sachliche Zuständigkeit wird nachträglich auch vom Revisionsgericht aufgrund einer zulässigen Revision als Prozessvoraussetzung **von Amts wegen** überprüft (BGHSt 13, 157, 161). Das gilt ebenso im Verhältnis der Erwachsenengericht zu den Jugendgerichten (BGHSt 10, 74, 76 f). Die Prüfung ist hier freilich durch § 269 StPO eingeschränkt, wenn ein Gericht höherer Ordnung entschieden hat, dessen Zuständigkeit diejenige des alternativ in Frage kommenden Gerichts niedrigerer Ordnung einschließt (§ 269 StPO Rn 11). Demgemäß führt die fehlerhafte Annahme eines Gerichts höherer Ordnung, es sei anstelle des Gerichts niedrigerer Ordnung zur Entscheidung berufen, in der Regel nicht zu einer Urteilsaufhebung in der Revisionsinstanz (BGHSt 46, 238, 240). Eine Gegenausnahme davon gilt bei objektiv willkürlicher Zuständigkeitsannahme der Tatsacheninstanz, welche **Art 101 Abs 1 S 2 GG** verletzt und deshalb auch nicht fehlerfrei nach § 269 StPO perpetuiert werden kann (BGHSt 46, 238, 241; BGH NStZ 1999, 578). Auch das ist nach freilich stark umkämpfter Rechtsprechung vom Revisionsgericht von Amts wegen zu prüfen (BGHSt 40, 120, 122 ff; SK-StPO/Degener GVG § 24 Rn 42; KK-StPO/Hannich GVG § 24 Rn 12 a; **aA** BGHSt 43, 53, 56 ff). Objektive Willkür, die für eine Verletzung von Art 101 Abs 1 S 2 GG vorauszusetzen ist, liegt nur vor, wenn die fehlerhafte Auslegung einer Zuständigkeitsnorm offensichtlich unhaltbar ist, nicht jedoch schon bei einem bloßen **error in procedendo** (OLG Hamburg NStZ-RR 1998, 53, 54).

Wird die sachliche Zuständigkeit des Gericht der Vorinstanz vom Revisionsgericht ver- 20
neint, dann wird das Urteil aufgehoben, ohne Rücksicht darauf, ob es auf dem Zuständigkeitsmangel beruht (BGHSt 13, 157, 162). § 338 Nr 4 StPO spielt insoweit bei der Frage der sachlichen Zuständigkeit keine Rolle.

Das Revisionsgericht prüft auch aufgrund einer zulässige Revision gegen ein Urteil des 21
Amtsgerichts oder einer Berufungskammer von Amts wegen, ob das Gericht den **Strafbann** gemäß Abs 2 beachtet hat.

§ 25 [Zuständigkeit des Strafrichters]

Der Richter beim Amtsgericht entscheidet als Strafrichter bei Vergehen,
   1. **wenn sie im Wege der Privatklage verfolgt werden oder**
   2. **wenn eine höhere Strafe als Freiheitsstrafe von zwei Jahren nicht zu erwarten ist.**

Überblick

Die Vorschrift grenzt innerhalb der Spruchkörper der Amtsgerichte in Strafsachen die sachliche Zuständigkeit des Strafrichters von derjenigen des Schöffengerichts ab. Sie weist dem Strafrichter alle Privatklageverfahren zu (Nr 1) und erklärt ihn im Übrigen bei Offizialverfahren prinzipiell für zuständig, solange keine höhere Strafe als Freiheitsstrafe von zwei Jahren zu erwarten ist (Nr 2).

A. Normzweck

1   Der Strafrichter nimmt einen Teil der Zuständigkeiten des Amtsgerichts in Strafsachen wahr. Bei der Abgrenzung der Zuständigkeiten von Strafrichter und Schöffengericht handelt es sich jedoch um einen Aspekt der **sachlichen Gerichtszuständigkeit** (HK-GS/Böttcher GVG § 25 Rn 1; KK-StPO/Hannich GVG § 25 Rn 2), die grundsätzlich als Verfahrensvoraussetzung von Amts wegen zu prüfen ist (§ 6 StPO). Der Strafrichter ist gegenüber dem Schöffengericht ein Gericht niedrigerer Ordnung iSd Verweisungsregeln in § 209 StPO, § 225 StPO und § 270 StPO (BVerfGE 22, 254, 260; BGHSt 19, 177, 178). Bei einer Zuständigkeitsannahme des Schöffengerichts anstelle des Strafrichters ist jedoch **§ 269 StPO zu beachten** (OLG Brandenburg OLG-NL 2006, 166, 167). Diese Regelung führt zur Perpetuierung der Zuständigkeit des höherrangigen Schöffengerichts nach der dortigen Eröffnung des Hauptverfahrens, soweit nicht **objektive Willkür** vorliegt (OLG Köln NStZ-RR 1996, 178, 179; KK-StPO/Hannich GVG § 25 Rn 2). Auch dem Strafrichter steht jedoch der volle Strafbann des Amtsgerichts nach § 24 Abs 2 GVG zur Verfügung (BGHSt 16, 248, 250; BayObLG NStZ 1985, 470 mAnm Achenbach), so dass insoweit eine nachträgliche Zuständigkeitsverweisung gemäß § 270 StPO entbehrlich wird, wenn sich nach Eröffnung des Hauptverfahrens vor dem Strafrichter die Straferwartung auf einen Bereich zwischen zwei und vier Jahren Freiheitsstrafe erhöht, in dem an sich das Schöffengericht zuständig wäre.

B. Zuständigkeit des Strafrichters für Privatklageverfahren

2   Der Strafrichter ist generell für Privatklageverfahren nach § 374 StPO zuständig (Nr 1). Wird ein Privatklagedelikt dagegen im Offizialverfahren verfolgt, dann gelten dafür die allgemeinen Zuständigkeitsregeln der § 24 Abs 1 GVG, § 25 Nr 2 GVG. Ist das Verfahren zunächst als Privatklageverfahren betrieben worden, erfolgt aber danach eine Übernahme der Verfolgung durch die Staatsanwaltschaft, dann bleibt die Zuständigkeit des Strafrichters nach Nr 1 erhalten (SK-StPO/Degener GVG § 25 Rn 2).

C. Zuständigkeit des Strafrichters bei einer Straferwartung von nicht mehr als zwei Jahren Freiheitsstrafe

3   Der Strafrichter ist sachlich zuständig, wenn bei Anklageerhebung und Eröffnungsbeschluss die Straferwartung **Freiheitsstrafe von zwei Jahren** nicht übersteigt, mag später auch eine höhere Strafe verhängt werden, für die der Strafbann des Amtsgerichts nach § 24 Abs 2 GVG auch für den Strafrichter gilt (Meyer-Goßner GVG § 25 Rn 4). Kommt eine Gesamtstrafe in Betracht, dann ist deren Höhe entscheidend (BayObLG NStZ 1985, 470). Auf Nebenstrafen und Nebenfolgen kommt es hingegen nicht an. Das früher zur verfassungskonformen Auslegung in das Gesetz hinein interpretierte Zusatzmerkmal des Vorliegens einer **Straftat von minderer Bedeutung** (BVerfGE 22, 254 ff) spielt in der Neufassung der Norm keine Rolle mehr (OLG Koblenz StV 1996, 588, 589, 590; SK-StPO/Degener GVG § 25 Rn 5; Fischer NJW 1996, 1044, 1045; Glaser Aktuelle Probleme im Rahmen der sachlichen Zuständigkeit der Strafgerichte 2001, 26 ff; KK-StPO/Hannich GVG § 25 Rn 6; Hohendorf NJW 1995, 1454 ff; Meyer-Goßner StPO § 25 GVG Rn 3; Rieß NStZ 1995, 376 ff).

4   Nr 2 behandelt die Zuständigkeit des Strafrichters nach der Sachlage, wie sie sich vor dem Beginn der Hauptverhandlung darstellt. Nach **Eröffnung des Hauptverfahrens** vor dem Strafrichter ist vom Standpunkt der Rechtsprechung aus grundsätzlich nicht mehr zu prüfen,

ob eine sachliche Zuständigkeit anzunehmen ist (BayObLG NStZ 1985, 470, 471 mAnm Achenbach; Glaser aaO 44, 45; **aA** SK-StPO/Degener GVG § 25 Rn 9). Eine Änderung nur der Rechtsfolgenerwartung hat danach bis zur Grenze des amtsgerichtlichen Strafbanns im Ergebnis auch für das Revisionsverfahren keine Bedeutung, weil der Strafrichter die volle Strafgewalt des Amtsgerichts hat und deshalb auch über die Grenze von Nr 2 hinaus auf eine Freiheitsstrafe bis zu vier Jahren erkennen darf (BGHSt 16, 248, 250 f, KK-StPO/Hannich GVG § 25 Rn 7; **aA** Achenbach NStZ 1985, 471).

D. Zuständigkeitsverweisungen

Hat das Schöffengericht seine Zuständigkeit als Gericht höherer Ordnung zunächst objektiv willkürlich (BVerfGE 22, 254, 262) angenommen, so ist ausnahmsweise gemäß § 270 StPO eine nachträgliche **Verweisung der Sache an den Strafrichter** möglich, weil die Sperre des **§ 269 StPO** dadurch aufgehoben wird, dass sonst der höherrangige **Art 101 Abs 1 S 2 GG** verletzt wird (LG Köln StV 1996, 591, 592). Unter denselben Voraussetzungen hat auch das **Berufungsgericht** das Verfahren an den Strafrichter zurückzuverweisen (LG Freiburg StV 1996, 534, 535). Gleiches gilt schließlich für das **Revisionsgericht** (OLG Düsseldorf NStZ 1996, 206, 207; OLG Oldenburg NStZ 1994, 449, 450; Neuhaus StV 1995, 212 ff). Auch wenn ein Angeklagter letztlich nur zu einer Freiheitsstrafe von sechs Monaten verurteilt worden ist, so ist die anfängliche Zuweisung des Verfahrens an das Schöffengericht allerdings dann nicht als willkürlich zu bezeichnen, wenn eine Freiheitsstrafe von mehr als zwei Jahren zum Zeitpunkt der Eröffnung des Hauptverfahrens jedenfalls nicht so weit außerhalb des Erwartbaren lag, dass mit ihrer Verhängung nicht im Entferntesten zu rechnen war (OLG Hamm MDR 1996, 91). Die Eröffnung des Verfahrens vor dem Schöffengericht statt vor dem Strafrichter ist aber etwa dann willkürlich, wenn lediglich eine Geldstrafe zu erwarten war, nachdem eine Einstellung des Verfahrens gemäß § 153 a StPO nur am Fehlen der Zustimmung des Angeklagten gescheitert war (OLG Hamm StV 1995, 182, 183). 5

§ 26 [Zuständigkeit in Jugendschutzsachen]

(1) ¹**Für Straftaten Erwachsener, durch die ein Kind oder ein Jugendlicher verletzt oder unmittelbar gefährdet wird, sowie für Verstöße Erwachsener gegen Vorschriften, die dem Jugendschutz oder der Jugenderziehung dienen, sind neben den für allgemeine Strafsachen zuständigen Gerichten auch die Jugendgerichte zuständig.** ²**Die §§ 24 und 25 gelten entsprechend.**

(2) **In Jugendschutzsachen soll der Staatsanwalt Anklage bei den Jugendgerichten nur erheben, wenn in dem Verfahren Kinder oder Jugendliche als Zeugen benötigt werden oder wenn aus sonstigen Gründen eine Verhandlung vor dem Jugendgericht zweckmäßig erscheint.**

Jugendschutzsachen sind solche, in denen einem Erwachsenen eine Verletzung oder konkrete Gefährdung eines Kindes oder Jugendlichen oder aber eine Verletzung spezifisch dem Jugendschutz oder der Jugenderziehung dienender Vorschriften vorgeworfen wird. Für diese Verfahren schafft die vorliegende Vorschrift eine Doppelzuständigkeit der Jugend- und der Erwachsenengerichte (Abs 1). Die Erstauswahl trifft die Staatsanwaltschaft bei der Anklageerhebung, die aber als Ausnahmefall nur dann an das Jugendgericht als Jugendschutzgericht erfolgen soll, wenn Kinder oder Jugendliche als Zeugen benötigt werden oder aus sonstigen Gründen die Verhandlung vor dem Jugendgericht zweckmäßig erscheint. 1

Jugendgerichte gelten als besonders erfahren im Umgang mit Kindern und Jugendlichen (§ 261 StPO Rn 6.1), obwohl in Zeiten der chronischen Überlastung der Strafjustiz eher der Zufall über die geschäftsplanmäßige Personalzuweisung entscheidet. Die angeblich vorhandenen besonderen **Erfahrungen der Jugendrichter** sind gegebenenfalls meist nur autodidaktisch erworben, weil eine Spezialausbildung weder vorgeschrieben ist noch in der Praxis besonders häufig stattfindet. Das Gesetz will sie besonders dann nutzen, wenn Kinder oder Jugendliche als Zeugen in Verfahren in Betracht kommen, in denen es um die Verletzung oder Gefährdung solcher Personen geht oder in denen nach dem Anklagevorwurf speziell **für den Jugendschutz relevante Strafnormen** (§ 174 StGB, § 176 StGB bis § 176b StGB, § 180 StGB, § 235 StGB, § 236 StGB, JArbSchG, JÖSchG, GjS) verletzt wurden (KG Beschl v 1. 12. 1999 – Az 5 Ws 672/99; KK-StPO/Hannich GVG § 26 Rn 3; Meyer-Goßner GVG § 26 Rn 3). Dafür schafft Abs 1 eine **alternative Doppelzuständigkeit** der Erwachsenen- und Jugendgerichte. Die Jugendgerichte und Erwachsenengerichte derselben Stufen sind rangleich (für das Schwurgericht und die Jugendschutzkammer nach § 74 GVG, § 74b GVG BGHSt 42, 39, 40). Die Zuständigkeitsgrenzen der § 24 GVG, § 25 GVG werden hier auch auf die Jugendgerichte übertragen (Abs 1 S 2). Nur ein im Sinne von § 29 Abs 2 GVG erweitertes Jugendschöffengericht ist auch als Jugendschutzgericht nicht vorgesehen. Die alternative Zuständigkeit der Jugendgerichte als Jugendschutzgerichte besitzt namentlich in Fällen von sexuellem Kindesmissbrauch praktische Bedeutung.

2   Die Problematik der Verfassungsmäßigkeit der beweglichen Zuständigkeiten im Hinblick auf Art 101 Abs 1 S 2 GG wird im Fall der Doppelzuständigkeit in Jugendschutzsachen eher vergrößert als verringert. Die Rechtsprechung und Teile der Literatur gehen von der **Verfassungsmäßigkeit** der Doppelzuständigkeit aus (BGHSt 13, 297, 298; KK-StPO/Hannich GVG § 26 Rn 1; Kissel/Mayer GVG § 26 Rn 9; Meyer-Goßner GVG § 26 Rn 1; **aA** Achenbach FS Wassermann 1985, 849, 853, 854; krit Arnold Die Wahlbefugnis der Staatsanwaltschaft bei der Anklageerhebung 2007, 171 ff). Sie greifen dabei aber auf überkommene Argumentationsstränge zurück, die unter den veränderten rechtlichen Bedingungen mehr denn je als zweifelhaft erscheinen (Arnold Die Wahlbefugnis der Staatsanwaltschaft bei der Anklageerhebung 2007, 210; SK-StPO/Degener GVG § 26 Rn 9).

3   Nach Abs 1 ist **das Jugendgericht** neben dem für allgemeine Strafsachen zuständigen Gericht auch für Straftaten Erwachsener zuständig, wenn durch diese ein Kind oder ein Jugendlicher verletzt oder unmittelbar gefährdet oder gegen eine dem Jugendschutz oder der Jugenderziehung dienende Vorschrift verstoßen wird. Das soll aber nur **ausnahmsweise** zum Tragen kommen, insbesondere wenn Kinder oder Jugendliche als Zeugen in Frage kommen und dann gegebenenfalls als Verletzte über das sie belastende Geschehen berichten müssen.

4   **Die Staatsanwaltschaft** kann durch **Anklageerhebung zum Jugendschutzgericht** zunächst dessen Zuständigkeit begründen. Das weckt wiederum Bedenken im Hinblick auf das Gesetzlichkeitsprinzip nach Art 101 Abs 1 S 2 GG (näher Arnold Die Wahlbefugnis der Staatsanwaltschaft bei Anklageerhebung – insbesondere in Jugendschutzsachen, § 26 GVG, 2007). Jedoch hält die Rechtsprechung die vorliegende Vorschrift für verfassungsgemäß (Rn 2), insbesondere weil die Entscheidung der Staatsanwaltschaft bei der Auswahl zwischen Jugendgericht und Erwachsenengericht der vollen **Nachprüfung durch das Gericht** unterliegt. Die zusätzlich gebotene **verfassungskonforme Auslegung** der Bestimmung erfordert zudem, dass stets, aber auch nur dann, wenn die besonderen Spezialkenntnisse des Jugendgerichts unter den weiteren Voraussetzungen der Vorschrift erforderlich sind, Anklage zum Jugendgericht als Jugendschutzgericht erfolgen muss (krit Achenbach FS Wassermann 1985, 849, 854). Wann aber die Spezialkenntnisse, die in der Praxis auch kaum verifizierbar sind (Geipel StV 2008, 271), zur Anwendung kommen sollen, bleibt unklar.

4.1   Vor diesem Hintergrund wurde die begründungslose Anklageerhebung und Eröffnung des Hauptverfahrens vor einer Jugendschutzkammer in einem Missbrauchsverfahren wegen wenig intensiver Missbrauchshandlungen, in dem als einzige Tatzeugin eine zum Verhandlungszeitpunkt bereits Erwachsene in Betracht kam und der Strafbann des Amtsgerichts im Ergebnis ausgereicht hätte, zu Unrecht hingenommen. Das Ergebnis (BVerfG Beschl v 1. 8. 2006 – Az 2 BvR 1362/06) kann nicht überzeugen (§ 261 StPO Rn 6.2 und § 261 StPO Rn 6.3) und war auch in casu sachlich falsch, weil dort nach erst nachträglich eingeholten Sachverständigengutachten mit extrem hoher Wahrscheinlichkeit (wie in dem von Sabine Rückert Unrecht im Namen des Volkes 2007 beschriebenen Fall) eine bewusste Falschaussage einer Borderline-Kranken vorlag. Inzwischen ist ein einem Schadensersatzprozess die schwere psychische Erkrankung der angeblichen Opferzeugin unstreitig, die im Strafverfahren von der angeblich „erfahrenen Jugendkammer" als offensichtlich nicht gegeben angesehen worden war, so dass die eigene richterliche Sachkunde ausreichend sein sollte, während sie bei einer ex-post-Betrachtung evident fehlte.

Die Zuständigkeitsbestimmung im Bereich der Doppelzuständigkeit mit zusätzlichen Auswahlmöglichkeiten im Bereich der beweglichen Zuständigkeiten erfordern vor diesem Hintergrund als absolute Mindestbedingung eine **nachvollziehbare Begründung der Auswahlentscheidung** und eine nachprüfbare gerichtliche Zuständigkeitsannahme, weil sonst Art 101 Abs 1 S 2 GG evident verletzt ist. 4.2

Die Frage, ob eine Jugendschutzsache vorliegt, ist anhand normativer Kriterien grundsätzlich nur **bis zum Eröffnungsbeschluss zu prüfen** (Meyer-Goßner StPO § 26 GVG Rn 6). Nach der Eröffnung des Hauptverfahrens kann etwa ein Schöffengericht deshalb seine Zuständigkeit nicht mehr mit der Begründung verneinen, dass die Voraussetzungen einer Jugendschutzsache vorlägen und deshalb eine Jugendschutzkammer zuständig sei (OLG Saarbrücken NStZ-RR 2003, 377, 378). 5

§ 27 [Sonstige Zuständigkeiten und Geschäftskreis]

Im übrigen wird die Zuständigkeit und der Geschäftskreis der Amtsgerichte durch die Vorschriften dieses Gesetzes und der Prozeßordnungen bestimmt.

Die Vorschrift ist nur historisch erklärbar, aber heute ohne praktische Bedeutung, weil die Regelungen in § 24 GVG, § 25 GVG, § 28 GVG, § 29 GVG, in der StPO, im JGG und in anderen „Prozessordnungen" den Aufgabenkreis der Amtsgerichte in Strafsachen auch ohne die Generalverweisung ausreichend festlegen. 1

Die Aufgabenzuweisung der Amtsgerichte in Strafsachen für die gerichtliche Untersuchung ab Anklageerhebung ist in § 24 GVG, § 25 GVG, § 28 GVG, § 29 GVG, § 33 JGG, § 33a JGG, § 34 JGG, § 35 JGG genau geregelt. Sonstige Zuständigkeiten bestehen etwa für die **Rechtshilfe** (§ 157 StPO, § 21 IRG, § 22 IRG, § 28 IRG, § 39 Abs 2 IRG; KK-StPO/Hannich GVG § 27 Rn 1), für die **ermittlungsrichterliche Tätigkeit** im Vorverfahren (§ 115a Abs 1 StPO, § 125 Abs 1 StPO, § 128 Abs 1 StPO, § 162 StPO, § 163 Abs 1 S 2 StPO, § 165 StPO, § 166 StPO), für den **Erlass des Strafbefehls** (§ 407 StPO) und im **Bußgeldverfahren** (§ 62 Abs 2 OWiG, § 68 OWiG, § 85 Abs 4 OWiG, § 87 Abs 4 OWiG, § 104 Nr 1 OWiG). Das folgt schon aus den einschlägigen Bestimmungen der StPO, so dass die Verweisungsgeneralklausel überflüssig erscheint.

Der Geschäftskreis der Amtsgerichte wird nach der Prozessordnung um einzelne Geschäfte erweitert, welche die **Geschäftsstellen** zu erledigen haben, ohne dass ein Richter mitwirken muss (§ 158 StPO, § 299 StPO; KK-StPO/Hannich GVG § 27 Rn 2). 2

Vierter Titel. Schöffengerichte (§§ 28-58) (Auszug)

§ 28 [Zuständigkeit]

Für die Verhandlung und Entscheidung der zur Zuständigkeit der Amtsgerichte gehörenden Strafsachen werden, soweit nicht der Strafrichter entscheidet, bei den Amtsgerichten Schöffengerichte gebildet.

Überblick

Die Zuständigkeit des Amtsgerichts folge aus § 24 GVG, diejenige des Strafrichters innerhalb der amtsgerichtlichen Kompetenzen ist in § 25 GVG festgelegt. Die vorliegende Vorschrift bestimmt, dass das Schöffengericht die übrigen Aufgaben der Amtsgerichte in Strafsachen wahrnimmt und deshalb bei den Amtsgerichten Schöffengerichte gebildet werden.

A. Bedeutung der Norm

1   Bis zur Emminger-Reform im Jahre 1924 waren die Schöffengerichte die einzigen Spruchkörper der Amtsgerichte in Strafsachen. Daraus und aus der Notwendigkeit zusätzlicher Bestimmungen für die Schöffen als ehrenamtliche Richter erklärt sich die gesonderte Regelung der Schöffengerichte im 4. Titel. Der den Reichsjustizgesetzen noch unbekannte Strafrichter wurde nachträglich als amtsgerichtlicher Spruchkörper eingeführt und er ist nun in § 25 GVG geregelt. Vor diesem Hintergrund ist in der vorliegenden Vorschrift als Teil des 4. Titels die Zuständigkeit der Schöffengerichte scheinbar wie eine Auffangzuständigkeit innerhalb des Strafbanns und der Gesamtheit der Zuständigkeiten der Amtsgerichte formuliert. Das Schöffengericht ist aber gegenüber dem Strafrichter ein **Gericht höherer Ordnung**.

2   Die Zuständigkeiten von Strafrichter einerseits und Schöffengericht andererseits sind eine **Frage der sachlichen Gerichtszuständigkeit**, die grundsätzlich von Amts wegen zu prüfen ist. Dies gilt freilich nur mit der Einschränkung durch § 269 StPO, die mit Blick auf Art 101 Abs 1 S 2 GG ihrerseits eine Gegenausnahme bei der Grenze der objektiven Willkür findet (HansOLG Bremen NStZ-RR 1998, 53, 54).

3   Die Zuständigkeit wird anhand der Rechtsfolgenerwartung zeitlich nur **bis zur Eröffnung des Hauptverfahrens bestimmt**. Ergibt sich etwa erst in der Hauptverhandlung eine höhere Straferwartung, dann bleibt die bisherige Zuständigkeit des Strafrichters erhalten. Er kann den Strafbann des Amtsgerichts nach § 24 Abs 2 GVG ausschöpfen. Umgekehrt ist nach § 412 Abs 1 S 1 StPO inzwischen auch eine Zuständigkeit der Schöffengerichte im **Strafbefehlsverfahren** gegeben, die aber praktisch nur im Fall des nachträglichen Übergangs vom Normalverfahren in das Strafbefehlsverfahren nach Eröffnung des Hauptverfahrens gemäß § 408 a StPO Rolle spielt.

B. Sachliche Zuständigkeit der Schöffengerichte

4   Die Amtsgerichte sind heute in Strafsachen **erstinstanzlich zuständig**, soweit die Strafgewalt nach § 24 Abs 2 GVG reicht und keine besondere Zuweisung der Sache an die Landgerichte oder Oberlandesgerichte nach § 24 Abs 1 GVG, § 74 Abs 2 GVG, § 74 a GVG oder § 120 GVG eingreift. Innerhalb der amtsgerichtlichen Zuständigkeit bestimmt § 25 GVG, welche Sachen beim Strafrichter verhandelt und entschieden werden. Im Übrigen sind die Schöffengerichte zuständig, also im Bereich einer **Straferwartung von Freiheitsstrafen zwischen zwei Jahren** (§ 25 Nr 2 GVG) **und vier Jahren** (§ 24 Abs 1 Nr 2, Abs 2 GVG). Damit ist ihnen mit der Anhebung der Zuständigkeiten des Strafrichters einerseits und der Anhebung des Strafbanns des Amtsgerichts andererseits heute der **Bereich der mittleren Kriminalität** zugewiesen. In der Mehrzahl der Fälle ist das eine Aufgabenstellung, die früher den großen Strafkammern zugewiesen war. Zugleich ist der durchschnittliche Umfang der Sachen gestiegen, womit den großen Strafkammern, zu denen ausnahmsweise wegen des besonderen Umfangs der Sache nach § 24 Abs 1 Nr 3 GVG Anklage erhoben wird, meist nur noch Großverfahren zufallen, die dort andererseits zu einer erheblichen Überlastung der ihrerseits meist mit Blick auf § 76 Abs 2 GVG wieder reduzierten Spruchkörper führen. Im Ganzen ist das Zuständigkeitssystem grob unausgewogen.

5   Die Zuständigkeitsgrenze gegenüber den Landgerichten ist infolge des begrenzten Strafbanns der Amtsgerichte auch mit Blick auf **§ 269 StPO** und **Art 101 Abs 1 S 2 GG** bedeutsamer als die Zuständigkeitsgrenze zwischen dem Strafrichter und dem Schöffengericht; denn der Strafrichter kann den Strafbann des § 24 Abs 2 GVG innerhalb des Zuständigkeitsbereichs des Schöffengerichts ausschöpfen, wenn sich das nachträglich als angebracht erweist. Die zeitweise umstritten gewesene Frage, ob unter bestimmten Voraussetzungen das Schöffengericht auch bei einer Straferwartung von nicht mehr als zwei Jahren Freiheitsstrafe dennoch bei Vergehen zuständig sein kann, die nicht von minderer Bedeutung sind, ist geklärt. Es kommt nur noch auf die Straferwartung zur Zeit des Eröffnungsbeschlusses an, nicht mehr auf die mindere oder normale Bedeutung der Sache. Das frühere ungeschriebene Zusatzmerkmal der Zuständigkeitsbegrenzung des Strafrichters auf **Strafsachen von minderer Bedeutung** kann in den heutigen Normenbestand nach den Änderungen durch das RPflEntlG nicht mehr hinein interpretiert werden (§ 25 GVG Rn 3). Es spricht gleichwohl

nach der Gesetzesfassung immerhin im Zweifel eine Vermutung für die Zuständigkeit des Schöffengerichts (KK-StPO/Hannich GVG § 28 Rn 1).

Der Strafrichter ist für die Sache zuständig, wenn **bei der Eröffnung des Hauptverfahrens** (OLG Karlsruhe wistra 1997, 198, 199; Kissel NJW 1993, 489, 491) eine höhere Strafe als Freiheitsstrafe bis zu zwei Jahren nicht zu erwarten ist. Wenn nachträglich eine höhere Strafe innerhalb des Strafbanns gemäß § 24 Abs 2 GVG verhängt wird, so ändert dies nichts an der einmal begründeten Zuständigkeit des Strafrichters. Eine Verweisung nach § 270 StPO ist dann entbehrlich. Eine **Zuständigkeit des Schöffengerichts** ist dagegen nach dem Maßstab des § 24 Abs 1 Nr 2 GVG im Verhältnis zur Zuständigkeit des Landgerichts nur gegeben, wenn im Einzelfall keine höhere Strafe als vier Jahre Freiheitsstrafe zu erwarten ist. Diese Rechtsfolgenerwartung bei der Eröffnungsentscheidung muss aufgrund einer überschlägigen **Prognose** anhand der Strafzumessungsgründe, die sich aus dem Ermittlungsergebnis entnehmen lassen, begründet werden (KG Beschl v 3. 3. 2000 – Az 4 Ws 46/00). 6

C. Bildung der Schöffengerichte

Die Vorschrift sieht die Bildung von Schöffengerichten bei den Amtsgerichten vor. Dazu muss im **Geschäftsverteilungsplan** des Gerichts zumindest ein Strafrichter als Vorsitzender des Schöffengerichts festgelegt werden und ihm müssen **Schöffen zugewiesen** werden, deren Befugnisse und Bestimmung nach §§ 30 GVG ff geregelt werden. Die vorliegende Vorschrift schließt es nicht aus, dass für mehrere Amtsgerichte im Wege der **Zuständigkeitskonzentration** nach § 58 GVG ein einheitliches Schöffengericht bei einem Amtsgericht gebildet wird. 7

§ 29 [Zusammensetzung; erweitertes Schöffengericht]

(1) ¹Das Schöffengericht besteht aus dem Richter beim Amtsgericht als Vorsitzenden und zwei Schöffen. ²Ein Richter auf Probe darf im ersten Jahr nach seiner Ernennung nicht Vorsitzender sein.

(2) ¹Bei Eröffnung des Hauptverfahrens kann auf Antrag der Staatsanwaltschaft die Zuziehung eines zweiten Richters beim Amtsgericht beschlossen werden, wenn dessen Mitwirkung nach dem Umfang der Sache notwendig erscheint. ²Eines Antrages der Staatsanwaltschaft bedarf es nicht, wenn ein Gericht höherer Ordnung das Hauptverfahren vor dem Schöffengericht eröffnet.

Überblick

Abs 1 S 1 regelt die Besetzung des Schöffengerichts im Regelfall mit einem Berufsrichter und zwei Schöffen. Nach Abs 1 S 2 darf ein Richter auf Probe im ersten Dienstjahr nicht Vorsitzender des Schöffengerichts sein, weil für diese Tätigkeit eine bestimmte Berufserfahrung vorausgesetzt wird. In umfangreichen Sachen kann nach Abs 2 ein zweiter Berufsrichter hinzugezogen werden, um den Vorsitzenden in der Hauptverhandlung zu entlasten.

Übersicht

	Rn		Rn
A. Bedeutung der Norm	1	III. Entscheidung des Gerichts	11
B. Besetzung des Schöffengerichts (Abs 1)	3	IV. Folgen der Anordnung der Zuziehung eines zweiten Berufsrichters	13
C. Erweitertes Schöffengericht (Abs 2)	7	D. Bedeutung für die Berufungsinstanz	15
I. Grund für die Zuziehung eines zweiten Berufsrichters	8	E. Rechtsmittel gegen Entscheidungen nach Abs 2	16
II. Antrag der Staatsanwaltschaft	9		

A. Bedeutung der Norm

1 Die Vorschrift regelt keine besondere Zuständigkeit eines Gerichts oder Spruchkörpers, sondern nur die **Gerichtsbesetzung** des Schöffengerichts, welche freilich ihrerseits zum Schutzbereich des Art 101 Abs 1 S 2 GG gehört; denn das Prozessgrundrecht auf Entscheidung der Sache durch den gesetzlichen Richter betrifft nicht nur das Gericht als behördlich-organisatorische Einheit und den zuständigen Spruchkörper innerhalb des Gerichts, sondern auch jeden zur Mitwirkung berufenen Richter (Voßen Die Rechtsprechung des Bundesverfassungsgerichts zur Rechtsweggarantie des Art 19 Abs 4 GG, den Verfahrensgarantien nach Art 101 Abs 1 S 2 GG, Art 103 Abs 1 GG und zum Prozessrecht der Fachgerichte 2002, 177).

2 Abs 2 hat bisher im Ergebnis nur geringe praktische Bedeutung (Heghmanns StV 2003, 14, 15), er wirft aber erhebliche dogmatische und rechtspolitische Fragen auf. Das Gesetz kennt nämlich **zwei verschieden besetzte Spruchkörper**, bei denen im einen Fall (Abs 1) ein Übergewicht des Laienrichterelements, im anderen Fall (Abs 2 S 1) ein zahlenmäßiges Gleichgewicht von Berufs- und Laienrichtern besteht (Deisberg/Hohendorf DRiZ 1984, 261, 269). Auch bleibt die praktische Rolle des zweiten Berufsrichters, der regelmäßig aus einer anderen Abteilung abgezogen werden muss, insoweit unklar, als er an der Eröffnungsentscheidung nicht mitgewirkt hatte und daher durch den Eröffnungsbeschluss nicht unmittelbar beeinflusst ist, wohl aber nachträglich den Akteninhalt studieren muss, um seine Aufgabe sinnvoll wahrzunehmen, zumindest wenn die Funktion eines Berichterstatters übernehmen soll. Das erweiterte Gericht ist kein Gericht höherer Ordnung gegenüber dem Schöffengericht in der normalen Besetzung. Es gilt auch sonst nicht als „besseres" Gericht (KK-StPO/Hannich GVG § 29 Rn 6). Dadurch wird aber die ursprüngliche Legitimation für das Fehlen der zweiten Tatsacheninstanz in den erstinstanzlichen Strafkammersachen annulliert. Schließlich ist das erweiterte Schöffengericht heute ebenso besetzt wie eine große Strafkammer im Fall der Besetzungsreduktion nach § 76 Abs 2 S 1 GVG. Dem Urteil des erweiterten Schöffengerichts folgt aber eine **Berufungsinstanz** in gleicher Besetzung nach, während bei der Strafkammersache keine weitere Tatsacheninstanz existiert. Aus einer „besseren Besetzung" (BVerfGE 4, 205, 212; BVerfGE 45, 363, 375; Bettermann AöR 96 [1971], 528, 553) kann daher heute keine Legitimation mehr für das Fehlen der zweiten Tatsacheninstanz im höheren Rechtszug abgeleitet werden, während sich umgekehrt die Frage stellt, ob eine gleichartig besetzte Berufungsinstanz nach dem Urteil des erweiterten Schöffengerichts überhaupt noch erforderlich ist. Die **filigrane Zuständigkeitsgrenze** zwischen erweitertem Schöffengericht und reduzierter großer Strafkammer mit den erheblichen Folgen für den weiteren Instanzenzug bringt demnach die Gesamtproblematik der beweglichen Zuständigkeiten (Arnold ZIS 2008, 92 ff) und des Rechtsmittelzuges auf den Punkt. Ersteres ist zumindest bedenklicher als die Praxis meint, letzteres aus Gründen der Fairness des Verfahrens und der prozessualen Gleichbehandlung heute eigentlich überhaupt nicht mehr zu rechtfertigen. Die flagrante Verletzung von Art 101 Abs 1 S 2 GG wird übergangen, indem erweiterte Schöffengerichte in der Praxis fast nie in Aktion treten, was aber seinerseits ein Mangel ist, weil auch der weitere Berufsrichter ein gesetzlicher Richter wäre.

B. Besetzung des Schöffengerichts (Abs 1)

3 Das Schöffengericht ist nur **in der Hauptverhandlung** mit einem Berufsrichter und zwei Schöffen besetzt (Abs 1 S 1). Außerhalb der Hauptverhandlung wirken zudem die Schöffen nicht an Entscheidungen (§ 30 Abs 2 GVG), aber auch nicht an Aufklärungsmaßnahmen im Freibeweisverfahren oder an der sonstigen Vorbereitung der Hauptverhandlung und auch nicht an nachträglichen Maßnahmen mit, wie der Anfertigung von Protokoll und schriftlichem Urteil.

4 Der **Vorsitz** im Schöffengericht wird von einem **Berufsrichter** geführt (§ 28 Abs 2 DRiG). Das kann prinzipiell jeder Richter auf Lebenszeit, auch ein Richter auf Probe ab dem zweiten Dienstjahr (Abs 1 S 2), ein abgeordneter Richter oder ein Richter kraft Auftrags sein. Wird ein zweiter Berufsrichter nach Abs 2 hinzugezogen, dann gilt Abs 1 S 2 nicht für diesen, sondern nur für den Vorsitzenden.

5 **Zwei Schöffen** wirken als ehrenamtliche Richter in der Hauptverhandlung mit. Dabei kommt es nicht auf die **Geschlechterverteilung** an. Die ursprüngliche Fassung der vor-

liegenden Vorschrift, wonach mindestens ein Schöffe ein Mann sein musste, ist aufgehoben. Es können also zwei Männer oder zwei Frauen oder ein Mann und eine Frau als Schöffen zur Besetzung des Gerichts gehören, ohne dass rechtlich ein Unterschied besteht (Art 3 Abs 3 GG) oder etwa allein aus dem Geschlecht eines Schöffen ein Ablehnungsgrund nach § 24 Abs 2 StPO hergeleitet werden könnte. Auch in besonders sensiblen Fällen, wie Sexualdelikten, spielt die Geschlechterverteilung rechtlich keine Rolle. § 33 Abs 3 JGG bestimmt zwar für das Jugendstrafverfahren, dass die Jugendschöffengerichte mit einem Mann und einer Frau als Schöffen besetzt sein sollen. Aber das ist nur eine Sollvorschrift und keine zwingende Regelung, die außerdem bei den Erwachsenengerichten in der vorliegenden Vorschrift keine Entsprechung findet und deren Sinn nur darin besteht, in Jugendstrafverfahren tunlichst die Lebenserfahrungen beider Geschlechter bei der Bewertung von Verfehlungen Jugendlicher oder Heranwachsender zum Tragen zu bringen. Auch das spielt bei den Erwachsenengerichten von Rechts wegen keine gleichartige Rolle.

Die **Funktion der Mitwirkung von Laienrichtern** (Löhr Zur Mitwirkung der Laienrichter im Strafprozess 2008) besteht nach der gesetzgeberischen Grundvorstellung vor allem darin, die Transparenz und Verständlichkeit der Gerichtsentscheidungen gegenüber der Öffentlichkeit zu fördern. Zum rechtstechnischen Ablauf der Verhandlung können die Schöffen mangels Aktenkenntnis wenig beitragen. Andererseits ist das Fehlen der Aktenkenntnis und die mangelnde Vorbestimmung der Ergebnisvorstellung nach dem Eröffnungsbeschluss ein Element, das theoretisch zur Verbesserung der Neutralität der gerichtlichen Entscheidung (Schünemann StV 2000, 159 ff) beitragen könnte. Praktisch ist die Mitwirkung von Schöffen bei der Entscheidungsfindung aber kaum spürbar. Ob ihre theoretische Bedeutung noch ausreicht, die Laienrichterbeteiligung – noch dazu in unterschiedlichen Mehrheitsverhältnissen nach Abs 1 und Abs 2 – zu rechtfertigen, kann bezweifelt werden (Duttge JR 2006, 358 ff). Da die Schöffenbeteiligung in Fällen der Urteilsabsprachen (§ 257 c StPO) zudem noch weiter an Bedeutung verliert, bleibt an sich kaum noch eine Rechtfertigung übrig. Umgekehrt haben Berufsrichter entgegen der abstrakt-generellen Vorstellung des Gesetzgebers und der Rechtsprechung oftmals bei der Beweiswürdigung keine größere Sachkunde als Laien, weil sie dabei meist nur intuitiv handeln. Zudem sind sie durch ihr Aktenwissen sowie das „Vorurteil" des Eröffnungsbeschlusses tendenziell voreingenommen (Geipel StV 2008, 271). Das führt zu einer Praxis, die oft eher in dubio contra reum entscheidet (Meyer-Mews NJW 2000, 916 ff). 6

C. Erweitertes Schöffengericht (Abs 2)

Das erweiterte Schöffengericht war nach der Emminger-Reform zuerst an die Stelle der großen Strafkammer als erstinstanzliches Gericht getreten (Deisberg/Hohendorf DRiZ 1984, 261), es steht heute aber daneben. Es ist **kein Gericht der höheren Ordnung** gegenüber dem Schöffengericht in der normalen Besetzung nach Abs 1 (OLG Hamm MDR 1988, 696; Deisberg/Hohendorf DRiZ 1984, 261, 262) und es hat dieselben Aufgaben sowie **denselben Strafbann** (Meyer-Goßner StPO § 29 GVG Rn 2). Seine Existenz erschwert die ohnehin problematische Zuständigkeitsabgrenzung zwischen dem Schöffengericht – gegebenenfalls in erweiterter Besetzung (Abs 2) – und der großen Strafkammer – gegebenenfalls in reduzierter Besetzung (§ 76 Abs 2 GVG). Wenn die Mitwirkung eines weiteren Berufsrichters wegen des Umfangs der Sache notwendig erscheint, dann kann dessen Zuziehung **im Eröffnungsbeschluss angeordnet** werden (Abs 2 S 1) Das setzt grundsätzlich einen **Antrag der Staatsanwaltschaft** voraus. Der Antrag ist nur dann entbehrlich, wenn das Hauptverfahren von einem Gericht höherer Ordnung vor dem Schöffengericht eröffnet wird (Abs 2 S 2), insbesondere also in dem Fall, dass die Staatsanwaltschaft wegen des besonderen Umfangs der Sache Anklage zum Landgericht erhoben hat (§ 24 Abs 1 Nr 3 GVG), aber das Landgericht das Hauptverfahren vor dem Schöffengericht eröffnet, weil es den Umfang nicht ebenso beurteilt. 7

I. Grund für die Zuziehung eines zweiten Berufsrichters

Die Regelung des Abs 2 wird contra legem aus Gründen der Personalnot bei den Amtsgerichten kaum praktiziert (Heghmanns StV 2003, 14, 15), indem umfangreiche Sachen meist sogleich bei den Landgerichten angeklagt werden. Von Rechts wegen muss der 8

Umfang der Sache zu einer Anwendung von Abs 2 so groß sein, dass die Mitwirkung eines zweiten Berufsrichters notwendig erscheint. Er darf andererseits nicht besonders groß sein, weil dann eine Anklage zum Landgericht geboten wäre (§ 24 Abs 1 Nr 3 GVG). Wann ein großer, aber nicht besonders großer Umfang der Sache vorliegt, welcher einerseits nicht die Anklageerhebung zum Landgericht rechtfertigt, andererseits aber die Zuziehung eines zweiten Berufsrichters bei dem Schöffengericht erfordert, entzieht sich einer eindeutigen Bewertung. Diese kann nur anhand abstrakter Faktoren und regelmäßig mit zwingender Schlussfolgerungen eingegrenzt werden. Dabei kann es auf die **Zahl** der Angeklagten und der Verteidiger, die Zahl der angeklagten Taten, die Zahl und den **Umfang** der erforderlichen Beweiserhebungen, auch in Form von komplizierten Sachverständigengutachten, und auf den **Umfang des Aktenbestandes** ankommen (Nr 13 Abs 3 RiStBV). Die inhaltliche Bedeutung der Sache spielt dagegen keine Rolle (Deisberg/Hohendorf DRiZ 1984, 261, 268). Wie sich eine informell ausgehandelte **Verständigung** iSv § 257c StPO auf die Zuständigkeit auswirkt, ist auch hier noch nicht annähernd ausgelotet (§ 24 GVG Rn 14.1). Ist sie nach Vorgesprächen gemäß § 202a StPO absehbar, dann kann der zweite Berufsrichter entbehrlich erscheinen. Nach dem Eröffnungsbeschluss, der die Zuziehung des zweiten Berufsrichters angeordnet hat, kann dies nicht wegen einer Verständigung rückgängig gemacht werden. Ist wegen einer erwarteten Verständigung von der Zuziehung des zweiten Berufsrichters abgesehen worden, bleibt diese aber im Umfangsverfahren aus, so kann nicht nachträglich die Zuziehung angeordnet werden.

II. Antrag der Staatsanwaltschaft

9   Die Zuziehung des zweiten Berufsrichters muss von der Staatsanwaltschaft beantragt werden. Außer in dem Fall des Abs 2 S 2 ist der staatsanwaltschaftliche Antrag eine **zwingende Voraussetzung** für die erweiterte Besetzung. Fehlt im Normalfall des Abs 2 S 1 ein Antrag, so liegt ein Revisionsgrund nach § 338 Nr 1 StPO vor, wenn gleichwohl ein weiterer Berufsrichter hinzugezogen wird. Die einseitige Abhängigkeit der Gerichtsbesetzung vom Vorliegen eines staatsanwaltschaftlichen Antrages auf Erweiterung begegnet im Hinblick auf das Prozessgrundrecht auf Sachentscheidung durch den gesetzlichen Richter höchsten Bedenken. Die Staatsanwaltschaft hat bei verfassungskonformer Auslegung der Norm im Hinblick auf Art 101 Abs 1 S 2 GG entgegen verbreiteter Ansicht aber zumindest **keinen Ermessensspielraum** dafür, ob sie den Antrag stellt (aA KK-StPO/Hannich GVG § 29 Rn 12; Meyer-Goßner StPO § 29 GVG Rn 3). Ihr steht nach den zur eingeschränkten verfassungsrechtlichen Billigung der beweglichen Zuständigkeiten entwickelten Überlegungen nur ein **Beurteilungsspielraum** zu, der einer vollen gerichtlichen Nachprüfung unterliegen muss. Denn Art 101 Abs 1 S 2 GG betrifft nicht nur die sachliche Gerichtszuständigkeit, sondern ebenso die Frage der Mitwirkung bestimmter Richter (BVerfGE 95, 322, 329), oder – wie hier – einer bestimmten Anzahl von Richtern. Liegen die Voraussetzungen für die Zuziehung eines zweiten Berufsrichters vor, dann muss die Staatsanwaltschaft demnach den Antrag stellen (Nr 113 Abs 4 RiStBV; Deisberg/Hohendorf DRiZ 1984, 261, 263). Das **Unterlassen der Antragstellung** mit der Folge der Nichtzuziehung eines weiteren Berufsrichters ist bei dieser verfassungskonformen Auslegung der Norm in Fällen von Umfangsverfahren ein **Revisionsgrund**, weil die Staatsanwaltschaft durch Unterlassen des konstitutiv wirkenden Antrags auf die Besetzung des Gerichts und damit auf den gesetzlichen Richter im Sinne des Art 101 Abs 1 S 2 GG, Einfluss nimmt. Insoweit gilt auch die nur auf Gerichtsentscheidungen über Zuständigkeits- und Mitwirkungsfragen bezogene Willkürformel der Rechtsprechung zu Art 101 Abs 1 S 2 GG nicht, weil die Einflussnahme auf den gesetzlichen Richter in diesem Fall aus der Exekutive stammt und eine abweichende Zuziehungsentscheidung des Schöffengerichts mangels Antrages ausgeschlossen ist.

10   Der Antrag der Staatsanwaltschaft auf Zuziehung des weiteren Berufsrichters wird zweckmäßigerweise **in der Anklageschrift** oder jedenfalls in der Begleitverfügung gestellt, er kann aber bis zum Eröffnungsbeschluss auch noch separat **nachgeholt** werden. Der Antrag kann schließlich bis zur Eröffnungsentscheidung wieder **zurückgenommen** werden (OLG Hamm MDR 1988, 696; Deisberg/Hohendorf DRiZ 1984, 261, 263). Nach dem Eröffnungsbeschluss kann der Antrag hingegen weder nachträglich wirksam gestellt noch zurückgenommen werden.

III. Entscheidung des Gerichts

Über den Antrag hat grundsätzlich **der Vorsitzende** des Schöffengerichts zu entscheiden. 11 Die Entscheidung muss bei Eröffnung des Hauptverfahrens erfolgen. Eine nachträgliche Anordnung der Hinzuziehung eines zweiten Berufsrichters sieht Abs 2 S 1 nicht vor und zwar auch dann nicht, wenn eine Nachtragsanklage erhoben wird, die den Umfang der Sache im Fall ihrer Einbeziehung vergrößert (Deisberg/Hohendorf DRiZ 1984, 261, 265). Die nachträgliche Anordnung der Zuziehung eines zweiten Berufsrichters nach der Eröffnung des Hauptverfahrens kommt nur in Frage, wenn Anklage zu einem **Gericht höherer Ordnung** erhoben worden war und dieses Gericht das Hauptverfahren vor dem Schöffengericht eröffnet. Dann bedarf es keines Antrages der Staatsanwaltschaft; umstritten ist nur, wer in diesem Fall über die Zuziehung des weiteren Berufsrichters entscheiden soll, das Gericht der höheren Ordnung oder der Vorsitzende des Schöffengerichts. Für ersteres spricht, dass eine Zuziehung durch den Vorsitzenden des Schöffengerichts auch in diesem Fall nicht ausdrücklich im Gesetz vorgesehen ist (Deisberg/Hohendorf DRiZ 1984, 261, 266). Jedoch regelt Abs 2 S 2 den Fall zumindest hinsichtlich der Entbehrlichkeit des staatsanwaltschaftlichen Antrags; daraus kann wiederum entnommen werden, dass das Gesetz dann gleichwohl eine gerichtliche Entscheidung akzeptiert. Es erscheint sodann durchaus nicht zwingend, dass diese Entscheidung vom Gericht der höheren Ordnung erlassen werden soll. Denn dort ist schließlich regelmäßig auch kein entsprechender Antrag durch die Staatsanwaltschaft auf Zuziehung eines zweiten Berufsrichters zum Schöffengericht gestellt worden und das Gericht der höheren Ordnung hat im Fall des § 209 Abs 1 StPO nur über die sachliche Zuständigkeit, nicht über die Gerichtsbesetzung zu entscheiden. Es bietet sich also an, dass der Vorsitzende des Schöffengerichts in diesem Fall über die Zuziehung des weiteren Berufsrichters entscheidet, zumal er auch nur er und nicht das Gericht der höheren Ordnung mit oder ohne den weiteren Richter verhandeln muss.

Gelangt die Sache **ohne den Eröffnungsbeschluss** an das Schöffengericht, etwa im 12 beschleunigten Verfahren, im Fall der Erhebung einer Nachtragsanklage, durch Verweisung des Strafrichters nach § 270 StPO oder bei Urteilsaufhebung und Zurückverweisung an das Schöffengericht durch das Revisionsgericht (Deisberg/Hohendorf DRiZ 1984, 261, 265), dann **scheidet eine Zuziehung eines zweiten Berufsrichters aus**. Abs 2 S 2 erfasst diese Fälle nicht und eine Analogie scheitert am Gesetzlichkeitsprinzip nach Art 101 Abs 1 S 2 GG.

IV. Folgen der Anordnung der Zuziehung eines zweiten Berufsrichters

Der zweite Berufsrichter, der hinzugezogen wird, ist nach dem **Geschäftsverteilungs-** 13 **plan** des Amtsgerichts aus einer anderen Abteilung zu bestimmen. Möglich ist auch, dass ein erweitertes Schöffengericht als gesonderte Abteilung eingerichtet wird, was aber in der Praxis nur höchst selten vorkommt (Heghmanns StV 2003, 14, 15). Der weitere Berufsrichter ist nur in der Hauptverhandlung mit der Sache befasst; daran muss er ununterbrochen mitwirken (§ 226 StPO). Er wird zweckmäßigerweise die Rolle des Berichterstatters übernehmen (Deisberg/Hohendorf DRiZ 1984, 261, 269), was andererseits rechtlich nicht zwingend ist. Es gibt keinen gesetzlichen Berichterstatter. Außerhalb der Hauptverhandlung agiert dagegen nur der Vorsitzende des Schöffengerichts ohne Beteiligung des weiteren Berufsrichters (OLG Hamm MDR 1988, 696; Deisberg/Hohendorf DRiZ 1984, 261, 268). Auch an Entscheidungen außerhalb der Hauptverhandlung wirkt der weitere Berufsrichter nicht mit (§ 30 Abs 2 GVG). Wird die Sache wegen ihres Umfanges vor dem erweiterten Schöffengericht verhandelt, so liegt in der Regel auch ein **Fall der notwendigen Verteidigung** nach § 140 Abs 2 StPO vor (LG Hagen StV 1987, 193), so dass dem bisher nicht verteidigten Angeklagten durch den Vorsitzenden ein Verteidiger zu bestellen ist.

Bei der **Beratung und Abstimmung** über die Schuld- und Rechtsfolgenfragen in der 14 Hauptverhandlung gelten auch nach Zuziehung des weiteren Richters die Mehrheitserfordernisse nach § 263 StPO. Diese bereiten insoweit rechtlich keine Schwierigkeiten, als keine Pattsituation möglich ist. Die qualifizierte Mehrheit erfordert hier drei von vier Stimmen. Bei der Abstimmung im Übrigen, insbesondere über Verfahrensfragen, mit einfacher Mehrheit ist § 196 Abs 4 GVG maßgeblich, der – wegen des prinzipiellen Gleichrangs der stimmberechtigten Richter in bedenklicher Weise – der Stimme des Vorsitzenden ein Mehrgewicht verleiht. Für Urteile der erweiterten Schöffengerichte ist zu beachten, dass das jeweilige **Urteil von beiden Berufsrichtern unterschrieben** werden muss (OLG Düsseldorf VRS 72 [1987], 117 f; zum Vorgehen bei Unstimmigkeiten über den Urteilsinhalt Deisberg/Hohendorf DRiZ 1984, 261, 269).

D. Bedeutung für die Berufungsinstanz

15   Über die Berufung gegen ein Urteil des erweiterten Schöffengerichts hat die **kleine Strafkammer** auch unter **Hinzuziehung eines weiteren Berufsrichters** (§ 76 Abs 3 GVG) zu verhandeln, denn sie soll jedenfalls nicht in minderer Besetzung agieren. § 76 Abs 3 GVG knüpft allein an die Tatsache an, dass das Schöffengericht in der Besetzung mit zwei Berufsrichtern entschieden hat. Ob das Schöffengericht den weiteren Richter zu Recht hinzugezogen hat, ist für die Berufungsinstanz ohne Belang (OLG Düsseldorf NStZ 1994, 97, 98).

E. Rechtsmittel gegen Entscheidungen nach Abs 2

16   Die Anordnung der Zuziehung eines weiteren Berufsrichters ist ebenso wie die Ablehnung des entsprechenden Antrages der Staatsanwaltschaft **nicht mit der sofortigen Beschwerde anfechtbar** (SK-StPO/Degener GVG § 29 Rn 13; Meyer-Goßner GVG § 29 Rn 7). § 210 Abs 2 StPO gilt insoweit nicht, da es nicht um die sachliche Zuständigkeit des Gerichts, sondern nur um die Gerichtsbesetzung geht.

17   Weil die Zuziehung eines weiteren Berufsrichters oder die Ablehnung des diesbezüglichen Antrages der Staatsanwaltschaft oder aber dessen Unterlassung jedoch die Besetzung des Gerichts und damit den gesetzlichen Richter (Art 101 Abs 1 S 2 GG) betreffen, dessen Zuständigkeit schließlich auch mit der Verfassungsbeschwerde eingefordert werden könnte, ist das Urteil des Schöffengerichts oder erweiterten Schöffengerichts oder der (erweiterten) kleinen Strafkammer (vgl KG Beschl v 28. 7. 2000 – Az [5] 1 Ss 28/99 [28/99]) im Falle eines Rechtsfehlers bei der Zuziehungsfrage mit der **Revision** anfechtbar (**§ 338 Nr 1 StPO**). Die staatsanwaltschaftliche Unterlassung einer Antragstellung, auf die der Vorsitzende des Schöffengerichts nur durch Nichtzuziehung eines weiteren Richters reagieren kann, sowie die gerichtliche Entscheidung nach Abs 2 unterliegen mit Blick auf Art 101 Abs 1 S 2 GG der Nachprüfung durch das Rechtsmittelgericht. Ein Rechtsmittelausschluss (SK-StPO/Degener GVG § 29 Rn 13; Meyer-Goßner GVG § 29 Rn 7) ergibt sich nicht ausdrücklich aus dem Gesetz, weshalb er nach dem Prinzip der Rechtsmittelklarheit (BVerfGE 107, 395, 416) und aufgrund des Gebots der Effektivität des Rechtsschutzes – sowie wegen der **Subsidiarität der Verfassungsbeschwerde** im Hinblick auf Art 101 Abs 1 S 2 GG – auch nicht dort hinein zu interpretieren ist. Ist die amtsgerichtliche Entscheidung durch ein Berufungsurteil als neue Tatsachenentscheidung überholt, dann entfällt diese Rügemöglichkeit auch nicht ohne weiteres. Zwar richtet das Berufungsgericht seine Besetzung nur nach der tatsächlichen Besetzung des erstinstanzlichen Gerichts aus und prüft die Berechtigung der Zuziehung eines zweiten Berufsrichters nicht mehr nach; jedoch pflanzt sich ein eventueller Fehler der ersten Instanz bei der Besetzung der Berufungskammer fort. Er wäre notfalls entsprechend § 328 Abs 2 StPO zu korrigieren.

Fünfter Titel. Landgerichte (§§ 59-78) (Auszug)

§ 74 [Zuständigkeit in Strafsachen in 1. und 2. Instanz]

(1) ¹**Die Strafkammern sind als erkennende Gerichte des ersten Rechtszuges zuständig für alle Verbrechen, die nicht zur Zuständigkeit des Amtsgerichts oder des Oberlandesgerichts gehören.** ²**Sie sind auch zuständig für alle Straftaten, bei denen eine höhere Strafe als vier Jahre Freiheitsstrafe oder die Unterbringung in einem psychiatrischen Krankenhaus, allein oder neben einer Strafe, oder in der

Sicherungsverwahrung zu erwarten ist oder bei denen die Staatsanwaltschaft in den Fällen des § 24 Abs. 1 Nr. 3 Anklage beim Landgericht erhebt.

(2) ¹Für die Verbrechen

1. des sexuellen Mißbrauchs von Kindern mit Todesfolge (§ 176 b des Strafgesetzbuches),
2. der sexuellen Nötigung und Vergewaltigung mit Todesfolge (§ 178 des Strafgesetzbuches),
3. des sexuellen Mißbrauchs widerstandsunfähiger Personen mit Todesfolge (§ 179 Abs. 7 in Verbindung mit § 178 des Strafgesetzbuches),
4. des Mordes (§ 211 des Strafgesetzbuches),
5. des Totschlags (§ 212 des Strafgesetzbuches),
6. *(aufgehoben)*
7. der Aussetzung mit Todesfolge (§ 221 Abs. 3 des Strafgesetzbuches),
8. der Körperverletzung mit Todesfolge (§ 227 des Strafgesetzbuches),
9. der Entziehung Minderjähriger mit Todesfolge (§ 235 Abs. 5 des Strafgesetzbuches),
10. der Freiheitsberaubung mit Todesfolge (§ 239 Abs. 4 des Strafgesetzbuches),
11. des erpresserischen Menschenraubes mit Todesfolge (§ 239 a Abs. 2 des Strafgesetzbuches),
12. der Geiselnahme mit Todesfolge (§ 239 b Abs. 2 in Verbindung mit § 239 a Abs. 2 des Strafgesetzbuches),
13. des Raubes mit Todesfolge (§ 251 des Strafgesetzbuches),
14. des räuberischen Diebstahls mit Todesfolge (§ 252 in Verbindung mit § 251 des Strafgesetzbuches),
15. der räuberischen Erpressung mit Todesfolge (§ 255 in Verbindung mit § 251 des Strafgesetzbuches),
16. der Brandstiftung mit Todesfolge (§ 306 c des Strafgesetzbuches),
17. des Herbeiführens einer Explosion durch Kernenergie (§ 307 Abs. 1 bis 3 des Strafgesetzbuches),
18. des Herbeiführens einer Sprengstoffexplosion mit Todesfolge (§ 308 Abs. 3 des Strafgesetzbuches),
19. des Mißbrauchs ionisierender Strahlen gegenüber einer unübersehbaren Zahl von Menschen (§ 309 Abs. 2 und 4 des Strafgesetzbuches),
20. der fehlerhaften Herstellung einer kerntechnischen Anlage mit Todesfolge (§ 312 Abs. 4 des Strafgesetzbuches),
21. des Herbeiführens einer Überschwemmung mit Todesfolge (§ 313 in Verbindung mit § 308 Abs. 3 des Strafgesetzbuches),
22. der gemeingefährlichen Vergiftung mit Todesfolge (§ 314 in Verbindung mit § 308 Abs. 3 des Strafgesetzbuches),
23. des räuberischen Angriffs auf Kraftfahrer mit Todesfolge (§ 316 a Abs. 3 des Strafgesetzbuches),
24. des Angriffs auf den Luft- und Seeverkehr mit Todesfolge (§ 316 c Abs. 3 des Strafgesetzbuches),
25. der Beschädigung wichtiger Anlagen mit Todesfolge (§ 318 Abs. 4 des Strafgesetzbuches),
26. einer vorsätzlichen Umweltstraftat mit Todesfolge (§ 330 Abs. 2 Nr. 2 des Strafgesetzbuches)

ist eine Strafkammer als Schwurgericht zuständig. ²§ 120 bleibt unberührt.

(3) Die Strafkammern sind außerdem zuständig für die Verhandlung und Entscheidung über das Rechtsmittel der Berufung gegen die Urteile des Strafrichters und des Schöffengerichts.

GVG § 74

Überblick

Die Vorschrift des § 74 GVG regelt die erstinstanzliche Zuständigkeit der Strafkammern des LG (Rn 1) sowie als Berufungsgericht (Rn 7). Zusätzlich finden sich Bestimmungen für das SchwurGer (Rn 2).

A. Erstinstanzliche Zuständigkeit

1   Die großen StrK des LG sind erstinstanzlich zur Entscheidung berufen, soweit nicht eine Zuständigkeit des AG (§ 24 GVG, § 25 GVG) oder des OLG (§ 120 GVG) besteht. Zur Anklageerhebung bei der StrK wegen besonderer Umstände des Falles s § 24 GVG (§ 24 GVG Rn 14 ff). Es bestehen besondere StrafK: SchwurGer (§ 24 Abs 1 GVG), Staatsschutzkammer (§ 74 a GVG), Wirtschaftsstrafkammer (§ 74 c GVG), Jugendkammer (§ 33 Abs 2 JGG, § 41 Abs 1 JGG). Die Rangfolge der einzelnen Kammern ergibt sich aus § 74 e GVG.

B. Schwurgericht (Abs 2)

2   Das SchwurGer ist eine besondere StrK, die den anderen Kammern im Rang vorgeht (§ 74 e GVG). Sie entscheidet auch im Sicherungsverfahren nach §§ 413 StPO ff (BGH NStZ-RR 2002, 104; OLG Stuttgart NStZ 1987, 292). Im Verhältnis zur Jugendkammer ist sie jedoch kein Gericht höherer Ordnung (BGH NJW 1975, 2304); die Jugendkammer bleibt zuständig, wenn Verfahren gegen Jugendliche/Heranwachsende und Erwachsene verbunden werden, auch wenn im Verfahren gegen die Erwachsenen das SchwurGer zuständig wäre (§ 103 JGG). Das SchwurGer ist mit drei Richtern und zwei Schöffen besetzt (§ 76 Abs 2 GVG).

I. Zuständigkeitskatalog des Schwurgerichts

3   Die Zuständigkeit des SchwurGer wird durch den Straftatenkatalog des § 74 Abs 2 S 1 Nr 1 bis Nr 26 GVG bestimmt. Die Kammer ist bei ihrer Entscheidung jedoch nicht auf die dort genannten Strafnormen beschränkt; sie hat vielmehr die Tat unter jedem rechtlichen Gesichtspunkt zu würdigen (BGH MDR 1977, 810). Teilnahme und Versuch stehen der Tatvollendung bei der Zuständigkeitsbestimmung gleich. Das SchwurGer ist weiter zuständig für die Verabredung (§ 30 StGB) zu einer Katalogtat (Schnarr NStZ 1990, 260), nicht aber für Vergehen nach § 323 a StGB, auch wenn die zugrundeliegende Rauschtat dem Katalog eigentlich unterfällt (OLG Stuttgart MDR 1992, 290).

II. Evokationsrecht des GBA (Abs 2 S 2)

4   Übernimmt der GBA die Verfolgung einer Tat, die mit einem im Zuständigkeitskatalog aufgezählten Verbrechen zusammenfällt, so wird anstelle des LG insgesamt das OLG zuständig.

III. Konzentrationsgrundsatz

5   Bei jedem Landgericht ist mindestens eine Schwurgerichtskammer einzurichten, bei der die Verfahren konzentriert sind. Nur wenn diese Kammer die voraussichtlich zu erwartenden Schwursachen alleine nicht bewältigen kann, dürfen weitere Schwurgerichtskammern eingerichtet werden (BGH NJW 1978, 1273); dem Präsidium kommt dabei ein nicht revisibler Ermessensspielraum zu (BGH MDR 1978, 626). Ist das SchwurGer mit Verfahren nach § 74 Abs 2 S 1 StPO nicht voll ausgelastet, können ihm andere Sachen zugewiesen werden (BGH NJW 1978, 1273).

6   Für nach § 354 Abs 2 StPO zurückgewiesene Schwurgerichtssachen ist eine Auffangschwurgerichtskammer einzurichten (BGH NJW 1978, 1273).

C. Berufungsgericht (Abs 3)

7   Als Berufungsgericht ist die kleine StrK zur Entscheidung über Berufungen gegen Urteile der dem LG-Bezirk angehörenden AG zuständig (BGHSt 22, 48, 50). Sie ist mit einem Berufsrichter und zwei Schöffen besetzt, auch wenn sich die Berufung gegen ein Urteil des Schöffengerichts richtet. In Wirtschaftsstrafsachen ist die Wirtschaftskammer als Berufungs-

kammer gegen Schöffenurteile zuständig; bei Entscheidung durch den Strafrichter verbleibt die Berufung bei der allgemeinen Strafkammer. In Jugendsachen entscheidet die Jugendkammer über Berufungen, gegen Urteile des Jugendrichters als kleine Jugendkammer, als große Jugendkammer gegen Urteile des Jugendschöffengerichts.

D. Revision

Hat die StrK ein Verfahren wegen besonderer Bedeutung (§ 74 Abs 1 S 2 GVG) verhandelt, kann eine unzutreffende Beurteilung der besonderen Bedeutung mit der Revision nur gerügt werden, wenn diese auf Willkür beruht. Es ist die objektive Sachlage zum Zeitpunkt des Eröffnungsbeschlusses entscheidend (BGH NStZ 2001, 495). 8

§ 74 a [Zuständigkeit der Staatsschutzkammer]

(1) Bei den Landgerichten, in deren Bezirk ein Oberlandesgericht seinen Sitz hat, ist eine Strafkammer für den Bezirk dieses Oberlandesgerichts als erkennendes Gericht des ersten Rechtszuges zuständig für Straftaten
 1. des Friedensverrats in den Fällen des § 80 a des Strafgesetzbuches,
 2. der Gefährdung des demokratischen Rechtsstaates in den Fällen der §§ 84 bis 86, 87 bis 90, 90 a Abs. 3 und des § 90 b des Strafgesetzbuches,
 3. der Gefährdung der Landesverteidigung in den Fällen der §§ 109 d bis 109 g des Strafgesetzbuches,
 4. der Zuwiderhandlung gegen ein Vereinigungsverbot in den Fällen des § 129, auch in Verbindung mit § 129 b Abs. 1 des Strafgesetzbuches und des § 20 Abs. 1 Satz 1 Nr. 1 bis 4 des Vereinsgesetzes; dies gilt nicht, wenn dieselbe Handlung eine Straftat nach dem Betäubungsmittelgesetz darstellt,
 5. der Verschleppung (§ 234 a des Strafgesetzbuches) und
 6. der politischen Verdächtigung (§ 241 a des Strafgesetzbuches).
(2) Die Zuständigkeit des Landgerichts entfällt, wenn der Generalbundesanwalt wegen der besonderen Bedeutung des Falles vor der Eröffnung des Hauptverfahrens die Verfolgung übernimmt, es sei denn, daß durch Abgabe nach § 142 a Abs. 4 oder durch Verweisung nach § 120 Abs. 2 Satz 2 die Zuständigkeit des Landgerichts begründet wird.
(3) In den Sachen, in denen die Strafkammer nach Absatz 1 zuständig ist, trifft sie auch die in § 73 Abs. 1 bezeichneten Entscheidungen.
(4) Für die Anordnung von Maßnahmen nach § 100 c der Strafprozessordnung ist eine nicht mit Hauptverfahren in Strafsachen befasste Kammer bei den Landgerichten, in deren Bezirk ein Oberlandesgericht seinen Sitz hat, für den Bezirk dieses Oberlandesgerichts zuständig.
(5) Im Rahmen der Absätze 1, 3 und 4 erstreckt sich der Bezirk des Landgerichts auf den Bezirk des Oberlandesgerichts.

Überblick

Die Vorschrift des § 74 a GVG regelt die Zuständigkeit der Staatsschutzkammer (Rn 1 bis Rn 4). Diese wird unzuständig, wenn der GBA die Strafverfolgung übernimmt (Rn 5). Für Entscheidungen im Rahmen der akustischen Wohnraumüberwachung ist eine besondere Staatsschutzkammer einzurichten (Rn 6); s auch Nr 202 RiStBV ff.

A. Staatsschutzkammer

Die Staatsschutzkammer ist eine besondere Strafkammer für Staatsschutzsachen, die örtlich für den Bezirk des OLG zuständig ist (§ 74 a Abs 5 GVG). Neben der Staatsschutzkammer ist das OLG nach § 120 GVG für Staatsschutzsachen vorrangig zuständig; dieses kann ein 1

GVG § 74 b   Gerichtsverfassungsgesetz (Auszug)

Verfahren jedoch vor der Staatsschutzkammer eröffnen (§ 209 StPO, § 120 Abs 2 GVG). Ebenso haben das SchwurGer und die Wirtschaftsstrafkammer Vorrang.

Die Staatsschutzkammer ist für ihren Zuständigkeitsbereich auch Beschwerdekammer (§ 74 a Abs 3 GVG, § 73 Abs 1 GVG).

I. Konzentration

2   Zur Verhandlung der in § 74 a Abs 1 Nr 1 bis Nr 6 GVG aufgeführten Staatsschutzsachen muss eine Staatsschutzkammer und eine Auffang-Kammer eingerichtet werden. Eine weitere Staatsschutzkammer darf nur dann gebildet werden, wenn zu erwarten ist, dass die erste Kammer die voraussichtliche Geschäftslast nicht wird bewältigen können.

II. Zuständigkeit

3   Die Zuständigkeit der Staatsschutzkammer ergibt sich aus dem Straftatenkatalog des § 74 a Abs 1 Nr 1 bis Nr 6 GVG. Nach § 74 a Abs 1 Nr 4 GVG entfällt die Zuständigkeit der Staatsschutzkammer für Betäubungsmittelsachen; dies gilt auch, wenn zu den BtM-Straftaten noch andere Straftaten hinzutreten, die nur von minderem Gewicht sind (OLG Oldenburg NStZ-RR 2004, 174).

III. Straftaten gegen Truppen der NATO-Staaten

4   Die Zuständigkeit der Staatsschutzkammer besteht auch bei Straftaten gegen Truppen der NATO-Staaten, soweit die in § 74 a GVG bezeichneten Straftatbestände auf sie anwendbar sind (s Art 7 Abs 2 StRÄG, Art 8 StRÄG, Art 12 Abs 3 StRÄG 4. StRÄG).

B. Übernahme der Verfolgung durch GBA (Abs 2)

5   Wird die Verfolgung einer Straftat wegen der besonderen Bedeutung des Falles vom GBA übernommen, entfällt die Zuständigkeit der Staatsschutzkammer. An ihre Stelle tritt das OLG (§ 120 Abs 2 Nr 1 GVG), auch wenn die Zuständigkeit der Staatsschutzkammer eigentlich nach § 74 e GVG zurücktritt (BGH NStZ 1988, 188). Das OLG kann das Hauptverfahren vor der Staatsschutzkammer eröffnen, wenn es die besondere Bedeutung der Sache verneint (§ 120 Abs 2 GVG). Die Staatsschutzkammer dagegen kann eine Sache dem OLG nur dann vorlegen, wenn der hinreichende Verdacht einer Straftat nach § 120 Abs 1 GVG besteht (§ 209 Abs 2 StPO, § 225 a Abs 1 StPO, § 270 Abs 1 StPO).

C. Maßnahmen nach § 100 c StPO (Abs 4)

6   Die Staatsschutzkammer ist weiter für alle gerichtlichen Entscheidungen (§ 100 d StPO) bei der akustischen Wohnraumüberwachung nach § 100 c StPO zuständig. Die hierfür eingerichtete Kammer darf nicht auch mit Hauptverfahren in Strafsachen befasst sein (s hierzu BVerfG NStZ 2004, 270).

§ 74 b [Zuständigkeit in Jugendschutzsachen]

¹In Jugendschutzsachen (§ 26 Abs. 1 Satz 1) ist neben der für allgemeine Strafsachen zuständigen Strafkammer auch die Jugendkammer als erkennendes Gericht des ersten Rechtszuges zuständig. ²§ 26 Abs. 2 und §§ 73 und 74 gelten entsprechend.

Überblick

Die Vorschrift des § 74 b GVG regelt die Zuständigkeit der Jugendschutzkammer (Rn 1) sowie deren Verhältnis zur allgemeinen StrafK (Rn 2). Sie ist auch als Berufungsgericht tätig (Rn 3).

A. Jugendschutzsachen

Zu den Jugendschutzsachen zählen alle Verfahren gegen Erwachsene wegen Straftaten, durch die Kinder oder Jugendliche verletzt oder unmittelbar gefährdet worden sind, oder wegen der Verletzung von Vorschriften, die dem Jugendschutz oder der Jugenderziehung dienen (§ 26 GVG). Eine Verhandlung vor der Jugendschutzkammer soll nur dann erfolgen, wenn Kinder oder Jugendliche als Zeugen benötigt werden oder die Verhandlung vor der Jugendschutzkammer aus sonstigen Gründen zweckmäßig erscheint. 1

In der Hauptverhandlung wirken bei der Jugendschutzkammer Jugendschöffen mit (§ 33 b Abs 1 JGG, § 35 JGG).

Die Jugendschutzkammer ist auch für Schwurgerichtssachen zuständig (BGH NStZ 1996, 346), nicht aber auch für Staatsschutz- und Wirtschaftsverfahren.

B. Verhältnis zur allgemeinen Strafkammer

Die Zuständigkeitskriterien des § 26 Abs 2 GVG sind für StA und Gerichte im Eröffnungsverfahren bindend. Die Jugendkammer kann jedoch das Hauptverfahren wegen einer vor sie als Jugendschutzkammer gebrachten Sache vor der allgemeinen StrK eröffnen, wenn sie die Aburteilung durch diese für ausreichend hält (§ 209 Abs 1 StPO iVm § 209 a Nr 2 b StPO). Umgekehrt kann die allgemeine StrK eine Jugendschutzsache der Jugendkammer vorlegen (§ 209 Abs 2 StPO); die Jugendkammer kann aber auch in diesem Fall das Verfahren vor der allgemeinen StrK eröffnen. Nach Eröffnung des Hauptverfahrens ist ein Zuständigkeitswechsel dagegen nach § 225 a Abs 1 S 1 StPO, § 270 Abs 1 S 1 StPO nicht mehr möglich (BGH NStZ 1996, 346). 2

C. Berufung

Die Jugendschutzkammer entscheidet als kleine Kammer über Berufungen in Jugendschutzsachen gegen Urteile des Jugendrichters, des Strafrichters und des Schöffengerichts. Bei Berufungen gegen Urteile des Jugendschöffengerichts ist die große Jugendkammer zuständig. Hat nach Verbindung nach § 103 JGG, § 108 JGG nur der Erwachsene Berufung eingelegt, ist trotzdem die Jugendkammer zuständig. 3

§ 74 c [Zuständigkeit der Wirtschaftsstrafkammer]

(1) Für Straftaten

1. nach dem Patentgesetz, dem Gebrauchsmustergesetz, dem Halbleiterschutzgesetz, dem Sortenschutzgesetz, dem Markengesetz, dem Geschmacksmustergesetz, dem Urheberrechtsgesetz, dem Gesetz gegen den unlauteren Wettbewerb, dem Aktiengesetz, dem Gesetz über die Rechnungslegung von bestimmten Unternehmen und Konzernen, dem Gesetz betreffend die Gesellschaften mit beschränkter Haftung, dem Handelsgesetzbuch, dem SE-Ausführungsgesetz, dem Gesetz zur Ausführung der EWG-Verordnung über die Europäische wirtschaftliche Interessenvereinigung, dem Genossenschaftsgesetz, SCE-Ausführungsgesetz und dem Umwandlungsgesetz,

2. nach den Gesetzen über das Bank-, Depot-, Börsen- und Kreditwesen sowie nach dem Versicherungsaufsichtsgesetz und dem Wertpapierhandelsgesetz,

3. nach dem Wirtschaftsstrafgesetz 1954, dem Außenwirtschaftsgesetz, den Devisenbewirtschaftungsgesetzen sowie dem Finanzmonopol-, Steuer- und Zollrecht, auch soweit dessen Strafvorschriften nach anderen Gesetzen anwendbar sind; dies gilt nicht, wenn dieselbe Handlung eine Straftat nach dem Betäubungsmittelgesetz darstellt, und nicht für Steuerstraftaten, welche die Kraftfahrzeugsteuer betreffen,

4. nach dem Weingesetz und dem Lebensmittelrecht,

5. des Subventionsbetruges, des Kapitalanlagebetruges, des Kreditbetruges, des Bankrotts, der Gläubigerbegünstigung und der Schuldnerbegünstigung,

5a. der wettbewerbsbeschränkenden Absprachen bei Ausschreibungen sowie der Bestechlichkeit und Bestechung im geschäftlichen Verkehr,

6. a) des Betruges, des Computerbetruges, der Untreue, des Wuchers, der Vorteilsgewährung, der Bestechung und des Vorenthaltens und Veruntreuens von Arbeitsentgelt,

b) nach dem Arbeitnehmerüberlassungsgesetz und dem Dritten Buch Sozialgesetzbuch sowie dem Schwarzarbeitsbekämpfungsgesetz,

soweit zur Beurteilung des Falles besondere Kenntnisse des Wirtschaftslebens erforderlich sind,

ist, soweit nach § 74 Abs. 1 als Gericht des ersten Rechtszuges und nach § 74 Abs. 3 für die Verhandlung und Entscheidung über das Rechtsmittel der Berufung gegen die Urteile des Schöffengerichts das Landgericht zuständig ist, eine Strafkammer als Wirtschaftsstrafkammer zuständig. § 120 bleibt unberührt.

(2) In den Sachen, in denen die Wirtschaftsstrafkammer nach Absatz 1 zuständig ist, trifft sie auch die in § 73 Abs. 1 bezeichneten Entscheidungen.

(3) ¹Die Landesregierungen werden ermächtigt, zur sachdienlichen Förderung oder schnelleren Erledigung der Verfahren durch Rechtsverordnung einem Landgericht für die Bezirke mehrerer Landgerichte ganz oder teilweise Strafsachen zuzuweisen, welche die in Absatz 1 bezeichneten Straftaten zum Gegenstand haben. ²Die Landesregierungen können die Ermächtigung durch Rechtsverordnung auf die Landesjustizverwaltungen übertragen.

(4) Im Rahmen des Absatzes 3 erstreckt sich der Bezirk des danach bestimmten Landgerichts auf die Bezirke der anderen Landgerichte.

Überblick

Die Vorschrift des § 74 c GVG regelt die Zuständigkeit der Wirtschaftsstrafkammer (Rn 1 bid Rn 5), die auch als Berufungsgericht (Rn 6) und Beschwerdekammer (Rn 8) tätig wird. Für mehrere Gerichtsbezirke kann eine gemeinsame Wirtschaftsstrafkammer eingerichtet werden (Rn 9); s auch Nr 113 Abs 2 RiStBV.

A. Wirtschaftsstrafkammer

1   Die Wirtschaftsstrafkammer ist eine besondere Strafkammer. Ihr können auch allgemeine Strafsachen zugewiesen werden, wenn sie sonst nicht ausgelastet ist (BGH NJW 1978, 1273; NJW 1988, 1397); ihr Schwerpunkt muss aber eindeutig bei den Wirtschaftsverfahren liegen (BGH NJW 1983, 2335).

I. Straftatenkatalog

2   Die Wirtschaftsstrafkammer ist zur Entscheidung über die in § 74 c Abs 1 Nr 1 bis Nr 6 GVG aufgeführten Straftaten zuständig, wenn die Tat von besonderer Bedeutung ist oder die Rechtsfolgenkompetenz des AG nach § 24 Abs 3 GVG nicht ausreicht (OLG Stuttgart wistra 1986, 191, 192). Die Rechtsfolgenerwartung insgesamt ist maßgeblich, wenn neben der Wirtschaftsstraftat noch andere Taten angeklagt sind (OLG Karlsruhe NStZ 1985, 517).

1. § 74 c Abs 1 Nr 3 GVG

3   Die Wirtschaftskammer ist nicht zuständig, wenn die Katalogtat mit einer Straftat nach dem BtMG zusammenfällt. Das Verfahren hat die allgemeine StrK zu verhandeln, wenn die Zuständigkeit des LG gegeben ist. Sie ist weiter nicht zuständig für Steuerstraftaten, die die Kfz-Steuer betreffen. Eine eventuelle Zuständigkeit des OLG ist vorrangig (§ 74 c Abs 1 S 2 GVG).

2. § 74 c Abs 1 Nr 5 GVG

Die Zuständigkeit der Wirtschaftsstrafkammer wird nicht dadurch berührt, dass die Strafbarkeit aus § 265 b StGB aus sachlich-rechtlichen Gründen hinter § 263 StGB zurücktritt (BGH NStZ 1989, 267; OLG Celle wistra 1991, 359). **4**

3. § 74 c Abs 1 Nr 6 GVG

In den Fällen des § 74 c Abs 1 Nr 6 GVG besteht eine Zuständigkeit der Wirtschaftsstrafkammer nur dann, wenn zur Beurteilung des Falls besondere Kenntnisse des Wirtschaftslebens erforderlich sind. Sind solche Kenntnisse nicht erforderlich, verbleibt es bei der Zuständigkeit der allgemeinen StrK (OLG Düsseldorf wistra 1993, 277; OLG Köln wistra 1991, 79). Besondere Kenntnisse sind erforderlich, wenn ein Sachverhalt zu beurteilen ist, der nur besonderen Wirtschaftskreisen eigen und geläufig ist und der durch die komplizierten und schwer durchschaubaren Mechanismen des Wirtschaftslebens geprägt wird, deren raffinierten Missbrauch Wirtschaftsstrafsachen kennzeichnet (OLG Koblenz NStZ 1986, 327; OLG München JR 1980, 77; OLG Stuttgart wistra 1991, 236). Dieses „normative Zuständigkeitsmerkmal" ist nur bis zur Entscheidung über die Eröffnung des Hauptverfahrens zu prüfen; nach Eröffnung ist eine Verweisung nicht mehr möglich, auch wenn sich die Beurteilung ändert. Die Höhe des Schadens, die Zahl der Täter oder Geschädigten, der Umfang und die Schwierigkeit der Ermittlungen sind alleine dagegen nicht geeignet, die Zuständigkeit der Wirtschaftsstrafkammer zu begründen (OLG Saarbrücken wistra 2007, 360). **5**

B. Berufungsgericht

Die Wirtschaftskammer ist als kleine Kammer Berufungsgericht, wenn das Schöffengericht über eine Wirtschaftssache entschieden hat. Entscheidend ist alleine, dass der Eröffnungsbeschluss den Verfahrensgegenstand als Katalogtat nach § 74 c GVG würdigt (OLG Schleswig SchlHA 2005, 257; OLG Stuttgart MDR 1982, 252). Bei verbundenen Sachen ist nicht erforderlich, dass das Schwergewicht bei der Wirtschaftsstrafsache liegt. **6**

Hat der Strafrichter über eine Wirtschaftssache entschieden, ist die allgemeine StrK als Berufungsgericht zuständig, sofern nicht in der Geschäftsverteilung des Gerichts auch diese Berufungen der Wirtschaftskammer zugewiesen sind.

C. Konzentrationsgrundsatz

Für Wirtschaftsstrafsachen ist eine Wirtschaftsstrafkammer einzurichten. Eine weitere Kammer kann nur dann gebildet werden, wenn die erste Wirtschaftsstrafkammer voraussichtlich nicht in der Lage sein wird, den Geschäftsanfall zu bewältigen. **7**

D. Beschwerdeentscheidungen

Die Wirtschaftsstrafkammer ist bei Vorliegen einer Katalogtat auch für Beschwerdeentscheidungen und Entscheidungen nach § 161 a Abs 3 StPO zuständig. Sie trifft auch Nachtragsentscheidungen, wenn dem Urteil eine Katalogtat zugrunde liegt (LG Hildesheim wistra 1985, 245). Sie entscheidet weiter auch über Beschwerden gegen amtsgerichtliche Kostenfestsetzungsbeschlüsse (LG Hildesheim NdsRpfl 2007, 190). **8**

E. Weitere Konzentration

§ 74 c Abs 3 GVG ermöglicht es, eine gemeinsame Wirtschaftsstrafkammer für mehrere LG-Bezirke einzurichten. Die Konzentration betrifft nur die örtliche Zuständigkeit (auch der StA, § 143 Abs 1 GVG), nicht aber auch zB die Haftzuständigkeit (OLG Nürnberg NStZ 2001, 80). **9**

Zuständigkeitskonzentration: **9.1**
Baden-Württemberg, VO v 27. 4. 1989 (GBl 155); Bayern, § 31 GZVJu; Bremen, VO v 3. 12. 1974 (GBl 337); Mecklenburg-Vorpommern, VO v 28. 3. 1994 (GVOBl 514); Niedersachsen, VO v 7. 5. 1993 (GVBl 101); Rheinland-Pfalz, VO v 27. 5. 1988 (GVBl 109); Schleswig-Holstein, VO v 1. 9. 1986 (GVOBl 199); Thüringen, VO v 1. 12. 1995 (GVBl 404).

F. Revision

10 Die Entscheidung über die Zuständigkeit nach § 74 c Abs 1 Nr 6 GVG ist nicht revisibel. Mit der Revision kann daher nicht geltend gemacht werden, das Erfordernis der besonderen Kenntnisse des Wirtschaftslebens sei zu Unrecht verneint oder bejaht worden (BGH NStZ 1985, 464, 466). Nach Zurückverweisung nach § 354 Abs 3 StPO hat die Kammer aber erneut ihre Zuständigkeit zu überprüfen.

§ 74 d [Strafkammer als gemeinsames Schwurgericht]

(1) ¹Die Landesregierungen werden ermächtigt, durch Rechtsverordnung einem Landgericht für die Bezirke mehrerer Landgerichte die in § 74 Abs. 2 bezeichneten Strafsachen zuzuweisen, sofern dies der sachlichen Förderung der Verfahren dient. ²Die Landesregierungen können die Ermächtigung auf die Landesjustizverwaltungen übertragen.

(2) *(aufgehoben)*

1 Die Vorschrift des § 74 d GVG regelt die Bildung eines gemeinsamen SchwurGer für mehrere, über einen OLG-Bezirk hinausgehende Gerichtsbezirke (Rn 1).

Die Vorschrift ermöglicht die Bildung eines gemeinsamen SchwurGer. Dessen Zuständigkeit kann auch über einen OLG-Bezirk hinausgehen. Die Schöffen für das gemeinsame SchwurGer werden jedoch nur aus der Schöffenliste des LG ausgelost, bei dem es gebildet wird.

2 Für die neuen Bundesländer wird § 74 d GVG durch die im Einigungsvertrag enthaltenen Konzentrationsmöglichkeiten ergänzt.

§ 74 e [Vorrang bei Zuständigkeitsüberschneidungen]

Unter verschiedenen nach den Vorschriften der §§ 74 bis 74 d zuständigen Strafkammern kommt
1. in erster Linie dem Schwurgericht (§ 74 Abs. 2, § 74 d),
2. in zweiter Linie der Wirtschaftsstrafkammer (§ 74 c),
3. in dritter Linie der Strafkammer nach § 74 a
der Vorrang zu.

Überblick

Die Vorschrift des § 74 e GVG regelt das Verhältnis der einzelnen StrK untereinander (Rn 1) und zur Jugendkammer (Rn 2).

A. Vorrangprinzip

1 Die Vorschrift stellt für die Entscheidung über die funktionelle Zuständigkeit eine Rangfolge auf, die sich nach der Schwere des Delikts orientiert. Die Staatsschutzkammer liegt dabei erst an dritter Stelle, da für schwere Staatsschutzdelikte nach § 120 GVG das OLG zuständig ist. An letzter Stelle steht die allgemeine StrK, die in § 74 e GVG nicht erwähnt ist.

B. Die Jugendkammer

2 In Jugendsachen haben die Jugendgerichte grundsätzlich Vorrang vor den allgemeinen und speziellen StrK; § 74 e GVG gilt insoweit nicht (BGH NStZ 1996, 346). Werden Jugendsachen mit Strafsachen gegen Erwachsene verbunden, geht die Zuständigkeit der Wirtschaftkammer oder der Staatsschutzkammer vor (§ 103 Abs 2 JGG, § 108 JGG), nicht jedoch auch des SchwurGer (BGH StV 1996, 247). In Schwurgerichtssachen bleibt die Jugendkammer zuständig.

C. Beschwerde und Revision

Gegen die Eröffnung oder Verweisung an ein niedrigeres Gericht steht der StA die sofortige Beschwerde zu (§ 210 Abs 2 StPO, § 225 Abs 3 S 2, Abs 4 S 2 StPO, § 270 Abs 3 StPO). Die Beschwerdeentscheidung kann dann nicht mehr mit der Revision angegriffen werden (§ 336 S 2 StPO). 3

Dem Angeklagten steht kein Anfechtungsrecht gegen die Zuständigkeitsentscheidung zu; er ist auf das Verfahren nach § 6 a StPO beschränkt. Nach wirksamen Einwand kann er eine Nachprüfung im Revisionsverfahren erreichen (§ 338 Nr 4 StPO). 4

§ 74 f [Zuständigkeit bei vorbehaltener oder nachträglicher Anordnung der Sicherungsverwahrung]

(1) Hat im ersten Rechtszug eine Strafkammer die Anordnung der Sicherungsverwahrung vorbehalten oder in den Fällen des § 66 b des Strafgesetzbuches als Tatgericht entschieden, ist diese Strafkammer im ersten Rechtszug für die Verhandlung und Entscheidung über die im Urteil vorbehaltene oder die nachträgliche Anordnung der Sicherungsverwahrung zuständig.

(2) Hat in den Fällen des § 66 b des Strafgesetzbuches im ersten Rechtszug ausschließlich das Amtsgericht als Tatgericht entschieden, ist im ersten Rechtszug eine Strafkammer des ihm übergeordneten Landgerichts für die Verhandlung und Entscheidung über die nachträgliche Anordnung der Sicherungsverwahrung zuständig.

(3) In den Fällen des § 66 b des Strafgesetzbuches gilt § 462 a Abs. 3 Satz 2 und 3 der Strafprozessordnung entsprechend; § 76 Abs. 2 dieses Gesetzes und § 33 b Abs. 2 des Jugendgerichtsgesetzes sind nicht anzuwenden.

Überblick

Die Vorschrift des § 74 f GVG regelt die Zuständigkeit bei vorbehaltener oder nachträglicher Sicherungsverwahrung. Hierbei ist zu beachten, ob nur die Vorentscheidung eines Gerichts (Rn 1 bis Rn 5) oder von mehreren Gerichten gegeben ist (Rn 6 bis Rn 7).

A. Vorangegangene Entscheidung einer StrK (Abs 1)

Hat sich eine StrK die Entscheidung über die Sicherungsverwahrung vorbehalten (§ 66 a StGB, § 106 Abs 3 JGG), ist sie im weiteren Verlauf auch für die Entscheidung über den Vorbehalt (§ 275 a StPO) zuständig, auch wenn sie zwischenzeitlich mit anderen Richtern besetzt ist. Gleiches gilt für Entscheidungen nach § 66 b StGB über die nachträgliche Anordnung der Unterbringung in der Sicherungsverwahrung. Auch hier ist die StrK zuständig, die das vorausgehende Urteil gesprochen hat. 1

B. Vorangegangene Entscheidung eines AG (Abs 2)

Der Anwendungsbereich des § 74 f Abs 2 GVG ist nur in den Fällen eröffnet, in denen das AG wegen eines der in § 66 b Abs 1 StGB (ohne SchwurGer-Sachen) genannten Straftaten verurteilt hat und sich später die weitere Gefährlichkeit des Verurteilten ergibt. 2

I. Kein Berufungsverfahren

Wurde das Ausgangsurteil des AG nicht mit der Berufung (oder nur der Sprungrevision) angefochten, ist zur Entscheidung über die nachträgliche Sicherungsverwahrung eine Große StrK des dem AG übergeordneten LG zuständig. Die übergeordnete Jugendkammer ist zuständig, wenn im Ausgangsverfahren das Jugendschöffengericht entschieden hatte. 3

II. Mit Berufungsverfahren

4   Hat eine Berufungsverhandlung (nicht nach § 329 StPO) stattgefunden, ist dieses LG für die nachträgliche Sicherungsverwahrung zuständig. Hat die Berufungsverhandlung vor der Großen Jugendkammer stattgefunden, entscheidet diese auch über die nachträgliche Sicherungsverwahrung. Wurde das Berufungsverfahren dagegen bei einer Kleinen StrK durchgeführt, ist die weitere Zuständigkeit für die nachträgliche Sicherungsverwahrung umstritten. Grundsätzlich soll immer das Gericht entscheiden, das bereits früher mit der Sache befasst war; dies wäre dann die ursprüngliche Kleine StrK, die um zwei Beisitzer verstärkt werden muss. Es wird sich anbieten, für diese Fälle in der Geschäftsverteilung zu regeln, dass die Entscheidung einer Großen StrK übertragen wird, deren Vorsitz dem früheren Vorsitzenden der Kleinen StrK übertragen wird. Nur wenn dieser nicht mehr Mitglied des LG ist, fehlt es an der vom Gesetzgeber vorgesehenen personellen Identität (s hierzu ausführlich Meyer/Goßner StPO § 74 f GVG Rn 4).

C. Besetzung

5   Bei der nachträglichen Anordnung der Sicherungsverwahrung ist die StrK mit drei Berufsrichtern und zwei Schöffen besetzt; eine Besetzungsreduzierung auf zwei Berufsrichter ist ausgeschlossen (§ 74 f Abs 3 Hs 2 GVG). Diese ist nur bei vorbehaltener Sicherungsverwahrung möglich.

D. Vorentscheidungen verschiedener Gerichte

I. Nachträgliche Sicherungsverwahrung, § 66 b StGB

6   Liegen im Falle der nachträglichen Anordnung der Sicherungsverwahrung verschiedene Urteile gegen den Betroffenen vor, so entscheidet das Gericht über die nachträgliche Anordnung, das auf die schwerste Strafart oder bei Strafen gleicher Art auf die höchste Strafe erkannt hat. Sind hiernach immer noch mehrere Gerichte zuständig, obliegt die Entscheidung dem Gericht, dessen Urteil zuletzt ergangen ist. Ein Gericht, dessen Urteil bereits vollständig vollstreckt worden ist, ist nicht mehr für die Entscheidung über die nachträgliche Anordnung berufen (OLG Frankfurt NStZ-RR 2005, 106). Wurde eines der Urteile von einem OLG im ersten Rechtszug erlassen, so ist dieses für die nachträgliche Anordnung nach § 120 a GVG zuständig.

II. Vorbehaltene Sicherungsverwahrung, § 66 a StGB

7   Bei der vorbehaltenen Sicherungsverwahrung entscheidet jedes Gericht selbst und unabhängig von den anderen Gerichten über den Vorbehalt. Gleiches gilt, wenn aufgrund verschiedener Urteile sowohl die Voraussetzungen des § 66 a StGB wie auch das § 66 b StGB vorliegen.

E. Strafvollstreckungskammer

8   Für die Dauer des Verfahrens nach § 275 a StPO kann die Strafvollstreckungskammer entspr § 462 a Abs 1 S 3 StPO der nach § 74 c GVG zuständigen StrK die Entscheidung über Weisungen im Rahmen der Führungsaufsicht übertragen (BGH NStZ 2006, 568).

§ 76 [Besetzung der Strafkammern]

(1) ¹Die Strafkammern sind mit drei Richtern einschließlich des Vorsitzenden und zwei Schöffen (große Strafkammer), in Verfahren über Berufungen gegen ein Urteil des Strafrichters oder des Schöffengerichts mit dem Vorsitzenden und zwei Schöffen (kleine Strafkammer) besetzt. ²Bei Entscheidungen außerhalb der Hauptverhandlung wirken die Schöffen nicht mit.

(2) ¹Bei der Eröffnung des Hauptverfahrens beschließt die große Strafkammer, daß sie in der Hauptverhandlung mit zwei Richtern einschließlich des Vorsitzenden

und zwei Schöffen besetzt ist, wenn nicht die Strafkammer als Schwurgericht zuständig ist oder nach dem Umfang oder der Schwierigkeit der Sache die Mitwirkung eines dritten Richters notwendig erscheint. ²Ist eine Sache vom Revisionsgericht zurückverwiesen worden, kann die nunmehr zuständige Strafkammer erneut nach Satz 1 über ihre Besetzung beschließen.
(3) ¹In Verfahren über Berufungen gegen ein Urteil des erweiterten Schöffengerichts (§ 29 Abs. 2) ist ein zweiter Richter hinzuzuziehen. ²Außerhalb der Hauptverhandlung entscheidet der Vorsitzende allein.

Überblick

Die Vorschrift des § 76 GVG regelt die Besetzung der Strafkammern des Landgerichts (Rn 1). Hierbei ist zwischen der Besetzung in der Hauptverhandlung (Rn 2 bis Rn 4) und außerhalb der Hauptverhandlung (Rn 11 bis Rn 12) zu unterscheiden. Die Entscheidung über die Besetzung ergeht mit dem Eröffnungsbeschluss (Rn 5 bis Rn 8).

A. Besetzung der StrK

Beim LG sind große und kleine StrK eingerichtet. Als Gericht 1. Instanz entscheiden die großen StrK, die kleinen StrK sind für Berufungen gegen Urteile des Strafrichters und des Schöffengerichts zuständig. 1

B. In der Hauptverhandlung (Abs 1 S 1)

Die große StrK ist in der Hauptverhandlung mit drei Berufsrichtern und zwei Schöffen besetzt, wenn sie als SchwurGer tätig ist. In den anderen Fällen hängt die Besetzung vom Umfang oder der Schwierigkeit der Sache ab; dies gilt auch für die Entscheidung über die Anordnung der Sicherungsverwahrung (BGH NStZ-RR 2004, 175). 2
In Sachen, die nicht umfangreich oder schwierig sind, wirkt neben dem Vorsitzenden und den Schöffen nur noch ein weiterer Berufsrichter mit (befristet bis 31. 12. 2011 – Art 15 Abs 2 RpflEntlG in der Fassung des Gesetzes zur Änderung des RpflEntlG v 7. 12. 2008, BGBl I 2348). Über Berufungen entscheidet die kleine StrK mit dem Vorsitzenden und zwei Schöffen. In Jugendsachen entscheidet über Berufungen gegen Urteile des Jugendrichters die kleine Jugendkammer mit einem Vorsitzenden und zwei Jugendschöffen, gegen Urteile des Jugendschöffengerichts die große Jugendkammer mit zwei oder drei Berufsrichtern und zwei Jugendschöffen (§ 33 b JGG).

C. Umfang oder Schwierigkeit der Sache

Die Beurteilung des Umfangs oder der Schwierigkeit einer Sache erfolgt nach tatsächlichen und rechtlichen Kriterien. Beim **Umfang** einer Sache sind zB die Anzahl der Angeklagten, Verteidiger, Dolmetscher, Zeugen, die Zahl der zu verhandelnden Straftaten, die Notwendigkeit von Sachverständigengutachten, der Umfang der Akten und Beweismittel aber auch die zu erwartende Dauer der Hauptverhandlung zu berücksichtigen. Eine **überdurchschnittliche Schwierigkeit** der Sache kann bestehen, wenn umstrittene oder ungeklärte Rechtsfragen zu erörtern, Beweisschwierigkeiten zu erwarten sind oder der Sachverhalt insgesamt nur schwer durchschaut werden kann. Dass ein Indizienprozess zu führen ist, kann nicht alleine eine überdurchschnittliche Schwierigkeit begründen (BGH NStZ 2004, 56). In Staatsschutz- oder Wirtschaftsstrafsachen sind oftmals besondere Schwierigkeiten begründet. 3
Ob eine Sache von „**besonderer Bedeutung**" ist (§ 24 Abs 1 Nr 3 GVG, § 74 GVG), ist für die Entscheidung über die Besetzung von keiner Bedeutung. De StrK kommt bei der Besetzungsentscheidung ein weiter **Beurteilungsspielraum** zu. Die Besetzung mit zwei Richtern ist dabei die Regel, die Dreier-Besetzung die Ausnahme (BGH NStZ 1999, 367; NStZ 1999, 365). Bestehen Zweifel, ist die Dreier-Besetzung zu beschließen (BGH NStZ 2004, 56). 4

D. Entscheidung über die Besetzung (Abs 2)

5   Die StrK hat über ihre Besetzung bei Eröffnung des Hauptverfahrens im Rahmen des Eröffnungsbeschlusses (BGH NStZ-RR 1999, 274; StV 2008, 505; NStZ 2009, 53) zu entscheiden. Die Entscheidung ergeht damit außerhalb der Hauptverhandlung durch die drei berufsmäßigen Richter der StrK ohne Schöffen (BGH NStZ 2006, 298); dies gilt auch, wenn die zunächst unterbliebene Entscheidung über die Eröffnung während der Hauptverhandlung nachgeholt wird, diese ist hierzu zu unterbrechen (BGH StV 2007, 562). Eine vorherige Anhörung der Verfahrensbeteiligten erfolgt nicht (BGH NStZ 1999, 274). Die Entscheidung kann nach Eröffnung, abgesehen vom Verfahren nach § 222b StPO (BGH NStZ 2004, 56), nicht mehr geändert werden (BGH NStZ 1999, 367; StraFo 2005, 162; NStZ 2009, 53). Sie ist auch unanfechtbar (OLG Bremen StV 1993, 350).

6   Auch bei einer Verweisung vom AG an das LG nach § 225a StPO, § 270 StPO muss die StrK nunmehr über ihre Besetzung entscheiden (BGH NStZ-RR 2001, 244); gleiches gilt wenn eine vorrangige StrK oder das OLG ein Verfahren vor der StrK eröffnet (OLG Koblenz wistra 1995, 282).

7   Ist eine Entscheidung über die Besetzung unterblieben, hat die StrK in Dreier-Besetzung zu verhandeln (LG Bremen StraFo 2004, 102; BGH StV 2008, 505; NStZ 2009, 53). Gleiches gilt bei einer Zuständigkeitsverlagerung durch Änderung des Geschäftsverteilungsplans (BGH NStZ-RR 2006, 214).

8   Ändert sich der Verfahrensumfang durch Verbindung der Sache mit weiteren Verfahren, muss keine erneute Entscheidung über die Besetzung erfolgen. Erweist sich eine ursprünglich beschlossene Besetzungsreduktion nach erfolgter Verbindung als nicht mehr sachgerecht, weil sich die Schwierigkeit oder der Umfang der Sache durch die Verbindung erheblich erhöht hat, kann die Kammer die ursprüngliche Besetzungsentscheidung abändern und nachträglich eine Verhandlung in Dreierbesetzung beschließen (BGH NJW 2009, 1760).
Dies gilt auch bei Zurückverweisung einer Sache durch den BGH; die nunmehr zuständige StrK kann eine andere Besetzung beschließen, ist hierzu aber nicht verpflichtet (BGH StraFo 2003, 134).

E. Jugendsachen

9   In Jugendsachen hat die Jugendkammer zu entscheiden, ob sie mit zwei oder drei Richtern besetzt ist (§ 33b Abs 2 JGG). Die Zuziehung eines dritten Berufsrichters ist zwingend erforderlich, wenn Verfahrensgegenstand eine SchwurGer-Sache ist. Zur Frage, ob die Jugendkammer auch als Berufungsgericht nur mit zwei Berufsrichtern besetzt sein kann, s Meyer-Goßner StPO § 76 GVG Rn 5 mwN.

F. Erweitertes Schöffengericht (Abs 3)

10 War in 1. Instanz das erweiterte Schöffengericht (zwei Berufsrichter) tätig, so ist die kleine StrK im Berufungsverfahren ebenfalls zwingend mit zwei Berufsrichtern und zwei Schöffen zu besetzen. Ob der zweite Richter am AG zu Recht nach § 29 Abs 2 GVG hinzugezogen worden ist, ist für die Berufungsbesetzung unerheblich (OLG Düsseldorf NStZ 1994, 97).

G. Entscheidungen außerhalb der Hauptverhandlung

11 Bei Entscheidungen außerhalb der Hauptverhandlung, zB über Haftprüfungsanträge während der laufenden Hauptverhandlung (OLG München StRR 2007, 83), wirken die Schöffen nicht mit. Bei der großen StrK entscheiden die drei Berufsrichter, bei der kleinen StrK der Vorsitzende alleine. Hat die StrK eine Zweier-Besetzung entschieden, treffen die zwei Berufsrichter die zwischen dem Beginn und dem Ende der Hauptverhandlung anfallenden Entscheidungen außerhalb der Hauptverhandlung (KK-StPO/Diemer GVG § 76 Rn 10; **aA** Meyer-Goßner StPO § 76 GVG Rn 7).

12 Über Beschwerden gegen Verfügungen und Entscheidungen des AG entscheidet immer die große StrK, auch wenn sie mit einem in der Berufung angefochtenen Urteil in Zusammenhang stehen (OLG Köln StV 1993, 464 für Wirtschaftsstrafsachen).

Gerichtsverfassungsgesetz (Auszug) § 120 GVG

H. Revision

Die Revision ist begründet, wenn das SchwurGer mit zwei statt mit drei Richtern 13 entschieden hat. Ansonsten setzt die Revision voraus, dass der Besetzungseinwand nach § 222a StPO, § 222b StPO rechtzeitig erhoben worden ist (BGH NStZ 1999, 367). Die Revision ist begründet, wenn das Gericht ohne entspr Beschluss nur in Zweier-Besetzung entschieden hat (BGH NStZ 1999, 365; NStZ 2009, 53) oder wenn die StrK den ihr zustehenden Beurteilungsspielraum bei der Entscheidung in unvertretbarer Weise überschritten und damit objektiv willkürlich gehandelt hat (BGH NStZ 1999, 367; StraFo 2003, 134; NStZ-RR 2004, 175).

5 a. Titel. Strafvollstreckungskammern (§§ 78a-78b) (nicht kommentiert)

Sechster Titel. Schwurgerichte (§§ 79-92) (weggefallen)

Siebenter Titel. Kammern für Handelssachen (§§ 93-114) (nicht kommentiert)

Achter Titel. Oberlandesgerichte (§§ 115-122) (Auszug)

§ 120 [Zuständigkeit in Strafsachen in 1. Instanz]

(1) In Strafsachen sind die Oberlandesgerichte, in deren Bezirk die Landesregierungen ihren Sitz haben, für das Gebiet des Landes zuständig für die Verhandlung und Entscheidung im ersten Rechtszug

1. bei Friedensverrat in den Fällen des § 80 des Strafgesetzbuches,

2. bei Hochverrat (§§ 81 bis 83 des Strafgesetzbuches),

3. bei Landesverrat und Gefährdung der äußeren Sicherheit (§§ 94 bis 100a des Strafgesetzbuches) sowie bei Straftaten nach § 52 Abs. 2 des Patentgesetzes, nach § 9 Abs. 2 des Gebrauchsmustergesetzes in Verbindung mit § 52 Abs. 2 des Patentgesetzes oder nach § 4 Abs. 4 des Halbleiterschutzgesetzes in Verbindung mit § 9 Abs. 2 des Gebrauchsmustergesetzes und § 52 Abs. 2 des Patentgesetzes,

4. bei einem Angriff gegen Organe und Vertreter ausländischer Staaten (§ 102 des Strafgesetzbuches),

5. bei einer Straftat gegen Verfassungsorgane in den Fällen der §§ 105, 106 des Strafgesetzbuches,

6. bei einer Zuwiderhandlung gegen das Vereinigungsverbot des § 129a, auch in Verbindung mit § 129b Abs. 1, des Strafgesetzbuches

7. bei Nichtanzeige von Straftaten nach § 138 des Strafgesetzbuches, wenn die Nichtanzeige eine Straftat betrifft, die zur Zuständigkeit der Oberlandesgerichte gehört, und

8. bei Straftaten nach dem Völkerstrafgesetzbuch.

(2) ¹Diese Oberlandesgerichte sind ferner für die Verhandlung und Entscheidung im ersten Rechtszug zuständig

1. bei den in § 74a Abs. 1 bezeichneten Straftaten, wenn der Generalbundesanwalt wegen der besonderen Bedeutung des Falles nach § 74a Abs. 2 die Verfolgung übernimmt,

2. bei Mord (§ 211 des Strafgesetzbuches), Totschlag (§ 212 des Strafgesetzbuches) und den in § 129a Abs. 1 Nr. 2 und Abs. 2 des Strafgesetzbuches bezeichneten Straftaten, wenn ein Zusammenhang mit der Tätigkeit einer nicht oder nicht nur im Inland bestehenden Vereinigung besteht, deren Zweck oder Tätigkeit die Begehung von Straftaten dieser Art zum Gegenstand hat, und der Generalbundesanwalt wegen der besonderen Bedeutung des Falles die Verfolgung übernimmt,

3. bei Mord (§ 211 des Strafgesetzbuchs), Totschlag (§ 212 des Strafgesetzbuchs), erpresserischem Menschenraub (§ 239a des Strafgesetzbuchs), Geiselnahme (§ 239b des Strafgesetzbuchs), schwerer und besonders schwerer Brandstiftung (§§ 306a und 306b des Strafgesetzbuchs), Brandstiftung mit Todesfolge (§ 306c des Strafgesetzbuchs), Herbeiführen einer Explosion durch Kernenergie in den Fällen des § 307 Abs. 1 und 3 Nr. 1 des Strafgesetzbuchs, Herbeiführen einer Sprengstoffexplosion in den Fällen des § 308 Abs. 1 bis 3 des Strafgesetzbuchs, Mißbrauch ionisierender Strahlen in den Fällen des § 309 Abs. 1 bis 4 des Strafgesetzbuchs, Vorbereitung eines Explosions- oder Strahlungsverbrechens in den Fällen des § 310 Abs. 1 Nr. 1 bis 3 des Strafgesetzbuchs, Herbeiführen einer Überschwemmung in den Fällen des § 313 Abs. 2 in Verbindung mit § 308 Abs. 2 und 3 des Strafgesetzbuchs, gemeingefährlicher Vergiftung in den Fällen des § 314 Abs. 2 in Verbindung mit § 308 Abs. 2 und 3 des Strafgesetzbuchs und Angriff auf den Luft- und Seeverkehr in den Fällen des § 316c Abs. 1 und 3 des Strafgesetzbuchs, wenn die Tat nach den Umständen bestimmt und geeignet ist,

a) den Bestand oder die Sicherheit eines Staates zu beeinträchtigen,

b) Verfassungsgrundsätze der Bundesrepublik Deutschland zu beseitigen, außer Geltung zu setzen oder zu untergraben,

c) die Sicherheit der in der Bundesrepublik Deutschland stationierten Truppen des Nordatlantik-Pakts oder seiner nichtdeutschen Vertragsstaaten zu beeinträchtigen oder

d) den Bestand oder die Sicherheit einer internationalen Organisation zu beeinträchtigen,

und der Generalbundesanwalt wegen der besonderen Bedeutung des Falles die Verfolgung übernimmt,

4. bei Straftaten nach dem Außenwirtschaftsgesetz sowie bei Straftaten nach § 19 Abs. 2 Nr. 2 und § 20 Abs. 1 des Gesetzes über die Kontrolle von Kriegswaffen, wenn die Tat nach den Umständen

a) geeignet ist, die äußere Sicherheit oder die auswärtigen Beziehungen der Bundesrepublik Deutschland erheblich zu gefährden, oder

b) bestimmt und geeignet ist, das friedliche Zusammenleben der Völker zu stören,

und der Generalbundesanwalt wegen der besonderen Bedeutung des Falles die Verfolgung übernimmt.

²Sie verweisen bei der Eröffnung des Hauptverfahrens die Sache in den Fällen der Nummer 1 an das Landgericht, in den Fällen der Nummern 2 bis 4 an das Land- oder Amtsgericht, wenn eine besondere Bedeutung des Falles nicht vorliegt.

(3) ¹In den Sachen, in denen diese Oberlandesgerichte nach Absatz 1 oder 2 zuständig sind, treffen sie auch die in § 73 Abs. 1 bezeichneten Entscheidungen. ²Sie entscheiden ferner über die Beschwerde gegen Verfügungen der Ermittlungsrichter der Oberlandesgerichte (§ 169 Abs. 1 Satz 1 der Strafprozeßordnung) in den in § 304 Abs. 5 der Strafprozeßordnung bezeichneten Fällen.

(4) ¹Diese Oberlandesgerichte entscheiden auch über die Beschwerde gegen Verfügungen und Entscheidungen des nach § 74a zuständigen Gerichts. ²Für Entscheidungen über die Beschwerde gegen Verfügungen und Entscheidungen des nach § 74a Abs. 4 zuständigen Gerichts sowie in den Fällen des § 100d Abs. 1 Satz 6 der Strafprozessordnung ist ein nicht mit Hauptverfahren in Strafsachen befasster Senat zuständig.

Gerichtsverfassungsgesetz (Auszug) § 120 GVG

(5) ¹Für den Gerichtsstand gelten die allgemeinen Vorschriften. ²Die beteiligten Länder können durch Vereinbarung die den Oberlandesgerichten in den Absätzen 1 bis 4 zugewiesenen Aufgaben dem hiernach zuständigen Gericht eines Landes auch für das Gebiet eines anderen Landes übertragen.

(6) Soweit nach § 142 a für die Verfolgung der Strafsachen die Zuständigkeit des Bundes begründet ist, üben diese Oberlandesgerichte Gerichtsbarkeit nach Artikel 96 Abs. 5 des Grundgesetzes aus.

(7) Soweit die Länder aufgrund von Strafverfahren, in denen die Oberlandesgerichte in Ausübung von Gerichtsbarkeit des Bundes entscheiden, Verfahrenskosten und Auslagen von Verfahrensbeteiligten zu tragen oder Entschädigungen zu leisten haben, können sie vom Bund Erstattung verlangen.

Überblick

Die Vorschrift des § 120 GVG regelt die Zuständigkeit der Strafsenate der OLGe in erster Instanz. Sie sind als Landeshauptstadt-OLG (Rn 1) für bestimmte Straftaten (Rn 2) oder wegen besonderer Bedeutung der Sache (Rn 3 bis Rn 4) zuständig, dann auch für Nebenentscheidungen (Rn 6). Für die örtliche Zuständigkeit gelten keine Besonderheiten (Rn 8), mit den polizeilichen Ermittlungen kann jedoch das BKA beauftragt werden (Rn 9); s auch Nr 202 RiStBV ff.

Übersicht

	Rn		Rn
A. Zuständigkeitskonzentration	1	F. Beschwerdekonzentration in § 74 a – Strafsachen (Abs 4)	7
B. Straftatenkatalog des Abs 1	2	G. Gerichtsstand (Abs 5)	8
C. Übernahme wegen besonderer Bedeutung nach Abs 2	3	H. Polizeiliche Ermittlungen	9
D. Verfahrenshindernis	5	I. Jugendliche und Heranwachsende	10
E. Nebenentscheidungen (Abs 3)	6	J. Kosten (Abs 7)	11

A. Zuständigkeitskonzentration

Sind die OLG zur erstinstanzlichen Entscheidung in Strafsachen berufen, ist deren Zuständigkeit örtlich auf das **Landeshauptstadt-OLG** konzentriert. Hierdurch soll eine besondere Sachkunde der mit den Verfahren befassten Richter erreicht werden. Nach § 120 Abs 5 S 2 GVG können durch zwei Staatsverträge auch über die Landesgrenzen hinweg Zuständigkeiten begründet werden. **1**

OLG Hamburg für Bremen und Hamburg; OLG Koblenz für Rheinland-Pfalz und Saarland. **1.1**

B. Straftatenkatalog des Abs 1

Für die Verfolgung der im Katalog von § 120 Abs 1 GVG aufgeführten Straftaten (Täterschaft, Teilnahme, Versuch und Vorbereitungshandlungen) ist primär der GBA zuständig (OLG München NStZ 2005, 706). Die OLGe üben in diesen Fällen **Bundesgerichtsbarkeit** im Wege der **Organleihe** aus (§ 120 Abs 6 GVG). Liegen jedoch die Voraussetzungen des § 142 a Abs 2, Abs 3 GVG vor, muss dieser das Verfahren an die GenStA beim zuständigen Landeshauptstadt-OLG abgeben. Mit der Abgabe geht das Verfahren in die Landesgerichtsbarkeit über. Im Falle eines negativen Kompetenzstreits steht dem GBA die Entscheidung zu (§ 142 a Abs 1 S 2 GVG). Das OLG ist auch für andere als die in Abs 1 aufgeführten Katalogtaten zuständig, wenn es sich bei diesen Taten iVm einer Katalogtat um dieselbe Strafsache iSd § 264 StPO handelt (BGH NStZ 2007, 117). **2**

C. Übernahme wegen besonderer Bedeutung nach Abs 2

3   Die Zuständigkeit des OLG in ersten Instanz ist weiter begründet, wenn der GBA wegen der in § 120 Abs 2 GVG genannten Straftaten die Verfolgung wegen der besonderen Bedeutung des Falles übernommen hat (s hierzu Schnarr MDR 1988, 89, MDR 1993, 589 und NStZ 1990, 260). Der Übernahme einer Sache durch das OLG nach Vorlage durch ein LG steht es nicht entgegen, dass der GBA die Verfolgung ursprünglich nicht übernehmen konnte, weil dessen Zuständigkeit erst nach dem Eröffnungsbeschluss begründet worden ist (OLG Stuttgart OLGSt GVG § 120 Nr 1). Einer Sache kommt **besondere Bedeutung** zu, wenn unter Beachtung des Ausmaßes der Verletzung individueller Rechtsgüter des durch die Tat konkret Geschädigten ein staatsgefährdendes Delikt von erheblichem Gewicht vorliegt. Weiter ist erforderlich, dass die Tat so in die Schutzgüter des Gesamtstaates eingreift, dass ein Einschreiten des GBA und eine Aburteilung durch die Bundesgerichtsbarkeit geboten ist (BGH NStZ 1988, 188; NStZ 2008, 146; NStZ 2009, 335). Hieran sind strenge Anforderungen zu stellen, da mit der Übernahme nicht nur der gesetzliche Richter bestimmt, sondern auch in die verfassungsrechtliche Kompetenzverteilung zwischen Bund und Ländern eingegriffen wird (BGH NStZ 2009, 335).

4   Bei § 120 Abs 2 GVG handelt es sich um eine bewegliche Zuständigkeitsregelung (**Evokation**); die Entscheidung des GBA wird gerichtlich überprüft (BGH NStZ 2001, 265; NStZ 2002, 447). Gelangt das OLG bei Eröffnung des Hauptverfahrens zur Überzeugung, dass der Fall keine besondere Bedeutung hat, verweist es das Verfahren an das zuständige LG oder AG (BGH NStZ 2002, 447). Dem GBA steht in diesem Fällen die sofortige Beschwerde zum BGH zu.

D. Verfahrenshindernis

5   Hat das OLG entgegen § 120 Abs 1 und Abs 2 GVG nach Anklage durch den GBA seine Zuständigkeit angenommen, ist das Verfahren an das zuständige Gericht von Amts wegen zu verweisen (BGH NStZ 2001, 265). Fällt ein gesetzliches Zuständigkeitsmerkmal nach rechtmäßiger Eröffnung des Hauptverfahrens später weg, bleibt die Zuständigkeit des OLG dagegen weiterhin bestehen (BGH NStZ 2001, 265).

E. Nebenentscheidungen (Abs 3)

6   Im Rahmen seiner Zuständigkeit trifft das Landeshauptstadt-OLG nach § 120 Abs 3 GVG auch die erforderlichen Nebenentscheidungen nach § 73 Abs 1 GVG, insbes über Beschwerden gegen Beschlüsse und Verfügungen des Ermittlungsrichters beim AG oder des OLG (§ 169 Abs 1 S 1 StPO, § 304 Abs 5 StPO). Richtet sich eine Beschwerde dagegen gegen eine Entscheidung des Ermittlungsrichters des BGH (§ 169 Abs 1 S 2 StPO), so entscheidet der BGH (§ 135 Abs 2 GVG); gleiches gilt für Anträge auf gerichtliche Entscheidung gegen Entscheidungen des GBA in den Fällen der § 161 a Abs 3 StPO, § 163 a Abs 3 S 2 StPO. In der Zuständigkeitskompetenz des OLG liegt weiter die Entscheidung über die Fortdauer der Untersuchungshaft (§ 121 Abs 4 S 1 StPO) und über Anträge im Klageerzwingungsverfahren (§ 172 Abs 4 S 2 StPO).

F. Beschwerdekonzentration in § 74 a – Strafsachen (Abs 4)

7   Die Zuständigkeit für die Entscheidung über Beschwerden gegen Verfügungen und Beschlüsse der StaatsschutzStrK ist nach § 120 Abs 4 GVG beim Landeshauptstadt-OLG konzentriert. In Fällen der akustischen Wohnraumüberwachung ist dort ein Strafsenat einzurichten, der nicht mit Hauptverfahren in Strafsachen befasst sein darf.

G. Gerichtsstand (Abs 5)

8   Für die Bestimmung der örtlichen Zuständigkeit gelten die allgemeinen Regeln der §§ 7 StPO ff; insbes der Gerichtsstand des Tatortes. Besteht eine Zuständigkeit bei mehreren OLG, so wählt der GBA das OLG aus, bei dem nach justizgemäßen Gesichtspunkten der Schwerpunkt liegt.

H. Polizeiliche Ermittlungen

Der GBA kann in den von ihm geführten Verfahren das BKA mit der Durchführung der Ermittlungen beauftragen. Dieses wird nur auf Ersuchen oder Auftrag hin tätig und hat Ermittlungskompetenz im gesamten Bundesgebiet (§ 4 Abs 2 Nr 3 BKAG, § 19 BKAG).

Daneben gilt die Notzuständigkeit der StA (§ 143 Abs 2 StPO) und der Polizei für eilige Untersuchungshandlungen.

I. Jugendliche und Heranwachsende

Nach § 102 S 1 JGG werden die Zuständigkeit des OLG und des BGH durch das JGG nicht berührt. Das OLG wird in Jugendsachen anstelle des Jugendgerichts jedoch erst dann zuständig, wenn die Zuständigkeit des OLG feststeht (BGH NStZ 2002, 447, 448).

J. Kosten (Abs 7)

Die Kosten und Auslagen (§§ 464 StPO ff) sowie die Entschädigungen für Strafverfolgungsmaßnahmen (§ 8 StrEG, § 15 StrEG), die der Staatskasse zur Last fallen, trägt das Land, dem das mit der Sache befasste OLG angehört, auch wenn dieses als Bundesgericht tätig geworden ist. Das Land kann jedoch nach § 120 Abs 7 GVG vom Bund Erstattung verlangen.

§ 120 a [Zuständigkeit bei vorbehaltener oder nachträglicher Anordnung der Sicherungsverwahrung]

(1) Hat im ersten Rechtszug ein Strafsenat die Anordnung der Sicherungsverwahrung vorbehalten oder in den Fällen des § 66 b des Strafgesetzbuches als Tatgericht entschieden, ist dieser Strafsenat im ersten Rechtszug für die Verhandlung und Entscheidung über die im Urteil vorbehaltene oder die nachträgliche Anordnung der Sicherungsverwahrung zuständig.

(2) In den Fällen des § 66 b des Strafgesetzbuches gilt § 462 a Abs. 3 Satz 2 und 3 der Strafprozessordnung entsprechend.

Überblick

Die Vorschrift des § 120 a GVG enthält Zuständigkeitsregeln des OLG für Fälle der vorbehaltenen oder nachträglichen Sicherungsverwahrung (Rn 1 bis Rn 2).

A. Fortbestehen der Zuständigkeit (Abs 1)

Die Regelung des § 120 a GVG modifiziert die Zuständigkeitsregelung des § 74 f GVG dahingehend, dass das OLG für die Entscheidung über die vorbehaltene Sicherungsverwahrung zuständig bleibt, sofern es im 1. Rechtszug nach § 66 a StPO oder § 106 JGG in einem Urteil die Anordnung der Sicherungsverwahrung vorbehalten hatte. Gleiches gilt im Falle der § 66 b StGB, § 106 Abs 5, Abs 6 JGG für die nachträgliche Sicherungsverwahrung, wenn das OLG als Tatgericht eine Entscheidung erlassen hat, die Grundlage für eine solche Anordnung sein soll.

B. Entscheidung verschiedener OLGe (Abs 2)

Zum Verweis auf die Regelung in § 462 a Abs 3 S 2 und S 3 StPO s § 74 f GVG Rn 8. Das OLG ist vorrangig zuständig, wenn Urteile von LG und OLG zusammentreffen.

§ 121 [Zuständigkeit in Strafsachen in der Rechtsmittelinstanz]

(1) Die Oberlandesgerichte sind in Strafsachen ferner zuständig für die Verhandlung und Entscheidung über die Rechtsmittel:

1. der Revision gegen

a) die mit der Berufung nicht anfechtbaren Urteile des Strafrichters;

b) die Berufungsurteile der kleinen und großen Strafkammern;

c) die Urteile des Landgerichts im ersten Rechtszug, wenn die Revision ausschließlich auf die Verletzung einer in den Landesgesetzen enthaltenen Rechtsnorm gestützt wird;

2. der Beschwerde gegen strafrichterliche Entscheidungen, soweit nicht die Zuständigkeit der Strafkammern oder des Bundesgerichtshofes begründet ist;

3. der Rechtsbeschwerde gegen Entscheidungen der Strafvollstreckungskammern nach den § 50 Abs. 5, §§ 116, 138 Abs. 3 des Strafvollzugsgesetzes und der Jugendkammern nach § 92 Abs. 2 des Jugendgerichtsgesetzes.

(2) Will ein Oberlandesgericht bei seiner Entscheidung nach Absatz 1 Nr. 1 a oder b von einer nach dem 1. April 1950 ergangenen, bei seiner Entscheidung nach Absatz 1 Nr. 3 von einer nach dem 1. Januar 1977 ergangenen Entscheidung eines anderen Oberlandesgerichts oder von einer Entscheidung des Bundesgerichtshofes abweichen, so hat es die Sache diesem vorzulegen.

(3) ¹Ein Land, in dem mehrere Oberlandesgerichte errichtet sind, kann durch Rechtsverordnung der Landesregierung die Entscheidungen nach Absatz 1 Nr. 3 einem Oberlandesgericht für die Bezirke mehrerer Oberlandesgerichte oder dem Obersten Landesgericht zuweisen, sofern die Zuweisung für eine sachdienliche Förderung oder schnellere Erledigung der Verfahren zweckmäßig ist. ²Die Landesregierungen können die Ermächtigung durch Rechtsverordnung auf die Landesjustizverwaltungen übertragen.

Überblick

Die Vorschrift des § 121 GVG regelt die Zuständigkeit des OLG als Rechtsmittelgericht. Es wird tätig als Revisionsgericht (Rn 1), Beschwerdegericht (Rn 2) und Rechtsbeschwerdegericht (Rn 3). Zur Vermeidung differierender Entscheidungen besteht eine Vorlegungspflicht (Rn 4 bis Rn 6), wenn ein OLG in einer entscheidungserheblichen Rechtsfrage abweichend von anderen OLGen oder dem BGH entscheiden will (Rn 7 bis Rn 9).

A. OLG als Rechtsmittelgericht (Abs 1)

I. Revisionsgericht

1   Das OLG entscheidet als Revisionsgericht über Verfahren, in denen das AG als Einzelrichter oder Schöffengericht im 1. Rechtszug geurteilt hat, auch im Wege der Sprungrevision (BGHSt 2, 63). § 121 Abs 1 Nr 1 b GVG betrifft die Verfahren, in denen das LG als kleine Straf-/Jugendkammer als Berufungsinstanz entschieden hat; eine Zuständigkeit des OLG besteht aber auch für Revisionen gegen Berufungsurteile der großen Jugendkammer gegen Urteile des Jugendschöffengerichts (§ 41 Abs 1 JGG). Wird eine Revision gegen ein Urteil einer großen StrafK nur auf die Verletzung von Landesrecht gestützt, ist nach § 121 Abs 1 Nr 1 c GVG ebenfalls das OLG zur Entscheidung zuständig. Dies gilt nicht, wenn die Verurteilung tateinheitlich auch auf Bundesrecht beruht (KG JR 1957, 230) oder ein Mitangeklagter zugleich seine Revision auch auf die Verletzung von Bundesrecht stützt (BGHSt 4, 207).

II. Beschwerdegericht

2   Das OLG entscheidet nach § 121 Abs 1 Nr 2 GVG über (einfache, sofortige und weitere) Beschwerden gegen Entscheidungen des LG. Eine Konzentration der Beschwerdesachen auf einen Senat ist zulässig (§ 21 e Abs 1 S 1 GVG).

III. Rechtsbeschwerdegericht

3   Zur Zuständigkeit des OLG gehört weiter die Entscheidung über Rechtsbeschwerden gegen Entscheidungen der Strafvollstreckungskammer (§ 121 Abs 1 Nr 3 GVG), der Ju-

gendkammer nach § 92 Abs 2 JGG sowie gegen Urteile des AG in Bußgeldsachen (§ 79 OWiG).

B. Vorlegungspflicht (Abs 2)

Will ein Strafsenat eines OLG in einem Verfahren von einer Entscheidung des BGH oder eines anderen OLG abweichen, hat er in den Fällen des § 121 Abs 2 GVG die Sache dem BGH vorzulegen. Hierdurch soll die Einheitlichkeit der Rechtsprechung der Revisionsgerichte gesichert werden (BGH NJW 2000, 1880). Die Vorlegungspflicht besteht auch für Sprungrevisionen (BGH NStZ 1988, 77). Da mit der Vorlegungspflicht zugleich auch immer eine Einschränkung der Entscheidungsfreiheit der OLGe verbunden ist, gilt diese nur in den Fällen, in denen eine abgestimmte Rechtsauffassung zur Wahrung der Rechtseinheit unerlässlich ist (BGH NStZ 1993, 547). Bei europarechtlichen Fragestellungen gilt keine Vorlegungspflicht zum BGH (OLG Köln NVZ 2005, 111; BGH NJW 1985, 2904), denn die verbindliche Auslegung des Rechts der EU steht in Strafsachen alleine dem EuGH zu (BGH NStZ 2002, 661). Die Vorlegungspflicht entfällt auch, wenn der Gesetzgeber eine ursprünglich strittige Rechtsfrage durch einen Gesetzesakt zwischenzeitlich geklärt hat (BGH NJW 1977, 1459). Ebenso kann ein Senat von einer früheren eigenen Entscheidung oder einer Entscheidung eines Senats des gleichen OLG (Innendivergenz) ohne Vorlage abweichen, sofern seine Rechtsauffassung nicht vom BGH oder einem anderen OLG übernommen worden ist.

Von der Vorlegungspflicht werden alle Entscheidungen erfasst, die den Rechtszug abschließen können; hierzu gehören Urteile und Beschlüsse nach § 349 Abs 1, Abs 2 und Abs 4 StPO (BGH NJW 1995, 2367), aber auch Beschlüsse nach § 206 a StPO, § 206 b StPO und § 346 Abs 2 StPO. Für die Vorlegungspflicht ist es irrelevant, ob das andere OLG noch besteht und ob dieses noch seine Entscheidung, von der abgewichen werden soll, in Beschlussform oder als Urteil erlassen hat (BGHSt 11, 152, 154). Unerheblich ist auch, ob die andere Entscheidung veröffentlicht wurde oder nicht (BGH NStZ 1986, 414).

Von § 121 Abs 2 GVG werden nur Rechtsfragen umfasst (BGH NJW 1977, 1459; NJW 1977, 2318; NJW 1982, 2455); hierzu können jedoch auch der Inhalt und die Tragweite allgemeiner Erfahrungssätze gehören (BGH NJW 1970, 520; NJW 1982, 2455). Die Voraussetzungen des § 121 Abs 2 GVG sind dagegen nicht bei einer beabsichtigten abweichenden Bewertung von Tatsachen gegeben (BGH NJW 2008, 672). Unterlässt ein Senat eine eigentlich erforderliche Vorlage, kann dies die Verfassungsbeschwerde begründen (Schroth JR 1990, 93). Von einer Vorlage kann jedoch abgesehen werden, wenn das andere OLG auf Anfrage erklärt, dass es an seiner früheren Rechtsauffassung nicht mehr festhalten wolle (BGH NJW 1996, 3219). Gleiches gilt, wenn das OLG, das gegen ein anderes OLG entscheiden will, sich dem BGH anschließen möchte (BGH GA 1959, 338; GA 1982, 126). Ein Abweichen von einer Entscheidung des Ermittlungsrichters des BGH begründet keine Vorlagepflicht (Meyer-Goßner StPO § 121 GVG Rn 8).

I. Entscheidungserheblichkeit

Eine Vorlage ist nur veranlasst, wenn die frühere und die neue Entscheidung für die betroffene Rechtsansicht von entscheidungserheblicher Bedeutung sind (BGH NJW 1986, 1271; BVerfG v 2. 3. 2009 – Az 2 BvR 1032/08). Will ein OLG nur in der Begründung, aber nicht im Ergebnis von einer anderen Entscheidung abweichen, besteht kein Grund zur Vorlage (BGH NStZ 2000, 222). Über die Entscheidungserheblichkeit entscheidet das vorlegende OLG, an dessen Ansicht der BGH gebunden ist, wenn diese nicht offenbar unhaltbar ist oder Gegenstand einer Verfassungsbeschwerde werden kann (BGH NStZ 1985, 217, 218). Behandelt ein OLG eine Tatfrage als Rechtsfrage, kann diese eine Vorlage nicht begründen (BGH NStZ 1995, 409, 410). Eine Rechtsfrage ist ebenfalls nicht entscheidungserheblich, wenn das andere OLG sich mit dieser nur im Rahmen eines obiter dictum befasst hat (BGHSt 3, 234).

II. Vorlagebeschluss

Die Vorlage erfolgt durch Beschluss. Kann ein Verfahren nur durch Urteil entschieden werden, muss dem Beschluss eine Hauptverhandlung vorausgehen (BGH NJW 1980, 2365).

In dem Beschluss hat das OLG seine Rechtsauffassung und die Entscheidungserheblichkeit darzulegen. Außerdem sollte die Vorlegungsfrage konkret formuliert werden. Würde sich das OLG in jedem Fall in Widerspruch zu einer anderen Entscheidung setzen müssen, ist die eigene Stellungnahme entbehrlich (BGH NJW 1981, 2071). Den Verfahrensbeteiligten ist rechtliches Gehör zu gewähren; ihnen ist der Beschluss mitzuteilen. Der Beschluss ist dem BGH über die GenStA beim vorlegenden OLG und dem GBA zuzuleiten. Die Stellungnahme des GBA ist den Verfahrensbeteiligten mitzuteilen.

Der Beschluss selbst ist nicht anfechtbar (§ 304 Abs 4 StPO), das OLG kann diesen bis zur Entscheidung des BGH durch Beschluss aber jederzeit wieder zurücknehmen. Ebenso kann der BGH, wenn er die Vorlegungsvoraussetzungen für nicht gegeben hält, die Sache durch Beschluss an das OLG zurückverweisen.

III. Teilentscheidung des BGH

9   Ist die Vorlage zulässig, fällt der BGH eine Teilentscheidung bezüglich der Vorlegungsfrage, die er aber weiter fassen kann, wenn dies für eine sinnvolle und erschöpfende Antwort erforderlich ist. Die Entscheidung des BGH ist für das vorlegende OLG insgesamt bindend (BGH NJW 1988, 321). Ist die Revision oder Rechtsbeschwerde, die dem Vorlageverfahren zugrunde liegt, dagegen unzulässig, verwirft der BGH selbst das Rechtsmittel. Eine Sachentscheidung trifft der BGH dagegen nur in Ausnahmefällen, wenn dies aus besonderen Gründen zweckmäßig erscheint (BGHSt 2, 63).

C. Zuständigkeitskonzentration (Abs 3)

10   Nach § 121 Abs 3 GVG steht es den Ländern frei, die Zuständigkeit für Rechtsbeschwerden nach § 116 StVollzG, § 117 StVollzG, § 138 Abs 2 StVollzG gegen Entscheidungen der Strafvollstreckungskammern bei einem OLG zu konzentrieren. Auf andere anfechtbare Entscheidungen, wie in Kostensachen (BGH NStZ 1983, 44), erstreckt sich die Konzentrationsmöglichkeit nicht.

10.1   Nordrhein-Westfalen durch VO v 8. 1. 1985 beim OLG Hamm; Niedersachen durch VO v 22. 1. 1998 beim OLG Celle.

Neunter Titel. Bundesgerichtshof (§§ 123-140) (nicht kommentiert)

9 a. Titel. Zuständigkeit für Wiederaufnahmeverfahren in Strafsachen (§ 140 a) (nicht kommentiert)

Zehnter Titel. Staatsanwaltschaft (§§ 141-152) (Auszug)

§ 142 [Sachliche Zuständigkeit]

(1) Das Amt der Staatsanwaltschaft wird ausgeübt:

1. bei dem Bundesgerichtshof durch einen Generalbundesanwalt und durch einen oder mehrere Bundesanwälte;

2. bei den Oberlandesgerichten und den Landgerichten durch einen oder mehrere Staatsanwälte;

3. bei den Amtsgerichten durch einen oder mehrere Staatsanwälte oder Amtsanwälte.

(2) Die Zuständigkeit der Amtsanwälte erstreckt sich nicht auf das amtsrichterliche Verfahren zur Vorbereitung der öffentlichen Klage in den Strafsachen, die zur Zuständigkeit anderer Gerichte als der Amtsgerichte gehören.

(3) Referendaren kann die Wahrnehmung der Aufgaben eines Amtsanwalts und im Einzelfall die Wahrnehmung der Aufgaben eines Staatsanwalts unter dessen Aufsicht übertragen werden.

Überblick

Die Vorschrift des § 142 GVG regelt die sachliche Zuständigkeit der StA (Rn 1). Es finden sich Regelungen zur Ausübung des Amtes (Rn 2 bis Rn 9) und zum Einsatz von Referendaren im staatsanwaltschaftlichen Dienst (Rn 10 bis Rn 11).

A. Sachliche Zuständigkeit der StA

Die Vorschrift des § 142 GVG regelt die **sachliche Zuständigkeit** der StA. Diese richtet 1 sich grds nach der Zuständigkeit des Gerichts, bei dem sie besteht. Zur Ausgestaltung des Dienstrechts der StAe s KK-StPO/Schoreit StPO § 142 GVG Rn 1 u 2.

Die Zuständigkeit der StA ist **keine Verfahrensvoraussetzung**. Die Nichtbeachtung der sachlichen Zuständigkeit führt daher nur in Ausnahmefällen zur Unwirksamkeit der Maßnahme (s Beispiele bei KK-StPO/Schoreit StPO § 142 GVG Rn 3). Erhebt die StA Anklage bei einem nicht zuständigen Gericht, führt dies nicht zur Einstellung des Verfahrens, sondern es kommen die § 209 StPO, § 225 a StPO, § 270 StPO zur Anwendung, ohne dass die StA eine neue Anklageschrift einreichen müsste (BayObLGSt 1973, 5, 8). Sie ist bei der Vornahme von **Ermittlungshandlungen** örtlich nicht gebunden und kann auch Anträge an Gerichte außerhalb ihres Bezirks stellen. Als **Strafvollstreckungsbehörde** ist sie am Verfahren zu beteiligen, auch wenn die Strafvollstreckungskammer in einem anderen Bezirk liegt (§ 451 Abs 3 StPO, § 462 a Abs 1 StPO).

B. Ausübung des Amts der StA (Abs 1)

Die Aufzählung des § 142 Abs 1 GVG enthält keine Rangbezeichnungen, sondern Funk- 2 tionsbezeichnungen, die nicht die dienstrechtliche Stellung des Funktionsträgers beschreiben. Sie enthält auch keine Regelung über die Art und den Inhalt der Amtsausübung.

I. BA beim BGH (Nr 1)

Der Begriff der Bundesanwälte umfasst alle im staatsanwaltschaftlichen Dienst bei der 3 Bundesanwaltschaft tätigen Beamte oder Richter: planmäßige Bundesanwälte beim BGH, Oberstaatsanwälte beim BGH und StA beim BGH, aber auch die dort abgeordneten Richter, StA und Beamte.

II. StA beim OLG (Nr 2)

Der Begriff der Staatsanwälte umfasst die planmäßigen Oberstaatsanwälte wie auch die zur 4 StA beim OLG abgeordneten Beamten. Die StA beim OLG wird vom GenStA geleitet, der – je nach Bundesland – beamtenrechtlich politischer Beamter sein kann.

III. StA beim LG (Nr 2)

Der StA beim LG steht ein Leitender Oberstaatsanwalt vor. Sie übt grds auch die Aufgaben 5 der StA bei den dem LG nachgeordneten AGen aus, sofern dort nicht eine Zweigstelle oder Außenstelle eingerichtet ist. Die Organisation und der Dienstbetrieb der StA ist in der OrgStA (Justiz 2003, 627) geregelt. Innerdienstlich wird die Zuständigkeit über einen Geschäftsverteilungsplan bestimmt.

Bei der StA können **Wirtschaftsreferenten** tätig sein (BGH NJW 1979, 2414; OLG 6 Zweibrücken NJW 1979, 1995). Diese arbeiten den StAen zu, können aber selbst die Ermittlungen nicht leiten oder Prozesserklärungen abgeben oder Anträge bei Gericht stellen. Sie sind jedoch zur Durchführungen von Vernehmungen befugt, die schriftlichen Äußerungen des Betroffenen gleichstehen.

IV. StA beim AG (Nr 3, Abs 2)

7   Die Aufgaben der StA am AG können durch eine Zweig- oder Außenstelle der StA beim LG wahrgenommen werden. Für das vorbereitende und das gerichtliche Verfahren können hier neben den StAen auch **Amtsanwälte** tätig werden, die auch Aufgaben der Strafvollstreckung übernehmen können. Ihre Zuständigkeit ist auf Strafsachen, über die der Richter am AG als Strafrichter entscheiden kann, begrenzt. Bei den Amtsanwälten handelt es sich um Beamte mit der Befähigung zum Richteramt oder die die Amtsanwaltsprüfung bestanden haben (Rechtspfleger mit Zusatzausbildung).
Prozesshandlungen des Amtsanwalts in einem Verfahren, für das er zu Unrecht die künftige Zuständigkeit des Amtsgerichts angenommen hat, bleiben wirksam, auch wenn er die Beschränkung seiner Kompetenz auf den Strafrichter nicht beachtet hat. Prozesserklärungen des Amtsanwalts gegenüber dem LG sind dagegen unwirksam (BayObLG NJW 1974, 761).

8   Für Sitzungen des Strafrichters bei einem AG, bei dem weder ein StA noch ein Amtsanwalt seinen Dienstsitz hat, können **örtliche Sitzungsvertreter** bestellt werden (BVerfG NJW 1981, 1033). Näheres ergibt sich aus den landesrechtlichen Ausführungsbestimmungen zum GVG.

V. Jugendstaatsanwälte

9   Für Verfahren, die in die Zuständigkeit der Jugendgerichte fallen, sollen nach § 36 JGG Jugendstaatsanwälte bestellt werden. Hierbei handelt es sich um eine reine **Ordnungsvorschrift**; wird statt des Jugendstaatsanwalts ein „normaler" StA oder ein Amtsanwalt tätig, kann dies die Revision nicht begründen (OLG Karlsruhe NStZ 1988, 241).

C. Übertragung auf Referendare (Abs 3)

10   Referendare können mit den Aufgaben eines Amtsanwalts oder eines StA – unter dessen Aufsicht – übertragen werden. Der StA hat die Tätigkeit des Referendars dabei nicht ständig zu überwachen; es genügt, wenn er soviel Aufsichtstätigkeit entfaltet, dass die Tätigkeit des Referendars als vollwertige staatsanwaltschaftliche Handlung anerkannt werden kann. IdR wird der StA Anklageschriften oder Einstellungsverfügungen selbst unterzeichnen.

11   Der Referendar kann in Sitzungen des Straf- und Jugendrichters selbstständig und alleine auftreten. Vor anderen Gerichten kann er als zweiter Sitzungsvertreter eingesetzt werden. Seine Tätigkeit ist durch jedenfalls zeitweilige Anwesenheit des StA in der Sitzung zu überwachen (OLG Zweibrücken VRS 47, 352). Bei der Urteilsverkündung muss der StA nicht selbst anwesend sein. Erklärungen nach § 153 Abs 2 StPO, § 153a Abs 2 StPO und über einen Rechtsmittelverzicht sollten regelmäßig von der Zustimmung des aufsichtführenden StA abhängig gemacht werden.

§ 142 a [Zuständigkeit des Generalbundesanwalts]

(1) [1]Der Generalbundesanwalt übt in den zur Zuständigkeit von Oberlandesgerichten im ersten Rechtszug gehörenden Strafsachen (§ 120 Abs. 1 und 2) das Amt der Staatsanwaltschaft auch bei diesen Gerichten aus. [2]Können in den Fällen des § 120 Abs. 1 die Beamten der Staatsanwaltschaft eines Landes und der Generalbundesanwalt sich nicht darüber einigen, wer von ihnen die Verfolgung zu übernehmen hat, so entscheidet der Generalbundesanwalt.

(2) Der Generalbundesanwalt gibt das Verfahren vor Einreichung einer Anklageschrift oder einer Antragsschrift (§ 440 der Strafprozeßordnung) an die Landesstaatsanwaltschaft ab,

  1. wenn es folgende Straftaten zum Gegenstand hat:
    a) Straftaten nach den §§ 82, 83 Abs. 2, §§ 98, 99 oder 102 des Strafgesetzbuches,
    b) Straftaten nach den §§ 105 oder 106 des Strafgesetzbuches, wenn die Tat sich gegen ein Organ eines Landes oder gegen ein Mitglied eines solchen Organs richtet,

c) Straftaten nach § 138 des Strafgesetzbuches in Verbindung mit einer der in Buchstabe a bezeichneten Strafvorschriften oder

d) Straftaten nach § 52 Abs. 2 des Patentgesetzes, nach § 9 Abs. 2 des Gebrauchsmustergesetzes in Verbindung mit § 52 Abs. 2 des Patentgesetzes oder nach § 4 Abs. 4 des Halbleiterschutzgesetzes in Verbindung mit § 9 Abs. 2 des Gebrauchsmustergesetzes und § 52 Abs. 2 des Patentgesetzes;

2. in Sachen von minderer Bedeutung.

(3) Eine Abgabe an die Landesstaatsanwaltschaft unterbleibt,

1. wenn die Tat die Interessen des Bundes in besonderem Maße berührt oder

2. wenn es im Interesse der Rechtseinheit geboten ist, daß der Generalbundesanwalt die Tat verfolgt.

(4) Der Generalbundesanwalt gibt eine Sache, die er nach § 120 Abs. 2 Nr. 2 bis 4 oder § 74a Abs. 2 übernommen hat, wieder an die Landesstaatsanwaltschaft ab, wenn eine besondere Bedeutung des Falles nicht mehr vorliegt.

Überblick

Die Vorschrift des § 142a GVG regelt die Zuständigkeit des GBA. Dieser ist primär für Verfahren zuständig, in denen das OLG nach § 120 Abs 1 und Abs 2 GVG erstinstanzlich tätig ist (Rn 1). Zusätzlich besteht eine abgeleitete Zuständigkeit (Rn 2 bis Rn 5); s auch Nr 202 RiStBV bis Nr 214 RiStBV.

A. Primärzuständigkeit des GBA (Abs 1)

Der GBA übt nach § 142a Abs 1 GVG das Amt der StA bei den OLGen aus, soweit 1 diese nach § 120 Abs 1 und Abs 2 GVG erstinstanzlich zuständig sind und damit im Wege der **Organleihe Bundesgerichtsbarkeit** ausüben (Art 96 Abs 5 GG, § 120 Abs 6 GVG).

Dem GBA steht gegenüber den Landes-StA ein **Kompetenzbestimmungsrecht** in Staatsschutzsachen zu, er hat aber gegenüber diesen kein Weisungsrecht (§ 147 Nr 2 und Nr 3 GVG). Er ist aber befugt, Erhebungen darüber anzustellen, ob ein Anfangsverdacht für in seine Zuständigkeit fallende Straftaten besteht (Diemer NStZ 2005, 666).

Von der Zuständigkeit des GBA wird das gesamte Ermittlungsverfahren, dessen Einstellung, die Erhebung der Anklage, die Sitzungsvertretung, die Einlegung von Rechtsmitteln und auch die Strafvollstreckung, umfassen.

B. Abgeleitete Zuständigkeit der Landes-StA (Abs 2, Abs 3)

Unter den Voraussetzungen des § 142a Abs 2 und Abs 3 GVG gibt der GBA ein Ver- 2 fahren an die StA beim OLG, in dessen Bezirk die Landesregierung ihren Sitz hat, ab. Bei Vorliegen der gesetzlichen Voraussetzungen ist der GBA zur Abgabe verpflichtet; ihm kommt hierbei jedoch ein strafrechtliches Ermessen zu, soweit in § 142a Abs 3 GVG unbestimmte Rechtsbegriffe enthalten sind. Eine Rückübernahme durch den GBA ist zulässig.

I. Abgabepflicht

Der GBA ist zur Abgabe an die Landes-StA verpflichtet, wenn es sich beim Verfahren um eine 3 Katalogtat des § 142a Abs 2 Nr 1 GVG handelt, oder die Sache nur von minderer Bedeutung ist (§ 142a Abs 2 Nr 2 GVG). Ob einer Sache nur eine mindere Bedeutung zukommt, ist aus der Sicht des GBA zu beurteilen. Dies kann auch der Fall sein, wenn eine Staatsschutzstraftat von minderer Bedeutung mit einem Verbrechen der allgemeinen Kriminalität zusammentrifft.

II. Abgaberecht

Der GBA kann eine Sache während der gesamten Dauer des Ermittlungsverfahrens an die 4 Landes-StA abgeben. Sein Abgaberecht endet erst mit Einreichung der Anklageschrift oder einer Antragsschrift im objektiven Verfahren.

III. Abgabeverbote

5   Liegen die Voraussetzungen des § 142a Abs 3 GVG vor, unterbleibt eine Abgabe der Sache an die Landes-StA. Ob die Voraussetzungen gegeben sind, obliegt der Einschätzung des GBA; eine gerichtliche Nachprüfung findet nicht statt.

C. Abgabe an die Landes-StA (Abs 4)

6   Hat der GBA eine Sache wegen der besonderen Bedeutung der Sache übernommen, kann er diese wieder an die Landes-StA zurückgeben, wenn eine besondere Bedeutung des Falles nicht mehr vorliegt. Die Abgabemöglichkeit besteht bis zur Eröffnung des Hauptverfahrens (KK-StPO/Schoreit StPO § 142a Rn 9). Eine erneute Übernahme durch den GBA ist aber ausgeschlossen.

D. Gerichtliche Nachprüfung

7   Bei der Entscheidung des GBA über die Übernahme oder Abgabe einer Sache handelt es sich um eine rein interne staatsanwaltschaftliche Entscheidung. Eine gerichtliche Überprüfung findet daher nicht statt. Mit der Abgabe der Sache entfällt auch die Zuständigkeit des BGH für Entscheidungen über Beschwerden gegen Maßnahmen des Ermittlungsrichters des BGH (BGH NJW 1973, 477).

§ 143 [Örtliche Zuständigkeit]

(1) **Die örtliche Zuständigkeit der Beamten der Staatsanwaltschaft wird durch die örtliche Zuständigkeit des Gerichts bestimmt, für das sie bestellt sind.**

(2) **Ein unzuständiger Beamter der Staatsanwaltschaft hat sich den innerhalb seines Bezirks vorzunehmenden Amtshandlungen zu unterziehen, bei denen Gefahr im Verzug ist.**

(3) **Können die Beamten der Staatsanwaltschaft verschiedener Länder sich nicht darüber einigen, wer von ihnen die Verfolgung zu übernehmen hat, so entscheidet der ihnen gemeinsam vorgesetzte Beamte der Staatsanwaltschaft, sonst der Generalbundesanwalt.**

(4) **Den Beamten einer Staatsanwaltschaft kann für die Bezirke mehrerer Land- oder Oberlandesgerichte die Zuständigkeit für die Verfolgung bestimmter Arten von Strafsachen, die Strafvollstreckung in diesen Sachen sowie die Bearbeitung von Rechtshilfeersuchen von Stellen außerhalb des räumlichen Geltungsbereichs dieses Gesetzes zugewiesen werden, sofern dies für eine sachdienliche Förderung oder schnellere Erledigung der Verfahren zweckmäßig ist; in diesen Fällen erstreckt sich die örtliche Zuständigkeit der Beamten der Staatsanwaltschaft in den ihnen zugewiesenen Sachen auf alle Gerichte der Bezirke, für die ihnen diese Sachen zugewiesen sind.**

(5) [1]**Die Landesregierungen werden ermächtigt, durch Rechtsverordnung einer Staatsanwaltschaft für die Bezirke mehrerer Land- oder Oberlandesgerichte die Zuständigkeit für die Strafvollstreckung und die Vollstreckung von Maßregeln der Besserung und Sicherung ganz oder teilweise zuzuweisen, sofern dies für eine sachdienliche Förderung oder schnellere Erledigung der Vollstreckungsverfahren zweckmäßig ist.** [2]**Die Landesregierungen können die Ermächtigung durch Rechtsverordnung den Landesjustizverwaltungen übertragen.**

Überblick

Die Vorschrift des § 143 GVG regelt die örtliche Zuständigkeit der StA. Diese richtet sich nach der Zuständigkeit des Gerichts, für das sie bestellt ist (Rn 1); sie ist aber bei der Durchführung von Ermittlungshandlungen nicht auf ihren Zuständigkeitsbezirk beschränkt (Rn 2). Regelungen für die Notzuständigkeit ergeben sich aus § 143 Abs 2 GVG (Rn 3).

Weiter finden sich in dieser Vorschrift Bestimmungen zum Kompetenzkonflikt (Rn 4) und zur Zuständigkeitskonzentration (Rn 5).

A. Örtliche Zuständigkeit StA (Abs 1)

Die örtliche Zuständigkeit der StA richtet sich nach der Zuständigkeit des Gerichts, für das die StA bestellt sind. Dies gilt auch, wenn bestimmte Strafsachen bei einem Gericht örtlich konzentriert sind (§ 58 StPO, § 74 a StPO, § 74 c StPO, § 74 d StPO). Sind mehrere StA örtlich zuständig, kann die StA, bei der eine Sache anhängig ist, diese aus Zweckmäßigkeitsgründen an eine andere StA formlos abgeben. Ebenso kann eine örtlich unzuständige StA ein Verfahren an die örtlich zuständige StA weiterleiten. Ist bereits die gerichtliche Untersuchung eröffnet, greift § 12 Abs 2 StPO ein (BGHSt 14, 179, 184). 1

Die zuständige StA ist bei ihren Ermittlungshandlungen nicht auf ihren Zuständigkeitsbezirk beschränkt. Sie kann vielmehr im gesamten Bundesgebiet die Ermittlungen durchführen, die sie für notwendig erachtet (Meyer-Goßner StPO § 143 Rn 1) und hierzu bei jeder Polizeibehörde Ersuchen anbringen (§ 161 StPO). Sind jedoch richterliche Untersuchungshandlungen erforderlich, so beantragt die StA diese beim Ermittlungsrichter an ihrem Sitz (§ 162 Abs 1 S 1 StPO). 2

B. Notzuständigkeit (Abs 2)

Werden in einem Verfahren, für das die StA nicht zuständig ist, innerhalb des Bezirks der StA Eilmaßnahmen erforderlich, so begründet § 143 Abs 2 GVG eine Notzuständigkeit. Dies gilt nicht nur für die örtliche, sondern auch die sachliche Unzuständigkeit (Zuständigkeit des GBA nach § 120 GVG, § 142 a GVG). Auch in diesen Fällen hat die StA die Eilhandlung durchzuführen und sodann vordringlich den GBA zu unterrichten. Erforderliche richterliche Handlungen sind möglichst beim Ermittlungsrichter des BGH zu beantragen. War die Annahme der örtlichen Zuständigkeit der StA objektiv willkürlich, so führt dies zur Unwirksamkeit der Prozeßhandlung und zum Entstehen eines Verfahrenshindernisses (OLG Düsseldorf JMBlNW 1996, 260). 3

C. Kompetenzkonflikt (Abs 3)

Die Vorschrift des § 143 Abs 3 GVG regelt den länderübergreifenden Kompetenzstreit. Einen den beteiligten StAen gemeinsamen Vorgesetzten gibt es in diesen Fällen nicht; es entscheidet der GBA. 4
Bei einem nur landesinternen Kompetenzstreit ergeht die Zuständigkeitsbestimmung im Wege der Dienstaufsicht (§ 147 GVG).

D. Zuständigkeitskonzentration (Abs 4)

In Abweichung zu § 143 Abs 1 GVG ermächtigt § 143 Abs 4 GVG zur konzentrierten Bearbeitung von Strafsachen innerhalb eines Landes bei einer Schwerpunkt-StA. Die normale Zuständigkeit der StA nach § 143 Abs 1 GVG wird dadurch nicht ausgeschlossen (OLG Zweibrücken NStZ 1984, 233). Die StA, bei der die Sachbearbeitung für einzelne Deliktsbereiche konzentriert ist, hat die Befugnis, bei jedem Gericht seines konzentrierten Zuständigkeitsbereiches Anträge zu stellen, Anklage zu erheben und Rechtsmittel einzulegen. 5

Die Konzentrationsermächtigung ergeht durch Organisationsakt des Landesjustizministeriums, das die Ermächtigung auch auf den GenStA delegieren kann. Ein Gesetzesvorbehalt besteht hierfür nicht.

E. Umfassende Konzentration (Abs 5)

Die Regelung des § 143 Abs 5 GVG ermöglicht es, einzelnen StA unabhängig von § 451 Abs 3 StPO die Aufgaben der Vollstreckungsbehörde für den Bereich einer Strafvollstreckungskammer (§ 78 a GVG) zuzuweisen. 6

Elfter Titel. Geschäftsstelle (§ 153) (nicht kommentiert)

Zwölfter Titel. Zustellungs- und Vollstreckungsbeamte (§§ 154-155) (nicht kommentiert)

Dreizehnter Titel. Rechtshilfe (§§ 156-168) (nicht kommentiert)

Vierzehnter Titel. Öffentlichkeit und Sitzungspolizei (§§ 169-183) (Auszug)

§ 169 [Öffentlichkeit]

¹Die Verhandlung vor dem erkennenden Gericht einschließlich der Verkündung der Urteile und Beschlüsse ist öffentlich. ²Ton- und Fernseh-Rundfunkaufnahmen sowie Ton- und Filmaufnahmen zum Zwecke der öffentlichen Vorführung oder Veröffentlichung ihres Inhalts sind unzulässig.

Überblick

Die Öffentlichkeit (S 1) wird auch durch Art 6 Abs 1 S 1 u 2 Hs 1 EMRK gewährleistet. Wichtige, mit Art 6 Abs 1 S 2 Hs 2 EMRK vereinbare (Rn 1) Einschränkungen bzw Konkretisierungen des Öffentlichkeitsgrundsatzes ergeben sich vor allem aus §§ 171 a StPO ff sowie den § 48 JGG, § 109 Abs 1 S 4 JGG (Rn 11). Das Verbot, zu Vorführungs- oder Veröffentlichungszwecken Ton- oder Filmaufnahmen herzustellen (S 2), wird durch die Möglichkeiten sitzungspolizeilicher Anordnungen ergänzt (Rn 15).

Übersicht

	Rn		Rn
A. Öffentliche Verhandlung und Verkündung...............................	1	B. Unzulässigkeit von Ton- und Filmaufnahmen...	15
I. Verhandlung und Verkündung...........	2	I. Ton- und Filmaufnahmen zum Zwecke der öffentlichen Vorführung oder Veröffentlichung ihres Inhalts während der Hauptverhandlung...........................	15
II. Öffentlichkeit	3		
1. Möglichkeit der Kenntnisnahme	4		
2. Möglichkeit der Teilnahme...........	7	II. Rechtsbehelfe	17
III. Ausschluss bzw Beschränkung der Öffentlichkeit.................................	11		
IV. Rechtsbehelfe	13		

A. Öffentliche Verhandlung und Verkündung

1 Die nationalen Vorschriften entsprechen inhaltlich Art 6 Abs 1 S 1 u 2 Hs 1 EMRK, die Einschränkungen bzw Konkretisierungen sind mit Art 6 Abs 1 S 2 Hs 2 vereinbar (vgl Meyer-Goßner MRK Art 6 Rn 6).

I. Verhandlung und Verkündung

2 Verhandlung iSv § 169 S 1 GVG ist die **Hauptverhandlung** vor dem erkennenden Gericht einschließlich derjenigen in der Revisionsinstanz. Die Verkündung von Beschlüssen und Urteilen erfolgt öffentlich, soweit sie Teil der Hauptverhandlung ist. Nicht umfasst sind alle anderen Verhandlungen und Verkündungen, die außerhalb der Hauptverhandlung vorgenommen werden dürfen oder müssen, zB über Ablehnungsanträge

(BGH NJW 1981, 61; NStZ 1996, 398), Ausgestaltung der Untersuchungshaft (BGH NJW 1981, 61), Verfügungen und Mitteilungen im Zusammenhang mit Zeugenladungen (BGH NStZ 2002, 106; NJW 2004, 865), Anordnung der Unterbrechung der Hauptverhandlung und Bekanntgabe eines Fortsetzungstermins (BGH NJW 2003, 2761; NJW 2004, 865; NStZ 2006, 117; NStZ-RR 2002, 261), Ausschluss eines Verteidigers (vgl Rieß NStZ 1981, 331 mwN) oder eine kommissarische Zeugenvernehmung (OLG Koblenz VRS 61, 270).

II. Öffentlichkeit

Die Öffentlichkeit einer Hauptverhandlung setzt voraus, dass grds jede Person die Möglichkeit hat, von ihrer Durchführung einschließlich Zeit und Ort **Kenntnis zu erlangen** sowie an dieser **als Zuhörer teilzunehmen** (BGH NStZ 1982, 476; NStZ 1989, 1741). Bereits der unberechtigte Ausschluss auch nur einzelner Personen begründet einen Verstoß. Der Öffentlichkeitsgrundsatz begründet kein subjektives Recht des Einzelnen, da er (zumindest in erster Linie) dem Informationsinteresse der Allgemeinheit dient. Er steht nicht zur Disposition der Verfahrensbeteiligten (BGH NJW 1967, 687; vgl aber BGH NStZ 2008, 354 zur möglichen Verwirkung einer Verfahrensrüge). 3

1. Möglichkeit der Kenntnisnahme

Die Möglichkeit, von der Durchführung einer Hauptverhandlung einschließlich Zeit und Ort Kenntnis zu erlangen, wird durch einen Aushang **im Gerichtsgebäude** gewährleistet. Einzelne falsche oder missverständliche Angaben sind unschädlich, soweit sich interessierte Personen ohne besondere Schwierigkeiten durch Nachfragen informieren können (BGH NStZ 2002, 656; StraFo 2008, 423). Es reicht jedoch nicht aus, dass ausschließlich Auskünfte von der Geschäftsstelle erteilt werden können, insbesondere falls die Hauptverhandlung außerhalb des Gerichtsgebäudes begonnen wird (OLG Köln StV 1992, 222). Üblich ist ein solcher Aushang am Eingang zum jeweiligen Sitzungssaal, zwingend erforderlich ist dies jedoch nicht (**aA** Kissel/Mayer GVG § 169 GVG Rn 47: Aushang im Eingangsbereich und am Verhandlungsraum erforderlich). Erstrecken sich die für die Durchführung von Sitzungen genutzten Räumlichkeiten des Gerichts auf mehrere Gebäude, ist ein Aushang im tatsächlich genutzten Gebäude ausreichend, wenn im Hauptgebäude zB durch anwesende Wachtmeister entsprechende Auskünfte erteilt werden können (BGH NStZ 1982, 476). Das Gericht ist nicht an bereits bestimmte und bekannt gemachte Verhandlungs- und Fortsetzungstermine gebunden, dh es kann jederzeit Termine verlegen und zB schon vor Ende der zunächst in öffentlicher Sitzung verkündeten Pause die Verhandlung fortsetzen (BGH NStZ 1984, 134; 2002, 46; BeckRS 2009, 09106). 4

Die Möglichkeit der Kenntnisnahme muss auch bei einer Fortsetzung der **Hauptverhandlung außerhalb des Gerichtssaals** gewährleistet sein. Bei Inaugenscheinnahme verschiedener Tatorte genügt deren Bezeichnung (soweit dies nach den Umständen möglich ist) und die Angabe eines Treffpunktes (BayObLG NStZ-RR 2001, 49). Nicht ausreichend ist dagegen die Bekanntmachung der Fortsetzung „an der Tatörtlichkeit" ohne nähere Angaben (OLG Hamm StV 2002, 474; OLG Celle NZV 2006, 443; OLG Saarbrücken NStZ-RR 2008, 50). Neben der Verkündung in öffentlicher Sitzung, die nicht unmittelbar vor der Fortsetzung erfolgen muss (BGHR StPO § 338 Nr 6 Ortstermin 3), ist zwar idR ein Aushang am Gerichtssaal erforderlich, je nach den besonderen Umständen des Einzelfalls kann dies jedoch entbehrlich sein (BGH NStZ 1981, 311; dazu Thym NStZ 1981, 293 mwN zu nicht veröffentlichter Rspr des BGH). 5

Die **Kasuistik** zu diesen praktisch wichtigen Fallgestaltungen ist **unübersichtlich und teilweise widersprüchlich**: Ein Aushang wurde zB dann nicht für erforderlich gehalten, wenn gegen 19.00 Uhr eine fünf bis sechs Minuten dauernde Fortsetzung der Hauptverhandlung in der Wohnung des Angeklagten beschlossen wird (BGH NStZ 1981, 311) oder wenn ein Augenschein gegen 21.00 Uhr eingenommen wird und das Gerichtsgebäude zu diesem Zeitpunkt ohnehin geschlossen ist (BGHR StPO § 338 Nr 6 Ortstermin 2). Am Verhandlungsort selbst ist kein Hinweis erforderlich (BGH NStZ-RR 2005, 331), auch wenn nachträglich Zeugen dorthin geladen werden (BGHR StPO § 338 Nr 6 Ortstermin 6

GVG § 169

1). Ein Aushang im Gerichtsgebäude soll auch dann nicht erforderlich sein, wenn in öffentlicher Hauptverhandlung die Fortsetzung an einem Ort außerhalb des Gerichtsgebäudes verkündet und dieser Termin anschließend außerhalb der Hauptverhandlung um 45 Minuten verschoben sowie ein Zeuge zur anschließenden Vernehmung in einem anderen Gerichtsgebäude geladen wurde, wenn in diesem ein Aushang vorhanden und der Ort außerhalb der Gerichtsgebäude frei zugänglich war (OLG Köln StV 1984, 275 m abl Anm Fezer). Dagegen soll es nicht genügen, in öffentlicher Hauptverhandlung die Fortsetzung außerhalb des Gerichtssaals zu verkünden, wenn dort ein wesentlicher Teil der Beweisaufnahme (Nachstellung von Teilen des Tatgeschehens) durchgeführt wird, kein Aushang im Gerichtsgebäude erfolgt ist, ein Pförtner zwar über die Durchführung des Ortstermins, jedoch nicht dessen Ort und Zeit informiert ist und entsprechende Auskünfte allenfalls über die Geschäftsstelle erteilt werden könnten (OLG Celle StV 1987, 287; ähnlich OLG Hamm NZV 2001, 390; OLG Dresden BeckRS 2009, 14030; enger BayObLG NJW 1980, 780: Aushang im Gerichtsgebäude immer erforderlich). Wird nach Anberaumung eines Fortsetzungstermins außerhalb des Gerichtsgebäudes während dessen Durchführung beschlossen, die Hauptverhandlung unmittelbar an einem weiteren Ort außerhalb des Gerichtssaals fortzusetzen, bedarf es dann keines Aushangs am zunächst bestimmten Ort, wenn dort der neue Verhandlungsort ohne Schwierigkeiten erfragt werden kann und ein entsprechender Aushang im Gerichtsgebäude erfolgt ist (BGH NStZ 1984, 470). Nach Anberaumung eines Fortsetzungstermins außerhalb des Gerichtsgebäudes kann dieser nachträglich vorverlegt und der Ort geändert werden, ohne dass es eines Aushangs am zunächst bestimmten Ort bedarf (BGH NStZ 2002, 46; BVerfG NJW 2002, 814).

2. Möglichkeit der Teilnahme

7 Die Möglichkeit, an einer Hauptverhandlung als Zuhörer teilzunehmen, muss zwar lediglich im Rahmen der **zur Verfügung stehenden räumlichen Kapazitäten** gewährt werden (BGH NJW 1977, 157). Die Hauptverhandlung ist jedoch „nur dann öffentlich, wenn beliebige Zuhörer, sei es auch nur in sehr begrenzter Zahl, die Möglichkeit des Zutritts haben" (BGHSt 5, 75). Nicht ausreichend ist daher zB eine Verhandlung im Richterzimmer, in dem außer für die Verfahrensbeteiligten nur für eine weitere Person Platz ist (BayObLG NJW 1982, 395; OLG Köln NStZ 1984, 282). Darüber hinaus ist es nicht erforderlich (jedoch zulässig), bei großem Zuhörerandrang einen entsprechenden Sitzungssaal bereitzustellen (vgl Kissel/Mayer GVG § 169 Rn 26 ff). Die Sicherung und Aufrechterhaltung der äußeren Ordnung der Hauptverhandlung rechtfertigt die Beschränkung des Zugangs (BGH NJW 2006, 1220). Es müssen daher nicht alle theoretisch zur Verfügung stehenden Flächen des Verhandlungssaales genutzt werden. Bei Erforderlichkeit besonderer **Sicherungsmaßnahmen** kann ein Teil der normalerweise zur Verfügung stehenden Plätze durch Sicherungskräfte belegt oder freigehalten werden. Es muss auch nicht gewährleistet sein, dass Zuhörer sämtliche Vorgänge der Hauptverhandlung wahrnehmen können (BGHR StGB § 306 Beweiswürdigung 3).

8 Der Einlass in den Sitzungssaal hat nach der **Reihenfolge** der Ankunft zu erfolgen, auch wenn Gruppen erscheinen und sämtliche Plätze belegen. Einlasskarten können zwar ausgeteilt werden, sie müssen jedoch ebenfalls nach dem Reihenfolgeprinzip vergeben werden. Reservierungen sind unzulässig (BGHSt 26, 99). Lediglich für **Pressevertreter** dürfen einzelne Plätze bereitgehalten werden (BGH NJW 2006, 1220; vgl zur Kontingentierung für einzelne Gruppen von Pressevertretern BVerfG NJW 2003, 500).

9 Dem Betreten des Verhandlungssaals dürfen keine **Zugangshindernisse** entgegenstehen. Ein solches liegt zB vor, wenn zwar die Türen offen sind, am Eingang des Gebäudes jedoch ein Schild „Amtsgericht geschlossen" angebracht ist (OLG Zweibrücken NJW 1995, 3333; **aA** KK-StPO/Kuckein StPO § 338 Rn 85). Kein (zurechenbares) Zugangshindernis liegt hingegen vor, wenn eine Türe unbeabsichtigt ins Schloss gefallen ist (BGH NJW 1966, 1570). Während der Urteilsverkündung dürfen die Türen verschlossen bleiben (BGH NJW 1971, 715; **aA** KK-StPO/Diemer GVG § 169 Rn 10). Zur Vermeidung erheblicher, durch andere Maßnahmen nicht zu verhindernder Störungen kann es zulässig sein, das Verlassen und Betreten des Sitzungssaales nur in Pausen zu erlauben (§ 176 GVG Rn 10). Auch durch starken psychischen Druck erzeugte Hemmschwellen können ein Zugangshindernis darstel-

len, weshalb besonders abschreckend wirkende **Sicherungsmaßnahmen** auf das erforderliche Maß zu beschränken sind (BGH NJW 1980, 249; § 176 GVG Rn 10). Bei Durchführung von Eingangskontrollen muss mit dem Beginn der Sitzung abgewartet werden, bis alle rechtzeitig (dh zu dem für den Verhandlungsbeginn vorgesehenen Zeitpunkt) erschienenen Personen den Sitzungssaal betreten haben (BGH NJW 1979, 2622; NStZ 1995, 181). Bei Fortsetzung der Sitzung oder im Fall der Saalräumung während einer Sitzung muss jedenfalls dann nicht abgewartet werden, bis allen interessierten Personen wieder der Zutritt gewährt wurde, wenn diese entweder im Saal verblieben oder sich auf Verzögerungen durch Einlasskontrollen einrichten konnten (BGH NJW 1981, 61). Ebenso darf die Sitzung weitergeführt werden, während einzelne Zuhörer in einem Nebenraum nach Waffen durchsucht werden (BGH EzSt GVG § 169 Nr 1). Dagegen wird gegen den Öffentlichkeitsgrundsatz verstoßen, wenn auch nur einzelne Personen ohne Rechtsgrundlage aus dem Verhandlungssaal gewiesen oder entfernt werden (BGH NJW 1962, 1260). Unzulässig ist es auch, alle Anwesenden freiwillig zum Verlassen des Saales zu bewegen (BGH NStZ 1993, 450). Dies gilt selbst dann, wenn die Voraussetzungen für einen Ausschluss der Öffentlichkeit vorliegen (OLG Braunschweig StV 1994, 474). Kein Verstoß soll dagegen vorliegen, wenn zwar alle Anwesenden zum Verlassen des Saales aufgefordert wurden, um einem kindlichen Zeugen die Aussage zu erleichtern, jedoch nur ein Teil des Publikums dieser Aufforderung gefolgt ist (BGH NStZ 1999, 426). Ebenso blieb unbeanstandet, dass ein bereits vernommener Zeuge nicht auf Anordnung, sondern auf „sachbezogene Bitte" des Vorsitzenden „freiwillig" und „ohne Widerspruch" den Verhandlungssaal verlässt, weil er als Zeuge in weiterem Verfahren gegen den Angeklagten in Betracht kommt (BGH NStZ 1988, 467; zu weit geht jedenfalls BGH NJW 1953, 712 bei Verdacht der Hehlerei gegen den Zeugen. Vgl weiter Schneiders StV 1990, 91).

Bei der Durchführung (von Teilen) der **Hauptverhandlung außerhalb des Gerichtsgebäudes** ist die Öffentlichkeit zu gewährleisten, soweit die tatsächlichen und rechtlichen Verhältnisse dies erlauben. Bei beschränkten Raumverhältnissen müssen nur so viele Zuhörer zugelassen werden, wie mit dem Erfordernis einer geordneten Hauptverhandlung vereinbar sind (BGH NJW 1981, 61; NJW 2006, 1220). Zum eigentlichen Verhandlungsort darf eine zufällige Auswahl der im Bereich erschienenen Zuhörer und Pressevertreter zugelassen werden, falls sich aufgrund der örtlichen Verhältnisse der Zeitpunkt der Ankunft nicht feststellen und somit das Reihenfolgeprinzip nicht einhalten lässt (BGH NJW 2006, 1220). Bei Durchführung der Hauptverhandlung in einer Wohnung kann deren Türe verschlossen bleiben, wenn dort ein Aushang interessierten Personen ermöglicht, zu klopfen und so Zutritt zur Wohnung zu erhalten (OLG Köln NStZ-RR 1999, 335). Ein Hausrechtsinhaber kann nicht gezwungen werden, der Öffentlichkeit den Zutritt zu einer Örtlichkeit zu gewähren, an der verhandelt werden soll. In diesem Fall hat die Wahrheitsfindung Vorrang, dh es kann ohne Öffentlichkeit verhandelt werden (BGH NStZ 1994, 498). Es bedarf dann weder eines Beschlusses über den Ausschluss der Öffentlichkeit, noch ist diese später über Inhalt und Ergebnis der betroffenen Verhandlungsteile zu unterrichten (BGH NStZ-RR 2000, 366). Das Gericht muss sich jedoch bemühen, im zumutbaren und möglichen Rahmen der Öffentlichkeit den Zugang zum Verhandlungsort zu gewähren (BGH NJW 1979, 770). Jedenfalls dann, wenn aufgrund der rechtlichen oder tatsächlichen Verhältnisse ohne jede Öffentlichkeit verhandelt wird, ist dies auf den dort unbedingt erforderlichen Verhandlungsteil zu beschränken (BGH NJW 1954, 281; OLG Köln NJW 1976, 637).

III. Ausschluss bzw Beschränkung der Öffentlichkeit

Die **Öffentlichkeit insgesamt** kann für die Hauptverhandlung oder einzelne Teile nach §§ 171a GVG ff, § 48 JGG, § 109 Abs 1 S 4 JGG, Art 38 Abs 2 ZA-NTS aus ganz unterschiedlichen Gründe ausgeschlossen werden. Einzelnen Personen kann dann der Zutritt zu nicht öffentlichen Verhandlungen oder einzelnen Teilen gem § 175 Abs 2 GVG gestattet werden.

Durch sitzungspolizeiliche Maßnahmen kann **einzelnen Personen** oder Personengruppen der Zutritt verweigert bzw können diese aus dem Sitzungssaal entfernt werden (§ 175 Abs 1 GVG, §§ 176 GVG ff). Geladene und bereits erschienene **Zeugen** dürfen den Sitzungssaal vor ihrer Vernehmung nicht betreten. Darüber hinaus können auch (noch) nicht als Zeugen geladene Personen aus dem Saal gewiesen werden, sobald ihre Vernehmung absehbar ist (BGH NJW 1953, 712) oder in Betracht kommt (BGH NStZ 2001, 163; NJW 2001, 2732). Insoweit besteht ein Beurteilungsspielraum. Es muss nur tatsächliche Anhaltspunkte dafür geben, dass die betroffene Person sachdienliche Angaben zur Sache machen kann. Ggf sind vor einer Entscheidung die betroffenen Personen informatorisch zu befragen (BGH NStZ 2004, 453 zum unzulässigen Ausschluss einer lediglich nach äußeren Merkmalen bestimmten Gruppe von mindestens sechs Personen). Zulässig können auch „sachbezogene Bitten" sein, den Sitzungssaal zu verlassen (Rn 9).

IV. Rechtsbehelfe

13   Ein dem Gericht „zurechenbarer" Verstoß gegen die Vorschriften über die Öffentlichkeit stellt grds einen absoluten Revisionsgrund gem § 338 Nr 6 StPO dar (§ 174 GVG Rn 17). Bei öffentlicher Verhandlung trotz (gesetzlich gebotenen) Ausschlusses der Öffentlichkeit liegt dagegen nur ein relativer Revisionsgrund vor (BGH NJW 1952, 153; NJW 1970, 523). Die Verfahrensbeteiligten haben grds keinen Anspruch auf Ausschluss der Öffentlichkeit, auch wenn die Voraussetzungen einer entsprechenden Norm vorliegen (BGH NJW 1952, 153; NJW 1969, 2107). Lediglich im Wege der Aufklärungsrüge kann geltend gemacht werden, dass die Öffentlichkeit kraft Gesetzes ausgeschlossen war oder aufgrund Ermessensreduzierung auf Null hätte ausgeschlossen werden müssen (BGH NStZ 1998, 586; § 171 a GVG Rn 3). Eine solche Rüge ist jedenfalls dann unbegründet, wenn außer den an der Hauptverhandlung beteiligten Personen niemand anwesend war (BGHR StPO § 30 Selbstanzeige 1). Entsprechendes gilt für den Fall, dass entgegen eines gefassten Beschlusses über die Ausschließung der Öffentlichkeit einzelne Personen an der Hauptverhandlung teilgenommen haben (BGH v 17. 1. 1979 – Az 3 StR 450/78).

14   Interessierte Personen haben kein subjektives Recht, als Zuhörer an einer Hauptverhandlung teilzunehmen (Rn 3).

B. Unzulässigkeit von Ton- und Filmaufnahmen

I. Ton- und Filmaufnahmen zum Zwecke der öffentlichen Vorführung oder Veröffentlichung ihres Inhalts während der Hauptverhandlung

15   Durch S 2 werden lediglich „Ton- und Filmaufnahmen zum Zwecke der öffentlichen Vorführung oder Veröffentlichung ihres Inhalts" während der Hauptverhandlung verboten. **Andere** Arten von **Aufnahmen und Aufzeichnungen** können während der Hauptverhandlung im Rahmen der Sitzungspolizei untersagt werden (§ 176 GVG Rn 12).

16   Die in S 2 genannten „Ton- und Fernsehrundfunkaufnahmen" sind ein Unterfall der „Ton- und Filmaufnahmen zum Zwecke der öffentlichen Vorführung oder Veröffentlichung ihres Inhalts". Die dadurch bewirkte Einschränkung der Pressearbeit ist verfassungsgemäß (BVerfGE 103, 44). Ausnahmen dürfen vom Gericht nicht zugelassen werden, das Verbot steht nicht zur Disposition der Verfahrensbeteiligten (BGH NJW 1961, 1781; NJW 1968, 804). Das Verbot ist auch zu beachten, wenn außerhalb des Gerichtsgebäudes verhandelt wird (BGH NStZ 1989, 375). Es gilt während der gesamten Dauer der Hauptverhandlung, nicht jedoch **vor Beginn** und **nach Ende der Sitzung** sowie während der **Verhandlungspausen** (BGH NJW 1970, 63). Für diese Zeiträume können jedoch sitzungspolizeiliche Anordnungen erlassen werden (§ 176 GVG Rn 13).

II. Rechtsbehelfe

17   Unzulässige Rundfunkaufnahmen während der Sitzung stellen einen relativen Revisionsgrund dar (BGH NStZ 1989, 375).

§ 171 a [Ausschluss der Öffentlichkeit in Unterbringungssachen]

Die Öffentlichkeit kann für die Hauptverhandlung oder für einen Teil davon ausgeschlossen werden, wenn das Verfahren die Unterbringung des Beschuldigten in einem psychiatrischen Krankenhaus oder einer Entziehungsanstalt, allein oder neben einer Strafe, zum Gegenstand hat.

Der Ausschluss der Öffentlichkeit ist möglich, sobald im Straf- oder Sicherungsverfahren eine Unterbringung in Betracht kommt (auch ohne entsprechenden Antrag).

Gem § 173 Abs 2 GVG kann auch während der Verkündung der Urteilsgründe die Öffentlichkeit ausgeschlossen werden.

Ein Verstoß gegen § 171a GVG mit der Begründung, die Öffentlichkeit hätte ausgeschlossen werden müssen, kann nur als relativer Revisionsgrund mit der Aufklärungsrüge geltend gemacht werden (BGH NStZ 1998, 586; § 169 GVG Rn 13).

§ 171b [Ausschluss der Öffentlichkeit zum Schutz der Privatsphäre]

(1) ¹Die Öffentlichkeit kann ausgeschlossen werden, soweit Umstände aus dem persönlichen Lebensbereich eines Prozeßbeteiligten, Zeugen oder durch eine rechtswidrige Tat (§ 11 Abs. 1 Nr. 5 des Strafgesetzbuches) Verletzten zur Sprache kommen, deren öffentliche Erörterung schutzwürdige Interessen verletzen würde, soweit nicht das Interesse an der öffentlichen Erörterung dieser Umstände überwiegt. ²Dies gilt nicht, soweit die Personen, deren Lebensbereiche betroffen sind, in der Hauptverhandlung dem Ausschluß der Öffentlichkeit widersprechen.

(2) Die Öffentlichkeit ist auszuschließen, wenn die Voraussetzungen des Absatzes 1 Satz 1 vorliegen und der Ausschluß von der Person, deren Lebensbereich betroffen ist, beantragt wird.

(3) Die Entscheidungen nach den Absätzen 1 und 2 sind unanfechtbar.

A. Umstände aus dem persönlichen Lebensbereich

Der Begriff „persönlicher Lebensbereich" entspricht demjenigen in § 68a Abs 1 StPO. Darunter fallen nicht alle personenbezogenen Daten. Umfasst werden nur Informationen, „nach denen üblicherweise im Sozialleben nicht gefragt zu werden pflegt und die in der Regel nicht spontan und unbefangen mitgeteilt werden" (Rieß/Hilger NStZ 1987, 145). Dazu gehören insbesondere das Familien-, Beziehungs- und Sexualleben, der Gesundheitszustand sowie weltanschauliche, religiöse und politische Einstellungen. Im Familienbereich handelt es sich um Umstände, die lediglich die wechselseitigen persönlichen Beziehungen und Verhältnisse innerhalb der Familie betreffen, darum unbeteiligten Dritten nicht ohne weiteres zugänglich sind und Schutz vor dem Einblick Außenstehender verdienen (BGH NStZ 1982, 169).

Zeuge iSv Abs 1 S 1 ist jede Person, die im Verfahren als Zeuge in Betracht kommen könnte oder in Betracht gekommen wäre. Es kommt nicht darauf an, ob diese Person im Ermittlungs- oder Hauptverfahren vernommen oder förmlich geladen wurde (Meyer-Goßner GVG § 171b Rn 3; Mertens NJW 1980, 2687; **aA** Sieg NJW 1980, 379; NJW 1981, 963) oder ob sie (noch) lebt (KK-StPO/Diemer GVG § 171b Rn 3).

B. Verletzung schutzwürdiger Interessen durch öffentliche Erörterung

Die Frage, ob durch öffentliche Erörterung schutzwürdige Interessen des Betroffenen verletzt werden, ist nicht nach den Wertvorstellungen des Betroffenen, sondern nach objektiven Maßstäben zu beurteilen (Meyer-Goßner GVG § 171b Rn 4). Allerdings kann sich gerade aus den individuellen Wertvorstellungen des Betroffenen ergeben, dass er ein verständliches Interesse an der Geheimhaltung bestimmter Umstände hat. Interessen sind nicht schutzwürdig, wenn sie vom Betroffenen zuvor selbst zum Gegenstand öffentlicher Darstellung oder Auseinandersetzung gemacht wurden.

C. Überwiegendes Interesse an der öffentlichen Erörterung

Die Abwägung hängt maßgeblich davon ab, wie sehr die Persönlichkeitssphäre des Betroffenen durch die öffentliche Erörterung berührt wäre. Das Informationsinteresse der Öffent-

GVG § 172 Gerichtsverfassungsgesetz (Auszug)

lichkeit ist bei tatbezogenen Umständen höher zu bewerten als bei lediglich rechtsfolgenrelevanten (Meyer-Goßner GVG § 171 b Rn 5). Der Schutz des Persönlichkeitsrechts hat nicht regelmäßig hinter dem Informationsinteresse zurückzutreten, wenn die Hauptverhandlung besonders schwere Straftaten betrifft (so aber KK-StPO/Diemer GVG § 171 b Rn 4). Gerade bei schwersten Sexualstraftaten, die Gegenstand öffentlicher Berichterstattung und Erörterung sind, bedürfen die regelmäßig ohnehin traumatisierten Opfer auch jenseits des unantastbaren innersten Lebensbereiches besonderen Schutzes. Dieser Schutz darf nicht deshalb geringer ausfallen, weil die gegen das Opfer begangene Tat besonders gravierend ist.

D. Antrag/Widerspruch des Betroffenen

5   Die Öffentlichkeit kann von Amts wegen ausgeschlossen werden (ggf Antragspflicht der Staatsanwaltschaft gem Nr 131 a RiStBV). Dies darf jedoch nicht gegen den Widerspruch des Betroffenen erfolgen (Abs 1 S 2). Bei mehreren Betroffenen ist der Ausschluss nur dann unzulässig, wenn alle von ihnen widersprechen (Meyer-Goßner GVG § 171 b Rn 6; KK-StPO/Diemer GVG § 171 b Rn 6). Die Öffentlichkeit muss ausgeschlossen werden, wenn der Betroffene es beantragt (Abs 2). Bei mehreren Betroffenen ist jeder von ihnen antragsberechtigt. Ein solcher Antrag muss nicht in der Hauptverhandlung gestellt werden (so aber Meyer-Goßner GVG § 171 b Rn 9). Dies würde nämlich die Stellung als Verfahrensbeteiligter voraussetzen, zumindest aber die Anwesenheit des Antragstellers während der Hauptverhandlung. Daher wären „potentielle Zeugen" (Rn 2) gezwungen, sich förmlich am Verfahren zu beteiligen, was nach allgemeinen Regeln nicht immer möglich ist. Ein geladener Zeuge könnte durch eine späte Vernehmung (§ 58 Abs 1 S 1 StPO) an einer frühzeitigen und rechtzeitigen Antragstellung gehindert sein, wenn zB vor seiner eigenen Vernehmung ein polizeilicher Zeuge ihn betreffende Angaben macht (vgl KK-StPO/Diemer GVG § 171 b Rn 2).

E. Verfahren

6   Der Ausschluss der Öffentlichkeit ist bereits dann zulässig, wenn zum Zeitpunkt der Beschlussfassung mit der Erörterung entsprechender Umstände zu rechnen ist (BGH NStZ 1982, 169; NJW 2007, 709). Die Rechtmäßigkeit des Beschlusses hängt nicht davon ab, dass diese Erwartung tatsächlich bestätigt wurde. Der betroffene Verfahrensabschnitt ist genau (wie nach den Umständen möglich) zu bezeichnen, ggf kann aber auch die gesamte Beweisaufnahme betroffen sein (BGH NStZ 1989, 483). Der Ausschluss der Öffentlichkeit ist auch für die Verkündung der Urteilsgründe oder eines Teiles davon zulässig (§ 173 Abs 2 GVG).

F. Rechtsbehelfe

7   Gem Abs 3 unanfechtbar und damit auch revisionsrechtlicher Kontrolle entzogen sind sämtliche im Rahmen von § 171 b GVG inhaltlich zu treffenden Entscheidungen (BGH NJW 2007, 709; KK-StPO/Diemer GVG § 171 b Rn 7). Ein Urteil kann daher auch nicht mit der Begründung angefochten werden, dass ein Zeuge bei Ausschluss der Öffentlichkeit Angaben gemacht hätte (BGH NStZ 1996, 243; **aA** KK-StPO/Diemer GVG § 171 b Rn 7; vgl § 169 GVG Rn 13). Gerügt werden kann hingegen, dass gegen § 174 GVG verstoßen (BGH StV 1990, 10; § 174 GVG Rn 17) oder die Öffentlichkeit über den Inhalt des Beschlusses hinaus ausgeschlossen wurde (BGH StV 1998, 364).

§ 172 [Ausschluss der Öffentlichkeit wegen Gefährdung]

Das Gericht kann für die Verhandlung oder für einen Teil davon die Öffentlichkeit ausschließen, wenn
1. eine Gefährdung der Staatssicherheit, der öffentlichen Ordnung oder der Sittlichkeit zu besorgen ist,
1a. eine Gefährdung des Lebens, des Leibes oder der Freiheit eines Zeugen oder einer anderen Person zu besorgen ist,

2. ein wichtiges Geschäfts-, Betriebs-, Erfindungs- oder Steuergeheimnis zur Sprache kommt, durch dessen öffentliche Erörterung überwiegende schutzwürdige Interessen verletzt würden,
3. ein privates Geheimnis erörtert wird, dessen unbefugte Offenbarung durch den Zeugen oder Sachverständigen mit Strafe bedroht ist,
4. eine Person unter 18 Jahren vernommen wird.

A. Ausschlussgründe

I. Gefährdung der Staatssicherheit

Die Staatssicherheit umfasst die äußere und innere Sicherheit der Bundesrepublik Deutschland. Nicht geschützt sind der Ruf und das Ansehen von Körperschaften oder deren Organen (KK-StPO/Diemer GVG § 172 Rn 4). Gem Art 38 Abs 2 ZA-NTS gelten die §§ 172 GVG ff entsprechend, wenn eine Gefährdung der Sicherheit einer Truppe oder eines zivilen Gefolges eines NATO-Vertragsstaates zu besorgen ist.

II. Gefährdung der öffentlichen Ordnung

Eine Gefährdung der öffentlichen Ordnung ist zu besorgen, wenn durch Störungen die ordnungsgemäße **Durchführung der Hauptverhandlung** beeinträchtigt wird oder dies ernsthaft zu befürchten ist. In diesen Fällen sind vor Ausschluss der Öffentlichkeit als letztem Mittel idR zunächst sitzungspolizeiliche Maßnahmen zu ergreifen (§ 175 GVG Rn 1, § 176 GVG Rn 10, § 177 GVG Rn 5; BGH NStZ 2004, 220). Eine Gefährdung der öffentlichen Ordnung liegt nicht vor, wenn ein Angeklagter oder ein Zeuge unter Berufung auf sein Aussage-, Auskunfts- oder Zeugnisverweigerungsrecht nur bei Ausschluss der Öffentlichkeit Angaben machen will, weil er zB eine nachteilige Presseberichterstattung fürchtet (BGH NJW 1956, 1646; NJW 1981, 2825). Gem § 174 Abs 1 S 2 Hs 2 GVG kann auch der Ausschließungsbeschluss selbst in nicht öffentlicher Sitzung verkündet werden, wenn ansonsten eines erhebliche Störung der Ordnung der Sitzung zu befürchten ist (§ 174 GVG Rn 2, § 174 GVG Rn 7).

Eine Gefährdung der öffentlichen Ordnung liegt auch vor, wenn sich die Störung nur **außerhalb der Hauptverhandlung** auswirkt. Dies ist zB der Fall, wenn im Rahmen des Verfahrens neue Kriminalitätsformen (vgl Nr 133 Abs 2, 219 Abs 3 RiStBV), Einzelheiten des Strafvollzuges (vgl Nr 133 Abs 3 RiStBV) oder Methoden und Einrichtungen zur Kriminalitätsvorbeugung und -bekämpfung erörtert werden, deren weiterer effektiver Einsatz Geheimhaltung voraussetzt (BGH NStZ 1983, 86; Nr 133 Abs 1 RiStBV). Daher kann zur Verhinderung der Enttarnung eines Verdeckten Ermittlers oder einer Vertrauensperson die Öffentlichkeit ausgeschlossen werden (BGH NStZ 1984, 36 mAnm Frenzel; NStZ 1984, 522). Ein Ausschluss nach Nr 1 ist auch zulässig, wenn sich aus der Öffentlichkeit Gefahren für andere als die in Nr 1 a genannten Rechtsgüter ergeben (Rn 5).

III. Gefährdung der Sittlichkeit

Zu der Frage, ob eine Gefährdung der Sittlichkeit zu besorgen ist, dh die öffentliche Erörterung sexualbezogener Vorgänge nach allgemeiner Anschauung anstößig oder geeignet wäre, das Scham- und Sittlichkeitsgefühl Unbeteiligter erheblich zu verletzen und insbesondere Jugendliche zu gefährden (vgl Nr 132 S 1 RiStBV), steht dem Gericht ein Beurteilungsspielraum zu (BGH NStZ 1986, 179 mAnm Gössel; NStZ 1992, 393). Angesichts der liberalisierten Anschauungen zur öffentlichen Darstellung sexualbezogener Vorgänge liegen die Voraussetzungen dieses Ausschlussgrundes nur in seltenen Fällen vor (BGH NStZ 1992, 393). Die Ausschlussgründe des GVG stehen zwar ohne Rangverhältnis selbständig nebeneinander, häufig wird jedoch vorrangig die Anwendung des § 171 b Abs 1 S 1 zu prüfen sein (BGH NStZ 1992, 393). Bei Gefährdung Jugendlicher ist zu prüfen, ob ein ausreichender Schutz schon durch eine Beschränkung des Zugangs gem § 175 Abs 1 GVG gewährleistet werden kann (Nr 132 S 2 RiStBV, § 175 GVG Rn 1).

IV. Gefährdung des Lebens, des Leibes oder der Freiheit eines Zeugen oder einer anderen Person

5 Die Gefahr für den Zeugen (BGH NStZ-RR 2004, 116: früherer V-Mann) oder eine andere Person (BGH NStZ 1984, 36: Vertrauenspersonen) muss sich daraus ergeben, dass wahrheitsgemäße Angaben in öffentlicher Hauptverhandlung gemacht werden (BGH NJW 1981, 2825; BGHSt 3, 344: Personen aus dem Umfeld des Angeklagten). Eine durch die Vernehmungssituation selbst begründete Gefahr genügt daher jedenfalls dann nicht, wenn sie sich nicht gerade aus der Öffentlichkeit der Vernehmung ergibt (BGH NStZ 1987, 86). Unter dem Gesichtspunkt der Aufklärungspflicht ist zu berücksichtigen, dass der Ausschluss der Öffentlichkeit ein Auskunftsverweigerungsrecht entfallen lassen kann (BGH NStZ 1993, 350). Für die Staatsanwaltschaft ergibt sich eine Antragspflicht aus Nr 130 a Abs 2 S 2 RiStBV. Bei Gefährdung anderer als in Nr 1 a genannter Rechtsgüter kann ein Ausschluss der Öffentlichkeit gem Nr 1 (Gefährdung der öffentlichen Ordnung) erfolgen, da Nr 1 a insoweit keine abschließende Regelung enthält (Meyer-Goßner GVG § 172 Rn 3, 7).

V. Wichtiges Geschäfts-, Betriebs-, Erfindungs- oder Steuergeheimnis

6 Durch Nr 2 werden auch die Interessen von Personen geschützt, die nicht am Verfahren beteiligt sind und sich nicht am Verfahren beteiligen können. Es kommt nicht darauf an, in welchem Zusammenhang und auf welche Weise das Geheimnis der Öffentlichkeit bekannt werden könnte. Die Schutzwürdigkeit und Schutzbedürftigkeit des Geheimnisses ist unter Berücksichtigung des Gegenstands des Strafverfahrens und des betroffenen Verfahrensteils gegen die Bedeutung des Öffentlichkeitsgrundsatzes abzuwägen. Die genannten Geheimnisse sind idR auch durch Strafvorschriften geschützt (§ 203 StGB, § 355 StGB, § 17 UWG), im Gegensatz zu Nr 3 ist eine Strafbarkeit der Offenbarung jedoch nicht Voraussetzung für den Ausschluss der Öffentlichkeit. Vgl zu den Begriffen Geschäfts- oder Betriebsgeheimnis, Erfindungsgeheimnis und Steuergeheimnis Kissel/Mayer GVG § 172 Rn 38 ff.

VI. Privates Geheimnis

7 Dieser Ausschlussgrund greift im Gegensatz zu Nr 2 nur ein, wenn ein Zeuge oder Sachverständiger im Rahmen einer Vernehmung ein privates Geheimnis offenbaren und dies generell einen Straftatbestand (zB gem § 201 StGB, § 203 StGB, 3 353 b StGB, § 354 StGB, § 355 StGB) erfüllen würde. Nicht erforderlich ist die Strafbarkeit der Offenbarung im konkreten Fall, die vor allem bei einer Schweigepflichtentbindung oder bei Vorliegen eines Rechtfertigungsgrundes ausgeschlossen ist. Die Vorschrift gewinnt ihre Bedeutung somit dadurch, dass bei Ausschluss der Öffentlichkeit der Berechtigte eher zu einer Entbindungserklärung bereit ist (bzw sie sogar davon abhängig macht) oder dass im Rahmen einer Güterabwägung erst der Ausschluss der Öffentlichkeit den ausschlaggebenden Gesichtspunkt für einen Ausschluss der Strafbarkeit darstellt (vgl weiter Kissel/Mayer GVG § 172 Rn 44 ff).

VII. Vernehmung einer Person unter 18 Jahren

8 Weitere Voraussetzungen als das Alter des Zeugen müssen nicht vorliegen. Der Ausschluss der Öffentlichkeit kann sowohl zur Erzielung einer unbeeinflussten Aussage als auch zum Schutz des Zeugen geboten sein (in diesen Fällen kann ggf eine Vernehmung in der Form des § 247 a StPO den Ausschluss der Öffentlichkeit entbehrlich machen). Gesetzliche Vertreter können gem § 175 Abs 2 S 1 GVG zugelassen werden.

B. Verfahren

9 Hinsichtlich der Voraussetzungen der Ausschlussgründe Nr 1 bis 3 steht dem Gericht ein Beurteilungsspielraum und hinsichtlich des Ausschlusses der Öffentlichkeit („kann") Ermessen zu (BGH NStZ-RR 2004, 116). Eine Gefährdung ist zu besorgen, wenn mit einer

Erörterung entsprechender Umstände zu rechnen ist. Ob sich diese Erwartung tatsächlich erfüllt, ist für die Rechtmäßigkeit des Ausschlusses ohne Bedeutung (BGH NStZ 1983, 86; NStZ 1984, 180; NStZ 1992, 393). Eine Pflicht zur Aufhebung oder Änderung eines bereits gefassten Ausschließungsbeschlusses kommt allenfalls in Betracht, wenn sicher abgesehen werden kann, dass relevante Umstände nicht mehr erörtert werden. Der Ausschluss der Öffentlichkeit ist auf den betroffenen Verfahrensteil zu beschränken, kann jedoch auch die gesamte Verhandlung (§ 174 GVG Rn 4) bis zur Urteilsverkündung (§ 173 Abs 1 GVG) und gem § 173 Abs 2 GVG auch (teilweise) die Verkündung der Urteilsgründe erfassen.

C. Rechtsbehelfe

Den Verfahrensbeteiligten und den Betroffenen, deren Interessen durch § 172 GVG geschützt werden, steht kein Anspruch auf Ausschluss der Öffentlichkeit zu. Der unzulässige Ausschluss der Öffentlichkeit kann nur im Wege der Revision angefochten werden (§ 338 Nr 6 StPO; § 169 GVG Rn 13, § 174 GVG Rn 17). 10

§ 173 [Öffentliche Urteilsverkündung]

(1) Die Verkündung des Urteils erfolgt in jedem Falle öffentlich.
(2) Durch einen besonderen Beschluß des Gerichts kann unter den Voraussetzungen der §§ 171 b und 172 auch für die Verkündung der Urteilsgründe oder eines Teiles davon die Öffentlichkeit ausgeschlossen werden.

Die Verkündung des Urteils erfolgt durch Verlesung der Urteilsformel und Eröffnung (dh Verlesung oder mündliche Mitteilung des wesentlichen Inhalts) der Urteilsgründe (§ 268 Abs 2 StPO). Vor Ausschluss der Öffentlichkeit für die Verkündung der Urteilsgründe ist zu prüfen, ob nicht schon durch eine entsprechende Gestaltung der Urteilsbegründung die betroffenen Interessen ausreichend geschützt werden können. 1

Ein Verstoß gegen § 173 GVG kann bei Wahrung aller Formalien durch Wiederholung der Urteilsverkündung in öffentlicher Sitzung geheilt werden. Für eine Beschränkung dieser Heilungsmöglichkeit auf den Zeitraum bis zum Abschluss der Verkündung oder unmittelbar danach besteht kein Grund (so aber KK-StPO/Schoreit StPO § 260 Rn 10 und KK-StPO/Diemer GVG § 174 Rn 2), soweit nicht zusätzlich inhaltliche Änderungen erfolgen. 2

§ 174 [Verhandlung über Ausschluss der Öffentlichkeit; Schweigepflicht]

(1) ¹Über die Ausschließung der Öffentlichkeit ist in nicht öffentlicher Sitzung zu verhandeln, wenn ein Beteiligter es beantragt oder das Gericht es für angemessen erachtet. ²Der Beschluß, der die Öffentlichkeit ausschließt, muß öffentlich verkündet werden; er kann in nicht öffentlicher Sitzung verkündet werden, wenn zu befürchten ist, daß seine öffentliche Verkündung eine erhebliche Störung der Ordnung in der Sitzung zur Folge haben würde. ³Bei der Verkündung ist in den Fällen der §§ 171 b, 172 und 173 anzugeben, aus welchem Grund die Öffentlichkeit ausgeschlossen worden ist.
(2) Soweit die Öffentlichkeit wegen Gefährdung der Staatssicherheit ausgeschlossen wird, dürfen Presse, Rundfunk und Fernsehen keine Berichte über die Verhandlung und den Inhalt eines die Sache betreffenden amtlichen Schriftstücks veröffentlichen.
(3) ¹Ist die Öffentlichkeit wegen Gefährdung der Staatssicherheit oder aus den in §§ 171 b und 172 Nr. 2 und 3 bezeichneten Gründen ausgeschlossen, so kann das Gericht den anwesenden Personen die Geheimhaltung von Tatsachen, die durch die Verhandlung oder durch ein die Sache betreffendes amtliches Schriftstück zu ihrer Kenntnis gelangen, zur Pflicht machen. ²Der Beschluß ist in das Sitzungsprotokoll aufzunehmen. ³Er ist anfechtbar. ⁴Die Beschwerde hat keine aufschiebende Wirkung.

GVG § 174

Übersicht

	Rn		Rn
A. Verhandlung, Entscheidung und Verkündung	1	II. Wiederherstellung der Öffentlichkeit	12
I. Verhandlung	1	C. Protokollierung	14
II. Entscheidung	3	D. Verbot öffentlicher Berichterstattung (Abs 2)	15
1. Ausschluss der Öffentlichkeit	4		
2. Ablehnung eines Antrags	6		
III. Verkündung	7	E. Verpflichtung zur Geheimhaltung (Abs 3)	16
B. Ausführung des Beschlusses	9		
I. Betroffener Teil der Hauptverhandlung	9	F. Rechtsbehelfe	17

A. Verhandlung, Entscheidung und Verkündung

I. Verhandlung

1   Das Gericht entscheidet über den Ausschluss der Öffentlichkeit in der für die Hauptverhandlung maßgeblichen Besetzung (BGH NStZ 1999, 371). Da kein Ausschließungstatbestand den Antrag eines Verfahrensbeteiligten oder Betroffenen voraussetzt, kann und muss ggf auch ohne einen solchen eine Entscheidung von Amts wegen ergehen. Die Verfahrensbeteiligten können zu einem beantragten oder einem vom Gericht von Amts wegen beabsichtigten Ausschluss der Öffentlichkeit Stellung nehmen.

Der **Ausschluss des Angeklagten** gem § 247 StPO für die Zeit der Vernehmung eines Zeugen soll auch die Verhandlung und Entscheidung über den diese Vernehmung betreffenden Ausschluss der Öffentlichkeit umfassen (BGH NJW 1979, 276; NStZ 1994, 181; **aA** Meyer-Goßner StPO § 247 Rn 6; offen BGHR StPO § 247 Abwesenheit 13; BGH NStZ-RR 1996, 134: „rechtlich nicht unbedenklich").

2   Grundsätzlich wird über den Ausschluss der Öffentlichkeit in öffentlicher Sitzung verhandelt. Über den Ausschluss der Öffentlichkeit muss in nicht öffentlicher Sitzung verhandelt werden, wenn ein Beteiligter dies beantragt (Abs 1 S 1 Alt 1). „Beteiligter" iSd Vorschrift ist außer dem am Hauptverfahren Beteiligten auch derjenige, aufgrund dessen Antrages gem § 171b Abs 2 GVG der Ausschluss der Öffentlichkeit zwingend anzuordnen ist (§ 171b GVG Rn 2, § 171b GVG Rn 5; enger KK-StPO/Diemer GVG § 174 Rn 2: nur unmittelbar Verfahrensbeteiligte; weiter Meyer-Goßner GVG § 172 Rn 2, 3: förmliches Antragsrecht bei anzuerkennendem Interesse). Andere durch §§ 171a GVG ff Geschützte können den Ausschluss der Öffentlichkeit und ein Vorgehen gem Abs 1 S 1 lediglich anregen (weiter Meyer-Goßner GVG § 174 GVG Rn 3: förmliches Antragsrecht bei anzuerkennendem Interesse). Da es sich um eine zwingende Regelung handelt, bedarf es dazu keiner gesonderten und zu begründenden Entscheidung des Gerichts, eine entsprechende Anordnung des Vorsitzenden genügt (BGH NStZ 1999, 372). Über den Ausschluss kann in nicht öffentlicher Sitzung verhandelt werden, wenn das Gericht dies für angemessen hält (Abs 1 S 1 Alt 2). In diesem Fall bedarf es eines gesonderten Gerichtsbeschlusses, der zu begründen und öffentlich zu verkünden ist.

II. Entscheidung

3   Der Ausschluss der Öffentlichkeit und die Ablehnung eines entsprechenden Antrages erfolgen durch Beschluss.

1. Ausschluss der Öffentlichkeit

4   Der Ausschluss der Öffentlichkeit erfolgt immer nur durch Beschluss des Gerichts, eine Anordnung des Vorsitzenden alleine genügt nicht (BGH NStZ 1999, 371; NStZ 2008, 354 und 476; NStZ 2009, 286; OLG Braunschweig StV 1994, 474). Aus dem Beschluss muss sich ergeben, für welchen Teil der Verhandlung die Öffentlichkeit ausgeschlossen wird. Dies ist unter Berücksichtigung des einschlägigen Ausschließungsgrundes nach

pflichtgemäßem Ermessen zu entscheiden (BGH NStZ 1986, 179). In der Regel ist die genaue **Bezeichnung des betroffenen Verfahrensabschnitts** erforderlich. Jedoch können auch die nachfolgenden Teile der Beweisaufnahme oder diese insgesamt betroffen sein (BGH NStZ 1989, 483), in Ausnahmefällen sogar die gesamte Hauptverhandlung. Ebenso zulässig ist der Ausschluss „bis auf weiteres" oder für die „weitere Dauer der Hauptverhandlung" (BGH NStZ 1986, 179), in diesem Fall bedarf die Wiederherstellung der Öffentlichkeit jedoch ausnahmsweise eines gesonderten Beschlusses (KK-StPO/Diemer GVG § 172 Rn 2; Rn 12).

Gem Abs 1 S 3 ist der **Ausschließungsgrund** im Beschluss und bei dessen Verkündung **anzugeben**. Dabei genügt der gesetzliche Wortlaut oder sogar die Bezeichnung der Gesetzesstelle, wenn diese nur einen Ausschließungsgrund beinhaltet (BGH NJW 1977, 964; NStZ 1982, 169; NStZ 1983, 324; NStZ 1986, 179; NStZ 1996, 50; NStZ 1999, 474). Die Angabe einer Gesetzesstelle reicht dagegen nicht aus, wenn sie mehrere Alternativen für die Ausschließung der Öffentlichkeit beinhaltet (BGH NStZ 1983, 324; StV 1984, 146). Eine darüber hinaus gehende Angabe tatsächlicher Umstände ist dagegen nicht erforderlich, da sonst möglicherweise gerade diejenigen Umstände offenbart würden, die öffentlicher Darstellung und Erörterung entzogen werden sollen (BGH NStZ 1982, 169; NStZ 1996, 50). Daher muss zB eine gefährdete Person nicht bezeichnet werden (BGH NStZ 1996, 50). Auf in derselben Hauptverhandlung vorangegangene Beschlüsse kann Bezug genommen werden (BGH NJW 1982, 948; NStZ-RR 2004, 118; NJW 2007, 709). Nach früherer Rspr sollte die Erkennbarkeit aus der Natur der Sache oder der offensichtliche Zusammenhang mit einem gestellten Ausschließungsantrag und dessen Erörterung nicht genügen (BGH NJW 1977, 1643; NStZ 1983, 324; StV 1984, 146; StV 1986, 376). Im Gegensatz dazu kann die Bezugnahme auf einen hinreichend begründeten Antrag genügen, wenn dieser wie ein Beschluss dokumentiert, dh protokolliert ist (BGH NStZ 1994, 591; Rn 14). Im Ergebnis offen gelassen wurde bislang, ob ein auf der Hand liegender und zweifelsfrei erkennbarer Ausschlussgrund nicht doch ausreichen kann (BGH NStZ 1994, 591; NStZ 1999, 92). Ein zur Urteilsaufhebung führender Verstoß liegt jedenfalls dann nicht vor, wenn sich aus den Urteilsgründen und dem Sitzungsprotokoll ergibt, dass für die Zuhörer ohne weiteres der betroffene Verhandlungsteil und dessen Bedeutung erkennbar sowie für das Revisionsgericht sicher auszuschließen war, dass eine andere Entscheidung des Tatgerichts in Betracht kam (BGH NStZ 1999, 474; NStZ-RR 2002, 262; dazu Gössel NStZ 2000, 181). Offen blieb bislang auch, wie bei einem vom Angeklagten selbst gestellten Antrag und dem für die Verfahrensbeteiligten eindeutig erkennbaren sowie gem § 171 b Abs 2 GVG zwingenden Ausschlussgrund zu entscheiden ist (BGH NStZ 1999, 372).

2. Ablehnung eines Antrags

Die Ablehnung eines Antrags auf Ausschließung der Öffentlichkeit hat durch zu begründenden Beschluss zu erfolgen, nicht jedoch die Ablehnung eines Antrages auf Wiederherstellung der Öffentlichkeit (Meyer-Goßner GVG § 174 Rn 9).

III. Verkündung

Der die Öffentlichkeit ausschließende Beschluss ist öffentlich zu verkünden (Abs 1 S 2 Hs 1), gem Abs 1 S 3 in den Fällen der § 171 b GVG, § 172 GVG, § 173 GVG unter Angabe des Grundes. Dies gilt auch dann, wenn zuvor insgesamt oder über den Ausschluss gem Abs 1 S 1 in nicht öffentlicher Sitzung verhandelt wurde (BGH NJW 1980, 2088; NStZ 1985, 37; NStZ-RR 2000, 40). Eine Verkündung in nicht öffentlicher Sitzung wegen zu befürchtender erheblicher Störung der Ordnung in der Sitzung gem Abs 1 S 2 Hs 2 erweitert die Beschränkungsmöglichkeiten des § 172 Nr 1 Alt 2 GVG (§ 172 GVG Rn 2). Sie setzt daher einen gesonderten, öffentlich zu verkündenden Beschluss des Gerichts voraus (KK-StPO/Diemer GVG § 172 Rn 3; **aA** Meyer-Goßner GVG § 172 Rn 8: Teil der Verhandlungsleitung gem § 238 Abs 1 StPO; offen BGH NStZ 1996, 202).

Ein Beschluss, mit dem der Ausschluss der Öffentlichkeit abgelehnt oder aufgehoben wird, muss nicht öffentlich verkündet werden (Meyer-Goßner GVG § 174 Rn 8).

B. Ausführung des Beschlusses

I. Betroffener Teil der Hauptverhandlung

9   Es dürfen nur die Teile der Hauptverhandlung unter Ausschluss der Öffentlichkeit vorgenommen werden, die zu dem im Beschluss genannten **Verfahrensabschnitt** gehören oder in **unmittelbarem Zusammenhang** damit stehen.

10 Für den wichtigen Fall des Ausschlusses der Öffentlichkeit während einer **Vernehmung** gilt: Eine einheitliche und damit insgesamt vom Ausschluss erfasste Vernehmung liegt auch bei deren (mehrfacher) Unterbrechung oder (teilweiser) Wiederholung vor (BGH StV 1990, 10; NStZ 1996, 50; NStZ 1997, 380; NStZ 2004, 220; NStZ-RR 2009, 213; anders noch BGH NJW 1979, 276). Ein neuer Beschluss ist nur erforderlich, wenn die Vernehmung abgeschlossen wurde und die Entlassung erfolgte (BGH NStZ 1992, 447; NStZ 2008, 476; NStZ 2009, 286; NStZ-RR 2009, 213). Von einer einheitlichen Vernehmung ist jedoch auch dann noch auszugehen, wenn die Entlassung zwar erfolgt ist, jedoch sofort zurückgenommen und die Vernehmung unmittelbar fortgesetzt wird (BGH NStZ 1992, 447; NStZ 2008, 476; NStZ 2009, 286; NStZ-RR 2009, 213). Der Ausschluss für die Vernehmung eines Zeugen erfasst dagegen nicht die Vernehmung mehrerer weiterer Zeugen (BGH StV 1990, 252), der Ausschluss für die Vernehmung des Angeklagten erfasst nicht die anschließende Beweisaufnahme (BGH NJW 1955, 759). Ein unmittelbarer Zusammenhang mit einer Vernehmung besteht bei der Entscheidung über die Vereidigung (BGH NJW 1996, 2663), bei einem durch die Vernehmung bedingten Hinweis auf geänderte tatsächliche Umstände (Tatzeit) oder Entgegennahme eines Antrages auf Zeugenladung (BGH NStZ 1999, 371; BGHR GVG § 171 b Abs 1 Dauer 8), bei Angaben des Angeklagten während der Vernehmung oder zu dieser (BGH NStZ 2006, 117) sowie bei Erörterung und Anordnung über den Ausschluss des Angeklagten sowie dessen Unterrichtung (BGH NStZ 1989, 483; NStZ 1994, 354) oder bei Einnahme eines durch die Vernehmung veranlassten Augenscheins wie zB Sichtung der von einem Zeugen vorgelegten Unterlagen (BGH NStZ 1988, 190; NStZ 2006, 117). Nicht im Zusammenhang mit einer Vernehmung stehen dagegen zB Entscheidungen zur Beschränkung der Strafverfolgung oder die Erteilung rechtlicher Hinweise (allerdings kann in diesen Fällen ein Einfluss des Rechtsfehlers auf das Urteil denkgesetzlich ausgeschlossen sein, BGH NStZ 1996, 49; NStZ 1999, 371; BGHR GVG § 171 b Abs 1 Dauer 7).

11 Die **Heilung** eines Fehlers durch unzulässig unter Ausschluss der Öffentlichkeit vorgenommene Verfahrenshandlungen kann durch deren Wiederholung in öffentlicher Sitzung erfolgen. Dem steht es gleich, wenn die Verfahrensbeteiligten auf die (Wiederholung der) Vernehmung verzichten (BGH NStZ 1985, 422 mAnm Schöch). Es reicht dagegen nicht aus, einen Beschluss nachträglich zu fassen (Meyer-Goßner GVG § 174 Rn 10).

II. Wiederherstellung der Öffentlichkeit

12 Die Wiederherstellung der Öffentlichkeit erfolgt nach dem betroffenen Verfahrensabschnitt ohne gesonderten Beschluss (unklar OLG Frankfurt StV 1985, 8: Anordnung erforderlich, wenn für Zuschauer nicht anders erkennbar). Eines solchen bedarf es nur, wenn der Ausschluss für die gesamte Hauptverhandlung oder unbegrenzt („bis auf weiteres") angeordnet war (Rn 4). Ansonsten wird die Öffentlichkeit spätestens zur Urteilsverkündung wieder zugelassen (KK-StPO/Diemer GVG § 172 Rn 2).

13 Auch nach Wiederherstellung der Öffentlichkeit haben die Verfahrensbeteiligten dem durch die Ausschließung geschützten Interesse unabhängig von Abs 2 (Rn 15) und Abs 3 (Rn 16) im Rahmen ihrer Äußerungen (zB Anträge, Erklärungen, Schlussvorträge, Urteilsbegründung) Rechnung zu tragen (Meyer-Goßner GVG § 174 Rn 18).

C. Protokollierung

14 Im Hauptverhandlungsprotokoll ist gem § 272 Nr 5 StPO anzugeben, ob öffentlich verhandelt oder die Öffentlichkeit ausgeschlossen wurde. Daher ist zu protokollieren: Durchführung und Ergebnis des Zwischenverfahrens gem Abs 1 S 1 (Meyer-Goßner GVG § 174 Rn 5), der Ausschließungsbeschluss, soweit erforderlich mit Begründung (bzw Bezugnahme auf einen hinreichend begründeten Antrag, BGH NStZ 1994, 591; Rn 5) und dessen

Gerichtsverfassungsgesetz (Auszug) § 175 GVG

Verkündung (BGH NJW 1977, 1643; NStZ 1999, 371; NStZ-RR 2009, 213) sowie die Wiederherstellung der Öffentlichkeit (BGH NJW 1953, 144; StV 1989, 384; StV 1994, 471; NStZ 1999, 371; NStZ 2006, 117), nicht dagegen die tatsächlichen Grundlagen der Entscheidung und relevante Änderungen der Sachlage (BGH NStZ 1986, 179).

D. Verbot öffentlicher Berichterstattung (Abs 2)

Das Verbot der Berichterstattung gem Abs 2 greift im Gegensatz zu Abs 3 ohne gesonderte Anordnung ein, sobald die Öffentlichkeit gem § 172 Nr 1 Alt 1 GVG ausgeschlossen wird. Es umfasst (ebenfalls im Gegensatz zu Abs 3) alles, was Gegenstand des nicht öffentlich durchgeführten Verhandlungsteils war (und korrespondierende Unterlagen). Verstöße sind strafbar gem § 353 d Nr 1 StGB (Einzelheiten sind sehr streitig, vgl Fischer StGB § 353 d Rn 3 f). 15

E. Verpflichtung zur Geheimhaltung (Abs 3)

Eine Anordnung gem Abs 3 steht im pflichtgemäßen Ermessen des Gerichts. Verpflichtet werden können alle Personen, die während (eines Teils) der Hauptverhandlung tatsächlich anwesend waren (neben den Verfahrensbeteiligten also zB auch Wachtmeister oder gem § 175 Abs 2 S 1 GVG zugelassene Personen). Die betroffenen Tatsachen müssen in dem in das Protokoll aufzunehmenden Beschluss (Abs 3 S 2) so genau bezeichnet werden, dass die betroffenen Personen die Grenzen einer Strafbarkeit gem § 353 d Nr 2 StGB erkennen und beachten können (vgl Fischer StGB § 353 d Rn 5). Das Verbot umfasst nicht die Tatsachen, die durch die öffentliche Verkündung des Urteils bekannt wurden. Die Anordnung kann durch alle von der Anordnung betroffenen Personen mit der Beschwerde angefochten werden, diese hat jedoch keine aufschiebende Wirkung (Abs 3 S 3 und S 4). 16

F. Rechtsbehelfe

Verstöße gegen die Verfahrensvorschriften des Abs 1 führen regelmäßig zum absoluten Revisionsgrund des § 338 Nr 6 StPO. Dazu gehört die nichtöffentliche Verhandlung ohne Ausschließungsbeschluss und dessen fehlende oder unzureichende Begründung ebenso wie dessen unterlassene bzw unzulässige Verkündung in nicht öffentlicher Sitzung oder die Entscheidung durch den Vorsitzenden anstatt durch das Gericht. Dagegen soll die Anordnung des Vorsitzenden, über den Ausschließungsantrag nicht öffentlich zu verhandeln, keinen Rechtsfehler begründen, wenn der Ausschluss insoweit gem Abs 1 S 1 Alt 1 GVG zwingend ist (BGH NStZ 1999, 371). Ein Ausschluss der Öffentlichkeit ohne vorangehende Verhandlung soll nur einen relativen Revisionsgrund darstellen (BGH NJW 1979, 276; KK-StPO/Diemer GVG § 174 Rn 1; Meyer-Goßner StPO § 338 Rn 48). 17

Gegen den Ausschluss der Öffentlichkeit oder die Ablehnung eines Antrages auf Ausschluss der Öffentlichkeit ist die Beschwerde nicht statthaft (§ 305 StPO). Vgl zur Aufklärungsrüge bei unterlassenem Ausschluss § 169 GVG Rn 13. 18

§ 175 [Versagung des Zutritts]

(1) **Der Zutritt zu öffentlichen Verhandlungen kann unerwachsenen und solchen Personen versagt werden, die in einer der Würde des Gerichts nicht entsprechenden Weise erscheinen.**

(2) ¹Zu nicht öffentlichen Verhandlungen kann der Zutritt einzelnen Personen vom Gericht gestattet werden. ²In Strafsachen soll dem Verletzten der Zutritt gestattet werden. ³Einer Anhörung der Beteiligten bedarf es nicht.

(3) **Die Ausschließung der Öffentlichkeit steht der Anwesenheit der die Dienstaufsicht führenden Beamten der Justizverwaltung bei den Verhandlungen vor dem erkennenden Gericht nicht entgegen.**

A. Versagung des Zutritts (Abs 1)

1   Die Versagung des Zutritts gem Abs 1 ist eine Maßnahme der Sitzungspolizei, zuständig ist daher alleine der Vorsitzende (§ 176 GVG). Die Vorschrift ist neben §§ 176 GVG ff anwendbar, bezieht sich jedoch ausschließlich auf Zuhörer. Unerwachsen sind unter 18 Jahre alte Personen, die noch nicht die für die Teilnahme an einer Gerichtsverhandlung erforderliche Reife besitzen. Der Vorsitzende kann insoweit vorab in einer sitzungspolizeilichen Verfügung eine generelle Altersgrenze festlegen („jünger als 16 Jahre"), eine (zusätzliche) individuelle Prüfung ist nicht erforderlich (BGH NStZ 2006, 652). Eine solche Maßnahme kann den Ausschluss der Öffentlichkeit gem § 172 Nr 1 Alt 3 entbehrlich machen (§ 172 GVG Rn 4; Nr 132 RiStBV). Nicht in einer der Würde des Gerichts entsprechenden Weise erscheinen Personen zB dann, wenn sie durch ihr äußeres Erscheinungsbild bewusst provozieren oder betrunken bzw verwahrlost sind (vgl § 178 GVG Rn 3). Anderen (befürchteten) Störungen ist auf Grundlage der §§ 176 GVG ff zu begegnen.

B. Gestattung des Zutritts (Abs 2)

2   Das Gericht kann einzelnen Personen die Anwesenheit bei nicht öffentlichen Verhandlungen gestatten. Die Verfahrensbeteiligten müssen dazu nicht angehört werden (Abs 2 S 3). In Betracht kommen vor allem nahe Angehörige, Geschädigte, Pressevertreter oder für Aufgaben in der Justiz auszubildende Personen. Die Zulassung kann stillschweigend erfolgen und (insbesondere bei unsachgemäßem Umgang mit den so erlangten Informationen) zurückgenommen werden (KK-StPO/Diemer GVG § 175 Rn 4; Meyer-Goßner GVG § 175 Rn 4, 6; BGH NJW 1964, 1485). Verletzten soll der Zutritt gestattet werden (Abs 2 S 2), ein Anspruch besteht jedoch nicht. Keinesfalls sollten Verletzte zugelassen werden, bevor sie als Zeugen vernommen wurden (§ 169 GVG Rn 12). Lebenspartner, Ehegatten und gesetzliche Vertreter können gem § 149 StPO auch als Beistand an der Hauptverhandlung teilnehmen.

C. Anwesenheitsrecht (Abs 3)

3   Das von einer Anordnung des Vorsitzenden oder des Gerichts unabhängige und nicht ausschließbare Anwesenheitsrecht sichert die Dienstaufsicht. Der die Dienstaufsicht führende Beamte kann auch andere Personen mit der Teilnahme an der Sitzung beauftragen (Meyer-Goßner GVG § 175 Rn 8).

§ 176 [Sitzungspolizei]

Die Aufrechterhaltung der Ordnung in der Sitzung obliegt dem Vorsitzenden.

Überblick

Die Vorschrift weist die Zuständigkeit für sitzungspolizeiliche Anordnungen und Maßnahmen dem Vorsitzenden zu. Darüber hinaus ist sie die allgemeine Rechtsgrundlage für sitzungspolizeiliche Maßnahmen, soweit diese nicht auf § 175 Abs 1 GVG oder §§ 177 GVG f gestützt werden.

Übersicht

	Rn		Rn
A. Sitzung	1	III. Aufnahmen und Aufzeichnungen	12
I. Zeitlicher und räumlicher Umfang	1	1. Ton- und Filmaufnahmen zum Zwecke der öffentlichen Vorführung oder Veröffentlichung ihres Inhalts	12
II. Hausrecht	2		
III. Betroffener Personenkreis	3	2. Aufnahmen der Presse im Sitzungssaal außerhalb der Hauptverhandlung und im Gerichtsgebäude	13
B. Anordnungen und Maßnahmen	4		
I. Maßnahmen vor der Sitzung	5	3. Sonstige Aufnahmen, Aufzeichnungen	14
II. Maßnahmen während der Sitzung	8		

	Rn		Rn
4. Ton- und Bildaufnahmen des Gerichts und anderer Verfahrensbeteiligter	15	C. Zuständigkeit	17
IV. Durchsetzung von Anordnungen	16	D. Rechtsbehelfe	18

A. Sitzung

I. Zeitlicher und räumlicher Umfang

In räumlicher Hinsicht umfasst die Sitzungspolizei neben dem eigentlichen Sitzungssaal **1** auch die unmittelbar angrenzenden Räumlichkeiten im Gerichtsgebäude (BVerfG NJW 1996, 310; BGH NStZ 1998, 364; OLG Stuttgart Justiz 1993, 147), bei Durchführung der Hauptverhandlung außerhalb des Gerichtsgebäudes den dafür benötigten Raum (vgl BGH NJW 1979, 770 zur Möglichkeit sitzungspolizeilicher Anordnungen, um auch bei einer Verhandlung in einer JVA ein Minimum an Öffentlichkeit zu gewährleisten). Die Sitzung umfasst über die „Verhandlung" iSv § 169 GVG hinaus auch die Zeitspannen davor und danach, in denen mit der Sache zusammenhängende Angelegenheiten (zB Sicherungsmaßnahmen und Bereitstellung von Beweismitteln oder Kommunikationstechnik) abgewickelt werden sowie die Verfahrensbeteiligten und Zuhörer üblicherweise den Sitzungssaal betreten oder verlassen, einschließlich der Sitzungspausen (BVerfG NStZ 1995, 40; NJW 1996, 310; BGH NStZ 1998, 364; OLG Düsseldorf MDR 1986, 428; OLG Hamm NJW 1956, 1452).

II. Hausrecht

Das Hausrecht im Gerichtsgebäude wird durch die Sitzungspolizei verdrängt (BGH NJW **2** 1972, 1144; NStZ 1982, 158). Es kann nur zur Anwendung kommen, soweit die sitzungspolizeiliche Zuständigkeit nicht (mehr) begründet ist. Es ist zulässig (und insbesondere in Fällen der Störungsabwehr sinnvoll), dem Vorsitzenden das Hausrecht (teilweise) zu übertragen (zB Entfernung von Störern nicht nur aus dem Gerichtssaal, sondern weiter aus dem Gerichtsgebäude, vgl den Sachverhalt bei BGH NStZ 1982, 158).

III. Betroffener Personenkreis

Sitzungspolizeilichen Anordnungen und Maßnahmen gem § 176 GVG können alle Personen **3** unterworfen werden, die sich im oder unmittelbar vor dem Sitzungssaal aufhalten. Dazu gehören auch alle Verfahrensbeteiligten. Zwangs- und Ordnungsmaßnahmen gem §§ 177 GVG f können jedoch nur gegen den dort genannten Personenkreis ergriffen werden. Neben diesen speziell geregelten Zwangs- und Ordnungsmaßnahmen können auch gegen die von §§ 177 GVG f nicht erfassten Personen gestützt auf § 176 GVG jedenfalls Aufforderungen zu ordnungsgemäßem Verhalten und die Zurückweisung erfolgen, zB wenn Staatsanwalt oder Verteidiger nicht pflichtgemäß gekleidet sind (Rn 11, Rn 16). Darüber hinaus sind gegen diese Personen unmittelbar auf § 176 GVG gestützte Zwangsmaßnahmen zulässig, soweit sie im Ergebnis nicht zu einer Umgehung der aus §§ 177 GVG f folgenden Beschränkungen führen (zB die Wegnahme einer Kamera oder eines Tonbandgerätes, mit denen die Verhandlung aufgezeichnet wird, oder die Durchsuchung eines Verteidigers).

B. Anordnungen und Maßnahmen

Sitzungspolizeiliche Maßnahmen sollen die ordnungsgemäße Durchführung der Haupt- **4** verhandlung sicherstellen sowie die Sicherheit aller anwesenden Personen und die Rechte der Verfahrensbeteiligten gewährleisten (BVerfG NStZ 1995, 40; NJW 1996, 310; BGH NStZ 1998, 364). Dazu gehört insbesondere deren Persönlichkeitsrecht, das durch Aufnahmen jeder Art berührt sein kann (BVerfG NJW 1992, 3288; NJW 1996, 310; NStZ 1995, 40). Als **allgemeine Rechtsgrundlage** ermächtigt § 176 zu den nach dem pflichtgemäßen Ermessen des Gerichts erforderlichen Maßnahmen, soweit nicht die § 175 Abs 2 GVG, §§ 177 GVG f spezielle und abschließende Regelungen enthalten.

I. Maßnahmen vor der Sitzung

5   **Vor der Sitzung** können bei erwartetem großem Zuhörerinteresse vorab Einlasskarten ausgegeben werden, sie müssen jedoch nach dem Reihenfolgeprinzip vergeben werden. Reservierungen sind unzulässig (BGHSt 26, 99). Lediglich für Pressevertreter dürfen einzelne Plätze bereitgehalten werden (BGH NJW 2006; vgl zur Kontingentierung für einzelne Gruppen von Pressevertretern BVerfG NJW 2003, 500). Vgl zur Wahrung des Öffentlichkeitsgrundsatzes in diesem Zusammenhang ergänzend § 169 GVG Rn 9.

6   Für die Durchführung von **Sicherungsmaßnahmen** wendet sich der Vorsitzende je nach Umfang und Erforderlichkeit besonderer Kenntnisse bzw Ausrüstung entweder an die Justizverwaltung (Wachtmeister, Nr 128 Abs 3 RiStBV; BGH NStZ 1982, 158) oder im Wege der Amtshilfe an die Polizei. Diese entscheidet jedoch in eigener Verantwortung, wie (dh mit welchem Personal und mit welcher Ausrüstung) sie die ihr übertragenen Aufgaben erfüllt (Leinius NJW 1973, 448). Weisungen kann der Vorsitzende insoweit nicht erteilen. Er entscheidet lediglich über die Erforderlichkeit der durchzuführenden Maßnahmen wie zB die (auch unangekündigte) Kontrolle von Ausweisen (BGH NJW 1977, 157) oder sogar deren Hinterlegung für die Dauer der Sitzung (OLG Karlsruhe NJW 1975, 2080), die Durchsuchung von Personen einschließlich der von ihnen mitgeführten Gegenstände oder die Anwesenheit von Beamten im Sitzungssaal während der Verhandlung. Durchsucht werden können auch die Verfahrensbeteiligten, dh insbesondere Verteidiger (BVerfG NJW 1978, 1048; NJW 1998, 296; NJW 2006, 1500; OLG Hamburg NStZ 1992, 509; Rn 3).

7   Bei der Anordnung und Durchführung von Sicherungsmaßnahmen ist der **Öffentlichkeitsgrundsatz** zu wahren. Die Sicherung und Aufrechterhaltung der äußeren Ordnung der Hauptverhandlung rechtfertigt zwar die Beschränkung des Zugangs (BGH NJW 2006, 1220). Bei Erforderlichkeit besonderer Sicherungsmaßnahmen kann daher ein Teil der normalerweise zur Verfügung stehenden Plätze durch Sicherungskräfte belegt oder freigehalten werden. Auch durch starken psychischen Druck erzeugte Hemmschwellen können jedoch ein Zugangshindernis darstellen, weshalb besonders abschreckend wirkende Sicherungsmaßnahmen auf das erforderliche Maß zu beschränken sind (BGH NJW 1980, 249). Mit dem Beginn der Sitzung muss abgewartet werden, bis alle rechtzeitig, dh zu dem für den Verhandlungsbeginn vorgesehenen Zeitpunkt erschienenen Personen den Sitzungssaal betreten haben (BGH NJW 1979, 2622; NStZ 1995, 181). Bei Fortsetzung der Sitzung oder im Fall der Saalräumung während einer Sitzung muss jedenfalls dann nicht abgewartet werden, bis allen interessierten Personen wieder der Zutritt gewährt wurde, wenn diese entweder im Saal verbleiben oder sich auf Verzögerungen durch Einlasskontrollen einrichten konnten (BGH NJW 1981, 61). Ebenso darf die Sitzung weitergeführt werden, während einzelne Zuhörer in einem Nebenraum nach Waffen durchsucht werden (BGH EzSt GVG § 169 Nr 1).

II. Maßnahmen während der Sitzung

8   **Während der Sitzung** kann jedes Verhalten untersagt werden, das mit dem Ansehen und der Würde des Gerichts (BVerfG NJW 2007, 56) sowie der Durchführung einer geordneten Hauptverhandlung nicht vereinbar ist oder andere Rechtsgüter verletzt.

Dazu gehören zB das Anfertigen von Aufnahmen (Rn 12), lautes Sprechen, Kommentare zum Gegenstand des Verfahrens, Ablauf der Verhandlung oder Äußerungen einzelner Verfahrensbeteiligter. Es muss auch verhindert werden, dass unzulässig auf die Verfahrensbeteiligten eingewirkt wird, zB durch Zurufe oder Zeichen auf den Angeklagten, durch die (befürchtete) Einschüchterung von Zeugen (BGH NStZ 2004, 220) oder durch die unzulässige Weitergabe von Informationen an noch nicht erschienene bzw wartende Zeugen über den bisherigen Ablauf der Verhandlung (Nr 128 Abs 2 RiStBV).

9   Das Mitschreiben oder die Anfertigung von Aufzeichnungen während der Hauptverhandlung ist grds zulässig, auch wenn es im Auftrag eines Verfahrensbeteiligten erfolgt (BGH NJW 1963, 599: Mitarbeiter eines Verteidigers). Dies gilt auch für sog „Prozessbeobachter" der Polizei (**aA** Rühlmann StV 2005, 692). Anders kann es sich verhalten, wenn zu erwarten ist, dass noch zu hörenden Zeugen Verhandlungsvorgänge mitgeteilt werden und diese so unzulässig in ihrem Aussageverhalten beeinflusst werden sollen (BGH NStZ 1982, 389).

Zur Sicherstellung der erforderlichen Ruhe während der Urteilsverkündung oder anderer begrenzter Verhandlungsteile kann der Vorsitzende anordnen, dass die Türen zum Sitzungssaal während dieser Zeit geschlossen bleiben. Zur Vermeidung erheblicher, durch andere Maßnahmen nicht zu verhindernde Störungen kann es zulässig sein, das Verlassen und Betreten des Sitzungssaales nur in Pausen zu erlauben (BGH NStZ 2004, 510).

Durchgesetzt werden kann auch das Tragen angemessener Kleidung, jedoch nicht das (undifferenzierte) Ablegen jeder Art von Kopfbedeckung (BVerfG NJW 2007, 56 zum Tragen eines Kopftuches aus religiösen Gründen). Rechtsanwälte sind verpflichtet, eine Robe zu tragen (BVerfGE 34, 138; BVerfG NJW 1970, 851; BGHSt 27, 34; OLG Karlsruhe NJW 1977, 309), nicht dagegen (sichtbar) auch eine (weiße) Krawatte (vgl OLG Zweibrücken NStZ 1988, 144; OLG Celle StraFo 2002, 301; ausführlich dazu LG Mannheim NJW 2009, 1094), wogegen ausschließlich ein weißes T-Shirt unter der Robe nicht ausreichend sein soll (OLG München NStZ 2007, 120).

III. Aufnahmen und Aufzeichnungen

1. Ton- und Filmaufnahmen zum Zwecke der öffentlichen Vorführung oder Veröffentlichung ihres Inhalts

Ton- und Filmaufnahmen zum Zwecke der öffentlichen Vorführung oder Veröffentlichung ihres Inhalts sind gem § 169 S 2 GVG unzulässig. Nicht erfasst werden von dieser Vorschrift alle anderen Ton- und Filmaufnahmen während der Hauptverhandlung, die nicht „zum Zwecke der öffentlichen Vorführung oder Veröffentlichung ihres Inhalts" dienen. Ebenfalls nicht erfasst werden Aufnahmen vor Beginn und nach Ende der Sitzung, während der Sitzungspausen und Aufnahmen außerhalb des Sitzungssaals sowie alle sonstigen Aufzeichnungen und einfachen Bildaufnahmen (BGH NJW 1970, 63). Sie können im Rahmen der Sitzungspolizei oder des Hausrechts untersagt werden.

2. Aufnahmen der Presse im Sitzungssaal außerhalb der Hauptverhandlung und im Gerichtsgebäude

Ton- und Filmaufnahmen der Presse dürfen innerhalb des Sitzungssaals nur vor Beginn und nach Ende der Sitzung, während der Verhandlungspausen sowie außerhalb des Sitzungssaals gemacht werden. Im Rahmen der Sitzungspolizei und des Hausrechts können Beschränkungen angeordnet werden (vgl Nr 129 RiStBV; Lehr NStZ 2001, 63). Dabei sind die schutzwürdigen Interessen der von den Aufnahmen betroffenen Personen gegen das Interesse an der Berichterstattung abzuwägen (BVerfG NStZ 1995, 40; NJW 1996, 310; NVwZ 2001, 314; Lehr NStZ 2001, 63; Eisenberg StraFo 2007, 286; vgl zu einstweiligen Anordnungen des BVerfG in diesem Zusammenhang BVerfG NStZ 1993, 89; NStZ 1996, 143; NStZ 2000, 543; NJW 2002, 2021; NJW 2009, 2117; NJW-RR 2007, 986, 1416). Insbesondere ist zu erwägen und zu berücksichtigen (ausführlich BVerfGE 119, 309; BVerfG NJW 2009, 2117 mwN zu seiner bisherigen Rechtsprechung; BeckRS 2009, 39624): Durch beschränkende Anordnungen und geeignete technische Maßnahmen können Bildaufnahmen anonymisiert werden; Beeinträchtigungen des äußeren Ablaufs der Sitzung lassen sich durch sog Pool-Lösungen minimieren; der Aufruf der Sache durch das Gericht selbst ermöglicht es, von diesem Aufnahmen zu machen; Richter (einschließlich der Schöffen) sowie Staats- und Rechtsanwälte haben nicht in gleichem Ausmaß Anspruch auf Schutz ihrer Persönlichkeitsrechte wie sonstige am Verfahren beteiligte Privatpersonen oder Zuhörer; besondere Schutzbedürftigkeit jugendlicher Angeklagter.

3. Sonstige Aufnahmen, Aufzeichnungen

Auch sonstige Bildaufnahmen können die Persönlichkeitsrechte der Verfahrensbeteiligten tangieren und daher im Rahmen der Sitzungspolizei untersagt werden. Das Mitschreiben oder die Anfertigung von Aufzeichnungen während der Hauptverhandlung ist dagegen grds zulässig, auch wenn es im Auftrag eines Verfahrensbeteiligten erfolgt (BGH NJW 1963, 599: Mitarbeiter eines Verteidigers). Dies gilt auch für sog „Prozessbeobachter" der Polizei (aA Rühlmann StV 2005, 692). Anders kann es sich verhalten, wenn zu erwarten ist, dass noch zu hörende Zeugen unzulässig in ihrem Aussageverhalten beeinflusst werden sollen (BGH NStZ 1982, 389).

4. Ton- und Bildaufnahmen des Gerichts und anderer Verfahrensbeteiligter

15 Für den Sonderfall einer audiovisuellen Zeugenvernehmung enthält § 247a S 4 StPO eine Sonderregelung. Während der Hauptverhandlung können die Verfahrensbeteiligten mit Zustimmung des Vorsitzenden Aufzeichnungen von sich selbst anfertigen, soweit Persönlichkeitsrechte anderer Personen nicht berührt werden können oder diese zustimmen und eine Beeinträchtigung des gerichtlichen Verfahrens ausgeschlossen ist, so zB bei den Schlussvorträgen (OLG Koblenz NStZ 1988, 42: Tonbandaufzeichnung der mündlichen Urteilsbegründung). Es soll im pflichtgemäßen Ermessen stehen, ob Zeugenaussagen auf Tonband aufgenommen werden (BGH NStZ 1982, 42; vgl ergänzend Meyer-Goßner StPO § 261 Rn 10; KK-StPO/Schoreit StPO § 261 Rn 27). Dies wurde zB für zulässig gehalten, um auf diese Weise die Aussagen von Angeklagten und Zeugen in ein Parallelverfahren einführen und die Vernehmung der am Verfahren beteiligten Richter mit der Folge des Ausschlusses gem § 22 Nr 5 StPO vermeiden zu können (OLG Hamburg NStZ 2007, 481; diese Problematik kann auch durch Versagung einer Aussagegenehmigung vermieden werden, BGH NStZ 2007, 711). Teilweise wird die Zulässigkeit vom Einverständnis des Betroffenen abhängig gemacht (BGH NJW 1964, 602; OLG Düsseldorf NStZ 1990, 554; NJW 1996, 1360; OLG Schleswig NStZ 1992, 399; **aA** OLG Hamburg NStZ 2007, 481). Ein Anspruch auf die Anfertigung von Aufzeichnungen anderer Verfahrensbeteiligter besteht jedenfalls dann nicht, wenn eine missbräuchliche Verwendung nicht ausgeschlossen werden kann (OLG Düsseldorf NJW 1996, 1360).

IV. Durchsetzung von Anordnungen

16 Zur **Durchsetzung** der Ordnung in der Sitzung und Befolgung der getroffenen Anordnungen sind die betroffenen Personen grds zunächst zu ermahnen (ggf unter Androhung weitergehender Maßnahmen), derartige Störungen zu unterlassen. Evtl kann der Vorsitzende auch durch die Anordnung kurzer Unterbrechungen der Sitzung gem § 228 Abs 1 S 2 StPO die Situation beruhigen. Gegenstände (wie zB Fotoapparate oder Plakate) dürfen bei anhaltenden Störungen bis zu deren Abwendung in Verwahrung genommen werden (BGH NStZ 1998, 364; LG Ravensburg NStZ-RR 2007, 248; **aA** Milger NStZ 2006, 121). Zuhörer, die schon vor der Verhandlung einen Zeugen einschüchtern wollten, können bereits vor der Vernehmung des Zeugen aus dem Saal gewiesen werden (BGH NStZ 2004, 220). Ein nicht ordnungsgemäß gekleideter Staatsanwalt oder Rechtsanwalt kann zurückgewiesen werden (BVerfG NJW 1970, 851; OLG Karlsruhe NJW 1977, 309; OLG München NStZ 2007, 120). Grundlage für weitergehende Maßnahmen bieten die §§ 177 GVG f.

C. Zuständigkeit

17 Für Maßnahmen im Rahmen des § 176 GVG ist alleine der Vorsitzende zuständig, darüber hinaus treffen § 177 S 2 GVG, § 178 Abs 2 GVG eine differenzierende Regelung. Es ist jedoch unschädlich, wenn statt des Vorsitzenden das Gericht entscheidet (so im Rahmen revisionsrechtlicher Prüfung BGH NStZ 2004, 220; offen noch BGH NStZ 1982, 389; OLG Karlsruhe NJW 1970, 309; **aA** OLG Koblenz MDR 1978, 693 im Rahmen der Prüfung einer Ordnungsmittelfestsetzung). Über den Wortlaut des § 176 GVG hinaus soll immer das Gericht zuständig sein, wenn eine Anordnung oder Maßnahme des Vorsitzenden unzulässig in den Bereich der Sachleitung eingreift, die Verteidigung des Angeklagten beschränkt, die wahrheitsgemäße Sachaufklärung oder die Öffentlichkeit des Verfahrens unzulässig beeinträchtigt (so Meyer-Goßner GVG § 176 Rn 13; Malmendier NJW 1997, 227 bzgl den Verteidiger betreffende Maßnahmen).

D. Rechtsbehelfe

18 Sitzungspolizeiliche Anordnungen gehören nicht zur Sachleitung iSv § 238 Abs 2 StPO, zudem enthalten die §§ 176 GVG ff eine spezielle und abschließende Regelung zur Kom-

petenzverteilung zwischen Vorsitzendem und Gericht, weshalb eine Anrufung des Gerichts grds nicht möglich ist (OLG Hamm NJW 1972, 1246; KK-StPO/Diemer GVG § 176 Rn 7; **aA** BGH NStZ 2008, 582; Meyer-Goßner StPO § 238 Rn 13, Meyer-Goßner GVG § 176 Rn 16). Auf § 176 GVG gestützte Maßnahmen können auch nicht, wie sich aus § 181 GVG ergibt, mit der Beschwerde angefochten (OLG Köln NJW 1963, 1508; OLG Hamm NJW 1972, 1246; OLG Hamburg NJW 1976, 1987; OLG Zweibrücken NStZ 1987, 477; BVerfG NJW 1992, 3288; BVerfGE 119, 309 lassen die Verfassungsmäßigkeit offen; offen BGH NStZ 1998, 364: jedenfalls nicht bei Maßnahme durch Vorsitzenden Richter am OLG; **aA** OLG Karlsruhe NJW 1977, 309; OLG München NStZ 2007, 120; LG Mannheim NJW 2009, 1094 jeweils für den Fall der Zurückweisung eines Verteidigers; LG Ravensburg NStZ-RR 2007, 348 bei andauernder Beschlagnahme eines Gegenstandes; offen für diesen zuletzt genannte Fall BGH NStZ 1998, 364) oder durch einen Antrag gem § 23 EGGVG angegriffen (OLG Hamburg NStZ 1992, 509) werden. Bei Überschreitung sitzungspolizeilicher Kompetenzen durch den Vorsitzenden soll dagegen die Anrufung des Gerichts möglich sein (Rn 17). In diesen Fällen kann die Unzulässigkeit der Anordnung auch im Rahmen der Revision geltend gemacht werden, zB gem § 338 Nr 6 oder Nr 8 StPO. Statthaft ist in jedem Fall eine Verfassungsbeschwerde, ggf iVm dem Antrag auf Erlass einer einstweiligen Anordnung (praktisch häufig vorkommende Fallgestaltung im Zusammenhang mit der Frage des zulässigen Umfangs von Aufnahmen für die Presseberichterstattung, vgl BVerfG NStZ 1993, 89; NStZ 1995, 40; NStZ 1996, 143; NStZ 2000, 543; NJW 2002, 2021; NJW 2009, 350, 352 und 2117; NJW-RR 2007, 986, 1416; Lehr NStZ 2001, 63). Auch nachträglich kann im Wege der Verfassungsbeschwerde die Unzulässigkeit einer Maßnahme festgestellt werden (BVerfG NJW 2007, 56; BVerfGE 119, 309).

§ 177 [Maßnahmen zur Aufrechterhaltung der Ordnung]

[1]Parteien, Beschuldigte, Zeugen, Sachverständige oder bei der Verhandlung nicht beteiligte Personen, die den zur Aufrechterhaltung der Ordnung getroffenen Anordnungen nicht Folge leisten, können aus dem Sitzungszimmer entfernt sowie zur Ordnungshaft abgeführt und während einer zu bestimmenden Zeit, die vierundzwanzig Stunden nicht übersteigen darf, festgehalten werden. [2]Über Maßnahmen nach Satz 1 entscheidet gegenüber Personen, die bei der Verhandlung nicht beteiligt sind, der Vorsitzende, in den übrigen Fällen das Gericht.

Überblick

§ 177 GVG ermöglicht die zwangsweise Entfernung aus dem Sitzungssaal sowie die Anordnung und Vollstreckung von Ordnungshaft. Andere sitzungspolizeiliche Zwangsmaßnahmen können auch auf Grundlage des § 176 GVG ergriffen werden (§ 176 GVG Rn 5, § 176 GVG Rn 15). Gem § 175 Abs 1 GVG kann bereits der Zutritt zum Sitzungssaal verwehrt werden.

A. Erfasster Personenkreis

Durch § 177 GVG werden neben den „bei der Verhandlung nicht beteiligten Personen" nur „Parteien, Beschuldigte, Zeugen und Sachverständige" erfasst. Daraus folgt im Umkehrschluss zunächst, dass gegen die bei der Verhandlung beteiligten, jedoch nicht ausdrücklich aufgeführten Personen keine Maßnahmen nach § 177 GVG ergriffen werden dürfen. Zudem sind die bei der Verhandlung beteiligten von den nicht bei der Verhandlung beteiligten Personen abzugrenzen. 1

I. Bei der Verhandlung beteiligte Personen

Zu den „bei der Verhandlung beteiligten Personen" gehören neben den „eigentlichen" Verfahrensbeteiligten alle Personen, die tatsächlich an der Hauptverhandlung mitwirken, dh auch die ausdrücklich aufgeführten Zeugen, Sachverständigen sowie Protokollführer. Gegen Personen aus diesem Kreis können Maßnahmen nach § 177 GVG nur ergriffen werden, 2 wenn sie in dieser Vorschrift ausdrücklich genannt sind: Zeugen, Sachverständige, Beschuldigte (bzw Angeschuldigte, Angeklagte) und Parteien (Privat- und Nebenkläger, Nebenbeteiligte). Für Erziehungsberechtigte und gesetzliche Vertreter gilt die Vorschrift im Jugendverfahren entsprechend (§ 51 Abs 3, Abs 4 JGG). Gegen andere „bei der Verhandlung beteiligte Personen", dh Richter einschließlich der Schöffen und Staatsanwälte sind Maßnahmen nach § 177 GVG dagegen unzulässig. Dies gilt auch für den **Verteidiger**, gegen ihn kann lediglich gem § 176 GVG vorgegangen werden (§ 176 GVG Rn 3, § 176 GVG Rn 11, § 176 GVG Rn 15). Lediglich für ganz außergewöhnliche Extremfälle werden teilweise Ausnahmen für möglich gehalten (so die **hM:** BGH NJW 1977, 437; OLG Hamm NZV 2003, 491; OLG Düsseldorf MDR 1994, 297: Referendar in Untervollmacht; **aA:** Meyer-Goßner GVG § 177 Rn 3a; KK-StPO/Diemer GVG § 177 Rn 2; ausführlich Malmendier NJW 1997, 227; Jahn NStZ 1998, 389). Entsprechendes gilt für den **Rechtsanwalt** als Beistand bzw Vertreter eines Privat- bzw Nebenklägers oder eines sonstigen Nebenbeteiligten und als Zeugenbeistand (Krekeler NJW 1980, 980; KK-StPO/Diemer GVG § 177 Rn 2; teilweise **aA** Meyer-Goßner GVG § 177 Rn 4).

II. Bei der Verhandlung nicht beteiligte Personen

3   „Bei der Verhandlung nicht beteiligte Personen" sind alle Personen, die nicht tatsächlich an der Hauptverhandlung mitwirken, dh Zuhörer einschließlich der Pressevertreter (BVerfG NJW 1979, 1400: nicht zulässig ist deren Ausschluss aus Verärgerung über eine frühere Berichterstattung) oder ein entpflichteter Verteidiger (OLG Köln BeckRS 2008, 04480).

B. Zwangsmaßnahmen

4   Der Zwangsmaßnahme muss eine sitzungspolizeiliche Anordnung vorausgegangen sein, die nicht befolgt wurde. Vor ihrer Anordnung und Durchführung ist dem Betroffenen Gelegenheit zu geben, sich zu ihr zu äußern, soweit dies nach den Umständen praktisch durchführbar und nicht offensichtlich zwecklos erscheint (ähnlich BGH NStZ 1993, 198; KK-StPO/Diemer GVG § 177 Rn 7). Bei Entfernung oder Verhaftung des **Angeklagten** ist § 231b StPO zu beachten (vgl BGH NStZ 1993, 198; NStZ 1997, 401).

I. Entfernung aus dem Sitzungszimmer

5   Die Entfernung aus dem Sitzungssaal setzt kein Verschulden voraus (BGH NStZ 1997, 401). Die störenden und zu entfernenden Personen können nach allgemeinen Merkmalen bestimmt werden, in Extremfällen kann auch die Entfernung aller Zuhörer angeordnet werden (KK-StPO/Diemer GVG § 177 Rn 4). Ggf muss die Öffentlichkeit gem § 172 Nr 1 Alt 2 GVG ausgeschlossen werden, nach Möglichkeit sollte jedoch zunächst von Maßnahmen gem § 177 GVG Gebrauch gemacht werden (§ 172 GVG Rn 2).

II. Ordnungshaft

6   Die Anordnung von Ordnungshaft dient alleine der Durchführung der Hauptverhandlung und setzt daher im Gegensatz zu § 178 GVG kein Verschulden des Betroffenen voraus (KK-StPO/Diemer GVG § 177 Rn 5, **aA** Meyer-Goßner GVG § 177 Rn 10). Sie darf nach ihrem Sinn und Zweck (in Abgrenzung zu § 178 GVG) unabhängig von der genannten 24-Stunden-Grenze höchstens bis zum Ende der Sitzung dauern und insbesondere nicht nachträglich angeordnet werden (Meyer-Goßner GVG § 177 Rn 10; KK-StPO/Diemer GVG § 177 Rn 1). Sie kann zwar unter Überschreitung einer Gesamtdauer von 24 Stunden auch wiederholt angeordnet werden, bei nach mehrmaliger Wiederholung sicher abzusehenden Störungen sollten jedoch vorrangig Maßnahmen auf Grundlage des Hausrechts (§ 176 GVG Rn 2) und § 176 ergriffen werden (zB Verbot, Gerichtsgebäude und Sitzungssaal während der Durchführung der Hauptverhandlung zu betreten, vgl KK-StPO/Diemer GVG § 177 Rn 4; Meyer-Goßner GVG § 177 Rn 12). Vollstreckte Ordnungshaft ist gem § 178 Abs 3 GVG auf eine wegen derselben Tat später verhängte Strafe anzurechnen.

C. Zuständigkeit

Der Vorsitzende alleine entscheidet bei den „bei der Verhandlung nicht beteiligten Personen" (Rn 3), ansonsten das Gericht. Es ist jedoch unschädlich, wenn anstatt des eigentlich zuständigen Vorsitzenden das Gericht entscheidet (§ 176 GVG Rn 17). 7

D. Rechtsbehelfe

Die unzulässige Entfernung des Angeklagten kann die Revision gem § 338 Nr 5 StPO begründen. 8

§ 178 [Ordnungsmittel wegen Ungebühr]

(1) ¹Gegen Parteien, Beschuldigte, Zeugen, Sachverständige oder bei der Verhandlung nicht beteiligte Personen, die sich in der Sitzung einer Ungebühr schuldig machen, kann vorbehaltlich der strafgerichtlichen Verfolgung ein Ordnungsgeld bis zu eintausend Euro oder Ordnungshaft bis zu einer Woche festgesetzt und sofort vollstreckt werden. ²Bei der Festsetzung von Ordnungsgeld ist zugleich für den Fall, daß dieses nicht beigetrieben werden kann, zu bestimmen, in welchem Maße Ordnungshaft an seine Stelle tritt.

(2) Über die Festsetzung von Ordnungsmitteln entscheidet gegenüber Personen, die bei der Verhandlung nicht beteiligt sind, der Vorsitzende, in den übrigen Fällen das Gericht.

(3) Wird wegen derselben Tat später auf Strafe erkannt, so sind das Ordnungsgeld oder die Ordnungshaft auf die Strafe anzurechnen.

Überblick

Ordnungsmittel gem § 178 GVG sollen ebenso wie auf Grundlage der § 175 Abs 1 GVG, §§ 176 GVG f erfolgenden Maßnahmen einen geordneten, der Sachlichkeit des gerichtlichen Verhandlung gewährleistenden Verfahrensablauf sicherstellen (BVerfG NJW 2007, 2840). Dies wird im Rahmen des § 178 GVG jedoch nicht durch unmittelbar wirksame Zwangsmaßnahmen, sondern mittelbar durch die Sanktionierung von Verhaltensweisen bewirkt. Es ist mit Art 6 Abs 1 EMRK vereinbar, dass das Gericht (ggf auch) in eigener Sache entscheidet (Kissel NJW 2007, 1009 zu EGMR NJW 2006, 2901). Der erfasste Personenkreis sowie der zeitliche und räumliche Anwendungsbereich entspricht §§ 176 GVG f (§ 176 GVG Rn 3, § 177 GVG Rn 2; fraglich ist die Anwendbarkeit auf Erziehungsberechtigte und gesetzliche Vertreter im Jugendverfahren, OLG Dresden BeckRS 2009, 28402).

Übersicht

	Rn		Rn
A. Ungebühr	1	C. Verfahren	5
I. Beispiele für Ungebühr	2	I. Zuständigkeit	5
II. Beispiele für nicht vorliegende Ungebühr	3	II. Antrag, Anhörung	6
		III. Festsetzung	8
B. Verschulden	4	IV. Zeitpunkt, Bekanntmachung	12

A. Ungebühr

Ungebühr ist ein Verhalten, das geeignet ist, die Rechtspflegeaufgabe des Gerichts zu verletzen und die Ordnung der Gerichtsverhandlung zu stören (BVerfG NJW 2007, 2839, 2840; ähnlich Meyer-Goßner GVG § 178 Rn 2). 1

Bei der Beurteilung von Verhaltensweisen ist zu berücksichtigen, ob und ggf wie Personen durch das gerichtliche Verfahren betroffen sind. Bei **Äußerungen Verfahrensbeteiligter** ist genau zu prüfen, ob diese nach Zeitpunkt, Inhalt oder Form den ordnungsgemäßen Verfahrensablauf in nicht unerheblichem Ausmaß stören und die Sanktion dem Anlass angemessen ist. Insbesondere bei Spontanreaktionen auf (aus deren Sicht beanstandungswürdiges) Fehlverhalten des Gerichts oder eines anderen Verfahrensbeteiligten kann eine Sanktion (bei nicht besonders schwerwiegenden Verstößen jedenfalls ohne vorherige Ermahnung) unverhältnismäßig sein (BVerfG NJW 2007, 2839; VerfGH Berlin NJW-RR 2000, 1512; OLG Düsseldorf NStZ 1997, 370; OLG Hamm NStZ-RR 2001, 116; OLG Bremen NJW 1959, 952; Nr 129 Abs 1 S 4 RiStBV).

I. Beispiele für Ungebühr

2   Sitzenbleiben beim Eintritt des Gerichts trotz mehrfacher Aufforderung aufzustehen (OLG Koblenz NStZ 1984, 234, Nr 124 Abs 2 S 2 RiStBV), jedenfalls wenn nach dem Aufstehen dem Gericht der Rücken zugewendet wird (OLG Köln NJW 1985, 446); demonstratives Sitzenbleiben des Angeklagten während der Urteilsverkündung (OLG Stuttgart NJW 1969, 627), ebenso eines Zuhörers nach mehrfacher Ermahnung (OLG Hamm NJW 1975, 942), jedenfalls in Verbindung mit lautstarken Unmutsäußerungen über den Richter auch nach vorangehender Ermahnung und anderen Störungen (BGH NStZ 2001, 651). Äußerung des Angeklagten, wonach sein als Zeuge vernommener Bruder ein „Fettsack", das Gericht ein „Witz" sei (OLG Stuttgart Justiz 1991, 27). Bedrohung eines Zeugen durch den Angeklagten vor dem Sitzungssaal, er werde nicht mehr lange leben (OLG Stuttgart Justiz 1993, 147). Äußerung des Angeklagten an den Vorsitzenden: „Schnattern Sie doch nicht immer dazwischen!", „Wollen Sie mich verarschen?", „Sie sind nicht an der Wahrheit interessiert!" (VerfGH Berlin NJW-RR 2000, 1512) oder: „Faschistische Drecksau!" (OLG Düsseldorf NStZ 1988, 238). Ständiges Dazwischenreden trotz mehrfacher Ermahnung, um einen Belastungszeugen zu irritieren oder zu verunsichern und provokative Weigerung, eine Mütze abzunehmen (OLG Stuttgart Justiz 2007, 281). Ständiges Dazwischenreden durch früheren Verteidiger (OLG Köln BeckRS 2008, 04480). Äußerung eines Angaben verweigernden Zeugen nach mehrfacher Aufforderung und Ermahnung: „Ich lasse mich nicht anmachen." „Was sind Sie für ein Richter, ist hier eine Korruption im Gange." (OLG Düsseldorf VRS 80, 29). Gezielt lautes Zuschlagen der Türe beim Verlassen des Verhandlungssaales (OLG Zweibrücken NJW 2005, 612). Tragen einer löchrigen Hose, um zu provozieren (KG BeckRS 2008, 03121).

II. Beispiele für nicht vorliegende Ungebühr

3   Zeuge verlässt nach wiederholter Vernehmung den Gerichtssaal mit der Bemerkung „Unverschämtheit", hat jedoch zuvor auch unangenehme Fragen anstandslos beantwortet und sich umgehend entschuldigt (OLG Düsseldorf NStZ-RR 1997, 370). Nicht aufstehende Verfahrensbeteiligte bei Vernehmungen und Abgabe von Erklärungen (OLG Stuttgart NStZ 1986, 33, Nr 124 Abs 2 S 3 RiStBV). Betrunken vor Gericht erscheinender Zeuge (OLG Stuttgart MDR 1989, 763: Entscheidung gem § 51 StPO vorrangig; **aA** OLG Düsseldorf NJW 1989, 241; Meyer-Goßner GVG § 178 Rn 3). Lutschen eines Hustenbonbons durch einen erkälteten Zeugen (OLG Schleswig NStZ 1994, 199). Äußerung nach Anregung, den Einspruch zurückzunehmen: „Ich habe hier auf dem Bauch zu liegen und Ja und Amen zu sagen." sowie „Es ist ein schöner Tag für Sie heute." (OLG Hamm NStZ-RR 2001, 116). Verlassen des Sitzungssaales vor der mündlichen Urteilsbegründung (OLG Köln NStZ 2007, 181). Erscheinen des Angeklagten in kurzer weißer, schmutziger Hose und kurzärmeligem Hemd (**aA** OLG Düsseldorf NJW 1986, 1505), Arbeitskleidung (OLG Hamm NJW 1969, 1919) oder auffälliger Haartracht (OLG München NJW 1966, 1935).

B. Verschulden

4   Das für die Verhängung eines Ordnungsmittels vorausgesetzte Verhalten muss schuldhaft, dh vorsätzlich sein (Meyer-Goßner GVG § 178 Rn 4; offen KK-StPO/Diemer GVG § 178 Rn 5). Absicht ist nicht erforderlich, aber für Art und Höhe der Sanktion von Bedeutung (OLG Düsseldorf NJW 1989, 241). An einem vorsätzlichen Verhalten kann es unter den

Voraussetzungen des § 20 StGB fehlen, zB im Zustand eines hochgradigen Affekts. Auch gegen Jugendliche kann ein Ordnungsmittel verhängt werden (Meyer-Goßner StPO § 51 Rn 15; Eisenberg JGG § 1 Rn 22, Eisenberg JGG § 2 Rn 19; diese sind dann selbst beschwerdebefugt, OLG Neustadt NJW 1961, 885), nicht jedoch gegen Kinder (Eisenberg JGG § 1 Rn 22; Meyer-Goßner StPO § 51 Rn 15).

C. Verfahren

I. Zuständigkeit

Hinsichtlich der bei der Verhandlung nicht beteiligten Personen entscheidet der Vorsitzende, ansonsten das Gericht (Abs 2). An dieser Zuständigkeit ändert sich nichts dadurch, dass die entscheidenden Personen (auch zB bei Beleidigungen) selbst betroffen sind (KK-StPO/Diemer GVG § 178 Rn 7). 5

II. Antrag, Anhörung

Die Entscheidung ergeht von Amts wegen. Die Verfahrensbeteiligten haben kein Antragsrecht, sie können die Festsetzung eines Ordnungsmittels nur anregen (für den Staatsanwalt Nr 128 Abs 1 RiStBV). Der Sitzungsvertreter der Staatsanwaltschaft muss nicht gehört werden, üblicherweise wird ihm jedoch Gelegenheit zur Stellungnahme gegeben. 6

Der betroffenen Person ist grds **rechtliches Gehör** zu gewähren. Dies kann auch noch nach Festsetzung des Ordnungsmittels während der Sitzung erfolgen (OLG Stuttgart Justiz 1991, 27; Justiz 1993, 147). Von der Anhörung kann nur bei Unzumutbarkeit (erwartete neue Störung im Rahmen der Anhörung oder offensichtlich schwere Verstöße), vorheriger Androhung oder offensichtlicher Sinnlosigkeit abgesehen werden (OLG Düsseldorf NStZ 1988, 238; VRS 80, 29; OLG Hamm NStZ-RR 2001, 116; OLG Brandenburg NJW 2004, 451; OLG Düsseldorf NJW 1989, 241; OLG Köln BeckRS 2008, 04480; KG BeckRS 2008, 03121). Kein rechtliches Gehör muss gewährt werden, wenn sich der Betroffene bereits entfernt hat (OLG Stuttgart NJW 1969, 227; OLG Zweibrücken NJW 2005, 611). Alleine durch einen Aushang im Gerichtssaal, der auf die Unzulässigkeit eines bestimmten Verhaltens hinweist und für den Fall der Zuwiderhandlung ein Ordnungsgeld ankündigt („Vor Betreten des Saales sind Handys abzuschalten! Bei Zuwiderhandlung droht Ordnungsgeld!"), wird die Anhörung nicht entbehrlich (OLG Brandenburg NJW 2004, 451). Ist für den Betroffenen ein Rechtsanwalt als Verteidiger, Vertreter oder Beistand anwesend, ist zusätzlich dieser zu hören 7

III. Festsetzung

Ordnungsmittel werden nach pflichtgemäßem Ermessen festgesetzt. Es ist zu prüfen und zu begründen, dass es über eine Ermahnung hinaus einer Sanktionierung bedarf. Insbesondere bei Verfahrensbeteiligten sind die wesentlichen Begleitumstände in eine umfassende Abwägung einzubeziehen, speziell eine vorherige Androhung und Ermahnung (vgl BVerfG NJW 2007, 2839; VerfGH Berlin NJW-RR 2000, 1512; OLG Düsseldorf NStZ 1997, 370; OLG Hamm NStZ-RR 2001, 116; OLG Köln NStZ 2007, 181). Dies ist bei der Protokollierung zu berücksichtigen (§ 182 GVG Rn 2). 8

Wiederholtes Fehlverhalten ist als eine Ungebühr zu sanktionieren, wobei der Wiederholung bei der Bestimmung der Sanktionsart und -höhe Bedeutung zukommt. Bei neuer Ungebühr nach Festsetzung eines Ordnungsmittels kann ein solches wiederholt verhängt werden (OLG Bremen NJW 1956, 113). 9

Das **Ordnungsgeld** beträgt mindestens 5, höchstens 1.000 Euro (Abs 1 S 1, Art 6 Abs 1 S 1 EGStGB). Mit diesem ist (Abs 1 S 2 entgegen Art 8 Abs 1 S 1 EGStGB) zugleich festzusetzen, welche Ordnungshaft an seine Stelle tritt, falls es nicht beigetrieben werden kann (gegen die spätere Umwandlung ist die Beschwerde statthaft, OLG Celle NStZ-RR 1998, 210). Art 7 EGStGB ermöglicht Zahlungserleichterungen bei der Festsetzung oder im Vollstreckungsverfahren. 10

Die **Ordnungshaft** ist in Tagen zu bemessen, sie beträgt mindestens einen Tag, höchstens eine Woche (Abs 1 S 1, Art 6 Abs 2 EGStGB). 11

IV. Zeitpunkt, Bekanntmachung

12   Die Entscheidung ist während („in") der Sitzung zu erlassen (OLG Saarbrücken NJW 1961, 890; OLG Stuttgart NStZ 1991, 297; OLG Nürnberg NStZ-RR 2006, 308; OLG Hamm NStZ-RR 2001, 116; OLG Düsseldorf StraFo 2000, 412; OLG Dresden BeckRS 2009, 28402; nach OLG Stuttgart NJW 1969, 628 bei einer mehrtägigen Sitzung sogar am selben Sitzungstag). Die Feststellung der Personalien und die Ankündigung eines Ordnungsmittelbeschlusses während der Sitzung genügen nicht (OLG Hamburg NJW 1999, 2607). Sie ist unter gleichzeitiger Belehrung über die Anfechtbarkeit gem § 181 bekannt zu machen, einem Abwesenden durch Zustellung (§ 35 StPO, § 35 a StPO).

§ 179 [Vollstreckung der Ordnungsmittel]

Die Vollstreckung der vorstehend bezeichneten Ordnungsmittel hat der Vorsitzende unmittelbar zu veranlassen.

1   Gem § 179 GVG, § 36 Abs 2 S 2 StPO ist der Vorsitzende zuständig. Die Vollstreckung ist jedoch dem Rechtspfleger übertragen, soweit sich nicht der Richter diese ganz oder teilweise vorbehält (§ 31 Abs 3 RPflG).

2   Zu beachten sind Art 9 Abs 2 EGStGB (Vollstreckungsverjährung), Art 7 EGStGB (nachträgliche Zahlungserleichterungen) und Art 8 Abs 2 EGStGB (Vollstreckung der ersatzweisen Ordnungshaft unterbleibt, wenn die Vollstreckung eine unbillige Härte wäre). Eine Beschwerde hat nur im Anwendungsbereich des § 180 GVG aufschiebende Wirkung (§ 181 Abs 2 GVG). Beschwerden gegen Maßnahmen nach § 178 Abs 1 S 1 Alt 2 GVG sind jedoch wie Haftsachen mit besonderer Beschleunigung zu bearbeiten (BGH NStZ 2001, 651).

§ 180 [Befugnisse außerhalb der Sitzung]

Die in den §§ 176 bis 179 bezeichneten Befugnisse stehen auch einem einzelnen Richter bei der Vornahme von Amtshandlungen außerhalb der Sitzung zu.

1   § 180 GVG erweitert den Anwendungsbereich der §§ 176 GVG ff. Die Vorschrift setzt eine spezifisch richterliche Tätigkeit voraus, die eine der Sitzung vergleichbare Bedeutung hat (zB des Ermittlungsrichters und des beauftragten oder ersuchten Richters).

2   Die Anwendung des § 164 StPO wird durch § 180 GVG nicht ausgeschlossen (Meyer-Goßner GVG § 180 Rn 1; KK-StPO/Wache StPO § 164 Rn 1; KK-StPO/Diemer GVG § 180 Rn 2).

§ 181 [Beschwerde gegen Ordnungsmittel]

(1) Ist in den Fällen der §§ 178, 180 ein Ordnungsmittel festgesetzt, so kann gegen die Entscheidung binnen der Frist von einer Woche nach ihrer Bekanntmachung Beschwerde eingelegt werden, sofern sie nicht von dem Bundesgerichtshof oder einem Oberlandesgericht getroffen ist.

(2) Die Beschwerde hat in dem Falle des § 178 keine aufschiebende Wirkung, in dem Falle des § 180 aufschiebende Wirkung.

(3) Über die Beschwerde entscheidet das Oberlandesgericht.

Überblick

Es handelt sich um einen speziell geregelten Fall der sofortigen Beschwerde (ganz hM, offen jedoch BGH NStZ 2001, 651).

A. Anfechtbare Entscheidungen

Mit der Beschwerde anfechtbar sind ausschließlich Entscheidungen, die auf Grundlage der § 178 GVG, § 180 GVG ergangen sind. Nicht angefochten werden können alle Maßnahmen, die gem § 175 Abs 1 GVG, § 176 GVG f angeordnet und vollzogen wurden (KK-StPO/Diemer GVG § 181 Rn 2; vgl weiter Meyer-Goßner GVG § 181 Rn 5; **aA** OLG Hamm NZV 2003, 49 für den Fall der Entfernung des Verteidigers aus dem Sitzungssaal). Ebenfalls ausgenommen von der Anfechtbarkeit sind gem Abs 1 Entscheidungen eines OLG oder des BGH (BGH NStZ 1998, 364), auch diejenigen der Ermittlungsrichter (KK-StPO/Diemer GVG § 181 Rn 4; **aA** für Ordnungshaft unter Hinweis auf § 304 Abs 5 StPO Meyer-Goßner GVG § 181 Rn 5). 1

B. Beschwerdeberechtigung

Der Beschluss kann von der Person angefochten werden, gegen die das Ordnungsmittel festgesetzt wurde, darüber hinaus auch von der Staatsanwaltschaft (OLG Stuttgart NStZ 1991, 297; **aA** KK-StPO/Diemer GVG § 181 Rn 2; Meyer-Goßner GVG § 181 Rn 5). Ein Jugendlicher ist selbst beschwerdebefugt, wenn ein Ordnungsmittel gegen ihn verhängt wurde (OLG Neustadt NJW 1961, 885). Die (gem § 179 GVG regelmäßig zeitnah erfolgende) Vollstreckung des Ordnungsmittels macht die Beschwerde nicht unzulässig (BGH NStZ 2001, 651; OLG Hamm NZV 2003, 49). 2

Die Nichtverhängung eines Ordnungsmittels kann nicht angefochten werden, da den Verfahrensbeteiligten insoweit kein Antragsrecht zusteht und sie nur Anregungen machen können (Meyer-Goßner GVG § 181 Rn 5, § 178 GVG Rn 7). 3

C. Frist

Die Frist beginnt mit der Verkündung des Beschlusses in der Sitzung, bei einem abwesenden Betroffenen mit der Zustellung (OLG Köln NStZ 2007, 181). Wiedereinsetzung in den vorigen Stand ist insbes bei unterlassener, verspäteter oder falscher Rechtsmittelbelehrung zu gewähren (vgl OLG Hamm NJW 1963, 1791; OLG Stuttgart NStZ 1991, 297; OLG Düsseldorf StraFo 2000, 412; OLG Hamburg NJW 1999, 2607). 4

D. Einlegung, Abhilfe

Für die Einlegung der Beschwerde gilt § 306 Abs 1 StPO, deren Eingang beim OLG wahrt die Frist daher nicht (OLG Hamburg NJW 1999, 2607; **aA** KK-StPO/Diemer GVG § 181 Rn 1). Eine entsprechende Erklärung des Betroffenen noch während der Sitzung ist nicht zu Protokoll zu nehmen, eine entsprechende Protokollierung führt jedoch zu einer wirksamen Einlegung (Meyer-Goßner Einl Rn 137). 5

Eine Abänderung der Entscheidung durch die Ausgangsinstanz ist grds nicht möglich (offen BGH NStZ 2001, 651), § 311 Abs 3 S 2 StPO gilt jedoch (OLG Stuttgart Justiz 1991, 27). 6

E. Zuständigkeit

Über die Beschwerde entscheidet immer das OLG, § 181 Abs 3 GVG (Besetzung gem § 122 Abs 1 GVG, zur Anwendung des § 80 a Abs 1 OWiG vgl OLG Köln NStZ 2007, 181). 7

F. Aufschiebende Wirkung

Die Einlegung der Beschwerde hat nur in Fällen des § 180 GVG aufschiebende Wirkung (Abs 2), das OLG kann die Vollziehung jedoch gem § 307 Abs 2 StPO aussetzen (BGH NStZ 2001, 651; zum Prüfungs- und Entscheidungsmaßstab OLG Frankfurt NJW 1976, 303; OLG Karlsruhe NJW 1976, 2274). 8

G. Entscheidung

9 Das Beschwerdegericht prüft neben der Rechtmäßigkeit der Entscheidung auch die Angemessenheit eines festgesetzten Ordnungsmittels. Es kann daher die angefochtene Entscheidung nicht nur bestätigen oder aufheben, sondern das Ordnungsmittel auch abmildern (nicht jedoch verschärfen, Meyer-Goßner GVG § 181 Rn 6; OLG Neustadt NJW 1962, 602 hält auch das Absehen von einer Sanktionierung für zulässig, was im Gegensatz zur Aufhebung wohl nur für die Kostenentscheidung relevant werden könnte). Eine Aufhebung und Zurückverweisung scheidet schon deshalb aus, weil Ordnungsmittel nach Ende der Sitzung nicht mehr festgesetzt werden können (§ 178 GVG Rn 12).

10 Mangels Regelung im GKG werden Kosten nicht erhoben, daher ergeht auch keine Kostenentscheidung (OLG Düsseldorf NStZ-RR 1998, 370; OLG Brandenburg NJW 2004, 451). Entsprechend § 467 Abs 1 StPO kann jedoch die Erstattung der notwendigen Auslagen des Beschwerdeführers angeordnet werden (OLG Stuttgart NStZ 1991, 297; OLG Brandenburg NJW 2004, 451; OLG Köln NStZ 2007, 181; OLG Düsseldorf StraFo 2000, 412; OLG München NJW 1966, 1935; vgl auch OLG Neustadt NJW 1962, 602 zum Absehen von einer Sanktionierung), nicht jedoch umgekehrt zugunsten der Staatskasse (vgl aber OLG Neustadt NJW 1961, 885; OLG Düsseldorf NStZ 1988, 238; VRS 80, 29; OLG Stuttgart Justiz 1991, 27; OLG Zweibrücken NJW 2005, 611; Verwerfung der Beschwerde „auf Kosten des Beschwerdeführers" oder „kostenpflichtig").

11 Auch bei bereits vollzogener Ordnungshaft ist im Fall der Aufhebung das StrEG nicht anwendbar (OLG Frankfurt NJW 1976, 303).

§ 182 [Protokollierung]

Ist ein Ordnungsmittel wegen Ungebühr festgesetzt oder eine Person zur Ordnungshaft abgeführt oder eine bei der Verhandlung beteiligte Person entfernt worden, so ist der Beschluß des Gerichts und dessen Veranlassung in das Protokoll aufzunehmen.

1 Durch § 182 GVG wird § 273 StPO im Bereich des Festsetzungs- und Beschwerdeverfahrens verdrängt. Die Protokollierungspflicht gilt für die Festsetzung von Ordnungsmitteln gem § 178 GVG sowie die Anordnung von Ordnungshaft und die Entfernung von bei der Verhandlung beteiligten Personen gem § 177 GVG (also nicht für die Entfernung von nicht bei der Verhandlung beteiligten Personen).

2 Die Protokollierung soll dem Beschwerdegericht die Überprüfung ermöglichen, ob die Voraussetzungen des § 178 GVG vorliegen und ob die verhängte Sanktion angemessen ist (§ 178 GVG Rn 1, § 181 GVG Rn 9). Die Entfernung von an der Verhandlung beteiligten Personen, insbes des Angeklagten, kann darüber hinaus im Rahmen des Revisionsverfahrens von Bedeutung sein (insoweit gilt jedoch § 273 StPO). Neben dem Ordnungsmittelbeschluss ist im Rahmen der Veranlassung auch dessen „wesentliche Vorgeschichte" zu protokollieren, da die wesentlichen Begleitumstände (insbesondere vorangehende, noch sanktionslos gebliebene Ordnungsverstöße, Ermahnungen und Androhungen von Ordnungsmitteln und die Gewährung rechtlichen Gehörs) von entscheidender Bedeutung sind (§ 178 GVG Rn 8; vgl BVerfG NJW 2007, 2839; OLG Köln NStZ 2007, 181; OLG Stuttgart NStZ 1991, 297; Justiz 1979, 347; Justiz 1993, 147; OLG Düsseldorf StraFo 2000, 412; OLG Zweibrücken NJW 2005, 612). Entbehrlich ist eine Protokollierung nur, wenn der relevante Vorgang nicht Gegenstand eigener Wahrnehmung in der Sitzung sein kann, wie zB bei der Bedrohung eines Zeugen vor dem Sitzungssaal (OLG Stuttgart Justiz 1993, 147). In diesem Fall ist jedoch festzuhalten, welche Feststellungen über den Vorfall getroffen wurden (zB Angaben anwesender Personen).

3 Eine Aufklärung des Sachverhaltes durch das Beschwerdegericht in Abweichung vom oder über den Protokollinhalt hinaus ist grds ausgeschlossen (OLG Stuttgart NJW 1969, 627; OLG Hamm NJW 1969, 1919; OLG Zweibrücken NJW 2005, 611). Die Begründung des Beschlusses kann die Protokollierung des vorangegangenen Geschehens grds nicht ersetzen (Ausnahme: unstreitiger Sachverhalt und auch sonst ausreichende Beurteilungsmöglichkeit),

auch nicht Vermerke oder dienstliche Erklärungen (OLG Hamm NJW 1963; 1791; OLG Stuttgart Justiz 1979, 347; BVerfG NJW 2007, 2839; Meyer-Goßner GVG § 182 Rn 1). Umgekehrt soll jedoch bei fehlender oder mangelhafter Begründung des Beschlusses auf das Protokoll zurückgegriffen werden können, wenn die dortige Schilderung eine ausreichende Beurteilung erlaubt (OLG Köln NStZ 2007, 181; OLG Düsseldorf NStZ 1988, 238; VRS 80, 29; OLG Stuttgart Justiz 1991, 27; OLG Hamm NStZ-RR 2009, 183). Das erscheint jedoch zweifelhaft, weil allein das Protokoll eine sachgerechte Ermessensausübung wohl kaum zum Ausdruck bringen wird (§ 178 GVG Rn 8).

§ 183 [Straftaten in der Sitzung]

¹Wird eine Straftat in der Sitzung begangen, so hat das Gericht den Tatbestand festzustellen und der zuständigen Behörde das darüber aufgenommene Protokoll mitzuteilen. ²In geeigneten Fällen ist die vorläufige Festnahme des Täters zu verfügen.

Das Gericht ist verpflichtet, jede in der Sitzung (§ 176 GVG Rn 1) begangene Straftat 1 festzustellen, zu protokollieren und der zuständigen Staatsanwaltschaft mitzuteilen (zweckmäßig ist idR die Übersendung der Verfahrensakten). Insbesondere bei Falschaussagen ist auch § 273 Abs 3 StPO zu beachten (vgl Nr 136 RiStBV, Nr 144 Abs 2 S 2 RiStBV). Im Anwendungsbereich des § 180 GVG und bei Ordnungswidrigkeiten ergibt sich die Feststellungspflicht aus dem Gesichtspunkt der Amtshilfe (Meyer-Goßner GVG § 183 Rn 3).

Rechtsgrundlage für eine Festnahme ist nicht S 2, sondern § 127 StPO. In strafgericht- 2 lichen Hauptverhandlungen sollte die Festnahme jedoch durch den anwesenden Staatsanwalt veranlasst werden (Nr 136 S 2 RiStBV).

Fünfzehnter Titel. Gerichtssprache (§§ 184-191 a)

§ 184 [Deutsche Sprache]

¹Die Gerichtssprache ist deutsch. ²Das Recht der Sorben, in den Heimatkreisen der sorbischen Bevölkerung vor Gericht sorbisch zu sprechen, ist gewährleistet.

Die zwingende Bestimmung der deutschen Schriftsprache als Gerichtssprache umfasst 1 sämtliche Bereiche der richterlichen Tätigkeit, insbesondere mündliche Verhandlungen sowie vom Gericht stammende und an dieses gerichtete Schriftstücke (BGH NStZ 1981, 487). Den Sorben wird durch S 2 eine räumlich beschränkte Sonderstellung eingeräumt. Ergänzt wird § 184 GVG durch § 186 GVG, § 188 GVG, § 191 a GVG und durch § 66 StPO.

Mündliche Verhandlungen werden ausschließlich in deutscher Sprache geführt. Die 2 Beteiligten können sich deutscher Mundarten bedienen, soweit die Verständigung und Verständlichkeit dadurch nicht beeinträchtigt wird. Verständigungsschwierigkeiten wird durch Zuziehung eines Dolmetschers begegnet (§§ 185 GVG ff).

Vom Gericht stammende Schriftstücke werden in deutscher Sprache abgefasst. Ein der 3 deutschen Sprache nicht (ausreichend) mächtiger Angeschuldigter/Angeklagter muss jedoch zur Gewährung eines rechtsstaatlichen, fairen Verfahrens in der Lage sein, den Ablauf des Verfahrens verstehen und nachvollziehen zu können. Daher werden ihm zumindest Schriftstücke, die wesentliche Verfahrensvorgänge betreffen, mit der Übersetzung in eine ihm bekannte Sprache übermittelt oder in der Verhandlung übersetzt (§ 187 GVG; Nr 181 Abs 2 RiStBV; vgl Meyer-Goßner MRK Art 6 Rn 18, 20 ff). Mangelnde Kenntnisse der deutschen Sprache können in verschiedenen Zusammenhängen bei der Beurteilung des Verschuldens bei Verhalten im Verfahren Bedeutung erlangen (BayObLG NStZ 1996, 248 zur Berufungsverwerfung bei Nichterscheinen; OLG Hamburg NStZ 2005, 527 zum Erlass eines Haftbefehls gem § 230 Abs 2 StPO; OLG Düsseldorf NStZ-RR 1999, 364 zur Wiedereinsetzung).

An das Gericht gerichtete Schriftstücke sind in deutscher Sprache abzufassen, Schrei- 4 ben in anderen Sprachen werden nicht beachtet (OLG Düsseldorf NStZ-RR 1999, 364 bzgl

Beschwerde gegen Widerrufsbeschluss; AG Zittau NStZ 2002, 498 bzgl Zustellungsvollmacht; OLG Stuttgart NStZ 2007, 664: teilweise fremdsprachiger Vortrag in einem Klageerzwingungsantrag macht diesen unzulässig). Dies gilt auch, wenn der Adressat im Einzelfall die ausländische Sprache versteht (BGH NStZ 1981, 487; NStZ 1988, 566; OLG Düsseldorf NStZ-RR 1999, 364). Darauf ist im Rahmen einer Rechtsmittelbelehrung hinzuweisen. Fremdsprachige Teile eines Schreibens schaden jedoch nicht, wenn ein Teil hinreichend verständlich ist und die Formvorschriften erfüllt (OLG Düsseldorf NStZ-RR 2000, 215: Berufungseinlegung durch korrekte Angabe des Aktenzeichens und der Personalien mit dem Klammerzusatz „(beROFUN)"). Das Gericht ist nicht verpflichtet, selbst eine Übersetzung anfertigen zu lassen (BGH NStZ 1981, 487). Mit Eingang einer dennoch richterlich angeordneten Übersetzung soll jedoch eine Rechtsmittelrücknahme wirksam werden (BGH NStZ 2000, 553). Die Fürsorgepflicht kann es gebieten, den Absender auf die Rechtslage hinzuweisen und zur Einreichung einer Übersetzung aufzufordern (BVerfG NVwZ-RR 1996, 120). Ggf ist dann Wiedereinsetzung zu gewähren (OLG Düsseldorf NStZ-RR 1999, 364; KK-StPO/Diemer GVG § 184 Rn 2; **aA** OLG Frankfurt NJW 1980, 1173: Verwerfung eines Rechtsbehelfs als unzulässig erst, wenn Übersetzung trotz Aufforderung nicht nachgereicht wird).

5   Im **Rechtshilfeverkehr mit dem Ausland** sind die jeweils einschlägigen Vorschriften und Gepflogenheiten zu beachten. Nur die in deutscher Sprache abgefasste Urschrift eines ausgehenden Rechtshilfeersuchens ist zu unterschreiben (BHG NStZ 1984, 2050). Eingehende Rechtshilfeersuchen und Antworten auf deutsche Rechtshilfeersuchen, die in ausländischen Sprachen abgefasst sind, werden übersetzt.

§ 185 [Dolmetscher]

(1) ¹Wird unter Beteiligung von Personen verhandelt, die der deutschen Sprache nicht mächtig sind, so ist ein Dolmetscher zuzuziehen. ²Ein Nebenprotokoll in der fremden Sprache wird nicht geführt; jedoch sollen Aussagen und Erklärungen in fremder Sprache, wenn und soweit der Richter dies mit Rücksicht auf die Wichtigkeit der Sache für erforderlich erachtet, auch in der fremden Sprache in das Protokoll oder in eine Anlage niedergeschrieben werden. ³In den dazu geeigneten Fällen soll dem Protokoll eine durch den Dolmetscher zu beglaubigende Übersetzung beigefügt werden.

(2) Die Zuziehung eines Dolmetschers kann unterbleiben, wenn die beteiligten Personen sämtlich der fremden Sprache mächtig sind.

(3) In Familiensachen und in Angelegenheiten der freiwilligen Gerichtsbarkeit bedarf es der Zuziehung eines Dolmetschers nicht, wenn der Richter der Sprache, in der sich die beteiligten Personen erklären, mächtig ist.

A. Anwendungsbereich

1   § 185 GVG gilt über die Hauptverhandlung hinaus für das gesamte gerichtliche Verfahren.

I. Dolmetscher, Sachverständiger

2   Der **Dolmetscher** übersetzt die Äußerungen der Verfahrensbeteiligten während der Verhandlung in eine dem Beteiligten, der der deutschen Sprache nicht mächtig ist, verständliche Sprache und umgekehrt. Bei einer darüber hinausgehenden Übersetzung von außerhalb der Verhandlung abgegebenen Äußerungen oder von Urkunden wird er als **Sachverständiger** tätig; eine Belehrung als solcher und eine Entscheidung über seine Vereidigung hat dann gesondert zu erfolgen (BGH NJW 1965, 643; NStZ 1985, 466; NStZ 1998, 158; § 189 GVG Rn 2).

3   Gegen einen ordnungsgemäß geladenen, aber nicht erschienenen Dolmetscher kann kein Ordnungsgeld verhängt werden (OLG Stuttgart Justiz 2003, 449; LG Nürnberg-Fürth MDR 1978, 508; Wittschier NJW 1985, 2873). Die dadurch entstandenen Verfahrenskosten können ihm jedoch bei entsprechendem Hinweis in der Ladung auferlegt werden (LG Nürn-

berg-Fürth MDR 1978, 508; AG Tiergarten StV 1987, 13; **aA** Wittschier NJW 1985, 2873; offen OLG Stuttgart Justiz 2003, 449).

II. Umfang der Beiziehung

Das Gericht entscheidet nach **pflichtgemäßem Ermessen**, ob die Sprachkenntnisse der Beteiligten die Zuziehung eines Dolmetschers erforderlich machen (BGH NStZ-RR 2004, 214). Es entscheidet ebenfalls nach pflichtgemäßem Ermessen, in welchem **Umfang** zu übersetzen ist, wenn die betroffene Person teilweise der deutschen Sprache mächtig ist (BGH NJW 1953, 114; NStZ 1984, 328; NStZ 1989, 271; NStZ 2002, 275; OLG Stuttgart NJW 2006, 3797). Die Übersetzung muss alle Äußerungen der nicht der deutschen Sprache mächtigen Person den übrigen Verfahrensbeteiligten verständlich machen. Umgekehrt muss diese alle wesentlichen Vorgänge und Äußerungen nachvollziehen können. Durch § 259 StPO erfolgt eine weitere Einschränkung für den Schlussvortrag. 4

Die Zuziehung eines Dolmetschers wird nicht dadurch entbehrlich, dass eine andere ausreichend sprachkundige Person zwischen den Beteiligten vermitteln kann (BGH NJW 1952, 1310). Die Anwendung des **Abs 2** setzt voraus, dass alle anwesenden Verfahrensbeteiligten zur Verständigung in der fremden Sprache in der Lage sind, weshalb diese Vorschrift in einer Hauptverhandlung kaum zur Anwendung kommen dürfte. Bei einer Verhandlung außerhalb der Hauptverhandlung (zB einer richterlichen Vernehmung im Ermittlungsverfahren) ist zu beachten, dass neben der Verständigung der anwesenden Beteiligten auch die Protokollierung gewährleistet sein muss (Abs 1 S 2 und 3, Rn 7). Dagegen ergeben sich aus § 169 GVG, § 184 GVG keine (zusätzlichen) Beschränkungen (so aber KK-StPO/Diemer GVG § 185 Rn 5). Die Vorschrift hätte sonst keinen erkennbaren Anwendungsbereich, es handelt sich insoweit um die vom Gesetz gewollten Konsequenzen: Die Ausnahme von § 184 sieht das Gesetz in unmittelbarem systematischen Zusammenhang ausdrücklich vor und § 169 gewährleistet nicht, dass Zuhörer den Einzelheiten der Verhandlung folgen können (§ 169 GVG Rn 7). 5

Der **Anspruch** auf Beiziehung eines Dolmetschers ergibt sich aus § 187 GVG, Art 6 Abs 3 Buchst e EMRK und Art 7 Abs 9 Buchst f NTS. 6

III. Protokollierung

Bei Mitwirkung eines Dolmetschers in der Hauptverhandlung ist im Rahmen der **Protokollierung** Abs 1 S 2 und 3 sowie § 272 Nr 2 StPO zu beachten. Danach ist die Anwesenheit des Dolmetschers festzuhalten. Es genügt die Erwähnung im Teilprotokoll des ersten Verhandlungstages, wenn an den folgenden Sitzungstagen nicht ein anderer Dolmetscher teilgenommen hat (BGH NStZ-RR 2000, 297). Es steht im Ermessen des Gerichts, ob und inwieweit Aussagen und Erklärungen in fremder Sprache sowie vom Dolmetscher zu beglaubigende Übersetzungen in das Protokoll oder als Anlagen dazu aufgenommen werden (Abs 1 S 2, 3). Die Vereidigung gem § 189 GVG ist als wesentliche Förmlichkeit ebenfalls in das Protokoll aufzunehmen (§ 189 GVG Rn 2). Die ggf gesondert erfolgende Vereidigung des in der Hauptverhandlung als Sachverständiger tätigen Übersetzers ist ebenfalls im Protokoll festzuhalten (Rn 2; § 189 GVG Rn 2). 7

B. Revision

Die Durchführung einer Hauptverhandlung ohne die gebotene Mitwirkung eines Dolmetschers begründet gem § 338 Nr 5 StPO die **Revision** (BayObLG NStZ-RR 2005, 178). Es kann nicht allgemein geltend gemacht werden, der Dolmetscher sei zu einer richtigen Übersetzung nicht in der Lage gewesen (BGH NStZ 1985, 376). Anders verhält es sich, wenn sich aus dem Verfahrensablauf und der unwidersprochenen Revisionsbegründung ergibt, dass der zunächst eingesetzte und dann ausgetauschte Dolmetscher nicht ausreichend geeignet war (BGH NStZ 2002, 275). In diesem Rahmen prüft das Revisionsgericht nur, ob die Grenzen des tatrichterlichen Ermessens eingehalten wurden (BGH NJW 1953, 114; NStZ 1984, 328; NStZ 1989, 271; NStZ-RR 2004, 214; OLG Stuttgart NJW 2006, 3797; vgl auch BGH NStZ 2003, 218). Bei teilweise der deutschen Sprache mächtigen Personen gehört der Dolmetscher nicht zu den Personen, die im Sinne des § 338 Nr 5 StPO für die gesamte Dauer der Hauptverhandlung anwesend sein müssen (BGH NJW 1953, 114; NStZ 2002, 275). 8

9   Wird der Dolmetscher auch als **Sachverständiger** tätig (Rn 2), ohne dass gesondert eine Belehrung und eine Entscheidung über die Vereidigung erfolgte, so kann ein Urteil darauf nicht beruhen, da die Belehrung nur den Sachverständigen schützt und der Dolmetschereid eine ausreichende Gewähr für die Richtigkeit der Übersetzung bietet (BGH NStZ 1998, 158).

§ 186 [Hör- oder sprachbehinderte Person]

(1) ¹Die Verständigung mit einer hör- oder sprachbehinderten Person in der Verhandlung erfolgt nach ihrer Wahl mündlich, schriftlich oder mit Hilfe einer die Verständigung ermöglichenden Person, die vom Gericht hinzuzuziehen ist. ²Für die mündliche und schriftliche Verständigung hat das Gericht die geeigneten technischen Hilfsmittel bereitzustellen. ³Die hör- oder sprachbehinderte Person ist auf ihr Wahlrecht hinzuweisen.

(2) Das Gericht kann eine schriftliche Verständigung verlangen oder die Hinzuziehung einer Person als Dolmetscher anordnen, wenn die hör- oder sprachbehinderte Person von ihrem Wahlrecht nach Absatz 1 keinen Gebrauch gemacht hat oder eine ausreichende Verständigung in der nach Absatz 1 gewählten Form nicht oder nur mit unverhältnismäßigem Aufwand möglich ist.

1   Der **Anwendungsbereich** des § 186 GVG erstreckt sich auf alle gerichtlichen Verhandlungen. Die in dieser Vorschrift zum Ausdruck kommenden Grundsätze sind jedoch auch im Ermittlungs- und Vollstreckungsverfahren zu beachten (KK-StPO/Diemer GVG § 186 Rn 1; Meyer-Goßner GVG § 186 Rn 1). Ergänzt wird § 186 GVG durch § 66 StPO. Bei blinden oder sehbehinderten Personen ist § 191 a GVG zu beachten. Im Falle der Beteiligung geistig behinderter Personen hat das Gericht die nach seinem pflichtgemäßen Ermessen für eine Verständigung mit den übrigen Verfahrensbeteiligten erforderlichen Maßnahmen zu ergreifen (BGH NJW 1997, 2335; KK-StPO/Diemer GVG § 186 Rn 1).

2   Hör- und/oder sprachbehinderte Personen sind darauf **hinzuweisen** (Abs 1 S 3), dass ihnen ein **Wahlrecht** zusteht, ob sie sich mündlich, schriftlich oder mit Hilfe einer übersetzenden Person mit dem Gericht und den übrigen Verfahrensbeteiligten verständigen wollen. Neben speziellen technischen Kommunikationsmitteln (Abs 1 S 2) ist ggf auch das für die Bedienung erforderliche Personal bereitzustellen (Meyer-Goßner GVG § 186 Rn 2; KK-StPO/Diemer GVG § 186 Rn 2).

3   Das Gericht kann die schriftliche Verständigung oder die Beiziehung eines Dolmetschers nur dann anordnen, wenn entweder die betroffene Person ihr Wahlrecht nicht ausübt oder die gewählte Art der Kommunikation eine für die Durchführung der Verhandlung ausreichende Verständigung nicht ermöglicht bzw einen unverhältnismäßigen Aufwand verursachen würde (Abs 2). Der Aufwand ist grds nicht alleine deshalb unverhältnismäßig, weil spezielle technische Mittel und Personal zur Verfügung gestellt werden müssten (Abs 1 S 2; KK-StPO/Diemer GVG § 186 Rn 2).

4   Das Gericht entscheidet darüber hinaus nach **pflichtgemäßem Ermessen**, ob und in welchem Umfang Maßnahmen zur Ermöglichung oder Unterstützung der Kommunikation ergriffen werden (Nr 21 RiStBV; Meyer-Goßner GVG § 186 Rn 5; KK-StPO/Diemer GVG § 186 Rn 3; vgl zur Hinzuziehung eines Dolmetschers bei Personen, die eingeschränkt die deutsche Sprache beherrschen § 185 GVG Rn 4), zB durch Körpersprache (BGH NJW 1960, 584). Statt oder neben speziell geschulten Dolmetschern kommt als Kommunikationsmittler daher auch jede andere Person in Betracht, deren Unterstützung eine ausreichende Verständigung gewährleistet. Über deren Vereidigung entscheidet das Gericht nach pflichtgemäßem Ermessen, § 189 GVG ist insoweit nicht anwendbar (BGH NJW 1997, 2335).

§ 187 [Dolmetscher für Beschuldigten oder Verurteilten]

(1) Das Gericht zieht für den Beschuldigten oder Verurteilten, der der deutschen Sprache nicht mächtig, hör- oder sprachbehindert ist, einen Dolmetscher oder Übersetzer heran, soweit dies zur Ausübung seiner strafprozessualen Rechte erforderlich ist.

(2) Absatz 1 gilt auch für die Personen, die nach § 395 der Strafprozessordnung zum Anschluss mit der Nebenklage berechtigt sind.

Nicht (ausreichend) der deutschen Sprache mächtige Beschuldigte (Angeschuldigte, Angeklagte) haben (in Übereinstimmung mit Art 6 Abs 3 Buchst a und e EMRK) Anspruch auf Unterstützung durch Dolmetscher bzw Übersetzer. Ebenso hör- und/oder sprachbehinderte Beteiligte sowie zur Nebenklage Berechtigte (eine Anschließung ist nicht erforderlich, Meyer-Goßner GVG § 187 Rn 1). Die Beteiligung von Dolmetschern bei gerichtlichen Verhandlungen ergibt sich bereits aus § 185 GVG. § 187 GVG hat danach Bedeutung für den Einsatz von Dolmetschern außerhalb gerichtlicher Verhandlungen und für die Übersetzung von verfahrensrelevanten Schriftstücken. Ergänzt wird die Vorschrift durch § 191 a GVG.

Vgl zum **Umfang** der dem Beschuldigten (Angeschuldigten, Angeklagten) zu gewährenden Unterstützung („soweit dies zur Ausübung seiner strafprozessualen Rechte erforderlich ist") Art 6 EMRK Rn 1 ff und Meyer-Goßner MRK Art 6 Rn 18, 23 ff. An diesem Maßstab orientiert sich die den hör- und/oder sprachbehinderten Beteiligten und zur Nebenklage Berechtigten zu gewährende Unterstützung (OLG Hamburg NJW 2005, 1135).

§ 188 [Eide Fremdsprachiger]

Personen, die der deutschen Sprache nicht mächtig sind, leisten Eide in der ihnen geläufigen Sprache.

§ 188 GVG ergänzt § 184 GVG und § 64 f StPO, § 79 Abs 2 StPO. Für hör- und/oder sprachbehinderte Beteiligte gilt § 66 StPO. Die Eidesformel wird in der Fremdsprache vorgesprochen, dies kann auch durch den Vorsitzenden selbst erfolgen (Meyer-Goßner GVG § 188 Rn 1). Der daraufhin gesprochene Eid wird nicht mehr in die deutsche Sprache übersetzt (Meyer-Goßner GVG § 188 Rn 1; KK-StPO/Diemer GVG § 188 Rn 1; **aA** KK-StPO/Senge StPO § 66 c Rn 3).

§ 189 [Dolmetschereid]

(1) ¹**Der Dolmetscher hat einen Eid dahin zu leisten:**
daß er treu und gewissenhaft übertragen werde.
²**Gibt der Dolmetscher an, daß er aus Glaubens- oder Gewissensgründen keinen Eid leisten wolle, so hat er eine Bekräftigung abzugeben.** ³**Diese Bekräftigung steht dem Eid gleich; hierauf ist der Dolmetscher hinzuweisen.**

(2) **Ist der Dolmetscher für Übertragungen der betreffenden Art in einem Land nach den landesrechtlichen Vorschriften allgemein beeidigt, so genügt vor allen Gerichten des Bundes und der Länder die Berufung auf diesen Eid.**

(3) **In Familiensachen und in Angelegenheiten der freiwilligen Gerichtsbarkeit ist die Beeidigung des Dolmetschers nicht erforderlich, wenn die beteiligten Personen darauf verzichten.**

A. Anwendungsbereich, Protokollierung

Die Vorschrift erweitert den Kreis der zu vereidigenden Personen (§§ 59 StPO ff, § 79 StPO). Von der Vereidigungspflicht macht nur § 190 S 2 GVG eine Ausnahme. § 189 GVG ist auch auf richterliche Vernehmungen im Ermittlungsverfahren anwendbar (BGH NJW 1968, 1485; StV 1992, 551; OLG Hamburg NJW 1975, 1573; offen OLG Düsseldorf NJW 1993, 3084). Für das Auslieferungsverfahren soll dies eher zweifelhaft sein (so OLG Düsseldorf NJW 1993, 3084). Auf die Vereidigung kann nicht verzichtet werden, ein unter Nichtbeachtung des § 189 GVG durchgeführter Verfahrensteil kann und muss daher ggf wiederholt werden (BGH NJW 1987, 260; OLG Köln NStZ-RR 2002, 247). Die Vereidigung ist auch erforderlich, wenn der Dolmetscher bereits am Ermittlungsverfahren beteiligt und in diesem Rahmen vereidigt worden war (BGH NStZ 1992, 30: Haftprüfung vor Verfahrenseröffnung).

2   Als wesentliche Förmlichkeit ist der Vorgang in das Hauptverhandlungsprotokoll aufzunehmen (§§ 273 StPO f; BGH NStZ 1982, 517; NStZ 1988, 20; wistra 2005, 272; OLG Frankfurt StV 2006, 519; OLG Köln NStZ-RR 2002, 247; Rn 5). Für eine richterliche Vernehmung im Ermittlungsverfahren gelten dagegen alleine die §§ 168 StPO f (BGH StV 1992, 551, **aA** OLG Hamburg NJW 1975, 1573). Falls ein Übersetzer in der Hauptverhandlung auch als **Sachverständiger** tätig wird (§ 185 GVG Rn 2), ist die Belehrung und Entscheidung über die Vereidigung gesondert zu protokollieren (§ 185 GVG Rn 7)

B. Vereidigung, Berufung auf den allgemein geleisteten Eid

3   Der Dolmetscher leistet seinen **Eid** gem Abs 1 iVm mit den ergänzend anwendbaren §§ 64 StPO f (Meyer-Goßner GVG § 189 Rn 1). Die Vereidigung des Dolmetschers erfolgt, bevor dieser in der Verhandlung tätig wird. Bei Anwesenheit während der gesamten Hauptverhandlung unmittelbar nach dem Aufruf der Sache, bei nur teilweiser Zuziehung (§ 185 GVG Rn 4, § 186 GVG Rn 4) erst zu deren Beginn. Sie wird nicht an jedem Sitzungstag wiederholt. Die Vereidigung hat für jedes Verfahren gesondert zu erfolgen, auch wenn mehrere Sachen unter Beteiligung desselben Dolmetschers an einem Tag unmittelbar nacheinander verhandelt werden. Bei Aussetzung des Verfahrens oder Zurückverweisung der Sache gelten § 67 StPO, § 72 StPO entsprechend (OLG Stuttgart NStZ-RR 2003, 88).

4   Gem Abs 2 kann sich der Dolmetscher auf seinen **allgemein geleisteten Eid** berufen. Die allgemeine Vereidigung erfolgt nach Landesrecht (vgl zB § 14 BWAGGVG; s auch Rn 4.1) für spezifische Tätigkeitsbereiche, dh einzelne Fremdsprachen (§ 185 GVG) oder Kommunikations- bzw Übersetzungstechniken (§ 186 GVG). Daher ist ggf eine gesonderte Vereidigung erforderlich, wenn der Dolmetscher in der Hauptverhandlung eine zusätzliche oder andere Sprache übersetzt, für die er nicht allgemein vereidigt ist (BGH NJW 1987, 1033). Der Dolmetscher selbst muss sich auf den allgemein geleisteten Eid berufen. Die Feststellung alleine, dass er allgemein vereidigt ist, genügt nicht (BGH NStZ 1984, 213 „Personalien und allgemeine Vereidigung gerichtsbekannt"; OLG Düsseldorf StV 1998, 480).

4.1   Die Länder haben folgende Ausführungsvorschriften erlassen:
Baden-Württemberg: AGGVG v 16. 12. 1975 (GBl 868), zuletzt geänd durch G v 4. 5. 2009 (GBl, 195)
Bayern: AGGVG v 23. 6. 1981 (BayRS VI 483), zuletzt geänd durch G v 22. 7. 2009 (GVBl 395)
Berlin: AGGVG v 23. 3. 1992 (GVBl 73), zuletzt geänd durch G v 30. 3. 2006 (GVBl 300)
Brandenburg: G zur Neuordnung der ordentlichen Gerichtsbarkeit und zur Ausführung des GVG im Land Brandenburg und Gerichtszuständigkeits-VO – GerZustV v 3. 11. 1993 (GVBl II 689), aufgeh durch VO v 8. 5. 2007 (GVBl II 113)
Bremen: AGGVG idF der Bek v 21. 8. 1974 (BremGBl 297), zuletzt geänd durch G v 23. 6. 2009 (BremGBl 233)
Hamburg: HmbAGGVG v 31. 5. 1965 (GVBl 99), zuletzt geänd.durch G v 10. 9. 2002 (GVBl 252)
Mecklenburg-Vorpommern: GerichtsstrukturG idF der Bek v 7. 4. 1998 (GVOBl M-V 444, ber S 549) und GerichtsorganisationsG (GOrgG)
Niedersachsen: AGGVG v 5. 4. 1963 (Nds GVBl 225), zuletzt geänd durch G v 25. 1. 2007 (NdsGVBl 51)
Rheinland-Pfalz: AGGVG v 6. 11. 1989 (GVBl 225), zuletzt geänd durch G v 6. 2. 2001 (GVBl 29)
Saarland: SAG GVG v 4. 10. 1972 (Amtsbl 601), zuletzt geänd. durch G v 12. 9. 2007 (Amtsbl 1054)
Sachsen: Sächsisches JustizG v 24. 11. 2000 (SächsGVBl 482, ber 2001, 704), zuletzt geänd durch G v 26. 6. 2009 (SächsGVBl 323)
Sachsen-Anhalt: GerOrgG LSA v 24. 8. 1992 (GVBl LSA 652), zuletzt geänd durch VO v 25. 8. 2009 (GVBl LSA 466)
Thüringen: ThürAGGVG idF der Bek v 12. 10. 1993 (GVBl 612), zuletzt geänd durch G v 16. 12. 2008 (GVBl 587), Thüringer GerichtsstandortG und Thüringer GerichtsorganisationsG v 16. 8. 1993 (GVBl 554)

C. Revision

I. Fehlende Vereidigung im Hauptverfahren

Ein Verstoß gegen § 189 GVG kann die **Revision** begründen. Maßgeblich ist gem § 274 StPO der **Protokollinhalt** (BGH StV 1996, 531; NStZ 1998, 28; Rn 2). Auslegungsfähig, ohne Beweiskraft und dem Freibeweis zugänglich ist die Formulierung „Als Dolmetscherin war anwesend: Frau ..., allgemein vereidigt" (BGH NStZ 1982, 392; NStZ 1987, 568; vgl aber zur Abgrenzung auch BGH NStZ 1981, 69 mAnm Liemersdorf; NStZ 1981, 190). Nicht genügend und nicht auslegungsfähig soll hingegen die Formulierung „Dolmetscherin bereits vereidigt" sein (so OLG Düsseldorf StV 1998, 480). Die Beweiskraft des Protokolls gilt nicht für eine Vereidigung im Ermittlungsverfahren (BGH NStZ 1992, 551; § 185 GVG Rn 7) und die Frage, ob der Dolmetscher tatsächlich allgemein vereidigt ist (OLG Frankfurt StV 2006, 519).

Eine zulässige **Verfahrensrüge** setzt die Darstellung voraus, dass der Dolmetscher tatsächlich im Verfahren tätig geworden ist, dh zB der im Zusammenhang mit einer Zeugenvernehmung geladene Dolmetscher Angaben des Zeugen zumindest teilweise übersetzt hat (BGH NStZ 1994, 26).

Der Verstoß gegen § 189 GVG ist ein **relativer Revisionsgrund**. Das **Beruhen** des Urteils auf dem Verstoß kann nur ausnahmsweise ausgeschlossen werden (BGH wistra 2005, 272, StV 1996, 531; NStZ 1982, 517; NStZ 1998, 28; offen BGH NStZ 1998, 204). Ein fehlendes Beruhen wird zB angenommen: Der Dolmetscher, der sich auf seinen allgemein geleisteten Eid berufen hat, übersetzt (zusätzlich) noch in eine (andere) Sprache, bzgl derer er nicht allgemein vereidigt ist (BGH NJW 1987, 1033). Die Richtigkeit der Übersetzung ist für einen weiteren anwesenden, für dieselbe Sprache allgemein vereidigten Dolmetscher und den Angeklagten, der auch die deutsche Sprache beherrscht, leicht kontrollierbar und es werden keine Beanstandungen erhoben (BGH NStZ 1998, 204). Die Verurteilung beruht auf Geständnissen der Angeklagten, die über Deutschkenntnisse verfügen und nicht geltend machen, dass die Tat nicht wie im Urteil festgestellt gestanden worden sei (BGH NStZ 1996, 608). Die Revision trägt selbst vor, dass die Vereidigung offenbar versehentlich unterblieben war und der Dolmetscher jahrelang offensichtlich beanstandungsfrei übersetzt hatte; dessen Tätigkeit war vom Angeklagten und seinem Verteidiger aufgrund deren Sprachkenntnisse leicht überprüfbar (BGH NStZ 2005, 706). Tatrichter und Dolmetscher gehen übereinstimmend irrtümlich (bei möglicherweise fehlerhafter allgemeiner Vereidigung oder Tätigkeit außerhalb deren Geltungsbereichs) von eidlicher Übersetzung aus (BGH NStZ 1984, 328; NStZ 1986, 211; NStZ 1986, 469). Übersetzung aus englischer Sprache bei einem einfach gelagerten Sachverhalt, der durch einen weiteren Zeugen bestätigt wird (NStZ 1994, 230). Der zunächst als Sachverständiger zur Beurteilung der Befähigung eines früher tätigen Dolmetschers gehörte Rechtsanwalt erklärt in diesem Rahmen selbst, er sei vereidigter Dolmetscher (BGH NStZ 1987, 568). Der Eid wurde erst nach Urteil und Rechtsmittelbelehrung geleistet (BGH NStZ 1987, 568; OLG Saarbrücken NJW 1975, 65; vgl aber OLG Hamburg NJW 1975, 1573 für den Fall der eidlichen Vernehmung des Dolmetschers in der Hauptverhandlung, wenn dieser bei der richterlichen Vernehmung im Ermittlungsverfahren nicht vereidigt worden war).

II. Fehlende Vereidigung im Ermittlungsverfahren

Bei einem Verstoß gegen § 189 GVG im **Ermittlungsverfahren** darf eine Vernehmung nicht als richterliche verwertet werden (BGH NJW 1968, 1485; StV 1992, 551; nach OLG Hamburg NJW 1975, 1573 ändert auch die nachträgliche eidliche Vernehmung des Dolmetschers in der Hauptverhandlung daran nichts).

§ 190 [Urkundsbeamter als Dolmetscher]

¹Der Dienst des Dolmetschers kann von dem Urkundsbeamten der Geschäftsstelle wahrgenommen werden. ²Einer besonderen Beeidigung bedarf es nicht.

Erfasst wird nur der tatsächlich in der Verhandlung tätige Urkundsbeamte (Meyer-Goßner GVG § 190 Rn 1; KK-StPO/Diemer GVG § 189 Rn 1). S 2 beinhaltet eine Ausnahme von der Vereidigungspflicht gem § 189 GVG.

§ 191 [Ausschließung und Ablehnung des Dolmetschers]

¹Auf den Dolmetscher sind die Vorschriften über Ausschließung und Ablehnung der Sachverständigen entsprechend anzuwenden. ²Es entscheidet das Gericht oder der Richter, von dem der Dolmetscher zugezogen ist.

1   Die §§ 22 StPO ff, 74 StPO sind entsprechend anzuwenden. Es gibt keine Vorschriften über den Ausschluss eines Sachverständigen, er kann nur abgelehnt werden (Meyer-Goßner StPO § 74 Rn 3; KK-StPO/Senge StPO § 74 Rn 2). Daher ist auch ein Dolmetscher niemals ausgeschlossen (Meyer-Goßner GVG § 191 Rn 2; KK-StPO/Diemer GVG § 191 Rn 1). Ein erfolgreich abgelehnter Dolmetscher kann ebenso wie ein erfolgreich abgelehnter Sachverständiger als Zeuge vernommen werden (BayObLG NStZ 1998, 270; **aA** LG Köln StV 1992, 460; Meyer-Goßner GVG § 191 Rn 2, Meyer-Goßner StPO § 74 Rn 19; nach LG Berlin StV 1994, 180 kann ggf nur die Wiederholung von Teilen der Hauptverhandlung erforderlich sein). Die Anhörung des Dolmetschers vor der Entscheidung über einen Ablehnungsantrag ist zwar nicht vorgeschrieben, wird jedoch häufig sinnvoll sein (BGH NStZ 2008, 50; Meyer-Goßner StPO § 74 Rn 17).

2   Insbesondere Falschübersetzungen können die Ablehnung begründen (LG Berlin StV 1994, 180, auch zur Frage, welche Teile der Hauptverhandlung zu wiederholen sind). Ebenso kann die Einbringung von Wertungen die Ablehnung begründen (so zB LG Darmstadt StV 1990, 258; StV 1995, 239); nicht aber, wenn diese ausreichend gekennzeichnet sind (BGH NStZ 2008, 50). Allein eine Tätigkeit im Rahmen desselben Verfahrens vor der Hauptverhandlung ist dagegen kein Ablehnungsgrund (BGH NStZ 2008, 50; Meyer-Goßner GVG § 191 Rn 2, Meyer-Goßner § 74 StPO Rn 5; KK-StPO/Senge StPO § 74 Rn 5). Ein Dolmetscher kann auch nicht nur deshalb abgelehnt werden, weil er unmittelbar vor Verhandlungsbeginn zwischen Mandant und Anwalt übersetzt hat (OLG Nürnberg NJW-RR 1999, 1515).

3   Das Revisionsgericht ist bei der Überprüfung an die vom Tatrichter seiner Entscheidung zugrunde gelegten Tatsachen gebunden (BGH NStZ 2008, 50; KK-StPO/Senge StPO § 74 Rn 18; Meyer-Goßner StPO § 74 Rn 21).

§ 191 a [Schriftstücke für Blinde und Sehbehinderte]

(1) ¹Eine blinde oder sehbehinderte Person kann nach Maßgabe der Rechtsverordnung nach Absatz 2 verlangen, dass ihr die für sie bestimmten gerichtlichen Dokumente auch in einer für sie wahrnehmbaren Form zugänglich gemacht werden, soweit dies zur Wahrnehmung ihrer Rechte im Verfahren erforderlich ist. ²Hierfür werden Auslagen nicht erhoben.

(2) Das Bundesministerium der Justiz bestimmt durch Rechtsverordnung, die der Zustimmung des Bundesrates bedarf, unter welchen Voraussetzungen und in welcher Weise die in Absatz 1 genannten Dokumente und Dokumente, die von den Parteien zur Akte gereicht werden, einer blinden oder sehbehinderten Person zugänglich gemacht werden, sowie ob und wie diese Person bei der Wahrnehmung ihrer Rechte mitzuwirken hat.

Einzelheiten regelt die „Verordnung zur barrierefreien Zugänglichmachung von Dokumenten für blinde und sehbehinderte Personen im gerichtlichen Verfahren (Zugänglichmachungsverordnung – ZMV)" v 26. 2. 2007 (BGBl I 215), wobei dort in § 3 Abs 3 auf die „Verordnung zur Zugänglichmachung von Dokumenten für blinde und sehbehinderte Menschen im Verwaltungsverfahren nach dem Behindertengleichstellungsgesetz (Verordnung über barrierefreie Dokumente in der Bundesverwaltung – VBD)" v 17. 7. 2002 (BGBl I 2652) Bezug genommen wird.

Jugendgerichtsgesetz (Auszug)

JGG

Erster Teil. Anwendungsbereich (§§ 1-2)

§ 1 Persönlicher und sachlicher Anwendungsbereich

(1) Dieses Gesetz gilt, wenn ein Jugendlicher oder ein Heranwachsender eine Verfehlung begeht, die nach den allgemeinen Vorschriften mit Strafe bedroht ist.

(2) Jugendlicher ist, wer zur Zeit der Tat vierzehn, aber noch nicht achtzehn, Heranwachsender, wer zur Zeit der Tat achtzehn, aber noch nicht einundzwanzig Jahre alt ist.

Zur Zeit der Tat unter 14 Jahre alte Personen (Kinder) sind gem § 19 StGB strafunmündig. Wegen des dadurch begründeten Verfahrenshindernisses (Fischer StGB § 19 Rn 2) werden gegen diese keine Ermittlungs- und Strafverfahren geführt. Von der Einleitung eines Ermittlungsverfahrens ist abzusehen, einer Strafanzeige wird keine Folge gegeben, ein gerichtliches Verfahren ist einzustellen (§ 152 Abs 2 StPO, § 204 StPO, § 206 a StPO, § 260 Abs 3 StPO; Meyer-Goßner StPO Einl Rn 76, 145; Eisenberg JGG § 1 Rn 4, 31). Strafprozessuale **Ermittlungs- und Zwangsmaßnahmen** können gegen Kinder grds nicht ergriffen werden (Eisenberg JGG § 1 Rn 4 ff; Verrel NStZ 2001, 284). Von diesem Grundsatz sind jedoch zumindest folgende Ausnahmen zu machen: Da mitunter das Alter und damit die Strafmündigkeit einer Person nicht feststeht, sind die zu dessen Feststellung erforderlichen Ermittlungen und Eingriffe zulässig, insbesondere gem § 81 a StPO, § 163 b Abs 1 StPO (Meyer-Goßner StPO § 81 a Rn 20, § 163 b Rn 4; Eisenberg JGG § 1 Rn 4a, 11). Abgesehen davon können Feststellungen zur Beteiligung von Kindern an Straftaten anderer Personen von Bedeutung sein. In diesen Fällen kommen insbesondere Maßnahmen gem § 103 StPO, § 163 b Abs 2 StPO in Betracht. 1

Bei verbleibenden **Zweifeln** über das tatsächliche Alter ist die betroffene Person nach dem zumindest entsprechend anwendbaren Zweifelsgrundsatz in die für sie konkret günstigste Altersgruppe einzuordnen (Eisenberg JGG § 1 Rn 11 ff). Das auf der Annahme eines falschen Alters (insbesondere der Einordnung in eine falsche Altersgruppe) beruhende Urteil ist grds nicht nichtig, sondern lediglich anfechtbar (Eisenberg JGG § 1 Rn 33 ff). 2

§ 2 Ziel des Jugendstrafrechts; Anwendung des allgemeinen Strafrechts

(1) ¹Die Anwendung des Jugendstrafrechts soll vor allem erneuten Straftaten eines Jugendlichen oder Heranwachsenden entgegenwirken. ²Um dieses Ziel zu erreichen, sind die Rechtsfolgen und unter Beachtung des elterlichen Erziehungsrechts auch das Verfahren vorrangig am Erziehungsgedanken auszurichten.

(2) Die allgemeinen Vorschriften gelten nur, soweit in diesem Gesetz nichts anderes bestimmt ist.

Abs 2 regelt den Vorrang der Vorschriften des JGG vor denjenigen des allgemeinen Strafverfahrensrechts (insbesondere der StPO und des GVG). Diese werden teilweise verdrängt, teilweise nur modifiziert. 1

Der besonderen Situation von Jugendlichen und Heranwachsenden ist bei der Auslegung und Anwendung von Normen des allgemeinen Strafverfahrensrechts auch insoweit Rechnung zu tragen, als das JGG keine speziellen Regelungen enthält. Dies ist zB bei der Prüfung von Anordnungen gem § 81 g StPO (vgl BVerfG NJW 2008, 281; Eisenberg JGG 2

§ 2 Rn 21) und der Durchführung von Zwangsmaßnahmen sowie Vernehmungen (Eisenberg JGG § 2 Rn 29f) zu beachten. Es bestehen dagegen keine Bedenken, in Verfahren gegen Jugendliche gem § 40 StPO öffentlich zuzustellen (KG NStZ-RR 2006, 301; KK-StPO/Maul StPO § 40 Rn 8; **aA** Eisenberg JGG § 2 Rn 31; Meyer-Goßner StPO § 40 Rn 2).

Zweiter Teil. Jugendliche (§§ 3-104) (Auszug)

Erstes Hauptstück. Verfehlungen Jugendlicher und ihre Folgen (§§ 3-32) (nicht kommentiert)

Zweites Hauptstück. Jugendgerichtsverfassung und Jugendstrafverfahren (§§ 33-81) (Auszug)

Erster Abschnitt. Jugendgerichtsverfassung (§§ 33-38)

§ 33 Jugendgerichte

(1) Über Verfehlungen Jugendlicher entscheiden die Jugendgerichte.

(2) Jugendgerichte sind der Strafrichter als Jugendrichter, das Schöffengericht (Jugendschöffengericht) und die Strafkammer (Jugendkammer).

(3) ¹Die Landesregierungen werden ermächtigt, durch Rechtsverordnung zu regeln, daß ein Richter bei einem Amtsgericht zum Jugendrichter für den Bezirk mehrerer Amtsgerichte (Bezirksjugendrichter) bestellt und daß bei einem Amtsgericht ein gemeinsames Jugendschöffengericht für den Bezirk mehrerer Amtsgerichte eingerichtet wird. ²Die Landesregierungen können die Ermächtigung durch Rechtsverordnung auf die Landesjustizverwaltungen übertragen.

A. Verfahren gegen Jugendliche

1   Für die Zuständigkeit der Jugendgerichte (Abs 1) ist das **Alter zur Tatzeit** entscheidend (§ 1 Abs 2 JGG; vgl ergänzend § 1 JGG Rn 2; § 107 JGG Rn 1f).

B. Die verschiedenen Jugendgerichte

2   Die Besetzung des Jugendschöffengerichts ergibt sich aus § 33a JGG, die Besetzung der Jugendkammer aus § 33b JGG. Die sachliche Zuständigkeit regeln die §§ 39 JGG ff, bei der örtlichen Zuständigkeit ist § 42 JGG zu beachten.

C. Verhältnis zu den allgemeinen Strafgerichten

3   Abs 2 weist die Jugendgerichte als Teil der ordentlichen Gerichtsbarkeit aus. In Abgrenzung zu den allgemeinen Strafgerichten handelt es sich nicht um eine Regelung der sachlichen, sondern eine besondere Regelung der **funktionellen Zuständigkeit** (vgl Eisenberg JGG §§ 33-33b Rn 9f). Innerhalb eines Gerichts bestimmt sich die Zuständigkeit nach der Geschäftsverteilung, es gilt daher zB § 22d GVG.

I. Abgabe und Verweisung ab Anklageerhebung

4   In jeder Lage des Verfahrens ist von Amts wegen zu prüfen, ob das Jugendgericht oder das allgemeine Strafgericht zuständig ist (BGH NJW 1982, 454; NStZ 2003, 47). Durch § 209a Nr 2a StPO (iVm § 209 StPO, § 225a StPO, § 270 StPO) werden die **Jugendgerichte im**

Verhältnis zu den allgemeinen Strafgerichten so angesehen, als seien sie im Verhältnis zu diesen Gerichte **höherer Ordnung**.

Das Gericht, zu dem Anklage erhoben wurde, hat seine Zuständigkeit zu prüfen und ist an die Beurteilung der Zuständigkeit durch die Staatsanwaltschaft nicht gebunden (§ 206 StPO). **Vor Eröffnung des Hauptverfahrens** legt das Gericht niedrigerer Ordnung die Akten durch Vermittlung der Staatsanwaltschaft dem Gericht höherer Ordnung zur Entscheidung vor (§ 209 Abs 2 StPO, § 209 a StPO). Das Gericht höherer Ordnung eröffnet das Hauptverfahren vor dem Gericht niedrigerer Ordnung (§ 209 Abs 1 StPO, § 209 a StPO). Dieses ist durch die Eröffnungsentscheidung nicht gehindert, die Sache später (Rn 6) auch ohne Änderung der Sachlage zurückzuverweisen (BGH NStZ 2003, 47: unsichere Beurteilung des Alters des Angeschuldigten/Angeklagten).

Nach Eröffnung des Hauptverfahrens ist zu unterscheiden: Ein Gericht, das ein Gericht höherer Ordnung für zuständig hält, legt diesem vor Beginn einer Hauptverhandlung durch Vermittlung der Staatsanwaltschaft die Akten zur Entscheidung vor (§ 225 a Abs 1 StPO, § 209 a StPO). Nach Beginn einer Hauptverhandlung ist die Sache an das Gericht höherer Ordnung zu verweisen (§ 270 Abs 1 S 1 StPO, § 209 a StPO). Das gilt auch ohne Änderung der Sachlage, wenn dieses höhere Gericht die Sache zuvor gem § 209 Abs 1 StPO, § 209 a StPO vor dem Gericht niedrigerer Ordnung eröffnet hatte (Rn 5; BGH NStZ 2003, 47: unsichere Beurteilung des Alters eines Angeklagten). Die Abgabe an ein Gericht niedrigerer oder gleicher Ordnung schließt § 47 a S 1 JGG für die Jugendgerichte ausdrücklich aus (§ 47 a JGG Rn 1). Für die allgemeinen Strafgerichte folgt dies aus § 269 StPO, wobei auch hier die Jugendgerichte im Verhältnis zu den allgemeinen Strafgerichten so angesehen werden, als seien sie im Verhältnis zu diesen Gerichte höherer Ordnung (KK-StPO/Schneider StPO § 209 a Rn 2; KK-StPO/Engelhardt StPO § 269 Rn 4, § 270 Rn 14; Meyer-Goßner StPO § 209 a Rn 3, § 225 a Rn 2, § 270 Rn 11). Nicht zulässig ist danach die Abgabe eines allgemeinen Strafgerichts an ein gleichrangiges Jugendgericht (**aA** Meyer-Goßner StPO § 269 Rn 5).

II. Revision

Ein Verstoß gegen die Vorschriften zur funktionellen Zuständigkeit begründet die Revision gem § 338 Nr 4 StPO. Insoweit ist die Erhebung einer Verfahrensrüge erforderlich, § 6 a StPO greift nicht ein (BGH NJW 1982, 454; StV 1985, 357; NStZ 2000, 388; NStZ 2003, 47). Gerügt werden kann die Unzuständigkeit des allgemeinen Strafgerichts auch von einem Erwachsenen, obwohl dieses ohne die Verbindung mit dem Verfahren gegen einen Jugendlichen zuständig gewesen wäre (BGH NJW 1982, 454; StV 1985, 357).

D. Bezirksjugendrichter und -schöffengerichte

Die Bundesländer haben auf Grundlage des Abs 3 entsprechende Vorschriften erlassen (s Rn 8.1).

Die Länder haben hierzu folgende Vorschriften erlassen: Baden-Württemberg: § 21 und § 23 ZuVOJu v 20. 11. 1998 (GBl 680), zuletzt geänd durch VO v 5. 5. 2008 (GBl 162); Bayern: GZVJu v 16. 11. 2004 (GVBl 471), zuletzt geänd durch VO v 11. 12. 2007 (GVBl 986); Berlin: 2. AGKonzentr. VO v 4. 12. 1972 (GVBl 2301), aufgeh durch VO v 8. 5. 2008 (GVBl 116); Brandenburg: 2. GerZV v 8. 5. 2007 (GVBl II 113), geänd durch VO v 10. 7. 2007 (GVBl II 158); Hamburg: JGGWÜbertrVO v 22. 1. 2002 (GVBl 11), geänd durch VO v 10. 2. 2004 (GVBl 61); JSchGerVO v 8. 6. 1968 (GVBl I 168), zuletzt geänd durch VO v 29. 12. 2004 (GVBl I 552); Niedersachsen: Subdelegationsverordnung-Justiz v 6. 7. 2007 (Nds. GVBl 244), zuletzt geänd durch VO v 4. 6. 2008 (Nds. GVBl 212); Nordrhein-Westfalen: JugStrSErmVO v 11. 3. 1975 (GV NRW 258); VO über die Zuständigkeit der Amtsgerichte in Jugendstrafsachen v 11. 7. 2006 (GV NRW 394), aufgeh durch VO v 4. 3. 2008 (GV NRW 349); Rheinland-Pfalz: StrBußGZV v 19. 11. 1985 (GVBl 265), zuletzt geänd durch VO v 12. 10. 2005 (GVBl 480); Sachsen: JuZustVO v. 6. 5. 1999 (SächsGVBl 281), zuletzt geänd durch VO v 14. 12. 2007 (SächsGVBl 600); Sachsen-Anhalt: VO zur Übertragung von Verordnungsermächtigungen; Schleswig-Holstein: JErmÜVO v. 4. 12. 1996 (GVOBl Schl-H 720), zuletzt geänd durch VO v 13. 5. 2008 (GVOBl Schl-H 231).

§ 33a [Besetzung des Jugendschöffengerichts]

(1) ¹Das Jugendschöffengericht besteht aus dem Jugendrichter als Vorsitzenden und zwei Jugendschöffen. ²Als Jugendschöffen sollen zu jeder Hauptverhandlung ein Mann und eine Frau herangezogen werden.

(2) Bei Entscheidungen außerhalb der Hauptverhandlung wirken die Jugendschöffen nicht mit.

1 Ein Richter auf Probe darf im ersten Jahr nach seiner Ernennung nicht Vorsitzender sein (§ 29 Abs 1 S 2 GVG).

2 Ein Verstoß gegen Abs 1 S 2 begründet die Revision (§ 338 Nr 1 StPO) grds nicht, da es sich um eine Sollvorschrift handelt (vgl Eisenberg JGG §§ 33-33b Rn 43f).

§ 33b [Besetzung der Jugendkammer]

(1) Die Jugendkammer ist mit drei Richtern einschließlich des Vorsitzenden und zwei Jugendschöffen (große Jugendkammer), in Verfahren über Berufungen gegen Urteile des Jugendrichters mit dem Vorsitzenden und zwei Jugendschöffen (kleine Jugendkammer) besetzt.

(2) ¹Bei Eröffnung des Hauptverfahrens beschließt die große Jugendkammer, daß sie in der Hauptverhandlung mit zwei Richtern einschließlich des Vorsitzenden und zwei Jugendschöffen besetzt ist, wenn nicht die Sache nach den allgemeinen Vorschriften einschließlich der Regelung des § 74e des Gerichtsverfassungsgesetzes zur Zuständigkeit des Schwurgerichts gehört oder nach dem Umfang oder der Schwierigkeit der Sache die Mitwirkung eines dritten Richters notwendig erscheint. ²Ist eine Sache vom Revisionsgericht zurückverwiesen worden, kann die nunmehr zuständige Jugendkammer erneut nach Satz 1 über ihre Besetzung beschließen.

(3) § 33a Abs. 1 Satz 2, Abs. 2 gilt entsprechend.

1 Gem Abs 1 ist die kleine Jugendkammer in Verfahren über Berufungen gegen Urteile des Jugendrichters mit dem Vorsitzenden und zwei Jugendschöffen besetzt. In Verfahren über Berufungen gegen Urteile des Jugendschöffengerichts ist Abs 2 S 1 entsprechend anzuwenden, dh die Jugendkammer trifft bei der Terminierung eine Entscheidung über die Besetzung der Jugendkammer in der Berufungsverhandlung (BGH NStZ-RR 1997, 22; BayObLG NStZ 1998, 102; OLG Düsseldorf NStZ-RR 2000, 280). Nicht ausreichend ist eine Terminsverfügung des Vorsitzenden, in der dieser die Besetzung bestimmt (OLG Brandenburg NStZ-RR 2008, 58). Ohne eine Entscheidung der Jugendkammer ist in der Besetzung gem Abs 1 zu verhandeln (OLG Koblenz StV 2008, 117; OLG Brandenburg NStZ-RR 2008, 58).

2 Ein Verstoß gegen Abs 3 iVm § 33a Abs 1 S 2 StPO begründet die Revision (§ 338 Nr 1 StPO) grds nicht, da es sich um eine Sollvorschrift handelt (§ 33a StPO Rn 2).

§ 34 Aufgaben des Jugendrichters

(1) Dem Jugendrichter obliegen alle Aufgaben, die ein Richter beim Amtsgericht im Strafverfahren hat.

(2) ¹Dem Jugendrichter sollen für die Jugendlichen die familiengerichtlichen Erziehungsaufgaben übertragen werden. ²Aus besonderen Gründen, namentlich wenn der Jugendrichter für den Bezirk mehrerer Amtsgerichte bestellt ist, kann hiervon abgewichen werden.

(3) Familiengerichtliche Erziehungsaufgaben sind
1. die Unterstützung der Eltern, des Vormundes und des Pflegers durch geeignete Maßnahmen (§ 1631 Abs. 3, §§ 1800, 1915 des Bürgerlichen Gesetzbuches),
2. die Maßnahmen zur Abwendung einer Gefährdung des Jugendlichen (§§ 1666, 1666a, 1837 Abs. 4, § 1915 des Bürgerlichen Gesetzbuches).

Der Jugendrichter nimmt im Jugendstrafverfahren (neben speziell geregelten Zuständigkeiten) alle Aufgaben wahr, die ein Richter beim Amtsgericht im allgemeinen Strafverfahren hat. Nach Möglichkeit sollte der gerichtliche Geschäftsverteilungsplan sicherstellen, dass derselbe Jugendrichter für alle Bereiche des Jugendstrafverfahrens zuständig ist. Zwingend geboten ist dies, insbesondere für Entscheidungen des Ermittlungsrichters, jedoch nicht (vgl BVerfG NStZ-RR 2005, 279; LG Berlin NStZ 2006, 525; VerfGH Saarbrücken Beschl v 19. 03. 2004 – Lv 6/03; anders VG Schleswig NVwZ-RR 1992, 111; ausführlich Reichenbach NStZ 2005, 617).

§ 35 Jugendschöffen

(1) ¹Die Schöffen der Jugendgerichte (Jugendschöffen) werden auf Vorschlag des Jugendhilfeausschusses für die Dauer von fünf Geschäftsjahren von dem in § 40 des Gerichtsverfassungsgesetzes vorgesehenen Ausschuß gewählt. ²Dieser soll eine gleiche Anzahl von Männern und Frauen wählen.

(2) ¹Der Jugendhilfeausschuß soll ebensoviele Männer wie Frauen und muss mindestens die doppelte Anzahl von Personen vorschlagen, die als Jugendschöffen und -hilfsschöffen benötigt werden. ²Die Vorgeschlagenen sollen erzieherisch befähigt und in der Jugenderziehung erfahren sein.

(3) ¹Die Vorschlagsliste des Jugendhilfeausschusses gilt als Vorschlagsliste im Sinne des § 36 des Gerichtsverfassungsgesetzes. ²Für die Aufnahme in die Liste ist die Zustimmung von zwei Dritteln der stimmberechtigten Mitglieder erforderlich. ³Die Vorschlagsliste ist im Jugendamt eine Woche lang zu jedermanns Einsicht aufzulegen. ⁴Der Zeitpunkt der Auflegung ist vorher öffentlich bekanntzumachen.

(4) Bei der Entscheidung über Einsprüche gegen die Vorschlagsliste des Jugendhilfeausschusses und bei der Wahl der Jugendschöffen und -hilfsschöffen führt der Jugendrichter den Vorsitz in dem Schöffenwahlausschuß.

(5) Die Jugendschöffen werden in besondere für Männer und Frauen getrennt zu führende Schöffenlisten aufgenommen.

Die Vorschrift ergänzt und modifiziert die §§ 31 GVG ff, § 77 GVG. Abweichend von § 36 GVG steht das Vorschlagsrecht dem Jugendhilfeausschuss zu (Abs 1 S 1, Abs 3 S 1). Die Mitwirkung eines nicht auf dieser Grundlage (sondern aus der Vorschlagsliste für Erwachsenenschöffen) gewählten Schöffen begründet die Revision (BGH NJW 1976, 791). Neben den §§ 33 GVGf ist bei der Auswahl der Schöffen auch Abs 2 S 2 (erzieherische Befähigung und Erfahrung in der Jugenderziehung) zu beachten. Abs 4 ergänzt § 41 GVG.

§ 36 Jugendstaatsanwalt

Für Verfahren, die zur Zuständigkeit der Jugendgerichte gehören, werden Jugendstaatsanwälte bestellt.

Umstritten ist, ob und ggf inwieweit die Bearbeitung von Jugendstrafsachen und deren Vertretung in der Hauptverhandlung durch Amtsanwälte bzw Referendare mit § 36 JGG vereinbar ist (vgl Eisenberg JGG § 36 Rn 11 ff; NStZ 1994, 67). Ein Verstoß gegen § 36 JGG alleine könnte die Revision jedenfalls nicht begründen, da lediglich eine Ordnungsvorschrift nicht beachtet worden wäre (OLG Karlsruhe NStZ 1988, 241; **aA** Eisenberg JGG § 36 Rn 13; NStZ 1994, 67).

§ 37 Auswahl der Jugendrichter und Jugendstaatsanwälte

Die Richter bei den Jugendgerichten und die Jugendstaatsanwälte sollen erzieherisch befähigt und in der Jugenderziehung erfahren sein.

Alleine die Verletzung des § 37 JGG kann die Revision nicht begründen, da es sich um eine Ordnungsvorschrift handelt (BGH MDR 1958, 356).

§ 38 Jugendgerichtshilfe

(1) Die Jugendgerichtshilfe wird von den Jugendämtern im Zusammenwirken mit den Vereinigungen für Jugendhilfe ausgeübt.

(2) ¹Die Vertreter der Jugendgerichtshilfe bringen die erzieherischen, sozialen und fürsorgerischen Gesichtspunkte im Verfahren vor den Jugendgerichten zur Geltung. ²Sie unterstützen zu diesem Zweck die beteiligten Behörden durch Erforschung der Persönlichkeit, der Entwicklung und der Umwelt des Beschuldigten und äußern sich zu den Maßnahmen, die zu ergreifen sind. ³In Haftsachen berichten sie beschleunigt über das Ergebnis ihrer Nachforschungen. ⁴In die Hauptverhandlung soll der Vertreter der Jugendgerichtshilfe entsandt werden, der die Nachforschungen angestellt hat. ⁵Soweit nicht ein Bewährungshelfer dazu berufen ist, wachen sie darüber, daß der Jugendliche Weisungen und Auflagen nachkommt. ⁶Erhebliche Zuwiderhandlungen teilen sie dem Richter mit. ⁷Im Fall der Unterstellung nach § 10 Abs. 1 Satz 3 Nr. 5 üben sie die Betreuung und Aufsicht aus, wenn der Richter nicht eine andere Person damit betraut. ⁸Während der Bewährungszeit arbeiten sie eng mit dem Bewährungshelfer zusammen. ⁹Während des Vollzugs bleiben sie mit dem Jugendlichen in Verbindung und nehmen sich seiner Wiedereingliederung in die Gemeinschaft an.

(3) ¹Im gesamten Verfahren gegen einen Jugendlichen ist die Jugendgerichtshilfe heranzuziehen. ²Dies soll so früh wie möglich geschehen. ³Vor der Erteilung von Weisungen (§ 10) sind die Vertreter der Jugendgerichtshilfe stets zu hören; kommt eine Betreuungsweisung in Betracht, sollen sie sich auch dazu äußern, wer als Betreuungshelfer bestellt werden soll.

1 Abweichend von Abs 3 S 1 kann gem § 78 Abs 3 S 1 JGG bei der Durchführung des vereinfachten Jugendverfahrens und gem § 104 Abs 3 JGG bei Verfahren vor den allgemeinen Strafgerichten von der **Heranziehung der Jugendgerichtshilfe** abgesehen werden. Die Verpflichtung entfällt nicht dadurch, dass der Angeklagte zum Zeitpunkt der Hauptverhandlung bereits erwachsen ist (BGHSt 6, 354; BGH NStZ 1982, 257). Herangezogen ist die Jugendgerichtshilfe bereits dann, wenn sie gem § 50 Abs 3 S 1 JGG vom Hauptverhandlungstermin unterrichtet worden war, auch wenn kein Vertreter an der Hauptverhandlung teilgenommen hat (BGHSt 27, 250; BGH NStZ-RR 2003, 344; BayObLGSt 1994, 169).

2 Ein Verstoß gegen Abs 3 S 1 ist im **Revision**sverfahren mit einer Verfahrensrüge geltend zu machen. Das Beruhen des Urteils auf diesem Verstoß kann regelmäßig nicht ausgeschlossen werden (BGH NStZ 1982, 257; StV 1993, 536; NStZ-RR 2001, 27; OLG Saarbrücken NStZ-RR 1999, 284; OLG Karlsruhe Justiz 1976, 213). Die fehlende Heranziehung wird nicht dadurch ausgeglichen, dass sich statt der eigentlich zuständigen Behörde der für einen Mitangeklagten erschienene Vertreter eines nicht zuständigen Jugendamtes alleine aufgrund des Ergebnisses der Hauptverhandlung (BGH StV 1988, 308) oder die versehentlich benachrichtigte Gerichtshilfe (BGH NStZ-RR 2001, 27) äußert. Darüber hinaus kann es einen Verstoß gegen § 244 Abs 2 StPO darstellen, wenn die Jugendgerichtshilfe zwar hinzugezogen (dh vom Termin benachrichtigt) worden war, die Hauptverhandlung jedoch ohne ihre Beteiligung durchgeführt wurde. In diesem Fall muss die Verfahrensrüge genauer darlegen, inwieweit sich der Bericht der Jugendgerichtshilfe ausgewirkt hätte (BGH NStZ 1984, 467; NStZ-RR 2003, 344; BayObLGSt 1994, 169). Wenn die Jugendgerichtshilfe ihre Teilnahme an der Hauptverhandlung für geboten hält, der Mitarbeiter jedoch wegen Krankheit nicht erscheint, liegt ein Verstoß gegen die Aufklärungspflicht nahe (BGH StV 1989, 308). Es reicht dagegen aus, wenn ein Mitarbeiter der Jugendgerichtshilfe zu Beginn der Hauptver-

handlung anwesend ist und später ein ihn vertretender Praktikant den schriftlichen Bericht des Mitarbeiters vorträgt (BGH NStZ 1984, 467).

Die große Bedeutung der Jugendgerichtshilfe im Jugendstrafverfahren (und die revisionsrechtlichen Konsequenzen ihrer fehlenden Beteiligung) werfen die Frage auf, ob und ggf wie ihre **Beteiligung** am Verfahren oder zumindest die Zurverfügungstellung von relevanten Informationen vom Gericht **erzwungen** werden kann (vgl dazu OLG Köln NStZ 1986, 569; OLG Karlsruhe NStZ 1992, 251; LG Frankfurt NStZ 1985, 42; Eisenberg JGG § 38 Rn 23, 30 ff, § 50 Rn 25 f). 3

Zweiter Abschnitt. Zuständigkeit (§§ 39-42)

§ 39 Sachliche Zuständigkeit des Jugendrichters

(1) [1]Der Jugendrichter ist zuständig für Verfehlungen Jugendlicher, wenn nur Erziehungsmaßregeln, Zuchtmittel, nach diesem Gesetz zulässige Nebenstrafen und Nebenfolgen oder die Entziehung der Fahrerlaubnis zu erwarten sind und der Staatsanwalt Anklage beim Strafrichter erhebt. [2]Der Jugendrichter ist nicht zuständig in Sachen, die nach § 103 gegen Jugendliche und Erwachsene verbunden sind, wenn für die Erwachsenen nach allgemeinen Vorschriften der Richter beim Amtsgericht nicht zuständig wäre. [3]§ 209 Abs. 2 der Strafprozeßordnung gilt entsprechend.

(2) Der Jugendrichter darf auf Jugendstrafe von mehr als einem Jahr nicht erkennen; die Unterbringung in einem psychiatrischen Krankenhaus darf er nicht anordnen.

Maßgeblich für die sachliche Zuständigkeit ist zum Zeitpunkt der Anklageerhebung die Rechtsfolgenerwartung (Abs 1 S 1), später die Begrenzung der Rechtsfolgenkompetenz (Abs 2). 1

Bei gegen Jugendliche und Erwachsene verbundenen Verfahren ist der Jugendrichter nur zuständig, wenn er für das Verfahren gegen den Erwachsenen auch nach allgemeinen Vorschriften als Strafrichter zuständig wäre (§ 39 Abs 1 S 2 JGG; § 103 JGG Rn 2). In Abgrenzung zum Jugendschöffengericht ist dies insbesondere dann nicht der Fall, wenn bzgl des Erwachsenen eine Freiheitsstrafe von über zwei Jahren zu erwarten ist oder ihm ein Verbrechen zur Last liegt (§ 25 GVG). 2

Die Abgabe an einen anderen Jugendrichter innerhalb desselben Gerichts kann formlos erfolgen (Eisenberg JGG § 39 Rn 16, 21; Meyer-Goßner StPO § 209 Rn 6, § 269 Rn 5). Einem höherrangigen Jugendgericht ist die Sache vor Eröffnung des Hauptverfahrens gem § 39 Abs 1 S 3 JGG iVm § 209 Abs 2 StPO zur Entscheidung vorzulegen. Nach Eröffnung des Hauptverfahrens gilt § 2 JGG iVm § 225 a StPO u § 270 StPO. 3

§ 40 Sachliche Zuständigkeit des Jugendschöffengerichts

(1) [1]Das Jugendschöffengericht ist zuständig für alle Verfehlungen, die nicht zur Zuständigkeit eines anderen Jugendgerichts gehören. [2]§ 209 der Strafprozeßordnung gilt entsprechend.

(2) Das Jugendschöffengericht kann bis zur Eröffnung des Hauptverfahrens von Amts wegen die Entscheidung der Jugendkammer darüber herbeiführen, ob sie eine Sache wegen ihres besonderen Umfangs übernehmen will.

(3) Vor Erlaß des Übernahmebeschlusses fordert der Vorsitzende der Jugendkammer den Angeschuldigten auf, sich innerhalb einer zu bestimmenden Frist zu erklären, ob er die Vornahme einzelner Beweiserhebungen vor der Hauptverhandlung beantragen will.

(4) [1]Der Beschluß, durch den die Jugendkammer die Sache übernimmt oder die Übernahme ablehnt, ist nicht anfechtbar. [2]Der Übernahmebeschluß ist mit dem Eröffnungsbeschluß zu verbinden.

JGG § 41   Jugendgerichtsgesetz (Auszug)

1   Das Jugendschöffengericht ist zuständig, wenn nicht die Zuständigkeit des Jugendrichters (§ 39 JGG) oder der Jugendkammer (§ 41 JGG) gegeben ist. Es kann danach Jugendstrafe bis zum Höchstmaß von 10 Jahren verhängen.

2   Die Abgabe an ein anderes Jugendschöffengericht innerhalb desselben Gerichts kann formlos erfolgen (Meyer-Goßner StPO § 209 Rn 6, § 269 StPO Rn 5). Einem höherrangigen Jugendgericht ist die Sache vor Eröffnung des Hauptverfahrens gem § 40 Abs 1 S 2 JGG iVm § 209 Abs 2 StPO zur Entscheidung vorzulegen. Vor dem Jugendrichter kann das Verfahren gem § 40 Abs 1 S 2 JGG iVm § 209 Abs 1 StPO eröffnet werden. Nach Eröffnung des Hauptverfahrens gilt § 2 JGG iVm § 225 a StPO, §§ 269 StPO f.

3   Die Vorlagemöglichkeit an die Jugendkammer zur Übernahme des Verfahrens wegen ihres besonderen Umfangs (§§ 40 Abs 2 bis Abs 4 JGG, § 41 Abs 1 Nr 1 JGG) tritt an die Stelle des im Jugendstrafverfahren nicht anwendbaren § 29 Abs 2 GVG (Eisenberg JGG §§ 33-33 b Rn 15 und § 40 Rn 11). Der Eröffnungsbeschluss ist mit dem Übernahmebeschluss zu verbinden und wird durch diesen nicht ersetzt (BGH StV 2003, 455). Entsprechend § 40 Abs 4 S 2 JGG, § 209 StPO kann nicht nur die Übernahme, sondern auch deren Ablehnung mit dem Eröffnungsbeschluss verbunden werden (LG Frankfurt NStZ-RR 1996, 251).

§ 41 Sachliche Zuständigkeit der Jugendkammer

(1) Die Jugendkammer ist als erkennendes Gericht des ersten Rechtszuges zuständig in Sachen,
1. die nach den allgemeinen Vorschriften einschließlich der Regelung des § 74 e des Gerichtsverfassungsgesetzes zur Zuständigkeit des Schwurgerichts gehören,
2. die sie nach Vorlage durch das Jugendschöffengericht wegen ihres besonderen Umfangs übernimmt (§ 40 Abs. 2),
3. die nach § 103 gegen Jugendliche und Erwachsene verbunden sind, wenn für die Erwachsenen nach allgemeinen Vorschriften eine große Strafkammer zuständig wäre,
4. bei denen die Staatsanwaltschaft wegen der besonderen Schutzbedürftigkeit von Verletzten der Straftat, die als Zeugen in Betracht kommen, Anklage bei der Jugendkammer erhebt und
5. bei denen dem Beschuldigten eine Tat der in § 7 Abs. 2 bezeichneten Art vorgeworfen wird und eine höhere Strafe als fünf Jahre Jugendstrafe oder die Unterbringung in einem psychiatrischen Krankenhaus zu erwarten ist.

(2) ¹Die Jugendkammer ist außerdem zuständig für die Verhandlung und Entscheidung über das Rechtsmittel der Berufung gegen die Urteile des Jugendrichters und des Jugendschöffengerichts. ²Sie trifft auch die in § 73 Abs. 1 des Gerichtsverfassungsgesetzes bezeichneten Entscheidungen.

1   Bei gegen Jugendliche und Erwachsene verbundenen Verfahren ist die Jugendkammer (auch) zuständig, wenn sie für das Verfahren gegen den Erwachsenen nach allgemeinen Vorschriften als Strafkammer zuständig wäre (Abs 1 Nr 3). In Abgrenzung zum Jugendschöffengericht ist dies insbesondere dann der Fall, wenn bzgl des Erwachsenen eine Freiheitsstrafe von über vier Jahren oder die Unterbringung in einem psychiatrischen Krankenhaus oder in der Sicherungsverwahrung zu erwarten ist (§ 24 Abs 2 GVG, § 74 Abs 1 GVG).

2   Die Regelung des § 41 Abs 1 Nr 4 JGG entspricht § 24 Abs 1 Nr 3 GVG (vgl Meyer-Goßner GVG § 24 Rn 6).

3   Die Abgabe an eine andere Jugendkammer innerhalb desselben Gerichts kann formlos erfolgen (Meyer-Goßner StPO § 209 Rn 6, § 269 StPO Rn 5). Vor dem Jugendrichter oder dem Jugendschöffengericht kann das Verfahren gem § 209 Abs 1 StPO eröffnet werden. Nach Eröffnung des Hauptverfahrens gilt § 2 JGG iVm § 225 a StPO, § 269 StPO f.

4   Die Zuständigkeit der Jugendkammer als Berufungs- oder Beschwerdekammer hängt alleine davon ab, dass eine Entscheidung des Jugendrichters oder des Jugendschöffengerichts angefochten wird. Gegenstand und Inhalt der angefochtenen Entscheidung sind dagegen ohne Bedeutung. Umgekehrt entscheidet gem § 73 GVG auch dann die Strafkammer über

die Beschwerde gegen eine Entscheidung des Strafrichters oder des Schöffengerichts, wenn ihrer Ansicht nach ein Jugendgericht in erster Instanz zuständig gewesen wäre (OLG Zweibrücken NStZ 1994, 48). Die große Jugendkammer (§ 33 b Abs 1 JGG) kann bei einer Berufung gegen ein Urteil des Jugendschöffengerichts (falls wegen der Rechtsfolgenkompetenz erforderlich) das Berufungsverfahren ohne Verweisung in ein erstinstanzliches Verfahren überleiten (BGH NStZ-RR 1997, 22 BeckRS 2009, 18898 jew auch zur Umdeutung; KK-StPO/Paul StPO § 328 Rn 12; Meyer-Goßner StPO § 328 Rn 11). Vgl zur Besetzungsentscheidung der Jugendkammer bei Berufungen gegen Urteile des Jugendschöffengerichts § 33 b JGG (§ 33 b JGG Rn 1).

§ 42 Örtliche Zuständigkeit

(1) Neben dem Richter, der nach dem allgemeinen Verfahrensrecht oder nach besonderen Vorschriften zuständig ist, sind zuständig
1. der Richter, dem die familiengerichtlichen Erziehungsaufgaben für den Beschuldigten obliegen,
2. der Richter, in dessen Bezirk sich der auf freiem Fuß befindliche Beschuldigte zur Zeit der Erhebung der Anklage aufhält,
3. solange der Beschuldigte eine Jugendstrafe noch nicht vollständig verbüßt hat, der Richter, dem die Aufgaben des Vollstreckungsleiters obliegen.

(2) Der Staatsanwalt soll die Anklage nach Möglichkeit vor dem Richter erheben, dem die familiengerichtlichen Erziehungsaufgaben obliegen, solange aber der Beschuldigte eine Jugendstrafe noch nicht vollständig verbüßt hat, vor dem Richter, dem die Aufgaben des Vollstreckungsleiters obliegen.

(3) [1]Wechselt der Angeklagte seinen Aufenthalt, so kann der Richter das Verfahren mit Zustimmung des Staatsanwalts an den Richter abgeben, in dessen Bezirk sich der Angeklagte aufhält. [2]Hat der Richter, an den das Verfahren abgegeben worden ist, gegen die Übernahme Bedenken, so entscheidet das gemeinschaftliche obere Gericht.

A. Örtliche Zuständigkeit (Abs 1 und Abs 2)

Die drei Gerichtsstände des Abs 1 ergänzen die §§ 7 StPO ff. Über den Wortlaut hinaus gilt § 42 auch für das Jugendschöffengericht und die Jugendkammer. 1

Die Zuständigkeit nach Abs 1 Nr 1 richtet sich nach der örtlichen Zuständigkeit des Familien- oder Vormundschaftsgerichts. Sie besteht unabhängig davon, ob diese Gerichte bereits tätig geworden sind oder eine Übertragung nach § 34 Abs 2 S 1 JGG erfolgt ist. 2

Für Abs 1 Nr 2 ist der Aufenthalt zum Zeitpunkt der Anklageerhebung entscheidend. Danach ist gem Abs 3 zu verfahren. Nicht auf freiem Fuß befindet sich der Angeschuldigte/Angeklagte, wenn er aufgrund behördlicher Anordnung seinen Aufenthaltsort nicht frei bestimmen kann (vgl näher Eisenberg JGG § 42 Rn 11). 4

Die Zuständigkeit für die Vollstreckungsleitung (Abs 1 Nr 3) regeln die § 82 Abs 1 JGG, § 85 JGG. 5

Der durch Abs 2 begründete Vorrang gilt im Verhältnis zu sämtlichen nach §§ 7 StPO ff und § 42 JGG in Betracht kommenden Gerichtsständen. Von dieser Ermessensleitlinie darf aus sachlichen Gründen abgewichen werden. Es ist zulässig, zwischen den in § 42 JGG zum Ausdruck kommenden Interessen des jugendlichen Angeklagten auf der einen sowie Gesichtspunkten der Verfahrensökonomie und Belastungen für die übrigen Verfahrensbeteiligten auf der anderen Seite abzuwägen (vgl Rn 7). Maßgeblich sind aber immer die konkreten Umstände des Einzelfalls, im Zweifel ist gem Abs 2 zu verfahren. Die Auswahlentscheidung der Staatsanwaltschaft ist für das Gericht bindend (Eisenberg JGG § 42 Rn 16). 6

B. Abgabe (Abs 3)

Die Abgabemöglichkeit gem Abs 3 S 1 gilt ab Eröffnung des Hauptverfahrens (Angeklagte", § 157 StPO; BGH NStZ-RR 1997, 380) bis zur Verkündung des Urteils. Sie setzt einen 7

Aufenthaltswechsel nach Anklageerhebung voraus (Eisenberg JGG § 42 Rn 19), besteht jedoch auch dann, wenn der Angeschuldigte seinen Aufenthaltsort bereits zwischen Anklageerhebung und Eröffnung des Hauptverfahrens gewechselt hat (OLG Stuttgart MDR 1991, 787). Maßgeblich ist alleine der tatsächliche Aufenthalt, nicht der Wohnsitz oder die Meldeanschrift (BGH StraFo 2007, 162). Unerheblich ist, ob der Aufenthaltswechsel freiwillig erfolgte (Eisenberg JGG § 42 Rn 22). Im vereinfachten Jugendverfahren besteht keine Abgabemöglichkeit, vgl § 77 JGG (§ 77 JGG Rn 1).

8   Die Abgabe steht im Ermessen des Gerichts. Gegen eine Abgabe können folgende Gesichtspunkte sprechen (vgl weiter Eisenberg JGG § 42 Rn 19a): entfernter Wohnort zahlreicher Zeugen (BGH StraFo 2007, 162; StraFo 2006, 415; StraFo 2005, 79; StraFo 2004, 280), der Angeklagte hat bereits mehrfach seinen Aufenthaltsort gewechselt (BGH StraFo 2005, 79; StraFo 2004, 280), das Gericht ist bereits länger mit der Sache vertraut (BGH StraFo 2004, 280), die Gerichte liegen in der Nähe und die Abgabe würde zu einer wesentlichen Verfahrensverzögerung führen (OLG Düsseldorf NJW 1993, 1150; NStZ-RR 1996, 348). Bei Ablehnung der Übernahme entscheidet gem Abs 3 S 2 das gemeinschaftliche obere Gericht, das die Abgabe neben der Rechtmäßigkeit auch auf die Zweckmäßigkeit prüft und eine eigene Ermessensentscheidung vornimmt.

Dritter Abschnitt. Jugendstrafverfahren (§§ 43-81) (Auszug)

Erster Unterabschnitt. Das Vorverfahren (§§ 43-46) (nicht kommentiert)

Zweiter Unterabschnitt. Das Hauptverfahren (§§ 47-54) (Auszug)

§ 47 Einstellung des Verfahrens durch den Richter

(1) ¹Ist die Anklage eingereicht, so kann der Richter das Verfahren einstellen, wenn
1. die Voraussetzungen des § 153 der Strafprozeßordnung vorliegen,
2. eine erzieherische Maßnahme im Sinne des § 45 Abs. 2, die eine Entscheidung durch Urteil entbehrlich macht, bereits durchgeführt oder eingeleitet ist,
3. der Richter eine Entscheidung durch Urteil für entbehrlich hält und gegen den geständigen Jugendlichen eine in § 45 Abs. 3 Satz 1 bezeichnete Maßnahme anordnet oder
4. der Angeklagte mangels Reife strafrechtlich nicht verantwortlich ist.

²In den Fällen von Satz 1 Nr. 2 und 3 kann der Richter mit Zustimmung des Staatsanwalts das Verfahren vorläufig einstellen und dem Jugendlichen eine Frist von höchstens sechs Monaten setzen, binnen der er den Auflagen, Weisungen oder erzieherischen Maßnahmen nachzukommen hat. ³Die Entscheidung ergeht durch Beschluß. ⁴Der Beschluß ist nicht anfechtbar. ⁵Kommt der Jugendliche den Auflagen, Weisungen oder erzieherischen Maßnahmen nach, so stellt der Richter das Verfahren ein. ⁶§ 11 Abs. 3 und § 15 Abs. 3 Satz 2 sind nicht anzuwenden.

(2) ¹Die Einstellung bedarf der Zustimmung des Staatsanwalts, soweit er nicht bereits der vorläufigen Einstellung zugestimmt hat. ²Der Einstellungsbeschluß kann auch in der Hauptverhandlung ergehen. ³Er wird mit Gründen versehen und ist nicht anfechtbar. ⁴Die Gründe werden dem Angeklagten nicht mitgeteilt, soweit davon Nachteile für die Erziehung zu befürchten sind.

(3) Wegen derselben Tat kann nur auf Grund neuer Tatsachen oder Beweismittel von neuem Anklage erhoben werden.

1   Das Verfahren (auch das vereinfachte Jugendverfahren, § 76 Abs 1 S 2 JGG) kann gem § 47 JGG ab Einreichung der Anklage bis zur Rechtskraft eingestellt werden, auch in der

Berufungs- oder Revisionsinstanz (Eisenberg JGG § 47 Rn 6; Meyer-Goßner StPO § 153 Rn 25).

Gegenüber den Einstellungsvorschriften der StPO ist § 47 JGG (wie auch § 45 JGG) teilweise die speziellere Vorschrift, teilweise bleiben diese jedoch auch im Jugendverfahren anwendbar (Einzelheiten sind streitig, vgl Eisenberg JGG § 45 Rn 9 ff, § 47 Rn 9; Meyer-Goßner StPO § 153 Rn 12, § 153 a Rn 4, § 153 b Rn 5, § 154 Rn 1).

Der Staatsanwalt kann (und wird idR) seine Zustimmung zur vorläufigen Einstellung (Abs 1 S 2) von der Anordnung und Erfüllung bestimmter Auflagen, Weisungen oder erzieherischer Maßnahmen abhängig machen (Eisenberg JGG § 47 Rn 19; Meyer-Goßner StPO § 153 a Rn 47, 49).

Die Einstellung ist entgegen Abs 1 S 4, Abs 2 S 3 jedenfalls dann anfechtbar, wenn die Staatsanwaltschaft nicht, nicht wirksam oder nicht hinsichtlich der angeordneten Auflagen, Weisungen oder erzieherischen Maßnahmen zugestimmt hat (Meyer-Goßner StPO § 153 a Rn 57; Eisenberg JGG § 47 Rn 26).

Die Einstellung führt gem Abs 3 zu einer beschränkten Rechtskraft. Neue Anklage kann nur auf Grundlage neuer Tatsachen oder Beweismittel erhoben werden (vgl Meyer-Goßner StPO § 211 Rn 3).

§ 47 a Vorrang der Jugendgerichte

¹**Ein Jugendgericht darf sich nach Eröffnung des Hauptverfahrens nicht für unzuständig erklären, weil die Sache vor ein für allgemeine Strafsachen zuständiges Gericht gleicher oder niedrigerer Ordnung gehöre.** ²**§ 103 Abs. 2 Satz 2, 3 bleibt unberührt.**

Die Vorschrift ergänzt die § 209 a StPO, § 269 StPO und stellt für die Jugendgerichte im Verhältnis zu den allgemeinen Strafgerichten klar, dass nach Eröffnung des Hauptverfahrens die Abgabe an ein allgemeines Strafgericht gleicher oder niedrigerer Ordnung nicht in Betracht kommt (vgl BGH StraFo 2004, 103). Für den umgekehrten Fall folgt dies aus § 269 StPO, vgl § 33 JGG (§ 33 JGG Rn 6).

S 2 stellt die vorrangige Anwendung des § 103 Abs 2 S 2 und S 3 JGG klar (§ 103 JGG Rn 2).

Gegenüber § 103 Abs 3 JGG ist S 1 die speziellere Vorschrift (§ 103 JGG Rn 5).

§ 48 Nichtöffentlichkeit

(1) Die Verhandlung vor dem erkennenden Gericht einschließlich der Verkündung der Entscheidungen ist nicht öffentlich.

(2) ¹**Neben den am Verfahren Beteiligten ist dem Verletzten, seinem Erziehungsberechtigten und seinem gesetzlichen Vertreter und, falls der Angeklagte der Aufsicht und Leitung eines Bewährungshelfers oder der Betreuung und Aufsicht eines Betreuungshelfers untersteht oder für ihn ein Erziehungsbeistand bestellt ist, dem Helfer und dem Erziehungsbeistand die Anwesenheit gestattet.** ²**Das gleiche gilt in den Fällen, in denen dem Jugendlichen Hilfe zur Erziehung in einem Heim oder einer vergleichbaren Einrichtung gewährt wird, für den Leiter der Einrichtung.** ³**Andere Personen kann der Vorsitzende aus besonderen Gründen, namentlich zu Ausbildungszwecken, zulassen.**

(3) ¹**Sind in dem Verfahren auch Heranwachsende oder Erwachsene angeklagt, so ist die Verhandlung öffentlich.** ²**Die Öffentlichkeit kann ausgeschlossen werden, wenn dies im Interesse der Erziehung jugendlicher Angeklagter geboten ist.**

Überblick

Die Vorschrift ergänzt die §§ 169 GVG ff. Nicht anwendbar sind aufgrund der speziellen und abschließenden Regelungen in Abs 1 und 2 insbesondere die allgemeinen Vorschriften der §§ 173 Abs 1 GVG, § 175 Abs 2 GVG.

A. Verhandlung gegen zur Tatzeit Jugendliche

1   Die Verhandlung ist nicht öffentlich, wenn der Angeklagte zur Zeit der Tat Jugendlicher war (§ 1 Abs 2). Das Alter zum Zeitpunkt der Hauptverhandlung ist dagegen ohne Bedeutung. Bei mehreren angeklagten Taten ist die Öffentlichkeit ausgeschlossen, wenn der Angeklagte bei mindestens einer vorgeworfenen Tat Jugendlicher war. Dies gilt auch, wenn im Laufe des Verfahrens alle Taten, die als Jugendlicher begangen worden sein sollen, gem § 154 StPO eingestellt wurden (BGH NStZ 1998, 315).

2   Die Vorschrift gilt für das gesamte Verfahren, auch für die Verhandlung vor dem Revisionsgericht (BGHR JGG § 48 Abs 1 Nichtöffentlichkeit 3; **aA** Meyer-Goßner GVG § 169 Rn 2).

3   Den in Abs 2 S 1 und 2 genannten Personen ist die Anwesenheit gestattet, einer Entscheidung des Vorsitzenden oder des Gerichts bedarf es nicht. Diese Personen können aufgrund der allgemeinen Regeln (§§ 171 a GVG ff) ausgeschlossen werden (Eisenberg JGG § 48 Rn 13). Der Anwalt eines Verletzten hat nur unter den Voraussetzungen des § 80 Abs 3 JGG ein Anwesenheitsrecht (Meyer-Goßner StPO § 406 g Rn 7). Eine Zulassung gem Abs 1 S 3 steht im pflichtgemäßen Ermessen des Vorsitzenden.

B. Verhandlung auch gegen Heranwachsende und/oder Erwachsene

4   Im Anwendungsbereich des Abs 3 gelten die allgemeinen Vorschriften (Abs 3 S 1). Hier tritt Abs 3 S 2 neben die Ausschließungsgründe des GVG, die Verfahrensregeln des § 174 GVG sind zu beachten (OLG Hamm StraFo 2000, 195; Eisenberg JGG § 48 Rn 14; Meyer-Goßner GVG § 174 Rn 7). Den allgemeinen Regeln entsprechend kann der Ausschluss der Öffentlichkeit zwar auf einen Teil der Hauptverhandlung beschränkt werden, vgl § 174 GVG (§ 174 GVG Rn 4). Ein Beschluss gem Abs 3 S 2 soll jedoch regelmäßig wie Abs 1 die gesamte Hauptverhandlung einschließlich der Urteilsverkündung erfassen, ohne dass insoweit eine gesonderte Entscheidung entsprechend § 173 Abs 2 GVG zu treffen wäre (BGH NStZ 1998, 53, **aA** Eisenberg JGG § 48 Rn 22). Bei verbundenen Verfahren gegen Jugendliche und Heranwachsende kann die Öffentlichkeit auch gem § 109 S 4 JGG ausgeschlossen werden (§ 109 JGG Rn 6).

5   Ein zur Tatzeit Jugendlicher kann sich nicht auf eine Verletzung des Öffentlichkeitsgrundsatzes berufen, da gegen ihn gem Abs 1 ohnehin nicht öffentlich zu verhandeln gewesen wäre (BGH NStZ-RR 2007, 55).

Dritter Unterabschnitt. Rechtsmittelverfahren (§§ 55, 56)
(nicht kommentiert)

Vierter Unterabschnitt. Verfahren bei Aussetzung der Jugendstrafe zur Bewährung (§§ 57-61)
(nicht kommentiert)

Fünfter Unterabschnitt. Verfahren bei Aussetzung der Verhängung der Jugendstrafe (§§ 62-64)
(nicht kommentiert)

Sechster Unterabschnitt. Ergänzende Entscheidungen (§§ 65, 66)
(nicht kommentiert)

Siebenter Unterabschnitt. Gemeinsame Verfahrensvorschriften (§§ 67-74) (Auszug)

§ 67 Stellung des Erziehungsberechtigten und des gesetzlichen Vertreters

(1) Soweit der Beschuldigte ein Recht darauf hat, gehört zu werden, Fragen und Anträge zu stellen oder bei Untersuchungshandlungen anwesend zu sein, steht dieses Recht auch dem Erziehungsberechtigten und dem gesetzlichen Vertreter zu.

(2) Ist eine Mitteilung an den Beschuldigten vorgeschrieben, so soll die entsprechende Mitteilung an den Erziehungsberechtigten und den gesetzlichen Vertreter gerichtet werden.

(3) Die Rechte des gesetzlichen Vertreters zur Wahl eines Verteidigers und zur Einlegung von Rechtsbehelfen stehen auch dem Erziehungsberechtigten zu.

(4) ¹Der Richter kann diese Rechte dem Erziehungsberechtigten und dem gesetzlichen Vertreter entziehen, soweit sie verdächtig sind, an der Verfehlung des Beschuldigten beteiligt zu sein, oder soweit sie wegen einer Beteiligung verurteilt sind. ²Liegen die Voraussetzungen des Satzes 1 bei dem Erziehungsberechtigten oder dem gesetzlichen Vertreter vor, so kann der Richter die Entziehung gegen beide aussprechen, wenn ein Mißbrauch der Rechte zu befürchten ist. ³Stehen dem Erziehungsberechtigten und dem gesetzlichen Vertreter ihre Rechte nicht mehr zu, so bestellt das Familiengericht einen Pfleger zur Wahrnehmung der Interessen des Beschuldigten im anhängigen Strafverfahren. ⁴Die Hauptverhandlung wird bis zur Bestellung des Pflegers ausgesetzt.

(5) ¹Sind mehrere erziehungsberechtigt, so kann jeder von ihnen die in diesem Gesetz bestimmten Rechte des Erziehungsberechtigten ausüben. ²In der Hauptverhandlung oder in einer sonstigen Verhandlung vor dem Richter wird der abwesende Erziehungsberechtigte als durch den anwesenden vertreten angesehen. ³Sind Mitteilungen oder Ladungen vorgeschrieben, so genügt es, wenn sie an einen Erziehungsberechtigten gerichtet werden.

Erziehungsberechtigte und gesetzliche Vertreter haben die gleichen Frage-, Antrags- und Anwesenheitsrechte wie der Beschuldigte (bzw Angeschuldigte, Angeklagte). Dies gilt auch für § 257 StPO (Eisenberg JGG § 67 Rn 9; **aA** Meyer-Goßner StPO § 257 Rn 3; KK-StPO/Diemer StPO § 257 Rn 2), nicht aber zB für das Widerspruchsrecht gem § 249 Abs 2 S 2 StPO (Meyer-Goßner StPO § 249 Rn 21; KK-StPO/Diemer StPO § 249 Rn 35; **aA** Eisenberg JGG § 67 Rn 10). 1

Das **letzte Wort** wird dem Erziehungsberechtigten oder gesetzlichen Vertreter vor dem Angeklagten erteilt (Eisenberg JGG § 67 JGG Rn 9; Meyer-Goßner StPO § 258 Rn 23; KK-StPO/Schoreit StPO § 258 Rn 20). Im Rahmen der Revision kann regelmäßig nicht sicher ausgeschlossen werden, dass das Urteil auf der unterlassenen Gewährung des letzten Wortes beruht (BGH NStZ 2000, 553; BayObLG StV 2001, 173; Meyer-Goßner StPO § 259 Rn 34; KK-StPO/Schoreit StPO § 258 Rn 37). Das Beruhen kann jedoch bzgl der Schuldsprüche ausgeschlossen sein, wenn der Angeklagte die Taten in vollem Umfang eingeräumt (BGH NStZ 1985, 230; NStZ 2000, 435; NStZ 2000, 553; NStZ-RR 2002, 346) oder sich nicht zur Sache eingelassen hat, falls die Erziehungsberechtigten beim Tatgeschehen nicht anwesend waren (BGH StV 2006, 228; NStZ 1999, 426). Das Beruhen kann sogar insgesamt ausgeschlossen sein, wenn der anwesende Erziehungsberechtigte als Mitangeklagter am Verfahren teilgenommen, während des Verfahrens jedoch durchgehend geschwiegen und sich selbst in seinem letzten Wort lediglich seinem Verteidiger angeschlossen hat (BGH NStZ 1996, 612). Die Zulässigkeit einer Revisionsrüge setzt zwar keinen Vortrag dazu voraus, was im Rahmen des letzten Wortes ausgeführt worden wäre (Eisenberg JGG § 67 Rn 9; KK-StPO/Schoreit StPO § 258 Rn 36). Angaben dazu können jedoch im Rahmen der Beruhensprüfung Bedeutung erlangen. 2

3　Ein Verstoß gegen Abs 2 (zB unterbliebene Terminsnachricht) kann nur als Aufklärungsrüge geltend gemacht werden (BGH NStZ 1996, 612).

4　Die Rücknahme des vom Erziehungsberechtigten oder gesetzlichen Vertreter eingelegten Rechtsmittels ist gem § 55 Abs 3 JGG nur mit Zustimmung des Angeklagten möglich.

§ 68 Notwendige Verteidigung

Der Vorsitzende bestellt dem Beschuldigten einen Verteidiger, wenn
1. **einem Erwachsenen ein Verteidiger zu bestellen wäre,**
2. **dem Erziehungsberechtigten und dem gesetzlichen Vertreter ihre Rechte nach diesem Gesetz entzogen sind,**
3. **der Erziehungsberechtigte und der gesetzliche Vertreter nach § 51 Abs. 2 von der Verhandlung ausgeschlossen worden sind und die Beeinträchtigung in der Wahrnehmung ihrer Rechte durch eine nachträgliche Unterrichtung (§ 51 Abs. 4 Satz 2) nicht hinreichend ausgeglichen werden kann,**
4. **zur Vorbereitung eines Gutachtens über den Entwicklungsstand des Beschuldigten (§ 73) seine Unterbringung in einer Anstalt in Frage kommt oder**
5. **gegen ihn Untersuchungshaft oder einstweilige Unterbringung gemäß § 126 a der Strafprozeßordnung vollstreckt wird, solange er das achtzehnte Lebensjahr nicht vollendet hat; der Verteidiger wird unverzüglich bestellt.**

1　Die Vorschrift ergänzt § 140 StPO (iVm § 68 Nr 1 JGG). Sie ist grds auch im vereinfachten Jugendverfahren anwendbar (OLG Düsseldorf NStZ 1999, 211).

2　Ganz unterschiedlich wird beurteilt, wann im Jugendstrafverfahren eine Pflichtverteidigerbestellung gem § 68 Nr 1 JGG iVm § 140 Abs 2 StPO zu erfolgen hat. Dies betrifft insbesondere Fälle, in denen wegen zu erwartender Jugendstrafe Anklage zum Jugendschöffengericht erhoben wird oder beim Jugendrichter nach Eröffnung des Hauptverfahrens die Verhängung von Jugendstrafe absehbar ist. Jedenfalls ist die Bestellung eines Pflichtverteidigers wie bei Erwachsenen dann erforderlich, wenn die zu erwartende (Jugend-)Strafe mindestens ein Jahr beträgt (vgl Eisenberg JGG § 68 Rn 24 ff; Meyer-Goßner StPO § 140 Rn 22 a ff). Die Bestellung eines Beistandes gem § 69 JGG kann dazu führen, dass es der Bestellung eines Verteidigers nicht (mehr) bedarf (§ 69 JGG Rn 1).

3　Abweichend von § 117 Abs 4 StPO, § 141 Abs 3 StPO ist dem Jugendlichen im Falle von § 68 Nr 5 JGG in jedem Fall umgehend ein Verteidiger zu bestellen. In den Fällen der § 71 Abs 2 JGG, § 72 Abs 4 ist Nr 5 JGG zumindest entsprechend anwendbar (Eisenberg JGG § 68 Rn 31, § 71 Rn 14).

§ 69 Beistand

(1) Der Vorsitzende kann dem Beschuldigten in jeder Lage des Verfahrens einen Beistand bestellen, wenn kein Fall der notwendigen Verteidigung vorliegt.

(2) Der Erziehungsberechtigte und der gesetzliche Vertreter dürfen nicht zum Beistand bestellt werden, wenn hierdurch ein Nachteil für die Erziehung zu erwarten wäre.

(3) [1]Dem Beistand kann Akteneinsicht gewährt werden. [2]Im übrigen hat er in der Hauptverhandlung die Rechte eines Verteidigers.

Die Bestellung eines Beistandes kann eine Pflichtverteidigerbestellung entbehrlich machen, vgl § 68 JGG (§ 68 JGG Rn 2). Das Recht auf Anwesenheit in der Hauptverhandlung folgt aus Abs 3 S 2.

§ 70 Mitteilungen

[1]**Die Jugendgerichtshilfe, in geeigneten Fällen auch das Familiengericht und die Schule werden von der Einleitung und dem Ausgang des Verfahrens unterrichtet.**

Jugendgerichtsgesetz (Auszug) §§ 71, 72 JGG

²Sie benachrichtigen den Staatsanwalt, wenn ihnen bekannt wird, daß gegen den Beschuldigten noch ein anderes Strafverfahren anhängig ist. ³Das Familiengericht teilt dem Staatsanwalt ferner familiengerichtliche Maßnahmen sowie ihre Änderung und Aufhebung mit, soweit nicht für das Familiengericht erkennbar ist, daß schutzwürdige Interessen des Beschuldigten oder des sonst von der Mitteilung Betroffenen an dem Ausschluß der Übermittlung überwiegen.

Die Jugendgerichtshilfe wird über S 1 hinaus auch über den Hauptverhandlungstermin (§ 50 Abs 3 S 1 JGG) sowie den Erlass und die Vollstreckung eines Haftbefehls unterrichtet, vgl § 72 a JGG (§ 72 a JGG Rn 1).

§ 71 Vorläufige Anordnungen über die Erziehung

(1) Bis zur Rechtskraft des Urteils kann der Richter vorläufige Anordnungen über die Erziehung des Jugendlichen treffen oder die Gewährung von Leistungen nach dem Achten Buch Sozialgesetzbuch anregen.

(2) ¹Der Richter kann die einstweilige Unterbringung in einem geeigneten Heim der Jugendhilfe anordnen, wenn dies auch im Hinblick auf die zu erwartenden Maßnahmen geboten ist, um den Jugendlichen vor einer weiteren Gefährdung seiner Entwicklung, insbesondere vor der Begehung neuer Straftaten, zu bewahren. ²Für die einstweilige Unterbringung gelten die §§ 114 bis 115 a, 117 bis 118 b, 120, 125 und 126 der Strafprozeßordnung sinngemäß. ³Die Ausführung der einstweiligen Unterbringung richtet sich nach den für das Heim der Jugendhilfe geltenden Regelungen.

Auch gem § 72 Abs 4 JGG kann (zur Abwendung der Untersuchungshaft) eine einstweilige Unterbringung angeordnet werden. Eine Anordnung gem Abs 2 kann mangels sinngemäßer Anwendung des § 116 StPO nicht außer Vollzug gesetzt werden (OLG Zweibrücken NStZ-RR 2004, 348).

§ 72 Untersuchungshaft

(1) ¹Untersuchungshaft darf nur verhängt und vollstreckt werden, wenn ihr Zweck nicht durch eine vorläufige Anordnung über die Erziehung oder durch andere Maßnahmen erreicht werden kann. ²Bei der Prüfung der Verhältnismäßigkeit (§ 112 Abs. 1 Satz 2 der Strafprozeßordnung) sind auch die besonderen Belastungen des Vollzuges für Jugendliche zu berücksichtigen. ³Wird Untersuchungshaft verhängt, so sind im Haftbefehl die Gründe anzuführen, aus denen sich ergibt, daß andere Maßnahmen, insbesondere die einstweilige Unterbringung in einem Heim der Jugendhilfe, nicht ausreichen und die Untersuchungshaft nicht unverhältnismäßig ist.

(2) Solange der Jugendliche das sechzehnte Lebensjahr noch nicht vollendet hat, ist die Verhängung von Untersuchungshaft wegen Fluchtgefahr nur zulässig, wenn er
1. sich dem Verfahren bereits entzogen hatte oder Anstalten zur Flucht getroffen hat oder
2. im Geltungsbereich dieses Gesetzes keinen festen Wohnsitz oder Aufenthalt hat.

(3) Über die Vollstreckung eines Haftbefehls und über die Maßnahmen zur Abwendung seiner Vollstreckung entscheidet der Richter, der den Haftbefehl erlassen hat, in dringenden Fällen der Jugendrichter, in dessen Bezirk die Untersuchungshaft vollzogen werden müßte.

(4) ¹Unter denselben Voraussetzungen, unter denen ein Haftbefehl erlassen werden kann, kann auch die einstweilige Unterbringung in einem Heim der Jugendhilfe (§ 71 Abs. 2) angeordnet werden. ²In diesem Falle kann der Richter den Unterbringungsbefehl nachträglich durch einen Haftbefehl ersetzen, wenn sich dies als notwendig erweist.

(5) Befindet sich ein Jugendlicher in Untersuchungshaft, so ist das Verfahren mit besonderer Beschleunigung durchzuführen.

(6) Die richterlichen Entscheidungen, welche die Untersuchungshaft betreffen, kann der zuständige Richter aus wichtigen Gründen sämtlich oder zum Teil einem anderen Jugendrichter übertragen.

1   Durch § 72 JGG werden die allgemeinen Vorschriften der StPO über die Untersuchungshaft ergänzt und modifiziert.
2   Im Fall des § 112a Abs 1 Nr 2 StPO steht Jugendstrafe der Freiheitsstrafe gleich (Meyer-Goßner StPO § 112a Rn 10; KK-StPO/Graf StPO § 112a Rn 21; aA Eisenberg JGG § 72 Rn 7).
3   Bei der Fristberechnung nach § 121 StPO steht eine Unterbringung gem Abs 4 dem Vollzug von Untersuchungshaft gleich (OLG Dresden JR 1994, 377), nicht jedoch eine Unterbringung gem § 71 Abs 2 JGG (KG JR 1990, 216; Meyer-Goßner StPO § 121 Rn 6a; KK-StPO/Schultheis StPO § 121 Rn 7). Dabei ist auf den Inhalt der Anordnung, nicht die Bezeichnung der Rechtsgrundlage (§ 71 Abs 2 JGG statt § 72 Abs 4 JGG) abzustellen (OLG Karlsruhe NStZ 1997, 452).
4   Durch Abs 6 werden die Anforderungen an die Beschleunigung des Ermittlungsverfahrens über § 121 Abs 1 StPO hinaus zusätzlich erhöht (OLG Zweibrücken StV 2002, 433).

§ 72a Heranziehung der Jugendgerichtshilfe in Haftsachen

¹Die Jugendgerichtshilfe ist unverzüglich von der Vollstreckung eines Haftbefehls zu unterrichten; ihr soll bereits der Erlaß eines Haftbefehls mitgeteilt werden. ²Von der vorläufigen Festnahme eines Jugendlichen ist die Jugendgerichtshilfe zu unterrichten, wenn nach dem Stand der Ermittlungen zu erwarten ist, daß der Jugendliche gemäß § 128 der Strafprozeßordnung dem Richter vorgeführt wird.

Durch die Vorschrift werden die § 50 Abs 3 JGG, § 70 S 1 JGG ergänzt. Sie gilt für jede Art von Haftbefehl.

§ 72b *(nicht kommentiert und abgedruckt)*

§ 73 Unterbringung zur Beobachtung

(1) ¹Zur Vorbereitung eines Gutachtens über den Entwicklungsstand des Beschuldigten kann der Richter nach Anhören eines Sachverständigen und des Verteidigers anordnen, daß der Beschuldigte in eine zur Untersuchung Jugendlicher geeignete Anstalt gebracht und dort beobachtet wird. ²Im vorbereiteten Verfahren entscheidet der Richter, der für die Eröffnung des Hauptverfahrens zuständig wäre.

(2) ¹Gegen den Beschluß ist sofortige Beschwerde zulässig. ²Sie hat aufschiebende Wirkung.

(3) Die Verwahrung in der Anstalt darf die Dauer von sechs Wochen nicht überschreiten.

Durch die Vorschrift werden die §§ 81 StPO f ergänzt. Umstritten ist, wie sich die Höchstfristen des Abs 3 und des § 81 Abs 5 StPO zueinander verhalten (vgl Eisenberg JGG § 73 Rn 6; Meyer-Goßner StPO § 81 Rn 17). Da § 73 JGG lediglich einen zusätzlichen Unterbringungszweck beinhaltet und die Untersuchungen aufeinander abgestimmt werden können, gilt die einheitliche Höchstfrist von sechs Wochen auch dann, wenn die Unterbringung zur Untersuchung (ggf auch erst nacheinander) auf beide Normen gestützt wird.

§ 74 Kosten und Auslagen

Im Verfahren gegen einen Jugendlichen kann davon abgesehen werden, dem Angeklagten Kosten und Auslagen aufzuerlegen.

Durch die Vorschrift werden die allgemeinen Kostenvorschriften der StPO ergänzt. Eine Verurteilung bzw Strafe iSd § 465 Abs 1 StPO, § 466 S 1 StPO liegt in einem Jugendstrafverfahren unabhängig von den angeordneten Rechtsfolgen vor, wenn ein Schuldspruch erfolgte (Meyer-Goßner StPO § 465 Rn 2; Eisenberg JGG § 74 Rn 5). Die eigenen notwendigen Auslagen des Angeklagten können der Staatskasse nicht auferlegt werden (BGH NStZ 1989, 239; NStZ 2006, 503; aA Eisenberg JGG § 74 Rn 15 a). Das Absehen von der Auferlegung von Kosten und Auslagen kann sich auch auf Teile (bestimmte Summe oder Arten, anteilig) beziehen (vgl Eisenberg JGG § 74 Rn 8, 10 ff).

Achter Unterabschnitt. Vereinfachtes Jugendverfahren (§§ 75-78)

§ 75 (weggefallen)

§ 76 Voraussetzungen des vereinfachten Jugendverfahrens

¹Der Staatsanwalt kann bei dem Jugendrichter schriftlich oder mündlich beantragen, im vereinfachten Jugendverfahren zu entscheiden, wenn zu erwarten ist, daß der Jugendrichter ausschließlich Weisungen erteilen, Hilfe zur Erziehung im Sinne des § 12 Nr. 1 anordnen, Zuchtmittel verhängen, auf ein Fahrverbot erkennen, die Fahrerlaubnis entziehen und eine Sperre von nicht mehr als zwei Jahren festsetzen oder den Verfall oder die Einziehung ausspricht wird. ²Der Antrag des Staatsanwalts steht der Anklage gleich.

Das vereinfachte Jugendverfahren zwingt im Gegensatz zum Vorgehen gem § 45 Abs 3 S 1 JGG zur Durchführung einer mündlichen Verhandlung und zur Entscheidung durch Urteil (§ 78 Abs 1 S 1 JGG), allerdings erlaubt es die Anordnung weitergehender Rechtsfolgen (S 1, § 78 Abs 1 S 2 JGG). Bei der Antragstellung ist auch der Ablehnungsgrund des § 77 Abs 1 S 1 JGG (umfangreiche Beweisaufnahme) zu beachten. 1

Der Antrag der Staatsanwaltschaft setzt hinreichenden Tatverdacht iSd § 170 Abs 1 StPO, § 203 StPO voraus, da er der Anklage gleich steht, vgl § 76 S 2 JGG, § 77 JGG (§ 77 JGG Rn 1). Umstritten ist, bis wann er zurückgenommen werden kann (vgl Eisenberg JGG § 78 Rn 13). 2

§ 77 Ablehnung des Antrags

(1) ¹Der Jugendrichter lehnt die Entscheidung im vereinfachten Verfahren ab, wenn sich die Sache hierzu nicht eignet, namentlich wenn die Anordnung von Hilfe zur Erziehung im Sinne des § 12 Nr. 2 oder die Verhängung von Jugendstrafe wahrscheinlich oder eine umfangreiche Beweisaufnahme erforderlich ist. ²Der Beschluß kann bis zur Verkündung des Urteils ergehen. ³Er ist nicht anfechtbar.

(2) Lehnt der Jugendrichter die Entscheidung im vereinfachten Verfahren ab, so reicht der Staatsanwalt eine Anklageschrift ein.

Neben den besonderen Verfahrensvoraussetzungen des Abs 1 S 1 prüft der Jugendrichter auch die allgemeinen Verfahrensvoraussetzungen, dh insbesondere seine Zuständigkeit und das Vorliegen des hinreichenden Tatverdachts, vgl § 76 JGG (Eisenberg JGG § 78 Rn 14; § 76 JGG Rn 2). Eine Abgabe gem § 42 Abs 3 S 1 JGG ist nicht möglich (Eisenberg JGG § 42 Rn 20, Eisenberg JGG § 78 Rn 19; § 42 JGG Rn 7).

2   Durch Abs 2 wird nur klargestellt, dass die Ablehnung einer Entscheidung im vereinfachten Jugendverfahren der Anklageerhebung nicht entgegensteht. Die Staatsanwaltschaft ist jedoch nicht gezwungen, Anklage zu erheben, sie kann das Verfahren auch einstellen.

§ 78 Verfahren und Entscheidung

(1) ¹Der Jugendrichter entscheidet im vereinfachten Jugendverfahren auf Grund einer mündlichen Verhandlung durch Urteil. ²Er darf auf Hilfe zur Erziehung im Sinne des § 12 Nr. 2, Jugendstrafe oder Unterbringung in einer Entziehungsanstalt nicht erkennen.

(2) ¹Der Staatsanwalt ist nicht verpflichtet, an der Verhandlung teilzunehmen. ²Nimmt er nicht teil, so bedarf es seiner Zustimmung zu einer Einstellung des Verfahrens in der Verhandlung oder zur Durchführung der Verhandlung in Abwesenheit des Angeklagten nicht.

(3) ¹Zur Vereinfachung, Beschleunigung und jugendgemäßen Gestaltung des Verfahrens darf von Verfahrensvorschriften abgewichen werden, soweit dadurch die Erforschung der Wahrheit nicht beeinträchtigt wird. ²Die Vorschriften über die Anwesenheit des Angeklagten (§ 50), die Stellung des Erziehungsberechtigten und des gesetzlichen Vertreters (§ 67) und die Mitteilung von Entscheidungen (§ 70) müssen beachtet werden. ³Bleibt der Beschuldigte der mündlichen Verhandlung fern und ist sein Fernbleiben nicht genügend entschuldigt, so kann die Vorführung angeordnet werden, wenn dies mit der Ladung angedroht worden ist.

1   Über die Durchführung des vereinfachten Jugendverfahrens wird nur im Falle der Ablehnung förmlich entschieden (§ 77 Abs 1 JGG), es bedarf hingegen keines Eröffnungsbeschlusses wie bei Einreichung einer Anklage.

2   Die Anwesenheit des Beschuldigten kann nur im Wege der Vorführung erzwungen werden, der Erlass eines Hauptverhandlungshaftbefehls ist unzulässig (§ 78 Abs 3 S 3 JGG iVm § 230 Abs 2 StPO). Abweichend von § 47 Abs 1 S 2 u Abs 2 S 1 JGG bedarf es der Zustimmung des Staatsanwaltes zur Einstellung des Verfahrens in der Verhandlung nicht, wenn dieser nicht an ihr teilnimmt (Abs 2 S 2). Abs 3 S 1 ermöglicht Abweichungen von den allgemeinen Verfahrensvorschriften vor allem im Bereich der Beweiserhebung. In diesem Zusammenhang kann auf die zu § 420 Abs 4 StPO entwickelten Grundsätze zurückgegriffen werden (vgl Meyer-Goßner StPO § 420 Rn 10 f; enger Eisenberg JGG § 78 Rn 23).

Neunter Unterabschnitt. Ausschluß von Vorschriften des allgemeinen Verfahrensrechts (§§ 79-81)

§ 79 Strafbefehl und beschleunigtes Verfahren

(1) Gegen einen Jugendlichen darf kein Strafbefehl erlassen werden.

(2) Das beschleunigte Verfahren des allgemeinen Verfahrensrechts ist unzulässig.

1   Maßgeblich ist das Alter zur Zeit der Tat (§ 1 Abs 2 JGG). Der gegen einen Jugendlichen erlassene und rechtskräftig gewordene Strafbefehl ist grds nicht nichtig, in Betracht kommt jedoch eine Wiederaufnahme des Verfahrens (LG Landau NStZ-RR 2003, 28; KK-StPO/Fischer StPO § 407 Rn 27). Nach Einlegung des Einspruchs ersetzt der erlassene Strafbefehl die Anklage (Meyer-Goßner StPO § 407 Rn 3; KK-StPO/Fischer StPO § 407 Rn 26), ggf ist gem § 209 a Nr 2 a StPO, § 225 a StPO, § 270 StPO zu verfahren (aA KK-StPO/Fischer StPO § 407 Rn 25: formlose Abgabe).

§ 80 Privatklage und Nebenklage

(1) ¹Gegen einen Jugendlichen kann Privatklage nicht erhoben werden. ²Eine Verfehlung, die nach den allgemeinen Vorschriften durch Privatklage verfolgt werden kann, verfolgt der Staatsanwalt auch dann, wenn Gründe der Erziehung oder ein berechtigtes Interesse des Verletzten, das dem Erziehungszweck nicht entgegensteht, es erfordern.

(2) ¹Gegen einen jugendlichen Privatkläger ist Widerklage zulässig. ²Auf Jugendstrafe darf nicht erkannt werden.

(3) ¹Der erhobenen öffentlichen Klage kann sich als Nebenkläger nur anschließen, wer durch ein Verbrechen gegen das Leben, die körperliche Unversehrtheit oder die sexuelle Selbstbestimmung oder nach § 239 Abs. 3, § 239 a oder § 239 b des Strafgesetzbuchs, durch welches das Opfer seelisch oder körperlich schwer geschädigt oder einer solchen Gefahr ausgesetzt worden ist, oder durch ein Verbrechen nach § 251 des Strafgesetzbuchs, auch in Verbindung mit § 252 oder § 255 des Strafgesetzbuchs, verletzt worden ist. ²Im Übrigen gelten § 395 Absatz 2 Nummer 1, Absatz 4 und 5 und §§ 396 bis 402 der Strafprozessordnung entsprechend.

Überblick

Die Vorschrift regelt inwieweit die strafprozessualen Vorschriften über die Privat- und Nebenklage im Jugendstrafverfahren Anwendung finden.

A. Allgemeines

Die Beteiligung des Verletzten im Jugendstrafverfahren galt lange Zeit als erziehungsfeindlich und wurde deshalb nur punktuell zugelassen, die Nebenklage in Verfahren gegen Jugendliche war nicht zulässig. Durch das 2. JuMoG v 22. 12. 2006 wurde die bislang generell ausgeschlossene Nebenklage nunmehr bei einigen besonders gravierenden Verbrechen zugelassen (vgl Eisenberg JGG Rn § 80 Rn 14 ff). Die Anschlussmöglichkeit besteht auch für die nahen Angehörigen eines durch eine rechtswidrige Tat Getöteten nach § 395 Abs 2 Nr 1 StPO. Seither kann auch das Adhäsionsverfahren nach den §§ 403 StPO ff in allen Strafverfahren gegen Heranwachsende geltend gemacht werden, selbst wenn Jugendstrafrecht angewandt wird. Die bestehenden Vorschriften zur Privatklage sind unverändert; sie haben kaum Praxisrelevanz. 1

B. Anwendungsbereich

Die Vorschrift des § 80 JGG gilt gem § 104 Abs 1 Nr 14 JGG für Jugendliche auch in Verfahren vor den für allgemeine Strafsachen zuständigen Gerichten, während sie auf Heranwachsende gem § 109 JGG, § 112 S 2 JGG keine Anwendung findet. Das bedeutet, dass gegen Heranwachsende die Privatklage, und die Nebenklage ohne die Einschränkungen des Abs 3 zulässig ist. Dabei ist unbeachtlich, ob die Anwendung von Jugend- oder Erwachsenenstrafrecht zu erwarten ist. 2

C. Grundsätzliche Unzulässigkeit der Privatklage

Nach Abs 1 S 1 kann gegen einen Jugendlichen eine Privatklage nach den §§ 374 StPO ff nicht erhoben werden. Gem Abs 1 S 2 hat die Staatsanwaltschaft Privatklagedelikte allerdings dann zu verfolgen (vgl §§ 45 JGG ff, §§ 76 JGG ff), wenn beim Vorliegen der allgemeinen Voraussetzungen (zB ein Strafantrag bei absoluten Antragsdelikten) ein berechtigtes Interesse des Verletzten dies erfordert und der Erziehungszweck dem nicht entgegensteht. Für eine Privatklage ist Voraussetzung, dass der Beschuldigte zum Zeitpunkt der vorgeworfenen Tat mindestens 18 Jahre alt war (§ 1 Abs 2 JGG iVm Abs 1 S 1). Der Begriff des Verletzten bestimmt sich wie in § 172 StPO. Bei der Beurteilung der Gründe der Erziehung sind die Entstehungszusammenhänge der Straftat, das Alter und die Erziehungsverhältnisse zu berück- 3 sichtigen (Eisenberg JGG § 80 Rn 6). Als ein berechtigtes Interesse des Verletzten gilt jeder vernünftige Anlass für den Wunsch nach Verfolgung und Ahndung (Eisenberg JGG § 80 Rn 7). Diese Gründe dürfen allerdings dem Erziehungszweck nicht entgegenstehen. Sofern die Staatsanwaltschaft die Verfolgung des Privatklagedelikts ablehnt, ist ein Klageerzwingungsverfahren nicht möglich; anders bei einer Einstellung nach § 170 Abs 2 StPO (OLG Stuttgart NStZ 1989, 136).

Für die nach Abs 2 zulässige Widerklage nach § 388 StPO, deren allgemeine Zulässigkeitsvoraussetzungen vorliegen müssen, ist das mit der Privatklage befasste Gericht zuständig (vgl § 388 Abs 3 StPO). Sofern es sich dabei um ein für allgemeine Strafsachen zuständiges Gericht handelt, so gilt für den jugendlichen Widerbeklagten § 104 JGG mit der Folge der Anwendung von Jugendstrafrecht (Eisenberg JGG § 80 Rn 10).

D. Beteiligung des Verletzten am Jugendstrafverfahren
I. Beschränkte Zulässigkeit der Nebenklage
1. Besonderer Anwendungsbereich des Abs 3

4   Gegen Heranwachsende ist die Nebenklage ohne die Beschränkungen des Abs 3 uneingeschränkt zulässig, auch in verbundenen Verfahren gegen Heranwachsende bzw Erwachsene und Jugendliche (BGHSt 41, 288; BGH NJW 2003, 150). Gegen Jugendliche ist die Nebenklage unter den Voraussetzungen von Abs 3 zulässig. Umstritten ist die Frage des prozessualen Zusammentreffens einer Jugend- mit einer Heranwachsendentat. Mit Ausnahme der Fälle des § 80 Abs 3 JGG wird die Nebenklage als unzulässig angesehen, auch soweit sie gegen die Tat gerichtet ist, die im Heranwachsenden-Alter begangen wurde (KG NStZ 2007, 44; OLG Oldenburg NStZ 2006, 521; Meyer-Goßner StPO Vor § 395 Rn 6 mwN; **aA** Brocke NStZ 2007, 8).

2. Zulässigkeitsvoraussetzungen der Nebenklage

5   Zulässigkeitsvoraussetzung ist zunächst ein Verbrechen der in Abs 3 S 1 abschließend genannten Taten. Während bei der dort letztgenannten Deliktsgruppe (§ 251 StGB bzw § 251 StGB iVm § 252 oder § 255 StGB) eine Verletzung des Nebenklägers vorausgesetzt wird, ist bei den anderen Taten erforderlich, dass das Opfer seelisch oder körperlich schwer geschädigt oder einer solchen Gefahr ausgesetzt worden ist. Für die Beurteilung dieser Anforderungen kann auf die Bedeutung derselben Begriffe im StGB, dort zB § 176 a Abs 2 Nr 3 StGB, § 177 Abs 3 Nr 3 StGB, § 179 Abs 5 Nr 3 StGB) zurückgegriffen werden. **Gefahr** bedeutet die konkrete Möglichkeit des Eintritts einer Schädigung durch die Tat. Diese kann sich aus den Umständen der einzelnen Tat und auch aus ihrem Zusammenwirken mit anderen Umständen ergeben, zB aus anderen begleitenden Tathandlungen (vgl BeckOK v. Heintschel-Heinegg/Ziegler StGB § 176 a Rn 14; **aA** Eisenberg JGG § 80 Rn 18). Für die Annahme der **Schwere der Schädigung** ist zunächst davon auszugehen, dass regelmäßig bestimmte körperliche und psychische Beschwerden mit den aufgeführten Taten einhergehen oder daraus folgen (Eisenberg JGG § 80 Rn 18). Erforderlich ist daher eine erhebliche Beeinträchtigung des körperlichen oder seelischen Zustands, der aber keine schwere seelische Schädigung vorauszugehen braucht (BGH NJW 2000, 3655). Bei der Prüfung sind die Zulassungskriterien weit auszulegen. Dies gebieten Sinn und Zweck der Nebenklage. Nur so ist der gewünschte effektive Opferschutz sicherzustellen. Eine weite Auslegung gebietet sich auch durch die uneingeschränkte Zulassung der Angehörigennebenklage bei Tötungsdelikten nach § 395 Abs 2 Nr 1 StPO (Abs 3 S 2); bei der es auf eine Schwere der Schädigung gar nicht ankommt. Bedenken, dass der Erziehungsgedanke des Jugendgerichtsverfahrens dadurch Schaden nehmen könnte, greifen bei einer sachgerechten Nebenklagevertretung nach neuerem Verständnis nicht durch (vgl HK-GS/Rössner StPO § 395 Rn 1 ff; HdA/Weiner Rn 92 ff; **aA** Eisenberg JGG § 80 Rn 18, der die Zulässigkeit auf „seltene Ausnahmen" beschränken will). Außerdem hat es durchaus einen erzieherischen Effekt, dem jugendlichen Täter die Folgen seiner Tat aufzuzeigen. Durch eine weite Auslegung werden gleichzeitig, möglicherweise verfahrensverzögernde, prozessuale Schwierigkeiten der Prüfung der Tatbestandsvoraussetzungen vermieden, da sich der gesundheitliche Status des Opfers im

Laufe eines Ermittlungsverfahrens entweder negativ verändern kann oder aber noch nicht klar diagnostiziert werden kann. Gerade nach schweren Sexualstraftaten sind schwere Schädigungsfolgen zu erwarten, deren genaues Ausmaß oftmals schwer zu prognostizieren ist. In Zweifelsfällen sollte auf fachärztliche Berichte zurückgegriffen werden.

II. Zulässigkeit eines Verletztenbeistandes

Die Verletztenrechte der §§ 406 d StPO ff waren seit jeher prinzipiell anwendbar (§ 2 **6** JGG); allerdings wegen des „Konflikts mit dem Erziehungsgedanken" begrenzt. Eine wichtige Änderung ergibt sich durch das 2. JuMoG v 22. 12. 2006 aufgrund der beschränkten Zulassung der Nebenklage in Verfahren gegen Jugendliche. In dem Rahmen des Abs 3 ist nunmehr insoweit auch § 406 g StPO anwendbar (Meyer-Goßner StPO Vor § 406 d Rn 3; **aA** Eisenberg JGG § 80 Rn 15; überholt durch das 2. JuMoG: NStZ-RR 2007, 28). Insoweit ist auch § 406 e StPO anwendbar; sonst immer dann, wenn der Verletzte ein berechtigtes Interesse für die beantragte Akteneinsicht darlegt.

§ 81 Entschädigung des Verletzten

Die Vorschriften der Strafprozeßordnung über die Entschädigung des Verletzten (§§ 403 bis 406 c der Strafprozeßordnung) werden im Verfahren gegen einen Jugendlichen nicht angewendet.

Überblick

Die Vorschrift regelt die Anwendbarkeit des Adhäsionsverfahrens bei Verfahren gegen Jugendliche.

A. Verfahren gegen Jugendliche

Gegen Jugendliche findet nach Abs 1 das Adhäsionsverfahren nicht statt. Dies gilt auch für **1** Verfahren vor den allgemeinen Strafgerichten, § 104 Abs 1 Nr 14 JGG.

B. Verfahren gegen Heranwachsende

Seit Inkrafttreten des 2. JuMoG ist das Adhäsionsverfahren gegen Heranwachsende unein- **2** geschränkt zulässig (§ 109 Abs 2 JGG). Dies gilt auch bei Anwendung von Jugendrecht auf den Heranwachsenden. Zu beachten ist, dass bei der Entscheidung nach § 472 a StPO über die Auslagen des Verletzten § 74 JGG nicht angewendet wird, § 109 Abs 2 S 4 JGG.

Drittes Hauptstück. Vollstreckung und Vollzug (§§ 82-93 a) (nicht kommentiert)

Viertes Hauptstück. Beseitigung des Strafmakels (§§ 94-101) (nicht kommentiert)

Fünftes Hauptstück. Jugendliche vor Gerichten, die für allgemeine Strafsachen zuständig sind (§§ 102-104)

§ 102 Zuständigkeit

¹**Die Zuständigkeit des Bundesgerichtshofes und des Oberlandesgerichts werden durch die Vorschriften dieses Gesetzes nicht berührt.** ²**In den zur Zuständigkeit**

von Oberlandesgerichten im ersten Rechtszug gehörenden Strafsachen (§ 120 Abs. 1 und 2 des Gerichtsverfassungsgesetzes) entscheidet der Bundesgerichtshof auch über Beschwerden gegen Entscheidungen dieser Oberlandesgerichte, durch welche die Aussetzung der Jugendstrafe zur Bewährung angeordnet oder abgelehnt wird (§ 59 Abs. 1).

1   Die Oberlandesgerichte sind erstinstanzlich zuständig gem § 120 Abs 1 u Abs 2 S 1 GVG. Bei der Prüfung der „besonderen Bedeutung" iSd § 120 Abs 2 S 1 GVG ist zu berücksichtigen, dass sich das Verfahren (auch) gegen Jugendliche richtet (BGH NStZ 2001, 265; NStZ 2002, 447).

2   Daneben entscheiden die Oberlandesgerichte und der BGH als Revisions- und Beschwerdeinstanz. In Ergänzung des § 135 Abs 2 GVG weist S 2 dem BGH eine besondere Zuständigkeit für Beschwerden gem § 59 Abs 1 JGG zu.

§ 103 Verbindung mehrerer Strafsachen

(1) Strafsachen gegen Jugendliche und Erwachsene können nach den Vorschriften des allgemeinen Verfahrensrechts verbunden werden, wenn es zur Erforschung der Wahrheit oder aus anderen wichtigen Gründen geboten ist.

(2) ¹Zuständig ist das Jugendgericht. ²Dies gilt nicht, wenn die Strafsache gegen Erwachsene nach den allgemeinen Vorschriften einschließlich der Regelung des § 74 e des Gerichtsverfassungsgesetzes zur Zuständigkeit der Wirtschaftsstrafkammer oder der Strafkammer nach § 74 a des Gerichtsverfassungsgesetzes gehört; in einem solchen Fall sind diese Strafkammern auch für die Strafsache gegen den Jugendlichen zuständig. ³Für die Prüfung der Zuständigkeit der Wirtschaftsstrafkammer und der Strafkammer nach § 74 a des Gerichtsverfassungsgesetzes gelten im Falle des Satzes 2 die §§ 6 a, 225 a Abs. 4, § 270 Abs. 1 Satz 2 der Strafprozeßordnung entsprechend; § 209 a der Strafprozeßordnung ist mit der Maßgabe anzuwenden, daß diese Strafkammern auch gegenüber der Jugendkammer einem Gericht höherer Ordnung gleichstehen.

(3) Beschließt der Richter die Trennung der verbundenen Sachen, so erfolgt zugleich Abgabe der abgetrennten Sache an den Richter, der ohne die Verbindung zuständig gewesen wäre.

A. Verbindung von Verfahren (Abs 1)

1   Abs 1 ermöglicht die Verbindung von Verfahren gegen Jugendliche und Erwachsene. Über die allgemeinen Voraussetzungen hinaus muss die Verbindung entweder zur Erforschung der Wahrheit oder aus anderen wichtigen Gründen geboten sein. Zur Erforschung der Wahrheit ist die Verbindung zB geboten, wenn Straftaten gemeinsam begangen wurden und voraussichtlich eine umfangreiche Beweisaufnahme erforderlich ist, da auf diese Weise die Rolle des Einzelnen im Gesamtgeschehen besser aufgeklärt und divergierende Entscheidungen vermieden werden können (KG NStZ 2006, 521; OLG Köln NStZ-RR 2000, 313). Die Verbindung kann bereits durch die Staatsanwaltschaft (gemeinsame Anklageerhebung) oder später durch das Gericht erfolgen.

B. Zuständigkeit (Abs 2)

2   Die Zuständigkeit für die Entscheidung, ob Verfahren verbunden werden sowie für die Verhandlung und Entscheidung verbundener Verfahren liegt grds bei den Jugendgerichten (Abs 2 S 1). Dabei sind hinsichtlich des Tatvorwurfes und der zu erwartenden Rechtsfolgen den Erwachsenen betreffend § 39 Abs 1 S 2 JGG, § 41 Abs 1 Nr 3 JGG zu beachten (§ 39 JGG Rn 2). Abweichend davon sind gem Abs 2 S 2 die Wirtschafts- und Staatsschutzkammern und gem § 120 GVG die Oberlandesgerichte vorrangig zuständig. Aus Abs 2 S 3 Hs 1 und 47 a S 2 JGG ergibt sich die Geltung der allgemeinen Regeln des § 6 a StPO und der sich darauf beziehenden Vorschriften (§ 47 a JGG Rn 2). Abs 2 S 3 Hs 2 ist eine

Sonderregelung im Verhältnis zu § 209 a Nr 2 a StPO, die im Rahmen der § 209 StPO, § 255 a StPO, § 270 StPO zu beachten ist (KK-StPO/Schneider StPO § 209 a Rn 8, § 225 a Rn 5; Meyer-Goßner StPO § 4 Rn 8 c).

C. Trennung verbundener Sachen (Abs 3)

Auch im Fall der Trennung verbundener Verfahren richtet sich die Entscheidungszuständigkeit nach Abs 2 S 2 und 3 (OLG Karlsruhe NStZ 1987, 375; KK-StPO/Fischer StPO § 4 Rn 13; Eisenberg JGG § 103 Rn 18). 3

Bei der Trennung verbundener Verfahren **vor oder mit Eröffnung des Hauptverfahrens** erfolgt entgegen dem Wortlaut des Abs 3 keine Abgabe. Gem § 209 StPO, § 209 a Nr 2 StPO entscheidet das Gericht entweder über die Eröffnung, wenn insoweit ein Gericht gleicher oder niedrigerer Ordnung zuständig ist, oder es legt die Akten zur Entscheidung vor (OLG Düsseldorf NStZ 1991, 145; Meyer-Goßner StPO § 3 Rn 11, § 209 a Rn 10; KK-StPO/Fischer StPO § 3 Rn 14; KK-StPO/Schneider StPO § 209 a Rn 12; Eisenberg JGG § 103 Rn 18). 4

Nach Eröffnung des Hauptverfahrens gilt für die Jugendgerichte § 47 a S 1 JGG, der Abs 3 vorgeht (BGH NJW 1982, 454; KK-StPO/Fischer StPO § 4 Rn 13; Meyer-Goßner StPO § 209 a Rn 10, § 225 a Rn 2; Eisenberg JGG § 103 Rn 21; § 47 a JGG Rn 3). 5

§ 104 Verfahren gegen Jugendliche

(1) In Verfahren gegen Jugendliche vor den für allgemeine Strafsachen zuständigen Gerichten gelten die Vorschriften dieses Gesetzes über
1. Verfehlungen Jugendlicher und ihre Folgen (§§ 3 bis 32),
2. die Heranziehung und die Rechtsstellung der Jugendgerichtshilfe (§§ 38, 50 Abs. 3),
3. den Umfang der Ermittlungen im Vorverfahren (§ 43),
4. das Absehen von der Verfolgung und die Einstellung des Verfahrens durch den Richter (§§ 45, 47),
5. die Untersuchungshaft (§§ 52, 52 a, 72),
6. die Urteilsgründe (§ 54),
7. das Rechtsmittelverfahren (§§ 55, 56),
8. das Verfahren bei Aussetzung der Jugendstrafe zur Bewährung und der Verhängung der Jugendstrafe (§§ 57 bis 64),
9. die Beteiligung und die Rechtsstellung des Erziehungsberechtigten und des gesetzlichen Vertreters (§§ 67, 50 Abs. 2),
10. die notwendige Verteidigung (§ 68),
11. Mitteilungen (§ 70),
12. die Unterbringung zur Beobachtung (§ 73),
13. Kosten und Auslagen (§ 74) und
14. den Ausschluß von Vorschriften des allgemeinen Verfahrensrechts (§§ 79 bis 81).

(2) Die Anwendung weiterer Verfahrensvorschriften dieses Gesetzes steht im Ermessen des Richters.

(3) Soweit es aus Gründen der Staatssicherheit geboten ist, kann der Richter anordnen, daß die Heranziehung der Jugendgerichtshilfe und die Beteiligung des Erziehungsberechtigten und des gesetzlichen Vertreters unterbleiben.

(4) ¹Hält der Richter Erziehungsmaßregeln für erforderlich, so hat er deren Auswahl und Anordnung dem Familiengericht zu überlassen. ²§ 53 Satz 2 gilt entsprechend.

(5) ¹Entscheidungen, die nach einer Aussetzung der Jugendstrafe zur Bewährung erforderlich werden, sind dem Jugendrichter zu übertragen, in dessen Bezirk sich der Jugendliche aufhält. ²Das gleiche gilt für Entscheidungen nach einer Aussetzung der Verhängung der Jugendstrafe mit Ausnahme der Entscheidungen über die Festsetzung der Strafe und die Tilgung des Schuldspruchs (§ 30).

JGG § 106   Jugendgerichtsgesetz (Auszug)

1 Die Vorschrift bestimmt, dass einzelne Regelungen des JGG in Verfahren gegen Jugendliche vor den allgemeinen Strafgerichten (§ 102 JGG, § 103 Abs 2 S 2 JGG; vgl § 103 JGG Rn 2) anzuwenden sind (Abs 1), die übrigen angewendet werden können (Abs 2, bei Abs 3 unter einschränkenden Voraussetzungen). Darüber hinaus gelten die § 1 JGG und § 2 JGG unmittelbar, ebenso die § 102 JGG, § 103 JGG (Eisenberg JGG § 104 Rn 5, 28, 31).

2 Aus Abs 2 iVm § 48 Abs 1 JGG ergibt sich, dass in Verfahren allein gegen Jugendliche die **Öffentlichkeit** ausgeschlossen werden kann. Entsprechendes gilt, wenn neben dem Jugendlichen auch Heranwachsende oder Erwachsene angeklagt sind (§ 48 Abs 3 S 2 JGG, § 109 Abs 1 S 4 JGG, § 112 JGG).

Dritter Teil. Heranwachsende (§§ 105-112) (Auszug)

Erster Abschnitt. Anwendung des sachlichen Strafrechts (§§ 105, 106)

§ 105 Anwendung des Jugendstrafrechts auf Heranwachsende

(1) Begeht ein Heranwachsender eine Verfehlung, die nach den allgemeinen Vorschriften mit Strafe bedroht ist, so wendet der Richter die für einen Jugendlichen geltenden Vorschriften der §§ 4 bis 8, 9 Nr. 1, §§ 10, 11 und 13 bis 32 entsprechend an, wenn
1. die Gesamtwürdigung der Persönlichkeit des Täters bei Berücksichtigung auch der Umweltbedingungen ergibt, daß er zur Zeit der Tat nach seiner sittlichen und geistigen Entwicklung noch einem Jugendlichen gleichstand, oder
2. es sich nach der Art, den Umständen oder den Beweggründen der Tat um eine Jugendverfehlung handelt.

(2) § 31 Abs. 2 Satz 1, Abs. 3 ist auch dann anzuwenden, wenn der Heranwachsende wegen eines Teils der Straftaten bereits rechtskräftig nach allgemeinem Strafrecht verurteilt worden ist.

(3) Das Höchstmaß der Jugendstrafe für Heranwachsende beträgt zehn Jahre.

1 Verbleiben nach Ausschöpfung aller Erkenntnismöglichkeiten **Zweifel** über das Alter des Angeklagten, so ist zu seinen Gunsten davon auszugehen, dass er zur Tatzeit (noch) Heranwachsender war (BGH NStZ-RR 2007, 282). Entsprechendes gilt für die Frage, ob Jugendstrafrecht anzuwenden ist (BGH StV 2008, 121; NStZ-RR 2003, 186; vgl aber auch Eisenberg JGG § 105 Rn 36).

2 Die Anwendung von Jugendstrafrecht auf einen Heranwachsenden kann nicht Gegenstand einer **Urteilsabsprache** sein (BGH NStZ 2001, 555; NStZ-RR 2006, 188).

§ 106 Milderung des allgemeinen Strafrechts für Heranwachsende; Sicherungsverwahrung

(1) Ist wegen der Straftat eines Heranwachsenden das allgemeine Strafrecht anzuwenden, so kann das Gericht an Stelle von lebenslanger Freiheitsstrafe auf eine Freiheitsstrafe von zehn bis zu fünfzehn Jahren erkennen.

(2) Das Gericht kann anordnen, daß der Verlust der Fähigkeit, öffentliche Ämter zu bekleiden und Rechte aus öffentlichen Wahlen zu erlangen (§ 45 Abs. 1 des Strafgesetzbuches), nicht eintritt.

(3) ¹Sicherungsverwahrung darf neben der Strafe nicht angeordnet werden. ²Unter den übrigen Voraussetzungen des § 66 des Strafgesetzbuches kann das Gericht die Anordnung der Sicherungsverwahrung vorbehalten, wenn

1. der Heranwachsende wegen einer Straftat der in § 66 Abs. 3 Satz 1 des Strafgesetzbuches bezeichneten Art, durch welche das Opfer seelisch oder körperlich schwer geschädigt oder einer solchen Gefahr ausgesetzt worden ist, zu einer Freiheitsstrafe von mindestens fünf Jahren verurteilt wird,
2. es sich auch bei den nach den allgemeinen Vorschriften maßgeblichen früheren Taten um solche der in Nummer 1 bezeichneten Art handelt und
3. die Gesamtwürdigung des Täters und seiner Taten ergibt, dass er infolge eines Hanges zu solchen Straftaten für die Allgemeinheit gefährlich ist.
³§ 66a Abs. 2 und 3 des Strafgesetzbuches gilt entsprechend.

(4) ¹Wird neben der Strafe die Anordnung der Sicherungsverwahrung vorbehalten und hat der Verurteilte das siebenundzwanzigste Lebensjahr noch nicht vollendet, so ordnet das Gericht an, dass bereits die Strafe in einer sozialtherapeutischen Anstalt zu vollziehen ist, es sei denn, dass die Resozialisierung des Täters dadurch nicht besser gefördert werden kann. ²Diese Anordnung kann auch nachträglich erfolgen. ³Solange der Vollzug in einer sozialtherapeutischen Anstalt noch nicht angeordnet oder der Gefangene noch nicht in eine sozialtherapeutische Anstalt verlegt worden ist, ist darüber jeweils nach sechs Monaten neu zu entscheiden. ⁴Für die nachträgliche Anordnung nach Satz 2 ist die Strafvollstreckungskammer zuständig.

(5) ¹Werden nach einer Verurteilung wegen einer Straftat der in Absatz 3 Satz 2 Nr. 1 bezeichneten Art zu einer Freiheitsstrafe von mindestens fünf Jahren vor Ende des Vollzugs dieser Freiheitsstrafe Tatsachen erkennbar, die auf eine erhebliche Gefährlichkeit des Verurteilten für die Allgemeinheit hinweisen, so kann das Gericht die Unterbringung in der Sicherungsverwahrung nachträglich anordnen, wenn die Gesamtwürdigung des Verurteilten, seiner Taten und ergänzend seiner Entwicklung während des Strafvollzugs ergibt, dass er mit hoher Wahrscheinlichkeit erneut Straftaten der in Absatz 3 Satz 2 Nr. 1 bezeichneten Art begehen wird. ²War keine der Straftaten dieser Art, die der Verurteilung zugrunde lagen, nach dem 1. April 2004 begangen worden und konnte die Sicherungsverwahrung deshalb nicht nach Absatz 3 Satz 2 vorbehalten werden, so berücksichtigt das Gericht als Tatsachen im Sinne des Satzes 1 auch solche, die im Zeitpunkt der Verurteilung bereits erkennbar waren.

(6) Ist die wegen einer Tat der in Absatz 3 Satz 2 Nr. 1 bezeichneten Art angeordnete Unterbringung in einem psychiatrischen Krankenhaus nach § 67 d Abs. 6 des Strafgesetzbuches für erledigt erklärt worden, weil der die Schuldfähigkeit ausschließende oder vermindernde Zustand, auf dem die Unterbringung beruhte, im Zeitpunkt der Erledigungsentscheidung nicht bestanden hat, so kann das Gericht die Unterbringung in der Sicherungsverwahrung nachträglich anordnen, wenn
1. die Unterbringung des Betroffenen nach § 63 des Strafgesetzbuches wegen mehrerer solcher Taten angeordnet wurde oder wenn der Betroffene wegen einer oder mehrerer solcher Taten, die er vor der zur Unterbringung nach § 63 des Strafgesetzbuches führenden Tat begangen hat, schon einmal zu einer Freiheitsstrafe von mindestens drei Jahren verurteilt oder in einem psychiatrischen Krankenhaus untergebracht worden war und
2. die Gesamtwürdigung des Betroffenen, seiner Taten und ergänzend seiner Entwicklung während des Vollzugs der Maßregel ergibt, dass er mit hoher Wahrscheinlichkeit erneut Straftaten der in Absatz 3 Satz 2 Nr. 1 bezeichneten Art begehen wird.

(7) Für das Verfahren und die Entscheidung über die im Urteil vorbehaltene und über die nachträgliche Anordnung der Unterbringung in der Sicherungsverwahrung nach den Absätzen 3, 5 und 6 gelten § 275 a der Strafprozessordnung und die §§ 74 f und 120 a des Gerichtsverfassungsgesetzes sinngemäß.

Abs 1 und Abs 2 erlauben abweichend von den allgemein geltenden Vorschriften besondere **Milderungen**, wenn auf einen Heranwachsenden allgemeines Strafrecht angewendet wird. 1

2 Gegen Heranwachsende darf keine **Sicherungsverwahrung** angeordnet werden (Abs 3 S 1). Diese Vorschrift gilt nicht, wenn die Sicherungsverwahrung wegen einer Tat angeordnet wird, die der Angeklagte als Erwachsener begangen hat (BGHSt 25, 44).

3 Die **Sicherungsverwahrung** kann gem Abs 3 S 2 und S 3, Abs 4 vorbehalten sowie gem Abs 5 und Abs 6 nachträglich angeordnet werden.

Zweiter Abschnitt. Gerichtsverfassung und Verfahren (§§ 107-109)

§ 107 Gerichtsverfassung

Von den Vorschriften über die Jugendgerichtsverfassung gelten die §§ 33 bis 34 Abs. 1 und §§ 35 bis 38 für Heranwachsende entsprechend.

1 Auch für Verfahren gegen zum Zeitpunkt der Tatbegehung Heranwachsende (§ 1 Abs 2 JGG) sind die **Jugendgerichte zuständig** (§ 108 Abs 1 JGG, § 33 JGG bis § 34 Abs 1 JGG), selbst wenn nur ein Teil einer einheitlichen Tat in dieser Altersstufe begangen wurde (BGH NStZ-RR 1996, 250; StV 2003, 454). Diese Zuständigkeit hängt nicht davon ab, ob die Anwendung allgemeinen Strafrechts (§ 105 JGG) zu erwarten ist (§ 108 Abs 2 und Abs 3 JGG). In Zweifelsfällen ist davon auszugehen, dass der Angeklagte (noch) Heranwachsender war (BGH NStZ-RR 1996, 250; NStZ 2003, 47). Gem § 154 StPO, § 154a StPO von der Verfolgung ausgenommene Taten oder Tatteile werden jedenfalls dann nicht berücksichtigt, wenn durch die Teileinstellung die jugendgerichtliche Zuständigkeit nicht gezielt umgangen wird, um jugendrechtliche Sanktionen zu vermeiden (BGH 1991, 503; NStZ 1996, 244: Beschränkung im Eröffnungsbeschluss; NStZ 2005, 560: Beschränkung nach Verfahrenseröffnung; **aA** Eisenberg JGG § 103 Rn 32). Das Revisionsgericht ist an die rechtsfehlerfrei getroffenen Feststellungen des Tatgerichts zum Alter des Angeklagten gebunden, da dieses auch für die Anwendung des allgemeinen Strafrechts (§ 105 JGG) entscheidend und somit doppelrelevant ist (BGH NStZ 2000, 388). Die Zuständigkeit der allgemeinen Strafgerichte richtet sich nach § 112 S 1 JGG, §§ 102 JGG f.

2 Die **Beteiligung der Jugendgerichtshilfe,** vgl § 38 JGG, § 50 Abs 3 S 1 JGG, § 109 Abs 1 S 1 JGG (§ 38 JGG Rn 1) ist zur Beurteilung der Frage, ob auf den Angeklagten allgemeines Strafrecht angewendet wird (§ 105 JGG), von besonderer Bedeutung. Ein Verstoß wird in der Revision in der Regel zumindest zur Aufhebung des Rechtsfolgenausspruchs führen (§ 38 JGG Rn 2; BGH NStZ-RR 2001, 27; OLG Saarbrücken NStZ-RR 1999, 284).

§ 108 Zuständigkeit

(1) Die Vorschriften über die Zuständigkeit der Jugendgerichte (§§ 39 bis 42) gelten auch bei Verfehlungen Heranwachsender.

(2) Der Jugendrichter ist für Verfehlungen Heranwachsender auch zuständig, wenn die Anwendung des allgemeinen Strafrechts zu erwarten ist und nach § 25 des Gerichtsverfassungsgesetzes der Strafrichter zu entscheiden hätte.

(3) ¹Ist wegen der rechtswidrigen Tat eines Heranwachsenden das allgemeine Strafrecht anzuwenden, so gilt § 24 Abs. 2 des Gerichtsverfassungsgesetzes. ²Ist im Einzelfall eine höhere Strafe als vier Jahre Freiheitsstrafe oder die Unterbringung des Beschuldigten in einem psychiatrischen Krankenhaus, allein oder neben einer Strafe, oder in der Sicherungsverwahrung (§ 106 Abs. 3, 5, 6) zu erwarten, so ist die Jugendkammer zuständig.

1 Die **sachliche Zuständigkeit** richtet sich nach den zu erwartenden bzw zu verhängenden Rechtsfolgen. Bei (voraussichtlicher) Anwendung von Jugendstrafrecht (§ 105 JGG) gelten die für Jugendliche anzuwendenden Regelungen (§ 39 JGG bis § 41 JGG). Bei (voraussichtlicher) Anwendung von allgemeinem Strafrecht sind für die Zuständigkeit und die Rechtsfolgenkompetenz zusätzlich Abs 2 und 3 zu beachten. Danach ist der Jugendrichter nur zuständig, wenn wegen eines Vergehens eine Freiheitsstrafe von nicht mehr als zwei Jahren zu erwarten ist (Abs 2). Der Jugendrichter und das Jugendschöffengericht dürfen keine höhere Strafe als vier Jahre verhängen und nicht die Unterbringung in einem psychiatrischen Krankenhaus oder in der Sicherungsverwahrung anordnen (Abs 3 S 1). Die Jugendkammer ist bzw wird zuständig, wenn Freiheitsstrafe von über vier Jahren sowie die Unterbringung in einem psychiatrischen Krankenhaus oder in der Sicherungsverwahrung zu erwarten ist bzw verhängt werden soll (Abs 3). Sie entscheidet als Berufungs- und Beschwerdegericht unabhängig davon, ob allgemeines Strafrecht angewendet wurde oder anzuwenden ist (§ 41 JGG Rn 4).

Die **örtliche Zuständigkeit** richtet sich wie bei Jugendlichen nach den allgemeinen 2 Vorschriften iVm § 42 JGG (§ 42 JGG Rn 1). Bei Heranwachsenden kommt § 42 Abs 1 Nr 1 JGG nicht zur Anwendung. Bei zum Tatzeitpunkt Heranwachsenden und insbesondere zum Zeitpunkt der Hauptverhandlung bereits Erwachsenen kann noch eher als bei Jugendlichen aus Zweckmäßigkeitserwägungen am Gerichtsstand des Tatorts statt am Gerichtsstand des freiwilligen Aufenthalts (§ 42 Abs 1 Nr 2, Abs 2 JGG; § 42 JGG Rn 6, § 42 JGG Rn 8) Anklage erhoben werden.

§ 109 Verfahren

(1) ¹Von den Vorschriften über das Jugendstrafverfahren (§§ 43 bis 81) sind im Verfahren gegen einen Heranwachsenden die §§ 43, 47a, 50 Abs. 3 und 4, § 68 Nr. 1 und 4 sowie die §§ 72a bis 73 entsprechend anzuwenden. ²Die Jugendgerichtshilfe und in geeigneten Fällen auch die Schule werden von der Einleitung und dem Ausgang des Verfahrens unterrichtet. ³Sie benachrichtigen den Staatsanwalt, wenn ihnen bekannt wird, daß gegen den Beschuldigten noch ein anderes Strafverfahren anhängig ist. ⁴Die Öffentlichkeit kann ausgeschlossen werden, wenn dies im Interesse des Heranwachsenden geboten ist.

(2) ¹Wendet der Richter Jugendstrafrecht an (§ 105), so gelten auch die §§ 45, 47 Abs. 1 Satz 1 Nr. 1, 2 und 3, Abs. 2, 3, §§ 52, 52a, 54 Abs. 1, §§ 55 bis 66, 74 und 79 Abs. 1 entsprechend. ²§ 66 ist auch dann anzuwenden, wenn die einheitliche Festsetzung von Maßnahmen oder Jugendstrafe nach § 105 Abs. 2 unterblieben ist. ³§ 55 Abs. 1 und 2 ist nicht anzuwenden, wenn die Entscheidung im beschleunigten Verfahren des allgemeinen Verfahrensrechts ergangen ist. ⁴§ 74 ist im Rahmen einer Entscheidung über die Auslagen des Verletzten nach § 472a der Strafprozessordnung nicht anzuwenden.

(3) In einem Verfahren gegen einen Heranwachsenden findet § 407 Abs. 2 Satz 2 der Strafprozeßordnung keine Anwendung.

In Verfahren gegen Heranwachsende werden die allgemeinen Vorschriften durch einzelne 1 Regelungen des JGG ergänzt (Abs 1). Die entsprechende Geltung der in Abs 2 S 1 genannten Vorschriften hängt davon ab, dass gem § 105 JGG Jugendstrafrecht zur Anwendung kommt. Maßgeblich ist das Alter zur Zeit der Tat (§ 1 Abs 2 JGG).

Unterschiedlich wird beurteilt, welche Verfahrensvorschriften anzuwenden sind, wenn 2 dem Angeklagten Taten als Jugendlicher und als Heranwachsender zur Last liegen oder wenn Verfahren gegen Jugendliche und Heranwachsende verbunden wurden (zB ob und ggf wie die Nebenklage zulässig ist, vgl Eisenberg JGG § 80 Rn 13b, Eisenberg JGG § 109 Rn 39f, Meyer-Goßner StPO vor § 395 Rn 6).

Ein **beschleunigtes Verfahren** (§§ 417 StPO ff) kann auch gegen Heranwachsende 3 durchgeführt werden. In diesen Fall sind insbes die § 43 JGG, § 50 Abs 3 (Abs 1 S 1) und Abs 2 S 3 JGG zu beachten.

Gegen Heranwachsende ist die **Privat-** und **Nebenklage** zulässig, die Vorschriften über 4 die **Entschädigung des Verletzten** sind anwendbar.

Der Erlass eines **Strafbefehls** ist ausgeschlossen, wenn Jugendstrafrecht zur Anwendung 5 kommt (§ 109 Abs 2 S 1 JGG, § 79 Abs 1 JGG). Freiheitsstrafe darf nicht festgesetzt werden (Abs 3).

6 In den gegen Heranwachsende geführten Verfahren kann die **Öffentlichkeit** ausgeschlossen werden (Abs 1 S 4). Eine Ausschließung nach dieser Vorschrift gilt für die gesamte Verhandlung und umfasst (wenn sie nicht auf einen Teil der Hauptverhandlung beschränkt wird) auch die Urteilsverkündung (BGH NStZ 1998, 53; § 48 JGG Rn 4). § 48 Abs 2 JGG ist entsprechend anzuwenden (Eisenberg JGG § 109 Rn 45). Die Verhandlung ist gem § 48 Abs 1 JGG nicht öffentlich, falls dem Angeklagten zur Last liegt, auch nur einzelne Taten oder Tatteile als Jugendlicher begangen zu haben. Dies gilt auch dann, wenn solche Taten während der Hauptverhandlung gem § 154 StPO eingestellt werden (BGH NStZ 1998, 315). Verbundene Verfahren gegen Jugendliche und Heranwachsende sind öffentlich (§ 48 Abs 3 S 1 JGG). Die Öffentlichkeit kann jedoch ausgeschlossen werden, wenn die Voraussetzungen des Abs 1 S 4 oder des § 48 Abs 3 S 2 JGG vorliegen (§ 48 JGG Rn 4; **aA** Eisenberg JGG § 109 Rn 47: Voraussetzungen müssen kumulativ vorliegen).

Gesetz über die Entschädigung für Strafverfolgungsmaßnahmen

StrEG

§ 1 Entschädigung für Urteilsfolgen

(1) Wer durch eine strafgerichtliche Verurteilung einen Schaden erlitten hat, wird aus der Staatskasse entschädigt, soweit die Verurteilung im Wiederaufnahmeverfahren oder sonst, nachdem sie rechtskräftig geworden ist, in einem Strafverfahren fortfällt oder gemildert wird.

(2) Absatz 1 gilt entsprechend, wenn ohne Verurteilung eine Maßregel der Besserung und Sicherung oder eine Nebenfolge angeordnet worden ist.

Überblick

§ 1 StrEG setzt voraus, dass eine rechtskräftige Verurteilung (Rn 1), die Anordnung einer Maßregel der Besserung und Sicherung (Rn 2) oder Verfolgungsmaßnahmen wegen einer Ordnungswidrigkeit (Rn 3) später fortfallen oder gemildert (Rn 5 ff) werden. Entschädigt wird nur der Anspruchsberechtigte (Rn 4), soweit keine Ausschluss- oder Versagungsgründe greifen (Rn 8). Andere Entschädigungsregelungen bleiben grundsätzlich unberührt (Rn 9).

A. Strafgerichtliche Verurteilung und Entsprechung

Unter dem Begriff der Verurteilung ist jede rechtsförmliche Feststellung einer strafrechtlichen Schuld zu verstehen (BGHSt 14, 391, 396; Meyer StrEG § 1 Rn 19). Dies schließt auch einen rechtskräftigen Strafbefehl ein, § 410 Abs 3 StPO (Meyer-Goßner StrEG § 1 Rn 1; Schätzler/Kunz StrEG § 1 Rn 8). Unerheblich ist, ob und welche Rechtsfolgen angeordnet werden (Meyer StrEG § 1 Rn 19; Brunner/Dölling JGG § 74 Rn 5). Eine Verurteilung liegt auch bei einer Verwarnung (§ 59 StGB) und bei einem Absehen von Strafe nach § 60 StGB vor. **1**

Nach Abs 2 ist die Verhängung einer Maßregel der Besserung und Sicherung (Rn 2.1) oder einer Nebenfolge (Verfall, Einziehung, Unbrauchbarmachung, §§ 73 StGB ff) einer Verurteilung gleichgestellt. **2**

Eine Maßregel der Besserung und Sicherung umfasst die Unterbringung in einem psychiatrischen Krankenhaus, in einer Entziehungsanstalt oder in der Sicherungsverwahrung, die Führungsaufsicht, die Entziehung der Fahrerlaubnis und das Berufsverbot, § 61 StGB. **2.1**

Verfolgungsmaßnahmen wegen einer Ordnungswidrigkeit führen nach § 46 Abs 1 OWiG auch zu einer entsprechenden Anwendbarkeit des StrEG (Nr 295 RiStBV; Meyer-Goßner StPO Einl Rn 4). Nach der gesetzlichen Verweisung in § 110 Abs 1 OWiG sind auch Vermögensschäden, die durch eine Verfolgungsmaßnahme im Bußgeldverfahren verursacht wurden, einbezogen (KG NStZ-RR 2003, 216; zu den dabei zu beachtenden Verfahrensbesonderheiten KK-OWiG/Schmehl OWiG § 110 Rn 2 ff; Bohnert OWiG § 110 Rn 4 ff). **3**

B. Anspruchsberechtigter

Anspruchsberechtigter ist nur derjenige, der einen Vermögensschaden durch Strafverfolgungsmaßnahmen als Beschuldigter, Angeschuldigter, Angeklagter oder Verurteilter erlitten hat (OLG Nürnberg NStZ-RR 2003, 62; Meyer-Goßner StrEG Vor § 1 Rn 2; Schätzler/Kunz StrEG Einl Rn 36). Ausnahmsweise sind Unterhaltsberechtigte nach § 11 StrEG einbezogen (KG NJW 1978, 2406; s § 11 Rn 1 ff). Dagegen erfolgt keine Entschädigung für **4**

Schäden, die durch sonstige Strafverfolgungsmaßnahmen (Rn 4.1) entstanden sind (OLG-Nürnberg NStZ-RR 2003, 62).

4.1 Dies gilt auch für zu Unrecht erlittene Erzwingungshaft eines Zeugen (BGH NStZ 1989, 535), für Maßnahmen im Vollstreckungsverfahren (OLG Schleswig SchlHA 2004, 272; KG Beschl v 25. 2. 2005 – Az 5 Ws 67/05, BeckRS 2005, 11575), für Schäden von Drittgeschädigten (OLG Hamm wistra 2006, 359; Schätzler/Kunz StrEG Einl Rn 37), für Gesellschafter, die durch Verfolgungsmaßnahmen gegen die Gesellschaft geschädigt sind (OLG Nürnberg NStZ-RR 2003, 62; siehe auch OLG Schleswig SchlHA 1989, 78 zur die Schädigung einer Gesellschaft durch Vollstreckungsmaßnahmen gegen den Gesellschafter). Eine Ausnahme kann jedoch für eine GmbH dann gelten, wenn eine Verfolgungsmaßnahme gegen deren Geschäftsführer gerichtet und dieser alleiniger Inhaber der GmbH ist (OLG Frankfurt NStZ-RR 2002, 320; LG Flensburg JurBüro 2002, 165; OLG Nürnberg NStZ-RR 2003, 62 mit der Einschränkung, dass die Maßnahme die eigenen Rechte des Geschäftsführers beeinträchtigt haben muss).

C. Beseitigung oder Milderung der Verurteilung

5 Die rechtskräftigen Entscheidungen müssen im Wiederaufnahmeverfahren (§§ 359 StPO f), nach Wiedereinsetzung (§§ 44 StPO f, str s Rn 5.1), bei Revisionserstreckung (§ 357 StPO, Meyer-Goßner StrEG § 1 Rn 2) oder durch das Bundesverfassungsgericht beseitigt worden sein (OLG Stuttgart NJW 1997, 206, 207; Meyer StrEG § 1 Rn 10). Begnadigung und Amnestie sind nicht hierzu zu zählen (Meyer-Goßner StrEG § 1 Rn 2; Schätzler/Kunz StrEG § 1 Rn 32 f).

5.1 Ob der Regelungsbereich des § 1 StrEG auch die Beseitigung oder Milderung einer Rechtsfolge nach Wiedereinsetzung in den vorigen Stand umfasst, ist streitig. Sowohl der Wortlaut, als auch der Sinn und Zweck des Gesetzes, den Ausgleich eines nicht gerechtfertigten Sonderopfers zu ermöglichen, sprechen für eine Einbeziehung (BayObLGSt 1986, 25 = VRS 71, 77; Meyer-Goßner StrEG § 1 Rn 2; Geigel/Kaspa Haftpflichtprozess Rn 132; **aA** Meyer StrEG § 1 Rn 11).

6 Für die Feststellung einer Milderung strafrechtlicher Folgen ist eine Gesamtabwägung der früheren gegen die neuen Rechtsfolgen vorzunehmen (OLG München StV 1984, 471). Hierbei sind – in umgekehrter Anwendung – die Grundsätze der Rechtsprechung zum Verschlechterungsverbot (§ 331 StPO, § 358 Abs 2 StPO, § 373 Abs 2 StPO) heranzuziehen (Schätzler/Kunz StrEG § 1 Rn 13). Wenn anstatt einer Strafe eine freiheitsentziehende Maßregel ausgesprochen wird, kann regelmäßig nicht von einer Milderung ausgegangen werden (Meyer StrEG § 5 Rn 14; Schätzler/Kunz StrEG § 1 Rn 13).

7 Andere strafgerichtliche Entscheidungen zur Erleichterung der Rehabilitation des Verurteilten wie der Erlass der Strafe (§ 56 g StGB, § 26 a JGG), die Tilgung des Schuldspruches (§ 30 JGG) oder die Beseitigung des Strafmakels durch Richterspruch (§§ 97 JGG ff) sind keine Beseitigung oder Milderung einer Verurteilung (Meyer StrEG § 1 Rn 13).

D. Ausschluss- und Versagungsgründe, Konkurrenzen

8 Die Ausschluss- und Versagungsgründe der § 5 StrEG, § 6 StrEG gelten auch für § 1 StrEG (OLG Saarbrücken NJW 1975, 791, 792). Damit folgt nicht automatisch aus dem Wegfall der Verurteilung die Verpflichtung zu einer Entschädigung (Schätzler/Kunz StrEG § 1 Rn 6).

9 Andere Entschädigungsregelungen wie Ansprüche aus Amtspflichtverletzungen nach Art 34 GG, § 839 BGB oder aus öffentlich-rechtlicher Verwahrung (BGHZ 72, 302, 305 f; Galke DVBl 1990, 145, 146), Entschädigung wegen rechtswidriger Freiheitsentziehung nach Art 5 Abs 5 EMRK (Meyer-Goßner Art 5 MRK Rn 14; OLG Düsseldorf StraFo 2000, 429) können neben den Ansprüchen nach StrEG bestehen (vgl im Einzelnen Meyer StrEG Einl Rn 53 ff). Der allgemeine Aufopferungsanspruch wird grundsätzlich durch die spezielleren Regelungen des StrEG verdrängt (Geigel/Kapsa Haftpflichtprozess Kap 21 Rn 160). Er kommt nur bei atypischen Folgen in Betracht, die von den Bestimmungen des StrEG nicht erfasst sind und zu einem Sonderopfer führen (vgl BGHZ 60, 302, 304 f = NJW 1973, 1322 zur Verletzung eines Untersuchungsgefangenen durch einen anderen Gefangenen). Die Vorschriften der StPO über die Auslagenerstattung sind abschließend, soweit eine Kosten-

erstattung oder ein Kostenfestsetzungsverfahren vorgesehen sind (BGH NJW 1977, 957, 958; s aber § 7 StrEG Rn 5).

§ 2 Entschädigung für andere Strafverfolgungsmaßnahmen

(1) Wer durch den Vollzug der Untersuchungshaft oder einer anderen Strafverfolgungsmaßnahme einen Schaden erlitten hat, wird aus der Staatskasse entschädigt, soweit er freigesprochen oder das Verfahren gegen ihn eingestellt wird oder soweit das Gericht die Eröffnung des Hauptverfahrens gegen ihn ablehnt.

(2) Andere Strafverfolgungsmaßnahmen sind
1. **die einstweilige Unterbringung und die Unterbringung zur Beobachtung nach den Vorschriften der Strafprozeßordnung und des Jugendgerichtsgesetzes,**
2. **die vorläufige Festnahme nach § 127 Abs. 2 der Strafprozeßordnung,**
3. **Maßnahmen des Richters, der den Vollzug des Haftbefehls aussetzt (§ 116 der Strafprozeßordnung),**
4. **die Sicherstellung, die Beschlagnahme, der Arrest nach den §§ 111 d und 111 o der Strafprozeßordnung sowie die Vermögensbeschlagnahme nach § 111 p der Strafprozeßordnung und die Durchsuchung, soweit die Entschädigung nicht in anderen Gesetzen geregelt ist,**
5. **die vorläufige Entziehung der Fahrerlaubnis,**
6. **das vorläufige Berufsverbot.**

(3) Als Strafverfolgungsmaßnahmen im Sinne dieser Vorschrift gelten die Auslieferungshaft, die vorläufige Auslieferungshaft, die Sicherstellung, die Beschlagnahme und die Durchsuchung, die im Ausland auf Ersuchen einer deutschen Behörde angeordnet worden sind.

Überblick

Diese Vorschrift regelt die Entschädigung für den Vollzug (Rn 1) solcher zur Vorbereitung einer Entscheidung durchgeführten vorläufigen Strafverfolgungsmaßnahmen (Rn 2 bis Rn 10), wenn das Gericht den Angeklagten freigesprochen, das Verfahren eingestellt oder die Eröffnung des Hauptverfahrens abgelehnt hat (Rn 11 f). Die Anwendbarkeit für im Ausland durchgeführte Strafverfolgungsmaßnahmen wird durch Abs 3 bestimmt (Rn 13 f).

A. Vollzug einer Maßnahme

Nur der Vollzug und nicht schon die Anordnung einer Maßnahme nach § 2 StrEG kann zur Entschädigung führen (BGH MDR 1979, 562; LG Flensburg JurBüro 2002, 333; Meyer StrEG § 2 Rn 18, 56). Wenn der Vollzug auf der Grundlage nicht oder nicht mehr existenter Anordnungen geschieht, ist dieser rechtswidrig. Eine Entschädigung kommt dann aber allein nach den Grundsätzen der Amtshaftung in Betracht (OLG Düsseldorf StraFo 2000, 429). Die Ausschluss- und Versagungsgründe der § 5 StrEG, § 6 StrEG gelten auch für § 2 StrEG (OLG Saarbrücken NJW 1975, 791, 792). Entschädigungsberechtigter ist nur derjenige, gegen den sich die Strafverfolgungsmaßnahme gerichtet hat, so dass Dritte – auch wenn sie Beeinträchtigungen erleiden – keine Ansprüche nach dem StrEG durchsetzen können (BGH NJW 1990, 397; KG v 10. 3. 2009 – Az 1 AR 1833/07). 1

B. Strafverfolgungsmaßnahmen

Es kommen die Untersuchungshaft (Abs 1) oder die enumerativ in Abs 2 aufgezählten vorläufigen Strafverfolgungsmaßnahmen in Betracht. Die Aufzählung der entschädigungspflichtigen vorläufigen Maßnahmen in § 2 StrEG ist abschließend (BGHZ 72, 302, 305; OLG Jena NStZ-RR 2001, 160). Nicht entschädigungsfähig (s auch Rn 2.1) sind die mit der Einleitung eines Ermittlungs- und Strafverfahrens verbundenen Nachteile (BGH MDR 1979, 562; OLG Schleswig SchlHA 2000, 68; Geigel/Kapsa Haftpflichtprozess Rn 134; *soweit* auch § 7 StrEG Rn 3). Aus der Verwendung des Wortes „soweit" folgt, dass eine 2

Entschädigung auch bei einem Teilfreispruch möglich ist, wenn sich die Strafverfolgungsmaßnahme isoliert auf den Verfahrensteil bezogen hat, bezüglich dessen freigesprochen wurde (OLG Hamm v 15. 8. 2008 – Az 3 Ws 702/07).

2.1 Die Vorführung des Betroffenen, die Identitätsfeststellung, die Leistung einer Sicherheit nach § 132 StPO, die Entnahme einer Blutprobe und andere körperliche Eingriffe im Rahmen des § 81 StPO (Meyer StrEG § 2 Rn 9) sind keine entschädigungspflichtigen Maßnahmen. Diese Eingriffe werden dem Bürger entschädigungslos aufgebürdet.

3 Die Haft zur Sicherstellung der notwendigen Anwesenheit des Angeklagten in der Hauptverhandlung nach § 230 Abs 2 StPO, § 236 StPO, § 329 Abs 4 StPO ist von dem Begriff der Untersuchungshaft umfasst (KG v 3. 7. 2000 – Az 4 Ws 123/00; LG Arnsberg v 24. 7. 2009 – Az II-2 KLs 5/09). Dies gilt auch für die Durchsetzung der Anwesenheitspflicht zur Sicherung der Hauptverhandlung nach § 231 StPO, wenn die Frist des § 128 Abs 1 StPO überschritten wird (OLG Frankfurt NStZ-RR 2005, 96).

4 Zur einstweiligen Unterbringung oder der Unterbringung zur Beobachtung nach Nr 1 vgl § 81 StPO, § 126 a StPO, § 73 JGG. Dies umfasst auch die einstweilige Unterbringung in die Sicherungsverwahrung nach § 275 a Abs 5 S 1 StPO (BGH StraFo 2008, 266; BGH BeckRS 2008, 15349 Rn 22; OLG Koblenz NStZ 2007, 56; OLG Nürnberg StrEG § 2 Nr 3; zum JGG s Eisenberg GA 2004, 385).

5 Die vorläufige Festnahme nach § 127 Abs 2 StPO (Nr 2) schließt § 127 b Abs 1 StPO ein, nicht aber die Anwendung unmittelbaren Zwanges in den Fällen der § 81 a StPO, § 81 b StPO und § 163 b StPO (Meyer-Goßner StrEG § 2 Rn 5).

6 Nach Nr 3 sind Maßnahmen des Richters bei der Aussetzung des Vollzugs eines Haftbefehls (§ 116 StPO) betroffen, zB Meldeauflagen, die Stellung einer Sicherheit sowie Aufenthalts- und Kontaktbeschränkungen. Jedenfalls Anordnungen und Maßnahmen nach § 72 Abs 3 JGG sind entschädigungsrechtlich denen nach § 116 StPO gleichzustellen (Meyer StrEG § 2 Rn 50, zu § 72 Abs 1 JGG s Rn 6.1). Wenn ein Haftbefehl bei einem im Ausland lebenden Betroffenen nicht vollstreckt werden kann, dieser aber deshalb Einschränkungen seiner Reisetätigkeit erleidet, ist eine analoge Anwendung von Nr 3 nach Verfahrenseinstellung nicht möglich (KG BeckRS 2009, 09029).

6.1 Streitig ist, ob die vorläufige Anordnung über die Erziehung oder andere Maßnahmen nach § 72 Abs 1 JGG ebenfalls denen nach § 116 StPO gleichzustellen ist (ablehnend Meyer-Goßner StrEG § 2 Rn 6). Da diese Maßnahmen ähnlich denen des § 116 StPO auch dazu dienen, den Zweck der Untersuchungshaft zu erreichen (Meyer StrEG § 2 Rn 50; Eisenberg JGG § 72 Rn 3 a), ist von einer Gleichstellung auszugehen.

7 Die in Nr 4 aufgeführten Maßnahmen der Sicherstellung, Beschlagnahme, des Arrestes nach § 111 d StPO (§ 111 o StPO und § 111 p StPO sind gegenstandslos, vgl Meyer-Goßner StrEG § 2 Rn 7) und der Durchsuchung sind subsidiär (hierzu und zu den Maßnahmen im OWi-Verfahren Rn 7.1), solange die Entschädigung nicht in anderen Gesetzen geregelt ist.

7.1 Die Subsidiaritätsklausel greift beispielsweise für die Entschädigungsregelungen in verschiedenen Landespressegesetzen, aber nicht für Ansprüche aus öffentlich-rechtlicher Verwahrung und Amtshaftung (BGHZ 72, 302, 304 ff = NJW 79, 425, 426). Im Verfahren nach dem OWiG kommen abschließend als vorläufige entschädigungspflichtige Maßnahmen die in § 2 Abs 2 Nr 4 StrEG genannten in Betracht (Bohnert OWiG § 110 Rn 11).

8 Der Beschlagnahme steht die freiwillige Herausgabe gleich, wenn damit einer sonst zu erwartenden Beschlagnahme zuvorgekommen werden soll (BGH NJW 1975, 347, 348; Meyer-Goßner StrEG § 2 Rn 7). Die Rückgabe von beschlagnahmten Sachen gehört zum Vollzug einer Beschlagnahme, so dass der durch Herausgabe an einen Dritten geschädigte Beschuldigte einen Entschädigungsanspruch hat (BGHZ 72, 304 = NJW 1979, 425; OLG Jena NStZ-RR 2005, 126). Unter Durchsuchung ist nur diejenige nach den § 102 StPO, § 103 StPO, nicht aber diejenige nach § 111 StPO zu verstehen (Meyer-Goßner StrEG § 2 Rn 7). Der Entschädigungsanspruch besteht, selbst wenn der Betroffene der Sicherstellung nicht widersprochen oder die Sache freiwillig herausgegeben hat, um einer zu erwartenden Beschlagnahme zuvorzukommen (Meyer-Goßner StrEG § 2 Rn 7 mwN; einschränkend LG Flensburg GA 1978, 341; Meyer StrEG § 2 Rn 19, 20).

Die in Nr 5 StrEG genannte vorläufige Entziehung der Fahrerlaubnis ist grundsätzlich 9
entschädigungspflichtig, wenn die endgültige Einziehung unterbleibt. Für die Sicherstellung
und Beschlagnahme eines Führerscheins nach § 94 StPO ist Nr 5 gegenüber der Nr 4
spezieller (OLG Stuttgart VerkMitt 1983, 45). Die Beschlagnahme des Führerscheins nach
§ 111a Abs 6 S 2 StPO ist nicht selbständig entschädigungsfähig, da sie dem Vollzug der
vorläufigen Entziehung der Fahrerlaubnis dient (Schätzler/Kunz StrEG § 2 Rn 66; **aM**
Meyer StrEG § 2 Rn 70).

Das in Nr 6 geregelte vorläufige Berufsverbot (§ 132a StPO, § 70 StGB) umfasst nicht das 10
vorläufige Verbot der Tierhaltung nach § 20a TierSchG (OLG Jena NStZ-RR 2001, 160 =
JR 2001, 243 mit zust Anm Meyer).

C. Freispruch, Einstellung oder Ablehnung der Eröffnung des Hauptverfahrens

Eine Entschädigung für die vorläufigen Strafverfolgungsmaßnahmen kommt nur in Be- 11
tracht, wenn ein Freispruch, eine Verfahrenseinstellung aufgrund zwingender Vorschriften
oder die Ablehnung der Eröffnung des Hauptverfahrens durch das Gericht vorliegt (s aber die
Möglichkeit einer Billigkeitsentscheidung nach § 4 StrEG, dort § 4 StrEG Rn 1). Hierunter
fallen auch die Ablehnung auf Erlass eines Strafbefehls (Meyer StrEG § 2 Rn 33), die
Ablehnung eines Antrags auf Anordnung der nachträglichen Sicherungsverwahrung nach
§ 66b StGB, § 275a StPO (BGH v 3. 2. 2009 – Az 2 StR 598/05; BeckRS 2006, 02989;
Meyer-Goßner StrEG § 2 Rn 5) und eines Antrags im Sicherungsverfahren nach § 414
Abs 2 S 4 StPO (OLG Stuttgart NStZ-RR 2000, 190, 191).

Die Einstellung eines Verfahrens muss endgültig sein. Nach Ablauf der Dreimonatsfrist 12
zählt hierzu auch die Einstellung gemäß § 154 Abs 2 StPO (OLG Stuttgart NJW 1992,
1640; OLG Düsseldorf StraFo 1999, 76; str, ausführlich zum Streitstand Schätzler/Kunz
StrEG § 2 Rn 25 ff). Dagegen ist die Einstellung nach § 206a StPO noch nicht die
erforderliche abschließende Entscheidung, solange es sich um ein behebbares Verfahrenshindernis handelt (OLG Frankfurt NStZ-RR 2006, 159). Ebenso ist eine Beschränkung der
Strafverfolgung nach § 154a StPO keine Einstellung (Schätzler/Kunz StrEG § 2 Rn 40), da
die ausgeschiedenen Tatteile jederzeit wieder einbezogen werden können (Meyer JurBüro
1984, 343, 346).

D. Strafverfolgungsmaßnahmen im Ausland

Von deutschen Behörden im Ausland veranlasste Strafverfolgungsmaßnahmen (Ausliefe- 13
rungshaft, vorläufige Auslieferungshaft, Sicherstellung, Beschlagnahme und Durchsuchung)
werden im Hinblick auf Entschädigungsansprüche inländischen Strafverfolgungsmaßnahmen
gleichgestellt (Meyer-Goßner StrEG § 2 Rn 10).

Dagegen ist eine Entschädigung für den umgekehrten Fall ausgeschlossen, dass die 14
deutschen Behörden auf Ersuchen eines anderen Staates eine der in Abs 3 genannten
Strafverfolgungsmaßnahmen vollzogen haben (BVerfG Beschl v 5. 6. 1992 – Az 2 BvR
1403/91; OLG Düsseldorf NJW 1992, 646; OLG Köln NStZ-RR 2006, 151). Dies gilt
jedenfalls für den Fall, dass deutsche Behörden kein Verschulden trifft (Schätzler/Kunz
StrEG § 2 Rn 78). Wenn diese selbst Strafverfolgungsmaßnahmen eingeleitet haben, ohne
dass ein entsprechendes Begehren des ersuchenden Staates vorliegt, ist das StrEG entsprechend anzuwenden und eine Entschädigung zu gewähren (LG Berlin mAnm König, StraFo
2008, 311, 312).

§ 3 Entschädigung bei Einstellung nach Ermessensvorschrift

Wird das Verfahren nach einer Vorschrift eingestellt, die dies nach dem Ermessen des Gerichts oder der Staatsanwaltschaft zuläßt, so kann für die in § 2 genannten Strafverfolgungsmaßnahmen eine Entschädigung gewährt werden, soweit dies nach den Umständen des Falles der Billigkeit entspricht.

Überblick

Nach Einstellung aufgrund einer Ermessensvorschrift (Rn 1 f) ist Entschädigung nur bei Vorliegen besonderer Gründe (Rn 3) zu leisten. Alle Umstände sind in ihrer Gesamtheit abzuwägen, darunter die Verhältnismäßigkeit zwischen Eingriff und Schwere des vorgeworfenen Verhaltens (Rn 3), das Ausmaß des Tatverdachtes (Rn 4), ob der Betroffene die Maßnahme vorwerfbar verursacht hat (Rn 5) und das Vorliegen von Ausschluss- und Versagungsgründen nach § 5 StrEG, § 6 StrEG (Rn 6).

A. Einstellung nach Ermessensvorschrift

1   Eine Entschädigung kann bei Einstellung nach Ermessen gewährt werden. Hierunter fallen die endgültigen Einstellungen nach § 153 Abs 1, Abs 2 StPO, § 153b StPO, § 153d StPO, § 153e StPO, § 154c StPO, § 383 Abs 2 StPO, § 390 Abs 5 StPO; § 45 JGG, § 47 JGG; § 398 AO (Meyer-Goßner StrEG § 3 Rn 1). Entscheidungen nach § 153a StPO gehören ebenso dazu (OLG Hamburg MDR 1993, 948; OLG Stuttgart MDR 1991, 978; Löwe/Rosenberg/Beulke StPO § 153a Rn 129; **aA** Meyer StrEG § 3 Rn 18) wie solche nach § 153c StPO (Schätzler/Kunz StrEG § 3 Rn 16), § 154 StPO (Schätzler/Kunz StrEG § 3 Rn 21, zum Streitstand § 2 Rn 25 ff) und nach § 154b StPO (Schätzler/Kunz StrEG § 3 Rn 22). Allerdings ist eine Entschädigung für eine Freiheitsentziehung ausgeschlossen, wenn die in einem eingestellten Verfahren erlittene Untersuchungshaft auf die in einem anderen Verfahren rechtskräftig verhängte Freiheitsstrafe angerechnet wird (OLG Frankfurt NStZ-RR 2000, 159).

2   Eine nach § 154a StPO vorgenommene Beschränkung der Strafverfolgung ist schon formell keine Einstellung (Meyer-Goßner StrEG § 3 Rn 1), zumal jederzeit die Möglichkeit besteht, die ausgeschiedenen Teile wieder einzubeziehen (Schätzler/Kunz StrEG § 2 Rn 40).

B. Abzuwägende Umstände

3   Eine Entschädigung ist nur dann zu gewähren, wenn dies nach den Umständen des Falles der Billigkeit entspricht. Damit ist die Entschädigung bei einer Ermessenseinstellung nicht die Regel, sondern eine Ausnahme, die nur greift, wenn sich der Fall von der Masse ähnlicher Sachverhalte abhebt (OLG Stuttgart MDR 1991, 978). Der Vollzug der Strafvollstreckungsmaßnahme muss sich als grob unverhältnismäßig herausstellen. Dies ist der Fall, wenn die erlittenen Nachteile außer Verhältnis zur Bedeutung des vorwerfbaren Verhaltens stehen (Meyer StrEG § 3 Rn 33).

4   Die Stärke des noch vorhandenen Tatverdachts darf wegen der Unschuldsvermutung des Art 6 Abs 2 EMRK bei der Entscheidung über die Entschädigung nur berücksichtigt werden, wenn verdeutlicht wird, dass es um eine Verdachtslage und nicht um eine Schuldzuweisung geht (EGMR NJW 2006, 1113; Geiger/Kapsa Haftpflichtprozess Kap 21 Rn 135). Dies führt regelmäßig zum Ausschluss einer Entschädigung, wenn der nach dem letzten Erkenntnisstand vorliegende Tatverdacht dringend ist und nicht erheblich hinter demjenigen zurückbleibt, der zu der Verfolgungsmaßnahme geführt hat (OLG Stuttgart MDR 1991, 978). Dagegen liegen für eine Entschädigung sprechende Billigkeitsgründe bei einer Einstellung nach § 153 StPO dann vor, wenn der bei der Einstellung bestehende Tatverdacht erheblich hinter dem zur Verfolgungsmaßnahme führenden Tatverdacht zurückbleibt (Meyer-Goßner StrEG § 3 Rn 2).

5   Aus Billigkeitsgesichtspunkten kann auch eine nur teilweise Entschädigung für bestimmte Zeiträume oder eine Quotelung gewährt werden (Schätzler/Kunz StrEG § 3 Rn 32; Meyer-Goßner StrEG § 3 Rn 2). Dabei ist zu berücksichtigen, inwieweit der Betroffene den Vollzug der Maßnahme mitverursacht hat (Meyer StrEG § 3 Rn 38).

6   Bei Vorliegen von Ausschlussgründen nach § 5 StrEG ist eine Entschädigung abzulehnen (KG Rpfleger 1999, 350). Versagungsgründe gem § 6 StrEG sind im Rahmen der Billigkeitserwägungen zu berücksichtigen. Sie lassen regelmäßig die Gewährung einer Entschädigung als ungerechtfertigt erscheinen.

§ 4 Entschädigung nach Billigkeit

(1) Für die in § 2 genannten Strafverfolgungsmaßnahmen kann eine Entschädigung gewährt werden, soweit dies nach den Umständen des Falles der Billigkeit entspricht,
1. wenn das Gericht von Strafe abgesehen hat,
2. soweit die in der strafgerichtlichen Verurteilung angeordneten Rechtsfolgen geringer sind als die darauf gerichteten Strafverfolgungsmaßnahmen.

(2) Der strafgerichtlichen Verurteilung im Sinne des Absatzes 1 Nr. 2 steht es gleich, wenn die Tat nach Einleitung des Strafverfahrens nur unter dem rechtlichen Gesichtspunkt einer Ordnungswidrigkeit geahndet wird.

Überblick

Nach § 4 StrEG kann eine Entschädigung nach Billigkeit für die in § 2 StrEG genannten Strafverfolgungsmaßnahmen erfolgen, wenn von der Strafe abgesehen wurde oder die angeordneten Rechtsfolgen geringer sind als die darauf gerichteten eingreifenden Maßnahmen (Rn 1). Bei deutlichem Überwiegen der vorläufigen Strafverfolgungsmaßnahmen gegenüber den verhängten Rechtsfolgen kann nach § 4 StrEG ausgeglichen werden (Rn 2 ff). Der Abs 2 stellt die Ahndung einer Ordnungswidrigkeit einer Strafe gleich (Rn 7).

A. Billigkeitsgesichtspunkte

Über die Anforderungen des § 2 StrEG hinausgehend, kann nach § 4 StrEG eine Entschädigung für die in § 2 StrEG genannten Strafverfolgungsmaßnahmen aus Billigkeitsgesichtspunkten dann gewährt werden, wenn das Gericht entweder von der Strafe abgesehen hat (Abs 1 Nr 1) oder die letztlich in der Verurteilung ausgeworfenen Strafen geringer sind als die darauf gerichteten Strafverfolgungsmaßnahmen (Abs 1 Nr 2). Dies liegt nach Abs 2 auch dann vor, wenn eine Tat nach Einleitung des Strafverfahrens nur als Ordnungswidrigkeit geahndet wird. 1

Sowohl die Maßnahmen als auch die endgültigen Rechtsfolgen sind in ihrer Gesamtheit abzuwägen (BGH NStZ 1998, 369; NStZ-RR 1998, 32). Der durch § 4 Abs 1 StrEG eingeräumte weite Ermessensspielraum wird umso enger, je stärker die vorläufigen Maßnahmen die endgültig angeordneten Rechtsfolgen übersteigen (BGH GA 1975, 208; BVerfG BeckRS 2004, 24030). Dabei muss es sich um ein ganz erhebliches Missverhältnis handeln. 2

Wegen der oft vorliegenden Ungleichartigkeit der Maßnahmen (zB Geldbuße und Nebenfolgen einerseits, Beschlagnahme und Durchsuchung andererseits), lässt sich die Entscheidung nicht rein rechnerisch vollziehen, sondern es ist eine Gegenüberstellung und Gewichtung der Maßnahmen insgesamt vorzunehmen (Rebmann/Roth/Hermann OWiG § 110 Rn 8). 3

Es gilt der Grundsatz der Verfahrenseinheit. Demnach ist die Frage der Entschädigung einheitlich nach dem jeweiligen Verfahren zu beurteilen. Die insgesamt verhängten Rechtsfolgen sind gegen die erlittenen Verfolgungsmaßnahmen abzuwägen. Damit scheiden Entschädigungsansprüche bezüglich einzelner Tatvorwürfe aus (OLG Düsseldorf MDR 1987, 80). 4

Daneben sind auch weitere Umstände in die Billigkeitsprüfung einzubeziehen. Dies gilt für die leicht fahrlässige Mitverursachung der Verfolgungsmaßnahme, die noch nicht den Ausschlusstatbestand des § 5 Abs 2 S 1 StrEG erfüllt ebenso wie für den Grad des vorwerfbaren Verhaltens (Meyer-Goßner StrEG § 4 Rn 5). Wenn die durch die vorläufigen Maßnahmen erlittenen Nachteile bei der Strafzumessung bereits mildernd berücksichtigt wurden, kann dies zu einer Versagung der Entschädigung führen (BGH NStZ 1998, 32) Auch eine vorläufige Einstellung wegen unwesentlicher Nebendelikte nach § 154 StPO oder eine Beschränkung der Strafverfolgung nach § 154a StPO ist zu berücksichtigen (Schätzler/Kunz StrEG § 4 Rn 29). 5

Sonstige berücksichtigungsfähige Gesichtspunkte sind insbesondere die Schwere der Schuld, die Auswirkungen der Strafverfolgungsmaßnahmen, das eigene Verhalten und die 6

Lebensverhältnisse des Angeklagten, eine zögerliche oder fehlerhafte Sachbehandlung durch die Staatsanwaltschaft oder die Gerichte (s die Beispiele in Rn 6.1 f).

6.1 Eine Entschädigung wurde gewährt, wenn der Vollzug der vorläufigen Freiheitsentziehung mehr als fünfmal solange dauert wie der dann tatsächlich verhängte Jugendarrest (OLG Stuttgart StV 2002, 556), bei einer 20 Monate dauernden Untersuchungshaft, wenn als Gesamtfreiheitsstrafe 1 Jahr und 4 Monate festgesetzt wurden (BGHR StrEG § 4 I Nr 2 Untersuchungshaft 2), bei einer Untersuchungshaft von 5 Monaten und 10 Tagen, wenn eine Freiheitsstrafe von 3 Monaten verhängt wurde (BGH BeckRS 2009, 05125 Rn 3) oder bei einer Untersuchungshaft von 5 Monaten und 10 Tagen, wenn eine Geldstrafe von 80 Tagessätzen festgelegt wurde (OLG Hamm v 15. 1. 2008 – Az 3 Ws 702/07).

6.2 Andererseits wurde eine Entschädigung bei einer Untersuchungshaft von 14 Monaten und einer dann verhängten Freiheitsstrafe von 6 Monaten wegen anderer gewichtiger Gründe abgelehnt (BGH NStZ 1998, 369). Ferner wurde eine Entschädigung versagt, weil der Betroffene ohne Pass, Aufenthaltserlaubnis, festen Wohnsitz und Arbeitsstelle war und deshalb eine 5 ½ Monate andauernde Untersuchungshaft hinnehmen musste, obwohl letztlich nur eine Ersatzfreiheitsstrafe von 2 Monaten verhängt wurde (OLG Karlsruhe NJW 1974, 1008).

B. Gleichstellung der Ordnungswidrigkeit

7 Die Regelung des Abs 2 mit der Gleichstellung der Ahndung als Ordnungswidrigkeit mit einer strafgerichtlichen Verurteilung (vgl § 1 StrEG Rn 3) verdeutlicht, dass die Einstellung des Verfahrens durch die Staatsanwaltschaft mit einer gleichzeitigen Abgabe an die Verwaltungsbehörde zur weiteren Verfolgung als Ordnungswidrigkeit nicht als eine das Verfahren beendende Entscheidung im Sinne des StrEG anzusehen ist (Schätzler/Kunz StrEG § 4 Rn 40).

§ 5 Ausschluß der Entschädigung

(1) Die Entschädigung ist ausgeschlossen
1. für die erlittene Untersuchungshaft, eine andere Freiheitsentziehung und für die vorläufige Entziehung der Fahrerlaubnis, soweit deren Anrechnung auf die verhängte Strafe unterbleibt,
2. für eine Freiheitsentziehung, wenn eine freiheitsentziehende Maßregel der Besserung und Sicherung angeordnet oder von einer solchen Anordnung nur deshalb abgesehen worden ist, weil der Zweck der Maßregel bereits durch die Freiheitsentziehung erreicht ist,
3. für die vorläufige Entziehung der Fahrerlaubnis und das vorläufige Berufsverbot, wenn die Entziehung der Fahrerlaubnis oder das Berufsverbot endgültig angeordnet oder von einer solchen Anordnung nur deshalb abgesehen worden ist, weil ihre Voraussetzungen nicht mehr vorlagen,
4. für die Beschlagnahme und den Arrest (§§ 111 b bis 111 d der Strafprozeßordnung), wenn der Verfall oder die Einziehung einer Sache angeordnet oder von einer solchen Anordnung nur deshalb abgesehen worden ist, weil durch den Verfall die Erfüllung eines Anspruchs beseitigt oder gemindert worden wäre, der dem Verletzten aus der Tat erwachsen ist.

(2) ¹Die Entschädigung ist auch ausgeschlossen, wenn und soweit der Beschuldigte die Strafverfolgungsmaßnahme vorsätzlich oder grob fahrlässig verursacht hat. ²Die Entschädigung wird nicht dadurch ausgeschlossen, daß der Beschuldigte sich darauf beschränkt hat, nicht zur Sache auszusagen, oder daß er unterlassen hat, ein Rechtsmittel einzulegen.

(3) Die Entschädigung ist ferner ausgeschlossen, wenn und soweit der Beschuldigte die Strafverfolgungsmaßnahme dadurch schuldhaft verursacht hat, daß er einer ordnungsgemäßen Ladung vor den Richter nicht Folge geleistet oder einer Anweisung nach § 116 Abs. 1 Nr. 1 bis 3, Abs. 3 der Strafprozeßordnung zuwidergehandelt hat.

Überblick

Eine Entschädigung entfällt unter den Voraussetzungen des § 5 StrEG zwingend; in Abs 1 Nr 1 bis Nr 4 sind die verschiedenen Ausschlussgründe enumerativ aufgezählt (Rn 1 bis Rn 7, vgl zu OWiG Rn 27). Der Abs 2 regelt den Ausschluss einer Entschädigung wegen eigenen Verschuldens (Rn 8), wobei es auf den Ursachenzusammenhang (Rn 9 bis Rn 13) und das Verschulden in Form des Vorsatzes und der groben Fahrlässigkeit (Rn 14 bis Rn 20) ankommt. Schließlich ist nach Abs 3 eine Entschädigung ausgeschlossen, wenn der Betroffene eine Ladung oder eine Anweisung zur Haftverschonung nicht befolgt (Rn 21 f). Die Zurückweisung einer Entschädigung kann auch nur auf einen Teil der Verfolgungsmaßnahme oder auf einen zeitlich begrenzten Abschnitt beschränkt sein (Rn 23 f, zu den Besonderheiten siehe Rn 25 f).

Übersicht

	Rn		Rn
A. Ausschlussgründe nach Abs 1 Nr 1 bis Nr 4	1	C. Nichtbefolgung der Ladung oder der Anweisungen bei Haftverschonung	21
B. Ausschluss wegen eigenen Verschuldens nach Abs 2	8	D. Teilweiser Ausschluss	23
I. Ursachenzusammenhang	9	E. Besonderheiten	25
II. Vorsatz und grobe Fahrlässigkeit	14	F. OWiG	27

A. Ausschlussgründe nach Abs 1 Nr 1 bis Nr 4

Die zwingenden Ausschlussgründe des § 5 StrEG gehen den Versagungsgründen des § 6 StrEG vor (BVerfG NJW 1996, 1049; BGHSt 29, 168; OLG Düsseldorf MDR 1988, 887; str, s Meyer StrEG Vor §§ 5 und 6 Rn 16 mwN). Sie gelten für alle Entschädigungstatbestände der §§ 1 und 2 (Schätzler/Kunz StrEG § 5 Rn 1; Meyer-Goßner StrEG § 5 Rn 1). **1**

Die Entschädigung ist gemäß § 5 Abs 1 Nr 1 StrEG ausgeschlossen, wenn der Tatrichter die Untersuchungshaft oder eine andere Freiheitsentziehung nach § 51 Abs 1 S 2 JGG oder § 52a Abs 1 S 2 JGG nicht anrechnet. Gleiches gilt, wenn die vorläufige Entziehung der Fahrerlaubnis nicht auf das Fahrverbot gemäß § 51 Abs 4 StGB angerechnet wird (Meyer-Goßner StrEG § 5 Rn 1). Da die Nichtanrechnung eine Verurteilung zur Freiheitsstrafe, Geldstrafe oder Fahrverbot voraussetzt, kommt eine unmittelbare Anwendung der Nr 1 nur in den Fällen des § 4 Abs 1 Nr 2 StrEG in Betracht (Schätzler/Kunz StrEG § 5 Rn 14). Bei einer Verfahrenseinstellung nach Ermessen erfolgt keine Entscheidung mehr über Anrechnung oder Nichtanrechnung. In diesen Fällen ist der Gedanke der Nr 1 bei einer Billigkeitsentschädigung nach § 3 StrEG mittelbar heranzuziehen: Wenn Gründe vorliegen, die eine Nichtanrechnung gerechtfertigt hätten, so ist insoweit auch keine Entschädigung zu gewähren (str, s Rn 2.1). **2**

Dieser Ansicht ist auch Schätzler/Kunz StrEG § 5 Rn 15, während Meyer-Goßner (Meyer-Goßner StrEG § 5 Rn 2) und Meyer (Meyer StrEG § 5 Rn 10) davon ausgehen, dass eine (auch entsprechende) Anwendung nicht in Betracht komme. Für diese Meinung wird angeführt, dass ein entsprechendes Verhalten des Betroffenen über § 5 Abs 2 S 1 StrEG einbezogen werden könne. Damit dürfte auch diese Meinung regelmäßig nicht zu anderen Ergebnissen als bei der mittelbaren Anwendung des Rechtsgedankens aus Nr 1 kommen. **2.1**

Nach der ersten Alternative der Nr 2 ist eine Entschädigung ausgeschlossen, wenn die Anordnung der vorläufigen Maßnahme durch das Urteil gedeckt ist, während die zweite Alternative eine formlose Anrechnung regelt (Meyer-Goßner StrEG § 5 Rn 3). Der Zweck der Maßregel wird bereits dann durch die Freiheitsentziehung erreicht, wenn dieser durch die Vollzugswirkung eingetreten ist (Meyer-Goßner StrEG § 5 Rn 3). **3**

Die Entschädigung ist nach Nr 3 für eine vorläufige Entziehung der Fahrerlaubnis und für ein vorläufiges Berufsverbot zu versagen, wenn entweder die vorläufige Maßnahme durch **4** die Anordnung im Urteil gedeckt wird (Alt 1) oder eine formlose Anrechnung der Maßnahme nach § 111a StPO, § 132a StPO erfolgt (Meyer-Goßner StrEG § 5 Rn 4). Wenn das Berufungsgericht allein wegen des Verbots der reformatio in peius an der Verhängung einer Maßregel gehindert ist, scheidet eine (auch entsprechende) Anwendung von Nr 3 aus (OLG Stuttgart NJW 1977, 641; Meyer-Goßner StrEG § 5 Rn 4). Bei unverhältnismäßig langem Vollzug einer vorläufigen Maßnahme kann im Rahmen einer Gesamtabwägung eine Entschädigung in Betracht kommen (Meyer StrEG § 5 Rn 24; BayObLG VRS 71, 386; offen gelassen von OLG Düsseldorf NZV 2001, 177; **aA** Meyer-Goßner StrEG § 5 Rn 4).

5 Der Ausschlussgrund der Nr 4 ist notwendig, da Einziehung und Verfall auch ohne Verurteilung zu einer Strafe nach § 76a StGB, § 440 StPO, § 442 Abs 1 StPO festgelegt werden können (Meyer-Goßner StrEG § 5 Rn 5).

6 Dieser greift in seiner ersten Alternative, wenn der Verfall oder die Einziehung eines beschlagnahmten Gegenstandes gemäß § 111b Abs 1 StPO, § 111c StPO endgültig angeordnet wurde (Meyer-Goßner StrEG § 5 Rn 5). Da der dingliche Arrest nach § 111d StPO ausdrücklich in der Vorschrift genannt ist, dieser sich aber nicht auf einen Gegenstand, sondern nur auf Wertersatz bezieht, ist eine sachgerechte Auslegung dergestalt vorzunehmen, dass auch die Einziehung oder der Verfall von Wertersatz erfasst ist (Meyer StrEG § 5 Rn 32; Schätzler/Kunz StrEG § 5 Rn 30).

7 Die zweite Alternative regelt den Ausschluss der Verfallsanordnung nach § 73 Abs 1 S 2 StGB sowie die Anordnung des Arrestes zur Sicherung von Wertersatz nach § 73a StGB, wenn die endgültige Anordnung nach § 73 Abs 1 S 2 StGB unterblieben ist (Meyer-Goßner StrEG § 5 Rn 5).

B. Ausschluss wegen eigenen Verschuldens nach Abs 2

8 Nach § 5 Abs 2 StrEG ist die Entschädigung auch ausgeschlossen, wenn und soweit der Betroffene die Strafverfolgungsmaßnahme vorsätzlich oder grob fahrlässig verursacht hat. Diese Regelung ist – unter Ausschluss leichter Fahrlässigkeit (Rn 18) – dem Rechtsgedanken des § 254 BGB angelehnt (OLG Karlsruhe NStZ 1998, 211; Geigel/Kapsa Haftpflichtprozess Kap 21 Rn 139).

I. Ursachenzusammenhang

9 Erforderlich für den Entschädigungsausschluss ist ein ursächlicher Zusammenhang zwischen dem Verhalten des Betroffenen und der Anordnung der Strafverfolgungsmaßnahme (OLG Karlsruhe NStZ-RR 2005, 255). Unerheblich ist, ob die mitwirkende Ursache sich vor, während oder nach der Tat auswirkte (BGHSt 29, 168, 172; KG Rpfleger 1999, 350; OLG Nürnberg NStZ-RR 1997, 189).

10 Bei groben Fehlern der Strafverfolgungsbehörden kann der Ursachenzusammenhang fortfallen (OLG Hamm MDR 1984, 253; Widmaier/Kotz MAH Strafverteidigung § 25 Rn 28), ebenso wenn die Maßnahme auch ohne das Verhalten des Betroffenen angeordnet worden wäre (OLG Karlsruhe NStZ-RR 2005, 255), wenn ein Verhalten des Betroffenen für sich betrachtet zwar grob fahrlässig ist, die Anordnung oder Fortdauer der Strafverfolgungsmaßnahme aber auf anderen Beweismitteln beruht (KG Berlin BeckRS 2009, 04407) oder hierfür unrichtige Zeugenaussagen bestimmend waren (Rebmann/Roth/Herrmann OWiG § 110 OWiG Rn 10b).

11 Es kommt auf den Zeitpunkt der Anordnung oder Aufrechterhaltung der Maßnahme an (BVerfG NJW 1996, 1049, 1050; OLG Karlsruhe NJW 2004, 3356, 3357; KG VRS 100, 317). Dabei sind alle zu diesem Zeitpunkt bekannten Umstände zu berücksichtigen und in Bezug zu setzen zu der Verhaltensweise des Beschuldigten und zum jeweiligen Tatvorwurf (BVerfG NJW 1996, 1049, 1050). Der Ausschluss der Entschädigung entfällt für die Zeit, von der an die von dem Betroffenen gesetzte Kausalität nicht mehr fortwirkt (Meyer-Goßner StrEG § 5 Rn 7).

12 Eine Beschränkung darauf, nicht zur Sache auszusagen oder dass Unterlassen des Einlegens eines Rechtsmittel genügt nach der Regelung des Abs 2 S 2 nicht für den Ausschluss einer Entschädigung (Meyer-Goßner StrEG § 5 Rn 7). Der Betroffene soll keinen Nachteil dadurch erleiden, dass er von seinen ihm gesetzlich zugestandenen Rechten (vgl § 136 Abs 1

StPO, § 163 a Abs 3 u Abs 4 StPO, § 243 Abs 4 StPO) Gebrauch macht. Auch die Nichtvorlage von entlastendem Beweismaterial scheidet als zurechenbare Ursache aus (Meyer-Goßner StREG § 5 Rn 7).

Von der Regelung des Abs 2 S 2 ist dagegen nicht die Weigerung erfasst, Angaben zur Person zu machen (BGHSt 21, 364; BGHSt 25, 17). Demzufolge kann das Verschweigen der Identität einen Entschädigungsanspruch ausschließen, wenn dieses für die Anordnung oder Fortdauer einer Verfolgungsmaßnahme ursächlich war (Schätzler/Kunz StREG § 5 Rn 101). Wenn der Beschuldigte wechselnde Angaben zunächst als Zeuge und dann als Beschuldigter macht, kann dieses Aussageverhalten Berücksichtigung finden (OLG Frankfurt NStZ-RR 1999, 349 entgegen OLG Oldenburg NStZ 1992, 245), ebenso bei einer teilweisen Einlassung zur Sache (Schätzler/Kunz StREG § 5 Rn 100). Diese Regelung befindet sich im Gleichlauf mit der Vorschrift über die Auslagenerstattung (vgl § 467 Abs 3 S 2 Nr 1 StPO; Schätzler/Kunz § 5 Rn 98; zum Bußgeldverfahren und der Vorschrift des § 109a Abs 2 OWiG vgl Rebmann/Roth/Herrmann OWiG § 110 Rn 10 b). 13

II. Vorsatz und grobe Fahrlässigkeit

Da es nicht um die Bestimmung einer strafrechtlichen Schuld, sondern um einen Erstattungsanspruch geht, sind „Vorsatz" und „grobe Fahrlässigkeit" nach den Vorschriften der §§ 276 BGB f und nicht im strafrechtlichen Sinne zu beurteilen (BGH MDR 1983, 450; OLG Hamburg NStZ 1983, 30; OLG Zweibrücken NStZ 1986, 129; Widmaier/Kotz MAH Strafverteidigung § 25 Rn 29). Es ist ein objektiver zivilrechtlicher Maßstab anzulegen, wobei die Handlungsweisen einzelner Berufsgruppen zu beachten sind (OLG Düsseldorf JurBüro 1984, 1371; KK-OWiG/Schmehl OWiG § 110 Rn 11). Ein missbräuchliches oder sonst unlauteres Verhalten ist nicht erforderlich (BayObLG NJW 1973, 1938). 14

Vorsatz ist dann gegeben, wenn die Verfolgungsmaßnahme als Folge des Handelns vorausgesehen und diese Folge in den Willen aufgenommen wird (KK-OWiG/Schmehl OWiG § 110 Rn 12). Auch bedingter Vorsatz genügt (Meyer-Goßner StREG § 5 Rn 8). Für die Frage des vorsätzlichen Handelns eines Geisteskranken oder psychisch Kranken kommt es nicht auf die strafrechtliche Schuldfähigkeit, sondern auf die natürliche Einsichtsfähigkeit an (OLG Hamburg NStZ 1983, 30; KG VRS 100, 317). Wenn sich der Betroffene in einem die freie Willensbildung ausschließendem Zustand krankhafter Störung der Geistestätigkeit befindet, kann ihm nicht vorgeworfen werden, die Strafverfolgungsmaßnahme vorsätzlich oder grob fahrlässig verursacht zu haben (LG München I StraFo 2008, 266). 15

Grob fahrlässig handelt, wer in ungewöhnlichem Maße die im Verkehr erforderliche Sorgfalt außer acht lässt, die eine verständige Person in gleicher Lage aufwenden würde, um sich vor Schaden durch Strafverfolgungsmaßnahmen zu schützen (OLG Frankfurt NJW 1978, 1017; OLG Düsseldorf JurBüro 1985, 1356), oder wer das unmittelbar Einleuchtende nicht bedenkt (KG VRS 100, 317; Meyer-Goßner StREG § 5 Rn 9). Die Verfolgungsmaßnahme muss nicht mutwillig oder sonst unlauter herbeigeführt sein (OLG Stuttgart NStZ 1981, 484). So sind die Einfuhr von Marihuana zum Eigenverbrauch (BGH BeckRS 2009, 05125 Rn 4) oder die Nutzung eines EU-Führerscheins nach Entzug eines deutschen Führerscheins, ohne die Voraussetzungen für die Wiedererteilung des deutschen Führerscheins zu erfüllen (LG Neuruppin BeckRS 2008, 08416), keine grob fahrlässige Verursachung einer Strafverfolgungsmaßnahme. Dagegen nimmt das LG Kaiserslautern an, dass ein Sprayer, der einen signifikanten Schriftzug (TAG) zur Herstellung eines rechtswidrigen Graffiti verwendet, damit rechnen muss, dass ein entsprechender unmittelbarer Tatverdacht bezüglich der Anfertigung von an anderen Orten mit demselben TAG aufgetauchten Graffitis auf ihn zurückfällt (LG Kaiserslautern BeckRS 2009, 00033). 16

Der Versagungstatbestand ist wegen seines Ausnahmecharakters eng auszulegen (KG BeckRS 2009, 04407), so dass im Zweifelsfall ein Entschädigungsausschluss nicht anzunehmen ist (Hdb-Strafverfahren-Theobald XIII Rn 23). Dennoch sollen die für die Beurteilung zivilrechtlicher Ansprüche maßgeblichen Beweislastregeln greifen und der Zweifelssatz (in dubio pro reo) nicht anwendbar sein (OLG Zweibrücken NStZ 1986, 129). 17

Ein leicht fahrlässiger Verursachungsbeitrag ist nach dem eindeutigen Gesetzeswortlaut von Abs 2 S 2 nicht zu berücksichtigen (Geigel/Kapsa Haftpflichtprozeß Kap 21 Rn 139; Meyer-Goßner StREG § 5 Rn 13; Rebmann/Roth/Herrmann OWiG § 110 Rn 10 b). Die 18

Vorschrift ist insoweit abschließend, so dass ein Rückgriff auf § 254 BGB ausgeschlossen ist (Schätzler/Kunz StrEG § 5 Rn 72; KK-OWiG/Schmehl OWiG § 110 Rn 19; anders BGHZ 63, 209, 214; OLG Hamm NJW 1975, 2033). Allerdings gilt diese Einschränkung nicht bei einer Entschädigung aus Billigkeitsgründen nach § 4 StrEG, bei § 5 Abs 3 StrEG und bei § 6 Abs 1 Nr 1 StrEG (Rebmann/Roth/Herrmann OWiG § 110 OWiG Rn 10 b; Meyer-Goßner StrEG § 5 Rn 13).

19 Das Verhalten Dritter muss sich der Betroffene unter den Voraussetzungen des § 831 BGB zurechnen lassen (OLG Hamm StV 1984, 472; OLG Frankfurt NStZ-RR 1998, 341). Insoweit kann er sich bei einem Verschweigen von entlastenden wesentlichen Umständen nicht darauf berufen, dass er dem Rat seines Verteidigers gefolgt sei (OLG Düsseldorf NStZ-RR 1996, 223).

20 In den Fällen der Rechtfertigung kommt es regelmäßig nicht zu einem Ausschluss der Entschädigung (LG Flensburg JurBüro 1985, 1209). Gleiches gilt, wenn sich der Betroffene mit Erfolg auf einen Tatbestandsirrtum berufen hat, soweit er diesen Irrtum nicht grob fahrlässig verschuldet hat (BGH GA 1987, 178; KK-OWiG/Schmehl OWiG § 110 Rn 17).

C. Nichtbefolgung der Ladung oder der Anweisungen bei Haftverschonung

21 Nach Abs 3 ist die Entschädigung ausgeschlossen, wenn und soweit der Beschuldigte die Strafverfolgungsmaßnahme dadurch schuldhaft verursacht hat, dass er einer ordnungsgemäßen Ladung vor dem Richter nicht Folge geleistet hat oder einer Anweisung nach § 116 Abs 1 Nr 1 bis Nr 3, Abs 3 StPO zuwidergehandelt hat. Jedes unentschuldigte oder nicht genügend entschuldigte Ausbleiben auf ordnungsgemäße Ladung führt regelmäßig zu einem Ausschluss der Entschädigung (KG v 2. 6. 2000 – Az 3 Ws 192/00) ab dem Zeitpunkt der Säumnis. Der Ausschlussgrund liegt auch dann vor, wenn wegen des Ausbleibens des Betroffenen die Hauptverhandlung vertagt werden muss und dadurch eine Verlängerung von bereits angeordneten Strafverfolgungsmaßnahmen eintritt (Meyer-Goßner StrEG § 5 Rn 14). Der Beschuldigte muss die Säumnis zu vertreten haben. Dabei genügt einfache Fahrlässigkeit (OLG Saarbrücken NJW 1975, 791, 792).

22 Die Nichtbeachtung einer Ladung vor die Staatsanwaltschaft oder die Verwaltungsbehörde führt dagegen nur bei Vorliegen der Voraussetzungen des Abs 2 zum Ausschluss der Entschädigung (Rebmann/Roth/Herrmann OWiG § 110 Rn 110 c). Diese muss also mindestens grob fahrlässig verursacht worden sein.

D. Teilweiser Ausschluss

23 Mit dem Vorbehalt „wenn" und „soweit" wird zum Ausdruck gebracht, dass sich der Ausschluss der Entschädigung auf einen Teil der Verfolgungsmaßnahme oder auf einen zeitlich begrenzten Abschnitt beschränken kann (Rebmann/Roth/Herrmann OWiG § 110 Rn 10 d). Der Ausschluss nach Abs 2 wirkt nur für die Zeit, in der die vom Beschuldigten gesetzte Kausalität fortwirkt und die Maßnahme trotz besserer Erkenntnis nicht aufgehoben wurde (BGHSt 29, 168, 172 f; OLG Stuttgart NJW 1987, 142).

24 Dagegen kann ein Fortfall der vom Betroffenen gesetzten Kausalität dann angenommen werden, wenn unrichtige Zeugenaussagen (OLG Köln StraFo 2001, 146), falsche behördliche Auskünfte (LG Chemnitz wistra 2002, 320), grobe Bearbeitungsfehler der Behörde (OLG Hamm MDR 1984, 253), unvertretbare Beweiswürdigung oder fehlerhafte Verfahrensweise oder Rechtsanwendung für die Aufrechterhaltung der Maßnahme maßgebend waren (KK-OWiG/Schmehl OWiG § 110 Rn 21). Bei der Prüfung der Kausalität ist zugunsten des Betroffenen von einem strengen Maßstab auszugehen; in Zweifelsfällen ist pro Entschädigung zu entscheiden (OLG Düsseldorf StV 1988, 446).

E. Besonderheiten

25 Ein nach § 136 Abs 1 S 2 StPO, § 163 a Abs 4 S 2 StPO bestehendes Beweiswürdigungs- bzw. -verwertungsverbot gilt nur für den Nachweis des Schuldvorwurfs, aber nicht für die im Rahmen des StrEG zu treffende Entscheidung (OLG Karlsruhe NStZ 1998, 211).

Wird jemand zunächst wegen einer Handlung verfolgt, die nach späterer höchstrichterlicher Rechtsprechung nicht strafbar ist, so kann ihm eine Entschädigung nicht deshalb versagt werden, weil das festgestellte Verhalten zum Tatzeitpunkt von der weit überwiegenden Rechtsprechung als strafbar angesehen worden ist (OLG Düsseldorf NStZ 1990, 39). 26

F. OWiG

Die obligatorischen Ausschlussgründe des Abs 1 Nr 4 können (ebenso wie Abs 2 und Abs 3) auch im Ordnungswidrigkeitsverfahren Bedeutung erlangen (Rebmann/Roth/Herrmann OWiG § 110 Rn 10; Bohnert OWiG § 110 Rn 13). 27

§ 6 Versagung der Entschädigung

(1) Die Entschädigung kann ganz oder teilweise versagt werden, wenn der Beschuldigte
1. die Strafverfolgungsmaßnahme dadurch veranlaßt hat, daß er sich selbst in wesentlichen Punkten wahrheitswidrig oder im Widerspruch zu seinen späteren Erklärungen belastet oder wesentliche entlastende Umstände verschwiegen hat, obwohl er sich zur Beschuldigung geäußert hat, oder
2. wegen einer Straftat nur deshalb nicht verurteilt oder das Verfahren gegen ihn eingestellt worden ist, weil er im Zustand der Schuldunfähigkeit gehandelt hat oder weil ein Verfahrenshindernis bestand.
(2) Die Entschädigung für eine Freiheitsentziehung kann ferner ganz oder teilweise versagt werden, wenn das Gericht die für einen Jugendlichen geltenden Vorschriften anwendet und hierbei eine erlittene Freiheitsentziehung berücksichtigt.

Überblick

Diese Vorschrift regelt die fakultativen (Rn 8) Versagungsgründe (Rn 2 bis Rn 7), sofern Ausschlussgründe nach § 5 StrEG nicht vorliegen (Rn 1). Die Entschädigung bei der Anwendung von Jugendrecht ist in Abs 2 geregelt (Rn 9).

A. Ausschlussgründe

Mit § 6 StrEG wird ein Ermessensspielraum eingeräumt. Die Vorschrift des § 5 StrEG hat Vorrang vor § 6 StrEG (s § 5 StrEG Rn 1). Dagegen ist § 6 StrEG gegenüber § 3 StrEG, StrEG die speziellere Vorschrift (OLG Düsseldorf NStZ-RR 1997, 159; Meyer StrEG § 4 Rn 11). 1

B. Fakultative Versagungsgründe

Der Abs 1 Nr 1 entspricht der Regelung bezüglich der notwendigen Auslagen in § 467 Abs 3 S 2 Nr 1 StPO, wobei eine Voraussetzung die überwiegende Verursachung der Maßnahme durch den Betroffenen ist (Meyer-Goßner StrEG § 6 Rn 2; Widmaier/Kotz MAH Strafverteidigung § 25 Rn 39). Der Ursachenzusammenhang endet dann, wenn die Maßnahme unabhängig vom Verhalten des Betroffenen hätte aufgehoben werden müssen (OLG Schleswig NJW 1976, 1467). Im Gegensatz zu § 5 Abs 2 StrEG bezieht § 6 Abs 1 Nr 1 StrEG nur das prozessuale oder verfahrensrelevante Verhalten seit dem Beginn der Ermittlungen ein (Schätzler/Kunz StrEG § 6 Rn 5). Damit können nur Äußerungen eines Beschuldigten berücksichtigt werden (OLG Oldenburg NStZ 1992, 245). 2

Eine wahrheitswidrige Erklärung in einem wesentlichen Punkt ist ausreichend. Dabei muss es sich um einen für die Verfolgungsmaßnahme objektiv erheblichen Punkt handeln (Schätzler/Kunz StrEG § 6 Rn 9). Bei einer widersprüchlichen Einlassung kommt es darauf an, dass diese die Veranlassung zur Strafverfolgung gegeben hat (OLG Düsseldorf JurBüro 1991, 425). 3

Das Verschweigen wesentlicher entlastender Umstände bei einer erfolgten (teilweisen) Einlassung führt dann zur Versagung einer Entschädigung, wenn der Beschuldigte diesen 4

Umstand selbst kannte (OLG Hamm StV 1984, 472), dessen Bedeutung verstanden hat (BGH NJW 1994, 334) oder fahrlässig verkannt hat (Meyer-Goßner StrEG § 6 Rn 4). Dies gilt auch dann, wenn der Beschuldigte nur dem Rat seines Verteidigers folgte (OLG Düsseldorf NStZ-RR 1996, 223). Als typische Beispiele kommen das Verschweigen eines Alibis (KG GA 1987, 405), eines Nachtrunks (KG VRS 72, 380; OLG Frankfurt NJW 1978, 1017) oder bei Verkehrsdelikten die Angabe des Fahrers (vgl BayVerfGH BeckRS 2008, 37320) in Betracht. Für das Entschädigungsverfahren ist es unerheblich, ob der Beachtung der Aussage ein Verwertungsverbot für das Strafverfahren entgegensteht (OLG Karlsruhe NStZ 1998, 211, str. s Rn 4.1).

4.1 Die Gegenansicht geht davon aus, dass Beweisverwertungsverbote einheitlich für das Hauptverfahren und das Grundverfahren nach § 8 StrEG, § 9 StrEG zu behandeln sind (Abramenko NStZ 1998, 177). Dies folge daraus, dass das Grundverfahren Bestandteil des Hauptverfahrens sei und prozessrechtlich den Regeln der StPO unterliege. Auch wenn diese Argumente zutreffend sind (vgl Schätzler/Kunz StrEG Einl Rn 29; Meyer StrEG Vor §§ 8 und 9 Rn 8; Meyer-Goßner StrEG § 8 Rn 1), so vermögen sie dennoch nicht durchzugreifen. Denn die Zurechnung erfolgt hier nach den zivilrechtlichen und auf dem Rechtsgedanken des § 254 BGB beruhenden Grundsätzen, s § 5 StrEG (§ 5 StrEG Rn 8).

5 Das Verschweigen führt bei Vorliegen schutzwürdiger Gründe des Betroffenen nicht zu einer Versagung der Entschädigung. Dies gilt zumindest dann, wenn der Betroffene keine Angaben gemacht hat, um einen Angehörigen (§ 52 StPO) zu schützen, soweit noch keine Verjährung eingetreten ist (Rebmann/Roth/Herrmann OWiG § 110 Rn 11) und soll nach weitergehender Auffassung auch im Rahmen von Freundschaftsverhältnissen gelten (OLG Hamm MDR 1977, 1042; kritisch hierzu Schätzel/Kunz StrEG § 6 Rn 13). Ebenso ist es kein Grund für die Nichtgewährung einer Entschädigung, wenn der Betroffene sich nicht bemüht hat, entlastendes Beweismaterial vorzulegen (OLG Düsseldorf StV 1984, 472).

6 Die Versagung der Entschädigung bei Schuldunfähigkeit ist nach Nr 2 die Regel, soweit diese der einzige Grund für die Verfahrensbeendigung ist (OLG Düsseldorf JurBüro 1986, 249; Meyer-Goßner StrEG § 6 Rn 6) und erstreckt sich auch auf Jugendliche, die mangels Reife nicht verantwortlich sind, § 3 JGG (Schätzel/Kunz StrEG § 6 Rn 24). Etwas anderes gilt jedoch dann, wenn von Anfang an erkennbar war, dass die Anordnung von Untersuchungshaft rechtsfehlerhaft ist (OLG Stuttgart NStZ-RR 2000, 190), oder die Anordnung einer Maßregel rechtsfehlerhaft unterblieben ist, weil sie schon in einer anderen Sache angeordnet war (OLG Schleswig MDR 1979, 165; Meyer-Goßner StrEG § 6 Rn 6).

7 Die Regelung in Nr 2 entspricht bezüglich der Verfahrenshindernisse dem § 467 Abs 3 S 2 Nr 2 StPO (OLG Celle BeckRS 2007, 10172) und setzt voraus, dass die strafrechtliche Schuld bereits bis zur Schuldspruchreife gerichtlich geklärt war (OLG Hamm NStZ-RR 1997, 127) oder zumindest weiterhin ein erheblicher Tatverdacht vorliegt (BGH NStZ 2000, 330) bzw. dass die Verurteilung des Angeklagten hinreichend sicher erscheint (OLG Köln StraFo 2003, 105) oder mit Sicherheit zu erwarten gewesen wäre (KG NJ 1999, 494). Die Schuldunfähigkeit des Beschuldigten oder das Verfahrenshindernis müssen die einzige Ursache sein, weshalb der Beschuldigte nicht verurteilt oder das Verfahren gegen ihn eingestellt wurde (Widmaier/Kotz MAH Strafverteidigung § 25 Rn 45). Dabei widerstreitet es nicht der Unschuldsvermutung, wenn das Gericht die Hauptverhandlung bis zur Schuldspruchreife geführt hat und dann auf die Schuld abstellt (BVerfG NStZ-RR 1996, 45).

8 Der Entschädigungsausschluss ist nicht zwingend, aber regelmäßig zu versagen, wenn das Verfahrenshindernis erst nach dem Vollzug der Maßnahme eintritt oder bekannt wird wie bei der Zurücknahme eines Strafantrages (Schätzler/Kunz StrEG § 6 Rn 31), bei endgültiger Verhandlungsunfähigkeit des Betroffenen (OLG Hamm NStZ-RR 1997, 127) oder beim Tod des Betroffenen (BGH BeckRS 2008, 22184; BGH NStZ-RR 2003, 103; OLG Hamm NJW 1978, 177).

C. Jugendrecht

9 Nach Abs 2 kann die Entschädigung bei einer Anwendung von Jugendrecht versagt werden, wenn der Vollzug einer Freiheitsentziehung im Rahmen des dem Jugendrichter zustehenden Ermessens bei seiner Entscheidung Berücksichtigung findet (Schätzler/Kunz

StrEG § 6 Rn 37 f; Eisenberg GA 2004, 385). Dies gilt beispielsweise, wenn unter Berücksichtigung einer erlittenen Untersuchungshaft eine Ahndung nach § 45 JGG, § 47 Abs 1 Nr 1 JGG nicht mehr als erforderlich angesehen wird (Meyer-Goßner StrEG § 6 Rn 9).

§ 7 Umfang des Entschädigungsanspruchs

(1) Gegenstand der Entschädigung ist der durch die Strafverfolgungsmaßnahme verursachte Vermögensschaden, im Falle der Freiheitsentziehung auf Grund gerichtlicher Entscheidung auch der Schaden, der nicht Vermögensschaden ist.
(2) Entschädigung für Vermögensschaden wird nur geleistet, wenn der nachgewiesene Schaden den Betrag von fünfundzwanzig Euro übersteigt.
(3) Für den Schaden, der nicht Vermögensschaden ist, beträgt die Entschädigung 25 Euro für jeden angefangenen Tag der Freiheitsentziehung.
(4) Für einen Schaden, der auch ohne die Strafverfolgungsmaßnahme eingetreten wäre, wird keine Entschädigung geleistet.

Überblick

Das StrEG gewährt eine angemessene Entschädigung in Geld (BGHZ 106, 313, 319: billiger Ausgleich), wobei dies nach § 7 Abs 1 StrEG der durch die Strafverfolgungsmaßnahme verursachte Vermögensschaden ist (Rn 1 bis Rn 9). Bei einer Freiheitsentziehung ist auch der Schaden, der nicht Vermögensschaden ist, umfasst (Rn 10). Dabei gilt das Prinzip der überholenden Kausalität (Rn 11).

Übersicht

	Rn		Rn
A. Vermögensschaden	1	**B. Immaterieller Schaden**	10
I. Grundsätze	1	**C. Kausalität**	11
II. Einzelfälle typischer Vermögensschäden	4		

A. Vermögensschaden

I. Grundsätze

Entschädigt wird der durch die Strafverfolgungsmaßnahme bei dem Betroffenen selbst 1 entstandene Vermögensschaden. Der Begriff des Vermögensschadens ist dem bürgerlichen Recht (§ 249 BGB bis § 252 BGB) entnommen (BGHZ 65, 170, 173; BGHZ 106, 313, 316; OLG Celle NJW 2004, 3347). Demnach gilt die Differenzhypothese, so dass auch ein Vorteilsausgleich (Rn 1.1) zu berücksichtigen ist (BGH VersR 1988, 52; LG Flensburg JurBüro 1997, 317; Schätzler/Kunz StrEG § 7 Rn 81). Dabei muss ein innerer Zusammenhang zwischen Vor- und Nachteil bestehen (Meyer-Goßner StrEG § 7 Rn 1). Mitwirkendes Verschulden des Betroffenen bei der haftungsausfüllenden Kausalität ist schadensmindernd zu berücksichtigen (BGHZ 63, 209, 214; BGHZ 103, 113, 120). Nach Abs 2 muss der Schaden einen Betrag von 25 EUR übersteigen.

Dies schließt aber nicht die Anrechnung des durch den Vollzug der Untersuchungshaft ersparten 1.1 Verpflegungsaufwands auf den immateriellen Schaden nach § 7 Abs 3 StrEG oder auf die Verteidigerkosten nach § 7 Abs 1 StrEG ein (OLG Düsseldorf NJW 2006, 2336).

Ein adäquater Ursachenzusammenhang für die haftungsausfüllende Kausalität genügt, den 2 der Betroffene nach allgemeinen (zivilrechtlichen) Grundsätzen darlegen und beweisen muss (BGHZ 103, 113, 116 = NJW 1988, 1141; OLG Saarbrücken NJOZ 2007, 5800, 5802). Dagegen hat der Ersatzpflichtige die Beweislast für anrechenbare Vorteile, Reserveursachen und ein Mitverschulden, wobei jedoch eine sekundäre Darlegungslast des Geschädigten bestehen kann (OLG Schleswig NJW-RR 2004, 599); § 287 ZPO ist anwendbar (Geigel/Kapsa Haftpflichtprozess Kap 21 Rn 143).

3 Der Schaden muss allein auf der Strafverfolgungsmaßnahme beruhen und darf nicht durch das Ermittlungsverfahren selbst verursacht worden sein (BGHZ 103, 113, 116; OLG Schleswig VersR 1997, 841); vgl § 2 StrEG Rn 1. Dies betrifft insbesondere Rufschäden (Rn 3.1) durch den Vollzug vorläufiger Maßnahmen. Sie gehören nicht mehr zu den spezifischen und typischen Folgen und fallen als mittelbare Auswirkungen nicht in den Schutzbereich des StrEG (OLG Köln NJW 1985, 2145).

3.1 Ein Rufschaden liegt dann vor, wenn nur das Bekanntwerden der Verfolgungsmaßnahme und damit die Kenntnis vom Verfahren zu einem Schaden (beispielsweise Kündigung eines Arbeitsverhältnisses) führen, also der Verlust nicht auf der mit der Verfolgungsmaßnahme typischerweise verbundenen Einbuße an Dispositions- und Einsatzmöglichkeiten beruht (BGH DAR 1988, 135; OLG Saarbrücken NJOZ 2007, 5800). Gleiches gilt, falls ein Unternehmer wegen Durchsuchungen, Beschlagnahmungen und Arrestanordnungen keine Aufträge der öffentlichen Hand mehr erhält, wenn allein die Tatsache der Verfolgung für die Entscheidung der öffentlichen Hand maßgeblich war (OLG Schleswig JurBüro 2000, 208; KK-OWiG/Schmehl OWiG § 110 Rn 25).

II. Einzelfälle typischer Vermögensschäden

4 Arbeitsverhältnis: Der Verlust des Arbeitsplatzes wegen einer Untersuchungshaft oder einer vorläufigen Entziehung der Fahrerlaubnis ist zu entschädigen (BGH NJW 1988, 1141; OLG Saarbrücken NJOZ 2007, 5800). Dabei ist der Ursachenzusammenhang zwischen der Kündigung des Arbeitsverhältnisses und der verbüßten Untersuchungshaft nur dann gegeben, wenn Grund für die Kündigung der Ausfall der Arbeitskraft des Betroffenen gewesen ist (OLG Saarbrücken NJOZ 2007, 5800, 5801) und es sich nicht um einen Rufschaden (Rn 3.1) handelt. Der Verdienstausfall infolge der Inhaftierung ist zu ersetzen (Meyer-Goßner StrEG § 7 Rn 3). Allerdings darf der Arbeitnehmer nicht ohne weiteres eine Kündigung hinnehmen, sondern muss eine Kündigungsschutzklage erheben, soweit diese zumutbar ist (BGH NJW 1988, 1141) und sich im Rahmen seiner Schadensminderungspflicht um die Aufnahme einer neuen Erwerbstätigkeit bemühen (OLG Schleswig NJW-RR 2004, 599). Die für die Teilnahme an der Hauptverhandlung oder deren Vorbereitung aufzuwendende Zeit wird lediglich nach den Vorschriften über die Auslagenerstattung (§ 464a Abs 2 Nr 1 StPO) entschädigt (OLG Köln NStZ 1997, 125). Ein angestellter GmbH-Geschäftsführer, der mit 4% an der Gesellschaft beteiligt ist, kann einen durch den vorläufigen Entzug der Fahrerlaubnis bei der GmbH entstandenen Schaden nicht geltend machen (LG Stuttgart v 4. 3. 2008 – Az 15 O 315/07).

5 **Ersatz notwendiger Auslagen**, insbesondere der Anwaltskosten gegen die Strafverfolgungsmaßnahme ist umfasst, soweit nicht schon die §§ 464 StPOff eine Kostenerstattung vorsehen (BGHSt 30, 152, 157; BGHZ 65, 170, 175ff = NJW 1975, 2341). Das gilt allerdings nur für die gesetzlichen Gebühren (BGHZ 68, 86). So schließt der Umstand, dass der Beschuldigte die Kosten seines Verteidigers im Ermittlungsverfahren nicht nach der StPO ersetzt verlangen kann, wenn das Verfahren vor Anklageerhebung gem § 170 Abs 2 StPO eingestellt wird, nicht die Möglichkeit aus, die Verteidigungskosten zur Aufhebung oder Rückgängigmachung einer Strafverfolgungsmaßnahme gem § 2 StrEG, § 7 StrEG ersetzt zu verlangen (vgl BGH NJW 1975, 2341; NJW 1977, 957). Dient die Verteidigung gleichzeitig anderen Zielen, so sind die Kosten nach Schätzung nur anteilig zu erstatten (BGHZ 68, 86, 89; Meyer-Goßner StrEG § 7 Rn 5). Die Aufteilung hat im Verhältnis des Gewichts der Verteidigung gegen die vollzogene Strafverfolgungsmaßnahme zu der gesamten Verteidigung entsprechend § 14 Abs 1 RVG zu erfolgen, wobei eine Schätzung nach § 287 ZPO vorgenommen werden kann (BGH NJW 2009, 2682, 2684; OLG Frankfurt BeckRS 2008, 15385). Nur bei Unmöglichkeit einer Trennung sind die Kosten der Verteidigung insgesamt zu ersetzen (vgl Meyer-Goßner StrEG § 7 StrEG Rn 5; Schätzler/Kunz StrEG § 7 Rn 27; LG Karlsruhe AnwBl 1985, 158, 159; restriktiv BGH NJW 2009, 2682, 2683, der auch eine Schätzung nach § 287 ZPO vornimmt, wenn während des gesamten Zeitraums, in dem der Verteidiger für seinen Mandanten tätig geworden ist, sowohl das Ermittlungsverfahren lief als auch die entschädigungsfähige Strafverfolgungsmaßnahme aufrechterhalten wurde). Dies sollte jedenfalls dann gelten, wenn die Tätigkeit des Vollverteidigers im Ermittlungsverfahren zu einem ganz erheblichen Teil der Abwehr des Vollzuges einer vorläufigen Vollstreckungsmaßnahme diente (wohl auch Meyer StrEG § 7 Rn 16). Ein ursächlicher Zusammenhang ist selbst dann gegeben, wenn der Rechtsanwalt erst nach Erledigung einer Strafverfolgungsmaßnahme mit tief greifenden Grundrechtseingriffen beauftragt wurde und ein nach § 296 StPO zulässiges Rechtsmittel einlegt (str s Rn 6.1).

Grundsätzlich erstattungsfähig sind auch die durch Geltendmachung des Entschädigungs- 6 anspruchs im Betragsverfahren entstandenen erforderlichen Anwaltskosten (OLG Koblenz OLGR 2000, 548; OLG Frankfurt BeckRS 2008, 15385), soweit es sich nicht um einfach gelagerte Fälle handelt (LG Koblenz NStZ 2001, 500).

Die bisher **hM** geht davon aus, dass die Beauftragung eines Rechtsanwalts nach Erledigung der 6.1 Maßnahme nicht mehr vom Schadensbegriff des § 7 StrEG umfasst sei (Meyer StrEG § 7 Rn 12; Schätzler/Kunz StrEG § 7 Rn 26, 29). Diese Auffassung trägt jedoch nicht der Rspr des BVerG Rechnung, wonach Beschwerden auch nach Erledigung des Grundrechtseingriffs (Beispiele: BVerfG NJW 2006, 40 für Beugehaft, BVerfG NStZ-RR 2004, 252 für einen Vollstreckungshaftbefehl; BVerfG NJW 1999, 273 für die Beschlagnahme; BVerfG NJW 1997, 2163 für eine Durchsuchung) zulässig sind (s hierzu Meyer-Goßner StrEG § 7 Rn 5a iVm Vor § 296 StPO Rn 18a). Die für diese anwaltliche Tätigkeit entstehende Gebühr ist ein nach StrEG ersatzfähiger Schaden. Allerdings gilt dies nur, wenn eine Erstattungsfähigkeit nach StPO ausgeschlossen ist. So wurde eine Erstattungsfähigkeit für eine Fortsetzungsfeststellungsklage gegen eine abgeschlossene Durchsuchung durch das OLG Frankfurt BeckRS 2008, 15385 analog § 467 StPO bejaht und damit eine Geltendmachung im Rahmen des § 7 StrEG abgelehnt.

Die Rückzahlung einer **Geldstrafe** erfolgt bei einer Aufhebung des Urteils außerhalb des 7 StrEG (Meyer-Goßner StrEG § 7 Rn 2). Hierüber hinausgehende Schäden wie Kosten und Zinsen sind vom Schadensersatzanspruch nach dem StrEG umfasst (OLG Stuttgart NJW 1997, 206, 207). Für die Vollstreckung einer Geldstrafe oder Ersatzfreiheitsstrafe durch freie Arbeit ist eine Entschädigung zu leisten (Meyer-Goßner StrEG § 7 Rn 2), da die freie Arbeit ein echtes Surrogat für die ausgeworfene Geldstrafe ist (zutreffend Meyer StV 2003, 240 gegen OLG Dresden StV 2003, 239; **aA** OLG Zweibrücken NJW 2004, 2314; Geigel/Kapsa Haftpflichtprozess Kap 21 Rn 154).

Wenn ein **Kraftfahrzeug** sichergestellt und in Verwahrung genommen wird, so steht dem 8 Eigentümer für Schäden, die durch vorsätzliche Fremdeinwirkung entstehen, keine Entschädigung zu (Geigel/Kapsa Haftpflichtprozess Kap 21 Rn 149). Der durch die Unmöglichkeit des Gebrauchs eines beschlagnahmten Kfz entstehende Schaden ist zu ersetzen (OLG Celle NJW 2004, 3347; OLG Schleswig NJW-RR 1986, 775). Bei einer vorläufigen Entziehung der Fahrerlaubnis sind dem Betroffenen die tatsächlichen finanziellen Mehraufwendungen und sonstigen wirtschaftlichen Nachteile zu erstatten (BGH NJW 1975, 347). Dazu zählen Fahrgelder, Verdienstausfall, Nutzungsausfall, Mietwagenkosten und Anstellung eines Fahrers (Meyer-Goßner StrEG § 7 Rn 4). Dagegen ist ein pauschalierter Nutzungsausfall nicht ersatzfähig (BGHZ 65, 170, 173 ff = NJW 1975, 2341; Geigel/Kapsa Haftpflichtprozess Kap 21 Rn 153).

Bei öffentlich-rechtlichen Forderungen – wie hier – können **Verzugszinsen** nur bei einer 9 gesetzlichen Regelung verlangt werden (vgl BGH NJW 1982, 1277 zum enteignungsgleichen Eingriff); da im StrEG eine solche Bestimmung fehlt, sind Verzugszinsen nicht zu leisten (OLG Köln JMBlNW 1989, 30), wohl aber Prozesszinsen (§ 291 BGB, Schütz StV 2008, 52, 54).

B. Immaterieller Schaden

Nach Abs 3 beträgt die Entschädigung bei einer Freiheitsentschädigung für einen Schaden, 10 der nicht Vermögensschaden ist, seit dem 5. 8. 2009 pauschal 25 EUR (vorher 11 EUR) pro angefangenem Tag. Dies gilt auch für im Ausland erlittene Auslieferungshaft (LG Bremen v 24. 5. 1988 – Az 1 O 1288/02), nicht aber für andere Strafverfolgungsmaßnahmen wie die vorläufige Entziehung der Fahrerlaubnis (OLG Frankfurt OLGR 1998, 117). Die Geltendmachung eines höheren Anspruches nach anderen Vorschriften wie zB Amtshaftung (OLG Hamm NJW-RR 2008, 1406, 1410; Geigel/Kapsa Haftpflichtprozess Kap 21 Rn 159) oder Art 5 Abs 5 EMRK (KG BeckRS 2005, 11575; OLG München BeckRS 2008, 21199) ist nicht ausgeschlossen. Bei einer gesetzlichen Änderung der Pauschale der Haftentschädigung ist der Zeitpunkt des Vollzuges maßgeblich (Schätzler/Kunz StrEG § 7 Rn 78; OLG München JurBüro 1990, 1964, 1665). Eine Vorteilsausgleichung für immaterielle Schäden ist unzulässig (Meyer-Goßner StrEG § 7 Rn 8; Schätzler/Kunz StrEG § 7 Rn 83).

C. Kausalität

11 In § 7 Abs 4 StrEG wird der allgemeine Grundsatz des Schadensersatzrechts ausgesprochen, dass die Prinzipien der überholenden Kausalität gelten (Schätzler/Kunz StrEG § 7 Rn 91). Damit ist eine Entschädigung dann ausgeschlossen, wenn der Schaden früher oder später auf Grund eines anderen Ereignisses auch eingetreten wäre (Meyer StrEG § 7 Rn 43). So wird kein Schaden für Verdienstausfall gezahlt, wenn bei einer Strafverfolgung eine verborgene Krankheit des Beschuldigten entdeckt und dieser daraufhin in den Ruhestand versetzt wird (BGH NJW 1968, 2287). Der Entschädigungspflichtige kann fordern, dass der Entschädigungsberechtigte ihm kongruente Schadensersatzansprüche gegen Dritte abtritt (BGH NStZ 1989, 479; vgl aber OLG Frankfurt BeckRS 2007, 16702 zur Nichtanrechnung einer Entschädigung nach § 7 StrEG auf den zivilrechtlichen Schadensersatzanspruch nach § 823 Abs 1 BGB, § 847 BGB). Der Entschädigungsberechtigte hat die Pflicht, den Schaden im Rahmen des Möglichen und Zumutbaren abzuwenden oder zu mindern (Schätzler/Kunz StrEG § 7 Rn 90).

§ 8 Entscheidung des Strafgerichts

(1) ¹Über die Verpflichtung zur Entschädigung entscheidet das Gericht in dem Urteil oder in dem Beschluß, der das Verfahren abschließt. ²Ist die Entscheidung in der Hauptverhandlung nicht möglich, so entscheidet das Gericht nach Anhörung der Beteiligten außerhalb der Hauptverhandlung durch Beschluß.

(2) Die Entscheidung muß die Art und gegebenenfalls den Zeitraum der Strafverfolgungsmaßnahme bezeichnen, für die Entschädigung zugesprochen wird.

(3) ¹Gegen die Entscheidung über die Entschädigungspflicht ist auch im Falle der Unanfechtbarkeit der das Verfahren abschließenden Entscheidung die sofortige Beschwerde nach den Vorschriften der Strafprozeßordnung zulässig. ²§ 464 Abs. 3 Satz 2 und 3 der Strafprozeßordnung ist entsprechend anzuwenden.

Überblick

Diese Vorschrift regelt das Verfahren für die Grundentscheidung vor den Strafgerichten (Rn 1), die grundsätzlich im Hauptverfahren (Rn 2 f, zur Zuständigkeit vgl Rn 8 ff), ausnahmsweise aber auch als isolierte Grundentscheidung möglich ist (Rn 4 ff). Durch Abs 2 wird der Inhalt der auszusprechenden Entscheidung näher bestimmt (Rn 7), während Abs 3 als Rechtsmittel die sofortige Beschwerde unter Verweis auf Vorschriften der StPO vorsieht (Rn 12 ff).

Übersicht

	Rn		Rn
A. Verhältnis von Grund- und Betragsverfahren	1	D. Inhalt der Grundentscheidung	7
B. Grundentscheidung im Strafverfahren	2	E. Zuständigkeit	8
C. Isolierte Grundentscheidung (Abs 1 S 2)	4	F. Sofortige Beschwerde	12

A. Verhältnis von Grund- und Betragsverfahren

1 Das Entschädigungsverfahren ist zweigeteilt: Vor den Strafgerichten wird festgestellt, ob eine Entschädigungspflicht der Staatskasse dem Grunde nach besteht (§ 1 StrEG bis § 6 StrEG, § 8 StrEG und § 9 StrEG; BGHZ 63, 209; BGHZ 103, 113), während in dem bei der Justizverwaltungsbehörde (Staatsanwaltschaft) zu beantragendem und im Falle der Anfechtung ihrer Entscheidung vor den Zivilgerichten zu führendem Betragsverfahren über die Höhe des Anspruchs (§ 7 StrEG, § 10 StrEG bis § 13 StrEG) entschieden wird. Die Grund-

entscheidung ist für das Betragsverfahren bindend (BGHZ 103, 113, 115 = NJW 1988, 1141; BGHZ 108, 14, 17 = NJW 1989, 2619; s § 13 StrEG Rn 3). Eine Einschränkung ist aber für den Fall anerkannt, dass die Grundentscheidung jeder gesetzlichen Grundlage entbehrt, weil eine Entschädigung für eine nicht entschädigungspflichtige Strafverfolgungsmaßnahme zuerkannt wird (OLG Jena NStZ-RR 2001, 160) oder die Grundentscheidung nicht bestimmt genug ist (OLG Karlsruhe OLGR 2005, 125). Die Frage, ob überhaupt ein Schaden entstanden ist, wird insgesamt erst im Betragsverfahren geprüft (BGH NJW 1988, 1141; BGH NJW-RR 1991, 551, 552), es sei denn, ein Schaden ist offensichtlich nicht entstanden (str, s Rn 1.1)

Es ist aus Gründen der Verfahrenswirtschaftlichkeit sinnvoll, eine Ausnahme von der Entscheidungspflicht im Grundverfahren dann zuzulassen, wenn offensichtlich kein Schaden eingetreten ist. Hierfür sprechen sowohl der Gesichtspunkt eines sparsamen Umgangs mit den Ressourcen der Rechtspflege als auch das Interesse des Anspruchsstellers, nicht erst eine Entschädigungspflicht dem Grunde nach festzustellen und damit den Weg in das Betragsverfahren zu eröffnen, wenn von vornherein deutlich ist, dass kein Schaden entstanden ist (OLG Jena NStZ-RR 2005, 125; OLG Düsseldorf MDR 1987, 80, 81; NJW 1999, 2830, 2831; Meyer StrEG § 8 Rn 6; **aM** OLG Bamberg NStZ 1989, 185; Meyer-Goßner StrEG § 8 Rn 1). 1.1

B. Grundentscheidung im Strafverfahren

Das Strafgericht hat von Amts wegen ohne besonderen Antrag eines Verfahrensbeteiligten nach Anhörung (§ 33 StPO) über die Verpflichtung zur Entschädigung in dem Urteil oder dem Beschluss zu entscheiden, der das Strafverfahren endgültig abschließt (Schätzler/Kunz StrEG § 8 Rn 2). Dies schließt den Strafbefehl (Meyer MDR 1992, 219) und eine Einstellung nach § 154 StPO zumindest nach Fristablauf des Abs 4 (OLG Düsseldorf StraFo 1999, 176; Meyer-Goßner StrEG § 8 Rn 2), aber nicht die Einstellung wegen Fehlens eines Einstellungsbeschlusses (OLG Frankfurt NStZ-RR 2006, 159) ein (s hierzu auch § 2 StrEG Rn 12). Dagegen führt die nur vorläufige Einstellung nicht zu einer Entschädigungsentscheidung (Meyer-Goßner StrEG § 8 Rn 2). Bei der Ausscheidung von Tatteilen nach § 154a StPO oder der Einstellung nach § 206a StPO liegt nicht die erforderliche abschließende Einstellung vor (vgl § 2 StrEG Rn 12). Die zur Kostenentscheidung nach §§ 464 StPO ff von der Rechtsprechung und Literatur entwickelten Grundsätze können für § 8 StrEG herangezogen werden (Meyer StrEG § 8 Rn 2). Da die Grundentscheidung ein Annex zum Strafverfahren ist (BGHSt 26, 250, 252 = NJW 1976, 523, 524), gilt die Strafverfahrensvollmacht oder die Bestellung des Verteidigers auch hierfür, und § 145a StPO ist anwendbar (OLG Düsseldorf NStZ-RR 2002, 109; Meyer StrEG Vor §§ 8 und 9 Rn 8; Meyer-Goßner StrEG § 8 Rn 4, vgl aber § 10 StrEG Rn 1 für das Betragsverfahren). Sie ist im erfolgreichen Wiederaufnahmeverfahren stets, ansonsten nur bei Vollzug einer nach § 1 StrEG, § 2 StrEG entschädigungspflichtigen Strafverfolgungsmaßnahme notwendig (Meyer StrEG § 8 Rn 5; Meyer-Goßner StrEG § 8 Rn 3). 2

Ein Verzicht des Angeklagten auf eine Entschädigung ist bereits für die Grundentscheidung wirksam (OLG Stuttgart MDR 1992, 897; Meyer StrEG Vor §§ 1–6 Rn 10 ff, 14, § 8 Rn 8; **aA** OLG Düsseldorf NJW 1999, 2830, 2831; BGH NJW 1990, 1000 hat trotz eines abgegebenen Verzichts die Entschädigung versagt, ohne sich zur Wirksamkeit des Verzichts zu äußern; vgl auch Schätzler/Kunz StrEG § 8 Rn 17 ff). Ein etwaiger Verzicht wirkt nicht zu Lasten eines nach § 11 Abs 1 StrEG Unterhaltsberechtigten (Schätzler/Kunz StrEG § 11 Rn 9). 3

C. Isolierte Grundentscheidung (Abs 1 S 2)

Ist die Entscheidung in der Hauptverhandlung nicht möglich, so entscheidet das Gericht nach Anhörung der Beteiligten (§ 33 StPO) außerhalb der Hauptverhandlung durch Beschluss. Dennoch gilt diese isolierte Entscheidung als Teil des Hauptverfahrens, so dass dieser Beschluss keine Kosten- und Auslagenentscheidung enthält (OLG Bremen MDR 1975, 602; Meyer StrEG § 8 Rn 22; Meyer-Goßner StrEG § 8 Rn 6). 4

Das Erfordernis für eine Entscheidung außerhalb der Hauptverhandlung entsteht dann, wenn für die Grundentscheidung eine Aussetzung oder längere Unterbrechung der Haupt- 5 verhandlung notwendig würde (Meyer-Goßner StrEG § 8 Rn 7). Dies ist beispielsweise bei dem Erfordernis zusätzlicher Beweiserhebungen der Fall (OLG Düsseldorf NJW 1973, 1660).

6   Die isolierte Entscheidung wird von der **hM** – entgegen dem engen Gesetzeswortlaut – auch dann als zulässig angesehen, wenn die Entscheidung in der Hauptverhandlung unterblieben ist, zB weil sie vergessen oder nicht als erforderlich angesehen wurde (OLG Nürnberg NJW 2006, 1826; OLG Düsseldorf NJW 1999, 2830, 2831; Meyer-Goßner StrEG § 8 Rn 7). Das Unterlassen der gebotenen Entscheidung eröffne dann nicht die Möglichkeit der sofortigen Beschwerde (OLG Nürnberg NJW 2006, 1826), sondern führe zur Verpflichtung der Nachholung im Beschlussverfahren (OLG Düsseldorf NJW 1973, 1660; Schätzler/Kunz StrEG § 8 Rn 28; str, s Rn 6.1)

6.1   Meyer weist in § 8 Rn 19 zu Recht darauf hin, dass die Gesetzesmaterialien den absoluten Ausnahmecharakter des isolierten Beschlussverfahrens belegen (BT-Drs 6/460, 12). Ferner ist zu beachten, dass das formelle Kosten- und das Entschädigungsrecht in parallelen Bahnen verlaufen und auch damit der absolute Ausnahmecharakter des isolierten Beschlussverfahrens bestätigt wird (Seier NStZ 1982, 270, 272). Der mit dem Willen des Gesetzgebers in Übereinstimmung stehende Weg ist nicht die Nachholung der Entschädigungsentscheidung im isolierten Beschlussverfahren, sondern die sofortige Beschwerde (so auch Meyer StrEG § 8 Rn 25 sowie KG v 10. 3. 2009 – Az 1 AR 1833/07, OLG München AnwBl 1998, 50). Die Rechtsprechung schließt jedenfalls dann eine isolierte Grundentscheidung aus und nimmt eine Korrektur nur im Wege der sofortigen Beschwerde an, wenn in dem freisprechenden Urteil dem Angeklagten für alle nach Auffassung des Tatrichters in Betracht kommenden entschädigungspflichtigen Strafverfolgungsmaßnahmen eine Entschädigung zugebilligt worden ist (OLG Düsseldorf NStZ-RR 2001, 159), oder wenn der Angeklagte im Anschluss an die Urteilsverkündung über das Rechtsmittel der sofortigen Beschwerde gegen die nicht ausgesprochene Haftentschädigung belehrt wird (OLG Nürnberg NJW 2006, 1826).

D. Inhalt der Grundentscheidung

7   Die Entscheidung des Strafgerichts bezieht sich nach § 8 Abs 2 StrEG auf die Person des Berechtigten, die zu entschädigende Strafverfolgungsmaßnahme (BGH JZ 1979, 353; OLG Bamberg MDR 1989, 668) sowie den hierfür anzusetzenden Zeitraum (BGH NJW-RR 1991, 551, 552). Der Ausspruch ist insbesondere dann zu begründen, wenn der Anspruch nach § 5 StrEG ausgeschlossen oder nach § 6 StrEG versagt wird (Schätzler/Kunz StrEG § 8 Rn 43). Bei Ermessensentscheidungen sind alle entscheidungserheblichen Umstände gegeneinander abzuwägen (Meyer-Goßner StrEG § 8 Rn 12).

E. Zuständigkeit

8   Das für die abschließende Entscheidung zuständige Gericht entscheidet auch über die Entschädigung. Bei Anordnung einer Vollstreckungsmaßnahme durch eine Strafvollstreckungskammer ist diese Kammer für die Entschädigung zuständig (OLG München NStZ-RR 1996, 125). Wenn sich entschädigungspflichtige Tatbestände im Beschwerdeverfahren ergeben, so hat das Beschwerdegericht zu entscheiden (Meyer-Goßner StrEG § 8 Rn 14).

9   Nach der **hM** hat das Berufungsgericht über die Entschädigungsfrage nur bei vollem oder teilweisem Erfolg des Rechtsmittels erneut zu befinden (OLG Karlsruhe NJW 1972, 2323; Meyer-Goßner StrEG § 8 Rn 15; **aA** Meyer StrEG § 8 Rn 35: Überprüfung der Entschädigungsentscheidung unabhängig von der Abänderung der Sachentscheidung; vgl auch Schätzler/Kunz StrEG § 8 Rn 32).

10   Dem Revisionsgericht obliegt eine Entscheidung über die Entschädigungspflicht, wenn das Verfahren durch Freispruch oder Einstellung mittels Urteils oder Beschlusses abgeschlossen wird (Schätzler/Kunz StrEG § 8 Rn 33). Gleiches gilt bei Aufhebung der Anordnung einer einstweiligen Unterbringung nach § 275 a Abs 5 StPO (BGH StraFo 2008, 266; BGH BeckRS 2008, 15349 Rn 22). Es darf die Entscheidung nur dem Tatrichter überlassen, wenn noch weitere Feststellungen notwendig sind (BGH NJW 1991, 1839, 1840), eine Fortführung des teilweise eingestellten Verfahrens in Betracht kommt (BGH NJW 1994, 2966) oder das Verfahren beim Revisionsgericht nur teilweise anhängig ist (BGH NJW 1999, 1562, 1564; vgl zur Praxis des BGH, die Entschädigungsentscheidung vorrangig dem Tatrichter zu überlassen, Schätzler/Kunz StrEG § 8 Rn 34 f).

Im Fall der Wiederaufnahme eines Verfahrens hat das nach § 140a GVG zuständige 11
Gericht im Rahmen des § 373 StPO auch eine Entscheidung über die Entschädigung zu
treffen (OLG Köln GA 1992, 180).

F. Sofortige Beschwerde

Nach Abs 3 ist gegen die gerichtliche Entschädigungsentscheidung die sofortige Be- 12
schwerde zulässig. Die Einlegung der Berufung oder Revision beinhaltet nicht die Einlegung
dieses Rechtsmittels (Meyer-Goßner StrEG § 8 Rn 18). Es ist eine ausdrückliche Erklärung
der Anfechtung auch der Entscheidung über die Entschädigungspflicht innerhalb der Wochenfrist des § 311 Abs 2 S 1 StPO (zur Fristversäumnis s Rn 12.1) notwendig (OLG Köln
BeckRS 2008, 23570; OLG Frankfurt NJW 1974, 202).

Wenn der Verteidiger die Frist versäumt, ist sein Verschulden dem Antragsteller zuzurechnen. 12.1
Denn es geht bei der Beschwerde gegen die Entschädigungsentscheidung nicht um die Anfechtung
des Schuld- oder Rechtsfolgenausspruches, sondern um Angelegenheiten vermögensrechtlicher Art
(OLG Karlsruhe MDR 1980, 693; Seier NStZ 1982, 275).

Für die Zulässigkeit der Beschwerde kommt es nicht auf die Anfechtbarkeit der Haupt- 13
entscheidung an (Meyer-Goßner StrEG § 8 Rn 19). Nach der Verweisung des § 8 Abs 3 S 2
StrEG auf § 464 Abs 3 S 2 und S 3 StPO gilt die Einschränkung des § 464 Abs 3 S 1 StPO
nicht für § 8 Abs 3 StrEG. Ein Verzicht auf die Entschädigung (oben Rn 3) führt zur
Unzulässigkeit der Beschwerde wegen fehlenden Rechtsschutzinteresses (OLG Karlsruhe
Justiz 1981, 450). Da die Grundentscheidung noch nichts über die völlig ungeklärte Höhe
des Anspruches aussagt, kommt es regelmäßig nicht auf die Wertgrenze des § 304 Abs 3
StPO an (KG JR 1981, 524; Schätzler/Kunz StrEG § 8 Rn 54). Für den Fall, dass ein
Erreichen der Wertgrenze von 200 EUR offensichtlich ausgeschlossen ist, spricht allerdings
nichts dagegen, die sofortige Beschwerde nicht zuzulassen (Meyer StrEG § 8 Rn 50; vgl
Seier Rechtsmittel der sofortigen Beschwerde 1980, 120).

Die Verweisung von § 8 Abs 3 S 2 StrEG auf § 464 Abs 3 S 2 StPO führt zur Bindungs- 14
wirkung des Beschwerdegerichts an die tatsächlichen Feststellungen, auf denen die Entscheidung beruht (OLG Hamm v 15. 1. 2008 – Az 3 Ws 702/07; OLG Frankfurt NStZ-RR
1996, 286). Diese Bindungswirkung führt dazu, dass das Beschwerdegericht auch die rechtliche Wertung, auf der die Hauptentscheidung beruht, ungeprüft hinnehmen muss (Schätz-
ler/Kunz StrEG § 8 Rn 60; vgl aber OLG Frankfurt NStZ-RR 1996, 286 für eine abweichende rechtliche Würdigung, welche nicht die Hauptentscheidung betraf). Zusätzliche Feststellungen im Wege des Freibeweises sind dann zulässig, wenn die sich aus den Akten
ergebenden Tatsachen zweifelsfrei Entscheidungsgrundlage waren und sich diese nicht in
Widerspruch zu den tatsächlichen Feststellungen im Urteil setzen (KG v 17. 11. 1997 – Az 4
Ws 646/97; Schätzler/Kunz StrEG § 8 Rn 62).

Bei einer Überprüfung von Ermessensentscheidungen ist das Beschwerdegericht nicht auf 15
die Überprüfung von Ermessensfehlern beschränkt, sondern kann das eigene Ermessen an
die Stelle des Ermessens der ersten Instanz stellen (OLG Schleswig NJW 1976, 1467;
Schätzler/Kunz StrEG § 8 Rn 66; Meyer-Goßner StrEG § 8 Rn 22; **aA** OLG Frankfurt
NStZ-RR 1996, 62; KG v 23. 1. 2002 – Az 4 Ws 12/02).

Das Verbot der reformatio in peius nach § 331 StPO gilt hier nicht, da es sich bei der 16
Frage der Entschädigung nicht um eine strafrechtliche Sanktion handelt (Schätzler/Kunz
StrEG § 8 Rn 46). Da dies für die Auslagen- und Kostenentscheidung unstreitig ist, muss es
auch für die diesen Entscheidungen nachgebildete Entschädigungsentscheidung gelten (Meyer StrEG § 8 Rn 58).

§ 9 Verfahren nach Einstellung durch die Staatsanwaltschaft

(1) ¹**Hat die Staatsanwaltschaft das Verfahren eingestellt, so entscheidet das Amtsgericht am Sitz der Staatsanwaltschaft über die Entschädigungspflicht.** ²**An die
Stelle des Amtsgerichts tritt das Gericht, das für die Eröffnung des Hauptverfahrens
zuständig gewesen wäre, wenn**

StrEG § 9   Entschädigung für Strafverfolgungsmaßnahmen

1. die Staatsanwaltschaft das Verfahren eingestellt hat, nachdem sie die öffentliche Klage zurückgenommen hat,
2. der Generalbundesanwalt oder die Staatsanwaltschaft beim Oberlandesgericht das Verfahren in einer Strafsache eingestellt hat, für die das Oberlandesgericht im ersten Rechtszug zuständig ist.

³Die Entscheidung ergeht auf Antrag des Beschuldigten. ⁴Der Antrag ist innerhalb einer Frist von einem Monat nach Zustellung der Mitteilung über die Einstellung des Verfahrens zu stellen. ⁵In der Mitteilung ist der Beschuldigte über sein Antragsrecht, die Frist und das zuständige Gericht zu belehren. ⁶Die Vorschriften der §§ 44 bis 46 der Strafprozeßordnung gelten entsprechend.

(2) Gegen die Entscheidung des Gerichts ist die sofortige Beschwerde nach den Vorschriften der Strafprozeßordnung zulässig.

(3) War die Erhebung der öffentlichen Klage von dem Verletzten beantragt, so ist über die Entschädigungspflicht nicht zu entscheiden, solange durch einen Antrag auf gerichtliche Entscheidung die Erhebung der öffentlichen Klage herbeigeführt werden kann.

Überblick

Diese Vorschrift regelt das Verfahren zur Erlangung einer Grundentscheidung bei Einstellung durch die Ermittlungsbehörde (Rn 1 ff). Danach hat der Antragsberechtigte (Rn 4) innerhalb einer Frist von einem Monat nach Zustellung der Einstellungsentscheidung (Rn 5) den Entschädigungsantrag (Rn 6) zu stellen. Gegen die gerichtliche Entscheidung ist sofortige Beschwerde zulässig (Rn 7).

A. Allgemeines

1   Auch hier handelt es sich um eine Grundentscheidung mit Bindungswirkung für das Betragsverfahren (s § 8 StrEG Rn 1). Voraussetzung ist der endgültige Abschluss des Verfahrens (s § 8 StrEG Rn 2). Die besondere Bedeutung dieser Vorschrift ergibt sich daraus, dass die Kosten- und Auslagenvorschriften der StPO, abgesehen von § 467a StPO, keine Auslagenerstattung vorsehen, so dass § 9 StrEG oftmals die einzige Möglichkeit für den Betroffenen ist, seine Anwaltskosten erstattet zu bekommen (Schätzler/Kunz StrEG § 9 Rn 3).

2   Bei Einstellung des Verfahrens durch die Staatsanwaltschaft oder die Finanzbehörde (§ 399 AO) entscheidet gemäß § 9 StrEG das Amtsgericht am Sitz der Behörde über die Entschädigungspflicht (Meyer StrEG § 9 Rn 12), soweit nicht ein hypothetisches Eröffnungsgericht nach Abs 1 S 2 zuständig wäre. Im Steuerstrafverfahren ist unabhängig von der Regelung des § 391 AO dass für den Sitz des einstellenden Finanzamtes zuständige Amtsgericht berufen zur Entscheidung über die Entschädigung (Meyer-Goßner StrEG § 9 Rn 7).

3   Die Ermittlungsbehörde hat wegen Abs 1 S 4 bei Vorliegen eines entschädigungspflichtigen Tatbestandes nach § 1 StrEG, § 2 StrEG die Entscheidung von der Einstellung an den Antragsberechtigten oder nach § 145a StPO an seinen Verteidiger, bei Jugendlichen nach § 67 Abs 1, Abs 2 JGG auch an den Erziehungsberechtigten bzw den gesetzlichen Vertreter, förmlich zuzustellen (Meyer-Goßner StrEG § 9 Rn 2). Die nach Abs 1 S 5 erforderliche Belehrung über das Antragsrecht, die Frist und das zuständige Gericht ist dabei mit vorzunehmen. Wenn der Nachweis der formgerechten Zustellung fehlt oder nicht formgerecht zugestellt wurde, reicht nach § 189 ZPO der tatsächliche Zugang beim Adressaten (LG Freiburg NStZ-RR 2002, 367 noch zu § 37 StPO aF; Schätzler/Kunz StrEG § 9 Rn 11).

B. Antragsberechtigung

4   Die Entscheidung ergeht nur auf Antrag des Beschuldigten oder des Verdächtigen bei einer Durchsuchung nach § 102 StPO (OLG Stuttgart NStZ 1994, 291) oder eines Unterhaltsberechtigten nach § 11 StrEG (Schätzler/Kunz StrEG § 9 Rn 21). Ein Dritter kann im eigenen Namen keine Entschädigungsansprüche geltend machen, auch wenn er von einer

Durchsuchung oder Beschlagnahme betroffen war (vgl auch § 1 StrEG Rn 4). Der im Ermittlungsverfahren bevollmächtigte Verteidiger kann für den Beschuldigten den Antrag auf Entschädigung stellen (LG Bonn StV 1984, 476).

C. Antragsfrist und Inhalt

Der Antrag ist innerhalb einer Frist von einem Monat nach Zustellung der Mitteilung über die Einstellung des Verfahrens zu stellen. Die Vorschriften der § 44 StPO bis § 46 StPO über die Wiedereinsetzung gelten entsprechend (§ 9 Abs 1 S 6 StrEG), so dass der Berechtigte bei Versäumung der Antragsfrist Wiedereinsetzung in den vorigen Stand erhalten kann (Meyer StrEG § 9 Rn 27). Das Verschulden des Verteidigers bei einer Fristversäumnis ist dem Beschuldigten zuzurechnen (OLG Hamburg NStZ 1990, 191). Das vollständige oder teilweise Unterlassen einer Belehrung ist entsprechend § 44 S 2 StPO ein Wiedereinsetzungsgrund, wobei die Belehrung wie eine Rechtsmittelbelehrung nach § 35 a StPO zu behandeln ist (LG Freiburg NStZ-RR 2002, 367, 368; Meyer-Goßner StrEG § 9 Rn 5; aA Schätzler/Kunz StrEG § 9 Rn 24). 5

An den Inhalt des Antrages werden keine strengen Anforderungen gestellt: die Beantragung der Feststellung der Entschädigungspflicht der Staatskasse soll bereits ausreichen (Meyer-Goßner StrEG § 9 Rn 4), während nach der engeren Auffassung zumindest erkennbar sein muss, für welche Maßnahme die Feststellung der Entschädigungspflicht beantragt wird (Meyer StrEG § 9 Rn 29). In jedem Fall bedarf es keiner Angaben zu dem erst im Betragsverfahren zu prüfenden Schadensumfang oder zur Wertgrenze des § 7 Abs 2 StrEG (Schätzler/Kunz StrEG § 9 Rn 23). 6

D. Sofortige Beschwerde

Gegen die gerichtliche Entschädigungsentscheidung ist nach Abs 2 die sofortige Beschwerde gem den Vorschriften der StPO (§ 311 StPO, § 304 StPO) zulässig (vgl § 8 StrEG Rn 12 ff). Entsprechend den strafprozessualen Bestimmungen (§ 304 Abs 4 S 2 StPO) ist die sofortige Beschwerde gegen die Entschädigungsgrundentscheidung eines im ersten Rechtzug zuständigen Oberlandesgerichts nicht zulässig (BGHSt 26, 250 = NJW 1976, 523), was auch die Versagung der Wiedereinsetzung einschließt (BGH NJW 1976, 525; Meyer-Goßner StrEG § 9 Rn 10). 7

§ 10 Anmeldung des Anspruchs; Frist

(1) ¹Ist die Entschädigungspflicht der Staatskasse rechtskräftig festgestellt, so ist der Anspruch auf Entschädigung innerhalb von sechs Monaten bei der Staatsanwaltschaft geltend zu machen, welche die Ermittlungen im ersten Rechtzug zuletzt geführt hat. ²Der Anspruch ist ausgeschlossen, wenn der Berechtigte es schuldhaft versäumt hat, ihn innerhalb der Frist zu stellen. ³Die Staatsanwaltschaft hat den Berechtigten über sein Antragsrecht und die Frist zu belehren. ⁴Die Frist beginnt mit der Zustellung der Belehrung.

(2) ¹Über den Antrag entscheidet die Landesjustizverwaltung. ²Eine Ausfertigung der Entscheidung ist dem Antragsteller nach den Vorschriften der Zivilprozeßordnung zuzustellen.

Überblick

Mit dieser Vorschrift wird das Entschädigungsverfahren in das Betragsverfahren überführt (Rn 1). Sie regelt die Belehrung des Betroffenen (Rn 2) und die Antragsfrist von 6 Monaten (Rn 3, zur Säumnis Rn 4). An den Inhalt des Antrages sind keine zu hohen Anforderungen zu stellen (Rn 5). Zur Prüfung und Entscheidung über den Anspruch ist regelmäßig der Leiter der Staatsanwaltschaft bei dem Landgericht oder bei dem Oberlandesgericht berufen (Rn 6).

A. Allgemeines

1   Nach der formell rechtskräftigen Feststellung der Entschädigungspflicht der Staatskasse ist der Anspruch in einem nicht mehr zum Strafprozess gehörendem Verwaltungsverfahren (Betragsverfahren) zur Festsetzung der Entschädigungshöhe bei der Staatsanwaltschaft geltend zu machen (BGH JZ 1979, 353). Die Grundentscheidung ist für das Betragsverfahren bindend (s § 8 StrEG Rn 1). Das Betragsverfahren gehört nicht mehr zum Strafprozess, so dass auch der Verteidiger eine separate Vollmacht benötigt (RiStBV Anl C Teil I C 1, vgl aber § 8 StrEG Rn 2 für das Grundverfahren).

B. Belehrung

2   Die Staatsanwaltschaft hat gem Abs 1 S 3 mit der Rechtskraft einer gerichtlichen Entscheidung nach § 8 StrEG, § 9 StrEG dem Anspruchsberechtigten unverzüglich eine Belehrung über das Antragsrecht, die Antragsfrist und die Stelle, bei der der Antrag anzubringen ist, zuzustellen. Kommt in Betracht, dass auch einem Unterhaltsberechtigten (§ 11 Abs 1 StrEG) ein Anspruch zusteht, so ist diesem gleichfalls eine Belehrung zuzustellen (Meyer-Goßner StrEG § 10 Rn 2, vgl § 11 StrEG Rn 6). Nach Abs 1 S 1 ist diejenige Staatsanwaltschaft für die Belehrung zuständig, welche zuletzt die Ermittlungen im ersten Rechtszug geführt hat. Im Steuerstrafverfahren ist die Finanzbehörde für die Belehrung zuständig, wenn sie an die Stelle der Staatsanwaltschaft getreten ist (str, s Rn 2.1).

2.1   Eine Meinung geht mit dem Argument, dass das Betragsverfahren nicht mehr zum Ermittlungsverfahren iSd § 386 Abs 2 AO gehöre, davon aus, dass die Staatsanwaltschaft immer zuständig sei, auch wenn die Finanzbehörde die Ermittlungen geführt hat (Matt Rpfl 1997, 466, 468; Schätzler/Kunz StrEG § 10 Rn 4). Dem ist entgegenzuhalten, dass die Belehrung wie eine Rechtsmittelbelehrung über die dem Betroffenen zustehenden Rechte aufklären soll, so dass die Belehrungspflicht gem § 35 a StPO noch dem Grundverfahren zuzurechnen ist (so auch Meyer StrEG § 10 Rn 6). Damit obliegt in den Fällen des § 386 Abs 2 AO dem Finanzamt die Belehrungspflicht (Meyer-Goßner StrEG § 10 Rn 2).

C. Frist

3   Mit der Zustellung beginnt die 6-Monats-Frist des Abs 1 S 1 (Meyer-Goßner StrEG § 10 Rn 5; zum Anspruch des Unterhaltberechtigten s § 11 StrEG Rn 6). Die Jahresfrist des § 12 StrEG läuft aber unabhängig davon, ob eine Belehrung erfolgt oder nicht (vgl § 12 StrEG Rn 2). Die Zustellung der Belehrung nach § 10 Abs 1 S 3 StrEG an den nicht besonders bevollmächtigten Verteidiger setzt die Antragsfrist des § 10 Abs 1 S 4 StrEG dagegen nicht in Lauf (BGHZ 29, 334 = NJW 1959, 1129; Schätzler/Kunz StrEG § 10 Rn 6). Ebenso ist eine verfrühte oder unrichtige Belehrung wirkungslos (Meyer-Goßner StrEG § 10 Rn 2).

4   Bei einer Fristversäumung ist eine Sachentscheidung der Staatsanwaltschaft nur dann möglich, wenn der Antragsteller die Frist nicht schuldhaft versäumt hat (so auch Schütz StV 2008, 52, 53, s Rn 4.1). Das Verschulden des Verteidigers ist dem Betroffenen nach allgemeinen Grundsätzen zuzurechnen (BGHZ 66, 122).

4.1   Insofern ist es missverständlich, wenn teilweise ausgeführt wird, dass bei nicht schuldhafter Säumnis die Behörde nach Abs 1 S 2 „Nachsicht" gewähren könne (Schätzler/Kunz StrEG § 10 Rn 13; Meyer-Goßner StrEG § 10 Rn 5). Wenn der Berechtigte die Frist nicht schuldhaft versäumt hat, liegen die den Anspruch ausschließenden Voraussetzungen des Abs 1 S 2 nicht vor, so dass eine „Nachsicht" der Behörde nicht erforderlich ist. Diese hat allein nach den gesetzlichen Voraussetzungen festzustellen, ob die Fristversäumnis schuldhaft war oder nicht (offen gelassen in BGHZ 108, 14, 16 = NJW 1989, 2619, 2620 f).

D. Antragsinhalt und -prüfung

5   Weder ist eine bestimmte Form für den Antrag vorgeschrieben (Meyer StrEG § 10 Rn 13), noch ist eine Bezifferung des Anspruchs bei Antragstellung erforderlich (Meyer-Goßner StrEG § 10 Rn 4). Innerhalb der Frist muss der Entschädigungsanspruch jedoch unter Angabe von Beweismitteln konkret geltend gemacht werden (BGHZ 108, 14, 19 f =

NJW 1989, 2619, 2620 f; OLG Koblenz OLGR 1999, 127, 128); die bloße Erklärung, eine Entschädigung werde „dem Grunde nach angemeldet", reicht zur Fristwahrung nicht aus (BGHZ 108, 14, 20 = NJW 1989, 2619, 2620; OLG Hamm OLGR 2001, 129, 130; Geigel/Kapsa Haftpflichtprozess Kap 21 Rn 165). Ergänzungen in Form der Nachreichung einzelner Angaben und Nachweise sind aber auch nach Fristablauf möglich (OLG Düsseldorf JMBlNW 1988, 164; BGHZ 108, 14, 20 = NJW 1989, 2619, 2621). Das Nachschieben selbstständiger Ansprüche ist dagegen ausgeschlossen (OLG München OLGR 2006, 313; Schütz StV 2008, 52).

Der Leiter der Staatsanwaltschaft legt, soweit er nicht selbst mit der Prüfung des Anspruchs betraut ist, der Prüfungsstelle unverzüglich den Antrag nebst einem Bericht vor (RiStBV Anl C Teil I B I). Je nach Delegation durch die Landesjustizverwaltung ist der Leiter der Staatsanwaltschaft bei dem Landgericht oder bei dem Oberlandesgericht die Prüfungsstelle (Meyer StrEG § 10 Rn 16). Das Prüfungsverfahren ist im Einzelnen in RiStBV Anl C Teil I B II 2 bis 9 geregelt. Die Landesjustizverwaltung entscheidet schließlich über die Höhe des Anspruches, wobei auch hier zum Großteil eine Delegation der Entscheidungsbefugnis stattgefunden hat, so dass in der Regel der Leiter der Staatsanwaltschaft bei einem Landgericht oder einem Oberlandesgericht zuständig ist (Meyer StrEG § 10 Rn 18). Die Entscheidung ist nach den Vorschriften der ZPO zuzustellen, Abs 3 S 2. Hierdurch wird die Frist für den Rechtsweg nach § 13 Abs 1 StrEG in Lauf gesetzt (Meyer-Goßner StrEG § 10 Rn 6; vgl § 13 StrEG Rn 1). 6

§ 11 Ersatzanspruch des kraft Gesetzes Unterhaltsberechtigten

(1) ¹Außer demjenigen, zu dessen Gunsten die Entschädigungspflicht der Staatskasse ausgesprochen worden ist, haben die Personen, denen er kraft Gesetzes unterhaltspflichtig war, Anspruch auf Entschädigung. ²Ihnen ist insoweit Ersatz zu leisten, als ihnen durch die Strafverfolgungsmaßnahme der Unterhalt entzogen worden ist.

(2) ¹Sind Unterhaltsberechtigte bekannt, so soll die Staatsanwaltschaft, bei welcher der Anspruch geltend zu machen ist, sie über ihr Antragsrecht und die Frist belehren. ²Im übrigen ist § 10 Abs. 1 anzuwenden.

Überblick

Mit dieser Vorschrift werden die Voraussetzungen einer Entschädigungspflicht für Unterhaltsberechtigte (Rn 1 bis Rn 3) normiert. Dieser Anspruch ist von dem Anspruch des Hauptbetroffenen abhängig (Rn 4 bis Rn 6)

A. Anspruchsvoraussetzungen

Die zur Entschädigungspflicht nach Abs 1 führenden Unterhaltsansprüche sind solche 1 nach § 1360 BGB, § 1361 BGB, §§ 1569 BGB ff, § 1601 BGB, §§ 1615 a BGB ff (Meyer-Goßner StrEG § 11 Rn 1), die Unterhaltsansprüche des Lebenspartners nach § 5 LPartG, § 12 LPartG, § 16 LPartG sowie eine gesetzliche Unterhaltspflicht eines nach den Regeln des Internationalen Privatrechts (vgl Art 18 EGBGB) zur Anwendung berufenen ausländischen Rechts (Schätzler/Kunz StrEG § 11 Rn 3).

Die Strafverfolgungsmaßnahme muss kausal für den Unterhaltsentzug gewesen sein, Abs 1 2 S 2. Ein Unterhaltsentzug liegt dann vor, wenn der Unterhaltspflichtige durch die Strafverfolgungsmaßnahme an einer Unterhaltszahlung gehindert wurde und der Unterhaltsberechtigte keinen nachträglichen Anspruch (zB nach § 1613 BGB) hat (RiStBV Anl C Teil I B II 3 a).

Die vertraglich vereinbarte Höhe ist zu berücksichtigen, wenn diese sich noch im Rahmen 3 des Üblichen bewegt und keine grobe Unbilligkeit zu Lasten der entschädigungspflichtigen Staatskasse entsteht (Meyer StrEG § 11 Rn 9; weiter Schätzler/Kunz StrEG § 11 Rn 5 und Meyer-Goßner StrEG § 11 Rn 1: uneingeschränkte Berücksichtigung der vertraglich vereinbarten Höhe).

B. Verhältnis zum Hauptanspruch

4   Ein Entschädigungsanspruch besteht nur insoweit, als dem Hauptbetroffenen ein Anspruch zusteht (Meyer-Goßner StrEG § 11 Rn 1; vgl aber zum Verzicht § 8 StrEG Rn 3) so dass sich eine teilweise Versagung nach § 6 StrEG (LG Flensburg JurBüro 81, 1045) und ein Leistungsausschluss nach § 7 Abs 4 StrEG auch auf den Anspruch des nach § 11 StrEG Berechtigten auswirken (Schätzler/Kunz StrEG § 11 Rn 6). Der Anspruch des Unterhaltsberechtigten kann nicht den Anspruch des Hauptbetroffenen übersteigen (OLG Düsseldorf NStZ 1988, 508).

5   Die Stellung des Hauptanspruchsberechtigten und des Unterhaltsgläubigers zueinander ist einer Gesamtgläubigerschaft nach § 428 BGB ähnlich (Meyer StrEG § 11 Rn 3), mit dem Unterschied, dass die Leistung an jeden Gläubiger nicht in das Belieben der Staatskasse gestellt ist, sondern diese die Unterhaltsansprüche gesondert zu erfüllen hat, wenn es geboten ist (Meyer-Goßner StrEG § 11 Rn 2; Schätzler/Kunz StrEG § 11 Rn 7).

6   Die Zustellung der Belehrung ist nach der Soll-Vorschrift des Abs 2 S 1 nicht erforderlich, wenn nicht bekannt ist, dass ein Unterhaltsentzug in Betracht kommt (Meyer StrEG § 11 Rn 18; vgl auch § 10 Rn 2), oder wenn nicht damit zu rechnen ist, dass der Hauptanspruchsberechtigte die Entschädigung zum Ausgleich verwendet (Meyer StrEG § 11 Rn 19). In Verbindung mit § 10 Abs 1 S 4 StrEG beginnt die Frist zur Geltendmachung des Anspruches mit der Zustellung der Belehrung (Meyer-Goßner StrEG § 11 Rn 3; s auch § 10 StrEG Rn 3 ff).

§ 12 Ausschluß der Geltendmachung der Entschädigung

Der Anspruch auf Entschädigung kann nicht mehr geltend gemacht werden, wenn seit dem Ablauf des Tages, an dem die Entschädigungspflicht rechtskräftig festgestellt ist, ein Jahr verstrichen ist, ohne daß ein Antrag nach § 10 Abs. 1 gestellt worden ist.

1   Nach Versäumung der verschuldensunabhängigen Ausschlussfrist von einem Jahr (Rn 1) ist jeglicher Entschädigungsantrag unzulässig (Rn 2).

Diese Vorschrift enthält eine verschuldensunabhängige absolute Ausschlussfrist (BGHZ 108, 14, 15 f, 19; OLG Düsseldorf JMBlNW 1986, 30, Schütz StV 2008, 52, 53). Eine Geltendmachung des Anspruchs auf Entschädigung kann nicht mehr wirksam erfolgen, wenn seit dem Ablauf des Tages, an dem die Entschädigungspflicht rechtskräftig festgestellt ist, ein Jahr verstrichen ist, ohne dass ein Antrag nach § 10 Abs 1 StrEG gestellt worden ist (Geigel/Kapsa Haftpflichtprozess Kap 21 Rn 166).

2   Jeglicher Antrag wird unzulässig, unabhängig von den Gründen der Verspätung (Meyer-Goßner StrEG § 12 Rn 1). Ebenso ist eine Wiedereinsetzung ausgeschlossen (BGHZ 108, 14, 16). Die Frist läuft auch, wenn eine Belehrung nach § 10 Abs 1 StrEG oder § 11 Abs 2 StrEG unterblieben ist (Meyer StrEG § 12 Rn 2; Schätzler/Kunz StrEG § 12 Rn 2). Der Fristablauf wird entsprechend § 210 BGB gehemmt, solange der Berechtigte geschäftsunfähig oder nur beschränkt geschäftsfähig ist und keinen gesetzlichen Vertreter hat (BGHZ 79, 1 = NJW 1981, 285). Die Einhaltung der Ausschlussfrist hat das Gericht von Amts wegen zu beachten (BGHZ 108, 14, 17).

§ 13 Rechtsweg; Beschränkung der Übertragbarkeit

(1) ¹Gegen die Entscheidung über den Entschädigungsanspruch ist der Rechtsweg gegeben. ²Die Klage ist innerhalb von drei Monaten nach Zustellung der Entscheidung zu erheben. ³Für die Ansprüche auf Entschädigung sind die Zivilkammern der Landgerichte ohne Rücksicht auf den Wert des Streitgegenstandes ausschließlich zuständig.

(2) Bis zur rechtskräftigen Entscheidung über den Antrag ist der Anspruch nicht übertragbar.

Überblick

Diese Vorschrift normiert den Rechtsweg zu den ordentlichen Gerichten innerhalb einer Ausschlussfrist von drei Monaten (Rn 1) sowie die Unübertragbarkeit des Anspruches (Rn 2). Die Zivilgerichte sind im Betragsverfahren an die Grundentscheidung der Strafgerichte gebunden (Rn 3). Der Entschädigungsberechtigte ist grundsätzlich für den entstandenen Schaden darlegungs- und beweispflichtig (Rn 4).

A. Rechtsweg, Frist, Klagegegner

Gegen die vollständige oder teilweise ablehnende Entscheidung der Staatsanwaltschaft 1
über den geltend gemachten Zahlungsanspruch ist gemäß § 13 Abs 1 StrEG der Rechtsweg zu den ordentlichen Gerichten gegeben. Wenn im gerichtlichen Verfahren Ansprüche nachgeschoben werden, die nicht Gegenstand des Justizverwaltungsverfahrens waren, so ist die Klage diesbezüglich unzulässig, weil es an dem nach § 10 StrEG zwingend notwendigen Vorverfahren fehlt (Schütz StV 2008, 52, 53). Die Klage ist innerhalb einer Ausschlussfrist von drei Monaten nach Zustellung der Entscheidung (s § 10 StrEG Rn 4) zu erheben (LG Flensburg NStZ 1992, 695, 696). Das Unterlassen einer vollständigen Rechtsbehelfsbelehrung lässt den Fristablauf unberührt (BGH StV 1984, 477). Eine Zustellung, die gem § 167 ZPO „demnächst" erfolgt, ist ausreichend (BGH NJW 2007, 439, 440). Zur Fristwahrung genügt die Einreichung eines ordnungsgemäßen Prozesskostenhilfeantrags, wenn dieser insbesondere auch die Erklärung des Antragstellers über seine persönlichen und wirtschaftlichen Verhältnisse nebst den erforderlichen Belegen enthält und wenn die spätere Klage unverzüglich erhoben wird (BGH NJW 2007, 439; BGH NJW 2007, 441; OLG Schleswig SchlHA 2000, 68; Geigel/Kapsa Haftpflichtprozess Kap 21 Rn 168; einschränkend LG Flensburg JurBüro 1997, 501 und Meyer StrEG § 13 Rn 8: nur bei gleichzeitigem Antrag auf sofortige Zustellung nach § 65 Abs 7 GKG). Die Beantragung und Zustellung eines Mahnbescheides im Falle der alsbaldigen Abgabe der Sache nach Widerspruch an das Streitgericht ist gleichfalls fristwahrend (LG Stuttgart v 4. 3. 2008 – Az 15 O 315/07) ebenso wie die rechtzeitige Klageerhebung einer anwaltlich nicht vertretenden Partei bei einem örtlich und sachlich unzuständigen Gericht (OLG Nürnberg MDR 2008, 708) sowie die Erhebung einer Feststellungsklage (OLG Bamberg BeckRS 2009, 13664). Die Dreimonatsfrist gilt für das Betragsverfahren, nicht aber für den Streit über eine Auszahlung (zB nach erfolgter Aufrechnung, OLG Koblenz OLGR 2008, 415, 416). Bei Mängeln der Zustellung ist § 189 ZPO anwendbar (vgl OLG Koblenz OLGR 2002, 405). Ausschließlich zuständig sind die Zivilkammern der **Landgerichte** ohne Rücksicht auf den Wert des Streitgegenstands. Die Klage muss sich gegen das ersatzpflichtige Land (§ 15 StrEG) richten, dessen Vertretung in den meisten Fällen durch den Generalstaatsanwalt beim Oberlandesgericht (Bestimmung durch Landesrecht) wahrgenommen wird (Meyer-Goßner StrEG § 13 Rn 1). Eine entsprechende Anwendung des § 75 VwGO kommt in Betracht, wenn die Staatsanwaltschaft ohne zureichenden Grund nicht in angemessener Frist entscheidet (OLG Köln NStZ 1988, 508; Meyer-Goßner StrEG § 13 Rn 1; nach Meyer StrEG § 13 Rn 13 und ders, JurBüro 1991, 1591, 1599 ist eine Untätigkeitsklage vor dem Verwaltungsgericht erforderlich).

B. Unübertragbarkeit des Anspruches

Der Anspruch ist nach § 13 Abs 2 StrEG nicht übertragbar, bis über den Entschädigungs- 2
antrag rechtskräftig entschieden wurde. Dies betrifft den gesamten, in § 7 Abs 1 StrEG normierten Gegenstand des Entschädigungsanspruches und damit auch den immateriellen Schaden (OLG Koblenz OLGR 2008, 415). Dem rechtskräftigen Abschluss eines Verfahrens ist die Unanfechtbarkeit der Verwaltungsentscheidung bzw das unstreitige Anerkenntnis der Entschädigungsbehörde über eine bestimmte Höhe des Entschädigungsanspruches gleichgestellt (Meyer StrEG Vor §§ 10-13 Rn 15 f; § 13 Rn 18; OLG Koblenz OLGR 2008, 415). Eine dennoch zuvor erfolgte Abtretung ist nach § 134 BGB nichtig (Geigel/Kapsa Haftpflichtprozess Kap 21 Rn 128) und umfasst auch die Abtretung von Ansprüchen des Unterhaltsberechtigten (§ 11 StrEG) an den Beschuldigten (OLG Düsseldorf NJW-RR

1993, 35). Bis zur Rechtskraft sind wegen des Abtretungsverbots auch eine Pfändung (§ 851 ZPO), eine Aufrechnung gegen den Anspruch (§ 394 BGB) und eine Bestellung eines Pfandrechts (§ 1274 BGB) ausgeschlossen (Meyer-Goßner StrEG § 13 Rn 2). Eine Teilungsabrede bezüglich der Entschädigung ist möglich, wenn der Berechtigte zunächst Inhaber des Anspruches bleibt und nicht ein zusätzliches wirtschaftliches Interesse Dritter an dem strafrechtlichen Verfahren begründet wird, sondern die Abrede nur Ausdruck der vorliegenden wirtschaftlichen Interessenlage ist (BGH NJW 1982, 2504; Geigel/Kapsa Haftpflichtprozess Kap 21 Rn 128). Dagegen ist der Entschädigungsanspruchs schon mit seiner Entstehung dem Grunde nach vererblich (Meyer StrEG 13 vor §§ 10-13).

C. Bindung des Zivilgerichts

3   Das Zivilgericht ist an die Entscheidung des Strafgerichts über den Anspruchsgrund gebunden (Schätzler/Kunz StrEG § 13 Rn 8; s auch § 8 StrEG Rn 1), nicht aber an die Betragsentscheidung der Landesjustizverwaltung (LG Flensburg JurBüro 2001, 332; Schätzler/Kunz StrEG § 13 Rn 9). Die allgemeinen Verfahrensvorschriften der ZPO gelten (BGHZ 66, 122, 127), auch im Hinblick auf den Anwaltszwang (BGH NJW-RR 1993, 1021, 1022).

D. Darlegungs- und Beweislast

4   Dem Entschädigungsberechtigten obliegt die Beweislast für den Schaden und die Kausalität (BGHZ 103, 113; BGH NStZ 1992, 286; LG Flensburg JurBüro 1999, 108; 2004, 455 zur Beschlagnahme eines Kfz). Dagegen ist der Ersatzpflichtige darlegungs- und beweispflichtig für anrechenbare Vorteile, Reserveursachen sowie für ein Mitverschulden; § 287 ZPO ist anwendbar (Geigel/Kapsa Haftpflichtprozess Kap 21 Rn 169). Unter Umständen kommt eine sekundäre Darlegungslast des Geschädigten in Betracht (OLG Schleswig NJW-RR 2004, 599: Bemühungen um Aufnahme einer neuen Erwerbstätigkeit).

§ 14 Nachträgliche Strafverfolgung

(1) [1]**Die Entscheidung über die Entschädigungspflicht tritt außer Kraft, wenn zuungunsten des Freigesprochenen die Wiederaufnahme des Verfahrens angeordnet oder wenn gegen den Berechtigten, gegen den das Verfahren eingestellt worden war, oder gegen den das Gericht die Eröffnung des Hauptverfahrens abgelehnt hatte, nachträglich wegen derselben Tat das Hauptverfahren eröffnet wird.** [2]**Eine bereits geleistete Entschädigung kann zurückgefordert werden.**

(2) **Ist zuungunsten des Freigesprochenen die Wiederaufnahme beantragt oder sind gegen denjenigen, gegen den das Verfahren eingestellt worden war, oder gegen den das Gericht die Eröffnung des Hauptverfahrens abgelehnt hatte, die Untersuchung oder die Ermittlungen wiederaufgenommen worden, so kann die Entscheidung über den Anspruch sowie die Zahlung der Entschädigung ausgesetzt werden.**

Überblick

Diese Vorschrift regelt das Außerkrafttreten der Entschädigungsentscheidung ex lege (Rn 1), die Rückforderung einer Entschädigungszahlung (Rn 2) sowie die Aussetzung des Betragsverfahrens oder der Abwicklung (Rn 3).

A. Außerkrafttreten der Entschädigungsentscheidung

1   Die Vorschrift betrifft die Wiederaufnahme zu Ungunsten des Beschuldigten aus allen Gründen des § 362 StPO und nicht nur bei Freispruch (Meyer StrEG § 14 Rn 3; Meyer-Goßner StrEG § 14 Rn 1). Der eine Wiederaufnahme anordnende Beschluss nach § 370 Abs 2 StPO führt ex lege zu einem Außerkrafttreten der Entschädigungsentscheidung (LG

Flensburg JurBüro 1977, 1746; Meyer StrEG § 14 Rn 3). Gleiches gilt im Fall der nachträglichen Eröffnung des Hauptverfahrens mit dem Eröffnungsbeschluss bzw dem diesen gleichstehenden Erlass eines Strafbefehls (Meyer-Goßner StrEG § 14 Rn 1).

B. Rückforderung

Nach Abs 1 S 2 ist die Rückforderung der geleisteten Entschädigung in den Fällen der 2 nachträglichen Strafverfolgung möglich, wobei eine Berufung des Betroffenen auf Entreicherung (§ 818 Abs 3 BGB) ausgeschlossen ist (Schätzler/Kunz StrEG § 14 Rn 7). Diese Entscheidung trifft die für das Betragsverfahren nach § 10 StrEG zuständige Stelle (Meyer-Goßner StrEG § 14 Rn 2), wobei die Rückforderung vor rechtskräftigem Abschluss des neuen Verfahrens in ihr freies Ermessen gestellt ist (Schätzler/Kunz StrEG § 14 Rn 7). Für das Rückabwicklungsverfahren ist § 13 Abs 1 StrEG entsprechend anzuwenden und Klage vor dem Zivilgericht möglich (Meyer StrEG § 14 Rn 8).

C. Aussetzung des Betragsverfahrens oder der Abwicklung

Bei einem noch nicht abgeschlossenen Betragsverfahren oder bei Zahlungen auf Grund 3 eines rechtskräftigen Betragsverfahrens besteht die Möglichkeit der Aussetzung, wenn ein Wiederaufnahmeverfahren beantragt worden ist oder Ermittlungen wieder aufgenommen worden sind (Meyer-Goßner StrEG § 14 Rn 3). Die Aussetzungsentscheidung hat die Justizverwaltungsbehörde nach pflichtgemäßem Ermessen zu treffen (Meyer StrEG § 14 Rn 9).

§ 15 Ersatzpflichtige Kasse

(1) Ersatzpflichtig ist das Land, bei dessen Gericht das Strafverfahren im ersten Rechtszug anhängig war oder, wenn das Verfahren bei Gericht noch nicht anhängig war, dessen Gericht nach § 9 Abs. 1 über die Entschädigungspflicht entschieden hat.

(2) ¹Bis zum Betrag der geleisteten Entschädigung gehen die Ansprüche auf die Staatskasse über, welche dem Entschädigten gegen Dritte zustehen, weil durch deren rechtswidrige Handlungen die Strafverfolgungsmaßnahme herbeigeführt worden war. ²Der Übergang kann nicht zum Nachteil des Berechtigten geltend gemacht werden.

Überblick

Diese Vorschrift bestimmt, welche Landeskasse ersatzpflichtig ist (Rn 1), sowie eine cessio legis für Ansprüche des Entschädigungsberechtigten (Rn 2).

A. Ersatzpflichtige Landeskasse

Maßgebend für die Bestimmung der ersatzpflichtigen Landeskasse ist, wo das Strafver- 1 fahren im ersten Rechtszug anhängig war oder – bei fehlender Anhängigkeit – welches Gericht nach § 9 Abs 1 StrEG über die Entschädigungspflicht entschieden hat (für das Bußgeldverfahren vgl § 110 Abs 4 OWiG). Kommt es zu einem Wechsel des Gerichts (vgl §§ 12 StPO ff), so ist der Sitz des zuletzt entscheidenden Gerichts maßgeblich (Meyer-Goßner StrEG § 15 Rn 1; Schätzler/Kunz StrEG § 15 Rn 1; nach Meyer StrEG § 15 Rn 1 soll es auf den Sitz des Gerichts ankommen, welches die Grundentscheidung nach § 8 StrEG, § 9 StrEG getroffen hat).

B. Cessio Legis

In Abs 2 ist ein gesetzlicher Forderungsübergang für Ansprüche des Entschädigungs- 2 berechtigten gegen den Verursacher von Strafverfolgungsmaßnahmen (zB nach § 823 BGB, § 826 BGB) bis zur Höhe der geleisteten Entschädigung auf die Staatskasse ausgesprochen (Meyer-Goßner StrEG § 15 Rn 2). Die Geltendmachung dieses Forderungsübergangs zum

Nachteil des Berechtigten ist – in Übereinstimmung mit dem Grundgedanken der cessio legis – ausgeschlossen (Meyer StrEG § 15 Rn 3).

§ 16 Übergangsvorschriften

¹Ist vor Inkrafttreten dieses Gesetzes das Verfahren eingestellt oder der Beschuldigte außer Verfolgung gesetzt worden oder ist die Hauptverhandlung, in welcher die der Entscheidung über die Entschädigungspflicht zugrunde liegenden tatsächlichen Feststellungen letztmals geprüft werden konnten, vor diesem Zeitpunkt beendet worden, so sind die bisherigen Vorschriften anzuwenden. ²Dies gilt nicht für die darin enthaltenen Beschränkungen auf Höchstbeträge. ³Ist bei Inkrafttreten dieses Gesetzes über die Höhe des Entschädigungsanspruchs bereits gerichtlich oder außergerichtlich bestimmt worden, so hat es dabei sein Bewenden. ⁴Dies gilt nicht für wiederkehrende Leistungen, soweit sie nach Inkrafttreten dieses Gesetzes fällig werden.

Eine rückwirkende Anwendung des StrEG auf Straf- und Strafermittlungsverfahren, die bis zum Zeitpunkt des Inkrafttretens gem § 21 StrEG am 11. 4. 1971 abgeschlossen waren, ist ausgeschlossen (Meyer StrEG § 16 Rn 1; Schätzler/Kunz StrEG § 16 Rn 2). Der Zeitpunkt der Anordnung der Strafverfolgungsmaßnahme ist unerheblich (BGH VersR 1975, 257). Eine Ausnahme gilt für wiederkehrende Leistungen – diese sind nach § 323 ZPO im Wege der Abänderungsklage anzupassen (Meyer StrEG § 16 Rn 2; Schätzler/Kunz StrEG § 16 Rn 4). Für DDR-Verfahren gilt § 16 a StrEG (Meyer StrEG § 16 Rn 3; Schätzler/Kunz StrEG § 16 Rn 1).

§ 16 a Entschädigung für die Folgen einer rechtskräftigen Verurteilung, einer freiheitsentziehenden oder anderen vorläufigen Strafverfolgungsmaßnahme in der Deutschen Demokratischen Republik

¹Die §§ 1 und 2 finden keine Anwendung auf die Folgen einer strafgerichtlichen Verurteilung, einer Maßregel oder Nebenfolge oder einer freiheitsentziehenden oder anderen vorläufigen Strafverfolgungsmaßnahme, die vor dem Wirksamwerden des Beitritts in der Deutschen Demokratischen Republik erfolgte oder angeordnet wurde. ²Die Voraussetzungen der Entschädigung für diese Folgen richten sich nach den bis zu diesem Zeitpunkt in der Deutschen Demokratischen Republik geltenden Vorschriften über die Entschädigung für Untersuchungshaft und Strafen mit Freiheitsentzug (§§ 369 ff. der Strafprozeßordnung der Deutschen Demokratischen Republik), soweit nicht eine Rehabilitierung nach dem Strafrechtlichen Rehabilitierungsgesetz erfolgt oder ein Kassationsverfahren nach den vom 3. Oktober 1990 bis zum Inkrafttreten des Strafrechtlichen Rehabilitierungsgesetzes geltenden Vorschriften abgeschlossen ist. ³Für Art und Höhe der Entschädigung gelten die Vorschriften des Strafrechtlichen Rehabilitierungsgesetzes entsprechend.

Die Nichtanwendung der § 1 StrEG und § 2 StrEG für DDR-Strafverfolgungsmaßnahmen hat auch die Nichtanwendung der § 3 StrEG bis § 6 StrEG zur Folge (Meyer-Goßner StrEG § 16 a Rn 1; Meyer StrEG § 16 a Rn 5 f). Das Vorliegen der Entschädigungsvoraussetzungen ist nach § 369 StPO-DDR bis § 372 StPO-DDR zu bestimmen (KG NJW 1994, 601; Meyer StrEG § 16 a Rn 14 ff). Die Geltung der §§ 16 StRehaG ff nach S 3 für die Art und Höhe der Entschädigung führt zur Nichtanwendung des § 7 StrEG (Schätzler/Kunz StrEG § 16 a Rn 3). Damit verbleibt es für die Grundentscheidung bei einer Anwendbarkeit der § 8 StrEG und § 9 StrEG (Meyer-Goßner StrEG § 16 a Rn 1) sowie für das dabei einzuhaltende Verfahren bei den §§ 10 StrEG ff (BGH NStZ 1991, 245).

§ 17 Aufhebung bisherigen Rechts

(1) Es werden aufgehoben
1. das Gesetz betreffend die Entschädigung der im Wiederaufnahmeverfahren freigesprochenen Personen vom 20. Mai 1898 (Reichsgesetzbl. S. 345), zuletzt geändert durch das Gesetz zur allgemeinen Einführung eines zweiten Rechtszuges in Staatsschutz-Strafsachen vom 8. September 1969 (Bundesgesetzbl. I S. 1582),
2. das Gesetz betreffend die Entschädigung für unschuldig erlittene Untersuchungshaft vom 14. Juli 1904 (Reichsgesetzbl. S. 321), zuletzt geändert durch das Gesetz zur allgemeinen Einführung eines zweiten Rechtszuges in Staatsschutz-Strafsachen vom 8. September 1969 (Bundesgesetzbl. I S. 1582).

(2) Soweit in anderen Vorschriften auf die in Absatz 1 bezeichneten Gesetze verwiesen wird, treten an deren Stelle die entsprechenden Vorschriften dieses Gesetzes.

Das StHaftEntschG und das UHaftEntschG wurden mit In-Kraft-Treten des StrEG gem § 21 StrEG aufgehoben.

§§ 18, 19 *(vom Abdruck wurde abgesehen)*

§ 20 Berlin-Klausel *(gegenstandslos)*

Das ehemalige Berlin (West) übernahm das StrEG mit G v 17. 3. 1971 (GVBl 486).

§ 21 Inkrafttreten

Dieses Gesetz tritt einen Monat nach seiner Verkündung in Kraft.

Das StrEG ist am 11. 3. 1971 im BGBl I 157 verkündet worden und damit am 11. 4. 1971 in Kraft getreten.

Bundeszentralregistergesetz (Auszug)

BZRG

Zweiter Teil. Das Zentralregister (§§ 3-58) (Auszug)

Vierter Abschnitt. Tilgung (§§ 45-50)

§ 45 Tilgung nach Fristablauf

(1) Eintragungen über Verurteilungen (§ 4) werden nach Ablauf einer bestimmten Frist getilgt.

(2) ¹Eine zu tilgende Eintragung wird ein Jahr nach Eintritt der Tilgungsreife aus dem Register entfernt. ²Während dieser Zeit darf über die Eintragung keine Auskunft erteilt werden.

(3) Absatz 1 gilt nicht
1. bei Verurteilungen zu lebenslanger Freiheitsstrafe,
2. bei Anordnung der Unterbringung in der Sicherungsverwahrung oder in einem psychiatrischen Krankenhaus.

Überblick

Die Vorschrift des § 45 BZRG trägt dem **Resozialisierungsgedanken** Rechnung. In ihr sind die Grundsätze der Tilgung von **Verurteilungen** aufgrund **Fristablaufs** niedergelegt.

A. Allgemeines

1   Durch die **Tilgung** sollen die Eintragungen aus dem Register entfernt werden. Sie besteht in der Entfernung der Eintragung aus dem Register durch **Löschung** des Datensatzes auf dem Datenträger mit der Folge, dass ein Zugriff darauf und eine Kenntniserlangung von der Eintragung ausgeschlossen sind. Rechtlich handelt es sich dabei um einen **Justizverwaltungsakt,** an den sich – anders als bei der Entfernung nach den § 19 BZRG, § 24 BZRG, § 25 BZRG – die weitergehenden materiellen Rechtswirkungen des **Vorhalte- und Verwertungsverbots** nach § 51 BZRG (vgl § 51 BZRG Rn 12 ff) und des sog **Verschweigerechts** gemäß § 53 BZRG (vgl dazu Hase § 53 BZRG Rn 1 ff) knüpfen. Bei zu Unrecht unterbliebenen Tilgungen ist der **Antrag auf gerichtliche Entscheidung** im Verfahren nach den §§ 23 EGGVG ff statthaft. Zuständig hierfür ist das OLG Köln, § 25 Abs 1 S 1 EGGVG, in dessen Bezirk der Sitz der Registerbehörde in Bonn liegt. Ist ein Beschwerdeverfahren vorausgegangen, ist das KG Berlin, in dessen Bezirk das Bundesministerium der Justiz als Beschwerdebehörde ihren Sitz hat, zuständig, § 25 Abs 1 S 2 EGGVG.

B. Tilgung gemäß § 45 Abs 1 BZRG

2   § 45 Abs 1 BZRG regelt ausschließlich die Tilgung von **Verurteilungen** iSd § 4 BZRG – nicht von sonstigen Eintragungen gemäß § 10 BZRG und § 11 BZRG. Die Tilgung aufgrund **Fristablaufs** ist – im Vergleich zur Tilgung aufgrund **Anordnung** durch die Registerbehörde, § 48 BZRG, § 49 BZRG, oder aufgrund **gesetzlicher Vorschrift** – der Regelfall. Sie setzt voraus, dass die in § 46 BZRG bestimmte **Frist** für die betreffende Verurteilung abgelaufen ist (vgl § 46 BZRG Rn 1 ff), keine **Ausnahme** nach § 45 Abs 3 BZRG (Rn 8 ff) entgegensteht und kein **Hemmungsgrund** gemäß § 47 BZRG (§ 47

BZRG Rn 3 ff) vorliegt. Die Tilgung nach § 45 Abs 1 BZRG erfolgt automatisch – dh ohne besonderen Antrag seitens des Betroffenen.

C. Tilgungsreife, § 45 Abs 2 S 1 BZRG

Die Tilgung einer Eintragung kann erst erfolgen, wenn **Tilgungsreife,** § 45 Abs 2 S 1 BZRG eingetreten ist. Dies ist der Fall, sobald die materiellen Voraussetzungen für die Tilgung vorliegen – dh wenn die **Tilgungsfrist** des § 46 BZRG abgelaufen ist (vgl § 46 BZRG Rn 1 ff), eine **Tilgungshemmung** nicht besteht (§ 47 Abs 2 BZRG – vgl § 47 BZRG Rn 3 ff), keine **Ausnahme** von der Tilgung nach § 45 Abs 3 BZRG (Rn 8 ff) vorliegt und, falls mehrere Verurteilungen im Register eingetragen sind, alle tilgungsreif sind, § 47 Abs 3 BZRG (**Mitziehregelung; Grundsatz der Einheitlichkeit und Vollständigkeit der unbeschränkten Auskunft,** wonach alle Verurteilungen so lange aufzunehmen sind, solange eine von ihnen aufgenommen werden muss – vgl § 47 BZRG (§ 47 BZRG Rn 9 ff). 3

D. Überliegefrist, § 45 Abs 2 S 1 BZRG

Die Löschung der Eintragung aus dem Register erfolgt nach Ablauf einer weiteren Frist von einem Jahr nach Eintritt der Tilgungsreife, § 45 Abs 2 S 1 BZRG, sog **Überliegefrist.** Dies soll verhindern, dass eine Verurteilung aus dem Register entfernt wird, obwohl vor dem Eintritt der Tilgungsreife eine neue Verurteilung ergangen ist, die aber erst nach Eintritt der Tilgungsreife der Registerbehörde mitgeteilt wird. Damit soll gewährleistet sein, dass keine **vorzeitige** Tilgung aufgrund fehlender Informationen erfolgt. 4

Wird eine weitere Verurteilung nach Eintritt der Tilgungsreife, aber vor Ablauf der Überliegefrist in das Register eingetragen, entfällt die bereits eingetretene Tilgungsreife, wenn das Entscheidungsdatum der neuen Verurteilung **vor** dem Tag liegt, an dem die Tilgungsreife der früheren, eingetragenen Verurteilung eingetreten ist. Dadurch bleibt die frühere Verurteilung im Register eingetragen. Hierbei kommt es nicht darauf an, wann die nachfolgende Entscheidung in Rechtskraft erwachsen ist. Maßgeblich ist allein der Tag der **Verkündung** der Verurteilung (BGHSt 25, 19, 23; § 47 BZRG Rn 13; Rebmann/Uhlig BZRG § 45 Rn 10 f mit Beispielen). Dagegen wird die Eintragung über die frühere Verurteilung aus dem Register gelöscht, wenn die neue Verurteilung erst nach Ablauf der Überliegefrist der bereits im Register niedergelegten Verurteilung eingetragen wird und nur die Löschung dieser Eintragung noch nicht durchgeführt worden ist. In diesem Fall hat die neue Eintragung keinen Einfluss mehr auf die Tilgungsreife. Diese ist zum Zeitpunkt des Ablaufs der Überliegefrist eingetreten. Die nachträgliche Mitteilung über die weitere Verurteilung hindert die Löschung der ursprünglichen Verurteilung nicht mehr, vgl § 47 BZRG (§ 47 BZRG Rn 14). 5

Während der Überliegefrist darf über die tilgungsreife Eintragung keine **Auskunft** mehr erteilt werden, § 45 Abs 2 S 2 BZRG – und zwar auch dann nicht, wenn ein Fall des § 52 BZRG vorliegt, vgl § 52 BZRG (§ 52 BZRG Rn 1). Einzige Ausnahme bildet der Auskunftsanspruch bezüglich getilgter Eintragungen von **Entschädigungsbehörden** gemäß § 191 Abs 4 Nr 4 BEG, da diese Vorschrift als lex specialis der Norm des § 45 Abs 2 S 2 BZRG vorgeht (Rebmann/Uhlig BZRG § 41 Rn 108, BZRG § 45 Rn 9; Götz/Tolzmann 4. Aufl 2000, BZRG § 45 Rn 24; aA Hase BZRG § 41 Rn 2, § 45 Rn 2). Auch hier besteht der Auskunftsanspruch aber nur bezüglich solcher Eintragungen, die noch nicht gelöscht sind. 6

Nach dem eindeutigen Wortlaut des § 45 Abs 2 BZRG gilt die **Überliegefrist** auch für die Tilgung aufgrund **Anordnung** durch die Registerbehörde nach § 48 BZRG und § 49 BZRG (vgl § 48 BZRG Rn 8; § 49 BZRG Rn 16; so auch Hase BZRG § 45 Rn 2; insofern **widersprüchlich** Götz/Tolzmann 4. Aufl 2000, BZRG § 45 Rn 22, § 49 Rn 34; **aA** Rebmann/Uhlig BZRG § 45 Rn 7). 7

E. Ausnahmen von der Tilgung, § 45 Abs 3 BZRG

Von der Tilgung durch Fristablauf **ausgenommen** sind gemäß § 45 Abs 3 BZRG Verurteilungen zu lebenslanger Freiheitsstrafe, § 45 Abs 3 Nr 1 BZRG, sowie die Anordnung der Unterbringung in der Sicherungsverwahrung oder in einem psychiatrischen Kranken- 8 haus, § 45 Abs 3 Nr 2 BZRG. Derartige Verurteilungen sind daher stets in eine unbeschränkte Auskunft aufzunehmen. Sie können lediglich nach § 24 BZRG aus dem Register **entfernt** werden. Für die Anwendung des § 45 Abs 3 BZRG kommt es auf die ursprüngliche gerichtliche Entscheidung an, eine spätere Entscheidung im Gnadenwege beseitigt seine Wirkung nicht.

9 Der Grund für diese Regelung liegt darin, dass besonders schwerwiegende und für die Persönlichkeitsbeurteilung des Betroffenen wichtige Verurteilungen im Interesse der Strafrechtspflege im Register zu verbleiben haben, damit Gerichte und Staatsanwaltschaften auch nach langer Zeit davon Kenntnis erlangen können. Demgegenüber haben die Interessen des Betroffenen an seiner Resozialisierung zurückzustehen. Soweit sich daraus in besonderen Einzelfällen eine untragbare Härte ergibt, besteht die Möglichkeit einer Anordnung nach § 49 Abs 1 BZRG.

10 Erfolgt die Anordnung der Unterbringung neben einer Strafe, so unterliegt auch letztere keiner Tilgung. Die Unterbringungsanordnung bleibt auch dann im Register enthalten, wenn sie neben einem Schuldspruch nach § 27 JGG erfolgt ist. Allerdings wird der Schuldspruch nach § 30 Abs 2 JGG getilgt und die Eintragung insofern gemäß § 13 Abs 2 Nr 1 BZRG aus dem Register entfernt; die Unterbringungsanordnung bleibt davon aber unberührt und verbleibt allein im Register. Dis gilt auch, wenn auf **Jugendstrafe** erkannt wurde, und zwar sogar dann, wenn der Strafmakel als beseitigt erklärt worden ist, § 100 JGG (Rebmann/Uhlig BZRG § 45 Rn 17).

§ 46 Länge der Tilgungsfrist

(1) Die Tilgungsfrist beträgt

1. fünf Jahre

bei Verurteilungen

a) zu Geldstrafe von nicht mehr als neunzig Tagessätzen, wenn keine Freiheitsstrafe, kein Strafarrest und keine Jugendstrafe im Register eingetragen ist,

b) zu Freiheitsstrafe oder Strafarrest von nicht mehr als drei Monaten, wenn im Register keine weitere Strafe eingetragen ist,

c) zu Jugendstrafe von nicht mehr als einem Jahr,

d) zu Jugendstrafe von nicht mehr als zwei Jahren, wenn die Vollstreckung der Strafe oder eines Strafrestes gerichtlich oder im Gnadenwege zur Bewährung ausgesetzt worden ist,

e) zu Jugendstrafe von mehr als zwei Jahren, wenn ein Strafrest nach Ablauf der Bewährungszeit gerichtlich oder im Gnadenwege erlassen worden ist,

f) zu Jugendstrafe, wenn der Strafmakel gerichtlich oder im Gnadenwege als beseitigt erklärt worden ist,

g) durch welche eine Maßnahme (§ 11 Abs. 1 Nr. 8 des Strafgesetzbuchs) mit Ausnahme der Sperre für die Erteilung einer Fahrerlaubnis für immer und des Berufsverbots für immer, eine Nebenstrafe oder eine Nebenfolge allein oder in Verbindung miteinander oder in Verbindung mit Erziehungsmaßregeln oder Zuchtmitteln angeordnet worden ist,

2. zehn Jahre

bei Verurteilungen zu

a) Geldstrafe und Freiheitsstrafe oder Strafarrest von nicht mehr als drei Monaten, wenn die Voraussetzungen der Nummer 1 Buchstaben a und b nicht vorliegen,

b) Freiheitsstrafe oder Strafarrest von mehr als drei Monaten, aber nicht mehr als einem Jahr, wenn die Vollstreckung der Strafe oder eines Strafrestes gerichtlich oder im Gnadenwege zur Bewährung ausgesetzt worden und im Register nicht außerdem Freiheitsstrafe, Strafarrest oder Jugendstrafe eingetragen ist,

c) Jugendstrafe von mehr als einem Jahr, außer in den Fällen der Nummer 1 Buchstaben d bis f,

3. zwanzig Jahre bei Verurteilungen wegen einer Straftat nach den §§ 174 bis 180 oder 182 des Strafgesetzbuches zu einer Freiheitsstrafe oder Jugendstrafe von mehr als einem Jahr,

4. fünfzehn Jahre

in allen übrigen Fällen.

(2) Die Aussetzung der Strafe oder eines Strafrestes zur Bewährung oder die Beseitigung des Strafmakels bleiben bei der Berechnung der Frist unberücksichtigt, wenn diese Entscheidungen widerrufen worden sind.

(3) In den Fällen des Absatzes 1 Nr. 1 Buchstabe e, Nr. 2 Buchstabe c, Nr. 3, Nr. 4 verlängert sich die Frist um die Dauer der Freiheitsstrafe, der für den Fall der Uneinbringlichkeit der Vermögensstrafe bestimmten Ersatzfreiheitsstrafe, des Strafarrestes oder der Jugendstrafe.

Überblick

Die Vorschrift legt die **Länge** der Tilgungsfristen fest und bestimmt damit, nach Ablauf welcher Frist **Tilgungsreife** für Verurteilungen (§ 4 BZRG) eintritt. Die Fristberechnung richtet sich gemäß § 47 Abs 1 BZRG nach § 35 BZRG u § 36 BZRG (vgl § 47 BZRG Rn 1 f). Für den **Fristbeginn** ist dabei der Tag des **ersten** Urteils maßgeblich, § 5 Abs 1 Nr 4 BZRG, bei Gesamt- oder einheitlichen Jugendstrafen der Tag des ersten Urteils derjenigen einbezogenen Entscheidung, die am längsten zurückliegt, § 36 BZRG (vgl BGH NStZ-RR 2001, 203).

Übersicht

	Rn		Rn
A. Länge der Tilgungsfrist, § 46 Abs 1 BZRG...............	1	III. Zehnjährige Tilgungsfrist, § 46 Abs 1 Nr 2 BZRG...............	20
I. Allgemeines...............	1	1. § 46 Abs 1 Nr 2 lit a BZRG.........	21
II. Fünfjährige Tilgungsfrist, § 46 Abs 1 Nr 1 BZRG...............	3	2. § 46 Abs 1 Nr 2 lit b BZRG.........	22
		3. § 46 Abs 1 Nr 2 lit c BZRG.........	23
1. Geldstrafe, § 46 Abs 1 Nr 1 lit a BZRG...............	4	IV. 20-jährige Tilgungsfrist, § 46 Abs 1 Nr 3 BZRG...............	24
2. Freiheitsstrafe oder Strafarrest, § 46 Abs 1 Nr 1 lit b BZRG...............	5	V. 15-jährige Tilgungsfrist, § 46 Abs 1 Nr 4 BZRG...............	25
3. Jugendstrafe, § 46 Abs 1 Nr 1 lit c bis § 46 Abs 1 Nr 1 lit f BZRG.........	13	B. Widerruf einer Entscheidung, § 46 Abs 2 BZRG...............	26
4. § 46 Abs 1 Nr 1 lit g BZRG.........	17	C. Fristverlängerung, § 46 Abs 3 BZRG	27

A. Länge der Tilgungsfrist, § 46 Abs 1 BZRG

I. Allgemeines

Die **Länge** der Frist richtet sich gemäß § 46 Abs 1 BZRG grundsätzlich nach **Art** und **Höhe der Hauptstrafe**, bei **Gesamt-** oder **einheitlicher Jugendstrafe** allein nach deren Art und Höhe, § 35 Abs 1 BZRG (Hase BZRG § 35 Rn 2). Darauf basierend sieht die Regelung eine Grundeinteilung in Fristen von fünf, zehn und 15 Jahren vor. Eine Ausnahme bilden die **Sexualdelikte**, bei denen auch die **Deliktsart** von Bedeutung ist: für Verurteilungen wegen einer Straftat nach den § 174 StGB bis § 180 StGB oder § 182 StGB zu einer Freiheitsstrafe oder Jugendstrafe von mehr als einem Jahr gilt einheitlich eine Tilgungsfrist von 20 Jahren. 1

Neben Freiheitsstrafe verhängte Geldstrafen, Nebenstrafen, Nebenfolgen und Maßregeln der Besserung und Sicherung haben **mit Ausnahme** der Anordnung der Unterbringung in der Sicherungsverwahrung oder in einem psychiatrischen Krankenhaus (§ 45 Abs 3 Nr 2 BZRG) generell **keinen** Einfluss auf die Frist, § 47 Abs 1 BZRG iVm § 35 Abs 2 BZRG (§ 47 BZRG Rn 2). Bei der Neufestsetzung von Strafen aufgrund von Amnestie-Strafrechts- 2 reform- oder Straffreiheitsgesetzen sowie Gnadenentscheidungen bleibt regelmäßig die ursprünglich erkannte Strafe für die Entscheidung über den Eintritt der Tilgungsreife maßgebend (Rebmann/Uhlig BZRG § 46 Rn 2).

II. Fünfjährige Tilgungsfrist, § 46 Abs 1 Nr 1 BZRG

3   Gemäß § 46 Abs 1 Nr 1 BZRG werden Verurteilungen zu **„Bagatellstrafen"**, denen regelmäßig auch nur dem Schuldumfang nach geringfügige Delikte zugrunde liegen, für lediglich **fünf** Jahre in das Register aufgenommen. Der Katalog des § 46 Abs 1 Nr 1 BZRG entspricht im Wesentlichen dem des § 34 Abs 1 Nr 1 BZRG, der die Aufnahme von Verurteilungen für drei Jahre in das Führungszeugnis regelt, ergänzt um diejenigen unwesentlichen Verurteilungen, die überhaupt nicht in ein Führungszeugnis aufgenommen werden, sowie um die in § 46 Abs 1 Nr 1 lit f BZRG (Rn 16) und § 46 Abs 1 Nr 1 lit g BZRG (Rn 17 ff) genannten Sonderfälle.

1. Geldstrafe, § 46 Abs 1 Nr 1 lit a BZRG

4   Die fünfjährige Tilgungsfrist gilt für **Geldstrafen** von **nicht mehr als 90 Tagessätzen** nur dann, wenn im Register nicht zusätzlich eine Verurteilung zu Freiheitsstrafe, Strafarrest oder Jugendstrafe eingetragen ist. Neben einer Geldstrafe bestehende Eintragungen zu weiteren Geldstrafen haben hingegen keine Auswirkung auf die Länge der Tilgungsfrist.

2. Freiheitsstrafe oder Strafarrest, § 46 Abs 1 Nr 1 lit b BZRG

5   Die fünfjährige Tilgungsfrist gilt für Verurteilungen zu **Freiheitsstrafe** oder zu **Strafarrest** von **nicht mehr als drei Monaten,** wenn im Register keine **weitere** Strafe – also auch keine Geld- und keine Jugendstrafe – eingetragen ist, § 46 Abs 1 Nr 1 lit b BZRG.

6   Werden in einer Verurteilung **mehrere** freiheitsentziehende Maßnahmen **nebeneinander** verhängt (vgl § 13 Abs 2 S 2 WStG), so stellen diese im Verhältnis zueinander keine „weiteren" Strafen iSd § 46 Abs 1 Nr 1 lit b BZRG dar. Diese Strafen sind – außer in den in Rn 10 dargestellten Fällen – zu **addieren.** Die kurze Fünfjahresfrist beansprucht nur dann Geltung, wenn die Summe aller Maßnahmen die Grenze von drei Monaten nicht überschreitet.

7   Im Falle einer **nachträglichen Gesamtstrafenbildung** (§ 55 StGB, § 460 StPO) gilt die in eine andere Verurteilung einbezogene Verurteilung **nicht** als weitere Strafe, wenn nur auf **eine** Gesamtstrafe oder auf **eine** einheitliche Jugendstrafe erkannt wurde. Die einbezogene Verurteilung wird zwar neben der Gesamtstrafenentscheidung in das Register aufgenommen. Die Länge der Tilgungsfrist bestimmt sich jedoch ausschließlich nach der gebildeten Gesamtstrafe beziehungsweise nach der einheitlichen Jugendstrafe. Dies ist Ausfluss des allgemeinen Grundsatzes, dass ein Verurteilter bei der nachträglichen Gesamtstrafenbildung weder besser noch schlechter stehen soll, als wenn die Taten sogleich gemeinsam abgeurteilt worden wären, §§ 53, 54 StGB (BGH MDR 1993, 1038; Fischer StGB § 55 Rn 2).

8   Auch wenn eine **Geldstrafe** gesondert **neben** einer Gesamtstrafe nach § 53 Abs 2 S 2 StGB oder wenn sie **kumulativ** gemäß § 41 StGB verhängt wird, handelt es sich nicht um eine weitere Strafe iSd § 46 Abs 1 Nr 1 lit b BZRG. Hier wirkt sich die Geldstrafe ebenfalls nicht auf die Länge der Tilgungsfrist aus, § 47 Abs 1 BZRG iVm § 35 Abs 2 BZRG (§ 47 BZRG Rn 2).

9   Anders liegt es jedoch, wenn eine zunächst mögliche Gesamtstrafenbildung – irrtümlich oder mangels Kenntnis – **unterblieben** und eine **gesamtstrafenfähige Einzelstrafe** bereits verbüßt, erlassen oder verjährt ist. Da in diesen Fällen eine nachträgliche Gesamtstrafenbildung nicht mehr möglich ist, gelten die einzelnen Verurteilungen als **weitere** Strafen iSd § 46 Abs 1 Nr 1 lit b BZRG. Insofern kann der Betroffene durch eine längere Tilgungsfrist schlechter gestellt sein. In Betracht kommt dann eine Anordnung nach § 49 BZRG (Götz/Tolzmann 4. Aufl 2000, BZRG § 46 Rn 12; siehe auch § 49 BZRG Rn 3 ff).

10   Ebenso handelt es sich um weitere Strafen iSd § 46 Abs 1 Nr 1 lit b BZRG, wenn **neben** einer **nachträglich** gebildeten Gesamtstrafe weitere Einzel- oder Gesamtstrafen verhängt

werden. Die Tilgungsfristen sind somit für jede Einzel- und Gesamtstrafe gesondert festzulegen; eine Addition mehrerer Strafen innerhalb einer nachträglichen Gesamtstrafenentscheidung findet nicht statt.

Eine Verurteilung zu Jugendstrafe, deren **Strafmakel** nach §§ 97 JGG ff als **beseitigt** 11 erklärt worden ist, bleibt bis zum Eintritt der Tilgungsreife (vgl § 46 Abs 1 Nr 1 lit f BZRG – Rn 16) im Register eingetragen. Bis zu diesem Zeitpunkt bildet sie eine weitere Strafe iSd § 46 Abs 1 Nr 1 lit b BZRG (vgl § 47 BZRG Rn 10).

Ist für eine Verurteilung die **Wiederaufnahme des Verfahrens** angeordnet, so verbleibt sie zwar im Register (vgl § 47 BZRG Rn 10), gilt aber bis zur endgültigen Entscheidung im Wiederaufnahmeverfahren **nicht** als weitere Strafe iSd § 46 Abs 1 Nr 1 lit b BZRG. 12

3. Jugendstrafe, § 46 Abs 1 Nr 1 lit c bis § 46 Abs 1 Nr 1 lit f BZRG

Gemäß § 46 Abs 1 Nr 1 lit c bis lit f BZRG gilt die **fünfjährige** Tilgungsfrist auch für 13 **Jugendstrafe**. Dies ist bei Jugendstrafe von **nicht mehr als einem Jahr** der Fall, ohne dass weitere Voraussetzungen erfüllt sein müssen, § 46 Abs 1 Nr 1 lit c BZRG. Es kommt demnach nicht darauf an, ob weitere Strafen im Register enthalten sind.

Für **Jugendstrafe von nicht mehr als zwei Jahren** hat die fünfjährige Tilgungsfrist 14 (vorausgesetzt, es handelt sich um kein Sexualdelikt, vgl § 46 Abs 1 Nr 3 BZRG) hingegen nur dann Geltung, wenn die Vollstreckung ganz oder zum Teil **zur Bewährung ausgesetzt** worden ist, § 46 Abs 1 Nr 1 lit d BZRG. Nach § 46 Abs 2 BZRG gilt dies allerdings nicht, wenn die Aussetzung zur Bewährung widerrufen (§ 26 Abs 1 JGG) worden ist. Ein Widerruf der Strafaussetzung schadet hingegen dann nicht, wenn danach erneut eine Strafaussetzung erfolgt (Rebmann/Uhlig BZRG § 46 Rn 11).

Gemäß § 46 Abs 1 Nr 1 lit e BZRG unterliegen sogar **Jugendstrafen von mehr als** 15 **zwei Jahren** der kurzen fünfjährigen Tilgungsfrist, sofern kein Sexualdelikt iSd § 46 Abs 1 Nr 3 BZRG zugrunde liegt und wenn ein Strafrest nach Ablauf der Bewährungszeit **erlassen** worden ist. Hierbei reicht es nicht, dass lediglich die Bewährungszeit abgelaufen oder die Erledigung der Strafvollstreckung auf andere Weise als durch Erlass (etwa infolge Verjährung) eingetreten ist. Zu berücksichtigen ist jedoch, dass sich die Tilgungsfrist gemäß § 46 Abs 3 BZRG um die Dauer der Jugendstrafe **verlängert** (Rn 27).

Ist der **Strafmakel** gemäß §§ 97 JGG ff als **beseitigt** erklärt worden, beträgt die Tilgungs- 16 frist nach § 46 Abs 1 Nr 1 lit f BZRG für Jugendstrafe unabhängig von ihrer Dauer fünf Jahre (vgl BGH Beschl v 16. 3. 1999 – Az 5 StR 98/99). Dies gilt aber auch hier nur dann, wenn die Beseitigung des Strafmakels nicht **widerrufen** worden ist (§ 101 JGG), § 46 Abs 2 BZRG (Rn 26).

4. § 46 Abs 1 Nr 1 lit g BZRG

Ordnet eine Verurteilung eine Maßnahme iSd § 11 Abs 1 Nr 8 StGB, sprich eine **Maß-** 17 **regel der Besserung und Sicherung** – mit Ausnahme der für immer angeordneten Sperre für die Erteilung einer Fahrerlaubnis und des Berufsverbots für immer, den **Verfall,** die **Einziehung** oder die **Unbrauchbarmachung** beziehungsweise eine **Nebenfolge** oder eine **Nebenstrafe selbständig**, in Verbindung miteinander (etwa neben einem Freispruch wegen Schuldunfähigkeit in einem Sicherungsverfahren nach § 413 StPO oder neben einem Schuldspruch nach § 27 JGG) oder in Verbindung mit Erziehungsmaßregeln oder Zuchtmitteln an, so wird diese gemäß § 46 Abs 1 Nr 1 lit g BZRG ebenfalls in **fünf Jahren** tilgungsreif. Die Eintragung eines in derselben Entscheidung ergangenen Freispruchs wegen Schuldunfähigkeit bleibt davon unberührt, da Eintragungen über Schuldunfähigkeit (§ 3 Nr 4 BZRG, § 11 BZRG) nicht getilgt werden (vgl den Wortlaut von § 45 Abs 1 BZRG „Verurteilungen"; vgl auch Rebmann/Uhlig BZRG § 46 Rn 11).

Wurden die genannten Maßnahmen hingegen **neben** einer Hauptstrafe angeordnet, so 18 bestimmt sich die Länge der Tilgungsfrist ausschließlich nach der **Hauptstrafe**, § 47 Abs 1 BZRG iVm § 35 Abs 2 BZRG (§ 47 BZRG Rn 2) – es sei denn, es handelt sich um eine Unterbringung in der Sicherungsverwahrung oder in einem psychiatrischen Krankenhaus, § 45 Abs 3 Nr 2 BZRG (§ 45 BZRG Rn 8 ff).

BZRG § 46 Bundeszentralregistergesetz (Auszug)

19 Die Anordnung der Sperre für die Erteilung einer **Fahrerlaubnis** und des **Berufsverbots für immer** verbleiben grundsätzlich **15 Jahre** lang im Register, § 46 Abs 1 Nr 4 BZRG (Rn 25). Nach § 47 Abs 2 BZRG ist der Fristablauf jedoch bis zur Erledigung der Maßregel **gehemmt**. Andernfalls bleibt sie bis zum Tod oder bis zur Vollendung des 90. Lebensjahres des Betroffenen im Register enthalten, § 24 Abs 1 und Abs 2 BZRG.

III. Zehnjährige Tilgungsfrist, § 46 Abs 1 Nr 2 BZRG

20 Eine **zehnjährige Tilgungsfrist** sieht § 46 Abs 1 Nr 2 BZRG für folgende Verurteilungen vor:

1. § 46 Abs 1 Nr 2 lit a BZRG

21 § 46 Abs 1 Nr 2 lit a BZRG ordnet für eine Verurteilung zu **Geldstrafe von nicht mehr als 90 Tagessätzen** oder zu **Freiheitsstrafe** beziehungsweise **Strafarrest von nicht mehr als drei Monaten** eine zehnjährige Tilgungsfrist an, wenn die Voraussetzungen des § 46 Abs 1 Nr 1 lit a BZRG oder des § 46 Abs 1 Nr 1 lit b BZRG nicht erfüllt sind. Dies ist der Fall, wenn die Geldstrafe über 90 Tagessätzen liegt oder außer ihr Verurteilungen zu Freiheitsstrafe, Strafarrest oder Jugendstrafe im Register enthalten sind; bei Verurteilungen zu nicht mehr als drei Monaten Freiheitsstrafe oder Strafarrest, wenn außer dieser noch eine weitere Strafe im Register eingetragen ist (vgl Rn 5 ff). Die zehnjährige Tilgungsfrist ist damit für – der Strafe nach – geringfügige Delikte vorgesehen, wenn es sich bei dem Betroffenen um einen **Wiederholungstäter** handelt.

2. § 46 Abs 1 Nr 2 lit b BZRG

22 Bei Verurteilungen zu **Freiheitsstrafe** oder **Strafarrest von mehr als drei Monaten, aber nicht mehr als einem Jahr** gilt gemäß § 46 Abs 1 Nr 2 lit b BZRG die **zehnjährige** Tilgungsfrist unter der Voraussetzung, dass die Vollstreckung der Strafe oder eines Strafrestes zur **Bewährung** ausgesetzt ist **und** das Register keine weitere freiheitsentziehende Strafe beinhaltet. Wird die Aussetzung zur Bewährung **widerrufen**, greift § 46 Abs 1 Nr 2 lit b BZRG nicht, § 46 Abs 2 BZRG (Rn 26). Bezüglich im Register eingetragener Wiederaufnahmeverfahren und der Beseitigung des Strafmakels bei Jugendstrafen s Rn 11 f.

3. § 46 Abs 1 Nr 2 lit c BZRG

23 Der zehnjährigen Tilgungsfrist unterfallen nach § 46 Abs 1 Nr 2 lit c BZRG auch Verurteilungen zu **Jugendstrafe von mehr als einem Jahr,** die die privilegierenden Voraussetzungen des § 46 Abs 1 Nr 1 lit d bis lit f BZRG nicht erfüllen. Gemäß § 46 Abs 3 BZRG (Rn 27) erhöht sich die Tilgungsfrist jedoch um die Dauer der verhängten Jugendstrafe.

23.1 **Ausblick**: Durch das Fünfte Gesetz zur Änderung des Bundeszentralregistergesetzes vom 16. 7. 2009 (BGBl I 1952) wird mit Wirkung zum 1. 5. 2010 § 46 Abs 1 Nr 2 BZRG folgender lit d angefügt:
„d) Jugendstrafe bei Verurteilungen wegen einer Straftat nach den §§ 171, 180 a, 181 a, 183 bis 184 f, 225, 232 bis 233 a, 234, 235 oder § 236 des Strafgesetzbuchs von mehr als einem Jahr in Fällen der Nummer 1 Buchstabde d bis f."
Das Fünfte Gesetz zur Änderung des Bundeszentralregistergesetzes vom 16. 7. 2009 ergänzt das BZRG durch eine spezielle Regelung zum Schutz von Kindern und Jugendlichen. Eingeführt wird ein erweitertes Führungszeugnis für Personen, die beruflich oder ehrenamtlich kinder- oder jugendnah tätig sind oder tätig werden sollen. Zum Zweck des Kinder- und Jugendschutzes wird künftig bei der Beschäftigung von Personen ein Führungszeugnis erteilt, das grundsätzlich alle Verurteilungen wegen Straftaten enthält, die in § 72a S 1 SGB VIII aufgeführt sind. In das erweiterte Führungszeugnis werden insbesondere auch einmalige Eintragungen mit einer Verurteilung zu einer niedrigen Strafe wegen einer der genannten Straftaten aufgenommen (BT-Drs 16/12427, 7). Mit der Ergänzung des § 46 Abs 1 Nr 2 BZRG wird die Frist, nach deren Ablauf eine Verurteilung nicht mehr in ein erweitertes Führungszeugnis aufgenommen wird, bei Verurteilungen zu einer Freiheitsstrafe oder Jugendstrafe von mehr als einem Jahr auf zehn Jahre angehoben. Bisher beträgt

die Länge der Tilgungsfrist bei bestimmten, in § 46 Abs 1 Nr 1 lit d bis f genannten Verurteilungen zu einer Jugendstrafe nur fünf Jahre. Da zu tilgende Eintragungen nicht in erweiterte Führungszeugnisse aufgenommen werden dürfen und ein Jahr nach Eintritt der Tilgungsreife aus dem Register entfernt werden, verlängert der Gesetzgeber die Tilgungsfrist bei den in § 46 Abs 1 Nr 1 lit d bis f genannten Verurteilungen auf zehn Jahre. So wird sichergestellt, dass die Aufnahme von Verurteilungen zu Jugendstrafen von mehr als einem Jahr in ein erweitertes Führungszeugnis zehn Jahre lang erfolgen kann (vgl BT-Drs 16/12427, 10).

IV. 20-jährige Tilgungsfrist, § 46 Abs 1 Nr 3 BZRG

Das Gesetz zur Bekämpfung von **Sexualdelikten** und anderen gefährlichen Straftaten vom 26. 1. 1998 (BGBl I 160) führte die Vorschrift des § 46 Abs 1 Nr 3 BZRG ein. Danach beträgt die Tilgungsfrist wegen der bei Sexualtätern befürchteten Wiederholungsgefahr (vgl BT-Drs 13/9062, 7, 15; Pfeiffer NStZ 2000, 402) **20 Jahre** für Verurteilungen wegen einer Straftat nach den § 174 StGB bis § 180 StGB oder § 182 StGB zu Freiheits- oder Jugendstrafe beziehungsweise zu Strafarrest von **mehr als einem Jahr.** Diese Regelung bestimmt die Tilgungsfrist damit – anders als die übrigen Varianten des § 46 Abs 1 BZRG – vorrangig **deliktsbezogen** und durchbricht somit den Grundsatz der Staffelung der Fristen ausschließlich nach Art und Höhe der verhängten Strafe. Gemäß § 46 Abs 3 BZRG (Rn 27) verlängert sich auch diese Frist um die Länge der ausgeurteilten Strafe. 24

V. 15-jährige Tilgungsfrist, § 46 Abs 1 Nr 4 BZRG

Für **alle übrigen** Verurteilungen, bei denen die Voraussetzungen des § 46 Abs 1 Nr 1 bis Nr 3 BZRG nicht vorliegen, gilt – falls überhaupt eine Tilgung möglich ist (vgl § 45 BZRG Rn 8 ff) gemäß § 46 Abs 1 Nr 4 BZRG eine Tilgungsfrist von **15 Jahren,** die sich wiederum um die Dauer der verhängten Strafe verlängert, § 46 Abs 3 BZRG (Rn 27). 25

B. Widerruf einer Entscheidung, § 46 Abs 2 BZRG

Wird die Aussetzung einer Strafe beziehungsweise eines Strafrestes oder die Beseitigung eines Strafmakels **widerrufen,** so sollen dem Betroffenen die kurzen Fristen des § 46 Abs 1 Nr 1 lit d bis lit f BZRG nicht zu Gute kommen. Es wäre hier kriminalpolitisch verfehlt, dennoch die kurzen Fristen gelten zu lassen. Nach § 46 Abs 2 BZRG greifen für diese Verurteilungen dann diejenigen Tilgungsfristen, die ohne die Voraussetzungen der Strafaussetzung oder der Strafmakelbeseitigung zur Anwendung gekommen wären. 26

C. Fristverlängerung, § 46 Abs 3 BZRG

§ 46 Abs 3 BZRG verlängert die Tilgungsfrist in den Fällen des § 46 Abs 1 Nr 1 lit e, Nr 2 lit c, Nr 3 und Nr 4 BZRG. Dies gewährleistet, dass dann, wenn eine freiheitsentziehende Maßnahme verhängt wurde, die Eintragung nicht unangemessen kurz im Register verbleibt, weil die Tilgungsfrist bereits ab Verkündung des ersten Urteils zu laufen beginnt, § 47 Abs 1 BZRG iVm § 36 BZRG. Nach § 46 Abs 3 BZRG **bemisst sich** die Verlängerung der Frist des § 46 Abs 1 BZRG nach der Dauer der verhängten Freiheits- oder Jugendstrafe und nicht nach der Dauer der Verbüßung (BGH NStZ 1999, 466). 27

Beispiele zu den Tilgungsfristen finden sich bei Rebmann/Uhlig BZRG § 46 Rn 26 ff. 27.1

Ausblick: Durch das Fünfte Gesetz zur Änderung des Bundeszentralregistergesetzes vom 16. 7. 2009 (BGBl I 1952) werden mit Wirkung zum 1. 5. 2010 in § 46 Abs 3 BZRG nach dem Wort „Freiheitsstrafe" das Komma und die Wörter „der für den Fall der Uneinbringlichkeit der Vermögensstrafe bestimmten Ersatzfreiheitsstrafe" gestrichen. Der Gesetzgeber streicht hier nunmehr die Bezugnahme auf die Vermögensstrafe, da die zugrunde liegende Vorschrift des § 43 a StGB nach dem Urteil des BVerfG vom 20. 3. 2002 (BeckRS 2002, 30248154 = BVerfGE 105, 135) mit Art 103 Abs 2 GG unvereinbar und nichtig ist, eine Vermögensstrafe also nicht mehr verhängt werden kann (vgl BT-Drs 16/12427, 10). 27.2

§ 47 Feststellung der Frist und Ablaufhemmung

(1) Für die Feststellung und Berechnung der Frist gelten die §§ 35, 36 entsprechend.

(2) ¹Die Tilgungsfrist läuft nicht ab, solange sich aus dem Register ergibt, daß die Vollstreckung einer Strafe oder eine der in § 61 des Strafgesetzbuchs aufgeführten Maßregeln der Besserung und Sicherung noch nicht erledigt oder die Strafe noch nicht erlassen ist. ²§ 37 Abs. 1 gilt entsprechend.

(3) ¹Sind im Register mehrere Verurteilungen eingetragen, so ist die Tilgung einer Eintragung erst zulässig, wenn für alle Verurteilungen die Voraussetzungen der Tilgung vorliegen. ²Die Eintragung einer Verurteilung, durch die eine Sperre für die Erteilung der Fahrerlaubnis für immer angeordnet worden ist, hindert die Tilgung anderer Verurteilungen nur, wenn zugleich auf eine Strafe erkannt worden ist, für die allein die Tilgungsfrist nach § 46 noch nicht abgelaufen wäre.

Überblick

Die Vorschrift regelt in Abs 1 die **Feststellung** und **Berechnung** der Tilgungsfrist (Rn 1 f). Außerdem **verhindert** sie den Eintritt der Tilgungsreife, solange noch die Möglichkeit einer Vollstreckungsfortsetzung oder ein Rechtsverlust nach § 45 StGB (iVm § 37 Abs 1 BZRG) besteht oder die Strafe noch nicht erlassen ist, § 47 Abs 2 BZRG (Rn 3 ff). Darüber hinaus ist in § 47 Abs 3 BZRG der **Grundsatz der Unteilbarkeit des Registerinhalts** für Verurteilungen niedergelegt (Rn 9 ff).

Übersicht

	Rn		Rn
A. Feststellung und Berechnung der Frist, § 47 Abs 1 BZRG	1	II. „Mehrere" Verurteilungen iSd § 47 Abs 3 S 1 BZRG..........................	11
B. Ablaufhemmung nach § 47 Abs 2 BZRG..	3	III. Neueintragung einer weiteren Verurteilung	13
		IV. § 47 Abs 3 S 2 BZRG	16
C. Unteilbarkeit des Registerinhalts, § 47 Abs 3 BZRG	9	D. Zu Unrecht getilgte Eintragungen	17
I. Regelungsinhalt des § 47 Abs 3 S 1 BZRG..	9		

A. Feststellung und Berechnung der Frist, § 47 Abs 1 BZRG

1   Gemäß § 47 Abs 1 BZRG gelten für die Feststellung und Berechnung der Tilgungsfrist iSd § 46 BZRG die Vorschriften der § 35 BZRG, § 36 BZRG entsprechend. Die Frist **beginnt** demnach mit dem Tag der **Verkündung des ersten Urteils,** § 47 Abs 1 BZRG iVm §§ 36, 5 Abs 1 Nr 4 BZRG (BGH NStZ-RR 2001, 203). Auf den Zeitpunkt der Tatbegehung kommt es nicht an (BGH Beschl v 11. 11. 2009 – Az 1 StR 549/09; BGH BeckRS 2001, 30170775). Dies gilt gemäß § 47 Abs 1 BZRG iVm § 36 S 2 Nr 1 BZRG auch, wenn **nachträglich** eine Gesamtstrafe (BGH StV 2001, 228) oder eine einheitliche Jugendstrafe gebildet wird (BGH EzSt BZRG § 34 Nr 1; vgl auch BGHSt 25, 19, 23, 24). Im Fall der **Verfahrenswiederaufnahme** wird die Frist ab dem Datum des aufgehobenen Urteils berechnet, § 47 Abs 1 BZRG iVm § 36 S 2 Nr 3 BZRG.

2   Bei der **Feststellung** der Frist bleiben Maßregeln der Besserung und Sicherung, Nebenstrafen, Nebenfolgen und neben Freiheitsstrafe oder Strafarrest ausgesprochene Geldstrafen – mit Ausnahme der unter § 46 BZRG (vgl § 46 BZRG Rn 9 f, § 46 BZRG Rn 17, § 46 BZRG Rn 19) zu subsumierenden Fallgestaltungen – unberücksichtigt (vgl § 46 BZRG Rn 2, § 46 BZRG Rn 8, § 46 BZRG Rn 18). Derartige **Nebenentscheidungen** haben nur in den Fällen des § 45 Abs 3 Nr 2 BZRG (§ 45 BZRG Rn 8 ff) und des § 46 Abs 1 Nr 1 lit g BZRG (§ 46 BZRG Rn 17 ff) Auswirkung.

Bundeszentralregistergesetz (Auszug) § 47 BZRG

B. Ablaufhemmung nach § 47 Abs 2 BZRG

Die in § 47 Abs 2 BZRG festgelegte **Ablaufhemmung** hindert den Ablauf der Tilgungsfrist und damit den Eintritt der Tilgungsreife, solange die Vollstreckung einer Strafe beziehungsweise einer Maßregel der Besserung und Sicherung noch nicht erledigt oder die Strafe noch nicht erlassen ist oder ein Verlust der Amtsfähigkeit, der Wählbarkeit oder des Stimmrechts iSd § 45 StGB iVm § 47 Abs 2 S 2 BZRG, § 37 Abs 1 BZRG noch besteht. 3
§ 47 Abs 2 S 1 Alt 3 BZRG trägt hierbei dem Umstand Rechnung, dass sich die Vollstreckung einer zur Bewährung ausgesetzten Freiheitsstrafe nicht schon durch Ablauf der Bewährungszeit erledigt, sondern – sofern die Aussetzung nicht widerrufen und die Freiheitsstrafe vollzogen wird – erst wenn die Strafe erlassen wurde und der Erlass nicht widerrufen werden kann, § 56g StGB. Ist im Register ein Straferlass eingetragen, § 12 Abs 1 Nr 3 BZRG, so tritt wegen der bestehenden Möglichkeit eines **Widerrufs des Straferlasses** nach § 56g Abs 2 StGB **keine** Ablaufhemmung ein. Auf die Anordnung der Tilgung wegen Gesetzesänderung nach § 48 BZRG findet § 47 Abs 2 BZRG keine Anwendung (§ 48 BZRG Rn 8).

Eine **Ausnahme** zu § 47 Abs 2 BZRG bilden **ausländische Verurteilungen.** Deren Vollstreckungserledigung, die oftmals nur schwer festzustellen ist, ist nach § 56 Abs 2 BZRG nicht Voraussetzung für die Tilgung (Götz/Tolzmann 4. Aufl 2000, BZRG § 47 Rn 9). 4

Die **Überliegefrist** des § 45 Abs 2 S 1 BZRG beginnt erst, nachdem die Erledigung der Vollstreckung beziehungsweise der Maßregel, der Straferlass oder das Ende des Rechtsverlustes in das Register **eingetragen** worden ist. Das Vorliegen dieser Voraussetzung muss also **aus dem Register** selbst ersichtlich sein. Deshalb ist es für den Betroffenen besonders bedeutsam, dass die zuständigen Stellen ihrer **Mitteilungspflicht** nachkommen und der Registerbehörde die erforderlichen Mitteilungen vollständig und unverzüglich zukommen lassen. Diese **Amtspflicht** besteht nicht nur gegenüber der Registerbehörde, sondern auch gegenüber dem **Betroffenen** (Hase BZRG § 47 Rn 2; Rebmann/Uhlig BZRG § 47 Rn 8). 5

Die Registerbehörde trägt grundsätzlich **keine Verantwortung** dafür, dass ihr die notwendigen Mitteilungen tatsächlich rechtzeitig und in ausreichendem Umfang zugeleitet werden. Drängt sich aber bei der Überprüfung einer Eintragung der Verdacht auf, dass eine der Voraussetzungen des § 47 Abs 2 BZRG vorliegt, die diesbezügliche Mitteilung aber noch aussteht, so wird die Registerbehörde Ermittlungen einleiten, auch wenn das Gesetz eine generelle Verpflichtung hierzu nicht vorsieht (Hase BZRG § 47 Rn 2; Rebmann/Uhlig BZRG § 47 Rn 9). 6

Lässt sich – zB wegen Vernichtung der Akten – nicht mehr feststellen, ob die Vollstreckung einer Strafe oder einer Maßregel der Besserung und Sicherung erledigt ist oder ob eine Strafe erlassen worden ist, so wird das Vorliegen dieser Tilgungsvoraussetzung von der Registerbehörde **unterstellt** (Rebmann/Uhlig BZRG § 47 Rn 10). 7

Für Verurteilungen zu **Geldstrafe** sind die Mitteilung und die Eintragung ihrer Vollstreckung nicht vorgesehen (§ 15 BZRG argumentum e contrario). In diesen Fällen wird die Verurteilung mit **Ablauf** der gesetzlich vorgesehenen Frist tilgungsreif, wenn die Vollstreckung zu diesem Zeitpunkt bereits erledigt sein kann. Andernfalls ist zu tilgen, sobald die Erledigung nach dem Inhalt der Eintragung frühestens möglich ist. Stellt sich später heraus, dass die Vollstreckung tatsächlich doch nicht erledigt ist, so berührt dies die Rechtmäßigkeit und Wirksamkeit der Tilgung nicht. Andererseits bleibt aber trotz erfolgter Tilgung die Vollstreckung zulässig (vgl Götz/Tolzmann 4. Aufl 2000, BZRG § 47 Rn 13). 8

C. Unteilbarkeit des Registerinhalts, § 47 Abs 3 BZRG

I. Regelungsinhalt des § 47 Abs 3 S 1 BZRG

Gemäß § 47 Abs 3 S 1 BZRG wird die Tilgung einer eingetragenen Verurteilung – mit Ausnahme der Anordnung der Tilgung nach § 48 BZRG (§ 48 BZRG Rn 8) – **gehemmt,** wenn mehrere **Verurteilungen** im Register enthalten sind und nicht für **alle** Tilgungsreife eingetreten ist. Auf Art und Höhe der einzelnen Verurteilung kommt es dabei nicht an (BGH BeckRS 2001, 30170775). Dies entspricht dem bei Verurteilungen (§ 4 BZRG) 9 geltenden **Grundsatz der Unteilbarkeit des Registerinhalts**. Andere Eintragungen (§ 3 Nr 2 bis 4 BZRG), Suchvermerke und Steckbriefnachrichten (§ 27 BZRG) hindern hingegen weder den Eintritt der Tilgungsreife noch die Entfernung der Eintragung einer Verurteilung nach Ablauf der Überliegefrist (§ 45 Abs 2 BZRG).

10   Verurteilungen, bei denen die **Wiederaufnahme** des Verfahrens angeordnet wurde, und Verurteilungen zu Jugendstrafe, bei denen der **Strafmakel** als **beseitigt** erklärt worden ist, bleiben im Register eingetragen und hindern damit den Eintritt der Tilgungsreife anderer Verurteilungen, solange sie nicht selbst zu tilgen sind, vgl § 46 BZRG (§ 46 BZRG Rn 11 f; BGH BeckRS 2009, 11941; vgl auch Rebmann/Uhlig BZRG § 47 Rn 12).

II. „Mehrere" Verurteilungen iSd § 47 Abs 3 S 1 BZRG

11   Der Begriff „**mehrere**" Verurteilungen iSd § 47 Abs 3 S 1 BZRG erfasst nur jeweils selbständige Verurteilungen, nicht hingegen mehrere, innerhalb ein und derselben Entscheidung verhängte Strafen. Auch Verurteilungen, die in eine **nachträgliche Gesamtstrafe** oder in eine **einheitliche Jugendstrafe** einbezogen worden sind, gelten **nicht** als „mehrere" Verurteilungen im Sinne dieser Norm. Werden jedoch in einer nachträglichen Gesamtstrafenentscheidung neben einer Gesamtstrafe weitere Strafen ausgesprochen, so handelt es sich um „mehrere" Verurteilungen, § 47 Abs 3 S 1 BZRG.

12   Ist bei der Aburteilung **mehrerer Taten iSd § 264 StPO** in einem Verfahren die Verurteilung wegen einer einzelnen Tat rechtskräftig geworden und deren Tilgungsfrist abgelaufen, bevor die Entscheidung über die übrigen Taten rechtskräftig geworden ist, so ist diese Verurteilung tilgungsreif. Damit gilt bezüglich dieser Tat das **Verwertungsverbot** des § 51 BZRG, so dass sie in die Verurteilung wegen der übrigen Taten nicht mehr einbezogen werden darf (Götz/Tolzmann 4. Aufl 2000, BZRG, § 47 Rn 16).

III. Neueintragung einer weiteren Verurteilung

13   Wird vor der Entfernung einer Verurteilung aus dem Register eine Neuverurteilung eingetragen, so wird die Tilgung der Erstverurteilung nur gehemmt, wenn der Tag der **Verkündung** der späteren Verurteilung vor dem Tag des Eintritts der **Tilgungsreife (nicht** dem Ende der Überliegefrist) der früheren Verurteilung liegt (LG Aachen StV 2004, 9 f). Auf den Zeitpunkt der Rechtskraft der Neuverurteilung kommt es nicht an (BGHSt 25, 19, 23; § 45 BZRG Rn 5). Nach Eintritt der Tilgungsreife eingetragene Verurteilungen stehen der Tilgung nicht entgegen (OLG Karlsruhe MDR 1973, 158).

14   Geht eine Mitteilung über eine weitere Verurteilung ein, die **vor** dem Eintritt der Tilgungsreife einer **nach** Ablauf der Überliegefrist aus dem Register **entfernten** Verurteilung **verkündet** worden ist, hat es trotzdem bei der erfolgten Tilgung zu verbleiben, vgl § 45 BZRG (§ 45 BZRG Rn 5). Denn die Tilgungshemmung des § 47 Abs 3 S 1 BZRG setzt voraus, dass tatsächlich mehrere Verurteilungen gleichzeitig im Register **eingetragen** sind. Eine Wiedereintragung der bereits getilgten Verurteilung gemäß § 50 BZRG ist in einem solchen Fall nicht zulässig (§ 50 BZRG Rn 2).

15   Erledigt sich die Vollstreckung erst **nach** Ablauf der Tilgungsreife, so ist die Eintragung **nicht** so zu behandeln, als ob die Verurteilung rückwirkend am Tage des Ablaufs der gesetzlichen Frist tilgungsreif geworden wäre. Dies ergibt sich aus dem eindeutigen Wortlaut des § 47 Abs 2 BZRG, wonach die Frist nicht vor dem Tag abläuft, ab dem sich die Erledigung der Vollstreckung aus dem Register ergibt. Bis zu dem Zeitpunkt, an dem sich die Erledigung der Vollstreckung aus dem Register ergibt, tritt somit keine Tilgungsreife ein; die Überliegefrist beginnt erst mit dem Tag zu laufen, an dem die Vollstreckungserledigung im Register eingetragen ist. Wird vor Eintragung der Erledigung eine weitere Verurteilung verkündet, so tritt Tilgungshemmung nach § 47 Abs 3 S 1 BZRG ein (Rebmann/Uhlig BZRG § 47 Rn 16).

IV. § 47 Abs 3 S 2 BZRG

16   § 47 Abs 3 S 2 BZRG gilt für Verurteilungen, in denen **neben** einer Hauptstrafe eine **Sperre für die Erteilung der Fahrerlaubnis für immer** angeordnet worden ist. Diese Anordnung ist grundsätzlich für die Berechnung der Tilgungsfrist der Hauptstrafe unbeacht-

lich. Nach § 47 Abs 2 BZRG (Rn 3) hemmt sie jedoch den Ablauf der Tilgungsfrist, sofern ihre Erledigung sich nicht aus dem Register ergibt. Um zu verhindern, dass hierdurch **andere** Verurteilungen unverhältnismäßig lange (gegebenenfalls bis zum Tod des Betroffenen, § 24 Abs 1 BZRG, oder bis zur Vollendung des 90. Lebensjahres, § 24 Abs 2 BZRG) ebenfalls im Register zu verbleiben haben, begrenzt § 47 Abs 3 S 2 BZRG diese Wirkung auf die Dauer der Tilgungsfrist der **Hauptstrafe**. Dies bedeutet, dass die Eintragung einer Verurteilung, durch die eine Sperre für die Erteilung der Fahrerlaubnis für immer angeordnet wurde, den Eintritt der Tilgungsreife **anderer** Verurteilungen nur solange hemmt, als sie nach Maßgabe der Hauptstrafe selbst nicht tilgungsreif wäre.

Beispiele hierzu finden sich bei Götz/Tolzmann 4. Aufl 2000, BZRG § 47 Rn 20 f. **16.1**

D. Zu Unrecht getilgte Eintragungen

Wird eine Verurteilung zu Unrecht getilgt, obwohl eine Hemmung nach § 47 Abs 2 BZRG oder § 47 Abs 3 BZRG vorliegt, so findet § 50 BZRG (s dazu § 50 BZRG Rn 1 ff) Anwendung, wonach eine Wiederaufnahme in das Register nur nach Anhörung des Betroffenen durch die Registerbehörde möglich ist. 17

§ 48 Anordnung der Tilgung wegen Gesetzesänderung

Ist die Verurteilung lediglich wegen einer Handlung eingetragen, für die das nach der Verurteilung geltende Gesetz nicht mehr Strafe, sondern nur noch Geldbuße allein oder in Verbindung mit einer Nebenfolge androht, so ordnet die Registerbehörde auf Antrag des Verurteilten an, daß die Eintragung zu tilgen ist.

Überblick

§ 48 BZRG ermöglicht bei einer **Umwandlung** von Straftatbeständen in **Ordnungswidrigkeiten** (Rn 5 f) die Tilgung einer entsprechenden Verurteilung (Rn 8). Danach ist ein nach einer bisherigen Strafvorschrift Verurteilter nach deren Umwandlung in eine Ordnungswidrigkeitsnorm auf seinen **Antrag** (Rn 7) hin registermäßig so zu stellen, als hätte er die Tat nach der Gesetzesänderung begangen. Die Vorschrift trägt damit dem Bedürfnis Rechnung, dass sich eine Änderung des Strafrechts auch auf das Bundeszentralregister auswirken muss (Rn 1 ff).

A. Normzweck

Auch das Strafrecht und die vom Gesetzgeber in der Einstufung eines Handelns als Straftat oder als Ordnungswidrigkeit vorgenommene Einschätzung der Strafwürdigkeit sind von einem **Wertewandel** geprägt. Entfällt die Straftatbestandsmäßigkeit einer Handlung, weil diese als Folge einer Änderung der Rechtsansicht nicht mehr als strafwürdiges Unrecht angesehen oder weil ihre Verfolgung für kriminologisch nicht mehr zweckmäßig erachtet wird (Rebmann/Uhlig BZRG § 48 Rn 2), so ist es folgerichtig, entsprechende strafrechtliche Verurteilungen aus dem Register zu entfernen. 1

Eine Vorschrift, die für jede Gesetzesänderung die Tilgung der davon betroffenen Eintragung anordnet, sieht das Gesetz jedoch nicht vor. § 48 BZRG erfasst lediglich die Fälle der **Umwandlung** von Straftatbeständen in **Ordnungswidrigkeitstatbestände**. In den übrigen Fällen besteht nur die Möglichkeit einer Anordnung der Tilgung in besonderen Fällen durch die Registerbehörde nach § 49 BZRG (siehe dazu § 49 BZRG Rn 3 ff; § 49 BZRG Rn 11). 2

§ 48 BZRG gilt jedoch **nicht** bei **Zeitgesetzen** iSd § 2 Abs 4 StGB. Da der Gesetzgeber hier die Strafbarkeit eines Handelns von vornherein bewusst zeitlich begrenzt hat, hat sich die grundsätzliche Bewertung der Strafwürdigkeit des Tuns nicht geändert, so dass der Wegfall der Strafbarkeit in diesen Fällen auf keinem Wertewandel beruht. 3

Diese Gesetzeslage erscheint misslich und **reformbedürftig**. Eine Lücke liegt insbesondere darin, dass das Gesetz lediglich die registerrechtlichen Folgen der Umwandlung von 4

BZRG § 48 Bundeszentralregistergesetz (Auszug)

Straftatbeständen in Ordnungswidrigkeitstatbestände regelt. Vor allem dann, wenn eine ehemals vorgesehene **Strafbarkeit** eines Tuns **vollständig entfällt,** also nicht einmal mehr eine Ordnungswidrigkeit vorliegt, ist eine gesetzlich verbindliche Regelung der sich daraus für das Register ergebenden Auswirkungen geboten. Dies wäre sowohl für die Rechtssicherheit als auch für die Rehabilitierung des Betroffenen förderlich (in diesem Sinne auch Götz/Tolzmann, 4. Aufl 2000, BZRG § 48 Rn 6).

B. Voraussetzungen der Tilgung nach § 48 BZRG

I. Ordnungswidrigkeit

5   Die Tilgung gemäß § 48 BZRG setzt zunächst voraus, dass die im Register eingetragene Verurteilung zu einer Straftat aufgrund eines Gesetzesverstoßes ergangen ist, der wegen einer nach der Verurteilung erfolgten Gesetzesänderung lediglich noch den Tatbestand einer **Ordnungswidrigkeit** verwirklicht.

6   Ohne Bedeutung ist, wenn neben der Strafe eine **Maßregel der Besserung und Sicherung,** eine **Nebenstrafe** oder eine **Nebenfolge** verhängt wurde. Denn der Verurteilte soll so gestellt werden, als hätte er die Tat erst **nach** Inkrafttreten der Gesetzesänderung begangen. Dann hätte aber eine Maßregel nicht ausgesprochen werden dürfen und eine Nebenfolge beziehungsweise Nebenstrafe hätte keine Registerpflicht begründet.

II. Antrag

7   Die Tilgung der Eintragung erfolgt ausschließlich auf **Antrag** des Verurteilten. Dieses Antragserfordernis wurde aus **praktischen** Gründen manifestiert: tritt eine Gesetzesänderung in Kraft, so ist die Registerbehörde regelmäßig nicht in der Lage, jede einzelne der circa 15,3 Millionen Eintragungen jeweils daraufhin zu überprüfen, ob sie von der Änderung betroffen und dementsprechend eine Tilgung vorzunehmen ist.

III. Zwingende Tilgung

8   Liegen die Voraussetzungen des § 48 BZRG vor, **muss** die Tilgung angeordnet werden. Der Registerbehörde steht insofern **kein Ermessensspielraum** zur Verfügung. Die Hemmungstatbestände des § 47 Abs 2 und Abs 3 BZRG finden keine Anwendung (§ 47 BZRG Rn 3, § 47 BZRG Rn 9). Nach dem eindeutigen Wortlaut des § 45 Abs 2 BZRG ist auch hier die **Überliegefrist** einzuhalten (vgl § 45 BZRG Rn 7).

IV. Rechtsmittel

9   Lehnt die Registerbehörde einen entsprechenden Antrag des Verurteilten auf Tilgung gemäß § 48 BZRG ab, so steht dem Betroffenen gegen den ablehnenden Bescheid ein förmlicher Rechtsbehelf nicht zu. Der Verurteilte kann – neben der Möglichkeit einer Dienstaufsichtsbeschwerde – jedoch einen **Antrag auf gerichtliche Entscheidung** nach den §§ 23 EGGVG ff stellen. Auf diese Möglichkeit ist er nach § 16 Abs 2 BZRGVwV **hinzuweisen. Zuständig** für das Verfahren gemäß §§ 23 EGGVG ff ist das OLG Köln, § 25 Abs 1 S 1 EGGVG, in dessen Bezirk die Registerbehörde in Bonn ihren Sitz hat.

C. Rechtswirkungen der Tilgung nach § 48 BZRG

10 Aufgrund des eindeutigen Wortlauts der Vorschrift des § 51 Abs 1 BZRG („Ist […] im Register getilgt worden oder ist sie zu tilgen") findet das dort niedergelegte Vorhalte- und **Verwertungsverbot** grundsätzlich auch bei der Tilgung nach § 48 BZRG Anwendung (insoweit zustimmend Hase BZRG § 48 Rn 3; Rebmann/Uhlig BZRG § 48 Rn 10 f; **aA** Götz/Tolzmann 4. Aufl 2000, BZRG § 48 Rn 13). Hierbei ist allerdings zu differenzieren: Da § 51 Abs 1 BZRG Entscheidungen in Ordnungswidrigkeitenverfahren nicht erfasst (vgl § 51 BZRG Rn 11), darf dem Betroffenen nach Anordnung der Tilgung gemäß § 48 BZRG der nunmehr als **Ordnungswidrigkeit** zu wertende Verstoß vorgehalten und dieser auch zu seinem Nachteil verwertet werden. Durch die Umwandlung der früheren Straftat in

eine Ordnungswidrigkeit hat der Gesetzgeber gezeigt, dass er die Tat nicht mehr als kriminelles Unrecht ansieht, so dass kein Bedürfnis mehr besteht, den Betroffenen insofern von einem Strafmakel zu befreien (so auch Götz/Tolzmann 4. Aufl 2000, BZRG § 48 Rn 13; insofern ablehnend: Hase BZRG § 48 Rn 3; Rebmann/Uhlig BZRG § 48 Rn 10). Die ursprüngliche Würdigung als **Straftat** unterfällt hingegen dem Vorhalte- und Verwertungsverbot des § 51 Abs 1 BZRG (§ 51 BZRG Rn 12).

Das **Verschweigerecht** des § 53 BZRG kommt dem Betroffenen zugute. Da die strafgerichtliche Verurteilung durch die Umwandlung in eine Ordnungswidrigkeit entfällt, darf sich der Betroffene als nicht vorbestraft bezeichnen. 11

§ 49 Anordnung der Tilgung in besonderen Fällen

(1) ¹Die Registerbehörde kann auf Antrag oder von Amts wegen anordnen, daß Eintragungen entgegen den §§ 45, 46 zu tilgen sind, falls die Vollstreckung erledigt ist und das öffentliche Interesse der Anordnung nicht entgegensteht. ²Wohnt der Betroffene im Geltungsbereich dieses Gesetzes, so soll die Registerbehörde das erkennende Gericht und die sonst zuständige Behörde hören. ³Betrifft die Eintragung eine Verurteilung, durch welche eine freiheitsentziehende Maßregel der Besserung und Sicherung angeordnet worden ist, so soll sie auch einen in der Psychiatrie erfahrenen medizinischen Sachverständigen hören.

(2) Hat der Verurteilte infolge der Verurteilung durch ein Gericht im Geltungsbereich dieses Gesetzes die Fähigkeit, öffentliche Ämter zu bekleiden und Rechte aus öffentlichen Wahlen zu erlangen, oder das Recht, in öffentlichen Angelegenheiten zu wählen oder zu stimmen, verloren, so darf eine Anordnung nach Absatz 1 nicht ergehen, solange er diese Fähigkeit oder dieses Recht nicht wiedererlangt hat.

(3) ¹Gegen die Ablehnung einer Anordnung nach Absatz 1 steht dem Antragsteller innerhalb zwei Wochen nach der Bekanntgabe der Entscheidung die Beschwerde zu. ²Hilft die Registerbehörde der Beschwerde nicht ab, so entscheidet das Bundesministerium der Justiz.

Überblick

Die Vorschrift schafft in **Ausnahmefällen** eine Möglichkeit zur Tilgung von eingetragenen Verurteilungen unabhängig von den starren Fristenregelungen der § 45 BZRG bis § 47 BZRG. Voraussetzung ist, dass die **Vollstreckung erledigt** ist (Rn 5) und dass das **öffentliche Interesse** einer vorzeitigen Tilgung nicht entgegensteht (Rn 6 ff), § 49 Abs 1 S 1 BZRG. Eingeschränkt wird die Anordnungsbefugnis durch § 49 Abs 2 BZRG für den Fall, dass infolge der Verurteilung ein **Rechtsverlust** iSd § 45 StGB fortbesteht (Rn 14 f). § 49 Abs 3 BZRG gibt dem Betroffenen das Recht, gegen eine ablehnende Entscheidung **sofortige Beschwerde** einzulegen (Rn 17 f).

Übersicht

	Rn		Rn
A. Regelungsgegenstand	1	V. Anhörungen, § 49 Abs 1 S 2 und S 3 BZRG	12
B. Voraussetzungen der Anordnung, § 49 Abs 1 S 1 BZRG	3	C. Ausschluss der Tilgungsanordnung, § 49 Abs 2 BZRG	14
I. Kein zwingendes Antragserfordernis	3		
II. Verurteilung, § 4 BZRG	4		
III. Vollstreckungserledigung	5	D. Wirkung der Tilgungsanordnung	16
IV. Kein entgegenstehendes öffentliches Interesse	7	E. Rechtsmittel	17

A. Regelungsgegenstand

1   Das BZRG geht von einem schematischen, fristgebundenen Tilgungssystem aus, das sich – mit Ausnahme von Verurteilungen wegen Sexualdelikten nach § 46 Abs 1 Nr 3 BZRG (vgl § 46 BZRG Rn 24) – an Art und Höhe der verhängten Strafe orientiert. Dieses Prinzip ist für **Durchschnittsfälle** konzipiert und kann nicht sämtlichen Fallgestaltungen und Lebensverhältnissen gerecht werden. § 49 BZRG gestattet deshalb, die Tilgung **ausnahmsweise** abweichend von der gesetzlich vorgesehenen gestaffelten Fristenregelung vorzeitig anzuordnen, wenn ansonsten eine besondere, zu Tat und Strafe außer Verhältnis stehende **Härte** einträte. Diese Tilgungsmöglichkeit stellt einen **Härteausgleich** dar und darf nicht durch eine zu großzügige Anwendung zu einer allgemeinen gesetzesmildernden Handhabung führen, die Sinn und Zweck der Vorschrift nicht entspricht (Sawade/Schomburg NJW 1982, 551, 555). Die Registerbehörde hat deshalb zu prüfen, ob zum einen das **öffentliche Interesse** einer Tilgungsanordnung entgegensteht und ob zum anderen **besondere Umstände** vorliegen, die Anlass geben, die Verurteilung nicht mehr bis zum Ablauf der gesetzlich vorgesehenen Frist im Register zu belassen.

2   Die Tilgungsanordnung kann bei mehreren Eintragungen für alle oder auch nur für eine von ihnen ergehen. Sie kann sich aber auch nur auf einen Teil einer Verurteilung beziehen – zB auf zwischenzeitlich erledigte Nebenstrafen oder Nebenfolgen.

B. Voraussetzungen der Anordnung, § 49 Abs 1 S 1 BZRG

I. Kein zwingendes Antragserfordernis

3   Die Anordnung nach § 49 Abs 1 BZRG kann auf **Antrag** oder **von Amts wegen** erfolgen. Ein etwaiger Antrag sollte eine Begründung enthalten, um der Registerbehörde eine sachgerechte Abwägung zu ermöglichen (vgl § 13 Abs 3 BZRGVwV). Unklare Anträge werden entsprechend der Interessenlage des Betroffenen **ausgelegt**.

II. Verurteilung, § 4 BZRG

4   Aus dem Verweis auf § 45 BZRG, § 46 BZRG folgt, dass eine Anordnung der Tilgung in besonderen Fällen nur bei strafgerichtlichen **Verurteilungen,** § 4 BZRG – und zwar auch bei ausländischen, § 56 Abs 1 S 1 BZRG – in Betracht kommt.

III. Vollstreckungserledigung

5   Die Tilgungsanordnung nach § 49 Abs 1 BZRG kann nur ergehen, wenn die **Vollstreckung** tatsächlich **erledigt** ist. Anders als in § 47 Abs 2 BZRG (vgl § 47 BZRG Rn 5) stellt § 49 Abs 1 BZRG nicht darauf ab, ob sich die Vollstreckungserledigung aus dem Register ergibt. Vielmehr muss die Registerbehörde die **tatsächliche** Erledigung **positiv feststellen**. Für ausländische Verurteilungen gilt dies jedoch nicht, § 56 Abs 2 BZRG.

6   Die Registerbehörde hat insbesondere bei Verurteilungen, deren Vollstreckungserledigung ihr nicht mitzuteilen ist (zB bei Geldstrafen – § 15 StGB argumentum e contrario), die notwendigen **Ermittlungen** anzustellen. Besonderen Feststellungen bedarf es auch beim Erlass einer zur Bewährung ausgesetzten (Rest-) Freiheitsstrafe. Die Vollstreckungserledigung steht hier erst positiv fest, wenn ein Widerruf des Straferlasses nicht mehr möglich ist, § 56 g Abs 2 StGB. Im Fall der Anordnung der Sperre der Fahrerlaubnis für immer muss zuvor die Sperre nach § 69 a Abs 7 StGB aufgehoben werden.

IV. Kein entgegenstehendes öffentliches Interesse

7   Gemäß § 49 Abs 1 S 1 BZRG kann eine Tilgungsanordnung nur ergehen, wenn ihr das **öffentliche Interesse** nicht entgegensteht. Der Begriff „öffentliches Interesse" ist ein **unbestimmter Rechtsbegriff,** der gerichtlich vollumfänglich nachprüfbar ist. Das öffentliche Interesse bestimmt sich dabei nach Sinn und Zweck der Einrichtung des Bundeszentralregisters als eines zuverlässigen Auskunftsmittels über die in ihr enthaltenen Eintragungen bis zum Ablauf der gesetzlichen Fristen. Die entsprechenden Regelungen des Bundeszentralregisters beruhen auf einer vom Gesetzgeber vorgenommenen Abwä-

gung der widerstreitenden Gesichtspunkte Resozialisierung des Betroffenen einerseits und Vollständigkeit der Eintragungen im Register bis zum Ablauf gesetzlich bestimmter Fristen andererseits.

An diese Interessenabwägung ist die Registerbehörde grundsätzlich gebunden. Das darin manifestierte öffentliche Interesse wird vom Gesetz allgemein angenommen und bedarf keines besonderen Nachweises im Einzelfall. Da die Tilgung den weitestgehenden Eingriff in den Registerbestand darstellt, kann das öffentliche Interesse nur in seltenen Ausnahmefällen zurücktreten, wenn **besondere Umstände,** die den weiteren Verbleib der Verurteilung im Register als eine **unbillige,** mit Sinn und Zweck des Gesetzes unvereinbare **Härte** erscheinen lassen, dargelegt und gegebenenfalls vom Antragsteller nachgewiesen werden. Grundsätzlich ist das öffentliche Interesse an der Vollständigkeit des Registers umso größer, je schwerer die der konkreten Eintragung zugrunde liegende Verurteilung und je kürzer die bereits verstrichene Tilgungsfrist ist. 8

Daraus folgt, dass, selbst wenn dem Betroffenen aus einer Eintragung berufliche Nachteile entstehen (wie etwa bei einer drohenden Nichterlangung einer Beschäftigung im öffentlichen Dienst), das öffentliche Interesse nicht per se zurücktritt. Vielmehr sind derartige Nachteile regelmäßig Folge der vom Gesetzgeber vorgenommenen Interessenabwägung. Dasselbe gilt im Zusammenhang mit beantragten Aufenthaltsgenehmigungen (vgl KG Beschl v 21. 8. 2007 – Az 1 VAs 50/07) sowie mit angestrebten Einbürgerungs- und Auswanderungsverfahren (OLG Hamm NStZ 1992, 193 f; zum Ganzen ausführlich Rebmann/Uhlig BZRG § 49 Rn 7 ff). 9

Selbst eine fehlerhafte gerichtliche Entscheidung lässt das öffentliche Interesse am Fortbestand des Registerinhalts bis zum Ende der gesetzlich vorgesehenen Tilgungsreife regelmäßig nicht entfallen. Die Prüfung der materiellen Richtigkeit von rechtskräftigen Urteilen ist nicht Aufgabe des Tilgungsverfahrens (OLG Hamm MDR 1982, 167). Vielmehr hat die Registerbehörde grundsätzlich von der Richtigkeit der eingetragenen Entscheidung auszugehen. Eine Tilgung nach § 49 BZRG kann nur ausnahmsweise in Betracht kommen, wenn das Urteil evident schwerwiegende Mängel aufweist und ein Wiederaufnahmeverfahren nicht möglich ist. Dies gilt auch, wenn auf eine unzulässige Strafe oder auf eine unzulässige Maßregel, Nebenstrafe oder Nebenfolge (zB bei einer Jugendstraftat auf eine von § 7 JGG nicht vorgesehene Maßregel wie etwa das Berufsverbot) erkannt wurde (Sawade/Schomburg NJW 1982, 551, 555). 10

In Betracht zu ziehen ist die Anordnung der Tilgung nach § 49 Abs 1 BZRG jedoch bei **Gesetzesänderungen,** die **nachträglich** die Strafbarkeit der einer Verurteilung zugrunde liegenden Tat entfallen lassen. Der Gesetzgeber hat in § 48 BZRG lediglich die registerrechtlichen Folgen der Umwandlung von Straftatbeständen in Ordnungswidrigkeiten geregelt. Der Tilgung einer Eintragung ist aber erst recht dann geboten, wenn bei einer als Straftat abgeurteilten Handlung der Unrechtsgehalt nachträglich vollständig entfällt, so dass hierfür keinerlei Sanktion – auch kein Bußgeld – mehr vorgesehen ist (vgl § 48 BZRG Rn 1 ff). 11

V. Anhörungen, § 49 Abs 1 S 2 und S 3 BZRG

Wohnt der Betroffene im Geltungsbereich des BZRG, so **soll** die Registerbehörde das erkennende inländische Gericht und die sonst (nach Bundes- oder Landesrecht) zuständige Behörde (in der Regel die Staatsanwaltschaft) **hören,** § 49 Abs 1 S 2 BZRG; bei Verurteilungen, durch die eine freiheitsentziehende Maßregel der Besserung und Sicherung angeordnet worden ist, **soll** auch ein in der Psychiatrie erfahrener medizinischer Sachverständiger gehört werden, § 49 Abs 1 S 3 BZRG. Dies gewährleistet eine umfassende Beurteilungsgrundlage, die sämtliche Einzelfallumstände beinhaltet. Auch wenn es sich hierbei lediglich um eine Soll-Vorschrift handelt, wird die Registerbehörde eine ermessensfehlerfreie Entscheidung über die Tilgung in besonderen Fällen regelmäßig nur dann treffen können, wenn sie die vorgesehenen Anhörungen auch durchführt (vgl OLG Hamm Beschl v 12. 10. 1981 – Az 7 VAs 67/81 für § 49 Abs 1 S 3 BZRG). 12

Ist ein Antrag auf Tilgung nach § 49 Abs 1 BZRG aber offensichtlich unbegründet (etwa wegen Zahl und Schwere der abgeurteilten Straftaten oder weil ein auf das identische Vorbringen gestütztes Gesuch erst kurz zuvor oder bereits mehrfach abgelehnt worden ist), ist 13 eine Anhörung entbehrlich, § 13 Abs 2 BZRGVwV (OLG Hamm Beschl v 24. 10. 1983 – Az 7 VAs 63/83). Auch wenn eine Verurteilung im Strafbefehlsverfahren ergangen ist, kann in der Regel von der Anhörung des erkennenden Gerichts **abgesehen** werden, da dieses sich keinen persönlichen Eindruck von dem Betroffenen verschaffen konnte (Rebmann/Uhlig BZRG § 49 Rn 21).

C. Ausschluss der Tilgungsanordnung, § 49 Abs 2 BZRG

14   Eine vorzeitige Tilgung nach § 49 Abs 1 BZRG scheidet bei Verurteilungen, durch die der Betroffene die Amtsfähigkeit, die Wählbarkeit und das Stimmrecht, § 45 StGB, verloren hat, aus, solange dieser **Rechtsverlust** fortbesteht. Dies soll sicherstellen, dass dieser Rechtsverlust für die gesamte Dauer aus der unbeschränkten Auskunft ersichtlich ist.

15   Der Ausschluss der Tilgung nach § 49 Abs 2 BZRG betrifft ausschließlich diejenige Verurteilung, aus der sich der Rechtsverlust nach § 45 StGB ergibt. Die vorzeitige Tilgung anderer Verurteilungen desselben Betroffenen wird hiervon hingegen nicht berührt.

D. Wirkung der Tilgungsanordnung

16   Die Anordnung der Tilgung gemäß § 49 Abs 1 BZRG ist **sofort wirksam**, sodass die von ihr betroffene Eintragung sogleich **tilgungsreif** ist. Nach dem eindeutigen Wortlaut des § 45 Abs 2 BZRG ist auch hier die **Überliegefrist** einzuhalten (vgl § 45 BZRG Rn 7; so auch Hase BZRG § 49 Rn 11; insofern **widersprüchlich** Götz/Tolzmann 4. Aufl 2000, BZRG § 45 Rn 22, § 49 Rn 34; **aA** Rebmann/Uhlig BZRG § 45 Rn 7). Mit Eintritt der Tilgungsreife steht dem Betroffenen zum einen das **Verschweigerecht** nach § 53 BZRG zu. Zum anderen gilt das absolute Vorhalte- und **Verwertungsverbot** des § 51 BZRG (vgl § 51 BZRG Rn 12 ff).

E. Rechtsmittel

17   Die Anordnung der Tilgung nach § 49 Abs 1 BZRG stellt einen begünstigenden **Justizverwaltungsakt** (und keine Gnadenentscheidung) dar. Gegen die Ablehnung der Anordnung der vorzeitigen Tilgung steht dem Betroffenen daher gemäß § 49 Abs 3 BZRG das Rechtsmittel der **sofortigen Beschwerde** zu. Diese muss binnen **zwei Wochen** ab Bekanntgabe der Entscheidung bei der Registerbehörde eingelegt werden. Darüber ist der Betroffene zu belehren, § 16 Abs 1 BZRGVwV. Hilft die Registerbehörde der Beschwerde nicht ab, so legt sie sie dem Bundesministerium der Justiz zur Entscheidung vor, § 49 Abs 3 S 2 BZRG.

18   Gegen eine ablehnende Verbescheidung durch das Bundesministerium der Justiz kann der Betroffene **Antrag auf gerichtliche Entscheidung** gemäß §§ 23 EGGVG ff stellen. Zuständig hierfür ist das KG Berlin, § 25 Abs 1 S 2 EGGVG. Auf diese Möglichkeit ist der Betroffene hinzuweisen, § 20 BZRGVwV iVm § 16 Abs 2 BZRGVwV. Der Antrag muss innerhalb **eines Monats** nach Zustellung des Beschwerdebescheides gestellt werden, § 26 Abs 1 EGGVG. Binnen dieser Frist ist der Antrag auch zu begründen.

§ 50 Zu Unrecht getilgte Eintragungen

Die Registerbehörde hat vor ihrer Entscheidung darüber, ob eine zu Unrecht im Register getilgte Eintragung wieder in das Register aufgenommen wird, dem Betroffenen Gelegenheit zur Stellungnahme zu geben.

Überblick

Die Vorschrift bildet die **Rechtsgrundlage** für die Wiederaufnahme zu Unrecht getilgter Eintragungen (Rn 1 f). Sie gilt ausschließlich für **Verurteilungen**, § 4 BZRG. Durch die zwingend vorgeschriebene **Gewährung rechtlichen Gehörs** (Rn 4) wird gewährleistet, dass getilgte Eintragungen nicht ohne Wissen des Betroffenen wieder in das Register aufgenommen werden.

A. Voraussetzungen der Wiederaufnahme
I. Zu Unrecht getilgte Eintragung

Die Eintragungen – und zwar ausschließlich strafgerichtliche **Verurteilungen**, § 4 BZRG, da nur sie der Tilgung unterliegen – müssen **zu Unrecht getilgt** worden sein. Eine zu Unrecht erfolgte Tilgung kann etwa vorliegen, wenn die Tilgungsfrist falsch berechnet worden ist. Auch bei einer fehlerhaften Anordnung nach § 49 Abs 1 BZRG (zB weil der Ausschlussgrund des § 49 Abs 2 BZRG übersehen wurde) kommt die Vorschrift zum Tragen. Daneben ist eine Wiedereintragung bis zum Ablauf der Überliegefrist in Betracht zu ziehen, wenn eine Verurteilung zu Unrecht **vor** Ablauf der Überliegefrist gemäß § 45 Abs 2 S 1 BZRG aus dem Register entfernt worden ist. 1

Nicht zu Unrecht getilgt worden ist eine Entscheidung aber, wenn erst **nach** Ablauf der Überliegefrist nach § 45 Abs 2 S 1 BZRG die Mitteilung über eine Verurteilung eingeht, die vor der Tilgungsreife der entfernten Eintragung verkündet worden war und die damit bei rechtzeitiger Mitteilung vor Ablauf der Überliegefrist die Hemmungswirkung des § 47 Abs 3 S 1 BZRG entfaltet hätte. Diese Wirkung des § 47 Abs 3 S 1 BZRG kann nämlich nur eintreten, wenn mehrere Verurteilungen tatsächlich im Register **eingetragen** sind (vgl § 47 BZRG Rn 14; so auch Götz/Tolzmann 4. Aufl 2000, BZRG § 50 Rn 8). 2

Keine zu Unrecht getilgte Eintragung liegt zudem vor, wenn ein Datensatz infolge eines technischen Defizits aus dem Register entfernt wurde. Hierbei fehlt es an einer willentlichen Handlung, so dass keine Tilgung vorgenommen wurde. 3

II. Gewährung rechtlichen Gehörs

Nach § 50 S 2 BZRG ist dem Betroffenen, entsprechend dem Grundgedanken des Art 103 Abs 1 GG, **vor** der Entscheidung über die Wiederaufnahme einer zu Unrecht getilgten Eintragung in das Register **rechtliches Gehör** zu gewähren. Dadurch soll der Betroffene Gelegenheit erhalten, eventuell gegen die Wiedereintragung sprechende Umstände vorzubringen. 4

B. Anordnung der Wiedereintragung

Die Anordnung der Wiederaufnahme in das Register nach § 50 BZRG stellt für den Betroffenen einen belastenden **Justizverwaltungsakt** dar. Das mit der zu Unrecht erfolgten Tilgung eingetretene Vorhalte- und Verwertungsverbot des § 51 BZRG und das Verschweigerecht nach § 53 BZRG **entfallen** wieder. 5

Bis zur Entscheidung der Registerbehörde nach § 50 BZRG, die mitunter aufgrund der anzustellenden Ermittlungen lange Zeit in Anspruch nehmen kann, darf die zu Unrecht getilgte Verurteilung jedoch weder in ein Führungszeugnis noch in eine unbeschränkte Auskunft aufgenommen werden. Bis dahin stellt die zu Unrecht getilgte Entscheidung weder eine weitere Verurteilung iSd § 46 Abs 1 Nr 1 lit b BZRG (vgl dazu § 46 BZRG Rn 5 ff) dar, noch hindert sie die Tilgung anderer Verurteilung nach § 47 Abs 3 BZRG (vgl dazu § 47 BZRG Rn 9 ff). 6

C. Rechtsbehelf

Eine **förmliche Beschwerde** gegen diesen belastenden Justizverwaltungsakt sieht das Gesetz **nicht** vor, vgl § 16 Abs 1 BZRGVwV e contrario. Der Betroffene kann sich gegen die vorgenommene Wiederaufnahme gemäß § 50 BZRG demnach nur mit einer **Dienstaufsichtsbeschwerde** an die Registerbehörde wenden. Außerdem hat er die Möglichkeit, **Antrag auf gerichtliche Entscheidung** beim OLG Köln nach den §§ 23 EGGVG ff zu stellen, § 16 Abs 2 BZRGVwV. 7

Fünfter Abschnitt. Rechtswirkungen der Tilgung (§§ 51, 52)

§ 51 Verwertungsverbot

(1) Ist die Eintragung über eine Verurteilung im Register getilgt worden oder ist sie zu tilgen, so dürfen die Tat und die Verurteilung dem Betroffenen im Rechtsverkehr nicht mehr vorgehalten und nicht zu seinem Nachteil verwertet werden.

(2) Aus der Tat oder der Verurteilung entstandene Rechte Dritter, gesetzliche Rechtsfolgen der Tat oder der Verurteilung und Entscheidungen von Gerichten oder Verwaltungsbehörden, die im Zusammenhang mit der Tat oder der Verurteilung ergangen sind, bleiben unberührt.

Überblick

Das in § 51 Abs 1 BZRG enthaltene umfassende **Vorhalte- und Verwertungsverbot** soll den Betroffenen als **materiell-rechtliche** Folge der Tilgung nach dem Willen des Gesetzgebers endgültig vom **Strafmakel** einer Verurteilung befreien. Um seine Resozialisierung zu fördern und zu manifestieren, verfolgt die Regelung das Ziel, dass der Betroffene grundsätzlich **als unbestraft** behandelt werden muss. Die Betroffenen werden insbesondere in den Fällen geschützt, in denen eine frühere tilgungsreife Verurteilung irrtümlich nicht getilgt wurde oder eine solche aus vorhergehenden Auskünften oder auf sonstige Art und Weise bekannt geworden ist. Auf dem Gebiet des Straf- und Strafprozessrechts hat das Vorhalte- und Verwertungsverbot tilgungsreifer Vorverurteilungen Bedeutung insbesondere bei der **Strafzumessung** (Rn 21 ff) und der **Beweiswürdigung** (Rn 32 ff). Dadurch führt die Vorschrift zu einer durch den gesetzgeberischen Zweck der Resozialisierung nicht gerechtfertigten schweren **Beeinträchtigung der Strafrechtspflege** (Rn 26, Rn 35). Zudem bringt sie eine sachlich nicht statthafte **Ungleichbehandlung** von abgeurteilten und nicht abgeurteilten Taten mit sich (Rn 35). De lege ferenda sollten daher Vorverurteilungen jedenfalls im Rahmen der Beweiswürdigung stets herangezogen werden dürfen. Der Gesetzgeber sollte dem durch eine sachgerechte Neugestaltung der im Bundeszentralregistergesetz enthaltenen Vorhalte- und Verwertungsverbote Rechnung tragen (Rn 35). **Einschränkungen** erfährt das Vorhalte- und Verwertungsverbot durch § 51 Abs 2 BZRG (Rn 41 ff) sowie durch § 52 BZRG (vgl § 52 BZRG Rn 2 ff).

Übersicht

	Rn		Rn
A. Vorhalte- und Verwertungsverbot nach § 51 Abs 1 BZRG	1	4. Geltung bei der Anordnung von Maßregeln der Besserung und Sicherung	30
I. Anwendungsbereich	1	5. Geltung bei der Beweiswürdigung	32
1. Eintragung über eine Verurteilung	1	6. Geltung für die Frage des Vorliegens eines Tatbestandsmerkmals	36
2. Entsprechende Anwendung des § 51 Abs 1 BZRG	4	7. Geltung in Gnadenverfahren	37
3. Keine Anwendung des § 51 Abs 1 BZRG	7	8. Geltung im Straßenverkehrsrecht	38
II. Eintritt des Vorhalte- und Verwertungsverbots	12	9. Einschränkung des § 51 Abs 1 BZRG bei eigener Einlassung des Betroffenen?	39
III. Umfang des Vorhalte- und Verwertungsverbots	16	B. Ausnahmen vom Vorhalte- und Verwertungsverbot nach § 51 Abs 2 BZRG	41
1. Allgemeines	16	C. Rechtsfolgen eines Verstoßes gegen § 51 Abs 1 BZRG	45
2. Geltung im Rahmen der Strafzumessung	21		
3. Wirkung bei Entscheidungen nach §§ 56 StGB ff	27		

A. Vorhalte- und Verwertungsverbot nach § 51 Abs 1 BZRG

I. Anwendungsbereich

1. Eintragung über eine Verurteilung

§ 51 Abs 1 BZRG regelt ausschließlich die materiellen Rechtswirkungen der Tilgung von **eingetragenen Verurteilungen** iSd § 4 BZRG, da nur diese der Tilgung unterliegen. Für andere Eintragungen (vgl § 3 Nr 3 und Nr 4 BZRG) sowie für nicht registerpflichtige Entscheidungen kommt allenfalls eine analoge Anwendung des § 51 BZRG in Betracht (vgl Rn 4 ff). Der Wortlaut der Vorschrift („Verurteilungen **im** Register") schließt nicht aus, dass das Verwertungsverbot auch zugunsten desjenigen greift, dessen Verurteilung **versehentlich nicht eingetragen** wurde. § 51 BZRG knüpft an die Eintragungspflicht an und setzt als selbstverständlich voraus, dass eintragungspflichtige Verurteilungen auch tatsächlich zur Eintragung in das Register gelangen (Rebmann/Uhlig BZRG § 51 Rn 16). 1

Darüber hinaus gilt das Vorhalte- und Verwertungsverbot für Eintragungen aus dem **Strafregister** der ehemaligen **DDR**, die nicht in das Bundeszentralregister übernommen worden sind, § 64a Abs 3 S 2 BZRG sowie für Eintragungen, die beim Inkrafttreten des BZRG nicht aus den früheren Strafregistern der Länder beziehungsweise dem Bundesstrafregister in das Zentralregister aufgenommen worden sind, § 66 BZRG (Hase BZRG § 51 Rn 3). 2

Für **ausländische** Verurteilungen, die nicht in das Bundeszentralregister übernommen worden sind, gilt die **Sonderregelung** des § 58 BZRG, die – um diese nicht schlechter zu behandeln – Personen, die im Ausland verurteilt worden sind, deren Verurteilung aber nicht in das Zentralregister übernommen worden ist, hinsichtlich des Vorhalte- und Verwertungsverbots denjenigen gleichstellt, deren Verurteilung in das Register aufgenommen worden ist. 3

2. Entsprechende Anwendung des § 51 Abs 1 BZRG

Über den Wortlaut der Vorschrift hinaus sind die Rechtsfolgen des § 51 Abs 1 BZRG – ebenso wie diejenigen der § 52 BZRG und § 53 BZRG – **entsprechend** anzuwenden, wenn eine **Verwarnung mit Strafvorbehalt** (§ 59 StGB) ergeht und diese nach § 12 Abs 2 S 2 BZRG wieder aus dem Register entfernt worden ist, nachdem das Gericht nach Ablauf der Bewährungszeit festgestellt hat, dass es bei der Verwarnung sein Bewenden hat, § 59b Abs 2 StGB (BGHSt 28, 338 = BGH NJW 1979, 1720). Dasselbe gilt, wenn das Gericht gemäß § 60 StGB **von Strafe abgesehen** hat. Um den Betroffenen, dessen Schuld das Gericht ausgesprochen hat, nicht zu benachteiligen, ist § 51 Abs 1 BZRG **analog** anzuwenden (Koch DAR 1974, 256, 259). 4

Gemäß § 63 Abs 4 BZRG findet § 51 Abs 1 BZRG für die Entfernung von Eintragungen aus dem Erziehungsregister entsprechend Anwendung, so dass auch diese dem Vorhalte- und Verwertungsverbot unterliegen (§ 63 BZRG Rn 9). 5

Bei **Übertretungen,** die bis zum 31. 12. 1974 unter bestimmten Voraussetzungen eintragungspflichtig waren und die der Gesetzgeber zum Teil als Vergehen und zum Teil als Ordnungswidrigkeiten einstufte, ist zu differenzieren: Solche, die in **Vergehen** umgewandelt worden sind, bleiben für die Dauer der gesetzlichen Tilgungsfrist im Bundeszentralregister eingetragen. Auf sie findet § 51 Abs 1 BZRG Anwendung. Für Übertretungen, die im Register eingetragen und in **Ordnungswidrigkeiten** umgewandelt worden sind, gilt hingegen die Vorschrift des § 48 BZRG, nicht aber § 51 Abs 1 BZRG (vgl Rn 11 f; Rebmann/Uhlig BZRG § 51 Rn 12). 6

3. Keine Anwendung des § 51 Abs 1 BZRG

Keine Anwendung findet § 51 Abs 1 BZRG auf Verfahren, die mit **Freispruch** oder einer **Einstellung** geendet haben. Eine erweiternde Auslegung dieser Ausnahmevorschrift auf diese Fälle verbietet schon der klare Wortlaut des § 51 Abs 1 BZRG, der eine Verurteilung und deren Eintragung im Zentralregister voraussetzt. Zweck des Verwertungsverbots ist es, den **Verurteilten** vom Strafmakel zu befreien und dadurch seine Resozialisierung zu fördern. Dieser **Normzweck** greift nicht ein, wenn eine Verurteilung nicht stattgefunden hat (BGH NStZ 2005, 397; vgl auch VGH Mannheim BeckRS 2009, 30687). Außerdem 7 stellt § 51 Abs 1 BZRG eine Ausnahme von § 244 Abs 2 StPO und § 46 Abs 2 StGB dar. Letztere Vorschrift schreibt für die Strafzumessung ganz allgemein die umfassende Abwägung **aller** für und gegen den Angeklagten sprechenden Umstände vor. Als ein solcher Umstand ist das Vorleben des Täters besonders hervorgehoben. Der in § 51 Abs 1 BZRG vorherrschende Gedanke der **entsühnenden Wirkung** trifft auf Strafverfahren, die durch Freispruch oder Einstellung beendet wurden, nicht zu. Als Ausnahmevorschrift ist § 51 Abs 1 BZRG eng auszulegen. Dehnte man das Verwertungsverbot auf alle Vorfälle aus, die zu einer Bestrafung hätten führen können, so würde § 46 Abs 2 StGB erheblich ausgehöhlt, da wesentliche Teile des Vorlebens des Täters nicht mehr verwertet werden dürften (BGHSt 25, 64, 65; ablehnend Rebmann/Uhlig BZRG § 51 Rn 10). Auch Art 6 Abs 2 MRK zwingt nicht zu der Unterstellung, der Sachverhalt einer strafbaren Handlung habe sich nicht zugetragen, bevor er rechtskräftig festgestellt ist (BGHSt 34, 209 = BGH NJW 1987, 660). Damit eine Verwertung möglich ist, müssen jedoch Grundlagen, Umstände und Auswirkungen der Tat nach den Regeln des Strengebeweises ausreichend festgestellt sein (vgl Fischer StGB § 46 Rn 40 mwN). Bei Verfahrenseinstellungen nach § 154 Abs 1 und Abs 2 StPO oder § 154a Abs 1 und Abs 2 StPO dürfen die zugrunde liegenden Taten jedoch nur berücksichtigt werden, sofern sie ordnungsgemäß festgestellt sind und der Betroffene darauf **ausdrücklich hingewiesen** wurde. Denn ein Beschuldigter beziehungsweise Angeklagter darf in der Regel darauf vertrauen, dass ihm auf diese Weise ausgeschiedene Handlungen oder Handlungsteile nicht mehr zum Nachteil gereichen (BGHSt 30, 148 ff = NStZ 1981, 389 mwN).

8   Aus denselben Erwägungen scheidet ein Vorhalte- und Verwertungsverbot iSd § 51 Abs 1 BZRG auch aus, wenn es – zB wegen **Strafunmündigkeit** des Betroffenen oder mangels erforderlichen **Strafantrags** – nicht einmal zur Durchführung eines Strafverfahrens gekommen ist (BGH NStZ 2005, 397).

9   Ebenso kann ein Verfahren verwertet werden, das wegen erwiesener oder nicht auszuschließender Schuldunfähigkeit, § 20 StGB, eingestellt wurde, da die darauf beruhende Eintragung nicht getilgt wird, § 3 Nr 4 BZRG, § 11 BZRG, vgl auch § 46 BZRG (§ 46 BZRG Rn 17; kritisch Rebmann/Uhlig BZRG § 51 Rn 9).

10   Auch ein **Straferlass** nach § 56g StGB sowie die **Beseitigung des Strafmakels** gemäß § 100 JGG begründen weder eine unmittelbare noch eine entsprechende Anwendung des § 51 Abs 1 BZRG (vgl BGH bei Holtz MDR 1982, 972).

11   Bußgeldentscheidungen in **Ordnungswidrigkeitenverfahren** unterfallen ebenfalls nicht dem umfassenden Vorhalte- und Verwertungsverbot des § 51 Abs 1 BZRG, da sie weder in das Register einzutragen sind, noch der Tilgung unterliegen (BVerwG MDR 1977, 518 ff; OLG Karlsruhe DAR 1990, 109, 110; aA BayObLG NJW 1972, 1770). Dies folgt zudem daraus, dass der Gesetzgeber in § 153 Abs 5 und Abs 6 GewO für Gewerbeordnungswidrigkeiten ausdrücklich ein absolutes Verwertungsverbot ausgesprochen und in § 30 StVG für Verkehrsordnungswidrigkeiten Verwertungsbeschränkungen vorgesehen hat. Wollte er derartige Wirkungen über diese Sonderfälle hinaus gelten lassen, so hätte er dies explizit geregelt. Auch eine analoge Anwendung von § 51 Abs 1 BZRG auf Ordnungswidrigkeiten scheidet aus (BVerwG MDR 1977, 518 ff), da Ordnungswidrigkeiten im Verhältnis zu Straftaten kein minus, sondern ein **aliud** darstellen (Koch DAR 1974, 256, 259).

II. Eintritt des Vorhalte- und Verwertungsverbots

12   Aus dem Wortlaut des § 51 Abs 1 BZRG ergibt sich, dass das Vorhalte- und Verwertungsverbot bereits mit Eintritt der **Tilgungsreife** („ist […] getilgt worden oder ist sie zu tilgen") Geltung beansprucht und nicht erst mit Ablauf der Überliegefrist, § 45 Abs 2 S 1 BZRG (LG Aachen StV 2004, 9). Aus dieser generalisierenden, zwingend auf die Tilgungsreife abstellenden **Stichtagsregelung** folgende Härten verstoßen nicht gegen den Verhältnismäßigkeitsgrundsatz (BVerfG Rbeistand 1988, 104) und sind hinzunehmen. Die Vorschrift greift sowohl bei einer Tilgung durch Fristablauf als auch bei einer solchen auf andere Weise (etwa durch vorzeitige Anordnung gemäß § 49 Abs 1 BZRG – § 49 BZRG Rn 16 – oder Amnestie). Zu differenzieren ist hingegen bei Anordnung der Tilgung wegen Gesetzesänderung nach § 48 BZRG: hier unterfällt lediglich die ursprüngliche Wertung des Geschehens als Straftat dem Vorhalte- und Verwertungsverbot (vgl § 48 BZRG Rn 10).

Bundeszentralregistergesetz (Auszug) § 51 BZRG

Maßgeblicher Zeitpunkt, zu dem Tilgungsreife eingetreten sein muss, um die Rechts- 13
folgen des § 51 Abs 1 BZRG auszulösen, ist in **Strafsachen** das **Ende der Hauptverhandlung** in der **Tatsacheninstanz**. Ohne Bedeutung ist dabei, wenn die Tilgungsfrist zum Zeitpunkt der neuen Tat noch nicht verstrichen war (BGH NStZ 1983, 30; StV 1999, 639). Die nach dem tatrichterlichen Urteil eingetretene Tilgungsreife einer Eintragung im Zentralregister ist vom **Revisionsgericht** – anders als vom Berufungsgericht (OLG Stuttgart MDR 1985, 431) – nicht zu berücksichtigen (BGHR BZRG § 51 Tilgungsreife 1; KK-StPO/ Kuckein StPO § 354 a Rn 8).

Die materiellen Rechtsfolgen des § 51 Abs 1 BZRG treten auch dann ein, wenn **irr-** 14
tümlich getilgt wurde, obwohl die Tilgungsvoraussetzungen (zB wegen falscher Fristberechnung oder Außerachtlassens eines Hemmungsgrundes) überhaupt nicht vorlagen (BGHR BZRG § 51 Verwertungsverbot 4). Die Wirkungen geraten erst wieder in Wegfall, wenn die zu Unrecht getilgte Eintragung nach § 50 BZRG wieder in das Register aufgenommen wird (vgl § 50 BZRG Rn 5). Mangels einer willentlichen Handlung entfaltet hingegen das bloße Entfernen einer Eintragung aus dem Register infolge eines technischen Mangels keine Tilgungswirkung (vgl § 50 BZRG Rn 3).

Bestehen **Zweifel** an der Rechtmäßigkeit einer Tilgung, so darf das Gericht oder die 15
Behörde nicht selbst entscheiden, ob der Registervermerk zu Recht gelöscht worden ist. Zuständig dafür ist ausschließlich die Registerbehörde. Erforderlichenfalls muss deren Entscheidung herbeigeführt werden (vgl BGHSt 20, 205, 206, 207 = BGH NJW 1965, 1030).

III. Umfang des Vorhalte- und Verwertungsverbots

1. Allgemeines

Das Vorhalte- und Verwertungsverbot des § 51 Abs 1 BZRG umfasst die **Verurteilung** 16
und die ihr zugrunde liegende Tat. Die **Tat** ist hierbei im **strafprozessualen** Sinne zu verstehen, § 264 StPO (vgl BGH BeckRS 2009, 10281; VG Augsburg Blutalkohol 44 (2007), 397; Hase BZRG § 51 Rn 4; kritisch BGH Urt v 11. 8. 2006 – Az 3 StR 284/05). Sie umfasst somit den gesamten einheitlichen geschichtlichen Vorgang, der Gegenstand der Urteilsfindung war, soweit er nach natürlicher Auffassung einen einheitlichen Lebensvorgang darstellt (Meyer-Goßner StPO § 264 Rn 2 ff).

Das **umfassende materiell-rechtliche Vorhalte- und Verwertungsverbot** des § 51 17
Abs 1 BZRG bedingt, dass Tat und Verurteilung dem Betroffenen im **Rechtsverkehr** nicht mehr **vorgehalten** und nicht zu seinem **Nachteil verwertet** werden dürfen. Der Begriff des Rechtsverkehrs erfasst sämtliche Rechtsverhältnisse und Rechtsbeziehungen im privaten und öffentlichen Rechtsleben. Demnach ist kein Bereich des Rechts ausgenommen, unabhängig davon, ob es sich um materiell- oder verfahrensrechtliche Vorschriften oder um Bundes- oder Landesrecht handelt (Hase BZRG § 51 Rn 5; Rebmann/Uhlig BZRG § 51 Rn 26).

So begrenzt § 51 Abs 1 BZRG beispielsweise die Zulässigkeit der **medialen Berichterstattung** 17.1
über Straftaten (BVerfG NJW 1993, 1463; NJW 2006, 1865). Das Verhalten von **Privaten** wird von § 51 Abs 1 BZRG hingegen grundsätzlich nicht beeinflusst. Ein Anspruch auf Unterlassung der öffentlichen Verbreitung von Vorstrafen kann allerdings auch insofern bestehen, als kein schutzwürdiges Interesse an der öffentlichen Weiterverbreitung besteht (Götz/Tolzmann 4. Aufl 2000, BZRG § 51 Rn 22).

Unter **Vorhalten** ist jede (bloße) Erörterung von Tat und Verurteilung (einschließlich der 18
Vollstreckung der verhängten Strafe) zu verstehen – und zwar sowohl in einer Hauptverhandlung, in einer mündlichen Verhandlung als auch in einem sonstigen Anhörungsverfahren. Dabei kommt es nicht darauf an, ob die Verhandlung oder Anhörung öffentlich stattfindet oder nicht (Rebmann/Uhlig BZRG § 51 Rn 27). Eine **Verwertung zum Nachteil** liegt stets vor, wenn aus Tat oder Verurteilung für den Betroffenen ungünstige Folgerungen gezogen werden (Hase BZRG § 51 Rn 5; Rebmann/Uhlig BZRG § 51 Rn 28).

Während der Betroffene auf das Vorhalteverbot **verzichten** und sich auf die Erörterung 19
von Tat und Verurteilung einlassen kann, ist das Verwertungsverbot **unverzichtbar**. Der Grund dafür liegt in dem Bedürfnis, den Betroffenen vor mit dem Gesetz unvereinbaren Zwangssituationen zu bewahren (Götz/Tolzmann 4. Aufl 2000, BZRG § 51 Rn 25).

20 Dem Schutzbereich des § 51 Abs 1 BZRG unterfallen im Strafverfahren nicht nur der Angeklagte, sondern auch **Zeugen,** da sie ebenfalls Betroffene im Sinne dieser Vorschrift sind. Ein Zeuge darf deshalb unter den Voraussetzungen des § 68 a Abs 2 StPO nach Vorverurteilungen nur gefragt werden, soweit das Vorhalte- und Verwertungsverbot nicht eingreift (Rebmann/Uhlig BZRG § 51 Rn 30).

2. Geltung im Rahmen der Strafzumessung

21 Die Geltung des Vorhalte- und Verwertungsverbots im Rahmen der **Strafzumessung** ist zwischenzeitlich unstreitig. Demnach darf eine bis zum Ende der letzten Hauptverhandlung in der Tatsacheninstanz getilgte oder tilgungsreife Verurteilung **nicht** mehr **strafschärfend** berücksichtigt werden (BGHSt 24, 378 = BGH NJW 1973, 66; BGH Beschl v 5. 3. 1992 – Az 1 StR 56/92; NStZ-RR 2001, 203; BeckRS 2008, 08433; BGH Beschl v 11. 11. 2009 – Az 1 StR 549/09; Fischer StGB § 46 Rn 39). Auch die von einer vorhergehenden tilgungsreifen oder getilgten Verurteilung ausgehende **Warnfunktion** darf nicht zu Lasten des Angeklagten herangezogen werden (BGH StV 1990, 348; Beschl v 21. 1. 1998 – Az 5 StR 670/97; BeckRS 2002, 30278345). Rechtsfehlerhaft ist es auch, wenn der Tatrichter die strafschärfende Erwägung anstellt, der **Vollzug** einer getilgten oder tilgungsreifen Strafe habe nicht ausgereicht, um den Angeklagten von der Begehung weiterer Straftaten abzuhalten (BGH NStZ 2006, 587), oder wenn er damit eine verhältnismäßig rasche **Rückfallgeschwindigkeit** begründet (BGH NStZ 1997, 285).

22 Ein Verstoß gegen das Verwertungsverbot wird zudem angenommen, wenn straferschwerend gewertet wird, dass eine Tat während des Laufs einer offenen **Bewährung** begangen wurde, die aus einer Verurteilung resultiert, die nach § 65 BZRG, § 66 BZRG nicht in das Zentralregister zu übernehmen war (Rebmann/Uhlig BZRG § 51 Rn 39; OLG Stuttgart Justiz 1972, 396; **aA** OLG Frankfurt NJW 1973, 1763).

23 Auch bei der **Strafrahmenwahl** dürfen Sachverhalte aus getilgten oder tilgungsreifen Verurteilungen, die dem Verwertungsverbot des § 51 Abs 1 BZRG unterliegen, nicht berücksichtigt werden (BGH StV 1985, 322).

24 § 51 Abs 1 BZRG schließt selbst die strafschärfende Verwertung solcher Taten aus, die nach § 52 Abs 1 Nr 2 BZRG für die **Beurteilung des Geisteszustandes** des Betroffenen (vgl § 52 BZRG Rn 4) oder gemäß § 52 Abs 2 BZRG für die **Erteilung oder Entziehung der Fahrerlaubnis** Berücksichtigung finden dürfen (Fischer StGB § 46 Rn 39; vgl auch BGH HFR 2000, 845; OLG Frankfurt NZV 1997, 245; § 52 BZRG Rn 10).

25 **Ohne Einschränkung verwertet** werden darf hingegen eine noch nicht tilgungsreife Vorstrafe, deren Art und/oder Höhe durch **andere** bereits getilgte oder ihrerseits tilgungsreife Vorverurteilung beeinflusst worden ist (OLG Hamm NJW 1974, 1717).

26 Zwar wurde durch das Bundesverfassungsgericht (BVerfGE 36, 174; zustimmend Rebmann/Uhlig BZRG § 51 Rn 38) entschieden, dass die Vorschrift des § 51 Abs 1 BZRG **verfassungsgemäß** ist. Dennoch vermag der mit dem Bundeszentralregistergesetz verfolgte Resozialisierungsgedanke die sich aus § 51 BZRG für die **Strafrechtspflege** ergebenden Erschwernisse nicht zu rechtfertigen. Die Norm zwingt die Gerichte, von einer unvollständigen oder gar unrichtigen Tatsachengrundlage auszugehen. Gerade im Rahmen der Strafzumessung stellt sich die Frage nach einer den Angeklagten benachteiligenden Vorverurteilung erst, wenn feststeht, dass dessen Resozialisierung bisher wegen erneuter Straffälligkeit gescheitert ist (Tepperwien FS Salger 1995, 189, 190). Es besteht grundsätzlich kein Anlass, zugunsten des seine soziale Wiedereingliederung selbst zunichte machenden Angeklagten entgegen § 46 Abs 2 StGB maßgebende Aspekte der Strafzumessung – namentlich das Vorleben des Täters und die sich daraus ergebende Entwicklung seiner Persönlichkeit – auszublenden. Das im Strafverfahren geltende Prinzip der Wahrheitserforschung, nach dem sich die Beweisaufnahme von Amts wegen auf sämtliche erhebliche Tatsachen und Beweismittel zu erstrecken hat, wird dadurch in ungerechtfertigter Weise eingeschränkt. Die hier vertretene Sichtweise führt auch nicht dazu, dass jede Vortat bei einer erneuten Verurteilung zwangsweise straferschwerend zu berücksichtigen ist. Vielmehr ist entsprechend der Rechtsprechung des Bundesgerichtshofs (BGH StV 1992, 225; vgl auch Fischer StGB § 46 Rn 38 a) bei weit zurückliegenden Taten besonders sorgfältig zu prüfen, ob diesen im Hinblick auf die nunmehr gegenständliche Tat noch eine Warnfunktion zukommt und ob

sich durch die wiederholte Tatbegehung das Handlungsunrecht erhöht sowie das Sühnebedürfnis beeinflusst wurde. Durch diese Abwägung der Interessen des Betroffenen mit dem öffentlichen Interesse an einer gerechten Strafrechtspflege wird dem Bedürfnis des Betroffenen, „die Vergangenheit ruhen zu lassen", hinreichend Rechnung getragen. Des Vorhalte- und Verwertungsverbots des § 51 Abs 1 BZRG bedarf es insofern **nicht** (so auch Tepperwien FS Salger 1995, 189, 190, 199).

3. Wirkung bei Entscheidungen nach §§ 56 StGB ff

Infolge des Verwertungsverbots des § 51 Abs 1 BZRG darf einem Angeklagten, obwohl 27 frühere Straftaten bei der **Prognose** im Rahmen der §§ 56 StGB ff über dessen zukünftiges Verhalten grundsätzlich von großer Bedeutung sind, aufgrund von tilgungsreifen oder getilgten Vorverurteilungen die **Strafaussetzung zur Bewährung** nicht versagt werden (BGH Beschl v 12. 10. 1995 – Az 5 StR 364/95).

Auch bei der Entscheidung über die **Aussetzung eines Strafrestes** einer Freiheitsstrafe 28 zur Bewährung nach den §§ 57 StGB ff ist ein Wiederholungstäter, dessen frühere Strafzeiten im Bundeszentralregister nicht mehr enthalten beziehungsweise tilgungsreif sind und somit dem Verwertungsverbot des § 51 Abs 1 BZRG unterliegen, wie ein Erstverbüßer zu behandeln (KG Beschl v 6. 3. 1998 – Az 1 AR 216/98).

Ebenso wenig dürfen getilgte oder tilgungsreife Vorstrafen für die Feststellung der **beson-** 29 **deren Schwere der Schuld** iSd § 57 a StGB zum Nachteil des Angeklagten herangezogen werden (BGH NStZ-RR 2001, 237).

4. Geltung bei der Anordnung von Maßregeln der Besserung und Sicherung

Das Vorhalte- und Verwertungsverbot des § 51 Abs 1 BZRG hat darüber hinaus auch bei 30 der Anordnung von **Maßregeln der Besserung und Sicherung** Geltung (BGH NStZ-RR 2002, 332; BGHSt 25, 100). Ein Verstoß wird somit beispielsweise in der indiziellen, dem Betroffenen zum Nachteil gereichenden Verwertung im Register getilgter oder tilgungsreifer früherer Verurteilungen zur Feststellung eines **Hanges** im Sinne des § 66 Abs 1 Nr 3 StGB angenommen (BGH NStZ-RR 2002, 332).

Bei dieser pauschalen Argumentation scheint jedoch – mit Blick auf § 52 Abs 1 Nr 2 31 BZRG – unberücksichtigt geblieben zu sein, dass gemäß § 246 a StPO die Anordnung einer Maßregel nach § 66 StGB das Gutachten eines Sachverständigen voraussetzt, der zu den Persönlichkeitsmerkmalen des Angeklagten, die einen Hang begründen können, in der Hauptverhandlung zu hören ist (so auch BGH NStZ 2005, 397). Zu beachten ist deshalb die **Ausnahmeregelung** des § 52 Abs 1 Nr 2 BZRG und des § 52 Abs 2 BZRG, wonach die Taten einer zu tilgenden oder bereits getilgten Verurteilung zur Erstattung eines Gutachtens über den Geisteszustand des Betroffenen oder für die Erteilung oder Entziehung der Fahrerlaubnis Berücksichtigung finden dürfen (vgl § 52 BZRG Rn 4 f; § 52 BZRG Rn 9 ff). Im Übrigen erscheint die Geltung des Vorhalte- und Verwertungsverbots in diesem Bereich auch gerade im Hinblick auf die dem Schutz der Allgemeinheit dienenden Maßregeln der Besserung und Sicherung ohnehin bedenklich (so auch Tepperwien FS Salger 1995, 189, 190).

5. Geltung bei der Beweiswürdigung

Das umfassende Vorhalte- und Verwertungsverbot hat nach dem Willen des Gesetzgebers 32 auch im Rahmen der **Beweiswürdigung** Anwendung zu finden. So dürfen zu tilgende oder getilgte Vorverurteilungen und die ihnen zugrunde liegenden Taten – von den Fällen des § 52 BZRG abgesehen – nicht als **Beweisindiz** im Rahmen des § 261 StPO gegen den Angeklagten verwertet werden (BGHR BZRG § 51 Verwertungsverbot 3 = BGH NJW 1990, 2264). Dies gilt sowohl für das Heranziehen als Beweisindiz für eine dem Angeklagten nachteilige Würdigung seiner **Persönlichkeit** (BGH NJW 1990, 2264) als auch für die indizielle Verwertung bei der Frage des **Schuldspruchs** allgemein (BGH StraFo 2006, 296).

Auch in diesem Zusammenhang schließt § 51 Abs 1 BZRG selbst die Verwertung solcher 33 Taten aus, die nach § 52 Abs 1 Nr 2 BZRG für die **Beurteilung des Geisteszustandes** des

Betroffenen oder gemäß § 52 Abs 2 BZRG für die **Erteilung oder Entziehung der Fahrerlaubnis** (OLG Frankfurt NZV 1997, 245) Berücksichtigung finden dürfen. So ermöglicht etwa der Umstand, dass in der Hauptverhandlung ein Sachverständiger zum Geisteszustand des Angeklagten gehört wurde, keine Berücksichtigung einer bereits getilgten oder jedenfalls tilgungsreifen Verurteilung als Beweisindiz für die **Täterschaft** des Angeklagten (BGHR BZRG § 51 Verwertungsverbot 2; vgl § 52 BZRG Rn 4; § 52 BZRG Rn 10).

34 Darüber hinaus haben getilgte oder tilgungsreife Verurteilungen sowie die zugrunde liegenden Taten bei der Beurteilung der **Glaubwürdigkeit** von Prozessbeteiligten außer Betracht zu bleiben (BGH NZV 1998, 245).

35 Auch die sich aus dieser Handhabe ergebende **Beschränkung** des vom Gericht verwertbaren **Tatsachenstoffs** wurde vom Bundesverfassungsgericht als **nicht verfassungswidrig** erklärt. Der Gesetzgeber habe insoweit dem Resozialisierungsbedürfnis des Betroffenen den Vorrang eingeräumt gegenüber dem Interesse der Strafrechtspflege, aufgrund erschöpfender Sachaufklärung möglichst alle bedeutsamen Tatsachen für die Urteilsfindung nutzbar zu machen. Diese Abwägung sei verfassungsrechtlich nicht zu beanstanden. Der Gesetzgeber habe jedenfalls die Grenzen seines Ermessensbereichs nicht überschritten (BVerfGE 36, 174 = BVerfG NJW 1974, 179, 491). Dieser konstruierte Zusammenhang zwischen der sozialen Wiedereingliederung des Straftäters und der Berücksichtigung – insbesondere einschlägiger – Taten im Rahmen der Beweiswürdigung ist **nicht nachvollziehbar** (vgl Tepperwien FS Salger 1995, 189, 190 mwN). Zum einen führen die Verwertungsverbote des BZRG zu einer durch den gesetzgeberischen Zweck der Resozialisierung nicht gerechtfertigten schweren **Beeinträchtigung der Strafrechtspflege.** Zum anderen bringen sie eine sachlich nicht gerechtfertigte **Ungleichbehandlung** von abgeurteilten und nicht abgeurteilten Taten mit sich: während in Fällen, in denen ein (möglicherweise) strafbares Verhalten keine Verurteilung nach sich gezogen hat, bei der Beweiswürdigung die Tat vollumfänglich verwertet werden kann (vgl Rn 7 ff), muss dies im Falle einer tilgungsreifen Verurteilung unterbleiben. De lege ferenda sollten daher bei Wiederholungstätern vorhergehende, nicht verfahrensgegenständliche Taten im Rahmen der Beweiswürdigung stets herangezogen werden dürfen. Der Gesetzgeber sollte dem durch eine sachgerechte Neugestaltung der im Bundeszentralregistergesetz enthaltenen Vorhalte- und Verwertungsverbote Rechnung tragen (so auch ausführlich Tepperwien FS Salger 1995, 189, 190 ff).

6. Geltung für die Frage des Vorliegens eines Tatbestandsmerkmals

36 Uneinigkeit besteht darüber, ob das Vorhalte- und Verwertungsverbot auch greift, wenn eine Verurteilung vor Eintritt der Tilgungsreife das **Tatbestandsmerkmal** einer anderen Straftat (zB eines Aussagedelikts nach §§ 153 StGB ff) erfüllt, zum Zeitpunkt der Aburteilung jedoch tilgungsreif beziehungsweise getilgt ist. Während nach einer Ansicht (Rebmann/Uhlig BZRG § 51 Rn 41; Götz/Tolzmann 4. Aufl 2000, BZRG § 51 Rn 36) der eindeutige Wortlaut des § 51 Abs 1 BZRG und die in § 52 BZRG abschließend geregelten Ausnahmen die Verwertung tilgungsreifer Vorverurteilungen als Tatbestandsmerkmal einer Straftat nicht zulassen, muss nach anderer Auffassung (OLG Celle NJW 1973, 1012) § 51 Abs 1 BZRG trotz seines Wortlautes sinngemäß dahin ausgelegt werden, dass es gestattet ist, eine sonst unter das Verwertungsverbot fallende Vorstrafe zur Ausfüllung des gesetzlichen Tatbestandes einer neuen Straftat heranzuziehen. Da derartige Fälle ganz eindeutig außerhalb des Schutzzwecks der Vorschrift liegen (insofern auch Götz/Tolzmann 4. Aufl 2000, BZRG § 51 Rn 36), verdient die letztgenannte Meinung Zustimmung.

7. Geltung in Gnadenverfahren

37 Nach herrschender Meinung (Rebmann/Uhlig BZRG § 51 Rn 43 mwN; **aA** Götz/Tolzmann 4. Aufl 2000, BZRG § 51 Rn 39) verbietet § 51 Abs 1 BZRG die Berücksichtigung zu tilgender oder getilgter Verurteilungen auch in **Gnadenverfahren,** da Gnadenentscheidungen, auch wenn sie keiner gerichtlichen Nachprüfung unterliegen, doch einen Rechtsakt darstellen (BVerfGE 25, 352 = BVerfG NJW 1969, 1895).

8. Geltung im Straßenverkehrsrecht

Das Vorhalte- und Verwertungsverbot des § 51 Abs 1 BZRG beansprucht außerdem auch 38 im **Straßenverkehrsrecht** Geltung (OLG Celle NJW 1973, 68; OLG Braunschweig DAR 1990, 189; aA OVG Münster NJW 1974, 1346). Dies ergibt sich nunmehr bereits aus § 52 Abs 2 BZRG, der klarstellt, dass getilgte oder tilgungsreife Verurteilungen nur in den dort genannten Fällen des Straßenverkehrsrechts Berücksichtigung finden dürfen.

9. Einschränkung des § 51 Abs 1 BZRG bei eigener Einlassung des Betroffenen?

Selbst wenn sich ein Angeklagter zu seiner **Entlastung** auf eine bereits getilgte oder 39 tilgungsreife Vorverurteilung **beruft,** führt dies nicht zu deren uneingeschränkter Verwertbarkeit. Vielmehr ist eine Verwertung nur **insoweit** möglich, als sich der Angeklagte zu seiner **Entlastung** darauf beruft (BGH StV 2002, 479; BGHSt 27, 108 = BGH NJW 1977, 816; vgl auch BGH StV 2003, 444). Dies bedeutet, dass das Gericht zwar nicht gehalten ist, die Einlassung eines Angeklagten zu einer tilgungsreifen Vortat unbesehen hinzunehmen. Dem Gericht ist es aber durch § 51 Abs 1 BZRG versagt, weiter zu gehen, als es zur Prüfung der Wahrheit der Behauptung eines Angeklagten erforderlich ist. Die Beweiserhebung ist daher durch die **allgemeine** Einlassung eines Angeklagten, die nicht auf Einzelheiten der Vorverurteilung und/oder der zugrunde liegenden Tat eingeht, nur in Form der Verlesung von Rubrum und Tenor des früheren Urteils zum Zweck des **Urkundenbeweises** gedeckt. Die Verlesung des vollständigen früheren Urteils verstößt hingegen gegen § 51 Abs 1 BZRG. Eine auf diesem Weg gewonnene Kenntnis von Einzelheiten des früheren Geschehens darf nicht der Überzeugungsbildung dienen (BGHSt 27, 108 = BGH NJW 1977, 816).

Eine **Verlesung der Urteilsgründe** und damit die einem Angeklagten regelmäßig 40 unerwünschte Wiedergabe aller Einzelheiten des früheren Tatgeschehens – insbesondere in öffentlicher Verhandlung – ist demgegenüber allein dann **statthaft,** wenn ein Angeklagter nicht nur allgemein die Vortat und die Vorverurteilung erwähnt, sondern sich zusätzlich auf bestimmte, in den Urteilsgründen erörterte Umstände des früheren Geschehens beruft (BGHSt 27, 108 = BGH NJW 1977, 816).

B. Ausnahmen vom Vorhalte- und Verwertungsverbot nach § 51 Abs 2 BZRG

§ 51 Abs 2 BZRG schränkt das Vorhalte- und Verwertungsverbot ein. Zum einen bleiben 41 die aus der Tat oder der Verurteilung entstandenen **Rechte Dritter** von den Tilgungswirkungen des § 51 Abs 1 BZRG unberührt. Darunter fallen sowohl dingliche als auch schuldrechtliche Ansprüche und es muss sich nicht zwangsläufig um private Rechte handeln. Die Vorschrift lässt nur bei Geltendmachung von Ansprüchen aus der getilgten oder tilgungsreifen, also der **früheren** Tat oder Verurteilung entstandene Rechte Dritter unberührt (vgl. BGHSt 27, 108 f = BGH NJW 1977, 816; BGH BeckRS 2009, 10281; anders noch BGHSt 25, 25, 26 ff = BGH NJW 1973, 206 ff). Der Sinn dieser Regelung besteht in der Vermeidung unerwünschter und unbilliger Rechtsfolgen der Tilgung, insbesondere im Zivilrecht (vgl BT-Drs 6/1550, 21 f).

Zum anderen sind von dem Vorhalte- und Verwertungsverbot des § 51 Abs 1 BZRG 42 **gesetzliche Rechtsfolgen** der Tat oder der Verurteilung bzw der Entscheidung und damit Auswirkungen, die sich unmittelbar aus Bundes- oder Landesgesetz ergeben, nicht erfasst. Dabei handelt es sich beispielsweise um den Verlust der Beamtenrechte durch Strafurteil nach § 48 BBG (BVerwG FamRZ 1997, 1008), das Recht zur Entziehung des gesetzlichen Pflichtteils nach den §§ 2333 BGB ff, die Geltendmachung der Erbunwürdigkeit nach § 2340 BGB, die Beschränkung oder den Wegfall der Unterhaltsverpflichtung gemäß § 1611 BGB, den Rechtsverlust nach § 45 StGB oder um den Wahrheitsbeweis durch Strafurteil gemäß § 190 StGB (Fischer StGB § 190 Rn 3 mwN). Das Gesetz, dessen Rechtsfolgen aufgrund der Tat eintreten, muss vor dem Eintritt der Tilgungsreife **in Kraft getreten** sein (Götz/Tolzmann 4. Aufl 2000, BZRG § 51 Rn 62).

Schließlich bleibt die Wirksamkeit gerichtlicher oder behördlicher Entscheidungen von 43 der Tilgung unberührt, die **im Zusammenhang** mit der Tat oder der Verurteilung ergangen sind. „Im Zusammenhang" erfordert nicht, dass die Tat oder die Verurteilung Verfahrensgegenstand gewesen sein muss. Es genügt, wenn sie in diesem Verfahren – in welchem Zusammenhang auch immer – erörtert worden ist. Bedeutung kommt dieser Alternative des § 51 Abs 2 BZRG vor allem im Bereich des öffentlichen Rechts zu, wenn es um die Zuverlässigkeit oder Geeignetheit einer Person geht – wie etwa bei der Beurteilung der Gewerbeerlaubnis, der Zulassung als Rechtsanwalt oder der Erteilung der Approbation.

44   Stellt ein Betroffener jedoch **nach** Tilgung einer Verurteilung einen **neuen** Antrag auf Erteilung einer bestimmten Erlaubnis oder auf Zulassung zu einem Beruf, so darf die getilgte Verurteilung wegen des in diesem neuen Verfahren geltenden Vorhalte- und Verwertungsverbots **nicht** mehr berücksichtigt werden – es sei denn, es liegt eine Ausnahme nach § 52 Abs 1 Nr 4 BZRG (vgl § 52 BZRG Rn 7 f) vor.

C. Rechtsfolgen eines Verstoßes gegen § 51 Abs 1 BZRG

45   Ein Verstoß gegen § 51 Abs 1 BZRG kann die **Revision** begründen. Während eine Missachtung des **Vorhalteverbots** einen Verfahrensfehler darstellt und somit nur auf eine **Verfahrensrüge** hin zu beachten ist (BGH BeckRS 2009, 10281, 11941; OLG Karlsruhe NJW 1973, 291; BVerwG NJW 1984, 2053), liegt in einem Verstoß gegen das **Verwertungsverbot** ein sachlich-rechtlicher Fehler, der auf die allgemeine **Sachrüge** hin zu berücksichtigen ist (BGHSt 25, 100; BGH StraFo 2006, 296; BeckRS 2009, 10281, 11941). In beiden Fällen kann ein etwaiger Verstoß nur dann zur Aufhebung des Urteils führen, wenn die Entscheidung darauf **beruht**, § 337 Abs 1 StPO (vgl BGH Urt v 19. 12. 1974 – Az 1 StR 313/74 – insoweit nicht abgedruckt in BGHSt 26, 47; BGH NStZ-RR 2001, 237).

46   Ein **Beruhen** scheidet beispielsweise aus, wenn einem Angeklagten eine tilgungsreife Vorverurteilung zwar vorgehalten, nicht aber bei der Entscheidung verwertet wird. Dies ist etwa der Fall, wenn das Gericht eine Vorstrafe im Rahmen der Strafzumessung nicht zu Lasten des Angeklagten würdigt, sondern sie lediglich bei der Aufzählung der zugunsten des Angeklagten sprechenden Umstände erwähnt (BGH Urt v 19. 2. 1992 – Az 2 StR 454/91).

47   Ein Verstoß gegen das Verwertungsverbot im Rahmen der Strafzumessung, auf dem das Urteil beruht, erfordert jedoch nicht stets die Aufhebung des Strafausspruchs. Vielmehr eröffnet die Vorschrift des § 354 Abs 1a StPO dem Revisionsgericht die Möglichkeit eigener Sachentscheidung (angemessene Herabsetzung der Rechtsfolgen). Dabei kommt es auf die hypothetische Frage, wie der Tatrichter bei zutreffender rechtlicher oder tatsächlicher Bewertung entschieden hätte, nicht an. Hat der Tatrichter die für die Strafzumessung relevanten Umstände festgestellt, so ist die Beurteilung der Angemessenheit allein aufgrund der Urteilsgründe möglich, wenn neue strafzumessungsrelevante Umstände weder ersichtlich, noch vom Beschwerdeführer geltend gemacht worden sind (BGH BeckRS 2008, 08433).

§ 52 Ausnahmen

(1) Die frühere Tat darf abweichend von § 51 Abs. 1 nur berücksichtigt werden, wenn

1. die Sicherheit der Bundesrepublik Deutschland oder eines ihrer Länder eine Ausnahme zwingend gebietet,

2. in einem erneuten Strafverfahren ein Gutachten über den Geisteszustand des Betroffenen zu erstatten ist, falls die Umstände der früheren Tat für die Beurteilung seines Geisteszustandes von Bedeutung sind,

3. die Wiederaufnahme des früheren Verfahrens beantragt wird oder

4. der Betroffene die Zulassung zu einem Beruf oder einem Gewerbe, die Einstellung in den öffentlichen Dienst oder die Erteilung einer Waffenbesitzkarte, eines Munitionserwerbscheins, Waffenscheins, Jagdscheins oder einer Erlaubnis nach § 27 des Sprengstoffgesetzes beantragt, falls die Zulassung, Einstellung oder Erteilung der Erlaubnis sonst zu einer erheblichen Gefährdung der Allgemeinheit führen

würde; das gleiche gilt, wenn der Betroffene die Aufhebung einer die Ausübung eines Berufes oder Gewerbes untersagenden Entscheidung beantragt.

(2) ¹Abweichend von § 51 Abs. 1 darf eine frühere Tat ferner in einem Verfahren berücksichtigt werden, das die Erteilung oder Entziehung einer Fahrerlaubnis zum Gegenstand hat, solange die Verurteilung nach den Vorschriften der §§ 28 bis 30 b des Straßenverkehrsgesetzes verwertet werden darf. ²Außerdem dürfen für die Prüfung der Berechtigung zum Führen von Kraftfahrzeugen Entscheidungen der Gerichte nach den §§ 69 bis 69 b des Strafgesetzbuches verwertet werden.

Überblick

Die Vorschrift lässt über § 51 Abs 2 BZRG hinaus weitere, eng auszulegende **Ausnahmen** vom umfassenden materiell-rechtlichen Vorhalte- und Verwertungsverbot des § 51 Abs 1 BZRG zu. Namentlich gestattet sie eine Berücksichtigung tilgungsreifer oder getilgter Verurteilungen und der ihnen zugrunde liegenden Taten aufgrund von Sicherheitsbelangen (Rn 2 f), bei der Erstattung eines **Gutachtens über den Geisteszustandes** (Rn 4 f), bei der Durchführung von **Wiederaufnahmeverfahren** (Rn 6), aus Gründen der **erheblichen Gefährdung der Allgemeinheit** (Rn 7 f) und im Rahmen der Entscheidung über die **Erteilung oder Entziehung der Fahrerlaubnis** (Rn 9 ff).

Übersicht

	Rn		Rn
A. Regelungsgegenstand	1	D. Wiederaufnahmeverfahren, § 52 Abs 1 Nr 3 BZRG	6
B. Sicherheitsbelange nach § 52 Abs 1 Nr 1 BZRG	2	E. Erhebliche Gefährdung der Allgemeinheit, § 52 Abs 1 Nr 4 BZRG	7
C. Erstattung eines Gutachtens, § 52 Abs 1 Nr 2 BZRG	4	F. Erteilung oder Entziehung der Fahrerlaubnis, § 52 Abs 2 BZRG	9

A. Regelungsgegenstand

Im Gegensatz zu § 51 Abs 2 BZRG, der das Vorhalte- und Verwertungsverbot des § 51 Abs 1 BZRG nach allgemeinen Merkmalen begrenzt, regelt § 52 BZRG **besondere**, abschließend aufgezählte **Ausnahmefälle**, die den Grundsatz des § 51 Abs 1 BZRG durchbrechen (vgl BT-Drs 6/1550, 23). Die Vorschrift führt nicht dazu, dass bei Vorliegen ihrer Voraussetzungen die Registerbehörde noch Auskunft über tilgungsreife Verurteilungen erteilen dürfte. Dem steht § 45 Abs 2 S 2 BZRG entgegen (vgl § 45 BZRG Rn 6). Bedeutung erlangt die Regelung daher nur in den Fällen, in denen die getilgte oder tilgungsreife Verurteilung auf andere Weise bekannt wurde – etwa durch Offenlegung des Betroffenen selbst beziehungsweise eines Dritten oder aufgrund einer früheren Registerauskunft. Das **Verschweigerecht** des § 53 BZRG wird von § 52 BZRG nach dem eindeutigen Wortlaut der Norm **nicht** berührt. 1

B. Sicherheitsbelange nach § 52 Abs 1 Nr 1 BZRG

Nach § 52 Abs 1 Nr 1 BZRG darf eine frühere Tat berücksichtigt werden, wenn dies die **Sicherheit** der Bundesrepublik Deutschland oder eines ihrer Länder **zwingend** gebietet. Die Ausnahmevorschrift ist **restriktiv** auszulegen. Abzustellen ist auf Erfordernisse **der äußeren oder inneren Sicherheit** des Bundes oder der Länder, nicht auf die allgemeine Sicherheit und Ordnung im polizeirechtlichen Sinne (vgl BT-Drs 6/477, 24; BT-Drs 6/1550, 805). 2

Die Ausnahme vom Vorhalte- und Verwertungsverbot muss **zwingend** geboten sein. Dies ist nur dann der Fall, wenn die Berücksichtigung der früheren Tat zur Abwehr einer **konkreten, nicht hinnehmbaren Gefährdung** der Sicherheit des Staates (zB bei der Sicherheitsprüfung von Personen, die Zugang zu Staatsgeheimnissen erhalten sollen) **absolut** 3 erforderlich ist und keine anderen (wenn auch beschwerlicheren oder aufwändigeren) Abwehrmöglichkeiten bestehen (vgl Rebmann/Uhlig BZRG § 52 Rn 6).

C. Erstattung eines Gutachtens, § 52 Abs 1 Nr 2 BZRG

4   Die Vorschrift des § 52 Abs 1 Nr 2 BZRG trägt dem Bedürfnis Rechnung, dass für die **Erstattung eines Gutachtens** über den **Geisteszustand** eines Betroffenen auf einer ausreichenden Beurteilungsgrundlage wesentliche Einzelheiten aus dem strafrechtlichen Vorleben eines Täters von Bedeutung sein können, um falsche Ergebnisse zu vermeiden (vgl BT-Drucks 6/1550, 23). Die Verwertung ist allerdings nur **insoweit** zulässig, als die Verurteilung und die zugrunde liegenden Tatumstände für die Beurteilung des Geisteszustandes erforderlich sind. Ein Vorhalten, eine strafschärfende Berücksichtigung der getilgten oder tilgungsreifen Verurteilungen oder ein Heranziehen als Beweisindiz ist untersagt, vgl § 51 BZRG (§ 51 BZRG Rn 24, § 51 BZRG Rn 33 jeweils mwN).

5   Den Betroffenen steht kein durchsetzbarer Anspruch auf **Ausschluss der Öffentlichkeit** gemäß § 172 Nr 3 GVG zu, wenn in öffentlicher Hauptverhandlung in einem Sachverständigengutachten getilgte oder tilgungsreife Verurteilung erörtert werden. Erlaubt das Gesetz (hier § 52 Abs 1 Nr 2 BZRG) zum Zwecke der Ermittlung und Verfolgung strafbarer Handlungen Eingriffe in den Persönlichkeitsbereich, so gestattet es damit auch die Verwertung der Ergebnisse in öffentlicher Verhandlung (BGHSt 23, 82 = NJW 1969, 2107).

D. Wiederaufnahmeverfahren, § 52 Abs 1 Nr 3 BZRG

6   § 52 Abs 1 Nr 2 BZRG stellt lediglich klar, dass das Vorhalte- und Verwertungsverbot des § 51 Abs 1 BZRG bei der Durchführung des **gesamten Wiederaufnahmeverfahrens**, §§ 359 StPO ff – und nicht lediglich bei der Entscheidung über den Antrag – **nicht** gilt. Dies versteht sich von selbst, da eine Wiederaufnahme ohne Erörterung der früheren Tat nicht durchgeführt werden kann. Die Vorschrift gilt sowohl für die Verfahrenswiederaufnahme zugunsten als auch **zuungunsten** des Betroffenen (Götz/Tolzmann 4. Aufl 2000, BZRG § 52 Rn 11).

E. Erhebliche Gefährdung der Allgemeinheit, § 52 Abs 1 Nr 4 BZRG

7   Die wohl wichtigste Durchbrechung des Vorhalte- und Verwertungsverbots des § 51 Abs 1 BZRG enthält § 52 Abs 1 Nr 4 BZRG. Relevant ist diese Ausnahmeregelung in den Bereichen, in denen wegen ihrer Bedeutung für die Allgemeinheit ganz besondere Anforderungen an die persönliche Eignung des Betroffenen zu stellen sind – wie etwa bei den Berufsgruppen der Ärzte, Apotheker, Richter und dergleichen (vgl BT-Drucks 6/1550, 23). Eine getilgte oder tilgungsreife Verurteilung darf danach verwertet werden, wenn der Betroffene die **Zulassung** zu einem **Beruf**, einem **Gewerbe**, die **Einstellung** in den **öffentlichen Dienst** oder die **Erteilung** einer **Waffenbesitzkarte**, eines **Munitionserwerbs-, Waffen- oder Jagdscheins** oder eine Erlaubnis nach § 27 des **Sprengstoffgesetzes** beantragt **und** die erstrebte Zulassung oder Erteilung der begehrten Erlaubnis zu einer **erheblichen Gefährdung der Allgemeinheit** führen würde. Es müssen somit **schwerwiegende** Gründe vorliegen; allein das Vorhandensein einer getilgten oder tilgungsreifen Verurteilung wird regelmäßig nicht ausreichen. Der Gesetzgeber hat insbesondere Fälle ins Auge gefasst, in denen zwischen der früheren Tat und dem späteren Verhalten des Betroffenen ein Zusammenhang besteht (vgl BT-Drs 6/1550, 23 f). Es muss dabei jedoch nicht im Einzelfall eine konkrete Gefährdung der Allgemeinheit von erheblichem Gewicht nachgewiesen werden; vielmehr genügt es, wenn eine **erhebliche Gefährdung** nach Sachlage **nicht ausgeschlossen** werden kann (Götz/Tolzmann 4. Aufl 2000, BZRG § 52 Rn 13). Gleiches gilt, wenn der Betroffene die **Aufhebung** einer die Ausübung eines Berufes oder Gewerbes **untersagenden** Entscheidung beantragt.

7.1   Vgl beispielsweise: zur Versagung der Zulassung zur Rechtsanwaltschaft wegen unwürdigen Verhaltens aufgrund einer strafrechtlichen Verurteilung BGHR BRAO § 7 Nr 5 Wiederzulassung 5; zum Verlust der Eignung zum Notarberuf durch Straffälligkeit BGH NJW-RR 1994, 313; zur

Beurteilung der persönlichen Zuverlässigkeit im Rahmen der Erteilung einer Waffenbesitzkarte BVerwG NJW 1997, 336.

Die eng auszulegende Ausnahmevorschrift des § 52 Abs 1 BZRG bezieht sich nach ihrem eindeutigen Wortlaut ausschließlich auf Entscheidungen, die den **Zugang** zu einer bestimmten Betätigung regeln, nicht aber auf Maßnahmen, welche die betreffenden Betätigungen beenden. Sie erfasst somit **nicht** den **Widerruf** einer den Betroffenen begünstigenden Entscheidung im Sinne des § 52 Abs 1 BZRG oder die **Entfernung** aus dem öffentlichen Dienst. Mangels der erforderlichen Regelungslücke lässt sie sich darauf auch nicht analog anwenden. Der Gesetzgeber hat bewusst davon abgesehen, die Ausnahmevorschrift auf diese Fälle zu erstrecken (vgl BVerwG NJW 1997, 336). 8

F. Erteilung oder Entziehung der Fahrerlaubnis, § 52 Abs 2 BZRG

Die Ausnahmeregelung des § 52 Abs 2 BZRG lässt die Berücksichtigung früherer Taten nach Eintritt der Tilgungsreife bei gerichtlichen oder behördlichen Entscheidungen über die (Wieder-) **Erteilung** oder die (erneute) **Entziehung** einer **Fahrerlaubnis** zu. Die Vorschrift trägt dem Umstand Rechnung, dass die Fristen des Zentralregisters und des **Verkehrszentralregisters** (§§ 28 StVG ff) unterschiedlich sind. Damit das umfassende Vorhalte- und Verwertungsverbot des § 51 Abs 1 BZRG nicht eine nach den Regelungen des Verkehrszentralregisters zulässige Berücksichtigung verhindert, wurde durch § 52 Abs 2 BZRG eine entsprechende Ausnahme geschaffen. Das Gesetz beschränkt die Verwertbarkeit jedoch zeitlich dahingehend, dass sie nur möglich ist, solange die Verurteilungen nach den §§ 28 StVG ff für die genannten Verfahren sowie für die Eignungsprüfung zum Führen von Kraftfahrzeugen verwertet werden dürfen. Es dürfen ausschließlich Verurteilungen berücksichtigt werden, die auch im **Verkehrszentralregister einzutragen** waren. Unerheblich ist hingegen, ob sie tatsächlich eingetragen wurden (Rebmann/Uhlig BZRG § 52 Rn 17). 9

§ 52 Abs 2 BZRG bezieht sich ausschließlich auf die Erteilung und Entziehung der Fahrerlaubnis und damit in strafgerichtlichen Verfahren auf die Beurteilung der Eignung zum Führen von Kraftfahrzeugen, § 69 StGB. Eine darüber hinausgehende Verwertung getilgter oder tilgungsreifer Verurteilungen – insbesondere bei der Strafzumessung (BGH HFR 2000, 845; vgl § 51 BZRG Rn 24 mwN) und im Rahmen der Beweiswürdigung (OLG Frankfurt NZV 1997, 245; vgl § 51 BZRG Rn 33 mwN) – scheidet hingegen aus. 10

Die Ausnahme des § 52 Abs 2 BZRG gilt nicht, wenn eine Verurteilung im Zentralregister nach § 49 BZRG vorzeitig getilgt wurde, da gemäß § 29 Abs 3 Nr 1 StVG die Verurteilung dann auch im Verkehrszentralregister zu tilgen ist und das Verwertungsverbot des § 29 Abs 8 StVG eintritt (Hase BZRG § 52 Rn 6 aE). 11

Dritter Teil. Das Erziehungsregister (§§ 59-64) (Auszug)

§ 59 Führung des Erziehungsregisters

¹**Das Erziehungsregister wird von dem Bundeszentralregister geführt.** ²**Für das Erziehungsregister gelten die Vorschriften des Zweiten Teils, soweit die §§ 60 bis 64 nicht etwas anderes bestimmen.**

Überblick

Die Vorschrift bildet zusammen mit § 60 BZRG bis § 64 BZRG die **Rechtsgrundlage** für die Führung des **Erziehungsregisters** (Rn 1 f). Sie regelt zum einen die Führung des Erziehungsregisters, § 59 S 1 BZRG (Rn 3) und bestimmt zum anderen die anwendbaren Vorschriften, § 59 S 2 BZRG (Rn 4).

A. Allgemeines zum Erziehungsregister

1 Das **Erziehungsregister** ist ein **rechtlich selbständiges Register,** das organisatorisch gemeinsam mit dem Zentralregister geführt wird. Da das **Jugendstrafrecht** in stärkerem Maße als das Erwachsenenstrafrecht vom **Erziehungsgedanken** beherrscht ist, muss die soziale Wiedereingliederung von jugendlichen und heranwachsenden Straftätern durch eine günstigere registerrechtliche Behandlung nachhaltiger gefördert werden als bei Erwachsenen. Das Erziehungsregister soll deshalb einerseits der Vorbereitung von Erziehungsentscheidungen dienen, indem es einen Überblick über die Entwicklung des Jugendlichen oder Heranwachsenden gibt. Andererseits sollen die Jugendlichen oder Heranwachsenden durch etwaige Eintragungen aber nicht mehr als erforderlich mit einem Strafmakel belegt werden. Deshalb werden nicht alle gegen einen Jugendlichen und Heranwachsenden ergangenen Entscheidungen im Zentralregister erfasst, sondern lediglich schwerere Straftaten, während geringfügigere Verfehlungen im Erziehungsregister eingetragen werden, vgl § 60 Abs 1 BZRG (vgl § 60 BZRG Rn 2 ff; BT-Drs 6/477, 25 f).

2 Eintragungen im Zentralregister und solche im Erziehungsregister werden nur zum Teil **unterschiedlich** behandelt. Dies gilt für den Umfang der Eintragungen, § 60 BZRG, den im Hinblick auf das Erziehungsregister sehr eng begrenzten Kreis der Auskunftsberechtigten, § 61 BZRG, für die Entfernung der Eintragungen, § 63 BZRG, sowie für das Verschweigerecht, § 64 BZRG (vgl Rn 4; vgl auch Rebmann/Uhlig BZRG Vor § 59 Rn 4, § 59 Rn 4).

B. Führung des Erziehungsregisters

3 Das Erziehungsregister wird nach § 59 S 1 BZRG von dem Bundeszentralregister geführt. Registerbehörde ist damit ebenfalls das **Bundesamt für Justiz** mit Sitz in Bonn, § 1 Abs 1 BZRG. Das rechtlich selbständige Erziehungsregister stellt einen gesonderten Teil des Bundeszentralregisters dar.

C. Regelungen des Erziehungsregisters

4 Gemäß § 59 S 2 BZRG gelten die Regelungen über das Zentralregister grundsätzlich auch für das Erziehungsregister. Um dem Zweck (vgl Rn 1) des Erziehungsregisters gerecht zu werden, enthalten jedoch die § 60 BZRG bis § 64 BZRG abweichende Sonderregelungen (vgl Rn 2).

§ 60 Eintragungen in das Erziehungsregister

(1) In das Erziehungsregister werden die folgenden Entscheidungen und Anordnungen eingetragen, soweit sie nicht nach § 5 Abs 2 in das Zentralregister einzutragen sind:

1. die Anordnung von Maßnahmen nach § 3 Satz 2 des Jugendgerichtsgesetzes,

2. die Anordnung von Erziehungsmaßregeln oder Zuchtmitteln (§§ 9 bis 16, 112a Nr. 2 des Jugendgerichtsgesetzes), Nebenstrafen oder Nebenfolgen (§ 8 Abs. 3, § 76 des Jugendgerichtsgesetzes) allein oder in Verbindung miteinander,

3. der Schuldspruch, der nach § 13 Abs. 2 Satz 2 Nr. 2 aus dem Zentralregister entfernt worden ist,

4. Entscheidungen, in denen der Richter die Auswahl und Anordnung von Erziehungsmaßregeln dem Familiengericht überläßt (§§ 53, 104 Abs. 4 des Jugendgerichtsgesetzes),

5. Anordnungen des Familiengerichts, die auf Grund einer Entscheidung nach Nummer 4 ergehen,

6. der Freispruch wegen mangelnder Reife und die Einstellung des Verfahrens aus diesem Grunde (§ 3 Satz 1 des Jugendgerichtsgesetzes),

7. das Absehen von der Verfolgung nach § 45 des Jugendgerichtsgesetzes und die Einstellung des Verfahrens nach § 47 des Jugendgerichtsgesetzes,

Bundeszentralregistergesetz (Auszug) § 60 BZRG

8. *(aufgehoben)*
9. vorläufige und endgültige Entscheidungen des Familiengerichts nach § 1666 Abs 1 und § 1666a des Bürgerlichen Gesetzbuchs sowie Entscheidungen des Familiengerichts nach § 1837 Abs 4 in Verbindung mit § 1666 Abs. 1 und § 1666a des Bürgerlichen Gesetzbuchs, welche die Sorge für die Person des Minderjährigen betreffen; ferner die Entscheidungen, durch welche die vorgenannten Entscheidungen aufgehoben oder geändert werden.

(2) In den Fällen des Absatzes 1 Nr. 7 ist zugleich die vom Richter nach § 45 Abs. 3 oder § 47 Abs. 1 Satz 1 Nr. 3 des Jugendgerichtsgesetzes getroffene Maßnahme einzutragen.

Überblick

Die Vorschrift bestimmt, welche **Anordnungen** und **Entscheidungen,** die gegenüber **Jugendlichen oder Heranwachsenden** ergehen, in das **Erziehungsregister** – und nicht in das Bundeszentralregister – einzutragen sind.

Übersicht

	Rn		Rn
A. Regelungsgegenstand	1	V. Freispruch und Verfahrenseinstellung wegen mangelnder Reife	10
B. Eintragungspflichtige Entscheidungen nach § 60 Abs 1 BZRG	2	VI. Absehen von Verfolgung und Einstellung des Verfahrens	11
I. Maßnahmen nach § 3 S 2 JGG	3	VII. Entscheidungen des Familiengerichts.	12
II. Entscheidungen iSd § 60 Abs 1 Nr 2 BZRG	5	C. Einbeziehung einer erziehungsregisterpflichtigen Entscheidung	13
III. Entfernung des Schuldspruchs nach § 13 Abs 2 S 2 Nr 2 BZRG	8	D. Einbeziehung einer zentralregisterpflichtigen Entscheidung	16
IV. Überweisung an das Familiengericht	9		

A. Regelungsgegenstand

§ 60 BZRG gilt ausschließlich für Entscheidungen **deutscher** Staatsanwaltschaften oder Jugendgerichte sowie Familiengerichte. Die Eintragungsfähigkeit und Eintragungspflicht ausländischer Entscheidungen richtet sich hingegen nach den Sonderregelungen der § 54 BZRG bis § 58 BZRG. 1

B. Eintragungspflichtige Entscheidungen nach § 60 Abs 1 BZRG

Gemäß § 60 Abs 1 BZRG ist zunächst stets zu prüfen, ob eine Entscheidung nach § 5 Abs 2 BZRG in das Zentralregister einzutragen ist. Nur wenn das nicht der Fall ist, kommt eine Eintragung im **Erziehungsregister** in Betracht. Das **Alter** des jeweils Betroffenen ist insofern unerheblich, als sowohl Entscheidungen ergehen können, die Kinder betreffen (vgl § 60 Abs 1 Nr 9 BZRG), als auch solche gegen Erwachsene, die über 21 Jahre alt sind, wenn gegen sie eine Sanktion nach Jugendstrafrecht verhängt wurde (vgl § 1 Abs 2 JGG). Vorbehaltlich der Eintragungspflicht nach § 5 Abs 2 BZRG sind folgende Entscheidungen in das Erziehungsregister einzutragen: 2

I. Maßnahmen nach § 3 S 2 JGG

§ 60 Abs 1 **Nr 1** BZRG sieht die Eintragung der Anordnung von Maßnahmen nach § 3 S 2 JGG vor. Dabei handelt es sich um **Erziehungsmaßnahmen,** die sowohl das Familien- als auch das Jugendgericht anordnen kann, wenn der Jugendliche **mangels Reife** strafrechtlich nicht verantwortlich ist. 3

Bei den in Betracht kommenden Maßnahmen handelt es sich um solche nach § 1666 Abs 1 BGB, § 1666a BGB, § 1838 BGB, § 30 SGB VIII oder § 34 SGB VIII – nicht jedoch 4

Bücherl 2163

um die im JGG vorgesehenen Erziehungsmaßregeln (vgl § 60 Abs 1 Nr 2 BZRG). Die Einstellung des Verfahrens oder der Freispruch mangels Reife (vgl § 3 S 1 JGG, § 47 Abs 1 Nr 4 JGG) werden hingegen gemäß § 60 Abs 1 Nr 6 BZRG in das Erziehungsregister eingetragen.

II. Entscheidungen iSd § 60 Abs 1 Nr 2 BZRG

5   Gemäß § 60 Abs 1 Nr 2 BZRG sind Anordnungen von **Erziehungsmaßregeln** (Erteilungen von Weisungen und Hilfen zur Erziehung) nach § 9 JGG bis § 12 JGG, § 112a Nr 2 JGG oder **Zuchtmitteln** (Verwarnung, Erteilung von Auflagen, Jugendarrest) nach § 13 JGG bis § 16 JGG, **Nebenstrafen** (Fahrverbot) oder **Nebenfolgen** (zB Einziehung, Verfall) gemäß § 8 Abs 3 JGG, § 76 JGG in das Erziehungsregister einzutragen. Voraussetzung für die Eintragungspflicht ist jedoch, dass sie **allein** oder **in Verbindung miteinander** ausgesprochen worden sind.

6   Sind die genannten Maßnahmen oder Anordnungen hingegen mit einem **Schuldspruch nach § 27 JGG,** einer Verurteilung zu **Jugendstrafe** oder der Anordnung einer **Maßregel der Besserung und Sicherung** verbunden, so erfolgt eine Eintragung in das Zentralregister, § 5 Abs 2 BZRG. Wird in diesem Fall der Schuldspruch nach § 30 Abs 2 JGG wegen guter Führung getilgt und die Eintragung aus dem Bundeszentralregister entfernt, § 13 Abs 2 S 2 Nr 1 BZRG, werden die verbleibenden Nebenstrafen und Nebenfolgen, die eine eigene Sanktionswirkung entfalten, in das Erziehungsregister eingetragen, § 60 Abs 1 Nr 3 BZRG (Rn 8).

7   Die Eintragungspflicht des § 60 Abs 1 Nr 2 BZRG erfasst nach dem eindeutigen Wortlaut der Vorschrift auch den **Ungehorsamsarrest** nach § 11 Abs 3 JGG. Die Verhängung des Ungehorsamsarrestes nach § 98 Abs 2 OWiG wird hingegen nicht eingetragen. Dies rechtfertigt sich daraus, dass eine Zuwiderhandlung gegen Vorschriften des Ordnungswidrigkeitsrechts weder bei Erwachsenen noch bei Jugendlichen und Heranwachsenden eintragungspflichtig ist (Rebmann/Uhlig BZRG § 60 Rn 7).

III. Entfernung des Schuldspruchs nach § 13 Abs 2 S 2 Nr 2 BZRG

8   Wird ein **Schuldspruch nach § 27 JGG** gem § 31 Abs 2 JGG, § 66 JGG in eine Entscheidung **einbezogen,** die in das Erziehungsregister einzutragen ist (zB in eine **einheitliche** Erziehungsmaßregel oder in ein Zuchtmittel – vgl Rn 5), so ist der Schuldspruch aus dem Bundeszentralregister zu entfernen, § 13 Abs 2 S 2 Nr 2 BZRG. Nach § 60 Abs 1 **Nr 3** BZRG ist die einheitliche Anordnung nunmehr in das Erziehungsregister einzutragen. Zur Frage der Eintragung im Zentralregister und/oder im Erziehungsregister bei Einbeziehung einer erziehungsregisterpflichtigen Entscheidung sowie einer registerpflichtigen Entscheidung siehe unten Rn 13 ff.

IV. Überweisung an das Familiengericht

9   Nach § 53 JGG, § 104 Abs 4 JGG kann das Jugendgericht im Urteil dem Familiengericht die **Auswahl oder Anordnung** von Erziehungsmaßregeln (die im JGG vorgesehen sind) **überlassen,** wenn es nicht auf Jugendstrafe erkennt. Das Familiengericht muss dann eine **Erziehungsmaßregel** anordnen, soweit sich nicht die Umstände, die für das Urteil maßgebend waren, verändert haben. Die Entscheidung des Jugendgerichts, in der die Auswahl und Anordnung dem Familiengericht überlassen wird, ist nach § 60 Abs 1 **Nr 4** BZRG in das Erziehungsregister einzutragen. Die darauf beruhende Anordnung des Familiengerichts selbst unterliegt der Eintragungspflicht nach § 60 Abs 1 **Nr 5** BZRG.

V. Freispruch und Verfahrenseinstellung wegen mangelnder Reife

10   Gemäß § 60 Abs 1 **Nr 6** BZRG sind der **Freispruch** und die **Einstellung** des Verfahrens wegen **mangelnder Reife** iSd § 3 S 1 JGG in das Erziehungsregister einzutragen. Bei Schuldunfähigkeit eines Jugendlichen nach § 20 StGB erfolgt hingegen eine Eintragung im Bundeszentralregister, § 11 Abs 1 S 1 Nr 1 BZRG.

VI. Absehen von Verfolgung und Einstellung des Verfahrens

§ 60 Abs 1 **Nr 7** BZRG bestimmt, dass **Entscheidungen der Staatsanwaltschaft** nach 11
§ 45 JGG, durch die von der Verfolgung abgesehen wird (vgl BGHR BZRG § 60 Erziehungsregister 1), und **Verfahrenseinstellung** durch das Gericht gemäß **§ 47 JGG** in das Erziehungsregister einzutragen sind. Darüber hinaus sieht § 60 Abs 2 BZRG die Eintragung der vom Gericht nach § 45 Abs 3 JGG oder nach § 47 Abs 1 S 1 Nr 3 JGG **getroffenen Maßnahmen** im Erziehungsregister vor. Dies rechtfertigt sich aus dem im Jugendstrafrecht vorherrschenden Erziehungsgedanken und der sich daraus ergebenden Notwendigkeit der Kenntnis von Einstellungsentscheidungen für eine umfassende Beurteilung der Persönlichkeit der Jugendlichen und Heranwachsenden (vgl BT-Drs 6/477, 26).

VII. Entscheidungen des Familiengerichts

Nach § 60 Abs 1 **Nr 9** BZRG sind sämtliche **Sorgerechtsentscheidungen** des Famili- 12
engerichts nach § 1666 Abs 1 BGB, § 1666a BGB ggf iVm § 1837 Abs 4 BGB sowie alle **Änderungen** oder die **Aufhebung** dieser Entscheidungen in das Erziehungsregister einzutragen. Diese Eintragungspflicht, die kein strafbares Handeln voraussetzt, ist notwendig, da eine umfassende Beurteilung der Persönlichkeit eines Jugendlichen oder Heranwachsenden nur in Kenntnis bisher aufgetretener familiärer und erzieherischer Schwierigkeiten und der bislang unternommenen Maßnahmen möglich ist (vgl BT-Drs 6/477, 26).

C. Einbeziehung einer erziehungsregisterpflichtigen Entscheidung

Wird eine **erziehungsregisterpflichtige** Entscheidung oder Anordnung in eine Ent- 13
scheidung einbezogen, die in das Zentralregister einzutragen ist, so bleibt die einbezogene Entscheidung im Erziehungsregister eingetragen. In der Eintragung im Zentralregister über die einbeziehende Entscheidung wird die einbezogene Entscheidung als **„einbezogene nicht zentralregisterpflichtige Entscheidung"** gekennzeichnet (Rebmann/Uhlig BZRG § 59 Rn 6).

Die einbezogene Entscheidung ist in ihrem Bestand **unabhängig** von der einbeziehenden 14
Entscheidung. Ihre **Entfernung** aus dem Erziehungsregister richtet sich ausschließlich nach § 63 BZRG – auch wenn die einbeziehende Entscheidung bereits im Zentralregister getilgt oder entfernt ist. Ist für die einbezogene Entscheidung der in § 63 Abs 1 BZRG festgelegte Zeitpunkt eingetreten, bevor die im Zentralregister eingetragene einbeziehende Entscheidung tilgungsreif ist, ist § 63 Abs 2 BZRG (§ 63 BZRG Rn 4 ff) zu beachten (vgl Rebmann/Uhlig BZRG § 59 Rn 8).

Werden einzelne **Erziehungsmaßregeln** oder **Zuchtmittel** einer einbezogenen Ent- 15
scheidung ganz oder teilweise **aufrechterhalten,** so sind sie als Bestandteil der einbeziehenden Entscheidung in das Zentralregister einzutragen (Rebmann/Uhlig BZRG § 59 Rn 7).

D. Einbeziehung einer zentralregisterpflichtigen Entscheidung

Wird in eine im Erziehungsregister eingetragene Entscheidung oder Anordnung eine 16
zentralregisterpflichtige Entscheidung **einbezogen,** so wird die einbezogene Entscheidung aus dem Zentralregister entfernt und in das Erziehungsregister eingetragen. Die einbezogene Entscheidung wird in der Eintragung über die einbeziehende Entscheidung im Erziehungsregister als **„einbezogene"** Entscheidung **gekennzeichnet** (Rebmann/Uhlig BZRG § 59 Rn 9).

Einbeziehende und einbezogene Entscheidung bilden eine **Einheit;** letztere verliert ihre 17
rechtliche Selbständigkeit. Beide Entscheidungen werden nach dem Grundsatz der Einheitlichkeit des Registers zusammengehörend aus dem Erziehungsregister unter den Voraussetzungen des § 63 Abs 1 BZRG (§ 63 BZRG Rn 1 ff) entfernt (Rebmann/Uhlig BZRG § 59 Rn 10 f).

Wird bei Einbeziehung einer im Zentralregister eingetragenen Entscheidung die **neben** 18
einer Hauptstrafe angeordnete **Maßregel der Besserung und Sicherung** aufrechterhalten oder ist in der einbeziehenden Entscheidung neben der Hauptstrafe ebenfalls eine Maßregel

der Besserung und Sicherung angeordnet, so ist auch die einbeziehende Entscheidung in das Zentralregister einzutragen, § 4 Nr 2 BZRG, § 5 Abs 2 BZRG (vgl Rebmann/Uhlig BZRG § 59 Rn 12).

§ 61 Auskunft aus dem Erziehungsregister

(1) Eintragungen im Erziehungsregister dürfen – unbeschadet der §§ 42 a, 42 c – nur mitgeteilt werden

1. den Strafgerichten und Staatsanwaltschaften für Zwecke der Rechtspflege sowie den Justizvollzugsbehörden für Zwecke des Strafvollzugs einschließlich der Überprüfung aller im Strafvollzug tätigen Personen,

2. den Familiengerichten für Verfahren, welche die Sorge für die Person des im Register Geführten betreffen,

3. den Jugendämtern und den Landesjugendämtern für die Wahrnehmung von Erziehungsaufgaben der Jugendhilfe,

4. den Gnadenbehörden für Gnadensachen,

5. den für waffen- und sprengstoffrechtliche Erlaubnisse zuständigen Behörden mit der Maßgabe, dass nur Entscheidungen und Anordnungen nach § 60 Abs. 1 Nr. 1 bis 7 mitgeteilt werden dürfen.

(2) Soweit Behörden sowohl aus dem Zentralregister als auch aus dem Erziehungsregister Auskunft zu erteilen ist, werden auf ein Ersuchen um Auskunft aus dem Zentralregister (§ 41 Abs. 4) auch die in das Erziehungsregister aufgenommenen Eintragungen mitgeteilt.

(3) Auskünfte aus dem Erziehungsregister dürfen nicht an andere als die in Absatz 1 genannten Behörden weitergeleitet werden.

Überblick

Die Vorschrift legt **abschließend** den eng begrenzten Kreis der **auskunftsberechtigten** Gerichte und Behörden (Rn 1 ff) sowie den **Umfang** (Rn 10 ff) der aus dem Erziehungsregister zu erteilenden Auskunft fest. Sie lässt Auskünfte aus dem Erziehungsregister nur für **genau bestimmte Zwecke** zu. Dies ist angesichts der hochsensiblen Daten des Erziehungsregisters erforderlich, deren Eintragung nicht zwangsläufig eine Straffälligkeit, Verwahrlosung oder Gefährdung der Betroffenen voraussetzt. Mit § 61 BZRG wurden deshalb Vorkehrungen getroffen, um nachteilige Wirkungen aufgrund der Eintragungen im Erziehungsregister möglichst zu vermeiden, indem sie nur den sachkundigen Stellen für Belange, die im Interesse des Jugendlichen oder Heranwachsenden liegen, zugänglich gemacht werden (vgl Götz/Tolzmann 4. Aufl 2000, BZRG § 61 Rn 4). Aufgrund dieser Sonderregelung sind die Normen des Zweites Teils des BZRG insofern **nicht** – auch nicht entsprechend – anzuwenden (BT-Drs 6/1550, 24).

A. Auskunftsberechtigte Stellen gemäß § 61 Abs 1 BZRG

1   Gemäß § 61 Abs 1 **Nr 1** BZRG dürfen den **Strafgerichten** und den **Staatsanwaltschaften** für Zwecke der **Rechtspflege** Auskünfte aus dem Erziehungsregister erteilt werden. Darüber hinaus sind **Justizvollzugsbehörden** zum Zwecke des **Strafvollzugs** einschließlich der Überprüfung aller im Strafvollzug **tätigen** Personen auskunftsberechtigt. Hinsichtlich der Gerichte ist die Auskunftsberechtigung damit auf die **Strafgerichte** beschränkt (im Gegensatz zu § 41 Abs 1 BZRG, der allen staatlichen Gerichten Auskunft zubilligt – vgl Hase BZRG § 61 Rn 2). Zum Begriff der Rechtspflege vgl die Ausführungen bei Rebmann/Uhlig BZRG § 41 Rn 20 ff und Rn 39 ff.

2   **Keine** Auskunft erhalten hingegen der **Bundesdisziplinaranwalt**, der **Bundeswehrdisziplinaranwalt** sowie die **Wehrdisziplinaranwälte**. § 19 der 1. BZRVwV in der bis zum 31. 12. 2008 geltenden Fassung verwies ausschließlich auf das Auskunftsrecht des § 41

Abs 1 Nr 1 BZRG. Eine Erstreckung auf die abschließende Regelung des § 61 BZRG verbietet sich.

Familiengerichte erhalten nach § 61 Abs 1 **Nr 2** BZRG aus dem Erziehungsregister lediglich Auskunft für Verfahren, welche die **Sorge für die Person** des im Register Geführten betreffen. Über andere Personen als den Jugendlichen oder Heranwachsenden selbst – etwa über (mögliche Adoptiv-) Eltern oder über den Vormund – sowie für andere Angelegenheiten (zB Vermögenssorge) kann ihnen keine Auskunft erteilt werden. Hinsichtlich anderer Personen besteht lediglich die Möglichkeit eine unbeschränkte Auskunft nach § 41 Abs 1 Nr 1 BZRG einzuholen oder sich ein Führungszeugnis nach § 30 BZRG vorlegen zu lassen.

Jugendämtern und **Landesjugendämtern** steht ein Recht auf Auskunft aus dem Erziehungsregister nur für die Wahrnehmung von **Erziehungsaufgaben der Jugendhilfe** zu, § 61 Abs 1 Nr 3 BZRG. Die Erziehungsaufgaben nach dem SGB VIII beziehen sich vorrangig auf Minderjährige, allerdings können sie auch Maßnahmen für Personen erfassen, die älter als 18 Jahre sind (zB die in § 41 SGB VIII vorgesehene Hilfe für junge Volljährige). Auch hier darf sich die Auskunft wiederum nur auf den Jugendlichen oder Heranwachsenden beziehen, dem gegenüber das (Landes-) Jugendamt die Erziehungsaufgabe wahrnimmt. Im Übrigen können sich die Jugendämter Behördenführungszeugnisse nach § 30 BZRG vorlegen lassen (vgl Rn 3).

Gemäß § 61 Abs 1 **Nr 4** BZRG werden **Gnadenbehörden** Eintragungen aus dem Erziehungsregister für **Gnadenentscheidungen** mitgeteilt. Gnadenbehörden im Sinne dieser Vorschrift können Gerichte, Staatsanwaltschaften, gemäß § 22 Abs 1 der 1. BZRVwV in der bis zum 31. 12. 2008 geltenden Fassung die Justizbehörde Hamburg, der/die Bundesminister(in) der Justiz sowie die Justizministerien der Ländern sein (allerdings nach § 22 Abs 2 der 1. BZRVwV in der bis zum 31. 12. 2008 geltenden Fassung **nicht** die Gnadenbehörden in **Bußgeldsachen**).

Schließlich räumt § 61 Abs 1 Nr 5 BZRG den für **waffen- und sprengstoffrechtliche Erlaubnisse** zuständigen Behörden ein Auskunftsrecht ein. Es dürfen jedoch nur Entscheidungen und Auskünfte nach § 60 Abs 1 Nr 1 bis 7 BZRG mitgeteilt werden, also nicht Eintragungen nach § 60 Abs 1 Nr 9 BZRG, die Sorgerechtsentscheidungen betreffen. Dadurch wird ermöglicht, dass alle relevanten Eintragungen im Erziehungsregister bei der Prüfung der persönlichen Eignung und Zuverlässigkeit für den Besitz und den Umgang mit Waffen und explosionsgefährlichen Stoffen (vgl § 6 WaffG, § 8a SprenG, § 8b SprengG) durch die zuständigen Behörden berücksichtigt werden können.

B. Sonstige auskunftsberechtigte Personen und Behörden

Dem Betroffenen selbst und seinem gesetzlichen Vertreter steht ein Recht auf **(Selbst-) Auskunft** aus dem Erziehungsregister nach § 42 BZRG iVm § 59 BZRG zu. Zwar verweist § 61 BZRG nicht ausdrücklich auf § 42 BZRG – sondern lediglich auf § 42a BZRG und § 42c BZRG. Dies ist wegen der allgemeinen Verweisung in § 59 BZRG auf die Vorschriften des Zweiten Teils des BZRG (vgl § 59 BZRG Rn 4) aber entbehrlich, da eine § 42 BZRG entgegenstehende Vorschrift im Dritten Teil des BZRG nicht enthalten ist. § 42 BZRG gilt damit auch für Selbstauskünfte aus dem Erziehungsregister (vgl auch Rebmann/Uhlig § 61 BZRG Rn 21).

> Ist ein Erziehungsberechtigter hingegen nicht der gesetzliche Vertreter des Jugendlichen, so steht ihm **kein** Recht auf Auskunft aus dem Erziehungsregister zu. Im Hinblick auf die sich aus dem JGG ergebenden Mitteilungspflichten ist dies aber auch nicht erforderlich (vgl BT-Drs 6/1550, 815).

Oberste Bundes- und Landesbehörden bekommen **keine** Auskunft aus dem Erziehungsregister. Eine, der Vorschrift des § 41 Abs 1 Nr 2 BZRG entsprechende Regelung fehlt in § 61 BZRG. Eine Anwendung von § 41 Abs 1 Nr 2 BZRG über § 59 BZRG scheidet aus, da § 61 BZRG Sonderregelungen für die Auskunft an Dritte aus dem Erziehungsregister enthält. Nur wenn oberste Bundes- oder Landesbehörden als **Gnadenbehörden** tätig werden, ist ihnen für das Gnadenverfahren gemäß § 61 Abs 1 Nr 4 BZRG Auskunft aus dem Erziehungsregister zu erteilen (vgl Rn 5).

9   **Ausländische** Stellen erhalten gemäß § 57 Abs 1 BZRG iVm § 59 BZRG nach den hierfür geltenden völkerrechtlichen Verträgen Auskunft aus dem Erziehungsregister. Fehlt eine solche zwischenstaatliche Vereinbarung, kann das Bundesministerium der Justiz den ausländischen Stellen nach § 57 Abs 2 BZRG iVm § 59 BZRG für die gleichen Zwecke und in dem gleichem Umfang Auskunft erteilen wie vergleichbaren deutschen Stellen (vgl Götz/Tolzmann 4. Aufl 2000, BZRG § 61 Rn 13; **aA** Rebmann/Uhlig BZRG § 61 Rn 11).

C. Umfang der Auskunftserteilung, § 61 Abs 2 BZRG

10   Nach § 61 Abs 2 BZRG werden Behörden, denen sowohl **unbeschränkte** Auskunft aus dem Zentralregister (§ 41 Abs 1 BZRG) als auch **Auskunft aus dem Erziehungsregister** (§ 61 Abs 1 BZRG) zusteht, auf ein Ersuchen um Auskunft aus dem Zentralregister auch die im Erziehungsregister enthaltenen Eintragungen mitgeteilt, sofern die **Zweckangabe** dies rechtfertigt. Zur Überprüfung der Auskunftsberechtigung hat die ersuchende Behörde deshalb den Zweck anzugeben, auf den sich das Auskunftsverlangen stützt. Eines gesonderten Antrags bedarf es insofern aus Gründen der Verwaltungsvereinfachung nicht. Die Behörden können ihr Ersuchen aber dahingehend beschränken, dass sie **nur** Auskunft aus dem Zentralregister erhalten wollen. Eine Auskunft aus dem Erziehungsregister unterbleibt dann.

11   **Suchvermerke**, die in dem in § 62 BZRG bestimmten Umfang im Erziehungsregister niedergelegt sind (vgl § 62 BZRG Rn 1), werden – anders als bei der unbeschränkten Auskunft aus dem Zentralregister nach § 41 Abs 1 BZRG – in die Auskunft aus dem Erziehungsregister **nicht** aufgenommen (vgl § 62 BZRG Rn 2). Dies gebietet bereits der Wortlaut des § 61 Abs 2 BZRG, der – im Gegensatz zu § 41 Abs 1 BZRG – Suchvermerke nicht ausdrücklich anführt. Zudem rechtfertigt sich diese Auskunftspraxis aus Sinn und Zweck der im Erziehungsregister niedergelegten Suchvermerke: Die Niederlegung im Erziehungsregister erfolgt allein dazu, um Hinweise auf den Verbleib des Gesuchten durch die Registerbehörde zu erhalten, § 28 BZRG (Götz/Tolzmann 4. Aufl 2000, BZRG § 61 Rn 16).

12   In die Auskunft aus dem Erziehungsregister werden Eintragungen auch aufgenommen, wenn bei ihnen die Wiederaufnahme des Verfahrens vermerkt ist, da das Gesetz keine dem § 32 Abs 2 Nr 9 BZRG entsprechende Vorschrift enthält (Götz/Tolzmann 4. Aufl 2000, BZRG § 61 Rn 16).

D. Weiterleiten von Registerauskünften, § 61 Abs 3 BZRG

13   Nach § 61 Abs 3 BZRG dürfen Auskünfte aus dem Erziehungsregister **nicht** an andere als die in § 61 Abs 1 BZRG genannten Behörden **weitergeleitet** werden. Dieses **grundsätzliche Weiterleitungsverbot** erstreckt sich auch auf die Weitergabe der den Eintragungen zugrunde liegenden Sachverhalte (etwa durch Aktenübersendung – vgl BT-Drs 6/1550, 24). Anderseits ist es nicht durchweg verboten, die durch Auskunft aus dem Erziehungsregister gegenüber Nicht-Auskunftsberechtigten erlangten Erkenntnisse zu verwenden. Im Gegenteil ist die Verwertung gewonnener Erkenntnisse oftmals sachlich geboten (zB bei der Einweisung von Bewährungshelfern oder des Vormunds oder auch aus den in § 43 BZRG genannten Gründen – vgl BT-Drs 6/1550, 24; vgl auch OLG Karlsruhe MDR 1993, 1229; VGH Mannheim DVBl 2003, 83). Insofern wäre eine der Vorschrift des § 43 BZRG entsprechende Regelung angezeigt, die die Voraussetzungen der zulässigen Weitergabe eindeutig regelt (vgl Rebmann/Uhlig BZRG § 61 Rn 19).

13.1   Zum berechtigten Interesse an der Feststellung der Rechtswidrigkeit einer gewährten Behördeneinsicht in Akten des Jugendgerichts vgl OLG Karlsruhe MDR 1993, 1229.

§ 62 Suchvermerke

Im Erziehungsregister können Suchvermerke unter den Voraussetzungen des § 27 nur von den Behörden niedergelegt werden, denen Auskunft aus dem Erziehungsregister erteilt wird.

Bundeszentralregistergesetz (Auszug) § 63 BZRG

Die Vorschrift ergänzt die Regelung des § 27 BZRG und bestimmt, unter welchen 1
Voraussetzungen Suchvermerke auch im Erziehungsregister niedergelegt werden können.
Suchvermerke können im Erziehungsregister nur **eingeschränkt** niedergelegt werden.
Die **Berechtigung zur Niederlegung** ist auf diejenigen Behörden begrenzt, denen gemäß
§ 61 BZRG (§ 61 BZRG Rn 1 ff) ein Recht auf Auskunft aus dem Erziehungsregister
zusteht. Die Niederlegung von Suchvermerken im Erziehungsregister ist **zusätzlich** zur
Niederlegung im Zentralregister vorgesehen. Für das **Verfahren** der Registerbehörde gelten
§ 27 BZRG bis § 29 BZRG iVm § 59 S 2 BZRG (vgl Rebmann/Uhlig BZRG § 62
Rn 1).

Hinweise durch die Registerbehörde über den Verbleib des Gesuchten nach § 28 BZRG 2
erhalten nur diejenigen Behörden, denen nach § 61 BZRG Auskunft aus dem Erziehungsregister erteilt werden darf. In die Auskunft aus dem Erziehungsregister werden Suchvermerke nicht aufgenommen, da sie nicht im Katalog des § 60 BZRG enthalten und demzufolge keine Eintragungen iSd § 61 Abs 1 BZRG sind (Götz/Tolzmann 4. Aufl 2000,
BZRG § 62 Rn 3; vgl § 61 BZRG Rn 11).

§ 63 Entfernung von Eintragungen

**(1) Eintragungen im Erziehungsregister werden entfernt, sobald der Betroffene
das 24. Lebensjahr vollendet hat.**

**(2) Die Entfernung unterbleibt, solange im Zentralregister eine Verurteilung zu
Freiheitsstrafe, Strafarrest oder Jugendstrafe oder eine freiheitsentziehende Maßregel der Besserung und Sicherung eingetragen ist.**

(3) ¹**Die Registerbehörde kann auf Antrag oder von Amts wegen anordnen, daß
Eintragungen vorzeitig entfernt werden, wenn die Vollstreckung erledigt ist und
das öffentliche Interesse einer solchen Anordnung nicht entgegensteht.** ²**§ 49 Abs. 3
ist anzuwenden.**

(4) Die §§ 51, 52 gelten entsprechend.

Überblick

Die Vorschrift regelt die **Entfernung** von Eintragungen im Erziehungsregister. Sie knüpft
– anders als bei Eintragungen im Zentralregister – nicht an Fristen, sondern grundsätzlich an
das **Lebensalter** des Betroffenen an, § 63 Abs 1 BZRG (Rn 1). In § 63 Abs 2 BZRG ist
festgelegt, unter welchen Voraussetzungen die Entfernung einer Eintragung zu **unterbleiben** hat (Rn 4 ff). Die Anordnung der **vorzeitigen** Entfernung ist in § 63 Abs 3 BZRG
vorgesehen (Rn 8 ff). Aufgrund des Verweises in § 63 Abs 4 BZRG auf § 51 BZRG gilt das
umfassende **Vorhalte- und Verwertungsverbot** auch für Eintragungen, die aus dem
Erziehungsregister entfernt wurden (Rn 11 f).

A. Entfernung gemäß § 63 Abs 1 BZRG

Gemäß § 63 Abs 1 BZRG richtet sich die Entfernung von Eintragungen im Erziehungs- 1
register grundsätzlich nach dem **Alter** des Betroffenen. Die Eintragungen werden danach
entfernt, sobald das **24. Lebensjahr vollendet** ist. Dieser Zeitpunkt erklärt sich aus den
Regelungen des **Jugendstrafrechts**. Danach ist das Alter des Angeklagten zur Tatzeit und
nicht zum Zeitpunkt der Aburteilung maßgebend, § 1 Abs 2 JGG. Folglich können auch
über 21-jährige nach Jugendrecht verurteilt werden. Deshalb bestimmt § 63 Abs 1 BZRG,
das Eintragungen im Erziehungsregister nicht bereits mit Vollendung des 21. Lebensjahres,
sondern erst mit Ablauf des 24. Lebensjahres entfernt werden. Ist ein Betroffener zum Zeitpunkt der Verurteilung bereits älter als 24 Jahre, so darf die Entscheidung in das Erziehungsregister jedoch nur eingetragen werden, wenn die Voraussetzungen des § 63 Abs 2 BZRG
(Rn 4) vorliegen.

Gemäß § 59 S 2 BZRG gilt die **Überliegefrist** des § 45 Abs 2 BZRG auch für das 2
Erziehungsregister. Nach § 24 Abs 1 BZRG iVm § 59 S 2 BZRG sind Eintragungen im

BZRG § 63 Bundeszentralregistergesetz (Auszug)

Erziehungsregister erst ein Jahr nach Eingang der entsprechenden Mitteilung aus dem Register zu entfernen, wenn der Betroffene vor Vollendung des 24. Lebensjahres verstirbt.

3   Zu Unrecht aus dem Erziehungsregister entfernte Eintragungen können gemäß § 26 BZRG beziehungsweise § 50 BZRG iVm § 59 S 2 BZRG wieder in das Register aufgenommen werden (§ 50 BZRG Rn 1 ff).

B. Hemmung der Entfernung, § 63 Abs 2 BZRG

4   Die Entfernung von Eintragungen im Erziehungsregister **unterbleibt** nach § 63 Abs 2 BZRG, solange im **Zentralregister** eine **Verurteilung** zu **Freiheitsstrafe, Strafarrest** oder **Jugendstrafe** oder eine **freiheitsentziehende Maßnahme der Besserung und Sicherung eingetragen** ist. Jugendarrest nach § 16 JGG ist kein Strafarrest iSd § 63 Abs 2 BZRG. Eine auf Jugendarrest lautende Entscheidung ist nach § 4 Nr 1 BZRG nicht in das Zentralregister einzutragen (BGH StraFo 2004, 356).

5   Die Entfernung kann erst erfolgen, wenn für die Eintragung im Zentralregister Tilgungsreife eingetreten ist. Wurde eine **Verurteilung** iSd § 63 Abs 2 BZRG **vor** Vollendung des 24. Lebensjahres des Betroffenen **verkündet,** aber erst **nach** diesem Zeitpunkt in das Bundeszentralregister eingetragen, so wird die Eintragung im Erziehungsregister nicht entfernt. Denn es entspricht allgemeinen registerrechtlichen Grundsätzen, auch im Falle des § 63 Abs 2 BZRG nicht auf den Zeitpunkt der Rechtskraft, sondern auf den Zeitpunkt der strafgerichtlichen Verurteilung abzustellen. War der Betroffene demnach bereits vor seinem 24. Geburtstag zu einer Freiheitsstrafe verurteilt worden, kommt eine Entfernung der Eintragungen im Erziehungsregister demzufolge nicht in Betracht, auch wenn diese Verurteilung erst **nach** Vollendung seines 24. Lebensjahres rechtskräftig wurde (VGH Mannheim BeckRS 2009, 34640). Eine erst nach Vollendung des 24. Lebensjahres **verkündete** Verurteilung hindert hingegen die Entfernung der Eintragung aus dem Erziehungsregister nicht (Hase BZRG § 63 Rn 2; Götz/Tolzmann 4. Aufl 2000, BZRG § 63 Rn 9).

6   Bei Verurteilungen zu **lebenslanger Freiheitsstrafe** und bei Anordnung der **Sicherungsverwahrung** oder der **Unterbringung in einem psychiatrischen Krankenhaus** werden gemäß § 45 Abs 3 BZRG iVm § 59 S 2 BZRG auch die Eintragungen im Erziehungsregister **nicht** entfernt – es sei denn, es liegen die Voraussetzungen des § 24 BZRG vor.

7   Solange eine Eintragung im Erziehungsregister vorhanden ist, unterliegt sie auch der **Auskunft** nach § 61 BZRG. Ist jedoch die Verurteilung im Bundeszentralregister **tilgungsreif,** so darf auch über die Eintragung im Erziehungsregister während der Überliegefrist keine Auskunft erteilt werden, § 45 Abs 2 S 2 BZRG iVm § 59 S 2 BZRG, es sei denn der Betroffene hat das 24. Lebensjahr noch nicht vollendet (Rebmann/Uhlig BZRG § 63 Rn 6).

C. Anordnung der vorzeitigen Entfernung, § 63 Abs 3 BZRG

8   Dem Grundgedanken des § 49 BZRG entsprechend besteht nach § 63 Abs 3 S 1 BZRG die Möglichkeit, auf Antrag oder von Amts wegen die **vorzeitige Entfernung** einer Eintragung im Erziehungsregister anzuordnen, wenn die Vollstreckung erledigt ist und das öffentliche Interesse nicht entgegensteht. Die für die Entscheidung zuständige Registerbehörde hat – wie bei § 49 BZRG – das Interesse des Betroffenen an der Entfernung gegen das öffentliche Interesse an einer umfassenden und vollständigen Auskunftserteilung **abzuwägen** (vgl dazu die Ausführungen bei § 49 BZRG Rn 7 ff). Im Hinblick auf den stark eingeschränkten Kreis der Auskunftsberechtigten gemäß § 61 Abs 1 BZRG (vgl § 61 BZRG Rn 1 ff) ist die Anordnung nach § 63 Abs 3 BZRG nur in ganz seltenen **Ausnahmefällen** in Betracht zu ziehen (Hase BZRG § 63 Rn 3).

9   Die Anordnung der vorzeitigen Entfernung nach § 63 Abs 3 BZRG stellt einen begünstigenden **Justizverwaltungsakt** (und keine Gnadenentscheidung) dar. Gegen die **Ablehnung** der Anordnung der vorzeitigen Entfernung steht dem Betroffenen daher gemäß § 63 Abs 3 S 2 BZRG iVm § 49 Abs 3 BZRG das Rechtsmittel der **sofortigen Beschwerde** zu. Diese muss binnen **zwei Wochen** ab Bekanntgabe der Entscheidung bei der Registerbe-

hörde eingelegt werden. Darüber ist der Betroffene zu belehren, § 16 Abs 1 BZRGVwV. Hilft die Registerbehörde der Beschwerde nicht ab, so legt sie sie dem Bundesministerium der Justiz zur Entscheidung vor, § 63 Abs 3 S 2 BZRG iVm § 49 Abs 3 S 2 BZRG.

Gegen eine ablehnende Verbescheidung durch das Bundesministerium der Justiz kann der Betroffene **Antrag auf gerichtliche Entscheidung** gemäß §§ 23 EGGVG ff stellen. Zuständig hierfür ist das KG Berlin, § 25 Abs 1 S 2 EGGVG. Auf diese Möglichkeit ist der Betroffene hinzuweisen, § 20 BZRGVwV iVm § 16 Abs 2 BZRGVwV. Der Antrag muss innerhalb **eines Monats** nach Zustellung des Beschwerdebescheides gestellt werden, § 26 Abs 1 EGGVG. Binnen dieser Frist ist der Antrag auch zu begründen. 10

D. Verwertungsverbot, § 63 Abs 4 BZRG

Gemäß § 63 Abs 4 BZRG gilt das umfassende **Vorhalte- und Verwertungsverbot** des § 51 Abs 1 BZRG entsprechend auch für Eintragungen, die aus dem Erziehungsregister entfernt wurden (vgl § 51 BZRG Rn 5). Die Entfernung einer Eintragung aus dem Erziehungsregister entfaltet somit die materiell-rechtliche Wirkung, dass dem Betroffenen die Entscheidung und die ihr zugrunde liegende Tat nicht mehr vorgehalten und nicht mehr zu seinem Nachteil verwertet werden dürfen (BGHR BZRG § 63 Verwertung 1; BGH BeckRS 2000, 30119224; BeckRS 2009, 05408; zur Verwertung einer entfernungsreifen Verurteilung im Rahmen des § 81 g StPO: BVerfG BeckRS 2009, 32495). Das Vorhalte- und Verwertungsverbot gilt **umfassend** (vgl § 51 BZRG Rn 16 ff). Es greift daher **insbesondere** sowohl bei der **Strafzumessung** (BGH BeckRS 2000, 30119224; StraFo 2004, 356; BeckRS 2009, 05408; zur Strafrahmenwahl vgl BGHR BZRG § 63 Verwertung 1), bei **Entscheidungen nach §§ 56 StGB ff** (vgl etwa zur Feststellung der besonderen Schwere der Schuld nach § 57 a Abs 1 Nr 2 StGB: BGH NStZ-RR 2001, 237) als auch im Rahmen der **Beweiswürdigung** (BGH NJW 1990, 2264). 11

Die in § 51 Abs 2 BZRG (§ 51 BZRG Rn 41 ff) bestimmten Einschränkungen und die von § 52 BZRG (§ 52 BZRG Rn 2 ff) vorgesehenen Ausnahmen vom Vorhalte- und Verwertungsverbot sind ebenfalls entsprechend anzuwenden, § 63 Abs 4 BZRG. Für die **Offenbarungspflicht** des Betroffenen gilt hingegen die Sonderregelung des § 64 BZRG (vgl dazu Hase BZRG § 64 Rn 1 f). 12

Telekommunikationsgesetz (Auszug)

TKG

Teil 7. Fernmeldegeheimnis, Datenschutz, öffentliche Sicherheit (§§ 88-115) (Auszug)

Abschnitt 2. Datenschutz (§§ 91-107) (Auszug)

§ 96 Verkehrsdaten

(1) ¹Der Diensteanbieter darf folgende Verkehrsdaten erheben, soweit dies für die in diesem Abschnitt oder in § 2 oder § 4 des Zugangserschwerungsgesetzes genannten Zwecke erforderlich ist:

1. die Nummer oder Kennung der beteiligten Anschlüsse oder der Endeinrichtung, personenbezogene Berechtigungskennungen, bei Verwendung von Kundenkarten auch die Kartennummer, bei mobilen Anschlüssen auch die Standortdaten,

2. den Beginn und das Ende der jeweiligen Verbindung nach Datum und Uhrzeit und, soweit die Entgelte davon abhängen, die übermittelten Datenmengen,

3. den vom Nutzer in Anspruch genommenen Telekommunikationsdienst,

4. die Endpunkte von festgeschalteten Verbindungen, ihren Beginn und ihr Ende nach Datum und Uhrzeit und, soweit die Entgelte davon abhängen, die übermittelten Datenmengen,

5. sonstige zum Aufbau und zur Aufrechterhaltung der Telekommunikation sowie zur Entgeltabrechnung notwendige Verkehrsdaten.

²Diese Verkehrsdaten dürfen nur verwendet werden, soweit dies für die in Satz 1 genannten oder durch andere gesetzliche Vorschriften begründeten Zwecke oder zum Aufbau weiterer Verbindungen erforderlich ist. ³Im Übrigen sind Verkehrsdaten vom Diensteanbieter nach Beendigung der Verbindung unverzüglich zu löschen.

(2) Eine über Absatz 1 hinausgehende Erhebung oder Verwendung der Verkehrsdaten ist unzulässig.

(3) ¹Der Diensteanbieter darf teilnehmerbezogene Verkehrsdaten, die vom Anbieter eines Telekommunikationsdienstes für die Öffentlichkeit verwendet werden, zum Zwecke der Vermarktung von Telekommunikationsdiensten, zur bedarfsgerechten Gestaltung von Telekommunikationsdiensten oder zur Bereitstellung von Diensten mit Zusatznutzen im dazu erforderlichen Zeitraum nur verwenden, sofern der Betroffene in diese Verwendung eingewilligt hat. ²Die Daten der Angerufenen sind unverzüglich zu anonymisieren. ³Eine zielnummernbezogene Verwendung der Verkehrsdaten durch den Diensteanbieter zu den in Satz 1 genannten Zwecken ist nur mit Einwilligung der Angerufenen zulässig. ⁴Hierbei sind die Daten der Anrufenden unverzüglich zu anonymisieren.

(4) ¹Bei der Einholung der Einwilligung ist dem Teilnehmer mitzuteilen, welche Datenarten für die in Absatz 3 Satz 1 genannten Zwecke verarbeitet werden sollen und wie lange sie gespeichert werden sollen. ²Außerdem ist der Teilnehmer darauf hinzuweisen, dass er die Einwilligung jederzeit widerrufen kann.

Überblick

§ 96 TKG wurde durch Gesetz v 17. 2. 2010 (BGBl I 78) geändert.

Die Vorschrift regelt die Erhebung der in Abs 1 näher bestimmten Verkehrsdaten durch Diensteanbieter, welche im Wesentlichen für die in § 97 TKG näher definierten Zwecke der Entgeltermittlung und Entgeltabrechnung Verwendung finden können. Nur insoweit oder für die in § 99 TKG, § 100 TKG, § 101 TKG genannten Zwecke dürfen diese Daten über das Ende der Kommunikationsverbindung hinaus gespeichert werden, ansonsten sind diese zu löschen (Abs 2), wobei allerdings die hiervon unabhängige Vorratsdatenspeicherung nach § 113a TKG eine weitere, besonders geregelte Ausnahme darstellt. In gleicher Weise gilt dies nun auch für Anordnungen nach § 101 Abs 9 UrhG (vgl Rn 4). Im Übrigen darf eine Verwendung teilnehmerbezogener Verkehrsdaten zu Vermarktungszwecken oder zur bedarfsgerechten Gestaltung von Telekommunikationsdiensten oder Diensten mit Zusatznutzen nur erfolgen, sofern der Betroffene in eine solche Nutzung eingewilligt hat (Abs 3, Abs 4).

A. Allgemeines

Verkehrsdaten sind Daten, welche bei der Erbringung eines Telekommunikationsdienstes 1 erhoben, verarbeitet oder genutzt werden (§ 3 Nr 30 TKG). Der Begriff ist im Wesentlichen mit dem früheren Begriff der Verbindungsdaten gleich und betrifft die Daten einer Kommunikation – mit Ausnahme der Inhaltsdaten. Verkehrsdaten sind bspw Zeitpunkt und Dauer einer Kommunikation, Standort der jeweiligen Endgeräte, die Datenmenge einer Nachricht oder auch nur Namen und Kennungen der Teilnehmer.

Verkehrsdaten enthalten regelmäßig **personenbezogene Daten** der Teilnehmer iSv § 3 2 Abs 1 BDSG und stehen insoweit auch unter dem Schutz des BDSG. Dies gilt zwar auch für die ebenfalls betroffenen Vertrags- und Bestandsdaten; jedoch stehen Verkehrsdaten zusätzlich auch noch unter dem **Schutz des Fernmeldegeheimnisses** (Scheurle/Mayen/Büttgen TKG § 96 Rn 5).

B. Regelungsgehalt

I. Erhebung und Verwendung von Verkehrsdaten (Abs 1)

Verkehrsdaten dürfen von Diensteanbietern nur erhoben und verwendet werden, soweit 3 dies für die in Teil 7 Abschnitt 2 „Datenschutz" des TKG genannten Zwecke erforderlich ist. Hierbei handelt es sich in erster Linie um **Zwecke der Entgeltermittlung und Entgeltabrechnung** von Telekommunikationsverbindungen entspr § 97 TKG (vgl § 97 TKG Rn 1 ff). Ein weiterer notwendiger Anwendungsbereich betrifft die vom Anschlussinhaber gewünschte **Erteilung von Einzelverbindungsnachweisen (§ 99 TKG)**. Bei **Störungen** von Telekommunikationsanlagen (§ 100 Abs 1 TKG) oder dem Verdacht auf **Missbrauch** von Telekommunikationsdiensten (§ 100 Abs 3 TKG) dürfen in dem erforderlichen Umfang ebenfalls Verkehrsdaten erhoben und verwendet werden. Unter den Voraussetzungen des § 100 Abs 1 TKG wird auch die **Speicherung von IP-Adressen** bis zu einer Dauer von sieben Tagen nach Verbindungsende für zulässig erachtet (LG Darmstadt CR 2007, 574). Schließlich kommt bei dem **Eintreffen bedrohender oder belästigender Anrufe** an einem Anschluss die Erhebung und Verwendung von Verkehrsdaten insoweit in Betracht, als diese erforderlich sind, um auf Antrag des belästigten Nutzers Auskunft über die Inhaber der Anschlüsse zu erteilen, von welchen die Anrufe getätigt wurden (§ 101 TKG).

In **Urheberrechtsstreitigkeiten** stellt eine einstweilige Anordnung nach **§ 101 Abs 9** 4 **UrhG** über die **Erlaubnis nach § 96 Abs 1 TKG** hinaus eine datenschutzrechtlich hinreichende Erlaubnis iSd § 96 TKG dar, die entsprechenden Daten zu erheben, zu speichern und darüber auch dem Rechteinhaber Auskunft zu erteilen (OLG Köln MMR 2008, 820, 821, 822; OLG Frankfurt MMR 2009, 542). Dies betrifft vor allem Auskunftsverlangen nach Teilnehmern von sog Tauschbörsen im Internet, jedenfalls soweit deren Tätigkeit ein gewerbliches Ausmaß erreicht (vgl hierzu OLG Köln aaO). Dabei kann für die Anordnung dahinstehen, dass möglicherweise der Anschlussinhaber, dessen IP-Adresse Gegenstand der Speicherung und Auskunft ist, nicht mit dem Rechtsverletzer, der diesen Anschluss benutzt hat, identisch sein muss (OLG Köln aaO). Der Auskunftsanspruch aus § 101 Abs 9 UrhG richtet sich aber nur auf nach § 96 TKG gespeicherte Daten, nicht auf Daten, welche als sog Vorratsdaten nach § 113a TKG (vgl § 113a TKG Rn 2 ff) gespeichert sind (OLG Frankfurt MMR 2009, 542, 544).

Die nach dieser Vorschrift zu erhebenden Verkehrsdaten sind in Abs 1 Nr 1 bis Nr 5 5 aufgeführt, wobei der mit dieser Aufzählung erscheinende Eindruck der Vollständigkeit deswegen täuscht, weil die unter Nr 5 aufgeführten „sonstige(n) zum Aufbau und zur

Aufrechterhaltung der Telekommunikation sowie zur Entgeltabrechnung notwendige(n) Verkehrsdaten" gerade keine abschließende Aufzählung bilden.

II. Verwendungsbeschränkung und Löschungsverpflichtung (Abs 2)

6 Die Verwendung von Verkehrsdaten über das Ende der Telekommunikationsverbindung hinaus ist nur im Rahmen der Erforderlichkeit zugelassen und soweit die Daten für die bezeichneten Zwecke (vgl Rn 3) benötigt werden. Im Übrigen sind Verkehrsdaten **unverzüglich** zu löschen, dh sehr zeitnah nach dem Ende der Verbindung. Eine Löschung innerhalb eines Tages kann in Einzelfällen dabei noch unverzüglich sein, regelmäßig wird aber der Verpflichtung schneller nachzukommen sein (Scheurle/Mayen/Büttgen TKG § 96 Rn 9). Allerdings kann ein Internet-Provider nach konkreter Mitteilung von Rechtsverletzungen (insbs Urheberrechtsverstößen) verpflichtet sein, die von ihm nach dieser Vorschrift gespeicherten IP-Adressen eines Kunden zu bestimmten Nutzungszeiten nicht zu löschen, bis er diesbezüglich ein staatsanwaltschaftliches Auskunftsverlangen erhalten hat (LG Köln MMR 2208, 197), richtigerweise allerdings wohl nur solange, bis die zuständige Staatsanwaltschaft – ggfs auf zu stellende Nachfrage – erklärt, ob überhaupt eine solche Auskunft verlangt werden wird. Inzwischen dürfte jedoch hierfür keine Erforderlichkeit mehr bestehen, nachdem seit 1. 9. 2008 gemäß **§ 101 Abs 2 UrhG iVm Abs 9 UrhG nF** unter bestimmten Umständen ein Auskunftsanspruch des Verletzten direkt gegen den Telekommunikationsdienstebetreiber besteht und mit einer richterlichen Anordnung nach § 101 Abs 9 UrhG durchgesetzt werden kann (vgl hierzu OLG Köln MMR 2008, 820, 821, 822); § 101 Abs 9 UrhG bildet die datenschutzrechtliche Erlaubnis für die Auskunftserteilung, so dass § 96 TKG dem nicht entgegensteht (OLG Köln aaO).

III. Verwendung mit Einwilligung der Betroffenen (Abs 3, Abs 4)

7 Daneben können Verkehrsdaten auch für eigene Zwecke des Diensteleisters oder zum Zwecke der Vermarktung erhoben und verwendet werden. Die näheren Einzelheiten ergeben sich aus Aufzählung in Abs 3. Dabei wird zwischen einer teilnehmerbezogenen und einer zielrufnummerbezogenen Verwertung unterschieden.

8 Die Verwendung von Verkehrsdaten ist in diesen Fällen davon abhängig, dass bei teilnehmerbezogener Verwertung der jeweilige Anschlussinhaber, bei zielrufnummerbezogener Verwertung der jeweils Angerufene hierin eingewilligt hat. In diesem Zusammenhang ist der Einwilligende zugleich darauf hinzuweisen, dass die erteilte Einwilligung jederzeit widerruflich ist (Abs 4 S 2).

§ 97 Entgeltermittlung und Entgeltabrechnung

(1) ¹Diensteanbieter dürfen die in § 96 Abs. 1 aufgeführten Verkehrsdaten verwenden, soweit die Daten zur Ermittlung des Entgelts und zur Abrechnung mit ihren Teilnehmern benötigt werden. ²Erbringt ein Diensteanbieter seine Dienste über ein öffentliches Telefonnetz eines fremden Betreibers, darf der Betreiber des öffentlichen Telefonnetzes dem Diensteanbieter die für die Erbringung von dessen Diensten erhobenen Verkehrsdaten übermitteln. ³Hat der Diensteanbieter mit einem Dritten einen Vertrag über den Einzug des Entgelts geschlossen, so darf er dem Dritten die in Absatz 2 genannten Daten übermitteln, soweit es zum Einzug des Entgelts und der Erstellung einer detaillierten Rechnung erforderlich ist. ⁴Der Dritte ist vertraglich zur Wahrung des Fernmeldegeheimnisses nach § 88 und des Datenschutzes nach den §§ 93 und 95 bis 97, 99 und 100 zu verpflichten. ⁵§ 11 des Bundesdatenschutzgesetzes bleibt unberührt.

(2) Der Diensteanbieter darf zur ordnungsgemäßen Ermittlung und Abrechnung der Entgelte für Telekommunikationsdienste und zum Nachweis der Richtigkeit derselben folgende personenbezogene Daten nach Maßgabe der Absätze 3 bis 6 erheben und verwenden:

1. die Verkehrsdaten nach § 96 Abs. 1,

2. die Anschrift des Teilnehmers oder Rechnungsempfängers, die Art des Anschlusses, die Zahl der im Abrechnungszeitraum einer planmäßigen Entgeltabrechnung insgesamt aufgekommenen Entgelteinheiten, die übermittelten Datenmengen, das insgesamt zu entrichtende Entgelt,

3. sonstige für die Entgeltabrechnung erhebliche Umstände wie Vorschusszahlungen, Zahlungen mit Buchungsdatum, Zahlungsrückstände, Mahnungen, durchgeführte und aufgehobene Anschlusssperren, eingereichte und bearbeitete Reklamationen, beantragte und genehmigte Stundungen, Ratenzahlungen und Sicherheitsleistungen.

(3) [1]Der Diensteanbieter hat nach Beendigung der Verbindung aus den Verkehrsdaten nach § 96 Abs. 1 Nr. 1 bis 3 und 5 unverzüglich die für die Berechnung des Entgelts erforderlichen Daten zu ermitteln. [2]Diese Daten dürfen bis zu sechs Monate nach Versendung der Rechnung gespeichert werden. [3]Für die Abrechnung nicht erforderliche Daten sind unverzüglich zu löschen, soweit sie nicht nach § 113a zu speichern sind. [4]Hat der Teilnehmer gegen die Höhe der in Rechnung gestellten Verbindungsentgelte vor Ablauf der Frist nach Satz 2 Einwendungen erhoben, dürfen die Daten gespeichert werden, bis die Einwendungen abschließend geklärt sind.

(4) Soweit es für die Abrechnung des Diensteanbieters mit anderen Diensteanbietern oder mit deren Teilnehmern sowie anderer Diensteanbieter mit ihren Teilnehmern erforderlich ist, darf der Diensteanbieter Verkehrsdaten verwenden.

(5) Zieht der Diensteanbieter mit der Rechnung Entgelte für Leistungen eines Dritten ein, die dieser im Zusammenhang mit der Erbringung von Telekommunikationsdiensten erbracht hat, so darf er dem Dritten Bestands- und Verkehrsdaten übermitteln, soweit diese im Einzelfall für die Durchsetzung der Forderungen des Dritten gegenüber seinem Teilnehmer erforderlich sind.

Überblick

Die Vorschrift betrifft die schon vor Einführung der Vorratsdatenspeicherung (§ 113a TKG) zulässige Speicherung bestimmter Verkehrsdaten durch die Telefonnetzbetreiber, wobei Speicherungszweck allein die Ermittlung des Nutzungsentgelts und die Abrechnung mit den Teilnehmern (Nutzern) sein darf. In diesem Umfang und unter Berücksichtigung der allgemeinen sowie der Datenschutzregelungen dieser Vorschrift können solche Daten auch an andere Diensteanbieter weitergegeben werden (Abs 1 S 2). Die möglichen, nach dieser Vorschrift speicherungsfähigen Daten sind in Abs 2 Nr 1 bis Nr 3 aufgeführt. Die maximale Speicherdauer beträgt sechs Monate (Abs 3 S 2), jedoch sind die Daten unverzüglich zu löschen, sobald Rechnungszwecke deren weitere Speicherung nicht mehr erfordern (Abs 3 S 4) oder diese nicht nach anderen Vorschriften gespeichert werden dürfen (insbes nach § 113a TKG).

Übersicht

	Rn		Rn
A. Allgemeines	1	2. Forderungseinzug durch Dritte (Abs 1 S 3)	7
B. Regelungsgehalt	2	3. Datenaustausch zwischen Diensteanbietern	8
I. Datenumfang (Abs 2)	2		
II. Speicherung von Verkehrsdaten (Abs 3)	3	IV. Übermittlung an Dritte bei Abrechnung von deren Leistungen durch Diensteanbieter (Abs 5)	9
III. Übermittlung von Verkehrsdaten	5		
1. Übermittlung an Diensteanbieter durch Netzbetreiber (Abs 1 S 2)	6		

A. Allgemeines

1   Im Gegensatz zu den in Erfüllung staatlich auferlegter Verpflichtungen zu speichernden Vorratsdaten (§ 113a TKG) ist die Erhebung und Verwendung von Verkehrsdaten durch Diensteanbieter selbst im Rahmen der Vorschrift des § 96 TKG zugelassen. Ein Hauptnutzungszweck für solche Verkehrsdaten ist die Ermittlung und die Abrechnung des jeweils von einem Teilnehmer zu entrichtenden Entgelts. Um dies zu ermöglichen, lässt die Vorschrift insoweit Ausnahmen von Datenschutzregelungen und Fernmeldegeheimnis zu, welche beide insoweit von einer Verwendung der Verkehrsdaten betroffen sind. Allerdings wird die Verwendungsmöglichkeiten zugleich in allen möglichen Alternativen dahin eingeschränkt, dass nur die Verkehrsdaten benutzt und verarbeitet werden dürfen, welche für die Entgeltabrechnung tatsächlich erforderlich sind. Andere Daten sind unverzüglich zu löschen (§ 97 Abs 3 S 3 TKG).

B. Regelungsgehalt

I. Datenumfang (Abs 2)

2   In Abs 2 sind alle **Daten** genannt, welche von einem Diensteanbieter **zur ordnungsgemäßen Ermittlung und Abrechnung der Entgelte für Telekommunikationsleistungen** sowie zum Nachweis für die Richtigkeit der Abrechnungen erhoben und genutzt werden dürfen. Dabei handelt es sich um die nach § 96 Abs 1 TKG (vgl § 96 TKG Rn 3 f) erhobenen Verkehrsdaten (Abs 2 Nr 1), um Bestandsdaten des Vertrags, wie Name und Anschrift des Rechnungsempfängers (Abs 2 Nr 2) sowie Einzelheiten von dessen Zahlungsgewohnheiten (Abs 2 Nr 3).

II. Speicherung von Verkehrsdaten (Abs 3)

3   Die Speicherung von Verkehrsdaten ist nur im Rahmen der Erforderlichkeit zugelassen. Daher darf der Diensteanbieter auch nicht die angefallenen Verkehrsdaten allgemein speichern. Vielmehr sind von diesen diejenigen Daten zu extrahieren, welche für **Entgeltzwecke** allein benötigt werden. Die weiteren Daten sind unverzüglich zu löschen, soweit diese nicht im Rahmen der Verpflichtung zur Vorratsdatenspeicherung nach § 113a TKG zu speichern sind (vgl hierzu § 113a TKG Rn 4 ff). Eine konkrete Frist, in welcher die Entgeltdaten zu erstellen sind, sieht das Gesetz nicht vor; jedoch ist aus der Verpflichtung, diese „unverzüglich" zu ermitteln, abzuleiten, dass dies jedenfalls in Tagesfrist erfolgen sollte (Scheurle/Mayen/Büttgen TKG § 97 Rn 5).

4   Die **Speicherdauer** für Entgeltdaten beträgt maximal **sechs Monate**, beginnend mit dem Zeitpunkt des Rechnungsversands. Hierbei handelt es sich um eine Höchstfrist, welche nicht ausgeschöpft werden muss, vielmehr entsprechend des Bedarfs der Diensteanbieter auch geringer ausfallen kann und sollte. Sofern allerdings ein Teilnehmer Einwendungen gegen eine Abrechnung erhebt, dürfen die Daten bis zur endgültigen Klärung der Einwendungen, mithin letztlich bis zu einem rechtskräftigen Abschluss eines gerichtlichen Verfahrens gespeichert bleiben (Abs 3 S 4).

III. Übermittlung von Verkehrsdaten

5   Soweit Dienstanbieter bei der Erbringung von Telekommunikationsdienstleistungen zusammenwirken, dürfen für die jeweiligen Abrechnungszwecke die erhobenen Verkehrsdaten übermittelt werden (Rn 6, Rn 8), ebenso für Zwecke des Forderungseinzugs (Rn 7).

1. Übermittlung an Dienstanbieter durch Netzbetreiber (Abs 1 S 2)

6   Besonders in den Mobilfunknetzen schließen Kunden Verträge vielfach nicht mit den Netzbetreibern selbst, sondern mit Serviceprovidern ab, welche oftmals auch mehrere Netzbetreiber vertreten bzw deren Dienste anbieten und dann selbst abrechnen. Weil solche Serviceprovider aber nicht über die für Abrechnungszwecke notwendigen Verkehrsdaten verfügen, ermöglicht Abs 1 S 2 deren Weitergabe durch die Netzbetreiber.

2. Forderungseinzug durch Dritte (Abs 1 S 3)

Der Einzug der Telekommunikationsentgelte soll durch die Diensteleister auch an Dritte abgegeben werden können, sofern sie die entsprechende Infrastruktur zum Forderungseinzug nicht vorhalten wollen. Weil aber die für die Entgeltabrechnung erforderlichen Verkehrsdaten dem Fernmeldegeheimnis unterfallen, muss die Datenübermittlung an Dritte für Zwecke der Entgeltabrechnung durch die Ermächtigungsnorm des Abs 1 S 3 zugelassen werden. Zugleich wird der Dritte hinsichtlich der ihm überlassenen Daten zur Wahrung des Fernmeldegeheimnisses und Datenschutzes nach Abs 1 S 4 verpflichtet. 7

3. Datenaustausch zwischen Diensteanbietern

Gerade der in verschiedene Netze geteilte Mobilfunkmarkt bringt es mit sich, dass bei einer Telekommunikationsleistung nicht selten verschiedene Dienste oder Netze in Anspruch genommen werden (Anruf von A-Netz nach B-Netz oder ins Festnetz). Nach Abs 4 ist die Verwendung von Verkehrsdaten für diese Zwecke zugelassen. 8

IV. Übermittlung an Dritte bei Abrechnung von deren Leistungen durch Diensteanbieter (Abs 5)

Gerade im Zusammenhang mit Telekommunikationsleistungen ist es üblich und ein eigener Geschäftsbereich geworden, **in Zusammenhang mit dem Telekommunikationsdienst** Fremdleistungen anzubieten und diese dann zugleich mit der Gebührenabrechnung einzuziehen. Weil diese Fremdanbieter aber über keine eigenen Daten verfügen, um ihre Forderungen gegenüber den Kunden durchsetzen zu können, erlaubt Abs 5 dem Dienstanbieter die Weitergabe der entsprechenden Bestands- und Verkehrsdaten, was ansonsten durch Fernmeldegeheimnis und Datenschutzregelungen untersagt wäre. Allerdings sieht Abs 5 keine dem Abs 1 S 4 entsprechende Verpflichtung der Fremdanbieter zur Wahrung des Fernmeldegeheimnisses und Datenschutzes vor; jedoch wird dieser entsprechend des Gedankens des Abs 1 S 4 sowie unter Berücksichtigung von Fernmeldegeheimnis und Datenschutz vertraglich zur Einhaltung zu verpflichten sein (Scheurle/Mayen/Büttgen TKG § 97 Rn 17). 9

§ 98 Standortdaten

(1) ¹Standortdaten, die in Bezug auf die Nutzer von öffentlichen Telekommunikationsnetzen oder Telekommunikationsdiensten für die Öffentlichkeit verwendet werden, dürfen nur im zur Bereitstellung von Diensten mit Zusatznutzen erforderlichen Maß und innerhalb des dafür erforderlichen Zeitraums verarbeitet werden, wenn sie anonymisiert wurden oder wenn der Teilnehmer seine Einwilligung erteilt hat. ²Werden die Standortdaten für einen Dienst mit Zusatznutzen verarbeitet, der die Übermittlung von Standortdaten eines Mobilfunkendgerätes an einen anderen Teilnehmer oder Dritte, die nicht Anbieter des Dienstes mit Zusatznutzen sind, zum Gegenstand hat, muss der Teilnehmer abweichend von § 94 seine Einwilligung ausdrücklich, gesondert und schriftlich erteilen. ³In diesen Fällen hat der Diensteanbieter den Teilnehmer nach höchstens fünfmaliger Feststellung des Standortes des Mobilfunkendgerätes über die Anzahl der erfolgten Standortfeststellungen mit einer Textmitteilung zu informieren, es sei denn, der Teilnehmer hat gemäß § 95 Abs. 2 Satz 2 widersprochen. ⁴Der Teilnehmer muss Mitbenutzer über eine erteilte Einwilligung unterrichten. ⁵Eine Einwilligung kann jederzeit widerrufen werden.

(2) Haben die Teilnehmer ihre Einwilligung zur Verarbeitung von Standortdaten gegeben, müssen sie auch weiterhin die Möglichkeit haben, die Verarbeitung solcher Daten für jede Verbindung zum Netz oder für jede Übertragung einer Nachricht auf einfache Weise und unentgeltlich zeitweise zu untersagen.

(3) Bei Verbindungen zu Anschlüssen mit der Rufnummer 112, den in der Rechtsverordnung nach § 108 Abs. 2 festgelegten Rufnummern oder der Rufnum-

mer 124 124, hat der Diensteanbieter sicherzustellen, dass nicht im Einzelfall oder dauernd die Übermittlung von Standortdaten ausgeschlossen wird.

(4) Die Verarbeitung von Standortdaten nach den Absätzen 1 und 2 muss auf das für die Bereitstellung des Dienstes mit Zusatznutzen erforderliche Maß sowie auf Personen beschränkt werden, die im Auftrag des Betreibers des öffentlichen Telekommunikationsnetzes oder öffentlich zugänglichen Telekommunikationsdienstes oder des Dritten, der den Dienst mit Zusatznutzen anbietet, handeln.

Überblick

Die Vorschrift regelt die nicht nur interne Weiterverwendung von Standortdaten, welche bei der Benutzung eines Mobiltelefons anfallen. Weil diese Daten durchaus wichtige Informationen über den Nutzer enthalten können und damit auch ein Bewegungsprofil erstellt werden kann, dürfen sie nur verwendet werden, sofern sie für Dienste mit einem Zusatznutzen überhaupt erforderlich sind und der Teilnehmer hierzu seine Zustimmung erklärt hat (Abs 1 S 1 Hs 1), welche jedoch jederzeit insgesamt (Abs 1 S 3), aber auch nur zeitweise (Abs 2) widerruflich ist. Umgekehrt sind bei Benutzung bestimmter Notrufnummern diese Daten immer zu übermitteln, ohne dass dies vom Teilnehmer ausgeschlossen werden kann (Abs 3).

A. Allgemeines

1   Die rasche technische Fortentwicklung der Mobilfunktechnik hat zu einer Vielzahl neu entwickelter Dienste und Leistungsangebote geführt, welche teilweise konkret auf den jeweiligen Standort des Nutzers abgestimmt sind oder gerade diese Information für ihr Angebot ausnutzen. Dabei muss es sich allerdings nicht immer um kommerzielle Dienste handeln; denn auch bei Anrufen über Notrufnummern werden diese Informationen ua für die Weiterleitung der Gespräche an die örtlich zuständige Stelle ausgewertet (vgl hierzu Abs 3).

2   Kommerziell genutzt werden Standortdaten eines Mobiltelefons für die sog Location Based Services, ua für Verkehrsinformationen, die Abfrage von nahe gelegenen interessanten Orten (**P**oints **O**f **I**nterest – POI), Routenplaner, die Abfrage von Ortsangaben des Standorts (wo bin ich?) oder des Aufenthaltsorts von Angehörigen („Ortung" von Kindern durch ihre Eltern) oder Freunden. Außerdem bietet das System die Möglichkeit von Tracking-Diensten an, mit welchen die Position von damit versehenen Fahrzeugen (insbes Luxuswagen, Speditions- und Lastwagen, Baumaschinen ua) festgestellt oder sogar automatisch mitgeteilt werden kann.

B. Regelungsgehalt

I. Nutzungsvoraussetzungen von Standortdaten (Abs 1)

3   Standortdaten dürfen nur verarbeitet werden, sofern diese **entweder** zuvor **anonymisiert** wurden **oder** der Teilnehmer seine **Einwilligung** im Zusammenhang mit der Nutzung eines bestimmten Dienstes erteilt hat (Abs 1 S 1 Hs 1). Wie sich aus dem Gegenschluss der Regelung des Abs 1 S 3 ergibt, wonach die Einwilligung widerrufen werden kann, wirkt eine einmal erteilte Einwilligung für einen bestimmten Dienst bis zum Widerruf fort, muss also nicht jedes Mal bei Inanspruchnahme neu erteilt werden.

4   **Mitbenutzer** von Mobiltelefonen sind von dem Teilnehmer des Anschlusses über die erteilte Einwilligung zu unterrichten (Abs 1 S 2), damit diese sich darauf einrichten können, dass im konkreten Fall die betreffende Daten durch den/die Dienstanbieter weiterverarbeitet werden. Wie diese Unterrichtung vorzunehmen ist regelt das Gesetz nicht. Aus dem Vergleich mit der Regelung nach § 99 Abs 1 S 3 TKG für Einzelverbindungsnachweise, welche bei § 98 TKG nicht verlangt wird, ist aber zu folgern, dass wohl auch ein formloser Hinweis bzgl der Standortdaten ausreichend sein dürfte.

5   Standortdaten dürfen außerdem nur in dem zur Bereitstellung von **Diensten mit Zusatznutzen erforderlichen Maß** und innerhalb des dafür **erforderlichen Zeitraums** verarbeitet werden (Abs 1 S 1).

II. Widerruf und Rücknahmemöglichkeit

Die erteilte Einwilligung zur Verarbeitung von Standortdaten kann jederzeit widerrufen werden (Abs 1 S 3).

Der Teilnehmer hat aber auch die Möglichkeit, nur **im Einzelfall die Verarbeitung** der Standortdaten **zu untersagen** (Abs 2), wobei der Gesetzgeber keine Regelung getroffen hat, wie und in welcher Form eine solche Untersagung erfolgen kann/muss. Jedoch muss dies **auf einfache Weise und unentgeltlich** möglich sein. Mit dieser Regelung wird das fortdauernde Bestimmungsrecht des Teilnehmers über „seine" Daten realisiert.

6

7

III. Beschränkung der Verarbeitung (Abs 4)

Die Verarbeitung von Standortdaten ist, wie in Abs 4 nochmals geregelt ist, auf das erforderliche Maß für die Bereitstellung des Dienstes mit Zusatznutzen zu beschränken, weiterhin aber auch nur auf Personen, welche im Auftrag des Telekommunikationsnetzbetreibers bzw Telekommunikationsdienstebetreibers oder desjenigen handeln, welcher den Dienst mit Zusatznutzen anbietet.

8

IV. Sonderregelung für Notrufnummern (Abs 3)

Betreiber von den in Abs 3 näher bezeichneten Notrufnummern benötigen weder eine Einwilligung des Teilnehmers für die Inanspruchnahme der Standortdaten, noch kann der Teilnehmer die Übertragung auf Dauer oder im Einzelfall ausschließen. Damit soll erreicht werden, dass das anrufende Mobiltelefon auf jeden Fall lokalisiert werden kann, um in Notfällen sofort Hilfe losschicken zu können.

9

§ 99 Einzelverbindungsnachweis

(1) ¹Dem Teilnehmer sind die gespeicherten Daten derjenigen Verbindungen, für die er entgeltpflichtig ist, nur dann mitzuteilen, wenn er vor dem maßgeblichen Abrechnungszeitraum in Textform einen Einzelverbindungsnachweis verlangt hat; auf Wunsch dürfen ihm auch die Daten pauschal abgegoltener Verbindungen mitgeteilt werden. ²Dabei entscheidet der Teilnehmer, ob ihm die von ihm gewählten Rufnummern ungekürzt oder unter Kürzung um die letzten drei Ziffern mitgeteilt werden. ³Bei Anschlüssen im Haushalt ist die Mitteilung nur zulässig, wenn der Teilnehmer in Textform erklärt hat, dass er alle zum Haushalt gehörenden Mitbenutzer des Anschlusses darüber informiert hat und künftige Mitbenutzer unverzüglich darüber informieren wird, dass ihm die Verkehrsdaten zur Erteilung des Nachweises bekannt gegeben werden. ⁴Bei Anschlüssen in Betrieben und Behörden ist die Mitteilung nur zulässig, wenn der Teilnehmer in Textform erklärt hat, dass die Mitarbeiter informiert worden sind und künftige Mitarbeiter unverzüglich informiert werden und dass der Betriebsrat oder die Personalvertretung entsprechend den gesetzlichen Vorschriften beteiligt worden ist oder eine solche Beteiligung nicht erforderlich ist. ⁵Soweit die öffentlich-rechtlichen Religionsgesellschaften für ihren Bereich eigene Mitarbeitervertreterregelungen erlassen haben, findet Satz 4 mit der Maßgabe Anwendung, dass an die Stelle des Betriebsrates oder der Personalvertretung die jeweilige Mitarbeitervertretung tritt. ⁶Dem Teilnehmer dürfen darüber hinaus die gespeicherten Daten mitgeteilt werden, wenn er Einwendungen gegen die Höhe der Verbindungsentgelte erhoben hat. ⁷Soweit ein Teilnehmer zur vollständigen oder teilweisen Übernahme der Entgelte für Verbindungen verpflichtet ist, die bei seinem Anschluss ankommen, dürfen ihm in dem für ihn bestimmten Einzelverbindungsnachweis die Nummern der Anschlüsse, von denen die Anrufe ausgehen, nur unter Kürzung um die letzten drei Ziffern mitgeteilt werden. ⁸Die Sätze 2 und 7 gelten nicht für Diensteanbieter, die als Anbieter für geschlossene Benutzergruppen ihre Dienste nur ihren Teilnehmern anbieten.

(2) ¹Der Einzelverbindungsnachweis nach Absatz 1 Satz 1 darf nicht Verbindungen zu Anschlüssen von Personen, Behörden und Organisationen in sozialen oder kirchlichen Bereichen erkennen lassen, die grundsätzlich anonym bleibenden Anrufern ganz oder überwiegend telefonische Beratung in seelischen oder sozialen Notlagen anbieten und die selbst oder deren Mitarbeiter insoweit besonderen Verschwiegenheitsverpflichtungen unterliegen. ²Dies gilt nur, soweit die Bundesnetzagentur die angerufenen Anschlüsse in eine Liste aufgenommen hat. ³Der Beratung im Sinne des Satzes 1 dienen neben den in § 203 Abs. 1 Nr. 4 und 4a des Strafgesetzbuches genannten Personengruppen insbesondere die Telefonseelsorge und die Gesundheitsberatung. ⁴Die Bundesnetzagentur nimmt die Inhaber der Anschlüsse auf Antrag in die Liste auf, wenn sie ihre Aufgabenbestimmung nach Satz 1 durch Bescheinigung einer Behörde oder Körperschaft, Anstalt oder Stiftung des öffentlichen Rechts nachgewiesen haben. ⁵Die Liste wird zum Abruf im automatisierten Verfahren bereitgestellt. ⁶Der Diensteanbieter hat die Liste quartalsweise abzufragen und Änderungen unverzüglich in seinen Abrechnungsverfahren anzuwenden. ⁷Die Sätze 1 bis 6 gelten nicht für Diensteanbieter, die als Anbieter für geschlossene Benutzergruppen ihre Dienste nur ihren Teilnehmern anbieten.

(3) ¹Bei Verwendung einer Kundenkarte muss auch auf der Karte ein deutlicher Hinweis auf die mögliche Mitteilung der gespeicherten Verkehrsdaten ersichtlich sein. ²Sofern ein solcher Hinweis auf der Karte aus technischen Gründen nicht möglich oder für den Kartenemittenten unzumutbar ist, muss der Teilnehmer eine Erklärung nach Absatz 1 Satz 3 oder Satz 4 abgegeben haben.

Die Vorschrift regelt die Einzelheiten der Erstellung von Einzelverbindungsnachweisen, welche der Anschlussinhaber regelmäßig zur Nachprüfung von Rechnungsentgelten, möglicherweise aber auch zum Nachweis über geführte Telefonate vom Betreiber verlangen kann. Daher kann er auch dann eine Aufstellung beanspruchen, sofern Entgelte pauschal (Flatrate) abgegolten werden (Abs 1 S 1 Hs 1). In diesem Zusammenhang muss er die Entscheidung treffen, ob ihm die gewählten Rufnummern vollständig oder um die letzten drei Ziffern gekürzt mitgeteilt werden (Abs 1 S 2); ungekürzt jedoch nur, sofern der Teilnehmer erklärt hat, dass Mitbenutzer im Haushalt mit einer ungekürzten Darstellung einverstanden sind (Abs 1 S 3). Bei Behörden und Betrieben muss erklärt werden, dass Mitarbeiter und für die Zukunft auch künftige Mitarbeiter hierüber informiert sind bzw werden und erforderlichenfalls die jeweiligen Personalvertretungen an der Entscheidung beteiligt waren (Abs 1 S 4). Außerdem wird geregelt, welche Rufnummern auf jeden Fall zu anonymisieren sind (vgl Abs 2).

§ 100 Störungen von Telekommunikationsanlagen und Missbrauch von Telekommunikationsdiensten

(1) Soweit erforderlich, darf der Diensteanbieter zum Erkennen, Eingrenzen oder Beseitigen von Störungen oder Fehlern an Telekommunikationsanlagen die Bestandsdaten und Verkehrsdaten der Teilnehmer und Nutzer erheben und verwenden.

(2) ¹Zur Durchführung von Umschaltungen sowie zum Erkennen und Eingrenzen von Störungen im Netz ist dem Betreiber der Telekommunikationsanlage oder seinem Beauftragten das Aufschalten auf bestehende Verbindungen erlaubt, soweit dies betrieblich erforderlich ist. ²Das Aufschalten muss den betroffenen Gesprächsteilnehmern durch ein akustisches Signal angezeigt und ausdrücklich mitgeteilt werden.

(3) ¹Soweit erforderlich, darf der Diensteanbieter bei Vorliegen zu dokumentierender tatsächlicher Anhaltspunkte die Bestandsdaten und Verkehrsdaten erheben und verwenden, die zum Aufdecken sowie Unterbinden von Leistungserschleichungen und sonstigen rechtswidrigen Inanspruchnahmen der Telekommunikationsnetze und -dienste erforderlich sind. ²Zu dem in Satz 1 genannten Zweck darf der Diensteanbieter die erhobenen Verkehrsdaten in der Weise verwenden, dass aus

dem Gesamtbestand aller Verkehrsdaten, die nicht älter als sechs Monate sind, die Daten derjenigen Verbindungen des Netzes ermittelt werden, für die tatsächliche Anhaltspunkte den Verdacht der rechtswidrigen Inanspruchnahme von Telekommunikationsnetzen und -diensten begründen. ³Insbesondere darf der Diensteanbieter aus den nach Satz 1 erhobenen Verkehrsdaten und den Bestandsdaten einen pseudonymisierten Gesamtdatenbestand bilden, der Aufschluss über die von den einzelnen Teilnehmern erzielten Umsätze gibt und unter Zugrundelegung geeigneter Missbrauchskriterien das Auffinden solcher Verbindungen des Netzes ermöglicht, bei denen der Verdacht einer Leistungserschleichung besteht. ⁴Die Daten der anderen Verbindungen sind unverzüglich zu löschen. ⁵Die Bundesnetzagentur und der oder die Bundesbeauftragte für den Datenschutz sind über Einführung und Änderung eines Verfahrens nach Satz 1 unverzüglich in Kenntnis zu setzen.

(4) ¹Unter den Voraussetzungen des Absatzes 3 Satz 1 darf der Diensteanbieter im Einzelfall Steuersignale erheben und verwenden, soweit dies zum Aufklären und Unterbinden der dort genannten Handlungen unerlässlich ist. ²Die Erhebung und Verwendung von anderen Nachrichteninhalten ist unzulässig. ³Über Einzelmaßnahmen nach Satz 1 ist die Bundesnetzagentur in Kenntnis zu setzen. ⁴Die Betroffenen sind zu benachrichtigen, sobald dies ohne Gefährdung des Zwecks der Maßnahmen möglich ist.

Die Vorschrift regelt die Einzelheiten der ausnahmsweisen Erhebung und Verwendung von Bestandsdaten und Verkehrsdaten der Teilnehmer und Nutzer von Telekommunikationsanlagen – allerdings nur, soweit dies zur Erkennung, Eingrenzung oder Beseitigung von Störungen oder Fehlern an der Telekommunikationsanlage erforderlich ist. Dabei darf auch eine IP-Adresse für die Dauer von sieben Tagen nach dem Ende der jeweiligen Internetverbindung zur Behebungen von Störungen in zulässiger Weise gespeichert werden (LG Darmstadt CR 2007, 574). Unter den Voraussetzungen des Abs 3 dürfen darüber hinaus unter den dort genannten Umständen solche Daten bis zu sechs Monate in einem Gesamtdatenbestand abgespeichert werden, welcher bei Verdacht von Leistungserschleichungshandlungen zur Aufklärung herangezogen werden kann. Zu den weiteren besonderen Ausnahmen von Datennutzungen und -erhebungen vgl Abs 2 und Abs 4.

Abschnitt 3. Öffentliche Sicherheit (§§ 108-115) (Auszug)

§ 110 Umsetzung von Überwachungsmaßnahmen, Erteilung von Auskünften

(1) ¹Wer eine Telekommunikationsanlage betreibt, mit der Telekommunikationsdienste für die Öffentlichkeit erbracht werden, hat

1. ab dem Zeitpunkt der Betriebsaufnahme auf eigene Kosten technische Einrichtungen zur Umsetzung gesetzlich vorgesehener Maßnahmen zur Überwachung der Telekommunikation vorzuhalten und organisatorische Vorkehrungen für deren unverzügliche Umsetzung zu treffen,

1a. in Fällen, in denen die Überwachbarkeit nur durch das Zusammenwirken von zwei oder mehreren Telekommunikationsanlagen sichergestellt werden kann, die dazu erforderlichen automatischen Steuerungsmöglichkeiten zur Erfassung und Ausleitung der zu überwachenden Telekommunikation in seiner Telekommunikationsanlage bereitzustellen sowie eine derartige Steuerung zu ermöglichen,

2. der Bundesnetzagentur unverzüglich nach der Betriebsaufnahme

a) zu erklären, dass er die Vorkehrungen nach Nummer 1 getroffen hat sowie

b) eine im Inland gelegene Stelle zu benennen, die für ihn bestimmte Anordnungen zur Überwachung der Telekommunikation entgegennimmt,

3. der Bundesnetzagentur den unentgeltlichen Nachweis zu erbringen, dass seine technischen Einrichtungen und organisatorischen Vorkehrungen nach Nummer 1 mit den Vorschriften der Rechtsverordnung nach Absatz 2 und der Technischen

TKG § 110   Telekommunikationsgesetz (Auszug)

Richtlinie nach Absatz 3 übereinstimmen; dazu hat er unverzüglich, spätestens nach einem Monat nach Betriebsaufnahme,

a) der Bundesnetzagentur die Unterlagen zu übersenden, die dort für die Vorbereitung der im Rahmen des Nachweises von der Bundesnetzagentur durchzuführenden Prüfungen erforderlich sind, und

b) mit der Bundesnetzagentur einen Prüftermin für die Erbringung dieses Nachweises zu vereinbaren;

bei den für den Nachweis erforderlichen Prüfungen hat er die Bundesnetzagentur zu unterstützen,

4. der Bundesnetzagentur auf deren besondere Aufforderung im begründeten Einzelfall eine erneute unentgeltliche Prüfung seiner technischen und organisatorischen Vorkehrungen zu gestatten sowie

5. die Aufstellung und den Betrieb von Geräten für die Durchführung von Maßnahmen nach den §§ 5 und 8 des Artikel 10-Gesetzes in seinen Räumen zu dulden und Bediensteten der für diese Maßnahmen zuständigen Stelle sowie den Mitgliedern und Mitarbeitern der G10-Kommission (§ 1 Abs. 2 des Artikel 10-Gesetzes) Zugang zu diesen Geräten zur Erfüllung ihrer gesetzlichen Aufgaben zu gewähren.

[2]Wer Telekommunikationsdienste für die Öffentlichkeit erbringt, ohne hierfür eine Telekommunikationsanlage zu betreiben, hat sich bei der Auswahl des Betreibers der dafür genutzten Telekommunikationsanlage zu vergewissern, dass dieser Anordnungen zur Überwachung der Telekommunikation unverzüglich nach Maßgabe der Rechtsverordnung nach Absatz 2 und der Technischen Richtlinie nach Absatz 3 umsetzen kann und der Bundesnetzagentur unverzüglich nach Aufnahme seines Dienstes mitzuteilen, welche Telekommunikationsdienste er erbringt, durch wen Überwachungsanordnungen, die seine Teilnehmer betreffen, umgesetzt werden und an welche im Inland gelegene Stelle Anordnungen zur Überwachung der Telekommunikation zu richten sind. [3]Änderungen der den Mitteilungen nach Satz 1 Nr. 2 Buchstabe b und Satz 2 zugrunde liegenden Daten sind der Bundesnetzagentur unverzüglich mitzuteilen. [4]In Fällen, in denen noch keine Vorschriften nach Absatz 3 vorhanden sind, hat der Verpflichtete die technischen Einrichtungen nach Satz 1 Nr. 1 und 1a in Absprache mit der Bundesnetzagentur zu gestalten, die entsprechende Festlegungen im Benehmen mit den berechtigten Stellen trifft. [5]Die Sätze 1 bis 4 gelten nicht, soweit die Rechtsverordnung nach Absatz 2 Ausnahmen für die Telekommunikationsanlage vorsieht. [6]§ 100b Abs. 3 Satz 1 der Strafprozessordnung, § 2 Abs. 1 Satz 3 des Artikel 10-Gesetzes, § 202 Abs. 5 Satz 1 des Bundeskriminalamtgesetzes sowie entsprechende landesgesetzliche Regelungen zur polizeilich-präventiven Telekommunikationsüberwachung bleiben unberührt.

(2) Die Bundesregierung wird ermächtigt, durch Rechtsverordnung mit Zustimmung des Bundesrates

1. Regelungen zu treffen

a) über die grundlegenden technischen Anforderungen und die organisatorischen Eckpunkte für die Umsetzung von Überwachungsmaßnahmen und die Erteilung von Auskünften einschließlich der Umsetzung von Überwachungsmaßnahmen und der Erteilung von Auskünften durch einen von dem Verpflichteten beauftragten Erfüllungsgehilfen,

b) über den Regelungsrahmen für die Technische Richtlinie nach Absatz 3,

c) für den Nachweis nach Absatz 1 Satz 1 Nr. 3 und 4 und

d) für die nähere Ausgestaltung der Duldungsverpflichtung nach Absatz 1 Satz 1 Nr. 5 sowie

2. zu bestimmen,

a) in welchen Fällen und unter welchen Bedingungen vorübergehend auf die Einhaltung bestimmter technischer Vorgaben verzichtet werden kann,

b) dass die Bundesnetzagentur aus technischen Gründen Ausnahmen von der Erfüllung einzelner technischer Anforderungen zulassen kann und

c) bei welchen Telekommunikationsanlagen und damit erbrachten Diensteangeboten aus grundlegenden technischen Erwägungen oder aus Gründen der Verhältnismäßigkeit abweichend von Absatz 1 Satz 1 Nr. 1 keine technischen Einrichtungen vorgehalten und keine organisatorischen Vorkehrungen getroffen werden müssen.

(3) ¹Die Bundesnetzagentur legt technische Einzelheiten, die zur Sicherstellung einer vollständigen Erfassung der zu überwachenden Telekommunikation und zur Auskunftserteilung sowie zur Gestaltung des Übergabepunktes zu den berechtigten Stellen erforderlich sind, in einer im Benehmen mit den berechtigten Stellen und unter Beteiligung der Verbände und der Hersteller zu erstellenden Technischen Richtlinie fest. ²Dabei sind internationale technische Standards zu berücksichtigen; Abweichungen von den Standards sind zu begründen. ³Die Technische Richtlinie ist von der Bundesnetzagentur auf ihrer Internetseite zu veröffentlichen; die Veröffentlichung hat die Bundesnetzagentur in ihrem Amtsblatt bekannt zu machen.

(4) ¹Wer technische Einrichtungen zur Umsetzung von Überwachungsmaßnahmen herstellt oder vertreibt, kann von der Bundesnetzagentur verlangen, dass sie diese Einrichtungen im Rahmen einer Typmusterprüfung im Zusammenwirken mit bestimmten Telekommunikationsanlagen daraufhin prüft, ob die rechtlichen und technischen Vorschriften der Rechtsverordnung nach Absatz 2 und der Technischen Richtlinie nach Absatz 3 erfüllt werden. ²Die Bundesnetzagentur kann nach pflichtgemäßem Ermessen vorübergehend Abweichungen von den technischen Vorgaben zulassen, sofern die Umsetzung von Überwachungsmaßnahmen grundsätzlich sichergestellt ist und sich ein nur unwesentlicher Anpassungsbedarf bei den Einrichtungen der berechtigten Stellen ergibt. ³Die Bundesnetzagentur hat dem Hersteller oder Vertreiber das Prüfergebnis schriftlich mitzuteilen. ⁴Die Prüfergebnisse werden von der Bundesnetzagentur bei dem Nachweis der Übereinstimmung der technischen Einrichtungen mit den anzuwendenden technischen Vorschriften beachtet, den der Verpflichtete nach Absatz 1 Satz 1 Nr. 3 oder 4 zu erbringen hat. ⁵Die vom Bundesministerium für Wirtschaft und Technologie vor Inkrafttreten dieser Vorschrift ausgesprochenen Zustimmungen zu den von Herstellern vorgestellten Rahmenkonzepten gelten als Mitteilungen im Sinne des Satzes 3.

(5) ¹Wer nach Absatz 1 in Verbindung mit der Rechtsverordnung nach Absatz 2 verpflichtet ist, Vorkehrungen zu treffen, hat die Anforderungen der Rechtsverordnung und der Technischen Richtlinie nach Absatz 3 spätestens ein Jahr nach deren Bekanntmachung zu erfüllen, sofern dort für bestimmte Verpflichtungen kein längerer Zeitraum festgelegt ist. ²Nach dieser Richtlinie gestaltete mängelfreie technische Einrichtungen für bereits vom Verpflichteten angebotene Telekommunikationsdienste müssen im Falle einer Änderung der Richtlinie spätestens drei Jahre nach deren Inkrafttreten die geänderten Anforderungen erfüllen. ³Stellt sich bei dem Nachweis nach Absatz 1 Satz 1 Nr. 3 oder einer erneuten Prüfung nach Absatz 1 Satz 1 Nr. 4 ein Mangel bei den von dem Verpflichteten getroffenen technischen oder organisatorischen Vorkehrungen heraus, hat er diesen Mangel nach Vorgaben der Bundesnetzagentur in angemessener Frist zu beseitigen; stellt sich im Betrieb, insbesondere anlässlich durchzuführender Überwachungsmaßnahmen, ein Mangel heraus, hat er diesen unverzüglich zu beseitigen. ⁴Sofern für die technische Einrichtung eine Typmusterprüfung nach Absatz 4 durchgeführt worden ist und dabei Fristen für die Beseitigung von Mängeln festgelegt worden sind, hat die Bundesnetzagentur diese Fristen bei ihren Vorgaben zur Mängelbeseitigung nach Satz 3 zu berücksichtigen.

(6) ¹Jeder Betreiber einer Telekommunikationsanlage, der anderen im Rahmen seines Angebotes für die Öffentlichkeit Netzabschlusspunkte seiner Telekommunikationsanlage überlässt, ist verpflichtet, den gesetzlich zur Überwachung der Telekommunikation berechtigten Stellen auf deren Anforderung Netzabschlusspunkte

für die Übertragung der im Rahmen einer Überwachungsmaßnahme anfallenden Informationen unverzüglich und vorrangig bereitzustellen. ²Die technische Ausgestaltung derartiger Netzabschlusspunkte kann in einer Rechtsverordnung nach Absatz 2 geregelt werden. ³Für die Bereitstellung und Nutzung gelten mit Ausnahme besonderer Tarife oder Zuschläge für vorrangige oder vorzeitige Bereitstellung oder Entstörung die jeweils für die Allgemeinheit anzuwendenden Tarife. ⁴Besondere vertraglich vereinbarte Rabatte bleiben von Satz 3 unberührt.

(7) ¹Telekommunikationsanlagen, die von den gesetzlich berechtigten Stellen betrieben werden und mittels derer in das Fernmeldegeheimnis oder in den Netzbetrieb eingegriffen werden soll, sind im Einvernehmen mit der Bundesnetzagentur technisch zu gestalten. ²Die Bundesnetzagentur hat sich zu der technischen Gestaltung innerhalb angemessener Frist zu äußern.

Überblick

Die Vorschrift betrifft im Wesentlichen die Vorgaben zur technischen Umsetzung von Überwachungsmaßnahmen. Dabei wird von den nach dieser Vorschrift Verpflichteten gefordert, sowohl auf eigene Kosten technische Einrichtungen zur Umsetzung gesetzlich vorgesehener Maßnahmen zur Überwachung der Telekommunikation vorzuhalten als auch organisatorische Vorkehrungen für deren unverzügliche Umsetzung zu treffen (Abs 1 S 1 Nr 1). Telekommunikationsdiensteleister können sich nicht damit entlasten, dass sie nicht selber Betreiber der Telekommunikationsanlage seien, sondern sie sind gesetzlich verpflichtet, sich bei der Auswahl des jeweiligen Betreibers zu vergewissern, dass dieser die gesetzlichen Vorgaben zur Umsetzung einer Überwachungsmaßnahme erfüllen kann (Abs 1 S 2). Zur Festlegung der näheren Einzelheiten wird die Bundesregierung zum Erlass einer entsprechenden Rechtsverordnung ermächtigt (vgl TKÜV), welche zusätzlich auch die Verpflichtung zur Erteilung von Auskünften betrifft (Abs 2 Nr 1), insbes für die nach § 100 g Abs 1 StPO mögliche Erhebung von Verkehrsdaten in Echtzeit (BT-Drs 16/5846, 68).

Übersicht

	Rn		Rn
A. Allgemeines	1	III. Technische Einzelheiten	6
B. Regelungsgehalt	3	IV. Statistik (Abs 8)	7
I. Verpflichtete Unternehmen (Abs 1)	3	V. Rechtsverordnung zur Kostenerstattung	8
II. Rechtsverordnung (Abs 2)	5		

A. Allgemeines

1   Die Vorschrift des § 110 TKG betrifft allein die Vorgaben, welche den Betreibern von Telekommunikationsanlagen sowie den Erbringern von Kommunikationsdiensten gesetzlich auferlegt sind, um die **technische Umsetzung** von Überwachungsmaßnahmen sowie die Erteilung von Auskünften zu gewährleisten.

2   Die **materiellrechtlichen Ermächtigungen** für die Anordnung von Überwachungsmaßnahmen von Telekommunikation sowie die Erteilung von Auskünften ergeben sich aus bundes- und landesrechtlichen Vorschriften, welche insoweit in das Fernmeldegeheimnis eingreifen. Als **bundesrechtliche Ermächtigungsnormen** sind insbes zu nennen:
- § 100 a StPO
- § 100 g StPO
- § 100 h StPO
- § 23 a ZFdG
- § 3 G10, § 10 G10.

Landesrechtliche Normen lassen ebenfalls Überwachungsmaßnahmen der Telekommunikation zu. Hier ist insbes das bay PAG zu nennen, welches nicht nur die Überwachung der Telekommunikation unter den Voraussetzungen des Art 34 a bay PAG zulässt, sondern seit

1. 8. 2008 auch den verdeckten Zugriff auf informationstechnische Systeme erlaubt (Art 34 d bay PAG; § 100 a StPO s § 100 a StPO Rn 111 c.1 mwN).

B. Regelungsgehalt

I. Verpflichtete Unternehmen (Abs 1)

Verpflichtet zur Vorhaltung technischer Einrichtungen zur Umsetzung von Maßnahmen zur Überwachung der Telekommunikation sind **Unternehmen**, welche eine Telekommunikationsanlage betreiben, mit der **Telekommunikationsdienste für die Öffentlichkeit** erbracht werden (Abs 1 S 1 Nr 1). Die Kosten hierfür haben die Unternehmen selbst zu tragen. Insoweit kommen der Bundesnetzagentur Kontroll- und Abstimmungsaufgaben zu (Abs 1 S 1 Nr 2 bis Nr 4). Eine Entscheidung über die Verfassungswidrigkeit der Vorschrift, weil eine Kostenerstattung für die Vorhaltung technischer Maßnahmen ausgeschlossen wurde (so VG Berlin CR 2008, 563 – Beschl v 2. 7. 2008 – Az 27 A 3.07; vgl auch Berger CR 2008, 556, 557), konnte mangels Zulässigkeit der Vorlage vom BVerfG nicht nicht getroffen werden (BVerfG MMR 2009, 606). Ob das VG Berlin nun weitere Ermittlungen zur Höhe der von den Providern aufzuwendenden Kosten durchführen wird oder ob die zugrunde liegende Rechtsauffassung überhaupt weiter geprüft werden kann, erscheint immerhin zweifelhaft; denn mit der eA hatte das VG auch die der Vorratsdatenspeicherung zugrunde liegende EU-Richtlinie vorläufig außer Kraft gesetzt, was aber nach inzwischen erfolgter Zurückweisung der Klage durch den EuGH (vgl § 100 a StPO Rn 116) die Kompetenz des VG übersteigen dürfte. – Zudem hat am 18. 12. 2008 der Bundestag ein Gesetz zur Neuordnung der Entschädigung von Telekommunikationsunternehmen für die Heranziehung im Rahmen der Strafverfolgung (TKEntschNeuOG) beschlossen, wonach gemäß Anlage 3 zu § 23 Abs 1 JVEG in der Fassung des TK-EntschNeuOG nun pauschale Entschädigungssätze für konkrete Telekommunikationsüberwachungsmaßnahmen und einzelne Abrufe von „Vorratsdaten" festgelegt sind. Eine darüber hinausgehende Erstattung von Investitions- und Betriebskosten der Telekommunikationsunternehmen (wie es das VG Berlin für erforderlich hält) ist allerdings weiterhin nicht vorgesehen.

Wer nur **Telekommunikationsdienste** für die Öffentlichkeit erbringt, **ohne** zugleich eine **Telekommunikationsanlage zu betreiben**, wird dadurch nicht völlig von diesen Verpflichtungen freigestellt; er muss sich nämlich bei der Auswahl des Betreibers der genutzten Telekommunikationsanlage vergewissern, dass dieser in der Lage ist, die Anordnungen zur Überwachung von Telekommunikationsdiensten umzusetzen (Abs 1 S 2).

II. Rechtsverordnung (Abs 2)

Nur mit Zustimmung des Bundesrates ist die Bundesregierung ermächtigt, eine Rechtsverordnung (TKÜV) über die näheren Regelungen zu den grundlegenden technischen Anforderungen und die organisatorischen Eckpunkte für die Umsetzung von Überwachungsmaßnahmen und die Erteilung von Auskünften (Abs 1 Nr 1) zu treffen, ebenso auch für die Festlegung von Ausnahmen von diesen Vorschriften (Abs 1 Nr 2).

III. Technische Einzelheiten

In Abs 3 bis Abs 7 sind technische Einzelheiten und Fristen geregelt, welche die Ausgestaltung und Umsetzung bei den Betreibern betreffen (vgl hierzu Scheurle/Mayen/Löwnau TKG § 110 Rn 23 ff).

IV. Statistik (Abs 8)

Die noch in Abs 8 geregelte Verpflichtung zur Erstellung einer Jahresstatistik ist nunmehr seit 2008 in § 100 b Abs 5 u Abs 6 StPO (vgl § 100 b StPO Rn 27 f) geregelt, wonach die Länder und der Generalbundesanwalt kalenderjährlich gegenüber dem Bundesamt für Justiz über die im jeweiligen Zuständigkeitsbereich angeordneten Maßnahmen nach § 100 a StPO zu berichten haben. Aus diesen Berichten hat das Bundesamt für Justiz sodann zu bundesweit angeordneten Maßnahmen eine Übersicht zu erstellen und diese im Internet zu veröffentlichen (§ 100 a Abs 5 S 2 StPO).

V. Rechtsverordnung zur Kostenerstattung

8   Abs 9 enthält die Ermächtigung, mit Zustimmung des Deutschen Bundestages und des Bundesrates eine Rechtsverordnung zu erlassen, mit denen Diensteanbieter für ihre Leistungen zu entschädigen sind, welche im Zusammenhang mit Überwachungsmaßnahmen und manuellen Auskunftsleistungen entstehen. Allerdings wird nochmals ausdrücklich klargestellt, dass dies nicht die Kosten für die Verpflichtung zur Vorhaltung technischer Einrichtungen nach Abs 1 S 1 Nr 1 betrifft (Abs 9 S 2). Insoweit wird teilweise ein Verstoß gegen Verfassungsrecht geltend gemacht (vgl Rn 3).

§ 111 Daten für Auskunftsersuchen der Sicherheitsbehörden

(1) ¹Wer geschäftsmäßig Telekommunikationsdienste erbringt oder daran mitwirkt und dabei Rufnummern oder andere Anschlusskennungen vergibt oder Telekommunikationsanschlüsse für von anderen vergebene Rufnummern oder andere Anschlusskennungen bereitstellt, hat für die Auskunftsverfahren nach den §§ 112 und 113

1. die Rufnummern und anderen Anschlusskennungen,
2. den Namen und die Anschrift des Anschlussinhabers,
3. bei natürlichen Personen deren Geburtsdatum,
4. bei Festnetzanschlüssen auch die Anschrift des Anschlusses,
5. in Fällen, in denen neben einem Mobilfunkanschluss auch ein Mobilfunkendgerät überlassen wird, die Gerätenummer dieses Gerätes sowie
6. das Datum des Vertragsbeginns

vor der Freischaltung zu erheben und unverzüglich zu speichern, auch soweit diese Daten für betriebliche Zwecke nicht erforderlich sind; das Datum des Vertragsendes ist bei Bekanntwerden ebenfalls zu speichern. ²Satz 1 gilt auch, soweit die Daten nicht in Teilnehmerverzeichnisse (§ 104) eingetragen werden. ³Die Verpflichtung zur unverzüglichen Speicherung nach Satz 1 gilt hinsichtlich der Daten nach Satz 1 Nr. 1 und 2 entsprechend für denjenigen, der geschäftsmäßig einen öffentlich zugänglichen Dienst der elektronischen Post erbringt und dabei Daten nach Satz 1 Nr. 1 und 2 erhebt, wobei an die Stelle der Daten nach Satz 1 Nr. 1 die Kennungen der elektronischen Postfächer und an die Stelle des Anschlussinhabers nach Satz 1 Nr. 2 der Inhaber des elektronischen Postfachs tritt. ⁴Wird dem Verpflichteten nach Satz 1 oder Satz 3 eine Änderung bekannt, hat er die Daten unverzüglich zu berichtigen; in diesem Zusammenhang hat der nach Satz 1 Verpflichtete bisher noch nicht erhobene Daten zu erheben und zu speichern, sofern ihm eine Erhebung der Daten ohne besonderen Aufwand möglich ist. ⁵Für das Auskunftsverfahren nach § 113 ist die Form der Datenspeicherung freigestellt.

(2) ¹Bedient sich der Diensteanbieter nach Absatz 1 Satz 1 oder Satz 3 eines Vertriebspartners, hat der Vertriebspartner die Daten nach Absatz 1 Satz 1 und 3 unter den dort genannten Voraussetzungen zu erheben und diese sowie die nach § 95 erhobenen Daten unverzüglich dem Diensteanbieter zu übermitteln; Absatz 1 Satz 2 gilt entsprechend. ²Satz 1 gilt auch für Daten über Änderungen, soweit sie dem Vertriebspartner im Rahmen der üblichen Geschäftsabwicklung zur Kenntnis gelangen.

(3) Für Vertragsverhältnisse, die am Tage des Inkrafttretens dieser Vorschrift bereits bestehen, müssen Daten im Sinne von Absatz 1 Satz 1 oder Satz 3 außer in den Fällen des Absatzes 1 Satz 4 nicht nachträglich erhoben werden.

(4) Die Daten sind mit Ablauf des auf die Beendigung des Vertragsverhältnisses folgenden Kalenderjahres zu löschen

(5) Eine Entschädigung für die Datenerhebung und -speicherung wird nicht gewährt.

Telekommunikationsgesetz (Auszug) § 111 TKG

Überblick

Die Vorschrift will sicherstellen, dass für die automatisierte (§ 112 TKG) sowie manuelle (§ 113 TKG) Auskunftsverpflichtung von Telekommunikationsdienstbetreibern die erforderlichen Daten vollständig erhoben werden, auch dann, wenn der Dienstanbieter Vertriebspartner einschaltet (Abs 2). Der Umfang der regelmäßig bereits bei Vertragsschluss zu erhebenden Daten ergibt sich aus Abs 1 S 1 Nr 1 bis Nr 6 und umfasst neben Namen und Anschrift des Anschlussinhabers (Nr 2), den vergebenen Rufnummern oder anderen Anschlusskennungen (Nr 1) insbes auch die Gerätenummer eines dem Anschlussinhaber überlassenen Mobilfunkendgeräts (Nr 5). Eine gleichartige Verpflichtung trifft die Betreiber von E-Mail-Diensten – allerdings nur soweit diese Namen und Anschrift der Inhaber elektronischer Postfächer zu eigenen Zwecken erheben; eine selbstständige Erhebungspflicht nach diesem Gesetz ist nicht angeordnet (BT-Drs 16/5846, 68).

A. Allgemeines

Die Vorschrift des § 111 TKG sieht allgemein für die in § 112 TKG, § 113 TKG 1 geregelten automatisierte und manuellen Auskunftsverfahren einerseits die **Pflicht zur Erhebung und Speicherung von Daten** für die jeweilige Auskunftserteilung vor, andererseits wird der Umfang der vorzuhaltenden Daten vorgegeben. Dabei kommt es nicht darauf an, ob die Erhebung dieser Daten für den Dienstanbieter überhaupt zur Erbringung seiner Leistungen erforderlich ist.

Etwas anderes gilt nur für diejenigen, welche **geschäftsmäßig Dienste der elektro-** 2 **nischen Post** erbringen. Insoweit besteht nur eine Speicherungspflicht für diejenigen Daten, welche vom Betreiber selbst für seine Dienstleistungen erhoben werden (Abs 1 S 3).

B. Regelungsgehalt

I. Verpflichtete aus § 111 TKG

Alle diejenigen, welche **geschäftsmäßige Telekommunikationsdienste** erbringen oder 3 daran mitwirken und dabei an der Vergabe von Rufnummern oder anderen Anschlusskennungen beteiligt sind, sind zur Datenerhebung nach Abs 1 S 1 Nr 1 bis Nr 6 verpflichtet. Hierzu zählen naturgemäß alle geschlossenen **Telekommunikationsverträge**.

Vom Gesetzeswortlaut werden jedoch auch alle sog **Prepaid-Verhältnisse** erfasst, welche 4 regelmäßig ohne Ansehung des konkreten Käufers von den Dienstleistern akzeptiert werden und ebenfalls über eine international erreichbare Rufnummer verfügen. Erforderlich ist die Erhebung von Daten für die jeweiligen Provider deswegen nicht, weil Leistungen nur „nach Vorkasse" erbracht werden. Insoweit dient die nach § 111 TKG vorgeschriebene Datenerhebung allein dem Zweck, im Falle von Straftaten oder aus Gründen der öffentlichen Sicherheit den Anschlussinhaber ermitteln zu können. Soweit diesbezüglich Kritik wegen dieser Datenerhebung geübt wird (vgl Scheurle/Mayen/Löwnau TKG § 111 Rn 10 f), scheint diese deswegen überzogen, weil letztlich nur Bestandsdaten gespeichert werden, welche dem Fernmeldegeheimnis nicht unterliegen. Zudem gibt es wenig nachvollziehbare Bedürfnisse dafür, einen quasi anonymen Telefonanschluss zu benötigen; die beabsichtigte Begehung von Straftaten, wie es bspw bei Betäubungsmitteldelikten ständig vorkommt, scheint insoweit ein – nicht zu unterstützender – Hauptgrund für ein solches Interesse geworden zu sein.

Verpflichtet ist nunmehr auch die geschäftsmäßigen **Erbringer von öffentlich zu-** 5 **gänglichen E-Mail-Diensten**. Insoweit müssen die Anschlusskennung des E-Mail-Dienstes (E-Mail-Adresse und Kundenkennung) sowie Name und Anschrift des E-Mail-Inhabers gespeichert werden – allerdings nur dann, wenn der Provider selbst diese Daten erhebt (Abs 1 S 3), wobei sich der danach mögliche Ausschluss notwendigerweise nur auf Name und Anschrift bezieht; denn die Kennung selbst benötigt der E-Mail-Diensteleister, um seine Dienste erbringen zu können.

Die Verpflichtung besteht auch, soweit Vertriebspartner eingeschaltet werden, um die 6 Leistungen zu vertreiben. Diese sind ebenfalls angehalten, die erforderlichen Daten festzustellen und unverzüglich dem Diensteanbieter zu übermitteln (Abs 2).

Graf

TKG § 112   Telekommunikationsgesetz (Auszug)

7   Verträge, welche bei Inkrafttreten dieser Vorschrift im Jahre 2004 bereits bestanden haben, müssen **nicht nachträglich** um die Daten nach Abs 1 S 1 Nr 1 bis 6 ergänzt werden, soweit diese noch nicht erhoben waren (Abs 3). Etwas anderes gilt nur dann, wenn dem Verpflichteten nachträglich eine Änderung bekannt wird; diese Daten sind zu speichern und in diesem Zusammenhang fehlende Daten nach zu erheben, sofern der Aufwand hierfür nicht erheblich ist (Abs 3 iVm Abs 1 S 4).

II. Datenumfang

8   Welche Vertragsdaten zu erheben und zu speichern sind, ergibt sich aus der Aufzählung in Abs 1 S 1 Nr 1 bis Nr 6, hinsichtlich E-Mail-Diensten aus Abs 1 S 1 Nr 1 bis Nr 2:
1. Rufnummern und andere Anschlusskennungen
2. Namen und Anschrift des Anschlussinhabers
3. bei natürlichen Personen deren Geburtsdatum
4. bei Festnetzanschlüssen auch die Anschrift des Anschlusses
5. in Fällen, in denen neben einem Mobilfunkanschluss auch ein Mobilfunkendgerät überlassen wird, die Gerätenummer dieses Gerätes
6. das Datum des Vertragsbeginns.

9   Die zu erhebenden Daten dienen allesamt der möglichen Identifizierung des Anschlussinhabers. Die nach Nr 5 zu speichernde Endgerätenummer eines Mobilfunkendgerätes (IMEI; § 100a StPO Rn 21) soll zusätzlich eine Überwachungsanordnung dann ermöglichen, falls ein Tatverdächtiger, wie inzwischen vielfach üblich, zur Verschleierung seiner Identität zwar sein Mobiltelefon benutzt, aber die erforderlichen SIM-Karten ständig wechselt und dadurch versucht, einer Telekommunikationsüberwachung zu entgehen (vgl hierzu s § 100a StPO Rn 121).

III. Löschungsverpflichtung und Entschädigung

10   Nach Vertragsende sind die Daten zu löschen, jedoch erst mit Ablauf des auf die Vertragsbeendigung folgenden Kalenderjahres (Abs 4). Damit soll sichergestellt werden, dass die Daten auch noch eine angemessene Zeit für Auskunftsverlangen zur Verfügung stehen.

11   Mit Abs 5 wird ausdrücklich festgestellt, dass Diensteleister keinen Anspruch auf Entschädigung für den mit der Datenerhebung und -speicherung verbundenen Aufwand haben.

§ 112 Automatisiertes Auskunftsverfahren

(1) [1]Wer Telekommunikationsdienste für die Öffentlichkeit erbringt, hat die nach § 111 Abs. 1 Satz 1, 3 und 4 und Abs. 2 erhobenen Daten unverzüglich in Kundendateien zu speichern, in die auch Rufnummern und Rufnummernkontingente, die zur weiteren Vermarktung oder sonstigen Nutzung an andere Anbieter von Telekommunikationsdiensten vergeben werden, sowie bei portierten Rufnummern die aktuelle Portierungskennung aufzunehmen sind. [2]Für die Berichtigung und Löschung der in den Kundendateien gespeicherten Daten gilt § 111 Abs. 1 Satz 4 und Abs. 4 entsprechend. [3]In Fällen portierter Rufnummern sind die Rufnummer und die zugehörige Portierungskennung erst nach Ablauf des Jahres zu löschen, das dem Zeitpunkt folgt, zu dem die Rufnummer wieder an den Netzbetreiber zurückgegeben wurde, dem sie ursprünglich zugeteilt worden war. [4]Der Verpflichtete hat zu gewährleisten, dass

1. die Bundesnetzagentur jederzeit Daten aus den Kundendateien automatisiert im Inland abrufen kann,

2. der Abruf von Daten unter Verwendung unvollständiger Abfragedaten oder die Suche mittels einer Ähnlichenfunktion erfolgen kann.

[5]Der Verpflichtete hat durch technische und organisatorische Maßnahmen sicherzustellen, dass ihm Abrufe nicht zur Kenntnis gelangen können. [6]Die Bundesnetzagentur darf Daten aus dem Kundendateien nur abrufen, soweit die Kenntnis der Daten erforderlich ist

1. für die Verfolgung von Ordnungswidrigkeiten nach diesem Gesetz oder nach dem Gesetz gegen den unlauteren Wettbewerb,

2. für die Erledigung von Auskunftsersuchen der in Absatz 2 genannten Stellen.

⁷Die ersuchende Stelle prüft unverzüglich, inwieweit sie die als Antwort übermittelten Daten benötigt, nicht benötigte Daten löscht sie unverzüglich; dies gilt auch für die Bundesnetzagentur für den Abruf von Daten nach Satz 6 Nr. 1.

(2) Auskünfte aus den Kundendateien nach Absatz 1 werden

1. den Gerichten und Strafverfolgungsbehörden,

2. den Polizeivollzugsbehörden des Bundes und der Länder für Zwecke der Gefahrenabwehr,

3. dem Zollkriminalamt und den Zollfahndungsämtern für Zwecke eines Strafverfahrens sowie dem Zollkriminalamt zur Vorbereitung und Durchführung von Maßnahmen nach § 39 des Außenwirtschaftsgesetzes,

4. den Verfassungsschutzbehörden des Bundes und der Länder, dem Militärischen Abschirmdienst, dem Bundesnachrichtendienst,

5. den Notrufabfragestellen nach § 108 sowie der Abfragestelle für die Rufnummer 124 124,

6. der Bundesanstalt für Finanzdienstleistungsaufsicht sowie

7. den Behörden der Zollverwaltung für die in § 2 Abs. 1 des Schwarzarbeitsbekämpfungsgesetzes genannten Zwecke über zentrale Abfragestellen

nach Absatz 4 jederzeit erteilt, soweit die Auskünfte zur Erfüllung ihrer gesetzlichen Aufgaben erforderlich sind und die Ersuchen an die Bundesnetzagentur im automatisierten Verfahren vorgelegt werden.

(3) ¹Das Bundesministerium für Wirtschaft und Technologie wird ermächtigt, im Einvernehmen mit dem Bundeskanzleramt, dem Bundesministerium des Innern, dem Bundesministerium der Justiz, dem Bundesministerium der Finanzen sowie dem Bundesministerium der Verteidigung eine Rechtsverordnung mit Zustimmung des Bundesrates zu erlassen, in der geregelt werden

1. die wesentlichen Anforderungen an die technischen Verfahren

a) zur Übermittlung der Ersuchen an die Bundesnetzagentur,

b) zum Abruf der Daten durch die Bundesnetzagentur von den Verpflichteten einschließlich der für die Abfrage zu verwendenden Datenarten und

c) zur Übermittlung der Ergebnisse des Abrufs von der Bundesnetzagentur an die ersuchenden Stellen,

2. die zu beachtenden Sicherheitsanforderungen,

3. für Abrufe mit unvollständigen Abfragedaten und für die Suche mittels einer Ähnlichenfunktion

a) die Mindestanforderungen an den Umfang der einzugebenden Daten zur möglichst genauen Bestimmung der gesuchten Person,

b) die Zeichen, die in der Abfrage verwendet werden dürfen,

c) Anforderungen an den Einsatz sprachwissenschaftlicher Verfahren, die gewährleisten, dass unterschiedliche Schreibweisen eines Personen-, Straßen- oder Ortsnamens sowie Abweichungen, die sich aus der Vertauschung, Auslassung oder Hinzufügung von Namensbestandteilen ergeben, in die Suche und das Suchergebnis einbezogen werden,

d) die zulässige Menge der an die Bundesnetzagentur zu übermittelnden Antwortdatensätze sowie

4. wer abweichend von Absatz 1 Satz 1 aus Gründen der Verhältnismäßigkeit keine Kundendateien für das automatisierte Auskunftsverfahren vorhalten muss; in diesen Fällen gilt § 111 Abs. 1 Satz 5 entsprechend.

²Im Übrigen können in der Verordnung auch Einschränkungen der Abfragemöglichkeit für die in Absatz 2 Nr. 5 bis 7 genannten Stellen auf den für diese Stellen

erforderlichen Umfang geregelt werden. ³Die technischen Einzelheiten des automatisierten Abrufverfahrens gibt die Bundesnetzagentur in einer unter Beteiligung der betroffenen Verbände und der berechtigten Stellen zu erarbeitenden Technischen Richtlinie vor, die bei Bedarf an den Stand der Technik anzupassen und von der Bundesnetzagentur in ihrem Amtsblatt bekannt zu machen ist. ⁴Der Verpflichtete nach Absatz 1 und die berechtigten Stellen haben die Anforderungen der Technischen Richtlinie spätestens ein Jahr nach deren Bekanntmachung zu erfüllen. ⁵Nach dieser Richtlinie gestaltete mängelfreie technische Einrichtungen müssen im Falle einer Änderung der Richtlinie spätestens drei Jahre nach deren Inkrafttreten die geänderten Anforderungen erfüllen.

(4) ¹Auf Ersuchen der in Absatz 2 genannten Stellen hat die Bundesnetzagentur die entsprechenden Datensätze aus den Kundendateien nach Absatz 1 abzurufen und an die ersuchende Stelle zu übermitteln. ²Sie prüft die Zulässigkeit der Übermittlung nur, soweit hierzu ein besonderer Anlass besteht. ³Die Verantwortung für die Zulässigkeit der Übermittlung tragen die in Absatz 2 genannten Stellen. ⁴Die Bundesnetzagentur protokolliert für Zwecke der Datenschutzkontrolle durch die jeweils zuständige Stelle bei jedem Abruf den Zeitpunkt, die bei der Durchführung des Abrufs verwendeten Daten, die abgerufenen Daten, ein die abrufende Person eindeutig bezeichnendes Datum sowie die ersuchende Stelle, deren Aktenzeichen und ein die ersuchende Person eindeutig bezeichnendes Datum. ⁵Eine Verwendung der Protokolldaten für andere Zwecke ist unzulässig. ⁶Die Protokolldaten sind nach einem Jahr zu löschen.

(5) ¹Der Verpflichtete nach Absatz 1 hat alle technischen Vorkehrungen in seinem Verantwortungsbereich auf seine Kosten zu treffen, die für die Erteilung der Auskünfte nach dieser Vorschrift erforderlich sind. ²Dazu gehören auch die Anschaffung der zur Sicherstellung der Vertraulichkeit und des Schutzes vor unberechtigten Zugriffen erforderlichen Geräte, die Einrichtung eines geeigneten Telekommunikationsanschlusses und die Teilnahme an dem geschlossenen Benutzersystem sowie die laufende Bereitstellung dieser Vorkehrungen nach Maßgaben der Rechtsverordnung und der Technischen Richtlinie nach Absatz 3. ³Eine Entschädigung für im automatisierten Verfahren erteilte Auskünfte wird den Verpflichteten nicht gewährt.

Überblick

Um die Beantwortung von Auskunftsanfragen nicht von den personellen Kapazitäten der Netzbetreiber abhängig zu machen und auch eine Auskunft jederzeit „rund um die Uhr" zu ermöglichen, dabei zugleich die verpflichteten Telekommunikationsdienstleister zu entlasten, sind die wesentlichen Vertrags- und Bestandsdaten in einer Datenbank zu hinterlegen, welche Ermittlungsbehörden und Gerichte, Polizeivollzugsdienst, Geheimdienste, aber auch weitere Behörden (vgl Abs 2) abfragen können. Solche Abfragen dürfen für den verpflichteten Dienstleister nicht ersichtlich werden (Abs 1 S 6), was für abfragende Behörden zusätzlich die Sicherheit bietet, dass zugrunde liegende Ermittlungen usw durch die Auskunftsanfrage nicht bekannt werden. Welche Daten einer automatisierten Abfrage zugänglich sind, ergibt sich aus Abs 1 S 1 iVm § 111 TKG. Weil vielfach gerade bei beginnenden Ermittlungen die Ausgangsdaten nicht vollständig oder in korrekter Schreibweise vorliegen, sind die technischen Voraussetzungen für eine Suche mittels einer Ähnlichenfunktion zu schaffen (Abs 1 S 4 Nr 2).

Übersicht

	Rn		Rn
A. Allgemeines	1	III. Automatisierter Datenabruf (Abs 4)	6
B. Regelungsgehalt	3	IV. Kostentragungspflicht	8
I. Verpflichtete aus § 112 TKG	2		
II. Abfrageberechtigte Stellen (Abs 2)	5		

A. Allgemeines

Wie bspw auch im Gesetz über das Zentralregister und das Erziehungsregister (vgl § 21 a 1
BZRG; ebenso § 30 b StVG, § 54 StVG) wollte der Gesetzgeber die Auskunft über allgemeine Vertragsdaten von Kunden nicht von den Arbeitszeiten der über diese Daten verfügenden Diensteanbieter abhängig machen. Daher sind Unternehmen, welche Telekommunikationsdienste für die Öffentlichkeit erbringen, zur Führung von Kundendateien für einen dauernden automatisierten Abruf „rund um die Uhr" verpflichtet (Abs 1 S 1 und S 4). Im Gegensatz zur früheren Regelung ist nunmehr ausdrücklich bestimmt, dass diese Dateien auch zur Suche mit einer Ähnlichenfunktion (Abfrage mit „Jokerzeichen", bspw „?" oder „*") geeignet sein müssen (Abs 1 S 4 Nr 2). Zudem ist die Datei bei Änderungen unverzüglich zu berichtigen (Abs 1 S 2 iVm § 111 Abs 1 S 4 TKG).

B. Regelungsgehalt
I. Verpflichtete aus § 112 TKG

Alle diejenigen, welche **Telekommunikationsdienste für die Öffentlichkeit** erbringen, haben die nach § 111 Abs 1 S 1, S 3 u S 4 (vgl § 111 TKG Rn 8) sowie Abs 2 TKG 3
erhobenen Daten in automatisiert abrufbaren Kundendateien zu speichern. Damit entfallen für kleinere Betreiber, bspw auch Nebenstellenanlagen von Krankenhäusern oder Hotels, diesbezügliche Verpflichtungen.

Das verpflichtete Unternehmen hat nicht nur für die Vollständigkeit und Aktualität der 4
Dateien zu sorgen, sondern hat auch sicherzustellen, dass Gegenstand und Inhalt der Abrufe keiner Person oder Stelle im Unternehmen zur Kenntnis gelangen (Abs 1 S 6).

II. Abfrageberechtigte Stellen (Abs 2)

Die amtlichen Stellen, welche zur Abfrage über die Bundesnetzagentur (Abs 4) berechtigt 5
sind, sind in Abs 2 Nr 1 bis Nr 7 aufgeführt. Dabei handelt es sich im wesentlichen um Gerichte und Staatsanwaltschaften (Nr 1), Polizeivollzugsbehörden des Bundes und der Länder (Nr 2), Zollkriminalamt (Nr 3), Verfassungsschutzbehörden des Bundes und der Länder sowie weitere Geheimdienste des Bundes (Nr 4) sowie Notrufabfragestellen (Nr 5) und weitere in Nr 6 und 7 genannten Behörden. Um aber die automatisierte Abfrage zu nutzen, muss die anfragende Behörde ebenfalls das automatisierte Verfahren wählen (Abs 2 Hs 1).

III. Automatisierter Datenabruf (Abs 4)

Die Bundesnetzagentur als neutrale Stelle hat die Abfrage durchzuführen und die entsprechenden Auskünfte an die berechtigten Stellen weiterzuleiten. Dabei hat sie ohne 6
besonderen Anlass keine Verpflichtung, die Zulässigkeit der Übermittlung zu prüfen (Abs 4 S 2). Vielmehr trägt hierfür die abfrageberechtigte Stelle die Verantwortung (Abs 4 S 3).

Allerdings obliegt der Bundesnetzagentur insofern eine Kontrolle, dass die Abrufe im 7
Einzelnen ua nach Zeitpunkt, abgerufenen Daten, abrufender Stelle und Person sowie zugrunde liegendem Aktenzeichen protokolliert und für die Dauer eines Jahres gespeichert werden (Abs 4 S 4 bis S 6).

IV. Kostentragungspflicht

Die Kosten für technischen Vorkehrungen und Infrastruktur für diese Zwecke sind von 8
den verpflichteten Unternehmen selbst zu tragen und nicht ersatzfähig (Abs 5).

§ 113 Manuelles Auskunftsverfahren

(1) ¹Wer geschäftsmäßig Telekommunikationsdienste erbringt oder daran mitwirkt, hat im Einzelfall den zuständigen Stellen auf deren Verlangen unverzüglich Auskünfte über die nach den §§ 95 und 111 erhobenen Daten zu erteilen, soweit dies für die Verfolgung von Straftaten oder Ordnungswidrigkeiten, zur Abwehr

TKG § 113

von Gefahren für die öffentliche Sicherheit oder Ordnung oder für die Erfüllung der gesetzlichen Aufgaben der Verfassungsschutzbehörden des Bundes und der Länder, des Bundesnachrichtendienstes oder des Militärischen Abschirmdienstes erforderlich ist. ²Auskünfte über Daten, mittels derer der Zugriff auf Endgeräte oder in diesen oder im Netz eingesetzte Speichereinrichtungen geschützt wird, insbesondere PIN oder PUK, hat der nach Satz 1 Verpflichtete auf Grund eines Auskunftsersuchens nach § 161 Abs. 1 Satz 1, § 163 Abs. 1 der Strafprozessordnung, der Datenerhebungsvorschriften der Polizeigesetze des Bundes oder der Länder zur Abwehr von Gefahren für die öffentliche Sicherheit oder Ordnung, § 8 Abs. 1 des Bundesverfassungsschutzgesetzes, der entsprechenden Bestimmungen der Landesverfassungsschutzgesetze, § 2 Abs. 1 des BND-Gesetzes oder § 4 Abs. 1 des MAD-Gesetzes zu erteilen; an andere öffentliche oder nicht öffentliche Stellen dürfen diese Daten nicht übermittelt werden. ³Ein Zugriff auf Daten, die dem Fernmeldegeheimnis unterliegen, ist nur unter den Voraussetzungen der hierfür einschlägigen gesetzlichen Vorschriften zulässig. ⁴Über die Auskunftserteilung hat der Verpflichtete gegenüber seinen Kundinnen und Kunden sowie Dritten gegenüber Stillschweigen zu wahren.

(2) Der Verpflichtete nach Absatz 1 hat die in seinem Verantwortungsbereich für die Auskunftserteilung erforderlichen Vorkehrungen auf seine Kosten zu treffen.

Überblick

§ 113 TKG ergänzt das automatisierte Auskunftsverfahren nach § 112 TKG durch die zusätzliche Möglichkeit von direkten Anfragen beim jeweiligen Telekommunikationsdiensteleister und deren manuelle Bearbeitung mit entsprechender Auskunft. Dies wird regelmäßig die Daten betreffen, welche nicht automatisiert abfragbar sind; eine entsprechende Abfrage auch anderer Daten ist jedoch nicht ausgeschlossen (vgl Abs 2 S 3). Eine manuelle Auskunft ist erforderlich bei Zugriffsdaten für Endgeräte oder vom Nutzer verwendeten Speichereinrichtungen im Netz, insbes PIN und PUK (Abs 1 S 2). Dies gilt aber auch für die Beauskunftung einer zu einem bestimmten Zeitpunkt einem Nutzer durch den Provider zugewiesenen IP-Adresse. In Ermittlungsverfahren sind die Auskunftsanfragen auf § 161 Abs 1 StPO, § 163 Abs 1 StPO zu stützen. Die Diensteleister haben sicher zu stellen, dass ihre Kunden keine Kenntnis von den Auskunftsanfragen erhalten (Abs 1 S 4). Im Gegensatz zum automatisierten Abfrageverfahren steht dem Diensteleister bei der manuellen Beantwortung einer Anfrage eine Entschädigung zu (Abs 2 S 2 bis S 4).

A. Allgemeines

1 Soweit Bestandsdaten von Kunden nicht automatisiert nach § 112 TKG den abfrageberechtigten Stellen (vgl § 112 TKG Rn 5) zur Verfügung stehen oder von der automatisierten Abfrage kein Gebrauch gemacht wird, können die Auskünfte nach den gem § 95 TKG, § 111 TKG erhobenen Daten auch manuell beim verpflichteten Diensteleister eingeholt werden.

B. Regelungsgehalt

I. Verpflichtete aus § 113 TKG

2 Im Gegensatz zur Regelung über die automatisierte Abfrage (vgl § 112 TKG) sind zur Auskunft im manuellen Verfahren alle diejenigen verpflichtet, welche **geschäftsmäßig Telekommunikationsdienste** erbringen oder daran mitwirken, auch wenn sie keine Dienste für die Öffentlichkeit erbringen und auch keine Rufnummern vergeben.

3 Damit sind auch kleinere Betreiber zur Auskunftserteilung verpflichtet, bspw auch Betreiber von Nebenstellenanlagen von Krankenhäusern oder Hotels (Abs 1 S 1).

4 Das verpflichtete Unternehmen hat gegenüber seinen Kunden und gegenüber Dritten Stillschweigen darüber zu bewahren, dass und worüber es Auskunft erteilt hat (Abs 1 S 4).

5 Die Auskunft hat nach nunmehr ausdrücklicher Regelung **unverzüglich** zu erfolgen (Abs 1 S 1).

II. Auskunftsberechtigte Stellen

Die Stellen, welche eine Auskunft nach § 113 TKG einholen können, ergeben sich aus der Regelung des Abs 1 S 1, wonach den in Einzelfall zuständigen Stellen für die Verfolgung von Straftaten oder Ordnungswidrigkeiten, zur Abwehr von Gefahren für die öffentliche Sicherheit oder Ordnung oder für die Erfüllung der gesetzlichen Aufgaben der Verfassungsschutzbehörden des Bundes und der Länder, des Bundesnachrichtendienstes oder des Militärischen Abschirmdienstes in dem hierfür erforderlichen Umfang Auskunft zu erteilen ist. 6

III. Auskünfte bzgl PIN und PUK

Nachdem teilweise bestritten war, auf welche Weise Ermittlungsbehörden die Sicherungscodes von Mobilfunkendgeräten oder Mobilfunkkarten (SIM-Karten) in Erfahrung bringen kann, um diese auslesen zu können, ist diese Frage nun ausdrücklich in § 113 Abs 1 S 2 TKG dahin geregelt, dass jedenfalls für strafrechtliche Ermittlungen ein Auskunftsersuchen nach **§ 161 Abs 1 S 1 StPO, § 163 Abs 1 StPO** dem Verpflichteten vorgelegt werden muss. 7

Ergänzend wird in **Abs 1 S 3** klargestellt, dass auf Daten, welche dem **Fernmeldegeheimnis** unterliegen, nur unter den Voraussetzungen der entsprechenden gesetzlichen Bestimmungen zugegriffen werden darf, dh dass bspw noch nicht vom Anschlussinhaber gelesene SMS nur mittels einer Anordnung nach § 100 a StPO abgerufen werden dürfen. Gelesene und im Mobilfunkendgerät abgespeicherte SMS unterliegen demgegenüber nicht mehr dem Fernmeldegeheimnis. 8

IV. Auskünfte bzgl dynamischer IP-Nummer

Nachdem die Rechtsgrundlage lange umstritten war, nach der Ermittlungsbehörden Auskunft gegenüber Providern verlangen können, welchem Telekommunikationsanschluss zu einer bestimmten Zeit eine bestimmte Internet-Protokoll-Adresse (IP-Nummer) zugewiesen war, hat der Gesetzgeber sich dafür entschieden, dass es sich hierbei um ein Bestandsdatum handelt, über welches nach § 161 StPO, § 163 StPO iVm § 113 TKG Auskunft zu erteilen ist (BT-Drs 16/5846, 26, 86, 87; OVG NRW DVBl 2009, 526). Eine klarstellende gesetzliche Regelung wurde nicht für erforderlich angesehen (vgl hierzu insgesamt § 100 a StPO u dort § 100 a StPO Rn 15). Die demgegenüber zuletzt eine dynamische IP als Verkehrsdatum beurteilende Entscheidung des LG Frankenthal (MMR 2008, 687) wurde im Rechtsmittelverfahren aufgehoben (OLG Zweibrücken MMR 2009, 45; zust Anm Ernst jurisPR-ITR 3/2009 Anm 3; für eine Auskunft nach § 113 TKG ebenso LG Köln NStZ 2009, 352; LG Köln Beschl v 25. 6. 2008 – Az 111 Qs 172/08; OVG Münster MMR 2009, 424; LG Offenburg MMR 2008, 480; unzutreffend OLG Karlsruhe MMR 2009, 412 m abl Anm Sankol MMR 2009, 415). 9

V. Kostenregelung

Wie in anderen Fällen auch hat der Verpflichtete keinen Anspruch auf Ersatz der Kosten, welche ihm dafür entstehen, dass er eine bestimmte Infrastruktur für die Auskunftserteilung bereithalten muss (Abs 1 S 1; vgl hierzu auch BVerfG MMR 2009, 606). Allerdings steht ihm im manuellen Auskunftsverfahren eine Entschädigung für die Auskunftserteilung zu (Abs 2 S 2), unabhängig davon, ob diese auch automatisch entspr § 112 TKG hätte erfolgen können (Abs 2 S 3). 10

§ 113 a Speicherungspflichten für Daten

(1) ¹**Wer öffentlich zugängliche Telekommunikationsdienste für Endnutzer erbringt, ist verpflichtet, von ihm bei der Nutzung seines Dienstes erzeugte oder verarbeitete Verkehrsdaten nach Maßgabe der Absätze 2 bis 5 sechs Monate im Inland oder in einem anderen Mitgliedstaat der Europäischen Union zu speichern.** ²**Wer öffentlich zugängliche Telekommunikationsdienste für Endnutzer erbringt, ohne selbst Verkehrsdaten zu erzeugen oder zu verarbeiten, hat sicherzustellen,**

dass die Daten gemäß Satz 1 gespeichert werden, und der Bundesnetzagentur auf deren Verlangen mitzuteilen, wer diese Daten speichert.

(2) ¹Die Anbieter von öffentlich zugänglichen Telefondiensten speichern:

1. die Rufnummer oder andere Kennung des anrufenden und des angerufenen Anschlusses sowie im Falle von Um- oder Weiterschaltungen jedes weiteren beteiligten Anschlusses,

2. den Beginn und das Ende der Verbindung nach Datum und Uhrzeit unter Angabe der zugrunde liegenden Zeitzone,

3. in Fällen, in denen im Rahmen des Telefondienstes unterschiedliche Dienste genutzt werden können, Angaben zu dem genutzten Dienst,

4. im Fall mobiler Telefondienste ferner:

a) die internationale Kennung für mobile Teilnehmer für den anrufenden und den angerufenen Anschluss,

b) die internationale Kennung des anrufenden und des angerufenen Endgerätes,

c) die Bezeichnung der durch den anrufenden und den angerufenen Anschluss bei Beginn der Verbindung genutzten Funkzellen,

d) im Falle im Voraus bezahlter anonymer Dienste auch die erste Aktivierung des Dienstes nach Datum, Uhrzeit und Bezeichnung der Funkzelle,

5. im Falle von Internet-Telefondiensten auch die Internetprotokoll-Adresse des anrufenden und des angerufenen Anschlusses.

²Satz 1 gilt entsprechend bei der Übermittlung einer Kurz-, Multimedia- oder ähnlichen Nachricht; hierbei sind anstelle der Angaben nach Satz 1 Nr. 2 die Zeitpunkte der Versendung und des Empfangs der Nachricht zu speichern.

(3) Die Anbieter von Diensten der elektronischen Post speichern:

1. bei Versendung einer Nachricht die Kennung des elektronischen Postfachs und die Internetprotokoll-Adresse des Absenders sowie die Kennung des elektronischen Postfachs jedes Empfängers der Nachricht,

2. bei Eingang einer Nachricht in einem elektronischen Postfach die Kennung des elektronischen Postfachs des Absenders und des Empfängers der Nachricht sowie die Internetprotokoll-Adresse der absendenden Telekommunikationsanlage,

3. bei Zugriff auf das elektronische Postfach dessen Kennung und die Internetprotokoll-Adresse des Abrufenden,

4. die Zeitpunkte der in den Nummern 1 bis 3 genannten Nutzungen des Dienstes nach Datum und Uhrzeit unter Angabe der zugrunde liegenden Zeitzone.

(4) Die Anbieter von Internetzugangsdiensten speichern:

1. die dem Teilnehmer für eine Internetnutzung zugewiesene Internetprotokoll-Adresse,

2. eine eindeutige Kennung des Anschlusses, über den die Internetnutzung erfolgt,

3. den Beginn und das Ende der Internetnutzung unter der zugewiesenen Internetprotokoll-Adresse nach Datum und Uhrzeit unter Angabe der zugrunde liegenden Zeitzone.

(5) Soweit Anbieter von Telefondiensten die in dieser Vorschrift genannten Verkehrsdaten für die in § 96 Abs. 2 genannten Zwecke auch dann speichern oder protokollieren, wenn der Anruf unbeantwortet bleibt oder wegen eines Eingriffs des Netzwerkmanagements erfolglos ist, sind die Verkehrsdaten auch nach Maßgabe dieser Vorschrift zu speichern.

(6) Wer Telekommunikationsdienste erbringt und hierbei die nach Maßgabe dieser Vorschrift zu speichernden Angaben verändert, ist zur Speicherung der ursprünglichen und der neuen Angabe sowie des Zeitpunktes der Umschreibung dieser Angaben nach Datum und Uhrzeit unter Angabe der zugrunde liegenden Zeitzone verpflichtet.

(7) Wer ein Mobilfunknetz für die Öffentlichkeit betreibt, ist verpflichtet, zu den nach Maßgabe dieser Vorschrift gespeicherten Bezeichnungen der Funkzellen auch Daten vorzuhalten, aus denen sich die geografischen Lagen der die jeweilige Funkzelle versorgenden Funkantennen sowie deren Hauptstrahlrichtungen ergeben.

(8) Der Inhalt der Kommunikation und Daten über aufgerufene Internetseiten dürfen auf Grund dieser Vorschrift nicht gespeichert werden.

(9) Die Speicherung der Daten nach den Absätzen 1 bis 7 hat so zu erfolgen, dass Auskunftsersuchen der berechtigten Stellen unverzüglich beantwortet werden können.

(10) ¹Der nach dieser Vorschrift Verpflichtete hat betreffend die Qualität und den Schutz der gespeicherten Verkehrsdaten die im Bereich der Telekommunikation erforderliche Sorgfalt zu beachten. ²Im Rahmen dessen hat er durch technische und organisatorische Maßnahmen sicherzustellen, dass der Zugang zu den gespeicherten Daten ausschließlich hierzu von ihm besonders ermächtigten Personen möglich ist.

(11) Der nach dieser Vorschrift Verpflichtete hat die allein auf Grund dieser Vorschrift gespeicherten Daten innerhalb eines Monats nach Ablauf der in Absatz 1 genannten Frist zu löschen oder die Löschung sicherzustellen.

Diese Vorschrift verstößt gemäß Urteil des BVerfG vom 2. 3. 2010 – Az 1 BvR 256/08 – gegen Art. 10 Abs. 1 GG und ist daher nichtig.

Überblick

Die zum 1. 1. 2008 in Kraft getretene Vorschrift ist die zentrale Regelung für die Umsetzung der Richtlinie 2006/24/EG des Europäischen Parlaments und des Rates v 15. 3. 2006 über die Vorratsspeicherung von Daten, die bei der Bereitstellung öffentlich zugänglicher elektronischer Kommunikations- dienste oder öffentlicher Kommunikationsnetze erzeugt oder verarbeitet werden. Danach werden die Adressaten sowie die Grundvoraussetzungen der Speicherungspflichten bestimmt, die zu speichernden Datenarten sowie die Speicherungsdauer festgelegt und Vorgaben für den Umgang mit den gespeicherten Daten sowie für deren Löschung gemacht. Grundsatz hierbei ist, dass nur Verkehrsdaten, in keinem Fall Inhaltsdaten einer Kommunikation gespeichert werden, so dass bspw auch kein Profil über die Informationsabfragen eines Nutzers oder dessen Surfgewohnheiten im Web erstellt werden kann! – Die Geltung der Regelungen über die Vorratsdatenspeicherung ist allerdings derzeit aufgrund der einstweiligen Anordnung des BVerfG v 11. 3. 2008 – Az 1 BvR 256/08 – sowie der ergänzenden einstweiligen Anordnung v 28. 10. 2008 – Az 1 BvR 256/08 –, verlängert für weitere sechs Monate am 22. 4. 2009, wie folgt, eingeschränkt: Die in dieser Vorschrift bezeichneten Daten dürfen zwar erhoben werden, eine Weitergabe nach § 113b TKG an Strafverfolgungsbehörden oder andere gesetzlich Auskunftsberechtigte ist aber aktuell nur dann zulässig, wenn Gegenstand des Ermittlungsverfahrens eine schwere Straftat iSd § 100a Abs 2 StPO ist, die auch im Einzelfall schwer wiegt, der Verdacht durch bestimmte Tatsachen begründet ist und die Erforschung des Sachverhalts auf andere Weise wesentlich erschwert oder aussichtslos wäre (§ 100a Abs 1 StPO). In den übrigen Fällen ist einstweilen von einer Übermittlung der Daten abzusehen. Ohnehin endete erst mit dem 1. 1. 2009 für die Anbieter von Internetzugangsdiensten, Diensten der elektronischen Post oder Internet-Telefondiensten vorgesehene Übergangsfrist, in welcher diese der Pflicht zur Vorratsdatenspeicherung noch nicht zwingend nachkommen mussten (§ 150 Abs 12b TKG).

Übersicht

	Rn		Rn
A. Bedeutung der Vorschrift	1	I. Verpflichtete	4
		II. Speicherungszweck	6
B. Rechtsentwicklung	2	III. Speicherungsumfang	7
C. Geltungsbereich	4	IV. Speicherort	11

TKG § 113 a

Telekommunikationsgesetz (Auszug)

	Rn		Rn
V. Art der Speicherung	12	III. Internet-Telefonie (VoIP)	21
VI. Speicherungsdauer	14	IV. Zusätzliche Telefoniedienste	22
VII. Löschungsverpflichtung	15	V. E-Mail	23
D. Speicherungsverpflichtungen bzgl einzelner Telekommunikationsdienste	17	VI. Internetzugang	26
		VII. Anonymisierungsdienste etc	29
I. Öffentlich zugängliche Telefondienste	17		
II. Mobilfunktelefonie	18		

A. Bedeutung der Vorschrift

1   Mit der Verbreitung der Mobiltelefone und deren Zusatzdiensten SMS (Short Message Service) und MMS (Multimedia Messaging Service), vor allem dem nicht mehr aufzuhaltenden „Siegeszug" des Internets mit E-Mail, Messengerdiensten und Internet-Telefonie ist Telekommunikation inzwischen Grundlage nahezu jeder zwischenmenschlicher Kommunikation geworden – sowohl hinsichtlich privater als auch geschäftlicher Kontakte. Nicht verwunderlich ist daher, dass schon sehr bald und in zunehmendem Umfang auch Straftäter das Internet für ihre Zwecke entdeckt haben und verwenden. Dabei kommt diesen Nutzern entgegen, dass wegen des Schutzes aus Art 10 GG für diese Kommunikationsformen und aus Gründen des Datenschutzes Einzelheiten und Daten solcher Kommunikation nur sehr eingeschränkt und allenfalls kurzzeitig für genau festgelegte Zwecke gespeichert werden durften. Dies hatte in der Mehrzahl der Fälle zur Folge, dass nach mittels Telekommunikation begangenen Straftaten Daten dieser Kommunikation, welche eine Identifizierung des Täters evtl ermöglicht hätten, regelmäßig bereits gelöscht waren, wenn Ermittlungsbehörden eine entsprechende Auskunft einholen wollten. Die Speicherung von Verkehrsdaten über einen Zeitraum von sechs Monaten (Abs 1 S 1) kann die Ermittlungsmöglichkeiten erheblich verbessern.

B. Rechtsentwicklung

2   Die Vorschrift wurde eingeführt durch das Gesetz zur Neuregelung der Telekommunikationsüberwachung v 21. 12. 2007 (BGBl I 3198), welches am 1. 1. 2008 in Kraft getreten ist. Neben Änderungen des Rechts der Telekommunikationsüberwachung und dessen Anpassung an verfassungsrechtliche Erfordernisse, insbes die ausdrückliche Regelung des Schutzes des Kernbereichs privater Lebensgestaltung (vgl § 100 a StPO Rn 51 ff), wurden weiterhin die das Strafverfahrensrecht betreffenden Vorgaben des von Deutschland am 23. 11. 2001 unterzeichneten Übereinkommens des Europarats über Computerkriminalität in das nationale Recht und schließlich mit § 113 a TKG u § 113 b TKG auch die Richtlinie 2006/24/EG des Europäischen Parlaments und des Rates v 15. 3. 2006 über die Vorratsspeicherung von Daten umgesetzt, die bei der Bereitstellung öffentlich zugänglicher elektronischer Kommunikationsdienste oder öffentlicher Kommunikationsnetze erzeugt oder verarbeitet werden. Dabei ist die nach Art 6 der Richtlinie vorgesehene Speicherungsdauer von mindestens sechs und höchstens 24 Monaten für das deutsche Recht an der unteren Grenze von sechs Monaten festgelegt (Abs 1 S 1). Die Richtlinie durfte, wie nunmehr der **EuGH** mit **Urt v 10. 2. 2009** (JZ 2009, 466 m krit Anm Ambos 468 ff) entschieden hat, auch auf der Grundlage des EG-Vertrages erlassen werden, so dass die dagegen gerichtete Nichtigkeitsklage Irlands ohne Erfolg blieb. Allerdings unterblieb mangels entsprechenden Klageziels eine Überprüfung hinsichtlich einer eventuellen Verletzung von Grundrechten, zumal die Vorratsdatenspeicherung selbst direkt nur die Tätigkeit der hiervon betroffenen Diensteanbieter betrifft und „nicht den Zugang zu den Daten oder deren Nutzung durch die Polizei- und Justizbehörden der Mitgliedstaaten".

3   Durch **einstweilige Anordnung des BVerfG v 11. 3. 2008** – Az 1 BvR 256/08 – sowie die **ergänzende einstweilige Anordnung v 28. 10. 2008** – Az 1 BvR 256/08 – ist der Auskunftsanspruch hinsichtlich gespeicherter Vorratsdaten derzeit eingeschränkt. Zwar besteht die nachstehend im Einzelnen näher dargelegte Verpflichtung der Telekommunikati-

onsdiensteleister zur Speicherung von Verkehrsdaten für einen Sechs-Monats-Zeitraum weiter fort, jedoch dürfen diese Daten im Rahmen eines auf gesetzlicher Grundlage beruhenden Auskunftsbegehrens nur übermittelt werden, wenn Gegenstand des zugrunde liegenden Ermittlungsverfahrens eine schwere Straftat im Sinne des § 100a Abs 2 StPO ist, die auch im Einzelfall schwer wiegt, und soweit auch die weiteren Voraussetzungen entsprechend § 100a Abs 1 StPO vorliegen (BVerfG aaO; vgl § 113b TKG dort § 113b TKG Rn 5). Die einstweilige Anordnung wurde durch B v 22. 4. 2009 sowie 15. 10. 2009 für die Dauer von weiteren sechs Monaten wiederholt. Eine Entscheidung des BVerfG über die anhängigen Klagen dürfte nicht vor dem 2. Quartal 2010 zu erwarten sein. Zwar wurde nunmehr für den 15. 12. 2009 Termin für die mündl Verhandlung festgesetzt. Allerdings wurde mit zeitgleichem Beschluss auch der Bundesregierung eine neuerliche Berichtspflicht für statistische Erhebungen auf den 1. 4. 2010 auferlegt. Zudem ist derzeit noch offen, ob und ggfs wie die in dem Koalitionsvertrag der CDU/CSU-FDP-Bundesregierung festgelegte weiter einschränkende Nutzungsverwendung für gespeicherte Vorratsdaten auf „Zugriffe zur Abwehr einer konkreten Gefahr für Leib, Leben und Freiheit" gesetzgeberisch umgesetzt wird.

C. Geltungsbereich

I. Verpflichtete

Nur diejenigen Personen oder Unternehmen, welche **öffentlich zugängliche Telekommunikationsdienste für Endnutzer erbringen,** sind zur Speicherung von Vorratsdaten verpflichtet (Abs 1 S 1). Öffentlich zugängliche Telekommunikationsdienste sind alle Telekommunikationsdienste iSv § 3 Nr 24 TKG, die jedermann zugänglich sind. Nach § 3 Nr 24 TKG fallen darunter die **„reinen" Telekommunikationsdienste** (also Dienste, die ausschließlich in der Übertragung von Signalen über Telekommunikationsnetze bestehen) sowie auch die **Dienste mit Doppelnatur,** die zwar unter den Rechtsrahmen für Telemedien fallen, aber zugleich Telekommunikationsdienste nach § 3 Nr 24 TKG sind, weil sie überwiegend aus der Übertragung von Signalen über Telekommunikationsnetze bestehen. Dies sind in erster Linie diejenigen Dienste, die sowohl der Bereitstellung eines Internetzugangs als auch der Übertragung elektronischer Post dienen. Auch Anonymisierungsdienste weisen allerdings eine solche Doppelnatur auf, da ihre Tätigkeit sowohl in der Durchleitung der Nachricht als auch in der Ersetzung der Ausgangskennung des Telekommunikationsnutzers besteht (BT-Drs 16/5846, 72). 4

Nicht statuiert sind demgemäß Speicherungspflichten für den **nicht öffentlichen Bereich,** bspw unternehmensinterne Netze, Nebenstellenanlagen oder E-Mail-Server von Universitäten für dort immatrikulierte Studierende oder Bedienstete sowie die Telematikinfrastruktur im Gesundheitswesen (BT-Drs 16/5846, 69). Weil das Gesetz nicht auf das Betreiben eigener Telekommunikationsanlagen sondern darauf abstellt, dass **Telekommunikationsdienste für Endnutzer erbracht** werden, sind auch diejenigen Diensteanbieter zur Speicherung verpflichtet, die selbst nicht Betreiber sind, sondern die Dienste anderer Anbieter in Anspruch nehmen. Auch wenn sie deshalb nicht selbst Verkehrsdaten erzeugen oder verarbeiten, haben sie dennoch sicherzustellen, dass die in dieser Vorschrift aufgeführten Daten gespeichert werden (Abs 1 S 2). 5

II. Speicherungszweck

Festlegungen zum Zweck der Speicherung, nämlich die Sicherstellung der Verfügbarkeit der in § 113a TKG genannten Daten für die Zwecke der Strafverfolgung, der Gefahrenabwehr sowie der Aufgabenerfüllung der Nachrichtendienste sind in dieser Vorschrift nicht ausdrücklich geregelt. Vielmehr ergibt sich die Verwendungsregelung aus § 113b S 1 Hs 1 TKG (§ 113b TKG Rn 4ff). 6

III. Speicherungsumfang

Der Umfang der zu speichernden Daten ergibt sich, je nach Telekommunikationsdienst, aus den Regelungen der Abs 2 bis Abs 8. Es handelt sich hierbei nur um **Verkehrs-** und teilweise um **Bestandsdaten** (Auskunft nach dynamischer IP-Adresse, vgl § 100a StPO dort 7

TKG § 113a   Telekommunikationsgesetz (Auszug)

s § 100a StPO Rn 15, § 113 TKG Rn 9), **nicht** aber um **Inhaltsdaten** einer Telekommunikation (vgl Abs 8). Nur die genannten Dienste, also Telefondienste (Abs 2 vgl Rn 17 ff), elektronische Post (Abs 3 vgl Rn 23) und Internetzugangsdienste (Abs 4 vgl Rn 26 ff) werden von der Speicherungsverpflichtung nach Abs 1 erfasst.

8   Weiterhin besteht nur dann eine Speicherungsverpflichtung, sofern auch die genannten **Daten** beim jeweiligen Erbringer von Telekommunikationsdiensten **erzeugt** werden, diese für ihn also im System bereits vorliegen, **oder von ihm weiterverarbeitet** werden (Abs 1 S 1). Eine Pflicht, solche Daten allein zum Zweck der Speicherung zu erzeugen, gibt es daher nicht. Zusammen mit der zusätzlichen **Einschränkung** der Speicherungspflicht auf die Erbringer von **Telekommunikationsdiensten für Endnutzer** wird eine Mehrfachspeicherung gleichartiger Daten weitgehend vermieden und der den Verpflichteten treffende Aufwand so gering wie möglich gehalten (BT-Drs 16/5846, 69).

9   Der Begriff des „**Verarbeitens**" ist in einem weiten Sinn zu verstehen und erfasst etwa auch die Fallgestaltung, dass ein Mobilfunknetzbetreiber die von einem Teilnehmer eines anderen Netzbetreibers initiierte Verbindung „übernimmt" und die Verbindung zu einem seiner Endnutzer herstellt; auch dies stellt ein („Weiter"-)Verarbeiten der vom anderen Netzbetreiber übermittelten Verkehrsdaten im Sinne dieser Vorschrift dar (BT-Drs 16/5846, 69).

10   Diejenigen Netzbetreiber aber, die **keine eigenen Telekommunikationsdienste** anbieten, sondern **lediglich** die hierfür erforderlichen **Übertragungswege bereitstellen**, sind vorbehaltlich der Regelung in Abs 6 nicht zur Speicherung der von anderen Diensteanbietern über die bereitgestellten Übertragungswege übermittelten Daten verpflichtet.

IV. Speicherort

11   Die auf Vorrat zu sichernden Daten sind, um auf Auskunftsanforderung eine unverzügliche Übermittlung zu gewährleisten (BT-Drs 16/5846, 70), im Inland oder in einem anderen Mitgliedstaat der Europäischen Union zu speichern (Abs 1 S 1 Hs 1).

V. Art der Speicherung

12   Die Speicherung hat entsprechend einer Vorgabe aus Art 8 der Richtlinie 2006/24/EG von dem Verpflichteten in einer Weise zu erfolgen, die eine **effektive und schnelle Recherche** zulässt und damit erforderliche Auskünfte unverzüglich erteilt werden können (Abs 9).

13   Weiterhin hat der Verpflichtete die zu speichernden Verkehrsdaten mit der Sorgfalt zu behandeln hat, die beim Umgang mit vom Fernmeldegeheimnis geschützten Daten erforderlich ist. Dies gilt sowohl im Hinblick auf die **Zuverlässigkeit einer korrekten und unveränderten Speicherung**, als auch für entsprechende Vorkehrungen, welche die gespeicherten Daten **vor unberechtigten Zugriffen schützen** (vgl Abs 10 S 1). Zudem hat der Verpflichtete durch technische und organisatorische Maßnahmen dafür Sorge zu tragen, dass auf die gespeicherten Verkehrsdaten ausschließlich **Personal zugreifen** kann, das hierzu **besonders ermächtigt** ist (Abs 10 S 2).

VI. Speicherungsdauer

14   Die in dieser Vorschrift aufgeführten Daten sind für die Dauer von **sechs Monaten** zu speichern, der Mindestspeicherungsdauer nach Art 6 RL 2006/24/EG. Die Beschränkung der Speicherungsdauer auf dieses von der RL vorgegebene Mindestmaß ist angemessen und stellt zudem eine möglichst grundrechtsschonende Umsetzung der Vorgaben dar (BT-Drs 16/5846, 70). Aber auch fachlich und unter Gesichtspunkten der Praxis dürfte diese Speicherungsdauer ausreichend sein, um in der Mehrzahl aller Fälle von Auskunftsersuchen eine Verfügbarkeit der erforderlichen Daten sicherzustellen; dies gilt erst Recht, wenn man mit der einstweiligen Anordnung des BVerfG vgl § 113b TKG (§ 113b TKG Rn 3.1) die Auskunftserteilung auf schwere Straftaten beschränken möchte; denn diese sollten bis auf höchst seltene Ausnahmen innerhalb von sechs Monaten bekannt werden.

VII. Löschungsverpflichtung

Die nach § 113a TKG gespeicherten Daten sind **innerhalb eines Monats nach Ablauf** 15
der Speicherungsfrist zu löschen (Abs 11). Mit dieser Regelung wird zwar die Speicherdauer um bis zu einen Monat verlängert; dadurch begrenzt sich jedoch der bei den Diensteanbietern erforderliche Aufwand gegenüber einer tagesgenauen Löschung (BT-Drs 16/5846, 72). Außerdem wird bei zweifelhaftem Fristbeginn (bspw zeitlich nicht einwandfreie Klärung des Absendens einer E-Mail) dem Dienstanbieter eine zeitaufwendige und ressourcenbindende Nachforschung erspart, indem die Löschung um zumindest einen Tag hinausgeschoben wird.

Auf begründetes Auskunftsverlangen sind die gespeicherten Daten herauszugeben, wobei 16
es mangels Einschränkung des § 113b TKG nichts daran ändert, ob die 6-Monats-Frist bereits abgelaufen ist oder nicht. Solange die Daten beim Diensteanbieter noch gespeichert sind, ist die entsprechende Auskunft zu erteilen. Insoweit gilt nichts anderes als in den Fällen, in denen ein Provider unter Verstoß gegen datenschutzrechtliche Bestimmungen Daten gespeichert hat vgl § 113b TKG Rn 4).

D. Speicherungsverpflichtungen bzgl einzelner Telekommunikationsdienste

I. Öffentlich zugängliche Telefondienste

Die Anbieter aller öffentlich zugänglichen Telefondienste haben zu speichern: 17

- **die Rufnummer oder andere Kennung des anrufenden Anschlusses (Abs 2 S 1 Nr 1),**
- **die Rufnummer oder andere Kennung des angerufenen Anschlusses (Abs 2 S 1 Nr 1),**
- **im Falle von Um- oder Weiterschaltungen die Rufnummer oder andere Kennung jedes weiteren beteiligten Anschlusses (Abs 2 S 1 Nr 1),**
- **den Beginn und das Ende der Verbindung nach Datum und Uhrzeit unter Angabe der zugrunde liegenden Zeitzone (Abs 2 S 1 Nr 2),**
- **in Fällen, in denen im Rahmen des Telefondienstes unterschiedliche Dienste genutzt werden können, Angaben zu dem genutzten Dienst (Abs 2 S 1 Nr 3).**

II. Mobilfunktelefonie

Bei mobilen Telefondiensten sind zusätzlich zu den vorgenannten Angaben zu speichern: 18

- **die internationale Kennung für mobile Teilnehmer für den anrufenden und den angerufenen Anschluss – IMSI – (Abs 2 S 1 Nr 4a),**
- **die internationale Kennung des anrufenden und des angerufenen Endgerätes – IMEI – (Abs 2 S 1 Nr 4b),**
- **die Bezeichnung der durch den anrufenden und den angerufenen Anschluss bei Beginn der Verbindung genutzten Funkzellen (Abs 2 S 1 Nr 4c),**
- **im Falle im Voraus bezahlter anonymer Dienste auch die erste Aktivierung des Dienstes nach Datum, Uhrzeit und Bezeichnung der Funkzelle (Abs 2 S 1 Nr 4d).**

Soweit einzelne Anbieter auch **vergebliche Anrufversuche** speichern, um angerufenen 19
Teilnehmern diese (meist per SMS oder Sprachnachricht) zur Kenntnis zu geben, unterfallen auch diese Daten der Speicherungsverpflichtung nach dieser Vorschrift (Abs 5).

Die Auskunftsverpflichtung beinhaltet auch geografische und technische Angaben zu den 20
gespeicherten Funkzellen (vgl Abs 2 S 1 Nr 4c), damit eine genauere Ermittlung des Standorts, von dem aus oder zu dem eine Telekommunikationsverbindung aufgebaut wurde, möglich ist (Abs 7).

III. Internet-Telefonie (VoIP)

21 Zusätzlich zu den unter Rn 17 u Rn 18 aufgeführten Daten sind bei Internet-Telefonaten zusätzlich auch die **Internetprotokoll-Adressen** des anrufenden und des angerufenen Anschlusses zu speichern, um so eine Bestimmung des Anschlusses zu ermöglichen, der Ziel oder Ursprung eines Internettelefonats war.

IV. Zusätzliche Telefoniedienste

22 Die inzwischen von praktisch allen Anbietern zur Verfügung gestellten Zusatzdienste für Telefonie, teilweise auch über eine Software-Lösung im Internet realisiert, wie die Übermittlung von Kurznachrichten (SMS), Multimedianachrichten (MMS) und vergleichbaren Nachrichten (zB EMS) unterliegen ebenfalls vorgenannten Speicherungsverpflichtungen, wobei sich die zu speichernden Zeitangaben mangels bestehender Verbindung auf die Versendung und den Empfang der Nachricht beziehen (Abs 2 S 2).

V. E-Mail

23 Die Anbieter öffentlich zugänglicher E-Mail-Dienste haben folgende Detailangaben zu speichern:

- **bei Versendung einer Nachricht die Kennungen des elektronischen Postfachs des Absenders und jedes Empfängers der Nachricht sowie die Internetprotokoll-Adresse der absendenden Telekommunikationsanlage (Abs 3 Nr 1),**
- **bei Eingang einer Nachricht in einem elektronischen Postfach die Kennung des elektronischen Postfachs des Absenders und des Empfängers der Nachricht sowie die Internetprotokoll-Adresse der absendenden Telekommunikationsanlage (Abs 3 Nr 2),**
- **bei Zugriff auf das elektronische Postfach dessen Kennung und die Internetprotokoll-Adresse des Abrufenden (Abs 3 Nr 3),**
- **die Zeitpunkte der in den Nummern 1 bis 3 genannten Nutzungen des Dienstes nach Datum und Uhrzeit unter Angabe der zugrunde liegenden Zeitzone (Abs 3 Nr 4).**

24 Die Speicherung umfangreicher Details, ohne dass jedoch Inhalte von E-Mails betroffen sind, beruht auf den aktuellen technischen Gegebenheiten der E-Mail-Kommunikation, welche in verschiedenen Phasen verläuft vgl § 100a StPO (§ 100a StPO Rn 27), und den unterschiedlichen Möglichkeiten des Zugriffs auf den E-Mail-Verkehr. Zugriff (Abs 3 Nr 3) ist dabei bereits schon die Kenntnisnahme der Kopfzeilen (Header) von eingegangenen E-Mails, unabhängig davon, ob der Zugriff per Webmail erfolgt oder durch Abfrage bzw Herunterladen mit einem speziellen E-Mail-Programm (BT-Drs 16/5846, 71).

24.1 Allerdings galt **bis zum 1. 1. 2009** für die Anbieter von Diensten der elektronischen Post eine **Übergangsfrist**, in welcher sie der Pflicht zur Vorratsdatenspeicherung noch nicht zwingend nachkommen müssen (§ 150 Abs 12b TKG).

25 Die Speicherung der Internetprotokoll-Adressen ist erforderlich, weil die jeweils übermittelte E-Mail-Adresse ohne größeren Aufwand oder besondere technische Kenntnisse – auch durch Verwendung von Zusatzprogrammen – verändert werden kann und teilweise vom Anbieter des E-Mail-Dienstes die Richtigkeit der Adress-Angaben nicht überprüft wird. Unter solchen Umständen wäre ohne gleichzeitige Speicherung der IP-Adresse die Rückverfolgbarkeit von E-Mails unmöglich oder zumindest aber erheblich erschwert.

VI. Internetzugang

26 Die Anbieter von Internetzugängen haben zu speichern:

- **die dem Teilnehmer für eine Internetnutzung zugewiesene Internetprotokoll-Adresse (Abs 4 Nr 1),**
- **eine eindeutige Kennung des Anschlusses, über den die Internetnutzung erfolgt (Abs 4 Nr 2),**

• den Beginn und das Ende der Internetnutzung unter der zugewiesenen Internetprotokoll-Adresse nach Datum und Uhrzeit unter Angabe der zugrunde liegenden Zeitzone (Abs 4 Nr 3).

Allerdings galt bis zum 1. 1. 2009 gilt für die Anbieter von Internetzugangsdiensten oder Internettelefondiensten eine Übergangsfrist, in welcher sie der Pflicht zur Vorratsdatenspeicherung noch nicht zwingend nachkommen mussten (§ 150 Abs 12 b TKG). **26.1**

Die einzelnen Detailangaben sind für Ermittlungszwecke unverzichtbar, um nachvollziehen zu können, welchem Anschluss zu einem bestimmten Zeitpunkt eine bestimmte Internetprotokoll-Adresse zugewiesen war; denn vielmals wird beim Begehen von strafbaren Handlungen nur die IP-Adresse feststellbar sein, welche dann unter Benutzung der Zusatzangaben identifizierbar wird. Die eindeutige Kennung des Anschlusses (Abs 4 Nr 2) kann sowohl die diesem zugewiesene Rufnummer wie auch die eher kryptische Kennung eines DSL-Anschlusses sein. **27**

Nicht zu speichern sind, was in Abs 8 nochmals ausdrücklich klargestellt wird, die im Internet aufgerufenen Adressen, sog URLs (Uniform Resource Locator). Entgegen manchen Einwänden im Rahmen öffentlicher Diskussionen vor Einführung der Vorratsdatenspeicherung wird es daher auf Grundlage der zu speichernden Internetdaten nicht möglich sein, das „Surfverhalten" von Internetnutzern nachzuvollziehen. **28**

VII. Anonymisierungsdienste etc

Anonymisierungsdienste werden von Nutzern eingesetzt, um im Internet gegenüber anderen Anbietern ihre Identität zu verschleiern, was durchaus sinnvoll sein kann, um etwa die ansonsten mögliche unerwünschte Zusendung von Werbematerial oder gar die Erstellung eines persönlichen Surfprofils zu unterbinden. Allerdings führt die Benutzung von Anonymisierungen auch dazu, dass Ermittlungen zu Straftaten hierdurch behindert werden. Dementsprechend gab es in der Vergangenheit verschiedentliche Bemühungen, solche Anonymisierungen aufzudecken. Durch die nunmehr in Abs 6 aufgenommenen Regelung wird klargestellt, dass auch Anonymisierungsdienste entsprechende Speicherungsverpflichtungen trifft, damit innerhalb des Speicherungszeitraums die anonymisierten Kennungen den realen Teilnehmeranschlüssen zugewiesen werden können (vgl BT-Drs 16/5846, 71, 72). **29**

§ 113 b Verwendung der nach § 113 a gespeicherten Daten

¹Der nach § 113 a Verpflichtete darf die allein auf Grund der Speicherungsverpflichtung nach § 113 a gespeicherten Daten
  1. zur Verfolgung von Straftaten,
  2. zur Abwehr von erheblichen Gefahren für die öffentliche Sicherheit oder
  3. zur Erfüllung der gesetzlichen Aufgaben der Verfassungsschutzbehörden des Bundes und der Länder, des Bundesnachrichtendienstes und des Militärischen Abschirmdienstes

an die zuständigen Stellen auf deren Verlangen übermitteln, soweit dies in den jeweiligen gesetzlichen Bestimmungen unter Bezugnahme auf § 113 a vorgesehen und die Übermittlung im Einzelfall angeordnet ist; für andere Zwecke mit Ausnahme einer Auskunftserteilung nach § 113 darf er die Daten nicht verwenden. ²§ 113 Abs. 1 Satz 4 gilt entsprechend.

Diese Vorschrift verstößt gemäß Urteil des BVerfG vom 2. 3. 2010 – Az 1 BvR 256/08 – gegen Art. 10 Abs. 1 GG und ist daher nichtig.

Überblick

Die Vorschrift regelt die Verwendung der nach Maßgabe von § 113 a TKG gespeicherten Verkehrsdaten. Danach darf der zur Speicherung verpflichtete Diensteanbieter diese Daten

TKG § 113 b   Telekommunikationsgesetz (Auszug)

für die in den Nr 1 bis Nr 3 genannten Zwecke (Verfolgung von Straftaten, Abwehr erheblicher Gefahren für die öffentliche Sicherheit, Erfüllung der gesetzlichen Aufgaben der Verfassungsschutzbehörden) an die hierfür jeweils zuständigen Stellen übermitteln, wenn dies im jeweils einschlägigen Fachgesetz (zB § 100 g StPO) unter Bezugnahme auf § 113 a TKG vorgesehen sind und eine entsprechende Einzelfall-Anordnung vorliegt.

Derzeit sind jedoch gem der einstweiligen Anordnung des BVerfG v 11. 3. 2008 – Az 1 BvR 256/08 – auf Grund eines Abrufersuchens einer Strafverfolgungsbehörde die verlangten Daten vom Telekommunikationsdienstebetreiber zwar zu erheben und zu speichern, aber nur dann an die Strafverfolgungsbehörde auch zu übermitteln, wenn Gegenstand des Ermittlungsverfahrens eine schwere Straftat im Sinne des § 100 a Abs 2 StPO ist, die auch im Einzelfall schwer wiegt, der Verdacht durch bestimmte Tatsachen begründet ist und die Erforschung des Sachverhalts auf andere Weise wesentlich erschwert oder aussichtslos wäre (§ 100 a Abs 1 StPO). In den übrigen Fällen ist von einer Übermittlung der Daten einstweilen abzusehen. Durch ergänzende einstweilige Anordnung des BVerfG v 28. 10. 2008 – Az 1 BvR 256/08 – wurde geregelt, dass Herausgabeverlangen aufgrund anderer gesetzlicher Ermächtigungen nach § 113 b S 1 Nr 2 u Nr 3 TKG ebenfalls nur unter den vorgenannten Bedingungen nachzukommen ist (vgl § 113 a TKG Rn 3).

Übersicht

	Rn		Rn
A. Grundlagen	1	I. Die Vorgaben des Gesetzes	4
I. Bedeutung der Vorschrift	1	II. Die nach Maßgabe der einstweiligen Anordnung des BVerfG v 11. 3. 2008 modifizierte, aktuell gültige Regelung	9
II. Rechtsentwicklung	2		
B. Geltungsbereich	4		

A. Grundlagen

I. Bedeutung der Vorschrift

1   Mit der Einführung der Speicherung von Verkehrsdaten auf Vorrat zum 1. 1. 2008 (vgl Rn 2) hat der Gesetzgeber den Weg einer grundsätzlich offenen Rechtsanwendung gewählt: Der Umfang der Speicherung ist in § 113 a TKG geregelt, das Auskunftsverfahren nebst Voraussetzungen in § 113 b TKG, der grundsätzliche Anspruch auf Auskunft muss sich jedoch aus Fachgesetzen ergeben. Aktuell gibt es bislang nur eine einzige fachgesetzliche Regelung in § 100 g StPO.

II. Rechtsentwicklung

2   Die Vorschrift wurde eingeführt durch das Gesetz zur Neuregelung der Telekommunikationsüberwachung v 21. 12. 2007 (BGBl I 3198), welches am 1. 1. 2008 in Kraft getreten ist. Neben Änderungen des Rechts der Telekommunikationsüberwachung und der Umsetzung des Übereinkommens des Europarats über Computerkriminalität in das nationale Recht wurde auch die Richtlinie 2006/24/EG des Europäischen Parlaments und des Rates vom 15. 3. 2006 über die Vorratsspeicherung von Daten umgesetzt (vgl ausführlich hierzu § 113 a TKG, § 113 a TKG Rn 2).

3   Durch **einstweilige Anordnung des BVerfG v 11. 3. 2008** – Az 1 BvR 256/08 – (vgl Rn 3.1) sowie die ergänzende **einstweilige Anordnung des BVerfG v 28. 10. 2008** – Az 1 BvR 256/08 – (vgl Rn 3.2), verlängert mit Beschl v 22. 4. 2009 und Beschl v 15. 10. 2009 (Az 1 BvR 256/08) für die Dauer von weiteren sechs Monaten, ist der nach dieser Vorschrift gesetzlich vorgesehene Auskunftsanspruch hinsichtlich gespeicherter Vorratsdaten derzeit eingeschränkt. Zwar besteht die Verpflichtung der Telekommunikationsdiensteleister zur Speicherung von Verkehrsdaten für einen Sechs-Monats-Zeitraum entspr § 113 a TKG (vgl § 113 a TKG Rn 7 ff) weiter fort, jedoch dürfen diese Daten im Rahmen eines auf gesetzlicher Grundlage beruhenden Auskunftsbegehrens aktuell nur unter den in der einstweilige Anordnung des BVerfG genannten Voraussetzungen übermittelt werden. Dementsprechend werden sich die nachfolgenden Ausführungen – nach einer kurzen Darstellung der gesetzlichen Vorgaben – hieran orientieren.

Die maßgeblichen Leitsätze der Entscheidung über den Erlass der einstweiligen Anordnung des BVerfG v 11. 3. 2008 lauten wie folgt: 3.1
- § 113 b Satz 1 Nummer 1 des Telekommunikationsgesetzes in der Fassung des Gesetzes vom 21. Dezember 2007 (Bundesgesetzblatt Teil I Seite 3198) ist bis zur Entscheidung in der Hauptsache nur mit folgenden Maßgaben anzuwenden: Aufgrund eines Abrufersuchens einer Strafverfolgungsbehörde nach § 100 g Absatz 1 der Strafprozessordnung, das sich auf allein nach § 113 a des Telekommunikationsgesetzes gespeicherte Telekommunikations-Verkehrsdaten bezieht, hat der durch das Abrufersuchen verpflichtete Anbieter von Telekommunikationsdiensten die verlangten Daten zu erheben. Sie sind jedoch nur dann an die ersuchende Behörde zu übermitteln, wenn Gegenstand des Ermittlungsverfahrens gemäß der Anordnung des Abrufs eine Katalogtat im Sinne des § 100 a Absatz 2 der Strafprozessordnung ist und die Voraussetzungen des § 100 a Absatz 1 der Strafprozessordnung vorliegen. In den übrigen Fällen des § 100 g Absatz 1 der Strafprozessordnung ist von einer Übermittlung der Daten einstweilen abzusehen. Der Diensteanbieter hat die Daten zu speichern. Er darf die Daten nicht verwenden und hat sicherzustellen, dass Dritte nicht auf sie zugreifen können.
- Die Bundesregierung hat dem Bundesverfassungsgericht zum 1. September 2008 nach Maßgabe der Gründe über die praktischen Auswirkungen der in § 113 a des Telekommunikationsgesetzes vorgesehenen Datenspeicherungen und der vorliegenden einstweiligen Anordnung zu berichten. Die Länder und der Generalbundesanwalt haben der Bundesregierung die für den Bericht erforderlichen Informationen zu übermitteln.
- Im Übrigen wird der Antrag auf Erlass einer einstweiligen Anordnung abgelehnt.

Die maßgeblichen Leitsätze der Entscheidung über den Erlass der ergänzenden einstweiligen Anordnung des BVerfG v 28. 10. 2008 lauten wie folgt: 3.2
- Die einstweilige Anordnung vom 11. März 2008 (Bundesgesetzblatt Teil I Seite 659), wiederholt durch Beschluss vom 1. September 2008 (Bundesgesetzblatt Teil I Seite 1850), wird für die Dauer von sechs Monaten, längstens jedoch bis zur Entscheidung über die Verfassungsbeschwerde, mit der Maßgabe wiederholt (§ 32 Absatz 6 Satz 2 BVerfGG), dass sich hinsichtlich des Berichts der Bundesregierung die Daten aus dem Wiederholungsbeschluss vom 1. September 2008 für das Ende des Berichtszeitraums und für die Vorlage des Berichts jeweils um einen Monat nach hinten verschieben.
- § 113 b Satz 1 Nummer 2 des Telekommunikationsgesetzes in der Fassung des Gesetzes vom 21. Dezember 2007 (Bundesgesetzblatt Teil I Seite 3198) ist für die Dauer von sechs Monaten, längstens jedoch bis zur Entscheidung über die Verfassungsbeschwerde mit folgenden Maßgaben anzuwenden: Im Falle eines Abrufs von allein nach § 113 a des Telekommunikationsgesetzes gespeicherten Verkehrsdaten zur Gefahrenabwehr hat die durch das Abrufersuchen verpflichtete Anbieter von Telekommunikationsdiensten die verlangten Daten zu erheben. Sie sind jedoch nur dann an die ersuchende Behörde zu übermitteln, wenn gemäß der Anordnung des Abrufs die Voraussetzungen der die Behörde zum Abruf der Verkehrsdaten ermächtigenden Rechtsnormen vorliegen und ihr Abruf zur Abwehr einer dringenden Gefahr für Leib, Leben oder Freiheit einer Person, für den Bestand oder die Sicherheit des Bundes oder eines Landes oder zur Abwehr einer gemeinen Gefahr erforderlich ist.
In den übrigen Fällen, in denen die Voraussetzungen der die ersuchende Behörde zum Abruf ermächtigenden Rechtsnormen nach der Abrufanordnung erfüllt sind, ist von einer Übermittlung der Daten einstweilen abzusehen. Der Diensteanbieter hat die Daten aber zu speichern. Er darf sie nicht verwenden und hat sicherzustellen, dass Dritte nicht auf sie zugreifen dürfen.
Die an die ersuchende Behörde übermittelten Daten dürfen nur zu den Zwecken verwendet werden, zu denen sie abgerufen worden sind. Zur Strafverfolgung dürfen sie nur übermittelt oder verwendet werden, wenn Gegenstand der Strafverfolgungsmaßnahme eine Katalogtat im Sinne von § 100 a Absatz 2 der Strafprozessordnung ist und die Voraussetzungen des § 100 a Absatz 1 der Strafprozessordnung vorliegen.
- § 113 b Satz 1 Nummer 3 des Telekommunikationsgesetzes in der Fassung des Gesetzes vom 21. Dezember 2007 (Bundesgesetzblatt Teil I Seite 3198) ist für die Dauer von sechs Monaten, längstens jedoch bis zur Entscheidung über die Verfassungsbeschwerde mit folgenden Maßgaben anzuwenden: Im Falle eines Abrufs von allein nach § 113 a des Telekommunikationsgesetzes gespeicherten Verkehrsdaten zu den in § 113 b Satz 1 Nummer 3 des Telekommunikationsgesetzes genannten Zwecken hat der durch das Abrufersuchen verpflichtete Anbieter von Telekommunikationsdiensten die verlangten Daten zu erheben. Sie sind jedoch nur dann an die ersuchende

TKG § 113 b Telekommunikationsgesetz (Auszug)

Behörde zu übermitteln, wenn gemäß der Anordnung des Abrufs neben den Voraussetzungen der die Behörde zum Abruf der Verkehrsdaten ermächtigenden Rechtsnormen auch die Voraussetzungen von § 1 Absatz 1, § 3 des Gesetzes zur Beschränkung des Brief-, Post- und Fernmeldegeheimnisses (Artikel 10-Gesetz) in der Fassung vom 21. Dezember 2007 (Bundesgesetzblatt Teil I Seite 3198) vorliegen.

In den übrigen Fällen, in denen die Voraussetzungen der die ersuchende Behörde zum Abruf ermächtigenden Rechtsnormen nach der Abrufanordnung erfüllt sind, ist von einer Übermittlung der Daten einstweilen abzusehen. Der Diensteanbieter hat die Daten zu speichern. Er darf die Daten nicht verwenden und hat sicherzustellen, dass Dritte nicht auf sie zugreifen können.

Die an die ersuchende Behörde übermittelten Daten dürfen nur zu den Zwecken verwendet werden, zu denen sie abgerufen worden sind. Anderen Behörden dürfen sie nur nach Maßgabe des § 4 Absatz 4 des Artikel 10-Gesetzes übermittelt werden.

- Im Übrigen wird der erweiterte Antrag auf Erlass einer einstweiligen Anordnung vom 14. August 2008 abgelehnt.

B. Geltungsbereich

I. Die Vorgaben des Gesetzes

4   Die Vorschrift betrifft das Übermittlungsverlangen von **Daten**, welche **auf Grund** der Vorratsdatenregelung des **§ 113 a TKG gespeichert** sind. Die vom Diensteanbieter nach anderen rechtlichen Grundlagen gespeicherten Daten, selbst die ohne zureichende rechtliche Grundlage gesicherten Daten, sind nach allgemeinen Vorschriften herauszugeben.

5   Nach der gesetzlichen Vorgabe (nunmehr modifiziert durch die einstweiligen Anordnungen des BVerfG, vgl Rn 3.1 und Rn 3.2) sollen die nach § 113 a TKG gespeicherten Daten herausgegeben werden:

- zur Verfolgung von Straftaten,
- zur Abwehr von erheblichen Gefahren für die öffentliche Sicherheit oder
- zur Erfüllung der gesetzlichen Aufgaben der Verfassungsschutzbehörden des Bundes und der Länder, des Bundesnachrichtendienstes und des Militärischen Abschirmdienstes.

6   Zusätzlich muss das Herausgabeverlangen fachgesetzlich durch eine Ermächtigung gestützt sein, welche auf § 113 a TKG Bezug nimmt, sowie eine darauf beruhende Anordnung für das konkrete Auskunftsbegehren. Hinsichtlich der fachgesetzlichen Regelung in § 100 g StPO wäre somit eine entsprechende richterliche Anordnung dem Diensteanbieter zu übermitteln.

7   Die Rechtmäßigkeit des Auskunftsverlangens ist von den auskunftsberechtigten Stellen selbst zu prüfen. Dem **Dienstanbieter** kommt **weder** eine **inhaltliche Prüfungspflicht noch -befugnis** zu. Der Diensteanbieter hat sich allerdings zu vergewissern, ob es sich bei dem die Übermittlung Verlangenden um eine für die in § 113 b TKG genannten Aufgaben zuständige Stelle handelt, die zur Ausübung des Übermittlungsverlangens legitimiert ist (BT-Drs 16/5846, 72). Bei Vorlage einer erforderlichen Einzelfallanordnung (etwa einem Beschluss eines Ermittlungsgerichts nach § 100 g StPO iVm § 100 b StPO) entfällt aber auch insoweit zumindest dann eine Prüfungspflicht, wenn ein **Gericht** die **Anordnung getroffen** und damit inzident diese Prüfungen bereits vorgenommen hat.

8   Wird die erbetene Auskunft erteilt, hat der Diensteanbieter gegenüber seinen Kunden sowie gegenüber Dritten Stillschweigen über eine Auskunftserteilung zu wahren, sodass verdeckt geführte Ermittlungen nicht vorzeitig bekannt werden können (S 2 iVm § 113 Abs 1 S 4 TKG).

II. Die nach Maßgabe der einstweiligen Anordnung des BVerfG v 11. 3. 2008 modifizierte, aktuell gültige Regelung

9   Die Entsch des BVerfG v 11. 3. 2008 (vgl Rn 3) betrifft allein die **Regelung unter Nr 1** dieser Vorschrift, weil es damals mit § 100 g StPO nur eine fachgesetzliche Regelung gab. Zu einer Aussetzung des Vollzugs von § 113 b S 1 Nr 2 u Nr 3 TKG sah das mangels weiterer fachgesetzlicher Abrufermächtigungen Gericht zunächst keinen Anlass (vgl Rn 9.1), ergänzte jedoch die einstweilige Anordnung insoweit durch Beschl v 28. 10. 2008 (vgl

Telekommunikationsgesetz (Auszug) § 113 b TKG

Rn 3.2), welche mit Beschl v 22. 4. 2009 und Beschl v 15. 10. 2009 (Az 1 BvR 256/08) für die Dauer von weiteren sechs Monaten verlängert wurde.

Rn 185-187 der einstweiligen Anordnung des BVerfG v 11. 3. 2008 lauten wie folgt: **9.1**
185 Zur Aussetzung des Vollzugs von § 113 b Satz 1 Nr. 2 und 3 TKG besteht jedenfalls zurzeit kein Anlass.
186 Diese Regelungen öffnen den nach § 113 a TKG bevorrateten Datenbestand für Abrufe mit präventiver Zielsetzung durch Gefahrenabwehr- und Sicherheitsbehörden. Insoweit läuft § 113 b TKG jedoch gegenwärtig noch leer, da bislang keine fachrechtlichen Abrufermächtigungen bestehen, die ausdrücklich auf § 113 a TKG Bezug nehmen. Angesichts dessen drohen schwere Nachteile für den Einzelnen und die Allgemeinheit durch solche Abrufe zum jetzigen Zeitpunkt nicht.
187 Den Beschwerdeführern bleibt unbenommen, gegebenenfalls einen Antrag auf Aussetzung des Vollzugs von § 113 b Satz 1 Nr. 2 und 3 TKG zu stellen, wenn Nachteile durch diese Regelungen konkret absehbar sind, weil fachrechtliche Ermächtigungen zum Abruf der bevorrateten Daten geschaffen wurden oder ihre Regelung unmittelbar bevorsteht. Welche Erfolgsaussichten ein solcher Antrag haben würde, bedarf hier keiner Entscheidung.

Die für Nr 1 dieser Vorschrift maßgebliche Ermächtigung des § 100 g StPO erfordert als **10**
Anlasstat für eine Anordnung, dass der Verdacht einer Straftat von auch im Einzelfall erheblicher Bedeutung, insbesondere einer der in § 100 a Abs 2 StPO bezeichneten Straftaten, oder aber einer mittels Telekommunikation begangen Straftat vorliegt. Für die Gruppe der letztgenannten Taten, auch wenn diese wegen der Art der Tatbegehung regelmäßig überhaupt nur mit auf Vorrat gespeicherten Daten ermittelbar sind, ist vorläufig eine Übermittlung der allerdings weiterhin zu speichernden Daten untersagt (vgl Rn 10.1).

Das BVerfG führt insoweit aus (Rn 164 ff): **10.1**
(b) Die Übermittlung und Nutzung der von einem Diensteanbieter auf ein Abrufersuchen hin erhobenen Daten sind allerdings in den Fällen nicht zu beschränken, in denen Gegenstand des Ermittlungsverfahrens eine Katalogtat im Sinne des § 100 a Abs 2 StPO ist und zudem die Voraussetzungen des § 100 a Abs 1 StPO vorliegen. Die einstweilige Anordnung erfasst hingegen die übrigen Anwendungsfälle der Abrufermächtigung des § 100 g Abs 1 StPO.
(aa) Wird die Übermittlung und Nutzung der abgerufenen Daten an die Strafverfolgungsbehörden ausgesetzt, so können die weiteren Ermittlungen dadurch bis zur Entscheidung über die Verfassungsbeschwerde verzögert werden. Diese Verzögerung kann im Einzelfall zur Folge haben, dass das betroffene Ermittlungsverfahren ganz oder teilweise erfolglos bleibt, obwohl es ohne die Aussetzung erfolgreich hätte abgeschlossen werden können. Insbesondere können Beweismittel zwischenzeitlich verloren gehen, die ohne die Verzögerung der weiteren Ermittlungen verfügbar gewesen und im Anschluss an den Datenabruf erhoben worden wären.
Inwieweit dieses Risiko um des Schutzes der Betroffenen willen hinzunehmen ist, hängt von dem Gewicht des staatlichen Ermittlungsinteresses ab. Das Bundesverfassungsgericht hat für dessen Beurteilung im Eilverfahren grundsätzlich von der Einschätzung des Gesetzgebers auszugehen.
Der Gesetzgeber hat in § 100 a Abs 2 StPO die dort benannten Straftaten als so schwer eingestuft, dass sie nach seiner Einschätzung eine Überwachung der Telekommunikation rechtfertigen, die durch einen Abruf von Verkehrsdaten nach § 100 g StPO vorbereitet werden kann. Für Telekommunikationsüberwachungen liegt auf der Hand, dass durch eine Verzögerung des Ermittlungsverfahrens Beweismittel unwiederbringlich verloren gehen können. Der Verkehrsdatenabruf kann auch dazu dienen, Ermittlungsansätze zu gewinnen, ohne eine Telekommunikationsüberwachung vorzubereiten. Auch in diesen Fällen liefert der in § 100 a Abs 2 StPO enthaltene Straftatenkatalog eine Leitlinie dafür, welche Straftaten der Gesetzgeber als so schwerwiegend bewertet, dass sie auch gewichtige Eingriffe in das Grundrecht aus Art 10 Abs 1 GG rechtfertigen können.
Dabei ist im Verfahren über den Erlass einer einstweiligen Anordnung nicht zu prüfen, ob der deutsche Gesetzgeber durch die Richtlinie 2006/24/EG verpflichtet war, sämtliche der in § 100 a Abs 2 StPO aufgeführten Straftaten in die Abrufermächtigung des § 100 g StPO einzubeziehen. Jedenfalls verfügte der Gesetzgeber bei der Umsetzung der Richtlinie insoweit über einen beachtlichen Einschätzungs- und Regelungsspielraum. Es ist nicht ersichtlich, dass der Gesetzgeber aufgrund der Richtlinie verpflichtet war, noch weitere, in dem Katalog nicht genannte Straftaten als Anlasstaten für einen Verkehrsdatenabruf ausreichen zu lassen.
(bb) Soweit das Ermittlungsverfahren, in dessen Rahmen gemäß § 100 g Abs 1 Nr. 1 StPO in Verbindung mit § 113 b Satz 1 Nr. 1 TKG bevorratete Telekommunikations-Verkehrsdaten abgerufen werden sollen, sich auf eine Straftat bezieht, die in dem Katalog des § 100 a Abs 2 StPO aufgeführt ist, hat das öffentliche Strafverfolgungsinteresse nach der im Eilverfahren zugrunde zu

legenden Einschätzung des Gesetzgebers grundsätzlich derartiges Gewicht, dass eine Verzögerung durch eine einstweilige Anordnung nicht hingenommen werden kann.

Allerdings ist § 100 g Abs 1 Nr. 1 StPO in Verbindung mit § 100 a Abs 2 StPO im Interesse eines größtmöglichen Schutzes der Nutzer von Telekommunikationsdienstleistungen für die Dauer der einstweiligen Anordnung insoweit einengend anzuwenden, als ein Abruf der nach § 113 a TKG gespeicherten Verkehrsdaten zusätzlich voraussetzt, dass die - nur teilweise auch in § 100 g StPO aufgeführten - Anforderungen vorliegen, die § 100 a Abs 1 StPO aufstellt. Nur wenn die Katalogtat auch im Einzelfall schwer wiegt (§ 100 a Abs 1 Nr. 2 StPO), ist sichergestellt, dass die gesetzgeberische Einschätzung der Schwere der betroffenen Katalogtat trägt (vgl. zu der Abrufermächtigung des § 100 g StPO a. F. BVerfGE 107, 299 <322>). Zudem ist zumindest grundsätzlich nur dann, wenn anzunehmen ist, dass die Erforschung des Sachverhalts oder die Ermittlung des Aufenthaltsorts des Beschuldigten auf andere Weise wesentlich erschwert oder aussichtslos wäre (§ 100 a Abs 1 Nr. 3 StPO), zu besorgen, dass eine Verzögerung der Nutzung der bevorrateten Verkehrsdaten die Strafverfolgung insgesamt vereitelt. Ein derartiges Misserfolgsrisiko dürfte in Fällen, in denen die Voraussetzungen von § 100 a Abs 1 Nr. 3 StPO nicht vorliegen, allenfalls ausnahmsweise drohen; dieses Restrisiko ist angesichts des Gewichts der Nachteile, die dem Einzelnen und der Allgemeinheit durch einen Abruf der bevorrateten Daten drohen, hinzunehmen.

(cc) In den Fällen des § 100 g Abs 1 StPO, in denen die Voraussetzungen von § 100 a Abs 1 und 2 StPO nicht vorliegen, ist hingegen die Übermittlung und Nutzung der bevorrateten Verkehrsdaten einstweilen auszusetzen.

Dies betrifft zunächst Ermittlungsverfahren, die sich zwar auf eine Katalogtat im Sinne des § 100 a Abs 2 StPO beziehen, hinsichtlich derer jedoch die Voraussetzungen des § 100 a Abs 1 StPO nicht vorliegen.

Zudem reicht die Abrufermächtigung des § 100 g Abs 1 StPO hinsichtlich der aufzuklärenden Straftaten über den Katalog des § 100 a Abs 2 StPO hinaus. Verkehrsdatenabrufe werden auch ermöglicht, wenn eine sonstige „Straftat von auch im Einzelfall erheblicher Bedeutung" betroffen ist (§ 100 g Abs 1 Nr. 1 StPO) oder wenn die Straftat mittels Telekommunikation begangen wurde (§ 100 g Abs 1 Nr. 2 StPO). In diesen Fällen ist das Risiko hinzunehmen, dass eine Verzögerung der Datennutzung das Ermittlungsverfahren insgesamt vereitelt. Dieses Risiko ist dadurch gemildert, dass den Strafverfolgungsbehörden die ihnen schon bisher eröffneten Möglichkeiten des Zugriffs auf die von den Telekommunikations-Diensteanbietern im eigenen Interesse, etwa gemäß § 97 in Verbindung mit § 96 Abs 1 TKG zur Entgeltabrechnung, gespeicherten Telekommunikations-Verkehrsdaten erhalten bleiben. Ferner hat § 100 g Abs 1 StPO die bisherigen Befugnisse der Strafverfolgungsbehörden insoweit erweitert, als nunmehr auch eine Ausleitung von Verkehrsdaten in Echtzeit ermöglicht wird. Diese Erweiterung ist von den Beschwerdeführern nicht zum Gegenstand des vorliegenden Verfahrens und damit auch des Antrags auf einstweiligen Rechtsschutz gewählt worden. Diese Möglichkeit bleibt daher von der einstweiligen Anordnung unberührt.

Die Nichtaufnahme in den – bereits sehr weiten – Katalog des § 100 a Abs 2 StPO indiziert, dass der Gesetzgeber den verbleibenden Straftaten im Hinblick auf Eingriffe in das Grundrecht aus Art 10 Abs 1 GG geringere Bedeutung beigemessen hat. Dementsprechend geringer zu gewichten sind die Nachteile durch eine Aussetzung der Datennutzung, die im Rahmen der Folgenabwägung der Beeinträchtigung der Grundrechte der Betroffenen gegenüber zu stellen sind.

Zudem kann der Verkehrsdatenabruf in den Fällen, in denen Gegenstand des Ermittlungsverfahrens keine Katalogtat im Sinne des § 100 a Abs 2 StPO ist, nicht der Vorbereitung einer Telekommunikationsüberwachung, sondern lediglich der Gewinnung anderer Ermittlungsansätze dienen. In derartigen Fällen ist das Risiko, dass infolge einer Verzögerung der Datennutzung die Ermittlungen insgesamt erfolglos bleiben, eher hinzunehmen als in den Fällen des § 100 a Abs 2 StPO.

11 Danach besteht derzeit hinsichtlich des Auskunftsverlangen von Justizbehörden nach § 100 g StPO nur bei gleichzeitigem Vorliegen der **Voraussetzungen des § 100 a StPO** ein **Anspruch auf Übermittlung** von auf Vorrat gespeicherten Daten, **nicht aber in den übrigen vom Gesetzgeber festgelegten Fallgestaltungen**. Dies wird zumindest bis zur Entscheidung des BVerfG in der Hauptsache zur Folge haben, dass ein Großteil der unter Benutzung des Internets begangenen Straftaten – zumeist mangels anderweitiger Zuordnungsmöglichkeiten von festgestellten Internet-Protokoll-Adressen (IP-Nummern) zu konkreten Internet-Zugängen bzw -Anschlüssen – nicht aufklärbar sein werden.

12 Durch die **ergänzende einstweilige Anordnung v 28. 10. 2008** – Az 1 BvR 256/08 – wurden auf die zwischenzeitlich ergangenen landesgesetzlichen Regelungen in Bayern (vgl Rn 12.1 u Rn 12.2) und Thüringen (vgl Rn 12.3) die Auskunftsverpflichtungen nach

Telekommunikationsgesetz (Auszug) § 113 b TKG

§ 113 b S 1 Nr 2 und Nr 3 TKG gleichfalls vorläufig von den in der Anordnung v 11. 3. 2008 genannten engen Voraussetzungen abhängig gemacht (vgl Rn 3.2).

Das **bay PAG** ermöglicht in Art 34 b Abs 2 u Abs 3 iVm § 113 b S 1 Nr 2 TKG auch den **12.1** Zugriff auf nach § 113 a TKG gespeicherte Telekommunikationsverkehrsdaten:

Art. 34 b Mitwirkungspflichten der Diensteanbieter

(1) Ist eine Datenerhebung nach Art 34 a Abs. 1 oder Abs. 3 Satz 1 Nr. 1 angeordnet, hat jeder, der geschäftsmäßig Telekommunikationsdienste erbringt oder daran mitwirkt (Diensteanbieter), nach Maßgabe der Regelungen des Telekommunikationsgesetzes und der darauf beruhenden Rechtsverordnungen zur technischen und organisatorischen Umsetzung von Überwachungsmaßnahmen in der jeweils geltenden Fassung der Polizei die Überwachung und Aufzeichnung der Telekommunikation zu ermöglichen.

(2) ^{1} Die Polizei kann unter den Voraussetzungen des Art. 34 a Abs. 1 Satz 1 oder Abs. 3 Satz 1 Diensteanbieter verpflichten,
1. ihr vorhandene Telekommunikationsverkehrsdaten der in Art. 34 a Abs. 1 Satz 1 und Abs. 3 Satz 1 genannten Personen zu übermitteln,
2. Auskunft über deren zukünftige Telekommunikationsverkehrsdaten zu erteilen oder
3. ihr die für die Ermittlung des Standortes eines Mobilfunkendgerätes dieser Personen erforderlichen spezifischen Kennungen, insbesondere die Geräte und Kartennummer mitzuteilen.
^{2} Die Übermittlung von Daten über Telekommunikationsverbindungen, die zu diesen Personen hergestellt worden sind, darf nur angeordnet werden, wenn die Erforschung des Sachverhalts oder die Ermittlung ihres Aufenthaltsorts auf andere Weise aussichtslos oder wesentlich erschwert wäre. ^{3} Die Daten sind der Polizei unverzüglich zu übermitteln.

(3) Telekommunikationsverkehrsdaten sind alle nicht inhaltsbezogenen Daten, die im Zusammenhang mit einer Telekommunikation auch unabhängig von einer konkreten Telekommunikationsverbindung technisch erhoben und erfasst werden, **einschließlich der nach § 113 a des Telekommunikationsgesetzes gespeicherten Daten**, insbesondere
1. Berechtigungskennung, Kartennummer, Standortkennung sowie Rufnummer oder Kennung des anrufenden und angerufenen Anschlusses oder der Endeinrichtung,
2. Beginn und Ende der Verbindung nach Datum und Uhrzeit,
3. vom Kunden in Anspruch genommene Telekommunikationsdienstleistung,
4. Endpunkte fest geschalteter Verbindungen, ihr Beginn und Ende nach Datum und Uhrzeit.

Die in Bezug genommenen Voraussetzungen für eine entsprechende Anordnung nach Art 34 a PAG lauten:

Art. 34 a Datenerhebung und Eingriffe in den Telekommunikationsbereich

(1) ^{1}Die Polizei kann durch die Überwachung und Aufzeichnung der Telekommunikation personenbezogene Daten erheben
1. über die für eine Gefahr Verantwortlichen, soweit dies zur Abwehr einer dringenden Gefahr für den Bestand oder die Sicherheit des Bundes oder eines Landes oder für Leib, Leben oder Freiheit einer Person oder für Sachen, soweit eine gemeine Gefahr besteht, erforderlich ist, oder
2. über Personen, wenn konkrete Vorbereitungshandlungen für sich oder zusammen mit weiteren bestimmten Tatsachen die begründete Annahme rechtfertigen, dass sie eine schwerwiegende Straftat begehen werden oder
3. über Personen, soweit bestimmte Tatsachen die begründete Annahme rechtfertigen, dass
   a) sie für Personen nach Nrn. 1 oder 2 bestimmte oder von diesen herrührende Mitteilungen entgegennehmen, ohne insoweit das Recht zur Verweigerung des Zeugnisses nach §§ 53, 53 a StPO zu haben, oder weitergeben oder
   b) die unter Nrn. 1 oder 2 genannten Personen ihre Kommunikationseinrichtungen benutzen werden.
^{2} Datenerhebungen nach Satz 1 dürfen nur durchgeführt werden, wenn die Erfüllung einer polizeilichen Aufgabe auf andere Weise aussichtslos oder wesentlich erschwert wäre. ^{3} Wird erkennbar, dass in ein durch ein Berufsgeheimnis geschütztes Vertrauensverhältnis im Sinn der §§ 53, 53 a StPO eingegriffen wird, ist die Datenerhebung insoweit unzulässig, es sei denn, die Maßnahme richtet sich gegen den Berufsgeheimnisträger selbst. ^{4} Wird erkennbar, dass dem Kernbereich privater Lebensgestaltung zuzurechnende Daten betroffen sind und bestehen keine Anhaltspunkte dafür, dass diese Daten dem Zweck der Herbeiführung eines Erhebungsverbots dienen sollen, ist die Datenerhebung insoweit unzulässig.

(2) …

TKG § 113 b   Telekommunikationsgesetz (Auszug)

(3) ¹ Die Polizei kann bei Gefahr für Leben oder Gesundheit einer Person
1. durch die Überwachung und Aufzeichnung der Telekommunikation personenbezogene Daten über diese Person erheben oder
2. technische Mittel einsetzen, um den Standort eines von ihr mitgeführten Mobilfunkendgerätes zu ermitteln.
² Weitergehende Maßnahmen nach Art. 34 b Abs. 1 und 2 bleiben unberührt.

(4) …

12.2   Das bayerische Verfassungsschutzgesetz (bay VSG) ermöglicht in Art. 6 c Abs. 2 iVm § 113 b S. 1 Nr 3 TKG auch den Zugriff auf nach § 113 a TKG gespeicherte Telekommunikationsverkehrsdaten:

Art. 6 c Besondere Auskunftsersuchen und Einsatz technischer Mittel zur Ortung von Mobilfunkendgeräten

(1) ¹ Das Landesamt für Verfassungsschutz darf im Einzelfall bei denjenigen, die geschäftsmäßig Postdienstleistungen erbringen oder Telemedien anbieten oder daran mitwirken, Auskunft über Daten einholen, die für die Begründung, inhaltliche Ausgestaltung, Änderung oder Beendigung eines Vertragsverhältnisses über Postdienstleistungen oder Telemedien gespeichert worden sind, soweit dies zur Erfüllung der Aufgaben nach Art. 3 Abs. 1 Satz 1 erforderlich ist. ² Die Verpflichteten haben die Auskunft unentgeltlich zu erteilen.

(2) ¹ Das Landesamt für Verfassungsschutz darf im Einzelfall **auch im Rahmen des § 113 a des Telekommunikationsgesetzes (TKG)** vom 22. Juni 2004 (BGBl I S. 1190) in der jeweils geltenden Fassung Auskunft einholen bei
1. Luftfahrtunternehmen zu Namen und Anschriften von Kunden sowie zu Inanspruchnahme und Umständen von Transportleistungen, insbesondere zum Zeitpunkt von Abfertigung und Abflug und zum Buchungsweg,
2. Kreditinstituten, Finanzdienstleistungsinstituten und Finanzunternehmen zu Konten, Kontoninhaber und sonstigen Berechtigten sowie weiteren am Zahlungsverkehr Beteiligten und über Geldbewegungen und Geldanlagen, insbesondere über Kontostand und Zahlungsein- und -ausgänge,
3. denjenigen, die geschäftsmäßig Postdienstleistungen erbringen und daran mitwirken, zu den Umständen des Postverkehrs,
4. denjenigen, die geschäftsmäßig Telekommunikationsdienste erbringen oder daran mitwirken, zu Verkehrsdaten nach § 96 Abs. 1 Nrn. 1 bis 4 TKG und sonstigen zum Aufbau und zur Aufrechterhaltung der Telekommunikation notwendigen Verkehrsdaten und
5. denjenigen, die geschäftsmäßig Telemedien anbieten oder daran mitwirken, über
a) Merkmale zur Identifikation des Nutzers von Telemedien,
b) Angaben über Beginn und Ende sowie über den Umfang der jeweiligen Nutzung und
c) Angaben über die vom Nutzer in Anspruch genommenen Telemedien,
soweit dies zur Erfüllung der Aufgaben nach Art. 3 Abs. 1 Satz 1 erforderlich ist und tatsächliche Anhaltspunkte für eine schwerwiegende Gefahr für die in Art. 3 Abs. 1 genannten Schutzgüter vorliegen. ² Im Fall des Art. 3 Abs. 1 Satz 1 Nr. 1 gilt dies nur für Bestrebungen, die bezwecken oder auf Grund ihrer Wirkungsweise geeignet sind,
1. zu Hass- oder Willkürmaßnahmen gegen Teile der Bevölkerung aufzustacheln oder deren Menschenwürde durch Beschimpfen, böswilliges Verächtlichmachen oder Verleumden anzugreifen und dadurch die Bereitschaft zur Anwendung von Gewalt zu fördern und den öffentlichen Frieden zu stören oder
2. Gewalt anzuwenden oder vorzubereiten, einschließlich dem Befürworten, Hervorrufen oder Unterstützen von Gewaltanwendung, auch durch Unterstützen von Vereinigungen, die Anschläge gegen Personen oder Sachen veranlassen, befürworten oder androhen.
³ Die Verpflichteten haben die Auskunft unentgeltlich zu erteilen.

(3) Auskünfte nach Abs. 2 dürfen nur über Personen eingeholt werden, bei denen
1. tatsächliche Anhaltspunkte dafür vorliegen, dass sie die schwerwiegenden Gefahren nach Abs. 2 fördern, oder
2. auf Grund bestimmter Tatsachen anzunehmen ist
a) bei Auskünften nach Abs. 2 Satz 1 Nrn. 1, 2 und 5, dass sie die Leistung für eine Person nach Nr. 1 in Anspruch nehmen oder
b) bei Auskünften nach Abs. 2 Satz 1 Nrn. 3 und 4, dass sie für eine Person nach Nr. 1 bestimmte oder von ihr herrührende Mitteilungen entgegennehmen oder weitergeben oder im Fall des Abs. 2 Satz 1 Nr. 4, dass eine Person nach Nr. 1 ihre Kommunikationseinrichtung benutzt.

(4) …

Das Polizeiaufgabengesetz Thüringen ermöglicht eine Einholung von Auskünften über gespeicherte Vorratsdaten nach § 34a Abs. 1 u 3:   12.3

§ 34a Überwachung der Telekommunikation, Datenerhebung von Mobilfunkkarten und -endgeräten und sonstige Eingriffe

(1) Die Polizei kann unter Mitwirkung eines Diensteanbieters (§ 3 Nr. 6 des Telekommunikationsgesetzes – TKG -)
1. die laufenden Telekommunikationsinhalte überwachen und aufzeichnen,
2. die innerhalb des Telekommunikationsnetzes in Datenspeichern abgelegten Inhalte und
3. Verkehrsdaten (§ 96 Abs. 1 und **§ 113a TKG**) erheben.
Erfolgt die Erhebung von Verkehrsdaten nicht beim Diensteanbieter, gelten für sie nach Abschluss des Kommunikationsvorgangs im Übrigen die allgemeinen Bestimmungen dieses Gesetzes und des Telemediengesetzes.

(2) Die Polizei kann mit Hilfe von eigenen technischen Erfassungsanlagen
1. die laufenden Telekommunikationsinhalte überwachen und aufzeichnen,
2. die Gerätenummer eines Mobilfunkendgerätes und die Kartennummer der darin verwendeten Karte und
3. die Standortdaten des Mobilfunkendgerätes (§ 96 Abs. 1 Nr. 1 TKG)
erheben. Ferner kann die Polizei die laufenden Telekommunikationsinhalte in der Weise überwachen und aufzeichnen, dass mit informationstechnischen Programmen in vom Betroffenen genutzte informationstechnische Systeme eingegriffen wird, wenn
1. durch technische Maßnahmen sichergestellt ist, dass ausschließlich eine laufende Telekommunikation überwacht und aufgezeichnet wird, und
2. der Eingriff in das informationstechnische System notwendig ist, um die Überwachung und Aufzeichnung der Telekommunikation in unverschlüsselter Form zu ermöglichen.
Im Übrigen ist ein Zugriff auf Dateien sowie alle anderen auf dem informationstechnischen System integrierten technischen Systemkomponenten unzulässig.

(3) Eine Maßnahme nach den Absätzen 1 oder 2 ist nur zulässig
1. bei einer für eine Gefahr verantwortlichen Person, soweit dies zur Abwehr einer dringenden Gefahr für den Bestand oder die Sicherheit des Bundes oder eines Landes oder für Leib, Leben oder Freiheit einer Person oder für Sachen, soweit eine gemeine Gefahr besteht, zwingend erforderlich ist,
2. bei einer Person zur Verhütung einer Straftat, wenn konkrete Planungs- und Vorbereitungshandlungen für sich oder zusammen mit weiteren bestimmten Tatsachen die begründete Annahme rechtfertigen, dass die Straftat im Sinne des § 31 Abs. 5 begangen werden soll, wobei solche Tatsachen insbesondere darin bestehen können, dass die Person
a) mit einer anderen Person die Begehung einer solchen Straftat verabredet,
b) eine andere Person zur Begehung einer solchen Straftat anzuwerben versucht,
c) sich zur Begehung einer solchen Straftat ernstlich bereit erklärt,
d) Tatmittel für eine solche Straftat beschafft oder Verhandlungen zu diesem Zweck aufnimmt,
e) ein mögliches Tatobjekt einer solchen Straftat auskundschaftet,
f) sich zur Begehung einer solchen Straftat schulen ließ oder lässt oder
g) sich ein Alibi für eine solche Straftat verschafft, oder
3. bei Personen, soweit Tatsachen die Annahme rechtfertigen, dass
a) sie für nach den Nummern 1 oder 2 verantwortliche Personen bestimmte oder von diesen herrührende Mitteilungen entgegennehmen oder weitergeben sowie
b) nach den Nummern 1 oder 2 verantwortlichen Personen ihre Kommunikationseinrichtungen benutzen werden
und die Erfüllung einer polizeilichen Aufgabe ohne die Erkenntnisse aus dieser Maßnahme oder den damit verbundenen Maßnahmen wesentlich erschwert oder aussichtslos wäre. Die Datenerhebung von Verkehrsdaten nach Absatz 1 Nr. 3 kann unter den Voraussetzungen des Satzes 1 mit der Maßgabe, dass eine dringende Gefahr nach Satz 1 Nr. 1 oder eine in Satz 1 Nr. 2 beschriebene Straftat nach § 31 Abs. 5 Satz 1 vorliegt, auch für einen zurückliegenden Zeitraum verlangt werden, der zwei Monate nicht überschreiten darf. Die Erhebung dieser Daten über andere als die in Satz 1 genannten Personen ist zulässig, soweit dies eine unvermeidliche Folge der Maßnahme ist.

(4) …

Betäubungsmittelgesetz (Auszug)

BtMG

Sechster Abschnitt. Straftaten und Ordnungswidrigkeiten (§§ 29-34) (Auszug)

§ 31 a Absehen von der Verfolgung

(1) [1]Hat das Verfahren ein Vergehen nach § 29 Abs. 1, 2 oder 4 zum Gegenstand, so kann die Staatsanwaltschaft von der Verfolgung absehen, wenn die Schuld des Täters als gering anzusehen wäre, kein öffentliches Interesse an der Strafverfolgung besteht und der Täter die Betäubungsmittel lediglich zum Eigenverbrauch in geringer Menge anbaut, herstellt, einführt, ausführt, durchführt, erwirbt, sich in sonstiger Weise verschafft oder besitzt. [2]Von der Verfolgung soll abgesehen werden, wenn der Täter in einem Drogenkonsumraum Betäubungsmittel lediglich zum Eigenverbrauch, der nach § 10 a geduldet werden kann, in geringer Menge besitzt, ohne zugleich im Besitz einer schriftlichen Erlaubnis für den Erwerb zu sein.

(2) [1]Ist die Klage bereits erhoben, so kann das Gericht in jeder Lage des Verfahrens unter den Voraussetzungen des Absatzes 1 mit Zustimmung der Staatsanwaltschaft und des Angeschuldigten das Verfahren einstellen. [2]Der Zustimmung des Angeschuldigten bedarf es nicht, wenn die Hauptverhandlung aus den in § 205 der Strafprozeßordnung angeführten Gründen nicht durchgeführt werden kann oder in den Fällen des § 231 Abs. 2 der Strafprozeßordnung und der §§ 232 und 233 der Strafprozeßordnung in seiner Abwesenheit durchgeführt wird. [3]Die Entscheidung ergeht durch Beschluß. [4]Der Beschluß ist nicht anfechtbar.

Überblick

§ 31 a Abs 1 S 1 BtMG bezweckt eine Verfahrensvereinfachung sowie eine flexible und einheitliche Verfolgungspraxis (Körner BtMG § 31 a Rn 2 ff). Unter den Voraussetzungen des § 29 Abs 5 BtMG kann die Staatsanwaltschaft das Verfahren ohne Zustimmung des Gerichts einstellen, wenn die Schuld des Täters gering ist und kein öffentliches Interesse an der Strafverfolgung besteht.

§ 31 a Abs 1 S 2 BtMG bezweckt die Legalisierung des Besitzes einer geringen Konsummenge. Dadurch sollen die Einrichtung und der Betrieb von Drogenkonsumräumen erleichtert werden (Körner BtMG § 31 a Rn 97 ff).

A. Anwendungsbereich des § 31 a Abs 1 S 1

1 § 31 a Abs 1 S 1 BtMG ist lex specialis zu § 29 Abs 5 BtMG und zu § 153 b StPO. Die Regelung umfasst alle Fälle des § 29 Abs 5 BtMG, bei denen die Schuld des Täters gering ist und kein öffentliches Interesse an der Strafverfolgung besteht (BVerfG NJW 1994, 1577, 1583; Körner BtMG § 31 a Rn 12). § 29 Abs 5 BtMG ist nur noch dann anwendbar, wenn die Schuld nicht gering ist oder das öffentliche Interesse an der Strafverfolgung nicht verneint werden kann.

2 Sind die Voraussetzungen des § 31 a Abs 1 S 1 BtMG gegeben, geht die Vorschrift auch den § 153 StPO, § 153 a StPO vor (Körner BtMG § 31 a Rn 13). Darüber hinaus wird die

Betäubungsmittelgesetz (Auszug) § 31a BtMG

Anwendbarkeit der § 153 StPO, § 153a StPO nicht eingeschränkt (BVerfG NJW 1994, 1582f; Körner BtMG § 31a Rn 13). Für § 153 StPO, § 153a StPO bleibt insbesondere Raum, wenn die geringe Menge leicht überschritten wird.

Bei den § 45 JGG, § 47 JGG steht die erzieherische Wirkung der Maßnahme im Vordergrund. Sie gehen daher der Einstellungsmöglichkeit nach dem BtMG vor (Körner BtMG § 31a Rn 14). 3

B. Voraussetzungen des § 31a Abs 1 S 1

Die Vorschrift erfasst alle vorsätzlichen und fahrlässigen **Tathandlungen** des § 29 Abs 1und 2 BtMG, soweit sie dem **Eigenkonsum** dienen. Auf Handlungen, die den Vertrieb von Betäubungsmitteln betreffen, Abgabe, Handeltreiben, Veräußern, Verschreiben, Verabreichen, Überlassen zum Verbrauch oder sonstiges Inverkehrbringen, ist § 31a BtMG nicht anwendbar. Will der Täter einen Teil des Rauschgifts verschenken, liegt kein Eigenkonsum vor (OLG Koblenz NJW 1975, 1471). Erwerben mehrere Personen eine bestimmte Rauschgiftmenge, deren Aufteilung in für den jeweiligen Eigenverbrauch bestimmte Anteile bereits vereinbart ist, so liegt für jeden von ihnen ein Erwerb lediglich zum Eigenverbrauch vor (OLG Stuttgart NStZ-RR 1998, 214). Erwirbt hingegen ein Beteiligter Rauschgift, das später mit mehreren zum Eigenverbrauch aufgeteilt werden soll, greift § 31a BtMG nicht (OLG Stuttgart NStZ-RR 1998, 214). 4

Die Anwendbarkeit der Vorschrift, die in erster Linie der Entlastung der Strafverfolgungsbehörden dient (BayObLG NStZ 1994, 496), ist nicht auf bestimmte **Tätergruppen** beschränkt. Insbesondere bei Wiederholungstätern, Dauerkonsumenten und Abhängigen muss jedoch geprüft werden, ob die Schuld gering ist und kein öffentliches Interesse an der Strafverfolgung vorliegt. 5

§ 31a BtMG gilt für alle **Arten von Betäubungsmitteln**, auch für harte Drogen. Die Art der Droge kann aber bei der Ermessensentscheidung berücksichtigt werden (vg Rn 12). 6

Eine Einstellung des Verfahrens kommt nur bei einer **geringen Menge** von Betäubungsmitteln in Betracht. Die Bestimmung der geringen Menge erfolgt nach den gleichen Kriterien wie bei § 29 Abs 5 BtMG (vgl Körner BtMG § 29 Rn 2059 ff). 7

Die **geringe Schuld** ist positiv festzustellen. Ausreichend ist aber, dass eine gewisse Wahrscheinlichkeit für eine geringe Schuld besteht. Hierfür ist eine **Gesamtabwägung** aller die Tat und den Täter betreffenden Umstände vorzunehmen. In Betracht kommen insoweit Art, Menge und Konzentration des Rauschgifts, Beweggründe, Vorleben und Tatverhalten des Täters sowie seine Unrechtseinsicht, seine Therapiebereitschaft und sein Nachtatverhalten, insbesondere seine Aufklärungsbereitschaft sowie seine soziale und familiäre Einbindung. Die Schuld kann dann als gering angesehen werden, wenn die schuldbezogenen Umstände überwiegend zugunsten des Täters sprechen und die Strafe im untersten Bereich des Strafrahmens anzusiedeln wäre (Körner BtMG § 31a Rn 22). Der Umgang mit harten Drogen spricht regelmäßig, aber nicht in jedem Fall gegen das Vorliegen der geringen Schuld. Auch bei Dauerkonsumenten und Wiederholungstätern bedarf die Annahme der geringen Schuld einer sorgfältigen Prüfung. Dabei muss bedacht werden, dass der Rückfall kein Anzeichen erhöhter Schuld, sondern ein Charakteristikum der Sucht darstellen kann. 8

Ein **öffentliches Interesse** an der Strafverfolgung ist zu bejahen, wenn der Rechtsfrieden über den Lebenskreis des Verletzten hinaus gestört und die Strafverfolgung ein gegenwärtiges Anliegen der Allgemeinheit ist (Nr 86 Abs 2 RiStBV). Dabei sind spezialpräventive und generalpräventive Erwägungen von Bedeutung. 9

Bei der Frage, durch welche **spezialpräventive Maßnahme** der Täter von weiteren Straftaten abgehalten werden kann, ist neben den Alternativen der Bestrafung und der Nichtbestrafung auch zu prüfen, ob eine Therapie ermöglicht oder sichergestellt werden kann. Diese Erwägung kann dazu führen, das Strafverfahren fortzusetzen, um den Täter zur Aufnahme einer Therapie nach § 37 BtMG, § 38 BtMG zu bewegen. Bei Dauerkonsumenten und Drogenabhängigen kommt danach eine Verfahrenseinstellung nur in Betracht, wenn kein therapeutisches Interventionsbedürfnis besteht, konkrete Tatsachen die Annahme rechtfertigen, der Täter werde sich auch ohne den Druck des Strafverfahrens einer Therapie unterziehen, oder wenn eine Einwirkung auf den Täter durch das Strafverfahren nicht möglich ist. Bei Gelegenheitstätern ist beim Konsum von Cannabis das 10 öffentliche Interesse regelmäßig zu verneinen, beim Konsum harter Drogen aber regelmäßig zu bejahen.

11 **Generalpräventive Erwägungen** begründen das öffentliche Interesse an der Strafverfolgung regelmäßig, wenn die Tat eine Fremdgefährdung nach sich zieht, etwa weil sie in Schulen, Jugendheimen, Kasernen oder ähnlichen Einrichtungen stattfindet oder weil sie von einem Erzieher, Lehrer oder von einem mit dem Vollzug des BtMG beauftragten Amtsträger begangen wird und Anlass zur Nachahmung gibt (BVerfGE 90, 145, 190).

C. Entscheidungsbefugnis

I. Verfügung der Staatsanwaltschaft

12 Auch wenn alle Voraussetzungen des § 31 a Abs 1 S 1 BtMG vorliegen, steht es im **Ermessen** der Staatsanwaltschaft, ob sie das Verfahren einstellt. Eine Ermessenreduzierung auf eine Einstellungspflicht kommt nur bei Cannabisprodukten in Betracht (BVerfGE 90, 145, 189). Auch ohne Fremdgefährdung besteht auch bei Cannabis keine Verpflichtung zur Verfahrenseinstellung, wenn die Tat in einer Vollzugsanstalt begangen wird (KG StV 2008, 583, 585).

13 Zur Gewährleistung einer einheitlichen Praxis haben die meisten Bundesländer Richtlinien zur Anwendung von § 31 a BtMG geschaffen. Die Richtlinien unterscheiden sich nicht nur in der Form, sondern auch im Inhalt. Unterschiede gibt es insbesondere bei der Anwendbarkeit auf harte Drogen (vgl Körner BtMG § 31 a Rn 33 ff mwN).

14 Bis zur Anklageerhebung kann die Staatsanwaltschaft das Verfahren durch **Verfügung** einstellen. Der Beschuldigte wird davon unterrichtet, dass er eine Straftat begangen hat, aber von der Anklageerhebung abgesehen wird. Bei § 31 a BtMG handelt es sich um eine **Verfahrensvorschrift**, die gerichtlich nicht überprüft werden kann. Auch gegen die Nichteinstellung ist **kein Rechtsmittel** möglich. Zulässig ist allein die Dienstaufsichtsbeschwerde.

15 Die Einstellung durch die Staatsanwaltschaft führt **nicht** zum **Strafklageverbrauch**. Die Ermittlungen können auf Grund neuer Tatsachen jederzeit wieder aufgenommen werden.

II. Gerichtsbeschluss

16 Nach Anklageerhebung kann das Gericht mit Zustimmung der Staatsanwaltschaft und des Angeklagten das Verfahren durch Beschluss einstellen. Dieser ist nicht anfechtbar und muss daher auch nicht begründet werden (§ 34 StPO). Die Unanfechtbarkeit betrifft aber nur die Ermessensentscheidung. Fehlt eine Voraussetzung der Einstellung, etwa die Zustimmung eines der Beteiligten, ist eine Beschwerde zulässig (BGH NStZ 2002, 491 zu § 153 StPO). Der Einstellungsbeschluss führt zum Strafklageverbrauch. Das Gericht hat wie bei § 153 StPO keine Möglichkeit, die Zustimmung der Staatsanwaltschaft zu erzwingen. Es kann in diesen Fällen aber nach § 29 Abs 5 BtMG verfahren.

Siebenter Abschnitt. Betäubungsmittelabhängige Straftäter (§§ 35-38)

§ 35 Zurückstellung der Strafvollstreckung

(1) [1]Ist jemand wegen einer Straftat zu einer Freiheitsstrafe von nicht mehr als zwei Jahren verurteilt worden und ergibt sich aus den Urteilsgründen oder steht sonst fest, daß er die Tat auf Grund einer Betäubungsmittelabhängigkeit begangen hat, so kann die Vollstreckungsbehörde mit Zustimmung des Gerichts des ersten Rechtszuges die Vollstreckung der Strafe, eines Strafrestes oder der Maßregel der Unterbringung in einer Entziehungsanstalt für längstens zwei Jahre zurückstellen, wenn der Verurteilte sich wegen seiner Abhängigkeit in einer seiner Rehabilitation dienenden Behandlung befindet oder zusagt, sich einer solchen zu unterziehen, und deren Beginn gewährleistet ist. [2]Als Behandlung gilt auch der Aufenthalt in

einer staatlich anerkannten Einrichtung, die dazu dient, die Abhängigkeit zu beheben oder einer erneuten Abhängigkeit entgegenzuwirken.

(2) ¹Gegen die Verweigerung der Zustimmung durch das Gericht des ersten Rechtszuges steht der Vollstreckungsbehörde die Beschwerde nach dem Zweiten Abschnitt des Dritten Buches der Strafprozeßordnung zu. ²Der Verurteilte kann die Verweigerung dieser Zustimmung nur zusammen mit der Ablehnung der Zurückstellung durch die Vollstreckungsbehörde nach den §§ 23 bis 30 des Einführungsgesetzes zum Gerichtsverfassungsgesetz anfechten. ³Das Oberlandesgericht entscheidet in diesem Falle auch über die Verweigerung der Zustimmung; es kann die Zustimmung selbst erteilen.

(3) Absatz 1 gilt entsprechend, wenn

1. auf eine Gesamtfreiheitsstrafe von nicht mehr als zwei Jahren erkannt worden ist oder

2. auf eine Freiheitsstrafe oder Gesamtfreiheitsstrafe von mehr als zwei Jahren erkannt worden ist und ein zu vollstreckender Rest der Freiheitsstrafe oder der Gesamtfreiheitsstrafe zwei Jahre nicht übersteigt

und im übrigen die Voraussetzungen des Absatzes 1 für den ihrer Bedeutung nach überwiegenden Teil der abgeurteilten Straftaten erfüllt sind.

(4) Der Verurteilte ist verpflichtet, zu Zeitpunkten, die die Vollstreckungsbehörde festsetzt, den Nachweis über die Aufnahme und über die Fortführung der Behandlung zu erbringen; die behandelnden Personen oder Einrichtungen teilen der Vollstreckungsbehörde einen Abbruch der Behandlung mit.

(5) ¹Die Vollstreckungsbehörde widerruft die Zurückstellung der Vollstreckung, wenn die Behandlung nicht begonnen oder nicht fortgeführt wird und nicht zu erwarten ist, dass der Verurteilte eine Behandlung derselben Art alsbald beginnt oder wieder aufnimmt, oder wenn der Verurteilte den nach Absatz 4 geforderten Nachweis nicht erbringt. ²Von dem Widerruf kann abgesehen werden, wenn der Verurteilte nachträglich nachweist, dass er sich in Behandlung befindet. ³Ein Widerruf nach Satz 1 steht einer erneuten Zurückstellung der Vollstreckung nicht entgegen.

(6) Die Zurückstellung der Vollstreckung wird auch widerrufen, wenn

1. bei nachträglicher Bildung einer Gesamtstrafe nicht auch deren Vollstreckung nach Absatz 1 in Verbindung mit Absatz 3 zurückgestellt wird oder

2. eine weitere gegen den Verurteilten erkannte Freiheitsstrafe oder freiheitsentziehende Maßregel der Besserung und Sicherung zu vollstrecken ist.

(7) ¹Hat die Vollstreckungsbehörde die Zurückstellung widerrufen, so ist sie befugt, zur Vollstreckung der Freiheitsstrafe oder der Unterbringung in einer Entziehungsanstalt einen Haftbefehl zu erlassen. ²Gegen den Widerruf kann die Entscheidung des Gerichts des ersten Rechtszuges herbeigeführt werden. ³Der Fortgang der Vollstreckung wird durch die Anrufung des Gerichts nicht gehemmt. ⁴§ 462 der Strafprozeßordnung gilt entsprechend.

Überblick

Die Vorschrift zielt darauf ab, drogenabhängige Straftäter durch die Möglichkeit von Therapie statt Strafe zu resozialisieren.

Übersicht

	Rn		Rn
A. Anwendungsbereich	1	III. Straftat	7
		IV. Betäubungsmittelabhängigkeit	9
B. Zurückstellung nach Abs 1 S 1	3	V. Kausalität zwischen Abhängigkeit und Tat	11
I. Rechtskräftiges Urteil	3		
II. Verurteilung zu Freiheitsstrafe	5	VI. Zusage des Verurteilten	12

	Rn		Rn
VII. Gewährleistung des Behandlungsbeginns	14	F. Widerruf nach Abs 5	25
VIII. Zustimmung des Gerichts	15	G. Widerruf nach Abs 6	26
IX. Entscheidung der Vollstreckungsbehörde	17	H. Rechtsmittel	27
C. Zurückstellung nach Abs 1 S 2	20	I. Zustimmung des Gerichts	27
D. Zurückstellung nach Abs 3	21	II. Entscheidung der Vollstreckungsbehörde	30
E. Mitteilungspflichten nach Abs 4	24		

A. Anwendungsbereich

1 Die Zurückstellung der Vollstreckung ist eine Ergänzung der Strafaussetzung zur Bewährung und der Unterbringung. Durch die Zurückstellung soll bei schlechter Prognose oder hoher Strafe eine Drogentherapie ermöglicht werden.

2 Bei positiver Sozialprognose hat die Strafaussetzung zur Bewährung mit entsprechender Therapieauflage Vorrang vor der Zurückstellung (OLG Oldenburg StV 1991, 420). Das gilt sowohl bei § 56 StGB als auch bei § 57 StGB. Auch die Unterbringung nach § 64 StGB hat grundsätzlich Vorrang. Sie darf nur unterbleiben, wenn eine geplante Therapie nach § 35 BtMG bessere Heilungsaussichten bietet als die Behandlung in der Entziehungsanstalt (BGH NStZ 1985, 571).

B. Zurückstellung nach Abs 1 S 1

I. Rechtskräftiges Urteil

3 Die Zurückstellung ist eine Maßnahme der Vollstreckung. Sie kommt daher erst in Betracht, wenn ein **rechtskräftiges Urteil** vorliegt. Ein Beschluss über die nachträgliche Bildung einer Gesamtstrafe nach § 460 StPO oder ein Strafbefehl, bei dem die Strafaussetzung rechtskräftig widerrufen ist, stehen einem Urteil gleich. Nicht erforderlich ist, dass die Vollstreckung bereits eingeleitet oder mit dem Vollzug der Strafe begonnen ist (BGH NStZ 1984, 573).

4 **Zuständig** ist die Vollstreckungsbehörde, bei Erwachsenen die Staatsanwaltschaft, bei Jugendlichen der Vollstreckungsleiter.

II. Verurteilung zu Freiheitsstrafe

5 Das Urteil muss auf **Freiheitsstrafe** oder **Jugendstrafe** von nicht mehr als **zwei Jahren** ohne Bewährung erkennen. Eine Ersatzfreiheitsstrafe oder eine Unterbringung nach § 63 StGB (OLG München NStZ 1983, 236) können nicht zurückgestellt werden. Eine neben der Strafe angeordnete Unterbringung steht der Zurückstellung nicht entgegen (Körner BtMG § 35 Rn 112). Entscheidend für die Strafhöhe ist der Strafausspruch, nicht die nach Anrechnung von Untersuchungshaft noch zu verbüßende Strafe.

6 Eine Zurückstellung ist auch möglich, wenn **mehrere Strafen** zu vollstrecken sind. Dabei darf die Summe der Strafen über zwei Jahren liegen. Erforderlich ist nur, dass jede einzelne Strafe die Grenze von zwei Jahren nicht überschreitet. Allerdings setzt die Zurückstellung der Strafvollstreckung voraus, dass keine dieser Freiheitsstrafen vollstreckt wird, sondern dass in sämtlichen Fällen die Freiheitsstrafen und Strafreste nach § 35 BtMG zurückgestellt oder aus anderen Gründen, insbesondere mit Rücksicht auf die § 56 StGB, § 57 StGB, § 21 JGG, § 88 JGG nicht vollstreckt werden (BGH NStZ 1985, 126; KG BeckRS 2009, 12840). Ist bei einer Strafe die Frage der Vollstreckung noch nicht geklärt, kann die Zurückstellung der anderen Strafen nicht verweigert werden (OLG Karlsruhe NStZ 1982, 484). Eine positive Entscheidung ist dagegen zulässig, wegen der Möglichkeit des Widerrufs aber nicht zweckmäßig. Kommt bei einer der Strafen ein Widerruf der Strafaussetzung in Betracht, muss regelmäßig geprüft werden, ob im Hinblick auf die anstehende Therapie vom Widerruf abgesehen werden kann (OLG Düsseldorf StV 1998, 215). Eine nach Verbüßung von zwei

Dritteln unterbrochene Strafe, die selbst nicht zurückstellungsfähig ist, steht der Zurückstellung einer anderen Strafe nicht entgegen (OLG Stuttgart NStZ-RR 2009, 28; **aA** KG BeckRS 2009, 12730).

III. Straftat

Die **Straftat** muss kein Verstoß gegen das BtMG sein. Sie muss nur auf Grund einer 7 Betäubungsmittelabhängigkeit begangen worden sei. In Frage kommen daher alle Taten der Beschaffungskriminalität und sonstige drogenbedingte Delikte, etwa Straßenverkehrsdelikte (Körner BtMG § 35 Rn 44).

Der **Täter** kann ein **Deutscher** oder ein **Ausländer** sein, der wegen einer Tat nach 8 deutschem Recht verurteilt wurde.

IV. Betäubungsmittelabhängigkeit

Eine Zurückstellung kommt nur in Betracht, wenn eine **Betäubungsmittelabhängig-** 9 **keit** vorliegt, die behandlungsbedürftig ist. Bloßer Drogenmissbrauch genügt nicht (Körner BtMG § 35 Rn 51). Verminderte Schuldfähigkeit muss nicht gegeben sein (OLG Stuttgart MDR 1989, 285, 286). Bei regelmäßigem Konsum muss nicht notwendig auch eine Abhängigkeit vorliegen.

Die Abhängigkeit muss zum **Zeitpunkt der Tat** gegeben sein und bis zum **Zeitpunkt** 10 **der Antragstellung** andauern (Körner BtMG § 35 Rn 66 ff). Sie muss positiv festgestellt werden. Die Behauptung des Antragstellers, abhängig zu sein, genügt nicht (BGH NJW 1981, 1221). Die Feststellung kann durch das Gericht in den Urteilsgründen oder durch die Vollstreckungsbehörde im Antragsverfahren erfolgen. Dabei ist der Sachverhalt unter Berücksichtigung aller bekannten Tatsachen vollständig zu ermitteln und zu würdigen (KG StV 1988, 213; OLG Saarbrücken NStZ-RR 1996, 246). Daher darf die Feststellung der Abhängigkeit nicht Gegenstand einer Absprache sein (Körner BtMG § 35 Rn 43). Bei der Entscheidung über die Zurückstellung der Strafvollstreckung nach § 35 BtMG ist die Vollstreckungsbehörde nicht an die Urteilsfeststellungen darüber, ob die Tat aufgrund einer Betäubungsmittelabhängigkeit begangen worden ist, gebunden. Das gilt insbesondere dann, wenn die Feststellung der Abhängigkeit im Widerspruch zu den übrigen Urteilsfeststellungen steht (OLG München BeckRS 2008, 11365). Liegen beachtliche Anhaltspunkte dafür vor, dass die Tat aufgrund einer Betäubungsmittelabhängigkeit begangen worden ist, ist die Vollstreckungsbehörde verpflichtet, eigene Feststellungen zu treffen (OLG Hamm NStZ 1983, 525). Setzt sich das Urteil allerdings eingehend und nachvollziehbar mit der Betäubungsmittelabhängigkeit auseinander, begründet es eine Bindungswirkung für die Staatsanwaltschaft.

V. Kausalität zwischen Abhängigkeit und Tat

Zwischen der Tat und der Abhängigkeit muss ein unmittelbarer **Kausalzusammenhang** 11 im Sinne der Äquivalenz bestehen (OLG Frankfurt NStZ-RR 1998, 314, 315). Mitursächlichkeit reicht aus (OLG Saarbrücken NStZ-RR 1996, 246). Die Drogensucht muss die Bedingung und nicht nur Begleiterscheinung der Straftat gewesen sein (KG BeckRS 2008, 08310). Nicht erforderlich ist, dass der Täter im Drogenrausch oder unter Entzugserscheinungen gehandelt hat.

VI. Zusage des Verurteilten

Befindet sich der Verurteilte bei Antragstellung bereits in einer Therapieeinrichtung, kann 12 die Zurückstellung sofort erfolgen. Hat er noch keine Therapie angetreten, muss er sich **zur unverzüglichen Aufnahme der Behandlung bereit erklären** (Körner BtMG § 35 Rn 190). Bei Jugendlichen muss auch die Zustimmung des gesetzlichen Vertreters vorliegen. An die Therapiewilligkeit und -fähigkeit dürfen keine übersteigerten Anforderungen gestellt werden. Behandlungsabbrüche und Rückfälle lassen nicht ohne weiteres auf eine fehlende Therapiebereitschaft schließen (KG BeckRS 2008, 10343). Ein Versagungsgrund liegt daher erst vor, wenn konkrete Zweifel an einem ernsthaften Therapiewillen bestehen (OLG München BeckRS 2008, 21662).

13   Ein absoluter Erfahrungssatz, dass nur eine stationäre Therapie zum Erfolg führen könne, existiert nicht (OLG Düsseldorf StV 1993, 476). Es genügt daher die Bereitschaft zu einer **ambulanten Behandlung**, wenn diese erfolgversprechend ist.

VII. Gewährleistung des Behandlungsbeginns

14   Der **Behandlungsbeginn** ist **gewährleistet**, wenn die Zusage einer Therapieeinrichtung zu einem festen Aufnahmetermin vorliegt. Außerdem muss, soweit dies bei der einzelnen Therapieeinrichtung notwendig ist, die Zusage eines Kostenträgers vorliegen (Körner BtMG § 35 Rn 235).

VIII. Zustimmung des Gerichts

15   Die Zurückstellung setzt die **Zustimmung des erkennenden Gerichts** voraus. Auch in Jugendsachen ist die Zustimmung des Gerichts der ersten Instanz einzuholen. Ist der Vollstreckungsleiter zugleich Gericht des ersten Rechtszugs, ist keine Stellungnahme erforderlich (OLG Stuttgart NStZ 1986, 141).

16   Die Zustimmung liegt im **Ermessen** des Gerichts. Sie muss eindeutig sein. Bei mehrdeutigen Erklärungen oder einer Zustimmung unter Bedingungen liegt eine Verweigerung der Zustimmung vor (OLG Hamm NStZ 1990, 407). Die Verweigerung ist zu begründen (§ 34 StPO, § 35 Abs 2 BtMG). Die Zustimmung kann bereits in der Hauptverhandlung oder in den schriftlichen Urteilsgründen abgegeben werden. Sie ist bindend. Ein Widerruf ist nur zulässig, wenn sich die maßgebenden Umstände geändert haben (OLG Frankfurt NStZ 1987, 42). Wurde die Therapie abgebrochen und wird ein neuer Antrag gestellt, ist eine erneute Zustimmung notwendig. Beabsichtigt die Staatsanwaltschaft, den Antrag abzulehnen, muss keine Zustimmung eingeholt werden (OLG Hamm NStZ-RR 1998, 315). Bei Zurückstellung mehrer Strafen ist die Zustimmung aller Gerichte einzuholen (Körner BtMG § 35 Rn 251).

IX. Entscheidung der Vollstreckungsbehörde

17   Fehlt es an den **Voraussetzungen der Zurückstellung**, lehnt die Vollstreckungsbehörde die Zurückstellung ab. Die Zurückstellung ist für jede Vollstreckungssache gesondert zu prüfen. Solange eine der Strafen zu vollstrecken ist, kann in den übrigen Fällen keine Zurückstellung erfolgen, § 35 Abs 6 Nr 2 BtMG. Dieses Hindernis kann durch eine Änderung der Vollstreckungsreihenfolge behoben werden. Der Verurteilte kann nach § 43 StVollstrO beantragen, dass die nicht zurückstellungsfähige Strafe zunächst vollzogen wird, um danach eine Zurückstellung der übrigen Strafen zu erreichen (OLG Karlsruhe StV 2003, 287). Wird die Änderung der Vollstreckungsreihenfolge abgelehnt, ist der Rechtsweg nach § 23 EGGVG eröffnet (OLG Frankfurt NStZ-RR 2000, 282). Eine zur Bewährung ausgesetzte weitere Strafe steht der Zurückstellung erst entgegen, wenn der Widerruf der Strafaussetzung rechtskräftig ist. Wurde die Zurückstellung bereits angeordnet, kann es angebracht sein, mit dem Widerruf bis zum Abschluss der Therapie zu warten (Körner BtMG § 35 Rn 117).

18   Liegen die Voraussetzungen vor, steht die Zurückstellung **im Ermessen** der Vollstreckungsbehörde. Dabei dürfen weder die Tatschuld (OLG Karlsruhe StV 1983, 236), noch eine ungünstige Sozialprognose (OLG Hamm NStZ 1982, 485; OLG Karlsruhe BeckRS 2009, 29075) oder eine fehlende Erfolgsprognose (OLG Hamburg StV 1998, 390, 391; OLG Karlsruhe Justiz 2008, 94, 95) zur Versagung der Zurückstellung führen. Zahl und Höhe der noch offenen Strafreste können in die Ermessensausübung einfließen (OLG Hamm NJW 1887, 1457; **aA** OLG Karlsruhe NStZ 2008, 576). Bei der von der Vollstreckungsbehörde zu treffenden Auswahl der Therapieeinrichtung und Therapieform können zusätzliche Verhaltensauffälligkeiten des Verurteilten, wie etwa Alkoholsucht oder Neigung zu Gewalttätigkeiten, die Therapie als aussichtslos erscheinen lassen (OLG Karlsruhe BeckRS 2009, 03272). Liegen eine bestandskräftige Ausweisungsverfügung und eine rechtskräftige Abschiebungs-

Betäubungsmittelgesetz (Auszug)   § 35 BtMG

verfügung vor, stehen diese einer Zurückstellung entgegen, wenn damit gerechnet werden muss, der Verurteilte werde nach der Entlassung untertauchen (Körner BtMG § 35 Rn 277 mwN). Allein die Feststellung, es stünden ausländerrechtliche Maßnahmen im Raum, kann die Ablehnung nicht begründen (OLG München BeckRS 2008, 21662).

Die Zurückstellungsentscheidung kann mit Auflagen und Weisungen verbunden werden. 19 Zulässig ist insbesondere die Weisung, den verantwortlichen Therapeuten von der Schweigepflicht zu entbinden, damit er Auskunft über Verlauf und Ergebnis der Therapie geben kann (OLG Hamm NStZ 1986, 333).

C. Zurückstellung nach Abs 1 S 2

Die Vorschrift ermöglicht den Aufenthalt in einer Einrichtung, in der kein Fachpersonal 20 tätig ist und in der daher auch keine Behandlung stattfindet. Es handelt sich dabei in erster Linie um Übergangseinrichtungen, in denen der Verurteilte auf eine reguläre Behandlung vorbereitet wird (Körner BtMG § 35 Rn 131). Die Zurückstellung ist mit Ausnahme der Behandlung an die gleichen Voraussetzungen gebunden wie in Abs 1 S 1.

D. Zurückstellung nach Abs 3

Die Zurückstellung der Strafvollstreckung ist nach Abs 3 Nr 1 auch dann möglich, wenn 21 es um die Vollstreckung einer **Gesamtfreiheitsstrafe** geht, die zwei Jahre Freiheitsstrafe nicht übersteigt oder nur noch ein Strafrest von zwei Jahren zu verbüßen ist. Dabei müssen die Voraussetzungen des Abs 1 nicht bei allen Taten gegeben sein, die der Gesamtstrafe zu Grunde liegen. Es genügt zur Zurückstellung der Gesamtfreiheitsstrafe insgesamt, wenn die Voraussetzungen auf den überwiegenden Teil der Taten zutreffen. Dabei ist nicht auf die Anzahl der Taten, sondern auf ihr Gewicht abzustellen. Von Bedeutung sind insoweit die Höhe der Einzelstrafen und der Einfluss der Tat auf die Persönlichkeitsentwicklung (OLG Stuttgart NStZ-RR 2001, 343). Es ist nicht zulässig, die Gesamtstrafe in einen zurückstellungsfähigen und einen nicht zurückstellungsfähigen Teil zu trennen.

Auf Einheitsjugendstrafen ist § 35 Abs 3 BtMG entsprechend anwendbar, § 38 Abs 1 S 1 22 BtMG. Dies ist unproblematisch, wenn bei Anwendung des Erwachsenenstrafrechts eine Gesamtstrafe hätte gebildet werden können. Umfasst die Jugendstrafe auch Taten, die bei Erwachsenen nicht gesamtstrafenfähig wären, können die nicht gesamtstrafenfähigen Taten bei der Prüfung, ob der überwiegende Teil der Taten unter § 35 BtMG fällt, unberücksichtigt bleiben.

Nach Abs 3 Nr 2 kann auch die Vollstreckung von **Strafresten** zurückgestellt werden, 23 wenn der zu vollstreckende Rest zwei Jahre nicht übersteigt. Die Vorschrift ist daher auch auf hohe Strafen anwendbar, wenn nach Teilverbüßung nur noch ein Rest von zwei Jahren offen steht. Bei der Berechnung des Strafrests ist allein die tatsächlich verhängte Strafe maßgebend und eine mögliche vorzeitige Entlassung nach § 57 StGB nicht zu berücksichtigen (BGH NStZ 1987, 292).

E. Mitteilungspflichten nach Abs 4

Die Regelung, die der Verwirklichung des staatlichen Strafanspruchs dient, soll der Voll- 24 streckungsbehörde bei einem Scheitern der Therapie eine schnelle Reaktion ermöglichen und so dazu beizutragen, dass der Verurteilte nicht erneut über längere Zeit in der Drogenszene untertaucht und seiner Sucht schließlich verfällt (BayObLG NStZ 1990, 85).

F. Widerruf nach Abs 5

Wird die Therapie nicht angetreten oder abgebrochen, kann die Zurückstellung widerrufen 25 werden. Unter Abbruch ist jedes Verhalten zu verstehen, aus dem der Schluss gezogen werden kann, der Verurteilte werde nicht in die Einrichtung zurückkehren (OLG Koblenz NStZ 1995, 294). Darüber hinaus darf nicht zu erwarten sein, dass der Verurteilte eine Behandlung alsbald wieder aufnimmt. Dies ist der Fall, wenn keine durch Tatsachen begründete Wahrscheinlichkeit dafür spricht. Eine erneute Straftat, insbesondere ein Rückfall rechtfertigen den Widerruf nicht ohne Weiteres (OLG Hamm BeckRS 2008, 11210). Der Widerruf einer bereits einmal angeordneten Zurückstellung der Vollstreckung steht einer erneuten Zurückstellung grundsätzlich nicht entgegen. Auch wenn der Verurteilte erneut Straftaten begeht, die auf seiner Drogenabhängigkeit beruhen und er deshalb inhaftiert wird, kann die Vollstreckung erneut zurückgestellt werden (OLG Saarbrücken NStZ-RR 1996, 50).

G. Widerruf nach Abs 6

26 Wird nachträglich eine Gesamtstrafe gebildet und kann diese nicht zurückgestellt werden, ist die Zurückstellung zu widerrufen. Das Gleiche gilt, wenn eine weitere Freiheitsstrafe zu vollstrecken ist. Eine gemäß § 454b Abs 2 StPO nach Verbüßung von zwei Dritteln unterbrochene Strafe ist keine zu vollstreckende Strafe iSd § 35 Abs 6 Nr 2 BtMG (OLG Stuttgart BeckRS 2008, 23077).

H. Rechtsmittel
I. Zustimmung des Gerichts

27 Die vom Gericht erteilte Zustimmung ist nicht anfechtbar.

28 Gegen die **verweigerte Zustimmung des Gerichts** kann bei erwachsenen Verurteilten die Staatsanwaltschaft Beschwerde einlegen. Das Beschwerdegericht kann die Zustimmung selbst erteilen, § 309 Abs 2 StPO (OLG Hamburg StV 1998, 390, 391). Der Verurteilte kann die Entscheidung des Gerichts nur zusammen mit der Ablehnung der Zurückstellung durch die Staatsanwaltschaft anfechten, § 35 Abs 2 S 2 BtMG.

29 Ist bei jugendlichen Verurteilten der Vollstreckungsleiter zugleich der erkennende Richter, ist für die Einlegung der Beschwerde die Generalstaatsanwaltschaft zuständig (OLG München NStZ 1993, 455, 456).

II. Entscheidung der Vollstreckungsbehörde

30 **Lehnt die Staatsanwaltschaft die Zurückstellung ab**, ist der Rechtsweg nach § 23 EGGVG, § 24 EGGVG eröffnet (vgl zu Form und Frist Körner BtMG § 35 Rn 367 ff). Eine Erinnerung gegen den Bescheid des Rechtspflegers ist nicht zulässig. Vielmehr ist sogleich die Vorschaltbeschwerde zur Generalstaatsanwaltschaft nach § 21 StVollstrO einzulegen, die an keine Form und Frist gebunden ist. Das gilt sowohl für die Vollstreckung von Erwachsenenstrafe wie für die Vollstreckung von Jugendstrafe (OLG München NStZ 1993, 455, 456). Die Generalstaatsanwaltschaft kann im Vorschaltverfahren die Entscheidung der Staatsanwaltschaft auf Rechtmäßigkeit und Zweckmäßigkeit überprüfen. Die verweigerte Zustimmung des Gerichts kann im Vorschaltverfahren nicht korrigiert werden (Körner BtMG § 35 Rn 326).

31 Erst nach Durchführung des Vorschaltverfahrens kann ein Antrag nach § 23 EGGVG zum OLG gestellt werden (Körner BtMG § 35 Rn 321 mwN). Das OLG kann die Entscheidung der Vollstreckungsbehörde und die Zustimmungsverweigerung durch das Gericht nur auf Ermessensfehlgebrauch oder Ermessensüberschreitung überprüfen (OLG Frankfurt NStZ-RR 1998, 314; OLG München BeckRS 2008, 21662).

§ 36 Anrechnung und Strafaussetzung zur Bewährung

(1) ¹Ist die Vollstreckung zurückgestellt worden und hat sich der Verurteilte in einer staatlich anerkannten Einrichtung behandeln lassen, so wird die vom Verurteilten nachgewiesene Zeit seines Aufenthaltes in dieser Einrichtung auf die Strafe angerechnet, bis infolge der Anrechnung zwei Drittel der Strafe erledigt sind. ²Die Entscheidung über die Anrechnungsfähigkeit trifft das Gericht zugleich mit der Zustimmung nach § 35 Abs. 1. ³Sind durch die Anrechnung zwei Drittel der Strafe erledigt oder ist eine Behandlung in der Einrichtung zu einem früheren Zeitpunkt nicht mehr erforderlich, so setzt das Gericht die Vollstreckung des Restes der Strafe zur Bewährung aus, sobald dies unter Berücksichtigung des Sicherheitsinteresses der Allgemeinheit verantwortet werden kann.

Betäubungsmittelgesetz (Auszug) § 36 BtMG

(2) Ist die Vollstreckung zurückgestellt worden und hat sich der Verurteilte einer anderen als der in Absatz 1 bezeichneten Behandlung seiner Abhängigkeit unterzogen, so setzt das Gericht die Vollstreckung der Freiheitsstrafe oder des Strafrestes zur Bewährung aus, sobald dies unter Berücksichtigung des Sicherheitsinteresses der Allgemeinheit verantwortet werden kann.

(3) Hat sich der Verurteilte nach der Tat einer Behandlung seiner Abhängigkeit unterzogen, so kann das Gericht, wenn die Voraussetzungen des Absatzes 1 Satz 1 nicht vorliegen, anordnen, dass die Zeit der Behandlung ganz oder zum Teil auf die Strafe angerechnet wird, wenn dies unter Berücksichtigung der Anforderungen, welche die Behandlung an den Verurteilten gestellt hat, angezeigt ist.

(4) Die §§ 56a bis 56g und 57 Abs. 5 Satz 2 des Strafgesetzbuches gelten entsprechend.

(5) ¹Die Entscheidungen nach den Absätzen 1 bis 3 trifft das Gericht des ersten Rechtszuges ohne mündliche Verhandlung durch Beschluß. ²Die Vollstreckungsbehörde, der Verurteilte und die behandelnden Personen oder Einrichtungen sind zu hören. ³Gegen die Entscheidungen ist sofortige Beschwerde möglich. ⁴Für die Entscheidungen nach Absatz 1 Satz 3 und nach Absatz 2 gilt § 454 Abs 4 der Strafprozeßordnung entsprechend; die Belehrung über die Aussetzung des Strafrestes erteilt das Gericht.

Überblick

Die Vorschrift regelt die Anrechnung der Therapiezeit und die Aussetzung des Strafrests zur Bewährung. Zuständig für diese Entscheidung ist das Gericht des ersten Rechtszugs.

A. Anrechnung nach Abs 1

Nach Abs 1 S 1 **muss** die Therapiezeit auf die Strafe angerechnet werden, wenn die Vollstreckung der Strafe nach § 35 BtMG **zurückgestellt** war und das erkennende Gericht im Rahmen der Zustimmungserklärung nach § 35 BtMG die Therapiezeit für anrechnungsfähig erklärt hatte. Wird die Zurückstellung widerrufen, ist die Zeit bis zum Widerruf anzurechnen. 1

Darüber hinaus muss sich der Verurteilte einer **Behandlung unterzogen** haben, die in einer **staatlich anerkannten Einrichtung** erfolgt ist, in der die freie Gestaltung seiner Lebensführung erheblich beschränkt war (KG NStZ 1991, 244). Auch eine ambulante Therapie erfüllt die Voraussetzungen für eine Anrechnung (Körner BtMG § 36 Rn 12). Absolviert der Verurteilte im Rahmen einer ambulanten Maßnahme lediglich stundenweise therapeutische Sitzungen, sind nur die Tage anrechenbar, an denen die Behandlung stattgefunden hat (KG NStZ-RR 2009, 321).

Angerechnet wird die vom Verurteilten **nachgewiesene Zeit** seines Aufenthalts. Zweifel gehen zu Lasten des Verurteilten. Ein Therapieerfolg ist nicht erforderlich (Körner BtMG § 36 Rn 15 mwN). 2

Die Anrechnung beginnt ab einem Strafrest von zwei Jahren. Sie endet spätestens dann, wenn zwei Drittel der Strafe erledigt sind (Körner BtMG § 36 Rn 22 mwN). Sind mehrere Strafen zurückgestellt, wird die Therapie zunächst auf die erste Strafe angerechnet, bis von dieser zwei Drittel erledigt sind. Ist die Therapiezeit hierdurch nicht aufgebraucht, wird der Rest in gleicher Weise auf die anderen Strafen angerechnet. 3

B. Strafaussetzung zur Bewährung nach Abs 1

Mit der Entscheidung über die Anrechnung kann zugleich die Vollziehung der **Restfreiheitsstrafe zur Bewährung** ausgesetzt werden, Abs 1 S 3. Sind **zwei Drittel** der Strafe erledigt, kommt die Strafaussetzung in Betracht, wenn dem Verurteilten eine günstige Sozialprognose gestellt werden kann, dh wenn eine durch Tatsachen belegte Wahrscheinlichkeit besteht, dass er keine Straftaten mehr begeht (OLG Koblenz NStZ 1998, 591; OLG Düsseldorf NStZ-RR 2000, 187). Dabei ist zwischen dem Resozialisierungsinteresse des Verurteil- 4 ten und den Sicherheitsinteressen der Allgemeinheit abzuwägen. Im Rahmen einer Gesamtabwägung hat die Art der begangenen und zu befürchtenden Tat besonderes Gewicht (OLG Saarbrücken NJW 1999,439; OLG Frankfurt NStZ-RR 1999, 346).

5   Bereits vor Erledigung von zwei Dritteln der Strafe kommt eine Strafaussetzung in Betracht, wenn eine weitere Behandlung nicht notwendig ist. Dabei kann die Reststrafe bereits **vor Verbüßung der Halbstrafe** zur Bewährung ausgesetzt werden (Körner BtMG § 36 Rn 60 mwN). Auch in diesem Fall muss eine günstige Prognose gestellt werden.

C. Strafaussetzung zur Bewährung nach Abs 2

6   Nach **Abs 2** ist eine Strafaussetzung zur Bewährung möglich, wenn die Vollstreckung zurückgestellt war, die Therapie aber nicht anrechnungsfähig ist. Dies kommt insbesondere bei der Behandlung in einer nicht staatlich anerkannten Einrichtung in Betracht. Voraussetzung ist auch hier eine günstige Sozialprognose.

D. Anrechnung nach Abs 3

7   **Abs 3** sieht eine **fakultative Anrechnung** für die Fälle vor, in denen sich der Verurteilte nach der auf seiner Abhängigkeit beruhenden Tat einer Therapie unterzogen hat und die Voraussetzungen des Abs 1 nicht vorliegen. Diese Möglichkeit ist vor allem dann eröffnet, wenn der Verurteilte eine Therapie zwischen Tat und Rechtskraft des Urteils oder bis zur Entscheidung über die Zurückstellung absolviert hat (OLG Düsseldorf NStZ 1992, 244) oder wenn die Behandlung in einer nicht anerkannten Einrichtung erfolgt ist. Nicht anrechenbar ist allerdings eine Therapie in der Bewährungszeit (**aA** Körner BtMG § 36 Rn 28 mwN).

8   Eine Anrechnung ist aber nur zulässig, wenn die Strafe oder der noch zu vollstreckende Rest zwei Jahre nicht übersteigt (OLG Hamburg NStZ 1989, 127; Körner BtMG § 36 Rn 30 mwN). Darüber hinaus darf die Anrechnung nur erfolgen, bis zwei Drittel der Strafe erledigt sind.

E. Zuständigkeit

9   **Zuständig** für die Anrechnung und die **Strafaussetzung** zur Bewährung ist auch bei Jugendstrafe das Gericht des ersten Rechtszugs. Die Zuständigkeit erfasst auch die Nebenentscheidungen nach § 56a StGB bis 56d StGB (BGH NStZ-RR 2003, 215). Das erkennende Gericht ist für die Strafaussetzung auch zuständig, wenn eine Anrechnung der Therapiezeit nicht in Betracht kommt, etwa weil der Verurteilte bereits vor der Therapie zwei Drittel der Strafe verbüßt hatte (BGH NStZ 2004, 400).

10 Für die **Bewährungsaufsicht** und die danach zu treffenden Entscheidungen gilt die **allgemeine Zuständigkeitsregelung** nach der StPO (BGH NStZ 1991, 355; NStZ-RR 2001, 343), auch die Fortwirkung der Zuständigkeit der Strafvollstreckungskammer nach § 462a Abs 1 S 2 StPO bleibt bestehen (BGH NStZ-RR 2001, 343; NStZ-RR 2006, 262).

11 In Jugendsachen kann der nach der Strafaussetzungsentscheidung zuständige Vollstreckungsleiter die Vollstreckung in der Bewährungsaufsicht nach § 85 Abs 5 JGG an das Gericht des ersten Rechtszugs zurückgeben (BGH NJW 1984, 745).

F. Rechtsmittel

12 Gegen die Anrechnungsentscheidung und die Entscheidung zur Strafaussetzung ist die **sofortige Beschwerde** gegeben, Abs 5 S 3. Wird die Strafaussetzung zur Bewährung widerrufen oder ein Widerruf abgelehnt, ist die sofortige Beschwerde nach § 453 Abs 2 S 3 StPO zulässig (OLG Stuttgart StV 1995, 38).

§ 37 Absehen von der Erhebung der öffentlichen Klage

(1) ¹Steht ein Beschuldigter in Verdacht, eine Straftat auf Grund einer Betäubungsmittelabhängigkeit begangen zu haben, und ist keine höhere Strafe als eine Freiheitsstrafe bis zu zwei Jahren zu erwarten, so kann die Staatsanwaltschaft mit

Betäubungsmittelgesetz (Auszug)   § 37 BtMG

Zustimmung des für die Eröffnung des Hauptverfahrens zuständigen Gerichts vorläufig von der Erhebung der öffentlichen Klage absehen, wenn der Beschuldigte nachweist, daß er sich wegen seiner Abhängigkeit der in § 35 Abs. 1 bezeichneten Behandlung unterzieht, und seine Resozialisierung zu erwarten ist. ²Die Staatsanwaltschaft setzt Zeitpunkte fest, zu denen der Beschuldigte die Fortdauer der Behandlung nachzuweisen hat. ³Das Verfahren wird fortgesetzt, wenn

1. die Behandlung nicht bis zu ihrem vorgesehenen Abschluß fortgeführt wird,
2. der Beschuldigte den nach Satz 2 geforderten Nachweis nicht führt,
3. der Beschuldigte eine Straftat begeht und dadurch zeigt, daß die Erwartung, die dem Absehen von der Erhebung der öffentlichen Klage zugrunde lag, sich nicht erfüllt hat, oder
4. auf Grund neuer Tatsachen oder Beweismittel eine Freiheitsstrafe von mehr als zwei Jahren zu erwarten ist.

⁴In den Fällen des Satzes 3 Nr. 1, 2 kann von der Fortsetzung des Verfahrens abgesehen werden, wenn der Beschuldigte nachträglich nachweist, daß er sich weiter in Behandlung befindet. ⁵Die Tat kann nicht mehr verfolgt werden, wenn das Verfahren nicht innerhalb von zwei Jahren fortgesetzt wird.

(2) ¹Ist die Klage bereits erhoben, so kann das Gericht mit Zustimmung der Staatsanwaltschaft das Verfahren bis zum Ende der Hauptverhandlung, in der die tatsächlichen Feststellungen letztmals geprüft werden können, vorläufig einstellen. ²Die Entscheidung ergeht durch unanfechtbaren Beschluß. ³Absatz 1 Satz 2 bis 5 gilt entsprechend. ⁴Unanfechtbar ist auch eine Feststellung, daß das Verfahren nicht fortgesetzt wird (Abs. 1 Satz 5).

(3) Die in § 172 Abs. 2 Satz 3, § 396 Abs. 3 und § 467 Abs. 5 der Strafprozeßordnung zu § 153 a der Strafprozeßordnung getroffenen Regelungen gelten entsprechend.

Überblick

Die Vorschrift eröffnet die Möglichkeit, eine begonnene Therapie fortzusetzen und in Anlehnung an die Opportunitätsregelungen der StPO von der Durchführung eines Strafverfahrens abzusehen.

A. Voraussetzungen

Gegen den Beschuldigten muss nach Abschluss der Ermittlungen ein **hinreichender Tatverdacht** (§ 170 StPO Rn 2) bestehen. 1

Eine vorläufige Einstellung kommt bei **allen Straftaten** in Betracht. Es muss sich nicht um ein Betäubungsmitteldelikt handeln. Selbst bei **Verbrechen** ist eine Verfahrenseinstellung möglich. 2

Eine Einstellung kommt nur in Betracht, wenn eine **Betäubungsmittelabhängigkeit** vorliegt. Insoweit gelten die gleichen Grundsätze wie bei § 35 BtMG (s § 35 BtMG Rn 9). Alkohol- oder Medikamentenmissbrauch genügt nicht. 3

Zwischen der Straftat und der Abhängigkeit muss Kausalität bestehen. Liegen **mehrere Straftaten** vor, von denen nur ein Teil auf Grund der Betäubungsmittelabhängigkeit begangen wurde, ist Anklage zu erheben. Um die Anwendung von § 37 BtMG zu ermöglichen, kann aber eine Einstellung nach § 154 StPO in Erwägung gezogen werden. 4

Die **Straferwartung** von zwei Jahren Freiheitsstrafe oder Jugendstrafe ist die Obergrenze. Sie gilt auch für eine zu bildende Gesamtstrafe. Kommt eine Unterbringung allein oder neben einer Freiheitsstrafe in Betracht, ist § 37 BtMG nicht anwendbar (Körner BtMG § 37 Rn 8). 5

Der Beschuldigte muss **nachweisen**, dass er sich zum Zeitpunkt der Entscheidung in einer Therapie befindet oder eine solche bereits erfolgreich abgeschlossen hat (Körner BtMG § 37 Rn 9). Die Therapie darf erst nach der Straftat begonnen worden sein. 6

Anders als bei § 35 BtMG kommt eine Einstellung des Verfahrens nur in Frage, wenn ein Erfolg der Therapie und damit eine **Resozialisierung** des Beschuldigten zu erwarten ist. Beim Begriff des Erwartens kann auf die Grundsätze in § 56 StGB zurückgegriffen werden. 7

8 Liegen die Voraussetzungen für das Absehen von der Anklageerhebung vor, steht es im **Ermessen** der Staatsanwaltschaft, ob sie von dieser Möglichkeit Gebrauch macht. Dabei ist zwischen dem staatlichen Strafverfolgungsanspruch und dem Interesse des Beschuldigten am Erfolg der Therapie abzuwägen. Mit der Einstellungsverfügung kann die Staatsanwaltschaft dem Beschuldigten Weisungen und Auflagen im Sinne von § 56b StGB, § 56c StGB erteilen. Darüber hinaus sind ihm Fristen zu setzen, in denen er die Fortdauer der Behandlung nachzuweisen hat, § 37 Abs 1 S 2 BtMG.

9 Eine Einstellung des Verfahrens darf nur mit **Zustimmung des** für die Hauptsache zuständigen **Gerichts** erfolgen.

B. Fortsetzung des Verfahrens

10 Unter den in § 37 Abs 1 S 3 BtMG abschließend aufgeführten Voraussetzungen, kann das Verfahren fortgesetzt werden.

11 Ein **Abbruch der Behandlung** ist unter den gleichen Voraussetzungen anzunehmen wie der Therapieabbruch in § 35 BtMG (vgl § 35 BtMG Rn 25). Führt der Beschuldigte den Nachweis, dass er sich wieder in Therapie befindet, kann davon abgesehen werden, das Verfahren fortzusetzen (Körner BtMG § 37 Rn 23).

12 Das **Nichterbringen der Nachweise** soll grds zur Fortsetzung des Verfahrens führen. Allerdings kann der Beschuldigte den Nachweis der Behandlung nachholen, § 37 Abs 1 S 4 BtMG.

13 Das **Begehen einer Straftat** allein genügt nicht, um das Verfahren fortzusetzen. Vielmehr muss der Beschuldigte durch die Tat gezeigt haben, dass die Prognose, seine Resozialisierung sei zu erwarten, sich nicht erfüllt hat. Insoweit gelten die zu § 56f Abs 1 Nr 1 StGB entwickelten Grundsätze entsprechend.

14 Das Verfahren ist fortzusetzen, wenn **neue Tatsachen oder Beweismittel** zu einer Straferwartung von mehr als zwei Jahren führen. Neu sind Tatsachen, die zum Zeitpunkt der vorläufigen Einstellung nicht bekannt oder nicht aktenkundig waren (Körner BtMG § 37 Rn 26).

15 Die Behandlungszeit kann nach § 36 Abs 3 BtMG auf eine spätere Strafe angerechnet werden. Das gilt auch, wenn auf Grund neuer Tatsachen das Verfahren fortgesetzt und der Beschuldigte wegen einer anderen Straftat verurteilt wird.

16 Die vorläufige Einstellung begründet ein Verfahrenshindernis. Will die Staatsanwaltschaft das Verfahren fortsetzen, hat das Gericht zu prüfen, ob ein Fortsetzungsgrund gegeben ist. Verneint das Gericht die Voraussetzungen des § 37 Abs 1 S 3 BtMG, ist das Verfahren nach § 204 StPO einzustellen.

C. Endgültige Einstellung

17 Wird das Verfahren innerhalb von zwei Jahren nicht fortgesetzt, entsteht ein endgültiges Verfahrenshindernis, § 37 Abs 1 S 5 BtMG. Die Staatsanwaltschaft kann aus Gründen der Klarstellung das Verfahren dann endgültig einstellen.

D. Einstellung durch das Gericht

18 Nach Anklageerhebung kann das Gericht unter den Voraussetzungen von Abs 1 das Verfahren mit Zustimmung der Staatsanwaltschaft vorläufig einstellen. Die Einstellung nach § 37 Abs 2 BtMG geht einer Einstellung nach § 153a StPO vor. Die Einstellung ist bis zum Ende der letzten Tatsacheninstanz zulässig.

19 Nach Ablauf von zwei Jahren wird das Verfahren endgültig eingestellt. Dieser Beschluss muss eine **Kostenentscheidung** enthalten. Die Staatskasse hat nach § 467 Abs 1 StPO die Kosten zu tragen. Die notwendigen Auslagen des Angeklagten dürfen nicht der Staatskasse auferlegt werden, § 37 Abs 3 BtMG iVm § 467 Abs 5 StPO.

E. Rechtsmittel

20 Die Zustimmungserklärungen des Gerichts nach Abs 1 und der Staatsanwaltschaft nach Abs 2 sind nicht anfechtbar. Das gilt auch, wenn die Zustimmung verweigert wird. Der Angeklagte kann darüber hinaus weder die Einstellung durch die Staatsanwaltschaft oder das

Betäubungsmittelgesetz (Auszug)

Gericht noch die Verweigerung der Einstellung mit einem Rechtsmittel angreifen. Er kann aber die Fortsetzung des Verfahrens herbeiführen, indem er die erforderlichen Nachweise nicht erbringt.

F. Einziehungsverfahren

Sind Gegenstände einzuziehen oder kommt eine Verfallsanordnung in Betracht, hat dies bei einer Einstellung des Verfahrens im objektiven Einziehungsverfahren zu erfolgen, § 76a StGB, § 440 StPO, § 442 StPO. 21

§ 38 Jugendliche und Heranwachsende

(1) ¹Bei Verurteilung zu Jugendstrafe gelten die §§ 35 und 36 sinngemäß. ²Neben der Zusage des Jugendlichen nach § 35 Abs. 1 Satz 1 bedarf es auch der Einwilligung des Erziehungsberechtigten und des gesetzlichen Vertreters. ³Im Falle des § 35 Abs. 7 Satz 2 findet § 83 Abs. 2 Nr. 1, Abs. 3 Satz 2 des Jugendgerichtsgesetzes sinngemäß Anwendung. ⁴Abweichend von § 36 Abs. 4 gelten die §§ 22 bis 26a des Jugendgerichtsgesetzes entsprechend. ⁵Für die Entscheidungen nach § 36 Abs. 1 Satz 3 und Abs 2 sind neben § 454 Abs. 4 der Strafprozeßordnung die §§ 58, 59 Abs. 2 bis 4 und § 60 des Jugendgerichtsgesetzes ergänzend anzuwenden.

(2) § 37 gilt sinngemäß auch für Jugendliche und Heranwachsende.

Überblick

Die Vorschrift regelt die Anwendbarkeit der § 35 BtMG bis § 37 BtMG bei Verurteilungen zu Jugendstrafe.

A. Zurückstellung der Strafvollstreckung

Bei Verurteilungen zu **Jugendstrafe** bis zu zwei Jahren gelten die § 35 BtMG, § 36 BtMG sinngemäß. Bei Zuchtmitteln kommt eine Zurückstellung der Strafvollstreckung nicht in Frage. Neben einer isolierten Unterbringung scheidet auch bei Jugendlichen eine Maßnahme nach § 35 BtMG (s § 35 BtMG Rn 5) aus. Entgegen § 5 Abs 3 JGG ist daher zur Ermöglichung einer Therapie die Verhängung von Jugendstrafe neben der Unterbringung zu erwägen (Körner BtMG § 38 Rn 6). 1

Ist der Verurteilte noch nicht volljährig, sind bei allen Erklärungen im Zurückstellungsverfahren auch die **Einwilligung des gesetzlichen Vertreters** und des Erziehungsberechtigten notwendig. Diese Voraussetzung entfällt, sobald der Verurteilte volljährig ist. 2

Der Jugendrichter ist häufig gleichzeitig Vollstreckungsleiter bei den Strafen, die er als Gericht des ersten Rechtszugs selbst verhängt hat. In diesen Fällen wäre er nach § 35 Abs 7 BtMG als Gericht des ersten Rechtszugs dazu berufen, seine Entscheidung, die er als Vollstreckungsbehörde getroffen hat, zu überprüfen. Insoweit erklärt § 38 Abs 1 S 3 BtMG die **Jugendkammer** des Landgerichts für **zuständig**. 3

Die nach § 36 Abs 4 BtMG möglichen Bewährungsauflagen sind bei Jugendlichen und Heranwachsenden nur im Rahmen der § 22 JGG bis § 26a JGG zulässig. 4

B. Absehen von der Erhebung einer Anklage

Der nach Abs 2 anwendbare § 37 BtMG geht einer Einstellung nach § 45 JGG grds vor (Körner BtMG § 38 Rn 7). 5

Abgabenordnung (Auszug)

AO

§ 386 Zuständigkeit der Finanzbehörde bei Steuerstraftaten

(1) ¹Bei dem Verdacht einer Steuerstraftat ermittelt die Finanzbehörde den Sachverhalt. ²Finanzbehörde im Sinne dieses Abschnitts sind das Hauptzollamt, das Finanzamt, das Bundeszentralamt für Steuern und die Familienkasse.

(2) Die Finanzbehörde führt das Ermittlungsverfahren in den Grenzen des § 399 Abs. 1 und der §§ 400, 401 selbständig durch, wenn die Tat
1. ausschließlich eine Steuerstraftat darstellt oder
2. zugleich andere Strafgesetze verletzt und deren Verletzung Kirchensteuern oder andere öffentlich-rechtliche Abgaben betrifft, die an Besteuerungsgrundlagen, Steuermessbeträge oder Steuerbeträge anknüpfen.

(3) Absatz 2 gilt nicht, sobald gegen einen Beschuldigten wegen der Tat ein Haftbefehl oder ein Unterbringungsbefehl erlassen ist.

(4) ¹Die Finanzbehörde kann die Strafsache jederzeit an die Staatsanwaltschaft abgeben. ²Die Staatsanwaltschaft kann die Strafsache jederzeit an sich ziehen. ³In beiden Fällen kann die Staatsanwaltschaft im Einvernehmen mit der Finanzbehörde die Strafsache wieder an die Finanzbehörde abgeben.

Überblick

§ 386 AO regelt – zT als Ausnahme von § 152 Abs 2 StPO, § 160 Abs 1 StPO – die Zuständigkeit der Finanzbehörde für die Ermittlung von Steuerstraftaten (Abs 1 bis Abs 3) und die Möglichkeiten eines einvernehmlichen Wechsels der Zuständigkeit zwischen StA und Finanzbehörde (Abs 4).

A. Unselbständige Zuständigkeit der Finanzbehörde (Abs 1)

1   Besteht der Verdacht der Begehung einer Steuerstraftat (hierzu Rn 4), ermittelt die Finanzbehörde den Sachverhalt (Abs 1 S 1). Die Behörde wird in diesem Fall als unselbständiges Hilfsorgan der StA – wie die Polizei – tätig (Franzen/Gast/Joecks/Randt AO § 386 Rn 12). Die in Abs 2 geregelte selbständige Durchführung des Ermittlungsverfahrens stellt eine Ausnahme von diesem Grundsatz dar und kommt nur unter den dort genannten eng auszulegenden Voraussetzungen in Betracht.

2   **Finanzbehörde** iS der Vorschrift sind die in Abs 1 S 2 abschließend aufgezählten Behörden. Unter die dort genannten Finanzämter fallen nicht die Oberfinanzdirektionen und Finanzministerien (Kohlmann AO § 386 Rn 10).

B. Selbständige Durchführung des Ermittlungsverfahrens durch die Finanzbehörde (Abs 2, Abs 3)

3   Unter den in Abs 2 Nr 1 genannten Voraussetzungen führt die Finanzbehörde das Ermittlungsverfahren in den Grenzen des § 399 Abs 1 AO und der §§ 400 AO f **selbständig** durch; die Behörde tritt insoweit „an die Stelle" der StA (Kohlmann AO § 386 Rn 3.1). Eine Weisungsbefugnis der StA besteht in diesem Fall nicht. Erteilt die StA gleichwohl eine auf die Durchführung der Ermittlungsverfahren bezogene Weisung an die Finanzbehörde, kann hierin jedoch ein Ansichziehen des Verfahrens nach Abs 4 S 2 liegen (s dazu Rn 7; vgl OLG Stuttgart; NStZ 1991, 291, 292; Kohlmann AO § 386 Rn 3.1).

Die Finanzbehörde führt nach Abs 2 **Nr 1** das Ermittlungsverfahren selbständig durch, 4
wenn die Tat ausschließlich eine Steuerstraftat darstellt. Maßgeblich für den Begriff der **Tat**
ist allein der prozessuale Tatbegriff iSv § 264 StPO; auf das materiell-rechtliche Konkurrenzverhältnis ggf verwirklichter Straftatbestände kommt es nicht an (Erbs/Kohlhaas/Senge AO
§ 386 Rn 6; Kohlmann AO § 386 Rn 14 mwN). Welche Taten als **Steuerstraftaten**
anzusehen sind, folgt aus der Legaldefinition des § 369 Abs 1 Nr 1 bis Nr 4 AO. Da die
selbständige Führung des Verfahrens allein Taten betrifft, die **ausschließlich** Steuerstraftaten
darstellen, greift die Vorschrift nicht ein, wenn die Tat zugleich auch eine allgemeine
Strafvorschrift verletzt (Kohlmann AO § 386 Rn 14 aE). In diesem Fall gilt der Grundsatz
nach Abs 1, wonach die Finanzbehörde bei der Ermittlung der Tat als unselbständiges Hilfsorgan der StA tätig wird (vgl § 402 AO; BGHSt 36, 283, 284, 285 = NStZ 1990, 38; OLG
Braunschweig NStZ-RR 1998, 212, 213). Auch in diesem Fall kann die Finanzbehörde im
Rahmen von § 402 AO alle Maßnahmen treffen, die zur Aufklärung der Steuerstraftat
erforderlich sind; sie ist jedoch an Weisungen der StA gebunden. Anders als bei der selbständigen Durchführung des Ermittlungsverfahrens nach Abs 2 ist die Finanzbehörde nach der
Rspr dann nicht auf die Ermittlung von Taten beschränkt, die ausschließlich Steuerstraftaten
darstellen. Vielmehr umfasst ihre Ermittlungsbefugnis auch Allgemeindelikte, die im materiell-rechtlichen Sinn tateinheitlich (BGHSt 36, 283, 284 f) oder tatmehrheitlich (OLG
Braunschweig, NStZ-RR 1998, 212, 213; krit hierzu Kohlmann AO § 386 Rn 20.3) mit
der Steuerstraftat verwirklicht sind.

Die Finanzbehörde führt das Ermittlungsverfahren nach Abs 2 **Nr 2** auch dann selbständig 5
durch, wenn neben einer Steuerstraftat zugleich andere Strafgesetze verletzt sind, die Kirchensteuern oder andere öffentlich-rechtliche Abgaben betreffen, die an bestimmte steuerliche Bemessungsgrundlagen anknüpfen. Insoweit kommen vor allem Beiträge zu Industrieund Handelskammern, Handwerkskammern, Landwirtschaftskammern und Steuerberaterkammern in Betracht, da diese jeweils an Steuermessbeträge (zB Gewerbesteuermessbetrag
hinsichtlich der Beiträge zu den IHKs und Handwerkskammern) oder einzelne Besteuerungsgrundlagen anknüpfen (Erbs/Kohlhaas/Senge AO § 386 Rn 5; Kohlmann AO § 386
Rn 17; zur Kirchensteuer vgl Franzen/Gast/Joecks/Randt AO § 386 Rn 21 f).

Die nach Abs 2 begründete Selbständigkeit der Finanzbehörde endet mit dem **Erlass** eines 6
Haft- oder Unterbringungsbefehls (**Abs 3**). Dieser muss **wegen der Tat** ergehen; maßgeblich
ist auch insoweit der prozessuale Tatbegriff iSv § 264 StPO (Kohlmann AO § 386 Rn 23.2).
Die selbständige Ermittlungsbefugnis der Finanzbehörde endet in diesem Fall **endgültig**; sie
lebt auch dann nicht wieder auf, wenn der Haft- bzw Unterbringungsbefehl später wieder
aufgehoben oder sein Vollzug ausgesetzt wird. Aus dem Wortlaut des Abs 3 wird gefolgert,
dass der Erlass gegen **einen** von mehreren Beschuldigten ausreicht, um die selbständige
Ermittlungsbefugnis der Finanzbehörde zu beenden (Erbs/Kohlhaas/Senge AO § 386 Rn 7).

C. Kompetenzänderungen (Abs 4)

Nach Abs 4 S 1, S 2 kann das Ermittlungsverfahren entweder auf Veranlassung der 7
Finanzbehörde (S 1) oder der StA selbst (S 2) auf diese übergehen. Da durch die Regelung
des Abs 4 nicht die Möglichkeit einer Kompetenzerweiterung geschaffen werden soll, ist für
beide Fälle jeweils Voraussetzung, dass die Finanzbehörde grundsätzlich nach Abs 2 zur
selbständigen Durchführung des Ermittlungsverfahrens berechtigt ist (Kohlmann AO
Rn 24.2, 25.1). Die Herbeiführung der Kompetenzänderung steht im pflichtgemäßen Ermessen der beteiligten Finanzbehörde bzw der StA (vgl hierzu RiStBV Nr 267 Abs 1; Erbs/
Kohlhaas/Senge AO § 386 Rn 8 f). Damit die StA ihr Evokationsrecht sachgerecht ausüben
kann, ist die Finanzbehörde verpflichtet, sie bei den „in Betracht kommenden Fällen",
mithin solchen, bei denen eine Evokation „nicht fern liegt", frühzeitig einzubinden (BGH
NJW 2009, 2319). Im Fall der Abgabe an die StA nach S 1 ist diese zur Übernahme des
Verfahrens verpflichtet (Kohlmann AO § 386 Rn 24.6). Nach S 3 ist die StA – unabhängig
davon, ob sie die Zuständigkeit auf Veranlassung der Finanzbehörde oder auf ihre eigene hin
erlangt hat – berechtigt, die Strafsache im Einvernehmen mit der Finanzbehörde wieder an
diese zurückzugeben. Eine einvernehmliche Rückübertragung der Sache liegt nur vor, wenn
die Finanzbehörde ausdrücklich ihre Zustimmung hierzu erteilt hat (Kohlmann AO § 386
Rn 26; Erbs/Kohlhaas/Senge AO § 386 Rn 10).

§ 392 Verteidigung

(1) Abweichend von § 138 Abs. 1 der Strafprozessordnung können auch Steuerberater, Steuerbevollmächtigte, Wirtschaftsprüfer und vereidigte Buchprüfer zu Verteidigern gewählt werden, soweit die Finanzbehörde das Strafverfahren selbständig durchführt; im Übrigen können sie die Verteidigung nur in Gemeinschaft mit einem Rechtsanwalt oder einem Rechtslehrer an einer deutschen Hochschule im Sinne des Hochschulrahmengesetzes mit Befähigung zum Richteramt führen.

(2) § 138 Abs. 2 der Strafprozessordnung bleibt unberührt.

Überblick

§ 392 AO bestimmt, dass auch Mitglieder steuerberatender Berufe, ggf gemeinsam mit einem Rechtsanwalt, zum Verteidiger gewählt werden können.

1   § 392 AO trägt dem Grundsatz Rechnung, dass der Verteidiger in einem Strafverfahren über besondere Sachkunde verfügen soll (vgl BGH NStZ 1992, 140; KG NStZ 1982, 207: „Prinzip der Waffengleichheit"). In einem Steuerstrafverfahren kann sich der Angeklagte daher die besonderen Kenntnisse und Erfahrungen der Angehörigen der steuerberatenden Berufe, also von Steuerberatern, Steuerbevollmächtigten, Wirtschaftsprüfern und vereidigten Buchprüfern, zu Nutze machen.

2   Führt die Finanzbehörde das Verfahren nach den § 386 AO, §§ 406 AO f selbständig durch, genügt es, dass ausschließlich ein Mitglied der steuerberatenden Berufe zum Verteidiger bestellt ist. Nach § 386 Abs 2 AO ist hierfür Voraussetzung, dass die Tat ausschließlich eine Steuerstraftat darstellt (§ 386 Abs 2 Nr 1 AO) oder sie zwar zugleich andere Strafgesetze verletzt, diese aber Kirchensteuern oder öffentlich-rechtliche Abgaben, deren Festsetzung sich nach steuerrechtlichen Vorgaben richtet, betreffen (§ 386 Abs 2 Nr 2 AO). Die Verfahrensherrschaft der Finanzbehörde endet, wenn ein Haft- oder Unterbringungsbefehl erlassen ist (§ 386 Abs 3 AO) oder sie das Verfahren an die Staatsanwaltschaft abgibt bzw diese das Verfahren an sich zieht (§ 386 Abs 4 S 1 AO). Auch mit dem Antrag auf Erlass eines Strafbefehls soll Verfahrensherrschaft der Finanzbehörde enden (so AG München PStR 2008, 206; str).

§ 393 Verhältnis des Strafverfahrens zum Besteuerungsverfahren

(1) ¹Die Rechte und Pflichten der Steuerpflichtigen und der Finanzbehörde im Besteuerungsverfahren und im Strafverfahren richten sich nach den für das jeweilige Verfahren geltenden Vorschriften. ²Im Besteuerungsverfahren sind jedoch Zwangsmittel (§ 328) gegen den Steuerpflichtigen unzulässig, wenn er dadurch gezwungen würde, sich selbst wegen einer von ihm begangenen Steuerstraftat oder Steuerordnungswidrigkeit zu belasten. ³Dies gilt stets, soweit gegen ihn wegen einer solchen Tat das Strafverfahren eingeleitet worden ist. ⁴Der Steuerpflichtige ist hierüber zu belehren, soweit dazu Anlass besteht.

(2) ¹Soweit der Staatsanwaltschaft oder dem Gericht in einem Strafverfahren aus den Steuerakten Tatsachen oder Beweismittel bekannt werden, die der Steuerpflichtige der Finanzbehörde vor Einleitung des Strafverfahrens oder in Unkenntnis der Einleitung des Strafverfahrens in Erfüllung steuerrechtlicher Pflichten offenbart hat, dürfen diese Kenntnisse gegen ihn nicht für die Verfolgung einer Tat verwendet werden, die keine Steuerstraftat ist. ²Dies gilt nicht für Straftaten, an deren Verfolgung ein zwingendes öffentliches Interesse (§ 30 Abs. 4 Nr. 5) besteht.

(3) ¹Erkenntnisse, die die Finanzbehörde oder die Staatsanwaltschaft rechtmäßig im Rahmen strafrechtlicher Ermittlungen gewonnen hat, dürfen im Besteuerungsverfahren verwendet werden. ²Dies gilt auch für Erkenntnisse, die dem Brief-, Post- und Fernmeldegeheimnis unterliegen, soweit die Finanzbehörde diese rechtmäßig im Rahmen eigener strafrechtlicher Ermittlungen gewonnen hat oder soweit nach

Abgabenordnung (Auszug) § 393 AO

den Vorschriften der Strafprozessordnung Auskunft an die Finanzbehörden erteilt werden darf.

Überblick

§ 393 AO regelt die grundsätzliche Unabhängigkeit des Strafverfahrens vom Besteuerungsverfahren und trägt der besonderen verfahrensrechtlichen Situation, dass der Angeklagte nach allgemeinen steuerrechtlichen Grundsätzen auch die Angabe ihn selbst belastender Umstände nicht verweigern darf, Rechnung.

A. Verhältnis des Strafverfahrens zum Besteuerungsverfahren (Abs 1)

Ein gegen einen Steuerpflichtigen geführtes Strafverfahren lässt dessen steuerrechtliche Pflichten grundsätzlich unberührt (S 1). Eine den § 136 Abs 1 S 2 StPO, § 163a Abs 3 S 2 StPO, § 243 Abs 4 S 1 StPO entsprechende Regelung enthält die AO nicht. Der Steuerpflichtige ist im Besteuerungsverfahren vielmehr nach den § 90 AO, § 200 AO zur Mitwirkung verpflichtet; er hat selbst dann vollständige und wahrheitsgemäße Angaben zu machen, wenn er dadurch ein eigenes strafbares Verhalten aufdecken muss (BGH NJW 2005, 2720, 2722 mwN). § 393 Abs 1 S 2 AO trägt auf dieser Grundlage dem allgemeinen rechtsstaatlichen Grundsatz Rechnung, dass eine unzumutbare Handlung nicht erzwungen werden darf (BGHSt 47, 8, 15 = NJW 2001, 3638, 3641; OLG Hamburg NStZ 1996, 43, 44). Zwangsmittel iSv § 328 AO (= Zwangsgeld, Ersatzvornahme, unmittelbarer Zwang) dürfen danach nicht zur Erzwingung von Angaben eingesetzt werden, wenn der Steuerpflichtige dadurch gezwungen würde, sich selbst wegen einer Steuerstraftat oder -ordnungswidrigkeit zu belasten. Nach S 3 gilt dies stets dann, wenn bereits ein Steuerstrafverfahren gegen ihn eingeleitet worden ist.

Durch das Verbot der Anwendung von Zwangsmitteln entfällt nicht die **steuerrechtliche** 2 Pflicht zur Abgabe vollständiger und richtiger Steuererklärungen, selbst wenn diese Rückschlüsse auf eine strafbare Handlung zulassen (BGH NStZ 2006, 210, 214).

Nach der Rspr des BGH reicht es insoweit allerdings aus, dass der Steuerpflichtige die Einkünfte 2.1 nur der Höhe nach angibt und sie einer Einkunftsart zuordnet, ohne etwa die Einkunftsquelle genauer zu spezifizieren (BGH NStZ 2006, 210, 214).

Ein Verstoß gegen diese steuerrechtliche Verpflichtung ist **strafrechtlich** jedoch nicht 3 sanktioniert; die **Strafbewehrung** einer Verletzung der Erklärungspflicht ist – soweit die gleiche Steuerart und der gleiche Besteuerungszeitraum betroffen sind – solange suspendiert, wie das Strafverfahren andauert (BGH NJW 2001, 3628, 3641; 2005, 763, 764; Franzen/Gast/Joecks/Joecks AO § 393 Rn 39 a; Wabnitz/Janovsky/Gürtler AO 23 Rn 11).

Die Strafbewehrung der Pflicht zur Abgabe der Umsatzsteuer-Jahreserklärung ist, wenn ein 3.1 Steuerstrafverfahren im Hinblick auf die dasselbe Jahr betreffenden Umsatzsteuer-Voranmeldungen eingeleitet ist, bis zu dessen Beendigung ausgesetzt (BGH aaO).

Eine Suspendierung der Strafbarkeit tritt nicht ein hinsichtlich solcher Steuerarten und 4 Besteuerungszeiträume, auf die sich das Strafverfahren nicht bezieht. Abs 1 S 2, 3 ermöglicht nicht die Begehung eines **zusätzlichen** Unrechts durch die unterlassene oder unrichtige Abgabe **anderer** Steuerarten oder -zeiträume betreffender Erklärungen. Das gilt selbst dann, wenn aus einer zutreffenden Steuererklärung Rückschlüsse auf ein strafbares Verhalten in den von dem Steuerstrafverfahren betroffenen Zeiträumen möglich sind (BGH NStZ 2002, 436; NStZ 2004, 582).

Beispiel: Die Strafbewehrung der Pflicht zur Abgabe der Einkommensteuererklärung für den 4.1 Veranlagungszeitraum 02 ist nicht deshalb suspendiert, weil hieraus Rückschlüsse auf die Richtigkeit der Einkommensteuererklärung 01, wegen derer ein Steuerstrafverfahren anhängig ist, möglich sind (BGH NStZ 2002, 436).

Dem hierdurch auf den Steuerpflichtigen wirkenden Zwang zu einer möglicherweise 5 mittelbaren Selbstbelastung trägt der BGH dadurch Rechnung, dass die Angaben einem **Verwendungsverbot** für das Strafverfahren unterliegen. Sie dürfen daher ausschließlich für Zwecke des Besteuerungsverfahrens herangezogen werden (BGH NJW 2005, 764, 765).

6 Der Steuerpflichtige ist nach Abs 1 S 4 über die Unzulässigkeit von Zwangsmitteln zu belehren, „soweit dazu Anlass besteht". Ein Verstoß gegen die Belehrungspflicht führt grundsätzlich zu einem Verwertungsverbot der hierdurch unmittelbar erlangten Informationen (vgl BGHR AO § 393 Abs 1 Belehrungspflicht 1).

B. Verwendungsverbot (Abs 2)

7 Tatsachen oder Beweismittel, die infolge der Offenbarung durch einen Steuerpflichtigen vor oder in Unkenntnis der Einleitung eines Steuerstrafverfahrens zur Steuerakte gelangt sind, dürfen für die Verfolgung einer Allgemeinstraftat grundsätzlich nicht verwendet werden. Im Einzelnen:

8 Es muss sich um Tatsachen oder Beweismittel handeln, die der Steuerpflichtige in Erfüllung steuerlicher Mitwirkungspflichten offenbart hat. Nicht hierunter fallen Angaben Dritter, soweit sie dem Steuerpflichtigen nicht unmittelbar zugerechnet werden können. Der Steuerpflichtige muss die Tatsache oder das Beweismittel zudem gerade in Erfüllung einer steuerlichen Mitwirkungspflicht offenbart haben, also zumindest auf Veranlassung der Finanzbehörde hin (Franzen/Gast/Joecks/Joecks AO § 393 Rn 54).

8.1 Macht der Steuerpflichtige vorsätzlich **falsche** Angaben oder legt er gefälschte oder verfälschte Urkunden vor, um etwa ihm nicht zustehende steuerliche Vorteile zu erlangen, handelt er insoweit nicht in Erfüllung steuerlicher Mitwirkungspflichten. Denn es besteht – naturgemäß – keine steuerliche Verpflichtung zu falschen Angaben. Die strafrechtliche Verfolgung hierbei begangener Allgemeindelikte (zB § 267 StGB) wird durch § 393 Abs 2 AO daher nicht eingeschränkt (BGH NJW 2005, 2720, 2723; NStZ 2004, 582).

8.2 Offenbart der Steuerpflichtige im Rahmen einer strafbefreienden **Selbstanzeige** nach § 371 AO eine allgemeine Straftat, die er zugleich mit der angezeigten Steuerstraftat begangen hat, besteht für die die Allgemeintat betreffende Angabe ebenfalls kein Verwertungsverbot nach Abs 2. Denn § 393 Abs 2 AO dient lediglich als Korrektiv hinsichtlich erzwingbarer steuerlicher Angaben; die Abgabe einer Selbstanzeige ist jedoch nicht mit Zwangsmitteln durchzusetzen (BGH NJW 2005, 2720, 2723).

9 Die von dem Steuerpflichtigen offenbarten Tatsachen oder Beweismittel müssen der Staatsanwaltschaft oder dem Gericht aus den **Steuerakten** bekannt geworden sein. Steuerakten sind die Akten der Finanzbehörden und der Finanzgerichte (vgl Franzen/Gast/Joecks/Joecks AO § 393 Rn 59: nach **hM** jedoch nicht die Steuerstrafakten). Unterlagen eines Steuerpflichtigen, die diesem zur Erfüllung steuerlicher Offenbarungspflichten zu dienen geeignet sind, unterfallen nicht dem Schutz des Abs 2 (BGH NStZ 1993, 87, 88). Tatsachen oder Beweismittel, von denen die Staatsanwaltschaft oder das Gericht Kenntnis zwar aus den Steuerakten haben, die sie aber auch ohne weiteres in anderer Weise hätten ermitteln können, sollen ebenfalls vom Schutzbereich des Abs 2 umfasst sein (einschränkend hierzu Franzen/Gast/Joecks/Joecks AO § 393 Rn 61 mwN).

10 Der Steuerpflichtige muss die Angaben entweder vor der Einleitung des Strafverfahrens oder jedenfalls in dessen Unkenntnis gemacht haben. Das Verwendungsverbot ist demnach nur dann ausgeschlossen, wenn der Steuerpflichtige von der tatsächlichen Einleitung des Strafverfahrens (positiv) wusste.

11 Die von dem Steuerpflichtigen offenbarten Tatsachen oder Beweismittel dürfen für die Verfolgung einer anderen als einer Steuerstraftat nicht verwendet werden. Eine Verwendung weiterer, erst aufgrund der Abs 2 unterfallenden Angaben ermittelter Tatsachen oder Beweismittel soll dagegen möglich sein (Erbs/Kohlhaas/Senge AO § 393 Rn 9; str). Die Verwendung von Abs 2 unterfallenden Angaben ist ausnahmsweise möglich für die Ermittlung und Ahndung von Straftaten, an deren Verfolgung ein zwingendes öffentliches Interesse besteht (S 2). Nach dem Verweis auf § 30 Abs 4 Nr 5 AO liegt ein zwingendes öffentliches Interesse „namentlich" vor, wenn Verbrechen oder vorsätzliche schwere Vergehen gegen Leib und Leben oder gegen den Staat und seine Einrichtungen (lit a) oder besonders folgenreiche Wirtschaftsstraftaten (lit b) verfolgt werden oder die Offenbarung erforderlich ist zur Richtigstellung bestimmter Tatsachen, die geeignet sind, das Vertrauen in die Verwaltung erheblich

zu erschüttern (lit c). Nach Auffassung des LG Göttingen ist § 393 Abs 2 S 2 AO ua wegen Verstoßes gegen das nemo-tenetur-Prinizip und den Gleichheitssatz verfassungswidrig. Das LG hat daher ein bei ihm anhängiges Strafverfahren ausgesetzt und die Frage der Verfassungsmäßigkeit der Norm dem BVerfG nach Art 100 Abs 1 S 1 Alt 2 GG vorgelegt (dort unter Az 2 BvL 13/07 anhängig).

C. Verwertung von im Rahmen strafprozessualer Maßnahmen erlangten Kenntnissen im Besteuerungsverfahren (Abs 3)

Der neue Abs 3 ist durch das Jahressteuergesetz 2008 (BGBl I 2007, 3150) an die Vorschrift angefügt worden. Danach ist es den Finanzbehörden erlaubt, im Rahmen rechtmäßiger strafrechtlicher Ermittlungen gewonnene Erkenntnisse im Besteuerungsverfahren zu verwenden (vgl näher Buse/Bohnert NJW 2008, 618, 620). 12

D. Revision

Ein Verstoß gegen die Belehrungspflicht nach Abs 1 S 4 kann mit einer hierauf gestützten Verfahrensrüge geltend gemacht werden (BGHR AO § 393 Abs 1 Belehrungspflicht 1). Zur Geltendmachung eines Verstoßes gegen das Verwendungsverbot nach Abs 2 bedarf es ebenfalls der Erhebung einer Verfahrensrüge (BGH NJW 2005, 2720, 2722; NStZ 1993, 87). 13

§ 396 Aussetzung des Verfahrens

(1) Hängt die Beurteilung der Tat als Steuerhinterziehung davon ab, ob ein Steueranspruch besteht, ob Steuern verkürzt oder ob nicht gerechtfertigte Steuervorteile erlangt sind, so kann das Strafverfahren ausgesetzt werden, bis das Besteuerungsverfahren rechtskräftig abgeschlossen ist.
(2) Über die Aussetzung entscheidet im Ermittlungsverfahren die Staatsanwaltschaft, im Verfahren nach Erhebung der öffentlichen Klage das Gericht, das mit der Sache befasst ist.
(3) Während der Aussetzung des Verfahrens ruht die Verjährung.

Überblick

§ 396 AO eröffnet die Möglichkeit einer Aussetzung des wegen einer Steuerstraftat geführten Strafverfahrens zur Klärung steuerrechtlicher Vorfragen im Besteuerungsverfahren. Auf diese Weise sollen widersprüchliche Entscheidungen in den voneinander unabhängigen Verfahrensarten vermieden werden.

A. Voraussetzungen

Das Strafverfahren muss (auch) wegen einer Steuerverfehlung geführt werden, deren Beurteilung als Steuerhinterziehung iSv § 370 AO davon abhängt, ob ein Steueranspruch überhaupt besteht, ob Steuern verkürzt oder ob nicht gerechtfertigte Steuervorteile erlangt sind. 1

Der gewerbsmäßige, gewaltsame und bandenmäßige Schmuggel nach § 373 AO stellt keinen eigenständigen Straftatbestand, sondern lediglich eine Qualifikation der Hinterziehung von Eingangsabgaben nach § 370 Abs 1 AO dar, sodass § 396 AO auch insoweit Anwendung findet (Kohlmann AO Rn 18 mwN). 1.1

Die genannten steuerlichen Fragen müssen für das Strafverfahren entscheidungserheblich sein; dagegen ist nicht erforderlich, dass es sich allein um eine Rechts- und nicht um eine tatsächliche Frage handelt (Franzen/Gast/Joecks/Gast-de Haan AO § 396 Rn 17 mwN auch zur Gegenansicht). Eine Aussetzung allein zu dem Zweck, zunächst den Sachverhalt im Besteuerungsverfahren aufklären zu lassen, ist jedoch nicht zulässig. Aus dem Wortlaut der Vorschrift folgt, dass die Vorfrage allein steuerlicher Art sein muss (Erbs/Kohlhaas/Senge AO 2

§ 396 Rn 3). Eine Aussetzung kommt daher nicht in Betracht, wenn die Entscheidung im Strafverfahren allein von strafrechtlichen Fragestellungen, etwa der Frage des Vorsatzes, abhängt. Gleiches gilt, wenn die Höhe der verkürzten Steuern offen ist (Franzen/Gast/Joecks/Gast-de Haan AO § 396 Rn 18).

3   Nicht erforderlich für eine Aussetzung ist, dass sich das Strafverfahren gegen den Steuerschuldner richtet. Es reicht aus, dass überhaupt ein denselben Lebenssachverhalt iSv § 264 StPO betreffendes Besteuerungsverfahren anhängig ist (Kohlmann AO Rn 22; Erbs/Kohlhaas/Senge AO § 396 Rn 4).

4   Eine Aussetzung des Strafverfahrens kann zeitlich nur bis zu einem bestands- bzw rechtskräftigen Abschluss des Besteuerungsverfahrens erfolgen. Auf die Frage, ob die Finanzbehörde bereits ein Besteuerungsverfahren eingeleitet hat, kommt es dagegen nicht an; auch wenn dies nicht der Fall ist, kann eine Aussetzung uU geboten sein (vgl Franzen/Gast/Joecks/Gast-de Haan AO § 396 Rn 15).

B. Entscheidung

5   Im Ermittlungsverfahren entscheidet die StA, nach Anklageerhebung das Gericht über die Aussetzung des Verfahrens nach pflichtgemäßem Ermessen („kann ... ausgesetzt werden"). Führt in den Fällen des § 386 Abs 2 AO die Finanzbehörde das Ermittlungsverfahren selbständig durch, entscheidet sie anstelle der StA (vgl Erbs/Kohlhaas/Senge AO § 396 Rn 6). Die Prüfung, ob das Verfahren auszusetzen ist, erfolgt von Amts wegen; eines hierauf gerichteten Antrags eines Verfahrensbeteiligten bedarf es nicht (BGHSt 34, 272, 274 = NJW 1987, 1273; NStZ 1985, 126). Hieraus folgt, dass der Angeklagte keinen Anspruch auf die Aussetzung des Verfahrens, sondern allein auf rechtsfehlerfreie Ausübung des Ermessens hat (BGHSt 34, 272, 274 = NJW 1987, 1273; Kohlmann AO § 396 Rn 38).

5.1   Hiervon zu unterscheiden ist die Situation einer Ermessensreduktion auf Null, in der also jede andere Entscheidung als die Aussetzung des Verfahrens ermessensfehlerhaft wäre (vgl BGH NJW 1991, 1306, 1309 mwN).

6   Bei der Ermessensentscheidung sind insbesondere der Zweck der Vorschrift, nämlich die Vermeidung sich widersprechender Entscheidungen im Straf- und Besteuerungsverfahren, und das Beschleunigungsgebot zu berücksichtigen (vgl etwa BGHR AO § 396 Abs 1 Aussetzung 3; Kohlmann AO § 396 Rn 40 ff). Das Strafverfahren kann längstens bis zu einem rechtskräftigen Abschluss des Besteuerungsverfahrens ausgesetzt werden; eine Weiterführung vor diesem Zeitpunkt ist aber stets möglich (Franzen/Gast/Joecks/Gast-de Haan AO § 396 Rn 26).

6.1   Das Besteuerungsverfahren ist abgeschlossen, wenn der zugrunde liegende Steuerbescheid bestandskräftig geworden und mit ordentlichen Rechtsbehelfen nicht mehr angefochten werden kann. Auf die Möglichkeit einer Berichtigung nach § 129 AO oder einer Änderung nach §§ 172 AO ff kommt es nicht an (Franzen/Gast/Joecks/Gast-de-Haan Rn 25).

7   Auch im Fall einer Aussetzung ist das Strafgericht nicht an das Ergebnis des Besteuerungsverfahrens, insbesondere an eine dort zum Ausdruck gekommene Rechtsauffassung, gebunden. Vielmehr entscheidet es unabhängig vom Ergebnis des Besteuerungsverfahrens auch über das Bestehen eines Steueranspruchs, das Vorliegen einer Verkürzung von Steuern und die Frage der Erlangung von ungerechtfertigten Steuervorteilen (Kohlmann AO § 396 Rn 57; Erbs/Kohlhaas/Senge AO § 396 Rn 9).

C. Ruhen der Verjährung

8   Abs 3 bestimmt, dass im Fall einer Aussetzung des Strafverfahrens die Verjährung ruht (vgl § 78 b StGB). Das Ruhen betrifft auch den Ablauf der absoluten Verjährungsfrist nach § 78 c Abs 3 S 2 StGB (vgl BayObLG NStZ 1990, 280; OLG Karlsruhe NStZ 1985, 227, 228).

Ein Ruhen der Verjährung tritt nicht ein, wenn die Aussetzung ermessensfehlerhaft und damit unwirksam war (AG Münster NStZ-RR 2003, 372; Franzen/Gast/Joecks/Gast-de Haan AO § 396 Rn 33).

D. Anfechtung, Revision

Eine im Ermittlungsverfahren getroffene Aussetzungsentscheidung kann nach allgemeiner Meinung nicht angefochten werden (Franzen/Gast/Joecks/Gast-de Haan AO § 396 Rn 27 mwN). Lehnt das Gericht eine beantragte Aussetzung ab, ist diese Entscheidung nach § 305 S 1 StPO unanfechtbar, da sie der Urteilsfindung vorausgeht (OLG Hamm NJW 1978, 283, 284 mwN). Ordnet das Gericht dagegen die Aussetzung an, ist eine Anfechtung dieser Entscheidung nach § 305 S 1 StPO ebenfalls in der Regel ausgeschlossen. Dies gilt nur dann nicht, wenn der Aussetzungsbeschluss im konkreten Fall der Vorbereitung des Urteils nicht dienlich ist und deshalb in keinem inneren Zusammenhang mit ihm stehen kann (OLG Karlsruhe NStZ 1985, 227: Beschwerde möglich).

Eine rechtsfehlerhafte Ablehnung der Aussetzung kann in der **Revision** mit einer auf die Verletzung von § 396 gestützten Verfahrensrüge nach § 337 StPO (vgl Kohlmann AO § 396 Rn 62) geltend gemacht werden (BGH NJW 1991, 1306, 1309; NStZ 1985, 126). Im Fall der Ablehnung eines in der Hauptverhandlung gestellten Aussetzungsantrags sind dessen Inhalt sowie ein hierauf ergangener Ablehnungsbeschluss in der Revisionsbegründung nach § 344 Abs 2 S 2 StPO mitzuteilen. Zudem muss der Revisionsführer angeben, ob und welche Besteuerungsverfahren noch anhängig sind (BGH NJW 1991, 1306, 1309; Kohlmann AO Rn 62).

§ 400 Antrag auf Erlass eines Strafbefehls

Bieten die Ermittlungen genügenden Anlass zur Erhebung der öffentlichen Klage, so beantragt die Finanzbehörde beim Richter den Erlass eines Strafbefehls, wenn die Strafsache zur Behandlung im Strafbefehlsverfahren geeignet erscheint; ist dies nicht der Fall, so legt die Finanzbehörde die Akten der Staatsanwaltschaft vor.

Überblick

Die Vorschrift ergänzt die Regelungen über die selbständige Durchführung des Ermittlungsverfahrens durch die Finanzbehörden, indem sie diesen die Möglichkeit gibt, in geeigneten Fällen eigenständig den Erlass eines Strafbefehls zu beantragen.

A. Voraussetzungen

Die Finanzbehörde muss das Ermittlungsverfahren nach § 386 Abs 2 AO selbständig durchgeführt haben; § 400 AO kommt nicht zur Anwendung, wenn sie nur als unselbständiges Hilfsorgan der StA tätig wird. Ergibt sich nach dem Abschluss der Ermittlungen kein hinreichender Tatverdacht gegen den Beschuldigten, stellt die Finanzbehörde das Verfahren nach § 170 Abs 2 StPO ein. Ist dagegen eine Verurteilung des Beschuldigten mit Wahrscheinlichkeit zu erwarten, besteht also ein hinreichender Tatverdacht gegen ihn, ist die Behörde nach § 400 Hs 2 AO grundsätzlich verpflichtet, die Sache an die StA abzugeben (Franzen/Gast/Joecks/Joecks AO § 400 Rn 2). Hiervon macht § 400 Hs 1 AO für den Fall eine Ausnahme, dass die Strafsache für eine Behandlung im Strafbefehlsverfahren geeignet erscheint.

Eine Eignung der Sache zur Behandlung im Strafbefehlsverfahren ist insbesondere gegeben, wenn die in § 407 Abs 2 StPO aufgezählten Rechtsfolgen als zur Ahndung der Tat ausreichend erscheinen und wenn die Durchführung einer Hauptverhandlung nicht erforderlich ist (vgl § 407 Abs 1 S 2 AO; s auch Nr 175 Abs 2, Abs 3 RiStBV). Gegen eine Behandlung im Wege des Strafbefehls sprechen dagegen etwa eine in tatsächlicher und rechtlicher Hinsicht schwierige Sachverhaltsgestaltung (vgl etwa Erbs/Kohlhaas/Senge AO § 400 Rn 5).

B. Entscheidung

Nach dem Wortlaut („beantragt") steht der Finanzbehörde bei Vorliegen der Voraussetzungen kein Ermessen zu, ob sie einen Strafbefehl beantragt oder nicht. Allerdings ist ein

Beurteilungsspielraum hinsichtlich der Frage eröffnet, ob die konkrete Strafsache als zur Behandlung im Strafbefehlsverfahren geeignet erscheint (so zutr Franzen/Gast/Joecks/Joecks AO § 400 Rn 19 mwN). Einen Anspruch darauf, dass die Finanzbehörde die Sache im Strafbefehlsverfahren erledigt, hat der Beschuldigte nicht (allgM, vgl nur Erbs/Kohlhaas/ Senge AO § 400 Rn 2). Das bei der Beantragung und der Entscheidung über den Erlass eines Strafbefehls zu beachtende Verfahren richtet sich nach den §§ 408 ff StPO; insoweit bestehen keine Besonderheiten. Da die Finanzbehörde selbständig handelt, bedarf es keiner Mitwirkung der StA. Diese ist erst erforderlich, wenn gegen den Strafbefehl Einspruch eingelegt worden oder eine Hauptverhandlung anberaumt ist (§ 406 Abs 1 AO). Die weiteren Mitwirkungsrechte der Finanzbehörde richten sich dann nach § 407 AO.

Europäische Menschenrechtskonvention (Auszug)

EMRK

Art. 1 Verpflichtung zur Achtung der Menschenrechte

Die Hohen Vertragsparteien sichern allen ihrer Hoheitsgewalt unterstehenden Personen die in Abschnitt I bestimmten Rechte und Freiheiten zu.

Überblick

Die Konvention zum Schutze der Menschenrechte und Grundfreiheiten (EMRK; Rn 1) nimmt in Deutschland zwar nur den Rang eines einfachen Bundesgesetzes ein (Rn 2), entfaltet aber im Wege völkerrechtskonformer Auslegung einen wesentlichen Einfluss auf das deutsche Recht (Rn 4 f). Verstöße gegen die EMRK oder ihre Zusatzprotokolle (Rn 3) können vom Europäischen Gerichtshof für Menschenrechte (EGMR; Rn 6) festgestellt werden (Rn 7). Art 1 der Konvention verpflichtet die Vertragsstaaten (Rn 8) – nicht dagegen Privatpersonen (Rn 10) –, die Menschenrechte sämtlicher Personen zu schützen, die ihrer Hoheitsgewalt unterstehen (Rn 9).

Übersicht

	Rn		Rn
A. Grundlagen	1	III. Europäischer Gerichtshof für Menschenrechte	6
I. Konvention zum Schutze der Menschenrechte und Grundfreiheiten	1	**B. Gewährleistung von Rechten und Freiheiten (Art 1 EMRK)**	8
II. Berücksichtigung der EMRK im innerstaatlichen Recht	4		

A. Grundlagen

I. Konvention zum Schutze der Menschenrechte und Grundfreiheiten

Die (Europäische) Konvention zum Schutze der Menschenrechte und Grundfreiheiten (EMRK; SEV Nr 5) ist ein völkerrechtlicher Vertrag, der von den ersten zwölf Staaten (einschließlich der Bundesrepublik Deutschland) am 4. 11. 1950 in Rom unterzeichnet wurde und am 3. 9. 1953 in Kraft trat (BGBl II 1954, 14). Durch Gesetz vom 7. 8. 1952 (BGBl II 685) wurde die EMRK in Deutschland ratifiziert und in innerstaatliches Recht transformiert, so dass sie **unmittelbar geltendes Recht** darstellt. 1

In der internationalen Staatengemeinschaft wuchs nach dem Zweiten Weltkrieg die Überzeugung, dass die Grundfreiheiten die Grundlage von Gerechtigkeit und Frieden in der Welt bilden und daher durch ein gemeinsames Verständnis und eine gemeinsame Achtung der ihnen zugrunde liegenden Menschenrechte gesichert werden müssen (vgl die Präambel der EMRK). Die am 10. 12. 1948 von der Generalversammlung der Vereinten Nationen verkündete **Allgemeine Erklärung der Menschenrechte** war jedoch lediglich eine rechtlich nicht verbindliche Programmerklärung (Löwe/Rosenberg/Gollwitzer MRK Einf Rn 6), so dass der Europarat die europäischen Staaten durch einen bindenden völkerrechtlichen Vertrag zur Achtung und Gewährleistung der darin aufgeführten Rechte verpflichten und dadurch erste Schritte auf dem Weg zu ihrem staatenübergreifenden internationalen Schutz unternehmen wollte. Davon versprach sich der Europarat zugleich eine engere Verbindung zwischen seinen Mitgliedstaaten (zur Vorgeschichte der EMRK SK-StPO/Paeffgen EMRK Einl Rn 1 ff). Inzwischen ist der Beitritt zur EMRK zu einer faktischen Bedingung für den Beitritt zum Europarat geworden (Löwe/Rosenberg/Gollwitzer MRK Einf 1.1

EMRK Art. 1 Europäische Menschenrechtskonvention (Auszug)

Rn 13; Ambos Internationales Strafrecht, § 10 Rn 7), so dass alle derzeit **47 Mitgliedstaaten des Europarates** die EMRK unterzeichnet und ratifiziert haben.

1.2 Die **Europäische Union** ist nicht Vertragspartner der EMRK, wenngleich sämtliche ihrer Mitgliedstaaten dem Europarat angehören. In Art 6 Abs 2 des Vertrags über die Europäische Union (EUV) aF war bislang lediglich vorgesehen, dass die Europäische Union die Grundrechte der EMRK achtet. Darüber hinaus verwies die Präambel der am 7. 12. 2000 in Nizza erstmals proklamierten Charta der Grundrechte der Europäischen Union auf die EMRK (dazu allgemein Tettinger NJW 2001, 1010). Nach Art 52 Abs 3 der Charta sollen die darin enthaltenen Grundrechte die gleiche Bedeutung und Tragweite wie die entsprechenden, in der EMRK garantierten Rechte haben. Nach dem am 13. 12. 2007 unterzeichneten, am 1. 12. 2009 in Kraft getretenen **Vertrag von Lissabon** (ABl EU Nr C 306, 1) erfährt die – am 12. 12. 2007 in Straßburg angepasste und erneut proklamierte – Grundrechte-Charta (ABl EU Nr C 303, 1) nunmehr über den Verweis in Art 6 Abs 1 EUV nF Rechtsverbindlichkeit. Darüber hinaus sieht Art 6 Abs 2 S 1 EUV nF den Beitritt der Europäischen Union zur EMRK vor. Dem steht aber derzeit noch Art 59 Abs 1 EMRK entgegen, nach dessen S 1 die Konvention nur von Mitgliedern des Europarates unterzeichnet werden kann. Allerdings bestimmt das am 13. 5. 2004 in Straßburg unterzeichnete 14. Zusatzprotokoll zur EMRK (Rn 3.1) ua in seinem Art 17 die Einfügung eines neuen Art 59 Abs 2 EMRK, wonach die Europäische Union der Konvention beitreten darf. Das Zusatzprotokoll wurde zwar von allen Mitgliedstaaten des Europarates unterzeichnet, bedarf aber noch der Ratifikation durch Russland, um in Kraft zu treten. Von Bedeutung ist dies, als ohne einen Beitritt der EU zur EMRK deren Hoheitsakte nicht vom Europäischen Gerichtshof für Menschenrechte (EGMR), sondern vom EuGH auf ihre Vereinbarkeit mit der EMRK überprüft werden, was bei abweichender Auslegung die Gefahr unterschiedlicher Grundrechtsstandards begründet (Löwe/Rosenberg/Gollwitzer MRK Einf Rn 48; Meyer-Ladewig EMRK Art 1 Rn 9; Ambos Internationales Strafrecht, § 10 Rn 10; Beispiele bei SK-StPO/Paeffgen EMRK Art 1 Rn 52 ff; Böse ZRP 2001, 402, 403 f).

2 Da es sich nicht einmal bei der Gesamtheit der im ersten Abschnitt der EMRK geregelten Rechte und Freiheiten um allgemeine Regeln des Völkerrechts iSd Art 25 GG handelt (Löwe/Rosenberg/Gollwitzer MRK Einf Rn 37; Ambos Internationales Strafrecht, § 10 Rn 8; **aA** Guradze MRK Einl § 5), nimmt die EMRK den **Rang eines einfachen Bundesgesetzes** ein (BVerfGE 74, 358, 370 = NJW 1987, 2427; BVerfGE 111, 307, 317 = NJW 2004, 3407, 3408; BGHSt 21, 81, 84 = NJW 1966, 2023, 2024; Britz NVwZ 2004, 173; Pache EuR 2004, 393, 400; Weigend StV 2000, 384, 386). Dies hat zur Folge, dass ein späteres widersprechendes Gesetz der EMRK als lex posterior vorgeht und auf diese Weise zB die strafverfahrensrechtlichen Garantien des Art 6 EMRK außer Kraft gesetzt werden könnten (Ambos Internationales Strafrecht, § 10 Rn 9; Eisele JA 2005, 390, 392, 393; Pache EuR 2004, 393, 398; Ruffert EuGRZ 2007, 245, 246). Die Völkerrechtswidrigkeit solcher Bestimmungen vermag an ihrer innerstaatlichen Gültigkeit nichts zu ändern (Löwe/Rosenberg/Gollwitzer MRK Einf Rn 43; Meyer-Goßner MRK Vor Art 1 Rn 3); vgl aber Rn 4.

3 Die EMRK wurde durch bislang 15 **Zusatzprotokolle** geändert und ergänzt. Von Bedeutung sind insbesondere das 6. und 13. Zusatzprotokoll, welche die Todesstrafe zunächst (6. Zusatzprotokoll v 28. 4. 1983) mit der Ausnahme von Kriegszeiten oder unmittelbarer Kriegsgefahr, sodann (13. Zusatzprotokoll vom 3. 5. 2002) völlig abschafften; vgl auch Art 2 EMRK Rn 4.

3.1 **Übersicht**: Zusatzprotokolle der EMRK
- Zusatzprotokoll zur Konvention zum Schutze der Menschenrechte und Grundfreiheiten (SEV Nr 9) vom 20. 3. 1952, in Kraft getreten am 18. 5. 1954 (in Deutschland ratifiziert durch Gesetz vom 20. 12. 1956 (BGBl II 1879); hier in Kraft getreten am 13. 2. 1957): Recht auf Eigentum, auf Bildung sowie auf freie und geheime Wahlen;
- Protokoll Nr 2 zur Konvention zum Schutze der Menschenrechte und Grundfreiheiten, durch das dem Europäischen Gerichtshof für Menschenrechte die Zuständigkeit zur Erstattung von Gutachten übertragen wird (SEV Nr 44), vom 6. 5. 1963, in Kraft getreten am 21. 9. 1970 (in Deutschland ratifiziert durch Gesetz vom 10. 12. 1968 (BGBl II 1111)): Zuständigkeit des EGMR, auf Antrag des Ministerkomitees Gutachten über Rechtsfragen zur Auslegung der Konvention und ihrer Zusatzprotokolle zu erstatten – ersetzt durch Art 47 bis 49 MRK in der Fassung des 11. Zusatzprotokolls;

Europäische Menschenrechtskonvention (Auszug) **Art. 1 EMRK**

- Protokoll Nr 3 zur Konvention zum Schutze der Menschenrechte und Grundfreiheiten, durch das die Artikel 29, 30 und 34 der Konvention geändert werden (SEV Nr 45), vom 6. 5. 1963, in Kraft getreten am 21. 9. 1970 (in Deutschland ratifiziert durch Gesetz vom 10. 12. 1968 (BGBl II 1111)): Änderung der Art 29, 30 und 34 EMRK über das Verfahren der – damals noch existierenden – Europäischen Kommission für Menschenrechte (EKMR), deren Aufgaben durch das 11. Zusatzprotokoll dem – nunmehr ständigen – EGMR übertragen wurden;
- Protokoll Nr 4 zur Konvention zum Schutze der Menschenrechte und Grundfreiheiten, durch das gewisse Rechte und Freiheiten gewährleistet werden, die nicht bereits in der Konvention oder im ersten Zusatzprotokoll enthalten sind (SEV Nr 46), vom 16. 9. 1963, in Kraft getreten am 2. 5. 1968 (in Deutschland ratifiziert durch Gesetz vom 9. 5. 1968 (BGBl II 422); hier in Kraft getreten am 1. 6. 1968): Verbot der Freiheitsentziehung wegen Schulden (Art 1), Recht der Freizügigkeit (Art 2), Verbot der Ausweisung eigener Staatsangehöriger (Art 3) sowie der Kollektivausweisung ausländischer Personen (Art 4);
- Protokoll Nr 5 zur Konvention zum Schutze der Menschenrechte und Grundfreiheiten, durch das die Artikel 22 und 40 der Konvention geändert werden (SEV Nr 55), vom 20. 1. 1966, in Kraft getreten am 20. 12. 1971 (in Deutschland ratifiziert durch Gesetz vom 10. 12. 1968 (BGBl II 1111)): Änderung der Art 22 und 40 EMRK über die Amtsdauer der Mitglieder der EKMR und des EGMR – gegenstandslos durch die Neufassung der Verfahrensregeln durch das 11. Zusatzprotokoll;
- Protokoll Nr 6 zur Konvention zum Schutze der Menschenrechte und Grundfreiheiten über die Abschaffung der Todesstrafe (SEV Nr 114) vom 28. 4. 1983, in Kraft getreten am 1. 3. 1985 (in Deutschland ratifiziert durch Gesetz vom 23. 7. 1988 (BGBl II 662); hier in Kraft getreten am 1. 8. 1989): Abschaffung der Todesstrafe (Art 1) außer in Kriegszeiten oder bei unmittelbarer Kriegsgefahr (Art 2) – zum Zusatzprotokoll Calliess NJW 1989, 1019;
- Protokoll Nr 7 zur Konvention zum Schutze der Menschenrechte und Grundfreiheiten (SEV Nr 117) vom 22. 11. 1984, in Kraft getreten am 1. 11. 1988 (in Deutschland noch nicht ratifiziert): Ausweisung ausländischer Personen nur aufgrund einer rechtmäßig ergangenen Entscheidung unter Gewährleistung von Verfahrensrechten (Art 1), Rechtsmittelinstanz in Strafsachen (Art 2), Anspruch auf Entschädigung bei Fehlurteilen der Strafgerichte (Art 3), ne bis in idem (Art 4), Gleichberechtigung der Ehegatten untereinander sowie gegenüber ihren Kindern (Art 5);
- Protokoll Nr 8 zur Konvention zum Schutze der Menschenrechte und Grundfreiheiten (SEV Nr 118) vom 19. 3. 1985, in Kraft getreten am 1. 1. 1990 (in Deutschland ratifiziert durch Gesetz vom 30. 6. 1989 (BGBl II 546)): Änderung einiger Vorschriften über das Verfahren vor der EKMR (insbesondere Beschleunigung der Individualbeschwerde) und vor dem EGMR;
- Protokoll Nr 9 zur Konvention zum Schutze der Menschenrechte und Grundfreiheiten (SEV Nr 140) vom 6. 11. 1990, in Kraft getreten am 1. 10. 1994 (in Deutschland ratifiziert durch Gesetz vom 19. 4. 1994 (BGBl II 490); hier in Kraft getreten am 1. 11. 1994): Änderung einiger Vorschriften über das Verfahren nach der EMRK – aufgehoben durch Art 2 Abs 8 des 11. Zusatzprotokolls;
- Protokoll Nr 10 zur Konvention zum Schutze der Menschenrechte und Grundfreiheiten (SEV Nr 146) vom 25. 3. 1992, noch nicht in Kraft getreten (in Deutschland ratifiziert durch Gesetz vom 19. 4. 1994 (BGBl II 490)): Änderung des Art 32 der EMRK – gegenstandslos geworden aufgrund der Neufassung durch das 11. Zusatzprotokoll;
- Protokoll Nr 11 zur Konvention zum Schutze der Menschenrechte und Grundfreiheiten über die Umgestaltung des durch die Konvention eingeführten Kontrollmechanismus (SEV Nr 155) vom 11. 5. 1994, in Kraft getreten am 1. 11. 1998 (in Deutschland ratifiziert durch Gesetz vom 24. 7. 1995 (BGBl II 578)): Ersetzung der EKMR und des bestehenden EGMR durch einen neuen ständigen Gerichtshof, insbesondere in Anbetracht der Zunahme der Beschwerden und der wachsenden Zahl der Europaratsmitglieder – zum Zusatzprotokoll Meyer-Ladewig NJW 1995, 2813; ders NJW 1998, 512; Meyer-Ladewig/Petzold NJW 1999, 1165; Schlette JZ 1999, 219;
- Protokoll Nr 12 zur Konvention zum Schutze der Menschenrechte und Grundfreiheiten (SEV Nr 177) vom 4. 11. 2000, in Kraft getreten am 1. 4. 2005 (in Deutschland noch nicht ratifiziert): Allgemeines Diskriminierungsverbot (Art 1);
- Protokoll Nr 13 zur Konvention zum Schutze der Menschenrechte und Grundfreiheiten bezüglich der Abschaffung der Todesstrafe unter allen Umständen (SEV Nr 187) vom 3. 5. 2002, in Kraft getreten am 1. 7. 2003 (in Deutschland ratifiziert durch Gesetz vom 5. 7. 2004 (BGBl II 982); hier in Kraft getreten am 1. 2. 2005): völlige Abschaffung der Todesstrafe (Art 1), dh abweichend vom 6. Zusatzprotokoll auch in Kriegszeiten und bei unmittelbarer Kriegsgefahr;
- Protokoll Nr 14 zur Konvention zum Schutze der Menschenrechte und Grundfreiheiten über die Änderung des Kontrollsystems der Konvention (SEV Nr 194) vom 13. 5. 2004, noch nicht in

EMRK Art. 1 Europäische Menschenrechtskonvention (Auszug)

Kraft getreten (in Deutschland ratifiziert durch Gesetz vom 21. 2. 2006 (BGBl II 138)): in Anbetracht der stetigen Zunahme der Arbeitslast Änderung einiger Vorschriften über das Verfahren vor dem EGMR (zB Änderung der Amtszeit der Richter auf neun Jahre ohne Möglichkeit zur Wiederwahl, Entscheidungen durch Einzelrichter, weitere Entscheidungsbefugnisse für die aus drei Richtern bestehenden Ausschüsse), Anrufung des EGMR zur Überprüfung des Vollzugs eines Urteils durch eine Vertragspartei – zum Zusatzprotokoll Breuer EuGRZ 2004, 445, 447, 448;
- Protokoll Nr 14 bis zur Konvention zum Schutze der Menschenrechte und Grundfreiheiten (SEV Nr 204) vom 27. 5. 2009, in den ersten Staaten in Kraft getreten am 1. 10. 2009 (in Deutschland noch nicht ratifiziert): vorzeitige Umsetzung einiger verfahrensrechtlicher Regelungen des nach wie vor noch nicht in Kraft getretenen 14. Zusatzprotokolls, namentlich die Ermöglichung von Entscheidungen durch Einzelrichter und die Erweiterung der Entscheidungsbefugnisse der aus drei Richtern bestehenden Ausschüsse.

II. Berücksichtigung der EMRK im innerstaatlichen Recht

4 Zwar gehört die EMRK nur zum einfachen Bundesrecht (Rn 2). Nach **hM** sind jedoch sowohl das Grundgesetz als auch die einfachen Gesetze **völkerrechtskonform auszulegen** (BVerfGE 74, 358, 370 = NJW 1987, 2427, 2428; BVerfGE 111, 307, 317 = NJW 2004, 3407, 3408; vgl auch Rn 10 aE). Bei der Bestimmung von Inhalt und Reichweite der Grundrechte und rechtsstaatlichen Grundsätze des Grundgesetzes sind demnach Inhalt und Entwicklungsstand der EMRK sowie die hierzu ergangene Rechtsprechung des EGMR zu berücksichtigen, sofern dadurch der grundgesetzlich gewährte Grundrechtsschutz nicht eingeschränkt oder gemindert wird (vgl auch Art 53 EMRK). Auch einfache (ggf später als die EMRK erlassene) Gesetze sind konventionskonform zu interpretieren, da ohne ausdrückliche Bekundung des Gesetzgebers nicht davon auszugehen ist, dass er von den völkerrechtlichen Verpflichtungen der Bundesrepublik Deutschland abweichen oder die Verletzung solcher Verpflichtungen ermöglichen will (BVerfGE 74, 358, 370 = NJW 1987, 2427, 2428). Der Rechtsprechung des EGMR kommt insoweit eine normative Leitfunktion zu (BVerwGE 110, 203, 210 = NVwZ 2000, 810, 811, 812; Limbach NJW 2001, 2913, 2915; Meyer-Ladewig/Petzold NJW 2005, 15, 19).

4.1 Bei der Auslegung der EMRK ist zu beachten, dass sie einen internationalen völkerrechtlichen Vertrag darstellt, dessen Begriffe sich nicht unmittelbar mit denen der nationalen Rechtsordnungen vergleichen lassen. Die EMRK ist demzufolge **autonom zu interpretieren** (Löwe/Rosenberg/Gollwitzer MRK Einf Rn 53; Meyer-Goßner MRK Vor Art 1 Rn 5; SK-StPO/Paeffgen EMRK Einl Rn 282; Eisele JA 2005, 390, 391 f). Der authentische Vertragstext ist in englischer und französischer Sprache abgefasst. In Zweifelsfällen ist daher auf diese Fassungen, nicht dagegen auf die deutsche „amtliche Übersetzung" (in überarbeiteter Fassung bekannt gemacht am 17. 5. 2002; BGBl II 1054) zurückzugreifen (Löwe/Rosenberg/Gollwitzer MRK Einf Rn 54; Meyer-Goßner MRK Vor Art 1 Rn 5; SK-StPO/Paeffgen EMRK Art 1 Rn 3; Grabenwarter § 5 Rn 2; Herzog JZ 1966, 657; **aA** BGHZ 45, 58, 68 = NJW 1966, 1021, 1024; Krüger NJW 1970, 1483, 1484, 1485; Woesner NJW 1961, 1381, 1383). Der EGMR hat dabei wiederholt betont, dass er die Konvention als „lebendiges Instrument" („living instrument") versteht (EGMR NJW 1979, 1089, 1090; NJW 1990, 2183, 2186; NJW 2005, 727, 730), dh sie ist nicht statisch, sondern **dynamisch** im Lichte der jeweiligen Verhältnisse zu interpretieren (vgl etwa Art 3 EMRK Rn 7), um dadurch den Menschenrechtsschutz stetig fortzuentwickeln (Meyer-Ladewig EMRK Einl Rn 32; SK-StPO/Paeffgen EMRK Einl Rn 283 ff).

5 Unterlässt es ein staatliches Organ (zB Gericht, Behörde), die Gewährleistungen der EMRK sowie die Rechtsprechung des EGMR im Rahmen methodisch vertretbarer Gesetzesauslegung zu berücksichtigen (vgl Rn 4), kann darin ein **Verstoß gegen die Grundrechte iVm dem Rechtsstaatsprinzip** liegen. Andererseits gebieten die rechtsstaatliche Kompetenzordnung und die Bindung an Gesetz und Recht (Art 20 Abs 3 GG), die Entscheidungen des EGMR nicht schematisch unter Verstoß gegen vorrangiges Recht zu vollstrecken (BVerfGE 111, 307, 323, 324 = NJW 2004, 3407, 3410). Vielmehr müssen die staatlichen Organe auch die Auswirkungen auf die nationale Rechtsordnung in ihre Rechtsanwendung einbeziehen. Dies gilt insbesondere dann, wenn es sich um ein in seinen Rechtsfolgen ausbalanciertes Teilsystem des innerstaatlichen Rechts handelt, das verschiedene Grundrechtspositionen miteinander zum Ausgleich bringen will (BVerfGE 111, 307, 327 = NJW 2004, 3407, 3411; dazu Meyer-Ladewig/Petzold NJW 2005, 15).

III. Europäischer Gerichtshof für Menschenrechte

Der – seit Inkrafttreten des 11. Zusatzprotokolls (Rn 3.1) ständige – Europäische Gerichtshof für Menschenrechte (EGMR) in Straßburg wacht über die Einhaltung der EMRK und ihrer Zusatzprotokolle durch die Vertragsparteien. Er kann sowohl von jeder anderen Vertragspartei (Staatenbeschwerde gem Art 33 EMRK) als auch von jeder natürlichen Person sowie nichtstaatlichen Organisation oder Personengruppe (**Individualbeschwerde** gem Art 34 EMRK; zusf Wittinger NJW 2001, 1238) angerufen werden. Wesentliche Voraussetzung ist die Erschöpfung des innerstaatlichen Rechtsweges (Art 35 Abs 1 EMRK). 6

Der EGMR kann den **Verstoß** der beklagten Vertragspartei gegen die Konvention oder ihre Zusatzprotokolle lediglich (verneinen oder) **feststellen**, nicht jedoch die Entscheidung eines nationalen Gerichts kassieren (BVerfGE 111, 307, 320 = NJW 2004, 3407, 3409; Löwe/Rosenberg/Gollwitzer MRK Verfahren Rn 76; Ambos Internationales Strafrecht, § 10 Rn 12; Limbach NJW 2001, 2913, 2915). Wie der betroffene Mitgliedstaat der festgestellten Verletzung der Konvention abhilft, bleibt grds ihm überlassen (EGMR NJW 2003, 1721, 1723; NJW 2004, 3401, 3406; BVerfGE 111, 307, 322 = NJW 2004, 3407, 3409; Löwe/Rosenberg/Gollwitzer MRK Verfahren Rn 77). Gem Art 41 EMRK spricht der EGMR dem Verletzten allerdings eine gerechte **Entschädigung** zu, wenn das innerstaatliche Recht des jeweiligen Mitgliedstaates nur eine unvollkommene Wiedergutmachung für die Folgen des Konventionsverstoßes gestattet. In Deutschland stellt die Verletzung der EMRK zudem einen Wiederaufnahmegrund dar, sofern das betreffende Urteil darauf beruht (§ 359 Nr 6 StPO; s § 359 StPO Rn 35). 7

B. Gewährleistung von Rechten und Freiheiten (Art 1 EMRK)

Adressat der in Abschnitt I der EMRK sowie in den Zusatzprotokollen (soweit vom jeweiligen Mitgliedstaat ratifiziert) aufgeführten Rechte und Freiheiten sind gem Art 1 EMRK die Hohen Vertragsparteien, dh die **Vertragsstaaten** der Konvention. Sie sind dazu verpflichtet, den dadurch bestimmten Mindeststandard an Menschenrechten zu achten. Die EMRK dient somit insbesondere dem Zweck, staatliche Eingriffe zu verhindern, die den Wesensgehalt der von ihr gewährleisteten Rechte und Freiheiten antasten (Meyer-Goßner MRK Art 1 Rn 1; Jescheck NJW 1954, 783, 784). Art 1 EMRK ist eine Rahmenvorschrift, die selbst keine eigenen materiellen Rechte enthält (EGMR NJW 2001, 3035, 3041; Löwe/Rosenberg/Gollwitzer MRK Art 1 Rn 1; Meyer-Ladewig EMRK Art 1 Rn 2). 8

Die Menschenrechte und Grundfreiheiten der EMRK werden allen zugesichert, die der Hoheitsgewalt der Vertragsstaaten der Konvention unterstehen. **Geschützt** sind somit **sämtliche Personen**, die von einer hoheitlichen Maßnahme eines Mitgliedstaates – grds gebunden an sein eigenes Territorium (EGMR NJW 2003, 413, 414; NJW 2005, 2207, 2209; Löwe/Rosenberg/Gollwitzer MRK Art 1 Rn 11; Meyer-Ladewig EMRK Art 1 Rn 4) – betroffen sind, unabhängig von ihrer Staatsangehörigkeit oder ihrem Wohnsitz (Löwe/Rosenberg/Gollwitzer MRK Art 1 Rn 8; Guradze MRK Art 1 Rn 3). Wie sich aus der Beschwerdeberechtigung nach Art 34 EMRK ergibt, können sich nicht nur natürliche, sondern auch juristische Personen auf die in Abschnitt I der EMRK bestimmten Rechte und Freiheiten berufen (Löwe/Rosenberg/Gollwitzer MRK Art 1 Rn 9; Meyer-Goßner MRK Art 1 Rn 2; SK-StPO/Paeffgen EMRK Art 1 Rn 27). Eine Absicherung der hieraus erwachsenden unmittelbaren Rechte erfolgt sowohl durch die Möglichkeit innerstaatlicher Rechtsbehelfe (vgl allgemein Art 13 EMRK) als auch durch die Individualbeschwerde zum EGMR gem Art 34 EMRK (Rn 6). 9

Die EMRK betrifft lediglich das Verhältnis zwischen **Staat und Bürger**. Sie gewährt dem Einzelnen somit ein Abwehrrecht nur gegenüber Eingriffen des Staates, sei es durch aktives Tun oder durch Unterlassen, sofern dem Staat eine Schutzpflicht obliegt (Löwe/Rosenberg/Gollwitzer MRK Art 1 Rn 17; Meyer-Ladewig EMRK Art 1 Rn 6). Privatpersonen werden hingegen nicht durch die EMRK verpflichtet (Löwe/Rosenberg/Gollwitzer MRK Art 1 Rn 20; Guradze MRK Einl § 7 IV; Meyer-Goßner MRK Art 1 Rn 4; **aA** Frister GA 1985, 553, 556; Krüger NJW 1970, 1483, 1484: unmittelbare Drittwirkung). Allerdings sind die in Abschnitt I bestimmten Menschenrechte und Grundfreiheiten bei der Auslegung und Anwendung des einfachen Rechts als Wertmaßstäbe zu berücksichtigen, im Strafrecht zB bei 10 der Bestimmung der „rechtsstaatlichen Grundsätze" im Rahmen der § 234 a StGB, § 241 a StGB (Meyer-Goßner MRK Art 1 Rn 4; s hierzu BeckOK v. Heintschel-Heinegg/Valerius StGB § 234 a Rn 8).

Abschnitt I. Rechte und Freiheiten (Art. 2-18) (Auszug)

Art. 2 Recht auf Leben

(1) ¹Das Recht jedes Menschen auf Leben wird gesetzlich geschützt. ²Niemand darf absichtlich getötet werden, außer durch Vollstreckung eines Todesurteils, das ein Gericht wegen eines Verbrechens verhängt hat, für das die Todesstrafe gesetzlich vorgesehen ist.

(2) Eine Tötung wird nicht als Verletzung dieses Artikels betrachtet, wenn sie durch eine Gewaltanwendung verursacht wird, die unbedingt erforderlich ist, um
a) jemanden gegen rechtswidrige Gewalt zu verteidigen;
b) jemanden rechtmäßig festzunehmen oder jemanden, dem die Freiheit rechtmäßig entzogen ist, an der Flucht zu hindern;
c) einen Aufruhr oder Aufstand rechtmäßig niederzuschlagen.

Überblick

Die Vorschrift schützt das Recht des Einzelnen auf Leben (Rn 1) gegen Eingriffe des Staates (Rn 2), der nur in den eng auszulegenden Ausnahmesituationen des Abs 2 (Rn 6), zB zur Festnahme bzw zur Vereitelung eines Fluchtversuchs (Rn 7), zur tödlichen Gewaltanwendung berechtigt ist. Der Staat ist zudem verpflichtet, das Leben der seiner Hoheitsgewalt unterstehenden Personen wirksam zu schützen (Rn 3).

A. Recht auf Leben

1   Die Vorschrift gewährleistet jedermann das Recht auf Leben (Abs 1 S 1) als **grundlegenden Wert** der demokratischen Gesellschaften (EGMR NJW 2001, 2001, 2003; NJW 2003, 3259, 3260; NJW 2005, 727, 731), unabhängig von Alter, Geschlecht, körperlicher oder geistiger Behinderung (Löwe/Rosenberg/Gollwitzer MRK Art 2 Rn 3; SK-StPO/Paeffgen EMRK Art 2 Rn 4). Das ungeborene Leben ist nach wohl **hM** nicht geschützt (IntKomm/Lagodny EMRK Art 2 Rn 46 mwN; zum Streitstand Löwe/Rosenberg/Gollwitzer MRK Art 2 Rn 3a; SK-StPO/Paeffgen EMRK Art 2 Rn 5 ff mwN; offen gelassen von EGMR NJW 2005, 727, 730 f mBespr Groh/Lange-Bertalot NJW 2005, 713); Schwangerschaftsabbrüche sind jedenfalls mit der Konvention vereinbar (EGMR NJW 2005, 727, 729 mwN). Ein Recht zu sterben bzw auf Sterbehilfe gewährleistet Art 2 EMRK nicht (EGMR NJW 2002, 2851, 2852; Meyer-Ladewig EMRK Art 2 Rn 1; SK-StPO/Paeffgen EMRK Art 2 Rn 18).

1.1   Art 2 Abs 1 S 1 EMRK entspricht im Wesentlichen Art 2 Abs 2 S 1 GG. Anders als in Art 2 (Abs 1) GG gewährleistet die EMRK jedoch nicht die freie Entfaltung der Persönlichkeit (BVerfGE 6, 389, 441 = NJW 1957, 865, 869). Zudem ist zu beachten, dass anders als im Grundgesetz die EMRK die Würde des Menschen weder erwähnt noch wie in Art 1 GG an die Spitze des Abschnitts über die Grundrechte stellt. Allerdings liegt das Gebot der Achtung der Menschenwürde allen durch die EMRK gewährleisteten Rechten und Freiheiten zu Grunde (Meyer-Ladewig NJW 2004, 981, 983).

2   Das Recht auf Leben beinhaltet vornehmlich ein **Abwehrrecht** gegen den Staat, dh niemand darf durch den Staat getötet werden. Etwas anderes gilt – abgesehen von der Ausnahmesituation des Art 15 EMRK (Rn 5) – nur für die Fälle des Abs 2 (Rn 6 f) sowie für die Vollstreckung der Todesstrafe (Abs 1 S 2; Rn 4).

3   Darüber hinaus verpflichtet die Vorschrift die Mitgliedstaaten, das Leben aller ihrer Hoheitsgewalt unterstehenden Menschen **gesetzlich zu schützen** (vgl Abs 1 S 1) und die hierzu notwendigen Maßnahmen zu ergreifen (EGMR NJW 2003, 3259, 3260; NJW 2005, 727, 731). Dies erfordert ua den Erlass abschreckender (Straf-)Vorschriften sowie ein wirksames und unabhängiges Gerichtssystem zur Ermittlung und Bestrafung bei Tötungshand-

lungen (EGMR NJW 2001, 2001, 2004; NJW 2003, 3259, 3261; NJW 2005, 3405, 3407; Löwe/Rosenberg/Gollwitzer MRK Art 2 Rn 10). Insoweit kann dem Einzelnen – anders als nach Art 6 Abs 1 EMRK (Art 6 EMRK Rn 3) – ein Anspruch auf Strafverfolgung gegen Dritte erwachsen (EGMR NJW 2001, 1989, 1990; NJW 2005, 727, 731). Wenn die staatlichen Behörden eine wirkliche und unmittelbare Gefahr für das Leben einer oder mehrerer Personen kennen oder kennen müssen, sind sie darüber hinaus im Rahmen ihrer Möglichkeiten zu Präventivmaßnahmen verpflichtet, welche die Gefahr nach vernünftiger Beurteilung vermeiden können (EGMR NJW 2002, 2851, 2852; NJW 2003, 3259, 3260).

Wirksame Ermittlungen sind vor allem bei tödlichen Gewaltanwendungen durch staatliche Bedienstete notwendig und müssen hier zur Identifizierung und Bestrafung des Verantwortlichen führen (EGMR NJW 2001, 1989, 1990; NJW 2001, 1991, 1994; NJW 2005, 3405, 3408, 3409; Meyer-Ladewig EMRK Art 2 Rn 7 b). **3.1**

B. Ausnahmen vom Lebensschutz

Abs 1 S 2 gestattet die absichtliche Tötung durch Vollstreckung eines im Einklang mit der gesetzlichen Strafandrohung erlassenen Todesurteils. Soweit das 6. Zusatzprotokoll (SEV Nr 114) v 28. 4. 1983 bereits ratifiziert wurde, darf die **Todesstrafe** jedoch nur in Kriegszeiten oder bei unmittelbarer Kriegsgefahr verhängt werden. Nach dem 13. Zusatzprotokoll (SEV Nr 187) vom 3. 5. 2002 ist die Todesstrafe völlig abgeschafft. Zur Vereinbarkeit mit Art 3 EMRK s Art 3 EMRK Rn 4.1. **4**

Das **6. Zusatzprotokoll** haben alle Mitgliedstaaten des Europarates unterzeichnet und bislang mit Ausnahme von Russland ebenso ratifiziert. Allerdings tendiert der EGMR dazu, auch ohne die ausstehende Ratifikation die Todesstrafe in Friedenszeiten mittlerweile nicht mehr mit Art 2 EMRK als vereinbar anzusehen (EGMR EuGRZ 2003, 472, 483; EuGRZ 2005, 463, 465 f; krit Grabenwarter § 20 Rn 10). Das **13. Zusatzprotokoll** wurde von 41 der 47 Mitgliedstaaten des Europarates unterzeichnet und ratifiziert. Nicht unterzeichnet haben Aserbaidschan und Russland, lediglich die Ratifikation steht aus in Armenien, Lettland, Polen und Spanien. **4.1**

Im Kriegsfalle oder bei einem anderen öffentlichen Notstand kann jeder Vertragsstaat Maßnahmen treffen, die von den Verpflichtungen der Konvention abweichen, soweit sie unbedingt erforderlich sind und nicht im Widerspruch zu sonstigen völkerrechtlichen Verpflichtungen der Vertragspartei stehen (Art 15 Abs 1 EMRK). Das Recht auf Leben darf aber nur infolge **rechtmäßiger Kriegshandlungen** verletzt werden (Art 15 Abs 2 EMRK). **5**

Abgesehen von dieser generellen, auch auf andere Rechte und Freiheiten der EMRK anwendbaren Ausnahmesituation sieht Abs 2 weitere, abschließend aufgezählte (SK-StPO/Paeffgen EMRK Art 2 Rn 58) und eng auszulegende (EGMR NJW 2001, 2001, 2003; NJW 2005, 3405, 3407) Fälle vor, in denen die Tötung einer Person nicht als Verletzung von Art 2 EMRK betrachtet wird. Voraussetzung ist jeweils, dass die zum Tode führende **Gewaltanwendung unbedingt erforderlich**, dh strikt verhältnismäßig ist. Den handelnden staatlichen Organen dürfen daher – aus der Sicht ex ante (Löwe/Rosenberg/Gollwitzer MRK Art 2 Rn 17) – keine milderen, in gleicher Weise zur Abwehr der Bedrohung geeigneten Mittel zur Verfügung stehen (EGMR NJW 2001, 1991, 1992; NJW 2001, 2001, 2003; **aA** Zieschang GA 2006, 415, 418). Da auch staatliche Handlungen erfasst werden, die den Tod des Betroffenen nicht beabsichtigen (EGMR NJW 2001, 1991, 1992; NJW 2001, 2001, 2003; Löwe/Rosenberg/Gollwitzer MRK Art 2 Rn 4; Meyer-Ladewig EMRK Art 2 Rn 25), ist Art 2 EMRK ebenso anwendbar, wenn es durch die Gewaltanwendung nicht zum Tode des Opfers gekommen ist; in der Regel wird hier aber nur ein Verstoß gegen Art 3 EMRK zu erörtern sein (EGMR NJW 2005, 3405, 3406). **6**

Für das Strafverfahrensrecht von Bedeutung ist insbesondere Abs 2 lit b. Er erlaubt die Anwendung von ggf tödlicher Gewalt, um jemanden rechtmäßig **festzunehmen** bzw den **Fluchtversuch** einer rechtmäßig ihrer Freiheit entzogenen Person zu **vereiteln**. Voraussetzung ist, dass die Anwendung von Gewalt zu diesem Zweck aus einer Sicht ex ante unerlässlich ist; die Tötung darf lediglich Folge, nicht hingegen Ziel der Gewaltanwendung sein (Löwe/Rosenberg/Gollwitzer MRK Art 2 Rn 20; vgl auch EGMR NJW 2001, 1991, 1992 f; Grabenwarter § 20 Rn 11). Auf Privatpersonen (zB deren Festnahmerecht gem § 127 Abs 1 StPO) ist die Vorschrift nicht anwendbar (Meyer-Goßner MRK Art 2 Rn 4). **7**

EMRK Art. 3 Europäische Menschenrechtskonvention (Auszug)

7.1 Gem Abs 2 lit a ist die hoheitliche Anwendung von tödlicher Gewalt zulässig, um **jemanden gegen rechtswidrige Gewalt zu verteidigen**. Unter engen Voraussetzungen ist demnach insbesondere der finale Todesschuss zur Rettung von Menschenleben erlaubt (EGMR NJW 2005, 3405, 3407; Löwe/Rosenberg/Gollwitzer MRK Art 2 Rn 17). Nicht gestattet ist hingegen die Tötung eines Menschen zur Rettung lediglich von immateriellen Gütern und Sachwerten (Meyer-Goßner MRK Art 2 Rn 3). Da die EMRK nur das Verhältnis zwischen Staat und Bürger betrifft (Art 1 EMRK Rn 10), hat Art 2 Abs 2 lit a EMRK nach **hM** von vornherein keinen Einfluss auf das Notwehrrecht einer Privatperson (Fischer StGB § 32 Rn 40; Löwe/Rosenberg/Gollwitzer MRK Art 2 Rn 19; Meyer-Goßner MRK Art 2 Rn 3; Ambos Internationales Strafrecht, § 10 Rn 56; Krey JZ 1979, 702, 708; Lenckner GA 1968, 1, 5; **aA** Grabenwarter § 20 Rn 13; Frister GA 1985, 553, 559; Woesner NJW 1961, 1381, 1384; diff einerseits Roxin AT/1 § 15 Rn 88; Zieschang GA 2006, 415, 419: EMRK betrifft nur absichtliche, nicht dagegen bedingt vorsätzliche Tötungen durch Privatpersonen; andererseits Frowein/Peukert EMRK Art 2 Rn 2 und 11; IntKomm/Lagodny EMRK Art 2 Rn 83 ff: Verpflichtung des Gesetzgebers, die Notwehrregelung den Vorgaben des Abs 2 lit a anzupassen).

7.2 Staatliche Gewaltanwendung mit tödlichen Folgen ist schließlich zulässig zur **rechtmäßigen** (zum Schusswaffengebrauch nach nationalem Recht vgl § 10 Abs 2 UZwG) **Niederschlagung eines Aufruhrs oder Aufstands** (Abs 2 lit c). Aufruhr ist die ungesetzliche Zusammenrottung einer gewalttätigen Menschenmenge, ein Aufstand setzt darüber hinaus den offenen und aktiven bewaffneten Widerstand gegen die Staatsgewalt voraus (Löwe/Rosenberg/Gollwitzer MRK Art 2 Rn 23).

Art. 3 Verbot der Folter

Niemand darf der Folter oder unmenschlicher oder erniedrigender Strafe oder Behandlung unterworfen werden.

Überblick

Das absolute (Rn 7) Folterverbot als grundlegender Wert der demokratischen Gesellschaften (Rn 1) erstreckt sich – in abnehmender Stufenfolge (Rn 3) – außer auf Folter (Rn 6) auch auf unmenschliche (Rn 5) und erniedrigende (Rn 4) Behandlungen und Strafen (Rn 2).

Übersicht

	Rn		Rn
A. Allgemeines	1	I. Inhalt des Verbots	2
B. Verbot der Folter	2	II. Reichweite des Verbots	7

A. Allgemeines

1 Das Verbot der Folter ist ein **grundlegender Wert** jeder demokratischen Gesellschaft (EGMR NJW 1990, 2183, 2184; NJW 2001, 56, 59; EuGRZ 2003, 472, 484). Seine Bedeutung beruht ua auf zahlreichen internationalen Abkommen (Übersicht bei Löwe/Rosenberg/Gollwitzer MRK Art 3 Rn 1 ff) sowie dem Europäischen Übereinkommen zur Verhütung von Folter und unmenschlicher oder erniedrigender Behandlung oder Strafe (SEV Nr 126) v 26. 11. 1987. Dessen Ziel ist es, den Schutz insbesondere festgenommener Personen vor den vorbenannten staatlichen Maßnahmen zu verbessern, indem neben der Möglichkeit, die Vereinbarkeit einer staatlichen Maßnahme mit Art 3 EMRK nachträglich durch den EGMR überprüfen zu lassen, auch ein präventiver Schutz vor staatlicher Folter gewährleistet wird.

1.1 Das Übereinkommen trat am 1. 2. 1989 zwischen den bis zu diesem Zeitpunkt beigetretenen Staaten in Kraft. In Deutschland trat es, ratifiziert durch Zustimmungsgesetz v 29. 11. 1989 (BGBl II 946), am 1. 6. 1990 in Kraft. Durch das Übereinkommen wurde ein Europäischer Ausschuss eingerichtet, der Informationsbesuche in den Mitgliedstaaten durchführt und ggf auf Grundlage der dadurch gewonnenen Informationen Empfehlungen ausspricht, um den Schutz vor erniedrigenden Behandlungen zu verbessern. Seine Tätigkeiten dokumentiert der Ausschuss in einem alljährlichen Bericht. Diese Tätigkeit ist rein präventiv; vor allem ist der Ausschuss nicht befugt, Verletzungen des Folterverbots festzustellen oder Stellungnahmen zur Auslegung rechtlicher Sachverhalte abzugeben (zum Inhalt der Konvention Puhl NJW 1990, 3057; Zimmermann NStZ 1992, 318). Am 4. 11. 1993 wurden zwei Zusatzprotokolle verabschiedet (SEV Nr 151 und Nr 152), die ua auch Nichtmitgliedstaaten des Europarates den Beitritt zum Übereinkommen ermöglichen. Sie traten jeweils am 1. 3. 2002 in Kraft.

B. Verbot der Folter

I. Inhalt des Verbots

Die Vorschrift untersagt Folter und unmenschliche oder erniedrigende Strafen oder Behandlungen. **Strafe** ist jegliche von einem hoheitlichen Organ als Sanktion für ein Fehlverhalten angeordnete Zufügung von Leiden, Beschränkungen oder Nachteilen (Löwe/Rosenberg/Gollwitzer MRK Art 3 Rn 16). Dies umfasst nicht nur Geld- und Freiheitsstrafen oder Maßnahmen der Besserung und Sicherung, sondern auch Disziplinarmaßnahmen bis hin zu Schulstrafen. **Behandlung** ist jedes Tun oder Unterlassen in Bezug auf die betroffene Person (Löwe/Rosenberg/Gollwitzer MRK Art 3 Rn 13) und umfasst daher auch den Sonderfall der Bestrafung, so dass sich eine Abgrenzung erübrigt (vgl Rn 4.1).

Die Aufzählung der verbotenen Maßnahmen lässt eine **Stufenfolge** erkennen, wonach die erniedrigende Behandlung den schwächsten, die Folter den intensivsten Eingriff in Art 3 EMRK darstellt. Jede Folter ist demnach zugleich eine unmenschliche sowie auch erniedrigende Behandlung. Für die Abgrenzung sind die konkreten Umstände des Einzelfalls entscheidend (EGMR NJW 1979, 1089, 1090; NJW 2001, 56, 60; EuGRZ 2003, 472, 485); da bereits die erniedrigende Behandlung dem absoluten (Rn 7) Verbot des Art 3 EMRK unterliegt, ist eine genaue Zuordnung im Einzelfall entbehrlich. Für die Anwendung von Art 3 EMRK ist aber jeweils ein Mindestmaß an Schwere erforderlich (EGMR NJW 1979, 1089; NJW 2001, 2694, 2695; NJW 2006, 3117, 3119; EuGRZ 2007, 141, 143).

Konkrete **Umstände des Einzelfalls** sind zB Art, Dauer, Durchführung und Intensität der Behandlung, ihre körperlichen und seelischen Folgen sowie ggf das Geschlecht, das Alter und der Gesundheitszustand des Opfers (EGMR NJW 1990, 2183, 2186; NJW 2001, 56, 60; NJW 2006, 3117, 3119; Meyer-Ladewig EMRK Art 3 Rn 5; SK-StPO/Paeffgen EMRK Art 3 Rn 13). Gegenüber inhaftierten Personen führt die Anwendung von körperlicher Gewalt als solche in der Regel zu einem Verstoß gegen Art 3 EMRK, da sie sich infolge ihrer Freiheitsentziehung in einem unterlegenen Zustand befinden und die Gewaltanwendung ihre menschliche Würde verletzt (EGMR NJW 2001, 56, 60; ausführlich Meyer-Ladewig EMRK Art 3 Rn 10 ff). Entsprechendes dürfte für die Anwendung psychischer Gewalt zu folgern sein (Demko HRRS 2005, 94, 99). Etwas anderes gilt, wenn die Gewaltanwendung aufgrund des Verhaltens des Opfers (zB Widerstand oder Fluchtversuch) unbedingt notwendig war (EGMR EuGRZ 1996, 504, 512; NJW 2001, 56, 60; EuGRZ 2003, 472, 485).

Erniedrigend ist eine Behandlung, die in dem Opfer Gefühle der Angst, des Schmerzes oder der Unterlegenheit erweckt, die geeignet sind, den moralischen und körperlichen Widerstand der Person zu brechen (EGMR NJW 1990, 2183, 2186; NJW 2001, 2694, 2695; NJW 2002, 2851, 2853; Löwe/Rosenberg/Gollwitzer MRK Art 3 Rn 28; Meyer-Ladewig EMRK Art 3 Rn 8), oder das Opfer dazu bringen soll, gegen seinen Willen oder sein Gewissen zu handeln (EGMR EuGRZ 1979, 149, 153; NJW 2006, 3117, 3119). Die Demütigung bzw Herabsetzung des Betroffenen muss nicht beabsichtigt sein (EGMR NJW 2006, 3117, 3119). Ausreichend ist zudem, wenn das Opfer in seinen eigenen Augen gedemütigt ist (EGMR NJW 2000, 2089, 2095). Die Beeinträchtigung muss ein bestimmtes Mindestmaß an Schwere erreichen (vgl bereits Rn 3) und körperliche Verletzungen oder intensives physisches oder psychisches Leid mit sich bringen (EGMR NJW 2002, 2851, 2853; Meyer-Ladewig EMRK Art 3 Rn 5).

Einer Strafe – als Unterfall der Behandlung (Rn 2) – ist ein gewisses Maß an Demütigung immanent, so dass sich die Erniedrigung nicht allein aus der richterlichen Sanktion ergeben darf. Vielmehr muss ein weiteres Element hinzutreten, aus dem sich eine darüber hinausgehende, erniedrigende Demütigung ergibt (EGMR NJW 1979, 1089 f; NJW 2001, 2694, 2695; Löwe/Rosen-

EMRK Art. 3

berg/Gollwitzer MRK Art 3 Rn 30). So stellt die Todesstrafe per se eine unmenschliche Behandlung (Rn 5) dar, wenn sie in einem unfairen Verfahren verhängt wurde (EGMR EuGRZ 2003, 472, 484; EuGRZ 2005, 463, 466). Eine in einem fairen Verfahren verhängte Todesstrafe als solche kann dagegen keinen Verstoß gegen Art 3 EMRK bedeuten, jedoch die mit ihrer Auferlegung und Vollstreckung verbundenen Umstände (sog Todeszellensyndrom), insbesondere die lange Zeitdauer zwischen Verurteilung und Hinrichtung, die der Verurteilte in der Todeszelle verbringt (EGMR NJW 1990, 2183, 2186 ff).

5   Eine Behandlung ist als **unmenschlich** anzusehen, wenn sie dem Betroffenen vorsätzlich und ohne Unterbrechung über Stunden entweder körperliche Verletzungen oder intensives physisches oder psychisches Leiden zufügt (EGMR NJW 1990, 2183, 2186; EuGRZ 2003, 472, 485). Die Absicht, das Opfer zu demütigen oder zu erniedrigen, ist nicht erforderlich (Löwe/Rosenberg/Gollwitzer MRK Art 3 Rn 22; SK-StPO/Paeffgen EMRK Art 3 Rn 11; vgl auch EGMR NJW 2001, 2694, 2695 f; BGHSt 46, 292, 304 = NStZ 2001, 658, 661).

6   **Folter** ist jede vorbedachte, dh vorsätzliche Misshandlung, die sehr starke und grausame Leiden hervorruft (EGMR EuGRZ 1979, 149, 153; NJW 2001, 56, 59; NJW 2001, 2001, 2005). Erfasst sind sowohl körperliche als auch rein seelische Schmerzen. Unerheblich ist, ob irgendein und ggf welcher Zweck (zB Erzwingung eines Geständnisses, Abwehr von Gefahren) mit der Zufügung solcher Leiden verfolgt wird (BGHSt 46, 292, 303 = NStZ 2001, 658, 661). In der Rechtsprechung des EGMR wird Folter nur bei schwerwiegenden Leidenszufügungen angenommen, um die betreffenden staatlichen Misshandlungen als besonders schändlich zu brandmarken (EGMR EuGRZ 1979, 149, 153; NJW 2001, 56, 59; NJW 2001, 2001, 2005).

6.1   Beispiele aus der Rechtsprechung für **Verstöße** gegen Art 3 EMRK (weitere Beispiele bei SK-StPO/Paeffgen EMRK Art 3 Rn 10 ff und 15 f):
- richterlich angeordnete Verabreichung dreier Schläge mit einer Birkenrute auf das entblößte Gesäß eines 15-jährigen Schülers: **erniedrigende Behandlung** (EGMR NJW 1979, 1089);
- zwangsweises Einflößen eines Brechmittels durch eine Nasen-Magen-Sonde: **unmenschliche und erniedrigende Behandlung** (EGMR NJW 2006, 3117; dazu Gaede HRRS 2006, 241, 246 ff; Schuhr NJW 2006, 3538, 3539 f; Schumann StV 2006, 661, 663 f; vgl dazu § 81 a StPO Rn 12.2);
- Anwendung der fünf Vernehmungsmethoden der Desorientierung („disorientation") und Sinnesberaubung („sensory deprivation") durch Sicherheitsbeamte, zB durch stundenlanges Verharren in einer unangenehmen Körperhaltung, Überziehen einer Kapuze über den Kopf, die nur für Vernehmungen abgenommen wird, Beschallen mit einem ununterbrochenen lauten pfeifenden Geräusch, Schlafentzug und Herabsetzung der Nahrungsrationen vor der Vernehmung: unmenschliche Behandlung (EGMR EuGRZ 1979, 149);
- Androhung der Zufügung erheblicher Schmerzen, wenn der Täter weiterhin den Aufenthaltsort des von ihm entführten Kindes verschweige (Fall Daschner): unmenschliche Behandlung (EGMR NStZ 2008, 699, 700 mBespr Esser NStZ 2008, 657; vgl auch die Zulässigkeitsentscheidung des EGMR NJW 2007, 2461 sowie Rn 7.1; der EGMR hielt den Verstoß gegen Art 3 EMRK aber infolge seiner ausdrücklichen Feststellung durch die deutschen Gerichte sowie der Verurteilung der beteiligten Polizeibeamten für ausreichend anerkannt, so dass Art 3 EMRK nicht mehr als verletzt angesehen wurde; EGMR NStZ 2008, 699, 700);
- Unterbringung gemeinsam mit einem weiteren Strafgefangenen in einer Zelle von circa 7,5 m² mit nicht abgetrennter und nicht gesondert entlüfteter Toilette über einen Zeitraum von über zwei Monaten: unmenschliche und erniedrigende Behandlung (OLG Frankfurt NJW 2003, 2843, 2845); s zur menschenunwürdigen Unterbringung von Strafgefangenen auch Kretschmer NJW 2009, 2406 ff;
- Unterbringung mit fünf weiteren Gefangenen in einer 12 m² großen Gefängniszelle eines baufälligen Gefängnisses bei unhygienischen Haftbedingungen und unzureichender medizinischer Versorgung: unmenschliche und erniedrigende Behandlung (EGMR EuGRZ 2008, 21 mwN);
- ein Häftling wird über einen Zeitraum von mehreren Tagen ua wiederholt geschlagen und getreten, vor Polizeibeamten sexuell gedemütigt, mit einer Lötlampe und mit einer Spritze bedroht und es wird auf ihn uriniert: **Folter** (EGMR NJW 2001, 56, 60);
- Prügelstrafe, bei der mit einer Rute bzw einem Stock auf die nackten Fußsohlen des Opfers geschlagen wird (sog falaka): Folter (EGMR NJW 2001, 2001, 2005).

Beispiele aus der Rechtsprechung, in denen eine **Verletzung** des Art 3 EMRK **verneint** wurde: 6.2
- Verabreichen dreier Schläge mit einem gummibesohlten Turnschuh auf das bekleidete Gesäß eines siebenjährigen Schülers durch einen Internatsdirektor (EGMR ÖJZ 1993, 707);
- Anlegen von Handschellen und Verbinden der Augen des Gefangenen während des Transports, damit er nicht fliehen oder sich selbst oder andere verletzen kann und die Sicherheitskräfte nicht von ihm erkannt werden (EGMR EuGRZ 2003, 472, 485);
- Entführung einer Person im Ausland (EGMR EuGRZ 2003, 472, 486);
- Inhaftierung eines Gefangenen als einziger Insasse eines Gefängnisses aus Sicherheitsgründen (EGMR EuGRZ 2003, 472, 486);
- strenge Einzelhaft eines internationalen Terroristen aus Sicherheitsgründen über einen Zeitraum von acht Jahren und zwei Monaten (EGMR EuGRZ 2007, 141, 144 ff mBespr Irmscher EuGRZ 2007, 135);
- dreimonatige Unterbringung in einem 5,3 m^2 großen Haftraum mit nicht baulich abgetrennter Toilette (KG NStZ-RR 2008, 222, 223 mwN).

II. Reichweite des Verbots

Das **Verbot** des Art 3 EMRK gilt **vorbehaltlos**, insbesondere auch im Falle eines Krieges 7 oder anderen öffentlichen Notstands (Art 15 Abs 2 EMRK). Selbst wesentliche Anliegen und aktuelle Herausforderungen wie die Bekämpfung des Terrorismus und des organisierten Verbrechens rechtfertigen keine Ausnahme (EGMR NVwZ 1997, 1093, 1094; EuGRZ 2003, 472, 484; EuGRZ 2007, 141, 143; Meyer-Ladewig EMRK Art 3 Rn 1 a; Marx KJ 2004, 278, 293). Der EGMR hat vielmehr betont, dass die zunehmend hohen Anforderungen an den Schutz der Menschenrechte und Grundfreiheiten entsprechend und unvermeidlich eine größere Strenge bei der Bewertung der Verletzungen von Grundwerten der demokratischen Gesellschaft erfordern. Behandlungen, die früher lediglich als unmenschlich oder erniedrigend angesehen wurden, können demnach heute als Folter einzustufen sein (EGMR NJW 2001, 56, 60).

In der Literatur wird gelegentlich eine Einschränkung des Art 3 EMRK in Extremsituationen 7.1 erwogen, sei es durch eine teleologische Reduktion unter Rückgriff auf Art 2 Abs 2 lit a EMRK (Brugger Der Staat 35 [1996], 67, 83 f), die Vornahme einer Abwägung bei einer Kollision von Menschenwürde gegen Menschenwürde (Wittreck DÖV 2003, 873, 880 f) oder eine einengende Auslegung der Begriffe der Folter bzw der unmenschlichen oder erniedrigenden Behandlung. Diese Versuche, von der Absolutheit des Folterverbots abzurücken, vermögen aber nicht zu überzeugen (eingehend Valerius Grundfragen des europäischen Strafrechts 2005, 98, 108 ff mwN). Insbesondere ist zu bedenken, dass das Verbot der Folter wegen der ausdrücklichen Anordnung des Art 15 Abs 2 EMRK – anders als etwa das Recht auf Leben (Art 2 EMRK Rn 5) – sogar im Notstandsfall ohne Ausnahme gelten soll (Meyer-Ladewig EMRK Art 3 Rn 1; SK-StPO/Paeffgen EMRK Art 3 Rn 3; Grabenwarter § 20 Rn 35). Auch die Rechtsprechung des EGMR gibt keinen Anlass für eine Begrenzung des Folterverbots. Zwar sind die unbestimmten Begriffe des Art 3 EMRK dynamisch zu interpretieren, damit die Konvention gesellschaftliche Wandlungsprozesse berücksichtigen kann (EGMR NJW 1979, 1089, 1090; NJW 1990, 2183, 2186; EuGRZ 2003, 472, 482). Allerdings hat der EGMR zuletzt ausdrücklich festgehalten (vgl Rn 7), dass diese Dynamik nicht neue Bedrohungsszenarien für den Staat, sondern für den von der staatlichen Handlung betroffenen Einzelnen berücksichtigen soll (Demko HRRS 2005, 95, 104; vgl auch Hecker KJ 2003, 210, 213). Es soll dadurch also ein Schutz vor Folter, nicht dagegen ein Schutz durch Folter erstrebt werden (Valerius Grundfragen des europäischen Strafrechts 2005, 98, 110).

Das Folterverbot begründet nicht nur eine **Unterlassungspflicht des Staates**, von Folter 8 oder unmenschlicher oder erniedrigender Strafe oder Behandlung abzusehen, sondern auch **positive Schutzpflichten**, um sicherzustellen, dass ihrer Hoheitsgewalt unterstehende Personen keiner Folter oder unmenschlichen oder erniedrigenden Behandlung unterworfen werden (EGMR NJW 2001, 2694, 2695; NJW 2002, 2851, 2852). Demnach muss der Staat insbesondere bei Kindern und anderen schutzbedürftigen Personen angemessene Maßnahmen zu deren Schutz ergreifen (Löwe/Rosenberg/Gollwitzer MRK Art 3 Rn 12; Meyer-Ladewig EMRK Art 3 Rn 3; SK-StPO/Paeffgen EMRK Art 3 Rn 18). Unzulässig sind ebenso staatliche Maßnahmen, die mittelbar Folter ermöglichen, zB die Auslieferung oder Abschiebung einer Person in einen Staat trotz begründeter Anhaltspunkte, dass der Betroffene dort einer Art 3 EMRK zuwiderlaufenden Behandlung ausgesetzt wird (EGMR NJW 1990, 2183, 2184; NVwZ 1997, 1093, 1094 mBespr Alleweldt NVwZ 1997, 1078; NVwZ 2001, 301, 302; vgl auch BVerfGE 81, 142, 155 f = NVwZ 1990, 453, 455; OLG Dresden NStZ 2009, 462, 463; OLG Düsseldorf NStZ 2006, 692; OLG Karlsruhe StraFo 2009, 167, 168; Löwe/Rosenberg/Gollwitzer MRK Art 3 Rn 14 ff; eingehend Meyer-Ladewig EMRK Art 3 Rn 19 ff). Dem steht nicht entgegen, dass der um Auslieferung ersuchende Staat nicht an die EMRK gebunden ist (OLG Frankfurt NStZ 2008, 166). Ebenso wenig ist das Vorverhalten des Betroffenen von Bedeutung (EGMR NVwZ 1998, 161, 162; NVwZ 2005, 1043, 1044).

Art. 5 Recht auf Freiheit und Sicherheit

(1) ¹Jede Person hat das Recht auf Freiheit und Sicherheit. ²Die Freiheit darf nur in den folgenden Fällen und nur auf die gesetzlich vorgeschriebene Weise entzogen werden:
a) rechtmäßige Freiheitsentziehung nach Verurteilung durch ein zuständiges Gericht;
b) rechtmäßige Festnahme oder Freiheitsentziehung wegen Nichtbefolgung einer rechtmäßigen gerichtlichen Anordnung oder zur Erzwingung der Erfüllung einer gesetzlichen Verpflichtung;
c) rechtmäßige Festnahme oder Freiheitsentziehung zur Vorführung vor die zuständige Gerichtsbehörde, wenn hinreichender Verdacht besteht, dass die betreffende Person eine Straftat begangen hat, oder wenn begründeter Anlass zu der Annahme besteht, dass es notwendig ist, sie an der Begehung einer Straftat oder an der Flucht nach Begehung einer solchen zu hindern;
d) rechtmäßige Freiheitsentziehung bei Minderjährigen zum Zweck überwachter Erziehung oder zur Vorführung vor die zuständige Behörde;
e) rechtmäßige Freiheitsentziehung mit dem Ziel, eine Verbreitung ansteckender Krankheiten zu verhindern, sowie bei psychisch Kranken, Alkohol- oder Rauschgiftsüchtigen und Landstreichern;
f) rechtmäßige Festnahme oder Freiheitsentziehung zur Verhinderung der unerlaubten Einreise sowie bei Personen, gegen die ein Ausweisungs- oder Auslieferungsverfahren im Gange ist.
(2) Jeder festgenommenen Person muss innerhalb möglichst kurzer Frist in einer ihr verständlichen Sprache mitgeteilt werden, welches die Gründe für ihre Festnahme sind und welche Beschuldigungen gegen sie erhoben werden.
(3) ¹Jede Person, die nach Absatz 1 Buchstabe c von Festnahme oder Freiheitsentziehung betroffen ist, muss unverzüglich einem Richter oder einer anderen, gesetzlich zur Wahrnehmung richterlicher Aufgaben ermächtigten Person vorgeführt werden; sie hat Anspruch auf ein Urteil innerhalb angemessener Frist oder auf Entlassung während des Verfahrens. ²Die Entlassung kann von der Leistung einer Sicherheit für das Erscheinen vor Gericht abhängig gemacht werden.
(4) Jede Person, die festgenommen oder der die Freiheit entzogen ist, hat das Recht zu beantragen, dass ein Gericht innerhalb kurzer Frist über die Rechtmäßigkeit der Freiheitsentziehung entscheidet und ihre Entlassung anordnet, wenn die Freiheitsentziehung nicht rechtmäßig ist.
(5) Jede Person, die unter Verletzung dieses Artikels von Festnahme oder Freiheitsentziehung betroffen ist, hat Anspruch auf Schadensersatz.

Überblick

Das Recht auf Freiheit und Sicherheit (Rn 2) bezweckt den Schutz vor unrechtmäßiger und willkürlicher Freiheitsentziehung (Rn 1); bloße Freiheitsbeschränkungen sind nicht erfasst (Rn 4). Freiheitsentziehungen dürfen nur auf die gesetzlich vorgeschriebene Weise (Rn 5) und nur aufgrund eines der Festnahmegründe in Abs 1 S 2 (Rn 6) erfolgen. Wird jemandem die Freiheit entzogen, müssen ihm die Gründe hierfür sowie die gegen ihn erhobenen Beschuldigungen mitgeteilt werden (Rn 7). Außerdem ist er unverzüglich einem Richter vorzuführen (Rn 8) und muss innerhalb angemessener Frist ein Urteil ergehen (Rn 9). Davon unabhängig hat jeder das Recht auf richterliche Überprüfung der Rechtmäßigkeit seiner Freiheitsentziehung (Rn 10) innerhalb kurzer Frist (Rn 11).

A. Allgemeines

Die Vorschrift gewährleistet das **Recht auf Freiheit und Sicherheit** (Abs 1 S 1; vgl in 1 Deutschland Art 2 Abs 2 S 2 GG), das einen Schutz des Einzelnen vor unrechtmäßiger und willkürlicher Freiheitsentziehung bezweckt (EGMR NJW 1984, 544, 547; NVwZ 2006, 797, 798; NJW 2007, 3699; Löwe/Rosenberg/Gollwitzer MRK Art 5 Rn 1). Daher darf das Recht auf Freiheit nur unter den Voraussetzungen des Abs 1 S 2 durch rechtmäßige Festnahme oder Freiheitsentziehung eingeschränkt werden. Darüber hinaus werden festgenommenen Personen die in Abs 2 bis Abs 4 bestimmten Rechte gewährt. Diese Garantien sind von den Mitgliedstaaten auch angesichts neuer Bedrohungen (insbesondere Terrorismus) zu beachten (EGMR NVwZ 1997, 1093, 1098; ÖJZ 2003, 344, 345; Meyer-Ladewig EMRK Art 5 Rn 1 b). Eine konventionswidrige Festnahme oder Freiheitsentziehung führt zu einem verschuldensunabhängigen (BGHZ 45, 58, 65 = NJW 1966, 1021, 1023; Meyer-Goßner MRK Art 5 Rn 14; Meyer-Ladewig EMRK Art 5 Rn 46; SK-StPO/Paeffgen EMRK Art 5 Rn 70) Schadensersatzanspruch des Betroffenen (Abs 5).

B. Recht auf Freiheit und Sicherheit (Abs 1)

Freiheit ist im Sinne individueller Fortbewegungsfreiheit zu verstehen, dh der Möglichkeit, 2 seinen Aufenthaltsort frei zu wählen und zu verändern (EGMR EuGRZ 1976, 221, 224; SK-StPO/Paeffgen EMRK Art 5 Rn 4; Grabenwarter § 21 Rn 2). Dagegen gewährt die Vorschrift weder die allgemeine Handlungsfreiheit noch einzelne besondere Freiheitsrechte (Löwe/Rosenberg/Gollwitzer MRK Art 5 Rn 6), ebenso wenig ein Asylrecht oder eine Garantie der körperlichen Unversehrtheit (Meyer-Ladewig EMRK Art 5 Rn 1 a). Das Recht auf **Sicherheit** birgt kein weiteres Schutzgut in sich, sondern betont lediglich die Rechtssicherheit, die den Einzelnen vor dem willkürlichen Entzug seiner Bewegungsfreiheit bewahren soll (Löwe/Rosenberg/Gollwitzer MRK Art 5 Rn 7; SK-StPO/Paeffgen EMRK Art 5 Rn 5).

Art 5 EMRK begründet nicht nur ein negatives Abwehrrecht des Betroffenen gegen 3 freiheitsentziehende hoheitliche Maßnahmen, sondern statuiert auch **positive Handlungspflichten** für die Mitgliedstaaten, Freiheitsentziehungen zu verhindern, von denen sie wissen oder hätten wissen müssen. Insbesondere zum Schutz besonders verwundbarer Personen müssen sie wirksame Maßnahmen und angemessene Vorkehrungen ergreifen (EGMR NJW-RR 2006, 308, 312). Schließlich ist die Vorschrift auch bei der Auslegung nationalen Rechts zu beachten (EGMR NJW-RR 2006, 308, 311; vgl Art 1 EMRK Rn 4). Um eine unabhängige gerichtliche Überprüfung der Freiheitsentziehung zu gewährleisten, ergeben sich zudem Rechenschaftspflichten der Mitgliedstaaten über das Schicksal inhaftierter Personen (Meyer-Ladewig EMRK Art 5 Rn 24).

Die Freiheit wird dem Betroffenen entzogen, wenn er an einem räumlich begrenzten Ort 4 für eine nicht unerhebliche Zeit untergebracht ist (EGMR NJW-RR 2006, 308, 310; Meyer-Ladewig EMRK Art 5 Rn 2). Ob eine Freiheitsentziehung oder lediglich eine – von Art 5 EMRK nicht erfasste – **Freiheitsbeschränkung** vorliegt, bestimmt sich nach einer Gesamtwürdigung der Umstände des Einzelfalls, insbesondere Art, Dauer, Intensität und Auswirkungen der Maßnahme (EGMR EuGRZ 1976, 221, 224; NJW 1984, 544, 547; NJW-RR 2006, 308, 310; Löwe/Rosenberg/Gollwitzer MRK Art 5 Rn 16). Freiheitsentziehung und -beschränkung unterscheiden sich demnach nur nach ihrem Grad oder ihrer Intensität, nicht hingegen nach ihrer Natur oder ihrem Wesen (EGMR NJW 1986, 2173, 2174; NVwZ 1997, 1102, 1103). Eine Einwilligung schließt die Freiheitsentziehung aus, nicht jedoch das bloße Fügen in die Freiheitsentziehung (EGMR NJW-RR 2006, 308, 310).

Beispiele für eine Freiheitsentziehung gem Art 5 EMRK: 4.1
- nach Disziplinarrecht verhängter strenger Arrest bei Soldaten, die Tag und Nacht in einer Zelle eingeschlossen sind (EGMR EuGRZ 1976, 221, 225);

EMRK Art. 5   Europäische Menschenrechtskonvention (Auszug)

- Verbannung eines Mafiaangehörigen auf eine Insel (EGMR NJW 1984, 544);
- Unterbringung in einer psychiatrischen Anstalt (EGMR NJW 1986, 2173; NJW-RR 2006, 308);
- Festhalten von Asylbewerbern im Transitbereich eines Flughafens (EGMR NVwZ 1997, 1102).

5   Die Freiheit darf stets nur **auf die gesetzlich vorgeschriebene Weise** entzogen werden (Abs 1 S 2 aE). Den Maßstab bildet das jeweilige innerstaatliche Recht, dessen materiellrechtliche sowie verfahrensrechtliche Vorgaben zu beachten sind (EGMR NJW 2000, 2888, 2889). Wegen der direkten Bezugnahme des Art 5 EMRK auf das nationale Recht kann der EGMR das Einhalten dieser Voraussetzungen auf Willkür und evidente Missachtung überprüfen (vgl EGMR NVwZ 1997, 1093, 1097; NJW 1999, 775, 777, 778 mBespr Eiffler NJW 1999, 762). Anwendung und Auslegung des nationalen Rechts im Einzelnen sind hingegen eine Angelegenheit der dortigen Gerichte (EGMR EuGRZ 1997, 148, 152; NJW 2000, 2888, 2889; NJW 2005, 2207, 2211; Löwe/Rosenberg/Gollwitzer MRK Art 5 Rn 26; IntKomm/Renzikowski EMRK Art 5 Rn 83).

6   Darüber hinaus ist erforderlich, dass einer der in Abs 1 S 2 aufgelisteten, eng auszulegenden Festnahmegründe vorliegt. Die Aufzählung ist **abschließend** (EGMR NJW 2005, 2207, 2211; Meyer-Goßner MRK Art 5 Rn 1; Meyer-Ladewig EMRK Art 5 Rn 5; SK-StPO/Paeffgen EMRK Art 5 Rn 14), so dass das nationale Recht (Rn 5) keine anderen Gründe für eine Freiheitsentziehung vorsehen darf (Löwe/Rosenberg/Gollwitzer MRK Art 5 Rn 33). Wegen des Zwecks der Vorschrift, Eingriffe in die körperliche Bewegungsfreiheit einzuschränken, sind die Festnahmegründe eng auszulegen (EGMR NJW 1984, 544, 548; NJW 2005, 2207, 2211; NJW 2007, 3699; Löwe/Rosenberg/Gollwitzer MRK Art 5 Rn 35). Für das Strafverfahrensrecht sind insbesondere lit a (Verurteilung durch ein Gericht) und lit c (Untersuchungshaft) von Bedeutung.

6.1   Nach Abs 1 S 2 lit a stellt die **gerichtliche** - nicht notwendigerweise rechtskräftige (EGMR JR 1968, 463, 465; Meyer-Ladewig EMRK Art 5 Rn 6; aA SK-StPO/Paeffgen EMRK Art 5 Rn 17) – **Verurteilung** einen Rechtfertigungsgrund für eine Freiheitsentziehung dar. Tatsachen- oder Rechtsirrtümer des Gerichts sind unbeachtlich (EGMR NJW 2000, 2888, 2889; vgl auch EGMR NJW-RR 2006, 308, 310). Allerdings müssen rechtsstaatliche Verfahrensgarantien gewahrt sein; bei einer offensichtlichen Rechtsverweigerung und Verstoß gegen Art 6 EMRK ist die Freiheitsentziehung demnach rechtswidrig (Meyer-Ladewig EMRK Art 5 Rn 7).

6.2   Abs 1 S 2 lit c enthält speziell für **strafrechtliche Ermittlungsverfahren** (EGMR NVwZ 2006, 797, 798) eine Regelung. Danach ist eine Festnahme oder Freiheitsentziehung rechtmäßig zur Vorführung vor die zuständige – sachlich unabhängige (Löwe/Rosenberg/Gollwitzer MRK Art 5 Rn 62) – Gerichtsbehörde bei hinreichendem Verdacht einer Straftat (vgl dazu EGMR NJW 1999, 775, 777; Grabenwarter § 21 Rn 17 ff), bei begründetem Verdacht der Begehung einer Straftat (vgl dazu EGMR NJW 1984, 544, 548) oder bei Flucht nach bereits begangener Straftat. Die Untersuchungshaft beginnt mit der Verhaftung des Betroffenen und endet mit der gerichtlichen Entscheidung in der ersten Instanz (Meyer-Ladewig EMRK Art 5 Rn 12). Wird der Angeklagte verurteilt, so richtet sich die Rechtmäßigkeit einer fortbestehenden Freiheitsentziehung nach Abs 1 S 2 lit a (EGMR NJW 2001, 2694, 2696; dazu Rn 6.1); ansonsten ist der Betroffene umgehend in die Freiheit zu entlassen. Das Festhalten einer Person trotz Freispruchs verletzt nicht nur Art 5 EMRK, sondern wegen Missachtung des freisprechenden Urteils auch Art 6 EMRK (EGMR NJW 2005, 2207, 2211 f).

C. Rechte einer festgenommenen Person (Abs 2 bis Abs 4)

7   Zur Vermeidung willkürlicher Freiheitsentziehung (Rn 1) sind gem **Abs 2** jeder festgenommenen Person die Gründe für ihre Festnahme sowie die gegen sie erhobenen Beschuldigungen mitzuteilen. Die **Unterrichtungspflicht** gilt bei sämtlichen Festnahmegründen des Abs 1 und dient der Vorbereitung der Rechtsbehelfe aus Abs 4 (Rn 10). Daher muss die Unterrichtung alle hierzu notwendigen Informationen enthalten; eine vollständige Akteneinsicht ist hingegen nicht erforderlich (EGMR NVwZ 2007, 913, 915; Meyer-Ladewig EMRK Art 5 Rn 25). Eine mündliche Mitteilung ist ausreichend (EGMR NVwZ 2007, 913, 915; Löwe/Rosenberg/Gollwitzer MRK Art 5 Rn 96); sie muss aber gem Abs 2 jedenfalls innerhalb möglichst kurzer Frist (idR höchstens 24 Stunden; SK-StPO/Paeffgen EMRK Art 5 Rn 50) sowie in einer der festgenommenen Person verständlichen Sprache erfolgen.

Sofern die festgenommene Person nicht sofort wieder entlassen wird (EGMR EuGRZ 8
1985, 700, 706; Meyer-Ladewig EMRK Art 5 Rn 28), ist sie in den Fällen der Untersuchungshaft gem Abs 1 S 2 lit c (Rn 6.2) einem Richter vorzuführen (**Abs 3** S 1 HS 1).
Die von Amts wegen vorzunehmende **Vorführung** ermöglicht die unabhängige und unparteiliche (vgl dazu EGMR NJW 2000, 2883, 2884; NVwZ 2001, 304, 305) gerichtliche
Überprüfung der Rechtmäßigkeit der Freiheitsentziehung (EGMR NJW 2001, 51, 53;
NJW 2007, 3699, 3700). Die Freiheitsentziehung ist nur dann gerechtfertigt, wenn konkrete
Hinweise auf ein wirkliches öffentliches Interesse vorliegen, welches das Recht auf persönliche Freiheit trotz der Unschuldsvermutung aus Art 6 Abs 2 EMRK (Art 6 EMRK Rn 31 ff)
überwiegt. Dabei vergrößert sich das Gewicht des Freiheitsanspruchs mit zunehmender
Dauer der Freiheitsentziehung (EGMR NJW 2003, 1439, 1440; NJW 2005, 3125, 3126;
BVerfGE 36, 264, 270 = NJW 1974, 307; NJW 2006, 1336, 1337). Die Vorführung muss
unverzüglich erfolgen, was sich nach den Umständen des Einzelfalls entscheidet. Eine
Dauer von zwei (EGMR NJW 2001, 51, 53) bzw drei Tagen wahrt dieses Erfordernis
(EGMR NJW 2007, 3699, 3701), ein Zeitraum von vier Tagen Haft hingegen nicht (EGMR
NJW 2007, 3699, 3700).

Die inhaftierte Person hat darüber hinaus einen Anspruch auf ein Urteil **innerhalb ange-** 9
messener Frist oder auf – ggf von einer Sicherheitsleistung (Abs 3 S 2) abhängige – Entlassung
während des Verfahrens (Abs 3 S 1 Hs 2). Dies beinhaltet weder ein Wahlrecht des Inhaftierten
noch des Gerichts (EGMR JR 1968, 463, 464; NJW 2007, 3699, 3701), sondern bringt
lediglich zum Ausdruck, dass der Betroffene bei Überschreitung der angemessenen Frist aus der
Haft zu entlassen ist (BVerfG NJW 2006, 1336, 1338; Meyer-Goßner MRK Art 5 Rn 10).
Entscheidend ist die Zeit zwischen der Festnahme und der Aburteilung bzw dem Freispruch in
erster Instanz (EGMR EuGRZ 1994, 101, 102; BGH wistra 2009, 147, 148). Gegenüber der
vergleichbaren Garantie aus Art 6 Abs 1 S 1 EMRK (Art 6 EMRK Rn 21 ff) sind die Anforderungen an die Angemessenheit bei Art 5 Abs 3 EMRK wegen der Inhaftierung des Betroffenen
höher (Löwe/Rosenberg/Gollwitzer MRK Art 5 Rn 114; Meyer-Ladewig EMRK Art 5
Rn 34; SK-StPO/Paeffgen EMRK Art 5 Rn 61). Die Strafverfolgungsbehörden müssen
daher besondere Sorgfalt bei dem Verfahren anwenden (EGMR EuGRZ 1994, 101, 103; NJW
2001, 2694, 2696; NJW 2007, 3699, 3701) und alle möglichen und zumutbaren Maßnahmen
zur Beschleunigung des Verfahrens ergreifen (BVerfG NJW 2003, 2895, 2896; NJW 2006, 668,
669 mBespr Jahn NJW 2006, 652). Dies gilt umso mehr, je länger die Untersuchungshaft schon
andauert (BVerfG NJW 2006, 677, 680; NJW 2006, 1336, 1338; StV 2008, 198; OLG Düsseldorf NJW 1996, 2587). In der Regel ist nur die bei größtmöglicher Beschleunigung erreichbare
Minimaldauer hinnehmbar (BGH wistra 2009, 147, 148). Das Beschleunigungsgebot gilt auch
für das Verfahren über einen Haftbefehl, der nicht vollzogen wird, weil sich der Betroffene in
anderer Sache in Strafhaft befindet und daher für das anhängige Verfahren nur Überhaft notiert
ist. Insbes darf hier nicht der Ausgang des Verfahrens über eine etwaige Beschwerde gegen die
Überhaftnotierung abgewartet werden (KG NStZ-RR 2009, 188, 189; OLG Hamm
BeckRS 2009, 19904; vgl auch BVerfG StV 2006, 251, 253).

In Deutschland wird das Beschleunigungsgebot in Haftsachen aus Art 2 Abs 2 S 2 GG abgeleitet 9.1
(BVerfG NJW 2003, 2895, 2896; NJW 2005, 3485, 3486; NJW 2006, 1336, 1337; StV 2008, 198,
198). Einzelne **Beispiele** aus der Rechtsprechung:
- bei absehbar umfangreichen Verfahren ist in Haftsachen grds mindestens zweimal wöchentlich zu
  verhandeln (EGMR NJW 2005, 3125, 3127; BVerfG StV 2006, 318 f; OLG Hamburg NJW
  2006, 2792; OLG Hamm NJW 2006, 2788, 2790; vgl auch BVerfG StV 2008, 198, 199);
- Haftsachen sind vorrangig vor Nichthaftsachen zu behandeln (BVerfG NJW 2006, 672; BGH
  NStZ-RR 2007, 81, 82; OLG Hamm NJW 2006, 2788, 2790; StV 2006, 319, 320);
- in einem Verfahren, in dem sich nur einer von mehreren Angeklagten in Untersuchungshaft
  befindet, darf eine weiträumige Terminierung nicht auf Terminschwierigkeiten desjenigen Verteidigers gestützt werden, dessen Mandant sich nicht in Haft befindet (OLG Köln StV 2006, 143, 144);
- mit dem Beschleunigungsgebot unvereinbar ist, die Erstellung eines Urteils von vornherein auf das
  zeitlich fixierte Ende der Frist des § 275 Abs 1 StPO auszurichten (BVerfG NJW 2006, 677, 679;
  OLG Naumburg StV 2008, 201, 202; vgl auch BGH NStZ 1992, 398, 399).

Jede festgenommene Person hat gem **Abs 4** das **Recht auf richterliche Überprüfung** 10
der Rechtmäßigkeit der Freiheitsentziehung. Anders als in Abs 3, der unabhängig von Abs 4

Anwendung findet (Meyer-Ladewig EMRK Art 5 Rn 38 a), gilt dieses Recht für alle Festnahmegründe des Abs 1 S 2; die Überprüfung erfolgt aber nur auf Antrag und nicht von Amts wegen. Über den Antrag hat ein (unabhängiges und unparteiisches; EGMR NJW 1989, 647, 649; ÖJZ 2002, 516 f) Gericht in einem kontradiktorischen Verfahren zu entscheiden, das die Waffengleichheit zwischen Staatsanwaltschaft und dem Inhaftierten gewährt. Dazu muss der Betroffene ausreichende Gelegenheit zu einer Stellungnahme haben, was die Einsicht in für seine Verteidigung wesentliche Schriftstücke voraussetzt (EGMR NJW 1989, 2179, 2180; NJW 2000, 2883, 2885; NJW 2002, 2018, 2019 mBespr Kieschke/Osterwald NJW 2002, 2003; NStZ 2009, 164 mAnm Strafner; Löwe/Rosenberg/Gollwitzer MRK Art 5 Rn 124 a). Ggf kann anwaltliche Vertretung erforderlich sein (EGMR NJW 1992, 2945, 2946; NJW-RR 2006, 308, 314; Meyer-Ladewig EMRK Art 5 Rn 43).

11 Die Entscheidung des Gerichts muss **innerhalb kurzer Frist** ergehen. Maßgebend ist die Frist zwischen dem Antrag – bzw dessen angekündigter Begründung (EGMR NJW 2004, 2209, 2212) – und der gerichtlichen Entscheidung (EGMR NJW 2000, 2727, 2728; Meyer-Ladewig EMRK Art 5 Rn 44). Eine feste zeitliche Grenze existiert nicht; die Anforderungen sind aber höher als an die angemessene Frist nach Abs 3 (Rn 9); elf Tage wurden als unbedenklich angesehen (EGMR NJW 2004, 2209, 2212). Wird die angemessene Frist überschritten, begründet dies allerdings noch keinen Anspruch auf Haftentlassung (Löwe/Rosenberg/Gollwitzer MRK Art 5 Rn 128).

Art. 6 Recht auf ein faires Verfahren

(1) ¹Jede Person hat ein Recht darauf, dass über Streitigkeiten in Bezug auf ihre zivilrechtlichen Ansprüche und Verpflichtungen oder über eine gegen sie erhobene strafrechtliche Anklage von einem unabhängigen und unparteiischen, auf Gesetz beruhenden Gericht in einem fairen Verfahren, öffentlich und innerhalb angemessener Frist verhandelt wird. ²Das Urteil muss öffentlich verkündet werden; Presse und Öffentlichkeit können jedoch während des ganzen oder eines Teiles des Verfahrens ausgeschlossen werden, wenn dies im Interesse der Moral, der öffentlichen Ordnung oder der nationalen Sicherheit in einer demokratischen Gesellschaft liegt, wenn die Interessen von Jugendlichen oder der Schutz des Privatlebens der Prozessparteien es verlangen oder – soweit das Gericht es für unbedingt erforderlich hält – wenn unter besonderen Umständen eine öffentliche Verhandlung die Interessen der Rechtspflege beeinträchtigen würde.

(2) Jede Person, die einer Straftat angeklagt ist, gilt bis zum gesetzlichen Beweis ihrer Schuld als unschuldig.

(3) Jede angeklagte Person hat mindestens folgende Rechte:
a) innerhalb möglichst kurzer Frist in einer ihr verständlichen Sprache in allen Einzelheiten über Art und Grund der gegen sie erhobenen Beschuldigung unterrichtet zu werden;
b) ausreichende Zeit und Gelegenheit zur Vorbereitung ihrer Verteidigung zu haben;
c) sich selbst zu verteidigen, sich durch einen Verteidiger ihrer Wahl verteidigen zu lassen oder, falls ihr die Mittel zur Bezahlung fehlen, unentgeltlich den Beistand eines Verteidigers zu erhalten, wenn dies im Interesse der Rechtspflege erforderlich ist;
d) Fragen an Belastungszeugen zu stellen oder stellen zu lassen und die Ladung und Vernehmung von Entlastungszeugen unter denselben Bedingungen zu erwirken, wie sie für Belastungszeugen gelten;
e) unentgeltliche Unterstützung durch einen Dolmetscher zu erhalten, wenn sie die Verhandlungssprache des Gerichts nicht versteht oder spricht.

Überblick

Die Vorschrift sieht für bestimmte Verfahrensbeteiligte (Rn 3 f) in zivilrechtlichen Streitigkeiten und strafrechtlichen Anklagen (Rn 2) vor, dass jedermann Zugang (Rn 5) zu einem unabhängigen (Rn 6), unparteiischen (Rn 7) sowie auf Gesetz beruhenden (Rn 8) Gericht hat, vor dem in öffentlicher Verhandlung (Rn 18 ff) ein kontradiktorisches (Rn 11) und in seiner Gesamtheit (Rn 14) faires (Rn 9) Verfahren gewährleistet sein muss. Neben dem Prinzip der Waffengleichheit (Rn 10) enthält insbes Abs 3 weitere, nicht abschließende (Rn 35) Ausprägungen des Rechts auf ein faires Verfahren (Rn 36 ff). Besonders erwähnt ist in Abs 2 die Unschuldsvermutung (Rn 31 ff). Bedeutung erlangt Art 6 EMRK vornehmlich für die Verwertbarkeit von Beweismitteln aus rechtswidriger Tatprovokation (Rn 12) sowie für das Erfordernis einer angemessenen Verfahrensdauer (Rn 21 ff). Ein Verstoß gegen den „fair trial"-Grundsatz kann zu einer Kompensationspflicht führen, die in der Regel nach der Vollstreckungslösung (Rn 26) dadurch erfüllt wird, dass ein Teil der Strafe als vollstreckt gilt (Rn 27). Darüber hinaus kommen auch eine Einstellung des Verfahrens (Rn 28) oder in seltenen Fällen die Begründung eines Verfahrenshindernisses (Rn 17 und Rn 29) in Betracht.

Übersicht

	Rn		Rn
A. Allgemeines	1	2. Rechtsfolgen bei unangemessener Frist	25
B. Recht auf ein faires Verfahren (Abs 1)	2	3. Revision	30
I. Anwendungsbereich	2	**C. Unschuldsvermutung (Abs 2)**	31
II. Recht auf Entscheidung durch ein Gericht	5	**D. Einzelne Verfahrensrechte der angeklagten Person (Abs 3)**	35
III. Recht auf ein faires Verfahren	9	I. Allgemeines	35
1. Inhalt	9	II. Unterrichtung über die Beschuldigung (lit a)	36
2. Beachtung durch Gerichte und Gesetzgeber	13	III. Vorbereitung der Verteidigung (lit b)	39
3. Rechtsfolgen bei Verstoß gegen den „fair trial"-Grundsatz	16	IV. Recht auf Verteidigung (lit c)	42
IV. Öffentliche Verhandlung	18	V. Ladung und Befragung von Zeugen (lit d)	47
V. Verhandlung innerhalb angemessener Frist	21	VI. Unterstützung durch einen Dolmetscher (lit e)	53
1. Angemessenheit der Frist	21		

A. Allgemeines

Die Vorschrift enthält wichtige Verfahrensgrundsätze sowohl für zivilrechtliche Streitigkeiten (Abs 1) als auch für strafrechtliche Anklagen (Abs 1 bis Abs 3). Sie wurden als **selbstständiges Menschenrecht** in Art 6 EMRK aufgenommen, da ein wirksamer Schutz materieller Rechte nur möglich ist, wenn über ihre Reichweite und ihre Verletzung die unparteiische Entscheidung eines unabhängigen Gerichts aufgrund eines fairen Verfahrens herbeigeführt werden kann (Löwe/Rosenberg/Gollwitzer MRK Art 6 Rn 1). 1

In Deutschland wird das Recht auf ein faires Verfahren als **allgemeines Prozessgrundrecht** aus Art 2 Abs 1 GG iVm dem Rechtsstaatsprinzip des Art 20 Abs 3 GG abgeleitet (BVerfGE 57, 250, 274 = NJW 1981, 1719, 1722; BVerfGE 110, 339, 342 = NJW 2004, 2887, 2888). Die einzelnen Gewährleistungen des Art 6 EMRK lassen sich außer aus dem Rechtsstaatsprinzip vornehmlich aus der Rechtsweggarantie des Art 19 Abs 4 GG, der Garantie des gesetzlichen Richters aus Art 101 Abs 1 GG sowie dem Recht auf rechtliches Gehör nach Art 103 Abs 1 GG ableiten (Grote/Marauhn/Grabenwarter/Pabel Kap 14 Rn 88). Diese Verfahrensrechte gelten – über Art 6 EMRK hinaus – für alle Verfahrensarten und Verfahrensbeteiligten (zB für Zeugen und Sachverständige; Löwe/Rosenberg/Gollwitzer MRK Art 6 Rn 7). Eigenständige Bedeutung erlangt Art 6 EMRK dagegen insbesondere beim in der StPO nicht explizit ausgesprochenen, wenngleich Art 19 Abs 4 S 1 GG zu entnehmenden (BVerfGE 55, 349, 369 = NJW 1981, 1499, 1500; BVerfGE 60, 253, 269 = NJW 1982, 2425, 2426; vgl auch BVerfG StV 2002, 571, 580) Beschleunigungsgrundsatz (Rn 21 ff) sowie bei der Unentgeltlichkeit der Hinzuziehung eines Dolmetschers nach Abs 3 lit e (Grote/Marauhn/Grabenwarter/Pabel Kap 14 Rn 152). 1.1

B. Recht auf ein faires Verfahren (Abs 1)

I. Anwendungsbereich

2   Abs 1 beinhaltet einige Verfahrensgarantien, die unter dem Oberbegriff „Recht auf ein faires Verfahren" zusammengefasst werden. Sein Anwendungsbereich beschränkt sich auf **zivilrechtliche Streitigkeiten und strafrechtliche Anklagen**. Zu den **zivilrechtlichen Streitigkeiten** zählen auch Schadensersatzverfahren gegen den Staat, nicht hingegen Verfahren über die Bewertung von Kenntnissen in Schul- und Hochschulprüfungen wie zB juristischen Staatsexamen (EGMR NVwZ 2008, 289, 290). Der autonom iSd Konvention auszulegende Begriff der strafrechtlichen Anklage (näher dazu Meyer-Ladewig EMRK Art 6 Rn 15 ff; SK-StPO/Paeffgen EMRK Art 6 Rn 30 ff) umfasst auch Ordnungswidrigkeitenverfahren (EGMR NStZ 1984, 269, 270; NJW 2002, 499, 500; Meyer-Goßner MRK Art 6 Rn 1; SK-StPO/Paeffgen EMRK Art 6 Rn 19; Schroth EuGRZ 1985, 557, 558 ff; vgl auch OLG Bamberg NJW 2009, 2468, 2469; **aA** OLG Celle NJW 1960, 880, 881; IntKomm/Vogler EMRK Art 6 Rn 233; Peukert EuGRZ 1979, 261, 269; Vogler EuGRZ 1979, 640, 645 ff) sowie – je nach Art und Schweregrad der angedrohten Sanktion – Disziplinarverfahren (EGMR EuGRZ 1976, 221, 232, 233; Löwe/Rosenberg/Gollwitzer MRK Art 6 Rn 34; SK-StPO/Paeffgen EMRK Art 6 Rn 23; **aA** BVerwG NJW 1983, 531, 532; Guradze MRK Art 6 Rn 10). Keine Anwendung findet Abs 1 auf Verfahren, in denen nicht über die Anklage selbst entschieden wird, sei es bereits im Rahmen der Strafverfolgung (zB bei Beschwerden gegen verfahrensleitende Maßnahmen; Löwe/Rosenberg/Gollwitzer MRK Art 6 Rn 37), bei vorläufigen Maßnahmen (zB der Anordnung dinglichen Arrests gem § 111 b Abs 2 StPO; EGMR EuGRZ 2007, 170, 172) oder bei den sich anschließenden Strafvollstreckungs- und Kostenfestsetzungsverfahren (SK-StPO/Paeffgen EMRK Art 6 Rn 45).

3   Auf Art 6 EMRK können sich gem Abs 1 S 1 im Zivilverfahren nur die **Prozessparteien**, im Strafverfahren lediglich derjenige berufen, gegen den **strafrechtliche Anklage** erhoben wurde; dies können auch parteifähige bzw angeklagte (§ 444 StPO) Personenvereinigungen und juristische Personen sein (Löwe/Rosenberg/Gollwitzer MRK Art 6 Rn 14). Andere Verfahrensbeteiligte (zB Verletzte oder Zeugen einer Straftat, Nebenkläger) können hingegen nicht auf Art 6 EMRK verweisen (Löwe/Rosenberg/Gollwitzer MRK Art 6 Rn 28; SK-StPO/Paeffgen EMRK Art 6 Rn 12). Insbesondere gewährt die Vorschrift dem Anzeigeerstatter kein Recht auf Strafverfolgung (EGMR NJW 2001, 1989, 1990; Meyer-Ladewig EMRK Art 6 Rn 27 a; SK-StPO/Paeffgen EMRK Art 6 Rn 66).

4   Um dem Beschuldigten eine effektive Verteidigung zu gewährleisten, greift Art 6 EMRK nicht erst mit der Erhebung öffentlicher Klage vor den Strafgerichten ein. Vielmehr wird gegen jemanden bereits strafrechtliche Anklage iSd Abs 1 S 1 **erhoben**, wenn er durch eine offizielle Mitteilung der zuständigen Behörde oder durch eine sonstige behördliche Maßnahme (zB Festnahme oder Durchsuchung; EGMR NJW 2002, 2856, 2857; wistra 2004, 177, 178; Meyer-Ladewig EMRK Art 6 Rn 14) Kenntnis darüber erhält, dass gegen ihn wegen des Verdachts einer Straftat ermittelt wird (EGMR EuGRZ 1980, 667, 672; BVerfG NJW 1993, 3254, 3256; BGH NStZ 1982, 291, 292). Nicht ausreichend sind demgegenüber der Eingang einer Strafanzeige bzw vorbereitende Maßnahmen wie zB die vorläufige Festnahme, die Vernehmung des Betroffenen oder die Sicherstellung des Führerscheins als vorläufige Maßnahme (EGMR ÖJZ 2000, 693, 694; Meyer-Ladewig EMRK Art 6 Rn 17; SK-StPO/Paeffgen EMRK Art 6 Rn 40).

II. Recht auf Entscheidung durch ein Gericht

5   Die Verfahren nach Rn 2 sind vor einem unabhängigen und unparteiischen, auf Gesetz beruhenden Gericht (zum autonom auszulegenden Gerichtsbegriff EGMR EuGRZ 1989, 21, 30; Löwe/Rosenberg/Gollwitzer MRK Art 6 Rn 49 ff; SK-StPO/Paeffgen EMRK Art 6 Rn 51) zu verhandeln. Dies beinhaltet zunächst ein **Recht auf eine gerichtliche Entscheidung**. Den von Abs 1 erfassten Verfahrensbeteiligten (Rn 3 f) muss also der Zugang zu einem gerichtlichen Verfahren garantiert sein, damit sie ihre Rechte wirksam schützen können (EGMR EuGRZ 1975, 91, 93 ff; Löwe/Rosenberg/Gollwitzer MRK Art 6 Rn 43; SK-StPO/Paeffgen EMRK Art 6 Rn 65). Erfordert der Zugang zu Gericht die vorherige

Entrichtung von Gerichtskosten, so müssen nationale Regelungen sicherstellen (zB Prozesskostenhilfe), dass die Gerichte unabhängig von der persönlichen finanziellen Leistungsfähigkeit angerufen werden können (vgl EGMR EuGRZ 1979, 626, 629; ÖJZ 2002, 693, 694). Die Vorschrift gewährt allerdings keinen Instanzenzug (EGMR EuGRZ 1985, 407, 411; Löwe/Rosenberg/Gollwitzer MRK Art 6 Rn 47; Guradze MRK Art 6 Rn 14; Meyer-Ladewig EMRK Art 6 Rn 28).

Das erkennende Gericht muss unabhängig und unparteiisch sein. **Unabhängigkeit** bedeutet, dass das Gericht frei von äußeren Beeinflussungen (vorherige Weisungen; nachträgliche Rechenschaft) entscheiden kann und seine Mitglieder für die Dauer ihrer Amtszeit zumindest faktisch unkündbar und unversetzbar sind (EGMR EuGRZ 1985, 534, 540). Auch äußerlich muss das Gericht den Anschein der Unabhängigkeit vermitteln (EGMR EuGRZ 1985, 336, 340; Meyer-Ladewig EMRK Art 6 Rn 29). Zum Grundsatz des unabhängigen Richters in Deutschland vgl Art 97 Abs 1 GG, § 1 GVG und §§ 25 DRiG f. 6

Unparteiisch ist das Gericht, wenn es sowohl subjektiv frei von Vorurteilen und Unvoreingenommenheit ist – was bis zum Beweis des Gegenteils vermutet wird (EGMR EuGRZ 2001, 387, 388; NJW 2004, 273, 276) – als auch objektiv keine berechtigten Zweifel der Öffentlichkeit oder der Verfahrensbeteiligten an der Unparteilichkeit begründet werden (EGMR ÖJZ 1993, 667, 668; ÖJZ 1996, 874, 875; NJW 2006, 2901, 2903; Löwe/Rosenberg/Gollwitzer MRK Art 6 Rn 54 f; SK-StPO/Paeffgen EMRK Art 6 Rn 54). Um das Vertrauen in die Rechtspflege zu gewährleisten, ist die Unparteilichkeit bereits dann nicht mehr gegeben, wenn äußere Umstände einen Richter – auch unabhängig von seinem Verhalten – nicht mehr als unbefangen erscheinen lassen (EGMR EuGRZ 1993, 122, 127; NJW 2004, 273, 276; NJW 2006, 2901, 2903). In Deutschland ist dieses Erfordernis durch die Ausschließungs- und Ablehnungsgründe in §§ 22 StPO ff bzw §§ 41 ZPO ff gewahrt. 7

Konstellationen, in denen die Unparteilichkeit des Gerichts **verneint** wurde: 7.1
- ein Mitglied des Gerichts war in der gleichen Sache als Staatsanwalt (EGMR EuGRZ 1985, 301, 303) oder als Untersuchungsrichter (EGMR EuGRZ 1985, 407, 410) tätig;
- das Gericht besteht aus einer Polizeikommission, deren Mitglieder von den Polizeibehörden abhängig sind (EuGRZ 1989, 21, 30, 31).

Die Unparteilichkeit des Gerichts wurde als **gewahrt** angesehen, wenn 7.2
- ein Mitglied des Gerichts in der gleichen Sache an einer Entscheidung im Ermittlungsverfahren einschließlich über die Untersuchungshaft beteiligt war (EGMR EuGRZ 1993, 122, 127; ÖJZ 1994, 213, 214; ÖJZ 1996, 430, 431);
- ein Mitglied des Rechtsmittelgerichts in der gleichen Sache bereits über einen Befangenheitsantrag in einer anderen Instanz entschieden hat (EGMR EuGRZ 2001, 387, 388);
- ein Verwaltungsbeamter (EGMR ÖJZ 1988, 22, 23; ÖJZ 1997, 755, 756) oder Bürgermeister (EGMR EuGRZ 1985, 336, 340) Mitglied eines Spezialspruchkörpers ist.

Das Gericht muss **auf dem Gesetz beruhen**; Ausnahmegerichte sind unzulässig (SK-StPO/Paeffgen EMRK Art 6 Rn 64). Die Zuständigkeit des jeweiligen Spruchkörpers (offen gelassen für dessen Zusammensetzung; EGMR EuGRZ 1985, 301, 304) muss für die einzelne Sache demnach vorab feststehen und darf nicht willkürlich bestimmt werden. Die Bestimmung des gesetzlichen Richters aufgrund untergesetzlicher Normen (zB Geschäftsverteilungsplan) genügt, sofern sie innerhalb des gesetzlichen Rahmens ergehen (Löwe/Rosenberg/Gollwitzer MRK Art 6 Rn 52). Da die Anforderungen des Grundsatzes des gesetzlichen Richters gem Art 101 Abs 1 GG bzw § 16 GVG (s dazu § 21 e GVG Rn 1) über Art 6 EMRK hinausgehen, ist bei dessen Beachtung von einem konventionskonformen Verfahren auszugehen (Löwe/Rosenberg/Gollwitzer MRK Art 6 Rn 52; SK-StPO/Paeffgen EMRK Art 6 Rn 64). 8

III. Recht auf ein faires Verfahren

1. Inhalt

Das in Art 6 Abs 1 EMRK niedergelegte Recht auf ein faires Verfahren besagt, dass der Betroffene nicht zum bloßen Objekt der Entscheidungsfindung herabgewürdigt werden darf. Vielmehr ist er ein **mit eigenen Rechten ausgestattetes Subjekt** und kann auf den Ablauf und das Ergebnis des Verfahrens einwirken (BVerfGE 64, 135, 145 = NJW 1983, 2762, 9

EMRK Art. 6　　　　　　　　Europäische Menschenrechtskonvention (Auszug)

2763; BVerfGE 107, 395, 408 = NJW 2003, 1924, 1926; NJW 2007, 204, 205; Löwe/ Rosenberg/Gollwitzer MRK Art 6 Rn 64). Dieser Grundsatz gilt umfassend, dh zum einen nicht nur für die Verhandlung vor Gericht, sondern für das gesamte Verfahren einschließlich des staatsanwaltschaftlichen Ermittlungsverfahrens (Löwe/Rosenberg/Gollwitzer MRK Art 6 Rn 68), zum anderen auch als verbindliches Rechtsprinzip für die Auslegung sämtlicher Verfahrensrechte (Löwe/Rosenberg/Gollwitzer MRK Art 6 Rn 64).

10　Als Teil des Rechts auf ein faires Verfahren wird das Prinzip der **Waffengleichheit** angesehen (BVerfGE 38, 105, 111 = NJW 1975, 103, 104; BVerfGE 110, 226, 253 = NJW 2004, 1305, 1308; StV 2002, 578, 580). Danach müssen die im Verfahren sich gegenüber stehenden Beteiligten (insbes Beschuldigter bzw Verteidiger und Staatsanwaltschaft im Strafverfahren) grds gleichwertige Möglichkeiten haben, auf die Entscheidungsfindung einzuwirken (Löwe/Rosenberg/Gollwitzer MRK Art 6 Rn 60; SK-StPO/Paeffgen EMRK Art 6 Rn 79; Pache EuGRZ 2001, 601, 604). Dies schließt sachlich begründete Differenzierungen nicht aus. Vor allem im Ermittlungsverfahren wäre eine Gleichwertigkeit der Befugnisse mit dem Offizialprinzip nicht zu vereinbaren und ist daher in vollem Umfang erst mit der Eröffnung des Hauptverfahrens anzustreben (Löwe/Rosenberg/Gollwitzer MRK Art 6 Rn 61; vgl BVerfG NStZ 1984, 228).

11　Eine weitere Ausprägung des Fairnessgebots und eng verbunden mit dem Prinzip der Waffengleichheit ist die Voraussetzung eines **kontradiktorischen Verfahrens**, in dem jedem Beteiligten die Gelegenheit zu geben ist, von allen vorgelegten Beweisen und vorgetragenen Stellungnahmen Kenntnis zu nehmen und Bemerkungen dazu anzubringen, um die Entscheidung des Gerichts zu beeinflussen (EGMR EuGRZ 1993, 453, 457; ÖJZ 1999, 117, 118; Ambos Internationales Strafrecht, § 10 Rn 14; Pache EuGRZ 2001, 601, 604; einschränkend SK-StPO/Paeffgen EMRK Art 6 Rn 79).

12　Zunehmend von Bedeutung ist Art 6 EMRK für die Verwertung von Beweismitteln, die durch eine **rechtswidrige Tatprovokation** gewonnen wurden. Zwar enthält die Konvention keine Vorgaben für die Zulässigkeit von Beweisen (EGMR NJW 1989, 654, 655; NStZ 1999, 47, 48; s auch Rn 14). Allerdings ist ein Verfahren insgesamt nicht mehr als fair zu erachten (vgl auch Rn 48), wenn Erkenntnisse aus einer Straftat verwertet werden, die der zuvor unverdächtige und nicht tatgeneigte Täter ohne die Anstiftung durch den polizeilichen Lockspitzel (agent provocateur) nicht begangen hätte (EGMR NStZ 1999, 47, 48 mAnm Sommer; EGMR NJW 2009, 3565, 3567). Ein solches Beweisverwertungsverbot wird vom BGH indes unter Missachtung der Rechtsprechung des EGMR nach wie vor nicht praktiziert. Vielmehr wird die polizeiliche Tatprovokation bislang lediglich als besonderer Strafmilderungsgrund (vgl dazu nunmehr Rn 25 ff) berücksichtigt (BGHSt 32, 345 = NStZ 1985, 131; BGHSt 45, 321, 335 = NStZ 2000, 269, 270 m krit Anm Endriß/Kinzig; BGHSt 47, 44, 47 = NStZ 2001, 553, 554; StV 2008, 21, 22; NStZ 2009, 405, 406; krit SK-StPO/ Paeffgen EMRK Art 6 Rn 86; Ambos NStZ 2002, 628, 632; Gaede/Buermeyer HRRS 2008, 279, 282 ff; Hamm StV 2001, 81, 82, 83; Sommer NStZ 1999, 48 ff; zur Problematik auch Eschelbach StV 2000, 390, 395). Der Einzelne hat allerdings keinen Anspruch darauf, dass die Ermittlungsbehörden rechtzeitig eingreifen, um seine Tat zu verhindern (BGH NStZ 2007, 635; NStZ 2008, 685, 686).

12.1　Welche Rechte das Gebot eines fairen Verfahrens ansonsten im Einzelnen beinhaltet, ist mangels näherer gesetzlicher Vorgaben nach wie vor ungeklärt (Beulke Rn 28). Für die angeklagte Person (Rn 31) sind in Abs 3 einige Mindestvorgaben explizit erwähnt (s Rn 35 ff). **Beispiele** für weitere Ausprägungen des „fair trial"-Grundsatzes:
- das Gericht darf aus eigenen oder ihm zuzurechnenden Fehlern, Unklarheiten oder Versäumnissen keine Verfahrensnachteile für die Verfahrensbeteiligten ableiten (BVerfGE 78, 123, 126 = NJW 1988, 2787; BVerfGE 110, 339, 342 = NJW 2004, 2887, 2888);
- Recht auf Anwesenheit in der Hauptverhandlung (EGMR EuGRZ 1985, 631, 634; NJW 1999, 2353, 2354; NJW 2001, 2387, 2390, 2391);
- Kenntnis von den Äußerungen anderer Verfahrensbeteiligter und von Beweismitteln (EGMR ÖJZ 2002, 911, 914);
- Offenlegung des gesamten Beweismaterials, das für oder gegen den Angeklagten spricht (EGMR ÖJZ 1993, 391, 393; dazu Gaede StV 2006, 599, 601, 602), sowie das Recht auf Akteneinsicht (BGH NStZ 1990, 193, 194; vgl aber BGH NJW 2003, 2761, 2763; hiergegen Gaede StV 2006, 599, 600; s auch Rn 40);

- Wahl eines Verteidigers seines Vertrauens (BVerfGE 39, 238, 243 = NJW 1975, 1015, 1016; StV 2002, 578, 580; BGHSt 42, 15, 20, 21 = NStZ 1996, 291, 292);
- Recht zu schweigen und sich selbst nicht zu belasten (EGMR EuGRZ 1996, 587, 590; JR 2005, 423, 424 mAnm Gaede; ausführlich SK-StPO/Paeffgen EMRK Art 6 Rn 81 ff; zur Thematik auch Esser JR 2004, 98; Weiß NJW 1999, 2236). Der „nemo tenetur"-Grundsatz setzt voraus, dass die Anklage ihre Behauptungen beweisen muss, ohne auf Beweismittel zurückzugreifen, die durch Zwang oder Druck gegen den Willen des Beschuldigten erlangt wurden. Entscheidend sind Art und Grad des Zwangs, Vorhandensein angemessener Verfahrensgarantien und die Verwendung der gewonnenen Beweise (EGMR StV 2003, 257, 259; NJW 2006, 3117, 3123 zur Verabreichung eines Brechmittels – insoweit krit Schuhr NJW 2006, 3538, 3541; Schumann StV 2006, 661, 664, 665; zur Duldung naturwissenschaftlicher Ermittlungsmethoden wie der DNA-Analyse Müller EuGRZ 2002, 546, 557, 558 –; NJW 2008, 3549, 3552; BGH NJW 2009, 2463, 2466 ff zur heimlichen Überwachung von Ehegattengesprächen im Besucherraum einer Untersuchungshaftanstalt). Mit Art 6 Abs 1 EMRK vereinbar ist die strafbewehrte Verpflichtung eines Fahrzeughalters, Namen und Anschrift des Fahrers zum Zeitpunkt der Zuwiderhandlung anzugeben (EGMR NJW 2008, 3549, 3551 ff);
- Pflicht des Gerichts, Entscheidungen zu begründen (EGMR NJW 1993, 1697, 1698; NJW 1999, 2429, 2430);
- Bindung des Gerichts an Verfahrensabsprachen, wenn der Angeklagte seinen Teil der Abrede erfüllt; sofern die Staatsanwaltschaft in eine Verfahrensabsprache eingebunden ist und ihre Zusage nicht einhält, ist das Gericht verpflichtet, den Angeklagten von den sich hieraus ergebenden Folgen im Rahmen seiner rechtlichen Gestaltungsspielräume so weit freizustellen, dass die getroffenen Absprachen weitestmöglich eingehalten werden (BGH NStZ 2008, 416, 417).

2. Beachtung durch Gerichte und Gesetzgeber

Trotz oder gerade wegen seiner vagen Ausgestaltung gewinnt das Recht auf ein faires Verfahren im Strafverfahren zunehmend an Bedeutung, da insbesondere die Rechtsprechung bei der Auslegung von Verfahrensrechten immer häufiger darauf zurückgreift. Dies gilt nicht zuletzt, da das Fairnessgebot ein übergeordnetes Wertungsprinzip darstellt, das für das Verfahren in seiner Gesamtheit gilt und nicht lediglich einzelne Aspekte (wie zB die Mündlichkeit oder die Öffentlichkeit) betrifft (Löwe/Rosenberg/Gollwitzer MRK Art 6 Rn 65). 13

Für den nationalen **Gesetzgeber** bedeutet dies, dass ihm die konkrete Ausgestaltung des Verfahrens obliegt, die demzufolge sehr unterschiedlich erfolgen kann. Ob die nationalen verfahrensrechtlichen Regelungen konventionskonform sind, richtet sich demzufolge weniger danach, ob sie die einzelnen Anforderungen des Art 6 EMRK umfassend umsetzen, sondern vielmehr danach, ob sie in ihrer Gesamtheit ein faires Verfahren gewährleisten (vgl Löwe/Rosenberg/Gollwitzer MRK Art 6 Rn 55). Für die Beweiserhebung und -verwertung enthält die Konvention – auch in Abs 3 – keine Vorgaben (EGMR StV 1997, 617, 619; NJW 2002, 3087, 3089; NJW 2006, 3117, 3122; Löwe/Rosenberg/Gollwitzer MRK Art 6 Rn 160; Meyer-Ladewig EMRK Art 6 Rn 55), insbes nicht für die Frage der Verwertung rechtswidrig erlangter Beweismittel (EGMR NJW 1989, 654, 655; Gaede StV 2004, 46, 48, 49). Aus dem „fair trial"-Prinzip lässt sich nicht ableiten, dass eine rechtsfehlerhafte Beweiserhebung stets zur Unzulässigkeit der Verwertung der dadurch gewonnenen Beweise führt (BVerfG NJW 2007, 204, 205). 14

Die **Gerichte** dürfen nicht vorschnell auf das Gebot des fairen Verfahrens zurückgreifen, sondern müssen – auch aus Gründen der Rechtssicherheit – bei der Rechtsanwendung die nationalen Verfahrensvorschriften anwenden. Zwar ist das Fairnessgebot bei der Auslegung bestehender Befugnisse zu berücksichtigen und kann auch zur Ausfüllung von Lücken bzw Behebung von Unklarheiten des Verfahrensrechts herangezogen werden (Löwe/Rosenberg/Gollwitzer MRK Art 6 Rn 67). Der Rekurs auf Art 6 EMRK gestattet aber nicht die Begründung neuer Verfahrensbefugnisse oder das Hinwegsetzen über bestehende Verfahrensvorschriften (vgl BGHSt 40, 211, 217, 218 = NJW 1994, 2904, 2905). 15

3. Rechtsfolgen bei Verstoß gegen den „fair trial"-Grundsatz

Das Gebot eines fairen Verfahrens ist ein für Rechtssetzung und Rechtsanwendung **verbindlicher Bewertungsmaßstab**, dessen Einhaltung durch die Verfassungs- bzw 16

Rechtsmittelgerichte überprüft werden kann. In der Revision muss ein Verstoß gegen das Fairnessgebot mit der Verfahrensrüge geltend gemacht werden (BGH NStZ 2001, 53; Meyer-Goßner MRK Art 6 Rn 5 a; vgl auch Rn 30). Ob der „fair trial"-Grundsatz verletzt wurde, ergibt sich in der Regel nicht bereits aus dem einzelnen Verstoß gegen das nationale Verfahrensrecht, sondern bestimmt sich aufgrund einer **Würdigung des gesamten Verfahrens** (EGMR NJW 2006, 3117, 3122; BGHSt 46, 93, 95 = NStZ 2001, 212, 213; vgl dazu Eisele JR 2004, 12, 16 ff). Es ist also sowohl möglich, dass trotz einzelner Verstöße insgesamt kein unfaires Verfahren vorliegt, weil sie anderweitig ausreichend kompensiert wurden (zB bei aus Gründen des Zeugenschutzes eingeschränkten Vernehmungsmöglichkeiten; EGMR StV 1997, 617, 619), als auch, dass sich eine Verletzung des Fairnessgebotes nur aus der Gesamtschau mehrerer, für sich jeweils nicht unfairer Verfahrensvorgänge ergibt (Löwe/Rosenberg/Gollwitzer MRK Art 6 Rn 70; Eisele JR 2004, 12, 15).

17 Die nur unsichere Anwendung des „fair trial"-Grundsatzes hat zur Folge, dass seine Verletzung in der Regel **kein Prozesshindernis** begründet (vgl BGHSt 32, 345, 351 = NStZ 1985, 131, 132; BGHSt 45, 312, 333, 334 = NJW 2000, 1123, 1126). Der Verstoß gegen das Gebot auf ein faires Verfahren kann ein Verwertungsverbot nach sich ziehen (BGHSt 42, 191, 193 = NJW 1996, 3018, 3019; vgl auch Rn 12), konnte aber nach bisheriger Rechtsprechung vornehmlich nur zu einem wesentlichen Strafmilderungsgrund führen (BGHSt 32, 345, 355 = NStZ 1985, 131, 133; BGHSt 45, 312, 339 = NJW 2000, 1123, 1127). Es ist allerdings zu erwarten, dass der BGH seine Vollstreckungslösung (Rn 25 ff), die er ausdrücklich nur für die rechtsstaatswidrige Verfahrensverzögerung eingeführt hat, auch auf die übrigen Fälle der Verletzung des Art 6 EMRK überträgt.

IV. Öffentliche Verhandlung

18 Gem Abs 1 S 1 muss die Verhandlung öffentlich erfolgen, dh **jedermann** muss nach seinem Belieben **Zugang zur Verhandlung** erhalten (Löwe/Rosenberg/Gollwitzer MRK Art 6 Rn 87). Erforderlich ist somit Volks-, nicht bloße Parteiöffentlichkeit (Löwe/Rosenberg/Gollwitzer MRK Art 6 Rn 87; SK-StPO/Paeffgen EMRK Art 6 Rn 87); Ton- und Bildaufnahmen während der Hauptverhandlung bzw der Urteilsverkündung sind dadurch nicht garantiert (vgl § 169 S 2 GVG; dazu BVerfGE 103, 44 = NJW 2001, 1633). Die durch die Öffentlichkeit erzielte Transparenz der gerichtlichen Entscheidungsfindung soll der Allgemeinheit die Kontrolle über die Gerichte ermöglichen und ihr Vertrauen in die Rechtsprechung stärken (EGMR ÖJZ 2001, 357, 358; Löwe/Rosenberg/Gollwitzer MRK Art 6 Rn 86). Mit der Öffentlichkeit geht auch eine Objektivierung der Verfahrensgestaltung einher, die letzten Endes wiederum dem Gebot des fairen Verfahrens und somit dem Schutz der Verfahrensbeteiligten dient (EGMR EuGRZ 1985, 225, 228; NJW 1986, 2177, 2178). Öffentlichkeit bedeutet grds auch Mündlichkeit der Verhandlung (Meyer-Ladewig EMRK Art 6 Rn 63; SK-StPO/Paeffgen EMRK Art 6 Rn 88; Grabenwarter § 24 Rn 89).

19 Der Grundsatz der Öffentlichkeit setzt insbes die **öffentliche Verkündung des Urteils** voraus (Abs 1 S 2 Hs 1; vgl in Deutschland § 169 S 1 GVG); in der Revisionsinstanz genügt allerdings die bloße Veröffentlichung des Urteils und Verwerfung des Rechtsmittels durch schriftlichen Beschluss (EGMR EuGRZ 1985, 229, 232, 233; NJW 1986, 2177, 2178; Roth EuGRZ 1998, 495, 504, 505; **aA** SK-StPO/Paeffgen EMRK Art 6 Rn 115). Der Anspruch auf öffentliche Verhandlung steht dem Strafbefehlsverfahren gem §§ 407 StPO ff nicht entgegen (EKMR bei Strasser EuGRZ 1992, 277). Soweit vom nationalen Recht vorgesehen, ist ein Verzicht des Angeklagten auf die Öffentlichkeit möglich (EGMR NJW 1982, 2714, 2716; EuGRZ 1992, 5, 10; EuGRZ 1996, 604, 606; Roth EuGRZ 1998, 495, 498; krit SK-StPO/Paeffgen EMRK Art 6 Rn 106).

20 Abs 1 S 2 Hs 2 enthält **Ausnahmefälle**, in denen der Grundsatz der Öffentlichkeit eingeschränkt werden darf, wenn dies im Interesse der Moral, der öffentlichen Ordnung oder der nationalen Sicherheit liegt, die Interessen von Jugendlichen oder der Schutz des Privatlebens der Prozessparteien dies verlangen oder – unter engen Voraussetzungen – ansonsten die Interessen der Rechtspflege beeinträchtigt würden. Entsprechende (mit der Konvention vereinbare; SK-StPO/Paeffgen EMRK Art 6 Rn 91) Vorschriften sind in Deutschland in den §§ 170 GVG ff sowie in § 48 JGG, § 109 Abs 1 S 4 JGG zu finden.

V. Verhandlung innerhalb angemessener Frist
1. Angemessenheit der Frist

Eine Verhandlung in Zivil- oder Strafsachen (s Rn 2) muss innerhalb angemessener Frist 21 erfolgen. Der Zugang zum Gericht (Rn 5) kann dem Betroffenen nämlich erst dann den effektiven Schutz seiner Rechte gewähren, wenn auch in absehbarer Zeit eine Entscheidung ergeht. Eine zügige Durchführung soll insbesondere im Strafverfahren die damit verbundenen Belastungen für den Beschuldigten in Grenzen halten (BVerfG NJW 1992, 2472, 2473; NJW 2003, 2225, 2226; Löwe/Rosenberg/Gollwitzer MRK Art 6 Rn 76; Krehl/Eidam NStZ 2006, 1).

Im Strafverfahren **beginnt** die Frist spätestens dann, wenn der Beschuldigte über die 22 Einleitung des Ermittlungsverfahrens gegen ihn in Kenntnis gesetzt wird (vgl bereits Rn 4; EGMR EuGRZ 1983, 371, 379; BVerfG NJW 1993, 3254, 3256; BGH NStZ 1982, 291; NStZ 2004, 504, 505; Meyer-Goßner MRK Art 6 Rn 8; Meyer-Ladewig EMRK Art 6 Rn 76; weiter Krehl/Eidam NStZ 2006, 1, 5; **aA** Guradze MRK Art 6 Rn 20: Erhebung der Klage bzw Beginn der Untersuchungshaft). Sie **endet** mit rechtskräftigem Abschluss des Verfahrens (EGMR EuGRZ 1983, 371, 380; BGHSt 35, 137, 141 = NStZ 1988, 283, 284; wistra 2009, 147, 148), ggf auch erst nach Aufhebung des Urteils in der Revisionsinstanz und Zurückverweisung der Sache (BVerfG NStZ 2006, 47, 48; NJW 2006, 672, 673; OLG Koblenz NStZ-RR 2007, 315, 316; Peukert EuGRZ 1979, 261, 271; **aA** BGH NStZ 2004, 504, 505; NStZ 2006, 346, 347; NStZ 2009, 104; offen gelassen nun von BGH NStZ 2009, 472). Zur Verfahrensdauer zählt auch das Verfahren vor einem Verfassungsgericht, das sich an das rechtskräftig abgeschlossene Verfahren vor den Fachgerichten anschließt (EGMR EuGRZ 1993, 453, 454; NJW 2002, 2856, 2857; EuGRZ 2004, 150, 153; Krawczyk JR 2009, 172, 175), nicht hingegen das Vollstreckungsverfahren (OLG Düsseldorf StV 1993, 430, 431).

Ob eine **angemessene** Beschleunigung des Verfahrens stattfand, bestimmt sich nach den 23 Umständen des Einzelfalls (BVerfG NJW 1993, 3254, 3255; NJW 2003, 2897, 2898). Im Strafverfahren sind zu berücksichtigen die Komplexität der Sach- und Rechtslage, die Bedeutung des Verfahrens für den Beschuldigten sowie sein eigenes Prozessverhalten (EGMR NJW 1984, 2749, 2750; EuGRZ 2004, 150, 155; BVerfG NJW 1992, 2472, 2473; NJW 1993, 3254, 3255; BGH NStZ 1999, 313; NStZ 2005, 445, 446; BayObLG StV 2003, 375, 376; OLG Düsseldorf StV 1995, 400, 401; Löwe/Rosenberg/Gollwitzer MRK Art 6 Rn 77; Vorgaben für die Praxis geben Krehl/Eidam NStZ 2006, 1, 3 ff). Entscheidend ist insbes, ob die Verfahrensverzögerung auf Ursachen beruht, die dem Verantwortungsbereich des Staates zuzurechnen sind, seien es Verfahrensfehler, die zur wiederholten Aufhebung der Urteile in dem betreffenden Verfahren führten (BGH NStZ 2009, 472), oder auch Personalmangel und Überlastung der Gerichte (EGMR NJW 1997, 2809, 2810; NJW 2002, 2856, 2857; BVerfGE 36, 264, 275 = NJW 1974, 307, 309; SK-StPO/Paeffgen EMRK Art 6 Rn 116). Zu aktuellen und notwendigen Reformüberlegungen EGMR NJW 2006, 2389, 2392; Steinbeiß-Winkelmann ZRP 2007, 177.

Allein ein lediglich vorübergehender Engpass in der Arbeits- und Verhandlungskapazität 24 der Strafverfolgungsorgane (BGH StV 1992, 452, 453; wistra 2006, 226; wistra 2009, 147, 149; vgl auch EGMR NJW 1984, 2749, 2750; NJW 1997, 2809, 2810) oder eine gewisse Untätigkeit während eines bestimmten Verfahrensabschnitts führen nicht zu einer rechtsstaatswidrigen Verfahrensverzögerung, wenn die angemessene Frist nicht insgesamt überschritten wird (BGH NStZ 1999, 313; NStZ-RR 2006, 50, 51; NStZ-RR 2007, 150). Eine feste zeitliche Grenze, bei deren Überschreitung eine unangemessene Verfahrensdauer gegeben ist, existiert nicht (Löwe/Rosenberg/Gollwitzer MRK Art 6 Rn 77).

Beispiele aus der Rechtsprechung, in denen eine Angemessenheit **verneint** wurde: 24.1
- zwölf Monate zwischen erfolgreicher Richterablehnung und Neubeginn der Hauptverhandlung (BGH StraFo 2009, 245);
- 20 Monate zwischen Zustellung der Anklage an den geständigen Beschuldigten und Eröffnungsbeschluss (BGH wistra 2006, 226);
- 15-monatige Überarbeitung einer vom Gericht zurückgegebenen Anklageschrift (BGH wistra 2005, 34);

EMRK Art. 6 Europäische Menschenrechtskonvention (Auszug)

- knapp dreijährige Dauer für die Rekonstruktion verloren gegangener Akten (BGH BeckRS 2009, 18518);
- achteinhalb Jahre zwischen Vernehmung des Beschuldigten und Entscheidung des Landgerichts (BGH StV 1985, 411);
- Verfahrensdauer von siebeneinhalb Jahren ohne besondere Schwierigkeiten oder besonderen Umfang der Sache (BVerfG NStZ 2004, 335, 336);
- Verfahrensdauer von 13 1/2 Jahren bei der Grenze der absoluten Verjährung von zehn Jahren und zwischenzeitlicher Nichtförderung des Verfahrens von mindestens fünf Jahren aus allein im Bereich der Justiz liegenden Gründen (BGHSt 46, 159, 172, 173 = NStZ 2001, 270, 273);
- neunjähriges Ordnungswidrigkeitenverfahren bei einer normalen Verjährungsfrist von drei Jahren (BVerfG NJW 1992, 2472, 2473); vgl auch OLG Bamberg NJW 2009, 2468, 2469; OLG Düsseldorf NZV 2008, 534: bei Ordnungswidrigkeiten liegt eine überlange Verfahrensdauer erst bei einem Vielfachen der normalen Verjährungsfrist vor, da mit der Sanktion nur eine an die Eingriffsintensität staatlichen Strafens nicht heranreichende nachdrückliche Pflichtenmahnung bezweckt wird;
- zehnjähriges Steuerstrafverfahren bei fünfjähriger Verjährungsfrist (BVerfG NJW 1993, 3254, 3255);
- mehr als ein Jahr und vier Monate (BGH NStZ-RR 2005, 320, 321), zwei Jahre (BGH NStZ 1995, 335, 336), drei (BayObLG StV 1989, 394) bzw. viereinhalb (BGHSt 35, 137 = NStZ 1988, 283) Jahre zwischen Eingang der Revisionsbegründung und Vorlage der Akten zum Revisionsgericht;
- dreieinhalb Jahre nach Zurückverweisung der Sache durch das Revisionsgericht, obwohl nur noch rechtlich einfache Entscheidungen zu treffen waren (BGH StV 1983, 502);
- mehr als siebenjährige (EGMR NJW 1997, 2809) bzw achtjährige (EGMR NJW 2001, 213) Verfahrensdauer vor dem Verfassungsgericht.

24.2 Beispiele aus der Rechtsprechung, in denen die Frist noch als **angemessen** angesehen wurde:
- sechsmonatige Akteneinsicht durch den Anwalt mehrerer Geschädigter in einer komplexen Wirtschaftsstrafsache (BGH JR 2006, 297);
- Verfahrensdauer von einem Jahr und neun Monaten bis zur Anklageerhebung sowie von einem Jahr und sechs Monaten bis zum Urteil bei einem komplexen Verfahrensgegenstand sowie einer Vielzahl von Beschuldigten und zu ermittelnder Straftaten (BGH NStZ-RR 2007, 57);
- Ausschöpfung der Frist des § 275 Abs 1 StPO zur Absetzung der Urteilsgründe (BGH NStZ 2004, 504, 505);
- Verfahrensdauer von zwei Jahren und neun bzw zehn Monaten vor dem Verfassungsgericht (EGMR NJW 2001, 211).

2. Rechtsfolgen bei unangemessener Frist

25 Wie die durch eine rechtsstaatswidrige Verfahrensverzögerung eintretenden Nachteile für den Betroffenen ausgeglichen werden, bleibt dem innerstaatlichen Recht überlassen (Löwe/Rosenberg/Gollwitzer MRK Art 6 Rn 84). Bislang wurde eine unangemessene Verfahrensdauer im Wesentlichen als bestimmender Strafzumessungsgrund iSd § 267 Abs 3 S 1 StPO berücksichtigt, was der EGMR auch billigte (EGMR StV 2006, 474, 479). Dieses **Strafabschlagsmodell** hat der Große Senat des BGH nunmehr auf Vorlage des 3. Strafsenats (NJW 2007, 3294 m zust Anm Peglau; K. Weber JR 2008, 36; krit dagegen I. Roxin StV 2008, 14; Salditt StraFo 2007, 513) durch die sog Vollstreckungslösung ersetzt (BGHSt GrS 52, 124 = NJW 2008, 860 m zust Anm Bußmann NStZ 2008, 236; überwiegend krit dagegen Gaede JZ 2008, 422; Kraatz JR 2008, 189).

25.1 Nach dem Strafabschlagsmodell wurde eine unangemessene Verfahrensdauer – abgesehen von den seltenen Fällen eines Verfahrenshindernisses (Rn 29) – beim **Rechtsfolgenausspruch** berücksichtigt (BVerfG NJW 1992, 2472, 2473; NJW 1993, 3254, 3255). Demnach wurde die Verletzung des Beschleunigungsgebots aus Art 6 Abs 1 S 1 EMRK als besonderer Strafmilderungsgrund im Rahmen der Strafzumessung herangezogen (BGH NJW 1990, 56; StV 1992, 452, 453). Die Entscheidungsgründe mussten Art und Ausmaß sowie die Ursache der staatlich verursachten Verfahrensverzögerung konkret benennen und die darauf beruhende Konventionsverletzung ausdrücklich feststellen. War die rechtsstaatswidrige Verfahrensverzögerung nur im Rahmen der Strafzumessung auszugleichen, war zudem das Maß der Kompensation durch Vergleich der an sich verwirkten mit der tatsächlich verhängten (Einzel-; BGH NStZ-RR 2008, 7) Strafe ausdrücklich und konkret zu bestimmen (BVerfG NJW 1984, 967, 968; NJW 1995, 1277, 1278; BGH NStZ 1997, 451, 452; NStZ 2007, 539).

Dieses Modell stieß insbesondere dann an seine **Grenzen**, wenn die Kompensation nur durch eine Unterschreitung der gesetzlichen Mindeststrafe möglich war (BGH NJW 2007, 3294, 3296). Dies widerspreche aber den Vorgaben des Strafzumessungsrechts, welche die Gerichte aufgrund ihrer Gesetzesbindung gem Art 20 Abs 3 GG zu beachten haben (BGHSt GrS 52, 124, 134, 135 = NJW 2008, 860, 863; vgl auch bereits BGHSt 27, 274 = NJW 1978, 503). Darüber hinaus kam bei der absoluten Strafandrohung lebenslanger Freiheitsstrafe eine Strafmilderung nicht in Betracht (BVerfG NStZ 2006, 680, 681, 682; BGH NStZ 2006, 346, 348). Bei einer Gesamtstrafe musste die unangemessene Verfahrensverzögerung schließlich Eingang sowohl in die Gesamt- als auch die Einzelstrafen finden (BGH NStZ 1987, 232, 233; NStZ 2002, 589, 590), wenngleich sie nicht doppelt berücksichtigt werden durfte (BGH NStZ 2003, 601). 25.2

Nach der **Vollstreckungslösung** ist in Bezug auf eine **überlange Verfahrensdauer** zu unterscheiden. Wie bisher kann im Rahmen der Strafzumessung ein übermäßiger zeitlicher Abstand zwischen Beendigung der Tat und der erstinstanzlichen Aburteilung wegen der hiermit verbundenen Belastungen für den Angeklagten als **besonderer Strafmilderungsgrund** berücksichtigt werden (BGHSt GrS 52, 124, 141, 143 = NJW 2008, 860, 865; NJW 2009, 307, 308; Meyer-Goßner MRK Art 6 Rn 9 b; vgl bereits BGH NStZ 1988, 552; Schroth NJW 1990, 29, 30, 31), selbst wenn die lange Verfahrensdauer sachliche Gründe hat und nicht von den Strafverfolgungsorganen zu vertreten ist (BGH NJW 1999, 1198, 1199; OLG Jena StV 2009, 132, 133). Diesbezügliche Ausführungen sind als bestimmende Strafzumessungsfaktoren in den Urteilsgründen anzugeben (§ 267 Abs 3 S 1 StPO); insbesondere sind Art und Ausmaß der Verzögerung sowie ihre Ursachen zu ermitteln und im Urteil konkret festzustellen (BGHSt GrS 52, 124, 146 = NJW 2008, 860, 866; NStZ-RR 2008, 368, 369), ohne dass es insoweit einer Bezifferung des Maßes der Strafmilderung bedarf (BGHSt GrS 52, 124, 146 = NJW 2008, 860, 866; BGH BeckRS 2009, 18518). Die Ausführungen des Gerichts müssen aus sich heraus verständlich sein und dürfen in der Regel nicht durch Bezugnahmen ersetzt werden, um dem Revisionsgericht nicht die Möglichkeit einer Nachprüfung zu nehmen (BGH wistra 2009, 147, 148). 26

Ob die überlange Verfahrensdauer zugleich eine **rechtsstaatswidrige**, von staatlichen Stellen verursachte **Verfahrensverzögerung** darstellt, ist hingegen in einem gesonderten Schritt nach der Strafzumessung zu erörtern (BGHSt GrS 52, 124, 135 = NJW 2008, 860, 863; NJW 2009, 307, 308). Genügt zur Kompensation der rechtsstaatswidrigen Verfahrensverzögerung deren bloße ausdrückliche Feststellung (vgl EGMR NJW 1984, 2749, 2751; NJW 2001, 213, 214; StV 2005, 475, 477; BGH NStZ-RR 2009, 248), so muss die Feststellung in den Urteilsgründen klar hervortreten (BGH NJW 2009, 307, 308; OLG Jena StV 2009, 132, 133). Anderenfalls ist unter Heranziehung des Rechtsgedankens des § 51 Abs 1 S 1, Abs 4 S 2 StGB (BGHSt GrS 52, 124, 140, 141 = NJW 2008, 860, 864, 865) in der Urteilsformel auszusprechen, dass zur Kompensation der Verzögerung ein **bezifferter Teil der verhängten** (Gesamt-)**Strafe** als **vollstreckt** gilt (BGHSt GrS 52, 124, 146 = NJW 2008, 860, 866). Entscheidend sind die Umstände des Einzelfalls (zB Umfang der staatlich zu verantwortenden Verzögerung, Maß des Fehlverhaltens der Strafverfolgungsorgane, Auswirkungen auf den Betroffenen). Da die Verfahrensdauer als solche bereits im Rahmen der Strafzumessung berücksichtigt wurde und ein zusätzlicher Ausgleich nur im Falle deren rechtsstaatswidriger Verursachung erfolgt, wird sich die Anrechnung häufig auf einen eher geringen Bruchteil der Strafe beschränken. Ausgeschlossen ist vor allem, das Maß der Anrechnung mit dem Umfang der Verzögerung gleichzusetzen (BGHSt GrS 52, 124, 146, 147 = NJW 2008, 860, 866; s auch BGH BeckRS 2009, 20293 Tz 37). 27

Sind mehrere Straftaten des Angeklagten Gegenstand des Verfahrens, so muss zwar wie bisher bezüglich der Verfolgung aller Delikte geprüft werden, ob und in welchem Umfang das Verfahren verzögert wurde; die überlange Verfahrensdauer ist ggf nur bei einigen der festzusetzenden Einzelstrafen mildernd zu berücksichtigen. Die Anrechnung wegen einer rechtsstaatswidrigen Verfahrensverzögerung ist indes nur auf die in der Urteilsformel ausgesprochene **Gesamtstrafe** vorzunehmen, die allein Grundlage der Vollstreckung ist (BGHSt GrS 52, 124, 147 = NJW 2008, 860, 866). Die Rechtsfolgenbestimmung ist dadurch vereinfacht worden (BGHSt GrS 52, 124, 143 = NJW 2008, 860, 865). 27.1

Auch die übrigen durch das Strafabschlagsmodell aufgeworfenen Probleme (Rn 25.2) stellen sich nach der Vollstreckungslösung nicht mehr. Insbesondere ist eine Unterschreitung der **gesetzlichen Mindeststrafe** als Ausgleich für eine rechtsstaatswidrige Verfahrensverzögerung nunmehr von vorn- 27.2

herein nicht mehr erforderlich. Durch die Trennung von Strafzumessung und Entschädigung stellt die verhängte Strafe vielmehr auch im denkbar mildesten Fall noch einen angemessenen Schuldausgleich dar und bleibt allein maßgeblich für die strafrechtlichen und außerstrafrechtlichen Folgebestimmungen zB der § 56 Abs 1 bis 3 StGB, § 66 Abs 1 bis 3 StGB, § 45 StGB, § 59 Abs 1 StGB, § 60 StGB und § 79 StGB sowie des § 46 BRZG (BGHSt GrS 52, 124, 141 = NJW 2008, 860, 865). Zudem ist nunmehr selbst bei einer **lebenslangen Freiheitsstrafe** eine Kompensation durch Anrechnung auf die Mindestverbüßungsdauer iSd § 57a Abs 1 Nr 1 StGB möglich (BGHSt GrS 52, 124, 136 = NJW 2008, 860, 863; kritisch Reichenbach NStZ 2009, 120, 121 ff).

27.3 Schließlich soll die Vollstreckungslösung eher der Rechtsprechung des EGMR entsprechen, der die Kompensation für eine konventionswidrige Verfahrensverzögerung als Wiedergutmachung für das durch die Verletzung eines Menschenrechts entstandene objektive Verfahrensunrecht betrachtet. Kriterien wie das Gewicht der Tat und das Maß der Schuld sind weder für die Beurteilung einer Verfahrensverzögerung als rechtsstaatswidrig noch für Art und Umfang des hierfür zu gewährenden Ausgleichs von Bedeutung (BGHSt GrS 52, 124, 137, 138 = NJW 2008, 860, 863, 864). Eine Strafmilderung wie nach dem bisherigen Strafabschlagsmodell knüpfte demnach an ein eher sachfernes Bewertungskriterium. Demgegenüber ist das am Entschädigungsgedanken orientierte Vollstreckungsmodell von vornherein von Fragen des Unrechts, der Schuld und der Strafhöhe unabhängig (BGHSt GrS 52, 124, 138 = NJW 2008, 860, 864; vgl auch Kraatz JR 2006, 403, 406). Da das Vollstreckungsmodell somit nur einen Ausgleich für erlittenes Verfahrensunrecht gewährt, kann sich eine rechtsstaatswidrige Verfahrensverzögerung nicht auf die Strafrahmenwahl auswirken (BGH NStZ-RR 2008, 368, 369).

27.4 Für die **Übergangsfälle** gilt: Sind die Instanzgerichte vor der Entscheidung des Großen Senats noch der früheren Strafzumessungslösung gefolgt, ist der Angeklagte hierdurch nur beschwert, wenn ihm die Anwendung des Vollstreckungsmodells zum Vorteil gereichen kann (BGH NStZ-RR 2009, 92, 93), zB durch Vorverlagerung desjenigen Zeitpunktes, zu dem ein Strafrest zur Bewährung ausgesetzt werden kann (BGH BeckRS 2008, 11713 Tz 3; BeckRS 2008, 12730 Tz 4). Der neue Tatrichter, an den die Sache zurückverwiesen wird, hat jedenfalls die Kompensation im Wege des Vollstreckungsmodells durchzuführen (BGH StV 2008, 298, 298). Dabei darf er, auch wenn nur der Angeklagte (bzw die Staatsanwaltschaft zu seinen Gunsten) Revision eingelegt hat, durchaus höhere Einzelstrafen als die bisher erkannten verhängen und auch eine höhere Gesamtstrafe aussprechen. Wegen § 358 Abs 2 S 1 StPO dürfen allerdings weder die neuen Einzelstrafen die im angefochtenen Urteil als an sich verwirkt und – ohne Kompensationsabschlag – als schuldangemessen ausgewiesenen Strafen übersteigen noch die – abzüglich des als vollstreckt geltenden Teils – verhängte Gesamtfreiheitsstrafe höher sein als die im angefochtenen Urteil ausgesprochene Gesamtfreiheitsstrafe (BGH NStZ-RR 2008, 168; BeckRS 2008, 11713 Tz 6). Die Aufhebung eines Urteils wegen Nichtanwendung des Vollstreckungsmodells erstreckt sich nicht auf etwaige Mitangeklagte; § 357 StPO ist nicht anwendbar (BGH NJW 2009, 307, 308).

27.5 Die Vollstreckungslösung des Großen Senats erfährt in der Literatur nicht nur Zustimmung (vgl etwa Peglau NJW 2007, 3298; Volkmer NStZ 2008, 608, 609; s auch Keiser GA 2008, 686, 691 ff; Krawczyk JR 2009, 172, 174), sondern vornehmlich **Kritik**. So wird dem BGH insbesondere vorgeworfen, einerseits eine entsprechende Anwendung des § 49 StGB abzulehnen, andererseits jedoch die Vorschrift des § 51 StGB analog heranzuziehen (I. Roxin StV 2008, 14, 15, 16; vgl auch Peglau NJW 2007, 3298, 3299). Außerdem gewährleiste das neue Modell keine hinreichende Kompensation für das verzögerte Verfahren (Gaede JZ 2008, 422, 423, 424; Kraatz JR 2008, 189, 191, 192). Aus praktischer Sicht wird schließlich bemängelt, dass es nun nicht mehr möglich sei, durch einen Strafabschlag die „magische Grenze" von zwei Jahren zu unterschreiten, um die Freiheitsstrafe noch zur Bewährung aussetzen zu können (Salditt StraFo 2007, 513; vgl auch I. Roxin StV 2008, 14, 18; hiergegen Bußmann NStZ 2008, 236, 237; Kraatz JR 2008, 189, 191).

28 Unberührt von der Vollstreckungslösung bleiben **weitere Kompensationsmöglichkeiten** (BGHSt GrS 52, 124, 145 = NJW 2008, 860, 866) wie die Strafaussetzung zur Bewährung (BVerfG NJW 1984, 967, 968; BGH StV 1983, 502; StV 1985, 411, 412), die Verwarnung mit Strafvorbehalt gem § 59 StGB statt Verurteilung zu einer Geldstrafe oder das Absehen von Strafe gem § 60 StGB (BGH NStZ-RR 2004, 230, 231; Krehl/Eidam NStZ 2006, 1, 9). Bei Vergehen ist zudem eine Einstellung nach §§ 153 StPO ff in Betracht zu ziehen (EGMR NJW 2008, 3273, 3274; BVerfG NJW 1984, 967, 968; NJW 2003, 2897, 2898; BGHSt 35, 137, 141, 142 = NStZ 1988, 283, 284; NStZ 1996, 506, 507; StV 2008, 299, 300; Krehl/Eidam NStZ 2006, 1, 9). Denkbar ist schließlich auch der Erweis einer Gnadenentscheidung (BGHSt 24, 239, 242, 243 = NJW 1972, 402, 403). Zu möglichen Entschädigungsansprüchen des Angeklagten Broß StraFo 2009, 10, 14, 15; Volkmer NStZ 2008, 608, 612, 613.

Ein **Verfahrenshindernis** wird nur in Ausnahmefällen begründet, wenn die Verletzung 29
des Beschleunigungsgebots im Rahmen der Sachentscheidung nicht mehr angemessen
berücksichtigt werden kann (BVerfG NJW 1984, 967, 968; NJW 2003, 2897, 2898; BGHSt
46, 159, 171, 172 = NStZ 2001, 270, 273; OLG Koblenz NJW 1994, 1887; OLG Schleswig
StV 2003, 379, 382; OLG Zweibrücken NStZ 1989, 134; LG Bad Kreuznach NJW 1993,
1725, 1727, 1728; LG Düsseldorf NStZ 1988, 427, 428; Hillenkamp NJW 1989, 2841,
2847 ff; Krehl/Eidam NStZ 2006, 1, 9, 10; Schroth NJW 1990, 29, 31). Sofern die Voraussetzungen anderer Kompensationsmöglichkeiten, insbes der Vorschriften über die Einstellung
gem §§ 153 StPO ff nicht vorliegen, ordnet die Rechtsprechung vornehmlich einen Abbruch des Verfahrens an (BGHSt 35, 137, 142, 143 = NStZ 1988, 283, 284; BGHSt 46, 159,
171 = NStZ 2001, 270, 273; OLG Stuttgart NStZ 1993, 450, 451; OLG Zweibrücken
NStZ 1995, 49, 50; LG Memmingen StV 1995, 403, 404; krit Meyer-Goßner MRK Art 6
Rn 9 c: unzulässige „erfundene" eigene Art einer Verfahrensbeendigung).

3. Revision

Eine rechtsstaatswidrige Verfahrensverzögerung ist in der Revision grds mit einer **Ver-** 30
fahrensrüge geltend zu machen (BGH NStZ 1999, 313; NStZ 2000, 418; NJW 2009, 307,
308; einschr Wohlers JR 2005, 187, 189), in welcher der beanstandete Verfahrensverstoß
sowie die ihn enthaltenden Tatsachen (§ 344 Abs 2 S 2 StPO) genau anzugeben sind (BGH
wistra 2008, 194, 195; NStZ-RR 2008, 384); vor allem muss die Rüge einen realistischen
Überblick über den tatsächlichen Ablauf des gesamten Strafverfahrens geben (BGH NJW
2008, 2451, 2452; NStZ-RR 2009, 92). Bereits von Amts wegen ist ein solcher Verstoß
durch das Revisionsgericht zu prüfen, wenn er sich erst nach Erlass des letzten tatrichterlichen Urteils ereignet (BGH NStZ 1995, 335, 336; NStZ 2001, 52; NStZ-RR 2005, 320,
321; NStZ-RR 2008, 208, 209; vgl dazu Krehl/Eidam NStZ 2006, 1, 7, 8), es sei denn, dass
aufgrund der Verzögerung das Urteil neu zugestellt werden musste und daher eine Rügemöglichkeit bestand (BGH NStZ 2008, 118). Die allgemeine **Sachrüge** reicht dagegen aus,
wenn sich bereits aus den Gründen des angefochtenen Urteils die unangemessene Verfahrensdauer bzw ausreichende Anhaltspunkte ergeben, die das Tatgericht zur Prüfung einer
rechtsstaatswidrigen Verfahrensverzögerung hätten anhalten müssen (BGHSt 49, 342, 344 =
NStZ 2004, 639, 642; NStZ-RR 2006, 50, 51; NStZ-RR 2007, 71; OLG Jena StV 2009,
132, 133; Sander NStZ 2005, 390, 391; Wohlers JR 2005, 187, 189, 190). Ebenso genügt
die Sachrüge, wenn lediglich die gerichtliche Anrechnungsentscheidung nach § 51 Abs 4
S 2 StGB überprüft werden soll (Kraatz JR 2008, 189, 193).

C. Unschuldsvermutung (Abs 2)

Gem Art 6 Abs 2 EMRK gilt jeder Angeklagte bis zum gesetzlichen Beweis seiner Schuld 31
als unschuldig. In Deutschland ist die Unschuldsvermutung eine besondere Ausprägung des
Rechtsstaatsprinzips aus Art 20 Abs 3 GG und genießt somit **Verfassungsrang** (BVerfGE
22, 254, 265 = NJW 1967, 2151, 2153; BVerfGE 82, 106, 114 = NJW 1990, 2741, 2742).
Die Regelung in Abs 2 sowie die dazu ergangene Rechtsprechung des EGMR stellen
demnach eine Auslegungshilfe dar (BVerfGE 74, 358, 370 = NJW 1987, 2427, 2428; vgl
auch BVerfG NJW 1993, 3254, 3256). Angeklagter in diesem Sinne ist jeder **Beschuldigte**,
so dass die Unschuldsvermutung bereits im Ermittlungsverfahren gilt (Löwe/Rosenberg/
Gollwitzer MRK Art 6 Rn 121; Meyer-Goßner MRK Art 6 Rn 1; SK-StPO/Paeffgen
EMRK Art 6 Rn 187; Frister StV 1998, 159). Die Vorschrift findet auch im Privatklageverfahren (EGMR EuGRZ 1983, 475, 478) sowie im Ordnungswidrigkeitenverfahren
Anwendung (EGMR EuGRZ 1987, 399, 402; vgl auch BVerfGE 9, 167, 170 = NJW 1959,
619), nicht jedoch im Auslieferungsverfahren (Löwe/Rosenberg/Gollwitzer MRK Art 6
Rn 121).

Die Unschuldsvermutung gewährt dem Beschuldigten das subjektive Recht, dass jegliche 32
Maßnahme, die seine Schuld voraussetzt, bis zu deren Nachweis (Rn 34) in einem ordnungsgemäßen Verfahren in der dafür vorgeschriebenen Form unterbleibt (BVerfGE 74, 358, 371
= NJW 1987, 2427, 2428; BVerfGE 82, 106, 114 = NJW 1990, 2741, 2742; BGH NJW
1975, 1829, 1831). Bis zu diesem Zeitpunkt haben die Strafverfolgungsorgane stets auch die

EMRK Art. 6 Europäische Menschenrechtskonvention (Auszug)

Möglichkeit eines künftigen Freispruchs zu berücksichtigen, die Gerichte müssen bei ihrer ergebnisoffenen Entscheidungsfindung aufgeschlossen für die Argumente der Verteidigung sein (Löwe/Rosenberg/Gollwitzer MRK Art 6 Rn 103; SK-StPO/Paeffgen EMRK Art 6 Rn 188). Dies bedeutet vor allem, dass bei Äußerungen staatlicher Stellen über ein laufendes Verfahren Zurückhaltung zu üben ist und keine strafrechtliche Schuldfeststellung getroffen werden darf (EGMR ÖJZ 1995, 509, 510; vgl auch BGH NJW 1994, 1950, 1952; OLG Hamm NJW 2000, 1278, 1279; Löwe/Rosenberg/Gollwitzer MRK Art 6 Rn 131; Grabenwarter § 24 Rn 125).

32.1 Art 6 Abs 2 EMRK richtet sich zwar nur an die staatlichen Behörden (OLG Frankfurt NJW 1980, 597, 598, 599; Löwe/Rosenberg/Gollwitzer MRK Art 6 Rn 113; vgl auch Art 1 EMRK Rn 10). Der verfassungsrechtliche Schutz der Persönlichkeit strahlt aber auch auf die Medien aus und setzt der Berichterstattung Grenzen (BVerfGE 35, 202, 232 ff = NJW 1973, 1226, 1230, 1231; OLG Köln NJW 1987, 2682, 2683, 2684; Bornkamm NStZ 1983, 102, 104 ff; vgl auch EKMR EuGRZ 1978, 314, 323; Löwe/Rosenberg/Gollwitzer MRK Art 6 Rn 113 f; SK-StPO/Paeffgen EMRK Art 6 Rn 198). So kann Angehörigen von Presse und Rundfunk bei der Berichterstattung über laufende Strafverfahren die Wahrnehmung eines berechtigten Interesses iSv § 193 StGB im Hinblick auf die Unschuldsvermutung versagt bleiben, wenn sie etwa den vollständigen Namen des Angeklagten oder eine Abbildung von ihm veröffentlichen (vgl EGMR NJW 2006, 1645, 1649; BGH NJW 2000, 1036, 1037; OLG Dresden NJW 2004, 1181, 1182; OLG Köln NJW 1987, 2682, 2683, 2684; BeckOK v. Heintschel-Heinegg/Valerius StGB § 193 Rn 23 mwN).

33 Zulässig sind Ermittlungsmaßnahmen und sonstige **Strafverfolgungsmaßnahmen** wie insbes die vorläufige Festnahme oder die Anordnung von Untersuchungshaft (Löwe/Rosenberg/Gollwitzer MRK Art 6 Rn 124) sowie die Erhebung der öffentlichen Klage. Diese Maßnahmen setzen nicht die Schuld des Beschuldigten, sondern nur den Verdacht einer Straftat voraus und dienen gerade der Klärung des Tatvorwurfs (BVerfGE 82, 106, 115 = NJW 1990, 2741, 2741). Hingegen können bei der Strafzumessung frühere Verfahren, die mit einer Einstellung oder einem Freispruch endeten, nicht zu Lasten des Beschuldigten berücksichtigt werden (BGH NStZ 2006, 620 m zust Bespr Stuckenberg StV 2007, 655 gegen BGHSt 25, 64, 65 = NJW 1973, 289, 290; NStZ-RR 2005, 72). Ebenso wenig ist die Verwertung einer noch nicht rechtskräftig abgeurteilten (weiteren) Straftat bei der Strafzumessung zulässig (OLG Dresden StV 2007, 639; Stuckenberg StV 2007, 655, 662, 663). Bei dem Widerruf einer Strafaussetzung zur Bewährung ist ausgeschlossen, noch nicht rechtskräftig abgeurteilte Vor- oder Nachtaten zu berücksichtigen (EGMR StV 2003, 82, 85; KG StV 1988, 26, 27; Löwe/Rosenberg/Gollwitzer MRK Art 6 Rn 148; SK-StPO/Paeffgen EMRK Art 6 Rn 203; Neubacher GA 2004, 402, 405 ff; Peglau NStZ 2004, 248, 251; **aA** BVerfG NStZ 1987, 118; NStZ 1991, 30; Haberstroh NStZ 1984, 289, 292, 293; nunmehr offen gelassen von BVerfG NJW 2005, 817), sofern kein Geständnis des Betroffenen vorliegt (BVerfG NJW 2005, 817; OLG Köln NJW 1991, 505, 506; OLG Nürnberg NJW 2004, 2032; Neubacher GA 2004, 402, 413, 414; vgl auch EGMR NJW 2004, 43, 45; **aA** Seher ZStW 118 [2006], 101, 149 ff).

34 Die Unschuldsvermutung **endet** erst mit der rechtskräftigen Verurteilung des Beschuldigten (BVerfGE 35, 202, 232 = NJW 1973, 1226, 1230; SK-StPO/Paeffgen EMRK Art 6 Rn 182), insbes jedoch nicht bei Einstellung des Verfahrens (EGMR NJW 2006, 1113, 1114; Kühl NJW 1984, 1264, 1267; vgl auch BVerfGE 74, 358, 373, 374 = NJW 1987, 2427, 2428; BVerfGE 82, 106, 118 = NJW 1990, 2741, 2742). Eine für den Beschuldigten negative Kostenentscheidung lässt sich demnach nicht mit Abs 2 vereinbaren (EGMR EuGRZ 1983, 475, 479, 480; BVerfG NStZ 1988, 84, 85). Zulässig sind aber die Erteilung von Auflagen gem § 153a StPO bei Zustimmung des Beschuldigten (krit SK-StPO/Paeffgen EMRK Art 6 Rn 207) sowie die Auferlegung der ihm entstandenen Auslagen gem § 467 Abs 3 bis 5 StPO, sofern die Gründe erkennbar nicht auf eine gerichtliche Schuldfeststellung gerichtet sind, sondern auf die Beschreibung und Bewertung einer Verdachtslage (EGMR EuGRZ 1987, 399, 403; NJW 1988, 3257, 3258; BVerfGE 82, 106, 117 = NJW 1990, 2741, 2742; NStZ 1992, 289, 290; BGH NJW 1975, 1829, 1831; OLG München NStZ 1984, 185, 186; **aA** IntKomm/Vogler EMRK Art 6 Rn 449; krit auch Demko HRRS 2007, 286, 290; Liemersdorf/Miebach NJW 1980, 371, 374; vgl ferner Kühl NJW 1984, 1264, 1268). Ebenso wenig muss dem Beschuldigten ein Entschädigungsanspruch

wegen rechtmäßiger Untersuchungshaft (vgl Art 5 EMRK) zugestanden werden (EGMR ÖJZ 1993, 816, 817; NJW 2006, 1113, 1114; **aA** SK-StPO/Paeffgen EMRK Art 6 Rn 203).

D. Einzelne Verfahrensrechte der angeklagten Person (Abs 3)

I. Allgemeines

Abs 3 enthält **Mindestrechte für** angeklagte Personen, dh für **Beschuldigte** (vgl Rn 31; **aA** Guradze MRK Art 6 Rn 27: nur Angeschuldigte). Sie garantieren einzelne Ausprägungen des Gebots des fairen Verfahrens und verleihen ihm somit eine gewisse Kontur (Löwe/Rosenberg/Gollwitzer MRK Art 6 Rn 160; SK-StPO/Paeffgen EMRK Art 6 Rn 125), ohne dass sie als abschließende Aufzählung der Anforderungen an ein faires Verfahren zu verstehen sind (EGMR EuGRZ 1980, 662, 664; ÖJZ 2003, 732, 733). Aus dem Auffangtatbestand in Abs 1 können sich also zusätzliche, über Abs 3 hinaus gehende Rechte ergeben (Löwe/Rosenberg/Gollwitzer MRK Art 6 Rn 70; SK-StPO/Paeffgen EMRK Art 6 Rn 5; Peukert EuGRZ 1980, 247, 259; Vogler ZStW 89 (1977), 761, 787). 35

II. Unterrichtung über die Beschuldigung (lit a)

Jeder Beschuldigte ist über **Art und Grund der** gegen ihn erhobenen **Beschuldigung** zu unterrichten. Sinn und Zweck der Vorschrift ist, die den Beschuldigten belastende Ungewissheit über den Tatvorwurf zu beseitigen und ihm dadurch zugleich eine möglichst frühe (Rn 37) und sachgerechte Verteidigung zu ermöglichen (Löwe/Rosenberg/Gollwitzer MRK Art 6 Rn 162; vgl auch Abs 3 lit b). Ihm ist daher sowohl mitzuteilen, welche tatsächlichen Vorkommnisse ihm zur Last gelegt werden (Grund der Beschuldigung), als auch, wie diese rechtlich gewürdigt werden (Art der Beschuldigung). Nicht erforderlich ist die Angabe der Beweismittel für den vorgeworfenen Tathergang (EKMR NJW 1977, 2011). Die Unterrichtung muss **alle Einzelheiten** erfassen, die der Beschuldigte zur Vorbereitung seiner Verteidigung benötigt (EGMR NJW 1999, 3545, 3546; Meyer-Goßner MRK Art 6 Rn 17). Dies beinhaltet eine Hinweispflicht des Gerichts auf die Veränderung des rechtlichen Gesichtspunktes (EGMR NJW 1999, 3545, 3547). 36

Beschuldigung ist jede behördliche Maßnahme (zB Vernehmung als Beschuldigter, Festnahme, Durchsuchung), durch die der Beschuldigte Kenntnis von dem gegen ihn eingeleiteten Ermittlungsverfahren erhält (Löwe/Rosenberg/Gollwitzer MRK Art 6 Rn 163; enger Meyer-Goßner MRK Art 6 Rn 17: Unterrichtungspflicht nur bei Festnahme). Mit der Beschuldigung wird das Recht des Betroffenen begründet, dass er über die Einzelheiten **innerhalb möglichst kurzer Frist** informiert werden muss. Dadurch soll ihm bereits im Vorfeld des gerichtlichen Verfahrens eine Verteidigung ermöglicht werden, so dass die Unterrichtung von Amts wegen vorzunehmen ist, sobald ein geordneter Verfahrensgang dies zulässt (Löwe/Rosenberg/Gollwitzer MRK Art 6 Rn 164). Würde die Mitteilung den Untersuchungserfolg konkret gefährden, kann dies einen Aufschub rechtfertigen (Löwe/Rosenberg/Gollwitzer MRK Art 6 Rn 165; Frister StV 1998, 159, 162). Ein Verstoß gegen die frühzeitige Unterrichtungspflicht kann im weiteren Verfahrensverlauf geheilt werden, wenn der Beschuldigte dadurch in seiner Verteidigung nicht beeinträchtigt wurde (Löwe/Rosenberg/Gollwitzer MRK Art 6 Rn 166; krit SK-StPO/Paeffgen EMRK Art 6 Rn 126). 37

Um sich verteidigen zu können, muss der Beschuldigte **in einer ihm verständlichen Sprache** über die gegen ihn erhobenen Vorwürfe unterrichtet werden. Dies kann sowohl seine Muttersprache als auch eine andere Sprache sein, derer er mächtig ist (Löwe/Rosenberg/Gollwitzer MRK Art 6 Rn 171). Insbes der Anklageschrift oder dem Strafbefehl ist daher eine Übersetzung beizulegen (EKMR EuGRZ 1988, 329, 331; BVerfGE 40, 95, 99, 100 = NJW 1975, 1597; KG StV 1994, 90, 91; OLG Düsseldorf JZ 1985, 200; SK-StPO/Paeffgen EMRK Art 6 Rn 129; **aA** noch EGMR ÖJZ 1990, 412, 415). Eine Nachholung erst in der Hauptverhandlung soll aber genügen, wenn es sich um einen leicht verständlichen Sachverhalt und einen rechtlich und tatsächlich überschaubaren Verfahrensgegenstand handelt (OLG Düsseldorf NJW 2003, 2766, 2767; OLG Hamburg StV 2006, 175, 177; Löwe/Rosenberg/Gollwitzer MRK Art 6 Rn 172; Meyer-Goßner MRK Art 6 Rn 18; vgl auch 38

OLG Hamburg NStZ 1993, 53, 54; **aA** OLG Hamm StV 2004, 364, 365; OLG Karlsruhe StV 2005, 655, 656). Ebenso reicht im beschleunigten Verfahren die Übersetzung der mündlichen Anklageerhebung gem § 418 Abs 3 S 2 StPO zu Beginn der Hauptverhandlung aus (OLG Stuttgart NStZ 2005, 471, 472).

III. Vorbereitung der Verteidigung (lit b)

39   Dem Beschuldigten ist **ausreichende Zeit und Gelegenheit** zur Vorbereitung seiner Verteidigung zu gewähren. Ihm muss also ermöglicht werden, alle aus seiner Sicht erforderlichen Maßnahmen zu ergreifen. Welche Zeit dem Beschuldigten zugestanden werden muss, richtet sich nach den Umständen des Einzelfalles. Dazu zählen ua Umfang und Stadium des Verfahrens, die Komplexität der Sach- und Rechtslage, die dem Beschuldigten eröffneten Verteidigungsmöglichkeiten, seine Inhaftierung (Löwe/Rosenberg/Gollwitzer MRK Art 6 Rn 183) sowie eine etwaige Einarbeitungszeit für den Verteidiger (EGMR EuGRZ 1985, 234, 237; ÖJZ 1999, 390, 391).

40   Zur **Vorbereitung der Verteidigung** kann der Beschuldigte ua eigene Nachforschungen betreiben, Auskünfte einholen, Einsicht in Verfahrensakten nehmen (EGMR EuGRZ 2003, 472, 480; vgl dazu Walischewski StV 2001, 243, 245), Beweisgegenstände besichtigen sowie eine eigene Stellungnahme zum Tatvorwurf ausarbeiten. Insbes wird dem Beschuldigten aber das Recht garantiert, Kontakt mit einem Verteidiger aufzunehmen (vgl dazu auch Abs 3 lit c; Rn 42 ff). Ist dem Beschuldigten aufgrund einer Lese- und Rechtschreibschwäche eine umfassende und vollständige Kenntniserlangung des Akteninhalts nicht möglich, ist ihm ein Pflichtverteidiger zu bestellen (LG Hildesheim NJW 2008, 454). Die Beschlagnahme von Verteidigungsunterlagen ist mit Abs 3 vereinbar (BGHSt 44, 46, 48, 49 = NStZ 1998, 309, 310).

41   Abs 3 lit b gilt für das **gesamte Verfahren**, also nicht nur während der Hauptverhandlung, sondern bereits für das Ermittlungsverfahren (EGMR EuGRZ 1996, 587, 592; Ambos Internationales Strafrecht, § 10 Rn 27). Schnellverfahren wie das beschleunigte Verfahren nach §§ 417 StPO ff sind mit Abs 3 lit b grds vereinbar; allerdings muss auch hier garantiert sein, dass dem Beschuldigten ausreichende Zeit und Gelegenheit zur Vorbereitung seiner Verteidigung verbleibt (vgl Nr 146 Abs 1 S 2 RiStBV; Löwe/Rosenberg/Gollwitzer MRK Art 6 Rn 186).

IV. Recht auf Verteidigung (lit c)

42   Abs 3 lit c gewährt dem Beschuldigten das Recht, sich entweder selbst zu verteidigen oder durch einen Verteidiger seiner Wahl verteidigen zu lassen. Das Recht, **sich selbst zu verteidigen**, liegt in der verfahrensrechtlichen Stellung des Beschuldigten als Prozesssubjekt mit eigenen Rechten begründet (vgl Rn 9). Er hat während des gesamten Verfahrens, also nicht nur während der Hauptverhandlung, sondern bereits während des Ermittlungsverfahrens (EGMR ÖJZ 1994, 517, 518; EuGRZ 2003, 472, 478) einen Anspruch auf konkrete und wirkliche Verteidigung (EGMR EuGRZ 1985, 234, 236; BGHSt 46, 36, 44). Welche Rechte dem Beschuldigten im Einzelnen gewährt werden, ist Sache des nationalen Gesetzgebers; die jeweiligen Regelungen müssen aber in ihrer Gesamtheit eine wirksame Verteidigung ermöglichen (Löwe/Rosenberg/Gollwitzer MRK Art 6 Rn 193). Die Bestellung eines Pflichtverteidigers in Fällen notwendiger Verteidigung gem § 140 StPO steht dem Recht auf Selbstverteidigung nicht entgegen (EKMR ÖJZ 1991, 319, 322, 323; SK-StPO/Paeffgen EMRK Art 6 Rn 139).

42.1   **Beispiele** aus der Rechtsprechung:
- der Beschuldigte hat grds das Recht auf den Beistand eines Verteidigers schon bei der ersten polizeilichen Vernehmung (EGMR BeckRS 2009, 22737 Tz 52 ff);
- dem (kurzfristig bestellten Pflicht-)Verteidiger muss eine ausreichende Vorbereitungszeit gegeben werden, damit er den Sachverhalt ausreichend kennt, sich genügend über das bisherige Verteidigungsverhalten des Angeklagten sowie dessen weitere Verteidigungswünsche informieren und ein klares Bild von sachgemäßen Verteidigungsmöglichkeiten gewinnen kann (BGH BeckRS 2009, 20070 Tz 17 ff).

Der Beschuldigte kann sich auch eines **Verteidigers seiner Wahl** bedienen. Entgegen 43
ihrem missverständlichen Wortlaut setzt die Vorschrift nicht voraus, dass dies im Interesse der
Rechtspflege erforderlich ist (EGMR NStZ 1983, 373; Löwe/Rosenberg/Gollwitzer MRK
Art 6 Rn 196; SK-StPO/Paeffgen EMRK Art 6 Rn 138). Der Verkehr mit dem Verteidiger
muss grds ungehindert und unüberwacht sein (EGMR NJW 1992, 3090; EuGRZ 2003, 472,
478, 479; EKMR NJW 1987, 563, 564; Löwe/Rosenberg/Gollwitzer MRK Art 6 Rn 175;
Ambos Internationales Strafrecht, § 10 Rn 28). Die Beauftragung eines Wahlverteidigers ist
auch dann möglich, wenn dem Beschuldigten bereits ein Pflichtverteidiger bestellt wurde
(Löwe/Rosenberg/Gollwitzer MRK Art 6 Rn 197). Nicht gewährleistet ist hingegen das
Recht auf eine unbegrenzte Zahl von Wahlverteidigern, so dass die Begrenzung in § 137
Abs 1 S 2 StPO mit der Konvention vereinbar ist (EKMR EuGRZ 1978, 314, 323; Löwe/
Rosenberg/Gollwitzer MRK Art 6 Rn 200; vgl dazu BVerfGE 39, 156, 162, 163 = NJW
1975, 1013, 1014). Auch weitere gesetzliche Anforderungen an den zur Verteidigung ermächtigten Personenkreis (vgl § 138 StPO) sind zulässig (Meyer-Goßner MRK Art 6 Rn 20).

Beispiele aus der Rechtsprechung: 43.1
- eine wirksame Verteidigung erfordert grds, dass der Verteidiger wegen einer üblichen und prozessual zulässigen Verteidigungsfähigkeit nicht selbst strafrechtlich verfolgt werden darf (BGHSt 46, 36, 44, 45 = NJW 2000, 2217, 2219);
- Ablehnung einer begehrten Terminsverlegung wegen Verhinderung des Verteidigers infolge anderer terminierter Sachen (OLG Braunschweig StV 2008, 293); allerdings muss nicht jede Verhinderung eines Verteidigers (zB die Teilnahme an einem Symposium zum Zwecke der Fortbildung) zur Aussetzung der Hauptverhandlung führen; bei der erforderlichen Abwägung ist vor allem auch das Beschleunigungsgebot zu beachten (BGH NStZ-RR 2007, 81, 82).

Verfügt der Beschuldigte nicht über die Mittel, einen Verteidiger zu bezahlen, muss er den 44
Beistand eines Verteidigers unentgeltlich erhalten (zur Regelung des **Pflichtverteidigers** in
Deutschland s §§ 140 StPO ff). Ein Wahlrecht des Beschuldigten besteht insofern weder im
Hinblick auf das Ob der Bestellung noch auf die konkrete Person des Pflichtverteidigers;
beides ist vielmehr Sache des Gerichts. Allerdings soll das Gericht bei der Auswahl auf die
Wünsche des Beschuldigten Rücksicht nehmen (EGMR EuGRZ 1992, 542, 546; BVerfGE
9, 36 = NJW 1959, 571; Löwe/Rosenberg/Gollwitzer MRK Art 6 Rn 205; vgl in Deutschland § 142 Abs 1 S 2 und S 3 StPO).

Eine unentgeltliche Bestellung eines Verteidigers setzt voraus, dass dies im **Interesse der** 45
Rechtspflege erforderlich ist. Ein solches Interesse kann vor allem durch die Komplexität
der Sach- und Rechtslage, den Umfang des Verfahrens und seine Bedeutung für den
Angeklagten sowie durch besondere Umstände in seiner Person begründet sein (vgl dazu
auch EGMR NStZ 1983, 373, 374; EuGRZ 1992, 472, 473; Löwe/Rosenberg/Gollwitzer
MRK Art 6 Rn 203). Vornehmlich bei Bagatellsachen muss daher kein Pflichtverteidiger
bestellt werden (OLG Hamm StV 1995, 64, 65).

Abs 3 lit c gewährt den **unentgeltlichen** Beistand durch einen Pflichtverteidiger. Der 46
Beschuldigte ist daher von allen diesbezüglichen Kosten während des Verfahrens befreit,
ungeachtet seiner Vermögenslage (krit Peukert EuGRZ 1980, 247, 266). Dies schließt
jedoch nicht aus, dass er die Kosten des Pflichtverteidigers der Staatskasse nachträglich zu
erstatten hat (EKMR StV 1985, 89; BVerfG NJW 2003, 196; OLG Düsseldorf NStZ 1984,
283; OLG Hamm NStZ 1990, 143, 144; OLG München NJW 1981, 534; OLG Zweibrücken NStZ 1990, 51; Vogler EuGRZ 1979, 640, 643; **aA** OLG Düsseldorf NStZ 1982, 339;
NStZ 1985, 370 ff). Nicht von der Vorschrift erfasst ist der Fall, dass dem (nicht mittellosen)
Beschuldigten im Interesse der Rechtspflege (zB zur Vermeidung der Verfahrensverschleppung) neben dem Wahl- ein weiterer Verteidiger aufgedrängt wird; die Konvention steht
daher der Geltendmachung dieser Kosten durch den Staat nicht entgegen (EGMR EuGRZ
1992, 542, 546, 547 m abl Anm Kühne; OLG Zweibrücken NStZ 1990, 51, 52; **aA** Meyer-Goßner MRK Art 6 Rn 21; SK-StPO/Paeffgen EMRK Art 6 Rn 150).

V. Ladung und Befragung von Zeugen (lit d)

Abs 3 lit d ist eine Ausprägung des Prinzips der Waffengleichheit (Rn 10) und soll dem 47
Beschuldigten für das besonders wichtige Beweismittel des (Belastungs- und Entlastungs-)

EMRK Art. 6 Europäische Menschenrechtskonvention (Auszug)

Zeugen die gleichen Befugnisse wie der Staatsanwaltschaft gewähren (Löwe/Rosenberg/ Gollwitzer MRK Art 6 Rn 210). **Zeuge** iSd Konvention ist nach autonomer Auslegung (EGMR EuGRZ 1992, 474; NJW 1992, 3088, 3089) jeder, dessen Angaben als Beweismittel zur Entscheidungsfindung des Gerichts verwendet werden (Meyer-Goßner MRK Art 6 Rn 22), also auch der Mitbeschuldigte (EGMR NStZ 2007, 103, 104 mAnm Esser; BGH StV 1996, 471; NStZ 2005, 224, 225; s hierzu auch BGH NStZ 2009, 581). Auch anonyme Zeugen, deren Aussagen etwa über ihre Verhörsbeamten in den Prozess eingeführt werden, sind Zeugen iSd Vorschrift, so dass sich das Fragerecht ebenso auf sie erstreckt (BGH NStZ 1993, 292, 293; BGHSt 46, 93, 97 = NStZ 2001, 212, 214; **aA** noch BGHSt 17, 382, 388 = NJW 1972, 1876, 1877; vgl dazu sogleich Rn 50 f).

48   Allerdings ist nicht zwingend erforderlich, dass der Zeuge unmittelbar vor Gericht vernommen wird. Vielmehr kann auch eine Aussage außerhalb des Gerichts ausreichen, die durch ein anderes Beweismittel in die Verhandlung eingeführt wird, zB durch die Verlesung von Vernehmungsprotokollen nach § 251 StPO (EGMR EuGRZ 1987, 147, 150; StV 1990, 481, 482; BGH NStZ 1985, 376, 377; BGHSt 46, 93, 96 = NStZ 2001, 212, 213; NStZ 2008, 50, 51), die Vorführung von Bild-Ton-Aufzeichnungen nach § 255 a StPO oder auch die Vernehmung von Zeugen vom Hörensagen. Ob ein Verstoß gegen die Konvention vorliegt, bestimmt sich danach, ob das Verfahren in seiner Gesamtheit einschließlich der Art und Weise der Beweiserhebung fair gewesen ist (EGMR NJW 1992, 3088, 3089; NJW 1999, 3545; NStZ 2007, 103, 104; BGH NStZ 2004, 505, 506; BGHSt 51, 150, 154 = NStZ 2007, 166, 167; zur Thematik Schädler StraFo 2008, 229; vgl auch Rn 14).

49   Bei **Belastungszeugen** muss der Beschuldigte angemessene und geeignete Gelegenheit haben, an ihn Fragen zu stellen (EGMR StV 1997, 617, 619 mAnm Wattenberg/Violet; BGH NStZ 2004, 505, 506; NStZ 2005, 224, 225) oder stellen zu lassen, sei es durch den – ggf aus diesem Grund zu bestellenden (BGHSt 46, 93, 99 ff = NStZ 2001, 212, 215, 216) – Verteidiger (EGMR ÖJZ 1996, 715, 717; BVerfG NJW 1996, 3408; BGHSt 46, 93, 97 = NStZ 2001, 212, 214; BGHSt 51, 150, 154 = NStZ 2007, 166, 167) oder notfalls durch Vorlage eines Fragenkatalogs des Angeklagten durch das Gericht (EGMR StV 1991, 193, 194; StraFo 2007, 107, 108; BGH NStZ 1993, 292, 293). Dadurch soll sowohl gewährleistet werden, dass Beweispersonen nicht einseitig, sondern auch nach den für die Verteidigung relevanten Gesichtspunkten befragt werden, als auch dem Beschuldigten ermöglicht werden, die Glaubwürdigkeit des Zeugen zu erschüttern und den Wahrheitsgehalt seiner Aussage zu hinterfragen (Löwe/Rosenberg/Gollwitzer MRK Art 6 Rn 219; vgl auch BVerfGE 57, 250, 283 = NJW 1981, 1719, 1723).

50   Der Beschuldigte muss sein Fragerecht zumindest **einmal im Laufe des Verfahrens** ausreichend wahrnehmen können, sei es in dem Zeitpunkt, in dem der Zeuge seine Aussage tätigt, oder zu einem späteren Zeitpunkt des Verfahrens (EGMR StV 1990, 481, 482; StV 1991, 193, 194; NJW 1992, 3088, 3089). Ein Recht auf erneute Befragung eines Belastungszeugen besteht hingegen nur bei veränderter Beweislage (Löwe/Rosenberg/Gollwitzer MRK Art 6 Rn 219; vgl auch SK-StPO/Paeffgen EMRK Art 6 Rn 165). Dem Gericht ist es verwehrt, eine Verurteilung ausschließlich oder maßgebend auf die Aussage eines Belastungszeugen zu stützen, den der Beschuldigte nicht befragen oder befragen lassen konnte (EGMR StV 1997, 617, 619; NJW 2003, 2893, 2894; NStZ 2007, 103, 104; BVerfGE 57, 250, 292, 293 = NJW 1981, 1719, 1725; NStZ 1995, 600, 601; BGHSt 42, 15, 25 = NStZ 1996, 291, 294 mwN; NStZ 2005, 224, 225; BGHSt 51, 150, 155 = NStZ 2007, 166, 167; vgl auch BGH NStZ-RR 2009, 212, 213; zur Thematik ferner Jung GA 2009, 235; **aA** noch BGHSt 17, 382, 385 ff = NJW 1972, 1876, 1877). Dies betrifft insbes Beweispersonen, deren Aussage infolge einer Sperrverfügung lediglich mittelbar über einen Zeugen vom Hörensagen in die Verhandlung eingeführt wird (BGHSt 46, 93, 96 = NStZ 2001, 212, 213; Löwe/Rosenberg/Gollwitzer MRK Art 6 Rn 225; Meyer-Goßner MRK Art 6 Rn 22; dazu auch Renzikowski JR 1999, 605, 609 ff; Safferling NStZ 2006, 75, 77 ff; Wattenberg StV 2000, 688, 692 ff; **aA** Guradze MRK Art 6 Rn 35; SK-StPO/Paeffgen EMRK Art 6 Rn 160: keine Berücksichtigung der Aussage möglich). Gleiches gilt, wenn ein potentiell bedeutsamer Zeuge völlig der Beweisaufnahme entzogen wird; auch hier muss eine besonders vorsichtige Beweiswürdigung und ggf die Anwendung des Zweifelssatzes vorgenommen werden (BGHSt 49, 112, 120, 121 = NStZ 2004, 343, 344).

Das Fragerecht beinhaltet **kein Konfrontationsrecht** im Sinne einer Gegenüberstellung 51
(BGHSt 46, 93, 96 = NStZ 2001, 212, 213; Löwe/Rosenberg/Gollwitzer MRK Art 6
Rn 225; **aA** Walther GA 2003, 204, 214 ff). Vor allem zum Schutz des Zeugen (zB des
jugendlichen Opfers) kann dessen Vernehmung außerhalb der Hauptverhandlung oder im
Wege einer audiovisuellen Übertragung an einem anderen Ort (vgl § 247a StPO) erfolgen
(Löwe/Rosenberg/Gollwitzer MRK Art 6 Rn 228). Bei anonymen Belastungszeugen (zB
V-Personen) reicht allerdings nicht aus, dass Beschuldigter und Verteidiger lediglich über eine
akustische Übertragung die richterliche Vernehmung des Zeugen im Nebenraum verfolgen
und Fragen stellen können. Eine konfrontative Zeugenbefragung setzt hier vielmehr eine
unmittelbare Konfrontation voraus, die es der Verteidigung ermöglicht, die Reaktion des
Zeugen auf direkte Fragen zu beobachten und seine Glaubwürdigkeit zu überprüfen
(EGMR StV 1990, 481, 482; NJW 1992, 3088, 3089; StV 1997, 617, 619). Der BGH will
zu diesem Zweck die Vernehmung von Zeugen unter optischer und akustischer Abschirmung zulassen (BGH NStZ 2003, 274; BGHSt 51, 232 = NStZ 2007, 477; **aA** noch BGHSt
32, 115, 124, 125 = NStZ 1984, 36, 38; zur Thematik Valerius GA 2005, 459; Walter StraFo
2004, 224; Weider StV 2000, 48).

Außerdem muss der Angeklagte die Möglichkeit haben, **Entlastungszeugen** unter den- 52
selben Bedingungen wie Belastungszeugen zu laden und zu vernehmen. Dazu ist erforderlich, dass die Verteidigung alle Zeugen, von denen eine für das Verfahren erhebliche Aussage
zu erwarten ist, unter denselben Voraussetzungen wie die Staatsanwaltschaft als Anklagebehörde benennen darf (Löwe/Rosenberg/Gollwitzer MRK Art 6 Rn 215; zur Sperrung von
Entlastungszeugen Gaede StV 2006, 599, 603 ff). Dies gewährt jedoch nicht das Recht, eine
unbegrenzte Zahl von Personen als Zeugen anzugeben (EGMR EuGRZ 1976, 221, 235,
236; EKMR EuGRZ 1982, 447, 448; vgl auch BGHSt 38, 111 = NStZ 1992, 140).

VI. Unterstützung durch einen Dolmetscher (lit e)

Um seine Verteidigungsrechte effektiv wahrnehmen zu können, muss der Beschuldigte 53
vornehmlich die Vorgänge in der Hauptverhandlung verstehen. Versteht oder spricht er nicht
die **Verhandlungssprache des Gerichts** (in Deutschland gem § 184 S 1 GVG deutsch), ist
ihm daher für das Straf- sowie für das Bußgeldverfahren (EGMR EuGRZ 1985, 62, 67, 68;
Löwe/Rosenberg/Gollwitzer MRK Art 6 Rn 237) die Unterstützung durch einen Dolmetscher zu gewähren (vgl auch BVerfGE 40, 95, 99, 100 = NJW 1975, 1597; NJW 2004, 50,
51). § 185 Abs 1 S 1 GVG sieht dementsprechend generell vor, dass bei der Verfahrensbeteiligung von Personen, die der deutschen Sprache nicht mächtig sind, ein Dolmetscher
zuzuziehen ist. Ob der Beschuldigte durch einen der Gerichtssprache mächtigen Verteidiger
vertreten wird, ist unerheblich (SK-StPO/Paeffgen EMRK Art 6 Rn 169).

Der Anspruch auf einen Dolmetscher erstreckt sich auf das gesamte Strafverfahren ein- 54
schließlich des Ermittlungsverfahrens und betrifft **alle** für die Verteidigung des Beschuldigten
wesentlichen Vorgänge (BGHSt 46, 178, 184 = NStZ 2001, 107, 108; Löwe/Rosenberg/
Gollwitzer MRK Art 6 Rn 240; Staudinger StV 2002, 327, 328). Erfasst sind im Einzelnen
insbes die mündlichen Vorgänge während der Hauptverhandlung (vgl dazu BVerfGE 64, 135,
148 = NJW 1983, 2762, 2764), sofern sie dem Beschuldigten nicht bereits wie die verlesene
Anklageschrift übersetzt vorliegen (BVerfG NJW 2004, 1443), sowie der Verkehr mit dem
(Wahl- oder Pflicht-)Verteidiger (BVerfG NJW 2004, 50, 51; BGHSt 46, 178, 185, 186 =
NStZ 2001, 107, 109; KG NStZ 1990, 402, 403; OLG Brandenburg StV 2006, 28, 29;
OLG Hamm NStZ-RR 1999, 158, 159; OLG München StraFo 2008, 88; OLG Stuttgart
StV 1986, 491; LG Berlin NStZ 1990, 450, 451; Löwe/Rosenberg/Gollwitzer MRK Art 6
Rn 244; Meyer-Goßner MRK Art 6 Rn 25; Schroth EuGRZ 1985, 557, 562). Allein dass
ein Dolmetscher für den Beschuldigten zu bestellen ist, erfordert aber nicht die Beiordnung
eines Pflichtverteidigers (BGHSt 46, 178, 186, 187 = NStZ 2001, 107, 108; OLG Hamm
NStZ 1990, 143, 144; Staudinger StV 2002, 327, 329).

Darüber hinaus sind auch **Schriftstücke** zu übersetzen, deren Kenntnis für eine effektive 55
Verteidigung des Beschuldigten von Nöten ist. Der Beschuldigte hat jedoch keinen Anspruch
darauf, dass ihm der gesamte Inhalt der Akte übersetzt wird (EGMR ÖJZ 1990, 412, 415;
OLG Düsseldorf JZ 1986, 508; OLG Hamm NStZ-RR 1999, 158, 159; Meyer-Goßner
MRK Art 6 Rn 26; Vogler EuGRZ 1979, 640, 644). Rechtsmittelbelehrungen müssen

darauf hinweisen, dass die schriftliche Einlegung eines Rechtsmittels in deutscher Sprache zu erfolgen hat (BVerfGE 64, 135, 149 = NJW 1983, 2762, 2764; BGHSt 30, 182, 185 = NStZ 1981, 487; StraFo 2005, 419, 420; KG JR 1977, 129, 130; OLG Düsseldorf MDR 1982, 866; vgl zur Übersetzung des in Anwesenheit des Angeklagten verkündeten Urteils Nr 142 Abs 1 S 3 RiStBV).

56 Bei **Entscheidungen** ist in der Regel die mündliche Übersetzung ausreichend, wenn sie in der Anwesenheit des Angeklagten verkündet werden (vgl auch Nr 181 Abs 2 RiStBV) und er durch einen der deutschen Sprache mächtigen Verteidiger vertreten wird (BVerfGE 64, 135, 151 = NJW 1983, 2762, 2764; NStZ-RR 2005, 273; BGH GA 1981, 262, 263; OLG Düsseldorf JZ 1985, 200; OLG Frankfurt NJW 1980, 1238, 1239; OLG Hamburg NJW 1978, 2462; OLG Hamm StV 1990, 101, 102; Meyer-Goßner MRK Art 6 Rn 27; **aA** SK-StPO/Paeffgen EMRK Art 6 Rn 170; Sieg MDR 1981, 281, 282). Etwas anderes gilt nur dann, wenn der Angeklagte für seine weitere Verteidigung auf eine Übersetzung angewiesen bleibt (EGMR ÖJZ 1990, 412, 416; OLG Stuttgart NStZ 1981, 225, 226; Römer NStZ 1981, 474, 476).

57 Die Hinzuziehung eines Dolmetschers muss für den Beschuldigten endgültig, dh ohne Rückerstattungsmöglichkeit (EGMR NJW 1979, 1091, 1092; NStZ 1984, 269, 270), **unentgeltlich** sein. Unerheblich ist sowohl, ob der Beschuldigte freigesprochen oder verurteilt wird, als auch seine finanzielle Lage (EKMR NJW 1978, 477, 477; krit SK-StPO/ Paeffgen EMRK Art 6 Rn 171). Ebenso wenig ist eine vorherige gerichtliche Bewilligung für die Unentgeltlichkeit erforderlich (BVerfG NJW 2004, 50, 51; OLG Brandenburg StV 2006, 28, 29). Es kann lediglich die Erstattung von Kosten verlangt werden, die der Betroffene im Falle seines Freispruchs durch schuldhafte Säumnis (§ 467 Abs 2 S 1 StPO) bzw im Falle seiner Verurteilung auch auf sonstige Weise schuldhaft unnötig verursacht (§ 464 c StPO; Nr 9005 Abs 4 des Kostenverzeichnisses des GKG (Anlage 1)). Keine Erstattungspflicht trifft ihn für Kosten, die durch die Aussetzung des Verfahrens wegen Ausbleibens des Dolmetschers entstanden sind (LG Hamburg StV 1985, 500, 501).

57.1 Kosten für hoheitliche Maßnahmen, die nicht die Verteidigungsinteressen des Beschuldigten betreffen, sind von Abs 3 lit e nicht erfasst. So ist ein Betroffener nicht von den Kosten für eine angeordnete Überwachung der Telekommunikation gem § 100 a StPO entbunden (BVerfG NJW 2004, 1095, 1097; krit Ambos Internationales Strafrecht, § 10 Rn 33). Unzulässig ist es aber, von einem ausländischen Gefangenen in Untersuchungshaft die Kosten für die Übersetzung seiner kontrollierten Briefe bzw für die Überwachung seiner Besuche zu verlangen, da dies eine ungerechtfertigte Ungleichbehandlung nach Art 3 Abs 3 S 1 GG darstellt (BVerfG NJW 2004, 1095, 1096).

Gesetz über die internationale Rechtshilfe in Strafsachen (Auszug)

IRG

Achter Teil. Auslieferungs- und Durchlieferungsverkehr mit Mitgliedstaaten der Europäischen Union (§§ 78-83 h) (Auszug)

Abschnitt 1. Allgemeine Regelungen (§§ 78, 79)

§ 78 Vorrang des Achten Teils

(1) Soweit dieser Teil keine besonderen Regelungen enthält, finden die übrigen Bestimmungen dieses Gesetzes auf den Auslieferungs- und Durchlieferungsverkehr mit den Mitgliedstaaten der Europäischen Union Anwendung.

(2) Dieser Teil geht den in § 1 Abs. 3 genannten völkerrechtlichen Vereinbarungen vor, soweit er abschließende Regelungen enthält.

Überblick

Die Bestimmung regelt den Vorrang der speziell für den Europäischen Haftbefehl geschaffenen Vorschriften im 8. Teil des IRG gegenüber den sonstigen Bestimmungen des Auslieferungsrechts, soweit Ersuchen innerhalb der EU in Rede stehen. Verwaltungsvorschriften hierzu enthalten Nr 155 bis Nr 161 RiVASt (abrufbar über die Internetseite des BMJ unter http://www.bmj.de/enid/dec140287cabcaae578918c984870325,0/Fachinformationen/Richtlinien_fuer_den_Verkehr_mit_dem_Ausland_in_strafrechtlichen_Angelegenheiten___lb.html). Die wichtigste Abweichung zu den allgemeinen Auslieferungsvorschriften (§ 2 IRG bis § 47 IRG) liegt in der grundsätzlichen Ermöglichung einer Auslieferung auch deutscher Staatsangehöriger an andere Staaten der EU (vgl § 80 IRG). Im Verhältnis zu anderen Staaten verbleibt es beim Auslieferungsverbot Deutscher gem § 2 IRG. Darüber hinaus bedarf es bei vielen Delikten nicht mehr einer Prüfung der beiderseitigen Strafbarkeit (§ 81 Nr 4 IRG).

A. Umsetzung des Rahmenbeschlusses

Der 8. Teil des IRG ist das Kernstück der Regelungen zur Umsetzung des Rahmenbeschlusses über den Europäischen Haftbefehls (RB-EUHb) in deutsches Recht, auf dessen Kommentierung Bezug genommen wird. Die Vorschriften des 8. Teils betreffen in erster Linie eingehende Ersuchen aus dem Ausland; lediglich § 83 h IRG und § 83 i IRG beziehen sich auf Ersuchen deutscher Behörden um Auslieferung aus dem Ausland (häufig auch „Einlieferung" genannt), für die insbesondere die Vorschriften des Rahmenbeschlusses selbst zu beachten sind (siehe auch Art 1 RB-EUHb Rn 1) 1

Die Fassung des 8.Teils beruht auf dem zweiten Europäischen Haftbefehlsgesetz v 20. 7. 2006 (BGBl I 1721), das notwendig geworden war, nachdem das Bundesverfassungsgericht das erste hierzu ergangene Gesetz für nichtig erklärt hatte (BVerfG NJW 2005, 2289; grundlegend hierzu Hackner/Schomburg/Lagodny/Gleß NStZ 2006, 663; Böhm NJW 2006, 2592). 2

Eine weitere Regelung zur Umsetzung des Europäischen Haftbefehls findet sich in § 40 Abs 2 Nr 1 IRG, der für die Frage, ob dem Verfolgten ein **anwaltlicher Beistand** für das Auslieferungsverfahren zu bestellen ist, auf § 80 IRG und § 81 Nr 4 IRG Bezug nimmt. 3

In § 73 S 2 IRG wird auch eine Auslieferung auf der Grundlage des europäischen Haftbefehls für unzulässig erklärt, wenn sie dem europäischen **ordre public** entgegenstehen würde (vgl § 79 IRG Rn 1). Schließlich wurde durch das Europäische Haftbefehlsgesetz in § 41 IRG der bislang verwendete Begriff „Ausländer" durch „Verfolgten" ersetzt, woraus abzuleiten ist, dass die **vereinfachte Auslieferung** nunmehr auch bei einem Deutschen möglich ist (vgl Böhm NJW 2006, 2592; s auch unten Rn 5).

B. Vorrang des 8. Teils

4   Der Vorrang des 8. Teils gilt nur, soweit er eine **abschließende** Regelung enthält, im Übrigen bleiben die sonstigen Vorschriften des IRG anwendbar. Konkretisiert wird das Verhältnis zu den allgemeinen Vorschriften in § 81 IRG, § 82 IRG. Auch gegenüber völkerrechtlichen Bestimmungen besteht ein Vorrang des 8. Teils, wie sich aus § 78 Abs 2 IRG ergibt. Damit kann bei Unzulässigkeit der Auslieferung auf der Grundlage eines europäischen Haftbefehls auch nicht mehr ergänzend auf andere Vorschriften zurückgegriffen werden (Böhm NJW 2006, 2592, 2594; einschränkend Böse NStZ 2008, 636). Dem entsprechend hat das OLG Stuttgart klargestellt, dass § 83 Nr 3 IRG eine abschließende Regelung für Abwesenheitsurteile enthält und deswegen nicht mehr auf das sonstige Auslieferungsrecht zurückgegriffen werden darf, das hierfür teilweise weniger strenger Zulässigkeitsvoraussetzungen kennt (OLG Stuttgart NStZ-RR 2008, 175, 176).

5   Anwendbar bleiben auch bei einer Auslieferung an einen Mitgliedstaat der EU, die auf der Grundlage des europäischen Haftbefehls erfolgt, insbesondere die Bestimmungen über die **Auslieferungshaft** nach §§ 15 IRG ff (instruktiv zu den Haftvoraussetzungen: OLG Karlsruhe NJW 2007, 615 und OLG Stuttgart NJW 2007, 613).

Im Unterschied zu anderen Regelungen in einzelnen EU-Staaten ersetzt der (eingehende) europäische Haftbefehl nicht den Auslieferungshaftbefehl. Nach der Festnahme des Gesuchten, die auf der Grundlage des europäischen Haftbefehls und der Ausschreibung im europäischen Fahndungssystems SIS (Art 95 SDÜ) erfolgt, ist vielmehr im Verfahren nach §§ 15 IRG ff (s insbes § 22 IRG, § 23 IRG) über die weitere Inhaftierung des Verurteilten zu befinden.

Anzuwenden sind zudem die Vorschriften über die gerichtliche Entscheidung zur **Zulässigkeit der Auslieferung** in § 29 IRG bis § 33 IRG (OLG Zweibrücken NStZ 2008, 640). Von wesentlicher praktischer Bedeutung ist dabei, dass der Verfolgte auch im Geltungsbereich des Europäischen Haftbefehls zu richterlichem Protokoll befragt wird, ob er einer **vereinfachten Auslieferung** gem § 41 IRG zustimmt (vgl hierzu bereits oben Rn 3). Mit der Zustimmung entfällt unwiderruflich (§ 41 Abs 3 IRG) die Notwendigkeit, eine Entscheidung des Oberlandesgerichts gem § 29 IRG über die Zulässigkeit der Auslieferung herbeizuführen. Es findet dann auch keine gerichtliche Überprüfung der Bewilligungshindernisse gem. § 79 Abs 2 IRG statt. Hierüber ist der Verfolgte zu belehren (§ 79 Abs 3 S 4 IRG).

Soweit das Oberlandesgericht mit dem Auslieferungsverfahren befasst ist, trifft es auf der Grundlage einer **Annexkompetenz** auch evtl notwendig werdende weitere gerichtliche Entscheidungen zum Zwecke der Fahndung nach dem Verfolgten, zB längerfristige Observation (OLG Hamm NStZ 2009, 347).

§ 79 Grundsätzliche Pflicht zur Bewilligung; Vorabentscheidung

(1) ¹Zulässige Ersuchen eines Mitgliedstaates um Auslieferung oder Durchlieferung können nur abgelehnt werden, soweit dies in diesem Teil vorgesehen ist. ²Die ablehnende Bewilligungsentscheidung ist zu begründen.

(2) ¹Vor der Zulässigkeitsentscheidung des Oberlandesgerichts entscheidet die für die Bewilligung zuständige Stelle, ob sie beabsichtigt, Bewilligungshindernisse nach § 83 b geltend zu machen. ²Die Entscheidung, keine Bewilligungshindernisse geltend zu machen, ist zu begründen. ³Sie unterliegt der Überprüfung durch das Oberlandesgericht im Verfahren nach § 29; die Beteiligten sind zu hören. ⁴Bei der Belehrung nach § 41 Abs. 4 ist der Verfolgte auch darauf hinzuweisen, dass im Falle der vereinfachten Auslieferung eine gerichtliche Überprüfung nach Satz 3 nicht stattfindet.

(3) Führen nach der Entscheidung nach Absatz 2 Satz 1 eingetretene oder bekannt gewordene Umstände, die geeignet sind, Bewilligungshindernisse geltend zu machen, nicht zu einer Ablehnung der Bewilligung, so unterliegt die Entscheidung, keine Bewilligungshindernisse geltend zu machen, der Überprüfung im Verfahren nach § 33.

Überblick

Auch bei Vorliegen eines Europäischen Haftbefehls wird im deutschen Auslieferungsverfahren zwischen Bewilligung (vgl § 12 IRG) und Zulässigkeit (§ 29 IRG) der Auslieferung unterschieden. Die Bewilligungsentscheidung unterliegt nach Maßgabe der Abs 2 und 3 einer gerichtlichen Kontrolle. Darüber hinaus setzt § 79 Abs 1 IRG die Pflicht zur Annerkennung Europäischer Haftbefehle für eingehende Ersuchen in nationales Recht um.

A. Pflicht zur Auslieferung

§ 79 Abs 1 S 1 IRG setzt die Vorgabe von Art 1 Abs 2 RB-EUHb in deutsches Recht **1** um und begründet die grundsätzliche Pflicht zur Auslieferung bei Vorliegen eines Europäischen Haftbefehls. Nur aus den in § 80 IRG, § 81 IRG, § 83 IRG und § 83b IRG genannten Gründen darf eine Auslieferung abgelehnt werden. Darüber hinaus kann ein Ersuchen im Ausnahmefall als unzulässig abgelehnt werden, wenn die Strafverfolgung gegen den Grundsatz der **Verhältnismäßigkeit** verstoßen würde (OLG Zweibrücken BeckRS 2008, 09909; OLG Celle BeckRS 2008, 10354; vgl für ausgehende Ersuchen auch RB-EUHb Art 2 Rn 2). Zur Begründung ist hier auf § 73 S 2 IRG zu verweisen. Gleiches gilt bei einem wesentlichen Verstoß gegen die Menschenrechte (vgl hierzu OLG Karlsruhe BeckRS 2008, 08726 sowie RB-EUHB Art 1 Rn 15). Auch gesundheitliche Gründe können einer Auslieferung entgegenstehen (vgl OLG Hamburg NStZ 2009, 460).
Schließlich hält es die Rechtsprechung – trotz des Wortlauts von § 79 Abs 1 IRG – im Einzelfall für zulässig, eine Tatverdachtsprüfung durchzuführen (§ 82 IRG Rn 2).

B. Bewilligungsverfahren

Nach § 79 Abs 2 IRG hat die **Bewilligungsbehörde** – nach Maßgabe der Zuständig- **2** keitsbestimmungen in den Bundesländern ist dies anders als bei der Auslieferung an Nicht-EU-Staaten idR die **Generalstaatsanwaltschaft** und nicht das Justizministerium – nunmehr vorab zu prüfen, ob sie Bewilligungshindernisse nach § 83b IRG geltend machen will. Ist das der Fall, so hat sie ihre die Auslieferung ablehnende Entscheidung zu begründen (§ 79 Abs 1 S 2 IRG). Werden zunächst keine Bewilligungshindernisse geltend gemacht, so überprüft diese Entscheidung das Oberlandesgericht, das auch über die Zulässigkeit der Auslieferung nach § 29 IRG zu befinden hat. Die **Vorabentscheidung** soll nach Auffassung des Kammergerichts (KG NJW 2006, 3507) vom Antrag an das Oberlandesgericht getrennt und gesondert begründet werden. Sie ist schriftlich abzufassen und dem Verfolgten sowie seinem Beistand bekannt zu geben (OLG Stuttgart NJW 2007, 1702). Dabei sollte eine Fristsetzung für eine etwaige Stellungnahme erfolgen. Die Vorabentscheidung unterliegt wegen dem der Bewilligungsbehörde eingeräumten weiten Ermessen lediglich einer eingeschränkten Überprüfung durch das Oberlandesgericht (OLG Karlsruhe NJW 2007, 617). Dieses prüft, ob die Bewilligungsbehörde die tatbestandlichen Voraussetzungen von § 83b IRG zutreffend beurteilt hat und sich bei Vorliegen von Bewilligungshindernissen des ihr eingeräumten Ermessens unter Berücksichtigung aller in Betracht kommenden Umstände des Einzelfalles bewusst war (OLG Dresden BeckRS 2008, 13408; zur weitergehenden Prüfung bei § 83b Abs 2 lit b IRG vgl § 83b IRG Rn 1). Liegen Ermessensfehler – insbesondere ein Ermessensnichtgebrauch – vor, stellt das Oberlandesgericht die Fehlerhaftigkeit der Bewilligungsentscheidung fest und gibt die Sache zur erneuten Entscheidung an die Generalstaatsanwaltschaft zurück. Eine eigene, abschließende Entscheidung des OLG über die Geltendmachung von Bewilligungshindernissen sieht das Gesetz nicht vor. Gibt das Oberlandesgericht die Sache an die Generalstaatsanwaltschaft zurück, stellt es seine Entscheidung über die Zulässigkeit der Auslieferung gem § 29 IRG vorerst zurück (OLG Dresden BeckRS 2008, 13408; OLG

Karlsruhe NStZ-RR 2008, 376 – auch zur Berücksichtigung von Vorstrafen bei der Ermessensentscheidung). Anderenfalls stellt das OLG fest, dass die Entschließung der Bewilligungsbehörde, keine Bewilligungshindernisse geltend zu machen, rechtsfehlerfrei getroffen wurde und entscheidet sodann über die Zulässigkeit der Auslieferung. Treten erst nach der Entscheidung des Oberlandesgerichts Bewilligungshindernisse auf, sind diese zu berücksichtigen und gem § 79 Abs 3 IRG im Verfahren nach § 33 IRG geltend zu machen. Auf diese Weise wird dem Verfolgten auch hinsichtlich der Bewilligungshindernisse umfassender Rechtsschutz gewährt. Für eine Anfechtung der Bewilligungsentscheidung selbst besteht deswegen kein Raum. Ob eine solche überhaupt zulässig ist, wurde von der Rechtsprechung bislang nicht abschließend geklärt. Das OVG Hamburg hat mit Beschl v 23. 1. 2009 (BeckRS 2009, 31380) entschieden, dass für eine Anfechtung der Bewilligungsentscheidung jedenfalls nicht der Rechtsweg zu den Verwaltungsgerichten gem § 40 VwGO eröffnet sei. § 13 IRG, der gem § 78 Abs 1 IRG auch beim europäischen Haftbefehl anwendbar sei, weise sämtliche (innerstaatliche) Rechtsstreitigkeiten im Zusammenhang mit einer Auslieferung der ausschließlichen Zuständigkeit der Oberlandesgerichte zu. Dem entsprechend hat das OVG den bei ihm anhängigen Rechtsstreit an das Hanseatische Oberlandesgericht verwiesen.

Dem OVG ist zuzustimmen, soweit es eine – zusätzliche – Zuständigkeit der Verwaltungsgerichte im Auslieferungsverfahren generell verneint hat. Nach der Systematik der gesetzlichen Regelung sind im Auslieferungsverfahren ausschließlich die Strafgerichte zur Entscheidung berufen. Darüber hinaus ist es auch nicht geboten, über die in § 79 Abs 2 und Abs 3 IRG vorgesehenen gerichtlichen Überprüfungen hinaus, eine Anfechtung der Bewilligungsentscheidung – vor dem Oberlandesgericht – zuzulassen. Denn der Verfolgte kann seine Einwendungen gegen die Bewilligung in den Verfahren nach § 29 IRG, § 33 IRG iVm § 79 Abs 2 und Abs 3 IRG umfassend geltend machen. Unberührt bleibt hiervon die Möglichkeit einer Verfassungsbeschwerde, soweit deren Voraussetzungen vorliegen (vgl zum Ganzen BVerfG BeckRS 2009, 38654).

Hält die Generalstaatsanwaltschaft das Ersuchen – zB wegen Verstoßes gegen § 73 S 2 IRG – für unzulässig, hat sie selbst die Auslieferung aus diesem Grunde abzulehnen (G/P/K/Böse Internationaler Rechtshilfeverkehr in Strafsachen IRG § 79 Rn 9). Für eine ablehnende Entscheidung nach § 29 IRG ist nach Auffassung mehrerer Oberlandesgerichte hier kein Raum (OLG Celle BeckRS 2008, 09887; OLG Zweibrücken BeckRS 2008, 09909).

Abschnitt 2. Auslieferung an einen Mitgliedstaat der Europäischen Union (§§ 80-83 e) (Auszug)

§ 80 Auslieferung deutscher Staatsangehöriger

(1) ¹Die Auslieferung eines Deutschen zum Zwecke der Strafverfolgung ist nur zulässig, wenn

1. gesichert ist, dass der ersuchende Mitgliedstaat nach Verhängung einer rechtskräftigen Freiheitsstrafe oder sonstigen Sanktion anbieten wird, den Verfolgten auf seinen Wunsch zur Vollstreckung in den Geltungsbereich dieses Gesetzes zurückzuüberstellen, und

2. die Tat einen maßgeblichen Bezug zum ersuchenden Mitgliedstaat aufweist.

²Ein maßgeblicher Bezug der Tat zum ersuchenden Mitgliedstaat liegt in der Regel vor, wenn die Tathandlung vollständig oder in wesentlichen Teilen auf seinem Hoheitsgebiet begangen wurde und der Erfolg zumindest in wesentlichen Teilen dort eingetreten ist, oder wenn es sich um eine schwere Tat mit typisch grenzüberschreitendem Charakter handelt, die zumindest teilweise auch auf seinem Hoheitsgebiet begangen wurde.

(2) ¹Liegen die Voraussetzungen des Absatzes 1 Satz 1 Nr. 2 nicht vor, ist die Auslieferung eines Deutschen zum Zwecke der Strafverfolgung nur zulässig, wenn

1. die Voraussetzungen des Absatzes 1 Satz 1 Nr. 1 vorliegen und die Tat

2. keinen maßgeblichen Bezug zum Inland aufweist und

3. auch nach deutschem Recht eine rechtswidrige Tat ist, die den Tatbestand eines Strafgesetzes verwirklicht oder bei sinngemäßer Umstellung des Sachverhalts auch nach deutschem Recht eine solche Tat wäre, und bei konkreter Abwägung der widerstreitenden Interessen das schutzwürdige Vertrauen des Verfolgten in seine Nichtauslieferung nicht überwiegt.
²Ein maßgeblicher Bezug der Tat zum Inland liegt in der Regel vor, wenn die Tathandlung vollständig oder in wesentlichen Teilen im Geltungsbereich dieses Gesetzes begangen wurde und der Erfolg zumindest in wesentlichen Teilen dort eingetreten ist. ³Bei der Abwägung sind insbesondere der Tatvorwurf, die praktischen Erfordernisse und Möglichkeiten einer effektiven Strafverfolgung und die grundrechtlich geschützten Interessen des Verfolgten unter Berücksichtigung der mit der Schaffung eines Europäischen Rechtsraums verbundenen Ziele zu gewichten und zueinander ins Verhältnis zu setzen. ⁴Liegt wegen der Tat, die Gegenstand des Auslieferungsersuchens ist, eine Entscheidung einer Staatsanwaltschaft oder eines Gerichts vor, ein deutsches strafrechtliches Verfahren einzustellen oder nicht einzuleiten, so sind diese Entscheidung und ihre Gründe in die Abwägung mit einzubeziehen; Entsprechendes gilt, wenn ein Gericht das Hauptverfahren eröffnet oder einen Strafbefehl erlassen hat.

(3) ¹Die Auslieferung eines Deutschen zum Zwecke der Strafvollstreckung ist nur zulässig, wenn der Verfolgte nach Belehrung zu richterlichem Protokoll zustimmt. ²§ 41 Abs. 3 und 4 gilt entsprechend.

(4) ¹Ging einem Ersuchen um Vollstreckung einer im Ausland rechtskräftig verhängten Freiheitsstrafe oder sonstigen freiheitsentziehenden Sanktion eine Auslieferung wegen der dem Erkenntnis zugrunde liegenden Tat auf der Grundlage des Absatzes 1 oder 2 voraus, oder kommt es aufgrund der fehlenden Zustimmung des Verfolgten nach Absatz 3 zu einem solchen Ersuchen, so findet § 49 Abs. 1 Nr. 3 keine Anwendung. ²Fehlt es bei einem solchen Ersuchen bei der nach § 54 vorzunehmenden Umwandlung an einem Höchstmaß der im Geltungsbereich dieses Gesetzes für die Tat angedrohten Sanktion, weil die Voraussetzungen des § 49 Abs. 1 Nr. 3 nicht vorliegen, so tritt an dessen Stelle ein Höchstmaß von zwei Jahren Freiheitsentzug.

Überblick

Die Vorschrift normiert die besonderen Voraussetzungen für die Auslieferung deutscher Staatsangehöriger an das Ausland. Ihre verfassungsrechtliche Grundlage findet sich in Art 16 Abs 2 S 2 GG.

A. Rücküberstellung

Grundsätzliche Voraussetzung jeder Auslieferung deutscher Staatsangehöriger zum Zwecke der **Strafverfolgung** ist gemäß § 80 Abs 1 Nr 1 IRG, dass die Rücküberstellung zur Strafvollstreckung gesichert ist. Ob diese auf Art 5 Nr 3 RB-EUHb beruhende Voraussetzung schon als erfüllt anzusehen ist, wenn der Bewilligungsbehörde aufgegeben wird, die Auslieferung gegenüber dem ersuchenden Staat an die Bedingung zu knüpfen, eine solche Zusicherung abzugeben, ist heftig umstritten. Während die wohl **hM** ein solches Vorgehen für zulässig hält (OLG Karlsruhe NJW 2007, 2567, 2569 mwN), vertrat das OLG Stuttgart die Auffassung eine entsprechende Zusicherung müsse bereits vorliegen und die Rücküberstellung auch im Übrigen zulässig sein (OLG Stuttgart NJW 2005, 1522). Im Verhältnis zu den Ländern der EU sollte aber davon ausgegangen werden können, dass entsprechende Zusicherungen eingehalten werden, weswegen der **hM** der Vorzug zu geben ist (ähnlich nun auch OLG Stuttgart NJW 2007, 613 für ein Auslieferungsersuchen Polens). Nach Nr 158 Abs 2 RiVASt in der zum 1. 1. 2009 in Kraft getretenen Fassung (abrufbar unter http://www.bmj.de/enid/dec140287cabcaae578918c984870325,0/Fachinformationen/Richtlinien_fuer_den_Verkehr_mit_dem_Ausland_in_strafrechtlichen_Angelegenheiten___lb.html) ist es mit der **hM** ausreichend, die Auslieferung unter der Bedingung zu bewilligen, dass der ersuchende Staat die Rücküberstellung anbietet. Zudem ist die verfolgte Person vor der Überstellung auf das Recht zur Rücküberstellung hinzuweisen.

B. Ausreichender Auslandsbezug

2   Die ausgesprochen kompliziert formulierte Regelung in § 80 Abs 1 Nr 2 IRG iVm § 80 Abs 2 IRG (siehe hierzu Böhme NJW 2006, 2592, 2595) soll gewährleisten, dass deutsche Staatsangehörige nur dann ausgeliefert werden, wenn ein hinreichender Auslandsbezug gegeben ist. Hierbei ist nach Auffassung des OLG Karlsruhe auch von Bedeutung, an welchem Ort Mittäter und Teilnehmer gehandelt haben (OLG Karlsruhe NJW 2007, 2567; BeckRS 2009, 23850). Die Bestimmung findet ihre Grundlage in Art 4 Abs 7 RB-EUHb. Siehe hierzu auch Nr 158 Abs 1 RiVASt.

C. Keine Auslieferung zur Strafvollstreckung

3   Entsprechend Art 4 Nr 6 RB-EUHb verbietet § 80 Abs 3 IRG eine Auslieferung eines Deutschen zur Strafvollstreckung gegen dessen Willen. Zum Ausgleich hierfür bestimmt § 80 Abs 4 IRG, dass die in § 49 Abs 1 Nr 3 IRG vorgesehene Prüfung der beiderseitigen Strafbarkeit entfällt, wenn die Auslieferung zum Zwecke der Strafvollstreckung gem § 80 Abs 3 IRG abgelehnt wurde und der ausländische Staat deswegen um Vollstreckung seiner Sanktion in Deutschland ersucht. Gleiches gilt bei der Rücküberstellung nach einer Auslieferung gem § 80 Abs 1 und Abs 2 IRG. In diesen (Ausnahme-) Fällen kann es dazu kommen, dass in Deutschland die Strafe für eine Tat zu vollstrecken ist, die im Inland keinen Straftatbestand erfüllen würde. Im Übrigen richtet sich die Vollstreckung ausländischer Straferkenntnisse im Wesentlichen nach §§ 48 IRG ff. Dies gilt auch im Verhältnis zu anderen EU-Staaten (vgl §§ 84 IRG ff).

§ 81 Auslieferung zur Verfolgung oder zur Vollstreckung

§ 3 findet mit den Maßgaben Anwendung, dass
1. **die Auslieferung zur Verfolgung nur zulässig ist, wenn die Tat nach dem Recht des ersuchenden Mitgliedstaates mit einer Freiheitsstrafe oder sonstigen Sanktion im Höchstmaß von mindestens zwölf Monaten bedroht ist,**
2. **die Auslieferung zur Vollstreckung nur zulässig ist, wenn nach dem Recht des ersuchenden Mitgliedstaates eine freiheitsentziehende Sanktion zu vollstrecken ist, deren Maß mindestens vier Monate beträgt,**
3. **die Auslieferung in Steuer-, Zoll- und Währungsangelegenheiten auch zulässig ist, wenn das deutsche Recht keine gleichartigen Steuern vorschreibt oder keine gleichartigen Steuer-, Zoll- und Währungsbestimmungen enthält wie das Recht des ersuchenden Mitgliedstaates,**
4. **die beiderseitige Strafbarkeit nicht zu prüfen ist, wenn die dem Ersuchen zugrunde liegende Tat nach dem Recht des ersuchenden Staates mit einer freiheitsentziehenden Sanktion im Höchstmaß von mindestens drei Jahren bedroht ist und den in Artikel 2 Absatz 2 des Rahmenbeschlusses 2002/584/JI des Rates vom 13. Juni 2002 über den Europäischen Haftbefehl und die Übergabeverfahren zwischen den Mitgliedstaaten (ABl. L 190 vom 18. 7. 2002, S. 1) aufgeführten Deliktsgruppen zugehörig ist.**

1   Die Vorschrift setzt wesentliche Vorgaben des RB-EUHb in nationales Recht um. Dazu gehört insbesondere der Verzicht auf die Prüfung der beiderseitigen Stafbarkeit bei den in Art 2 Abs 2 RB-EUHb genannten Deliktsgruppen durch § 81 Nr 4 IRG (vgl hierzu Nr 154 RiVASt; § 80 IRG Rn 1). § 81 Nr 1 IRG und § 81 Nr 2 IRG überführen Art 2 Abs 1 RB-EUHb in nationales Recht. Auf die Kommentierung zu Art 2 RB-EUHb wird verwiesen.

2   § 81 Nr 3 IRG entspricht Art 4 Nr 1 RB-EUHb.

§ 82 Nichtanwendung von Vorschriften

Die §§ 5, 6 Abs. 1, § 7 und, soweit ein Europäischer Haftbefehl vorliegt, § 11 finden keine Anwendung.

Überblick

§ 82 IRG ergänzt § 78 IRG, indem er bestimmte Vorschriften bei Auslieferungsverfahren in der EU für unanwendbar erklärt.

A. Verzicht auf Zulässigkeitsvoraussetzungen

Auf die in § 82 IRG genannten Zulässigkeitsvoraussetzungen des allgemeinen Auslieferungsrechts, die in Bezug auf Drittstaaten weiterhin Gültigkeit haben, wird im Anwendungsbereich des Europäischen Haftbefehls grundsätzlich verzichtet. Dies folgt aus der Verpflichtung zur Anerkennung ausländischer Entscheidungen, die sich aus Art 1 Abs 2 RB-EUHb ergibt (Art 1 RB-EUHb Rn 14). Da Art 27 RB-EUHb die Mitgliedstaaten zur Verankerung des Spezialitätsgrundsatzes im nationalen Recht verpflichtet (vgl § 83h IRG), kann auch auf die Anwendung von § 11 IRG verzichtet werden. 1

B. Anzuwendende Vorschriften

Da § 82 IRG die Regelung in § 10 Abs 2 IRG nicht von der Anwendung ausnimmt, kommt auch bei Vorliegen eines europäischen Haftbefehls **ausnahmsweise** eine Tatverdachtsprüfung in Betracht. Diese ist allerdings nur bei Vorliegen besonderer Umstände, die Zweifel am Tatverdacht begründen, geboten (OLG Karlsruhe NStZ-RR 2007, 376; BeckRS 2008, 08726; OLG Köln BeckRS 2009, 17633). Das Gericht kann in diesem Fall wie auch bei sonstigen Zweifeln an der Zulässigkeit der Auslieferung gem § 30 Abs 1 IRG weitere Unterlagen anfordern (OLG Zweibrücken NStZ 2008, 690, OLG Karlsruhe BeckRS 2008, 08338, vgl. auch Nr 157 Abs 1 RiVASt, § 80 IRG Rn 1). 2

Anwendbar ist insbesondere auch § 9 Abs 2 IRG, wonach eine Auslieferung unzulässig ist, wenn im Inland bereits **Verjährung** eingetreten ist, vorausgesetzt für die Tat war auch die deutsche Gerichtsbarkeit nach §§ 3 StGB ff begründet (BGH NJW 2008, 1968 mAnm Böse NStZ 2008, 636 und Esser/Krickl StV 2009, jew auch zur Geltung weitergehender bilateraler Regelungen; sh auch OLG Köln BeckRS 2009, 17633 für eine im Inland nicht verfolgbare Tat). Diese Regelung wird durch Art 4 Nr 4 RB-EUHb ermöglicht. Für die Frage, ob Verjährung im Inland eingetreten ist, bleiben ausländische Verfahrenshandlungen, die nach deutschem Recht die Verjährung gem § 78c StGB unterbrechen würden ausser Betracht. Dies hat das Bundesverfassungsgericht für die Auslieferung deutscher Staatsangehöriger entschieden (BVerfG BeckRS 2009, 38660; anders noch OLG Köln BeckRS 2009, 15715). Die dortige Argumentation, es sei für den Verfolgten kaum vorhersehbar, welche Verfahrenshandlungen im Ausland getroffen wurden und deutschen Unterbrechungshandlungen gleichzusetzen wären (BVerfG BeckRS 2009, 38660 Tz 36), gebietet es, auch bei ausländischen Staatsangehörigen nur auf im Inland getroffene Maßnahmen gem § 78c StGB abzustellen (vgl hierzu auch Vorlagebeschluss des OLG Oldenburg NJW 2009, 2320).

§ 83 Ergänzende Zulässigkeitsvoraussetzungen

Die Auslieferung ist nicht zulässig, wenn
1. der Verfolgte wegen derselben Tat, die dem Ersuchen zugrunde liegt, bereits von einem anderen Mitgliedstaat rechtskräftig abgeurteilt worden ist, vorausgesetzt, dass im Fall der Verurteilung die Sanktion bereits vollstreckt worden ist, gerade vollstreckt wird oder nach dem Recht des Urteilsstaates nicht mehr vollstreckt werden kann,
2. der Verfolgte zur Tatzeit nach § 19 des Strafgesetzbuchs schuldunfähig war oder

3. bei Ersuchen zur Vollstreckung das dem Ersuchen zugrunde liegende Urteil in Abwesenheit des Verfolgten ergangen ist und der Verfolgte zu dem Termin nicht persönlich geladen oder nicht auf andere Weise von dem Termin, der zu dem Abwesenheitsurteil geführt hat, unterrichtet worden war, es sei denn, dass der Verfolgte in Kenntnis des gegen ihn gerichteten Verfahrens, an dem ein Verteidiger beteiligt war, eine persönliche Ladung durch Flucht verhindert hat oder ihm nach seiner Überstellung das Recht auf ein neues Gerichtsverfahren, in dem der gegen ihn erhobene Vorwurf umfassend überprüft wird, und auf Anwesenheit bei der Gerichtsverhandlung eingeräumt wird, oder

4. die dem Ersuchen zugrunde liegende Tat nach dem Recht des ersuchenden Mitgliedstaates mit lebenslanger Freiheitsstrafe oder einer sonstigen lebenslangen freiheitsentziehenden Sanktion bedroht ist oder der Verfolgte zu einer solchen Strafe verurteilt worden war und eine Überprüfung der Vollstreckung der verhängten Strafe oder Sanktion auf Antrag oder von Amts wegen nicht spätestens nach 20 Jahren erfolgt.

1   Die Vorschrift setzt Vorgaben des RB-EUHb in der Weise um, dass sie zu Zulässigkeitsvoraussetzungen einer Auslieferung erklärt werden.
§ 83 Nr 1 und Nr 2 IRG entsprechen Art 3 Nr 2 und Nr 3 RB-EUHb. Auf die Kommentierung dieser Vorschriften wird verwiesen (Art 3 RB-EUHb Rn 1 ff).

2   § 83 Nr 3 und Nr 4 IRG beruhen auf Art 5 Nr 1 und Nr 2 RB-EUHb. Das Formular des europäischen Haftbefehls (Anhang RB-EUHb) verlangt unter Buchstaben d) und h) Angaben dazu, ob diese Garantien im Recht des um Auslieferung ersuchenden Staates gewährleistet sind. Obwohl § 83 Nr 4 IRG Gnadenverfahren im Gegensatz zu Art 5 Nr 2 RB-EUHB nicht ausdrücklich erwähnt, können diese eine ausreichende Überprüfungsmöglichkeit im Sinne dieser Vorschrift sein (OLG Köln BeckRS, 2009, 15717 unter Hinweis auf die Entstehungsgeschichte der Bestimmung).

3   Gegenstand gerichtlicher Entscheidung war wiederholt § 83 Nr 3 IRG (vgl hierzu Nr 157 Abs 2 RiVASt; § 80 IRG Rn 1), der sich auf Ersuchen um Auslieferung zum Zwecke der **Strafvollstreckung** bezieht. Liegt dem Ersuchen ein **Abwesenheitsurteil** zu Grunde, so ist die Überstellung nur zulässig, wenn der Verfolgte zur Verhandlung entweder persönlich geladen wurde bzw anderweitig von dem Verhandlungstermin Kenntnis erlangte oder die persönliche Ladung durch Flucht verhinderte oder ihm die Möglichkeit zu neuer umfassender gerichtlicher Überprüfung des Vorwurfs nach der Auslieferung ermöglicht wird.

Der Begriff **„persönlich"** macht deutlich, dass die Ladung oder die anderweitige Unterrichtung den Verfolgten tatsächlich erreicht haben muss. Insbesondere genügt eine Zustellung allein an einen Bevollmächtigten nicht (OLG Stuttgart NStZ-RR 2008, 175).

Unter **„Flucht"** ist in diesem Zusammenhang nicht bereits das Verlassen des Verfolgungsstaates zu verstehen. Nach der wohl **hM** beinhaltet dieser Begriff ein finales Element und erfordert ein bewusstes Sichentziehen zu dem Zweck, die Strafverfolgung zu vereiteln (OLG Stuttgart NStZ-RR 2008; OLG Karlsruhe BeckRS 2008, 00039 unter ausführlicher Darlegung der Entstehungsgeschichte der Vorschrift; Böhm NJW 2006, 2592, 2595; **aA** KG NJW 2008, 673 zu der ähnlichen Regelung in Art 68 SDÜ, kritisch hierzu wiederum Böhm NJW 2008, 677). Dem ist aus rechtsstaatlichen Gründen für die in § 83 Nr 3 IRG genannte Fallgestaltung – Vollstreckung von Abwesenheitsurteilen – zuzustimmen. Für ein Sich-Entziehen reicht es insbesondere nicht aus, dass der Tatverdächtige den Verfolgungsstaat verlässt, um an seinen („offiziellen") Wohnsitz in einem anderen Mitgliedsstaat zurückzukehren oder einen solchen dort zu begründen. Er kann dort im Wege der Rechtshilfe zur Verhandlung geladen werden. Bei Bejahung einer Flucht im Sinne der Vorschrift, ist eine Auslieferung zusätzlich an die Voraussetzungen geknüpft, dass der Verfolgte von der Einleitung des gegen ihn gerichteten Verfahrens wusste und an dem Abwesenheitsverfahren ein Verteidiger mitwirkte. Hierfür reicht die Beteiligung eines Pflichtverteidigers aus, selbst wenn dieser keinen Kontakt zu dem Verfolgten hatte (OLG Karlsruhe BeckRS 2008, 00039). Unabhängig hiervon ist die Auslieferung immer dann zulässig, wenn der Verfolgungsstaat eine **umfassende nachträgliche Überprüfungsmöglichkeit** des Abwesenheitsurteils zusichert (vgl Art 5 Abs 1 RB-EUHb). Dies ist jedoch in der Praxis häufig nicht der Fall (OLG Stuttgart NStZ-RR 2008, 175, 176; OLG Karlsruhe BeckRS 2008, 00039).

Zu beachten ist, dass sich die Vorschrift auf Abwesenheits**urteile** bezieht. Der Einwand 4
des Verfolgten, ihm sei der Beschluss über den Widerruf einer zunächst erfolgten Strafaussetzung zur Bewährung nicht bekannt gemacht worden, begründet daher kein Auslieferungshindernis gem § 83 Nr 3 IRG.

§ 83 a Auslieferungsunterlagen

(1) Die Auslieferung ist nur zulässig, wenn die in § 10 genannten Unterlagen oder ein Europäischer Haftbefehl übermittelt wurden, der die folgenden Angaben enthält:
  1. die Identität, wie sie im Anhang zum Rahmenbeschluss des Rates vom 13. Juni 2002 über den Europäischen Haftbefehl und die Übergabeverfahren zwischen den Mitgliedstaaten näher beschrieben wird, und die Staatsangehörigkeit des Verfolgten,
  2. die Bezeichnung und die Anschrift der ausstellenden Justizbehörde,
  3. die Angabe, ob ein vollstreckbares Urteil, ein Haftbefehl oder eine andere vollstreckbare justitielle Entscheidung mit gleicher Rechtswirkung vorliegt,
  4. die Art und rechtliche Würdigung der Straftat, einschließlich der gesetzlichen Bestimmungen,
  5. die Beschreibung der Umstände, unter denen die Straftat begangen wurde, einschließlich der Tatzeit, des Tatortes und der Tatbeteiligung der gesuchten Person, und
  6. die für die betreffende Straftat im Ausstellungsmitgliedstaat gesetzlich vorgesehene Höchststrafe oder im Fall des Vorliegens eines rechtskräftigen Urteils die verhängte Strafe.
(2) Die Ausschreibung zur Festnahme zwecks Auslieferung nach dem Schengener Durchführungsübereinkommen, die die unter Absatz 1 Nr. 1 bis 6 bezeichneten Angaben enthält oder der diese Angaben nachgereicht wurden, gilt als Europäischer Haftbefehl.

Überblick

Die Vorschrift weist dem Europäischen Haftbefehl die Bedeutung eines Auslieferungsersuchens nach deutschem Recht zu. Abs 2 ermöglicht die Durchführung des Auslieferungsverfahrens bereits auf der Grundlage der im Fahndungssystem vorhandenen Daten.

A. Bedeutung der Vorschrift

§ 83 a IRG enthält die Annerkennung des Europäischen Haftbefehls als Auslieferungs- 1
ersuchen im deutschen Recht. Ohne die Vorschrift müsste entgegen der Intention des RB-EUHb nach der Festnahme des Gesuchten ein herkömmliches Auslieferungsverfahren durchgeführt werden (vgl Art 1 RB-EUHb Rn 17).

B. Inhalt des Auslieferungsersuchens

Der Wortlaut von § 83 a Abs 1 IRG entspricht Art 8 RB-EUHb, der wiederum durch 2
das Formular des Europäischen Haftbefehls seine praktische Umsetzung erfährt. Es wird deswegen auf die Kommentierung des Formulars verwiesen (Anhang RB-EUHb).
  Inhaltlich erfordert der als Auslieferungsersuchen wirkende Europäische Haftbefehl ins- 3
besondere eine ausreichende Konkretisierung der Tat (OLG Karlsruhe BeckRS 2005, 01742), die auch die Prüfung ermöglichen muss, ob ihre Einordnung in den Katalog des Art 2 Abs 2 RB-EUHb zumindest schlüssig erscheint (OLG Karlsruhe NJW 2006, 3509; NStZ-RR 2007, 376). Bei einem Ersuchen um Auslieferung eines Deutschen müssen sich aus dem Europäischen Haftbefehl auch die besonderen Zulässigkeitserfordernisse des § 80 IRG entnehmen lassen (OLG Karlsruhe BeckRS 2009, 23850). Geringfügige inhaltliche

Mängel des Europäischen Haftbefehls stehen seiner Anerkennung als Auslieferungsgrundlage jedoch nicht entgegen (OLG Karlsruhe NJW 2006, 3509 zum teilweisen Fehlen von Angaben zu § 83 a Nr 4 IRG). Ggf sind gem § 30 Abs 1 IRG weitere Unterlagen anzufordern (§ 82 IRG Rn 2; vgl auch Nr 157 Abs 1 RiVASt, § 80 IRG Rn 1; zu den Grenzen der Pflicht zur Nachforderung: OLG Celle BeckRS 2009, 18414). Von wesentlicher praktischer Bedeutung ist § 83 a Abs 2 IRG. Er ermöglicht die Durchführung des Auslieferungsverfahrens bereits auf der Grundlage des Datensatzes, der im Schengener Informationssystem (SIS) hinterlegt ist, soweit er die genannten Angaben enthält. Die Übermittlung des Europäischen Haftbefehls selbst muss also nicht abgewartet werden.

4 Von Bedeutung ist schließlich, dass § 83 a Abs 1 Nr 3 IRG auf eine justizielle Entscheidung Bezug nimmt, weswegen eine polizeiliche Anordnung als Grundlage der Auslieferung nicht ausreicht (OLG Karlsruhe BeckRS 2008, 02087; s auch Art 1 RB-EUHb Rn 13).

§ 83 b Bewilligungshindernisse

(1) Die Bewilligung der Auslieferung kann abgelehnt werden, wenn

a) gegen den Verfolgten wegen derselben Tat, die dem Auslieferungsersuchen zugrunde liegt, im Geltungsbereich dieses Gesetzes ein strafrechtliches Verfahren geführt wird,

b) die Einleitung eines strafrechtlichen Verfahrens wegen derselben Tat, die dem Auslieferungsersuchen zugrunde liegt, abgelehnt wurde oder ein bereits eingeleitetes Verfahren eingestellt wurde,

c) dem Auslieferungsersuchen eines dritten Staates Vorrang eingeräumt werden soll,

d) nicht aufgrund einer Pflicht zur Auslieferung nach dem Rahmenbeschluss des Rates vom 13. Juni 2002 über den Europäischen Haftbefehl und die Übergabeverfahren zwischen den Mitgliedstaaten (ABl. EG Nr. L 190 S. 1), aufgrund einer vom ersuchenden Staat gegebenen Zusicherung oder aus sonstigen Gründen erwartet werden kann, dass dieser einem vergleichbaren deutschen Ersuchen entsprechen würde.

(2) ¹Die Bewilligung der Auslieferung eines Ausländers, der im Inland seinen gewöhnlichen Aufenthalt hat, kann ferner abgelehnt werden, wenn

a) bei einer Auslieferung zum Zwecke der Strafverfolgung die Auslieferung eines Deutschen gemäß § 80 Abs. 1 und 2 nicht zulässig wäre,

b) bei einer Auslieferung zum Zwecke der Strafvollstreckung er dieser nach Belehrung zu richterlichem Protokoll nicht zustimmt und sein schutzwürdiges Interesse an der Strafvollstreckung im Inland überwiegt; § 41 Abs. 3 und 4 gelten entsprechend.

²§ 80 Abs. 4 gilt entsprechend.

Überblick

Die Geltendmachung von Bewilligungshindernissen steht im pflichtgemäßen Ermessen der Bewilligungsbehörde. Ihre Entscheidung unterliegt gerichtlicher Prüfung auf Ermessensfehler. Gem § 83 b Abs 2 IRG haben die besonderen Zulässigkeitsvoraussetzungen bei der Auslieferung Deutscher bei im Inland lebenden Ausländern die Bedeutung eines Bewilligungshindernisses.

Übersicht

	Rn		Rn
A. Ermessensentscheidung der Bewilligungsbehörde	1	B. Bewilligungshindernisse nach § 83 b Abs 1 IRG	2
		C. Im Inland wohnhafte Ausländer	3

A. Ermessensentscheidung der Bewilligungsbehörde

Die Entscheidung der Bewilligungsbehörde, ob sie Bewilligungshindernisse geltend macht 1 und deswegen die Auslieferung ablehnt, steht in deren pflichtgemäßen Ermessen („kann"). Diese Entscheidung kann auf Ermessensfehler hin gerichtlich überprüft werden. Dies erfordert, dass die Entscheidung ausreichend begründet wird. Nur dann kann das Oberlandesgericht bei der nach § 79 Abs 2 und Abs 3 IRG gebotenen Prüfung (s § 79 IRG Rn 2) feststellen, ob Ermessensfehler vorliegen. Die Entscheidung der Bewilligungsbehörde muss erkennen lassen, dass diese sich des eingeräumten Ermessens bewusst war, dass das Vorliegen von Bewilligungshindernissen anhand der konkreten Umstände des Einzelfalls geprüft wurde und welche Erwägungen ausschlaggebend waren, ein Bewilligungshindernis nicht geltend zu machen (KG NJW 2006, 3507). Dabei sind alle wesentlichen Gesichtspunkte darzulegen. Hierzu zählen einerseits die grundsätzliche Pflicht zur Anerkennung Europäischer Haftbefehle aus § 79 Abs 1 IRG sowie die (insbesondere auch praktischen) Gründe, die für die Durchführung des Strafverfahrens im Ausland sprechen (s Art 54 SDÜ Rn 43). Andererseits sind die Vor- und Nachteile für den Verurteilten bei einer Strafverfolgung im In- oder Ausland (Verfahrensdauer, Untersuchungshaft, Straferwartung) und die Möglichkeiten der Rücküberstellung zur Strafverfolgung zu berücksichtigen. Schließlich sind auch die familiären Interessen des Verfolgten von Gewicht (OLG Stuttgart NJW 2007, 1702 f).
Eine Einschränkung des Ermessens ist bei § 83 b Abs 2 lit b IRG geboten. Überwiegen schutzwürdige Belange des Ausländers an einer **Vollstreckung** im Inland (s Rn 3), ist die Annahme eines Bewilligungshindernisses indiziert, so dass eine Auslieferung nur noch ausnahmsweise in Betracht kommt (OLG Karlsruhe BeckRS 2009, 00398).

B. Bewilligungshindernisse nach § 83 b Abs 1 IRG

Durch die Geltendmachung von Bewilligungshindernissen nach § 83 b Abs 1 und Abs 2 2 IRG, die ihre Grundlage in Art 4 Nr 2 und Nr 3 RB-EUHb finden, darf die prinzipielle Pflicht zur Auslieferung nicht ausgehebelt werden (G/P/K/Böse Internationaler Rechtshilfeverkehr in Strafsachen IRG § 83 b Rn 5). Deswegen ist es grundsätzlich nicht zu beanstanden, wenn aus sachlichen Gründen ein Bewilligungshindernis nach § 83 b Abs 1 lit a IRG trotz möglicher Strafverfolgung im Inland nicht geltend gemacht wird (vgl OLG Karlsruhe NJW 2007, 2567).

C. Im Inland wohnhafte Ausländer

Für die Fälle des § 80 IRG, der nur deutsche Staatsangehörige betrifft, begründet § 83 b 3 Abs 2 IRG ein Bewilligungshindernis, soweit Ausländer betroffen sind, die ihren gewöhnlichen Aufenthalt im Inland haben. Bei ihnen wird die Ablehnung der Auslieferung anders als bei Deutschen mit einer Ermessensentscheidung der Bewilligungsbehörde verknüpft.
Mit Vorlagebeschluss v 14. 2. 2008 legte das OLG Stuttgart vor dem Hintergrund eines Vollstreckungsfalls nach Abs 2 lit b dem EuGH die Frage vor, ob diese unterschiedliche Regelung mit Unionsrecht, insbesondere mit den Grundsätzen der Nichtdiskriminierung vereinbar sei, soweit Bürger der EU betroffen sind.
Zudem ersuchte das OLG um Klärung des Tatbestandsmerkmals „gewöhnlicher Aufenthalt", wobei die Frage im Mittelpunkt stand, ob damit nur ein rechtmäßiger Aufenthalt gemeint sei (OLG Stuttgart BeckRS 2008, 04103).
Der EuGH hat in dem hierauf ergangenen Urt v 17. 7. 2008 (NJW 2008, 3201 4 „Kozlowski") grundsätzliche Ausführungen zum Begriff des Aufenthalts in Art 4 Nr 6 RB-EUHb gemacht. Da die Auslegung der nationalen Vorschriften sich am Rahmenbeschluss zu orientieren hat (OLG Karlsruhe BeckRS 2009, 00398; Böhm NJW 2008, 3183, 3184; grds EuGH NJW 2005, 2839 „Pupino"), sind diese Ausführungen für die Auslegung von § 83 b Abs 2 IRG von entscheidender Bedeutung: Ein **Aufenthalt** im Sinne dieser Vorschrift sei nicht bereits dann anzunehmen, wenn sich die betroffene Person nur vorübergehend im ersuchten Staat befinde. Notwendig sei vielmehr ein beständiges Verweilen von gewisser Dauer. Dies müsse dazu geführt haben, dass die gesuchte Person Bindungen zu dem Mitgliedstaat, in dem sie sich befindet, aufgebaut hat, die von ähnlicher Intensität sind, wie sie

sich aus einem Wohnsitz ergeben. Zum Begriff des **Wohnsitzes** selbst verweist der EuGH lediglich darauf, dass der tatsächliche Wohnsitz begründet werden müsse. Aus dem Gesamtzusammenhang der Entscheidungsgründe wird jedoch deutlich, dass bei beiden Begriffen die Bindung an den ersuchten Staat im Vordergrund steht. Bei der Prüfung, ob sich eine Person in einem Staat aufhalte, sei eine **Gesamtschau mehrerer objektiver Kriterien** vorzunehmen. Hierzu gehörten Dauer, Art und Bedingungen des Verweilens in dem ersuchten Staat sowie die familiären und wirtschaftlichen Verbindungen des Verfolgten. Vor diesem Hintergrund kann als ein Gesichtspunkt auch berücksichtigt werden, ob der Aufenthalt im ersuchten Staat ausländerrechtlich legal ist (anders noch OLG Karlsruhe NStZ 2007, 412, wonach die Privilegierung in § 83 b IRG nur einem Ausländer zukomme, der sich legal in Deutschland aufhalte). Ergänzend hat der EuGH in seiner Entscheidung darauf hingewiesen, dass bei der weiteren Frage, ob das Bewilligungshindernis geltend gemacht werden soll, die Möglichkeiten zur **Resozialisierung** von wesentlicher Bedeutung sind. Damit weist der EuGH in die Richtung einer Vollstreckung in dem Land, in dem die Wiedereingliederungschancen am besten erscheinen, was häufig das Herkunftsland sein dürfte.

5   Dies entspricht einer wünschenswerten arbeitsteiligen Strafrechtspflege in Europa.

Die vom OLG Stuttgart in seinem Vorlagebeschluss ebenfalls aufgeführten Gesichtspunkte, dass die zu überstellende Person, gewerbsmäßig im ersuchten Staat weitere Straftaten begangen hat und sich deswegen in Strafhaft befindet, können nach Auffassung des EuGH eine „gewisse Relevanz" für die Ermessensentscheidung erlangen, ob das fakultative Bewilligungshindernis geltend gemacht werde. Für die zunächst zu prüfende Frage, ob sich die Person im Land „aufhalte", seien diese Gesichtspunkte jedoch unerheblich (EuGH NJW 2008, 3201 Tz 51).

6   Noch weiter gehend hatte der Generalanwalt beim EuGH im Verfahren „Wolzenburg" ausgeführt, seines Erachtens dürfe bei der vorzunehmenden Ermessensentscheidung **ausschließlich** auf die Resozialisierungschancen abgestellt werden (BeckRS 2009, 70329 Tz 59 ff). Eine solche Verengung der Ermessensentscheidung ist jedoch dem Wortlaut des Rahmenbeschlusses nicht zu entnehmen. Trotz der zentralen Bedeutung, die der Resozialisierung bei der Ermessensentscheidung beizumessen ist, kann es nicht in jedem Fall geboten sein, den ersuchten Staat für verpflichtet zu halten, ein Überstellungsersuchen eines anderen Mitgliedsstaates abzulehnen, wenn die Resozialisierungschancen für den Verurteilten im Vollstreckungsstaat – ggf nur geringfügig – besser erscheinen. Der EuGH hat bei seiner Entscheidung im Fall Wolzenburg klargestellt, dass ein Mitgliedstaat trotz der besonderen Bedeutung der Resozialisierung grds nicht gehindert ist, den Anwendungsbereich von Art 4 Nr 6 RB-EUHB zu begrenzen (EuGH Urt v 6. 10. 2009 – Az C 123/08 – Wolzenburg Tz 62). Allerdings wird bei hinreichend verfestigten Inlandsbezügen eine für den Verfolgten günstige (Ermessens-) Entscheidung in aller Regel geboten sein. Dem entsprechend hat das OLG Karlsruhe (BeckRS 2009, 00398) entschieden, dass bei Vorliegen der tatbestandlichen Voraussetzungen von § 83 b Abs 2 lit b IRG die Annahme eines Bewilligungshindernisses indiziert sei, so dass eine Auslieferung in einem solchen Fall nur ausnahmsweise in Betracht kommen könne. Gleichzeitig hat es – der Entscheidung des EuGH folgend – klargestellt, dass bei der Prüfung, ob das schutzwürdige Interesse des Verurteilten an einer Inlandsvollstreckung überwiegt, entscheidend auf die Resozialisierungschancen des Verurteilten abzustellen sei. Dabei sei zu beachten, ob und inwieweit er sich bereits in Deutschland gesellschaftlich integriert habe. Dies könne unter anderem davon abhängen, ob er der deutschen Sprache hinreichend mächtig sei. Von Bedeutung sei weiter, ob der Verurteilte bewusst nach Deutschland übersiedelte, um der Strafvollstreckung im Herkunftsland zu entgehen, da dies seiner Schutzwürdigkeit entgegen stehe (so auch OLG Hamburg BeckRS 2008, 07236).

7   Die Vorgaben des EuGH sind nunmehr weitgehend in Nr 159 RiVASt (s § 80 IRG Rn 1) umgesetzt worden.

8   Die Frage, ob die unterschiedliche Regelung für im Inland wohnende Ausländer gegenüber deutschen Staatsangehörigen mit **Gemeinschaftsrecht** vereinbar ist, hat der EuGH in seinem Urt v 17. 7. 2008 ausdrücklich nicht beantwortet. Sein Hinweis auf die zentrale Bedeutung der Resozialisierung (EuGH NJW 2008, 3201 Tz 45) legt aber eine Differenzierung zwischen eigenen Staatsangehörigen und im Inland aufhältigen Ausländern nahe und erscheint daher auch unter Berücksichtigung des Diskriminierungsverbotes gerechtfertigt (so auch Böhm NJW 2008, 3183, 3184). Denn bei eigenen Staatsangehörigen streitet zumindest

eine Vermutung für bessere Resozialisierungschancen im Inland. Eine andere Auffassung hierzu vertrat der Generalanwalt in „Wolzenburg" (BeckRS 2009, 70329 Tz 118 ff): Jede Differenzierung zwischen eigenen Staatsangehörigen und anderen Unionsbürgern sei gemeinschaftsrechtlich unzulässig, weswegen bei besseren Resozialisierungschancen im Ausland sogar eigene Staatsangehörige – gegen deren Willen – dorthin zu überstellen seien. Diese Auffassung erscheint vor dem Hintergrund der Rechtsprechung des Bundesverfassungsgerichts mit deutschem Verfassungsrecht kaum vereinbar (vgl BVerfG BeckRS 2009, 38660 Tz 35). Der EuGH hat in seinem Urteil zum Fall Wolzenburg ausgeführt, dass eine Unterscheidung zwischen eigenen Staatsangehörigen und im Inland aufhältigen Ausländern solange zulässig ist, als sie sachlich begründete Differenzierung im Hinblick auf das Ziel der Resozialisierung enthält. Er hat es deswegen gebilligt, dass im niederländischen Auslieferungsrecht Ausländer nur dann eigenen Staatsangehörigen gleichgestellt werden, wenn sie sich fünf Jahre lang dort aufgehalten haben. Denn (nur) Ausländer mit so langer Aufenthaltsdauer dürften im Allgemeinen hinsichtlich ihrer Bindungen zum Vollstreckungsstaat eigenen Staatsangehörigen gleichzustellen sein, was sich entsprechend auf die Beurteilung der Resozialisierungschancen auswirkt (EuGH Urt v 6. 10. 2009 – Az C 123/08 – Wolzenburg Tz 67 ff; s auch BVerfG BeckRS 2009, 41419: eine erneute Vorlage der deutschen Regelung an den EuGH ist verfassungsrechtlich nicht geboten).

Auch wenn sich das Urt des EuGH v 17. 7. 2008 unmittelbar nur auf Ersuchen zum Zweck der Vollstreckung bezieht, ist es auch für Auslieferungen zum Zweck der Verfolgung von Bedeutung. Auch hier wird man die Differenzierung zwischen deutschen Staatsangehörigen und im Inland lebenden Ausländern nicht von vornherein für ungerechtfertigt halten können. So erscheint insbesondere die generelle Pflicht zur Rücküberstellung in § 80 Abs 1 Nr 1 IRG nicht ohne weiteres auch bei einem im Inland wohnenden Ausländer angemessen (vgl hierzu den Hinweis auf das Gesetzgebungsverfahren in OLG Stuttgart BeckRS 2008, 14103 Tz 10). 9

Abschnitt 4. Ausgehende Ersuchen um Auslieferung an einen Mitgliedstaat der Europäischen Union (§§ 83 h, 83 i) (Auszug)

§ 83 h Spezialität

(1) Von einem Mitgliedstaat aufgrund eines Europäischen Haftbefehls übergebene Personen dürfen

1. wegen einer vor der Übergabe begangenen anderen Tat als derjenigen, die der Übergabe zugrunde liegt, weder verfolgt noch verurteilt noch einer freiheitsentziehenden Maßnahme unterworfen werden und

2. nicht an einen dritten Staat weitergeliefert, überstellt oder in einen dritten Staat abgeschoben werden.

(2) Absatz 1 findet keine Anwendung, wenn

1. die übergebene Person den räumlichen Geltungsbereich dieses Gesetzes innerhalb von 45 Tagen nach ihrer endgültigen Freilassung nicht verlassen hat, obwohl sie dazu die Möglichkeit hatte, oder nach Verlassen in ihn zurückgekehrt ist,

2. die Straftat nicht mit einer Freiheitsstrafe oder freiheitsentziehenden Maßregel der Besserung und Sicherung bedroht ist,

3. die Strafverfolgung nicht zur Anwendung einer die persönliche Freiheit beschränkenden Maßnahme führt,

4. die übergebene Person der Vollstreckung einer Strafe oder Maßregel der Besserung und Sicherung ohne Freiheitsentzug unterzogen wird, selbst wenn diese Strafe oder Maßnahme die persönliche Freiheit einschränken kann, oder

5. der ersuchte Mitgliedstaat oder die übergebene Person darauf verzichtet hat.

(3) ¹Der nach Übergabe erfolgte Verzicht der übergebenen Person ist zu Protokoll eines Richters oder Staatsanwalts zu erklären. ²Die Verzichtserklärung ist unwiderruflich. ³Die übergebene Person ist hierüber zu belehren.

1   Die Vorschrift normiert den allgemeinen auslieferungsrechtlichen **Grundsatz der Spezialität** für den Fall, dass auf der Grundlage eines von einer deutschen Staatsanwaltschaft ausgestellten Europäischen Haftbefehls eine Auslieferung nach Deutschland erfolgt ist.

Nach einer Auslieferung darf der überstellte Beschuldigte grundsätzlich nur wegen der prozessualen Tat(en) verfolgt werden, die dem Ersuchen um Auslieferung zu Grunde lagen, also in dem Europäischen Haftbefehl aufgeführt waren (Anhang RB-EUHb Rn 6). Jede Verfolgung einer anderen vor der Auslieferung begangenen Tat ist unzulässig (§ 83 h Abs 1 IRG), es sei denn eine der in § 83 h Abs 2 IRG genannten Ausnahmen liegt vor. Ein gleichwohl wegen einer solchen Tat eingeleitetes Verfahren wäre wegen eines Verfahrenshindernisses einzustellen (umfassend zu den Rechtswirkungen des Spezialitätsgrundsatzes: S/L/G/H/Schomburg/Hackner Internationale Rechtshilfe in Strafsachen IRG § 72 Rn 11 ff).

2   Die wichtigsten Ausnahmen von der Verpflichtung zur Beachtung des Spezialitätsgrundsatzes enthalten § 83 Abs 2 Nr 4 IRG, der die Vollstreckung einer Geldstrafe auch im Wege der Ersatzfreiheitsstrafe ermöglicht (G/P/K/Böse Internationaler Rechtshilfeverkehr in Strafsachen IRG § 83 h Rn 6) sowie § 83 Abs 2 Nr 5 IRG. Sowohl der Verfolgte (beachte § 83 h Abs 3 IRG), als auch der ausliefernde Staat können auf die Einhaltung des Spezialitätsgrundsatzes verzichten. Der ausliefernde Staat kann hierum auch nachträglich ersucht werden (sog **Nachtragsersuchen**; vgl § 83 c Abs 5 IRG für eingehende Nachtragsersuchen).

Rahmenbeschluss des Rates der Europäischen Union vom 13. Juni 2002 über den Europäischen Haftbefehl und die Übergabeverfahren zwischen den Mitgliedstaaten (2002/584/JI) (Auszug)

RB-EUHb

Kapitel I. Allgemeine Grundsätze (Artikel 1-8) (Auszug)

Artikel 1 Definition des Europäischen Haftbefehls und Verpflichtung zu seiner Vollstreckung

(1) Bei dem Europäischen Haftbefehl handelt es sich um eine justizielle Entscheidung, die in einem Mitgliedstaat ergangen ist und die Festnahme und Übergabe einer gesuchten Person durch einen anderen Mitgliedstaat zur Strafverfolgung oder zur Vollstreckung einer Freiheitsstrafe oder einer freiheitsentziehenden Maßregel der Sicherung bezweckt.

(2) Die Mitgliedstaaten vollstrecken jeden Europäischen Haftbefehl nach dem Grundsatz der gegenseitigen Anerkennung und gemäß den Bestimmungen dieses Rahmenbeschlusses.

(3) Dieser Rahmenbeschluss berührt nicht die Pflicht, die Grundrechte und die allgemeinen Rechtsgrundsätze, wie sie in Artikel 6 des Vertrags über die Europäische Union niedergelegt sind, zu achten.

Überblick

Art 1 des Rahmenbeschlusses des Rates der Europäischen Union v 13. 6. 2002 über den Europäischen Haftbefehl und die Übergabeverfahren zwischen den Mitgliedsstaaten (2002/584/JI), nachfolgend **RB-EUHb,** enthält die Definition des Europäischen Haftbefehls und begründet die grundsätzliche Verpflichtung der Mitgliedstaaten zu seiner Vollstreckung – auch in Bezug auf eigene Staatsangehörige. Der Europäische Haftbefehl ist ein Fahndungsinstrument und hat gleichzeitig die Bedeutung eines Auslieferungsersuchens. Auch wenn der Rahmenbeschluss nicht unmittelbar geltendes Verfahrensrecht darstellt, sind seine Bestimmungen insbesondere bei der Abfassung eines Europäischen Haftbefehls durch deutsche Strafverfolgungsbehörden (ausgehende Ersuchen) von wesentlicher Bedeutung. Denn insoweit enthält das innerstaatliche Recht in § 83 h IRG und § 83 i IRG nur eine rudimentäre Regelung. Für im Inland zu vollstreckende ausländische Europäische Haftbefehle (eingehende Ersuchen) ist hingegen auf die – in diesem Kommentar gesondert erläuterten – §§ 78 IRG ff zu verweisen.

Übersicht

	Rn		Rn
A. Rechtsgrundlagen	1	D. Verpflichtung zur Auslieferung	14
B. Definition des Europäischen Haftbefehls	6	E. Vereinfachung des Auslieferungsverkehrs	17
C. Anwendungsbereich	9	F. Beteiligte Staaten	18

A. Rechtsgrundlagen

1   Gemäß Art 34 Abs 2 lit b EUV bedarf der RB-EUHb einer Umsetzung in nationales Recht. Der **Rahmenbeschluss** enthält nicht unmittelbar geltendes Recht, gleichwohl ist er für die deutschen Strafverfolgungsbehörden von wesentlicher Bedeutung. Denn er enthält die inhaltlichen Vorgaben für den Europäischen Haftbefehl einschließlich des Formulars, das von den Staaten verwendet werden soll (s RB-EUHb Art 8 und RB-EUHb Anhang). Entspricht ein von einer deutschen Strafverfolgungsbehörde ausgestellter Europäischer Haftbefehl den Vorgaben des Rahmenbeschlusses besteht die hohe Wahrscheinlichkeit, dass er von den ausländischen Justizbehörden anerkannt wird. Ob einem von einer deutschen Behörde ausgestellten Europäischen Haftbefehl im Ausland Folge geleistet wird, hängt aber im Einzelfall immer von den nationalen Bestimmungen ab, die der jeweilige Mitgliedstaat zur Umsetzung des Rahmenbeschlusses geschaffen hat. Die nationalen Gesetze sind auf der Internetseite des Europarates (meist jedoch nicht in deutscher Sprache) abrufbar unter http://www.consilium.europa.eu/cms3_Applications/applications/PolJu/details.asp?lang=DE&cmsid=720&id=71.

Verwaltungsvorschriften zum Europäischen Haftbefehl enthalten nunmehr Nr 153, Nr 162 bis Nr 165 der am 1. 1. 2009 in Kraft getretenen RiVASt, abrufbar unter http://www.bmj.de/enid/dec140287cabcaae578918c984870325,0/Fachinformationen/Richtlinien_fuer_den_Verkehr_mit_dem_Ausland_in_strafrechtlichen_Angelegenheiten___lb.html.

Schließlich ist auf das Handbuch des Rates der Europäischen Union v 18. 6. 2008 zu verweisen, das umfassende Hinweise zur Handhabung des Europäischen Haftbefehls und dessen Umsetzung in den einzelnen Staaten enthält. Das Handbuch kann in deutscher Sprache auf der Internetseite des Europäischen Justiziellen Netzwerks –EJN- (http://www.ejn-crimjust.europa.eu/forms.aspx) abgerufen werden.

2   Bedeutung für das jeweilige nationale Recht erlangt der Rahmenbeschluss zudem durch die Rechtsprechung des Europäischen Gerichtshofes, wonach die Auslegung innerstaatlicher Rechtsvorschriften soweit wie möglich am Wortlaut und Zweck einschlägiger Rahmenbeschlüsse auszurichten sei (EuGH NJW 2005, 2839 „Pupino").

3   Nachdem das erste hierzu ergangene Gesetz v 21. 7. 2004 (BGBl I 1748) vom BVerfG mit Beschl v 18. 7. 2005 (BVerfG NJW 2005, 2289) für verfassungswidrig erklärt worden war, hat Deutschland den Rahmenbeschluss nunmehr durch das zweite **Europäische Haftbefehlsgesetz** v 20. 7. 2006 (BGBl I 1721) im nationalen Recht umgesetzt. Gesetzestechnisch erfolgte die Umsetzung durch eine Ergänzung des Gesetzes über die internationale Rechtshilfe in Strafsachen (IRG). In das IRG wurde insbesondere ein 8. Abschnitt eingefügt, der die wesentlichen Bestimmungen zum Europäischen Haftbefehl enthält. Die Vorschriften, auf deren gesonderte Kommentierung Bezug genommen wird, beziehen sich fast ausschließlich auf die Behandlung **eingehender Ersuchen**, betreffen also die Vollstreckung Europäischer Haftbefehle, die von ausländischen Behörden ausgestellt wurden (§ 78 IRG bis § 83 g IRG). Hierfür sind nach Maßgabe der Zuständigkeitsbestimmungen in den Bundesländern die **Generalstaatsanwaltschaften** zuständig.

4   Lediglich § 83 h IRG und § 83 i IRG beziehen sich auf von deutschen Behörden ausgestellte Europäische Haftbefehle. Für sie sind nach Maßgabe der Zuständigkeitsbestimmungen in den Bundesländern die **Staatsanwaltschaften** zuständig. Das Gesetz beschränkt sich für **ausgehende Ersuchen** auf eine Verankerung des **Spezialitätsgrundsatzes**. Dieser ist gem § 83 h IRG auch dann zu beachten, wenn die Auslieferung an Deutschland auf der Grundlage eines Europäischen Haftbefehls erfolgt. § 83 i IRG begründet eine gesetzliche **Berichtspflicht** im Falle von Verzögerungen bei der Auslieferung durch ausländische Dienststellen. Darüber hinaus bestehen für die Staatsanwaltschaften weitere Berichtspflichten auf der Grundlage von Verwaltungsvorschriften (vgl Nr 13 und Nr 165 RiVASt; Rn 1).

5   Welchen Inhalt ein von einer deutschen Behörde ausgestellter Haftbefehl haben muss, und in welchen Fällen seine Ausstellung Erfolg versprechend erscheint, orientiert sich hingegen an den Bestimmungen des Rahmenbeschlusses bzw den zu seiner Umsetzung ergangenen Rechtsvorschriften der anderen Mitgliedstaaten (s Rn 1). Darüber hinaus enthält der **Länderteil** der Richtlinien für den Verkehr mit dem Ausland in strafrechtlichen Angelegenheiten (**RiVASt**) – bezogen auf den jeweiligen Mitgliedstaat – wesentliche Informationen für die Abfassung ausgehender Ersuchen. Die Bestimmungen sind über die Internetseite des Bundes-

justizministeriums abrufbar. (http://www.bmj.bund.de/enid/Fachinformationen/Richtlinien_fuer_den_Verkehr_mit_dem_Ausland_in_strafrechtlichen_Angelegenheiten___lb.html).

B. Definition des Europäischen Haftbefehls

Art 1 Abs 1 RB-EUHb definiert den Europäischen Haftbefehl als eine justizielle Entscheidung, die die Festnahme und Übergabe einer gesuchten Person zum Zwecke der Strafverfolgung oder Strafvollstreckung bezweckt. Die Bezeichnung als Haftbefehl und die Verwendung des Begriffes justizielle Entscheidung könnten dazu verleiten, den Europäischen Haftbefehl mit einem (Inlands-)Haftbefehl, zB nach §§ 112 StPO ff, gleichzusetzen. Wie sich aber aus dem weiteren Text erschließt, ist der Europäische Haftbefehl vielmehr dem Inlandshaftbefehl nachfolgende Entscheidung zur Fahndung im Ausland mit dem Ziel einer Auslieferung. Der Europäische Haftbefehl setzt eine inländische Haftanordnung voraus, ist jedoch von dieser zu unterscheiden. Dies wird deutlich bei der **Zuständigkeit für den Erlass des Europäischen Haftbefehls** in Deutschland. Während der Inlandshaftbefehl vom Gericht erlassen wird, stellt den Europäischen Haftbefehl die **Staatsanwaltschaft** aus. Sie veranlasst auf der Grundlage der richterlichen Entscheidung die internationale Fahndung mittels des Europäischen Haftbefehls. Dementsprechend ist im Europäischen Haftbefehl die fahndende Staatsanwaltschaft und nicht etwa das Gericht, das den Inlandshaftbefehl erlassen hat, als ausstellende Justizbehörde aufzuführen (vgl Anhang RB-EUHb Rn 10). 6

Der Europäische Haftbefehl ist mithin nicht die Anordnung der Haft gegen eine bestimmte Person, sondern zunächst ein **Fahndungsinstrument**. Der auf der Grundlage eines Inlandshaftbefehls erstellte Europäische Haftbefehl wird in die polizeilichen Suchsysteme der beteiligten Länder eingestellt. Er ist das Ersuchen um Festnahme der gesuchten Person. Darüber hinaus beinhaltet der von der Staatsanwaltschaft ausgefüllte Europäische Haftbefehl zugleich das **Ersuchen um Auslieferung** im Falle der Festnahme. Dass der Rahmenbeschluss insoweit von Übergabe statt von Auslieferung spricht, hat in der Sache keine Bedeutung. Dem entsprechend wird der Europäische Haftbefehl in § 83a IRG als (eine) Grundlage für eine Auslieferung an das Ausland bezeichnet. 7

Zu unterscheiden ist der Europäische Haftbefehl schließlich auch vom Auslieferungshaftbefehl. Der Auslieferungshaftbefehl wird von den Justizbehörden des ersuchten Staates, des sog Vollstreckungsstaates, zur Sicherung der Auslieferung erlassen. Er soll gewährleisten, dass sich der Verfolgte der Übergabe an den ersuchenden Staat nicht entzieht. Auch wenn zur Sicherung der Auslieferung ein solcher Haftbefehl häufig erlassen wird, besteht insoweit kein Automatismus und wird vom Rahmenbeschluss auch nicht gefordert (Art 12 RB-EUHb; § 15 IRG). 8

C. Anwendungsbereich

Nach Art 1 Abs 1 RB-EUHb ist die Ausstellung eines Europäischen Haftbefehls sowohl zur Strafverfolgung wie auch zur Strafvollstreckung möglich. Entsprechend unterschiedlich sind die Voraussetzungen, die Art 2 Abs 1 RB-EUHb für die Zulässigkeit eines Europäischen Haftbefehls benennt. 9

In einem Europäischen Haftbefehl zum Zwecke der **Strafvollstreckung** ist als zugrunde liegende Entscheidung das vollstreckbare Urteil des erkennenden Gerichts zu bezeichnen (Anhang RB-EUHb Rn 2). Demgegenüber ist ein **Vollstreckungshaftbefehl** gemäß § 457 Abs 2 StPO nicht (zusätzlich) im Europäischen Haftbefehl aufzuführen. Dieser ist lediglich Grundlage der inländischen Fahndung, die neben und gleichzeitig mit der Ausstellung des Europäischen Haftbefehls zu veranlassen ist. Eine Fahndung im europäischen Ausland ohne eine gleichzeitig veranlasste Inlandsfahndung ist nicht denkbar und wird von den die Ausschreibung umsetzenden Polizeidienststellen (LKA und BKA) nicht akzeptiert. Auch wenn der Vollstreckungshaftbefehl nach § 457 Abs 2 StPO im Europäischen Haftbefehl neben dem rechtskräftigen Strafurteil nicht aufgeführt wird, müssen dessen Voraussetzungen vorliegen. Ansonsten wäre eine Fahndung mittels Europäischem Haftbefehl unzulässig. Denn stellt sich der Verurteilte freiwillig der Vollstreckung, fehlt es an einer Begründung für die Fahndung. 10

Ein **Sicherungshaftbefehl** nach § 453c StPO kommt hingegen als Grundlage eines Europäischen Haftbefehls nicht in Betracht. Denn es fehlt insoweit noch an einer rechts- 11 kräftigen Entscheidung, die vollstreckt werden könnte. Diese liegt erst nach dem Widerruf der Strafaussetzung vor.

12   Als Grundlage eines Europäischen Haftbefehls zum Zwecke der **Strafverfolgung** kommt insbesondere der Haftbefehl nach **§ 112 StPO ff** in Betracht. Zur Durchsetzung eines Haftbefehls nach **§ 230 Abs 2 StPO** kann ein Europäischer Haftbefehl ebenfalls erlassen werden, denn auch er dient dem Zweck der Strafverfolgung. Unbeschadet der Praxis vieler Gerichte, in diesem Fall die inländische Ausschreibung zur Festnahme selbst zu veranlassen, ist auch hier ausschließlich die Staatsanwaltschaft zur Ausstellung des Europäischen Haftbefehls befugt. Ihr obliegt nämlich auch die Vollstreckung des Haftbefehls nach § 230 Abs 2 StPO (§ 230 StPO Rn 18; KK-StPO/Gmel § 230 Rn 13). Dem Erlass eines Haftbefehls nach § 230 StPO dürfte jedoch in Fällen mit Auslandsbezug häufig Nr 116 Abs 1 S 2 RiVASt entgegenstehen, wonach bei einer Ladung die Androhung von Zwangsmitteln im Ausland unzulässig ist (vgl hierzu OLG Saarbrücken BeckRS 2009, 87619).

13   Eine **Festnahmeanordnung nach § 127 StPO** käme zwar als Grundlage eines Europäischen Haftbefehls in Betracht, wenn sie von der Staatsanwaltschaft erlassen wurde. Polizeiliche Haftanordnungen scheiden hingegen von vornherein aus, wie sich aus dem Wortlaut von Art 8 Abs 1 lit c RB-EUHb ergibt, wonach eine **justizielle** Entscheidung als Grundlage eines Europäischen Haftbefehls erforderlich ist (vgl OLG Karlsruhe BeckRS 2008, 02087; siehe hierzu auch § 83a IRG Rn 4). Ob die Festhalteanordnung eines deutschen Staatsanwalts im Ausland als Grundlage eines Europäischen Haftbefehls akzeptiert wird, lässt sich allerdings kaum vorhersagen. Gleiches gilt für ein auf eine staatsanwaltschaftlichen Festnahmeanordnung gestütztes Ersuchen um vorläufige Inhaftnahme nach Art 16 des Europäischen Auslieferungsübereinkommens. Dieses hat nämlich die gleichen Voraussetzungen wie der Europäische Haftbefehl (vgl Art 16 Abs 2 EuAlÜbk iVm Art 12 Abs 2 lit a EuAlÜbk und Art 8 Abs 1 lit c RB-EUHb). In **Eilfällen**, bei denen ein Haftbefehl des Gerichts noch nicht erwirkt werden konnte, der Aufenthalt des Verurteilten im Ausland aber bekannt ist, wird deswegen eine Festnahme häufig davon abhängen, ob das Recht des ersuchten Staates eine eigene Strafverfolgung ermöglicht oder Regelungen entsprechend § 16 IRG und § 19 IRG enthält. Bei **eingehenden** Ersuchen um vorläufige Inhaftnahme ermöglichen diese Vorschriften eine Festnahme noch vor Vorliegen eines ausländischen Haftbefehls. Die weitere Anwendbarkeit dieser Vorschriften ergibt sich aus § 78 IRG (vgl KG BeckRS 2007, 05883).

D. Verpflichtung zur Auslieferung

14   Art 1 Abs 2 RB-EUHb begründet und zwar auch in Bezug auf **eigene Staatsangehörige** (vgl Art 5 Nr 3 RB-EUHb; § 80 IRG) die **grundsätzliche Verpflichtung**, jeden Europäischen Haftbefehl eines anderen Mitgliedstaates anzuerkennen. Damit normiert die Vorschrift in allgemeiner Form das Ziel des Rahmenbeschlusses, Auslieferungen zwischen den Mitgliedstaaten zu vereinfachen. Auch diese Vorschrift bedarf allerdings der Umsetzung in das jeweilige nationale Recht, das letztlich darüber entscheidet, ob einem Europäischen Haftbefehl Folge geleistet wird. Deutschland hat für die eingehende Ersuchen anderer Mitgliedstaaten diese grundsätzliche Verpflichtung in § 79 Abs 1 IRG normiert. Einschränkungen erfährt der Grundsatz durch Art 3 RB-EUHb und Art 4 RB-EUHb.

15   Art 1 Abs 3 RB-EUHb stellt klar, dass die Mitgliedstaaten trotz umfassender Anerkennung Europäischer Haftbefehle nicht verpflichtet sind, Auslieferungen zu veranlassen, die zu Menschenrechtsverletzungen führen können. Bereits in der Präambel des RB-EUHb wird eine Auslieferung bei drohender **Menschenrechtsverletzung** ausdrücklich ausgeschlossen.

15.1   Die Präambel des Rahmenbeschlusses enthält ua folgenden Text:
Abs 12: Der vorliegende Rahmenbeschluss achtet die Grundrechte und wahrt die in Art 6 des Vertrages über die Europäische Union anerkannten Grundsätze, die auch in der Charta der Grundrechte der Europäischen Union, insbesondere in deren Kapitel VI, zum Ausdruck kommen. Keine Bestimmung des vorliegenden Rahmenbeschlusses darf in dem Sinne ausgelegt werden, dass sie es untersagt, die Übergabe einer Person, gegen die ein Europäischer Haftbefehl besteht, abzulehnen, wenn objektive Anhaltspunkte dafür vorliegen, dass der genannte Haftbefehl zum Zwecke der Verfolgung oder Bestrafung einer Person aus Gründen ihres Geschlechts, ihrer Rasse, Religion, ethnischen Herkunft, Staatsangehörigkeit, Sprache oder politischen Überzeugung oder sexuellen

Ausrichtung erlassen wurde, oder dass die Stellung dieser Person aus einem dieser Gründe beeinträchtigt werden kann.
Der vorliegende Rahmenbeschluss belässt jedem Mitgliedsstaat die Freiheit zur Anwendung seiner verfassungsgemäßen Regelung des Anspruchs auf ein ordnungsgemäßes Gerichtsverfahren, der Vereinigungsfreiheit, der Pressefreiheit und der Freiheit der Meinungsäußerung in anderen Medien.
Abs 13: Niemand sollte in einen Staat abgeschoben oder ausgewiesen oder an einen Staat ausgeliefert werden, in dem für sie oder ihn das ernsthafte Risiko der Todesstrafe, der Folter oder einer anderen unmenschlichen oder erniedrigenden Strafe oder Behandlung besteht.

Trotz der grundsätzlichen Verpflichtung zur Anerkennung des Europäischen Haftbefehls, bleibt es zumindest nach den deutschen Rechtsvorschriften möglich, im **Ausnahmefall** auch eine **Tatverdachtsprüfung** durchzuführen (§ 82 IRG Rn 2). 16

E. Vereinfachung des Auslieferungsverkehrs

Ziel des Rahmenbeschlusses ist die Vereinfachung des Auslieferungsverkehrs zwischen den Mitgliedsstaaten. Gegenüber der früheren Rechtslage unterscheidet sich die Auslieferung auf der Grundlage eines Europäischen Haftbefehls insbesondere dadurch, dass für viele Deliktsbereiche **auf den auslieferungsrechtlichen Grundsatz der beiderseitigen Strafbarkeit** (vgl § 3 Abs 1 IRG) **verzichtet** wird, Art 2 Abs 2 RB-EUHb (kritisch hierzu S/L/G/H/ Gleß Internationale Rechtshilfe in Strafsachen RB-EUHb Art 2 Rn 2). Auf der Grundlage des Rahmenbeschlusses ist nunmehr auch im Auslieferungsverkehr grundsätzlich der **direkte Geschäftsweg** zwischen den beteiligten Justizbehörden eröffnet worden (Art 10 Abs 1 RB-EUHb, Art 15 Abs 3 RB-EUHb). Der im Auslieferungsverkehr zuvor übliche Geschäftsweg über die Justizministerien der Mitgliedsstaaten ist im Geltungsbereich des Europäischen Haftbefehls entfallen. Diesen ist nach deutschem Recht nur noch über Schwierigkeiten bei der Auslieferung zu berichten (§ 83i IRG, zu weiteren Berichtspflichten siehe oben Rn 4). Schließlich trägt die Verwendung eines europaweit einheitlichen Formulars (Art 8 RB-EUHb und Anhang RB-EUHb) zu einer wesentlichen Vereinfachung des Europäischen Auslieferungsverkehrs bei. 17

F. Beteiligte Staaten

Der Europäische Haftbefehl gilt zurzeit in folgenden **Ländern**: Belgien, Bulgarien, Dänemark, Deutschland, Estland, Finnland, Frankreich, Griechenland, Großbritannien, Irland, Italien, Lettland, Litauen, Luxemburg, Malta, Niederlande, Österreich, Polen, Portugal, Rumänien, Schweden, Slowenien, Slowakei, Spanien, Tschechien, Ungarn, Zypern.
Die Schweiz ist zwar dem Schengener Durchführungsübereinkommen beigetreten, die (EU-) Regelungen zum Europäischen Haftbefehl wurden jedoch nicht übernommen. Der Auslieferungsverkehr mit der Schweiz richtet sich daher weiterhin nach dem Europäischen Auslieferungsübereinkommen und den hierzu ergangenen bilateralen Verträgen (vgl RiVASt Länderteil; Rn 5). 18

Artikel 2 Anwendungsbereich des Europäischen Haftbefehls

(1) Ein Europäischer Haftbefehl kann bei Handlungen erlassen werden, die nach den Rechtsvorschriften des Ausstellungsmitgliedstaats mit einer Freiheitsstrafe oder einer freiheitsentziehenden Maßregel der Sicherung im Höchstmaß von mindestens zwölf Monaten bedroht sind, oder im Falle einer Verurteilung zu einer Strafe oder der Anordnung einer Maßregel der Sicherung, deren Maß mindestens vier Monate beträgt.

(2) Bei den nachstehenden Straftaten erfolgt, wenn sie im Ausstellungsmitgliedstaat nach der Ausgestaltung in dessen Recht mit einer Freiheitsstrafe oder einer freiheitsentziehenden Maßregel der Sicherung im Höchstmaß von mindestens drei Jahren bedroht sind, eine Übergabe aufgrund eines Europäischen Haftbefehls nach

Maßgabe dieses Rahmenbeschlusses und ohne Überprüfung des Vorliegens der beiderseitigen Strafbarkeit:

– Beteiligung an einer kriminellen Vereinigung,
– Terrorismus,
– Menschenhandel,
– sexuelle Ausbeutung von Kindern und Kinderpornografie,
– illegaler Handel mit Drogen und psychotropen Stoffen,
– illegaler Handel mit Waffen, Munition und Sprengstoffen,
– Korruption,
– Betrugsdelikte, einschließlich Betrug zum Nachteil der finanziellen Interessen der Europäischen Gemeinschaften im Sinne des Übereinkommens vom 26. Juli 1995 über den Schutz der finanziellen Interessen der Europäischen Gemeinschaften,
– Wäsche von Erträgen aus Straftaten,
– Geldfälschung, einschließlich der Euro-Fälschung,
– Cyberkriminalität,
– Umweltkriminalität, einschließlich des illegalen Handels mit bedrohten Tierarten oder mit bedrohten Pflanzen- und Baumarten,
– Beihilfe zur illegalen Einreise und zum illegalen Aufenthalt,
– vorsätzliche Tötung, schwere Körperverletzung,
– illegaler Handel mit Organen und menschlichem Gewebe,
– Entführung, Freiheitsberaubung und Geiselnahme,
– Rassismus und Fremdenfeindlichkeit,
– Diebstahl in organisierter Form oder mit Waffen,
– illegaler Handel mit Kulturgütern, einschließlich Antiquitäten und Kunstgegenstände,
– Betrug,
– Erpressung und Schutzgelderpressung,
– Nachahmung und Produktpiraterie,
– Fälschung von amtlichen Dokumenten und Handel damit,
– Fälschung von Zahlungsmitteln,
– illegaler Handel mit Hormonen und anderen Wachstumsförderern,
– illegaler Handel mit nuklearen und radioaktiven Substanzen,
– Handel mit gestohlenen Kraftfahrzeugen,
– Vergewaltigung,
– Brandstiftung,
– Verbrechen, die in die Zuständigkeit des Internationalen Strafgerichtshofs fallen,
– Flugzeug- und Schiffsentführung,
– Sabotage.

(3) ¹Der Rat kann einstimmig und nach Anhörung des Europäischen Parlaments nach Maßgabe von Artikel 39 Absatz 1 des Vertrags über die Europäische Union (EUV) jederzeit beschließen, weitere Arten von Straftaten in die in Absatz 2 enthaltene Liste aufzunehmen. ²Der Rat prüft im Licht des Berichts, den die Kommission ihm nach Artikel 34 Absatz 3 unterbreitet, ob es sich empfiehlt, diese Liste auszuweiten oder zu ändern.

(4) Bei anderen Straftaten als denen des Absatzes 2 kann die Übergabe davon abhängig gemacht werden, dass die Handlungen, derentwegen der Europäische Haftbefehl ausgestellt wurde, eine Straftat nach dem Recht des Vollstreckungsmitgliedstaats darstellen, unabhängig von den Tatbestandsmerkmalen oder der Bezeichnung der Straftat.

Rahmenbeschluss Menschenhandel (Auszug)   **Art. 2 RB-EUHb**

Überblick

Art 2 RB-EUHb beinhaltet eine der wesentlichen Neuerungen, die der Europäische Haftbefehl für den Auslieferungsverkehr gebracht hat, nämlich den weitgehenden Verzicht auf die gegenseitige Strafbarkeit (Art 2 Abs 2 RB-EUHb). Darüber hinaus enthält er als Ausprägung des Verhältnismäßigkeitsgrundsatzes die Grundvoraussetzungen hinsichtlich der Deliktschwere, die einem Europäischen Haftbefehl zugrunde liegen muss.

Übersicht

	Rn		Rn
A. Mindestsanktion	1	B. Verzicht auf gegenseitige Strafbarkeit	4

A. Mindestsanktion

Soll ein Europäischer Haftbefehl zum Zwecke der **Strafverfolgung** erlassen werden, so ist zunächst zu prüfen, ob die zu Grunde liegende Straftat im **Höchstmaß** mit mindestens 12 Monaten Freiheitsstrafe bedroht ist. Abzustellen ist auf die abstrakte Strafdrohung, nicht auf die konkrete Straferwartung. Ausgehenden Ersuchen deutscher Behörden dürfte diese Vorschrift selten entgegenstehen, da doch zumindest im Bereich des Kernstrafrechts eine Höchststrafe von unter einem Jahr kaum vorkommt. Jedoch ist in Folge dieser Einschränkung beispielsweise die Ausstellung eines Europäischen Haftbefehls wegen Ausübung der verbotenen Prostitution gemäß § 184 d StGB, der Beteiligung am unerlaubten Glücksspiel gemäß § 285 StGB oder – aus dem Nebenstrafrecht – des Fahrens ohne Fahrerlaubnis nach § 21 Abs 2 StVG nicht möglich. 1

Über die Einschränkung von Art 2 Abs 1 RB-EUHb hinaus, sollte vor Ausstellung eines Europäischen Haftbefehls immer geprüft werden, ob die internationale Fahndung im Einzelfall **verhältnismäßig** ist (vgl § 79 IRG Rn 1). Auch wenn die Mitgliedstaaten gehalten sind, das Verfahren zur Auslieferung auf der Grundlage eines Europäischen Haftbefehls zu beschleunigen (vgl Art 17 RB-EUHb, Art 23 RB-EUHb), ist in Rechnung zu stellen, dass sich der Verfolgte regelmäßig zumindest eine gewisse Zeit in ausländischer Auslieferungshaft befinden wird (Art 12 RB-EUHb). Darüber hinaus ist trotz aller Vereinfachung der Verfahren eine Auslieferung auch auf der Grundlage eines Europäischen Haftbefehls mit nicht unerheblichem Aufwand und Kosten verbunden. Auch wenn Nr 43 Abs 3 RiStBV eine europaweite Ausschreibung bei Bestehen eines Inlandshaftbefehls im Regelfall vorsieht, wird im Einzelfall zu prüfen sein, ob eine Fahndung mittels Europäischen Haftbefehls auch unter Berücksichtigung des sich anschließenden Auslieferungsverfahrens verhältnismäßig ist. Auch in Zukunft kann also lediglich eine Ausschreibung zur Festnahme im Inland angemessen erscheinen. Dies gilt umso mehr, wenn eine Fahndung nach einem Ausländer auch in dessen Heimatstaat veranlasst werden soll. Nicht selten wird nämlich in diesem Fall die Übergabe des Verfolgten mit der nach Art 5 Abs 3 RB-EUHb zulässigen Bedingung versehen, den Ausländer nach seiner Verurteilung wieder an seinen Heimatstaat zurück zu überstellen. In diesen Fällen sollte vorrangig geprüft werden, ob nicht ein Ersuchen um Übernahme der Strafverfolgung nach Art 21 des Europäischen Rechtshilfeübereinkommens (vgl Art 54 SDÜ Rn 44) in Betracht kommt. In einem mehr und mehr zusammenwachsenden Europa wird eine „Abgabe des Verfahrens" an den Heimatstaat immer häufiger eine sinnvolle Alternative zur Fahndung sein. Vor einer doppelten Strafverfolgung schützt bei einer solchen Vorgehensweise regelmäßig Art 54 SDÜ bzw der Grundsatz, dass nach einem Übernahmeersuchen ein Verfolgungshindernis im ersuchenden Staat besteht (OLG Karlsruhe NStZ 1988, 135; s aber auch NStZ-RR 1997, 285). 2

Ein Europäischer Haftbefehl zum Zwecke der **Strafvollstreckung** setzt die rechtskräftige Verurteilung zu einer Freiheitsstrafe oder freiheitsentziehenden Maßregel der Sicherung in Höhe von mindestens 4 Monaten voraus. Dies wird man nicht nur bei einer Freiheitsstrafe ohne Bewährung in Höhe von mindestens 4 Monaten zu bejahen haben, sondern auch bei Unterbringungen nach § 63 StGB, § 64 StGB oder § 66 StGB (siehe hierzu auch Anhang RB-EUHb Rn 4). Auch wenn § 67 e Abs 2 StGB grundsätzlich ermöglichen würde, die Unterbringung in einer Entziehungsanstalt bereits vor Ablauf von 4 Monaten zu beenden, 3 zielt die Anordnung auf eine über diesen Zeitraum hinausgehende Freiheitsentziehung. Die in Art 2 Abs 1 RB-EUHb genannte Mindestdauer von 4 Monaten bezieht sich ausschließlich auf den **Urteilsinhalt**. Teilverbüßungen bleiben insoweit außer Betracht. Es kommt also nur darauf an, ob im Urteil eine entsprechend hohe Freiheitsentziehung angeordnet wurde, nicht jedoch auf die tatsächlich zu erwartende restliche Vollzugsdauer (vgl OLG Stuttgart NStZ-RR 2005 115, 116 zu der insoweit identischen Regelung in § 81 Nr 2 IRG). Gleichwohl sollte auch hier der Erlass eines Europäischen Haftbefehls unterbleiben, wenn die tatsächlich noch zu vollstreckende Sanktion von relativ kurzer Dauer sein wird (vgl auch das Handbuch des Rates der Europäischen Union unter Nr 3; http://www.ejncrimjust.europa.eu/forms.aspx). Auch hier kann es aus Verhältnismäßigkeitsgründen angebracht sein, lediglich eine Inlandsausschreibung zu veranlassen.

B. Verzicht auf gegenseitige Strafbarkeit

4   Art 2 Abs 2 RB-EUHb enthält eine der wesentlichen Neuerungen gegenüber dem bisherigen Auslieferungsrecht. Bei den dort genannten Deliktsgruppen entfällt die bisher übliche Prüfung der gegenseitigen Strafbarkeit (vgl § 3 Abs 1 IRG), soweit der in Rede stehende Tatbestand eine **Höchststrafe von mindestens 3 Jahren** vorsieht. Wegen dieser Einschränkung unterfällt zB der Besitz kinderpornographischer Darstellungen nach § 184 b Abs 4 S 2 StGB nicht Art 2 Abs 2 RB-EUHb. Bei diesem Tatbestand müsste vielmehr nach Art 2 Abs 4 RB-EUHb die beiderseitige Strafbarkeit weiterhin geprüft werden. Das eigentliche Problem der Vorschrift liegt in der Benennung der Deliktsbereiche, für die es keine genauen Definitionen gibt. Hinzu kommt, dass in den Mitgliedsländern unterschiedliche Begrifflichkeiten existieren. Gleichwohl wird in den meisten Fällen die Einordnung einer Tat in die genannten Deliktsgruppen möglich sein. Es obliegt im Ergebnis der Strafverfolgungsbehörde, die den Europäischen Haftbefehl ausstellt, hier eine sachgerechte Einordnung vorzunehmen, die im ersuchten Staat letztlich nur auf ihre Schlüssigkeit hin überprüft werden kann (§ 83 a IRG Rn 3). Für den Staatsanwalt, der den Europäischen Haftbefehl ausstellt, erübrigt sich die Wiedergabe des deutschen Gesetzestextes, soweit die Tat einer der Deliktsgruppen zuzuordnen ist.

5   Soweit Art 2 Abs 2 RB-EUHb nicht einschlägig ist, muss im Europäischen Haftbefehl der Straftatbestand im Wortlaut wiedergegeben werden, denn in diesem Fall muss dem ersuchten Staat weiterhin die Prüfung ermöglicht werden, ob die zugrunde liegende Tat auch nach seinem Recht strafbar ist (Art 2 Abs 4 RB-EUHb). Ergänzt wird die Vorschrift durch Art 4 Nr 1 S 1 RB-EUHb (Art 4 RB-EUHb Rn 2).

Artikel 3 Gründe, aus denen die Vollstreckung des Europäischen Haftbefehls abzulehnen ist

Die Justizbehörde des Vollstreckungsstaats (nachstehend „vollstreckende Justizbehörde" genannt) lehnt die Vollstreckung des Europäischen Haftbefehls ab,

1. wenn die Straftat, aufgrund deren der Europäische Haftbefehl ergangen ist, im Vollstreckungsstaat unter eine Amnestie fällt und dieser Staat nach seinem eigenen Strafrecht für die Verfolgung der Straftat zuständig war;

2. wenn sich aus den der vollstreckenden Justizbehörde vorliegenden Informationen ergibt, dass die gesuchte Person wegen derselben Handlung von einem Mitgliedstaat rechtskräftig verurteilt worden ist, vorausgesetzt, dass im Fall einer Verurteilung die Sanktion bereits vollstreckt worden ist, gerade vollstreckt wird oder nach dem Recht des Urteilsmitgliedstaats nicht mehr vollstreckt werden kann;

3. wenn die Person, gegen die der Europäische Haftbefehl ergangen ist, nach dem Recht des Vollstreckungsmitgliedstaats aufgrund ihres Alters für die Handlung, die diesem Haftbefehl zugrunde liegt, nicht strafrechtlich zur Verantwortung gezogen werden kann.

Überblick

Die Vorschrift gibt die Grundsätze vor, aus denen die Vollstreckung eines Europäischen Haftbefehls vom jeweiligen Mitgliedsstaat nicht nur abgelehnt werden kann, sondern abgelehnt werden muss. Bei der Abfassung eines Europäischen Haftbefehls durch eine deutsche Staatsanwaltschaft ist insbesondere Art 3 Nr 2 RB-EUHb von Bedeutung.

A. Ausländische Amnestie und Strafmündigkeit

Art 3 Abs 1 RB-EUHb sieht die Ablehnung der Vollstreckung eines Europäischen Haftbefehls bei Amnestien vor, die zB in Frankreich von nicht unerheblicher Bedeutung sind. Ob die Tat unter eine Amnestie fällt, lässt sich durch eine deutsche Staatsanwaltschaft vorab nicht verlässlich ermitteln. Es bleibt vielmehr dem ersuchten Staat im Fall der Festnahme vorbehalten, ein deutsches Ersuchen unter Hinweis auf diese Vorschrift abzulehnen. 1

Auch bei Art 3 Nr 3 RB-EUHb kommt es entscheidet auf das nationale Recht des festnehmenden Staates an. Deutschland hat diese Regelung für eingehende Ersuchen in § 83 Nr 2 IRG umgesetzt. 2

B. Strafklageverbrauch

Art 3 Nr 2 RB-EUHb verankert den **Grundsatz „ne bis in idem"** auch im Auslieferungsrecht und entspricht hinsichtlich der tatbestandlichen Voraussetzungen Art 54 SDÜ. Auf die Kommentierung dieser Vorschrift wird deswegen Bezug genommen (Art 54 SDÜ Rn 1 ff). 3

Ist in einem Mitgliedsstaat wegen der Tat bereits eine eigene Strafverfolgung durchgeführt worden, so steht dies unter den genannten Voraussetzungen auch der Vollstreckung eines Europäischen Haftbefehls eines anderen Staates wegen der gleichen Tat entgegen. Für die deutsche Staatsanwaltschaft ergibt sich bei einer ausländischen Verurteilung in einem Schengenstaat aus Art 54 SDÜ ein umfassendes Verbot der Verfolgung (auch im Inland). Deswegen darf in diesen Fällen auch keine Fahndung veranlasst werden. Für eingehende Ersuchen anderer Staaten bestimmt § 83 Nr 1 IRG in Umsetzung von Art 3 Abs 2 RB-EUHb ein entsprechendes Auslieferungsverbot. 4

Artikel 4 Gründe, aus denen die Vollstreckung des Europäischen Haftbefehls abgelehnt werden kann

Die vollstreckende Justizbehörde kann die Vollstreckung des Europäischen Haftbefehls verweigern,

1. wenn in einem der in Artikel 2 Absatz 4 genannten Fälle die Handlung, aufgrund deren der Europäische Haftbefehl ergangen ist, nach dem Recht des Vollstreckungsmitgliedstaats keine Straftat darstellt; in Steuer-, Zoll- und Währungsangelegenheiten kann die Vollstreckung des Europäischen Haftbefehls jedoch nicht aus dem Grund abgelehnt werden, dass das Recht des Vollstreckungsmitgliedstaats keine gleichartigen Steuern vorschreibt oder keine gleichartigen Steuer-, Zoll- und Währungsbestimmungen enthält wie das Recht des Ausstellungsmitgliedstaats;

2. wenn die Person, gegen die der Europäische Haftbefehl ergangen ist, im Vollstreckungsmitgliedstaat wegen derselben Handlung, aufgrund deren der Europäische Haftbefehl ausgestellt worden ist, strafrechtlich verfolgt wird;

3. wenn die Justizbehörden des Vollstreckungsmitgliedstaats beschlossen haben, wegen der Straftat, aufgrund deren der Europäische Haftbefehl ausgestellt worden ist, kein Verfahren einzuleiten bzw. das Verfahren einzustellen, oder wenn gegen die gesuchte Person in einem Mitgliedstaat aufgrund derselben Handlung eine rechtskräftige Entscheidung ergangen ist, die einer weiteren Strafverfolgung entgegensteht;

4. wenn die Strafverfolgung oder die Strafvollstreckung nach den Rechtsvorschriften des Vollstreckungsmitgliedstaats verjährt ist und hinsichtlich der Handlungen nach seinem eigenen Strafrecht Gerichtsbarkeit bestand;

5. wenn sich aus den der vollstreckenden Justizbehörde vorliegenden Informationen ergibt, dass die gesuchte Person wegen derselben Handlung von einem Drittstaat rechtskräftig verurteilt worden ist, vorausgesetzt, dass im Fall einer Verurteilung die Sanktion bereits vollstreckt worden ist, gerade vollstreckt wird oder nach dem Recht des Urteilsstaats nicht mehr vollstreckt werden kann;

6. wenn der Europäische Haftbefehl zur Vollstreckung einer Freiheitsstrafe oder einer freiheitsentziehenden Maßregel der Sicherung ausgestellt worden ist, sich die gesuchte Person im Vollstreckungsmitgliedstaat aufhält, dessen Staatsangehöriger ist oder dort ihren Wohnsitz hat und dieser Staat sich verpflichtet, die Strafe oder die Maßregel der Sicherung nach seinem innerstaatlichen Recht zu vollstrecken;

7. wenn der Europäische Haftbefehl sich auf Straftaten erstreckt, die

a) nach den Rechtsvorschriften des Vollstreckungsmitgliedstaats ganz oder zum Teil in dessen Hoheitsgebiet oder an einem diesem gleichgestellten Ort begangen worden sind;

oder

b) außerhalb des Hoheitsgebiets des Ausstellungsmitgliedstaats begangen wurden, und die Rechtsvorschriften des Vollstreckungsmitgliedstaats die Verfolgung von außerhalb seines Hoheitsgebiets begangenen Straftaten gleicher Art nicht zulassen.

Überblick

Die Vorschrift enthält die Gründe aus denen ein Mitgliedsstaat die Vollstreckung eines Europäischen Haftbefehls ablehnen kann. Inwieweit die Mitgliedsstaaten von diesen Möglichkeiten Gebrauch machen, bestimmt sich nach den nationalen Rechtsvorschriften, die zur Umsetzung des RB-EUHb erlassen wurden.

A. Eingehende Ersuchen aus dem Ausland

1   Für eingehende Ersuchen aus dem Ausland hat die Vorschrift keine unmittelbare Bedeutung. Es gelten vielmehr die in Umsetzung von Art 4 RB-EUHb erlassenen Vorschriften des (zweiten) Europäischen Haftbefehlsgesetzes v 20. 7. 2006 (§§ 78 IRG ff), auf deren gesonderte Kommentierung verwiesen wird.

B. Ausgehende Ersuchen

2   Eine deutsche Staatsanwaltschaft, die einen Europäischen Haftbefehl ausstellt, hat zu gewärtigen, dass das mit ihm verbundene Ersuchen um Auslieferung keinen Erfolg haben wird, soweit im Vollstreckungsstaat nach Maßgabe des dortigen nationalen Rechts die Möglichkeit zur Ablehnung entsprechend den in Art 4 RB-EUHb benannten Fallgruppen geschaffen wurde. Dies kann insbesondere dann der Fall sein wenn die Straftat, derentwegen der Europäische Haftbefehl ausgestellt wird, nicht einer der Deliktsgruppen des Art 2 Abs 2 RB-EUHb zuzuordnen ist. Denn insoweit ermöglicht Art 4 Nr 1 S 1 RB-EUHb die Möglichkeit die Auslieferung wegen des Fehlens der beiderseitigen Strafbarkeit weiterhin abzulehnen. Von Bedeutung sind zudem die den Staaten eröffneten Möglichkeiten, im nationalen Recht zu bestimmen, einen Europäischen Haftbefehl dann nicht zu vollstrecken, wenn der ersuchte Staat selbst eine Strafverfolgung gegen die gesuchte Person eingeleitet hat (Art 4 Nr 2 RB-EUHb und Art 4 Nr 3 RB-EUHb, vgl auch Art 4 Nr 5 RB-EUHb) oder die Tat nach seinen eigenen Strafvorschriften bereits verjährt ist (Art 4 Nr 4 RB-EUHb). Schließlich ermöglicht die Vorschrift einem Ersuchen nicht zu entsprechen, weil die zugrunde liegende Tat (auch) im Vollstreckungsstaat oder außerhalb des ersuchenden Staates begangen wurde (Art 4 Nr 7 RB-EUHb). Art 3 Abs 2 RB-EUHb schreibt ein Auslieferungshindernis bei einer bereits erfolgten Aburteilung in einem anderen **Mitgliedstaat** vor. In Ergänzung hierzu ermöglicht Art 4 Nr 5 RB-EUHb, im nationalen Recht ein Auslieferungshindernis auch bei einer Verurteilung in einem **Dritt**staat vorzusehen, also einem Staat, für den der Rahmenbeschluss nicht gilt (zB Schweiz).

Bei einem Ersuchen zum Zwecke der **Strafvollstreckung** ermöglicht Art 4 Nr 6 RB-EUHb dessen Ablehnung, soweit die Auslieferung von Staatsangehörigen des ersuchten Staats erstrebt wird oder von Personen, die in diesem Staat ihren Wohnsitz oder Aufenthalt haben. Auf Vorlagebeschluss des OLG Stuttgart (BeckRS 2008, 04103) hat der EuGH mit Urt v 17. 7. 2008 grundsätzlich zum Begriff des **Aufenthalts** in dieser Vorschrift Stellung genommen (EuGH NJW 2008, 3201 „Kozlowski" mAnm Böhm NJW 2008, 3183). Er hat dabei betont, dass die Begriffe des Rahmenbeschlusses im Unionsgebiet einheitlich ausgelegt werden müssen und ihre Definition nicht im Ermessen der Mitgliedsstaaten steht (EuGH NJW 2008, 3201 Tz 41). Die Entscheidung hat damit unmittelbare Auswirkungen auf die Anwendung von § 83 b IRG, auf dessen Kommentierung deswegen Bezug genommen wird (§ 83 b IRG Rn 3 ff).

Artikel 4 a Entscheidungen, die im Anschluss an eine Verhandlung ergangen sind, zu der die Person nicht persönlich erschienen ist (nicht kommentiert)

Artikel 5 Vom Ausstellungsmitgliedstaat in bestimmten Fällen zu gewährende Garantien

Die Vollstreckung des Europäischen Haftbefehls durch die vollstreckende Justizbehörde kann nach dem Recht dieses Staates an eine der folgenden Bedingungen geknüpft werden:

1. Ist die Straftat, die dem Europäischen Haftbefehl zugrunde liegt, mit lebenslanger Freiheitsstrafe oder einer lebenslangen freiheitsentziehenden Maßregel der Sicherung bedroht, so kann die Vollstreckung des Europäischen Haftbefehls an die Bedingung geknüpft werden, dass die Rechtsordnung des Ausstellungsmitgliedstaats eine Überprüfung der verhängten Strafe – auf Antrag oder spätestens nach 20 Jahren – oder Gnadenakte zulässt, die zur Aussetzung der Vollstreckung der Strafe oder der Maßregel führen können und auf die die betreffende Person nach dem innerstaatlichen Recht oder der Rechtspraxis des Ausstellungsmitgliedstaats Anspruch hat.

2. Ist die Person, gegen die ein Europäischer Haftbefehl zum Zwecke der Strafverfolgung ergangen ist, Staatsangehöriger des Vollstreckungsmitgliedstaats oder in diesem wohnhaft, so kann die Übergabe davon abhängig gemacht werden, dass die betreffende Person nach Gewährung rechtlichen Gehörs zur Verbüßung der Freiheitsstrafe oder der freiheitsentziehenden Maßregel der Sicherung, die im Ausstellungsmitgliedstaat gegen sie verhängt wird, in den Vollstreckungsmitgliedstaat rücküberstellt wird.

Überblick

Die Vorschrift ermöglicht den Mitgliedsstaaten nach Maßgabe ihres nationalen Rechts die Auslieferung auf der Grundlage des Europäischen Haftbefehls von der Gewährung bestimmter Garantien abhängig zu machen.

A. Abwesenheitsurteil und lebenslange Freiheitsstrafe

Art 5 Nr 1 und Nr 2 RB-EUHb haben für Europäische Haftbefehle die von einer deutschen Staatsanwaltschaft ausgestellt werden, keine wesentliche Bedeutung, da Abwesenheitsurteile nach deutschem Strafprozessrecht grundsätzlich nicht zulässig sind (§ 230 Abs 1 StPO) und § 57 a StGB und § 57 b StGB die von Art 5 Nr 2 RB-EUHb geforderten Garantien beinhalten. Für eingehende Ersuchen des Auslands wurde der RB-EUHb in § 83 Nr 3 und Nr 4 IRG umgesetzt. 1

B. Rücküberstellung zum Zwecke der Strafvollstreckung

Art 5 Nr 3 RB-EUHb gibt den Mitgliedstaaten die Möglichkeit, die Auslieferung zum Zwecke der Strafverfolgung auf der Grundlage eines Europäischen Haftbefehls an die 2

Bedingung zu knüpfen, dass der Verfolgte nach seiner rechtskräftigen Verurteilung zum Zwecke der Strafvollstreckung rücküberstellt wird. Diese Bedingung kann nur bei Auslieferung eigener Staatsangehöriger oder von Personen, die ihren Wohnsitz im Vollstreckungsstaat haben, aufgestellt werden. Deutschland hat für **eingehende Ersuchen** des Auslands die Bedingung der Rücküberstellung in § 80 Abs 1 Nr 1 IRG gesetzlich verankert, soweit der Gesuchte die **deutsche Staatsangehörigkeit** besitzt. In diesem Fall ist die Auslieferung von vornherein nur zulässig, wenn die Rücküberstellung gesichert ist (§ 80 IRG Rn 1). Demgegenüber ist es bei **in Deutschland wohnhaften Ausländern** nach der gesetzlichen Regelung in § 83 b Abs 2 lit a IRG lediglich möglich, die Auslieferung seitens der Bewilligungsbehörde an diese Bedingung zu knüpfen (s hierzu § 83 b IRG Rn 3).

3   Bei **ausgehenden Ersuchen** ist ein entsprechender Vorbehalt des ausliefernden Staates in der Weise zu berücksichtigen, dass nach Abschluss des Erkenntnisverfahrens in Deutschland eine Rücküberstellung auf der Grundlage des Überstellungsübereinkommens v 21. 3. 1983 (BGBl II 1991, 1006; BGBl II 1992, 98) erfolgt. Die Rücküberstellung erfolgt -nach der in Deutschland herrschenden Auffassung- also nicht bereits auf Grund des Vorbehalts, sondern setzt ein Ersuchen auf „Rückübernahme" an den Staat voraus, der zuvor die Auslieferung unter Vorbehalt bewilligte. Soweit hierfür in den Bundesländern eine Zuständigkeit des Justizministeriums besteht, sollte eine vom Ausland geforderte Zusicherung zur Rücküberstellung nur in Absprache mit diesem abgegeben werden (vgl Nr 164 RiVASt; § 80 IRG Rn 1).

Artikel 6 Bestimmung der zuständigen Behörden

(1) Ausstellende Justizbehörde ist die Justizbehörde des Ausstellungsmitgliedstaats, die nach dem Recht dieses Staats für die Ausstellung eines Europäischen Haftbefehls zuständig ist.

(2) Vollstreckende Justizbehörde ist die Justizbehörde des Vollstreckungsmitgliedstaats, die nach dem Recht dieses Staats zuständig für die Vollstreckung des Europäischen Haftbefehls ist.

(3) Jeder Mitgliedstaat unterrichtet das Generalsekretariat des Rates über die nach seinem Recht zuständige Justizbehörde.

1   Welche Behörden für die Ausstellung und die Vollstreckung des europäischen Haftbefehls zuständig sind, ergibt sich aus dem jeweiligen Recht der Mitgliedsstaaten. Ein Verzeichnis hierüber findet sich auf der Internetseite des European Judicial Network (EJN).
Die **Ausstellung** des europäischen Haftbefehls für ein deutsches Strafverfahren obliegt – nach Maßgabe der hierzu auf der Grundlage von § 74 Abs 2 S 2 IRG ergangenen Zuständigkeitsregelungen – der das Verfahren führenden **Staatsanwaltschaft**. Für **eingehende Ersuchen** sind nach diesen Vorschriften in der Regel die **Generalstaatsanwaltschaften** zuständig.

2   Die für die Empfangnahme und Vollstreckung im Ausland zuständige Behörde, lässt sich über die Internetseite des EJN unter http://www.ejn-crimjust.europa.eu/eaw_atlas.aspx ermitteln.

Artikel 7 Beteiligung der zentralen Behörde

(1) Jeder Mitgliedstaat kann eine oder, sofern es seine Rechtsordnung vorsieht, mehrere zentrale Behörden zur Unterstützung der zuständigen Justizbehörden benennen.

(2) Ein Mitgliedstaat kann, wenn sich dies aufgrund des Aufbaus seines Justizsystems als erforderlich erweist, seine zentrale(n) Behörde(n) mit der administrativen Übermittlung und Entgegennahme der Europäischen Haftbefehle sowie des gesamten übrigen sie betreffenden amtlichen Schriftverkehrs betrauen.

[1]Ein Mitgliedstaat, der von den in diesem Artikel vorgesehenen Möglichkeiten Gebrauch machen möchte, übermittelt dem Generalsekretariat des Rates die Angaben über die von ihm benannte(n) zentrale(n) Behörde(n). [2]Diese Angaben sind für alle Behörden des Ausstellungsmitgliedstaats verbindlich.

Deutschland hat von der Möglichkeit, eine zentrale Behörde zu benennen, keinen Gebrauch gemacht. Für ausgehende Ersuchen deutscher Staatsanwaltschaften ist die Benennung einer zentralen Behörde in einem anderen Mitgliedstaat von Bedeutung, soweit ihr die Entgegennahme des europäischen Haftbefehls übertragen ist. Die in den einzelnen Ländern hierfür zuständigen Behörden können über die Internetseite des European Judicial Network (http://www.ejn-crimjust.europa.eu/eaw_atlas.aspx) ermittelt werden.

Artikel 8 Inhalt und Form des Europäischen Haftbefehls

(1) Der Europäische Haftbefehl enthält entsprechend dem im Anhang beigefügten Formblatt folgende Informationen:

a) die Identität und die Staatsangehörigkeit der gesuchten Person;

b) Name, Adresse, Telefon- und Telefaxnummer sowie Email-Adresse der ausstellenden Justizbehörde;

c) die Angabe, ob ein vollstreckbares Urteil, ein Haftbefehl oder eine andere vollstreckbare justizielle Entscheidung mit gleicher Rechtswirkung nach den Artikeln 1 und 2 vorliegt;

d) die Art und rechtliche Würdigung der Straftat, insbesondere in Bezug auf Artikel 2;

e) die Beschreibung der Umstände, unter denen die Straftat begangen wurde, einschließlich der Tatzeit, des Tatortes und der Art der Tatbeteiligung der gesuchten Person;

f) im Fall eines rechtskräftigen Urteils die verhängte Strafe oder der für die betreffende Straftat im Ausstellungsmitgliedstaat gesetzlich vorgeschriebene Strafrahmen;

g) soweit möglich, die anderen Folgen der Straftat.

(2) ^{1}Der Europäische Haftbefehl ist in die Amtssprache oder eine der Amtssprachen des Vollstreckungsstaats zu übersetzen. ^{2}Jeder Mitgliedstaat kann zum Zeitpunkt der Annahme dieses Rahmenbeschlusses oder später in einer beim Generalsekretariat des Rates hinterlegten Erklärung angeben, dass er eine Übersetzung in eine oder mehrere weitere Amtssprachen der Organe der Europäischen Gemeinschaften akzeptiert.

Überblick

Art 8 Abs 1 RB-EUHb bestimmt den Inhalt eines Europäischen Haftbefehls und schafft somit die Voraussetzungen für eine europäische Vereinheitlichung des Auslieferungsverkehrs. Zudem bestimmt Art 8 Abs 2 RB-EUHb in welcher Sprache der Europäische Haftbefehl übermittelt werden muss.

A. Inhalt des Europäischen Haftbefehls

Art 8 Abs 1 RB-EUHb legt für alle Mitgliedsstaaten den notwendigen Inhalt eines 1
Europäischen Haftbefehls fest. Für **eingehende Ersuchen** aus dem Ausland wurden die Vorgaben der Bestimmung in § 83a IRG umgesetzt. Für die Abfassung **ausgehender Ersuchen**, also Europäischer Haftbefehle, die von einer deutschen Staatsanwaltschaft ausgestellt werden, ist der Verweis in Art 8 Abs 1 RB-EUHb auf das international zu verwendende Formblatt von entscheidender Bedeutung. Das Formblatt enthält die in Art 8 Abs 1 RB-EUHb aufgeführten Informationen. Für Zweifelsfragen in diesem Zusammenhang wird auf die Kommentierung zu RB-EUHb Anhang verwiesen.

B. Übersetzungserfordernis

2   Aus Art 8 Abs 2 RB-EUHb ergibt sich für die jeweilige Staatsanwaltschaft das Erfordernis, den Europäischen Haftbefehl in die Amtssprache des festnehmenden Staates bzw in eine andere von diesem Staat akzeptierte Sprache übersetzen zu lassen. Da bei der Ausstellung des Europäischen Haftbefehls ja regelmäßig noch nicht feststeht, in welchem Land die Festnahme erfolgen wird, wird die Übersetzung üblicher Weise erst dann veranlasst, wenn der ausländische Staat der ausstellenden deutschen Staatsanwaltschaft die Festnahme mitteilt (sog **Treffermeldung**). Das (ausgehende) Fahndungsersuchen selbst wird zunächst in deutscher Sprache entsprechend Art 9 Abs 2 RB-EUHb dem Bundeskriminalamt übermittelt. Wird der Gesuchte dann im Ausland festgenommen, so hat der Staatsanwalt unverzüglich den von ihm ausgestellten Europäischen Haftbefehl übersetzen zu lassen und der vollstreckenden ausländischen Justizbehörde in Übersetzung zu übermitteln (Art 10 Abs 1 RB-EUHb).

3   In einzelnen Mitgliedsstaaten ist die zu beachtende Frist für die Übermittlung des übersetzten Europäischen Haftbefehls nach erfolgter Festnahme sehr kurz bemessen. Für den deutschen Staatsanwalt ist daher nach Eingang der Treffermeldung große Eile geboten, um den übersetzten Europäischen Haftbefehl rechtzeitig zu übersenden. Über die Internetseite des EJN (http://www.ejn-crimjust.europa.eu/eaw_atlas.aspx) lässt sich ermitteln, welche Fristen für die Übersendung des Europäischen Haftbefehls in den jeweiligen Mitgliedsstaaten bestehen und welche Sprachen akzeptiert werden. Übersetzungen des Formulars des Europäischen Haftbefehls (RB-EUHb Anhang) können über die Internetseite des Rates der Europäischen Union unter http://www.consilium.europa.eu/cms3_Applications/applications/PolJu/details.asp?lang=EN&cmsid=720&id=134 abgerufen werden, so dass nur noch die Übersetzung der einzufügenden Texte veranlasst werden muss.

Kapitel II. Übergabeverfahren (Artikel 9-25) (Auszug)

Artikel 9 Übermittlung eines Europäischen Haftbefehls

(1) Ist der Aufenthaltsort der gesuchten Person bekannt, so kann die ausstellende Justizbehörde den Europäischen Haftbefehl direkt der vollstreckenden Justizbehörde übermitteln.

(2) Die ausstellende Justizbehörde kann in allen Fällen beschließen, die gesuchte Person im Schengener Informationssystem (SIS) ausschreiben zu lassen.

(3) [1]Eine derartige Ausschreibung erfolgt gemäß Artikel 95 des Übereinkommens vom 19. Juni 1990 zur Durchführung des Übereinkommens von Schengen vom 14. Juni 1985 betreffend den schrittweisen Abbau der Kontrollen an den gemeinsamen Grenzen. [2]Eine Ausschreibung im SIS steht einem Europäischen Haftbefehl, dem die in Artikel 8 Absatz 1 angegebenen Informationen beigefügt sind, gleich.

Während eines Übergangszeitraums, der so lange währt, bis das SIS in der Lage ist, alle in Artikel 8 genannten Informationen zu übermitteln, steht die Ausschreibung dem Europäischen Haftbefehl gleich, bis das Original bei der vollstreckenden Justizbehörde in der gebührenden Form eingegangen ist.

Überblick

Die Vorschrift regelt die Übermittlung des Europäischen Haftbefehls an die ausländischen Behörden. Dabei ist zu unterscheiden zwischen der Ausschreibung über das Schengener Informationssystem und der Übermittlung nach Festnahme des Gesuchten.

A. Ausschreibung zur Fahndung

1   Ist der Aufenthalt des Gesuchten im Ausland bekannt – zB weil er dort in anderer Sache in Haft ist – kann der Europäische Haftbefehl unmittelbar – ohne Einbindung des Bundeskriminalamts – an die zuständige ausländische Strafverfolgungsbehörde übersandt werden.

Rahmenbeschluss Menschenhandel (Auszug)   **Art. 9 RB-EUHb**

Die zuständige Behörde lässt sich über die Internetseite des European Judicial Network (http://www.ejn-crimjust.europa.eu/eaw_atlas.aspx) ermitteln.
Ist der Aufenthalt hingegen nicht bekannt und soll deswegen nach dem Beschuldigten im Ausland gefahndet werden, wird der Europäische Haftbefehl von der Staatsanwaltschaft dem Bundeskriminalamt über das jeweilige Landeskriminalamt übermittelt. Dabei ist der vom Bundeskriminalamt den Ländern zur Verfügung gestellte Vordruck 40 a, in dem die Fahndungszonen festgelegt werden, zu verwenden. Neben diesem Vordruck, dem Europäischen Haftbefehl (in deutscher Sprache) wird nach der zB in Baden-Württemberg üblichen Praxis dem LKA zusätzlich eine Abschrift der zu Grunde liegenden inländischen Entscheidung beigefügt (Haftbefehl oder rechtskräftiges Urteil). Da eine internationale Fahndung ohne nationale Fahndung nicht denkbar ist, wird in den Bundesländern häufig bestimmt, dass die Unterlagen über die Datenstation der örtlichen Polizeidienststelle dem Landeskriminalamt zu übersenden sind. Nach Eingang der Unterlagen veranlasst das Bundeskriminalamt die Ausschreibung im Schengener Informationssystem – SIS (Art 9 Abs 2 RB-EUHb). Dabei erleichtert es die Umsetzung, wenn der Europäische Haftbefehl auch in elektronischer Form dem BKA zur Verfügung gestellt wird. Die rechtliche Grundlage für das Fahndungssystem findet sich in Art 93 SDÜ ff. Die für die Fahndung in den einzelnen Staaten zuständigen zentralen Polizeidienststellen werden als **SIRENE** bezeichnet, die SIRENE Deutschland befindet sich beim Bundeskriminalamt. Die SIRENEN übermitteln auch die **Treffermeldungen** (Mitteilung, dass die gesuchte Person auf der Grundlage des europäischen Haftbefehls festgenommen wurde). Vgl hierzu nunmehr Nr 1 bis Nr 13 der am 1. 1. 2009 in Kraft getretenen Anlage F zu den RiStBV.

Die Vorschriften haben folgenden Wortlaut: **1.1**
Richtlinien über die internationale Fahndung nach Personen, insbesondere der Fahndung nach Personen im Schengener Informationssystem (SIS) und auf Grund eines Europäischen Haftbefehls
I. Allgemeines
Nr. 1
Die internationale Fahndung nach Personen kann im SIS, durch INTERPOL und durch gezielte Mitfahndungsersuchen an andere Staaten veranlasst werden. Die Regelungen für die Fahndung zur Strafverfolgung gelten für die Strafvollstreckung entsprechend. Voraussetzung der internationalen Fahndung ist die nationale Fahndung im Informationssystem der Polizei (INPOL).
Nr. 2
International sind Ausschreibungen zur
    a) Festnahme zwecks Auslieferung, insbesondere auf Grund eines Europäischen Haftbefehls (vgl. unter II.)
    b) Aufenthaltsermittlung von Zeugen und Beschuldigten (vgl. unter III.)
    c) verdeckten Registrierung bzw. polizeilichen Beobachtung (vgl. unter IV.)
möglich.
Nr. 3
Das SIS ist ein computergestütztes Fahndungssystem, das als Ausgleichsmaßnahme zum Abbau der Personenkontrollen an den Binnengrenzen der Schengen-Staaten errichtet wurde. Durch einen einheitlichen, grenzüberschreitenden Fahndungsraum soll ein mögliches Sicherheitsdefizit durch den Grenzabbau so gering wie möglich gehalten werden. Eine Beschränkung der Fahndung auf einen oder mehrere Staaten ist im SIS technisch nicht möglich (vgl. aber II. B. Nr. 11 Abs. 2).
Nr. 4
Soweit eine Fahndung im SIS nicht möglich ist, erfolgt die internationale Fahndung durch INTERPOL. Sie kann auf Staaten oder Fahndungsräume (vgl. Vordruck Nr. 40 a RiVASt) beschränkt werden. Bei der Entscheidung über die Fahndung sowie bei der Festlegung des Raumes, in dem gefahndet werden soll, ist der Grundsatz der Verhältnismäßigkeit sowie Nr. 13 RiVASt zu beachten.
Nr. 5
Staaten, die INTERPOL nicht angehören (vgl. Länderteil RiVASt), werden vom Bundeskriminalamt um Mitfahndung ersucht, wenn die betreibende Behörde dies ausdrücklich verlangt und Anhaltspunkte vorliegen, dass sich die gesuchte Person in diesem Staat aufhält.
II. Fahndungsausschreibung zur Festnahme zwecks Auslieferung
    A. Einleitung der internationalen Fahndung
Nr. 6
Das Ersuchen um internationale Fahndung ist unter Verwendung des Vordrucks Nr. 40 a RiVASt und des Vordrucks für den Europäischen Haftbefehl (Vordruck Nr. 40 RiVASt) in deutscher

Sprache sowie, falls in dem betreffenden Bundesland erforderlich, des Vordrucks KP 21/24 auf dem jeweils vorgesehenen Geschäftsweg über das Landeskriminalamt oder das Bundespolizeipräsidium an das Bundeskriminalamt zu richten. Der Europäische Haftbefehl soll gleichzeitig in elektronischer Form übermittelt werden. Eine beglaubigte Mehrfertigung des nationalen Haftbefehls oder des vollstreckbaren Straferkenntnisses sowie Identifizierungsunterlagen, soweit erforderlich und nicht im Europäischen Haftbefehl enthalten, sind beizufügen (vgl. Nr. 41 Abs. 1 RiStBV).

In das Formular des Europäischen Haftbefehls ist eine verkürzte und auf das Wesentliche beschränkte Sachverhaltsdarstellung aufzunehmen, die eine halbe DIN-A-4-Seite nicht überschreiten soll. Auf Anlagen soll nicht Bezug genommen werden.

Nr. 7

In dringenden Fällen übermittelt die verfahrensleitende Justizbehörde gleichzeitig mit der Einleitung der nationalen Fahndung das Ersuchen um internationale Fahndung unter Hinweis auf die besondere Dringlichkeit unmittelbar dem Bundeskriminalamt und zugleich dem zuständigen Landeskriminalamt oder dem Bundespolizeipräsidium.

Nr. 8

Bei der Einleitung der Fahndung ist im Vordruck Nr. 40a RiVASt der Fahndungsraum zu bezeichnen. Unter der Voraussetzung der Nr. 41 Abs. 2 RiStBV ist zumindest im Fahndungsraum I zu fahnden. Bei der Ausweitung des Fahndungsraums ist der Grundsatz der Verhältnismäßigkeit zu beachten.

Nr. 9

Die Löschung der Fahndung soll erst nach der Übernahme der gesuchten Person durch die deutschen Behörden veranlasst werden.

Nr. 10

Wird bei bestehender Interpolfahndung die nationale Fahndung zurückgenommen oder endet die nationale Fahndung durch Fristablauf, ist das Bundeskriminalamt gemäß
Nr 6 RiVASt unverzüglich unter Angabe des Löschungsgrundes zu unterrichten, damit von dort aus die bestehende internationale Fahndung widerrufen werden kann.

B. Besonderheiten der Fahndung in den EU-Staaten, Island, Liechtenstein, Norwegen und Schweiz (vgl. Nr. 41 Abs. 2 RiStBV)

Nr. 11

Bei den im Formular des Europäischen Haftbefehls (vgl. Vordruck Nr. 40 RiVASt) bezeichneten Deliktsgruppen ist die beiderseitige Strafbarkeit nicht zu prüfen. Im Übrigen kann von der beiderseitigen Strafbarkeit ausgegangen werden, wenn keine anderweitigen Erkenntnisse vorliegen. Fehlt die beiderseitige Strafbarkeit in einem oder mehreren Staaten oder beabsichtigt die ausschreibende Behörde in einem oder mehreren Staaten im Falle der Festnahme die Auslieferung nicht zu betreiben, so hat sie hierauf in ihrem Anschreiben nach Vordruck 40 a RiVASt ausdrücklich hinzuweisen.

Eine Ausschreibung im SIS gemäß Artikel 95 SDÜ ist auch bei fehlender beiderseitiger Strafbarkeit zulässig. In diesen Fällen werden die betroffenen Vertragsstaaten durch die SIRENE Deutschland parallel zur Einstellung ins SIS entsprechend unterrichtet, so dass diese Staaten von der Möglichkeit der Kennzeichnung gemäß Artikel 95 Abs. 3 und 5 SDÜ bzw Artikel 94 Abs. 4 SDÜ Gebrauch machen können. In den betroffenen an das SIS angeschlossenen Staaten erfolgt in diesen Fällen automatisch eine Ausschreibung zur Aufenthaltsermittlung.

Nr. 12

Wenn der Fahndungserfolg durch eine gezielte, örtlich begrenzte Fahndung erzielt werden kann, bleibt es unbenommen, bilateral Fahndungsersuchen um vorläufige Festnahme auf der Grundlage der im Auslieferungsrecht vorgesehenen Verfahrenswege ohne Ausschreibung im SIS zu stellen. Eine Ausschreibung im SIS kann gleichwohl in Betracht kommen, um möglichen unerwarteten Bewegungen der gesuchten Person zuvorzukommen oder eine Beschleunigung der Bearbeitung des Ersuchens zu erreichen.

Nr. 13

Die Pflicht zur Überprüfung, Änderung und gegebenenfalls Löschung der Ausschreibung (Artikel 105, 106 SDÜ) obliegt der ausschreibenden Stelle. Diese hat bei der alle drei Jahre erforderlichen Überprüfung, ob die nationale Fahndung zu verlängern ist, auch die SIS-Fahndung auf deren Aktualität zu überprüfen. Besteht nur eine nationale Fahndung, so ist bei deren Überprüfung immer auch zu überlegen, ob zusätzlich eine SIS-Fahndung zu veranlassen ist.

B. Übermittlung des Europäischen Haftbefehls nach Festnahme

2   Nach der Festnahme im Ausland veranlasst der Staatsanwalt die Übersetzung des Europäischen Haftbefehls nach Art 8 Abs 2 RB-EUHb (Art 8 RB-EUHb Rn 2) und übermittelt

diesen gemäß Art 9 Abs 1 RB-EUHb **unmittelbar** an die ausländische Justizbehörde. Eine solche Übermittlung kann nach Art 9 Abs 1 RB-EUHb auch schon vor der Festnahme erfolgten, wenn der Aufenthaltsort des Gesuchten im Ausland bekannt ist. Vgl zum Verfahren auch Nr 163 RiVASt (§ 80 IRG Rn 1).

Anhang Europäischer Haftbefehl[1]
Europäischer Haftbefehl

Dieser Haftbefehl ist von einer zuständigen Justizbehörde ausgestellt worden. Ich beantrage, dass die unten genannte Person zum Zwecke der Strafverfolgung oder der Vollstreckung einer Freiheitsstrafe oder einer freiheitsentziehenden Maßregel der Sicherung festgenommen und übergeben wird.

a) Angaben zur Identität der gesuchten Person: ....
  Familienname: ....
  Vorname(n): ....
  ggf. Geburtsname: ....
  ggf. Aliasname: ....
  Geschlecht: ....
  Staatsangehörigkeit: ....
  Geburtsdatum: ....
  Geburtsort: ....
  Wohnort und/oder bekannte Anschrift: ....
  Falls bekannt: Sprache oder Sprachen, die die gesuchte Person versteht:
  ....
  ....
  Besondere Kennzeichen/Beschreibung der gesuchten Person: ....
  ....
  Foto und Fingerabdrücke der gesuchten Person, sofern diese vorhanden sind und übermittelt werden können, oder Kontaktadresse der Person, die diese oder ein DNS-Profil übermitteln kann (sofern diese Daten zur Übermittlung verfügbar sind und nicht beigefügt waren).

b) Entscheidung, die dem Haftbefehl zugrunde liegt
1. Haftbefehl oder justizielle Entscheidung mit gleicher Wirkung: ....
  Art: ....
2. Vollstreckbares Urteil: ....
  ....
  Aktenzeichen: ....

c) Angaben zur Dauer der Strafe
1. Höchstdauer der Freiheitsstrafe oder der freiheitsentziehenden Maßregel der Sicherung, die für die Straftat(en) verhängt werden kann:
  ....
2. Dauer der verhängten Freiheitsstrafe oder der freiheitsentziehenden Maßregel der Sicherung:
  ....
  Noch zu verbüßende Strafe: ....
  ....

d) Geben Sie an, ob die Person zu der Verhandlung, die zu der Entscheidung geführt hat, persönlich erschienen ist:
1. ☐ Ja, die Person ist zu der Verhandlung, die zu der Entscheidung geführt hat, persönlich erschienen.
2. ☐ Nein, die Person ist zu der Verhandlung, die zu der Entscheidung geführt hat, nicht persönlich erschienen.
3. Bitte geben Sie zu der unter Nummer 2 angekreuzten Möglichkeit an, dass eine der folgenden Möglichkeiten zutrifft:
   ☐ 3.1a. Die Person wurde am ... (Tag/Monat/Jahr) persönlich vorgeladen und dabei von dem vorgesehenen Termin und Ort der Verhandlung in Kenntnis gesetzt, die zu der Entscheidung geführt hat, sowie davon in Kenntnis gesetzt, dass eine Entscheidung auch dann ergehen kann, wenn sie zu der Verhandlung nicht erscheint;
   ODER
   ☐ 3.1b. die Person wurde nicht persönlich vorgeladen, aber auf andere Weise tatsächlich offiziell von dem vorgesehenen Termin und Ort der Verhandlung, die zu der Entscheidung geführt hat, in Kenntnis gesetzt, und zwar auf eine Weise, dass zweifelsfrei nachgewiesen wurde, dass sie von der anberaumten Verhandlung Kenntnis hatte, sowie davon in Kenntnis gesetzt wurde, dass eine Entscheidung auch dann ergehen kann, wenn sie zu der Verhandlung nicht erscheint;
   ODER
   ☐ 3.2. die Person hat in Kenntnis der anberaumten Verhandlung ein Mandat an einen Rechtsbeistand, der entweder von der betroffenen Person oder vom Staat bestellt wurde, erteilt, sie bei der Verhandlung zu verteidigen, und ist bei der Verhandlung von diesem Rechtsbeistand tatsächlich verteidigt worden;
   ODER
   ☐ 3.3. der Person wurde die Entscheidung am ... (Tag/Monat/Jahr) zugestellt, und sie wurde ausdrücklich von ihrem Recht auf Wiederaufnahme des Verfahrens oder auf ein Berufungsverfahren in Kenntnis gesetzt, an dem die Person teilnehmen kann und bei dem der Sachverhalt, einschließlich neuer Beweismittel, erneut geprüft werden und die ursprünglich ergangene Entscheidung aufgehoben werden kann, und
   ☐ die Person hat ausdrücklich erklärt, dass sie diese Entscheidung nicht anficht;
   ODER
   ☐ die Person hat innerhalb der geltenden Frist keine Wiederaufnahme des Verfahrens bzw. kein Berufungsverfahren beantragt;
   ODER
   ☐ 3.4. der Person wurde die Entscheidung nicht persönlich zugestellt, aber
   – sie wird die Entscheidung unverzüglich nach der Übergabe persönlich zugestellt erhalten, und
   – sie wird bei Zustellung der Entscheidung ausdrücklich von ihrem Recht auf Wiederaufnahme des Verfahrens oder auf ein Berufungsverfahren in Kenntnis gesetzt werden, an dem die Person teilnehmen kann und bei dem der Sachverhalt, einschließlich neuer Beweismittel, erneut geprüft werden und die ursprünglich ergangene Entscheidung aufgehoben werden kann, und
   – sie wird von der Frist in Kenntnis gesetzt werden, über die sie verfügt, um eine Wiederaufnahme des Verfahrens bzw. ein Berufungsverfahren zu beantragen, die ... Tage beträgt.
4. Bitte geben Sie zu der unter Nummer 3.1b, 3.2, 3.3 oder 3.4 angekreuzten Möglichkeit an, wie die entsprechende Voraussetzung erfüllt wurde:
   ....
   ....

e) Straftat(en)
Dieser Haftbefehl bezieht sich auf insgesamt .... Straftaten.
Beschreibung der Umstände, unter denen die Straftat(en) begangen wurde(n), einschließlich Tatzeit (Datum und Uhrzeit), Tatort und Art der Beteiligung der gesuchten Person an der(n) Straftat(en)
....
....

Art und rechtliche Würdigung der Straftat(en) und anwendbare gesetzliche Bestimmungen:
....
....
....
....

I. Bitte kreuzen Sie gegebenenfalls an, ob es sich um eine oder mehrere der folgenden – nach dem Recht des Ausstellungsstaats definierten – Straftaten handelt, die im Ausstellungsmitgliedstaat mit einer Freiheitsstrafe oder einer freiheitsentziehenden Maßnahme der Sicherung im Höchstmaß von mindestens drei Jahren bedroht sind:
☐ Beteiligung an einer kriminellen Vereinigung
☐ Terrorismus
☐ Menschenhandel
☐ sexuelle Ausbeutung von Kindern und Kinderpornografie
☐ illegaler Handel mit Drogen und psychotropen Stoffen
☐ illegaler Handel mit Waffen, Munition und Sprengstoffen
☐ Korruption
☐ Betrugsdelikte, einschließlich Betrug zum Nachteil der finanziellen Interessen der Europäischen Gemeinschaften im Sinne des Übereinkommens vom 26. Juli 1995 über den Schutz der finanziellen Interessen der Europäischen Gemeinschaften
☐ Wäsche von Erträgen aus Straftaten
☐ Geldfälschung, einschließlich Euro-Fälschung
☐ Cyberkriminalität
☐ Umweltkriminalität, einschließlich illegalen Handels mit bedrohten Tierarten oder mit bedrohten Pflanzen- und Baumarten
☐ Beihilfe zur illegalen Einreise und zum illegalen Aufenthalt
☐ vorsätzliche Tötung, schwere Körperverletzung
☐ illegaler Handel mit Organen und menschlichem Gewebe
☐ Entführung, Freiheitsberaubung und Geiselnahme
☐ Rassismus und Fremdenfeindlichkeit
☐ Diebstahl in organisierter Form oder schwerer Raub
☐ illegaler Handel mit Kulturgütern, einschließlich Antiquitäten und Kunstgegenstände
☐ Betrug
☐ Erpressung und Schutzgelderpressung
☐ Nachahmung und Produktpiraterie
☐ Fälschung von amtlichen Dokumenten und Handel damit
☐ Fälschung von Zahlungsmitteln
☐ illegaler Handel mit Hormonen und anderen Wachstumsförderern
☐ illegaler Handel mit nuklearen und radioaktiven Substanzen
☐ Handel mit gestohlenen Kraftfahrzeugen
☐ Vergewaltigung
☐ Brandstiftung
☐ Verbrechen, die in die Zuständigkeit des Internationalen Strafgerichtshofs fallen
☐ Flugzeug-/Schiffsentführung
☐ Sabotage
II. Vollständige Beschreibung der Straftat oder der Straftaten, die nicht unter die Fälle nach Abschnitt I fallen
....
....

f) Sonstige für den Fall relevante Umstände (fakultative Angaben):
(NB. Hierunter könnten Bemerkungen zur Extraterritorialität, zur Unterbrechung der Verjährungsfristen und zu sonstigen Folgen der Straftat fallen)
....
....

g) Dieser Haftbefehl betrifft auch die Beschlagnahme und Übergabe von Gegenständen, die als Beweisstücke dienen können.
Dieser Haftbefehl betrifft auch die Beschlagnahme und Übergabe von Gegenständen, die die gesuchte Person aus der Straftat erlangt hat.
Beschreibung (und Lokalisierung) der Gegenstände (falls bekannt):
....
....
....

h) Die Straftat/Straftaten, aufgrund deren dieser Haftbefehl ausgestellt wurde, ist/sind mit einer lebenslangen Freiheitsstrafe oder einer lebenslangen Maßregel der Sicherung bedroht oder hat/haben zur Verhängung einer solchen Strafe bzw. Maßregel geführt.
– Nach der Rechtsordnung des Ausstellungsmitgliedstaats kann die verhängte Strafe – auf Antrag oder nach mindestens 20 Jahren – daraufhin überprüft werden, ob die Vollstreckung dieser Strafe oder Maßregel auszusetzen ist, und/oder
– nach der Rechtsordnung des Ausstellungsmitgliedstaats können Gnadenakte, auf die die Person nach dem innerstaatlichen Recht oder der Rechtspraxis des Ausstellungsmitgliedstaats Anspruch hat, mit dem Ziel der Nichtvollstreckung dieser Strafe oder Maßregel angewandt werden.

i) Justizbehörde, die den Haftbefehl ausgestellt hat:
Offizielle Bezeichnung: ....
....
Name ihres Vertreters[2] : ....
....
Funktion (Titel/Dienstrang): ....
....
Aktenzeichen: ....
Anschrift: ....
....
Telefonnummer: (Ländervorwahl) (Ortsnetzkennzahl) (...) ....
Fax-Nummer: (Ländervorwahl) (Ortsnetzkennzahl) (...) ....
E-Mail: ....
Kontaktadresse der Person, die die erforderlichen praktischen Vorkehrungen für die Übergabe treffen kann:
....

Im Fall der Benennung einer zentralen Behörde für die Übermittlung und administrative Entgegennahme von Europäischen Haftbefehlen:
Bezeichnung der zentralen Behörde:
....
ggf. zu kontaktierende Person (Titel/Dienstrang und Name):
....
Anschrift: ....
....
Telefonnummer: (Ländervorwahl) (Ortsnetzkennzahl) (...) ....
Fax-Nr.: (Ländervorwahl) (Ortsnetzkennzahl) (...)
E-Mail: ....

Unterschrift der ausstellenden Justizbehörde und/oder ihres Vertreters: ....   Name: ....   Funktion (Titel/Dienstrang): ....   Datum: ....   (ggf.) amtlicher Stempel

¹ [Amtl. Anm.:] Dieser Haftbefehl ist in einer der Amtssprachen des Vollstreckungsstaats oder in einer von diesem Staat akzeptierten Sprache auszufertigen bzw. in eine solche Sprache zu übersetzen, wenn dieser Staat bekannt ist.

² [Amtl. Anm.:] In die einzelnen Sprachfassungen ist eine Bezugnahme auf den Träger der Justizbehörde aufzunehmen.

Überblick

Das Formular, auf das in Art 8 Abs 1 RB-EUHb Bezug genommen wird, wird von den Mitgliedstaaten bei der Ausstellung des Europäischen Haftbefehls verwendet. Es trägt damit erheblich zur Vereinheitlichung und damit letztlich auch zur Vereinfachung des Auslieferungsverkehrs innerhalb der Europäischen Union bei. Es steht den Justizbehörden – in redaktionell geringfügig veränderter Form – als Muster Nr 40 zu den RiVASt zur Verfügung. Im Handbuch des Rates der Europäischen Union, das auch umfangreiche Hinweise zum Ausfüllen des Formulars enthält, wird empfohlen, dieses über die Internetseite des EJN abzurufen (http://www.ejn-crimjust.europa.eu/forms.aspx) und am Computer auszufüllen. Die sorgfältige Ausfüllung des Formulars ist Voraussetzung für eine erfolgreiche Fahndung über das Schengener Informationssystem und vermeidet Rückfragen nach der Festnahme des Gesuchten im Ausland und beschleunigt somit dessen Auslieferung. Nachfolgend werden Hinweise zur Ausfüllung des Formulars gegeben, das nicht immer aus sich heraus verständlich ist. Soweit ein Feld im zu beurteilenden Fall nicht einschlägig ist (zB weil es sich nur auf ein Ersuchen zum Zwecke der Vollstreckung bezieht, tatsächlich aber ein Ersuchen zum Zwecke der Verfolgung gestellt wird, sollte „entfällt" oder „-" eingetragen werden.

A. Angaben zur Person (lit a)

1 Der Europäische Haftbefehl sollte möglichst viele Personendaten enthalten. Gleichwohl werden einzelne Angaben, etwa zum Wohnort oder den verwendeten Sprachen häufig offen bleiben müssen. Auch eine nähere Beschreibung der gesuchten Person wird vielfach nicht möglich sein. Fotos, Fingerabdrücke und DNS-Profil werden in Deutschland regelmäßig nicht bei der Staatsanwaltschaft, sondern bei den ermittelnden Polizeidienststellen vorgehalten. Hier ist daher der sachbearbeitende Polizeibeamte nebst Dienstanschrift und telefonischen Erreichbarkeiten zu benennen. Bei der Angabe von Telefonnummern sollte die internationale Vorwahl +49 angegeben werden.

B. Zugrunde liegende Haftentscheidung (lit b)

2 Anzugeben ist hier die dem Europäischen Haftbefehl zugrunde liegende inländische Haftanordnung (vgl hierzu Art 1 RB-EUHb Rn 6). Die Nr 1 bezieht sich auf Ersuchen zum Zwecke der **Strafverfolgung**. Hier ist also der Haftbefehl zu bezeichnen, zu dessen Vollstreckung der Internationale Haftbefehl ausgestellt wird. Anzugeben sind das Gericht, das Datum des Haftbefehls sowie dessen Aktenzeichen, das nicht etwa unter Nr 2 zu vermerken ist, auch wenn sich dort vorgedruckt der Begriff „Aktenzeichen" befindet. An dieser Stelle ist vielmehr das Aktenzeichen eines Urteils anzugeben, soweit der Europäische Haftbefehl zum Zwecke der Strafvollstreckung ausgestellt wird.

3 Unter Nr 2 ist das Urteil nebst Angabe des Gerichts und des Entscheidungsdatums aufzuführen, soweit der Europäische Haftbefehl zum Zwecke der **Strafvollstreckung** ausgestellt wird. Nach dem Begriff Aktenzeichen ist hier das gerichtliche Aktenzeichen auf-

zuführen. Eines Hinweises auf einen evtl bestehenden Vollstreckungshaftbefehl bedarf es nicht (Art 1 RB-EUHb Rn 10).

C. Höhe der Strafe (lit c)

4 Auch hier ist zwischen einem Europäischen Haftbefehl zum Zwecke der Strafverfolgung und einem solchen zum Zwecke der Strafvollstreckung zu differenzieren. Bei Nr 1, die sich auf die **Strafverfolgung** bezieht, ist die gesetzliche Höchststrafe anzugeben, wie sie sich aus den einzelnen Straftatbeständen ergibt. Nr 2 bezieht sich demgegenüber auf einen Europäischen Haftbefehl zum Zwecke der **Strafvollstreckung**. Es ist zunächst die Dauer der verhängten Strafe mitzuteilen, wie sie sich – ohne Anrechnung von bereits verbüßten Teilen – aus dem Urteilstext ergibt. Erst danach ist bei der Frage nach der noch zu verbüßenden Strafe der zu vollstreckende Strafrest anzugeben. Die Angaben dienen der Umsetzung von Art 2 Abs 1 RB-EUHb. Schwierigkeiten bereiten hier die **Maßregeln** der (Besserung und) Sicherung nach deutschem Recht. Nur bei der Unterbringung in einer Entziehungsanstalt bestimmt das Gesetz ein feststehendes Höchstmaß (§ 67 d Abs 1 S 1 StGB). Demgegenüber besteht bei der Unterbringung in einem psychiatrischen Krankenhaus und in der Sicherungsverwahrung (vgl § 67 d Abs 3 StGB) grundsätzlich kein gesetzliches Höchstmaß. In einem von einem deutschen Gericht verkündeten Urteil wird dem entsprechend nur die Maßregel angeordnet und kein Zeitraum für die Unterbringung benannt. Bei der Ausfüllung des Haftbefehlsformulars kann deswegen keine bestimmte der Dauer der Maßregel angegeben werden. Es sind stattdessen hier in knapper Form die rechtliche Bestimmungen zur Dauer der jeweiligen Unterbringung darzustellen, wobei insbesondere auf § 67 e StGB eingegangen werden sollte.

D. Abwesenheitsurteil (lit d)

5 Da Abwesenheitsurteile in Deutschland nicht möglich sind (§ 230 Abs 1StPO) ist die Vorschrift für ausgehende Ersuchen deutscher Staatsanwaltschaften ohne Bedeutung. Für eingehende Ersuchen aus dem Ausland ist § 83 Nr 3 IRG zu beachten.

E. Bezeichnung der Straftaten (lit e)

6 Nach der Angabe der **Zahl der materiell-rechtlichen Straftaten** ist hier der Sachverhalt zu schildern, der der gesuchten Person zu Last gelegt wird. Um dem Gebot einer knappen **Sachverhaltsdarstellung** – sie sollte aus fahndungstechnischen Gründen im Regelfall eine halbe DIN A4-Seite nicht überschreiten (so nun ausdrücklich Nr 6 der Anlage F zu den RiStBV) – gerecht zu werden, wird man an dieser Stelle **Serienstraftaten** zusammenfassen müssen, ohne jedoch das auch für den Spezialitätsgrundsatz wichtige Bestimmtheitsgebot zu verletzen. Bei einer Vielzahl von gleichartigen Taten ist es angezeigt, lediglich zwei bis drei Taten näher zu beschreiben und im Übrigen anzugeben, dass in gleicher Weise bei den anderen Taten vorgegangen wurde. Im Übrigen sollten mehrere Straftaten nummeriert werden. Darüber hinaus ist es sinnvoll, den Tatzeitraum einzugrenzen und ggf den Gesamtschaden anzugeben. Nach der Festnahme im Ausland muss die Darstellung notfalls ergänzt werden. Fahndungstechnisch ist die Übernahme mehrseitiger Sachverhaltsschilderungen wie sie sich häufig im zu Grunde liegenden Inlandshaftbefehl finden nur schwer zu bewerkstelligen. Nach der Sachverhaltsschilderung schließt sich die rechtliche Einordnung der Straftaten an. Dabei sollte angegeben werden, ob es sich um Verbrechen oder Vergehen handelt, die – soweit vorhanden – gesetzliche Bezeichnung der Straftat (zB Diebstahl, schwere Körperverletzung) sowie die Paragraphen des materiellen Strafrechts.

7 Soweit die Straftat einer oder mehrerer unter Nr I genannten Deliktsfelder zuzuordnen ist, genügt es diese (durch Ankreuzen) zu benennen. In diesem Fall bedarf es nicht der Beschreibung der Straftat unter Nr II. Die zuvor gegebene Sachverhaltsdarstellung muss die Zuordnung schlüssig erscheinen lassen.

Nur soweit keine der Deliktsgruppen einschlägig ist, bedarf es weiterer Angaben unter Nr II. Hier ist der Wortlaut der einschlägigen Tatbestände des Strafgesetzbuches anzugeben. Buchst e setzt die Vorgaben von Art 2 Abs 2 RB-EUHb und Art 2 Abs 4 RB-EUHb um.

F. sonstige Angaben

Unter lit f können weitere sachdienliche Angaben der ausländischen Behörde mitgeteilt werden. Unter lit g ist eine vereinfachte Herausgabe von Beweisgegenständen vorgesehen. Im Falle der Festnahme kann sogleich um die Übergabe bekannter Beweisstücke ersucht werden. Ein gesondertes Rechtshilfeersuchen erübrigt sich dann für die Staatsanwaltschaft.

G. Lebenslange Freiheitsstrafen (lit h)

Soweit bei ausgehenden Ersuchen eine lebenslange Freiheitsstrafe nicht in Rede steht, ist dieser Textteil zu streichen. Bei lebenslangen Freiheitsstrafen nach dem deutschen Strafgesetzbuch ist wegen § 57 a StGB und § 57 b StGB die im Formular nach dem ersten Spiegelstrich angeführte Variante einschlägig.

H. Ausstellende Justizbehörde (lit i)

Wie sich aus dem Wesen des Europäischen Haftbefehls als Fahndungsmittel und Auslieferungsersuchen (vgl Art 1 RB-EUHb Rn 6) ergibt, ist hier nicht etwa das Gericht zu benennen, das den (Inlands-)Haftbefehl ausgestellt oder das zugrunde liegende inländische Urteil ausgesprochen hat. Zu benennen ist vielmehr immer die deutsche Staatsanwaltschaft, die die Strafverfolgung oder die Strafvollstreckung betreibt. Sie ist die Justizbehörde, die den Europäischen Haftbefehl ausstellt. Anzugeben ist demgemäß auch das staatsanwaltschaftliche Aktenzeichen und nicht etwa das gerichtliche Aktenzeichen der zugrunde liegenden inländischen Haftentscheidung. Aufgeführt wird hier zudem Amtsbezeichnung und Name des ermittelnden Staatsanwalts bzw des für die Ausstellung eines Europäischen Haftbefehls nach der jeweiligen Geschäftsverteilung der Staatsanwaltschaft zuständigen Dezernenten. Dieser ist zugleich die Kontaktperson, die die praktischen Vorkehrungen für die Übergabe treffen kann. Bei der Angabe von Anschrift und Telefonnummern ist darauf zu achten, dass die Erreichbarkeit aus dem Ausland gewährleistet werden soll (Angabe der internationalen Vorwahl 0049).

Auch wenn das Bundeskriminalamt in vielfältiger Weise bei der Übermittlung von Europäischen Haftbefehlen eingeschaltet werden kann, ist sie nicht zentrale Behörde im Sinne des Formulars. Dieser Teil ist daher für ausgehende Ersuchen deutscher Staatsanwaltschaften nicht auszufüllen.

Am Ende des Formulars wird der Europäische Haftbefehl von dem Staatsanwalt unterzeichnet, der zuvor als Aussteller benannt wurde. Zudem soll der Europäische Haftbefehl gesiegelt werden.

Schengener Durchführungsübereinkommen (Auszug)

SDÜ

Titel III. Polizei und Sicherheit (Art. 39-91) (Auszug)

Kapitel 3. Verbot der Doppelbestrafung (Art. 54-58) (Auszug)

Artikel 54

Wer durch eine Vertragspartei rechtskräftig abgeurteilt worden ist, darf durch eine andere Vertragspartei wegen derselben Tat nicht verfolgt werden, vorausgesetzt, daß im Fall einer Verurteilung die Sanktion bereits vollstreckt worden ist, gerade vollstreckt wird oder nach dem Recht des Urteilsstaats nicht mehr vollstreckt werden kann.

Überblick

Die Vorschrift ist ein Eckpunkt des Schengener Durchführungsübereinkommens (SDÜ). Sie verankert den Grundsatz „ne bis in idem" erstmalig im Völkerrecht. Galt bisher das Verbot der Doppelbestrafung nur im Hinblick auf andere inländische Urteile ist dieses nunmehr auch bei ausländischen Urteilen gültig. Die Vorschrift bezweckt eine einmalige Strafverfolgung des Beschuldigten innerhalb des Schengenraums. Liegt bereits ein Strafurteil hinsichtlich der zu beurteilenden Tat vor, ist eine weitere Strafverfolgung in einem anderen Schengenstaat ausgeschlossen. Es besteht insoweit ein Verfahrenshindernis.

Übersicht

	Rn		Rn
A. Das Schengener Durchführungsübereinkommen	1	IV. Opportunitätseinstellung bei Gericht	26
B. Der Anwendungsbereich von Art 54 SDÜ	8	E. Notwendigkeit einer Vollstreckung	27
		F. Tatbegriff	31
C. Europarechtliche Bedeutung	11		
D. Ausländisches Straferkenntnis	16	G. Zeitliche und persönliche Geltung von Art 54 SDÜ	40
I. Freisprechende Urteile	17	H. Verfahrensfragen	42
II. Art der gerichtlichen Entscheidung	20		
III. Einstellung im Ermittlungsverfahren	21	I. Anwendung auf Drittstaaten	48

A. Das Schengener Durchführungsübereinkommen

1 Das Schengener Durchführungsübereinkommen v 19. 6. 1990 war ein Meilenstein für die Entwicklung der internationalen Rechtshilfe und die grenzüberschreitende Zusammenarbeit der Strafverfolgungsbehörden im europäischen Raum. Es beinhaltet die Regelungen, die für die Aufhebung der Personenkontrollen an den europäischen Binnengrenzen für notwendig erachtet wurden. In seinem dritten Teil (Art 39 SDÜ bis Art 91 SDÜ) enthält es unter der Überschrift **Polizei und Sicherheit** auch Bestimmungen, die für die grenzüberschreitende Strafverfolgung von wesentlicher Bedeutung sind. Die Bestimmungen richten sich –trotz der Überschrift (zu Recht kritisch hierzu S/L/G/H/Schomburg Internationale Rechtshilfe in Strafsachen SDÜ Vor Art 39 Rn 1 ff)- auch an Staatsanwaltschaft und Gericht.

2 Neben den hier kommentierten Bestimmungen zum Grundsatz „ne bis in idem" enthält das SDÜ Regelungen über die Zusammenarbeit der Strafverfolgungsbehörden. Diese

Schengener Durchführungsübereinkommen (Auszug) **Art. 54 SDÜ**

Rechtshilfevorschriften sind während der letzten Jahre in wesentlichen Teilen durch weitergehende bilaterale und multilaterale Regelungswerke ersetzt und ergänzt worden. Dabei steht das Bestreben im Vordergrund, die Zusammenarbeit der europäischen Strafverfolgungsbehörden weiter zu verbessern, was in Anbetracht der hohen Mobilität vieler Straftäter, aber auch wegen der neuen Erscheinungsformen grenzüberschreitender Delinquenz – man denke nur an die vielfältigen Formen der Internet-Kriminalität – unabdingbar ist. Diese sehr begrüßenswerte Entwicklung bringt es allerdings mit sich, dass es für den Praktiker nur noch schwer zu überschauen ist, welche Bestimmungen in Bezug auf das jeweils in Rede stehende Land, in dem Ermittlungsmaßnahmen veranlasst werden sollen oder das seinerseits ein Ersuchen um Vornahme solcher Maßnahmen gestellt hat, Gültigkeit haben.

Art 2 Abs 2 des **Übereinkommen v 29. 5. 2000 über die Rechtshilfe in Strafsachen** 3 **zwischen den Mitgliedstaaten der Europäischen Union** (BGBl II 650), das seit 2. 2. 2006 in Kraft ist, hebt eine Reihe von Bestimmungen des SDÜ auf (Das Abkommen ist abgedruckt bei S/L/G/H Internationale Rechtshilfe in Strafsachen Teil III B).
So ist die in der Praxis eminent wichtige Frage der **Übersendung von Verfahrensurkunden in das Ausland** nunmehr in diesem Abkommen zu finden. Welche (deutschen) Schriftstücke des Strafverfahrens unmittelbar an Adressaten (zB an Beschuldigte und Zeugen) im Ausland versandt werden können, ist im Verhältnis zu den Mitgliedstaaten der Europäischen Union grundsätzlich nicht mehr nach Art 52 SDÜ zu beurteilen, sondern findet eine allgemeine Regelung in Art 5 des Abkommens. Gleichwohl gibt die zu Art 52 SDÜ erstellte Liste von Urkunden einen guten Überblick über die insoweit bestehenden Möglichkeiten, ohne Rechtshilfeersuchen Schreiben an Personen im europäischen Ausland zu übermitteln. Die Liste kann über die Internetseite des BMJ unter http://www.bmj.bund.de/files/-/154/Anlage_III.pdf abgerufen werden. Art 53 SDÜ, der für **Rechtshilfeersuchen** und **Ersuchen um Übernahme der Strafverfolgung** den unmittelbaren **Geschäftsweg** zwischen den beteiligten Justizbehörden eröffnet, also im Regelfall die Einschaltung der Justizministerien entbehrlich macht, wird durch die im Grundsatz inhaltsgleiche Regelung in Art 6 des Abkommens ersetzt.

Art 39 SDÜ und Art 46 SDÜ werden durch die Bestimmungen des Rahmenbeschlusses 4 2006/960/JI des Rates über die Vereinfachung des **Austausches von Informationen** und Erkenntnissen zwischen den Strafverfolgungsbehörden der Mitgliedstaaten der Europäischen Union (v 18. 12. 2006, ABl L 190, 1) nebst Berichtigung (v 15. 3. 2007, ABl L 75, 26) ersetzt, der jedoch noch der Umsetzung in nationales Recht bedarf.

Die Vorschriften über die **Auslieferung** (Art 59 SDÜ ff) werden durch den Rahmen- 5 beschluss zum **Europäischen Haftbefehl** ersetzt (Art 31 Abs 1 lit e RB-EUHb). Insoweit wird auf die Kommentierung zu den Vorschriften des RB-EUHb in diesem Kommentar verwiesen.

Von unmittelbarer Bedeutung sind weiterhin Art 40 SDÜ ff, die die **grenzüberschrei-** 6 **tende Observation** und die **Nacheile** durch Polizeibeamte eines anderen Mitgliedstaates betreffen. Für die Justiz ist in diesem Zusammenhang von Bedeutung, dass einer grenzüberschreitenden Observation ein Rechtshilfeersuchen vorauszugehen hat (Art 40 Abs 1 SDÜ), soweit nicht ausnahmsweise Gefahr im Verzug anzunehmen ist (Art 40 Abs 2 SDÜ) und Delikte erheblichen Gewichts in Rede stehen (Art 40 Abs 7 SDÜ). Bei einer Festnahme im Rahmen einer Nacheile ist für die Justizbehörden die Frist in Art 41 Abs 6 SDÜ von großer Wichtigkeit. Innerhalb von sechs Stunden (die Zeit zwischen Mitternacht und 9 Uhr wird nicht eingerechnet) haben sie den ausländischen Behörden ein Ersuchen um vorläufige Festnahme zum Zwecke der Auslieferung – also idR einen Europäischen Haftbefehl – zu übermitteln, soweit es sich nicht um einen Staatsangehörigen des Staates handelt, in dem die Festnahme erfolgte.

Dem Praktiker, der sich mit der Frage auseinanderzusetzen hat, welche Bestimmungen, 7 bei den grenzüberschreitenden Ermittlungen zu beachten sind, ist zu empfehlen, sich in jedem Fall zunächst an Hand des Länderteils (Anhang II) der Richtlinien über den Verkehr mit dem Ausland in strafrechtlichen Angelegenheiten (**RiVASt**) über die jeweils anwendbaren Bestimmungen zu informieren. Darüber enthalten die RiVASt, die mit Wirkung zum 1. 1. 2009 neu gefasst wurden, wichtige Hinweise zur Bearbeitung von Rechtshilfevorgängen. Von Bedeutung außerhalb des Auslieferungsverkehrs, den ein Großteil der Regelungen betrifft, sind insbesondere die Nr 1 bis Nr 31, Nr 114 bis Nr 121 und Nr 128 bis Nr 152. Die RiVASt einschließlich des Länderteils sind auf der Internetseite des Bundesjustizministeriums unter http://www.bmj.bund.de/enid/Fachinformationen/Richtlinien_fuer_den_Verkehr_mit_dem_Ausland_in_strafrechtlichen_Angelegenheiten___lb.html abrufbar. Dem Länderteil kann auch entnommen werden, für welche Staaten aktuell welche Vorschriften des SDÜ gelten, welcher Geschäftsweg im Einzelfall einzuhalten ist, und ob einem Ersuchen Übersetzungen beizufügen sind.

B. Der Anwendungsbereich von Art 54 SDÜ

8   Art 103 Abs 3 GG schützt den Beschuldigten vor einer nochmaligen Bestrafung durch ein deutsches Gericht, soweit gegen ihn im Inland ein Strafverfahren durchgeführt wurde. Die rechtskräftige Aburteilung durch ein deutsches Gericht verbraucht die Strafklage für ein weiteres Verfahren vor einem deutschen Gericht. Diesen **Strafklageverbrauch** internationalisiert Art 54 SDÜ, indem er bestimmt, dass jeder Mitgliedsstaat auch dann von einer Strafverfolgung abzusehen hat, wenn die Tat bereits in einem der anderen Vertragsstaaten „abgeurteilt" wurde. Wann eine solche **Aburteilung** vorliegt, wirft in Anbetracht der Formulierung eine Reihe von Zweifelsfragen auf. Diese werden noch dadurch verstärkt, dass der Text in den unterschiedlichen Sprachen der Mitgliedstaaten nicht vollständig deckungsgleich ist (vgl S/L/G/H Schomburg Internationale Rechtshilfe in Strafsachen SDÜ Art 54 Rn 10). Viele dieser Zweifelsfragen konnten jedoch zwischenzeitlich durch die Rechtsprechung des EuGH geklärt werden.

9   Art 54 SDÜ ist nur auf Straferkenntnisse anwendbar, die in einem Staat ergangen sind, in dem das SDÜ anzuwenden ist. Das Doppelbestrafungsverbot gilt derzeit in folgenden **Ländern**: Belgien, Bulgarien, Dänemark, Deutschland, Estland, Finnland, Frankreich, Griechenland, Irland, Island, Italien, Lettland, Litauen, Luxemburg, Malta, Niederlande, Norwegen, Österreich, Polen, Portugal, Rumänien, Schweden, Schweiz, Slowakei, Slowenien, Spanien, Tschechische Republik, Ungarn, Vereinigtes Königreich, Zypern.
Seit dem Schengen-Beitritt am 12. 12. 2008 gilt die Vorschrift auch im Verhältnis zur Schweiz, auch wenn diese nicht Mitglied der EU ist. Bis zu diesem Zeitpunkt bestand ein Verfolgungshindernis für das deutsche Strafverfahren nur, soweit die Schweiz um Übernahme der Verfolgung ersucht worden war (Art 12 des Vertrages zwischen der Bundesrepublik Deutschland und der schweizerischen Eidgenossenschaft über die Ergänzung des europäischen Übereinkommens über die Rechtshilfe in Strafsachen).

10   Neben der Regelung in Art 54 SDÜ ff stehen die Bestimmungen des Übereinkommens zwischen den Mitgliedstaaten der Europäischen Gemeinschaften über das Verbot der doppelten Strafverfolgung v 25. 5. 1987 (vgl hierzu S/L/G/H Internationale Rechtshilfe in Strafsachen Teil III E). Dieses Übereinkommen ist, von zu vernachlässigenden Abweichungen, inhaltlich deckungsgleich mit der Regelung in Art 54 SDÜ ff. Es ist zudem bislang nur im Verhältnis zu einzelnen Ländern in Kraft gesetzt. Die Kommentierung beschränkt sich daher auf die Vorschriften des SDÜ.

C. Europarechtliche Bedeutung

11   Mit der Begründung eines international geltenden Strafklageverbrauchs eröffnet Art 54 SDÜ eine neue Sichtweise der internationalen Zusammenarbeit in Straftaten. Zuvor wurde der Grundsatz „ne bis in idem" auch völkerrechtlich nur auf das jeweilige nationale Recht bezogen (vgl Art 4 7. EMRKProt).

12   Das internationale Doppelbestrafungsverbot bedeutet eine Abkehr von einer allein auf nationale Strafverfolgung gerichteten Sichtweise, bei der nicht selten die eigene Strafzumessungspraxis im Vordergrund steht und die einer freiheitlich verfassten europäischen Grundordnung nicht mehr gerecht wird. Der Europäische Gerichtshof verweist mit Recht darauf, dass es zum Prinzip der Freizügigkeit innerhalb der Europäischen Union nicht passe, dass ein Bürger, der in einem der Mitgliedsstaaten verurteilt wurde, erneut wegen der gleichen Tat in einem anderen Staat verfolgt wird (vgl EuGH BeckRS 2006, 70756 Tz 46 „Van Straaten").

13   Neben dem Schutz des einzelnen vor wiederholter Strafverfolgung ermöglicht Art 54 SDÜ eine moderne **arbeitsteilige Strafverfolgung**. Auch die Strafverfolgungsbehörden und Gerichte müssen auf einen sinnvollen Einsatz personeller und finanzieller Ressourcen bedacht sein. Schon deswegen ist in einem Europa ohne Grenzen zu vermeiden, dass die

gleichen Sachverhalte wiederholt „aufgearbeitet" werden. Divergierende Bewertungen derselben Taten durch verschiedene Gerichte in Europa sollten ebenfalls unterbleiben.

In diesem Zusammenhang ist auf das Grünbuch der Kommission der Europäischen Gemeinschaften v 23. 12. 2005 über Kompetenzkonflikte und den Grundsatz ne bis in idem (http://eur-lex.europa.eu/LexUriServ/LexUriServ.do?uri=COM:2005:0696:FIN.DE.PDF) hinzuweisen, das auf eine weitere Verbesserung der internationalen, arbeitsteiligen Bearbeitung von Strafverfahren abzielt. Eine Umsetzung der darin enthaltenen Vorschläge in Gemeinschaftsrecht ist jedoch bislang abgelehnt worden. 14

Jede Auslegung von Art 54 SDÜ und die Anwendung dieser Vorschrift in der Praxis sollte – unabhängig davon, dass eine Harmonisierung der nationalen Strafrechtsordnungen noch nicht stattgefunden hat – auf die möglichst weitgehende Anerkennung von Straferkenntnissen der anderen Mitgliedsländer bedacht sein (vgl EuGH BeckRS 2006, 70759 „Gasparini" Tz 29 und Tz 30). Ziel muss es sein, auf **eine Strafverfolgung in einem Land** hinzuwirken und zwar möglichst in dem Land, das hierzu am besten in der Lage ist. Jede Verengung auf nationale Sichtweisen ist bei der Handhabung dieser Vorschrift fehl am Platz (vgl auch S/L/G/H/Schomburg Internationale Rechtshilfe in Strafsachen SDÜ Art 54 Rn 46). 15

D. Ausländisches Straferkenntnis

Die Verwendung des Begriffs „abgeurteilt" im Tatbestand von Art 54 SDÜ wirft in verschiedener Hinsicht Fragen auf. Zum einen stellt sich die Frage, ob auch ein Freispruch einen Strafklageverbrauch bewirkt, zum anderen erschließt sich aus dem Text nicht ohne weiteres, ob nur Urteile oder auch andere Entscheidungen dem Tatbestand unterfallen, evtl auch solche der Staatsanwaltschaften oder sonstiger Behörden. 16

I. Freisprechende Urteile

Der Europäische Gerichtshof hat in zwei Urteilen v 28. 9. 2006 entschieden, dass auch ein freisprechendes Urteil einen Strafklageverbrauch nach SDÜ Art 54 bewirken kann. Dies ergibt sich bereits aus dem Wortlaut von Art 54 SDÜ. Während im ersten Satzteil von **Ab**urteilung die Rede ist, wird im weiteren Text der Begriff „**Ver**urteilung" verwendet (S/L/G/H/Schomburg Internationale Rechtshilfe in Strafsachen SDÜ Art 54 Rn 11). Dem oben beschriebenen Zweck (Rn 12), dem einzelnen Schutz vor wiederholter Strafverfolgung zu gewähren, würde zudem nicht genügen, nur die Straferkenntnisse als ausreichend anzusehen, die auf Verurteilung lauten. Mit dieser Begründung hat der Europäische Gerichtshof sowohl einen Freispruch mangels Beweises (EuGH BeckRS 2006, 70756 Tz 54 ff „Van Straaten") wie auch wegen Verjährung (EuGH NStZ 2007, 408 Tz 22 „Gasparini", so auch OLG Stuttgart BeckRS 2008, 19992) als ausreichend angesehen. 17

Entscheidend für die Frage des Strafklageverbrauchs ist bei einem nicht auf **Ver**urteilung lautendem Straferkenntnis auch nicht, ob das nationale Recht die Entscheidung als Freispruch oder als Einstellung des Verfahrens kennzeichnet, wie das beispielsweise in Deutschland bei Verjährung gemäß § 260 Abs 3 StPO der Fall wäre. Entscheidend ist vielmehr, ob das jeweilige **nationale Recht** der Entscheidung **Rechtskraft** beimisst, was notfalls durch eine entsprechende Anfrage bei den ausländischen Behörden zu klären ist (vgl BGH NJW 1999, 3134). Dem entsprechend hat der Bundesgerichtshof die Einstellungsentscheidung der Anklagekammer beim französischen Appellationsgerichtshof nicht als Aburteilung iSd Art 54 SDÜ gewertet, da ihr keine Rechtskraft zukommt (BGH NJW 1999, 3134). Ein Abwesenheitsurteil steht hingegen einer erneuten Strafverfolgung in einem anderen Schengenstaat entgegen, soweit es nach nationalem Recht rechtskräftig geworden ist (so EuGH NStZ 2009, 454 „Bourquain"). 18

Ist eine Fortsetzung des Verfahrens schon bei Vorliegen neuer Tatsachen oder Beweismittel möglich, wie zB bei einer deutschen Ablehnungsentscheidung nach § 211 StPO, so wird von einer rechtskräftigen Aburteilung iSd Art 54 SDÜ nicht die Rede sein können. Knüpft das nationale Recht die Fortsetzung des Verfahrens hingegen an weitere Voraussetzungen, wie etwa § 359 StPO ff für ein deutsches Wiederaufnahmeverfahren, so wird man von einer Sperrwirkung gemäß Art 54 SDÜ auszugehen haben. Eine nach nationalem Recht gegebe- 19 ne Möglichkeit der Wiederaufnahme muss zudem so lange außer Betracht bleiben, bis ein solches Verfahren tatsächlich dort durchgeführt wurde. Solange die Entscheidung in dem Staat Bestand hat, der sie ausgesprochen hat, ist sie auch als Verfahrenshindernis zu akzeptieren (**aA** wohl S/L/G/H/Schomburg Internationale Rechtshilfe in Strafsachen SDÜ Art 54 Rn 11). Würde man das Vorliegen von Wiederaufnahmegründen bereits ausreichen lassen, um die Sperrwirkung des Art 54 SDÜ für ein weiteres Verfahren in einem anderen Mitgliedsstaat entfallen zu lassen, so widerspräche dies dem Zweck der Vorschrift, denjenigen vor erneuter Strafverfolgung zu bewahren, gegen den in einem Land bereits eine – nach dortigem Recht – rechtskräftige Entscheidung ergangen ist (vgl EuGH NStZ 2009, 454 „Bourquain").

II. Art der gerichtlichen Entscheidung

20 Die Rechtskraft ist auch das entscheidende Kriterium zur Beantwortung der Frage, inwieweit **andere gerichtliche Erkenntnisse** als Urteile Art 54 SDÜ unterfallen. Soweit eine gerichtliche Entscheidung der Rechtskraft fähig ist, begründet sie einen Strafklageverbrauch, auch wenn sie nicht in Urteilsform ergangen ist (für den deutschen **Strafbefehl** ergibt sich dies aus § 410 Abs 3 StPO). Solche Entscheidungen lassen sich ohne weiteres unter den Begriff der Aburteilung fassen. Dies gilt umso mehr, da die französische und niederländische Textfassung von Art 54 SDÜ eine Ausweitung auf gerichtliche Beschlüsse nahe legen (s hierzu S/L/G/H/Schomburg Internationale Rechtshilfe in Strafsachen SDÜ Art 54 Rn 12).

III. Einstellung im Ermittlungsverfahren

21 Wesentlich schwieriger ist die Frage zu beantworten, ob Entscheidungen, die nicht von einem Richter gefällt wurden, Art 54 SDÜ unterfallen können. Der BGH tendierte in seinen beiden Entscheidungen zu einer Verfahrensbeendigung durch eine belgische „transactie" zu der Auffassung, dass Art 54 SDÜ nur auf gerichtliche Entscheidungen anwendbar sei (BGH NStZ 1989, 149 mAnm van den Wyngaert 153 und Lagodny 154 und BGH NStZ 1999, 250), hat die Frage aber letztlich offen gelassen (BGH NStZ 1999, 250, 251).

22 Zwischenzeitlich hat der Europäische Gerichtshof mit Urt v 11. 2. 2003 (EuGH NJW 2003, 1173 „Gözütok und Brügge") entschieden, dass auch eine nicht unter Mitwirkung eines Richters getroffene verfahrensbeendende Entscheidung die Strafklage verbraucht, soweit sie von einer Strafverfolgungsbehörde getroffen wurde und bei der der Beschuldigte eine von dieser angeordnete Auflage erfüllt hat. Streitgegenständlich war eine Verfahrenseinstellung gem **§ 153 a StPO** durch eine deutsche Staatsanwaltschaft sowie eine vergleichbare Regelung im belgischen Recht. Entgegen der im Schrifttum geäußerten Kritik (Radtke/Busch NStZ 2003, 281) ist dieser Entscheidung des EuGH im Ergebnis und in der Begründung zuzustimmen. Auch hier ist auf den Gesichtspunkt des Vertrauensschutzes für den Betroffenen abzustellen. Wer in einem der Mitgliedsstaaten ein Angebot der Staatsanwaltschaft annimmt, das zu einer Verfahrenseinstellung nach Erfüllung einer Auflage führt, vertraut darauf, wegen der zugrunde liegenden Tat – auch in einem anderen Staat – nicht mehr verfolgt zu werden. Der Begriff Rechtskraft in Art 54 SDÜ erlaubt es durchaus, auch solche Entscheidungen einzubeziehen, die wie § 153 a Abs 3 S 5 StPO eine lediglich beschränkte Sperrwirkung für ein neues Verfahren entfalten.

23 Allerdings kann der durch Art 54 SDÜ vermittelte Schutz nicht weitergehen, als der Strafklageverbrauch in dem Land, in dem der Beschuldigte zuerst verfolgt wurde. Ist dieser Schutz inhaltlich begrenzt, wie zB in § 153 a Abs 3 S 5 StPO auf Vergehenstatbestände, so besteht eine Sperrwirkung für eine erneute Strafverfolgung in einem anderen Mitgliedstaat auch nur in diesem Umfang. Wie weit der Strafklageverbrauch im nationalen Recht des Staates reicht, der die (erste) Strafverfolgung betrieben hat, muss ggf durch Nachfragen ermittelt werden. Dass dies häufig auf Schwierigkeiten stoßen wird, lässt sich jedoch bei der derzeitigen Rechtslage nicht vermeiden (vgl Radtke/Busch NStZ 2003, 281, deren alternativer Lösungsvorschlag ebenfalls praktische Probleme mit sich bringt).

24 Soweit Verfahrenseinstellungen nicht wie bei § 153 a StPO mit einer Sanktion verbunden sind, hindern sie nach deutschem Recht die Staatsanwaltschaft nicht, das Verfahren wieder

aufzunehmen. Dem entsprechend hat der Oberste Gerichtshof der Republik Österreich (NStZ 2005, 344) entschieden, dass ein in Deutschland wegen Verjährung nach **§ 170 Abs 2 StPO** eingestelltes Verfahren eine erneute Verfolgung derselben Tat in Österreich nicht hindere. Auch wenn der Unterschied zu einer gerichtlichen Einstellung wegen Verjährung (s oben Rn 17) zunächst erstaunt, ist er doch die zwingende Folge der Bindung eines Strafklageverbrauchs an rechtskraftfähige Entscheidungen. Da der Beschuldigte auch in Deutschland nicht darauf vertrauen kann, nach einer Einstellung gemäß § 170 Abs 2 StPO nicht erneut verfolgt zu werden, wird ihm dieser Schutz auch nicht in anderen Mitgliedstaaten des SDÜ zuteil. Dem entsprechend hat der EuGH einer nach slowakischem Recht möglichen Verfahrenseinstellung durch eine Polizeibehörde keine Sperrwirkung für eine Strafverfolgung in einem anderen Schengen-Staat beigemessen, da sie auch in der Slowakei eine Wiederaufnahme der Ermittlungen nicht ausschließe. Nur wenn eine Entscheidung die Strafklage nach nationalem Recht endgültig verbrauche, könne von einer rechtskräftigen Aburteilung iSv Art 54 SDÜ ausgegangen werden. Diese Bestimmung schütze den Betroffenen nach rechtskräftiger Aburteilung der ihm zur Last gelegten Tat vor neuer Verfolgung, nicht aber vor wiederholen Ermittlungen in der gleichen Sache (EuGH BeckRS 2009, 70011 „Turanský").

Auch **Opportunitätseinstellungen der Staatsanwaltschaft** gemäß § 153 StPO ff – ausgenommen § 153a StPO – hindern die Staatsanwaltschaft nicht, das Verfahren wieder aufzunehmen. Aus diesem Grunde entfalten auch sie keine Sperrwirkung. Dies gilt insbesondere auch für eine Einstellung gem § 154 StPO durch die Staatsanwaltschaft (OLG Nürnberg BeckRS 2009, 20924). 25

IV. Opportunitätseinstellung bei Gericht

Demgegenüber sieht § 154 Abs 4 StPO bei einer gerichtlichen Einstellung eine Sperrwirkung wegen Fristablaufs vor. Auch für die Einstellung nach § 153 Abs 2 StPO wird eine Wiederaufnahme des bei Gericht eingestellten Verfahrens an zusätzliche Umstände geknüpft (vgl KK-StPO/Schoreit StPO § 153 Rn 62 ff). Eine Sperrwirkung solcher Entscheidungen auch für ein ausländisches Verfahren gemäß Art 54 SDÜ wird man jedoch verneinen müssen (offen gelassen in OLG Nürnberg BeckRS 2009, 20924). Opportunitätsentscheidungen erfordern grundsätzlich nicht eine vollständige Sachverhaltsaufklärung. Nur Entscheidungen, bei denen eine **sachliche Prüfung** des Geschehens stattgefunden hat, können aber Rechtskraftwirkung entfalten (vgl EuGH NJW 2005, 1337 „Miraglia"). Darüber hinaus kann derjenige, der in einem der Vertragsstaaten aus Opportunitätsgründen nicht verfolgt wurde, nicht darauf vertrauen, dass auch in einem anderen Vertragsstaat auf Strafverfolgung verzichtet wird. Die in Art 54 SDÜ vorausgesetzte Verfolgung der Tat fand eben nicht statt. Besonders deutlich wird dies bei einer Opportunitätseinstellung nach § 154b StPO. 26

E. Notwendigkeit einer Vollstreckung

Art 54 SDÜ knüpft den Strafklageverbrauch im Falle einer Verurteilung an die weitere Voraussetzung, dass die verhängte Sanktion bereits vollstreckt worden ist, gerade vollstreckt wird oder nach dem Recht des Urteilsstaates nicht mehr vollstreckt werden kann. Diese Einschränkung hat in der Vergangenheit bei **Bewährungsstrafen** zu Zweifelsfragen geführt. So hatte das OLG Saarbrücken mit Urt v 16. 12. 1996 (OLG Saarbrücken NStZ 1997, 245) noch angenommen, dass eine Freiheitsstrafe während des Laufs einer Bewährungszeit nicht vollstreckt werde und deswegen keine Sperrwirkung entfalten könne. Eine solche Interpretation steht jedoch im Widerspruch zur Intention von Art 54 SDÜ, Doppelverfolgungen zu vermeiden. Mittlerweile haben sowohl der Europäische Gerichtshof wie auch der Bundesgerichtshof mit überzeugender Argumentation klar gestellt, dass auch eine Bewährungsstrafe die Sperrwirkung nach Art 54 SDÜ entfaltet (EuGH NJW 2007, 3412 „Kretzinger"; BGH NJW 2001, 692). 27

Eine bereits **erlassene Bewährungsstrafe** kann nicht mehr vollstreckt werden und erfüllt somit ebenfalls die Voraussetzungen des Art 54 SDÜ (EuGH NJW 2007, 3412 Tz 42). 28

Nicht mehr vollstreckt werden kann eine Strafe, wenn sie zum Zeitpunkt des zweiten Verfahrens in dem Land, in dem das (erste) Strafekenntnis ergangen ist, nicht mehr vollstreckt werden kann. Der Wortlaut der Bestimmung („nicht mehr") erfordert hingegen nicht, dass das Urteil in diesem Land früher hätte vollstreckt werden können. Der EuGH hat deswegen auch dann eine Sperrwirkung des früheren Urteils angenommen, wenn es – zB wegen Vollstreckungsverjährung – jetzt dauerhaft nicht mehr vollstreckt werden kann, aber auf Grund von verfahrensrechtlichen Besonderheiten auch zuvor nicht vollstreckt werden konnte (EuGH NStZ 2009, 454 „Bourquain").

29 Die **Vollstreckungsbedingung** in Art 54 SDÜ verhindert hingegen eine Sperrwirkung für die erneute Strafverfolgung, wenn der Vollstreckung des bereits ergangenen Straferkenntnisses keine rechtlichen Hindernisse entgegenstehen, es gleichwohl aber nicht vollstreckt wird. Dies ist häufig dann der Fall, wenn sich der Beschuldigte im Ausland befindet, flüchtig, oder unbekannten Aufenthalts ist. Die Fahndung nach einem Verurteilten stellt insoweit noch keine Vollstreckung dar (vgl EuGH NJW 2007, 3412 Tz 60 „Kretzinger"). Erst recht wird eine Sanktion dann nicht vollstreckt, wenn es der erstverurteilende Staat – aus welchen Gründen auch immer – unterlässt, nach dem Verurteilten, beispielsweise mittels eines Europäischen Haftbefehls, zu fahnden (EuGH NJW 2007, 3412 Tz 64 „Kretzinger"). In diesen Fällen ist auch dann nicht von einer Vollstreckung iSd Art 54 SDÜ auszugehen, wenn ein Teil der verhängten Sanktion bereits durch Anrechnung (vgl § 51 StGB) als verbüßt gilt (EuGH NJW 2007, 3412 Tz 45 ff „Kretzinger", BGH BeckRS 2008, 12999 Tz 21).

30 Vor dem Hintergrund dieser Rechtsprechung ist entgegen dem Oberlandesgericht Saarbrücken (OLG Saarbrücken NJW 1997, 245) bei einer noch nicht beigetriebenen **Geldstrafe** von einer Sperrwirkung gem Art 54 SDÜ auszugehen, auch wenn Ersatzfreiheitsstrafe (noch) nicht vollstreckt wird. Solange die Vollstreckung der Geldstrafe betrieben wird, was auch bei einer nur zeitweisen Stundung noch anzunehmen ist, muss der Verurteilte darauf vertrauen können, wegen derselben Tat nicht erneut in einem anderen Mitgliedstaat verfolgt zu werden.

F. Tatbegriff

31 Wie Art 103 Abs 3 GG bewirkt Art 54 SDÜ einen Strafklageverbrauch nur für dieselbe Tat. Dieser Begriff wird weder im SDÜ noch in der StPO definiert. Er wird vielmehr vorausgesetzt. Ihn auszufüllen ist Aufgabe der Rechtsprechung und rechtswissenschaftlichen Literatur. Mit Beschl v 9. 6. 2008 (NJW 2008, 2931) hat der 5. Senat des BGH ausgeführt, dass der Begriff der Tat in Art 54 SDÜ nicht mit demjenigen in § 264 StPO gleichgestellt werden könne. Es handele sich vielmehr um einen eigenständigen, autonom europarechtlich auszulegenden Tatbegriff. Dabei orientiert sich der BGH an dem Ziel der Vorschrift, es zu verhindern, dass jemand wegen derselben Tatsachen in den Mitgliedsstaaten zweimal verfolgt wird.

32 Trotz dieser zutreffenden systematischen Einordnung lassen die bisher ergangenen Entscheidungen des Europäischen Gerichtshofs deutliche Parallelen zur Definition der **prozessualen Tat** in § 264 StPO erkennen (vgl auch Rübenstahl NJW 2008, 2934). Auf die Erläuterungen zu dieser Vorschrift kann daher ergänzend Bezug genommen werden. Auch die Formulierung des deutschen Vorbehalts zu Art 54 SDÜ (Art 55 SDÜ Rn 1) entspricht dieser Begriffsbestimmung.

33 Ähnlich der Umschreibung der prozessualen Tat als einheitlicher geschichtlicher Lebensvorgang erklärt der EuGH in seiner grundlegenden Entscheidung v 9. 3. 2006 (EuGH NJW 2006, 1781 „Van Esbroeck"), dass das maßgebende Kriterium für die Anwendung dieses Artikel das der Identität der materiellen Tat sei, verstanden als das Vorhandensein eines Komplexes unlösbar miteinander verbundener Tatsachen, unabhängig von der rechtlichen Qualifizierung dieser Tatsachen oder von dem geschützten rechtlichen Interesse. Diese Definition hat der Europäische Gerichtshof in weiteren Entscheidungen bestätigt (EuGH NJW 2007, 3412 „Kretzinger"; NJW 2007, 3416 „Kraaijenbrink").

34 Die Verwendung des Begriffs „materielle Tat" durch den Europäischen Gerichtshof sollte nicht dazu verleiten, hierunter die materiell-rechtliche Tat iSd § 52 StGB zu verstehen. Denn der vom EuGH verwendete Begriff wird in der Entscheidung weiter definiert („verstanden") als das Vorhandensein eines Komplexes unlösbar miteinander verbundener Tatsachen und nimmt damit letztlich den historischen Lebenssachverhalt in den Blick, wie er zur Definition der prozessualen Tat in § 264 StGB verwendet wird (so auch S/L/G/H/Schomburg SDÜ Art 54 Rn 20 a). Dass auch mehrere „Taten" in einer Weise verknüpft sein können, dass sie dem Tatbegriff in Art 54 SDÜ unterfallen, hat der Europäische Gerichtshof zudem anerkannt

(EuGH NJW 2007, 3416 Tz 27 „Kraaijenbrienk"). Andererseits reicht ein einheitlicher Vorsatz allein nicht aus, um mehrere Handlungen als eine Tat iSd Art 54 SDÜ zu bewerten (EuGH NJW 2007, 3416 „Kraaijenbrienk"). Gleichwohl dürfte er nicht selten ein wesentlicher Gesichtspunkt für die Annahme einer Tat sein (vgl BGH BeckRS 2008, 12999 Tz 17).

Nach der Rechtsprechung des Europäischen Gerichtshofes kommt es für die Einordnung 35 von Geschehnissen als eine Tat iSd Art 54 SDÜ allein auf die „Tatsachen" an. Der Annahme von Tatidentität steht es deswegen nicht entgegen, dass die Tat in den Vertragsstaaten unterschiedlich rechtlich qualifiziert wird, also unterschiedlichen Straftatbeständen unterfällt. Ebenso wenig kommt es auf das von diesen Straftatbeständen geschützte – möglicherweise unterschiedliche- rechtliche Interesse an (EuGH NJW 2006, 1781 Tz 27 und Tz 32 „Van Esbroeck"). Ob dies uneingeschränkt auch dann gelte, wenn die Vorgaben im nationalen Recht eine ausreichende Berücksichtigung der zusammenhängenden Geschehnisse im anderen Land – etwa im Rahmen der Strafzumessung – nicht ermöglichen, hat der Bundesgerichtshof offen gelassen (BGH BeckRS 2008, 12999 Tz 18). Ausgehend von dem Ziel, eine Doppelbestrafung zu verhindern, dürfte jedoch für Einschränkungen des Anwendungsbereiches der Vorschrift hier kein Raum sein.

Auch wenn der Europäische Gerichtshof in seinen bisherigen Entscheidungen immer 36 wieder betonte, dass die Feststellung, ob im Einzelfall der zu beurteilende Sachverhalt der von ihm vorgegebenen Definition der Tat unterfällt, den Gerichten des Mitgliedstaaten vorbehalten ist, hat er doch wesentliche Hinweise für die Bearbeitung bestimmter Fallkonstellationen gegeben:

Für den in der Praxis sehr häufigen Fall grenzüberschreitender **Betäubungsmitteldelikte** 37 hat der EuGH entschieden, dass die Ausfuhr von Betäubungsmitteln aus dem einen Mitgliedstaat und die Einfuhr derselben Betäubungsmittel in den anderen Mitgliedstaat als dieselbe Tat anzusehen sind (NJW 2006, 1781 „Van Esbroeck"). Mit Urt v 28. 9. 2006 (BeckRS 2006, 70756 „Van Straaten") stellte er klar, dass es nicht darauf ankommt, ob an den Drogengeschäften in den jeweils betroffenen Ländern dieselben Personen beteiligt waren und ob jeweils dieselben Drogenmengen in Rede stehen. Die Rechtsprechung weist damit deutliche Parallelen auf zu Entscheidungen des Bundesgerichtshofs, in denen eine Bewertungseinheit bei einem sukzessiven Verkauf eines Drogenvorrats in Rede stand (BGH NJW 1981, 1325). Die Rechtsprechung des EuGH zu Rauschgifttransporten gilt entsprechend für andere Distanztaten, die den Schmuggel derselben Ware betreffen (EuGH NJW 2007, 3412 „Kretzinger-Tabakschmuggel"; BGH NJW 2008, 2931; zur Frage des Strafklageverbrauchs in Bezug auf den Vorwurf der Mitgliedschaft in einer kriminellen Vereinigung vgl Vorlagebeschluss des OLG Stuttgart v 29. 6. 2009, BeckRS 2009, 21546).

Zurückhaltender zeigt sich die Rechtsprechung bei mehraktigen **Geldwäschevorgängen**. 38 Bleibt offen, ob tatsächlich dieselben Gewinne aus rechtswidrigen Vortaten in Rede stehen, muss zumindest eine objektive Verbindung zwischen den verausgabten Geldbeträgen vorliegen, um von einer Tat iSd Art 54 SDÜ ausgehen zu können (EuGH NJW 2007, 3406 Tz 31 „Kraaijenbrienk").

Bei einem **Anlagebetrug** mit Geschädigten in verschiedenen Ländern ist von einer Tat 39 auszugehen, soweit der Täter sich der von ihm zur Begehung der Tat geschaffenen Organisationsstrukturen in einer Weise bedient, die das Geschehen als einheitlichen Lebenssachverhalt erscheinen lassen (OLG München NStZ 2007, 412).

G. Zeitliche und persönliche Geltung von Art 54 SDÜ

Liegt bereits ein Straferkenntnis in einem der beteiligten Länder vor, so hindert Art 54 40 SDÜ eine erneute Strafverfolgung in dem anderen Land, sobald in beiden beteiligten Staaten das SDÜ Anwendung findet. Dies gilt auch dann, wenn zum Zeitpunkt des (ersten) Urteils in dem Staat, in dem es ausgesprochen wurde, das SDÜ noch nicht in Kraft war (EuGH NJW 2006, 1781 Tz 24 „Van Esbroeck"). So hindert zB ein schon 1961von einem französischen Militärgericht ausgesprochenes Urteil heute eine erneute Verfolgung derselben Tat in Deutschland (EuGH NStZ 2009, 454 „Bourquain").

Das Doppelbestrafungsverbot gem Art 54 SDÜ verhindert lediglich ein Verfahren gegen 41 die Person, gegen die bereits ein Straferkenntnis vorliegt. Dritte können sich hierauf nicht berufen (EuGH NStZ 2007, 408 „Gasparini").

H. Verfahrensfragen

42 Sobald in einem deutschen Strafverfahren bekannt wird, dass wegen derselben Tat ein nach Art 54 SDÜ zu beachtendes Strafferkenntnis vorliegt und auch die Vollstreckungsbedingung (Rn 27 ff) erfüllt ist, muss es wegen eines **Verfahrenshindernisses** eingestellt werden. Je nach Verfahrensstand ergeht die Entscheidung auf der Grundlage von § 170 Abs 2 StPO, § 204 StPO, § 206 a StPO oder § 260 Abs 3 StPO.

43 Liegt noch kein zu beachtendes Strafferkenntnis vor, ist aber bereits bekannt, dass auch in einem anderen Mitgliedstaat des SDÜ ein **Verfahren anhängig** ist, stellt sich die Frage, wer das Verfahren zu führen hat. Dabei sollte die Überlegung im Vordergrund stehen, in welchem der beteiligten Staaten die Strafverfolgung am effektivsten durchgeführt werden kann. Gemeint ist damit die Möglichkeit, das Strafverfahren alsbald ohne größere Beweisschwierigkeiten zum Abschluss zu bringen. Strafzumessungserwartungen sollten demgegenüber in den Hintergrund treten. Am effektivsten wird bei geständigen und jugendlichen Angeklagten häufig eine Durchführung des Strafverfahrens am Wohnort sein. Beim bestreitenden Angeklagten wird es regelmäßig sinnvoll sein, das Verfahren beim Gericht des Tatorts zu führen, wo sich meist die Zeugen, insbesondere die Geschädigten befinden. Eine Koordinierung der Strafverfolgung bei Zuständigkeit mehrerer Mitgliedstaaten wäre sicher wünschenswert (vgl oben Rn 14). Solange entsprechende Koordinierungsstellen nicht eingerichtet sind, obliegt es der jeweils mit der Sache befassten Strafverfolgungsbehörde zu entscheiden, ob und in welchem Umfang das eigene Verfahren fortzuführen ist.

44 In diesen Fällen sollte regelmäßig geprüft werden, ob nicht ein **Ersuchen um Übernahme der Strafverfolgung** nach Art 21 des Europäischen Übereinkommen über die Rechtshilfe in Strafsachen v 20. 4. 1959 gestellt werden kann (vgl hierzu auch Nr 145 bis Nr 147 RiVASt; § 80 IRG Rn 1). Diese Ersuchen werden im Schengenraum unmittelbar zwischen den beteiligten Justizbehörden übermittelt (oben Rn 3). Entspricht der ausländische Staat dem Übernahmeersuchen und endet das Verfahren mit einem rechtskräftigem Strafferkenntnis, so steht der weiteren Verfolgung im Inland Art 54 SDÜ entgegen. Ein solches Vorgehen ist sogar bei Taten möglich, die (auch) im Inland begangen wurden (vgl Art 55 Abs 1 lit a SDÜ und Art 55 Abs 4 SDÜ).

45 Entscheidet sich die deutsche Strafverfolgungsbehörde ein Übernahmeersuchen zu stellen, kann das inländische Verfahren vorläufig eingestellt werden. Bei Aufenthalt des Beschuldigten im Ausland mag entsprechend § 205 StPO verfahren werden, wobei sich Fahndungsmaßnahmen regelmäßig im Hinblick auf das Übernahmeersuchen erübrigen. Das Verfahren kann mE aber auch nach § 170 Abs 2 StPO eingestellt werden (str). Zwar bewirkt das Ersuchen um Übernahme der Strafverfolgung noch kein endgültiges Verfahrenshindernis, es zielt jedoch auf eine ausländische Verurteilung mit der Konsequenz eines Verfahrenshindernisses nach Art 54 SDÜ ab. Die Fortführung des im Inland eingeleiteten Verfahrens könnte somit zu einer unzulässigen Doppelbestrafung führen. Es erscheint daher gerechtfertigt, das Verfahren bereits mit Eingang der Übernahmebestätigung aus dem Ausland – vorläufig – zu beenden. Die Staatsanwaltschaft sollte jedoch zuvor alle Beweise im Inland erheben, die für das ausländische Verfahren von Bedeutung sein können, damit diese den ersuchten Strafverfolgungsbehörden ggf zur Verfügung gestellt werden können. Darüber hinaus ist durch entsprechende Anordnungen dafür zu sorgen, dass das Inlandsverfahren – noch vor Eintritt der Verjährung – wieder aufgenommen werden kann, sollte es nicht zu einer Aburteilung im ersuchten Staat kommen. Dies bedeutet konkret, dass auch im Falle des Übernahmeersuchens ein Aktendoppel bei der deutschen Staatsanwaltschaft verbleiben muss und dieses erst weggelegt werden darf, wenn die Voraussetzungen des Art 54 SDÜ unzweifelhaft gegeben sind. Durch die Anordnung entsprechender Wiedervorlagefristen und Nachfragen bei der ersuchten ausländischen Strafverfolgungsbehörde ist zu gewährleisten, dass das Inlandsverfahren ggf fortgesetzt werden kann. Keinesfalls darf eine solche vorläufige Einstellung dazu führen, dass letztlich in keinem der Länder, in denen dies möglich wäre, ein Strafverfahren durchgeführt wird (vgl hierzu EuGH NJW 2005, 1337 „Miraglia").

46 Darüber hinaus ermöglichen **§ 153 c Abs 1 Nr 1 StPO, § 154 b SPO** nicht selten die Möglichkeit, ohne die Stellung eines Übernahmeersuchens einschlägige Verfahren, bei denen eine Doppelverfolgung droht, im Inland zu beenden. Allerdings liegen die tatbestandlichen Voraussetzungen dieser Vorschriften keineswegs in den meisten Fällen mit Auslandsbezug vor.

Vor dem Hintergrund der Rechtsentwicklung in Europa ist es auch angezeigt, entgegen der bislang herrschenden Meinung (vgl KK-StPO/Schoreit StPO § 154 Rn 7 mwN) den Anwendungsbereich von **§ 154 StPO** auf ausländische Strafurteile auszuweiten (so schon LG Bremerhaven NJW 1971, 1003 sowie – mit der Einschränkung auf eine bereits erhebliche Verbüßung der Auslandsstrafe LG Bonn NJW 1973, 1566). Der insbesondere auch Art 54 SDÜ zugrunde liegende Gedanke der gegenseitigen Anerkennung von Strafurteilen (s hierzu auch den noch umzusetzenden Rahmenbeschluss 2008/675/JI des Rates der europäischen Union zur Berücksichtigung von früheren Verurteilungen in einem anderen Mitgliedsstaat) erlaubt es ohne weiteres, diese zur Grundlage einer Opportunitätsentscheidung nach § 154 StPO zu machen. Hiergegen vorgebrachte Gründe (vgl etwa Galandi NStZ 1987, 353, 354) erscheinen überholt. Dass sich ein praktisches Bedürfnis für die Anwendung der Vorschrift auf ausländische Urteile ergeben kann, zeigen ua die Überlegungen zum - allerdings weitgehend abgelehnten- Härteausgleich bei „gesamtstrafenfähigen" ausländischen Verurteilungen (s hierzu BGH BeckRS 2009, 20615 mwN). Es ist beispielsweise zu fragen, ob es in jedem Fall geboten ist, einen Straftäter, der im Ausland bereits mehrjährige Freiheitsstrafen verbüßt hat, anschließend wegen anderer, in Deutschland verfolgbarer Taten erneut vor Gericht zu stellen, zumal der Zeitablauf seit Begehung der Straftat nicht nur regelmäßig Beweisschwierigkeiten verursacht, sondern auch einen wesentlichen Strafzumessungsgrund darstellt (vgl BGH GSSt NJW 2008, 860 Tz 45 mwN). 47

Zu beachten bleibt in jedem Fall, dass § 154 StPO nur eine Einstellung wegen einer **anderen Tat** ermöglicht.

I. Anwendung auf Drittstaaten

Eine entsprechende Anwendung von Art 54 SDÜ auf Urteile von Staaten, für die das Abkommen nicht gilt, ist ausgeschlossen. Es gibt insbesondere keinen allgemeinen völkerrechtlichen Grundssatz, wonach die Strafverfolgung in einem Land die erneute Verfolgung in einem anderen Land ausschließt (BVerfG NJW 1987, 2155, 2157). 48

Eine Verurteilung in einem Staat, für den das SDÜ nicht gilt, hindert daher eine nochmalige Strafverfolgung in Deutschland nicht (zur notwendigen Anrechnung der im Ausland verbüßten Strafe s § 51 Abs 3 StGB). Den Vorschlägen, Art 54 SDÜ auch auf Verurteilungen in Ländern zu erstrecken, die dem SDÜ nicht beigetreten sind (vgl Endriss und Kinzig StV 1997, 665), ist die Rechtssprechung bislang nicht gefolgt (OLG Karlsruhe NStZ-RR 1997, 285; OLG Frankfurt NStZ-RR 2006, 87).

Auch hier kann jedoch durch ein Ersuchen um Übernahme der Strafverfolgung nach Art 21 des Europäischen Rechtshilfeübereinkommens eine Doppelbestrafung verhindert werden. Nach Auffassung des OLG Karlsruhe besteht ein allgemeiner Rechtsgrundsatz, dass mit Übernahme der Strafverfolgung durch den ersuchten Staat ein Verfolgungshindernis für den ersuchenden Staat entsteht (OLG Karlsruhe NStZ 1988, 135; s aber auch OLG Karlsruhe NStZ-RR 1997, 285). 49

Artikel 55

(1) Eine Vertragspartei kann bei der Ratifikation, der Annahme oder der Genehmigung dieses Übereinkommens erklären, daß sie in einem oder mehreren der folgenden Fälle nicht durch Artikel 54 gebunden ist:

a) Wenn die Tat, die dem ausländischen Urteil zugrunde lag, ganz oder teilweise in ihrem Hoheitsgebiet begangen wurde; im letzteren Fall gilt diese Ausnahme jedoch nicht, wenn diese Tat teilweise im Hoheitsgebiet der Vertragspartei begangen wurde, in dem das Urteil ergangen ist;

b) wenn die Tat, die dem ausländischen Urteil zugrunde lag, eine gegen die Sicherheit des Staates oder andere gleichermaßen wesentliche Interessen dieser Vertragspartei gerichtete Straftat darstellt;

c) wenn die Tat, die dem ausländischen Urteil zugrunde lag, von einem Bediensteten dieser Vertragspartei unter Verletzung seiner Amtspflichten begangen wurde.

(2) Eine Vertragspartei, die eine solche Erklärung betreffend eine der in Absatz 1 Buchstabe b genannten Ausnahmen abgibt, bezeichnet die Arten von Straftaten, auf die solche Ausnahmen Anwendung finden können.

(3) Eine Vertragspartei kann eine solche Erklärung betreffend eine oder mehrere in Absatz 1 genannten Ausnahmen jederzeit zurücknehmen.

(4) Ausnahmen, die Gegenstand einer Erklärung nach Absatz 1 waren, finden keine Anwendung, wenn die betreffende Vertragspartei die andere Vertragspartei wegen derselben Tat um Verfolgung ersucht oder die Auslieferung des Betroffenen bewilligt hat.

Überblick

Die Vorschrift ermöglicht den Mitgliedstaaten, in Abweichung von Art 54 SDÜ sich in bestimmten Fällen eine (nochmalige) Strafverfolgung vorzubehalten, auch wenn dieselbe Tat bereits in einem anderen Mitgliedstaat sanktioniert wurde. Deutschland hat von dieser Möglichkeit Gebrauch gemacht (Bekanntmachung über das Inkrafttreten des SDÜ v 20. 4. 1994, BGBl II 631). Dabei sind jedoch die Beschränkungen solcher Vorbehalte in Art 55 Abs 1 lit a SDÜ und Art 55 Abs 4 SDÜ zu beachten.

A. Vorbehalt der Bundesrepublik Deutschland:

1   Der Vorbehalt, den Deutschland abgegeben hat, hat folgenden Wortlaut:
Die Bundesrepublik Deutschland ist durch Art 54 des Übereinkommens nicht gebunden,
 a) wenn die Tat, die dem ausländischen Urteil zugrunde lag, ganz oder teilweise in ihrem Hoheitsgebiet begangen wurde;
 b) wenn die Tat, die dem ausländischen Urteil zugrunde lag, eine der folgenden Strafvorschriften erfüllt hat:
  aa) Vorbereitung eines Angriffskrieges (§ 80 StGB) und Aufstacheln zum Angriffskrieg (§ 80 a StGB);
  bb) Hochverrat (§§ 81 bis 83 StGB);
  cc) Gefährdung des demokratischen Rechtsstaats (§§ 84 bis 90 b StGB);
  dd) Landesverrat und Gefährdung der äußeren Sicherheit (§§ 94 bis 100 a StGB);
  ee) Straftaten gegen die Landesverteidigung (§§ 109 bis 109 k StGB);
  ff) Straftaten nach §§ 129, 129 a StGB;
  gg) die in § 129 a Abs. 1 Nr. 1 bis 3 StGB aufgeführten Straftaten, sofern durch die Tat die innere Sicherheit der Bundesrepublik Deutschland gefährdet worden ist;
  hh) Straftaten nach dem Außenwirtschaftsgesetz;
  ii) Straftaten nach dem Gesetz über die Kontrolle von Kriegswaffen.
Als Tat wird in Anwendung des Art 54 SDÜ seitens der Bundesrepublik Deutschland derjenige geschichtliche Vorgang verstanden, wie er in dem anzuerkennenden Urteil aufgeführt ist.

2   Deutschland hat somit von den Ermächtigungen in Art 55 Abs 1 lit a und b SDÜ Gebrauch gemacht. Zudem hat es in seiner Definition der Tat weitgehend die Entwicklung der Rechtsprechung vorweggenommen, die zwischenzeitlich zum Tatbegriff nach Art 54 SDÜ ergangen ist (Art 54 SDÜ Rn 31).

B. Einschränkungen des Vorbehalts

3   Art 55 Abs 1 lit a S 2 und Art 55 Abs 4 SDÜ enthalten wesentliche Einschränkungen, die auch den Vorbehalt der Bundesrepublik Deutschland begrenzen. Soweit sich die Bundesrepublik Deutschland unter Buchstabe a) ihrer Erklärung eine Verfolgung für den Fall vorbehält, dass die Tat auch im Inland begangen wurde, so wird gerade bei den in der Praxis relevanten Distanztaten (siehe hierzu Art 54 SDÜ Rn 37) das ausländische Urteil, das gemäß Art 54 SDÜ die Sperrwirkung entfaltet, häufig gerade in dem Staat ergangen sein, in dem auch ein Tatort gegeben ist. Anders als Österreich (vgl S/L/G/H/Schomburg SDÜ Art 55 Rn 2) hat Deutschland die Einschränkung des Art 55 Abs 1 lit Hs 2 SDÜ nicht in den Vorbehaltstext aufgenommen. Der darin liegende Widerspruch (vgl S/L/G/H/Schomburg

SDÜ Art 55 Rn 3) ist jedoch in der Weise zu lösen, dass die Bundesrepublik gleichwohl an die sich aus Art 55 Abs 1 lit a Hs 2 SDÜ folgende Einschränkung gebunden ist. Denn es ist nicht davon auszugehen, dass sich Deutschland seinen europarechtlichen Bindungen entziehen wollte und konnte. Dem entsprechend gehen auch die deutschen Gerichte davon aus, dass der Vorbehalt wegen der Einschränkung im zweiten Halbsatz von Art 55 Abs 1 lit a SDÜ bereits dann nicht greift, wenn die Tat wenigstens auch in dem Staat begangen wurde, in dem sie bereits abgeurteilt wurde (BGH NStZ 2001, 557, 558; NStZ-RR 2007, 179). Ist ein Teil der Tat in diesem Staat begangen worden (instruktiv hierzu OLG Stuttgart BeckRS 2008, 19992), ist eine erneute Strafverfolgung nicht mehr möglich.

Art 55 Abs 4 SDÜ schränkt schließlich den Vorbehalt der Bundesrepublik Deutschland 4 ein, soweit eine deutsche Strafverfolgungsbehörde entsprechend Art 21 des Europäischen Rechtshilfeübereinkommen den Urteilsstaat um Übernahme der Strafverfolgung ersucht oder den Betroffenen an diesen ausgeliefert hat (vgl Art 54 SDÜ Rn 44 sowie EuGH BeckRS 2009, 70011 „Turanský" Tz 29 zum entsprechenden Vorbehalt Österreichs). In diesen Fällen entfaltet das ausländische Straferkenntnis auch dann Sperrwirkung, wenn die Tat ausschließlich in Deutschland begangen wurde, oder einer der unter Buchst b) aufgeführten Deliktsgruppen zuzuordnen ist.

Artikel 56

Wird durch eine Vertragspartei eine erneute Verfolgung gegen eine Person eingeleitet, die bereits durch eine andere Vertragspartei wegen derselben Tat rechtskräftig abgeurteilt wurde, so wird jede in dem Hoheitsgebiet der zuletzt genannten Vertragspartei wegen dieser Tat erlittene Freiheitsentziehung auf eine etwa zu verhängende Sanktion angerechnet. Soweit das nationale Recht dies erlaubt, werden andere als freiheitsentziehende Sanktionen ebenfalls berücksichtigt, sofern sie bereits vollstreckt wurden.

Art 56 SDÜ hat Bedeutung für die Fälle, in denen Art 54 SDÜ keine Sperrwirkung entfalten kann, weil ein Vertragsstaat einen Vorbehalt gemäß Art 55 SDÜ abgegeben hat.

Soweit wegen des deutschen Vorbehalts nach Art 55 SDÜ ausnahmsweise eine erneute Verfolgung trotz rechtskräftigen ausländischen Straferkenntnisses erfolgt, ist eine Anrechnung in Art 56 SDÜ völkerrechtlich zwingend vorgeschrieben. Eines Rückgriffs auf diese Vorschrift bedarf es jedoch nicht, da sich das Anrechnungserfordernis bereits aus § 51 Abs 3 StGB ergibt.

Gesetz zu dem Wiener Übereinkommen vom 24. April 1963 über konsularische Beziehungen (Auszug)

WÜK

Art. 36 Verkehr mit Angehörigen des Entsendestaats

(1) Um die Wahrnehmung konsularischer Aufgaben in bezug auf Angehörige des Entsendestaats zu erleichtern, gilt folgendes:

a) Den Konsularbeamten steht es frei, mit Angehörigen des Entsendestaats zu verkehren und sie aufzusuchen. Angehörigen des Entsendestaats steht es in gleicher Weise frei, mit den Konsularbeamten ihres Staates zu verkehren und sie aufzusuchen;

b) die zuständigen Behörden des Empfangsstaats haben die konsularische Vertretung des Entsendestaats auf Verlangen des Betroffenen unverzüglich zu unterrichten, wenn in dessen Konsularbezirk ein Angehöriger dieses Staates festgenommen, in Straf- oder Untersuchungshaft genommen oder ihm anderweitig die Freiheit entzogen ist. Jede von dem Betroffenen an die konsularische Vertretung gerichtete Mitteilung haben die genannten Behörden ebenfalls unverzüglich weiterzuleiten. Diese Behörden haben den Betroffenen unverzüglich über seine Rechte auf Grund dieser Bestimmung zu unterrichten;

c) Konsularbeamte sind berechtigt, einen Angehörigen des Entsendestaats aufzusuchen, der sich in Straf- oder Untersuchungshaft befindet oder dem anderweitig die Freiheit entzogen ist, mit ihm zu sprechen und zu korrespondieren sowie für seine Vertretung in rechtlicher Hinsicht zu sorgen. Sie sind ferner berechtigt, einen Angehörigen des Entsendestaats aufzusuchen, der sich in ihrem Konsularbezirk auf Grund eines Urteils in Strafhaft befindet oder dem auf Grund einer gerichtlichen Entscheidung anderweitig die Freiheit entzogen ist. Jedoch dürfen Konsularbeamte nicht für einen Staatsangehörigen tätig werden, der in Straf oder Untersuchungshaft genommen oder dem anderweitig die Freiheit entzogen ist, wenn er ausdrücklich Einspruch dagegen erhebt.

(2) Die in Absatz 1 genannten Rechte sind nach Maßgabe der Gesetze und sonstigen Rechtsvorschriften des Empfangsstaats auszuüben; hierbei wird jedoch vorausgesetzt, daß diese Gesetze und sonstigen Rechtsvorschriften es ermöglichen müssen, die Zwecke vollständig zu verwirklichen, für welche die in diesem Artikel vorgesehenen Rechte eingeräumt werden.

Überblick

Die Vorschrift garantiert das Recht ausländischer Staatsangehöriger auf Kontakt zu ihren konsularischen Vertretungen. Von Bedeutung für das Strafverfahrensrecht sind insoweit die in Abs 1 lit a und lit b WÜK normierten Rechte inhaftierter Personen auf konsularischen Beistand. Im Mittelpunkt steht dabei die Frage, welche Folgen einer Verletzung der Belehrungspflicht aus Art 36 Abs 1 lit b S 3 WÜK beizumessen sind. Am 1. 1. 2010 hat diese Belehrungspflicht eine zusätzliche Normierung in § 114 b Abs 2 S 3 StPO erhalten.

Übersicht

	Rn		Rn
A. Entwicklung der Rechtsprechung	1	D. Ausländereigenschaft	4
B. Geltungsbereich	2	E. Zeitpunkt der Belehrung	5
C. Zuständigkeit für die Belehrung	3	F. Übersetzung der Belehrung	7

	Rn		Rn
G. Inhalt der Belehrung	9	II. Widerspruch gegen Verwertung	16
H. Dokumentation der Belehrung	11	III. Revisionsgrund	19
I. Rechtsfolge einer Verletzung der Belehrungspflicht	13	IV. Kompensation des Verfahrensverstoßes	20
		V. Bedeutung für Mitbeschuldigte	23
I. Ablehnung eines Verwertungsverbots	14	**J. Form der Unterrichtung des Konsulats**	24

A. Entwicklung der Rechtsprechung

Die in Art 36 Abs 1 lit b S 3 WÜK vorgesehene Belehrungspflicht hat in der jüngsten Vergangenheit besondere Bedeutung erlangt. Nachdem die Bundesrepublik Deutschland die USA 1999 im „LaGrand" – Fall erfolgreich beim internationalen Gerichtshof in Den Haag (IGH) verklagt hatte, weil deutsche Staatsangehörige, die zum Tode verurteilt und schließlich auch hingerichtet wurden, nicht gem Art 36 Abs 1 lit b S 3 WÜK belehrt worden waren (Urteil des IGH v 27. 6. 2001, ICJ-Reports 2001, 464; deutsche Übersetzung in EuGRZ 2001, 287), hatte sich der BGH im Jahr 2002 mit entsprechenden Rügen ausländischer Staatsangehöriger zu befassen, die in deutschen Strafverfahren nicht entsprechend belehrt worden waren. Die hierauf gestützten Revisionen hatte der BGH verworfen (BGH NStZ 2002, 168), seine Entscheidungen wurden jedoch auf Verfassungsbeschwerde der Angeklagten von der 1. Kammer des 2. Senats des BVerfG aufgehoben (BVerfG NJW 2007, 499). Zur Begründung führte das Gericht im wesentlichen aus, der BGH habe nicht in dem gebotenen Maße die Ausführungen des IGH im La Grand – Urteil und dem später zwischen Mexiko und den USA zur gleichen Problematik ergangenen „Avena" – Urteil berücksichtigt. Mit Beschl v 25. 9. 2007 hat der BGH die Revisionen erneut verworfen, teilweise aber mit der Maßgabe, dass wegen des Verfahrensverstoßes ein Strafabschlag zu gewähren sei (BGH NJW 2008, 307). 1

Mit dem **Gesetz zur Änderung des Untersuchungshaftrechts** v 29. 7. 2009 (BGBl I 2274), das am 1. 1. 2010 in Kraft trat, wurde die Belehrungspflicht (auch) in die Strafprozessordnung aufgenommen. Sie hat in § 114b Abs 2 S 3 StPO eine zusätzliche Normierung erhalten, wobei durch Verweisungen in § 127 Abs 4 StPO nF, § 127b Abs 1 S 2 StPO nF und § 163c Abs 1 S 3 StPO nF gewährleistet wird (s unten Rn 3), dass die Belehrung auch bei jeder polizeilichen Festnahme bzw Festhaltung erteilt wird. Eine inhaltliche Änderung der Belehrungspflichten ergibt sich hieraus nicht, weswegen auch weiterhin auf die bisherige Rechtsprechung und Literatur zu Art 36 WÜK Bezug genommen werden kann (s aber unten Rn 2).

B. Geltungsbereich

Das Wiener Übereinkommen v 20. 4. 1963 über konsularische Beziehungen – WÜK – (der vollständige Text ist abgedruckt bei S/L/G/H Internationale Rechtshilfe in Strafsachen Anh 15) ist für Deutschland am 7. 10. 1971 in Kraft getreten. Es gilt nur im Verhältnis zu Staatsangehörigen der anderen Vertragsstaaten (BGH NStZ 2008, 51 f). Da aber bislang 171 Staaten dem Abkommen beigetreten sind, gilt es nahezu weltweit. Eine – immer wieder aktualisierte – Liste der **Mitgliedsnationen** findet sich auf der Vertragsseite der Vereinten Nationen unter http://untreaty.un.org/ENGLISH/bible/englishinternetbible/partI/chapterIII/treaty31.asp. § 114b Abs 3 S 3 erweitert zudem die Belehrungspflicht nunmehr auf alle Ausländer (zu diesem Begriff s Rn 4). 2

C. Zuständigkeit für die Belehrung

Nach Abs 1 lit b S 1 haben die deutschen Strafverfolgungsbehörden auf Verlangen des betroffenen Ausländers die konsularische Vertretung seines Heimatstaates über eine Freiheitsentziehung zu informieren. 3

Hatte der BGH (BGH NStZ 2002, 168) zunächst mit beachtlichen Hinweisen auf den englischen Originaltext des Abkommens (dieser ist unter http://untreaty.un.org/ilc/texts/instruments/english/conventions/9_2_1963.pdf abrufbar) noch angenommen, die Vorschrift wende sich an den (Haft-)Richter, dem gemäß § 114b Abs 1 S 2 StPO aF (jetzt § 114c Abs 2 StPO) auch die Benachrichtigung der Angehörigen eines Inhaftierten obliege, erweiterte das BVerfG in seiner Kammerentscheidung vom 19. 9. 2006 (BVerfG NJW 2007, 499 Tz 67) den Adressatenkreis der Vorschrift ausdrücklich auf die **festnehmenden Polizeibeamten** (so dann auch BGH NJW 2008, 307 Tz 19). Daraus ergibt sich eine wichtige Forderung für das polizeiliche Handeln. Während nämlich zuvor ohne Belehrung – wenn überhaupt – durch das Gericht nach der Haftbefehlseröffnung vorgenommen wurde, ist nunmehr bereits die Polizei aufgefordert, diese Belehrung im unmittelbaren Anschluss an die Festnahme zu erteilen (zur Regelung in der StPO s Rn 1). Diese Belehrung hat der festnehmende Beamte nicht nur zu erteilen, wenn die Festnahme auf der Grundlage der StPO (insbesondere nach § 127 StPO) erfolgt. Wie sich aus Art 36 Abs 1 lit b S 1 WÜK aE ergibt, gilt die Belehrungspflicht bei **jeder Freiheitsentziehung**, also auch bei einer polizei- oder ausländerrechtlichen Anordnung.

D. Ausländereigenschaft

4   Die Belehrungspflicht knüpft ausschließlich an die Staatsangehörigkeit des Festgenommenen an. Ausländer ist, wer nicht (auch) die deutsche Staatsangehörigkeit besitzt. Auf den Wohnsitz (im In- oder Ausland) oder eine ausländerspezifische Hilfsbedürftigkeit kommt es nach der Rechtsprechung hingegen nicht an (BVerfG NJW 2007, 499 Tz 66; BGH NJW 2008, 308, 309 Tz 24). Keine Belehrungspflicht besteht gegenüber Personen, die neben einer ausländischen auch über die deutsche Staatsangehörigkeit verfügen (Kreß GA 2007, 296, 301 Fn 28, Hillgruber JZ 2002, 95 Fn 6).

E. Zeitpunkt der Belehrung

5   Die Rechtsprechung knüpft die Pflicht zur Belehrung an den Zeitpunkt, da bekannt wird oder sich Anhaltspunkte dafür ergeben, dass es sich bei dem Festgenommenen um einen Ausländer handelt (BVerfG NJW 2007, 499, 503 Tz 67 unter Hinweis auf die „Avena"-Entscheidung des IGH HRRS 2004 Nr 342; BGH NStZ 2008, 356 Tz 3). Dies wird entgegen der Annahme des BVerfG (BVerfG NJW 2007, 499 Tz 67) regelmäßig nicht erst bei der erkennungsdienstlichen Behandlung (Maßnahmen nach § 81b StPO werden meist erst nach der Beschuldigtenvernehmung durchgeführt), sondern bei der polizeilichen Vernehmung zur Person oder bei einer vorangegangenen Personalienfeststellung (zB durch Ausweiskontrolle) im unmittelbaren Anschluss an die Festnahme der Fall sein. Daraus folgt, dass auch dann eine Belehrung durch den festnehmenden Beamten zu erfolgen hat, wenn es später nicht zur Anordnung der Haft durch den Richter kommt, sondern der Beschuldigte wieder auf freien Fuß gesetzt wird.

6   Der Vorschlag von Walter (JR 2007, 99, 101), fürsorglich jeden Festgenommen sogleich zu belehren („Falls Sie Ausländer sind, haben Sie das Recht ...") erscheint allerdings wenig praxisgerecht. Auch wenn der IGH in der „Avena"-Entscheidung (IGH, HRRS 2004 Nr 342 Tz 64) mit Blick auf die besondere Bevölkerungsstruktur der USA feststellte, dass eine solche generelle, fürsorgliche Belehrung die Durchsetzung der Rechte „steigern" könne, so erscheint es für deutsche Verhältnisse angemessener und rechtlich auch ausreichend, dass der Festnehmende die Nationalität zunächst von dem Beschuldigten erfragt. Gibt der Festgenommene – entgegen seiner Verpflichtung aus § 111 OWiG – hierzu keine oder eine unzutreffende Antwort, so wird man in einer unterlassenen Belehrung so lange keinen Verstoß gegen Art 36 WÜK sehen können, bis die Ausländereigenschaft nicht auf andere Weise bekannt wird. Das Gebot der Unverzüglichkeit ist nämlich dann nicht verletzt, wenn nicht der Festnehmende, sondern der Festgenommene die Ursache für die Verzögerung setzt. Zweifelsohne ist aber zu empfehlen, zumindest bei Schwierigkeiten anlässlich der Feststellungen der Personalien, den Festgenommenen auch gem Art 36 WÜK zu belehren.

F. Übersetzung der Belehrung

7   Weitaus häufiger als bei der Feststellung der Staatsangehörigkeit dürften die festnehmenden Beamten Probleme haben, die vorgeschriebene Belehrung in einer dem Beschuldigten

verständlichen Sprache zu erteilen (s hierzu nunmehr § 114a Abs 1 StPO). Denn eine Belehrungspflicht ist nur dann als erfüllt anzusehen, wenn der Adressat ihren Inhalt auch verstanden hat (vgl. BGH NStZ 1994, 95 zur Belehrungspflicht gem § 136 StPO; siehe auch Art 6 Abs 3 lit e EMRK). Ist eine Verständigung mit dem Festgenommenen wegen Sprachschwierigkeiten im unmittelbaren Anschluss an die Festnahme nicht möglich, ist es im Hinblick auf das Unverzüglichkeitsgebot ausreichend, wenn die Belehrung alsbald, möglichst jedoch vor einer Vernehmung, in einer dem Beschuldigten verständlichen Sprache (schriftlich oder durch einen Dolmetscher) nachgeholt wird (s hierzu nun § 114b StPO). Entsprechendes gilt, wenn der Festgenommene zunächst aus anderen Gründen (insbesondere wegen Trunkenheit) nicht in der Lage ist, die Belehrung zu verstehen.

Das Bundesministerium der Justiz hat Übersetzungen der Belehrungen nach § 114b StPO (s oben Rn 1) in eine Reihe von Sprachen veröffentlicht. Die Übersetzungen können über www.bmj.de/Service/Fachinformationen/Belehrungsformulare abgerufen werden. **8**

G. Inhalt der Belehrung

Inhaltlich ist die Belehrungspflicht auf die in Art 36 Abs 1 lit b S 1 und S 2 WÜK benannten Rechte beschränkt. Der Festgenommene ist also darauf hinzuweisen, dass man unverzüglich das Konsulat über die Festnahme unterrichten werde, so er dies wünsche, und dass man jede Mitteilung seinerseits unverzüglich an das Konsulat weiterleiten werde. Eine darüber hinausgehende Belehrung des Inhalts, dass Konsulate regelmäßig bei der Suche nach Verteidigern behilflich seien oder zumindest sein könnten, ist dem festnehmenden Beamten zwar nicht verwehrt, nach geltendem Recht aber nicht geboten (aA Walter JR 2007, 99, 101, hiergegen wiederum Weigend StV 2008, 40 Fn 18). Der Wortlaut der Konvention sieht sie nicht vor. Auch das Gebot des fairen Verfahrens erfordert eine solche Ergänzung der Belehrungspflicht nicht. Denn die Belehrung über die Information des Konsulats hat nicht die Funktion, den Festgenommenen vor (ihn belastenden) Angaben bei einer Beschuldigtenvernehmung zu schützen. Es besteht daher auch keine Pflicht, mit einer Vernehmung zuzuwarten, bis es zu einem Kontakt zwischen Beschuldigtem und Konsulat gekommen ist (Kreß GA 296, 304). Dies lässt sich auch der „Avena"-Entscheidung des IGH entnehmen, in der klargestellt wird, dass die Belehrung nach Art 36 WÜK nicht notwendigerweise einer Vernehmung vorauszugehen habe (IGH HRRS 2004 Nr 342 Tz 87). Hierauf hat auch das BVerfG in seiner Kammerentscheidung vom 19. 9. 2006 ausdrücklich Bezug genommen und darauf hingewiesen, dass hier ein wesentlicher Unterschied zu der Belehrungspflicht aus § 136 StPO bestehe (BVerfG NJW 2007, 503 Tz 71, 72). Die Belehrungspflicht nach Art 36 WÜK knüpfe nicht an die Vernehmung, sondern an die Festnahme an (BVerfG NJW 2007, 499, 503 Tz 71, 72). Schutz vor unbedachten Äußerungen vermittelt vielmehr das aus § 136 StPO herzuleitende Recht auf Verteidigerkonsultation. **9**

Dem entsprechend entfällt umgekehrt die Belehrungspflicht gem Art 36 WÜK, wenn ein Ausländer zwar als Beschuldigter vernommen, jedoch nicht festgenommen wird. **10**

H. Dokumentation der Belehrung

Auch wenn die Belehrungspflicht nicht an die Vernehmungssituation anknüpft (Rn 9), sollte erwogen werden, die Vordrucke über die Beschuldigtenvernehmung um einen Hinweis auf die Belehrungspflicht zu ergänzen. **11**

Zur Dokumentation s auch das Formblatt des Bundesministeriums der Justiz (Rn 8). **11.1**

Den Polizei- und Zolldienststellen ist zu empfehlen, alle Maßnahmen in Bezug auf Art 36 WÜK in den Akten zu dokumentieren. Dabei sollte auch auf die zeitliche Abfolge und ggf auf die Frage der Verständigung mit dem Festgenommenen eingegangen werden. **12**

I. Rechtsfolge einer Verletzung der Belehrungspflicht

Die Frage, welche Auswirkungen ein Verstoß gegen die Belehrungspflicht zur Folge hat, beschäftigt seit der Kammerentscheidung des BVerfG vom 19. 9. 2006 (BVerfG NJW 2007, 499) in besonderem Maße Rechtsprechung und Literatur. Das BVerfG, das zwei **13**

Revisionsentscheidungen des 5. Senats des BGH auf Verfassungsbeschwerde aufhob, hat die Beantwortung dieser Frage ausdrücklich dem BGH überlassen. Dieser musste in beiden Verfahren insbesondere entscheiden, ob Aussagen des jeweiligen Beschuldigten verwertet werden dürfen, wenn die gebotene Belehrung gem. Art 36 WÜK vor seiner Vernehmung unterblieben war. Der 5. Senat des BGH hat mit Beschl v 25. 9. 2007 (BGH NJW 2007, 309), in den beiden – nunmehr verbundenen – Revisionssachen, die Gegenstand der Aufhebung durch das BVerfG waren, ein Verwertungsverbot bei einem Verstoß gegen die Belehrungspflicht aus Art 36 WÜK grundsätzlich abgelehnt (BGH NJW 2008, 307 Tz 23), und statt dessen beschlossen, den Verfahrensverstoß in der Weise zu kompensieren, dass ein Teil der Strafe in entsprechender Anwendung von § 51 Abs 1 S 1 StGB als verbüßt gilt (BGH NJW 2008, 307, 309 Tz 24 ff). Der Senat wendet damit die **Vollstreckungslösung**, die der Große Senat für Strafsachen des BGH am 17. 1. 2008 auf Vorlagebeschluss des 3. Senats (BGH NJW 2007, 3294) für den Fall rechtsstaatswidriger Verfahrensverzögerung anerkannt hat (BGH GSSt NJW 2008, 860), auch auf die Verletzung der Belehrungspflicht nach Art 36 Abs 1 lit b S 3 WÜK an (zur Notwendigkeit der Kompensation s Rn 20).

I. Ablehnung eines Verwertungsverbots

14 Dieser Entscheidung des 5. Senats ist zuzustimmen, soweit ein Verwertungsverbot abgelehnt wird (so auch Weigend StV 2008, 39, 42). Dem Verstoß gegen die Belehrungspflicht nach Art 36 ist nicht ein Gewicht beizumessen, das die Annahme eines Verwertungsverbotes für nachfolgende Aussagen gebieten würde. Anders als bei einem Verstoß gegen § 136 StPO stehen hier tatsächlich nicht elementare Beschuldigtenrechte in Rede. Art 36 WÜK begründet vielmehr lediglich ein zusätzliches Informationsrecht für den festgenommenen Beschuldigten ausländischer Staatsangehörigkeit (BGH NJW 2008, 307 Tz 23; NStZ 2008, 356). Auch der Hinweis, die Belehrung hätte zu einem Ersuchen führen können, das Verfahren in das Heimatland zu transferieren (vgl Schomburg/Schuster NStZ 2008, 593, 595), gebietet keine andere Beurteilung. Ob ein anderer Staat um Übernahme der Strafverfolgung ersucht wird, steht nämlich im Ermessen der Strafverfolgungsbehörde. Der Beschuldigte hat hierauf keinen Anspruch. Solange die Tat gem §§ 3 StGB ff dem deutschen Strafrecht unterliegt, darf das Strafverfahren im Inland geführt werden.

15 Gegen die Annahme eines Verwertungsverbots spricht entscheidend der eingeschränkte Schutzzweck der Belehrungspflicht, die eben nicht darauf abzielt, den Beschuldigten vor (belastenden) Angaben bei einer Vernehmung zu bewahren (s Rn 9).

II. Widerspruch gegen Verwertung

16 Wenn ein Verwertungsverbot schon aus diesen Erwägungen heraus abzulehnen ist, kommt es für ein Revisionsverfahren nicht mehr darauf an, ob der verteidigte Angeklagte in der Tatsacheninstanz der Verwertung seiner ohne vorherige Belehrung gemachten Angaben qualifiziert (hierzu Rn 17) widersprochen hat (so auch der 3. Strafsenat des BGH, BGH NStZ 2008, 356 Tz 6). Hierauf stellt jedoch der 1. Strafsenat des BGH in einer ebenfalls zu Art 36 WÜK ergangenen Entscheidung vom 11. 9. 2007 ab (BGH NStZ 2008, 55): Nur wenn der (verteidigte) Angeklagte der Verwertung seiner früheren Aussage rechtzeitig, nämlich bis zu dem durch § 257 StPO bestimmten Zeitpunkt, widerspreche, könne die Rüge beachtlich sein, die Belehrung nach Art 36 WÜK sei nicht rechtzeitig erfolgt. Ob aus einer Verletzung dieser Vorschrift überhaupt ein Verwertungsverbot folge, lässt der Senat ausdrücklich offen (BGH NStZ 2008, 55 Tz 1 aE).

17 Bemerkenswert ist diese Entscheidung nicht nur, weil der 1. Strafsenat die bei § 136 StPO entwickelte „Widerspruchslösung" (grundlegend BGH NStZ 92, 294), auf die Belehrungspflicht nach Art 36 WÜK überträgt, sondern auch, weil er nunmehr zusätzlich eine Begründung für den Widerspruch verlangt. Dieser müsse angeben, weswegen die Aussage nicht verwertbar sei, zB mangels Belehrung über das Schweigerecht, oder eben wegen Verstoßes gegen Art 36 WÜK. Nur dem konkret behaupteten Verstoß müsse das erkennende Gericht nachgehen. Ein allgemeiner Widerspruch gegen die Verwertung einer Aussage reiche hingegen nicht. Dem ist grundsätzlich zuzustimmen, allerdings erweckt diese Sichtweise gerade

vorliegend Bedenken, hatte der IGH doch in seiner „LaGrand"-Entscheidung ausgeführt, dass das nationale Recht die Rüge einer Verletzung von Art 36 nicht mit der Begründung ausschließen dürfe, der Betroffene hätte diese bereits zu einem früheren Zeitpunkt geltend machen können und müssen (vgl Kreß GA 2007, 296, 306).

Welche Schwierigkeiten diese „Widerspruchslösung" nach sich zieht, zeigt sich daran, dass der 1. Strafsenat ausdrücklich offen lässt, ob das Widerspruchserfordernis auch dann gilt, wenn die Belehrung gem Art 36 WÜK während des Strafverfahrens nicht nachgeholt wurde (BGH NStZ 2008, 55 Tz 2). In dem von ihm entschiedenen Fall war die Belehrung wenigstens, wenn auch verspätet (siehe oben Rn 5) bei der Haftbefehlseröffnung durch den Richter erteilt worden. Dem entsprechend hat der 5. Strafsenat (BGH NJW 2008, 307 Tz 22) dem fehlenden Widerspruch in dem von ihm entschiedenen Fall keine entscheidende Bedeutung beigemessen. Dort war die Belehrung nicht nachgeholt worden (kritisch zur Widerspruchslösung auch Weigend StV 2008, 39, 43). 18

III. Revisionsgrund

Mit der Ablehnung eines Verwertungsverbots (Rn 14) ist auch die Frage verneint, ob das Urteil auf einer Verletzung der Belehrungspflicht aus Art 36 Abs 1 lit b S 3 WÜK im Sinne des § 337 StPO beruhen kann. Dem entsprechend hat das BVerfG die Prüfung dieser Frage nur für den Fall der Annahme eines Bewertungsverbots gefordert (BVerfG NJW 2007, 499 Tz 76). Überlegungen, unabhängig von der Verwertbarkeit nachfolgender Aussagen die Beruhensfrage mit der Begründung zu bejahen, die Belehrung hätte dazu führen können, dass dem Beschuldigten vom Konsulat ein (besserer) Verteidiger vermittelt worden wäre, bewegen sich im Bereich der reinen Spekulation und sind deswegen nicht geeignet, den in § 337 StPO vorausgesetzten Kausalzusammenhang zu vermitteln (so auch Kreß GA 2007, 296, 307, allerdings mit der Einschränkung, ein solcher Fall sei nicht ganz auszuschließen; ähnlich Weigend StV 2008, 39, 41). Hiergegen spricht bereits, dass eine rechtzeitige Belehrung noch nichts darüber aussagt, ob und wann dem Beschuldigten vom Konsulat (welche) Hilfe gewährt wird (Weigend StV 2008, 39, 40). Wird der Beschuldigte im Strafverfahren verteidigt, wird es kaum möglich sein, zu behaupten, ein vom Konsulat vermittelter Verteidiger hätte dem Beschuldigten ein günstigeres Urteil erwirken können. Dies gilt trotz der in der „LaGrand"-Entscheidung erwähnten Ermittlungen zu Strafzumessungsgesichtspunkten im Heimatland (vgl hierzu Kreß GA 2007, 296, 307). Denn auch dem nicht vom Konsulat gewählten Verteidiger, steht es offen, in dieser Richtung Ermittlungen anzustoßen. Schließlich trifft auch der Hinweis zu, dass viele Beschuldigte, die zumindest bei der Haftbefehlseröffnung belehrt werden, eine Verständigung des Konsulats nicht wünschen (Walter JR 2007, 99, 100). Es kann daher schon nicht davon ausgegangen werden, dass die Belehrung regelmäßig zum Wunsch nach konsularischem Beistand führt. 19

Für eine erfolgreiche Revisionsrüge ist jedenfalls kein Raum, wenn der Beschuldigte nach der (verspäteten) Belehrung durch den Ermittlungsrichter auf die Benachrichtigung des Konsulats verzichtete. Hieraus kann nämlich geschlossen werden, dass sich auch bei rechtzeitiger Belehrung kein anderer Verfahrenverlauf ergeben hätte. Hierauf hat der 3. Strafsenat des BGH hingewiesen, ohne abschließend die Möglichkeit einer erfolgreichen Revisionsrüge zu erörtern (BGH NStZ 2008, 356 Tz 9; krit hierzu Schomburg/Schuster NStZ 2008, 593, 597 unter Hinweis auf die Notwendigkeit, eine Entscheidung des Großen Senats für Strafsachen herbeizuführen).

IV. Kompensation des Verfahrensverstoßes

Der 5. Strafsenat sah sich bei seiner Entscheidung vom 25. 9. 2007 (BGH NJW 2008, 307 Tz 25) wegen der Forderungen des IGH und des BVerfG nach effektiver „Revisibilität" der Konventionsverletzung veranlasst, wenn schon kein Verwertungsverbot anzunehmen ist (Rn 14), wenigstens eine Kompensation des Verfahrensverstosses entsprechend der **Vollstreckungslösung** (Rn 13) vorzunehmen. Konkret hielt er es in dem von ihm entschieden Fall für angezeigt, sechs Monate einer lebenslangen Freiheitsstrafe in entsprechender Anwendung von § 51 Abs 1 StGB für verbüßt zu erklären. Gleichzeitig hielt er es für denkbar, dass von einer Kompensation bei Strafen geringen Gewichts und im Fall der baldigen Nachholung 20 der Belehrung gänzlich abgesehen werden könne. Offen gelassen hat er zudem, ob bei Fällen geringeren Gewichts auch eine Kompensation in entsprechender Anwendung der Vorschriften des StrEG oder durch Kostenerlass entsprechend § 465 Abs 2 StPO in Betracht komme (BGH NJW 2008, 307 Tz 30). Diesem Lösungsvorschlag hat der 3. Strafsenat des BGH widersprochen. Die Rechtsprechung zur Kompensation überlanger Verfahrensdauer dürfe nicht auf andere Verfahrensverstöße übertragen werden. Es sei dem Staat verwehrt, solche Verstöße dem Beschuldigten durch Vollstreckungsrabatte gewissermaßen „abzuhandeln" (BGH NStZ 2008, 356 Tz 10).

21   Die Vollstreckungslösung hat zweifelsohne Vorzüge gegenüber früheren Versuchen Verfahrensverstöße auszugleichen (vgl. BGH GSSt NJW 2008, 860 Tz 44 ff). Ihre Anwendung eröffnet die Möglichkeit, den verengten Blick auf Verwertungsverbote bei Verfahrensfehlern aufzugeben. Dass auch andere Lösungswege denkbar sind, zeigt zB Art 41 EMRK. Andererseits muss bezweifelt werden, dass ein Strafabschlag einen gerechten Ausgleich für Verstöße gegen Belehrungspflichten darstellt (kritisch auch Weigend StV 2008, 39, 44). Eine überlange Verfahrensdauer oder auch eine unzulässige Tatprovokation weist immerhin Bezüge zu Strafzumessungserwägungen auf. Diese sind bei einer unterlassenen Verständigung des Konsulats hingegen nicht erkennbar.

22   Unabhängig hiervon ist aber zu fragen, ob es bei einem Verstoß gegen Art 36 Abs 1 lit b S 3 WÜK nicht ausnahmsweise als Kompensation ausreichen würde, den Konventionsverstoß anzuerkennen, mag eine solch folgenlose Feststellung – wie der BGH ausführt – dem deutschen Revisionsverfahren ansonsten auch fremd sein (BGH NJW 2008, 307 Tz 25).
Denn es ist zwar richtig, dass dem Konventionsverstoß angemessenes Gewicht beizumessen ist. Andererseits kann aber bei der Bewertung der bisherigen Verstöße gegen die Belehrungspflicht nicht außer Acht gelassen werden, dass diese schlicht auf Unkenntnis der einschlägigen Vorschrift beruht haben dürften und nicht in dem Bestreben erfolgten, den Kontakt des Beschuldigten mit seinem Konsulat zu verhindern. Auch wenn bei Belehrungspflichten der „Vorwerfbarkeit" des Verfahrensverstoßes in der Rechtsprechung nicht immer entscheidende Bedeutung beigemessen wurde (vgl BGH NStZ 1994, 95: unwirksame Belehrung gem § 136 StPO, wenn der Beschuldigte sie aufgrund seines geistigen Zustands nicht verstehen konnte), wird man bei den hier in Rede stehenden Verstößen nicht außer Acht lassen können, dass die Vorschriften des WÜK kaum einem Polizeibeamten bekannt (gewesen?) sein dürften. Dies ist auch der Grund, weswegen die Belehrungspflicht nunmehr auch in die StPO aufgenommen wurde (Rn 1). Sie sollte neben der „abgelegenen" Rechtsvorschrift des Art 36 WÜK (BT-Drs 16/11644, 14) an einer exponierten Stelle normiert werden, an der sie nicht mehr übersehen wird (vgl BT-Drs 16/11644, 17). Berücksichtigt man ferner, dass auch der BGH als Adressaten der Vorschrift zunächst nur den Haftrichter angesehen hatte (BGH NStZ 2002, 168), so wird deutlich, dass es sich hier nicht um Rechtsverstöße handelt, die Missachtungen klarer gesetzlicher Vorgaben vergleichbar sind (vgl zu solchen Verstößen BGH NJW 2007, 2269). Zweifelsohne hat die Rechtsprechung zur „Disziplinierung" der Ermittlungsbehörden geführt, die es nicht versäumen werden, die Polizeibeamten zu der gebotenen Belehrung zu veranlassen, um nicht weitere Strafnachlässe zu provozieren (s hierzu auch Rn 8).

V. Bedeutung für Mitbeschuldigte

23   Mitbeschuldigte können aus der Verletzung der Belehrungspflicht, die individuell an fremde Staatsangehörigkeit und Festnahme anknüpft, keine Verletzung eigener Verfahrensrechte herleiten, da ihr Rechtskreis nicht betroffen ist (BGH NJW 2007 308 Tz 21).

J. Form der Unterrichtung des Konsulats

24   Eine bestimmte Form der Unterrichtung des Konsulats sieht Art 36 Abs 1 lit b S 1 WÜK nicht vor. Ausreichend sollte in jedem Fall eine schriftliche Benachrichtigung sein, wobei eine Versendung mit der Post bei den üblichen Laufzeiten dem Unverzüglichkeitsgebot entsprechen dürfte (vgl auch Kreß GA 2007, 296, 301). Die Anschriften der konsularischen Vertretungen sind abrufbar unter http://www.auswaertiges-amt.de/diplo/de/Laenderinformationen/VertretungenFremderStaatenA-Z-Laenderauswahlseite.jsp.

Anhang

I. Richtlinien für das Strafverfahren und das Bußgeldverfahren

RiStBV

Einführung
Die Richtlinien sind vornehmlich für den Staatsanwalt bestimmt. Einige Hinweise wenden sich aber auch an den Richter. Soweit diese Hinweise nicht die Art der Ausübung eines Amtsgeschäfts betreffen, bleibt es dem Richter überlassen, sie zu berücksichtigen. Auch im übrigen enthalten die Richtlinien Grundsätze, die für den Richter von Bedeutung sein können.

Die Richtlinien können wegen der Mannigfaltigkeit des Lebens nur Anleitung für den Regelfall geben. Der Staatsanwalt hat daher in jeder Strafsache selbständig und verantwortungsbewußt zu prüfen, welche Maßnahmen geboten sind. Er kann wegen der Besonderheit des Einzelfalles von den Richtlinien abweichen.

Für Verfahren, die zur Zuständigkeit der Jugendgerichte gehören, gelten diese Richtlinien nur, wenn in den Richtlinien zum Jugendgerichtsgesetz nichts anderes bestimmt ist.

Richtlinien für das Strafverfahren

Allgemeiner Teil

I. Abschnitt. Vorverfahren

1. Allgemeines

1 Der Staatsanwalt
[1]Das vorbereitende Verfahren liegt in den Händen des Staatsanwalts. [2]Er ist Organ der Rechtspflege. [3]Im Rahmen der Gesetze verfolgt er Straftaten und leitet verantwortlich die Ermittlungen der sonst mit der Strafverfolgung befaßten Stellen.

2 Zuständigkeit
(1) Die Ermittlungen führt grundsätzlich der Staatsanwalt, in dessen Bezirk die Tat begangen ist.
(2) Für Sammelverfahren und in den Fällen des § 18 des Gesetzes über die Einrichtung eines Bundeskriminalpolizeiamtes (BKAG) gelten die Nr. 25 bis 29.

3 Persönliche Ermittlungen des Staatsanwalts
(1) [1]Der Staatsanwalt soll in bedeutsamen oder in rechtlich oder tatsächlich schwierigen Fällen den Sachverhalt vom ersten Zugriff an selbst aufklären, namentlich den Tatort selbst besichtigen, die Beschuldigten und die wichtigsten

Zeugen selbst vernehmen. ²Bei der Entscheidung, ob er den Verletzten als Zeugen selbst vernimmt, können auch die Folgen der Tat von Bedeutung sein.

(2) ¹Auch wenn der Staatsanwalt den Sachverhalt nicht selbst aufklärt, sondern seine Ermittlungspersonen (§ 152 Abs. 1 GVG), die Behörden und Beamten des Polizeidienstes (§ 161 Abs. 1 StPO) oder andere Stellen damit beauftragt, hat er die Ermittlungen zu leiten, mindestens ihre Richtung und ihren Umfang zu bestimmen. ²Er kann dabei auch konkrete Einzelweisungen zur Art und Weise der Durchführung einzelner Ermittlungshandlungen erteilen (vgl. auch Anlage A).

(3) ¹Bei formlosen mündlichen Erörterungen mit dem Anzeigenden, dem Beschuldigten oder mit anderen Beteiligten sind die Vorschriften der §§ 52 Abs. 3 Satz 1, 55 Abs. 2, 163 a Abs. 3 Satz 2 StPO zu beachten. ²Über das Ergebnis der Erörterung ist ein Vermerk niederzulegen.

4 Grundsatz der Verhältnismäßigkeit

Der Verfassungsgrundsatz der Verhältnismäßigkeit ist insbesondere bei Eingriffen in grundgesetzlich geschützte Rechte (z.B. Freiheit der Person, Unverletzlichkeit der Wohnung, Brief-, Post- und Fernmeldegeheimnis, Pressefreiheit) zu berücksichtigen; dies gilt vor allem bei der Anordnung von Maßnahmen, von denen Unverdächtige betroffen werden (z.B. Einrichtung von Kontrollstellen, Durchsuchung von Gebäuden).

4 a Keine unnötige Bloßstellung des Beschuldigten

¹Der Staatsanwalt vermeidet alles, was zu einer nicht durch den Zweck des Ermittlungsverfahrens bedingten Bloßstellung des Beschuldigten führen kann. ²Das gilt insbesondere im Schriftverkehr mit anderen Behörden und Personen. ³Sollte die Bezeichnung des Beschuldigten oder der ihm zur Last gelegten Straftat nicht entbehrlich sein, ist deutlich zu machen, daß gegen den Beschuldigten lediglich der Verdacht einer Straftat besteht.

4 b Ermittlungen gegen eine Vielzahl von Personen

Wird bei der Suche nach einem Täter gegen eine Vielzahl von Personen ermittelt, so achtet der Staatsanwalt darauf, dass diesen die Erforderlichkeit einer gegen sie gerichteten Maßnahme erläutert wird, soweit der Untersuchungszweck nicht entgegensteht.

4 c Rücksichtnahme auf den Verletzten

Der Staatsanwalt achtet darauf, daß die für den Verletzten aus dem Strafverfahren entstehenden Belastungen möglichst gering gehalten und seine Belange im Strafverfahren berücksichtigt werden.

4 d Unterrichtung des Verletzten

¹Sobald der Staatsanwalt mit den Ermittlungen selbst befaßt ist, prüft er, ob der Verletzte bereits gemäß § 406 h StPO belehrt worden ist. ²Falls erforderlich, holt er diese Belehrung nach. ³Dazu kann er das übliche Formblatt verwenden.

5 Beschleunigung

(1) ¹Die Ermittlungen sind zunächst nicht weiter auszudehnen, als nötig ist, um eine schnelle Entscheidung über die Erhebung der öffentlichen Klage oder die Einstellung des Verfahrens zu ermöglichen. ²Hierbei sind insbesondere die Möglichkeiten der §§ 154, 154 a StPO zu nutzen.

(2) Die Ermittlungshandlungen sind möglichst gleichzeitig durchzuführen (vgl. Nr. 12).

(3) Der Sachverhalt, die Einlassung des Beschuldigten und die für die Bemessung der Strafe oder für die Anordnung einer Maßnahme (§ 11 Abs. 1 Nr. 8 StGB) wichtigen Umstände sind so gründlich aufzuklären, daß die Hauptverhandlung reibungslos durchgeführt werden kann.

(4) ¹In Haftsachen sind die Ermittlungen besonders zu beschleunigen. ²Das gleiche gilt für Verfahren wegen Straftaten, die den öffentlichen Frieden nachhaltig gestört oder die sonst besonderes Aufsehen erregt haben, und für Straftaten mit kurzer Verjährungsfrist.

5 a Kostenbewußtsein
¹Die Ermittlungen sind so durchzuführen, daß unnötige Kosten vermieden werden (vgl. auch Nummer 20 Abs. 1, Nummer 58 Abs. 3). ²Kostenbewußtes Handeln ist etwa möglich durch:
a) die frühzeitige Planung der Ermittlungen und Nutzung der gesetzlichen Möglichkeiten, von der Strafverfolgung oder der Erhebung der öffentlichen Klage abzusehen (vgl. auch Nummer 101 Abs. 1, Nummer 101 a Abs. 1 Satz 2),
b) die Nutzung der Möglichkeit zu standardisiertem Arbeiten (Textbausteine, Abschlußentscheidungen nach Fallgruppen),
c) den Verzicht auf die förmliche Zustellung, etwa wenn keine Zwangsmaßnahmen zu erwarten sind (vgl. auch Nummer 91 Abs. 2),
d) die Vermeidung einer Verwahrung, jedenfalls die rasche Rückgabe von Asservaten (vgl. auch Nummer 75 Abs. 1).

5 b Vorläufige Aufzeichnung von Protokollen
¹Bei der vorläufigen Aufzeichnung von Protokollen (§ 168a Abs. 2 StPO) soll vom Einsatz technischer Hilfsmittel (insbesondere von Tonaufnahmegeräten) möglichst weitgehend Gebrauch gemacht werden. ²Die Entscheidung hierüber trifft jedoch allein der Richter, in den Fällen des § 168 b StPO der Staatsanwalt.

6 Verfolgung von Antragsdelikten
(1) ¹Wegen einer Straftat, die nur auf Antrag zu verfolgen ist, wird der Staatsanwalt in der Regel erst tätig, wenn ein ordnungsgemäßer Strafantrag vorliegt. ²Ist zu befürchten, daß wichtige Beweismittel verlorengehen, so kann es geboten sein, mit den Ermittlungen schon vorher zu beginnen.

(2) Hält der Staatsanwalt eine Strafverfolgung im öffentlichen Interesse für geboten und ist die Straftat oder das Antragserfordernis dem Antragsberechtigten offenbar noch unbekannt, so kann es angebracht sein, ihn von der Tat zu unterrichten und anzufragen, ob ein Strafantrag gestellt wird.

(3) Enthält eine von Amts wegen zu verfolgende Straftat zugleich eine nur auf Antrag verfolgbare Tat, so verfährt der Staatsanwalt nach Abs. 2.

(4) Wird der Strafantrag zu Protokoll gestellt, so soll der Antragsteller über die möglichen Kostenfolgen bei Rücknahme des Strafantrages (§ 470 StPO) und darüber belehrt werden, daß ein zurückgenommener Antrag nicht nochmals gestellt werden kann (§ 77 d Abs. 1 Satz 3 StGB).

(5) Kommt eine Ermächtigung eines obersten Staatsorgans des Bundes oder eines Landes zur Strafverfolgung (§§ 90 Abs. 4, 90b Abs. 2, 97 Abs. 3, 104a, 129 b Abs. 1 Satz 3, 194 Abs. 4, 353 a Abs. 2, 353 b Abs. 4 StGB) oder ein Strafantrag eines solchen Organs wegen Beleidigung (§ 194 Abs. 1, 3 StGB) in Betracht, so sind die besonderen Bestimmungen der Nr. 210 Abs. 1, 2, Nr. 211 Abs. 1, 2, Nr. 212, 213 zu beachten.

7 Haftbefehl bei Antragsdelikten
(1) Wird der Beschuldigte vorläufig festgenommen oder gegen ihn ein Haftbefehl erlassen, bevor ein Strafantrag gestellt ist, so hat der Staatsanwalt alle Ermittlungen vorzunehmen, die keinen Aufschub dulden.

(2) Ist eine Tat nur mit Ermächtigung oder auf Strafverlangen verfolgbar, so gilt Abs. 1 sinngemäß.

8 Namenlose Anzeigen

¹Auch bei namenlosen Anzeigen prüft der Staatsanwalt, ob ein Ermittlungsverfahren einzuleiten ist. ²Es kann sich empfehlen, den Beschuldigten erst dann zu vernehmen, wenn der Verdacht durch andere Ermittlungen eine gewisse Bestätigung gefunden hat.

9 Benachrichtigung des Anzeigenden

Wird ein Ermittlungsverfahren auf Grund einer Anzeige eingeleitet, so wird der Eingang der Anzeige bestätigt, sofern dies nicht nach den Umständen entbehrlich ist.

10 Richterliche Untersuchungshandlungen

Der Staatsanwalt beantragt richterliche Untersuchungshandlungen, wenn er sie aus besonderen Gründen für erforderlich erachtet, z. B. weil der Verlust eines Beweismittels droht, ein Geständnis festzuhalten ist (§ 254 StPO) oder, wenn eine Straftat nur durch Personen bewiesen werden kann, die zur Verweigerung des Zeugnisses berechtigt sind.

11 Ermittlungen durch andere Stellen

(1) Den Behörden und Beamten des Polizeidienstes und den anderen Stellen, die zu den Ermittlungen herangezogen werden, ist möglichst genau anzugeben, welche Erhebungen sie vornehmen sollen; Wendungen wie „zur Erörterung", „zur weiteren Aufklärung" oder „zur weiteren Veranlassung" sind zu vermeiden.

(2) Ist zu erwarten, daß die Aufklärung einer Straftat schwierig sein wird oder umfangreiche Ermittlungen erforderlich werden, empfiehlt es sich, die durchzuführenden Maßnahmen und deren Reihenfolge mit den beteiligten Stellen zu besprechen.

12 Versendung der Akten, Hilfs- oder Doppelakten

(1) ¹Ermittlungsersuchen sind möglichst so zu stellen, daß die Ermittlungen gleichzeitig durchgeführt werden können (Nr. 5 Abs. 2, Nr. 10, 11). ²Von der Beifügung der Ermittlungsakten ist abzusehen, wenn durch die Versendung eine Verzögerung des Verfahrens eintreten würde und wenn der für die Ermittlung maßgebliche Sachverhalt in dem Ersuchen dargestellt oder aus einem Aktenauszug entnommen werden kann.

(2) ¹In geeigneten Fällen sind Hilfs- oder Doppelakten anzulegen. ²Dies gilt insbesondere, wenn Haftprüfungen oder Haftbeschwerden zu erwarten sind.

13 Feststellung der persönlichen Verhältnisse des Beschuldigten

(1) ¹Die persönlichen Verhältnisse des Beschuldigten, besonders die richtige Schreibweise seines Familien- und Geburtsnamens, sein Geburtstag und Geburtsort und seine Staatsangehörigkeit, sind sorgfältig festzustellen; führt er einen abgekürzten Vornamen, so ist auch der volle Vorname anzugeben. ²Bei Ausländern sind die Paßnummer und die Namen der Eltern (einschließlich deren Geburtsnamen) festzustellen. ³Wird bei einer Vernehmung auf die Angaben zur Person in einer früheren polizeilichen Vernehmung verwiesen, so sind diese mit dem Beschuldigten im einzelnen durchzusprechen und, wenn nötig, zu ergänzen. ⁴Können die Eintragungen im Bundeszentralregister für die Untersuchung von Bedeutung sein und ist eine Registerauskunft bei den Akten, so ist der Beschuldigte auch hierüber zu vernehmen. ⁵Bestreitet er, die in der Auskunft genannte Person zu sein, oder behauptet er, die Eintragungen seien unrichtig, so ist auch dies in die Niederschrift aufzunehmen.

(2) Der Beschuldigte soll ferner befragt werden, ob er sozialleistungsberechtigt ist (Angaben über Rentenbescheid, Versorgungsbescheid, Art der Verletzung), ob er Betreuungen, Vormundschaften oder Pflegschaften führt, ob er die Erlaubnis zum Führen von Kraft-, Luft- oder Wasserfahrzeugen, eine gewerbliche Erlaubnis oder Berechtigung, einen Jagd- oder Fischereischein, eine waffen- oder sprengstoffrechtliche Erlaubnis oder Genehmigung, ein Schiffer- oder Lotsenpatent besitzt (Angabe der ausstellenden Behörde und der Nummer des Ausweises), ob er für die laufende oder für die nächste Wahlperiode als Schöffe gewählt oder ausgelost ist (Angabe des Ausschusses nach § 40 GVG) und ob er ein richterliches oder ein anderes Ehrenamt in Staat oder Gemeinde ausübt.

(3) [1]Ist der Beschuldigte ein Soldat der Bundeswehr, so sind der Dienstgrad, der Truppenteil oder die Dienststelle sowie der Standort des Soldaten festzustellen. [2]Bei Reservisten der Bundeswehr genügt die Angabe des letzten Dienstgrades.

(4) Besteht Fluchtgefahr, so ist festzustellen, ob der Beschuldigte einen Paß oder einen Personalausweis besitzt.

(5) Nach dem Religionsbekenntnis darf der Beschuldigte nur gefragt werden, wenn der Sachverhalt dazu Anlaß gibt.

(6) Die Angaben des Beschuldigten sind, soweit veranlaßt, nachzuprüfen; wenn nötig, ist eine Geburtsurkunde anzufordern.

14 Aufklärung der wirtschaftlichen Verhältnisse des Beschuldigten

(1) [1]Die Einkommens- und Vermögensverhältnisse des Beschuldigten sind aufzuklären. [2]Es ist festzustellen, welchen Beruf der Beschuldigte erlernt hat und welchen er ausübt (Angabe des Arbeitgebers). [3]Bei verheirateten Beschuldigten ist auch der Beruf des Ehegatten, bei Minderjährigen auch der der Eltern anzugeben. [4]Es ist ferner zu ermitteln, wieviel der Beschuldigte verdient, welche anderen Einkünfte, z. B. Zinsen aus Kapital, Mieteinnahmen er hat, ob er Grundstücke oder anderes Vermögen besitzt und welche Umstände sonst für seine Zahlungsfähigkeit von Bedeutung sind. [5]In geeigneten Fällen soll der Beschuldigte befragt werden, ob er die Finanz- und Steuerbehörden ermächtigt, den Justizbehörden Auskunft zu erteilen. [6]Dabei kann er auch darauf hingewiesen werden, daß seine Einkünfte, sein Vermögen und andere Grundlagen für die Bemessung eines Tagessatzes geschätzt werden können (§ 40 Abs. 3 StGB).

(2) [1]Ist der Beschuldigte erwerbslos, so ist zu ermitteln, wieviel Unterstützung er erhält und welche Kasse sie zahlt. [2]Bestehen gegen die Angaben des Beschuldigten über seine wirtschaftlichen Verhältnisse Bedenken oder wird vermutet, daß sie sich nachträglich wesentlich geändert haben, so kann sich der Staatsanwalt der Gerichtshilfe (§ 160 Abs. 3 StPO) bedienen. [3]In manchen Fällen wird es genügen, eine Auskunft des Gerichtsvollziehers oder des Vollziehungsbeamten der Justiz oder eine Auskunft aus dem Schuldnerverzeichnis des Amtsgerichts einzuholen. [4]Ist es nicht vermeidbar, eine Polizei-, Gemeinde- oder andere Behörde um eine Auskunft über die wirtschaftlichen Verhältnisse des Beschuldigten zu ersuchen, so soll sich das Ersuchen möglichst auf bestimmte Fragen beschränken.

15 Aufklärung der für die Bestimmung der Rechtsfolgen der Tat bedeutsamen Umstände

(1) [1]Alle Umstände, die für die Strafbemessung, die Strafaussetzung zur Bewährung, die Verwarnung mit Strafvorbehalt, das Absehen von Strafe, die Nebenstrafe und Nebenfolgen oder die Anordnung von Maßregeln der Besserung und Sicherung, des Verfalls oder sonstiger Maßnahmen (§ 11 Abs. 1 Nr. 8 StGB) von Bedeutung sein können, sind schon im vorbereitenden Verfahren aufzuklären. [2]Dazu kann sich der Staatsanwalt der Gerichtshilfe bedienen.

(2) [1]Gemäß Abs. 1 ist der dem Verletzten durch die Tat entstandene Schaden aufzuklären, soweit er für das Strafverfahren von Bedeutung sein kann. [2]Der Staats-

anwalt prüft auch, ob und mit welchem Erfolg sich der Beschuldigte um eine Wiedergutmachung bemüht hat.

(3) Gehört der Beschuldigte zum Leitungsbereich einer juristischen Person oder Personenvereinigung und kommt die Festsetzung einer Geldbuße gegen diese in Betracht (Nummer 180 a), so sind schon im vorbereitenden Verfahren Ermittlungen zur Höhe des durch die Tat erlangten wirtschaftlichen Vorteils zu führen.

(4) ¹Bei Körperverletzungen sind Feststellungen über deren Schwere, die Dauer der Heilung, etwaige Dauerfolgen und über den Grad einer etwaigen Erwerbsminderung zu treffen. ²Bei nicht ganz unbedeutenden Verletzungen wird ein Attest des behandelnden Arztes anzufordern sein.

16 Feststellung von Eintragungen im Bundeszentralregister

(1) ¹Für die öffentliche Klage ist in der Regel eine Auskunft aus dem Zentralregister, gegebenenfalls auch aus dem Erziehungsregister, einzuholen. ²Gleiches gilt, wenn ein Absehen von der öffentlichen Klage (§ 153 a StPO) in Betracht kommt.

(2) ¹Bei der Erörterung von Eintragungen im Bundeszentralregister ist darauf zu achten, daß dem Beschuldigten oder seiner Familie durch das Bekanntwerden der eingetragenen Tatsachen keine Nachteile entstehen, die vermeidbar sind oder zur Bedeutung der Strafsache außer Verhältnis stehen. ²Werden die Akten an andere mit dem Strafverfahren nicht unmittelbar befaßte Stellen versandt, so ist die Registerauskunft zurückzubehalten; wird ihnen Akteneinsicht gewährt, so ist sie aus den Akten herauszunehmen.

(3) Sind Anhaltspunkte dafür gegeben, daß ein Widerruf der Beseitigung des Strafmakels hinsichtlich einer früher erkannten Jugendstrafe in Betracht kommt (§ 101 JGG), so empfiehlt sich ein ausdrückliches Ersuchen um Auskunft aus dem Zentralregister im Sinne des § 41 Abs. 3 und 4 BZRG.

16 a DNA-Maßnahmen für künftige Strafverfahren

Der Staatsanwalt wirkt darauf hin, dass bei Beschuldigten, bei denen die Voraussetzungen des § 81 g StPO gegeben sind, unverzüglich die erforderlichen DNA-Maßnahmen für Zwecke künftiger Strafverfahren erfolgen.

17 Mehrere Strafverfahren gegen denselben Beschuldigten

(1) Die Ermittlungen sollen sich auch darauf erstrecken, ob gegen den Beschuldigten noch weitere Strafverfahren anhängig sind und ob er eine frühere Strafe noch nicht voll verbüßt hat.

(2) ¹Hat jemand mehrere selbständige Straftaten begangen, so sorgt der Staatsanwalt dafür, daß die Verfahren verbunden oder die Ergebnisse des einen Verfahrens in dem anderen berücksichtigt werden. ²Nr. 2 ist zu beachten.

(3) ¹Vor Anordnung oder Beantragung einer verdeckten Ermittlungsmaßnahme prüft der Staatsanwalt nach Möglichkeit, z.B. anhand des Auszugs aus dem zentralen staatsanwaltschaftlichen Verfahrensregister, ob gegen den Betroffenen der Maßnahme weitere Ermittlungsverfahren anhängig sind. ²In geeigneten Fällen, insbesondere wenn anhängige Ermittlungsverfahren Straftaten von erheblicher Bedeutung betreffen können, stimmt er sein Vorgehen mit dem das weitere Ermittlungsverfahren führenden Staatsanwalt ab, um unkoordinierte Ermittlungsmaßnahmen zu verhindern.

18 Gegenüberstellung

¹Soll durch eine Gegenüberstellung geklärt werden, ob der Beschuldigte der Täter ist, so ist dem Zeugen nicht nur der Beschuldigte, sondern zugleich auch eine Reihe anderer Personen gleichen Geschlechts, ähnlichen Alters und ähnlicher Erscheinung gegenüberzustellen, und zwar in einer Form, die nicht erkennen läßt,

wer von den Gegenübergestellten der Beschuldigte ist (Wahlgegenüberstellung). ²Entsprechendes gilt bei der Vorlage von Lichtbildern. ³Die Einzelheiten sind aktenkundig zu machen.

19 Vernehmung von Kindern und Jugendlichen

(1) Eine mehrmalige Vernehmung von Kindern und Jugendlichen vor der Hauptverhandlung ist wegen der damit verbundenen seelischen Belastung dieser Zeugen nach Möglichkeit zu vermeiden.

(2) ¹Bei Zeugen unter sechzehn Jahren soll zur Vermeidung wiederholter Vernehmungen von der Möglichkeit der Aufzeichnung auf Bild-Ton-Träger Gebrauch gemacht werden (§ 58a Abs. 1 Satz 2 Nr. 1, § 255a Abs. 1 StPO). ²Hierbei ist darauf zu achten, dass die vernehmende Person und der Zeuge gemeinsam und zeitgleich in Bild und Ton aufgenommen und dabei im Falle des § 52 StPO auch die Belehrung und die Bereitschaft des Zeugen zur Aussage (§ 52 Abs. 2 Satz 1 StPO) dokumentiert werden. ³Für die Anwesenheit einer Vertrauensperson soll nach Maßgabe des § 406f Abs. 3 StPO Sorge getragen werden. ⁴Mit Blick auf eine spätere Verwendung der Aufzeichnung als Beweismittel in der Hauptverhandlung (§ 255a StPO) empfiehlt sich eine richterliche Vernehmung (§§ 168c, 168e StPO). ⁵Bei Straftaten im Sinne des § 255a Abs. 2 Satz 1 StPO soll rechtzeitig darauf hingewirkt werden, dass der Beschuldigte und sein Verteidiger Gelegenheit haben, an der Vernehmung mitzuwirken.

(3) In den Fällen des § 52 Abs. 2 Satz 2 StPO wirkt der Staatsanwalt möglichst frühzeitig auf die Anordnung einer Ergänzungspflegschaft (§ 1909 Abs. 1 Satz 1 BGB) durch das zuständige Vormundschaftsgericht (§§ 37, 36 FGG) hin.

(4) ¹Alle Umstände, die für die Glaubwürdigkeit eines Kindes oder Jugendlichen bedeutsam sind, sollen möglichst frühzeitig festgestellt werden. ²Es ist zweckmäßig, hierüber Eltern, Lehrer, Erzieher oder andere Bezugspersonen zu befragen; gegebenenfalls ist mit dem Jugendamt Kontakt aufzunehmen.

(5) Bleibt die Glaubwürdigkeit zweifelhaft, so ist ein Sachverständiger, der über besondere Kenntnisse und Erfahrungen auf dem Gebiet der Kinderpsychologie verfügt, zuzuziehen.

19a Vernehmung des Verletzten als Zeuge

(1) ¹Ist erkennbar, daß mit der Vernehmung als Zeuge für den Verletzten eine erhebliche psychische Belastung verbunden sein kann, wird ihm bei der Vernehmung mit besonderer Einfühlung und Rücksicht zu begegnen sein; auf §§ 68a, 68b StPO wird hingewiesen. ²Einer Vertrauensperson nach § 406f Abs. 3 StPO ist die Anwesenheit zu gestatten, wenn der Untersuchungszweck nicht gefährdet wird.

(2) ¹Bei der richterlichen Vernehmung des Verletzten wirkt der Staatsanwalt durch Anregung und Antragstellung auf eine entsprechende Durchführung der Vernehmung hin. ²Er achtet insbesondere darauf, daß der Verletzte durch Fragen und Erklärungen des Beschuldigten und seines Verteidigers nicht größeren Belastungen ausgesetzt wird, als im Interesse der Wahrheitsfindung hingenommen werden muß.

(3) Eine mehrmalige Vernehmung des Verletzten vor der Hauptverhandlung kann für diesen zu einer erheblichen Belastung führen und ist deshalb nach Möglichkeit zu vermeiden.

19b Widerspruchsrecht des Zeugen im Falle der Bild-Ton-Aufzeichnung

Wird die Vernehmung eines Zeugen auf Bild-Ton-Träger aufgezeichnet (§ 58a StPO), ist dieser darauf hinzuweisen, dass er der Überlassung einer Kopie der Aufzeichnung seiner Vernehmung im Wege der Akteneinsicht an den Verteidiger oder den Rechtsanwalt des Verletzten widersprechen kann.

20 Vernehmung von Gefangenen und Verwahrten

(1) Personen, die sich in Haft oder sonst in amtlicher Verwahrung befinden, sind in der Regel in der Anstalt zu vernehmen; dies gilt vor allem dann, wenn die Gefahr des Entweichens besteht oder die Vorführung besondere Kosten verursacht.

(2) Erscheint auf Grund der Vernehmung die Besorgnis begründet, daß ein Gefangener oder Verwahrter die Ordnung in der Anstalt beeinträchtigt oder sich selbst gefährdet, so ist der Anstaltsleiter zu unterrichten (vgl. auch Nr. 7 UVollzO).

21 Behandlung Schwerhöriger und Taubstummer

(1) [1]Es empfiehlt sich, Schwerhörige zur Wiederholung dessen zu veranlassen, was sie von Fragen, Zeugenaussagen oder mündlichen Erörterungen verstanden haben. [2]Wenn der Schwerhörige zu einer Wiederholung nicht in der Lage ist, wird man sich mit ihm schriftlich verständigen müssen.

(2) [1]Zu Verhandlungen mit Taubstummen oder Gehörlosen ist regelmäßig ein Dolmetscher beizuziehen, der auch die Gebärdensprache beherrscht. [2]Häufig wird schon im vorbereitenden Verfahren ein Sachverständiger, z. B. ein Psychiater oder ein Taubstummenlehrer, zuzuziehen sein, der Kenntnisse und Erfahrungen über die seelisch-geistige Eigenart von Taubstummen oder Gehörlosen besitzt.

22 Unterbrechung der Verjährung

[1]Der Staatsanwalt hat während des ganzen Verfahrens darauf zu achten, daß die Verjährung rechtzeitig unterbrochen wird, besonders wenn kürzere Verjährungsfristen laufen. [2]Dabei ist jedoch der Grundgedanke der Verjährung zu berücksichtigen und deren Eintritt nicht wahllos, vor allem nicht in minder schweren Fällen, die erst nach Jahren zur Aburteilung kämen, zu verhindern. [3]Auf Nr. 274 wird hingewiesen.

23 Zusammenarbeit mit Presse und Rundfunk

(1) [1]Bei der Unterrichtung der Öffentlichkeit ist mit Presse, Hörfunk und Fernsehen unter Berücksichtigung ihrer besonderen Aufgaben und ihrer Bedeutung für die öffentliche Meinungsbildung zusammenzuarbeiten. [2]Diese Unterrichtung darf weder den Untersuchungszweck gefährden noch dem Ergebnis der Hauptverhandlung vorgreifen; der Anspruch des Beschuldigten auf ein faires Verfahren darf nicht beeinträchtigt werden. [3]Auch ist im Einzelfall zu prüfen, ob das Interesse der Öffentlichkeit an einer vollständigen Berichterstattung gegenüber den Persönlichkeitsrechten des Beschuldigten oder anderer Beteiligter, insbesondere auch des Verletzten, überwiegt. [4]Eine unnötige Bloßstellung dieser Person ist zu vermeiden. [5]Dem allgemeinen Informationsinteresse der Öffentlichkeit wird in der Regel ohne Namensnennung entsprochen werden können. [6]Auf die Nr. 129 Abs. 1, Nr. 219 Abs 1 wird hingewiesen. [7]Die entsprechenden Verwaltungsvorschriften der Länder sind zu beachten (vgl. auch Anlage B).

(2) Über die Anklageerhebung und Einzelheiten der Anklage darf die Öffentlichkeit grundsätzlich erst unterrichtet werden, nachdem die Anklageschrift dem Beschuldigten zugestellt oder sonst bekanntgemacht worden ist.

24 Verkehr mit ausländischen Vertretungen

Für den Verkehr mit ausländischen diplomatischen und konsularischen Vertretungen in der Bundesrepublik sind die Nr. 133 bis 137 RiVASt zu beachten.

2. Sammelverfahren, Fälle des § 18 BKAG und kontrollierte Transporte

25 Sammelverfahren

¹Im Interesse einer zügigen und wirksamen Strafverfolgung ist die Führung einheitlicher Ermittlungen als Sammelverfahren geboten, wenn der Verdacht mehrerer Straftaten besteht, eine Straftat den Bezirk mehrerer Staatsanwaltschaften berührt oder ein Zusammenhang mit einer Straftat im Bezirk einer anderen Staatsanwaltschaft besteht. ²Dies gilt nicht, sofern die Verschiedenartigkeit der Taten oder ein anderer wichtiger Grund entgegensteht.

26 Zuständigkeit

(1) Die Bearbeitung von Sammelverfahren obliegt dem Staatsanwalt, in dessen Bezirk der Schwerpunkt des Verfahrens liegt.

(2) ¹Der Schwerpunkt bestimmt sich nach den gesamten Umständen des Tatkomplexes. ²Dabei sind vor allem zu berücksichtigen:
a) die Zahl der Einzeltaten, der Täter oder der Zeugen;
b) der Sitz einer Organisation;
c) der Ort der geschäftlichen Niederlassung, wenn ein Zusammenhang mit der Tat besteht;
d) der Wohnsitz oder der gewöhnliche Aufenthaltsort des (Haupt-)Beschuldigten, wenn diese für Planung, Leitung oder Abwicklung der Taten von Bedeutung sind;
e) das Zusammenfallen des Wohnsitzes mit einem Tatort.

(3) Läßt sich der Schwerpunkt nicht feststellen, so ist der Staatsanwalt zuständig, der zuerst mit dem (Teil-)Sachverhalt befaßt war.

(4) Die Führung eines Sammelverfahrens darf nicht allein mit der Begründung abgelehnt werden, daß wegen eines Teils der Taten bereits ein gerichtliches Verfahren anhängig ist.

27 Verfahren bei Abgabe und Übernahme

(1) Ist die Führung eines Sammelverfahrens geboten, so soll der Staatsanwalt bei ihm anhängige Einzelverfahren unverzüglich unter Bezeichnung der Umstände, aus denen sich der Schwerpunkt des Verfahrens ergibt (Nr. 26 Abs. 2), an den für das Sammelverfahren zuständigen Staatsanwalt abgeben.

(2) ¹Der um Übernahme gebetene Staatsanwalt hat unverzüglich, möglichst binnen drei Tagen, zu entscheiden, ob er das Verfahren übernimmt. ²Die Ablehnung der Übernahme ist zu begründen.

(3) ¹Verbleibt der Staatsanwalt, dessen Verfahren nicht übernommen worden ist, bei seinem Standpunkt, so berichtet er dem Generalstaatsanwalt. ²Können die Generalstaatsanwälte eines Landes sich nicht binnen einer Woche über die Frage des Schwerpunktes einigen, so ist unverzüglich eine Entscheidung der Landesjustizverwaltung herbeizuführen; im übrigen ist nach § 143 Abs. 3 GVG zu verfahren.

(4) Bis zur Entscheidung über die Übernahme des Verfahrens hat der abgebende Staatsanwalt alle Amtshandlungen vorzunehmen, bei denen Gefahr im Verzug ist.

(5) Der übernehmende Staatsanwalt setzt den Anzeigenden von der Übernahme des Verfahrens in Kenntnis, sofern dies nicht nach den Umständen entbehrlich ist.

28 Regelung zu § 18 BKAG

(1) Unterrichtet das Bundeskriminalamt die Generalstaatsanwälte nach § 18 BKAG darüber, daß es angezeigt erscheine, die polizeilichen Aufgaben auf dem

Gebiet der Strafverfolgung einheitlich wahrzunehmen, so ist wie folgt zu verfahren:
a) Der Generalstaatsanwalt, in dessen Bezirk ein Sammelverfahren geführt wird, stellt, wenn er eine Zuweisungsanordnung nach § 7 BKAG für erforderlich hält, unverzüglich, möglichst binnen drei Tagen, das Einvernehmen für diese Anordnung mit der obersten Behörde der Innenverwaltung seines Landes her.
b) Hält das Bundeskriminalamt es für angezeigt, daß die polizeilichen Aufgaben auf dem Gebiet der Strafverfolgung einem anderen als dem Land übertragen werden, in dem das staatsanwaltschaftliche Sammelverfahren geführt wird, so verständigen sich die beteiligten Generalstaatsanwälte unverzüglich, möglichst binnen drei Tagen, darüber, ob eine Zuweisungsanordnung erforderlich ist und ob das Sammelverfahren von einer Staatsanwaltschaft des vom Bundeskriminalamt bezeichneten Landes übernommen werden soll. Der Generalstaatsanwalt, in dessen Bezirk das Sammelverfahren übernommen werden soll, führt unverzüglich das für die Zuweisungsanordnung erforderliche Einvernehmen mit der obersten Behörde der Innenverwaltung seines Landes herbei.
c) Wird ein staatsanwaltschaftliches Sammelverfahren noch nicht geführt, so verständigen sich die beteiligten Generalstaatsanwälte fernmündlich oder fernschriftlich unverzüglich, möglichst binnen drei Tagen, darüber, ob die Einleitung eines Sammelverfahrens angezeigt ist und welche Staatsanwaltschaft das Sammelverfahren führen soll. Hält der Generalstaatsanwalt, in dessen Bezirk das Sammelverfahren geführt werden soll, eine Zuweisungsanordnung für erforderlich, so stellt er das Einvernehmen für diese Zuweisungsanordnung mit der obersten Behörde der Innenverwaltung seines Landes her.

(2) ^{1}Bei der Entscheidung darüber, welche Staatsanwaltschaft ein Sammelverfahren führen soll, kann vor den sonstigen für die Führung von Sammelverfahren maßgebenden Gesichtspunkten kriminaltaktischen Erwägungen besondere Bedeutung zukommen. ^{2}Können die Generalstaatsanwälte sich nicht einigen, so sind die zuständigen Landesjustizverwaltungen zu beteiligen.

(3) Der Generalstaatsanwalt, in dessen Bezirk das Sammelverfahren geführt wird, unterrichtet unverzüglich das Bundeskriminalamt über das Ergebnis seiner Verhandlungen mit der obersten Behörde der Innenverwaltung seines Landes und benennt gegebenenfalls die das Sammelverfahren führende Staatsanwaltschaft, deren Aktenzeichen sowie die sachbearbeitende Polizeidienststelle.

(4) ^{1}Auch wenn die Einleitung eines staatsanwaltschaftlichen Sammelverfahrens nicht in Betracht kommt, ist unter Berücksichtigung kriminaltaktischer Erwägungen zu prüfen, ob eine Zuweisungsanordnung nach § 18 BKAG erforderlich ist. ^{2}Die beteiligten Generalstaatsanwälte verständigen sich unverzüglich, möglichst binnen drei Tagen, darüber, ob das Einvernehmen erklärt werden soll. ^{3}Vor einer Entscheidung, daß das Einvernehmen zu einer Zuweisungsanordnung nicht erklärt werden soll, sind die zuständigen Landesjustizverwaltungen zu unterrichten. ^{4}Ein beteiligter Generalstaatsanwalt des Landes, dem die polizeilichen Aufgaben insgesamt zugewiesen werden sollen, stellt das Einvernehmen für die Zuweisungsanordnung mit der obersten Behörde der Innenverwaltung seines Landes her und unterrichtet unverzüglich das Bundeskriminalamt über das Ergebnis der Verhandlungen.

(5) ^{1}Hält der ein Sammelverfahren bearbeitende Staatsanwalt eine Zuweisungsanordnung des Bundeskriminalamtes für angezeigt, so berichtet er dem Generalstaatsanwalt. ^{2}Hält der Generalstaatsanwalt eine solche Anordnung des Bundeskriminalamtes für erforderlich, so stellt er unverzüglich das Einvernehmen mit der obersten Behörde der Innenverwaltung seines Landes her und regt beim Bundeskriminalamt eine Zuweisungsanordnung an.

29 Mitteilung an das Bundeskriminalamt

Der Staatsanwalt, der ein Sammelverfahren führt, bittet alsbald das Bundeskriminalamt, dies in das Bundeskriminalblatt aufzunehmen.

29 a Kontrollierter Transport

Kontrollierte Durchfuhr ist der von den Strafverfolgungsbehörden überwachte illegale Transport von Betäubungsmitteln, Waffen, Diebesgut, Hehlerware u.ä. vom Ausland durch das Inland in ein Drittland; kontrollierte Ausfuhr ist der vom Inland ausgehende überwachte illegale Transport in das Ausland; kontrollierte Einfuhr ist der überwachte illegale Transport vom Ausland in das Inland.

29 b Voraussetzungen

(1) ¹Ein kontrollierter Transport kommt nur in Betracht, wenn auf andere Weise die Hintermänner nicht ermittelt oder Verteilerwege nicht aufgedeckt werden können. ²Die Überwachung ist so zu gestalten, daß die Möglichkeit des Zugriffs auf Täter und Tatgegenstände jederzeit sichergestellt ist.

(2) Im übrigen müssen für Durchfuhr und Ausfuhr folgende Erklärungen der ausländischen Staaten vorliegen:
a) Einverständnis mit der Einfuhr oder Durchfuhr;
b) Zusicherung, den Transport ständig zu kontrollieren;
c) Zusicherung, gegen die Kuriere, Hintermänner und Abnehmer zu ermitteln, die Betäubungsmittel, Waffen, das Diebesgut, die Hehlerware u.ä. sicherzustellen und die Verurteilung der Täter sowie die Strafvollstreckung anzustreben;
d) Zusicherung, daß die deutschen Strafverfolgungsbehörden fortlaufend über den jeweiligen Verfahrensstand unterrichtet werden.

29 c Zuständigkeit

¹Bei der kontrollierten Durchfuhr führt, wenn wegen der Tat noch kein Ermittlungsverfahren bei einer deutschen Staatsanwaltschaft anhängig ist, das Verfahren grundsätzlich der Staatsanwalt, in dessen Bezirk der Grenzübergang liegt, über den die Tatgegenstände in das Inland verbracht werden. ²Dies gilt auch bei der kontrollierten Einfuhr. ³Bei der kontrollierten Ausfuhr führt das Verfahren grundsätzlich der Staatsanwalt, in dessen Bezirk der Transport beginnt.

29 d Zusammenarbeit

(1) ¹Die Entscheidung über die Zulässigkeit des kontrollierten Transports trifft der zuständige Staatsanwalt (Nr. 29 c). ²Er unterrichtet den Staatsanwalt, in dessen Bezirk ein Transport voraussichtlich das Inland verläßt. ³Auch der für den Einfuhrort zuständige Staatsanwalt ist zu unterrichten, wenn ein anderer als dieser das Verfahren führt.

(2) Die Behörden und Beamten des Polizei- und Zolldienstes wenden sich grundsätzlich an den nach Nr. 29 c zuständigen Staatsanwalt.

3. Fälle des § 4 Abs. 1 bis 3 BKAG

30 Allgemeines

(1) ¹Wird dem Staatsanwalt ein Sachverhalt bekannt, der den Verdacht einer der in § 4 Abs. 1 Satz 1 BKAG bezeichneten Straftaten begründet, so unterrichtet er unverzüglich, erforderlichenfalls fernschriftlich oder fernmündlich, das Bundeskriminalamt und das Landeskriminalamt. ²Er erörtert die Art der Ermittlungsführung in dem erforderlichen Umfange mit dem Bundeskriminalamt.

(2) Hält der Staatsanwalt zu Beginn oder im weiteren Verlaufe des Verfahrens Sofortmaßnahmen für erforderlich, die von dem Bundeskriminalamt nicht getroffen werden können, so erteilt er die notwendigen Aufträge bei gleichzeitiger Benachrichtigung des Bundeskriminalamtes an die sonst zuständigen Polizeibehörden (vgl. § 4 Abs. 3 Satz 2 BKAG).

(3) Die Benachrichtigung der in § 4 Abs. 3 Satz 1 BKAG bezeichneten Stellen obliegt in den Fällen des § 4 Abs. 1 Satz 1 und Abs. 2 Nr. 1 BKAG dem Bundeskriminalamt, in den Fällen des § 4 Abs. 2 Nr. 2 und 3 BKAG der Stelle, von der die Anordnung oder der Auftrag ausgeht, es sei denn, diese Stellen übertragen im Einzelfalle die Benachrichtigung dem Bundeskriminalamt.

31 Verfahren in den Fällen des § 4 Abs. 1 Satz 1 Nr. 1 BKAG

(1) ¹Die Frage, ob eine Zusammenhangstat im Sinne des § 4 Abs. 1 Satz 1 Nr. 1 BKAG vorliegt, ist nach § 3 StPO zu beurteilen. ²Vor seiner Entscheidung soll sich der Staatsanwalt mit den beteiligten Polizeibehörden und dem Bundeskriminalamt ins Benehmen setzen.

(2) ¹Bei seiner Entscheidung, ob die Ermittlungen einer anderen sonst zuständigen Polizeibehörde übertragen werden (vgl. § 4 Abs. 1 Satz 2 BKAG), berücksichtigt der Staatsanwalt insbesondere, ob eine rasche und wirksame Aufklärung besser durch zentrale Ermittlungen des Bundeskriminalamtes oder durch Ermittlungen der Landespolizeibehörden erreicht werden kann. ²Vor seiner Entscheidung erörtert der Staatsanwalt die Sachlage mit dem Bundeskriminalamt und den Polizeidienststellen, die für die weitere Durchführung der Ermittlungen in Betracht kommen.

32 Verfahren in den Fällen des § 4 Abs. 1 Satz 1 Nr. 2 und 3 b BKAG

In den Fällen des § 4 Abs. 1 Satz 1 Nr. 2 und 3 b BKAG führt der Staatsanwalt zugleich mit der Unterrichtung des Bundeskriminalamtes (vgl. Nr. 30 Abs. 1) unmittelbar die nach § 4 Abs. 1 Satz 3 BKAG erforderliche Zustimmung des Bundesministeriums des Innern herbei, es sei denn, dem Bundeskriminalamt ist wegen der Eilbedürftigkeit bereits die Zustimmung erteilt worden.

4. Leichenschau und Leichenöffnung

33 Voraussetzungen

(1) ¹Sind Anhaltspunkte dafür vorhanden, daß jemand eines nicht natürlichen Todes gestorben ist oder wird die Leiche eines Unbekannten gefunden, so prüft der Staatsanwalt, ob eine Leichenschau oder eine Leichenöffnung erforderlich ist. ²Eine Leichenschau wird regelmäßig schon dann nötig sein, wenn eine Straftat als Todesursache nicht von vornherein ausgeschlossen werden kann. ³Die Leichenschau soll möglichst am Tatort oder am Fundort der Leiche durchgeführt werden.

(2) ¹Läßt sich auch bei der Leichenschau eine Straftat als Todesursache nicht ausschließen oder ist damit zu rechnen, daß die Feststellungen später angezweifelt werden, so veranlaßt der Staatsanwalt grundsätzlich die Leichenöffnung. ²Dies gilt namentlich bei Sterbefällen von Personen, die sich in Haft oder sonst in amtlicher Verwahrung befunden haben.

(3) ¹Die Leichenschau nimmt in der Regel der Staatsanwalt vor. ²Die Vornahme der Leichenschau durch den Richter und die Anwesenheit des Richters bei der Leichenöffnung sollen nur beantragt werden, wenn dies aus besonderen Gründen, etwa um die Verlesung der Niederschrift nach § 249 StPO zu ermöglichen, erforderlich ist.

(4) ¹Der Staatsanwalt nimmt an der Leichenöffnung nur teil, wenn er dies nach seinem pflichtgemäßen Ermessen im Rahmen einer umfassenden Sachaufklärung für geboten erachtet. ²Eine Teilnahme des Staatsanwalts wird in der Regel in Betracht kommen in Kapitalsachen, nach tödlichen Unfällen zur Rekonstruktion des Unfallgeschehens, bei Todesfällen durch Schußwaffengebrauch im Dienst, bei Todesfällen im Vollzug freiheitsentziehender Maßnahmen oder in Verfahren, die ärztliche Behandlungsfehler zum Gegenstand haben.

34 Exhumierung

¹Bei der Ausgrabung einer Leiche sollte einer der Obduzenten anwesend sein. ²Liegt der Verdacht einer Vergiftung vor, so ist das Mittelstück der Bodenfläche des Sarges herauszunehmen und aufzubewahren; von dem Erdboden, auf dem der Sarg stand, und von dem gewachsenen Boden der Seitenwände des Grabes sind zur chemischen Untersuchung und zum Vergleich Proben zu entnehmen. ³In solchen Fällen empfiehlt es sich, zur Ausgrabung und zur Sektion der Leiche den chemischen Sachverständigen eines Untersuchungsinstituts beizuziehen, damit er die Aufnahme von Erde, Sargschmuck, Sargteilen, Kleiderstücken und Leichenteilen selbst vornehmen kann.

35 Entnahme von Leichenteilen

(1) ¹Der Staatsanwalt hat darauf hinzuwirken, daß bei der Leichenöffnung Blut- und Harnproben, Mageninhalt oder Leichenteile entnommen werden, falls es möglich ist, daß der Sachverhalt durch deren eingehende Untersuchung weiter aufgeklärt werden kann. ²Manchmal, z. B. bei mutmaßlichem Vergiftungstod, wird es sich empfehlen, einen besonderen Sachverständigen zuzuziehen, der diese Bestandteile bezeichnet.

(2) ¹Werden Leichenteile zur weiteren Begutachtung versandt, so ist eine Abschrift der Niederschrift über die Leichenöffnung beizufügen. ²Die Ermittlungsakten sind grundsätzlich nicht zu übersenden (vgl. Nr. 12).

36 Beschleunigung

(1) Leichenschau und Leichenöffnung sind mit größter Beschleunigung herbeizuführen, weil die ärztlichen Feststellungen über die Todesursache auch durch geringe Verzögerungen an Zuverlässigkeit verlieren können.

(2) ¹Dies gilt besonders bei Leichen von Personen, die möglicherweise durch elektrischen Strom getötet worden sind; die durch Elektrizität verursachten Veränderungen werden durch Fäulniserscheinungen rasch verwischt. ²In der Regel wird es sich empfehlen, bereits bei der Leichenöffnung einen auf dem Gebiet der Elektrotechnik erfahrenen Sachverständigen zu beteiligen. ³In den Fällen, in denen eine Tötung durch elektrischen Strom wahrscheinlich ist, können Verletzungen oder andere Veränderungen oft gar nicht oder nur von einem besonders geschulten Sachverständigen festgestellt werden; daher kann es ferner geboten sein, in schwierig zu deutenden Fällen außer dem elektrotechnischen Sachverständigen nach Anhörung des Gerichtsarztes auch einen erfahrenen Pathologen zu der Leichenöffnung zuzuziehen.

37 Leichenöffnung in Krankenhäusern

¹Besteht der Verdacht, daß der Tod einer Person, die in einem Krankenhaus gestorben ist, durch eine Straftat verursacht wurde, so haben der Staatsanwalt und seine Ermittlungspersonen darauf hinzuwirken, daß die Leiche nicht von den Krankenhausärzten geöffnet wird. ²Da die Krankenhausärzte indes an der Leichenöffnung vielfach ein erhebliches wissenschaftliches Interesse haben, empfiehlt es sich, ihnen die Anwesenheit zu gestatten, sofern nicht gewichtige Bedenken entgegenstehen. ³Hat das Krankenhaus einen pathologisch besonders ausgebildeten Arzt zur Verfügung, so kann es zweckmäßig sein, auch ihn zu der Leichenöffnung zuzuziehen.

38 Feuerbestattung

¹Aus dem Bestattungsschein muß sich ergeben, ob auch die Feuerbestattung genehmigt wird. ²Bestehen gegen diese Bestattungsart Bedenken, weil dadurch die Leiche als Beweismittel verlorengeht, so wird die Genehmigung hierfür zu versagen sein. ³Solange der Verdacht eines nicht natürlichen Todes besteht, empfiehlt es sich,

die Feuerbestattung nur im Einvernehmen mit dem Arzt (§ 87 Abs. 2 Satz 3 StPO) zu genehmigen.

5. Fahndung

39 Allgemeines

(1) Ist der Täter nicht bekannt, oder ist der Aufenthalt des bekannten oder mutmaßlichen Täters oder eines wichtigen Zeugen nicht ermittelt, so veranlasst der Saatsanwalt die erforderlichen Fahndungsmaßnahmen nach Maßgabe der §§ 131 bis 131 c StPO.

(2) Soweit erforderlich, veranlasst der Staatsanwalt nach Wegfall des Fahndungsgrundes unverzüglich die Rücknahme aller Fahndungsmaßnahmen.

40 Fahndungshilfsmittel

(1) Fahndungshilfsmittel des Staatsanwalts, die auch dann eingesetzt werden können, wenn die Voraussetzungen einer Öffentlichkeitsfahndung nicht gegeben sind, sind neben Auskünften von Behörden oder anderen Stellen insbesondere:
a) das Bundeszentralregister,
   das Verkehrszentralregister,
   das Gewerbezentralregister,
   das Ausländerzentralregister,
b) das EDV-Fahndungssystem der Polizei (INPOL),
c) Dateien nach den §§ 483 ff. StPO, die Fahndungsinformationen enthalten,
d) das Bundeskriminalblatt und die Landeskriminalblätter,
e) das Schengener Informationssystem (SIS).
(2) Sollen für eine Öffentlichkeitsfahndung Publikationsorgane in Anspruch genommen oder öffentlich zugängliche elektronische Medien wie das Internet genutzt werden, ist Anlage B zu beachten.

41 Fahndung nach dem Beschuldigten

(1) ¹In den Fällen des § 131 StPO veranlasst der Staatsanwalt die Ausschreibung des Beschuldigten zur Festnahme und die Niederlegung eines entsprechenden Suchvermerks im Bundeszentralregister. ²Die Ausschreibung ist grundsätzlich auch dann bei der Polizeidienststelle zu veranlassen, die für die Dateneingabe in das Informationssystem der Polizei (INPOL) und gegebenenfalls auch in das Schengener Informationssystem (SIS) zuständig ist (vgl. auch Nummer 43), wenn der Haftbefehl (Unterbringungsbefehl) zur Auslösung einer gezielten Fahndung der für den mutmaßlichen Wohnsitz des Gesuchten zuständigen Polizeidienststelle übersandt wird. ³Der für die Dateneingabe zuständigen Polizeidienststelle ist eine beglaubigte Abschrift der Haftunterlagen zu übersenden. ⁴Wenn die überörtliche Ausschreibung aus Verhältnismäßigkeitserwägungen nicht in Frage kommt, ist dies gegenüber der zur örtlichen Fahndung aufgeforderten Polizeidienststelle zum Ausdruck zu bringen.

(2) ¹Erfolgt eine Ausschreibung zur Festnahme nach Absatz 1, ohne dass ein Haft- oder Unterbringungsbefehl vorliegt, ist § 131 Abs. 2 Satz 2 StPO zu beachten. ²Nach Erlass des Haft- oder Unterbringungsbefehls ist die Ausschreibung entsprechend zu aktualisieren.

(3) ¹Ist der Beschuldigte Ausländer und liegen Anhaltspunkte dafür vor, daß er sich im Ausland befindet, so setzt sich der Staatsanwalt, bevor er um Ausschreibung zur Festnahme ersucht, in der Regel mit der Ausländerbehörde in Verbindung. ²Besteht ein Aufenthaltsverbot oder sind bei einer späteren Abschiebung Schwierigkeiten zu erwarten, so prüft der Staatsanwalt bei Straftaten von geringerer Bedeutung, ob die Ausschreibung unterbleiben kann.

(4) ¹Liegen die Voraussetzungen des § 131 StPO nicht vor, so veranlasst der Staatsanwalt die Ausschreibung zur Aufenthaltsermittlung (§ 131a StPO) und die Niederlegung eines entsprechenden Suchvermerkes im Bundeszentralregister. ²Er veranlasst gegebenenfalls daneben die Ausschreibung zur Aufenthaltsermittlung im Schengener Informationssystem (SIS).

(5) Ist der Beschuldigte im Zusammenhang mit einer Haftverschonung nach § 116 Abs. 1 Satz 2 StPO angewiesen worden, den Geltungsbereich der Strafprozeßordnung nicht zu verlassen, so veranlaßt der Staatsanwalt die Ausschreibung des Beschuldigten zur Festnahme im geschützten Grenzfahndungsbestand.

42 Fahndung nach einem Zeugen
¹Ist der Aufenthalt eines wichtigen Zeugen nicht bekannt, so kann der Staatsanwalt nach Maßgabe des § 131a Abs. 1, Abs. 3 bis 5, § 131b Abs. 2 und 3, § 131c StPO eine Fahndung nach ihm veranlassen. ²Ersuchen zur Aufnahme von Zeugen in die INPOL-Fahndung und gegebenenfalls in das Schengener Informationssystem (SIS) sind an die für die Dateneingabe zuständigen Polizeidienststelle zu richten.

43 Internationale Fahndung
(1) ¹Die internationale Fahndung nach Personen, deren Aufenthalt nicht bekannt ist, kann durch Interpol, im Schengener Informationssystem (SIS) und durch gezielte Mitfahndungsersuchen an andere Staaten veranlaßt werden. ²International ist auch die Ausschreibung zur Aufenthaltsermittlung möglich.

(2) Liegen Anhaltspunkte dafür vor, daß sich die gesuchte Person im Ausland befindet, ist aber der Aufenthaltsstaat nicht bekannt, so kann die internationale Fahndung veranlaßt werden, sofern beabsichtigt ist, im Falle der Ermittlung des Gesuchten ein Auslieferungsersuchen anzuregen.

(3) Liegt ein Haftbefehl vor und ist die Zulässigkeit der Festnahme und die Auslieferungsfähigkeit in den Schengener Vertragsstaaten nach dem Übereinkommen zur Durchführung des Schengener Übereinkommens vom 19. Juni 1990 gegeben (Artikel 95 Abs. 1, 2 und 4), so veranlaßt der Staatsanwalt neben der Ausschreibung zur Festnahme im Informationssystem der Polizei (INPOL) die Ausschreibung im Schengener Informationssystem (SIS), es sei denn, es liegen Anhaltspunkte vor, daß sich die gesuchte Person nur im Inland aufhält.

(4) Für die internationale Fahndung gelten die hierfür erlassenen Richtlinien (vgl. auch Anlage F).

6. Vernehmung des Beschuldigten

44 Ladung und Aussagegenehmigung
(1) ¹Die Ladung eines Beschuldigten soll erkennen lassen, daß er als Beschuldigter vernommen werden soll. ²Der Gegenstand der Beschuldigung wird dabei kurz anzugeben sein, wenn und soweit es mit dem Zweck der Untersuchung vereinbar ist. ³Der Beschuldigte ist durch Brief, nicht durch Postkarte, zu laden.

(2) In der Ladung zu einer richterlichen oder staatsanwaltschaftlichen Vernehmung sollen Zwangsmaßnahmen für den Fall des Ausbleibens nur angedroht werden, wenn sie gegen den unentschuldigt ausgebliebenen Beschuldigten voraussichtlich auch durchgeführt werden.

(3) ¹Soll ein Richter, Beamter oder eine andere Person des öffentlichen Dienstes als Beschuldigter vernommen werden und erstreckt sich die Vernehmung auf Umstände, die der Amtsverschwiegenheit unterliegen können, so ist der Beschuldigte in der Ladung darauf hinzuweisen, dass er, sofern er sich zu der Beschuldigung äußern will, einer Aussagegenehmigung des Dienstherrn bedarf. ²Erklärt der

Beschuldigte seine Aussagebereitschaft, soll ihm Gelegenheit gegeben werden, diese Aussagegenehmigung einzuholen. ³Im Übrigen gilt Nummer 66 Abs. 2 und 3 entsprechend.

45 Form der Vernehmung und Niederschrift

(1) Die Belehrung des Beschuldigten vor seiner ersten Vernehmung nach §§ 136 Abs. 1, 163 a Abs. 3 Satz 2 StPO ist aktenkundig zu machen.

(2) ¹Für bedeutsame Teile der Vernehmung empfiehlt es sich, die Fragen, Vorhalte und Antworten möglichst wörtlich in die Niederschrift aufzunehmen. ²Legt der Beschuldigte ein Geständnis ab, so sind die Einzelheiten der Tat möglichst mit seinen eigenen Worten wiederzugeben. ³Es ist darauf zu achten, daß besonders solche Umstände aktenkundig gemacht werden, die nur der Täter wissen kann. ⁴Die Namen der Personen, die das Geständnis mit angehört haben, sind zu vermerken.

7. Untersuchungshaft, einstweilige Unterbringung und sonstige Maßnahmen zur Sicherstellung der Strafverfolgung und der Strafvollstreckung

46 Begründung der Anträge in Haftsachen

(1) Der Staatsanwalt hat alle Anträge und Erklärungen, welche die Anordnung, Fortdauer und Aufhebung der Untersuchungshaft betreffen, zu begründen und dabei die Tatsachen anzuführen, aus denen sich
a) der dringende Tatverdacht,
b) der Haftgrund
ergeben.

(2) Wenn die Anwendung des § 112 Abs. 1 Satz 2 StPO naheliegt, hat der Staatsanwalt darzulegen, weshalb er auch bei Berücksichtigung des Grundsatzes der Verhältnismäßigkeit die Anordnung der Untersuchungshaft für geboten hält.

(3) Soweit durch Bekanntwerden der angeführten Tatsachen die Staatssicherheit gefährdet wird, ist auf diese Gefahr besonders hinzuweisen (§ 114 Abs. 2 Nr. 4 StPO).

(4) Besteht in den Fällen des § 112 Abs. 3 und des § 112 a Abs. 1 StPO auch ein Haftgrund nach § 112 Abs 2 StPO, so sind die Feststellungen hierüber aktenkundig zu machen.

47 [aufgehoben]

48 Abschrift des Haftbefehls für den Beschuldigten

(1) Um sicherzustellen, daß dem Beschuldigten so früh wie möglich eine Abschrift des Haftbefehls ausgehändigt wird (vgl. § 114 a Abs. 2 StPO), empfiehlt es sich, zusätzliche Abschriften des Haftbefehls bei den Akten bereitzuhalten.

(2) Wird eine bestimmte Polizeibehörde auf Grund eines Haftbefehls um die Festnahme des Beschuldigten ersucht, so ist dem Ersuchen eine Abschrift des Haftbefehls für den Beschuldigten beizufügen, wenn dies möglich ist.

49 Unterrichtung der Vollzugsanstalt

Umstände, welche die Besorgnis begründen, daß ein Untersuchungsgefangener die Ordnung in der Anstalt beeinträchtigt oder sich selbst gefährdet, sind dem Anstaltsleiter mitzuteilen (vgl. auch Nr. 7 UVollzO).

50 Untersuchungshaft bei Soldaten der Bundeswehr

Kann den Erfordernissen der Untersuchungshaft während des Vollzuges von Freiheitsstrafe, Strafarrest, Jugendarrest oder Disziplinararrest durch Behörden der Bundeswehr nicht Rechnung getragen werden, so prüft der Staatsanwalt, ob der Soldat im dortigen Vollzug verbleiben kann oder ob die Vollstreckung zu unterbrechen oder die Übernahme des Soldaten in den allgemeinen Vollzug erforderlich ist.

51 Symbolische Vorführung

Kann eine vorläufig festgenommene Person wegen Krankheit nicht in der vorgeschriebenen Frist (§ 128 StPO) dem Richter vorgeführt werden, so sind diesem die Akten innerhalb der Frist vorzulegen, damit er den Festgenommenen nach Möglichkeit an dem Verwahrungsort vernehmen und unverzüglich entscheiden kann, ob ein Haftbefehl zu erlassen ist.

52 Kennzeichnung der Haftsachen

¹In Haftsachen erhalten alle Verfügungen und ihre Ausfertigungen den deutlich sichtbaren Vermerk „Haft". ²Befindet sich der Beschuldigte in anderer Sache in Haft, so ist auch dies ersichtlich zu machen.

53 Ausländer

Wird ein Ausländer in Untersuchungshaft genommen, so sind für seinen Verkehr mit der diplomatischen oder konsularischen Vertretung seines Landes die Nr. 135 und 136 RiVASt und die hierzu ergangenen Verwaltungsvorschriften der Länder zu beachten.

54 Überwachung, Haftprüfung

(1) ¹Der Staatsanwalt achtet in jeder Lage des Verfahrens darauf,
a) ob die Voraussetzungen der Untersuchungshaft noch vorliegen und ob die weitere Untersuchungshaft zu der Bedeutung der Sache und zu der zu erwartenden Strafe oder Maßregel der Besserung und Sicherung nicht außer Verhältnis steht (§ 120 StPO);
b) ob der Zweck der Untersuchungshaft nicht auch durch weniger einschneidende Maßnahmen erreicht werden kann (§ 116 Abs. 1 bis 3 StPO).
²Gegebenenfalls stellt er die entsprechenden Anträge.

(2) ¹Der Staatsanwalt prüft vor Ablauf der in § 117 Abs. 4 StPO bezeichneten Frist, ob die Bestellung eines Verteidigers für die Dauer der Untersuchungshaft zu beantragen ist. ²Es empfiehlt sich, zugleich mit der durch § 117 Abs. 4 Satz 2 StPO angeordneten Belehrung des Beschuldigten zu klären, ob dieser einen Wahlverteidiger beauftragen will. ³Die Bestellung eines Verteidigers (§ 141 Abs. 4 StPO) teilt er dem nach § 126 StPO zuständigen Richter mit. ⁴Hat der Beschuldigte keinen Verteidiger, so legt der Staatsanwalt die Akten rechtzeitig vor Ablauf der in §§ 117 Abs. 4, 5 StPO bezeichneten Frist dem Gericht vor.

(3) ¹Die Haftprüfung soll den Fortgang der Ermittlungen nicht aufhalten. ²Deshalb wird es vielfach zweckmäßig sein, rechtzeitig Hilfsakten anzulegen (vgl. Nr. 12).

55 Anordnung der Freilassung des Verhafteten

(1) Wird der Haftbefehl aufgehoben, so ordnet das Gericht zugleich die Freilassung des Untersuchungsgefangenen an.

(2) ¹Wird der Haftbefehl in der Hauptverhandlung aufgehoben, so wird der Angeklagte sofort freigelassen, wenn keine Überhaft vorgemerkt ist. ²Jedoch kann der Hinweis an ihn angebracht sein, daß es sich empfiehlt, in die Anstalt zurückzukehren, um die Entlassungsförmlichkeiten zu erledigen.

(3) ¹Der Staatsanwalt achtet darauf, daß der Verhaftete nach Aufhebung des Haftbefehls entlassen wird. ²Beantragt er vor Erhebung der öffentlichen Klage die Aufhebung des Haftbefehls, so ordnet er gleichzeitig die Freilassung des Beschuldigten an (§ 120 Abs. 3 Satz 2 StPO).

56 Haft über sechs Monate

(1) ¹Ist es geboten, die Untersuchungshaft über sechs Monate hinaus aufrechtzuerhalten, und liegen die besonderen Voraussetzungen des § 121 Abs. 1 StPO vor, so leitet der Staatsanwalt die Akten dem zuständigen Gericht (§§ 122, 125, 126 StPO) so rechtzeitig zu, daß dieses sie durch Vermittlung der Staatsanwaltschaft innerhalb der Frist dem Oberlandesgericht oder in den Fällen des § 120 GVG dem Bundesgerichtshof vorlegen kann. ²Liegen die Akten dem zuständigen Gericht bereits vor, so wirkt der Staatsanwalt auf die rechtzeitige Vorlage der Akten hin. ³Er legt die Gründe dar, die nach seiner Auffassung die Fortdauer der Haft über sechs Monate hinaus rechtfertigen. ⁴Zugleich beantragt er, falls erforderlich, eine dem letzten Ermittlungsstand entsprechende Ergänzung oder sonstige Änderung des Haftbefehls.

(2) ¹Die Akten sind besonders zu kennzeichnen. ²Sie sind stets mit Vorrang zu behandeln und beschleunigt zu befördern.

(3) Nr. 54 Abs. 3 gilt entsprechend.

(4) Hat das Oberlandesgericht oder in den Fällen des § 120 GVG der Bundesgerichtshof die Fortdauer der Untersuchungshaft angeordnet, so sorgt der Staatsanwalt dafür, daß auch die weiteren nach §§ 122 Abs. 3 und 4, 122 a StPO erforderlichen gerichtlichen Entscheidungen rechtzeitig herbeigeführt werden.

(5) Soll eine Entscheidung des Oberlandesgerichts oder des Bundesgerichtshofs nicht herbeigeführt werden, so hat der Staatsanwalt dafür Sorge zu tragen, daß der Haftbefehl nach Ablauf der Frist von sechs Monaten aufgehoben oder außer Vollzug gesetzt wird (§§ 121 Abs. 2, 120 Abs. 3 StPO).

57 Aussetzung des Vollzuges

(1) Hat der Richter den Vollzug des Haftbefehls nach § 116 StPO ausgesetzt, so überwacht der Staatsanwalt, ob die erteilten Anweisungen befolgt werden.

(2) ¹Liegen die Voraussetzungen des § 116 Abs. 4 StPO vor, so beantragt der Staatsanwalt, den Vollzug des Haftbefehls anzuordnen. ²In den Fällen des § 123 Abs. 1 StPO beantragt er, die nach § 116 StPO angeordneten Maßnahmen aufzuheben.

(3) ¹Bei der Erteilung von Anweisungen nach § 116 StPO an Soldaten der Bundeswehr sollte der Eigenart des Wehrdienstes Rechnung getragen werden. ²Der Staatsanwalt wirkt darauf hin, dass Anweisungen, denen der zur Truppe zurückgekehrte Soldat nur schwer nachkommen kann, oder die dem nicht rückkehrwilligen Soldaten Anlass zu dem Versuch geben könnten, sein Fernbleiben von der Truppe zu rechtfertigen, vermieden werden. ³Es kann sich daher empfehlen, eine Anweisung an den Soldaten anzuregen, sich bei seiner Einheit (Disziplinarvorgesetzten) zu melden (§ 116 Abs. 1 Satz 2 Nr. 1 StPO).

58 Unterbringung von Untersuchungsgefangenen in einem Krankenhaus

(1) ¹Muß ein Untersuchungsgefangener in einem Krankenhaus außerhalb der Vollzugsanstalt ärztlich behandelt werden, so rechtfertigt dies allein die Aufhebung des Haftbefehls nicht. ²Entscheidend ist vielmehr, ob die Voraussetzungen für die Untersuchungshaft wegen der Krankheit weggefallen sind.

(2) Hebt der Richter wegen der Art, der Schwere oder der voraussichtlichen Dauer der Krankheit den Haftbefehl auf, so ist es nicht Aufgabe der Justizbehörden, den Beschuldigten in einem Krankenhaus unterzubringen, vielmehr ist es den Verwaltungsbehörden zu überlassen, notwendige Maßnahmen zu treffen.

(3) ¹Wird der Haftbefehl aufgehoben, nachdem der Beschuldigte in einem Krankenhaus untergebracht worden ist, so teilt der Staatsanwalt die Aufhebung des Haftbefehls und die Haftentlassung dem Beschuldigten selbst und dem Krankenhaus unverzüglich mit. ²Dem Krankenhaus ist gleichzeitig zu eröffnen, daß der Justizfiskus für die weiteren Kosten der Unterbringung und Behandlung nicht mehr aufkommt. ³Die Polizei darf nicht im voraus ersucht werden, den Beschuldigten nach seiner Heilung erneut vorläufig festzunehmen oder zu diesem Zweck den Heilungsverlauf zu überwachen; auch darf nicht gebeten werden, die Entlassung mitzuteilen, da solche Maßnahmen dahin ausgelegt werden könnten, daß die Untersuchungshaft trotz der Entlassung tatsächlich aufrechterhalten werden soll und der Justizfiskus für die Kosten der Unterbringung und Behandlung in Anspruch genommen werden kann.

(4) ¹Wird der Haftbefehl trotz der Krankheit aufrechterhalten, so rechtfertigt es allein der Umstand, daß der Verhaftete vorübergehend in einem Krankenhaus unterzubringen ist, nicht, den Haftbefehl außer Vollzug zu setzen. ²Der Beschuldigte ist vielmehr auf Kosten des Justizfiskus unterzubringen.

59 Einstweilige Unterbringung

Auf die einstweilige Unterbringung sind die Nr. 46 bis 55 sinngemäß anzuwenden.

60 Besondere Maßnahmen zur Sicherung der Strafverfolgung und Strafvollstreckung

¹Im Rahmen der besonderen Maßnahmen (§§ 127a, 132 StPO) zur Sicherung der Strafverfolgung und der Strafvollstreckung gegen Beschuldigte, die im Geltungsbereich der StPO keinen Wohnsitz haben, sind bei der Bemessung der Sicherheitsleistung die bei einschlägigen Straftaten erfahrungsgemäß festgesetzten Beträge für Geldstrafen und Kosten zugrunde zu legen. ²Kann der Beschuldigte einen Zustellungsbevollmächtigten eigener Wahl zunächst nicht benennen, so ist er darauf hinzuweisen, daß er einen Rechtsanwalt oder einen hierzu bereiten Beamten der Geschäftsstelle des zuständigen Amtsgerichts bevollmächtigen kann.

8. Beobachtung in einem psychiatrischen Krankenhaus

61 Allgemeines

(1) Der für die Anordnung der Unterbringung des Beschuldigten in einem psychiatrischen Krankenhaus geltende Grundsatz der Verhältnismäßigkeit (§ 81 Abs. 2 Satz 2 StPO) ist auch bei der Vollstreckung der Anordnung zu beachten.

(2) ¹Der auf freiem Fuß befindliche Beschuldigte darf in der Regel erst dann zwangsweise in das psychiatrische Krankenhaus verbracht werden, wenn er unter Androhung der zwangsweisen Zuführung für den Fall der Nichtbefolgung aufgefordert worden ist, sich innerhalb einer bestimmten Frist in dem psychiatrischen Krankenhaus zu stellen, und er dieser Aufforderung nicht nachgekommen ist. ²Einer solchen Aufforderung bedarf es nicht, wenn zu erwarten ist, daß der Beschuldigte sie nicht befolgt.

62 Dauer und Vorbereitung der Beobachtung

(1) Der Sachverständige ist darauf hinzuweisen, daß die Unterbringung nicht länger dauern darf, als zur Beobachtung des Beschuldigten unbedingt notwendig ist, daß dieser entlassen werden muß, sobald der Zweck der Beobachtung erreicht ist, und daß das gesetzliche Höchstmaß von sechs Wochen keinesfalls überschritten werden darf.

(2) ¹Der Sachverständige ist zu veranlassen, die Vorgeschichte möglichst vor der Aufnahme des Beschuldigten in die Anstalt zu erheben. ²Dazu sind ihm ausreichende Zeit vorher die Akten und Beiakten, besonders Akten früherer Straf- und Ermittlungsverfahren, Akten über den Aufenthalt in Justizvollzugsanstalten, in einer Entziehungsanstalt oder in einem psychiatrischen Krankenhaus (mit Krankenblättern), Betreuungs-, Entmündigungs-, Pflegschafts-, Ehescheidungs- und Rentenakten zugänglich zu machen, soweit sie für die Begutachtung von Bedeutung sein können.

(3) Angaben des Verteidigers, des Beschuldigten oder seiner Angehörigen, die für die Begutachtung von Bedeutung sind, z. B. über Erkrankungen, Verletzungen, auffälliges Verhalten, sind möglichst schnell nachzuprüfen, damit sie der Gutachter verwerten kann.

(4) Sobald der Beschluß nach § 81 StPO rechtskräftig ist, soll sich der Staatsanwalt mit dem Leiter des psychiatrischen Krankenhauses fernmündlich darüber verständigen, wann der Beschuldigte aufgenommen werden kann.

63 Strafverfahren gegen Hirnverletzte

(1) In Strafverfahren gegen Hirnverletzte empfiehlt es sich in der Regel, einen Facharzt für Nerven- und Gemütsleiden (Neurologie und Psychiatrie) oder einen auf einem dieser Fachgebiete vorgebildeten und besonders erfahrenen Arzt als Gutachter heranzuziehen.

(2) ¹Die Kranken- und Versorgungsakten sind in der Regel für die fachärztliche Begutachtung von Bedeutung; sie sind daher rechtzeitig beizuziehen. ²Soweit möglich, sollte der Staatsanwalt auf die Einwilligung des Beschuldigten hinwirken. ³Im übrigen sind die Vorschriften der §§ 67 ff. SGB X, insbesondere § 73 SGB X, zu beachten.

9. Zeugen

64 Ladung

(1) ¹Die Ladung eines Zeugen muß erkennen lassen, daß er als Zeuge vernommen werden soll. ²Der Name des Beschuldigten ist anzugeben, wenn der Zweck der Untersuchung es nicht verbietet, der Gegenstand der Beschuldigung nur dann, wenn dies zur Vorbereitung der Aussage durch den Zeugen erforderlich ist. ³Mit der Ladung ist der Zeuge auf die seinem Interesse dienenden verfahrensrechtlichen Bestimmungen und die vorhandene Möglichkeit der Zeugenbetreuung hinzuweisen.

(2) Ist anzunehmen, daß der Zeuge Schriftstücke oder andere Beweismittel besitzt, die für die Untersuchung von Bedeutung sein können, so soll er in der Ladung aufgefordert werden, sie bei der Vernehmung vorzulegen.

(3) ¹Die Zeugen sollen durch einfachen Brief, nicht durch Postkarte, geladen werden. ²Nur bei Vorliegen besonderer Umstände ist die Ladung zuzustellen. ³Wegen der Ladung zur Hauptverhandlung wird auf Nr. 117 hingewiesen.

65 Belehrung des Zeugen

¹Die Belehrung des Zeugen über sein Zeugnisverweigerungsrecht nach § 52 StPO und sein Auskunftsverweigerungsrecht nach § 55 StPO (§ 163 a Abs. 5 StPO) ist aktenkundig zu machen. ²Entsprechendes gilt für eine Belehrung seines gesetzlichen Vertreters.

66 Vernehmung von Personen des öffentlichen Dienstes

(1) ¹Soll ein Richter, ein Beamter oder eine andere Person des öffentlichen Dienstes als Zeuge vernommen werden und erstreckt sich die Vernehmung auf Umstände, die der Amtsverschwiegenheit unterliegen, so holt die Stelle, die den

Zeugen vernehmen will, die Aussagegenehmigung von Amts wegen ein. ²Bestehen Zweifel, ob sich die Vernehmung auf Umstände, die der Amtsverschwiegenheit unterliegen, erstrecken kann, so ist dies vor der Vernehmung durch eine Anfrage bei dem Dienstvorgesetzten zu klären.

(2) Um die Genehmigung ist der Dienstvorgesetzte zu ersuchen, dem der Zeuge im Zeitpunkt der Vernehmung untersteht oder dem er im Falle des § 54 Abs. 4 StPO zuletzt unterstanden hat.

(3) ¹Der Antrag auf Erteilung einer Aussagegenehmigung muß die Vorgänge, über die der Zeuge vernommen werden soll, kurz, aber erschöpfend angeben, damit der Dienstvorgesetzte beurteilen kann, ob Versagungsgründe vorliegen. ²Der Antrag ist so rechtzeitig zu stellen, daß der Dienstvorgesetzte ihn prüfen und seine Entscheidung noch vor dem Termin mitteilen kann. ³In eiligen Sachen wird deshalb die Aussagegenehmigung schon vor der Anberaumung des Termins einzuholen sein.

67 Schriftliche Aussage

(1) ¹In geeigneten Fällen kann es ausreichen, daß ein Zeuge sich über bestimmte Fragen zunächst nur schriftlich äußert, vorausgesetzt, daß er glaubwürdig erscheint und eine vollständige Auskunft von ihm erwartet werden kann. ²In dieser Weise zu verfahren, empfiehlt sich besonders dann, wenn der Zeuge für seine Aussage Akten, Geschäftsbücher oder andere umfangreiche Schriftstücke braucht.

(2) Befindet sich der Zeuge im Ausland, so ist bei der schriftlichen Befragung Nr. 121 RiVASt zu beachten.

68 Behördliches Zeugnis

¹Die Vernehmung von Zeugen kann entbehrlich sein, wenn zum Beweis einer Tatsache die schriftliche Erklärung einer öffentlichen Behörde genügt. ²In geeigneten Fällen wird der Staatsanwalt daher ein behördliches Zeugnis einholen, das in der Hauptverhandlung verlesen werden kann (§ 256 StPO).

10. Sachverständige

69 Allgemeines
¹Ein Sachverständiger soll nur zugezogen werden, wenn sein Gutachten für die vollständige Aufklärung des Sachverhalts unentbehrlich ist. ²Nr. 68 gilt sinngemäß.

70 Auswahl des Sachverständigen und Belehrung

(1) Während des Ermittlungsverfahrens gibt der Staatsanwalt dem Verteidiger Gelegenheit, vor Auswahl eines Sachverständigen Stellung zu nehmen, es sei denn, daß Gegenstand der Untersuchung ein häufig wiederkehrender, tatsächlich gleichartiger Sachverhalt (z.B. Blutalkoholgutachten) ist oder eine Gefährdung des Untersuchungszwecks (vgl. § 147 Abs. 2 StPO) oder eine Verzögerung des Verfahrens zu besorgen ist.

(2) Ist dem Staatsanwalt kein geeigneter Sachverständiger bekannt, so ersucht er die Berufsorganisation oder die Behörde um Vorschläge, in deren Geschäftsbereich die zu begutachtende Frage fällt.

(3) Es empfiehlt sich, für die wichtigsten Gebiete Verzeichnisse bewährter Sachverständiger zu führen, damit das Verfahren nicht durch die Auswahl von Sachverständigen verzögert wird.

(4) Sollen Personen des öffentlichen Dienstes als Sachverständige vernommen werden, so gilt Nr. 66 sinngemäß.

(5) Für die Belehrung des Sachverständigen gilt Nr. 65 entsprechend.

71 Arbeitsunfälle

¹Bei Arbeitsunfällen empfiehlt es sich, der für den Betrieb zuständigen Berufsgenossenschaft oder ihren technischen Aufsichtsbeamten neben den für die Gewerbeaufsicht zuständigen Stellen Gelegenheit zu geben, sich gutachtlich zu äußern. ²Auch kann es geboten sein, sie schon zur Besichtigung der Unfallstelle zuzuziehen.

72 Beschleunigung

(1) Vor Beauftragung des Sachverständigen soll gegebenenfalls geklärt werden, ob dieser in der Lage ist, das Gutachten in angemessener Zeit zu erstatten.

(2) ¹Dem Sachverständigen ist ein genau umgrenzter Auftrag zu erteilen; nach Möglichkeit sind bestimmte Fragen zu stellen. ²Oft ist es zweckmäßig, die entscheidenden Gesichtspunkte vorher mündlich zu erörtern.

(3) Bis zur Erstattung des Gutachtens wird der Staatsanwalt sonst noch fehlende Ermittlungen durchführen.

(4) Bestehen Zweifel an der Eignung des Sachverständigen, so ist alsbald zu prüfen, ob ein anderer Sachverständiger beauftragt werden muß.

11. Akten über Vorstrafen

73

Ist wegen der Vorstrafen des Beschuldigten zu prüfen, ob die Anordnung der Sicherungsverwahrung (§ 66 StGB) in Betracht kommt, oder kann es für die Strafbemessung wichtig sein, daß der Beschuldigte wegen gleichartiger Straftaten vorbestraft ist, so sind die vollständigen Akten beizuziehen.

11 a Durchsuchung und Beschlagnahme

73 a

¹Durchsuchung und Beschlagnahme stellen erhebliche Eingriffe in die Rechte des Betroffenen dar und bedürfen daher im Hinblick auf den Verhältnismäßigkeitsgrundsatz einer sorgfältigen Abwägung. ²Bei der Prüfung, ob bei einem Zeugnisverweigerungsberechtigten die Voraussetzungen für eine solche Maßnahme vorliegen (§ 97 Abs. 2 Satz 3, Abs. 5 Satz 2 StPO), ist ein strenger Maßstab anzulegen.

12. Behandlung der amtlich verwahrten Gegenstände

74 Sorgfältige Verwahrung

¹Gegenstände, die in einem Strafverfahren beschlagnahmt oder sonst in amtliche Verwahrung genommen worden sind, müssen zur Vermeidung von Schadensersatzansprüchen vor Verlust, Entwertung oder Beschädigung geschützt werden. ²Die Verantwortung hierfür trifft zunächst den Beamten, der die Beschlagnahme vornimmt; sie geht auf die Stelle (Staatsanwaltschaft oder Gericht) über, der die weitere Verfügung über den verwahrten Gegenstand zusteht. ³Die Verwaltungsvorschriften der Länder über die Verwahrung sind zu beachten.

75 Herausgabe

(1) Sachen, deren Einziehung, Verfall oder Unbrauchbarmachung nicht in Betracht kommt, sind vorbehaltlich einer anderen Entscheidung nach § 111 i StPO herauszugeben, sobald sie für das Strafverfahren entbehrlich sind.

(2) ¹Die Sachen werden an den letzten Gewahrsamsinhaber herausgegeben, es sei denn, daß dieser der Herausgabe an einen anderen zugestimmt hat oder ein Fall des

§ 111k StPO vorliegt. ²Die Abs. 3 und 4 bleiben unberührt. ³Sind gefährliche Sachen an einen Gefangenen oder Untergebrachten herauszugeben, so sind diese an die Leitung der Justizvollzugsanstalt oder Unterbringungseinrichtung unter Hinweis auf die Gefährlichkeit zu übersenden.

(3) ¹Stehen der Herausgabe an den letzten Gewahrsamsinhaber oder an eine von ihm benannte Person offensichtlich begründete Ansprüche eines Dritten entgegen, so werden die Sachen an diesen herausgegeben. ²Bestehen lediglich Anhaltspunkte für die Berechtigung eines Dritten, so kann der Staatsanwalt diesem unter Bestimmung einer Frist Gelegenheit zu ihrem Nachweis geben. ³Läßt der Dritte die Frist ungenutzt verstreichen, so wird der Gegenstand an den letzten Gewahrsamsinhaber oder an eine von ihm benannte Person herausgegeben.

(4) Ergibt sich im Laufe der Ermittlungen zweifelsfrei, daß eine Sache unrechtmäßig in die Hand des letzten Gewahrsamsinhabers gekommen ist, läßt sich der Verletzte aber nicht ermitteln, so ist nach § 983 BGB und den dazu erlassenen Vorschriften zu verfahren.

(5) ¹In der Herausgabeanordnung sind die Sachen und der Empfangsberechtigte genau zu bezeichnen. ²Die Sachen dürfen nur gegen eine Bescheinigung des Empfangsberechtigten oder dessen ausgewiesenen Bevollmächtigten herausgegeben werden. ³Anordnung und Herausgabe sind aktenkundig zu machen.

76 Beweissicherung
Vor der Notveräußerung, vor der Herausgabe oder bei drohendem Verderb eines Überführungsstückes prüft der Staatsanwalt, ob eine fotografische oder andere kriminaltechnische Sicherung des Überführungsstückes erforderlich ist.

13. Beschlagnahme von Postsendungen

77 Umfang der Beschlagnahme
(1) In dem Antrag auf Beschlagnahme von Postsendungen und Telegrammen sowie in einer Beschlagnahmeanordnung des Staatsanwalts sind die Briefe, Telegramme und andere Sendungen nach ihren äußeren Merkmalen so genau zu bezeichnen, daß Zweifel über den Umfang der Beschlagnahme ausgeschlossen sind.

(2) ¹Der Staatsanwalt prüft, ob die Beschlagnahme aller Postsendungen und Telegramme an bestimmte Empfänger notwendig ist oder ob sie auf einzelne Gattungen von Sendungen beschränkt werden kann. ²Durch die Beschränkung und den Umstand, daß andere Sendungen ausgeliefert werden, kann verhindert werden, daß die Beschlagnahme vorzeitig bekannt wird.

(3) ¹Für die einzelnen Gattungen von Sendungen können folgende Bezeichnungen verwendet werden:
a) Briefsendungen (§ 4 Nr. 2 Postgesetz);
b) adressierte Pakete;
c) Postanweisungen, Zahlungsanweisungen und Zahlkarten;
d) Bücher, Kataloge, Zeitungen oder Zeitschriften;
e) Telegramme.
²Soll die Beschlagnahme auf einen engeren Kreis von Sendungen beschränkt werden, so ist deren Art in der Beschlagnahmeanordnung so zu beschreiben, dass der Adressat die betreffenden Sendungen eindeutig identifizieren kann. ³Erforderlichenfalls ist die Formulierung durch Rücksprache mit den jeweils als Adressaten in Betracht kommenden Personen oder Unternehmen, die geschäftsmäßig Post- und Telekommunikationsdienste erbringen oder daran mitwirken (Post- oder Telekommunikationsunternehmen), zu klären.

(4) Auf den Aktenumschlag ist der Vermerk „Postbeschlagnahme" deutlich anzubringen.

78 Inhalt der Beschlagnahmeanordnung

(1) ¹Die Beschlagnahme von Sendungen, die bei einer inländischen Betriebsstätte eines Post- oder Telekommunikationsunternehmens für einen bestimmten Empfänger eingehen, z. B. an den Beschuldigten oder an eine von ihm verwendete Deckanschrift, ist in der Regel anderen Möglichkeiten vorzuziehen. ²Der volle Name, bei häufig wiederkehrenden Namen, zumal in Großstädten, auch andere Unterscheidungsmerkmale, der Bestimmungsort, bei größeren Orten die Straße und die Hausnummer und die Betriebsstätte eines Post- oder Telekommunikationsunternehmens, sind anzugeben.

(2) ¹Bei der Beschlagnahme von Sendungen nach anderen Merkmalen, z. B. eines bestimmten Absenders, ist die Annahme-/Einlieferungsstelle des jeweiligen Post- oder Telekommunikationsunternehmens zu bezeichnen, bei der die Einlieferung erwartet wird. ²Dasselbe gilt, wenn Sendungen an bestimmte Empfänger nicht bei der Auslieferungsstelle, z. B. weil diese im Ausland liegt, sondern bei anderen Betriebsstätten beschlagnahmt werden sollen. ³Beschlagnahmen solcher Art sollen nur beantragt werden, wenn sie unentbehrlich sind. ⁴In diesen Ausnahmefällen sind alle Merkmale, nach denen die Beschlagnahme ausgeführt werden soll, so genau zu beschreiben, dass kein Zweifel darüber besteht, welche Sendungen das Unternehmen auszuliefern hat.

(3) In zweifelhaften oder schwierigen Fällen wird sich der Staatsanwalt vorher mit dem betreffenden Post- oder Telekommunikationsunternehmen darüber verständigen, wie die Beschlagnahme am zweckmäßigsten durchgeführt wird.

79 Verfahren bei der Beschlagnahme

¹Der Staatsanwalt prüft, welche Post- oder Telekommunikationsunternehmen als Adressaten einer Beschlagnahmeanordnung in Betracht kommen. ²Hierzu ist zunächst festzustellen, welche Unternehmen eine Lizenz für die Beförderung von Sendungen der zu beschlagnahmenden Art in dem betreffenden geographischen Bereich besitzen. ³Die Beschlagnahmeanordnung ist allen Post- oder Telekommunikationsunternehmen zu übersenden, bei welchen die Beschlagnahme erfolgen soll. ⁴In Zweifelsfällen ist bei der Bundesnetzagentur für Elektrizität, Gas, Telekommunikation, Post und Eisenbahnen (Tulpenfeld 4, 53113 Bonn) festzustellen, welche Unternehmen als Adressaten einer Beschlagnahmeanordnung in Betracht kommen. ⁵Bei der Adressierung der Beschlagnahmeanordnung ist die jeweilige Betriebsstruktur des Adressaten zu beachten (z.B. das Bestehen rechtlich selbständiger Niederlassungen, Franchise-Unternehmen). ⁶In Zweifelsfällen empfiehlt sich eine vorherige Kontaktaufnahme mit dem jeweiligen Unternehmen.

80 Aufhebung der Beschlagnahme

(1) ¹Die Beschlagnahme soll in der Regel von vornherein auf eine bestimmte Zeit (etwa einen Monat) beschränkt werden. ²Wegen der mit jeder Beschlagnahme verbundenen Verzögerung der Postzustellung achtet der Staatsanwalt darauf, daß die Beschlagnahme nicht länger als erforderlich aufrechterhalten wird.

(2) Sobald ein Beschlagnahmebeschluß erledigt ist, beantragt der Staatsanwalt unverzüglich, ihn aufzuheben und verständigt sofort die betroffenen Post- oder Telekommunikationsunternehmen.

(3) Der Vermerk „Postbeschlagnahme" (Nr. 77 Abs. 4) ist zu beseitigen.

81 Postsendungen mit staatsgefährdenden Schriften

Bei Postsendungen mit staatsgefährdenden Schriften ist Nr. 208 zu beachten.

82 [aufgehoben]

83 [aufgehoben]

14. Auskunft über den Postverkehr und die Telekommunikation

84 Postsendungen
¹Statt einer Beschlagnahme kann der Richter, unter den Voraussetzungen des § 100 StPO auch der Staatsanwalt, von Postunternehmen Auskunft über Postsendungen verlangen, die von dem Beschuldigten herrühren oder für ihn bestimmt sind. ²Die Auskunft wird auch über solche Postsendungen erteilt, die sich bei Eingang des Ersuchens nicht mehr im Machtbereich des Postunternehmens befinden.

85 Telekommunikation
¹Der Richter, unter den Voraussetzungen des § 100 h Abs. 1 Satz 3 in Verbindung mit § 100 b Abs. 1 Satz 2 und 3 StPO auch die Staatsanwaltschaft, kann nach § 100 g StPO von Telekommunikationsunternehmen Auskunft über abgeschlossene und zukünftige Telekommunikationsverbindungen verlangen. ²Soweit danach keine Auskunft verlangt werden kann (z.B. Auskunft über die Standortkennung eines Mobiltelefons, wenn kein Fall einer Telekommunikationsverbindung besteht) sind Maßnahmen nach den §§ 100 a, 100 b StPO zu prüfen.

15. Öffentliches Interesse bei Privatklagesachen

86 Allgemeines
(1) Sobald der Staatsanwalt von einer Straftat erfährt, die mit der Privatklage verfolgt werden kann, prüft er, ob ein öffentliches Interesse an der Verfolgung von Amts wegen besteht.

(2) ¹Ein öffentliches Interesse wird in der Regel vorliegen, wenn der Rechtsfrieden über den Lebenskreis des Verletzten hinaus gestört und die Strafverfolgung ein gegenwärtiges Anliegen der Allgemeinheit ist, z. B. wegen des Ausmaßes der Rechtsverletzung, wegen der Roheit oder Gefährlichkeit der Tat, der niedrigen Beweggründe des Täters oder der Stellung des Verletzten im öffentlichen Leben. ²Ist der Rechtsfrieden über den Lebenskreis des Verletzten hinaus nicht gestört worden, so kann ein öffentliches Interesse auch dann vorliegen, wenn dem Verletzten wegen seiner persönlichen Beziehung zum Täter nicht zugemutet werden kann, die Privatklage zu erheben, und die Strafverfolgung ein gegenwärtiges Anliegen der Allgemeinheit ist.

(3) Der Staatsanwalt kann Ermittlungen darüber anstellen, ob ein öffentliches Interesse besteht.

87 Verweisung auf die Privatklage
(1) ¹Die Entscheidung über die Verweisung auf den Privatklageweg trifft der Staatsanwalt. ²Besteht nach Ansicht der Behörden oder Beamten des Polizeidienstes kein öffentliches Interesse an der Strafverfolgung, so legen sie die Anzeige ohne weitere Ermittlungen dem Staatsanwalt vor.

(2) ¹Kann dem Verletzten nicht zugemutet werden, die Privatklage zu erheben, weil er die Straftat nicht oder nur unter großen Schwierigkeiten aufklären könnte, so soll der Staatsanwalt die erforderlichen Ermittlungen anstellen, bevor er dem Verletzten auf die Privatklage verweist, z. B. bei Beleidigung durch namenlose Schriftstücke. ²Dies gilt aber nicht für unbedeutende Verfehlungen.

16. Einstellung des Verfahrens

88 Mitteilung an den Beschuldigten
¹In der Mitteilung an den Beschuldigten nach § 170 Abs. 2 StPO sind die Gründe der Einstellung nur auf Antrag und dann auch nur soweit bekanntzugeben, als kein

schutzwürdiges Interesse entgegensteht. ²Hat sich herausgestellt, daß der Beschuldigte unschuldig ist oder daß gegen ihn kein begründeter Verdacht mehr besteht, so ist dies in der Mitteilung auszusprechen.

89 Bescheid an den Antragsteller und Mitteilung an den Verletzten

(1) Der Staatsanwalt hat dem Antragsteller den in § 171 StPO vorgesehenen Bescheid über die Einstellung auch dann zu erteilen, wenn die Erhebung der öffentlichen Klage nicht unmittelbar bei der Staatsanwaltschaft beantragt worden war.

(2) ¹Die Begründung der Einstellungsverfügung darf sich nicht auf allgemeine und nichtssagende Redewendungen, z. B. „da eine Straftat nicht vorliegt oder nicht nachgewiesen ist", beschränken. ²Vielmehr soll in der Regel – schon um unnötige Beschwerden zu vermeiden – angegeben werden, aus welchen Gründen der Verdacht einer Straftat nicht ausreichend erscheint oder weshalb sich sonst die Anklageerhebung verbietet. ³Dabei kann es genügen, die Gründe anzuführen, die ein Eingehen auf Einzelheiten unnötig machen, z. B., daß die angezeigte Handlung unter kein Strafgesetz fällt, daß die Strafverfolgung verjährt oder aus anderen Gründen unzulässig ist oder daß kein öffentliches Interesse an der Strafverfolgung besteht.

(3) Auch bei einer Einstellung nach §§ 153 Abs. 1, 153 a Abs. 1, 153 b Abs. 1 StPO erteilt der Staatsanwalt dem Anzeigenden einen mit Gründen versehenen Bescheid.

(4) Der Staatsanwalt soll den Einstellungsbescheid so fassen, daß er auch dem rechtsunkundigen Antragsteller verständlich ist.

(5) Erhält der Verletzte nicht bereits gemäß Absatz 1 oder Absatz 3 Kenntnis von der Einstellung des Verfahrens, so ist ihm letztere auf Antrag mitzuteilen, soweit das Verfahren ihn betrifft.

90 Anhörung von Behörden und Körperschaften des öffentlichen Rechts

(1) ¹Hat eine Behörde oder eine Körperschaft des öffentlichen Rechts die Strafanzeige erstattet oder ist sie sonst am Ausgang des Verfahrens interessiert, so soll ihr der Staatsanwalt, bevor er das Verfahren einstellt, die Gründe mitteilen, die für die Einstellung sprechen, und ihr Gelegenheit zur Äußerung geben; zur Vereinfachung können Ablichtungen aus den Akten beigefügt werden. ²Stellt der Staatsanwalt entgegen einer widersprechenden Äußerung ein, so soll er in der Einstellungsverfügung auch die Einwendungen würdigen, die gegen die Einstellung erhoben worden sind.

(2) Hat ein oberstes Staatsorgan des Bundes oder eines Landes die Ermächtigung zur Strafverfolgung nach §§ 90 Abs. 4, 90b Abs. 2, 97 Abs. 3, 104a, 129b Abs. 1 Satz 3, 194 Abs. 4, 353a Abs. 2 oder 353b Abs. 4 StGB erteilt oder Strafantrag wegen Beleidigung gestellt, so ist Nr. 211 Abs. 1 und 3 Buchst. a zu beachten.

91 Bekanntgabe

(1) ¹Dem Beschuldigten wird die Einstellungsverfügung grundsätzlich formlos durch einfachen Brief bekanntgegeben. ²Die Mitteilung über die Einstellung wird dem Beschuldigten zugestellt, wenn gegen ihn eine Strafverfolgungsmaßnahme im Sinne des § 2 des Gesetzes über die Entschädigung für Strafverfolgungsmaßnahmen (StrEG) vollzogen worden ist. ³Wegen der in der Einstellungsnachricht nach diesem Gesetz zu erteilenden Belehrung wird auf die Ausführungsvorschriften zum Gesetz über die Entschädigung für Strafverfolgungsmaßnahmen (Anlage C) verwiesen.

(2) ¹Die Mitteilung über die Einstellung des Verfahrens ist dem Antragsteller (§ 171 StPO) im Regelfall formlos zu übersenden. ²Der Staatsanwalt soll die Zustellung nur dann anordnen, wenn im Einzelfall Anhaltspunkte dafür bestehen, daß mit einer Beschwerde und einem Antrag auf Durchführung des Klageerzwingungsverfahrens zu rechnen ist.

92 Kostenpflicht des Anzeigenden

¹Ist ein Verfahren durch eine vorsätzlich oder leichtfertig erstattete unwahre Anzeige veranlaßt worden, so prüft der Staatsanwalt, ob die Kosten des Verfahrens und die dem Beschuldigten erwachsenen notwendigen Auslagen dem Anzeigeerstatter aufzuerlegen sind. ²Dies gilt auch dann, wenn die unwahren Angaben, die zur Einleitung des Verfahrens geführt haben, bei einer Vernehmung gemacht worden sind.

93 Einstellung nach §§ 153, 153 a StPO

(1) ¹Hat eine Behörde oder Körperschaft des öffentlichen Rechts Strafanzeige erstattet oder ist sie sonst an dem Verfahren interessiert, so tritt der Staatsanwalt, bevor er die Zustimmung des Gerichts zur beabsichtigten Einstellung einholt, mit ihr in Verbindung. ²Dies gilt auch für die Zustimmung des Staatsanwalts zu einer Einstellung, die das Gericht beabsichtigt (§§ 153 Abs. 2, 153 a Abs. 2 StPO).

(2) Hat ein oberstes Staatsorgan des Bundes oder eines Landes die Ermächtigung zur Strafverfolgung nach §§ 90 Abs. 4, 90 b Abs. 2, 97 Abs. 3, 104 a, 129 b Abs. 1 Satz 3, 194 Abs. 4, 353 a Abs. 2 oder 353 b Abs. 4 StGB erteilt oder Strafantrag wegen Beleidigung gestellt, so ist Nr. 211 Abs. 1 zu beachten.

(3) Bei einer Einstellung nach § 153 a StPO oder der Erklärung seiner Zustimmung dazu prüft der Staatsanwalt, ob eine Wiedergutmachungsauflage (§ 153 a Abs. 1 Nr. 1 StPO) in Betracht kommt.

(4) Bei einer Einstellung nach § 153 a StPO, bei der die Auflage erteilt wird, einen Geldbetrag zugunsten einer gemeinnützigen Einrichtung zu zahlen, oder bei der Erklärung der Zustimmung dazu, beachtet der Staatsanwalt neben spezialpräventiven Erwägungen, dass bei der Auswahl des Zuwendungsempfängers insbesondere Einrichtungen der Opferhilfe, Kinder- und Jugendhilfe, Straffälligen- und Bewährungshilfe, Gesundheits- und Suchthilfe sowie Einrichtungen zur Förderung von Sanktionsalternativen und Vermeidung von Ersatzfreiheitsstrafen in angemessenem Umfang berücksichtigt werden.

93 a Gewinnabschöpfung bei Einstellung nach § 153 a StPO

¹Bei einer Einstellung nach § 153 a StPO achtet der Staatsanwalt auch darauf, daß die Auflagen einen durch die Straftat erlangten Vermögensvorteil abschöpfen. ²Hierbei kommt in erster Linie die Erteilung einer Auflage nach § 153 a Abs. 1 Nr. 1 StPO (Wiedergutmachung des durch die Tat verursachten Schadens) in Betracht. ³Im übrigen sollen unredlich erzielte Vermögensvorteile bei der Festsetzung einer Geldauflage nach § 153 a Abs. 1 Nr. 2 StPO berücksichtigt werden. ⁴In geeigneten Fällen können Auflagen miteinander kombiniert werden.

94 Einstellung nach § 153 c Abs. 1 StPO

(1) ¹In den Fällen des § 153 c Abs. 1 StPO kann der Staatsanwalt nach pflichtgemäßem Ermessen von der Verfolgung absehen. ²Dies wird insbesondere in Betracht kommen, wenn die in § 153 c Abs. 2 StPO bezeichneten Gründe vorliegen können, wenn eine Strafverfolgung zu unbilligen Härten führen würde oder ein öffentliches Interesse an der strafrechtlichen Ahndung nicht oder nicht mehr besteht.

(2) ¹Der Staatsanwalt prüft im Einzelfall, ob völkerrechtliche Vereinbarungen die Verpflichtung begründen, bestimmte außerhalb des räumlichen Geltungsbereichs der Strafprozeßordnung begangene Taten so zu behandeln, als ob sie innerhalb dieses Bereichs begangen wären. ²Auskunft über derartige Vereinbarungen erteilt das Bundesministerium der Justiz.

(3) ¹Bestehen in den Fällen des § 153 c Abs. 1 StPO Anhaltspunkte dafür, daß die Gründe des § 153 c Abs. 3 StPO gegeben sein könnten, holt der Staatsanwalt unverzüglich die Entscheidung des Generalstaatsanwalts ein, ob die Tat verfolgt werden

soll. ²Der Generalstaatsanwalt berichtet vor seiner Entscheidung unverzüglich der Landesjustizverwaltung.

(4) ¹Können die in § 153 c Abs. 3 StPO bezeichneten Gründe der Strafverfolgung entgegenstehen, so holt der Staatsanwalt unverzüglich die Entscheidung des Generalstaatsanwalts ein, wenn er wegen Gefahr im Verzuge eine Beschlagnahme, eine Durchsuchung oder eine mit Freiheitsentziehung verbundene Maßnahme für erforderlich hält. ²Der Generalstaatsanwalt unterrichtet vor seiner Entscheidung die Landesjustizverwaltung. ³Ist eine Entscheidung des Generalstaatsanwalts nicht rechtzeitig zu erlangen, so unterrichtet der Staatsanwalt die Landesjustizverwaltung unmittelbar. ⁴Ist auch das nicht möglich, so trifft er selbst die notwendige Entscheidung.

95 Einstellung nach § 153 c Abs. 3 StPO

(1) ¹Bei Straftaten, die durch eine außerhalb des räumlichen Geltungsbereichs der Strafprozeßordnung ausgeübte Tätigkeit begangen sind, deren Erfolg jedoch innerhalb dieses Bereichs eingetreten ist (Distanztaten), klärt der Staatsanwalt beschleunigt den Sachverhalt und die Umstände auf, die für eine Entscheidung nach § 153 c Abs. 3 StPO von Bedeutung sein können. ²Er beschränkt sich dabei auf solche Maßnahmen, die den Zweck der Vorschrift nicht gefährden.

(2) ¹Bestehen Anhaltspunkte dafür, daß die Voraussetzungen des § 153 c Abs. 3 StPO gegeben sein könnten, so holt der Staatsanwalt unverzüglich die Entscheidung des Generalstaatsanwalts ein, ob die Tat verfolgt werden soll. ²Der Generalstaatsanwalt unterrichtet vor seiner Entscheidung unverzüglich die Landesjustizverwaltung.

(3) Hält der Staatsanwalt wegen Gefahr im Verzuge eine Beschlagnahme, eine Durchsuchung oder eine mit Freiheitsentziehung verbundene Maßnahme für erforderlich, so gelten Abs. 2 sowie Nr. 94 Abs. 4 Satz 3 und 4 entsprechend.

96 Einstellung nach § 153 c Abs. 4 StPO
In den Fällen des § 153 c Abs. 4 StPO gelten die Nr. 94 und 95 sinngemäß.

97 Einstellung nach § 153 c Abs. 5 StPO
¹In den Fällen des § 153 c Abs. 5 StPO klärt der Staatsanwalt alle für die Entscheidung des Generalbundesanwalts bedeutsamen Umstände mit größter Beschleunigung, jedoch unter Beschränkung auf solche Maßnahmen, die den Zweck dieser Vorschrift nicht gefährden; er unterrichtet fernmündlich oder fernschriftlich den Generalbundesanwalt unter gleichzeitiger Benachrichtigung des Generalstaatsanwalts. ²Die Vorgänge reicht er mit einem Begleitschreiben dem Generalbundesanwalt unverzüglich nach; eine Abschrift des Begleitschreibens leitet er dem Generalstaatsanwalt zu. ³Sind die Akten nicht entbehrlich, so werden dem Generalbundesanwalt Ablichtungen vorgelegt. ⁴In Verfahren, die nach § 142 a Abs. 2 und 4 GVG an die Landesstaatsanwaltschaft abgegeben worden sind, ist entsprechend zu verfahren. ⁵Fordert der Generalstaatsanwalt die Vorgänge zum Zwecke der Prüfung an, ob die Voraussetzungen für eine Einstellung des Verfahrens nach § 153 c Abs. 1, 3 und 4 StPO vorliegen, so trifft der Staatsanwalt weitere Verfolgungsmaßnahmen nur im Einverständnis mit dem Generalbundesanwalt.

98 Einstellung nach § 153 d StPO
¹Ergeben sich für den Staatsanwalt Anhaltspunkte dafür, daß die Voraussetzungen des § 153 d StPO vorliegen, so sind die in Nr. 97 getroffenen Anordnungen zu beachten. ²Eine Entscheidung des Generalbundesanwalts, solche Straftaten nicht zu verfolgen, bewirkt, daß polizeiliche und staatsanwaltschaftliche Verfolgungsmaßnahmen insoweit zu unterbleiben haben; diese Entscheidung kann schon vor der Einleitung von Verfolgungsmaßnahmen getroffen werden.

99 Benachrichtigung der Polizeidienststellen in den Fällen der §§ 153 c, 153 d StPO

(1) Wird von der Strafverfolgung nach §§ 153 c, 153 d StPO abgesehen, so kann neben der unverzüglichen Benachrichtigung der Polizeidienststelle, die mit der Sache unmittelbar befaßt ist, die sofortige Benachrichtigung weiterer Polizeidienststellen erforderlich sein, um sicherzustellen, daß Verfolgungsmaßnahmen unterbleiben.

(2) ¹In derartigen Fällen unterrichtet der Staatsanwalt neben der mit der Sache unmittelbar befaßten Polizeidienststelle unverzüglich das Bundesministerium des Innern und nachrichtlich das Bundeskriminalamt, Thaerstraße 11, 65193 Wiesbaden, von seiner Entscheidung, mit der von der Strafverfolgung abgesehen wird. ²Einen Abdruck der schriftlichen Nachricht erhält die Landesjustizverwaltung/das Bundesministerium der Justiz.

(3) Sieht der Staatsanwalt einstweilen von weiteren Strafverfolgungsmaßnahmen ab, so unterrichtet er unverzüglich die mit der Sache befaßte Polizeidienststelle.

100 Einstellung nach § 153 e StPO

(1) ¹Die Möglichkeit einer Einstellung des Verfahrens nach § 153 e StPO (gegebenenfalls in Verbindung mit Art. 9 des Vierten Strafrechtsänderungsgesetzes) soll mit dem Beschuldigten und seinem Verteidiger nur erörtert werden, wenn diese selbst Fragen danach stellen oder wenn nach den bereits bekannten Umständen des Einzelfalles deutliche Anhaltspunkte dafür vorliegen, daß eine Anwendung des § 153 e StPO in Betracht kommt und eine Erörterung hierüber aus besonderen Gründen zweckmäßig erscheint. ²Bei einer solchen Erörterung ist jedoch darauf zu achten, daß sie nicht als Zusicherung einer Einstellung des Verfahrens nach § 153 e StPO mißverstanden wird.

(2) Der Staatsanwalt legt die Akten dem Generalbundesanwalt vor, wenn Anhaltspunkte dafür bestehen, daß die Einstellung nach § 153 e StPO in Betracht kommt.

101 Einstellung nach § 154 StPO

(1) ¹Von den Möglichkeiten einer Einstellung nach § 154 Abs. 1 StPO soll der Staatsanwalt in weitem Umfang und in einem möglichst frühen Verfahrensstadium Gebrauch machen. ²Er prüft zu diesem Zweck vom Beginn der Ermittlungen an, ob die Voraussetzungen für eine Beschränkung des Prozeßstoffes vorliegen. ³Der Staatsanwalt erteilt der Polizei allgemein oder im Einzelfall die Weisungen, die erforderlich sind, um die Rechtzeitigkeit der Prüfung zu gewährleisten.

(2) Wird das Verfahren nach § 154 Abs. 1 StPO eingestellt, so gilt für den Bescheid an den Anzeigenden Nr. 89 entsprechend.

(3) Ist mit Rücksicht auf eine wegen einer anderen Tat zu erwartende Strafe nach § 154 Abs. 1 StPO von der Verfolgung einer Tat abgesehen oder nach § 154 Abs. 2 StPO das Verfahren vorläufig eingestellt worden, so prüft der Staatsanwalt nach Abschluß des wegen dieser Tat eingeleiteten Verfahrens, ob es bei der Einstellung verbleiben kann.

101 a Einstellung nach § 154 a StPO

(1) ¹Soweit die Strafverfolgung nach § 154 a StPO beschränkt werden kann, soll der Staatsanwalt von dieser Möglichkeit Gebrauch machen, wenn dies das Verfahren vereinfacht. ²Nr. 101 Abs. 1 gilt entsprechend.

(2) ¹Bei abtrennbaren Teilen einer Tat, die mit anderen in Fortsetzungszusammenhang stehen, wird nach § 154 a Abs. 1 Satz 1 StPO die Verfolgung häufig auf wenige Teilakte beschränkt werden können; eine Beschränkung auf einen einzelnen Teilakt kommt nur dann in Betracht, wenn dieser besonders schwerwiegend ist. ²In den Fällen des § 154 a Abs. 1 Satz 2 StPO kann die Verfolgung auf einen oder

mehrere Teilakte beschränkt werden, wenn die Aufklärung der anderen Teilakte unverhältnismäßig viel Zeit in Anspruch nehmen würde und eine zur Einwirkung auf den Täter und zur Verteidigung der Rechtsordnung ausreichende Bestrafung gewährleistet ist.

(3) Beschränkungen nach § 154a StPO werden aktenkundig gemacht; erfolgt die Beschränkung vor Erhebung der öffentlichen Klage, so wird in der Anklageschrift darauf hingewiesen.

(4) Nr. 101 Abs. 3 gilt entsprechend.

102 Einstellung zugunsten des Opfers einer Nötigung oder Erpressung

(1) Eine Einstellung nach § 154c StPO soll grundsätzlich nur erfolgen, wenn die Nötigung oder die Erpressung strafwürdiger ist als die Tat des Genötigten oder Erpreßten.

(2) Die Entscheidung, ob zugesichert werden kann, daß das Verfahren eingestellt wird, ist dem Behördenleiter vorzubehalten.

103 Mitteilung an den Anzeigenden

Sieht der Staatsanwalt nach § 154e StPO von der Erhebung der öffentlichen Klage vorläufig ab, so teilt er dies dem Anzeigenden mit.

104 Vorläufige Einstellung nach § 205 StPO

(1) ¹Unter den Voraussetzungen des § 205 StPO soll der Staatsanwalt das Ermittlungsverfahren vorläufig einstellen, wenn der Sachverhalt soweit wie möglich aufgeklärt ist und die Beweise, soweit notwendig, gesichert sind; eine förmliche Beweissicherung (§§ 285 ff. StPO) soll indessen nur in wichtigen Fällen stattfinden. ²Der Staatsanwalt hat in bestimmten, nicht zu lange bemessenen Abständen zu prüfen, ob die Hinderungsgründe des § 205 StPO noch fortbestehen.

(2) Kann nach dem Ergebnis der Ermittlungen mit einer Eröffnung des Hauptverfahrens auch dann nicht gerechnet werden, wenn die Hinderungsgründe des § 205 StPO wegfallen, so stellt der Staatsanwalt das Verfahren sofort ein.

(3) Nr. 103 gilt entsprechend.

105 Beschwerde gegen die Einstellungsverfügung

(1) ¹Einer Beschwerde gegen die Einstellung des Verfahrens kann der Staatsanwalt, der die Einstellung verfügt hat, abhelfen. ²Werden in der Beschwerde neue und wesentliche Tatsachen oder Beweismittel angeführt, so nimmt er die Ermittlungen wieder auf.

(2) ¹Geht eine Beschwerde des Verletzten bei dem Staatsanwalt ein, dessen Entscheidung angegriffen wird, so prüft er unverzüglich, ob er ihr abhilft. ²Hilft er ihr nicht ab, so legt er sie unverzüglich dem vorgesetzten Staatsanwalt (§ 147 GVG) vor. ³Im Übersendungsbericht legt er dar, aus welchen Gründen er die Ermittlungen nicht wieder aufnimmt; neue Tatsachen oder Beweismittel oder neue rechtliche Erwägungen, welche die Beschwerdeschrift enthält, sind zu würdigen. ⁴Werden dem Beschuldigten weitere selbständige Straftaten vorgeworfen, so ist zu berichten, was insoweit bereits veranlaßt oder was nach Rückkunft der Akten beabsichtigt ist. ⁵Die Akten sind dem Übersendungsbericht beizufügen oder, wenn sie nicht verfügbar oder nicht entbehrlich sind, nachzureichen.

(3) ¹Ist die Beschwerde bei dem vorgesetzten Staatsanwalt eingereicht worden und hat er um Bericht oder um Beifügung der Vorgänge ersucht, so ist dieser Auftrag nur auszuführen, wenn die Ermittlungen nicht wieder aufgenommen werden; sonst genügt eine kurze Anzeige über die Wiederaufnahme der Ermittlungen. ²Kann die Beschwerde nicht sofort geprüft werden, so sind die Gründe hierfür anzugeben; die Akten sind nicht beizufügen.

(4) Dem Beschwerdeführer ist die Wiederaufnahme der Ermittlungen mitzuteilen.

(5) Für die Bekanntgabe des Bescheides des vorgesetzten Staatsanwalts gilt Nr. 91 Abs 2 entsprechend.

17. Verteidiger

106 Auswahl des Verteidigers
¹Die Bitte eines Beschuldigten, ihm einen für seine Verteidigung geeigneten Rechtsanwalt zu bezeichnen, ist abzulehnen. ²Jedoch kann ihm ein nach der Buchstabenfolge geordnetes Verzeichnis der Rechtsanwälte des Landgerichtsbezirks vorgelegt werden, damit er einen Verteidiger selbst auswählt.

107 Referendare als Verteidiger
(1) ¹Referendare sollen als Verteidiger nur bestellt werden (§ 142 Abs. 2 StPO), wenn nach der Art und der Bedeutung der Strafsache und der Person des Referendars Gewähr für eine sachgemäße Verteidigung besteht. ²Ist die Mitwirkung eines Verteidigers aus den Gründen des § 140 Abs. 2 StPO notwendig, so wird die Bestellung eines Referendars im allgemeinen nur dann in Betracht kommen, wenn die Tat nicht besonders schwer und die Sach- und Rechtslage nicht besonders schwierig, aber ersichtlich ist, daß der Beschuldigte sich nicht selbst verteidigen kann. ³Der Gesichtspunkt der Gebührenersparnis soll bei der Bestellung unberücksichtigt bleiben.

(2) Dem von Amts wegen als Verteidiger bestellten Referendar sind die notwendigen baren Auslagen aus der Staatskasse zu erstatten.

108 Unterrichtung des Verteidigers
¹Der Verteidiger, der nach § 145 a Abs. 1 StPO als ermächtigt gilt, Zustellungen für den Beschuldigten anzunehmen, ist über § 145 a StPO hinaus über alle Entscheidungen zu unterrichten, die dem Beschuldigten mitgeteilt werden. ²Der Verteidiger soll dabei neben dem Beschuldigten und gleichzeitig mit diesem unterrichtet werden.

18. Abschluß der Ermittlungen

109
(1) Bei der Fertigung des Vermerkes über den Abschluß der Ermittlungen sind die besonderen verfahrensrechtlichen Wirkungen (§§ 141 Abs. 3 Satz 3, 147 Abs. 2 StPO) zu beachten.

(2) Richtet sich das Verfahren gegen mehrere Beschuldigte, so wird vor dem Vermerk über den Abschluß der Ermittlungen gegen einzelne von ihnen der Stand der Ermittlungen gegen die übrigen zu berücksichtigen sein.

(3) ¹Der Vermerk über den Abschluß der Ermittlungen ist mit dem Datum und der Unterschrift des Staatsanwalts zu versehen. ²Richtet sich das Verfahren gegen mehrere Beschuldigte, so muß der Vermerk erkennen lassen, gegen welche Beschuldigten die Ermittlungen abgeschlossen sind.

II. Abschnitt. Anklage

110 Form und Inhalt der Anklageschrift
(1) Die Anklageschrift muß klar, übersichtlich und vor allem für den Angeschuldigten verständlich sein.

(2) In der Anklageschrift sind anzugeben:
a) der Familienname und die Vornamen (Rufname unterstrichen), Geburtsname, Beruf, Anschrift, Familienstand, Geburtstag und Geburtsort (Kreis, Bezirk) des Angeschuldigten und seine Staatsangehörigkeit, bei Minderjährigen Namen und Anschriften der gesetzlichen Vertreter;
b) der Verteidiger;
c) der Anklagesatz;
er umfaßt:
die Tat, die dem Angeschuldigten zur Last gelegt wird, sowie Zeit und Ort ihrer Begehung, die gesetzlichen Merkmale der Straftat – gegebenenfalls in vereinfachter Form, z. B. beim Versuch –, die anzuwendenden Strafvorschriften, die Umstände, welche die Anordnung einer Maßnahme (§ 11 Abs. 1 Nr. 8 StGB) rechtfertigen, bei Verletzungen mehrerer Strafvorschriften auch die Angabe, ob Tateinheit oder Tatmehrheit angenommen wird;
d) bei Antragsdelikten ein Hinweis auf den Strafantrag;
wird in Fällen, in denen das Gesetz dies zulässt, bei einem Antragsdelikt die öffentliche Klage erhoben, ohne dass ein Strafantrag gestellt ist, so soll in der Anklageschrift erklärt werden, dass wegen des besonderen öffentlichen Interesses an der Strafverfolgung ein Einschreiten von Amts wegen geboten ist.
e) Hinweise auf Verfolgungsbeschränkungen nach § 154 a StPO;
f) die Zeugen (gegebenenfalls mit den nach § 200 Abs. 1 Satz 3 und 4 StPO zulässigen Einschränkungen) und anderen Beweismitteln;
g) das wesentliche Ergebnis der Ermittlungen (§ 200 Abs. 2 StPO) und alle Umstände, die für die Strafbemessung, die Strafaussetzung zur Bewährung, die Verwarnung mit Strafvorbehalt, das Absehen von Strafe, die Nebenstrafe und Nebenfolge von Bedeutung sein können.
(3) ¹Die Anklageschrift hat ferner den Antrag auf Eröffnung des Hauptverfahrens und die Angabe des Gerichts zu enthalten, vor dem die Hauptverhandlung stattfinden soll. ²Sie hat auch den Spruchkörper (z.B. Wirtschaftsstrafkammer, Jugendkammer, Staatsschutzkammer) zu bezeichnen, den der Staatsanwalt als zuständig ansieht.
(4) ¹War oder ist der Angeschuldigte in Untersuchungshaft, so sind Ort und Dauer der Haft zu vermerken; dies gilt auch für eine andere Freiheitsentziehung. ²Zur Frage der Fortdauer ist ein bestimmter Antrag zu stellen. ³Auf den nächsten von Amts wegen stattfindenden Haftprüfungstermin (§ 117 Abs. 5 StPO) und gegebenenfalls auf den Ablauf der in § 121 Abs. 2 StPO bezeichneten Frist ist hinzuweisen.
(5) Beantragt der Staatsanwalt die Beteiligung der juristischen Person oder Personenvereinigung und kündigt er die Beantragung der Festsetzung einer Geldbuße gegen diese an (Nummer 180 a Abs. 2), führt er sie als Nebenbeteiligte an und gibt die tatsächliche und rechtliche Grundlage für die begehrte Maßnahme an.

111 Auswahl der Beweismittel

(1) Der Staatsanwalt soll nur die Beweismittel aufführen, die für die Aufklärung des Sachverhalts und für die Beurteilung der Persönlichkeit des Angeschuldigten wesentlich sind.

(2) Haben mehrere Zeugen über denselben Vorgang im Vorverfahren übereinstimmend ausgesagt, so wird es häufig nicht nötig sein, jeden zu benennen.

(3) ¹Für Sachverständige gilt Abs. 2 entsprechend. ²Soweit es zulässig ist, ein schriftliches Gutachten in der Hauptverhandlung zu verlesen (§ 256 Abs. 1 StPO), wird dieses oft ein ausreichendes Beweismittel sein; dies gilt nicht, wenn der Sachverständige ein Gutachten nur unter dem Eindruck der Hauptverhandlung erstatten kann, z. B. über die Schuldfähigkeit oder über besondere seelische oder geistige Eigenschaften des Angeschuldigten oder eines sonstigen Prozeßbeteiligten.

(4) Liegt ein Geständnis des Angeschuldigten vor, das zur vollständigen Beurteilung der Tat, auch der Strafbemessung, voraussichtlich ausreicht, so kann auf die Benennung von Zeugen verzichtet werden.

(5) ¹Der Staatsanwalt darf dem Gericht oder dem Vorsitzenden Akten, Schriftstücke oder Beweisstücke nur vorlegen, wenn er sie gleichzeitig zu Bestandteilen der gerichtlichen Akten erklärt und damit auch dem Verteidiger zugänglich macht. ²Legt er sie erst in der Hauptverhandlung vor, so hat er sie dadurch zum Gegenstand der Verhandlung zu machen, daß er die Vorlegung auch dem Angeklagten oder dem Verteidiger bekanntgibt.

112 Ermittlungsergebnis

(1) Auch wenn die Anklage vor dem Strafrichter erhoben wird, soll das wesentliche Ergebnis der Ermittlungen (§ 200 Abs. 2 StPO) in die Anklageschrift aufgenommen werden, wenn die Sach- oder Rechtslage Schwierigkeiten bietet.

(2) Sind die Akten umfangreich, so soll auf die Aktenstellen und möglichst auch auf die Beweismittel für die einzelnen Tatvorgänge verwiesen werden.

113 Zuständiges Gericht

(1) Bei der Beurteilung der Frage, ob ein Fall von besonderer Bedeutung vorliegt und deshalb die Anklage beim Landgericht (§ 24 Abs. 1 Nr. 3 GVG) zu erheben ist, prüft der Staatsanwalt, ob die besondere Bedeutung einer Sache sich etwa aus dem Ausmaß der Rechtsverletzung oder den Auswirkungen der Straftat, z. B. nach einer Sexualstraftat, ergibt.

(2) ¹Erhebt der Staatsanwalt wegen der besonderen Schutzbedürftigkeit von Verletzten der Straftat, die als Zeugen in Betracht kommen, des besonderen Umfangs oder der besonderen Bedeutung des Falles Anklage beim Landgericht (§ 24 Abs. 1 Nr. 3 GVG), so macht er die hierfür bedeutsamen Umstände aktenkundig, sofern diese nicht offensichtlich sind. ²Satz 1 gilt entsprechend, wenn der Staatsanwalt Anklage zur Wirtschaftsstrafkammer nach § 74c Abs. 1 Nr. 6 GVG erhebt, weil zur Beurteilung des Falles besondere Kenntnisse des Wirtschaftslebens erforderlich sind.

(3) Erhebt der Staatsanwalt Anklage beim Landgericht und hält er aus den in § 76 Abs. 2 GVG genannten Gründen die Mitwirkung eines dritten Richters für erforderlich, regt er dies an.

(4) Ist die Sache umfangreich, z. B. wegen der großen Anzahl der Angeschuldigten oder Zeugen, und erhebt der Staatsanwalt nicht Anklage beim Landgericht, so beantragt er, einen zweiten Richter beim Amtsgericht zuzuziehen (§ 29 Abs. 2 GVG).

114 Zusammenhängende Strafsachen

¹Zusammenhängende Strafsachen (§§ 2, 3 StPO) sind in einer Anklage zusammenzufassen (vgl. Nr. 17). ²Hiervon kann abgesehen werden, wenn die Erhebung der öffentlichen Klage wegen einer Tat durch die Aufklärung der anderen Tat erheblich verzögert würde und wenn gewichtige Interessen der Allgemeinheit oder des Beschuldigten nicht entgegenstehen.

III. Abschnitt. Hauptverfahren

1. Eröffnung des Hauptverfahrens

115 [Eröffnung des Hauptverfahrens]
(1) Beschließt das Gericht, die Anklage mit Änderungen nach § 207 Abs. 2 StPO zuzulassen, so legt es die Akten mit diesem Beschluß der Staatsanwaltschaft vor.

(2) Reicht der Staatsanwalt nach § 207 Abs. 3 StPO eine neue Anklageschrift ein, so empfiehlt es sich in der Regel, das wesentliche Ergebnis der Ermittlungen darzustellen, wenn ausgeschiedene Teile einer Tat in das Verfahren wieder einbezogen oder wenn die ursprüngliche Anklageschrift durch Änderungen im Eröffnungsbeschluß unübersichtlich oder unverständlich geworden ist.

2. Vorbereitung der Hauptverhandlung

116 Anberaumung der Termine

(1) Die Hauptverhandlung findet grundsätzlich am Sitz des Gerichts statt; nur wenn es wegen der Besonderheit des Falles geboten erscheint, soll sie an einem anderen Ort durchgeführt werden.

(2) Für die Festsetzung der Terminstage sind die örtlichen Feiertage, auch wenn sie gesetzlich nicht anerkannt sind, von Bedeutung.

(3) ¹Bei der Festsetzung der Terminsstunden wird den Beteiligten jeder vermeidbare Zeitverlust zu ersparen und daher zu prüfen sein, wie lange die Verhandlung der einzelnen Sachen voraussichtlich dauern wird und in welchen Abständen die einzelnen Termine daher anzuberaumen sind. ²Sind an einer Verhandlung Personen beteiligt, die außerhalb des Sitzungsortes wohnen, so sind auch die Verkehrsverhältnisse zu berücksichtigen.

(4) ¹Ist für die Verhandlung eine längere Zeit (ein ganzer Tag oder mehrere Tage) vorgesehen, so kann es sich empfehlen, die einzelnen Zeugen und Sachverständigen, sofern dies die Hauptverhandlung nicht erschwert, erst für den Zeitpunkt zu laden, in dem sie voraussichtlich benötigt werden (§ 214 Abs. 2 StPO). ²In geeigneten Fällen kann es zweckmäßig sein, den Zeugen mit der Auflage zu laden, daß er sich zu einem bestimmten Zeitpunkt oder während eines bestimmten Zeitraumes auf Abruf bereithalten möge.

(5) Stellt sich nachträglich heraus, daß die Verhandlung einer Sache vermutlich länger als vorgesehen dauern wird, so kann es geboten sein, die folgenden Sachen auf eine spätere Terminstunde zu verlegen und die Beteiligten umzuladen.

117 Ladung und Benachrichtigung

(1) ¹Die Ladung zur Hauptverhandlung soll dem auf freiem Fuß befindlichen Angeklagten, den Zeugen und den Sachverständigen zugestellt werden, damit sie nachweisbar ist. ²Bei Zeugen und Sachverständigen kann eine einfache Form der Ladung gewählt werden.

(2) ¹Abs. 1 Satz 2 gilt auch für andere Prozeßbeteiligte, soweit gesetzlich nichts anderes bestimmt ist. ²Ist eine Behörde am Verfahren zu beteiligen, so ist ihr der Termin zur Hauptverhandlung so rechtzeitig mitzuteilen, daß ihre Vertreter sich auf die Hauptverhandlung vorbereiten und die Akten vorher einsehen können.

(3) ¹Bei der Ladung von Zeugen ist zu berücksichtigen, dass eine direkte Begegnung mit dem Beschuldigten in den Räumen der Justiz als bedrohlich und belastend empfunden werden kann. ²Dies gilt insbesondere für durch die Tat verletzte Zeugen.

(4) ¹Mit der Ladung ordnet der Vorsitzende an, dass die nach § 395 Abs. 1 und Abs. 2 Nr. 1 StPO zur Nebenklage berechtigten Verletzten Mitteilung vom Termin erhalten, wenn aktenkundig ist, dass sie dies beantragt haben. ²Unter der letztgenannten Voraussetzung sollen auch sonstige gemäß § 406g Abs. 1 StPO zur Anwesenheit in der Hauptverhandlung berechtigte Verletzte eine solche Mitteilung erhalten.

118 Unterrichtung über die Beweismittel

(1) ¹Die vom Gericht geladenen Zeugen und Sachverständigen sind dem Angeklagten und der Staatsanwaltschaft in der Regel in der Ladung oder Terminsmittei-

lung, sonst unverzüglich mitzuteilen (§ 222 Abs. 1 Satz 1 und 3 StPO). ²Sind sie bereits in der Anklageschrift benannt, so kann auf sie Bezug genommen werden.

(2) Nach Eingang der Mitteilung nach Abs. 1 Satz 1 prüft der Staatsanwalt, ob Anlaß besteht, von dem unmittelbaren Ladungsrecht (§ 214 Abs. 3 StPO) Gebrauch zu machen; gegebenenfalls unterrichtet er Gericht und Angeklagten (§ 222 Abs. 1 Satz 2 und 3 StPO).

(3) Dem Angeklagten sollen ferner, um eine Aussetzung oder Unterbrechung nach § 246 Abs. 2 StPO zu vermeiden, mit der Ladung auch die als Beweismittel dienenden Gegenstände angegeben werden, soweit sie nicht in der Anklageschrift bezeichnet sind.

119 Beiakten
Der Eingang von Beiakten, die das Gericht angefordert hat, soll dem Staatsanwalt und dem Verteidiger rechtzeitig mitgeteilt werden, damit sie diese möglichst noch vor der Hauptverhandlung einsehen können.

120 Befreiung des Angeklagten von der Pflicht zum Erscheinen
(1) Ist die persönliche Anwesenheit des Angeklagten in der Hauptverhandlung entbehrlich, so empfiehlt sich, ihn über sein Antragsrecht nach § 233 StPO schon vor der Ladung zu belehren.

(2) Der Staatsanwalt prüft, ob er auf die Terminsnachricht (§ 233 Abs. 3 StPO) verzichten kann.

(3) ¹Zur Hauptverhandlung ist der Angeklagte zu laden, wenn er nicht ausdrücklich darauf verzichtet hat. ²In der Ladung ist er darüber zu belehren, daß er zum Erscheinen nicht verpflichtet ist.

121 Kommissarische Vernehmung von Zeugen und Sachverständigen
(1) ¹Die kommissarische Vernehmung von Zeugen oder Sachverständigen ist zu vermeiden, wenn eine hinreichende Aufklärung nur von der Vernehmung in der Hauptverhandlung zu erwarten ist oder wenn das Gericht aus anderen Gründen gezwungen sein wird, den Zeugen oder Sachverständigen unmittelbar zu vernehmen, z. B. weil die Verlesung der Aussage in der Hauptverhandlung nur unter weiteren Voraussetzungen zulässig ist (vgl. § 233 Abs. 2 in Verbindung mit § 251 Abs. 1 Nr. 3 StPO). ²Auf Bedenken gegen eine kommissarische Vernehmung hat der Staatsanwalt rechtzeitig hinzuweisen.

(2) Sind mehrere Zeugen oder Sachverständige bei verschiedenen Gerichten kommissarisch zu vernehmen, so kann es sich empfehlen, die Gerichte möglichst gleichzeitig unter Übersendung von Aktenauszügen um die Vernehmung zu ersuchen.

(3) Ist die Sache umfangreich, so sollen dem ersuchten Richter die Teile der Akten bezeichnet werden, die für die Vernehmung wichtig sind.

(4) Der Staatsanwalt prüft jeweils, ob er auf Terminsnachrichten verzichten kann.

122 Verhandlung in Abwesenheit des Angeklagten bei selbstverschuldeter Verhandlungsunfähigkeit
(1) ¹Sind Anhaltspunkte dafür vorhanden, daß der Angeklagte vorsätzlich und schuldhaft seine Verhandlungsunfähigkeit herbeiführen und dadurch wissentlich die ordnungsmäßige Durchführung der Hauptverhandlung in seiner Gegenwart verhindern wird (§ 231a Abs. 1 Satz 1 StPO), so ist ihm möglichst frühzeitig Gelegenheit zu geben, sich vor einem Richter zur Anklage zu äußern (§ 231 Abs. 1 Satz 2 StPO). ²Erforderlichenfalls wirkt der Staatsanwalt hierauf hin. ³In Verfahren von größerer Bedeutung soll der Staatsanwalt von seinem Anwesenheitsrecht Gebrauch machen.

(2) Kommt eine Verhandlung in Abwesenheit des Angeklagten in Betracht, so wirkt der Staatsanwalt darauf hin, daß
a) dem Angeklagten, der keinen Verteidiger hat, ein Verteidiger bestellt wird (§ 231 a Abs. 4 StPO) und
b) der Beschluß über die Durchführung der Hauptverhandlung in Abwesenheit des Angeklagten so rechtzeitig gefaßt wird, daß die Rechtskraft des Beschlusses vor der Hauptverhandlung eintreten kann.

3. Hauptverhandlung

123 Allgemeines

Der Staatsanwalt vermeidet alles, was auch nur den Schein einer unzulässigen Einflußnahme auf das Gericht erwecken könnte; deshalb soll er den Sitzungssaal nicht gemeinsam mit dem Gericht betreten oder verlassen, sich nicht in das Beratungszimmer begeben und während der Verhandlungspausen sich nicht mit Mitgliedern des Gerichts unterhalten.

124 Äußere Gestaltung der Hauptverhandlung

(1) Die Hauptverhandlung soll im Sitzungssaal des Gerichts, nicht im Amtszimmer des Richters, durchgeführt werden.

(2) [1]Pflicht des Staatsanwalts, des Urkundsbeamten und des Verteidigers ist es, schon vor Erscheinen des Gerichts ihren Platz im Sitzungssaal einzunehmen. [2]Beim Eintritt des Gerichts zu Beginn der Sitzung, bei der Vereidigung von Zeugen und Sachverständigen und bei der Verkündung der Urteilsformel erheben sich sämtliche Anwesende von ihren Plätzen. [3]Im übrigen steht es allen am Prozeß Beteiligten frei, ob sie bei der Abgabe von Erklärungen und bei Vernehmungen sitzen bleiben oder aufstehen.

125 Platzzuteilung

(1) Der Justizwachtmeister hat vor dem Erscheinen des Gerichts und während der Verhandlung dafür zu sorgen, daß die Platzordnung im Gerichtssaal eingehalten wird.

(2) Der Angeklagte soll in eine umfriedete Anklagebank nur dann verwiesen werden, wenn besondere Umstände vorliegen (z.B. Fluchtgefahr, Störung des Verhandlungsablaufs).

(3) Für die Presseberichterstatter sollen im voraus geeignete Plätze in ausreichender Zahl bereitgestellt werden.

126 Schöffen

(1) [1]Der Vorsitzende soll die mitwirkenden Schöffen vor Beginn der Sitzung über die Unfähigkeitsgründe (§§ 31, 32 GVG) und – unter Hinweis auf die einzelnen Strafsachen, die verhandelt werden – über die Ausschließungsgründe (§§ 22, 23, 31 StPO) belehren sowie auf die Umstände hinweisen, die eine Ablehnung wegen Besorgnis der Befangenheit rechtfertigen könnten (§ 24 StPO). [2]Ein Hinweis auf das Merkblatt für Schöffen kann genügen.

(2) [1]Die Berufsrichter sollen dazu beitragen, daß die Schöffen die ihnen vom Gesetz zugewiesenen Aufgaben erfüllen können. [2]Die Verhandlung ist so zu führen, daß die Schöffen ihr folgen können; Förmlichkeiten und Fachausdrücke, die ihnen nicht verständlich sind, müssen erläutert werden.

(3) [1]Die Anklageschrift darf den Schöffen nicht zugänglich gemacht werden. [2]Ihnen kann jedoch, namentlich in Verfahren mit einem umfangreichen oder schwierigen Sachverhalt, für die Dauer der Hauptverhandlung eine Abschrift des Anklagesatzes nach dessen Verlesung überlassen werden.

127 Pflichten des Staatsanwalts in der Hauptverhandlung

(1) ¹Der Staatsanwalt wirkt darauf hin, daß das Gesetz beachtet wird. ²Er sorgt durch geeignete Anträge, Fragen oder Anregungen dafür, daß nicht nur die Tat in ihren Einzelheiten, sondern auch die persönlichen und wirtschaftlichen Verhältnisse des Angeklagten und alle Umstände erörtert werden, die für die Strafbemessung, die Strafaussetzung zur Bewährung, die Verwarnung mit Strafvorbehalt, das Absehen von Strafe, die Nebenstrafe und Nebenfolgen oder die Anordnung von Maßregeln der Besserung und Sicherung, des Verfalls oder sonstiger Maßnahmen (§ 11 Abs. 1 Nr. 8 StGB) bedeutsam sein können. ³Nr. 4 c ist zu beachten.

(2) ¹Der Staatsanwalt soll darauf hinwirken, daß ungeeignete oder nicht zur Sache gehörende Fragen zurückgewiesen werden. ²Dies gilt namentlich dann, wenn sie lediglich auf eine Ausforschung von Privat-, Geschäfts- oder Dienstgeheimnissen hinzielen.

(3) Der Staatsanwalt wirkt darauf hin, daß die gesetzlichen Möglichkeiten zur Beschleunigung und Vereinfachung der Hauptverhandlung genutzt werden.

128 Wahrung der Ordnung

(1) ¹Der Staatsanwalt wirkt darauf hin, daß die Hauptverhandlung geordnet abläuft. ²Obwohl ihm kein förmliches Recht, Ordnungsmittel zu beantragen, zusteht, ist er nicht gehindert, unter Umständen sogar verpflichtet, eine Ungebühr zu rügen und ein Ordnungsmittel anzuregen, vor allem, wenn die Ungebühr mit seiner Amtsausübung in der Verhandlung zusammenhängt. ³Eine bestimmte Maßnahme soll er grundsätzlich nicht anregen. ⁴Ist die Ungebühr auf Ungewandtheit, Unerfahrenheit oder verständliche Erregung zurückzuführen, so wirkt der Staatsanwalt gegebenenfalls darauf hin, daß von einem Ordnungsmittel abgesehen wird.

(2) Auf Vorgänge, welche die Erforschung der Wahrheit vereiteln oder erschweren können, hat der Staatsanwalt das Gericht unverzüglich hinzuweisen, z. B. wenn ein Zuhörer Aufzeichnungen macht und der Verdacht besteht, daß er sie verwenden will, um einen noch nicht vernommenen Zeugen über den Verlauf der Verhandlung zu unterrichten.

(3) ¹Der Vorsitzende wird, soweit erforderlich, bei der Aufrechterhaltung der Ordnung in der Hauptverhandlung durch einen Justizwachtmeister unterstützt. ²Dieser ist für die Dauer der Sitzung möglichst von jedem anderen Dienst freizustellen. ³Er hat dem Vorsitzenden jede Ungebühr im Sitzungssaal mitzuteilen und bei drohender Gefahr sofort selbständig einzugreifen.

129 Berichterstattung durch Presse und Rundfunk

(1) ¹Presse, Hörfunk und Fernsehen dürfen in ihrer Berichterstattung nicht mehr beschränkt werden, als das Gesetz und der Zweck der Hauptverhandlung es gebieten. ²Die Aufgabe des Gerichts, die Wahrheit zu erforschen, darf nicht vereitelt oder erschwert, das Recht des Angeklagten, sich ungehindert zu verteidigen, nicht beeinträchtigt werden; auch sind die Persönlichkeitsrechte des Angeklagten und anderer Beteiligter, insbesondere auch des Verletzten, zu berücksichtigen (vgl. Nr. 23).

(2) Während der Hauptverhandlung, einschließlich der Urteilsverkündung, sind Ton- und Fernseh-Rundfunkaufnahmen sowie Ton- und Filmaufnahmen zum Zwecke der öffentlichen Vorführung oder Veröffentlichung ihres Inhalts unzulässig.

(3) Ob und unter welchen Voraussetzungen im Sitzungssaal sonst Ton-, Film- und Bildaufnahmen gemacht werden dürfen, entscheidet der Vorsitzende.

(4) Über die Zulässigkeit von Ton-, Film- und Bildaufnahmen im Gerichtsgebäude außerhalb des Sitzungssaales entscheidet der Inhaber des Hausrechts.

(5) ¹Bei Entscheidungen nach Abs. 3 und 4 sind die Persönlichkeitsrechte der Beteiligten zu berücksichtigen. ²Wird die Erlaubnis erteilt, so empfiehlt es sich klarzustellen, daß die Rechte der betroffenen Personen unberührt bleiben.

130 Belehrung der Zeugen und Sachverständigen

¹Die Belehrung der Zeugen und Sachverständigen über die Bedeutung des Eides und über die strafrechtlichen Folgen einer unrichtigen oder unvollständigen Aussage soll in angemessener und wirkungsvoller Form erfolgen. ²Sie wird im Sitzungsprotokoll vermerkt; der Staatsanwalt wirkt darauf hin, daß dies auch bei Zeugen oder Sachverständigen geschieht, die zu einem späteren Zeitpunkt vorgeladen worden sind.

130 a Schutz der Zeugen

(1) ¹Unter den Voraussetzungen des § 247 a StPO prüft der Staatsanwalt, ob es geboten ist, dass sich ein Zeuge während seiner Vernehmung an einem anderen Ort aufhält. ²Stellt der Staatsanwalt einen entsprechenden Antrag, so ist in der Begründung dazu Stellung zu nehmen, ob die Vernehmung aufgezeichnet werden soll.

(2) ¹Besteht Anlaß zu der Besorgnis, daß durch die Angabe des Wohnortes oder durch die Offenbarung der Identität oder des Wohn- oder Aufenthaltsortes der Zeuge oder eine andere Person gefährdet wird, so prüft der Staatsanwalt, ob Schutzmaßnahmen erforderlich sind. ²Unter den Voraussetzungen des § 68 Abs. 2 oder 3 StPO wirkt er darauf hin, daß dem Zeugen gestattet wird, seinen Wohnort oder seine Identität nicht preiszugeben. ³Im Fall des § 172 Nr. 1 a GVG beantragt er den Ausschluß der Öffentlichkeit.

(3) Für die Vernehmung des Verletzten in der Hauptverhandlung gilt Nr. 19 a Abs. 2.

(4) Unter den Voraussetzungen des § 255 a StPO wirkt der Staatsanwalt auf eine Ersetzung der Vernehmung von Zeugen durch die Vorführung einer Bild-Ton-Aufzeichnung seiner früheren Vernehmung hin, soweit der Schutz des Zeugen dies gebietet.

131 Ausschluß der Öffentlichkeit; Allgemeines

(1) ¹Unabhängig vom Gericht hat auch der Staatsanwalt zu prüfen, ob es geboten ist, die Öffentlichkeit für die ganze Hauptverhandlung oder für einen Teil auszuschließen. ²Stellt er einen solchen Antrag, so hat er ihn zu begründen.

(2) ¹Verpflichtet das Gericht die Anwesenden zur Geheimhaltung nach § 174 Abs. 3 GVG, so empfiehlt es sich, auf die Strafbarkeit eines Verstoßes gegen die Schweigepflicht hinzuweisen (§ 353 d Nr. 2 StGB). ²Ist zu befürchten, daß geheimzuhaltende Tatsachen über den Kreis der Zeugen und Zuhörer hinaus durch Presse und Rundfunk verbreitet werden, so sollen der Vorsitzende und der Staatsanwalt die Berichterstatter zu einer freiwilligen Beschränkung in ihrem Bericht veranlassen, wenn es nicht geboten ist, auch sie zur Geheimhaltung zu verpflichten. ³Hält ein Berichterstatter die übernommene Verpflichtung nicht ein, so hat der Staatsanwalt – unbeschadet anderer Maßnahmen – darauf hinzuwirken, daß ihm der Zutritt zu Verhandlungen, in denen die Öffentlichkeit ausgeschlossen ist, nicht mehr gestattet wird.

131 a Ausschluß der Öffentlichkeit zum Schutz des Verletzten

¹Wird beantragt, die Öffentlichkeit nach § 171 b GVG auszuschließen, so nimmt der Staatsanwalt dazu in der Regel Stellung. ²Wird ein Antrag nicht gestellt, liegen aber die Voraussetzungen für einen Ausschluß der Öffentlichkeit vor, so beantragt der Staatsanwalt den Ausschluß, wenn die betroffenen Personen in der Hauptverhandlung nicht anwesend oder vertreten sind oder wenn sie ihr Antragsrecht nicht sachgerecht ausüben können.

132 Ausschluß der Öffentlichkeit wegen Gefährdung der Sittlichkeit

¹Die Öffentlichkeit wegen Gefährdung der Sittlichkeit auszuschließen, kann schon dann gerechtfertigt sein, wenn Jugendliche durch die öffentliche Erörterung

sittlicher Verfehlungen erheblich gefährdet würden. ²Aus den gleichen Erwägungen kann jugendlichen Personen auch der Zutritt zu einer Verhandlung versagt werden, für die sonst die Öffentlichkeit nicht ausgeschlossen zu werden braucht (§ 175 Abs. 1 GVG).

133 Ausschluß der Öffentlichkeit wegen Gefährdung der öffentlichen Ordnung

(1) ¹Maßnahmen und Einrichtungen der Polizei und anderer an der Strafverfolgung beteiligter Stellen, die der Verhütung oder der Aufklärung von Straftaten dienen, bleiben vielfach nur wirksam, solange sie geheimgehalten werden können. ²In öffentlicher Hauptverhandlung soll daher möglichst nicht erörtert werden, mit welchen Mitteln und auf welchem Wege die Polizei die Täter überführt. ³Läßt sich dies weder vermeiden noch genügend einschränken, so beantragt der Staatsanwalt, für diese Teile der Hauptverhandlung die Öffentlichkeit wegen Gefährdung der öffentlichen Ordnung auszuschließen.

(2) Das gleiche gilt, wenn Einzelheiten über neue oder eigenartige Begehungsformen von Straftaten, z. B. von Fälschungen, Betrügereien, Vergiftungen oder Einbruchsdiebstählen erörtert werden müssen.

(3) ¹Auch Bauweise, Einrichtung, Belegung und Sicherheitssystem einer Vollzugsanstalt sollen in der Regel nicht in öffentlicher Hauptverhandlung erörtert werden. ²Gegebenenfalls wirkt der Staatsanwalt auf den Ausschluß der Öffentlichkeit hin.

134 Feststellung von Eintragungen im Bundeszentralregister

¹Bei der Erörterung von Eintragungen im Bundeszentralregister oder im Verkehrszentralregister ist darauf zu achten, daß dem Angeklagten durch das Bekanntwerden der eingetragenen Tatsachen keine Nachteile entstehen, die vermeidbar sind oder zur Bedeutung der Straftat außer Verhältnis stehen. ²Hält der Staatsanwalt abweichend von der Ansicht des Vorsitzenden (§ 243 Abs. 4 Satz 3, 4 StPO) die Feststellung von Eintragungen für geboten, so bleibt es ihm unbenommen, hierüber eine Entscheidung des Gerichts herbeizuführen. ³Da es der Feststellung etwaiger Eintragungen in der Regel dann nicht bedarf, wenn eine Verurteilung des Angeklagten nicht zu erwarten ist, kann es angebracht sein, einen hierauf gerichteten Antrag bis zum Ende der Beweisaufnahme aufzuschieben.

135 Zeugen und Sachverständige

(1) Über das Erforderliche hinausgehende Begegnungen von Zeugen, insbesondere von Opfern, mit dem Angeklagten sollen vermieden, spezielle Warteräume für Zeugen genutzt werden.

(2) Zeugen und Sachverständige, die für die weitere Verhandlung nicht mehr benötigt werden, sollen nach ihrer Vernehmung entlassen werden.

(3) ¹Kinder und Jugendliche sind möglichst vor anderen Zeugen zu vernehmen. ²In den Warteräumen sollen sie beaufsichtigt und, soweit möglich, betreut werden.

(4) Der Staatsanwalt soll durch geeignete Anträge auf eine entsprechende Verfahrensweise hinwirken.

136 Verdacht strafbarer Falschaussagen

¹Ergibt sich im Laufe der Verhandlung ein begründeter Verdacht, daß sich ein Zeuge oder ein Sachverständiger einer Eidesverletzung oder einer falschen uneidlichen Aussage schuldig gemacht hat, so beantragt der Staatsanwalt, die beanstandete Aussage zur Feststellung des Tatbestandes für ein künftiges Ermittlungsverfahren zu beurkunden (§ 183 GVG, § 273 Abs. 3 StPO). ²Er sorgt für die Einleitung eines Ermittlungsverfahrens und veranlaßt, wenn nötig, die vorläufige Festnahme des Zeugen oder Sachverständigen.

137 Unterbrechung und Aussetzung der Hauptverhandlung

(1) Wird die Hauptverhandlung unterbrochen, so gibt der Vorsitzende den Anwesenden bekannt, wann sie fortgesetzt wird, und weist darauf hin, daß weitere Ladungen nicht ergehen.

(2) ¹Wird die Verhandlung ausgesetzt und beraumt das Gericht den Termin für die neue Hauptverhandlung sofort an, so kann eine schriftliche Ladung der Zeugen und Sachverständigen dadurch ersetzt werden, daß der Vorsitzende sie unter Hinweis auf die gesetzlichen Folgen ihres Ausbleibens zu dem neuen Termin mündlich lädt. ²Dies ist im Protokoll zu vermerken. ³Der Angeklagte und der Verteidiger sind zu dem neuen Termin schriftlich zu laden, der Verteidiger jedoch nur, wenn er nicht auf die Ladung verzichtet.

(3) ¹Wird die Verhandlung ausgesetzt oder unterbrochen, weil gegen einen Verteidiger ein Ausschließungsverfahren eingeleitet worden ist (§ 138 c Abs. 4 StPO), empfiehlt es sich, dem über die Ausschließung entscheidenden Gericht mit der Vorlage (§ 138 c Abs. 2 StPO) auch die Aussetzung oder Unterbrechung mitzuteilen. ²Wird die Hauptverhandlung unterbrochen, so ist auch mitzuteilen, an welchem Tag sie spätestens fortgesetzt werden muß.

138 Schlußvortrag des Staatsanwalts

(1) ¹Der Staatsanwalt erörtert in seinem Schlußvortrag das Gesamtergebnis der Hauptverhandlung und würdigt es tatsächlich und rechtlich. ²Darüber hinaus weist er in geeigneten Fällen darauf hin, welche Bedeutung der Strafvorschrift für das Gemeinwohl zukommt.

(2) ¹Hält der Staatsanwalt die Schuld des Angeklagten für erwiesen, so erörtert er auch die Strafzumessungsgründe (§ 46 StGB; vgl. auch Nr. 15) sowie alle Umstände, die für die Strafbemessung, die Strafaussetzung zur Bewährung, die Verwarnung mit Strafvorbehalt, das Absehen von Strafe, die Nebenstrafe und Nebenfolgen oder die Anordnung von Maßregeln der Besserung und Sicherung, des Verfalls; des erweiterten Verfalls oder sonstiger Maßnahmen (§ 11 Abs. 1 Nr. 8 StGB) von Bedeutung sein können. ²Von einem Antrag auf Anordnung einer Maßregel der Besserung und Sicherung (z.B. eines Berufsverbotes nach § 70 StGB) soll regelmäßig nicht schon im Hinblick auf mögliche Maßnahmen der Verwaltungsbehörden oder der Berufsgerichtsbarkeit abgesehen werden.

(3) Kommt eine Verwarnung mit Strafvorbehalt (§ 59 StGB) in Betracht, so wägt der Staatsanwalt die besonderen Umstände des Falles gegen das Gebot der Verteidigung der Rechtsordnung ab.

(4) ¹Beantragt der Staatsanwalt eine Freiheitsstrafe unter sechs Monaten, so nimmt er dazu Stellung, aus welchen Gründen die Verhängung einer Geldstrafe nicht ausreicht und deshalb eine Freiheitsstrafe unerläßlich ist (§ 47 StGB). ²Von der Geldstrafe darf nicht allein deshalb abgesehen werden, weil der Angeklagte sie nicht oder nicht sofort zahlen kann. ³Gegebenenfalls ist eine Anordnung gemäß § 42 StGB zu erörtern.

(5) ¹Beantragt der Staatsanwalt eine Freiheitsstrafe von nicht mehr als zwei Jahren, so nimmt er dazu Stellung, ob die Voraussetzungen für die Strafaussetzung zur Bewährung vorliegen (§ 56 StGB). ²Beantragt der Staatsanwalt Verwarnung mit Strafvorbehalt, Strafaussetzung zur Bewährung oder eine Maßregel der Besserung und Sicherung, so schlägt er gegebenenfalls zugleich geeignete Auflagen und Weisungen vor; für Auflagen gelten die Nr. 93 Abs. 3, 4 und 93 a sinngemäß.

(6) Hat der Täter sich durch die Tat bereichert oder zu bereichern versucht, nimmt der Staatsanwalt in geeigneten Fällen auch dazu Stellung, ob Geldstrafe neben Freiheitsstrafe zu verhängen ist (§ 41 StGB).

(7) ¹Besteht Anlaß, vom Angeklagten erlittene Untersuchungshaft oder eine andere Freiheitsentziehung nicht auf die Strafe anzurechnen, so hat sich der Staats-

anwalt hierzu zu äußern (vgl. § 51 Abs. 1 Satz 2 StGB). ²Er hat ferner zu der Frage Stellung zu nehmen, ob der Haftbefehl noch aufrechtzuerhalten oder aufzuheben ist. ³Hat die Verhandlung Haftgründe gegen den auf freiem Fuß befindlichen Angeklagten ergeben, so beantragt der Staatsanwalt einen Haftbefehl. ⁴Untersuchungshaft wegen Verdunkelungsgefahr wird jedoch nach Verkündung des Urteils nur ausnahmsweise in Betracht kommen.

(8) Beim Antrag zum Kostenausspruch beachtet der Staatsanwalt die Ausnahmen von der Haftung für die Auslagen bei bestimmten Untersuchungen (§ 465 Abs. 2 StPO).

139 Anträge zum Freispruch des Angeklagten

(1) Beantragt der Staatsanwalt, den Angeklagten freizusprechen oder das Verfahren gegen ihn einzustellen, so nimmt er in geeigneten Fällen in seinem Antrag zugleich zur Frage der Auferlegung der Kosten (§§ 467 Abs. 2 Satz 1, 470 StPO) und des Ersatzes der dem Angeklagten erwachsenen notwendigen Auslagen (§ 467 Abs. 2 Satz 2, Abs. 3, 4; § 470 StPO) Stellung.

(2) Hat die Hauptverhandlung ergeben, daß eine unwahre Anzeige vorsätzlich oder leichtfertig erstattet worden ist, so regt der Staatsanwalt eine Entscheidung nach § 469 StPO an.

(3) ¹Kann eine Entschädigung nach den §§ 1, 2 StrEG in Betracht kommen, so wirkt der Staatsanwalt darauf hin, daß das Gericht gemäß § 8 des Gesetzes über die Entschädigungspflicht entscheidet. ²Der Staatsanwalt nimmt unter Berücksichtigung der §§ 3 bis 6 dieses Gesetzes und des § 254 BGB dazu Stellung, ob und in welchem Umfang eine Verpflichtung zur Entschädigung besteht, und vermerkt dies in den Handakten.

140 Mitteilung der Entscheidung und des Standes der Strafvollstreckung

(1) ¹Von einem rechtskräftigen Urteil sowie von einem in § 268 a StPO genannten Beschluß über Strafaussetzung zur Bewährung ist dem Verurteilten oder Freigesprochenen und, sofern er einen Verteidiger hat, auch diesem eine Abschrift zu übersenden. ²In Verfahren gegen Jugendliche und Heranwachsende sowie in Staatsschutzsachen kann im Einzelfall hiervon abgesehen werden. ³Andere Entscheidungen werden auf Antrag übersandt.

(2) Die Mitteilungen nach § 406 d Abs. 1 und 2 StPO veranlaßt die zum Zeitpunkt der Mitteilung für den Verfahrensabschnitt zuständige Stelle.

141 Form des Urteils

(1) ¹Im Urteil wird der Angeklagte so genau bezeichnet, wie es für die Anklage vorgeschrieben ist (Nr. 110 Abs. 2 Buchst. a). ²Werden die Urteilsgründe in die Verhandlungsniederschrift vollständig aufgenommen (§ 275 Abs. 1 Satz 1 StPO) und enthält diese auch die in Nr. 110 Abs. 2 Buchst. a vorgesehenen Angaben, so ist es nicht mehr nötig, das Urteil gesondert abzusetzen. ³Eine von der Niederschrift getrennte Absetzung der Urteilsgründe allein ist unzureichend. ⁴Ergeht das Urteil gegen mehrere Angeklagte, so sind die angewendeten Vorschriften (§ 260 Abs. 5 StPO) für jeden Angeklagten gesondert anzugeben.

(2) ¹Das Urteil ist unverzüglich abzusetzen. ²Die in § 275 Abs. 1 Satz 2 StPO bestimmte Frist ist einzuhalten; erforderlichenfalls empfiehlt es sich, den Berichterstatter und gegebenenfalls auch den Vorsitzenden von anderen Dienstgeschäften freizustellen. ³Ist das Urteil in unterschriebener Form fristgerecht zu den Akten gebracht worden, so kann eine etwa erforderlich werdende Reinschrift auch noch nach Fristablauf hergestellt werden.

(3) Wird eine Überschreitung der Urteilsabsetzungsfrist durch einen im Einzelfall nicht voraussehbaren unabwendbaren Umstand veranlaßt (§ 275 Abs. 1 Satz 4 StPO), ist es zweckmäßig, die Gründe hierfür aktenkundig zu machen.

142 Belehrung über Rechtsmittel und Rechtsbehelfe

(1) ¹Ist der Angeklagte bei der Verkündung des Urteils anwesend, so belehrt ihn der Vorsitzende über die zulässigen Rechtsmittel (§ 35 a StPO). ²Dabei wird dem Angeklagten ein Merkblatt ausgehändigt, auf das wegen der Einzelheiten verwiesen werden kann. ³Bei einem Angeklagten, der der deutschen Sprache nicht hinreichend mächtig ist, hat die durch den hinzugezogenen Dolmetscher (Nr. 181 Abs. 1) zu vermittelnde Rechtsmittelbelehrung den Hinweis zu enthalten, daß die schriftliche Rechtsmitteleinlegung in deutscher Sprache erfolgen muß. ⁴Die Belehrung wird im Protokoll über die Hauptverhandlung vermerkt.

(2) ¹Der Angeklagte soll nicht veranlaßt werden, im unmittelbaren Anschluß an die Urteilsverkündung zu erklären, ob er auf Rechtsmittel verzichtet. ²Erklärt er, ein Rechtsmittel einlegen zu wollen, so ist er an die Geschäftsstelle zu verweisen.

(3) ¹Ist der Angeklagte bei der Verkündung des Urteils abwesend, so ist er über die Einlegung des zulässigen Rechtsmittels schriftlich zu belehren, sofern er nicht durch einen mit einer schriftlichen Vollmacht versehenen Verteidiger vertreten war; es genügt, wenn dem zuzustellenden Urteil ein Merkblatt beigefügt und dies in der Zustellungsurkunde vermerkt wird. ²In den Fällen der §§ 232, 329 Abs. 1 und 2 und des § 412 StPO ist der Angeklagte zugleich über sein Recht zu belehren, die Wiedereinsetzung in den vorigen Stand zu beantragen (§§ 235, 329 Abs. 3 StPO).

143 Beurkundung eines Rechtsmittelverzichts

(1) ¹Ein unmittelbar nach der Urteilsverkündung erklärter Verzicht auf Rechtsmittel ist im Protokoll zu beurkunden. ²Es empfiehlt sich, im Protokoll zu vermerken, daß die Erklärung über den Rechtsmittelverzicht verlesen und genehmigt worden ist (§ 273 Abs. 3 StPO).

(2) Verzichtet ein in Untersuchungshaft befindlicher Angeklagter auf Rechtsmittel, so ist der Zeitpunkt des Verzichts nach Stunde und Minute in das Protokoll aufzunehmen.

144 Die Beurkundung der Hauptverhandlung

(1) ¹Der Urkundsbeamte hat das Protokoll über die Hauptverhandlung wegen dessen besonderer Bedeutung (§ 274 StPO) sorgfältig abzufassen. ²Der Vorsitzende überwacht die ordnungsgemäße Beurkundung, namentlich der Förmlichkeiten des Verfahrens (z.B. §§ 265, 303 StPO) und der Beweisanträge. ³Er prüft das Protokoll auf Richtigkeit und Vollständigkeit und veranlaßt nötige Abänderungen und Ergänzungen. ⁴Als Tag der Fertigstellung des Protokolls (§ 271 Abs. 1 Satz 2 StPO) ist der Tag anzugeben, an dem die zweite Urkundsperson das Protokoll unterschreibt.

(2) ¹Bei der Aufnahme von Zeugenaussagen kann auf amtliche, auch außergerichtliche Niederschriften über eine frühere Vernehmung des Zeugen im Vorverfahren Bezug genommen werden. ²Ändert oder ergänzt der Zeuge jedoch seine früheren Erklärungen oder bestreitet ein Beteiligter die Richtigkeit der Aussage, so ist es in der Regel geboten, die Aussage vollständig, in den entscheidenden Punkten unter Umständen sogar wörtlich, in das Protokoll aufzunehmen, damit für ein späteres Ermittlungsverfahren wegen einer unrichtigen Aussage ausreichende Unterlagen vorhanden sind. ³Auf nichtamtliche Niederschriften von Aussagen soll grundsätzlich nicht Bezug genommen werden.

145 Festsetzung der notwendigen Auslagen des Beschuldigten

(1) ¹Vor dem Erlaß des Festsetzungsbeschlusses soll der Rechtspfleger den Vertreter der Staatskasse hören. ²Dieser kann zu den von ihm beabsichtigten Äußerungen oder zu Einzelfragen eine Stellungnahme des Leiters der Strafverfolgungsbehörde beim Landgericht herbeiführen.

(2) ¹Der Festsetzungsbeschluss des Rechtspflegers ist dem Vertreter der Staatskasse zuzustellen (§ 464 b Satz 3 StPO, § 104 Abs. 1 S 3 ZPO). ²Dieser prüft, ob

gegen den Festsetzungsbeschluss innerhalb der gesetzlichen Frist namens der Staatskasse ein Rechtsbehelf (Erinnerung oder sofortige Beschwerde) einzulegen ist. ³Dabei kann er den Leiter der Strafverfolgungsbehörde beim Landgericht beteiligen. ⁴Wird von einem Rechtsbehelf abgesehen, so teilt der Vertreter der Staatskasse dies dem Rechtspfleger mit. ⁵Legt der Vertreter der Staatskasse einen Rechtsbehelf ein, so beantragt er gleichzeitig, die Vollziehung des Festsetzungsbeschlusses auszusetzen. ⁶Er teilt dem Rechtspfleger unverzüglich die Entscheidung des Gerichts über diesen Antrag mit.

(3) ¹Die Entscheidung des Gerichts über die Erinnerung wird dem Vertreter der Staatskasse zugestellt, wenn gegen sie die sofortige Beschwerde statthaft ist. ²Für die sofortige Beschwerde und für den Antrag auf Aussetzung der Vollziehung der angefochtenen Entscheidung gilt Absatz 2 Satz 2 bis 6 entsprechend.

(4) ¹Soweit der Rechtspfleger bei der Festsetzung der Auslagen der Stellungnahme des Vertreters der Staatskasse entspricht, ordnet er gleichzeitig mit dem Erlass des Festsetzungsbeschlusses die Auszahlung an. ²Die Auszahlung von Auslagen, deren Festsetzung der Vertreter der Staatskasse widersprochen hat, wird bereits vor der formellen Rechtskraft des Festsetzungsbeschlusses angeordnet, wenn
a) die Frist zur Einlegung des statthaften Rechtsbehelfs für den Vertreter der Staatskasse abgelaufen ist,
b) der Vertreter der Staatskasse erklärt hat, dass ein Rechtsbehelf nicht eingelegt werde, oder
c) der Vertreter der Staatskasse einen Rechtsbehelf eingelgt hat und
   aa) die Vollziehung des Kostenfestsetzungsbeschlusses oder
   bb) die Vollziehung der Entscheidung über die Erinnerung für den Fall, dass diese mit der sofortigen Beschwerde angefochten werden kann,
nicht innerhalb einer Woche nach ablauf der Frist zur Einlegung des jeweiligen Rechtsbehelfs ausgesetzt wird.

Wird der Kostenfestsetzungsbeschluss nur zum Teil angefochten, so ist der Teil der Auslagen, dessen Festsetzung nicht angefochten ist, sofort zu erstatten; auf dem Auszahlungsbeleg ist auf die Teilanfechtung hinzuweisen.

4. Beschleunigtes Verfahren

146 [Beschleunigtes Verfahren]

(1) ¹In allen geeigneten Fällen ist die Aburteilung im beschleunigten Verfahren (§ 417 StPO) zu beantragen; dies gilt vor allem, wenn der Beschuldigte geständig ist oder andere Beweismittel zur Verfügung stehen. ²Das beschleunigte Verfahren kommt nicht in Betracht, wenn Anlaß besteht, die Person des Beschuldigten und sein Vorleben genau zu erforschen oder wenn der Beschuldigte durch die Anwendung dieses Verfahrens in seiner Verteidigung beeinträchtigt werden würde.

(2) Zur Vereinfachung und Erleichterung des Verfahrens soll der Staatsanwalt die Anklage nach Möglichkeit schriftlich niederlegen, sie in der Hauptverhandlung verlesen und dem Gericht einen Abdruck als Anlage für die Niederschrift übergeben.

IV. Abschnitt. Rechtsmittel

1. Einlegung

147 Rechtsmittel des Staatsanwalts

(1) ¹Der Staatsanwalt soll ein Rechtsmittel nur einlegen, wenn wesentliche Belange der Allgemeinheit oder der am Verfahren beteiligten Personen es gebieten und wenn das Rechtsmittel aussichtsreich ist. ²Entspricht eine Entscheidung der Sachlage, so kann sie in der Regel auch dann unangefochten bleiben, wenn eine

Rechtsnorm nicht oder nicht richtig angewendet worden ist. ³Zur Nachprüfung des Strafmaßes ist ein Rechtsmittel nur einzulegen, wenn die Strafe in einem offensichtlichen Mißverhältnis zu der Schwere der Tat steht. ⁴Die Tatsache allein, daß ein anderer Beteiligter ein Rechtsmittel eingelegt hat, ist für den Staatsanwalt kein hinreichender Grund, das Urteil ebenfalls anzufechten.

(2) Von diesen Grundsätzen kann abgewichen werden, wenn ein Gericht in einer häufiger wiederkehrenden, bedeutsamen Rechtsfrage eine nach Ansicht des Staatsanwalts unzutreffende Rechtsauffassung vertritt oder wenn es im Strafmaß nicht nur vereinzelt, sondern allgemein den Aufgaben der Strafrechtspflege nicht gerecht wird.

(3) ¹Der Staatsanwalt soll ein Rechtsmittel zugunsten des Angeklagten einlegen (§ 296 Abs. 2 StPO), wenn dieser durch einen Verfahrensverstoß oder durch einen offensichtlichen Irrtum des Gerichts benachteiligt worden ist oder wenn die Strafe unter Würdigung aller Umstände des Falles unangemessen hoch erscheint. ²Daß das Rechtsmittel zugunsten des Angeklagten eingelegt wird, muß deutlich zum Ausdruck gebracht werden.

148 Vorsorgliche Einlegung von Rechtsmitteln

(1) ¹Nur ausnahmsweise soll ein Rechtsmittel lediglich vorsorglich eingelegt werden. ²Dies kann in Betracht kommen, wenn es geboten erscheint, die Entschließung der vorgesetzten Behörde herbeizuführen oder wenn das Verfahren eine Behörde besonders berührt und ihr Gelegenheit gegeben werden soll, sich zur Durchführung des Rechtsmittels zu äußern. ³Nr. 211 Abs. 2 und 3 Buchst. b ist zu beachten.

(2) In der Rechtsmittelschrift darf nicht zum Ausdruck kommen, daß das Rechtsmittel nur vorsorglich oder auf Weisung eingelegt wird.

(3) ¹Wird ein Rechtsmittel lediglich vorsorglich eingelegt, so ist in der Rechtsmittelschrift nur die Tatsache der Einlegung mitzuteilen. ²Wenn so verfahren wird, braucht die Rechtsmittelschrift dem Angeklagten nicht zugestellt zu werden.

149 Unterzeichnung der Rechtsmittelschrift

Der Staatsanwalt hat die Reinschrift der Rechtsmittel- und der Begründungsschrift handschriftlich zu unterzeichnen.

150 Rechtsmittel des Angeklagten zu Protokoll der Geschäftsstelle

(1) ¹Legt der Angeklagte die Berufung zu Protokoll der Geschäftsstelle ein oder begründet er sie in dieser Form, so ist er zu befragen, ob er das Urteil in seinem ganzen Umfang anfechten oder die Anfechtung auf bestimmte Beschwerdepunkte beschränken will (§ 318 StPO). ²Das Protokoll muß dies klar erkennen lassen. ³Wird eine erneute Beweisaufnahme begehrt, so sind neue Beweismittel genau zu bezeichnen. ⁴In den Fällen des § 313 Abs. 1 Satz 1 StPO ist der Angeklagte im Hinblick auf die Entscheidung über die Annahme der Berufung nach § 313 Abs. 2 StPO auf die Möglichkeit der Begründung des Rechtsmittels hinzuweisen.

(2) ¹Rechtfertigt der Angeklagte die Revision zu Protokoll der Geschäftsstelle (§ 345 Abs. 2 StPO), so soll der Rechtspfleger dafür sorgen, daß er die Gerichtsakten, mindestens aber eine Abschrift des angefochtenen Urteils zur Hand hat. ²Der Rechtspfleger belehrt den Angeklagten über die richtige Art der Revisionsrechtfertigung und wirkt auf eine den gesetzlichen Vorschriften entsprechende Fassung hin. ³Der Rechtspfleger ist an den Wortlaut und die Form des zur Begründung der Revision Vorgebrachten nicht gebunden, wohl aber an dessen sachlichen Kern. ⁴Er nimmt in das Protokoll auch das Vorbringen auf, für das er die Verantwortung ablehnt; er belehrt den Angeklagten über die sich daraus ergebenden Folgen und vermerkt diese Belehrung im Protokoll.

(3) ¹Das Protokoll muß aus sich heraus verständlich sein. ²Bezugnahmen auf andere Schriftstücke sind unwirksam. ³Dies gilt vor allem für handschriftliche Erklärungen des Beschwerdeführers. ⁴Diese können auch nicht dadurch zu einer

zulässigen Begründung der Revision werden, daß sie äußerlich die Form des Protokolls erhalten oder daß sie in das Protokoll übernommen werden, ohne daß sie der Rechtspfleger geprüft und ihnen eine möglichst zweckmäßige Form gegeben hat.

(4) [1]Es ist ein bestimmter Antrag aufzunehmen. [2]Dieser muß erkennen lassen, ob der Beschwerdeführer das Urteil im Ganzen anfechten oder ob er die Revision beschränken will; der Umfang der Beschränkung ist genau anzugeben.

(5) [1]Will der Beschwerdeführer rügen, daß das Strafgesetz nicht richtig angewandt worden sei, so ist die Erklärung aufzunehmen, daß die Verletzung sachlichen Rechts gerügt wird; Zusätze müssen rechtlicher Natur sein. [2]Die allgemeine Sachrüge ist angebracht, wenn dem Revisionsgericht die materielle Überprüfung des Urteils im ganzen ermöglicht werden soll.

(6) [1]Wird ein Verfahrensverstoß geltend gemacht, so muß der prozessuale Vorgang, in dem der Mangel gefunden wird, z. B. die Ablehnung eines Beweisantrages oder eines Antrages auf Bestellung eines Verteidigers, genau wiedergegeben werden. [2]Es genügt nicht, auf Aktenstellen Bezug zu nehmen. [3]Wohl aber ist es angebracht, auf die Aktenstellen hinzuweisen, aus denen sich die behaupteten Verfahrenstatsachen ergeben. [4]Wird gerügt, daß die Aufklärungspflicht verletzt worden sei, so müssen auch die angeblich nicht benutzten Beweismittel bezeichnet werden.

151 Empfangsbestätigung
[1]Die Geschäftsstelle hat dem Beschwerdeführer auf Verlangen den Eingang einer Rechtsmittel- oder Begründungsschrift zu bescheinigen. [2]Von Rechtsanwälten kann verlangt werden, daß sie eine vorbereitete Empfangsbescheinigung vorlegen.

2. Verzicht und Rücknahme

152
(1) [1]Verzichtet ein Verteidiger auf die Einlegung eines Rechtsmittels oder beschränkt er ein Rechtsmittel von vornherein oder nachträglich auf einen Teil der Entscheidung (Teilverzicht) oder nimmt er ein Rechtsmittel zurück, so ist zu prüfen, ob seine Ermächtigung zum Verzicht oder zur Rücknahme nachgewiesen ist (§ 302 Abs. 2 StPO). [2]Das Ergebnis der Prüfung ist aktenkundig zu machen. [3]Fehlt der Nachweis für die Ermächtigung, so ist sie vom Verteidiger oder vom Angeklagten einzufordern.

(2) [1]Liegen die Akten bereits dem Rechtsmittelgericht vor, so wird die Rücknahmeerklärung erst wirksam, wenn sie bei dem Rechtsmittelgericht eingeht; daher sind in diesem Falle die Rücknahmeerklärungen, die bei der Staatsanwaltschaft oder beim Gericht des früheren Rechtszuges eingehen, unverzüglich weiterzuleiten. [2]Ist Revision eingelegt, so ist darüber hinaus dem Revisionsgericht oder der Staatsanwaltschaft bei diesem Gericht fernmündlich oder telegrafisch mitzuteilen, daß eine Rücknahmeerklärung eingegangen ist.

(3) Nimmt der Angeklagte ein Rechtsmittel zurück, so ist der Staatsanwalt (gegebenenfalls auch der Nebenkläger), nimmt der Staatsanwalt oder der Nebenkläger ein Rechtsmittel zurück, so sind der Angeklagte und sein Verteidiger durch das mit der Sache befaßte Gericht zu benachrichtigen, auch wenn ihnen die Rechtsmittelschrift nicht zur Kenntnis gebracht worden ist (Nr. 148 Abs. 3 Satz 2).

3. Verfahren nach der Einlegung

A. Gemeinsame Bestimmungen

153 Beschleunigung
Rechtsmittelsachen sind stets als Eilsachen zu behandeln.

154 Zustellung des Urteils

(1) ¹Das Urteil, gegen das der Angeklagte ein Rechtsmittel eingelegt hat, ist dem Verteidiger zuzustellen, wenn sich dessen Vollmacht bei den Akten befindet (Wahlverteidiger) oder wenn er zum Verteidiger bestellt worden ist (Pflichtverteidiger). ²Kann an mehrere Verteidiger rechtswirksam zugestellt werden, so soll die Zustellung nur an einen von ihnen erfolgen. ³Die weiteren Verteidiger und der Angeklagte sind von der Zustellung zu unterrichten; eine Abschrift des Urteils ist beizufügen.

(2) ¹Hat der gesetzliche Vertreter des Angeklagten ein Rechtsmittel eingelegt, so wird ihm das Urteil zugestellt. ²Haben beide das Rechtsmittel eingelegt, so ist das Urteil jedem von ihnen zuzustellen.

155 Antrag auf Wiedereinsetzung in den vorigen Stand

Wenn ein Antrag auf Wiedereinsetzung in den vorigen Stand wegen Versäumung einer Rechtsmittelfrist mit dem Verschulden anderer Personen (Urkundsbeamten, Bediensteten der Vollzugsanstalt, Verteidiger usw.) begründet wird, so ist eine (dienstliche) Äußerung dieser Personen herbeizuführen.

156 Rechtsmittelbegründung

(1) Der Staatsanwalt muß jedes von ihm eingelegte Rechtsmittel begründen, auch wenn es sich nur gegen das Strafmaß richtet.

(2) Eine Revisionsbegründung, die sich – abgesehen von den Anträgen – darauf beschränkt, die Verletzung sachlichen Rechts zu rügen, genügt zwar den gesetzlichen Erfordernissen; der Staatsanwalt soll aber seine Revision stets so rechtfertigen, daß klar ersichtlich ist, in welchen Ausführungen des angefochtenen Urteils er eine Rechtsverletzung erblickt und auf welche Gründe er seine Rechtsauffassung stützt.

(3) Stützt der Staatsanwalt seine Revision auf Verletzungen von Verfahrensvorschriften, so sind die formellen Rügen nicht nur mit der Angabe der die Mängel enthaltenden Tatsachen zu begründen (§ 344 Abs. 2 Satz 2 StPO), sondern es sind auch die Aktenstellen, auf die sich die Rügen beziehen, z. B. Teile des Protokolls über die Hauptverhandlung, abschriftlich in der Revisionsrechtfertigung anzuführen.

157 Urteilsabschrift an den Beschwerdegegner

Mit der Zustellung der Berufungs- oder Revisionsschriften ist dem Gegner des Beschwerdeführers, falls noch nicht geschehen, eine Abschrift des Urteils mit Gründen zu übersenden.

B. Berufungsverfahren

158 Benennung von Beweismitteln

Bei Übersendung der Akten an das Berufungsgericht (§ 321 Satz 2 StPO) benennt der Staatsanwalt nur solche Zeugen und Sachverständige, deren Vernehmung zur Durchführung der Berufung notwendig ist.

158 a Annahmeberufung

(1) Hat in den Fällen des § 313 Abs. 1 Satz 1 StPO der Angeklagte oder der Nebenkläger Berufung eingelegt, so nimmt der Staatsanwalt gegenüber dem Berufungsgericht zur Frage der Zulässigkeit des Rechtsmittel Stellung und stellt einen Antrag zu der nach den § 313 Abs. 2, § 322 a StPO zu treffenden Entscheidung.

(2) In den Fällen des § 313 Abs. 3 StPO (Berufung gegen ein auf Geldbuße, Freispruch oder Einstellung wegen einer Ordnungswidrigkeit lautendes Urteil) gilt Nummer 293 Abs. 2 entsprechend.

C. Revisionsverfahren

159 Zustellung des Urteils an die Staatsanwaltschaft

¹Wird das Urteil der Staatsanwaltschaft durch Vorlegen der Urschrift (§ 41 StPO) zugestellt, so hat die Geschäftsstelle der Staatsanwaltschaft auf der Urschrift den Tag zu bescheinigen, an dem das Urteil eingegangen ist („Zur Zustellung eingegangen am ..."). ²Bleibt die Urschrift nicht bei den Akten, so vermerkt die Geschäftsstelle der Staatsanwaltschaft auf der mit der Urschrift vorgelegten, für die Akten bestimmten Ausfertigung des Urteils: „Die Urschrift des Urteils ist zur Zustellung am ... eingegangen." ³Beide Vermerke sind vom Staatsanwalt zu zeichnen.

160 Akteneinsicht durch den Verteidiger

Während die Frist zur Revisionsbegründung läuft, sind die Akten zur Einsichtnahme durch den Verteidiger bereitzuhalten.

161 Berichtigung des Verhandlungsprotokolls

(1) Wird beantragt, das Protokoll über die Hauptverhandlung zu berichtigen, so führt der Staatsanwalt eine Erklärung des Vorsitzenden und des Urkundsbeamten herbei.

(2) Wird – ohne einen förmlichen Antrag auf Berichtigung – nur in der Revisionsbegründung geltend gemacht, daß das Protokoll unrichtig oder unvollständig sei, so wird es sich empfehlen, dies vor der Einsendung der Akten an das Revisionsgericht durch Rückfrage aufzuklären.

162 Gegenerklärung des Staatsanwalts

(1) Begründet der Angeklagte oder der Nebenkläger seine Revision nur mit der Verletzung des sachlichen Rechts, so kann der Staatsanwalt in der Regel von einer Gegenerklärung (§ 347 Abs. 1 Satz 2 StPO) absehen.

(2) ¹Wird das Urteil wegen eines Verfahrensmangels angefochten, so gibt der Staatsanwalt eine Gegenerklärung fristgemäß ab, wenn anzunehmen ist, daß dadurch die Prüfung der Revisionsbeschwerden erleichtert wird und zeitraubende Rückfragen und Erörterungen vermieden werden. ²Die Gegenerklärung soll die Tatsachen, auf die sich die Verfahrensrügen erstrecken, erschöpfend darstellen; die in Betracht kommenden Aktenstellen sind abzulichten oder abschriftlich wiederzugeben. ³Ausführungen des angefochtenen Urteils, die Gegenstand einer Verfahrensrüge sind, werden in die Gegenerklärung nicht aufgenommen. ⁴Wird die Behandlung von Beweisanträgen gerügt, so ist aus dem Protokoll über die Hauptverhandlung festzustellen, ob die Beteiligten auf weitere Beweise verzichtet und sich mit der Schließung der Beweisaufnahme einverstanden erklärt haben. ⁵Trifft dies zu, so ist dieser Teil des Protokolls in der Gegenerklärung wörtlich wiederzugeben. ⁶Ist über einen Antrag, namentlich einen Beweisantrag, im Urteil entschieden worden, so ist auf die betreffende Urteilsstelle (nach der Seite der Abschrift) zu verweisen. ⁷Bezieht sich die Verfahrensrüge auf einen Vorgang, der aus einem Protokoll über die Hauptverhandlung nicht ersichtlich und auch von dem Sitzungsstaatsanwalt nicht wahrgenommen worden ist, so wird es zweckmäßig sein, über den Vorgang eine Äußerung der Beteiligten herbeizuführen.

(3) ¹Der Staatsanwalt teilt eine Gegenerklärung dem Beschwerdeführer mit und legt sie dem Gericht vor. ²Anlagen (dienstliche Äußerungen usw.), auf die Bezug genommen wird, sind der Vorlage an das Gericht beizufügen. ³Enthält die Gegenerklärung erhebliche neue Tatsachen oder Beweisergebnisse, so ist sie dem Beschwerdeführer zuzustellen. ⁴Wird keine Gegenerklärung abgegeben, so braucht das Gericht hiervon nicht unterrichtet zu werden.

(4) Der Vorsitzende leitet die Akten der Staatsanwaltschaft zur weiteren Verfügung zu, wenn er von der Gegenerklärung Kenntnis genommen hat oder wenn die Frist (§ 347 Abs. 1 Satz 2 StPO) abgelaufen ist.

163 Übersendung der Akten an das Revisionsgericht

(1) ¹Die Akten werden dem Revisionsgericht durch die Staatsanwaltschaft bei diesem Gericht vorgelegt. ²Ist der Bundesgerichtshof zur Entscheidung über die Revision zuständig und betreibt der Staatsanwalt allein oder neben einem anderen Beteiligten die Revision, so werden die Akten über den Generalstaatsanwalt beim Oberlandesgericht geleitet. ³Dies gilt nicht, wenn das Amt des Staatsanwalts bei dem Oberlandesgericht durch den Generalbundesanwalt ausgeübt wird (§ 142a GVG). ⁴Der Vorlage an den Bundesgerichtshof ist ein Übersendungsbericht beizufügen; dies gilt auch für die Vorlage an ein Revisionsgericht eines Landes, soweit nichts anderes bestimmt ist.

(2) Abs. 1 gilt entsprechend, wenn der Beschwerdeführer Wiedereinsetzung in den vorigen Stand oder die Entscheidung des Revisionsgerichts nach § 346 Abs. 2 StPO beantragt hat.

(3) ¹Vor der Übersendung prüft der Staatsanwalt, ob die Zustellungen und Vollmachten in Ordnung sind und veranlaßt, daß alle Mängel beseitigt werden. ²Ist die Urschrift des Urteils schwer lesbar, so ist eine einwandfreie Ausfertigung oder beglaubigte Abschrift des Urteils beizuheften.

164 Form und Inhalt des Übersendungsberichts

(1) Der Übersendungsbericht soll folgende Angaben enthalten:
a) die Namen und die zuletzt bekannten vollständigen Anschriften aller Verfahrensbeteiligten (Angeklagte, Verteidiger, gesetzliche Vertreter, Nebenbeteiligte, Einziehungsbeteiligte usw.) sowie die Aktenstellen, aus denen sich Beiordnungen und Vollmachten von Rechtsanwälten ergeben;
b) die Angabe, ob der Angeklagte bei der Verkündung des Urteils anwesend war;
c) das Eingangsdatum und die Aktenstelle der Schriften über die Einlegung und die Begründung der Revision;
d) den Tag der Zustellung des Urteils an den Beschwerdeführer und der Revisionsbegründung an den Gegner des Beschwerdeführers;
e) die Aktenstelle der Gegenerklärung und der Mitteilung der Gegenerklärung an den Beschwerdeführer;
f) die Anzahl der Abschriften der Revisionsentscheidung, die für Mitteilungen gebraucht werden;
g) den Hinweis auf nur örtlich geltende gesetzliche Feiertage, wenn das Ende einer Frist, die für das Revisionsverfahren wesentlich ist, auf einen solchen Tag fällt;
h) den Hinweis auf die Zulassung eines Nebenklägers (§ 396 Abs. 2 StPO) mit Angabe der Aktenstelle;
i) den Hinweis auf einen in Beiakten anberaumten Termin oder auf andere Beschleunigungsgründe, die übersehen werden könnten.

(2) ¹In Haftsachen ist ferner anzugeben, wo der Angeklagte verwahrt wird. ²Auf dem Übersendungsbericht ist deutlich sichtbar „Haft" zu vermerken (vgl. Nr. 52). ³Dieser Vermerk ist durch nähere Angaben (z.B. „Strafhaft in der Sache ...") zu erläutern.

(3) Auf andere Strafverfolgungsmaßnahmen (vorläufige Entziehung der Fahrerlaubnis, vorläufiges Berufsverbot u.a.), die eine Entschädigungspflicht auslösen könnten, ist hinzuweisen.

(4) Legt der Staatsanwalt wegen der Bedeutung der Strafsache oder aus anderen Gründen, z.B. weil gegen den Angeklagten Haftbefehl erlassen ist, Wert darauf, über die Entscheidung des Revisionsgerichts beschleunigt unterrichtet zu werden, so weist er hierauf hin; wird eine besondere Übermittlungsart gewünscht (z.B. Telex, Telefax), so ist dies deutlich hervorzuheben.

165 Anlagen zum Übersendungsbericht

(1) Für das Revisionsgericht sind beizufügen je eine Ausfertigung oder beglaubigte Abschrift
a) des angefochtenen und jedes weiteren in diesem Verfahren gegen den Angeklagten ergangenen Urteils, sowie eines nach § 346 Abs. 1 StPO ergangenen Beschlusses, wobei einzelne Teile der Entscheidung, die einen anderen Angeklagten oder eine der Revisionsentscheidung nicht unterliegende Straftat betreffen, in der Abschrift ausgelassen werden können,
b) der Schriftstücke über die Einlegung und die Rechtfertigung der Revision, der sonstigen die Revision betreffenden Schriften (Wiedereinsetzungsantrag, Antrag nach § 346 Abs. 2 StPO usw., jeweils versehen mit dem Eingangsdatum), der Gegenerklärung mit den Anlagen und der Erwiderung.

(2) Kommen für die Entscheidung landesrechtliche oder örtliche Vorschriften in Betracht, die nur in Amts-, Kreis- oder ähnlichen Blättern von örtlicher Bedeutung veröffentlicht sind, so sind Abdrucke oder beglaubigte Abschriften beizufügen.

(3) Für die Staatsanwaltschaft beim Revisionsgericht sind je eine Ausfertigung oder beglaubigte Abschrift der in den Abs. 1 und 2 bezeichneten Schriftstücke beizufügen.

166 Übersendung von Überführungsstücken und Beiakten

(1) Dem Revisionsgericht sind nur die für die Entscheidung über die Revision nötigen Überführungsstücke und Akten zu übersenden, z. B. die Akten, die für die Nachprüfung von Prozeßvoraussetzungen oder für die Anwendung der §§ 66, 69, 70 StGB von Bedeutung sind.

(2) ¹Schriftstücke, Skizzen und Lichtbilder, auf die in dem angefochtenen Urteil Bezug genommen ist oder die zum besseren Verständnis des Urteils beitragen (z.B. Verkehrsunfallskizzen, Lichtbilder), sind zu übersenden. ²Welche anderen Überführungsstücke und Akten zu übersenden sind, entscheidet der Staatsanwalt.

167 Beschleunigung

¹Ist über Haft-, Dienstaufsichts- oder sonstige Beschwerden oder über Anträge auf Festsetzung von Kosten, Vergütungen oder Entschädigungen zu entscheiden, sind Gnadengesuche von Mitverurteilten zu bearbeiten oder ist gegen diese die Strafvollstreckung einzuleiten, so ist zu prüfen, ob diese Entscheidungen auf Grund von Aktenteilen, die für das Revisionsgericht entbehrlich sind, oder auf Grund von Abschriften oder Ablichtungen getroffen werden können. ²Ist dies nicht der Fall, so ist zu erwägen, ob die Angelegenheit bis zur Rückkunft der Akten aus der Revisionsinstanz zurückgestellt werden kann. ³Eine Zurückstellung unterbleibt bei Vollstreckungsmaßnahmen und Gnadenverfahren.

168 Überprüfung durch den Generalstaatsanwalt und Rücknahme der Revision

(1) ¹Ist zur Entscheidung über die Revision der Staatsanwaltschaft der Bundesgerichtshof zuständig, so prüft der Generalstaatsanwalt beim Oberlandesgericht, ob die Förmlichkeiten beachtet worden sind und ob die Revision durchgeführt werden soll. ²Hält er sie nicht für angebracht oder verspricht er sich von ihr keinen Erfolg, so nimmt er die Revision entweder selbst zurück oder weist die Staatsanwaltschaft an, sie zurückzunehmen. ³Bei der Weiterleitung der Akten soll der Generalstaatsanwalt zum Ausdruck bringen, ob er der Revisionsbegründung beitritt oder aus welchen anderen Gründen er die Revision durchzuführen wünscht.

(2) Abs. 1 gilt entsprechend, wenn das Oberlandesgericht zur Entscheidung über die Revision zuständig ist.

169 Rückleitung der Akten

(1) ¹Nach Erledigung der Revision werden die Akten über den Generalstaatsanwalt beim Oberlandesgericht an die Staatsanwaltschaft zurückgeleitet. ²Die Akten werden unmittelbar an die Staatsanwaltschaft zurückgeleitet, wenn lediglich der Angeklagte Revision eingelegt und der Generalstaatsanwalt bei dem Oberlandesgericht darauf verzichtet hat, daß die Akten über ihn zurückgeleitet werden.

(2) In Haftsachen ist die Rückleitung zu beschleunigen; der Zeitpunkt, zu dem das Urteil rechtskräftig geworden ist, soll nach Stunde und Minute angegeben werden und dem Staatsanwalt, wenn nötig, fernmündlich oder in der von ihm sonst gewünschten Art im voraus mitgeteilt werden.

(3) ¹In den Fällen der Nr. 164 Abs. 3 sind die Akten beschleunigt zurückzusenden. ²Dasselbe gilt, wenn die Befugnis zuerkannt worden ist, die Verurteilung innerhalb einer Frist öffentlich bekanntzumachen.

V. Abschnitt. Wiederaufnahme des Verfahrens

170 Allgemeines

(1) Der Staatsanwalt, der die Anklage oder die Antragsschrift verfaßt hat oder der an der Hauptverhandlung gegen den Verurteilten teilgenommen hat, soll in der Regel in dem von dem Verurteilten beantragten Wiederaufnahmeverfahren nicht mitwirken.

(2) Der Generalstaatsanwalt beim Oberlandesgericht soll im Wiederaufnahmeverfahren von seiner Befugnis gemäß § 145 Abs. 1 GVG, die Amtsverrichtungen der Staatsanwaltschaft selbst zu übernehmen oder mit ihrer Wahrnehmung einen anderen als den zunächst zuständigen Beamten (§§ 140a, 143 GVG) zu beauftragen, nur in besonders begründeten Ausnahmefällen Gebrauch machen.

171 Erneuerung der Hauptverhandlung

(1) ¹Ist die Wiederaufnahme des Verfahrens angeordnet, so muß in der Regel eine neue Hauptverhandlung stattfinden, weil nur so die meist vorhandenen Widersprüche geklärt und das gesamte Beweismaterial umfassend gewürdigt werden kann und weil nur dadurch gesichert ist, daß die Umstände, die für die frühere Verurteilung maßgebend waren, neben dem Ergebnis der neuen Beweisaufnahme gebührend berücksichtigt werden. ²Der Staatsanwalt wird deshalb einem Freispruch ohne neue Hauptverhandlung nur ausnahmsweise zustimmen können.

(2) Eine solche Ausnahme kann vorliegen, wenn einwandfrei festgestellt ist, daß der Verurteilte zur Zeit der Tat geisteskrank war, oder wenn seine Unschuld klar zutage tritt und es wegen der besonderen Umstände des Falles unzweckmäßig ist, die Hauptverhandlung zu erneuern; jedoch ist zu berücksichtigen, daß der Verurteilte mitunter ein berechtigtes Interesse daran hat, daß seine Ehre in öffentlicher Verhandlung wiederhergestellt wird.

VI. Abschnitt. Beteiligung des Verletzten am Verfahren

1. Privatklage

172 Übernahme der Verfolgung durch den Staatsanwalt

(1) Legt das Gericht dem Staatsanwalt die Akten nach § 377 Abs. 1 Satz 2 StPO vor oder erwägt der Staatsanwalt von sich aus, die Verfolgung zu übernehmen, hält er aber noch weitere Ermittlungen für nötig, so teilt er dies dem Gericht mit und ersucht, die Entscheidung nach § 383 StPO zurückzustellen.

(2) ¹Übernimmt der Staatsanwalt die Verfolgung (vgl. Nr. 86), so teilt er dies dem Gericht und dem Privatkläger mit; der Privatkläger ist zugleich auf eine etwa bestehende Nebenklagebefugnis und auf die Kostenfolge des § 472 Abs. 3 Satz 2 StPO hinzuweisen. ²Hält der Staatsanwalt später die Einstellung des Verfahrens für angezeigt, so legt er dem Gericht seine Auffassung dar und beantragt, das Hauptverfahren nicht zu eröffnen. ³Verneint er das öffentliche Interesse an weiterer Verfolgung, so gibt er die Akten dem Gericht mit einem entsprechenden Vermerk zurück.

2. Entschädigung des Verletzten

173 Unterrichtung des Verletzten über das Entschädigungsverfahren

¹Der Staatsanwalt hat den Verletzten oder dessen Erben in der Regel und so früh wie möglich auf die Möglichkeit, einen Entschädigungsanspruch nach den §§ 403 ff. StPO geltend zu machen, hinzuweisen. ²Dabei wird der Verletzte über die Möglichkeit der Prozeßkostenhilfe (§ 404 Abs. 5 StPO), Form und Inhalt des Antrags (§ 404 Abs. 1 StPO) und über das Recht auf Teilnahme an der Hauptverhandlung (§ 404 Abs. 3 StPO) zu belehren sein. ³Auch wird er darauf hinzuweisen sein, daß es sich in der Regel empfiehlt, den Antrag möglichst frühzeitig zu stellen, daß er seinen Anspruch, soweit er ihm nicht zuerkannt wird, noch im Zivilrechtsweg verfolgen kann (§ 406 Abs. 3 StPO) und daß das Gericht aus bestimmten Gründen von der Entscheidung über den Antrag absehen kann (§ 406 Abs. 1 StPO).

174 Stellung des Staatsanwalts im Entschädigungsverfahren

(1) Der Staatsanwalt nimmt zum Entschädigungsantrag nur Stellung, wenn dies nötig ist, um die Tat strafrechtlich zutreffend zu würdigen oder um einer Verzögerung des Strafverfahrens vorzubeugen.

(2) Der Staatsanwalt hat den bei ihm eingegangenen Entschädigungsantrag dem Gericht beschleunigt zuzuleiten, weil die Rechtswirkungen des Antrags (§ 404 Abs. 2 StPO) erst eintreten, wenn dieser bei Gericht eingegangen ist.

VII. Abschnitt. Besondere Verfahrensarten

1. Verfahren bei Strafbefehlen

175 Allgemeines

(1) Erwägt der Staatsanwalt, den Erlaß eines Strafbefehls zu beantragen, so vermerkt er den Abschluß der Ermittlungen in den Akten (vgl. Nr. 109).

(2) ¹Der Erlaß eines Strafbefehls soll nur beantragt werden, wenn der Aufenthalt des Beschuldigten bekannt ist, so daß in der regelmäßigen Form zugestellt werden kann. ²Sonst ist das Verfahren vorläufig einzustellen oder, wenn sich die Abwesenheit des Beschuldigten erst nach dem Antrag auf Erlaß des Strafbefehls herausgestellt hat, die vorläufige Einstellung des Verfahrens (§ 205 StPO) zu beantragen.

(3) ¹Im übrigen soll von dem Antrag auf Erlaß eines Strafbefehls nur abgesehen werden, wenn die vollständige Aufklärung aller für die Rechtsfolgenbestimmung wesentlichen Umstände oder Gründe der Spezial- oder Generalprävention die Durchführung einer Hauptverhandlung geboten erscheinen lassen. ²Auf einen Strafbefehlsantrag ist nicht schon deswegen zu verzichten, weil ein Einspruch des Angeschuldigten zu erwarten ist.

(4) Bei verhafteten oder vorläufig festgenommenen Personen ist zu prüfen, ob das beschleunigte Verfahren nach § 417 StPO eine raschere Erledigung ermöglicht.

175 a Strafbefehl nach Eröffnung des Hauptverfahrens

Ein Antrag auf Erlaß eines Strafbefehls nach Eröffnung des Hauptverfahrens (§ 408 a Abs. 1 Satz 1 StPO) kommt namentlich in Betracht, wenn

a) der Angeklagte mit bekanntem Aufenthalt im Ausland wohnt, seine Einlieferung zur Durchführung der Hauptverhandlung aber nicht möglich oder nicht angemessen wäre,

b) der Angeklagte der Hauptverhandlung entschuldigt fernbleibt, weil er infolge einer längeren Krankheit an ihr nicht teilnehmen kann, obwohl seine Verhandlungsfähigkeit im übrigen nicht beeinträchtigt ist,

c) der Angeklagte der Hauptverhandlung fernbleibt und nicht nach § 232 StPO ohne ihn verhandelt werden kann oder

d) der unmittelbaren Beweisaufnahme in der Hauptverhandlung erhebliche Hinderungsgründe entgegenstehen und die Voraussetzungen des § 251 Abs. 2 Satz 2 StPO nicht vorliegen, der Sachverhalt aber nach dem Akteninhalt genügend aufgeklärt erscheint.

176 Anträge

(1) ¹Zur Vereinfachung und Beschleunigung des Geschäftsgangs hat der Staatsanwalt, wenn nicht besondere Umstände ein abweichendes Verfahren rechtfertigen, den Strafbefehlsantrag so zu stellen, daß er einen Strafbefehlsentwurf einreicht und beantragt, einen Strafbefehl dieses Inhalts zu erlassen. ²In den Fällen des § 444 StPO in Verbindung mit § 30 OWiG ist im Strafbefehlsentwurf die Anordnung der Beteiligung der juristischen Person oder Personenvereinigung und die Festsetzung einer konkreten Geldbuße aufzunehmen. ³In den Fällen des § 407 Abs. 2 Satz 2 StPO schlägt er gegebenenfalls zugleich geeignete Auflagen und Weisungen vor; für Auflagen gelten Nummer 93 Abs. 3, 4 und Nummer 93 a sinngemäß.

(2) Dem Entwurf ist die zur Zustellung des Strafbefehls und für etwa vorgeschriebene Mitteilungen nötige Zahl von Durchschlägen beizufügen.

177 Fassung des Strafbefehlsentwurfs

(1) ¹Der Strafbefehlsentwurf muß klar, übersichtlich und leicht verständlich sein. ²Er darf sich nicht darauf beschränken, die Straftat formelhaft mit den Worten des Gesetzes zu bezeichnen.

(2) Soll die Fahrerlaubnis nicht entzogen oder eine Sperre für ihre Erteilung nicht angeordnet werden, obwohl dies nach der Art der Straftat in Betracht kommt, so müssen die Gründe dafür im Strafbefehlsentwurf angegeben werden (vgl. § 409 Abs. 1 Satz 3 StPO).

(3) Beantragt der Staatsanwalt die Beteiligung der juristischen Person oder Personenvereinigung und die Festsetzung einer Geldbuße gegen diese (Nummer 180 a Abs. 2), führt er sie als Nebenbeteiligte an und gibt die tatsächliche und rechtliche Grundlage für die begehrte Maßnahme an.

178 Prüfung durch den Richter

(1) Hat der Richter Bedenken, ohne Hauptverhandlung zu entscheiden, oder will er von der rechtlichen Beurteilung im Strafbefehlsantrag abweichen oder eine andere als die beantragte Rechtsfolge festsetzen (§ 408 Abs. 3 Satz 2 StPO), so teilt er vor einer Entscheidung über die Anberaumung der Hauptverhandlung seine Auffassung dem Staatsanwalt mit und bittet ihn um Äußerung.

(2) ¹Tritt der Staatsanwalt der Auffassung des Richters bei, so gibt er die Akten mit einem entsprechenden Vermerk und dem abgeänderten Strafbefehlsantrag zurück. ²Sonst erklärt er, daß er seinen Antrag aufrechterhalte.

(3) Verfährt der Richter nach § 408 Abs. 1 Satz 2 StPO, so legt der Staatsanwalt seine Auffassung über die Zuständigkeit bei Weiterleitung der Akten dar.

(4) Der Beschluß, durch den der Antrag auf Erlaß eines Strafbefehls zurückgewiesen wird, ist dem Angeschuldigten mitzuteilen, wenn das Verfahren durch den Beschluß abgeschlossen wird.

179 Zustellung

(1) ¹Der Strafbefehl muß dem Angeklagten förmlich zugestellt werden, wenn er ihm nicht von dem Richter bekannt gemacht worden ist (§§ 35, 409 StPO). ²Es genügt nicht, daß ein Beamter der Geschäftsstelle dem Beschuldigten den Strafbefehl eröffnet.

(2) Ist der Angeklagte verhaftet, so ist der Zeitpunkt der Zustellung und, falls auf Einspruch verzichtet wird, auch der des Verzichts nach Stunde und Minute festzustellen.

(3) Hat der Angeklagte einen gesetzlichen Vertreter, so wird diesem eine Abschrift des Strafbefehls übersandt (§ 409 Abs. 2 StPO).

2. Selbständiges Verfahren bei Verfall und Einziehung

180 [Selbständiges Verfahren bei Verfall und Einziehung]

(1) Für das selbständige Verfahren nach den §§ 440 ff. StPO (z.B. in den Fällen des § 76 a StGB) besteht kein Verfolgungszwang.

(2) Soweit die Möglichkeit besteht, auf durch die Straftat erlangte Vermögensvorteile zuzugreifen, beantragt der Staatsanwalt die selbständige Anordnung des Verfalls.

(3) Ist es wegen der Bedeutung oder der Schwierigkeit der Sache oder im Interesse eines Beteiligten geboten, so beantragt der Staatsanwalt, auf Grund mündlicher Verhandlung zu entscheiden.

(4) ¹Sind keine Beteiligten vorhanden oder haben sie – gegebenenfalls nach Hinweis auf die Rechtslage – auf ihre Rechte und auf die Durchführung des selbständigen Verfahrens verzichtet oder kommt ihre Befragung nicht in Betracht, so kann der Gegenstand in der Regel formlos aus dem Verkehr entfernt werden. ²Der Staatsanwalt leitet auch in diesen Fällen das selbständige Verfahren ein, wenn die Herbeiführung einer gerichtlichen Entscheidung wegen der tatsächlichen oder rechtlichen Schwierigkeit oder sonstigen Bedeutung der Sache zweckmäßig ist.

3. Verfahren bei Festsetzung einer Geldbuße gegen eine juristische Person oder Personenvereinigung

180 a [Verfahren bei Festsetzung einer Geldbuße gegen eine juristische Person oder Personenvereinigung]

(1) ¹Gehört der Beschuldigte zum Leitungsbereich einer juristischen Person oder Personenvereinigung, prüft der Staatsanwalt, ob auch die Festsetzung einer Geldbuße gegen die juristische Person oder Personenvereinigung in Betracht kommt (§ 30 OWiG, § 444 StPO; vgl. aber Nummer 270 Satz 3). ²Ist dies der Fall, so sind schon im vorbereitenden Verfahren die Vertreter der juristischen Person oder Personenvereinigung wie Beschuldigte zu hören (§ 444 Abs. 2, § 432 StPO).

(2) ¹Der Staatsanwalt beantragt in der Anklageschrift oder im Strafbefehlsantrag die Beteiligung der juristischen Person oder Personenvereinigung (§ 444 Abs. 1 StPO), insbesondere, wenn die Festsetzung einer Geldbuße gegen diese die Möglichkeit eröffnet, die wirtschaftlichen Verhältnisse der juristischen Person oder Personenvereinigung, auch im Hinblick auf den durch die Tat erlangten wirtschaftlichen Vorteil, angemessen zu berücksichtigen (§ 30 Abs. 3 in Verbindung mit § 17

Abs. 4 OWiG). ²In der Anklageschrift kündigt er zudem die Beantragung der Festsetzung einer Geldbuße an und im Strafbefehlsantrag beantragt er diese. ³Dies kann vor allem bei Delikten der Wirtschaftskriminalität einschließlich Korruptions- und Umweltdelikten, in Betracht kommen.

(3) Für den Antrag auf Festsetzung einer Geldbuße im selbständigen Verfahren gegen die juristische Person oder Personenvereinigung in den – auch die Einstellungen nach §§ 153, 153 a StPO, § 47 OWiG erfassenden – Fällen des § 30 Abs. 4 OWiG (§ 444 Abs. 3 in Verbindung mit § 440 StPO) gilt Absatz 2 entsprechend.

VIII. Abschnitt. Verfahren gegen sprachunkundige Ausländer

181 [Verfahren gegen sprachunkundige Ausländer]

(1) Bei der ersten verantwortlichen Vernehmung eines Ausländers ist aktenkundig zu machen, ob der Beschuldigte die deutsche Sprache soweit beherrscht, daß ein Dolmetscher nicht hinzugezogen zu werden braucht.

(2) Ladungen, Haftbefehle, Strafbefehle, Anklageschriften und sonstige gerichtliche Sachentscheidungen sind dem Ausländer, der die deutsche Sprache nicht hinreichend beherrscht, mit einer Übersetzung in eine ihm verständliche Sprache bekanntzugeben.

IX. Abschnitt. Erteilung von Auskünften, Überlassung von Abschriften und Gewährung von Akteneinsicht

182 Geltungsbereich

Für die Erteilung von Auskünften, die auch durch eine Überlassung von Abschriften aus den Akten erfolgen kann (§ 477 Abs. 1 StPO), und die Gewährung von Akteneinsicht gegenüber Dritten nach den §§ 474 ff. StPO (auch in Verbindung mit § 487 Abs. 2 Satz 1 StPO) gelten ergänzend die nachfolgenden Bestimmungen. Sie gelten hingegen insbesondere nicht
1. für die Erteilung von Auskünften und Akteneinsicht nach anderen gesetzlichen Bestimmungen als den §§ 474 ff. StPO (z.B. nach den §§ 147, 385, 397, 406 e, 487 Abs. 1, den §§ 491, 492 Abs. 3 Satz 2, Abs. 4 , § 495 StPO, den §§ 3 ff. SGB X),
2. für die Vorlage von Akten an im Verfahren mitwirkende Stellen, übergeordnete und untergeordnete Instanzgerichte bzw. Behörden z. B. nach § 27 Abs. 3, den §§ 41, 163 Abs. 2, § 306 Abs. 2, den §§ 320, 321, 347, 354, 355 StPO oder im Rahmen der Wahrnehmung von Aufsichts-, Kontroll- und Weisungsbefugnissen anderer Stellen,
3. für Mitteilungen nach den §§ 12 ff. EGGVG sowie den Bestimmungen der Anordnung über Mitteilungen in Strafsachen (MiStra).

183 Zuständigkeit für die Erteilung von Auskünften und die Gewährung von Akteneinsicht

(1) ¹Soweit nach § 487 Abs. 1 StPO die Staatsanwaltschaft die Entscheidung über die Erteilung von Auskünften und die Akteneinsicht zu treffen hat, obliegt diese Entscheidung grundsätzlich dem Staatsanwalt, im Vollstreckungsverfahren auch dem Rechtspfleger. ²In den Fällen des § 476 StPO ist Nummer 189 Abs. 2 zu beachten.

(2) ¹Von der Möglichkeit der Delegation an die Behörden des Polizeidienstes nach § 478 Abs. 1 Satz 3 StPO soll nur insoweit Gebrauch gemacht werden, als dies im Interesse aller Beteiligten zur einfacheren oder beschleunigten Unterrichtung des Ersuchenden sachdienlich erscheint. ²Soweit eine Delegation in Betracht

kommt, wird es grundsätzlich angezeigt sein, diese auf einfach und schnell zu erledigende Auskünfte zu beschränken.

184 Vorrang der Verfahrensbearbeitung, Gefährdung der Ermittlungen
[1]Die Erteilung von Auskünften und die Gewährung von Akteneinsicht unterbleiben insbesondere dann, wenn das Verfahren unangemessen verzögert oder der Untersuchungszweck gefährdet würde. [2]Auskünfte und Akteneinsicht unterbleiben nach § 477 Abs. 2 Satz 1 StPO u. a. dann, wenn Zwecke des Strafverfahrens entgegenstehen.

185 Vorrang der Erteilung von Auskünften
Abgesehen von den Fällen des § 474 Abs. 1 StPO räumt das Gesetz im Hinblick auf die Vermeidung einer Übermittlung von Überschussinformationen der Erteilung von Auskünften grundsätzlich Vorrang vor der Gewährung von Einsicht in die Verfahrensakten ein, soweit nicht die Aufgabe oder das berechtigte Interesse des Ersuchenden oder der Zweck der Forschungsarbeit die Einsichtnahme in Akten erfordert. Wenn mit der Auskunftserteilung – gegebenenfalls in der Form der Überlassung von Ablichtungen aus den Akten (§ 477 Abs. 1 StPO) – ein unverhältnismäßiger Aufwand verbunden wäre, kann dem Ersuchen grundsätzlich auch durch – gegebenenfalls teilweise (siehe Nummer 186) – Gewährung der Einsicht in die Akten nachgekommen werden (§ 474 Abs. 3, § 475 Abs. 2, § 476 Abs. 2 StPO).

186 Umfang der Akteneinsicht
(1) [1]Die Akteneinsicht soll außer in den Fällen des § 474 Abs. 1 StPO nur in dem Umfang erfolgen, als dies zur Erfüllung der Aufgaben der ersuchenden öffentlichen Stelle, zur Wahrnehmung des berechtigten Interesses der Privatperson oder sonstigen Stelle oder zur Erreichung des Forschungszweckes erkennbar erforderlich ist. [2]Wenn eine derartig beschränkte Akteneinsicht nur mit unverhältnismäßigem Aufwand möglich wäre, kann umfassende Akteneinsicht gewährt werden.

(2) [1]Da die Frage der Einsichtsgewährung nicht immer für die Gesamtheit der Verfahrensakte einheitlich beantwortet werden kann, erscheint es angebracht, Aktenteile, die erkennbar sensible persönliche Informationen enthalten, gesondert zu heften und hinsichtlich der Einsichtsgewährung einer besonderen Prüfung zu unterziehen. [2]Damit wird zugleich der Aufwand für eine beschränkte Akteneinsicht gering gehalten und in den Fällen des § 477 Abs. 2 Satz 2 StPO die Erkennbarkeit erhöht, wodurch im Interesse des Schutzes sensibler persönlicher Informationen eine beschränkte Akteneinsicht häufiger ermöglicht wird. [3]Zu den gesondert zu heftenden Aktenteilen zählen regelmäßig:
– medizinische und psychologische Gutachten, mit Ausnahme solcher im Sinne des § 256 Abs. 1 Nummer 2, 3 und 4 StPO,
– Berichte der Gerichts- und Bewährungshilfe sowie anderer sozialer Dienste,
– Niederschriften über die in § 477 Abs. 2 Satz 2 StPO genannten Ermittlungsverfahren sowie personenbezogene Informationen aus Maßnahmen nach den §§ 100 c und 100 f Abs. 2 Satz 1 StPO.
Nummer 16 Abs. 2 Satz 2 und Nummer 220 Abs. 2 Satz 1 sind zu beachten.

(3) [1]Von der Einsicht sind die Handakten der Staatsanwaltschaft und andere innerdienstliche Vorgänge auszuschließen. [2]In Akten einer anderen Verwaltung darf nur mit deren ausdrücklicher Zustimmung Einsicht gewährt werden, deren Nachweis dem Antragsteller obliegt.

(4) Bei Verschlusssachen ist Nummer 213 zu beachten.

187 Überlassung der Akten
(1) Öffentlichen Stellen werden, soweit nicht lediglich eine Auskunft erteilt wird, die Akten teilweise oder ganz übersandt.

(2) Rechtsanwälten und Rechtsbeiständen sollen auf Antrag die Akten im Umfang der gewährten Akteneinsicht mit Ausnahme der Beweisstücke zur Einsichtnahme mitgegeben oder übersandt werden, soweit nicht wichtige Gründe entgegenstehen.

(3) Im Übrigen ist die Akteneinsicht grundsätzlich nur in den Diensträumen der Staatsanwaltschaft oder des Gerichts oder bei Delegation auf die Behörden des Polizeidienstes in deren Räumen zu gewähren.

188 Bescheid an den Antragsteller

(1) [1]Wird die Erteilung der Auskunft oder die Gewährung von Akteneinsicht versagt, so wird dem Ersuchenden ein kurzer Bescheid erteilt. [2]Ist in dem Ersuchen ein berechtigtes oder ein rechtliches Interesse an der Akteneinsicht dargelegt, so muss der Bescheid erkennen lassen, dass dieses Interesse gegen entgegenstehende Interessen abgewogen worden ist. [3]Eine Begründung des Bescheides unterbleibt, soweit hierdurch der Untersuchungszweck gefährdet werden könnte.

(2) Ist der Antrag von einer Privatperson oder einer privaten Einrichtung gestellt worden, so soll, wenn dem Gesuch nicht nach § 475 Abs. 4 StPO entsprochen werden kann, auf die Möglichkeit der Akteneinsicht durch einen bevollmächtigten Rechtsanwalt hingewiesen werden.

189 Auskünfte und Akteneinsicht für wissenschaftliche Vorhaben

(1) [1]Wenn die Voraussetzungen der §§ 476, 477 Abs. 2 Satz 3 StPO gegeben sind, also u. a. Zwecke des Strafverfahrens nicht entgegenstehen (§ 477 Abs. 2 Satz 1 StPO), ist die Übermittlung personenbezogener Informationen zu Forschungszwecken grundsätzlich zulässig. [2]Ob Auskünfte und Akteneinsicht erteilt werden, steht im pflichtgemäßen Ermessen der zuständigen Stelle. [3]Gegen die Erteilung von Auskünften und die Gewährung von Akteneinsicht kann insbesondere sprechen, dass es sich um ein vorbereitendes Verfahren oder ein Verfahren mit sicherheitsrelevanten Bezügen handelt.

(2) Soweit in den Fällen des § 476 StPO die Staatsanwaltschaft nach § 478 Abs. 1 StPO die Entscheidung über die Erteilung von Auskünften und Akteneinsicht zu treffen hat, obliegt diese Entscheidung dem Behördenleiter.

(3) Betrifft ein Forschungsvorhaben erkennbar mehrere Staatsanwaltschaften, ist der gemeinschaftlichen übergeordneten Behörde auf dem Dienstweg ein Absichtsbericht vorzulegen. Sind erkennbar Staatsanwaltschaften mehrerer Länder betroffen, ist der jeweils obersten Dienstbehörde auf dem Dienstweg ein Absichtsbericht vorzulegen.

(4) Stammt ein Ersuchen nach § 476 StPO von einer Einrichtung, die ihren Sitz außerhalb des Geltungsbereichs der Strafprozessordnung hat, ist der obersten Dienstbehörde auf dem Dienstweg ein Absichtsbericht vorzulegen.

X. Abschnitt. Einholung der Entscheidung des Bundesverfassungsgerichts

190

(1) [1]Hat das Gericht beschlossen, die Entscheidung des Bundesverfassungsgerichts nach Art. 100 Abs. 1 und 2 oder Art. 126 GG in Verbindung mit § 13 Nr. 8, 10, 12, §§ 80, 83 oder 86 Abs. 2 BVerfGG zu beantragen, so leitet der Vorsitzende die Akten dem Bundesverfassungsgericht unmittelbar zu (§ 80 Abs. 1 BVerfGG). [2]Das Begleitschreiben ist von dem Vorsitzenden zu unterschreiben. [3]Es wird Bestandteil der Akten des Bundesverfassungsgerichts; eine beglaubigte Abschrift ist als Versendungsbeleg zurückzubehalten.

(2) ¹Der Antrag an das Bundesverfassungsgericht ist zu begründen (§ 80 Abs. 2 BVerfGG). ²Seine Urschrift bleibt Bestandteil der Strafakten.

(3) Dem Begleitschreiben sind außer den Akten eine beglaubigte und 50 einfache Abschriften des Antrages für das Bundesverfassungsgericht beizufügen.

XI. Abschnitt. Strafsachen gegen Mitglieder des Deutschen Bundestages, der gesetzgebenden Körperschaften der Länder sowie des Europäischen Parlaments

191 Prozeßhindernis der Immunität

(1) ¹Wegen einer mit Strafe bedrohten Handlung darf ein Abgeordneter des Deutschen Bundestages nur mit Genehmigung des Bundestages zur Verantwortung gezogen oder verhaftet werden, es sei denn, daß er bei der Begehung der Tat oder im Laufe des folgenden Tages festgenommen wird (Artikel 46 Abs. 2 GG). ²Entsprechende Vorschriften sind in den Verfassungen der Länder enthalten.

(2) Ein Ermittlungs- oder Strafverfahren, dessen Durchführung von der vorhergehenden gesetzgebenden Körperschaft genehmigt oder das vor dem Erwerb des Mandats eingeleitet worden war, darf nur mit Genehmigung der gesetzgebenden Körperschaft fortgesetzt werden, der der Abgeordnete zur Zeit der Fortsetzung angehört.

(3) Die Immunität hindert nicht,
a) ein Verfahren gegen einen Abgeordneten einzuleiten und durchzuführen, wenn er bei der Begehung der Tat oder spätestens im Laufe des folgenden Tages festgenommen wird;
b) ein Verfahren gegen einen Abgeordneten zum Zwecke der Einstellung einzuleiten, wenn der Sachverhalt die Einstellung ohne Beweiserhebung rechtfertigt;
c) zur Prüfung der Frage, ob ein Vorwurf offensichtlich unbegründet ist, diesen dem Abgeordneten mitzuteilen und ihm anheimzugeben, dazu Stellung zu nehmen;
d) in einem Verfahren gegen eine andere Person den Abgeordneten als Zeugen zu vernehmen, bei ihm Durchsuchungen nach §§ 103, 104 StPO vorzunehmen oder von ihm die Herausgabe von Gegenständen nach § 95 StPO zu verlangen; §§ 50, 53 Abs. 1 Nr. 4, §§ 53 a und 97 Abs. 3 und 4 StPO sind zu beachten;
e) ein Verfahren gegen Mittäter, Anstifter, Gehilfen oder andere an der Tat eines Abgeordneten beteiligte Personen einzuleiten oder durchzuführen;
f) unaufschiebbare Maßnahmen zur Sicherung von Spuren (z.B. Messungen, Lichtbildaufnahmen am Tatort) in unmittelbarem zeitlichen Zusammenhang mit einer Straftat zu treffen;
g) bei Verkehrsunfällen, an denen ein Abgeordneter beteiligt ist, seine Personalien, das amtliche Kennzeichen und den Zustand seines Fahrzeuges festzustellen, die Vorlage des Führerscheins und des Fahrzeugscheins zu verlangen sowie Fahr-, Brems- und andere Spuren, die von seinem Fahrzeug herrühren, zu sichern, zu vermessen und zu fotografieren;
h) einem Abgeordneten unter den Voraussetzungen des § 81 a StPO eine Blutprobe zu entnehmen, wenn dies innerhalb des in Buchst. a) genannten Zeitraums geschieht.

(4) Zur Klärung der Frage, ob es sich um eine offensichtlich unbegründete Anzeige handelt, kann der Staatsanwalt Feststellungen über die Persönlichkeit des Anzeigeerstatters sowie über andere für die Beurteilung der Ernsthaftigkeit der Anzeige wichtige Umstände treffen.

(5) ¹Wird gegen einen Abgeordneten ein Ermittlungsverfahren eingeleitet, ohne daß es hierzu einer Genehmigung der gesetzgebenden Körperschaft bedarf (Artikel 46 Abs. 2 GG und die entsprechenden Vorschriften der Landesverfassungen), so

unterrichtet der Staatsanwalt unverzüglich und unmittelbar den Präsidenten der betreffenden gesetzgebenden Körperschaft von der Einleitung des Verfahrens. ²Abschriften seiner Mitteilung übersendet er gleichzeitig dem Generalstaatsanwalt und der Landesjustizverwaltung, bei Abgeordneten des Deutschen Bundestages auch dem Bundesministerium der Justiz. ³Im weiteren Verfahren teilt der Staatsanwalt in gleicher Weise jede richterliche Anordnung einer Freiheitsentziehung und einer Freiheitsbeschränkung gegen den Abgeordneten sowie die Erhebung der öffentlichen Klage mit.

(6) ¹In jedem Stadium des Verfahrens ist bei Auskünften und Erklärungen gegenüber Presse, Hörfunk und Fernsehen der Funktionsfähigkeit und dem Ansehen der betreffenden gesetzgebenden Körperschaft Rechnung zu tragen. ²Das Interesse der gesetzgebenden Körperschaft, über eine die Immunität berührende Entscheidung früher als die Öffentlichkeit unterrichtet zu werden, ist zu berücksichtigen. ³Auf Nr. 23 wird hingewiesen.

192 Aufhebung der Immunität von Mitgliedern des Deutschen Bundestages und der gesetzgebenden Körperschaften der Länder

(1) Beabsichtigt der Staatsanwalt, gegen einen Abgeordneten ein Ermittlungsverfahren einzuleiten oder ein auf Freiheitsstrafe lautendes Urteil zu vollstrecken oder sonst eine genehmigungsbedürftige Strafverfolgungsmaßnahme zu treffen, so beantragt er, einen Beschluß der gesetzgebenden Körperschaft, der der Abgeordnete angehört, über die Genehmigung der Strafverfolgung oder der Strafvollstreckung oder zur Durchführung der beabsichtigten Maßnahme herbeizuführen.

(2) ¹Der Antrag ist mit einer Sachdarstellung und einer Erläuterung der Rechtslage zu verbinden. ²Die Beschreibung der zur Last gelegten Tat soll die Tatsachen enthalten, in denen die gesetzlichen Merkmale der Straftat gesehen werden, sowie Zeit und Ort ihrer Begehung angeben; die Strafvorschriften sind zu bezeichnen, die als verletzt in Betracht kommen. ³Auf eine aus sich heraus verständliche Darstellung ist zu achten. ⁴Bei Anträgen auf Genehmigung der Strafvollstreckung genügt die Bezugnahme auf ein vorliegendes oder beigefügtes Strafurteil.

(3) ¹Der Antrag ist auf dem Dienstweg an den Präsidenten der betreffenden gesetzgebenden Körperschaft zu richten, bei Abgeordneten des Deutschen Bundestages auch über das Bundesministerium der Justiz. ²Für die Landesjustizverwaltung und – bei Abgeordneten des Deutschen Bundestages – für das Bundesministerium der Justiz sind Abschriften des Antrages beizufügen; eine beglaubigte Abschrift ist zu den Akten zu nehmen.

(4) In Privatklagesachen führt der Staatsanwalt die Genehmigung nur herbei, wenn er die Verfolgung übernehmen will (§§ 377, 376 StPO).

(5) Die Mitteilung nach § 8 EGStPO erfolgt auf dem Dienstweg.

192a Allgemeine Genehmigung zur Durchführung von Ermittlungsverfahren (vereinfachte Handhabung)

(1) ¹Der Deutsche Bundestag sowie die gesetzgebenden Körperschaften der Länder pflegen regelmäßig zu Beginn einer neuen Wahlperiode eine allgemeine Genehmigung zur Durchführung von Ermittlungsverfahren gegen Abgeordnete zu erteilen; ausgenommen sind Ermittlungen wegen Beleidigungen (§§ 185, 186, 188 Abs. 1 StGB) politischen Charakters. ²Diese allgemeine Genehmigung wird im Einzelfall erst wirksam, nachdem dem Präsidenten der gesetzgebenden Körperschaft eine Mitteilung nach Absatz 3 zugegangen ist.

(2) Die allgemeine Genehmigung umfaßt nicht
a) die Erhebung der öffentlichen Klage in jeder Form,
b) im Verfahren nach dem Gesetz über Ordnungswidrigkeiten den Hinweis des Gerichts, daß über die Tat auch aufgrund eines Strafgesetzes entschieden werden kann (§ 81 Abs. 1 Satz 2 OWiG),

c) freiheitsentziehende und freiheitsbeschränkende Maßnahmen im Ermittlungsverfahren,

d) den Vollzug einer angeordneten Durchsuchung oder Beschlagnahme in dem genehmigten Verfahren, vorbehaltlich etwaiger von den gesetzgebenden Körperschaften der Länder getroffener abweichender Regelungen,

e) den Antrag auf Verhängung eines vorläufigen Berufsverbotes (§ 132a StPO). Die allgemeine Genehmigung umfaßt jedoch die vorläufige Entziehung der Fahrerlaubnis (§ 111a StPO).

(3) [1]Soweit Ermittlungsverfahren allgemein genehmigt sind, ist dem Präsidenten der gesetzgebenden Körperschaft und, soweit nicht Gründe der Wahrheitsfindung entgegenstehen, dem betroffenen Abgeordneten mitzuteilen, daß die Einleitung eines Ermittlungsverfahrens beabsichtigt ist. [2]In der Mitteilung an den Präsidenten ist zu erklären, daß der Abgeordnete gleichzeitig benachrichtigt worden ist; ist eine Mitteilung an den Abgeordneten unterblieben, so ist der Präsident auch hiervon unter Angabe der Gründe zu unterrichten. [3]Die Mitteilung ist unmittelbar an den Präsidenten der gesetzgebenden Körperschaft zu richten. [4]Für ihren Inhalt gilt Nr. 192 Abs. 2 entsprechend; in den Fällen der Nr. 191 Abs. 3 Buchst. c) soll auch der wesentliche Inhalt einer Stellungnahme des Abgeordneten mitgeteilt werden. [5]Abschriften der Mitteilung sind gleichzeitig dem Generalstaatsanwalt und der Landesjustizverwaltung sowie, bei Abgeordneten des Deutschen Bundestages, auch dem Bundesministerium der Justiz zu übersenden.

(4) [1]Will der Staatsanwalt nach dem Abschluß der Ermittlungen die öffentliche Klage erheben, so beantragt er, einen Beschluß der gesetzgebenden Körperschaft über die Genehmigung der Strafverfolgung herbeizuführen. [2]Für den Inhalt und den Weg des Antrages gilt Nr. 192 Abs. 2 und 3. [3]Stellt er das Verfahren nicht nur vorläufig ein, so verfährt er nach Nr. 192 Abs. 5.

(5) [1]Beabsichtigt der Staatsanwalt, die Genehmigung zur Durchführung der Strafverfolgung wegen einer Beleidigung politischen Charakters einzuholen, so verfährt er nach Nr. 192 Abs. 1 bis 3. [2]Zur Vorbereitung seiner Entscheidung, ob die Genehmigung zur Strafverfolgung wegen einer Beleidigung politischen Charakters herbeigeführt werden soll, teil der Staatsanwalt dem Abgeordneten den Vorwurf mit und stellt ihm anheim, hierzu Stellung zu nehmen.

(6) Für Bußgeldsachen wird auf Nr. 298 verwiesen.

192b Aufhebung der Immunität eines Mitglieds des Europäischen Parlaments

(1) [1]Einem Mitglied des Europäischen Parlaments aus der Bundesrepublik Deutschland steht die einem Abgeordneten des Deutschen Bundestages zuerkannte Immunität zu. [2]Ein ausländisches Mitglied des Europäischen Parlaments kann im Inland weder festgehalten noch gerichtlich verfolgt werden. [3]Die Immunität nach den vorstehenden Sätzen besteht während der Dauer der fünfjährigen Wahlperiode und auch während der Reise zum und vom Tagungsort des Europäischen Parlaments. [4]Bei Ergreifung auf frischer Tat kann die Immunität nicht geltend gemacht werden (Artikel 4 Abs. 2 des Aktes des Rates der Europäischen Gemeinschaften vom 20. September 1976 zur Einführung allgemeiner unmittelbarer Wahlen der Abgeordneten der Versammlung – BGBl.1977 II S. 733, 735 – in Verbindung mit Artikel 10 des Protokolls über die Vorrechte und Befreiungen der Europäischen Gemeinschaften vom 8. April 1965 – BGBl.1965 II S. 1453, 1482). [5]Nr. 191 Abs. 3 Buchst. b) bis e) und Abs. 4 gilt entsprechend.

(2) Das Europäische Parlament hat eine allgemeine Genehmigung zur Durchführung von Ermittlungsverfahren nicht erteilt.

(3) Beabsichtigt der Staatsanwalt, gegen ein Mitglied des Europäischen Parlaments ein Ermittlungsverfahren einzuleiten oder ein auf Freiheitsstrafe lautendes Urteil zu vollstrecken oder sonst eine genehmigungsbedürftige Strafverfolgungs-

maßnahme zu treffen, so beantragt er, einen Beschluß des Europäischen Parlaments über die Aufhebung der Immunität herbeizuführen.

(4) Zur Vorbereitung seiner Entschließung teilt der Staatsanwalt, soweit nicht Gründe der Wahrheitsfindung entgegenstehen, dem Abgeordneten den Vorwurf mit und stellt ihm anheim, Stellung zu nehmen.

(5) [1]Der Antrag ist an den Präsidenten des Europäischen Parlaments, Generalsekretariat, Plateau du Kirchberg, L-2929 Luxemburg, zu richten und auf dem Dienstweg, auch über das Bundesministerium der Justiz, zu übermitteln. [2]Nummer 192 Abs. 2, Abs. 3 Satz 2 und Abs. 4 gilt entsprechend. [3]Nummer 192 Abs. 5 gilt mit der Maßgabe entsprechend, daß die Übermittlung über das Bundesministerium der Justiz erfolgt.

XII. Abschnitt. Behandlung der von der deutschen Gerichtsbarkeit befreiten Personen

193 Allgemeines

(1) Handlungen, die eine Ausübung der inländischen Gerichtsbarkeit darstellen, sind gegenüber den Personen, die nach §§ 18 bis 20 GVG oder nach anderen Rechtsvorschriften von der deutschen Gerichtsbarkeit befreit sind, ohne ihre Zustimmung grundsätzlich unzulässig.

(2) Sache der Justizbehörden ist es, im Einzelfall die nötigen Feststellungen zu treffen und darüber zu befinden, ob und wieweit Personen nach den §§ 18 und 19 GVG von der deutschen Gerichtsbarkeit befreit sind.

194 Ausweise von Diplomaten und der anderen von der inländischen Gerichtsbarkeit befreiten Personen

Die Art der Ausweise von Diplomaten und der anderen von der inländischen Gerichtsbarkeit befreiten Personen ergibt sich aus dem Rundschreiben des Bundesministeriums des Innern über Diplomaten und andere bevorrechtigte Personen in seiner jeweils gültigen Fassung.

195 Verhalten gegenüber Diplomaten und den anderen von der inländischen Gerichtsbarkeit befreiten Personen

(1) [1]Gegen Personen, die rechtmäßig den Ausweis eines Diplomaten oder einer anderen von der inländischen Gerichtsbarkeit befreiten Person besitzen oder die ihre Befreiung von der deutschen Gerichtsbarkeit anders glaubhaft machen, ist nicht einzuschreiten. [2]Der Staatsanwalt hat sich darauf zu beschränken, die zulässigen Ermittlungen beschleunigt durchzuführen. [3]Er unterrichtet unverzüglich unter Beigabe der Akten das Bundesministerium der Justiz über die Landesjustizverwaltung. [4]Für diese und das Auswärtige Amt sind Abschriften beizufügen.

(2) In besonders eiligen Fällen kann unmittelbar beim Auswärtigen Amt in Berlin (Telefon 0 18 88/17-0, Telefax: 0 18 88/17 34 02) bzw. beim Bundeskanzleramt (Telefon 0 18 88/4 00-0 oder 030/40 00-0, Telefax 030/40 00-23 57) Auskunft erbeten werden.

(3) [1]Ist nach Abs 2 eine Auskunft erbeten worden oder liegt ein Fall von besonderer Bedeutung vor, so ist die vorläufige Unterrichtung des Bundesministeriums der Justiz geboten, falls noch weitere Ermittlungen nötig sind. [2]Abs. 1 Satz 3 und 4 gilt sinngemäß.

(4) [1]Über Verkehrsordnungswidrigkeiten exterritorialer Personen ist das Auswärtige Amt unmittelbar zu unterrichten. [2]Die Akten brauchen der Mitteilung nicht beigefügt zu werden. [3]Eine Unterrichtung des Bundesministeriums der Justiz und der Landesjustizverwaltung bedarf es in diesen Fällen nicht.

196 Zustellungen

(1) Für die Zustellung von Schriftstücken, z. B. von Ladungen oder Urteilen, an Diplomaten oder andere von der inländischen Gerichtsbarkeit befreite Personen ist stets die Vermittlung des Auswärtigen Amts in Anspruch zu nehmen.

(2) ¹Das Schreiben an das Auswärtige Amt, in dem um Zustellung ersucht wird, ist mit einem Begleitbericht der Landesjustizverwaltung vorzulegen, die es an das Auswärtige Amt weiterleitet. ²Das zuzustellende Schriftstück ist beizufügen.

(3) In dem Schreiben an das Auswärtige Amt ist der Sachverhalt kurz darzustellen und außerdem anzugeben:
a) Name, Stellung und Anschrift der Person, der zugestellt werden soll;
b) Bezeichnung des zuzustellenden Schriftstücks, z. B. Ladung als Zeuge, Sachverständiger, Privat- oder Nebenkläger;
c) Name und Stellung der Parteien in Privatklagesachen.

(4) Die Reinschrift des Schreibens an das Auswärtige Amt hat der Richter oder der Staatsanwalt handschriftlich zu unterzeichnen.

(5) Als Nachweis dafür, daß das Schriftstück dem Empfänger übergeben worden ist, übersendet das Auswärtige Amt ein Zeugnis.

(6) Ist ein Angehöriger einer diplomatischen Vertretung als Privatkläger oder Nebenkläger durch einen mit schriftlicher Vollmacht versehenen Rechtsanwalt vertreten, so kann nach § 378 StPO an den Anwalt zugestellt werden.

(7) Stellt der von einem Gericht oder einem Staatsanwalt mit der Zustellung beauftragte Beamte nach Empfang des Schriftstücks fest, daß die geforderte Amtshandlung nach den vorstehenden Bestimmungen nicht vorgenommen werden darf, so hat er den Auftrag unter Hinweis auf diese Bestimmung an die ersuchende Stelle zurückzugeben.

197 Ladungen

(1) ¹Bei der Ladung eines Diplomaten oder einer anderen von der inländischen Gerichtsbarkeit befreiten Person sind weder Vordrucke zu verwenden noch Zwangsmaßnahmen anzudrohen. ²Es ist vielmehr eine besondere Vorladung zu fertigen, in der die von der Gerichtsbarkeit befreite Person unter genauer Bezeichnung des Gegenstandes und der Art der Verhandlung gebeten wird, zu erklären, ob sie bereit ist, sich zu dem angegebenen Zeitpunkt einzufinden oder ob sie sich statt dessen in ihren Wohn- oder Diensträumen vernehmen lassen oder über den Gegenstand der Vernehmung eine schriftliche Äußerung abgeben möchte.

(2) Die Ladung ist nach Nr. 196 zuzustellen.

(3) Abgesehen von besonders dringlichen Fällen ist der Tag der Vernehmung in der Regel so festzusetzen, daß zwischen der Absendung der Ladung mit Begleitbericht an die Landesjustizverwaltung und der Vernehmung mindestens vier Wochen liegen.

198 Vernehmungen

(1) Erscheint ein Diplomat oder eine andere von der inländischen Gerichtsbarkeit befreite Person vor Gericht, so soll sie möglichst bald vernommen und entlassen werden.

(2) ¹Die Vernehmung in den Dienst- oder Wohnräumen eines Diplomaten oder einer anderen von der inländischen Gerichtsbarkeit befreiten Person darf nur unter den Voraussetzungen der Nr. 199 Abs. 1 erfolgen. ²Andere an dem Strafverfahren Beteiligte dürfen nur anwesend sein, wenn der Leiter der fremden Dienststelle ausdrücklich zugestimmt hat. ³Die Teilnahme eines sonst Beteiligten ist in dem Antrag auf Zustimmung zur Vernehmung in den Dienst- oder Wohnräumen besonders zu begründen.

199 Amtshandlungen in den Dienst- und Wohnräumen

(1) ¹In den Diensträumen der diplomatischen Vertretungen, der konsularischen Vertretungen sowie von Organisationen und Stellen, die auf Grund allgemeiner Regeln des Völkerrechts, völkerrechtlicher Vereinbarungen oder sonstiger Rechtsvorschriften Unverletzlichkeit genießen, dürfen Amtshandlungen, durch die inländische Gerichtsbarkeit ausgeübt wird, nur mit Zustimmung des Leiters der Vertretung, der Organisation oder Stelle vorgenommen werden. ²Entsprechendes gilt für die Wohnräume der Mitglieder der diplomatischen Vertretungen.

(2) ¹In den vorgenannten Dienst- und Wohnräumen dürfen Amtshandlungen nach Abs. 1 einschließlich Zustellungen ohne Zustimmung des Leiters der Vertretung, der Organisation oder der Stelle auch nicht gegenüber Personen vorgenommen werden, die nicht von der inländischen Gerichtsbarkeit befreit sind. ²Ihnen kann nach Nr. 196, 197 zugestellt werden.

(3) Die Zustimmung des Leiters nach Abs. 1 ist in entsprechender Anwendung der Nr. 196 zu beantragen.

(4) Zur Vornahme der Amtshandlung dürfen die Dienst- und Wohnräume nur betreten werden, wenn die Zustimmung schriftlich vorliegt.

XIII. Abschnitt. [aufgehoben]

XIV. Abschnitt. Verfahren nach Feststellung der Entschädigungspflicht nach dem Gesetz über die Entschädigung für Strafverfolgungsmaßnahmen

201

Wegen der Belehrung über Recht und Frist zur Antragstellung nach rechtskräftiger Feststellung der Entschädigungspflicht sowie hinsichtlich des weiteren Verfahrens zur Feststellung der Höhe des Anspruchs wird auf die Ausführungsvorschriften zum Gesetz über die Entschädigung für Strafverfolgungsmaßnahmen (Anlage C) verwiesen.

Besonderer Teil

I. Abschnitt. Strafvorschriften des StGB

1. Staatsschutz und verwandte Strafsachen

202 Strafsachen, die zur Zuständigkeit der Oberlandesgerichte im ersten Rechtszug gehören

(1) Vorgänge, aus denen sich der Verdacht einer zur Zuständigkeit der Oberlandesgerichte im ersten Rechtszug gehörenden Straftat (§ 120 GVG, Art. 7, 8 des Vierten Strafrechtsänderungsgesetzes) ergibt, übersendet der Staatsanwalt mit einem Begleitschreiben unverzüglich dem Generalbundesanwalt.

(2) ¹Das Begleitschreiben soll eine gedrängte Darstellung und eine kurze rechtliche Würdigung des Sachverhalts enthalten sowie die Umstände angeben, die sonst für das Verfahren von Bedeutung sein können. ²Erscheinen richterliche Maßnahmen alsbald geboten, so ist hierauf hinzuweisen. ³Das Schreiben ist dem General-

bundesanwalt über den Generalstaatsanwalt, in dringenden Fällen unmittelbar bei gleichzeitiger Übersendung von Abschriften an den Generalstaatsanwalt, zuzuleiten.

(3) ¹Der Staatsanwalt hat jedoch die Amtshandlungen vorzunehmen, bei denen Gefahr im Verzuge ist; dringende richterliche Handlungen soll er nach Möglichkeit bei dem Ermittlungsrichter des Bundesgerichtshofes (§ 169 StPO) beantragen. ²Vor solchen Amtshandlungen hat der Staatsanwalt, soweit möglich, mit dem Generalbundesanwalt Fühlung zu nehmen; Nr. 5 findet Anwendung.

(4) Die Pflicht der Behörden und Beamten des Polizeidienstes, ihre Verhandlungen in Strafsachen, die zur Zuständigkeit der Oberlandesgerichte im ersten Rechtszug gehören, unmittelbar dem Generalbundesanwalt zu übersenden (§ 163 Abs. 2 Satz 1 StPO; § 142a Abs. 1 GVG), wird durch Abs. 1 nicht berührt.

203 Behandlung der nach § 142a Abs. 2 und 4 GVG abgegebenen Strafsachen

(1) ¹Gibt der Generalbundesanwalt ein Verfahren nach § 142a Abs. 2 oder 4 GVG an eine Landesstaatsanwaltschaft ab, so ist er über den Ausgang zu unterrichten. ²Die Anklageschrift und die gerichtlichen Sachentscheidungen sind ihm in Abschrift mitzuteilen.

(2) ¹Ergeben sich Anhaltspunkte dafür, daß der Generalbundesanwalt nach § 142a Abs. 3 GVG zuständig ist oder daß infolge einer Veränderung des rechtlichen Gesichtspunktes die Voraussetzungen für die Abgabe nach § 142a Abs. 2 Nr. 1 GVG entfallen, so sind dem Generalbundesanwalt die Akten unverzüglich zur Entscheidung über die erneute Übernahme vorzulegen. ²Der Generalbundesanwalt ist ferner unverzüglich zu unterrichten, sobald sonst Anlaß zu der Annahme besteht, daß er ein nach § 142a Abs. 2 oder 4 GVG abgegebenes Verfahren wieder übernehmen wird. ³Bei der Vorlage ist auf die Umstände hinzuweisen, die eine erneute Übernahme des Verfahrens durch den Generalbundesanwalt nahelegen.

(3) Überweist ein Oberlandesgericht ein Verfahren nach § 120 Abs. 2 Satz 2 GVG an ein Landgericht, so unterrichtet der Staatsanwalt den Generalbundesanwalt über den Ausgang des Verfahrens und teilt ihm die gerichtlichen Sachentscheidungen in Abschrift mit.

(4) Für die Unterrichtung nach Abs. 1, 2 und 3 gilt Nr. 202 Abs. 2 Satz 3 sinngemäß.

(5) Beschwerden und weitere Beschwerden, über die der Bundesgerichtshof zu entscheiden hat, übersendet der Generalstaatsanwalt dem Generalbundesanwalt mit einer kurzen Stellungnahme.

204 Strafsachen, die zur Zuständigkeit der zentralen Strafkammern gehören

(1) Vorgänge, aus denen sich der Verdacht einer zur Zuständigkeit der Staatsschutzkammer gehörenden Straftat (§ 74a Abs. 1 GVG, Art. 7, 8 des Vierten Strafrechtsänderungsgesetzes) ergibt, übersendet der Staatsanwalt unverzüglich dem hierfür zuständigen Staatsanwalt; er hat jedoch die Amtshandlungen vorzunehmen, bei denen Gefahr im Verzuge ist.

(2) ¹Besteht ein Anlaß zu der Annahme, daß der Generalbundesanwalt einem zur Zuständigkeit der Staatsschutzkammer gehörenden Fall besondere Bedeutung (§ 74a Abs. 2 GVG) beimessen wird, so unterrichtet der zuständige Staatsanwalt den Generalbundesanwalt möglichst frühzeitig über den Sachverhalt und dessen bisherige rechtliche Würdigung sowie über die Gründe, aus denen er die besondere Bedeutung des Falles folgert; Nr. 202 Abs. 2 Satz 3 gilt sinngemäß. ²Der Staatsanwalt hat jedoch die Ermittlungen fortzuführen; er soll aber vor Ablauf eines Monats seit der Unterrichtung des Generalbundesanwalts keine abschließende Verfügung treffen, sofern der Generalbundesanwalt nicht vorher die Übernahme des Verfahrens abgelehnt hat. ³Übernimmt der Generalbundesanwalt das Verfahren nicht, so gilt Nr. 203 Abs. 2 und 4 sinngemäß.

205 Unterrichtung der Behörden für den Verfassungsschutz in Staatsschutz- und anderen Verfahren

(1) ¹In Staatsschutzverfahren (§§ 74a, 120 Abs. 1 und 2 Satz 1 GVG, Artikel 7, 8 des Vierten Strafrechtsänderungsgesetzes) ist es in der Regel geboten, mit den Behörden für Verfassungsschutz in geeigneter Weise nach Maßgabe der gesetzlichen Vorschriften zusammenzuarbeiten, damit dort gesammelte Informationen bei den Ermittlungen des Staatsanwalts und dessen Erkenntnisse für die Aufgaben des Verfassungsschutzes ausgewertet werden können. ²Dies gilt auch für andere Verfahren, bei denen Anhaltspunkte dafür bestehen, daß es um Straftaten zur Durchsetzung extremistischer politischer Ziele geht.

(2) ¹Der Staatsanwalt unterrichtet das Bundesamt für Verfassungsschutz bei Bekanntwerden von Tatsachen nach § 18 Abs. 1 BVerfSchG und die Verfassungsschutzbehörden des Landes nach Maßgabe des entsprechenden Landesrechts von sich aus in geeigneter Weise über die Einleitung und den Fortgang von Verfahren sowie die für eine Auswertung wesentlichen Entscheidungen (z.B. Anklageschriften, Urteile, Einstellungsverfügungen). ²Eine Unterrichtung nach Satz 1 kann insbesondere geboten sein in Verfahren wegen
– Landesverrats und Gefährdung der äußeren Sicherheit (§§ 94 bis 100a StGB),
– Straftaten nach § 129a StGB (Bildung terroristischer Vereinigungen) und damit in Zusammenhang stehenden Beschaffungsdelikten,
– Straftaten nach § 34 AWG und nach §§ 19 bis 22a KWKG mit Bezügen zu ausländischen Nachrichtendiensten,
– Straftaten unter Anwendung von Gewalt zur Durchsetzung extremistischer politischer Ziele.
³Im übrigen unterrichtet der Staatsanwalt unter den Voraussetzungen des § 18 Abs. 2 BVerfSchG das Bundesamt für Verfassungsschutz und nach Maßgabe des Landesrechts die Verfassungsschutzbehörde des Landes jedenfalls dann, wenn dies für deren Aufgabenerfüllung erforderlich und über den Einzelfall hinaus von Bedeutung ist.

(3) ¹Der Staatsanwalt unterrichtet die Behörden für Verfassungsschutz auf deren Ersuchen über vorhandene Erkenntnisse (vgl. § 18 Abs. 3 BVerfSchG und entsprechende Landesregelungen). ²Er kann ihnen auch Niederschriften über Vernehmungen oder Vermerke über andere Ermittlungsbehandlungen überlassen.

(4) Auf die Übermittlungsverbote nach § 23 BVerfSchG, den Minderjährigenschutz des § 24 BVerfSchG und die entsprechenden Landesregelungen wird hingewiesen.

(5) ¹Angehörige der Behörden für Verfassungsschutz können als Sachverständige oder Auskunftspersonen zu Vernehmungen und anderen Ermittlungshandlungen (z.B. Tatortbesichtigung, Durchführung oder Beschlagnahme) zugezogen werden. ²Ihre Zuziehung ist in den Akten zu vermerken.

(6) Unbeschadet bestehender Berichtspflichten ist im Rahmen der Absätze 1 bis 3 und des Absatzes 5 der unmittelbare Geschäftsverkehr mit den in Absatz 1 bezeichneten Behörden zulässig.

206 Unterrichtung des Militärischen Abschirmdienstes und des Bundesnachrichtendienstes

¹Der Staatsanwalt unterrichtet den Militärischen Abschirmdienst von sich aus nach Maßgabe des § 22 in Verbindung mit § 18 Abs. 1 und 2 BVerfSchG und auf dessen Ersuchen nach Maßgabe des § 22 in Verbindung mit § 18 Abs. 3 BVerfSchG. ²Er unterrichtet den Bundesnachrichtendienst von sich aus zu dessen Eigensicherung nach Maßgabe des § 8 Abs. 2 BNDG sowie auf dessen Ersuchen nach Maßgabe des § 8 Abs. 3 BNDG in Verbindung mit § 18 Abs. 3 BVerfSchG. ³Nummer 205 ist jeweils entsprechend anzuwenden.

207 Benachrichtigung des Bundeskriminalamtes

(1) ¹Von der Einleitung eines Verfahrens wegen eines Organisationsdeliktes (§§ 84, 85, 129, 129a, 129b StGB; § 20 Abs. 1 Nr. 1 bis 4 des Vereinsgesetzes; § 95 Abs. 1 Nr. 8 des Aufenthaltsgesetzes) ist das Bundeskriminalamt, Thaerstraße 11, 65193 Wiesbaden, zu benachrichtigen. ²Dieses gibt auf Anfrage an Hand der von ihm geführten Karteien Auskünfte darüber, ob und wo wegen des gleichen oder eines damit zusammenhängenden Organisationsdeliktes ein weiteres Verfahren anhängig ist oder anhängig gewesen ist.

(2) ¹Die Akten über Ermittlungs- und Strafverfahren wegen Friedensverrats (§§ 80, 80a StGB), Hochverrats (§§ 81 bis 83a StGB), Landesverrats und Gefährdung der äußeren Sicherheit (§§ 93 bis 101a StGB), Gefährdung des demokratischen Rechtsstaates und Organisationsdelikten (§§ 84 bis 92b, 129, 129a, 129b StGB; § 20 Abs. 1 Nr. 1 bis 4 des Vereinsgesetzes und § 95 Abs. 1 Nr. 8 des Aufenthaltsgesetzes) werden von der Staatsanwaltschaft alsbald nach Abschluß des Verfahrens dem Bundeskriminalamt, Thaerstraße 11, 65193 Wiesbaden, zur Auswertung übersandt. ²Ausgenommen sind:
a) Akten, die keinerlei Erkenntnisse sachlicher oder personeller Art enthalten, z. B. Akten über Verfahren, die mangels Anhaltspunkten für eine Aufklärung eingestellt worden sind, und
b) Akten über selbständige Einziehungsverfahren.

208 Verfahren betreffend staatsgefährdende Schriften

(1) ¹Ist eine Schrift (§ 11 Abs. 3 StGB) zur Begehung einer Straftat nach den §§ 80 bis 101a, 129 bis 130 StGB, § 20 Abs. 1 Nr. 1 bis 4 des Vereinsgesetzes oder nach § 95 Abs. 1 Nr. 8 des Aufenthaltsgesetzes gebraucht worden oder bestimmt gewesen, benachrichtigt der Staatsanwalt das Bundeskriminalamt, Thaerstraße 11, 65193 Wiesbaden, unter Verwendung des vorgeschriebenen Vordrucks unverzüglich von der Einleitung des Verfahrens. ²Einer gesonderten Benachrichtigung von der Einleitung des Verfahrens bedarf es nicht, wenn das Bundeskriminalamt binnen kürzester Frist durch ein Auskunftsersuchen nach Abs. 2 oder durch eine Mitteilung nach Abs. 4 benachrichtigt wird.

(2) ¹Bevor der Staatsanwalt die Beschlagnahme oder die Einziehung beantragt, holt er unter Verwendung des vorgeschriebenen Vordrucks eine Auskunft des Bundeskriminalamtes darüber ein, ob und wo wegen der Schriften (§ 11 Abs. 3 StGB) schon ein Verfahren anhängig ist oder anhängig gewesen ist und ob und wo bereits Beschlagnahme- oder Einziehungsentscheidungen beantragt oder ergangen sind. ²In Eilfällen kann die Auskunft auch fernmündlich sowie unter Verwendung der Ordnungsziffern des Vordrucks fernschriftlich oder telegrafisch eingeholt werden. ³Ergibt sich aus der Auskunft des Bundeskriminalamtes, daß in einem wegen derselben Schriften (§ 11 Abs. 3 StGB) bereits anhängigen Verfahren eine die gesamte Auflage erfassende (allgemeine) Beschlagnahmeanordnung beantragt oder ergangen oder eine allgemeine Einziehung beantragt oder angeordnet, aber noch nicht rechtskräftig geworden ist, so wartet der Staatsanwalt den Abschluß dieses Verfahrens ab, wenn für ihn lediglich die Durchführung des selbständigen Einziehungsverfahrens in Betracht käme. ⁴In allen anderen Fällen gilt Nr. 249 sinngemäß.

(3) ¹In selbständigen Einziehungsverfahren ist zu prüfen, ob auf die Herbeiführung einer gerichtlichen Beschlagnahme verzichtet und sogleich die Einziehung beantragt werden kann; von dieser Möglichkeit wird in der Regel bei selbständigen Einziehungsverfahren betreffend Massenschriften Gebrauch zu machen sein. ²Anträge auf Beschlagnahme sollen nach Möglichkeit beim Amtsgericht am Sitz der in § 74a GVG bezeichneten Strafkammer gestellt werden. ³Anträge auf Beschlagnahme oder Einziehung sollen, soweit nicht Rechtsgründe entgegenstehen, die gesamte Auflage erfassen.

(4) ¹Das Bundeskriminalamt ist von allen auf Beschlagnahme- und Einziehungsanträge hin ergehenden Entscheidungen sowie von der Rücknahme solcher Anträge unter Verwendung des vorgeschriebenen Vordrucks unverzüglich zu benachrichtigen. ²Handelt es sich um die Entscheidungen, durch welche die Beschlagnahme oder Einziehung nicht periodischer Schriften angeordnet, wieder aufgehoben oder abgelehnt wird, so kann zugleich um Bekanntmachung der Entscheidung im Bundeskriminalblatt ersucht werden; dasselbe gilt bei periodischen Schriften, die im räumlichen Geltungsbereich des Strafgesetzbuches erscheinen.

(5) ¹Im übrigen gelten die Nr. 226 Abs. 1 Satz 4 und Abs. 2, 251, 252 und 253 sinngemäß. ²Für die Verwertung der in Staatsschutzverfahren eingezogenen Filme gilt die bundeseinheitlich getroffene Anordnung vom 2. April 1973.

(6) ¹Postsendungen, die von den Zollbehörden gemäß § 2 des Gesetzes zur Überwachung strafrechtlicher und anderer Verbringungsverbote vom 24. Mai 1961 der Staatsanwaltschaft vorgelegt, jedoch von dieser nach Prüfung freigegeben werden, sind beschleunigt an die Empfänger weiterzuleiten. ²Geöffnete Sendungen sind zu verschließen sowie mit dem Vermerk:

„Auf Grund des Gesetzes zur Überwachung strafrechtlicher und anderer Verbringungsverbote vom 24. Mai 1961 zollamtlich geöffnet und von der Staatsanwaltschaft freigegeben" und mit dem Dienststempel der Staatsanwaltschaft zu versehen.

209 Verfahren wegen Verunglimpfung und Beleidigung oberster Staatsorgane

(1) ¹Bei Verunglimpfungen und Beleidigungen oberster Staatsorgane des Bundes (§§ 90, 90 b, 185 bis 188 StGB) ist das Bundesministerium der Justiz, bei Verunglimpfungen oder Beleidigungen oberster Staatsorgane eines Landes die Landesjustizverwaltung beschleunigt zu unterrichten, damit der Verletzte eine Entschließung darüber treffen kann, ob die Sache verfolgt werden soll. ²Zu diesem Zweck sind die im Interesse der Beweissicherung notwendigen Ermittlungen zu führen, von der Vernehmung des Beschuldigten ist jedoch zunächst abzusehen. ³Der Bericht soll eine gestraffte Darstellung des Sachverhalts mit kurzer rechtlicher Würdigung sowie Angaben über die persönlichen Verhältnisse des Beschuldigten, sofern diese bekannt sind, enthalten. ⁴Bei Verunglimpfung und Beleidigungen oberster Staatsorgane des Bundes ist der Bericht dem Bundesministerium der Justiz unmittelbar unter gleichzeitiger Übersendung von Abschriften an die Landesjustizverwaltung und die vorgesetzten Behörden zu erstatten.

(2) ¹Erwägt ein oberstes Staatsorgan, eine Ermächtigung zur Strafverfolgung zu erteilen oder Strafantrag zu stellen, so ist der Sachverhalt beschleunigt aufzuklären. ²Der abschließende Bericht soll den Sachverhalt erschöpfend darstellen und rechtlich würdigen, die für die Entschließung des Verletzten bedeutsamen Umstände, wie besondere Tatumstände, Persönlichkeit, Verhältnisse, Vorstrafen und Reue des Täters, Entschuldigungen, Widerruf oder sonstige Wiedergutmachung bzw. die Bereitschaft dazu, darlegen sowie mit der Verunglimpfung oder Beleidigung zusammentreffende, von Amts wegen zu verfolgende Straftaten einbeziehen; soweit nach der Beweislage eine Überführung des Täters zweifelhaft erscheint, soll hierauf hingewiesen werden. ³Dem Bericht sind die erforderliche Anzahl von Abschriften für die Ermächtigungs- oder Antragsberechtigten sowie in der Regel die Akten beizufügen. ⁴Der Bericht ist auf dem Dienstwege, in dringenden Fällen (z.B. bei bevorstehendem Fristablauf) unmittelbar, dem Bundesministerium der Justiz oder der Landesjustizverwaltung unter gleichzeitiger Übersendung von Abschriften an die vorgesetzten Behörden zu erstatten.

(3) Ist die Befugnis zur Bekanntgabe der Verurteilung anzuordnen, so gilt Nr. 231 sinngemäß.

(4) Kann bei Verunglimpfungen oder Beleidigungen oberster Staatsorgane selbständig auf Einziehung und Unbrauchbarmachung erkannt werden (Nr. 180), so gelten die Abs. 1 bis 3 entsprechend.

210 Verfahren wegen Handlungen gegen ausländische Staaten (§§ 102 bis 104 a StGB)

(1) Bei Handlungen gegen ausländische Staaten (§§ 102 bis 104 a StGB) soll der Staatsanwalt beschleunigt die im Interesse der Beweissicherung notwendigen Ermittlungen durchführen sowie die Umstände aufklären, die für die Entschließung des verletzten ausländischen Staates, ein Strafverlangen zu stellen, und für die Entschließung der Bundesregierung, die Ermächtigung zur Strafverfolgung zu erteilen, von Bedeutung sein können.

(2) [1]Von dem Ergebnis dieser Ermittlungen ist das Bundesministerium der Justiz auf dem Dienstwege zu unterrichten. [2]Für die Berichterstattung gilt Nr. 209 Abs. 2 Satz 2 sinngemäß. [3]Dem Bericht sind drei Abschriften für die Bundesregierung sowie in der Regel die Akten beizufügen.

(3) Ist die Befugnis zur Bekanntgabe der Verurteilung anzuordnen (§§ 103 Abs. 2, 200 StGB), so gilt Nr. 231 sinngemäß.

211 Anhörung und Unterrichtung oberster Staatsorgane

(1) [1]In den Fällen, in denen ein oberstes Staatsorgan des Bundes oder eines Landes die Ermächtigung zur Strafverfolgung nach §§ 90 Abs. 4, 90 b Abs. 2, 97 Abs. 3, 104 a, 129 b Abs. 1 Satz 3, 194 Abs. 4 StGB erteilt oder Strafantrag wegen Beleidigung gestellt hat, teilt der Staatsanwalt, bevor er das Verfahren mangels Beweises oder aus Rechtsgründen einstellt (§ 170 Abs. 2 Satz 1 StPO), die Zustimmung des Gerichts zur Einstellung des Verfahrens wegen Geringfügigkeit einholt (§§ 153 Abs. 1, 153 a Abs. 1 StPO) oder einer vom Gericht beabsichtigten Einstellung zustimmt (§§ 153 Abs. 2, 153 a Abs. 2 StPO), dem obersten Staatsorgan unter Beifügung der Akten die Gründe mit, die für die Einstellung des Verfahrens sprechen, und gibt ihm Gelegenheit zur Stellungnahme. [2]Wenn der Staatsanwalt entgegen einer widersprechenden Stellungnahme des obersten Staatsorgans das Verfahren einstellt oder der Einstellung des Verfahrens durch das Gericht zustimmt, so soll er dabei auch die Einwendungen würdigen, die gegen die Einstellung erhoben worden sind.

(2) [1]Wird in den in Abs. 1 Satz 1 bezeichneten Fällen die Eröffnung des Hauptverfahrens abgelehnt, das Verfahren durch das Gericht eingestellt oder der Angeklagte freigesprochen und erscheint ein Rechtsmittel nicht aussichtslos, so gibt der Staatsanwalt dem obersten Staatsorgan Gelegenheit zur Stellungnahme, bevor er von der Einlegung eines Rechtsmittels absieht, auf die Einlegung eines Rechtsmittels verzichtet oder ein Rechtsmittel zurücknimmt. [2]Dies gilt auch, wenn der Staatsanwalt der Auffassung ist, daß die erkannte Strafe in einem Mißverhältnis zur Schwere der Tat steht. [3]Bei drohendem Fristablauf wird in der Regel die vorsorgliche Einlegung eines Rechtsmittels geboten sein.

(3) In den in Abs. 1 Satz 1 bezeichneten Fällen gibt der Staatsanwalt dem obersten Staatsorgan ferner Gelegenheit zur Stellungnahme,
a) bevor er von einem Antrag auf Einziehung und Unbrauchbarmachung im selbständigen Verfahren absieht,
b) bevor er von der Durchführung eines Rechtsmittels gegen eine Entscheidung absieht, durch die das Gericht einem Antrag des Staatsanwalts auf Einziehung und Unbrauchbarmachung im selbständigen Verfahren nicht stattgegeben hat, sofern nicht ein Rechtsmittel aussichtslos erscheint.

(4) [1]Das Bundesministerium der Justiz, bei Beteiligung eines obersten Staatsorgans eines Landes die Landesjustizverwaltung, ist in angemessenen Zeitabständen über den Fortgang des Verfahrens sowie über dessen Ausgang zu unterrichten. [2]Abschriften der Einstellungsverfügungen und der gerichtlichen Sachentscheidungen sind in der erforderlichen Zahl für die beteiligten obersten Staatsorgane beizufügen.

(5) Für die Berichterstattung nach Abs. 1 bis 4 gilt Nr. 209 Abs. 2 Satz 4 sinngemäß; Nr. 5 Abs. 4 findet Anwendung.

212 Verfahren bei weiteren Ermächtigungsdelikten

(1) ¹Wird dem Staatsanwalt eine Straftat nach §§ 353 a oder 353 b StGB bekannt, so holt er unter Mitteilung des bekanntgewordenen Sachverhalts, jedoch in der Regel vor weiteren Ermittlungen, über das Bundesministerium der Justiz bzw. über die Landesjustizverwaltung die Entscheidung ein, ob die Ermächtigung zur Strafverfolgung erteilt wird. ²Die Vorschriften der Nr. 209 Abs. 2 Satz 3 und 4, 211 gelten sinngemäß.

(2) ¹Bei Straftaten betreffend die Bildung krimineller oder terroristischer Vereinigungen im Ausland außerhalb der Europäischen Union (§§ 129, 129 a in Verbindung mit § 129 b StGB) soll der Staatsanwalt beschleunigt die zur Beweissicherung notwendigen Ermittlungen durchführen sowie die Umstände aufklären, die für die Entschließung der Bundesregierung, die Ermächtigung zur Strafverfolgung zu erteilen, von Bedeutung sein können. ²Von dem Ergebnis dieser Ermittlungen ist das Bundesministerium der Justiz auf dem Dienstweg zu unterrichten. ³In Eilfällen (zum Beispiel Haftsachen) kann die Unterrichtung unmittelbar unter gleichzeitiger Übersendung von Abschriften an die vorgesetzte Behörde erfolgen. ⁴Der Bericht soll die Erkenntnisse zu der Vereinigung, die Gegenstand des Verfahrens ist, zusammenfassend darstellen. ⁵Das Bundesministrium der Justiz ist nach rechtskräftigem Abschluss des Verfahrens über den Verfahrensstand zu unterrichten.

213 Geheimhaltung

(1) Geheimzuhaltende Tatsachen und Erkenntnisse, insbesondere Staatsgeheimnisse (§ 93 StGB), dürfen in Sachakten nur insoweit schriftlich festgehalten werden, als dies für das Verfahren unerläßlich ist.

(2) ¹Bei der Behandlung von Verschlußsachen sind die Vorschriften der Verschlußsachenanweisung, bei der Behandlung von Verschlußsachen zwischenstaatlichen oder überstaatlichen Ursprungs die für diese geltenden besonderen Geheimschutzvorschriften zu beachten. ²Das gilt auch bei der Mitteilung von Verschlußsachen an Verteidiger, Sachverständige und sonstige Verfahrensbeteiligte (z.B. Dolmetscher), soweit nicht zwingende Rechtsgrundsätze entgegenstehen.

(3) ¹Auch wenn bei der Mitteilung von Verschlußsachen an Verteidiger, Sachverständige oder sonstige Verfahrensbeteiligte zwingende Rechtsgrundsätze den Vorschriften der Verschlußsachenanweisung oder den besonderen Geheimschutzvorschriften entgegenstehen, sind die Empfänger gleichwohl eindringlich auf ihre Geheimhaltungspflicht (§§ 93 ff., 203, 353 b StGB) hinzuweisen; dabei ist ihnen zu empfehlen, bei der Behandlung der Verschlußsachen nach den im Einzelfall einschlägigen Vorschriften zu verfahren, die ihnen zu erläutern sind. ²Über den Hinweis und die Empfehlungen ist ein Vermerk zu den Akten zu nehmen; dieser soll vom Empfänger unterschrieben werden.

(4) ¹Der Mitteilung von Verschlußsachen an Verteidiger im Sinne der Abs. 2 und 3 steht die Akteneinsicht gleich, wenn sie sich auf Verschlußsachen erstrecken. ²Bei Akten, die Verschlußsachen des Geheimhaltungsgrades VS-VERTRAULICH, GEHEIM oder STRENG GEHEIM enthalten, ist besonders sorgfältig zu prüfen,

a) ob nicht wichtige Gründe entgegenstehen, dem Verteidiger die Akten zur Einsichtnahme in seine Geschäftsräume oder in seine Wohnung mitzugeben (§ 147 Abs. 4 StPO);

b) ob rechtliche Bedenken gegen die Anfertigung von Notizen, Abschriften, Auszügen oder Ablichtungen durch den Verteidiger bestehen.

³Dies gilt sinngemäß bei Sachverständigen und sonstigen Verfahrensbeteiligten.

(5) ¹In geeigneten Fällen soll der Staatsanwalt die Verteidiger, Sachverständigen und sonstigen Verfahrensbeteiligten zur Geheimhaltung der ihnen mitgeteilten geheimhaltungsbedürftigen Umstände unter Hinweis auf die Strafbarkeit der Geheimnisverletzung (§ 353 b Abs. 2 StGB) förmlich verpflichten. ²Dabei ist zu beachten, daß eine derartige Verpflichtung zur Geheimhaltung nur auf Grund eines Gesetzes oder mit Einwilligung des Betroffenen möglich ist. ³Über die Einwil-

ligung des Betroffenen und über die Vornahme der Verpflichtung ist ein Vermerk zu den Akten zu nehmen, der von dem Verpflichteten unterschrieben werden soll.

(6) ¹Ist eine Gefährdung der Staatssicherheit zu besorgen, so hat der Staatsanwalt durch entsprechende Anträge auf gerichtliche Maßnahmen nach §§ 172 und 174 Abs. 2 GVG hinzuwirken. ²Im übrigen ist Nr. 131 zu beachten.

214 Verlust oder Preisgabe von Verschlußsachen
¹Bei Ermittlungen, die den Verlust oder die Preisgabe von Verschlußsachen betreffen, ist zu prüfen, ob eine Verpflichtung besteht, ausländische Geheimhaltungsinteressen wahrzunehmen. ²Hierzu kann es sich empfehlen, eine Anfrage an das Bundesministerium des Innern zu richten, das eine Liste der internationalen Geheimschutzvereinbarungen führt.

2. Geld- und Wertzeichenfälschung

215 Internationale Abkommen
¹Bei der Verfolgung der Geld- und Wertzeichenfälschung (Münzstrafsachen) sind völkerrechtliche Vereinbarungen, insbesondere das Internationale Abkommen vom 20. April 1929 zur Bekämpfung der Falschmünzerei zu beachten. ²Auskunft erteilt das Bundesministerium der Justiz.

216 Zusammenwirken mit anderen Stellen
(1) Bei der Verfolgung von Münzstrafsachen arbeitet der Staatsanwalt insbesondere mit folgenden Stellen zusammen:
a) dem Bundeskriminalamt und den Landeskriminalämtern,
b) der Deutschen Bundesbank, Wilhelm-Epstein-Str. 14, 60431 Frankfurt am Main, als nationales Analysezentrum (NAZ) und nationales Münzanalysezentrum (MAZ), wenn es sich um in- oder ausländische Noten oder Münzen handelt,
c) der Bundesrepupublik Deutschland – Finanzagentur GmbH, Lurgiallee 5, 60295 Frankfurt/Main, wenn es sich um Schuldverschreibungen oder Zins- und Erneuerungsscheine des Deutschen Reiches, der Deutschen Reichspost, des Preußischen Staates, der Bundesrepublik Deutschland, der Deutschen Bundesbahn oder der Deutschen Bundespost handelt.
(2) Bei Münzstrafsachen, die Schuldverschreibungen oder deren Zins- oder Erneuerungsscheine betreffen, soll die Körperschaft (z.B. das Land, die Gemeinde, der Gemeindeverband) beteiligt werden, die echte Schuldverschreibungen dieser Art ausgegeben hat oder in ihnen als Ausgeber genannt ist.

217 Nachrichtensammel- und Auswertungsstelle bei dem Bundeskriminalamt
(1) Bei der Verfolgung von Münzstrafsachen beachtet der Staatsanwalt, daß das Bundeskriminalamt auf diesem Gebiet die Aufgaben einer Zentralstelle wahrnimmt (vgl. Art. 12, 13 des Internationalen Abkommens zur Bekämpfung der Falschmünzerei) und die folgenden Sammlungen unterhält:
a) Falschgeldtypenlisten,
in denen alle bekannt gewordenen in- und ausländischen Falschgeldtypen registriert sind unter Angabe der Orte, an denen Falschgeld in Erscheinung getreten ist;
b) eine Geldfälscherkartei,
die untergliedert ist in
aa) eine Hersteller- und Verbreiterkartei;
aus ihr kann Auskunft über die Personen erteilt werden, die als Hersteller oder Verbreiter von Falschgeld in Erscheinung getreten sind;
bb) eine Typenherstellerkartei;
aus ihr kann Auskunft erteilt werden über die Hersteller bestimmter Fälschungstypen (bei Münzen) oder Fälschungsklassen (bei Noten).

(2) Auch die Landeskriminalämter unterhalten eine Nachrichtensammelstelle zur Bekämpfung von Geldfälschungen; sie stehen in enger Verbindung mit dem Bundeskriminalamt und erhalten von diesem regelmäßig Bericht mit Angaben über die Anfallmenge, Anfallorte und Verausgabungsstellen, mit Hinweisen auf vermutliche Verbreitungszusammenhänge sowie mit einer Übersicht über die Menge der angehaltenen Fälschungstypen, Fälschungsklassen und die Verbreitungsschwerpunkte.

218 Verbindung mehrerer Verfahren

(1) Mehrere dieselbe Fälschungsklasse betreffende Verfahren, die von derselben Staatsanwaltschaft geführt werden, sind regelmäßig zu verbinden.

(2) ¹Werden gegen mehrere Verbreiter oder gegen Hersteller und Verbreiter durch verschiedene Staatsanwaltschaften Verfahren geführt, so wird eine Verbindung nur zweckmäßig sein, wenn zwischen den Beschuldigten unmittelbare Zusammenhänge feststellbar sind. ²Ist ein Zusammenhang (Ringbildung) erkennbar, so ist die Verbindung regelmäßig geboten.

219 Unterrichtung und Ausschluß der Öffentlichkeit

(1) ¹Über Münzstrafsachen unterrichtet der Staatsanwalt die Öffentlichkeit grundsätzlich nur im Einvernehmen mit den in Nr. 216 Abs. 1 Buchst. a und b genannten Stellen. ²Dies gilt auch für die Bezeichnung der Fälschungsklasse und die Reihennummern der einzelnen Falschstücke.

(2) In der Anklageschrift sind über die in Abs. 1 bezeichneten Umstände, sowie über die bei Münzstraftaten angewandten Verfahren und die Mittel zur Bekämpfung dieser Straftaten nur die unbedingt notwendigen Angaben zu machen.

(3) ¹In der Hauptverhandlung soll der Staatsanwalt den Ausschluß der Öffentlichkeit sowie die Auferlegung der Schweigepflicht beantragen (§§ 172 Nr. 1, 174 Abs. 3 GVG; vgl. auch Nr. 131 Abs. 2); regelmäßig ist dies für die Erörterung des Herstellungsverfahrens und der anderen in Abs. 1 und 2 bezeichneten Umstände geboten. ²Auch wenn es sich nur um die Verbreitung von Falschgeld handelt, ist dies zweckmäßig.

3. Sexualstraftaten

220 Rücksichtnahme auf Verletzte

(1) ¹Die Anordnung und Durchführung der körperlichen Untersuchung erfordern Behutsamkeit, Einfühlungsvermögen sowie hinreichende Betreuung und Information. ²Die Durchführung der körperlichen Untersuchung sollte mit Rücksicht auf das Schamgefühl des Opfers möglichst einer Person gleichen Geschlechts oder einer ärztlichen Kraft (§ 81 d StPO) übertragen werden. ³Bei berechtigtem Interesse soll dem Wunsch, die Untersuchung einer Person oder einem Arzt bestimmten Geschlechts zu übertragen, entsprochen werden. ⁴Auf Verlangen der betroffenen Person soll eine Person des Vertrauens zugelassen werden ⁵Auf die beiden vorgenannten Regelungen ist die betroffene Person hinzuweisen.

(2) ¹Lichtbilder von Verletzten, die sie ganz oder teilweise unbekleidet zeigen, sind in einem verschlossenen Umschlag oder gesondert geheftet zu den Akten zu nehmen und bei der Gewährung von Akteneinsicht – soweit sie nicht für die verletzte Person selbst erfolgt – vorübergehend aus den Akten zu entfernen. ²Der Verteidigung ist insoweit Akteneinsicht auf der Geschäftsstelle zu gewähren (§ 147 Abs. 4 Satz 1 StPO).

221 Beschleunigung in Verfahren mit kindlichen Opfern

(1) Das Verfahren ist zu beschleunigen, vor allem deswegen, weil das Erinnerungsvermögen der Kinder rasch verblaßt und weil sie besonders leicht zu beeinflussen sind.

(2) ¹Wird ein Beschuldigter, der in häuslicher Gemeinschaft mit dem Geschädigten lebt oder der auf diesen in anderer Weise unmittelbar einwirken kann, freigelassen, so ist das Jugendamt unverzüglich zu benachrichtigen, damit die erforderlichen Maßnahmen zum Schutze des Geschädigten ergriffen werden können. ²Die Benachrichtigung obliegt derjenigen Stelle, welche die Freilassung veranlaßt hat.

222 Vernehmung von Kindern, Ausschluß und Beschränkung der Öffentlichkeit

(1) ¹Werden Kinder als Zeugen vernommen, so sind die Nr. 19, 19 a, 130 a Abs. 2 und 135 Abs. 2 zu beachten. ²Vielfach wird es sich empfehlen, schon zur ersten Vernehmung einen Sachverständigen beizuziehen, der über besondere Kenntnisse und Erfahrungen auf dem Gebiet der Kinderpsychologie verfügt.

(2) Hat der Beschuldigte ein glaubhaftes Geständnis vor dem Richter abgelegt, so ist im Interesse des Kindes zu prüfen, ob dessen Vernehmung noch nötig ist (vgl. Nr. 111 Abs. 4).

(3) Wegen des Ausschlusses oder der Beschränkung der Öffentlichkeit sind Nr. 131 a, 132 zu beachten.

4. Bekämpfung gewaltdarstellender, pornographischer und sonstiger jugendgefährdender Schriften

223 Zentralstellen der Länder

¹Die Zentralstellen der Länder zur Bekämpfung gewaltdarstellender, pornographischer und sonstiger jugendgefährdender Schriften sorgen dafür, dass Straftaten nach den §§ 131, 184, 184 a, 184 b, 184 c StGB und den §§ 15, 27 des Jugendschutzgesetzes, § 23 des Jugendmedienschutz-Staatsvertrages (JMStV) und Ordnungswidrigkeiten nach §§ 119, 120 Abs. 1 Nr. 2 OWiG, § 28 Abs. 1 Nr. 1 bis 4, Nr. 9, Nr. 14 bis 20, Abs. 2, 3 und 4 JuSchG, § 24 JMStV nach einheitlichen Grundsätzen verfolgt werden, und halten insbesondere in den über den Bereich eines Landes hinausgehenden Fällen miteinander Verbindung. ²Sie beobachten auch die in ihrem Geschäftsbereich erscheinenden oder verbreiteten Zeitschriften und Zeitungen.

224 Mehrere Strafverfahren

(1) Das Bundeskriminalamt gibt Auskunft darüber, ob eine Schrift (§ 11 Abs. 3 StGB) bereits Gegenstand eines Strafverfahrens nach §§ 131, 184, 184 a, 184 b, 184 c StGB oder §§ 15, 27 JuSchG, § 23 JMStV gewesen ist.

(2) Um zu verhindern, daß voneinander abweichende Entscheidungen ergehen, sind folgende Grundsätze zu beachten:
a) Leitet der Staatsanwalt des Verbreitungsortes ein Verfahren wegen einer gewaltdarstellenden, pornographischen oder sonstigen jugendgefährdenden Schrift ein, so unterrichtet er gleichzeitig den Staatsanwalt des Erscheinungsortes. Dieser teilt ihm unverzüglich mit, ob er ebenfalls ein Verfahren eingeleitet hat oder einzuleiten beabsichtigt, und unterrichtet ihn über den Ausgang des Verfahrens.
b) Will der Staatsanwalt des Verbreitungsortes aus besonderen Gründen sein Verfahren durchführen, bevor das Verfahren am Erscheinungsort abgeschlossen ist, so führt er die Entscheidung der Landesjustizverwaltung (der Zentralstelle, falls ihr die Entscheidungsbefugnis übertragen ist) herbei.
c) Die Genehmigung der Landesjustizverwaltung (der Zentralstelle) ist auch dann einzuholen, wenn wegen einer Schrift eingeschritten werden soll, obwohl ein anderes Verfahren wegen derselben Schrift bereits deswegen zur Einstellung, zur Ablehnung der Eröffnung des Hauptverfahrens, zu einem Freispruch oder zur Ablehnung der Einziehung geführt hat, weil sie nicht als gewaltdarstellend, pornographisch oder sonst jugendgefährdend erachtet worden ist.

(3) Auf Schriften, auf denen der Name des Verlegers oder – beim Selbstverlag – der Name des Verfassers oder des Herausgebers und ein inländischer Erscheinungsort nicht angegeben sind, findet Abs. 2 keine Anwendung.

225 Verwahrung beschlagnahmter Schriften

¹Die beschlagnahmten Stücke sind so zu verwahren, daß ein Mißbrauch ausgeschlossen ist; sie dürfen nur dem Staatsanwalt und dem Gericht zugänglich sein. ²Von den verwahrten Schriften werden höchstens je zwei Stück in einem besonderen Umschlag (zum Gebrauch des Staatsanwalts und des Gerichts) zu den Ermittlungs- oder Strafakten genommen. ³Wenn diese Stücke nicht benötigt werden, sind sie wie die übrigen amtlich verwahrten Schriften unter Verschluß zu halten.

226 Veröffentlichung von Entscheidungen

(1) ¹Die Beschlagnahme gewaltdarstellender, pornographischer und sonstiger jugendgefährdender Schriften ist im Bundeskriminalblatt bekanntzumachen, sofern nicht wegen voraussichtlich geringer oder nur örtlich beschränkter Verbreitung eine Veröffentlichung im Landeskriminalblatt genügt. ²Beschränkt sich die Beschlagnahme auf die in § 74 d Abs. 3 StGB bezeichneten Stücke, so wird hierauf in der Bekanntmachung hingewiesen. ³Nr. 251 Abs. 2 bis 6 gilt sinngemäß. ⁴Wird die Beschlagnahme aufgehoben, so ist dies in gleicher Weise bekanntzumachen.

(2) ¹Bei rechtskräftigen Entscheidungen, die auf Einziehung einer Schrift erkennen, ist nach § 81 StVollstrO zu verfahren. ²Rechtskräftige Entscheidungen, in denen das Gericht den gewaltdarstellenden, pornographischen oder sonst jugendgefährdenden Charakter der Schrift verneint und den Angeklagten freigesprochen oder die Einziehung abgelehnt hat, sind im Bundeskriminalblatt auszugsweise zu veröffentlichen, wenn die Schrift genau genug bezeichnet werden kann. ³Ist die Schrift nur in wenigen Stücken oder nur in örtlich begrenztem Gebiet verbreitet worden, so genügt die Veröffentlichung im Landeskriminalblatt.

227 Unterrichtung des Bundeskriminalamts

Entscheidungen über die Beschlagnahme oder die Einziehung von Schriften nach §§ 74 d, 76 a StGB, sofern die Aufnahme dieser Schriften in die Liste nach § 18 JuSchG nicht bereits bekanntgemacht ist, sowie (rechtskräftige) Entscheidungen, in denen das Gericht den gewaltdarstellenden, pornographischen oder sonstigen jugendgefährdenden Charakter der Schrift verneint hat, teilen die Zentralstellen dem Bundeskriminalamt auch dann mit, wenn eine Bekanntmachung oder Veröffentlichung im Bundeskriminalblatt nicht verlangt wird oder nicht erfolgt ist.

228 Unterrichtung der Bundesprüfstelle für jugendgefährdende Medien

¹Stellt ein Gericht in einer rechtskräftigen Entscheidung fest, dass eine Schrift einen der in §§ 86, 130, 130 a, 131, 184, 184 a und 184 b StGB bezeichneten Inhalte hat, so übersendet die Zentralstelle eine Ausfertigung dieser Entscheidung der Bundesprüfstelle für jugendgefährdende Medien zur Aufnahme der Schrift in die Liste der jugendgefährdenden Medien nach § 18 Abs. 5 Jugendschutzgesetz. ²Die Ausfertigung soll mit Rechtskraftvermerk versehen sein.

5. Beleidigung

229 Erhebung der öffentlichen Klage

(1) ¹Von der Erhebung der öffentlichen Klage soll der Staatsanwalt regelmäßig absehen, wenn eine wesentliche Ehrenkränkung nicht vorliegt, wie es vielfach bei Familienzwistigkeiten, Hausklatsch, Wirtshausstreitigkeiten der Fall ist. ²Liegt dagegen eine wesentliche Ehrenkränkung oder ein Fall des § 188 StGB vor, so wird das öffentliche Interesse meist gegeben sein. ³Auf Nr. 86 wird verwiesen.

(2) ¹Auch wenn ein Strafantrag nach § 194 Abs. 3 StGB gestellt ist, prüft der Staatsanwalt, ob ein öffentliches Interesse an der Strafverfolgung besteht. ²Will er es verneinen, so gibt er dem Antragsteller vor der abschließenden Verfügung Gelegenheit, sich hierzu zu äußern.

(3) ¹Ist kein Strafantrag nach § 194 Abs. 3 StGB gestellt, so folgt daraus allein noch nicht, daß kein öffentliches Interesse an der Strafverfolgung besteht. ²Will der Staatsanwalt die öffentliche Klage erheben, gibt er dem nach § 194 Abs. 3 StGB Berechtigten Gelegenheit, einen Strafantrag zu stellen. ³Dies gilt sinngemäß, sofern eine Beleidigung nur mit Ermächtigung der betroffenen politischen Körperschaften (§ 194 Abs. 4 StGB) zu verfolgen ist.

230 Wahrheitsbeweis

Dem Versuch, die Zulassung des Wahrheitsbeweises zur weiteren Verunglimpfung des Beleidigten zu mißbrauchen und dadurch den strafrechtlichen Ehrenschutz zu unterlaufen, tritt der Staatsanwalt im Rahmen des § 244 Abs. 2, 3 StPO entgegen.

231 Öffentliche Bekanntgabe der Verurteilung

¹Ist nach § 200 StGB die Bekanntgabe der Verurteilung anzuordnen, so hat der Staatsanwalt darauf hinzuwirken, daß der Name des Beleidigten in die Urteilsformel aufgenommen wird. ²Ist die öffentliche Bekanntgabe der Verurteilung zu vollziehen (§ 463 c StPO), so sind die dazu ergangenen Vorschriften der Strafvollstreckungsordnung zu beachten.

232 Beleidigung von Justizangehörigen

(1) Wird ein Justizangehöriger während der Ausübung seines Berufs oder in Beziehung auf ihn beleidigt und stellt die vorgesetzte Dienststelle zur Wahrung des Ansehens der Rechtspflege Strafantrag nach § 194 Abs. 3 StGB, so ist regelmäßig auch das öffentliche Interesse an der Strafverfolgung im Sinne des § 376 StPO zu bejahen (vgl. Nr. 229).

(2) ¹Wird in Beschwerden, Gnadengesuchen oder ähnlichen Eingaben an Entscheidungen und anderen Maßnahmen von Justizbehörden oder -angehörigen in beleidigender Form Kritik geübt, so ist zu prüfen, ob es sich um ernst zu nehmende Ehrenkränkungen handelt und es zur Wahrung des Ansehens der Rechtspflege geboten ist, einzuschreiten (vgl. Nr. 229 Abs. 1). ²Offenbar haltlose Vorwürfe unbelehrbarer Querulanten oder allgemeine Unmutsäußerungen von Personen, die sich in ihrem Recht verletzt glauben, werden regelmäßig keine Veranlassung geben, die öffentliche Klage zu erheben, es sei denn, daß wegen falscher Verdächtigung vorzugehen ist.

(3) Für ehrenamtliche Richter gelten die Absätze 1 und 2 entsprechend.

6. Körperverletzung

233 Erhebung der öffentlichen Klage

¹Das öffentliche Interesse an der Verfolgung von Körperverletzungen ist vor allem dann zu bejahen, wenn eine rohe Tat, eine erhebliche Mißhandlung oder eine erhebliche Verletzung vorliegt (vgl. Nr. 86). ²Dies gilt auch, wenn die Körperverletzung in einer engen Lebensgemeinschaft begangen wurde; Nr. 235 Abs. 3 gilt entsprechend.

234 Besonderes öffentliches Interesse an der Strafverfolgung (§ 230 Abs. 1 StGB)

(1) ¹Ein besonderes öffentliches Interesse an der Verfolgung von Körperverletzungen (§ 230 Abs. 1 Satz 1 StGB) wird namentlich dann anzunehmen sein,

wenn der Täter einschlägig vorbestraft ist, roh oder besonders leichtfertig gehandelt hat, durch die Tat eine erhebliche Verletzung verursacht wurde oder dem Opfer wegen seiner persönlichen Beziehung zum Täter nicht zugemutet werden kann, Strafantrag zu stellen, und die Strafverfolgung ein gegenwärtiges Anliegen der Allgemeinheit ist. ²Nummer 235 Abs. 3 gilt entsprechend. ³Andererseits kann auch der Umstand beachtlich sein, dass der Verletzte auf Bestrafung keinen Wert legt.

(2) Ergibt sich in einem Verfahren wegen einer von Amts wegen zu verfolgenden Tat nach Anklageerhebung, daß möglicherweise nur eine Verurteilung wegen Körperverletzung (§ 230 Abs. 1 StGB) in Betracht kommt oder daß eine derartige Verurteilung nach dem Ergebnis der Beweisaufnahme zusätzlich dringend geboten erscheint, so erklärt der Staatsanwalt, ob er ein Einschreiten von Amts wegen für geboten hält.

(3) Bei im Straßenverkehr begangenen Körperverletzungen ist Nr. 243 Abs. 3 zu beachten.

235 Kindesmißhandlung

(1) ¹Auch namenlosen und vertraulichen Hinweisen geht der Staatsanwalt grundsätzlich nach; bei der Beweissicherung beachtet er insbesondere § 81 c Abs. 3 Satz 3 StPO. ²Im übrigen gelten die Nr. 220, 221, 222 Abs. 1 und 2 sinngemäß.

(2) ¹Bei einer Kindesmißhandlung ist das besondere öffentliche Interesse an der Strafverfolgung (§ 230 Abs. 1 Satz 1 StGB) grundsätzlich zu bejahen. ²Eine Verweisung auf den Privatklageweg gemäß § 374 StPO ist in der Regel nicht angezeigt.

(3) Sind sozialpädagogische, familientherapeutische oder andere unterstützende Maßnahmen eingeleitet worden und erscheinen diese erfolgversprechend, kann ein öffentliches Interesse an der Strafverfolgung entfallen.

7. Betrug

236 Schwindelunternehmen, Vermittlungsschwindel

(1) ¹Bei der Bekämpfung von Schwindelunternehmen kann es zweckmäßig sein, mit dem Deutschen Schutzverband gegen Wirtschaftskriminalität e. V., Frankfurt am Main, Adresse: Landgrafenstraße 24 b, 61348 Bad Homburg v. d. H., in Verbindung zu treten. ²Auf Grund seiner umfangreichen Stoffsammlungen kann er Auskünfte erteilen und Sachverständige benennen.

(2) Der Immobilienverband Deutschland (IVD) Bundesverband der Immobilienberater, Makler, Verwalter und Sachverständigen e. V., Littenstraße 10, 10179 Berlin, und der Deutsche Schutzverband gegen Wirtschaftskriminalität e. V., Frankfurt am Main, Landgrafenstraße 24 b, 61348 Bad Homburg v. d. H., haben sich bereit erklärt, zur Bekämpfung der Wirtschaftskriminalität Material zur Verfügung zu stellen und Auskünfte zu erteilen.

(3) ¹Verstöße gegen vom Bundeskartellamt nach den §§ 24 bis 27 GWB anerkannte Wettbewerbsregeln können nach den Vorschriften des UWG mit Strafe oder nach § 81 GWB als Ordnungswidrigkeiten mit Geldbuße bedroht sein. ²Dies ist insbesondere von Bedeutung, wenn in Ermittlungsverfahren gegen Makler ein Betrug nicht nachweisbar ist. ³Ferner ist die Verordnung über die Pflichten der Makler, Darlehens- und Anlagenvermittler, Bauträger und Baubetreuer (Makler- und Bauträgerverordnung MaBV) zu beachten.

237 Abzahlungsgeschäfte

(1) Bei Strafanzeigen, die Abzahlungsgeschäfte zum Gegenstand haben, berücksichtigt der Staatsanwalt die Erfahrung, daß Abzahlungskäufer nicht selten leichtfertig des Betruges verdächtigt werden, um zivilrechtliche Ansprüche des Anzeigeerstatters unter dem Druck eines Strafverfahrens durchzusetzen.

(2) In den Fällen, in denen beim Abschluß von Abzahlungsgeschäften Unerfahrenheit, Ungewandtheit und Leichtgläubigkeit der Käufer ausgenutzt worden sind, prüft der Staatsanwalt, ob insoweit eine Straftat vorliegt.

238 Betrügerische Bankgeschäfte
[1]Besteht gegen Geschäftsleiter von Kreditinstituten der Verdacht einer Straftat, so setzt sich der Staatsanwalt in der Regel möglichst frühzeitig mit der Aufsichtsbehörde in Verbindung. [2]Nach dem Gesetz über das Kreditwesen besteht eine allgemeine Fachaufsicht über sämtliche Kreditinstitute, die die Bundesanstalt für Finanzdienstleistungsaufsicht (Graurheindorfer Straße 108, 53117 Bonn) ausübt. [3]Die Sonderaufsicht (Staatsaufsicht) bestimmt sich nach Landes- oder Bundesrecht (§ 52 Kreditwesengesetz).

8. Mietwucher

239
Bei der Verfolgung von Mietwucher (§ 291 Abs. 1 Nr. 1 StGB) empfiehlt es sich, auch die in den Ländern erlassenen Richtlinien zur wirksameren Bekämpfung von Mietpreisüberhöhungen zu berücksichtigen.

9. Glücksspiel und Ausspielung

240 Glücksspiel
[1]Gutachten darüber, ob es sich bei der Benutzung von mechanisch betriebenen Spielgeräten um ein Glücksspiel oder ein Geschicklichkeitsspiel handelt, erstattet die Physikalisch-Technische Bundesanstalt, Abbestraße 2–12, 10587 Berlin. [2]Gutachten über den Spielcharakter nichtmechanischer Spiele (Glücks- oder Geschicklichkeitsspiele) werden vom Bundeskriminalamt erstellt.

241 Öffentliche Lotterien und Ausspielungen
[1]Gewerbliche Unternehmen versuchen oft, in unlauterer Weise ihren Kundenkreis dadurch zu erweitern, daß sie unter dem Deckmantel eines Preisrätsels oder in ähnlicher Art (z.B. durch Benutzung des sogenannten Schneeball- oder Hydrasystems) öffentliche Lotterien oder Ausspielungen veranstalten. [2]Anlaß zum Einschreiten besteht regelmäßig schon dann, wenn in öffentlichen Ankündigungen ein Hinweis auf die behördliche Genehmigung der Lotterie oder Ausspielung fehlt.

10. Straftaten gegen den Wettbewerb

242
(1) [1]Bei der Verfolgung von wettbewerbsbeschränkenden Absprachen bei Ausschreibungen (§ 298 StGB) ist, wenn auch der Verdacht einer Kartellordnungswidrigkeit besteht, frühestmöglich eine Zusammenarbeit von Staatsanwaltschaft und Kartellbehörde sicherzustellen. [2]Durch die vertrauensvolle gegenseitige Abstimmung können unnötige Doppelarbeiten dieser Behörden vermieden und die Gefahr sich widersprechender Entscheidungen vermindert werden.
(2) Hat die Kartellbehörde in den Fällen des § 82 Satz 1 GWB ein § 30 OWiG betreffendes Verfahren nicht nach § 82 Satz 1 GWB an die Staatsanwaltschaft abgegeben, ist grundsätzlich eine gegenseitige Unterrichtung über geplante Ermittlungsschritte mit Außenwirkung sowie eine Abstimmung der zu treffenden oder zu beantragenden Rechtsfolgen angezeigt.
(3) Bei Zweifeln, ob die Landeskartellbehörde oder das Bundeskartellamt zuständig ist, ist regelmäßig mit der Landeskartellbehörde Kontakt aufzunehmen.

242 a Besonderes öffentliches Interesse an der Strafverfolgung (§ 301 Abs. 1, §§ 299, 300 StGB)

(1) Ein besonderes öffentliches Interesse an der Strafverfolgung wegen Bestechung und Bestechlichkeit im geschäftlichen Verkehr (§ 299 StGB) wird insbesondere dann anzunehmen sein, wenn
– der Täter einschlägig (vermögensstrafrechtlich, insbesondere wirtschaftsstrafrechtlich) vorbestraft ist,
– der Täter im Zusammenwirken mit Amtsträgern gehandelt hat,
– mehrere geschäftliche Betriebe betroffen sind,
– der Betrieb mehrheitlich im Eigentum der öffentlichen Hand steht und öffentliche Aufgaben wahrnimmt,
– ein erheblicher Schaden droht oder eingetreten ist oder
– zureichende Anhaltspunkte dafür bestehen, dass ein Antragsberechtigter aus Furcht vor wirtschaftlichen oder beruflichen Nachteilen einen Strafantrag nicht stellt.

(2) Kommt ein besonders schwerer Fall (§ 300 StGB) in Betracht, so kann das besondere öffentliche Interesse an der Strafverfolgung nur ausnahmsweise verneint werden.

11. Straßenverkehr

243 Verkehrsstraftaten, Körperverletzungen im Straßenverkehr

(1) ¹In Verkehrsstrafsachen wird der Staatsanwalt, wenn nötig (vgl. Nr. 3), die Ermittlungen selbst führen, den Tatort besichtigen, die Spuren sichern lassen und frühzeitig – in der Regel schon bei der Tatortbesichtigung – einen geeigneten Sachverständigen zuziehen, falls dies zur Begutachtung technischer Fragen notwendig ist. ²Neben einer Auskunft aus dem Zentralregister soll auch eine Auskunft aus dem Verkehrszentralregister eingeholt werden.

(2) Besteht der Verdacht, daß der Täter unter Alkoholeinwirkung gehandelt hat, so ist für eine unverzügliche Blutentnahme zur Bestimmung des Blutalkoholgehalts zu sorgen.

(3) ¹Ein Grundsatz, daß bei einer im Straßenverkehr begangenen Körperverletzung das besondere öffentliche Interesse an der Strafverfolgung (§ 230 Abs. 1 Satz 1 StGB) stets oder in der Regel zu bejahen ist, besteht nicht. ²Bei der im Einzelfall zu treffenden Ermessensentscheidung sind das Maß der Pflichtwidrigkeit, insbesondere der vorangegangene Genuß von Alkohol oder anderer berauschender Mittel, die Tatfolgen für den Verletzten und den Täter, einschlägige Vorbelastungen des Täters sowie ein Mitverschulden des Verletzten von besonderem Gewicht.

244 Internationale Abkommen

¹Hinsichtlich des Rechtshilfeverkehrs mit dem Ausland wird auf die völkerrechtlichen Vereinbarungen, insbesondere das Übereinkommen vom 8. November 1968 über den Straßenverkehr, ergänzt durch das Europäische Zusatzübereinkommen vom 1. Mai 1971 sowie gegebenenfalls das Internationale Abkommen vom 24. April 1926 über Kraftfahrzeugverkehr hingewiesen. ²Auskunft erteilt das Bundesministerium der Justiz.

12. Bahnenverkehr, Schiffahrt und Luftfahrt

245 Transportgefährdung

(1) Bei dem Verdacht einer strafbaren Transportgefährdung, die wegen ihrer Folgen oder aus anderen Gründen in der Öffentlichkeit Aufsehen erregen kann, führt der Staatsanwalt, wenn nötig, die Ermittlungen selbst und besichtigt den Tatort (vgl. Nr. 3).

(2) ¹Für die Frage, ob Leib oder Leben eines anderen oder fremde Sachen von bedeutendem Wert im Sinne der §§ 315, 315a StGB gefährdet worden sind, ist die Art des Verkehrsmittels von Bedeutung. ²Der Staatsanwalt wird daher in Verbindung treten bei Beeinträchtigungen der Sicherheit
a) des Betriebs der Eisenbahnen des Bundes:
   mit der örtlichen Außenstelle des Eisenbahnbundesamtes;
b) des Betriebs anderer Schienenbahnen oder von Schwebebahnen:
   mit der zuständigen Aufsichtsbehörde;
c) des Betriebs der Schiffahrt:
   mit der zuständigen Wasser- und Schiffahrtsdirektion;
d) des Luftverkehrs:
   mit der obersten Landesverkehrsbehörde.

(3) Im Betrieb der Eisenbahn wird eine Gefahr für Leib oder Leben eines anderen oder für fremde Sachen von bedeutendem Wert in der Regel dann bestehen, wenn der Triebfahrzeugführer bei Erkennen des Fahrhindernisses oder einer anderen Beeinträchtigung der Sicherheit des Betriebs pflichtgemäß die Schnellbremsung einzuleiten hätte.

(4) ¹Wegen der Eigenart der in Abs. 2 genannten Verkehrsmittel können schon geringfügige Versehen Betriebsbeeinträchtigungen verursachen, die den Tatbestand des § 315 Abs. 5, 6 StGB erfüllen. ²Ist in solchen Fällen die Schuld des Täters gering, so wird der Staatsanwalt prüfen, ob §§ 153 Abs. 1, 153a Abs. 1 StPO (vgl. Nr. 93 Abs. 1) anzuwenden sind.

246 Unfälle beim Betrieb von Eisenbahnen

(1) Zur Aufklärung eines Unfalls beim Betrieb von Eisenbahnen, der wegen seiner Folgen oder aus anderen Gründen in der Öffentlichkeit Aufsehen erregen kann, setzt sich der Staatsanwalt sofort mit der zuständigen Polizeidienststelle und ggf. der zuständigen Aufsichtsbehörde der Eisenbahn in Verbindung und begibt sich in der Regel selbst unverzüglich an den Unfallort, um die Ermittlungen zu leiten (vgl. Nummern 3 und 11).

(2) ¹Soweit im weiteren Verfahren Sachverständige benötigt werden, sind in der Regel fachkundige Angehörige der zuständigen Aufsichtsbehörde heranzuziehen. ²Wenn andere Sachverständige beauftragt werden, so ist auch der Aufsichtsbehörde Gelegenheit zur gutachtlichen Äußerung zu geben.

247 Schiffahrts- und Luftverkehrssachen

(1) In Strafverfahren wegen Gefährdung des Schiffsverkehrs (§ 315a Abs. 1 Nr. 2 StGB) und bei der Untersuchung von Schiffsunfällen können namentlich folgende Vorschriften zur Sicherung des Schiffsverkehrs von Bedeutung sein:
a) im Bereich des Seeschiffsverkehrs
   das Seeaufgabengesetz (SeeAufgG) und die hierauf beruhenden Rechtsverordnungen, insbesondere
   die Verordnung zu den Internationalen Regelungen von 1972 zur Verhütung von Zusammenstößen auf See,
   die Seeschiffahrtstraßen-Ordnung (SeeSchStrO),
   die Verordnung über die Sicherheit der Seefahrt,
   die Schiffssicherheitsverordnung (SchSV),
   die Verordnung über die Beförderung gefährlicher Güter mit Seeschiffen (GGV See),
   die Internationalen Übereinkommen zum Schutze des menschlichen Lebens auf See (SOLAS 74) und zum Schutze der Umwelt (MARPOL),
b) im Bereich des Binnenschiffsverkehrs
   das Binnenschiffahrtsaufgabengesetz (BinSchAufgG) und die hierauf beruhenden folgenden Verordnungen:

die Binnenschiffs-Untersuchungsordnung (BinSchUO),
die Rheinschiffsuntersuchungsordnung nebst ihrer Einführungsverordnung,
die Rhein- und Moselschiffahrtspolizeiverordnung,
die Binnenschiffahrtsstraßen-Ordnung nebst ihren Einführungsverordnungen,
die Donauschiffahrtspolizeiverordnung nebst ihrer Anlage A,
die Binnenschifferpatentverordnung,
die Rheinpatentverordnung nebst ihrer Einführungsverordnung,
die Gefahrgutverordnung-Binnenschiffahrt (GGVBinSch).

(2) [1]In solchen Verfahren empfiehlt es sich in der Regel, die Wasser- und Schiffahrtsdirektionen zu hören. [2]Bei Verstößen gegen Sicherheitsvorschriften sind
- im Bereich des Seeschiffsverkehrs die See-Berufsgenossenschaft in Hamburg und gegebenenfalls das Bundesamt für Seeschiffahrt und Hydrographie in Hamburg und
- im Bereich des Binnenschiffsverkehrs die Binnenschiffahrts-Berufsgenossenschaft in Duisburg

zu beteiligen.

(3) [1]Verstöße gegen die in Absatz 1 Buchst. a) genannten Seeverkehrsvorschriften sind überwiegend auch Seeunfälle im Sinne des Seesicherheits-Untersuchungs-Gesetzes (SUG), die von den Seeämtern Rostock, Kiel, Hamburg, Bremerhaven und Emden förmlich untersucht werden. [2]Die Seeämter sind zu beteiligen.

(4) In Strafverfahren wegen Zuwiderhandlungen gegen luftrechtliche Vorschriften, die der Abwehr von Gefahren für den Luftverkehr dienen (§§ 59, 60, 62 Luftverkehrsgesetz), und bei der Untersuchung von Luftfahrzeugunfällen, sind die obersten Verkehrsbehörden der Länder, die Bundesstelle für Flugunfalluntersuchung (BFU, Hermann-Blenk-Str. 16, 38108 Braunschweig, Telefon 05 31/3 54 80) oder das Bundesministerium für Verkehr, Bau und Stadtentwicklung zu beteiligen.

13. Förderung der Prostitution, Menschenhandel und Zuhälterei

248 [Förderung der Prostitution, Menschenhandel und Zuhälterei]

(1) Es empfiehlt sich, nach der ersten Aussage einer Prostituierten unverzüglich, möglichst im Anschluß an die polizeiliche Vernehmung, eine richterliche Vernehmung herbeizuführen, da Prostituierte erfahrungsgemäß nicht selten ihre Aussagen gegen den Zuhälter in der Hauptverhandlung nicht aufrechterhalten oder zu diesem Zeitpunkt nicht mehr erreichbar sind.

(2) Ist zu befürchten, daß ein Zeuge wegen der Anwesenheit bestimmter Personen in der Hauptverhandlung die Wahrheit nicht sagen werde, so wirkt der Staatsanwalt auf gerichtliche Maßnahmen nach § 172 GVG oder §§ 247, 247 a StPO hin.

(3) [1]Ist in einem Strafverfahren die Ladung einer von der Tat betroffenen ausländischen Person als Zeuge zur Hauptverhandlung erforderlich und liegt deren Einverständnis für einen weiteren befristeten Aufenthalt in der Bundesrepublik Deutschland vor, informiert der Staatsanwalt die zuständige Ausländerbehörde mit dem Ziel, aufenthaltsbeendende Maßnahmen für die Dauer des Strafverfahrens zurückzustellen. [2]Wird die ausländische Person nicht mehr als Zeuge für das Strafverfahren benötigt, setzt der Staatsanwalt die Ausländerbehörde hiervon umgehend in Kenntnis.

14. Pressestrafsachen

249 Allgemeines

(1) Pressestrafsachen im Sinne dieses Abschnitts sind Strafsachen, die Verstöße gegen die Pressegesetze der Länder oder solche Straftaten zum Gegenstand haben, die durch Verbreitung von Druckschriften (Druckwerken) strafbaren Inhalts begangen werden.

(2) Ist eine Straftat nach §§ 80 bis 101 a, 129 bis 131 StGB, 20 Abs. 1 Nr. 1 bis 4 des Vereinsgesetzes oder nach § 95 Abs. 1 Nr. 8 des Aufenthaltsgesetzes (Nr. 208 Abs. 1 Satz 1), eine Verunglimpfung oder eine Beleidigung oberster Staatsorgane (Nr. 209 Abs. 1 Satz 1) oder eine Beleidigung fremder Staatspersonen (Nr. 210 Abs. 1) mittels einer Druckschrift begangen worden, so gelten die Nr. 202 bis 214.

(3) Auf Straftaten nach den §§ 131, 184, 184 a, 184 b, 184 c StGB und den §§ 15, 27 JuSchG, § 23 JMStV finden die Nummern 223 bis 228 Anwendung.

(4) Die Vorschriften dieses Abschnitts finden auf die in Abs. 2 und 3 bezeichneten Straftaten nur Anwendung, soweit es besonders bestimmt ist.

(5) ¹Durch rasches Handeln ist zu verhindern, daß Druckschriften strafbaren Inhalts weitere Verbreitung finden; dies gilt vor allem, wenn Flugblätter, Handzettel, verbotene Zeitungen und Zeitschriften heimlich verbreitet werden. ²Beschleunigung ist auch wegen der kurzen Verjährungsfristen von Pressestrafsachen geboten.

(6) Die Akten sind als Pressestrafsache kenntlich zu machen und mit einem Hinweis auf die kurze Verjährungsfrist zu versehen.

250 Einheitliche Bearbeitung verschiedener, dieselbe Druckschrift betreffender Verfahren

(1) ¹Strafsachen, welche dieselbe Veröffentlichung betreffen, sind möglichst einheitlich zu bearbeiten. ²Leitet der Staatsanwalt wegen einer Veröffentlichung in einer Druckschrift, die nicht in seinem Bezirk erschienen ist, ein Verfahren ein, so hat er dies dem Staatsanwalt des Erscheinungsortes unverzüglich mitzuteilen (vgl. § 7 StPO). ³Dieser prüft, ob ein Verfahren einzuleiten oder das bei der anderen Staatsanwaltschaft anhängige Verfahren zu übernehmen ist.

(2) Werden die Verfahren getrennt geführt, so unterrichten sich die beteiligten Staatsanwälte gegenseitig.

(3) Die Abs. 1 und 2 gelten sinngemäß, wenn die Veröffentlichung im wesentlichen ein Abdruck aus einer anderen Veröffentlichung oder mit einer anderen Veröffentlichung im wesentlichen inhaltsgleich ist.

251 Vollstreckung einer Beschlagnahmeanordnung

(1) Maßnahmen zur Vollstreckung einer Beschlagnahmeanordnung sind der Bedeutung des Falles sowie dem Umfang und der Art der Verbreitung der Druckschrift anzupassen.

(2) Ist die Druckschrift offenbar noch nicht verbreitet, so wird es in der Regel genügen, wenn sich der Staatsanwalt in den Besitz der erreichbaren Stücke setzt.

(3) Ist eine nur örtliche Verbreitung der Druckschrift anzunehmen, so ist lediglich die Polizeidienststelle, in deren Bereich die Verbreitung vermutlich stattgefunden hat oder stattfinden könnte, und, wenn die Verbreitung über einen örtlichen Polizeibezirk hinausgeht, auch das zuständige Landeskriminalamt zu ersuchen, die Vollstreckung der Beschlagnahme zu veranlassen.

(4) Ist es unmöglich oder unangebracht, die Durchführung der Beschlagnahme örtlich zu beschränken, so empfiehlt es sich, das Ersuchen um Vollstreckung der Beschlagnahmeanordnung den Polizeidienststellen durch den Sprech- und Datenfunk der Polizei bekanntzumachen.

(5) ¹Die Ersuchen sind auf schnellstem Wege zu übermitteln. ²Es ist dafür zu sorgen, daß die Beschlagnahmeanordnung nicht vorzeitig bekannt wird. ³Mitunter wird es nötig sein, Vollstreckungsersuchen an die Polizeidienststellen in verschlüsselter (chiffrierter) Form weiterzugeben.

(6) In dem Ersuchen sind die ersuchende Behörde, die zugrunde liegende Anordnung (nach Aktenzeichen, anordnender Stelle, Ort und Datum der Anordnung) und der genaue Titel der Druckschrift (mit Verlag und Erscheinungsort) anzugeben.

252 Aufhebung der Beschlagnahme

Wird die Beschlagnahme aufgehoben, so sind davon unverzüglich alle Behörden und Stellen, die um die Vollstreckung ersucht worden sind, auf demselben Wege unter Rücknahme des Vollstreckungsersuchens zu benachrichtigen.

253 Einziehung, Unbrauchbarmachung und Ablieferung

¹Der Staatsanwalt hat bei Veröffentlichungen strafbaren Inhalts durch geeignete Anträge, notfalls durch Einlegung der zulässigen Rechtsmittel, darauf hinzuwirken, daß auf Einziehung und Unbrauchbarmachung (§§ 74 d, 74 e StGB) erkannt wird. ²Kann wegen der Straftat aus tatsächlichen Gründen keine bestimmte Person verfolgt oder verurteilt werden, so ist zu prüfen, ob das selbständige Verfahren nach § 76 a StGB einzuleiten ist.

254 Sachverständige in Presseangelegenheiten

Soweit Sachverständige in Presseangelegenheiten benötigt werden, wendet sich der Staatsanwalt oder das Gericht
a) für grundsätzliche Fragen an den Deutschen Presserat, Generalsekretariat, Gerhard-von-Are-Straße 8, 53111 Bonn;
b) für journalistische Fragen an den Deutschen Journalistenverband, Pressehaus 2107, Schiffbauerdamm 40, 10117 Berlin;
c) für das Zeitungswesen an den Bundesverband Deutscher Zeitungsverleger, Markgrafenstraße 15, 10969 Berlin;
d) für das Zeitschriftenwesen an den Verband Deutscher Zeitschriftenverleger e. V., Markgrafenstraße 15, 10969 Berlin;
e) für das Buchverlagswesen an den Börsenverein des Deutschen Buchhandels e. V., Großer Hirschgraben 17–21, 60311 Frankfurt am Main.

II. Abschnitt. Strafvorschriften des Nebenstrafrechts

A. Allgemeines

255 [Allgemeines]

(1) ¹Auch die Straftaten des Nebenstrafrechts sind Zuwiderhandlungen, die ein sozialethisches Unwerturteil verdienen; sie sind deshalb nach den gleichen Grundsätzen und mit dem gleichen Nachdruck zu verfolgen wie Zuwiderhandlungen gegen Vorschriften des Strafgesetzbuchs. ²Dies gilt auch für die Anwendung der §§ 153, 153 a StPO. ³Maßnahmen zur Abschöpfung des durch die Tat erlangten wirtschaftlichen Vorteils einer juristischen Person oder Personenvereinigung nach Nummer 180 a können auch bei Straftaten des Nebenstrafrechts in Betracht kommen. ⁴Den zuständigen Fachbehörden ist nach den Nr. 90, 93 Gelegenheit zur Äußerung zu geben.

(2) ¹Bei der Verfolgung von Straftaten des Nebenstrafrechts arbeitet der Staatsanwalt mit den zuständigen Fachbehörden zusammen. ²Die Fachbehörden können vor allem bei der Benennung geeigneter Sachverständiger Hilfe leisten.

B. Einzelne Strafvorschriften

1. Waffen- und Sprengstoffsachen

256 [Waffen- und Sprengstoffsachen]

(1) Bei der Verfolgung von Straftaten nach dem Waffengesetz oder dem Ausführungsgesetz zu Art 26 Abs. 2 GG (Gesetz über die Kontrolle von Kriegswaffen) einschließlich der auf Grund dieser Gesetze erlassenen Rechtsverordnun-

gen empfiehlt es sich, auch die hierzu ergangenen Verwaltungsvorschriften, namentlich die Allgemeine Verwaltungsvorschrift zum Waffengesetz (WaffVwV), heranzuziehen.

(2) ¹Ein besonderes Augenmerk ist auf die Erkennung überörtlicher Zusammenhänge zu richten. ²In geeigneten Fällen ist mit der Zollbehörde zusammenzuarbeiten. ³Es empfiehlt sich, möglichst frühzeitig Strafregisterauszüge aus den Staaten, in denen sich der Beschuldigte vermutlich aufgehalten hat, anzufordern.

(3) Bevor der Staatsanwalt Schußwaffen, insbesondere auch nachträglich veränderte (z.B. durchbohrte oder verkürzte) Schreckschuß-, Reizstoff- und Signalwaffen in amtliche Verwahrung nimmt, prüft er, ob der Schußwaffenerkennungsdienst durchgeführt ist.

(4) Der Staatsanwalt teilt der Polizei oder der Verwaltungsbehörde unverzüglich alle Umstände mit, aus denen sich der Verdacht ergibt, daß
a) vorschriftswidrig mit Sprengstoffen umgegangen oder gehandelt wurde, oder diese Stoffe vorschriftswidrig befördert worden sind,
b) vorschriftswidrig Schußwaffen hergestellt, gehandelt oder erworben worden sind.

2. Straftaten nach dem Betäubungsmittelgesetz

257 [Straftaten nach dem Betäubungsmittelgesetz]

(1) Bei Straftaten nach dem Gesetz über den Verkehr mit Betäubungsmitteln gilt Nr. 256 Abs. 2 entsprechend.

(2) Der Staatsanwalt arbeitet auch mit den Stellen zusammen, die sich um die Betreuung von Suchtkranken bemühen, namentlich mit den Gesundheitsämtern, Jugendämtern und Verbänden der öffentlichen und freien Wohlfahrtspflege.

3. Arbeitsschutz

258 [Schutze der Arbeitskraft und der Gesundheit der Arbeitnehmer]

(1) Vorschriften zum Schutze der Arbeitskraft und der Gesundheit der Arbeitnehmer sind namentlich enthalten in
a) dem Arbeitsschutzgesetz und dem Arbeitszeitgesetz,
b) dem Atomgesetz,
c) dem Bundesberggesetz,
d) dem Chemikaliengesetz,
e) dem Gesetz über den Ladenschluss,
f) der Gewerbeordnung,
g) dem Heimarbeitsgesetz,
h) dem Jugendarbeitsschutzgesetz,
i) dem Mutterschutzgesetz,
j) dem Seemannsgesetz,
k) dem Sprengstoffgesetz,
l) dem Arbeitssicherheitsgesetz,
m) dem Bundesurlaubsgesetz,
n) Teil 2 des Sozialgesetzbuches IX.

(2) Arbeitsschutzrechtliche Vorschriften enthalten auch die Strahlenschutzverordnung, die Röntgenverordnung, die Gefahrstoffverordnung, die PSA-Benutzungsverordnung (Verordnung über Sicherheit und Gesundheitsschutz bei der Benutzung persönlicher Schutzausrüstungen bei der Arbeit), die Bildschirmarbeitsverordnung, die Lastenhandhabungsverordnung, die Arbeitsstättenverordnung, die Biostoffverordnung und die Baustellenverordnung.

(3) Fachbehörden sind das Gewerbeaufsichtsamt, das Bergamt oder die sonst nach Landesrecht zuständigen Stellen.

259 Schutz des Arbeitsmarktes

(1) Vorschriften zum Schutze des Arbeitsmarktes und gegen die mißbräuchliche Ausnutzung fremder Arbeitskraft sind namentlich enthalten im
a) Drittes Sozialgesetzbuch – Arbeitsförderung –,
b) Arbeitnehmerüberlassungsgesetz.
(2) Zuständige Fachbehörde ist die Bundesagentur für Arbeit.

4. Unlauterer Wettbewerb

260 Öffentliches Interesse an der Strafverfolgung

¹Das öffentliche Interesse an der Strafverfolgung wegen unlauteren Wettbewerbs (§ 299 StGB, §§ 16 bis 19 UWG wird in der Regel zu bejahen sein, wenn eine nicht nur geringfügige Rechtsverletzung vorliegt. ²Dies gilt in Fällen
1. des § 16 Abs. 1 UWG vor allem, wenn durch unrichtige Angaben ein erheblicher Teil der Verbraucher irregeführt werden kann (vgl. auch § 144 Markengesetz in bezug auf geographische Herkunftsangaben);
2. des § 16 Abs. 2 UWG vor allem, wenn insgesamt ein hoher Schaden droht, die Teilnehmer einen nicht unerheblichen Beitrag zu leisten haben oder besonders schutzwürdig sind.

³Die Verweisung auf die Privatklage (§ 374 Abs. 1 Nr. 5 a, 7, 376 StPO) ist in der Regel nur angebracht, wenn der Verstoß leichter Art ist und die Interessen eines eng umgrenzten Personenkreises berührt.

260 a Besonderes öffentliches Interesse an der Strafverfolgung

(1) Ein besonderes öffentliches Interesse an der Strafverfolgung von Verletzungen von Geschäfts- oder Betriebsgeheimnissen (§§ 17 bis 19 UWG) wird insbesondere dann anzunehmen sein, wenn der Täter wirtschaftsstrafrechtlich vorbestraft ist, ein erheblicher Schaden droht oder eingetreten ist, die Tat Teil eines gegen mehrere Unternehmen gerichteten Plans zur Ausspähung von Geschäfts- oder Betriebsgeheimnissen ist oder den Verletzten in seiner wirtschaftlichen Existenz bedroht.

(2) ¹Kommt ein besonders schwerer Fall (§ 17 Abs. 4 UWG) in Betracht, so kann das besondere öffentliche Interesse an der Verfolgung nur ausnahmsweise verneint werden. ²Das gleiche gilt, auch bezüglich § 18 UWG, wenn der Täter davon ausgeht, daß das Geheimnis im Ausland verwertet werden soll, oder er es selbst im Ausland verwertet.

260 b Geheimhaltung von Geschäfts- oder Betriebsgeheimnissen

(1) Bittet der Verletzte um Geheimhaltung oder stellt er keinen Strafantrag, so sollen Geschäfts- oder Betriebsgeheimnisse in der Sachakte nur insoweit schriftlich festgehalten werden, als dies für das Verfahren unerläßlich ist.

(2) ¹Wird in den Fällen des Absatz 1 Akteneinsicht gewährt, so ist darauf hinzuweisen, daß die Akte Geschäfts- oder Betriebsgeheimnisse enthält; hierüber ist ein Vermerk zu den Akten zu nehmen. ²Dies gilt sinngemäß bei sonstigen Mitteilungen aus den Akten. ³Es ist zu prüfen, ob nicht Gründe entgegenstehen, dem Verteidiger die Akten zur Einsichtnahme in seine Geschäftsräume oder in seine Wohnung mitzugeben (§ 147 Abs. 4 StPO).

(3) Vor Gewährung von Akteneinsicht an Dritte ist, auch wenn die Voraussetzungen des Absatz 1 nicht vorliegen, besonders sorgfältig zu prüfen, ob nicht schutzwürdige Interessen des Verletzten entgegenstehen.

260 c Auskünfte

Bei unlauteren Wettbewerbsmethoden von örtlicher Bedeutung können die Industrie- und Handelskammern Auskünfte geben; im übrigen erteilen Auskünfte:

– die Zentrale zur Bekämpfung unlauteren Wettbewerbs e. V. Frankfurt am Main, Landgrafenstraße 24 b, 61348 Bad Homburg v. d. H., die mit den Spitzenverbänden der deutschen gewerblichen Wirtschaft zusammenarbeiten;
– der Gutachterausschuß für Wettbewerbsfragen, Adenauerallee 148, 53113 Bonn;
– der Deutsche Schutzverband gegen Wirtschaftskriminalität e. V. Frankfurt am Main, Landgrafenstraße 24 b, 61348 Bad Homburg v. d. H.;
– der Verein „Pro Honore", Verein für Treu und Glauben im Geschäftsverkehr e. V., Borgfelder Straße 30, 20537 Hamburg;
– Verbraucherzentrale Bundesverband e. V. (VZbV), Markgrafenstraße 66, 10969 Berlin.

5. Straftaten nach den Gesetzen zum Schutze des geistigen Eigentums

261 Öffentliches Interesse an der Strafverfolgung

[1]Das öffentliche Interesse an der Strafverfogung von Verletzungen von Rechten des geisigen Eigentums (§ 142 Abs. 1 des Patentgesetzes, § 25 Abs. 1 des Gebrauchsmustergesetzes, § 10 Abs. 1 des Halbleiterschutzgesetzes, § 39 Abs. 1 des Sortenschutzgesetzes, § 143 Abs. 1, § 143 a und § 144 Abs. 1 und 2 des Markengesetzes, § 51 Abs. 1 und § 65 Abs. 1 des Geschmacksmustergesetzes, §§ 106 bis 108 und § 108 b des Urheberrechtsgesetzes und § 33 des Gesetzes betreffend das Urheberrecht an Werken der bildenden Künste und der Photografie) wird in der Regel zu bejahen sein, wenn eine nicht nur geringfügige Schutzrechtsverletzung vorliegt. [2]Zu berücksichtigen sind dabei insbesondere das Ausmaß der Schutzrechtsverletzung, der eingetretene oder drohende wirtschaftliche Schaden und die vom Täter erstrebte Bereicherung.

261 a Besonderes öffentliches Interesse an der Strafverfolgung

Ein besonderes öffentliches Interesse an der Strafverfolgung (§ 142 Abs. 4 des Patentgesetzes, § 25 Abs. 4 des Gebrauchsmustergesetzes, § 10 Abs. 4 des Halbleiterschutzgesetzes, § 39 Abs. 4 des Sortenschutzgesetzes, § 143 Abs. 4 des Markengesetzes, § 51 Abs. 4, § 65 Abs. 2 des Geschmacksmustergesetzes, § 109 des Urheberrechtsgesetzes) wird insbesondere dann anzunehmen sein, wenn der Täter einschlägig vorbestraft ist, ein erheblicher Schaden droht oder eingetreten ist, die Tat den Verletzten in seiner wirtschaftlichen Existenz bedroht oder die öffentliche Sicherheit oder die Gesundheit der Verbraucher gefährdet ist.

261 b Öffentliche Bekanntmachung der Verurteilung

[1]Ist die Bekanntmachung der Verurteilung anzuordnen, so hat der Staatsanwalt darauf hinzuwirken, daß der Name des Verletzten in die Urteilsformel aufgenommen wird. [2]Ist die öffentliche Bekanntmachung der Verurteilung zu vollziehen (§ 463 c StPO), so ist § 59 der Strafvollstreckungsordnung zu beachten.

6. Verstöße gegen das Lebensmittelrecht

262 [Verstöße gegen das Lebensmittelrecht]
Strafvorschriften des Lebensmittelrechts sind insbesondere enthalten
a) im Lebensmittel-, Bedarfsgegenstände- und Futtermittelgesetzbuch;
b) im Milch- und Margarinegesetz
sowie in den auf Grund dieser Gesetze erlassenen Rechtsverordnungen.

7. Verstöße gegen das Weingesetz

263 [Verstöße gegen das Weingesetz]
¹Als Sachverständige für Fragen der Herstellung und des gewerbsmäßigen Verkehrs mit Weinen und weinähnlichen Getränken kommen namentlich die hauptberuflichen Kontrolleure sowie die Beamten und Angestellten der Staatlichen Versuchs- und Lehranstalten für Obst- und Weinbau in Betracht. ²Für Fragen des Weinbaues benennen die landwirtschaftlichen Berufsvertretungen (z.B. Landwirtschaftskammern) Sachverständige.

8. Verstöße gegen das Futtermittelgesetz

264 [Verstöße gegen das LFGB]
In Verfahren wegen Straftaten nach §§ 58, 59 des Lebensmittel-, Bedarfsgegenstände- und Futtermittelgesetzbuches kommen als Sachverständige vor allem die mit der Futtermitteluntersuchung betrauten wissenschaftlichen Beamten (Angestellten) der öffentlich-rechtlichen oder unter öffentlicher Aufsicht stehenden Untersuchungs- und Forschungsinstitute oder die vereidigten Handelschemiker, ferner sachkundige Leiter (Inhaber) von Herstellerbetrieben und anderen Handelsfirmen, leitende Angestellte landwirschaftlicher Genossenschaften oder Landwirte in Betracht.

9. Verstöße gegen das Außenwirtschaftsgesetz

265 [Verstöße gegen das Außenwirtschaftsgesetz]
(1) ¹In Verfahren wegen Straftaten nach dem Außenwirtschaftsgesetz und der Außenwirtschaftsverordnung kann der Staatsanwalt Ermittlungen auch durch die Hauptzollämter oder die Zollfahndungsämter und in Fällen überörtlicher Bedeutung auch durch das Zollkriminalamt vornehmen lassen. ²Auf die Koordinierungs- und Lenkungsfunktion des Zollkriminalamtes (§ 3 Abs. 5 des Gesetzes über das Zollkriminalamt und die Zollfahndungsämter) wird hingewiesen.

(2) ¹Zuständige Verwaltungsbehörde ist die Oberfinanzdirektion. ²Ort und Zeit der Hauptverhandlung sind ihr mitzuteilen; ihr Vertreter erhält in der Hauptverhandlung auf Verlangen das Wort (vgl. § 38 Abs. 2 des Außenwirtschaftsgesetzes).

10. Verstöße gegen die Steuergesetze (einschließlich der Gesetze über Eingangsabgaben)

266 Zusammenwirken mit den Finanzbehörden
(1) Ermittelt der Staatsanwalt wegen einer Steuerstraftat/Zollstraftat, so unterrichtet er das sonst zuständige Finanzamt/Hauptzollamt.

(2) ¹Bei der Verfolgung von Straftaten gegen die Zoll- und Verbrauchssteuergesetze, das Branntweinmonopolgesetz und gegen Einfuhr-, Ausfuhr- und Durchfuhrverbote kann der Staatsanwalt die Zollfahndungsämter oder ihre Zweigstellen zur Mitwirkung heranziehen. ²Nach Übersendung des Schlußberichtes durch das Zollfahndungsamt richtet der Staatsanwalt Anfragen, die das Besteuerungsverfahren oder das Steuerstrafverfahren betreffen, an das sonst zuständige Hauptzollamt.

267 Zuständigkeit
(1) Von dem Recht, das Verfahren wegen einer Steuerstraftat/Zollstraftat an sich zu ziehen, macht der Staatsanwalt Gebrauch, wenn dies aus besonderen Gründen

geboten erscheint, etwa wenn der Umfang und die Bedeutung der Steuerstraftat/ Zollstraftat dies nahelegen, wenn die Steuerstraftat/Zollstraftat mit einer anderen Straftat zusammentrifft oder wenn der Verdacht der Beteiligung eines Angehörigen der Finanzverwaltung besteht.

(2) Im Interesse einer einheitlichen Strafzumessungspraxis unterrichtet sich der Staatsanwalt über die den Strafbefehlsanträgen des Finanzamtes/Hauptzollamtes zugrundeliegenden allgemeinen Erwägungen.

11. Umweltschutz

268 Umwelt und Tierschutz

(1) Dem Schutz der Umwelt dienen außer § 307 Abs. 2 bis 4, § 309 Abs. 3 und 6, den §§ 310, 311, 312, 324 bis 330 a StGB in den Bereichen
- Abfall- und Abwässerbeseitigung,
- Boden-, Gewässer- und Grundwasserschutz,
- Lärmbekämpfung,
- Luftreinhaltung,
- Naturschutz und Landschaftspflege,
- Pflanzenschutz,
- Strahlenschutz,
- Tierschutz,
- Tierkörperbeseitigung,
- Trinkwasserschutz;

Straf- und Bußgeldvorschriften u. a. in folgenden Bundesgesetzen:
- a) dem Kreislaufwirtschafts- und Abfallgesetz,
- b) dem Wasserhaushaltsgesetz,
  dem Bundeswasserstraßengesetz,
  dem Wasch- und Reinigungsmittelgesetz,
- c) der Verordnung über Zuwiderhandlungen gegen das Internationale Übereinkommen von 1973 zur Verhütung der Meeresverschmutzung durch Schiffe,
  dem Gesetz zu dem Übereinkommen vom 29. April 1958 über die Hohe See,
  dem Gesetz zu dem Internationalen Übereinkommen vom 29. November 1969 über Maßnahmen auf Hoher See bei Ölverschmutzungs-Unfällen,
  dem Gesetz zu dem Übereinkommen vom 15. Februar 1972 und 29. Dezember 1972 zur Verhütung der Meeresverschmutzung durch das Einbringen von Abfällen durch Schiffe und Luftfahrzeuge,
  dem Gesetz zu dem Internationalen Übereinkommen von 1973 zur Verhütung der Meeresverschmutzung durch Schiffe und zu dem Protokoll von 1978 zu diesem Übereinkommen,
- d) dem Bundes-Immissionsschutzgesetz,
  dem Luftverkehrsgesetz,
  dem Benzinbleigesetz,
  dem Chemikaliengesetz,
  der Chemikalienverbotsverordnung,
  dem Gesetz über die Beförderung gefährlicher Güter
  der Gefahrstoffverordnung,
- e) dem Bundesnaturschutzgesetz,
  dem Pflanzenschutzgesetz,
  der Reblaus-Verordnung,
  dem Düngemittelgesetz,
- f) dem Infektionsschutzgesetz,
  dem Tierseuchengesetz,

- g) dem Atomgesetz,
  dem Strahlenschutzvorsorgegesetz,
  der Röntgenverordnung,
- h) dem Tierschutzgesetz,
  der Tierschutz-Schlachtverordnung,
  dem Bundesjagdgesetz,
  dem Tierische Nebenprodukte-Beseitigungsgesetz,
- i) dem Gentechnikgesetz,
- j) dem Umweltschutzprotokoll-Ausführungsgesetz.

(2) ¹Von erheblicher Bedeutung sind außerdem landesrechtliche Straf- und Bußgeldvorschriften. ²Auf die in einzelnen Ländern bestehenden Sammlungen von Straf- und Bußgeldvorschriften auf dem Gebiet des Umweltschutzes wird hingewiesen.

Richtlinien für das Bußgeldverfahren

I. Abschnitt. Zuständigkeit

269 Abgrenzung der Zuständigkeit zwischen Staatsanwaltschaft und Verwaltungsbehörde

(1) ¹Die Staatsanwaltschaft ist im Vorverfahren für die Verfolgung einer Ordnungswidrigkeit nur ausnahmsweise zuständig (vgl. Nr. 270). ²Sie ist nicht befugt, ausschließlich wegen einer Ordnungswidrigkeit Anklage zu erheben.

(2) ¹Im gerichtlichen Verfahren ist die Staatsanwaltschaft für die Verfolgung einer Ordnungswidrigkeit stets zuständig (vgl. Nr. 271). ²In Verfahren nach Einspruch gegen einen Bußgeldbescheid wird sie dies, sobald die Akten bei ihr eingehen (§ 69 Abs. 4 Satz 1 OWiG).

270 Zuständigkeit der Staatsanwaltschaft im vorbereitenden Verfahren

¹Die Staatsanwaltschaft ist im vorbereitenden Verfahren wegen einer Straftat zugleich auch für die Verfolgung einer Ordnungswidrigkeit zuständig, soweit
a) die Verfolgung der Tat auch unter dem rechtlichen Gesichtspunkt einer Ordnungswidrigkeit in Betracht kommt (§ 40 OWiG),
b) die Verfolgung einer Ordnungswidrigkeit wegen des Zusammenhanges mit einer Straftat übernommen worden ist (§ 42 OWiG).
²Die Übernahme der Verfolgung einer Ordnungswidrigkeit nach § 130 OWiG eines zum Leitungsbereich einer juristischen Person oder Personenvereinigung gehörenden Betroffenen kommt insbesondere dann in Betracht, wenn die Ordnungswidrigkeit andernfalls nicht verfolgt werden könnte und die Übernahme die Möglichkeit der Verhängung einer Verbandsgeldbuße nach § 30 OWiG eröffnet; im Fall der Übernahme gilt Nummer 180 a entsprechend. ³In den Fällen des § 82 GWB ist die Staatsanwaltschaft nur zuständig, wenn die Kartellbehörde das betreffende Verfahren abgegeben hat.

271 Zuständigkeit der Staatsanwaltschaft im gerichtlichen Verfahren

(1) Die Zuständigkeit der Staatsanwaltschaft für die Verfolgung einer Ordnungswidrigkeit im gerichtlichen Verfahren erstreckt sich auf
a) das Verfahren nach Einspruch gegen einen Bußgeldbescheid, sobald die Akten bei der Staatsanwaltschaft eingegangen sind (§ 69 Abs. 4 Satz 1 OWiG),
b) das Verfahren nach Anklage wegen einer Straftat, soweit es hier auf den rechtlichen Gesichtspunkt einer Ordnungswidrigkeit ankommt (§§ 40, 82 OWiG),
c) das Verfahren wegen Ordnungswidrigkeiten, die mit Straftaten zusammenhängen (§§ 42, 83 OWiG),

d) das Wiederaufnahmeverfahren gegen einen Bußgeldbescheid (§ 85 Abs. 4 Satz 2 OWiG) oder gegen eine gerichtliche Bußgeldentscheidung,
e) das Nachverfahren gegen einen Bußgeldbescheid (§ 87 Abs. 4 OWiG) oder gegen eine gerichtliche Bußgeldentscheidung.
(2) Im Verfahren nach Antrag auf gerichtliche Entscheidung gegen eine Maßnahme der Verwaltungsbehörde (§ 62 OWiG) ist die Staatsanwaltschaft nicht beteiligt.

II. Abschnitt. Zusammenarbeit der Staatsanwaltschaft mit den Verwaltungsbehörden

272
(1) ¹Im Interesse einer sachgerechten Beurteilung und einer gleichmäßigen Behandlung berücksichtigt der Staatsanwalt, soweit er für die Verfolgung von Ordnungswidrigkeiten zuständig ist, die Belange der Verwaltungsbehörde und macht sich ihre besondere Sachkunde zunutze. ²Dies gilt namentlich bei Verstößen gegen Rechtsvorschriften, die nicht zum vertrauten Arbeitsgebiet des Staatsanwalts gehören.
(2) ¹Auch in den Fällen, die in den nachstehenden Bestimmungen nicht ausdrücklich genannt sind, prüft der Staatsanwalt, bevor er Anträge stellt oder Entschließungen trifft, ob hierfür die besondere Sachkunde der zuständigen Verwaltungsbehörde von Bedeutung sein kann oder deren Interessen in besonderem Maße berührt sind. ²Trifft dies zu, so hört er die Verwaltungsbehörde.
(3) ¹Sind mehrere Verwaltungsbehörden sachlich oder örtlich zuständig, so wendet sich der Staatsanwalt an die Verwaltungsbehörde, der nach § 39 Abs. 1 Satz 1 OWiG der Vorzug gebührt. ²Besteht keine Vorzugszuständigkeit, so wählt der Staatsanwalt unter mehreren zuständigen Verwaltungsbehörden diejenige aus, deren Einschaltung wegen ihrer besonderen Sachkunde oder im Interesse der Beschleunigung oder Vereinfachung des Verfahrens oder aus anderen Gründen sachdienlich erscheint; gegebenenfalls wendet er sich an die Verwaltungsbehörde, die auf Grund Vereinbarung mit der Verfolgung der Ordnungswidrigkeit betraut ist. ³Dabei ist zu berücksichtigen, daß der Staatsanwalt durch Übersendung der Akten an eine der mehreren zuständigen Verwaltungsbehörden bei sinngemäßer Anwendung des § 39 Abs. 1 Satz 1 OWiG deren Vorzugszuständigkeit herbeiführt, wenn der Betroffene wegen der Tat bereits vernommen ist.

III. Abschnitt. Einbeziehung von Ordnungswidrigkeiten in das vorbereitende Verfahren wegen einer Straftat

1. Berücksichtigung des rechtlichen Gesichtspunktes einer Ordnungswidrigkeit

273 Umfang der Ermittlungen
(1) Der Staatsanwalt erstreckt die Ermittlungen wegen einer Straftat auch auf den rechtlichen Gesichtspunkt einer Ordnungswidrigkeit, soweit er für die Beurteilung der Tat von Bedeutung ist oder sein kann.
(2) ¹Ist eine Handlung gleichzeitig Straftat und Ordnungswidrigkeit, so kann das ordnungswidrige Verhalten für die Strafbemessung von Bedeutung sein oder die Grundlage für die Anordnung einer Nebenfolge bilden (§ 21 Abs. 1 Satz 2 OWiG). ²Im übrigen ist zu berücksichtigen, daß die Ordnungswidrigkeit selbständige Be-

deutung erlangt, wenn sich der Verdacht der Straftat nicht erweist oder wenn eine Strafe nicht verhängt wird (§ 21 Abs. 2 OWiG).

(3) ¹Umfaßt die dem Beschuldigten zur Last gelegte Tat mehrere Handlungen im materiell-rechtlichen Sinne und ist eine von ihnen eine Ordnungswidrigkeit, so prüft der Staatsanwalt, ob die Verfolgung der Ordnungswidrigkeit geboten ist (§ 47 Abs. 1 Satz 1 OWiG). ²Bejaht er dies, so macht er seine Entschließung aktenkundig und klärt den Sachverhalt auch unter dem rechtlichen Gesichtspunkt der Ordnungswidrigkeit auf, ohne daß es einer Übernahme der Verfolgung (vgl. Abschnitt III/2) bedarf. ³Ist jedoch zweifelhaft, ob ein einheitliches Tatgeschehen vorliegt, so ist es zweckmäßig, die Verfolgung der Ordnungswidrigkeit ausdrücklich zu übernehmen (vgl. Nr. 277 Abs. 3).

274 Unterbrechung der Verjährung

Kommt eine Ahndung der Tat auch unter dem rechtlichen Gesichtspunkt einer Ordnungswidrigkeit in Betracht (vgl. Nr. 273 Abs. 1, 3), so ist es, namentlich in Verkehrssachen, vielfach geboten, die Verjährung der Ordnungswidrigkeit zu unterbrechen (§ 33 OWiG), damit diese geahndet werden kann, wenn der Täter wegen der anderen Rechtsverletzungen nicht verurteilt wird.

275 Einstellung des Verfahrens wegen der Ordnungswidrigkeit

(1) ¹Erwägt der Staatsanwalt, das Verfahren wegen einer Straftat auch unter dem rechtlichen Gesichtspunkt der Ordnungswidrigkeit (§ 40 OWiG) oder nur hinsichtlich einer mit der Straftat zusammenhängenden Ordnungswidrigkeit (§ 42 Abs. 1 OWiG) einzustellen, so gibt er der Verwaltungsbehörde Gelegenheit zur Stellungnahme (§ 63 Abs. 3 OWiG). ²Hiervon kann abgesehen werden, wenn der Staatsanwalt in der Beurteilung bestimmter Ordnungswidrigkeiten ausreichende Erfahrung hat oder wenn die Einstellung des Verfahrens allein von einer Rechtsfrage abhängt, für deren Entscheidung es auf die besondere Sachkunde der Verwaltungsbehörde nicht ankommt.

(2) ¹Bei Ordnungswidrigkeiten nach den Steuergesetzen (einschließlich der Gesetze über Eingangsabgaben und Monopole) ist die sonst zuständige Verwaltungsbehörde (Finanzamt, Hauptzollamt) vor der Einstellung zu hören. ²Dasselbe gilt bei Ordnungswidrigkeiten nach dem Wirtschaftsstrafgesetz 1954, dem Außenwirtschaftsgesetz und dem Gesetz zur Durchführung der gemeinsamen Marktorganisationen (MOG), da die Verwaltungsbehörde in diesen Fällen auch im Strafverfahren stets zu beteiligen ist (§ 13 Abs. 2 des Wirtschaftsstrafgesetzes 1954, § 38 Abs. 2 des Außenwirtschaftsgesetzes, § 38 Abs. 2 MOG).

(3) Würde die Anhörung der Verwaltungsbehörde das Verfahren unangemessen verzögern, so sieht der Staatsanwalt von der Einstellung des Verfahrens unter dem rechtlichen Gesichtspunkt einer Ordnungswidrigkeit ab; in diesem Falle gibt er die Sache, sofern er die Tat nicht als Straftat weiterverfolgt, an die Verwaltungsbehörde ab, wenn Anhaltspunkte dafür vorhanden sind, daß die Tat als Ordnungswidrigkeit verfolgt werden kann (§ 43 Abs. 1 OWiG).

(4) Stellt der Staatsanwalt das Verfahren sowohl wegen der Straftat als auch wegen der Ordnungswidrigkeit ein, so trifft er eine einheitliche Einstellungsverfügung.

(5) ¹Stellt der Staatsanwalt das Verfahren unter dem rechtlichen Gesichtspunkt der Ordnungswidrigkeit ein, so braucht er dem Anzeigenden die Gründe für die Einstellung in der Regel nicht mitzuteilen. ²Hatte die Verwaltungsbehörde wegen der Ordnungswidrigkeit bereits ein Bußgeldverfahren eingeleitet, so teilt der Staatsanwalt auch ihr die Einstellung mit.

276 Einstellung des Verfahrens nur wegen der Straftat

(1) ¹Der Staatsanwalt gibt die Sache an die Verwaltungsbehörde ab, wenn er das Verfahren nur wegen der Straftat einstellt, aber Anhaltspunkte dafür vorhanden sind, daß die Tat als Ordnungswidrigkeit verfolgt werden kann (§ 43 Abs. 1 OWiG). ²Die Nr. 88 ff. sind zu beachten.

(2) ¹Der Verwaltungsbehörde werden im Falle des Abs. 1 Satz 1 die Vorgänge oder Abdrucke der Vorgänge, soweit sie sich auf die Ordnungswidrigkeit beziehen, übersandt. ²Bei der Abgabe der Sache ist mitzuteilen, worin die Anhaltspunkte dafür gesehen werden, daß die Tat als Ordnungswidrigkeit verfolgt werden kann; dies gilt nicht, wenn ein solcher Hinweis für die Verwaltungsbehörde entbehrlich ist.

(3) ¹Wird gegen die Einstellung des Verfahrens wegen der Straftat Beschwerde eingelegt, so hindert dies den Staatsanwalt nicht, die Sache wegen des Verdachts der Ordnungswidrigkeit an die Verwaltungsbehörde abzugeben. ²Die Abgabe wird in diesem Falle namentlich dann geboten sein, wenn die Beschwerde unbegründet erscheint und die Verfolgung der Ordnungswidrigkeit zu verjähren droht.

2. Übernahme der Verfolgung einer Ordnungswidrigkeit

277 Übernahme

(1) ¹Der Staatsanwalt soll die Verfolgung einer Ordnungswidrigkeit nur dann übernehmen, wenn diese Verfahrensgestaltung wegen besonderer Umstände sachdienlich erscheint (§ 42 Abs. 2 OWiG). ²Das wird in erster Linie zu bejahen sein, wenn die Taten in einer engen zeitlichen oder räumlichen Beziehung zueinander stehen. ³Auch sonst kann die Übernahme zweckmäßig sein, z. B. wenn einheitliche Ermittlungen den Betroffenen oder die Ermittlungsbehörden weniger belasten.

(2) ¹Der Staatsanwalt soll grundsätzlich nicht die Verfolgung solcher Ordnungswidrigkeiten übernehmen, mit deren Beurteilung er im allgemeinen nicht vertraut ist (z.B. Ordnungswidrigkeiten nach den innerstaatlichen EG-Durchführungsbestimmungen). ²Erscheint es zweifelhaft, ob die Übernahme der Verfolgung sachdienlich ist, so hört die Staatsanwaltschaft vor der Übernahme die sonst zuständige Verwaltungsbehörde.

(3) Der Staatsanwalt macht die Übernahme aktenkundig und unterrichtet zugleich die Verwaltungsbehörde, wenn sie bereits ein Bußgeldverfahren eingeleitet hat oder diese Möglichkeit naheliegt.

(4) Übernimmt der Staatsanwalt die Verfolgung nicht, so gilt Nr. 276 Abs. 2 entsprechend.

278 Verfahren nach Übernahme

(1) Ergeben die Ermittlungen wegen der Ordnungswidrigkeit, daß deren weitere Verfolgung im Zusammenhang mit der Straftat nicht sachdienlich erscheint, so gibt der Staatsanwalt insoweit die Sache an die Verwaltungsbehörde ab (§ 43 Abs. 2 Halbs. 1 OWiG); Nr. 276 Abs. 2 gilt entsprechend.

(2) ¹Erwägt der Staatsanwalt, das Verfahren wegen der übernommenen Ordnungswidrigkeit einzustellen, so ist § 63 Abs. 3 OWiG zu beachten. ²Im übrigen gilt Nr. 275 Abs. 3 entsprechend.

279 Einstellung des Verfahrens nur wegen der Straftat

Stellt der Staatsanwalt nach Übernahme der Verfolgung einer Ordnungswidrigkeit das Verfahren nur wegen der zusammenhängenden Straftat ein (§ 43 Abs. 2 Halbs. 2 OWiG), so gilt Nr. 276 entsprechend.

IV. Abschnitt. Erstreckung der öffentlichen Klage auf die Ordnungswidrigkeit

280

(1) Erstreckt der Staatsanwalt die öffentliche Klage auf die übernommene Ordnungswidrigkeit (§§ 42, 64 OWiG), so sind die Straftat und die Ordnungswidrigkeit in einer einheitlichen Anklageschrift zusammenzufassen.

(2) ¹In der Anklageschrift ist die Ordnungswidrigkeit zu bezeichnen, die dem Angeschuldigten oder einem Betroffenen zur Last gelegt wird (§ 42 Abs. 1 Satz 2, 2. Fall OWiG). ²Die Nr. 110 bis 112 gelten sinngemäß auch für den Teil der Anklage, der sich auf die Ordnungswidrigkeit bezieht. ³Wer nur wegen einer Ordnungswidrigkeit verfolgt wird, ist in der Anklageschrift als „Betroffener" zu bezeichnen.

(3) § 63 OWiG ist zu beachten.

(4) Für den Antrag auf Erlaß eines Strafbefehls gilt Abs. 1 bis 3 entsprechend.

V. Abschnitt. Verfahren nach Einspruch gegen den Bußgeldbescheid

281 Prüfung der Zulässigkeit des Einspruchs; Wiedereinsetzung in den vorigen Stand

¹Werden die Akten nach Einspruch gegen den Bußgeldbescheid über die Staatsanwaltschaft an das Amtsgericht übersandt und stellt der Staatsanwalt dabei fest, daß der Einspruch nicht rechtzeitig, nicht in der vorgeschriebenen Form oder sonst nicht wirksam eingelegt ist, so gibt er die Akten an die Verwaltungsbehörde zur Entscheidung über die Zulässigkeit des Einspruchs (§ 69 Abs. 1 Satz 1 OWiG) zurück. ²Satz 1 gilt entsprechend, wenn der Betroffene wegen Versäumung der Einspruchsfrist die Wiedereinsetzung in den vorigen Stand beantragt und die Verwaltungsbehörde hierüber noch nicht entschieden hat.

282 Prüfung des Vorwurfs

(1) Bei einem zulässigen Einspruch prüft der Staatsanwalt, ob der hinreichende Verdacht einer Ordnungswidrigkeit besteht, die Verfolgung geboten ist (§ 47 Abs. 1 OWiG) und Verfahrenshindernisse nicht entgegenstehen.

(2) Im Rahmen seiner Prüfung kann der Staatsanwalt selbst Ermittlungen vornehmen oder Ermittlungsorgane darum ersuchen oder von Behörden oder sonstigen Stellen die Abgabe von Erklärungen über dienstliche Wahrnehmungen, Untersuchungen und Erkenntnisse (§ 77 a Abs. 2 OWiG) verlangen.

(3) ¹Stellt der Staatsanwalt das Verfahren ein, teilt er dies dem Betroffenen und der Verwaltungsbehörde formlos mit; Nummer 275 Abs. 2 gilt für die dort genannten Fälle entsprechend. ²Eine Auslagenentscheidung nach § 108 a Abs. 1 OWiG trifft die Staatsanwaltschaft in der Regel nur auf Antrag des Betroffenen oder eines anderen Antragsberechtigten; die Entscheidung kann auch von Amts wegen getroffen werden, so z. B. dann, wenn sich aus den Akten ergibt, daß dem Betroffenen notwendige Auslagen entstanden sind und das Verfahren mangels hinreichenden Verdachts eingestellt wird. ³Für die Festsetzung der notwendigen Auslagen des Betroffenen (§ 108 a Abs. 3 OWiG, § 464 b StPO) gilt Nr. 145 entsprechend.

(4) Bei der Einstellung des Verfahrens wegen eines Halt- oder Parkverstoßes hat der Staatsanwalt auch zu prüfen, ob eine Kostenentscheidung nach § 25 a StVG in Betracht kommt.

283 Zustimmung zur Rückgabe der Sache an die Verwaltungsbehörde

¹Eine Zustimmung zur Rückgabe der Sache an die Verwaltungsbehörde wegen offensichtlich ungenügender Aufklärung des Sachverhalts (§ 69 Abs. 5 Satz 1 OWiG) kommt namentlich in Betracht, wenn

a) nach dem Akteninhalt Beweismittel zur Feststellung der Beschuldigung fehlen oder naheliegende Beweise hierzu nicht erhoben sind oder

b) Beweisanregungen des Betroffenen, die für die Entscheidung von wesentlicher Bedeutung sind, ohne Angabe von Gründen nicht entsprochen ist.

²Die Zustimmung zur Rückgabe ist in diesen Fällen geboten, wenn es angezeigt ist, die Verwaltungsbehörde auch für künftige Fälle zu einer näheren Prüfung nach § 69 Abs. 2 OWiG zu veranlassen.

284 Stellungnahme des Staatsanwalts bei Vorlage

(1) Bei der Vorlage der Akten an das Gericht soll sich der Staatsanwalt dazu äußern, ob er

a) einer Entscheidung durch Beschluß (§ 72 OWiG) widerspricht,

b) an der Hauptverhandlung nicht teilnehmen wird (vgl. auch § 47 Abs. 2 OWiG) und auf Terminsnachricht verzichtet,

c) die Vorladung eines Zeugen für erforderlich hält oder eine vereinfachte Art der Beweisaufnahme für ausreichend erachtet (§ 77 a OWiG),

d) die schriftliche Begründung des Urteils beantragt.

(2) Stimmt der Staatsanwalt einer Entscheidung durch Beschluß zu, so äußert er sich zugleich zur Sache und stellt einen bestimmten Antrag.

285 Hauptverhandlung

(1) ¹Für die Hauptverhandlung sind, soweit nichts anderes bestimmt ist, die Nr. 116 bis 145 sinngemäß anzuwenden. ²Dabei ist auch zu prüfen, ob die Anwendung einzelner Vorschriften im Hinblick auf die unterschiedliche Bewertung von Straftaten und Ordnungswidrigkeiten angemessen ist.

(2) ¹Es wird sich empfehlen, die Termine zur Hauptverhandlung in ihrer Aufeinanderfolge von denen in Strafsachen getrennt festzusetzen. ²Auch in der Bezeichnung der Sachen auf Formularen und Terminzetteln sollten Bußgeld- und Strafverfahren möglichst getrennt behandelt werden.

286 Umfang der Sachaufklärung

Bei der Aufklärung der Sache wird die Erörterung der persönlichen und wirtschaftlichen Verhältnisse und die Prüfung, ob der Betroffene bestraft oder gegen ihn schon früher eine Geldbuße festgesetzt worden ist, nur dann in Betracht kommen, wenn dies für die Entscheidung von Bedeutung sein kann.

287 Teilnahme an der Hauptverhandlung

(1) Der Staatsanwalt nimmt an der Hauptverhandlung teil, wenn

a) er einer Entscheidung durch Beschluß widersprochen hat (§ 72 Abs. 1 OWiG), oder

b) Anhaltspunkte dafür vorhanden sind, daß die Tat auch unter dem rechtlichen Gesichtspunkt einer Straftat beurteilt werden kann (§ 81 OWiG; vgl. Nr. 290).

(2) ¹Der Staatsanwalt soll im übrigen an der Hauptverhandlung teilnehmen, wenn seine Mitwirkung aus besonderen Gründen geboten erscheint. ²Das kommt vor allem in Betracht, wenn

a) das Gericht ihm mitgeteilt hat, daß es seine Mitwirkung an der Hauptverhandlung für angemessen hält (§ 75 Abs. 1 Satz 2 OWiG),

b) die Aufklärung des Sachverhalts eine umfangreiche Beweisaufnahme erfordert,

c) eine hohe Geldbuße oder eine bedeutsame Nebenfolge in Betracht kommt,

d) eine Rechtsfrage von allgemeiner Bedeutung zu entscheiden ist,

e) die Verwaltungsbehörde die Teilnahme des Staatsanwalts an der Hauptverhandlung angeregt hat oder

f) mit einer gerichtlichen Einstellung des Verfahrens nach § 47 Abs. 2 Satz 1 OWiG in Fällen zu rechnen ist, in denen dies vom Standpunkt des öffentlichen Interesses nicht vertretbar erscheint (vgl. § 75 Abs. 2 OWiG).

288 Beteiligung der Verwaltungsbehörde

(1) ¹Der Termin zur Hauptverhandlung wird der Verwaltungsbehörde so rechtzeitig mitgeteilt, daß ihr Vertreter sich auf die Hauptverhandlung vorbereiten und die Akten vorher einsehen kann (§ 76 Abs. 1 OWiG). ²Nr. 275 Abs. 2 Satz 2, Abs. 3 gilt entsprechend.

(2) Kann nach Auffassung des Staatsanwalts die besondere Sachkunde der Verwaltungsbehörde für die Entscheidung von Bedeutung sein, so wirkt er darauf hin, daß ein Vertreter der Verwaltungsbehörde an der Hauptverhandlung teilnimmt.

(3) § 76 Abs. 4 OWiG ist zu beachten.

289 Rücknahme der Klage

(1) ¹Erwägt der Staatsanwalt, die Klage zurückzunehmen, so prüft er, ob die Verwaltungsbehörde vorher zu hören ist (§ 76 Abs. 3 OWiG). ²Nr. 275 Abs. 2, 3 gilt entsprechend.

(2) Nimmt der Staatsanwalt die Klage zurück, so teilt er dies dem Betroffenen und der Verwaltungsbehörde formlos mit.

290 Übergang vom Bußgeld- zum Strafverfahren

(1) ¹Ergibt sich nach Einspruch gegen den Bußgeldbescheid, daß der hinreichende Verdacht einer Straftat besteht, so übersendet der Staatsanwalt die Akten dem Gericht mit dem Antrag, den Betroffenen auf die Veränderung des rechtlichen Gesichtspunktes hinzuweisen (§ 81 Abs. 2 Satz 1 OWiG). ²In diesem Falle widerspricht er zugleich einer Entscheidung durch Beschluß (§ 72 OWiG).

(2) ¹Auch im weiteren Verlauf des Verfahrens hat der Staatsanwalt darauf zu achten, ob der hinreichende Verdacht einer Straftat besteht. ²Gegebenenfalls wird der Betroffene auf die Veränderung des rechtlichen Gesichtspunktes hinzuweisen sein (vgl. § 81 Abs. 2 Satz 1 OWiG).

(3) Wegen der weitreichenden Folgen, die sich aus dem Hinweis auf die Veränderung des rechtlichen Gesichtspunktes ergeben (§ 81 Abs. 2 OWiG), soll der Staatsanwalt darauf hinwirken, daß das Gericht den betroffenen und seinen Verteidiger vor dem Hinweis hört, wenn er beantragt, den Hinweis zu geben, oder das Gericht dies erwägt.

VI. Abschnitt. Rechtsbeschwerdeverfahren

291 Rechtsbeschwerde und Antrag auf deren Zulassung

Für die Rechtsbeschwerde und den Antrag auf deren Zulassung gelten, soweit nichts anderes bestimmt ist, die Nr. 147 bis 152 sinngemäß.

292 Vorsorgliche Einlegung

Hat die Verwaltungsbehörde angeregt, gegen eine gerichtliche Entscheidung ein Rechtsmittel einzulegen, und bestehen Zweifel, ob die Anregung sachlich berechtigt ist, so kann das Rechtsmittel ausnahmsweise vorsorglich eingelegt werden, wenn die Zweifel vor Ablauf der Rechtsmittelfrist nicht behoben werden können.

293 Verfahren nach Einlegung

(1) ¹Für das Verfahren nach Einlegung der Rechtsbeschwerde und des Antrags auf deren Zulassung gelten die Nr. 153 bis 169 sinngemäß. ²Ein Übersendungsbericht ist abweichend von Nr. 163 Abs. 1 Satz 4 nur in umfangreichen Sachen beizufügen.

(2) Beantragt der Staatsanwalt, die Rechtsbeschwerde zuzulassen (§ 80 OWiG), so ist anzugeben, aus welchen Gründen die Nachprüfung des Urteils zur Fortbildung des Rechts oder zur Sicherung einer einheitlichen Rechtsprechung oder die Aufhebung des Urteils wegen Versagung des rechtlichen Gehörs geboten erscheint.

VII. Abschnitt. Bußgelderkenntnis im Strafverfahren

294

(1) Der Staatsanwalt achtet nach Erhebung der öffentlichen Klage wegen einer Straftat darauf, daß das Gericht über die Tat zugleich unter dem rechtlichen Gesichtspunkt einer Ordnungswidrigkeit entscheidet, wenn sich der Verdacht der Straftat nicht erweist oder eine Strafe nicht verhängt wird (§ 82 Abs. 1 OWiG).

(2) Ist eine Handlung gleichzeitig Straftat und Ordnungswidrigkeit, so prüft der Staatsanwalt weiterhin, ob bei einer Bestrafung die Anordnung einer Nebenfolge der Ordnungswidrigkeit in Betracht kommt (vgl. Nr. 273 Abs. 2 Satz 1) und berücksichtigt dies bei seinem Antrag zur Entscheidung in der Sache.

VIII. Abschnitt. Entschädigung für Verfolgungsmaßnahmen

295

¹Das Gesetz über die Entschädigung für Strafverfolgungsmaßnahmen gilt sinngemäß auch für das Bußgeldverfahren (§ 46 Abs. 1 OWiG). ²Auf die Ausführungsvorschriften zu diesem Gesetz (Anlage C) wird verwiesen.

IX. Abschnitt. Akteneinsicht

296

Die Nr. 182 bis 189 gelten für das Bußgeldverfahren sinngemäß.

X. Abschnitt. Einholung der Entscheidung des Bundesverfassungsgerichts

297

Die Nr. 190 ist auch im Bußgeldverfahren anzuwenden.

XI. Abschnitt. Bußgeldsachen gegen Mitglieder der gesetzgebenden Körperschaften

298

¹Die Immunität der Mitglieder der gesetzgebenden Körperschaften hindert nicht, gegen diese ein Bußgeldverfahren durchzuführen. ²Dagegen ist der Über-

gang zum Strafverfahren nach § 81 OWiG nur mit Genehmigung der gesetzgebenden Körperschaft zulässig (vgl. Nr. 191 ff.); dies gilt auch für die Anordnung der Erzwingungshaft.

XII. Abschnitt. Behandlung der von der deutschen Gerichtsbarkeit befreiten Personen

299
Die Nr. 193 bis 199 gelten für das Bußgeldverfahren entsprechend.

XIII. Abschnitt. Rechtshilfeverkehr mit dem Ausland

300
Die Staatsanwaltschaft kann im Bußgeldverfahren der Verwaltungsbehörde im Wege der Amtshilfe bei ausländischen Behörden Rechtshilfe erbitten, soweit dies in zwischenstaatlichen Verträgen vereinbart ist oder auf Grund besonderer Umstände (z.B. eines Notenwechsels zwischen der Bundesregierung und einer ausländischen Regierung) damit gerechnet werden kann, daß der ausländische Staat die Rechtshilfe auch ohne vertragliche Regelung gewähren wird.

Anlagen zu den Richtlinien für das Strafverfahren: *[hier nicht wiedergegeben]*

- Anlage A. Gemeinsame Richtlinien der Justizminister/ -senatoren und der Innenminister/ -senatoren des Bundes und der Länder über die Anwendung unmittelbaren Zwanges durch Polizeibeamte auf Anordnung des Staatsanwalts
- Anlage B. Richtlinien über die Inanspruchnahme von Publikationsorganen und die Nutzung des Internets sowie anderer elektronischer Kommunikationsmittel zur Öffentlichkeitsfahndung nach Personen im Rahmen von Strafverfahren
- Anlage C. Ausführungsvorschriften zum Gesetz über die Entschädigung für Strafverfolgungsmaßnahmen
- Anlage D. Gemeinsame Richtlinien der Justizminister/ -senatoren und der Innenminister/ -senatoren der Länder über die Inanspruchnahme von Informanten sowie über den Einsatz von Vertrauenspersonen (V-Personen) und Verdeckten Ermittlern im Rahmen der Strafverfolgung
- Anlage E. Gemeinsame Richtlinien der Justizminister/ -senatoren und der Innenminister/ -senatoren der Länder über die Zusammenarbeit von Staatsanwaltschaft und Polizei bei der Verfolgung der Organisierten Kriminalität
- Anlage F. Richtlinien über die internationale Fahndung nach Personen, einschließlich der Fahndung nach Personen im Schengener Informationssystem

II. Formulare

Ladung § 133 StPO

Amtsgericht XY

Amtsgericht ♦ Postfach 11 11 ♦ 11111 Gerichtsort

	Bringen Sie bitte diese Ladung zum Termin mit!		
Aktenzeichen (bei Antwort bitte angeben)	Bearbeiter/in	Tel: (0123) 45 67	Datum

Ladung

In dem Ermittlungsverfahren gegen Sie
wegen ...
sollen Sie als Beschuldigte/r vernommen werden.
Ich lade Sie daher auf

Wochentag　　　　　　　　| Tag, Monat, Jahr　　　　　| Uhrzeit

zur Vernehmung nach

Ort, Anschrift　　　　　　|　　　　　　　　　　　　| Zimmer-Nr.

Falls Sie unentschuldigt dem Termin fernbleiben, kann Ihre zwangsweise Vorführung angeordnet werden.
Sollten Sie nicht in der Lage sein, die Reisekosten aus eigenen Mitteln zu zahlen, kann Ihnen bei Vorlage entsprechender Nachweise von hier eine Fahrkarte zur Verfügung gestellt werden. In Eilfällen wenden Sie sich bitte an das für Ihren Aufenthaltsort zuständige Amtsgericht.

Mit freundlichen Grüßen

Urkundsbeamter der Geschäftsstelle

Formulare

Beiordnung Zeugenbeistand nach § 68b StPO

Landgericht XY
1. Strafkammer
Beschluss vom *Datum*
In der Strafsache
gegen
wegen
wird dem Zeugen NN
Rechtsanwalt AB aus C
gemäß § 68b Satz 2 Nr. 1 StPO in Verbindung mit § 68b Satz 1 StPO auf Antrag der Staatsanwaltschaft für die Dauer der Vernehmung
als Zeugenbeistand beigeordnet.
(………..)

VRLG

Beugehaftbeschluss nach § 70 Abs. 2 StPO

Landgericht XY
1. Strafkammer
Beschluss vom *Datum*
In der Strafsache
gegen
wegen
wird gegen den Zeugen NN
zur Erzwingung des Zeugnisses Haft angeordnet, jedoch nicht über die Zeit der Beendigung des Verfahrens in dem Rechtszug und nicht über die Zeit von sechs Monaten hinaus.

Gründe:
1. [Allgemeiner Sachverhalt]
2. Grundlose Zeugnis-/Eidesverweigerung
3. Beugehaft - § 70 Abs. 2 StPO
4. [Verhältnismäßigkeit]
(...........)
VRLG

Formulare

Ordnungsgeldbeschluss nach § 70 Abs. 1 StPO

Landgericht XY
1. Strafkammer
Beschluss vom *Datum*
In der Strafsache
gegen
wegen
werden dem Zeugen NN
die durch seine Verweigerung des Zeugnisses/der Eidesleistung
verursachten Kosten auferlegt.
Gegen den Zeugen wird ein Ordnungsgeld von 100 EUR und für den Fall, dass das Ordnungsgeld nicht beigetrieben werden kann, für je 50 EUR ein Tag Ordnungshaft festgesetzt.

Gründe:
1. [Allgemeiner Sachverhalt]
2. Grundlose Zeugnis-/Eidesverweigerung
3. Kostenfolge - § 70 Abs. 1 Satz 1 StPO
4. Ordnungsgeld/-haft - § 70 Abs. 1 Satz 2 StPO
(………..)

VRLG

Anhang **Formulare**

Protokoll der Beschuldigtenvernehmung nach § 136 StPO

Amtsgericht XY *Gerichtsort*, den *(Datum)*
 [z.Zt. ...]
- *Aktenzeichen* -
Gegenwärtig:
 als ...
 als Vernehmende(r)
 als Protokollführer(in)

Beginn der Vernehmung: ...... Uhr
Ende der Vernehmung: ...... Uhr
In dem Ermittlungsverfahren gegen ...
wegen...
erschien auf Ladung / vorgeführt
der Beschuldigte ./ die Beschuldigte ...
mit RA. .... als Verteidiger.

Dem Beschuldigten wurde eröffnet, welche Tat ihm zur Last gelegt wird und welche Strafvorschriften in Betracht kommen. Er wurde darauf hingewiesen, dass es ihm freistehe, sich zu der Beschuldigung zu äußern oder nichts zur Sache auszusagen und jederzeit, auch vor seiner Vernehmung, einen von ihm zu wählenden Verteidiger zu befragen. Er wurde ferner darüber belehrt, dass er zu seiner Entlastung einzelne Beweiserhebungen beantragen könne.

Der Beschuldigte erklärte: Ich will (nicht) aussagen.

Formulare

Vorführungsbefehl nach § 133 StPO

Amtsgericht XY
Ermittlungsrichter
Beschluss vom *Datum*
In dem Ermittlungsverfahren
gegen
wegen
ist der Beschuldigte NN *(eindeutige Bezeichnung!)*
nach § 133 StPO zum Zwecke der richterlichen Vernehmung
am   *Datum*
um   *Uhrzeit*
in   *Gerichtsort*, Saal 3
vorzuführen.

Gründe:
1. [Bezeichnung der Straftat]
2. Zustellung der Ladung
3. Unentschuldigtes Ausbleiben am *Datum*
4. Rechtsmittel: Beschwerde, § 304 Abs. 1 StPO
(………..)

RAG

Anhang **Formulare**

Vorführungsbefehl nach § 134 Abs. 1 StPO

Amtsgericht XY
Ermittlungsrichter
Beschluss vom *Datum*
In dem Ermittlungsverfahren
gegen
wegen
ist der Beschuldigte NN *(eindeutige Bezeichnung!)*
nach § 134 Abs. 1 StPO zum Zwecke der richterlichen Vernehmung
am *Datum*
um *Uhrzeit*
in *Gerichtsort*, Saal 3
vorzuführen.

Gründe:
1. [Bezeichnung der Straftat]
2. Grund der Vorführung. Haft /Unterbringungsgrund – § 134 Abs. 1 StPO
3. Rechtsmittel: Beschwerde, § 304 Abs. 1 StPO
(………..)

RAG

Formulare Anhang

Beschlagnahmebeschluss

Amtsgericht Musterhausen
– Ermittlungsrichter –
11 Gs 111/08

Beschluss

Bei dem Beschuldigten Manfred Mustermann, geboren am 1. Januar 1960 in Musterburg, wohnhaft in 33333 Musterstadt, Musterstraße 3
wird ohne vorherige Anhörung (§ 33 Abs. 4 StPO) gemäß §§ 102, 105 Abs. 1 StPO
die Durchsuchung der Wohn- und Nebenräume des Beschuldigten in 33333 Musterstadt, Musterstraße 3 sowie seines Pkws Ford Fiesta mit dem amtlichen Kennzeichen M-AM 350 zur Beschlagnahme des dunkelroten Herrenhemdes und des schwarzen Stoffblousons, die der Beschuldigte am Abend des 10. Januar 2008 getragen hatte, nach §§ 94 Abs. 1 und 2, 98 Abs. 1 StPO sowie des etwa 50 cm langen Schlagstocks, den er an dem genannten Abend mit sich führte, nach §§ 94 Abs. 1 und 2, 98 Abs. 1, 111b Abs. 1, 111c Abs. 1, 111e Abs. 1 StPO angeordnet.

Gründe:

Der Beschuldigte ist verdächtig, am 10. Januar 2008 gegen 22.30 Uhr die Zeugin Andrea Jung in ihrer Wohnung in Musterdorf, Musterweg 2 mittels eines Schlagstocks niedergeschlagen zu haben, wodurch diese eine stark blutende Platzwunde an der Stirn und eine Gehirnerschütterung davontrug. Die Zeugin hatte auf ein Klingeln die Wohnungstür geöffnet und war daraufhin von einer männlichen Person, die mit einem Strumpf maskiert war, in ihre Wohnung zurückgedrängt worden. Da sie die Person, die mit einem dunkelroten Hemd und einem schwarzen Stoffblouson bekleidet war, an ihrer Statur und Kleidung als ihren früheren Arbeitskollegen – den Beschuldigten nämlich - zu erkennen meinte, sprach sie ihn mit seinem Vornamen an, worauf dieser begann, mittels eines mitgeführten Schlagstocks auf sie einzuschlagen. Da sich die Zeugin wehrte, kam es zu einem Handgemenge, in deren Verlauf sie den Angreifer mit dem beschuhten Fuß gegen beide Schienbeine trat, ihm mit den Fäusten gegen die Brust schlug und ihm Kratzwunden zufügte. Als die Zeugin infolge der Schläge auf den Kopf das Bewusstsein verlor, ließ der Angreifer von ihr ab und ergriff die Flucht.
Die Tat ist zumindest strafbar als gefährliche Körperverletzung gemäß § 224 Abs. 1 Nr. 2 StGB.
Die oben genannten Gegenstände können als Beweismittel von Bedeutung sein. Die Zeugin Jung hat angegeben, sie habe vor etwa drei Wochen Unterschlagungen des Beschuldigten zum Nachteil des gemeinsamen Arbeitgebers aufgedeckt, worauf dem Beschuldigten fristlos gekündigt worden sei. Dieser habe in der Folge ihr gegenüber – teilweise auch in Anwesenheit der Zeugin Alt, die dies bestätigte - Drohungen ausgesprochen. Der Angreifer habe nicht nur hinsichtlich der Statur – er habe sie um Haupteslänge überragt, sei jedoch sehr schmalgliedrig gewesen - große Ähnlichkeit mit dem Beschuldigten gehabt, sondern habe auch – wie der Beschuldigte bisweilen an der Arbeitsstelle gekleidet gewesen sei - ein dunkelrotes Hemd und einen schwarzen Stoffblouson getragen. Es ist davon auszugehen, dass mittels der zu beschlagnahmenden Gegenstände der Tatnachweis geführt werden kann, zumal zu erwarten ist, dass sich zumindest an dem Schlagstock noch Blutanhaftungen befinden, die nach einer molekulargenetischen Untersuchung der Zeugin Jung zugeordnet werden können. Darüber hinaus liegen bezüglich des Schlagstocks Gründe für die Annahme vor, dass die Voraussetzungen für seine Einziehung nach § 74 Abs. 1 StPO gegeben sind.
Die Durchsuchung und Beschlagnahme sind für die weiteren Ermittlungen notwendig, sie stehen in einem angemessenen Verhältnis zur Schwere der Tat und zur Stärke des Tatverdachts.

Maier
(Richter am Amtsgericht)

Anhang   **Formulare**

Beschluss § 81g StPO

Amtsgericht Musterhausen
                                              - Ermittlungsrichter -
11 Gs 111/08

                                    Beschluss

In dem Ermittlungsverfahren gegen Manfred Mustermann, geboren am 1. Januar 1960 in Musterburg, wohnhaft in 33333 Musterstadt, Musterstraße 3
wird
1. gemäß § 81a Abs. 1 StPO
   die Entnahme einer Speichelprobe, für den Fall der Weigerung die Entnahme einer Blutprobe durch den Arzt,
2. gemäß §§ 81g, 162 StPO
   die molekulargenetische Untersuchung der durch die körperliche Untersuchung des Beschuldigten (§ 81a StPO) erlangten Körperzellen durch
Prof. Dr. Arzt, Gerichtsmedizinisches Institut der Universität Musterhausen, Musterallee 100
zur Feststellung des DNA-Identifizierungsmusters sowie des Geschlechts zum Zweck der Identitätsfeststellung in künftigen Strafverfahren angeordnet.

                                    Gründe:

Der Beschuldigte ist verdächtig, am 10. Januar 2008 gegen 22.30 Uhr die Zeugin Andrea Jung in ihrer Wohnung in Musterdorf, Musterweg 2 mittels eines Schlagstocks niedergeschlagen zu haben, wodurch diese eine stark blutende Platzwunde an der Stirn und eine Gehirnerschütterung davontrug.
Die Tat ist strafbar als gefährliche Körperverletzung gemäß § 224 Abs. 1 Nr. 2 StGB.
Die Tat stellt ein schwerwiegendes Vergehen dar und ist damit eine Straftat von erheblicher Bedeutung.
Die angeordnete körperliche Untersuchung wird das für die molekulargenetische Untersuchung notwendige Spurenmaterial erbringen.
Die molekulargenetische Untersuchung dieses Spurenmaterials zur Feststellung des DNA-Identifizierungsmusters sowie des Geschlechts ist zum Zweck der Identitätsfeststellung in künftigen Strafverfahren erforderlich.
Es besteht Grund zu der Annahme, dass gegen den Beschuldigten künftig Strafverfahren wegen einer der in § 81g StPO genannten Straftaten zu führen sind. Der Beschuldigte ist einschlägig vorbestraft. Er wurde 1995 wegen Körperverletzung mit Todesfolge (§ 226 StGB aF) zu einer Freiheitsstrafe von 4 Jahren verurteilt.
Dem Sachverständigen ist das Untersuchungsmaterial ohne Mitteilung des Namens, der Anschrift und des Geburtstages und -monats des Beschuldigten in anonymisierter Form zu übergeben. Die entnommenen Körperzellen dürfen nur für die in § 81g StPO genannte molekulargenetische Untersuchung verwendet werden; sie sind unverzüglich zu vernichten, sobald sie hierfür nicht mehr erforderlich sind. Bei der Untersuchung dürfen andere Feststellungen als diejenigen, die zur Ermittlung des DNA-Identifizierungsmusters sowie des Geschlechts erforderlich sind, nicht getroffen werden; hierauf gerichtete Untersuchungen sind unzulässig.

Maier
(Richter am Amtsgericht)

Formulare

Beschluss DNA

Amtsgericht Musterhausen

- Ermittlungsrichter -

11 Gs 111/08

Beschluss

In dem Ermittlungsverfahren gegen Manfred Mustermann, geboren am 1. Januar 1960 in Musterburg, wohnhaft in 33333 Musterstadt, Musterstraße 3
wird gemäß §§ 81e Abs. 1 S. 1, 81f StPO
die molekulargenetische Untersuchung an dem bei dem Beschuldigten durch die körperliche Untersuchung (§ 81a StPO) erlangten Blut sowie an den bei der Zeugin Andrea Jung, 33332 Musterdorf, Musterweg 2 durch deren körperliche Untersuchung (§ 81c StPO) sichergestellten Blut- und Hautresten
durch Prof. Dr. Arzt, Gerichtsmedizinisches Institut der Universität Musterhausen, Musterallee 100 angeordnet.

Gründe:

Der Beschuldigte ist verdächtig, am 10. Januar 2008 gegen 22.30 Uhr die Zeugin Andrea Jung in ihrer Wohnung in Musterdorf, Musterweg 2 mittels eines Schlagstocks niedergeschlagen zu haben, wodurch diese eine stark blutende Platzwunde an der Stirn und eine Gehirnerschütterung davontrug. Die Zeugin hatte auf ein Klingeln die Wohnungstür geöffnet und war daraufhin von einer männlichen Person, die mit einem Strumpf maskiert war, in ihre Wohnung zurückgedrängt worden. Da sie die Person, die mit einem dunkelroten Hemd und einem schwarzen Stoffblouson bekleidet war, an ihrer Statur und Kleidung als ihren früheren Arbeitskollegen – den Beschuldigten nämlich – zu erkennen meinte, sprach sie ihn mit seinem Vornamen an, worauf dieser begann, mittels eines mitgeführten Schlagstocks auf sie einzuschlagen. Da sich die Zeugin wehrte, kam es zu einem Handgemenge, in deren Verlauf sie den Angreifer mit dem beschuhten Fuß gegen beide Schienbeine trat, ihm mit den Fäusten gegen die Brust schlug und ihm Kratzwunden zufügte. Als die Zeugin infolge der Schläge auf den Kopf das Bewusstsein verlor, ließ der Angreifer von ihr ab und ergriff die Flucht.
Die Tat ist zumindest strafbar als gefährliche Körperverletzung gemäß § 224 Abs. 1 Nr. 2 StGB.
Unmittelbar nach der Tat konnten anlässlich einer körperlichen Untersuchung der Zeugin Jung unter deren Fingernägeln Blut- und Hautreste sichergestellt werden. Die molekulargenetische Untersuchung dieser Spuren sowie der dem Beschuldigten entnommenen Blutprobe ist zur Feststellung der Herkunft dieser Spuren vom Beschuldigten für das anhängige Strafverfahren erforderlich.
Dem Sachverständigen ist das Untersuchungsmaterial ohne Mitteilung des Namens, der Anschrift und des Geburtstages und -monats des Beschuldigten in anonymisierter Form zu übergeben. Er hat durch technische und organisatorische Maßnahmen zu gewährleisten, dass unzulässige molekulargenetische Untersuchungen und unbefugte Kenntnisnahme Dritter ausgeschlossen sind.

Maier
(Richter am Amtsgericht)

Beschluss körperliche Untersuchung

Amtsgericht Musterhausen
- Ermittlungsrichter -
11 Gs 111/08

Beschluss

Bei dem Beschuldigten Manfred Mustermann, geboren am 1. Januar 1960 in Musterburg, wohnhaft in 33333 Musterstadt, Musterstraße 3
wird gemäß §§ 81a Abs. 1 Satz 1 und 2, Abs. 2 StPO
die körperliche Untersuchung des Beschuldigten und die Entnahme einer Blutprobe durch einen Arzt angeordnet.

Gründe:

Der Beschuldigte ist verdächtig, am 10. Januar 2008 gegen 22.30 Uhr die Zeugin Andrea Jung in ihrer Wohnung in Musterdorf, Musterweg 2 mittels eines Schlagstocks niedergeschlagen zu haben, wodurch diese eine stark blutende Platzwunde an der Stirn und eine Gehirnerschütterung davontrug. Die Zeugin hatte auf ein Klingeln die Wohnungstür geöffnet und war daraufhin von einer männlichen Person, die mit einem Strumpf maskiert war, in ihre Wohnung zurückgedrängt worden. Da sie die Person an ihrer Statur als ihren früheren Arbeitskollegen – den Beschuldigten nämlich – zu erkennen meinte, sprach sie ihn mit seinem Vornamen an, worauf dieser begann, mittels eines mitgeführten Schlagstocks auf sie einzuschlagen. Da sich die Zeugin wehrte, kam es zu einem Handgemenge, in deren Verlauf sie den Angreifer mit dem beschuhten Fuß gegen beide Schienbeine trat, ihm mit den Fäusten gegen die Brust schlug und ihm Kratzwunden zufügte. Als die Zeugin infolge der Schläge auf den Kopf das Bewusstsein verlor, ließ der Angreifer von ihr ab und ergriff die Flucht.
Die Tat ist zumindest strafbar als gefährliche Körperverletzung gemäß § 224 Abs. 1 Nr. 2 StGB.
Der vorläufig festgenommene Beschuldigte hat die Tat in Abrede gestellt. Er will den Abend allein zu Hause vor dem Fernsehgerät verbracht haben. Er habe zwar ein Motiv, „sauer" auf die Zeugin zu sein, da diese seine Unterschlagungen aufgedeckt und er aus diesem Grund seinen Arbeitsplatz verloren habe. Jedoch lehne er Gewalt aus grundsätzlichen Erwägungen ab. Der ermittelnder Polizeibeamter KHK Muster hatte im Verlauf der Vernehmung Verletzungen an beiden Händen des Beschuldigten wahrgenommen, bei denen es sich um Kratzwunden handeln könnte. Der Beschuldigte hat auf Frage nach deren Ursache die Angaben verweigert.
Die körperliche Untersuchung und die Entnahme der Blutprobe sind zur Feststellung von Tatsachen, die für das Verfahren von Bedeutung sind, erforderlich. Da die Zeugin heftige Gegenwehr leistete, ist davon auszugehen, dass der Angreifer im Bereich der Brust und der Unterschenkel Blutergüsse, Prellungen, oder ähnliche Verletzungen sowie an Händen und Unterarmen Kratzwunden aufweist. Unter den Fingernägeln der Zeugin konnten Haut- und Blutreste sichergestellt werden, die vom Angreifer herrühren müssen.
Angesichts des hohen Verdachtsgrades und der Tatsache, dass die Maßnahmen von einem Arzt vorgenommen werden, sind die Maßnahmen verhältnismäßig. Ein milderes Mittel als die Entnahme einer Blutprobe ist nicht ersichtlich, nachdem der Beschuldigte die freiwillige Abgabe einer Speichelprobe abgelehnt hat. Ein Nachteil für die Gesundheit des Beschuldigten ist nicht zu befürchten.

Maier
(Richter am Amtsgericht)

Formulare

Beschluss körperliche Untersuchung Zeuge

Amtsgericht Musterhausen

                                                   - Ermittlungsrichter -

11 Gs 111/08

Beschluss

In dem Ermittlungsverfahren gegen Manfred Mustermann, geboren am 1. Januar 1960 in Musterburg, wohnhaft in 33333 Musterstadt, Musterstraße 3
wird gemäß §§ 81c Abs. 1, Abs. 5 Satz 1 StPO
die körperliche Untersuchung der Zeugin Andrea Jung, 33332 Musterdorf, Musterweg 2, derzeit in stationärer Behandlung im Kreiskrankenhauses Musterhausen, Musterallee 1-3 durch einen Arzt angeordnet.

Gründe:

Der Beschuldigte ist verdächtig, am 10. Januar 2008 gegen 22.30 Uhr die Zeugin Andrea Jung in ihrer Wohnung in Musterdorf, Musterweg 2 mittels eines Schlagstocks niedergeschlagen zu haben, wodurch diese eine stark blutende Platzwunde an der Stirn und eine Gehirnerschütterung davontrug. Die Zeugin hatte auf ein Klingeln die Wohnungstür geöffnet und war daraufhin von einer männlichen Person, die mit einem Strumpf maskiert war, in ihre Wohnung zurückgedrängt worden. Da sie die Person an ihrer Statur als ihren früheren Arbeitskollegen – den Beschuldigten nämlich – zu erkennen meinte, sprach sie ihn mit seinem Vornamen an, worauf dieser begann, mittels eines mitgeführten Schlagstocks auf sie einzuschlagen. Da sich die Zeugin wehrte, kam es zu einem Handgemenge, in deren Verlauf sie den Angreifer mit dem beschuhten Fuß gegen beide Schienbeine trat, ihm mit den Fäusten gegen die Brust schlug und ihm Kratzwunden zufügte. Als die Zeugin infolge der Schläge auf den Kopf das Bewusstsein verlor, ließ der Angreifer von ihr ab und ergriff die Flucht. Die Zeugin befindet sich derzeit in stationärer Behandlung im Kreiskrankenhaus Musterhausen, Musterallee 1-3.
Die Tat ist zumindest strafbar als gefährliche Körperverletzung gemäß § 224 Abs. 1 Nr. 2 StGB.
Die körperliche Untersuchung der Zeugin ist zur Feststellung von Spuren und Tatfolgen an ihrem Körper erforderlich. Zur Aufklärung des Sachverhalts ist zum einen die Ermittlung der Verletzungen notwendig, die durch die Tat am Körper der Zeugin eingetreten sind. Zum anderen hat die Zeugin heftige Gegenwehr geleistet und dem Angreifer nach ihrer Erinnerung Kratzwunden beigebracht. Deshalb ist davon auszugehen, dass sich an ihrem Körper Spuren – Blutspuren, Hautreste, etc. – befinden, die vom Angreifer herrühren und dadurch Rückschlüsse auf diesen ermöglichen.
Angesichts des im Hinblick auf die Schwere der Tat beträchtlichen Aufklärungsinteresses und der Beweisbedeutung des Untersuchungsergebnisses sowie der Tatsache, dass die Untersuchung durch einen Arzt vorgenommen wird, kann die angeordnete Maßnahme der Betroffenen auch zugemutet werden (§ 81c Abs. 4 StPO).

Maier
(Richter am Amtsgericht)

Beschluss körperliche Untersuchung Zwang

Amtsgericht Musterhausen
                                    - Ermittlungsrichter -
11 Gs 111/08

Beschluss

Bei dem Beschuldigten Manfred Mustermann, geboren am 1. Januar 1960 in Musterburg, wohnhaft in 33333 Musterstadt, Musterstraße 3
wird gemäß §§ 81a Abs. 1 Satz 1 und 2, Abs. 2 StPO
die körperliche Untersuchung des Beschuldigten und die Entnahme einer Blutprobe durch Dr. Arzt, Musterhausen, Musterallee 11 angeordnet.
Hierzu ist der Beschuldigte polizeilich vorzuführen. Gemäß § 102 StPO wird die Durchsuchung der Wohn- und Nebenräume des Beschuldigten in 33333 Musterstadt, Musterstraße 3 zu seiner Ergreifung angeordnet.

Gründe:

Der Beschuldigte ist verdächtig, am 10. Januar 2008 gegen 22.30 Uhr die Zeugin Andrea Jung in ihrer Wohnung in Musterdorf, Musterweg 2 mittels eines Schlagstocks niedergeschlagen zu haben, wodurch diese eine stark blutende Platzwunde an der Stirn und eine Gehirnerschütterung davontrug. Die Zeugin hatte auf ein Klingeln die Wohnungstür geöffnet und war daraufhin von einer männlichen Person, die mit einem Strumpf maskiert war, in ihre Wohnung zurückgedrängt worden. Da sie die Person an ihrer Statur als ihren früheren Arbeitskollegen – den Beschuldigten nämlich – zu erkennen meinte, sprach sie ihn mit seinem Vornamen an, worauf dieser begann, mittels eines mitgeführten Schlagstocks auf sie einzuschlagen. Da sich die Zeugin wehrte, kam es zu einem Handgemenge, in deren Verlauf sie den Angreifer mit dem beschuhten Fuß gegen beide Schienbeine trat, ihm mit den Fäusten gegen die Brust schlug und ihm Kratzwunden zufügte. Als die Zeugin infolge der Schläge auf den Kopf das Bewusstsein verlor, ließ der Angreifer von ihr ab und ergriff die Flucht.
Die Tat ist zumindest strafbar als gefährliche Körperverletzung gemäß § 224 Abs. 1 Nr. 2 StGB.
Der vorläufig festgenommene Beschuldigte hat die Tat in Abrede gestellt. Er will den Abend allein zu Hause vor dem Fernsehgerät verbracht haben. Er habe zwar ein Motiv, „sauer" auf die Zeugin zu sein, da diese seine Unterschlagungen aufgedeckt und er aus diesem Grund seinen Arbeitsplatz verloren habe. Jedoch lehne er Gewalt aus grundsätzlichen Erwägungen ab. Der ermittelnder Polizeibeamter KHK Muster hatte im Verlauf der Vernehmung Verletzungen an beiden Händen des Beschuldigten wahrgenommen, bei denen es sich um Kratzwunden handeln könnte. Der Beschuldigte hat auf Frage nach deren Ursache die Angaben verweigert.
Die körperliche Untersuchung und die Entnahme der Blutprobe sind zur Feststellung von Tatsachen, die für das Verfahren von Bedeutung sind, erforderlich. Da die Zeugin heftige Gegenwehr leistete, ist davon auszugehen, dass der Angreifer im Bereich der Brust und der Unterschenkel Blutergüsse, Prellungen, oder ähnliche Verletzungen sowie an Händen und Unterarmen Kratzwunden aufweist. Unter den Fingernägeln der Zeugin konnten Blutspuren sichergestellt werden, die vom Angreifer herrühren müssen.
Angesichts des hohen Verdachtsgrades und der Tatsache, dass die Maßnahmen von einem Arzt vorgenommen werden, sind die Maßnahmen verhältnismäßig. Ein milderes Mittel als die Entnahme einer Blutprobe ist nicht ersichtlich, nachdem der Beschuldigte die freiwillige Abgabe einer Speichelprobe abgelehnt hat. Ein Nachteil für die Gesundheit des Beschuldigten ist nicht zu befürchten. Die angeordneten Zwangsmaßnahmen sind geboten, weil der Beschuldigte bei seiner Vernehmung erklärt hat, strafprozessualen Maßnahmen unter keinen Umständen freiwillig Folge zu leisten.

Maier
(Richter am Amtsgericht)

Formulare

Belehrung Strafaussetzung

Auf den anliegenden Bewährungsbeschluss und die dazu gehörende Rechtsmittelbelehrung werden Sie hingewiesen.

Über die Bedeutung der Strafaussetzung zur Bewährung werden Sie gemäß § 268 a Abs. 3 der Strafprozessordnung wie folgt belehrt:

Die Vollstreckung der gegen Sie erkannten Freiheitsstrafe ist zur Bewährung ausgesetzt worden in der Erwartung, dass Sie sich schon die Verurteilung zur Warnung dienen lassen und künftig auch ohne die Einwirkung des Strafvollzugs keine Straftaten mehr begehen werden.

Diese Strafaussetzung zur Bewährung beseitigt nicht die Verurteilung, sondern bedeutet lediglich, dass Sie Bewährungszeit erhalten und die Freiheitsstrafe vorläufig nicht zu verbüßen brauchen. Die Bewährungszeit kann nachträglich verkürzt oder verlängert werden.

Die Freiheitsstrafe muss jedoch verbüßt werden, wenn die Strafaussetzung zur Bewährung widerrufen wird. Mit dem Widerruf ist zu rechnen, wenn

Sie in der Bewährungszeit eine Straftat begehen,

Sie eine Straftat in der Zeit zwischen der Entscheidung über die Strafaussetzung und deren Rechtskraft begangen haben,

Sie im Falle der nachträglichen Gesamtstrafenbildung eine Straftat in der Zeit zwischen der Entscheidung über die Strafaussetzung in einem einbezogenen Urteil und der Rechtskraft der Entscheidung über die Gesamtstrafe begangen haben,

Sie gegen Auflagen oder Weisungen gröblich oder beharrlich verstoßen, z.B. einen etwa auferlegten Geldbetrag nicht pünktlich zahlen oder den Wechsel der Wohnung oder des Aufenthalts nicht sofort unaufgefordert dem Gericht unter Angabe der Geschäftsnummer anzeigen,

Sie sich der Aufsicht und Leitung der Bewährungshelferin oder des Bewährungshelfers beharrlich entziehen und dadurch zeigen, dass die Erwartung, die der Strafaussetzung zugrunde lag, sich nicht erfüllt hat.

Die Zahlung eines auferlegten Geldbetrages gibt keinen Anspruch auf den in Aussicht gestellten Erlass der Strafe. Leistungen, die Sie erbracht haben werden nicht zurückerstattet, wenn die Strafaussetzung widerrufen wird.

Nach Ablauf der festgesetzten Bewährungszeit wird die Strafe erlassen, wenn Sie die vom Gericht in Sie gesetzte Erwartung erfüllt haben.

StA-Verfügung Strafbefehl

Staatsanwaltschaft ##########   ########,   den

_____

Vfg.
1.) Von der Verfolgung _____ wird gemäß § 154 Abs. 1 StPO/gemäß § 154a Abs. 1 StPO abgesehen.
2.) Die Ermittlungen sind abgeschlossen.
3.) Erfassung in Zentralkartei
4.) Zur Kostenberechnung:
5.) Strafbefehl nach anliegendem fertigen und zur Kontrolle vorlegen:
☐ mit Übersetzung der RM-Belehrung .
[6.) MiStra-Mitteilungen ......]
[7.) Durchschrift Strafbefehls z.K. übersenden an ....]
8.) Mitteilung von Strafbefehlsantrag an Anzeigeerstatter / Geschädigten
9,) U.m.A.
dem Amtsgericht

_____

mit dem Antrag auf Erlass eines Strafbefehls gemäß anliegenden Entwurf übersandt.
Im Falle eines Einspruchs soll die Hauptverhandlung vor dem
☐ Strafrichter   ☐ Jugendrichter
stattfinden.
Es wird ferner beantragt,
☐ dem Angeschuldigten die Fahrerlaubnis gemäß § 111a StPO vorläufig zu entziehen
☐ dem Angeschuldigten (einen) RA _____ als Verteidiger gemäß § 408b StPO beizuordnen
☐ im Falle des Einspruchs gegen den Strafbefehl die Nebenklage
☐ zuzulassen
☐ gemäß § 395 Abs. 3 StPO nicht zuzulassen.

_____

Staatsanwalt

Formulare Anhang

Strafbefehl § 408a StPO

Amtsgericht ############_____ Behörde	Rechtskräftig seit #########, den
Postanschrift ####################### #####################_____ _____	als Urkundsbeamter/in der Geschäftsstelle
Bitte die umseitige Geschäfts-Nr. beachten Herrn Erwin Mustermann geb. am ##.##.#### in ########	Strafbefehl gemäß § 408a Strafprozessordnung
Postanschrift: Staatsangehörigkeit: deutsch wohnhaft: ####str. ## ###### ##########	Verteidigerin/Verteidiger: Rechtsanwalt #########

Sie sind wegen der in der Anklageschrift der Staatsanwaltschaft ########### vom ######## – Geschäftsnummer: ### Js ########– bezeichneten Tat unter Berücksichtigung der rechtlichen Würdigung bzw. der Änderungen im Eröffnungsbeschluss vom ########## angeklagt.

Wegen des Vorwurfs wird im Einzelnen auf die Anklageschrift Bezug genommen, die Ihnen bereits zugestellt worden ist und die als Anlage zu diesem Strafbefehl genommen wird.

Der Durchführung der Hauptverhandlung am ##.##.#### stand entgegen, dass Sie trotz ordnungsgemäßer Ladung nicht erschienen sind.

Auf Antrag der Staatsanwaltschaft wird deshalb gegen Sie eine Geldstrafe von 40 Tagessätzen zu je 50.– EUR (= 2.000.– EUR) festgesetzt. Ihnen ist nachgelassen, diese Geldstrafe in monatlichen Raten von 250.– EUR, erstmals am 10. des auf die Rechtskraft folgenden Monats zu zahlen. Die Folgeraten sind jeweils bis zum 10. eines jeden Monats einzuzahlen. Diese Vergünstigung entfällt, wenn ein Teilbetrag nicht rechtzeitig gezahlt wird. In diesem Falle ist der gesamte Restbetrag auf einmal fällig.

Sie haben auch die Kosten des Verfahrens und Ihre notwendigen Auslagen zu tragen.

Rechtsmittelbelehrung:
Dieser Strafbefehl wird rechtskräftig und vollstreckbar, wenn Sie nicht innerhalb von zwei Wochen nach Zustellung bei dem Amtsgericht ######### schriftlich oder zu Protokoll der Geschäftsstelle Einspruch einlegen.

Es steht Ihnen frei, den Einspruch zu begründen. Es empfiehlt sich jedoch anzugeben, ob Sie den Einspruch auf bestimmte Beschwerdepunkte, z.B. das Strafmaß, beschränken möchten. In der Einspruchsschrift können Sie auch weitere Beweismittel (Zeugen, Sachverständige, Urkunden) angeben.

Ist der Einspruch rechtzeitig eingegangen, findet eine Hauptverhandlung statt. In dieser entscheidet das Gericht, nachdem es die Sach- und Rechtslage erneut geprüft hat. Dabei ist es an den Schuld- und Strafausspruch in dem Strafbefehl nicht gebunden.

Bei Durchführung einer Hauptverhandlung und Erlass eines Urteils kann das Gericht ein im Strafbefehl nicht verhängtes Fahrverbot oder eine Entziehung der Fahrerlaubnis anordnen. Wenn Sie den Einspruch in zulässiger Weise auf bestimmte Beschwerdepunkte beschränken, erstreckt sich die Hauptverhandlung in der Regel nur darauf. In den übrigen Punkten steht der Strafbefehl dann einem rechtskräftigen Urteil gleich.

Gegen die Entscheidung über die Verpflichtung, Kosten oder notwendige Auslagen zu tragen, können Sie sofortige Beschwerde einlegen, wenn der Beschwerdewert 200 Euro übersteigt.

Die sofortige Beschwerde ist bei dem Amtsgericht innerhalb einer Woche einzulegen.

Anhang **Formulare**

Bei schriftlichen Erklärungen genügt es zur Fristwahrung nicht, dass die Erklärung innerhalb der Frist zur Post gegeben wird. Die Frist ist vielmehr nur dann gewahrt, wenn die Erklärung in deutscher Sprache vor dem Ablauf der Frist beim Gericht eingeht. Fällt das Ende der Frist auf einen Sonntag, einen allgemeinen Feiertag oder einen Sonnabend, so endet die Frist mit Ablauf des nächsten Werktages.
Geschäfts-Nr. des Amtsgerichts

Cs
           _____
           Richter am Amtsgericht
Bitte bei allen Schreiben an das Ausgefertigt:
Amtsgericht – insbesondere bei
Einlegung eines Rechtsmittels –
angeben!

           als Urkundsbeamter/in der Geschäftsstelle

1 Anlage (Anklageschrift)

Formulare   Anhang

Strafbefehl § 409 StPO

                                              Rechtskräftig seit
                                              #########, den

                                              als Urkundsbeamter/in der
                                              Geschäftsstelle

Amtsgericht ############_____
Behörde

Postanschrift
#######################
####################_____

Bitte die umseitige Geschäfts-Nr. beachten

Herrn

                                              Strafbefehl
Erwin Mustermann   gemäß § 409 Strafprozessord-
geb. am ##.##.#### in #######   nung
Staatsangehörigkeit: deutsch
wohnhaft:
####str. ##   Verteidigerin/Verteidiger:
Rechtsanwalt

Die Staatsanwaltschaft beschuldigt Sie,

am ##.##.200#

in #####

vorsätzlich im Verkehr ein Fahrzeug geführt zu haben, obwohl Sie infolge des Genusses alkoholischer Getränke nicht in der Lage waren, das Fahrzeug sicher zu führen, indem Sie gegen 2.45 Uhr bei einer Blutalkoholkonzentration von 2, 43 ‰ und in Kenntnis Ihrer Fahruntüchtigkeit Ihr Kraftfahrzeug des Typs #### mit dem amtlichen Kennzeichen ### - ## ## öffentliche Straßen, unter anderem die #####straße und den ####weg befuhren.
Vergehen, strafbar nach §§ 316, 69, 69a StGB.
Beweismittel: I. Ihre Angaben, soweit Sie sich eingelassen haben
               II. Zeugen: 1. POK B######
                          2. PK Chr####, beide PSt ###########
               III. Untersuchungsbericht vom #########
               IV. Blutalkoholbestimmungsgutachten des Instituts f. Rechtsmedizin
                   ##### ###
Auf Antrag der Staatsanwaltschaft wird deshalb gegen Sie eine Geldstrafe von 40 Tagessätzen zu je 50.– EUR (= 2.000.– EUR) festgesetzt. Ihnen ist nachgelassen, diese Geldstrafe in monatlichen Raten von 250.– EUR, erstmals am 10. des auf die Rechtskraft folgenden Monats zu zahlen. Die Folgeraten sind jeweils bis zum 10. eines jeden Monats einzuzahlen. Diese Vergünstigung entfällt, wenn ein Teilbetrag nicht rechtzeitig gezahlt wird. In diesem Falle ist der gesamte Restbetrag auf einmal fällig.

Ihnen wird die Fahrerlaubnis entzogen. Ihr Führerschein wird eingezogen. Vor Ablauf von einem Jahr darf Ihnen die Verwaltungsbehörde keine neue Fahrerlaubnis erteilen. Sie haben auch die Kosten des Verfahrens und Ihre notwendigen Auslagen zu tragen.

Rechtsmittelbelehrung:
Dieser Strafbefehl wird rechtskräftig und vollstreckbar, wenn Sie nicht innerhalb von zwei Wochen nach Zustellung bei dem Amtsgericht ######### schriftlich oder zu Protokoll der Geschäftsstelle Einspruch einlegen.
Es steht Ihnen frei, den Einspruch zu begründen. Es empfiehlt sich jedoch anzugeben, ob Sie den Einspruch auf bestimmte Beschwerdepunkte, z.B. das Strafmaß, beschränken möchten. In der Einspruchsschrift können Sie auch weitere Beweismittel (Zeugen, Sachverständige, Urkunden) angeben.
Ist der Einspruch rechtzeitig eingegangen, findet eine Hauptverhandlung statt. In dieser entscheidet das Gericht, nachdem es die Sach- und Rechtslage erneut geprüft hat. Dabei ist es an den Schuld- und Strafausspruch in dem Strafbefehl nicht gebunden.
Bei Durchführung einer Hauptverhandlung und Erlass eines Urteils kann das Gericht ein im Strafbefehl nicht verhängtes Fahrverbot oder eine Entziehung der Fahrerlaubnis anordnen. Wenn Sie den Einspruch in zulässiger Weise auf bestimmte Beschwerdepunkte beschränken, erstreckt sich die Hauptverhandlung in der Regel nur darauf. In den übrigen Punkten steht der Strafbefehl dann einem rechtskräftigen Urteil gleich.
Gegen die Entscheidung über die Verpflichtung, Kosten oder notwendige Auslagen zu tragen, können Sie sofortige Beschwerde einlegen, wenn der Beschwerdewert 200 Euro übersteigt.
Die sofortige Beschwerde ist bei dem Amtsgericht innerhalb einer Woche einzulegen.

Bei schriftlichen Erklärungen genügt es zur Fristwahrung nicht, dass die Erklärung innerhalb der Frist zur Post gegeben wird. Die Frist ist vielmehr nur dann gewahrt, wenn die Erklärung in deutscher Sprache vor dem Ablauf der Frist beim Gericht eingeht. Fällt das Ende der Frist auf einen Sonntag, einen allgemeinen Feiertag oder einen Sonnabend, so endet die Frist mit Ablauf des nächsten Werktages.

Geschäfts-Nr. des Amtsgerichts   _____

                                      Richter am Amtsgericht
Cs ######   Ausgefertigt:

Bitte bei allen Schreiben an das Amtsgericht
– insbesondere bei Einlegung eines
Rechtsmittels – angeben!

                                      als Urkundsbeamter/in der
                                      Geschäftsstelle

Formulare

Beerdigungsschein § 159 Abs. 2 StPO

Aktenzeichen:
(Bitte immer angeben)
Staatsanwaltschaft
Musterstadt
Musterstraße 1
Musterstadt
Telefon:
Datum:

Beerdigungsschein

Die Beerdigung der Leiche der nachbezeichneten Person wird genehmigt.
Eine etwaige Feuerbestattung wird für unbedenklich erachtet.
Nähere Angaben über den Sterbefall:
1. Vorname und Familienname:
2. Wohnort:
3. Geburtsort:
4. Geburtstag:
5. Ort, Tag und Stunde des Todes, gegebenenfalls des Auffindens der Leiche:

Staatsanwalt

Anhang **Formulare**

Beschuldigtenvernehmung

Staatsanwaltschaft Musterstadt
Aktenzeichen:

Beschuldigtenvernehmung

Gegenwärtig:
Staatsanwalt/Staatsanwältin
Justizangestellte/r als Protokollführer/in
Tag der Vernehmung:
Beginn der Vernehmung:
In dem Ermittlungsverfahren
gegen
wegen
erschien bei Aufruf der Sache der/die Beschuldigte.
Er/sie erklärte zur Person:
Vorname, Name:
geboren am:
wohnhaft:
Staatsangehörigkeit:
Beruf:

Dem/der Beschuldigten wurde erklärt, welche Tat ihm/ihr zur Last gelegt wird.
Nach der Belehrung, dass es ihm/ihr freisteht, sich zu der Beschuldigung zu äußern oder nicht und er/sie jederzeit einen Verteidiger befragen kann und dass er/sie berechtigt ist, Beweisanträge zu stellen, die zu seiner/ihrer Entlastung dienen (§ 136 Abs. 1 StPO) erklärt der/die Beschuldigte:
Ich möchte aussagen.

Zur Sache:
Ende der Vernehmung:
selbst gelesen und genehmigt

_____

(Beschuldigte/r)
Für die Richtigkeit

_____   _____

Staatsanwalt/-anwältin   Protokollführer/in

Formulare

Anhang

Zeugenvernehmung

Staatsanwaltschaft Musterstadt
Aktenzeichen:

Zeugenvernehmung

Gegenwärtig:
Staatsanwalt/-anwältin
Justizangestellte/r als Protokollführer/in
Tag der Vernehmung:
Beginn der Vernehmung:
In dem Ermittlungsverfahren
gegen
wegen
erschien bei Aufruf der Sache der/die Zeuge/in
Er/sie erklärte zur Person:
Vorname, Name:
geboren am:
wohnhaft:
Staatsangehörigkeit:
Beruf:
Ich bin mit der/dem Beschuldigten weder verwandt noch verschwägert.

Der/die Zeuge/in wurde zur Wahrheit ermahnt und darauf hingewiesen, dass er/sie sich möglicherweise wegen falscher Verdächtigung (§ 164 StGB) oder Strafvereitelung (§ 258 StGB) strafbar machen könnte, wenn er/sie den/die Beschuldigte/n wahrheitswidrig be- oder entlastet.
Der/die Zeuge/in wurde außerdem darauf hingewiesen, dass er/sie die Auskunft auf solche Fragen verweigern kann, durch deren Beantwortung er/sie sich selbst oder einen der in § 52 StPO bezeichneten Angehörigen der Gefahr aussetzen würde, wegen einer Straftat oder Ordnungswidrigkeit verfolgt zu werden.

Er erklärt zur Sache:
Ende der Vernehmung:
selbst gelesen und genehmigt

_____
(Zeuge/in)
Für die Richtigkeit

_____   _____
Staatsanwalt/-anwältin   Protokollführer/in

Anhang

Formulare

E-Mail-Beschlagnahme

Amtsgericht Musterhausen
- Ermittlungsrichter -
11 Gs 1/09

Beschluss

In dem Ermittlungsverfahren gegen Manfred Mustermann, geboren am 1. Januar 1960 in Musterburg, wohnhaft in 33333 Musterstadt, Musterstraße 3
wird gemäß §§ 94, 98, 99, 100 Abs. 1, Abs. 3 Satz 2, §§ 162, 169 Abs. 1 Satz 2 StPO
für die Zeit vom 2. November 2009 bis zum 1. Februar 2010
1. die Beschlagnahme der beim Provider des nachbezeichneten E-Mail-Accounts
   a) jeweils ein- und ausgehenden elektronischen Nachrichten des Beschuldigten nebst Attachments (von dem jeweiligen nachbezeichneten Account an andere Adressen abgesandte sowie an die jeweilige nachbezeichnete Adresse gerichtete E-Mails),
   b) bereits in den jeweiligen Postfächern lagernden Sendungen, gleichgültig ob diese bereits einmal abgerufen worden sind oder nicht, sowie
   c) dort als Entwürfe gespeicherten oder für eine Absendung erst vorbereiteten Dateien, und welche sich somit im Gewahrsam des Providers befinden,
   ohne Wissen des Beschuldigten angeordnet;
2. die Durchsicht der vom Provider übermittelten Nachrichten und Dateien der Staatsanwaltschaft beim Landgericht Musterhausen übertragen.

Die Beschlagnahme richtet sich gegen folgendes elektronisches Postfach:
mustermann@xyz.net
Kundennummer: 123456
registriert auf: Andrea Jung
geb. 1. Mai 1980
                          Musterweg 2
                          33332 Musterdorf
Provider: XYZ GmbH Wiesbaden
                          Rechtsabteilung
Hölderlinstraße 1
65187 Wiesbaden

Gründe:

Der Beschuldigte ist verdächtig, am 20. Oktober 2009 gegen 22.30 Uhr der Zeugin Andrea Jung in Musterstadt damit gedroht zu haben, ein Nacktfoto von ihr im Internet zu veröffentlichen, sofern sie ihm nicht binnen zwei Wochen 5.000 Euro auf ein Konto der Southern-Union-Bank in Tahiti überweisen würde, indem er ihr eine entsprechende E-Mail sandte, welche allerdings eine falsche Absenderangabe enthielt und damit dem Beschuldigten nicht direkt zugeordnet werden kann.
Der Beschuldigte verfügt über das im Beschlusstenor aufgeführte elektronische Postfach. Er ist zumindest einer versuchten Erpressung gemäß § 253 StGB verdächtig, da er nach Angaben der Zeugin Jung die einzige Person ist, welche über entsprechende Fotos verfügt, nachdem beide einige Zeit miteinander gelebt hatten. Zudem hat er bereits bei der Trennung damit gedroht, sich möglicherweise „zu rächen". Außerdem hat er ihr auch schon vor einigen Wochen mehrere E-Mails mit drohenden Inhalten übermittelt, welche diese aber nach Erhalt gelöscht hat, wobei sie zuvor aber eine dieser E-Mails dahin beantwortet hatte, er solle sie in Ruhe lassen.

Formulare

Es ist damit zu rechnen, dass der Beschuldigte mittels E-Mail erneut Kontakt zu der Geschädigten aufnehmen oder aber jedenfalls weitere an diese zu sendende Schreiben in seinem elektronischen Postfach vorbereitet hat oder noch vor einer Absendung entwerfen wird. Es besteht darüber hinaus die Erwartung, dass die bereits früher an die Geschädigte übersandten E-Mails und die von ihr beantwortete E-Mail noch im Postfach des Beschuldigten abgelegt sind.

Die Maßnahme war in entsprechender Anwendung von §§ 94, 98 (BVerfG NJW 2009, 2431) bzw. § 99 StPO (OK-StPO/Graf § 100a StPO Rn 27–29; § 99 StPO Rn 10 f.) zu gestatten.

Insbesondere betrifft die beantragte Anordnung keine Eingriffsmaßnahme nach § 100a StPO, weil die zu beschlagnahmenden E-Mail-Sendungen nicht mehr Gegenstand einer aktuell andauernden Telekommunikation sind, wenn sie sich im Gewahrsam des Mail-Providers – wenn auch nur für den Bruchteil einer Sekunde – befinden (vgl. KK-StPO/Nack, 6. Aufl., Rn 22; OK-StPO/Graf § 100a StPO Rn 28, 31). Diese beim Mail-Provider, welcher den E-Mail-Account dem Nutzer zur Verfügung gestellt hat, befindlichen und sicherzustellenden E-Mails sind insoweit einer Briefsendung oder einem Telegramm im Gewahrsam des Postdienstleisters vergleichbar und damit in entsprechender Anwendung der Voraussetzungen des § 99 StPO zu beschlagnahmen.

Um angesichts des zu erwartenden schnellen E-Mail-Verkehrs den Untersuchungserfolg nicht zu gefährden, wird die Durchsicht der vom Provider übermittelten Nachrichten und Anlagen nach § 100 Abs. 3 S. 2 StPO der Staatsanwaltschaft beim Landgericht Musterhausen übertragen.

Von einer vorherigen Anhörung des Beschuldigten war gemäß § 33 Abs. 4 StPO abzusehen, um den Ermittlungszweck nicht zu gefährden.

Maier
(Richter am Amtsgericht)

Anhang　　　　　　　　　　　　　　　　　　　　　　　　　　　　　　**Formulare**

Sicherungshaftbefehl

Amtsgericht Musterhausen
Geschäftsnummer:

Sicherungshaftbefehl

In dem Bewährungsverfahren gegen Manfred Mustermann, geboren am 1. Januar 1960 in Musterburg, zuletzt wohnhaft in 33333 Musterstadt, Musterstraße 3
Gegen den Verurteilten
　　　　xy
　　　　geb. am ... in ...
　　　　zuletzt wohnhaft in ...
wird die Sicherungshaft nach § 453c StPO angeordnet.

Durch rechtskräftiges Urteil des Amtsgerichts Musterhausen vom ... wurde xy wegen ... zu einer Freiheitsstrafe von ... Monaten verurteilt. Die Vollstreckung der Freiheitsstrafe wurde zur Bewährung ausgesetzt.
Die Bewährungszeit wurde durch Beschluss des Amtsgerichts Musterhausen vom ... auf drei Jahre festgesetzt. Der Verurteilte wurde der Aufsicht und Leitung eines Bewährungshelfers unterstellt. Er erhielt die Auflage, ... Der Verurteilte wurde zudem angewiesen, jeden dauerhaften Wechsel seines Wohn- und Aufenthaltsortes dem Gericht mitzuteilen.
Es sind hinreichende Gründe dafür vorhanden, dass die Aussetzung zur Bewährung widerrufen werden wird. Der Verurteilte entzieht sich beharrlich der Aufsicht und Leitung seines Bewährungshelfers ... Die Auflage wurde nicht erfüllt. Der Verurteilte ist zudem erneut strafrechtlich in Erscheinung getreten. Im Verfahren ... wurde er mit Urteil des ... zu einer Freiheitsstrafe von ... verurteilt. Zudem hat die Staatsanwaltschaft .... unter dem ... erneut Anklage gegen den Verurteilten erhoben.... Es ist daher zu befürchten, dass der Verurteilte nach dem Abbruch des Kontakts zu seinem Bewährungshelfer weitere Straftaten begehen wird.
Es besteht der Haftgrund der Flucht, §§ 453c Abs. 1, 112 Abs. 2 Nr. 1 StPO. Der Verurteilte ist unter seiner bisherigen Wohnanschrift weder persönlich noch postalisch zu erreichen. In dieser Sache hat er seit dem ... sämtliche Anhörungstermine des Gerichts und seines Bewährungshelfers missachtet. Sein derzeitiger Aufenthalt ist unbekannt.
Andere Maßnahmen reichen nicht, um sich der Person des Verurteilten zu versichern.
Der Verurteilte ist unverzüglich nach seiner Ergreifung dem zuständigen Richter vorzuführen. Ist dies nicht spätestens am Tage nach der Ergreifung möglich, so ist er unverzüglich, spätestens am Tag nach der Ergreifung, dem nächsten Amtsgericht vorzuführen (§§ 453c Abs. 2 Satz 2, 115 Abs. 1, 115a Abs. 1 StPO).
Der Verurteilte ist spätestens nach Ablauf von ... Monaten zu entlassen. Die Frist beginnt mit dem Tag der Festnahme.

Maier
(Richter am Amtsgericht)

Rechtsbehelfsbelehrung:
Sie können gegen diesen Haftbefehl Beschwerde einlegen. Die Beschwerde ist an das Gericht zu richten, das den Haftbefehl erlassen hat. Das Gericht kann über Ihre Beschwerde ohne mündliche Verhandlung entscheiden. Die Beschwerde kann schriftlich oder zu Protokoll der Geschäftsstelle des o.g. Gerichts oder, sofern Sie sich nicht auf freiem Fuß befinden, zu Protokoll der Geschäftsstelle des Amtsgerichts erklärt werden, in dessen Bezirk Sie auf behördliche Anordnung verwahrt sind. Die Erklärung muss in deutscher Sprache erfolgen.

Formulare

Quellen-TKÜ

Amtsgericht Musterhausen
- Ermittlungsrichter -
11 Gs 1/10

Beschluss

In dem Ermittlungsverfahren gegen Manfred Mustermann, geboren am 1. Januar 1960 in Musterburg, wohnhaft in 33333 Musterstadt, Musterstraße 3
wird

1. gemäß §§ 100a Satz 1 Nr. 1c, Satz 2, 100b Abs. 1 Satz 1, Abs. 2, 169 Abs. 1 Satz 2 StPO
die Überwachung und Aufzeichnung der Telekommunikation, die über den Telekommunikationsanschluss

   0611 72621xxx

   Anschlussinhaber: Manfred Mustermann
   geb. 1. Mai 1960
   Musterstraße 3
   33333 Musterstadt

   Verpflichteter: Mobilfunk GmbH
   Hölderlinstraße 1
   65187 Wiesbaden

   geführt wird, für die Zeit vom 2. Januar 2010 bis zum 1. April 2010 angeordnet;

2. zur Überwachung der über den oben genannten Telekommunikations-Anschluss geführten verschlüsselten Telekommunikation die Vornahme hierzu erforderlicher Maßnahmen angeordnet, um die Telekommunikation vor der Verschlüsselung überwachen zu können.
Zulässig sind hierbei nur solche Maßnahmen, die der Überwachung der Telekommunikation selbst dienen und die für deren Umsetzung zwingend erforderlich sind. Nicht zugelassen sind insbesondere

2.1. die Durchsicht der Speichermedien, über die der fremde Computer verfügt und an die er angeschlossen ist, nach gespeicherten Daten und Dateien und

2.2. die Überwachung der Datenverarbeitungsvorgänge, die nicht der Telekommunikation dienen (Screenshots, Office- und Grafikanwendungen, Spiele u. a.).

Gründe:

1. Der Beschuldigte ist verdächtig, seit Oktober 2009 zusammen mit mindestens vier weiteren Beschuldigten verschiedene Banken überfallen und jeweils unter Androhung von Schusswaffengebrauch zwischen 23.000 und 79.500 Euro erbeutet zu haben. *(wird weiter ausgeführt)*.

Die Banküberfälle wurden jeweils nach telefonischen Absprachen unter den teilweise im Ausland wohnhaften Beschuldigten ausgeführt, wobei damit zu rechnen ist, dass die Beschuldigten die Überfallserie fortsetzen und daher schon in den nächsten Tagen mit einer erneuten Planung und Verabredung zu rechnen ist.

Die Voraussetzungen für die Anordnung der Telekommunikation des Beschuldigten sind gem. § 100a Abs. 1 und Abs. 2 Nr. 2k StPO gegeben. Durch die Überwachung und Aufzeichnung des Fernmeldeverkehrs können die Kontaktpersonen des Beschuldigten, insbesondere weitere Täter und deren Aufenthaltsort ermittelt werden. Zugleich dient die Maßnahme dazu, Erkenntnisse über weitere geplante Straftaten und deren Zeitpunkt zu erlangen, so dass auf diesem Weg eine Ergreifung der teilweise auch im Ausland aufhältlichen weiteren Beschuldigten ermöglicht wird.

Ohne die angeordneten Maßnahmen wäre die Erforschung des Sachverhalts wesentlich erschwert, wenn nicht sogar aussichtslos. *(wird weiter ausgeführt)*.

Angesichts der Schwere der Taten und des Verdachtsgrades ist die Anordnung auch verhältnismäßig.

2. Allerdings führt der Beschuldigte seine Telefonate überwiegend als sogenannte Voice-over-IP-Kommunikation mittels eines Computerprogramms über das Internet. Die hierfür eingesetzte Software verschlüsselt die Daten vor der Übertragung, so dass eine Abhörmaßnahme im üblichen Umfang nur verschlüsselte und damit nicht im Ermittlungsverfahren verwendbare Daten ergeben würde; denn die nach dem Vorgang der Verschlüsselung abhörte Telekommunikation ist für die Ermittlungsbehörden weder hör- noch lesbar.

Für die technische Umsetzung der Überwachungsmaßnahme ist es daher zwingend erforderlich, die Aufzeichnung der Telekommunikation vor der Verschlüsselung vorzunehmen. Dies ist nur dann möglich, wenn mittels einer noch zu installierenden speziellen Software auf dem Rechner des Betroffenen die noch unverschlüsselten Daten an die Strafverfolgungsbehörden übermittelt werden.

Die Installation einer solchen Software ist zulässig. Denn ohne die Installation des zusätzlichen Programms auf dem Rechner des Betroffenen kann die Überwachung der über das Internet geführten verschlüsselten Telefonate nicht erfolgen.

Die Anordnung der Maßnahme beruht wie auch die Überwachungsanordnung selbst auf § 100a StPO. Dessen Eingriffsvoraussetzungen in das Grundrecht nach Art. 10 GG umfassen auch die Internet-Telefonie und damit die sog. Quellen-Telekommunikationsüberwachung nebst den erforderlichen Begleitmaßnahmen aufgrund der aus § 100a StPO begründeten Annexkompetenz zur Durchsetzung der Überwachungsanordnung (Meyer-Goßner § 100a Rn. 7; BeckOK-StPO/Graf StPO § 100a Rn. 114; KK-StPO/Nack, 6. Aufl., StPO § 100a Rn. 27; KMR/Bär StPO § 100a Rn. 30).

Einer speziellen gesetzlichen Regelung zur Installation der Software bedarf es nicht, denn der mit der Installation der entsprechenden Software verbundene ausschließliche Eingriff in das Fernmeldegeheimnis (Art. 10 GG) ist als Begleitmaßnahme zur Umsetzung der Überwachung gem. § 100a Abs. 1 StPO im Wege der Annexkompetenz zulässig, weil andere mildere Mittel nicht zur Verfügung stehen (vgl. BGHSt 46, 266, 273 f.). Die Überwachungsmaßnahme beschränkt sich nur auf Daten eines laufenden Telekommunikationsvorgangs; sonstige Zugriffe auf auf dem Rechner des Beschuldigten gespeicherte Daten sind unzulässig, so dass keine Online-Durchsuchung vorliegt (vgl. dazu BVerfG NJW 2008, 822, 826). Durch die im Tenor aufgeführten Einschränkungen wird gewährleistet, dass mit der Erweiterung der Maßnahme nur Daten einer aktuellen Telekommunikation erfasst und übertragen werden.

Der Anordnung steht auch nicht entgegen, dass der Gesprächsinhalt der unverschlüsselten Telekommunikation ohne Beteiligung des Netzbetreibers an die Ermittlungsbehörden ausgeleitet wird. (vgl hierzu KK/StPO-Nack, StPO § 100a Rn. 5). Denn einerseits erfolgt die Überwachungsmaßnahme nicht unter Ausschluss des Netzbetreibers. Vielmehr wird diesem vorliegend aufgegeben, die in seinem Herrschaftsbereich anfallenden Daten an die Ermittlungsbehörden auszuleiten. Dieser Anordnungsbeschluss wird lediglich um eine zusätzliche Maßnahme ergänzt. Die Daten des Netzbetreibers sind im entschlüsselten Zustand mit den Daten identisch, die mittels des auf dem Rechner des Betroffenen zu installierenden Programms ausgeleitet werden. Im Ergebnis dient die Maßnahme mithin nur der Entschlüsselung der auch beim Netzbetreiber anfallenden Daten (BeckOK-StPO/Graf StPO § 100a Rn. 114; KK-StPO/Nack, 6. Aufl., StPO § 100a Rn. 27; KMR/Bär StPO § 100a Rn. 32).

3. Von einer vorherigen Anhörung des Beschuldigten war gemäß § 33 Abs. 4 StPO abzusehen, um den Ermittlungszweck nicht zu gefährden.

Maier
(Richter am Amtsgericht)

Stichwortverzeichnis

Fette Zahlen bezeichnen ohne Zusatz die Paragraphen der StPO; solche mit Zusatz beziehen sich auf die jeweiligen Kommentierungen der so bezeichneten Gesetze und Verordnungen. Magere Zahlen verweisen auf die Randnummern der Erläuterungen.

Abbildungen
- als Augenscheinsobjekte **86** 9
- Bezugnahme auf ~ **267** 5 f
- Veröffentlichung von ~ **131 b**

Abbruch der Wohnraumüberwachung 100 d 7

Aberkennung von Rechten und Fähigkeiten
- Ablaufhemmung von Fristen **47 BZRG** 3
- Hinderungsgrund für Registervergünstigung/ Tilgung **49 BZRG** 14 f
- Rechtswirkung der Tilgung **51 BZRG** 42

Abgabe
- Jugendverfahren **42 JGG** 7

Abgabe an Gericht höherer Ordnung 225 a 1

Abgabe des GBA an Landes-StA 142 a GVG 2–7
- Abgabepflicht **142 a GVG** 3
- Abgaberecht **142 a GVG** 4
- Abgabeverbot **142 a GVG** 5
- Ermessen des GBA **142 a GVG** 2
- Gerichtliche Überprüfung **142 a GVG** 7
- Mindere Bedeutung **142 a GVG** 3
- Rückübernahme **142 a GVG** 2
- Rückübertragung **142 a GVG** 6
- Straftatenkatalog **142 a GVG** 3

Abgelehnter Richter 26 a 1

Abgeleitetes Zeugnisverweigerungsrecht 53a 8

Abgeordnete
- Beschlagnahmefreiheit **97** 13
- Beweiserhebungsverbot **160 a** 3
- Beweisverwertungsverbot **160 a** 5
- Herausgabeverlangen **95** 4
- körperliche Untersuchung **81 a** 1
- als Zeugen **51** 34

Abgeordnetenvernehmung siehe Vernehmung von Abgeordneten

Abhilfe bei Beschwerde 306 7 ff
- Abänderung **306** 9 ff
- Gehörsverstoß **306** 7
- Nichtabhilfe **306** 12 ff, siehe auch Vorlage der Beschwerde
- Rechtliches Gehör **306** 10
- Verfahrensvoraussetzung **306** 8

Abhörmaßnahmen 148 13

Ablauf der Frist für die Tilgungsreife 45 BZRG 1 ff, **46 BZRG** 1 ff

Ablaufhemmung
- der Tilgungsfrist **45 BZRG** 2, 3, **47 BZRG** 3, 14, 15, 17, **48 BZRG** 8, **50 BZRG** 2, **51 BZRG** 14

Ablehnung
- der Eröffnung des Hauptverfahrens **204**, siehe auch Ablehnungsbeschluss
- der vorzeitigen Entfernung aus dem Erziehungsregister **63 BZRG** 9 f
- der vorzeitigen Tilgung **49 BZRG** 17

Ablehnung eines Richters 24
- Ablehnung **24** 2 ff, 11 ff
- Ablehnungsantrag **24** 15.1, 20
- Ablehnungsberechtigte **24** 6, 14, 19
- Ablehnungsgrund **24** 9, 9.1, 10, 10.1, 12, 14
- Berufsrichter **24** 4
- Dienstliche Beziehungen **24** 11
- Dienstliche Erklärung **24** 8, 16, 17.2
- EGMR **24** 5, 7, 11
- Entscheidung über die Ablehnung **27**, siehe dort
- Eröffnungsentscheidung **24** 15.1
- Gesetzlicher Richter **24** 2
- Letzter Ablehnungszeitpunkt **25**, siehe dort
- Maßstab **24** 5, 6, 7
- Verurteilung eines Mittäters **24** 14
- Mitwirkung an Zwischenentscheidung **24** 15
- Nebenkläger **24** 19
- Partei **24** 10
- Persönliche Verhältnisse **24** 10
- Rechtsfehler **24** 15
- Rechtsmissbrauch **24** 15.3
- Rechtsmittel siehe Ablehnungsbeschluss, Rechtsmittel
- Revision **24** 16, 21
- Revisionsentscheidung **24** 13, 15.1
- Schöffen **24** 4, 11.1, 17.2
- Selbstablehnung **30**, siehe auch dort
- Staatsanwalt **24** 4, 16.2, 17.2, 18, 19
- Strafanzeige **24** 9
- Terminierung **24** 16.1
- Unaufschiebbare Amtshandlung siehe dort
- Unparteilichkeit **24** 5, 11.2
- Umstände des Einzelfalls **24** 8, 17.1
- Vermutung **24** 6
- Verständigung **24** 18, 18 a
- Verteidiger **24** 15 ff
- Vorbefassung **24** 12 ff
- Voreingenommenheit **24** 2, 4, 5, 5.1, 11, 15.2, 16.1, 18
- Willkür **24** 15
- Zwischenentscheidung **24** 15

Ablehnungsbeschluss bei Ablehnung von Gerichtspersonen, Rechtsmittel 28
- Berufung **28** 9, 11
- Beschwerde **28** 4, 5
- Besetzungsrüge **28** 2
- Ergänzungsrichter **28** 9.1
- Erkennender Richter **28** 3, 9, 9.1, 9.2, 10
- Gesetzlicher Richter **28** 2, 5
- Revision **28** 6, 9, 13
- Sachentscheidung **28** 5, 11
- Sofortige Beschwerde **28** 3, 6
- Strafbefehlsverfahren **28** 9
- Unzulässigkeit **28** 5
- Urteil **28** 7
- Verfahrensrüge **28** 12

2445

Stichwortverzeichnis

Fette Zahlen = §§

- Widerruf des Beschlusses **28** 1
- Wiederaufnahme **28** 9.3
- Zurückverweisung **28** 5

Ablehnungsbeschluss bezüglich Eröffnung des Hauptverfahrens 204 1
- Anfechtung des ~ **210** 4,7
- Wiederaufnahme nach ~ **211** 3
- teilweiser **207** 3

Ablehnungsgrund 25 1, 2, 5, 5.1, 6.1, 8.1

Ablehnungsverfahren 26
- Dienstliche Äußerung des Richters **26** 7, 8
- Ersuchter Richter **26** 1
- Erklärung in der Hauptverhandlung **26** 2
- Glaubhaftmachung **26** 3, 3.1, 5
- Mündliches Ablehnungsgesuch **26** 2
- Protokoll **26** 2
- Rechtliches Gehör **26** 8
- Revision **26** 8
- Schöffen **26** 7
- Schriftliches Ablehnungsgesuch **26** 2
- Spruchkörper **26** 1, 8
- Strafkammer **26** 1
- Überzeugung des Gerichts **26** 4
- Unverzüglichkeit **26** 3, 3.1
- Wahrscheinlichkeitsnachweis **26** 4
- Zweifel des Gerichts **26** 4

Abmahnung 143 7

Abruf von Daten 488

Abschluss der Ermittlungen 169 a 1, **170** 1
- Abschlussvermerk **169 a** 1, 4
- Akteneinsicht **169 a** 6
- Verteidigerbestellung **169 a** 6
- Weitere Ermittlungen **169 a** 7

Abschriften 147 19

Absehen von Anhörung
- bei Antrag auf vorzeitige Tilgung **49 BZRG** 13

Absehen von Strafe, § 60 StGB
- Geltung des Vorhalte- und Verwertungsverbots bei **51 BZRG** 4

Absehen von der Verfolgung
- nach 45 JGG **60 BZRG** 11

Absehen von der öffentlichen Klage 37 BtMG

Absehen von Verfolgung
- bei falscher Verdächtigung oder Beleidigung **154 e**
- bei Opfer einer Nötigung oder Erpressung **154 c**
- unwesentliche Nebenstraftaten **154**
- nach **31 a BtMG**

Absprache siehe auch Verständigung im Strafverfahren
- verfahrensbeendende ~ **202 a** 1, **212** 1
- zulasten Dritter **257 c** 10, **261** 15

Abstammung
- Untersuchung zur Feststellung der ~ **81 c** 10 f, **81 e** 5

Abstimmung
- erweitertes Schöffengericht **29 GVG** 14
- des Kollegialgerichts **260** 5

Aburteilung iSv Art. 54 SDÜ 54 SDÜ 8, 16

Abwägungslehre 136 a 32

Abwesenheit des Angeklagten
- Verhandlung des Berufungsgerichts **329** 39 ff

Abwesenheit des Angeklagten in der Hauptverhandlung 230 ff
- Heilung der ~ **230** 22
- Hinweise an Verteidiger **234 a** 5

- Revision gegen Urteil in Abwesenheit **342**
- Revisionsgrund **338** 89 ff
- Verhandlung in ~ **230** 3
- Vertretung des Angeklagten **234**
- Wiedereinsetzung **232** 20, **235**

Abwesenheit des Beschuldigten
- Aufforderung zum Erscheinen **288** 1
- Begriff **276** 1
- Sicherung von Beweisen **285** 1, **289** 1
- Vermögensbeschlagnahme **290** 1 – Bekanntmachung **291** 1; Inhalt der Anordnung **290** 6

Abwesenheit des Zeugen im Sitzungssaal 58 4

Abwesenheit in der Hauptverhandlung
- Revision gegen Urteil in Abwesenheit **342**
- Revisionsgrund **338** 89 ff

Abwesenheitspfleger 292 2

Abwesenheitsurteil 5 RB-EUHB 1, **Anh RB-EUHB** 5, **83 IRG** 3, 4

Adhäsionsverfahren 403 ff
- Absehen von Entscheidung **406** 4 ff
- Annahmeberufung **313** 5
- Antragsberechtigter **403** 1 ff
- Antragsgegner **403** 5 ff
- Antragsrücknahme **404** 13
- Befangenheit **404** 10
- bei Strafbefehlen **407** 26
- Beweisantragsrecht für Adhäsionskläger **404** 10
- Form des Antrags **404** 1 ff
- gegen Jugendliche **403** 6
- gegen Heranwachsende **403** 7
- Grundurteil **406** 1
- Hinweispflicht **404** 12
- im Sicherungsverfahren **413** 3
- Insolvenzverwalter **403** 3
- Pflichtverteidiger **403** 9
- Prozessfähigkeit **403** 4
- Prozesskostenhilfe **404** 14
- Rechtsmittel **406 a**
- Schmerzensgeld **406** 7
- Teilnahmerecht des Adhäsionsklägers **404** 9
- Vergleich **405**
- Vollstreckung **406 b**
- vorläufige Vollstreckbarkeit **406** 11
- Wiederaufnahme **406 c**

Ärztliche Eingriffe
- beim Beschuldigten **81 a** 6 ff
- beim Zeugen **81 c** 10 f

Agent provocateur („Lockspitzel") 136 a 5

Akkusationsprinzip 151 1

Akten
- verlorene **312** 9

Akteneinsicht 58 a 18, **147** 1 ff
- Berechtigte **58 a** 18
- zu Forschungszwecken **476** 9
- Kopien der Aufzeichnung **58 a** 18
- durch öffentliche Stellen **474** 1 ff
- des Privatklägers **385** 9
- durch Privatpersonen **475** 11
- Weitergabe von Kopien **58 a** 19
- Zuständigkeit **478** 1 f

Akteneinsichtsrecht 147 8

Aktenführung 101 4

Aktenkenntnis 69 5

Aktenvermerk 160 b 2, 9

Aktenversendung
- nach Ablauf der Berufungsbegründungsfrist **320** 2

2446

Magere Zahlen = Randnummern

Stichwortverzeichnis

Aktenvollständigkeit **147** 13
Aktenvorlage **225 a** 1
Akustische Überwachung **100 f** 1
Akustische Wohnraumüberwachung **74 a GVG** 6, **100 c**
Alkoholkonsum **60** 3
Alkoholkonzentration
– Bestimmung durch Blutprobe **81 a** 7
Allgemeine Strafkammer **74 e GVG** 1
Allgemeinheit
– Gefährdung der **52 BZRG** 7
– Schutz der **51 BZRG** 31
Allgemeinkundigkeit **261** 24
Alter des Betroffenen **60 BZRG** 2, **63 BZRG** 1
Alternativrüge **261** 62
Altersgrenze
– für Eintragungen im Erziehungsregister **63 BZRG** 1
Alteativrüge **244** 117
Amnestie **46 BZRG** 2, **51 BZRG** 12, **3 RB-EUHB** 1
Amtsanwälte **142 GVG** 7
– Kompetenzüberschreitung **142 GVG** 7
– Rechtspfleger **142 GVG** 7
– Sachliche Zuständigkeit **142 GVG** 7
Amtsfähigkeit
– Verlust der **47 BZRG** 3, **49 BZRG** 14 f, **51 BZRG** 42, siehe auch Aberkennung von Rechten und Fähigkeiten
Amtsgericht
– gemeinsames ~ für Ergreifungsort **9** 3
– Strafbann **24 GVG** 18
– Zuständigkeit **1** 2
Amtshandlung
– Störung **164** 4
Amtspersonen
– Angabe des Dienstortes **68** 3
Amtsplicht
– zur Mitteilung der Vollstreckungserledigung **47 BZRG** 5
Anbahnungsfälle **148** 1
Andere Personen nach § 138 Abs. 2 **138** 9, 10
Anerkenntnisurteil **406** 1
Anfangsverdacht **152** 4
– Beurteilungsspielraum **152** 5
– Konkrete Tatsachen **152** 4.1
– Rechtliche Bewertung **152** 7
– Steuerhinterziehung **152** 5.1
– Zeitpunkt des Tätigwerdens **152** 9
Anfechtbarkeit
– von Anordnungen über DNA-Reihenuntersuchungen **81 h** 8
– von Anordnungen über die körperliche Untersuchung Dritter **81 c** 21
– von Anordnungen über die molekulargenetische Untersuchung **81 f** 10, **81 g** 17
– von Herausgabeverlangen **95** 6
– von Identifizierungsmaßnahmen **81 b** 10
– von Maßnahmen für erkennungsdienstliche Zwecke **81 b** 11
– richterlicher Anordnungen über die körperliche Untersuchung des Beschuldigten **81 a** 19 f
– von Sperrerklärungen **96** 8
– staatsanwaltschaftlicher Anordnungen über die körperliche Untersuchung des Beschuldigten **81 a** 21
Anfechtung **138 d** 10, **147** 26–27 a
– unbestimmte **312** 3

Anfechtung von Maßnahmen der Vollziehung der Beschlagnahme oder des Arrests **111 f** 12
– Beschwerde **111 f** 12
– Einstellung der Vollstreckung **111 f** 12
– Strafprozessuale Rechtsweg **111 f** 12
– Zuständigkeit **111 f** 12
Angehörige
– Anwesenheit bei Beschlagnahme **98** 6
– Benachrichtigung von Exhumierung **87** 14
– Beschlagnahmeverbot **97** 11
– Verfahren gegen Abwesende **286** 2
Angehörige des Beschuldigten **52** 11–16
– mehrere rechtlich unabhängige Verfahren **52** 15
– Verfahren gegen mehrere Beschuldigte **52** 13
Angehörige steuerberatender Berufe **138** 5
Angeklagter **203** 2, **207** 18, **215** 4, **216** 1, **222**, **224** 2
– Abwesenheit siehe Abwesenheit des Angeklagten
– Anhörung des ~ bei nachträglichen Entscheidungen **453** 5 ff
– Ausbleiben des ~ **230**, **329**
– Aussagebegutachtung **261** 13.4
– Befragung des ~ **257** – in der Hauptverhandlung **240**
– Begriff **40** 1, **157**, 3
– Belehrung **228** 12, **233** 12, **243** 15, 26 ff
– Beurlaubung **231 c**
– Beweisanträge des ~ **219**
– Einlassung des ~ **243** 1 ff
– Entfernung des ~ siehe Entfernung des Angeklagten
– Fesselung **231** 2
– Fragerecht **240** 3.1
– der Gerichtssprache nicht mächtiger ~ **259**
– Ladung des ~ **216**
– Ladung durch den ~ **220** 5, 6
– Letztes Wort **258** 19 ff
– Mehrere ~ **231 c**, **258** 12
– Sacheinlassung **261** 12
– Schutz des **247** 6
– Schweigen **261** 16
– Tod des ~ **206 a** 7
– Vernehmung des ~ **243** 13 ff
Angeschuldigter **202 a** 3, **204** 11, **205** 3
– Begriff **157** 2
Angiographie **81** 12.3
Angriffsrichtung
– staatsanwaltschaftliche Berufung **331** 2
Anhängigkeit **151** 3
– beim Berufungsgericht **321** 8
– Nachtragsanklage **266** 8
Anhörung
– vor Anordnung schriftlicher Antragstellung **257 a** 7
– bei Antrag auf vorzeitige Tilgung **49 BZRG** 13
– vor Berufungsverwerfung **322** 10
– des Betroffenen bei Erteilung von Akteneinsicht **478** 3
– des Betroffenen vor Wiedereintragung in das Register **50 BZRG** 4
– öffentliche **51 BZRG** 18
– Verständigung **257** 27
Anhörung Beteiligter
– Änderung von Tatsachen und Beweismitteln nach Anhörung **33** 11

2447

Stichwortverzeichnis

Fette Zahlen = §§

- Anwendungsbereich **33** vor 1
- Ausnahmen von § 3 Abs. 3 **33** 12
- Außenwirkung einer Entscheidung **33** 4
- außerhalb Hauptverhandlung **33** 3
- Bekanntgabe Entscheidung **33** 7
- Beteiligte Begriff **33** 5
- der Staatsanwaltschaft **33** 9
- Entscheidung Begriff **33** 1
- Ergehen einer Entscheidung **33** 4
- Erlassen einer Entscheidung **33** 4
- Ermessen **33** 6
- Form der Anhörung **33** 6
- Hauptverhandlung **33** 2
- schriftliche Anhörung **33** 10
- Verteidiger **33** 8

Anhörungspflicht 142 8

Anhörungsrüge
- Annahmeberufung **322 a** 15 ff

Ankereffekte 261 63

Anklage
- Kosten bei Zurücknahme **467 a** 1
- Rechtsfolgen **156** 1, **169** 5
- Rücknahme der **156** 2
- Unwirksamkeit der ~ **200** 4

Anklagegrundsatz 264 14
- Nachtragsanklage **266** 1

Anklageprüfung
- vor Rechtsgespräch **257 b** 2

Anklagesatz 200 4, 5
- Nachtragsanklage **266** 6
- Verlesung in der Hauptverhandlung **243** 16

Anklageschrift 170 8
- Aushändigung der ~ **201** 4
- erweitertes Schöffengericht **29 GVG** 10
- Inhalt **200** 4, 15–18
- Mitteilung der ~ **201** 2, 16
- Übersetzung der ~ **201** 7
- Zustellung der ~ **201** 6

Anklageprinzip 155 1

Anknüpfungstatsachen 80 1

Annahmeberufung
- Absehen von Strafe **313** 6
- Anhörungsrüge **322 a** 15 ff
- Begründung der Verwerfung **322 a** 6
- Beweisantizipation **322 a** 6
- Freibeweis **322 a** 3
- Freispruch **313** 7
- Hinweispflicht **322 a** 2
- offensichtliche Unbegründetheit **313** 11 ff
- Ordnungswidrigkeit **313** 4, 15
- rechtliches Gehör **313** 1
- Rechtsmittelausschluss **322 a** 9
- Rechtsmittelbeschränkung **313** 4 f
- sofortige Beschwerde **322** 16
- Sprungrevision **313** 16, **322 a** 9, 11 ff
- Stellungnahme der Staatsanwaltschaft **321** 5

Anordnung
- der Entfernung von Eintragungen aus dem Erziehungsregister **63 BZRG** 1 ff
- der Entziehung der Fahrerlaubnis **111 a** 6–8
- von Erziehungsmaßregeln oder Zuchtmitteln **60 BZRG** 5 ff
- von Maßnahmen nach 3 S 2 JGG **60 BZRG** 3 f
- der Tilgung **45 BZRG** 2
- der Tilgung in besonderen Fällen **45 BZRG** 2, **49 BZRG** 1 ff
- der Tilgung wegen Gesetzesänderung **45 BZRG** 2, **48 BZRG** 1 ff
- der Wiederaufnahme zu Unrecht getilgter Eintragungen **50 BZRG** 1 ff, **63 BZRG** 3

Anordnung der Beschlagnahme oder des Arrestes 111 e
- Bekanntmachung **111 e** 2
- Form **111 e** 2
- Gefahr im Verzug **111 e** 1
- Inhalt **111 e** 2
- Mitteilung an Verletzten **111 e** 6–9 – Elektronischer Bundesanzeige **111 e** 8; Entbehrlichkeit **111 e** 6; Vielzahl bekannter Verletzer **111 e** 8; Zuständigkeit **111 e** 7
- Rechtsmittel **111 e** 13–15 – Anrufung des Richters **111 e** 13; Beschwerde **111 e** 14; Einwendungen gegen Art und Weise der Vollstreckung **111 e** 13; Revision **111 e** 15; Weitere Beschwerde **111 e** 14
- Richterliche Bestätigung **111 e** 3–5 – Anhörung **111 e** 5; Bekanntgabe **111 e** 5; bewegliche Sachen **111 e** 3; Eilanordnungen der StA **111 e** 3; Fristversäumnis **111 e** 4; Wochenfrist **111 e** 4; Zuständigkeit **111 e** 5
- Zuständigkeit **111 e** 1

Anordnung und Aufhebung der Beschlagnahme eines Druckwerks 111 n
- Aufhebung der Beschlagnahme **111 n** 4–9 – Antrag der StA **111 n** 9; Besonderer Umfang der Ermittlungen **111 n** 6; Frist zur Klageerhebung **111 n** 4; Fristberechnung **111 n** 4; Fristverlängerung **111 n** 5; Zuständigkeit **111 n** 7
- Beschwerde **111 n** 10
- Erneute Beschlagnahme **111 n** 8
- Gefahr im Verzug **111 n** 2
- Nicht periodische Druckwerke **111 n** 2
- Periodische Druckwerke **111 n** 1
- Richterliche Bestätigung **111 n** 2
- Vollzug der Anordnung **111 n** 3
- Zuständigkeit **111 n** 1

Anrechnung
- im Ausland verbüßter Strafen **54 SDÜ** 48
- der Therapie **36 BtMG**

Anrechnung auf Strafvollstreckung
- von Auslieferungshaft **450 a** 1 ff
- von Führerscheinentzug **450** 7
- von Krankheit **461** 1 ff
- von Untersuchungshaft **450** 1

Anrufung des Gerichts 257 19
- Berufungsverwerfung **319** 12 ff

Anschrift
- ladungsfähige **68** 4

Anspruch
- Auskunftsanspruch der Entschädigungsbehörden **45 BZRG** 6
- auf Ausschluss der Öffentlichkeit **52 BZRG** 5
- auf Freisprechung **260** 15, 19
- schuldrechtlicher **51 BZRG** 41

Anstaltsunterbringung 140 6–9

Antrag
- auf Entfernung einer Eintragung aus dem Erziehungsregister **63 BZRG** 8
- auf Eröffnung des Hauptverfahrens **199** 5
- auf gerichtliche Entscheidung **48 BZRG** 9, **49 BZRG** 18, **50 BZRG** 7, **63 BZRG** 10, siehe auch Antrag auf gerichtliche Entscheidung
- auf Tilgung wegen Gesetzesänderung **48 BZRG** 7, 9
- auf vorzeitige Tilgung **49 BZRG** 3, 13

2448

Magere Zahlen = Randnummern

Stichwortverzeichnis

- auf Wiedereinsetzung **45**, siehe auch Wiedereinsetzungsantrag

Antrag auf gerichtliche Entscheidung
- Anordnung der Klageerhebung **175** 4
- Beschwerdeberechtigter **172** 2
- gegen Entscheidungen der Staatsanwaltschaft **98** 6 f
- gegen Maßnahmen der Ermittlungspersonen der Staatsanwaltschaft **98** 6 f
- gegen Rechtmäßigkeit der Vorführung **163 a** 17
- gegen Zwangsmaßnahmen der Staatsanwaltschaft **161 a** 14

Antragsbegründung 49 BZRG 3, 18, **63 BZRG** 10

Antragsschrift
- im Klageerzwingungsverfahren **172** 17

Antragsteller
- Bescheid bei Einstellung **171** 3

Anwaltshaftung
- nach Verständigung **257 c** 59 ff

Anwaltsnotdienst 136 11

Anwesenheitspflicht des Angeklagten 230
- Ausnahmen **230** 1
- Beurlaubung **230** 6
- Entbindung von der Pflicht **230** 4
- bei mehreren Angeklagten **230** 6

Anwesenheit des Zeugen nach der Vernehmung 58 5

Anwesenheitsrecht
- des Inhabers **106** 4
- Benachrichtigungspflicht **168 c** 5, 6, 7
- inhaftierter Beschuldigter **168 c** 4
- richterliche Beschuldigtenvernehmung **168 c** 1
- richterliche Zeugenvernehmung **168 c** 2
- richterlicher Augenschein **168 d** 1
- bei staatsanwaltschaftlichen Vernehmungen von Sachverständigen **161 a** 13
- bei staatsanwaltschaftlichen Vernehmungen von Zeugen **161 a** 7
- Videotechnologie **168 e** 1
- Zeugenanwalt **68 b** 2

Anzeigeerstatter 158 5

Anzeigeerstattung
- Pflicht zur **158** 8

Arrestanordnung 111 d 8–10
- Anhörung **111 d** 8
- Antrag der StA **111 d** 8
- Aufhebung der Arrestanordnung **111 d** 12
- Begründung **111 d** 8
- Beschluss **111 d** 8
- Einfacher Tatverdacht **111 d** 9
- Inhalt **111 d** 10
- Konkrete Anhaltspunkte **111 d** 9
- Mitteilung **111 d** 10
- Verhältnismäßigkeitsgrundsatz **111 d** 9

Arrestforderung 111 d 2–6
- Geldstrafe **111 d** 4
- Geringfügige Beträge **111 d** 6
- Rückgewinnungshilfe **111 d** 3
- Verfahrenskosten **111 d** 5
- Wertersatz **111 d** 2

Arrestgrund 111 d 7
- Schlechte Vermögensverhältnisse **111 d** 7
- Steuerfiskus **111 d** 7
- Verschleierung **111 d** 7
- Verschleuderung **111 d** 7

Arrestvollzug 111 d 11
- Aufhebung der Arrestvollziehung **111 d** 13–17, siehe auch dort
- Bewegliches Vermögen **111 d** 11
- Forderungen **111 d** 11
- Grundstücke **111 d** 11
- Monatsfrist **111 d** 11
- Vollziehung des Arrestes **111 f** 5–10 – Bewegliche Sachen **111 f** 5; Forderungen **111 f** 10; Geldstrafe **111 f** 5; Grundstücke **111 f** 7; Grundstücksgleiche Rechte **111 f** 7; Luftfahrzeuge **111 f** 9; Nebenfolgen **111 f** 5; Schiffe **111 f** 8; Schiffsbauwerke **111 f** 8; Verfahrenskosten **111 f** 6; Vermögensrechte **111 f** 10
- Zuständigkeit **111 d** 11

Arzt
- Anzeigepflicht **159** 6
- Beschlagnahmeverbot **97** 12
- Beweiserhebungsverbot **160 a** 10
- Beweisverwertungsverbot **160 a** 12
- körperliche Untersuchung des Beschuldigten **81 a** 9
- körperliche Untersuchung eines Dritten **81 c** 12
- Leichenöffnung, Leichenschau **87** 4, 9
- Untersuchung bei Vergiftungsverdacht **91** 3
- bei Verletzung des Schamgefühls **81 d** 2

Audiovisuelle Vernehmung siehe Videovernehmung

Aufbauseminar 111 a 3, **153 a** 36

Aufbewahrung
- von Blutproben und Körperzellen des Beschuldigten **81 a** 2
- von Spurenmaterial **81 e** 7
- von Unterlagen über erkennungsdienstliche und Identifizierungsmaßnahmen **81 b** 9

Aufenthalt 4 RB-EUHB 2, **83 b IRG** 3
- Gerichtsstand am Ort des gewöhnlichen **8** 2

Aufenthaltsgenehmigung 49 BZRG 9

Auffangrechtserwerb 111 i 11–14
- Anhörung **111 i** 14
- Auffangrecht des Staates **111 i** 11
- Befriedigung des Verletzten **111 i** 12
- Beschluss des Gerichts **111 i** 14
- Dinglicher Arrest **111 i** 13
- Dreijahresfrist **111 i** 11
- Sofortige Beschwerde **111 i** 14
- Verwertungserlös **111 i** 13
- Vollstreckungstitel **111 i** 14

Aufgaben der Polizei 163 1

Aufhebung
- der Ausschließung **138 b** 4
- familiengerichtlicher Entscheidungen **60 BZRG** 2
- der Sperre für die Erteilung der Fahrerlaubnis **49 BZRG** 6

Aufhebung der Arrestanordnung 111 d 12

Aufhebung der Arrestvollziehung 111 d 13–17
- Antrag des Betroffenen **111 d** 16
- Kosten der Verteidigung **111 d** 14
- Kosten des Unterhalts **111 d** 15
- Lösungssumme **111 d** 13
- Notlage **111 d** 13
- Zuständigkeit **111 d** 17

Insolvenzverfahren 111 d 12

Aufhebung der Ungehorsams-Anordnung 51 23–26
- Abschluss des Verfahrens **51** 25

2449

Stichwortverzeichnis

Fette Zahlen = §§

- Nachträgliche Entschuldigung **51** 23
- Verzicht auf Zeugeneinvernahme **51** 23
- Zuständigkeit **51** 26

Aufhebungsgründe 138 a 10–12
Aufklärungspflicht 244 8, 10 ff, 46
- Umfang **244** 11
- Urkundenverlesung in der Berufungsverhandlung **325** 1, 8
- bei Verständigung **257 c** 8
- Wahrnehmung der ~ von Amts wegen **244** 13

Aufklärungsrüge 244 115 ff
- gegen Verwerfungsurteil **329** 60 f

Aufnahmen 169 GVG 15, **176 GVG** 12
Aufrechterhaltung der Beschlagnahme für befristeten Zeitraum 111 i
- Auffangrechtserwerb **111 i** 11–14, siehe auch dort
- Ausgleichsanspruch **111 i** 15
- Beschwerde **111 i** 18
- Elektronischer Bundesanzeiger **111 i** 10
- Mitteilungspflichten **111 i** 10
- Normzweck **111 i** 1
- Objektives Verfallsverfahren **111 i** 16
- Opferanspruchsbescheidung **111 i** 5–9, siehe auch dort
- Sofortige Beschwerde **111 i** 18
- Verfahrensbeschränkung **111 i** 2–4, siehe auch dort
- Verfahrenskosten **111 i** 17

Aufruf der Sache 243 4
Aufschiebende Wirkung
- der Beschwerde **231 a** 23

Auftrag an Polizei 161 11
Aufzeichnungen
- Beschlagnahmefreiheit **97** 17

Aufzeichnung einer Vernehmung
- Akteneinsicht **58 a** 18, siehe dort
- Anordnungskompetenz **58 a** 13
- Anwendungsbereich **58 a** 4
- Augenscheinseinnahme **58 a** 5
- Beschwerde **58 a** 21
- Beweissicherung **58 a** 3
- Duldung der ~ **58 a** 11
- Einverständnis des Zeugen **58 a** 11
- Personenkreis **58 a** 2
- Polizeiliche Vernehmung **58 a** 4
- Protokollierung **58 a** 13
- Recht am eigenen Bild **58 a** 11
- Revision **58 a** 22
- Richterliche Vernehmung **58 a** 4
- Staatsanwaltschaftliche Vernehmung **58 a** 4
- Unmittelbarkeitsgrundsatz **58 a** 3
- Vernichtung der ~ **58 a** 17
- Verwendung der ~ **58 a** 15
- Zeugenschutz **58 a** 1
- Zulässigkeit **58 a** 5–10 – Ausländische Zeugen **58 a** 9; Beweiswert **58 a** 10; Erforschung der Wahrheit **58 a** 10; Keine Vernehmung in der Hauptverhandlung **58 a** 9; Minderjährige Verletzte **58 a** 8; Persönlichkeitsrecht **58 a** 6; Soll-Vorschrift **58 a** 7; Voraussetzungen **58 a** 5; Zeugenvernehmung **58 a** 5

Augenschein 168 d 2, **219** 2
- Begriff **86** 1
- Durchbrechung des Grundsatzes der Unmittelbarkeit **86** 3
- kommissarischer **225** 1

Augenscheinseinnahme 85 2, **86** 3.2
- Beweisantrag auf ~ **244** 110 ff
- informatorische Besichtigung **86** 2
- Protokoll bei richterlicher ~ **86** 1, **87** 3
- Übertragung auf Augenscheinsgehilfen **86** 3

Augenscheinsgehilfe 136 a 2
Augenscheinsobjekte
- Abbildungen **86** 9
- Filme **86** 9
- Lichtbilder **86** 9
- Personen **86** 12
- Skizzen **86** 10
- Tonbandaufnahmen **86** 8
- Urkunden **86** 11

Ausbleiben
- des Angeklagten in der Hauptverhandlung **230** 8 ff, **232** 3
- in der Berufungsverhandlung **329** 7 ff
- des gesetzlichen Vertreters **330** 5
- des Zeugen **51** 1 – Amtsärztliches Attest **51** 8; Beispiele **51** 10; Berufliche und private Gründe **51** 10; Entschuldigung durch Dritten **51** 6; Folgen **51** 12 ff; siehe auch Ungehorsamsfolgen; Genügende Entschuldigung **51** 8; Ordnungsgemäße Ladung **51** 2, Nichterscheinen **51** 3; Rechtzeitige Entschuldigung **51** 7; Unkenntnis von der Zeugenladung **51** 9; Urlaub **51** 10; Voraussetzungen **51** 2–10

Ausführung der Ladung 48 2
Ausgleichsstelle 155 a 3, **155 b** 2, 3
Auskunft
- an ausländische Stellen **61 BZRG** 9
- aus dem Bundeszentralregister **45 BZRG** 3, 6, 8, **49 BZRG** 7, 14, **50 BZRG** 6, **52 BZRG** 1
- aus dem Erziehungsregister **61 BZRG** 1 ff
- Auskunftsanspruch der Entschädigungsbehörden **45 BZRG** 6
- Auskunftsverlangen **161** 5
- behördliche **161** 6

Auskunft aus Akten
- zu Forschungszwecken **476** 9
- an öffentliche Stellen **474** 11 ff
- an Privatpersonen **475** 1 ff
- Zuständigkeit **478** 1 ff

Auskunft aus Dateien 487 4, **491** 1 ff
Auskunft aus zentralem staatsanwaltschaftlichen Verfahrensregister 492 7, **495** 1 ff
Auskunftsersuchen
- Automatisiertes **112 TKG**
- Manuelles **113 TKG**
- durch Polizei **163** 7
- Sicherheitsbehörden **111 TKG**

Auskunftspflicht
- Grenzen **161** 6

Auskunftsverweigerung 55 9
Auskunftsverweigerungsrecht 95 4
- Anwendungsbereich **55** 2
- Belehrung **55** 11
- Entscheidung **55** 8
- Folgen **55** 10
- Normzweck **55** 1
- Personenkreis **55** 1
- Protokollierung **55** 11
- Revision **55** 12
- Verfolgungsgefahr **55** 3–7, siehe auch dort
- Verwertungsverbot **55** 11
- Widerruf **55** 9
- Zuständigkeit **55** 8

Ausländereigenschaft 36 WÜK 5
Ausländische Führerscheine 111 a 14–15
– Amtliche Verwahrung **111 a** 14
– Andere ausländische Führerscheine **111 a** 15
– EU-/EWR-Führerscheine **111 a** 14
– Vermerk **111 a** 15
Ausländische Polizeibeamte 110 8
Ausländische Verurteilung 47 BZRG 4, 49 **BZRG** 4, 5, **51 BZRG** 3, **60 BZRG** 1
Auslagen siehe Kosten/Auslagen
– Jugendverfahren **74 JGG**
Auslagenentscheidung
– Nachholung **322 a** 10
Auslandsbezug 80 IRG 2
Auslandskopfüberwachung 100 a 134
Auslandsstraftaten
– Anzeige **158** 18
– Pflicht zur Übermittlung der Anzeige **158** 19
Auslandstaten 153 c 1 ff
Auslandszeuge 244 111 ff
Auslegung 26 a 8
Auslieferung und Landesverweisung 154 b
Auslieferungsersuchen 1 RB-EUHB 7, **83 a IRG** 1, 3
Auslieferungshaft 112 39
Auslieferungshaftbefehl 1 RB-EUHB 7, **78 IRG** 5
Auslieferungsverfahren
– Aussetzung **262** 13
Ausnahme
– vom Verwertungsverbot des **51 BZRG** 31, 36, 41, 44, **52 BZRG** 1 ff
– von der Benachrichtigung **101** 25
Ausnahmetatbestand 25 1
Aussage des Angeklagten
– zur Person **243** 13
– zur Sache **243** 29
Aussage gegen Aussage 261 55 ff, **325** 9
Aussagefreiheit 136 7, 28
Aussagegenehmigung 54
– Begünstigter Personenkreis **54** 4–13 – Andere Personen des öffentlichen Dienstes **54** 7; Angestellte des öffentlichen Dienstes **54** 6; Beamte **54** 4; Ehemalige Staatsbedienstete der DDR **54** 11; Ermittlungspersonen **54** 13; EU-Bedienstete **54** 10; Gerichtshilfe **54** 13; Jugendgerichtshilfe **54** 13; Richter **54** 5; Soldaten **54** 9; V-Personen **54** 8
– Erholung **54** 14
– Inhalt des Antrages **54** 15
– Versagung **54** 17, siehe auch Versagung der Aussagegenehmigung
– Widerruf **54** 22
– Zuständigkeit **54** 16
Aussagepflicht des Zeugen 48 1
Ausschließung
– Dolmetscher **191 GVG**
– des Zeugenanwalts **68 b** 3–4
– richterliche Zeugenvernehmung **168 c** 3
Ausschließung eines Richters
– Antrag **22** 7, 34
– Auslegung **22** 3 f
– Ausschluss kraft Gesetzes **22** 6 ff
– Verletzter **22** 14 ff
– Durch die Straftat betroffen **22** 14
– Strafbare Handlungen **22** 14, 15
– Befangenheit **22** 3, 14, 17, 34, 36

– Verdacht der Parteilichkeit **22** 1
– Berufsrichter **22** 4
– Beschluss **8**, 8.1, 10, 10.3, 38
– Ergänzungsrichter **22** 11.1
– Erklärung – dienstliche **22** 32, 33, 33.1; schriftliche **22** 31
– Mitwirkung eines ausgeschlossenen Richters **22** 9 ff
– Mitwirkung an Hauptverhandlung **22** 11, 14, 24 f, 30, 32.1, 37
– Identität (Sach-) **22** 24, 25, 25.1, 25.2, 30
– Parteilichkeit **22** 1, 17
– Revision **22** 8.1, 9, 11.1, 35, 38
– Schöffen **22** 4, 5, 5.1, 12.1
– Schwägerschaft (verschwägert) **22** 21, 23
– Staatsanwalt, Befangenheit **22** 34 ff
– Verfahrensfehler **22** 9, 35, 36, 36.1
– Verfahrensgegenstand **22** 14
– Verfahrensidentität **22** 30
– Verwandt (-e) (-schaft) **22** 21, 22, 22.1, 23, 36.1
– Zeuge, Vernehmung als **22** 30 ff
– Sachverständiger, Vernehmung als **22** 30 ff
Ausschließung bei Mitwirkung in früheren Verfahren 23
– Ausnahmecharakter der Norm **23** 1 ff
– Befangenheit **23** 2
– Vorbefassung **23** 2 f
– Rechtsmittel **23** 5 f
– Revision **23** 6
– Voreingenommenheit **23** 3
– Wiederaufnahme **23** 7 f
Ausschließungsgründe 138 a 3–8
– Anschlussdelikte **138 a** 7, 8
– Sicherheit einer Vollzugsanstalt **138 a** 6
– Tatbeteiligung **138 a** 4
– Verkehrsrecht **138 a** 5
Ausschließungswirkung 138 a 13–17
Ausschluss
– der Öffentlichkeit **52 BZRG** 5
Ausschluss der Beschwerde 305
– Bestellung und Entpflichtung eines Pflichtverteidigers **305** 11
– Betroffene Dritte **305** 10
– Erkennendes Gericht **305** 2
– Durchsuchung **305** 9
– Gegenstand **305** 1 ff
– Haft **305** 5.1, 7
– Isolierte Anfechtung **305** 2, 4
– Unterbringung **305** 8
– Urteilsfindung **305** 2
– Urteilsvorbereitung **305** 5
– Versagung der Akteneinsicht **305** 12
– Zusammenhang mit Urteil **305** 1, 2, 5
Ausschreibung zur Aufenthaltsermittlung 131 a 1
Ausschreibung zur Festnahme 131 1
Ausschreibung zur polizeilichen Beobachtung 163 e 1
– Anfechtung **163 e** 11
– Anordnungen **163 e** 7
– Benachrichtigung **163 e** 10
– zulässige Maßnahmen **163 e** 3
Aussetzung 25 3
– Änderung der Sachlage **265** 38 ff
– Antrag auf ~ **217** 7, **218** 7
– zivilrechtliche Vorfrage **262** 6 ff

Stichwortverzeichnis

Fette Zahlen = §§

Aussetzung der Hauptverhandlung 228
– Abgrenzung zur Unterbrechung **228** 2
– mangels Urteilszustellung **316** 11
– Voraussetzungen **228** 3
Aussetzung einer Strafe zur Bewährung 46 BZRG 14, 15, 22, 26, **47 BZRG** 3, **49 BZRG** 6, **51 BZRG** 4, 22, 27, 28
Aussetzung des Strafverfahrens 396 AO
– Anfechtung **396 AO** 9 f
Aussetzung des Vollzugs des Haftbefehls 116 1 ff
– Aufhebung von Haftersatzmaßnahmen **123** 1
– Freiwerden der Sicherheiten **116** 4 f
Aussetzungsanspruch
– mangels Zustellung der Berufungsbegründung **319** 7
Ausstellende Justizbehörde beim EUHB Anh RB-EUHB 10
Ausübung des Amts des Staatsanwalts 142 GVG 2–8
– StA beim AG **142 GVG** 7
– StA beim BGH **142 GVG** 3
– StA beim LG **142 GVG** 5
– StA beim OLG **142 GVG** 4
Ausübung des Zeugnisverweigerungsrechts 52 17–19, **53** 36
– Ausdrückliche Erklärung **52** 18
– Begründung **52** 19
– Höchstpersönliches Recht **52** 17
Auswanderungsverfahren 49 BZRG 9
Automatisierte Abrufverfahren 493 1 ff
Automatisiertes Auskunftsverfahren 112 TKG
– Abfrageberechtigte Stellen **112 TKG** 5
– Kostentragungspflicht **112 TKG** 8

Bagatellstrafe 46 BZRG 3
Bankgeheimnis 53 3
Barttracht
– Veränderung **81 a** 12.1, **81 b** 4.1
Beamtenrechte 51 BZRG 42
Beamter
– deutscher ~ im Ausland **11** 2
Beanstandung
– von Anordnungen des Vorsitzenden **238** 6 ff
– Berechtigte **238** 10
– Entscheidung des Gerichts über ~ **238** 12 ff
– ~gründe **238** 9
Beauftragter Richter
– Augenscheinseinnahme durch ~ **225**
– Beweisaufnahme durch ~ im Wiederaufnahmeverfahren **369** 1 ff
– Durchführung der Ermittlungen durch ~ im Klageerzwingungsverfahren **173** 8
– Vernehmung durch ~ **233** 7
– Zeugenvernehmung durch ~ **223**
Bedeutung der Sache
– Gerichtszuständigkeit **24 GVG** 14 ff
Bedeutungslosigkeit einer Beweistatsache **244** 54 ff
– aus tatsächlichen Gründen **244** 55 ff
– aus rechtlichen Gründen **244** 61
Beerdigungsschein siehe Bestattungsgenehmigung
Befangenheit 26 a 1, 2, 4, 6, 8, 8.1, 9, 11, siehe auch Ablehnung eines Richters
– im Adhäsionsverfahren **404** 10
– Rechtsgespräch **257 b** 5
– Rechtsmittel **28**, siehe auch Ablehnungsbeschluss, Rechtsmittel
Befangenheit von Schöffen oder Urkundsbeamten 31
– Anfechtbarkeit der Entscheidung **31** 8
– Ausschlussgründe **31** 1, 2, 6
– Befangenheit **31** 3
– Beweiskraft des Protokolls **31** 4, 6
– Schöffe **31** 1 ff
– Urkundsbeamter **31** 4 ff
– Zuständigkeit **31** 7
Befragung des Angeklagten 216 8, **257**, **258** 19 ff, **268 a** 3
Befristung
– Verständigung **257 c** 29
Befugnisse des Beschwerdegerichts 308 siehe auch Beschwerdegericht, Befugnisse
Befundtatsachen 76 1
Befugnisse der Polizei 163 5
Begehungsweise
– rechtlicher Hinweis **265** 9
Beginn
– der Tilgungsfrist **46 BZRG** Vor 1,27, **47 BZRG** 1
– der Überliegefrist **47 BZRG** 5, 15
Begnadigungsrecht 452 1 ff
Begründung
– eines Ablehnungsantrags **26 a** 2.2, 5, 6, 8, 8.1, 12
– des Antrags auf gerichtliche Entscheidung **49 BZRG** 18, **63 BZRG** 10
– der Anordnung schriftlicher Antragstellung **257 a** 6
– Berufungsverwerfung als unzulässig **322** 11
– Verwerfung der Annahmeberufung **322 a** 6
Begründung von Entscheidungen
– Anfechtbare Entscheidungen **34** 4, 5, 7
– Sinn und Zweck **34** 1
Begünstigung
– Ausschluss der Beschlagnahmefreiheit **97** 20
Behauptete Tatsache 56 1
Behinderung 140 23
Behörde
– Anhörung vor Einstellung **170** 18.1
– Gutachtenerstattung **83** 4 f, **92** 1
– Herausgabe von Beweismitteln **96** 3
Behördenakten
– Beschlagnahme **94** 1
Behördengutachten 72 1
Beiakten 147 13, **199** 5
– Akteneinsicht **478** 4
Beiderseitige Strafbarkeit 1 RB-EUHB 17, **2 RB-EUHB** 4
Beiordnung
– Anspruch auf **142** 7
– Beibehaltung **143** 4
– eines Verteidigers im beschleunigten Verfahrens **418** 3
– eines Verteidigers im Strafbefehlsverfahren **408 b** 2 ff
– des Vertreters eines Nebenbeteiligten **434** 3
– eines Zeugenbeistands **68 b** 1, 5
Beisitzer
– Fragerecht **240** 3
Beistand 137 3
– Entfernung des **247** 1
– Jugendverfahren **69 JGG**
– Zeugen- und Verletztenbeistand **138** 18 a

Beitreibungsverfahren 459 1, 459 c 1, 459 g
Bekanntmachung von Entscheidungen 35 ff
- Andere Entscheidungen 35 11
- Begriff der Entscheidung 35 1
- Begriff der Verkündung 35 3
- Betroffene Personen 35 2
- Dokumentationspflicht 35 5
- Form der Verkündung 35 3 f
- Geltungsbereich 35 vor 1
- Mängel 35 7
- Zustellungsakt 35 11

Bekanntmachung der Verurteilung 463 c 1 ff
Belastungsverbot 261 30
Belehrung 136 7, 21, 22
- Anrufung des Berufungsgerichts 319 10 f
- über Auskunftsverweigerungsrecht 55 11
- Aussagefreiheit des Angeklagten 243 26
- bei eidesgleicher Bekräftigung 65 1
- bei Eidesverweigerungsrecht 61 2
- Entbindung des Angeklagten vom Erscheinen 233 1
- Form der ~ 57 2
- in der Hauptverhandlung 243 26
- Inhalt der ~ 57 1, 36 WÜK 9
- Nichteinhaltung der Ladungsfrist 228 12
- Rechtsmittelbelehrung siehe dort
- Protokollierung der ~ 57 3
- qualifizierte 136 4, 27 b
- bei Straf- oder Maßregelaussetzung 268 a 10
- bei Verschwiegenheitspflicht 54 2
- bei Verständigung 257 c 41
- Wiedereinsetzung bei Versäumung der Hauptverhandlung 235 9
- Wiederholung der ~ 57 4
- über Zeugnisverweigerungsrecht 52 32–36, 53 38 – Anwendungsbereich 52 32; zu belehrende Person 52 33; Heilung des Unterlassens 52 35; Protokollierung 52 34; Verwertungsverbot 52 36; Wiederholung 52 34; Wortlaut 52 33; Zeitpunkt 52 34; Zuständigkeit 52 33

Belehrung des Beschuldigten 81 a 4, 13
Belehrung des Verletzten
- bei Einstellung des Verfahrens 171 14
- im Klageerzwingungsverfahren 171, 172 11

Belehrung des Zeugen siehe auch Zeugenbelehrung
- über das Untersuchungsverweigerungsrecht 81 c 19

Belehrungspflichten bei Festnahme 114 b 1 ff
Belehrungspflicht über Rechtsmittel 48 BZRG 9, 49 BZRG 17, 63 BZRG 9
Benachrichtigung
- von Angehörigen 114 c 2 ff
- von Angehörigen von der Exhumierung 87 14
- von der Besetzung 222 a 1, 5, 7, 9, 222 b 5
- bei Einstellung des Verfahrens 170 21
- der Polizei über Ausgang des Verfahrens 482 3 ff
- bei Raster- und Schleppnetzfahndungen 101 9
- bei richterlichen Vernehmungen 168 c, 5, 6
- Verfahren gegen Abwesende 287 1
- von der Zustellung 145 a 9, 10, 149 5

Benachrichtigungsadressat 224 7
Benachrichtigungspflicht 101 3, 168 c, 7, 224 5
- Wegfall 224 9

Beobachtung polizeiliche siehe Ausschreibung zur polizeilichen Beobachtung

Beratung
- Urteils~ 258 27, 260 2 ff – Ort, Zeit und Dauer 260 7 ff
- Vor- oder Zwischenberatung 258 27, 260 8

Berichterstattung
- Urkundenverlesung in der Berufungsverhandlung 325 2

Berichtigung
- Offensichtliche Versehen 354 31 ff
- des Protokolls 271 28 ff
- der Urteilsformel 268 19
- der Urteilsgründe 267 62 ff
- Schuldspruch~ 354 2 ff, 24, 31, 34 ff

Berichtigung von Daten 489 2, 494 1
Beruf
- Zulassung zu einem 52 BZRG 7

Berufsgeheimnisträger
- Ermittlungen gegen 160 a 1

Berufshelfer
- Ermittlungen gegen 160 a 14

Berufsrecht 146 4
Berufsverbot 140 5
- Hinweispflicht 265 35
- Rechtsbehelf 132 a 11
- Tilgung 46 BZRG 17, 19, 49 BZRG 10
- Verfahren 132 a 6
- Vollstreckung 456 c 1 ff
- vorläufig 132 a 1
- Zuständigkeit 132 a 10

Berufung
- bedingte bei Wiedereinsetzung 315 3
- Beschwer 312 13, 322 4
- Bezeichnung 312 2
- des gesetzlichen Vertreters des Angeklagten 330 3
- Devolutiveffekt 312 5
- Effektivität 312 7
- Günstigkeitsprinzip 312 3 f
- Missbrauchsabwehr durch Verwerfung bei Nichterscheinen 329 1
- nach Verständigung 257 c 45 f
- Prozessbedingung 315 , 1, 3
- Prozessurteil 322 13
- Rechtsmissbrauch 322 4
- Suspensiveffekt 312 5, 316 1
- Teilentscheidung 322 7
- Teilrücknahme 318 8 f
- Unzulässigkeitsgründe 322 4
- Verwerfungskompetenz bei Fristversäumung 319 2

Berufung auf den früheren Eid
- Anwendungsbereich 67 1–6 – Hauptverfahren 67 5; im selben Verfahren 67 2; nochmalige Vernehmung 67 1; Vorverfahren 67 4; Wiederaufnahmeverfahren 67 6
- Entscheidung 67 7 – Ermessen des Gerichts 67 7; kein Wahlrecht des Zeugen 67 7
- Protokollierung 67 9
- Revision 67 10
- Versicherung 67 8

Berufungsbegründung
- Aussetzungsanspruch 319 7
- durch Nebenkläger 317 1
- durch Staatsanwaltschaft 317 1

Berufungsbeschränkung
- Adressat 318 5
- Anfechtung 318 15
- Auslegung 318 2

2453

Stichwortverzeichnis

Fette Zahlen = §§

- Bedingung **318** 16
- bei fehlerhaften Tatsachenfeststellungen **318** 18
- Entziehung der Fahrerlaubnis **318** 13
- Form **318** 4
- Hinweispflicht **318** 21
- konkludente **318** 1
- nachträgliche **318** 6
- Prozessunfähigkeit **318** 15
- revisionsgerichtliche Prüfung **318** 31
- Strafaussetzung zur Bewährung **318** 12 f, 20
- Strafausspruch **318** 12
- Unwirksamkeit **318** 14 ff
- Verständigung **318** 15
- Widerruf **318** 15
- Zweck **318** 1

Berufungseinlegung
- Bedingung **314** 3
- Computerfax **314** 8
- elektronisches Dokument **314** 8
- fernmündliche **314** 8
- Frist **314** 10 ff
- Inhalt **314** 2
- iudex a quo **314** 6
- nach Urteilserlass **314** 4
- Protokoll der Geschäftsstelle **314** 9
- Schriftform **314** 8
- Sprache **314** 7
- Telefax **314** 8
- Unterschrift **314** 8
- Vollmacht **314** 7

Berufungserweiterung
- nachträgliche **318** 7

Berufungserwiderung 319 9
- Ermöglichung **317** 2
- Form **317** 3
- Frist **317** 4
- Staatsanwaltschaft **321** 4

Berufungsfrist
- bei Wiedereinsetzung **315** 2
- Freibeweis **319** 6
- in dubio pro reo **319** 5
- Versäumung durch Formfehler **319** 3

Berufungsgericht
- Anhängigkeit durch Aktenvorlage **321** 8
- Anrufung **319** 12 ff
- Anwendung des Opportunitätsprinzips **328** 6
- keine Prüfung von Verfahrensfehlern **327** 2
- keine Zurückverweisung **328** 7
- Kognitionspflicht **327** 4 ff
- Prüfung von Prozesshindernissen **327** 2, **328** 2
- Sachentscheidung **328** 7 ff
- Strafbann **328** 16 f
- vorläufige Zuständigkeit **321** 12
- Zuständigkeit **74 GVG** 7, **74 b GVG** 3, **74 c GVG** 6
- Zuständigkeit für Eilmaßnahmen **315** 5
- Zuständigkeitsverweisung **328** 11 ff

Berufungshauptverhandlung
- letztes Wort **326** 3

Berufungsinstanz
- Nachtragsanklage **266** 14

Berufungsrücknahme
- der Staatsanwaltschaft in Abwesenheit des Angeklagten **329** 44

Berufungsverfahren
- Prozessgegenstand **327** 3

Berufungsverhandlung
- Ausbleiben des Angeklagten **329** 7 ff

- Ausbleiben des gesetzlichen Vertreters **330** 5
- Belehrung über Ausbleiben **323** 4
- Entschuldigung bei Ausbleiben **329** 15 ff
- Ladungen **323** 5
- Terminierung **323** 2
- Urkundenverlesung **325** 3 ff
- Urkundenverlesung zur Berichterstattung **325** 2
- Vertretung des Angeklagten **329** 26 ff
- Wiedereinsetzung nach Abwesenheit **329** 45 ff

Berufungsverwerfung
- Anrufung des Gerichts **319** 12 ff
- sofortige Beschwerde **322** 15

Bescheid
- Verfahrenseinstellung **171, 170** 21

Beschlagnahme 111 b 12–15
- in Abwesenheit **290** 1 – Bekanntmachung **291** 1
- Art und Weise der ~ **111 c** 1
- Aufhebung **98** 12, **111 n** 4–9, **132** 17, **293** 1 – Antrag der StA **111 n** 9; Besonderer Umfang der Ermittlungen **111 n** 6; Frist zur Klageerhebung **111 n** 4; Fristberechnung **111 n** 4; Fristverlängerung **111 n** 5; Zuständigkeit **111 n** 7
- Beendigung der ~ **111 e** 10–12 – Bindungswirkung **111 e** 12; im Laufe des Verfahrens **111 e** 11; nach rechtkräftigem Urteil **111 e** 10; Rückgewinnungshilfe **111 e** 11; Zuständigkeit **111 e** 12
- Beschlagnahmeanordnung **98** 1 ff
- Beschwerde gegen **169**, 5
- Bestätigung **98** 6 ff
- Bewirkung der ~ **111 c** 2–5 – Bewegliche Sachen **111 c** 2; Forderungen **111 c** 4; Grundbuch **111 c** 3; Grundstücke **111 c** 3; Grundstücksgleiche Rechte **111 c** 3; Ingewahrsamnahme **111 c** 2; Kenntlichmachung **111 c** 2; Luftfahrzeuge **111 c** 5; Pfändung **111 c** 4; Schiffe **111 c** 5; Schiffsbauwerke **111 c** 5; Vermögensrechte **111 c** 4
- Briefsendungen siehe Postbeschlagnahme
- Durchführung der ~ **111 f** 1–4, siehe auch dort
- Durchsuchung **132** 16
- Eigentum **132** 1 ff
- Härtefälle **111 b** 15
- Herausgabepflicht **95** 1
- Kenntlichmachen **132** 15
- in Parlamenten **94** 3
- Rechtsbehelf **132** 19
- Rechtsfolge **292** 1
- Rückgabe von Gegenständen **94** 13, **111 c** 7–9 – Beweisgegenstände **111 c** 9; Rückgabe gegen Erlegung des Wertes **111 c** 7; Sicherheitsleistung **111 c** 8; Überlassung der Benutzung **111 c** 8
- Von Schriftstücken **148** 10
- Sicherstellungsbedürfnis **111 b** 14
- Verhältnismäßigkeit **111 b** 15, **132** 14
- Zuständigkeit **132** 18

Beschlagnahme von Beweisgegenständen
- Abgrenzung zur Sicherstellung nach § 111 b ff **94** 16
- einer ärztlichen Patientendatei **94** 11.1
- von Bild- und Tonträgern **94** 1
- von E-Mails **94** 11.1
- des Fremdenpasses **94** 11.1
- des Führerscheins **94** 15

Magere Zahlen = Randnummern **Stichwortverzeichnis**

- von Klientenakten einer Suchtberatungsstelle **94** 11.1
- von Schriften **94** 11.1

Beschlagnahme eines Druckwerks oder einer sonstigen Schrift 111 m
- Abwendung **111 m** 8
- Anordnung **111 m** 7
- Ausscheidbare Teile **111 m** 5
- Beschlagnahmebeschränkungen **111 m** 2–4, siehe auch dort
- Geltungsbereich **111 m** 1 – Druckwerke **111 m** 1; Schriften **111 m** 1; Sonstige Gegenstände **111 m** 1
- Landespressegesetz **111 m** 1

Beschlagnahmebeschränkungen 111 m 2–4
- Bedeutung der Sache **111 m** 4
- Informationsinteresse **111 m** 3
- Interessensabwägung **111 m** 2
- Nachteilige Folgen **111 m** 3
- Verhältnismäßigkeit **111 m** 2
- Wirtschaftliche Folgen **111 m** 3

Beschlagnahmeverbot 97 1 ff
Beschlagnahmeverzeichnis 107 1
Beschleunigtes Verfahren 140 30, **200** 1 a
- Ablehnung mangels Eignung **419** 2
- Antrag **417** 4
- Beschleunigungsgebot **417** 1, **418** 1, **418** 3
- Einschränkung des Beweisantragsrechts **420** 3
- Gang der Hauptverhandlung **418** 4
- gegen Jugendliche und Heranwachsende **417** 5.1
- Jugendverfahren **79 GVG**
- Rechtsfolgenkompetenz **419** 1
- Rechtsmittel **418** 5, **419** 5
- vereinfachtes Beweiserhebungsverfahren **420** 2
- Verteidigerbestellung **418** 3
- Voraussetzungen **417** 2 ff
- Zuständigkeit **417** 5

Beschleunigungsgebot 6 EMRK 21 ff
- Berufsverbot **132 a** 8
- in Haftsachen **5 EMRK** 9, 11
- Sofortige Vernehmung **135**, 2

Beschleunigungsgrundsatz 112 32, **116** 1, **120** 5 ff, **126 a** 4 a

Beschränkung der Entziehung der Fahrerlaubnis 111 a 5

Beschränkung der Strafverfolgung 154 a
- Beschwerde und Revision **154 a** 20 ff
- im Ermittlungsverfahren **154 a** 5 ff
- nach Erhebung der öffentlichen Klage **154 a** 8 ff
- Wirkung **154 a** 11
- Voraussetzungen **154 a** 1 ff

Beschuldigter 147 2
- Begriff **163 a** 5, **157**, 1
- Belehrung **163 a** 14, 22
- Beweisanträge **163 a** 20
- Eigenschaft **137** 1
- Ladung **163 a** 12
- Vernehmung siehe Beschuldigtenvernehmung
- Vorführung **163 a** 13
- Zustimmung des **139** 4, **149** 3

Beschuldigtenvernehmung 115 4, **115 a** 3, **163 a** 1, **133**, 1, **136**, 1, 2, **444** 4
- Anwesenheitsrecht **163 a** 18, 23
- ausländische **136**, 23
- durch Polizei **163 a** 21
- richterliche **168 c** 1

- schriftliche **163 a** 8
- durch Staatsanwaltschaft **163 a** 10

Beschwer
- Berufungsvoraussetzung **312** 13

Beschwerde 138 19, 20, **138 c** 14, **141** 10, 11, **142** 13, **143** 9, **145** 16, 17, **146 a** 6, **147** 29, **148 a** 7, **149** 6
- Abhilfe **306** 7 ff, siehe auch Abhilfe der Beschwerde
- gegen den Anordnungsbeschluss bei Ausbleiben des Zeugen **51** 28
- Ausschluss der ~ **305**, siehe auch dort
- Dienstaufsichts~ **48 BZRG** 9, **50 BZRG** 7
- Einlegung **306** 1 ff, siehe auch Einlegung der Beschwerde
- gegen Einstellungsverfügung **172** 1, 3
- Entscheidung über ~ **309**, siehe auch Entscheidung über Beschwerde
- gegen Entscheidungen über Auskunftserteilung und Akteneinsicht **478** 6
- Haftprüfung durch Berufungsgericht **321** 9
- nachträgliche Anhörung des Gegners **311 a**, siehe auch dort
- sofortige **311**, **49 BZRG** 17, **63 BZRG** 9, siehe auch sofortige Beschwerde
- gegen Vernehmungsaufzeichnung **58 a** 21
- keine Vollzugshemmung **307**, siehe auch Vollzugshemmung der Beschwerde
- Weitere ~ **310**, siehe auch dort
- Zulässigkeit der – **304**, siehe auch dort

Beschwerde gegen Strafaussetzungsbeschluss 305 a
- Abhilfe **305 a** 2.3, 10
- Begründung der Beschwerde **305 a** 4
- Beschwerdeberechtigung **305 a** 3
- Einschränkung **305 a** 2
- Entscheidung in der Sache selbst **305 a** 5
- Gegenstand **305 a** 1
- Gesetzeswidrigkeit **305 a** 2.2, 5
- Verschlechterungsverbot **305 a** 6
- Zuständigkeit **305 a** 7 ff – Berufung **305 a** 8; Revision **305 a** 9

Beschwerdegericht 74 c GVG 8, **121 GVG** 2
Beschwerdegericht, Befugnisse 308
- Anhörungspflicht **308** 1, 2, 6, 7, 7.1
- Aufklärungsbefugnis **308** 12
- Beschwerdeschriftsatz **308** 1
- Beschwerdevortrag **308** 1, 5
- Ermittlungen **308** 9 ff
- Ermittlungsverfahren **308** 12
- Gefährdung des Zwecks der Anordnung **308** 7
- Gegenerklärung **308** 5, 6
- Gegner des Beschwerdeführers **308** 2, 3, 5, 7, 7.1
- Haft **308** 7, 12.1
- Verwerfung der Beschwerde **308** 2

Beschwerdekonzentration 120 GVG 7
Beseitigung
- des Strafmakels **46 BZRG** 16, 22, 26, **51 BZRG** 10

Beseitigung eines rechtswidrigen Zustandes
- Kosten **472 b** 1

Besetzung des Gerichts
- Fehlerhafte Besetzung als Revisionsgrund **338** 5 ff
- Jugendkammer **33 b JGG** Rüge der gesetzeswidrigen **21 e GVG** 13 f, **21 f GVG** 10 f, **21 g GVG** 8

2455

Stichwortverzeichnis

Fette Zahlen = §§

- Jugendschöffengericht **33 a JGG**
- Präklusion **338** 11
- vorschriftswidrige **222 b** 6
- **Besetzung der Strafkammern 76 GVG** 1 ff
- bei Anordnung der Sicherungsverwahrung **74 f GVG** 5
- Entscheidung über ~ **76 GVG** 5–8 – Änderung Geschäftsverteilungsplan **76 GVG** 7; Anhörung der Prozessbeteiligten **76 GVG** 5; Entscheidung nach Verweisung **76 GVG** 6; Eröffnungsbeschluss **76 GVG** 5; Nachholung **76 GVG** 5; Unterbleiben der Entscheidung **76 GVG** 7; Verbindung **76 GVG** 8; Zurückverweisung **76 GVG** 8
- bei Entscheidungen außerhalb der Hauptverhandlung **76 GVG** 11–12 – Berufung gegen Amtsgericht **76 GVG** 12; Entscheidung über Besetzung **76 GVG** 5; Haftprüfungsanträge **76 GVG** 11
- bei Entscheidungen in der Hauptverhandlung **76 GVG** 2–4 – Berufungen **76 GVG** 2; Besetzungsreduktion **76 GVG** 2; Beurteilungsspielraum **76 GVG** 4; Große Strafkammer **76 GVG** 2; Jugendkammer **76 GVG** 2; Kleine Strafkammer **76 GVG** 2; Sache von besonderer Bedeutung **76 GVG** 4; Schwierigkeit der Sache **76 GVG** 3; Schwurgericht **76 GVG** 2; Sicherungsverwahrung **76 GVG** 2; Umfang der Sache **76 GVG** 3
- Erweitertes Schöffengericht **76 GVG** 10
- Jugendsachen **76 GVG** 9
- Revision **76 GVG** 13
- **Besetzungseinwand 222 b** 10, 14
- **Besichtigung**
- amtlich verwahrter Beweisstücke **474** 20, **475** 12
- **Besondere Kenntnisse des Wirtschaftslebens 74 c GVG** 5
- **Besondere Strafkammern 6 a, 209 a**
- **Besondere Verfahrensarten 140** 29–31
- **Besorgnis der Befangenheit** siehe Befangenheit und Ablehnung eines Richters
- **Bestandsdaten 100 a** 13 ff
- **Bestattungsgenehmigung 159** 8
- **Bestellung des Verteidigers 141** 1, 2
- Anzahl **141** 2
- Beschränkung **140** 2
- konkludent **141** 7
- rückwirkend **141** 8
- Zeitpunkt **141** 3–5
- Zuständigkeit **141** 6
- **Bestimmtheitsgebot**
- Missbrauchsverbot **257 a** 2
- **Bestimmtheitsgrundsatz**
- Berufsverbot **132 a** 3
- **Besteuerungsverfahren**, Verhältnis zum Strafverfahren **393 AO**
- Mitwirkungspflicht **393 AO** 1
- Verwendungsverbot im – gemachter Angaben **393 AO** 7 ff
- **Betäubungsmittelverfahren 153** 59, **153 a** 91
- **Beteiligte**
- Begriff **33** 5
- **Beteiligtenrechte**
- Augenschein **86** 5
- Leichenschau **87** 3
- **Beteuerungsformeln 65** 3
- **Betretungsrecht des VE 110 b** 4, **110 c** 1
- **Betreuer 149** 1

- **Beugehaft 70** 1, 9, 10
- Wiederholungsverbot **70** 11
- **Beurlaubung des Angeklagten 231 c**
- Antrag **231 c** 4
- Dauer **231 c** 10
- Folgen **231 c** 13
- Widerruf **231 c** 15
- **Beurteilungsspielraum 203** 4, **223** 6
- erweitertes Schöffengericht **29 GVG** 9
- Zuständigkeitswahl **24 GVG** 2
- **Bewährung**
- Aussetzung zur **46 BZRG** 14, 15, 22, 26, **47 BZRG** 3, **49 BZRG** 6, **51 BZRG** 4, 22, 27, 28
- Ende der Bewährungszeit **46 BZRG** 15, **47 BZRG** 3, **51 BZRG** 2
- Erlass des Strafrests nach Ablauf der Bewährungszeit **46 BZRG** 15, **47 BZRG** 3, **49 BZRG** 6
- Widerruf der **46 BZRG** 14, 22, 26, **47 BZRG** 3
- **Bewährungsbeschluss 268 a** 1
- **Bewährungshelfer 136**, 3, **61 BZRG** 13
- **Bewährungsstrafe 54 SDÜ** 27, 28
- **Bewegliche Zuständigkeit 24 GVG** 2 f
- **Beweisanregung 244** 8, 11
- **Beweisantizipation**, Verbot der **244** 11, 41, 59
- Annahmeberufung **322 a** 6
- Ausnahmen **244** 41, 80, 112
- **Beweisantrag 219** 3, 5, **244** 8, 11, 14 ff, **444** 12
- Ablehnungsbeschluss **244** 36 ff
- Ablehnungsgründe **244** 48 ff
- Antragsberechtigung **244** 26 ff
- Auslegung **244** 17, 31
- Austausch des Ablehnungsgrundes **244** 119
- bedingter ~ **244** 42
- Beschlussfassung über ~ **201** 12
- Eventual~ **244** 42
- fehlerhafte Behandlung eines ~ **244** 118
- Form **244** 30
- Frist zur Stellung von ~ **244** 29 ff
- Hilfs~ siehe dort
- Hinweispflicht bei Missverständnis **244** 31, 38
- missbräuchliche Stellung **244** 29
- Protokollierung **244** 32
- ~recht für Adhäsionskläger **404** 10
- Revision **244** 39
- bei richterlichen Beschuldigtenvernehmungen **166** 1
- Rücknahme **244** 35 f
- im Strafbefehlsverfahren **244** 40
- Unzulässigkeit **244** 20, 26 ff
- verspätete ~ **246**
- bei Verweisungsbeschluss **270** 15
- Zeitpunkt der Stellung **244** 33 ff
- **Beweisaufnahme 244** 1, 8, 11
- bei Abwesenheit des Angeklagten **289**
- Beendigung **258** 2
- Durchführung **244** 8 f
- Gegenstand der ~ **244** 1 ff
- Revision **337** 50
- Schluss der ~ **258** 2
- Umfang **245**
- Unmittelbarkeit der ~ **250** 1 ff
- Verfahren bei Abwesenheit **288** 1
- im Wiederaufnahmeverfahren **369**
- Wiedereintritt **326** 4
- Wiedereröffnung **258** 3 ff

2456

Magere Zahlen = Randnummern

Stichwortverzeichnis

Beweiserhebung
- zur Abgabefrage **225 a** 9
- Äußerung der Verfahrensbeteiligten **257** 8
- Reihenfolge **257 b** 6
- im Zwischenverfahren **202** 1, 3, 6,

Beweiserhebungsverbot 160 a 1
- absolutes **160 a** 3
- relatives **160 a** 10
- bei Verschwiegenheitspflicht **54** 2

Beweisermittlungsantrag 244 21, 39, 45 ff
- Ablehnung **244** 47

Beweiskraft
- des Protokolls **168 a** 10, **274** 1
- Wegfall **274** 15

Beweismittel 244 8, 23 ff
- Ausschöpfung des ~ **244** 116
- Austausch des ~ **244** 37
- bestimmte Bezeichnung **244** 23 f
- präsentes ~ **244** 35, **245** 1 ff
- rechtliche Einordnung durch Antragsteller **244** 23
- Ungeeignetheit des ~ **244** 64 ff
- Unzulässigkeit **244** 51 f

Beweismittelordner 147 13
Beweissicherung 58 a 3, **160** 8, **205** 8
Beweisstücke 147 18
Beweistatsache 244 16 ff
- bedeutungslose ~ **244** 54
- konkrete Bezeichnung der ~ im Beweisantrag **244** 16 ff
- Negativtatsache **244** 18
- Offenkundige **244** 4
- Wahrheit der ~ **244** 20 ff

Beweisteilhabe
- der Verteidigung **321** 14

Beweisverbote 244 8, 11, 75
Beweisverwertungsverbot 160 a 1, **224** 9, **261** 27 ff, siehe auch Verwertungsverbot
- absolutes **160 a** 5
- bei Anwendung von Zwang gegenüber einem Zeugnisverweigerungsberechtigten zwecks Herausgabe eines Beweisgegenstands **95** 7
- bei Beschlagnahmeverbot **97** 25 ff
- bei Durchsuchung und Beschlagnahme **94** 17
- bei Ergebnissen einer körperlichen Untersuchung **81 a** 25 ff
- bei Rasterfahndung **98 a** 6
- relatives **160 a** 12
- bei Vorzeigen der Leiche zwecks Ablegung eines Geständnisses **88** 3

Beweiswert
- der DNA-Analyse **81 e** 8
- des Schriftvergleichs **93** 7
- einer Zeugenaussage **69** 1

Beweiswürdigung 206 a 2
- bei Eidesverweigerung **61** 1
- Fairnessgrundsatz **261** 33
- Gesamtbewertung **261** 10
- Glaubwürdigkeitskriterien **261** 7
- Inhaltsanalyse **261** 10, 13.2
- Revision **337** 50, 87 ff
- richterliche Aufgabe **261** 7, 8
- Sacheinlassung **261** 12
- Sachkunde **261** 6
- Schweigen **261** 16
- Vereidigungsverbot **60** 1

Beweiswürdigungslösung
- bei Verfahrensfehlern **257** 22

Beweisziel 244 17 ff, 63
Bewertungseinheit 264 10
Bewilligungshindernis 79 IRG 2, **83 b** IRG 1–3
Bewilligungsverfahren 79 IRG 2, **83 b** IRG 1
Bildaufnahmen 100 h 1
Bild- und Tonträger
- Beschlagnahme **94** 1
- Beschlagnahmeverbot **97** 19

Bild-Ton-Aufzeichnung siehe Aufzeichnung der Vernehmung
- Vorführung einer ~ **255 a**, siehe auch dort

Bild-Ton-Übertragung siehe Videovernehmung und Videosimultanübertragung

Bindungswirkung
- Teilrechtskraft **327** 8
- Wegfall **257 c** 31 ff

Bindungswirkung eines Verweisungsbeschlusses 270 10
Biobank 81 e 4.1
Blutprobe 81 a 7, **81 c** 10 f
Borderlinestörung 261 6.3
Botschafter 11 1
Brechmittel 81 a 12.1
Briefkontrolle 148 7
Brief- und Postgeheimnis 99 1
Bruttogewinnprinzip 111 b 2
Bundesamt für Justiz 111 f 6, **492** 3, **59** BZRG 3, **100 d** 1
Bundesanzeiger 291 1, **293** 2
Bundesdisziplinaranwalt 61 BZRG 2
Bundesgerichtshof 169 1–5
- Jugendverfahren **102** JGG

Bundesministerium der Justiz
- Auskunft aus dem Erziehungsregister durch das **61** BZRG 9
- als Gnadenbehörde **61** BZRG 5
- Zuständigkeit für Entscheidung über sofortige Beschwerde **45** BZRG 1, **49** BZRG 17, 18, **63** BZRG 9, 10

Bundespräsidentenvernehmung siehe Vernehmung des Bundespräsidenten

Bundesregierung
- örtliche Zuständigkeit am Sitz der ~ **11** 3

Bundeswehr
- Beschlagnahme bei **98** 11

Bundeswehrdisziplinaranwalt 61 BZRG 2
Bundeszentralregister 48 BZRG Vor 1, **49** BZRG 7, **51** BZRG 2, 3, 6, 7, 13, 22, 26, 28, 35, **52** BZRG 9, 11, **59** BZRG 1 ff, **60** BZRG Vor 1, 2, 6, 8, 10, 13 ff, **61** BZRG 10, 11, **62** BZRG 1, **63** BZRG Vor 1, 4, 5, 7
Bußgeldentscheidungen 49 BZRG 11, **51** BZRG 11, **61** BZRG 5
Bußgeldverfahren 444 1

Chemische Untersuchung 91 2
Computer
- Beschlagnahme von Daten **94** 1, 11.1

Computerausdrucke 147 13
Computerdateien 147 13
Computerfax
- Berufungseinlegung **314** 8

Computer-Tomographie 81 a 12.1
Cyber-Crime-Convention 100 a 132 ff

Darstellungsrüge 261 61 f
Dateiabgleich 98 c 1
Dateiregelungen 483 ff

Stichwortverzeichnis

Fette Zahlen = §§

Daten
- personenbezogene ~ **161** 12
- Zweckumwandlung **481** 1 ff
Datenberichtigung 489 2, **494** 1
Datenlöschung 489 3 ff, **494** 2 ff
Datennutzung 483 1 ff, **484** 1 ff, **485** 1 ff
Datenschutz 155 b 1, 5, **160** 11
Datensicherheit 476 13 f
Datenspeicherung 163 d 2 ff, **483** 1 ff, **484** 1 ff, **485** 1 ff, siehe auch Schleppnetzfahndung
Datensperrung 489 7 f, **494** 5
Datenübermittlung
- von Amts wegen **479** 1 ff, **487** 2 f
- im automatisierten Verfahren **488** 1 ff, **493** 1 ff
- auf Ersuchen **487** 2 f
- zu Forschungszwecken **476** 1 ff
- an Polizeibehörden **481** 3
Datenverarbeitung
- für Zwecke künftiger Strafverfahren **484** 1 ff
- für Zwecke des Strafverfahrens **483** 1 ff
- für Zwecke der Vorgangsverwaltung **485** 1 ff
Datenveränderung 483 1 ff, **484** 1 ff, **485** 1 ff
Dauerdelikt 264 11
DDR
- ehemaliges Strafregister der **51 BZRG** 2
Deal siehe Verständigung im Strafverfahren
Deliktsgegenstände
- Ausschluss der Beschlagnahmefreiheit **97** 21
Denkgesetze 261 35
Devolutiveffekt
- Berufung **312** 5
Dienstaufsichtsbeschwerde
- gegen Polizeibeamte **163** 16
- gegen die Registerbehörde **48 BZRG** 9, **50 BZRG** 7
Dienstliche Äußerung
- bei Ablehnung eines Richters **26** 7 f, **27** 11
Dispositionsbefugnis 156 1
Dispositionsentscheidung
- über Beweisverwertung **257** 20
Disziplinierung 257 a 1
DNA-Analyse
- Anfechtbarkeit der Maßnahme **81 f** 10
- Beweiswert **81 e** 8
- datenschutzrechtliche Regelungen **81 f** 9
- Durchführung **81 f** 6 ff
- Schriftformerfordernis der Einwilligung **81 f** 5
- zulässige Feststellungen **81 e** 4 ff
DNA-Reihenuntersuchung
- Anfechtbarkeit der Maßnahme **81 h** 8
- Durchführung **81 h** 6 f
- Personen mit bestimmten Prüfungsmerkmalen **81 h** 2
- Schriftformerfordernis der Einwilligung **81 h** 4
Dokumentation 68 b 3, 9
- der Belehrung **36 WÜK** 11, 12, 22
- bezüglich Erörterungen **160 b** 9
Dokumentationspflicht 202 a 8
Dolmetscher 114 b 6, **136 a** 2, **168 c** 8, **185 GVG**, **6 EMRK** 53 ff
- Kosten **464 c** 1, **6 EMRK** 57
- bei Überwachung in der U-Haft **119** 17, 21
Doppelbestrafungsverbot 54 SDÜ 8, 9, 12, 49
Doppelzuständigkeit
- Jugendschutzsachen **26 GVG** 1
Drittschuldnererklärung 111 f 3
Drittstaaten 54 SDÜ 48, **4 RB-EUHB** 2

Drittwirkung 136 23, **136 a** 3
- Verwertungsverbot **257 c** 38
Drogenkonsum 60 3
Drohung 136 a 1, 24
Druckerzeugnisse 111 b 13
Druckmittel
- durch Anordnung schriftlicher Antragstellung **257 a** 4
Druckschrift
- Bezug in der U-Haft **119** 35
- Gerichtsstand bei Straftat durch Inhalt einer ~ **7** 6 ff
Durchführung der Beschlagnahme 111 f 1–4
- Bewegliche Sachen **111 f** 1
- Forderungen **111 f** 3
- Grundstücke **111 f** 2
- Grundstücksgleiche Rechte **111 f** 2
- Luftfahrzeuge **111 f** 4
- Schiffe **111 f** 4
- Schiffsbauwerke **111 f** 4
- Vermögensrechte **111 f** 3
Durchsicht von Papieren 110 1
- Dauer **110** 8
Durchsuchung 148 19, **169** 5
- Anfechtbarkeit **105** 27
- Anordnung **105** – Form **105** 8; Inhalt **105** 9 ff
- Anordnungskompetenz **105** 1 ff – Erforderlichkeit **105** 1 ff; Zuständigkeit **105** 4 ff
- Beendigung **105** 21 f
- Beschwerde gegen die Anordnung **304** 20, 27
- von Computern **102** 13 ff
- zur Identitätsfeststellung **163 b** 9, 15
- bei juristischen Personen **103** 1
- Mitteilung über ~ **107** 1 f
- nächtliche Haus~ **104**
- von Nichtverdächtigen **103** 1 ff, **163 b** 15
- von Personen **102** 11 f, **163 b** 9, 15
- bei Presseorganen und deren Angehörigen **102** 19
- von Sachen **102** 12 ff
- beim Verdächtigen **102**
- des Verteidigers bei Verkehr mit Beschuldigtem **148** 19
- Verwertbarkeit **105** 23 ff
- Verzeichnis **107** 3 f
- Vollzug **105** 13 ff
- Voraussetzungen der ~ beim Verdächtigen **102** 1 ff
- Bei vorläufiger Festnahme **127** 11
- von Wohnungen und anderen Räumen **102** 8 ff, **459** 3
- Zuziehung des Inhabers **106**
Durchsuchungsverzeichnis 107 1
Dynamische IP 100 a 14 f, **113 TKG** 9
- Auskunft über **100 a** 125
Dringender Tatverdacht
- bei Beschwerdeentscheidungen während laufender Hauptverhandlung **112** 5
- beim Haftbefehl **112** 3 f
- beim Unterbringungsbefehl **126 a** 2
Drittbeteiligung bei Verfall und Einziehung
- Absehen von Verfall und Einziehung **430** 1 ff
- Abwesenheitsverhandlung **436** 1 ff
- Beiordnung eines Vertreters des Drittbeteiligten **434** 1
- Beschränkung nach formloser Einziehung **430** 9
- Beteiligungsanordnung **431** 6 ff
- Einziehungsbeteiligung Dritter **431** 3

Magere Zahlen = Randnummern

- Entschädigung des Drittbeteiligten **436** 3
- Nachverfahren **439** 1 ff
- Persönliches Erscheinen des Drittbeteiligte **433** 4
- Rechtliches Gehör **432** 2 ff
- Rechtsmittel des Drittbeteiligten **437** 1 ff
- Rechtsstellung des Drittbeteiligten **433** 1 ff
- bei Strafbefehlen **438** 1 ff
- Terminsnachricht an Drittbeteiligten **435** 1 ff
- Verfallsbeteiligung Dritter **431** 4
- Wiederaufnahme **439** 11

Echtzeiterhebung 100 g 7
Ehegatte
- als Beistand **149** 1
- Besuch in der U-Haft **119** 13, 18
- Briefkontrolle **119** 32
- Zeugnisverweigerungsrecht **52** 5 f
Eid 59 ff
- Fremdsprache **188 GVG**
- Dolmetscher **189 GVG**
Eidesformel 64 2
- Ausländer **64** 2
- Wahlrecht des Zeugen **64** 1
Eidesgleiche Bekräftigung
- Anwendungsbereich **65** 1
- Belehrung **65** 1
- Beteuerungsformeln **65** 3
- Glaubhaftmachung **65** 1
- Gleichstellung mit Eidesleistung **65** 2
- Revision **65** 4
Eidesumfang 59 5
Eidesunfähigkeit 60 3
Eidesunmündigkeit 60 2
Eidesverweigerung 61 1, **70** 3, 5
- Angehörige **61** 1
- Belehrung **61** 2
- Beschluss **61** 1
- Beweiswürdigung **61** 1
- Personenkreis **61** 1
- Protokollierung **61** 1
- Revision **61** 3
- Verletzte **61** 1
Eidliche Versicherung 56 4
Eigenmächtiges Fernbleiben
- Folgen **231** 5 ff, **232** 9
Eignung
- zum Führen von Kraftfahrzeugen **52 BZRG** 9, 10
- zum Notarberuf **52 BZRG** 7.1
- persönliche **52 BZRG** 7, **61 BZRG** 6
Eilmaßnahmen
- Zuständigkeit des Berufungsgerichts **315** 5
Einbeziehung von Entscheidungen
- Bedeutung für Beginn der Tilgungsfrist **46 BZRG Vor** 1
- Bedeutung für die Länge der Tilgungsfrist **46 BZRG** 7
- einer erziehungsregisterpflichtigen Entscheidung **60 BZRG** 8, 13 ff
- und Unteilbarkeit des Registerinhalts **47 BZRG** 11 f
- einer zentralregisterpflichtigen Entscheidung **60 BZRG** 8, 16 ff
Einbeziehungsbeschluss
- Nachtragsanklage **266** 22 ff
Einbürgerungsverfahren 49 BZRG 9

Stichwortverzeichnis

Eingriffe
- körperliche **136 a** 12
Einheitliche Jugendstrafe 46 BZRG 1, 7, **47 BZRG** 1, 11
Einlassung des Angeklagten zur Sache 243 29
- Inhalt **243** 30
- Protokollierung **243** 41
- Schweigen **243** 38
- Verteidigererklärung **243** 34
Einlassungsfrist im Eröffnungsverfahren 201 8
Einlegung der Beschwerde 306 1 ff
- Bedingung **306** 3
- Beschwerdegericht **306** 5, 7, 8, 14, 14.1, 15
- Einfache Beschwerde **306** 2, 7
- Form **306** 4 ff
- Frist **306** 2, 5
- Iudex a quo **306** 5
- Prozessuale Überholung **306** 2
- Wiedereinsetzung **306** 5.1
- Wirksamkeit **306** 1
Einsichtsfähigkeit 136 a 7
Einstellung 153 ff
- Absehen von Verfolgung ~ bei Opfer einer Nötigung oder Erpressung **154 c**; bei falscher Verdächtigung oder Beleidigung **154 e**; unwesentliche Nebenstraftaten **154**
- Aufbauseminar **153 a** 36
- Auflagen und Weisungen **153 a** 20 ff – nachträgliche Änderungen **153 a** 41 ff; Nichterfüllung **153 a** 59 ff
- Auslandstaten **153 c** 1 ff
- Auslieferung und Landesverweisung **154 b**
- Bekanntgabe an Beschuldigten **170** 21
- Bescheid an Antragsteller **171** 8
- Beschränkung der Strafverfolgung **154 a**
- Beschluss **153** 36
- Beschlagnahme **293** 1
- Betäubungsmittelverfahren **153** 59, **153 a** 91
- Eintragung und Mitteilungspflichten **153 a** 64 ff
- Ermittlungsverfahren gegen Unbekannt **152** 8
- Form der ~ **170** 18
- Fristsetzung **153 a** 37 ff
- Geldzahlung **153 a** 26 ff
- Gemeinnützige Leistungen **153 a** 29, 30
- Geringe Schuld **153** 12 ff
- Initiative Einstellung **153** 31, **153 a** 70
- Jugendstrafverfahren **153** 56, **153 a** 88, 89, **153 b** 16
- Jugendverfahren **47 JGG**
- Klageerzwingungsverfahren **153 f** 6, **154 d** 7, **174** 5
- Kosten und Entschädigung **153** 50 f, **153 a** 82 ff, **153 c** 21, **153 e** 10, **467** 13
- mangels hinreichenden Tatverdachts **170** 13
- nachträgliches objektives Verfahren **153** 45, **153 a** 62, 63, **153 c** 22, **153 d** 2, **153 e** 11
- Öffentliches Interesse **153** 20 ff, **153 a** 16 ff
- Opportunitätsprinzip **152** 3, **153** 1
- Ordnungswidrigkeitenverfahren **153** 54, **153 a** 85
- politische Straftaten **153 d** 1 ff
- Präjudizielle Vorfrage **154 d** 1, 2
- Privatklage **153** 46, 55, **153 a** 87, **153 b** 11, **383** 10 ff, **389**

2459

Stichwortverzeichnis

Fette Zahlen = §§

- Rechtsbehelfe **153** 48, 49, **153 a** 76, 77, **153 b** 14, **154** 27 ff, **154 a** 20 ff, **154 c** 11, **154 d** 6, **154 e** 9, 10
- Rechtsmittelbelehrung **171** 14
- Schwere der Schuld **153 a** 12 ff
- Statistik **153** 3, **153 a** 4
- Steuerstrafsachen **153** 57, 58, **153 a** 90
- Strafklageverbrauch **153** 42 ff, **153 a** 53 ff, 74, **153 b** 12, **153 e** 7, **154** 16, **154 a** 11 ff, **154 c** 9
- kein Strafklageverbrauch durch ~ **170** 20
- Straftaten gegen Völkerstrafgesetzbuch **153 f** 1 ff
- Strafzumessung **154** 25, 26
- Täter-Opfer-Ausgleich **153 a** 33 ff
- tätige Reue **153 e** 1 ff
- Teileinstellung **153** 18
- Unschuldsvermutung **153** 2
- Unterhaltszahlungen **153 a** 31, 32
- Verfahren **153** 24 ff, **153 a** 48 ff, **154** 9 ff, **154 a** 1 ff, **154 b** 4 ff, **51 BZRG** 7, **60 BZRG** 4, 10, 11
- bei Verfahrenshindernis **206 a** 4
- Verfahrensverzögerung **153** 17
- Vergehen **153** 23, **153 a** 40
- Verjährung **153 a** 78 ff, **154 e** 8
- Verständigung **257 c** 16
- Verzögerung **153** 17
- Vorermittlungen **152** 6
- Vorfeldermittlungen **152** 6.1
- Vorläufige ~ **154 f**, **205** 7
- Wiederaufnahme **153** 40, **154** 17 ff, 21 ff, **154 b** 7, **154 c** 10
- Wiedergutmachung **153 a** 23 ff
- Zeitpunkt **153** 30, **153 a** 68, 69, **153 b** 8
- Zusammentreffen mit Ordnungswidrigkeit **153** 19, **153 a** 86
- Zuständigkeit **153** 30, **153 a** 68, **153 b** 7, **153 f** 7
- Zustimmung **153** 5 ff, 32 ff, **153 a** 5 ff, **153 b** 6, 9

Einstellung in den öffentliche Dienst 52 BZRG 7

Einstellungsgründe
- Bekanntgabe den Beschuldigten **170** 21
- Bescheid an Antragsteller **171**

Einstellungszusage 257 c 35

Einstimmigkeit 26 a 12

Einstweilige Unterbringung 121 2 f, **126 a** 1 ff

Eintragung
- Auskunft über eine **45 BZRG** 6, **61 BZRG** 1 ff
- Entfernung einer – aus dem Erziehungsregister **51 BZRG** 5, **59 BZRG** 2, **63 BZRG** 1 ff
- im Erziehungsregister **59 BZRG** 1 ff, **60 BZRG** 1 ff, **61 BZRG** 1 ff, **62 BZRG** 2, **63 BZRG** 1 ff
- Löschung einer **45 BZRG** 1, 4 f, 10, **51 BZRG** 14
- Neueintragung einer weiteren Verurteilung **47 BZRG** 13 ff
- über Schuldunfähigkeit **46 BZRG** 17, **51 BZRG** 9
- sonstige iSv 10 BZRG, 11 BZRG **45 BZRG** 2
- Tilgung einer **45 BZRG** 1, 3 f, 10, **46 BZRG** 17, 23.1, 27
- Tilgung einer ~ wegen Gesetzesänderung **48 BZRG** 1 ff
- Tilgungsreife einer **51 BZRG** 13
- zu Unrecht getilgte **47 BZRG** 17, **50 BZRG** 1 ff, **51 BZRG** 14
- Verwertungsverbot einer tilgungsreifen oder getilgten **51 BZRG** 1 ff
- Vorhalteverbot einer tilgungsreifen oder getilgten **51 BZRG** 1 ff, 16 ff
- vorzeitige Tilgung von **49 BZRG** 1 ff
- Wiedereintragung einer **47 BZRG** 14, **50 BZRG** 1, 4, 5

Eintragungsfähigkeit
- ausländischer Entscheidungen im Erziehungsregister **60 BZRG** 1

Eintragungspflicht
- ausländischer Entscheidungen im Erziehungsregister **60 BZRG** 1

Einwilligung 136 a 8
- zur DNA-Reihenuntersuchung **81 h** 4
- zur körperlichen Untersuchung des Beschuldigten **81 a** 13
- zur körperlichen Untersuchung eines Dritten **81 c** 16
- zur molekulargenetischen Untersuchung **81 f** 5, **81 g** 12

Einzelstrafen
- nachträgliche Gesamtstrafenbildung **460** 4 ff
- in den Urteilsgründen **267** 13 f, 33
- im Urteilstenor **260** 20

Einzelverbindungsnachweis 99 TKG

Einzelvernehmung 58 1

Einziehung
- Absehen von der ~ **430**
- Abwesenheitsverhandlung **436** 1
- Beschränkung nach formloser ~ **430** 9
- Entschädigungsansprüche Dritter **436** 3, **439** 9
- Kosten **472 b** 1
- im Strafbefehl **407** 18 ff
- **46 BZRG** 17, **60 BZRG** 5

Einziehungsbeteiligung 431
- Anhörung **432** 2
- Ausbleiben des Einziehungsbeteiligten **436**
- Belehrung des Einziehungsbeteiligten **435** 3
- Einspruch gegen Strafbefehl **410** 2
- Einwendungen **432** 5
- Terminsnachricht an Einziehungsbeteiligten **435** 1
- Verfahrensrechtliche Stellung des Einziehungsbeteiligten **433** 1 ff
- Verzicht auf Einwendungen **431** 8
- Zeugeneigenschaft des Einziehungsbeteiligten **431** 8

Einziehungsgegenstände 111 g 1

Elektroencephalographie 81 a 12.1

Elektrokardiographie 81 a 12.1

Elektronisches Dokument 41 a
- Berufungseinlegung **314** 8

E-Mail 100 a 26 ff, **99** 9 ff
- Anfangsverdacht **100 a** 30 b
- Beschlagnahme **94** 1
- Beschlagnahme beim Provider **100 a** 28 ff, **99** 9 f
- Postbeschlagnahme entspr. **100 a** 30
- Sicherstellung auf PC des Absenders **100 a** 27
- Sicherstellung auf PC des Empfängers **100 a** 27
- Sicherstellung beim Provider **100 a** 28
- Sicherstellung angekommener E-Mails auf PC des Empfängers **100 a** 27

Magere Zahlen = Randnummern

- Sicherstellung gelesener E-Mails auf PC des Empfängers **100 a** 27
- Sicherstellung gelesener E-Mails beim Provider **100 a** 28
- Sicherstellung vorbereiteter, noch nicht gesendeter E-Mails auf PC des Absenders **100 a** 27
- Sicherstellung vorbereiteter, noch nicht gesendeter E-Mails beim Provider **100 a** 28
- Überwachung **100 a** 28
- Verhältnismäßigkeit **100 a** 30 d
- Webmail **100 a** 30 a
- Zwischenspeicherung beim Provider **100 a** 27
- Zuständigkeit **100 a** 29

Emminger-Reform 28 GVG 1

Ende
- der Bewährungszeit **46 BZRG** 15, **47 BZRG** 3, **51 BZRG** 2

Englisches Modell 247 a vor 1

Entbindung des Angeklagten
- von der Erscheinenspflicht in der Hauptverhandlung **233** 1 ff

Entbindung von Verschwiegenheitspflicht 53 39–43, **53 a** 12
- Berechtigte **53** 40
- Beschränkung **53** 43
- Erklärung **53** 42
- Verpflichtung zur Aussage **53** 39
- Widerruf **53** 43

Entfernung
- einer einbezogenen Entscheidung aus dem Erziehungsregister **60 BZRG** 14
- von Eintragungen aus dem Bundeszentralregister **45 BZRG** 1, **47 BZRG** 9, 13
- von Eintragungen aus dem Erziehungsregister **51 BZRG** 5, **59 BZRG** 2, **63 BZRG** 1 ff
- aus dem öffentlichen Dienst **52 BZRG** 8
- des Schuldspruchs aus dem Bundeszentralregister **60 BZRG** 8
- des Zeugen nach der Vernehmung **58** 5

Entfernung des Angeklagten 247, 247 a 10
- Anordnung **247** 7 ff
- Auskunftsverweigerungsrecht des Zeugen **247** 4.1
- Betreuer des Zeugen **247** 4
- eingeschränkte Aussagegenehmigung **247** 4
- aus der Hauptverhandlung **231 b**
- ordnungswidriges Benehmen **231 b** 2
- Sperrerklärung **247** 4
- Videosimultanübertragung **247** 16
- Zeugnisverweigerungsrechts des Zeugen **247** 4.1

Entgelte für Telekommunikationsleistungen 97 TKG 2

Entnahme von Gehirn- und Rückenmarksflüssigkeit 81 a 12.2

Entschädigung
- von Beweispersonen **220** 8 f, 11 ff
- des Sachverständigen **84** 1, **220** 9
- für Strafverfolgungsmaßnahmen **153** 50 ff, **153 a** 82, **204** 9 f
- von Zeugen **71**

Entschädigungsbehörde
- Auskunftsanspruch der **45 BZRG** 6

Entschädigungspflicht 111 g 340

Entscheidung
- Begriff **33** 1, **36** 7
- Begründung **34** 1, siehe auch dort
- behördliche **51 BZRG** 43, **52 BZRG** 9

Stichwortverzeichnis

- Bekanntmachung **35 ff**, siehe auch dort
- des Familiengerichts **60 BZRG** 1, 9, 12
- gerichtliche **48 BZRG** 9, **49 BZRG** 18, **50 BZRG** 7, **51 BZRG** 43, **63 BZRG** 10
- Gnaden~ **49 BZRG** 17, **63 BZRG** 9
- rechtskräftige **45 BZRG** 5, **47 BZRG** 12, 13, **49 BZRG** 10, **51 BZRG** 7, **63 BZRG** 5
- verschiedener Oberlandesgerichte **120 a GVG** 2

Entscheidung über die Ablehnung 27
- Ablehnung des Mitglieds einer Strafkammer **27** 3, 3.1
- Ablehnung als unzulässig **27** 9
- Amtsgericht **27** 5, 6, 7
- Ausscheiden des abgelehnten Richters **27** 1, 7
- Begründung **27** 12
- Beschluss **27** 12, 13
- Beweisaufnahme **27** 10
- Dienstliche Stellungnahme **27** 11
- Entscheidung des Bundesgerichtshofs **27** 3, 4, 5.1
- Freibeweis **27** 10
- Gerichtsbesetzung **27** 2
- Geschäftsplan **27** 3, 5.1
- Entscheidung des Oberlandesgerichts **27** 3, 4, 5.1, 7
- Reihenfolge mehrer Ablehnungsgesuche **27** 4
- Richter – abgelehnter **27** 1,3; ersuchter **27** 5.1; gesetzlicher **27** 2
- Schöffen **27** 3
- Strafkammer – auswärtige **27** 3.3; kleine **27** 3.2
- Wirkung des Beschlusses **27** 13
- Zwischenverfahren **27** 1

Entscheidung über Beschwerde 309
- Anhörung der Staatsanwaltschaft **309** 3
- Form **309** 4
- Haftbeschwerde **309** 2
- Sachprüfung **309** 4
- Sachentscheidung **309** 7, 8, 12, 15, 16
- Schlechterstellung des Beschwerdeführers **309** 8, 9
- Schriftliches Verfahren **309** 1
- Zurückweisung **309** 6, 10 f, 16 ff
- Zuständigkeit **309** 1

Entschuldigung
- des Ausbleibens des Angeklagten **230** 12
- bei Ausbleiben in der Berufungsverhandlung **329** 15 ff

Entziehung
- der Fahrerlaubnis **51 BZRG** 24, 31, 33, **52 BZRG** 9 f – Berufungsbeschränkung **318** 13, Hinweispflicht **265** 34
- des Pflichtteils **51 BZRG** 42

Entziehungsanstalt 246 a 2

Entziehungskur 268 a 1

Erbunwürdigkeit 51 BZRG 42

Erfahrungssätze 72 1, **244** 5, **261** 36 ff

Ergänzung
- des Protokolls **271** 10
- der Revisionsbegründung **445** 10 ff

Ergänzungsrichter 23 6.1, **338** 6 f, 14, 25 b, 28, 40, 50

Ergreifung 102 4

Ergreifungsort
- Gerichtsstand am **9** 1

Erhebung
- der öffentlichen Klage **170** 1 ff

Erinnerungsvermögen 136 a 7

2461

Stichwortverzeichnis

Fette Zahlen = §§

Erkennender Richter
- Berufungsgericht **321** 8

Erklärungsrecht
- des Staatsanwalts **257** 13
- des Verteidigers **257** 13

Erkrankung
- als Entschuldigungsgrund **329** 18

Erlass
- einer Strafe **46 BZRG** 9, **47 BZRG** 3, 5, 7, **49 BZRG** 6, **51 BZRG** 10
- des Strafrests nach Ablauf der Bewährungszeit **46 BZRG** 15
- Widerruf des Straferlasses **47 BZRG** 3, **49 BZRG** 6

Erledigung
- der Maßregel **46 BZRG** 19, **47 BZRG** 3, 5, 7, 16
- von Nebenstrafen und Nebenfolgen **49 BZRG** 2
- der Strafvollstreckung **46 BZRG** 15, **47 BZRG** 3, 4, 5, 8, 15, **49 BZRG** 5, **63 BZRG** 8

Ermessen 142 6, **202** 4, **202 a** 5, **205** 7, **206 a** 5, **213** 3, 6, **222 a** 11, **223** 8, **225 a** 4, 11, **48 BZRG** 8, **49 BZRG** 12, **51 BZRG** 35
- Rechtsgespräch **257 b** 12

Ermessensentscheidung 79 IRG 2

Ermittlungen
- Abschluss **147** 5, **169 a** 1
- Anordnung polizeilicher ~ **120 GVG** 9
- Ermittlungsbefugnisse der Staatsanwaltschaft **161** 4
- Ermittlungsgeneralklausel **161** 1, **163** 6
- Ersuchen an Polizei **161** 11
- Erzwingung von ~ **175** 6
- der Registerbehörde **47 BZRG** 6, **49 BZRG** 6, **50 BZRG** 6
- Umfang **160** 7

Ermittlungsakten
- Vorlage durch Polizei **163** 8

Ermittlungsgeneralklausel 161 1, **163** 6

Ermittlungsgrundsatz 155 2, siehe Untersuchungsgrundsatz

Ermittlungspersonen der Staatsanwaltschaft
- Anordnung einer körperliche Untersuchung **81 a** 14, **81 c** 20
- Beschlagnahmeanordnung **98** 2

Ermittlungspflicht der Polizei 163 2

Ermittlungsrichter 162 1, **169** 1–5
- Anfechtung **162** 15
- Prüfungskompetenz **162** 11
- Zuständigkeit **162** 1

Ermittlungsverfahren 160
- Akteneinsicht im ~ **147**
- gegen Unbekannt **152** 8
- Sachverständige im ~ **82**

Ermüdung 136 a 11

Eröffnung des Hauptverfahrens
- Beschlagnahme **293** 1
- bei der Privatklage **383** 1 ff
- Zuständigkeitsbegründung **24 GVG** 5, **25 GVG** 4, **26 GVG** 5, **28 GVG** 3, 6

Eröffnungsbeschluss 156 1, **203** 1, **211** 6
- Anfechtung des ~ **210** 2, 3
- Behebung der Mängel **207** 14
- Bekanntmachung in HV **215** 6
- erweitertes Schöffengericht **29 GVG** 7
- Fehlen **199** 3, **207** 15
- Form des ~ **207** 8
- Inhalt des ~ **207** 1
- Mängel des ~ **207** 10
- Unwirksamkeit **203** 3, **200** 3
- Zuständigkeit **199** 2
- Zustellung des ~ **215** 2

Erörterungen 160 b 3

Errichtungsanordnung für automatisierte Dateien 490 1 f

Error in procedendo 24 GVG 19

Ersatzfreiheitsstrafe 459 e 1 ff, **46 BZRG** 27.2
- Abwendungsbefugnis **459 e** 4
- im Strafbefehl **407** 16
- unbillige Härte **459 f** 1

Erscheinen
- Anordnung des persönlichen ~ **236**
- Entbinden vom ~ **233** 1
- nachträgliches ~ **232** 15
- Unzumutbarkeit des ~ **233** 1

Erscheinenspflicht des Zeugen 48 1

Erscheinungsort
- Gerichtsstand des ~ **7** 7

Erscheinungspflicht vor der Polizei
- Zeugen **163** 12
- Sachverständige **163** 12

Erscheinungspflicht vor der Staatsanwaltschaft
- Zeugen **161 a** 5
- Sachverständige **161 a** 11

Erstattung einer Strafanzeige 158 2

Erstinstanzliche Zuständigkeit 120 GVG 1–4
- Besondere Bedeutung **120 GVG** 3
- Bundesgerichtsbarkeit **120 GVG** 2
- Evokation **120 GVG** 4
- Landeshauptstadt-OLG **120 GVG** 1
- Organleihe **120 GVG** 2
- Straftatenkatalog **120 GVG** 2
- Zuständigkeitskonzentration **120 GVG** 1

Ersuchen der Staatsanwaltschaft
- an die Polizei **161** 11
- an eine andere Staatsanwaltschaft **161 a** 18

Ersuchen um Auskunft 61 BZRG 10

Ersuchen um eidliche Vernehmung 63 2

Ersuchen um uneidliche Vernehmung 63 2

Ersuchter Richter
- Ablehnung **26** 1

Erteilung von Akteneinsicht
- zu Forschungszwecken **476** 9
- an öffentlichen Stellen **474** 5 ff
- an Privatpersonen **475** 11
- Zuständigkeit **478** 1 f

Erteilung von Auskünften aus Akten
- zu Forschungszwecken **476** 9
- an öffentliche Stellen **474** 11 ff
- an Privatpersonen **475** 5 ff
- Zuständigkeit **478** 1 f

Erweiterter Erreichbarkeitsbegriff 247 a 17.1

Erweitertes Schöffengericht 29 GVG 1 ff, **76 GVG** 10
- Zuständigkeit **1** 2

Erwiesensein
- der Beweistatsache **244** 62 ff

Erziehungsaufgaben 61 BZRG 4

Erziehungsberechtigter 61 BZRG 7.1, **67 JGG**
- Ausbleiben in der Berufungsverhandlung **330** 1 ff
- Befragung **257** 3

Erziehungsmaßregel 60 BZRG 4, 5 8, 9, 15

Magere Zahlen = Randnummern

Erziehungsregister 59 BZRG 1 ff
– Auskunft aus dem **61 BZRG** 1 ff
– Entfernung von Eintragungen aus dem **51 BZRG** 5, **59 BZRG** 2, **63 BZRG** 1 ff
– Führung **59 BZRG** 3
– Hemmung der Entfernung aus dem **63 BZRG** 4 ff
– Inhalt **60 BZRG** 2 ff
– Sonderregelungen **59 BZRG** 4
– Verwertungsverbot **63 BZRG** 11 f
– Vorhalteverbot **63 BZRG** 11 f
– vorzeitige Entfernung von Eintragungen aus dem **63 BZRG** 8 ff
– Wiedereintragung zu Unrecht entfeter Eintragungen **63 BZRG** 3
Erzwingung
– von Ermittlungen **175** 6
– des Erscheinens des Angeklagten **236** 8
– der Herausgabe von Gegenständen **95** 5
– der öffentlichen Klage **172** 1
Europäischer Gerichtshof für Menschenrechte 1 EMRK 6 f
Europäischer Haftbefehl 112 37
Eventualbeweisantrag 244 42
Evokationsrecht 169 2
Exhumierung 87 13 f
Exploration 80 2
Exterritioriale 18–20 GVG
– körperliche Untersuchung **81 a** 1
– als Zeugen **51** 35
Exterritorialität 11 1

Fachbehörde
– Gutachten **83** 4 f
Fachhochschullehrer 138 4
Fahndung 131 1, **132 b** 1
– Aufklärungsfahndung **131 b** 1
– durch europäischen Haftbefehl **1 RB-EUHB** 7, **9 RB-EUHB** 1
– Fluchtgefahr **132** 5
– nach Gegenständen **131** 4
– Identitätsfahndung **131 b** 1
– Zuständigkeit **131 c** 1
Fahrerlaubnis 111 a 1, **46 BZRG** 17, 19, **51 BZRG** 24, 31, 33, **52 BZRG** 9 f
Fahrverbot 60 BZRG 5
– Belehrung **268 c** 1
– Hinweispflicht **265** 27
Faires Verfahren 140 24, **6 EMRK** 9 ff, 35 ff
– Anspruch auf ~ **261** 1, 16, 33, 54, 69
– Verteidigerbestellung **141** 7
Fairnessgrundsatz 261 33
Fairnessprinzip 257 c 1.5, 52
Falsche Bezeichnung des Rechtsmittels 300
– Anfechtungswille **300** 1.1, 1.2, 2
– Auslegung **300** 3
– Bedingung **300** 2
– Erklärungsumstände **300** 3
– Nachfrage **300** 2, 3
– Rechtsbehelfe **300** 1
– Rechtsunkundigkeit **300** 1
– Staatsanwaltschaft **300** 1
– Statthaftes Rechtsmittel **300** 1
– Umfassende Überprüfung **300** 4
Familiengericht
– Auskunftsanspruch des **61 BZRG** 3
– Entscheidungen des **60 BZRG** 1, 9, 12
Fernmeldegeheimnis 99 1

Fernwirkung 136 a 32
– Verwertungsverbot **257 c** 37
Fertigstellung des Protokolls 271 19
Festhalten
– Festhalterecht **164** 8
– zur Feststellung der Identität **163 c** 1
Festnahme
– Absehen von der ~ **127 a**
– Anfechtung der ~ **127** 14
– Ausschreibung **131** 1
– Begriff **127** 11
– ~berechtigte **127** 9
– Form **127** 11
– ~gründe **127** 6 ff
– ~recht **164** 8
– von Störern **164** 8
– Zweck **127** 10
Festnahmeanordnung 1 RB-EUHB 13
Festnahmeort 9 1
Feststellung
– der besonderen Schuldschwere, 57 a Abs 1 Nr 2 StGB **51 BZRG** 29, **63 BZRG** 11
– Bindungswirkung **318** 29, **327** 8, 14
– ergänzende ~ trotz Bindungswirkung **327** 8
– eines Hanges, 66 Abs. 1 Nr. 3 StGB **51 BZRG** 30
– der Tilgungsfrist **47 BZRG** 1 f
Feststellung der Identität 163 b 1
– von Verdächtigen **163 b** 5
– von Unverdächtigen **163 b** 12
– Freiheitsentziehung zur **163 c** 1
Feststellungsverfahren 138 c 11, 12
Fiktion
– des Verzichts auf Wiedereinsetzung **315** 5
Filme
– als Augenscheinsobjekte **86** 9
Finanzbehörde, Zuständigkeit bei Steuerstraftaten **386 AO** 1 ff
– Begriff **386 AO** 2
– Kompetenzänderungen **386 AO** 7
Fingerabdrücke 81 b 3
Flucht 112 1 ff
Fluchtgefahr 112 12 ff, **113** 3
– Fahndung **132** 5
Förmlichkeit
– wesentliche **273** 5
Folgen des Auskunftverweigerung 55 10
Folgen der Zeugnisverweigerung 52 28–31
– Augenscheinsnahme **52** 29
– Beweisantrag **52** 30
– Beweiswürdigung **52** 31
– Wegfall des Beweismittels **52** 28
Folter
– Verbot **3 EMRK**
Form
– der Antragsschrift im Klageerzwingungsverfahren **172** 17
Form der Ladung 48 2
– Mündliche Ladung **48** 2
– Schriftliche Ladung **48** 2
Formalentscheidung 26 a 1, 3
Formelle Beweiskraft des Protokolls 274
– Inhalt der Beweiskraft **274** 2 ff
– Umfang der Beweiskraft **274** 5 ff
– Voraussetzungen **274** 1
– Wegfall **274** 15 ff
Formfehler
– Heilung eines **136** 9

2463

Stichwortverzeichnis Fette Zahlen = §§

Formular für den EUHB 8 RB-EUHB 1, 83 a IRG 2
Forschungsmittel
– überlegene **244** 108
Fortbestehen der Zuständigkeit 120 a GVG 1
Fortsetzung 25 6, 6.1
Fortsetzungstermin
– Verhandlung zur Sache **229** 12
Fortwirkung 136 a 31
Fragen
– Entscheidung über Zulässigkeit von ~ **242**
– nicht zur Sache gehörende ~ **241** 11 ff
– Ungeeignete ~ **241** 6 ff
– Zurückweisung von ~ **241** 4 ff
Fragerecht in der Hauptverhandlung 240 ff
– des Angeklagten **240** 13
– Entscheidung über die Zulässigkeit von Fragen **241** 15, **242**
– bei jugendlichen Zeugen **241 a** 3
– Missbrauch des ~ **241** 1, 19
– Reihenfolge **240** 5
– sachfremde Fragen **241** 11
– suggestive Fragen **241** 1
– ungeeignete Fragen **241** 6
– Wiederholung von Fragen **241** 8
– Zurückweisung von Fragen **241** 4
Freibeweis 244 8, 9, 51, **249**
– Berufungsfrist **319** 6
– über unentschuldigtes Ausbleiben **329** 16, 21
– Unzulässigkeit der Berufung **322** 3
Freibeweisverfahren 133 5, **136 a** 33, 35
– Annahmeberufung **322 a** 3
– Feststellung von Verfahrenshindernissen **260** 15
– Vereidigungsverbot **60** 1
Freiheitsentziehung 5 EMRK 4
– zur Feststellung der Identität **163 c** 1
– zur körperlichen Untersuchung **81 a** 18
– Recht auf richterliche Überprüfung der **5 EMRK** 8 ff
Freiheitsstrafe 45 BZRG 8, **46 BZRG** 1, 2, 4, 5, 21, 22, 23.1, 27.2, **47 BZRG** 2, 3, **49 BZRG** 6, **51 BZRG** 28, **63 BZRG** 4, 5, 6
– lebenslange **45 BZRG** 8, **63 BZRG** 6
Freisprechung
– Vorrang vor Einstellung **260** 15, 19
Freispruch 260 18 ff, **46 BZRG** 17, **51 BZRG** 7, **60 BZRG** 4, 10
– Annahmeberufung **313** 7
– Freisprechendes Urteil **267** 50 ff
– Kosten **467** 1, siehe auch Kostenpflicht
– aus rechtlichen Gründen **267** 52
– aus tatsächlichen Gründen **267** 51
Fremdenpass
– Beschlagnahme **94** 11.1
Fremdsprachigkeit
– Berufungseinlegung **312** 2
Frist
– für Antrag auf gerichtliche Entscheidung **49 BZRG** 18, **63 BZRG** 10
– für Befangenheitsgesuch **26 a** 4, 5
– Berufungseinlegung **314** 10 ff
– für Beschwerdeeinlegung **49 BZRG** 17, **63 BZRG** 9
– Monats~ **43**, siehe auch Wochen- und Monatsfristen
– zur Stellung von Beweisanträgen siehe Beweisantrag
– Tages~ **42**, siehe auch Tagesfristen

– Tilgungs~ **46 BZRG** 1 ff, siehe auch unter Tilgungsfrist
– Überliege~ **45 BZRG** 4 ff, **47 BZRG** 5, 9, 13 ff, **48 BZRG** 8, **49 BZRG** 16, **50 BZRG** 1 f, **51 BZRG** 12, **63 BZRG** 2, 7
– Unterbrechung der Hauptverhandlung **229**
– Wochenfrist **43**, siehe auch Wochen- und Monatsfristen
– für Wohnraumüberwachung **100 d** 5
fruits oft the poisonous tree doctrine 136 a 32
Führen von Kraftfahrzeugen
– Eignung zum **52 BZRG** 9, 10
Führerschein
– Beschlagnahme **463 b** 1 ff
Führung
– des Erziehungsregisters **59 BZRG** 3
Führungsaufsicht 463 a 1 ff
Führungszeugnis 46 BZRG 3, 23.1, **50 BZRG** 6, **61 BZRG** 3
Fürsorge
– Befragung des Angeklagten **257** 2
Fürsorgepflicht 142 9
Funktion der Staatsanwaltschaft
– Kontrollfunktion **161** 11 a
– Leitungsfunktion **161** 11 a
– Sachleitungsbefugnis **161** 11 a
Funktionstüchtigkeit der Strafrechtspflege 257 c 1.2
Funkzellenabfrage 100 a 122, **100 g** 25

Gang der Hauptverhandlung 243
– Hinweisfunktion **265** 14, 16, 55
Gebührenvorschuss
– im Privatklageverfahren **379 a** 1 ff
Gefahr für Sicherheit der Bundesrepublik Deutschland 138 b 2
Gefahr im Verzug
– Beschlagnahme **98** 2
– Handlungen eines unzuständigen Gerichts bei ~ **21** 1 f
– körperliche Untersuchung **81 a** 14, 26, **81 c** 20
– molekulargenetische Untersuchung **81 f** 1, **81 g** 13
– Vereidigung **62** 2
Gefährdung
– der Allgemeinheit **52 BZRG** 7
– des Betroffenen **61 BZRG** Vor 1
– der Sicherheit des Staates **52 BZRG** 3
Gefahrenabwehr 100 c 2, **100 d** 14
Gegenüberstellung 58 6–12, **261** 49
– Aufklärungspflicht **58** 6
– Einzelgegenüberstellung **58** 9
– Form **58** 8
– Identifizierungsgegenüberstellung **58** 7
– Lichtbildvorlage **58** 11
– Personenkreis **58** 2
– Sukzessive Gegenüberstellung **58** 10
– Venezianischer Spiegel **58** 9
– Vernehmungsgegenüberstellung **58** 12
– Videoaufzeichnung **58** 9
– Wahlgegenüberstellung **58** 9
– Wiederholtes Wiedererkennen **58** 11
Gegenvorstellung 25 8.1
Geheimhaltung der Identität 110 b 10
Gehörsrüge 25 8, 8.1
Geisteszustand des Betroffenen 51 BZRG 31, 33, **52 BZRG** 4

2464

Magere Zahlen = Randnummern

Stichwortverzeichnis

Geistliche
- Beschlagnahmeverbot **97** 12
- Beweiserhebungsverbot **160 a** 3
- Beweisverwertungsverbot **160 a** 5

Geldbuße 48 BZRG 1 ff
Geldstrafe 46 BZRG 2, 4, 8, 21, **47 BZRG** 2, 8, **49 BZRG** 6
- Beitreibung der ~ **459 c**
- Verschlechterungsverbot **331** 27 f
- Vollstreckung der ~ **459**
- Zahlungserleichterung **459 a**

Geldzahlung 153 a 26 ff
Geltungsbereich
- Straftaten außerhalb des ~ der **10** 1
- des WÜK **36 WÜK** 2

Gemeingefährlichkeit
- Prüfung der **81** 1

Gemeinnützige Arbeit 459 e 4
Gemeinnützige Leistungen 153 a 29, 30
Gemeinsame Dateien 486 1 ff, **491** 5
Gemeinsames Schwurgericht 74 d GVG 1
Gemeinsame Wirtschaftsstrafkammer 74 c GVG 9
Genehmigung des Gerichts 138 11–16
Generalbundesanwalt 169 2
- Abgabe an Landes-StA **142 a GVG** 2–7, siehe auch dort
- Kompetenzbestimmungsrecht **142 a GVG** 1
- Primärzuständigkeit **142 a GVG** 1
- Zuständigkeit des ~ **142 a**

Generalklausel des § 140 Abs. 2 140 13–26
Genügender Anlass
- zur Erhebung der öffentlichen Klage **170** 1

Gerätenummer eines Mobiltelefons 100 i 4
Gericht
- Auskunftsanspruch **61 BZRG** 1, 3, 5
- Entscheidung über Auskunftserteilung und Akteneinsicht **478** 1 f
- Unabhängigkeit **6 EMRK** 6
- Unparteilichkeit **6 EMRK** 7

Gericht höherer Ordnung
- erweitertes Schöffengericht **29 GVG** 7, 11

Gerichtliche Entscheidung 68 6 a, **68 b** 8, 9, **70** 1
- Bekanntmachung von ~ **35**

Gerichtliche Entscheidung gem. 23 ff EGGVG 48 BZRG 9, **49 BZRG** 18, **50 BZRG** 7, **63 BZRG** 10

Gerichtsbarkeit
- Neutralitätsgarantie **257 c** 1.5

Gerichtsbesetzung
- erweitertes Schöffengericht **29 GVG** 1

Gerichtshilfe 136 3, **155 b** 2, **160** 10, **463 d** 1 ff
Gerichtskasse 111 f 6
Gerichtskundigkeit 261 25 f
Gerichtsnähe 142 2, 3
Gerichtssprache 184 GVG
- Berufungseinlegung **314** 7

Gerichtsstand 120 GVG 8
- des Aufenthaltsorts **8** 2
- für deutsche Beamte im Ausland **11**
- Bestimmung bei Zuständigkeitsstreit **14**
- Einwand der Unzuständigkeit **16**
- des Ergreifungsortes **9**
- für Exterritoriale **11**
- Fehlen eines ~ **13 a**
- der gerichtlichen Bestimmung **13 a** 4 f
- maßgeblicher Zeitpunkt **8** 3

- mehrere ~ **12**
- negativer Zuständigkeitsstreit über den ~ **19**
- bei Pressedelikten **7** 6 ff
- bei Straftaten auf Schiffen oder Luftfahrzeugen **10**
- bei Straftaten gegen die Umwelt **10 a**
- des Tatortes **7** 1 ff
- Verhinderung des zuständigen Gerichts **15**
- des Wohnsitzes **8** 1
- des Zusammenhangs **13**
- Zusammentreffen mehrerer ~ **12** 1

Gerichtsvollzieher 111 f 5
Gerichtszuständigkeit
- Bedeutung der Sache **24 GVG** 14 ff
- Beurteilungsspielraum **24 GVG** 2
- Großverfahren **24 GVG** 14
- Jugendschutz **26 GVG** 1
- Opferzeugenschutz **24 GVG** 12 ff
- Rechtsfolgenerwartung **24 GVG** 9 ff
- Sicherungsverwahrung **24 GVG** 9
- Unterbringung **24 GVG** 9
- Verständigung **24 GVG** 14.2

Geringe Schuld 153 12 ff
Geringfügige Betroffenheit 101 30
Gesamtschuld 466 1
Gesamtstrafe
- nachträgliche **460** 1 ff, **46 BZRG** 1, 7 ff, **47 BZRG** 1, 11
- Verschlechterungsverbot **331** 30 ff

Gesamtstrafenbildung
- Berufungsbeschränkung **318** 12
- Teilrechtskraft **318** 28

Geschäftsgeheimnis 172 GVG
Geschäftsräume 100 c 14, 24
Geschäftsstelle
- Aktenversendung **319** 3

Geschäftsverteilung 21 e GVG 1, **21 g GVG** 2 f
- Änderung **21 e GVG** 2 ff
- Berichterstatter **21 g GVG** 3
- institutionelle **21 e GVG**
- Rüge der gesetzeswidrigen **21 e GVG** 13 f, **21 f GVG** 10 f, **21 g GVG** 8
- spruchkörperinterne **21 g GVG**

Geschäftsverteilungsplan
- erweitertes Schöffengericht **29 GVG** 13
- Schöffengerichte **28 GVG** 7

Geschäftsweg 54 SDÜ 3, **1 RB-EUHB** 17
Gesetz zur Änderung des Untersuchungshaftrechts 36 WÜK 1, 22
Gesetzesänderung
- Revision **354 a**
- Tilgung wegen **48 BZRG** 1 ff

Gesetzlicher Richter 6 EMRK 8, **24 GVG** 1
Gesetzlicher Vertreter
- Ausbleiben in der Berufungsverhandlung **330** 1 ff
- Auskunftsrecht aus dem Erziehungsregister **61 BZRG** 7
- Beistand **149** 1
- Belehrung über das Untersuchungsverweigerungsrecht **81 c** 19
- Wahl eines Verteidigers **137** 18

Geständnis 136 20
- falsches **261** 12.1
- letztes Wort **258** 24
- schlankes **257 c** 9, 13
- schriftliches **257 c** 9
- Strafmilderungsgrund **257 c** 21

2465

Stichwortverzeichnis

Fette Zahlen = §§

- taktisches **257 c** 8.1, **261** 15
- als Verständigungsgegenstand **257 c** 20 ff
- Würdigung **261** 12
- Zeitpunkt **257 b** 1.1

Geständniskontrolle
- Verständigungsverfahren **257 c** 25

Geständniswiderruf 257 c 33, 55

Gewahrsam
- an Postsendungen siehe Postbeschlagnahme

Gewahrsamsinhaber 95 4

Gewerbe
- Zulassung zu einem **52 BZRG** 7

Gewohnheitsrecht 244 6

Glaubhaft 26 a 5

Glaubhaftmachung 65 1

Glaubwürdigkeit
- Bedeutung des Vorhalte- und Verwertungsverbots **51 BZRG** 34

Glaubwürdigkeit von Zeugen
- jugendliche Zeugen **81 c** 16.1
- Sachverständigengutachten **81 c** 16.1

Glaubwürdigkeitsbeurteilung 244 98 ff
- Urkundenverlesung **325** 9

Glaubwürdigkeitsfragen 68 7, **68 a** 4 a

Gleichstellungsklausel 209 a 2

Gnadenbehörde 61 BZRG 5, 8

Gnadenentscheidung 49 BZRG 17, **61 BZRG** 5, **63 BZRG** 9

Gnadenweg
- Erlass der Strafe im **46 BZRG** 15

GPS-Sender 100 h 4

Großverfahren
- Gerichtszuständigkeit **24 GVG** 14

Grünbuch der Kommission der Europäischen Gemeinschaften 54 SDÜ 14

Gründe
- des Urteils **51 BZRG** 40, 47

Grundurteil 406 1

Grundsatz der Nichtvereidigung 59 1

Guantanamo-Gefangene 136 a 3

Günstigkeitsprinzip
- Wahlrechtsmittel **312** 3

Gutachten 72 1, **147** 12
- Anknüpfungstatsachen **80** 1
- durch Fachbehörde **83** 4 f
- ungenügendes **83** 2
- Vorbereitung des **80** 1–6
- im Vorverfahren **82** 1

Gutachten eines Sachverständigen 51 BZRG 31, **52 BZRG** 4 f

Gutachtenauftrag 73 2

Gutachtenverweigerung 77 2

Gutachtenverweigerungsrecht 76 1

Gutachterpflicht 75 1, **76** 1
- Entbindung von der **76** 2

Haartracht
- Veränderung **81 a** 12.1, **81 b** 4.1

Haft 140 27, 28, **147** 6

Haftanstalt 148 a 3

Haftbefehl
- Änderung des Haftbefehls **114** 10
- Aufhebung **120** 1 ff
- bei Ausbleiben in der Hauptverhandlung **230** 17, **236** 9
- Aushändigung **114 a** 3
- bei Antragsstraftaten **130** 1 ff
- Bekanntgabe **114 a** 2

- Beschwerde **117** 4 ff
- Form **114** 2
- Inhalt **114** 3 ff
- Verfahren **114** 11
- Vollstreckung **114** 12
- Übermittlung an das Gericht **114 b** 1
- Aussetzung des Vollzugs **116** 1 ff
- Zuständigkeit für Erlass **125** 1 ff
- Zuständigkeiten nach Erlass des Haftbefehls **126** 1 ff

Haftbefehlsanträge 162 10

Haftbeschwerde 117 4 ff

Haftfortdauerbeschluss 268 b 4

Haftgründe 112 7 ff, 27 ff, **112 a** 1 ff

Haftprüfung
- Antragsberechtigte **118 b** 1
- durch Berufungsgericht nach Beschwerde **321** 9
- Durchführung der mündlichen Verhandlung **118 a** 1 ff
- Ermittlungen des Haftgerichts **117** 9
- Haftprüfung von Amts wegen **117** 12
- Haftprüfung auf Antrag **117** 1 ff
- Haftprüfung bei Unterbringungsbefehl **126 a** 4 a
- Mündliche Verhandlung **118** 1 ff
- Vorrang vor der Haftbeschwerde **117** 8

Haftrichter 136 2

Haftunfähigkeit 112 33

Handakten der Staatsanwaltschaft 199 6

Handbuch für den EUHB 1 RB-EUHB 1

Handlungseinheit 264 8

Hang, 66 Abs. 1 Nr. 3 StGB 51 BZRG 30, 31

Harmonisierung der Strafrechtsordnungen in Europa 54 SDÜ 15

Harnentnahme 81 a 12.3

Hauptverhandlung 25 1, 4, 5, 6, 8, **140** 3, **216** 2, **226 ff**, **51 BZRG** 13, 18, 21, 31, 33, **52 BZRG** 5
- Ablauf der Hauptverhandlung **243**
- Anwesenheitspflicht des Angeklagten **231** 1
- Anwesenheitspflicht der Gerichtspersonen **226** 5 ff
- Ausbleiben des Angeklagten **230** 8 ff
- Ausbleiben des Verteidigers **145** 2
- Aussetzung **138 c** 10, **145** 7–11, **228**, **265** 38 ff, **316** 11
- Erziehungsberechtigter **67 JGG**
- Entbindung vom Erscheinen **233**
- Fragerecht **240** ff
- Gang der ~ **243**
- Inbegriff **261** 20 ff
- Öffentlichkeit **169 GVG** 2
- Unterbrechung **138 c** 10, **145** 7–11, **266** 30
- Verhandlungsleitung **238**

Hauptverhandlungshaft 112 38, **127 b** 1 ff

Hauptverhandlungsprotokoll 271 1, **272** 1, **273** 1

Hausrecht 176 GVG 2

Hehlerei
- Ausschluss der Beschlagnahmefreiheit **97** 20

Heilbehandlung 268 a 1

Heilung
- Formfehler **136** 9
- von Zustellungsmängeln **36** 6

Heimathafen 10 2

Hemmung
- des Ablaufs der Tilgungsfrist **45 BZRG 2**, 3, **47 BZRG** 3, 14, 15, 17, **48 BZRG** 8, **50 BZRG** 2, **51 BZRG** 14
- der Entfernung aus dem Erziehungsregister **63 BZRG** 4 ff

Heranwachsende 105 JGG
Herausgabeverlangen 95 1
Herbeiführung einer wahren Aussage 59 4
Herbeischaffen von Beweismitteln 221 1
Hilfsbeweisantrag 244 29 a, 43 ff
- Ablehnung wegen Prozessverschleppung **244** 29 a, 44, 119
- Austausch des Ablehnungsgrundes durch Revisionsgericht **244** 44
- Bescheidung in den Urteilsgründen **244** 29 a, 44

Hilfskräfte 73 2
Hilfspersonen 53a 2–7
- von Abgeordneten **53 a** 5
- von Ärzten **53 a** 7
- Begriff **53 a** 2
- von Geistlichen **53 a** 4
- von Rechtsanwälten **53 a** 6
- Selbständige Gewerbetreibende **53 a** 3
- Verfahren gegen Berufsträger **53 a** 11

Hilfsspruchkörper 21 e GVG 6.1, **21 f GVG** 1.1
Hinreichender Tatverdacht 170 2 ff
Hinweis
- auf Folgen des Ausbleibens in der Berufungsverhandlung **329** 24 f
- Protokollierung **265** 22
- bei Verständigung im Strafverfahren **243** 25 a
- vor Verwerfung der Annahmeberufung **322 a** 2

Hinweise an den Zeugen 48 4–5
- Gesetzliche Folgen des Ausbleibens **48** 4
- Zeugenrechte **48** 5

Hinweispflicht
- bei Annahmeberufung **313** 1
- bei Berufungsbeschränkung **318** 21
- Maßregeln **265** 29 ff
- nach Lösung einer Verständigung **257 c** 40
- Rechtsfolgenbestimmung **265** 23
- Rechtsnorm **265** 11
- Revision **265** 54 ff
- Tatsachen **265** 12

Hirnkammerluftfüllung 81 a 12.2
Hochschullehrer 138 4, **142** 5
Hörbehinderte Person
- Eidesleistung **66** 1 ff – Technische Hilfsmittel **66** 2; Wahlrecht des Zeugen **66** 2

Hörensagen 261 52
Hörfalle 110 c 6, **136 a** 5
Hypnose 136 a 8, 22
Hypothesentesten
- konfirmatorisches **261** 18.1
hypothetical clean path doctrine 136 a 32

Idemnität 152 a 2
Identifizierung von Leichen 88 1 f
Identifizierungsaufwand 101 33
Identifizierungsmaßnahmen 81 b 3 ff
Identität 68 1, **136** 5
Identitätsfeststellung siehe Feststellung der Identität
IMEI 100 a 21
- IMEI-Überwachung **100 a** 121

Immunität 152 1
- Bundestagsabgeordnete **152 a** 8, 11, 12
- geschlossene Truppenverbände **20 GVG** 5
- Landesgesetzliche Vorschriften **152 a** 7
- Mitglieder des europäischen Parlaments **152 a** 9
- Mitglieder diplomatischer Missionen **18 GVG** 3 ff
- Mitglieder konsularischer Vertretungen **19 GVG** 2 ff
- Ordnungswidrigkeiten **152 a** 5
- Ruhen der Verjährung **152 a** 13
- Schutzzweck **152 a** 4
- Tatbeteiligte **152 a** 6
- Verfahrenshindernis **152 a** 3, **18 GVG** 12 ff, **19 GVG** 12 f
- Internationaler Strafgerichtshof **21 GVG**

IMSI 100 a 21
IMSI-Catcher 100 i 1
In dubio pro reo 261 44 ff, 64
- Berufungsfrist **319** 5

Inaugenscheinnahme siehe Augenscheineinnahme
Indiz 244 3, 11, 55
Indiztatsache
- Feststellung **261** 11
Informant 110 a 7
Informationelle Selbstbestimmung 474 1
Informationsaustausch mit ausländischen Behörden 54 SDÜ 4
Informationsfunktion der Anklageschrift 265 16
Informatorische Befragung 57 5
Inhaftierung
- als Entschuldigungsgrund **329** 18
Inhalt des Registers
- öffentliches Interesse am Fortbestand des **49 BZRG** 7 ff, 10
- Unteilbarkeit **47 BZRG** 9 f
Inhalt der Belehrung 36 WÜK 9
Inhaltsprotokoll 273 27
Initiativermittlungen 110 c 5
Innerdienstliche Vorgänge 147 15
Inquisitionsprinzip 155 2
Insolvenzverwalter 111 g, **403** 3
Instanzenzug
- Strafbannperpetuierung **24 GVG** 6
Instanzverlust
- Vermeidung **328** 3
Instruktionsprinzip 155 2
Interesse
- öffentliches **206** 1, **49 BZRG** 1, 7 ff, **51 BZRG** 26, **63 BZRG** 8
Interessenkollision
- beim Zeugenbeistand **68 b** 4
Interessenvertretung 137 3
Internet-Telefonie 100 a 31, siehe auch VOIP
Intranet 131 5
IP (Internet-Protocol-Adresse) siehe dynamische IP bzw. statische IP
iudex a quo
- Berufungseinlegung **314** 6

Jagdschein 52 BZRG 7
Jugendamt
- Recht auf Auskunft aus dem Erziehungsregister **61 BZRG** 4
Jugendarrest 60 BZRG 5, **63 BZRG** 4

2467

Stichwortverzeichnis

Fette Zahlen = §§

Jugendgericht 60 BZRG 1, 3, 9, **33 JGG**, **47 a JGG**
Jugendgerichtshilfe 38 JGG, 72 a JGG
Jugendgerichtshilfe 155 b 2
Jugendhilfe 61 BZRG 4
Jugendliche 1 JGG
Jugendgericht 225 a 5, 21
– als Jugendschutzgericht **26 GVG** 3
Jugendkammer
– Besetzung **33 b JGG, 76 GVG** 9
– Vorrang der ~ **74 e GVG** 2
– Zuständigkeit **41 JGG**
Jugendrichter 34 JGG, 37 JGG, 39 JGG
Jugendschöffen 35 JGG
Jugendschöffengericht
– Besetzung **33 a JGG**
– Zuständigkeit **40 JGG**
Jugendschutz 46 BZRG 23.1
– Gerichtszuständigkeit **26 GVG** 1, **74 b GVG** 1
– Verhältnis zur allgemeinen Strafkammer **74 b GVG** 2
Jugendstaatsanwalt 36 JGG, 142 GVG 9
Jugendstrafe 45 BZRG 10, **46 BZRG** 1, 4 f, 7, 11, 13 ff, 15 f, 21 ff, 27, **47 BZRG** 1, 10, 11, **60 BZRG** 6, 9, **63 BZRG** 4
– einheitliche **46 BZRG** 1, 7, **47 BZRG** 1, 11
– mit Strafmakelbeseitigung **45 BZRG** 10, **46 BZRG** 11, 16, 22, **47 BZRG** 10, **51 BZRG** 10
– Verschlechterungsverbot **331** 23
Jugendstrafrecht
– Ziele **2 JGG**
Jugendstrafverfahren 153 56, **153 a** 88, 89, **153 b** 16
– Annahmeberufung **313** 4
– Verständigung **257 c** 7
Juristische Person 444 2
Justizverwaltungsakt 45 BZRG 1, **49 BZRG** 17, **50 BZRG** 5, 7, **63 BZRG** 9
Justizvollzugsanstalt
– Mitteilungspflichten des Gerichts **114 d** 2 ff
– Mitteilungspflichten der Staatsanwaltschaft **114 d** 12
– Mitteilungspflichten der Vollzugsanstalt **114 e** 1
Justizvollzugsbehörde 61 BZRG 1

Kartennummer eines Mobiltelefons 100 i 4
Kennzeichnung 101 7
Kennzeichnung bei Beschlagnahme 109 1
Kernbereich privater Lebensgestaltung 100 c 22, **257** 21, **261** 28
Klage
– Erhebung der öffentlichen Klage **170** 1
– Formen der Klageerhebung **170** 8
– Frist **262** 8
Klageerhebung
– als Prozessvoraussetzung **170** 11
– weitere Ermittlungen **169 a** 7
Klageerzwingungsverfahren 153 f 6, **154 d** 7, **172 ff, 211** 5
– Anordnung der Klageerhebung **172** 8
– Antragsberechtigter **172** 13
– Frist des Antrags **172** 14
– Inhalt des Antrags **172** 17
– Kosten **177**
– gegen unbekannte Täter **172** 25
– Verfahrensgang **173**

– Verwerfung des Antrags **174** 2
– Zuständigkeit **120 GVG** 6
Kleine Strafkammer
– erweitertes Schöffengericht **29 GVG** 15
Körperlicher Eingriff 81 a 6 ff, **81 c** 10 ff
Körperliche Untersuchung
– des Beschuldigten **81 a** 1
– eines Dritten **81 c** 5
– bei Verletzung des Schamgefühls **81 d** 1 ff
Kognitionspflicht 264 10, 21
– des Berufungsgerichts **327** 4 ff
Kommissarische Vernehmung
– Vereidigung **63** 1 ff
Kompensation 36 WÜK 20–22
Kompetenzbestimmungsrecht 142 a GVG 1
Kompetenzkonflikt
– negativer **1** 5, **462 a** 17
– positiver **1** 4
– bei der Staatsanwaltschaft **143 GVG** 4
Konnexität
– zwischen Beweistatsache und Beweismittel **244** 25
Konsensmaxime 257 c 2
Konsularbeamte
– körperliche Untersuchung **81 a** 1
Konsularische Vertretung 114 b 7
– Benachrichtigung **136** 25 a
Konsultation 25 5
Kontrollfragentest 136 a 27
Kontrollfunktion der Staatsanwaltschaft 161 11 a
Kontrollstellen 111 1
– Anordnung **111** 14–18 – Aufhebung **111** 18; Ermittlungsrichter **111** 14; Form der Anordnung **111** 16; Gefahr im Verzug **111** 14; Inhalt der Anordnung **111** 15; Staatsanwalt **111** 14; Vollstreckung **111** 17
– Befugnisse an ~ **111** 10–13 – Ausweispapiere **111** 11; Durchsuchung **111** 12; Erkennungsdienstliche Maßnahmen **111** 11; Identitätsfeststellung **111** 11; Jedermann **111** 10
– Beschwerde **111** 19
– Revision **111** 20
– Vollstreckung der Anordnung **111** 17
– Voraussetzungen für die Einrichtung **111** 2–9 – Bestimmte Tatsachen **111** 3; Erfolgserwartung **111** 5; Ergreifung des Täters **111** 4; Katalogtat **111** 2; Mehrzahl von Kontrollstellen **111** 9; Ort der Kontrollstelle **111** 7; Räumliche Nähe **111** 8; Schwere Straftaten **111** 1; Sicherellung von Beweismitteln **111** 4; Versuch der Katalogtat **111** 2; Ziel der Maßnahme **111** 4
Konvention zum Schutze der Menschenrechte und Grundfreiheiten 1 EMRK 1 ff
– Zusatzprotokolle **1 EMRK** 3
Konzentrationsgrundsatz 74 c GVG 7
Kosten/Auslagen
– Aufwendungen **464 a** 20
– Auslagen der Staatskasse **464 a** 2
– Auslagen des Verteidigers **464 a** 16
– Auslagen Dritter **464 a** 23
– ausländischer Rechtsanwalt **464 a** 13
– auswärtiger Verteidiger **464 a** 17
– Begriff **464 a** 1
– der Untersuchungshaft **464 a** 5
– Dolmetscher **464 c** 1
– eigene Ermittlungen **464 a** 21
– bei Ermittlungsmaßnahmen **473 a** 1

Magere Zahlen = Randnummern

Stichwortverzeichnis

- Gerichtsgebühren **464 a** 2
- Gutachten **464 a** 22
- Honorarvereinbarung **464 a** 15
- Kostentragung **120 GVG** 11
- Jugendverfahren **74 JGG**
- Kosteneinheit **464** 2, **465** 2
- Mehrfachverteidigung **464 a** 11
- Pflichtverteidigervergütung **464 a** 3, 13
- Rechtsschutzversicherung **464 a** 19
- der Sicherstellung **111 b** 16
- Steuerstrafverfahren **464 a** 14
- Verteidigerkosten **464 a** 9
- Wahlverteidiger **464 a** 12
- Wiederaufnahme **464 a** 6
- Zeitversäumnis **464 a** 8
- zur Vorbereitung der öffentlichen Klage **464 a** 4

Kostenbeschwerde 464 10
- Berechtigung **464** 14
- Bindungswirkung **464** 17
- Einlegung **464** 13
- Statthaftigkeit **464** 10, **473 a** 4
- Verbot der Schlechterstellung **464** 18
- Zuständigkeit **464** 16

Kostenentscheidung
- Abhilfeentscheidung **464** 6
- Beschwerdeentscheidung **464** 6
- isolierte Kostenentscheidung **467 a** 5
- Kostenausspruch **467** 15
- Kostenerstattung **464** 9
- Nachholung/Ergänzung **464** 9
- Nachtragsverfahren **464** 7
- Rechtsmittelentscheidung **473** 1
- selbstständige Entscheidung **464** 8
- Verfahrensbeendende Entscheidung **464** 4, **473 a** 5
- vorläufige Verfahrenseinstellung **464** 5
- Wiedereinsetzung **473** 24

Kostenerstattung
- bei Sachdienlichkeit **220** 11, 12
- nach Selbstladung **220** 8,9

Kostenfestsetzung
- Bindungswirkung **464 b** 2
- Bruchteil **464 d** 1
- Differenztheorie **464 d** 1
- Prüfungsumfang **464 b** 4
- Rechtsbehelf **464 b** 5
- Verfahren **464 b** 3
- Zuständigkeit des Rechtspflegers **464 b** 3

Kostenpflicht
- des Anzeigenden **469** 1
- Dritte **465** 3
- Einstellung des Verfahrens **467** 13, **467 a** 1
- Erfolg des beschränkten Rechtsmittels **473** 14
- Erfolg des Rechtsmittels **473** 3
- Erfolg des unbeschränkten Rechtsmittels **473** 11
- Freispruch **467** 1
- Jugendliche/Heranwachsende **465** 5
- bei Nebenfolgen **472 b** 1
- Rechtsmittel bei Nebenklage **473** 18
- Rechtsmittel bei Privatklage **473** 22
- Rücknahme des Strafantrags **470** 1
- mehrere Rechtsmittel **473** 17
- Säumnis **467** 3
- Schuldspruchreife **467** 11
- Straffreierklärung **468** 1
- Teilerfolg eines Rechtsmittels **473** 15

- Teilfreispruch **465** 8, 10, Formular 11.1
- unwahre Selbstanzeige **467** 4
- unwahre/widersprüchliche Einlassung **467** 5
- Veranlasserprinzip **473** 2
- Verfahrensfehler **465** 4
- Verschweigen wesentlicher Umstände **467** 8
- Verurteilung **465** 1
- mehrere Verurteilte **466** 1
- Wiederaufnahmeverfahren **473** 23
- Wiedereinsetzung **473** 24
- Zurücknahme der Anklage **467 a** 1
- Zurücknahme/Erfolglosigkeit des Rechtsmittels **473** 8

Kostentragungsregel 70 6
Krankenanstalt
- Beschlagnahmeverbot **97** 7

Krankenhaus
- psychiatrisches **81** 1, **246 a** 1, siehe auch psychiatrisches Krankenhaus

Kreuzverhör 239
- bei Verständigung im Strafverfahren **243**

Kriminologie
- angewandte **261** 6

Krisenintervention 463 8
Kronzeuge 136 a 26
- informeller **257 c** 10

Künstlernamen 68 2
Kurzfristige Observation 163 f 1

Ladung 133 1–6, **138 d** 3, 4, **444** 11
- durch Angeklagten **220** 5, 6
- bei Ausbleiben des Angeklagten **232** 5
- Ausführung der Ladung **48** 2
- Aussagepflicht **48** 1
- Belehrung bei Nichteinhaltung der Ladungsfrist **228** 12
- zur Berufungsverhandlung **40** 4
- des Beschuldigten **145 a** 8
- Beschwerde **48** 7
- Erscheinenspflicht **48** 1
- Form der Ladung **48** 2 – Mündliche Ladung **48** 2; Schriftliche Ladung **48** 2
- Frist **48** 2, **216** 4, **217** 2
- in der Hauptverhandlung **218** 4
- zur erstinstanzlichen Hauptverhandlung **40** 2
- Hinweise an den Zeugen **48** 4, 5 – Gesetzliche Folgen des Ausbleibens **48** 4; Zeugenrechte **48** 5
- des inhaftierten Angeklagten **216** 7
- Inhalt der ~ **48** 3 – Belehrungen **48** 3; Vorlage von Beweismitteln **48** 3
- jugendlicher Angeklagter **40** 10
- Ladung in besonderen Fällen **48** 6 – Ausland **48** 6; Exterritoriale **48** 6; Kinder **48** 6; Seeleute und Binnenschiffer **48** 6; Soldaten **48** 6
- des nichtinhaftierten Angeklagten **216** 1, 3
- ordnungsgemäße **329** 19 ff
- des Privatklägers **385** 6 ff
- Revision **48** 7
- durch die Staatsanwaltschaft **214** 9
- unmittelbare ~ **38**, siehe auch dort
- des Verteidigers **218** 2, 3
- Verzicht auf ~ **216** 5, **218** 5
- von Zeugen und Sachverständigen **386**
- Zustellung der ~ **216** 4

Ladungsfrist 48 2, **217** 2
- Belehrung bei Nichteinhaltung der Ladungsfrist **228** 12

Stichwortverzeichnis Fette Zahlen = §§

- Einhaltung **329** 23
- Verzicht auf ~ **217** 8

Längerfristige Observation 163 f 1
- Anfechtung **163 f** 13
- Anordnung **163 f** 3
- Benachrichtigung **163 f** 11
- Zufallsfunde **163 f** 12

Laienrichter
- Funktion **29 GVG** 6

Landesjugendamt
- Auskunft aus dem Erziehungsregister **61 BZRG** 4

Landgericht
- Zuständigkeit **1** 2

Lebenserfahrung 261 38

Lebensführung
- Zusagen **268 a** 1

Lebenslange Freiheitsstrafe 45 BZRG 8, **63 BZRG** 6, **5 RB-EUHB** 1, **Anh RB-EUHB** 9, **83 IRG** 2

Lebenspartner 149 1
Legalitätsprinzip 152 2, **155** 2, **156** 1, **158** 9
Lehrbeauftragte 138 4

Leichenöffnung
- Begriff **87** 5
- bei Tod eines neugeborenen Kindes **90** 1
- bei Tod durch Vergiftung **91** 1
- Umfang **89** 1

Leichenschau 87 1
Leichenschein siehe Bestattungsgenehmigung
Leistungen
- freiwillige **268 a** 1

Leitungsbefugnis 78 1
Leitungsfunktion 78 3, **80** 1
Leitungsfunktion der Staatsanwaltschaft 161 11 a

Letzter Ablehnungszeitpunkt 25
- Ablehnungsgrund **25** 1, 2, 5, 5.1, 6.1, 8.1
- Ausnahmetatbestand **25** 1
- Aussetzung **25** 3
- Hauptverhandlung **25** 1, 4, 5, 6, 8
- Fortsetzung **25** 6, 6.1
- Gehörsrüge **25** 8, 8.1
- Gegenvorstellung **25** 8
- Maßstab **25** 5
- Später bekannt gewordene Gründe **25** 5 ff
- Unterbrechung **25** 5, 6
- Verwirkung **25** 1, 7.1
- Wochenende **25** 6.1
- Zeugen **25** 5.1, 6.1
- Zurückverweisung **25** 3

Letztes Wort 25 7
- des Angeklagten **258** 19 ff
- Berufungshauptverhandlung **326** 3

Lichtbilder
- als Augenscheinsobjekte **86** 9

Lichtbildvorlage 261 49

List
- kriminalistische **136 a** 17

Lockspitzel ("Agent provocateur") 136 a 5
Löschung von Daten 100 c 28, **101** 48, **494** 2 ff
Lügendetektor ("Polygraf") 136 a 8, 27

Luftfahrzeug
- Straftat auf einem **10** 1, 3

Magenaushebung 81 a 12.1
Mainzer Modell 247 a 1
Mandatsverhältnis 148 1

Manuelles Auskunftsverfahren 113 TKG
- Auskunftsberechtigte Stellen **113 TKG** 6
- Dynamische IP-Nummer **113 TKG** 9
- Kostentragungspflicht **113 TKG** 10
- PIN **113 TKG** 7
- PUK **113 TKG** 7

Maßnahmen
- der Erziehungsaufgaben der Jugendhilfe **61 BZRG** 4
- Erziehungsmaßnahmen nach **3 S 2 JGG 60 BZRG** 3 f
- freiheitsentziehende **46 BZRG** 6, 27, **63 BZRG** 4
- aufgrund von Sorgerechtsentscheidungen **60 BZRG** 12
- iSv § 11 Abs. 1 Nr. 8 StGB **46 BZRG** 17 f
- iSv § 60 Abs. 1 Nr. 2 BZRG **60 BZRG** 5 ff
- nach §§ 45 JGG, 47 JGG **60 BZRG** 11
- Maßregel **46 BZRG** 2, 17, 19, **47 BZRG** 2, 3, 5, 7, **48 BZRG** 6, **49 BZRG** 10, 12, **51 BZRG** 30 f, **60 BZRG** 6, 18, **63 BZRG** 4
- Hinweispflicht **265** 29 ff
- Verschlechterungsverbot **331** 33 ff

Maßregel der Besserung und Sicherung Anh RB-EUHB 4

Maßregelausspruch
- Verständigung **257 c** 11

Maßregelvollzug 463 1 ff
- Krisenintervention **463** 8
- Sachverständigengutachten **463** 3 f

Maßstab 25 5, **26 a** 6

Medienmitarbeiter
- Beweiserhebungsverbot **160 a** 10
- Beweisverwertungsverbot **160 a** 12

Medizinischer Sachverständiger 49 BZRG 12

Meer
- Straftaten im Bereich des ~ **10 a** 1

Mehrfachverteidigung 146 5, 10
Mehrheit
- Urteilsabstimmung **263** 1

Menschenrechtsbeschwerde
- nach Verständigung **257 c** 57

Menschenrechtsverletzung 1 RB-EUHB 15
Menschenwürde 136 a 1, 3
Minderjährige
- Beschlagnahme **94** 7
- Untersuchungsverweigerungsrecht **81 c** 19

Mindestsanktion 2 RB-EUHB 1–3
Ministervernehmung siehe Vernehmung von Abgeordneten und Ministern

Mischdateien 483 5
Missbrauch 26 a 9
Missbrauchsabwehr 257 a 1
- durch Berufungsverwerfung **329** 1

Misshandlung 136 a 10
Mitangeklagter 222 b 8
- kein Fragerecht **240** 13
- Geständnis **257 c** 10

Mitbeschuldigte 36 WÜK 23
Mitgliedsnationen WÜK 36 WÜK 2
Mitgliedstaaten des EUHB 1 RB-EUHB 18, **4 RB-EUHB** 2

Mittäter 7 2
mittelbarer Täter 7 2
Mitteilung 47 BZRG 5, **63 BZRG** 2
- nach Ablauf der Überliegefrist **50 BZRG** 2
- der Einstellungsverfügung **170** 21, **171** 8

Magere Zahlen = Randnummern

– Jugendverfahren **70 JGG**
– nachträgliche ~ über eine weitere Verurteilung **45 BZRG 5**
– über Verurteilung zu einer Geldstrafe **47 BZRG 8**
– über eine weitere Verurteilung **47 BZRG 14**
– Verantwortung der Registerbehörde für **47 BZRG 6**
Mitteilung gerichtlicher Entscheidungen
– an Polizei **482 3**
Mitteilungspflicht 482 1 ff, 489 9, 492 6, 494 5, 47 BZRG 5, 61 BZRG 7.1
– bei Verständigung im Strafverfahren **243 25 a**
Mitteilungspflichten gegenüber Verteidiger
– Verfahren gegen Abwesende **287 2**
Mittlere Kriminalität
– Schöffengerichtszuständigkeit **28 GVG 4**
Mitwirkung 26 a 8
Mitwirkungsbefugnisse 168 e 6
Mitziehregelung 45 BZRG 3
Mobiltelefon-Standort 100 i 5
Monatsfrist 43, siehe auch Wochen- und Monatsfristen
Munitionserwerbsschein 52 BZRG 7
Nachberichtspflicht 482 1 ff, 489 9, 494 5
Nacheid 79 4
Nacheile 54 SDÜ 6
Nachholung der Vereidigung 60 21
Nachschau 102 7
Nachträgliche Anhörung des Gegners 311 a
– Beschwerdegegner **311 a 1 ff**
– Nachtragsverfahren **311 a 1 ff**
– Überprüfung der Entscheidung **311 a 4 ff**

nachträgliche Entscheidungen **453 1 ff**
– Anhörungspflicht **453 5 ff**
– Belehrung **453 a 4**
– Rechtsbehelfe **453 9 ff**
nachträgliches objektives Verfahren 153 45, 153 a 62, 63, 153 c 22, 153 d 2, 153 e 11
Nachtragsanklage
– Anklagesatz **266 6**
– Berufungsinstanz **266 14**
– Einbeziehung **266 12 ff, 266 22 ff**
– Ermessen der Staatsanwaltschaft **266 3**
– Rechtshängigkeit **266 27**
– Verfahrenshindernis **266 17**
– wesentliches Ergebnis der Ermittlungen **266 7**
– Wirkung **266 8**
– Zustimmung des Angeklagten **266 15 ff**
Nachtragsentscheidung 460 1 ff
– Zuständigkeit **462 a 11**
Namhaftmachung 26 a 13, 222 5, 7
Narkoanalyse 136 a 8
ne bis in idem 54 SDÜ 11, 3 RB-EUHB 3
Nebenbeteiligte 444 2
– Erklärungsrecht **257 13**
Nebenentscheidungen
– Anfechtung **312 10**
Nebenfolge 46 BZRG 2, 17, 47 BZRG 2, 48 BZRG 6, 49 BZRG 2, 10, 60 BZRG 5, 6
Nebenklage siehe auch **Nebenkläger**
– Angehörige **406 e 1 ff**
– Anschlusserklärung **396 1 ff**
– Anwendungsbereich **395 7, 8**
– Auslagenerstattung **472**
– Beiordnung **397 a 2**
– Beistand **397 a, 406 f**

Stichwortverzeichnis

– Berechtigte **395 12 ff**
– Besondere Gründe **395 17 ff**
– Funktion **395 1 ff**
– Hinterbliebene **395 14**
– Jugendstrafverfahren **395 8, 80 III JGG**
– Kosten der **472**
– Kosten des Rechtsmittels **473 18**
– Opferschutzinstrument **395 4**
– Rechtsmittel **400, 396 17 ff, 397 a 21 ff**
– Rechtsmittelkosten **473, 473 a**
– Rechtsstellung **395 6, 397**
– Schwere Folgen **395 19, 397 a 3**
– im Strafbefehlsverfahren **407 26**
– Vergleich **395 11**
– Verzicht **395 10**
– Voraussetzungen der **395 12 ff**
– Zweck **395 1**
Nebenkläger 211 7, siehe auch Nebenklage
– Akteneinsicht **406 e 1 ff**
– Auslagenentscheidung **322 a 10**
– Beiordnung **397 a 2 ff**
– Beistand des **397 a 2 ff**
– Berufungsbegründung **317 1**
– Einstellung **396 15**
– Entfernung des **247 1**
– Erklärungsrecht **257 13**
– Rechte des **397**
– Rechtsanwalt **397 a**
– Strafbefehlsverfahren **396 4 f**
Nebenstrafe 46 BZRG 2, 17, 47 BZRG 2, 48 BZRG 6, 49 BZRG 2, 10, 60 BZRG 5, 6
– Berufungsbeschränkung **318 13**
– Hinweispflicht **265 27**
Negativer Kompetenzkonflikt 1 5
Negativtatsache siehe **Beweistatsache**
Nemo-Tenetur-Grundsatz 136 7
Neue Bundesländer 74 d GVG 2
Neue Tatsachen oder Beweismittel
– nach Verwerfung des Klageerzwingungsantrags **174 11**
Neutralitätsgarantie 257 c 1.5
Neuverurteilung 47 BZRG 13
Nichterscheinen des Angeklagten siehe **Anwesenheitspflicht**
Niederlegung
– von Suchvermerken **61 BZRG 11, 62 BZRG 1**
Niederschriften 147 11
Nichterreichbarkeit des Staatsanwalts 165 6
– Gefahr im Verzug **165 7**
Nochmalige Vernehmung 67 1
Notar 52 BZRG 7.1
– Beschlagnahmeverbot **97 12**
Notrufnummern 98 TKG 9
Notstaatsanwalt 165 1
Notveräußerung beschlagnahmter oder gepfändeter Gegenstände 1111
– Anhörung **1111 6**
– Anwendungsbereich **1111 1**
– Beschwerde **1111 10**
– Durchführung der Veräußerung **1111 7**
– Erinnerung **1111 10**
– Freihändiger Verkauf **1111 7**
– Gerichtliche Entscheidung **1111 8**
– Gerichtsvollzieher **1111 7**
– Mitteilungen **1111 6**
– Veräußerungsgründe **1111 2**
– Veräußerungszeitpunkt **1111 3**

2471

Stichwortverzeichnis

Fette Zahlen = §§

- Wirkung der Veräußerung **111 1** 4
- Zuständigkeit **111 1** 5

Notwendige Verteidigung
- Jugendverfahren **68 JGG**

Notzuständigkeit der Staatsanwaltschaft 143 GVG 3

Nullhypothese 261 18

Nutzung von Daten 483 1 ff, **484** 1 ff, **485** 1 ff

Oberlandesgericht 169 1–5
- Jugendverfahren **102 JGG**
- Klageerzwingungsverfahren **172** 12
- Zuständigkeit **1** 2

Oberste Bundesorgane 54 28–29
- Bundesminister **54** 28
- Bundespräsident **54** 29
- Bundestagsmitglieder **54** 28

Observation
- im Ausland **54 SDÜ** 6
- kurzfristige **163 f** 1
- längerfristige siehe längerfristige Observation

Öffentliche Anhörung 51 BZRG 18

Öffentliche Blätter 288 1

Öffentlicher Dienst 52 BZRG 7, 8

Öffentliche Klage 151 2

Öffentliche Verhandlung 51 BZRG 18, 40, **52 BZRG** 5

Öffentliches Interesse 49 BZRG 1, 7 ff, **51 BZRG** 26, **63 BZRG** 8
- bei Privatklage **376** 2 ff

Öffentliches Recht 51 BZRG 43

Öffentliche Zustellung
- der Ladung **329** 22
- Angeklagter Begriff **40** 1
- Ausführung der Zustellung **40** 17
- Auswirkung des 1. JuMoG **40** 15
- Bedeutung **40** vor 1
- bei Abschiebung **40** 8
- bei laufender Bewährung **40** 13
- bei Verzug ins Ausland **40** 5
- erschwerte Zustellung **40** 9
- Ladung jugendlicher Angeklagter **40** 10
- Ladung zur Berufungsverhandlung **40** 4
- Ladung zur erstinstanzlichen Hauptverhandlung **40** 2
- Mitwirkungspflicht **40** 3
- Strafbefehl **40** 12
- unwirksamer Aushang **40** 17
- **Urteilszustellung nach § 329 Abs 1 StPO 40** 11

Öffentlichkeit
- Aufnahmen **169 GVG** 15, **176 GVG** 12
- Ausschluss **169 GVG** 11, **177 GVG**, **52 BZRG** 5
- Gefährdung von Personen **172 GVG** 5
- Geschäftsgeheimnis **172 GVG** 6
- Hauptverhandlung **169 GVG** 2
- Hausrecht **176 GVG** 2
- Jugendverfahren **48 JGG**
- Öffentliche Ordnung **172 GVG** 2
- Ortstermin **169 GVG** 5
- Schutz der Privatsphäre **171 b GVG**
- Sicherungsmaßnahmen **169 GVG** 7, **176 GVG** 6
- Sittlichkeit **172 GVG** 4
- Sitzungspolizei **176 GVG**
- Staatssicherheit **172 GVG** 1
- Steuergeheimnis **172 GVG** 6

- Unterbringung **171 a GVG**
- Urteilsverkündung **173 GVG**
- Verfahren **174 GVG**
- Versagung des Zutritts **175 GVG**

Öffentlichkeit der Hauptverhandlung
- Beschränkung als Revisionsgrund **338** 123 ff

Öffentlichkeit der Verhandlung 6 EMRK 18 ff

Öffentlichkeitsfahndung 131 5

Örtlicher Sitzungsvertreter 142 GVG 8

Örtliche Zuständigkeit 1 1, siehe auch Zuständigkeit
- Prüfung durch das Berufungsgericht **328** 12 ff

Örtliche Zuständigkeit der Staatsanwaltschaft 143 GVG 1 ff
- Abgabe des Verfahrens **143 GVG** 1
- Ermittlungshandlungen **143 GVG** 2
- Kompetenzstreit **143 GVG** 4
- Notzuständigkeit **143 GVG** 3
- Schwerpunkt-StA **143 GVG** 5
- Vollstreckungsbehörde **143 GVG** 6
- Zuständigkeitskonzentration **143 GVG** 5

Offenbarungspflicht des Betroffenen 63 BZRG 12

Offenkundige Tatsachen 54 12

Offenkundigkeit 261 23 ff
- der Beweistatsache **244** 52 ff

Offensichtliche Unbegründetheit
- Annahmeberufung **313** 11 ff

Offensichtlich unbegründete Anträge 49 BZRG 13

Offizialprinzip 152 1

Online-Durchsuchung 100 a 109 ff, **102** 14

Online-Sichtung 110 13

Opening statement 257 14

Opfer siehe auch Verletzter
- Begriff **406 d** 1 a
- Gewaltschutzgesetz **406 h** 7
- Opferentschädigungsgesetz **406 h** 6
- Opferhilfeeinrichtungen **406 h** 8
- Opferrechtsreformgesetz **395** 1
- Opferschutzgesetz **395** 1
- Prozessbegleitung **406 h** 9
- Rahmenbeschluss **406 h** 4

Opferanspruchsbescheidung 111 i 5–9
- Aufrechterhaltungsbeschluss **111 i** 9
- Ermessensentscheidung **111 i** 6
- Frist **111 i** 9
- Leistungen Dritter **111 i** 8
- Urteilsfeststellungen **111 i** 7
- Versicherungsleistungen **111 i** 8
- Voraussetzungen **111 i** 5

Opferzeugenschutz
- Gerichtszuständigkeit **24 GVG** 12 ff

Opportunitätseinstellung
- bei ausländischer Verurteilung **54 SDÜ** 22, 25, 26, 47

Opportunitätsprinzip 152 3, **153** 1, **444** 6, 10
- Anwendung durch das Berufungsgericht **328** 6
- beim Sicherungsverfahren **413** 3
- im objektiven Verfahren **440** 6

Ordnungsgeld 70 1, 7, **77** 4
- bei fehlender Mitwirkung bei Rasterfahndung **98 b** 4
- bei Nichtherausgabe von Beweismitteln **95** 5

Ordnungshaft 70 1, 8, **177 GVG** 6

Ordnungsmittel 178 GVG

Magere Zahlen = Randnummern   **Stichwortverzeichnis**

Ordnungswidriges Benehmen
– Verhandlung in Abwesenheit des Angeklagten **231 b** 2
Ordnungswidrigkeit 48 BZRG 1 ff, **49 BZRG** 11, **51 BZRG** 8, 11, **60 BZRG** 7
– Annahmeberufung **313** 4, 15
Ordnungswidrigkeitenverfahren 153 54, **153 a** 85
Ordre public 78 IRG 3
Organisationsdelikt 264 12
Organisationshaft 112 36
Ortstermin
– Öffentlichkeit **169 GVG** 5

Perpetuatio Fori 462 a 5
Persönliche Verhältnisse 26 a 7
– des Angeklagten **243** 13
Persönliches Erscheinen
– des Angeklagten **234** 2, **236**
– Anordnung **329** 27
– im Privatklageverfahren **387** 4 ff
Persönlichkeitsrecht
– des Zeugen **68 a** 1
Person des Vertrauens 81 d 6
Personen
– als Augenscheinsobjekte **86** 12
– mit bestimmten Prüfungsmerkmalen **81 h** 2
Personalfragen 68 2
Personalien 68 1
Personalienfeststellung 136 6
Personenbezogene Daten 96 TKG 2
Personensorge 61 BZRG 3
Personenstandsdaten 136 5
Personenvereinigung 444 2
Pflichtverletzungen 143 7
Pflichtverteidiger
– im Adhäsionsverfahren **403** 9
– im Revisionsverfahren **350** 10 ff
Pflichtverteidigerbestellung 138 c 9, **145** 5, 6
– Zweck **141** 1
Phallographie 81 a 12.3
Phantombild 131 8, **131 a** 4
PIN 113 TKG 7
Polizei
– Mitteilungen durch die Staatsanwaltschaft **482** 1 ff
– Verwendung personenbezogener Daten **481** 1 ff
Polizeiliche Beobachtung siehe Ausschreibung zur polizeilichen Beobachtung
Polizeiliche Dateien 483 5, **484** 6, **485** 3
Polizeiliche Ermittlungen
– Anordnung von ~ **120 GVG** 9
Polygraf („Lügendetektor") 136 a 8, 27
positiver Kompetenzkonflikt 1 4
Postannahmestelle
– gemeinsame **314** 6
Postbeschlagnahme 99
– Anlasstat, Bedeutung und Art der ~ **99** 5
– Anordnung der Maßnahme durch das Gericht **99** 13 f
– Anordnung der Maßnahme durch die Staatsanwaltschaft **99** 15
– Anordnungsvoraussetzungen **99** 4 ff
– Auskunft anstelle von Beschlagnahme **99** 16, **100** 17
– Beendigung der Maßnahme **99** 21 f, **100** 17
– Beschlagnahme von Postsendungen **99** 2, 7, 12, 13 ff

– Beschlagnahme von E-Mails **99** 11
– Beweiserhebungsverbot **99** 19 ff
– Beweisverwertungsverbote **99** 19 ff
– Briefsendungen **99** 2
– E-Mail **99** 9 ff
– Eilanordnung **100** 9
– Ermittlungspersonen **100** 3
– Form und Inhalt der Anordnung **100** 4 ff
– Gefahr im Verzug **100** 9
– Gerichtliche Bestätigung einer Eilanordnung **100** 11
– Gewahrsam von Postdiensteleistern **99** 3, 12
– Öffnungsbefugnis **99** 15, **100** 14 ff
– Ordnungs- und Zwangsmittel **99** 23
– Postsendungen **99** 2, 7
– Post- und Fernmeldegeheimnis **99** 1, 10
– Prüfungsbefugnis **100** 15 f
– Rechtliches Gehör **100** 8
– Rechtsmittel gegen Maßnahme – des Beschuldigten **99** 24 ff, **100** 21; von Betroffenen **99** 24 ff, **100** 21; des Postdiensteleisters **99** 28, **100** 22
– Revision **99** 29, **100** 23
– Richtervorbehalt **100** 3
– Staatsanwaltschaftliche Anordnung **100** 12
– Telegramme **99** 8
– Verdachtsgrad für Anordnung **99** 6
– Verfahren **100** 1 ff
– Verhältnismäßigkeit des Eingriffs **99** 20 a, **100** 7
– Übertragung der Öffnungsbefugnis **99** 15
– Zufallsfund **100** 19
– Zwangsmittel gegen Postdiensteleister **100** 20
– Zwischengespeicherte E-Mail **99** 10
Präjudizielle Vorfrage 154 d 1, 2
Präklusion
– bei Besetzungseinwand **222 b** 4
Präsente Beweismittel 245
Präsente Zeugen
– Urkundenverlesung **325** 10
Präsenzfeststellung 243 5
Präventive Wohnraumüberwachung 100 d 14
Presse
– Beschlagnahmeverbot **97** 15
– Informationsübermittlung **475** 4
– Zeugnisverweigerungsrecht **53** 23–35 – Berufsmäßige Mitwirkung **53** 26; Einschränkungen **53** 33; Gewinnerzielungsabsicht **53** 27; Herstellung **53** 28; Informanten **53** 30; Leserbriefe **53** 35; Mitteilungen **53** 31; Nebenberufliche Mitwirkung **53** 27; Personenkreis **53** 23; Redaktioneller Teil **53** 35; Selbst erarbeitetes Material **53** 32; Umfang **53** 29; Verbreitung **53** 28; Vorbereitung **53** 28; Werbeanzeigen **53** 35
Pressedelikte
– örtliche Zuständigkeit **7** 6
Primärzuständigkeit des GBA 142 a GVG 1
Privatklage 153 46, 55, **153 a** 87, **153 b** 11
– Auslagenvorschuss **379 a** 2
– Bedeutung **374** 1.1
– Beitritt **375** 3 ff
– Berechtigte **374** 11 ff
– Einstellung durch Beschluss **383** 10 ff
– Einstellung durch Urteil **389**
– Erhebung **381**
– Eröffnung des Hauptverfahrens **383** 1 ff
– Gebührenvorschuss **379 a** 1 ff
– Kosten bei Rechtsmittel **473** 22
– Ladung von Beweispersonen **386**

Stichwortverzeichnis

Fette Zahlen = §§

- öffentliches Interesse **376** 2 ff
- persönliches Erscheinen **387** 4 ff
- Prozessfähigkeit **374** 14 ff
- Prozesskostenhilfe **379** 8 ff
- Rechte des Privatklägers **385** 3 ff
- Rechtsmittel **390**
- Rücknahme **391** 1 ff
- Sicherheitsleistung **379** 1 ff
- und Strafantrag **374** 12
- Strafklageverbrauch **375** 7 f
- Sühneverfahren **380** 1 ff
- Tod des Klägers **393**
- Übernahmerecht der Staatsanwaltschaft **377** 4 ff
- Übertragung der Verteidigung auf Referendar **139** 5
- Vergleich **380** 8, **391** 6 f
- Vertretung des Angeklagten **387** 1 ff
- Vertretung des Klägers **378**
- Vertretung in der Berufungsverhandlung **329** 29
- Verweisung auf ~weg **170** 14
- Widerklage **388**
- Zulässigkeit **374**
- Zurückweisungsbeschluss **383** 6
- Zuständigkeit **374** 4
- Zuständigkeit des Strafrichters **25 GVG** 2
- Zwangsmaßnahmen **384** 2 ff

Privatklagedelikt 374 6
- kein Klageerzwingungsverfahren **172** 20
- Zusammentreffen mit Offizialdelikt **374** 7 ff
- Zusammentreffen mit Ordnungswidrigkeit **376** 8

Provider
- Beschwerderecht **100 a** 126 f

Protokoll 168 1
- Änderung und Berichtigung **271** 26
- Berufung auf falsches **274** 25
- Beweiskraft des Protokolls **168 a** 10, **274** 1
- Dolmetscher **185 GVG** 7
- Erstellung **168** 7
- Fälschung **274** 22
- Fertigstellung **273** 43
- Form **271** 6
- Genehmigung **168 a** 6
- Inhalt **272** 1, **273** 1
- bei Leichenschau **87** 3
- bei mündlichem Gutachten im Vorverfahren **82** 1
- notwendiger Inhalt **168 a** 1
- Ordnungsmittel **182 GVG**
- Protokollführung **168** 2
- bei richterlichem Augenschein **86** 1
- Staatsanwaltschaftliche Untersuchungshandlung **168 b** 1
- Unterzeichnung **168 a** 9
- Verlesung in der Hauptverhandlung **232** 10, **233** 17
- Verwertbarkeit **168** 8

Protokoll der Geschäftsstelle
- Berufungseinlegung **314** 9

Protokollierung 68 8, **136** 18
- Befragung des Angeklagten **257** 12
- der Belehrung über Auskunftsverweigerungsrecht **55** 11
- Hinweis **265** 22
- letztes Wort **258** 23
- Nachtragsanklage **266** 4

- Rechtsgespräch **257 b** 13
- Tatsachenhinweis **265** 14
- der Vernehmung **58 a** 13
- Verständigung **257 c** 42 f
- wörtliche **273** 32

Protokollpflicht
- Hauptverhandlungsprotokoll **271** 1

Prozessbedingung
- Berufung **315** 1, 3

Prozesserklärung
- Berufungsbeschränkung **318** 1
- Berufungseinlegung **314** 2

Prozessfähigkeit
- im Adhäsionsverfahren **403** 4
- des Antragstellers im Klageerzwingungsverfahren **172** 13
- des Privatklägers **374** 14 ff

Prozesshindernis
- Prüfung durch das Berufungsgericht **327** 2, **328** 2
- Vorrang vor Berufungsverwerfung **329** 32 f

Prozessleitung
- in der Hauptverhandlung **238**

Prozessgegenstand 155 1

Prozesshandlungen 146 a 5

Prozesskostenhilfe
- im Adhäsionsverfahren **404** 14
- Klageerzwingungsverfahren **172** 23
- im Privatklageverfahren **379** 8 ff

Prozessunfähigkeit
- bei Berufungsbeschränkung **318** 15

Prozessurteil
- Berufungsverwerfung **322** 13
- durch Berufungsverwerfung wegen Nichterscheinens **329** 1

Prozessverschleppung 244 29, 29 a, 77 ff
- Ablehnungsbegründung **244** 86
- Nutzlosigkeit der Beweiserhebung **244** 81 ff
- Verschleppungsabsicht **244** 83 ff
- wesentliche Verzögerung **244** 78 ff

Prüfung durch die Registerbehörde 48 BZRG 7, **49 BZRG** 1, **60 BZRG** 2
- bzgl der Auskunftsberechtigung aus dem Erziehungsregister **61 BZRG** 10
- bzgl der materiellen Richtigkeit von rechtskräftigen Entscheidungen **49 BZRG** 10

Psychiatrisches Krankenhaus 81 1, **246 a** 1
- Unterbringung in einem **45 BZRG** 8, **46 BZRG** 2, 18, **63 BZRG** 6

Psychiatrischer Sachverständiger 49 BZRG 12

PUK 113 TKG 7

Punktstrafe
- Verständigung **257 c** 12

Quälerei 136 a 14

Qualifikation
- Hinweispflicht **265** 24

Rasterfahndung
- Anordnung **98 b** 1 ff
- Begriff **98 a** 4
- Beweisverwertungsverbot **98 a** 6
- Subsidiaritätsgrundsatz **98 a** 3

Ratenzahlung siehe Zahlungserleichterung

Recht am eigenen Bild 58 a 11

Rechte Dritter 51 BZRG 41

Magere Zahlen = Randnummern

Stichwortverzeichnis

Rechtliches Gehör 136 17, **143** 7, **257** 1, **257 b** 4, **258** 26 ff, **261** 33.2, **265** 3, 12, 58, **313** 1, 50 **BZRG** 4
– bei Akteneinsicht und Auskunftserteilung **478** 3
Rechtsanwalt 138 1
– Auskunft aus Akten **475** 5 ff
– Beschlagnahmeverbot **97** 12
– Beweiserhebungsverbot **160 a** 10
– Beweisverwertungsverbot **160 a** 12
– Zulassung als **51 BZRG** 43, **52 BZRG** 7.1
– europäischer **138**, 2
Rechtsbehelfe
– im Adhäsionsverfahren **406 a**
– bei Einstellung **153** 48,49, **153 a** 76, 77, **153 b** 14, **154** 27 ff, **154 a** 20 ff, **154 c** 11, **154 d** 6, **154 e** 9,10
– gegen Entscheidungen über Akteneinsicht **478** 5 f
– gegen Entscheidungen der Staatsanwaltschaft über Datenlöschung **489** 10
Rechtsbehelfsbelehrung
– Klageerzwingungsverfahren **172** 11
Rechtsbeschwerdegericht 121 GVG 3
Rechtsfolgen
– der Tat **51 BZRG** 42
– der Tilgung **45 BZRG** 1, **51 BZRG** 1 ff, 41
– der Tilgung nach 48 BZRG **48 BZRG** 10
– eines Verstoßes gegen 51 Abs 1 BZRG **51 BZRG** 45 ff
– des Vorhalte- und Verwertungsverbots **51 BZRG** 1 f, 4, 13, 14
Rechtsfolgenausspruch
– Abstimmung **263** 5
Rechtsfolgenbestimmung
– Hinweis **265** 23
Rechtsfolgenerwartung
– Gerichtszuständigkeit **24 GVG** 9 ff
Rechtsfriedensfunktion des Strafprozesses 257 c 1.3
Rechtsgespräch
– Anklageüberprüfung **257 b** 2
– Anspruch **257 b** 3
– Ermessen **257 b** 12
– Mitwirkung von Schöffen **257 b** 8
– Protokollierung **257 b** 13
– rechtliches Gehör **257 b** 4
– Verdachtshypothese **257 b** 7
– Verfahrensförderung **257 b** 11
Rechtshängigkeit 151 4, **156** 1, **203** 2
– beim Berufungsgericht **321** 8
– beim beschleunigten Verfahren **419** 1
– Nachtragsanklage **266** 27
– im Strafbefehlsverfahren **407** 25
Rechtshilfe 54 SDÜ 2,3
Rechtsirrtum
– als Entschuldigungsgrund bei Ausbleiben **329** 18
Rechtskraft
– bei ausländischen Straferkenntnissen **54 SDÜ** 18
– bei Ausschließung des Verteidigers **138 d** 11
– einer Entscheidung **45 BZRG** 5, **47 BZRG** 12, 13, **49 BZRG** 10, **51 BZRG** 7, **63 BZRG** 5
– Hemmung durch Revision **343**
– nach Revisionsverwerfung **346** 20, **349** 44, 56
– Vorrang vor örtlicher Zuständigkeit **12** 5

Rechtskreistheorie 136 a 35, **337** 58
Rechtskundiger 139 2
Rechtsmissbrauch 337 60 ff
– Berufung **322** 4
– Schlussvortrag **258** 15
– durch Verfahrensanträge **257 a** 2
Rechtsmittel 296 1 ff
– Antrag auf Entscheidung **296** 2
– Bedingung **296** 6, 6.1
– Berufung **296** 1
– Beschwer **296** 7, 15, 19, 20 – Unterlassen **296** 9
– Beschwerde – einfache **296** 1; sofortige **296** 1; weitere **296** 1
– Devolutiveffekt **296** 1
– Dienstaufsichtsbeschwerde **296** 3
– Durchsuchungsanordnung **296** 14
– Einspruch **296** 2
– Entscheidungsgründe **296** 8
– Erledigung **296** 10, 10.2, 11, 12, 13, 14
– Falsche Bezeichnung des – **300**, siehe auch dort
– Feststellung der Rechtswidrigkeit **296** 12, 13
– Gegenvorstellung **296** 3
– für juristische Personen oder Personenvereinigungen bei Festsetzung einer Geldbuße **444** 16, 17
– Kosten **473** 1
– Kostenfolge **296** 11
– Nebenklage **400**, **396** 17 ff, **397 a** 21 ff
– im Privatklageverfahren **390**
– Prozessuale Überholung **296** 10, 12
– Rechtsbehelfe **296** 1, 2, 3 – förmlich **296** 2; formlos **296** 3
– Rechtsschutzinteresse **296** 7, 13
– Rehabilitationsinteresse **296** 13
– Revision **296** 1
– Statthaftigkeit von Rechtsmitteln **296** 4
– Suspensiveffekt **296** 1
– Tenor **296** 8
– Tief greifende Grundrechtseingriffe **296** 13, 14
– Unzulässigkeit **296** 6, 10
– Vorsorgliches Rechtsmittel **296** 5
– Wiedereinsetzung **296** 2
– Wiederholungsgefahr **296** 13
– Wohnungsobservationen **296** 14
– Zurücknahme **302** 1 ff, siehe auch Zurücknahme eines Rechtsmittels
– **48 BZRG** 9, **49 BZRG** 17 f, **63 BZRG** 9 f
Rechtsmittel der Staatsanwaltschaft 301
– Berufungsverfahren **301** 6
– Neben- und Privatkläger **301** 5
– Rechtsmittelgericht **301** 1
– Revisionsverfahren **301** 6
– Staatsanwaltschaft **301** 1
– Umfassende Überprüfung **301** 1, 5
– Verfall- und Einziehungsbeteiligte **301** 4
– Verschlechterungsverbot **301** 2
– Weitere Rechtsmittel **301** 3
Rechtsmittelbelehrung 35 a, **48 BZRG** 9, **49 BZRG** 17, **63 BZRG** 9
– befristete Rechtsmittel **35 a** 2
– Bekanntmachung Begriff **35 a** 3
– Belehrung und Gerichtssprache **35 a** 12
– Belehrungsumfang **35 a** 6
– Belehrungsverzicht **35 a** 4, 5
– Betroffene **35 a** 3
– Folgen unzureichender **35 a** 10

2475

Stichwortverzeichnis

Fette Zahlen = §§

- Form **35 a** 10, 11
- Revisionsbelehrung **35 a** 9
- teilweise falsche **35 a** 13
- Unvollständige **35 a** 13
- verständliche **35 a** 7, 8
- Zweck **35 a** 1

Rechtsmittelberechtigte 296 15 ff
- Amtsanwälte **296** 15
- Beschwer **296** 7, 15, 19, 20
- Einverständnis des Beschuldigten **296** 19
- Gesetzliche Vertreter **296** 22
- Nachteil für Beschuldigten **296** 20
- Nebenbeteiligte **296** 23
- Sonstige Rechtsmittelberechtigte **296** 23 – Nebenkläger **296** 23; Privatkläger **296** 23
- Staatsanwaltschaft **296** 15, 16
- Verhandlungsfähigkeit des Beschuldigten **296** 21
- Verschlechterungsverbot **296** 18
- Verteidiger **296** 22, **297**, siehe auch Rechtsmitteleinlegung durch Verteidiger

Rechtsmittelbeschränkung
- Annahmeberufung **313** 4 f

Rechtsmitteleinlegung durch gesetzlichen Vertreter 298
- Berechtigter **298** 1
- Einlegungsfrist **298** 3
- Erziehungsberechtigter **298** 1
- Jugendstrafverfahren **298** 1
- Rechte des gesetzlichen Vertreters **298** 4
- selbständige Rechtsmittelbefugnis **298** 1
- Volljährigkeit des Beschuldigten **298** 6
- Wechsel des gesetzlichen Vertreters **298** 6
- Wiedereinsetzung **298** 5, 5.1
- Wille des Beschuldigten **298** 2 – Widerspruch des Beschuldigten **298** 2

Rechtsmitteleinlegung durch verhafteten Beschuldigten 299
- Beschuldigter **299** 2
- Beurkundung **299** 4
- Freiheitsentziehung **299** 1
- Gesetzlichen Vertreter **299** 2
- Nicht auf freiem Fuß **299** 1
- Rechtsbehelfe **299** 3
- Reichweite **299** 3
- Schriftliche Erklärung des Beschuldigten **299** 5
- Strafvollzug **299** 3
- Unterbringung **299** 1.1
- Wiedereinsetzung **299** 6
- Wirksamkeit der Erklärung **299** 4

Rechtsmitteleinlegung durch Verteidiger 297
- Auftrag **297** 8
- Eigenes Recht des Verteidigers **297** 5
- Entzug des Mandats **297** 2
- Erklärter Wille des Beschuldigten **297** 6, 7.1
- Nachträgliche Genehmigung **297** 2
- Nebenklägervertreter **297** 3
- Pflichtverteidiger **297** 1
- Rechtsanwalt **297** 2
- Rechtsbehelf **297** 4
- Rechtsmittelfrist **297** 5
- Rücknahme **297** 7
- Vermutung **297** 4, 6
- Vertreter **297** 8, 8.1
- Vollmachtserfordernis **297** 1, 2, 6
- Wahlverteidiger **297** 1

Rechtsmittelerweiterung
- nachträgliche **318** 7

Rechtsmittelverzicht 302 14 ff
- Anwaltliche Versicherung bei – durch Verteidiger **302** 26
- Ausschluss **302** 21, 22
- Beschränkung **302** 27
- Eingang **302** 17
- Einlegungsfrist **302** 21, 23
- Ermächtigung **302** 25, 26
- Kosten **302** 15
- Nachweis **302** 26
- Notwendige Verteidigung **302** 20
- Prozessvollmacht **302** 25
- Qualifizierte Belehrung **302** 21, 23
- Rechtskraft der Entscheidung **302** 21, 23
- Rechtsmitteleinlegungsfrist **302** 21, 23
- Rechtsmittelgericht **302** 23
- Rechtsschutzinteresse **302** 21.1
- Rückwirkung **302** 23
- Unanfechtbarkeit **302** 18
- Unwiderruflichkeit **302** 18
- Unwirksamkeit **302** 19, 19.1, 20, 20.1, 20.2, 21, 23
- Verhandlungsfähigkeit **302** 16
- Verständigung **257 c** 17, **302** 14, 19, 21, 21.1, 22
- Widerruf **302** 18, 28
- Widerspruch des Verteidigers **302** 18
- Wiedereinsetzung **302** 22
- Willensmängel **302** 19
- Wirksamkeit **302** 17 ff – Ausnahmen **302** 19, 19.1

Rechtsnormhinweis 265 6 ff
Rechtspflege 45 BZRG 9, **51 BZRG** Vor 1, 26, 35
Rechtsschutz 148 20
Rechtssicherheit 48 BZRG 4
Rechtsstaatsprinzip 68 b 1
Rechtsverlust iSd 45 StGB 47 BZRG 3, **49 BZRG** 14 f
Rechtswirkungen
- der Tilgung **45 BZRG** 1, **51 BZRG** 1
- der Tilgung nach 48 BZRG **48 BZRG** 10

Redezeit
- Schlussvortrag **258** 8

Referendar 139 1–5, **142** 12
- Aufgabenübertragung auf ~ **142 GVG** 10–11

Regelbeispiel
- Hinweispflicht **265** 24

Registerbehörde 492 3, **45 BZRG** 1, 2, 4, 7, **47 BZRG** 5 ff, 17, **48 BZRG** 2, 7 ff, **49 BZRG** 1, 3, 5, 6, 8, 10, 12, 17, **50 BZRG** 6, 7, **51 BZRG** 15, **52 BZRG** 1, **59 BZRG** 3, **61 BZRG** 11, **62 BZRG** 1, 2, **63 BZRG** 8, 9
- Sitz der ~ **45 BZRG** 1, **48 BZRG** 9, **59 BZRG** 3

Registerinhalt
- öffentliches Interesse am Fortbestand des **49 BZRG** 7 ff, 10
- Unteilbarkeit **47 BZRG** 9 f

Reihenfolge der Vernehmung von Zeugen 58 3

Rehabilitation des Betroffenen 48 BZRG 4
Resozialisierung des Betroffenen 45 BZRG Vor 1, 9, **49 BZRG** 7, **51 BZRG** Vor 1, 7, 26, 35, **83 b IRG** 3

Magere Zahlen = Randnummern

Stichwortverzeichnis

Reststrafe
– Anhörungspflicht **454** 4 ff
– Aufhebung **454 a** 3
– Aussetzung zur Bewährung **454** 1 ff
– Bemessung der Bewährungszeit **454 a** 2
– Entscheidung **454** 17
– Form **454** 16
– bei mehreren Freiheitsstrafen **454 b** 4 ff
– Rechtsbehelf **454** 21 ff
– Resozialisierungsinteresse des Verurteilten **454 a** 1.1
– Sachverständigengutachten **454** 12
– Sicherungshaftbefehl **453 c** 1 ff
– Steckbrief in der Strafvollstreckung **457** 5
– Verfahren **454** 1 ff
Rettungsfolter 136 a 28
Revision 333 ff
– absolute Revisionsgründe **338**
– Abwesenheit in der Hauptverhandlung **338** 89 ff, **342**
– Aktenvorlage **346** 25, 29, **347** 8 ff
– Anhörungsrüge **356 a**
– gegen Anordnung schriftlicher Antragstellung **257 a** 13
– Anträge **344** 3 ff
– Aufhebungsumfang **353**
– bei Auskunftsverweigerungsrecht **55** 12
– Ausschluss der Revision **333** 10
– wegen Ausschluss oder Ablehnung des Richters **338** 50 ff
– bei Befangenheit **26 a** 2, 8, 14
– Begründung **344** 28 ff
– Beruhen **337** 122 ff, **354** 62 ff
– Beschränkung **344** 6 ff
– Beschwer **333** 12 ff, **337** 57
– bezüglich Besetzung der Strafkammer **76 GVG** 13
– gegen Beweisaufnahme und -würdigung **337** 50, 87 ff
– bei Bild-Ton-Aufzeichnungen **58 a** 22, **255 a** 16 f
– bei eidesgleicher Bekräftigung **65** 4
– bei Eidesverweigerung **61** 3
– Einlegung **341** 1 ff, 13 ff
– Entscheidungsformen und -inhalt **349, 353, 354**
– Erstreckung auf Mitangeklagte **357**
– erweitertes Schöffengericht **29 GVG** 17
– bei falscher oder unterbliebener Belehrung **57** 6
– Fehlerhafte Besetzung des Gerichts **338** 5 ff
– wegen fehlerhafter Zeugenvernehmung **58** 13
– Form **341** 18 ff, **345** 18 ff, **346**
– formelles Recht **337** 41 ff
– Freibeweisverfahren **337** 26 ff, 43 ff, **351** 13 ff
– Frist **341** 24 ff, **342, 345** 1 ff, **346**
– Gegenerklärung **347** 4 ff, **349** 32 ff
– Revisionsgericht **100 a** 101
– Gesetzesänderung **354 a**
– Revisionsgründe **337, 338** – Unzulässige Beschränkung der Verteidigung **338** 153; Unzuständigkeit des Gerichts **338** 79, **355**; Fehlen oder Verspätung der Urteilsgründe **338** 142 ff
– Hauptverhandlung **350, 351**
– wegen Ladungsfehlern **48** 7
– gegen Nebenentscheidungen **333** 8 ff
– bei Nichterscheinen eines Zeugen **51** 33

– Öffentlichkeit der Hauptverhandlung **338** 123 ff
– Pflichtverteidigerbestellung **350** 10 ff
– gegen Postbeschlagnahme **99** 29, **100** 23
– gegen Prozessurteil **322** 18
– Prüfungsumfang **337** 21, 41 f, **352**
– gegen Rechtsfolgenausspruch **337** 107
– Rechtsmissbrauch **337** 60 ff
– Rechtsnormen zugunsten des Angeklagten **339**
– Rechtsverletzung **337** 19 ff
– revisible Rechtsnormen **337** 3 ff
– Sachentscheidung durch Revisionsgericht **354** 1 ff
– Sachrüge **337** 77 ff, **344** 32 ff, **352** 7
– Statthaftigkeit **333** 1 ff, **336**
– Strafzumessung **337** 107
– Unzuständigkeit des Gerichts im Revisionsverfahren **348**
– Urteil **349** 58 f, **353**
– Überprüfung der Verfahrenseinstellung durch Revision **336** 21
– bei Vereidigung **59** 10, **62** 6, **64** 5, **67** 10
– bei Vereidigungsverbot **60** 23
– Verfahrensrüge **337** 41 ff, **344** 36 ff, **352** 6
– Verfahrensverzögerung **333** 23 a, **337** 120, **358** 20.1
– Verfahrensvoraussetzungen **336**, 19 ff, **337** 21 ff, **346** 11 f
– Verhandlungsfähigkeit des Angeklagten **341** 11
– wegen Verletzung der Belehrungspflicht nach Art. 36 WÜK **36 WÜK** 19
– Vernehmung von Abgeordneten und Ministern **50** 6
– Verschlechterungsverbot **331** 39, **358** 13 ff
– nach Verständigung **257 c** 47 ff
– wegen des Verstoßes gegen Vorhalte- und Verwertungsverbot **51 BZRG** 45 ff
– bezüglich Verteidigung **137** 19, **138** 21, **140** 32, **141** 13, **142** 14, **143** 10, 11, **145** 18, **145 a** 10, **146 a** 7–9, **147** 30, **148 a** 8
– Vertretung des Angeklagten **341** 9
– Verwerfung durch Beschluss **346, 349**
– Verwerfungsantrag **349** 21 ff
– gegen Verwerfungsurteil **329** 55 ff
– bei Verweigerung des Zeugnisses ohne Glaubhaftmachung **56** 5
– Verzicht **341** 38 ff
– Vorentscheidungen **336**
– Vortragserfordernisse **337** 21 ff
– Wesen **337** 1 ff
– Weiterverweisung **348**
– Wiedereinsetzung **341** 35, **342, 344** 60, **345** 9 ff, **346** 29 ff, **349** 45, **350** 20
– bei Zeugnisverweigerungsrechten **52** 37–40, **53** 44, **53 a** 13 – Unrichtige Belehrung **52** 40; Unterlassene Belehrung **52** 38
– Zurücknahme **341** 38 ff, **346** 10
– Zurückverweisung **354** 90 ff, **355, 358** 1 ff
– bezüglich Zuständigkeit **74 c GVG** 10
– Zustellung der Revisionsbegründung **347** 2 ff, 15
– Gegen § 54 **54** 30
Revisionsgericht 121 GVG 1
– Prüfung einer Berufungsbeschränkung **318** 31
Revisionsverfahren 140 31
Richtlinien über den Verkehr mit dem Ausland in Strafrechtlichen Angelegenheiten (RiVASt) 54 SDÜ 7, **1 RB-EUHB** 1

2477

Stichwortverzeichnis

Fette Zahlen = §§

Richter
- beauftragter **223** 11
- erkennender ~ als Beweismittel **244** 51 f
- ersuchter **223** 12
- Revision wegen Ausschluss oder Ablehnung **338** 50 ff

Richterablehnung
- Rechtsgespräch **257 b** 5
- nach Verständigung **257 c** 50

Richterlicher Augenschein 86 1 f, **87** 3

Richterliche Bestätigung von Eilanordnungen 111 e 3–5
- Anhörung **111 e** 5
- Bekanntgabe **111 e** 5
- Bewegliche Sachen **111 e** 3
- Eilanordnungen der StA **111 e** 3
- Fristversäumnis **111 e** 4
- Wochenfrist **111 e** 4
- Zuständigkeit **111 e** 5

Richterrecht
- Widerspruchslösung **257** 22

Roaming 100 a 124

Röntgenaufnahmen 81 a 12.1

Rückgabe beschlagnahmter Gegenstände 94 13, **98**, **111 c** 7–9
- Beweisgegenstände **111 c** 9
- Rückgabe gegen Erlegung des Wertes **111 c** 7
- Sicherheitsleistung **111 c** 8
- Überlassung der Benutzung **111 c** 8

Rückgabe beweglicher Sachen an den Verletzten 111 k
- Amtlicher Gewahrsam **111 k** 3
- Anwendungsbereich **111 k** 1
- Beschwerde **111 k** 12
- Entscheidung der Staatsanwaltschaft **111 k** 11
- Gerichtliche Entscheidung **111 k** 12
- Gegenstand der Rückgabe **111 k** 3
- Gewahrsamsinhaber **111 k** 1
- Surrogate **111 k** 4
- Vorläufige Besitzstandsregulierung **111 k** 2
- Voraussetzungen **111 k** 5–8 – Ansprüche Dritter **111 k** 7; Bekannter Verletzter **111 k** 5; durch die Tat entzogen **111 k** 6
- Zuständigkeit **111 k** 9

Rückgabe des Führerscheins 111 a 13
- Anrechnung **111 a** 13
- Fahrverbot **111 a** 13
- Zuständigkeit **111 a** 13

Rückgewinnungshilfe 111 b 4–7
- Anwendungsbereich **111 b** 4
- Beschlagnahmebeschluss **111 b** 7
- Ermessen **111 b** 5
- Insolvenzverfahren **111 b** 6
- Verletzter **111 b** 4
- Vermischung **111 b** 6

Rücknahme
- der Privatklage **391** 1 ff
- Nachtragsanklage **266** 8

Rücküberstellung 5 RB-EUHB 2,3, **80 IRG** 1, **83 b IRG** 3

Rügeverkümmerung 271 30

Ruhen der Verteidigerrechte 138 c 8

Rundfunk
- Beschlagnahmeverbot **97** 15
- Zeugnisverweigerungsrecht **53** 23–35 – Berufsmäßige Mitwirkung **53** 26; Einschränkungen **53** 33; Gewinnerzielungsabsicht **53** 27; Herstellung **53** 28; Informanten **53** 30; Leserbriefe **53** 35; Mitteilungen **53** 31; Nebenberufliche Mitwirkung **53** 27; Personenkreis **53** 23; Redaktioneller Teil **53** 35; Selbst erarbeitetes Material **53** 32; Umfang **53** 29; Verbreitung **53** 28; Vorbereitung **53** 28; Werbeanzeigen **53** 35

Quellen-TKÜ 100 a 112 ff

Sachaufklärung 80 1
- bestmögliche **257 c** 8

Sachaufsichtsbeschwerde 163 16

Sachbericht 69 2

Sachentscheidung
- durch das Berufungsgericht **328** 7 ff

Sachlage
- veränderte **265** 18

Sachliche Zuständigkeit 1 1
- Gericht **1** 1 ff
- Prüfung durch das Berufungsgericht **328** 15 ff
- Prüfungspflicht **6**
- Schöffengericht **25 GVG** 1, **28 GVG** 2
- Strafrichter **25 GVG** 1, 3

Sachkunde 72 1
- eigene – des Gerichts **244** 97

Sachleitungsbefugnis
- der Staatsanwaltschaft **161** 11 a
- des Vorsitzenden **238**

Sachrüge
- wegen Verstoßes gegen das Verwertungsverbot **51 BZRG** 45 ff

Sachverhalt
- der Eintragungen im Erziehungsregister **61 BZRG** 13
- aus getilgten oder tilgungsreifen Verurteilungen **51 BZRG** 23
- einer strafbaren Handlung **51 BZRG** 7

Sachverständiger 72 1, **136** 3, **136 a** 2
- Abgrenzung zum sachverständigen Zeugen **85** 2
- Ablehnung des **74** 1–12
- Ablehnungsgesuch **74** 8, 9
- Akteneinsicht des **80** 4
- Anhörung eines **49 BZRG** 12, **51 BZRG** 33
- Anwesenheit in der Hauptverhandlung **80** 5, **226** 10
- Arzt **246 a** 3
- Auswahl **73** 1, **246 a** 3
- Breiterklärung vor Gericht **73** 3
- Bestellung des **73** 1
- Eignung des **73** 3
- Entbindung des **76** 2
- Entlassung **248**
- erneute Begutachtung **83** 1
- Fachgebiet des **73** 3
- Fristabsprache **73** 4
- Gesamtverantwortung des **73** 2
- Gutachten eines **51 BZRG** 31, **52 BZRG** 4 f
- Gutachtenverweigerungsrecht **76** 1
- Hilfskräfte des **73** 2
- Inkompatibilität des **74** 1
- bei Leichenschau **87** 4
- Leitungsbefugnis des Richters **78** 1, 3
- öffentlich bestellter **73** 5
- richterlicher Augenschein **168 d** 2
- Ungeeignetheit des **73** 7
- Ungehorsam des **77** 1–5
- Untersuchung durch **246 a** 5 f
- Vereidigung des **79** 1–6

Magere Zahlen = Randnummern

Stichwortverzeichnis

– Vernehmung **246 a** 4
– vorübergehende Beurlaubung **248** 2
– im Vorverfahren **82** 1
– weiterer **244** 101 ff
– Zuziehung **246 a** 1 f
– Zuziehung im Vorverfahren **80 a** 1–3
Sachverständiger Zeuge
– Abgrenzung zum Sachverständigen **85** 2
– Begriff **85** 1
Sachverständigeneid 79 4
Sachverständigenentschädigung 84 1
Sachverständigengruppen 73 2
Sachverständigengutachten
– Einholung durch Staatsanwaltschaft **161 a** 9
Sachverständigenpflicht 75 1–4
Säumnis
– Kosten **467** 3
Sanktionsschere 257 c 14, 52
– Rechtsgespräch **257 b** 2, 5
Schadenswiedergutmachung 155 b 1
– Verständigung **257 c** 17
Schätzklausel 244 12
Schätzung 261 43
Schengener Informationssystem (SIS) 9 RB-EUHB 1, **83 a IRG** 3
Schiff
– Straftat auf einem **10** 1
Schleppnetzfahndung 163 d 2
– Anfechtung **163 d** 16
– Anordnungsberechtigte **163 d** 10
– Benachrichtigung **163 d** 15
– Voraussetzungen **163 d** 5
Schlussbericht der Polizei 163 10
Schlussvortrag
– Äußerungsberechtigte **258** 10
– Erwiderung **258** 16 ff
– Mündlichkeit **258** 9
– Redezeit **258** 8
– Reihenfolge **258** 1, 12, **326** 1
– Übersetzung **259** 2
– Verpflichtung **258** 13
– Verteidiger **258** 11
– Vorbereitung **258** 14
– Vorwegnahme **257** 17
Schmähungen 26 a 7
Schöffen 26 a 11
– Befangenheit **31** 1 ff, siehe auch Befangenheit von Schöffen
– erweitertes Schöffengericht **29 GVG** 5
– Fragerecht **240** 7
– Rechtsgespräch **257 b** 8, 10
Schöffengericht
– erweitertes **29 GVG** 1 ff, **76 GVG** 10 – Zuständigkeit **1** 2
– als Gericht höherer Ordnung **28 GVG** 1
– sachliche Zuständigkeit **25 GVG** 1, **28 GVG** 2
– Strafbefehlsverfahren **28 GVG** 3
Schöffenwahl 74 d GVG 1
Schriften
– Beschlagnahme **94** 11.1
Schriftform
– Berufungseinlegung **314** 8
Schriftliche Antragstellung
– handschriftlich **257 a** 8
Schriftstücke
– Beschlagnahmeverbot **97** 18
– Bezeichnung im Protokoll **273** 23
– Herausgabe amtlicher **96** 1 f

Schriftvergleich
– Begriff **93** 3
– Beweiswert **93** 7
Schriftverkehr 148 5
Schuldfähigkeit 244 100
Schuldgrundsatz 257 c 1.5
Schuldhaftes Zögern 25 5
Schuldrechtlicher Anspruch 51 BZRG 41
Schuldschwere
– besondere, § 57 a Abs. 1 Nr. 2 StGB **51 BZRG** 29, **63 BZRG** 11
Schuldspruch
– bei Absehen von Strafe **51 BZRG** 4
– Abstimmung **263** 4
– Entfernung des ~ nach § 13 Abs. 2 S 2 Nr. 2 BZRG **60 BZRG** 8
– Verschlechterungsverbot **331** 9
– Verständigung **257 c** 11
– Vorhalte- und Verwertungsverbot bei der Frage des **51 BZRG** 32
– nach §§ 27 JGG, 30 Abs. 2 JGG **45 BZRG** 10, **46 BZRG** 17, **60 BZRG** 6, 8
Schuldspruchreife 467 11
Schuldumfang 46 BZRG 3
Schuldunfähigkeit 46 BZRG 17, **51 BZRG** 9, **60 BZRG** 10
– Prüfung der **81** 1
Schutz der Allgemeinheit 51 BZRG 31
Schutzbereich des § 51 Abs. 1 BZRG 51 BZRG 20
Schutzmaßnahmen 168 e 3
Schutzzweck des § 51 Abs 1 BZRG 51 BZRG 36
Schweigen 467 8
– Beweiswürdigung **261** 16
Schweigerecht 136 21
Schweiz 54 SDÜ 9, **1 RB-EUHB** 18, **4 RB-EUHB** 2
Schwere der Schuld 153 a 12 ff
– Hinweispflicht **265** 25
Schwere der Tat 140 15
Schwerpunkt-StA 143 GVG 5
Schwierigkeit
– Rechtslage **140** 18
– Sachlage **140** 16, 17
Schwurgericht 74 GVG 2–6
– Auffangschwurgerichtskammer **74 GVG** 6
– Evokationsrecht GBA **74 GVG** 4
– Konzentrationsgrundsatz **74 GVG** 5
– Zuständigkeitskatalog Schwurgericht **74 GVG** 3
Schwurgerichtskammer
– Zuständigkeit **24 GVG** 7
Sechs-Monatshaftprüfung
– Sechs-Monatsfrist **121** 3
– Ruhen des Fristenlaufs **121** 7
– Tatidentität **121** 5 ff
– Verfahren und Entscheidung des OLG **122** 4
– Verlängerungsgründe **121** 9 ff
– Vorlage der Akten **122** 1
– Weitere Haftprüfung **122** 11
Sehbehinderung 191 a GVG
Selbstablehnung 30
– Anfechtung **30** 5
– Selbstanzeige **30** 1
– Gerichtsentscheidung **30** 1, 3, 6
– Rechtsmittel **30** 5
– Dienstpflicht zur Selbstanzeige **30** 2

2479

Stichwortverzeichnis

Fette Zahlen = §§

- Revision **30** 6
- Unaufschiebbare Handlungen **30** 4
- **Selbstanzeige 467** 4
- **Selbständiges Einziehungsverfahren**
- Antragserfordernisse **440** 7 ff
- Drittbeteiligung **440** 8
- Verfahrenswechsel **440** 9
- Vorrang des subjektiven Verfahrens **440** 2 ff
- Zuständigkeit des erkennenden Gerichts **441** 1 ff
- **Selbstbelastung 136** 5, **168 d** 4
- **Selbständiges Verfahren 444** 18, 19
- **Selbstleseverfahren**
- schriftliche Antragstellung **257 a** 10
- **Selbstmordversuch**
- als Entschuldigungsgrund **329** 18
- **Selbstverteidigung**
- Unvermögen der **140** 19–22
- **Sicheres Geleit 295** 1
- Beschränkung **295** 1
- Ende **295** 4
- Geleitbrief **295** 6
- Geleitbrief Formular **295** 6.1
- Unzuständigkeit des Gerichts **295** 5
- **Sicherheit der Bundesrepublik Deutschland oder eines ihrer Länder 52 BZRG** 2 f
- **Sicherheitsleistung 116** 8, **116 a** 1, **127 a** 4, **132** 11
- im Klageerzwingungsverfahren **176**
- im Privatklageverfahren **379** 1 ff
- **Sicherstellung durch Beschlagnahme**
- Anwendungsbereich **111 c** 1
- Art und Weise der Beschlagnahme **111 c** 1
- Bewirkung der Beschlagnahme **111 c** 2–5, siehe auch Beschlagnahme
- Rückgabe beschlagnahmter Sachen **111 c** 7–9, siehe auch Beschlagnahme, Rückgabe
- Veräußerungsverbot **111 c** 6, siehe auch dort
- **Sicherstellung von Beweismitteln**
- Begriff **94** 6
- Beschlagnahme **94** 8
- formlose Sicherstellung **94** 7
- **Sicherstellung durch dinglichen Arrest**
- Anwendungsbereich **111 d** 1
- Arrestanordnung **111 d** 8–10, siehe auch dort
- Arrestforderung **111 d** 2–6, siehe auch dort
- Arrestgrund **111 d** 7, siehe auch dort
- Arrestvollzug **111 d** 11, siehe auch dort
- Aufhebung der Anordnung **111 d** 12
- Aufhebung der Vollziehung **111 d** 13–17 – Antrag des Betroffenen **111 d** 16; Kosten der Verteidigung **111 d** 14; Kosten des Unterhalts **111 d** 15; Lösungssumme **111 d** 13; Notlage **111 d** 13; Zuständigkeit **111 d** 17
- Insolvenzverfahren **111 d** 12
- **Sicherstellung des Führerscheins 111 a** 12
- Beschlagnahme **111 a** 12
- Gefahr im Verzug **111 a** 12
- Zuständigkeit **111 a** 12
- **Sicherstellung von Gegenständen**
- Anwendungsbereich **111 b** 1
- Beschlagnahme **111 b** 12–15, siehe auch dort
- Bruttogewinnprinzip **111 b** 2
- Druckerzeugnisse **111 b** 13
- Kosten **111 b** 16
- Rückgewinnungshilfe **111 b** 4–7, siehe auch dort
- Voraussetzungen für die ~ **111 b** 3–11 – Eigentum des Täters oder Teilnehmer **111 b** 10; Einziehung **111 b** 3; Dringende Gründe **111 b** 8; Jahresfrist **111 b** 9; Keine dringenden Gründe **111 b** 9; Rückgewinnungshilfe **111 b** 4; Sechs-Monatsfrist **111 b** 9; Verfahrensvoraussetzungen **111 b** 11; Verfall **111 b** 3
- **Sicherungshaft 112** 38
- **Sicherungshaftbefehl 1 RB-EUHB** 11
- **Sicherungsmaßnahmen 176 GVG** 6
- **Sicherungsverfahren**
- Abwesenheitsverhandlung **415** 1 ff
- Antragsschrift **414** 2
- Anwendbare Verfahrensvorschriften **414** 1
- Entscheidungsarten **414** 4 ff
- Verfahrenswechsel **413** 9, **416** 1
- Verteidigung **140** 11
- Voraussetzungen **413** 4
- Zuständigkeit **414** 3
- §§ **413** ff **46 BZRG** 17
- **Sicherungsverwahrung 246 a** 1, **45 BZRG** 8, **46 BZRG** 2, 18, **63 BZRG** 6
- Gerichtszuständigkeit **24 GVG** 9
- Heranwachsende **106 JGG**
- Hinweispflicht **265** 33
- nachträgliche **246 a** 7 – Verfahren **275 a** 11; Zuständigkeit **74 f**, **120 a GVG** 1
- vorbehaltene **246 a** 1, 7 – Verfahren **275 a** 5; Zuständigkeit **74 f**, **120 a GVG** 1
- **Signatur**
- qualifizierte elektronische **41 a** 9
- **SIRENE 9 RB-EUHB** 1
- **Sitz der Registerbehörde 45 BZRG** 1, **48 BZRG** 9, **59 BZRG** 3
- **Sitzungspolizei 176 GVG**
- **Sitzungsvorbereitung 69** 5
- **Skizzen**
- Augenschein **86** 10
- **Sockelverteidigung 137** 17, **146** 5
- **Sofortige Beschwerde 311**
- Abänderung **311** 6, 8
- Abhilfe **311** 6, 7, 9
- Annahmeberufung **322** 16
- Berufungsverwerfung **322** 15
- Formelle Rechtskraft **311** 5
- Frist **311** 2 ff
- Nichteinbeziehung der Nachtragsanklage **266** 31
- Statthaftigkeit **311** 1
- gegen Verwerfung des Wiedereinsetzungsantrags **329** 52
- Zuständigkeit des Beschwerdegerichts bei Unzulässigkeit **311** 4
- **Sondierungsgespräch 257 b** 10
- **Sozialgeheimnis 161** 8
- **Sozietät 146** 2–4
- **Sofortige Beschwerde**
- Einzelfälle **379** a 13, **382** 6, **383** 9, 15 f, 17, **390** 2, 10, **391** 17, 18, **393** 3
- bei Hauptverhandlung ohne Angeklagten **231 a** 22
- **Sorge für die Person des im Register Geführten 61 BZRG** 3
- **Sorgerechtsentscheidung 60 BZRG** 12, **61 BZRG** 6
- **Soziale Wiedereingliederung von Straftätern 51 BZRG** 26, 35, **59 BZRG** 1

Magere Zahlen = Randnummern

Speicherung
- DNA-Identifizierungsmuster **81 g** 18

Speicherung von Daten 483 1 ff, **484** 1 ff, **485** 1 ff

Speicherungspflichten für Daten 113 a TKG
- Anonymisierungsdienste **113 a TKG** 29
- Einschränkende Entscheidung BVerfG **113 b TKG** 9 ff
- Löschungsverpflichtung **113 a TKG** 15 f
- Speicherort **113 a TKG** 11
- Speicherungsart **113 a TKG** 12 f
- Speicherungsdauer **113 a TKG** 14
- Speicherungsumfang **113 a TKG** 7 ff, 17 ff – E-Mail **113 a TKG** 23 ff; Internet-Telefonie (VOIP) **113 a TKG** 21; Internetzugänge **113 a TKG** 26 ff; Mobilfunktelefonie **113 a TKG** 18 ff; Telefondienste **113 a TKG** 17
- Speicherungszweck **113 a TKG** 6
- Verpflichtete **113 a TKG** 4 f
- Verwendung Daten **113 b TKG**

Sperre für die Erteilung einer Fahrerlaubnis 46 BZRG 17, 19, **47 BZRG** 16, **49 BZRG** 6

Sperrerklärung 96 4 ff, **199** 6

Sperrung von Daten 101 48, **489** 7 f, **494** 5

Spezialitätsgrundsatz 1 RB-EUHB 4, **83 h IRG** 1, 2

Spontanäußerung 136 22

Sprachbehinderte Person
- Eidesleistung **66** 1 ff – Technische Hilfsmittel **66** 2; Wahlrecht des Zeugen **66** 2

Sprengstoffgesetz 52 BZRG 7

Sprengstoffrechtliche Erlaubnis
- Auskunftsanspruch aus dem Erziehungsregister **61 BZRG** 6

Spruchkörper
- Ablehnungsgesuch **26** 1, 8
- Hilfspruchkörper **21 e GVG** 6.1 **21 f GVG** 1.1
- Vorsitz **21 f GVG** 1 ff

Sprungrevision 335
- Annahmeberufung **313** 16, **322 a** 9, 11 ff, **335** 24 ff
- unbestimmte Anfechtung **335** 3 ff
- Rechtsmittelwechsel **335** 10 ff
- Verfahren **335** 27 ff
- verschiedenartige Anfechtung **335** 31 ff
- Wiedereinsetzung **335** 17 ff
- Zuständigkeit **335** 27 ff

Spuren
- von Straftaten **81 c** 2

Spurenakten 147 13, **199** 5

Spurenansatz 100 d 11

Staatsgebiet
- deutsches **10** 1

Staatsanwalt
- Anwesenheit in der Hauptverhandlung **226** 6
- Aufgabenübertragung auf Referendare **142 GVG** 10–11
- Ausübung des Amts des StA **142 GVG** 2–8, siehe auch dort
- Erklärungsrecht **257** 13
- Fragerecht **240** 3
- Jugendstaatsanwalt **142 GVG** 9
- Örtlicher Sitzungsvertreter **142 GVG** 8
- Verlesung des Anklagesatzes **243** 16

Staatsanwaltschaft 49 BZRG 12, **60 BZRG** 1, 11
- Akteneinsichtsrecht **474** 5 ff
- Aktenvorlage an das Berufungsgericht **321** 4

Stichwortverzeichnis

- Aktenvorlage nach Berufungseinlegung **319** 2
- Anhörung durch Aktenvorlage **319** 5
- Anhörung vor Berufungsverwerfung **319** 8
- Annahmeberufung **313** 3
- Anspruch auf Auskunft aus dem Erziehungsregister **61 BZRG** 1, 5
- Antrag auf erweitertes Schöffengericht **29 GVG** 9
- Aufgaben **160** 5
- Berufungsbegründung **317** 1
- Berufungserwiderung **321** 4
- Beurteilungsspielraum bei Zuständigkeitsauswahl **24 GVG** 2
- Entscheidung über Auskunftserteilung und Akteneinsicht **478** 1 f
- Ermessen für Nachtragsanklage **266** 3
- Sachliche Zuständigkeit **142 GVG** 1
- Schlussvortrag **258** 13
- Verfahrensregister **492** ff
- Verfolgungswille **264** 15
- Vermerke für das Berufungsverfahren **321** 3
- Verständigungsbeitrag **257 c** 18
- Wirtschaftsreferenten **142 GVG** 6
- Zuständigkeit
- Zustellung von Berufungsschriften **319** 6

Staatsschutzkammer 74 a GVG 1–4
- Konzentration **74 a GVG** 2
- Straftaten gegen Truppen der NATO-Staaten **74 a GVG** 4
- Zuständigkeit **74 a GVG** 3

Staatsschutzsache
- Zuständigkeit **24 GVG** 8

Staatsschutzstrafsachen 169 1

Standortdaten 100 a 18, **100 g** 8, **98 TKG** 1 ff
- Nutzungsvoraussetzungen **98 TKG** 3 ff

Statische IP 100 a 14

Stellungnahme
- schriftliche **136** 18

Stellungnahme des Betroffenen
- bei zu Unrecht getilgten Eintragungen **50 BZRG** 4

Steuerberater
- Beschlagnahmeverbot **97** 12
- als Verteidiger **392 AO** 1 f

Steuergeheimnis 161 7, **172 GVG** 6

Steuerstrafsachen 153 57, 58, **153 a** 90

Steuerstraftaten
- Verteidigung bei ~ **392 AO**
- Zuständigkeit der Finanzbehörde siehe Finanzbehörde

Steuerstrafverfahren 156 3

Stichtagsregelung 51 BZRG 12

Stimmenidentifizierung 261 48

Stimmenvergleich 81 b 3.1

Stimmrecht
- Verlust des **47 BZRG** 3, **49 BZRG** 14 f, **51 BZRG** 42, siehe auch Aberkennung von Rechten und Fähigkeiten

Störer 164 5

Strafabschlagsmodell 6 EMRK 25

Strafantrag 158 1, **200** 10
- Adressat **158** 14
- Form **158** 15
- Inhalt **158** 16
- Kosten bei Zurücknahme **470** 1
- Rücknahme **158** 17
- Stellung eines **158** 12
- Verzicht **158** 17

Stichwortverzeichnis

Fette Zahlen = §§

- Voraussetzung im Klageerzwingungsverfahren **172** 2
Strafanzeige 158 1
- Adressat **158** 6
- Anzeigeerstatter **158** 5
- Erstattung **158** 2
- Form **158** 4
- Inhalt **158** 3
- Rücknahme **158** 7
Strafarrest 46 BZRG 4, 5, 21, 22, 24, **47 BZRG** 2, **63 BZRG** 4
Strafaussetzung zur Bewährung
- Berufungsbeschränkung **318** 12 f, 20
- Nachholen der Belehrung nach 268 a **453 a** 1 ff
- Nachholen des Bewährungsbeschlusses **453** 2
- Überwachung **453 b** 1 ff
- **36 BtMG** 4
- **46 BZRG** 14, 15, 22, **47 BZRG** 3, **49 BZRG** 6, **51 BZRG** 4, 22, 27, 28
Strafausstand 455 1 ff, **455 a** 1 ff
Strafaussetzung
- Verschlechterungsverbot **331** 21
- Verständigung **257 c** 15
Strafausspruch
- Berufungsbeschränkung **318** 12
- Urteilsformel **260** 25
Strafbann
- Amtsgericht **24 GVG** 18
- Berufungsgericht **328** 16 f
- erweitertes Schöffengericht **29 GVG** 7
- im Instanzenzug **24 GVG** 6
- Strafrichter **25 GVG** 3
Strafbefehl 199 2
- Ablehnung des Erlasses **408** 5
- gegen Abwesende **407** 23
- Anberaumung der Hauptverhandlung **408** 9
- Anwendungsbereich **407** 3
- Antrag auf Erlass eines Strafbefehls **407** 7
- Einbeziehung von Ordnungswidrigkeiten **407** 20
- Einspruch **410** 3 ff
- Einspruchsberechtigte **410** 2
- Einspruchsfrist **410** 3
- Einspruchsrücknahme **411** 9
- Einspruchsverwerfung **411** 1, **412** 1 ff
- Einziehung **407** 18, **438** 1 ff
- gegen Jugendliche und Heranwachsend **407** 22
- Jugendverfahren **79 JGG**
- gegen juristische Personen oder Personenvereinigungen **444** 14, 15
- nach Eröffnung des Hauptverfahrens **408 a** 1 ff
- gegen Nebenbeteiligte **407** 18.1, 19
- Nebenklage **407** 25
- Notwendige Verteidigung **140** 29
- rechtliches Gehör **407** 24
- Rechtshängigkeit **407** 4
- Rechtskraft **410** 8
- Rücknahme eines Strafbefehlsantrags **156** 3, **411** 7, 8
- in Steuerstrafverfahren **400 AO**
- Strafklageverbrauch **410** 8
- Summarisches Verfahren **407** 1
- Unzuständigkeit des angerufenen Gerichts **408** 2, 3
- Verteidigerbestellung **408 b** 1 ff
- Verfall **407** 18
- Verschlechterungsverbot **411** 10
- Voraussetzungen **407** 5 ff

- Wirksamkeit **409** 13
- zulässige Rechtsfolgen **407** 13 ff
Straferlass 46 BZRG 9, 15, **47 BZRG** Vor 1, 3, 5, 7, **49 BZRG** 6, **51 BZRG** 10
Straferwartung
- Schöffengerichtszuständigkeit **28 GVG** 4
Straffreierklärung
- Kosten **468** 1
Strafgericht
- Anspruch auf Auskunft aus dem Erziehungsregister **61 BZRG** 1
- Verurteilung durch ein **48 BZRG** 11, **49 BZRG** 4, **50 BZRG** 1, **63 BZRG** 5
Strafgerichtliches Verfahren 52 BZRG 10
Strafkammer
- kleine **312** 6
- Ablehnungsgesuch **26** 1
Strafklageverbrauch 153 42 ff, **153 a** 53 ff, 74, **153 b** 12, **153 e** 7, **154** 16, **154 a** 11 ff, **154 c** 9, **204** 1, **206 b** 1, **264** 3, 10
- bei ausländischen Straferkenntnissen nach Art. 54 SDÜ **54 SDÜ** 8, 17–26
- bei europäischen Haftbefehlen **3 RB-EUHB** 3–4
- im Klageerzwingungsverfahren **174** 9 ff
- bei Privatklage **375** 7 f
Strafmakel 48 BZRG 10, **51 BZRG** Vor 1, 7, **59 BZRG** 1
- Beseitigung des **45 BZRG** 10, **46 BZRG** 11, 16, 22, 26, **47 BZRG** 10, **51 BZRG** 10
- Widerruf der Beseitigung des **46 BZRG** 16, 26,
Strafmündigkeit 3 RB-EUHB 2, **83 IRG** 1
Strafobergrenze
- Verständigung **257 c** 12
Strafrechtspflege 45 BZRG 9, **51 BZRG** Vor 1, 26, 35
Strafregister der ehemaligen DDR 51 BZRG 2
Strafrest
- Aussetzung zur Bewährung **46 BZRG** 22, **51 BZRG** 28
- Erlass nach Ablauf der Bewährungszeit **46 BZRG** 15
- Widerruf der Aussetzung zur Bewährung **46 BZRG** 26
Strafrichter
- sachliche Zuständigkeit **25 GVG** 1, 3
- Strafbann **25 GVG** 3
- Zuständigkeit für Privatklagen **25 GVG** 2
Straftat
- von minderer Bedeutung **25 GVG** 3
Straftaten gegen Völkerstrafgesetzbuch 153 f 1 ff
Strafuntergrenze
- Verständigung **257 c** 12
Strafvereitelung
- Ausschluss der Beschlagnahmefreiheit **97** 20
Strafverfolgung 48 BZRG 1, **52 BZRG** 5
- Absehen von der **60 BZRG** 11
Strafverfolgungsverjährung
- Ruhen nach Urteilsverkündung **260** 10
Strafvollstreckung 449 1 ff
- Absehen von **459 d** 1 ff; bei Auslieferung und Ausweisung **456 a** 1 ff
- Aufschub der ~ aus organisatorischen Gründen **455 a** 1; in Härtefällen **456** 1 ff; wegen Vollzugsuntauglichkeit **455** 2 ff

Magere Zahlen = Randnummern

- Aussetzung zur Bewährung 46 BZRG 14, 22, 47 BZRG 3
- Erledigung der 46 BZRG 15, 47 BZRG 3 ff, 7, 8, 15, 49 BZRG 5 f, 51 BZRG 18, 63 BZRG 8
- Rechtsweg 458 1 ff, 459 h 1, 462 1 ff
- Unterbrechung der ~ aus organisatorischen Gründen 455 a 1; wegen Vollzugsuntauglichkeit 455 7
- Strafvollstreckungskammer 462 a 1 ff, 463 9
- Verrechnung von Teilbeträgen 459 b 1 ff
- von Geldstrafen 459 1, 459 c 1
- von Nebenfolgen 459 g 1 ff

Strafvollstreckungskammer 74 f GVG 8
Strafvollzugsverfahren 140 26
Strafvorbehalt 51 BZRG 4
Strafzumessung
- Revision 337 107
- Verwertungsverbot iRd 51 BZRG 7, 21 ff, 46 f, 52 BZRG 10, 63 BZRG 11

Strafzumessungsgrundsätze
- Verständigung 257 c 13

Straßenverkehrsrecht
- Geltung des Vorhalte- und Verwertungsverbots im 51 BZRG 38

Strengbeweis 250 1
Strafzumessung 154 25, 26
Strengbeweis 244 5, 8, 9
Stufenabstimmung 263 3
Subsidiarität 100 c 12, 112 a 8
Subsidiaritätsklausel 81 e 1, 98 a 3, 98 b 3, 98 c 1
Suchtberatungsstelle
- Beschlagnahme von Klientenakten 94 11.1
- Beschlagnahmefreiheit 97 12

Suchvermerk
- Niederlegung von 61 BZRG 11, 62 BZRG 1

Suspensiveffekt 312 5
- Ende 316 4
- Wirkung 316 3

Syndikusanwalt 138 3
Szintographie 81 a 12.1

Täter-Opfer-Ausgleich 136 15, 153 a 33 ff, 155 a, 1
Täterschaft
- Vorhalte- und Verwertungsverbot bei Feststellung der 51 BZRG 33

Täterwissen 261 13.3
Tätige Reue 153 e 1 ff
Täuschung 136 a 1, 15, 16, 18
Tagesfristen 42
- 24-Stunden-Frist 42 17
- Begriff der Frist 42 1
- Eingang beim unzuständigen Gericht 42 12
- Eingangsstempel 42 16
- Erklärungsfrist 42 2
- Elektronischer Rechtsverkehr 42 14
- Fristwahrung durch mündliche Erklärung 42 5
- Fristwahrung durch schriftliche Erklärung 42 7
- Fristwahrung durch telefonische Erklärung 42 6
- Gemeinsame Briefannahmestelle 42 10
- Hausbriefkasten 42 8
- Monatsfrist 42 17
- Nachtbriefkästen 42 9
- Postschließfach 42 11
- Richterliche Frist 42 4, 19

Stichwortverzeichnis

- Tagesfrist 42 19
- Technische Mängel 42 15
- Telefax 42 13, 15
- Zustellung 42 17
- Wochenfrist 42 17
- Zwischenfrist 42 2

Tat
- Unverwechselbarkeit der ~ 200 6

Tat im prozessualen Sinn
- Prozessgegenstand des Berufungsverfahrens 327 3

Tat im Sinne des SDÜ 54 SDÜ 31–39
Tatbegriff
- prozessualer 264 4 ff

Tatbeteiligung
- des Zeugenbeistands 68 b 4

Tatbild 264 6
- rechtlicher Hinweis 265 13

Tatidentität 146 7
Tatmehrheit 264 7 f
Tatort, Gerichtsstand des ~ 7 2
- Erfolgsort 7 3
- Handlungsort 7 2
- Urteilsberatung 260 9

Tatprovokation 110 c 8, 6 EMRK 12
Tatsachen 211 4
- geständnisfähige 257 c 6

Tatsachen, als Gegenstand der Beweisaufnahme 244 2
- doppelrelevante 244 9
- gerichtskundige 244 5
- Haupt~ 244 3
- Hilfs~ 244 3
- offenkundige 244 4, 52

Tatsachenhinweise 265 12
Tatserie 200 6
Tatverdacht
- hinreichender 170 2, 203 4, 266 18 ff

Tat- und Teilnahmeverdacht 60 5–18
- Begünstigung 60 13
- Beteiligung in derselben Richtung 60 10
- Beteiligung in strafbarer Weise 60 8
- Hehlerei 60 15
- Strafvereitelung 60 13
- Tat 60 6
- Teilnahme 60 7
- Zeitpunkt des Tatverdachts 60 16

Tatverdachtsprüfung 79 IRG 1, 82 IRG 2
Tatvorwurf
- Eröffnung des 136 6

Tatwissentest 136 a 27
Tatzeitpunkt
- Veränderung 264 16

Technische Hilfsmittel 66 2
Technische Mittel 100 f 5, 100 h 4
Teileinstellung 153 18, 170 17
- Berufungsverwerfung 322 7
- durch Berufungsverwerfung bei Ausbleiben 329 35, 43
- Wiedereröffnung der Beweisaufnahme 258 3

Teilfreispruch
- Kosten 465 8, 10 – Formular 11.1, siehe auch Kostenpflicht

Teilgeständnis 257 c 9
Teilhaberecht 329 7
Teilnahme an der Hauptverhandlung
- Angeklagter 230
- Staatsanwalt 226 6

2483

Stichwortverzeichnis

Fette Zahlen = §§

Teilrechtskraft
- Bindungswirkung **318** 29, **327** 8
- horizontale **318** 26 ff
- Prüfung durch Revisionsgericht **329** 59
- vertikale **318** 23 ff, **327** 9
- Vollstreckungswirkung **316** 5 f
- Wiederaufnahme des Verfahrens **318** 32

Teilrücknahme
- Berufung **318** 8 f

Teilschweigen 261 16
Teilurteil 260 12
Teilvereidigung 60 19
Teilvollstreckung 449 7
Telefax
- Berufungseinlegung **314** 8

Telefonüberwachung siehe Telekommunikationsüberwachung **100 a**

Telekommunikation 100 a 6 ff
- Fernsprechkommunikation **100 a** 23
- Nachrichtenkommunikation **100 a** 24
- Internet **100 a** 25
- E-Mail **100 a** 26 ff

Telekommunikationsdaten 100 a 12
- Bestandsdaten **100 a** 13 ff
- Inhaltsdaten **100 a** 22
- Standortdaten **100 a** 18
- Verkehrsdaten **100 a** 16 ff

Telekommunikationsüberwachung 100 a
- Abgeordnete **100 a** 59, 62
- Ärzte **100 a** 71
- Anlasstatenkatalog **100 a** 34 ff
- Anordnungsvoraussetzungen **100 a** 33 ff
- Anordnungsmängel **100 a** 84 ff
- Anschlusskennung **100 a** 17
- Ausland – Auskunftsersuchen aus **100 a** 128 f; dort abgespeicherte Daten **100 a** 130 ff
- Auslandskopfüberwachung **100 a** 134
- Beendigung der Maßnahme **100 b** 15 f
- Begründung der Anordnung **100 b** 7
- Berichtspflichten **100 b** 27 f
- Berufsgeheimnisträger **100 a** 58 ff
- Berufshelfer **100 a** 64, 73
- gegen Beschuldigten **100 a** 43 ff
- Durchführung der Anordnung **100 b** 17
- Eilanordnung **100 b** 10 ff
- Erheblichkeit im Einzelfall **100 a** 38 f
- Form und Inhalt der Anordnung **100 b** 5 ff
- von Fremdanschlüssen **100 a** 49
- Funkzellenabfrage **100 a** 122
- Gefahr im Verzug **100 b** 10
- Geistliche **100 a** 59 f
- Gerichtliche Bestätigung **100 b** 12
- Gerichtlicher Prüfungsumfang – Tatrichter **100 a** 98 ff; Revisionsgericht **100 a** 101
- Heimliche Aufzeichnung **100 a** 96
- Hintergrundgespräch **100 a** 92
- Kennzeichnungspflichten **100 b** 21
- Kernbereichsschutz **100 a** 51 ff
- Löschungsverpflichtung **100 a** 56 f, **100 b** 22
- Medienmitarbeiter **100 a** 72
- gegen Nachrichtenmittler **100 a** 47 f
- Gegen Nichtbeschuldigten (Betroffenen) **100 a** 46 ff
- Online-Durchsuchung **100 a** 109 ff
- Präventiv erlange Erkenntnisse **100 a** 95
- Quellen-TKÜ **100 a** 112 ff
- Raumgespräch **100 a** 92
- Rechtliches Gehör **100 b** 9
- Rechtsanwälte **100 a** 70
- Rechtsmittel des verpflichteten Unternehmens **100 b** 25
- Rechtsmittel gegen Anordnung **100 b** 23 f
- Revisionsrüge **100 b** 26
- Richtervorbehalt **100 b** 3
- Roaming **100 a** 124
- Subsidiaritätsgrundsatz **100 a** 40
- Tatverdacht **100 a** 37
- Technische Einrichtungen **100 b** 20
- von Telefonzellen **100 a** 50
- Verfahren **100 b** 1 ff
- Verhältnismäßigkeit **100 a** 41
- Verstrickung in Straftat **100 a** 74 f
- Verteidiger **100 a** 59, 61
- Verwendungsregelungen **100 b** 19
- Verwertung von Erkenntnissen **100 a** 77 ff
- Verwertungsverbote **100 a** 81 ff – Fernwirkung **100 a** 102 ff
- Vorratsdatenspeicherung **100 a** 16, 116 ff
- Zufallserkenntnisse **100 a** 93 f

Terminsbestimmung 213 2
Terminsmitteilung 214 3, 4
Terminsverlegung 168 c 5, **213** 6
Terrorismusverfahren 138 a 9, **148** 15–17
Tilgung
- Anordnung in besonderen Fällen **49 BZRG** 1 ff
- Anordnung wegen Gesetzesänderung **48 BZRG** 1 ff
- Ausnahmen von der ~ nach Fristablauf **45 BZRG** 8 ff
- Ausschluss der Anordnung der ~ in besonderen Fällen **49 BZRG** 14 ff
- nach Fristablauf **45 BZRG** 1 ff
- Hemmung bei mehreren eingetragenen Verurteilungen **47 BZRG** 9 ff
- zu Unrecht erfolgte **50 BZRG** 1 ff

Tilgungsfrist 46 BZRG 1 ff
- Ablaufhemmung der **45 BZRG** 2, 3, **47 BZRG** 3 ff
- bei Anordnung der Tilgung in besonderen Fällen **49 BZRG** 16
- Beginn der **46 BZRG** Vor 1, 27, **47 BZRG** 1 f
- Feststellung der **47 BZRG** 1 f
- Geltung des Verwertungs- und Vorhalteverbots bei Eintritt der **51 BZRG** 12 f
- Länge der **46 BZRG** 1 ff, **47 BZRG** 1 f
- Verlängerung nach 46 Abs. 3 BZRG **46 BZRG** 15, 24, 25, 27

Tilgungsreife 45 BZRG 3 ff, **46 BZRG** Vor 1, 2, 11, 17, 23.1, **47 BZRG** 8, 9, 10, 12, 13 ff, **49 BZRG** 10, **50 BZRG** 2, **63 BZRG** 5

Tod
- des Angeschuldigten **206 a** 7
- des Antragstellers im Klageerzwingungsverfahren **177** 2
- Bestattungsgenehmigung **159** 8
- des Beschuldigten – Aufhebung der Beschlagnahme **293** 1; Kosten **465** 6
- des Privatklägers **393**
- Todesermittlungsverfahren **159** 1
- unbekannter Toter **159** 5
- unnatürlicher Tod **159** 3

Todesermittlungsverfahren 159 1
Todesstrafe 2 EMRK 4
Tonbandaufnahme 168 a 4
- als Augenscheinsobjekte **86** 8

Stichwortverzeichnis

Tonbandmitschnitt
- Übertragung 323 7
- Verlesung des Protokolls 323 6, 10

Totalabstimmung 263 3

Treffermeldung 8 RB-EUHB 1

Trennbarkeit
- bei Berufungsbeschränkung 318 10ff

Trennscheiben 148 18

Trennung
- Jugendverfahren 103 JGG
- verbundener Strafverfahren 13 7ff

Überhaft 112 34, 120 12

Überliegefrist
45 BZRG 4ff, **47 BZRG** 5, 9, 13ff, 48
BZRG 8, **49 BZRG** 16, **50 BZRG** 1f, 51
BZRG 12, **63 BZRG** 2, 7

Übermittlung von Daten
- von Amts wegen 479 1ff, 487 2f
- im automatisierten Verfahren 488 1f
- auf Ersuchen 487 2f
- zu Forschungszwecken 476 1ff
- an Polizeibehörden 481 3

Übermittlung des EUHB 9 RB-EUHB 2
Übermittlungsbeschränkung 477 8
Übermittlungsverbote 477 2f
Übernahme der Strafverfolgung 54 SDÜ 3, 44

Übernahmebeschluss 225 a 15
- ablehnender 225 a 19

Übersendung von Akten zur Einsichtnahme 474 21

Übersetzungen 147 13
- der Belehrung 36 WÜK 7

Übersetzungserfordernis 8 RB-EUHB 2
Übertragung der örtlichen Zuständigkeit 12 6
- im beschleunigten Verfahren 12 6 a
- Rechtsfolgen 12 8
- im Rechtsmittelverfahren 12 6 a
- Zuständigkeit 12 8

Übertretungen
- richterliche 261 41 ff

Überwachung
- Vorhalte- und Verwertungsverbot bei 51

Umfang des Zeugnisverweigerungsrechts 53 6–9

BZRG 6

Überwachung 148 a 2
Überwachungsmaßnahmen
- Bekannt gewordene Tatsachen 53 8
- Zeitliche Dauer 53 9

Umfangsverfahren
- erweitertes Schöffengericht 29 GVG 8

Umgestaltung der Strafklage 264 1, 16

Umgrenzungsfunktion der Anklageschrift 265 16, 18

Unanfechtbarkeit
- Annahmeberufung 322 a 9

Unaufschiebbare Amtshandlung 29

Unaufschiebbare Amtshandlung
- ausgeschlossener Richter 29 1
- Beweisverlust 29 3
- Dringlichkeit 29 3
- Ergänzungsrichter 29 7
- Ermittlungsmaßnahme 29 8
- Fortsetzung der Hauptverhandlung 29 5, 5.1, 6

Haftentscheidung 29 8
- Hauptverhandlung 29 5, 7, 8
- Revision 29 3.2, 5.1
- Schöffen 29 8.1
- Unaufschiebbarkeit 29 3, 3.2, 4, 7, 8
- Unterbrechung der Hauptverhandlung 29 5, 5.1

- Verzögerung 29 6
- Wartepflicht 29 3, 4, 5
- Wiederholung 29 7
- Zeuge 29 3.1

Unbegründetheit von Anträgen
- offensichtliche 49 BZRG 13

Unbekannter Toter 159 5

Unbrauchbarmachung
- Kosten 472 b 1

Unehre 68 a 2

Uneinbringlichkeit 70 7

Unerreichbares Beweismittel 244 75 ff
- Sperrerklärung 244 69 ff
- Zeuge als ~ 244 71 ff

Unfall
- als Entschuldigungsgrund 329 18

Ungeeignetes Beweismittel 244 64 ff
- Sachverständiger als ~ 244 67 f
- Urkunde als ~ 244 68
- Zeuge als ~ 244 65 ff

Ungehorsamshaft 112 38
Ungehorsamsarrest 112 BZRG 7
Ungehorsamsfolgen 51 12–17
- Auferlegung der Kosten 51 13
- Ordnungsgeld 51 15
- Ordnungshaft 51 17
- Ordnungsmittel 51 14

Unmittelbare Ladung 38
- ausschließliche Befugnis des Gerichtsvollziehers 38 3
- Begriff 38 1
- Berechtigter 38 2
- Folgen 38 5
- örtlich zuständiger Gerichtsvollzieher 38 4

Unmittelbarkeitsgrundsatz 250 1
- Ausnahmen 251 1
- bei Bild-Ton-Aufzeichnungen 58 a 3
- Einschränkung 325 7

Unmittelbarer Zwang 81 a 18, 81b 8

Unnatürlicher Tod 159 3

Unschuldsvermutung 112 1, 153 2, 453 c 4, 6
EMRK 31f

Unterbrechung
- der Hauptverhandlung 25 5, 6, 222 a 10, 228
- 15, 229, 231 a 23, 266 30
- der Untersuchungshaft 112 35

Unterbringung 81 1–17, 169 5
- bei Abgeordneten 81 12
- einstweilige 169 5
- Jugendverfahren 71 JGG, 73 JGG
- notwendige Verteidigung 140 10
- Öffentlichkeit 171 a GVG
- in psychiatrischen Krankenhaus 45 BZRG 8, 10, **46 BZRG** 2, 18, **63 BZRG** 6 – Gerichtszuständigkeit 24 GVG 9
- in der Sicherungsverwahrung 45 BZRG 8, 10, **46 BZRG** 2, 18, **63 BZRG** 6

Unterbringungsbefehl 81 10, 275 38

Unterbringungsbeschluss 81 7–9

Unterhaltszahlungen 153 a 31, 32

Fette Zahlen = §§

Stichwortverzeichnis

Unterschrift
- Berufungsschrift **314** 8
- bei Protokollen über Untersuchungshandlungen **86, 87** 3
Untersuchungsgrundsatz 160 1
Untersuchungshaft siehe auch Haftbefehl
- Aufhebung von Haft-Ersatzmaßnahmen **123** 1
- Aussetzung des Vollzug **116** 1 ff
- Beschränkungen **119** 6 ff
- Beschränkungen aus vollzuglichen Gründen **119** 30 ff
- Besuchsempfang **119** 11 ff
- Jugendgerichtshilfe **72 a** JGG
- Jugendverfahren **72** JGG
- Telekommunikation **119** 15
- Trennung von anderen Inhaftierten **119** 28
- Überwachung von Besuchen, Telekommunikation und des Schriftverkehrs **119** 16 ff
- Untersuchungshaft über ein Jahr **122 a** 1
- Verhältnis zur Vollstreckung anderer freiheitsentziehender Maßnahmen **116 b** 1 ff
- Vollzug **119**
- Voraussetzungen **112** 3 ff
Untersuchungshaftvollzugsordnung 119 30
Untersuchungshandlungen
- richterliche **162**
Untersuchungsverweigerungsrecht
- Belehrung über **81 a** 4, **13**, **81 c** 19
Untersuchungszweck 147 5
Unterrichtung des Gerichts 100 d 6
Unterzeichnung des Urteils 275 24
Urteilbarkeit
- des Registerinhalts **47 BZRG** 9 f
Unverzüglich 25 1, 4, 5, **26 a** 4
Unverzüglichkeit der Urteilsabsetzung 275 8
Unzulässige Ablehnung 26 a
- abgelehnter Richter **26 a** 1
- Befangenheit **26 a** 1, 2, 4, 6, 8, 8.1, 9, 11
- Begründung **26 a** 2.2, 5, 6, 8, 8.1, 12
- Einstimmigkeit der Verwerfung **26 a** 12
- Fehlen der Glaubhaftmachung **26 a** 5
- Formalentscheidung **26 a** 1, 3
- Frist **26 a** 4, 5
- Revision **26 a** 2, 8, 14
- Wiederholung eines bereits verworfenen Ablehnungsgrundes **26 a** 5
- Maßstab **26 a** 6
- Missbrauch **26 a** 9
- Mitwirkung an Vorentscheidungen **26 a** 8
- Pflicht zur Namhaftmachung **26 a** 13
- Persönliche Verhältnisse des Richters **26 a** 7
- Schmähungen **26 a** 7
- Schöffen **26 a** 11
- Verfahrensleitende Anordnung **26 a** 8.1
- Verschleppungsabsicht **26 a** 10
- Vorentscheidung **26 a** 8
- Zweites Befangenheitsgesuch **26 a** 8
Unzulässigkeit
- der Beweiserhebung **244** 49 ff
Unzuständigkeit des Gerichts
- örtliche **204** 5, siehe auch Unzuständigkeit, örtliche
- Rechtsmittelverfahren **269** 11
- als Revisionsgrund **338** 79, **355**
- im Revisionsverfahren **348**
- sachliche **204** 6, **209** 1, **269** 1
Unzuständigkeit, örtliche **16** 1
- Einstellung des Verfahrens **16** 3

- Einwand der ~ **16** 2
- Handlungen eines unzuständigen Gerichts **20** 1 ff
- im Eröffnungsverfahren **16** 1
- im Hauptverfahren **16** 2
- Verweisung im Rechtsmittelverfahren **16** 3
Urkunde 249
- Ablichtungen, Abschriften, Durchschläge **249** 10
- andere Schriftstücke **249** 9
- als Augenscheinsobjekt **86** 11, **249** 12
- Begriff **249** 7
- Erklärungen des Angeklagten **249** 14
Urkundenbeweis 249
- Bericht des Vorsitzenden **249** 26
- Form **249** 1
- Notwendigkeit **249** 2
- Selbstleseverfahren **249** 23
- Verwertungsverbote **249** 5
- Vorhalt **249** 27
- Zulässigkeit **249** 1
- Verlesen von Urkunden **251** – Anordnung durch Beschluss **251** 35; Protokollierung **255**; unstatthaftes Verlesen bei Zeugnisverweigerungsrecht von Angehörigen **252**; von Geständnissen **254**; von Zeugnissen oder Gutachten **256**; zur Gedächtnisunterstützung **253**
Urkundenverlesung
- Beweiserhebung in der Berufungsverhandlung **325** 3 ff
Urkundsbeamter 168 3
- Anwesenheit in der Hauptverhandlung **226** 7
- Befangenheit **31** 4 ff, siehe auch Befangenheit von Schöffen und Urkundsbeamten
- Dolmetscher **190 GVG**
Urkundspersonen 271 3
Ursachenzusammenhang 136 a 29
Urteil
- Abgrenzung vom Beschluss **312** 11
- Beginn der Tilgungsfrist mit Verkündung des **46 BZRG 27**, **47 BZRG** 1
- Berichtigung der Urteilsformel **268** 19
- abgekürztes **267** 39
- freisprechendes **267** 50
- Nebenentscheidungen **312** 10
- im Protokoll **275** 1
- Verkündung **268** 1
- Verkündungstermin **268** 14
- Verlesung **51 BZRG** 39
- verlorenes **312** 9
- Wiedereintritt in HV bei Urteilsverkündung **268** 21
Urteilsabsetzungsfrist 275 4, 11
Urteilsberatung
- Dauer **260** 8, 36
- Erforderlichkeit **260** 3 ff
- Ort **260** 9
- im Sitzungssaal **260** 9
- Zeitpunkt **260** 7
Urteilsberichtigung 260 31 f
Urteilsfeststellungen
- Bindungswirkung **261** 5
Urteilsformel 260 13
Urteilsgründe
- Abbildungen **267** 5
- Abfassung der **267** 7

Magere Zahlen = Randnummern

Stichwortverzeichnis

- Aufbau der **267** 13
- Berichtigung **267** 62 ff
- Besondere Umstände **267** 26
- Beweiswürdigung **267** 17
- Fehlen oder Verspätung als Revisionsgrund **338** 142 ff
- Maßregeln **267** 56
- Schätzung **267** 15
- Strafzumessung **267** 30
- Verständigung („deal") **267** 9
- Wiedereinsetzung **267** 45
- **51 BZRG** 40, 47

Urteilskopf 275 31

Urteilsverkündung 268 1, 45 **BZRG** 5, 47 **BZRG** 13 f, 15, **50 BZRG** 2
- Beginn der Tilgungsfrist ab **46 BZRG** 27, **47 BZRG** 1
- Inhalt **260** 10
- Öffentlichkeit **173 GVG**
- Termin **268** 14
- Unterbrechung **260** 11
- nach Vollendung des 24. Lebensjahres **63 BZRG** 5
- Wiedereintritt in HV bei Urteilsverkündung **268** 21

Urteilszustellung
- nach Berufungseinlegung **316** 7

Veränderung von Daten 483 1 ff, **484** 1 ff, **485** 1 ff

Veräußerungsverbot 111 c 6, **111 g** 6–9
- Aufhebung der Beschlagnahme **111 g** 7
- Gemeingefährliche Gegenstände **111 c** 6
- Grundstücke **111 g** 8
- Insolvenz **111 c** 6
- Nichtberechtigter **111 c** 6
- Pfändung **111 g** 9

Verantwortlichkeit
- fehlende ~ mangels Reife **60 BZRG** 3

Verantwortlichkeit für Zulässigkeit der Übermittlung von Daten 477 9, **479** 5, **487** 5, **488** 6, **492** 10, **493** 4

Verantwortung
- der Registerbehörde **47 BZRG** 6

Verarbeitung von Daten
- für Zwecke künftiger Strafverfahren **484** 1 ff
- für Zwecke des Strafverfahrens **483** 1 ff
- für Zwecke der Vorgangsverwaltung **485** 1 ff

Verbandsgeldbuße 444 2

Verbindung 13 4
- Aufhebung **13** 7 ff
- Jugendverfahren **103 JGG**
- Voraussetzungen **13** 4

Verbindung von Strafsachen
- zur gemeinsamen Verhandlung **237**

Verbrechen 140 4

Verbreitungsort
- einer Druckschrift **7** 8

Verdachtsgrad 138 a 1, 2

Verdachtsgründe
- Mitteilung der **136** 16

Verdachtshypothese
- Rechtsgespräch **257 b** 7

Verdächtiger 102 1

Verdeckter Ermittler 250 9, **110 a** 1

Verdunkelungsgefahr 112 18, **113** 2
- beim Zeugenbeistand **68 b** 4

Verdunkelungshandlungen 112 22

Vereidigung 59 2–4
- Ausschlaggebende Bedeutung **59** 3
- Eidesumfang **59** 5
- Entscheidung **59** 6–9, **62** 4 – Anrufung des Gerichts **59** 7; Begründung **59** 8; Nachholung **59** 7; Protokollierung **59** 9; Vorabentscheidung **59** 7; Zeitpunkt **59** 6; Zuständigkeit **59** 6
- Entscheidung nach Protokollverlesung **325** 16
- Form **64** 2–4 – Ausländer **64** 2; Beteuerungsformel **64** 3; Eidesformel **64** 2; Eidesnorm **64** 2; Erheben der rechten Hand **64** 4; Hörbehinderte Personen **64** 2; Religionsgemeinschaft **64** 3; Sprachbehinderte Personen **64** 2; Symbolische Handlung **64** 4; Wahlrecht des Zeugen **64** 1
- Grundsatz der Nichtvereidigung **59** 1
- Herbeiführung einer wahren Aussage **59** 4
- Protokollierung **59** 9, **62** 4, **64** 1
- Revision **59** 10, **61** 3, **62** 6, **64** 5
- Verfahren **59** 5
- im vorbereitenden Verfahren **62** – Anwendungsbereich **62** 1; Entscheidung über Vereidigung **62** 4; Gefahr im Verzug **62** 2; Protokollierung **62** 4; Revision **62** 6; Verhinderung des Zeugen **62** 3; Verlesung in der Hauptverhandlung **62** 5

Vereidigungsverbot 60 1
- Begründung **60** 20
- Eidesunfähigkeit **60** 3
- Eidesunmündigkeit **60** 2
- Entscheidung **60** 20
- Freibeweisverfahren **60** 1
- Nachholung der Vereidigung **60** 21
- Revision **60** 23 ff
- Tat- und Teilnahmeverdacht **60** 5–18
- Teilvereidigung **60** 19
- Zuständigkeit **60** 20

Vereinbarung über örtliche Zuständigkeit 13 5
- Anfechtung **13** 6
- Rechtsfolgen **13** 5

Vereinfachte Auslieferung 78 IRG 3, 5

Vereinfachtes Jugendverfahren 76 JGG

Verfahren bei Ausbleiben des Zeugen 51 20–22
- Anhörung **51** 22
- Beschluss **51** 21
- Zuständigkeit **51** 20

Verfahrensabtrennung
- letztes Wort **258** 4

Verfahrensanträge
- Anordnung schriftlicher Einreichung **257 a** 5
- Rechtsmissbrauch **257 a** 2

Verfahrensbegriff 137 2

Verfahrensbeschränkung 111 i 2–4
- Höchstfrist **111 i** 3
- Verfahren **111 i** 4
- Voraussetzungen **111 i** 2
- Zuständigkeit **111 i** 4

Verfahrensbeteiligte 160 b 7, **202 a** 3

Verfahrenseinstellung 51 BZRG 7, **60 BZRG** 4, 10, 11
- Überprüfung durch Revision **336** 21

Verfahrensfehler
- Kosten **465** 4
- keine Prüfung durch das Berufungsgericht **327** 3

Verfahrensförderung
- Rechtsgespräch **257 b** 11

Stichwortverzeichnis

Fette Zahlen = §§

Verfahrensfragen
- Abstimmung **263** 6

Verfahrenshindernis
- bei ausländischen Straferkenntnissen **54 SDÜ** 42
- Bruch einer Einstellungszusage **257 c** 16, 35
- dauerhaftes **206 a** 5
- Freibeweisverfahren **260** 15
- Kosten **467** 11
- Nachtragsanklage **266** 17
- von Verfassungs wegen **260** 16
- vorübergehendes **105** 6

Verfahrensidentität 146 8, 9

Verfahrensleitende Anordnung 26 a 8.1

Verfahrensrüge 136 a 34
- wegen Verstoßes gegen Vorhalteverbot **51 BZRG** 45
- bei Zuständigkeitsfehlern **328** 23

Verfahrensstand 202 a 4

Verfahrensurkunden
- Übersendung ins Ausland **54 SDÜ** 3

Verfahrensverzögerung
- rechtsstaatswidrige **6 EMRK** 27 ff
- Rüge rechtsstaatswidriger **6 EMRK** 30
- als Strafmilderungsgrund **6 EMRK** 26

Verfahrensvoraussetzungen
- Prüfung durch Revision **337** 21 ff

Verfahrenswiederaufnahme siehe Wiederaufnahme des Verfahrens

Verfall
- Kosten **472 b** 1
- der Sicherheit **124** 1
- **46 BZRG** 17, **60 BZRG** 5

Verfassung 26 a 2, 6

Verfassungsbeschwerde
- gegen Beweiswürdigung **261** 68 ff
- erweitertes Schöffengericht **29 GVG** 17
- nach Verständigung **257 c** 56 f

Verfassungsmäßigkeit
- des Vorhalte- und Verwertungsverbots **51 BZRG** 26, 35

Verfolgung von Straftaten 48 BZRG 1, **52 BZRG** 5
- Absehen von der **60 BZRG** 11

Verfolgungsgefahr 55 3–7
- Ausgeschlossene Gefahr **55** 5
- Disziplinarmaßnahme **55** 3
- Ehrenrechtliches Verfahren **55** 3
- Erwartung der Verfolgung **55** 4
- Ordnungswidrigkeit **55** 3
- Straftat **55** 3

Verfolgungsübernahme durch GBA 74 a GVG 5

Verfolgungswille der Staatsanwaltschaft 264 15

Verfügungsverbot 111 f 3
- Beschlagnahme **94** 10, **292** 1

Vergehen 153 23, **153 a** 40

Vergleich
- im Adhäsionsverfahren **405**
- im Privatklageverfahren **380** 8, **391** 6 f

Verhältnismäßigkeit 102 18, **112** 29 ff, **112 a** 7, **113** 6, **116** 1, **119** 9, **120** 2, **127** 8, **127 b** 9, **133** 5, **51 BZRG** 12
- Berufsverbot **132 a** 5
- bei Beschlagnahme **94** 11 f
- bei DNA-Reihenuntersuchung **81 h** 3
- bei erkennungsdienstlichen und Identifizierungsmaßnahmen **81 b** 5
- bei körperlichen Eingriffen **81 a** 12, **81 c** 8, 15
- bei Leichenöffnung **87** 7
- bei molekulargenetischer Untersuchung **81 g** 3
- bei Rasterfahndung **98 a** 3, **98 b** 3
- von Vorführung und Verhaftung **329** 54

Verhältnisse
- Persönliche **136** 19

Verhafteter Beschuldigter
- Rechtsmitteleinlegung durch ~ **299**, siehe auch dort

Verhaftung 169 5

Verhandlung 46 BZRG 17, **60 BZRG** 5
- Beweisaufnahme **138 d** 6
- Entscheidung **138 d** 6
- mündliche **138 d** 1, 2
- öffentliche **51 BZRG** 18, 40, **52 BZRG** 5
- Stellung des Verteidigers **138 d** 7
- Verhandlungsprotokoll **138 d** 8

Verhandlungsfähigkeit
- Prüfung der **81** 1

Verhandlungsleitung
- des Vorsitzenden **238**

Verhandlungsunfähigkeit
- als Ausbleiben **329** 10
- Hauptverhandlung in Abwesenheit des Angeklagten **231** 8, **231 a** 2

Verhinderung des Zeugen 62 3

Verhinderung des zuständigen Gerichts 15 1
- wegen Gefährdung der öffentlichen Sicherheit **15** 5
- wegen Krankheit des Angeklagten **15** 4
- Übertragung der Strafsache an anderes Gericht **15** 6
- nach Zurückverweisung **15** 4

Verhinderungsvermerk 275 25

Verhör 69 3

Verhörsperson 58 2

Verjährung
- bei Einstellung **153 a** 78 ff, **154 e** 8
- beim europäischen Haftbefehl **82 IRG** 2

Verkehrsdaten 100 a 16 ff, **100 g** 1, **96 TKG** 1
- Erhebung von ~ **96 TKG** 3, **100 TKG**
- Löschungsverpflichtung **96 TKG** 6
- Speicherung **97 TKG** 3
- Übermittlung **97 TKG** 5 ff
- Verwendung von ~ **96 TKG** 3, **100 TKG**
- Verwendungsbeschränkung **96 TKG** 6

Verkehrszentralregister 52 BZRG 9, 11

Verklammerung 264 11

Verkündung
- von Urteilen siehe Urteilsverkündung

Verlängerung
- der Tilgungsfrist gemäß 46 Abs. 3 BZRG **46 BZRG** 15, 24, 25, 27

Verlangen nach Glaubhaftmachung 56 3

Verlesbarkeit
- Protokoll über Augenscheinseinnahme **86** 1, 6

Verlesen von Urkunden 251
- Anordnung durch Beschluss **251** 35
- Erklärungen von Behörden **256** 8
- zur Gedächtnisunterstützung **253**
- von Geständnissen **254**
- Protokollierung **255**
- unstatthaftes Verlesen bei Zeugnisverweigerungsrecht von Angehörigen **252**
- Zeugnisse oder Gutachten **256**

Verlesung
- Anklagesatz **243** 16

2488

Magere Zahlen = Randnummern

Stichwortverzeichnis

- Protokoll über die Vernehmung des Angeklagten 232 10, 233 17

Verletzter 111 g 1, siehe auch Opfer
- Begriff 395 12, 406 d 1 a
- Beistand des Rechtsanwalts 406 f 2
- Einstellungsmitteilung 171 8
- im Klageerzwingungsverfahren 172 2
- Mitteilungspflichten an 406 h
- Nebenklagebefugter 406 g
- Person des Vertrauens 406 f 3
- Verletztenbeistand 406 f
- Unterrichtungspflichten 406 d 2, 3
- Adhäsionsverfahren 406 h 5
- Nichtinformation 406 h 10

Verletzung des Schamgefühls
- Kinder 81 d 3
- bei körperlicher Untersuchung 81 d 5

Verlust
- der Amtsfähigkeit 47 BZRG 3, 49 BZRG 14 f, 51 BZRG 42
- von Beamtenrechten 51 BZRG 42
- der Wählbarkeit, des Stimmrechts 47 BZRG 3, 49 BZRG 14 f, 51 BZRG 42

Vermögensbeschlagnahme
- Vollziehung 443 4
- Voraussetzungen 443 2 ff
- Wirkung 443 1
- Zuständigkeit 443 3

Vermögenssorge 61 BZRG 3
Vermögensstrafe 46 BZRG 27.2
Vernehmung 25 1, 3, 5.1, 6.1, **58, 136** 18, **136 a** 4
- Anwesenheit des Zeugen nach der ~ 58 5
- Aufzeichnung der ~ 58 a, siehe auch Bild
- Benachrichtigung von kommissarischer 224 1
- des Beschuldigten siehe Beschuldigtenvernehmung
- Einzelvernehmung 58 1
- Entfernen des Zeugen nach der ~ 58 5
- erste 136 1
- getrennte 168 e 4, 5
- kommissarische 223 1, 3, 14
- Personenkreis 58 2
- Reihenfolge der ~ 58 3
- richterliche 162 10
- sofortige 135 1
- Tonbandmitschnitte der 136 a 21
- von Zeugen und Sachverständigen durch die Polizei 58 2 ff, 163 12
- von Zeugen und Sachverständigen durch die Staatsanwaltschaft 58 2 ff, 161 a 1

Vernehmung des Angeklagten
- in der Hauptverhandlung 243 29

Vernehmung von Abgeordneten und Ministern
- Hauptverhandlung 50 5 – Ladung 50 5; Verlesung 50 5
- Normzweck 50 1
- Parlamentsmitglieder 50 2 – Anwesenheitsrecht 50 2; Personenkreis 50 2; Sitzungsperiode 50 2; Sitzungsfreie Zeit 50 2; Vernehmungsort 50 2
- Regierungsmitglieder 50 3 – Anwesenheitsrecht 50 3; Gerichtliche Vernehmung 50 3; Personenkreis 50 3; Vernehmungsort 50 3
- Revision 50 6
- Sondergenehmigung 50 4

Vernehmung des Bundespräsidenten
- Anwesenheitsrecht 49 1

- Gerichtliche Vernehmung 49 1
- Verlesung in der Hauptverhandlung 49 2
- Vernehmungsort 49 1
- Vernehmungsperson 49 1
- Zeugnisverweigerungsrecht 49 1

Vernehmungsleitung 168 c 1
Vernehmungsmethoden
- verbotene 69 6, 136 a 2, 9 ff

Vernichtung
- Bild-Ton-Aufzeichnungen 58 a 17
- Blutproben und Körperzellen 81 a 24, 81 c 22, 81 g 21
- Unterlagen von erkennungsdienstlichen Maßnahmen 81 b 9

Versagung der Aussagegenehmigung 54 17–27
- Anfechtung 54 25
- Aussetzung des Verfahrens 54 27
- Begründung 54 20
- Beschränkung 54 21
- Bindungswirkung 54 23
- Dienstaufsichtsbeschwerde 54 25
- Folgen der ~ 54 24
- Gegenvorstellung 54 25
- Versagungsgründe 54 17
- Verwaltungsrechtsweg 54 26
- Zuständigkeit 54 19

Verschlechterung
- Schuldspruch 331 9

Verschlechterungsverbot
- Beschluss 331 8
- Geldstrafe 331 27 f
- Gesamtstrafe 331 30 ff
- Jugendstrafe 331 23
- Maßregeln 331 33 ff
- nach Verweisungsurteil 328 21
- prozessuale Tat als Bezugspunkt 331 6
- Revision 331 39
- Strafart 331 18 ff
- Strafaussetzung 331 21

Verschleppungsabsicht 26 a 10
Verschweigerecht 45 BZRG 1, 48 BZRG 11, 49 BZRG 16, 50 BZRG 5, 52 BZRG 1, 59 BZRG 2
Verschwiegenheitspflicht 54 1, 148 a 6
Versehentlich nicht eingetragene Entscheidungen
- Vorhalte- und Verwertungsverbot bei 51 BZRG 1

Versicherer 111 g 2
Versicherung unter Berufung auf früheren Eid 67 8
Verspätete Beweisanträge 246 1 ff
Verspätung
- des Verteidigers 228 8

Versprechen
- unzulässige 136 a 25

Verständigung im Strafverfahren 160 b 1
- Anhörung 257 c 27
- Anwaltshaftung 257 c 59 ff
- Aufklärungspflicht 257 c 8
- Beitrag der Staatsanwaltschaft 257 c 18
- Belehrung 257 c 41
- Berufung 257 c 45 f
- Berufungsbeschränkung 318 15
- Bindung 257 c 30
- Einstellung 257 c 16, 35
- erweitertes Schöffengericht 29 GVG 8

Stichwortverzeichnis

Fette Zahlen = §§

- Gerichtszuständigkeit **24 GVG** 14.2
- Geständnis **257 c** 20 ff
- Geständniskontrolle **257 c** 25
- Gleichbehandlung **257 c** 1.5
- Hinweispflicht bei Auflösung **257 c** 40
- Hinweispflicht **243** 25 a
- Initiative **257 c** 26
- Jugendstrafverfahren **257 c** 7
- Legitimation **257 c** 1
- Menschenrechtsbeschwerde **257 c** 57
- Protokollierung **257 c** 42 f, **273** 21
- Verständigung. Punktstrafe **257 c** 12
- Rechtsmittelverzicht **257 c** 17
- Revision **257 c** 47 ff
- Richterablehnung **257 b** 5, **257 c** 50
- Sanktionsschere **257 c** 14
- Schadenswiedergutmachung **257 c** 17
- Schuldspruch **257 c** 11
- Strafaussetzung **257 c** 15
- Strafobergrenze **257 c** 12
- Strafuntergrenze **257 c** 12
- Strafzumessungsgrundsätze **257 c** 13
- Verfassungsbeschwerde **257 c** 56 f
- Verwertungsverbot **257 c** 36 ff
- Wegfall der Bindungswirkung **257 c** 31 ff
- Wiederaufnahme des Verfahrens **257 c** 55
- Zustimmung **257 c** 28

Verständigungsbereitschaft 257 c 5.2
Verstrickungsregelung 160 a 15
Verteidiger 119 47 ff, **136 a** 3, **137** 3, **146** 1, **147** 1, **201** 5, **222 a** 12, **224** 2
- Anwesenheit in der Hauptverhandlung **226** 9
- Anwesenheitsrecht bei richterlichen Vernehmungen **168 c** 1
- Anzahl der gewählten **137** 14–16
- Ausbleiben **265** 47
- ausländischer **148** 2
- Auswahl **142** 1
- Befugnisse bei Abwesenheit des Angeklagten **234 a** 7
- Beschlagnahmeverbot **97** 12
- Beweisanträge des ~ **219** 2
- Beweiserhebungsverbot **160 a** 3
- Beweisverwertungsverbot **160 a** 5
- Bezeichnung **142** 8
- Erklärungen **137** 4
- Erklärungsrecht **257** 13
- Fragerecht **168 c** 1, **240** 3
- Ladung des ~ **214** 2, **218** 2, 3
- mehrere Verteidiger in der Hauptverhandlung **227** 3
- Pflichtverteidiger **142** 9, **146** 3, **146 a** 3
- Rechte **139** 4
- Sacherklärung **261** 16
- Schlussvortrag **258** 11
- Straftaten des **148** 3
- Urlaub des ~ **213** 4
- Verfahren gegen Abwesende **286** 1
- Vertretungsmacht **234** 5
- Wahl eines anderen **143** 2
- Wahlverteidiger **140** 12, **142** 4, **146** 3
- Wechsel **265** 47

Verteidigerbestellung 168 c 11
- durch Berufungsgericht nach Beschwerde **321** 10

Verteidigerkonsultation 136 10, 12, 13, 24, 26, 28, 29
Verteidigerpost 148 6

Verteidigung
- Beweisaufnahme über Kernbereich der ~ **244** 7
- notwendige **138** 17, 18 a, **140** 1
- Unzulässige Beschränkung als Revisionsgrund **338** 153
- Vorbereitung **265** 44 ff
- Weigerung zur Führung **145** 4

Verteidigungsstrategie
- Widerspruchslösung **257** 22

Verteidigungsunterlagen 148 9
Verteidigungsverhältnis 137 5–9, **145 a** 6
Vertrauensverhältnis 142 10, **143** 8
Vertreter
- bei Abwesenheit des Angeklagten **234** 7
- gesetzlicher **61 BZRG** 7, 7.1
- einer juristischen Person oder einer Personenvereinigung **444** 3, 4

Vertretung des Angeklagten
- in der Berufungsverhandlung **329** 26 ff

Verurteilter
- Begriff **157** 4

Verurteilung
- Kosten **465** 1, siehe auch Kostenpflicht
- strafgerichtliche **48 BZRG** 11, **49 BZRG** 4, **50 BZRG** 1, **63 BZRG** 5
- Urteilsformel **260** 21 ff

Verwaltungsakt 262 11, **45 BZRG** 1, **49 BZRG** 17, **50 BZRG** 5, 7, **63 BZRG** 9
Verwaltungsbehörde 51 BZRG 4
Verwarnung mit Strafvorbehalt 51 BZRG 4
Verweisung an Gericht höherer Ordnung 270 1
Verweisungsurteil 328 19 ff
Verwendung
- Bild-Ton-Aufzeichnungen **58 a** 15
- Blutproben und Körperzellen **81 a** 22, **81 c** 22, **81 e** 7
- DNA-Identifizierungsmuster **81 g** 19 f

Verwerfung
- des Klageerzwingungsantrags **174**

Verwerfungsurteil
- bei Ausbleiben des Angeklagten **329** 30 ff
- Begründung **329** 37

Verwertungsverbot 100 c 35, **100 d** 10, **136** 21, 23–25 a, **136 a** 5, 28, **160 a** 1, **168 c** 7, 11, 12
- bei Absehen von Strafe **51 BZRG** 4
- absolutes **136 a** 28, **160 a** 5, **51 BZRG** 1 ff
- bei Anordnung von Maßregeln der Besserung und Sicherung **51 BZRG** 30 f
- bei Anwendung von Zwang gegenüber einem Zeugnisverweigerungsberechtigten zwecks Herausgabe eines Beweisgegenstands **95** 7
- bei Auskunftsverweigerungsrecht **55** 11
- bei ausländischen Verurteilungen **51 BZRG** 3
- Ausnahme vom ~ bei erheblicher Gefährdung der Allgemeinheit **52 BZRG** 7 f
- Ausnahme vom ~ bei Erteilung oder Entziehung der Fahrerlaubnis **52 BZRG** 9 ff
- Ausnahme vom ~ wegen Gutachten zum Geisteszustand des Betroffenen **52 BZRG** 4 f
- Ausnahme vom ~ wegen Sicherheitsinteresse des Staates **52 BZRG** 2 f
- Ausnahme vom ~ im Wiederaufnahmeverfahren **52 BZRG** 6
- bei Beschlagnahmeverbot **97** 25 ff
- bei Beseitigung des Strafmakels **51 BZRG** 10
- iRd Beweiswürdigung **51 BZRG** 32 ff
- bei Bußgeldentscheidungen **51 BZRG** 11

Magere Zahlen = Randnummern　　　　　　　　　　　　　　　Stichwortverzeichnis

- Drittwirkung **136** 23
- bei Durchsuchung und Beschlagnahme **94** 17
- bei eigener Einlassung des Betroffenen **51 BZRG** 39 f
- Einschränkung durch Rechte Dritter **51 BZRG** 41
- Einschränkung wegen gesetzlicher Rechtsfolgen **51 BZRG** 42
- Einschränkung wegen im Zusammenhang mit Tat oder Verurteilung ergangenen Entscheidungen **51 BZRG** 43
- bei Einstellung des Verfahrens **51 BZRG** 7
- bei Eintragungen aus dem Strafregister der ehemaligen DDR **51 BZRG** 2
- Eintritt des **51 BZRG** 12 ff
- bei Entscheidung über Strafaussetzung zur Bewährung **51 BZRG** 27 f
- bei Ergebnissen einer körperlichen Untersuchung **81 a** 25 ff
- bei Feststellung des Schuldspruchs **51 BZRG** 32
- bei Feststellung der besonderen Schwere der Schuld iSd § 57 a StGB **51 BZRG** 29
- bei Feststellung eines Tatbestandsmerkmals **51 BZRG** 36
- bei Freispruch **51 BZRG** 7
- im Gnadenverfahren **51 BZRG** 37
- bei indizieller Verwertung **51 BZRG** 32
- nach Lösung einer Verständigung **257 c** 36 ff
- bei Ordnungswidrigkeiten **51 BZRG** 6, 11
- bei Rasterfahndung **98 a** 6
- Rechtsfolgen eines Verstoßes gegen **51 BZRG** 45 ff
- Rechtswirkungen der Entfernung aus dem Erziehungsregister **51 BZRG** 5, **63 BZRG** 11 f
- Rechtswirkungen der Tilgung **45 BZRG** 1, **51 BZRG** 1 ff
- relatives **160 a** 12
- Sachrüge wegen Verstoßes gegen **51 BZRG** 45
- bei Schuldunfähigkeit des Betroffenen **51 BZRG** 9
- bei Straferlass, § 56 g StGB **51 BZRG** 10
- bei Strafzumessung **51 BZRG** 21 ff
- im Straßenverkehrsrecht **51 BZRG** 38
- bei mehreren Taten iSd § 264 **47 BZRG** 12
- bei Tilgung in besonderen Fällen nach § 49 BZRG **49 BZRG** 16
- bei Tilgung wegen Gesetzesänderung nach § 48 BZRG **48 BZRG** 10
- Umfang des **51 BZRG** 16 ff
- Umfassendes **51 BZRG** 1 ff
- Verfassungsmäßigkeit des **51 BZRG** 26, 35
- Wegen Verletzung der Belehrungspflicht nach Art. 36 WÜK **36 WÜK** 14, 15
- bei Verwarnung mit Strafvorbehalt **51 BZRG** 4
- Verzicht auf das **51 BZRG** 19
- bei Vorzeigen der Leiche zwecks Ablegung eines Geständnisses **88** 3
- bei Wiederaufnahme zu Unrecht getilgter Eintragungen, § 50 BZRG **50 BZRG** 5
- bei Zeugenbefragung **51 BZRG** 20

Verwirkung 25 1, 7.1

Verzicht
- auf ein Rechtsmittel **302** 14 ff, siehe Rechtsmittelverzicht

- auf Wiedereinsetzung bei Berufungseinlegung **315** 5
- auf Zeugnisverweigerungsrecht **52** 26

Videoaufzeichnungen 147 13, **168 e** 5, 7
Videokonferenz siehe Videovernehmung
Videosimultanübertragung 247 16
Videotechnologie 168 e 1
Viedeoüberwachung 100 h 2
Videovernehmung 247 9, **247 a**, **255 a** 1, 10
- Anordnung **247 a** 6 ff
- Aufzeichnung **247 a** 13,18
- Auslandszeuge **247 a** 3, 3.1, 5, 8
- Entfernung des Angeklagten **247 a** 10, **255 a** 10
- Führungsbeamter **247 a** 5.1
- kindlicher Zeuge **247 a** 5, 11, **255 a** 1
- optische und akustische Abschirmung **247 a** 5.1, 10
- Subsidiaritätsklausel **247 a** 10
- technische Ausgestaltung **247 a** 11
- Verdeckter Ermittler **247 a** 5.1
- Vertrauensperson **247 a** 5.1

Vollmacht 137 10–13, **148** 1
- Berufungseinlegung **314** 7
- des Verteidigers **234** 5

Vollmachtsurkunde 145 a 7
Vollstreckbarer Titel 111 g 2
Vollstreckung
- im Adhäsionsverfahren **406 b**, **406** 11
- Aussetzung zur Bewährung **46 BZRG** 14, 22, **47 BZRG** 3
- Behörde **451** 1 ff
- Erledigung der **46 BZRG** 15, **47 BZRG** 3 ff, 7, 8, 15, **49 BZRG** 5 f, **51 BZRG** 18, **63 BZRG** 8
- Gegenstand **449** 3
- Haftbefehl **457** 3 ff
- Hindernis **449** 8
- von Ordnungsmitteln **51** 27
- Pflicht zur **449** 2
- Reihenfolge der **454 b** 3 ff
- Verteidigerbestellung **140** 25
- Vollstreckbarkeitsbescheinigung **451** 13
- Vollstreckungshilfe **451** 12
- Voraussetzungen **449** 3 ff

Vollstreckungsbedingung 54 SDÜ 29
Vollstreckungshaft 112 38
Vollstreckungshaftbefehl 1 RB-EUHB 10
Vollstreckungslösung 19 GVG 12, **6 EMRK** 26 ff, **36 WÜK** 39
- bei Bruch einer Einstellungszusage **257 c** 16, 35

Vollziehung
- der Anordnung von erkennungsdienstlichen oder Identifizierungsmaßnahmen **81 b** 8
- richterlicher Anordnungen einer körperlichen Untersuchung des Beschuldigten **81 a** 17
- staatsanwaltschaftlicher Anordnungen einer körperlichen Untersuchung des Beschuldigten **81 a** 18

Vollzugshemmung bei der Beschwerde 307
- Anordnung der Vollzugshemmung **307** 4 ff –
- Zuständigkeit **307** 9, 10
- Freiheitsentziehung 3
- Suspensivwirkung **307** 1, 5
- Vollzug des Haftbefehls **307** 12

Vorangegangene Entscheidung des Amtsgerichts 74 f GVG 2–4
- Mit Berufungsverfahren **74 f GVG** 4
- Ohne Berufungsverfahren **74 f GVG** 3

2491

Stichwortverzeichnis

Vorangegangene Entscheidung des Landgerichts 74 f GVG 1
Vorentscheidung verschiedener Gerichte 74 f GVG 6–7
– Nachträgliche Sicherungsverwahrung **74 f GVG 6**
– Vorbehaltene Sicherungsverwahrung **74 f GVG 7**
Vorbehalt
– zu Art **54 SDÜ 55 SDÜ 1–4, 56 SDÜ**
Vorbehalt des Gesetzes
– Widerspruchslösung **257 22**
Vorbehalt der Sicherungsverwahrung
– Belehrung **268 d 1**
Vorentscheidung 26 a 8
Vorermittlungen 152 6
Vorfeldermittlungen 152 6.1
Vorfrage
– verwaltungsrechtliche **262 11 ff**
– zivilrechtliche **262 1 ff**
Vorführung 115 3, 115 a 1, 128 1 ff, 129 1 ff, 134 1, 135 1,2
– des Angeklagten **230 16 , 236 9**
– Antrag auf gerichtliche Entscheidung über Rechtmäßigkeit der **163 a 17**
– zur Berufungsverhandlung **329 11**
– sofortige **134 1, 135 1**
– Vorführungsbefehl **230 16, 236 9**
– eines Zeugen **51 19**
Vorführung einer Bild-Ton-Aufzeichnung 255 a
– Anordnung **255 a 14 f**
– Augenscheinsobjekt **255 a 5**
– ergänzende Vernehmung **255 a 12 f**
– Revision **255 a 16 f**
– richterliche Vernehmung **255 a 4, 8 f, 11**
– Vernehmungsbehelf **255 a 5**
– Zeugnisverweigerungsrecht **255 a 6**
Vorführung des Angeklagten
– nach Berufung des gesetzlichen Vertreters **330 4**
Vorführungsandrohung 133 4
Vorführungsbefehl 133 5, 134 2
Vorgangsverwaltung 485 1 ff
Vorhalteverbot
– bei Absehen von Strafe **51 BZRG 4**
– bei ausländischen Verurteilungen **51 BZRG 3**
– Ausnahme vom ~ bei erheblicher Gefährdung der Allgemeinheit **52 BZRG 7 f**
– Ausnahme vom ~ bei Erteilung oder Entziehung der Fahrerlaubnis **52 BZRG 9 ff**
– Ausnahme vom ~ wegen Gutachten zum Geisteszustand des Betroffenen **52 BZRG 4 f**
– Ausnahme vom ~ wegen Sicherheitsinteresse des Staates **52 BZRG 2 f**
– Ausnahme vom ~ im Wiederaufnahmeverfahren **52 BZRG 6**
– bei Beseitigung des Strafmakels **51 BZRG 10**
– iRd Beweiswürdigung **51 BZRG 32 ff**
– bei Bußgeldentscheidungen **51 BZRG 11**
– bei eigener Einlassung des Betroffenen **51 BZRG 39 f**
– Einschränkung durch Rechte Dritter **51 BZRG 41**
– Einschränkung wegen gesetzlicher Rechtsfolgen **51 BZRG 42**
– Einschränkung wegen im Zusammenhang mit Tat oder Verurteilung ergangenen Entscheidungen **51 BZRG 43**

– bei Einstellung des Verfahrens **51 BZRG 7**
– Eintritt des **51 BZRG 12 ff**
– bei Freispruch **51 BZRG 7**
– im Gnadenverfahren **51 BZRG 37**
– bei Anordnung von Maßregeln der Besserung und Sicherung **51 BZRG 30 f**
– bei Ordnungswidrigkeiten **51 BZRG 6, 11**
– Rechtsfolgen eines Verstoßes gegen **51 BZRG 45 ff**
– Rechtswirkungen der Entfernung aus dem Erziehungsregister **51 BZRG 5, 63 BZRG 11 f**
– Rechtswirkungen der Tilgung **45 BZRG 1**
– bei Feststellung der besonderen Schwere der Schuld iSd § 57 a StGB **51 BZRG 29**
– bei Schuldunfähigkeit des Betroffenen **51 BZRG 9**
– bei Entscheidung über Strafaussetzung zur Bewährung **51 BZRG 27 f**
– bei Straferlass, § 56 g StGB **51 BZRG 10**
– bei Eintragungen aus dem Strafregister der ehemaligen DDR **51 BZRG 2**
– bei Strafzumessung **51 BZRG 21**
– im Straßenverkehrsrecht **51 BZRG 38**
– bei Feststellung eines Tatbestandsmerkmals **51 BZRG 36**
– bei Tilgung wegen Gesetzesänderung nach § 48 BZRG **48 BZRG 10**
– bei Übertretungen **51 BZRG 6**
– Umfang des **51 BZRG 16 ff**
– Verfahrensrüge wegen Verstoßes gegen **51 BZRG 45**
– Verfassungsmäßigkeit **51 BZRG 26, 35**
– bei versehentlich nicht eingetragenen Entscheidungen **51 BZRG 1**
– bei Verwarnung mit Strafvorbehalt **51 BZRG 4**
– Verzicht auf das **51 BZRG 19**
– bei Wiederaufnahme zu Unrecht getilgter Eintragungen, § 50 BZRG **50 BZRG 5**
– bei Zeugenbefragung **51 BZRG 20**
Vorläufige Einstellung 154 f
Vorläufige Entziehung der Fahrerlaubnis
– Anordnung der Entziehung **111 a 6–8** – Fahrverbot **111 a 8**; Mitteilungspflichten **111 a 8**; Richterlicher Beschluss **111 a 6**; Schöffen **111 a 7**; Staatsanwalt **111 a 6**; Vollstreckung **111 a 8**; Wirkungen der Anordnung **111 a 8**; Zuständigkeit **111 a 7**; Zustellung **111 a 8**
– Aufhebung der Anordnung **111 a 9–11** – Antrag der StA **111 a 11**; Aufhebung von Amts wegen **111 a 9**; Berufungsverfahren **111 a 9**; Nichtentziehung im Urteil **111 a 10**; Revisionsverfahren **111 a 9**; Überlange Verfahrensdauer **111 a 9**; Wegfall der Gründe **111 a 9**; Zeitablauf **111 a 9**; Zuständigkeit **111 a 11**
– ausländische Führerscheine **111 a 14–15**
– Ausnahmen von der Entziehung **111 a 5**
– Beschränkungen der Entziehung **111 a 5**
– freiwillige Herausgabe **111 a 4**
– Prüfung durch Berufungsgericht **321 11**
– Voraussetzungen **111 a 3** – Dringende Gründe **111 a 3**; Tatverdacht **111 a 3**; Zeitablauf **111 a 3**
– Wirkungen **111 a 2**
– Wirtschaftliche Gründe **111 a 5**
Vorläufige Festnahme 127 1 ff, 12 ff, 127 b 1 ff
Vorläufige Maßnahmen 138 c 8–10
Vorlage der Ermittlungsakten 163 8

Magere Zahlen = Randnummern

Stichwortverzeichnis

Vorlegung der Beschwerde 306 12 ff
– Unzulässigkeit der Beschwerde **306** 15
Vorlegungsbeschluss 225 a 6, 7
Vorlegungspflicht 121 GVG 4–9
– Beteiligte Gerichte **121 GVG** 4
– Entscheidungserheblichkeit **121 GVG** 7
– Erfahrungssätze **121 GVG** 6
– Europarecht **121 GVG** 4
– Innendivergenz **121 GVG** 4
– Rechtsfrage **121 GVG** 6
– Sprungrevision **121 GVG** 4
– Tatfrage **121 GVG** 6
– Teilentscheidung des BGH **121 GVG** 9
– Vorlagebeschluss **121 GVG** 8
– Vorlagevoraussetzungen **121 GVG** 6
– Vorlegungspflichtige Entscheidungen **121 GVG** 5
Vorlegungsverfahren 138 c 2–7
V-Person 110 a 7
Vorrang des eröffnenden Gerichts 12 4
– Ende **12** 5
Vorrangige Befriedigung von Ansprüchen des Verletzten bei Arrest 111 h
– Gerichtliche Entscheidung **111 h** 4
– Luftfahrzeuge **111 h** 6
– Rangänderung **111 h** 2
– Schadensersatzpflicht **111 h** 5
– Schiffe **111 h** 6
– Verletzter **111 h** 1
– Versicherer **111 h** 1
Vorrangige Befriedigung von Ansprüchen des Verletzten bei Beschlagnahme 111 g
– Anwendungsbereich **111 g** 1
– Einziehungsgegenstände **111 g** 1
– Entschädigungspflicht **111 g** 10
– Gerichtliche Entscheidung **111 g** 4
– Insolvenzverwalter **111 g** 2
– Mündliche Verhandlung **111 g** 4
– Personenkreis **111 g** 2
– Sofortige Beschwerde **111 g** 4
– Veräußerungsverbot **111 g** 6–9, siehe auch dort
– Verletzter **111 g** 1
– Versicherer **111 g** 2
– Vollstreckbarer Titel **111 g** 2
– Wirkung der Zulassung **111 g** 5
– Zulassungsverfahren **111 g** 3
Vorrangprinzip 74 e GVG 1
Vorratsdatenspeicherung 100 a 16, 116 ff, **100 g** 31, **113 a TKG**
– Anonymisierungsdienste **113 a TKG** 29
– Einschränkende Entscheidung BVerfG **113 b TKG** 9 ff
– Löschungsverpflichtung **113 a TKG** 15 f
– Speicherort **113 a TKG** 11
– Speicherungsart **113 a TKG** 12 f
– Speicherungsdauer **113 a TKG** 14
– Speicherungsumfang **113 a TKG** 7 ff, 17 ff – E-Mail **113 a TKG** 23 ff, Internet-Telefonie (VOIP) **113 a TKG** 21, Internetzugänge **113 a TKG** 26 ff, Mobilfunktelefonie **113 a TKG** 18 ff, Telefondienste **113 a TKG** 17
– Speicherungszweck **113 a TKG** 6
– Verpflichtete **113 a TKG** 4 f
– Verwendung Daten **113 b TKG**
Vorschaltbeschwerde
– Klageerzwingungsverfahren **172** 1, 3
Vorschriftenliste
– Urteilsformel **260** 29, 44

Vorsitzender
– Ermessen bei Übersetzung **259** 4
– erweitertes Schöffengericht **29 GVG** 4
Vorstrafen des Angeklagten
– Erörterung in der Hauptverhandlung **243** 42
Vorstrafen des Zeugen 68 a 5
Vorteile 136 a 25
Voruntersuchung
– gerichtliche **312** 1
Vorzeitige
– Entfernung von Eintragungen im Erziehungsregister **63 BZRG** 8 ff
– Tilgung wegen Gesetzesänderung **48 BZRG** 1 ff
– Tilgung aus besonderen Gründen **49 BZRG** 1 ff

Waffenbesitzkarte 52 BZRG 7
Waffengleichheit 6 EMRK 10
Waffenrechtliche Erlaubnis
– Auskunftsanspruch aus dem Erziehungsregister **61 BZRG** 6
Waffenschein 52 BZRG 7
Wählbarkeit
– Verlust der **47 BZRG** 3, **49 BZRG** 14 f, **51 BZRG** 42, siehe auch Aberkennung von Rechten und Fähigkeiten
Wahldeutige Tatbegehung 264 13
Wahlfeststellung 200 5
– rechtlicher Hinweis **265** 11
Wahlkonsuln 11 4
Wahlrecht
– der Staatsanwaltschaft **12** 2 ff
– des Zeugen bei Vereidigung **64** 1, **66** 2, **67** 7
Wahlrechtsmittel
– Sperrwirkung der Berufung **313** 10
– unbenanntes **312** 2
– vorläufige Zuständigkeit des Berufungsgerichts **321** 12
Wahrheit
– forensische **261** 3
– als Prozessziel **261** 2
Wahrheitserforschung 155 2
Wahrheitspflicht 136 20
Wahrheitsserum 136 a 13
Wahrunterstellung einer Beweisbehauptung 244 88 ff
– Aufklärungspflicht **244** 91
– Erheblichkeit der als wahr unterstellten Tatsache **244** 89
– Revision **244** 95
– Tragweite **244** 88
– Wirkung **244** 92 ff
Wanze 100 7
Warnfunktion einer getilgten oder tilgungsreifen Verurteilung 51 BZRG 21, 26
Waterboarding 136 a 10
Wehrdisziplinaranwalt 61 BZRG 2
Weisungen des Angeklagten 137 3
Weitere Beschwerde 310
– Beschwerdeentscheidungen **310** 1, 2, 4, 9 – Anfechtbarkeit von Beschwerdeentscheidungen **310** 1
– Zulässigkeit **310** 4 ff
– gegen Haftbefehl **310** 6
– gegen Unterbringung **310** 8
– gegen dinglichen Arrest **310** 9

2493

Stichwortverzeichnis

Fette Zahlen = §§

Weiterleitungsverbot 61 BZRG 13
Wesentliches Ergebnis der Ermittlungen 200 11, 12, 13, 14
– Nachtragsanklage **266** 7
Wichtiger Grund 142 11, **143** 6, 6 a
Widerklage 388
Widerruf
– bei Auskunftsverweigerungsrecht **55** 9
– Berufungsbeschränkung **318** 15
– Bewährung **140** 25
– einer begünstigenden Entscheidung **52** BZRG 8
– der Beseitigung des Strafmakels **46** BZRG 16, 26
– des Gebrauchs vom und des Verzichts auf das Zeugnisverweigerungsrecht **52** 27, **53** 37
– der Strafaussetzung zur Bewährung **46** BZRG 14, 22, 26, **47** BZRG 3
– des Straferlasses **47** BZRG 3, **49** BZRG 6
Widerspruchserfordernis 36 WÜK 16
Widerspruchslösung 136 27, 27 a, **168 c** 10
– Beweisverwertungsverbot **257** 20 ff
Wiederaufnahme 359 ff
– Additionsverfahren **359** 2
– Adhäsionsverfahren **406 c**
– Antrag (Inhalt und Form) **359** 2, 11, 17, 19, **361** 2, **362** 2, 9, **364** 1, 3 f, **364 a** 6 f, **364 b** 10, 365, 366, **367** 3 ff
– Änderung des Strafmaßes **363**
– bei Behauptung einer Straftat **364**
– Berufungsersatzfunktion **312** 1
– Beweisaufnahme **359** 2, **364 a** 2, 5, **368** 8 f, 369, **371** 1, **373** 3
– bei Einstellung **153** 40, **154** 17 ff, 21 ff, **154 b** 7, **154 c** 10
– bei Einziehung **439** 11
– Entscheidung über das Begründetsein **370**
– Entscheidung über die Zulässigkeit **368**
– Gutachten **359** 12 ff, **362**
– nach erneuter Hauptverhandlung **373**
– ohne Hauptverhandlung **371**
– im Klageerzwingungsverfahren **174** 11
– Kosten **364 b** 9, **365** 13, **367** 1
– Kostenpflicht **473** 23
– Probationsverfahren **359** 2
– bei Strafbefehl **373 a**
– Tatsachen **359** 11, 20 ff, 30 ff, **360** 2, **362** 10 f, **364** 1, **364 b** 1, 4, 7, 10, **366** 1 f, **368** 1, 5 f, 9, **370** 2, **373 a** 2
– bei Teilrechtskraft **318** 32
– nach Tod des Verurteilten **361**, **371** 1, 4
– einer zu Unrecht getilgten Eintragung in das Register **50** BZRG 4 ff
– wegen unterbliebener Benachrichtigung **145 a** 10
– Urkunde **359** 8 ff, 22, 28, **362**, **368** 3, **369** 2
– des Verfahrens **46** BZRG 12, 22, **47** BZRG 1, 10, 17, **49** BZRG 10, **52** BZRG 6, **61** BZRG 12,
– Verfahrensabsprache **359** 21, 24, 25
– Verschlechterungsverbot **373**
– Verteidiger **140** 31, **364 a**, **364 b**, **361** 3, **365** 5, **366** 4, **369** 3 ff
– keine Vollstreckungshemmung **360**
– zugunsten des Verurteilten **359**
– zuungunsten des Verurteilten **362**
– Zuständigkeit **359** 2, **364 b** 10, **367** 1 ff
– zuungunsten des Verurteilten **362**

Wiederaufnahmeantrag
– bei Darstellungslücken **261** 65 ff
– nach Verständigung **257 c** 55
Wiedereingliederung von Straftätern 51 BZRG 26, 35, **59** BZRG 1
Wiedereinsetzung in den vorigen Stand 44, 222 b 8
– nach Abwesenheit in der Berufungsverhandlung **329** 45 ff
– Akteneinsicht **44** 17, 17.1
– Amtliches Verschulden **44** 27
– von Amts wegen **44** 10
– Anhörungsrüge **44** 2, 24
– Antragsberechtigte **44** 9
– Anwendungsbereich **33 a** 1
– Auswirkungen des Verzichts und der Rücknahme eines Rechtsmittels **44** 6, 31, 33
– Bearbeitungsvorrang für Berufung **315** 4
– Bedeutung **33 a** vor 1
– Begründungspflicht **33 a** 14
– Belehrung **44** 29, 31, 32, 33, 34
– Berufungsfrist **319** 4
– Briefbeförderung **44** 26
– Einzelfälle **41 a** 13 f, **379 a** 11, **391** 6.2, 17, **393** 5
– Entscheidung des Revisionsgerichts **44** 2
– Herstellung des Suspensiveffekts der Berufung **316** 2
– im Klageerzwingungsverfahren **172** 4, 14, 23.1
– bei Kostenentscheidungen **473** 24
– Kostenpflicht **473** 24
– zur Nachholung von Verfahrensrügen **44** 2, 6.1, 15, 16, 17, 18.1
– Nachholungsverfahren **33 a** 9 ff
– Nachteil iSd § 33 a **33 a** 8
– Rechtliches Gehör **33 a**
– Rechtsanwalt anderer Verfahrensbeteiligter **44** 23, 25 – Verschulden **44** 23
– Rechtsmittel **44** 1.1, 3, 4.1, 6, 9, 12.1, 31, 32, 32.1, 34
– Revisionsbegründung **44** 15
– für Staatsanwaltschaft **33 a** 2
– Statthaftigkeit der Beschwerde **33 a** 12, 13
– Unkenntnis **44** 13, 19
– Vereitelung der Anhörung **33 a** 7
– Verfahrensbeendende Absprache **44** 31
– Verhinderung ohne Verschulden **44** 11 ff
– Versäumung einer Frist **44** 4 ff
– Verschulden des Justizwachtmeister **44** 28
– Verteidiger **44** 13, 13.1, 21 ff – Verschulden **44** 21
– Verzichtsfiktion bei Berufungseinlegung **315** 5
– Voraussetzung **33 a** 4 ff
– Vorrang vor Berufung **315** 4, **319** 17
Wiedereinsetzungsantrag 45
– Begründung **45** 6 ff
– Entscheidung über den ~ **46** – Beschluss 3 ff; Zuständigkeit **46** 1 f
– Form **45** 1
– Frist **45** 2, 6, 12.1
– Glaubhaftmachung **45** 7 ff – Mittel der Glaubhaftmachung **45** 9 ff
– Hindernis **45** 2, 6
– Kenntnis des Angeklagten **45** 3
– Nachholung der versäumten Prozesshandlung **45** 12
– Rechtsmittel gegen die Entscheidung über den ~ **46** 6

2494

Magere Zahlen = Randnummern

- Voraussetzungen **45** 1 ff, **329** 46
- Wiedereinsetzung von Amts wegen **45** 13
- Wirkung des ~ **47** – Vorläufige Anordnungen **47** 4
- Wirkung des ~ auf Haftmaßnahmen **47** 3 ff
- Zuständiges Gericht **45** 5 ff
- Zweifel an der Rechtzeitigkeit des ~ **45** 4

Wiedereinsetzungsgrund
- nach Berufungsverwerfung **329** 47 ff

Wiedereintragung
- zu Unrecht getilgter Eintragungen **50 BZRG** 1 ff

Wiedererkennen 261 48 ff
Wiedergutmachung 153 a 23 ff
Wiederholtes Ausbleiben eines Zeugen 51 18
Wiederholung 26 a 5
Wiederholungsfragen 69 5
Wiederholungsgefahr 112 a 6, **122** a 1
Wiederholungsverbot
- der Beugehaft **70** 11

Wiener Übereinkommen über diplomatische Beziehungen (WÜD) 18 GVG 2
Wiener Übereinkommen über konsularische Beziehungen (WÜK) 18 GVG 2
Willensbetätigung 136 a 1, 5
Willensentschließung 136 a 1, 5, 15
Willkür
- objektive **328** 15
- sachliche Zuständigkeit **25 GVG** 1

Willkürformel
- gesetzlicher Richter **24 GVG** 1

Wirksamkeit
- gerichtlicher oder behördlicher Entscheidungen **51 BZRG** 43
- der Tilgung **47 BZRG** 8, **49 BZRG** 16

Wirtschaftsreferenten 142 GVG 6
Wirtschaftsstrafkammer 74 c GVG 1
- Gemeinsame Wirtschaftsstrafkammer **74 c GVG** 9
- Straftatenkatalog **74 c GVG** 2

Wirtschaftsstrafsache
- Zuständigkeit **24 GVG** 8

Wissenschaftliche Assistenten 138 4
Wochenende 25 6.1
Wochen- und Monatsfristen 43
- Berechnung **43** 1
- Feiertage **43** 2, 2.2
- Monatsfrist **43** 1, 2.1
- Richterliche Fristen **43** 3
- Wochenende **43** 2
- Wochenfrist **43** 1

Wohnraumüberwachung 100 c 1
Wohnsitz
- Gerichtsstand am **8** 1
- letzter **8** 4, **11** 3

Wohnung 100 c 14, **102** 8

Zahlungserleichterung 459 a 1
Zahlungsverbot 111 f 3
Zeitpunkt
- der Belehrung **36 WÜK** 5, 6
- maßgeblicher ~ für Zuständigkeitsbestimmung **8** 3

Zentrale Behörde 7 RB-EUHB 1, **Anh RB-EUHB** 11
Zentrales staatsanwaltschaftliches Verfahrensregister 492 ff

Zeuge 25 5.1, 6.1
- Abwesenheit des ~ im Sitzungssaal **58** 4
- Anwesenheit des ~ nach der Vernehmung **58** 5
- keine Anwesenheit bei Vernehmung des Angeklagten **243** 7
- Benennung eines ~ **200** 16
- Einzelvernehmung **58** 1
- Entfernen nach der Vernehmung **58** 5
- Entlassung **247** 10.1, 17.1, **248**
- Gegenüberstellung **58** 6–12, siehe auch dort
- gestellter **220** 14
- Ladung auf Antrag des Angeklagten **219** 1
- Opferzeuge **247** 5, 10.1, **255** a 7
- vorübergehende Beurlaubung **248** 2

Zeuge vom Hörensagen 249 8
Zeugen ohne ausreichende Verstandesreife oder -kraft 52 20–25
- Altersgrenze **52** 20
- Ausschluss des gesetzlichen Vertreters **52** 24
- Betreuung des Zeugen **52** 20
- Entscheidung des gesetzlichen Vertreters **52** 21
- Ergänzungspfleger **52** 25
- Notwendige Verstandesreife **52** 20

Zeugenanwalt 68 b 2
- Anwesenheitsrecht des **68 b** 2
- Ausschließung des **68 b** 3–4
- Interessenkollision beim **68 b** 4
- Tatbeteiligung des **68 b** 4
- Verdunkelungsgefahr beim **68 b** 4

Zeugenaussage
- Beweiswert der **69** 1

Zeugenbeeinflussung 68 4
Zeugenbefragung
- Geltung des Vorhalte- und Verwertungsverbots bei **51 BZRG** 20

Zeugenbelehrung
- Form der Belehrung **57** 2
- Informatorische Befragung **57** 5
- Inhalt der Belehrung **57** 1
- Protokollierung **57** 3
- Revision **57** 6
- Wiederholung der Belehrung **57** 4

Zeugenbeistand 68 b 1–9
- Beiordnung des **68 b** 1, 5
- Interessenkollision beim **68 b** 4
- Tatbeteiligung des **68 b** 4
- Verdunkelungsgefahr beim **68 b** 4

Zeugenentschädigung 71 1–3
Zeugengefährdung 68 4
Zeugenschutz 58 a 1, **68** 6, **247** 5, **247** a 4
Zeugenschutzmaßnahmen 68 6
Zeugenvernehmung
- von Kindern und Jugendlichen **241** a 3, **247**

Zeugnis vom Hörensagen 261 52
Zeugnisverweigerung 70 3, 4
Zeugnisverweigerungsberechtigte 52 3–10, **53** 10–35, **100 c** 32
- Abgeordnete **53** 21
- Adoption **52** 10
- Ärzte **53** 15
- Ärzte als Sachverständige **53** 18
- Amtsärzte **53** 17
- Apotheker **53** 15
- Babyklappe **53** 19
- Bewährungshelfer **53** 20
- Ehegatten **52** 5
- Geistliche **53** 10
- Hebammen **53** 15

Stichwortverzeichnis

Fette Zahlen = §§

- Journalisten **53** 26
- Lebenspartner **52** 7
- Nichteheliche Kinder **52** 8
- Nichteheliche Lebensgemeinschaft **52** 6
- Notare **53** 13
- Pflegekinder **52** 10
- Presse **53** 23
- Psychotherapeuten **53** 15
- Rechtsanwälte **53** 12
- Rundfunk **53** 23
- Schwägerschaft **52** 9
- Schwangerschaftsberater **53** 19
- Steuerberater **53** 13
- Suchtberatung **53** 20
- Vereidigte Buchprüfer **53** 13
- Verlobte **52** 3
- Verteidiger **53** 11
- Verwandte **52** 8
- Wirtschaftsprüfer **53** 13
- Zahnärzte **53** 15

Zeugnisverweigerungsrecht 54 12
- Abgeleitetes ~ **53 a** 8
- Ausübung **52** 17 ff
- Belehrung **52** 32 ff
- Beschlagnahmeverbot **97** 11 ff
- Entbindung von Verschwiegenheitspflicht **53** 39–43, **53 a** 12 – Berechtigte **53** 40; Beschränkung **53** 43; Erklärung **53** 42; Verpflichtung zur Aussage **53** 39; Widerruf **53** 43
- Erweiternde Auslegung des § 53 **53** 2
- Folgen der Zeugnisverweigerung **52** 28–31, siehe auch dort
- Hilfspersonen **53 a** 2–7, siehe auch dort
- Revision **52** 37–40, **53** 44, **53 a** 13 – Unrichtige Belehrung **52** 40; Unterlassene Belehrung **52** 38
- Umfang **53** 6–9 – Anvertraute Tatsachen **53** 7; Bekannt gewordene Tatsachen **53** 8; Zeitliche Dauer **53** 9
- Verfahren gegen Berufsträger **53 a** 11
- Verhältnis zu § 203 StGB **53** 4
- Verzicht **52** 26
- Widerruf des Gebrauchs und des Verzichts **52** 27, **53** 37

Zielwahlsuche 100 g 10
Zuchtmittel 46 BZRG 17, **60 BZRG** 5, 8, 15
Zufallserkenntnisse 160 a 9
Zufallsfund 108 1
Zulässigkeit der Beschwerde 304
- gegen Ablehnung der Eröffnung des Hauptverfahrens **304** 21
- bezüglich Akteneinsicht **304** 23, 23.1
- gegen Arrest **304** 19
- Außerordentliche Beschwerde **304** 8
- Beschlagnahme **304** 11.1, 19, 27
- Beschwerdeberechtigung **304** 10, 11.2
- Beschwerdeeinlegung **304** 1, 9.2
- Beschwerdewert **304** 9
- Durchsuchung **304** 11.1, 20, 27
- Einfache Beschwerde **304** 5, 12
- gegen Ersatzordnungshaft **304** 17
- gegen Erzwingungshaft **304** 16
- Frist **304** 5
- gegen Gesamtstrafbeschluss **304** 24
- Haft **304** 11.1, 11.2, 12.1, 16, 23.1, 27
- Kostengrundentscheidung **304** 9
- Prozessuale Überholung **304** 5
- Sofortige Beschwerde **304** 6, 12

- Sonstige Betroffene **304** 11
- Statthaftigkeit **304** 1 ff
- gegen Telefonüberwachung **304** 20
- Bei Unanfechtbarkeit **304** 12, 13
- Untätigkeitsbeschwerde **304** 4
- gegen Unterbringung **304** 18
- Gegen Unterlassen **304** 4
- Unzulässigkeit **304** 12
- gegen Vollzug des Haftbefehls **304** 17
- Vorrang des Einspruchs **304** 12
- Weitere Beschwerde **304** 7
- Wiederaufnahmeverfahren **304** 12.1, 25
- Zurückweisung **304** 26

Zulassung
- zu einem Beruf **51 BZRG** 44, **52 BZRG** 7
- als Rechtsanwalt **51 BZRG** 43, **52 BZRG** 7.1

Zurücknahme eines Rechtsmittels 302 1 ff
- Anwaltliche Versicherung bei – durch Verteidiger **302** 26
- Bedingungsfeindlichkeit **302** 2
- Befasstes Gericht **302** 8
- Beschränkung **302** 1, 27
- Einlegung durch gesetzlichen Vertreter **302** 24
- Einlegungsfrist **302** 1
- Ermächtigung **302** 1.2, 25, 26, 28
- Form **302** 4
- Kosten **302** 12
- Motivirrtum **302** 2
- Nachweis **302** 26
- Prozessuale Handlungsfähigkeit **302** 6
- Prozessvollmacht **302** 25
- Rechtskraft der Entscheidung **302** 7
- Rechtsmittel des Verteidigers **302** 9
- Rechtsmittelgericht **302** 8
- Rechtsmittelhoheit **302** 3
- Täuschung **302** 11
- Unanfechtbarkeit **302** 10
- Unlautere Mittel **302** 11
- Unterschrift **302** 4
- Unwiderruflichkeit **302** 10
- Unwirksamkeit **302** 11.1
- Verhandlungsfähigkeit **302** 5
- Wirkung **302** 7
- Vorlage der Akten **302** 8
- Widerruf **302** 10, 28
- Wiedereinsetzung **302** 7
- Wirkungen **302** 7 ff

Zurücknahme des Rechtsmittels nach Beginn der Hauptverhandlung 303
- Beschränkung **303** 1
- Gegner **303** 3
- Hauptverhandlung **303** 2
- mündliche Verhandlung **303** 1
- Nebenkläger **303** 3
- Rechtsmittel **303** 1, 1.1
- Staatsanwalt **303** 1.1, 3
- Teilrücknahme **303** 1
- Zurückverweisung **303** 2
- Zustimmung des Angeklagten **303** 6
- Zustimmungserklärung des Gegners **303** 4 ff – Form **303** 5; Schweigen **303** 5, 5.1, 6; Schlüssiges Verhalten **303** 5

Zurückstellung von der Benachrichtigung 101 36
Zurückstellung der Strafvollstreckung 35 BtMG
- bei Jugendlichen **38 BtMG**

Magere Zahlen = Randnummern **Stichwortverzeichnis**

- Entscheidung der Vollstreckungsbehörde **35 BtMG** 17
- Rechtsmittel **35 BtMG** 27
- Widerruf **35 BtMG** 25

Zurückverweisung 25 3
- keine ~ durch das Berufungsgericht **328** 7

Zurückweisung 146 a 1–3, **148 a** 2
- von Fragen **241** 4

Zusammenhang
- örtliche Zuständigkeit **13** 1 ff

Zusammenhang Strafsachen 2 ff, **3** 1 ff, **3** 2
- Begriff **2** 1 ff
- Folgen der Verbindung **5**
- Kombinierte Zusammenhänge **3** 5
- objektiver Zusammenhang **3** 3
- persönlicher Zusammenhang **3** vor 1
- Sachlicher Zusammenhang **3** vor 1
- Trennung anhängiger Strafverfahren **2** 8
- Trennung rechtshängiger Strafverfahren **4** 11
- Verbindung anhängiger Strafverfahren **2** 7
- Verbindung rechtshängiger Strafverfahren **4** 1 ff
- Verbindung rechtshängiger Strafverfahren rechtliches Gehör **4** 10

Zusammenhangsformel 247 10, 10.2, **247 a** 12

Zuständigkeit
- Abgabe in Jugendverfahren **42 JGG** 7
- Akteneinsichtsantrag **147** 25
- Amtsgericht **1** 2
- für Auskunftserteilung aus dem staatsanwaltschaftlichen Verfahrensregister **495** 1 ff
- Ausschließung eines Verteidigers **138 c** 1
- Beschwerdekonzentration **120 GVG** 7
- Besondere Strafkammern **6 a**
- bewegliche **26 GVG** 2
- für eingehende Auslieferungsersuchen **1 RB-EUHB** 3, **6 RB-EUHB** 1
- für Entscheidung über Auskunftserteilung und Akteneinsicht **478** 1 f
- Entscheidung verschiedener Oberlandesgerichte **120 a GVG** 2
- Erlass des EUHB **1 RB-EUHB** 1, **6 RB-EUHB** 1
- erstinstanzliche ~ **74 GVG** 1, **120 GVG** 1–4, siehe auch dort
- erweitertes Schöffengericht **1** 2
- evokativ **169** 1, 2
- Fortbestehen der ~ **120 a GVG** 1
- Fortdauer Untersuchungshaft **120 GVG** 6
- Gerichtsstand **120 GVG** 8
- Heranwachsende **120 GVG** 10
- Jugendliche **120 GVG** 10
- Klageerzwingungsverfahren **120 GVG** 6
- Landgericht **1** 2
- Nebenentscheidungen **120 GVG** 6
- negativer Kompetenzkonflikt **1** 5
- bei der Privatklage **374** 4
- der Polizei **163** 2
- Oberlandesgericht **1** 2
- örtliche **1** 1 – in Jugendverfahren **42 JGG**, siehe auch örtliche Zuständigkeit
- originär **169** 1, 2
- polizeiliche Ermittlungen **120 GVG** 9
- positiver Kompetenzkonflikt **1** 4
- Prüfung durch das Berufungsgericht **328** 11
- Rangordnung **1** 1
- Rechtsmittelgerichte **1** 3
- Revision **74 GVG** 8
- Rücknahme der Verteidigerbestellung**143** 3

- Sachliche **1** 1
- Schöffengericht **1** 2
- Überwachung **148 a** 1
- Verfahrenshindernis **120 GVG** 5
- Verweisung durch das Berufungsverfahren **323** 3
- für Wohnraumüberwachung **100 d** 1

Zuständigkeit des Generalbundesanwalts 142 a
- Abgabe des GBA an Landes-StA **142 a GVG** 2–7, siehe auch dort
- Kompetenzbestimmungsrecht **142 a GVG** 1
- Primärzuständigkeit **142 a GVG** 1

Zuständigkeitsbegründung
- Eröffnung des Hauptverfahrens **25 GVG** 4, **28 GVG** 3, 6

Zuständigkeitsbestimmung 13 a 1
- Anfechtbarkeit **13 a** 5
- Rechtsfolgen **13 a** 4 f
- Voraussetzungen **13 a** 1 ff

Zuständigkeitskonzentration 121 GVG 10, **143 GVG** 5

Zuständigkeitsperpetuierung 209 a 7

Zuständigkeitsstreit, Bestimmung des zuständigen Gerichts bei ~ **14** 1, **19** 1
- Abgrenzung **19** 2
- Anfechtung der Zuständigkeitsbestimmung **14** 4, **19** 3
- negativer **19** 1
- Voraussetzungen **14** 1 ff
- Zuständigkeit für Bestimmung **14** 4, **19** 3

Zuständigkeitsüberschneidung 74 e
- Beschwerde **74 e GVG** 3
- Revision **74 e GVG** 4
- Vorrangprinzip **74 e** 1

Zuständigkeitsverweisung
- durch Berufungsgericht **328** 11 ff
- an den Strafrichter **25 GVG** 5

Zustellung 36
- des in Abwesenheit des Angeklagten ergangenen Urteils **232** 18
- Anfechtung von Anordnungsmaßnahmen **36** 8
- Anordnungsbefugnis **36** 2
- Anordnungskompetenz eines Beisitzers (Kollegialgericht) **36** 3
- Begriff **36** 1
- Begriff der Entscheidungen **36** 7
- des Beschwerdebescheids **49 BZRG** 18, **63 BZRG** 10
- Eindeutigkeit der Zustellungsart **36** 4
- Eindeutigkeit des Zustellungsempfängers **36** 4
- der Einstellungsverfügung **171** 12, 13
- fehlende Anordnung **36** 5
- fehlerhafte Anordnung **36** 2, 5
- Heilung von Zustellungsmängeln **36** 6
- der Revisionsbegründung **347** 2 ff, 15
- durch die Staatsanwaltschaft **319** 6
- Umsetzung der Anordnung **36** 4
- des Urteils **343**
- eines Urteils mit Anordnung einer Verbandsgeldbuße **444** 13
- an den Verteidiger **145 a** 1

Zustellungsbevollmächtigter 116 a 5, **127 a** 5, **132** 12
- Urteilszustellung **316** 7

Zustellungsverfahren
- Adressat **37** 2
- Alternative Zustellungswege **37** 5

Stichwortverzeichnis

Fette Zahlen = §§

- an Angehörige der NATO-Streitkräfte **37** 28
- arglistige Wohnungstäuschung **37** 11
- Begriff **37** 1
- Bewirkung der Ersatzzustellung **37** 9
- Bewirkung der Zustellung **37** 3
- Bewirkung mittels EB an Rechtsanwalt **37** 19
- Briefkasten **37** 21
- Desolater Briefkasten **37** 22
- Ersatzzustellung **37** 6 ff – fehlerhaft an Verteidiger **37** 30; unzulässige **37** 10; Voraussetzungen **37** 8
- Erwachsene Familienangehörige **37** 12
- familienbeschäftigte Personen **37** 13
- Gemeinschaftseinrichtungen **37** 16
- an Geschäftsführer einer GmbH **37** 15
- Gleichnamige Personen **37** 23
- ins europäische Ausland **37** 29
- Nichtsesshafte **37** 27
- Niederlegung **37** 7
- an Personen in Geschäftsräumen **37** 14
- Postbegriff § 176 ZPO **37** 4
- Postfach **37** 24
- an Rechtsanwalt Standard **37** 20
- Rechtsanwälte in EU **37** 25
- Rechtsanwälte und vergleichbare Berufsstände **37** 18
- Schifffahrt **37** 26
- an Vereinsadresse **37** 17
- Zustellungsmängel **37** 30

Zustellungsvollmacht 145 a 2–5

Zustimmung
- des Gegners bei Zurücknahme des Rechtsmittels 303, siehe auch Zurücknahme des Rechtsmittels nach Beginn der Hauptverhandlung
- Verständigung **257 c** 28

Zustimmung des Angeklagten
- Nachtragsanklage **266** 15 ff

Zustimmung für VE-Einsatz 110 b 1, 3

Zustimmung zur 325 12

Zu Unrecht
- getilgte Eintragungen **47 BZRG** 17, **50 BZRG** 1 ff, **51 BZRG** 14
- entfernte Eintragungen im Erziehungsregister **63 BZRG** 3

Zwang 136 a 1, 23

Zwangsmittel 216 6, 9
- gegen Besitzer von Beweisgegenständen **95** 5
- zur Durchsetzung einer öffentlichen Bekanntmachung **463 c** 7
- bei fehlender Mitwirkung bei Rasterfahndung **98 b** 4

Zweckbindung 155 b 4, **476** 11 f, **477** 11 ff., **487** 6, **492** 11

Zweckumwandlung 474 2, **481** 2

Zweifelssatz
- Indiztatsachenfeststellung **261** 11

Zweigstellen
- eines Gerichts **7** 1.1

Zweites Befangenheitsgesuch 26 a 8

Zweites Opferrechtsreformgesetz 138 18 a

Zwischenberatung 258 27
- nach Beweiserhebungen **257** 11
- über Weisungen **268 a** 2